GARZANTI
<u>I GRANDI DIZIONARI</u>

TEDESCO TECNICO

GIORGIO MAROLLI • ORAZIO GUARNIERI

GARZANTI
I GRANDI DIZIONARI

TEDESCO
TECNICO

TEDESCO • ITALIANO
ITALIANO • TEDESCO

ISBN 88-480-0401-6

© Garzanti Editore s.p.a., 1976, 1981, 1999
Printed in Italy

Questo dizionario riporta anche parole che sono o si ritiene siano marchi registrati, senza che ciò implichi una valutazione del loro reale stato giuridico. Nei casi accertati dalle ricerche redazionali, accanto al lemma appare il simbolo ®.

Quando si ha a che fare con la terminologia tecnico-scientifica, ogni tanto è necessaria una pausa di riflessione: fare il punto sullo sviluppo delle singole scienze e delle varie tecnologie relative, selezionare la nuova terminologia sicuramente affermata, registrare nuove accezioni di termini antichi e infine valutare l'importanza relativa delle singole voci giacché tutto è impossibile registrare.

A dieci anni di distanza dalla sua prima edizione, il DIZIONARIO TECNICO ITALIANO-TEDESCO viene riproposto in una veste completamente nuova e dopo un massiccio aggiornamento che ha visto l'immissione di circa 50.000 nuove voci.

In totale si tratta poco meno di 200.000 termini e si può quindi a buon diritto dire che il dizionario registra sicuramente quanto è necessario conoscere per seguire scienze e tecniche nella loro attuale fase di sviluppo.

Gli autori, in base alla loro lunga esperienza, alle loro dirette conoscenze e a quelle di qualificati collaboratori, hanno scelto con la massima organicità le voci più importanti e più usate in ogni settore della scienza e della tecnica. Per ogni termine è stato indicato il campo di impiego e per i termini più difficili, o con più di un significato, è stata data una breve spiegazione per evitare possibilità di equivoci o di errate interpretazioni. L'aggiornamento è stato condotto seguendo con interesse particolare quei settori che sono oggi in fase di vivace sviluppo come l'ecologia e l'elettronica, l'automazione e l'informatica, la tecnologia dei controlli numerici e la matematica moderna, non trascurando le molte sigle spesso di difficile interpretazione.

Nell'aggiornamento hanno trovato posto anche termini di altre lingue straniere di uso internazionale come *hardware*, *time-sharing*, *leasing* ecc.; anche questa è una caratteristica nuova che adegua il dizionario alla pratica tecnico-scientifica più diffusa. Ma aggiornamento non vuol dire soltanto aggiunta, vuol anche dire controllo e selezione dei termini già registrati poiché, come nel linguaggio comune, anche nel linguaggio tecnico i termini divengono desueti o, quanto meno, di uso sconsigliabile. È anche questo un modo per rendere più organica e più utile la nuova edizione del dizionario.

L'ordinamento alfabetico dei termini corrisponde a quello dei lemmi sotto i quali sono stati raccolti i composti sia con lemma prefisso che suffisso, allo scopo di meglio inquadrare il termine ed indirizzare gli interessati anche sugli innumerevoli termini composti non riportati. Per non appesantire troppo i lemmi e rendere più agevole la consultazione, i principali composti sono stati trattati a sé con opportuni rimandi, come per esempio il lemma *Druck* i cui composti *Druckguss*, *Druckluft*, *Druckmaschine* e *Druckwasser* formano lemmi a sé. L'indicazione del campo d'impiego per ciascuna voce nonché le abbondanti spiegazioni facilitano l'individuazione dei vari termini anche se di uso specifico in Austria e Svizzera.

TEDESCO - ITALIANO

ABKÜRZUNGEN

A	ampere	*Elektroakus.*	Elektroakustik
Ack.b	Ackerbau	*Elektrochem.*	Elektrochemie
Adj.	Adjectiv	*Elektromech.*	Elektromechanik
Adm.	Administration	*Elektrotel.*	Elektrotelephonie
Adv.	Adverb	*engl.*	englisch
Aerodyn.	Aerodynamik	*Erdbew.*	Erdbewegung
Akus.	Akustik	*etc.*	etcetera
allg.	allgemein	*Expl.*	Explosivstoffe
Anstr.	Anstrichtechnik		
Anstr.fehler	Anstrichtechnikfehler	*f.*	Femininum
App.	Apparat	*Fahrz.*	Fahrzeug
Arb.	Arbeit, Arbeiter, Verarbeitung	*Fernseh.*	Fernsehtechnik
		Fernspr.	Fernsprechtechnik
Arb.-Organ.	Arbeit-Organization	*Feuerw.*	Feuerwaffe
Arch.	Architektur	*Filmtech.*	Filmtechnik
Astr.	Astronomie	*finanz.*	finanziell
Atomphys.	Atomphysik	*Flugw.*	Flugwesen
Aut.	Automobil	*Funk.*	Funktechnik
Autom.	Automatisierung	*Funknav.*	Funknavigation
b.B.	bewehrter Beton	*g*	Gramm
Bauk.	Baukunst	*G.S.*	Gleichstrom
Baukonstr.lehre	Baukonstruktionslehre	*Geod.*	Geodäsie
Bauw.	Bauwesen	*Geogr.*	Geographie
Bearb.	Bearbeitung	*Geol.*	Geologie
Beleucht.	Beleuchtung	*Geom.*	Geometrie
Betriebspsychol.	Betriebspsychologie	*Geophys.*	Geophysik
Biochem.	Biochemie	*Ger.*	Gerät
Biol.	Biologie	*Giess.*	Giesserei
Blechbearb.	Blechbearbeitung	*Giess.fehler*	Giessereifehler
Brennst.	Brennstoff	*Glasind.*	Glasindustrie
Brück.b.	Brückenbau	*graph. Ind.*	graphische Industrie
cbm	Kubikmeter	*Hebevorr.*	Hebevorrichtung
cbmm	Kubikmillimeter	*Herst.*	Herstellung
Chem.	Chemie	*Holzbearb.*	Holzbearbeitung
chem. Ind.	chemische Industrie	*Hydr.*	Hydraulik
cm³	Kubikzentimeter		
cm²	Quadratzentimeter	*ind.*	industriell
cm	Zentimeter	*Ind.*	Industrie
		ind. Chem.	industrielle Chemie
Datenverarb.	Datenverarbeitung	*ind. Psychol.*	industrielle Psychologie
dm	Dezimeter	*Ing.b.*	Ingenieurbau
dm³	Kubikdezimeter	*Instr.*	Instrument
dm²	Quadratdezimeter		
Dokum.	Dokumentation	*Kältemasch.*	Kältemaschine
Druck.	Drucken, Druckerei, Drucktechnik	*Kernphys.*	Kernphysik
		kg	Kilogramm
Druckmasch.	Druckmaschine	*kgm*	Kilogrammeter
dz	Doppelzentner	*km*	Kilometer
		komm.	kommerziell
Einh.	Einheit	*Kriegsmar.*	Kriegsmarine
Eisenb.	Eisenbahn	*kW*	Kilowatt
elekt.	elektrisch	*kWh*	Kilowattstunde
Elekt.	Elektrizität, Elektrotechnik		
		l	Liter
Elekt.mot.	Elektromotor	*Landw.*	Landwirtschaft

Leit.	Leitungen	*Radioakt.*	Radioaktivität
Lith.	Lithographie	*Rechenmasch.*	Rechenmaschine
Luftf.w.	Luftfahrtwesen	*recht.*	rechtlich
Luftw.	Luftwaffe		
		s.	Substantiv, Hauptwort
m.	Maskulinum	*Stat.*	Statistik
m	Meter	*Strahltriebw.*	Strahltriebwerk
Masch.	Maschine	*Strass.b.*	Strassenbau
Math.	Mathematik	*Strass.ver.*	Strassenverkehr
Maur.	Maurer	*schweiz.*	schweizerisch
mech.	mechanisch		
Mech.	Mechanik		
mech. Bearb.	mechanische Bearbeitung	*t*	Tonne
Mech. der Flüss.k.	Mechanik der Flüssigkeiten	*Technol.*	Technologie
mech. Technol.	mechanische Technologie	*Teleph.*	Telephon
Med.	Medizin	*Telegr.*	Telegraphie
med. Instr.	medizinisches Instrument	*Text.*	Textil
Metall.	Metallurgie, Metall	*Textilmasch.*	Textilmaschine
metall.	metallurgisch	*Textilind.*	Textilindustrie
Metallbearb.	Metallbearbeitung	*Thermodyn.*	Thermodynamik
metall. Ind.	metallurgische Industrie	*Tischl.*	Tischlerei
Meteor.	Meteorologie	*Top.*	Topographie
mg	Milligramm	*Transp.*	Transport
milit.	militärisch	*Turb.*	Turbine
Min.	Mineralogie	*Typ.*	Typographie
mm	Millimeter		
Mot.	Verbrennungsmotor	*usw.*	und so weiter
n.	Neutrum	*v.*	Verb
naut.	nautisch	*v.i.*	Verb intransitiv
Navig.	Navigation	*v.t.*	Verb transitiv
NC - Werkz.masch.	numerische Steuerung-Werkzeugmaschine	*V*	Volt
		Verbr.	Verbrennung
		Verk.	Verkehr
Ölhydr.	Ölhydraulik	*Vorr.*	Vorrichtung
Organ.	Organization		
Opt.	Optik		
österr.	österreichisch	*W*	Watt
		Walzw.	Walzwerk
Pers.	Personal	*Wärmebeh.*	Wärmebehandlung
Pers.-Org.	Personal-Organization	*Wass.b.*	Wasserbau
Pharm.	Pharmazie	*Werkz.*	Werkzeug
Phot.	Photographie	*Werkz.masch.*	Werkzeugmaschine
Photogr.	Photogrammetrie	*Werkz.masch.bearb.*	Werkzeugmaschinenbearbeitung
Photomech.	Photomechanik		
phys.	physikalisch	*Wissens.*	Wissenschaft
Phys.	Physik	*W.S.*	Wechselstrom
pl.	Plural		
Progr.	Programmierung, Planung	*z. B.*	zum Beispiel
P.S.	Pferdestärke	*Zeichn.*	Zeichnen
Psychol.	Psychologie	*Zeitg.*	Zeitung
Psychotech.	Psychotechnik	*Zimm.*	Zimmerei
		« »	Kennzeichen für di fremden Stichwörter oder deren Richtigkeit unbestätigt ist
qkm	Quadratkilometer		
qm	Quadratmeter		
qmm	Quadratmillimeter		

A

A (ampere) (*Elekt.*), A, ampere. 2 ~ (Haltepunkt) (*Metall.*), punto di trasformazione, punto critico. 3 ~ (Austenit) (*Wärmebeh.*), A, austenite. 4 ~ (Ader) (*Elekt.*), conduttore (isolato), filo (isolato).
Å (ÅE, Å.E., Ångströmeinheit, 10^{-8} cm) (*Masseinheit*), Å, Ångström.
Ā (absolute Grösse) (*Mass.*), grandezza assoluta.
a (Atto- = 10^{-18}) (*Masseinh.*), a, atto. 2 ~ (Ar, 100 m²) (*Masseinh.*), a, ara. 3 ~ (Jahr) (*Masseinh.*), anno. 4 ~ (hochgesetzt, Jahr) (*Astr.*), anno. 5 ~ (ein) (*allg.*) (*österr.*), uno. 6 ~ (ungefähr) (*allg.*) (*österr.*), circa.
a. (am, an, a. Main z. B.) (*Geogr.*), sul, sulla.
AA (Arbeitsausschuss) (*Normung*), comitato di lavoro.
aa (āā, ana, auf Rezepten für: in gleicher Menge) (*Med. - Pharm.*), ana. 2 ~ (auch) (*allg.*) (*österr.*), anche.
a.a. (ad acta, zu den Akten) (*Büro*), agli atti.
AAB (Kurzform für ÖAAB, Österreichischer Arbeiter- und Angestelltenbund) (*Arb.*), associazione lavoratori austriaca.
A-Achse (gelenkte Vorderachse des Zugfahrzeugs eines Sattelzuges) (*f. - Fahr.*), assale anteriore, avantreno. 2 ~ (bei Fahrz. mit drei Achsen) (*f. - Fahrz.*), assale anteriore.
Aap (Dreiecksegel) (*n. - naut.*), vela triangolare.
Aas (Fleisch) (*n. - Lederind.*), carne, carniccio. 2 ~ **seite** (Fleischseite des Leders) (*f. - Lederind.*), lato carne.
AB (Aussetzender Betrieb) (*elekt. Masch.*), servizio intermittente. 2 ~ (Amplitudenbegrenzer) (*Funk.*), limitatore di ampiezza. 3 ~ (Anodenbatterie) (*Funk.*), batteria anodica.
ab (frei, franko) (*komm.*), franco. 2 ~ (von... an) (*allg.*), dal, a partire da, a datare da. 3 ~ (Bewegung) (*adv.*), verso il basso, discendente. 4 ~ ! (stoss ab, vom Ufer) (*naut.*), scosta!, molla! 5 ~ (weniger) (*Math.*), meno. 6 ~ **erstem Januar** (*allg.*), dal primo gennaio. 7 ~ **Kai** (*komm.*), franco banchina. 8 ~ **Lager** (Lieferung) (*komm.*), pronta. 9 ~ **Spesen** (abzüglich Spesen) (*komm.*), meno le spese, detratte le spese. 10 ~ **Werk** (*komm.*), franco fabbrica, franco stabilimento. 11 **auf-** ~ (Bewegung eines Querhaupts z. B.) (*Masch.*), alto - basso. 12 **auf und** ~ (Bewegung) (*allg.*), salita, discesa. 13 **Zahlung** ~ (*komm. - etc.*) pagamento dal, pagamento a partire da.
Abaka (Abaca, Manilahanf) (*m. - Text.*), abaca, canapa di Manilla.
Abakus (Rechentafel) (*m. - Math.*), abaco. 2 ~ (Deckplatte) (*Baukunst*), abaco.
Abampere (absolutes Ampere) (*n. - Masseinh.*), abampere.
abänderlich (abänderungsfähig) (*allg.*), modificabile.

abändern (ändern, modifizieren) (*allg.*), cambiare, variare, modificare.
Abänderung (Änderung, Modifikation) (*f. - allg.*), cambiamento, variazione, modifica. 2 ~ (Änderung) (*Zeichn.*), modifica, aggiornamento. 3 ~ (einer Gesetzesvorlage z. B.) (*recht.*), emendamento. 4 ~ **s·antrag** (*m. - Druck. - etc.*), aggiornamento, supplemento aggiornativo. 5 ~ **s·patent** (*n. - recht.*), brevetto suppletivo. 6 ~ **s·vorschlag** (*m. - Konstruktion - etc.*), proposta di modifica.
Abandon (Überlassung, eines Schiffes an die Versicherer) (*m. - Seeversicherung*), abbandono.
abandonnieren (überlassen, ein Schiff den Versicherern) (*Seeversicherung*), abbandonare.
ABAO (Arbeitsschutz- und Brandschutzanordnung) (*Arb.*), regolamento per la protezione del lavoro ed anticendio.
abarbeiten (Schiffe) (*naut.*), disincagliare. 2 **sich** ~ (*allg.*), consumarsi, logorarsi, usurarsi.
Abarbeitung (in einer bestimmten Zeit einem Speicher entnommene Wassermenge) (*f. - Hydr. - Wass.b.*), portata derivabile, erogazione specifica.
abarischer Punkt (zwischen zwei Massen, Erde und Mond z. B) (*Astr. - etc.*), punto abarico, punto di assenza di peso.
Abart (Spielart) (*f. - allg.*), varietà, specie.
A-Batterie (Heizbatterie) (*f. - Funk.*), batteria di accensione, batteria di filamento.
Abätzen (*n. - Metall.*), attacco acido.
abätzen (*allg.*), corrodere, intaccare. 2 ~ (*Metall.*), attaccare con acido.
Abb. (Abbildung) (*Druck. - etc.*), figura, illustrazione.
Abballen (Absetzen mittels Balleisen) (*n. - Schmieden*), stiratura con scalpello.
Abbau (Gewinnung nutzbarer Mineralien) (*m. - Bergbau*), scavo, abbattimento, coltivazione. 2 ~ (Gewinnungsort) (*Bergbau*), cantiere. 3 ~ (Zerlegung) (*Chem.*), scomposizione. 4 ~ (Abspaltung von Kernteilchen) (*Kernphys.*), fissione. 5 ~ (Verringerung, der Preise) (*komm.*), diminuzione, riduzione. 6 ~ (eines Hauses) (*Bauw.*), demolizione. 7 ~ (Demontage, Demontieren) (*Mech. - etc.*), smontaggio. 8 ~ **der Eigenspannungen** (*Metall.*), eliminazione delle tensioni interne. 9 ~ **entschädigung** (Entlassungsgeld) (*f. - Pers. - Arb.*), indennità di licenziamento. 10 ~ **hammer** (*m. - Bergbau - Masch.*), martello pneumatico, martello perforatore. 11 ~ **konzession** (*f. - Bergbau*), concessione mineraria. 12 ~ **meissel** (*m. - Bergbau - Werkz.*), scalpello. 13 ~ **mit Abständen** (Abbau mit Bergfesten, Gewinnung) (*Bergbau*), coltivazione a pilastri (abbandonati). 14 ~ **mit Abständen** (Abbau mit Bergfesten, Gewinnungsort) (*Bergbau*), cantiere a pilastri (abbandonati). 15 ~ **mit Bergeversatz** (Gewinnung)

abbaubar

(*Bergbau*), coltivazione con ripiena. 16 ~ mit **Bergeversatz** (Gewinnungsort) (*Bergbau*), cantiere con ripiena. 17 ~ **mit Firstenstoss** (Gewinnung) (*Bergbau*), coltivazione a gradino rovescio. 18 ~ **mit Firstenstoss** (Gewinnungsort) (*Bergbau*), cantiere a gradino rovescio. 19 ~ **mit Strossenstoss** (Gewinnung) (*Bergbau*), coltivazione a gradino diritto. 20 ~ **mit Strossenstoss** (Gewinnungsort) (*Bergbau*), cantiere a gradino diritto. 21 ~ **ort** (*m. - Bergbau*), cantiere. 22 ~ **sohle** (*f. - Bergbau*), livello di coltivazione. 23 ~ **stoss** (*m. - Bergbau*), fronte di avanzamento, fronte di abbattimento, fronte di coltivazione, fronte di attacco. 24 **Gehalts** ~ (*Pers.*) riduzione di stipendio.

abbaubar (Kunststoff z. B.) (*Chem. - etc.*), degradabile.

Abbaubarkeit (von Detergenten) (*f. - Chem.*), biodegradabilità.

abbauen (*Bergbau*), scavare, abbattere, coltivare. 2 ~ (*Chem.*), scomporre. 3 ~ (abspalten) (*Kernphys.*), sottoporre a fissione. 4 ~ (abtragen) (*Bauw.*), demolire. 5 ~ (demontieren) (*Mech. - etc.*), smontare. 6 ~ (herabsetzen, die Preise z. B.) (*allg.*), diminuire, ridurre. 7 ~ (entlassen) (*Arb. - Pers.*), licenziare. 8 **die Belegschaft** ~ (*Pers.*), ridurre il personale. 9 ~ **einen Firstenstoss** ~ (*Bergbau*), coltivare a gradino rovescio. 10 **einen Strossenstoss** ~ (*Bergbau*), coltivare a gradino diritto.

abbaufähig (*Bergbau*), siehe abbauwürdig.

abbauwürdig (abbaufähig) (*Bergbau*), coltivabile, sfruttabile.

Abbeizen (*n. - Metall.*), decapaggio. 2 ~ (*Anstr.*), sverniciatura al solvente.

abbeizen (*Metall.*), decapare. 2 ~ (eine lakkierte Oberfläche) (*Anstr.*), sverniciare con solvente.

Abbeizfluid (lösendes Abbeizmittel, neutrales Abbeizmittel) (*n. - Anstr.*), sverniciatore al solvente.

Abbeizmittel (*n. - Metall.*), decapante, bagno di decapaggio. 2 ~ (*Anstr.*), sverniciatore al solvente.

Abbe-Prisma (*n. - Opt.*), prisma di Abbe.
Abbesche Zahl (*f. - Opt.*), numero di Abbe.
Abbe-Spektrometer (*n. - Opt.*), spettrometro di Abbe.

abbestellen (einen Auftrag) (*komm.*), annullare (un ordine). 2 ~ (eine Zeitschrift z. B.) (*Zeitg. - komm.*), disdire (l'abbonamento p. es.).

Abbestellung (eines Auftrages) (*f. - komm.*), annullamento (di ordine). 2 ~ (einer Zeitschrift z. B.) (*Zeitg. - komm.*), disdetta (dell'abbonamento p. es.).

abbeugen (Strahlen) (*Phys.*), deviare, deflettere.

Abbewegung (Abwärtsbewegung) (*f. - Werkz. masch.bearb.*), movimento discendente, corsa verso il basso.

abbezahlen (*komm.*), pagare a rate. 2 ~ (tilgen) (*finanz.*), ammortizzare.

Abbezahlung (*f. - komm.*), pagamento a rate. 2 ~ (Tilgung) (*Adm.*), ammortamento.

Abbiegen (bei dem das freie Schenkel um eine Achse geschwenkt wird) (*n. - Blechbearb.*), piegatura (con piegatrice a cerniera), piegatura a rotazione (della parte libera).

abbiegen (*allg.*), piegare.

Abbiegestanze (*f. - Blechbearb.masch.*), piegatrice (a cerniera).

Abbiegung (*f. - allg.*), piegatura. 2 ~ (elastische) (*Baukonstr.lehre*), inflessione. 3 ~ (*allg.*), siehe auch Biegung.

Abbild (Wiedergabe) (*n. - allg.*), riproduzione. 2 ~ (Kopie) (*allg.*), copia. 3 ~ (getreue Wiedergabe) (*n. - allg.*), copia fedele.

abbilden (*Opt.*), formarsi di un'immagine.

Abbildung (gedrucktes Bild) (*f. - allg.*), figura, illustrazione. 2 ~ (Bild) (*Opt.*), immagine. 3 ~ (bei der Mengenlehre z. B.) (*Math.*), applicazione. 4 ~ **s·fehler** (*m. - Opt.*), difetto dell'immagine. 5 ~ **s·güte** (*f. - Opt.*), definizione dell'immagine. 6 ~ **s·spule** (Fokussierungsspule) (*f. - Elektronik*), bobina focalizzatrice. 7 ~ **s·verfahren** (*n. - Metall.*), siehe Abdruckverfahren. 8 ~ **s·vermögen** (*n. - Opt.*), potere risolvente, potere separatore. 9 **abstandtreue** ~ (*Kartographie*), proiezione equidistante. 10 **amerikanische polykonische** ~ (*Kartographie*), proiezione policonica americana. 11 **Mercator-** ~ (*Kartographie*), proiezione di Mercatore. 12 **mit** ~**en versehen** (*Druck.*), illustrare.

Abbimsen (Bimsen) (*n. - Technol.*), pomiciatura. 2 ~ (Schleifen) (*Lederind.*), smerigliatura.

abbimsen (bimsen) (*Technol.*), pomiciare.

Abbindebeschleuniger (*m. - Bauw.*), accelerante della presa.

Abbindedraht (Massekabel) (*m. - Elekt. - Flugw.*), filo di massa, cavetto di massa.

Abbinden (*n. - Maur.*), presa. 2 ~ (des Stickstoffes z. B.) (*Metall.*), fissazione. 3 ~ (des Klebstoffes) (*chem. Ind.*), presa. 4 **Kalt** ~ (des Klebstoffes) (*chem. Ind.*), presa a freddo. 5 **Warm** ~ (des Klebstoffes) (*chem. Ind.*), presa a caldo.

abbinden (losmachen) (*allg.*), slegare, sciogliere. 2 ~ (des Mörtels oder des Betons) (*Maur.*), far presa. 3 ~ (erden) (*Flugw. - Elekt.*), collegare a massa. 4 ~ (binden) (*Tischl.*), unire.

Abbindeplatz (Zimmerplatz) (*m. - Bauw.*), cantiere.

Abbindewärme (bei Zement- Wasser-Reaktion, Hydratationswärme) (*f. - Bauw.*), calore di idratazione, calore di (reazione nella) presa.

Abbindezeit (*f. - Maur.*), durata della presa, tempo di presa. 2 ~ **regler** (*m. - Bauw.*), regolatore del tempo di presa.

Abbindung (des Mörtels) (*f. - Maur.*), presa. 2 ~ (Seilabbindung, Bändsel) (*Seile*), legatura.

Abblasedruck (eines Sicherheitsventils z. B.) (*m. - Kessel - etc.*), pressione di scarico.

Abblasen (eines Guss·stückes mit Sand) (*n. - mech. Technol.*), sabbiatura. 2 ~ **mit Stahlkies** (von Guss·stücken z. B.) (*mech. Technol.*), granigliatura. 3 ~ **mit Stahlkugeln** (*mech. Technol.*), pallinatura.

abblasen (den Dampf) (*Kessel - etc.*), scaricare. 2 ~ (das Guss·stück mit Sand) (*Giess.*), sabbiare. 3 ~ (durch Blasen säubern) (*allg.*),

pulire con aria compressa. 4 ~ (Kerne oder Formen, zum Reinigen) (*Giess.*), pulire con aria compressa. 5 ~ **mit Stahlkies** (Gussstücke z. B.) (*mech. Technol.*), granigliare. 6 ~ **mit Stahlkugeln** (*mech. Technol.*), pallinare.
Abblaseventil (*n. - Kessel - etc.*), valvola di scarico, valvola di spurgo.
Abblasevorrichtung (Russbläser z. B.) (*f. - Ger.*), soffiatore.
Abblättern (*n. - Metall.*), sfaldatura, sfogliatura. 2 ~ (Abschälen) (*n. - Anstr.fehler*), spellatura.
abblättern (*Metall.*), scrostarsi, sfogliarsi. 2 ~ (*Anstr.fehler*), spellarsi, formarsi di scaglie.
Abblätterung (*f. - Metall. - etc.*), siehe Abblättern.
abblendbar (Innenrückspiegel z. B.) (*Aut.*), antiabbagliante, deviabile contro l'abbagliamento.
Abblendbündel (Abblendlicht) (*n. - Aut.*), fascio anabbagliante. 2 **asymmetrisches** ~ (*Aut.*), fascio anabbagliante asimmetrico.
abblenden (*Opt. - Phot.*), diaframmare. 2 ~ (die Aufnahme beenden) (*Filmtech.*), cessare la ripresa. 3 **die Scheinwerfer** ~ (*Aut.*), commutare la luce abbagliante con quella anabbagliante.
Abblendfaden (eines Scheinwerfers) (*m. - Aut.*), filamento anabbagliante.
Abblendlicht (*n. - Aut.*), luce anabbagliante. 2 **asymmetrisches** ~ (*Aut.*), luce anabbagliante asimmetrica.
Abblendschalter (*m. - Aut.*), commutatore per luce anabbagliante. 2 **fussbetätigter** ~ (*Aut.*), commutatore a pedale per luce anabbagliante.
Abblendung (*f. - Filmtech.*), dissolvenza in chiusura. 2 ~ (mit Abblendschalter) (*Aut.*), commutazione delle luci abbaglianti.
abblocken (*Elekt. - etc.*), sbloccare.
abbocken (ein Kraftfahrzeug) (*Aut.*), riabbassare, calare a terra.
abbohren (ein Gelände, Gebirge) (*Bergbau - etc.*), trivellare, perforare. 2 ~ (gebrochene Schrauben z. B. wegnehmen) (*Mech.*), asportare col trapano.
Abbohrung (*f. - Bergbau*), trivellazione, perforazione.
abbolzen (verschrauben) (*Mech.*), bullonare.
Abbolzung (Verspreizung, Abspreizung, Bölzung) (*f. - Bauw.*), sbadacchiatura.
abborken (entrinden) (*Holz*), scortecciare, togliere la corteccia.
Abböschung (*f. - allg.*), inclinazione, pendenza.
Abbrand (*m. - Chem.*), residuo (di calcinazione). 2 ~ (Verlust an Metall durch Verbrennung) (*Giess. - Metall.*), calo di fusione, perdita al fuoco. 3 ~ (*Schmieden*), perdita al fuoco, perdita per scoria, perdita per ossidazione. 4 ~ (der Elektroden z. B.) (*Elekt. - etc.*), consumo. 5 ~ (Umwandlung von Atomkernen im Reaktorbetrieb) (*Kernphys.*), consumo. 6 ~ **stumpfschweissung** (Abbrennstumpfschweissung) (*f. - mech. Technol.*), saldatura di testa a scintillio.
Abbrausen (Kühlung, beim Flammhärten) (*n. - Wärmebeh.*), spegnimento a doccia (od a pioggia), raffreddamento a doccia (od a pioggia).

abbrausen (*allg.*), lavare a doccia (od a pioggia), sciacquare a doccia (od a pioggia). 2 ~ (kühlen, beim Flammhärten) (*Wärmebeh.*), spegnere a doccia (od a pioggia), raffreddare a doccia (od a pioggia).
Abbrechen (der Luftlinien) (*n. - Mech. der Flüss.k.*), separazione, distacco.
abbrechen (*allg.*), interrompere, cessare. 2 ~ (abtragen, abbauen) (*Maur.*), demolire. 3 ~ (*Masch.*), demolire, smantellare. 4 **das Schiessen** ~ (*milit.*), cessare il fuoco. 5 **die Beziehungen** ~ (die Verbindungen abbrechen) (*komm.*), rompere le relazioni, sospendere le relazioni.
abbreiten (das Eisen z. B.) (*Metall.*), spianare, stirare.
abbremsen (*Flugw. - etc.*), frenare. 2 ~ (*Mot.*), provare al freno.
Abbremsklotz (*m. - Flugw. - etc.*), tacco, calzatoia.
Abbremsung (*f. - allg.*), frenatura. 2 ~ (Energieverlust, eines Partikels) (*f. - Kernphys.*), ritardo. 3 ~ (Verhältnis zwischen der erzeugten Bremskraft und dem Fahrzeuggewicht in %) (*Aut.*), coefficiente di frenatura, percentuale di frenatura. 4 ~ **s·länge** (Relaxationslänge) (*f. - Kernphys.*), lunghezza di rilassamento. 5 ~ **s·zeit** (eines Elektrons) (*f. - Phys.*), tempo di rilassamento.
Abbrennen (*n. - Anstr.*), sverniciatura alla fiamma.
abbrennen (*allg.*), bruciare, asportare mediante fuoco. 2 ~ (Anstriche) (*Anstr.*), sverniciare alla fiamma. 3 ~ (eine Form) (*Giess.*), siehe abflammen.
Abbrennschweissung (Abschmelzschweissung, bei welcher der Strom erst geschaltet wird und dann nähert man die Schweissflächen bis Funken überspringen) (*f. - mech. Technol.*), saldatura a scintillio.
Abbrennstumpfschweissen (*n. - mech. Technol.*), saldatura di testa a scintillio.
Abbrennzugabe (beim Abschmelz-Stumpfschweissen von Schaftwerkzeugen mit Schnellarbeitsstahl-Schneiden) (*f. - mech. Technol.*), sovrametallo di scintillio.
abbringen (entfernen) (*allg.*), allontanare. 2 ~ (ein gestrandetes Schiff, flottmachen) (*naut.*), disincagliare.
Abbröckeln (von Strassendecken) (*n. - Strass. b.*), rottura, sgretolamento. 2 ~ (Abmeisseln) (*Metall.*), scriccatura (con scalpello), scalpellatura. 3 ~ (Fall, der Preise z. B.) (*komm. - finanz.*), crollo, caduta.
abbröckeln (*allg.*), sgretolarsi. 2 ~ (abmeisseln) (*Metall.*), scalpellare, scriccare (con scalpello). 3 ~ (fallen, dei Preise z. B. (*komm. - finanz.*), crollare, cadere.
Abbröckelung (Fallen, der Preise) (*f. - komm.*), caduta.
Abbruch (eines Gebäudes) (*m. - Bauw.*), demolizione. 2 ~ (einer Letter) (*Druck.*), rottura. 3 ~ (der Verbindungen) (*komm.*), rottura. 4 ~ **arbeit** (Abbruchsarbeit [österr.]) (*f. - Bauw.*), lavoro di demolizione. 5 ~ **hammer** (zum Aufbrechen von Strassendecken) (*m. - Strass.b. - Werkz.*), martello perforatore, martello pneumatico. 6 ~ **höhe** (Volldruckhöhe) (*Flugw. - Mot.*), quota di

abbrücken

ristabilimento. 7 ~ **unternehmung** (f. - Bauw.), impresa demolizioni.
abbrücken (Bauw.), smontare un ponte.
abbrühen (blanchieren) (Textilind.), candeggiare.
abbuchen (abschreiben, eine Schuld z. B.) (Buchhaltung), scomputare. 2 ~ (abziehen) (Adm.), detrarre. 3 ~ (belasten) (Adm.), addebitare.
Abbuchung (Abschreibung) (f. - Buchhaltung), storno. 2 ~ (Abziehung) (Adm.), detrazione.
abbuffen (Leder schmirgelnd bearbeiten) (Lederind.), vellutare, smerigliare il lato fiore.
Abbürstemaschine (f. - Textilmasch.), slappolatrice.
Abcoulomb (absolutes Coulomb) (n. - Masseinh.), abcoulomb, coulomb assoluto.
ABC-Regeln (Regeln für die alphabetische Ordnung) (f. pl. - Adm. - etc.), regole per l'ordine alfabetico.
ABC-Waffen (Atomwaffen, biologische und chemische Waffen) (f. - pl. - Waffen), armi atomiche, biologiche e chimiche.
Abdachung (Abschrägung) (f. - Bauw.), inclinazione. 2 ~ (abdachende Fläche) (Bauw.), falda, spiovente. 3 ~ (des Landes) (Geol.), declivio, declività, pendio.
Abdachverhältnis (n. - Ing.b.), scarpa.
Abdämmung (f. - Wass.b.), sbarramento, diga, argine. 2 ~ (Akus.), isolamento. 3 ~ s·see (Stausee) (m. - Wass.b.), lago artificiale.
Abdampf (m. - Dampfmasch.), vapore di scarico. 2 ~ **heizung** (f. - Heizung), riscaldamento a vapore di scarico. 3 ~ **leitung** (f. - Eisenb. - etc.), tubo di scarico del vapore, tubazione scarico vapore. 4 ~ **ofen** (m. - Chem.), stufa per evaporazione. 5 ~ **rückstand** (m. - Chem.), residuo (di evaporazione). 6 ~ **schale** (f. - Chem.), capsula per calcinazione. 7 ~ **turbine** (f. - Masch.), turbina a vapore di scarico. 8 ~ **vorwärmer** (m. - Kessel), preriscaldatore a vapore di scarico.
abdampfen (eindampfen) (Phys.), evaporare.
abdämpfen (Licht oder Schall herabmindern z. B.) (Akus. - Beleucht. - etc.), attenuare, smorzare. 2 ~ (mit Dampf behandeln) (Technol.), trattare con vapore. 3 ~ (Stösse) (allg.), assorbire, attutire.
Abdampfung (f. - Phys.), evaporazione.
abdanken (zurücktreten) (Arb. - Pers.), dimettersi, dare le dimissioni.
abdarren (trocknen) (Bierind.), essiccare.
Abdeckband (selbstklebendes Band, zum Schützen von Farbe beim Lackieren) (n. - Anstr.), nastro (autoadesivo) per mascheramenti.
Abdeckblech (Schutzblech) (n. - allg.), lamiera di copertura, copertura di lamiera, lamiera di protezione, protezione di lamiera.
Abdecken (eines flüssigen Metallbades) (n. - Giess.), copertura (di protezione). 2 ~ (Abnehmen der Haut, Abziehen, Abzug) (Lederind.), scuoiamento, scoiamento.
abdecken (abnehmen, eine Decke) (allg.), scoprire. 2 ~ (bedecken) (allg.), coprire. 3 ~ (Bergbau), togliere il materiale di copertura, togliere il cappellaccio, togliere il cappello.

4 (Phot.), mascherare. 5 (finanz. - Adm.), coprire. 6 ~ (abziehen, häuten) (Lederind.), scuoiare, scoiare. 7 **ein Haus** ~ (Bauw.), togliere il tetto.
Abdecker (Abdeckmittel) (m. - Phot. - Elektrochem. - etc.), riserva, «resist». 2 ~ (Schinder) (Lederind. - Arb.), scuoiatore.
Abdeckgitter (Schutzgitter) (n. - Bauw. - etc.), grigliato di protezione.
Abdeckhaube (Schutzhaube) (f. - Masch. - etc.), cofano (di protezione).
Abdeckkern (bei kesselartigen Guss-stücken) (m. - Giess.), anima di copertura.
Abdeckmittel (auf dem flüssigen Metall) (n. - Giess.), copertura di protezione. 2 ~ (Abdecker) (Phot. - Elektrochem. - etc.), riserva, «resist».
Abdeckplatte (f. - allg.), piastra di copertura. 2 ~ (für Wartung) (Kessel - etc.), sportello (d'ispezione), portello (d'ispezione).
Abdeckstein (Kappe, einer Mauer z. B.) (m. - Bauw.), copertina, cimasa.
Abdeckung (Kappe, einer Mauer z. B.) (f. - Bauw.), copertina, cimasa. 2 ~ (eines Wabenkühlers) (Aut.), persiana, parzializzatore. 3 ~ (einer Schuld z. B.) (Buchhaltung - komm.), copertura. 4 ~ (Ofen), volta. 5 **Ofen** ~ (Ofen), volta del forno.
Abdestillieren (n. - chem. Ind.), siehe Destillation, Destillieren.
abdestillieren (chem. Ind.), siehe destillieren.
Abdichten (eines Lecks) (n. - Schiffbau), otturazione, tamponamento, raddobbo.
abdichten (Mech.), rendere stagno, chiudere a tenuta, «ermetizzare». 2 ~ (kalfatern) (Schiffbau), calafatare. 3 ~ (gegen Feuchtigkeit) (Bauw.), impermeabilizzare.
Abdichtung (Dichtigkeit) (f. - Mech.), tenuta stagna. 2 ~ (Dichtungsmittel) (Mot. - Mech.), guarnizione, «tenuta». 3 ~ (Vorgang) (Mech.), chiusura a tenuta, «ermetizzazione», chiusura ermetica. 4 ~ (gegen Feuchtigkeit oder Grundwasser z. B.) (Bauw.), impermeabilizzazione. 5 ~ (Kalfatern) (Schiffbau), calafataggio. 6 ~ (Text. - Flugw.), impermeabilizzazione. 7 ~ **gegen Ölaustritt** (Abdichtungsmittel) (Mech.), guarnizione a tenuta d'olio. 8 ~ **s·profil** (aus Gummi z. B.) (n. - Aut. - Technol. - etc.), profilato di tenuta, profilato di guarnizione. 9 ~ **s·ring** (m. - Mech. - etc.), anello di tenuta. 10 **Filz** ~ (Mech.), guarnizione di feltro. 11 **Gummi** ~ (Mech.), guarnizione di gomma.
Abdrängkraft (beim Innenräumen z. B.) (f. - Werkz.masch.bearb.), forza laterale, componente normale (all'asse della broccia).
Abdrängung (Abdrift) (f. - Flugw.), deriva. 2 ~ (naut.), scarroccio. 3 ~ **s·messer** (m. - Flugw. - Instr.), indicatore di deriva, derivometro.
Abdrehdiamant (für Schleifscheiben) (m. - Werkz.masch.), diamante ravvivatore, diamante per ripassatura.
Abdrehen (mit Drehbank) (n. - Werkz.masch.), tornitura. 2 ~ (von Schleifscheiben) (Werkz.masch.), ravvivatura, ripassatura.
abdrehen (mit Drehbank) (Werkz.masch.), tornire. 2 ~ (Schleifscheiben) (Werkz. masch.), ravvivare, ripassare. 3 ~ (schälen, Halbzeuge, Stangen) (Metall.), pelare, scortec-

ciare. 4 ~ (Verbandsflug) (*Flugw.*), staccarsi (dalla formazione). 5 ~ (zudrehen, einen Hahn z. B.) (*Leit. - etc.*), chiudere. 6 ~ (das Licht) (*Elekt. - Beleucht.*), spegnere. 7 ~ (den Kurs verlassen) (*naut. - Navig.*), deviare dalla rotta.
Abdrehfräser (für Schleifscheiben) (*m. - Werkz.*), fresa per ravvivare, fresa per ripassare (mole).
Abdrehprobe (*f. - Werkstoffprüfung*), provino da tornire. 2 Kohlenstoff- ~ (zur Ermittlung der Kohlenstoffverlaufkurven, beim Einsatzhärten z. B.) (*Wärmebeh.*), provino da tornire (a passate) per (determinare la curva del) carbonio.
Abdrehspäne (*m.pl. - Mech.*), trucioli di tornitura, tornitura.
Abdrehvorrichtung (zum Drehen) (*f. - Mech. Vorr.*), attrezzo per tornitura, attrezzo per tornire. 2 ~ (für Schleifscheiben) (*Werkz.*), ripassatore, ravvivatore, dispositivo per ripassatura.
Abdrift (Abtrift) (*f. - Flugw. - naut.*), deriva. 2 ~ anzeiger (*m. - Flugw. - Instr.*), indicatore di deriva. 3 ~ messer (*m. - Flugw. - Instr.*), derivometro. 4 ~ winkel (*m. - Flugw. - naut.*), angolo di deriva.
abdrosseln (einen Vergasermotor) (*Mot.*), decelerare, chiudere il gas. 2 ~ (*allg.*), *siehe auch* drosseln.
Abdrosselung (*f. - Mot.*), decelerazione, chiusura del gas.
Abdruck (Dauerspur) (*m. - allg.*), impronta. 2 ~ (*Phot.*), copia. 3 ~ (*Buchdruck*), stampa. 4 ~ durch Zangen (*Metall. - Fehler*), impronta di tenaglia. 5 ~ film-Interferenz-Verfahren (zum Messen der Rauheit einer bearbeiteten Oberfläche) (*n. - mech. Technol.*), procedimento interferometrico su replica, procedimento interferometrico su calco pellicolare. 6 ~ löffel (*m. - Zahnarzt - Werkz.*), cucchiaio per impronte. 7 ~ masse (plastische Masse) (*f. - Technol.*), materiale per calchi. 8 ~ verfahren (Abbildungsverfahren, zur Darstellung der Makro- und Mikrobeschaffenheit einer metall. Oberfläche) (*n. - Metall.*), replica, calco pellicolare. 9 ~ versuch (*m. - Kessel - etc.*), prova a pressione. 10 ~ von Walzenrissen (*Metall. - Fehler*), impronta da cricche di cilindro. 11 ~ vorrichtung (*f. - Feuerwaffe*), meccanismo di sparo, dispositivo di sparo. 12 Baumann ~ (*Metall.*), prova Baumann, prova (presenza zolfo) con reattivo d'impronta. 13 Bürsten ~ (*Druck.*), bozza (inchiostrata) a spazzola. 14 Finger ~ (*recht.*), impronta digitale. 15 Probe ~ (*Druck.*), bozza di stampa.
abdrucken (*Buchdruck*), stampare. 2 ~ (*allg.*), riprodurre.
abdrücken (*allg.*), premere. 2 ~ (einen Kessel z. B.) (*Kessel - etc.*), provare a pressione, sottoporre a prova idraulica, « pressare ». 3 ~ (trennen, von zwei Stücken mit Abdrückschraube z. B.) (*Mech.*), separare, estrarre. 4 ~ (abfeuern) (*Feuerwaffe*), sparare, far fuoco, scaricare. 5 ~ (ein Siegel) (*allg.*), apporre, imprimere. 6 ~ (abscheren) (*mech. Technol.*), troncare.
Abdrücklokomotive (*f. - Eisenb.*), locomotiva di spinta.

Abdrückmutter (für Fräserspindel z. B.) (*f. - Mech.*), ghiera di separazione, ghiera di estrazione.
Abdrückschraube (zum Trennen zweier Stücke z. B.) (*f. - Mech.*), vite di separazione, vite di estrazione.
Abdrückversuch (Innendruckversuch, von Hohlkörpern) (*m. - Technol.*), prova idraulica, prova di pressatura.
Abduktion (Abduzieren) (*f. - Med.*), abduzione.
Abduktor (Abzieher, Muskel) (*m. - Med.*), abduttore.
abdunkeln (*allg.*), oscurare. 2 ~ (das Licht) (*Beleuchtung*), abbassare.
abebben (Flut) (*See*), rifluire.
abecken (*Mech. - etc.*), smussare.
abeisen (*allg.*), togliere il ghiaccio.
abelsch (kommutativ) (*Math.*), abeliano, commutativo. 2 ~ e Gruppe (kommutative Gruppe) (*Math.*), gruppo abeliano, gruppo commutativo.
Abendausgabe (*f. - Zeitg.*), edizione della sera.
Abendblatt (Abendzeitung) (*n. - Zeitg.*), giornale della sera.
Abendbörse (*f. - finanz.*), dopoborsa.
Abendschicht (*f. - Arb.*), turno di notte.
Abendschule (*f. - Schule*), scuola serale.
äberächt (angemessen, angepasst) (*allg. - schweiz.*), adatto, adeguato.
aberkennen (rechtskräftig wegnehmen, die Ehrenrechte z. B.) (*recht.*), privare.
Aberration (*f. - Opt. - Phot.*), aberrazione. 2 ~ des Lichtes (*Opt.*), aberrazione della luce. 3 chromatische ~ (*Opt.*), aberrazione cromatica. 4 sphärische ~ (*Opt.*), aberrazione sferica.
aberregen (*Elekt.*), diseccitare.
Aberregung (*f. - Elekt.*), diseccitazione.
Abf. (Abfahrt) (*allg.*), partenza.
abfachen (*Zimm.*), pennellare. 2 ~ (ausfachen) (*Bauw.*), tamponare.
abfackeln (ausflammen, mit Flamme reinigen) (*Metall.*), sfiammare, pulire alla fiamma.
abfahren (einen Ort verlassen) (*allg.*), partire, andare via. 2 ~ (wegführen) (*Transp.*), trasportare via. 3 ~ (die Tahlfahrt machen) (*Fahrz. - etc.*), fare la discesa, percorrere la discesa.
Abfahrgrenze (Grenze der Verkehrsicherheit von Kraftfahrzeugreifen) (*f. - Aut.*), limite di usura.
Abfahrt (*f. - allg.*), partenza. 2 ~ s-signal (*n. - Eisenb.*), segnale di partenza.
Abfall (Abfallstoff) (*m. - allg.*), cascame, sfrido, rifiuto. 2 ~ (*Mech. - Schmieden*), sfrido. 3 ~ (Blechabfall) (*Blechbearb.*), ritagli, sfridi. 4 ~ (*Kernphys.*), rifiuto. 5 ~ (*Textilind.*), cascame. 6 ~ (des Stromes z. B.) (*Elekt.*), caduta. 7 ~ (Aussparung am Rande eines Werkstückes z. B.) (*Mech.*), scarico. 8 ~ (eines Relais) (*Elekt.*), diseccitazione, caduta. 9 ~ (Neigung) (*allg.*), inclinazione. 10 ~, *siehe auch* Abfälle. 11 ~ beseitigung (Beseitigung der Abfälle) (*f. - Atomphys.*), smaltimento dei rifiuti, eliminazione dei rifiuti. 12 ~ eisen (*n. - Metall.*), rottame di ferro. 13 ~ ende (eines Blockes) (*n. - Metall.*), spuntatura. 14 ~ erz (*n. - Bergbau*),

Abfälle

sterile. 15 ~ **erzeugnis** (Abfallprodukt, weiter verwertbares) (*n. - Ind.*), sottoprodotto. 16 ~ **koks** (*m. - Brennstoff*), scorie di coke. 17 ~ **lauge** (Ablauge, Endlauge) (*f. - chem. Ind.*), sottoliscivia. 18 ~ **produkte** (Abfälle) (*n. - pl. - Kernphys.*), rifiuti. 19 ~ **reiniger** (Willow) (*m. - Textilmasch.*), apritoio, battitoio, lupo apritore. 20 ~ **rohr** (*n. - Bauw.*), pluviale. 21 ~ **s·anlage** (*f. - Atomphys.*), impianto di smaltimento (dei rifiuti). 22 ~ **schacht** (*m. - Wass.b.*), pozzo di troppo pieno. 23 ~ **schere** (Schrottschere) (*f. - Werkz.masch.*), cesoia tagliarottami. 24 ~ **wert** (eines Relais) (*m. - Elekt.*), valore di caduta, valore di diseccitazione. 25 ~ **zeit** (eines Relais z. B.) (*f. - Elekt. - etc.*), tempo di caduta, tempo di diseccitazione. 26 **Hütten** ~ (Metallabfall) (*Metall.*), rottame (metallico). 27 **verwertbarer** ~ **stoff** (*Ind.*), sottoprodotto. 28 **zum** ~ **werfen** (*Ind.*), gettare a rottame, « rottamare », scartare.
Abfälle (*m. - pl. - allg.*), cascami, sfridi, rifiuti. 2 ~ (*Mech. - Schmieden*), sfridi. 3 ~ (Abfallprodukte) (*Kernphys.*), rifiuti. 4 ~ (*Text.*), cascami. 5 **Beseitigung der** ~ (*Kernphys.*), smaltimento dei rifiuti, eliminazione dei rifiuti. 6 **radioaktive** ~ (*Kernphys.*), rifiuti radioattivi.
Abfallen (Abfall, eines Relais) (*n. - Elekt.*), caduta, diseccitazione. 2 ~ (eines Seiles z. B., aus einer Scheibe) (*Hebevorr. - etc.*), scarrucolamento.
abfallen (vom Kurs abgetrieben werden) (*naut.*), scadere. 2 ~ (der Spannung) (*Elekt.*), cadere. 3 ~ (eines Relais) (*Elekt.*), cadere, diseccitarsi. 4 ~ (eines Seiles, aus einer Scheibe) (*Hebevorr. - etc.*), scarrucolarsi. 5 ~ (den Kurs ändern durch Stenern) (*naut.*), cambiare rotta. 6 ~ (geringer werden) (*allg.*), diminuire.
abfallend (*Strasse*), in discesa. 2 ~ (Fläche) (*allg.*), inclinato, in pendenza.
abfällig (ungünstig) (*allg.*) sfavorevole.
Abfangen (*n. - Flugw.*), richiamata, ripresa. 2 ~ (von Schmelzen, plötzliche Unterbrechung des Frischprozesses) (*Metall.*), interruzione (brusca).
abfangen (stützen, eine Brücke z. B.) (*Bauw.*), puntellare. 2 ~ (*Flugw.*), richiamare, riportarsi in volo orizzontale. 3 ~ (Atome) (*Atomphys.*), catturare. 4 ~ (Stösse aufnehmen z. B.) (*allg.*), assorbire. 5 ~ (eine Übertragung z .B.) (*Funk. - etc.*), captare, intercettare. 6 ~ (ein schleuderndes Auto z. B.) (*Aut. - etc.*), riprendere il controllo. 7 ~ (abstechen, das Eisen) (*Giess.*), spillare. 8 ~ (sammeln) (*allg.*), raccogliere. 9 **eine Nachricht** ~ (*Funk. - etc.*), intercettare un messaggio. 10 **Neutronen** ~ (*Atomphys.*), catturare neutroni.
Abfangfall (*m. - Flugw.*), condizione di richiamata.
Abfangjäger (*m. - Luftw.*), caccia intercettatore, intercettatore.
Abfangklappe (*f. - Flugw.*), ipersostentatore di richiamata.
Abfangkreis (in Laufzeitröhren) (*m. - Elektronik*), circuito intercettatore.

Abfangplatte (eines Kupolofens) (*f. - Giess.*), piastra di supporto.
Abfangradius (*m. - Flugw.*), raggio di richiamata.
Abfangschmelze (*f. - Metall.*), colata interrotta.
Abfangseil (*n. - ind. Masch.*), fune di arresto, fune di sicurezza.
Abfangung (*f. - Bauw.*), sottomurazione.
Abfangwahrscheinlichkeit (*f. - allg.*), probabilità di intercettazione.
Abfangweg (auf einem Flugzeugträger) (*m. - Flugw.*), distanza di arresto.
Abfarad (absolutes Farad) (*n. - Masseinh.*), abfarad.
abfärben (*allg.*), scolorirsi, perdere il colore.
Abfasen (*n. - Mech. - etc.*), bisellatura, smussatura.
abfasen (*allg.*), smussare, bisellare. 2 **die Kanten** ~ (*Mech.*), smussare gli spigoli.
abfasern (*Holz - etc.*), sfibrarsi.
abfassen (schriftlich festsetzen) (*komm.*), mettere per iscritto. 2 ~ (verfassen, eine Urkunde z. B.) (*allg.*), redigere, stilare.
Abfassung (eines Textes) (*f. - allg.*), stesura. 2 ~ (eines Vertrages) (*allg.*), redazione.
Abfasung (*f. - Mech.*), smusso.
abfaulen (*allg.*), marcire.
abfedern (aufhängen) (*Mech.*), montare su molle, molleggiare, sospendere (elasticamente). 2 ~ (dämpfen, Stossen z. B.) (*Mech.*), assorbire.
Abfederung (*f. - Aut.*), sospensione elastica, molleggio.
abfeilen (*Mech.*), asportare con lima, limare via.
Abfeilicht (Feilspäne) (*n. - Mech.*), limatura.
abfeimen (abschäumen) (*Glassind. - etc.*), schiumare, descorificare.
abfertigen (*allg.*), evadere, perfezionare, licenziare. 2 ~ (eine Bestellung) (*komm.*), evadere. 3 ~ (eine Nachricht, einen Brief) (*Telegr. - Post - etc.*), spedire. 4 ~ (beim Zoll) (*komm. - Transp.*), sdoganare. 5 ~ (einen Zug z. B.) (*Eisenb. - etc.*), far partire.
Abfertigung (*f. - allg.*), disbrigo, evasione. 2 ~ (einer Bestellung) (*komm.*), evasione. 3 ~ (einer Nachricht) (*Telegr.*), spedizione. 4 ~ (*Transp.*), spedizione. 5 ~ **s·gebäude** (eines Flughafens) (*n. - Flugw. - Bauw.*), aerostazione. 6 ~ **s·schein** (*m. - Transp.*), bolla di spedizione. 7 ~ **s·stelle** (*f. - Transp.*), ufficio spedizioni. 8 **Zoll** ~ (*komm.*), sdoganamento.
Abfett (*n. - Lederind.*), dégras.
abfetten (*allg.*), sgrassare.
abfeuern (*Feuerwaffe*), scaricare, sparare, far fuoco.
Abfeuerung (*f. - Feuerwaffe*), sparo. 2 ~ **s·vorrichtung** (*f. - Feuerwaffe*), meccanismo di sparo, dispositivo di sparo.
abfieren (ein Seil) (*naut.*), filare.
abfiltern (*allg.*), filtrare, separare mediante filtrazione.
abfinden (entschädigen) (*allg.*), indennizzare. 2 ~ (herauszahlen) (*komm. - finanz.*), pagare, liquidare. 3 ~ (einen Teilhaber z. B.) (*finanz.*), liquidare. 4 **sich** ~ (mit jemandem) (*allg.*), accordarsi.
Abfindung (Vereinbarung) (*f. - allg.*), compo-

sizione, concordato. 2 ~ (Entschädigung) (*recht.*), indennizzo. 3 ~ (Abrechnung, Vergleich) (*Buchhaltung*), regolamento, liquidazione.
Abflachen (einer Verzahnung z. B.) (*n. - Mech.*), ribassamento.
abflachen (*allg.*), spianare. 2 ~ (eine Verzahnung z. B.) (*Mech.*), ribassare.
abflächen (*Mech.*), sfacciare, spianare.
Abflacher (der Spannung) (*m. - Telegr. - etc.*), stabilizzatore (di tensione), livellatore (di tensione).
Abflachung (einer Kurve z. B.) (*f. - Technol. - etc.*), appiattimento. 2 ~ (Vorgang, einer Fläche) (*allg.*), spianamento. 3 ~ (Fläche) (*allg.*), spianata. 4 ~ **der Spitzen** (*Elekt.*), livellamento delle punte. 5 ~ **s·drossel** (*f. - Elekt. - Funk.*), bobina di livellamento, bobina di spianamento.
abflaken (ein Flugzeug, mit Flugabwehrkanone) (*Luftw.*), abbattere.
Abflammen (Abflämmen, Warmputzen von Vorblöcken z. B.) (*n. - Metall.*), scriccatura alla fiamma, scriccatura al cannello. 2 ~ (Antrocknen, einer nassen Form an der Oberfläche) (*Giess.*), essiccazione con cannello.
abflammen (abflämmen, putzen, Halbzeuge) (*Metall.*), scriccare alla fiamma, scriccare con il cannello. 2 ~ (antrocknen, eine nasse Form an der Oberfläche) (*Giess.*), essiccare con il cannello. 3 ~ (*Text.*), bruciare.
Abflamm-Maschine (*f. - Metall.*), scriccatrice alla fiamma.
Abflanschen (*n. - Leit.*), smontaggio di flangia.
abflauen (von Preisen) (*komm.*), cadere. 2 ~ (Wind) (*Meteor.*), cadere, calmarsi, diminuire.
abflauend (Börse, Preise) (*finanz. - etc.*), in ribasso.
abfliegen (*Flugw.*), decollare.
abfliessen (abfliessen lassen, Schmieröl z. B.) (*Mot. - etc.*), scaricare.
Abfliesspan (Fliess·span) (*m. - Werkz.masch. bearb.*), truciolo continuo, truciolo fluente.
abfluchten (*Bauw. - Top.*), allineare.
Abfluchtung (*f. - allg.*), allineamento.
Abflug (*m. - Flugw.*), decollo, distacco, involo. 2 ~ **bahn** (*f. - Flugw.*), pista di decollo. 3 ~ **deck** (*n. - Flugw. - Luftw.*), ponte di volo. 4 ~ **gewicht** (Gesamtgewicht eines Luftfahrzeugs einschl. Betriebsstoffen und Zuladung) (*n. - Flugw.*), peso totale. 5 ~ **leistung** (*f. - Flugw.*), potenza al decollo. 6 ~ **mit Starthilfe** (*Flugw.*), decollo con razzi ausiliari. 7 ~ **s·geschwindigkeit** (*f. - Flugw.*), velocità di decollo. 8 ~ **strecke** (*f. - Flugw.*), percorso di decollo, corsa di decollo. 9 ~ **zeit** (*f. - Flugw.*), partenza. 10 ~ **zeit** (Startzeit) (*Flugw.*), tempo di decollo, tempo impiegato per decollare. 11 **unterstützter** ~ (durch Raketen) (*Flugw.*), decollo assistito.
Abfluss (*m. - Hydr.*), efflusso, scarico. 2 ~ (eines Abflussgebietes) (*Geogr. - Hydr.*), deflusso. 3 ~ (von Kapital) (*finanz.*), esodo. 4 ~ **beiwert** (*m. - Hydr.*), coefficiente di efflusso. 5 ~ **beiwert** (Abflussverhältnis, eines Einzugsgebietes) (*Geogr.*), coefficiente di deflusso. 6 ~ **gebiet** (Einzugsgebiet) (*n. - Geogr.*), bacino idrografico, bacino imbrifero. 7 ~ **graben** (*m. - Bauw.*), fosso di scolo, canale di scolo. 8 ~ **hahn** (*m. - Leit.*), rubinetto di scarico. 9 ~ **kanal** (Ablauf, Untergraben) (*m. - Wass.b.*), canale di scarico. 10 ~ **kanal** (für Schwarzwasser z. B.) (*Bauw.*), sfognatoio. 11 ~ **koeffizient** (Abflussbeiwert) (*m. - Hydr.*), coefficiente di efflusso. 12 ~ **kurve** (*f. - Hydr.*), curva di deflusso. 13 ~ **leitung** (*f. - Hydr. - etc.*), tubo di scarico, tubazione di scarico. 14 ~ **öffnung** (*f. - allg.*), foro di scarico, apertura di scarico. 15 ~ **querschnitt** (Abflussektion) (*m. - Hydr.*), sezione di efflusso. 16 ~ **rinne** (*f. - Bauw.*), canale di scarico, canaletto di scarico. 17 ~ **rohr** (*n. - Bauw.*), tubo di scarico. 18 ~ **spende** (eines Niederschlagsgebietes) (*f. - Hydr. - Geogr.*), deflusso. 19 ~ **spende** (Abflussstärke, Abflussmenge) (*Hydr.*), portata (attraverso la luce) di efflusso. 20 ~ **ventil** (*n. - allg.*), valvola di scarico. 21 **rückgestauerter** ~ (*Hydr.*), efflusso rigurgitato.
abfordern (verlangen) (*allg.*), esigere, reclamare.
abformen (formen) (*Giess.*), formare.
Abfrageapparat (Abfrageeinrichtung) (*m. - Fernspr.*), apparecchio di operatore, apparecchio di servizio.
Abfragebake (Antwortbake) (*f. - Radar*), radiofaro a risposta.
Abfragefrequenz (*f. - milit. - Funk.*), frequenza di interrogazione.
Abfragegerät (Antwortgerät) (*n. - Radar*), radar a risposta, radar secondario.
abfragen (*Rechenmasch.*), interrogare. 2 ~ (einen Hersteller, für ein Angebot) (*Ind.*), interpellare. 3 ~ (*milit. - Funk.*), interrogare.
Abfragestromkreis (*m. - Fernspr.*), circuito di operatore.
Abfragung (*f. - Fernspr.*), chiamata. 2 ~ (eines magnetischen Speichers) (*Rechenmasch.*), interrogazione. 3 ~ (*Radar*), interrogazione.
Abfräsen (Gleichlauffräsen) (*n. - Werkz. masch. bearb.*), fresatura concorde, fresatura unidirezionale, fresatura anticonvenzionale.
abfräsen (*Werkz.masch. - Mech.*), fresare, asportare con fresa. 2 ~ (abwärtsfräsen, gleichlauffräsen) (*Werkz.masch.bearb.*), fresare unidirezionalmente, asportare con fresatura concorde.
abfressen (*allg.*), erodere, corrodere.
Abfühlapparat (des Streichens, etc.) (*m. - Telegr. - etc.*), lettore.
abfühlen (abtasten) (*Fernseh.*), analizzare, esplorare.
Abfühler (für Lochkarten z. B.) (*m. - Elektronik - Vorr.*), lettore.
Abfühlnadel (*f. - Werkz.masch.*), tastatore, palpatore, stilo.
Abfuhr (*f. - allg.*), asportazione. 2 ~ (von Schlacke z. B.) (*Giess. - Metall.*), rimozione, asportazione. 3 ~ (von Wärme) (*Thermodyn.*), sottrazione, asportazione. 4 ~ **stoff** (Abfall) (*m. - Ind.*), scarto. 5 ~ **wagen** (Müllwagen) (*m. - Fahrz.*), autocarro per trasporto immondizie.
abführen (Späne z. B.) (*Mech.*), scaricare. 2 ~ (*Wärme*), sottrarre, asportare. 3 ~ (bezahlen, Steuern z. B.) (*finanz.*), pagare.

Abführung

Abführung (Ablassen, des Dampfes z. B.) (*f. - allg.*), scarico. 2 ~ (Bezahlung) (*komm.*), pagamento. 3 ~ (Abfuhr, von Wärme z. B.) (*allg.*), asportazione.
Abfüllapparat (für Flaschen) (*m. - Masch.*), imbottigliatrice.
abfüllen (*allg.*), travasare. 2 ~ (*Chem.*), decantare. 3 ~ (in Flaschen) (*allg.*), imbottigliare.
Abfüllmaschine (Dosiermaschine, von pulverförmigen Gütern z. B.) (*f. - Masch.*), dosatrice.
Abfüllstation (*f. - Aut.*), stazione di rifornimento, posto di rifornimento.
Abfüllwaage (*f. - Macch.*), riempitrice-pesatrice.
abfüttern (bekleiden) (*allg.*), rivestire.
Abgabe (Verkauf) (*f. - komm.*), cessione, vendita. 2 ~ (Steuer) (*finanz.*), tassa, imposta. 3 ~ (Auslieferung) (*komm.*), consegna. 4 ~ (Emission) (*Elekt. - etc.*), emissione. 5 ~ (abgegebene elektrische Arbeit, an einer Kraftwerksammelschiene für einen Abnehmer z. B.) (*Elekt.*), energia (elettrica) erogata, energia fornita. 6 ~ (einer Erklärung z. B.) (*f. - allg.*), rilascio. 7 ~ (Mitteilung) (*f. allg.*), comunicazione. 8 ~ **beschränkung** (*f. - komm.*), restrizione delle vendite. 9 ~ **n·freiheit** (*f. - finanz. - komm.*), esenzione da tasse. 10 ~ **leistung** (eines Generators z. B.) (*f. - Elekt. - etc.*), potenza fornita, potenza erogata. 11 ~ **leistung** (von einem Netz zu einen anderen) (*Elekt.*), potenza ceduta. 12 ~ **preis** (*m. - komm.*), prezzo di cessione. 13 ~ **spannung** (einer Batterie) (*f. - Elekt.*), tensione di scarica. 14 **direkte** ~**n** (*finanz.*), imposte dirette. 15 **indirekte** ~**en** (*f. - finanz.*), imposte indirette. 16 **Leistungs** ~ (*Elekt. etc.*), erogazione di potenza, potenza erogata. 17 **soziale** ~**n** (*finanz.*), oneri sociali. 18 **Zoll** ~ (*komm.*), dazio doganale.
abgabenfrei (*finanz. - komm.*), esente da tasse. 2 ~ (zollfrei) (*komm.*), esente da dazio.
abgabenpflichtig (steuerpflichtig) (*finanz. - komm.*), tassabile, soggetto a tassazione.
Abgang (Fortgehen) (*m. - allg.*), partenza, allontanamento. 2 ~ (*Bergbau*), sterile. 3 ~ (Abbrand) (*Metall.*), calo di fusione. 4 ~ (von Gegenständen des Anlagevermögens z. B.) (*m. - finanz. - Adm.*), alienazione. 5 ~ (Absatz) (*komm.*), vendita, smercio. 6 ~ (Fehlbetrag) (*m. - Buchhandlung*) (*osterr.*), ammanco. 7 ~ (Verlust) (*komm.*), perdita. 8 ~ **s·bahnhof** (*m. - Eisenb.*), stazione di partenza. 9 ~ **s·entschädigung** (*f. - Pers.*), indennità di licenziamento. 10 ~ **s·magnet** (*m. - Elekt.*), magnete di avviamento. 11 ~ **s·rohr** (*n. - Leit.*), tubo di scarico. 12 ~ **s·verkehr** (*m. - komm.*), traffico di uscita.
Abgas (Auspuffgas) (*n. - Mot.*), gas di scarico. 2 ~ (*Verbr.*), gas combusti, prodotti della combustione, « fumi ». 3 ~ **analyse** (*f. - Verbr.*), analisi dei gas combusti. 4 ~ **anlage** (*f. - Mot.*), impianto gas di scarico. 5 ~ **auflader** (*m. - Mot.*), turbocompressore a gas di scarico. 6 ~ **aufladung** (*f. - Mot.*), sovralimentazione (con turbocompressore) a gas di scarico. 7 ~ **führung** (*f. - Mot. - etc.*), convogliamento dei gas combusti. 8 ~ **führung** (Anlage) (*Mot.*), sistema di scarico, impianto di scarico. 9 ~ **gebläse** (*n. - Mot.*), turbocompressore a gas di scarico. 10 ~ **heizung** (*f. - Aut.*), riscaldamento a gas di scarico. 11 ~ **leitung** (*f. - Mot.*), tubo di scarico, tubazione di scarico. 12 ~ **leitung** (*Aut.*), tubo di scappamento. 13 ~ **prüfgerät** (*n. - Verbr.*), analizzatore di gas combusti, analizzatore dei prodotti della combustione. 14 ~ **prüfung** (Abgasanalyse) (*f. - Verbr.*), analisi dei gas combusti, analisi dei prodotti della combustione. 15 ~ **prüfung** (Abgasanalyse) (*Mot.*), analisi dei gas di scarico. 16 ~ **sammelleitung** (Abgassammler) (*f. - Mot.*), collettore (dei gas) di scarico. 17 ~ **schalldämpfer** (Auspufftopf) (*m. - Mot.*), silenziatore di scarico, marmitta di scarico. 18 ~ **schubrohr** (einer Abgasturbine z. B.) (*n. - Mot. - Flugw.*), effusore. 19 ~ **speicherofen** (*m. - Ofen*), forno a ricupero. 20 ~ **strahlschub** (*m. - Mot.*), spinta del getto di scarico. 21 ~ **stutzen** (*m. - Ofen*), fumaiolo, camino. 22 ~ **stutzen** (*Mot.*), tronchetto di scarico. 23 ~ **system** (*n. - Mot.*), sistema di scarico, impianto di scarico. 24 ~ **tester** (*m. - Aut. - Ger.*), apparecchio per il controllo dei gas di scarico. 25 ~ **trübung** (*f. - Mot.*), fumosità allo scarico. 26 ~ **turbine** (*f. - Mot.*), turbina a gas di scarico. 27 ~ **turboaufladung** (*f. - Mot.*), sovralimentazione con turbocompressore a gas di scarico. 28 ~ **turbolader** (*m. - Mot.*), turbocompressore a gas di scarico. 29 ~ **ventil** (*n. - Mot.*), valvola di scarico. 30 ~ **vorwärmer** (Ekonomiser) (*m. - Kessel*), preriscaldatore a gas combusti, economizzatore.
abgasbeheizt (Luftvorwärmer z. B.) (*metall. Ind.*), riscaldato con i gas della combustione.
abgasentgiftet (Verbrennungsmotor) (*Mot.*), pulito, senza emissioni nocive dallo scarico, non inquinante.
Abgasung (*f. - Verbr.*), scarico dei prodotti della combustione. 2 ~ (*Mot.*), scarico dei gas combusti.
abgearbeitet (Fläche z. B.) (*Mech.*), finito.
abgebaut (ausgenutzt) (*Bergbau*), esaurito, sfruttato. 2 ~ (entlassen) (*Pers. - Arb.*), licenziato.
abgeben (liefern) (*allg.*), erogare. 2 ~ (ausliefern) (*komm.*), consegnare. 3 ~ (Strom, etc.) (*Elekt.*), erogare. 4 ~ (Wärme z. B.) (*Therm. - etc.*), emettere, cedere. 5 ~ (übertragen, eine Nachricht z. B.) (*Telegr. - etc.*), trasmettere. 6 ~ (verkaufen) (*komm.*), vendere. 7 ~ (eine Erklärung) (*allg.*), fare, rilasciare. 8 ~ (niederlegen, ein Amt z. B.) (*allg.*), cessare. 9 **Strom** ~ (*Elekt.*), erogare corrente.
abgebraucht (abgenutzt) (*allg.*), usurato, consumato.
abgedreht (*Werkz.masch. - Mech.*), tornito. 2 ~ (Bord) (*allg.*), risvoltato.
abgefast (*Mech.*), smussato, raccordato.
abgefasst (Urkunde) (*allg.*), redatto, stilato.
abgefedert (*Mech. - etc.*), molleggiato, « elasticato », sospeso elasticamente. 2 ~ **es Gewicht** (*Aut.*), peso sospeso, massa sospesa.
abgeflacht (Bogen z. B.) (*Arch. - etc.*), ribassato. 2 ~ (Gewinde z. B.) (*Mech.*), ribassato.

abgegeben (Leistung z. B.) (*Mot.*), erogato.
abgeglichen (*allg.*), allineato. 2 ~ (*Funk. - etc.*), compensato, equilibrato.
abgegrenzt (*allg.*), delimitato, definito.
abgegriffen (Spannung) (*Elekt.*), prelevato, preso. 2 ~ (verschlissen) (*allg.*), consumato, usurato.
abgehärtet (weichgemacht) (*Wärmebeh.*), addolcito, «stemprato». 2 ~ (gehärtet) (*Wärmebeh.*), temprato.
abgehend (abgehender Strom z. B.) (*allg.*), di uscita. 2 ~ (Signal z. B.) (*Funk. - etc.*), uscente, di uscita, in uscita.
abgekantet (Blech) (*allg.*), piegato (ad angolo vivo). 2 ~ (abgefast, abgeschrägt) (*Mech. - etc.*), smussato.
abgeknickt (*Leit.*), piegato, contorto.
Abgekratztes (Abschabsel) (*n. - Mech.*), raschiatura, frammenti di raschiatura.
abgekürzt (*allg.*), abbreviato, accorciato. 2 ~ (von Zeit) (*allg.*), accelerato. 3 ~ er Versuch (*Technol.*), prova accelerata. 4 ~ e Wetterbeständigkeitsprobe (*f. - Anstr.*), prova accelerata con agenti atmosferici artificiali.
abgelagert (*Holz - etc.*), stagionato.
abgelaufen (*komm. - etc.*), scaduto. 2 ~ (Patent z. B.) (*recht. - etc.*), scaduto.
abgelehrt (Werkstück) (*Mech. - Mass*), calibrato.
abgeleitet (Funktion) (*Math. - etc.*), derivato. 2 ~ e Menge (*Math.*), insieme derivato.
abgelten (*Arb. - etc.*), rimunerare, retribuire.
abgemacht (vereinbart) (*allg.*), concordato, convenuto.
abgenommen (Energie, Leistung, etc.) (*Mech. - Elekt.*), assorbito. 2 ~ (bei einer Abnahmeprüfung) (*komm.*), accettato. 3 ~ e Leistung (*Mot. - Elekt. - Masch.*), potenza assorbita.
abgenutzt (*Mech. - etc.*), logorato, consumato.
Abgeordnete (der) (*m. - Adm.*), delegato. 2 ~ (des) (*Politik.*), deputato.
abgepasst (*Mech.*), aggiustato. 2 ~ (*allg.*), adattato.
abgeplattet (*allg.*), appiattito. 2 ~ (Kugel) (*allg.*), schiacciato.
abgereichert (*Kernphys. - etc.*), impoverito.
abgerissen (Gewinde z. B.) (*Mech.*), strappato.
abgerundet (*allg.*), arrotondato.
abgerüstet (*allg.*), smontato.
abgeschaltet (*Elekt.*), staccato, disinserito. 2 ~ (*Mech.*), disinnestato, staccato.
abgeschätzt (*komm.*), stimato, preventivato.
abgeschirmt (*Funk. - etc.*), schermato. 2 ~ er Magnet (*Mot. - Elekt.*), magnete schermato. 3 ~ es Zündungssystem (*Mot.*), impianto di accensione schermato. 4 ~ e Zündkerze (*Mot. - Elekt.*), candela schermata.
abgeschlämmt (Giessereisand z. B.) (*Giess. - etc.*), lavato, defangato.
abgeschliffen (mit der Schleifscheibe bearbeitet) (*Werkz.masch.bearb.*), rettificato.
abgeschlossen (*allg.*), chiuso. 2 ~ (Geschäft) (*komm.*), concluso. 3 ~ (Vertrag) (*komm.*), stipulato, firmato. 4 ~ (Bücher) (*Buchhaltung*), chiuso.
abgeschmirgelt (*Mech. - Anstr.*), carteggiato, passato con smeriglio.
abgeschmolzen (Röhre z. B.) (*Elektronik*), chiuso a tenuta, chiuso ermeticamente, sigillato.
abgeschrägt (*allg.*), smussato, bisellato.
abgeschreckt (*Wärmebeh.*), temprato, raffreddato bruscamente, spento. 2 ~ und angelassen (vergütet) (*Wärmebeh.*), bonificato, temprato e rinvenuto.
abgeschrieben (*Adm. - finanz.*), ammortizzato.
abgesehen (von) (*adv. - allg.*), salvo, eccetto.
abgesetzt (Buchdruck), composto. 2 ~ (vermindert) (*allg.*), ridotto, diminuito. 3 ~ (entlassen) (*Arb.*), licenziato. 4 ~ (Bohrer z. B.) (*Werkz.*), a gradini. 5 ~ er Bohrer (Stufenbohrer) (*Werkz.*), punta a gradini, punta a più diametri. 6 ~ er Stempel (*Werkz.*), punzone a gradini. 7 ~ e Welle (*Mech.*), albero con spallamenti, albero a gradini.
abgesiebt (Kohle z. B.) (*Bergbau - etc.*), vagliato.
abgesondert (*allg.*), separato.
abgespannt (losgemacht) (*Fahrz.*), sganciato, staccato. 2 ~ (Feder z. B.) (*Mech.*), scaricato. 3 ~ (Bogen z. B.) (*Baukonstr.lehre*), scaricato. 4 ~ (*Elekt.*), a tensione ridotta. 5 ~ (einer Antenne z. B., durch Seile gesichert) (*Bauw. - etc.*), strailato, controventato.
Abgesprungenes (Stück, Splitter) (*n. - allg.*), scheggia.
abgestalten (*allg.*), configurare, impostare, delineare, concepire.
Abgestemme (*n. - Bergbau - Bauw.*), sbadacchio, puntello orizzontale.
abgestempelt (gestempelt) (*allg.*), timbrato. 2 ~ (entwertet) (*allg.*), annullato (con un timbro).
abgestimmt (*Funk.*), sintonizzato. 2 ~ e Antenne (*Funk.*), antenna sintonizzata. 3 ~ er Kreis (*Funk.*), circuito sintonizzato. 4 unscharf ~ (*Funk.*), a sintonia piatta.
abgestuft (*allg.*), a gradini. 2 ~ (Gelände) (*Geol.*), a terrazze, terrazzato. 3 ~ er Widerstand (*Elekt.*), resistenza a gradini, resistenza variabile.
abgestumpft (*allg.*), tronco, troncato, mozzato. 2 ~ (Schneidkante) (*Werkz.*), consumato, che ha perduto il filo. 3 ~ er Kegel (*Geom.*), tronco di cono.
abgetastet (*Fernseh.*), analizzato, esplorato.
abgetragen (abgenutzt) (*allg.*), consumato. 2 ~ (getilgt) (*finanz.*), ammortizzato.
abgetreppt (Mauer z. B.) (*Bauw.*), a gradinata, a riseghe.
abgewertet (*komm.*), svalutato, deprezzato.
abgewickelt (zylindrische Fläche in eine Ebene z. B.) (*Geom.*), sviluppato.
abgewinkelt (gekröpft) (*allg.*), siehe gekröpft.
abgewinnen (urbarmachen) (*Landw.*), bonificare.
abgezirkelt (genau gemessen) (*Mech. - etc.*), misurato con precisione.
abgezweigt (*allg.*), derivato.
abgieren (*naut.*), scostarsi, allargare.
Abgiessen (*n. - Giess.*), colata. 2 ~ (*Giess.*), *siehe auch* Giessen, Guss.
abgiessen (giessen) (*allg.*), versare. 2 ~ (giessen) (*Giess.*), colare. 3 ~ (*Giess.*), *siehe auch* giessen.
Abglanz (des Lichtes) (*m. - allg.*), riflesso.

Abglänzen

Abglänzen (Blankpolieren) (*n.* - *allg.*), lucidatura.
abglasen (*Ind.*), vetrinare.
Abgleich (*m.* - *allg.*), compensazione, equilibratura, bilanciamento. 2 ~ (einer Rechnung) (*komm.*), saldo, regolazione. 3 ~ **kondensator** (*m.* - *Elekt.* - *Funk.*), compensatore, condensatore-compensatore. 4 ~ **mittel** (*n.* - *Elekt.* - *Radar*), adattatore, adattamento. 5 ~ **spindel** (*f.* - *Elekt.* - *Radar*), adattatore (impedenze) con derivazione da quarto di onda. 6 ~ **widerstand** (*m.* - *Elekt.*), resistenza compensatrice.
Abgleichen (*n.* - *allg.*), compensazione, equilibratura.
abgleichen (*allg.*), compensare, equilibrare. 2 ~ (justieren) (*Druck.*), giustificare, mettere a giustezza. 3 ~ (die Höhe) (*allg.*), livellare. 4 (die Uhr) (*Ger.*), regolare. 5 ~ (eine Rechnung) (*komm.* - *finanz.*), saldare, regolare. 6 ~ (genau einstellen, die Kapazität z. B.) (*Elekt.*), tarare.
Abgleichung (*f.* - *allg.*), compensazione, equilibratura. 2 ~ (von Rechnungen) (*Adm.*), pareggio.
Abgleiten (des Unterbaus z. B.) (*n.* - *Bauw.*), slittamento, scorrimento. 2 ~ (*Flugw.*), scivolata d'ala.
abgleiten (*Flugw.*), scivolare d'ala.
Abgleitung (*f.* - *allg.*), siehe Abgleiten.
Abgrabung (Abtrag) (*f.* - *Bauw.*), sterro.
Abgratarbeit (*f.* - *Schmieden* - *etc.*), sbavatura.
Abgraten (Vorgang) (*n.* - *Schmieden* - *etc.*), sbavatura.
abgraten (*Schmieden* - *etc.*), sbavare.
Abgratmatrize (*f.* - *Schmieden* - *etc.* - *Werkz.*), stampo per sbavare, stampo sbavatore.
Abgratpresse (Abgratmaschine) (*f.* - *Schmieden* - *Masch.*), pressa sbavatrice, pressa per sbavare. 2 ~ (Knacker, zum Abtrennen von Eingüssen, Anschnitten, etc.) (*Giess.masch.*), pressa per tranciare, pressa sbavatrice.
Abgratschnittplatte (*f.* - *Schmiedewerkz.*), siehe Abgratmatrize.
Abgratungspresse (*f.* - *Schmieden* - *Masch.*), pressa sbavatrice, pressa per sbavare.
Abgratwerkstoff (für Abgratwerkzeuge benutzter Werkstoff) (*m.* - *Schmieden* - *Metall.*), materiale per stampi sbavatori.
Abgratwerkzeug (*n.* - *Schmieden* - *Werkz.*), attrezzo per sbavare, attrezzo sbavatore, utensile sbavatore.
abgreifen (Strom) (*Elekt.*), prelevare. 2 ~ (*Zeichn.*), misurare col compasso.
Abgreifklemme (*f.* - *Elekt.*), morsetto a pinza.
Abgreifpunkt (*m.* - *Elekt.*), punto di presa, presa.
abgrenzen (*allg.*), delimitare, circoscrivere.
Abgrenzung (*f.* - *allg.*), delimitazione. 2 ~ (Rechnungsabgrenzung, einer Bilanz) (*Adm.*), risconto. 3 ~ s·linie (*f.* - *allg.*), linea di delimitazione. 4 aktive ~ -Posten (in einer Bilanz) (*Adm.*), risconti attivi. 5 passive ~ - Posten (in einer Bilanz) (*Adm.*), risconti passivi.
Abgriff (Abgreifen) (*m.* - *Elekt.*), presa. 2 ~ (eines Kreiselgerätes bei Trägheitsnavigation) (*Ger.* - *Navig.*), « pickoff ». 3 ~ **achse** (eines Kreiselgerätes, Achse an der ein Messwert abgegriffen wird) (*f.* - *Ger.* - *Navig.*), asse di uscita, asse di precessione. 4 ~ **system** (Einrichtung zur Bildung der Regelabweichung) (*n.* - *Regelung*), rilevatore (dello scarto), elemento sensibile, misuratore (dello scarto). 5 ~ **werk** (*n.* - *Telegr.*), lettore. 6 **Fotozellen** ~ (*Ger.*), rilevatore a fotocellula. 7 **Widerstand** ~ (einer Regelstrecke z. B.) (*Ger.*), rilevatore potenziometrico.
Abguss (Erzeugnis) (*m.* - *Giess.*), getto. 2 ~ (Vorgang) (*Giess.*), colata. 3 ~ (*Giess.*), *siehe auch* Guss. 4 **mangelhaft ausgelaufener** ~ (*Giess.*), getto incompleto.
abhaaren (*allg.*), depilare.
abhaken (*allg.*), sganciare.
abhalten (*allg.*), trattenere. 2 ~ (die Richtung so ändern dass der Wind mehr von hinten auf die Segel fällt) (*naut.*), poggiare. 3 ~ (eine Sitzung) (*finanz.* - *etc.*), tenere.
abhämmern (einen Keil z. B.) (*Mech.* - *etc.*), espellere col martello.
Abhandlung (schriftliche Untersuchung) (*f.* - *Druck.*), memoria, trattato, trattazione.
Abhang (geneigte Fläche) (*m.* - *allg.*), china, pendio.
abhängen (von etwas) (*allg.*), dipendere. 2 ~ (abhaken) (*allg.*), sganciare, staccare. 3 ~ (die Kupplung z. B.) (*Aut.* - *etc.*), disinnestare. 4 ~ (den Hörer) (*Fernspr.*), staccare, sollevare. 5 **wirtschaftlich** ~ (*finanz.*), dipendere economicamente.
abhängig (*allg.*), dipendente, soggetto a. 2 ~ **e Signale** (*Eisenb.* - *etc.*), segnali interdipendenti. 3 ~ **e Variable** (*Math.*), variabile dipendente.
Abhängige (*f.* - *Math.*), variabile dipendente.
Abhängigkeit (*f.* - *Math.* - *etc.*), dipendenza. 2 ~ (Funktion) (*Math.*), funzione. 3 **gegenseitige** ~ (*allg.*), interdipendenza. 4 **in** ~ **von** (*allg.*), in funzione di. 5 **quadratische** ~ (*Math.* - *etc.*), relazione quadratica.
abhärten (die Härte abnehmen) (*Wärmebeh.*), togliere la tempra, « stemprare », addolcire. 2 ~ (härten) (*Wärmebeh.*), temprare.
abhäsiv (*chem. Ind.*), antiadesivo.
Abhäsivpapier (*n.* - *Papierind.*), carta antiadesiva.
Abhaspeln (der Seide) (*n.* - *Textilind.*), trattura, filatura.
abhaspeln (*allg.*), svolgere. 2 ~ (*Text.*), dipanare.
abhebbar (*allg.*), asportabile, amovibile, staccabile.
Abhebeformmaschine (*f.* - *Giess.* - *Masch.*), formatrice ad estrazione del modello, formatrice-sformatrice. 2 ~ **mit Druckluftpressung** (*Giess.* - *Masch.*), formatrice-sformatrice ad aria compressa, formatrice ad estrazione del modello ad aria compressa. 3 ~ **mit Wendeplatte** (*Giess.* - *Masch.*), formatrice-sformatrice a ribaltamento, formatrice ad estrazione del modello per ribaltamento.
Abhebegeschwindigkeit (Abfluggeschwindigkeit) (*f. Flugw.*), velocità di decollo. 2 ~ (eines Geschosses) (*Astronautik*), velocità di partenza.
Abhebekolben (*m.* - *Mech.*), stantuffo estrattore.

Abhebemaschine (f. - Giess.masch.), siehe Abhebeformmaschine (f.).
Abheben (n. - allg.), sollevamento. 2 ~ (Herausziehen) (allg.), estrazione (mediante sollevamento). 3 ~ (Hochziehen) (Flugw.), cabrata. 4 ~ (Hochziehen, eines Pkw beim Anfahren) (Aut.), cabrata, appoppamento. 5 selbsttätiges ~ des Werkzeuges (einer Hobelmaschine z. B.) (Werkz. masch. - Mech.), sollevamento automatico dell'utensile.
abheben (allg.), sollevare, alzare. 2 ~ (herausziehen) (allg.), estrarre. 3 ~ (Geld, von Bank z. B.) (komm. - finanz.), prelevare, ritirare. 4 ~ (den Hörer) (Fernspr.), staccare la cornetta, sollevare il ricevitore. 5 ~ (Späne) (Werkz.masch.bearb.), asportare. 6 ~ (hochziehen, ziehen) (Flugw.), cabrare. 7 ~ (abfliegen) (Flugw.), decollare.
Abhebestift (Formstift) (m. - Giess.), candela di estrazione.
Abhebung (f. - allg.), sollevamento. 2 ~ (von Geld) (finanz.), prelievo, prelevamento. 3 Stahl ~ (einer Hobelmaschine z. B.) (Werkz. masch.bearb.), sollevamento dell'utensile.
abhelfen (allg.), rimediare.
abhellen (abklären, abläutern) (Chem.), chiarificare, filtrare, percolare.
Abhenry (absolutes Henry) (n. - Masseinh.), abhenry.
Abhilfe (f. - allg.), rimedio. 2 ~ (eines Fehlers) (Mech. - etc.), rimedio.
Abhitze (Abwärme) (f. - Verbr. - Wärme - Ind.), calore perduto. 2 ~ kessel (m. - Kessel), caldaia a calore di ricupero. 3 ~ rückgewinnung (f. - Wärme), ricupero del calore. 4 ~ verwertung (f. - Metall. - Ind.), utilizzazione del calore perduto.
Abhobeln (n. - Werkz.masch. - Mech.), piallatura di sgrosso. 2 ~ (des Parketts) (Bauw.), lamatura.
abhobeln (Werkz.masch. - Mech.), piallare di sgrosso. 2 ~ (ein Parkett) (Bauw.), lamare.
Abhol- und Zustelldienst (m. - Transp.), servizio di presa e resa a domicilio.
Abholung (von Gütern) (f. - Transp.), presa.
abholzen (Bauw.), abbattere alberi.
Abhörapparat (Abhöreinrichtung, Lauscheinrichtung) (m. - Akus.), apparecchio di ascolto.
Abhorchen (von Flugzeugen) (n. - Akus. - Luftw.), localizzazione acustica.
Abhorchgerät (Abhorchvorrichtung) (n. - Akus.), aerofono, apparecchio di ascolto.
Abhören (der Geräusche eines Verbr.mot. z. B.) (n. - allg.), ascolto.
abhören (eine Unterhaltung) (Fernspr.), intercettare, ascoltare.
Abhub (Abtrag) (m. - Erdbew.), sterro, materiale di sterro.
abirren (irrend vom Wege kommen) (allg.), deviare.
Abirrung (des Lichtes) (f. - Opt.), aberrazione.
abisolieren (die Enden einer Leitung z. B.) (Elekt.), spelare, togliere la guaina isolante, denudare.
Abisolierung (eines Drahtes) (f. - Elekt.), spelatura.
Abisolierzange (zum Entfernen der Isolierung von Leitern) (f. - Elekt. - Werkz.), pinze spelafili.

Abitur (Reifeprüfung) (f. - Schule), esame di maturità.
Abk. (Abkürzung) (Buchdruck - etc.), abbreviazione.
Abkanten (des Bleches) (n. - mech. Bearb.), piegatura (ad angolo vivo).
abkanten (biegen, Blech) (mech. Bearb.), piegare (ad angolo vivo). 2 ~ (abschrägen, abfasen) (Mech. - etc.), smussare. 3 ~ (Kanten runden) (Mech.), arrotondare.
Abkantmaschine (für Bleche) (f. - Werkz. masch.), piegatrice. 2 ~ (zum Anfasen) (Masch.), smussatrice.
Abkantpresse (f. - Werkz.masch.), pressa piegatrice.
Abkantwälzfräser (m. - Werkz.), creatore per smussare (denti).
abkappen (die Spitze abnehmen) (allg.), spuntare.
Abkapper (Begrenzer, eines Signals) (m. - Ger.), limitatore di ampiezza.
abkaufen (komm.), acquistare, comprare.
abketteln (die letzte Maschenreihe verbinden) (Textilind.), fissare le maglie.
abketten (die Kette abnehmen) (Masch. - etc.), togliere la catena.
abkippen (Flugw.), picchiare. 2 ~ (durchsacken) (Flugw.), stallare.
Abkippgeschwindigkeit (f. - Flugw.), velocità di stallo. 2 ~ s·messung (f. - Flugw.), prova di stallo.
Abkippmoment (n. - Flugw.), momento di stallo.
abklappbar (Mech. - etc.), a cerniera, ribaltabile.
abklären (klarmachen) (allg.), chiarire, spiegare. 2 ~ (abhellen, abläutern) (Chem.), chiarificare, filtrare, decantare.
Abklärflasche (Abklärgefäss) (f. - chem. App.), recipiente di decantazione.
Abklärung (f. - allg.), chiarimento. 2 ~ (Chem.), filtrazione, decantazione.
Abklatsch (Abzug) (m. - Druck.), bozza (di stampa).
abklatschen (Druck.), tirare una bozza.
abkleben (allg.), scollare.
abklemmen (ein Gerät z. B.) (Elekt.), staccare (dai morsetti). 2 ~ (elekt. Verbindung auftrennen) (Elekt.), staccare.
Abklingbehälter (Abklingbecken, von radioaktiven Stoffen, eines Kernreaktors z. B.) (m. - Radioakt.), vasca di decadimento, serbatoio di decadimento.
abklingeln (Akus. - Fernspr.), suonare.
Abklingen (von Schwingungen, etc.) (n. - Phys. - etc.), smorzamento. 2 ~ (Funk.), affievolimento, evanescenza. 3 ~ (Phot. etc.), dissolvenza. 4 ~ (von radioaktiven Strahlungen) (Radioakt.), decadimento.
abklingen (dämpfen von Schwingungen, etc.) (Phys. - etc.), smorzarsi, estinguersi. 2 ~ (Akus.), affievolirsi. 3 ~ (Funk.), diminuire di intensità, affievolirsi.
Abklingkonstante (f. - Akus.), coefficiente di smorzamento.
Abklingkurve (Abklingungskurve) (f. - Radioakt.), curva di decadimento.
Abklingzeit (f. - Radioakt.), periodo radio-

Abklopfen

attivo. 2 ~ (von Schwingungen) (*Phys.*), periodo di smorzamento.
Abklopfen (eines Gussmodells) (*n. - Formerei*), branatura, scampanatura, scuotimento. 2 ~ (eines Rades) (*Eisenb.*), controllo con martello.
abklopfen (*allg.*), battere, scuotere. 2 ~ (ein Gussmodel) (*Formerei*), branare, scampanare, scuotere. 3 ~ (*Kessel - etc.*), disincrostare (con martellina).
Abklopfer (Abklopfhammer) (*m. - Werkz.*), martellina (per disincrostare).
Abkneifen (von Trichtern) (*n. - Giess.*), asportazione (del boccame).
abkneifen (Büchsen z. B.) (*allg.*), strozzare, stringere. 2 ~ (Trichter) (*Giess.*), togliere (il boccame).
Abkneifer (für Trichtern z. B.) (*m. - Giess.*), cesoia (tagliaboccame).
abknicken (Strahlungen) (*Phys.*), deviare.
abkochen (*allg.*), cuocere, far cuocere.
Abkochentfettung (*f. - chem. Ind.*), sgrassatura alcalina.
abkohlen (*Wärmebeh.*), decarburare (parzialmente).
Abkohlung (teilweise Verringerung des Kohlenstoffgehaltes) (*f. - Wärmebeh.*), decarburazione (parziale).
Abkommen (*n. - komm.*), accordo, convenzione. 2 **Ausschliesslichkeits** ~ (*komm.*), accordo esclusivo, accordo di esclusività.
abkommen (sich von etwas entfernen) (*allg.*), allontanarsi, deviare, scostarsi. 2 ~ (vom Kurs) (*naut. - Flugw.*), deviare. 3 ~ (ausser Gebrauch kommen) (*allg.*), cadere in disuso.
Abkömmling (Derivat) (*n. - Chem. - etc.*), derivato (s.).
abkrammen (*allg.*), scremare. 2 ~ (*Giess.*), schiumare.
Abkrampen (Abschlacken, Abschäumen) (*n. - Metall.*), descorificazione.
abkrampen (abschlacken) (*Giess.*), fermare le scorie, togliere le scorie.
abkratzen (*allg.*), raschiare. 2 ~ (schaben) (*mech. Bearb.*), raschiare, raschiettare, raschinare.
Abkratzer (eines Kratzerförderers) (*m. - ind. App.*), raschiatore, piastra raschiante, paletta raschiante.
Abkreiden (Kreiden) (*n. - Anstr.fehler*), sfarinamento.
Abkreuzung (Andreaskreuz) (*f. - Bauw.*), croce di St. Andrea.
abkröpfen (*allg.*), sfalsare, disassare. 2 ~ (eine Stange z. B.) (*Schmieden*), piegare a gomito, piegare a doppio angolo retto inverso. 3 ~ (schöpfen, abschöpfen) (*Metall. - etc.*), spuntare.
Abkröpfung (*f. - allg.*), piegatura a gomito, piegatura a doppio angolo retto inverso.
abkrümmen (abbiegen) (*allg.*), piegare, curvare.
Abkühlapparat (*m. - Ger.*), refrigeratore.
abkühlen (*allg.*), raffreddare. 2 ~ (abschrecken) (*Wärmebeh.*), spegnere, temprare.
Abkühler (Verdampfer, einer Kälteanlage) (*m. - Kältemasch.*), evaporatore, congelatore.
Abkühlung (*f. - allg.*), raffreddamento. 2 ~ (Abschrecken) (*Wärmebeh.*), spegnimento, tempra, rapido raffreddamento. 3 ~ s·geschwindigkeit (*f. - Metall. - Wärmebeh. - etc.*), velocità di raffreddamento. 4 ~ s·grösse (Behaglickeitsziffer, Katawert) (*f. - Meteor.*), potere raffreddante climatico. 5 ~ s·kurve (*f. - Metall.*), curva di raffreddamento. 6 ~ s·mittel (*n. - allg.*), refrigerante. 7 ~ s·spannungen (*f. - pl. - Metall.*), tensioni interne (createsi nel periodo) di raffreddamento, tensioni residue da raffreddamento. 8 **adiabatische** ~ (*Thermodyn.*), raffreddamento adiabatico. 9 **kritische** ~ **s·geschwindigkeit** (*Wärmebeh.*), velocità critica di tempra.
abkuppeln (*Mech.*), disinnestare, staccare. 2 ~ (einen Wagen) (*Eisenb.*), sganciare. 3 ~ (eine Reibungskupplung) (*Aut. - Mot. - etc.*), disinnestare, staccare.
abkurbeln (eine Last) (*Hebevorr.*), abbassare con la manovella, calare con la manovella.
abkürzen (*allg.*), accorciare. 2 ~ (*Druck.*), abbreviare. 3 ~ (Holz) (*Zimm.*), tagliare trasversalmente.
Abkürzsäge (*f. - Werkz.*), segone, sega da tronchi, sega per taglio trasversale.
Abkürzung (*f. - allg.*), accorciamento. 2 ~ (*Druck.*), abbreviazione. 3 ~ s·verfahren (*n. - Werkstoffprufung*), prova accelerata.
ablackieren (*Anstr.*), sverniciare, togliere la vernice.
Abladehahn (Ablasshahn) (*m. - Leit.*), rubinetto di scarico.
Abladen (*n. - Transp.*), scaricamento, scarico.
abladen (*Transp.*), scaricare.
Abladeplatz (*m. - naut. - Eisenb.*), scalo.
Ablader (*m. - Arb.*), scaricatore.
Abladung (*f. - Transp.*), scaricamento, scarico. 2 ~ s·kosten (*f. - pl. - Transp.*), spese di scarico.
Ablage (*f. - Ind.*), deposito. 2 ~ (neue Lage eines gespiegelten Bildes z. B.) (*Opt. - etc.*), dislocazione. 3 ~ (für Werkz. oder Stücke, Auflage) (*Werkz.masch.*), supporto. 4 ~ (Agentur) (*komm.*) (*schweiz.*), agenzia. 5 ~ anzeiger (Ablageinstrument) (*m. - Radar*), indicatore di deviazione (dalla rotta). 6 ~ brett (am Rückblickfenster) (*n. - Aut.*), ripiano posteriore. 7 ~ tisch (Werkstattisch zum Ablegen von Werkz. und Material) (*m. - Ind.*), tavolo di deposito. 8 **Akten** ~ (*Büro*), archivio.
Ablagern (*n. - Holz*), stagionatura.
ablagern (*allg.*), depositare. 2 ~ (*Holz*), stagionare. 3 ~ (*Metall.*), invecchiare. 4 **sich** ~ (von Sand z. B.) (*Geol.*), depositarsi, sedimentare.
Ablagerung (*f. - Ind.*), deposito. 2 ~ (*Holz*), stagionatura. 3 ~ (*Metall.*), invecchiamento. 4 ~ (von Kohlenstoff z. B.) (*Mot.*), deposito. 5 ~ (Vorgang) (*Geol.*), deposizione, sedimentazione, formazione di depositi. 6 ~ (abgelagerte Stoffe) (*Geol.*), deposito, materiale depositato, sedimento. 7 ~ (in Rohrleitungen sedimentierte Stoffe) (*Leit.*), deposito, sedimento. 8 ~ (Übertragung des Inhalts eines Speichers auf Lochkarten z. B.) (*Rechner*), trasmemorizzazione. 9 ~ s·becken (*n. Wass.b. - Bauw.*), vasca di sedimentazione, bacino di sedimentazione.
Ablagmessung (Messung des Entfernungs-

unterschiedes) (*f. - Astronautik*), misurazione della differenza di distanza.
ablandig (*See*), in mare aperto, al largo. 2 ~ **er Wind** (*Meteor.*), vento di terra.
Ablängen (von Walzstäben z. B.) (*n. - Metall.*), taglio a misura, taglio di spezzoni.
ablängen (*Mech. - etc.*), tagliare a misura.
Ablängsäge (Abkürzsäge) (*f. - Werkz.*), segone, sega da tronchi, sega per taglio trasversale.
Abläng- und Zentriermaschine (*f. - Werkz.masch.*), troncatrice-centratrice.
Ablass (von Flüssigkeiten z. B.) (*m. - allg.*), scarico. 2 ~ **farbe** (Anlassfarbe) (*f. - Wärmebeh.*), colore di rinvenimento. 3 ~ **hahn** (*m. - Leit.*), rubinetto di scarico. 4 ~ **kante** (eines Flügels z. B.) (*f. - Aerodyn. - etc.*), orlo di uscita. 5 ~ **leitung** (*f. - Leit.*), tubazione di scarico. 6 ~ **ofen** (Anlassofen) (*m. - Wärmebeh.*), forno per rinvenimento. 7 ~ **pfropfen** (Ablass-stopfen, für Öl z. B.) (*m. - Mot. - etc.*), tappo di scarico. 8 ~ **stopfen** (Ablasspfropfen, für Öl z. B.) (*m. - Mot. - etc.*), tappo di scarico. 9 ~ **ventil** (*n. - Leit. - etc.*), valvola di scarico.
ablassen (*allg.*), scaricare. 2 ~ (einen Reifen) (*Aut.*), sgonfiare. 3 ~ (Roheisen) (*Giess.*), spillare. 4 ~ (anlassen) (*Wärmebeh.*), rinvenire. 5 ~ (abfertigen, einen Zug) (*Eisenb.*), far partire, dare il segnale di partenza, licenziare. 6 ~ (reduzieren, einen Preis) (*komm.*), ridurre. 7 ~ (verkaufen) (*komm.*), vendere.
ablasten (abladen) (*allg.*), scaricare.
Ablation (Abschmelzen des Eises) (*f. - Geol.*), ablazione. 2 ~ (Abtragung, Erosion) (*Geol.*), erosione. 3 ~ **s·kühlung** (eines Eintrittskörper) (*f. - Raumfahrt*), raffreddamento per ablazione.
Ablauf (Ablass) (*m. - allg.*), scarico. 2 ~ (eines Vorganges) (*Technol.*), decorso, svolgimento. 3 ~ (Stapellauf eines Schiffes) (*Schiffbau*), varo. 4 ~ (des Streifens) (*Telegr.*), svolgimento. 5 ~ (des Filmes) (*Filmtech.*), svolgimento, alimentazione. 6 ~ (Beendigung, der Frist) (*komm.*), scadenza. 7 ~ (Unterwasserkanal, Abflusskanal, Untergraben) (*Wass.b.*), canale di scarico. 8 ~ (einer Kette, eines Seiles, etc.) (*Hebevorr.*), discesa. 9 ~ (von einem Rektifizierboden abfliessende Flüssigkeit) (*chem. Ind.*), (liquido di) scarico. 10 ~ (bei der kontinuierlichen Rektifikation, Rückstand der die schwerer siedenden Teile enthält) (*chem. Ind.*), residuo. 11 ~ (eines Nockens) (*Aut. - Mech.*), fianco di chiusura, tratto di chiusura. 12 ~ **anlage** (für Eisenb.-Wagen) (*f. - Eisenb.*), impianto di lancio (per smistamento). 13 ~ **apparat** (*m. - Schiffbau*), invasatura (per varo). 14 ~ **backe** (einer Bremse) (*f. - Aut.*), ceppo svolgente. 15 ~ **bahn** (*f. - Schiffbau*), vasi. 16 ~ **berg** (in Verschiebebahnhöfen, für die Verteilung von Wagen) (*m. - Eisenb.*), sella di lanciamento, schiena di asino, parigina, sella di lancio. 17 ~ **bremsanlage** (eines Ablaufberges) (*f. - Eisenb.*), dispositivo per la frenatura (dei carri). 18 ~ **deck** (eines Fluzeugmutterschiffes) (*n. - Luftw. - Kriegsmar.*), ponte di volo. 19 ~ **diagramm** (eine graphische Darstellung der Reihenfolge von Instruktionen) (*n. - Rechner*), siehe Flussdiagramm. 20 ~ **geräusch** (durch die Unebenheit der Strassenoberfläche erzeugt) (*n. - Aut.*), rumore dovuto alla superficie stradale, rumore generato dalla superficie stradale. 21 ~ **gerüst** (*n. - Schiffbau*), invasatura (per varo). 22 ~ **grube** (*f. - Bauw.*), pozzetto di scarico. 23 ~ **höhe** (zulässige Abnützungshöhe des Schienenkopfes) (*f. - Eisenb.*), consumo limite (del fungo della rotaia). 24 ~ **leitung** (Ablassleitung) (*f. - Leit.*), tubazione di scarico. 25 ~ **öl** (gebrauchtes Schmieröl) (*n. - Aut. - Mot.*), olio usato. 26 ~ **rangierbetrieb** (Rangieren durch Ablaufen) (*m. - Eisenb.*), smistamento per gravità. 27 ~ **rolle** (*f. - Mech.*), rullo alimentatore, rullo di uscita. 28 ~ **schlitten** (*m. - Schiffbau*), invasatura (per varo). 29 ~ **s·frist** (*f. - komm.*), termine di scadenza. 30 ~ **stellwerk** (Ablaufanlage, für Eisenb.-Wagen) (*n. - Eisenb.*), impianto di lancio (per smistamento). 31 ~ **trichter** (*m. - Hydr.*), imbuto di sfioro, imbuto di tracimazione, sfioratore ad imbuto. 32 ~ **- und Planungsforschung** (Planungsforschung) (*f. - Ind. - etc.*), ricerca operativa. 33 ~ **walze** (Ablaufrolle) (*f. - Mech.*), cilindro alimentatore, cilindro di uscita. 34 **vor ~ von** (*komm.*), entro il termine di.
Ablaufen (Beendigung, der Frist) (*n. - komm.*), scadenza. 2 ~ (einer Uhrfeder z. B.) (*Mech.*), scarico. 3 ~ (*Anstr.fehler*), colatura. 4 ~ (Rangieren am Ablaufberg, Verschieben durch Schwerkraft) (*Eisenb.*), manovra per gravità. 5 ~ (eines Riemens) (*Mech.*), discesa.
ablaufen (*allg.*), uscire, defluire, scaricarsi. 2 ~ (einer Uhrfeder z. B.) (*Mech.*) scaricarsi. 3 ~ (der Frist) (*komm.*), scadere. 4 ~ (*Schiffbau*), varare. 5 ~ (von Zeit) (*allg.*), decorrere. 6 ~ **lassen** (Flüssigkeiten z. B.) (*allg.*), scaricare, lasciar defluire, lasciare uscire.
ablaufend (*allg.*), uscente, di uscita. 2 ~ (Bremse) (*Mech. - Fahrz.*), svolgente. 3 ~ **e Polkante** (*elekt. Masch.*), corno polare di uscita.
Ablauge (*f. - Papierind. - etc.*), liquido di rifiuto. 2 ~ (Abfallauge, Endlauge) (*chem. Ind.*), sottoliscivia.
Ablaugen (*n. - Anstr.*), sverniciatura alcalina.
ablaugend (alkalisch) (*Chem.*), alcalino.
Ablaugmittel (alkalisches Abbeizmittel) (*n. - Anstr.*), sverniciatore alcalino.
abläutern (*allg.*), chiarificare, depurare, raffinare. 2 ~ (waschen, von Erz) (*Bergbau*), lavare.
Abläuterung (*f. - allg.*), chiarificazione, depurazione, raffinazione. 2 ~ (Erzwäsche) (*Bergbau*), lavaggio.
Abläutesignal (eines Zuges im Bahnhof) (*n. - Eisenb.*), segnale di annuncio, suoneria di annuncio.
Abläutezeichen (*n. - Fernspr.*), segnale di fine conversazione.
abledern (das Fell abziehen) (*Lederind.*), togliere la pelle. 2 ~ (mit Leder putzen) (*Mech.*), lucidare con pelle.
Ablegeapparat (für Lettern) (*m. - Buchdruck*), scompositore.

Ablegefehler

Ablegefehler (Zwiebelfisch) (*m. - Druck.*), refuso.
ablegen (*allg.*), deporre, mettere da parte. 2 ~ (entlassen, Arbeiter) (*Arb.*), licenziare. 3 ~ (Lettern) (*Buchdruck*), scomporre. 4 ~ (Briefe, etc.) (*Büro*), archiviare, mettere agli atti. 5 ~ (*Rechner*), archiviare. 6 Eid ~ (*recht.*), prestare giuramento.
Ableger (für Lettern) (*m. - Buchdruck - Ger.*), scompositore.
Ablegesatz (*m. - Buchdruck*), composizione già utilizzata, composizione da scomporre.
Ablegeschrift (*f. - Druck.*), siehe Ablegesatz.
Ablegetemperatur (Temperatur des Schmiedestückes nach der letzten Umformung) (*f. - Schmieden*), temperatura di fine fucinatura.
Ablegung (*f. - allg.*), deposizione. 2 ~ (eines Satzes) (*Buchdruck*), scomposizione.
Ablehren (*n. - Mech.*), calibratura, controllo con calibro. 2 ~ (von Schleifscheiben z. B.) (*Mech.*), ripassatura.
ablehren (mittels Lehre) (*Mech.*), calibrare, controllare con calibro. 2 ~ (Schleifscheiben z. B.) (*Mech.*), ripassare. 3 ~ (schablonieren) (*Maur.*), modellare, sagomare.
ableimen (losleimen) (*allg.*), scollare.
ableitbar (*allg.*), derivabile.
ableiten (ablenken) (*allg.*), deviare. 2 ~ (*Math.*), derivare. 3 ~ (eine elekt. Anlage mit der Erde verbinden) (*Elekt.*), mettere a massa, mettere a terra, collegare a massa, collegare a terra. 4 ~ (kurzschliessen) (*Leit.*), cortocircuitare.
Ableiter (zur Verbindung einer elekt. Anlage mit der Erde) (*m. - Elekt.*), conduttore di massa, conduttore di terra. 2 ~ (für Blitzableiter) (*Elekt.*), scaricatore. 3 ~ für Kondenswasser (*Leit.*), separatore di condensa. 4 Blitz ~ (*Elekt.*), parafulmine. 5 Kathodenfall ~ (*Elekt.*), scaricatore a caduta catodica.
Ableitkondensator (*m. - Elekt. - Funk.*), condensatore di fuga, condensatore di derivazione, « by-pass ».
Ableitkörper (*m. - Wärme*), dissipatore (di calore).
Ableitstange (*f. - Elekt. - Vorr.*), asta del parafulmine.
Ableitstrom (*m. - Elekt.*), siehe Ableitungsstrom.
Ableitung (*f. - Math.*), derivata. 2 ~ (Vorgang) (*Math.*), derivazione. 3 ~ (Verlust, Fehlerstrom z. B.) (*Elekt.*), dispersione. 4 ~ (Verbindung einer elekt. Anlage mit der Erde) (*Elekt.*), collegamento a massa, messa a terra, collegamento a terra. 5 ~ (Abzweigung) (*Elekt.*), derivazione. 6 ~ (Umgehung, Umgehungsleitung) (*Leit.*), « bipasso », « by-pass », cortocircuitazione, derivazione di sorpasso, « sorpasso «. 7 ~ (der Antenne) (*Funk.*), discesa (di antenna). 8 ~ (Ausgang, des Stromes aus einem Generator z. B.) (*Elekt.*), uscita, prelievo. 9 ~ (Kehrwert des Isolationswiderstand) (*Elekt.*), conduttanza. 10 ~ (Folgerung) (*allg.*), deduzione. 11 ~ s·draht (*m. - Elekt.*), filo di derivazione. 12 ~ s·messer (*m. - Elekt. - Instr.*), misuratore di dispersione. 13 ~ s·strom (Fehlerstrom) (*m. - Elekt.*), corrente dispersa. 14 ~ s·verlust (*m. - Elekt.*), perdita per dispersione. 15 ~ zur Erde (Erdableitung) (*Elekt.*), dispersione verso terra. 16 partielle ~ (*Math.*), derivata parziale. 17 vierte ~ nach x (*Math.*), quarta derivata rispetto ad x.
Ableitwiderstand (*m. - Elekt. - Funk.*), resistenza di fuga, resistenza di dispersione, resistenza di drenaggio.
Ablenkamplitude (*f. - Elektronik*), ampiezza di deflessione.
Ablenkebene (*f. - Elektronik*), piano di deflessione.
Ablenkelektrode (Deflektor, eines Zyklotrones) (*f. - Atomphys.*), deflettore, elettrodo deflettore.
Ablenkempfindlichkeit (*f. - Elektronik*), sensibilità di deflessione.
ablenken (*allg.*), deviare. 2 ~ (einen Strahl) (*Opt.*), deviare.
Ablenker (*m. - Vorr.*), deflettore. 2 ~ kolben (*m. - Mot.*), pistone con deflettore, stantuffo con deflettore.
Ablenkfaktor (einer Elektronenröhre) (*m. - Elektronik*), coefficiente di deflessione.
Ablenkgenerator (*m. - Elektronik*), generatore di deflessione.
Ablenkplatte (*f. - Phys. - Fernseh.*), piastra di deflessione.
Ablenkprisma (brechender Keil) (*n. - Opt. - Ger.*), prisma deflettore.
Ablenkrolle (*f. - Mech.*), puleggia di guida, galoppino, rullo di rinvio. 2 ~ (eines Aufzugs) (*Bauw.*), carrucola di deviazione.
Ablenkscheibe (eines Förderturmes) (*f. - Bergbau*), moletta, puleggia di rinvio.
Ablenkspule (*f. - Elektronik*), bobina di deflessione. 2 ~ (*Fernseh.*), bobina di deflessione.
Ablenkung (*f. - allg.*), deviazione. 2 ~ (von Strahlen) (*Opt.*), deviazione. 3 ~ (*Elektronik*), deflessione. 4 ~ (Abtastung, Zerlegung) (*Fernseh.*), scansione, analisi, esplorazione. 5 ~ (des Kompasses) (*Instr.*), deviazione. 6 ~ (Zerlegung) (*Fernseh.*), siehe auch Abtastung. 7 ~ s·magnetfeld (*n. - Elektronik*), campo magnetico di deflessione. 8 ~ s·messer (*m. - Instr.*), deflettometro. 9 ~ s·prisma (*n. - Phys. - Vorr.*), prisma deviatore. 10 ~ s·rolle (Ablenkrolle) (*f. - Mech.*), puleggia di guida, galoppino, rullo di rinvio. 11 ~ s·spannung (*f. - Elektronik*), tensione di deflessione. 12 ~ s·spule (*f. - Elektronik*), bobina di deflessione. 13 ~ s·winkel (Ablenkwinkel) (*m. - Elektronik*), angolo di deflessione, deflessione. 14 horizontale ~ (*Fernseh*), deflessione orizzontale. 15 110° ~ (*Fernseh. - App.*), deflessione 110°.
Ablenkwinkel (Ablenkungswinkel) (*m. - Elektronik*), angolo di deflessione, deflessione.
ablesbar (*Instr.*), leggibile.
Ablesefehler (*m. - Instr. - etc.*), errore di lettura.
Ablesegerät (*n. - Instr.*), strumento indicatore, indicatore.
Ablesekopf (*m. - Elektroakus.*), testina di riproduzione.
Ableselupe (*f. - Instr.*), lente per lettura.
Ablesemarke (*f. - Instr.*), linea di fede.
Ablesen (*n. - Instr. - etc.*), lettura.

ablesen (ein Messgerät z. B.) (*Instr. - etc.*), leggere, eseguire la lettura.
Ableser (von Lochkarten) (*m. - Elektromech.*), lettore. 2 ~ (von Zählern) (*Arb.*), letturista.
Ablesespiegel (*m. - Instr. - etc.*), specchio antiparallasse.
Ablesestrich (*m. - Instr.*), segno di graduazione.
Ablesung (*f. - Instr. - etc.*), lettura. 2 ~ s-fehler (*m. - Instr. - etc.*), errore di lettura. 3 eine ~ nehmen (*Instr.*), eseguire una lettura, leggere. 4 subjektive ~ (*Instr.*), lettura soggettiva. 5 unmittelbare ~ (*Instr.*), lettura diretta.
Ableuchtlampe (Handlampe) (*f. - Aut. - etc.*), lampada di ispezione.
Ablichtung (Lichtpause) (*f. - Druck.*), copia.
abliefern (liefern) (*komm.*), consegnare.
Ablieferung (*f. - komm.*), consegna. 2 ~ s-frist (Ablieferungstermin) (*f. - komm.*), termine di consegna. 3 ~ s-ort (von Gütern) (*m. - komm.*), resa, luogo di resa. 4 ~ s-schein (*m. - Transp.*), bolla di consegna. 5 ~ s-schein (Quittung) (*komm.*), ricevuta.
Abliegen (*n. - Druck.fehler*), *siehe* Abschmutzen.
abliegen (entfernt liegen) (*allg.*), distare (da).
Ablochen (eines Programms auf Steuerstreifen z. B.) (*n. - Autom.*), perforazione.
ablohnen (entlassen, die Arbeiter) (*Pers. - Arb.*), licenziare.
ablösbar (abnehmbar) (*allg.*), staccabile, amovibile, smontabile. 2 ~ (tilgbar, Anlage) (*finanz.*), ammortizzabile. 3 ~ (Schuld) (*finanz.*), redimibile.
Ablöschen (*n. - allg.*), spegnimento, estinzione. 2 ~ (des Kalkes) (*Bauw.*), spegnimento. 3 ~ (Abschrecken) (*Wärmebeh.*), spegnimento, tempra, rapido raffreddamento.
ablöschen (*allg.*), spegnere. 2 ~ (Kalk) (*Bauw.*), spegnere. 3 ~ (abschrecken) (*Wärmebeh.*), spegnere, temprare, raffreddare rapidamente.
Ablösen (Absonderung, der Emulsion) (*n. - Phot.*), distacco.
ablösen (absondern) (*allg.*), staccare. 2 ~ (eine Anleihe) (*finanz.*), rimborsare.
Ablösung (*f. - allg.*), distacco, separazione. 2 ~ (eines Schuldes) (*finanz.*), estinzione. 3 ~ (von Stromlinien) (*Aerodyn.*), distacco, separazione. 4 ~ (eines Elektrons) (*f. - Atomphys.*), distacco. 5 ~ s-fonds (*m. - Adm.*), fondo di ammortamento. 6 ~ s-punkt (der Stromlinie) (*m. - Aerodyn.*), punto di distacco, punto di separazione. 7 **Laufdecken** ~ (*Aut. - Fehler*), distacco del battistrada.
Abloten (*n. - Bauw.*), messa a piombo.
abloten (*Bauw. - etc.*), mettere a piombo, « piombare ».
ablöten (*mech. Technol.*), dissaldare.
Abluft (*f. - Lüftung*), aria viziata. 2 ~ **kanal** (*m. - Lüftung*), condotto di uscita dell'aria viziata.
Ablüfter (*m. - Lüftung - App.*), aspiratore, estrattore.
Ablüftezeit (bei Verklebung) (*f. - chem. Ind.*), *siehe* Trockenzeit.
abmachen (vereinbaren) (*allg.*), concordare. 2 ~ (losmachen) (*allg.*), staccare, togliere.
Abmachung (*f. - komm.*), accordo. 2 mündliche ~ en (*komm.*), accordi verbali. 3 schriftliche ~ en (*komm.*), accordi scritti.
abmanteln (ein Kabel) (*Elekt.*), togliere la guaina.
Abmass (Differenz zwischen Nennmass und zulässigem Mass) (*n. - Mech.*), scostamento. 2 **Grund** ~ (*Mech.*), scostamento fondamentale. 3 **Ist** ~ (Istmass minus Nennmass) (*Mech.*), scostamento reale. 4 **oberes** ~ (Grösstmass minus Nennmass) (*Mech.*), scostamento superiore. 5 **unteres** ~ (Kleinstmass minus Nennmass) (*Mech.*), scostamento inferiore.
Abmeisseln (*n. - Mech. - etc.*), scalpellatura. 2 ~ (eines Metallblocks) (*Metall.*), scriccatura con scalpello.
abmeisseln (*Mech. - etc.*), scalpellare. 2 ~ (einen Metallblock) (*Metall.*), scriccare a scalpello.
Abmessanlage (für Beton z. B., Dosieranlage) (*f. - Bauw.*), impianto di dosatura.
Abmesseinrichtung (Dosieranlage) (*f. - Bauw. - etc.*), impianto di dosatura.
Abmessen (*n. - allg.*), misurazione.
abmessen (*allg.*), misurare. 2 **mittels Lehre** ~ (*Mech.*), misurare col calibro, calibrare.
Abmessung (Messung, Abnehmen der Masse) (*f. - allg.*), misurazione. 2 ~ (Mass) (*allg.*), misura, dimensione. 3 ~ (Dosierung, Zuteilung) (*Bauw. - etc.*), dosatura. 4 ~ **über alles** (*naut. - etc.*), dimensione fuori tutto, dimensione d'ingombro. 5 **äussere** ~ (*allg.*), dimensione d'ingombro. 6 **Gesamt** ~ **en** (*allg.*), dimensioni d'ingombro. 7 **Haupt** ~ **en** (des Bootes) (*Schiffbau*), dimensioni principali. 8 **kritische** ~ (*Atomphys.*), dimensione critica.
Abminderung (*f. - allg.*), diminuzione, riduzione.
abmontieren (*allg.*), smontare.
Abmontierung (*f. - allg.*), smontaggio.
abmustern (entlassen) (*Arb. - naut.*), licenziare.
Abmusterung (Entlassung) (*f. - Arb. - naut.*), licenziamento. 2 ~ (Anmachung des Gegenmusters seitens des Lieferanten) (*Anstr.*), messa a campione, preparazione del controcampione.
Abnahme (Abminderung, der Temperatur z. B.) (*f. - allg.*), diminuzione, riduzione. 2 ~ (Wegnahme) (*allg.*), asportazione. 3 ~ (Prüfung, eines Stückes) (*mech. Technol.*), collaudo, controllo. 4 ~ (Annahme, von Waren z. B.) (*komm.*), accettazione. 5 ~ (abgenommene elektrische Arbeit) (*Elekt.*), energia (elettrica) prelevata, energia (elettrica) assorbita. 6 ~ (Verkauf) (*komm.*), vendita. 7 ~ (der Spannung) (*Elekt.*), caduta. 8 ~ (Querschnittsverminderung) (*Walzw.*), riduzione di sezione. 9 ~ **abteilung** (*f. - Ind.*), servizio accettazione. 10 ~ **ausschuss** (*m. - Ind.*), commissione di collaudo. 11 ~ **beamter** (*m. - mech. Arb.*), collaudatore, « controllo ». 12 ~ **bericht** (*m. - komm. - etc.*), verbale di collaudo, bollettino di collaudo, verbale di accettazione. 13 ~ **bescheinigung** (*f. - Mech. - etc.*), certificato di collaudo. 14 ~ **flieger** (*m. - Flugw.*), pilota collaudatore. 15 ~ **flug** (*m. - Flugw.*), volo di collaudo, volo di accettazione. 16 ~ **heft**

abnahmefähig

(*n.* - *Ind.* - *komm.*), capitolato. 17 ~ **koeffizient** (*m.* - *Walzw.*), coefficiente di riduzione. 18 ~ **lauf** (*m.* - *Mot.*), prova di collaudo, prova di accettazione. 19 ~ **lehre** (*f.* - *Werkz.*), calibro di controllo. 20 ~ **messung** (*f.* - *Elekt.* - *etc.*), misurazione di collaudo. 21 ~ **protokoll** (*n.* - *Mech.*), bollettino di collaudo, protocollo di collaudo. 22 ~ **prüfung** (*f.* - *Mech.* - *etc.*), prova di collaudo. 23 ~ **prüfung** (Auslieferungsprüfung) (*Mech.* - *etc.*), prova di accettazione. 24 ~ **spule** (*f.* - *Text.* - *etc.*), bobina svolgitrice. 25 ~ **stempel** (auf einem Stücke) (*m.* - *Mech.* - *etc.*), punzone di collaudo, punzone di accettazione. 26 ~ **versuch** (*m.* - *Mot.* - *etc.*), prova di collaudo, prova di accettazione. 27 ~ **verweigerung** (Annahmeverweigerung) (*f.* - *Mech.* - *etc.*), scarto, mancata accettazione. 28 ~ **vorschrift** (*f.* - *Mech.* - *etc.*), prescrizione di collaudo.
abnahmefähig (*Mech.* - *etc.*), accettabile, «passabile».
Abnarbeisen (*n.* - *Lederind.* - *Werkz.*), ferro per sfiorare.
abnehmbar (*Mech.*), amovibile, smontabile, asportabile. 2 ~ **es Verkleidungsblech** (*Masch.* - *etc.*), pannello smontabile, pannello asportabile.
abnehmen (einen Deckel z. B.) (*allg.*), togliere. 2 ~ (Späne mittels Werkzeugs z. B.) (*Mech.*), asportare. 3 ~ (prüfen) (*Mot.* - *etc.*), collaudare. 4 ~ (mech. Stücke) (*Mech.*), collaudare, controllare. 5 ~ (elekt. Energie, durch einen Abnehmer, vom Netz) (*Elekt.*), prelevare. 6 ~ (fallen, der Spannung) (*Elekt.*), cadere, diminuire. 7 ~ (den Höhrer) (*Fernspr*). staccare, sollevare. 8 ~ (sich verringern) (*allg.*), diminuire. 9 Masse ~ (*allg.*), prendere le misure.
Abnehmer (*m.* - *komm.*), utente, cliente. acquirente. 2 ~ (*Elekt.* - *etc.*), utente. 3 ~ (Stromabnehmer) (*Elekt.* - *Ger.*), organo di presa. 4 ~ (Bürste, einer Dynamo z. B.) (*Elekt.*), spazzola. 5 ~ (Tonabnehmer) (*Akus.*) fonorivelatore, «pick-up». 6 ~ (Sammler, einer Karde) (*Textilmasch.*), scaricatore, spogliatore, cilindro scaricatore, cilindro spogliatore. 7 ~ **bürste** (*f.* - *Elekt.*), spazzola collettrice. 8 ~ **rolle** (*f.* - elekt. *Fahrz.*), rotella di presa. 9 ~ **stange** (*f.* - elekt. *Fahrz.*), asta di presa.
abnieten (*Mech.*), togliere i chiodi, togliere i ribattini, schiodare.
abnutschen (nutschen) (*Chem.*), filtrare a vuoto, filtrare a depressione.
abnutzbar (*Mech.* - *etc.*), logorabile.
Abnutzbarkeit (*f.* - *Mech.* - *etc.*), logorabilità.
abnutzen (*allg.*), consumare, logorare, usurare.
Abnutzung (Verschleiss, der Lager z. B.) (*f.* - *Mech.* - *etc.*), logorio, usura, consumo. 2 ~ **beim Einlaufen** (*Mech.* - *etc.*), usura di assestamento, consumo di assestamento. 3 ~ **s·ausgleich** (*m.* - *Mech.*), compensazione dell'usura. 4 ~ **s·beständigkeit** (Abnutzungswiderstand) (*f.* - *Mech.* - *etc.*), resistenza all'usura. 5 ~ **s·festigkeit** (*f.* - *Mech.* - *etc.*), resistenza all'usura. 6 ~ **s·prüfdorn** (*m.* - *Werkz.*), calibro a tampone per il controllo dell'usura. 7 ~ **s·prüfmaschine** (*f.* - *Masch.*), macchina per prove di usura, macchina per prove di logorìo. 8 ~ **s·prüfung** (*f.* - *Werkstoffprüfung*), prova di usura, prova di logorìo. 9 ~ **s·prüfung** (Abreibungsprobe) (*Werkstoffprüfung*), prova di abrasione.
abnutzungsfest (*Mech.* - *etc.*), resistente all'usura.
Abohm (absolutes Ohm) (*n.* - *Elekt.*), abohm, ohm assoluto.
Aböl (*n.* - *Mot.*), olio usato.
Abonnement (auf eine Zeitung z. B.) (*n.* - (*allg.*), abbonamento. 2 **ein ~ aufgeben** (*Zeitg. etc.*), disdire un abbonamento. 3 **Erneuerung eines ~ s** (*komm.*), rinnovo di un abbonamento.
Abonnent (*m.* - *Fernspr.* - *etc.*), abbonato.
abonnieren (*allg.*). abbonare. 2 **sich ~** (auf eine Zeitung z. B.) (*allg.*), abbonarsi.
abordnen (*recht.*), delegare.
Abort (Abtritt, Raum mit Einrichtungen) (*m.* - *Bauw.*), latrina, cesso, ritirata, gabinetto. 2 ~ **grube** (*f.* - *Bauw.*), pozzo nero. 3 ~ **spülapparat** (*m.* - *Bauw.*), dispositivo di cacciata, sciacquone. 4 **Spül ~** (*Bauw.*), latrina con sciacquone.
Abpacken (*n.* - *komm.* - *etc.*), confezionamento, imballaggio.
Abpackmaschine (*f.* - *Masch.*), confezionatrice.
abpassen (genau abmessen) (*allg.*), prendere l'esatta misura.
abpausen (pausen, durchzeichnen) (*Zeichn.* - *etc.*), riprodurre.
Abperleffekt (Wasserabstossungsvermögen) (*m.* - *Chem.* - *etc.*), idrorepellenza.
Abpfählen (einer Eisenb.linie z. B.) (*n.* - *Top.*), palinatura, tracciamento.
abpfählen (*Top.* - *etc.*), palinare, tracciare.
Abpflöcken (einer Strasse z. B.) (*n.* - *Top.*), picchettatura.
abpflöcken (eine Strasse z. B.) (*Top.*), picchettare.
abplatten (*allg.*), appiattire.
Abplattung (*f.* - *allg.*), appiattimento. 2 ~ (Verkürzung des Poldurchmessers) (*Geol.*), schiacciamento. 3 ~ (des Pneumatiks) (*Aut.*), sgonfiamento.
Abplatzung (*f.* - *Anstr.fehler*), distacco. 2 ~ **der Einsatzschicht** (*Wärmebeh.* - *Fehler*), sfaldamento dello strato cementato.
Abprall (Abprallen, federndes Zurückfahren) (*m.* - *allg.*), rimbalzo.
abprallen (*allg.*), rimbalzare.
abpressen (prüfen mit Presswasser) (*Giess.* - *etc.*), sottoporre a prova idraulica, provare a tenuta, «pressare».
Abpressung (*f.* - *Technol.*), pressatura.
abpuffern (*Mech.* - *etc.*), ammortizzare.
Abpumpen (Klarpumpen, Entsanden, eines Brunnens) (*n.* - *Wass.b.*), dissabbiamento.
abpumpen (die Luft aus einem Behälter z. B.) (*allg.*), estrarre pompando.
Abputz (Erneuerung des Hausanstrichs) (*m.* - *Bauw.* - *Maur.*), «rimbiancatura», «imbiancatura». 2 ~ **hammer** (*m.* - *Maur.* - *Werkz.*), martellina da muratore.
abputzen (*allg.*), pulire. 2 ~ (verputzen, bepflastern) (*Maur.*), intonacare.
Abrammen (Stossverdichtung, Stampfen) (*n.* - *Bauw.* - *etc.*), costipamento.

abrammen (*Strass.b. - etc.*), costipare, pigiare.
Abrasion (*f. - Geol. - Bauw. - etc.*), abrasione.
abrasiv (*Technol.*), abrasivo. 2 ~ e **Erosion** (*Mech.*), erosione abrasiva.
abrauchen (*Chem.*), evaporare.
abrauhen (abgraten) (*Giess.*), sbavare.
Abraum (Deckgebirge) (*m. - Bergbau*), copertura, terreno di copertura, cappello, cappellaccio. 2 ~ **förderbrücke** (*f. - Bergbaumasch.*), trasportatore per scavi a giorno, trasportatore per rimuovere il cappellaccio. 3 ~ **salz** (nicht verwertbares Material) (*n. - Bergbau*), deposito salino di copertura, sterile salino.
abräumen (*allg.*), sgomberare. 2 ~ (eine Darre z. B.) (*allg.*), scaricare. 3 ~ (*Bergbau*), togliere il cappellaccio, rimuovere il cappellaccio.
Abräumung (*f. - allg.*), sgombero.
abrechnen (abziehen) (*allg.*), detrarre, sottrarre, defalcare. 2 ~ (eine Rechnung abschliessen) (*komm. - Adm.*), saldare, regolare, pagare.
Abrechnung (Rechnung) (*f. - Adm.*), conto. 2 ~ (zur Vereinfachung des Abrechnungsverkehrs) (*finanz.*), compensazione. 3 ~ (nach dem Aufmass) (*Bauw.*), contabilizzazione, computo estimativo. 4 ~ (Abziehen) (*allg.*), detrazione, sottrazione, defalcazione. 5 ~ s·**beamter** (*m. - Börse*), liquidatore. 6 ~ s·**bureau** (*n. - finanz.*), siehe Abrechnungsstelle. 7 ~ s·**kontor** (*n. - finanz.*), siehe Abrechnungsstelle. 8 ~ s·**maschine** (*f. - Masch.*), macchina contabile. 9 ~ s·**nachweis** (Bilanz) (*m. - Adm.*) bilancio. 10 ~ s·**stelle** (*f. - komm. - finanz.*), stanza di compensazione. 11 ~ s·**tag** (einer Frist) (*m. - komm.*), data di decorrenza. 12 ~ s·**tag** (Börse), giorno della liquidazione. 13 ~ s·**verkehr** (*m. - finanz. - komm.*), compensazione, « clearing ».
abredegemäss (*adv. - allg.*), come da accordi, come convenuto.
Abreiben (*n. - allg.*), siehe Abreibung.
abreiben (*allg.*), abradere, consumare con (o per) sfregamento. 2 ~ (den Putz) (*Maur.*), talocciare, piallettare. 3 ~ (Farben) (*Farbenind.*), macinare.
Abreibung (*f. - allg.*), abrasione. 2 ~ (des Putzes) (*Maur.*), talocciatura, piallettatura. 3 ~ s·**probe** (*f. - Werkstoffprüfung*), prova di abrasione.
Abreicherung (*f. - Atomphys. - etc.*), impoverimento.
Abreissband (*n. - Packung*), nastro a strappo, nastrino a strappo.
Abreissbogen (*m. - Elekt.*), arco di apertura.
Abreissbremse (selbsttätige Bremse, bei unbeabsichtigtem Lösen eines Anhängers) (*f. - Aut.*), freno (di sicurezza) a strappo.
Abreissen (*n. - allg.*), strappamento, strappo. 2 ~ (von Stromlinien) (*Aerodyn.*), stallo, distacco. 3 ~ (des Bogens z. B.) (*Elekt.*), interruzione, rottura. 4 ~ (eines Anhängers z. B.) (*Fahrz.*), distacco. 5 ~ (der Detonation) (*Bergbau*), siehe Totlaufen. 6 ~ **der Funkverbindung** (*Funk.*), perdita del collegamento radio.
abreissen (*allg.*), strappare. 2 ~ (*Zeichn.*), tracciare il profilo. 3 ~ (abbrechen) (*Bauw.*), demolire.
Abreissfeder (Rückschlagfeder) (*f. - Mech.*), molla di richiamo, molla antagonista.
Abreissfunke (*m. - Elekt.*), scintilla di rottura, scintilla d'apertura. 2 ~ n·**strecke** (*f. - Elekt.*), spinterometro ad elettrodo mobile, spinterometro rotante.
Abreissgebiet (*n. - Aerodyn.*), zona di turbolenza.
Abreissgeschwindigkeit (Überziehgeschwindigkeit, Minimalgeschwindigkeit) (*f. - Flugw.*), velocità di stallo.
Abreisshebel (*m. - Mot. - Elekt.*), martelletto del ruttore.
Abreissheck (einer Karosserie) (*n. - Aut.*), coda con spoiler.
Abreisskante (Spoiler, an der Karosserie) (*f. - Aut.*), spoiler.
Abreisskontakt (*m. - Elekt.*), contatto d'arco.
Abreisslasche (*f. - Packung*), linguetta a strappo.
Abreissleine (Abreiss·schnur, eines Fallschirmes) (*f. - Flugw.*), fune di strappo.
Abreisspan (Reisspan) (*m. - Werkz.masch. bearb.*), truciolo strappato.
Abreissring (einer Abreissbremse z. B.) (*m. - Aut. - etc.*), anello di strappo.
Abreissungspunkt (der laminaren Strömung) (*m. - Aerodyn.*), punto di distacco, punto di turbolenza.
Abreissvorrichtung (für Magnetzündung z. B.) (*f. - Mot. - Elekt.*), ruttore.
Abreisswinkel (*m. - Flugw.*), angolo di stallo.
Abrichtbetrag (beim Schleifen, je Werkstück z. B., in mm) (*m. - Werkz.masch.bearb.*), valore della ravvivatura.
Abrichtdiamant (*m. - Werkz.*), diamante ravvivatore, diamante per ripassatura.
Abrichten (einer Schleifscheibe) (*n. - Mech.*), ripassatura, ravvivatura. 2 ~ (einer Maschine mit Libelle z. B) (*Mech.*), livellamento. 3 **Profil** ~ (von Schleifscheiben z. B.) (*Mech.*), ripassatura del profilo.
abrichten (eine Schleifscheibe) (*Werkz.*), ripassare, ravvivare. 2 ~ (*Mech.*), centrare, allineare. 3 ~ (*Holzbearb. - Werkz.masch.*), piallare a filo, spianare. 4 ~ (eine Fläche) (*Zimm.*), spianare. 5 ~ (eine Maschine, mit Libelle z. B.) (*Mech.*), livellare. 6 ~ (Blech richten) (*mech. Technol.*), raddrizzare.
Abrichter (einer Schleifscheibe) (*m. - Werkz.*), ravvivatore, dispositivo di ripassatura. 2 **Abroll-** ~ (*Werkz.*), ravvivatore a rullo.
Abrichthobelmaschine (Abrichtmaschine) (*f. Holzbearb. - Werkz.masch.*), piallatrice a filo, pialla a filo.
Abrichtmaschine (Hobelmaschine) (*f. - Holzbearb. - Werkz.masch.*), piallatrice a filo, pialla a filo.
Abrichtrolle (für Schleifscheiben) (*f. - Mech.*), rullo ravvivatore.
Abrichtvorrichtung (für Schleifscheiben) (*f. Vorr.*), ravvivatore, dispositivo di ripassatura.
Abrieb (Vorgang) (*m. - Mech.*), abrasione. 2 ~ (abgenommenes Material) (*allg.*), materiale asportato per sfregamento. 3 ~ **festig-**

abriebbeständig

keit (von Anstrichstoffen) (*f. - Anstr.*), resistenza all'abrasione.
abriebbeständig (abriebfest) (*allg.*), resistente all'abrasione.
abriegeln (*allg.*), bloccare.
abrinden (*Holz*), scortecciare.
Abriss (Umrisszeichnung) (*m. - Zeichn.*), schizzo. 2 ~ (Abbruch, eines Hauses z. B.) (*Bauw.*), demolizione. 3 ~ (Riss, Ausreissung) (*Metall. - Fehler*), strappo. 4 ~ (Zusammenfassung) (*allg.*), riepilogo, sommario, compendio. 5 ~, siehe auch Abreissen.
Abrogation (eines Gesetzes) (*f. - recht.*), abrogazione.
abrogieren (ein Gesetz) (*recht.*), abrogare.
Abrohr (*n. - Leit.*), tubo di uscita.
Abrollbahn (*f. - Mech.*), pista di rotolamento.
Abrollen (eines Rades z. B.) (*n. - Mech.*), rotolamento. 2 ~ (*Eisenb.*), siehe Ablaufen.
abrollen (*allg.*), svolgere, sbobinare.
Abroller (*m. - Textilind. - Druckmasch. - etc.*), svolgitore, sbobinatore. 2 Drehstern ~ (*Druckmasch.*), sbobinatore a stella.
Abrollgerät (Bandwiege) (*n. - Blechbearb. - etc.*), svolgitore a rulli.
Abrollumfang (eines Reifens, Wegstrecke je Umdrehung bei 60 km/h) (*m. - Aut.*), percorso per giro (a 60 km/h).
Abrollung (*f. - allg.*), svolgimento.
abrosten (*allg.*), arrugginire, arrugginirsi.
abrösten (*allg.*), arrostire.
Abröstung (*f. - allg.*), arrostimento.
Abrückabschnitt (*m. - Eisenb.*), sezione tampone.
Abruf (Auftrag) (*m. - komm.*), ordine. 2 ~ (*Fernspr.*), richiamata. 3 ~ (Anweisung zur Lieferung, einer Masch. nach der Abnahme z. B.) (*komm.*), ordine di spedizione, ordine di consegna.
abrunden (eine Zahl, etc.) (*allg.*), arrotondare. 2 die Ecken ~ (*Mech.*), arrotondare gli spigoli.
Abrundmaschine (für Zahnräder) (*f. - Werkz. masch.*), spuntatrice.
Abrundung (*f. - allg.*), arrotondamento. 2 (zwischen zwei senkrechten Oberflächen eines Stückes z. B.) (*Mech.*), raccordo. 3 ~ s·fehler (*m. - Math. - etc.*), errore dovuto ad arrotondamento. 4 ~ s·radius (*m. - Mech.*), raggio di raccordo. 5 End ~ (Breitenballigkeit, von Verzahnungen) (*Mech.*), spoglia d'estremità. 6 Flanken ~ (Flankeneintrittsform, von Verzahnungen) (*Mech.*), spoglia di troncatura. 7 Fuss ~ (eines Zahnes oder eines Gewindes) (*Mech.*), arrotondamento di fondo, raccordo di fondo (dente o filetto).
Abrundwälzfräser (*m. - Mech. - Werkz.*), creatore per spuntature.
Abrüsten (eines Bogens z. B.; Entfernung der Einrüstung) (*n. - Bauw.*), disarmo, smontaggio dell'armatura di servizio.
abrüsten (*allg.*), smontare. 2 ~ (*naut.*), disarmare. 3 ~ (Eisenbeton z. B.) (*Bauw.*), disarmare.
Abrüstung (*f. - allg.*), smontaggio, smantellamento. 2 ~ (*naut.*), disarmo. 3 ~ (*milit.*), disarmo.
Abrüstwagen (*m. - Aut.*), carro attrezzi.
Abrutschen (*n. - Flugw.*), scivolata (d'ala).

2 ~ (*Aut.*), sbandata. 3 ~ (von Boden) (*Geol. - etc.*), smottamento. 4 rückwärtiges ~ (*Flugw.*), scivolata di coda.
abrutschen (*allg.*), scivolare. 2 ~ (*Flugw.*), scivolare (d'ala). 3 ~ (*Aut.*), sbandare. 4 ~ (von Boden) (*Geol. - etc.*), smottare. 5 ~ über den Schwanz (abrutschen nach hinten) (*Flugw.*), scivolare di coda.
Abrutschgeschwindigkeit (*f. - Flugw.*), velocità laterale, regime di scivolata.
ABS (Acrylnitril, Butadien und Styrol, Kunststoff) (*Chem. Ind.*), ABS, acrilonitrile-butadiene-stirene. 2 ~ Polymer (Acrylnitril, Butadien, Styrol, Polymer) (*n. - chem. Ind.*), polimero ABS, polimero di acrilonitrile, butadiene e stirene.
Abs (Absender) (*Post - etc.*), mittente.
abs. (absolut) (*Phys. - etc.*), assoluto.
absacken (bei Landung) (*Flugw.*), atterrare « a piatto ». 2 ~ (sinken) (*naut.*), affondare, colare a picco.
Absackmaschine (*f. - Masch.*), insaccatrice, macchina per insaccare.
Absage (einer Einladung z. B.) (*f. - allg.*), rifiuto. 2 ~ (Widerruf, eines Auftrages) (*komm.*), annullamento. 3 ~ (verneinende Antwort) (*allg.*), risposta negativa.
absagen (eine Einladung z. B.) (*allg.*), declinare. 2 ~ (einen Auftrag widerrufen z. B.) (*komm.*), annullare, revocare, disdire.
absägen (*Holz - etc.*), segare via, asportare con sega.
Absanden (Absandung) (*n. - Bauw. - etc.*), sabbiatura. 2 ~ (mit Sandpapier) (*Anstr.*), carteggiatura.
absanden (sanden) (*Technol.*), sabbiare. 2 ~ (mit Sandpapier) (*Anstr.*), carteggiare.
Absattelstütze (eines Anhängers) (*f. - Fahrz.*) zampa di appoggio, puntello.
Absättigung (Neutralisieren) (*f. - Chem.*), neutralizzazione, saturazione.
Absatz (Unterbrechung) (*m. - allg.*), interruzione. 2 ~ (Ruhepause) (*allg.*), pausa, intervallo. 3 ~ (einer Mauer) (*Bauw.*), risega, gradino. 4 ~ (einer Treppe) (*Bauw.*), pianerottolo. 5 ~ (in der Gesenkoberfläche, Flansch, etc.) (*Schmieden - Werkz. - etc.*), gradino. 6 ~ (einer Welle) (*Mech.*), spallamento, gradino. 7 ~ (Verkauf) (*komm.*), vendita, smercio. 8 ~ (Niederschlag) (*Chem. - etc.*), sedimento. 9 ~ (Abschnitt) (*Druck.*), paragrafo. 10 ~ (eines Vertrages z. B.) (*komm. - recht.*), articolo. 11 ~ (eines Schuhes z. B.) (*allg.*), tacco. 12 ~ becken (*n. - Ind.*), vasca di sedimentazione, bacino di sedimentazione. 13 ~ bereich (*m. - komm.*), mercato, zona di vendita. 14 ~ beschränkungen (*f. - pl. - komm.*), restrizioni di mercato. 15 ~ drehen (*n. - Werkz.masch.bearb.*), tornitura di spallamento. 16 ~ finden (*komm.*), trovare smercio. 17 ~ förderung (*f. - komm.*), promozione delle vendite. 18 ~ gebiet (*n. - komm.*), mercato. 19 ~ händler (*m. - komm.*), distributore. 20 ~ muffe (*f. - Leit.*), manicotto di riduzione. 21 ~ organisation (*f. - komm.*), organizzazione periferica, organizzazione di vendita. 22 ~ planung (*f. - komm.*), programmazione delle vendite. 23 ~ spinner (Selfaktor) (*m. - Textilmasch.*), fila-

toio intermittente. **24** ∼ **stockung** (*f. - komm.*), ristagno (nelle vendite). **25** ∼ **verhältnisse** (*n. pl. - komm.*), situazione di mercato, prospettive di vendita. **26** ∼ **vorausschätzung** (*f. - komm.*), previsione delle vendite. **27** ∼ **weg** (von Gütern) (*m. - komm.*), canale di distribuzione.
absatzfähig (*komm.*), vendibile, di facile smercio.
absatzweise (*allg.*), intermittente, a gradi, ad intervalli. **2** ∼ **Destillation** (*Chem.*), distillazione frazionata.
absäuern (*Chem. - etc.*), acidificare.
absaufen (mit Segelflugzeug) (*Flugw.*), perdere quota. **2** ∼ (einen Vergaser) (*Mot.*), ingolfare.
Absauganlage (*f. - ind. App.*), impianto di aspirazione.
Absaugelektrode (*f. - Elekt.*), elettrodo collettore.
Absaugemaschine (*f. - Textilmasch.*), asciugatoio, essiccatoio (ad aspirazione).
absaugen (*allg.*), aspirare.
Absauger (*m. - App.*), aspiratore, estrattore.
Absaugpumpe (Ölpumpe) (*f. - Mot.*), pompa di ricupero. **2** ∼ (*Flugzeug - App.*), depressore.
Absaugtisch (für Offsetkopien z. B.) (*m. - Druck.*), tavola aspirante.
Absaugung (*f. - allg.*), aspirazione. **2** ∼ (*Ind.*), estrazione (mediante aspirazione).
Absaugventilator (*m. - Lüftung - Masch.*), ventilatore di estrazione, estrattore.
abschaben (*allg.*), raschiare.
Abschaber (eines Förderungssystems) (*m. - ind. Masch.*), piastra di raschiamento, raschiatore. **2** ∼ (*Werkz.*), raschiatoio, raschietto.
Abschabsel (Schabereste, Abgeschabtes) (*n. - allg.*), frammenti (di raschiatura).
abschaffen (ein Gesetz) (*recht.*), abrogare.
Abschaffung (eines Gesetzes) (*f. - recht.*), abrogazione.
Abschälen (*n. - allg.*), sbucciatura. **2** ∼ (*Anstr.fehler*), spellatura.
abschälen (*Holz*), scortecciare.
abschaltbar (*Elekt.*), disinseribile, staccabile. **2** ∼ (*Mech.*), disinnestabile, staccabile.
Abschaltdruck (*m. - Masch. - etc.*), pressione di disinnesto.
abschalten (einen Kreis) (*Elekt.*), interrompere. **2** ∼ (einen Generator vom Netz z. B.) (*Elekt.*), staccare, disinserire. **3** ∼ (eine Maschine z. B.) (*Mech.*), disinnestare, staccare.
Abschalter (Schalter) (*m. - elekt. App.*), interruttore.
Abschaltkasten (*m. - Elekt.*), quadro elettrico.
Abschaltkreis (*m. - Autom. - etc.*), circuito di disinserzione, circuito disinseritore.
Abschaltleistung (eines Schalters) (*f. - Elekt.*), capacità di rottura, potere di interruzione.
Abschaltlichtbogen (*m. - Elekt.*), arco di rottura, arco di apertura.
Abschaltmagnet (*m. - Elekt.*), magnete disgiuntore.
Abschaltrelais (eines Reaktors z. B.) (*n. - Elekt.*), relè disgiuntore, relè di protezione, relè di sicurezza.
Abschaltspannung (*f. - Elekt.*), tensione di interruzione, tensione di disinserzione, tensione di apertura.
Abschaltstab (*m. - Atomphys.*), barra di sicurezza, barra di emergenza, asta di sicurezza, asta di emergenza.
Abschaltstellung (*f. - Elekt.*), posizione d'interruzione.
Abschaltstromstärke (*f. - Elekt.*), corrente di apertura.
Abschaltung (eines Kreises) (*f. - Elekt.*), apertura, interruzione. **2** ∼ (eines Generators vom Netz z. B.) (*Elekt.*), distacco, disinserzione. **3** ∼ (bei Ölbrennern) (*Kessel - Verbr.*), chiusura.
Abschaltvorgang (Stillsetzen, eines Reaktors) (*m. - Atomphys.*), operazioni di spegnimento.
Abschaltzeit (einer Anlage z. B.) (*f. - Ind. - etc.*), tempo di arresto, tempo di inattività.
Abschattierung (*f. - Fernsehfehler*), oscuramento (agli angoli), ombre.
abschätzen (schätzen) (*allg.*), stimare.
Abschätzer (*m. - komm. - etc.*), perito, stimatore.
Abschätzung (*f. - komm.*), stima, valutazione.
Abschaum (*m. - allg.*), schiuma. **2** ∼ (auf dem Bad) (*Giess.*), scorie.
abschäumen (*allg.*), schiumare. **2** ∼ (die Schlacke abnehmen) (*Giess.*), descorificare, scorificare, togliere le scorie.
abscheidbar (*allg.*), separabile.
Abscheidegrad (Entstaubungsgrad, von Entstaubern) (*m. - Ger.*), grado di depolverazione.
abscheiden (*allg.*), separare. **2** ∼ (*Chem.*), precipitare. **3** sich ∼ (*Chem.*), precipitare, depositarsi, separarsi.
Abscheider (*m. - Leit. - etc.*), separatore. **2 Fliehkraft** ∼ (Wirbler, Zyklon) (*ind. App.*), ciclone separatore, ciclone, separatore centrifugo. **3 magnetischer** ∼ (*App.*), separatore magnetico. **4 Öl** ∼ (*App.*), separatore d'olio. **5 Wasser** ∼ (*Kessel - etc.*), separatore d'acqua.
Abscheidung (*f. - allg.*), separazione. **2** ∼ **s·zentrum** (*n. - Chem. - etc.*), centro di cristallizzazione. **3 elektrolytische** ∼ (*Elektrochem.*), elettrodeposizione. **4 elektrophoretische Lack** ∼ (*Anstr.*), precipitazione elettroforetica della vernice.
Abscheidvorgang (*m. - Chem. - etc.*), processo di deposizione.
Abscherbolzen (für die Sicherung einer Vorrichtung gegen Überlastung) (*m. - Mech.*), spina di sicurezza.
abscheren (*allg.*), recidere, tagliare, tranciare.
Abscherfestigkeit (Schubfestigkeit) (*f. - Baustatik*), resistenza al taglio.
Abscherkupplung (mit Abscherbolzen) (*f. - Mech.*), giunto di sicurezza, innesto di sicurezza (con spina tranciabile).
Abscherspannung (*f. - Baukonstr.lehre*), sollecitazione di taglio.
Abscherstift (Abscherbolzen) (*m. - Mech.*), spina di sicurezza.
Abscherung (Schnitt) (*f. - Mech.*), tranciatura. **2** ∼ (Schub, Scherung) (*Baustatik*), taglio **3** ∼ (Trennvorgang, eines Knüppels z. B.) (*f. - mech. Technol.*), troncatura.
Abscherversuch (für Klebstoffe durch Tangentialkraft) (*m. - chem. Ind.*), prova di distacco.

Abscheuern

Abscheuern (Putzen von Metallstücken) (*n. - mech. Technol.*), barilatura, bottalatura.
abscheuern (*allg.*), consumare (per sfregamento). 2 ~ (scheuern, putzen von Metallstücken) (*mech. Technol.*), barilare, bottalare.
abschicken (absenden, einen Brief) (*Büro - etc.*), spedire.
abschieben (abstossen) (*naut.*), scostare.
Abschieber (*m. - ind. Masch.*), sgombratore. 2 ~ (in Walzw. z. B.) (*Werkz.*), espulsore.
Abschiebung (Verwerfung, Bruch, Absenkung) (*f. - Geol.*), faglia.
Abschiedsgesuch (*n. - Arb. - Pers.*), lettera di dimissioni.
abschiefern (*allg.*), sfaldare.
Abschieferung (Abspaltung) (*f. - Metall. - Fehler*), sfaldatura.
abschiessen (*Feuerw.*), sparare. 2 ~ (*Luftw.*), abbattere. 3 ~ (Bohrlöcher) (*Bergbau*), far saltare.
Abschirmbeton (*m. - Kernphys.*), calcestruzzo per schermi.
Abschirmeffekt (Abschirmwirkung) (*m. - Funk. - Elekt.*), effetto schermante.
abschirmen (*allg.*), proteggere, coprire, schermare. 2 ~ (entstören) (*Elekt. - Funk.*), schermare.
Abschirmfaktor (*m. - Elekt.*), fattore schermante, fattore di schermatura.
Abschirmgehäuse (*n. - Elekt.*), custodia schermante, cofano schermante.
Abschirmkabel (*n. - Elekt. - Funk.*), cavo schermato.
Abschirmkäfig (nach Faraday) (*m. - Elekt.*), gabbia di Faraday.
Abschirmlitze (*f. - Elekt.*), calza schermante.
Abschirmung (Entstörung) (*f. - Elekt. - Funk.*), schermatura. 2 ~ (*Atomphys.*), schermo, schermatura.
Abschirmwirkung (*f. - Elekt.*), effetto schermante.
Abschlacken (eines Bades, einer Pfanne) (*n. - Giess.*), descorificazione, scorificazione.
abschlacken (ein Bad, eine Pfanne) (*Giess.*), descorificare, scorificare, togliere le scorie.
Abschlackrinne (*f. - Giess.*), canale per le scorie, canale di scarico delle scorie.
Abschlag (Rabatt) (*m. - komm.*), ribasso, sconto, riduzione. 2 ~ (*Bauw.*), risega. 3 ~ s·dividende (*f. - finanz.*), acconto sui dividendi. 4 ~ s·formkasten (*m. - Giess.*), staffa apribile, staffa matta, staffa a smottare, staffa a cerniera. 5 ~ s·summe (*f. - komm.*), acconto. 6 ~ s·zahlung (*f. - komm.*), pagamento in acconto. 7 auf ~ (*Adm. - komm.*), in acconto.
Abschlagen (der Gerüste z. B.) (*n. - Bauw.*), smontaggio. 2 ~ des Blockaufsatzes (*Metall.*), smaterozzamento.
abschlagen (*allg.*), staccare, distaccare. 2 ~ (Gerüste z. B.) (*Bauw.*), smontare.
Abschlämmen (*n. - allg.*), sfangamento.
abschlämmen (Giessereisand z. B.) (*Giess. - etc.*), lavare, sfangare.
Abschlämmventil (*n. - Kessel*), valvola di scarico, valvola di spurgo.
abschleifen (*allg.*), lisciare. 2 ~ (*Mech.*), molare, asportare con la mola. 3 ~ (mit Sandpapier) (*Tischl. - etc.*), carteggiare.

Abschleifversuch (*m. - Werkstoffprüfung*), prova di abrasione.
Abschleppdienst (*m. - Aut.*), soccorso stradale.
abschleppen (*Aut.*), rimorchiare.
Abschleppfahrzeug (Abschleppkran) (*n. - Aut.*), carro attrezzi.
Abschleppkran (*m. - Aut.*), carro attrezzi (con gru).
Abschleppkupplung (*f. - Fahrz.*), gancio di traino.
Abschleppseil (*n. - Aut. - etc.*), cavo per rimorchio, fune di rimorchio.
Abschleppstange (*f. - Aut.*), barra per rimorchio.
Abschleppwagen (*m. - Aut.*), carro attrezzi.
Abschleudermaschine (*f. - Masch.*), estrattore centrifugo, centrifuga.
abschleudern (*Ind.*), centrifugare, estrarre per centrifugazione.
abschlichten (*allg.*), spianare, lisciare. 2 ~ (Holz) (*Zimm.*), asciare.
abschliessen (*allg.*), chiudere. 2 ~ (ein Geschäft) (*komm.*), concludere. 3 ~ (die Rechnungen) (*Buchhaltung*), chiudere.
Abschliff (abgeschliffenes Material) (*m. - Mech.*), materiale asportato (con abrasivi). 2 ~ (zerspante Werkstoffmenge) (*Werkz. masch.bearb.*), materiale asportato di rettifica.
Abschluss (*m. - allg.*), chiusura. 2 ~ (eines Geschäftes) (*komm.*), conclusione. 3 ~ (der Bücher) (*Buchhaltung*), chiusura, bilancio. 4 ~ (eines Vertrages) (*komm.*), stipula. 5 ~ bilanz (*f. - Buchhaltung*), bilancio consuntivo. 6 ~ damm (*m. - Wass.b.*), diga di ritenuta. 7 ~ deckel (*m. - allg.*), coperchio di chiusura. 8 ~ deckel (Strasse - *Bauw.*), chiusino. 9 ~ gebühr (eines Vertrages) (*f. - finanz.*), tassa di stipula. 10 ~ haube (*f. - allg.*), cofano (di chiusura). 11 ~ kabel (*n. - Elekt.*), cavo terminale. 12 ~ kappe (für Kabel) (*f. - Elekt.*), cappellotto. 13 ~ kasten (eines Kabels) (*m. - Elekt.*), cassetta terminale. 14 ~ kondensator (*m. - Funk.*), condensatore di blocco. 15 ~ leiste (Profilhinterkante, eines Flügels z. B.) (*f. - Flugw.*), orlo di uscita. 16 ~ prüfer (*m. - Buchhaltung*), sindaco revisore. 17 ~ prüfung (*f. - Adm.*), revisione del bilancio, controllo amministrativo del bilancio. 18 ~ prüfung (Buchprüfung) (*Buchhaltung*), revisione contabile, verifica contabile. 19 ~ rechnung (*f. - Buchhaltung*), consuntivo. 20 ~ scheinwiderstand (Abschlussimpedenz) (*m. - Elekt.*), impedenza terminale. 21 ~ zahlung (*f. - Adm. - komm.*), pagamento a saldo. 22 einen Vertrag zum ~ bringen (*komm.*), perfezionare un contratto. 23 Gewinn ~ (*Buchhaltung*), bilancio attivo. 24 Jahres ~ (der Bücher) (*Buchhaltung*), bilancio annuale. 25 Jahres ~ (Vertrag) (*komm.*), contratto annuale. 26 Konten ~ (Rechnungsabschluss) (*Buchhaltung*), chiusura dei conti. 27 luftdichter ~ (*Mech. - etc.*), chiusura stagna (all'aria), chiusura a tenuta d'aria. 28 Rechnungs ~ (Kontenabschluss) (*Buchhaltung*), chiusura dei conti. 29 Verlust ~ (*Buchhaltung*), bilancio passivo. 30 zum ~ bringen (*allg.*), portare a compimento.
Abschlüsse (*m. - pl. - komm.*), ordini rice-

vuti, ordinazioni acquisite, ordini acquisiti, ordinazioni ricevute.
Abschmalzen (Schmälzen, Spicken, von Wolle) (*n. - Textilind.*), oliatura.
abschmalzen (schmälzen, spicken, Wolle) (*Textilind.*), oliare.
Abschmelzdraht (*m. - Elekt.*), filo fusibile.
Abschmelzelektrode (*f. - Elekt.*), elettrodo consumabile.
Abschmelzen (einer Vakuumröhre, Verschluss) (*Elektronik*), sigillatura, chiusura a tenuta, ermetizzazione (mediante fusione).
abschmelzen (*mech. Technol.*), asportare mediante fusione.
Abschmelzleistung (beim Schweissen) (*f. - mech. Technol.*), rendimento in metallo depositato.
Abschmelzschweissung (*f. - mech. Technol.*), siehe Abbrennschweissung.
Abschmelzsicherung (*f. - Elekt.*), valvola fusibile, fusibile.
Abschmelzstreifen (*m. - Elekt.*), piastrina fusibile, fusibile a piastrina.
Abschmelzstrom (einer Sicherung) (*m. - Elekt.*), corrente di fusione.
Abschmelzung (Schmelzen) (*f. - allg.*), fusione. 2 ~ (Verschluss, einer Vakuumröhre) (*Elektronik*), sigillatura, chiusura a tenuta, ermetizzazione (mediante fusione). 3 luftdichte ~ (einer Röhre z. B.) (*Elektronik*), tenuta stagna all'aria.
Abschmiedung (Schmiedestück) (*f. - Schmieden*), pezzo fucinato, fucinato.
Abschmieren (von Druckfarben, Abschmutzen) (*n. - Druck.*), controstampa.
abschmieren (schmieren) (*allg.*), lubrificare, ingrassare. 2 ~ (das Fett abnehmen) (*allg.*), sgrassare.
Abschmiergrube (*f. - Aut.*), fossa per riparazioni, buca per riparazioni.
Abschmierpistole (*f. - Ger.*), pistola per ingrassaggio.
Abschmierpresse (Handschmierpresse) (*f. - Aut. - etc. - Werkz.*), ingrassatore a pressione, pompa per ingrassaggio a pressione (tipo Tecalemit), siringa per ingrassaggio.
abschmirgeln (*Mech.*), smerigliare.
Abschmutzbogen (*m. - Druck.*), foglio antiscartino, antiscartino.
Abschmutzen (*n. - Druck.fehler*), controstampa.
abschmutzen (*Druck.fehler*), tirare con controstampa.
Abschnappanlasser (eines Zündungsmagnets) (*m. - Elekt. - Mot.*), avviatore ad impulso, avviatore a scatto.
Abschnappen (einer Feder z. B.) (*n. - Mech.*), scatto.
abschnappen (Feder z. B.) (*Mech. - etc.*), scattare.
Abschnappkupplung (Abschnappanlasser, eines Magnetzünders) (*f. - Elekt. - Mot.*), avviatore a scatto, avviatore ad impulso.
Abschneidefrequenz (*f. - Funk.*), frequenza di taglio, frequenza d'interdizione.
Abschneidegesenk (Abgratmatrize) (*n. - Schmieden - Werkz.*), stampo per sbavatura, stampo sbavatore.
Abschneiden (Trennen des Bleches in einer nicht geschlossenen Linie) (*n. - Blechbearb.*), troncatura, taglio.
abschneiden (*allg.*), recidere, tagliare via, spuntare. 2 ~ (*Mech.*), tranciare. 3 ~ (Blech) (*mech. Technol.*), tagliare.
Abschneider (*m. - Werkz.*), utensile per tranciare. 2 Rohr ~ (*Werkz.*), tagliatubi.
Abschneidstahl (*m. - Werkz.*), utensile per tranciare.
abschnellen (auslösen, eine Feder z. B.) (*Mech.*), far scattare.
Abschnitt (Absatz) (*m. - Druck.*), paragrafo. 2 ~ (Schnitteil) (*Blechbearb.*), pezzo tagliato. 3 ~ (Abfall, von Blech) (*mech. Technol.*), ritaglio, sfrido. 4 ~ (Kapitel, in einem Buch) (*Druck.*), capitolo. 5 ~ (Kupon) (*komm. - etc.*), cedola, «coupon». 6 ~ (Teil, einer Kurve z.B.) (*allg.*), tratto. 7 ~ (Zeitabschnitt) (*allg.*), periodo, intervallo. 8 ~ (einer Eisenbahnlinie z. B.) (*Eisenb. - etc.*), tronco. 9 ~ (Strecke, eines Leiters z. B.) (*allg.*), tratto. 10 ~ s-halter (Hochhalter, einer Schere) (*m. - Masch.*), contropressore, controbarra. 11 ~ verhältnis (Scherverhältnis, einer Knüppelschere z. B., Länge des Abschnittes zu Kantenlänge oder Durchmesser des Schnittgutes) (*n. - Masch.*), rapporto di troncatura, rapporto tra lunghezza dello spezzone e lato (o diametro) della billetta. 12 ~ zeichen (*n. - Druck.*), segno di paragrafo. 13 Bogen ~ (*Math.*), segmento. 14 Linien ~ (einer Montagelinie z. B.) (*Ind.*), sezione di linea. 15 Stangen ~ (Knüppelabschnitt, Blöckchen, Stück) (*Schmieden*), spezzone. 16 Zeit ~ (*allg.*), intervallo (di tempo), periodo.
abschnüren (Schnüre losmachen z. B.) (*allg.*), slacciare. 2 ~ (abkreiden z. B.) (*Bauw. - etc.*), tracciare. 3 ~ (*Schiffbau*), tracciare.
Abschnürung (*f. - Bauw. - etc.*), tracciatura. 2 ~ (*Schiffbau*), tracciatura. 3 ~ des Gamma-Gebietes (Verengung des γ-Gebietes) (*Metall.*), zona contratta della fase gamma.
abschöpfen (das Ende eines Metallblocks abschneiden) (*Metall.*), spuntare. 2 ~ (abschäumen) (*allg.*), schiumare. 3 ~ (abschlakken, abschäumen) (*Giess.*), descorificare.
Abschottung (*f. - Schiffbau*), compartimentazione.
abschrägen (*Mech. - etc.*), smussare, cianfrinare. 2 ~ (*Maur.*), disporre a scarpa.
Abschräghobel (*m. - Tischl. - Werkz.*), sponderuola.
Abschrägmaschine (*f. - Masch.*), smussatrice. 2 Schweisskanten ~ (*Masch.*), smussatrice per lembi di saldatura.
Abschrägung (*f. - Mech. - etc.*), smussatura, smusso. 2 ~ (der Mauer) (*Bauw.*), strombo.
abschrauben (*Mech.*), svitare.
Abschreckalterung (*f. - Wärmebeh.*), invecchiamento dovuto a rapido raffreddamento.
Abschreckbad (*n. - Wärmebeh.*), bagno di tempra, bagno di spegnimento.
Abschreckbehälter (*m. - Wärmebeh.*), recipiente per tempra.
Abschreckbrause (*f. - Wärmebeh.*), doccia per spegnimento.
Abschreckdauer (*f. - Wärmebeh.*), durata dello spegnimento, durata della tempra.

Abschrecken

Abschrecken (rasches Abkühlen eines Werkstückes) (*n. - Wärmebeh.*), spegnimento, tempra, rapido raffreddamento. 2 ~ (*Anstr.*), colpo di freddo. 3 **Luft** ~ (*Wärmebeh.*), tempra in aria. 4 **Öl** ~ (*Wärmebeh.*), tempra in olio, spegnimento in olio. 5 **örtlich begrenztes** ~ (*Wärmebeh.*), tempra localizzata. 6 **Wasser** ~ (*Wärmebeh.*), tempra in acqua, spegnimento in acqua.
abschrecken (*Wärmebeh.*), spegnere, temprare, raffreddare bruscamente. 2 ~ **mit Öl** (*Wärmebeh.*), temprare in olio, spegnere in olio. 3 ~ **mit Wasser** (*Wärmebeh.*), temprare in acqua, spegnere in acqua.
Abschreckfestigkeit (Temperaturwechselfestigkeit) (*f. - Metall. - etc.*), resistenza alle brusche variazioni di temperatura, resistenza agli urti termici.
Abschreckhärten (Härten) (*n. - Wärmebeh.*), tempra di durezza, tempra diretta, tempra usuale, tempra ordinaria.
Abschreckmittel (*n. - Wärmebeh.*), mezzo di spegnimento, bagno di tempra.
Abschreckplatte (*f. - Giess.*), raffreddatore, dispersore, « conchiglia ».
Abschreckprüfgerät (*n. - Wärmebeh. - Ger.*), apparecchio per provare bagni di tempra.
Abschreckstück (*n. - Giess.*), raffreddatore, dispersore, « conchiglia ».
Abschrecktemperatur (*f. - Wärmebeh.*), temperatura di spegnimento.
Abschreckung (*f. - Wärmebeh.*), siehe Abschrecken.
abschreiben (kopieren) (*allg.*), copiare. 2 ~ (herabsetzen, den Buchwert) (*Buchhaltung*), ammortizzare.
Abschreibezeit (*f. - Adm. - Ind.*), periodo di ammortamento.
Abschreibfehler (*m. - Büro*), errore di copiatura.
Abschreibung (Herabsetzung des Buchwertes) (*f. - Buchhaltung*), ammortamento, deprezzamento. 2 ~ (Übertragung eines Grundstückteils z. B.) (*Buchhaltung*), storno, cancellazione. 3 ~ **s-fonds** (*m. - Buchhaltung*), fondo di ammortamento. 4 ~ **s-satz** (*m. - Buchhaltung*), tasso d'ammortamento.
abschreiten (einer Strecke) (*allg.*), percorrere.
Abschrift (Duplikat) (*f. - allg.*), copia, duplicato. 2 **beglaubigte** ~ (*recht.*), copia autenticata, copia legalizzata. 3 **gleichlautende** ~ (*Büro - etc.*), copia conforme.
abschriftlich (*Büro - etc.*), in copia.
Abschrot (Abschrotmeissel) (*m. - Schmieden - Werkz.*), tagliolo.
abschroten (*Schmieden*), tagliare (col tagliolo).
abschruppen (*mech. Arb.*), sgrossare.
abschuppen (abblättern, von Glimmer z. B.) (*allg.*), sfaldarsi, sfogliarsi.
Abschuppung (*f. - Geol.*), sfogliatura.
Abschuss (Schuss, aus einem Geschütz) (*m. - Feuerw.*), sparo. 2 ~ (eines Flugzeugs) (*Luftwaffe*), abbattimento. 3 ~ (einer Rakete) (*milit.*), lancio. 4 ~ **basis** (einer Rakete) (*f. - Astronautik*), base di lancio. 5 ~ **plattform** (für Raketen z. B.) (*f. - milit.*), piattaforma di lancio. 6 ~ **plattformanhänger** (*m. - milit.*), piattaforma di lancio su rimorchio. 7 ~ **rampe** (für Raketen) (*f. - milit.*), rampa di lancio. 8 ~ **rohr** (für Raketen) (*n. - milit.*), tubo di lancio.
abschüssig (Küste) (*Geogr.*), dirupato, a dirupi.
abschwächen (*allg.*), indebolire, attenuare. 2 ~ (die Farben) (*allg.*), scolorire.
Abschwächer (*m. - Phot.*), bagno di indebolimento. 2 ~ (*Elektroakus.*), attenuatore. 3 **verlustfreier** ~ (*Elekt.*), attenuatore reattivo.
Abschwächung (*f. - allg.*), indebolimento, attenuazione. 2 ~ (*Radioakt. - Kernphys.*), attenuazione. 3 ~ **s-lösung** (*f. - Phot.*), soluzione d'indebolimento, soluzione indebolitrice.
abschwarten (Holz) (*Zimm.*), squadrare.
abschwefeln (*Metall. - Giess.*), desolforare.
Abschwefelung (*f. - Metall. - Giess.*), desolforazione.
Abschweissen (Putzen, von Blockoberflächen z. B.) (*n. - Metall.*), scriccatura alla fiamma, scriccatura al cannello.
abschweissen (*mech. Technol.*), dissaldarsi. 2 ~ (putzen, Blockoberflächen z. B.) (*Metall.*), scriccare alla fiamma, scriccare al cannello.
abschwelen (destillieren) (*Chem.*), distillare a bassa temperatura.
Abschwemmung (*f. - Geol.*), dilavamento.
Abschwung (Immelmann-Kurve) (*m. - Flugw.*) virata rovescia, virata imperiale.
absegeln (ausfahren) (*naut.*), salpare.
abseihen (filtern) (*allg.*), filtrare.
abseilen (mit Seil senken, eine Last z. B.) (*Bauw. - etc.*), calare con fune.
absenden (einen Brief z. B.) (*Büro - etc.*), spedire.
Absender (*m. - Transp. - etc.*), mittente. 2 ~ (*m. - Telegr. - Ger.*), trasmettitore.
Absendung (*f. - komm. - Transp.*), spedizione. 2 ~ (*Telegr.*), trasmissione, spedizione.
absenkbar (*allg.*), abbassabile.
Absenken (des Auslegers eines Kranes z. B.) (*n. - ind. Masch.*), abbassamento.
Absenkungsfaktor (*m. - Kernphys.*), fattore di svantaggio.
Absenkvorrichtung (*f. - Vorr.*), abbassatore.
Absenkziel (Mindeststau) (*n. - Wass.b. - Hydr.*), livello di massimo svaso.
absetzbar (verkäuflich) (*komm.*), vendibile, smerciabile. 2 ~ (abzugsfähig) (*komm.*), riducibile. 3 ~ (*Arb. - Pers.*), destituibile.
Absetzbecken (Absitzbecken, Klärbecken) (*n. - Bauw.*), vasca di sedimentazione, bacino di sedimentazione.
Absetzbottich (*m. - ind. App.*), tino di sedimentazione, vasca di sedimentazione.
Absetzen (einer Farbe z. B.) (*n. - Anstr. - etc.*), sedimentazione. 2 **hartes** ~ (*Anstr.*), sedimentazione dura, sedimento duro.
absetzen (eine Last) (*allg.*), deporre. 2 ~ (absetzdrehen) (*mech. Bearb.*), tornire uno spallamento. 3 ~ (setzen) (*Druck.*), comporre. 4 ~ (einen Beamten) (*Pers.*), destituire. 5 ~ (abziehen) (*allg.*), detrarre. 6 **sich** ~ (*Chem. - etc.*), depositarsi.
Absetzglas (Standglas, Spitzglas) (*n. - Hydr.*), bicchiere per sedimentazione, bicchiere di sedimentazione. 2 ~ **nach Imhoff** (*Hydr.*), cono Imhoff, cono di sedimentazione Imhoff.
Absetzraum (*m. - Bauw.*), camera di sedimentazione.

Absetzsäge (Zapfensäge) (*f. - Werkz.*), sega per tenoni.
Absetzung (Abziehen) (*f. - allg.*), detrazione. 2 ~ (eines Beamten) (*Pers.*), destituzione. 3 vorläufige ~ (*Pers.*), sospensione.
Absetzverhinderung (*f. - Anstr.*), antisedimentazione. 2 ~ s·mittel (*n. - Anstr.*), antisedimentante, agente di antisedimentazione.
absichern (*Elekt. - etc.*), proteggere.
Absicherung (*f. - Elekt. - etc.*), protezione.
Absicht (*f. - allg.*), intenzione, intento, proposito.
absichtlich (*allg.*), volontario, intenzionale. 2 un ~ (*allg.*), involontario.
absieben (*allg.*), vagliare, setacciare.
Absinken (der Drehzahl eines Motors z. B.) (*n. - Mot. - etc.*), caduta, diminuzione. 2 ~ (des Drucks z. B.) (*allg.*), caduta.
Absitzbecken (*n. - Bauw. - etc.*), siehe Absetzbecken.
absolut (*Phys. - etc.*), assoluto. 2 ~ e Festigkeit (*Baukonstr.lehre*), carico di rottura. 3 ~ e Höhe (Abstand eines Punktes vom Meeresspiegel) (*Top.*), altitudine. 4 ~ e Majorität (*recht.*), maggioranza assoluta. 5 ~ er Höhenmesser (*Flugw. - Instr.*), indicatore di quota sul terreno. 6 ~ er Nullpunkt (—273,16 °C) (*Phys.*), zero assoluto. 7 ~ e Temperatur (*Phys.*), temperatura assoluta. 8 ~ e Wahrnehmungsschwelle (*Beleucht.*), soglia assoluta di luminanza.
Absolutgeschwindigkeit (*f. - Flugw.*), velocità suolo, velocità assoluta, velocità vera, velocità effettiva.
absondern (*allg.*), separare, isolare.
Absonderung (*f. - allg.*), separazione. 2 ~ durch Kristallisation (*Giess.*), segregazione.
Absorbens (Absorptionsmittel) (*m. - Chem.*), assorbente (s.).
Absorber-Kühlschrank (*m. - Elekt. - Ger.*), frigorifero ad assorbimento.
Absorbermaterial (von Neutronen) (*n. - Kernphys.*), assorbitore.
absorbieren (*allg.*), assorbire.
Absorption (*f. - Phys.*), assorbimento. 2 ~ s·banden (*n. - pl. - Opt.*), bande di assorbimento. 3 ~ s·dynamometer (*n. - mech. App.*), dinamometro ad assorbimento. 4 ~ s·fähigkeit (Absorptionsvermögen) (*f. - Phys.*), potere assorbente. 5 ~ s·filter (*m. - Beleucht. - Opt.*), filtro (ottico). 6 ~ s·gas (eingeschlossenes Gas) (*n. - Phys. - Chem.*), gas occluso. 7 ~ s·grad (*m. - Beleucht.*), fattore di assorbimento. 8 ~ s·grad (Absorptionsvermögen) (*Phys.*), potere assorbente. 9 ~ s·grad (Schluckgrad) (*Akus.*), coefficiente apparente di assorbimento. 10 ~ s·koeffizient (*m. - Chem. - Opt.*), coefficiente di assorbimento. 11 ~ s·kühlmaschine (*f. - Kältemasch.*), macchina frigorifera ad assorbimento, frigorifero ad assorbimento. 12 ~ s·kühlschrank (*m. - Kälteapp.*), frigorifero ad assorbimento. 13 ~ s·maschine (*f. - Kältemasch.*), frigorifero ad assorbimento, macchina frigorifera ad assorbimento. 14 ~ s·messgerät (*n. - Phys. - Chem. - Ger.*), assorbimetro. 15 ~ s·Querschnitt (Spaltprodukt-Querschnitt) (*m. - Kernphys.*), sezione d'urto per assorbimento. 16 ~ s·spektrum (*n. - Opt.*), spettro di assorbimento. 17 ~ s·vermögen (*n. - Phys.*), potere assorbente.

abspalten (*allg.*), sfaldarsi, spaccarsi, fendersi, sfaldare, spaccare, fendere. 2 ~ (freisetzen, Gase z. B.) (*Chem.*), liberare, produrre.
Abspaltung (Abschieferung) (*f. - Metall. - Fehler*), sfaldatura.
abspanen (zerspanen) (*Werkz. masch. - Bearb.*), truciolare.
Abspangewicht (Zerspangewicht, Spangewicht) (*n. - Werkz.masch.bearb.*), peso dei trucioli (asportati o da asportare).
Abspannabschnitt (von Leitungen) (*m. - Elekt. - etc.*), tesata.
Abspanndraht (*m. - Mech.*), filo di ancoraggio.
abspannen (*allg.*), scaricare, togliere il carico. 2 ~ (*Elekt.*), ridurre la tensione. 3 ~ (den Dampf) (*Phys.*), espandere. 4 ~ (Werkstücke oder Werkz. an der Vorr.) (*Werkz. masch.bearb.*), sbloccare. 5 ~ (verankern) (*allg.*), ancorare. 6 ~ (lockern) (*Mech.*), siehe lockern.
Abspanner (Reduziertransformator) (*m. - Elekt.*), trasformatore riduttore di tensione, trasformatore abbassatore di tensione.
Abspannmast (*m. - allg.*), palo di ancoraggio.
Abspannseil (Trosse, Ankerseil) (*n. - Bauw.*), fune di ancoraggio.
Abspanntransformator (*m. - Elekt.*), siehe Abspanner.
Abspannung (Spannungsnachlass) (*f. - Bauw. - etc.*), rimozione del carico. 2 ~ (*Elekt.*), riduzione di tensione, abbassamento di tensione. 3 ~ (von Dampf) (*Phys.*), espansione. 4 ~ (Erhöhung der Standfestigkeit, durch Seile z. B.) (*Bauw.*), ancoraggio. 5 ~ (von Werkz. z. B.) (*Werkz.masch.bearb.*), sbloccaggio. 6 ~ (von Leiterseilen) (*Elekt.*), ancoraggio, ammarraggio.
Abspannwerk (*n. - Elekt.*), stazione di trasformazione, stazione di riduzione della tensione.
Abspanvolumen (Zerspanvolumen, Spanvolumen) (*n. - Werkz.masch.bearb.*), volume (del materiale) asportato.
Absperrarmaturen (für Rohrleitungen, Hähne, Schieber, Ventile, etc.) (*f.- pl. - Leit.*), rubinetteria, valvolame.
absperren (*allg.*), chiudere, arrestare, sbarrare, intercettare.
Absperrhahn (*m. - Leit.*), rubinetto di chiusura, rubinetto di intercettazione.
Absperrklappe (*f. - Leit.*), valvola a cerniera.
Absperrmittel (um Einwirkungen zwischen den einzelnen Anstrichschichten zu verhindern) (*n. - Anstr.*), isolante.
Absperrorgane (Ventile, Hähne, etc.) (*n. - pl. - Leit.*), rubinetteria, valvolame, organi di chiusura, organi di intercettazione.
Absperrschieber (*m. - Leit.*), saracinesca.
Absperrsignal (*n. - Eisenb.*), segnale di blocco.
Absperrventil (*n. - Leit.*), valvola di chiusura, valvola di arresto, valvola di intercettazione.
Abspieldose (*f. - Elektroakus.*), fonorivelatore, « pickup ».
abspielen (spielen, eine Platte z. B.) (*Elektroakus.*), suonare, « far girare ».

Abspielmotor (*m. - Elektroakus.*), motorino per giradischi.
Abspielnadel (*f. - Elektroakus.*), puntina da grammofono.
absplittern (*allg.*), scheggiarsi.
Absplitterung (Kernreaktionstypus, Spallation) (*f. - Atomphys.*), spallazione. 2 ~ (*Metall. - Fehler*), scheggiatura.
Absprache (*f. - komm.*), accordo verbale.
absprachegemäss (*allg.*), come da accordi, come convenuto.
abspreizen (verspreizen) (*Bauw. - Bergbau*), sbadacchiare, puntellare con puntelli orizzontali. 2 ~ (mit Streben befestigen) (*Zimm.*), controventare.
absprengen (*Expl.*), far saltare.
abspringen (mit dem Fallschirm) (*Flugw.*), lanciarsi. 2 ~ (abprallen) (*allg.*), rimbalzare. 3 ~ (eines Rades) (*Fahrz.*), sobbalzare. 4 ~ (sich trennen, Lack z. B.) (*allg.*), staccarsi, saltare via, separarsi.
Abspritzdruck (einer Einspritzdüse) (*m. - Dieselmot.*), pressione di iniezione.
abspritzen (*allg.*), spruzzare via, levare (con spruzzo d'acqua).
Absprung (mit dem Fallschirm) (*m. - Flugw.*), lancio. 2 ~ (Abspringen, eines Rades) (*Fahrz.*) sobbalzo. 3 ~ mit verzögerter Öffnung (*Flugw.*), lancio con apertura ritardata.
abspulen (*allg.*), svolgere, dipanare.
abspülen (*allg.*), lavare.
Abstand (*m. - Geom. - etc.*), distanza. 2 ~ (der Nieten) (*Mech.*), passo. 3 ~ (Zeitabstand) (*allg.*), intervallo. 4 ~ (Reichweite) (*Radar*), portata, distanza. 5 ~ (Abstandssumme) (*finanz.*), indennità. 6 ~ **der Säulen** (Säulenweite) (*Arch.*), intercolunnio. 7 ~ **fräser** (*m. - Werkz.*), fresa multipla. 8 ~ **geber** (*m. - Radar*), indicatore di distanza. 9 ~ **halter** (*m. - Mech. - etc.*), distanziatore, distanziale. 10 ~ **hülse** (*f. - Mech.*), tubo distanziatore, manicotto distanziatore. 11 ~ **ring** (*m. - Mech.*), anello distanziatore. 12 ~ **ring** (*Radar*), cerchio di distanza. 13 ~ **s·kurzschluss** (*m. - Elekt.*), guasto distanziometrico. 14 ~ **s·messer** (Entfernungsmesser)(*m. - Instr.*) telemetro. 15 ~ **s·stück** (*n. - Mech.*), distanziale, distanziatore. 16 ~ **zünder** (elektronische Vorr.) (*m. - Expl.*), radiospoletta. 17 ~ **zwischen den Stützungen** (*Baustatik*), distanza tra gli appoggi. 18 **Achsen** ~ (*Mech.*), interasse, distanza tra gli assi. 19 **in gleichen Abständen** (*allg.*), equidistanziato. 20 **Spitzen** ~ (einer Drehbank) (*Mech.*), distanza tra le punte. 21 **Zeilen** ~ (*Druck.*), interlinea.
abstandsgleich (*allg.*), equidistante.
abstauben (entstauben) (*allg.*), spolverare.
Abstechbank (Trennmaschine) (*f. - Werkz. masch.*), macchina per troncare, troncatrice.
Abstechdrehbank (*f. - Werkz.masch.*), tornio per troncare.
Abstechen (Abtrennen, Stücke von einer Metallstange z. B.) (*n. - Mech. - Metallbearb.*), troncatura. 2 ~ (des Kupolofens, Ablassen des geschmolzenen Metalls) (*Giess.*), spillatura. 3 ~ (Beschneiden) (*Blechbearb.*), rifilatura.
abstechen (eine Metallstange auf der Drehbank) (*Mech. - Metallbearb.*), troncare (al tornio). 2 ~ (*Giess.*), spillare. 3 **vom Lande** ~ (*naut.*), salpare.
Abstechherd (Abstichgrube) (*m. - Giess.*), fossa di colata.
Abstechmaschine (für Stangen) (*f. - Werkz. masch.*), troncatrice (per barre).
Abstechstahl (*m. - Werkz.*), utensile troncatore, utensile per troncare.
Abstecken (der Achse einer Strasse z. B.) (*n. - Top. - Strass.b.*), tracciamento, picchettatura.
abstecken (*Strass.b. - Top.*), picchettare, tracciare. 2 ~ (losschäkeln) (*naut.*), smanigliare (la catena).
Absteckpflock (Absteckpfahl) (*m. - Top. - Strass.b.*), picchetto.
Absteckstab (Absteckstange) (*m. - Top.*), palina.
abstehen (von etwas, ablassen) (*allg.*), desistere, rinunciare. 2 ~ (entfernt sein) (*allg.*), distare. 3 ~ (vorspringen) (*allg.*), sporgere.
absteifen (*Zimm.*), puntellare. 2 ~ (aussteifen) (*Bauw.*), controventare.
Absteifung (*f. - Zimm.*), puntellamento. 2 ~ (Aussteifung) (*Bauw.*), controventatura.
absteigend (*Strasse*), in discesa. 2 ~ (Teil einer Kurve) (*Mech. - etc.*), discendente.
Abstellbahn (Abstellgleis) (*f. - Eisenb.*), binario morto, binario secondario.
Abstellbahnhof (*m. - Eisenb.*), scalo per la formazione di treni viaggiatori.
abstellen (einen Hahn z. B.) (*allg.*), chiudere. 2 ~ (stillegen, einen Motor, eine Maschine, z. B.) (*Mot. - Masch.*), arrestare, fermare. 3 ~ (den Wind eines Hochofens) (*Metall. - Giess.*), chiudere. 4 ~ (absetzen, eine Last) (*Transp. - etc.*), deporre. 5 **die Zündung** ~ (*Mot.*), togliere l'accensione.
Absteller (*m. - Mech.*), dispositivo di arresto.
Abstellgleis (*n. - Eisenb.*), binario morto, binario secondario.
Abstellhahn (*m. - Leit.*), rubinetto di arresto.
Abstellhebel (*m. - Masch. - etc.*), leva di arresto.
Abstellplatte (mit einem Spiegel über dem Waschbecken befestigte Platte) (*f. - Bauw.*), assettina, mensolina.
Abstellplatz (*m. - Flugw.*), area di stazionamento.
Abstellung (*f. - allg.*), chiusura. 2 ~ (eines Motors) (*Mot.*), arresto. 3 ~ (*Eisenb.*), smistamento su binario secondario.
Abstellvorrichtung (*f. - Masch. - etc.*), dispositivo di arresto.
abstemmen (abmeisseln) (*allg.*), scalpellare.
abstempeln (*komm. - Büro*), timbrare. 2 ~ (*Bergbau*), puntellare. 3 ~ (entwerten) (*allg.*), annullare.
Abstempelung (*f. - komm. - Büro*), timbratura. 2 ~ (Entwertung) (*allg.*), annullo.
Abstich (Abstechen, Vorgang) (*m. - Giess.*), spillatura, colata. 2 ~ (geschmolzenes Metall) (*Giess.*), spillata, cavata. 3 ~ **entgasung** (*f. - Giess.*),degassamento alla spillatura. 4~**grube** (*f. - Giess.*), fossa di colata. 5 ~ **ladung** (zum Öffnen des Stichloches) (*f. - Ofen. - Metall.*), carica (esplosiva) per (aprire) il foro di spillatura. 6 ~ **loch** (Stichloch, Stich) (*n. - Giess.*), foro di spillatura. 7 ~ **rinne** (*f. - allg.*), canale di spillatura.

Abstieg (*m. - allg.*), discesa. 2 ~ **winkel** (*m. - Flugw.*), angolo di discesa.
Abstimmanzeigerröhre (magisches Auge, magischer Fächer, magische Waage) (*f. - Funk.*), indicatore di sintonia, occhio magico.
Abstimmapparat (*m. - Funk.*), sintonizzatore.
Abstimmauge (Abstimmanzeigeröhre) (*n. - Funk.*), occhio magico, indicatore di sintonia.
Abstimmen (Stimmabgabe) (*n. - finanz. - etc.*), votazione.
abstimmen (*Funk.*), sintonizzare. 2 ~ (Farben) (*v.t. - Opt.*), intonare. 3 ~ (Interessen ausgleichen) (*v.t. - allg.*), conciliare. 4 ~ (über etwas übereinkommen) (*v.i. - allg.*), mettersi d'accordo, concordare. 5 ~ (die Stimmen abgeben) (*finanz. - etc.*), votare. 6 die Konten ~ (*Buchhaltung*), far quadrare i conti.
Abstimmer (für das Getriebe) (*m. - Aut.*), sincronizzatore.
Abstimmknopf (*m. - Funk.*), manopola di sintonia.
Abstimmring (*m. - Mech.*), anello di centraggio.
Abstimmschärfe (Selektivität) (*f. - Funk.*), selettività, acutezza di sintonia.
Abstimmskala (*f. - Funk.*), scala parlante.
Abstimmspule (*f. - Funk.*), bobina di sintonia.
Abstimmung (Abstimmen) (*f. - Funk.*), sintonia, sintonizzazione. 2 ~ (über Wahl) (*Politik - etc.*), votazione. 3 ~ durch Aufstehen (*Politik - etc.*), votazione per alzata e seduta. 4 ~ durch Handaufheben (*Politik - etc.*), votazione per alzata di mano. 5 ~ durch Namensaufruf (*Politik - etc.*), votazione per appello nominale. 6 ~ durch Zuruf (*Politik - etc.*), votazione per acclamazione. 7 ~ s-antenne (*f. - Funk.*), antenna di equilibramento, antenna di bilanciamento. 8 flache ~ (unscharfe Abstimmung) (*Funk.*), sintonia piatta. 9 scharfe ~ (*Funk.*), sintonia acuta. 10 unscharfe ~ (*Funk.*), sintonia piatta. 11 zur ~ stellen (*finanz. - etc.*), mettere ai voti.
abstimmungsberechtigt (*Politik - etc.*), avente diritto al voto.
abstirnen (planschleifen) (*Werkz.masch.bearb.*), rettificare in piano.
abstoppen (anhalten) (*v.t. - allg.*), fermare, arrestare. 2 ~ (*v.i. - allg.*), fermarsi, arrestarsi. 3 ~ (die Zeit, mit Stoppuhr messen) (*v.t. - allg.*), cronometrare.
Abstossen (der Wagen) (*n. - Eisenb.*), manovra a spinta.
abstossen (*allg.*), respingere, repellere, espellere. 2 ~ (vom Ofen z. B.) (*Ofen - etc.*), scaricare (a spinta). 3 ~ (Waren, unter Preis verkaufen) (*komm.*), liquidare, svendere.
Abstossgleis (*n. - Eisenb.*), binario di lancio.
Abstossung (*f. - allg.*), repulsione. 2 ~ s-kraft (*f. - allg.*), forza di repulsione. 3 ~ intranukleare ~ (*Atomphys.*), repulsione intranucleare.
Abstossvorrichtung (*f. - Walzw. - etc.*), spingitoio.
Abstrahlen (mit Stahlsand) (*n. - Anstr. - etc.*), granigliatura.
abstrahlen (*Phys.*), irradiare. 2 ~ (mit Sand) (*Giess. - etc.*), sabbiare.

Abstrahler (Antenne) (*m. - Radar - etc.*), radiatore.
Abstrahllappen (einer Antenne) (*m. - Funk.*), lobo di radiazione.
Abstrahlrichtung (*f. - Radar - etc.*), direzione del fascio.
Abstrahlung (*f. - Phys.*), radiazione.
Abstrebekraft (*f. - Phys.*), forza centrifuga.
Abstreckdrücken (auf Drückbänken, mit Veränderung der Wanddicke) (*n. - Blechbearb.*), stiro-imbutitura al tornio, stiro-tornitura in lastra.
Abstrecken (*n. - Blechbearb.*), siehe Abstreckziehen (*n.*).
Abstreckziehen (Umformen mit Verringerung der Wanddicke) (*n. - Blechbearb.*), imbutitura con stiro, stiro-imbutitura.
Abstreckzug (*m. - Blechbearb.werkz.*), stampo per stiro.
Abstreichblech (Streichblech, Panzerabstreichblech, eines Pflüges) (*n. - Landw.masch.*), versoio, orecchio.
abstreichen (entschlacken) (*Metall.*), togliere la scoria. 2 ~ (abkratzen) (*allg.*), raschiare. 3 ~ (in einer Liste) (*allg.*), spuntare. 4 ~ (vermindern, Ausgaben) (*finanz.*), ridurre.
Abstreicher (*m. - Druck.*), siehe Abstreichmesser.
Abstreichlineal (Formereiwerkzeug) (*n. - Giess. - Werkz.*), regolo (per spianatura).
Abstreichmesser (Schaber, Duktor, Rakel) (*n. - Druck.*), racla, lama raschiainchiostro.
Abstreif-Druckgiessform (*f. - Giess. - Werkz.*), stampo per pressofusione a sformatura (del pezzo).
Abstreifen (Blöcke aus der Kokille ziehen) (*n. - Metall.*), strippaggio, « slingottatura ».
abstreifen (Abfall vom Schnittstempel abziehen) (*mech. Technol.*), spogliare. 2 ~ (metall. Blöcke aus der Kokille ziehen (*Metall.*), strippare, « slingottare ».
Abstreifer (Blockabstreifer) (*m. - Metall. - Masch.*), slingottatore. 2 ~ (zum Abstreifen des gestanzten Teiles vom Stempel z. B) (*Blechbearb.werkz.*), spogliatore. 3 ~ (Abstreifplatte, Vorr. zum Entfernen des Werkstückes vom Stempel nach dem Fliesspressen z. B.) (*mech. Technol.*), spogliatore. 4 ~ (zum Abnehmen von Schüttgut aus Bandförderern z. B.) (*ind. Transp.*), scaricatore-deviatore. 5 ~ (Ölabdichtung) (*Mech.*), paraolio. 6 Zangen-Block ~ (*Metall. - Masch.*), slingottatore a tenaglia.
Abstreifformkasten (*m. - Giess.*), staffa estraibile.
Abstreifformmaschine (*f. - Giess.masch.*), formatrice a pettine.
Abstreifkran (*m. - Metall. - Masch.*), gru per slingottare.
Abstreifmesser (*n. - Druck.*), siehe Abstreichmesser.
Abstreifpackung (Kunststoff-Packung) (*f. - Packung*), involucro plastico protettivo.
Abstreifplatte (für Blechbearbeitung) (*f. - Werkz.*), spogliatore a piastra.
Abstreifring (*m. - Mot.*), anello raschiaolio, segmento raschiaolio.
Abstreifversuch (eines Gewindes) (*m. - Mech.*), prova di strappamento.

Abstreifzange (Stripperzange, zum Abstreifen der Kokillen von der Stahlblöcken) (*f. - Metall. - Werkz.*), slingottatore a tenaglia.
Abstrich (Abzug, an einem Geldbetrag z. B.) (*allg.*), riduzione. 2 ~ (Abzug) (*m. - Metall.*), scoria.
Abströmkante (Abströmseite, eines Flügels z. B.) (*f. - Flugw.*), orlo di uscita.
Abströmung (Ausgabe) (*f. - allg.*), uscita.
abstrossen (*Bergbau*), coltivare a gradini.
abstufbar (Bremse) (*Fahrz.*), moderabile.
Abstufbarkeit (der Bremse) (*f. - Aut.*), moderabilità, progressività.
Abstufen (beim Drahtziehen z. B.) (*n. - Technol.*), riduzione graduale.
abstufen (*allg.*), digradare, scalare. 2 ~ (die Bremsung) (*Eisenb.*), graduare, moderare.
Abstufung (*f. - allg.*), graduazione, scalamento. 2 ~ (der Farbtöne) (*Opt.*), gradazione. 3 ~ s·ventil (einer Bremse) (*n. - Eisenb.*), valvola di graduazione.
Abstumpfen (Stumpfwerden) (*n. - Werkz.*), ottundimento, perdita del filo.
abstumpfen (*allg.*), smussare. 2 ~ (*mech. Werkz.*), ottundersi, perdere il filo, perdere il tagliente. 3 ~ (neutralisieren) (*Chem.*), neutralizzare.
Abstumpfung (Anrauhung, von Strassendecken) (*f. - Strass.b.*), trattamento antisdrucciolevole.
Absturz (*m. - Flugw.*), caduta. 2 ~ **halde** (*f. - Bergbau*), cumulo di discarica.
abstürzen (*allg.*), precipitare. 2 ~ (*Bergbau*), scaricare verso il basso.
Abstützbock (*m. - allg.*), supporto, cavalletto.
abstützen (*allg.*), sostenere, supportare, sorreggere.
Abstützung (*f. - allg.*), sostegno, supporto.
Abstützvorrichtung (*f. - Mech. - etc.*), sostegno.
absuchen (*Radar*), siehe abtasten.
Absud (Kühlmittel) (*m. - Werkz.masch.bearb.*), lubrorefrigerante, lufrificante-refrigerante.
Abszisse (*f. - Math.*), ascissa. 2 ~ **n·achse** (*f. - Math.*), asse delle ascisse.
Abt. (Abteilung) (*Ind.*), reparto.
abtakeln (*allg.*), smontare. 2 ~ (Schiffe) (*Schiffbau*), disarmare.
Abtakelung (*f. - Schiffbau*), disarmo.
Abtakten (einer Fliessstrasse z. B.) (*n. - Ind. - etc.*), fissazione della cadenza.
Abtastdose (*f. - Elektroakus.*), siehe Abtastgerät.
Abtasten (Abtastung) (*n. - Fernseh.*), scansione, analisi, esplorazione. 2 ~ (*Radar*), esplorazione. 3 ~ (*Fernseh.*), siehe auch Abtastung. 4 **mechanisches** ~ (*Fernseh.*), scansione meccanica. 5 **zeilenweises** ~ (*Fernseh.*), scansione a linee.
abtasten (*Fernseh.*), esplorare, analizzare. 2 ~ (*Radar*), esplorare. 3 ~ (mittels Lehre) (*Mech.*), calibrare. 4 ~ (ein Modell, in Kopiermasch.) (*Werkz.masch.bearb.*), tastare, palpare.
Abtaster (Sensor) (*m. - Ger.*), sensore. 2 ~ (Abtasvorrichtung) (*Fernseh.*), scansore, dispositivo di scansione. 3 ~ (*Ger.*), siehe auch Abtastgerät (n.). 4 **pneumaticher** ~ (pneumatischer Sensor) (*Ger.*), sensore pneumatico.

Abtastfleck (*m. - Fernseh.*), punto esplorante.
Abtastfolge (*f. - Fernseh.*), sequenza di scansione, sequenza di analisi.
Abtastfrequenz (eines Reglers) (*f. - Elekt.*), frequenza di campionatura.
Abtastgerät (Abtastdose, eines Plattenspielers z. B.) (*n. - Elektroakus.*), riproduttore acustico, fonorivelatore, « pickup ».
Abtastgeschwindigkeit (*f. - Fernseh.*), velocità di scansione, velocità di esplorazione.
Abtastkopf (*m. - Fernseh. - Ger.*), testina di scansione. 2 ~ (*Elektroakus.*), testina di riproduzione.
Abtastnadel (*f. - Elektroakus.*), puntina di riproduzione.
Abtastperiode (Zeitbasis) (*f. - Radar*), base dei tempi, asse dei tempi.
Abtastraster (*m. - Fernseh.*), disegno (di scansione), quadro (di scansione).
Abtastregler (*m. - Elektromech.*), regolatore a campionatura, regolatore ad esplorazione di punti singoli (o discreti).
Abtastscheibe (*f. - mech. Fernseh.*), disco analizzatore.
Abtaststift (einer Kopiermaschine) (*m. - Werkz.masch.*), tastatore, palpatore, stilo.
Abtaststrahl (*m. - Fernseh.*), raggio esplorante.
Abtastung (*f. - Fernseh.*), scansione, analisi, esplorazione. 2 ~ (*Radar*), esplorazione. 3 ~ (eines Reglers z. B.) (*f. - Elektromech.*), campionatura. 4 ~ **mit Zeilensprung** (*Fernseh.*), scansione interlacciata, analisi interlineata, analisi intercalata. 5 **elektronische** ~ (*Fernseh.*), scansione elettronica, analisi elettronica, esplorazione elettronica. 6 **fortlaufende** ~ (*Fernseh.*), scansione progressiva, analisi progressiva, esplorazione progressiva. 7 **konische** ~ (*Radar*), esplorazione conica. 8 **spiralförmige** ~ (*Fernseh.*), scansione a spirale, analisi a spirale. 9 **spiralförmige** ~ (*Radar*), esplorazione a spirale, ricerca a spirale. 10 **zeilenweise** ~ (*Fernseh.*), scansione a linee. 11 **zweiseitige** ~ (*Fernseh.*), scansione bilaterale.
Abtastzeile (*f. - Fernseh.*), linea di scansione.
Abtauen (*n. - Kältemasch.*), sbrinamento.
abtauen (*Kältemasch.*), sbrinare.
Abteil (*n. - allg.*), compartimento, sezione. 2 ~ (*Eisenb.*), scompartimento.
abteilen (*allg.*), suddividere.
Abteilung (*f. - allg.*), compartimento, sezione. 2 ~ (*Ind.*), reparto, servizio. 3 ~ **s·faktor** (Verhältnis zwischen grössten zulässig Abstand zwischen zwei Querschotten und der flutbaren Länge) (*m. - Schiffbau*), fattore di suddivisione. 4 ~ **s·leiter** (*m. - mech. Ind.*), caporeparto, capoofficina. 5 **Fertigungs** ~ (*Ind.*), officina, reparto di produzione. 6 **Sozial** ~ (*f. - Pers.*), reparto relazioni sociali. 7 **Versand** ~ (*Ind.*), servizio spedizioni, servizio trasporti. 8 **Versuchs** ~ (Forschungsabteilung) (*Ind.*), reparto sperimentale, servizio sperimentale. 9 **wasserdichte** ~ (*naut. - etc.*), compartimento stagno (all'acqua).
abtempern (Glas) (*Glasind.*), raffreddare.
abteufen (einen Schacht) (*Bergbau*), scavare un pozzo.
Abtönen (*n. - Anstr.*), messa in tinta. 2 ~ (*Zeichn.*), sfumare, ombreggiare.

Abtonpaste (*f. - Anstr.*), tinta base.
Abtönung (Tonung) (*f. - Phot.*), viraggio.
Abtrag (abgetragene Erde) (*m. - Ing.b.*), sterro, materiale di sterro. **2** ~ (einer Schuld z. B.) (*komm.*), estinzione, saldo. **3** Metall ~ (*Mech.*), asportazione di metallo.
Abtragen (Abbrechen, eines Bauwerks) (*n. - Bauw.*), demolizione.
abtragen (eine Brücke z. B.) (*Bauw.*), smontare, demolire. **2** ~ (eine Linie z. B.) (*Zeichn.*), tracciare. **3** ~ (Schulden z. B.) (*komm.*), estinguere, saldare.
Abtragung (Erosion z. B.) (*f. - Geol.*), erosione, asportazione. **2** ~ (Schleifarbeit) (*Werkz. masch. - Mech.*), asportazione (di metallo).
Abtransport (*m. - Transp.*), asporto.
Abtreiben (*n. - Metall.*), affinazione, coppellazione. **2** seitliches ~ (*Flugw.*), derapata.
abtreiben (*Metall.*), affinare. **2** ~ (*Flugw.*), derivare. **3** seitlich ~ (*Flugw.*), derapare.
Abtreiber (Destillationssäule) (*m. - chem. Ind.*), colonna di distillazione.
Abtreibofen (*m. - Metall.*), forno di affinamento.
Abtreibung (*f. - Chem.*), estrazione. **2** ~ (Destillation) (*chem. Ind.*), distillazione.
abtrennen (*allg.*), dividere, separare, staccare. **2** ~ (mittels Säge) (*Mech. - etc.*), segare.
Abtrennung (*f. - allg.*), separazione, divisione.
Abtreppen (*n. - Geol. - etc.*), terrazzamento.
abtreppen (*Maur.*), costruire a gradini. **2** ~ (ein Gelände) (*Ing.b.*), terrazzare.
abtretbar (*allg.*), cedibile.
abtreten (eine Forderung z. B., überlassen) (*v.t. - allg.*), cedere. **2** ~ (entfernen, Schnee von den Füssen, z. B.) (*v.t. - allg.*), togliere, asportare. **3** ~ (sich entfernen) (*v.i. - allg.*), allontanarsi. **4** ~ (verzichten) (*recht.*), rinunciare, cedere.
Abtreter (Matte, Kratzeisen z. B.) (*m. - Bauw.*), nettapiedi.
Abtretung (Überlassung, einer Forderung z. B.) (*f. - komm. - etc.*), rinuncia, cessione. **2** ~ (*f. - recht.*), cessione. **3** ~ s·erklärung (*f. - komm. - etc.*), atto di cessione, dichiarazione di cessione.
Abtrieb (*m. - Mech. - Masch.*), presa di forza, presa di moto. **2** ~ (Abtrift) (*Flugw.*), deriva. **3** ~ (Abtrift, Windabtrieb z. B., eines Leiters) (*Elekt.*), deriva. **4** ~ rad (einer hydraulischen Kupplung z. B.) (*n. - Masch.*), girante condotta. **5** ~ säule (einer Austauschsäule, bei Rektifikation) (*f. - chem. Ind.*), colonna di esaurimento. **6** ~ s·fläche (eines Rennwagens) (*f. - Aut.*), superficie antiportanza. **7** ~ s·flansch (*m. - Mech.*), flangia di uscita. **8** ~ s·kraft (nach bogeninnen gerichtete Schwerkraftkomponente, durch Gleisüberhöhung erzeugt) (*f. - Eisenb.*), forza centripeta. **9** ~ s·überschuss (der Abtriebskraft über die Fliehkraft) (*m. - Eisenb.*), eccesso centripeto, eccesso della forza centripeta. **10** ~ s·welle (*f. - Mech.*), albero condotto, albero di uscita. **11** ~s·welle (eines Getriebes) (*Aut. - Mech. - Fahrz.*), albero primario. **12** ~ s·winkel (Abtriftwinkel) (*m. - naut.*), angolo di deriva. **13** Neben ~ (für den Antrieb eines Zubehörs z. B.) (*Mech. - Fahrz.*), presa di forza, presa di moto.

Abtrift (Versegelung, Ablage eines Schiffes oder Flugzeuges durch Wind oder Strömung) (*f. - naut. - Luftf.w.*), deriva. **2** ~ (Abtrieb, Windabtrift, z. B. eines Leiters) (*Elekt.*), deriva. **3** ~ messer (*m. - Flugw. - Instr.*), derivometro, indicatore di deriva. **4** ~ rechner (*m. - Navig.*), calcolatore di deriva. **5** ~ schreiber (*m. - Flugw. - Instr.*), derivometro registratore. **6** ~ winkel (*m. - Flugw.*), angolo di deriva.
Abtritt (Abort) (*m. - Bauw.*), latrina. **2** ~, siehe auch Abort. **3** ~ grube (*f. - Bauw.*), pozzo nero.
Abtrocknen (*n. - allg.*), essiccazione.
abtrocknen (*allg.*), essiccare, asciugare.
Abtrommelung (von Kabeln) (*f. - Elekt.*), svolgimento da tamburo.
abtröpfeln (*allg.*), siehe abtropfen.
Abtropfen (*n. - allg.*), sgocciolatura.
abtropfen (abtröpfeln) (*allg.*), sgocciolare.
Abtropfgestell (*n. - Ger.*), sgocciolatoio, gocciolatoio.
Abtropfschale (Abtropfblech) (*f. - ind. App.*), scolatoio.
Abtropfstein (Stalaktit) (*m. - Geol. - Min.*), stalattite.
Abtrudeln (*n. - Flugw.*), vite, avvitamento.
abtrudeln (*Flugw.*), entrare in vite.
abtun (von Schüssen) (*Bergbau*), far saltare.
Abukumalith (Erz mit 0,8 % Thorium) (*m. - Min.*), abukumalite.
Abus-Kupplung (elastische Klauenkupplung) (*f. - Mech.*), (tipo di) giunto elastico a denti frontali.
Abverkauf (Ausverkauf) (*m. - komm.*) (*österr.*), liquidazione.
Abvermietung (*f. - komm.*), sublocazione.
Abverstopfen (*n. - Leit.*), disintasamento.
Abvolt (absolutes Volt) (*n. - Elekt.*), abvolt.
abwägen (das Gewicht bestimmen) (*allg.*), pesare. **2** ~ (mit der Wasserwaage messen, nivellieren) (*Bauw. - etc.*), livellare. **3** ~ (Gleichgewicht herstellen) (*allg.*), contrappesare, bilanciare.
Abwägung (Bestimmung des Gewichtes) (*f. - allg.*), pesatura, pesata. **2** ~ (mit der Wasserwaage) (*Bauw. - etc.*), livellamento.
Abwälzbewegung (*f. - Mech.*), movimento di generazione.
Abwalzen (Druckverdichtung, Walzkompression) (*n. - Bauw. - Strass.b.*), cilindratura, costipamento con rulli.
abwalzen (abgleichen) (*allg.*), cilindrare, spianare col rullo.
abwälzen (*allg.*), rotolare. **2** ~ (*Werkz.masch. bearb.*), fresare con creatore, fresare con fresa a vite.
Abwälzer (Gewindeabwälzer, « nicht schneidender » Gewindebohrer) (*m. - Werkz.*), maschio a deformazione, maschio filettatore a deformazione.
Abwälzfräsautomat (*m. - Werkz.masch.*), dentatrice a creatore automatica.
Abwälzfräsen (Verfahren) (*n. - mech. Bearb.*), dentatura a creatore.
abwälzfräsen (*mech. Bearb.*), eseguire una dentatura con creatore.
Abwälzfräser (*m. - mech. Werkz.*), creatore, fresa a vite. **2** ~ maschine (Abwälzfräsma-

Abwälzfräsmaschine

schine) (*f. - Werkz.masch.*), dentatrice a creatore. 3 ~ -Schleifmaschine (*f. - Werkz. masch.*), rettificatrice per creatori. 4 **Keilwellen** ~ (*Werkz.*), creatore per alberi scanalati. 5 **Schraubenrad** ~ (*Werkz.*), creatore per ruote ipoidi.
Abwälzfräsmaschine (*f. - Werkz.masch.*), siehe Abwälzmaschine.
Abwälzhobelmaschine (*f. - Werkz.masch.*), dentatrice a pialla, dentatrice a coltello lineare.
Abwälzmaschine (Abwälzfräsermaschine) (*f. - Werkz.masch.*), dentatrice a creatore. 2 ~ **für Zahnstangen** (*Werkz.masch.*), dentatrice a creatore per cremagliere. 3 **Schneckenräder** ~ (*Werkz.masch.*), dentatrice a creatore per ruote a vite. 4 **Stirnrad** ~ (*Werkz. masch.*), dentatrice a creatore per ruote a denti diritti.
Abwälz-Räderfräsmaschine (*f. - Werkz. masch.*), dentatrice a creatore.
Abwälzstossen (zur Herstellung von Zahnrädern) (*n. - Werkz.masch.bearb.*), dentatura con coltello circolare (tipo Fellows).
abwälzstossen (*Werkz.masch.bearb.*), dentare con coltello circolare (tipo Fellows).
Abwälzstossmaschine (*f. - Werkz.masch.*), dentatrice tipo Fellows, dentatrice a coltello circolare.
abwandeln (abändern) (*allg.*), cambiare, modificare. 2 ~ (einen Text) (*allg.*), parafrasare.
Abwanderung (von Kapital) (*f. - finanz.*), esodo, fuga.
Abwandlung (Umwandlung) (*f. - allg.*), trasformazione, modifica.
Abwärme (*f. - Wärme*), siehe Abhitze.
abwärts (*adv. - allg.*), verso il basso. 2 ~ (eines Flusses) (*allg.*), a valle.
Abwärtsbewegung (von Preisen) (*f. - komm.*), tendenza al ribasso. 2 ~ (eines Stempels z. B.) (*f. - allg.*), movimento discendente, moto discendente.
Abwärtsbö (Abwärtsböe) (*f. - Flugw. - Meteor.*), vuoto d'aria.
Abwärtshub (des Kolbens) (*m. - Mot.*), corsa di discesa, corsa discendente.
Abwärtslüftung (*f. - Bergbau*), ventilazione discendente.
abwärtsschalten (*Aut.*), passare ad una marcia inferiore.
Abwärtsschweissen (*n. - mech. Technol.*), saldatura discendente, saldatura dall'alto verso il basso.
Abwärtstransformator (*m. - Elekt.*), devoltore, trasformatore riduttore di tensione, trasformatore abbassatore di tensione.
Abwärtsübersetzung (mittels Zahnräder z. B.) (*f. - Mech.*), riduzione.
Abwärtswandler (*m. - Elekt.*), siehe Abwärtstransformator.
abwaschbar (*allg.*), lavabile.
abwaschen (*Text. - etc.*), lavare.
Abwasser (*n. - Bauw. - Ind.*), acqua di rifiuto. 2 ~ (*Bauw.*), acqua lurida, acqua nera. 3 ~ **anlage** (*f. - Bauw.*), impianto di fognatura. 4 ~ **kanal** (*m. - Bauw.*), fogna, canale di fognatura. 5 ~ **last** (eines Flusses z. B.) (*f. - Bauw.*), inquinamento da acque luride. 6 ~ **netz** (*n. - Bauw.*), rete di fognatura. 7 ~ **pumpe** (*f. - Masch. Bauw.*), pompa per liquame. 8 ~ **reinigung** (*f. - Bauw. - Ind.*), depurazione delle acque di rifiuto. 9 ~ **verrieselung** (*f. - Ack.b*), irrigazione con liquame. 10 **Industrie** ~ (*Ind.*), acqua di rifiuto industriale.
abwechseln (*allg.*), alternare.
abwechselnd (*adv. - allg.*), alternativamente.
Abwechselung (*f. - allg.*), alternativa.
Abweg (Umweg) (*m. - Strasse*), deviazione stradale.
Abwehr (*f. - milit.*), difesa. 2 ~ **feuer** (*n. - milit.*), tiro di sbarramento. 3 ~ **geschütz gegen Kampfwagen** (*milit.*), cannone anticarro. 4 ~ **massnahme** (Gegenmassnahme) (*f. - milit.*), contromisura.
abweichen (*allg.*), deviare. 2 ~ **vom Lot** (*Bauw. - etc.*), essere fuori piombo.
abweichend (anomal) (*allg.*), anomalo.
Abweichung (*f. - allg.*), variazione, differenza. 2 ~ (Deklination) (*f. - Astr.*), declinazione. 3 ~ (Toleranz) (*Mech.*), tolleranza. 4 ~ (Abmass) (*Mech.*), scostamento. 5 ~ (in der Frequenz, etc., vom Nennwert) (*Elekt. - etc.*), scarto. 6 ~ (eines Zeigers) (*Instr.*), deviazione. 7 ~ (Toleranz für den Kraftstoffverbrauch z. B.) (*Mot. - komm.*), tolleranza. 8 ~ (einer bearbeiteten Oberfläche von der geometrischen Oberflächenform) (*Mech.*), errore. 9 ~ (Differenz zwischen Beobachtungswert und dem Mittelwert aller Beobachtungen, bei Qualitätskontrolle) (*mech. Technol.*), scarto. 10 ~ **3. Ordnung** (Rauheit einer bearbeiteten Oberfläche) (*Mech.*), errore di rugosità, errore microgeometrico. 11 ~ **1. Ordnung** (einer bearbeiteten Oberfläche) (*Mech.*), errore di forma. 12 ~ **s·anzeiger** (*m. - Flugw. - Ger.*), indicatore di deviazione. 13 ~ **s·isogne** (*f. - Geol.*), isogona, linea isogona. 14 ~ **s·messgerät** (*n. - Navig. - Ger.*), deviometro. 15 ~ **4.Ordnung** (Rauheit einer bearbeiteten Oberfläche) (*Mech.*), errore di rugosità, errore microgeometrico. 16 ~ **vom Fluchten** (Fluchtabweichung) (*Mech.*), errore di allineamento. 17 ~ **vom Kreis** (Unrundheit) (*Mech.*), errore di circolarità. 18 ~ **vom Lot** (*Bauw. - etc.*), fuori piombo (*s.*). 19 ~ **von der Ebene** (Unebenheit) (*Mech.*), errore di planarità. 20 ~ **von der Ebenheit** (Fehler) (*Mech.*), errore di planarità. 21 ~ **von der Geraden** (Ungeradheit) (*Mech.*), errore di rettilineità. 22 ~ **von der Gleichwinkligkeit** (Ungleichwinkligkeit) (*Mech.*), errore di equiangolarità. 23 ~ **von der Koaxialität** (*Mech.*), errore di coassialità. 24 ~ **von der Konzentrizität** (*Mech.*), errore di concentricità. 25 ~ **von der Kreisform** (*Mech.*) errore di circolarità. 26 ~ **von der Neigung** (*Mech.*), errore d'inclinazione. 27 ~ **von der parallelen Lage** (Unparallelität) (*Mech.*), errore di parallelismo. 28 ~ **von der Parallelität** (Fehler) (*Mech.*), errore di parallelismo. 29 ~ **von der Planparallelität** (*Mech.*), errore di pianparallelismo. 30 ~ **von der Rechtwinkligket** (Fehler) (*Mech.*), errore di ortogonalità. 31 ~ **von der Symmetrie** (*Mech.*), errore di simmetricità. 32 ~ **von der Zylinderform** (*Mech.*), errore di cilindricità. 33 ~ **2. Ordnung** (Welle, einer bearbeiteten Oberfläche) (*Mech.*), errore di ondulazione, errore

di disuniformità. **34 bleibende** ~ (eines Reglers z. B.) (*Elekt.* - *etc.*), scostamento permanente, scarto permanente. **35 Farb** ~ (chromatische Aberration) (*Opt.*), aberrazione cromatica. **36 Form** ~ (eines Werkstückes, Abweichung von der Sollform) (*Mech.*), errore di forma, difformità, discordanza di forma. **37 Form** ~ (Abweichung 1.Ordnung, einer bearbeiteten Oberfläche) (*Mech.*), errore di forma. **38 Geschwindigkeits** ~ (eines Reglers) (*Mot.* - *etc.*), scarto di velocità, scarto del numero di giri. **39 in** ~ **von** (*allg.*), contrariamente a. **40 Lage** ~ (eines Werkstücks z. B.) (*Mech.*), errore di posizione. **41 magnetische** ~ (*Geophys.*), declinazione magnetica. **42 Mass** ~ (Abmass) (*Mech.*), scostamento. **43 mittlere quadratische** ~ (*mech. Technol.*), siehe Standardabweichung. **44 Planlauf** ~ (Axialschlag) (*Mech.*), errore di oscillazione assiale. **45 Plus- und Minus** ~ (*Mech.*), tolleranza bilaterale. **46 Rundlauf** ~ (Radialschlag) (*Mech.*), errore di oscillazione radiale. **47 Standard** ~ (mittlere quadratische Abweichung, bei Qualitätskontrolle) (*mech. Technol.*), scarto tipo. **48 Stirnlauf** ~ (*Mech.*), siehe Planlaufabweichung. **49 Winkel** ~ (eines Pressengestelles z. B.) (*Baukonstr.lehre*), deformazione angolare, deflessione. **50 zulässige** ~ (Toleranz) (*allg.*), tolleranza.

Abweiseblech (Schutzblech) (*n.* - *Bauw.*), lamiera di protezione.

abweisen (zurückweisen) (*allg.*), respingere, rifiutare.

Abweiser (Schutzvorrichtung) (*m.* - *allg.*), protezione. 2 ~ (Prellstein) (*Bauw.*), siehe Prellstein.

Abweisstein (Prellstein) (*m.* - *Bauw.*), siehe Prellstein.

Abweisung (*f.* - *allg.*), rifiuto, rigetto.

Abwelken (Antrocknen) (*n.* - *Lederind.*), asciugatura preliminare, essiccazione preliminare, pre-essiccazione.

Abwelkpresse (*f.* - *Lederind.* - *Masch.*), pressa essiccatrice.

abwenden (verhüten, eine Gefahr z. B.) (*allg.*), evitare, prevenire.

Abwendung (Verhütung) (*f.* - *allg.*), prevenzione.

abwerfen (wegwerfen) (*allg.*), buttare via, scartare. 2 ~ (einen Behälter, Bomben, etc.) (*Flugw.*), sganciare. 3 ~ (*finanz.*), rendere. 4 ~ (den Anker) (*naut.*), gettare, mollare.

abwerten (*finanz.*), svalutare.

Abwertung (*f.* - *finanz.*), svalutazione.

Abwesenheit (*f.* - *allg.*), assenza. 2 ~ (der Arbeitnehmer) (*Arb.*), assenteismo. 3 ~ **ohne Urlaub** (*Arb.* - *etc.*), assenza ingiustificata, assenza senza permesso. 4 ~ **s·rate** (*f.* - *Arb.*), tasso di assenze.

Abwetter (Abluft) (*n.* - *Bergbau*), aria viziata. 2 ~ **stollen** (*m.* - *Bergbau*), galleria di estrazione dell'aria.

Abwickelhaspel (für Blechband z. B.) (*f.* - *Vorr.*), svolgitore.

abwickeln (*allg.*), svolgere, dipanare. 2 ~ (eine zylindrische Fläche in eine Ebene) (*Geom.*), sviluppare. 3 ~ (*Math.*), sviluppare. 4 ~ (liquidieren) (*finanz.*), liquidare.

Abwickelspule (*f.* - *Filmtech.* - *Elektroakus.*), bobina di alimentazione.

Abwicklung (einer Zylinder-Fläche in eine Ebene) (*f.* - *Geom.*), sviluppo. 2 ~ (des Teilzylinders eines Wälzfräsers z. B.) (*Mech.*), sviluppo. 3 ~ (*Math.*), sviluppo. 4 ~ (Regelung) (*allg.*), regolamento. 5 ~ (Liquidation) (*finanz.*), liquidazione.

Abwiegemaschine (Wiegemaschine) (*f.* - *Masch.*), pesa, pesatrice.

abwiegen (*allg.*), pesare. 2 ~ (abwägen, nivellieren) (*Bauw.* - *etc.*), livellare.

Abwind (*m.* - *Meteor.*), corrente discendente. 2 ~ (*Flugw.*), deflessione. 3 ~ **winkel** (*m.* - *Flugw.*), angolo di incidenza indotta.

abwinden (*allg.*), svolgere, dipanare.

Abwinklung (einer Gelenkwelle) (*f.* - *Mech.*), angolo, angolazione.

abwischen (*allg.*), pulire (strofinando), detergere.

Abwrack (Abbruch, Abbau) (*n.* - *Bauw.* - *etc.*), demolizione. 2 ~ **metal** (*n.* - *metall. Ind.*), rottame. 3 ~ **schiff** (*n.* - *naut.*), relitto.

abwracken (*allg.*), demolire, smantellare.

Abwurf (von Bomben) (*m.* - *Luftw.*), sgancio. 2 ~ (*finanz.*), reddito. 3 ~ (von Steuern) (*finanz.*), gettito. 4 ~ **behälter** (*m.* - *Flugw.*), serbatoio sganciabile (in volo). 5 ~ **rechengerät** (*n.* - *Luftw.*), calcolatore di sgancio.

Abwürgen (*n.* - *Mot.* - *Elekt.*), arresto (per sovraccarico), «stallo». 2 ~ (eines Gewindes) (*Mech.*), strappamento, spanatura.

abwürgen (*Mot.*), arrestarsi (per sovraccarico). 2 ~ (eines Gewindes) (*Mech.*), strappare, strapparsi, spanare, spanarsi.

Abwürgeversuch (einer Schraube z. B.) (*m.* - *mech. Technol.*), prova di rottura alla torsione, prova di strappamento alla torsione.

Abzählbarkeitsaxiom (*n.* - *Math.*), assioma di numerabilità.

Abzählstreifen (*m.* - *Packung*), striscia di conteggio.

Abzählwerk (*n.* - *Instr.*), meccanismo contatore.

Abzapfen (von Flüssigkeiten) (*n.* - *allg.*), spillatura.

abzapfen (Flüssigkeiten) (*allg.*), spillare, cavare.

Abzapfhahn (*m.* - *Leit.* - *etc.*), rubinetto di spillamento.

Abzapfluftturbine (mit Heissluft betriebene Turbine) (*f.* - *Turbotriebwerk*), turbina ad aria calda.

Abzehrung (der Wand eines Rohres z. B.) (*f.* - *allg.*), consumazione.

Abzeichen (*n.* - *komm.*), marchio, marca. 2 ~ (metallisches Kennzeichen z. B.) (*allg.*), distintivo. 3 **Knopf** ~ (Knopf) (*allg.*), distintivo a bottone. 4 **Nadel** ~ (*allg.*), distintivo a spilla.

abzeichnen (einen Brief z. B.) (*Büro*), siglare. 2 ~ (kopieren) (*Zeichn.* - *etc.*), copiare.

Abzeichnung (Zeichen, auf einem Brief z. B.) (*f.* - *Büro*), sigla. 2 ~ (von Briefen, etc.) (*Büro*), siglatura.

Abziehapparat (Handpresse) (*m.* - *Druck.*), torchio tirabozze, torchio tiraprove.

Abziehbild (*n.* - *Keramik* - *etc.*), decalcomania.

Abziehblase

Abziehblase (Destillierblase) (*f.* - *Chem.*), storta.
Abziehbogen (*m.* - *Druck.*), foglio per bozze.
Abziehen (eines Rades von einer Welle z. B.) (*n.* - *Mech.*), smontaggio, sfilamento, estrazione. 2 ~ (Nachschleifen von Werkz.) (*Metallbearb.*), affilatura (di finitura), lapidatura. 3 ~ (*Druck.*), tiratura (di bozze). 4 ~ (Vorgang) (*Phot.*), stampa. 5 ~ (*Holzbearb.*), spianatura, levigatura. 6 ~ (eines Kabels) (*Elekt.*), sfilamento. 7 ~ (*Math.*), sottrazione. 8 ~ (*Elektrochem.*), asportazione (del deposito).
abziehen (*allg.*), estrarre. 2 ~ (ein Rad von einer Achse z. B.) (*Mech.*), estrarre, smontare, sfilare. 3 ~ (ein Werkz.) (*Metallbearb.*), affilare, rifinire il filo, lapidare. 4 ~ (*Math.*), sottrarre, detrarre. 5 ~ (*Phot.*), stampare. 6 ~ (*Druck.*), tirare bozze. 7 ~ (*Holzbearb.*), spianare, levigare. 8 ~ (*Gewehr*), premere (il grilletto. 9 ~ (abdecken, häuten, die Haut abziehen) (*Lederind.*), scuoiare.
Abzieher (*m.* - *mech. Werkz.*), estrattore. 2 ~ (Abduktor, Muskel) (*Med.*), abduttore. 3 Rad ~ (*Aut.* - *Werkz.*), estrattore per ruote.
Abziehetikett (*n.* - *Packung*), etichetta a decalco.
Abziehhülse (*f.* - *Mech.*), bussola smontabile.
Abziehklinge (Ziehklinge) (*f.* - *Tischl.* - *Werkz.*), coltello a petto.
Abziehlack (*m.* - *Anstr.*), pelabile (*s.*), vernice pelabile.
Abziehlatte (*f.* - *Bauw.* - *Werkz.*), assicella per spianare.
Abziehpapier (*n.* - *Druck.*), carta per bozze.
Abziehpresse (Andruckpresse) (*f.* - *Druck.* - *Masch.*), torchio tirabozze, torchio tiraprove.
Abziehschraube (*f.* - *Mech.*), vite di estrazione, estrattore a vite, vite di smontaggio.
Abziehstein (*m.* - *Werkz.*), pietra per affilare. 2 ~ (*Landw.werkz.*), cote.
Abziehvorrichtung (für Schleifscheiben) (*f.* - *Werkz.masch.*), ripassatore, ravvivatore. 2 ~ (um Räder abzunehmen z. B.) (*mech. Werkz.*), estrattore. 3 ~ (zum Schärfen) (*Werkz.*), affilatore.
Abziehwerkzeug (für Schleifscheiben) (*n.* - *Werkz.masch.*), ripassatore, ravvivatore. 2 ~ (um Räder abzunehmen z. B.) (*Werkz.*), estrattore.
Abzinsung (*f.* - *Adm.*), interessi.
abzirkeln (*Zeichn.* - *etc.*), misurare (con il compasso).
Abzug (Ablass, des Wassers z. B.) (*m.* - *allg.*), scarico, uscita. 2 ~ (Abdruck) (*Phot.* - *Druck.*), copia. 3 ~ (Schlacke) (*Metall.*), scoria. 4 ~ (Verminderung, im Preise) (*komm.*), sconto. 5 ~ (Abzugsbogen) (*Druck.*), bozza (di stampa). 6 ~ (Einzelabdruck, Verfahren) (*Druck.*), tiratura. 7 ~ (Vorr. zum Abfeuern) (*Feuerwaffen*), meccanismo di sparo, dispositivo di sparo. 8 ~ (vom Gehalt) (*Adm.* - *Pers.*), trattenuta, ritenuta. 9 ~ (am Gewehr) (*Feuerwaffe*), grilletto. 10 ~ (Digestor, Kapelle, zum Entfernen von Gasen und Dämpfen) (*Chem.*), estrattore. 11 ~ (Abdecken, Häuten) (*Lederind.*), scuoiatura. 12 ~ **in Fahnen** (*Druck.*), bozza in colonna. 13 ~ **s·bogen** (*m.* - *Druck.*), bozza (di stampa). 14 ~ **s·graben** (*m.* - *Wass.b.*), canale di scolo. 15 ~ **s·haube** (*f.* - *Chem.* - *etc.*), cappa. 16 ~ **s·hechel** (Grobhechel) (*f.* - *Text.*), pettine in grosso. 17 ~ **s·papier** (*n.* - *Druck.* - *Papierind.*), carta per duplicatori. 18 ~ **s·rohr** (*n.* - *Bauw.*), tubazione di scarico. 19 ~ **s·schlacke** (*f.* - *Metall.*), scoria (da asportare). 20 ~ **s·schleuse** (*f.* - *Bauw.*), fogna, sifone. 21 **endgültiger** ~ (*Druck.*), bozza finale. 22 **erster** ~ (*Druck.*), prima bozza. 23 **Gehalts** ~ (*Pers.*), trattenuta sullo stipendio.
Abzüge (Lohnabzüge z. B.) (*m. pl.* - *Pers.*), trattenute, ritenute.
abzugsfähig (*allg.*), detraibile, deducibile.
Abzweig (Abzweigung) (*m.* - *allg.*), diramazione. 2 ~ **dose** (*f.* - *Elekt.*), scatola di derivazione. 3 ~ **kasten** (für eine grössere Anzahl von Abzweigungen) (*m.* - *Elekt.*), cassetta di derivazione. 4 ~ **klemme** (*f.* - *Elekt.*), morsetto di derivazione. 5 ~ **leitung** (*f.* - *Elekt.*), linea di derivazione. 6 ~ **muffe** (*f.* - *Elekt.*), muffola di derivazione. 7 ~ **stromkreis** (*m.* - *Elekt.*), circuito derivato. 8 ~ **stück** (*n.* - *Leit.*), raccordo di derivazione. 9 ~ **widerstand** (*m.* - *Elekt.*), resistenza derivata, resistenza in derivazione.
Abzweigung (*f.* - *allg.*), diramazione. 2 ~ (*Elekt.*), derivazione. 3 ~ (*Strasse*), biforcazione.
abzwerchen (abzwirchen, Holz) (*Tischl.*), piallare trasversalmente alla fibra, piallare di traverso.
abzwicken (mit Zwicke abnehmen) (*allg.*), togliere con pinza.
Acetylzahl (*Chem.*), siehe Hydroxylzahl.
Achat (*m.* - *Min.*), agata. 2 ~ **lagerstein** (für Waagen z. B.) (*m.* - *Lagerwerkstoff*), cuscinetto in agata, supporto in agata.
Achromat (*m.* - *Opt.*), lente acromatica.
achromatisch (*Opt.*), acromatico.
Achromatismus (*m.* - *Opt.*), acromatismo.
Achromatopsie (totale Farbenblindheit) (*f.* - *Opt.*), acromatopsia.
Achsabstand (Achsstand, Radstand) (*m.* - *Fahrz.* - *Aut.*), passo, interasse. 2 ~ (Achsstand) (*Mech.*), interasse, distanza tra gli assi. 3 **Null** ~ (beim Schneckentrieb, Summe von Mittenkreishalbmesser der Schnecke und Teilkreishalbmesser des Schneckenrades) (*Mech.*), interasse nominale.
Achsaggregat (*n.* - *Fahrz.*), gruppo assali.
Achsanschlag-Gummi (*m.* - *Aut.*), tampone di gomma arresto scuotimento.
Achsantrieb (*m.* - *Aut.*), assale motore, motoassale. 2 ~ **s·übersetzung** (*f.* - *Aut.*), rapporto al ponte, « coppia conica ».
Achsbelastung (Achslast) (*f.* - *Fahrz.*), carico per asse.
Achsbüchse (Achslager) (*f.* - *Eisenb.*), boccola. 2 ~ **n·führung** (*f.* - *Eisenb.*), parasale, piastra di guardia.
Achsbund (*m.* - *Eisenb.*), collarino dell'assile.
Achsdruck (Achslast, Achsbelastung) (*m.* - *Fahrz.*), carico per asse.
Achse (*f.* - *Math.* - *Phys.*), asse. 2 ~ (Radachse, Wagenachse) (*Eisenb.*), assile, sala sciolta, asse. 3 ~ (ohne Drehmomentübermittlung, im Gegensatz zur Welle) (*Fahrz.*), assale,

asse non motore. 4 ~ (*Aut.*), assale, asse. 5 ~ (*Fahrz.*), siehe auch Achsen. 6 ~ **mit durchgehender Bohrung** (hohlgebohrte Achse) (*Eisenb. - etc.*), assile perforato per tutta la sua lunghezza, asse perforato per tutta la sua lunghezza. 7 ~ **mit Querkardanwellen** (*Mech.*), ponte con assi a crociere cardaniche. 8 **Antriebs** ~ (*Fahrz. - Aut.*), assale motore, asse motore. 9 **Auftriebs** ~ (*Flugw.*), asse di portanza. 10 **Bissel** ~ (einachsiges Bissel-Gestell) (*Eisenb.*), asse Bissel, carrello ad un asse. 11 **Dreh** ~ (Rotationsachse) (*Phys.*), asse di rotazione. 12 **feststehende** ~ (*Fahrz.*), asse fisso. 13 **fliegende** ~ (*Mech.*), asse flottante. 14 **Gabel** ~ (*Fahrz. - Aut.*), assale (con estremità) a forcella. 15 **halbfliegende** ~ (*Mech.*), asse semiflottante. 16 **Hinter** ~ (*Aut.*), assale posteriore, ponte posteriore. 17 **Hoch** ~ (eines Flugzeuges) (*Flugw.*), asse normale. 18 **Holm** ~ (*Flugw.*), asse di deriva, asse-vento trasversale. 19 **Koordinaten** ~ (*Math.*), asse delle coordinate. 20 **kristallographische** ~ (*Min. - Opt.*), asse cristallografico. 21 **Kurbel** ~ (Kropfachse) (*Eisenb.*), asse a gomito, sala a gomito. 22 **Längs** ~ (*Flugw. - etc.*), asse longitudinale. 23 **Lauf** ~ (Tragachse) (*Eisenb.*), asse portante. 24 **mathematische** ~ (*Math.*), asse matematico. 25 **mehrfachtragende** ~ (*Mech.*), asse caricato in più punti. 26 **montierte** ~ (Radsatz) (*Eisenb.*) sala montata, asse montato. 27 **neutrale** ~ (*Baukonstr.lehre*), asse neutro. 28 **Null** ~ (neutrale Achse, Null-Linie) (*Baukonstr.lehre*), asse neutro. 29 **optische** ~ (*Opt.*), asse ottico. 30 **Pendel** ~ (*Aut.*), assale oscillante, assale pendolare. 31 **Quer** ~ (*allg.*), asse trasversale. 32 **Rad** ~ (Wagenachse) (*Eisenb.*), asse, assile, sala sciolta. 33 **Rohr** ~ (*Eisenb.*), asse cavo. 34 **rohrförmige** ~ (*Fahrz.*), asse cavo. 35 **Schwing** ~ (*Fahrz. - etc.*), asse oscillante, assale oscillante. 36 **Seiten** ~ (Querachse) (*Flugw.*), asse laterale. 37 **Seitenkraft** ~ (*Flugw.*), asse di deriva, asse-vento trasversale. 38 **Starr** ~ (*Fahrz.*), assale rigido. 39 **starre, an Blattfedern aufgehängte** ~ (*Aut.*), assale rigido con balestra. 40 **Steck** ~ (fliegende Achswelle) (*Fahrz.*), semiasse non portante, semiasse flottante. 41 **Symmetrie** ~ (*Flugw. - etc.*), asse di simmetria. 42 **Trag** ~ (Laufachse) (*Eisenb.*), asse portante, assile. 43 **Treib** ~ (Triebachse) (*Eisenb. - etc.*), asse motore, assile motore. 44 **Unter** ~ (Achsschenkelsturz) (*f. - Aut.*), inclinazione del perno del fuso. 45 **verschiebbare** ~ (Schiebeachse) (*Mech.*), asse scorrevole. 46 **vollfliegende** ~ (*Mech*), asse flottante. 47 **Vorder** ~ (*Aut.*), assale anteriore, avantreno. 48 **Wagen** ~ (Radachse) (*Eisenb.*), asse, assile, sala sciolta. 49 **Widerstands** ~ (*Flugw.*), asse di resistenza. 50 **Wind** ~ (*Flugw.*), asse vento.

Achsen (*f. - pl. - Fahrz. - etc.*), assi, assali, sale, assili. 2 ~ (*Fahrz. - etc.*), siehe auch Achse. 3 ~ **abstand** (*m. - Fahrz. - etc.*), siehe Achsabstand. 4 ~ **drehbank** (*f. - Werkz.masch.*), tornio per assi, tornio per assili. 5 ~ **ebene** (*f. - allg.*), piano assiale. 6 ~ **ende** (Achszapfen) (*n. - Mech. - Fahrz.*), fuso. 7 ~ **kreuz** (Koordinatenkreuz) (*n. - Math.*), sistema di coordinate. 8 ~ **kreuz** (flugzeugfestes Achsenkreuz) (*Flugw.*), assi corpo, assi dell'aeromobile. 9 ~ **lager** (*n. - Mech.*), cuscinetto portante. 10 ~ **längsschub** (*m. - Mech. - etc.*), spinta assiale. 11 ~ **motor** (*m. - elekt. Eisenb.*), motore d'asse. 12 ~ **richtung** (*f. - Mech. - etc.*), direzione assiale. 13 ~ **triebmotor** (*m. - Eisenb.*), motore d'asse. 14 ~ **winkel** (Achswinkel, von Kegelrädern) (*m. - Mech.*), angolo degli assi, angolo tra gli assi. 15 ~ **zentrierbank** (*f. - Werkz. masch.*), centratrice per assili.

achsensymmetrisch (*Zeichn. - Mech. - etc.*), assialsimmetrico, simmetrico rispetto all'asse.

Achsgabel (Achsbüchsenführung) (*m. - Eisenb.*), parasale, piastra di guardia.

Achsgehäuse (*n. - Aut.*), scatola ponte, scatola dell'assale.

Achsgenerator (*m. - Eisenb. - etc.*), generatore d'asse, dinamo d'asse.

achsial (*allg.*), assiale. 2 ~, siehe auch axial. 3 ~ **es Spiel** (*Mech.*), gioco assiale.

Achsialfluss (*m. - Mech. der Flüss.k. - Masch.*), flusso assiale.

Achsialgebläse (*n. - Masch.*), ventilatore assiale.

Achsiallager (*n. - Mech. - etc.*), cuscinetto di spinta, supporto di spinta. 2 ~ **scheibe** (*f. - Mech.*), ralla del cuscinetto di spinta.

Achsialturbine (*f. - Turb.*), turbina a flusso assiale.

Achsialverdichter (*m. - Masch.*), compressore assiale.

Achskappe (Nabenkappe) (*f. - Fahrz. - Aut.*), coprimozzo.

Achskilometer (von einer Wagenachse in einer bestimmten Zeit durchlaufene Wegkilometer) (*m. pl. - Eisenb.*), distanza percorsa dall'asse (misurata) in km.

Achskistenbohrmaschine (Achslagerbohrwerk) (*f. - Werkz.masch.*), alesatrice per boccole.

Achslager (*n. - Mech.*), cuscinetto portante. 2 ~ (Achsbüchse) (*Eisenb.*), boccola.

Achslast (Achsbelastung) (*f. - Fahrz.*), carico per asse.

Achsmessgerät (*n. - Aut. - Ger.*), apparecchio per controllare l'avantreno.

achsparallel (*Mech. - etc.*), parallelo all'asse.

Achsregler (Flachregler) (*m. - Dampfmasch.*), regolatore assiale.

Achssatz (Radsatz) (*m. - Eisenb.*), sala montata.

Achsschenkel (*m. - Aut.*), fuso a snodo. 2 ~ (Achszapfen) (*Fahrzeug*), fuso, fusello. 3 ~ (*Eisenb. - Fahrz.*), fusello. 4 ~ **bolzen** (*m. - Aut.*), perno del fuso a snodo, perno di sterzaggio. 5 ~ **bund** (*m. - Eisenb. - Fahrz.*), collarino del fusello. 6 ~ **federbein** (Mc Pherson-Federbein) (*n. - Aut.*), sospensione Mc Pherson. 7 ~ **lenkung** (*f. - Aut.*), sterzo con fusi a snodo.

Achsschnitt (Achsdurchschnitt) (*m. - Zeichn.*), sezione assiale.

achssenkrecht (*Mech.*), perpendicolare al-l'asse.

Achssitz (eines Rades) (*m. - Eisenb.*), portata, portata di calettamento (dell'assile).

Achsstand (Radstand, Achsabstand) (*m. -*

Achsstrebe

Achsstrebe (Schubstrebe) (*f. - Aut.*), braccio di reazione.
Aut. - Fahrz.), passo, interasse. **2 fester ~** (starrer Achsstand) (*Eisenb.*), passo rigido. **3 starrer ~** (*Eisenb.*), passo rigido.
Achsstrebe (Schubstrebe) (*f. - Aut.*), braccio di reazione.
Achsstummel (Achszapfen) (*m. - Fahrz. - Aut.*), fuso dell'asse, estremità dell'asse.
Achsteilung (eines Zahnrades) (*f. - Mech.*), passo assiale.
Achstrompete (*f. - Aut.*), semiscatola a flangia (dell'assale).
Achsuntersetzung (*f. - Aut.*), rapporto al ponte, rapporto della coppia conica.
Achsversetzung (von Zahnrädern) (*f. - Mech.*), spostamento degli assi.
Achswelle (einer Starrachse) (*f. - Aut.*), semiasse, semialbero. **2 ~ n-kegelrad** (des Ausgleichgetriebes) (*n. - Aut.*), ingranaggio planetario del differenziale. **3 dreiviertelfliegende ~** (einer Starrachse) (*Aut.*), asse semiportante, semiasse semiportante. **4 fliegende ~** (Steckachse, einer Starrachse) (*Aut.*), asse flottante, semiasse flottante, asse non portante, semiasse non portante. **5 halbfliegende ~** (einer Starrachse) (*Aut.*), asse portante, semiasse portante.
Achswinkel (Achsenwinkel, von Kegelrädern) (*m. - Mech.*), angolo degli assi, angolo tra gli assi.
Achswirbel (*m. - Aerodyn.*), vortice.
Achszähler (*m. - Eisenb. - Ger.*), contaassi.
Achszapfen (Achsschenkel) (*m. - Fahrz.*), fuso, fusello. **2 ~** (Achsschenkelbolzen) (*Aut.*), perno del fuso a snodo. **3 ~ sturz** (Spreizung) (*m. - Aut.*), inclinazione del perno del fuso a snodo.
Achteck (*n. - Geom.*), ottagono.
achteckig (*allg.*), ottagonale.
Achtelkreis (*m. - Math. - etc.*), ottante.
Achter (Achterkreis) (*m. - Fernsprech. - etc.*), circuito supervirtuale, circuito supercombinato.
achteraus (*naut.*), a poppa.
Achterbewegung (beim Läppen) (*f. - Werkz.masch.bearb.*), movimento ad otto.
Achterdeck (*n. - naut.*), ponte poppiero, ponte di poppa.
Achterform (einer Kennlinie z. B.) (*f. - allg.*), forma ad otto.
Achterkante (eines Flügels z. B.) (*f. - Flugw.*), orlo di uscita.
Achterkreis (Achter) (*m. - Fernsprech. - etc.*), circuito supervirtuale, circuito supercombinato.
achterlastig (steuerlastig) (*naut.*), appoppato.
achtern (*naut.*), a poppa.
Achterpiek (*f. - naut.*), gavone di poppa.
Achterschiff (*n. - naut.*), poppa.
Achterspant (*m. - Schiffbau*), ordinata di poppa.
Achterspiegel (eines Bootes) (*m. - naut.*), specchio di poppa, quadro di poppa.
Achtersteven (*m. - naut.*), dritto di poppa.
Achterteiler (Achteruntersetzer) (*m. - Elektronik - etc.*), demoltiplicatore di rapporto 8 : 1.
Achtertelegraphie (*f. - Telegr.*), telegrafia supercombinata.
Achterverseilung (*f. - Elekt.*), cordatura a doppia stella.
Achterweiche (*f. - Ger.*), discriminatore ad otto direzioni.
Achtflächner (*m. - Geom.*), ottaedro.
Achtkanteisen (*n. - metall. Ind.*), barra ottagonale di ferro.
achtkantig (Block z. B.) (*Metall. - etc.*), ottagonale.
Achtkantstab (*m. - metall. Ind.*), barra ottagonale.
achträdrig (*Fahrz.*), a otto ruote, con otto ruote.
Achtspindler (*m. - Werkz.masch.*), macchina ad otto fusi, macchina ad otto mandrini.
Achtspur-Lochstreifen (*m. - Rechner*), nastro perforato ad otto canali.
Acht-Stunden-Tag (Achtstundentag, Arbeitszeit) (*m. - Arb.*), giornata di otto ore.
achtstündig (*Arb.*), di otto ore.
Achtung! (*Signal*), attenzione! pericolo! **2 ~ Steinschlag** (*Strass.ver. - Signal*), attenzione, caduta di sassi.
Achtzylindermotor (*m. - Mot.*), motore ad otto cilindri. **2 ~ in Reihenanordnung** (*Mot.*), motore ad otto cilindri in linea. **3 ~ in V-Anordnung** (*Mot.*), motore ad otto cilindri a V.
Acidimeter (*n. - chem. Instr.*), acidimetro.
Ack (Deichrampe) (*Wass.b.*), rampa di accesso all'argine.
Acker (*m. - Ack.b.*), campo. **2 ~ bau** (Agrikultur) (*m. - Ack.b.*), agricoltura. **3 ~ baukunde** (*f. - Ack.b.*), agronomia. **4 ~ baukundiger** (*m. - Arb.*), agronomo. **5 ~ baumaschine** (*f. - Ack.b.masch.*), macchina agricola. **6 ~ boden** (*m. - Ack.b.*), terreno coltivabile. **7 ~ bulldog** (Ackerschlepper) (*m. - Fahrz.*), trattore agricolo, trattrice agricola. **8 ~ fräse** (*f. - Ack.b.masch.*), zappatrice rotante, fresa. **9 ~ furche** (*f. - Ack.b.*), solco. **10 ~ gerät** (*n. - Ack.b.ger.*), attrezzo agricolo, utensile agricolo. **11 ~ land** (*n. - Ack.b.*), terreno arativo. **12 ~ schleppe** (Ackerschleife) (*f. - Ack.b.masch.*), frangizolle. **13 ~ schlepper** (*m. - Ack.b.masch.*), trattore agricolo, trattrice agricola. **14 ~ wagen** (*m. - Ack.b. - Fahrz.*), carro agricolo.
Ackermannswinkel (Lenkungswinkel) (*m. - Aut.*), angolo (di sterzata) Ackermann, angolo di sterzo cinematico.
Acquisiteur (*m. - Arb.*), siehe Akquisiteur.
Acridin (*n. - Chem.*), acridina. **2 ~ - Farbstoffe** (*m. pl. - Chem.*), coloranti acridinici.
Acrolein (Acrylaldehyd Propenal, $CH_2=CH-$ $-CHO$ (*n. - Chem.*), acroleina.
Acrylharz (Akrylharz) (*n. - Chem.*), resina acrilica.
AD (Arbeitsgemeinschaft Druckbehälter) (*Technol.*), gruppo di Lavoro Serbatoi a Pressione.
a.D. (ausser Dienst) (*allg.*), fuori servizio. **2 ~** (ausser Dienst) (*milit.*), in congedo.
ADAC (Allgemeiner Deutscher Automobil-Club) (*Aut.*), Automobile Club Tedesco.
Adamit (Stahlersatz, Halbstahl, für Walzen z. B.) (*m. - Metall.*), Adamit, ghisa malleabile.
Adaptation (des Auges an das Helligkeitsniveau) (*f. - Opt.*), adattamento.

Adapter (*m. - allg.*), adattatore.
adaptieren (*allg.*), adattare.
adaptiv (Steuerung, bei numerisch gesteuerte Werkz.masch.) (*NC - Werkz. masch.*), adattativo, autoregolante, automodulante. 2 ~ e **Steuerung** (*Werkz.masch.*), comando adattativo, comando autoregolante, comando automodulante.
A-Darstellung (*f. - Radar*), indicatore di tipo A.
ADB (Arbeitsgemeinschaft Deutscher Betriebsingenieure) (*Ind.*), Comitato di lavoro degli ingegneri di fabbrica tedeschi.
Adcock-Peiler (Peilsystem) (*m. - Funk.*), radiogoniometro Adcock.
addieren (*Math.*), addizionare, sommare.
Addiermaschine (*f. - Rechenmasch.*), addizionatrice.
Addierstufe (von Impulsen z. B.) (*f. - Elekt.*), stadio addizionatore.
Addierwerk (*n. - Rechenmasch.*) (meccanismo), addizionatore.
Additif (Zusatzstoff, für Öl z. B.) (*n. - chem. Ind.*), additivo.
Addition (*f. - Math.*), addizione, somma. 2 logische ~ (ODER) (*Rechner*), somma logica, OR.
additiv (*Phot. - etc.*), additivo. 2 ~ es **Farbensystem** (*Phot. - Fernseh.*), sistema additivo. 3 ~ e **Farbmischung** (*Opt.*), miscela additiva dei colori.
Addukt (Verbindung) (*n. - Chem.*), addotto (*s.*).
Ader (*f. - Bergbau*), filone, vena. 2 ~ (*Holz*), venatura, andamento delle fibre. 3 ~ (eines Kabels) (*Kabel - Elekt.*), filo, conduttore. 4 ~ n·vertäuschung (*f. - Elekt.*), inversione dei fili. 5 ~ vierer (*m. - Fernspr.*), bicoppia.
aderig (*allg.*), venato.
Aderung (*f. - allg.*), venatura, marezzatura.
Adhäsion (molekulares Haften zwischen verschiedenen Stoffen in Kontakt) (*f. - Phys.*), adesione. 2 ~ (Haftung zwischen Rädern und Schiene z. B.) (*Mech. - Eisenb. - Fahrz.*), aderenza. 3 ~ s·eisenbahn (Reibungsbahn, Adhäsionsbahn) (*f. - Eisenb.*), ferrovia ad aderenza. 4 ~ s·gewicht (*n. - Eisenb.*), peso aderente. 5 ~ s·vermögen (*n. - Mech. - etc.*), potere aderente, forza di adesione.
Adiabate (adiabatische Kurve) (*f. - Thermodyn.*), curva adiabatica, adiabatica. 2 reversible ~ (*Thermodyn.*), adiabatica reversibile.
adiabatisch (*Thermodyn.*), adiabatico. 2 ~ e **Änderung** (*Thermodyn.*), trasformazione adiabatica. 3 ~ e **Verdichtung** (*Termodyn.*), compressione adiabatica.
Adion (*n. - Kernphys.*), adione.
Adjustage (*f. - Mech. - etc.*), regolazione, aggiustaggio, registrazione. 2 ~ (Zurichterei, Abteilung in der die Erzeugnisse versandbereit gemacht werden) (*f. - Metall.*), reparto di finitura.
adjustierbar (*Mech. - etc.*), regolabile, aggiustabile, registrabile.
adjustieren (*Mech. - etc.*), regolare, aggiustare, registrare.
ADL (Arbeitsgemeinschaft für elektronische Datenverarbeitung und Lochkartentechnik) (*Datenverarb.*), gruppo di lavoro per l'elaborazione dati elettronica e tecnica meccanografica.
Adlerzange (*f. - Bauw. - Hebevorr.*), grappa a tenaglia.
Administration (*f. - Adm.*), amministrazione.
administrativ (*Adm.*), amministrativo.
Administrator (*m. - Adm.*), amministratore.
Admiralitätsmetall (*n. - Metall.*), ottone per imbutittra (o stampaggio a freddo).
Admittanz (*f. - Elekt. - Funk.*), ammettenza, impedenza reciproca.
ADN (Arbeitsgemeinschaft Deutscher Normeningenieure) (*Normung*), gruppo di lavoro degli ingegneri della normalizzazione tedesca.
Adr (Adresse) (*Post. - etc.*), indirizzo.
«Adrema» (*Büromasch.*), siehe Adressiermaschine.
Adrenalin (*n. - Pharm.*), adrenalina.
Adressant (*m. - Post*), mittente.
Adressat (*m. - Post*), destinatario.
Adressbuch (*n. - Büro*), indirizzario, rubrica degli indirizzi.
Adresse (*f. - Post*), indirizzo. 2 ~ (die Bezeichnung einer bestimmten Speicherzelle) (*Rechenmasch.*), indirizzo. 3 ~ **n·änderung** (*f. - Post - etc.*), cambio d'indirizzo. 4 ~ **n·ansteuerung** (*f. - Datenverarb.*), selezione indirizzi. 5 ~ **n·schreibweise** (*f. - NC - Werkz. masch.bearb.*), programmazione per indirizzi. 6 **Büro** ~ (Geschäftsadresse) (*Post - etc.*), indirizzo dell'ufficio. 7 **Kabel** ~ (Telegrammadresse) (*komm.*), indirizzo telegrafico. 8 **Wohnsitz** ~ (*Post - etc.*), indirizzo privato, indirizzo dell'abitazione.
adressenfrei (Befehl) (*Rechner*), senza indirizzo. 2 ~ (Programm, symbolisch) (*Datenverarb.*), simbolico.
adressieren (*Post - komm.*), indirizzare.
Adressiermaschine (*f. - Büromasch.*), macchina stampaindirizzi.
Adressierung (*f. - Rechner*), indirizzamento. 2 **indirekte** ~ *Datenverarb.*), indirizzamento indiretto.
Adress-Register (ein Register in dem eine Adresse gespeichert ist) (*n. - Rechner*), registro d'indirizzo.
Adressteil (eines Befehls) (*m. - Rechner*), sezione indirizzi.
ADS (Allgemeine Deutsche Seeversicherungs-Bedingungen) (*Transp.*), Condizioni Generali Tedesche per le Assicurazioni Marittime.
Adsorbat (*n. - Chem.*), adsorbato.
Adsorbens (*n. - Phys.*), adsorbente.
Adsorber (von CO_2, Xenon etc., z. B.) (*m. - Chem.*), adsorbitore.
Adsorption (*f. - Phys.*), adsorbimento. 2 ~ **s·schicht** (Epilamen, Oberflächenschicht) (*f. - Schmierung*), epilàmina.
ADU (Analog Digital-Umsetzer) (*Rechner*), convertitore analogico-numerico.
A/D-Umsetzer (Analog-Digital-Umsetzer, ADU) (*m. - Rechner*), convertitore analogico-numerico.
ADV (Automatische Datenverarbeitung) (*Rechner*), elaborazione automatica dei dati.
Advektion (*f. - Meteor.*), avvezione.
Adversarien (Aufzeichnungen) (*pl. - Buchhaltung*), prima nota.

Advokat

Advokat (Rechtsanwalt) (*m. - recht.*), avvocato.
Advokaturbureau (*n. - recht.*), ufficio legale.
AE (Astronomische Einheit = 149,6 . 10^6 km = mittlere Entfernung Sonne-Erde) (*Astr.*), u.a., unità astronomica.
ÅE (Ångström Einheit, 10^{-8} cm) (*Masseinheit*), unità Ångström.
AECvD (Aero-Club von Deutschland) (*Flugw.*), Aero-Club tedesco.
AEM (Arbeitsgemeinschaft Eisen und Metalle) (*Metall.*), gruppo di lavoro ferro e metalli.
aerob (*Adj. - Biol.*), aerobico.
Aerodynamik (*f. - Aerodyn.*), areodinamica.
Aerodynamiker (*m. - Aerodyn.*), areodinamicista.
aerodinamisch (*Aerodyn.*), aerodinamico. 2 ~ e Schmierung (Gasschmierung) (*Mech.*), lubrificazione pneumodinamica, lubrificazione a gas.
aeroelastisch (*Flugw.*), aeroelastico. 2 ~ es Auskippen (*Flugw.*), divergenza aeroelastica.
Aeroelastizität (*f. - Flugw.*), aeroelasticità.
Aerokartograph (*m. - Phot. - App.*), aerocartografo.
Aerolith (*m. - Geol.*), aerolito.
Aerologie (*f. - Meteor.*), aerologia.
Aeromechanik (*f. - Aeromechanik*), meccanica degli aeriformi.
Aerometer (*n. - chem. Instr.*), aerometro.
Aeronautik (Luftfahrt) (*f. - Flugw.*), aeronautica.
Aeropause (Schicht der Atmosphäre über 20 km Höhe) (*f. - Geophys.*), aeropausa.
Aerophotogrammetrie (*f. - Photogr.*), aerofotogrammetria, fotogrammetria aerea.
Aerophotographie (*f. - Photogr.*), fotografia aerea, aerofotografia.
Aero-Reifen (Superballon-Reifen) (*m. - Aut.*), pneumatico a bassissima pressione.
Aërosol (*n. - Chem.*), aerosole, aerosol. 2 ~ -Bombe (für Schädlingsbekämpfung) (*f. - chem. Ind.*), bombola per nebulizzazione.
Aerosphäre (bis etwa 20 km Höhe) (*f. - Geophys.*), aerosfera.
Aerostat (*m. - Flugw.*), aerostato.
Aerostatik (Statik der luftförmigen Körper) (*f. - Phys.*), aerostatica.
aerostatisch (*Phys.*), aerostatico. 2 ~ e Schmierung (Druckgasschmierung) (*Mech.*), lubrificazione pneumostatica, lubrificazione a gas (pressurizzato esternamente).
Aërotriangulation (*f. - Photogr.*), triangolazione aerea.
AEW (Arbeitsgemeinschaft der Elektrizitätswerke) (*Elekt.*), gruppo di lavoro delle centrali elettriche.
A.F. (Audiofrequenz) (*Akust. - etc.*), audiofrequenza.
af (aschfrei) (*Verbr. - etc.*), senza ceneri.
Afa (Absetzung für Abnutzung) (*finanz.*), detrazione per usura, detrazione per deperimento.
AFB (amtliches Fernsprechbuch) (*Fernspr.*), guida telefonica ufficiale, elenco telefonico ufficiale.
Affiche (Plakat) (*f. - komm.*), cartello.
Affination (von Gold z. B.) (*f. - Metall.*), affinazione.
affinieren (*Metall. - etc.*), affinare.
Affinität (*f. - Chem.*), affinità.
Affinor (*m. - Math.*), tensore, affinore.
AfK (Arbeitsgemeinschaft für Kerntechnik) (*Kernphys.*), gruppo di lavoro per la tecnica nucleare.
AFN (automatische Frequenz-Nachstimmung) (*Elekt.*), regolatore automatico di frequenza.
After (Aftererz) (*f. - Bergbau*), sterile. 2 ~ miete (*f. - Bauw. - etc.*), subaffitto.
AfU (Arbeitsgemeinschaft für Unfallverhütung) (*Ind.*), gruppo di lavoro per la prevenzione infortuni.
AG (Arbeitsgruppe) (*Technol.*), gruppo di lavori.
A.G., AG., A.-G. (Aktiengesellschaft) (*komm.*), società per azioni. 2 ~ (Atomgewicht) (*Chem.*), peso atomico.
a. G. (auf Gegenseitigkeit) (*allg.*), sulla reciprocità.
Agalmatolith (*m. - Min.*), agalmatolite.
Agar-Agar (*n. - Chem.*), agar-agar.
Agenda (*f. - finanz. - etc.*), ordine del giorno.
Agens (*n. - Chem.*), agente.
Agent (Vertreter) (*m. - komm.*), rappresentante, agente. 2 Anzeigen ~ (*komm.*), agente pubblicitario. 3 Reise ~ (*komm.*), commesso viaggiatore. 4 Versicherungs ~ (*finanz.*), agente d'assicurazioni. 5 Wechsel ~ (*finanz.*), agente di cambio.
Agentur (*f. - komm.*), agenzia, rappresentanza. 2 Presse ~ (*Zeitg.*), agenzia di stampa.
Agglomerat (*n. - Geol.*), agglomerato.
Agglomeration (*f. - allg.*), agglomerazione.
Aggregat (Maschinensatz) (*n. - Masch.*), gruppo. 2 ~ (*Geol.*), aggregato. 3 ~ (*Mot.*), gruppo motore. 4 ~ zustand (Phase) (*m. - Phys.*), fase. 5 benzin-elektrisches ~ (*Elekt.*), gruppo elettrogeno con motore a benzina. 6 Bordhilfs ~ (*Elekt.*), gruppo (elettrogeno) ausiliario di bordo. 7 diesel-elektrisches ~ (*Elekt.*), gruppo elettrogeno con motore Diesel. 8 Elektro ~ (*Elekt.*), gruppo elettrogeno. 9 Generator- ~ (*Elekt.*), gruppo elettrogeno. 10 Industrie ~ (*Mot.*), gruppo industriale. 11 Kompressor ~ (*Masch.*), motocompressore. 12 mehrfaches Industrie ~ (*Mot.*), gruppo industriale a più motori accoppiati. 13 Pumpen ~ (*Masch.*), gruppo motopompa. 14 Schnellbereitschafts- ~ (Notstrom-Aggregat, mit Generator-Dauerbetrieb) (*Elekt.*), gruppo elettrogeno (d'emergenza) a rapido intervento, gruppo elettrogeno di continuità. 15 Schweiss ~ (*Masch.*), motosaldatrice. 16 Stromerzeuger ~ (*Elekt.*), gruppo elettrogeno. 17 Turbo- ~ (*Masch.*), turbogeneratore, gruppo generatore a turbina. 18 Vierlings ~ (*Mot.*), gruppo motore a quattro motori accoppiati. 19 Zwillings ~ (*Mot.*), gruppo motore a due motori accoppiati.
Agiateur (Remisier) (*m. - Börse*), remissore, « remisier ».
«Agietron» (elektroerosive Metallbearbeitung) (*n. - Mech. - Elekt.*), elettroerosione.
Agio (*n. - komm.*), aggio.
Agiogeschäft (Agiotage) (*n. - komm.*), aggiotaggio.
Agitation (*f. - Arb.*), agitazione. 2 ~ s-ma-

schine (*f. - chem. Ind. - Masch.*), agitatore.

AGM (gummiertes Aussenkabel mit Bleimantel) (*Elekt.*), cavo isolato in gomma sottopiombo.

Agone (agonische Kurve) (*f. - Phys.*), linea agona.

Agrarerzeugnisse (Agrarprodukte) (*n. pl. - Landw.*), prodotti agricoli.

Agrarmeteorologie (*f. - Ack.b. - Meteor.*), meteorologia applicata all'agricoltura.

Ah (Anhänger) (*Aut.*), rimorchio. 2 ~ (Amperestunde) (*Elekt.*), amperora.

Ahle (Pfriem, Prehn, um Löcher in Leder zu stechen) (*f. - Werkz.*), lesina.

Ahming (Tiefgangmarke) (*f. - naut.*), marca di immersione, marca di pescaggio.

ähnlich (*Math. - etc.*), simile.

Ähnlichkeit (*f. - Geom. - etc.*), similitudine. 2 ~ s·satz (*m. - Math. - etc.*), legge della similitudine, legge di similitudine. 3 ~ s·theorie (*f. - Phys.*), teoria delle similitudini.

Ahorn (*n. - Holz*), acero. 2 ~ holz (*n. - Holz*), acero, legno d'acero. 3 eschenblättriges ~ (*Holz*), acero negundo. 4 Feld ~ (*Holz*), acero campestre. 5 Silber ~ (*Holz*), acero americano tenero. 6 Spitz ~ (*Holz*), acero riccio. 7 Zucker ~ (*Holz*), acero americano duro, acero saccarifero.

AIB (Abdichtung von Ingenieurbauwerken) (*Bauw.*), isolamento di costruzioni civili.

A-Impuls (Austastimpuls) (*m. - Elektronik*), impulso di cancellazione.

AK (Aktienkapital) (*finanz.*), capitale azionario.

A.K. (äusserste Kraft) (*naut.*), (avanti a) tutta forza.

Akanthit (*m. - Min.*), siehe Silberglanz.

Akazie (*f. - Holz*), acacia.

Akklimatisation (*f. - allg.*), acclimatazione.

Akkolade ({) (geschwungene Klammer) (*f. - Druck.*), graffa.

Akkomodation (des Auges) (*f. - Opt.*), accomodamento, adattamento. 2 ~ s·grenze (von metall. Werkstoffen) (*f. - Metall.*), limite di accomodamento. 3 ~ s·kraft (*f. - Opt.*), potere di accomodamento.

Akkord (*m. - komm.*), contratto, convenzione. 2 ~ (Stücklohn) (*Arb. - Organ.*), cottimo. 3 ~ arbeit (*f. - Arb. - Organ.*), lavoro a cottimo. 4 ~ arbeiter (*m. - Arb.*), cottimista, lavoratore a cottimo. 5 ~ lohn (*m. - Arb. - Organ.*), retribuzione a cottimo. 6 ~ richtsatz (Akkordbasis, Geldbetrag je Stunde, als Vergütung gezahlt) (*m. - Arb.*), paga oraria a cottimo. 7 ~ vorgabezeit (*f. - Arb.*), tempo normale di cottimo. 8 ~ wesen (*n. - Arb. - Organ.*), analisi (dei) tempi (di lavorazione). 9 Einzel ~ (*Arb. - Organ.*), cottimo individuale. 10 Geld ~ (*Arb. - Organ.*), cottimo a moneta. 11 Gruppen ~ (*Arb. - Organ.*), cottimo di squadra, cottimo collettivo. 12 in ~ (*Arb. - Organ.*), a cottimo. 13 in ~ arbeiten (*Arb. - Organ.*), lavorare a cottimo. 14 in ~ entlohnen (*Arb. - Organ.*), pagare a cottimo, retribuire a cottimo. 15 Kolonnen ~ (Gruppenakkord) (*Arb.*), cottimo di squadra, cottimo collettivo. 16 Stück ~ (*Arb. - Organ.*), cottimo per pezzo. 17 Voll ~ (*Arb. - Organ.*), cottimo pieno. 18 Zeit ~ (*Arb. - Organ.*), cottimo a tempo.

akkreditieren (*Adm.*), accreditare.

Akkreditierung (*f. - Adm.*), accredito.

Akkreditiv (*n. - komm.*), lettera di credito, apertura di credito. 2 unwiderrufliches ~ (*komm.*), lettera di credito irrevocabile.

Akku (*Elekt.*), siehe Akkumulator.

Akkualtblei (Akkuschrott) (*n. - Metall.*), rottame (di piombo) di accumulatori.

Akkublei (Akkumulatorenblei, Blei-Antimonlegierung mit $8 \div 9\%$ Sb) (*n. - Metall.*), piombo per accumulatori.

Akkumulator (Sammler, Sekundärelement) (*m. - Elekt.*), accumulatore. 2 ~ (Druckwassersammler) (*Masch.*), accumulatore. 3 ~ (einer Rechenmasch., Vorrichtung in der die zu addierenden Zahlen zur Summe zusammenlaufen) (*Rechenmasch.*), accumulatore. 4 ~ en·antrieb (*Fahrz.*), trazione ad accumulatori. 5 ~ en·batterie (*f. - Elekt.*), batteria di accumulatori. 6 ~ en·element (*n. - Elekt.*), elemento di batteria di accumulatori. 7 ~ en·fahrzeug (*n. - Fahrz.*), veicolo ad accumulatori. 8 ~ en·gitter (*n. - Elekt.*), griglia di accumulatore. 9 ~ en·gleichrichter (*m. - Elekt.*), raddrizzatore per (carica) accumulatori. 10 ~ en·kapazität (*f. - Elekt.*), capacità dell'accumulatore. 11 ~ en·ladeapparat (Akkumulatorenladeeinrichtung) (*m. - Elekt.*) apparecchio carica-batterie. 12 ~ en·platte (*f. - Elekt.*), piastra di accumulatore, placca di accumulatore. 13 ~ en·säure (Füllsäure) (*f. - Elekt.*), acido per accumulatori. 14 ~ en·triebwagen (*m. - elekt. Eisenb.*), automotrice elettrica (ad accumulatori). 15 ~ en·wagen (*elekt. Fahrz.*), vettura ad accumulatori. 16 ~ en·zelle (Akkumulatorzelle) (*f. Elekt.*), elemento di batteria di accumulatori. 17 ~ für Schnellentladung (*Elekt.*), accumulatore a scarica rapida. 18 ~ gefäss (*n. - Elekt.*), contenitore dell'accumulatore. 19 ~ ~ register (*m. - Rechner*), registro accumulatore. 20 alkalischer ~ (*Elekt.*), accumulatore alcalino. 21 Anlasser ~ (*Elekt.*) - *Mot.*), accumulatore per avviamento. 22 Blei ~ (*Elekt.*), accumulatore al piombo. 23 einen ~ laden (*Elekt.*), caricare un accumulatore. 24 Flugzeug ~ (*Elekt.*), accumulatore per velivoli, accumulatore per aviazione. 25 hydraulischer ~ (*Masch.*), accumulatore idraulico. 26 kochender ~ (*Elekt.*), accumulatore che bolle. 27 Marine ~ en (*Elekt.*), batteria di accumulatori per applicazione marina. 28 Natrium-Schwefel- ~ (*Elekt.*), accumulatore al sodio-zolfo. 29 Nickel-Cadmium- ~ (*Elekt.*), accumulatore al cadmio-nichel. 30 Nickel-Eisen- ~ (*Elekt.*), accumulatore al ferro-nichel. 31 Notbeleuchtungs- ~ en (*Elekt.*), batteria di accumulatori per illuminazione di emergenza. 32 ortsfeste ~ en (*Elekt.*), batteria di accumulatori per applicazioni fisse. 33 Traktions ~ (*Elekt.*), accumulatore per trazione. 34 Zink-Luft ~ (*Elekt.*), accumulatore allo zinco-aria. 35 Zink-Silber ~ (*Elekt.*), accumulatore allo zinco-argento. 36 Zünd ~ (*Elekt.*), accumulatore per accensione.

akkumulieren (*allg.*), accumulare.

Akkuschrott (*m. - Metall.*), siehe Akkualtblei.

Akline

Akline (magnetischer Äquator) (*f. - Geophys.*), equatore magnetico.

Akne (*f. - Med. - Arb.*), acne. 2 **Fremdkörper** ~ (durch Eindringen von Schmirgel- oder Metallfremdkörperchen in die Haut verursacht) (*Med. - Arb.*), acne da corpi estranei. 3 **Öl** ~ (Berufskrankheit) (*Med. - Arb.*), acne da olio.

Akonitin (*n. - Chem.*), aconitina.

Akontozahlung (Anzahlung) (*f. - komm.*), pagamento in acconto.

Akquisiteur (Kundenwerber) (*m. - komm.*), procacciatore di affari, produttore. 2 **Anzeigen** ~ (*Arb. - komm.*), produttore di pubblicità. 3 **Versicherungs** ~ (*Arb. - komm.*), produttore assicurativo.

Akridin (*n. - Chem.*), acridina. 2 ~ **farbstoff** (*m. - ind. Chem.*), colorante acridinico.

Akrylharz (*n. - ind. Chem.*), resina acrilica. 2 ~ **kunststoffe** (*m. - pl. - ind. Chem.*), materie plastiche a base di resine acriliche.

Akt (*m. - recht.*), atto. 2 ~ (Akte) (*Büro - etc.*), archivio. 3 **Notariats** ~ (notarieller Akt) (*recht.*), atto notarile.

Akte (*f. - Büro - etc.*), documento, atto. 2 ~ **n** (*pl. - Büro*), atti. 3 ~ **n·bündel** (*n. - Büro*), pratica, fascicolo. 4 ~ **n·schrank** (*m. - Büro*), armadio per pratiche. 5 ~ **n·stoss** (*m. - Büro*), archivio. 6 ~ **n·vernichter** (*m. - Ger. - Büro*), distruttore di documenti, apparecchio per la distruzione di documenti. 7 ~ **n·zeichen** (eines Aktenbündels) (*n. - Büro*), numero della pratica. 8 ~ **n·zeichen** (eines Patents) (*recht.*), numero di registrazione. 9 ~ **n·zeichen** (eines Briefes) (*Büro*), riferimento. 10 **den** ~ **n einverleiben** (*Büro*), mettere agli atti, mettere in pratica, inserire nella pratica. 11 **zu den** ~ **n legen** (*Büro*), mettere agli atti, mettere in pratica.

Akt. Ges. (Aktiengesellschaft) (*komm.*), società per azioni.

Aktie (*f. - finanz.*), azione. 2 ~ **n·ausgabe** (*f. - finanz.*), emissione di azioni. 3 ~ **n·besizzer** (Aktieninhaber, Aktionär) (*m. - finanz.*), azionista. 4 ~ **n·gesellschaft** (*f. - finanz.*), società per azioni. 5 ~ **n·gesetz** (*n. - recht.*), legge sulle società per azioni. 6 ~ **n·kapital** (*n. - finanz.*), capitale azionario. 7 ~ **n·makler** (Aktienhändler) (*m. - finanz.*), agente di borsa. 8 ~ **n·paket** (*n. - finanz.*), pacchetto azionario, pacchetto di azioni. 9 ~ **n·zeichnung** (*f. - finanz.*), sottoscrizione di azioni. 10 **börsenfähige** ~ (*finanz.*), azione negoziabile in borsa. 11 **börsengängige** ~ (*finanz.*), azione quotata in borsa. 12 **dividendenberechtigte** ~ (*finanz.*), azione partecipante agli utili. 13 **Mehrstimmrechts** ~ (*finanz.*), azione a voto plurimo. 14 **Namens** ~ (*finanz.*), azione nominativa. 15 **notleitende** ~ (*finanz.*), azione non partecipante agli utili. 16 **Stamm** ~ (*finanz.*), azione ordinaria. 17 **voll eingezahlte** ~ (*finanz.*), azione liberata, azione pagata interamente. 18 **Vorzugs** ~ (Prioritätsaktie) (*finanz.*), azione privilegiata, azione preferenziale, azione di priorità.

aktinisch (Licht z. B.) (*Phys.*), attinico. 2 ~ **e Lichtstrahlen** (*m. pl. - Phys.*), raggi attinici. 3 ~ **undurchlässig** (*Phys.*), adiattinico.

Aktinität (*f. - Phys.*), attinicità.

Aktinium (*Ac - n. - Chem. - Radioakt.*), attinio.

Aktinometer (*n. - Phys. - Instr.*), attinometro.

Aktinometrie (Strahlungsmessung) (*f. - Phys.*), attinometria.

Aktinon (An) (*Radioakt.*), attinon, An.

Aktion (Unternehmung) (*f. - allg.*), azione. 2 ~ **s·radius** (Aktionsbereich) (*m. - Flugw.*), raggio d'azione. 3 ~ **s·turbine** (*f. - Turb.*), turbina ad azione.

Aktionär (Aktieninhaber) (*m. - finanz.*), azionista.

aktiv (*allg.*), attivo. 2 ~ **abgegrenzte Zinsen** (*Adm.*), risconto attivo per interessi. 3 ~ **e Masse** (eines Akkumulators) (*Elekt.*), pasta attiva, materia attiva, sostanza attiva. 4 ~ **er Arbeiter** (*Arb.*), lavoratore attivo. 5 ~ **er Dienst** (*milit.*), servizio attivo.

Aktiva (*n. - pl. - Adm.*), attivo (*s.*). 2 **antizipative** ~ (antizipative Erträge, aktive Rechnungsabgrenzung) (*Buchhaltung*), risconto attivo. 3 **transitorische** ~ (aktive Rechnungsabgrenzung) (*Adm.*), risconto attivo.

Aktivator (Zusatzstoff, für die Herstellung von Gummi z. B.) (*m. - Chem.*), attivatore.

Aktivbilanz (*f. - Adm.*), bilancio attivo.

Aktiven (Aktiva) (*n. - pl. - finanz.*), attività.

aktivieren (*Chem.*), attivare. 2 ~ (*Buchhaltung*), portare all'attivo, registrare all'attivo.

Aktivierung (*f. - Radioakt. - Chem.*), attivazione. 2 ~ **s·analyse** (*f. - Chem.*), analisi per attivazione.

Aktivist (*m. - Arb.*), attivista.

Aktivität (des Isotops z. B.) (*f. - Radioakt. - etc.*), attività.

Aktivkohle (*f. - Chem.*), carbone attivato, carbone attivo.

Aktivposten (*m. - finanz.*), attività.

Aktivruder (Kombination eines normalen Schiffsruders und eines Propellers) (*n. - naut.*), timone attivo.

Akustik (*f. - Akus.*), acustica. 2 **angewandte** ~ (*Akus.*), acustica applicata. 3 **Raum** ~ (*Akus. - Bauw.*), acustica architettonica.

Akustiker (*m. - Akus.*), specialista in acustica.

akustisch (*Akus.*), acustico. 2 ~ (mit guten Klangverhältnissen) (*Akus. - Bauw. - etc.*) (*österr.*), di buone qualità acustiche. 3 ~ **es Signal** (*n. - Akus.*), segnale acustico.

akustooptisch (*Akus. - Opt.*), acustico-ottico.

Akzeleration (*f. - Astr. - etc.*), accelerazione.

Akzelerator (Teilchenbeschleuniger) (*m. - Phys.*), acceleratore. 2 ~ (Gashebel) (*Mot. - Aut.*), acceleratore.

Akzept (*n. - komm.*), tratta accettata. 2 ~ **verbindlichkeiten** (*f. pl. - finanz.*), effetti passivi.

Akzeptant (eines Wechsels) (*m. - komm.*), trattario.

akzeptieren (einen Wechsel z. B.) (*finanz. etc.*), accettare.

Akzeptor (Störstelle, eines Halbleiters) (*m. - Phys.*), accettore, impurità ricevitrice.

Akzidenzarbeit (*f. - Ind.*), lavoro per conto terzi.

Akzidenzdruck (Druckarbeit, von Formblättern, etc.) (*m. - Druck.*), lavori di stampa avventizi, lavori commerciali.

Akzise (*f. -finanz.*), accisa, imposta di consumo.
AL (Anschlussleitung) (*Fernspr.*), linea d'abbonato. 2 ~ (Anruflampe) (*Fernspr.*), lampada di chiamata.
Alabaster (*m. - Min.*), alabastro.
Alarm (*m. - allg.*), allarme. 2 ~ **aus** (*milit.*), cessato allarme. 3 ~ **hebel** (Notbremse) (*m. - Eisenb.*), segnale di allarme. 4 ~ **vorrichtung** (*f. - allg.*), dispositivo di allarme. 5 **blinder** ~ (*allg.*), falso allarme.
Alaun (*m. - Chem.*), allume. 2 ~ **erde** (Al_2O_3) (Tonerde, Aluminiumoxyd) (*f. - Giess. - etc.*), allumina. 3 ~ **stein** (Alunit) (*m. - Min.*), alunite.
ALB (Arbeitsgemeinschaft Landwirtschaftliches Bauwesen) (*Ack.b. - Bauw.*), comunità di lavoro per l'edilizia rurale.
Albedo (*f. - Phys.*), albedo.
Albumin (Eiweiss-stoff) (*n. - Chem. - Photomech.*), albumina. 2 ~ **verfahren** (*n. - Photomech.*), procedimento all'albumina.
Alcatron (Feldeffekthalbleiter) (*n. - Elektronik*), alcatron.
Alclad (Leichtmetallblech mit reinem Aluminium beschichtet) (*n. - Metall.*), alclad.
Al-Cu-Bohrer (Bohrer für Leichtmetalle und Kupfer) (*m. - Werkz.*), punta per alluminio e rame.
Aldehyd (*n. - Chem.*), aldeide.
Aldrey (Aluminiumlegierung mit 0,5% Magnesium) (*n. - Metall.*), aldrey.
Aleppokiefer (*f. - Holz*), pino d'Aleppo.
ALF (Arbeitslosenfürsorge) (*Arb.*), assistenza sociale dei disoccupati.
Alfa (Alfagras) (*f. - Ack.b.*), erba medica, trifoglio.
Al-Fin-Verfahren (Verbundgussverfahren für luftgekühlte Zylindern von Rennmotoren z. B. mit Aluminium-Kühlrippen) (*n. - Aut. - Giess.*), processo Al-fin.
Alfol-Isolierung (Wärme-Isolierung durch luftgetrennte Aluminium-Folien) (*f. - Wärme*), alfòl, isolamento alfòl.
Alge (*f. - Seepflanze*), alga.
Algebra (*f. - Math.*), algebra. 2 **Boolesche** ~ (Algebra der Logik) (*Math. - etc.*), algebra di Boole, algebra booleana, algebra logica.
algebraisch (*Math.*), algebrico. 2 ~ **e Funktion** (*Math.*), funzione algebrica. 3 ~ **e Gleichung** (*Math.*), equazione algebrica. 4 ~ **e Struktur** (*Math.*), struttura algebrica.
ALGOL (algorithmic language (engl.), algorithmische Formelsprache) (*Rechenmasch.*), ALGOL, linguaggio algoritmico.
algorithmisch (*Math.*), algoritmico.
Algorithmus (*m. - Math.*), algoritmo.
Algraphie (*f. - Druck.*), siehe Aluminiumdruck.
Alhidade (*f. - Instr.*), alidada.
Aliment (Unterhaltsbeitrag) (*n. - recht.*), alimenti.
aliphatisch (*Chem.*), alifatico. 2 ~ **e Reihe** (*Chem.*), serie alifatica.
Alitieren (Verfahren um eine Schutzschicht auf Stahl zu erzeugen durch Behandlung mit Aluminiumpulver bei 800 °C) (*n. - Wärmebeh.*), calorizzazione, cementazione all'alluminio.
alitieren (*Wärmebeh.*), calorizzare, cementare all'alluminio.
alitiert (*Wärmebeh.*), calorizzato, cementato all'alluminio.
Alitierung (*f. - Wärmebeh.*), siehe Alitieren.
Alizarin (Krapprot) (*n. - Chem.*), alizarina. 2 ~ **farbstoff** (*m. - chem. Ind.*), colorante di alizarina.
alkal (alkalisch) (*adj. - Chem.*), alcalino.
Alkali (*n. - Chem.*), alcale. 2 ~ **lösung** (*f. - Chem.*), soluzione alcalina. 3 ~ **metall** (*n. - Chem.*), metallo alcalino. 4 ~ **zelle** (Alkaliphotozelle) (*f. - Elektrochem.*), cellula fotoelettrica a metalli alcalini, fotocellula a metalli alcalini. 5 ~ **zellulose** (*f. - chem. Ind.*), alcali-cellulosa.
alkalibeständig (Papier z. B.) (*Chem.*), resistente agli alcali.
Alkalimeter (*n. - chem. Instr.*), alcalimetro.
Alkalimetrie (*f. - Chem.*), alcalimetria.
alkalisch (*Chem.*), alcalino.
alkalisieren (*Chem.*), alcalinizzare.
Alkalisierung (*f. - Chem.*), alcalinizzazione.
Alkalität (Alkalinität) (*f. - Chem.*), alcalinità, basicità. 2 **Ätz** ~ (*Chem.*), alcalinità caustica, basicità caustica. 3 **Carbonat** ~ (Karbonatalkalität) (*Chem.*), alcalinità da carbonato, basicità da carbonato. 4 **Gesamt** ~ (Phenolphthalein-Alkalität, p-Wert) (*Chem.*), alcalinità determinata con fenolftaleina. 5 **Methylorange-** ~ (m-Wert) (*Chem.*), alcalinità determinata con metilarancio. 6 **Phenolphthalein-** ~ (p-Wert) (*Chem.*), alcalinità determinata con fenolftaleina.
Alkaloid (*n. - Chem.*), alcaloide.
Alkenylketon (*n. - Chem.*), alchenilchetone.
Alkladblech (*n. - Metall.*), siehe Alclad.
Alkohol (*m. - ind. Chem.*), alcool, alcol, alcole. 2 **absoluter** ~ (*Chem.*), alcool assoluto. 3 **Äthyl** ~ (C_2H_5OH) (Weingeist) (*Chem.*), alcool etilico, etanolo. 4 **denaturierter** ~ (*Pharm.*), alcool denaturato.
alkoholisch (*Chem.*), alcoolico.
Alkoholometer (*n. - chem. Instr.*), alcoolometro.
Alkoholometrie (*f. - Chem.*), alcoolometria.
Alkoven (*m. - Arch.*), alcova.
Alkydharz (*n. - Anstr. - Chem.*), resina alchidica.
Alkyl (Alphyle) (*n. - Chem.*), alchile.
Alkylierung (*f. - Chem.*), alchilazione.
Allanit (Erz mit 0,02% Uranium und 3,02% Thorium) (*m. - Radioakt.*), allanite.
Allbandwähler (*m. - Fernseh.*), selettore multicanale.
Allee (einer Stadt) (*f. - Bauw. - etc.*), viale.
Alleinberechtigung (*f. - recht.*), diritto esclusivo.
Alleindruck (reiner Druck) (*m. - Baukonstr.-lehre*), compressione semplice.
Alleinflug (*m. - Flugw.*), volo isolato.
Alleinhandel (*m. - komm.*), monopolio.
Alleinlizenz (*f. - komm.*), licenza esclusiva.
Alleinvertreter (*m. - komm.*), rappresentante esclusivo.
Alleinvertretung (*f. - komm.*), rappresentanza esclusiva.
alle Mann (*naut. - etc.*), tutti. 2 ~ **an Deck!** (*naut.*), tutti in coperta!
Allen-Schraube (Inbusschraube) (*f. - Mech.*), vite Allen, vite a cava esagonale.

Allergen

Allergen (Stoff) (*n. - Med.*), allergene.
Allergie (*f. - Med.*), allergia.
Allergiker (*m. - Med. - Arb. - etc.*), allergico (*s.*).
allergisch (*Med.*), allergico.
allfärbig (*Opt.*), pancromatico.
allgemein (*allg.*), generale, generico. 2 ~ e Geschäftsunkosten (*Adm.*), spese generali. 3 ~ e Unkosten (*Adm.*), spese generali. 4 ~ gültig (*allg.*), di validità generale, generale.
Allgemeines (*n. - allg.*), generalità.
Allgemeinkosten (*f. - pl. - Adm.*), spese generali.
Alligator (*m. - Bergbaumasch.*), frantoio a mascelle. 2 ~ schere (*f. - Masch.*), cesoia a leva. 3 ~ spitze (für Simplex-Pfählen) (*f. - Bauw.*), punta alligator.
allmählich (*allg.*), graduale, progressivo. 2 ~ belasten (*Baukonstr.lehre*), caricare gradualmente, applicare il carico gradualmente. 3 ~ e Belastung (*Baukonstr.lehre*), applicazione graduale del carico. 4 ~ e Kurve (*Eisenb. - Strasse*), curva di transizione, curva di transito, curva di raccordo.
allochromatisch (*Opt.*), allocromatico.
allochthon (Ablagerung) (*Geol.*), alloctono.
Alloktanmotor (Vielstoffmotor) (*m. - Mot.*), motore policarburante.
allomerisch (*Metall. - Min.*), allomerico.
allomorph (*Metall.*), allomorfo.
Allonge (weisses Blatt eines Buches) (*f. - Druck.*), risguardo. 2 ~ (Ballon, Tuke, Düte, bei Zinkgewinnung) (*f. - Metall.*), allunga.
Allotropie (*f. - Chem. - Phys.*), allotropia.
allotropisch (*Chem. - Phys.*), allotropico. 2 ~ e Modifikation (*Chem. - Phys.*), modificazione allotropica.
Allpass (Filter) (*m. - Funk.*), filtro passabanda.
allpolig (*Elekt.*), onnipolare.
Allquantor (Generalisator) (*m. - Math.*), quantificatore universale.
Allradantrieb (*m. - Fahrz.*), trazione su tutte le ruote, tutte ruote motrici.
Allradbremse (*f. - Fahrz.*), freno su tutte le ruote.
Allradkipper (*m. - Aut.*), autocarro ribaltabile a tutte ruote motrici, ribaltabile a tutte ruote motrici.
Allradlastwagen (*m. - Aut.*), autocarro a tutte ruote motrici.
Allradlenkung (*f. - Fahrz.*), sterzo su tutte le ruote.
Allradverteiler (Verteiler für den Allradantrieb, eines Lastkraftwagens) (*m. - Aut.*), distributore (di coppia per la trazione) su tutte le ruote.
Allradwagen (*m. - Aut.*), autoveicolo a tutte ruote motrici.
Allrichtungsbake (Allrichtungsfunkfeuer) (*f. - Ger. - Navig.*), radiofaro onnidirezionale.
allseitig (*allg.*), universale. 2 ~ bearbeitet (Stück) (*Mech.*), lavorato su tutte le superfici. 3 ~ geschliffen (*Mech.*), rettificato su tutte le superfici.
Allstrombetrieb (mit Gleich- oder Wechselstrom) (*m. - Elekt.*), trazione bicorrente, funzionamento a corrente alternata o continua.
Allstromempfänger (*m. - Funk.*), ricevitore universale.
Allstromgerät (*n. - elekt. Ger.*), apparecchio universale.
Allstrommotor (Universalmotor, mit Gleichstrom wie mit Wechselstrom betrieben) (*m. - Elektromot.*), motore universale.
Allsynchron - Getriebe (*n. - Aut.*), cambio sincronizzato.
alluvial (*Geol.*), alluvionale.
Alluvium (*n. - Meteor.*), alluvione.
Allverstärker (*m. - Funk. - etc.*), amplificatore universale.
Allwellenantenne (*f. - Funk.*), antenna multionda.
Allwellenempfänger (Allwellenempfangsanlage) (*m. - Funk.*), ricevitore multionda.
Allwetterkarosserie (Allwetteraufbau) (*f. - Aut.*), decappottabile, trasformabile.
Allwetterlandung (*f. - Flugw.*), atterraggio ognitempo.
Allylalkohol (*m. - Chem.*), alcool allilico.
Allzeichner (Pantograph, Storchschnabel) (*m. - Zeichn. - App.*), pantografo.
Allzweckrechenautomat (*m. - Rechner*), calcolatore di impiego generale.
Allzweckschlepper (*m. - Fahrz.*), trattore universale.
Alm (Aluminium) (*n. - Metall.*), alluminio.
Almalek (Alu-Legierung) (*n. - Metall.*), almalec.
Almukantarat (*m. - Astron.*), almucantarat.
Alnico (Aluminium-Nickel-Kobalt-Legierung) (*n. - Metall. - Elekt.*), alnico.
Alni-Legierung (Aluminium-Nickel-Legierung) (*f. - Metall.*), lega alni.
alodieren (Aluminium- oder Chromphosphate auf Aluminium aufbringen, zum Korrosionsschutz) (*Technol.*), fosfatare all'alluminio (o al cromo).
Aloefaser (*f. - Text.*), fibra di aloe, fibra di agave americana.
Aloxit (*m. - Chem.*), aloxite.
Alpaka (Neusilber, Alpakka) (*n. - Metall.*), alpacca. 2 ~ (amerikanische Wolle, Alpakawolle) (*Text.*), alpaca.
Alpakka (Extraktwolle, durch Karbonisation gewonnen) (*n. - Textilind.*), lana meccanica, lana rigenerata.
Alpax (*m. - Legierung*), Alpax, silumina.
Alpha (*n. - Radioakt. - etc.*), alfa. 2 ~ strahlung (*f. - Radioakt.*), radiazione alfa. 3 ~ teilchen (*n. - Atomphys.*), particella alfa.
Alphabet (*n. - Druck. - etc.*), alfabeto. 2 ~ lochprüfer (*m. - Datenverarb. - Masch.*), verificatrice di schede alfabetiche. 3 ~ schloss (*n. - Mech.*), serratura a combinazione (di lettere alfabetiche). 4 Fünfer ~ (*Fernschreibtechnik*), alfabeto a cinque unità.
alphabetisch (*Druck. - etc.*), alfabetico. 2 ~ e Reihenfolge (*allg.*), ordine alfabetico.
alphanumerisch (Code z. B.) (*Rechner*), alfanumerico.
ALR (automatische Lautstärkeregelung) (*Funk.*), regolatore automatico di volume.
ALRT (Arbeitsgemeinschaft Luftfahrt- und Raumfahrttechnik) (*Flugw.*), gruppo di lavoro aeronautica ed astronautica.
Alsical (15 ÷ 20 % Al, 52 ÷ 57 % Si, 24 ÷ 26 % Ca 1 % C) (*n. - Legierung*), alsical.

Alsimin (45÷50% Al, 52÷57% Si, 1÷2% Ti, Rest Fe) (*n. - Legierung*), alsimin.
Altan (Altane, aus oberen Stockwerken austretende Plattform) (*m. - Arch.*), altana.
Altarm (Ausriss, nicht mehr benutzbare Fluss-strecke) (*m. - Hydr.*), alveo abbandonato.
Altazimut (Gerät zum Messen der Höhe und des Azimuts eines Gestirns) (*m. - astr. Instr.*), altazimut, altazimutale.
Alteisen (kleinstückiger Schrott) (*n. - Giess.*), rottame minuto.
Altemann (Alter Mann) (*m. - Bergbau*), miniera abbandonata.
Alter (*n. - Kernphys. - etc.*), età. 2 ~ **Mann** (Altemann) (*m. - Bergbau*), miniera abbandonata. 3 ~ **s·grenze** (*f. - Arb. - etc.*), limite di età. 4 ~ **s·rente** (Alterspension, Altersversorgung) (*f. - Arb. - Organ.*), pensione (di) vecchiaia. 5 ~ **s·versicherung** (*f. - Arb. - Organ.*), assicurazione (di) vecchiaia. 6 ~ **s·vorrang** (*m. - Arb. - etc.*), anzianità.
Altern (*n. - Wärmebeh.*), invecchiamento. 2 **Abschreck** ~ (*Wärmebeh.*), invecchiamento dovuto a rapido raffreddamento. 3 **künstliches** ~ (*Wärmebeh.*), invecchiamento artificiale. 4 **natürliches** ~ (*Wärmebeh.*), invecchiamento naturale. 5 **Reck** ~ (Stauchaltern) (*Wärmebeh.*), invecchiamento dovuto a deformazioni plastiche.
altern (Holz z. B.) (*allg.*), stagionare. 2 ~ (Metalle) (*Wärmebeh.*), invecchiare. 3 ~ (Lehren z. B.) (*Mech.*), stagionare.
Alternative (Entscheidung, Abwechslung) (*f. - allg.*), alternativa.
Alternator (*m. - elekt. Masch.*), alternatore.
alternieren (*allg.*), alternare.
alternierend (*allg.*), alternativo. 2 ~ **e Bewegung** (*Mech.*), movimento alternativo.
Altertumskunde (Altertumswissenschaft) (*f. - Wissens.*), archeologia.
Alterung (*f. - Wärmebeh. - Anstr.*), invecchiamento. 2 ~ (von Lehrwerkz. z. B.) (*Mech.*), stagionatura. 3 ~ (von Glas) (*Glasind.*), stagionatura. 4 ~ (von Elektronenröhren) (*Elektronik*), invecchiamento. 5 ~ **s·härtung** *f. - Wärmebeh.*), invecchiamento con aumento di durezza. 6 ~ **s·riss** (*m. - mech. Werkz.*), incrinatura di stagionatura. 7 ~ **s·schutzmittel** (für Reifen z. B.) (*n. - Chem. - etc.*), antinvecchiante (*s.*). 8 ~ **s·sprödigkeit** (*f. - Metall. - Fehler*), fragilità da invecchiamento. 9 ~ **s·zähigkeit** (Ausscheidungshärtung, Härtung durch Altern) (*f. - Wärmebeh.*), indurimento per invecchiamento, indurimento per precipitazione.
alterungsbeständig (*Wärmebeh.*), antiinvecchiante, resistente all'invecchiamento.
alterungsfrei (Stahl z. B.) (*Metall.*), antiinvecchiante, resistente all'invecchiamento.
Älteste (der) (*m. - Arb. - Pers.*), anziano (*s.*). 2 ~ **n·rat** (*m. - Arb. - etc.*), consiglio degli anziani.
Altgrad (90ster Teil eines rechten Winkels) (*m. - Geom. - etc.*), grado sessagesimale.
Altimeter (*n. - Instr.*), altimetro.
Altmetall (Schrott) (*n. - Metall.*), rottame metallico. 2 ~ **verhüttung** (*f. - Metall.*), metodo al rottame.

Altminute (60ster Teil eines Grades) (*f. - Geom. - etc.*), minuto, minuto primo.
Altokumulus (hohe Haufenschichtwolke) (*m. - Meteor.*), altocumulo.
Altostratus (hohe Schichtwolke) (*m. - Meteor.*), altostrato.
Altpapier (*n. - Ind.*), cartaccia, carta straccia. 2 ~ **stoff** (*m. - Papierind.*), pasta di cartaccia.
Altsekunde (60ster Teil einer Minute) (*f. - Geom. - etc.*), secondo, minuto secondo.
Altwolle (Reisswolle) (*f. - Textilind.*), lana rigenerata.
Alu (Aluminium) (*n. - Metall.*), alluminio.
Aludur (Legierung aus Alu und Magnesium) (*n. - Metall.*), aludur.
Alulegierung (*f. - Metall.*), lega di alluminio.
Alumetieren (Alumetierung, Verfahren in dem Aluminium auf Stahl mit Spritzpistole gespritzt wird) (*n. - mech. Technol.*), alluminiatura (a spruzzo).
alumetieren (*mech. Technol.*), alluminiare a spruzzo.
aluminieren (durch Plattieren, etc.) (*mech. Technol.*), alluminare.
aluminisiert (*Technol.*), alluminizzato.
Aluminisierung (des Leuchtschirmes einer Bildröhre) (*f. - Fernseh.*), alluminatura.
Aluminium (Al - *n. - Metall.*), alluminio. 2 ~ **barren** (*m. - Metall.*), panetto di alluminio, lingotto di alluminio. 3 ~ **bronze** (*f. - Metall.*), bronzo d'alluminio, cupralluminio. 4 ~ **druck** (Algraphie, Flachdruckverfahren) (*m. - Druck.*), algrafia, stampa (planografica) con lastra di alluminio. 5 ~ **farbe** (*f. - Metall.*), pittura (d') alluminio, pittura alluminata. 6 ~ **folien** (*f. - pl. - Druck.*), lamine di alluminio, fogli d'alluminio. 7 ~ **guss** (*m. - Giess.*), getto di alluminio. 8 ~ **kokillenguss** (*m. - Giess.*), getto di alluminio in conchiglia, getto conchigliato di alluminio. 9 ~ **legierung** (*f. - Metall.*), lega di alluminio. 10 ~ **- Packung** (Stanniolieren) (*f. - Packung*), avvolgimento con (carta) stagnola, incarto con stagnola. 11 ~ **schalenguss** (*m. - Giess.*), getto conchigliato di alluminio, getto di alluminio in conchiglia. 12 **Rein** ~ (*Metall.*), alluminio puro. 13 **Reinst** ~ (*Metall.*), alluminio iperpuro.
aluminiumhaltig (*Min. - etc.*), alluminifero.
Aluminothermie (Thermitverfahren, ein Schweissverfahren) (*f. - mech. Technol.*), alluminotermia.
aluminothermisch (*mech. Technol.*), alluminotermico. 2 ~ **es Schweissverfahren** (Thermitschweissen) (*mech. Technol.*), saldatura alluminotermica.
Alundum (verwendet als Schmirgelersatz, etc.) (*n. - Chem. - Mech.*), alundum.
Alunit [KAl$_3$(SO$_4$)$_2$(OH)$_6$] (Alaunstein) (*m. - Min.*), allunite.
Alunitisation (*f. - Min.*), alunitizzazione.
Alunogen (*n. - Min.*), alunogeno.
Alusil (*m. - Metall. - Giess.*), alusil.
Alweg-Bahn (eine Einschienenbahn mit auf der Schiene reitenden Fahrzeugen) (*f. - Eisenb.*), ferrovia Alweg, monorotaia a rotaia inferiore, ferrovia ad una sola rotaia inferiore.
Alychne (Ebene in Farbenraum in der alle Farben Null Leuchtdichte haben) (*f. - Opt.*), alicne.

AM (Amplitudenmodulation) (*Funk.*), modulazione di ampiezza. 2 ~ **1 Sb** (Einseitenband-Amplitudenmodulation) (*Funk.*), modulazione di ampiezza a banda laterale unica. 3 ~ **2 Sb** (Zweiseitenband-Amplitudenmodulation) (*Funk.*), modulazione di ampiezza a doppia banda laterale.
Am (Americium) (*Radioakt.*), Am, americio.
Amalgam (Legierung eines Metalls mit Quecksilber) (*n. - Metall.*), amalgama.
Amalgamation (chemische Aufbereitung, für Gewinnung von Gold und Silber) (*f. - Bergbau*), amalgamazione. 2 ~ **s·tisch** (*m. - Min.*), tavola di amalgamazione.
amalgamieren (verbinden) (*allg.*), amalgamare.
Amarantholz (*n. - Holz*), mogano.
A-Mast (*m. - Fernspr. - etc.*), palo ad A.
Amateur (*m. - Funk.*), amatore.
Amber (*m. - Elekt. - etc.*), siehe Ambra.
Amblygonit (*m. - Min.*), ambligonite.
Amboss (*m. - Schmiedewerkz.*), incudine. 2 ~ (Schabotte, eines Hammers) (*Masch.*), basamento, incudine. 3 ~ (der Zündglocke) (*Feuerwaffe*), incudinetta. 4 ~ (einer Schraubenlehre) (*Mech.*), parte fissa. 5 ~ **bahn** (*f. - Schmiedewerkz.*), superficie di appoggio dell'incudine, piano dell'incudine. 6 ~ **futter** (Ambossbett) (*n. - Schmiedewerkz.*), sostegno dell'incudine. 7 ~ **gesenk** (*n. - Schmiedewerkz.*), pressella (da incudine), stampo da incudine. 8 ~ **horn** (*n. - Schmiedewerkz.*), corno dell'incudine. 9 ~ **klotz** (Ambossblock, Ambosstock) (*m. - Schmiedewerkz.*), sostegno dell'incudine. 10 ~ **stock** (Ambossklotz, Ambossblock) (*m. - Schmiedewerkz.*), ceppo, sostegno dell'incudine. 11 **Bank** ~ (*Schmiedewerkz.*), incudine da banco.
Ambra (Amber) (*f. - Elekt.*), ambra.
Ambroin (Phenolharz-Pressmasse) (*n. - Chem.*) ambroina.
Ambulanz (Krankenwagen) (*f. - Med. Fahrz.*), ambulanza. 2 ~ **wagen** (*m. - Aut.*), autoambulanza.
Ameisenaldehyd (*n. - Chem.*), aldeide formica.
Ameisensäure (H–COOH) (Formylsäure) (*f. - Chem.*), acido formico.
Americium (künstlich hergestelltes Element) (*Am - n. - Radioakt.*), americio.
A-meter (Amperemeter) (*n. - elekt. Instr.*), amperometro.
Amethyst (*m. - Min.*), ametista.
Amiant (Hornblendeasbest) (*m. - Min.*), amianto.
Amici-Prisma (*n. - Opt.*), prisma di Amici.
Amid (*n. - Chem.*), ammide.
Amidol (*n. - Phot.*), amidolo.
Amin (*n. - Chem.*), ammina.
Aminoplast (*n. - Kunststoff*), amminoplasto.
Aminosäure (*f. - Chem.*), ammino-acido.
Aminoverbindung (*f. - Chem.*), composto amminico.
AMMA (Amylnitril-Methylmethacrylat) (*Chem.*), AMMA, acrilenitrile-metilmetacrilato, acrilonitrilmetacrilato di metile.
Ammeter (Amperemeter, Strommesser) (*n. - elekt. Instr.*), amperometro.
Ammon (Ammonium) (*n. - Chem.*), ammonio. 2 ~ **chlorid** (*n. - Chem.*), cloruro di ammonio.

Ammoniak (NH₃) (*n. - Chem.*), ammoniaca. 2 ~ **behandlung** (*f. - Chem.*), ammoniazione. 3 ~ **dämpfe** (*m. - pl. - Chem. - etc.*), vapori ammoniacali. 4 ~ **gas** (*n. - Chem.*), ammoniaca gassosa. 5 ~ **kältemaschine** (*f. - Masch.*), macchina frigorifera od ammoniaca. 6 ~ **verdichter** (*m. - Kältemasch.*), compressore per ammoniaca. 7 ~ **wasser** (*n. - Chem.*), ammoniaca in soluzione acquosa. 8 **schwefelsaures** ~ (*Chem.*), solfato di ammonio.
ammoniakhaltig (*Chem.*), ammoniacale.
Ammonium (*n. - Chem.*), ammonio. 2 ~ **chlorid** (*n. - Chem.*), cloruro di ammonio, cloruro ammonico. 3 ~ **hydroxyd** (*n. - Chem.*), idrato di ammonio. 4 ~ **salpeter** (Ammoniumnitrat) (*n. - Chem.*), nitrato di ammonio. 5 ~ **sulfat** (*n. - Chem.*), solfato di ammonio.
Amnestie (*f. - recht.*), amnistia.
amorph (amorphisch) (*Min. - etc.*), amorfo.
Amortisation (Tilgung) (*f. - finanz. - Adm.*), ammortamento. 2 ~ **s·kasse** (Tilgungsfonds) (*f. - finanz. - Adm.*), fondo di ammortamento.
Amosit (*m. - Min.*), amosite.
AMP (Aminomethylpropanol) (*Chem.*), AMP, aminometilpropanolo.
Amp. (Ampere) (*Elekt.*), ampere.
Ampel (Hängelampe) (*f. - Elekt. - Bauw.*), lampadario. 2 ~ (Verkehrsampel) (*Strass. verkehr - Signal*), semaforo. 3 ~ **lautsprecher** (*m. - Akus.*), altoparlante sospeso.
Ampere (*n. - Elekt.*), ampere. 2 ~ **meter** (*n. - elekt. Instr.*), amperometro. 3 ~ **minute** (*f. - Elekt.*), amperminuto. 4 ~ **sekunde** (*f. - Elekt.*), ampersecondo. 5 ~ **stärke** (*f. - Elekt.*), amperaggio. 6 ~ **stunde** (*f. - Elekt.*), amperora. 7 ~ **stundenzähler** (*n. - elekt. Instr.*), amperorametro. 8 ~ **windung** (*f. - Elekt.*), amperspira. 9 ~ **zahl** (eines Sammlers) (*f. - Elekt.*), amperaggio, capacità in amperore.
Ampex-Aufnahme (*f. - Elektroakus.*), registrazione in ampex.
Ampex-Magnetophonbandgerät (*n. - Elektroakus.*), registratore a nastro in ampex.
Amphibienfahrzeug (Schwimmwagen) (*n. - Fahrz.*), veicolo anfibio, anfibio.
Amphibienflugzeug (Wasserlandflugzeug) (*n. - Flugw.*), aeroplano anfibio, anfibio.
Amphibienhubschrauber (*m. - Flugw.*), elicottero anfibio.
amphibisch (*Fahrz. - etc.*), anfibio. 2 ~ **e Zugmaschine** (*Fahrz.*), trattore anfibio.
Amphibol (*m. - Min.*), anfibolo.
Amphibolit (*m. - Min.*), anfibolite.
Amphidromie (Drehwelle, umlaufende Tidewelle) (*f. - See*), amfidromia.
Amphitheater (Rundbühne) (*n. - Bauw.*), anfiteatro.
amphoter (*Chem.*), anfotero.
Amplidyne (*f. - elekt. Masch.*), amplidina.
Amplidynmaschine (*f. - Elekt.*), amplidina, metadinamo amplificatrice.
Ampliphasenmodulation (*f. - Funk. - etc.*), modulazione di ampiezza e (di) fase.
Amplitude (Schwingungsweite) (*f. - Phys. - Math.*), ampiezza. 2 ~ **n·ausflug** (*m. - Phys.*), escursione d'ampiezza. 3 ~ **n·fading** (Amplitudenschwund) (*n. - Funk.*), affievolimento di ampiezza, fading di ampiezza. 4 ~ **n·gang** (*m. - Funk. - etc.*), caratteristica d'ampiezza,

curva di risposta in ampiezza. 5 ~ n·modulation (Amplitudenmodulierung) (*f. - Funk.*), modulazione di ampiezza. 6 ~ n·quantelung (*f. - Elekt.*), quantizzazione d'ampiezza. 7 ~ n·sieb (Amplitudenfilter) (*n. - Fernseh.*), filtro d'ampiezza. 8 ~ n·verzerrung (*f. - Fernseh.*), distorsione di ampiezza.

amplitudenmoduliert (*Funk.*), modulato in ampiezza.

Amp. St. (Amperestunde) (*Elekt.*), amperora.

Ampulle (Glasfläschchen) (*f. - Pharm.*), fiala.

Amt (*n. - allg.*), ufficio. 2 ~ (Stellung) (*Pers.*), carica, ufficio, funzione. 3 ~ (Arbeitsbereich, Aufgabe) (*Arb. - Pers.*), mansione, incombenza. 4 ~ (*Fernspr.*), centralino telefonico. 5 ~ (*Adm.*), ufficio amministrativo, servizio amministrativo. 6 ~ s·artz (*m. - Med.*), ufficiale sanitario. 7 ~ s·bezirk (*m. - recht.*), giurisdizione. 8 ~ s·blatt (Staatsanzeiger) (*n. - recht.*), gazzetta ufficiale. 9 ~ s·fehler (*m. - Fernspr. - etc.*), guasto in centrale. 10 ~ s·führung (*f. - Adm.*), amministrazione, gestione. 11 ~ s·gericht (*n. - recht.*), pretura. 12 ~ s·misbrauch (*m. - recht.*), abuso di potere. 13 ~ s·richter (*m. - recht.*), pretore. 14 ~ s·monteur (*m. - Fernspr.*), montatore di centrale. 15 ~ s·wähler (*m. - Fernspr.*), selettore di centrale, selettore di prefisso. 16 Arbeits ~ (*Arb.*), ufficio di collocamento. 17 das ~ anrufen (*Fernspr.*), chiamare il centralino. 18 Kataster ~ (*Bauw.*), ufficio del catasto. 19 öffentliches ~ (*Adm.*), ufficio pubblico. 20 Patent ~ (*recht.*), ufficio brevetti centrale, ufficio brevetti statale. 21 Register ~ (*komm. - etc.*), ufficio del Registro. 22 Schatz ~ (*finanz.*), tesoreria. 23 Standes ~ (*recht.*), ufficio dello stato civile.

amtierend (*recht. - etc.*), in carica, in funzione di.

amtlich (*allg.*), ufficiale. 2 ~ bestätigt (*allg.*), confermato ufficialmente. 3 ~ e Anerkennung (eines Rekordes z. B.) (*Sport*), omologazione. 4 ~ e Nachricht (*allg.*), notizia ufficiale. 5 ~ er Kurs (*finanz.*), corso ufficiale, tasso ufficiale, cambio ufficiale. 6 ~ es Anzeigenblatt (*recht.*), gazzetta ufficiale.

Amygdalin ($C_{20}H_{27}NO_{11}$) (Glukosid) (*n. - Chem.*), amigdalina.

Amyl (*n. - Chem.*), amile. 2 ~ alkohol (*m. - Chem.*), alcool amilico.

AN (Acrylnitril) (*chem. Ind.*), AN, acrilonitrile.

An (Actinon) (*Radioakt.*), An, attinon.

An. (Anmerkung) (*allg.*), nota, osservazione.

anagalaktisch (extragalaktisch) (*Astr.*), extragalattico.

Anaglyphe (Verfahren für die Beobachtung von stereoskopischen Abbildungen) (*f. - Opt. - Phot.*), anaglifo.

analog (analogisch) (*allg.*), analogo. 2 ~ e Messwerterfassung (Abbildung eines Messwertes in einer anderen phys. Grösse) (*Elekt. - etc.*), trasduzione analogica.

Analog/Digital-Umsetzer (*m. - Rechner*), convertitore analogico-digitale.

analoggesteuert (*Masch.*), a comando analogico.

Analogie (*f. - allg.*), analogia.

analogisch (*allg.*), analogico. 2 ~ e Schaltung (*Rechner*), circuito analogico.

Analogon (ähnlicher Fall) (*n. - allg.*), caso analogo. 2 ~ (analogisches Modell) (*Math. - etc.*), modello analogico.

Analogrechner (Analog-Rechenmaschine) (*m. - Rechenmasch.*), calcolatore analogico.

Analogschaltbild (*n. - Phys. - etc.*), diagramma analogico.

Analog-Ziffer-Umwandler (*m. - Rechner*), convertitore analogico-numerico, digitalizzatore.

Analysator (*m. - Ger.*), analizzatore. 2 harmonischer ~ (*phys. Ger.*), analizzatore di armoniche.

Analyse (*f. - allg.*), analisi. 2 ~ auf nassem Wege (*Chem.*), analisi per via umida. 3 ~ auf trockenem Wege (*Chem.*), analisi per via secca. 4 ~ n·bericht (*m. - Chem. - etc.*), certificato di analisi. 5 ~ n·waage (*f. - Chem. - Ger.*), bilancia per analisi. 6 chemische ~ (*Chem.*), analisi chimica. 7 Giesspfannen ~ (*Giess.*), analisi di colata. 8 harmonische ~ (*Phys. - Mech.*), analisi armonica. 9 Kosten ~ (*Adm.*), analisi dei costi. 10 Lötrohr ~ (*Chem.*), analisi al cannello. 11 Markt ~ (*komm.*), studio del mercato. 12 qualitative ~ (*Chem.*), analisi qualitativa. 13 quantitative ~ (*Chem.*), analisi quantitativa. 14 Spektral ~ (*Chem.*), analisi spettroscopica, analisi spettrale.

analysenrein (*Chem.*), analiticamente puro.

analysieren (*Chem. - etc.*), analizzare.

Analysis (*f. - Math.*), analisi matematica.

Analytiker (*m. - Chem. - Arb.*), analista. 2 ~ (Datenverarbeitung) (*m. - Pers. - Arb.*), analista (di sistemi).

analytisch (*Chem. - etc.*), analitico. 2 ~ e Geometrie (*Math.*), geometria analitica. 3 ~ e Mechanik (theoretische Mechanik) (*Mech.*), meccanica razionale. 4 ~ e Methode (*allg.*), metodo analitico.

Anamnese (*f. - Med.*), anamnesi.

anamnestich (*Med.*), anamnestico.

Anamorphose (*f. - Math.*), anamorfosi.

Anamorphot (Objektiv für Breitwand-Filmprojektionsverfahren) (*m. - Filmtech.*), obiettivo anamorfico, anamorfizzatore.

anastatisch (*Druck. - etc.*), anastatico. 2 ~ er Druck (älteres Verfahren) (*Druck.*), stampa anastatica.

Anastigmat (*m. - Opt.*), lente anastigmatica.

anastigmatisch (*Opt.*), anastigmatico.

Anätzbarkeit (*f. - Metall.*), attaccabilità da acidi.

Anätzen (*n. - Metall.*), attacco chimico.

anätzen (*Metall.*), attaccare chimicamente.

anbahnen (Verhandlungen) (*allg.*), avviare, iniziare, intavolare.

Anbau (Nebengebäude) (*m. - Bauw.*), costruzione annessa. 2 ~ (Vorgang) (*allg.*), montaggio esterno, applicazione esterna. 3 ~ (angebautes Stück) (*allg.*), applicazione (esterna), pezzo applicato. 4 ~ (des Ackers) (*Landw.*), coltivazione. 5 ~ - Einheit (*f. - Werkz.masch.*), unità applicabile (successivamente). 6 ~ fläche (*f. - Landw.*), superficie coltivata. 7 ~ flansch (*m. - Mech.*), flangia di attacco. 8 ~ gerät (für Ackerschlepper z. B.) (*n. - Fahrz.*), attrezzo portato. 9 ~ motor (*m. - Elekt.*), motore flangiato. 10 ~

anbauen

vorrichtung (*f. - Mech. - etc.*), attrezzo di montaggio, maschera di montaggio.
anbauen (*Landw.*), coltivare. 2 ~ (*Bauw.*), annettere. 3 ~ (anfügen) (*allg.*), applicare, montare, attaccare.
anberaumen (einen Termin z. B.) (*allg.*), fissare, stabilire.
Anbetracht (in) (*m. - allg.*), (in) considerazione (di).
Anbewegung (eines Schlittens z. B.) (*f. - Mech.*), avvicinamento.
anbieten (*komm.*), offrire, fare un'offerta. 2 ~ (eine Verbindung) (*Fernspr.*), annunciare.
Anbietwähler (*m. - Fernspr.*), selettore di offerta (interurbana).
Anbindeetikett (*n. - Packung - etc.*), cartellino con occhiello.
anbinden (*allg.*), legare.
Anbindepfahl (*m. - naut.*), palo di ormeggio.
Anblasekühlung (*f. - elekt. Masch. - etc.*), ventilazione forzata.
Anblasen (*n. - Hochofen*), avviamento.
anblasen (*Hochofen*), avviare.
Anblaserand (eines Flügels z. B.) (*m. - Flugw.*), orlo di attacco.
Anblasewinkel (*m. - Flugw.*), angolo di attacco, angolo di incidenza.
anblatten (*Tischl.*), unire a mezzo legno.
Anblattung (*f. - Tischl.*), giunto a mezzo legno, unione a mezzo legno.
Anblick (*m. - allg.*), aspetto.
anbohren (*mech. Bearb.*), forare con punta da centri. 2 ~ (*Bergbau*), trivellare.
Anbohrer (*m. - mech. Werkz.*), punta da centri.
Anbohrmaschine (*f. - Werkz.masch.*), centratrice.
Anbohrmeissel (*m. - Bergbau - Werkz.*), scalpello di attacco.
Anbohrung (*f. - Mech.*), foratura con punta da centri. 2 ~ (*Bergbau*), trivellazione.
anbolzen (verschrauben) (*Mech.*), bullonare.
Anbot (Angebot) (*n. - komm.*) (*österr.*), offerta.
anbrechen (*v.i. - allg.*), iniziare a rompersi. 2 ~ (*Bergbau*), iniziare lo scavo, attaccare.
anbrennen (*v.t. - allg.*), accendere, dar fuoco. 2 ~ (sich entzünden) (*v.i. - allg.*), accendersi.
anbringen (*Mech.*), applicare, montare.
Anbruch (Anriss) (*m. - Metall. - etc.*), incrinatura (iniziale), cricca (iniziale).
Andalusit ($Al_2O_3 \cdot SiO_2$) (*m. - Min.*), andalusite.
andauernd (*allg.*), continuo, permanente, persistente.
Anderkonto (Kundenkonto, Bankkonto auf den Namen eines Notars z. B. über Vermögenswerte die der Notar verwaltet) (*n. - komm. - Adm.*), conto bancario in amministrazione fiduciaria.
ändern (*allg.*), variare, cambiare. 2 ~ (eine Zeichnung z. B.) (*Mech. - Zeichn.*), modificare, aggiornare. 3 den Trimm ~ (*naut.*), variare l'assetto.
Anderthalbdeckfahrzeug (*n. - Fahrz.*), autobus con belvedere.
Änderung (*f. - allg.*), variazione, cambiamento. 2 ~ (der Geschwindigkeit) (*Mot. - etc.*), variazione. 3 ~ (Verbesserung einer Zeichnung z. B.) (*Zeichn.*), modifica, aggiornamento. 4 ~ s·band (*n. - Rechner*), nastro variazioni. 5 ~ s·buchstabe (*m. - mech. Zeichn.*), lettera della modifica, lettera dell'aggiornamento. 6 ~ s·gesetz (*n. - recht.*), emendamento. 7 andauernde ~ (der Geschwindigkeit eines Motors mit der Last z. B.) (*Mot.*), statismo, variazione permanente. 8 Form ~ (Deformation) (*allg.*), deformazione. 9 prozentuale ~ (*allg.*), variazione percentuale. 10 Richtungs ~ (*allg.*), cambiamento di direzione. 11 Trimm ~ (*naut.*), variazione di assetto.
Andesit (*m. - Min.*), andesite.
Andrang (der Massen z. B., Zustrom von Personen) (*m. - allg.*), affluenza.
Andreaskreuz (Kreuzband) (*n. - Zimm. - Bauw.*), croce di S. Andrea.
Andrehen (Anwerfen, Anlassen) (*n. - Mot.*), avviamento.
andrehen (anlassen, einen Motor) (*Mot.*), avviare, mettere in moto. 2 ~ (eine Schraube z. B.) (*Mech.*), stringere. 3 ~ (das Drehen beginnen) (*Werkz.masch.bearb.*), iniziare la tornitura.
Andrehklaue (*f. - Mot.*), griffa di avviamento, innesto a denti per l'avviamento.
Andrehkurbel (*f. - Mot. - Aut.*), manovella di avviamento.
Andrehritzel (*n. - Mech. - Mot.*), pignone di avviamento.
Andrehseite (eines Flugmotors) (*f. - Mot.*), lato elica.
Andruck (Probeabzug) (*m. - Druck.*), bozza. 2 ~ (*Bergbau*), siehe Vorschubkraft. 3 ~ presse (Abziehpresse) (*f. - Druck. - Masch.*), torchio tirabozze, torchio tiraprove. 4 ~ rolle (*f. - Masch.*), rullo pressore.
Andrückbetrag (bezogen auf Zahnungslänge, eines Räumwerkzeuges) (*m. - Werkz.*), incremento totale.
andrücken (*allg.*), premere contro. 2 ~ (*Flugw.*), picchiare.
Andrückhebel (*m. - Mech.*), leva premente, pressoio.
Andrückhülle (plastisch verformende Brennstoffhülle unter dem Druck des Kühlmittels) (*f. - Kernphys.*), rivestimento deformabile.
Andrückpilz (einer Feder) (*m. - Mech.*), cappellotto, cappuccio.
Andrückrolle (*f. - Filmtech. - etc.*), rullo pressore.
Aneignung (*f. - allg.*), appropriazione. 2 widerrechtliche ~ (*recht.*), appropriazione indebita.
aneinanderbinden (*allg.*), legare insieme.
aneinanderfügen (*allg.*), congiungere, far combaciare.
aneinandergrenzen (*allg.*), confinare, essere adiacente.
Aneinanderlagerung (*f. - allg.*), giustapposizione.
aneinanderreihen (*allg.*), allineare.
anelastisch (*Baukonstr.lehre*), anelastico. 2 ~ e Dehnung (eines Stahldrahtes z. B.) (*Baukonstr.lehre*), allungamento anelastico.
anelektrisch (*Elekt.*), anelettrico.
Anelektrotonus (*m. - Physiol.*), anelettrotono.
Anemograph (*m. - Instr.*), anemografo.
Anemogramm (*n. - Meteor.*), anemogramma.
Anemoklinograph (*m. - Ger.*), anemoclinografo.

Anemometer (*n. - Instr.*), anemometro.
Anerbieten (Anerbietung, Angebot) (*n. - komm.*), offerta.
Anergie (Teil der Energie der nicht in hochwertige Energie umgewandelt werden kann) (*f. - Phys.*), anergia.
anerkannt (*allg.*), riconosciuto, accettato, approvato. 2 ~ (Dienststelle) (*Aut.*), autorizzato.
anerkennen (*allg.*), riconoscere.
Anerkennung (*f. - allg.*), riconoscimento. 2 ~ (Bestätigung) (*recht.*), riconoscimento.
Aneroid (Aneroidbarometer) (*n. - Instr.*), barometro aneroide.
anfachen (erregen, Schwingungen) (*Phys. - etc.*), eccitare.
Anfachung (von Schwingungen) (*f. - Phys.*), eccitazione continua. 2 ~ (einer Elektronenröhre z. B.) (*Elekt.*), attivazione (elettronica).
Anfahrdrehmoment (*n. - elekt. Masch.*), coppia di spunto, momento (torcente) di avviamento.
Anfahreigenschaft (eines Motors) (*f. - Mot.*), caratteristica di avviamento.
Anfahren (Anlassen) (*n. - Mot.*), avviamento. 2 ~ (Ankommen, eines Zuges z. B.) (*allg.*), arrivo. 3 ~ (Auffahren, Anrammen) (*n. - Fahrz.*), tamponamento 4 ~ (Bewegung, im Gegensatz zu Wegfahren) (*allg.*), avvicinamento, moto di avvicinamento. 5 ~ (in Kontakt kommen) (*allg.*), il portarsi a contatto. 6 ~ (Betätigung, eines Endschalters z. B.) (*allg.*), azionamento.
anfahren (anlassen) (*Mot.*), avviare, mettere in moto. 2 ~ (Bergbau), discendere. 3 ~ (auffahren, anrammen) (*Fahrz.*), tamponare.
Anfahrkupplung (*f. - Mech.*), innesto (a frizione) di avviamento.
Anfahrschacht (*m. - Bergbau*), pozzo di discesa.
Anfahrsteuerung (*f. - elekt. Fahrz.*), comando di avviamento.
Anfahrstrom (*m. - Elekt.*), corrente di avviamento.
Anfahrstück (beim Stranggiessen) (*n. - Giess.*), falsa billetta, falsa barra, pezzo iniziale.
Anfahrwiderstand (*m. - elekt. App.*), reostato di avviamento. 2 ~ (eines Motors z. B.) (*Mot. - etc.*), resistenza all'avviamento.
Anfahrzeit (eines Reaktors z. B.) (*f. - allg.*), periodo di avviamento.
Anfahrzugkraft (*f. - Fahrz.*), sforzo di trazione massimo.
Anfall (von Fieber z. B.) (*m. - Med.*), attacco. 2 ~ (Anhäufung, von Arbeit oder Staub z. B.) (*allg.*), accumulo. 3 ~ (Anteil) (*allg.*), quota. 4 ~ (Ausbeute, Ertrag) (*allg.*), utile, profitto, ricavo. 5 ~ (Stützung) (*Bergbau*), sostegni, puntelli. 6 ~ (von Wasser, auf einer gegebener Fläche) (*Meteor.*), caduta. 7 ~ gespärre (Anfallgebinde, eines Daches) (*n. - Bauw.*), puntone principale, puntone d'angolo.
Anfang (*m. - allg.*), inizio, principio. 2 ~ eisen (*n. - Glasind.werkz.*), tubo di levata. 3 ~ s·beanspruchung (*f. - Mech.*), sollecitazione iniziale. 4 ~ s·buchstabe (*m. - Druck.*), iniziale, lettera iniziale. 5 ~ s·druck (*m. - Leit. - etc.*), pressione iniziale. 6 ~ s·gehalt (*n. - Arb.*) stipendio iniziale. 7 ~ s·geschwindigkeit (*f. - Ballistik*), velocità iniziale. 8 ~ s·kapital (*n. - Adm. - komm.*), capitale iniziale. 9 ~ s·koeffizient (höchster Koeffizient) (*m. - Math.*), coefficiente dominante. 10 ~ s·lage (*f. - allg.*), posizione iniziale. 11 ~ s·punkt (*Math.*), origine. 12 ~ s·siedepunkt (*m. - Chem.*), punto di ebollizione iniziale. 13 ~ s·spannung (*f. - Elekt.*), tensione iniziale. 14 ~ s·spiel (*n. - Mech.*), gioco iniziale. 15 ~ s·zeugnis (*n. - chem. Ind.*), prodotto di testa.
anfangen (*allg.*), incominciare, iniziare.
Anfänger (Keilstein, eines Bogens) (*m. - Arch.*), rene. 2 ~ (*allg.*), principiante. 3 ~ (*Flugw.*), allievo pilota. 4 ~ schulflugzeug (*n. - Flugw.*), velivolo per addestramento primo periodo.
anfärben (angerben) (*Lederind.*), tingere in concia.
anfasen (abfasen) (*Mech. - etc.*), smussare. 2 die Kanten ~ (*Mech.*), smussare gli spigoli.
anfassen (*allg.*), afferrare.
Anfasung (eines Kolbenringes z. B.) (*f. - Mech. - etc.*), smusso.
anfechtbar (streitig) (*recht.*), contestabile.
anfechten (*allg.*), combattere, attaccare. 2 ~ (*recht.*), contestare.
Anfechtung (*f. - recht.*), contestazione.
anfertigen (*allg.*), fabbricare, confezionare, preparare.
Anfertigung (*f. - allg.*), fabbricazione.
anfeuchten (*allg.*), inumidire, umettare.
Anfeuchter (*m. - Vorr.*), umettatore.
Anfeuchtung (*f. - Ind.*), inumidimento, umettamento.
Anfeuern (eines Kupolofens z. B.) (*n. - Ofen*), accensione.
anfeuern (*allg.*), dar fuoco, accendere il fuoco.
Anfeuerung (eines Kessels z. B.) (*f. - allg.*), accensione.
anflächen (*Mech.*), sfacciare, lamare.
Anflächsenker (Nabensenker) (*m. - Werkz.*), fresa per lamare.
anflanschen (*Mech.*), flangiare, accoppiare con flangia.
anfliegen (*Flugw.*), avvicinare.
Anflug (Annäherung eines Flugzeugs an ein Ziel) (*m. - Flugw.*), avvicinamento. 2 ~ (Beschlag auf der Oberfläche von Mineralien) (*Min.*), efflorescenza. 3 ~ führungssender (*m. - Funknavig.*), radioguida, radiofaro di avvicinamento. 4 ~ funkfeuer (*n. - Flugw.*), radiofaro di avvicinamento. 5 ~ hafen (*m. - Flugw.*), scalo. 6 ~ kurs (*m. - Flugw.*), rotta di avvicinamento. 7 ~ licht (*n. - Flugw.*), luce di avvicinamento, proiettore di avvicinamento. 8 ~ mittels Bodenradar (*Flugw.*), avvicinamento radioguidato da terra, atterraggio a discesa parlata. 9 ~ radar (*n. - Luftf.w.*), radar di avvicinamento. 10 ~ verfahren (*n. - Luftf.w.*), procedimento di avvicinamento.
anfordern (*allg.*), esigere.
Anforderung (*f. - allg.*), esigenza. 2 ~ s·schein (Entnahmeschein) (*m. - Ind. - Adm.*), buono di prelievo. 3 den ~ en entsprechen (*allg.*), soddisfare le esigenze.
Anfrage (*f. - komm. - etc.*), richiesta. 2 auf ~ (*komm. - etc.*), a richiesta.
anfragen (*allg.*), richiedere.
Anfrass (Korrosion) (*m. - allg.*), corrosione.

anfressen

2 ~ (Grübchenbildung) (*Mech.*), « pittatura », vaiolatura, puntinatura.
anfressen (korrodieren) (*allg.*), corrodere. 2 ~ (Grübchen bilden) (*Mech. - etc.*), formarsi di vaiolature, « pittare ». 3 ~ (fressen, Kolben im Zylinder z. B.) (*Mot. - Mech.*), grippare.
Anfressung (Korrosion) (*f. - allg.*), corrosione, intaccatura. 2 ~ (Grübchenbildung) (*Mech.*), vaiolatura, « pittatura «, puntinatura.
anfrischen (*Metall.*), affinare.
anfügen (*allg.*), allegare.
Anfüllen (*n. - allg.*), riempimento. 2 ~ (einer Pumpe) (*Hydr.*), adescamento.
anfüllen (*allg.*), riempire. 2 ~ (eine Pumpe) (*Hydr.*), adescare, caricare.
Anfüllung (*f. - allg.*), riempimento. 2 ~ (einer Pumpe) (*Hydr.*), adescamento.
Anfüllventil (*n. - Hydr. - etc.*), valvola di adescamento.
anfunken (*Funk.*), radiotelefonare.
Ang. (Angebot) (*komm.*), offerta.
Angabe (*f. - recht. - etc.*), dichiarazione. 2 ~ (Anzahlung) (*komm.*) (*osterr.*), acconto, anticipo. 3 ~ je Einwohner (*Stat.*), dato procapite. 4 ~ n (*f. - pl. - allg.*), particolari, dettagli. 5 ~ n (Daten) (*Bauw. - Mech. - etc.*), dati. 6 bauliche ~ n (*Bauw. - Mech. - etc.*), dati costruttivi, dati strutturali. 7 Form ~ n (bei numerisch gesteuerten Werkz. Masch.) (*Werkz.masch.bearb.*), dati dimensionali. 8 weitere ~ n (*allg.*), ulteriori particolari.
angebaut (*Bauw.*), annesso. 2 ~ (montiert) (*Mech. - etc.*), applicato, montato.
angeben (*allg.*), dichiarare.
Angebot (*n. - komm.*), offerta. 2 ~abgabe (*f. - komm.*), termine presentazione offerta. 3 ~ steller (*m. - komm.*), presentatore dell'offerta, offerente (*s.*). 4 ~ und Nachfrage (*komm.*), domanda ed offerta. 5 Arbeits ~ (*Arb.*), offerta di lavoro. 6 billigstes ~ (*komm.*), offerta a minor prezzo. 7 festes ~ (*komm.*), offerta ferma. 8 Gegen ~ (*komm.*), contro-offerta. 9 Gesetz von ~ und Nachfrage (*komm.*), legge della domanda ed offerta. 10 versiegeltes ~ (*komm.*), offerta sigillata, offerta in busta chiusa, offerta in busta sigillata.
angebracht (montiert) (*Mech. - etc.*), applicato, montato. 2 ~ (zweckmässig) (*allg.*), adatto, conveniente, appropriato.
angefahren (von hinten angerammt) (*Fahrz.*), tamponato.
angeflanscht (*Mech.*), flangiato, accoppiato con flangia.
angefressen (mit Grübchen) (*Mech.*), vaiolato, puntinato, « pittato ». 2 ~ (Kolben z. B.) (*Mech. - Mot.*), grippato.
angegossen (*Giess.*), fuso integralmente (col pezzo principale), non riportato.
angehen (Licht) (*allg.*), accendersi.
angehören (gehören) (*allg.*), appartenere.
angekörnt (z. B. die Lage einer Bohrung) (*Mech.*), bulinato.
Angel (Zapfen) (*f. - Mech.*), perno. 2 ~ (des Gewindebohrers z. B.) (*Werkz.*), gambo. 3 ~ (einer Feile z. B.) (*Werkz.*), codolo. 4 ~ (einer Türe z. B.) (*Tischl. - etc.*), perno di cerniera. 5 ~ (*Fischereigerät*), canna da pesca. 6 ~ punkt (*m. - Mech.*), fulcro. 7 ~ ring (*m. - Mech.*), perno ad occhio. 8 ~ zapfen (einer Türangel z. B.) (*m. - Tischl. - etc.*), cardine, perno.
angelassen (Stahl z. B.) (*Wärmebeh.*), rinvenuto. 2 hoch ~ (*Wärmebeh.*), rinvenuto ad alta temperatura.
angelaufen (oxydiert) (*Metall.*), ossidato.
Angeld (*n. - komm.*), acconto, caparra.
Angelegenheit (*f. - komm.*), affare.
angelegt (Spannung z. B.) (*Elekt.*), applicato, 2 ~ (Kapital) (*finanz.*), investito.
angelenkt (*Mech.*), articolato, imperniato, snodato.
angelernt (*Arb.*), qualificato.
angemacht (*allg.*), preparato, pronto per l'uso.
angemeldet (ein Patent z. B.) (*recht. - etc.*), richiesto.
angemessen (*allg.*), adatto, adeguato. 2 ~ (ein Preis) (*komm.*), giusto, conveniente, adeguato.
angenähert (*allg.*), approssimato.
angenommen (akzeptiert) (*komm. - etc.*), accettato. 2 ~ (fiktiv, Wert z. B.) (*allg.*), presunto, fittizio. 3 ~ dass (*allg.*), ammesso che. 4 ~ er Name (*allg.*), pseudonimo. 5 ~ er Wert (*allg.*), valore presunto.
angepasst (*allg.*), adattato. 2 ~ (*Mech.*), aggiustato. 3 ~ (*Elekt. - Elektronik*), adattato.
angerben (anfärben) (*Lederind.*), tingere in concia.
angeregt (*Elekt. - etc.*), eccitato.
angereichert (*Atomphys. - etc.*), arricchito.
Angerufener (*m. - Fernspr.*), abbonato chiamato.
angesaugt (Luftmenge z. B.) (*allg.*), aspirato.
angeschärft (*Werkz.*), affilato.
angeschlossen (elekt. Ger. an eine Steckdose z. B.) (*Elekt.*), allacciato, collegato. 2 ~ er Bahnhof (*Eisenb.*), stazione satellite.
angeschraubt (*Mech.*), avvitato.
angeschüttet (Grund) (*Bauw.*), di riporto.
angeschweisst (*mech. Technol.*), saldato, applicato mediante saldatura.
angeschwemmt (*Geol.*), alluvionale, alluvionato.
angesichts (*adv. - allg.*), in vista di, a causa di, a motivo di.
angespannt (*allg.*), teso.
angestellt (*Arb.*), impiegato.
Angestellte (gegen Monatsgehalt beschäftigt) (*f. - Pers. - Arb.*), impiegata. 2 Büro ~ (*Pers.*), signorina di ufficio, impiegata di ufficio. 3 Laden ~ (*Pers.*), commessa (di negozio).
Angestellter (gegen Monatsgehalt beschäftigt) (*m. - Arb. - Pers.*), impiegato. 2 Bank ~ (*Arb. - Pers.*), impiegato di banca, bancario. 3 kaufmännischer ~ (*Pers.*), impiegato di commercio. 4 Laden ~ (*Pers.*), commesso (di negozio). 5 leitender ~ (*Pers.*), dirigente.
angetrieben (*Mech.*), azionato, comandato. 2 elektrisch ~ (*Elekt.*), azionato elettricamente, elettrocomandato. 3 von Hand ~ (*Mech. - etc.*), azionato a mano, comandato a mano.
angewalzt (Gewinde, Flansch, etc.) (*Med.*), rullato.
angewandt (Wissenschaft z. B.) (*Stat. - Phys. - etc.*), applicato.
angezeigt (*allg.*), indicato. 2 ~ e Fluggeschwindigkeit (*Flugw.*), velocità indicata.

angiessen (*Giess.*), applicare di fusione.
Angledozer (Planierraupe mit schwenkbarem Schild) (*n. - Erdbew.masch.*), apripista a lama angolabile, apripista a lama regolabile, apripista angolabile.
Angleichen (Anpassen) (*n. - allg.*), adattamento.
angleichen (die Preise z. B.) (*komm.*), allineare. 2 ~ (anpassen) (*allg.*), adattare.
Angleichung (von Preisen) (*f. - komm.*), allineamento. 2 ~ (der Löhne z. B.) (*Arb. - Pers.*), perequazione.
Angleichventil (*n. - Ger.*), valvola compensatrice.
Anglesit (*m. - Min.*), anglesite.
angliedern (anbauen) (*allg.*), annettere, incorporare.
anglühen (*Wärmebeh.*), ricuocere.
angreifbar (*Chem.*), attaccabile. 2 ~ (anfechtbar) (*recht.*), contestabile. 3 nicht ~ (*Chem.*) inattaccabile.
angreifen (*allg.*), afferrare. 2 ~ (abreiben) (*Mech.*), abradere. 3 ~ (mittels Feile) (*Mech.*), intaccare. 4 ~ (*Chem.*), corrodere, attaccare. 5 ~ (ein Kapital) (*finanz.*), intaccare.
angreifend (*Chem.*), corrosivo. 2 ~ (*Mech.*), abrasivo.
angrenzend (*allg.*), adiacente, contiguo.
Angrenzer (Anlieger) (*m. - recht.*), vicino (*s.*), confinante (*s.*).
Angriff (Korrosion) (*m. - Chem.*), attacco, corrosione. 2 ~ (*milit.*), attacco, assalto, offensiva. 3 ~ s·fläche (beim Schleifen) (*f. - Werkz. masch.bearb.*), superficie di contatto. 4 ~ s·freudigkeit (*f. - Chem.*), potere corrosivo. 5 ~ s·höhe (von Zahnrädern) (*f. - Mech.*), altezza di ingranamento. 6 ~ s·punkt (einer Kraft) (*m. - Mech.*), punto di applicazione.
Ångström (Ångströmeinheit, Å, ÅE, Å.E., $= 10^{-8}$ cm) (*n. - Mass*), Ångström.
Anguss (Gusszapfen) (*m. - Giess.*), materozza, montante. 2 ~ (beim Spritzgiessen von Kunststoffen, Verbindung zwischen Düse und Formhöhlung) (*Technol.*), materozza. 3 ~ abreisser (beim Spritzgiessen von Kunststoffen) (*m. - Technol.*), strappamaterozza. 4 ~ buchse (eines Spritzgiess-Werkzeugs, für Kunststoffe) (*f. - Werkz.*), boccola d'alimentazione, bussola d'alimentazione, boccola di iniezione, bussola d'iniezione. 5 ~ farbe (Angussmasse, Begussmasse, Engobe) (*f. - Keramik*), vetrino, vetrina. 6 ~ kanal (beim Spritzgiessen von Kunststoffen) (*m. - Technol.*), canale d'iniezione. 7 ~ - und Steigergewicht (eines Guss·stückes) (*n. - Giess.*), peso del boccame. 8 Heisskanal- ~ (beim Spritzgiessen von Kunststoffen) (*Technol.*), iniezione a canale caldo. 9 Punkt ~ (beim Spritzgiessen von Kunststoffen) (*Technol.*), iniezione a punto. 10 Stangen ~ (beim Spritzgiessen von Kunststoffen) (*Technol.*), iniezione diretta.
Angüsse (Eingüsse, Steiger, etc.) (*m. - pl. - Giess.*), boccame.
Anhaften (Anhaftung) (*n. - allg.*), aderenza, adesione.
anhaften (*allg.*), aderire, attaccarsi.
anhaken (*allg.*), agganciare.

Anhalt (Stütze) (*allg.*), appoggio, sostegno. 2 ~ (Grund) (*allg.*), ragione, motivo.
Anhalten (eines Motors z. B.) (*n. - Mot. - etc.*), arresto.
anhalten (einen Motor z. B.) (*Mot. - etc.*), arrestare.
anhaltend (*allg.*), continuo, costante, permanente, persistente. 2 ~ (Wirtschaftskonjunktur z. B.) (*allg.*), persistente.
Anhalter (*m. - Fahrz.*), autostoppista. 2 per ~ reisen (mit Anhalter fahren) (*Fahrz.*), fare l'autostop.
Anhaltestift (*m. - Mech.*), spina di arresto.
Anhalteweg (beim Bremsen) (*m. - Aut.*), spazio di arresto.
Anhaltspunkt (*m. - allg.*), punto di riferimento.
Anhaltswert (Richtwert) (*m. - allg.*), valore indicativo.
Anhandgabe (festes Angebot) (*f. - komm.*), offerta ferma.
Anhang (Beigabe, eines Buches z. B.) (*m. - allg.*), appendice, supplemento.
Anhängefahrzeug (Anhänger) (*n. - Aut.*), rimorchio.
Anhängelast (*f. - Aut.*), carico rimorchiato, peso rimorchiato.
anhängen (*allg.*), attaccare, appendere. 2 ~ (ansetzen, Wagen am Zug) (*Eisenb.*), agganciare, aggiungere. 3 den Hörer ~ (*Fernspr.*), riattaccare il ricevitore, riappendere il ricevitore.
Anhänger (*m. - Fahrz.*), rimorchio. 2 ~ (Ende eines Lochstreifens) (*Rechner - etc.*), tratto finale. 3 ~ (Anhängezettel, Etikett) (*komm. - Transp. - etc.*), cartellino, etichetta. 4 ~ bremskraftregler (*m. - Fahrz.*), regolatore frenatura rimorchio. 5 ~ bremsventil (Anhängersteuerventil) (*n. - Fahrz.*), valvola comando freni rimorchio. 6 ~ kupplung (*f. - Fahrz.*), gancio di traino. 7 ~ leitung (*f. - Fahrz.*), accoppiatore per rimorchio. 8 ~ mischer (*m. - Fahrz.*), betoniera rimorchiabile. 9 ~ öse (*f. - Fahrz.*), occhione (del rimorchio). 10 ~ steckdose (*f. - Fahrz.*) - *Elekt.*), presa di corrente per rimorchio. 11 ~ zuggabel (*f. - Aut.*), timone del rimorchio. 12 ~ zum Viehtransport (*Fahrz.*), rimorchio trasporto bestiame. 13 ~ zughaken (*m. Fahrz.*), gancio di traino per rimorchio. 14 Arbeits ~ (Kompressoraggregat z. B.) (*Fahrz.*), gruppo industriale carrellato rimorchiabile (su strada). 15 Einachs- ~ (*Fahrz.*), rimorchio monoasse, biga, rimorchio ad un solo asse. 16 Kipp ~ (*Fahrz.*), rimorchio con cassone ribaltabile. 17 Langholz ~ (*Fahrz.*), rimorchio per (trasporto di) carichi lunghi. 18 Last ~ (*Fahrz.*)- rimorchio per autocarro, rimorchio da carico. 19 Lkw- ~ (*Fahrz.*), rimorchio per autocarro, rimorchio da carico. 20 Möbelwagen ~ (*Fahrz.*), rimorchio per trasporto mobili. 21 Omnibus ~ (*Fahrz.*), rimorchio per passeggeri, rimorchio per autobus. 22 Personen ~ (Pkw-Anhänger, Omnibusanhänger) (*Fahrz.*), rimorchio per passeggeri, rimorchio per autobus. 23 Sattel ~ (*Fahrz.*), semirimorchio. 24 Schienenbus ~ (*Eisenb.*), vettura rimorchiata, carrozza rimorchiata, rimorchiata. 25 Schlepp ~ (Sattelanhänger) (*Fahrz.*), semi-

Anhängsel

rimorchio. **26 Spezial** ~ (für Zement z. B.) (*Fahrz.*), rimorchio speciale. **27 Tank** ~ (*Fahrz.*), rimorchio cisterna. **28 Tieflade** ~ (*Fahrz.*), rimorchio (a telaio) ribassato. **29 Triebachs** ~ (*Fahrz.*), rimorchio con asse motore.

Anhängsel (an der Haut) (*n. - Lederind.*), corpi estranei.

anhäufen (*allg.*), ammucchiare.

Anhäufung (*f. - allg.*), accumulo, ammassamento. **2** ~ (von Teilchen) (*Kernphys.*), ammassamento. **3** ~ **s·zeichen** (*n. - Fernspr.*), segnale di occupato (interurbano). **4 Verkehrs** ~ (*Strass. verk.*), congestione del traffico.

anheben (*allg.*), sollevare.

Anhebevorrichtung (*f. - Vorr.*), apparecchio di sollevamento, martinetto, sollevatore.

anheften (bei Schweissung) (*mech. Technol.*), puntare, imbastire.

Anheftung (einer Mitteilung z. B.) (*f. - allg.*), affissione.

Anheftungslinie (*f. - allg.*), linea di giunzione.

Anheizen (*n. - Kessel - etc.*), accensione. **2** ~ (einer Röhre) (*Funk.*), riscaldamento, innesco, accensione. **3** ~ (des Kupolofens) (*Giess.*), riscaldo.

anheizen (*allg.*), accendere. **2** ~ (einen Kessel) (*Kessel*), accendere. **3** ~ (eine Elektronenröhre) (*Funk.*), innescare, riscaldare.

anholen (heraufziehen, Segel) (*naut.*), cazzare.

Anhub (eines Ventils z. B.) (*m. - Mot. - Mech.*), alzata. **2** ~ **stange** (eines Ventils) (*f. - Mot.*), asta di spinta.

Anhydrid (*n. - Chem.*), anidride.

anhydrisch (*Chem. - etc.*), anidro.

Anhydrit (*m. - Min.*), anidrite, solfato di calcio anidro. **2** ~ **binder** (*m. - Bauw.*), legante anidritico. **3** ~ **mörtel** (mit Anhydrit als Bindemittel) (*m.-Bauw.*), malta anidritica.

Anilin ($C_6H_5NH_2$) (Aminobenzol, Phenylamin) (*n. - Chem.*), anilina, fenilammina, amminobenzolo. **2** ~ **blau** (*n. - chem. Ind.*), blu d'anilina. **3** ~ **druck** (*m. - Druck.*), stampa all'anilina, stampa flessografica. **4** ~ **druckmaschine** (*f. - Druckmasch.*), macchina da stampa all'anilina, macchina per la stampa flessografica. **5** ~ **farbe** (Anilinfarbstoff) (*f. - chem. Ind.*), colorante di anilina. **6** ~ **punkt** (*m. - Chem.*), punto di anilina. **7** ~ **schwarz** (*n. - Farbstoff*), nero di anilina.

Anion (negatives Ion) (*n. - Elektrochem.*), anione.

anionisch (*Chem.*), anionico.

anisotrop (*Chem.*), anisotropo.

Anisotropie (*f. - Phys.*), anisotropia.

Ankathete (*f. - Geom.*), cateto adiacente.

Ankauf (*m. - komm.*), acquisto. **2** ~ **s·genehmigung** (*f. - komm.*), autorizzazione all'acquisto. **3** ~ **s·preis** (*m. - komm.*), prezzo di acquisto.

ankaufen (kaufen) (*komm.*), acquistare.

Anke (Gesenk für Bleche) (*f. - Werkz.*), utensile per bugnare (lamiere), punzone per bugnare (lamiere).

ankeilen (*allg.*), fissare con cuneo. **2** ~ (*Mech.*), inchiavettare, fissare con chiavetta.

Anker (drehbarer Teil eines Generators) (*m. - elekt. Masch.*), indotto. **2** ~ (Zugstange zum Zusammenhalten von Bauteilen) (*Bautechnik*), tirante di ancoraggio. **3** ~ (Schraubenbolzen zum Befestigen von Maschinen- (*Masch. - Bauw.*), bullone di fondazione, bul) lone di ancoraggio, chiavarda di fondazione. **4** ~ (einer Uhr) (*Mech.*), àncora. **5** ~ (eines Dauermagnetes) (*Elekt.*), armatura. **6** ~ (eines elektromagnetischen Ventils) (*Elekt.*), ancora, armatura. **7** ~ (*naut.*), àncora. **8** ~ (eines Seils) (*Ing.b.*), ancoraggio. **9** ~ (eines Relais) (*Elekt.*), àncora, ancoretta. **10** ~ (eines Hochofens) (*Bauw. - Metall.*), tirante. **11** ~ **balken** (Ankerstock) (*m. - naut.*), ceppo dell'àncora. **12** ~ **bandage** (*f. - Elekt.*), nastratura di indotto. **13** ~ **beting** (Poller) (*f. - naut.*), bitta di ormeggio. **14** ~ **blech** (*n. - Elekt.*), lamierino per indotti. **15** ~ **boje** (*f. - naut.*), gavitello dell'àncora. **16** ~ **bolzen** (*m. - Ing.b.*), bullone di fondazione, bullone di ancoraggio. **17** ~ **büchse** (*f. - elekt. Masch.*), lanterna dell'indotto. **18** ~ **draht** (*m. - Bauw.*), filo di ancoraggio. **19** ~ **eisen** (Ankerkern) (*n. - Elekt.*), nucleo dell'indotto. **20** ~ **feld** (*n. - Elekt.*), campo dell'indotto. **21** ~ **flügel** (*m. - naut.*), patta, orecchio (dell'àncora). **22** ~ **gang** (einer Uhr) (*m. - Mech.*), scappamento ad àncora. **23** ~ **gegenfeld** (*n. - Elekt.*), campo (magnetico) opposto dell'indotto. **24** ~ **gegenwirkung** (*f. - Elekt.*), reazione di indotto. **25** ~ **geld** (Anlegegebühren) (*n. - naut.*), diritti di ancoraggio. **26** ~ **gesperre** (einer Uhr) (*n. - Mech.*), scappamento ad àncora. **27** ~ **glied** (Ankerspule) (*n. - Elekt.*), bobina di indotto. **28** ~ **grund** (für Schiffe) (*m. - naut.*), ancoraggio, posto di fonda. **29** ~ **hand** (*f. - naut.*), patta, orecchio (dell'àncora). **30** ~ **hemmung** (einer Uhr) (*f. - Mech.*), scappamento ad àncora. **31** ~ **kern** (Ankereisen) (*m. - elekt. Masch.*), nucleo dell'indotto. **32** ~ **kette** (*f. - naut.*), catena dell'àncora. **33** ~ **kettenklüse** (*f. - naut.*), cubia, occhio di cubia, occhio di prua. **34** ~ **luftspalt** (*m. - Elekt.*), traferro, intraferro. **35** ~ **mast** (für Luftschiffe) (*m. - Flugw.*), pilone di ormeggio. **36** ~ **mit kurzgeschlossener Wicklung** (*Elekt.*), indotto in corto circuito. **37** ~ **nut** (*f. - Elekt.*), cava dell'indotto. **38** ~ **platte** (*f. - Bauw. - etc.*), piastra di ancoraggio. **39** ~ **platz** (*m. - naut.*), ancoraggio, posto di fonda. **40** ~ **polschuh** (*m. - Elekt.*), espansione polare. **41** ~ **querfeld** (*n. - Elekt.*), campo (magnetico) trasversale dell'indotto. **42** ~ **rückwirkung** (*f. - elekt. Masch.*), reazione d'indotto. **43** ~ **rute** (Ankerschaft) (*f. - naut.*), fuso dell'àncora. **44** ~ **schaft** (Ankerrute) (*m. - naut.*), fuso dell'àncora. **45** ~ **schäkel** (*m. - naut.*), maniglione dell'àncora, cicala. **46** ~ **schraube** (*f. - Ing.b.*), bullone di ancoraggio, bullone di fondazione. **47** ~ **spill** (*n. - naut.*), argano dell'àncora, verricello per salpare l'àncora, salpa-àncora. **48** ~ **spitze** (*f. - naut.*), unghia dell'àncora, becco dell'àncora. **49** ~ **spule** (*f. - elekt. Masch.*), bobina d'indotto. **50** ~ **stab** (*m. - Elekt.*), barra dell'indotto. **51** ~ **stange** (*f. - Ing.b. - Mech.*), tirante. **52** ~ **stelle** (Ankerstellung) (*f. - naut.*), ancoraggio, posto di fonda. **53** ~ **stern** (*m. - elekt. Masch.*), lanterna dell'indotto. **54** ~ **stock** (*m. -*

naut.), ceppo dell'àncora. 55 ~ **sucher** (*m. - naut.*), ancorotto, ferro. 56 ~ **trosse** (*f. - naut.*), gomena dell'àncora. 57 ~ **turm** (*m. - Flugw.*), pilone di ormeggio. 58 ~ **welle** (*f. - elekt. Masch.*), albero dell'indotto, albero del rotore. 59 ~ **wicklung** (*f. - Elekt.*), avvolgimento di indotto. 60 **Admiralitäts** ~ (*naut.*), siehe Stockanker. 61 **den** ~ **fallen lassen** (*naut.*), gettare l'àncora, mollare l'àncora. 62 **den** ~ **lichten** (*naut.*), levare l'àncora, salpare l'àncora. 63 **der** ~ **ist kurz Stag** (*naut.*), l'àncora è a picco corto. 64 **Doppel-T-** ~ (*Elekt.*), indotto a doppio T. 65 **drehender** ~ (rotierender Anker) (*Elekt.*), indotto rotante. 66 **feststehender** ~ (*Elekt.*), indotto fisso. 67 **Maschinen** ~ (*Bauw. - Masch.*), bullone di fondazione per macchine. 68 **Normal** ~ (*naut.*), siehe Stockanker. 69 **Patent** ~ (stockloser Anker) (*naut.*), àncora senza ceppi. 70 **Pilz** ~ (Schirmanker) (*naut.*), àncora a cappello di fungo, àncora di attracco. 71 **ruhender** ~ (feststehender Anker) (*elekt. Masch.*), indotto fisso. 72 **Schirm** ~ (*naut.*), siehe Pilzanker. 73 **See** ~ (Treibanker) (*naut.*), àncora galleggiante. 74 **Stock** ~ (Normalanker, Admiralitätsanker) (*naut.*), àncora con ceppi, àncora ammiragliato. 75 **stockloser** ~ (Patentanker) (*naut.*), àncora senza ceppi. 76 **Treib-** ~ (*naut.*), siehe Seeanker. 77 **umlaufender** ~ (einer Gleichstrommasch. z. B.) (*Elekt.*), indotto rotante. 78 **vor** ~ **liegen** (*naut.*), essere alla fonda. 79 **vor zwei** ~ **n·liegend** (Schiff) (*naut.*), afforcato, ormeggiato in afforco. 80 **vor zwei** ~ **vermuren** (*naut.*), afforcare, ormeggiare in afforco. 81 **Wurf** ~ (*naut.*), grappino, ancorotto, ferro. 82 **zu** ~ **liegen** (*naut.*), essere all'àncora.
Ankern (Vorgang) (*n. - naut.*), ancoraggio.
ankern (*naut.*), dar fondo all'àncora, ancorarsi.
ankippen (*allg.*), inclinare.
Anklage (*f. - recht.*), accusa. 2 ~ **bank** (*f. - recht.*), banco degli imputati. 3 ~ **behörde** (*f. - recht.*), Pubblico Ministero. 4 ~ **grund** (*m. - recht.*), capo di accusa. 5 ~ **rede** (*f. - recht.*), requisitoria. 6 ~ **schrift** (*f. - recht.*), atto di accusa.
anklagen (*recht.*), accusare.
Ankläger (*m. - recht.*), accusatore.
anklammern (befestigen) (*allg.*), fissare. 2 ~ (*Zimm. - Bauw.*), fissare con ramponi.
ankleben (*allg.*), incollare.
anklemmen (ein Gerät z. B.) (*Elekt.*), attaccare (ai morsetti), collegare (ai morsetti). 2 ~ (anschliessen) (*Elekt.*), collegare, allacciare.
anklingeln (*Fernspr.*), telefonare, chiamare.
anknüpfen (*allg.*), unire con nodo, annodare. 2 **Unterhandlungen** ~ (*komm.*), iniziare trattative, avviare trattative.
Ankohlen (*n. - Verbr.*), carbonizzazione.
ankohlen (*Verbr.*), carbonizzare.
ankommen (*allg.*), arrivare. 2 ~ (abhängen von) (*allg.*), dipendere.
ankommend (*allg.*), in arrivo, in entrata. 2 ~ **es Gespräch** (*Fernspr.*), chiamata in arrivo, telefonata in arrivo.
Anköpfarbeit (*f. - Schmieden*), ricalcatura (di testa), intestare.

anköpfen (*Schmieden*), ricalcare (di testa), intestare.
Anköpfer (*m. - Werkz.*), utensile per ricalcare, stampo per ricalcare, stampo per intestare.
Ankoppelkreis (*m. - Funk.*), circuito di accoppiamento.
Ankopplung (*f. - Funk.*), accoppiamento.
Ankörnbohrer (*m. - Werkz.masch.*), punta da centri.
Ankörnen (*n. - Mech.*), bulinatura. 2 ~ (mit Zentrierbohrer) (*n. - Werkz.masch.*), centratura.
ankörnen (*Mech.*), bulinare.
Ankörner (Zentrierkörner, Mittelpunktkörner) (*m. - Werkz.*), punzone da centri, bulino segnacentri.
Ankörnmaschine (Anbohrmaschine, Zentriermaschine) (*f. - Werkz.masch.*), centratrice.
ankreuzen (eine Bestellkarte z. B.) (*komm.*), segnare con crocetta.
ankündigen (*allg.*), annunciare.
Ankündigung (*f. - allg.*), avviso, annuncio. 2 ~ **s·signal** (*n. - Elektroakus.*), preavviso, segnale di preavviso.
Ankunft (Eintreffen) (*f. - allg.*), arrivo. 2 ~ **s·gleis** (*n. - Eisenb.*), binario di arrivo. 3 ~ **s·verkehr** (*m. - Verkehr*), traffico in entrata. 4 ~ **s·zeit** (*f. - allg.*), ora di arrivo.
ankuppeln (*Mech.*), accoppiare.
Ankuppen (Bildung einer Kuppe, eines Schraubenendes z. B.) (*n. - Mech.*), smussatura, esecuzione di smusso di estremità.
Ankupplung (*f. - Mech.*), accoppiamento.
ankurbeln (anlassen, in Betrieb setzen) (*Mot.*), avviare, mettere in moto (con la manovella di avviamento). 2 ~ (anreizen, die Wirtschaft z. B.) (*allg.*), stimolare.
Ankurbelung (eines Motors) (*f. - Mot.*), avviamento, messa in moto (con la manovella).
Anlage (*f. - Elekt. - etc.*), impianto. 2 ~ (Anordnung, Plan) (*allg.*), disposizione, piano. 3 ~ (Investierung) (*finanz.*), investimento. 4 ~ (Werkanlage) (*Ind.*), stabilimento, fabbrica. 5 ~ (Werkeinrichtung) (*Ind.*), impianti, mezzi di produzione. 6 ~ (Beilage, eines Briefes z. B.) (*Büro*), allegato. 7 ~ (Aufbau) (*allg.*), costruzione. 8 ~ (Bereitstellung) (*allg.*), approntamento. 9 ~ (Auflage) (*Mech.*), appoggio, contatto. 10 ~ **fläche** (eines Zahnrades z. B.) (*f. - Mech.*), superficie di battuta, superficie di contatto. 11 ~ **güter** (Produktionsgüter) (*n. - pl. - Adm.*), beni strumentali. 12 ~ **kapital** (*n. - finanz.*), capitale investito. 13 ~ **kosten** (*f. - pl. - finanz.*), spese di impianto. 14 ~ **n·abteilung** (Werkanlagenabteilung) (*f. - Ind.*), servizio impianti, direzione impianti. 15 ~ **n·fahrer** (*m. - Elekt. - Arb.*), impiantista. 16 ~ **n in Bau** (*Bauw. - etc.*), lavori in corso. 17 ~ **sand** (*m. - Giess.*), terra modello. 18 ~ **über Tage** (Anlage übertage) (*Bergbau*), impianto a giorno. 19 ~ **untertage** (Anlage unter Tage) (*Elekt.*), impianto sotterraneo. 20 ~ **unter Tage** (Anlage untertage) (*Bergbau*), impianto sotterraneo. 21 ~ **vermögen** (einer Gesellschaft z. B.) (*n. - Adm.*), beni patrimoniali. 22 **bewegliche** ~ (*Ind.*), impianto mobile. 23 **Druckluft** ~ (*Ind.*), impianto dell'aria

compressa. 24 elektrische ~ (*Aut.* - *Elekt.* - *Mot.* - *etc.*), impianto elettrico. 25 elektrische ~ mit Erdrückleitung (*Elekt.* - *Mot.* - *etc.*), impianto elettrico a massa. 26 Fabrik ~ (*Ind.*), impianto industriale. 27 feststehende ~ (*Ind.*), impianto fisso. 28 Freiluft- ~ (*Elekt.*), impianto esterno, impianto a giorno. 29 Industrie ~ (*Ind.*), impianto industriale. 30 Innenraum- ~ (*Elekt.*), impianto interno. 31 Schweiss ~ (*mech. Technol.*), impianto di saldatura. 32 Signal ~ (*Strass.verk.*), impianto di segnalamento, impianto di segnalazione. 33 Stromerzeugungs ~ (Stromanlage) (*Elekt.*), gruppo elettrogeno. 34 ungeerdete elektrische ~ (*Elekt.* - *Mot.* - *etc.*), impianto elettrico isolato. 35 Verteilungs ~ (*f.* - *Elekt.*), impianto di distribuzione. 36 Wasserkraft ~ (*Elekt.*), impianto idroelettrico.

anlagern (*allg.*), aggiungere, accumulare.

Anlagerung (*f.* - *Chem.*), aggiunta. 2 ~ (Inkrustation, in Rohrleitungen z. B.) (*Leit.* - *etc.*), incrostazione. 3 ~ (Ablagerung, von Staubteilchen z. B.) (*allg.*), deposito.

Anlandebrücke (*f.* - *naut.*), passerella di sbarco.

anlanden (*naut.*), approdare.

Anlandung (Alluvion) (*f.* - *Geol.*), terreno alluvionale. 2 ~ (*milit.*), sbarco.

Anlass (Ursache) (*m.* - *allg.*), motivo. 2 ~ (Anlassen) (*Mot.*), avviamento. 3 ~ (Anlassen) (*Wärmebeh.*), rinvenimento. 4 ~ **anode** (*f.* - *Elekt.*), anodo d'accensione, ignitore. 5 ~ **batterie** (*f.* - *Elekt.* - *Mot.*), batteria di avviamento. 6 ~ **beständigkeit** (*f.* - *Metall.* - *Wärmebeh.*), rinvenibilità. 7 ~ **dauer** (*f.* - *Wärmebeh.*), durata del rinvenimento. 8 ~ **drehmoment** (*n.* - *elekt. Masch.*), coppia di spunto, momento di avviamento. 9 ~ **druckknopfschalter** (Anlasskontakt) (*m.* - *Elekt.* - *Mot.*), pulsante (del motorino) di avviamento. 10 ~ **einspritzanlage** (*f.* - *Mot.*), iniettore per avviamento, « cicchetto », innescatore (per avviamento). 11 ~ **einspritzpumpe** (*f.* - *Mot.*), pompa di adescamento. 12 ~ **farbe** (*f.* - *Wärmebeh.*), colore di rinvenimento. 13 ~ **fuss·schalter** (*m.* - *Mot.* - *Aut.*), pulsante di avviamento a pedale. 14 ~ **häufigkeit** (*f.* - *Mot.*), numero degli avviamenti, frequenza di avviamento. 15 ~ **kante** (eines Flügels z. B.) (*f.* - *Aerodyn.* - *etc.*), orlo di attacco, orlo di entrata. 16 ~ **knopf** (*m.* - *Elekt.* - *Mot.*), pulsante di avviamento, bottone di avviamento. 17 ~ **kraftstoffdüse** (*f.* - *Aut.* - *Mot.*), getto di avviamento. 18 ~ **luftbehälter** (*m.* - *Mot.*), serbatoio d'aria di avviamento. 19 ~ **luftflasche** (*f.* - *Mot.*), bombola aria di avviamento. 20 ~ **luftkompressor** (*m.* - *Mot.*), compressore aria di avviamento. 21 ~ **magnet** (*m.* - *Elekt.* - *Mot.*), magnete di avviamento. 22 ~ **martensit** (Beta Martensit) (*m.* - *Metall.*), martensite beta. 23 ~ **motor** (*m.* - *Elekt.* - *Mot.*), motorino di avviamento. 24 ~ **ofen** (*m.* - *Wärmebeh.*), forno di rinvenimento. 25 ~ **patrone** (*f.* - *Mot.*), cartuccia per avviamento. 26 ~ **pistole** (*f.* - *Mot.*), avviatore a cartuccia. 27 ~ **ritzel** (*n.* - *Mot.*), pignone di avviamento. 28 ~ **schalter** (*m.* - *Mot.* - *Elekt.*), interruttore di avviamento. 29 ~ **sorbit** (*m.* - *Metall.*), sorbite di rinvenimento. 30 ~ **sprödigkeit** (*f.* - *Wärmebeh.*), fragilità di (o da) rinvenimento. 31 ~ **stoss** (*m.* - *Mot.*), spunto di avviamento. 32 ~ **strom** (*m.* - *Elekt.* - *Mot.*), corrente di avviamento, corrente allo spunto. 33 ~ **temperatur** (*f.* - *Wärmebeh.*), temperatura di rinvenimento. 34 ~ **versager** (*m.* - *Mot.*), mancato avviamento. 35 ~ **versprödung** (*f.* - *Metall.* - *Wärmebeh.*), infragilimento da rinvenimento. 36 ~ **widerstand** (*m.* - *Elekt.*), reostato di avviamento. 37 ~ - **Wiederholsperre** (Sperre die das Betätigen des Anlass·schalters bei laufenden Motor nicht zulässt) (*f.* - *Aut.*), blocco ripetizione avviamento.

anlassbeständig (Stahl) (*Metall.* - *Wärmebeh.*), rinvenibile.

Anlassen (Erwärmen Stahl nach Härten mit nachfolgendem Abkühlen) (*n.* - *Wärmebeh.*), rinvenimento. 2 ~ (von Leichtmetallen) (*Wärmebeh.*), invecchiamento (artificiale). 3 ~ (eines Verbrennungsmotors) (*Mot.*), avviamento, messa in moto. 4 ~ **mit Spartransformator** (*Elekt.*), avviamento con autotrasformatore. 5 ~ **mit voller Spannung** (*Elekt.*), avviamento in corto circuito, avviamento senza reostato. 6 ~ **mit Widerstand** (*Elekt.*), avviamento con reostato. 7 ~ **von Hand** (*Mot.*), avviamento a mano. 8 **Dampf** ~ (Aussetzung von Werkzeugen in eine Wasserdampfatmosphäre nach dem Fertigschleifen) (*Werkz.*), ossidazione in atmosfera di vapore. 9 **Druckluft** ~ (*Mot.*), avviamento ad aria compressa. 10 **elektrisches** ~ (*Mot.*), avviamento elettrico. 11 **Patronen** ~ (*Mot.*), avviamento a cartuccia. 12 **Schwungkraft** ~ (*Mot.*), avviamento ad inerzia. 13 **Stoss** ~ (kurzzeitiges Anlassen) (*Wärmebeh.*), rinvenimento di breve durata ad elevata temperatura.

anlassen (in Betrieb setzen, ankurbeln) (*Mot.*), avviare, mettere in moto. 2 ~ (Stahl) (*Wärmebeh.*), rinvenire. 3 ~ (Leichtmetalle) (*Wärmebeh.*), invecchiare (artificialmente). 4 **sich** ~ (*allg.*), preannunciarsi.

Anlasser (eines Verbrennungsmotors) (*m.* - *Mot.* - *Aut.*), motorino di avviamento, avviatore. 2 ~ (für elekt. Motoren) (*elekt. Vorr.*), avviatore. 3 ~ (Anlasswiderstand) (*Elekt.*), reostato di avviamento. 4 ~ **knopf** (*m.* - *Mot.*), pulsante di avviamento. 5 ~ **ritzel** (*n.* - *Mot.*), pignone di avviamento. 6 ~ **stromkreis** (*m.* - *Mot.* - *etc.*), circuito di avviamento. 7 ~ **widerstand** (*m.* - *Elekt.*), reostato di avviamento. 8 **Druckluft** ~ (*Mot.*), avviatore ad aria compressa. 9 **elektrischer** ~ (*Mot.*), avviatore elettrico, motorino elettrico di avviamento. 10 **Patronen** ~ (*Mot.*), avviatore a cartuccia. 11 **Schubanker** ~ (*Mot.* - *Aut.*), motorino di avviamento con innesto a traslazione elettromagnetica dell'indotto, motorino di avviamento ad indotto succhiato. 12 **Schubschraubtrieb** ~ (*Mot.*), motorino di avviamento con innesto a comando elettromagnetico (del pignone). 13 **Schwungkraft** ~ (*Mot.*), avviatore ad inerzia. 14 **Sterndreieck** ~ (*elekt. Vorr.*), avviatore stella-triangolo. 15 **Turbinen** ~ (*Mot.*),

avviatore a turbina. 16 **Walzen** ~ (Kontroller) (*Elekt.*), combinatore, « controller ».
Anlass·schütz (*m. - Elekt.*), contattore di avviamento.
Anlassung (*f. - Mot.*), siehe Anlassen.
Anlauf (Anlass) (*m. - Mot.*), avviamento. 2 ~ (*Flugw.*), corsa di decollo. 3 ~ (eines Nockens) (*Aut. - Mech.*), fianco di alzata, tratto di alzata. 4 ~ (zum Sprung z. B.) (*Sport*), rincorsa. 5 ~ (Teil des Arbeitshubes des Werkz.) (*Werkz.masch.bearb.*), avviamento. 6 ~ **bahn** (*f. - Flugw.*), pista. 7 ~ **bogen** (einer Kurve z. B.) (*m. - Mech.*), arco di avvicinamento. 8 ~ **drehmoment** (*n. - elekt. Masch.*), coppia di spunto, momento di avviamento. 9 ~ **farbe** (auf Metalloberflächen beim Erhitzen) (*f. - Wärmebeh.*), colore di rinvenimento. 10 ~ **hafen** (*m. - naut.*), porto di scalo, scalo. 11 ~ **kennlinie** (eines Drehstrom-Motors) (*f. - Elektromot.*), caratteristica di avviamento. 12 ~ **kosten** (eines Unternehmens) (*f. pl. - Adm.*), spese di avviamento, spese iniziali. 13 ~ **kosten** (eines neuen Erzeugnisses z. B.) (*komm.*), spese di lancio. 14 ~ **kurve** (Anlaufkennlinie) (*f. - Masch.*), caratteristica di avviamento. 15 ~ **reibung** (*f. - Phys.*), attrito di primo distacco. 16 ~ **scheibe** (*f. - Masch.*), ralla, spallamento. 17 ~ **schritt** (eines Signals) (*m. - Telegr.*), elemento di avviamento. 18 ~ **strecke** (*f. - Flugw.*), corsa di decollo. 19 ~ **strom** (*m. - Elekt. - Mot.*), corrente di avviamento, corrente allo spunto. 20 ~ **und Ablaufbackenbremse** (*Aut.*), freno ad azione avvolgente e svolgente. 21 ~ **unter Vollast** (*Mot.*), avviamento a pieno carico. 22 ~ **widerstand** (*m. - Elekt.*), reostato di avviamento. 23 **in** ~ (*Ind.*), in produzione. 24 **selbsttätiger** ~ (eines Notstromaggregates z. B.) (*Elekt. - Mot.*), avviamento automatico.
Anlaufen (Anlassen) (*n. - Mot. - etc.*), avviamento. 2 ~ (unerwünschte Veränderung der Oberfläche des Anstriches durch einen hauchartigen Belag) (*n. - Anstr.fehler*), imbiancamento.
anlaufen (anlassen) (*Mot.*), avviare, avviarsi. 2 ~ (oxydieren) (*Metall.*), ossidarsi. 3 ~ (die Produktion eines neuen Modells z. B.) (*Ind.*), avviare. 4 ~ (sich beschlagen, Glass) (*allg.*), appannarsi. 5 **belastet** ~ (unter Last anlaufen) (*Mot. - etc.*), avviare sotto carico, avviare a carico. 6 **ohne Last** ~ (*Mot.*), avviare a vuoto. 7 **unter geringer Last** ~ (*Mot. etc.*), avviare a carico ridotto.
anlaufend (Bremse) (*Mech. - Fahrz.*), avvolgente.
anläuten (*Fernspr.*), telefonare, chiamare.
Anlegeapparat (*m. - Druckmasch.*), mettifoglio.
Anlegebrücke (*f. - naut.*), passerella di sbarco.
Anlegegebühren (*f. pl. - naut.*), diritti di ancoraggio.
Anlegegoniometer (*n. - Instr.*), goniometro di applicazione.
Anlegehafen (*m. - naut.*), porto di scalo, scalo.
Anlegeleiste (zur seitlichen Führung des Streifens z. B.) (*f. - Blechbearb.*), guida laterale.

Anlegen (Landung) (*n. - naut.*), approdo. 2 ~ (einer Kurve z. B.) (*Zeichn. - etc.*), tracciamento. 3 ~ (Bauen) (*allg.*), costruzione.
anlegen (landen) (*naut.*), approdare, accostarsi, attraccare. 2 ~ (bauen) (*allg.*), costruire. 3 ~ (Geld) (*finanz.*), investire. 4 ~ (eine Kurve) (*Zeichn. - etc.*), tracciare. 5 ~ (eine Spannung z. B.) (*Elekt.*), applicare. 6 ~ (eröffnen, ein Konto) (*finanz.*), aprire. 7 **ein Konto** ~ (ein Konto eröffnen) (*finanz.*), aprire un conto.
Anlegeplatz (*m. - naut.*), posto di fonda, posto di ancoraggio.
Anleger (Anlegeapparat) (*m. - Druckmasch.*), mettifoglio.
Anlegeseil (*n. - naut.*), fune di ormeggio.
Anlege-Stromwandler (*m. - Elekt.*), trasformatore (di misura) a tenaglia.
Anlegung (Investierung) (*f. - finanz.*), investimento. 2 ~ (von Siegeln z. B.) (*allg.*), apposizione, applicazione.
anlehnen (*allg.*), accostare, appoggiare.
Anlehre (*f. - Arb. - Pers.*), periodo di addestramento.
Anleihe (*f. - finanz. - etc.*), prestito.
anleimen (*Tischl. - etc.*), incollare.
Anleimmaschine (*f. - graph. Ind. - Masch.*), incollatrice.
anleiten (*allg.*), guidare, istruire.
Anleitung (Weisung) (*f. - allg.*), istruzione, indicazione. 2 ~ (*allg.*), siehe auch Anweisung. 3 **Betriebs** ~ (*Masch. - etc.*), istruzioni sull'uso. 4 **Montage-, Einbau- und Bedienungs** ~ (*f. - Mech.*), istruzioni di montaggio, installazione ed uso. 5 **Montage-, Einbau- und Wartungs** ~ (*Masch. - etc.*), istruzioni di montaggio, installazione e manutenzione.
Anlenkbolzen (eines Nebenpleuels) (*m. - Flugmotor*), perno di bielletta.
anlenken (*Mech.*), articolare.
Anlenkpleuel (eines Sternmotors) (*n. - Flugmotor*), bielletta.
Anlenkzapfen (*m. - Mech. - etc.*), perno (di articolazione).
Anlernberuf (*m. - Arb.*), qualificazione.
Anlernen (Ausbildung) (*n. - Arb.*), addestramento.
anlernen (*Arb. - etc.*), addestrare.
Anlernling (*m. - Arb.*), apprendista.
Anlernzeit (*f. - Arb.*), periodo di addestramento.
anleuchten (*Beleucht.*), illuminare.
Anlieferung (*f. - komm.*), consegna. 2 ~ **s. viskosität** (einer Lackfarbe z. B.) (*f. - Chem.*), viscosità come fornito. 3 ~ **s·zustand** (*m. - komm. - Technol.*), condizione come fornito.
anliegend (*allg.*), adiacente.
Anlieger (Angrenzer) (*m. - Bauw. - recht.*), confinante (*s.*), vicino (*s.*). 2 ~ **grundstück** (*n. - Bauw.*), fondo confinante. 3 ~ **strasse** (*f. - Strass.b.*), strada di servizio.
Anliegestrich (eines Kompasses) (*m. - Instr.*), linea di fede.
Anlieken (Lieken, eines Segels) (*n. - naut.*), ralingatura.
anlieken (lieken) (*naut.*), ralingare.
anlöten (*mech. Technol.*), brasare.
Anlötung (*f. - mech. Technol.*), brasatura.
anlüften (Luftschiff loslassen) (*Flugw.*),

Anluven

mollare. 2 ~ (heben, das Werkz. z. B.) (*allg.*), allontanare.
Anluven (eines Segelschiffes) (*n. - naut.*), orzata.
anluven (luven, von der Windseite anfahren) (*naut.*), orzare.
Anm. (Anmerkung) (*Druck. - etc.*), nota, osservazione.
anmachen (bereiten) (*allg.*), preparare. 2 ~ (ein Feuer) (*allg.*), accendere. 3 ~ (Mörtel) (*Bauw.*), preparare, impastare.
Anmachwasser (für Mörtel z. B.) (*n. - Maur. - etc.*), acqua per l'impasto.
Anmassung (*f. - recht.*), usurpazione.
Anmeldefrist (*f. - recht.*), termine per la presentazione della domanda.
Anmeldegebühr (*f. - komm.*), tassa di registrazione.
anmelden (für Patent) (*recht.*), presentare domanda. 2 ~ (*Fernspr.*), prenotare, fare una prenotazione.
Anmelder (*m. - recht. - etc.*), il richiedente, istante (*s.*).
Anmeldetag (*m. - recht.*), data (di presentazione) della domanda.
Anmeldung (für Patent z. B.) (*f. - recht. - etc.*), domanda. 2 ~ (*Fernspr.*), prenotazione, chiamata. 3 ~ (Annahme, einer Fahrzeug-Werkstätte z. B.) (*Ind. - komm.*), accettazione.
anmengen (*allg.*), incorporare.
anmerken (*allg.*), prendere nota, annotare.
Anmerkung (*f. - allg.*), nota, osservazione. 2 ~ des Übersetzers (*Druck. - etc.*), nota del traduttore.
Anmerkzeichen (*n. - Druck. - etc.*), segno di riferimento, richiamo.
anmessen (*allg.*), misurare.
anmontieren (*Mech. - etc.*), montare, applicare.
anmustern (*naut. - etc.*), arruolare.
annageln (*Tischl.*), inchiodare.
Annagung (Grübchenbildung) (*f. - Mech.*), vaiolatura, «pittatura», puntinatura.
annähen (nähen) (*allg.*), cucire.
annähern (*allg.*), avvicinare.
annähernd (*allg.*), approssimativo.
Annäherung (*f. - allg.*), avvicinamento. 2 ~ (*Math. - etc.*), approssimazione. 3 ~ (*Flugw.*), avvicinamento. 4 ~ s·formel (*f. - Phys. - etc.*), formula approssimata. 5 ~ s·geschwindigkeit (*f. - Flugw.*), velocità di avvicinamento. 6 ~ s·grad (*m. - Math. - etc.*), grado di approssimazione. 7 ~ s·schalter (*m. - Elekt.*), interruttore di prossimità. 8 ~ s·verfahren (*n. - Prüfung*), metodo per tentativi. 9 ~ s·wert (*m. - Math. - etc.*), valore approssimato. 10 ~ s·zünder (*m. - Expl. - milit.*), radiospoletta, spoletta di prossimità.
Annahme (*f. - allg.*), accettazione. 2 ~ (Voraussetzung) (*allg.*), supposizione, ipotesi. 3 ~ (Hypothese) (*Math.*), ipotesi. 4 ~ (bei Qualitätskontrolle) (*mech. Technol.*), accettazione. 5 ~ (der Kraftwagen, in einer Reparaturenwerkstatt z. B.) (*Aut. - etc.*), accettazione. 6 ~ amt (*n. - Ind. - etc.*), ufficio accettazione. 7 ~ eines Wechsels (*komm.*), accettazione di una tratta. 8 ~ grenze (Gutgrenze, annehmbare Qualität der Lieferung, bei Qualitätskontrolle, AQL) (*f. - mech. Technol.*), livello di qualità accettabile, LQA. 9 ~ kennlinie (bei Qualitätskontrolle, OC) (*f. - mech. Technol.*), curva operativa, CO. 10 ~ stelle (*f. - milit.*), centro di raccolta. 11 ~ wahrscheinlichkeit (bei Qualitätskontrolle) (*f. - mech. Technol.*), probabilità di accettazione. 12 ~ zahl (Gutzahl, bei Qualitätskontrolle) (*f. - mech. Technol.*), numero di accettazione. 13 **Auftrags** ~ (*komm.*), accettazione di ordine. 14 **Personal** ~ (*Pers.*), reclutamento del personale.
annässen (*allg.*), inumidire, umettare.
annehmbar (Preis z. B.) (*komm. - etc.*), accettabile, ragionevole.
annehmen (*allg.*), accettare. 2 ~ (*Chem.*), assorbire. 3 ~ (voraussetzen) (*allg.*), supporre, premettere.
Annehmer (Kundendienst-Annehmer z. B.) (*m. - Pers. - Aut. - etc.*), addetto alla accettazione.
Annehmlichkeit (Bequemlichkeit) (*f. - allg.*), comodità, confortevolezza, conforto.
annetzen (annässen) (*allg.*), umettare, inumidire, bagnare (superficialmente).
Annetzer (*m. - Maur. - Werk.*), pennellessa.
annieten (*mech. Technol.*), fissare con chiodi, chiodare.
Annietmutter (*f. - Mech.*), dado da applicare mediante chiodi, dado inchiodabile.
Annihilation (*f. - Kernphys.*), siehe Paarvernichtung.
Annonce (Ankündigung) (*f. - Zeitg.*), annuncio, inserzione.
annoncieren (*Zeitg.*), fare una inserzione, fare un annuncio.
Annuität (jährliche Zahlung) (*f. - recht. - etc.*), annualità.
annullieren (*komm. - etc.*), annullare.
Annullierung (*f. - komm. - etc.*), annullamento.
Anode (*f. - Elekt. - etc.*), anodo. 2 ~ (einer Elektronenröhre) (*Funk.*), anodo, placca. 3 ~ n·basis-Schaltung (*f. - Elektronik*), siehe Kathodenfolger. 4 ~ n·batterie (*f. - Funk.*), batteria anodica. 5 ~ n·belastung (*f. - Funk.*), siehe Anodenverlustleistung. 6 ~ n·gleichrichtung (*f. - Funk.*), raddrizzamento della corrente anodica. 7 ~ n·kreis (*m. - Funk.*), circuito anodico. 8 ~ n·modulation (*f. - Funk.*) modulazione anodica. 9 ~ n·schlamm (*m. - Elektrochem.*), fango anodico. 10 ~ n·schwanz (*m. - Funk.*), curvatura della corrente anodica. 11 ~ n·spannung (*f. - Elekt.*), tensione anodica. 12 ~ n·spitzenstrom (*m. - Funk.*), corrente anodica di cresta. 13 ~ n·stopper (für ungewünschte Schwingungen) (*m. - Funk.*), smorzatore anodico. 14 ~ n·strom (*m. - Elekt.*), corrente anodica. 15 ~ n·verlustleistung (*f. - Elekt.*), dissipazione anodica, dissipazione di placca. 16 ~ n·widerstand (*m. - Elekt.*), resistenza anodica. 17 ~ n·zerstäubung (*f. - Elekt.*), spruzzamento anodico.
anodenmechanisch (elektrolytisch, Bearbeitung) (*Elektromech.*), elettrolitico.
anodisch (*Elekt.*), anodico. 2 ~ e Oxydation (*Elektrochem. - mech. Technol.*), ossidazione anodica. 3 ~ es Glänzen (elektrolytisches Polieren) (*mech. Technol.*), lucidatura elettrolitica.

Anolyt (*m. - Elektrochem.*), anolita.
anomal (*allg.*), anomalo.
Anomalie (*f. - allg.*), anomalia.
anordnen (*allg.*), disporre, sistemare.
Anordnung (von Maschinen z. B.) (*f. - allg.*), disposizione, sistemazione.
anorganisch (*Chem.*), inorganico.
anormal (ungesetzmässig) (*allg.*), anormale.
Anorthit (Ca O . Al$_2$ O$_3$ 2 SiO$_2$) (*m. - Min.*), anortite.
Anotron (Gleichrichterröhre mit Glimmkathode und Kupferanode) (*n. - Elektronik*), anotrone.
Anoxämie (Sauerstoffmangel) (*f. - Med. - Flugw.*), anossiemia.
anpassbar (*allg.*), adattabile. 2 ~ (*Mech.*), aggiustabile.
Anpassblindschwanz (in Hohlleitern) (*m. - Elekt.*), tronco adattatore.
Anpassen (*n. - Mech.*), aggiustaggio. 2 ~ (*allg.*), adattamento.
anpassen (*allg.*), adattare. 2 ~ (*Mech.*), aggiustare.
Anpassgerät (Anpassungsgerät) (*n. - Ger.*), adattatore.
Anpassregelung (Anpass·steuerung, adaptive Regelung, bei numerisch gesteuerten Werkz. Masch.) (*f. - Werkz.masch.*), comando adattativo, comando automodulante, comando autoregolante.
Anpassübertrager (*m. - Elekt.*), trasformatore di adattamento.
Anpassung (*f. - allg.*), adattamento. 2 ~ (*Mech.*), aggiustaggio. 3 ~ (von Impedanz) (*Elekt.*), adattamento. 4 ~ s·fähigkeit (*f. - allg.*), adattibilità, elasticità, flessibilità. 5 ~ s·fähigkeit im Betriebsverhalten (*Mot. - etc.*), elasticità di funzionamento, flessibilità di funzionamento. 6 ~ s·faktor (*m. - Elekt.*), fattore di adattamento. 7 ~ s·gerät (*n. - Ger.*), adattatore. 8 ~ s·impedanz (*Elekt.*), impedenza d'adattamento. 9 ~ s·kreise (*m. - pl. - Elekt.*), circuiti di adattamento, circuiti accoppiati. 10 ~ s·transformator (von Impedanz) (*m. - Elekt*), trasformatore di adattamento. 11 Widerstands ~ (Scheinwiderstandsanpassung) (*Elekt.*), adattamento d'impedenza.
Anpeilen (Anpeilung) (*n. - Navig.*), rilevamento.
anpeilen (*Navig.*), rilevare, eseguire un rilevamento.
anpfählen (*allg.*), fissare con picchetti.
anpflöcken (*Zimm.*), incavigliare.
anpfropfen (*Zimm.*), attestare (con caviglia), montare testa a testa (con caviglia).
Anprall (*m. - allg.*), urto, impatto.
anpreisen (einen Artikel z. B.) (*komm.*), raccomandare.
Anpreisung (*f. - komm.*), pubblicità.
Anpressdruck (*m. - Mech. - etc.*), pressione di appoggio, pressione di contatto.
Anpressplatte (Druckplatte, einer Kupplung) (*f. - Aut.*), anello di spinta.
Anpressung (spezifische Pressung) (*f. - Mech.*), pressione specifica.
anpumpen (abpumpen, die Luft aus einem Behälter z. B.) (*allg.*), estrarre pompando.
anpunkten (beim Schweissen) (*mech. Technol.*), puntare.
anquicken (*Metall.*), amalgamare.

Anrammen (Anprallen, von Kraftfahrzeugen) (*n. - Aut.*), tamponamento.
anrammen (ein Kraftfahrzeug z. B.) (*Aut. - etc.*), tamponare.
Anrampung (*f. - Bauw.*), rampa.
anrauchen (*allg.*), affumicare.
Anräucherung (*f. - allg.*), affumicatura.
Anrauhung (Abstumpfung, von Strassendecken) (*f. - Strass.b.*), trattamento antisdrucciolevole, irruvidimento antisdrucciolevole.
Anraum (Anreim, Rauhreif) (*m. - Meteor.*), brina.
anrechnen (*komm. - Adm.*), addebitare. 2 ~ (betrachten, berücksichtigen) (*allg.*), considerare, tenere conto.
Anrechnung (Berücksichtigung) (*f. - allg.*), considerazione.
Anregeglied (Relais) (*n. - Elekt.*), eccitatore, relè eccitatore.
anregen (erregen) (*Funk. - etc.*), eccitare. 2 ~ (*Chem.*), attivare. 3 ~ (*Med.*), stimolare.
Anreger (von Zement) (*m. - Bauw.*), attivante, attivatore.
Anregung (Erregung) (*f. - Funk. - Kernphys. - Elektronik*), eccitazione. 2 ~ s·band (*n. - Elekt.*), banda di eccitazione. 3 ~ s·leuchten (*n. - Elekt.*), luminescenza di eccitazione. 4 ~ s·zeit (*f. - Elekt.*), tempo di eccitazione.
anreichern (*Metall. - Bergbau*), arricchire. 2 ~ (*Chem.*), concentrare.
Anreicherung (*f. - Bergbau - Metall.*), arricchimento. 2 ~ (*Chem.*), concentrazione. 3 ~ (*Kernphys. - etc.*), arricchimento. 4 ~ (des Grundwassers) (*Hydr.*), ravvenamento, arricchimento. 5 ~ s·becken (Versickerungsbecken) (*n. - Hydr.*), bacino di ravvenamento. 6 ~ s·düse (*f. - Mot.*), getto di arricchimento. 7 Uran ~ (*Atomphys.*), arricchimento dell'uranio.
anreihen (*allg.*), mettere in fila, mettersi in fila.
Anreissen (eines Arbeitsstückes) (*n. - Mech.*), tracciamento.
anreissen (ein Arbeitsstück) (*Mech.*), tracciare.
Anreisser (*m. - mech. Arb.*), tracciatore, operaio tracciatore. 2 Parallel ~ (Höhenreisser) (*Mech. Werkz.*), truschino.
Anreissfarbe (zum übersichtlichen Anreissen von Werkstücken) (*f. - Mech.*), colore per tracciatura.
Anreissgerät (*n. - Mech. - Ger.*), truschino.
Anreissinstrument (*n. - Mech. - Werkz.*), apparecchio per tracciare, truschino.
Anreissnadel (Reissnadel) (*f. - mech. Werkz.*), punta per tracciare.
Anreissplatte (*f. - mech. Werkz.*), piano di riscontro.
Anreiss-schablone (*f. - Werkz.*), calibro di rifilatura.
Anreisswerkzeug (*n. - Werkz.*), utensile per tracciare.
Anreisswinkel (*m. - mech. Werkz.*), squadra a cappello (da tracciatore).
Anreisszirkel (*m. - mech. Werkz.*), compasso a verga, compasso ad asta.
anreizen (*allg.*), stimolare. 2 ~ (erregen) (*Elekt.*), eccitare.
Anreizkreis (*m. - Elekt.*), circuito di comando, circuito di eccitazione.
Anriss (Riss) (*m. - Mech. - Metall.*), incrina-

Anrollbahn

tura, cricca. 2 ~ (Anreissen, eines Gussstückes) (*Mech.*), tracciatura. 3 ~ **sucher** (*m. - Mech.*), incrinoscopio, rivelatore di incrinature, metalloscopio.
Anrollbahn (*f. - Flugw.*), pista di rullaggio.
Anrollen (*n. - Flugw.*), rullaggio.
anrollen (*Flugw.*), rullare.
anrosten (*Mech.*), arrugginire, arrugginirsi.
Anrostung (*f. - Mech.*), arrugginimento, ossidazione.
Anrückabschnitt (Annäherungsabschnitt) (*m. - Eisenb.*), sezione tampone.
Anruf (*m. - allg.*), chiamata. 2 ~ (*Fernspr.*), chiamata telefonica, telefonata. 3 ~ (Übertragung der Programmkontrolle an eine bestimmte Routine) (*Rechner*), richiamo, «call». 4 ~ **ausscheider** (*m. - Fernspr.*), discriminatore di chiamata. 5 ~ **im Fernverkehr** (*Fernspr.*), telefonata interurbana. 6 ~ **im Ortsverkehr** (*Fernspr.*), telefonata urbana. 7 ~ **relais** (*n. - Fernspr.*), relè di chiamata. 8 ~ **schranke** (eines Bahnübergangs) (*f. - Eisenb.*), sbarra levatoia (apribile) a chiamata. 9 ~ **signal** (*n. - Fernspr.*), segnale di chiamata. 10 ~ **system** (*n. - Elekt.*), sistema di chiamata. 11 ~ **wecker** (*n. - Fernspr.*), soneria di chiamata. 12 **dringender** ~ (*Fernspr.*), telefonata urgente. 13 **verabredeter** ~ (*Fernspr.*), telefonata su appuntamento.
anrufen (*Fernspr.*), telefonare, chiamare. 2 **das Amt** ~ (*Fernspr.*), chiamare il centralino.
anrühren (Farben z. B.) (*allg.*), mescolare.
Anrüstung (*f. - allg.*), equipaggiamento.
Ansage (*f. - allg.*), avviso. 2 ~ (Ankündigung eines Programms) (*Funk.*), presentazione.
ansagen (*allg.*), avvisare. 2 ~ (*Funk.*), presentare, annunciare.
Ansager (*m. - Funk. - Pers.*), annunciatore.
ansammeln (*allg.*), raccogliere, radunare.
Ansammlung (*f. - allg.*), accumulo, raccolta.
ansässig (dauernd wohnhaft) (*recht.*), residente.
Ansatz (einer Welle z. B.) (*m. - Mech.*), spallamento, gradino. 2 ~ (Zapfen, auf einem Werkstück) (*Werkz.masch.bearb.*), riferimento. 3 ~ (Verlängerungsstück) (*Mech. - etc.*), prolunga. 4 ~ (Vorsprung, auf einem Gussstück z. B.) (*Mech.*), risalto, aggetto, formaggella, borchia. 5 ~ (eines Hochofens) (*Metall.*), ponte, volta. 6 ~ (Zusatz) (*allg.*), aggiunta. 7 ~ (*Math.*), proposizione, enunciato. 8 ~ (Verfahren) (*allg.*), metodo. 9 ~ (Mischung) (*allg.*), miscela. 10 ~ (von Rost z. B.) (*Mech. - etc.*), deposito. 11 ~ (Aufbauschneide) (*Werkz.masch.bearb.*), tagliente di riporto. 12 ~ (Inkrustation) (*allg.*), incrostazione. 13 ~ (Anhang) (*allg.*), appendice. 14 ~ (Ablagerung) (*allg.*), deposito, sedimento. 15 ~ (Voranschlag) (*komm.*), preventivo. 16 ~ (Tarif) (*komm.*), tariffa. 17 ~ (Preis) (*komm.*), prezzo. 18 ~ (Angebot) (*komm.*), offerta. 19 ~ (Verlängerung) (*allg.*), prolungamento. 20 ~ **feile** (*f. - Werkz.*), lima piatta. 21 ~ **flügel** (eines Flugzeugs) (*m. - Flugw.*), pianetto. 22 ~ **fräsen** (*n. - Werkz.masch.bearb.*), fresatura di spallamenti. 23 ~ **kuppe** (eines Schraubenendes) (*f. - Mech.*), colletto a calotta. 24 ~ **punkt** (eines Flugzeugs in Landung) (*m. - Flugw.*), punto di appoggio. 25 ~ **rohr** (*n. - Leit.*), prolunga (di tubo). 26 ~ **tragfläche** (Ansatzflügel) (*f. - Flugw.*), pianetto. 27 ~ **winkel** (eines Drehstahles z. B.) (*m. - mech. Werkz.*), angolo di incidenza. 28 **kegeliger** ~ (eines Flansches) (*Mech.*), attacco conico.
ansäuern (säuern) (*Chem.*), acidificare.
Ansaugdruck (*m. - Hydr. - etc.*), pressione d'aspirazione.
Ansaugen (*n. - allg.*), aspirazione. 2 ~ (*Mot.*), aspirazione, ammissione.
ansaugen (*allg.*), aspirare.
Ansaugfilter (Luftansaugfilter, Luftfilter) (*m. - Mot. - etc.*), filtro dell'aria.
Ansauggeräuschdämpfer (*m. - Mot.*), silenziatore di ammissione.
Ansaughub (*m. - Mot.*), corsa di aspirazione.
Ansaughutze (eines Vergasers) (*f. - Mot.*), presa d'aria.
Ansaugkrümmer (*m. - Mot.*), collettore di ammissione, collettore di aspirazione.
Ansaugleitung (*f. - Mot.*), tubazione di aspirazione.
Ansaugluftvorwärmer (*m. - Mot.*), preriscaldatore dell'aria di aspirazione.
Ansaugmenge (eines Verdichters) (*f. - Masch.*), portata aspirata.
Ansaugöffnung (im Zylinderkopf) (*f. - Mot.*), luce di aspirazione. 2 ~ (am Ende eines Ansaugrohres z. B.) (*Mot.*), presa d'aria.
Ansaugrohr (*n. - Mot. - etc.*), tubo di aspirazione.
Ansaugschalldämpfer (Ansauggeräuschdämpfer) (*m. - Mot.*), silenziatore di ammissione.
Ansaugspannung (Ansaugdruck) (*f. - Mot.*), pressione di aspirazione, pressione di ammissione.
Ansaugtakt (Ansaughub) (*m. - Mot.*), corsa di aspirazione, corsa di ammissione.
Ansaugtopf (Beruhigungstopf, eines Verbrennungsmotors) (*m. - Mot.*), silenziatore di ammissione.
Ansaug-UT (eines Wankel-Motors z. B. Ansaug-unterer Totpunkt) (*Mot.*), punto morto inferiore aspirazione.
Ansaugventil (*n. - Mot.*), valvola di aspirazione.
anschaffen (*komm.*), procurare, acquistare.
Anschaffung (Erwerb) (*f. - komm.*), acquisto. 2 ~ s-**kosten** (*f. - pl. - komm.*), spese di acquisto. 3 ~ s-**preis** (Selbstkostenpreis, Herstellungspreis) (*m. - Buchhaltung*), prezzo di costo, costo di fabbricazione. 4 ~ s-**preis** (Erwerbspreis) (*komm.*), prezzo di acquisto.
anschäkeln (schäkeln) (*naut.*), ammanigliare.
anschalten (*Elekt. - etc.*), collegare, inserire. 2 ~ (das Licht) (*Elekt.*), accendere.
Anschalter (*m. - Fernspr.*), spina telefonica, «jack», presa d'operatrice.
Anschaltklinke (Anschalter) (*f. - Fernspr.*), spina telefonica, «jack», presa d'operatrice.
Anschaltnetz (*n. - Elekt.*), rete d'inserzione.
Anschaltung (*f. - Elekt. - etc.*), collegamento, inserimento. 2 ~ (Elektronik), *siehe* Ansteuerung.
anschärfen (*Mech.*), affilare. 2 ~ (Beizsäure) (*Metall. - Chem.*), rigenerare, rinforzare.
Anschärfmaschine (*f. - Mech.*), affilatrice.
anschaulich (*allg.*), evidente, chiaro.

Anschauung (*f. - allg.*), modo di vedere, opinione, parere. 2 ~ s·tafel (für Unterricht) (*f. - Schule - etc.*), tavola murale.
anschichten (*allg.*), impilare.
Anschieben (Berührung auf der ganzen Fläche) (*n. - Mech. - etc.*), combaciamento.
Anschiessen (Anschuss) (*n. - Chem.*), cristallizzazione.
anschiessen (*Chem.*), cristallizzare. 2 ~ (einen Motor mit Druckluft anlassen) (*Mot.*), avviare.
anschiften (*Zimm.*), siehe anpfropfen.
Anschlag (Halt) (*m. - Mech.*), arresto. 2 ~ (für Tischumsteuerung z. B.) (*Werkz. masch.*), scontro, battuta, arresto. 3 ~ (eines Fensters z. B.) (*Bauw.*), battuta. 4 ~ (einer Türe z. B.) (*Tischl.*), battuta. 5 ~ (erster Zug beim Tiefziehen) (*mech. Technol.*), prima (operazione di) imbutitura. 6 ~ (einer Wählerscheibe) (*Fernspr. - App.*), arresto. 7 ~ (einer Bandsäge) (*Holzbearb.masch.*), squadra di guida. 8 ~ (Grubenräume an den Schächten) (*Bergbau*), stazione del pozzo. 9 ~ (Plakat) (*komm.*), affisso, cartello. 10 ~ begrenzung (eines Rades) (*f. - Aut.*), arresto scuotimento. 11 ~ begrenzungsfanggurt (*m. - Aut.*), bandella arresto scuotimento. 12 ~ begrenzungsgummipuffer (*m. - Aut.*), tampone di gomma arresto scuotimento. 13 ~ bolzen (*m. - Mech.*), perno di arresto. 14 ~ brett (zum Anschlagen von Mitteilungen, etc., in einer Fabrik z. B.) (*n. - Ind. - etc.*), albo. 15 ~ brett (für Werbeplakate) (*komm. - etc.*), tavola per affissioni, pannello per affissioni. 16 ~ bund (*m. - Mech.*), collare di arresto. 17 ~ draht (*m. - Mech.*), filo di fermo, filo di frenatura. 18 ~ gerät (um Lasten zu heben) (*n. - Transp.*), imbragatura. 19 ~ kette (*f. - Transp.*), catena per imbragatura. 20 ~ liek (eines Segels) (*n. - naut.*), gratile, ralinga. 21 ~ moment (eines Torsiondämpfers) (*n. - Mech.*), momento massimo, coppia massima. 22 ~ papier (*n. - komm. - etc.*), carta per manifesti. 23 ~ platte (Bezugsplatte) (*f. - Mech.*), piastra di riferimento. 24 ~ puffer (Endanschlag) (*m. - Mech.*), tampone di fine corsa. 25 ~ schiene (Backenschiene) (*f. - Eisenb.*), controago, contrago. 26 ~ schraube (*f. - Mech.*), vite di arresto, vite di battuta. 27 ~ sporn (*m. - Reitkunst*), sperone. 28 ~ stein (*m. - Bauw.*), mattone di mazzetta. 29 ~ stück (*n. - Elekt.*), terminale. 30 ~ s·wert (*m. - komm.*), valore stimato. 31 ~ winkel (zum Anreissen) (*m. - Werkz.*), squadra a cappello. 32 ~ zettel (*m. - komm.*), cartello, affisso, manifesto. 33 ~ zünder (*m. - Expl.*), spoletta a percussione. 34 Begrenzungs ~ (Endanschlag) (*Mech.*), fine corsa, arresto di fine corsa, battuta di fine corsa. 35 einstellbarer ~ (*Werkz.masch. - Mech.*), scontro regolabile, arresto regolabile. 36 End ~ (*m. - Werkz.masch.*), arresto di fine corsa. 37 Feder ~ (*Mech.*), arresto a molla. 38 ~ fester ~ (*Mech.*), arresto meccanico. 39 in ~ bringen (*allg.*), prendere in considerazione. 40 Kosten ~ (*komm.*), preventivo di costo. 41 Mauer ~ (*Bauw.*), battuta del muro, mazzetta. 42 **Quervorschub** ~ (*Werkz.masch. bearb.*), arresto dell'avanzamento trasversale, battuta per l'avanzamento trasversale. 43 Ziehen im ~ (Erstziehen) (*Blechbearb.*), prima imbutitura, prima operazione di imbutitura.
Anschlagen (von Plakaten z. B.) (*n. - komm.*), affissione.
anschlagen (ein Stück gegen ein anderes) (*Mech. - etc.*), attestarsi. 2 ~ (drücken, eine Taste z. B.) (*allg.*), battere. 3 ~ (zum Stillstand kommen) (*allg.*), arrestarsi, fermarsi. 4 ~ (in Verpackung) (*Transp.*), imbragare. 5 ~ (befestigen, ein Brett z. B.) (*Zimm. - etc.*), fissare. 6 ~ (beschädigen, Teller z. B.) (*allg.*), danneggiare. 7 ~ (einschätzen) (*allg.*), stimare. 8 ~ (zielen, ein Gewehr z. B.) (*allg.*), puntare. 9 ~ (etwas öffentlich machen) (*allg.*), mettere all'albo, notificare (mediante affissione). 10 hier ~ (auf Kistenverpackungen z. B.) (*Transp.*), imbragare qui!
Anschläger (*m. - Arb. - Werbung*), attacchino. 2 ~ (*m. - Bergbau - Arb.*), addetto alla stazione del pozzo.
anschleifen (*Mech.*), affilare.
anschliessen (eine Zeichnung an einen Brief z. B.) (*Büro*), allegare. 2 ~ (ein elekt. Ger. an die Steckdose z. B.) (*Elekt.*), allacciare, collegare.
Anschliff (Schliff) (*m. - Werkz.*), affilatura. 2 ~ (geschliffene Fläche) (*Mech.*), superficie levigata. 3 ~ für **Grauguss** (eines Spiralbohrers) (*Werkz.*), affilatura a bisello periferico, affilatura per ghisa grigia.
anschlingen (*Transp.*), imbragare.
Anschlitzung (*f. - Tischl.*), giunzione a maschio e femmina.
Anschluss (Verbindung) (*m. - allg.*), congiunzione, collegamento, unione, allacciamento. 2 ~ (zwischen zwei Oberflächen eines metall. Stückes z. B.) (*Mech.*), raccordo. 3 ~ (*Elekt.*), collegamento, allacciamento, connessione. 4 ~ (zwischen Flügeln und Rumpf z. B.) (*Flugw.*), carenatura di raccordo. 5 ~ (Anschlussblech, Eckplatte) (*Zimm.*), fazzoletto. 6 ~ auge (Befestigungsloch, einer Radscheibe) (*f. - Aut.*), foro di fissaggio, foro di accoppiamento. 7 ~ bahnhof (*m. - Eisenb.*), stazione di raccordo. 8 ~ blech (Eckplatte) (*n. - Zimm.*), fazzoletto. 9 ~ bolzen (*m. - Mech.*), perno di collegamento, perno di unione. 10 ~ dichtung (*f. - Mech.*), guarnizione (di giunzione). 11 ~ dose (*f. - Elekt. - Bauw.*), scatola di giunzione. 12 ~ eisen (für Beton) (*n. - Bauw.*), tondino di collegamento (sporgente dalla struttura). 13 ~ fahne (*f. - Elekt.*), linguetta di connessione. 14 ~ gerät (peripheres Gerät, externes Gerät) (*n. - Rechner*), unità periferica, periferica (*s.*). 15 ~ gewinde (für Röhren) (*n. - Leit.*), filettatura di raccordo. 16 ~ gleis (*n. - Eisenb.*), raccordo ferroviario, binario di raccordo. 17 ~ kabel (zwischen einem elekt. App. und Dose) (*n. - Elekt.*), cordone, cavo di allacciamento. 18 ~ kappe (*f. - Elekt.*), capocorda a cappuccio. 19 ~ kasten (*m. - Elekt.*), scatola di giunzione, cassetta di connessione. 20 ~ klemme (*f. - Elekt.*), morsetto. 21 ~ klemmenbrett (*n. - Elekt.*), morsetto. 22 ~ leistung (eines Netzes, Summe der Nennleistungen der angeschlossenen Verbraucher) (*f. - Elekt.*), potenza allacciata. 23 ~ leitung (*f. - Leit.*),

anschlussfertig

tubazione di allacciamento. 24 ~ **leitung** (*Elekt.*), linea di allacciamento. 25 ~ **leitung** (*Fernspr.*), linea di abbonato, linea di allacciamento. 26 ~ **masse** (*n. - pl. - Mech.*), quote di accoppiamento. 27 ~ **moment** (an Trägern) (*n. - Bauw.*), momento all'attacco. 28 ~ **muffe** (*f. - Elekt.*), muffola. 29 ~ **mutter** (*f. - Mech.*), dado di raccordo. 30 ~ **nummer** (*f. - Fernspr.*), numero di abbonato. 31 ~ **plan** (gibt die räumliche Anordnung der Leitungsanschlüsse und Geräte, aber nicht die Schaltung) (*m. - Elekt. - etc.*), schema topografico, schema dei collegamenti, schema degli allacciamenti. 32 ~ **schnur** (zwischen Gerät und Dose) (*f. - Elekt.*), cordone. 33 ~ **·stelle** (einer Autobahn) (*f. - Strasse*), raccordo di entrata (o di uscita). 34 ~ **stelle** (*Elekt. - etc.*), punto di connessione, punto di attacco. 35 ~ **·stück** (*n. - Leit.*), raccordo. 36 ~ **·strecke** (*f. - Eisenb.*), binario di raccordo, raccordo ferroviario. 37 ~ **·stutzen** (eines Bunsenbrenners z. B.) (*m. - Mech. - Leit. - etc.*), tubo di raccordo, bocchettone, attacco. 38 ~ **verschraubung** (*f. - Leit.*), raccordo a vite. 39 ~ **vorrichtung** (*f. - Mech. - etc.*), maschera di montaggio, attrezzo di montaggio. 40 ~ **wert** (höchste Stromaufnahme eines Elektrogeräts) (*m. - Elekt.*), potenza massima assorbita, potenza allacciata. 41 ~ **winkel** (Pressungswinkel, von Zahnrädern) (*m. - Mech.*), angolo di pressione. 42 ~ **winkel** (Winkeleisen an tragenden Bauteilen)(*Bauw.*) angolare di attacco. 43 ~ **zwinge** (einer Schweissmaschine) (*f. - Elekt.*), presa a morsetto, morsetto di presa (corrente). 44 **Masse** ~ (*Elekt.*), collegamento a massa.

anschlussfertig (*Elekt.*), pronto per l'allacciamento.

Anschmelzherd (*m. - Metall.*), forno fusorio.

Anschmelzversuch (zur Schweiss·sicherheitsprüfung von dünnen Blechen) (*m. - mech. Technol.*), prova a fusione, prova di sicurezza contro la tendenza all'incrinatura di giunti saldati.

anschnallen (*allg.*), affibbiare.

Anschnallgurt (*m. - Flugw. - etc.*), cinghia di sicurezza, cintura di sicurezza.

Anschneidelinie (*f. - Zeichn. - etc.*), linea di interruzione.

Anschneiden (von Naben) (*n. - Mech.*), lamatura. 2 ~ (der Form) (*Giess.*), applicazione delle colate.

anschneiden (*allg.*), tagliare. 2 ~ (*Giess.*), applicare le colate. 3 ~ (anflächen, ansenken) (*Mech.*), lamare.

Anschneidsenker (Nabensenker) (*m. - Werkz.*), utensile per lamare.

Anschnitt (*m. - allg.*), intaglio, tacca, intaccatura. 2 ~ (*Giess.*), attacco di colata. 3 ~ (erstarrtes Metall auf einem Guss·stück) (*Giess.*), colame, boccame. 4 ~ (einer Schraube z. B.) (*Mech.*), filettatura incompleta, smussatura. 5 ~ (am Ende eines Gewindebohrers) (*Werkz.*), tratto attivo, imbocco. 6 ~ (eines Wälzfräsers z. B.) (*mech. Werkz.*), imbocco, inizio taglio. 7 ~ (Steuer- oder Zündwinkel eines Stromrichters) (*Elektronik*), angolo di accensione, angolo di parzializzazione, angolo di ritardo. 8 ~ (Trassenführung mit bergseitig eingeschnittener und talseitig aufgeschütteter Strassenkörper) (*Strass.b.*), sezione in sterro e riporto, sezione di passaggio. 9 ~ (beim Spritzgiessen von Kunststoffen, Engstelle zwischen Anguss und Formhöhlung) (*Technol.*), punto d'iniezione. 10 ~ **länge** (eines Gewindebohrers) (*f. - Werkz.*), lunghezza del tratto attivo, lunghezza d'imbocco. 11 ~ **-Schleifmaschine** (für Gewindebohrer z. B.) (*f. - Werkz.masch.*), affilatrice per tratti attivi, affilatrice per imbocchi. 12 ~ **seite** (eines Wälzfräsers z. B.) (*f. - Werkz.*), lato imbocco, lato d'inizio taglio. 13 ~ **steuerung** (bei Stromrichtersteuerung) (*f. - Elektronik*), regolazione dell'angolo di accensione. 14 ~ **system** (*n. - Giess.*), dispositivo di colata. 15 ~ **technik** (*f. - Giess.*), (sistema di) applicazione delle colate, applicazione del dispositivo di colata. 16 ~ **und Auftrag** (*Bauw. - Strass.b.*), sezione di passaggio, sezione in sterro e riporto. 17 ~ **- und Steigertechnik** (*Giess.*), tecnica di applicazione delle colate e montanti. 18 ~ **winkel** (eines Gewindebohrers z. B.) (*m. - Werkz.*), angolo d'imbocco, conicità d'imbocco. 19 **Front** ~ (Aufprallanschnitt) (*Giess.*) attacco (di colata) frontale. 20 ~ **Horn** ~ (*Giess.*), attacco di colata a corno. 21 **kurzer** ~ (eines Gewindebohrers) (*Werkz.*), tratto attivo corto, imbocco corto. 22 **langer** ~ (eines Gewindebohrers) (*Werkz.*), tratto attivo lungo, imbocco lungo. 23 **Leisten** ~ (*Giess.*), attacco (di colata) lamellare, attacco a linguetta. 24 **Phasen** ~ (eines Thyratrons) (*Elektronik*), ritardo di fase. 25 **radialer** ~ (*Giess.*), attacco di colata radiale. 26 **Schäl** ~ (eines Gewindebohrers) (*Werkz.*), tratto attivo medio, imbocco medio. 27 **tangentialer** ~ (*Giess.*), attacco di colata tangenziale.

Anschrägung (Anfasung, Abschrägung) (*f. - Mech.*), smussatura.

anschrauben (*Mech.*), avvitare.

anschreiben (*allg.*), annotare. 2 ~ (zählen, die Ladung) (*naut.*), spuntare, verificare.

Anschreiber (Ladungsanschreiber) (*m. - naut.*) verificatore.

Anschrift (*f. - komm. - etc.*), indirizzo. 2 ~ en·maschine (*f. . - Masch.*), macchina stampaindirizzi.

anschüren (das Feuer) (*allg.*), attizzare.

anschütten (anfüllen) (*allg.*), riempire.

Anschüttung (Aufschüttung, aufgefüllter Boden) (*f. - Ing.b.*), riporto.

Anschwebebahn (*f. - Flugw.*), traiettoria di discesa.

Anschweben (Annäherung) (*n. - Flugw.*), avvicinamento planato.

anschweissen (*mech. Technol.*), saldare.

Anschwellen (*n. - allg.*), gonfiamento. 2 ~ (des Stromes) (*Elekt.*), aumento brusco.

anschwellen (*allg.*), gonfiare, gonfiarsi. 2 ~ (des Stromes) (*Elekt.*), aumentare bruscamente.

Anschwellzeit (Schwelldauer, bei Bremsen) (*f. - Aut.*), tempo d'incremento.

anschwemmen (*allg.*), allagare.

Anschwemmfiltration (für Wasser auf lockener Filtermassen, auf poröser Unterlage)

(f. - Kessel - etc.), filtrazione su letto di materiale sciolto.
Anschwemmung (Vorgang) (f. - Geol.), alluvione. 2 ~ (Material) (Geol.), deposito alluvionale, materiale alluvionale.
Anschwingstrom (von Schwingungen) (m. - Elekt.), corrente d'innesco (di oscillazioni).
Ansehen (n. - allg.), aspetto.
anseilen (allg.), fissare con fune, legare.
Ansenken (mittels Flächenfräsen) (n. - Werkz. masch.bearb.), lamatura. 2 ~ (mittels zylindrischer Werkz.) (Mech.), accecatura cilindrica, allargamento (dell'estremità di un foro). 3 ~ (mittels Spitzenbohrer) (Mech.), svasatura, esecuzione di una svasatura.
ansenken (mit Spitzsenker) (Mech.), svasare, eseguire una svasatura conica. 2 ~ (mit zylindrischem Senker) (Mech.), accecare, allargare (l'estremità di un foro). 3 ~ (mittels Flächenfräsen) (Werkz.masch.bearb.), lamare.
Ansenkung (Spitzsenkung) (f. - Mech.), svasatura.
Ansetzblatt (eines Buches) (n. - Druck.), risguardo.
ansetzen (anfangen) (allg.), iniziare, cominciare. 2 ~ (ein Werkzeug) (Mech.), piazzare, registrare, regolare, mettere a punto. 3 ~ (Bergbau), iniziare (uno scavo). 4 ~ (Chem.), preparare. 5 ~ (festsetzen) (komm. - etc.), fissare, stabilire. 6 ~ (verlängern) (allg.), aggiungere. 7 ~ (Preise z. B.) (komm.), quotare. 8 ~ (anhängen, Wagen) (Eisenb.), attaccare, agganciare, aggiungere. 9 ~ (eine Gleichung z. B.) (Math.), impostare. 10 ~ (heranbringen) (allg.), accostare. 11 ~ (stehendes Tauwerk anspannen) (naut.), arridare. 12 zu etwas ~ (allg.), prepararsi a qualche cosa. 13 zur Landung ~ (Flugw.), prepararsi per l'atterraggio.
Ansetzung (des Werkzeugs) (f. - Mech.), piazzamento, messa a punto, regolazione, registrazione.
Ansicht (f. - Zeichn. - etc.), vista. 2 ~ (Meinung) (allg.), opinione, punto di vista. 3 ~ (Bild) (allg.), figura, illustrazione. 4 ~ (Schaubild) (allg.), schema. 5 ~ (Zeichnung) (Zeichn.), disegno. 6 ~ der Einzelteile (Ansicht in auseinandergenommenem Zustand) (Zeichn. - etc.), quadro dei pezzi smontati, vista « esplosa ». 7 ~ fläche (f. - allg.), superficie in vista. 8 ~ im Aufriss (Zeichn.), elevazione, alzata. 9 ~ im Aufriss und Schnitt (Zeichn.), vista in alzata e in sezione, sezione in elevazione. 10 ~ im auseinandergenommenen Zustand (Zeichn. - etc.), vista pezzi smontati, quadro dei pezzi smontati, vista « esplosa ». 11 ~ im Grundriss (Zeichn.), vista in pianta. 12 ~ im Querschnitt (Zeichn.), vista in sezione. 13 ~ im Schnitt (Zeichn.), vista in sezione. 14 ~ im Seitenriss (Zeichn.), vista laterale. 15 ~ in Pfeilrichtung (Zeichn.), vista in direzione della freccia. 16 ~ in voller Grösse (Zeichn.), vista in grandezza naturale, vista in scala 1:1. 17 ~ schräg von vorn (Zeichn. - etc.), vista tre quarti di fronte. 18 ~ s·postkarte (Bildpostkarte) (f. - Post), cartolina illustrata. 19 ~ s·sendung (ein Buch z. B., Probesendung) (f. - allg.), invio in visione. 20 ~ s·skizze (f. - Zeichn.), schizzo panoramico. 21 ~ von oben (Zeichn.), vista dall'alto, vista in pianta. 22 ~ von vorne (Zeichn.), vista frontale, vista dalla parte anteriore. 23 ~ von unten (Zeichn.), vista dal disotto. 24 amerikanische Anordnung der ~ en (amerikanische Darstellung) (Zeichn.), proiezione all'americana, disposizione americana delle viste. 25 Anordnung der ~ en nach DIN 6 (europäische Darstellung) (Zeichn.), proiezione ortogonale normale, proiezione all'europea, disposizione europea delle viste. 26 perspektivische ~ (Zeichn.), vista prospettica. 27 Seiten ~ (Seitenriss) (Zeichn.), vista laterale. 28 Stirn ~ (Vorderansicht) (Zeichn.), vista frontale. 29 teilweise ~ (Zeichn.), vista parziale. 30 teilweise im Schnitt dargestellte ~ (Zeichn.), vista in sezione parziale. 31 Vorder ~ (Aufriss) (Zeichn.), vista frontale. 32 zur ~ (allg.), in visione, in esame.
Ansiedlung (neuer Industrien z. B.) (f. - Ind. - etc.), insediamento.
Ansintern (n. - Technol.), sinterazione, sinterizzazione.
anspannen (Mech. - etc.), sollecitare.
Anspannung (f. - Mech. - etc.), sollecitazione.
anspeisen (Strom z. B.) (Elekt. - etc.), alimentare.
Anspiegeln (Ansenken, von Naben) (n. - Mech.), lamatura.
anspiegeln (ansenken, nabensenken) (Mech.), lamare.
anspitzen (allg.), fare la punta, appuntire.
Anspitzer (m. - Büro - Werkz.), temperamatite, temperalapis.
Anspitzhammer (m. - Werkz.), martello a penna.
Anspitzmaschine (f. - Werkz.masch.), macchina per appuntire.
anspleissen (ein Seil) (naut.), impiombare.
Ansporn (m. - allg.), incentivo.
Ansprache (Rede, eines Präsidenten z. B.) (f. - allg.), allocuzione, prolusione, discorso.
Ansprechbereich (eines Relais z. B.) (m. - Elekt. - etc.), campo di risposta, campo di funzionamento.
Ansprechcharakteristik (f. - Phys.), caratteristica di risposta.
Ansprechdauer (Zeitdauer zwischen Betätigen des Bremspedals und Ansprechen der Bremse) (f. - Aut.), tempo di reazione (del freno), tempo di intervento, tempo di risposta, tempo di manovra.
Ansprechdruck (eines Ventils z. B.) (m. - Mech. - etc.), pressione d'intervento, pressione di risposta.
Ansprechempfindlichkeit (eines Reglers z. B.) (f. - Elekt. - etc.), sensibilità di risposta.
Ansprechen (eines Reglers) (n. - Elekt. - etc.), risposta. 2 ~ (Funk. - Akus.), risposta. 3 ~ (eines Sicherungsautomats) (Elekt.), intervento, scatto. 4 ~ (auf Wärmebehandlung) (Wärmebeh.), trattabilità, sensibilità al trattamento termico.
ansprechen (empfindlich sein) (Elekt. - etc.), rispondere, reagire. 2 ~ (eines Sicherungsautomats z. B.) (Elekt.), scattare.
ansprechend (ein Regler z. B.) (Elekt. - etc.), sensibile. 2 langsam ~ (Elekt. - etc.), poco sensibile, di scarsa sensibilità, ad azione

Ansprechfunkfeuer 60

lenta. 3 schnell ~ (ein Regler z. B.) (*Elekt. - etc.*), ad alta sensibilità.
Ansprechfunkfeuer (*n. - Funk.*), radiofaro a risposta.
Ansprechschwelle (eines Relais z. B.) (*f. - Elekt. - etc.*), soglia di risposta, soglia di funzionamento.
Ansprechspannung (*f. - Elekt.*), tensione di intervento, tensione di reazione. 2 ~ (Anzugspannung, eines Relais) (*Elekt.*), tensione di attrazione, tensione di eccitazione.
Ansprechtemperatur (eines Temperaturfühlers z. B.) (*f. - Ger.*), temperatura di risposta, temperatura di reazione, temperatura d'intervento.
Ansprechverzug (eines Schalters) (*m. - Elekt.*), ritardo della risposta.
Ansprechzeit (*f. - Elekt. - etc.*), tempo di reazione.
Ansprengen (vollständige Berührung von zwei Flächen) (*n. - Mech. - etc.*), aderenza.
Anspringen (nach einer Zeit unstabilen Zündbetriebes z. B.) (*n. - Mot.*), avviamento, accelerazione.
anspringen (*Mot.*), avviarsi, accelerare. 2 ~ (*Strahltriebw.*), accendersi.
Anspritz (Unterputz) (*m. - Bauw.*), prima mano d'intonaco.
Anspruch (Patentanspruch) (*m. - recht.*), rivendicazione. 2 ~ (Anforderung) (*allg.*), esigenza.
anspruchsvoll (Werk z. B.) (*allg.*), impegnativo. 2 ~ (viel fordernd, Käufer z. B.) (*komm. - etc.*), esigente.
Anstählen (*n. - Metall.*), riporto duro.
Anstalt (*f. - komm.*), istituto, ente, ufficio. 2 Besserungs ~ (*recht.*), casa di correzione. 3 Post ~ (*Post*), ufficio postale. 4 Straf ~ (*recht.*), penitenziario, istituto di pena.
Anstau (*m. - See*), effetto di marea. 2 ~ (*Hydr.*), siehe Stauung.
Anstauchen (Stauchen an einem Ende des Schmiedestücks) (*n. - Schmieden*), ricalcatura (ad una estremità).
anstauchen (*Schmieden*), ricalcare (ad una estremità).
Anstauchgesenk (*n. - Schmieden - Werkz.*), stampo per ricalcatura.
Anstauchmaschine (*f. - Schmieden - Masch.*), ricalcatrice, fucinatrice meccanica.
anstauen (*Hydr. - etc.*), ristagnare.
Anstauung (von Wasser) (*f. - Hydr. - etc.*), ristagno.
anstechen (einen Ofen) (*Giess.*), spillare. 2 ~ (eine Pumpe) (*Hydr. - etc.*), adescare.
Anstecken (eines Kupolofens z. B.) (*n. - Giess.*), accensione.
anstecken (einen Kupolofen z. B.) (*Giess.*), accendere. 2 ~ (festmachen, ein Seil) (*allg.*), fissare.
ansteckend (Krankheit) (*Med.*), infettivo, contagioso.
Ansteckung (Infektion) (*f. - Med.*), infezione.
anstehen (*Bergbau - Geol.*), affiorare.
anstehend (*Geol.*), affiorante. 2 ~ es Gestein (*Geol.*), affioramento.
ansteigen (*allg.*), salire.
ansteigend (*allg.*), in salita.
Ansteigung (*f. - Strasse*), salita.

anstellbar (einstellbar) (*Mech. - etc.*), regolabile, registrabile.
Anstellbewegung (Bewegung mit der das Werkzeug an das Werkstück geführt wird, vor dem Zerspanen) (*f. - Werkz.masch.bearb.*), moto di avvicinamento.
anstellen (einstellen) (*Mech. - etc.*), regolare, registrare. 2 ~ (einstellen) (*Arb. - Pers.*), impiegare, assumere.
Ansteller (Arbeitgeber) (*m. - Arb.*), datore di lavoro.
Anstellung (*f. - Arb.*), impiego. 2 ~ (Einstellung) (*allg.*), regolazione, registrazione. 3 ~ s·brief (Anstellungsschreiben) (*m. - Arb. - Pers.*), lettera di assunzione. 4 ~ s·vertrag (*m. - Arb.*), contratto di lavoro. 5 Walzen ~ (für den Hub der Oberwalze z. B.) (*Walzw.*) regolazione del cilindro.
Anstellvorrichtung (für den Hub der Oberwalze) (*f. - Walzw.*), meccanismo di regolazione.
Anstellwinkel (eines Flügels z. B.) (*m. - Flugw.*), angolo di incidenza. 2 ~ (einer Luftschraube) (*Flugw.*), angolo della pala. 3 ~ (Einstellwinkel, eines Drehstahles z. B.) (*Mech. - Werkz.*), angolo di registrazione, angolo di appostamento. 4 induzierter ~ (Abwindwinkel) (*Flugw.*), angolo di incidenza indotta. 5 kritischer ~ (*Flugw.*), angolo di incidenza di portanza massima, angolo di stallo.
ansteuern (*naut. - Flugw.*), far rotta per, dirigere per. 2 ~ (durch Impuls) (*Elektronik*), comandare, pilotare.
Ansteuerung (Annäherung) (*f. - Navig.*), avvicinamento. 2 ~ (*Elektronik*), comando, pilotaggio. 3 ~ s·einrichtung (*f. - Elektronik*), dispositivo di comando. 4 ~ s·funkfeuer (*n. - Funk.*), radiofaro localizzatore. 5 ~ s· impuls (eines Speichers) (*m. - Rechner*), impulso di pilotaggio.
Anstich (*m. - Walzw.*), prima passata. 2 ~ hahn (*m. - Bierbrauerei - etc.*), spina, rubinetto di spillatura. 3 ~ querschnitt (*m. - Walzw.*), sezione iniziale di passaggio.
Anstieg (Aufstieg) (*m. - allg.*), salita. 2 ~ (Geschwindigkeit) (*Flugw.*), velocità ascensionale. 3 ~ winkel (*m. - Flugw.*), angolo di salita. 4 ~ s·zeit (Steigzeit, eines Strom- oder Spannungssprunges) (*f. - Elekt.*), tempo di salita. 5 ~ s·zeit (eines Impulses) (*Elektronik*), tempo di salita. 6 ~ s·zeitkonstante (*f. - Elektronik*), costante del tempo di salita.
anstimmen (abstimmen) (*Funk.*), sintonizzare.
anstirnen (ansenken) (*Mech.*), lamare, sfacciare.
Anstoss (Stoss) (*m. - allg.*), urto (iniziale). 2 ~ (Impuls) (*allg.*), impulso. 3 ~ (*Zimm.*), giunto di testa.
Anstossen (*n. - Mech. - etc.*), attestamento. 2 ~ (Anregen, eines Vorgangs) (*allg.*), eccitazione, stimolazione. 3 ~ (einer Turbine z. B.) (*Masch.*), funzionamento (a vuoto) iniziale.
anstossen (stossen) (*allg.*), urtare, investire. 2 ~ (*Mech. - etc.*), attestarsi, attestare. 3 ~ (anregen, einen Vorgang) (*allg.*), eccitare, stimolare.

Anstrahlung (Flutlichtbeleuchtung) (*f. - Beleucht*), illuminazione per proiezione.
Anstrebekraft (Zentripetalkraft) (*f. - Phys.*), forza centripeta.
Anstreichbürste (*f. - Anstr. - Werkz.*), pennellessa da verniciatore.
Anstreichen (*n. - Anstr.*), verniciatura. 2 ~ (einer Form) (*Giess.*), rivestimento, verniciatura.
anstreichen (*Anstr.*), verniciare. 2 ~ (überziehen, Kokillen z. B.) (*Giess.*), rivestire, verniciare. 3 **mit Ölfarbe** ~ (*Anstr.*), verniciare ad olio, pitturare ad olio.
Anstreicher (von Karosserien z. B.) (*m. - Arb.*), verniciatore. 2 ~ (für das Weissen von Mauern) (*Arb.*), imbianchino.
Anstreichpinsel (*m. - Anstr. - Werkz.*), pennello da verniciatore.
Anstreichspritzpistole (*f. - Anstr. - Ger.*), pistola per verniciatura a spruzzo.
anstrengend (ermüdend) (*Arb.*), faticoso.
Anstrengung (*f. - allg.*), sforzo, fatica. 2 ~ (ermüdende Arbeit) (*f. - Arb.*), lavoro faticoso. 3 ~ (bei Leistungsgradschätzung) (*Zeitstudium*), applicazione. 4 ~ **s·grad** (Leistungsgrad) (*m. - Arb. - Zeitstudium*), grado di applicazione. 5 **geistige** ~ (*arb.*), sforzo mentale. 6 **körperliche** ~ (*Arb.*), sforzo fisico.
Anstrich (Lack, ohne Körperfarben) (*m. - Anstr.*), vernice. 2 ~ (Anstrichfarbe, mit Körperfarben) (*Anstr.*), pittura. 3 ~ (Schicht) (*Anstr.*), mano di vernice, mano di pittura. 4 ~ (von Kokillen z. B.) (*Giess.*), rivestimento isolante, rivestimento protettivo, vernice. 5 ~ (auf Mauerwerk) (*Bauw.*), tinta (a calce). 6 ~ **farbe** (*f. - Anstr.*), pittura. 7 ~ **fehler** (*m. - Anstr.*), difetto di verniciatura. 8 ~ **film** (*m. - Anstr.*), strato superficiale di vernice, pellicola, « film ». 9 ~ **mittel** (*n. - Anstr.*), siehe Anstrichstoff. 10 ~ **stoff** (Anstrichmittel) (*m. - Anstr.*), prodotto verniciante. 11 ~ **streifen** (Anstrichmarkierungsstreifen) (*m. - Anstr.*), filetto (di vernice). 12 **bewuchsverhindernde** ~ **farbe** (*f. - Anstr. - naut.*), pittura (sottomarina) antivegetativa. 13 **Deck** ~ (*Anstr.*), ultima mano, smalto. 14 **der erste** ~ (*Anstr.*), la prima mano. 15 **Grund** ~ (*Anstr.*), mano di fondo, fondo. 16 **Grund** ~ **farbe** (*f. - Anstr.*), mano di fondo, fondo. 17 **Lack** ~ (*Anstr.*), mano di vernice. 18 **leitender** ~ (*Anstr.*), vernice conduttrice. 19 **letzter** ~ (*Anstr.*), ultima mano, smalto. 20 **Mauer** ~ (*Bauw.*), tinta (a calce). 21 **säurebeständiger** ~ (*Anstr.*), vernice resistente agli acidi. 22 **Schluss** ~ (*Anstr.*), smalto a finire.
Anströmgeschwindigkeit (Eintrittgeschwindigkeit des Wassers in die Propellerebene) (*f. - naut.*), velocità d'ingresso.
Anströmkante (*f. - Flugw.*) orlo di attacco, orlo di entrata.
Anströmwinkel (bei aerodynamischen Prüfungen von Pkw) (*m. - Aut.*), angolo di imbardata.
anstroppen (anschlagen) (*naut. - etc.*), imbragare.
Ansuchen (für Patent z. B.) (*n. - recht.*) domanda.

Ansumpfung (*f. - allg.*) inondazione.
Ant. (Antenne) (*Funk. - etc.*), antenna, aereo.
antarktisch (*Geogr.*), antartico.
antasten (abtasten) (*Mech.*), tastare.
Anteil (Teil) (*m. - allg.*), parte. 2 ~ (Quote) (*allg.*), quota. 3 ~ **schein** (einer Aktie z. B.) (*m. - finanz.*), cedola. 4 **Gesellschafts** ~ (*finanz.*), quota sociale. 5 **Gewinn** ~ (*Arb.*), compartecipazione agli utili.
anteilig (*finanz.*), di compartecipazione.
Antenne (*f. - Funk.*), antenna, aereo. 2 ~ (*Funk.*), siehe auch Antennen. 3 ~ **mit Rundwirkung** (*Funk.*), antenna onnidirezionale. 4 **abgeschirmte** ~ (*Funk.*), antenna schermata. 5 **abgestimmte** ~ (*Funk.*), antenna sintonizzata. 6 **aperiodische** ~ (*Funk.*), antenna aperiodica, antenna non sintonizzata. 7 **Aussen** ~ (*Funk. - etc.*), antenna esterna. 8 **belastete** ~ (*Funk.*), antenna caricata. 9 **Dipol** ~ (*Funk. - Fernseh.*), antenna a dipolo, dipolo. 10 **Einbau** ~ (eingebaute Antenne) (*Funk. - etc.*), antenna incorporata. 11 **eingegrabene** ~ (*Funk.*), antenna interrata. 12 **einseitig gerichtete** ~ (*Funk.*), antenna unidirezionale. 13 **Empfangs** ~ (*Funk.*), antenna ricevente. 14 **fadingmindernde** ~ (schwundmindernde Antenne) (*Funk.*), antenna antiaffievolimento, antenna antifluttuazione. 15 **Faltdipol** ~ (*Funk. - Fernseh.*), antenna a dipolo ripiegato, dipolo ripiegato. 16 **freihängige** ~ (eines Flugzeugs) (*Funk.*), antenna filata, aereo filato. 17 **Gemeinschafts** ~ (Zentralantenne) (*Fernseh.*), antenna collettiva. 18 **geräuscharme** ~ (störungsarme Antenne) (*Funk.*), antenna antiparassitaria. 19 **gerichtete** ~ (*Funk.*), antenna direzionale. 20 **geschichtete** ~ (*Funk.*), antenna laminata, antenna stratificata. 21 **Innen** ~ (*Funk.*), antenna interna. 22 **künstliche** ~ (*Funk.*), antenna artificiale. 23 **mehrfach abgestimmte** ~ (*Funk.*), antenna a sintonia multipla. 24 **mittelbar gespeiste** ~ (*Funk.*), antenna ad alimentazione indiretta. 25 **obengespeiste** ~ (*Funk.*), antenna alimentata dall'alto. 26 **offene** ~ (*Funk.*), antenna aperta, antenna elettrostatica. 27 **Rahmen** ~ (*Funk.*), antenna a telaio. 28 **Richt** ~ (*Funk.*), antenna direttiva. 29 **richtfähige** ~ (*Funk.*), antenna direttiva. 30 **rundstrahlende** ~ (*Funk.*), antenna onnidirezionale. 31 **schwundmindernde** ~ (*Funk.*), antenna antifluttuazione, antenna antiaffievolimento. 32 **Sende** ~ (*Funk. - Fernseh.*), antenna trasmittente. 33 **störungsarme** ~ (geräuscharme Antenna) (*Funk.*), antenna antiparassitaria. 34 **ungerichtete** ~ (*Funk*), antenna onnidirezionale. 35 **Zentral** ~ (Gemeinschaftsantenne) (*Fernseh.*), antenna collettiva.
Antennen (*pl. - Funk.*), antenne. 2 ~ **ableitung** (Antennenabnahme) (*f. - Funk.*), discesa di antenna. 3 ~ **abstimmspule** (*f. - Funk*), bobina di sintonia d'antenna, induttanza d'antenna. 4 ~ **abstimmung** (*f. - Funk.*), sintonizzazione d'antenna. 5 ~ **anordnung** (*f. Funk.*), antenna a fascio. 6 ~ **bandbreite** (*f. - Funk.*), banda di frequenza dell'antenna. 7 ~ **diagramm** (*n. - Funk.*), caratteristica polare di antenna, lobo d'antenna. 8 ~ **dipol** (*m. - Funk.*), antenna a dipolo, dipolo. 9 ~

Antrachinon

drossel (*f. - Funk.*), bobina d'induttanza dell'antenna, induttore dell'antenna. 10 ~ **einführung** (*f. - Funk.*), filo di alimentazione di antenna. 11 ~ **gewinn** (*m. - Funk.*), guadagno di antenna. 12 ~ **höhe** (*f. - Funk.*), altezza di antenna. 13 ~ **kreis** (*m. - Funk.*), circuito di antenna. 14 ~ **leistung** (*f. - Funk.*), potenza di antenna. 15 ~ **mast** (*m. - Funk.*), pilone di antenna. 16 ~ **nachbildung** (*f. - Funk.*), antenna artificiale. 17 ~ **rauschen** (*n. - Funk.*), rumore d'antenna. 18 ~ **spiegel** (*m. - Funk.*), riflettore d'antenna. 19 ~ **strahlung** (*f. - Funk.*), radiazione di antenna. 20 ~ **umschalter** (*m. - Funk.*), commutatore di antenna. 21 ~ **widerstand** (*m. - Funk.*), resistenza di antenna. 22 ~ **zuleitung** (*f. - Funk.*), filo di alimentazione di antenna.
Anthrachinon ($C_{14} H_8 O_2$) (*n. - Chem.*), antrachinone.
Anthrazen ($C_{14} H_{10}$) (*n. - Chem.*), antracene.
Anthrazit (*m. - Brennst.*), antracite.
Anthropometrie (Menschenmasslehre) (*f. - Lehre*), antropometria.
Anthropotechnik (*f. - Biol. - etc.*), antropotecnica.
Anthygronband (*n. - Elekt.*), nastro antigroscopico, nastro protettivo contro l'umidità.
Anthygronleitung (*f. - Elekt.*), filo impermeabilizzato.
Antibase (Lewis-Säure, Elektronenakzeptor) (*f. - Elektronik*), antibase.
Antibiotika (*n. - pl. - Chem. - Pharm.*), antibiotici.
Antiblendungsfarbe (*f. - Anstr.*), pittura antiabbagliante, pittura anabbagliante.
Antiblockiereinrichtung (zum Verhindern der Blockierung der AuToräder bei Vollbremsungen) (*f. - Aut.*), antiblocco, dispositivo antiblocco, dispositivo antislittamento.
Antiblockierregler (bei Bremsen) (*m. - Aut.*), regolatore antibloccaggio (ruote), regolatore antislittamento.
Antichlor (*n. - Chem.*), anticloro.
Anticorodal (Aluminium - Magnesium - Silizium-Legierung) (*n. - Metall.*), anticorodal.
Antidröhnmittel (Antidröhnmasse) (*n. - Anstr.*), antirombo, materiale antirombo.
Antifäulnisfarbe (*f. - naut. - Anstr.*), pittura antivegetativa.
Antiferromagnetismus (*m. - Phys.*), antiferromagnetismo.
Antifilzausrüstung (*f. - Textilind.*), finissaggio antifeltrante.
Antifoulingfarbe (Schiffsbodenfarbe) (*f. - Schiffbau*), pittura antivegetativa.
Antifriktionslager (*n. - Mech.*), cuscinetto antifrizione.
Antifriktionsmetall (*n. - Metall.*), metallo antifrizione.
Antifritter (Antikohärer) (*m. - Funk.*), anticoherer.
Anti-g-Anzug (*m. - Flugw.*), tuta anti-g.
Antigefrierfett (*n. - chem. Ind.*), grasso antigelo.
Antigen (*n. - Med. - Biol.*), antigene.
Antigorit (Blätterserpentin, $Mg_3Si_2O_5(OH)_4$) (*m. - Min.*), antigorite.
Antihaftmittel (zum Verhindern ein Verkleben des Guss-stücks mit der Form) (*n. - Giess.*), distaccante (*s.*), agente antiadesione.
Anti-Kartellgesetz (*n. - finanz.*), legge antimonopolio.
Antikatalysator (*m. - Chem.*), catalizzatore negativo.
Antikathode (*f. - Phys.*), anticatodo.
antiklinal (*Geol.*), anticlinale.
Antiklinale (*f. - Geol.*), anticlinale.
Antiklinorium (*n. - Geol.*), anticlinario.
Antiklopfmittel (*n. - Mot. - Chem.*), antidetonante (*s.*).
Antikohärer (*m. - Funk.*), anticoherer.
Antikoinzidenz (*f. - Datenverarb.*), anticoincidenza.
Antikollisionslicht (*n. - Flugw. - Navig.*), luce anticollisioni.
Antikollisions-Radargerät (*m. - Radar - Navig.*), radar anticollisioni.
Antikompoundgenerator (*m. - Elekt.*), generatore differenziale.
antimagnetisch (*Elekt.*), antimagnetico.
Antimaterie (bestehend aus Antiteilchen) (*f. - Atomphys.*), antimateria.
antimikrophonisch (*Funk.*), antimicrofonico.
Antimon (Sb - *n. - Metall.*), antimonio. 2 ~ **blei** (*n. - Metall.*), piombo antimoniale. 3 ~ **silberblende** (*f. - Min.*), pirargirite.
Antimonialblei (Pb-Sb-Legierung mit $5 \div 13\%$ Sb) (*n. - Metall.*), piombo antimoniale.
Antineutrino (*n. - Kernphys.*), antineutrino.
Antineutron (*n. - Phys.*), antineutrone.
Antinomie (Widerspruch) (*f. - Math.*), antinomia.
antiparallel (Vektoren z. B., die parallel sind und entgegengesetzte Richtung haben) (*Geom.*), antiparallelo.
Antiparallelschaltung (*f. - Elekt.*), collegamento antiparallelo.
Antipassat (Gegenpassat) (*m. - naut. - Meteor.*), controaliseo.
Antiproton (*n. - Kernphys.*), antiprotone, protone negativo.
Antiresonanz (*f. - Funk. - etc.*), antirisonanza. 2 ~ **frequenz** (*f. - Elekt.*), frequenza antirisonante.
Antischaummittel (*n. - chem. Ind.*), antischiuma.
Anti-Schwingungsrelais (einer hydraulischen Anlage) (*n. - Flugw. - etc.*), relè antipendolamento.
Antistatikum (*n. - Phys. - chem. Ind.*), agente antistatico.
Anti-stick-slip-Öl (zur Vermeidung von Stotterbewegungen z. B. von Schlitten bei kleinen Geschwindigkeiten) (*n. - Werkz. masch. - etc.*), olio anti-impuntamento.
antisymmetrisch (*Math. - etc.*), antisimmetrico.
Antiteilchen (*n. - Kernphys.*), antiparticella.
Antitrudelfallschirm (*m. - Flugw.*), paracadute antivite.
Antivalenz (ausschliessliches ODER, exclusives ODER) (*f. - Rechner*), antivalenza, OR esclusivo.
antizyklisch (*finanz.*), anticongiunturale.
Antizyklone (*f. - Meteor.*), anticiclone.
Antizyklotron (*n. - Elekt.*), anticiclotrone.
Antrag (Vorschlag) (*m. - allg.*), proposta. 2 ~

(für eine richterliche Tätigkeit) (recht.), incarico. 3 ~ (Bestellung) (komm.), commessa. 4 ~ steller (m. - recht.), istante.
antragen (allg.), proporre.
antreiben (Mech.), azionare, comandare. 2 ~ (in Bewegung setzen) (Mot. - etc.), mettere in moto.
antreten (eine Arbeit beginnen) (Arb.), iniziare.
Antrieb (m. - Mech. - Mot.), azionamento, comando. 2 ~ (mittels Schraube z. B.) (naut. - etc.), propulsione. 3 ~ (Motor) (Mot.), motore, propulsore, complesso motore. 4 ~ (eines Strahltriebwerks) (Mot.), spinta. 5 ~ (um die Bewegung zu übermitteln, durch Riemen z. B.) (Mech. - Masch.), trasmissione. 6 ~ (eines Motors z. B., um die Zubehöre in Bewegung zu setzen) (Mot. - Mech.), presa di moto, presa di forza. 7 ~ (eines Gleichstrommotors mit veränderlicher Geschwindigkeit durch Thyristoren z. B.) (Elekt.), azionamento. 8 ~ **durch Reibräder** (Mech.), trasmissione a ruote di frizione. 9 ~ s·achse (f. - Fahrz. - etc.), asse motore. 10 ~ s·anlage (Raketenmotor z. B.) (f. - Mot.), propulsore. 11 ~ s·drehmoment (n. - Mot. - Mech.), coppia motrice. 12 ~ s·düse (eines Strahltriebwerks) (f. - Mot.), effusore. 13 ~ s·düse mit veränderlicher Fläche (eines Strahltriebwerks) (Mot.), effusore ad area variabile. 14 ~ s·kraft (f. - Mech.), forza motrice. 15 ~ s·leistung (f. - Mech.), potenza motrice. 16 ~ s·maschinenanlage (f. - Flugw.), gruppo moto-propulsore. 17 ~ s·maschinenanlage (naut.), apparato motore. 18 ~ s·mittelpunkt (m. - Flugw.), centro di spinta. 19 ~ s·modell (Flugzeugmodell) (n. - Flugw.), aeromodello con motore. 20 ~ s·motor (m. - naut.), motore di propulsione. 21 ~ s·motor (für die Frässpindel z. B.) (Mech.), motore di azionamento, motore di comando. 22 ~ s·rad (Zahnrad z. B.) (n. - Mech.), ruota motrice, ruota conduttrice. 23 ~ s·riemenscheibe (f. - Mech.), puleggia motrice. 24 ~ s·ritzel (n. - Mech.), pignone conduttore, pignone motore. 25 ~ s·scheibe (f. - Mech.), puleggia motrice. 26 ~ s·seite (eines Motors z. B.) (f. - Mot. etc.), lato comando, lato accoppiamento. 27 ~ s·strahl (m. - Flugw.), getto propulsivo. 28 ~ s·veränderer (eines Strahltriebwerks) (m. - Mot.), variatore di spinta. 29 ~ s·welle (f. - Mech.), albero motore, albero conduttore. 30 ~ s·welle (des Wechselgetriebes) (Aut.), albero presa diretta. 31 ~ s·werk (einer Uhr z. B.) (n. - Mech.), ruotismo. 32 ~ s·wirkungsgrad (m. - Flugw.), rendimento propulsivo. 33 **Bowden** ~ (Mech.), comando con (cavo) Bowden, comando con cavo flessibile. 34 **dieselelektrischer** ~ (naut.), propulsione dieselelettrica. 35 **dieselelektrischer** ~ (Eisenb.), trazione dieselelettrica. 36 **direkter** ~ (Mech.), azionamento diretto, comando diretto. 37 **Einzel** ~ (wenn jede Masch. ihren eigenen Mot. besitzt) (Werkz.masch. - etc.), comando singolo, comando indipendente. 38 **Front** ~ (Aut.), trazione anteriore, trazione sulle ruote anteriori. 39 **Front** ~ (eines Motors, um die Zubehöre anzutreiben) (Mot.), presa di moto anteriore, presa di forza anteriore. 40 **Hinterrad** ~ (Aut.), trazione posteriore, trazione sulle ruote posteriori. 41 **Hohlwellen** ~ (elekt. Eisenb.), trasmissione ad albero cavo. 42 **Kardan** ~ (Mech.), trasmissione a cardano, trasmissione cardanica, trasmissione snodata. 43 **Ketten** ~ (Aut. - etc.), trasmissione a catena. 44 **mechanischer** ~ (Mech.), comando meccanico, azionamento meccanico. 45 **Photonenstrahl** ~ (Strahlantrieb), propulsione a fotoni. 46 **Reibrad** ~ (Mech.), trasmissione a frizione, trasmissione ad attrito. 47 **Riemen** ~ (Mech.), trasmissione a cinghia. 48 **Schiffs** ~ (naut.), propulsione navale. 49 **Schnecken** ~ (Mech.), comando a vite senza fine, trasmissione a vite senza fine, trasmissione a coppia vite-ruota. 50 **Strahl** ~ (Flugw.), propulsione a getto. 51 **stufenloser** ~ (Mech.), trasmissione (progressiva) continua, trasmissione a variazione continua (della velocità). 52 **unmittelbarer** ~ (Masch.), trasmissione diretta, azionamento diretto. 53 **Unterflur** ~ (Masch.), comando (da) sottopavimento. 54 **Vierrad** ~ (Aut.), trazione sulle quattro ruote. 55 **Vorderrad** ~ (Aut.), trazione anteriore, trazione sulle ruote anteriori. 56 **zwangsläufiger** ~ (Mech.), comando meccanico, comando ad azione positiva, comando desmodromico. 57 **Zweischrauben** ~ (naut.), propulsione bielica, propulsione a due eliche.
Antritt (Beginn) (m. - allg.), inizio. 2 ~ (Antrittstufe, einer Treppe) (Bauw.), primo gradino. 3 ~ s·pfosten (m. - Bauw.), montante (di caposcala). 4 ~ s·rede (f. - finanz. - etc.), discorso di apertura, discorso inaugurale. 5 ~ stufe (f. - Bauw.), gradino d'invito. 6 ~ **Dienst** (Arb. - Pers.), entrata in servizio.
Antrocknen (von Anstrichstoffen) (n. - Anstr.), appassimento.
Antwort (f. - allg.), risposta. 2 ~ (Radar), risposta. 3 ~ **bake** (f. - Funk.), radiofaro a risposta.
antworten (allg.), rispondere. 2 **postwendend** ~ (komm. - etc.), rispondere a giro di posta, rispondere a volta di corriere.
anvisieren (Opt. - etc.), mirare, puntare.
anvulkanisieren (chem. Ind.), prevulcanizzare, scottare. 2 ~ (ankleben von Gummiteilen auf Metallstücke) (mech. Technol.), fissare mediante vulcanizzazione, incollare mediante vulcanizzazione.
Anw (Postanweisung) (Post - finanz. - komm.), vaglia postale.
Anwachsen (n. - allg.), aumento, crescita.
anwachsen (allg.), aumentare, crescere.
Anwalt (Advokat, Rechtsanwalt) (m. - recht.), avvocato. 2 ~ s·büro (Anwaltskanzlei) (n. - recht.), studio legale. 3 ~ schaft (f. - recht.), avvocatura. 4 ~ s·kammer (f. - recht.), ordine degli avvocati. 5 ~ s·zwang (m. - recht.), obbligo di procura.
Anwärmapparat (m. - App.), riscaldatore. 2 ~ (Vorwärmer) (Kessel), preriscaldatore.
Anwärmeloch (eines Schmelzofens) (n. - Glasind.), apertura di riscaldo.
Anwärmen (des Motors z. B.) (n. - Mot. - Wärmebeh. - etc.), riscaldamento (iniziale).
anwärmen (Mot. - Wärmebeh. - etc.), riscaldare.
Anwärmeofen (m. - Ofen), forno di riscaldo.

Anwärmer (*m.* - *App.*), riscaldatore. 2 ~ (Vorwärmer) (*Kessel* - *etc.*), preriscaldatore.
Anwärmkoks (eines Kupolofens) (*m.* - *Giess.*) coke di riscaldo.
Anwärter (*m.* - *allg.*), candidato.
Anwartschaft (*f.* - *allg.*), aspettativa.
anwassern (*Flugw.*), ammarare.
anwässern (*allg.*), inumidire, umettare.
anweisen (belehren) (*allg.*), istruire. 2 ~ (befehlen) (*allg.*), ordinare.
anweissen (*Maur.*), imbiancare, « dare il bianco ».
Anweisung (Belehrung) (*f.* - *allg.*), istruzione. 2 ~ (für Zahlung z. B.) (*komm.* - *Adm.*), ordine, mandato. 3 ~ (Arbeitsvorschrift, bei numerisch gesteuerten Werkz. Masch. z. B.) (*Rechner*), istruzione, ordine. 4 Betriebs ~ (*Mech.* - *etc.*), istruzioni sull'uso, istruzioni sul funzionamento. 5 Gebrauchs ~ (*Ind.*), istruzioni sull'uso. 6 Montage ~ (*Technol.*), istruzioni di montaggio. 7 Zahlungs ~ (*komm.* - *Adm.*), ordine di pagamento, mandato di pagamento.
Anwendbarkeit (*f.* - *allg.*), impiegabilità.
anwenden (*allg.*), usare, impiegare, utilizzare.
Anwendung (*f.* - *allg.*), uso, impiego, applicazione. 2 ~ (des Gesetzes) (*recht.*), applicazione. 3 ~ s·gebiet (Anwendungsbereich) (*n* - *Technol.*), campo d'impiego. 4 ~ s·möglichkeit (*f.* - *Ind.*), applicazione, possibilità di impiego.
anwerben (*milit.*), reclutare.
Anwerbung (von Arbeitskräften) (*f.* - *Arb.* - *Pers.*), reclutamento.
Anwerfen (Andrehen, Anlassen des Motors) (*n.* - *Mot.*), avviamento.
anwerfen (andrehen, den Motor) (*Mot.*), avviare, mettere in moto.
Anwerfer (Anlasser) (*m.* - *Mot.*), avviatore.
Anwerfklaue (*f.* - *Mot.*), innesto di avviamento, griffa d'avviamento.
Anwerfkurbel (*f.* - *Mot.*), manovella di avviamento.
Anwerfvorrichtung (*f.* - *Mot.*), dispositivo di avviamento. 2 selbsttätige ~ (*Mot. Elekt.*), dispositivo per l'avviamento automatico.
Anwesen (*n.* - *finanz.*), proprietà, beni immobili. 2 ~ (*Ack.b.*), podere.
anwesend (*allg.*), presente.
Anwesende (die) (*m. pl.* - *allg.*), i presenti.
Anwesenheit (*f.* - *Pers.* - *Arb.* - *etc.*), presenza. 2 ~ s·gelder (*n.* - *pl.* - *Adm.*), gettoni di presenza.
anwinden (*allg.*), avvolgere.
Anwitterung (*f.* - *Bergbau*), incrostazione.
Anwohner (Grenznachbar) (*m.* - *recht.* - *etc.*), (il) vicino (*s.*).
Anwohnerschaft (*f.* - *recht.* - *etc.*), vicinato.
Anwuchs (Zuwachs) (*m.* - *allg.*), crescita.
Anwüchse (eines Ofens) (*m.* - *pl.* - *Ofen* - *Metall.*), formazione di ponte.
anwuchsverhindernd (Schiffsbodenfarbe) (*naut.*), antivegetativo.
Anwurf (Anlassen) (*m.* - *Mot.*), avviamento. 2 ~ (Putz) (*Maur.*), rinzaffo, prima mano di intonaco. 3 ~ kurbel (*f.* - *Mot.*), manovella di avviamento. 4 ~ motor (*m.* - *Mot.*), motorino di avviamento.

Anzahl (*f.* - *allg.*), numero, quantità. 2 ~ der Bildzeilen (*Fernseh.*), numero delle linee.
anzahlen (*komm.*), dare in acconto, versare in acconto, anticipare.
Anzahlung (*f.* - *komm.*), acconto, anticipo.
Anzapfanpassung (einer Antenne) (*f.* - *Funk.*), adattamento a delta.
Anzapfantenne (*f.* - *Funk.*), antenna con adattamento a delta.
Anzapfdampfturbine (*f.* - *Turb.*), turbina a presa di vapore intermedia.
Anzapfdrossel (*f.* - *Elekt.*), reattore a prese intermedie.
Anzapfen (von Flüssigkeiten z. B.) (*n.* - *Giess.* - *etc.*), spillatura. 2 ~ (von Dampf z. B.) (*Wärme* - *etc.*), presa.
anzapfen (*allg.*), prelevare. 2 ~ (Flüssigkeiten) (*allg.*), spillare.
Anzapfpotentiometer (*n.* - *Elekt.*), potenziometro a prese.
Anzapfpunkt (*m.* - *Elekt.*), punto di presa, punto di derivazione.
Anzapfschütz (*m.* - *Elekt.*), contattore di presa.
Anzapftransformator (*m.* - *Elekt.*), trasformatore a prese intermedie.
Anzapfturbine (Dampfturbine) (*f.* - *Turb.*), turbina a presa intermedia, turbina a spillamento.
Anzapfung (Abgreifpunkt, eines Transformators z. B.) (*f.* - *Elekt.*), presa (intermedia) derivazione.
Anzeichen (*n.* - *allg.*), indicazione, segno.
anzeichnen (*allg.*), segnare. 2 mit Anreissnadel ~ (*Mech.*), segnare con punta per tracciare, tracciare.
Anzeige (Mitteilung) (*f.* - *allg.*), indicazione, avviso, notifica. 2 ~ (in der Zeitung) (*Zeitg.*), annuncio, inserzione. 3 ~ (Sichtbarmachung, von Daten z. B.) (*Rechner*), visualizzazione. 4 ~ flüssigkeit (für Metallstücke-Prüfung) (*f.* - *Mech.*), liquido rivelatore, liquido indicatore (per prove al metalloscopio per es.). 5 ~ genauigkeit (eines Messgerätes) (*f.* - *Ger.*), precisione d'indicazione, precisione dello strumento. 6 ~ instrument (*n.* - *Instr.*), strumento indicatore, indicatore. 7 ~ lampe (Anzeigeleuchte) (*f.* - *Instr.*), lampada spia, spia luminosa, lampada di segnalazione. 8 ~ röhre (*f.* - *Funk.*), indicatore di sintonia, occhio magico. 9 ~ schild (*m.* - *allg.*), targhetta indicatrice. 10 kleine ~ (*komm.* - *Zeitg.*), piccolo annuncio. 11 Satz ~ (bei numerisch gesteuerten Werkz. Masch. z. B.) (*Rechner*), visualizzazione del numero di sequenza. 12 Versand ~ (*Transp.*), avviso di spedizione.
anzeigen (*allg.*), indicare. 2 ~ (benachrichtigen) (*allg.*), notificare.
Anzeiger (*m.* - *Instr.*), indicatore. 2 ~ (*Math.*), esponente. 3 ~ (Zeiger, eines Instrumentes) (*Instr.*), indice, lancetta. 4 ~ blatt (*n.* - *Instr.*), quadrante. 5 ~ ständer (*m.* - *Instr.*), colonnina porta strumenti. 6 ~ trägheit (*f.* - *Instr.*), inerzia dell'indice. 7 Anstellwinkel ~ (*Flugw.* - *Instr.*), indicatore di incidenza. 8 Fahrtrichtungs ~ (*Aut.*), indicatore di direzione. 9 integrierender ~ (*Instr.*), indi-

catore integratore. 10 Stand ~ (*Instr.*), indicatore di livello. 11 Trimm ~ (*Flugw.*), indicatore di assetto.
Anziehen (von Schrauben z. B.) (*n. - Mech.*), serraggio. 2 ~ (von Federn z. B.) (*Mech.*), tensione, messa in tensione. 3 ~ (der Bremse) (*Aut. - etc.*), applicazione, azionamento, 4 ~ (steigende Tendenz) (*komm.*), tendenza al rialzo.
anziehen (*allg.*), attirare, tirare. 2 ~ (eine Schraube z. B.) (*Mech.*), serrare, « stringere ». 3 ~ (die Bremse ziehen) (*Aut.*), azionare, applicare. 4 ~ (die Bremse einstellen) (*Aut.*), registrare, « tirare ». 5 ~ (eines Relais) (*Elekt.*), attirare, eccitarsi. 6 ~ (eine Saite) (*allg.*), tendere. 7 ~ (steigen, Preise z. B.) (*v.i. - allg.*), aumentare.
anziehend (steigend, Preise z. B.) (*komm.*), in aumento, in rialzo.
Anziehmoment (für Schrauben z. B.) (*n. - Mech.*), coppia di serraggio.
Anziehschrauben (*f. - pl. - Mech. - etc.*), tenditore a vite.
Anziehung (*f. - allg.*), attrazione. 2 ~ s·kraft (Anziehkraft) (*f. - Phys. - etc.*), forza di attrazione.
anzielen (*allg.*), puntare, mirare.
Anziennität (*f. - Arb. - Pers.*), anzianità.
Anzug (Kegeligkeit, Konizität) (*m. - allg.*), conicità. 2 ~ (eines Gussmodells z. B.) (*Giess. - Schmieden*), spoglia, sformo, invito, uscita. 3 ~ (eines Stückes) (*Mech.*), conicità. 4 ~ (einer Schraube) (*Mech.*), serraggio. 5 ~ (Neigungswinkel, einer Stützmauer gegen di Senkrechte) (*Bauw.*), scarpa, inclinazione della superficie esterna. 6 ~ (Anziehung, eines Relais) (*Elekt.*), attrazione, eccitazione. 7 ~ s·drehmoment (Anlaufdrehmoment) (*n. - Mot.*), coppia di spunto, momento di avviamento. 8 ~ s·keil (*m. - Mech.*), chiavetta a cuneo. 9 ~ s·kraft (eines Linearmotors) (*elekt. Mot.*), forza di avviamento allo spunto. 10 ~ s·moment (für Schrauben z. B.) (*n. - Mech.*), coppia di serraggio. 11 ~ s·moment (kleinstes Moment im Stillstand, eines Drehstrommotors) (*Elektromot.*), coppia minima da fermo, momento minimo da fermo. 12 ~ stange (zur Befestigung von Werkz.) (*f. - Werkz.*), tirante, asta di trazione. 13 ~ s·verzögerung (eines Relais z. B.) (*f. - Elektromech.*), ritardo nel funzionamento, ritardo nell'azionamento. 14 ~ s·zeit (eines Relais) (*f. - Elekt.*), tempo di attrazione, tempo di eccitazione. 15 Relais mit ~ s·verzögerung (*Elektromech.*), relè ritardatore, relè ad azione ritardata.
Anzünden (*n. - Beleucht. - etc.*), accensione.
anzünden (*allg.*), accendere.
Anzünder (*m. - App.*), accenditore.
Anzwirnen (Zwirnen) (*n. - Text.*), ritorcitura.
Apatit [(Ca$_5$ (PO$_4$)$_3$ (F, Cl, OH)] (*m. - Min.*), apatite.
APBM (Aussenkabel, Papier-Baumwoll-Isolation, Bleimantel) (*Elekt.*), cavo isolato con carta e cotone sottopiombo.
aper (schneefrei) (*Sport - etc.*) (*österr.*), senza neve, non innevato.
aperiodisch (nichtperiodisch, Schwingung z. B.) (*Phys. - etc.*), aperiodico.

Aperiodizität (*f. - Phys. - etc.*), aperiodicità.
Apertometer (Aperturmeter) (*n. - opt. Instr.*), misuratore di apertura (numerica).
Apertur (*f. - Opt. - Phot.*), apertura. 2 ~ blende (*f. - Opt. - Phot.*), diaframma. 3 ~ meter (Apertometer) (*n. - Opt. - Phot. - Instr.*), misuratore di apertura (numerica). 4 numerische ~ (*Opt.*), apertura numerica.
Apfelbaumholz (*n. - Holz*), legno di melo.
Apfelsine (*f. - allg.*), arancia. 2 ~ n·schaleneffekt (*m. - Anstr.*), buccia d'arancia. 3 ~ n·schalengreifkorb (*m. - ind. Masch.*), benna a quattro valve, benna a quattro spicchi.
Aphel (*m. - Astr.*), afelio.
Aphongetriebe (Synchrongetriebe) (*n. - Aut. - Mech.*), cambio sincronizzato.
API-Grad (American Petroleum Institute, Dichteangabe für Kraftstoffe und Öle) (*m. - Mot.*), grado API.
Aplanat (Linse die alle Strahlen in einem Punkt vereinigt) (*m. - Opt. - Phot.*), lente aplanatica.
aplanatisch (*Opt.*), aplanatico.
Aplit (helles Ganggestein) (*m. - Geol.*), aplite.
Apochromat (Linsensystem für Mikroskope etc., mit guter Farbfehlerkorrektur) (*m. - Opt.*), obiettivo apocromatico.
apochromatisch (*Opt.*), apocromatico.
Apogäum (*n. - Astr.*), apogeo.
Apostilb (asb, Leuchtdichte - Einheit) (*n. Mass*), apostilb.
Apotheke (*f. - Pharm.*), farmacia.
Apotheker (*m. - Pharm.*), farmacista.
App (Apparat) (*App.*), apparecchio.
Apparat (Gerät, Vorrichtung) (*m. - App.*), apparecchio, apparecchiatura, apparato. 2 ~ (Instrument) (*Instr.*), strumento. 3 ~ e·brett (*n. - Instr. - Aut. - etc.*), quadro strumenti, quadro portapparecchi, cruscotto. 4 ~ e·gas (Generatorgas) (*n. - Brennst.*), gas di generatore. 5 ~ e·tisch (*m. - Instr. - Elekt.*), quadro portapparecchi a tavolo, quadro portastrumenti a tavolo, quadro a leggìo. 6 Bohr ~ (Bohrgerät) (*App.*), trapano elettrico portatile. 7 fotographischer ~ (Kamera) (*Phot.*), macchina fotografica. 8 Fräs ~ (*Werkz.masch.*), accessorio per fresatura. 9 Kopier ~ (*Werkz.masch.*), accessorio per copiare, riproduttore, « copia ». 10 Mess ~ (*App.*), apparecchio di misura. 11 schlagwettersicherer ~ (explosionssicherer ~) (*Bergbau - Elekt. - etc.*), apparecchiatura antideflagrante. 12 Teil ~ (*Werkz.masch.*), apparecchio divisore, testa per dividere.
Apparatur (*f. - allg.*), apparecchiatura.
Appartement (Wohnung) (*n. - Bauw.*), appartamento.
Appell (*m. - milit. - etc.*), appello. 2 ~ abhalten (*milit. - etc.*), fare l'appello.
Applegate-Diagramm (*n. - Elekt.*), diagramma di Applegate.
Appretieren (Textilveredlung, Ausrüstung, Appretur) (*n. - Text. - etc.*), apprettatura.
appretieren (*Text. - etc.*), dare l'appretto, apprettare.
Appretierer (*m. - Textilmasch.*), apprettatrice.
Appretur (Textilveredlung, Ausrüstung) (*f. - Text. - etc.*), apprettatura. 2 ~ körper (*m. -*

Approximation

Chem. - Ind.), appretto (caricante). **3 ~ leim** (*m. - Text.*), appretto (addensante). **4 ~ maschine** (*f. - Textilmasch.*), apprettatrice. **5 ~ mittel** (*n. - Text. - Chem.*), appretto.

Approximation (Näherung) (*f. - allg.*), approssimazione.

Apriori-Wahrscheinlichkeit (*f. - Stat.*), probabilità a priori.

Apsis (*f. - Baukunst*), abside.

APT (Programmiersprache für numerisch gesteuerte Werkz.masch., Abkürzung für « Automatically Programmed Tool ») (*Werkz. masch.*), APT, utensile programmato automaticamente.

Aqua (Wasser) (*Chem.*), acqua. **2 ~ destillata** (*Chem.*), acqua distillata.

Aquadagbelag (*m. - Chem. - Fernseh.*), rivestimento di grafite colloidale in sospensione acquosa.

Aquädukt (Wasserleitung) (*m. - Wass.b.*), acquedotto.

Aquamarin (Edelstein) (*m. - Min.*), acquamarina.

« Aquaplaning » (Aufschwimmzustand, bei dem der Reifen von der Strassenoberfläche abgehoben und vom Wasser getragen wird) (*n. - Aut.*), « aquaplaning ».

Aquarell (Malerei mit Wasserfarbe) (*n. - Malerei*), acquerello. **2 ~** (Wasserfarbenbild) (*Malerei*), acquerello, disegno all'acquerello. **3 ~ farbe** (Wasserfarbe) (*f. - Malerei*), colore all'acquerello, acquerello.

Äquator (*m. - Geogr.*), equatore. **2 Erd ~** (*Geogr.*), equatore terrestre. **3 Himmels ~** (Äquinoktialkreis) (*Astr.*), equatore celeste. **4 magnetischer ~** (*Geogr.*), equatore magnetico. **5 thermischer ~** (*Meteor.*), equatore termico.

Äquatoreal (Äquatorial) (*Astr. - Ger.*), equatoriale (*s.*).

äquatorial (*Geogr.*), equatoriale.

äquidistant (von gleichem Abstand) (*allg.*), equidistante.

Äquidistanz (*f. - allg.*), equidistanza. **2 ~ schnittlinie** (einer technischen Oberfläche, bei Rauheitsmessungen) (*f. - mech. Technol.*), linea di livello.

äquinoktial (*Astr.*), equinoziale.

Äquinoktialkreis (Himmelsäquator) (*m. - Astr.*), equatore celeste.

Äquinoktium (*n. - Astr.*), equinozio.

Äquipartitionstheorem (Gleichverteilungssatz, der Energie) (*n. - Phys.*), teorema dell'equipartizione (dell'energia).

Äquipotentialfläche (*f. - Elekt.*), superficie equipotenziale.

äquipotentiell (*Elekt.*), equipotenziale.

Äquivalent (*n. - Chem. - Phys.*), equivalente. **2 ~** (Gramm-Äquivalent, Val) (*Chem.*), grammo-equivalente, equivalente. **3 ~ anode** (*f. - Elektronik*), anodo virtuale. **4 ~ gewicht** (*n. - Chem.*), peso equivalente. **5 elektrochemisches ~** (*Elektrochem.*), equivalente elettrochimico. **6 Gramm ~** (*Chem.*), grammoequivalente.

äquivalent (*Chem. - etc.*), equivalente. **2 ~ e Leuchtdichte** (*Opt. - Beleucht.*), luminanza equivalente (del campo visuale).

Äquivalenz (*f. - allg.*), equivalenza. **2 ~ hypothese** (Relativitätstheorie) (*f. - Phys.*), principio dell'equivalenza. **3 ~ klasse** (*f. - Math.*), classe di equivalenza.

Ar (100 m²) (*n. - Mass*), ara.

AR (gerade Aufsteigung, Rektaszension) (*Astr.*), ascensione retta. **2 ~** (Anologrechner) (*Rechner*), calcolatore analogico. **3 ~** (automatische Regelung) (*Funk. - Elekt. - etc.*), regolazione automatica.

Aragonit (Ca CO_3) (*m. - Min.*), aragonite.

« Araldit » (Kunstharz) (*n. - Elekt.*), araldite.

Aräometer (Senkwaage) (*n. - chem. Ger.*), densimetro, areometro.

Arbeit (*f. - allg.*), lavoro. **2 ~** (Produkt aus der Kraft und der Verschiebung) (*Phys.*), lavoro. **3 ~** (Arbeitskraft) (*Arb. - Pers.*), mano d'opera. **4 ~** (Arbeitsvorgang, Ausbohrarbeit z. B.) (*Mech. - etc.*), operazione. **5 ~** (Stellung) (*Arb. - Pers.*), impiego. **6 ~ en in Ausführung** (*Arb.*), lavori in corso. **7 ~ geber** (*m. - Arb. - Pers.*), datore di lavoro. **8 ~ geberanteil** (Arbeitgeberbeitrag) (*m. - Arb.*), oneri a carico del datore di lavoro. **9 ~ geberverband** (*m. - Ind.*), associazione datori di lavoro. **10 ~ gebervertreter** (*m. - Arb.*), rappresentante dei datori di lavoro. **11 ~ in Schichten** (*Arb.*), lavoro a turni. **12 ~ nehmer** (*m. - Arb. - Pers.*), lavoratore, dipendente, prestatore d'opera. **13 ~ nehmeranteil** (Arbeitnehmerbeitrag) (*m. - Arb.*), contributi a carico del lavoratore. **14 ~ nehmerin** (*f. - Arb.*), lavoratrice. **15 ~ nehmervertretung** (*f. - Arb. - Organ.*), rappresentanti del personale, rappresentanza del personale. **16 ~ s·ablauf** (Arbeitsverlauf) (*m. - allg.*), andamento del lavoro, andamento della lavorazione. **17 ~ s·ablauf** (Arbeitsablaufkarte) (*Arb. - Organ.*), ciclo di lavorazione. **18 ~ s·ablauf** (eines Kraftwerkes) (*Elekt.*), decorso del funzionamento. **19 ~ s·ablaufkarte** (*f. - Arb. - Organ.*), ciclo di lavorazione. **20 ~ s·alter** (*n. - Arb.*), anzianità di servizio. **21 ~ s·amt** (*n. - Arb. - Pers.*), ufficio di collocamento. **22 ~ s·analyse** (*f. - Arb.*), analisi del lavoro. **23 ~ s·angebot** (*n. - Arb.*), offerta di lavoro. **24 ~ s·anreiz** (*m. - Arb.*), incentivo. **25 ~ s·anzug** (*m. - Arb.*), abito da lavoro. **26 ~ s·äquivalent** (*n. - Phys.*), equivalente del lavoro. **27 ~ s·aufnahme** (*f. - Mech. - etc.*), assorbimento di lavoro, lavoro assorbito. **28 ~ s·auftragsnummer** (*f. - Ind.*), numero dell'ordine di lavoro. **29 ~ s·ausschuss** (einer Anstalt z. B.) (*m. - Technol.*), comitato di lavoro. **30 ~ s·beanspruchung** (Arbeitslast, einer Maschine) (*f. - Masch.*), carico. **31 ~ s·bedarf** (*m. - Arb.*), fabbisogno di mano d'opera. **32 ~ s·bedingungen** (*f. - pl. - Arb.*), condizioni di lavoro. **33 ~ s·belastung** (*f. - Ind.*), carico di lavoro. **34 ~ s·bewertung** (*f. - Arb.*), valutazione del lavoro. **35 ~ s·buch** (*n. - Arb.*), libretto di lavoro. **36 ~ s·bühne** (eines Bohrturmes z. B.) (*f. - Bauw. - etc.*), piattaforma di servizio, piano di servizio. **37 ~ s·diagramm** (*n. - Arb. - Mech.*), schema di lavorazione. **38 ~ s·diagramm** (p, v- Diagramm) (*Termodyn.*), diagramma del lavoro, diagramma di Clapeyron. **39 ~ s·diamant** (für Industriezwecke) (*m. - Min. - etc.*), diamante industriale. **40** ~ **s·dienst** (*m. - Arb.*), lavoro obbligatorio. **41** ~ **s·druck** (eines Schneidstahls) (*m. - Werkz.masch.bearb.*), pressione dell'utensile, pressione di taglio. **42** ~ **s·druck** (mittlerer Arbeitsdruck) (*m. - Mot.*), pressione media. **43** ~ **s·einkommen** (*n. - Arb.*), reddito da lavoro. **44** ~ **s·einrichtung** (Werkzeugeinrichtung) (*f. - Werkz.masch.*), preparazione. **45** ~ **s·einstellung** (*f. - Arb.*), sospensione del lavoro. **46** ~ **s·eisen** (Anfangeisen) (*n. - Glasind. Werkz.*), tubo di levata. **47** ~ **s·entgelt** (*n. - Arb.*), retribuzione, remunerazione, salario, paga. **48** ~ **s·ergiebigkeit** (*f. - Ind.*), produttività. **49** ~ **s·erlaubnis** (*f. - Arb.*), permesso di lavoro. **50** ~ **s·fähigkeit** (*f. - Arb.*), idoneità al lavoro. **51** ~ **s·folge** (eines Fertigungsplans) (*f. - Arb. - Organ.*), successione delle operazioni. **52** ~ **s·fronte** (*f. - Arb.*), fronte del lavoro. **53** ~ **s·futter** (eines Konverters) (*n. - Metall.*), rivestimento di usura. **54** ~ **s·gang** (einzelner Gang, eines Fertigungsplans) (*m. - Arb. - Organ.*), operazione. **55** ~ **s·gang** (Arbeitsablauf) (*Mech. etc.*), ciclo di lavorazione. **56** ~ **s·gemeinschaft** (eines Vereins z. B.) (*f. - Technol. - Normung*), gruppo di lavoro, gruppo di studio. **57** ~ **s·genauigkeit** (einer Maschine) (*f. - Masch. - Mech.*), precisione di lavorazione. **58** ~ **s·geräte** (für Erdbewegung z. B.) (*n. pl. - Erdbew.masch.*), attrezzi (di lavoro). **59** ~ **s·gerüst** (*n. - Zimm.*), ponteggio, impalcatura. **60** ~ **s·geschwindigkeit** (Produktion) (*f. - Arb. - Organ.*), produzione. **61** ~ **s·geschwindigkeit** (eines Drehstahls) (*Werkz.masch.bearb.*), velocità di taglio. **62** ~ **s·geschwindigkeit** (eines Pressenstössels z. B.) (*Masch.*), velocità di lavoro. **63** ~ **s·gesetzgebung** (*f. - Arb. - recht.*), legislazione del lavoro. **64** ~ **s·gleichung** (*f. - Phys.*), equazione dell'energia. **65** ~ **s·gruppe** (eines Vereins z. B.) (*f. - Technol.*), grûppo di lavoro. **66** ~ **s·hub** (eines Verbr. motors) (*m. - Mot.*), corsa di lavoro, corsa utile. **67** ~ **s·hubgeschwindigkeit** (Pressgeschwindigkeit, beim Fliesspressen z. B.) (*f. - mech. Technol.*), velocità di lavoro. **68** ~ **s·hygiene** (*f. - Arb.*), igiene del lavoro. **69** ~ **s·informationen** (bei numerische Steuerung z. B.) (*f. pl. - Werkz.masch.bearb.*), informazioni di lavorazione. **70** ~ **s·inspektion** (*f. - Arb.*), ispettorato del lavoro. **71** ~ **s·jahr** (*n. - Adm. - etc.*), esercizio. **72** ~ **s·kamerad** (*m. - Arb.*), compagno di lavoro. **73** ~ **s·kammer** (eines Drehkolbenmotors, 3 pro Kolben) (*f. - Mot.*), camera di lavoro. **74** ~ **s·karte** (Unterweisungskarte) (*f. - Mech. - etc.*), foglio (di) istruzioni. **75** ~ **s·karte** (Arbeitsrecht) (*Arb. - Organ.*), permesso di lavoro. **76** ~ **s·kennlinie** (*f. - Elektronik*), caratteristica dinamica, caratteristica di lavoro. **77** ~ **s·kittel** (*m. - Arb.*), tuta da lavoro. **78** ~ **s·kleidung** (*f. - Arb.*), abiti da lavoro, indumenti di lavoro. **79** ~ **s·kontakt** (eines Relais) (*m. - Elekt.*), contatto di lavoro. **80** ~ **s·kosten** (*f. - pl. - Adm.*), costo della mano d'opera. **81** ~ **s·kräfte** (*f. - pl. - Arb. - Pers.*), personale, mano d'opera, maestranze. **82** ~ **s·kraftwechsel** (*m. - Arb. Organ.*), avvicendamento del personale, rotazione del personale. **83** ~ **s·kreislauf** (eines Motors) (*m. - Mot.*), ciclo (di funzionamento). **84** ~ **s·kurve** (Charakteristik) (*f. - Masch.*), caratteristica, curva caratteristica. **85** ~ **s·lager** (*n. - Arb.*), campo di lavoro. **86** ~ **s·länge** (einer Drehbank) (*f. - Werkz.masch.*), lunghezza di lavorazione. **87** ~ **s·last** (*f. - Ind.*), carico di lavoro. **88** ~ **s·lehre** (*f. - mech. Werkz.*), calibro di lavorazione. **89** ~ **s·leistung** (*f. - Arb. - Ind.*), resa, produzione. **90** ~ **s·loch** (Entnahmeloch, eines Schmelzofens) (*n. - Glasind.*), foro di levata. **91** ~ **s·lohn** (für Handarbeiter) (*m. - Arb. - Pers.*), salario, paga. **92** ~ **s·lohn** (für Angestellte) (*Arb.- Pers.*), stipendio. **93** ~ **s·losenbeihilfe** (Arbeitslosengeld, Arbeitslosenunterstützung) (*f. - Arb.*), sussidio di disoccupazione. **94** ~ **s·losengeld** (*n. - Arb.*), sussidio di disoccupazione. **95** ~ **s·loser** (*m. - Arb.*), disoccupato. **96** ~ **s·losigkeit** (*f. - Arb.*), disoccupazione. **97** ~ **s·markt** (*m. - Arb.*), mercato del lavoro. **98** ~ **s·maschine** (*f. - Masch.*), macchina operatrice. **99** ~ **s·medizin** (*f. - Arb. - Organ.*), medicina industriale, medicina del lavoro. **100** ~ **s·methode** (*f. - Arb.*), metodo di lavoro. **101** ~ **s·niederlegung** (*f. - Arb.*), sospensione del lavoro. **102** ~ **s·ordnung** (*f. - Arb.*), regolamento di fabbrica. **103** ~ **s·organization** (*f. - Arb.*), organizzazione del lavoro. **104** ~ **s·pass** (Arbeitserlaubnis) (*m. - Arb.*), permesso di lavoro. **105** ~ **s·plan** (*m. - Arb. - Ind.*), programma di lavoro. **106** ~ **s·plan** (Arbeitsablaufplan) (*m. - Arb. - Organ.*), ciclo di lavorazione. **107** ~ **s·plan** (für die Einstellung der Werkzeuge z. B.) (*Werkz.masch.*), schema di piazzamento (utensili). **108** ~ **s·planung** (*f. - Arb. - Organ.*), organizzazione del lavoro, programmazione del lavoro. **109** ~ **s·platz** (*m. - Arb.*), posto di lavoro. **110** ~ **s·platzbeleuchtung** (*f. - Arb. - Beleucht.*), illuminazione del posto di lavoro. **111** ~ **s·psychologie** (*f. - Arb.*), psicologia del lavoro. **112** ~ **s·punkt** (der Kennlinie einer Elektronenröhre) (*m. - Elektronik*), punto di lavoro. **113** ~ **s·qualität** (*f. - Mech.*), qualità di lavorazione. **114** ~ **s·raum** (einer Presse) (*m. - Masch.*), zona di lavoro. **115** ~ **s·raum** (*Bauw. - Arb.*), ambiente di lavoro, locale di lavoro. **116** ~ **s·recht** (*n. - Arb. - recht.*), diritto del lavoro, legislazione del lavoro. **117** ~ **s·rückstand** (*m. - Arb.*), lavoro in arretrato, arretrato di lavoro. **118** ~ **s·sache** (*f. - recht. - Arb.*), controversia di diritto del lavoro. **119** ~ **s·schädigung** (*f. - Arb.*), infortunio sul lavoro. **120** ~ **s·schein** (*m. - Arb. - Organ.*), ordine di lavoro. **121** ~ **s·schicht** (*f. - Arb.*), turno di lavoro. **122** ~ **s·schutz** (*m. - Arb.*), protezione antinfortunistica. **123** ~ **s·sicherheit** (an Werkz. masch. z. B.) (*f. - Arb.*), sicurezza del lavoro. **124** ~ **s·sperre** (Aussperrung) (*f. - Arb.*), serrata. **125** ~ **s·spiel** (einer Maschine) (*n. - Masch.*), ciclo di lavoro. **126** ~ **s·spiel** (eines Verbrennungsmotors) (*n. - Mot.*), ciclo di lavoro. **127** ~ **s·spielzeit** (beim Schweissen, Summe von einer Schweiss·spielzeit und einer Ruhezeit) (*f. - mech. Technol.*), tempo ciclo + tempo di riposo. **128** ~ **s·spindel** (*f. - Werkz.masch.*), mandrino portapezzo. **129** ~ **s·spindelstock** (*m. - Werkz.masch.*), testa portamandrino, testa portapezzo. **130** ~

Arbeit

s·stahl (*m. - Werkz.*), utensile da taglio. 131 ∼ s·stelle (*f. - Werks.masch.*), posto di lavoro, stazione di lavoro. 132 ∼ s·stellung (*f. - Werkz.masch.*), posizione di lavoro. 133 ∼ s·streitigkeit (*f. - Arb.*), vertenza di lavoro. 134 ∼ s·strom (*m. - Elekt.*), corrente di lavoro. 135 ∼ s·stück (Werkstück) (*n. - Mech.*), pezzo. 136 ∼ s·studie (*f. - Arb. - Organ.*), studio del lavoro, analisi del lavoro. 137 ∼ s·studien-Ingenieur (*m. - Pers.*), cronotecnico, analista tempi. 138 ∼ s·stufe (*f. - Arb.*), operazione. 139 ∼ s·stunden (*f. - pl. - Arb.*), ore di lavoro, ore lavorative. 140 ∼ s·tag (*m. - Arb.*), giornata lavorativa, giorno lavorativo. 141 ∼ s·techniker (*m. - Arb. - Pers.*), analista tempi. 142 ∼ s·textbuch (mit der Reparaturzeiten der Teilen eines Kraftwagens z. B.) (*n. - Aut. - Mech.*), tempario (di lavorazione). 143 ∼ s·tisch (*m. - Werkz.masch.*)' tavola portapezzo. 144 ∼ s·tür (Beschickungsöffnung, eines Schmelzofens) (*f. - Ofen*), bocca di caricamento. 145 ∼ s·unfähigkeit (*f. - Arb.*), inabilità al lavoro. 146 ∼ s·unfall (*m. - Arb.*), infortunio sul lavoro. 147 ∼ s·unterweisung (*f. - Arb. - Organ.*), istruzioni sul lavoro. 148 ∼ s·verfahren (eines Verbrennungsmotors) (*n. - Mot.*), ciclo di lavoro. 149 ∼ s·verhältnisse (Arbeitsbedingungen) (*n. - pl. - Arb. - Ind.*), condizioni di lavoro. 150 ∼ s·verhältnisse (zwischen Arbeitgeber und Arbeitnehmer) (*Arb.*), rapporti di lavoro. 151 ∼ s·vermögen (kinetische Energie) (*n. - Phys.*), energia cinetica. 152 ∼ s·vermögen (Formänderungsarbeit) (*Baukonstr.lehre*), energia di deformazione. 153 ∼ s·vermögen (einer Maschine z. B.) (*Masch.*), prestazione, potenzialità. 154 ∼ s·vermögen (eines Kraftwerks, Erzeugungsmöglichkeit) (*Elekt.*), producibilità (di energia). 155 ∼ s·vertrag (*m. - Arb.*), contratto di lavoro. 156 ∼ s·vorbereiter (*m. - Arb.*), preparatore lavori. 157 ∼ s·vorbereitung (*f. - Arb. - Organ.*), preparazione del lavoro. 158 ∼ s·vorgang (*m. - Arb. - Organ.*), operazione. 159 ∼ s·vorgang (Herstellungsverfahren) (*Ind.*), processo di fabbricazione, processo di produzione. 160 ∼ s·vorschub (*m. - Werkz.masch.bearb.*), avanzamento di lavoro. 161 ∼ s·weise (Arbeitsmethode) (*f. - Arb. - Organ.*), metodo di lavoro. 162 ∼ s·weise (einer Masch. z. B.) (*Masch. - Mot.*), funzionamento, modo di funzionare. 163 ∼ s·wert (eines Relais) (*m. - Elekt.*), valore di funzionamento. 164 ∼ s·wert der Wärmeeinheit (*Phys.*), equivalente meccanico del calore. 165 ∼ s·williger (*m. - Arb.*), non partecipante allo sciopero. 166 ∼ s·woche (*f. - Arb.*), settimana lavorativa. 167 ∼ s·zeichnung (Werkstattzeichnung) (*f. - Zeichn.*), disegno di officina. 168 ∼ s·zeit (einer Maschine) (*f. - Werkz.masch.bearb.*), tempo macchina, tempo di lavorazione. 169 ∼ s·zeit (Arbeitsperiode) (*Arb. - Pers.*), periodo di lavoro. 170 ∼ s·zeit (Arbeitsstunden) (*Arb. - Organ.*), orario di lavoro. 171 ∼ s·zerlegung (in Elemente) (*f. - Arb.*), scomposizione del lavoro. 172 ∼ s·zugabe (Bearbeitungszugabe) (*f. - Werkz.masch.bearb.*), sovrametallo di lavorazione. 173 ∼ s·zyklus (*m. - Werkz.masch.bearb.*), ciclo di lavorazione. 174 ∼ s·zylinder (*m. - Ölhydr.*), (cilindro) attuatore, cilindro operatore. 175 ∼ von der Stange (*Werkz.masch.bearb.*), lavorazione dalla barra. 176 Akkord ∼ (Stückarbeit) (*Arb.*), lavoro a cottimo. 177 angelernte ∼ (Arbeitskraft) (*Arb. - Pers.*), mano d'opera qualificata. 178 äussere ∼ (*Thermodyn.*), lavoro esterno. 179 automatischer s·ablauf (*m. - Werkz.masch.*), ciclo automatico (di lavoro). 180 Bohr ∼ (mit Wendelbohrer) (*Werkz.masch.bearb.*), operazione di foratura (al trapano), foratura (al trapano), trapanatura. 181 Bohr ∼ (*Werkz.masch.bearb.*), operazione di alesatura, alesatura. 182 Büro ∼ (*Arb. - Büro*), lavoro di ufficio. 183 die ∼ aufnehmen (*Arb.*), mettersi al lavoro. 184 die ∼ niederlegen (*Arb.*), cessare il lavoro. 185 die ∼ vergeben an (*Arb.*), dare fuori il lavoro a, subappaltare a. 186 Dreh ∼ (*Werkz.masch.bearb.*), operazione di tornitura, tornitura. 187 eine ∼ übernehmen (*Arb.*), assumere un lavoro. 188 elektrische ∼ (meist in kWh angegeben) (*Elekt.*), energia elettrica. 189 Fabrik ∼ (*Arb.*), lavoro di fabbrica, lavoro di officina. 190 Fach ∼ (gelernte Arbeitskraft) (*Arb.*), mano d'opera specializzata. 191 Fassonier ∼ (formgebende Bearbeitung) (*Technol.*), formatura, foggiatura, profilatura, sagomatura. 192 Feld ∼ (Landarbeit) (*Arb.*), lavoro agricolo. 193 Fliess ∼ (*Arb. - Organ.*), lavorazione a catena. 194 Fliess ∼ (durchlaufende Arbeit, dreischichtige Arbeit) (*Arb. - Organ.*), lavoro a turni continuati. 195 geistige ∼ (Kopfarbeit) (*Arb.*), lavoro di concetto. 196 Gemeinschafts ∼ (von Arbeitern) (*Arb.*), lavoro a squadre. 197 Gemeinschafts ∼ (von Ingenieuren z. B.) (*Arb.*), lavoro collegiale. 198 Hand ∼ (*Arb.*), lavoro manuale. 199 Heim ∼ (Hausarbeit) (*Arb.*), lavoro a domicilio. 200 in ∼ befindlich (Stücke z. B.) (*Mech. - etc.*), in lavorazione. 201 innere ∼ (*Thermodyn.*), lavoro interno. 202 in Werkvertrag übernommene ∼ (auf Kontrakt übernommene Arbeit) (*Arb.*), lavoro a contratto. 203 kalorisches ∼ s·äquivalent (*Phys.*), equivalente termico del lavoro. 204 Kopf ∼ (geistige Arbeit) (*Arb.*), lavoro di concetto. 205 Kurz ∼ (*Arb. - Organ.*), orario (di lavoro) ridotto. 206 Land ∼ (landwirtschaftliche Arbeit) (*Arb.*), lavoro agricolo. 207 laufende ∼ (*Arb.*), lavoro in corso. 208 Lohn ∼ (Arbeitskraft) (*Arb.*), mano d'opera. 209 Massen ∼ (*Arb. - Ind.*), lavoro di massa. 210 Ministerium für öffentliche Arbeiten (*Arb.*), Ministero dei Lavori Pubblici. 211 mittlerer ∼ s·druck (*m. - Mot.*), pressione media effettiva. 212 Musik bei der ∼ (*Arb. - Organ.*), musica sul lavoro. 213 Nacht ∼ (*Arb.*), lavoro notturno. 214 Niederlegung der ∼ (Arbeitsniederlegung, Arbeitseinstellung) (*Arb.*), cessazione del lavoro, sospensione del lavoro. 215 öffentliche Arbeiten (*Arb.*), lavori pubblici. 216 Saison ∼ (*Arb.*), lavoro stagionale. 217 Schicht ∼ (*Arb. - Organ.*), lavoro a turni. 218 Serien ∼ (*Ind.*), lavoro in serie. 219 Stück ∼ (Akkordarbeit) (*Arb.*), lavoro a cottimo. 220 Übertage ∼ (*Bergbau - Arb.*), lavoro a giorno, lavoro in superficie. 221 unangelernte ∼ (Arbeitskraft) (*Arb. - Pers.*), mano d'opera non qualificata. 222 ungelernte ~ (Arbeitskraft) (*Arb. - Pers.*), mano d'opera non specializzata. 223 Untertage ~ (*Bergbau - Arb.*), lavoro in galleria, lavoro in miniera. 224 Werkstatt ~ (*Arb.*), lavoro di officina. 225 Zwangs ~ (*recht.*), lavoro forzato.

Arbeiten (*n. - Arb.*), lavorazione, funzionamento. 2 ~ (von Beton) (*Bauw.*), dilatazione e contrazione. 3 ~ (eines Relais) (*Elekt.*), funzionamento, azionamento.

arbeiten (*allg.*), lavorare. 2 ~ (funktionieren) (*allg.*), funzionare. 3 aus ~ (einen Plan z. B.) (*allg.*), elaborare. 4 im Akkord ~ (gegen Stücklohn arbeiten) (*Arb.*), lavorare a cottimo. 5 im Tagelohn ~ (*Arb.*), lavorare a giornata. 6 in Schichten ~ (*Arb.*), lavorare a turni. 7 kurz ~ (*Arb.*), lavorare con orario ridotto. 8 nach ~ (ein Werkstück z. B.) (*Mech.*), ripassare. 9 unruhig ~ (*Mot.*), funzionare irregolarmente. 10 voll ~ (*Arb.*), lavorare a pieno orario.

Arbeiter (*m. - Arb.*), lavoratore, dipendente, operaio, prestatore d'opera. 2 ~ annahmestelle (*f. - Arb.*), ufficio di collocamento. 3 ~ bewegung (*f. - Arb.*), movimento operaio. 4 ~ gewerkschaft (*f. - Arb.*), sindacato dei lavoratori. 5 ~ kammer (*f. - Arb.*) (*österr.*), sindacato dei lavoratori. 6 ~ klasse (*f. - Arb.*), classe lavoratrice. 7 ~ kolonne (*f. - Arb. - Organ.*), squadra (di operai). 8 ~ massen (*f. - pl. - Arb.*), masse lavoratrici. 9 ~ schaft (Arbeitskraft) (*f. - Arb.*), maestranze, mano d'opera. 10 ~ schaft (Arbeiterklasse) (*Arb.*), classe lavoratrice. 11 ~ selbstverwaltung (*f. - Ind.*), autogestione operaia. 12 ~ stand (*m. - Mech. - etc.*), posto di lavoro. 13 ~ -Stunde (*f. - Arb.*), ora lavorativa. 14 ~ unruhen (*f. - pl. - Arb.*), agitazioni dei lavoratori. 15 ~ verband (Arbeitnehmerverband, Gewerkschaft, Gewerkschaftsverein) (*m. - Arb.*), sindacati dei lavoratori. 16 ~ vertreter (*m. - Arb.*), rappresentante dei lavoratori. 17 ~ vertretung (Betriebsgewerkschaftsleitung) (*f. - Arb. - Organ.*), commissione interna. 18 ~ wohnungen (*f. - pl. - Bauw.*), case operaie, case per operai. 19 ~ zug (*m. - Eisenb.*), treno operai. 20 Akkord ~ (gegen Stücklohn beschäftigter Arbeiter) (*Arb.*), lavoratore a cottimo. 21 angelernter ~ (*Arb.*), operaio qualificato. 22 Bau ~ (*Arb.*), operaio edile. 23 Berg ~ (Grubenarbeiter) (*Arb.*), minatore. 24 die ~ ausbeuten (*Arb.*), supersfruttare i lavoratori. 25 erwachsener ~ (*Arb.*), lavoratore adulto. 26 Fabrik ~ (Industriearbeiter) (*Arb.*), lavoratore dell'industria. 27 Fach ~ (*Arb.*), operaio specializzato. 28 geistiger ~ (Kopfarbeiter) (*Arb.*), impiegato di concetto. 29 Gelegenheits ~ (*Arb.*), avventizio, operaio avventizio. 30 gelernter ~ (*Arb.*), operaio specializzato. 31 Hand ~ (*Arb.*), manovale, bracciante. 32 Land ~ (*Arb.*), lavoratore agricolo. 33 qualifizierter ~ (*Arb.*), operaio qualificato. 34 Saison ~ (*Arb.*), lavoratore stagionale. 35 Spezial ~ (Facharbeiter) (*Arb.*), operaio specializzato. 36 Spitzenfach ~ (*Arb.*), incaricato tecnico. 37 unangelernter ~ (*Arb.*), operaio non qualificato. 38 ungelernter ~ (*Arb.*), operaio non specializzato, lavoratore non specializzato. 39 Vor~ (*Arb.*), caposquadra.

Arbeiterin (*f. - Arb.*), lavoratrice, operaia.
arbeitsfähig (*Arb.*), idoneo al lavoro.
arbeitsunfähig (*Arb.*), inabile al lavoro.
Arcatom - Schweissverfahren (*n. - mech. Technol.*), saldatura ad idrogeno atomico, saldatura ad idrogeno nascente.
arc cos (*Math.*), arcocoseno.
arc cosec (*Math.*), arcocosecante.
arc cot (*Math.*), arcocotangente.
Archimedische Schraube (Förderanlage) (*ind. Masch.*), vite di Archimede, coclea.
Archipel (Inselgruppe) (*m. - Geogr.*), arcipelago.
Architekt (Baufachmann) (*m. - Arch.*), architetto.
Architektur (Baukunst) (*f. - Arch.*), architettura.
Architrav (waagerechter Balken) (*m. - Arch.*), architrave.
Archiv (*n. - Büro - Bauw.*), archivio. 2 ~ stelle (Archiv) (*f. - Büro*), archivio. 3 ~ ar (*m. - Arb.*), archivista. 4 ~ band (Magnettonband für Archivzwecke) (*n. - Elektroakus.*), nastro (magnetico) per archivi. 5 Film ~ (*Filmtech.*), cineteca. 6 Schallplatten ~ (*Elektroakus.*), discoteca.
Archivar (*m. - Arb.*), archivista.
Archivolte (*f. - Arch.*), archivolto.
arc sin (*Math.*), arcoseno.
arc tg (*Math.*), arcotangente.
Areal (Fläche) (*n. - allg.*), area, superficie. 2 ~ des Kreises (Schraubenkreisfläche) (*Flugw.*), area disco, area del disco. 3 ~ kurve (Spantflächenkurve, Kurve der Verdrängungsverteilung nach der Länge) (*f. - naut.*), curva dei dislocamenti, scala di solidità.
ARFF (Allrichtungsfunkfeuer) (*Funk.*), radiofaro onnidirezionale.
Argentan (Neusilber) (*n. - Legierung*), argentone, alpacca, argentana.
Argentit (*m. - Min.*), siehe Silberglanz.
Argon (*Ar - n. - Chem.*), argon. 2 ~ -Arc-Schweissung (*f. - mech. Technol.*), saldatura ad (arco in atmosfera di) argon.
Argument (unabhängige Veränderliche einer Funktion) (*n. - Math.*), argomento. 2 ~ (Winkel am Pol bei Polarkoordinaten) (*Math.*), argomento.
Argusrohr (Schmidtrohr) (*n. - Strahltriebw.*), pulsoreattore, pulsogetto.
Argus-Schmidt-Rohr (Verpuffungs-Strahltriebwerk) (*n. - Strahltriebw.*), pulsoreattore, pulsogetto.
Arithmetik (*f. - Math.*), aritmetica. 2 politische ~ (Finanzmathematik) (*Math.*), matematica finanziaria.
arithmetisch (*Math.*), aritmetico. 2 ~ e Reihe (*Math.*), progressione aritmetica. 3 ~ es Mittel (*Math.*), media aritmetica.
Arkade (*f. - Arch.*), arcata.
Arkansasstein (zum Schlichten von Metallen) (*m. - Mech.*), pietra Arkansas.
Arkatomschweissen (*n. - mech. Technol.*), saldatura ad idrogeno atomico (o nascente).
arktisch (*Meteor. - Geogr.*), artico.
Arkuskosinus (arc cos) (*m. - Math.*), arcocoseno.
Arkussinus (arc sin) (*m. - Math.*), arcoseno.

Arl.

Arl. (Arbeitslehre) (mech. Werkz.), calibro di lavorazione.
Arm (m. - allg.), braccio. 2 ~ (Hebelarm) (Mech.), braccio. 3 ~ (eines Rades) (Fahrz. - etc.), raggio, razza. 4 ~ anlage (eines Sitzes) (f. - Fahrz. - etc.), bracciuolo. 5 ~ band (einer Uhr) (n. - Uhr), cinturino. 6 ~ band (als Zeichen eines Dienstes z. B.) (Arb. - etc.), bracciale. 7 ~ feile (Grobfeile) (f. - Werkz.), lima da sgrosso. 8 ~ gas (n. - Brennst.), gas povero. 9 ~ kreuz (n. - Mech. - etc.), razze, stella delle razze, raggiera, crociera. 10 ~ lehne (eines Sitzes) (f. - Fahrz. - etc.), bracciuolo. 11 ~ -Reich-Schalter (eines Flugmotorvergasers) (m. - Flugmot.), correttore di quota, correttore di miscela. 12 ~ stern (eines Rades) (m. - Fahrz. - etc.), razze, stella delle razze, raggiera. 13 Kurbel ~ (Mech.), braccio di manovella. 14 schwenkbarer ~ (Mech.), braccio orientabile, braccio oscillante. 15 Tür- ~ lehne (eines Personenkraftwagens) (Aut.), appoggiabraccia da portiera, bracciuolo da portiera.
arm (allg.), povero. 2 ~ (Mischung eines Verbrennungsmotors) (Mot.), povero, magro. 3 ~ (von Gütern z. B.) (komm.), scadente, di cattiva qualità.
Armatur (von Beton, Kabeln, etc.) (f. - Bauw. - etc.), armatura. 2 ~ (Anker, für Magnet) (Elekt.), armatura. 3 ~ (Apparat) (App.), apparecchio, strumento. 4 ~ (Rohranschluss) (Leit.), raccordo. 5 ~ (Ventil) (Dampfkessel), valvola. 6 ~ brett (Armaturenbrett) (n. - Fahrz. - Instr.), quadro portapparecchi, quadro portastrumenti, cruscotto portastrumenti. 7 ~ en (Zubehöre) (f. - pl.), accessori. 8 ~ en (Absperrorgane) (Hydr. - Leit.), valvolame, rubinetteria. 9 ~ en (Fittings) (Leit.), raccorderia. 10 ~ en (für elekt. Anlagen) (Elekt.), morsetteria. 11 ~ en-beleuchtung (f. - Aut.), luce quadro. 12 ~ en-brett (Schalttafel) (n. - Elekt.), quadro di comando. 13 Faltenbalg- ~ (Mech.), tenuta a soffietto. 14 Klein-Wasser ~ en (Verschraubungen) (Leit.), raccorderia minuta. 15 sanitäre ~ en (Ger.), apparecchi igienico-sanitari. 16 stosselastiches ~ en-brett (gepolstertes Armaturenbrett) (Aut.), cruscotto imbottito.
Armee (Heer) (f. - milit.), esercito.
Ärmel (m. - allg.), manica.
Armenrecht (n. - recht.), gratuito patrocinio.
armieren (Beton, Kabel, etc.) (Bauw. - etc.), armare.
armiert (allg.), armato. 2 ~ er Beton (Bauw.), cemento armato. 3 ~ er Schlauch (Hydr. - etc.), tubo flessibile armato, manichetta armata. 4 ~ es Kabel (Elekt.), cavo armato.
Armierung (Bewehrung, von Beton, etc.) (f. - Bauw. - etc.), armatura.
aromatisch (Chem.), aromatico. 2 ~ e Kohlenwasserstoffe (Chem.), idrocarburi aromatici. 3 ~ e Reihe (Chem.), serie aromatica.
Aronzähler (m. - elekt.Instr.), contatore Aron.
Ar″-Punkt (Ms-Punkt, Punkt bei dem die Martensitstufe beginnt) (m. - Metall.), punto Ms, punto Ar″ punto inizio formazione martensite.
Arrest (Sequester) (m. - recht.), sequèstro.

arretieren (Mech.), bloccare, fissare.
Arretierhebel (Arretierungshebel) (m. - Mech.), leva di bloccaggio.
Arretierschraube (f. - Mech.), vite di arresto, vite di fermo.
Arretierung (f. - Mech.), arresto, blocco.
Arretiervorrichtung (f. - Mech.), dispositivo di bloccaggio, dispositivo di arresto.
Arsen (As - n. - Chem.), arsenico. 2 ~ blende (f. - Min.), orpimento. 3 ~ kies (FeAsS) (m. - Min.), arsenopirite, pirite arsenicale, mispickel. 4 ~ -Kupfer (zähfestes und feuerbeständiges Kupfer, Feuerbuchskupfer) (n. - Legierung), (lega refrattaria) rame-arsenico. 5 ~ trisulfid (As_2S_3) (n. - Min.), orpimento, trisolfuro di arsenico.
Arsenal (n. - Kriegsmar.), arsenale. 2 ~ arbeiter (m. - Arb.), arsenalotto.
arsenig (Chem.), arsenioso.
Arsenik (As_2O_3) (Arsentrioxyd, arsenige Säure) (n. - Chem.), triossido di arsenico.
arsenikalisch (Chem.), arsenicale.
Arsin (As H_3) (n. - Chem.), arsina.
Arsonvalisation (f. - Elekt. - Med.), darsonvalizzazione.
Art (f. - allg.), genere, specie, tipo. 2 ~ (Weise) (allg.), modo, metodo. 3 ~ (Ackerbau) (Ack.b.), agricoltura. 4 ~ gewicht (Reinwicht) (n. - Mass - Bauw.), siehe Reinwicht. 5 Schutz ~ (Elekt.), tipo di protezione.
artesisch (Brunnen) (Hydr.), artesiano.
Artikel (m. - allg.), articolo. 2 Bedarfs ~ (komm.), articolo di consumo. 3 Leit ~ (Zeitg.), articolo di fondo. 4 Vertrags ~ (komm.), articolo di contratto, clausola di contratto.
Artikulation (Gelenk, etc.) (f. - allg.), articolazione.
artikuliert (allg.), articolato.
Artillerie (f. - milit.), artiglieria. 2 ~ beobachter (m. - milit.), osservatore di artiglieria. 3 ~ rad (n. - Aut.), ruota fenestrata. 4 bespannte ~ (milit.), artiglieria ippotrainata. 5 Flugabwehr- ~ (milit.), artiglieria controaerea.
Artillerist (m. - milit.), artigliere.
Arylketon (n. - Chem.), arilchetone.
Arzit (Teer-Asphalt-Emulsion) (m. - Strassbau), emulsione di catrame e bitume.
Arznei (f. - Med. - Pharm.), medicina. 2 ~ industrie (f. - Pharm.), industria farmaceutica. 3 ~ spezialität (f. - Pharm.), specialità farmaceutica. 4 ~ verordnung (Rezept)(f. - Med. - Pharm.), ricetta.
arzneilich (Med.), medicinale.
Arzt (m. - Med.), medico. 2 Amts ~ (Med.), ufficiale sanitario. 3 Kassen ~ (Med. - Ind.), medico della mutua. 4 Schiffs ~ (Med. - naut.), medico di bordo. 5 Tier ~ (Med.), veterinario. 6 Werks ~ (Med. - Ind.), medico di fabbrica.
Ärztin (f. - Med.), dottoressa.
ärztlich (Med.), medico. 2 ~ es Attest (ärztliche Bescheinigung) (Med. - Arb.), certificato medico. 3 ~ e Untersuchung (Med.), visita medica.
AS (Anrufsucher) (Fernspr.), ricercatore di linea, cercalinea.
A.S. (Ampere - Stunde) (Elekt.), amperora.
As (Amperesekunde) (Elekt.), amperseconodo. 2 (Arsen) (Chem.), As, arsenico.

ASA-Grad (Empfindlichkeitsgrad) (*m. - Phot.*), grado ASA.
asb (Apostilb, Einheit der Leuchtdichte) (*Opt. - Mass*), apostilb.
Asbest (*m. - Min.*), amianto, asbesto. 2 ~ **anzug** (*m. - feuerbeständiger Anzug*), tuta di amianto. 3 ~ **dichtung** (*f. - Mech. - etc.*), guarnizione di amianto. 4 ~ **faserstoff** (*m. - Bauw.*), fibrocemento, « eternit » 5 ~ **holz** (*n. - Bauw.*), fibrocemento, « eternit ». 6 ~ **osis** (Asbestose) (*f. - Med.*), asbestosi. 7 ~ **packung** (Asbestdichtung) (*f. - Mech.*), guarnizione di amianto. 8 ~ **pappe** (*f. - Ind.*), cartone d'amianto. 9 ~ **platte** (*f. - Bauw. - etc.*), foglio di amianto. 10 ~ **schnur** (*f. - Leit. - Wärme.*), cordone di amianto. 11 ~ **wolle** (für Luftfilter) (*f. - Ind.*), lana di amianto. 12 ~ **zement** (*m. - Bauw.*), cemento amianto. 13 ~ **zement- Wellplatte** (*f. - Bauw.*), lastra ondulata di cemento-amianto. 14 **Hornblende** ~ (*Min.*), amianto di anfibolo. 15 **Serpentin** ~ (*Min.*), amianto di serpentino, crisotilo.
Asbestosis (Asbestose) (*f. - Med.*), asbestosi.
A-Schatung (*f. - Elekt. - Funk.*), collegamento di classe A.
Asche (*f. - Verbr.*), cenere. 2 ~, siehe auch Aschen. 3 **Vulkan** ~ (*Geol.*), cenere vulcanica.
Aschen (*f. - pl. - Verbr.*), ceneri. 2 ~ **abfuhr** (Aschenentfernung) (*f. - Ind.*), rimozione delle ceneri. 3 ~ **aufzug** (*m. - ind. Masch.*), elevatore per ceneri, montaceneri. 4 ~ **becher** (*m. - Ger.*), portacenere, posacenere. 5 ~ **förderanlage** (*f. - ind. Masch.*), trasportatore per ceneri, impianto di trasporto per ceneri, impianto di convogliamento ceneri. 6 ~ **gehalt** (*m. - Chem.*), contenuto di ceneri, percento (in peso) di ceneri. 7 ~ **grube** (*f. - Ind.*), fossa raccolta ceneri. 8 ~ **raum** (*m. - Kessel - etc.*), ceneraio. 9 ~ **salz** (*n. - Chem.*), potassa. 10 ~ **staub** (für Modelle) (*m. - Giess.*), cenere ventilata. 11 ~ **winde** (*f. - App.*), montaceneri.
aschenfrei (*allg.*), esente da ceneri, privo di ceneri.
Äscher (Ascher) (*m. - Bauw. - Maur.*). calcinaio. 2 ~ (*Lederind.*), calcinaio. 3 ~ **ofen** (*m. - Keramik*), forno di calcinazione.
äschern (*Lederind.*), calcinare.
aschgrau (*Farbe*), grigio cenere.
A-Schirm (*m. - Radar*), indicatore di tipo A.
Askarel (chloriertes Diphenyl, Isolierungsstoff in flüssiger Form) (*n. - Elekt. - Chem.*), askarel, clorodifenile.
ASKI (Arbeitsgemeinschaft der Schweizerischen Kunststoff-Industrie) (*Ind.*), Gruppo di Lavoro dell'Industria Svizzera della Plastica.
Askorbinsäure (Vitamin C, Ascorbinsäure) (*f. - Pharm.*), acido ascorbico.
ASL (Anruf- und Schlusslampe) (*Fernsp.*), lampada di chiamata e fine (conversazione).
ASMW (Amt für Standardisierung, Messwesen und Warenprüfung) (*Ind.*), Ufficio Prove Misure e Normalizzazione.
Aspekt (Sonnen-, Mond- und Planetenstellung) (*m. - Astr.*), aspetto. 2 ~ **verhältnis** (*n. - Flugw.*), allungamento.
Asphalt (*m. - Min.*), asfalto. 2 ~ **beton** (*m. - Bauw.*), calcestruzzo bituminoso. 3 ~ **decke** (*f. - Strass.b.*), pavimentazione di asfalto. 4 ~ **fussboden** (*m. - Bauw.*), pavimentazione di asfalto. 5 ~ **gestein** (*n. - Min.*), roccia asfaltica. 6 ~ **guss** (*m. - Strass.b.*), mastice d'asfalto. 7 ~ **lack** (*m. - Anstr.*), vernice bituminosa. 8 ~ **makadam** (*m. - Strass.b.*), macadam al bitume. 9 ~ **papier** (*n. - Bauw.*), carta catramata. 10 ~ **pappe** (Dachpappe) (*f. - Bauw.*), cartone catramato. 11 ~ **strasse** (*f. - Strass.b.*), strada asfaltata. 12 ~ **teermakadam** (*m. - Strass.b.*), macadam di catrame. 13 ~ **überzug** (*m. - Strass.b.*), manto di asfalto. 14 **Guss** ~ (*Strass.b.*), mastice di asfalto. 15 **künstlicher** ~ (*Min.*), asfalto artificiale. 16 **Natur** ~ (*Min.*), asfalto naturale.
Asphalten (*n. - Min.*), asfaltene.
asphaltieren (*Strass.b.*), asfaltare.
asphaltisch (*Min.*), asfaltico.
asphärisch (*allg.*), asferico, non sferico.
Aspirator (*m. - ind. Vorr.*), aspiratore, estrattore.
Aspirin (Azetylsalizylsäure) (*n. - Pharm. - Chem.*), aspirina.
ASQ (Arbeitsgemeinschaft für Statistische Qualitätskontrolle) (*Ind.*), gruppo di lavoro controllo statistico della qualità.
AS-Reifen (Ackerschlepperreifen) (*m. - Fahrz.*), pneumatici per trattori agricoli.
Assalit (eine Teeremulsion) (*m. - Strass.b.*), (tipo di) emulsione di catrame.
Assekurant (Versicherer) (*m. - Arb. - etc.*), assicuratore.
Assekurat (der Versicherte) (*m. - komm.*), assicurato.
Assembler (Assemblierer) (*m. - Rechner*), assemblatore, programma traduttore. 2 ~ **sprache** (*f. - Rechner*), linguaggio assemblatore.
Assemblierer (*m. - Rechner*), siehe Assembler.
Assimilation (*f. - Chem.*), assimilazione.
Assistent (Gehilfe) (*m. - Arb. - etc.*), assistente.
assouplieren (Seide) (*Textilind.*), raddolcire, cuocere parzialmente, sgommare parzialmente.
Assoziation (*f. - Arb. - etc.*), associazione. 2 **Stern** ~ (Sterngesellschaft) (*Astr.*), associazione stellare.
Ast (*m. - allg.*), ramo. 2 ~ (Knoten) (*Holz*), nodo. 3 **absteigender** ~ (einer Kurve) (*Zeichn. - etc.*), ramo discendente. 4 **aufsteigender** ~ (einer Kurve) (*Zeichn. - etc.*), ramo ascendente.
astasieren (*Phys.*), astatizzare.
Astasierung (*f. - Phys.*), astaticità.
Astat (Astatium, radioakt. chem. Element) (*At - n. - Chem.*), astato.
Astatin (Astatium, radioakt. Element) (*n. - Atm - Radioakt.*), astatinio.
astatisch (*Phys.*), astatico. 2 ~ **es Galvanometer** (*Elekt.*), galvanometro astatico.
Asterismus (*m. - Min.*), asterismo.
Asteroid (*m. - Astr.*), asteroide.
Ästigkeit (*f. - Holzfehler*), nodi.
astigmatisch (*Opt.*), astigmatico.
Astigmatismus (*m. - Opt.*), astigmatismo.

Ast M (Aussteurungsmesser, Modulationsmessgerät) (*Elektroakus.*), modulometro.
A-Stoff (flüssiger Sauerstoff) (*m. - Flugw.*), ossigeno liquido.
Astragalus (Perlstab, an der ionischen Säule) (*m. - Arch.*), astragalo.
Astralon (durchsichtiger Kunststoff) (*n. - chem. Ind. - Kartographie*), « astralon ».
Astrograph (*m. - Astr. - Ger.*), astrografo.
Astrokompass (*m. - Navig. - Ger.*), astrobussola.
Astrokuppel (*f. - Flugw.*), astrodomo.
Astrolabium (*n. - altes astr. Ger.*), astrolabio.
Astronaut (Raumfahrer, Weltraumflieger) (*m. - Astronautik*), astronauta.
Astronautik (Raumfahrt) (*f. - Astr. - Flugw.*), astronautica.
Astronavigation (*f. - Navig. - naut.*), navigazione astronomica.
Astronom (*m. - Astr.*), astronomo.
Astronomie (*f. - Astr.*), astronomia.
astronomisch (*Astr.*), astronomico.
Astropeiler (Radioteleskop) (*m. - Astr. - Instr.*), radiotelescopio.
Astrophotographie (*f. - Astr. - Phot.*), astrofotografia.
Astrophysik (*f. - Astr.*), astrofisica.
Ästuarium (eines Flusses) (*n. - Geogr.*), estuario.
ASVG (Allgemeines Sozialversicherungsgesetz) (*Arb.*) (*österr.*), legge sulle assicurazioni sociali.
Asymmetrie (*f. - Geom. - etc.*), asimmetria. 2 ~ **fehler** (Koma) (*n. - Opt.*), coma.
asymmetrisch (*Geom. - etc.*), asimmetrico. 2 ~ **e Leuchte** (*Beleucht.*), apparecchio di illuminazione asimmetrico, apparecchio di illuminazione a ripartizione asimmetrica della luce. 3 ~ **es Abblendlicht** (*Aut.*), luce anabbagliante asimmetrica.
Asymptote (*f. - Math.*), asintoto.
asymptotisch (*Math.*), asintotico.
asynchron (*Elekt. - etc.*), asincrono.
Asynchrondrehstromgenerator (*m. - elekt. Masch.*), generatore asincrono trifase, alternatore asincrono trifase.
Asynchrongenerator (*m. - elekt. Masch.*), generatore asincrono.
Asynchronmotor (*m. - elekt. Masch.*), motore asincrono.
AT (Auslösetaste) (*Elekt. - etc.*), tasto di sgancio, tasto di disinserzione, pulsante di sgancio, pulsante di disinserzione.
At (Atom) (*Phys.*), atomo. 2 ~ (Astat) (*Radioakt. - Chem.*), At, astato.
at (technische Atmosphäre, 1 at = 1 kp/cm²) (*phys.Einheit*), atmosfera tecnica.
ata (absolute technische Atmosphäre) (*phys. Einheit*), atmosfera assoluta.
ataktisch (Polymer z. B.) (*Kunststoff - Ind.*), atattico.
Atelier (Studio) (*n. - Kunst*), studio. 2 ~ (*Filmtech. - Fernseh.*), studio. 3 ~ **kamera** (*f. - Filmtech. - Masch.*), macchina da presa da studio. 4 ~ **mikrophon** (*n. - Filmtech.*), microfono da studio. 5 ~ **sekretärin** (Scriptgirl, Skriptgirl) (*f. - Filmtech. - Arb.*), segretaria di produzione. 6 ~ **staffelei** (*f. - Kunst*), cavalletto da pittore. 7 ~ **tonbox** (*f. - Filmtech.*), cabina fonica.

Atem (*m. - allg.*), respiro. 2 ~ **filter** (eines Atemgerätes) (*m. - Ger.*), filtro (per respiratore). 3 ~ **gerät** (Atemschutzgerät, Atemschutzapparat) (*n. - Ger.*), respiratore. 4 ~ **maske** (*f. - Med. - etc.*), maschera per ossigeno.
At. G (Atomgewicht) (*Chemie*), peso atomico.
Äthan (CH₃–CH₃) (*n. - Chem.*), etano.
Äthanol (C₂H₅OH) (Äthylalkohol) (*m. - Chem.*), alcool etilico, etanolo.
Äther (*m. - Chem.*), etere. 2 **Licht** ~ (*Phys.*), etere cosmico.
ätherisch (*Chem.*), etereo. 2 ~ **es Öl** (*Chem.*), olio essenziale.
atherman (für Wärmestrahlung undurchlässig) (*Wärme*), atermano.
Athodyd (Stau-Strahltriebwerk) (*m. - Strahltriebw.*), atodite, statoreattore, autoreattore.
Äthyl (–C₂H₅) (*n. - Chem.*), etile. 2 ~ **alkohol** (*m. - Chem.*), alcool etilico. 3 ~ **amin** (*n. - Chem.*), etilammina. 4 ~ **äther** (*m. - Chem.*), etere etilico. 5 ~ **azetat** (Äthylacetat) (*n. - Chem.*), estere (o etere) acetico. 6 ~ **nitrit** (C₂H₅ONO) (Zündbeschleuniger) (*n. - Chem. - Mot.*), nitrito etilico. 7 ~ **zellulose** (*f. - Chem.*), etilcellulosa.
Äthylen (CH₂ = CH₂) (Äthen) (*n. - Chem.*), etilene. 2 ~ **glykol** (CH₂OH.CH₂OH) (*n. - Chem.*), estere (o etere) acetico.
Atlantikkabel (*n. - Fernspr.*), cavo transatlantico.
Atlas (Gewebe aus Seide) (*m. - Text.*), raso. 2 ~ **erz** (*n. - Min.*), malachite. 3 ~ **spat** (*m. - Min.*), calcite.
atm (physikalische Atmosphäre, 1 atm = = 1,033227 at) (*phys. Einheit*), atmosfera fisica, atm.
Atmometer (Verdunstungsmesser) (*n. - Instr.*), misuratore di evaporazione.
Atmosphäre (*f. - Meteor. - Geophys.*), atmosfera. 2 ~ (Atmosphärendruck) (*Masseinheit*), atmosfera. 3 ~ (auf dem flüssigen metallischen Bad) (*Giess.*), atmosfera, ambiente. 4 ~ **n·überdruck** (atü) (*m. - Phys.*), pressione relativa. 5 **Erd** ~ (*Geophys.*), atmosfera terrestre. 6 **internationale Norm** ~ (*Flugw. - Geophys.*), aria tipo internazionale. 7 **neutrale** ~ (*Metall. - Giess.*), atmosfera neutra, ambiente neutro. 8 **oxydierende** ~ (*Metall. - Giess.*), atmosfera ossidante, ambiente ossidante. 9 **physikalische** ~ (atm, 760 mm Hg = = 1,033227 at) (*Masseinheit*), atmosfera fisica. 10 **technische** ~ (at = 1 kp/cm²) (*Masseinheit*), atmosfera tecnica.
atmosphärisch (*allg.*), atmosferico. 2 ~ **e Elektrizität** (*Meteor.*), elettricità atmosferica. 3 ~ **e Störungen** (*Meteor. - Funk. - etc.*), disturbi atmosferici, scariche. 4 ~ **e Strahlungsschwächung** (*f. - Meteor. - Radioakt.*), attenuazione atmosferica delle radiazioni. 5 ~ **e Wärmedurchlässigkeit** (*f. - Meteor.*), trasmettenza atmosferica (del calore).
Atmung (*f. - allg.*), respirazione. 2 ~ (des Kurbelgehäuses z. B.) (*Mot.*), sfiato. 3 ~ **s·gerät** (*n. - Ger.*), respiratore. 4 ~ **s·ventil** (*n. - Mot. - etc.*), valvola di sfiato.
Atoll (Kranzriff, Lagunenriff) (*n. - Geogr.*), atollo.
Atom (*n. - Chem. - Phys.*), atomo. 2 ~ **antrieb**

(*m. - naut.*), propulsione atomica. **3 ~ auflöser** (*m. - Atomphys. - App.*), disintegratore di atomi, frantumatore di atomi. **4 ~ batterie** (*f. - Atomphys. - Elektronik*), batteria atomica. **5 ~ bau** (*m. - Atomphys.*), struttura dell'atomo. **6 ~ bindung** (atomare Bindung) (*f. - Atomphys.*), legame atomico. **7 ~ bombe** (*f. - Expl.*), bomba atomica. **8 ~ brenner** (Atomreaktor) (*m. - Atomphys.*), pila atomica, reattore nucleare. **9 ~ brennstoff** (*m. - Atomphys.*), combustibile atomico. **10 ~ energie** (Atomkernenergie) (*f. - Atomphys.*), energia atomica, energia nucleare. **11 ~ explosion** (*f. - Atomphys.*), esplosione atomica. **12 ~ flugzeug** (*n. - Flugw.*), velivolo atomico, aeroplano atomico. **13 ~ gewicht** (*n. - Chem.*), peso atomico. **14 ~ gitter** (*n. - Atomphys.*), reticolo atomico. **15 ~ gramm** (*n. - Chem.*), grammoatomo. **16 ~ ion** (*n. - Phys.*), atomo ionizzato. **17 ~ kanone** (*f. - Waffe*), cannone atomico. **18 ~ kern** (*m. - Atomphys.*), nucleo atomico, nucleo dell'atomo. **19 ~ kernspaltung** (*f. - Atomphys.*), fissione nucleare. **20 ~ kernumwandlung** (*f. - Kernphys.*), fissione nucleare. **21 ~ kraftwerk** (*n. - Atomphys. - Ind.*), centrale atomica. **22 ~ kraftzentrale** (*f. - Atomphys.*), centrale atomica. **23 ~ lehre** (*f. - Phys.*), teoria atomica. **24 ~ masse** (*f. - Chem.*), massa atomica. **25 ~ meiler** (Atombrenner) (*m. - Atomphys.*), pila atomica, reattore nucleare. **26 ~ modell** (*n. - Atomphys.*), modello atomico, modello di atomo, schema della struttura dell'atomo. **27 ~ moment** (*n. - Phys.*), momento atomico. **28 ~ nummer** (*f. - Chem.*), numero atomico. **29 physik** (*f. - Atomphys.*), fisica atomica, fisica nucleare. **30 ~ reaktor** (Kernreaktor, Atommeiler, Atomofen) (*m. - Atomphys.*), reattore nucleare. **31 ~ triebwerk** (*n. - Mot.*), motore nucleare, motore atomico, propulsore nucleare, propulsore atomico. **32 ~ -U-Boot** (*n.-Kriegsmar.*), sommergibile atomico, sottomarino atomico. **33 ~ uhr** (*f. - Uhr*), orologio atomico. **34 ~ umwandlung** (*f. - Atomphys.*), *siehe* Atomzertrümmerung. **35 ~ verbindung** (*f. - Chem.*), legame atomico. **36 ~ volumen** (*n. - Chem.*), volume atomico, peso atomico diviso per il peso specifico. **37 ~ wanderung** (*f. - Atomphys.*), migrazione atomica. **38 ~ wärme** (nötige Wärme, um die Temperatur eines Grammatoms um 1º C zu erhöhen) (*f. - Chem.*), calore atomico. **39 ~ zahl** (Atomziffer) (*f. - Chem.*), numero atomico. **40 ~ zertrümmerung** (Atomkernumwandlung) (*f. - Atomphys.*), fissione nucleare, fissione dell'atomo. **41 heisses ~** (hochangeregtes Atom) (*Atomphys.*), atomo molto eccitato, atomo dotato di elevata energia interna. **42 spaltbares ~** (*Atomphys.*), atomo fissionabile.

atomar (*Phys.*), atomico. **2 ~ e Anordnung** (*Atomphys.*), disposizione atomica. **3 ~ e Bindung** (Atombindung) (*Atomphys.*), legame atomico. **4 ~ e Haftung** (*Phys.*), coesione atomica. **5 ~ er Verschleiss** (von Atomwanderung beursacht) (*Mech.*), usura atomica. **6 ~ er Wasserstoff** (*Chem.*), idrogeno nascente, idrogeno atomico. **7 ~ e Wasserstoff**schweissung (*mech. Technol.*), saldatura all'idrogeno atomico.

atomisch (*Chem. - Phys.*), atomico. **2 ~ e H-Schweissung** (*mech. Technol.*), saldatura all'idrogeno atomico.
Atomizität (*f. - Phys.*), atomicità.
Atopieprobe (Schnadt-Probe, Kerbschlagprobe) (*f. - Werkstoffprüfung*), provino Schnadt.
Atopit (Romeit) (*m. - Min.*), atopite, romeite.
At.-% (in einem Zweistoffsystem z. B.) (*Metallographie*), % atomico, percentuale atomica.
Atramentieren (Phosphatieren von Stahl für Korrosionsschutz in einer Zinkphosphatlösung bei 90ºC) (*n. - mech. Technol.*), fosfatizzazione (in soluzione di fosfato di zinco).
atramentieren (*mech. Technol.*), fosfatizzare (in soluzione di fosfato di zinco).
Atrium (eines Hauses) (*n. - Arch.*), atrio. **2 ~** (einer Basilika) (*Arch.*), chiostro.
Atropin (Alkaloid) (*n. - Pharm.*), atropina.
AT - Schweissung (aluminothermische Schweissung) (*f. - mech. Technol.*), saldatura aluminotermica.
Attaché (*m. - Diplomat*), addetto. **2 Handel ~** (*komm.*), addetto commerciale. **3 Marine ~** (*naut.*), addetto navale. **4 Militär ~** (*milit.*), addetto militare. **5 Luft ~** (*Flugw.*), addetto aeronautico. **6 Presse ~** (*Zeitg.*), addetto stampa.
Attest (*n. - recht.*), certificato. **2 ärztliches ~** (*Med. - Arb.*), certificato medico. **3 Herkunfts ~** (Ursprungsattest) (*komm.*), certificato di origine.
Attika (Aufbau über dem Hauptgesims eines Gebäudes) (*f. - Bauw.*), attico. **2 ~** (eines Triumphbogens z. B.) (*Arch. - Kunst*), attico.
Atto- ($a = 10^{-18}$) (*Masseinh.*), atto-, a.
Attrappe (Schaumuster) (*f. - komm.*), manichino. **2 ~** (Kühlerverkleidung) (*Aut.*), maschera del radiatore. **3 ~** (eine bedeutungslose Adresse, Instruktion oder Block von Informationen) (*Rechner*), falsa informazione, informazione priva di significato, « dummy ».
Attributmerkmal (bei Qualitätskontrolle) (*n. - mech. Technol.*), attributo.
Attributprüfung (bei Qualitätskontrolle) (*f. - mech. Technol.*), controllo per attributi.
atü (atmosphärischer Überdruck über 1 at) (*Masseinheit*), ate, atmosfera relativa.
Atümesser (Reifenfüllmesser, Kompressionsdruckprüfer) (*m. - Aut. - Instr.*), misuratore di pressione, manometro.
Ätzbad (*n. - Metall.*), bagno acido, bagno per attacco acido. **2 ~** (*Druck.*), bagno d'incisione.
Ätzbild (in Metallographie) (*n. - Metall.*), figura di attacco acido.
Ätzdruck (mittels Tiefätzung) (*m. - Druck.*), stampa calcografica, stampa con matrice incavata, stampa all'acquaforte. **2 ~** (von Geweben) (*Textilind.*), stampa per corrosione.
Ätzen (*n. - Metall.*), attacco acido, attacco chimico. **2 ~** (des Tiefdruckzylinders z. B.) (*Druck.*), incisione.
ätzen (*allg.*), trattare con acido. **2 ~** (*Metall.*), attaccare chimicamente, attaccare con acido. **3 ~** (*Druck.*), incidere. **4 hoch ~** (*Druck.*),

Ätzfiguren

incidere in rilievo. 5 tief ~ (*Druck.*), incidere in incavo, incidere all'acquaforte.
Ätzfiguren (bei Prüfungen von Metallen mit Ätzmittel) (*f. - pl. - Metall.*), struttura.
Ätzflüssigkeit (*f. - Druck.*), liquido per incisioni.
Ätzgravieren (von Gesenken) (*n. - mech. Technol.*), incisione con acido.
Ätzkali (Kaliumhydroxyd) (*n. - Chem.*), potassa caustica.
Ätzkalk (ungelöschtes Kalziumoxyd) (*m. - Bauw.*), calce viva.
Ätzkraft (*f. - Chem.*), causticità.
Ätzmaschine (*f. - Druckmasch.*), macchina per incisioni. 2 ~ (Klischeeätzmaschine) (*Druck.*), macchina per (incidere) clichè.
Ätzmittel (*n. - Druck.*), bagno di incisione. 2 ~ (zur Prüfung von Metallen) (*Metall.*), reattivo metallografico. 3 ~ (*Färberei*), mordente.
Ätznatron (Natriumhydroxyd) (*n. - Chem.*), soda caustica.
Ätzsublimat (Ätzquecksilber) (*n. - Chem.*), sublimato corrosivo.
Ätzung (*f. - Metall.*), attacco acido. 2 ~ (*Druck.*), incisione. 3 ~ s·widerstand (*m. - Metall.*), resistenza alla corrosione. 4 Hoch ~ (*Druck.*), incisione in rilievo. 5 Tief ~ (*Druck.*), incisione in incavo, calcografia, incisione all'acquaforte.
AU (Anpassungsüberträger) (*Elekt.*), trasformatore di adattamento.
Aubomotor (Aussenbordmotor) (*m. - Mot.*), motore fuoribordo.
Audiofrequenz (*f. - Funk.*), audiofrequenza.
Audiogramm (*n. - Akus.*), audiogramma.
Audiometer (*n. - Phys. - Instr.*), audiometro.
Audiometrie (*f. - Phys.*), audiometria.
Audion (Detektorröhre) (*n. - Funk.*), audion, triodo raddrizzatore. 2 ~ gleichrichter (*m. - Funk.*), raddrizzatore audion. 3 ~ verstärker (*m. - Funk.*), amplificatore audion. 4 ~ voltmeter (*n. - elekt. Ger.*), siehe Röhrenvoltmeter.
audio·visuell (Ausbildung z. B.) (*allg.*), audiovisivo.
Auditorium (Hörsaal) (*n. - Bauw.*), sala, auditorio. 2 ~ (Hörsaal einer Universität) (*Bauw.*), aula.
Auerbrenner (*m. - Verbr.*), bruciatore Auer.
Auerlicht (Gasglühlicht) (*n. - Beleucht.*), luce Auer.
Auermetall (pyrophore Legierung) (*n. - Metall.*), lega Auer.
auf (*allg.*), su, sopra. 2 ~ (ein Hahn z. B.) (*Leit. - etc.*), aperto. 3 ~ (elekt. Kreis z. B.) (*Elekt.*), aperto. 4 ~ (gerundet, auf 0,5 mm z. B.) (*Math. - etc.*), arrotondato. 5 ~ (nach oben) (*naut.*), arriva. 6 ~ -zu (ein Hahn z. B.) (*Leit. - etc.*), aperto - chiuso. 7 ~ -zu (eines Schaltgerätes, einer Steueranlage, etc.) (*Elekt. - etc.*), marcia-arresto.
aufarbeiten (ein Werkstück) (*Mech.*), ripassare. 2 ~ (Werkzeuge) (*Mech*), affilare, ripassare.
Aufarbeitung (eines Werkstückes) (*f. - Mech.*), ripassatura. 2 ~ (von Werkzeugen) (*Mech.*), affilatura, ravvivatura. 3 ~ (von radioakt. Material) (*Atomphys.*), rigenerazione.

Aufbau (Konstruktion) (*m. - allg.*), costruzione. 2 ~ (Überbau) (*Bauw.*), costruzione sopra il tetto. 3 ~ (Autokarosserie) (*Aut.*), carrozzeria. 4 ~ (eines Schiffes) (*naut.*), sovrastruttura. 5 ~ (Struktur, der Materie) (*Chem.*), struttura. 6 ~ (Installation, Aufstellung) (*allg.*), installazione, montaggio, erezione. 7 ~ (*Aut.*), siehe auch Karosserie. 8 ~ arbeit (*f. - allg.*), lavoro di ricostruzione. 9 ~ boden (*m. - Aut.*), fondo scocca, pavimento della carrozzeria. 10 ~ deck (~ Schiffbau), controcoperta. 11 ~ decke (Wagendecke, Wagendach) (*f. - Aut.*), padiglione. 12 ~ instrument (*n. - Instr.*), strumento applicato, strumento non da incasso. 13 ~ mit versenkbarem Verdeck (*Aut.*), carrozzeria decappottabile. 14 ~ plan (*m. - allg.*), piano di costruzione. 15 ~ prinzip (eines Atoms oder Moleküls) (*n. - Phys.*), principio di costituzione. 16 ~ regler (einer Dynamo) (*m. - Elekt. - Mot.*), regolatore separato. 17 ~ schneide (*f. - mech. Werkz.*), tagliente di riporto, tagliente riportato. 18 ~ stahlhalter (zum Drehen) (*m. - Werkz.*), portautensile composito, portautensile multiplo. 19 ~ werkzeug (zum Drehen) (*n. - Werkz.*), utensile multiplo. 20 ~ zeit (Ionisierungszeit) (*f. - Atomphys.*), tempo di ionizzazione. 21 Kipp ~ (*Fahrz.*), cassone ribaltabile. 22 Koffer ~ (*Fahrz.*), cassone chiuso, vano furgone. 23 selbsttragender ~ (*Aut.*), carrozzeria portante. 24 Wagen ~ (*Aut. - etc.*), carrozzeria. 25 Wieder ~ (*allg.*), ricostruzione. 26 zeitlicher ~ (*allg.*), sviluppo nel tempo.
aufbauen (*allg.*), costruire. 2 ~ (ein Magnetfeld z. B.) (*allg.*), creare, generare, instaurare. 3 wieder ~ (*allg.*), ricostruire.
Aufbäumen (Phänomen das meist bei Überschreitung eines kritischen Anstellwinkels auftritt) (*n. - Flugw.*), impennata, cabrata.
aufbäumen (*Textilind.*), insubbiare.
Aufbäumregler (bei Hochleistungsflugzeugen) (*m. - Ger. - Flugw.*), regolatore automatico d'incidenza.
Aufbauten (*m. - pl. - Schiffbau*), sovrastruttura. 2 ~ (Insel, eines Flugzeugträgers) (*Kriegsmar.*), isola, sovrastruttura laterale.
Aufbenzolung (*f. - chem. Ind.*), ribenzolaggio.
aufbereiten (*Min.*), preparare. ~ (reinigen, das Wasser, für Kesseln z. B.) (*Ind.*), trattare, condizionare.
Aufbereitung (von Mineralien) (*f. - Bergbau*), preparazione, trattamento, arricchimento, separazione. 2 ~ (des Wassers z. B.) (*Ind.*), trattamento, condizionamento. 3 ~ (Reinigung, der Druckluft z. B.) (*Ind.*), depurazione. 4 ~ s·anlage (*f. - Bergbau*), impianto di arricchimento. 5 ~ s·herd (*m. - Bergbau*), tavola di arricchimento. 6 chemische ~ (Amalgamation z. B.) (*Bergbau*), arricchimento chimico. 7 elektrostatische ~ (*Bergbau*), separazione elettrostatica. 8 magnetische ~ (*Bergbau*), separazione magnetica. 9 nasse ~ (von Erze) (*Bergbau*), preparazione per via umida. 10 nassmechanische ~ (*Bergbau*), arricchimento gravimetrico. 11 Schwimm ~ (Flotation) (*Bergbau*), flottazione.
aufbessern (*allg.*), migliorare, perfezionare

2 ~ (den Gehalt) (Pers. - Arb.), aumentare.
Aufbesserung (Verbesserung) (f. - allg.), miglioramento. 2 Gehalts ~ (Pers.), aumento di stipendio.
Aufbeton (m. - Bauw.), soletta di copertura in cemento armato.
aufbewahren (Ind.), tenere a magazzino.
Aufbewahrung (f. - Ind.), magazzinaggio. 2 ~ (Aufbewahrungsraum) (Eisenb.), deposito. 3 ~ (von Waren im Lagern) (f. - Ind.), custodia. 4 ~ s·ort (m. - allg.), deposito. 5 Gepäck ~ (Eisenb.), deposito bagagli.
Aufbewegung (Aufwärtsbewegung) (f. - Werkz. masch. - etc.), movimento ascendente.
aufbiegen (allg.), piegare verso l'alto.
Aufbildwerfer (Epidiaskop) (m. - Opt. - Ger.), epidiascopio.
aufbinden (allg.), slegare.
aufblasbar (allg.), gonfiabile. 2 ~ es Boot (naut.), canotto gonfiabile.
Aufblasen (eines Aerostats) (n. - Flugw.), gonfiamento. 2 ~ (Metall.), insufflazione.
aufblasen (allg.), gonfiare.
Aufblasstahlwerk (n. - Metall.), acciaieria ad insufflazione dall'alto, acciaieria a soffiaggio dall'alto.
Aufblasverfahren (LD-Verfahren z. B.) (n. - Metall.), processo di soffiaggio dall'alto, processo a insufflazione dall'alto.
aufblättern (allg.), sfogliarsi.
aufbleien (Tetraäthylblei als Autiklopfmittel zusetzen) (Mot. - Aut.), etilizzare.
aufblenden (Aut.), accendere gli abbaglianti, accendere i proiettori. 2 ~ (Filmtech.), aprire in dissolvenza.
Aufblendung (f. - Filmtech.), dissolvenza in apertura. 2 ~ (Aut.), accensione dei proiettori, accensione degli abbaglianti.
Aufbocken (des Wagens, bei Ansserdienststellung, um die Federung und Bereifung zu entlasten) (n. - Aut.), sollevamento da terra.
aufbocken (Bauw.), puntellare. 2 ~ (hochbocken, ein Fahrzeug) (Aut.), alzare da terra, sollevare da terra.
Aufbohren (n. - Mech.), siehe Ausbohren.
aufbohren (Mech.), siehe ausbohren.
Aufbohrung (f. - Mech.), alesaggio, foro.
aufbrauchen (Energie z. B.) (allg.), consumare, dissipare.
Aufbrausen (n. - Chem. - etc.), effervescenza.
aufbrausend (Chem. - etc.), effervescente.
aufbrechen (öffnen) (allg.), aprire. 2 ~ (einen Ofen) (Metall.), spillare.
Aufbringen (einer Kraft z. B.) (n. - Mech.), applicazione.
aufbringen eine Kraft z. B.) (Mech.), applicare. 2 ~ (kapern, ein Schiff) (naut.), catturare.
Aufbringung (Kapern, eines Schiffes) (f. - naut.), cattura.
aufbrisen (des Windes) (Meteor.), aumentare, rinforzare.
aufbügeln (allg.), stirare.
Aufchromen (n. - mech. Technol.), cromatura.
Aufdampfen (kathodische Aufspritzung) (n. - Elektronik), spruzzamento catodico.
Aufdämpfung (f. - Phys.), evaporazione.

Aufdornen (eines Rohres z. B.) (n. - Mech.), allargamento, mandrinatura.
aufdornen (ein Rohr z. B.) (Mech.), allargare, mandrinare.
Aufdornprobe (f. - mech. Technol.), prova di allargamento.
Aufdornung (eines Loches) (f. - mech. Technol.) allargamento.
Aufdornversuch (m. - Baukonstr.lehre - Mech.), prova di allargamento.
Aufdrehen (einer Drehbrücke) (n. - Brück.b.), apertura.
aufdrehen (allg.), torcere. 2 ~ (ausdrehen, eine Schraube) (Mech.), svitare. 3 ~ (festschrauben) (Mech.), avvitare a fondo, stringere, serrare. 4 ~ (einen Hahn) (Leit.), aprire. 5 ~ (eine Drehbrücke) (Brück.b.), aprire. 6 ~ (das Licht, das Radio) (Elekt.) (österr.), accendere.
Aufdruck (m. - allg.), impronta. 2 ~ (auf Briefmarken) (Philatelie), sovrastampa. 3 ~ **schaltung** (gedruckte Schaltung) (f. - Elekt.), circuito stampato.
aufdrücken (allg.), imprimere. 2 ~ (ein Spannung z. B.) (Elekt.), applicare.
Aufeinanderfolge (f. - allg.), successione, sequenza.
aufeinanderfolgend (allg.), successivo, consecutivo.
aufeinanderliegend (allg.), combaciante.
aufeinanderpassen (Mech.), accoppiare, centrare, far combaciare, adattare.
aufentern (in die Rahen klettern) (naut.), salire a riva, salire sui pennoni.
Aufenthalt (m. - Eisenb.), fermata. 2 ~ **kosten** (f. - pl. - Arb. - Adm.), spese di soggiorno. 3 ~ s·ort (Wohnort) (m. - komm. - recht.), residenza, domicilio. 4 ~ s·steuer (Aufenthaltsaxe) (f. - finanz.), tassa di soggiorno.
aufenthaltlos (Eisenb.), senza fermate, diretto. 2 ~ (naut. - Luftw.), senza scalo.
auferlegen (eine Geldstrafe z. B.) (allg.), infliggere. 2 ~ (Bedingungen z. B.) (allg.), imporre.
Auferlegung (von Bedingungen z. B.) (f. - allg.), imposizione.
Auffahren (Anrammen) (n. - Aut. - Strass.verk.) tamponamento. 2 ~ (von Weichen) (Eisenb.), tallonamento.
auffahren (anrammen) (Aut. - Strass.verk.), tamponare.
Auffahrt (f. - allg.), ascensione. 2 ~ (Zubringerstrasse, einer Autobahn) (Strasse), strada di accesso. 3 ~ **rampe** (Fahrzeugrampe, eines Güterbahnhofes z. B.) (f. - Eisenb. - etc.), rampa di accesso (al piano d caricamento).
Auffahrung (f. - Aut.), marcia in colonna, marcia a ridosso.
auffallend (Strahl z. B.) (Opt. - etc.), incidente.
Auffallwinkel (von Strahlen) (m. - Opt.), angolo d'incidenza.
auffalten (allg.), spiegare, svolgere.
Auffanganode (f. - Elektrochem.), anodo collettore.
auffangen (ein Signal z. B.) (Elektroakus.), intercettare. 2 ~ (Elektronen) (Phys.), catturare. 3 ~ (Späne) (Werkz.masch.bearb. - etc.), raccogliere. 4 ~ (Schwingungen z. B.) (Mech. - etc.), assorbire.

Auffänger

Auffänger (Forget, eines Teilchenbeschleunigers z. B.) (*m. - Kernphys.*), bersaglio.
Auffanggefäss (*n. - allg.*), recipiente di raccolta.
Auffangschale (für Öl z. B.) (*f. - Aut. - etc.*), bacinella di raccolta.
Auffangschirm (zur photometrischen Prüfung) (*m. - Opt. - Beleucht.*), piastra per prova fotometrica (ricevente la luce da esaminare).
Auffangspitze (eines Blitzableiters) (*f. - Elekt.*), punta da parafulmine.
Auffangstange (eines Blitzableiters) (*f. - Elekt. - Bauw.*), asta del parafulmine.
Auffangvorrichtung (Blitzableiter) (*f. - Elekt.*), parafulmine.
Auffassbereich (Reichweite) (*m. - Radar*), portata, campo esplorabile.
auffassen (ein Ziel) (*Radar*), individuare, rilevare.
Auffederung (Verformung, eines Pressengestelles z. B.) (*f. - Baukonstr.lehre*), deformazione elastica.
auffinden (einen Fehler) (*allg.*), individuare, localizzare, rintracciare.
aufflammen (Licht, Feuer) (*Verbr. - etc.*), accendersi.
Aufflug (*m. - Flugw.*), salita.
Aufforderungssignal (einer Beamtin) (*n. - Fernspr.*), segnale d'intervento.
Aufforstung (*f. - Landw.*), afforestamento. 2 Wieder ~ (*Landw.*), riafforestamento.
Auffräsen (Gegenlauffräsen) (*n. - Werkz. masch.bearb.*), fresatura discorde, fresatura bidirezionale, fresatura convenzionale.
auffräsen (ein Loch) (*Mech.*), allargare, accecare. 2 ~ (mit Spitzsenker) (*Mech.*), svasare.
auffrischen (eine Batterie z. B.) (*Elekt. - etc.*), rigenerare.
aufführen (bauen) (*Bauw.*), costruire, erigere. 2 ~ (in einer Liste) (*allg.*), elencare. 3 ~ (in einer Tabelle) (*allg.*), disporre in tabella).
Aufführung (Vorführung) (*f. - Theater*), rappresentazione, spettacolo. 2 Erst ~ (Uraufführung) (*Theater - etc.*), prima (*s.*).
Auffüllen (einer Batterie z. B.) (*n. - Elekt. - etc.*), riempimento, rabbocco.
auffüllen (*allg.*), riempire, rabboccare. 2 ~ (nachfüllen, mit Kraftstoff) (*Aut.*), riempire, fare il pieno.
Aufgabe (*f. - allg.*), compito. 2 ~ (Arbeit, Art der Arbeit) (*Werkz.masch.bearb. - etc.*), lavoro, tipo di lavoro, genere di lavoro. 3 ~ (Verlassen, des Arbeitsplatzes z. B.) (*allg.*), abbandono. 4 ~ (Niederlegung, eines Amtes z. B.) (*allg.*), rinuncia. 5 ~ (Absendung) (*allg.*), rimessa, invio, spedizione. 6 ~ (eines Briefes z. B.) (*allg.*), spedizione. 7 ~ der Amtstätigkeit (*allg.*), cessazione delle funzioni. 8 ~ n·stellung (*f. - allg.*), impostazione del problema. 9 ~ schurre (Beschickungsschurre) (*f. - ind. Masch.*), scivolo alimentatore. 10 ~ stelle (*f. - Funk.*), stazione di origine. 11 ~ stempel (*m. - Post*), timbro postale. 12 ~ trichter (Ladetrichter) (*m. - Ind.*), tramoggia di caricamento. 13 ~ vorrichtung (*f. - ind. App.*), alimentatore. 14 ~ walze (*f. - ind. App.*), rullo alimentatore.

Aufgang (eines Kolbens z. B.) (*m. - Mot. - etc.*), corsa verso l'alto, corsa ascendente.
aufgebaut (Reglerschalter, einer Lichtmaschine z. B.) (*allg.*), separato.
aufgeben (*allg.*), consegnare. 2 ~ (verzichten) (*allg.*), rinunciare. 3 ~ (einen Ofen beschicken z. B.) (*Giess.*), caricare. 4 ~ (auflassen, eine Grube) (*Bergbau*), abbandonare.
Aufgeber (*m. - komm.*), mittente.
aufgeblasen (ein Reifen) (*Aut. - etc.*), gonfiato.
aufgebockt (*Fahrz.*), sollevato da terra, alzato da terra (su cavalletti).
aufgedampft (Metallschicht) (*Technol.*), (metallizzato) in fase vapore.
aufgedrückt (Schwingung z. B.) (*Phys.*), forzato. 2 ~ (Spannung, aufgeprägt) (*Elekt.*), applicato.
aufgehängt (*allg.*), appeso, sospeso.
aufgekeilt (*Mech.*), inchiavettato, imbiettato, calettato con chiavetta.
aufgekohlt (*Wärmebeh.*), carburato.
aufgeladen (*Mot.*), sovralimentato. 2 ~ (Batterie) (*Elekt.*), caricato.
aufgelassen (Bergwerk) (*Bergbau*), abbandonato.
aufgelaufen (Kosten, Zinsen, z. B.) (*finanz. - etc.*), accumulato.
aufgelegt (ein Schiff) (*naut.*), in disarmo.
aufgelötet (*mech. Technol.*), brasato.
aufgenommen (Leistung z. B.) (*Masch.*), assorbito.
aufgeprägt (Spannung, aufgedrückt) (*Elekt.*), applicato.
aufgepresst (eine Felge auf dem Radkranz z. B.) (*Mech. - etc.*), forzato, calettato.
aufgepumpt (ein Reifen z. B.) (*Aut. - etc.*), gonfiato.
aufgerieben (*Mech.*), alesato (a mano).
aufgerüstet (Gewicht) (*Luftf.w.*), totale.
aufgesattelt (Anhänger) (*Fahrz.*), a semirimorchio. 2 ~ er Kippanhänger (*Fahrz.*), semirimorchio ribaltabile.
aufgeschlüsselt (nach Berufsgruppen z. B.) (*Stat.*), classificato.
aufgeschnallt (*allg.*), affibbiato.
aufgeschnitten (*Mech.*), spaccato, aperto.
aufgeschoben (*komm.*), posposto, rimandato.
aufgeschraubt (*Mech.*), avvitato.
aufgeschrumpft (ein Eisenreifen z. B.) (*Mech. - etc.*), forzato a caldo, calettato a caldo.
aufgeschüttet (Boden) (*Erdbew.*), riportato, di riporto.
aufgeschweisst (Metall) (*mech. Technol.*), riportato a saldatura.
aufgestellt (*Masch. - etc.*), installato, montato in opera. 2 **betriebsklar** ~ (betriebsfertig aufgestellt) (*Masch. - etc.*), installato pronto per l'uso.
aufgewertet (*finanz. - etc.*), rivalutato.
aufgezeichnet (indiziert, Leistung) (*Mot.*), indicato.
aufgezogen (Eisenreifen z. B.) (*Mech. - etc.*), forzato, calettato.
aufgichten (einen Ofen z. B.) (*Metall.*), caricare.
aufgleisen (*Eisenb.*), rimettere sul binario.
Aufgleisung (von entgleisten Fahrzeugen) (*f. - Eisenb.*), rimessa sul binario. 2 ~ s· schuhe (kleine Rampen mit denen ein entgleistes Fahrzeug wieder auf das Gleis gezo-

gen wird) (*m. - pl. - Eisenb.*), mezzi di rialzo.
Aufgleitwolke (*f. - Meteor.*), nube ascendente.
Aufgliederung (der Kosten z. B.) (*f. - Adm. - etc.*), scomposizione. 2 ~ (Ausbau) (*allg.*), suddivisione in elementi, strutturazione.
aufgraben (*allg.*), scavare.
Aufgrabung (*f. - allg.*), scavo.
Aufguss (*m. - Chem. - Pharm.*), infusione. 2 ~ beutel (für Tee z. B.) (*m. - Ind.*), bustinafiltro.
aufhaken (vom Haken losmachen) (*Transp. - etc.*), sganciare.
aufhalten (anhalten, abstellen) (*Masch.*), arrestare, fermare.
Aufhängebügel (*m. - Transp. - etc.*), maniglione di sospensione.
Aufhängedreieck (*n. - Aut.*), braccio oscillante a triangolo, triangolo di reazione.
Aufhängehaken (*m. - Transp. - etc.*), gancio di sospensione, gancio di sollevamento.
aufhängen (*Mech. - Aut. - etc.*), sospendere. 2 federnd ~ (*Mech. - Aut. - etc.*), sospendere elasticamente.
Aufhängeöse (*f. - Masch. - Transp.*), golfare (di sollevamento).
Aufhänger (für Fahrdraht) (*m. - elekt. Eisenb. - etc.*), pendino.
Aufhängung (*f. - Aut.*), sospensione. 2 ~ mit Halbelliptikfedern (*Fahrz.*), sospensione con molle a balestra semiellittiche. 3 Drehstab ~ (*Aut.*), sospensione a barra di torsione. 4 Einzelrad ~ (*Aut.*), sospensione indipendente. 5 Einzelrad ~ mit Trapezquerlenkern und Schraubenfedern (*Aut.*), sospensione indipendente a quadrilateri trasversali e molle elicoidali. 6 elastische ~ (*Mech.*), sospensione elastica. 7 halbstarre ~ (*Mech.*), sospensione semirigida. 8 Hinterachs ~ (*Aut.*), sospensione posteriore. 9 kardanische ~ (*Mech.*), sospensione cardanica. 10 magnetische ~ (durch elektromagnetische Repulsion) (*Eisenb.*), levitazione magnetica. 11 Parallelogramm ~ (*Aut.*), sospensione a quadrilatero, sospensione a parallelogramma articolato (longitudinale). 12 Torsionsstab ~ (*Aut.*), sospensione a barra di torsione. 13 unabhängige ~ (Einzelradaufhängung) (*Aut.*), sospensione indipendente, sospensione a ruote indipendenti. 14 Vorderachs ~ (*Aut.*), sospensione anteriore.
Aufhärtung (höchste nach dem Härten erreichte Härte) (*f. - Wärmebeh.*), durezza massima.
aufhaspeln (*naut. - etc.*), sollevare con verricello, salpare.
aufhauen (Feilen) (*Mech.*), ripassare, ritagliare.
aufhäufen (*allg.*), ammucchiare, accatastare.
Aufhäufung (*f. - allg.*), accatastamento.
Aufheben (*n. - allg.*), sollevamento.
aufheben (*allg.*), sollevare, alzare. 2 ~ (Gesetze) (*recht.*), revocare, abrogare. 3 ~ (ausgleichen) (*allg.*), compensare. 4 ~ (streichen) (*komm. - etc.*), annullare. 5 ~ (beenden, die Sitzung z. B.) (*allg.*), togliere, terminare, chiudere. 6 ~ (beseitigen) (*allg.*), togliere, eliminare. 7 sich ~ (*Math.*), elidersi, annullarsi.
Aufhebung (von Beträgen z. B.) (*f. - komm.*), annullamento. 2 ~ (von Gesetzen) (*recht.*), revoca, abrogazione.
aufheizen (*Wärme*), riscaldare.
Aufheizperiode (*f. - allg.*), periodo di riscaldamento.
aufhellen (*allg.*), chiarificare. 2 ~ (Farbe), schiarire.
Aufheller (Stativscheinwerfer) (*m. - Filmtech. App.*), sole, proiettore per riprese cinematografiche.
aufhöhen (erhöhen, eine Mauer z. B.) (*Bauw. - etc.*), sopraelevare.
aufholen (hissen, das Segel hoch ziehen z. B.) (*naut.*), issare, ghindare, alzare.
Aufhören (*n. - allg.*), cessazione.
Aufkaden (Aufkasten, Erhöhung eines Deiches) (*n. - Wass.b.*), soprassoglio.
aufkaden (einen Deich) (*Wass.b.*), sopraelevare, eseguire un soprassoglio.
Aufkadung (Erhöhung eines Deiches) (*f. - Wass.b.*), soprassoglio.
aufkanten (Blech) (*mech. Technol.*), piegare verso l'alto (a spigolo vivo).
Aufkasten (Aufkaden, eines Deiches) (*n. - Wass.b.*), soprassoglio.
aufkatten (die Anker) (*naut.*), caponare.
aufkaufen (*komm.*), incettare, accaparrare.
Aufkäufer (*m. - komm.*), accaparratore, incettatore.
aufkeilen (*Mech.*), inchiavettare, imbiettare, calettare con chiavetta.
Aufkeilung (*f. - Mech.*), inchiavettatura, imbiettatura, calettamento con chiavetta.
Aufkimmung (Neigung des Schiffbodens gegen die waagerechte Ebene) (*f. - Schiffbau*), inclinazione del fondo di carena (rispetto al piano orizzontale).
aufkippbar (*allg.*), inclinabile, orientabile.
aufklappbar (*Mech.*), incernierato, a cerniera.
aufklappen (das Verdeck z. B.) (*Aut. - etc.*), aprire, alzare.
aufklären (*allg.*), spiegare, chiarire.
Aufklärer (Aufklärungsflugzeug) (*m. - Luftw.*), ricognitore.
Aufklärung (*f. - allg.*), spiegazione, chiarimento. 2 ~ (*milit.*), ricognizione. 3 ~ s-flugzeug (*n. - Luftwaffe*), ricognitore. 4 Luftbild ~ (*Luftw.*), ricognizione fotografica.
Aufklebezettel (Aufkleber, Etikett) (*m. - allg.*), etichetta.
aufklingen (einer Schwingung z. B.) (*Phys.*), esaltarsi.
Aufkohlen (*n. - Wärmebeh.*), cementazione carburante, carbocementazione. 2 Bad ~ (*Wärmebeh.*), carbocementazione in mezzo liquido. 3 Gas ~ (*Wärmebeh.*), carbocementazione a gas, carbocementazione in mezzo gassoso.
aufkohlen (*Wärmebeh.*), cementare, carburare.
Aufkohlung (*f. - Wärmebeh.*), cementazione carburante, carbocementazione. 2 ~ s·mittel (*n. - Wärmebeh.*), cementante, mezzo cementante. 3 ~ s·tiefe (*f. - Wärmebeh.*), profondità di cementazione, penetrazione della cementazione.
Aufkommen (Erscheinen) (*n. - allg.*), apparizione, comparsa. 2 ~ (der Steuern) (*finanz.*), gettito.
aufkommen (für die Kosten) (*komm.*), pren-

dere a proprio carico, accollarsi. 2 ~ (gegen die Konkurrenz) (komm.), sostenere (la concorrenza), allinearsi. 3 ~ (wieder gesund werden) (allg.), rimettersi. 4 ~ (emporkommen, vom Boden z. B.) (allg.), alzarsi. 5 ~ (näher kommen, eines Schiffes z. B.) (naut. - etc.), avvicinarsi. 6 ~ (entstehen) (allg.), sorgere, nascere.
aufkrausen (Lederind.), granire, sollevare la grana.
aufkreuzen (kreuzen) (naut.), bordeggiare.
aufkündigen (einen Vertrag) (komm.), denunciare.
Aufkündigung (eines Vertrags) (f. - komm.), denuncia.
Aufl. (Auflage) (Druck.), edizione. 2 ~ (Auflage, von Zeitungen) (Zeitg.), tiratura.
Aufladegebläse (Lader, eines Verbrennungsmotors) (n. - Mot.), compressore.
Aufladeluftdruck (m. - Mot.), pressione di alimentazione.
Auflademotor (m. - Mot.), motore sovralimentato.
Aufladen (n. - Mot.), sovralimentazione. 2 ~ (einer Batterie) (Elekt.), carica.
aufladen (allg.), caricare. 2 ~ (Mot.), sovralimentare. 3 ~ (eine Batterie z. B.) (Elekt.), caricare.
Auflader (m. - Arb. - Masch.), caricatore. 2 ~ (Lader, Aufladegebläse, eines Verbrennungsmotors) (Mot.), compressore.
Aufladestrom (für eine Batterie) (m. - Elekt.), corrente di carica.
Aufladung (f. - Mot.), sovralimentazione. 2 ~ (f. - Elekt.), carica. 3 **Abgasturbo** ~ (Mot.), sovralimentazione con turbocompressore a gas di scarico. 4 **mechanische** ~ (Mot.), sovralimentazione meccanica, sovralimentazione con compressore azionato meccanicamente. 5 **statische** ~ (Elekt.), carica statica.
Auflage (von Büchern) (f. - Druck.), edizione. 2 ~ (von Zeitungen) (Zeitg.), tiratura. 3 ~ (Stütze) (Mech.), appoggio. 4 ~ (mittels Schweissung z. B.) (mech. Technol.), riporto. 5 ~ (Steuer) (komm. - finanz.), imposta, tassa. 6 ~ (Losgrösse, Fertigungsmenge eines Betriebsauftrages) (Ind.), grandezza del lotto, dimensione della commessa. 7 ~ (Überzug, mittels Zink z. B.) (Technol.), rivestimento. 8 ~ **block** (Prisma, für mech. Bearb.) (m. - Mech. - Werkz.), prisma. 9 ~ **dicke** (Überzugsdicke) (f. - Technol.), spessore del rivestimento. 10 ~ **druck** (m. - Mech. - etc.), pressione di appoggio. 11 ~ **ebene** (eines Werkzeuges in seiner Einspannung) (f. - Werkz.masch.bearb.), piano di appoggio. 12 ~ **fläche** (f. - Mech. - etc.), superficie di appoggio. 13 ~ **fläche** (Auflagerfläche, eines Bogens z. B.) (Arch. - Bauw.), imposta. 14 ~ **fläche** (der Scheibe eines Axiallagers) (Mech.), superficie di appoggio. 15 ~ **metall** (n. - Metall.), metallo per placcatura. 16 ~ **n·zähler** (eines Bürodruckers) (m. - Büromasch.), contacopie. 17 ~ **platte** (einer Presse) (f. - Masch.), piastra portastampi. 18 ~ **stift** (einer Kupplung z. B.) (m. - Mech.), puntalino. 19 ~ **ziffer** (Auflage eines Buches) (f. - Druck.), tiratura. 20 **durchgesehene** ~ (revidierte Auflage) (Druck.), edizione riveduta.

21 **Hartmetall** ~ (mittels Schweissung) (mech. Technol.), riporto duro, riporto di metallo duro. 22 **mit hoher** ~ **ziffer** (Buch) (Druck.), a forte tiratura. 23 **Muttern** ~ (auf einen Guss·stück) (Mech. - Giess.), formaggella per dado. 24 **völlig neu bearbeitete und erweiterte** ~ (Druck.), edizione completamente rinnovata ed ampliata. 25 **Werkzeug** ~ (Mech.), supporto per l'utensile. 26 **Zink** ~ (Verzinkung) (mech. Technol.), rivestimento di zinco, zincatura.
Auflager (n. - Baustatik), appoggio. 2 ~ **bock** (m. - Zimm.), cavalletto. 3 ~ **druck** (Auflagerreaktion) (m. - Baustatik), reazione dell'appoggio. 4 ~ **entfernung** (f. - Baustatik), distanza tra gli appoggi. 5 ~ **fläche** (f. - Mech. - etc.), superficie di appoggio. 6 ~ **fläche** (Auflagefläche, eines Bogens z. B.) (Arch. - Bauw.), imposta. 7 ~ **kraft** (f. - Baustatik), reazione dell'appoggio. 8 ~ **reaktion** (f. - Baustatik), reazione all'appoggio.
Auflagerung (Gründung) (f. - Brück.b.), fondazione.
Auflandung (Aufschlämmung) (f. - Geol.), interramento, interrimento. 2 ~ (Kolmation, einer tiefliegenden Fläche) (f. - Wass.b. - etc.), colmata.
auflassen (eine Grube z. B.) (Bergbau), abbandonare. 2 ~ (übertragen, unbewegliche Güter z. B.) (finanz.), trasferire.
Auflassung (einer Grube z. B.) (f. - Bergbau), abbandono. 2 ~ (Übertragung, des Eigentums) (komm.), trasferimento. 3 ~ (Auflassungsurkunde) (finanz. - recht.), trapasso, atto di trapasso. 4 ~ **s·vormerkung** (im Grundbuch z. B.) (recht. - Bauw.) iscrizione preliminare di trasferimento.
Auflauf (Laufbrücke) (m. - Bauw.), passerella. 2 ~ (einer Kette, eines Seiles, etc.) (Mech. - Hebevorr.), ascesa. 3 ~ (Auffahren, Anrammen) (Fahrz.), tamponamento. 4 ~ **bremse** (eines Anhängers) (f. - Fahrz.), freno ad inerzia. 5 ~ **geschwindigkeit** (von Fahrzeugen) (f. - Eisenb. - etc.), velocità di tamponamento. 6 ~ **kraft** (eines Anhängers) (f. - Aut.), spinta (d'inerzia). 7 ~ **rolle** (Auflaufwalze) (f. - allg.), rullo avvolgitore, cilindro avvolgitore.
auflaufen (naut.), andare in secca.
Aufläufer (eines Hochofens) (m. - Ofen), caricatore, alimentatore.
Auflegeblock (Auflageblock, Prisma, für mech. Bearb.) (m. - Mech.), prisma.
auflegen (den Riemen z. B.) (Mech. - etc.), mettere in sede, montare. 2 ~ (Druck.), pubblicare, stampare. 3 ~ (ein Schiff, zeitweilig ausser Dienst stellen) (naut.), mettere in disarmo. 4 ~ (bauen lassen, ein Schiff, auf di Werft legen) (Schiffbau), mettere in cantiere, impostare. 5 ~ (ein Pflaster auf eine Wunde z. B.) (allg.), applicare. 6 ~ (eine Schallplatte z. B.) (allg.), mettere su. 7 **neu** ~ (Druck.), ristampare.
Auflegieren (n. - Metall.), alligamento.
aufleimen (allg.), incollare.
aufleuchten (Beleucht.), illuminare.
Aufleuchtlampe (Kontrollampe) (f. - Elekt - etc.), lampada spia.
Auflicht (n. - Beleucht.), illuminazione dal-

l'alto. 2 ~ **projektion** (Epi-Projektion, episcopische Projection) (*f. - Opt.*), proiezione episcopica.
Auflieferung (*f. - komm.*), consegna.
aufliegen (*allg.*), giacere.
Auflieger (Sattelanhänger) (*m. - Fahrz.*), semirimorchio.
Aufliegetage (*m. - pl. - naut.*), stallie.
Auflockerung (für Formensand) (*f. - Giess.*), aerazione, ventilazione. 2 ~ (des Gefüges eines Guss·stückes z. B.) (*Giess. - etc.*), allentamento, rilassamento. 3 ~ s·**faktor** (Spanraumzahl, Spanraumziffer, Verhältnis zwischen Spanraumvolumen und Abspanvolumen) (*m. - Werkz.masch.bearb.*), rapporto di ingombro (dei trucioli).
auflösbar (*Chem. - etc.*), solubile 2 ~ (*Math.*), solvibile.
Auflösbarkeit (*f. - Chem. - etc.*), solubilità.
auflösen (*Chem.*), sciogliere, dissociare. 2 ~ (eine Gleichung z. B.) (*Math.*), risolvere. 3 ~ (*Opt.*), risolvere, separare. 4 ~ (einen Vertrag) (*komm.*), annullare, rescindere. 5 ~ (verflüssigen) (*allg.*), liquefare.
auflösend (*allg.*), dissolvente.
auflöslich (*Chem.*), solubile.
Auflöslichkeit (*f. - Chem.*), solubilità.
Auflösung (*f. - Chem.*), soluzione, dissociazione. 2 ~ (einer Gleichung z. B.) (*Math.*), risoluzione. 3 ~ (*Opt.*), risoluzione, separazione, scomposizione. 4 ~ (*Fernseh.*), definizione. 5 ~ (eines Vertrages) (*komm.*), annullamento, rescissione. 6 ~ (Liquidation, einer Gesellschaft) (*komm.*), liquidazione. 7 ~ s·**mittel** (*n. - Chem.*), solvente. 8 ~ s·**vermögen** (*n. - Opt.*), potere risolvente, potere separatore. 9 ~ s·**wandlung** (*f. - Wärmebeh.*), siehe Lösungsglühen.
auflöten (*mech. Technol.*), brasare, saldare. 2 Hartmetallplättchen ~ (für Werkzeuge) (*mech. Technol. - Werkz.*), brasare placchette di carburi.
Auflötflansch (*m. - Leit.*), flangia saldata, flangia brasata.
aufluven (verkleinern des Winkels zwischen Kurs und Windrichtung) (*naut.*), stringere il vento.
aufmachen (öffnen) (*allg.*), aprire. 2 ~ (Dampf) (*Kessel*), mettere sotto pressione. 3 das Fenster ~ (*Aut.*), abbassare il finestrino, aprire il finestrino. 4 eine Bilanz ~ (*Adm.*), preparare un bilancio.
aufmagnetisieren (*Elekt.*), rimagnetizzare.
aufmaischen (*chem. Ind.*), miscelare, mescolare.
Aufmass (*n. - Mech.*), maggiorazione. 2 ~ (Bearbeitungszugabe) (*Mech.*), sovrametallo. 3 ~ (Aufmessungsergebnis von Bauteilen; es wird der Abrechnung zugrunde gelegt) (*Bauw.*), misurazione, computo metrico. 4 Schleif ~ (*Werkz.masch.bearb.*), sovrametallo per la rettifica.
aufmauern (eine Mauer erhöhen) (*Maur.*), sopraelevare un muro.
Aufmeisseln (zur Prüfung von Schweissnähten) (*n. - mech. Technol.*), scalpellatura.
Aufmerksamkeit (*f. - allg.*), attenzione. 2 ~ (Höflichkeit) (*allg.*), cortesia. 3 ~ **auf etwas lenken** (*allg.*), richiamare l'attenzione su qualche cosa. 4 **besondere** ~ **verdienen** (*allg.*), meritare particolare attenzione.
Aufmessung (*f. - allg.*), misurazione.
aufmontieren (*allg.*), montare, erigere.
aufnageln (*Tischl.*), inchiodare (su).
Aufnahme (Empfang) (*f. - allg.*), ricezione, accettazione. 2 ~ (*Phot.*), presa, ripresa. 3 ~ (*Filmtech. - Fernseh.*), ripresa. 4 ~ (Vermessung) (*Top.*), rilievo, rilevamento topografico. 5 ~ (von Ton) (*Elektroakus.*), registrazione. 6 ~ (Einsatz, eines Keiles z. B.) (*Mech.*), inserzione. 7 ~ (Vorrichtung zur Aufstellung eines Werkstückes) (*Mech.*), supporto, alloggiamento, sede. 8 ~ (Montieren, eines Werkstücks auf eine Vorr. für Prüfungszwecke z. B.) (*Mech.*), montaggio. 9 ~ (Führungsteil, eines Räumwerkzeuges) (*Werkz.*), guida. 10 ~ (Beginn, der Arbeit z. B.) (*Ind.*), inizio. 11 ~ (Aufstellung, eines Inventars z. B.) (*allg.*), esecuzione. 12 ~ (von Gas z. B.) (*Chem.*), assorbimento. 13 ~ (einer Kurve) (*allg.*), tracciamento. 14 ~ (eines Protokolls z. B.) (*Adm. - etc.*), stesura, redazione. 15 ~ (Einfügung, einer Klausel z. B.) (*recht. - etc.*), inserimento, introduzione. 16 ~ (Zulassung, eines neuen Teilhabers z. B.) (*finanz. - etc.*), ammissione. 17 ~ (Aufnahmegebühr) (*finanz.*), tassa di ammissione, quota di ammissione. 18 ~ **apparat** (*m. - Filmtech.*), macchina da presa, cinepresa. 19 ~ **apparat** (*Elektroakus.*), registratore, magnetofono. 20 ~ **atelier** (*n. - Filmtech.*), studio per riprese. 21 ~ **aus der Froschperspektive** (*Filmtech. - etc.*), ripresa dal basso. 22 ~ **aus der Vogelschau** (*Filmtech. - etc.*), ripresa dall'alto. 23 ~ **becherwerk** (*n. - Bauind.masch.*), elevatore a tazze. 24 ~ **bogen** (*m. - Arb. - Pers.*), modulo di assunzione. 25 ~ **dorn** (*m. - Werkz.masch.*), mandrino. 26 ~ **fähigkeit** (*f. - Chem. - etc.*), potere assorbente. 27 ~ **fähigkeit** (*Fernspr.*), capacità di traffico. 28 ~ **fähigkeit** (eines Marktes) (*komm.*), capacità di assorbimento. 29 ~ **gerät** (*n. - Phot. - etc.*), siehe Aufnahmeapparat. 30 ~ **gerät** (Aufnahmeteil, Eingabeteil, Eingabeeinheit) (*Rechner*), unità di entrata. 31 ~ **gesuch** (*n. - allg.*), domanda di ammissione. 32 ~ **halle** (für Atelieraufnahme) (*f. - Filmtech.*), studio. 33 ~ **kamera** (*f. - Filmtech.*), macchina da presa, cinepresa. 34 ~ **kamera** (*Fernseh.*), telecamera. 35 ~ **leiter** (*m. - Fernseh. - Pers.*), operatore capo, capo cameraman. 36 ~ **optik** (einer Filmkamera) (*f. - Filmtech.*), ottica da presa. 37 ~ **röhre** (*f. - Fernseh.*), tubo da ripresa, tubo di telecamera. 38 ~ **taste** (eines Tonbandgerätes) (*f. - Elektroakus.*), tasto di registrazione. 39 ~ **vermögen** (*n. - Akus. - etc.*), ricettività. 40 ~ **wagen** (*m. - Filmtech.*), autoveicolo per riprese. 41 ~ **winkel** (*m. - Filmech. - Fernseh.*), angolo di ripresa. 42 ~ **zähler** (*m. - Phot.*), contapresa. 43 **Achtung** ~ ! (*Filmtech.*), attenzione! si gira. 44 **Arbeits** ~ (*Mech. - etc.*) assorbimento di lavoro. 45 **Bearbeitungs** ~ (für Schmiederohling z. B.) (*Mech.*), supporto per lavorazione. 46 **begleitende Fahr** ~ (*Filmtech.*), carrellata di accompagnamento. 47 **Fahr** ~ (*Filmtech.*), carrellata. 48 **Inventar** ~ (*Adm.*), esecuzione dell'inventario. 49 **Kontroll** ~ (für Schmiederohling z. B.) (*Mech.*),

aufnehmen

supporto per il controllo. **50 luftphotogrammetrische** ~ (*Photogr.*), rilevamento aerofotogrammetrico. **51 Nah** ~ (*Phot. etc.*), primo piano. **52 photogrammetrische** ~ (*Photogr.*), rilevamento fotogrammetrico. **53 tachymetrische** ~ (*Top.*), rilevamento tacheometrico, rilevamento celerimetrico. **54 terrestrische** ~ (*Top.*), rilevamento (topografico) del terreno. **55 topographische** ~ (*Top.*), rilevamento topografico. **56 verkantete** ~ (*Fernseh.*), ripresa angolata. **57 Werkstück** ~ (Werkstückhalter) (*Werkz.masch.*), portapezzo. **58 Werkzeug** ~ (Werkzeughalter) (*Werkz.masch.*), portautensili.

aufnehmen (*allg.*), accogliere, ricevere. 2 ~ (*Elektroakus.*), registrare. 3 ~ (*Filmtech. - Fernseh.*), riprendere. 4 ~ (*Phot.*), fotografare. 5 ~ (*Top.*), rilevare. 6 ~ (beginnen, die Arbeit z. B.) (*allg.*), iniziare. 7 ~ (eine Kurve) (*allg.*), tracciare. 8 ~ (*Chem.*), assorbire. 9 ~ (Beziehungen) (*komm.*), allacciare, stabilire. 10 ~ (einfügen, eine Klausel z. B.) (*recht. - komm.*), inserire, introdurre. 11 ~ (anstellen, engagieren) (*Arb.*) (*österr.*), assumere. 12 ~ (zulassen, als Mitglied) (*finanz. - etc.*), ammettere. 13 ~ (eine Temperatur z. B.) (*allg.*), rilevare. **14 auf Band** ~ (*Elektroakus.*), registrare su nastro. **15 ein Inventar** ~ (*Adm.*), fare un inventario. **16 Kontakt** ~ (*allg.*), entrare in contatto, prendere contatto.

Aufnehmer (*m. - Elekt. - etc.*), ricevitore. 2 ~ (Raum in dem das Werkstück vor der Umformung liegt, beim Fliesspressen)(*m. - mech. Technol.*), contenitore. 3 ~ (Ger. zum Aufnehmen der Temperatur, des Istwertes, etc.) (*m. - Ger. - Regelung - etc.*), rilevatore, captatore. 4 ~ (Sensor, für elekt. Messungen) (*Ger.*), sensore. 5 ~ (Lappen) (*allg.*), strofinaccio. **6 Weg** ~ (*Ger.*), rilevatore di corsa, rilevatore di spostamento. **7 Widerstands** ~ (eines elekt. Thermometers z.B.) (*Elekt. - Ger.*), rilevatore a resistenza, captatore a resistenza.

aufpassen (*Mech.*), aggiustare, adattare.
aufpicken (aufkleben) (*allg.*) (*österr.*), incollare.
Aufpökeln (Pickeln) (*n. - Lederind.*), piclaggio.
Aufpolieren (*n. - Anstr.*), lucidatura.
aufpolieren (*Anstr.*), lucidare.
aufprägen (aufdrücken, eine Spannung) (*Elekt.*) applicare.
Aufprall (Aufprallen) (*m. - allg.*), urto, collisione. 2 ~ **fläche** (für Elektronen) (*f. - Phys.*), superficie di urto, bersaglio. 3 ~ **korrosion** (Kavitationskorrosion) (*f. - Metall.*), corrosione per cavitazione. **4 Elektronen** ~ (*Phys.*), bombardamento elettronico, bombardamento catodico.
aufprallen (*allg.*), urtare, collidere.
Aufpreis (Preisaufschlag) (*m. - komm.*), sovrapprezzo, extraprezzo.
aufpressen (*Mech.*), forzare, calettare (con la pressa).
Aufprojektion (Projektion auf einen nichttransparenten Bildschirm) (*f. - Fernseh.*), proiezione su schermo non trasparente.
Aufpumpen (eines Reifens z. B.) (*n. - Aut. - etc.*), gonfiamento, gonfiaggio.
aufpumpen (einen Reifen z. B.) (*Aut. - etc.*), gonfiare.

Aufputzmontage (eines Schalters z. B.) (*f. - Elekt.*), montaggio sopra intonaco, montaggio non incassato, montaggio a parete.
Aufquellen (des Models, durch Feuchtigkeit) (*n. - Giess.fehler*), gonfiamento.
Aufrauhen (von Walzen) (*n. - Walzw.*), aderizzazione, solcatura antislittamento.
aufrauhen (*allg.*), irruvidire. 2 ~ (Putz z. B.) (*Maur.*), granulare. 3 ~ (eine Strasse) (*Strass.b.*), aderizzare.
Aufrauhscheibe (für Schleifscheiben) (*f. - Werkz.*), disco ravvivatore.
aufräumen (*allg.*), sgomberare. 2 ~ (räumen) (*Werkz.masch.bearb.*), brocciare.
aufrechnen (*Buchhaltung*), calcolare, contare, computare, contabilizzare. 2 ~ (ausgleichen) (*allg.*), compensare.
Aufrechnung (Verrechnen) (*f. - Buchhaltung*), contabilizzazione, computo. 2 ~ (*f. - allg.*), compensazione.
aufrecht (*allg.*), ritto, verticale. 2 ~ **erhalten** (ein Patent z. B.) (*recht.*), mantenere in vigore. 3 ~ **erhalten** (eine Temperatur während einer Prüfung z. B.) (*allg.*), mantenere (costante). 4 ~ **giessen** (*Giess.*), colare verticale.
Aufrechterhaltung (*f. - recht.*), mantenimento in vigore. 2 ~ (einer Temperatur z. B.) (*allg.*), mantenimento.
aufregen (erregen) (*Elekt.*), eccitare.
Aufreiben (*n. - Mech.*), alesatura (a mano). 2 ~ (von Farben z. B.) (*Anstr.*), macinazione.
aufreiben (*Mech.*), alesare (a mano).
Aufreiber (*m. - Werkz.*), alesatore (a mano).
aufreihen (in Reihen bringen) (*allg.*), mettere in riga, allineare. 2 ~ (*Rechenmasch.*), sequenziare.
aufreissen (splittern) (*allg.*), spaccare. 2 ~ (*Zeichn.*), tracciare. 3 ~ (Strassendecke) (*Strass.b.*), rompere, scarificare. 4 ~ (Messwerte z. B.) (*allg.*), tracciare.
Aufreisser (Strassenaufreisser) (*m. - Strass.b. - Ger.*), scarificatore.
Aufreisshammer (*m. - Werkz.*), martello-piccone.
Aufrichtemoment (aufrichtendes Moment) (*n. - naut. - Flugw.*), momento stabilizzante, momento raddrizzante.
aufrichten (*allg.*), raddrizzare. 2 ~ (*Flugw.*), mettersi in linea di volo, richiamare, mettersi in orizzontale.
Aufrichtung (*f. - allg.*), raddrizzamento. 2 ~ **s·prisma** (*n. - Opt.*), prisma raddrizzatore. 3 ~ **s·vermögen** (*n. - Flugw.*), stabilità statica.
Aufriss (*m. - Zeichn.*), alzata, vista verticale, vista di prospetto. 2 ~ (*Schiffbau*), piano di costruzione verticale, piano longitudinale. 3 ~ **ebene** (*f. - Zeichn.*), piano di proiezione verticale.
aufrollen (*allg.*), avvolgere. 2 ~ (von Späne) (*Werkz.masch.bearb.*), arricciarsi.
Aufroller (*m. - Druckmasch. - etc.*), bobinatore. 2 **Wieder** ~ (*Druckmasch. - etc.*), ribobinatore.
Aufruf (eines Unterprogramms z. B.) (*m. - Rechner*), richiamo.
aufrühren (*allg.*), agitare, rimescolare.
Aufrührer (*m. - App.*), agitatore.

aufrunden (*Mech.*), arrotondare.
Aufrüsten (Einstellung, eines Flugzeugs) (*n.* - *Flugw.*), messa in bolla, montaggio, regolazione.
aufrüsten (*allg.*), equipaggiare, attrezzare.
Aufrüster (*m.* - *Flugw.* - *Arb.*), montatore.
Aufrütteln (unregelmässige Schwingungen) (*n.* - *Luftf.w.*), scuotimento.
Aufsattel (für Sattelanhänger) (*m.* - *Fahrz.*), ralla. 2 ~ **anhänger** (Sattelanhänger) (*m.* - *Fahrz.*), semirimorchio.
Aufsattler (Sattelschlepper) (*m.* - *Aut.*), motrice per semirimorchio.
Aufsatz (eines opt. Instr. z. B.) (*m.* - *Instr.* - *etc.*), mirino. 2 ~ (Aufbau, Aufstockung) (*Bauw.* - *etc.*), sopralzo. 3 ~ (Türaufsatz) (*Arch.*), sovrapporta. 4 (Artikel, für eine Zeitung) (*Zeitg.*), articolo. 5 ~ (eines Möbels) (*Tischl.*), alzata. 6 ~ (Schulaufsatz) (*Schule*), tema, componimento. 7 ~ **spannbacke** (Aufsatzbacke) (*f.* - *Werkz.masch.*), falsa ganascia. 8 ~ **winkel** (*m.* - *milit.* - *Top.*), angolo di elevazione. 9 **Lüftungs** ~ (*Bauw.*), mitra (di ventilazione).
aufsaugen (*allg.*), assorbire, aspirare, succhiare. 2 ~ (*Chem.*), assorbire.
Aufsaugung (*f.* - *allg.*), aspirazione, assorbimento.
Aufschalten (des Beamtes z. B. zum Mithören von Gesprächen) (*n.* - *Fernspr.*), inserimento.
aufschalten (*Elekt.* - *etc.*), inserire.
Aufschaltrelais (*n.* - *Elekt.* - *Fernspr.*), relè d'inserzione, relè d'inclusione.
Aufschaltung (*f.* - *Elekt.*), inserzione. 2 ~ (*f.* - *Fernspr.*), siehe Aufschalten.
Aufschaltverzögerung (*f.* - *Elekt.*), ritardo d'inserzione.
Aufschaukeln (einer Schwingung) (*n.* - *Phys.* - *etc.*), innesco.
Aufschäumen (*n.* - *Chem.* - *etc.*), formazione di schiuma.
aufschäumen (*Chem.* - *etc.*), schiumare, formarsi di schiuma.
aufscheren (aufschlagen) (*Textilind.*), ordire.
aufschichten (*allg.*), impilare, accatastare.
aufschieben (zeitlich hinausschieben) (*allg.*), posporre, ritardare, sospendere. 2 ~ (eine Zahlung z. B.) (*komm.*), rimandare, differire. 3 ~ (schiebend öffnen) (*allg.*), aprire.
Aufschiebung (Verzögerung) (*f.* - *allg.*), rinvio, aggiornamento, sospensione.
Aufschlag (Stoss) (*m.* - *allg.*), urto. 2 ~ (Tennis) (*Sport*), servizio. 3 ~ (Aufpreis) (*komm.*), sovrapprezzo, extraprezzo. 4 ~ (*Textilind.*), ordito. 5 ~ **baum** (*m.* - *Textilind.*), subbio dell'ordito. 6 ~ **fläche** (Berührungsfläche von Ober- und Untergesenk beim Aufschlag) (*f.* - *Schmieden*), superficie di battuta, superficie di combaciamento. 7 ~ **geschwindigkeit** (*f.* - *Mech.*), velocità di urto. 8 ~ **granate** (*f.* - *Expl.*), granata a percussione. 9 ~ **winkel** (einer Granate) (*m.* - *milit.*), angolo di impatto, angolo di arrivo. 10 ~ **zünder** (*m.* - *Expl.*), spoletta a percussione.
aufschlagen (aufbauen, montieren) (*Bauw.* - *etc.*), montare. 2 ~ (*Textilind.*), ordire. 3 ~ (Preise) (*komm.*), aumentare. 4 ~ (auf Boden) (*Flugw.*), fracassarsi (al suolo).

aufschlämmen (*Chem.*), sospendere.
Aufschlämmung (Auflandung) (*f.* - *Geol.*), interramento, interrimento. 2 ~ (flüssiger Mörtel) (*Bauw.* - *etc.*), malta liquida. 3 ~ (*Chem.*), sospensione.
Aufschleppe (Slip) (*f.* - *naut.*), scalo di alaggio. 2 **Längs** ~ (*naut.*), scalo per alaggio longitudinale. 3 **Quer** ~ (Querslip) (*naut.*), scalo per alaggio trasversale.
aufschliessen (Lagerstätten) (*Bergbau*), preparare per la coltivazione. 2 ~ (*Chem.*), decomporre.
Aufschlitzen (Haut, Aufschneiden) (*n.* - *Lederind.*), spaccatura.
Aufschluss (*m.* - *Bergbau*), prospezione, ricerca di giacimenti. 2 ~ (*allg.*), schiarimento, spiegazione. 3 ~ (das Ausgehende) (*Geol.*), affioramento. 4 ~ (von Zellstoff) (*Papierind.*), estrazione. 5 ~ **bohrung** (*f.* - *Bergbau*), sondaggio (per prospezione). 6 **Calciumbisulfit** ~ (von Zellstoff) (*Papierind.*), estrazione con bisolfito di calcio. 7 **elektrischer** ~ (*Bergbau*), prospezione elettrica. 8 **geophysikalischer** ~ (*Bergbau*), prospezione geofisica. 9 **gravimetrischer** ~ (*Bergbau*), prospezione gravimetrica. 10 **magnetischer** ~ (*Bergbau*), prospezione magnetica. 11 **radiometrischer** ~ (*Bergbau*), prospezione radiometrica. 12 **seismischer** ~ (*Bergbau*), prospezione sismica.
aufschlüsseln (*Stat.* - *etc.*), classificare, suddividere.
Aufschmelzen (Aufschmelzverfahren, zur Herstellung metallischer Überzüge) (*n.* - *Metall.*), rivestimento per fusione, rivestimento con metallo fuso.
Aufschmelzüberzug (*m.* - *Technol.*), rivestimento per fusione, rivestimento con materiale fuso.
aufschnappen (sich schnappend öffnen) (*allg.*), aprirsi di scatto.
Aufschneiden (Aufschlitzen, Haut) (*n.* - *Lederind.*), spaccatura.
Aufschnittmaschine (für Fleischerei z. B.) (*f.* - *Masch.*), affettatrice.
aufschnüren (*Bauw.* - *Zeichn.*), tracciare (in grandezza naturale). 2 ~ (schnürend auf etwas befestigen) (*allg.*), legare, fissare con fune.
aufschrauben (eine Mutter auf einen Bolzen) (*Mech.*), avvitare (su). 2 ~ (schraubend auf etwas befestigen) (*Mech.*), avvitare, fissare con viti.
aufschreiben (*allg.*), registrare.
Aufschreibung (*f.* - *allg.*), registrazione.
Aufschrift (*f.* - *allg.*), iscrizione, dicitura. 2 ~ (Adresse) (*Post*), indirizzo.
Aufschrumpfen (*n.* - *Mech.*), calettamento a caldo, calettamento con interferenza.
aufschrumpfen (*Mech.*), calettare a caldo, calettare con interferenza.
Aufschrumpfung (*f.* - *Mech.*), calettamento a caldo, calettamento con inteferenza.
Aufschub (Verzögerung) (*m.* - *allg.*), dilazione.
aufschütten (Erde z. B.) (*Ing.b.*), riportare. 2 ~ (einen Ofen z. B.) (*Giess.*), alimentare.
Aufschüttung (von Erde) (*f.* - *Ing.b.*), riporto.
aufschwefeln (*chem. Ind.*), solforare.

Aufschweissbund

Aufschweissbund (eines Flansches) (*m.* - *Mech.*), spallamento da saldare.
Aufschweissen (*n.* - *mech. Technol.*), saldatura. 2 ~ (Auflage) (*mech. Technol.*), riporto saldato.
aufschweissen (schweissen) (*mech. Technol.*), saldare. 2 ~ (ein Werkzeug z. B.) (*mech. Technol.*), eseguire un riporto saldato.
Aufschweissflansch (*m.* - *Mech.*), flangia da saldare.
Aufschweisslegierung (*f.* - *mech. Technol.*), lega per riporti saldati.
Aufschweissplättchen (*n.* - *Werkz.*), placchetta riportata (mediante saldatura).
aufschwimmen (von Kraftfahrzeugreifen auf nasser Fahrbahn) (*Aut.*), sciare sull'acqua.
Aufschwimmzustand (*m.* - *Aut.*), siehe Aquaplaning.
Aufseher (*m.* - *Arb.* - *Organ.*), ispettore, sovrintendente.
aufsenken (zylindrisch) (*Mech.*), accecare, allargare (l'estremità di un foro).
Aufsetzen (*n.* - *Flugw.*), appoggio.
aufsetzen (*allg.*), mettere sopra. 2 ~ (einen Kaufvertrag z. B.) (*komm.* - *etc.*), stendere, compilare. 3 ~ (beim Landen) (*v.i.* - *Flugw.*), appoggiarsi, toccare terra. 4 ~ (ausstellen, eine Rechnung z. B.) (*komm.*), emettere. 5 ein Stockwerk ~ (*Bauw.*), sopralzare, costruire un altro piano.
Aufsetzfeder (für Aufzüge, Aufsetzpuffer) (*f.* - *Bauw.*), ammortizzatore a molla.
Aufsetzpuffer (*m.* - *Bauw.*), siehe Aufsetzfeder.
Aufsetzpunkt (mit der Erde) (*m.* - *Flugw.*), punto di appoggio.
Aufsetztank (für Pritschenwagen) (*m.* - *Aut.*), cisterna mobile, cisterna applicabile.
Aufsetzvorrichtung (der Kabine eines Aufzugs) (*f.* - *Vorr.*), dispositivo di trattenuta.
Aufsicht (Kontrolle) (*f.* - *allg.*), ispezione, controllo. 2 ~ (*Zeichn.*), vista dall'alto, pianta. 3 ~ s·amt (*n.* - *Ind.*), ufficio di vigilanza, ufficio di sorveglianza. 4 ~ s·beamte (*m.* - *Fernspr.*), capoturno. 5 ~ s·dienst (*m.* - *Fernspr.*), servizio di sorveglianza. 6 ~ s·rat (Vorstand, Verwaltungsrat) (*m.* - *Adm.*), consiglio di amministrazione. 7 ~ s·tisch (*m.* - *Fernspr.*), tavolo di sorveglianza. 8 ~ s·turm (Kontrollturm) (*m.* - *Luftf.w.*), torre di controllo.
Aufsilizieren (*n.* - *Metall.*), silicizzazione.
Aufspalt (Katalyse) (*m.* - *Chem.*), catalisi.
Aufspalten (*n.* - *allg.*), sfaldamento. 2 ~ (eines Bohrers) (*Werkz.* - *Fehler*), rottura (longitudinale).
aufspalten (*allg.*), fendersi, spaccarsi. 2 ~ (eines Bohrers z. B.) (*Werkz.* - *Fehler*), rompersi (longitudinalmente).
Aufspaltreaktion (*f.* - *Atomphys.*), reazione di fissione.
Aufspaltung (*f.* - *allg.*), sfaldamento. 2 ~ (von Lichtstrahlen z. B.) (*Opt.* - *etc.*), separazione. 3 ~ (Spaltung) (*Atomphys.*), fissione. 4 ~ (*Chem.*), dissociazione.
Aufspannblock (*m.* - *Werkz.*), morsa.
Aufspanndorn (Aufspannbolzen) (*m.* - *Werkz. masch.*), mandrino portapezzo. 2 verstellbarer ~ (*Werkz.masch.*), mandrino ad espansione.
Aufspannen (Befestigung, von Werkstücken z. B.) (*n.* - *Werkz.masch.*), serraggio, bloccaggio. 2 ~ und **Abspannen** (einschliesslich) (*Werkz.masch.bearb.*), tempo ciclo.
aufspannen (befestigen, Werkstücke z. B.) (*Werkz.masch.*), serrare, bloccare. 2 ~ (öffnen) (*allg.*), aprire. 3 ~ (die Spannung erhöhen) (*Elekt.*), elevare la tensione.
Aufspanner (Transformator) (*m.* - *elekt. Masch.*), trasformatore elevatore (di tensione).
Aufspannfutter (*n.* - *Werkz.masch.*), mandrino (di serraggio).
Aufspannkopf (Werkstückhalter) (*m.* - *Werkz. masch.*), testa portapezzo.
Aufspannplatte (*f.* - *Werkz.masch.*), piattaforma. 2 ~ (einer Presse, zur Befestigung der Gesenke im Pressentisch) (*f.* - *Masch.*), piastra portastampi. 3 elektromagnetische ~ (*Werkz.masch.*), piattaforma elettromagnetica. 4 Sinus ~ (*Mech.* - *Werkz.*), piano seno.
Aufspannschlitz (*m.* - *Werkz.masch.*), scanalatura di fissaggio, cava di fissaggio.
Aufspannspindel (Werkstückauflage) (*f.* - *Werkz.masch.*), mandrino portapezzo.
Aufspanntisch (*m.* - *Werkz.masch.*), tavola portapezzo.
Aufspannung (Befestigung, von Werkstücken) (*f.* - *Werkz.masch.*), serraggio, bloccaggio. 2 ~ (*f.* - *Elekt.*), elevazione della tensione.
Aufspannvorrichtung (*f.* - *Mech.*), attrezzo (di fissaggio).
Aufspannwinkel (von Werkz. z. B.) (*m.* - *Werkz.masch.bearb.*), angolo di piazzamento. 2 ~ (für maschinelle Bearb. oder Messung) (*mech. Vorr.*), squadra.
Aufspannzeit (für Werkstücke) (*f.* - *Werkz. masch.bearb.*), tempo di montaggio.
aufspeichern (anhäufen) (*allg.*), accumulare, ammassare.
Aufspeicherung (Anhäufung) (*f.* - *allg.*), accumulazione, ammasso.
Aufsprechentzerrer (*m.* - *Elektroakus.*), compensatore di registrazione.
Aufsprechkopf (Tonkopf) (*m.* - *Elektroakus.*), testina di registrazione.
Aufspritzen (von Metall) (*n.* - *Technol.*), metallizzazione a spruzzo. 2 ~ **von Aluminium** (*Technol.*), alluminiatura.
aufspritzen (*allg.*), spruzzare. 2 ~ (Metall) (*Technol.*), metallizzare.
Aufspritzmuster (*n.* - *Anstr.*), campione di spruzzatura, saggio di spruzzatura.
Aufspulen (*n.* - *Textilind.*), incannatura.
aufspulen (*Textilind.*), incannare.
Aufspuler (*m.* - *Textilmasch.*), incannatoio.
aufstampfen (eine Gussform) (*Giess.*), pigiare, stivare, costipare.
Aufstand (Säulenfuss) (*m.* - *Arch.*), base. 2 ~ (Aufstellung über die Leistung einer Grube) (*Bergbau*), prospetto di produzione, quadro della produzione. 3 ~ s·fläche (eines Reifens) (*f.* - *Aut.*), superficie di appoggio.
Aufstapeln (*n.* - *ind. Transp.*), accatastamento, impilamento. 2 ~ (*Anstr.fehler*), ammassamento.
aufstapeln (*Ind.*), accatastare.

Aufstapler (*m. - ind. Masch.*), accatastatore, impilatore.
Aufstau (Staudruck) (*n. - Flugw.*), pressione dinamica. 2 ~ (Stauung) (*Hydr.*), invasamento, invaso.
Aufstauelevator (Aufstapler) (*m. - ind. Masch.*), accatastatore, impilatore.
Aufsteckbrett (Bordwand, eines Lkw) (*n. - Aut.*), sponda.
Aufsteckdorn (Aufsteckhalter) (*m. - Werkz. masch.*), portautensili per utensili a manicotto, mandrino per utensili a manicotto.
aufstecken (*Mech. - etc.*), inserire.
Aufstecker (Dralltreiber, um Stiftsschrauben zu montieren) (*m. - mech. Werkz.*), avvitaprigionieri, « padreterno ».
Aufsteckfräser (*m. - mech. Werkz.*), fresa a manicotto.
Aufsteckhalter (Aufsteckdorn) (*m. - Werkz. masch.*), portautensile per utensili a manicotto, mandrino per utensili a manicotto.
Aufsteck-Nabensenker (*m. - Werkz.*), utensile per lamare a manicotto, lamatore a manicotto.
Aufsteckreibahle (*f. - Werkz.*), alesatore a manicotto. 2 ~ **mit angeschraubten Messern** (*Werkz.*), alesatore a manicotto a lame avvitate. 3 ~ **mit eingesetzten Messern** (*Werkz.*), alesatore a manicotto a lame riportate.
Aufsteckrohr (*n. - Leit. - etc.*), prolunga (tubolare).
Aufsteck-Schälreibahle (*f. - Werkz.*), alesatore elicoidale a manicotto.
Aufsteckschlüssel (*m. - Werkz.*), chiave a tubo.
Aufstecksenker (*m. - Werkz.*), allargatore a manicotto.
Aufsteckwerkzeug (*n. - Werkz.*), utensile a manicotto.
Aufsteigen (*n. - allg.*), ascensione.
aufsteigen (*allg.*), salire.
aufsteigend (*allg.*), ascendente.
Aufsteigungskraft (*f. - Flugw.*), forza ascensionale.
Aufstellbahnhof (*m. - Eisenb.*), stazione di smistamento.
aufstellen (eine Masch. z. B.) (*Masch. - etc.*), installare, mettere in opera. 2 ~ (eine Rechnung) (*Adm.*), compilare. 3 ~ (eine Bilanz) z. B.) (*finanz. - etc.*), preparare. 4 ~ (Bedingungen z. B.) (*allg.*), porre, mettere. 5 ~ (anordnen) (*allg.*), disporre. 6 ~ (einen Kandidat) (*allg.*), presentare. 7 ~ (hochstellen) (*allg.*), alzare. 8 ~ (zusammenstellen) (*allg.*), formare, costituire. 9 ~ (benennen) (*allg.*), nominare.
Aufsteller (von Motoren z. B.) (*m. - Arb.*), installatore.
Aufstellung (von Masch. z. B.) (*f. - Masch. - etc.*), installazione, messa in opera. 2 ~ (Anordnung) (*Zeichn.*), planimetria, disposizione. 3 ~ (System, W M, z. B., beim Fussballspiel) (*Sport*), sistema. 4 ~ (von Rechnungen, Kontoauszug) (*Adm.*), estratto conto. 5 ~ (Liste) (*allg.*), elenco. 6 ~ **s·kosten** (*f. - pl. - komm.*), costo di installazione, costo di messa in opera. 7 ~ **s·ort** (eines Dieselmotors z. B.) (*m. - Mot. - etc.*), luogo di installazione, luogo di impiego. 8 ~ **s·plan** (*m. - Bauw.*), planimetria. 9 **lt.** ~ (laut Aufstellung) (*Buchhaltung*), come da estratto conto.
Aufstemmen (Übersichbrechen) (*n. - Bergbau*), coltivazione a gradino rovescio.
Aufsticken (*n. - Wärmebeh.*), siehe Nitrieren.
Aufstieg (*m. - allg.*), ascesa, salita. 2 ~ (Weg, auf den Berg) (*Strasse*), percorso in salita, salita. 3 ~ (eines Kolbens z. B.) (*Mot. - etc.*), corsa verso l'alto, corsa ascendente. 4 ~ (Beförderung) (*Pers.*), promozione. 5 ~ **bahn** (einer Rakete z. B.) (*f. - Flugw. - etc.*), traiettoria di salita. 6 ~ **s·flug** (*m. - Flugw.*), salita. 7 ~ **s·geschwindigkeit** (*f. - Flugw.*), velocità di salita. 8 ~ **s·möglichkeit** (*f. - Pers.*), possibilità di carriera. 9 ~ **s·winkel** (*m. - Flugw.*), angolo di salita.
aufstocken (das Kapital erhöhen) (*Adm. - Finanz.*), aumentare il capitale. 2 ~ (ein Haus) (*Bauw.*), sopraelevare.
Aufstockung (Kapitalaufstockung, Kapitalerhöhung) (*f. - Adm. - finanz.*), aumento del capitale. 2 ~ (Aufsetzen eines Stockwerkes) (*Bauw.*), sopralzo. 3 **Spannungs** ~ (*Elekt.*), aumento di tensione.
auftoppen (die Rahen senkrecht stellen) (*naut.*), imbroncare.
aufstreichen (Fett z. B.) (*allg.*), spalmare. 2 ~ (Farbe) (*Anstr.*), verniciare.
Aufstrich (Anstrich) (*m. - allg.*), rivestimento.
Aufstrom (Aufströmung) (*m. - Meteor.*), corrente ascendente. 2 ~ **klassierer** (Gegenstromklassierer, mit aufsteigenden Wasser) (*m. - Min.*), classificatore a controcorrente. 3 ~ **vergaser** (*m. - Mot.*), carburatore normale, carburatore con aspirazione verso l'alto. 4 ~ **wäschen** (*n. - Min.*), lavaggio a controcorrente.
Aufströmung (Aufstrom) (*f. - Meteor.*), corrente ascendente.
Aufsuchung (*f. - allg.*), ricerca, esplorazione.
Aufsummen (eines Wasserflugzeugs) (*n. - Flugw.*), delfinaggio, delfinamento.
auftakeln (ausrüsten, takeln) (*naut.*), allestire attrezzare.
Auftanken (*n. - Flugw. - etc.*), rifornimento di combustibile. 2 ~ **im Fluge** (*Flugw.*), rifornimento in volo.
auftanken (*Flugw. - etc.*), rifornire di combustibile.
Auftasten (*n. - Fernseh.*), aumento di luminosità.
auftasten (*Fernseh.*), aumentare la luminosità.
Auftastimpuls (*m. - Elektronik - Radar*), impulso di sblocco.
Auftauchen (eines U-Boots) (*Kriegsmar.*), emersione.
auftauchen (*allg.*), emergere. 2 ~ (auftreten, entstehen, Ideen z. B.) (*allg.*), sorgere. 3 ~ (aus dem Dunkel, sichtbar werden) (*allg.*), emergere, apparire. 4 ~ (eines U-Boots) (*Kriegsmar.*), emergere.
auftauen (*allg.*), sgelare, decongelare, sbrinare. 2 ~ (Kredite) (*finanz.*), decongelare, sbloccare.
Auftaugerät (*n. - Ger.*), sbrinatore.
Auftaumittel (*n. - Chem.*), anticongelante.
aufteilen (*allg.*), ripartire.

Aufteilung

Aufteilung (*f. - allg.*), ripartizione, distribuzione.
auftouren (*Mot.*), accelerare.
Auftourenkommen (Auf- Touren- Kommen, des Motors) (*n. - Mot.*), ripresa.
Auftr. (Auftrag) (*allg.*), ordine. 2 interne ~ s· - Nr. (zur Fertigung eines Werkstückes) (*Arb. - Organ.*), numero dell'ordine interno.
Auftrag (Bestellung, Order, Kommission) (*m. - komm.*), ordine. 2 ~ (*Erdbew.*), riporto, rinterro, rilevato. 3 ~ (Schicht) (*Anstr.*), mano, strato. 4 ~ (*milit.*), missione. 5 ~ geber (*m. - komm.*), committente. 6 ~ linie (Abszisse) (*f. - Math.*), ascissa. 7 ~ nehmer (*m. - komm.*), appaltatore, contraente, accollatario. 8 ~ rolle (Auftragwalze) (*f. - Druckmasch.*), rullo inchiostratore. 9 ~ s· bestand (unerledigte Aufträge) (*m. - komm.*), ordini da evadere, ordini ricevuti, portafoglio ordini. 10 ~ s·bestätigung (*f. - komm.*), conferma d'ordine. 11 ~ s·kostenrechnung (*f. - Buchhaltung*), preventivo di costo, determinazione del costo a preventivo. 12 ~ s·metall (mittels Schweissen) (*n. - mech. Technol.*), metallo riportato, riporto metallico. 13 ~ s· rückstand (*m. - komm.*), ordini inevasi. 14 ~ s·schweissen (auf einem Gesenk z. B.) (*n. - mech. Technol.*), saldatura di riporto. 15 ~ walze (*f. - Druck. - Masch.*), rullo inchiostratore. 16 ~ s·wert (*m. - komm.*), importo dell'ordinazione. 17 **Aufsührung eines ~ es** (*komm.*), evasione di un ordine, esecuzione di un ordine. 18 **einen ~ ausführen** (*komm.*), evadere un ordine, eseguire un ordine. 19 **einen ~ erteilen** (*komm.*), passare un ordine, conferire un ordine. 20 **einen ~ zurückziehen** (*komm.*), annullare un ordine. 21 **erster ~** (von Lack) (*Anstr.*), prima mano, mano di fondo. 22 **fester ~** (Festauftrag) (*komm.*), ordine fermo. 23 **im ~ und für Rechnung von** (*komm.*), per ordine e conto di. 24 **interne ~ s· nummer** (zur Fertigung eines Werkstückes) (*Arb. - Organ.*), numero dell'ordine interno. 25 **Kauf ~** (Kauforder) (*komm.*), ordine di acquisto. 26 **offener ~** (widerruflicher Auftrag) (*komm. - Ind.*), ordine aperto. 27 **widerruflicher ~** (offener Auftrag) (*komm. - Ind.*), ordine aperto.
Auftragen (von Farben) (*n. - Anstr.*), applicazione. 2 ~ (von Hartmetall) (*Metall.*), riporto. 3 ~ (*Druck.*), inchiostrazione. 4 **im Kreuzgang ~** (*Anstr.*), applicazioni incrociate.
auftragen (Farben) (*Anstr.*), applicare. 2 ~ (Hartmetall) (*Metall.*), riportare. 3 ~ (einen Ofen) (*Metall.*), caricare. 4 ~ (eine Kurve) (*Zeichn. - etc.*), tracciare. 5 ~ (*Druck.*), inchiostrare. 6 ~ (*Erdbew.*), rinterrare, riportare (terra).
Auftreffelektrode (*f. - Elektronik*), elettrodo bersaglio, elettrodo bombardato.
Auftreffen (*n. - allg.*), urto. 2 ~ (von Elektronen) (*Phys.*), bombardamento.
auftreffend (*Opt.*), incidente.
Auftreffgeschwindigkeit (*f. - mech. Technol.*), velocità d'urto.
Auftreffwinkel (einer Bombe) (*m. - milit.*), angolo di impatto.
Auftreffwucht (eines Luftstromes, Stauwirkung) (*f. - Aerodyn.*), effetto dinamico.
auftreiben (aufdornen) (*Mech.*), allargare, mandrinare.
Auftreibofen (Auftreibtrommel, Aufwärmeofen) (*m. - Glasind.*), forno di riscaldo.
Auftrenner (ein Gerät mit dem ein fehlerbehafteter Anlageteil selbsttätig abgeschaltet wird) (*m. - Elekt.*), disgiuntore.
Auftrennung (eines elekt. Stromkreises) (*f. - Elekt.*), interruzione, apertura.
auftreppen (aufstocken, ein Haus) (*Bauw.*), sopraelevare.
Auftrieb (statischer Auftrieb, eines Aerostats z. B.) (*m. - Hydr. - Flugw.*), spinta statica, spinta verticale verso l'alto, spinta di Archimede. 2 ~ (dynamischer Auftrieb, eines Flugzeugs) (*Flugw.*), portanza. 3 ~ (eines Fahrzeugs, bei grösserer Geschwindigkeit) (*Aut.*), portanza. 4 ~ (unter dem Fundament) (*Ing.b.*), sottopressione. 5 ~ s· achse (*f. - Flugw.*), asse di portanza. 6 ~ s·klappe (*f. - Flugw.*), ipersostentatore. 7 ~ s·koeffizient (Auftriebszahl) (*m. - Flugw.*), coefficiente di portanza. 8 ~ s·mittelpunkt (eines Flugzeugflügels) (*m. - Flugw.*), centro di spinta. 9 ~ s·mittelpunkt (eines Aerostats) (*Flugw.*), centro della forza ascensionale totale, punto di applicazione della forza ascensionale totale. 10 ~ s·ofen (*m. - Glasind.*), forno di riscaldo. 11 ~ s·reserve (*f. - Flugw.*), riserva di spinta, riserva di sostentamento. 12 ~ s·reserve (*naut.*), riserva di galleggiamento. 13 ~ s·verlust (*m. - Flugw.*), perdita di portanza. 14 **aerodynamischer ~** (*Flugw.*), portanza aerodinamica. 15 **dynamischer ~** (eines Flugzeugs) (*Flugw.*), portanza. 16 **dynamischer ~** (eines Aerostats) (*Flugw.*), forza ascensionale dinamica. 17 **falscher ~** (eines Aerostats) (*Flugw.*), forza ascensionale falsa, forza ascensionale dovuta al calore differenziale. 18 **Gesamt ~** (eines Flugzeuges) (*Flugw.*), portanza totale. 19 **Gesamt ~** (eines Aerostats) (*Flugw.*), forza ascensionale totale. 20 **Null ~ s·richtung** (*f. - Flugw.*), direzione di portanza nulla. 21 **reiner ~** (eines Aerostats) (*Flugw.*), forza ascensionale netta. 22 **statischer ~** (*Hydr. - Flugw.*), spinta statica, spinta verticale verso l'alto, spinta di Archimede. 23 **statischer ~** (eines Aerostats) (*Flugw.*), forza ascensionale statica. 24 **verfügbarer ~** (eines Aerostats) (*Flugw.*), forza ascensionale disponibile, forza ascensionale residua.
Auftritt (einer Stufe) (*m. - Bauw.*), pedata.
auftrocknen (*allg.*), asciugare, essiccare.
Auftrommelung (von Kabeln z. B.) (*f. - Elekt. - etc.*), avvolgimento su tamburo.
auftropfen (Stellit auftragen) (*mech. Technol.*), stellitare.
Auftropfstein (Stalagmit) (*m. - Min.*), stalagmite.
Auftropfverfahren (für Stellitauftragung) (*n. - mech. Technol.*), stellitizzazione.
Aufwallen (eines Akkumulators) (*n. - Elekt.*), ebollizione.
Aufwallung (*f. - allg.*), effervescenza.
Aufwand (Verbrauch) (*m. - allg.*), consumo,

dispendio. 2 ~ (Ausgabe) (komm.), spesa. 3 ~ (von Strom z. B.) (Elekt.), assorbimento. 4 ~ (Einsatz, von Energie, Material, etc.) (allg.), impiego. 5 ~ s·entschädigung (im Dienst) (f. - Arb. - Pers.), indennità di trasferta, trasferta. 6 ~ steuer (Luxussteuer) (f. - finanz.), tassa sugli articoli di lusso. 7 ~ steuer (Verbrauchsteuer) (finanz.), imposta di consumo. 8 ausserordentlicher ~ (Adm.), spesa straordinaria. 9 betrieblicher ~ (Adm.), spesa di esercizio.
Aufwärmen (n. - Wärme), riscaldamento.
aufwärmen (allg.), riscaldare. 2 ~ (Mot.), riscaldare.
Aufwärter (Bedienter) (m. - Arb.), servitore.
Aufwärterin (f. - Arb.), cameriera.
aufwärts (adv.), verso l'alto. 2 ~ biegen (allg.), piegare all'insù, piegare verso l'alto. 3 ~ schalten (Aut.), passare ad una marcia superiore.
Aufwärtsbewegung (f. - allg.), movimento ascendente.
Aufwärtsflug (m. - Flugw.), volo in salita.
Aufwärtsgang (Aufwärtshub, der Kolben) (m. - Mot. - etc.), corsa verso l'alto, corsa ascendente.
Aufwärtslüftung (f. - Bergbau), ventilazione in aspirazione, ventilazione ascendente.
Aufwärtsschaltung (Hochschaltung, des Wechselgetriebes) (Aut.), cambio ascendente, passaggio a marcia superiore.
Aufwärtsschweissung (f. - Schweissen), saldatura ascendente.
Aufwärtsstreuung (f. - Kernphys.), diffusione acceleratrice.
Aufwärtstransformator (m. - Elekt.), trasformatore elevatore di tensione.
aufweisen (komm.), esporre, esibire, presentare.
aufweiten (allg.), allargare.
Aufweiteprobe (von Rohren) (f. - mech. Technol.), prova di allargamento.
aufwendig (komm. - etc.), dispendioso.
Aufwendung (Aufwand, Ausgabe) (f. - Adm.), spesa. 2 soziale ~ (Ind. - Adm.), onere sociale.
Aufwerfhammer (Aufwurfhammer) (m. - Schmiedemasch.), maglio a leva.
Aufwertung (f. - finanz.), rivalutazione.
aufwickeln (Elekt. - etc.), avvolgere.
Aufwickelspule (f. - Filmtech.), bobina di riavvolgimento.
aufwiegen (allg.), equilibrare, compensare, neutralizzare.
Aufwind (m. - Meteor.), corrente d'aria ascendente, vento anabatico. 2 Wärme ~ (Thermik) (Meteor.), corrente ascendente di aria calda, termica.
aufwinden (die Anker) (naut.), salpare. 2 ~ (Textilind.), incannare.
aufwischen (naut.), lavare.
Aufwischlappen (m. - naut. Ger.), radazza.
Aufwölbung (f. - allg.), volta, formazione a volta. 2 ~ (Konvexität) (Mech.), convessità.
Aufwuchs (Aufwachs, junger Wald) (m. - allg.), bosco giovane.
Aufwurfhammer (Aufwerfhammer) (m. - Schmiedemasch.), maglio a leva.

aufzählen (allg.), contare, enumerare.
Aufzahlung (Mehrpreis) (f. - komm.) (österr.), sovrapprezzo.
Aufzählung (f. - allg.), enumerazione, conteggio.
aufzehren (allg.), consumare completamente.
Aufzehrung (f. - allg.), consumo completo.
Aufzeichnen (einer Kurve) (n. - Zeichn. - etc.), tracciamento.
aufzeichnen (eine Kurve) (Zeichn. - etc.), tracciare. 2 ~ (Instr.), registrare.
aufzeichnend (schreibend) (Instr.), registratore, scrivente.
Aufzeichnung (Zeichnung) (f. - Zeichn.), disegno. 2 ~ (Instr. - Elektroakus.), registrazione. 3 ~ (nicht direkte Übertragung, eines Rennens z. B.) (Fernseh. - Funk. - Sport etc.), registrazione, trasmissione differita, cronaca differita. 4 ~ (einer Versammlung z. B.) (Büro), verbale. 5 ~ (Sammlung von zusammenhängenden Daten die als eine Einheit behandelt werden) (Rechner), insieme d'informazioni, «record». 6 ~ s·dichte (f. - Datenverarb. - etc.), densità di registrazione. 7 ~ s·lampe (f. - Elektroakus.), lampada di registrazione. 8 ~ s·schlitz (Aufzeichnungsspalt) (m. - Elektroakus.), fessura di registrazione, intaglio di registrazione, fenditura di registrazione.
aufzeugen (ausrüsten) (naut.), attrezzare, allestire.
aufziehbar (allg.), sollevabile. 2 ~ es Fahrgestell (Flugw.), carrello retrattile.
Aufziehbrücke (f. - Brück.b.), ponte levatoio.
Aufzieheisen (für Reifen) (n. - Aut.), leva per montaggio (pneumatici), leva montagomme.
Aufziehen (einer Uhr z. B.) (n. - Mech.), carica, caricamento.
aufziehen (allg.), alzare, sollevare. 2 ~ (eine Uhr z. B.) (Mech.), caricare. 3 ~ (einen Reifen z. B.) (allg.), montare. 4 ~ (hissen) (naut.), alare, tirare. 5 ~ (den Putz) (Maur.), talocciare, frattazzare, piallettare. 6 ~ (eine Gesellschaft organisieren) (Ind.), organizzare.
Aufziehfenster (n. - Bauw.), finestra a scorrimento verticale.
Aufziehleine (eines Fallschirmes) (f. - Flugw.), fune di vincolo.
aufzinsen (finanz.), capitalizzare.
Auf-Zu (Leit.), aperto - chiuso. 2 ~ (Elekt.) inserito - disinserito. 2 ~ -Regler (Zweipunktregler) (m. - Ger.), regolatore a tutto o niente.
Aufzug (Förderanlage für Personen) (m. - Bauw.), ascensore. 2 ~ (für Lasten) (Bauw. - etc.), montacarichi. 3 ~ (zweite Putzschicht) (Maur.), arricciatura, seconda mano di intonaco. 4 ~ brücke (f. - Brück.b.), ponte levatoio. 5 ~ haken (m. - Hebevorr.), gancio di sollevamento. 6 ~ kabine (f. - Bauw.), cabina dell'ascensore. 7 ~ motor (m. - Elekt.), motore di sollevamento. 8 ~ schacht (m. - Bauw.), pozzo dell'ascensore. 9 ~ vorrichtung (f. - mech. Vorr.), dispositivo di sollevamento. 10 ~ winde (f. - Masch.), verricello per ascensore. 11 Lasten ~ (Bauw.), montacarichi. 12 Paternoster ~ (Bauw.),

Augbolzen

siehe Umlaufaufzug. **13 Personen ~** (*Bauw.*), ascensore. **14 Umlauf ~** (*Bauw.*), ascensore a paternoster. **15 Waren ~** (*Masch.*), montacarichi.
Augbolzen (*m. - Mech.*), bullone ad occhio. **2 ~** (*naut.*), golfare, spina. **3 ~** (eines elekt. Mot. z. B.) (*Mech.*), anello di sollevamento, golfare.
Auge (*n. - allg.*), occhio. **2 ~** (zylindrische Erhöhung an Maschinenteilen wo eine Bohrung zu machen ist z. B.) (*Mech.*), borchia, formaggella. **3 ~** (des Sturmes) (*Meteor.*), occhio (della tempesta). **4 ~** (der Buchstaben) (*Druck.*), occhio. **5 ~** (Ring zum Durchbringen von Seilen z. B.) (*Seil - etc.*), anello passacavi. **6 ~** (*naut.*), gassa. **7 ~**, siehe auch Augen. **8 fernsichtiges ~** (*Opt.*), occhio presbite. **9 kurzsichtiges ~** (*Opt.*), occhio miope. **10 magisches ~** (Elektronenröhre) (*Funk.*), occhio magico, indicatore di sintonia. **11 nahsichtiges ~** (*Opt.*), occhio miope. **12 weitsichtiges ~** (*Opt.*), occhio presbite.
Augen (*n. - pl. - allg.*), occhi. **2 ~ abstand** (*m. - Opt.*), distanza interpupillare. **3 ~ anpassung** (*f. - Opt.*), adattamento dell'occhio. **4 ~ arzt** (*m. - Opt.*), oculista. **5 ~ blende** (Blendschirm) (*f. - Sport - etc.*), visiera parasole. **6 ~ blick** (*allg. - etc.*), siehe Augenblick. **7 ~ bolzen** (*m. - Mech.*), bullone ad occhio. **8 ~ gläser** (Brillen) (*n. pl. - Opt.*), occhiali. **9 ~ haftgläser** (*n. - pl. - Opt.*), lenti a contatto. **10 ~ lid** (*n. - Opt.*), palpebra. **11 ~ linse** (Okular) (*f. - Opt.*), oculare. **12 ~ punkt** (Augpunkt, Hauptpunkt, Projektionszentrum in der Perspektive) (*m. - Geom.*), punto principale. **13 ~ schärfe** (*f. - Opt.*), acuità visiva. **14 ~ schein** (*m. - allg.*), sopralluogo. **15 ~ schützer** (*m. - Arb. - Ger.*), occhiali protettivi. **16 ~ spiegel** (*m. - opt. Instr.*), oftalmoscopio. **17 ~ täuschung** (*f. - Opt.*), illusione ottica. **18 ~ trägheit** (*f. - Opt.*), persistenza della visione. **19 ~ zeuge** (*m. - recht.*), testimonio oculare.
Augenblick (*m. - allg.*), istante, momento, attimo. **2 ~ s·aufnahme** (*f. - Phot.*), istantanea. **3 ~ s·belastung** (*f. - Elekt. - etc.*) carico istantaneo, carico momentaneo. **4 ~ s·bild** (*n. - Phot.*), istantanea. **5 ~ s·form** (eines Schmiedestücks) (*f. - Schmieden*), forma del pezzo ad un determinato momento (della deformazione). **6 ~ s·pol** (augenblicklicher Drehpol) (*m. - Mech.*), centro di rotazione istantaneo. **7 ~ s·schalter** (*m. - Elekt.*), interruttore (a scatto) rapido. **8 ~ s·strom** (*m. - Elekt.*), corrente istantanea. **9 ~ s·wert** (*m. - Phys.*), valore istantaneo.
augenblicklich (*allg.*), istantaneo, momentaneo. **2 ~ er Drehpol** (Augenblickspol) (*m. - Mech.*), centro di rotazione istantaneo. **3 ~ e Rotationsachse** (*Mech.*), asse di rotazione istantaneo.
augenscheinlich (Wert) (*finanz. - etc.*), nominale.
Augit (*m. - Min.*), augite.
Augpunkt (*m. - Geom.*), siehe Augenpunkt.
Auktion (Versteigerung) (*f. - komm.*), asta, incanto.
auktionieren (versteigern) (*komm. - recht.*), mettere all'asta.

Aureole (*f. - Astr. - Beleucht.*), aureola.
Aureomycin (Chlortetracyclin) (*n. - Chem. - Pharm.*), aureomicina.
Auripigment (As$_2$ S$_3$) (gelbe Arsenblende) (*n. - Min.*), orpimento, solfuro di arsenico giallo.
aus (Ausgangspunkt) (*allg.*), da. **2 ~** (einem Stoff, aus Stahl z. B.) (*allg.*), di. **3 ~** (*Elekt.*), disinserito. **4 ~** (auf einem Druckknopf) (*Werkz.masch.*), arresto. **5 ~** (zeitlich, einer Sitzung z. B.) (*allg.*), terminato, finito. **6 ~ dem Vollen bearbeiten** (*Werkz.masch.bearb.*), lavorare dal pieno.
ausarbeiten (ausführen) (*allg.*), elaborare. **2 ~** (fertig machen) (*Mech. - etc.*), finire. **3 einen Plan ~** (*allg.*), elaborare un piano.
Ausarbeitung (Ausführung) (*f. - allg.*), elaborazione. **2 ~** (von Maschinenteilen) (*Mech.*), finitura.
ausästen (*Landw.*), potare.
Ausästwerkzeug (*n. - Landw. - Werkz.*), cesoie da giardino.
ausbaggern (*Erdbew.*), scavare.
Ausbaggerung (*f. - Erdbew.*), escavazione.
ausbaken (betonnen, ausbojen, mit Baken versehen) (*naut.*), mettere boe.
ausbalancieren (ausgleichen) (*Mech. - etc.*), equilibrare, compensare. **2 ~** (*Elekt.*), equilibrare.
Ausbalancierung (*f. - Mech. - etc.*), equilibratura, compensazione. **2 ~** (*Elekt.*), equilibratura.
Ausbau (Vervollkommnung) (*m. - Bauw. - etc.*), completamento, finitura (interna). **2 ~** (Erweiterung) (*Bauw. - etc.*), ampliamento, ingrandimento, espansione. **3 ~** (*Bergbau*), armamento. **4 ~** (eines Schachtes) (*Bergbau*), rivestimento. **5 ~** (Zerlegung) (*allg.*), smontaggio. **6 ~** (Entwicklung) (*allg.*), sviluppo. **7 ~ durchfluss** (eines hydr. Kraftwerkes) (*m. - Elekt.*), portata (di progetto). **8 ~ fallhöhe** (eines Wasserkraftwerkes) (*f. - Hydr. - Wass.b.*), caduta (di progetto), salto massimo sfruttabile. **9 ~ grösse** (installierte elektrische Leistung) (*f. - Elekt.*), potenza elettrica installata. **10 ~ leistung** (eines Kraftwerks) (*f. - Hydr. - etc.*), potenza (massima di progetto), potenza finale. **11 ~ leistung** (eines Unternehmens) (*Ind.*), produzione massima di progetto. **12 ~ möglichkeit** (*f. - Bauw. - etc.*), possibilità di ampliamento, possibilità di espansione. **13 ~ planung** (eines Kraftwerks z. B.) (*f. - Elekt.*), piano di potenziamento. **14 ~ stufe** (eines Werkes) (*f. - Ind. - Bauw. - etc.*), tappa, fase. **15 ~ zufluss** (eines Wasserkraftwerkes) (*m. - Hydr. - Wass.b.*), portata massima di progetto. **16 Gussring ~** (Tübbingausbau, eines Schachtes) (*Bergbau*), rivestimento stagno metallico, rivestimento ad anelli metallici, « tubbing », torre blindata. **17 Schacht ~** (*Bergbau*), rivestimento di pozzo. **18 technischer ~** (*allg.*), sviluppo tecnico.
Ausbauchung (Vorsprung) (*f. - allg.*), rigonfiamento. **2 ~** (*Schiffbau*), controcarena.
ausbauen (zu Ende bauen) (*Bauw. - etc.*), completare, finire, portare a termine. **2 ~** (zerlegen) (*allg.*), smontare.

ausbaufähig (Anlage z. B.) (*Ind. - ecc.*), suscettibile di ampliamento, suscettibile di sviluppo.
ausbedingen (einen Vertrag z. B.) (*komm.*), stipulare.
Ausbedingung (eines Vertrages z. B.) (*f. - komm.*), stipula, stipulazione.
ausbedungen (Vertrag z. B.) (*komm.*), stipulato.
Ausbesserfähigheit (*f. - Anstr.*), ritoccabilità.
Ausbessern (*n. - Anstr.*), ritocco. 2 ~, siehe auch Ausbesserung.
ausbessern (reparieren) (*Aut. - etc.*), riparare. 2 ~ (Werkstücke) (*Mech.*), ripassare. 3 ~ (einen Ofen) (*metall. Ofen - Giess.*), rifare il rivestimento (interno) refrattario. 4 ~ (Schiffe) (*naut.*), raddobbare. 5 ~ (*Anstr.*), ritoccare.
Ausbesserung (Reparatur) (*f. - Aut. - etc.*), riparazione. 2 ~ (von Werkstücken) (*Mech.*), ripassatura. 3 ~ (des Schiffsrumpfes) (*naut.*), carenaggio. 4 ~ s·arbeiten (*f. pl. - allg.*), lavori di riparazione. 5 ~ s·dock (Trockendock) (*n. - Schiffbau*), bacino di carenaggio, bacino di raddobbo. 6 ~ s·grube (*f. - Aut.*), fossa (per riparazioni), buca (per riparazioni). 7 ~ s·kraftfahrzeug (*n. - Aut.*), carro officina. 8 ~ s·werkstatt (Reparaturwerkstatt) (*f. - Aut.*), officina per riparazioni. 9 Behelfs ~ (*Aut. - etc.*), riparazione di fortuna, riparazione di ripiego. 10 Not ~ (*Aut. - etc.*), riparazione di emergenza.
ausbeulen (von Blechen) (*Mech.*), spianare. 2 ~ (ausbauchen) (*allg.*), gonfiarsi.
Ausbeulhammer (*m. - Werkz.*), martello per spianare.
Ausbeulung (Vorsprung, von Blechen) (*f. - Metall.*), ingobbatura, gobba.
Ausbeute (Ertrag) (*f. - allg.*), resa, rendimento, prodotto. 2 ~ (Gewinn) (*Bergbau*), utile, ricavo. 3 ~ zeche (Ausbeutegrube) (*f. - Bergbau*), miniera produttiva. 4 Licht ~ (in lumen-watt) (*Beleucht.*), efficienza luminosa.
ausbeuten (*Bergbau*), sfruttare. 2 ~ (die Arbeiter) (*Arb.*), supersfruttare.
Ausbeutung (*f. - allg.*), sfruttamento. 2 ~ (*Bergbau*), sfruttamento. 3 ~ s·system (*n. - Arb.*), supersfruttamento delle maestranze.
ausbezahlen (auszahlen) (*komm.*), pagare, sborsare. 2 ~ (befriedigen, einen Teilhaber) (*finanz.*), liquidare.
ausbiegen (nach aussen biegen) (*allg.*), piegare verso l'esterno. 2 ~ (gerade biegen) (*allg.*), raddrizzare.
Ausbiegung (*f. - allg.*), inflessione.
ausbieten (*komm.*), offrire.
Ausbietung (Angebot) (*f. - komm.*), offerta.
ausbilden (*Pers.*), istruire, addestrare, formare. 2 ~ (entwickeln) (*allg.*), sviluppare.
Ausbildner (*m. - allg.*), istruttore.
Ausbildung (*f. - Pers.*), istruzione, addestramento, formazione. 2 ~ (*Konstruktion*), progettazione. 3 ~ (Entwicklung) (*allg.*), sviluppo. 4 ~ am Arbeitsplatz (*Pers. - Ind.*), formazione al posto di lavoro. 5 ~ der Führungskräfte (*Pers. - Organ.*), formazione dei dirigenti (o dei quadri). 6 ~ s·Elektronenrechner (*m. - Pers. - Rechner*), calcolatore per addestramento. 7 ~ s·flug (*m. - Flugw.*), volo di addestramento. 8 ~ s·gang (*m. - Pers.*), titoli di studio, studi compiuti. 9 ~ s·kursus (*m. - Pers.*), corso d'istruzione, corso di addestramento, corso di perfezionamento 10 ~ s·schiff (*n. - naut.*), nave scuola. 11 ~ s·schule (*f. - Pers. - Organ.*), scuola di perfezionamento. 12 ~ s·stelle (*f. - Pers. - etc.*), centro di addestramento. 13 ~ von Führungskräften (Kaderausbildung) (*Pers. - Organ.*), formazione dei dirigenti, formazione dei quadri. 14 akademische ~ (*Pers. - etc.*), istruzione a livello universitario. 15 berufliche ~ (*Arb.*), formazione professionale. 16 Fach ~ (*Pers. - Organ.*) formazione professionale. 17 Kader ~ (Ausbildung von Führungskräften)(*Pers.-Organ.*), formazione dei dirigenti, formazione dei quadri. 18 Lehrlings ~ (*Arb. - Organ.*), formazione (professionale) degli apprendisti.
Ausbiss (Abdachung, Böschung) (*m. - Geol.*), scarpa, scarpata. 2 ~ (*Bergbau*), affioramento.
Ausblaseapparat (Staubabzug) (*m. - ind. App.*), estrattore (di polveri).
Ausblasedampf (*m. - Kessel*), vapore di scarico.
Ausblasen (eines Hochofens) (*n. - Ofen*), arresto, spegnimento.
ausblasen (*Kessel - etc.*), scaricare la pressione, 2 ~ (einen Hochofen) (*Ofen*), arrestare, spegnere.
ausbleiben (Strom) (*Elekt.*), mancare.
ausblendbar (Satz z. B. auf einem Lochstreifen) (*Datenverarb. - Rechner - NC-Werkz. masch.bearb.*), saltabile.
Ausblendebefehl (*m. - Rechner*), istruzione di salto.
Ausblenden (*n. - Datenverarb.*), mascheratura.
ausblenden (*Filmtech.*), chiudere in dissolvenza. 2 ~ (*Phot.*), diaframmare.
Ausblendung (*f. - Filmtech.*), dissolvenza in chiusura. 2 ~ (von Strahlen) (*Phys.*), dispersione. 3 ~ (Abdeckung des Bildröhrenrandes) (*Fernseh.*), mascheramento.
Ausblick (Fernblick) (*m. - allg.*), panoramica. 2 ~ (für Entwicklungen technischer oder wirtschaflicher Art) (*allg.*), prospettive. 3 ~fenster (Sucher einer Kamera) (*n. - Phot.*), oculare del mirino.
Ausblühung (*f. - Anstr.fehler*), efflorescenza. 2 ~ (auf Mauerwerk) (*Maur.*), efflorescenza.
Ausbluten (Durchschlagen von Farbstoffen) (*n. - Anstr.fehler*), sanguinamento.
ausbluten (*Anstr.fehler*), sanguinare.
Ausbohrarbeit (*f. - Werkz.masch.bearb.*), operazione di alesatura, alesatura.
Ausbohrbank (Ausbohrdrehbank) (*f. - Werkz. masch.*), tornio verticale.
Ausbohrdrehbank (*f. - Werkz.masch.*), tornio verticale.
Ausbohren (mittels Bohrstahl) (*n. - Werkz. masch.bearb.*), alesatura. 2 ~ (mittels Wendelbohrer) (*Werkz.masch.bearb.*), foratura al trapano. 3 ~ (Vergrössern eines Loches) (*Mech.*), accecatura, allargamento. 4 ~ (Ausdrehen) (*Werkz.masch.bearb.*), tornitura interna.
ausbohren (mittels Bohrstahl) (*Werkz.masch. bearb.*), alesare. 2 ~ (mittels Wendelbohrer) (*Werkz.masch.*), forare al trapano. 3 ~ (ein

Ausbohrmaschine

Loch vergrössern) (*Mech.*), accecare, allargare. 4 ~ (*Bergbau*), perforare, trivellare.
Ausbohrmaschine (*f.* - *Werkz.masch.*), alesatrice.
Ausbohrschlichtstahl (*m.* - *Werkz.*), utensile per alesatura di finitura.
Ausbohrschruppstahl (*m.* - *Werkz.*), utensile sgrossatore per alesatura, utensile per alesatura di sgrosso.
Ausbohrstahl (*m.* - *Werkz.*), utensile per alesatura.
Ausbohrung (*f.* - *Bergbau*), perforazione, trivellazione.
ausbooten (*naut.*), sbarcare.
Ausbootung (Ausschiffung) (*f.* - *naut.*), sbarco.
Ausbrechen (Kopfstand, Überschlag) (*n.* - *Flugw.*), capottamento.
ausbrechen (aus der Bahn gehen) (*Aut.* - *etc.*), sbandare. 2 ~ (eines Zahnes z. B., losbrechen) (*Mech.* - *etc.*), rompersi. 3 ~ (aus dem Gefängnis z. B.) (*allg.*), evadere, fuggire. 4 ~ (entstehen, plötzlich beginnen, von Feuer z. B.) (*allg.*), scoppiare.
Ausbreiten (zum Trocknen z. B.) (*n.* - *Textilind.* - *etc.*), distendimento.
ausbreiten (von Wellen, Zündflamme, etc.) (*Funk.* - *Mot.* - *Verbr.*), propagarsi. 2 ~ (zum Trocknen z. B.) (*Textilind.* - *etc.*), distendere.
Ausbreitmassprüfung (von Zement) (*f.* - *Maur.*), prova di assettamento, prova di consistenza.
Ausbreitprobe (von Blechen z. B.) (*f.* - *Walzw.*), prova di spianamento.
Ausbreitung (von Zündflammen, Wellen, etc.) (*f.* - *Mot.* - *Verbr.*), propagazione. 2 ~ (einer Krempel, Verhältnis der Umfangsgeschwindigkeit der Haupttrommel zur Geschwindigkeit des Speisetisches) (*Textilind.*), rapporto tra velocità del tamburo e velocità della tavola di alimentazione. 3 ~ s·geschwindigkeit (*f.* - *Mot.* - *Verbr.* - *Funk.*), velocità di propagazione. 4 ~ s·konstante (*f.* - *Funk.*), costante di propagazione.
Ausbreitversuch (für Beton) (*m.* - *Maur.*), prova di spandimento.
ausbrennen (*allg.*), bruciare completamente
Ausbrennen (*n.* - *Elekt.*), bruciatura.
Ausbringen (Verhältnis der Erzeugungsmenge zur Einsatzmenge in % angegeben) (*n.* - *allg.*), rendimento, resa, produzione.
ausbröckeln (*Metall.*), sfaldarsi, sbocconcellarsi.
Ausbröcklung (*f.* - *Metall.* - *Mech.*), sfaldatura, sbocconcellatura. 2 ~ (Schneidenausbruch) (*f.* - *Werkz.*), scheggiatura (del tagliente). 3 **kleinste** ~ (Grübchenbildung) (*Metall.*), vaiolatura, pittatura, puntinatura (meccanica).
Ausbruch (eines Vulkans z. B.) (*m.* - *Geol.*), eruzione. 2 ~ (der Schneide) (*Werkz.*), scheggiatura, sbocconcellatura. 3 ~ (Platzen, Durchschlag, von Reifen) (*Aut.*), scoppio. 4 ~ (Teilschnitt, Teilausschnitt) (*Zeichn.*), sezione parziale. 5 ~ (einer Epidemie) (*Med.*), scoppio.
Ausbrütapparat (*m.* - *Landw.* - *App.*), incubatrice.
ausbuchen (*Buchhaltung*), stornare, cancellare.

Ausbüchsen (*n.* - *Mech.*), imbussolamento.
ausbüchsen (*Mech.*), imbussolare, imboccolare. 2 ~ (ein Lager) (*Aut.* - *Mot.*), rifare le bronzine.
ausbuchten (von Blechen z. B.) (*Technol.*), curvarsi, bombarsi, insaccarsi.
ausdämpfen (*allg.*), evaporare.
Ausdampfung (*f.* - *allg.*), evaporazione.
ausdehnbar (*allg.*), dilatabile, allungabile.
Ausdehnbarkeit (*f.* - *Phys.*), dilatabilità.
ausdehnen (*Phys.*), dilatarsi, allungarsi.
Ausdehnschleife (*f.* - *Dampf* - *Leit.*), curva di dilatazione, compensatore ad ansa, dilatatore a tubo curvato.
Ausdehnung (Volumzunahme eines Körpers bei Erwärmung) (*f.* - *Phys.*), dilatazione. 2 ~ (lineare Zunahme eines festen Stoffes bei Erwärmung, in Richtung der Länge) (*Phys.*), dilatazione, allungamento. 3 ~ (Volumzunahme von gasförmigen Körpern) (*Phys.*), espansione. 4 ~ (Abwicklung, einer zylindrischen Fläche in eine Ebene) (*Geom.*), sviluppo. 5 ~ **des Weltalles** (*Astr.*), espansione dell'Universo. 6 ~ s·arbeit (*f.* - *Phys.*), lavoro di espansione. 7 ~ s·dichtung (Ausdehnungsfuge) (*f.* - *Leit.*), giunto di dilatazione. 8 ~ s·gefäss (Expansionsgefäss, der Heizung) (*n.* - *Warmwasserheizung*), vaso di espansione, recipiente di espansione. 9 ~ s·gefäss (bei Transformatoren) (*Elekt.*), conservatore (dell'olio). 10 ~ s·hub (*m.* - *Mot.*), corsa di espansione, fase di espansione. 11 ~ s·koeffizient (*m.* - *Phys.*), coefficiente di dilatazione (termica). 12 ~ s·kupplung (*f.* - *Leit.*), giunto di dilatazione. 13 ~ s·messer (*m.* - *Instr.*), estensimetro, dilatometro. 14 ~ s·raum (*m.* - *Masch.*), camera di espansione. 15 ~ s·riemenscheibe (*f.* - *Mech.*), puleggia a diametro variabile. 16 ~ s·rohrbogen (*m.* - *Leit.*), curva di dilatazione, compensatore ad ansa, dilatatore a tubo curvato. 17 ~ s·stoss (Ausdehnungsverbindung) (*m.* - *Leit.* - *etc.*), giunto di dilatazione. 18 ~ s·ziffer (*f.* - *Phys.*), coefficiente di dilatazione. 19 **isotrope** ~ (*Phys.*), dilatazione isotropica. 20 **lineare** ~ (*Phys.*), dilatazione lineare. 21 **kubischer** ~ s·koeffizient (*Phys.*), coefficiente di dilatazione cubica. 22 **Volum** ~ s·koeffizient (*Phys.*), *siehe* kubischer Ausdehnungs-Koeffizient.
ausdeuten (herausholen, einen Sinn) (*recht.* - *etc.*), intepretare.
Ausdeutung (Herausholen eines Sinnes) (*f.* - *recht.* - *etc.*), interpretazione. 2 **subjektive** ~ (*allg.*), interpretazione soggettiva.
ausdocken (ein Boot) (*naut.*), far uscire dal bacino.
ausdornen (aufdornen) (*Mech.*), mandrinare, allargare (forzando).
ausdörren (*allg.*), scottare.
ausdrechseln (*Tischl.*), tornire, lavorare al tornio.
Ausdrehdurchmesser (*m.* - *Werkz.masch.*), diametro massimo di tornitura interna.
Ausdrehen (Ausdrehung) (*n.* - *Mech.*), tornitura interna.
ausdrehen (*Mech.*), tornire internamente. 2 ~ (ausbohren) (*Mech.*), alesare. 3 ~ (das Licht)

(*elekt. Beleucht.*), spegnere. 4 ~ (eine Schraube) (*Mech.*), svitare.
Ausdrehfutter (*n. - Mech.*), mandrino per tornitura interna.
Ausdruck (*m. - allg.*), espressione. 2 ~ (einer Gleichung) (*Math.*), termine. 3 ~ (*Druck.*), termine. 4 **Fach** ~ (technischer Ausdruck) (*Druck.*), termine tecnico. 5 **technischer** ~ (Fachausdruck) (*Druck.*), termine tecnico.
ausdrücken (*allg.*), spremere. 2 ~ (eine Meinung) (*allg.*), esprimere.
ausdrücklich (*adj. - allg.*), esplicito. 2 ~ (*adv. - allg.*), espressamente. 3 ~ **oder stillschweigend** (*allg.*), espressamente o tacitamente.
Ausdrücksweise (*f. - allg.*), modo di esprimersi.
ausdünsten (ausdunsten) (*allg.*), evaporare.
Ausdünstung (Ausdunstung) (*f. - allg.*), evaporazione. 2 ~ (*Flugw. - Mech. der Flüss.k.*), traspirazione.
Auseinanderbau (*m. - allg.*), smontaggio.
auseinanderfallen (*allg.*), disintegrarsi, disgregarsi, crollare.
auseinandergehen (*allg.*), separarsi, divergere.
auseinandergehend (Meinungen) (*allg.*), divergente, discorde.
auseinandergezogen (*allg.*), separato. 2 **Darstellung in** ~ **er Anordnung** (*Zeichn. - etc.*), quadro pezzi smontati, rappresentazione prospettica di un complesso smontato, « vista esplosa ».
auseinanderlaufen (divergieren) (*allg.*), divergere.
auseinanderlegen (entfernen) (*allg.*), distanziare.
Auseinandernehmen (*n. - Mot.*), smontaggio generale.
auseinandernehmen (*allg.*), smontare nei particolari.
Ausfachen (eines Beton-Skeletts z. B.) (*n. - Bauw.*), tamponamento.
ausfachen (Fachwerk ausmauern) (*Bauw.*), tamponare.
ausfachend (Wand) (*Bauw.*), di tamponamento. 2 ~ **e Wand** (*Bauw.*), parete perimetrale di tamponamento.
ausfahrbar (elekt. Gerät z. B.) (*allg.*), estraibile.
ausfahren (*naut.*), prendere il mare. 2 ~ (das Fahrwerk) (*Flugw.*), abbassare, far uscire, estrarre. 3 ~ (aus einer Grube) (*Bergbau*), uscire. 4 ~ (ausbringen, die Rohrspindel z. B.) (*Werkz.masch. - etc.*), estrarre. 5 ~ (einen Schlitten nach aussen bewegen) (*Werkz. masch.*), muovere verso l'esterno, arretrare.
Ausfahrer (Fahrer der zu den Kunden die bestellte Waren bringt) (*m. - Arb.*) (*österr.*), addetto alle consegne a domicilio.
Ausfahrgleis (*n. - Eisenb.*), binario di partenza.
Ausfahrschacht (*m. - Bergbau*), pozzo di uscita.
Ausfahrt (Verlassen des Standplatzes) (*f. - allg.*), partenza. 2 ~ (einer Autobahn) (*Strasse*), raccordo di uscita. 3 ~ (*Bergbau*), uscita, risalita, ascesa.
Ausfall (Beschädigung, eines Motors z. B.) (*m. - Mot. - etc.*), guasto, avaria. 2 ~ (*Chem.*), precipitato. 3 ~ (Abfall) (*Metall.*), scarto. 4 ~ (Verlust) (*komm.*), perdita, deficit. 5 ~ (des Stromes oder der Spannung z. B.) (*Elekt.*), mancanza. 6 ~ (beim Fechten) (*Sport*), affondo (*s.*). 7 ~ **korngemisch** (*n. - Bauw.*), materiale inerte a granulazione anormale, « inerti » a granulazione anormale. 8 ~ **körnung** (Gemisch in dem eine oder mehrere Korngruppen ausgefallen sind) (*f. - Bauw.*), granulometria discontinua, granulometria anormale. 9 ~ **rate** (eines Motors z. B., in einem Jahre z. B.) (*f. - Masch. - etc.*), tasso di guasto, probabilità di guasto, frequenza dei guasti. 10 ~ **sicherheit** (*f. - Mech. - etc.*), sicurezza contro i guasti. 11 ~ **strasse** (Stadtstrasse die in eine Überlandstrasse mündet) (*f. - Strasse*), strada di uscita (dalla città). 12 ~ **wahrscheinlichkeit** (*f. - Mech. - etc.*), probabilità di guasto. 13 ~ **warnzeichen** (*n. - Elekt. - etc.*), segnale di guasto. 14 ~ **winkel** (*m. - Opt.*), angolo di emergenza. 15 ~ **zeit** (*f. - Arb. - Organ.*), tempo passivo. 16 ~ **zeit** (Zeit in der eine Anlage wegen Revision oder Fehler ausser Betrieb bleibt) (*Masch. - elekt. - etc.*), tempo di inattività (per revisione o guasti).
ausfallen (nicht stattfinden) (*allg.*), non aver luogo. 2 ~ (ein Ergebnis haben) (*allg.*), risultare.
Ausfällen (Ausfällung, Fällung) (*n. - Chem.*), precipitazione.
ausfällen (*Chem.*), precipitare.
ausfallend (Lichtstrahl z. B.) (*Opt.*), emergente. 2 ~ **er Steven** (überhängender Steven) (*naut.*), prua slanciata, prua a sbalzo, prua sbalzata.
ausfallsicher (Konstruktion, fail-safe) (*Mech. - etc.*), « fail-safe ».
Ausfällung (Fällung) (*f. - Chem.*), precipitazione, separazione mediante precipitazione.
Ausfedern (eines Seegerringes z. B.) (*n. - Mech.*), smontaggio, estrazione.
ausfedern (einen Seegerring z. B.) (*Mech.*), smontare, estrarre.
Ausfederung (der Fahrzeugaufhängung, der Stossdämpfer) (*f. - Aut.*), estensione.
ausfegen (Gase) (*Mot.*), lavare, espellere.
Ausfertigung (Schriftstück z. B.) (*f. - Büro*), copia. 2 **in zweifacher** ~ (in doppelter Ausfertigung) (*Büro*), in duplice copia.
ausfeuern (beim Schleifen) (*Mech.*), siehe ausfunken.
Ausfeuerzeit (Ausfunkzeit, beim Schleifen) (*f. - Werkz.masch.bearb.*), tempo di spegnifiamma, periodo di spegnifiamma, periodo di spegniscintilla.
ausflaggen (ein Schiff) (*naut.*), pavesare.
ausflammen (abfackeln, mit Flamme reinigen) (*Metall.*), sfiammare, pulire alla fiamma.
ausflecken (*Druck.*), ritoccare.
Ausflicken (*n. - allg.*), rappezzo, ritocco, riparazione. 2 ~ (Ausbessern) (*Anstr.*), ritocco.
ausflicken (*allg.*), rappezzare, ritoccare, riparare. 2 ~ (ausbessern) (*Anstr.*), ritoccare.
ausfliessen (*Hydr. - etc.*), effluire, defluire.
ausfliessend (*Hydr. - etc.*), effluente.
Ausflocken (Ausflockung) (*n. - Chem.*), flocculazione.

ausflocken (*Chem.*), flocculare.
ausfluchten (*allg.*), allineare.
Ausfluchtung (*f. - allg.*), allineamento.
Ausflugszug (*m. - Eisenb.*), treno turistico.
Ausfluss (*m. - Hydr.*), efflusso. 2 ~ düse (*f. - Hydr.*), bocchello, boccaglio. 3 ~ geschwindigkeit (*f. - Hydr.*), velocità di efflusso. 4 ~ koeffizient (*m. - Hydr.*), coefficiente di efflusso. 5 ~ öffnung (*f. - Hydr.*), luce di efflusso. 6 ~ öffnung (einer Giesspfanne) (*Giess.*), scaricatore. 7 ~ seite (einer Pumpe) (*f. - Masch.*), lato mandata. 8 ~ viskosimeter (*n. - Ger.*), viscosimetro a orifizio.
ausfördern (Erz) (*Bergbau*), estrarre.
Ausformung (Abheben eines Pressteiles von der Form) (*f. - Kunststoff - Technol.*), estrazione dallo stampo.
Ausfrachtkosten (für Ausfahrt vom Hafen) (*f. pl. - naut.*), spese di uscita.
Ausfransen (*n. - Metall. - Fehler*), sfrangiatura.
Ausfräsen (von Gesenken) (*n. - Werkz.masch. bearb.*), fresatura, incisione.
ausfräsen (*Mech.*), fresare, asportare mediante fresatura. 2 ~ (Gesenke) (*Mech.*), fresare, incidere.
Ausfräsung (*f. - Mech.*), siehe Ausfräsen.
ausfressen (*Mech.*), erodere. 2 ~ (Grübchen bilden) (*Mech.*), vaiolare, «pittare».
Ausfressung (*f. - Mech.*), erosione. 2 ~ (Grübchenbildung) (*Mech.*), vaiolatura, «pittatura».
Ausfugmasse (*f. - Metall. - Ofen*), pasta per (lutare) giunti.
Ausfuhr (Export) (*f. - komm.*), esportazione. 2 ~ bewilligung (*f. - komm.*), permesso di esportazione. 3 ~ prämie (*f. - komm.*), premio di esportazione. 4 ~ zoll (*m. - komm.*), dazio di esportazione.
ausführbar (*allg.*), realizzabile, eseguibile.
Auführbarkeit (*f. - allg.*), realizzabilità, eseguibilità.
ausführen (*allg.*), eseguire, compiere, portare a termine. 2 ~ (*komm.*), esportare. 3 eine Arbeit ~ (*allg.*), eseguire un lavoro, compiere un lavoro. 4 eine Bestellung ~ (*komm.*), evadere un ordine, dar corso a un ordine.
ausführend (*allg.*), esecutivo.
ausführlich (vollständig, Auskunft z. B.) (*adj. - allg.*), dettagliato, esauriente. 2 ~ (unterrichten z. B.) (*adv. - allg.*), dettagliatamente, esaurientemente.
Ausführung (Ausarbeitung) (*f. - allg.*), esecuzione. 2 ~ (Muster, Vorbild) (*allg.*), modello, tipo. 3 ~ (eines Problems z. B.) (*Math.*), risoluzione, soluzione. 4 ~ (Ausführungsart, Bauart) (*Ind.*), esecuzione, costruzione. 5 ~ (eines Auftrages) (*komm.*), evasione, esecuzione. 6 ~ (von Häusern) (*Bauw.*), costruzione. 7 ~ (von Oberflächen) (*Werkz.masch.*), finitura. 8 ~ (Ausfuhr) (*komm.*), esportazione. 9 ~ (*Walzw.*), guida di uscita. 10 ~ s·art (Muster) (*f. - allg.*), tipo, modello. 11 ~ s·art (Bauart) (*allg.*), esecuzione, costruzione. 12 ~ s·gesetz (*n. - recht.*), legge per l'applicazione. 13 ~ s·kabel (*n. - Elekt.*), cavo di uscita. 14 ~ s·material (*n. - Ind.*), materiale da costruzione. 15 ~ s·verfahren (*n. - Technol.*), tecnica, modalità esecutive. 16 ~ s·zeichnung (Arbeitszeichnung) (*f. - Zeichn.*), disegno costruttivo. 17 ~ s·zeit (Zeit die mit der Rüstzeit die Vorgabezeit bildet) (*f. - Zeitstudium*), tempo di lavorazione. 18 alte ~ (*Zeichn. - etc.*), pre-modifica, esecuzione premodifica. 19 lagermässige ~ (*Mech. - etc.*), costruzione normale, esecuzione normale. 20 leichte ~ (*Mech. - etc.*), costruzione leggera, esecuzione leggera. 21 neue ~ (*Zeichn. - etc.*), post-modifica, esecuzione postmodifica. 22 Normal ~ (*Mech. - etc.*), esecuzione normale, costruzione normale. 23 Sonder ~ (*Mech. - etc.*), esecuzione speciale, costruzione speciale, tipo speciale. 24 schwere ~ (*Masch.*), esecuzione pesante, costruzione per servizi pesanti.
Ausfüllblock (*m. - allg.*), pezzo di riempimento.
ausfüllen (*allg.*), riempire completamente. 2 ~ (ein Formblatt beantwortend ergänzen) (*allg.*), compilare, riempire.
Ausfüller (für Ausbesserung von beschädigten Werkstücken z. B.) (*m. - Mech.*), mastice (da ritocco).
Ausfüllung (*f. - allg.*), riempimento. 2 ~ s· grad (einer Luftschraube) (*m. - Flugw.*), solidità, rapporto di solidità.
Ausfunken (Ausfeuern, beim Schleifen) (*n. - Werkz.masch.bearb.*), spegnifiamma, spegniscintilla. 2 ~ (Elektroerosion) (*Technol.*), elettroerosione.
ausfunken (beim Schleifen) (*Werkz.masch. bearb.*), lasciare morire la mola sul pezzo, lasciare girare la mola dopo cessato l'avanzamento.
Ausfunkzeit (Ausfeuerzeit, beim Schleifen) (*f. -Werkz.masch.bearb.*), tempo di spegnifiamma, periodo di spegniscintilla.
ausfuttern (ausfüttern) (*allg.*), rivestire internamente. 2 ~ (ein Lager) (*Mech.*), siehe ausgiessen.
Ausfütterung (*f. - allg.*), rivestimento interno.
Ausgabe (*f. - komm.*), spesa, esborso. 2 ~ (Auflage) (*Druck.*), edizione. 3 ~ (von Aktien z. B.) (*finanz. - etc.*), emissione. 4 ~ (aus einem Elektronenrechner) (*Rechner*), emissione, uscita. 5 ~ befehl (*m. - Datenverarb.*), istruzione di uscita. 6 ~ beleg (*m. - Rechner*), documento coi dati di uscita. 7 ~ daten (*n. pl. - Rechner*), dati di uscita. 8 ~ feinheit (*f. - NC-Werkz.masch.bearb.*), risoluzione di uscita. 9 ~ gerät (im Rechner eingebaut) (*n. - Rechner*), unità di uscita. 10 ~ n·buch (*n. - Buchhaltung*), libro di cassa. 11 ~ n·voranschlag (*m. - Adm.*), preventivo di spesa. 12 ~ signal (*n. - Elektronik*), segnale di uscita. 13 ~ teil (*m. - Rechner*), unità di uscita. 14 Abend ~ (*Zeitg.*), edizione della sera. 15 feste ~ n (fortlaufende Ausgaben) (*Adm.*), spese fisse. 16 Taschen ~ (eines Buches) (*Druck.*), edizione tascabile. 17 verschiedene ~ n (*Adm.*), spese varie.
Ausgang (*m. - allg.*), uscita. 2 ~ (Tür) (*Bauw.*), porta. 3 ~ s·admittanz (*f. - Funk.*), ammettenza di uscita. 4 ~ s·baumuster (Vorbild) (*n. - Ind.*), prototipo. 5 ~ s·drehmoment (*n. - Mech.*), coppia di uscita, momento torcente di uscita. 6 ~ s·flughafen (*m. - Luftf.w.*), aeroporto di partenza. 7 ~ s·form (zur Herstellung des Schmiedestückes) (*f. -*

Schmieden), spezzone. 8 ~ s·impedanz (*f. - Funk.*), impedenza di uscita. 9 ~ s·klemme (*f. - Elekt.*), morsetto di uscita. 10 ~ s·leistung (*f. - Mot.*), potenza di uscita. 11 ~ s·material (Grundstoff, Rohstoff) (*n. - Ind.*), materia prima, materiale di partenza. 12 ~ s·punkt (*m. - allg.*), punto di partenza. 13 ~ s·rohr (*n. - Leit.*), tubo di scarico, tubo di uscita. 14 ~ s·spannung (*f. - Elekt.*), tensione di uscita. 15 ~ s·stellung (Ausgangslage, eines Schlittens z. B.) (*f. - Werkz.masch.bearb. - etc.*), posizione di partenza. 16 ~ s·stoffe (Grundstoffe, Rohstoffe) (*m. - pl. - Ind.*), materie prime, materiali di partenza. 17 ~ s·werkstoff (*m. - Ind.*), materiale di partenza. 18 ~ s·wert (*m. - allg.*), dato di partenza. 19 ~ s·zeile (*f. - Druck.*), ultima riga. 20 ~ s·zoll (*m. - komm.*), dazio di uscita, dazio di esportazione. 21 demodulierter ~ (*Funk.*), uscita demodulata.

Ausgarzeit (Ausgarungszeit) (*f. - Metall.*), tempo di decarburazione. 2 ~ (Beruhigungszeit, für Stahl) (*Metall.*), tempo di calmaggio.

ausgeben (*allg.*), distribuire, emettere.

ausgebildet (Mechaniker z. B.) (*Arb.*), addestrato.

ausgebohrt (mittels Bohrstahl) (*Mech.*), alesato. 2 ~ (mittels Wendelbohrer) (*Mech.*), forato al trapano.

ausgebreitet (Fläche, abgewickelt) (*Geom.*), sviluppato. 2 ~ (Flügelfläche, eines Propellers) (*naut. - Flugw.*), sviluppato.

ausgefahren (Fahrgestell) (*Flugw.*), abbassato. 2 ~ (Strasse) (*Strass.b.*), consumata. 3 ~ (Tisch) (*Werkz.masch.bearb.*), a fine corsa, in posizione finale.

ausgefallen (beschädigt, Motor z. B.) (*Mot. - etc.*), fermo, guasto, in avaria.

ausgefleischt (*Lederind.*), scarnato.

ausgeflockt (*Chem.*), flocculato.

ausgefräst (*Mech.*), fresato.

ausgefressen (*Mech.*), eroso. 2 ~ (mit Grübchen) (*Mech.*), vaiolato, « pittato ».

ausgefüttert (*allg.*), rivestito internamente, foderato.

ausgegart (ausgekocht, Stahl) (*Metall.*), decarburato in eccesso, iperdecarburato.

ausgegeben (*allg.*), emesso, distribuito.

ausgeglichen (*Elekt.*), equilibrato. 2 ~ (*Mech.*), bilanciato. 3 ~ (Rechnung) (*Adm.*), saldato, regolato. 4 ~ e Belastung (*Elekt.*), carico equilibrato. 5 ~ er Verstärker (*Funk.*), amplificatore compensato. 6 ~ es Ruder (*Flugw.*), superficie (di governo) compensata.

ausgeglüht (*Wärmebeh.*), ricotto (completamente).

ausgehärtet (Aluminium-Gusslegierung z. B.) (*Wärmebeh.*), invecchiato. 2 kalt ~ (Aluminium-Gusslegierung z. B.) (*Wärmebeh.*), invecchiato naturalmente. 3 teil ~ (Aluminium-Gusslegierung z. B.) (*Wärmebeh.*), invecchiato parzialmente. 4 warm ~ (Aluminium-Gusslegierung z. B.) (*Wärmebeh.*), invecchiato artificialmente.

ausgehen (*allg.*), uscire. 2 ~ (von Farben) (*Anstr.*), sbiadire, perdere il colore. 3 ~ (von Feuer) (*allg.*), spegnersi.

Ausgehverbot (*n. - milit.*), coprifuoco.

ausgekachelt (*Bauw. - Maur.*), piastrellato.

ausgekocht (ausgegart, Stahl) (*Metall.*), decarburato in eccesso, iperdecarburato.

ausgekuppelt (*Mech.*), disaccoppiato, disinnestato.

ausgelaufen (Lager z. B.) (*Mech.*), consumato, usurato. 2 ~ (zu Ende gegangen, die Produktion eines Modells z. B.) (*Ind.*), cessato, non più in corso. 3 nicht ~ (Gussteil) (*Giess. fehler*), incompleto.

ausgeleiert (*Mech.*), consumato, usurato.

ausgemacht (Preis) (*komm.*), convenuto.

ausgenommen (mit Ausnahme von) (*allg.*), eccettuato, salvo.

ausgeprägt (*allg.*), particolare, caratteristico, accentuato. 2 ~ er Pol (*elekt. Masch.*), polo saliente.

Ausgerichtetsein (der Ober- und Unterwalze) (*n. - Walzw.*), parallelismo.

ausgerissen (Gewinde) (*Mech.*), strappato.

ausgerückt (*Mech.*), disinnestato, staccato, disingranato.

ausgerüstet (*allg.*), equipaggiato, attrezzato. 2 ~ (*Schiffbau*), allestito.

ausgeschaltet (*Elekt.*), disinserito. 2 ~ (*Mech.*), disinnestato.

ausgeschliffen (*Mech.*), rettificato.

ausgeschrägt (*Mech.*), smussato. 2 ~ (Rohr z. B.) (*Leit. - etc.*), svasato, allargato.

ausgeschruppt (*allg.*), sgrossato.

ausgeschüttet (Gewinn z. B.) (*finanz.*), distribuito.

Ausgesiebtes (*n. - Ind.*), residui di vagliatura, vagliatura.

ausgespart (Drehbankbett z. B.) (*Werkz. masch.*), ad incavo, a doppio banco. 2 ~ e Schleifscheibe (*Werkz.*), mola (a disco) con incavo.

ausgestellt (*komm.*), esposto, in esposizione.

ausgesucht (Qualität) (*komm. - etc.*), scelto.

ausgewalzt (*Walzw.*), sgrossato al laminatoio.

ausgewälzt (Zahnradprofil z. B.) (*Mech.*), generato.

ausgewaschen (Farbe), slavato, sbiadito, stinto. 2 ~ (ausgehöhlt, Ufer z. B.) (*Geol.*), eroso, dilavato.

ausgewiesen (Kapital z. B.) (*finanz.*), dichiarato.

ausgewogen (*naut. - Flugw.*), zavorrato. 2 ~ (ausgegleicht) (*Mech. - etc.*), equilibrato, bilanciato.

ausgeworfen (*Mech.*), scartato, di scarto.

ausgewuchtet (*Mech.*), bilanciato, equilibrato. 2 ~ (mit Gegengewichten, Kurbelwelle) (*Mot.*), contrappesato. 3 dynamisch ~ (*Mech.*), bilanciato dinamicamente.

ausgezackt (*allg.*), a denti, dentato, a riseghe.

Ausgiebigkeit (*f. - Ind.*), produttività, resa. 2 ~ (Grösse der Fläche, die mit der Mengeneinheit eines Anstrichstoffes versehen werden kann) (*Anstr.*), resa.

Ausgiessen (*n. - Giess.*), colata. 2 ~ (der Lagerschalen) (*Mech.*), ricolata (del metallo bianco su un cuscinetto).

ausgiessen (*Giess.*), colare. 2 ~ (ein Lager) (*Mech.*), guarnire, colare il metallo antifrizione. 3 ~ (dicht machen, ein Kabel) (*Elekt.*), rendere stagno (mediante colata).

Ausgiesser (*m. - Ger.*), beccuccio di travaso.

Ausgiessprobe (bei Leichtmetallschmelzen, zur Bestimmung des Gasgehaltes) (*f. - Giess.*), prova di porosità.

Ausgleich (*m. - Mech.*), equilibratura, bilanciamento, compensazione. 2 ~ (der Spannung z. B.) (*Elekt.*), stabilizzazione. 3 ~ (der Ladung) (*Elekt.*), equilibratura. 4 ~ (von Flugzeugantrieb z. B.) (*Flugw. - Mech.*), equilibratura, bilanciamento. 5 ~ (von Spiel) (*Mech.*), ripresa. 6 ~ (von Rechnungen) (*Buchhaltung*), saldo, pagamento. 7 ~ **apparat** (*m. - Mech.*), equilibratore. 8 ~ **apparat** (*Elekt.*), livellatore, stabilizzatore. 9 ~ **becken** (*n. - Hydr.*), bacino di compensazione. 10 ~ **behälter** (*m. - Hydr.*), serbatoio compensatore, serbatoio di compenso, serbatoio regolatore. 11 ~ **behälter** (eines Führerbremsventiles) (*Eisenb.*), bariletto. 12 ~ **düse** (eines Vergasers) (*f. - Mot.*), getto compensatore. 13 ~ **farbe** (*f. - Farbe*), colore complementare. 14 ~ **feder** (*f. - Mech.*), molla compensatrice. 15 ~ **feile** (*f. - Werkz.*), lima per finitura. 16 ~ **fläche** (*f. - Flugw.*), superficie di compensazione. 17 ~ **gehäuse** (*n. - Aut.*), scatola del differenziale. 18 ~ **getriebe** (Differentialgetriebe, Differential) (*n. - Aut.*), differenziale. 19 ~ **gewicht** (*n. - Masch.*), contrappeso. 20 ~ **gewicht** (*Flugw.*), massa di compensazione, peso (o massa) di bilanciamento statico. 21 ~ **kasse** (*f. - Arb. - Organ.*), cassa mutua. 22 ~ **kegelrad** (*n. - Aut. - Mech.*), pignone conico del differenziale, satellite del differenziale. 23 ~ **kolben** (einer Turbine) (*m. - Masch.*), stantuffo compensatore. 24 ~ **kreis** (*m. - Fernseh.*), circuito compensatore. 25 ~ **rad** (eines Ausgleichgetriebes) (*n. - Aut.*), satellite del differenziale. 26 ~ **ring** (*m. - Mech.*), anello di rasamento. 27 ~ **ruder** (*n. - naut. - Flugw.*), superficie di compensazione. 28 ~ **s·batterie** (Pufferbatterie) (*f. - Elekt.*), batteria tampone. 29 ~ **s·behälter** (*m. - allg.*), serbatoio di espansione, serbatoio di compenso, polmone. 30 ~ **scheibe** (*f. - Mech.*), spessore, rasamento. 31 ~ **schiene** (*f. - Eisenb.*), rotaia corta. 32 ~ **schleife** (*f. - Leit.*), curva di dilatazione, compensatore ad ansa, dilatatore a tubo curvato. 33 ~ **schwingung** (*f. - Elekt.*), oscillazione transitoria. 34 ~ **schwungscheibe** (eines Projektionsapparates) (*f. - Filmtech.*), stabilizzatore rotante. 35 ~ **seil** (eines Aufzugs) (*n. - Bauw.*), fune di compensazione. 36 ~ **s·gefäss** (eines Kühlwassersystems z. B.) (*n. - Aut. - etc.*), serbatoio di compensazione. 37 ~ **s·geschwindigkeit** (bei der Abtriebskraft und Fliehkraft gleich sind) (*f. - Eisenb.*), velocità di compensazione. 38 ~ **s·glühen** (Halten eines Gussblocks bei bestimmter Temperatur) (*n. - Metall.*), permanenza, «regime». 39 ~ **s·grad** (*m. - Regelung*), siehe Selbstregelfaktor. 40 ~ **s·grube** (für Stahlblöcke) (*f. - Metall.*), fossa di permanenza, fossa di attesa. 41 ~ **s·kondensator** (*m. - Funk.*), condensatore compensatore. 42 ~ **s·kurve** (bei Dauerschwingversuchen) (*f. - mech. Technol.*), curva di compensazione. 43 ~ **s·maschine** (*f. - elekt. Masch.*), dinamo compensatrice. 44 ~ **spannung** (*f. - Elekt.*), tensione di compensazione, tensione transitoria. 45 ~ **sperre** (*f. - Aut.*), bloccaggio (del) differenziale. 46 ~ **s·satelliten** (*m. - pl. - Mech. - Aut.*), satelliti del differenziale. 47 ~ **stern** (Differentialkreuz) (*m. - Aut.*), crociera del differenziale. 48 ~ **s·strom** (*m. - Elekt.*), corrente transitoria. 49 ~ **s·stromkreis** (*m. - Elekt.*), circuito equilibratore, circuito compensatore. 50 ~ **s·zahlung** (*f. - komm. - Adm.*), pagamento a saldo. 51 ~ **teilen** (*n. - Werkz. masch.*), divisione differenziale. 52 ~ **welle** (*f. - Mech. - Aut.*), albero del differenziale. 53 **dynamischer** ~ (*Mech.*), equilibratura dinamica, bilanciamento dinamico. 54 **entferntes** ~ **gewicht** (*Flugw.*), massa di compensazione a distanza, peso (o massa) di bilanciamento statico distanziato. 55 **Scheck zum** ~ (*Adm.*), assegno a saldo. 56 **verteiltes** ~ **gewicht** (*Flugw.*), massa di compensazione diffusa, peso (o massa) di bilanciamento statico distribuito. 57 **zum** ~ **von** (*Adm.*), a saldo di.

ausgleichen (*Mech.*), equilibrare, compensare. 2 ~ (die Spannung) (*Elekt.*), stabilizzare. 3 ~ (die Last) (*Elekt.*), equilibrare. 4 ~ (die Riemenspannung z. B.) (*Mech.*), regolare. 5 ~ (die Rechnungen) (*Buchhaltung*), saldare.

Ausgleicher (*m. - Mech.*), equilibratore. 2 ~ (*Elekt.*), livellatore, stabilizzatore. 3 **Brems** ~ (*Aut.*), bilanciere comando freni.

Ausgleichung (*f. - Mech. - etc.*), siehe Ausgleich.

Ausgleiten (*n. - allg.*), scivolata. 2 ~ (*Flugw.*), scivolata d'ala. 3 ~ (*Aut.*), sbandata.

ausgleiten (*allg.*), scivolare, sdrucciolare.

Ausgleitzeiger (*m. - Flugw. - Instr.*), indicatore di scivolata.

Ausglühen (Grobkornglühen, Hochglühen) (*n. - Wärmebeh.*), ricottura completa. 2 ~ (*Chem.*), calcinazione. 3 ~ (Verfärbung der Stahloberfläche durch starke Erwärmung) (*Mech. - Fehler*), bruciatura.

ausglühen (grobkornglühen, hochglühen) (*Wärmebeh.*), ricuocere completamente, ricuocere a fondo. 2 ~ (*Chem.*), calcinare.

Ausglühofen (*m. - Wärmebeh. - Ofen*), forno di ricottura.

ausgraben (*Bauw. - etc.*), scavare.

Ausgrabung (*f. - Bauw. - etc.*), scavo, escavazione.

Ausguck (*m. - milit.*), osservatorio.

Ausguss (Abguss) (*m. - Giess.*), colata. 2 ~ (einer Pfanne) (*Giess.*), becco di colata. 3 ~ (Düse, des Zwischenbehälters, beim Stranggiessen) (*Giess.*), busetta. 4 ~ (des Fundaments z. B.) (*Bauw.*), colata. 5 ~ (*Hydr.*), uscita, scarico. 6 ~ (Schnabel, eines Behälters) (*allg.*), becco (di travaso). 7 ~ **lippe** (eines Ofens) (*f. - Giess.*), becco di colata. 8 ~ **masse** (für Kabelmuffen z. B.) (*f. - Elekt.*), materiale di tenuta (colato). 9 ~ **rinne** (*f. - Giess.*), doccia di colata, canale di colata. 10 ~ **röhre** (Ausgussrohr) (*f. - Hydr.*), tubo di uscita, tubo di mandata. 11 ~ **stellung** (eines Konverters) (*f. - Giess.*), posizione di colata. 12 ~ **teller** (einer Giesspfanne) (*m. - Giess.*), sedia (di siviera). 13 **Bleibronze** ~ (eines Gleitlagers) (*Mech.*), rivestimento di metallo rosa. 14 **eingetauchter** ~ (beim Stranggiessen) (*Giess.*), busetta sommersa.

Aushacker (Hacker) (*m. - Textilmasch. - Ger.*), pettine, striglia, strigliatore.
aushaken (*allg.*), sganciare.
Aushalsen (*n. - Werkz.masch.bearb.*), esecuzione di gole.
aushalsen (*Werkz.masch.bearb.*), eseguire gole.
Aushalsestahl (*m. - Werkz.*), utensile per gole.
aushalten (den Druck z. B.) (*allg.*), sopportare, assorbire, resistere.
aushämmern (*Schmieden*), spianare al maglio.
aushandeln (einen Preis) (*komm.*), trattare.
aushändigen (*allg.*), consegnare, fare le consegne.
Aushändigung (Ablieferung) (*f. - allg.*), consegna.
Aushang (*m. - komm.*), cartello, affisso, manifesto, insegna. 2 ~ (für Benachrichtigungen, in einer Fabrik z. B.) (*Ind.*), giornale murale.
Aushängebogen (Reindruckabzug) (*m. - Druck.*), bozza corretta.
Aushängeschild (*n. - komm.*), insegna.
aushärtbar (Stahl) (*Metall.*), invecchiabile. 2 ~ (Harz, wärmehärtend) (*chem. Ind.*), termoindurente. 3 **martensit** ~ (Stahl, «maraging») (*Metall.*), «maraging».
Aushärtefähigkeit (*f. - Wärmebeh.*), invecchiabilità.
Aushärten (bestehend aus Lösungsglühen, Abschrecken und Halten bei Raum- oder höheren Temperaturen) (*n. - Wärmebeh.*), invecchiamento.
aushärten (*Wärmebeh.*), invecchiare.
Aushärtetemperatur (*f. - Wärmebeh.*), temperatura d'invecchiamento.
Aushärtezeit (*f. - Wärmebeh.*), tempo d'invecchiamento, durata dell'invecchiamento.
Aushärtung (*f. - Wärmebeh.*), siehe Aushärten. 2 ~ (Härtung, eines Harzes z. B.) (*chem. Ind.*), indurimento. 3 ~ **s·dauer** (Härtungsdauer, eines Harzes z. B.) (*f. - chem. Ind.*), tempo di indurimento.
Aushaueisen (*n. - Werkz.*), punteruolo, punzone, scalpello.
aushauen (Holz z. B.) (*allg.*), incidere, intagliare. 2 ~ (ausschneiden, mit Handmeissel z. B.) (*mech. Technol.*), ritagliare (a scalpello).
Aushaumaschine (Nibbler) (*f. - Werkz.masch.*) roditrice.
Aushauschere (*f. - Blechbearb.masch.*), siehe Nagemaschine.
ausheben (*allg.*), sollevare, estrarre. 2 ~ (ein Modell, aus der Form) (*Giess.*), estrarre, sformare. 3 ~ (*milit.*), arruolare. 4 ~ (aus der Presse) (*mech. Technol.*), estrarre.
Ausheber (Ausstosser) (*m. - Masch.*), espulsore.
Aushebevorrichtung (*f. - Vorr.*), dispositivo di sollevamento.
Aushebewalze (Schnellwalze, Trommelputzwalze, einer Krempel) (*f. - Textilmasch.*), volante.
Aushebung (*f. - milit.*), arruolamento. 2 ~ (Hohlraum, Fehler an der Oberfläche eines mech. Stückes z. B.) (*Mech.*), cavità. 3 ~ **s·bezirk** (*m. - milit.*), distretto di leva. 4 ~ **s·rekrut** (*m. - milit.*), recluta.
ausheizen (*allg.*), riscaldare completamente. 2 ~ (die Röhre) (*Funk.*), riscaldare.
Aushilfe (Ersatz) (*f. - allg.*), ripiego, espediente.
Aushilfsanlasser (*m. - Mot.*), avviatore di emergenza.
Aushilfsarbeit (Ausweicharbeit) (*f. - Arb.*), lavoro avventizio.
Aushilfsarbeiter (Gelegenheitsarbeiter) (*m. - Pers.*), operaio avventizio, avventizio.
Aushilfskraftwerk (*n. - Elekt.*), gruppo elettrogeno di emergenza.
aushobeln (*Mech. - etc.*), piallare.
aushöhlen (*allg.*), scavare, incavare, rendere cavo.
Aushöhlung (*f. - allg.*), cavità, incavo, cava.
ausholen (*naut.*), alare fuori.
Ausholer (*m. - naut.*), alafuori.
Aushub (*m. - allg.*), sollevamento, estrazione. 2 ~ (*Erdbew.*), sterro. 3 ~ **material** (*n. - Erdbew.*), materiale di sterro, sterro.
ausixen (*Schweisstechnik*), eseguire un doppio bisello a V.
auskämmen (Wolle) (*Text.*), pettinare.
Auskarde (Reinkarde, Feinkrempel) (*f. - Textilmasch.*), carda in fino.
Auskartoniermaschine (für Flaschen z. B.) (*f. - Masch.*), decartonatrice.
auskehlen (Holz z. B.) (*Mech. - etc.*), scanalare.
Auskehlfräser (*m. - Werkz.*), utensile per scanalare, fresa per scanalare, utensile scanalatore.
Auskehlung (*f. - Mech. - etc.*), scanalatura. 2 ~ (zwischen Flügel und Rumpf z. B.) (*Flugw.*), carenatura di raccordo.
auskeilen (*allg.*), rastremare.
Auskeilung (*f. - allg.*), rastremazione.
Auskernen (Entkernen) (*n. - Giess.*), scarico delle anime.
auskernen (entkernen) (*Giess.*), scaricare le anime.
Auskernung (Entkernung, der Baublöcken zur Verbesserung der Belichtung) (*f. - Bauw.*), diradamento (urbanistico).
Auskesselung (Bohrverfahren mit Hohlbohrer) (*f. - Werkz.masch.bearb.*), foratura con punta a corona, foratura con punta cava. 2 ~ (*Bergbau*), siehe Kessel.
auskitten (*Bauw.*), cementare, riempire (con mastice).
ausklammern (herausheben) (*Math.*), togliere da parentesi.
ausklauben (klauben, Erz) (*Bergbau*), classificare.
auskleiden (*allg.*), rivestire.
Auskleidung (*f. - allg.*), rivestimento.
ausklinken (freigeben, eine Sperrung) (*Mech. - etc.*), disimpegnare, sbloccare, sganciare. 2 ~ (den Flansch eines H-Eisens z. B.) (*Bauw. - Mech.*), intagliare. 3 ~ (*Blechbearb.*), intagliare.
Ausklinker (Stempel für Blechbearbeitung z. B.) (*m. - Werkz.*), punzone per intagli.
Ausklinkmaschine (für H-Eisen z. B.) (*f. - Masch.*), macchina per intagliare. 2 ~ (für Blechbearbeitung) (*Masch.*), intagliatrice, macchina per (l'esecuzione di) intagli. 3 **Scher- und** ~ (für Blechbearbeitung z. B.) (*Masch.*), cesoia-intagliatrice.
Ausklinkpunkt (tiefster Punkt einer Stribeck-

Ausklinkrelais

Kurve für ölgeschmierte Lager) (*m. - Mech. - Schmierung*), valore minimo (del coefficiente di attrito), attrito limite.
Ausklinkrelais (*n. - Elekt.*), relè di sgancio.
Ausklinkung (Ausschnitt, für Eisenprofile z. B.) (*f. - Mech. - Bauw.*), intaglio. 2 ~ (Blechbearbeitung) (*mech. Technol.*), intaglio.
Ausklinkvorrichtung (*f. - Vorr. - Fernsprech.*), dispositivo di disimpegno, dispositivo di sgancio.
Ausklinkwerkzeug (für Blechbearbeitung) (*n. - Werkz.*), utensile per intagli.
ausklopfen (*Kessel*), disincrostare.
ausknicken (*allg.*), piegare ad angolo vivo.
Ausknickung (*f. - allg.*), piegatura ad angolo vivo.
Auskochen (Anlassen im Wasser- oder Ölbad) (*n. - Wärmebeh.*), rinvenimento in acqua (o in olio). 2 ~ (von Seide) (*Textilind.*), sgommatura, purga.
auskochen (anlassen im Wasser- oder Ölbad) (*Wärmebeh.*), rinvenire in acqua (od in olio). 2 ~ (Seide) (*Text.*), cuocere, purgare, sgommare.
Auskohlung (nahezu vollständige Verringerung des Kohlenstoffgehaltes) (*f. - Wärmebeh.*), decarburazione totale.
Auskolkung (Fehler) (*f. - Schweissen*), craterizzazione, formazione di cratere. 2 ~ (*Wass.b.*), erosione. 3 ~ (Spanflächenverschleiss, eines Drehmeissels z. B.) (*Werkz.*), craterizzazione.
Auskoppelbuchse (Ausgabebuchse) (*f. - Funk. - etc.*), presa di uscita.
Auskoppelstufe (Ausgabestufe) (*f. - Funk. - etc.*), stadio di uscita.
Auskopplung (*f. - Elektronik - etc.*), disaccoppiamento.
auskörnen (Baumwolle) (*Text.*), sgranare.
auskragen (ausladen) (*Arch.*), sporgere, aggettare.
Auskragung (Ausladung) (*f. - Arch. - etc.*), sporgenza, aggetto, sbalzo.
Auskreiden (Kreiden) (*n. - Anstr.fehler*), sfarinamento.
auskreuzen (*naut.*), uscire bordeggiando.
Auskunft (*f. - allg.*), informazione. 2 ~ ei (Auskunftsstelle) (*f. - Büro*), ufficio informazioni. 3 Auskünfte einholen (*Pers. - etc.*), assumere informazioni.
auskuppelbar (*Mech. - etc.*), disinnestabile, sganciabile.
auskuppeln (*Aut. - Mech. - etc.*), disinnestare.
Auskupplung (*f. - Aut. - Mech.*), disinnesto.
Ausladebahnhof (*m. - Eisenb.*), scalo merci.
Ausladebrücke (*f. - Eisenb. - Ind.*), piattaforma di caricamento.
ausladen (*Transp.*), scaricare. 2 ~ (vorspringen) (*v.i. - Arch.*), sporgere, risaltare, aggettare. 3 ~ (*v.t. - Arch.*), far risaltare.
ausladend (Drehbank) (*Werkz.masch.*), ad incavo, a doppio banco. 2 ~ e Presse (*Masch.*), pressa frontale, pressa ad un montante, pressa a collo di cigno.
Auslader (*m. - Arb.*), scaricatore. 2 ~ (*naut. Arb.*), stivatore.
Ausladung (*f. - Transp.*), scarico. 2 ~ (einer Blechschere z. B.) (*Masch.*), sbraccio. 3 ~ (des Werkzeuges) (*Werkz.masch.bearb.*), sbalzo. 4 ~ (Auskragung) (*Arch.*), sporgenza, aggetto, sporto, risalto. 5 ~ (eines Drehkrans z. B.) (*ind. Masch.*), sbraccio. 6 ~ (einer Schweissmaschine, Abstand von Mitte der geschlossenen Elektrodenspitzen bis zum Maschinenkörper) (*mech. Technol.*), sporgenza bracci. 7 ~ s·gebühr (*f. - naut.*), diritti di banchina. 8 ~ s·platz (*m. - naut.*), banchina.
Auslage (Schaufenster) (*f. - komm.*), vetrina. 2 ~ (zur Schau gelegte Ware) (*komm.*), merce esposta, merce in mostra.
Auslagen (Ausgaben) (*f. - pl. - Adm.*), spese. 2 ~ ersatz (*m. - Adm.*), rimborso spese. 3 ~ rechnung (*f. - Adm.*), nota spese. 4 Bar ~ (*Adm.*), spese vive. 5 Reise ~ (*Pers. - Adm.*), spese di viaggio.
Auslagern (künstliches Altern) (*n. - Wärmebeh.*), invecchiamento artificiale. 2 ~ (Ausnehmen, vom Lager) (*n. - Ind.*), prelievo (dal magazzino), disimmagazzinamento.
Ausland (*n. - komm.*), estero. 2 ~ s·dienst (*m. - komm. - etc.*), servizio estero. 3 ~ s·gelder (Auslandskapital) (*n. pl. - finanz.*), capitale estero. 4 ~ s·gespräch (*n. - Fernspr.*), conversazione internazionale. 5 ~ s·handel (*m. - komm.*), commercio estero. 6 ~ s·kapital (ausländisches Kapital) (*n. - finanz.*), capitale estero. 7 ~ s·kapital (Kapital im Ausland) (*finanz.*), capitale all'estero. 8 ~ s·korrespondent (Journalist) (*m. - Zeitg.*), corrispondente estero, corrispondente dall'estero. 9 ~ s·korrespondent (einer Firma) (*Pers.*), corrispondente in lingue estere. 10 ~ s·patent (*n. - recht.*), brevetto estero. 11 ~ s·presse (*f. - Presse*), stampa estera. 12 ~ s·reise (*f. - komm. - etc.*), viaggio all'estero. 13 ~ s·vertreter (*m. - komm.*), rappresentante estero. 14 ~ verkehr (*m. - Transp.*), traffico internazionale. 15 ~ versand (*m. - Transp.*), spedizione all'estero. 16 ~ währung (*f. - finanz.*), valuta estera. 17 ~ im ~ (*komm. - etc.*), all'estero.
Ausländer (*m. - komm.*), forestiero, straniero.
ausländisch (*komm. - etc.*), estero.
Auslass (*m. - Mot.*), scarico. 2 ~ (*Aut.*), scappamento. 3 ~ (*Hydr.*), uscita, scarico. 4 ~ (einer Pumpe) (*Hydr. - etc.*), mandata. 5 ~ bremse (tritt unmittelbar in Aktion beim Abreissen des Anhängers vom Motorwagen) (*f. - Fahrz.*), freno (di emergenza) per distacco (del rimorchio). 6 ~ druck (*m. - Mot.*), pressione di scarico. 7 ~ gas (*n. - Mot.*), gas di scarico. 8 ~ gegendruck (*m. - Mot.*), contropressione allo scarico. 9 ~ hub (*m. - Mot.*), corsa di scarico, fase di scarico. 10 ~ kanal (eines Wankelmotors) (*m. - Mot.*), condotto di scarico. 11 ~ öffnet (bei Verbrennungsmotoren) (*Mot.*), inizio apertura (valvola di) scarico. 12 ~ öffnung (*f. - Mot. - etc.*), luce di scarico, apertura di scarico. 13 ~ rohr (einer Pumpe) (*n. - Hydr.*), tubo di mandata. 14 ~ schliesst (bei Verbrennungsmotoren) (*Mot.*), fine chiusura (valvola di) scarico. 15 ~ schlitz (eines Zweitaktmotors z. B.) (*m. - Mot.*), luce di scarico. 16 ~ seite (*f. - Mot.*), lato (dello) scarico. 17 ~ -Steueröffnung (eines Wankelmotors) (*f. - Mot.*), luce di scarico. 18 ~ ventil (*n. - Mot.*), valvola di scarico. 19 ~ ventildrücker (*m. - Mot.* -

Werkz.), alzavalvola di scarico. 20 ~ **ventilfeder** (*f. - Mot.*), molla (della) valvola di scarico. 21 ~ **ventilführung** (*f. - Mot.*), guida valvola di scarico. 22 ~ **ventilheber** (*m. - Mot.*), alzavalvole di scarico. 23 ~ **widerstand** (*m. - Mot.*), contropressione allo scarico. 24 ~ **wolke** (*f. - Mot.*), fumo allo scarico, fumosità allo scarico. 25 **Vor** ~ (*Mot.*), anticipo allo scarico.
auslassen (Gas, Dampf, etc.) (*allg.*), scaricare. 2 ~ (ein Wort z. B.) (*Büro - etc.*), omettere.
Auslassung (*f. - allg.*), omissione. 2 ~ **s·zeichen** (*n. - Druck.*), apostrofo. 3 **Irrtum und** ~ **en vorbehalten** (*Adm.*), salvo errori ed omissioni, S. E. & O.
auslasten (zur Grenze der Leistungsfähigkeit) (*Technol.*), caricare al massimo (della resistenza). 2 ~ (gleichmässig belasten) (*Technol. - etc.*), distribuire il carico. 3 ~ (ein Walzwerk z. B.) (*Masch.*), utilizzare la massima potenzialità, utilizzare in pieno.
Auslastung (gleichmässige Belastung) (*f. - Technol. - etc.*), distribuzione del carico. 2 ~ (Grenzbelastung) (*Technol. - etc.*), caricamento massimo, carico massimo. 3 ~ (eines Kraftwerkes) (*Elekt.*), (ore annue di) utilizzazione. 4 ~ **s·anzeiger** (eines Betriebes) (*m. - Ger.*), indicatore del carico (di lavoro). 5 ~ **s·faktor** (eines elekt. Mot. z. B.) (*m. - Elekt.*), fattore di utilizzazione. 6 ~ **s·grad** (*m. - Masch.*), grado di utilizzazione. 7 ~ **s·plan** (für eine Maschine) (*m. - Werkz.masch.*), piano di saturazione.
Auslauf (*m. - allg.*), uscita. 2 ~ (eines Wälzfräsers z. B.) (*mech. Werkz. - etc.*), uscita. 3 ~ (einer Schraube) (*Mech.*), smussatura, filetti incompleti. 4 ~ (eines Flusses) (*Geogr.*), foce. 5 ~ (*Flugw.*), corsa di atterraggio. 6 ~ (eines Schiffes) (*naut.*), abbrivo. 7 ~ (eines Motors) (*Mot.*), arresto graduale. 8 ~ **bauwerk** (*n. - Ing.b.*), opera di scarico, emissario. 9 ~ **bogen** (einer Steuerkurve) (*m. - Mech.*), arco d'uscita. 10 ~ **hahn** (*m. - Leit.*), rubinetto di scarico. 11 ~ **kanal** (*m. - Hydr.*), canale di scarico. 12 ~ **leine** (eines Freiballons) (*f. - Flugw.*), sartia. 13 ~ **öffnung** (*f. - Hydr.*), foro di uscita, foro di scarico, luce di scarico. 14 ~ **pipette** (*f. - chem. Ger.*), buretta. 15 ~ **probe** (*f. - Giess.*), prova di colabilità. 16 ~ **rohr** (*n. - Hydr.*), tubo di scarico. 17 ~ **rollgang** (*m. - Walzw.*), tavola (a rulli) di uscita. 18 ~ **seite** (eines Wälzfräsers z. B.) (*f. - mech. Werkz. - etc.*), lato di uscita. 19 ~ **seite** (beim spitzenlosen Schleifen) (*Werkz.masch.bearb.*), lato di uscita. 20 ~ **strecke** (*f. - Flugw.*), percorso di atterraggio, distanza di atterraggio. 21 ~ **strecke mit Landeklappen** (*Flugw.*), percorso (o distanza) di atterraggio con flap abbassati. 22 ~ **versuch** (Bremsversuch, um den Reibungsbeiwert der Strasse zu bestimmen) (*m. - Strass.b.*), prova di frenatura. 23 ~ **zeit** (*f. - Mot. - Masch.*), tempo di arresto.
Auslaufen (*n. - Phys.*), moto dovuto a gravità (od inerzia). 2 ~ (*Eisenb.*), fase di forza viva, movimento per inerzia. 3 ~ (der Blöcke, bei steigend vergossenen Blöcken nach Abnehmen des Eingusses) (*Metall.*), fuga (del metallo) dalla forma. 4 ~ (der Lager, Ausschmelzen bei mangelnder Schmierung) (*Mot. - Mech.*), fusione. 5 ~ (der Lager, grosse Abnutzung, bei mangelnder Schmierung) (*Mot. - Mech.*), (forte) usura.
auslaufen (*allg.*), uscire, scorrere fuori, effluire. 2 ~ (ein Motor) (*Mot.*), arrestarsi gradualmente. 3 ~ (ein Lager) (*Mech.*), usurarsi, consumarsi. 4 ~ (ausfahren) (*naut.*), salpare, prendere il mare.
Ausläufer (Laufbursche) (*m. - Arb.*), fattorino. 2 ~ (einer Ader) (*Bergbau*), diramazione.
Auslaugeapparat (*m. - chem. App.*), lisciviatore, lisciviatrice.
auslaugen (*Chem.*), lisciviare.
Auslaugerei (*f. - Chem.*), impianto di lisciviazione.
Auslaugung (*f. - Chem.*), lisciviazione.
Ausleeren (Auspacken) (*n. - Giess.*), distaffatura, scassettatura.
ausleeren (*allg.*), vuotare, svuotare. 2 ~ (auspacken) (*Giess.*), distaffare, scassettare.
Ausleerer (Auspacker) (*m. - Giess. - Arb.*), distaffatore.
Auslegearm (eines Kranes z. B.) (*m. - ind. Masch.*), braccio.
Auslegen (von Kabeln z. B.) (*n. - Elekt. - etc.*), posa. 2 ~ (eines Wortes z. B., Ausdeutung) (*Büro - recht. - etc.*), interpretazione, spiegazione. 3 ~ (von Geld) (*finanz. - komm.*), esborso.
auslegen (Kabel z. B.) (*Elekt. - etc.*), posare. 2 ~ (Geld) (*komm.*), sborsare. 3 ~ (ein Wort z. B.) (*Büro - recht. - etc.*), interpretare, spiegare. 4 ~ (*Druck.*), pubblicare. 5 ~ (entwerfen, eine Turbine z. B.) (*Masch.*), progettare. 6 ~ (ausstellen, Waren) (*komm.*), esporre.
Ausleger (Träger) (*m. - Bautechnik*), trave a sbalzo. 2 ~ (Auslegearm, eines Kranes z. B.) (*ind. Masch.*), braccio. 3 ~ (*naut.*), buttafuori. 4 ~ **arm** (*m. - ind. Masch.*), braccio. 5 ~ **bohrmaschine** (Radialbohrmaschine) (*f. - Werkz.masch.*), trapano radiale, trapanatrice radiale. 6 ~ **brücke** (*f. - Brück.b.*), ponte a sbalzo, ponte a mensola. 7 ~ **dach** (*n. - Bauw.*), pensilina, tettoia a sbalzo. 8 ~ **drehscheibenkran** (*m. - ind. Masch.*), gru girevole a braccio. 9 ~ **feder** (einer Aufhängung) (*Fahrz.*), semibalestra cantilever. 10 ~ **flügel** (*m. - Flugw.*), ala a sbalzo. 11 ~ **gegengewicht** (eines Kranes z. B.) (*n. - ind. Masch.*), contrappeso del braccio. 12 ~ **kran** (*m. - ind. Masch.*), gru a braccio, gru a bandiera. 13 ~ **länge** (Ausladung) (*f. - ind. Masch.*), sbraccio. 14 **drehbarer** ~ (*ind. Masch.*), braccio girevole.
Auslegeschrift (eines Patentes) (*f. - recht.*), attestato (di brevetto).
Auslegung (von Kabeln z B.) (*f. - Elekt. - etc.*), posa. 2 ~ (Entwurf, einer Turbine z. B.) (*Masch.*), progetto. 3 ~ (*Druck.*), pubblicazione. 4 ~ (Ausdeutung, eines Wortes z. B.) (*Büro - recht. - etc.*), spiegazione, interpretazione. 5 ~ **s·drehzahl** (einer Turbine z. B.) (*f. - Masch.*), numero di giri di progetto. 6 **Gesetzes** ~ (*recht.*), interpretazione della legge. 7 **richterliche** ~ (*recht.*), interpretazione giuridica.

Auslenkung

Auslenkung (f. - *allg.*), deviazione. 2 ~ (eines Balkens) (*Baukonstr.lehre*), inflessione, freccia d'inflessione.
Auslenkwinkel (m. - *Fernseh.*), angolo di deflessione.
auslernen (*Arb.*), finire il tirocinio.
Auslese (f. - *allg.*), scelta, selezione. 2 ~ **maschine** (Trieur, für Samen z. B.) (f. - *Landw.masch.*), cernitrice. 3 ~ **paarung** (Behelf für beschränkte Austauschbarkeit) (f. - *Mech.*), accoppiamento selettivo. 4 **Personal** ~ (*Pers.*), selezione del personale.
auslesen (*allg.*), scegliere, classificare.
Ausleser (m. - *App.*), separatore, vaglio.
Ausleuchtlampe (Handlampe) (f. - *Elekt.* - *Mech.* - *etc.*), lampada di ispezione.
Ausleuchtung (Beleuchtung) (f. - *Beleucht.*), illuminazione.
Auslieferung (Übergabe) (f. - *komm.*), consegna. 2 ~ (einer Person) (*recht.*), estradizione. 3 ~ s·antrag (m. - *recht.*), domanda di estradizione. 4 ~ s·bedingungen (f. - *pl.* - *komm.*), termini di consegna. 5 ~ s·lager (n. - *komm.* - *etc.*), magazzino di distribuzione. 6 ~ s·schein (m. - *komm.*), bolla di consegna, buono di consegna. 7 ~ s·verfahren (n. - *recht.*), processo di estradizione.
Auslieger (m. - *naut.*), guardacoste, nave guardacoste.
auslinken (*allg.*), slabbrare.
Auslitern (den Inhalt des Verbrennungsraums eines Motors messen) (n. - *Mot.*), misurazione volumetrica (della camera di combustione) con liquido.
auslochen (ein Loch annullieren) (*Autom.*), annullare una perforazione.
auslohnen (lohnzahlen) (*Pers.*), pagare il salario. 2 ~ (entlassen) (*Pers.*), licenziare.
Auslohnung (Lohnzahlung) (f. - *Pers.*), pagamento del salario. 2 ~ (Entlassung) (*Pers.*), licenziamento.
auslösbar (*finanz.*), redimibile, rimborsabile.
auslöschen (das Feuer z. B.) (*allg.*), spegnere. 2 ~ (*Büro* - *etc.*), cancellare.
Auslöschung (f. - *allg.*), spegnimento, estinzione. 2 ~ (*Radioakt.*), estinzione.
Auslöschzone (f. - *Funk.*), zona di silenzio.
Auslöseanschlag (m. - *Mech.*), battuta di sgancio, dente di scatto.
Auslösebock (Auslöseknagge, Auslösenocken) (m. - *Werkz.masch.* - *etc.*), dente di sgancio.
Auslöseeinrichtung (f. - *Mech.*), meccanismo di disinnesto, meccanismo di scatto.
Auslösefeder (f. - *Mech.* - *etc.*), molla di scatto.
Auslösehebel (Ausrückhebel) (m. - *Mech.*), leva di disinnesto, leva di scatto.
Auslöseimpuls (m. - *Elekt.*), impulso di sgancio, impulso di scatto.
Auslösekontakt (m. - *Elektromech.*), contatto di scatto.
Auslösemagnet (m. - *Elektromech.*), magnete di sgancio, magnete di scatto.
auslosen (durch Los auswählen) (*allg.*), sorteggiare, tirare a sorte.
auslösen (*Mech.*), disinnestare, far scattare. 2 ~ (*Elekt.*), sganciare, far scattare. 3 ~ (einen Wechsel) (*komm.* - *Adm.*), riscuotere.
Auslöser (m. - *Mech.* - *etc.*), dispositivo di sgancio (o di scatto). 2 **Selbst** ~ (*Phot.*), autoscatto.
Auslöserelais (n. - *Elektromech.*), relè di sgancio, relè di scatto.
Auslösestrom (m. - *Elekt.*), corrente di apertura. 2 ~ **stoss** (m. - *Elekt.*), impulso di avviamento.
Auslösevorrichtung (f. - *Mech.*), dispositivo di sgancio (o di scatto).
Auslösezeit (eines Elektrons) (f. - *Elektronik*), tempo di liberazione. 2 ~ (eines Kreises z. B.) (*Elektromech.*), tempo di apertura.
Auslosung (f. - *allg.*), sorteggio. 2 **durch** ~ **rückzahlbar** (*finanz.*), redimibile per sorteggio.
Auslösung (f. - *Mech.* - *etc.*), disinnesto, scatto. 2 ~ (*Elekt.*), sgancio, scatto. 3 ~ (Zurückzahlung, von Lebenshaltungskosten) (*Pers.* - *Arb.* - *Adm.*), trasferta, indennità di trasferta. 4 ~ s·anschlag (m. - *Mech.*), battuta di sgancio (o di scatto). 5 **verzögerte** ~ (*Elektromech.*), sgancio ritardato, scatto ritardato.
auslotsen (ein Schiff) (*naut.*), pilotare fuori del porto.
Auslüften (n. - *allg.*), ventilazione.
auslüften (*allg.*), ventilare, aerare.
ausmachen (zu Ende bringen) (*allg.*), portare a termine, concludere. 2 ~ (löschen, das Licht z. B.) (*allg.*), spegnere. 3 ~ (herausholen) (*allg.*), estrarre. 4 ~ (betragen) (*allg.*), ammontare, totalizzare. 5 ~ (vereinbaren) (*allg.*), concordare.
ausmahlen (*allg.*), macinare completamente.
ausmalen (*Maur.*), imbiancare, verniciare.
Ausmass (Mass) (n. - *allg.*), dimensione. 2 ~ **buch** (n. - *Bauw.*), libretto delle misure.
ausmauern (*Maur.*), rivestire con mattoni.
Ausmauerung (f. - *Maur.*), rivestimento con mattoni. 2 ~ s·stein (m. - *Giess.* - *etc.*), mattone da rivestimento. 3 **basische** ~ (eines Ofens) (*Metall.* - *Ofen*), rivestimento basico (di mattoni).
ausmeisseln (*allg.*), scalpellare.
ausmessen (*allg.*), misurare. 2 **den Rauminhalt** ~ (*Bauw.*), cubare, rilevare la cubatura. 3 **den Rauminhalt** ~ (*naut.* - *Schiffbau*), stazzare.
Ausmessgerät (n. - *Ger.*), apparecchio di misura.
Ausmessung (f. - *allg.*), misurazione. 2 ~ (des Rauminhalts) (*naut.* - *Schiffbau*), stazzatura.
Ausmessverfahren (n. - *Mech.* - *etc.*), metodo di misura.
ausmittig (*allg.*), eccentrico, fuori centro, asimmetrico. 2 ~ (Welle) (*Mech.*), disassato. 3 ~ **e Druckbelastung** (f. - *Bauw.*), sollecitazione di compressione asimmetrica, carico di compressione asimmetrico.
Ausmündung (f. - *Hydr.*), sbocco, luce di scarico.
ausmünzen (prägen, Geld) (*finanz.*), coniare.
ausmustern (auswählen) (*allg.*), scegliere. 2 ~ (ausscheiden) (*allg.*), scartare.
Ausmusterung (Auswahl) (f. - *allg.*), scelta. 2 ~ (Ausscheidung) (*allg.*), scarto.
Ausnahme (f. - *allg.*), eccezione. 2 ~ **fall** (m. - *allg.*), caso eccezionale. 3 ~ **gespräch** (n. - *Fernspr.*), chiamata urgente. 4 ~ **zustand** (m. - *allg.*), stato di emergenza. 5

mit ~ von (*allg.*), eccettuato, ad eccezione di, salvo.
ausnahmsweise (*allg.*), in via eccezionale, eccezionalmente.
Ausnehmung (Öffnung) (*f. - allg.*), apertura, sfinestratura. 2 ~ (Schauloch) (*Masch. - etc.*), foro di spia. 3 ~ (Einstich) (*Mech.*), cavità, nicchia, rientranza.
ausnutzen (*allg.*), utilizzare, sfruttare.
Ausnutzung (*f. - allg.*), utilizzazione, sfruttamento. 2 ~ s·faktor (Ausnutzungskoeffizient) (*m. - Phys. - etc.*), coefficiente di utilizzazione. 3 ~ s·ziffer (Verhältnis zwischen bebauter und unbebauter Fläche eines Grundstückes) (*f. - Bauw.*), coefficiente di utilizzazione. 4 kubische ~ s·linie (*Mot.*), curva di utilizzazione cubica, « cubica ».
ausösen (Wasser) (*naut.*), sgottare, aggottare.
Auspacken (Ausleeren) (*n. - Giess.*), distaffatura, scassettatura.
auspacken (*Transp.*), disimballare. 2 ~ (ausleeren) (*Giess.*), distaffare, scassettare.
Auspacker (Ausleerer) (*m. - Giess. - Arb.*), distaffatore.
Auspalettiermaschine (für Runddosen z. B.) (*f. - Masch.*), depalettizzatore, depalettizzatrice.
auspeilen (die Richtung ermitteln) (*Funk. - etc.*), determinare la direzione. 2 ~ (peilend abmessen) (*naut.*), scandagliare.
auspellen (*Landw.*), scartocciare.
Auspendeln (Auswuchten) (*n. - Mech.*), equilibratura.
auspfählen (*Bauw.*), consolidare con pali.
auspfänden (*recht.*), sequestrare.
Auspizien (*n. pl. - allg.*), auspici. 2 unter günstigen ~ (*allg.*), sotto buoni auspici. 3 unter jemandens ~ (*allg.*), sotto gli auspici di qualcuno.
ausplatten (*allg.*), spianare.
auspolstern (*allg.*), imbottire.
ausprägen (Münzen) (*Metall.*), coniare.
Ausprägung (von Münzen) (*f. - Metall.*), coniatura.
Auspressen (Fliesspressen, von Metallen) (*n. - Technol.*), estrusione.
auspressen (*allg.*), spremere. 2 ~ (Buchsen z. B.) (*Mech.*), espellere, spingere fuori, estrarre con la pressa.
Auspressmaschine (*f. - Masch.*), apparecchio per spremere, spremitoio.
Auspressung (von Zement, Injektion) (*f. - Bauw.*), iniezione.
ausproben (*allg.*), accertare con prove.
ausprobieren (*allg.*), *siehe* ausproben.
Ausprüfen (Einstellen) (*n. - allg.*), messa a punto.
Auspuff (Abdampf) (*m. - Dampfkraftmasch.*), scarico. 2 ~ (Abgas) (*Mot.*), scarico. 3 ~ (Abgas) (*Aut.*), scappamento. 4 ~ bremse (Motorbremse) (*f. - Mot. - Fahrz.*), freno motore. 5 ~ dampf (*m. - Dampfkraftmasch.*), vapore di scarico. 6 ~ dampfturbine (Abdampfturbine) (*f. - Turb.*), turbina a vapore di scarico. 7 ~ druck (*m. - Mot.*), pressione allo scarico. 8 ~ düse (eines Turbinenflugzeuges z. B. (*f. - Mot.*), effusore. 9 ~ emission (*f. - Mot. - Aut.*), emissione dallo scarico. 10 ~ flammendämpfer (*m. - Mot.*), parafiamma. 11 ~ funkenkorb (*m. - Mot.*), parascintille. 12 ~ gas (*n. - Mot.*), gas di scarico. 13 ~ gaszerleger (*m. - App.*), analizzatore dei gas di scarico. 14 ~ gegendruck (*m. - Mot.*), contropressione allo scarico. 15 ~ hub (*m. - Mot.*), corsa di scarico, fase di scarico. 16 ~ kamin (*m. - naut. - Mot. - etc.*), fumaiolo (di scarico). 17 ~ knallen (*n. - Mot.*), ritorno di fiamma. 18 ~ krümmer (*m. - Mot.*), collettore di scarico. 19 ~ leitung (*f. - Aut.*), tubo di scappamento. 20 ~ maschine (*f. - Dampfkraftmasch.*), macchina a vapore con scarico nell'atmosfera, macchina a vapore a scarico libero. 21 ~ öffnung (*f. - Mot.*), luce di scarico. 22 ~ ring (eines Sternmotors) (*m. - Flugw. - Mot.*), collettore di scarico. 23 ~ rohr (*n. - Mot. - etc.*), tubo di scarico. 24 ~ sammler (*m. - Mot.*), collettore di scarico. 25 ~ schalldämpfer (*m. - Mot.*), silenziatore di scarico, marmitta di scarico. 26 ~ schlitze (*m. - pl. - Mot.*), luci di scarico. 27 ~ seite (*f. - Mot. - etc.*), lato (dello) scarico. 28 ~ stutzen (*m. - Mot.*), tronchetto di scarico. 29 ~ system (*n. - Mot.*), sistema di scarico, impianto di scarico. 30 ~ takt (*m. - Mot.*), fase di scarico. 31 ~ topf (*m. - Mot.*), silenziatore di scarico, marmitta di scarico. 32 ~ turbine (*f. - Mot.*), turbina a gas di scarico. 33 ~ ventil (Auslassventil) (*n. - Mot.*), valvola di scarico. 34 ~ ventildrücker (*m. - Mot. - Werkz.*), alzavalvola di scarico. 35 ~ ventilfeder (*f. - Mot.*), molla (della) valvola di scarico. 36 ~ ventilführung (*f. - Mot.*), guida-valvola di scarico, guida valvola di scarico. 37 ~ widerstand (*m. - Mot.*), contropressione allo scarico. 38 ~ wolke (*f. - Mot.*), fumo allo scarico, fumosità allo scarico. 39 freier ~ (*m. - Aut.*), scappamento libero. 40 nach oben führendes ~ rohr (eines Lastwagens) (*Aut.*), tubo di scarico rivolto verso l'alto. 41 Vor ~ (*Mot.*), anticipo allo scarico. 42 wassergekühlter ~ topf (*Mot.*), marmitta di scarico raffreddata ad acqua.
auspumpen (*Hydr.*), vuotare con pompe. 2 ~ (*naut.*), asciugare le sentine, aggottare.
Auspumper (Bandfilter) (*m. - Funk.*), filtro passa banda, filtro di banda.
Ausputz (*m. - Lederind.*), finissaggio.
ausquellen (von Flüssigkeiten) (*allg.*), sgorgare.
ausquetschen (*allg.*), spremere, strizzare.
ausrasten (auslösen) (*Mech.*), disinnestare, liberare (da una tacca), disimpegnare da una tacca.
ausräuchern (*allg.*), affumicare.
ausräumen (*allg.*), sgomberare. 2 ~ (von Bohrungen) (*Mech.*), brocciare.
Ausräumung (eines Hauses) (*f. - allg.*), sgombero.
ausrechnen (*allg.*), computare, calcolare.
Ausrechnung (*f. - allg.*), computo, calcolo.
Ausrecken (Stossen) (*n. - Lederind.*), messa al vento.
ausrecken (einen Riemen z. B.) (*Mech.*), allungare, stirare.
ausregeln (Lastsprüngen z. B.) (*Elekt.*), livellare, stabilizzare, regolare.
Ausregelzeit (von Lastsprüngen) (*f. - Elekt.*), tempo di stabilizzazione.

Ausreglung

Ausreglung (von Lastsprüngen z. B.) (*f. - Elekt.*), livellamento, stabilizzazione, regolazione.
Ausreibarbeit (*f. - Mech.*), alesatura (a mano).
ausreiben (Löcher) (*Mech.*), alesare (a mano).
Ausreiber (Reibahle) (*m. - Werkz.*), alesatore, utensile per alesare (a mano).
ausreichend (*allg.*), sufficiente, adeguato. 2 ~ e Güte (bei Qualitätskontrolle) (*mech. Technol.*), qualità accettabile.
Ausreisser (statistischer Messwert z. B., der sich sehr stark von den übrigen Werten einer Beobachtungsreihe unterscheidet) (*m. - Stat. - etc.*), valore aberrante.
Ausreissung (auf einer bearbeiteten Oberfläche) (*f. - Fehler - Werkz.masch.bearb. - etc.*), strappo.
Ausrichten (*n. - Mech.*), allineamento, regolazione, aggiustaggio. 2 ~ (von Gesenken) (*Schmieden*), centratura.
ausrichten (*Mech.*), allineare. 2 ~ (die Gesenke) (*Schmieden*), centrare. 3 ~ (schürfen) (*Bergbau*), esplorare. 4 ~ (planieren, nivellieren) (*Mech. - etc.*), livellare. 5 ~ (auswuchten) (*Mech.*), equilibrare.
Ausrichtung (*f. - Mech.*), allineamento, regolazione, aggiustaggio. 2 ~ (von Gesenken) (*Schmieden*), centratura. 3 ~ (Schürfen) (*Bergbau*), esplorazione, prospezione. 4 ~ s·fehler (*m. - Mech. - etc.*), errore di allineamento. 5 ~ von Einschlüssen (*Metall.*), allineamento di inclusioni, banda di inclusioni.
Ausrichtwalzen (*f. - pl. - Mech.*), cilindri raddrizzatori.
ausringen (*allg.*), strizzare.
Ausriss (*m. - Wass.b. - Hydr.*), siehe Altarm.
Ausrollen (Ausrollstrecke) (*n. - Flugw.*), corsa di atterraggio, percorso di atterraggio.
ausrollen (*Aut.*), andare in discesa in folle, percorrere una discesa in folle. 2 ~ (ein Kabel) (*allg.*), filare, svolgere.
Ausrollgeschwindigkeit (Landegeschwindigkeit) (*f. - Flugw.*), velocità di atterraggio.
Ausrollstrecke (Landestrecke) (*f. - Flugw.*), corsa di atterraggio, percorso di atterraggio.
Ausrollwinkel (Landewinkel) (*m. - Flugw.*), angolo di atterraggio.
ausrückbar (*Mech.*), disinnestabile. 2 ~ e Kupplung (*Mech.*), innesto.
ausrücken (auskuppeln) (*Mech.*), disinnestare. 2 ~ (den Riemen) (*Mech.*), spostare.
Ausrücker (für Riemen) (*m. - Mech.*), spostacinghia. 2 Kupplungs ~ (Kupplungsmuffe) (*Aut.*), manicotto distacco frizione.
Ausrückgabel (einer Kupplung) (*f. - Aut. - Mot.*), forcella di disinnesto. 2 ~ (eines Riemens) (*Mech.*), forcella spostacinghia, spostacinghia.
Ausrückhebel (*m. - Mech.*), leva di disinnesto.
Ausrücklager (Drucklager) (*n. - Mech.*), cuscinetto di spinta. 2 ~ (einer Kupplung) (*Aut.*), cuscinetto distacco (frizione), cuscinetto di distacco.
Ausrückmuffe (einer Kupplung z. B.) (*f. - Aut.*), manicotto (di) distacco (frizione).
Ausrückring (einer Kupplung) (*m. - Aut.*), anello di disinnesto, anello distacco (frizione).
Ausrückung (Auskupplung) (*f. - Mech.*), disinnesto.
Ausrückvorrichtung (*f. - Mech.*), dispositivo di disinnesto.
Ausrufezeichen (Ausrufungszeichen, Satzzeichen, !) (*n. - Druck.*), punto esclamativo.
Ausrufzeichen (*n. - Druck.*) (österr. und schweiz.), punto esclamativo.
ausrunden (*allg.*), arrotondare.
Ausrundung (*f. - allg.*), arrotondamento. 2 ~ (zwischen Rumpf und Flügel) (*Flugw.*), carenatura (di raccordo). 3 ~ s·halbmesser (*m. - Mech. - etc.*), raggio di curvatura, raggio di raccordo.
ausrüsten (*allg.*), equipaggiare. 2 ~ (*naut.*), allestire. 3 ~ (*Werkz.masch.bearb.*), preparare.
Ausrüstung (*f. - allg.*), equipaggiamento. 2 ~ (*Elekt.*), impianto, apparecchiatura. 3 ~ (*Schiffbau*), allestimento. 4 ~ (Werkzeuge, etc.) (*Mot. - Aut. - etc.*), dotazione, corredo. 5 ~ (Appretur, Textilveredlung) (*Text.*), apprettatura. 6 ~ (Fertigbehandlung, für Textilien) (*Textilind.*), finitura, finissaggio. 7 ~ (des Papiers) (*Papierind.*), allestimento. 8 ~ s·kai (*m. - Schiffbau*), banchina di allestimento. 9 alpine ~ (Hochgebirgsausrüstung) (*Sport*), equipaggiamento da montagna. 10 Kessel ~ (*Kessel*), armatura della caldaia. 11 Normal ~ (für Drehbänke z. B.) (*Mech.*), accessori normali. 12 Sonder ~ (für Drehbänke z. B.) (*Mech.*), accessori speciali. 13 Werkzeug ~ (*Mot. - Aut. - etc.*), dotazione attrezzi, borsa attrezzi.
Ausrutschen (*n. - allg.*), scivolata. 2 ~ (*Flugw.*), scivolata (d'ala).
ausrutschen (*allg.*), scivolare.
Aussaat (Aussäen) (*f. - Landw.*), semina.
aussäen (*Landw.*), seminare.
Aussage (*f. - allg.*), dichiarazione. 2 ~ (*recht.*), testimonianza, deposizione. 3 ~ (Ergebnis, einer Rechnung z. B.) (*allg.*), risultato. 4 ~ fähigkeit (Auskunftsfähigkeit, bei Untersuchungen z. B.) (*f. - allg.*), capacità informativa. 5 ~ kraft (Schätzungsfähigkeit) (*f. - allg.*), capacità previsionale. 6 ~ n·logik (*f. - Math.*), logica delle proposizioni. 7 ~ n·variable (Boolesche Variable) (*f. - Math. - etc.*), variabile booleana, variabile proposizionale. 8 ~ n·wert (logischer Wert) (*m. - Rechner*), valore logico.
aussagekräftig (Kenngrösse z. B.) (*allg.*), significativo.
aussagen (*allg.*), dichiarare. 2 ~ (*recht.*), testimoniare, deporre.
aussägen (*allg.*), segare.
Aussagender (*m. - recht.*), testimonio.
aussagenlogisch (Boolesch) (*Math. - etc.*), booleano.
aussalzen (*chem. Ind.*), salare.
Aussalzung (*f. - chem. Ind.*), salatura.
Aussaugpumpe (*f. - Masch.*), pulsometro.
ausschaben (*Kessel*), disincrostare, pulire.
Ausschaber (Schaber) (*m. - Werkz.*), raschietto.
ausschachten (*Erdbew.*), scavare un pozzo.
Ausschachtung (*f. - Erdbew.*), scavo di un pozzo.
ausschäckeln (*naut.*), smanigliare.

Ausschalen (n. - b. B. - Bauw.), disarmo.
ausschalen (b. B. - Bauw.), disarmare.
ausschaltbar (Mech.), disinnestabile. 2 ~ (Elekt.), disinseribile.
Ausschaltglied (Öffner) (n. - Elekt.), contatto chiuso a riposo.
Ausschalten (n. - Elekt.), disinserzione, interruzione. 2 ~ des Windes (Ballistik), correzione per il vento.
ausschalten (allg.), escludere, eliminare, disinserire. 2 ~ (Strom z. B.) (Elekt.), interrompere, disinserire. 3 ~ (eine Werkz.masch. z. B.) (Elekt. - Mech.), arrestare. 4 die Zündung ~ (Mot.), togliere l'accensione, interrompere l'accensione, togliere il contatto.
Ausschalter (m. - Elekt.), interruttore. 2 automatischer ~ (Elekt.), interruttore automatico.
Ausschaltleistung (f. - Elekt.), potenza di apertura, potenza di interruzione, potenza di disinserzione.
Auschalttor (eines Thyristors z. B.) (n. - Elektronik), elemento di interdizione.
Ausschaltung (f. - allg.), esclusione, eliminazione. 2 ~ (Elekt.), interruzione, disinserzione.
Ausschaltvermögen (n. - Elekt.), capacità di rottura, potere d'interruzione.
Ausschaltverzug (eines Schalters) (m. - Elekt.) ritardo di apertura, ritardo di disinserzione.
Ausschalung (f. - b. B. - Bauw.), disarmo.
Ausschank (Theke, Büffet, eines Gasthofs) (m. - Bauw.), bar.
ausschärfen (Blechkanten) (Mech.), smussare, bisellare.
Ausscheiden (Abtrennung) (n. - allg.), separazione. 2 ~ (des Salzes z. B.) (Chem.), separazione. 3 ~ (Math.), eliminazione. 4 ~ (bei Rennen) (Sport), ritiro. 5 zum ~ gezwungen (Sport), costretto al ritiro.
ausscheiden (allg.), separare. 2 ~ (Chem.), separare. 3 ~ (sich niederschlagen) (Chem.), precipitare. 4 ~ (Math.), eliminare. 5 ~ (Metall.), separarsi, segregarsi. 6 ~ (beseitigen) (allg.), eliminare. 7 ~ (aus einem Amt) (Arb. - Pers.), dimettersi. 8 vom Geschäft ~ (komm.), ritirarsi dagli affari.
Ausscheider (m. - Ger.), separatore. 2 magnetischer ~ (Ger.), separatore magnetico.
Ausscheiderelais (n. - Elekt.), relè discriminatore.
Ausscheidung (f. - allg.), separazione. 2 ~ (Chem.), separazione, precipitazione. 3 ~ (von Graphit z. B.) (Metall. - Giess.), separazione, segregazione. 4 ~ s·härtung (Alterungszähigkeit, Härtung durch Altern, künstliche Alterung) (f. - Wärmebeh.), indurimento per precipitazione, indurimento per invecchiamento, invecchiamento artificiale. 5 ~ s·mittel (n. - Chem.), agente separatore, precipitante.
Ausscheuerung (Ausschleifung, eines Lagers z. B.) (f. - Mech.), abrasione.
ausschiebbar (allg.), allungabile, telescopico, sfilabile.
ausschiessen (Kolumnen in den Formen ordnen) (Druck.), mettere in macchina. 2 ~ (ein Guss·stück) (Giess.), scartare. 3 ~ (Ballast) (naut.), scaricare.

ausschiffen (naut.), sbarcare.
Ausschiffung (f. - naut.), sbarco.
ausschl. (ausschliesslich) (allg.), ad esclusione di, escludendo. 2 ~ (ausschliesslich) (komm.), esclusivo.
ausschlachten (Eisenabfall z. B.) (Mech. - Metall.), rottamare, gettare a rottame. 2 ~ (Teile aus einem Schriftsatz aussondern) (Druck.), scomporre. 3 ~ (Teile) (Flugw. - etc.), « cannibalizzare », ricuperare parti (da una macch. p. es.).
Ausschlacken (n. - Metall.), scorificazione.
ausschlacken (Schlacke bilden) (Giess.), scorificare. 2 ~ (Schlacke abnehmen) (Metall.), togliere la scoria, scorificare.
Ausschlag (von Schwingungen) (m. - Phys.), ampiezza, escursione. 2 ~ (Ableitung) (allg.), deviazione. 3 ~ (Lenkungsausschlag) (m. - Aut.), angolo di sterzata. 4 ~ (einer Aufhängung) (Aut.), scuotimento. 5 ~ (eines Zeigers) (Instr.), deviazione. 6 ~ (von Salpeter, aus Wände) (Maur.), efflorescenza. 7 ~ begrenzer (m. - Aut.), limitatore di scuotimento, arresto scuotimento. 8 ~ begrenzungsband (Radausschlagbegrenzungsband) (n. - Aut.), bandella arresto scuotimento. 9 ~ eisen (n. - Werkz.), fustella. 10 ~ weite (eines Wertes) (f. - Phys.), ampiezza, escursione. 11 ~ winkel (m. - Instr. - etc.), angolo di deviazione. 12 den ~ geben (allg.), essere decisivo, far pendere la bilancia.
Ausschlagen (der Formen eines Gesenkes) (n. - Schmieden), riempimento (dell'impronta).
ausschlagen (ausstossen) (allg.), espellere. 2 ~ (abzweigen) (allg.), deviare. 3 ~ (verzichten, ein Recht z. B.) (allg.), rinunciare. 4 ~ (ablehnen, ein Angebot z. B.) (allg.), rifiutare, declinare.
auschlaggebend (entscheidend) (allg.), decisivo, determinante.
Ausschlagung (Verzicht, eines Rechts) (allg.), rinuncia.
ausschlämmen (Schlamm abnehmen) (allg.) defangare, sfangare.
Ausschleifung (Ausscheuerung, eines Lagers z. B.) (f. - Mech.), abrasione.
ausschleppen (naut.), rimorchiare fuori.
Ausschleudermaschine (f. - Masch.), centrifuga.
ausschleudern (Ind.), centrifugare.
ausschlichten (Blech) (mech. Technol.), spianare. 2 ~ (schlichten) (Text.), imbozzimare.
Ausschlichthammer (m. - Werkz.), martello per spianare.
ausschliessen (allg.), escludere. 2 ~ (die Zeilen auf volle Breite bringen) (Druck.), giustificare, mettere a giustezza. 3 ~ (Sport), squalificare.
ausschliesslich (komm.), esclusivo. 2 ~ (allg.), ad esclusione di, escludendo. 3 ~ e Lizenz (komm.), licenza esclusiva.
Ausschliesslichkeit (f. - komm.), esclusività.
Ausschliessung (f. - allg.), esclusione. 2 ~ (Justierung) (Druck.), giustificazione, messa a giustezza. 3 ~ (Sport), squalifica.
Ausschluss (niedrige Letter ohne Schriftbild) (m. - Druck.), spazio, spaziatura. 2 ~ (allg.), siehe auch Ausschliessung. 3 ~ des orden-

Ausschmelzen 100

∙tliche Rechtsweges (*recht.*), esclusione delle vie legali ordinarie.
Ausschmelzen (*n. - Metall.*), estrazione per fusione, fusione. 2 ~ (*Anstr. - Chem.*), pirogenazione.
ausschmelzen (*Metall.*), fondere, estrarre per fusione. 2 ~ (eines Lagers z. B.) (*Mech.*), fondersi.
Ausschmelzmodell (*n. - Giess.*), modello a cera persa.
ausschmieden (*Schmieden*), fucinare. 2 im Gesenk ~ (*Schmieden*), stampare, fucinare a stampo.
Ausschmiegung (eines Fensters z. B.) (*f. - Bauw.*), svasatura, strombatura.
ausschmieren (*Mech.*), ingrassare, lubrificare. 2 ~ (kitten) (*Giess.*), lutare, stuccare.
ausschnappen (*Mech. - etc.*), far scattare.
Ausschneiden (vollständiges Trennen des Werkstoffes längs einer in sich geschlossenen Linie) (*n. - Blechbearb.*), tranciatura (dello sviluppo), contornitura, ritagliatura. 2 stegloses ~ (Schneiden im Flächenschluss) (*Blechbearb.*), tranciatura senza sfrido.
ausschneiden (*allg.*), tagliare, ritagliare. 2 ~ (Blechbearbeitung) (*mech. Technol.*), tranciare (lo sviluppo), contornire, ritagliare.
Ausschneid- und Nibbelmaschine (*f. - Blechbearb.masch.*), contornitrice - roditrice.
Ausschneidwerkzeug (für Blechbearbeitung) (*n. - Werkz.*), stampo contornitore, utensile per tranciare (lo sviluppo), stampo per tranciatura, utensile ritagliatore.
Ausschnitt (herausgeschnittenes Stück) (*m. - allg.*), ritaglio. 2 ~ (aus einer Zeitung) (*allg.*), ritaglio. 3 ~ (aus einem Kreis) (*Geom.*), settore circolare. 4 ~ (aus einer Kugel) (*Geom.*), settore sferico. 5 ~ (eines Bildes) (*allg.*), particolare. 6 ~ (Nut) (*allg.*), fessura. 7 ~ (Bohrung) (*allg.*), apertura, foro. 8 ~ handel (Kleinhandel) (*m. - komm.*), commercio al minuto. 9 ~ händler (*m. - komm.*), dettagliante, venditore al minuto, commerciante al minuto, rivenditore. 10 ~ skizze (*f. - Zeichn.*), schizzo di particolare. 11 im ~ verkaufen (*komm.*), vendere al minuto, vendere al dettaglio.
ausschrauben (*Mech.*), svitare.
Ausschreiben (Ausschreibung, öffentliche Aufforderung für Angebote) (*n. - komm.*), bando (di gara), invito, bando di concorso, concorso.
ausschreiben (*komm.*), bandire (una gara), invitare.
ausschroten (schruppdrehen) (*Mech.*), sgrossare (al tornio).
ausschruppen (*Mech.*), sgrossare.
Ausschub (*m. - Mot.*), *siehe* Auspuff.
Ausschuss (Personen, die mit Aufgaben betraut sind) (*m. - Adm.*), commissione, comitato. 2 ~ (ungeeignetes oder fehlerhaftes Erzeugnis) (*Mech. - etc.*), scarto. 3 ~ (Guss∙stück) (*Giess. - etc.*), scarto, getto scartato. 4 ~ (bei Bearb.) (*Mech. - Fehler*), scarto (di lavorazione). 5 ~ (Papier- und Pappenabfälle) (*Papierind.*), cascame. 6 ~ -Kugelendmass (*n. - Werkz.*), calibro a barretta non passa. 7 ~ lehre (*f. - mech. Werkz.*), calibro non passa. 8 ~ papier (*n. - Papierind.*), carta di terza scelta. 9 ~ seite (einer doppelten Rachenlehre) (*f. - mech. Werkz.*), lato non passa. 10 ~ ware (*f. - komm.*), merce di scarto. 11 engerer ~ (*Adm. - etc.*), comitato ristretto. 12 Nass- ~ (*Papierind.*), cascame di parte umida. 13 Prozentsatz an ~ (*Technol.*), percentuale degli scarti. 14 Prüfungs ~ (*Mech. - etc.*), commissione di collaudo. 15 Trocken- ~ (*Papierind.*), cascame di seccheria. 16 Unter ~ (*allg.*), sottocomitato, sottocommissione.
Ausschüttung (Dividendenzahlung) (*f. - finanz.*), pagamento (dei dividendi).
Ausschweben (*n. - Flugw.*), ripresa, richiamata.
ausschweben (*Flugw.*), richiamare.
auschwenkbar (Bohrtisch z. B.) (*Masch.*), orientabile, girevole. 2 ~ (des Auslegers eines Kranes z. B.) (*Hebevorr. - etc.*), girevole, brandeggiabile.
ausschwenken (schwenken) (*v.t. - allg.*), orientare, girare. 2 ~ (nach aussen richten) (*v.t. - allg.*), allontanare, girare verso l'esterno, orientare verso l'esterno. 3 ~ (ausspülen, im Wasser) (*v.t. - allg.*), sciacquare.
Ausschwimmen (sichtbares Entmischen der Pigmente im Anstrichstoff) (*n. - Anstr.fehler*), affioramento.
ausschwimmen (*Anstr.fehler*), affiorare.
Ausschwingen (*n. - Phys.*), smorzamento.
ausschwingen (*Phys.*), smorzarsi.
Ausschwingversuch (*m. - Baukonstr.lehre*), prova a vibrazioni libere.
Ausschwitzen (Wandern von Bestandteilen des Anstriches auf die Anstrichoberfläche) (*n. - Anstr.fehler*), trasudamento. 2 eutektisches ~ (*Metall.*), essudazione eutettica.
ausschwitzen (*allg.*), trasudare.
Aussehen (*n. - allg.*), aspetto. 2 ~ (*Mech.*), finitura. 3 Bruch ~ (*Metall.*), aspetto della frattura. 4 flaumiges ~ (der Oberfläche) (*Metall.*), aspetto piumoso.
ausseigern (*Metall.*), segregarsi.
Ausseigerung (*f. - Metall.*), segregazione, liquazione.
aussen (*adv. - allg.*), fuori, di fuori, all'infuori di.
Aussenamt (*n.*), Ministero degli Esteri.
Aussenabmessung (*f. - Mech.*), dimensione esterna.
Aussenansicht (eines Gebäudes z. B.) (*f. - Arch. - etc.*), esterno, vista esterna.
Aussenanstrich (*m. - Maur.*), finitura esterna.
Aussenantenne (*f. - Funk.*), antenna esterna.
Aussenantrieb (*m. - Mech.*), presa di forza.
Aussenaufnahme (*f. - Filmtech.*), esterno, ripresa esterna.
Aussenbahn (*f. - Kernphys.*), orbita esterna.
aussenbord (*naut.*), fuoribordo.
Aussenbordmotor (*m. - naut. Mot.*), motore fuoribordo. 2 ~ boot (*n. - naut.*), motoscafo con motore fuoribordo, «fuoribordo».
Aussenböschung (eines Dammes, die dem Gewässer zugekehrte Böschung) (*f. - Wass.b.*), scarpa interna, petto.
Aussendeichland (Vorland, Heller) (*n. - Wass.b.*), golena.
Aussendienst (*m. - komm.*), servizio esterno.
Aussendurchmesser (*m. - Mech. - etc.*), diametro esterno.

Aussenfeinhonen (Feinhonen) (*n.* - *Mech.*), microfinitura esterna.
aussengen (*Text.*), bruciare (il pelo o la peluria).
Aussengewässer (*n.* - *pl.* - *recht.*), acque extraterritoriali.
Aussengewinde (*n.* - *Mech.*), vite, filettatura esterna.
Aussengrenzlehre (*f.* - *Werkz.*), calibro differenziale a forchetta, calibro differenziale a forcella.
Aussenhafen (*m.* - *naut.*), avamporto.
Aussenhandel (*m.* - *komm.*), commercio estero.
Aussenhaut (*f.* - *Flugw.* - *etc.*), rivestimento. 2 ~ (*Schiffbau*), fasciame esterno. 3 ~ (Doppelhaut eines Blockes) (*Metall.*), doppia pelle. 4 tragende ~ (*Flugw.*), rivestimento portante, rivestimento resistente.
Aussenkaliber (*n:* - *Werkz.*), compasso di spessore.
aussenken (ein Loch) (*Mech.*), accecare, allargare.
Aussenkiel (*m.* - *Schiffbau*), sottochiglia, falsa chiglia.
Aussenklüver (*m.* - *naut.*), controfiocco.
Aussenkung (eines Bohrloches) (*f.* - *Mech.*), acceccatura, allargamento. 2 ~ (mittels Spitzsenker hergestellt) (*Mech.*), svasatura.
Aussenlandung (*f.* - *Flugw.*), atterraggio fuori campo.
Aussenlaufbahn (eines Kugellagers z. B.) (*f.* - *Mech.*), anello esterno, pista esterna.
Aussenlinie (*f.* - *allg.*), contorno, profilo.
Aussenluft (einer Lüftungsanlage) (*f.* - *Bauw.* - *etc.*), aria di reintegro, aria esterna (di reintegro).
Aussenlunker (*m.* - *Giess.*), difetto superficiale.
Aussenmass (*n.* - *Mass*), dimensione esterna, dimensione d'ingombro, misura d'ingombro.
Aussenmotor (*m.* - *Flugw.*), motore esterno.
Aussenpanzer (eines Panzerschiffes) (*m.* - *Kriegsmar.*), corazza esterna.
Aussenplattform (eines Personenwagens) (*f.* - *Eisenb.fahrz.*), piattaforma esterna.
Aussenräumen (*n.* - *Werkz.masch.bearb.*), brocciatura esterna.
Aussenräumer (*m.* - *Werkz.*), broccia per esterni.
Aussenräummaschine (*f.* - *Werkz.masch.*), brocciatrice per esterni.
Aussenring (eines Kugellagers z. B.) (*m.* - *Mech.*), anello esterno.
Aussenschleifen (Aussenschleifarbeit) (*n.* - *Werkz.masch.bearb.*), rettifica esterna.
Aussenschleifenflug (*m.* - *Flugw.*), gran volta inversa.
Aussenspiegel (*m.* - *Aut.*), specchio (retrovisore) esterno.
Aussenstände (*m.* - *pl.* - *Buchhaltung*), crediti. 2 schlechte ~ (uneinbringliche Aussenstände) (*komm.* - *Adm.*), crediti inesigibili.
Aussenstation (Weltraumstation) (*f.* - *Astronautik*), stazione spaziale.
Aussenstürmer (im Fussballspiel) (*m.* - *Sport*), ala.
Aussentaster (*m.* - *Werkz.*), compasso per spessori.

Aussenverzahnung (*f.* - *Mech.*), dentatura esterna.
Aussenwand (*f.* - *Bauw.*), parete esterna. 2 ~ ofen (*m.* - *Ofen* - *Heizung*), stufa con scarico nell'atmosfera, stufa con scarico all'esterno.
Aussenwinkel (*m.* - *Geom.*), angolo esterno.
ausserachsig (*Mech.*), disassato, eccentrico.
Ausserbetriebsetzung (*f.* - *Ofen*), spegnimento. 2 ~ (einer Masch. z. B.) (*Masch.* - *etc.*), messa fuori servizio.
Ausserdienststellung (*f.* - *Fahrz.* - *etc.*), (messa) fuori servizio, inattività.
aussergerichtlich (*recht.*), extragiudiziale.
ausserirdisch (*Astronautik*), extraterrestre.
Ausserkraftsetzung (*f.* - *recht.*), abrogazione.
aussermittig (*Mech.*), eccentrico.
Aussermittigkeit (*f.* - *Mech.*), eccentricità.
äussern (aussprechen, Meinungen z. B.) (*allg.*), esprimere. 2 sich ~ (*allg.*), manifestarsi.
ausserordentlich (ausserorderlich) (*allg.*), straordinario. 2 ~ er Strahl (*Opt.*), raggio straordinario.
ausserplanmässig (*Rechner* - *etc.*), non programmato.
äusserst (*adj.* - *allg.*), estremo. 2 ~ e Kraft (*naut.*), tutta forza. 3 ~ er Preis (*komm.*), prezzo minimo. 4 ~ e Schicht (*Mech. der Flüss.k.*), strato limite.
Aussertrittfallen (*n.* - *Elekt.* - *etc.*), uscita di sincronismo, perdita di passo.
aussertrittfallen (*Elekt.* - *etc.*), uscire di sincronismo, perdere il passo.
Äusserung (einer Meinung z. B.) (*f.* - *allg.*), espressione, manifestazione. 2 ~ (Ausspruch) (*allg.*), dichiarazione, asserzione. 3 ~ (Bemerkung) (*allg.*), osservazione, commento. 4 ~ (von Gasen z. B.) (*allg.*), emanazione.
ausservertraglich (*komm.*), extracontrattuale.
Aussetzbetrieb (*m.* - *Mot.* - *etc.*), funzionamento intermittente, servizio intermittente.
Aussetzen (*n.* - *allg.*), esposizione. 2 ~ (Unterbrechung) (*allg.*), interruzione. 3 ~ (zeitweilige Unterbrechung) (*allg.*), intermittenza. 4 ~ (Fehlzündung) (*Mot.*), perdita di colpi, accensione irregolare. 5 ~, siehe auch Aussetzung.
aussetzen (zur Schau auslegen) (*allg.*), esporre. 2 ~ (unterbrechen) (*allg.*), interrompere. 3 ~ (*naut.*), mettere in mare. 4 ~ (eine Summe) (*finanz.*), stanziare. 5 ~ (fehlen, verfehlen, der Zündung) (*Aut.* - *Mot.*), perdere colpi, dare accensione irregolare. 6 ~ (versagen) (*allg.*), siehe versagen 7 ~ (eine Zahlung z. B.) (*komm.* - *etc.*), sospendere. 8 ~ (einen Preis geben) (*komm.*), esporre. 9 ~ (einer Gefahr z. B.) (*allg.*), esporre. 10 ~ (zur Verfügung stellen, eine Belohnung z. B.) (*allg.*), mettere a disposizione. 11 ~ (ausstossen, ausrecken) (*Lederind.*), mettere al vento.
aussetzend (*allg.*), intermittente. 2 ~ e Belastung (*Mot.* - *etc.*), carico intermittente. 3 ~ er Betrieb (*Mot.* - *etc.*), servizio intermittente.
Aussetzer (Schalter) (*m.* - *Elekt.*), interruttore. 2 ~ betrieb (*m.* - *Mot.* - *etc.*), servizio intermittente, funzionamento intermittente. 3 ~ regelung (*f.* - *Masch.*), regolazione a tutto o niente. 4 Zündungs ~ (Schalter) (*Mot.*),

Aussetzung

interruttore di accensione. 5 Zünd ~ (Fehlzündung) (*Mot.*), mancata accensione.
Aussetzung (*f. - allg.*), esposizione. 2 ~ (Unterbrechung) (*allg.*), interruzione. 3 ~ (zeitweilige Unterbrechung) (*allg.*), intermittenza. 4 ~ (*naut.*), messa in mare. 5 ~ (einer Summe) (*finanz.*), stanziamento. 6 ~ (einer Zahlung z. B.) (*komm. - etc.*), sospensione. 7 ~ (eines Wagens z. B.) (*Eisenb. - etc.*), distacco, sgancio.
Aussicht (*f. - allg.*), vista. 2 ~ (Ansicht) (*Zeichn.*), vista. 3 ~ (*Zeichn. - etc.*), siehe auch Ansicht. 4 ~ s·fenster (breites Fenster) (*n. - Bauw.*), finestra panoramica, finestra di grandi dimensioni. 5 ~ s·triebwagen (*m. - Eisenb.*), automotrice panoramica. 6 ~ s·turm (*m. - milit. - etc.*), torre osservatorio.
Aussichten (Ausblick) (*f. pl. - allg.*), prospettive.
aussieben (*Ind.*), vagliare, setacciare. 2 ~ (*Funk.*), filtrare.
aussintern (*Technol.*), sinterizzare, sinterare.
Aussolverfahren (für die Gewinnung des Salzes) (*n. - Bergbau*), dissoluzione, coltivazione per dissoluzione.
aussondern (*Ind.*), separare, cernere, classificare.
Aussonderung (Ausscheidung) (*f. - allg.*), separazione.
aussortieren (aussondern) (*Ind.*), cernere, classificare.
Aussortierung (*f. - Ind.*), cernita, classificazione.
ausspachteln (mit Kitt z. B.) (*naut. - etc.*), spalmare.
Ausspalten (Scheidung, Spaltung) (*n. - Geol.*), clivaggio, sfaldatura.
Ausspänen (*n. - Werkz.masch.bearb.*), scarico dei trucioli, rimozione dei trucioli.
Ausspannen (eines Werkstückes z. B.) (*n. - Mech.*), sbloccaggio, smontaggio.
ausspannen (*allg.*), stendere. 2 ~ (das Werkstück z. B.) (*Mech.*), sbloccare, smontare. 3 ~ (auskragen) (*allg.*), sporgere.
Ausspannlänge (*f. - allg.*), sbalzo.
Ausspänung (*f. - Werkz.masch.bearb.*), rimozione dei trucioli, scarico dei trucioli.
Aussparung (*f. - allg.*), incavo, cavità, rientranza. 2 ~ (eines Werkstückes z. B.) (*Mech.*), rientranza. 3 ~ (Leerstelle, eines Reaktors z. B.) (*Kernphys. - etc.*), vuoto.
ausspeichern (*Datenverarb.*), estrarre dalla memoria.
Aussperrung (*f. - Ind. - Arb.*), serrata.
Ausspitzung (eines Spiralbohrers) (*f. - Werkz.*), assottigliamento dell'apice della punta.
Aussprache (*f. - allg.*), pronuncia. 2 ~ (*Funk. - etc. - Pers.*), dizione.
aussprechen (*recht. - etc.*), pronunciare.
Ausspriessen (Verstrebung) (*n. - Bauw.*), puntellamento.
ausspringend (auskragend) (*allg.*), sporgente, saliente.
Ausspruch (*m. - recht.*), verdetto.
ausspülen (*allg.*), sciacquare. 2 ~ (Gase) (*Mot.*), lavare.
Ausspüler (*m. - Bauw. - App.*), apparecchio di cacciata, sciacquone.

Ausspülung (*f. - allg.*), risciacquatura. 2 ~ (des Abgases) (*Mot.*), lavaggio.
Ausstampfen (eines Ofens) (*n. - Ofen - Metall.*), pigiatura, applicazione della pigiata.
Ausstampfung (Stampfmasse, eines Ofens) (*f. - Ofen - Metall.*), pigiata. 2 ~ (Austampfen, eines Ofens) (*f. - Metall. - Ofen*), applicazione della pigiata, pigiatura.
Ausstand (Geldforderung) (*m. - Buchhaltung*), credito. 2 ~ (Streik) (*Arb.*), sciopero.
ausständig (Schulden) (*komm.*), in sofferenza. 2 ~ (*adj. - Arb.*), scioperante (*a.*).
Ausständiger (Streikender) (*m. - Arb.*), scioperante (*s.*).
Ausständler (Streikender) (*m. - Arb.*), scioperante (*s.*).
Ausstanzen (Ausschneiden, des Bleches) (*n. - mech. Technol.*), tranciatura.
ausstanzen (ausschneiden) (*mech. Technol.*), tranciare.
ausstatten (ausrüsten) (*allg.*), corredare, equipaggiare, attrezzare. 2 ~ (ein Haus z. B.) (*Bauw.*), arredare.
Ausstattung (*f. - allg.*), equipaggiamento, corredo. 2 ~ (Werkzeuge, etc.) (*Aut. - Mot. etc.*), dotazione, corredo. 3 ~ (einer Werkz. masch.) (*Werkz.masch.*), dotazione accessori, corredo accessori di dotazione. 4 ~ (innen Ausstattung, eines Personenwagens) (*Aut.*), abbigliamento, finitura interna. 5 ~ (eines Hauses z. B.) (*Bauw.*), arredamento. 6 ~ (Schulen, Spitalen, etc.) (*Stadtbauplanung*), servizi sociali.
ausstäuben (*allg.*), spolverare, estrarre la polvere.
Aussteckung (*f. - Bauw.*), picchettatura.
ausstehen (Leinen z. B.) (*naut.*), filare.
ausstehend (*allg.*), inevaso.
aussteifen (*Bauw. - etc.*), irrigidire, rinforzare.
Aussteifung (*f. - Bauw. - etc.*), irrigidimento, rinforzo. 2 ~ s·ring (*m. - Mech. - etc.*), rinforzo anulare, anello di rinforzo.
aussteigen (aus dem Flugzeug z. B.) (*Fahrz. - etc.*), scendere.
ausstellen (*komm.*), esporre.
Aussteller (*m. - komm.*), espositore. 2 ~ (Trassant, eines Wechsels) (*finanz.*), traente.
Ausstellfenster (*n. - Aut.*), finestrino orientabile, deflettore.
Ausstellung (Messe) (*f. - komm.*), esposizione, fiera, mostra. 2 ~ s·gebäude (Messegebäude) (*n. - Bauw. - komm.*), palazzo per esposizioni. 3 ~ s·halle (Austellungssaal) (*f. - komm. - Bauw.*), salone per esposizioni. 4 ~ s·stand (*m. - komm.*), posteggio, « stand ». 5 ~ s·tag (*m. - allg.*), data di emissione. 6 ~ s·wagen (Werbewagen) (*m. - komm. - Aut.*), autovetrina, auto-esposizione. 7 Luftfahrt ~ (*komm. - Flugw.*), esposizione aeronautica, mostra aeronautica.
ausstemmen (*Tischl.*), mortasare.
aussteuern (modulieren) (*Elektroakus. - etc.*), modulare.
Aussteuerung (Modulation) (*f. - Elektroakus. - etc.*), modulazione. 2 ~ (einer Elektronenröhre) (*Elektronik*), pilotaggio, comando. 3 ~ (Erlöschen, eines Rechtes z. B.) (*recht. - etc.*), decadimento, decadenza.

Ausstiegfalttür (fernbetätigt, eines Strassenbahnzuges) (*f. - Fahrz.*), porta automatica di uscita a ripiegamento.
Ausstiegschiebetür (fernbetätigt, eines Strassenbahnzuges) (*f. - Fahrz.*), porta automatica di uscita a scorrimento.
Ausstoss (Auswerfen) (*m. - allg.*), espulsione. 2 ~ (Produktion) (*Ind.*), produzione. 3 ~ kolben (*m. - Masch.*), pistone espulsore. 4 ~ presse (*f. - Masch.*), pressa per estrudere. 5 ~ rohr (*n. - Kriegsmar.*), tubo lanciasiluri. 6 ~ ventilator (Ausstossgebläse) (*m. - Mot. - etc.*), ventilatore soffiante. 7 ~ vorrichtung (Auswerfer) (*f. - Vorr.*), espulsore.
Ausstossen (Auswerfen) (*n. - allg.*), espulsione. 2 ~ (Ausspülung) (*Dieselmotor*), lavaggio. 3 ~ (Entladen, einer Koksofenkammer z. B.) (*Ofen*), sfornamento.
ausstossen (auswerfen) (*allg.*), espellere. 2 ~ (aussetzen, ausrecken) (*Lederind.*), mettere al vento.
Ausstossmaschine (eines Ofens, Entlademaschine) (*f. - Masch. - Ofen*), sfornatrice.
Ausstossung (Auswerfen) (*f. - allg.*), espulsione.
ausstrahlen (*Phys.*), irradiare, emettere.
Ausstrahlung (*f. - Phys.*), radiazione, emissione. 2 ~ s·fläche (*f. - Phys.*), superficie radiante. 3 ~ s·vermögen (*n. - Phys.*), emissività. 4 ~ s·winkel (eines Scheinwerfers) (*m. - Aut.*), angolo di distribuzione. 5 Licht ~ (*Opt.*), radianza luminosa. 6 spezifische ~ (Me, W/m²) (*Phys.*), radianza energetica. 7 spezifische Licht ~ (M, lm/m²) (*Opt.*), radianza luminosa, emettenza luminosa. 8 unerwünschte ~ (*Funk.*), radiazione spuria.
ausstreben (*Bauw.*), controventare.
ausstrecken (*allg.*), stendere.
ausstreichen (annullieren, Worte z. B.) (*Büro - etc.*), cancellare. 2 ~ (von Erz) (*Bergbau - Geol.*), affiorare.
Ausströmdüse (eines Turbinenstrahltriebwerks) (*f. - Mot.*), effusore.
Ausströmöffnung (*f. - Dampfmasch. - etc.*), foro di scarico, luce di scarico.
Ausströmung (*f. - allg.*), efflusso, scarico. 2 ~ (*Geol.*), soffione. 3 ~ (durch Zerfall von Radium z. B.) (*Phys. - Radioakt.*), emanazione. 4 ~ (von Wärme) (*Phys.*), emissione.
ausstützen (*Zimm.*), puntellare.
aussuchen (auswählen) (*allg.*), scegliere.
Aussuchpaarung (von Teilen) (*f. - Mech.*), accoppiamento selettivo.
Austasten (Austastung) (*n. - Fernseh.*), cancellazione, soppressione.
austasten (*Fernseh.*), cancellare, sopprimere.
Austastimpuls (*m. - Fernseh.*), impulso di cancellazione, impulso di soppressione.
Austastlücke (*f. - Fernseh.*), intervallo di cancellazione, intervallo di soppressione.
Austastpegel (*m. - Fernseh.*), livello di cancellazione, livello di soppressione.
Austastsignal (*n. - Fernseh.*), segnale di cancellazione, segnale di soppressione.
Austauchen (*n. - allg.*), emersione.
Austausch (von Ionen z. B.) (*m. - Phys.*), scambio. 2 ~ aggregat (Motor z. B. bei Fahrzeugsreparaturen) (*n. - Aut. - etc.*), gruppo di giro, gruppo di rotazione. 3 ~ barkeit (*f. - Mech. - etc.*), intercambiabilità. 4 ~ barkeit (*Fernseh.*), compatibilità. 5 ~ bau (*m. - Mech. - etc.*), costruzione intercambiabile. 6 ~ motor (*m. - Aut.*), motore di rotazione, motore di giro. 7 ~ -Motorendienst (*m. - Aut.*), servizio rotazione motori. 8 ~ objektiv (Auswechselobjektiv) (*n. - Phot.*), obiettivo intercambiabile. 9 ~ säule (Trennsäule, Rektifiziersäule) (*f. -chem. Ind. - App.*), colonna di rettificazione. 10 ~ stoff (*m. - Ind.*), surrogato, succedaneo. 11 ~ stück (*n. - Mech. - etc.*), pezzo intercambiabile.
austauschbar (*Mech. - etc.*), intercambiabile. 2 ~ es Farbfernsehverfahren (für den Empfang von farbigen Sendungen mit normalen Schwarzweiss-Empfängern) (*Fernseh.*), sistema di televisione a colori compatibile.
austauschen (*allg.*), scambiare. 2 ~ (ersetzen) (*allg.*), sostituire.
Austauscher (*m. - phys. App.*), scambiatore. 2 ~ -Harze (*n. - pl. - Chem. - Phys.*), resine scambiatrici (di ioni). 3 Basen ~ (*chem. App.*), scambiatore di basi. 4 Ionen ~ (*phys. App.*), scambiatore di ioni. 5 Wärme ~ (*Mot. - etc.*), scambiatore di calore.
austeilen (*allg.*), distribuire, ripartire.
Austemperung (*f. - Wärmebeh.*), siehe Zwischenstufenumwandlung.
Austenit (*n. - Metall.*), austenite. 2 ~ formhärten (*n. - Wärmebeh.*), ausformatura, « ausforming ». 3 ~ umwandlung (*f. - Wärmebeh.*), trasformazione dell'austenite.
austenitisch (*Metall.*), austenitico.
Austenitisieren (*n. - Wärmebeh.*), austenitizzazione. 2 teilweises ~ (*Wärmebeh.*), austenitizzazione parziale. 3 vollständiges ~ (*Wärmebeh.*), austenitizzazione completa.
Austenitstahl (*m. - Metall.*), acciaio austenitico.
austragen (einen Streit) (*recht. - etc.*), comporre.
Austragrohr (*n. - Leit.*), tubo di scarico.
Austragung (eines Streits) (*f. - recht. - et .*), componimento.
austreiben (auswerfen) (*allg.*), espellere.
Austreiber (Vorr. zum Herausschlagen von Werkz. mit Kegelschaft) (*m. - Werkz.*), espulsore.
Austreiblappen (eines Spiralbohrers z. B., Mitnehmerlappen) (*m. - Werkz.*), aletta di trascinamento, dente di trascinamento.
Austreibung (Auswerfen) (*f. - allg.*), espulsione.
austreten (von Flüssen) (*Geogr.*), stratripare. 2 aus den Geschäften ~ (*komm.*), ritirarsi dagli affari.
austretend (Lichtstrahl) (*Phys. - Opt.*), emergente.
Austritt (*m. - allg.*), uscita. 2 ~ (eines Flusses) (*Geogr.*), stratripamento. 3 ~ (kleiner Balkon) (*Bauw.*), balconcino. 4 ~ (Abort) (*Bauw.*), siehe Abort. 5 ~ s·arbeit (Austrittspotential, in Volt gemessene Arbeit, die nötig ist, um ein Elektron aus dem Inneren eines Metalls herauszubringen) (*f. - Elektronik*), lavoro di estrazione (elettronico). 6 ~ s·dosis (*f. - Radioakt.*), dose emergente. 7 ~ s·geschwindigkeit (*f. - Turb. - etc.*), velocità di uscita. 8 ~ s·geschwindigkeit (der Elektronen) (*Elek-*

austrocknen

tronik), velocità di emissione. 9 ~ s·kante (eines Flügels z. B.) (*f. - Flugw.*), orlo di uscita. 10 ~ s·kegel (*m. - Strahltriebw.*), cono di scarico. 11 ~ s·öffnung (*f. - allg.*), foro di scarico, apertura di scarico. 12 ~ s·öffnung (*f. - Hydr.*), luce di efflusso. 13 ~ s·seite (*f. - Mot. - etc.*), lato scarico. 14 ~ s·stufe (*f. - Bauw.*), gradino di pianerottolo. 15 ~ s·temperatur (*f. - Mot.*), temperatura (dei gas) di scarico. 16 ~ s·winkel (*m. - Opt.*), angolo di emergenza. 17 Kühlwasser ~ (*Mot.*), uscita dell'acqua di raffreddamento.
austrocknen (*allg.*), essiccare. 2 ~ (*Holzind.*), essiccare, stagionare.
Austrockner (Trocknungsmittel) (*m. - Chem.*), essiccante. 2 ~ (Exsikkator, Laboratoriumsgerät) (*chem. Ger.*), essiccatore.
Austrocknung (*f. - allg.*), essiccazione. 2 ~ (*Holzind.*), essiccazione, stagionatura.
ausüben (*allg.*), mettere in pratica, esercitare. 2 ~ (eine Tätigkeit) (*allg.*), esercitare. 3 einen Beruf ~ (*Arb.*), esercitare una professione.
Ausübung (Praxis) (*f. - allg.*), pratica. 2 ~ (eines Rechtes z. B.) (*recht. - etc.*), esercizio. 3 ~ (eines Berufes) (*Arb.*), esercizio. 4 ~ (der Gerichtsbarkeit) (*recht.*), amministrazione (della giustizia). 5 in ~ seines Dienstes (*Arb.*), nell'esercizio delle sue funzioni.
ausufern (eines Flusses) (*Hydr. - Wass.b.*), straripare.
Ausuferung (eines Flusses) (*f. - Hydr. - Wass.b.*), straripamento.
ausvauen (*Mech. - etc.*), eseguire scanalature a V.
Ausverkauf (*m. - komm.*), liquidazione, svendita.
ausverkaufen (*komm.*), liquidare, svendere.
ausverkauft (*komm.*), esaurito.
Auswaage (Endwiegung) (*f. - Ind.*), pesata finale.
Auswägen (statisches Auswuchten) (*n. - Mech.*) equilibratura statica.
Auswahl (*f. - komm.*), scelta, assortimento. 2 ~ blatt (Auszug an einer Norm z. B.) (*n. - Technol. - etc.*), estratto. 3 ~ paarung (zum Zusammenbauen von Werkstücken) (*f. - Mech.*), accoppiamento selettivo, accoppiamento (di pezzi con bollino) di selezione. 4 ~ reihe (von Zahlen) (*f. - Math.*), serie preferenziale 5 ~ schaltung (*f. - Elektronik*), circuito selettore. 6 ~ verstärker (*m. - Funk.*), amplificatore per stadio in controfase. 7 Personal ~ (*Pers.*), selezione del personale.
auswählen (*allg.*), scegliere.
auswalzen (*Walzw.*), laminare.
Auswalzung (Walzung) (*f. - Metall.*), laminazione.
Auswanderer (*m. - Arb.*), emigrante.
auswandern (*Arb.*), emigrare.
Auswanderung (*f. - Arb.*), emigrazione. 2 ~ (Drift, der Elektronen) (*Elektronik*), deriva. 3 ~ (Winkelabweichung der Drehimpulsachse eines Kreiselgerätes von ihrer Referenzlage) (*Ger. - Navig.*), deriva. 4 systematische ~ (bei Kreiselgeräten) (*Navig.*), deriva sistematica.
auswärtig (*allg.*), estero. 2 ~ es Amt, Ministero degli Esteri.

Auswärtsteile (Teile nicht in eigenem Betrieb hergestellt und von auswärts gekauft) (*m. - pl. - Ind.*), particolari di fornitura esterna, particolari dall'esterno, particolari acquistati all'esterno.
auswaschen (ein Kleid z. B.) (*allg.*), lavare, pulire, togliere lo sporco. 2 ~ (aushohlen, das Ufer z. B.) (*Geol.*), erodere, dilavare. 3 ~ (Wunden z. B.) (*Med.*), lavare. 4 ~ (die Farbe) (*allg.*), sbiadire.
Auswaschflasche (*f. - chem. Ger.*), spruzzetta.
Auswaschmittel (*n. - Chem.*), detersivo.
Auswaschung (von Felsen z. B.) (*f. - Geol.*), dilavamento, erosione. 2 ~ (der Farbe) (*Textilind. - ind.*), slavatura. 3 ~ (Kavitation) (*Hydr. - Fehler*), cavitazione.
ausweben (Rattleinen fertigen) (*naut.*), mettere le griselle, «grisellare».
auswechselbar (*Mech.*), sostituibile. 2 ~ (austauschbar) (*Mech. - etc.*), intercambiabile. 3 ~ e Zylinderbüchse (*Mot.*), canna cilindro sostituibile.
auswechseln (*komm.*), scambiare. 2 ~ (*Mech.*), sostituire.
Auswechslung (*f. - komm.*), scambio. 2 ~ (*Mech.*), sostituzione.
Ausweicharbeit (Aushilfsarbeit) (*f. - Arb.*), lavoro avventizio.
ausweichen (*Eisenb.*), smistare (su un binario di raccordo). 2 ~ (einen Stoss, ein Hindernis) (*allg.*), schivare. 3 ~ (das Problem z. B.) (*allg.*), eludere.
ausweichend (Antwort) (*allg.*), evasivo.
Ausweichgeleise (*n. - Eisenb.*), binario di precedenza (o degli incroci), binario di sosta.
Ausweichhafen (*m. - Luftf.w.*), aerodromo suppletivo, aerodromo alternativo, aeroporto suppletivo, aeroporto alternativo.
Ausweichleitung (*f. - Leit.*), tubo di cortocircuito, «by-pass».
Ausweichung (Abweichung) (*f. - allg.*), deviazione. 2 ~ (Deviation, des Kompasses) (*Instr.*), deviazione.
Ausweichweg (*m. - allg.*), deviazione.
Ausweis (Ausweiskarte, Ausweispapier) (*m. - komm. - etc.*), carta d'indentità, documento d'identità. 2 Bank ~ (*finanz.*), rendiconto della banca.
ausweisen (entfernen, aus der Schule z. B.) (*allg.*), espellere. 2 sich ~ (durch einen Pass z. B.) (*recht. - etc.*), dimostrare la propria identità.
Ausweisung (Vertreibung) (*f. - allg.*), espulsione.
ausweiten (*Leit. - etc.*), allargare.
Ausweitung (*f. - Leit. - etc.*), allargamento. 2 ~ s·plan (*m. - allg.*), piano di espansione.
auswendig (*allg.*), esterno. 2 ~ (lernen) (*allg.*), a memoria.
Auswerfbolzen (einer Presse) (*m. - Masch.*), candela di estrazione.
Auswerf-Druckgiessform (*f. - Giess. - Werkz.*), stampo per pressofusione ad espulsione.
Auswerfen (*n. - Masch.*), espulsione.
auswerfen (*Mech. - etc.*), espellere. 2 ~ (herausziehen) (*Buchhaltung*), estrarre. 3 ~ (festsetzen, einen Betrag z. B.) (*allg.*), stabilire, fissare.

Auswerfer (eines Gesenkes z. B.) (*m. - Mech.*), espulsore. 2 ~ **bolzen** (einer Presse) (*m. - Masch.*), candela di estrazione.
Auswerfform (einer Druckgiessform) (*f. - Giess.*), stampo lato espulsione. 2 ~ **hälfte** (einer Druckgiessform) (*f. - Giess.*), semistampo lato espulsione.
Auswerfmarke (auf einem Schmiedestück) (*f. - Schmieden*), impronta espulsore, impronta estrattore.
Auswerfstift (einer Druckgiessform) (*m. - Giess. - Werkz.*), espulsore, perno espulsore.
Auswerf- und Kernzug-Druckgiessform (*f. - Giess. - Werkz.*), stampo per pressofusione ad espulsione e ad estrazione dei maschi.
Auswertegerät (*n. - Photogr. - App.*), restitutore (fotogrammetrico).
auswerten (eine Kurve z. B.) (*Zeichn. - Top. - etc.*), tracciare. 2 ~ (ein Ergebnis) (*allg.*) valutare, interpretare, analizzare. 3 ~ (nutzbar machen) (*allg.*), sfruttare, utilizzare. 4 ~ (untersuchen, Daten z. B.) (*Stat. - etc.*), analizzare.
Auswerter (*m. - Elektronik*), traduttore.
Auswertung (Nutzung) (*allg.*), utilizzazione. 2 ~ (der Ergebnisse einer Untersuchung z. B.) (*Technol.*), valutazione, interpretazione. 3 ~ (von Kurven) (*f. - Zeichn. - etc.*), tracciamento. 4 ~ (*Photogr.*), restituzione (fotogrammetrica). 5 ~ (eines Wertes) (*Elektronik*), traduzione. 6 ~ (eines Patentes) (*komm.*), sfruttamento.
auswiegen (*Mech. - etc.*), bilanciare, equilibrare.
Auswinkeln (Ausrichten der Kolben zur Zylinderbohrung) (*n. - Aut. - Mot.*), centratura, eliminazione dello scampanamento.
Auswirkungen (*f. pl. - allg.*), ripercussioni.
auswittern (*Holz*), stagionare.
Auswitterung (*f. - Holz*), stagionatura.
Auswuchtdorn (*m. - Masch.*), mandrino di bilanciamento.
Auswuchten (einer Luftschraube z. B.) (*n. - Mech. - etc.*), equilibratura, equilibramento, bilanciamento. 2 **dynamisches** ~ (*Mech.*), equilibratura dinamica, bilanciamento dinamico.
auswuchten (*Mech. - etc.*), equilibrare, bilanciare.
Auswuchtmaschine (*f. - Masch.*), equilibratrice, macchina per equilibratura.
Auswurf (Auswerfen) (*m. - allg.*), espulsione. 2 ~ (Emission) (*allg.*), emissione. 3 ~ **gestein** (*n. - Geol.*), roccia eruttiva.
auszacken (*allg.*), dentellare.
Auszackung (*f. - allg.*), dentellatura.
auszahlen (*komm.*), pagare.
auszählen (*allg.*), contare.
Auszahlung (*f. - komm.*), pagamento. 2 ~ **s·anordnung** (Auszahlungsanweisung) (*f. - Adm.*), mandato di pagamento. 3 **Bar** ~ (*komm.*), pagamento in contanti.
Auszählverfahren (zur Bestimmung der Anzahl, etc. nichtmetallischer Einschlüsse) (*n. - Metall.*), conteggio (delle inclusioni).
Auszählvorrichtung (*f. - Vorr.*), contatore.
auszeichnen (*allg.*), contrassegnare.

Auszeichnungsmaschine (*f. - Pakcung*), (macchina) marcatrice.
ausziehbar (teleskopisch) (*Instr. - etc.*), telescopico, allungabile. 2 ~ (ausnehmbar) (*Mech. - etc.*), sfilabile, smontabile. 3 ~ **e Welle** (*Mech.*), albero telescopico.
Ausziehen (des Modelles) (*n. - Giess.*), estrazione, sollevamento. 2 ~ (*Zeichn.*), lucidatura.
ausziehen (*allg.*), estrarre. 2 ~ (ein Modell) (*Giess.*), estrarre, sollevare. 3 ~ (*Zeichn.*) lucidare.
Auszieher (*m. - Werkz.*), estrattore.
Ausziehfallschirm (*m. - Flugw.*), paracadute sussidiario, calottina, calottino estrattore.
Ausziehflügel (*m. - Flugw.*), ala ad apertura variabile.
Ausziehkraft (einer Schraube z. B.) (*f. - Mech.*), forza di estrazione.
Ausziehleiter (*f. - Bauw. - etc.*), scala allungabile, scala porta.
Ausziehrohr (*n. - Leit. - etc.*), tubo telescopico.
Ausziehschacht (*m. - Bergbau*), pozzo di ventilazione ascendente.
Ausziehtusche (*f. - Zeichn.*), inchiostro di china.
Ausziehung (*f. - allg.*), estrazione. 2 ~ (*Chem. - Bergbau*), estrazione.
Ausziehvorrichtung (Ausziehwerkzeug) (*f. - Werkz.*), estrattore.
auszimmern (*Bergbau*), armare.
Auszimmerung (*f. - Bergbau*), armamento.
Auszubildender (*m. - Arb.*), tirocinante, apprendista.
Auszug (eines Artikels z. B.) (*m. - Zeitg. - etc.*), estratto. 2 ~ (Extrakt) (*Chem. Ind. - Pharm. - etc.*), estratto (*s.*). 3 **Kontakt-Farb** ~ (*Druck.*), selezione per contatto. 4 **Konto** ~ (Rechnungsauszug, Buchauszug) (*Buchhaltung*), estratto conto.
Autarkie (*f. - Ind.*), autarchia.
autarkisch (*Ind.*), autarchico.
authentisch (*allg.*), autentico.
authentisieren (*recht.*), autenticare.
Autin (gereinigter Kohlenwasserstoff) (*Chem. - Giess. - Metall.*), autin.
Auto (*Aut.*), siehe Automobil.
Autoantenne (*f. - Aut. - Funk.*), antenna per auto.
Autoarmaturenbrett (Autoinstrumentenbrett) (*n. - Aut.*), cruscotto portastrumenti, cruscotto.
Autoascher (*m. - Aut.*), portacenere da cruscotto, portacenere per auto.
Autobahn (*f. - Strasse*), autostrada (a doppia carreggiata).
Autobenzin (*n. - Aut. - Brennst.*), benzina auto, benzina per autoveicoli.
Autoboot (Motorboot) (*n. - naut.*), motoscafo.
Autobox (*f. - Aut.*), « box », posteggio chiuso per auto.
Autobremse (*f. - Aut.*), freno per autoveicoli.
Autobus (Omnibus) (*m. - Aut.*), autobus. 2 ~ (*Aut.*), *siehe auch* Omnibus. 3 **Doppeldeck** ~ (*Aut.*), autobus a due piani.
Autocar (*m. - Aut.*) (*schweiz.*), autobus.
Autochrom (*n. - Phot.*), lastra autocroma.
autochton (*Geol.*), autoctono.

Autodienststation

Autodienststation (*f. - Aut.*), stazione di servizio.
Autodroschke (Automobildroschke, Taxe) (*f. - Aut.*), autopubblica, «taxi», tassì.
Autodynempfänger (*m. - Funk.*), autodina.
Autoelektriker (*m. - Aut. - Arb.*), elettrauto.
Autoempfänger (*m. - Aut. - Funk.*), autoradio.
Autofabrik (*f. - Aut. - Ind.*), fabbrica di automobili.
Autofahrer (*m. - Aut.*), autista, conducente.
Autofahrgestell (Chassis) (*n. - Aut.*), autotelaio, chassis.
Auto-Freilichtkino (*n. - Aut. - Filmtech.*), siehe Auto-Kino.
Autofrettage (Selbstschrumpfung, Selbstverfestigung, von Geschützrohren z. B.) (*f. - Technol.*), «autofrettage», autoforzatura.
Autogarage (Garage, Wagenstelle) (*f. - Aut.*), autorimessa, «garage».
autogen (*adj. - Technol.*), autogeno. 2 ~ e **Oberflächenhärtung** (Flammhärten) (*Wärmebeh.*), flammatura. 3 ~ **er Schneidbrenner** (*Ger.*), cannello da taglio. 4 ~ **es Schneiden** (*mech. Technol.*), taglio al cannello. 5 ~ **es Schweissen** (*mech. Technol.*), saldatura autogena.
Autogenschneidbrenner (*m. - Ger.*), cannello da taglio.
Autogenschweissung (*f. - mech. Technol.*), saldatura autogena.
Autogiro (*n. - Flugw.*), autogiro.
Autographie (*f. - Druck.*), autografia.
Autoheber (Rangierheber) (*m. - Garage - Ger.*), sollevatore mobile, elevatore a carrello.
Autoheizung (*f. - Aut.*), (sistema di) riscaldamento per autoveicolo.
autoinduktiv (selbstinduktiv) (*Elekt.*), autoinduttivo.
Autoindustrie (*f. - Ind.*), industria automobilistica.
Autokartograph (*m. - Photogr. - Instr.*), autocartografo, restitutore automatico.
Autokatalyse (*f. - Chem.*), autocatalisi.
autokatalitisch (*Kernphys. - etc.*), autocatalitico.
Auto-Kino (*n. - Aut. - Filmtech.*), cineparco, autocinema, cinema-posteggio, «drive-in».
Autoklav (*m. - App.*), autoclave.
Autoklavierung (Wärmebehandlung von Lebensmitteln in Autoklaven) (*f. - Ind.*), trattamento in autoclave.
Autokoffer (*m. - Aut.*), bagagliera.
Autokollimation (*f. - Opt.*), autocollimazione. 2 ~ **s·fernrohr** (*n. - opt. Instr.*), autocollimatore.
Autocorrelation (*f. - Stat.*), autocorrelazione. 2 ~ **s·funktion** (*f. - Math.*), funzione di autocorrelazione.
Autokorrelator (*m. - Rechenmasch. - etc.*), autocorrelatore.
Autokran (*m. - Masch.*), autogru.
Autokühler (*m. - Aut.*), radiatore per autoveicolo.
Automat (automatische Einrichtung) (*m. - Masch.*), macchina automatica. 2 ~ (automatische Werkzeugmaschine) (*Werkz.masch.*), macchina utensile automatica. 3 ~ (Münzautomat) (*Masch.*), macchina automatica a moneta, macchina a moneta, macchina a gettone, distributore a gettone. 4 ~, siehe auch Automaten. 5 ~ (automatische Drehbank, Drehautomat) (*Werkz.masch.*), tornio automatico. 6 ~ (Selbstausschalter) (*Elekt.*), interruttore automatico. 7 **Buchdruck** ~ (*Druckmasch.*), macchina tipografica automatica. 8 **Dreh** ~ (*Werkz.masch.*), tornio automatico. 9 **Einspindel-Revolver-** ~ (*Werkz.masch.*), tornio automatico a revolver ad un fuso (o ad un mandrino). 10 **Einstahl** ~ (*Werkz.masch.*), macchina automatica ad un utensile, macchina automatica monoutensile. 11 **Fräs** ~ (*Werkz.masch.*), fresatrice automatica. 12 **Ganz** ~ (*Werkz.masch.*), siehe Vollautomat. 13 **Halb** ~ (*Werkz.masch.*), macchina semiautomatica. 14 **Kegeldreh** ~ (*Werkz.masch.*), tornio automatico per tornitura conica, tornio automatico per pezzi conici. 15 **Magazin** ~ (*Werkz.masch.*), macchina automatica a magazzino. 16 **Mehrspindel** ~ (*Werkz.masch.*), macchina automatica a più fusi (od a più mandrini). 17 **Mehrspindel** ~ (Drehbank) (*Werkz.masch.*), tornio automatico a più fusi (od a più mandrini). 18 **Mehrstahl** ~ (*Werkz.masch.*), macchina automatica a più utensili. 19 **Münz** ~ (*Masch.*), distributore a gettone, macchina automatica a moneta, macchina a moneta, macchina a gettone. 20 **Sägen-Schärf** ~ (*Werkz.masch.*), affilatrice automatica per seghe. 21 **Schleif** ~ (*Werkz.masch.*), rettificatrice automatica. 22 **Stangen** ~ (*Werkz.masch.*), tornio automatico (per lavorazione) dalla barra. 23 **Stanz** ~ (*Masch.*), pressa automatica. 24 **Teil** ~ (*Werkz.masch.*), divisore automatico. 25 **Verkaufs** ~ (*Masch.*), distributore automatico, macchina automatica a moneta, macchina a gettone. 26 **Voll** ~ (*Werkz.masch.*), macchina (completamente) automatica. 27 **Wälzfräs** ~ (*Werkz.masch.*), fresatrice a creatore automatica.
Automaten (*m. - pl. - Werkz.masch.*), macchine (utensili) automatiche. 2 ~ **amt** (*n. - Fernspr.*), centralino automatico. 3 ~ **dreher** (*m. - Arb.*), tornitore su macchine automatiche. 4 ~ **dreherei** (*f. - Mech.*), reparto torni automatici. 5 ~ **gewindebohrer** (*m. - Werkz.*), maschio a macchina. 6 ~ **legierung** (*f. - Metall.*), lega per lavorazioni su macchine automatiche, lega automatica. 7 ~ **stahl** (Freischnittstahl) (*m. - Metall.*), acciaio «automatico», acciaio lavorabile ad alta velocità, acciaio per lavorazioni su macchine automatiche. 8 ~ **werkzeug** (*n. - Werkz.*), utensile per torni automatici. 9 ~ **zähler** (*m. - Instr.*), contatore a moneta.
Automatik (automatische Anlage z. B.) (*f. - Ger. - etc.*), apparecchiatura automatica, attrezzatura automatica, impianto automatico, automatismo. 2 ~ (Steuerung) (*Werkz.masch. - etc.*), comando automatico. 3 ~ (Programmierung) (*Masch. - etc.*), programmazione automatica. 4 ~ (automatisches Getriebe, Automatgetriebe) (*Aut.*), trasmissione automatica, cambio automatico. 5 ~ (Arbeitsablauf) (*f. - Werkz.masch.bearb.*), ciclo automatico.
Automation (Automatisierung, für Werkz.

masch.bearb. z. B.) (*f. - Mech. - etc.*), automazione.
automatisch (*allg.*), automatico. 2 ~ e **Kurssteuerung** (*Flugw.*), pilota automatico, autopilota. 3 ~ er **Fallschirm** (*Flugw.*), paracadute ad apertura automatica. 4 ~ er **Regler** (*Mech. - etc.*), regolatore automatico. 5 ~ er **Schalter** (*Elekt.*), interruttore automatico. 6 ~ er **Spannungsregler** (*Elekt.*), regolatore automatico di tensione. 7 ~ er **Verschluss** (*Mech. - etc.*), chiusura automatica. 8 ~ er **Vorschub** (*Werkz.masch.*), avanzamento automatico. 9 ~ es **Amt** (*Fernspr.*), centralino automatico. 10 ~ e **Steuereinrichtung** (für Fräsautomaten z.B.) (*Werkz.masch.*), meccanismo per il ciclo automatico. 11 ~ e **Steuerung** (*Mech. - etc.*), comando automatico. 12 ~ **gesteuert** (*Mech. - etc.*), a comando automatico, comandato automaticamente.
automatisieren (*Technol. - etc.*), automatizzare.
Automatisierung (*f. - Mech. - etc.*), siehe Automation.
Automatismus (*m. - Elektromech. - etc.*), automatismo.
Automechaniker (Autoschlosser) (*m. - Aut. - Arb.*), autoriparatore, meccanico per automobili.
Automobil (*n. - Aut.*), automobile. 2 ~ **ausstellung** (*f. - Aut. - komm.*), salone dell'automobile, « salone ». 3 ~ **betriebsgesellschaft** (*f. - Aut. - komm.*), società per l'esercizio di automobili. 4 ~ **brücke** (*f. - Aut.*), ponte posteriore. 5 ~ **droschke** (Autodroschke, Taxe) (*f. - Aut.*), autopubblica, « taxi », tassì. 6 ~ **gestell** (*n. - Aut.*), autotelaio. 7 ~ **karte** (*f. - Aut.*), carta automobilistica. 8 ~ **klub** (*m. - Aut.*), Automobile Club. 9 ~ **kran** (Autokran) (*m. - ind. Masch.*), autogrù. 10 ~ **lenker** (*m. - Arb.*), autista. 11 ~ **motor** (*m. - Aut. - Mot.*), motore d'automobile, motore automobilistico. 12 ~ **rennbahn** (*f. - Aut. - Sport*), autodromo. 13 ~ **schuppen** (*m. - Aut.*), autorimessa. 14 ~ **sprengwagen** (*m. - Aut.*), autoinnaffiatrice. 15 ~ **spritze** (*f. - Aut.*), autopompa (antincendio). 16 ~ **werk** (Automobilfabrik, Motorwagenfabrik) (*n. - Aut.*), fabbrica di automobili. 17 ~ **zubehörteil** (*m. - Aut.*), accessorio per automobili, autoaccessorio. 18 **Kranken** ~ (*Aut.*), autoambulanza. 19 **Personen** ~ (*Aut.*), autovettura. 20 **Volks** ~ (*Aut.*), utilitaria, (vettura) utilitaria.
Automobilismus (*m. - Aut. - Sport*), automobilismo.
Automobilist (*m. - Aut.*), automobilista.
automorph (Funktion) (*Math.*), automorfo.
autonom (*allg.*), autonomo.
Autonomie (*f. - allg.*), autonomia.
Autopanne (*f. - Aut.*), guasto, avaria.
Autopark (*m. - Aut.*), parco automobilistico, autoparco.
Autopilot (*m. - Flugw.*), autopilota.
Autoproduktion (*f. - Aut. - Ind.*), produzione automobilistica, produzione di automobili.
AUTOPROMT (automatic programming of machine tools, Selbstprogrammierung von Werkzeugmaschinen) (*Werkz.masch.bearb.*),
AUTOPROMT, programmazione automatica delle macchine utensili.
Autopsie (*f. - Med.*), autopsia.
Autor (*m. - allg.*), autore, scrittore. 2 ~ **en·honorar** (*n. - recht.*), diritti di autore. 3 ~ **en·recht** (*n. - recht.*), proprietà letteraria. 4 **Mit** ~ (*Druck.*), coautore.
Autoradio (*n. - Aut.*), autoradio.
Autoradiogramm (*n. - Radioakt.*), autoradiogramma.
Autoradiographie (*f. - Radioakt.*), autoradiografia.
Autorahmen (*m. - Aut.*), telaio (di automobile).
Autoreparaturwerkstatt (*f. - Aut.*), autoofficina, officina per riparazione di automobili.
Autorisation (*f. - allg.*), autorizzazione.
autorisieren (bevollmächtigen) (*allg.*), autorizzare.
Autorotation (*f. - Flugw.*), autorotazione.
Autoruf (Autorufdienst) (*m. - Aut. - Fernspr.*), sistema (telefonico) per la chiamata di auto pubbliche.
Autoschlosser (Automechaniker) (*m. - Aut.*), autoriparatore, meccanico per automobili.
Autosilo (Turmgarage) (*m. - Aut.*), autorimessa a torre, autosilo.
Autospengler (Autoschlosser) (*m. - Aut. - Arb.*) (*österr. und schweiz.*), autoriparatore, meccanico per automobili.
Autospenglerei (Autoreparaturwerkstatt) (*f. - Aut.*) (*österr. und schweiz.*), autoofficina, officina riparazione autoveicoli.
AUTOSPOT (Programmiersprache numerisch gesteuerter Werkz.masch., Abkürzung für Automatic System for Positioning of Tools) (*Werkz.masch.bearb.*), AUTOSPOT, sistema automatico di posizionamento degli utensili.
Autostereogramm (*n. - Radioakt.*), autostereogramma.
Autostrasse (*f. - Aut.*), autostrada.
Autosyn (Wechselstromdrehmelder, elektrodynamisches Prinzip) (*n. - Ger.*), autosyn, ripetitore sincrono, sincrono di coppia.
Autotankstelle (*f. - Aut.*), posto di rifornimento, distributore di benzina.
Autothermikkolben (der sich hauptsächlich in der Bolzenrichtung und nicht in der Druckrichtung ausdehnt) (*m. - Mot.*), pistone autotermico, stantuffo a dilatazione controllata.
Autotransformator (Spartransformator) (*m. - Elekt.*), autotrasformatore.
Autotransportwagen (Güterwagen) (*m. - Eisenb.fahrz.*), carro per trasporto di autovetture.
Autotrembleur (für die Zündung) (*m. - Mot.*), vibratore (di accensione).
Autotüre (Wagentüre) (*f. - Aut.*), portiera.
Autotypie (*f. - Phot.*), autotipia, fotozincotipia.
Autoverkehr (*m. - Aut.*), traffico automobilistico.
Autovermietung (*f. - Aut. - komm.*), autonoleggio.
Autowaschmaschine (Wagenwaschmaschine, Waschkompressor) (*f. - Aut.*), macchina per il lavaggio di automobili.

Autowinde

Autowinde (*f.* - *Aut.* - *Werkz.*), martinetto per automobili, cric, cricco.
Autoxydation (*f.* - *Chem.*), autossidazione.
Autozubehör (*n.* - *Aut.*), accessorio per automobili, autoaccessorio.
Autunit $(Ca\,(UO_2)_2\,(PO_4)_2 \cdot 8\,H_2O)$ (*m.* - *radioakt. Min.*), autunnite.
Auxiliarjacht (Segeljacht mit Hilfsmotor) (*f.* - *naut.*), panfilo con motore ausiliario.
a. v. (arbeitsverwendungsfähig) (*Arb.*), abile al lavoro.
AVA (Aerodynamische Versuchsanstalt) (*Aerodyn.*), Istituto Ricerche Aerodinamiche.
Aval (*m.* - *komm.*), avallo.
avalieren (*komm.*), avallare.
Avalist (*m.* - *komm.*), avallante (*s.*).
avancieren (*Arb.*), essere promosso, avanzare di grado.
AVAU-Spiralkegelräder (Kegelradschraubgetriebe, mit versetzten Achsen, Hyperboloidräder, Hypoidräder) (*n. pl.* - *Mech.*), ingranaggio ipoide, coppia ipoide.
AvD (Automobilklub von Deutschland) (*Aut.*), Automobile Club tedesco.
avdp (Avoirdupois) (*Mass*), avoirdupois.
Aventurin (Avanturin) (*m.* - *Glasind.*), avventurina, aventurina, venturina, stellaria.
Avenue (am Rand mit Bäumen besetzte Strasse) (*f.* - *Strasse*), viale.
Avers (Vorderseite) (*m.* - *allg.*), dritto, parte anteriore. 2 ~ (einer Münze, Kopfseite) (*allg.*), testa, faccia, recto.
A-Verstärker (*m.* - *Funk.*), amplificatore di classe A.
AVG-Diagramm (beim Prüfen mit Ultraschall) (*n.* - *Prüfung*), diagramma AVG.
Aviatik (Flugtechnik) (*f.* - *Flugw.*), aviazione.
Aviatiker (Flieger) (*m.* - *Flugw.*), aviatore.
Avionik (Technik der elektronischen Ausrüstung von Flugzeugen) (*f.* - *Flugw.*), avionica.
Avis (Bericht) (*m.* - *allg.*), avviso. 2 Versand ~ (Versandanzeige) (*Transp.* - *komm.*), avviso di spedizione.
avisieren (*allg.*), avvisare.
Avivage (Avivieren) (*f.* - *Text.* - *Chem.*), avvivaggio.
AVK (Arbeitsgemeinschaft Verstärkte Kunststoffe) (*chem. Ind.*), Gruppo di Lavoro per Resine Rinforzate.
« Avometer » (Vielfachmessgerät) (*elekt. Ger.*), multimetro.
AVR (automatische Verstärkungsregelung) (*Funk.*), regolatore automatico di guadagno.
Aw (Amperewindung) (*Elekt.*), amperspira.
a. W. (ab Werk) (*komm.*), franco fabbrica.
ä. W. (äussere Weite, eines Rohres z. B.) (*Mass*), diametro esterno.
AWA (Arbeitsgemeinschaft Wasser) (*Hydr.*), gruppo di lavoro acque.
AWF (Ausschuss der wirtschaftliche Fertigung) (*Ind.*), Comitato Economia della Produzione.
AW Zahl (Amperewindungszahl) (*Elekt.*), amperspire.
axial (*Geom.* - *etc.*), assiale. 2 ~ e Beanspruchung (*f.* - *Baukonstr.lehre*), sollecitazione assiale.
Axialdruck (*m.* - *Mech.* - *etc.*), spinta assiale.

2 ~ **lager** (*n.* - *Mech.* - *naut.*), cuscinetto di spinta, supporto di spinta, reggispinta.
Axialfreiwinkel (Rückfreiwinkel) (*m.* - *Werkz.*), angolo di spoglia inferiore assiale.
Axialkompressor (*m.* - *Masch.*), compressore assiale.
Axiallager (*n.* - *Mech.* - *naut.*), cuscinetto di spinta, supporto di spinta, reggispinta.
Axialluft (*f.* - *Mech.*), gioco assiale.
Axialmessgerät (Axialspielmessgerät, einer Turbine z. B.) (*n.* - *Ger.*), misuratore di gioco assiale, indicatore di gioco assiale.
Axialpumpe (*f.* - *Masch.*), pompa assiale.
Axialschlag (Planlaufabweichung, bei der Umdrehung einer Scheibe z. B.) (*m.* - *Mech.* - *Fehler*), errore di oscillazione assiale.
Axialschnitt (*m.* - *Zeichn.* - *etc.*), sezione assiale.
Axialspanwinkel (Rückspanwinkel) (*m.* - *Werkz.*), angolo di spoglia superiore assiale.
Axialspiel (*n.* - *Mech.*), gioco assiale.
Axialsteigung (eines Wälzfräsers z. B.) (*f.* - *Werkz.*), passo assiale.
Axialturbine (*f.* - *Masch.*), turbina assiale.
Axialverdichter (*m.* - *Masch.*), compressore assiale.
Axialvorschub (*m.* - *Werkz.masch.bearb.*), avanzamento assiale.
Axialwinkel (axialer Spanwinkel, eines Wälzfräsers) (*m.* - *Werkz.*), angolo di spoglia assiale.
Axiom (*n.* - *Math.*), assioma.
axiomatisch (*Math.*), assiomatico. ~ e Methode (*Math.*), metodo assiomatico.
Axiometer (*n.* - *naut. Ger.*), assiometro.
Axonometrie (*f.* - *Geom.*), assonometria.
Axt (*f.* - *Werkz.*), scure, ascia.
AZ (Azimut) (*Astr.* - *etc.*), azimut, angolo azimutale.
azeotrop (*Chem.*), azeotropico. 2 ~ es Gemisch (Gemisch von Flüssigkeiten, die durch Destillation nicht getrennt werden) (*Chem.*), miscuglio azeotropico.
Azetaldehyd (*n.* - *Chem.*), acetaldeide.
Azetat (*n.* - *Chem.*), acetato. 2 ~ film (Sicherheitsfilm) (*m.* - *Phot.*), pellicola all'acetato. 3 ~ seide (Azetatrayon) (*f.* - *Chem.* - *Textilind.*), raion all'acetato di cellulosa, raionacetato.
Azetimeter (*n.* - *chem. Instr.*), acetometro.
Azeton (Dimetylketon, Propanon) (*n.* - *Chem.*), acetone.
Azetonurie (*f.* - *Med.*), acetonuria.
Azetyl ($-CH_3\,CO$) (*n.* - *Chem.*), acetile. 2 ~ zellulose (Zelluloseazetat) (*f.* - *Chem.*), acetato di cellulosa, acetilcellulosa.
Azetylen (C_2H_2) (Äthin) (*n.* - *Chem.*), acetilene. 2 ~ brenner (*m.* - *Beleucht.*), becco ad acetilene, bruciatore per acetilene. 3 ~ entwickler (*m.* - *App.*), generatore di acetilene. 4 ~ flasche (*f.* - *Ind.*), bombola di (o per) acetilene. 5 ~ sauerstoffbrenner (*m.* - *Ger.*), cannello ossiacetilenico. 6 ~ sauerstoffschweissung (*f.* - *mech. Technol.*), saldatura ossiacetilenica.
Azid (Sprengstoff) (*n.* - *Expl.*), azotidrato, azide, azoturo.
Azidimetrie (*f.* - *Chem.*), acidimetria.
Azidität (Säuregehalt) (*f.* - *Chem.*), acidità.

Azimut (Winkel) (*m. - n. - naut. - Flugw.*), angolo azimutale. 2 ~ **zeiger** (*m. - Instr.*), bussola azimutale.
azimutal (*Astr. - etc.*), azimutale.
Azine (*f. - Chem.*), azina.
Azofarbstoffe (*m. - pl. - Chem.*), coloranti azoici.
Azotometer (Bürette zur Bestimmung des Stickstoffgehaltes) (*n. - chem. Ger.*), azotometro.
Azoverbindung (*f. - Chem.*), azocomposto, composto azoico.
Azur (*m. - Farbe*), azzurro.
Azurit [$Cu_3(CO_3)_2(OH)_2$] (Kupferlasur) (*m. - Min.*), azzurrite.
AZV (automatische Zielverfolgung) (*milit. - Funk.*), puntamento automatico, inseguimento automatico (del bersaglio).
azyklisch (*Chem.*), aciclico.

B

B (Baumégrad) (*chem. Masseinh.*), grado Baumé. **2** ~ (Bor) (*Chem.*), B, boro. **3** ~ (magnetische Induktion) (*Elekt.*), induzione magnetica. **4** ~ (Bel, Masseinheit für Dämpfung oder Verstärkung) (*Masseinh.*), B, bel. **5** ~ (Bundesstrasse) (*Strass.*), strada federale, strada statale. **6** ~ (Basis, eines Transistors) (*Elektronik*), base. **7** ~ (Muffenstück mit Muffenstutzen) (*Leit.*), raccordo a bicchiere con diramazione a bicchiere a 90°. **8** ~ (vieldrähtig, Kabel) (*Elekt.*), a più fili.

b (Bar) (*phys. Masseinh.*), bar, megabaria. **2** ~ (bel, Masseinheit für Dämpfung oder Verstärkung) (*Masseinh.*), bel. **3** ~ (Beschleunigung) (*Mech.*), accelerazione. **4** ~ (Bes, Einheit für die Masse = 1 kilogramm) (*Einh.*), b, bes.

b (Beschleunigung) (*Phys.*), a, accelerazione.

Ba (Barium) (*Chem.*), Ba, bario.

BAB (Bundesautobahnen) (*Aut.*), autostrade federali.

« Babbeln » (Übersprechen zwischen zwei oder mehr Übertragungskanälen) (*Funk.*), bisbiglio, interferenza.

Babbittmetall (Lagermetall) (*n. - Metall.*), metallo babbitt, metallo antifrizione, metallo bianco (per cuscinetti).

Ba-Bindung (für Schelifscheiben, Kunstharzbindung) (*f. - Warkz.*), legante resinoide, impasto resinoide, agglomerante resinoide.

BABS-Verfahren (Beam Approach Beacon System, ein Navigationsverfahren) (*n. - Radar*), radarfaro di avvicinamento direzionale.

Bach (*m. - Geogr.*), ruscello. **2** ~ **geröll** (*n. - Bauw.*), ciottolo di fiume, « pillora ». **3** ~ **wackenmauerwerk** (*n. - Bauw.*), muratura in ciottoli di fiume.

B-Achse (angetriebene Achse des Zugfahrzeugs eines Sattelzuges) (*f. - Fahrz.*), assale motore, assale posteriore (della motrice).

Back (Vorderaufbau eines Schiffes) (*f. - Schiffbau*), castello di prua. **2** ~ **bord** (*n. - naut.*), sinistra, fianco sinistro. **3** ~ **bordmotor** (*m. - Flugw. - naut.*), motore sinistro, motore di sinistra. **4** ~ **bord-Seitenlampe** (rot) (*f. - naut.*), fanale di via di sinistra (rosso). **5** ~ **fähigkeit** (von Kohle z. B.) (*f. - Ofen - Verbr. - etc.*), agglutinabilità. **6** ~ **fähigkeit** (Backvermögen eines Steinkohles, koksbildende Eigenschaft) (*Brennst.*), capacità cokificante, proprietà cokificante. **7** ~ **kohle** (*f. - Brennst.*), carbone agglutinante. **8** ~ **ofen** (*m. - Ofen*), forno di cottura. **9** ~ **spier** (*f. - naut.*), buttafuori. **10** ~ **stag** (*m. - naut.*), paterazzo. **11** ~ **stein** (Ziegelstein, Mauerstein) (*m. - Maur.*), mattone, laterizio, cotto. **12** ~ **steinbau** (*m. - Bauw.*), costruzione in mattoni. **13** ~ **steinflachschicht** (*f. - Bauw.*), ammattonato. **14** ~ **steinmauerwerk** (*n. - Bauw.*), muratura in mattoni, muratura in cotto. **15** ~ **steinofen** (*m. - Bauw. - Ofen*), fornace, forno per laterizi. **16** ~ **steinpflaster** (*n. - Bauw.*), ammattonato. **17** ~ **steinschicht** (*f. - Maur.*), corso di mattoni. **18** ~ **steinwand** (Ziegelsteinwand) (*f. - Bauw.*), muro di mattoni. **19 auf** ~ **bord** (*naut.*), a sinistra. **20 nach** ~ **bord wenden** (*naut.*), virare a sinistra, barra a sinistra.

back (*adv. - naut.*), a collo.

Backe (*f. - allg.*), ganascia. **2** ~ (einer Bremse) (*Mech. - Fahrz.*), ceppo. **3** ~ (eines Schraubstockes) (*Mech.*), ganascia. **4** ~ (einer Reiss·schiene) (*Zeichn. - Ger.*), traversa. **5** ~ (Klemmbacke, einer Schmiedemaschine) (*Masch.*), (piastrone) portamatrici. **6** ~, *siehe auch* Backen. **7 bewegliche** ~ (bewegliche Klemmbacke, einer Schmiedemaschine) (*Masch.*), (piastrone) portamatrici mobile. **8 feste** ~ (feste Klemmbacke, einer Schmiedemasch.) (*Masch.*), (piastrone) portamatrici fisso. **9 Gewindeschneid** ~ (*Werkz.*), pettine per filettare. **10 Gewindewalz** ~ (*Mech.*), rullo per filettare. **11 Spann** ~ (eines Futters) (*Werkz. masch.*), griffa, ganascia, morsetto. **12 zweiteilige** ~ (Gewindebacke) (*Werkz.*), filiera regolabile.

Backen (*f. - pl. - Mech. - Aut. - etc.*), ganasce. **2** ~, *siehe auch* Backen (*n.*). **3** ~ **brecher** (*m. - Masch.*), frantoio a mascelle. **4** ~ **bremse** (*f. - Mech. - Fahrz.*), freno a ceppi. **5** ~ **futter** (einer Drehbank) (*n. - Werkz. masch.*), mandrino autocentrante, mandrino a griffe, autocentrante. **6** ~ **meissel** (*m. - Bergbauwerkz.*), scalpello ad alette. **7** ~ **öffnung** (*f. - Mech. - Werkz.*), apertura della morsa. **8** ~ **quetsche** (*f. - Masch.*), frantoio a mascelle. **9** ~ **schiene** (Anschlagschiene) (*f. - Eisenb.*), controago. **10 Anlauf- und Ablauf** ~ **bremse** (*Aut.*), freno ad azione avvolgente e svolgente. **11 Blei** ~ (eines Schraubstockes) (*Mech.*), mordacce, controganasce (di piombo).

Backen (*n. - Ind. - Verbr.*), cottura (in forno). **2** ~ (des Kokses) (*Verbr.*), cokefazione.

backen (*Ind.*), cuocere al forno. **2** ~ (kleben) (*Mech. - etc.*), incollarsi. **3** ~ (zusammenbinden) (*allg.*), agglomerarsi.

backend (Kohle) (*Verbr.*), agglutinante.

Bäcker (*m. - Arb.*), fornaio.

backfähig (Kohle z. B.) (*Ofen - Verbr. - etc.*), agglutinabile.

Bad (*n. - allg.*), bagno. **2** ~ (*Bauw.*), bagno. **3** ~ (*Metall. - Giess.*), bagno. **4** ~ (*Chem.*), bagno. **5** ~ **aufkohlen** (*n. - Wärmebeh.*), cementazione in mezzo liquido. **6** ~ **bewegung** (*f. - Giess.*), agitazione del bagno. **7** ~ **e·anstalt** (*f. - Bauw.*), stabilimento balneare. **8** ~ **e·anzug** (*m. - Textilind.*), costume da bagno. **9** ~ **e·kabine** (Badezelle) (*f. - Bauw.*), cabina (per bagni). **10** ~ **e·ofen** (*m. - Bauw.*), scaldabagno (a legna o carbone). **11** ~ **e·salz**

(*n. - chem. Ind.*), sale da bagno. **12** ~ e·**wanne** (*f. - Bauw.*), vasca da bagno. **13** ~ e·**wannenkurve** (Kurve der Ausfallhäufigkeit als Funktion der Lebensdauer) (*f. - Stat.*), curva del tasso di guasto in funzione della durata. **14** ~ e·**zimmer** (*n. - Bauw.*), stanza da bagno, bagno. **15** ~ **nitrieren** (*n. - Wärmebeh.*), nitrurazione in bagno. **16** ~ **zementieren** (*n. - Wärmebeh.*), carbocementazione in liquido. **17 Abschreck** ~ (*Wärmebeh.*), bagno di tempra. **18 Dampf** ~ (*Chem.*), bagno di vapore. **19 eingebaute** ~ e·**wanne** (*Bauw.*), vasca da bagno incassata. **20 elektrolytisches** ~ (*Elektrochem.*), bagno elettrolitico. **21 Entwicklungs** ~ (*Phot.*), bagno di sviluppo. **22 Fixier** ~ (*Phot.*), bagno di fissaggio. **23 galvanisches** ~ (*Elektrochem.*), bagno galvanico. **24 Gas** ~ e·**ofen** (*m. - Bauw. - App.*), scaldabagno a gas. **25 Kühl** ~ (Abschreckbad) (*Wärmebeh.*), bagno di tempra. **26 Luft** ~ (*Chem.*), bagno d'aria. **27 Metall** ~ (*Metall. - Ofen*), bagno metallico. **28 Öl** ~ (*Mech. - etc.*), bagno d'olio. **29 Öl** ~ **schmierung** (*f. - Mech. - etc.*), lubrificazione a bagno d'olio. **30 Sand** ~ (*Chem.*), bagno di sabbia, bagno·sabbia. **31 Schwimm** ~ (eines Schiffes z. B.) (*Bauw. - etc.*), piscina. **32 Tauch** ~ **schmierung** (*f. - Mot.*), lubrificazione a sbattimento. **33 Zink** ~ (*Elektrochem.*), bagno di zincatura.
badnitriert (*Wärmebeh.*), nitrurato in bagno.
Baffle (*n. - Vakuumtechnik*), « baffle, schermo ».
BAG (Bundesanstalt für Güterfernverkehr) (*Transp.*), Istituto Federale per il Traffico Merci.
Bagasse (ausgepresstes Zuckerrohr) (*f. - chem. Ind.*), bagasse esaurite.
Bagatelljustiz (Bagatellgerichtsbarkeit) (*f. - recht.*), giustizia sommaria.
Bagger (Trockenbagger) (*m. - Erdbew.masch.*), escavatore, escavatrice. **2** ~ (Nassbagger) (*Erdbew.masch.*), draga, escavatore subacqueo. **3** ~ **ausleger** (*m. - Erdbew.masch.*), braccio dell'escavatore. **4** ~ **boot** (*n. - Erdbew. masch.*), battello draga. **5** ~ **eimer** (*m. - Erdbew.masch.*), secchio, tazza (per escavatore). **6** ~ **führer** (*m. - Arb.*), escavatorista. **7** ~ **gut** (*n. - Erdbew.masch.*), materiale scavato. **8** ~ **löffel** (*m. - Erdbew.masch.*), cucchiaia. **9** ~ **prahm** (Baggerschiff) (*m. - Erdbew.masch.*), draga, battello draga. **10 Eimer** ~ (Nassbagger) (*Erdbew.masch.*), draga a secchie, draga a tazze. **11 Eimerkettenschwenk** ~ (Trockenbagger) (*Erdbew. masch.*), escavatore a catena di tazze. **12 Eimerseil** ~ (Schürfkübelbagger, Zugkübelbagger, Schleppschaufelbagger) (*Erdbew. masch.*), escavatore a benna trainata, escavatore a benna strisciante, « dragline », escavatore con benna a strascico. **13 Greif** ~ (*Erdbew.masch.*), escavatore a benna mordente. **14 Hochlöffel** ~ (*Erdbew.masch.*), escavatore a cucchiaia spingente. **15 hydraulischer** ~ (Hydro-Bagger, mit hydraulischem Antrieb) (*Erdbew.masch.*), escavatore ad azionamento idraulico. **16 Löffel** ~ (*Erdbew. masch.*), escavatore a cucchiaia, escavatore a pala, escavatore a badilone. **17 Nass** ~ (*Erdebew.masch.*), draga, escavatore subacqueo. **18 Planier** ~ (*Erdbew.masch.*), escavatore livellatore. **19 Saug** ~ (*Erdbew.masch.*), draga succhiante, escavatore a pompa aspirante. **20 Schleppschaufel** ~ (Zugkübelbagger, Eimerseilbagger) (*Erdbew.masch.*), escavatore a benna trainata, escavatore a benna strisciante (o raschiante), « dragline ». **21 Schwimm** ~ (*Erdbew.masch.*), draga galleggiante. **22 Tieflöffel** ~ (*Erdbew.masch.*), escavatore a cucchiaia rovescia. **23 Universal** ~ (*Erdbew.masch.*), escavatore universale.
baggern (*Erdbew.*), scavare. **2** ~ (mit Nassbagger) (*Erdbew.*), dragare.
Baggerung (mit Trockenbagger) (*f. - Erdbew.*), scavo. **2** ~ (mit Nassbagger) (*Erdbew.*), dragaggio.
Bagienrah (Begienrah) (*f. - naut.*), pennone di mezzana.
Bagiensegel (Kreuzsegel) (*n. - naut.*), mezzana, vela di mezzana.
Bahn (Eisenbahn) (*f. - Eisenb.*), ferrovia. **2** ~ (der Planeten z. B.) (*Astr. - Kernphys.*), orbita. **3** ~ (eines Geschosses z. B.) (*Ballistik-Flugw. - etc.*), traiettoria. **4** ~ (Führungsbahn, an Maschinen) (*Mech. - Werkz.masch.*), guida. **5** ~ (Fläche, Gleitbahn) (*Mech.*), superficie di scorrimento. **6** ~ (eines Handhammers) (*Werkz.*), bocca. **7** ~ (einer Autostrasse) (*Strasse*), carreggiata. **8** ~ (eines Ambosses) (*Werkz.*), piano. **9** ~ (eines Kugellagers z. B.) (*Mech. - etc.*), pista. **10** ~ (Band, von Papier z. B.) (*Ind.*), nastro, materiale in foglio continuo. **11** ~ (Breite, eines Gewebes) (*Text.*), altezza. **12** ~, siehe auch Eisenbahn. **13** ~ **anlagen** (Bahnbetriebsanlagen) (*f. - pl. - Eisenb.*), impianti ferroviari. **14** ~ **arbeiter** (*m. - Arb. - Eisenb.*), operaio addetto alla costruzione di ferrovie. **15** ~ **behälter** (*m. - Eisenb. - Transp.*), « container » ferroviario. **16** ~ **betriebswagenwerk** (für Reisezugwagen, Bww) (*n. - Eisenb.*), deposito carrozze. **17** ~ **betriebswerk** (Lokomotivbetriebswerk, Bw) (*n. - Eisenb.*), deposito locomotive. **18** ~ **bewegung** (*f. - Astr. - Kernphys.*), movimento orbitale. **19** ~ **brücke** (*f. - Bruck.b. - Eisenb.*), ponte ferroviario. **20** ~ **damm** (*m. - Eisenb. - Ing.b.*), terrapieno ferroviario. **21** ~ **ebene** (*f. - Astr.*), piano orbitale. **22** ~ **frachtbrief** (*m. - Eisenb. - Transp.*), lettera di vettura (ferroviaria). **23** ~ **frachttarif** (*f. - Eisenb. - Transp.*) tariffa ferroviaria per merci. **24** ~ **frei** (*Eisenb. signal*), via libera. **25** ~ **geschwindigkeit** (*f. - NC-Werkz.masch.bearb.*), velocità di avanzamento. **26** ~ **gesperrt** (*Eisenb. signal*), via bloccata. **27** ~ **hof** (*m. - Eisenb.*), siehe Bahnhof. **28** ~ **knotenpunkt** (*m. - Eisenb.*), nodo ferroviario. **29** ~ **knotenpunkt** (Knotenpunktbahnhof) (*Eisenb.*), stazione nodale. **30** ~ **körper** (Unterbau) (*m. - Eisenb.*), piattaforma stradale, piano di regolamento, corpo stradale. **31** ~ **kreuzung** (*f. - Eisenb. - Strasse*), passaggio a livello. **32** ~ **kreuzung** (Gleiskreuzung) (*Eisenb.*), crociamento ferroviario. **33** ~ **linie** (*f. - Eisenb.*), linea ferroviaria. **34** ~ **linie** (beim Umformvorgang) (*Schmieden*), linea di scorrimento. **35** ~ **metall** (Lagermetall, Bleilegierung mit Zinn, Zink, Kadmium, etc.) (*n. - Metall.*), metallo antifrizione. **36** ~ **motoren** (*m. - pl. - Eisenb. - Mot.*), motori per trazione fer-

Bahn

roviaria. 37 ~ netz (*n. - Eisenb.*), rete ferroviaria. 38 ~ nicht frei (*Eisenb.signal*), via impedita. 39 ~ oberbau (*m. - Eisenb.*), sovrastruttura. 40 ~ planum (*n. - Eisenb.*), piano di regolamento, corpo stradale. 41 ~ postwagen (*m. - Eisenb.*), carrozza postale, vagone postale. 42 ~ räumer (Schienenräumer, Gleisräumer, einer Lokomotive) (*m. Eisenb.*), cacciapietre. 43 ~ rennen (*n. - Aut. - Sport*), corsa in pista. 44 ~ schranke (*f. - Eisenb.*), sbarra (di passaggio a livello). 45 ~ schwelle (*f. - Eisenb.*), traversina ferroviaria. 46 ~ schwingung (Phugoidschwingung) (*f. - Flugw.*), oscillazione fugoide. 47 ~ selbstanschlussanlage (Fernsprechwählanlage, BASA) (*f. - Eisenb. - Fernspr.*), impianto telefonico automatico ferroviario. 48 ~ spannungsregler (*m. - Papierind.*), regolatore della tensione del nastro. 49 ~ steig (eines Bahnhofs) (*m. - Eisenb.*), marciapiedi (di stazione). 50 ~ steigdach (*n. - Eisenb.*), pensilina di marciapiedi (ferroviario). 51 ~ steighalle (*f. - Eisenb. - Bauw.*), tettoia ferroviaria. 52 ~ steigunterführung (*f. - Bauw.*) - *Eisenb.*), sottopassaggio. 53 ~ -Steuerung (Kontursteuerung, Formbearbeitungs-Steuerung, numerische Steuerung) (*f. - Werkz. masch.bearb.*), comando (numerico) di contornatura, comando continuo. 54 ~ strecke (*f. - Eisenb.*), tronco ferroviario. 55 ~ strom (*m. - Elekt.*), corrente (per trazione) ferroviaria. 56 ~ überbrückung (Bahnüberführung) (*f. - Bauw.*), cavalcavia. 57 ~ übergang (*m. - Eisenb.*), passaggio a livello. 58 ~ umformer (3:1 Frequenzumformer) (*m. - Elekt.*), convertitore di frequenza 3 : 1. 59 ~ unterführung (*f. - Bauw. - Eisenb.*), sottopassaggio (ferroviario). 60 ~ versand (*m. - Transp. - komm.*), spedizione per ferrovia. 61 ~ wächter (Bahnwärter) (*m. - Eisenb. - Arb.*), cantoniere. 62 ~ wächterbude (*f. - Eisenb. - Bauw.*), casa cantoniera. 63 ~ wärter (Bahnwächter) (*m. - Arb.*), cantoniere. 64 Adhäsions ~ (*Eisenb.*), siehe Reibungsbahn. 65 Amboss ~ (*Werkz.*), piano dell'incudine. 66 Auto ~ (*Strasse*), autostrada (a doppia carreggiata). 67 Breitspur ~ (*Eisenb.*), ferrovia a scartamento largo. 68 Dampf ~ (*Eisenb.*), ferrovia a vapore. 69 einspurige ~ (*Transp.*), ferrovia ad un binario. 70 Eisen ~ (*Eisenb.*), ferrovia. 71 elektrische ~ (*Eisenb.*), ferrovia elettrica. 72 Feld ~ (*Transp.*), ferrovia tipo Decauville, ferrovia portatile. 73 Flug ~ (*Flugw.*), linea di volo, traiettoria di volo. 74 Flug ~ zeichner (*m. - Flugw. - Instr.*), indicatore di rotta registratore. 75 Führungs ~ (*Mech.*), guida. 76 Gleit ~ (*Mech.*), superficie di scorrimento. 77 Gondel ~ (*Transp.*), linea di telecabine, « bidonvia ». 78 Gruben ~ (*Bergbau - Eisenb.*), ferrovia da miniera. 79 Hafen ~ (*Eisenb. - naut.*), ferrovia portuale, ferrovia al servizio di un porto. 80 Haupt ~ (*Eisenb.*), ferrovia principale. 81 Hoch ~ (*Transp.*), ferrovia sopraelevata. 82 Keil ~ (*Mech.*), sede per chiavetta. 83 Neben ~ (*Eisenb.*), ferrovia secondaria. 84 Pendel ~ (*Seilbahn*) (*Transp.*), funivia a va e vieni. 85 Privat ~ (*Eisenb.*), ferrovia privata. 86 Reibungs ~ (Adhäsionsbahn) (*Eisenb.*), ferrovia ad aderenza. 87 Regelspur ~ (Normalspurbahn) (*Eisenb.*), ferrovia a scartamento normale. 88 Renn ~ (*Aut. - Sport*), pista. 89 Schmalspur ~ (*Eisenb.*), ferrovia a scartamento ridotto. 90 Seil ~ (*Transp.*), funicolare, funivia. 91 Seil ~ betrieb (*m. - Transp.*), esercizio funicolare. 92 Seilschwebe ~ (Drahtseilbahn) (*Transp.*), funivia. 93 Sessel ~ (*Transp.*), seggiovia. 94 Staats ~ (*Eisenb.*), ferrovia dello Stato. 95 Stadt ~ (*Eisenb.*), ferrovia urbana, metropolitana. 96 Strassen ~ (*Transp.*), tramvia. 97 Tief ~ (*Eisenb.*), ferrovia sotterranea. 98 Umlaufseil ~ (*Transp.*), funivia continua. 99 Umlaufseil ~ mit selbsttätiger Klemmvorrichtung (*Transp.*), funivia continua ad agganciamento automatico. 100 Untergrund ~ (*Transp.*), metropolitana. 101 Zahnrad ~ (*Eisenb.*), ferrovia a cremagliera, ferrovia a dentiera.

bahnen (gangbar machen) (*allg.*), aprire.
bahnfrei (franko bis zum Waggon) (*komm.*), franco vagone.
bahngesteuert (*NC-Werkz.masch.*), a comando di contornatura, a posizionamento continuo, a comando di posizione continuo.
Bahnhof (*m. - Eisenb.*), stazione. 2 ~ halle (*f. - Bauw.*), atrio della stazione. 3 ~ überdachung (*f. - Bauw.*), tettoia della stazione. 4 ~ s·vorplatz (zum Verkehr zwischen Bahnhof und Stadt) (*m. - Bauw.*), piazzale della stazione. 5 ~ vorsteher (*m. - Arb.*), capostazione. 6 ~ wirtschaft (*f. - Bauw.*), ristorante della stazione. 7 Abstell ~ (*Eisenb.*), scalo per la formazione di treni viaggiatori. 8 Anschluss ~ (*Eisenb.*), stazione di diramazione, stazione di raccordo. 9 Brücken ~ (Turmbahnhof) (*Eisenb.*), stazione a torre. 10 Durchgangs ~ (*Eisenb.*), stazione di transito, stazione di passaggio. 11 End ~ (*Eisenb.*), stazione terminale, capolinea. 12 Flügel ~ (*Eisenb.*), stazione secondaria. 13 Güter ~ (*Eisenb.*), stazione merci. 14 Hafen ~ (*Eisenb.*), stazione ferroviaria marittima. 15 Haupt ~ (*Eisenb.*), stazione principale, stazione centrale. 16 Industrie ~ (*Eisenb.*), stazione (privata) di industria. 17 Insel ~ (*Eisenb.*), stazione ad isola. 18 Keil ~ (*Eisenb.*), stazione a cuneo, stazione a freccia. 19 Knotenpunkt ~ (*Eisenb.*), stazione nodale, stazione multipla. 20 Kopf ~ (*Eisenb.*), stazione di testa. 21 Kreuzungs ~ (*Eisenb.*), stazione di incrocio. 22 Lokomotiv ~ (*Eisenb.*), deposito per locomotive. 23 Personen ~ (*Eisenb.*), stazione viaggiatori. 24 Rangier ~ (Verschiebebahnhof) (*Eisenb.*), stazione di smistamento. 25 Turm ~ (*Eisenb.*), stazione a torre. 26 Übergangs ~ (Kreuzungsbahnhof) (*Eisenb.*), stazione di incrocio. 27 Verschiebe ~ (*Eisenb.*), stazione di smistamento. 28 vereinigter Kopf- und Durchgangs ~ (*Eisenb.*), stazione mista. 29 Vieh ~ (*Eisenb.*), scalo bestiame. 30 Zwischen ~ (*Eisenb.*), stazione intermedia.
Bai (Bucht) (*f. - Geogr.*), baia.
Bainit (*m. - Metall.*), bainite. 2 ~ härtung (Zwischenstufenumwandlung, Zwischenstufenvergütung, Isothermhärtung) (*f. - Wärme-*

beh.), bonifica isotermica, bonifica intermedia, tempra bainitica isotermica.
bainitisch (*Metall.*), bainitico. 2 ~ **es Gusseisen** (*Metall. - Giess.*), ghisa bainitica.
Baisse (Sinken der Börsenkurse) (*f. - finanz.*), ribasso. 2 ~ **spekulation** (*f. - finanz.*), speculazione sul ribasso. 3 ~ **tendenz** (*f. - finanz.*), tendenza al ribasso.
Baissier (*m. - finanz.*), ribassista.
Bajonett (*n. - Waffe*), baionetta. 2 ~ **fassung** (Schwanfassung) (*f. - Elekt.*), portalampade a baionetta. 3 ~ **sockel** (*m. - Elekt.*), attacco a baionetta. 4 ~ **verschluss** (*m. - Mech.*), innesto a baionetta.
Bake (*f. - Schiffverkehrssignal*), meda. 2 ~ (*Eisenb.signal*), tavola di orientamento. 3 ~ (Absteckpfahl, bei Vermessungen) (*Top.*), palina. 4 ~ (Bakensender, Funkbake) (*Funk.*), radiofaro. 5 ~ **n·boje** (*f. - naut.*), boa di segnalazione.
bakelisiert (*Chem.*), bachelizzato.
Bakelit (*n. - Kunststoff*), bachelite.
Bakterien (*f. - pl. - Med.*), batteri. 2 ~ **kunde** (Bakteriologie) (*f. - Med.*), batteriologia.
bakterientötend (*Chem. - etc.*), germicida. 2 ~ **e Lampe** (*Ger.*), lampada germicida.
Bakteriologe (*m. - Med.*), batteriologo.
bakteriologisch (*Med.*), batteriologico.
Balance (Gleichgewicht) (*f. - allg.*), equilibrio. 2 ~ **-Generator** (*m. - Elekt.*), oscillatore simmetrico, oscillatore bilanciato. 3 ~ **regler** (Lautstärkeregler bei stereophonen Übertragungen) (*m. - Akus.*), regolatore di volume. 4 ~ **ruder** (*n. - naut.*), timone compensato.
Balancier (*m. - Masch.*), bilanciere.
balancieren (*allg.*), equilibrare, bilanciare.
balanciert (*Elekt.*), equilibrato. 2 ~ **es Drehstromsystem** (*n. - Elekt.*), sistema trifase equilibrato.
Balata (*f. - Chem.*), balata.
Balatum (Feltbase bedruckte Wollfilzpappe, für Holz-Fussboden) (*n. - Bauw.*), balatum.
baldig (*allg.*), pronto, sollecito. 2 ~ **e Antwort** (*Büro*), sollecita risposta.
Balgen (Balg, eines phot. Apparates z. B.) (*m. - Phot. - etc.*), soffietto. 2 ~ **kamera** (Klappkamera) (*f. - Phot.*), macchina fotografica a soffietto. 3 ~ **mantel** (eines Kabels z. B.) (*m. - Elekt. - etc.*), guaina ondulata.
Balglinse (Profildichtung, aus Chrom-Molybdän-Stahl, mit Innendruckraum) (*f. - Mech.*), guarnizione con camera di pressione (per migliorare la tenuta).
Balken (*m. - Bauw.*), trave. 2 ~ (*Schiffbau*), baglio. 3 ~ (Querhaupt, Traverse einer Fräsmaschine z. B.) (*Werkz.masch.*), traversa. 4 ~ (schwarze Linie auf Testbildern) (*Fernseh.*), barra, linea nera. 5 ~ **auf zwei Stützen** (*Baukonstr.lehre*), trave su due appoggi. 6 ~ **brücke** (*f. - Bauw.*), ponte a trave con parete piena. 7 ~ **bucht** (*f. - Schiffbau*), bolzone (di baglio). 8 ~ **diagramm** (Planungstechnik) (*n. - Ind. - etc.*), istogramma, diagramma a colonne. 9 ~ **fertigteil** (aus Stahlbeton z. B.) (*m. - Bauw.*), trave prefabbricata. 10 ~ **floss** (*n. - naut.*), zattera. 11 ~ **herdofen** (Schrittmacherofen) (*m. - Metall.*), forno a longheroni mobili. 12 ~ **kiel** (*m. - Schiffbau*), chiglia massiccia. 13 ~ **knie** (*n. - Schiffbau*), bracciuolo di baglio. 14 ~ **kopf** (*m. - Bauw.*), estremità della trave. 15 ~ **plan** (Planungstechnik) (*m. - Ind. - etc.*), siehe Balkendiagramm. 16 ~ **schwingung** (Querschwingung, eines Stabes, Biegeschwingung) (*f. - Mech.*), oscillazione trasversale, oscillazione flessionale. 17 ~ **waage** (*f. - Ger.*), bilancia a braccio. 18 **Deck** ~ (*Schiffbau*), baglio di coperta. 19 **durchlaufender** ~ (kontinuierlicher Balken) (*Baukonstr.lehre*), trave continua. 20 **einfacher** ~ (*Baukonstr.lehre*), trave semplicemente appoggiata. 21 **eingespannter** ~ (*Baukonstr.lehre*), trave incastrata. 22 **einseitig eingespannter** ~ (*Baukonstr.lehre*), trave semiincastrata. 23 **gestreckter** ~ (*metall. Ind.*), trave stirata, trave di lamiera stirata. 24 **halbeingespannter** ~ (*Baukonstr.lehre*), trave semiincastrata. 25 **Holz** ~ (*Bauw.*), trave in legno. 26 **Platten** ~ (*Bauw.*), soletta nervata. 27 **Stahlbeton** ~ (*Bauw.*), trave in cemento armato. 28 **Trag** ~ (*Bauw.*), trave portante. 29 **zusammengesetzter** ~ (*Bauw.*), trave composita.
Balkon (*m. - Bauw.*), balcone.
Balkweger (*m. - Schiffbau*), dormiente.
Ball (*m. - allg.*), palla. 2 ~ **eisen** (*n. - Werkz.*), scalpello. 3 ~ **empfänger** (*m. - Funk.*), ricetrasmettitore. 4 ~ **senden** (*n. - Funk. - etc.*), ritrasmissione, ripetizione. 5 ~ **station** (*f. - Funk. - etc.*), stazione ripetitrice, stazione ricetrasmittente. 6 ~, siehe auch Ballen.
Ballast (*m. - naut. - Flugw.*), zavorra. 2 ~ (Gegengewicht, eines Kranes z. B.) (*Masch.*), contrappeso. 3 ~ **ausgabe** (*f. - naut. - Flugw.*), scarico della zavorra. 4 ~ **eisen** (*n. - naut.*), zavorra di pani di ghisa, « salmoni ». 5 ~ **kiel** (einer Jacht) (*m. - naut.*), chiglia di zavorra. 6 ~ **stoffe** (die nicht brennbaren Substanzen eines Brennstoffes, d. h., Mineralsubstanz und Feuchtigkeit) (*m. pl. - Brennst.*) (sostanze) incombustibili. 7 ~ **tank** (für den Wasserballast) (*m. - naut.*), cassa per zavorra liquida, cisterna per zavorra liquida. 8 ~ **widerstand** (*m. - Elekt.*), resistenza zavorra. 9 **in** ~ (*naut.*), in zavorra. 10 **Wasser** ~ (*naut.*), zavorra d'acqua.
ballasten (*naut.*), zavorrare.
Ballen (*m. - Transp. - komm.*), balla. 2 ~ (Mittelteil einer Walze) (*Walzw.*), corpo centrale. 3 ~ **binder** (*m. - Arb.*), imballatore. 4 ~ **brecher** (Ballenöffner) (*m. - Masch.*), apriballe. 5 ~ **griff** (*m. - Mech.*), pomello, manopola, impugnatura a pomello. 6 ~ **lackierung** (Ballenpolitur) (*f. - Anstr.*), verniciatura a tampone, finitura a tampone. 7 ~ **mühle** (*f. - Masch.*), mulino a palle. 8 ~ **oberfläche** (einer Walze) (*f. - Walzw.*), superficie di lavoro (del cilindro). 9 ~ **presse** (*f. - Masch.*), pressa per balle. 10 ~ **waren** (*m. - pl. - komm.*), merce in balle. 11 **in** ~ **verpacken** (*Transp.*), imballare in balle.
ballen (in Ballen verpacken) (*Transp.*), imballare in balle.
ballig (*Mech.*), bombato, convesso. 2 ~ **drehen** (*Mech.*), tornire sferico. 3 ~ **e Flanke** (eines Zahnes) (*Mech.*), fianco bombato. 4 ~ **e Verzahnung** (*Mech.*), dentatura bombata.
Balligdrehen (*n. - Werkz.masch.bearb.*), tornitura sferica, tornitura convessa.

Balligdrehvorrichtung (*f. - Werkz.masch.*), accessorio per tornitura sferica, accessorio per bombare.
Balligkeit (*f. - Mech.*), bombatura, convessità. 2 ~ (Abweichung einer Zahnflanke von der theoretischen Flankenfläche) (*Mech.*), bombatura, bombé. 3 Breiten ~ (Endabrundung, eines Zahnes) (*Mech.*), spoglia d'estremità. 4 Höhen ~ (eines Zahnes, Abweichung einer Zahnflanke von der theoretischen Flankenfläche nach dem Zahnkopf und Zahnfuss gemessen) (*Mech.*), spoglia (di troncatura o di base).
Balligverzahnung (Bearbeitung und Ergebnis) (*f. - Werkz.masch.bearb.*), dentatura bombata.
Ballistik (*f. - Lehre*), balistica.
ballistisch (*Ballistik*), balistico. 2 ~ es Galvanometer (*Elekt. - Instr.*), galvanometro balistico.
Ballistit (*m. - Expl.*), balistite.
Balloelektrizität (tritt auf wenn die Ladungen getrennt werden z. B. bei plötzlicher Zerstäubung, bei Wasserfällen, Lenard-Effekt) (*f. - Elekt.*), (elettricità da) effetto Lenard.
Ballon (Luftfahrzeug) (*m. - Flugw.*), pallone. 2 ~ (*chem. Ger.*), pallone. 3 ~ (Glasflasche) (*Chem. - Glasind.*), damigiana. 4 ~ (Tute, Düte, Allonge, bei Zinkgewinnung) (*Metall.*), allunga. 5 ~ anker (*m. - Flugw.*), àncora per aerostato. 6 ~ element (Meidinger-Element, Sturzelement) (*n. - Elekt.*), pila Meidinger. 7 ~ gurt (Traggurt) (*m. - Flugw.*), cerchio di sospensione. 8 ~ korb (*m. - Flugw.*), cesta del pallone, navicella del pallone. 9 ~ netz (*n. - Flugw.*), rete del pallone. 10 ~ reifen (Niederdruckreifen) (*m. - Aut.*), pneumatico a bassa pressione. 11 ~ segel (*n. - naut.*), fiocco pallone. 12 ~ sonde (*f. - Flugw.*), pallone sonda. 13 ~ stoff (*m. - Text. - Flugw.*), tessuto per palloni. 14 Beobachtungs ~ (*Flugw.*), pallone osservatorio. 15 Drachen ~ (*Flugw.*), pallone osservatorio, « draken ». 16 Fessel ~ (*Flugw.*), pallone frenato. 17 Frei ~ (*Flugw.*), pallone libero. 18 Luftsack ~ (*Flugw.*), aerostato con pallonetto. 19 Pilot ~ (*Flugw.*), pallone pilota. 20 Sperr ~ (*milit.*), pallone di sbarramento.
Ballonett (Luftsack) (*n. - Flugw.*), palloncino, camera di compensazione, camera d'aria. 2 ~ maul (*n. - Flugw.*), presa d'aria dinamica.
Ballung (*f. - Technol.*), sinterizzazione, agglomerazione. 2 ~ (von Teilchen) (*Kernphys.*), compressione. 3 ~ (Phasenfokussierung) (*Elektronik*), focalizzazione di fase. 4 ~ (Paketbildung, von Elektronen in einem Klystron z. B.) (*Elektronik*), impacchettamento, « bunching ». 5 ~ s·gebiet (*n. - Stat. - etc.*), territorio con forte densità di popolazione, territorio superaffollato. 6 ~ s·zenter (*m. - Strass.verk.*), centro ad alta intensità di traffico. 7 ~ s·zentrum (*n. - Bauw. - etc.*), centro metropolitano, centro con forte densità di popolazione. 8 städtisches ~ gebiet (*Bauw.*), agglomerato urbano.
Balsa (Balsaholz) (*n. - Holz*), legno balsa.
Baluster (kleine Säule einer Balustrade) (*m. - Arch.*), balaustro.
Balustrade (Brüstungsgeländer) (*f. - Arch.*), balaustrata.
BAM (Bundesamt für Materialprüfung) (*Technol.*), Istituto Federale Prova Materiali.
Bamagverfahren (zur Herstellung ven Saltpetersäure) (*n. - chem. Ind.*), processo Bamag.
Bambus (*m. - Holz*), bambù. 2 ~ rohr (*n. - Holz*), canna di bambù.
BAM-Test (für Schmierölprüfung, British Air Ministry-Test) (*m. - Chem.*), prova BAM.
Bananenbuchse (Bananensteckerbuchse) (*f. - Elekt.*), presa per spina a banana, presa jack.
Bananendampfer (Fruchtschiff) (*m. - naut.*), nave bananiera, bananiera.
Bananenröhre (lange Farbbildröhre) (*f. - Fernseh.*), cinescopio piatto (con cannone laterale).
Bananenstecker (*m. - Elekt.*), banana, spina unipolare.
Band (*n. - metall. Ind.*), nastro. 2 ~ (Fliessband) (*Ind.*), catena (di montaggio). 3 ~ (für Türen und Fenstern) (*Bauw.*), bandella. 4 ~ (von Frequenzen) (*Funk.*), banda. 5 ~ (eines Magnetophons) (*Elektroakus.*), nastro. 6 ~, siehe auch Band (*m.*). 7 ~ (Energieband, eines Halbleiters) (*Elektronik*), banda (di energia). 8 ~ (Spektrum) (*Phys.*), banda. 9 ~ (Streifen) (*Datenverarb.*), nastro, banda. 10 ~ (*Anatomie*), legamento. 11 ~ (*Datenverarb.*), siehe auch Streifen. 12 ~ (*Textilind.*), nastro. 13 ~ abstand (bei Halbleitern) (*m. - Elektronik*), interbanda, intervallo energetico. 14 ~ arbeit (*f. - Arb. - Organ.*), lavorazione a catena. 15 ~ arbeiter (*m. - Arb.*), catenista, addetto alla catena (di montaggio). 16 ~ archiv (*n. - Datenverarb. - etc.*), nastroteca. 17 ~ armierung (eines Kabels) (*f. - Elekt.*), armatura a nastro. 18 ~ aufnahme (*f. - Elektroakus.*), registrazione su nastro. 19 ~ aufnahmegerät (Schmalbandmagnetophon, Bandspieler) (*n. - Elektroakus.*), registratore a nastro, magnetofono a nastro. 20 ~ auftragschweissen (mit Bandelektrode) (*n. - Mech. - Technol.*), saldatura con elettrodo a nastro. 21 ~ begichtung (für die Beschickung moderner Hochofenanlagen) (*f. - Metall.*), caricamento a nastro. 22 ~ bewehrung (von Beton) (*f. - Bauw. - etc.*), armatura a nastro. 23 ~ breite (*f. - Funk.*), larghezza di banda. 24 ~ bremse (*f. - Mech.*), freno a nastro. 25 ~ datei (auf Band gespeicherte Daten) (*f. - Datenverarb.*), archivio su nastro, flusso su nastro. 26 ~ einheit (*f. - Datenverarb.*), unità a nastro magnetico. 27 ~ eisen (warmgewalztes Eisen) (*n. - Metall.*), moietta, reggia, reggetta. 28 ~ einsteller (einer Schreibmaschine) (*m. - Büromasch.*), regolatore del nastro. 29 ~ elektrode (*f. - Schweissen*), elettrodo nastriforme, elettrodo a nastro. 30 ~ endtaster (einer Feinschnittpresse z. B.) (*m. - Masch.*), sensore fine nastro. 31 ~ erder (*m. - Elekt.*), presa di terra a nastro. 32 ~ feder (*f. - Mech.*), molla a nastro. 33 ~ fehler (Lochstreifenfehler) (*m. - Datenverarb.*), errore di nastro. 34 ~ fernsprechschreiber (*m. - Fernspr.*), telefonografo a nastro. 35 ~ filter (*m. - Funk.*), filtro passabanda 36 ~ förderer (*m. - ind. Masch.*), trasportatore a nastro.

37 ~ generator (zur Erzeugung von Hochspannungen) (m. - Phys.), generatore di Van de Graaff (di altissima tensione). 38 ~ gerät (Magnettongerät) (n. - Elektroakus.), registratore a nastro, magnetofono a nastro. 39 ~ ~ kabel (n. - Fernspr. - Elekt.), cavo a nastro. 40 ~ lautsprecher (dynamischer Lautsprecher) (m. - Akus.), altoparlante magnetodinamico. 41 ~ leitung (f. - Elekt.), piattina. 42 ~ mass (Metermass) (n. - Ger.), metro a nastro. 43 ~ mikrophon (Bändchenmikrophon) (n. - Elektroakus.), microfono a nastro. 44 ~ montage (f. - Arb. - Organ.), montaggio a catena. 45 ~ pass (Bandpassfilter) (m. - Elekt.), filtro passabanda, passabanda, filtro di banda. 46 ~ passfilter (eines Rundfunkempfängers z. B.) (m. - Funk.), filtro di banda, filtro passabanda, passabanda. 47 ~ profilwalzung (f. - Walzw.), profilatura a freddo dal nastro, laminazione a freddo di profilati (leggeri) da nastro. 48 ~ rauschen (n. - Elektroakus.), rumore del nastro (magnetico). 49 ~ richtmaschine (f. - Masch.), raddrizzatrice per nastri. 50 ~ ringkern (m. - Elekt.), nucleo toroidale a nastro. 51 ~ säge (Bandsägemaschine) (f. - Masch.), sega a nastro. 52 ~ scheider (um magnetische Mineralien zu trennen) (m. - Bergbau), separatore a nastro (magnetico). 53 ~ schelle (f. - Mech. - Leit.), fascetta (metallica) di serraggio. 54 ~ schleifen (n. - Mech.), levigatura a nastro, smerigliatura a nastro. 55 ~ schleifmaschine (f. - Masch.), smerigliatrice a nastro. 56 ~ seil (n. - Seil), fune piatta. 57 ~ span (beim Drehen) (m. - Werkz.masch.bearb.), truciolo a nastro, truciolo nastriforme. 58 ~ speiser (Bandbeschicker, Bandaufgeber) (m. - ind. Masch.), alimentatore a nastro, caricatore a nastro. 59 ~ spektrum (n. - Phys.), spettro a bande. 60 ~ sperrfilter (m. - Funk.), filtro ad eliminazione di banda. 61 ~ spreizung (f. - Funk.), allargamento della banda. 62 ~ spule (eines Tonbandgerätes) (f. - Elektroakus.), bobina portanastro. 63 ~ stahl (m. - metall. Ind.), bandella, moietta, nastro di acciaio, reggia di acciaio. 64 ~ strömung (laminare Strömung) (f. - Mech. der Flüss.k.), corrente laminare. 65 ~ teller (m. - Datenverarb.), bobina del nastro. 66 ~ tongerät (n. - Elektroakus.), registratore a nastro, magnetofono a nastro. 67 ~ unmwicklung (f. - Elekt. - etc.), nastratura. 68 ~ walzwerk (n. - Walzw.), treno per nastri, laminatoio per nastri. 69 ~ werk (für Türen z. B.) (n. - Bauw.), cerniera. 70 ~ wickler (Bandwickelmaschine, für Kabel) (m. - Masch.), nastratrice. 71 breites ~ (Funk.), banda larga. 72 Energie ~ (Band, eines Halbleiters) (Elektronik), banda di energia. 73 Fisch ~ (Bauw.), cerniera per serramenti. 74 Förder ~ (ind. Masch.), nastro trasportatore. 75 Frequenz ~ (Funk.), banda di frequenza. 76 grobes ~ (Baumwollspinnerei), nastro grosso. 77 Gummi ~ (Ind.), elastico. 78 Isolier ~ (Elekt.), nastro isolante. 79 Klebe ~ (Ind.), nastro adesivo. 80 Leitungs ~ (teilweise gefülltes Energieband, eines Halbleiters) (Elektronik), banda di conduzione, banda parzialmente occupata. 81 Messing ~ (metall. Ind.), nastro di ottone. 82 Schall ~ (Tonband) (Elektroakus.), nastro magnetico. 83 Scharnier ~ (Tischl.), cerniera per mobili. 84 Schmal ~ magnetophon (Bandaufnahmegerät) (Elektroakus.), magnetofono a nastro, registratore a nastro. 85 selbstklebendes ~ (Verpackung), nastro autoadesivo. 86 Ton ~ (Schallband) (Elektroakus.), nastro magnetico. 87 Transport ~ (ind. Masch.), nastro trasportatore. 88 Valenz ~ (vollbesetztes Energieband, eines Halbleiters) (Elektronik), banda di valenza, banda completamente occupata. 89 Warm ~ (Metall.), nastro a caldo. 90 Widerstands ~ (Elekt.), nastro per resistenze.

Band (Buch) (m. - Druck.), volume. 2 ~ (Einband, Bucheinband) (Buchbinderei), legatura, rilegatura. 3 ~, siehe auch Band (n.). 4 Franz ~ (Ganzlederband) (Buchbinderei), legatura in tutta pelle. 5 Ganzleder ~ (Franzband) (Buchbinderei), legatura in tutta pelle. 6 Halbleder ~ (Halbfranzband) (Buchbinderei), legatura in mezza pelle. 7 Halbleinen ~ (Buchbinderei), legatura in mezza tela. 8 Kartonage ~ (Pappband) (Buchbinderei), legatura cartonata. 9 Leder ~ (Buchbinderei), legatura in pelle. 10 Leinen ~ (Buchbinderei), legatura in tela. 11 Papp ~ (Kartonageband) (Buchbinderei), legatura cartonata.

Bandage (Schutzbinde) (f. - allg.), fascia, fasciatura. 2 ~ (Eisenb.), cerchione. 3 ~ (von Röhren) (Leit.), cerchiatura. 4 ~ n-Bohr-und Drehbank (f. - Werkz.masch.), tornio per alesatura e tornitura di cerchioni (ferroviari). 5 ~ n-walzwerk (n. - Walzw.), treno per cerchioni, laminatoio per cerchioni.

bandagieren (Eisenb.), montare cerchioni. 2 ~ (Röhren) (Leit.), armare, cerchiare.

Bandagierung (von Röhren) (f. - Leit.), armatura.

Bändchenmikrophon (Bandmikrophon) (n. - Elektroakus.), microfono a nastro.

Banderolensteuer (Tabaksteuer, Papierstreifen mit Steuerstempel) (f. - finanz.), bollo (a fascetta), tassa di bollo (per generi di monopolio).

Banderoliermaschine (f. - Masch.), fascettatrice.

bandgesteuert (Datenverarb. - etc.), comandato da nastro.

bandsägen (Mech.), tagliare con sega a nastro.

Bändsel (Seilabbindung) (m. - Seile - naut.), legatura. 2 Kreuz ~ (naut.), legatura in croce.

Bank (f. - finanz. - Bauw.), banca. 2 ~ (Werkbank) (Arb. - Ger.), banco. 3 ~ (Drehbank) (Werkz.masch.), tornio. 4 ~ (Bankung) (Geol.), banco. 5 ~ (optische Bank) (Opt.), banco ottico. 6 ~ amboss (m. - Werkz.), incudine da banco. 7 ~ anweisung (f. - finanz.), assegno bancario. 8 ~ auskünfte (f. - pl. - komm.), informazioni bancarie. 9 ~ beamter (m. - Arb.), impiegato bancario, bancario. 10 ~ bruch (m. - finanz.), bancarotta, fallimento. 11 ~ brüchiger (m. - finanz.), fallito. 12 ~ buch (n. - finanz.), libretto di banca, libretto di deposito. 13 ~ bürgschaft (f. -

Bankerott

komm.), garanzia bancaria. **14 ~ depot** (Bankeinlage) (*n. - finanz.*), deposito in banca. **15 ~ eisen** (Flacheisen mit Spitze zum Befestigen von Fensterrahmen z. B. an der Mauer) (*n. - Bauw.*), patta, pattina. **16 ~ en- kartell** (*m. - finanz.*), cartello bancario. **17 ~ fähigkeit** (*f. - finanz.*), bancabilità. **18 ~ garantie** (*f. - komm.*), garanzia bancaria. **19 ~ geheimnis** (*n. - finanz.*), segreto bancario. **20 ~ gutschrift** (*f. - Adm.*), bonifico bancario. **21 ~ hammer** (*m. - Tischl.werkz.*), martello da banco. **22 ~ haus** (*n. - Bauw.*), banca. **23 ~ institut** (*n. - finanz.*), istituto bancario. **24 ~ konto** (*n. - finanz.*), conto in banca. **25 ~ meissel** (Kaltmeissel) (*m. - Werkz.*), scalpello a freddo. **26 ~ note** (*f. - finanz.*), biglietto di banca, banconota. **27 ~ referenzen** (*f. - pl. - finanz.*), referenze bancarie. **28 ~ rott** (Bankerott) (*m. - finanz.*), bancorotta, fallimento. **29 ~ scheck** (*m. - finanz.*), assegno bancario. **30 ~ schere** (*f. - Werkz.*), cesoie da banco. **31 ~ schraubstock** (*m. - Werkz.*), morsa da banco. **32 ~ spesen** (*f. pl. - finanz.*), spese bancarie. **33 ~ überziehungskredit** (*m. - finanz.*), castelletto in banca. **34 ~ verkehr** (*m. - finanz.*), operazioni bancarie. **35 ~ welt** (*f. - finanz.*), circoli bancari. **36 ~ zinsen** (*m. - pl. - finanz.*), interessi bancari. **37 Hobel ~** (*Tischl.*), banco da falegname. **38 Hobel ~** (*Werkz.masch.*), piallatrice. **39 Kasten ~** (*naut.*), sedile armadio, cassapanca. **40 Noten ~** (*finanz.*), banca di emissione. **41 optische ~** (*Opt.*), banco ottico. **42 Polster ~** (*naut. - etc.*), divano. **43 Privat ~** (*finanz.*), banca privata. **44 Quer ~** (Bootsbank) (*naut.*), sedile trasversale. **45 Revolver ~** (Drehbank) (*Werkz.masch.*), tornio a torretta, tornio a revolver. **46 Seiten ~** (Bootsbank) (*naut.*), sedile laterale. **47 Sitz ~** (Sitz, eines Personenkraftwagens) (*Aut.*), panchina. **48 Spar ~** (*finanz.*), cassa di risparmio. **49 überzogenes ~ konto** (*finanz.*), conto in banca scoperto. **50 Werk ~** (*Mech. - etc.*), banco da lavoro.
Bankerott (Bankrott) (*m. - finanz.*), fallimento.
Bankerotteur (*m. - finanz.*), fallito (*s.*).
bankerottieren (*finanz.*), fallire.
Bankett (Berme) (*n. - Ing.b.*), berma. **2 ~** (Streifen einer Strasse als Fussweg z. B.) (*Strasse*), banchina. **3 ~** (unterster Absatz einer Grundmauer) (*Bauw.*), banchina di fondazione. **4 ~ mischer** (für Beton) (*m. - Bauw.masch.*), betoniera mobile (con nastro trasportatore). **5 ~ nicht befahrbar** (Zeichen) (*Strass.ver. - Aut.*), banchina non transitabile.
bankfähig (*finanz.*), bancabile.
Bankier (*m. - finanz.*), banchiere.
Bankung (*f. - Geol.*), banco.
Ban-lon (texturiertes Garn) (*Textilind.*), banlon, filato voluminizzato.
Bann (*m. - komm.*), blocco.
Banner (*n. - allg.*), bandiera, vessillo.
Bar ($= 10^6$ dyn/cm² $= 750{,}062$ Torr)) (*n. - Masseinh.*) bar, megabaria. **2~** (1 bar $= 1{,}01971621$ kp/cm² Druckeinheit) (*Einh.*), bar. **3 ~** (eines Hotels z. B.) (*f. - Bauw. - komm.*), bar. **4 ~ angestellter** (Barmixer) (*m. - Arb.*), barista. **5 ~ hocker** (*m. - Möbel*), sedile per bar. **6 ~ theke** (*f. - Bauw.*), banco per bar.

bar (*allg.*), nudo. **2 ~** (in Münz- oder Papiergeld) (*komm.*), in contanti. **3 ~** (Druckeinheit) (*Einh.*), siehe Bar. **4 ~ bezahlen** (*komm.*), pagare in contanti. **5 ~ es Geld** (*finanz.*), danaro in contanti. **6 gegen ~** (*komm.*), a pronti, in contanti.
Bär (Hammerbär) (*m. - Schmieden*), mazza battente. **2 ~** (Inkrustation, einer Pfanne z. B.) (*Metall. - Giess.*), incrostazione, bava, residuo (di colata). **3 ~** (*Astr.*), Orsa. **4 ~ endgeschwindigkeit** (eines Hammers) (*f. - Schmieden*), velocità finale della mazza, velocità d'urto della mazza. **5 grosser ~** (*Astr.*), Orsa maggiore. **6 kleiner ~** (*Astr.*), Orsa minore.
Baraber (schwer arbeitender Hilfsarbeiter) (*m. - Arb.*) (*österr.*), manovale (per lavori pesanti).
barabern (schwer arbeiten) (*Arb.*) (*österr.*), eseguire un lavoro pesante, essere adibito ad un lavoro pesante.
Baracke (*f. - Bauw.*), baracca. **2 ~ n·lager** (*n. - Bauw. - Arb. - etc.*), baraccamento. **3 Bau ~** (*Bauw.*), baracca da cantiere.
Barauslagen (*f. pl. - finanz.*), piccole spese.
Barberite (gegossene Nickelbronze aus $85 \div 90\%$ Cu, $5 \div 10\%$ Ni, $3 \div 10\%$ Sn, $< 0{,}3\%$ Si) *n. - Legierung*), barberite.
Barbestand (Bargeld) (*m. - finanz.*), contanti, cassa.
Barchent (Gewebe) (*m. - Text.*), fustagno.
Bargeld (*n. - komm.*), siehe bares Geld. **2 ~ kasse** (*f. - finanz.*), piccola cassa, cassa contanti.
Barium (Ba - *n. - Chem.*), bario. **2 ~ beton** (*m. - Kernphys. - Bauw.*), calcestruzzo al bario. **3 ~ sulfat** ($BaSO_4$) (*n. - Chem.*), solfato di bario, baritina.
Barkasse (Boot) (*f. - naut.*), lancia. **2 Motor ~** (*naut.*), motolancia.
Barke (kleineres Boot) (*f. - naut.*), piccola barca.
Barkhausen-Effekt (*m. - Elekt.*), effetto Barkhausen.
Bärme (*f. - Chem.*), lievito.
barn (Flächeneinheit $= 10^{-24}$ cm²) (*Kernphys.*), barn.
Barock (Stil) (*m. - n. - Arch. - etc.*), barocco.
barock (*Arch.*), barocco.
Barograph (*m. - Instr.*), barografo.
baroklin (Fluid) (*Mech. der Flüss.k.*), baroclino.
Barolux (Präzisions-Aneroidbarometer mit opt. Anzeige) (*n. - Ger.*), barometro ottico.
Barometer (*n. - Instr.*), barometro. **2 Aneroid ~** (*Instr.*), barometro aneroide. **3 Gefäss ~** (*Instr.*), barometro a vaschetta, barometro di Torricelli. **4 Holosteric ~** (*Instr.*), barometro olosterico. **5 Metall ~** (*Instr.*), barometro metallico. **6 Quecksilber ~** (*Instr.*), barometro a mercurio.
barometrisch (*Phys. - etc.*), barometrico.
Baros (Nickellegierung für Widerstände mit 90% Ni, 10% Cr) (*n. - Legierung*), (lega) baros.
barotrop (Fluid) (*Mech. der Flüssk.*), barotropo.
Barozeptor (*m. - Ger.*), barocettore, pressocettore.

Barpreis (*m.* - *komm.*), prezzo per contanti.
Barre (Sandbank vor der Mündung von Flüssen) (*f.* - *Geol.*), barra.
Barrel (Erdöl-Masseinheit = 158,758 l) (*n.* - *Masseinh.*), barile.
Barren (Gussform für Metalle) (*m.* - *Giess.*), lingottiera. 2 ~ (Block von Nichteisenmetall) (*Metall.*), lingotto (di metallo non ferroso). 3 ~ (für Leibesübungen) (*Sport*), parallele. 4 ~ **form** (*f.* - *Metall.* - *Giess.*), lingottiera.
Barretter (Fadenbolometer, Bolometerwiderstand) (*n.* - *Ger.*), « barretter », bolometro a filo.
Barschaft (*f.* - *finanz.*), contanti, denaro in contanti, denaro liquido.
Bart (eines Schlüssels) (*m.* - *Mech.*), ingegno. 2 ~ (Fehler) (*Metall.*), bava, bavatura. 3 ~ (Warmluftstrom, Thermikschlauch) (*Meteor.*), corrente ascendente di aria calda. 4 ~ **bildung** (*f.* - *mech. Bearb.*), formazione di bava, formazione di bavatura. 5 ~ **nagel** (*m.* - *Bauw.*), bullone di fondazione, chiavarda di fondazione.
Barvorschuss (*m.* - *finanz.*), avanzo di cassa.
Barwert (*m.* - *komm.*), valore in contanti.
Baryon (schweres Elementarteilchen) (*n.* - *Phys.*), barione. 2 ~ **en·zahl** (*f.* - *Phys.*), numero barionico.
Barysphäre (innerster Teil der Erde) (*f.* - *Geol.*), barisfera.
Baryt ($BaSO_4$) (Schwerspat) (*m.* - *Min.*), baritina. 2 ~ **papier** (*n.* - *Druck.*), carta baritata.
Baryt-Flint (Art optisches Glases, Abbesche Zahl 49,45-43,92) (*n.* - *Opt.*), flint barite.
Baryt-Kron (Art optisches Glases, Abbesche Zahl 59,66-55,80) (*n.* - *Opt.*), crown-barite.
Baryt-Schwer-Flint (Art optisches Glases, Abbesche Zahl 42,51-34,95) (*n.* - *Opt.*), flint barite pesante.
baryzentrisch (*Mech.* - *etc.*), baricentrico.
Barzahlung (*f.* - *komm.*), pagamento in contanti.
BAS (BAS-Signal, Bildaustastsynchronsignal) (*Fernseh.*), segnale video.
BASA (Bahnselbstanschlussanlage, Fernsprechwählanlage) (*Eisenb.* - *Fernspr.*), impianto telefonico automatico ferroviario.
Basalt (*m.* - *Min.*), basalto. 2 ~ **fels** (*m.* - *Min.*), roccia basaltica. 3 ~ **tuff** (*m.* - *Min.*), tufo basaltico. 4 ~ **wolle** (für Wärmeisolierung) (*f.* - *Min.*), lana di basalto.
basalthaltig (*Min.*), basaltico.
Base (*f.* - *Chem.*), base. 2 ~ **n·austauscher** (*m.* - *Chem.*), scambiatore di basi.
Baseball (Baseballspiel) (*m.* - *Sport*), baseball, palla a basi.
Basilika (*f.* - *Arch.*), basilica.
Basis (Base) (*f.* - *Geom.* - *Math.*), base. 2 ~ (*Arch.* - *Bauw.*), base. 3 ~ (*Geod.* - *Photogr.* - *Top.*), base. 4 ~ (bei Transistoren, Teil zwischen Emitter und Kollektor) (*Elektronik*), base. 5 ~ **adresse** (*f.* - *Rechner*), indirizzo base. 6 ~ - **Diffusion** (*f.* - *Elektronik*), diffusione di base. 7 ~ **einheit** (Grundeinheit) (*f.* - *Einh.*), unità fondamentale. 8 ~ **elektrode** (eines Transistors) (*f.* - *Elektronik*), elettrodo di base. 9 ~ **farben** (*f. pl.* - *Fernseh.*), colori fondamentali. 10 ~ **kontakt** (eines Kristallgleichrichters) (*m.* - *Elekt.*), contatto di base. 11 ~ **latte** (*f.* - *Top.*), stadia. 12 ~ **linie** (*f.* - *Instr.*), linea di fede. 13 ~ **lohn** (*m.* - *Arb.*), salario base. 14 ~ **schaltung** (Grundschaltung mit geerdeter Basis, eines Transistors) (*f.* - *Elektronik*), circuito (con base) a massa. 15 ~ **spannung** (eines Transistors) (*f.* - *Elektronik*), tensione di base. 16 ~ **strom** (eines Transistors) (*m.* - *Elektronik*), corrente di base. 17 ~ **winkel** (*m.* - *Geom.*), angolo alla base. 18 ~ **wolke** (*f.* - *Atomphys.*), nube di base.
basisch (*Chem.*), basico. 2 ~ **er Prozess** (*Metall.*) processo basico.
Basizität (*f.* - *Chem.*), basicità. 2 ~ **s·verhältnis** (CaO/SiO_2) (*n.* - *Metall.*), indice di basicità.
Basketball (Basketballspiel, Korbballspiel) (*m.* - *Sport*), pallacanestro.
Basküleverschluss (Fensterverschluss) (*m.* - *Bauw.*), cremonese.
basophil (*Chem.*), basofilo.
Basrelief (Flachrelief) (*n.* - *Arch.*), bassorilievo.
BAS-Signal (Bild- Austast- Sinchronsignal, Video-Signal, Signalgemisch) (*n.* - *Fernseh.*), videosegnale composito, segnale video totale.
Bassin (*allg.*), vasca, bacino. 2 ~ (Schwimmbecken) (*n.* - *Bauw.* - *Sport*), piscina. 3 ~ **reaktor** (Schwimmbadreaktor, Schwimmreaktor) (*m.* - *Atomphys.*), reattore a piscina. 4 ~ **versuch** (*m.* - *naut.*), prova in vasca.
Basslautsprecher (*m.* - *Elektroakus.*), altoparlante per toni bassi.
Bassotit (*m.* - *Min.* - *Atomphys.*), bassotite.
Bast (*m.* - *Holz*), libro. 2 ~ **seide** (*f.* - *Text.*), seta cruda, seta greggia.
Bastardfeile (*f.* - *Werkz.*), lima a taglio bastardo, lima bastarda.
Bastardhieb (*m.* - *Werkz.*), taglio bastardo.
Bastler (Amateur) (*m.* - *Funk.*), radioamatore.
Bathmetall (Parsons White brass, Messing aus 56% Cu, 44% Zn) (*n.* - *Legierung*), ottone bianco al 50% di Cu.
Batholith (granitische Tiefgesteinsmasse) (*m.* - *Geol.*), batolite.
Bathyskaph (Tiefseeboot) (*m.* - *naut.*), batiscafo.
Batist (feines Gewebe) (*m.* - *Text.*), tela batista. 2 ~ **papier** (*n.* - *Papierind.*), carta batista, carta telata.
Batterie (*f.* - *allg.*), batteria. 2 ~ (*Elekt.*), batteria, batteria di accumulatori. 3 ~ (Einheit der Artillerie) (*milit.*), batteria. 4 ~ **betrieb** (*m.* - *Elekt.* - *Fahrz.*), trazione ad accumulatori. 5 ~ **element** (*n.* - *Elekt.*), elemento di batteria. 6 ~ **empfänger** (*m.* - *Funk.*), ricevitore a batterie, apparecchio radio a batterie, radio a batterie. 7 ~ **für Kraftfahrzeuge** (*Elekt.*), batteria per autoveicoli. 8 ~ **halter** (*m.* - *Elekt.*), cofano per batterie. 9 ~ **kasten** (Batterietrog) (*m.* - *Elekt.*), contenitore della batteria. 10 ~ **klemme** (*f.* - *Elekt.*), morsetto della batteria. 11 ~ **kühler** (*m.* - *Wärme*), batteria di tubi refrigeranti. 12 ~ **ladegerät** (*n.* - *Elekt.*), carica-batterie, apparecchio per la carica

Batteur

delle batterie. 13 ~ **ladegleichrichter** (*m.* - *Elekt.*), raddrizzatore per carica-batterie. 14 ~ **ofen** (*m.* - *Ofen*), batteria di forni. 15 ~ **schalter** (Rückstromschalter) (*m.* - *Aut.*), interruttore di minima. 16 ~ **zündung** (*f.* - *Mot.*), accensione a batteria. 17 **Akkumulatoren** ~ (*Elekt.*), batteria di accumulatori. 18 **Anoden** ~ (*Elekt.*), batteria anodica. 19 **Beleuchtungs** ~ (*Elekt.*), batteria per illuminazione. 20 **Blei** ~ (*Elekt.*), batteria al piombo. 21 **erschöpfte** ~ (*Elekt.*), batteria scarica. 22 **Nickel-Eisen** ~ (*Elekt.*), batteria al ferro-nichel, batteria alcalina. 23 **Puffer** ~ (*Elekt.*), batteria tampone. 24 **Traktions** ~ (*Elekt.*), batteria per trazione. 25 **Trocken** ~ (*Elekt.*), batteria di pile a secco. 26 **Wagen** ~ (Traktionsbatterie) (*Elekt.*), batteria per trazione. 27 **Zünd** ~ (*Elekt.* - *Mot.*), batteria di accensione.
Batteur (Schläger) (*m.* - *Textilmasch.*), scotolatrice, macchina per stigliare.
Bau (Bauarbeit, Vorgang) (*m.* - *allg.*), costruzione. 2 ~ (Gebäude) (*Bauw.*), fabbricato, edificio. 3 ~ (Struktur) (*allg.*), struttura. 4 ~ (*Chem.*), costituzione. 5 ~ (*Landw.*), coltivazione. 6 ~ **abnahme** (Prüfung eines Neubaus) (*f.* - *Bauw.*), collaudo del fabbricato. 7 ~ **abschnitt** (Bauteil) (*m.* - *Bauw.*), parte della costruzione. 8 ~ **akustik** (*f.* - *Bauw.*), acustica architettonica. 9 ~ **amt** (Behörde zur Beaufsichtigung und Genehmigung von Bauten) (*n.* - *Bauw.*), ispettorato lavori edili. 10 ~ **arbeiten** (Bauleistungen) (*f. pl.* - *Bauw.*), lavori di costruzione, lavori edili. 11 ~ **arbeiter** (*m.* - *Arb.* - *Bauw.*), operaio edile. 12 ~ **art** (Bauweise) (*f.* - *allg.*), sistema di costruzione. 13 ~ **art** (Stil) (*Arch.*), stile. 14 ~ **art** (eines Bootes) (*Schiffbau*), sistema di costruzione. 15 ~ **aufseher** (*m.* - *Bauw.* - *etc.*), sorvegliante dei lavori. 16 ~ **aufsicht** (Überwachung der Arbeiten auf der Baustelle) (*f.* - *Bauw.*), sorveglianza di cantiere, sorveglianza dei lavori di costruzione. 17 ~ **aufsichtsamt** (Baupolizei, Baurechtsbehörde) (*n.* - *Bauw.*), ispettorato lavori edili. 18 ~ **aufzug** (*m.* - *Hebeapp.*), montacarichi. 19 ~ **behörde** (Bauamt) (*f.* - *Bauw.*), ispettorato lavori edili. 20 ~ **beschrieb** (*m.* - *Bauw.*), descrizione delle opere. 21 ~ **betriebsplan** (graphische Darstellung der durchzuführenden Arbeiten an Gleisen, etc. auf einem Streckenabschnitt, in einem Jahr z. B.) (*m.* - *Eisenb.*), grafico avanzamento costruzione, grafico avanzamento lavori. 22 ~ **block** (von den Baulinien begrenzte Fläche für die Bebauung mit Gebäuden ausgewiesen) (*m.* - *Bauw.*), area destinata alla costruzione di un isolato. 23 ~ **breite** (*f.* - *allg.*), larghezza d'ingombro. 24 ~ **bude** (Bauhütte) (*f.* - *Bauw.*), baracca. 25 ~ **dichte** (Besiedlungsdichte) (*f.* - *Bauw.*), densità edilizia, densità di costruzione. 26 ~ **dock** (*n.* - *Schiffbau*), bacino di costruzione. 27 ~ **drehkran** (*m.* - *Bauw.masch.*), gru girevole per costruzioni edili. 28 ~ **einheit** (Bearbeitungseinheit für spanende Bearbeitung) (*f.* - *Werkz.masch.*), unità operatrice. 29 ~ **einheit** (Bauelement, in elektronischen Geräten z. B.) (*Elektronik* - *etc.*), componente. 30 ~ **eisenwaren** (*f.* - *pl.* - *Bauw.*), carpenteria metallica. 31 ~ **element** (kleinste Einheit wie z. B.: Transistor, Widerstand, Relais, Elektronenröhre, etc.) (*n.* - *Elektronik*), componente. 32 ~ **elemente** (die elektronischen Grundelemente einer Rechenanlage, « hardware ») (*n. pl.* - *Rechner* - *etc.*), « hardware », complesso elementi fisici (di un impianto). 33 ~ **en** (Erbauen) (*n.* - *Bauw.*), erezione, costruzione. 34 ~ **fehler** (*m.* - *allg.*), difetto di costruzione. 35 ~ **fehler** (Strukturfehler) (*allg.*), difetto strutturale. 36 ~ **fläche** (*f.* - *Bauw.*), area edificabile. 37 ~ **flucht** (Linie der Vorderfront von Gebäuden an der Strasse, amtlich festgelegt) (*f.* - (*Bauw.*), allineamento. 38 ~ **form** (einer elekt. Masch.) (*f.* - *elekt. Masch.*), tipo di costruzione. 39 ~ **form** (eines Motors z. B.) (*Ind.*), forma costruttiva. 40 ~ **formstahl** (*m.* - *Walzw.*), profilato commerciale. 41 ~ **führer** (*m.* - *Bauw.*), assistente edile. 42 ~ **genossenschaft** (*f.* - *Bauw.*), cooperativa edile. 43 ~ **gerüst** (*n.* - *Bauw.*), ponteggio, impalcatura. 44 ~ **geschäft** (Bauunternehmung) (*n.* - *Bauw.*), impresa edile, impresa costruzioni. 45 ~ **gesetz** (*n.* - *recht.* - *Bauw.*), regolamento edilizio. 46 ~ **gewerbe** (Bauwesen) (*n.* - *Bauw.*), edilizia. 47 ~ **gewicht** (Rüstgewicht, Konstruktionsgewicht, eines Flugzeuges) (*n.* - *Flugw.*), peso a vuoto (di costruzione o di progetto). 48 ~ **gips** (*m.* - *Bauw.*), gesso da costruzione, gesso per edilizia. 49 ~ **glas** (*n.* - *Bauw.*), vetro da costruzione. 50 ~ **grube** (*f.* - *Bauw.*), scavo di fondazione. 51 ~ **grund** (*m.* - *Bauw.*), terreno di fondazione. 52 ~ **grundmechanik** (Bodenmechanik) (*f.* - *Bauw.*), meccanica delle terre, meccanica dei terreni. 53 ~ **guss** (*m.* - *Giess.*), ghisa meccanica. 54 ~ **helfer** (*m.* - *Bauw.* - *Arb.*), manovale edile. 55 ~ **herr** (Bauherrschaft, Auftraggeber eines Baues) (*m.* - *Bauw.*), ente appaltante, committente della costruzione. 56 ~ **hof** (*m.* - *Bauw.*), cantiere edile. 57 ~ **höhe** (*f.* - *allg.*), altezza d'ingombro. 58 ~ **holz** (*n.* - *Bauw.*), legname da costruzione. 59 ~ **hütte** (*f.* - *Bauw.*), baracca di cantiere. 60 ~ **ingenieur** (*m.* - *Bauw.*), ingegnere civile. 61 ~ **ingenieurwesen** (*n.* - *Lehre*), ingegneria civile. 62 ~ **jahr** (*n.* - *Aut.* - *Ind.* - *etc.*), anno di costruzione. 63 ~ **kasten-Bearbeitungszenter** (*m.* - *Werkz.masch.*), centro di lavorazione modulare. 64 ~ **kastenprinzip** (Baukastensystem) (*n.* - *Mech.* - *etc.*), costruzione modulare, sistema di costruzione ad elementi componibili, costruzione ad elementi componibili. 65 ~ **klammer** (*f.* - *Bauw.*), grappa. 66 ~ **konstruktionslehre** (*f.* - *Lehre*), scienza delle costruzioni. 67 ~ **kraftwerk** (Wasserkraftwerk für eine Baustelle) (*n.* - *Elekt.*), centrale (idroelettrica) di cantiere. 68 ~ **kunst** (Architektur) (*f.* - *Arch.*), architettura. 69 ~ **land** (*n.* - *Bauw.*), terreno fabbricabile. 70 ~ **länge** (*f.* - *Mass*), lunghezza d'ingombro, lunghezza fuori tutto. 71 ~ **leistungen** (*f. pl.* - *Bauw.*), lavori (edili). 72 ~ **leiter** (*m.* - *Bauw.* - *Art.*), direttore dei lavori. 73 ~ **leiter** (*f.* - *Ger.*), scala porta, scala allungabile. 74 ~ **leitung** (*f.* - *Bauw.*), direzione dei lavori. 75 ~ **lichkeit** (Gebäude)

(*f. - Bauw.*), fabbricato, edificio. **76** ~ **linie** (Baufluchtlinie) (*f. - Bauw.*), allineamento. **77** ~ **los** (*n. - Bauw.*), lotto di lavori. **78** ~ **maschine** (*f. - Masch.*), macchina edile. **79** ~ **massenzahl** (kubische Bauregel, zugelassene m³ Baumasse eines Gebäudes auf 1 m² Grundstückfläche) (*f. - Bauw.*), indice di fabbricabilità, indice di cubatura, indice di fabbricazione. **80** ~ **material** (*n. - Bauw.*), materiale da costruzione. **81** ~ **muster** (*n. - Ind.*), prototipo. **82** ~ **meister** (Maurermeister) (*m. - Bauw. - Arb.*), capomastro. **83** ~ **meisterarbeiten** (*f. pl. - Bauw.*), lavori edili. **84** ~ **musterprüfung** (*f. - Prüfung*), prova di omologazione. **85** ~ **ordnung** (*f. - Bauw. - recht.*), regolamento edilizio. **86** ~ **plan** (*m. - Bauw.*), progetto, disegno costruttivo. **87** ~ **platz** (*m. - Bauw.*), cantiere edile. **88** ~ **polizei** (*f. - Bauw.*), siehe Bauaufsichtsamt. **89** ~ **reife** (eines Grundstückes, nach Erschliessung) (*f. - Bauw.*), edificabilità (tecnica). **90** ~ **sand** (*m. - Bauw.*), sabbia da malta. **91** ~ **schlosser** (Monteur der Bewehrung) (*m. - Arb. - Bauw.*), ferraiolo. **92** ~ **schreiner** (Bauzimmermann) (*m. - Arb. - Bauw.*), carpentiere. **93** ~ **schutzbereich** (in der Umgebung eines Flughafens, Bereich das vom Bauhöhenbeschränkungen geregelt ist) (*m. - Bauw. - Flugw.*), zona soggetta a limitazioni di altezza dei fabbricati. **94** ~ **sohle** (Abbausohle) (*f. - Bergbau*), livello di coltivazione. **95** ~ **stahl** (*m. - Metall.*), acciaio da costruzione. **96** ~ **statik** (*f. - Lehre*), statica. **97** ~ **stein** (*m. - Bauw.*), pietra da costruzione. **98** ~ **stein** (Baueinheiten oder Sub-Chassis, allein funktionsfähig) (*Elektronik - etc.*), modulo, unità modulare. **99** ~ **steine** (*m. - pl. - Bauw.*), siehe Bausteine. **100** ~ **steineinheit** (*f. - Technol.*), unità modulare. **101** ~ **steinregale** (*n. - pl. - Ind.*), scaffalature modulari. **102** ~ **steinsystem** (*n. - Technol. - etc.*), sistema modulare. **103** ~ **stelle** (Lieferungsbedingung z. B.) (*f.*) (*Bauw. - etc.*), piè d'opera. **104** ~ **stelle** (Bauplatz) (*Bauw.*), cantiere (edile). **105** ~ **stelle !** (*Strass.verkehr - Signal*), lavori in corso ! **106** ~ **stellenversuch** (*m. - Masch. - etc.*), prova in opera. **107** ~ **stoff** (*m. - Bauw.*), materiale da costruzione. **108** ~ **strom** (für die Baustelle) (*m . Elekt. - Bauw.*), corrente (elettrica) per uso di cantiere. **109** ~ **tagebuch** (vom Bauleiter geführt) (*n. - Bauw.*), giornale dei lavori. **110** ~ **techniker** (Zimmerei) (*m. - Bauw.*), perito edile. **111** ~ **teil** (*m. - allg.*), elemento strutturale. **112** ~ **tischlerei** (*f. - Bauw.*), carpenteria. **113** ~ **trupp** (*m. - Arb. - Bauw.*), squadra di operai edili. **114** ~ **unternehmer** (*m. - Bauw.*), imprenditore edile. **115** ~ **unternehmung** (*f. - Bauw.*), impresa edile, impresa costruzioni. **116** ~ **vorhaben** (*n. - Bauw.*), progetto di costruzione. **117** ~ **vorrichtung** (für Flugzeuge) (*f. - Flugw.*), ordinata. **118** ~ **weise** (*f. - Bauw.*), tipo di costruzione. **119** ~ **werk** (Gebäude) (*n. - Bauw.*), edificio, fabbricato. **120** ~ **werk** (Damm, Brücke, etc. z. B.) (*Ing.b.*), opera, costruzione. **121** ~ **wesen** (*n. - Bauw.*), edilizia. **122** ~ **wich** (Abstand von Gebäuden vom Nachbargrundstück) (*m. - Bauw.*), distanza regolamentare dall'immobile attiguo, distacco (dell'edificio) dal fondo finitimo. **123** ~ **würdigkeit** (Massstab für die Wirtschaftlichkeit des Abbaues) (*f. - Bergbau*), sfruttabilità. **124** ~ **zaun** (Bretterzaun) (*m. - Bauw.*), staccionata, steccato, assito. **125** ~ **zeichnung** (*f. - Zeichn.*), disegno costruttivo. **126** ~ **zeug** (*n. - Werkz. - etc.*), attrezzatura. **127** ~ **zone** (*f. - Bauw.*), zona edificabile, area edificabile. **128** ~ **zug** (*m. - Eisenb.*), treno di servizio per la costruzione (di ferrovie). **129 Auf** ~ (Karosserie) (*Aut.*), carrozzeria. **130 auf der** ~ **stelle** (*Bauw. - etc.*), a piè d'opera. **131 Berg** ~ (*Bergbau*), industria estrattiva, estrazione dei minerali. **132 Brücken** ~ (*Brück.b.*), costruzione di ponti. **133 Diagonal** ~ (*Schiffbau*), costruzione diagonale. **134 Eisenbahn** ~ (*Eisenb.*), costruzione ferroviaria. **135 geschlossene** ~ **art** (*elekt. Masch.*), costruzione chiusa. **136 im** ~ (*allg.*), in costruzione. **137 Ingenieur** ~ (*Ing.b.*), costruzione civile, ingegneria civile. **138 Karwel** ~ (*Schiffbau*), costruzione a comenti (appaiati), costruzione a paro. **139 Maschinen** ~ (*Masch.*), costruzione di macchine. **140 Ober** ~ (*Eisenb.*), sovrastruttura. **141 offene** ~ **art** (*elekt. Masch.*), costruzione aperta. **142 Schiff** ~ (*Schiffbau*), costruzione navale. **143 Strassen** ~ (*Strass.b.*), costruzione stradale. **144 Tage** ~ (*Bergbau*), estrazione a giorno. **145 Tief** ~ (*Bergbau*), scavo sotterraneo. **146 Um** ~ (*Masch. - etc.*), ricostruzione, rifacimento. **147 Vor** ~ (von Sonderfahrzeugen z. B.) (*Fahrz.*), avancorpo, avantreno. **148 Wagen** ~ (*Aut.*), carrozzeria. **149 Zusammen** ~ (*allg.*), montaggio, assiematura.

Bauch (einer Schwingung) (*m. - Phys.*), antinodo, ventre. **2** ~ (Bilge) (*Schiffbau*), sentina. **3** ~ (eines Konverters) (*Metall.*), ventre. **4** ~ **freiheit** (kleinste Abstand von einer Fahrbahn die mit einem Halbmesser von 8 m gewölbt ist) (*f. - Aut. - Fahrz.*), altezza libera su dosso (di 8 m di raggio). **5** ~ **landung** (*f. - Flugw.*), atterraggio con carrello rientrato, atterraggio senza carrello.

Baud (Telegraphiergeschwindigkeits - Einheit) (*n. - Telegr. - Einh.*), baud.

Baudot-Alphabet (*n. - Telegr.*), alfabeto Baudot, codice Baudot.

Baue (verlassene Baue) (*m. - pl. - Bergbau*), miniere abbandonate.

Bauen (Erbauen) (*n. - Bauw.*), costruzione, erezione.

bauen (*allg.*), costruire, fabbricare. **2** ~ (*Ack.b.*), coltivare. **3 zusammen** ~ (*allg.*), montare.

Bauer (*m. - Landw.*), contadino. **2** ~ (Erbauer) (*Bauw.*), costruttore. **3** ~ **n·gut** (*n. - Landw.*), podere. **4** ~ **n·haus** (*n. - Landw.*), casa rustica. **5** ~ **n·hof** (Bauerngehöft) (*m. - Landw.*), casa colonica. **6 Wagen** ~ (*Aut.*), carrozziere.

baufällig (*allg.*), pericolante, cadente, fatiscente.

baugrundgemäss (*Bauw.*), adatto al terreno di fondazione.

baulich (*allg.*), costruttivo.

Baum (*m. - Holz*), albero. **2** ~ (*Textilmasch.*), subbio. **3** ~ (*naut.*), boma. **4** ~ (Graphart) (*Math.*), albero. **5** ~ **kratzer** (Rindenkratzer) (*m. - Werkz.*), utensile per scortecciare. 6 ~ **Matrix** (*f. - Math. - etc.*), matrice ad albero. 7 ~ **stumpf** (*m. - Holz*), ceppo. 8 **Entscheidungs** ~ (*Organ.*), albero decisionale.

Baumann-Abdruck (*m. - Metall.*), prova Baumann, prova (presenza zolfo) con reattivo d'impronta.

bäumen (auf den Webebaum wickeln) (*Textilind.*), insubbiare, avvolgere l'ordito attorno al subbio.

Bäummaschine (*f. Textilmasch.*), insubbiatrice, macchina per avvolgere catene.

baumustergeprüft (*Masch. - etc.*), omologato.

Baumwollabfälle (*m. - pl. - Text.*), cascami di cotone.

Baumwollballen (*m. - Text.*), balla di cotone.

Baumwolle (*f. - Text.*), cotone.

baumwollen (*adj. - Text.*), di cotone.

Baumwollentkörnungsmaschine (*f. - Textilmasch.*), ginniera, sgranatrice di cotone.

Baumwollseidenkabel (*n. - Elekt.*), cavo isolato con seta e cotone.

Baumwollspinnerei (*f. - Textilind.*), filatura del cotone.

Baumwollstaublunge (Berufskrankheit) (*f. - Med. - Text.ind.*), bissinosi, «febbre del lunedì mattina».

Baumwollstein (Asbest) (*m. - Min.*), amianto.

baumwollumsponnen (Kabel) (*Elekt.*), rivestito di cotone.

Baumwollweberei (Fabrik) (*f. - Textilind.*), cotonificio.

Bauschelastizität (von Textilien, Fähigkeit wieder zu erholen nach Druckbeanspruchung) (*f. - Textilind.*), ingualcibilità.

bauschen (*Textilind.*), voluminizzare.

Bauschgarn (gebauschtes Garn) (*n. - Text.*), filato voluminizzato.

Bauschinger-Effekt (*m. - Metall.*), effetto Bauschinger.

Bauschkauf (*m. - komm.*), acquisto in blocco.

bauseitig (*Bauw.*), murario. 2 ~ **e Massnahme** (*Bauw.*), opera muraria.

Bausteine (*m. - pl. - Bauw.*), pietre da costruzione. 2 **Binde** ~ (*Bauw.*), pietre cementanti, cementanti. 3 **feuerfeste** ~ (*Bauw.*), pietre refrattarie, refrattari. 4 **künstliche** ~ (*Bauw.*), pietre artificiali. 5 **Natur** ~ (*Bauw.*), pietre (da costruzione) naturali.

Bauten (*m. - pl. - Bauw.*), edifici, fabbricati.

Bauxit (*m. - Min.*), bauxite.

b.a.w. (bis auf weiteres) (*allg.*), fino a nuovo avviso.

Bayonett, siehe Bajonett.

BB (Breitband) (*Funk.*), banda larga.

BBauG (Bundesbaugesetz) (*Bauw. - recht.*), legge federale sull'edilizia.

BbG (Bundesbahngesetz) (*Eisenb.*), regolamento ferroviario federale.

BB-Stück (Muffenstück mit zwei Muffenstutzen) (*n. - Leit.*), manicotto con due estremità a bicchiere, manicotto a doppio bicchiere.

Bd (Baud, Telegraphiergeschwindigkeits-Einheit) (*Telegr. - Einh.*), Bd, baud. 2 ~ (Band, Frequenzband) (*Funk.*), banda.

BDA (Bund Deutscher Architekten) (*Arch.*), Associazione Architetti Tedeschi.

B-Darstellung (*f. - Radar*), indicatore di tipo B.

B - Deck (Hauptdeck) (*n. - naut.*), ponte principale, ponte di coperta.

BDLI (Bundesverband der deutschen Luft- und Raumfahrt-Industrie) (*Flugw.*), Associazione Federale Industrie Aeronautica ed Astronautica Tedesca.

BDU (Bund deutscher Unternehmensberater) (*Ind.*), Associazione dei consulenti d'azienda tedeschi.

BDÜ (Bundesverband der Dolmetscher und Übersetzer) (*Arb.*), Associazione Federale Interpreti - Traduttori.

Be (Beryllium) (*Chem.*), Be, berillio.

Bé (Baumégrad) (*Chem.*), Bé, grado Baumé.

beachten (*allg.*), tener conto di.

Beachtung (*f. - allg.*), attenzione, considerazione.

Beamtengehälter (*n. - pl. - Pers.*), trattamento economico degli impiegati, retribuzioni degli impiegati.

Beamte(r) (*m. - Pers.*), impiegato, funzionario. 2 ~ (*Fernspr.*), operatore. 3 **Gerichts** ~ (Justizbeamter) (*recht.*), ufficiale giudiziario. 4 **Standes** ~ (Zivilstandsbeamter) (*Pers.*), ufficiale di stato civile. 5 **Steuer** ~ (*finanz.*), agente delle tasse.

Beamtin (*f. - Fernspr. - Arb.*), operatrice, telefonista. 2 ~ **en-Fernwahl** (*f. - Fernspr.*), teleselezione d'operatrice.

beangaben (eine Anzahlung leisten) (*komm.*) (*österr.*), dare un acconto.

beanspruchen (*Baukonstr.lehre*), sollecitare. 2 ~ (die Priorität z. B. verlangen) (*allg.*), rivendicare. 3 ~ (fordern, nötigen, Zeit von einem Vorgang z. B.) (*allg.*), richiedere. 4 **voll** ~ (den Motor) (*Mot.*), accelerare al massimo, spingere alla massima potenza.

Beanspruchung (Spannung) (*f. - Baukonstr. lehre*), sollecitazione. 2 ~ (Belastung) (*Baukonstr.lehre - etc.*), carico. 3 ~ (eines Rechtes) (*allg.*), rivendicazione. 4 **Biege** ~ (Biegungsbeanspruchung) (*Baukonstr.lehre*), sollecitazione di flessione. 5 **Dreh** ~ (*Baukonstr.lehre*), sollecitazione di torsione. 6 **Druck** ~ (*Baukonstr.lehre*), sollecitazione di compressione. 7 **dynamische** ~ (*Baukonstr. lehre*), sollecitazione dinamica. 8 **Fliess** ~ (*Baukonstr.lehre*), sollecitazione di snervamento, carico di snervamento. 9 **höchste** ~ (eines Traktors z. B.) (*Fahrz. - etc.*), servizio pesante. 10 **Knick** ~ (*Baukonstr.lehre*), sollecitazione di pressoflessione. 11 **Schub** ~ (Scherbeanspruchung) (*Baukonstr.lehre*), sollecitazione di taglio. 12 **schwellende** ~ (bei der die Spannung ihre Grösse aber nicht ihr Vorzeichen wechselt) (*Baukonstr.lehre*), carico pulsante, sollecitazione pulsante. 13 **stossartige** ~ (*Baukonstr.lehre*), sollecitazione d'urto. 14 **Torsions** ~ (Drehbeanspruchung) (*Baukonstr.lehre*), sollecitazione di torsione. 15 **Wechsel** ~ (bei der die Spannung ausser ihrer Grösse auch ihr Vorzeichen wechselt) (*Baukonstr.lehre*), carico alterno, sollecitazione alterna. 16 **Zug** ~ (*Baukonstr.lehre*), sollecitazione di trazione. 17 **zulässige** ~ (*Baukonstr.lehre*), sollecitazione ammissibile.

beanstanden (ein Stück) (*mech. Technol.*), scartare.

beanstandet (*mech. Technol.*), scartato (dal

controllo). 2 ~ (mit Mängeln behaftet) (allg.), difettoso, affetto da guasti.
Beanstandung (f. - allg.), contestazione, reclamo. 2 ~ (von Stücken) (mech. Technol.), scarto (dal controllo).
Beantragung (f. - allg.), proposta.
beantworten (Büro - etc.), rispondere.
Beantwortung (f. - Büro - etc.), risposta. 2 in ~ Ihres Briefes (Büro), in risposta alla vostra lettera.
bearbeitbar (Mech. - etc.), lavorabile.
Bearbeitbarkeit (f. - Mech. - etc.), lavorabilità.
bearbeiten (eine Oberfläche z. B.) (Mech.), lavorare. 2 ~ (mit chem. oder Wärmebehandlung z. B.) (Technol.), trattare. 3 ~ (Landw.), coltivare. 4 allseitig ~ (Mech.), lavorare l'intera superficie. 5 end ~ (mech. Technol.), finire. 6 fertig ~ (Mech.), finire. 7 kalt ~ (Mech.), lavorare a freddo. 8 spanabhebend ~ (zerspanend bearbeiten) (Mech.), lavorare ad asportazione, lavorare con asportazione di truciolo. 9 spanlos ~ (Mech.), lavorare a deformazione, lavorare senza asportazione di truciolo.
Bearbeitung (von Metall mit Werkz.masch.) (f. - Mech.), lavorazione. 2 ~ (von Oberflächen, mit chem. oder Wärmebehandlung z. B.) (Technol.), trattamento. 3 ~ (Landw.), coltivazione. 4 ~ s·einheit (Baueinheit) (f. - Werkz.masch.), unità operatrice. 5 ~ s·fähigkeit (f. - Technol.), lavorabilità. 6 ~ s·fehler (m. - Mech. - etc.), difetto di lavorazione. 7 ~ s·güte (f. - Mech.), grado di finitura (superficiale. 8 ~ s·karte (f. - mech. Technol.), ciclo di lavorazione. 9 ~ s·kosten (f. - pl. - Mech. - etc.), costo di lavorazione. 10 ~ s·plan (m. - Arb. - Organ. - Buchhaltung), piano di lavoro. 11 ~ s·riefe (f. - Werkz.masch.bearb.), segno di utensile, segno di lavorazione. 12 ~ s·schablone (f. - Mech.), sagoma per lavorazione. 13 ~ s·spur (Schleifriefe z. B.) (f. - Mech.), segno di lavorazione, segno di utensile. 14 ~ s·stufe (f. - Mech.), fase di lavorazione. 15 ~ s·technik (f. - Mech. - etc.), tecnica di lavorazione, tecnologia, procedimento tecnologico. 16 ~ s·toleranz (f. - Mech.), tolleranza di lavorazione. 17 ~ s·vorgang (m. - Technol.), operazione. 18 ~ s·werkstatt (f. - Mech.), officina meccanica. 19 ~ s·zeit (f. - Technol.), durata della lavorazione. 20 ~ s·zentrum (n. - Werkz.masch.), centro di lavorazione. 21 ~ s·zugabe (f. - Mech.), sovrametallo. 22 elektrochemische ~ (mech. Technol.), lavorazione elettrochimica. 23 End ~ (Mech.), finitura. 24 Feinst ~ (Mech.), microfinitura. 25 Fertig ~ (Mech.), finitura. 26 Film ~ (Filmtech.), adattamento per lo schermo. 27 funkenerosive ~ (Mech.), elettroerosione. 28 Kalt ~ (Mech.), lavorazione a freddo. 29 machinelle ~ (Mech.), lavorazione meccanica (alla macchina utensile). 30 Metall ~ s·maschine (f. - Masch.), macchina per la lavorazione dei metalli. 31 spangebende ~ (zerspanende Bearbeitung) (Mech.), lavorazione ad asportazione, lavorazione con asportazione di truciolo. 32 spanlose ~ (formgebende Bearbeitung) (Mech.), lavorazione a deformazione, lavorazione senza asportazione di truciolo. 33 Vor ~ (Mech.), lavorazione preliminare. 34 Warm ~ (Mech.), lavorazione a caldo.
Beatmungsgerät (zur Wiederbelebung) (n. - Med. - Ger.), respiratore (di rianimazione).
Beaufortskala (für Windstärke) (f. - Meteor.), scala Beaufort.
beaufschlagen (eine Turbine mit Primärdampf z. B.) (Turb.), alimentare.
Beaufschlagung (Zuführung des Wasser z. B. an Turbinen) (f. - Turb.), alimentazione, immissione, entrata, ingresso. 2 radiale ~ (Turb.), ingresso radiale, immissione radiale. 3 Teil ~ (Turb.), immissione parziale.
beaufsichtigen (überwachen) (allg.), sorvegliare, sovrintendere.
Beaufsichtigung (Überwachung) (f. - allg.), sorveglianza.
beauftragen (allg.), incaricare.
Beauftragter (m. - allg.), comandatario.
bebaubar (Grundstück) (Bauw.), fabbricabile, fabbricativo, edificabile.
bebauen (allg.), costruire. 2 ~ (bearbeiten) (Landw.), coltivare. 3 ~ (mit Bauten versehen, ein Grundstück) (Bauw.), edificare, coprire (con edifici).
bebaut (Grundstück) (Ind.), coperto.
Bebauung (Bearbeitung) (f. - Landw.), coltivazione. 2 ~ s·art (Baublock, z. B.) (f. - Bauw.), tipo di edilizia. 3 ~ s·plan (einer Stadt) (m. - Bauw.), piano regolatore.
Beben (n. - Geol.), scossa. 2 ~ (Infraschall) (Akus.), onde vibrazionali, infrasuoni. 3 ~ schreiber (m. - Geol. - Instr.), sismografo. 4 Erd ~ (Geol.), scossa tellurica, terremoto.
Beblasung (f. - allg.), soffio. 2 magnetische ~ (eines Lichtbogens) (Elekt.), soffio magnetico.
Bebung (Schwingung) (f. - allg.), vibrazione.
Becher (Becherglas) (m. - Chem.), bicchiere. 2 ~ (eines Becherwerkes) (ind. Masch.), tazza. 3 ~ bruch (m. - Metall.), frattura a coppa. 4 ~ filter (m. - Mot.), filtro a bicchiere. 5 ~ glas (Kochbecher) (n. - chem. Ger.), bicchiere. 6 ~ kolben (m. - chem. Ger.), bevuta, matraccio Erlenmeyer. 7 ~ mulde (eines Becherwerkes) (f. - ind. Masch.), tazza. 8 ~ schleifscheibe (f. - Werkz.), mola a tazza. 9 ~ spritzpistole (f. - Ger.), aerografo a tazza. 10 ~ ventil (n. - Hydr.), valvola a campana. 11 ~ versuch (zur Prüfung des Fliessverhaltens von Kunststoffen) (m. - Technol.), prova del bicchiere. 12 ~ werk (n. - ind. Masch.), siehe Becherwerk. 13 ~ zeit (beim Becherversuch, Schliesszeit) (f. - Technol.), tempo di chiusura. 14 Pendel ~ (ind. Masch.), bilancino.
Becherwerk (Elevator) (n. - ind. Masch.), elevatore a tazze. 2 fahrbares ~ (ind. Masch.), elevatore mobile, elevatore trasportabile. 3 Pendel ~ (Konveyor) (ind. Masch.), elevatore a bilancini. 4 Seil ~ (ind. Masch.), elevatore a fune.
Beck-Effekt (Beck-Kissen, bei Bogenlampen) (m. - Elekt.), effetto Beck.
Becken (n. - allg.), bacino, catino. 2 ~ (Geogr. - etc.), bacino. 3 Ausgleich ~ (Hydr.), bacino compensatore. 4 Stau ~ (Wass.b.), bacino d'invaso, bacino di raccolta, bacino artificiale. 5 Wasch ~ (Bauw.), lavabo.

bedachen

bedachen (*Bauw.*), coprire con tetto, mettere il tetto.
Bedachung (*f. - Bauw.*), copertura, tetto. 2 ~ s·blech (*n. - metall. Ind. - Bauw.*), lamiera di copertura. 3 Ziegel ~ (*Bauw.*), copertura con tegole.
Bedampfen (Metallisieren z. B.) (*n. - mech. Technol.*), vaporizzazione.
bedampfen (*Technol.*), vaporizzare, esporre al vapore.
Bedämpfung (Dämpfung, von Oberwellen z. B.) (*f. - Phys.*), smorzamento, attenuazione.
Bedampfungsanlage (Metallisierungsanlage z. B.) (*f. - mech. Technol.*), impianto di vaporizzazione.
Bedarf (erforderliche Menge) (*m. - Ind.*), fabbisogno. 2 ~ s·artikel (*m. - komm.*), genere di prima necessità. 3 ~ s·flug (*m. - Flugw.*), volo a domanda. 4 ~ s·haltestelle (*f. - Fahrz. - Transp.*), fermata facoltativa. 5 ~ s·spitze (*f. - Elekt.*), massima domanda, assorbimento massimo. 6 Kraft ~ (*Masch.*), potenza assorbita. 7 Luft ~ (*Mot.*), quantità di aria occorrente (o necessaria). 8 Öl ~ (*Anstr.*), assorbimento di olio. 9 Rohstoff ~ (*Ind.*), fabbisogno di materie prime.
bedecken (decken) (*allg.*), coprire.
bedeckt (*Meteor.*), coperto. 2 ~ er Güterwagen (*Eisenb.*), carro chiuso.
Bedeckung (*f. - Radar*), copertura, zona esplorata.
bedeichen (*Bauw. - Wass.b.*), arginare.
Bedeutung (Sinn) (*f. - allg.*), significato. 2 ~ (Wichtigkeit) (*f. - allg.*), importanza. 3 ~ (Wirkung) (*recht.*), effetto.
bedienbar (*allg.*), maneggevole, di facile manovra.
Bedienbarkeit (*f. - allg.*), maneggevolezza. 2 ~ (einer Maschine oder Anlage) (*Masch. - etc.*), semplicità di uso, facilità di impiego.
Bedienen (Betätigen, einer Maschine) (*n. - Masch.*), azionamento, manovra. 2 ~ (Steuern, einer Maschine) (*Masch.*), comando. 3 ~ (Stellen, einer Maschine) (*Masch.*), regolazione.
bedienen (eine Maschine z. B.) (*Mech.*), far funzionare. 2 ~ (steuern) (*Masch.*), manovrare, comandare. 3 ~ (einen Kunde) (*komm.*) servire.
Bediener (Bedienungsmann) (*m. - Arb.*), operatore.
Bediengerät (Bedienungsgerät) (*n. - Elekt. - etc.*), dispositivo di comando.
Bediensteter (Diener) (*m. - Arb.*), persona di servizio.
Bediente (Diener) (*m. - Arb.*), servitore.
Bedienung (*f. - allg.*), servizio, impiego. 2 ~ (einer Maschine) (*Masch.*), uso, impiego, condotta. 3 ~ (Steuerung) (*Masch.*), comando, manovra. 4 ~ (eines Ofens z. B.) (*Metall. - Ofen - etc.*), condotta. 5 ~ (der Weichen z. B.) (*Eisenb. - etc.*), manovra. 6 ~ (der Signale z. B.) (*Eisenb. - etc.*), comando. 7 ~ (von Aut. z. B.) (*komm.*), assistenza. 8 ~ s·anleitung (*f. - Masch. - etc.*), istruzioni sull'uso. 9 ~ s·anweisung (Bedienungsanleitung) (*f. - Masch. - etc.*), istruzioni sull'uso. 10 ~ s·automatik (*f. - Elektromech.*), comando automatico. 11 ~ s·bühne (*f. - Bauw. - etc.*), piattaforma di servizio. 12 ~ s·einrichtung (Steuerung) (*f. - Masch. - etc.*), comando. 13 ~ s·fehler (*m. - allg.*), errore di manovra. 14 ~ s·feld (*n. - Elekt. - etc.*), pannello di manovra, quadro di manovra. 15 ~ s·fernsprecher (*m. - Fernspr.*), apparecchio (telefonico) di servizio. 16 ~ s·gang (*m. - Bauw. - etc.*), passaggio di servizio. 17 ~ s·gerät (*n. - Elekt. - etc.*), dispositivo di comando. 18 ~ s·gleis (Anschlussgleis) (*n. - Eisenb.*), binario di raccordo. 19 ~ s·hebel (*m. - Mech. - etc.*), leva di comando. 20 ~ s·kabine (Führerkabine) (*f. - Fahrz. - etc.*), cabina del conducente. 21 ~ s·knopf (*m. - Masch. - etc.*), pulsante di comando, bottone di comando. 22 ~ s·mann (einer Presse z. B.) (*m. - Arb.*), operatore, addetto. 23 ~ s·personal (*n. - Pers. - etc.*), personale di servizio. 24 ~ s·pult (*n. - Elektromech.*), quadretto di comando. 25 ~ s·raum (*m. - Masch. - etc.*), sala (dei) comandi. 26 ~ s·schalter (Knopfschalter) (*m. - Elekt.*), pulsante di comando. 27 ~ s·schalttafel (*f. - Elektromech.*), quadro di comando, quadro di manovra. 28 ~ s·schild (*n. - Masch.*) targhetta istruzioni. 29 ~ s·stand (*m. - Arb.*), posto di lavoro. 30 ~ s·tafel (Bedienungsfeld) (*n. - Elekt. - etc.*), quadro di comando, quadro di manovra, pannello di comando, pannello di manovra. 31 ~ s·taste (*f. - Elektromech.*), tasto di comando. 32 ~ s·tritt (*m. - Mech. - etc.*), pedale di comando, pedale di manovra. 33 ~ s·vorschriften (*f. - pl. - Masch.*) istruzioni sull'uso. 34 ~ s·zentrale (Druckknopfschalttafel) (*f. - Werkz.masch.*), pulsantiera di comando. 35 ~ und Wartung (*Mot. - etc.*), uso e manutenzione.
bedienungssicher (*Mech.*), sicuro contro false manovre.
bedingen (voraussetzen) (*allg.*), condizionare. 2 ~ (mit sich bringen) (*allg.*), comportare.
bedingt (*adv. - allg.*), con riserva.
Bedingung (*f. - komm.*), condizione, termine, clausola. 2 atmosphärische ~en (*Meteor.*), condizioni atmosferiche. 3 die ~en erfüllen (*allg.*), soddisfare le condizioni, soddisfare le esigenze. 4 Zahlungs ~ en (*pl. - komm.*), condizioni di pagamento.
bedingungslos (*allg.*), incondizionato.
bedrahten (*Elekt.*), cablare, collegare.
Bedrahtungsplan (*m. - Elekt.*), schema dei collegamenti, schema del cablaggio.
Bedruckbarkeit (von Papier) (*f. - Technol. - Druck.*), stampabilità.
Bedruckmaschine (*f. - Packung - etc.*), macchina da sovrastampa.
bedürfen (*allg.*), richiedere, abbisognare, necessitare, esigere.
Bedürftigkeit (*f. - allg.*), indigenza.
beeidigt (*recht.*), giurato.
Beeidigung (*f. - recht.*), deposizione giurata.
beeinflussen (*allg.*), influenzare.
Beeinflussung (*f. - Flugw. - etc.*), interferenza. 2 ~ (*allg.*), influenzamento. 3 elektromagnetische ~ (*Elekt.*), induzione elettromagnetica. 4 gegenseitige ~ (*allg.*), influenza reciproca, interazione. 5 induktive ~ (*Elekt. - etc.*), influenza induttiva.

beeinträchtigen (*allg.*), pregiudicare.
Beeisenung (Vereisenung) (*f. - Hydr. - Chem.*), ferrizzazione.
beenden (fertigstellen) (*allg.*), finire, ultimare.
Beendigung (eines Vertrags) (*f. - recht.*), risoluzione.
Beet (*n. - Bauw.*), aiuola.
befähigen (*allg.*), abilitare, qualificare.
Befähigung (Möglichkeit zur Ausführung) (*f. - Arb.*), capacità, attitudine, abilitazione, qualificazione. 2 ~ s·prüfung (*f. - Arb. - etc.*), esame di abilitazione, prova di abilitazione, prova di qualificazione.
befahrbar (*naut.*), navigabile. 2 ~ (*allg.*), praticabile. 3 ~ (*Strasse*), carrozzabile. 4 ~ (für Fahrzeuge, Brücke z. B.) (*Fahrz.*), percorribile (con veicoli).
befahren (in Betrieb, Grube) (*adj. - Bergbau*), in esercizio, in attività. 2 ~ (geübt) (*Adj. - naut.*), addestrato, esperto. 3 den Schornstein ~ (*allg.*), salire sul camino. 4 einen Schacht ~ (unter Tage gehen) (*v. - Bergbau*), scendere in una miniera.
Befall (Kontamination) (*m. - Atomphys.*), contaminazione.
befassen (sich befassen mit) (*allg.*), occuparsi (di), trattare.
Befehl (*m. - allg.*), ordine, comando. 2 ~ (*Rechner - Datenverarb.*), istruzione, ordine. 3 ~ s·code (bei Kybernetik) (*m. - Elektronik - etc.*), codice degli ordini. 4 ~ s·folge (*f. - Rechner*), sequenza ordini. 5 ~ s·geber (*m. - Elektronik - etc.*), trasmettitore di ordini. 6 ~ s·geber (Endschalter) (*Ger.*), finecorsa. 7 ~ s·stab (*m. - Strass.verk. - Eisenb.*), paletta di segnalazione. 8 ~ s·stellwerk (*n. - Eisenb.*), cabina di blocco. 9 ~ s·turm (*m. - Flugw.*), torre di controllo. 10 ~ s·wort (*n. - Rechner - etc.*), ordine, istruzione. 11 ~ s·zähler (*m. - Rechner*), contatore di istruzioni. 12 ~ s·zählerregister (*m. - Rechner*), contatore-registratore di istruzioni. 13 adressenfreier ~ (*Rechner*), istruzione senza indirizzo. 14 Einadress ~ (*Rechner*), istruzione ad un indirizzo. 15 Gleitkomma ~ (*Rechner*), istruzione a virgola mobile. 16 logischer ~ (*Rechner*), istruzione logica. 17 Sprung ~ (*Rechner*), istruzione di salto.
befehlswidrig (*adv. - allg.*), contrariamente agli ordini.
befelgen (ein Rad) (*Fahrz.*), cerchiare.
befestigen (verstärken) (*allg.*), rinforzare. 2 ~ (einen Ort) (*milit.*), fortificare. 3 ~ (festmachen) (*Mech. - etc.*), fissare, bloccare, serrare. 4 ~ (*Wass.b.*), proteggere, consolidare.
Befestigung (*f. - Mech.*), fissaggio, bloccaggio, serraggio. 2 ~ (*milit.*), fortificazione. 3 ~ (Verstärkung) (*allg.*), rinforzo, irrigidimento, consolidamento. 4 ~ (Strassenbefestigung) (*Strass.b.*), pavimentazione. 5 ~ s·art (*f. - Mech. - etc.*), sistema di bloccaggio, sistema di fissaggio. 6 ~ s·klemme (*f. - Mech. - etc.*), morsetto di attacco. 7 ~ s·kunst (*f. - Bauw. - milit.*), architettura militare. 8 ~ s·lasche (Befestigungsschelle) (*f. - Mech.*), fascetta (di fissaggio). 9 ~ s·schraube (*f. - Mech.*), vite di fissaggio, vite di fermo. 10 ~ s·werk (*n. - milit.*), fortificazione. 11 ~ s·winkel

(*m. - Mech. - etc.*), angolo di calettamento. 12 ~ s·winkel (Blechstück z. B.) (*Vorr.*), squadretta di fissaggio.
Befettung (*f. - Masch. - etc.*), ingrassaggio.
befeuchten (*allg.*), inumidire.
Befeuchtung (*f. - allg.*), inumidimento.
befeuern (einen Flugplatz) (*Flugw.*), illuminare, mettere i segnali luminosi.
Befeuerung (Kennzeichnung von Wegen durch Strahlungsquellen oder elekt. Wellen) (*f. - Signal - Funk.*), segnalamento. 2 ~ (Beleuchtung, eines Flugplatzes) (*Flugw.*), illuminazione. 3 ~ (eines Dampfkessels z. B.), (*Verbr.*), accensione. 4 **Landepisten** ~ (*Flugw.*), illuminazione di piste di atterraggio.
Befilmen (Laminieren, eine Abart des Beschichtens) (*n. - Technol.*), rivestimento (pellicolare).
Befilmung (Beschichtung) (*f. - chem. Ind. - etc.*), rivestimento (pellicolare). 2 Spritz ~ (von Papier z. B.) (*Ind.*), rivestimento a spruzzo.
Beflammung (Prüfung mit Flammen) (*f. - Technol.*), prova alla fiamma.
Beflechtung (eines Kabels) (*f. - Elekt.*), calza, treccia di rivestimento.
beflügelt (Rennwagen) (*Aut. - Sport*), con alettone.
Beförderer (*m. - Transp.*), spedizioniere.
befördern (transportieren) (*Transp.*), trasportare. 2 ~ (eine höhere Stellung geben) (*Pers.*), promuovere. 3 ~ (beschleunigen) (*allg.*), accelerare, sollecitare. 4 ~ (ein Telegramm) (*Telegr.*), trasmettere. 5 per Bahn ~ (*Transp.*), trasportare per ferrovia.
Beförderung (*f. - Transp.*), trasporto, spedizione. 2 ~ (Ernennung) (*Pers.*), promozione, avanzamento. 3 ~ auf dem Landweg (*Transp.*), trasporto via terra. 4 ~ nach dem Dienstalter (*Pers.*), promozione per anzianità, avanzamento per anzianità. 5 ~ s·band (*n. - ind. Masch.*), nastro trasportatore. 6 ~ s·kosten (*f. - pl. - Transp.*), spese di trasporto. 7 ~ s·leistung (eines öffentlichen Verkehrsmittels, Zahl der Personen in der Zeiteinheit bewältigt) (*f. - Fahrz.*), numero delle persone trasportate (nell'unità di tempo), capacità oraria di trasporto (di persone). 8 ~ s·leistung (Zahl der Tonnen in der Zeiteinheit befördert) (*Fahrz.*), capacità (oraria) di trasporto (di merci), numero delle tonnellate trasportate (nell'unità di tempo). 9 ~ s·mittel (*n. - Transp.*), mezzo di trasporto. 10 ~ **von Personen** (*Transp.*), trasporto passeggeri. 11 **Eilgut** ~ (*Transp.*), spedizione a grande velocità.
befrachten (*Transp.*), caricare. 2 ~ (*naut.*), noleggiare.
Befrachter (*m. - Transp.*), noleggiatore.
Befrachtung (*f. - Transp.*), nolo. 2 ~ s·vertrag (*m. - naut. - Transp.*), contratto di noleggio.
Befrager (*m. - komm. - etc.*), intervistatore.
Befragter (*m. - komm. - etc.*), intervistato.
Befragung (*f. - komm. - etc.*), intervista, sondaggio.
befreien (von Steuern z. B.) (*allg.*), esentare. 2 ~ (von Pflichten z. B.) (*allg.*), esonerare. 3 ~ (*Elektromech.*), liberare, disimpegnare.

Befreiung

Befreiung (von Steuern z. B.) (*f. - allg.*), esenzione. 2 ~ (von Pflichten z. B.) (*allg.*), esonero.
befristen (*komm. - etc.*), fissare il termine.
befristet (*komm. - etc.*), a termine. 2 ~ (Arbeitsvertrag z. B.) (*Arb.*), a termine.
Befristung (*f. - komm. - etc.*), fissazione del termine.
befruchten (den Boden) (*Ack.b.*), fertilizzare.
Befruchtung (*f. - Ack.b.*), fertilizzazione. 2 ~ (*Kernphys.*), fecondazione.
Befugnis (*f. - allg.*), autorizzazione, potere.
Befüllung (von Flüssigkeiten) (*f. - Ind.*), travaso.
Befund (Ergebnis) (*m. - Werkstoffprüfung - etc.*), risultato, reperto.
befunken (Bearbeitung durch Elektroerosion) (*mech. Technol.*), lavorare ad elettroerosione.
Befürwortung (*f. - Arb. - etc.*), raccomandazione.
BEG (Bodeneffektgerät, Luftkissenfahrzeug) (*Fahrz.*), veicolo ad effetto di suolo, veicolo a cuscino d'aria.
Begasung (eines metall. Bades) (*f. - Giess.*), gorgogliamento. 2 ~ s·kammer (*f. - Ack.b.*), camera a gas.
Begebbarkeit (*f. - komm.*), negoziabilità.
Begegnung (zweier Fahrzeuge) (*f. - Strass. verk.*), incrocio.
begehbar (für Personen, Gerüst, Unterdach, etc.) (*allg.*), praticabile, agibile.
Begehen (Prüfung, von Leitungen z. B.) (*n. - Fernspr. - etc.*), ispezione.
begehen (prüfen, eine Linie z. B.) (*Fernspr. - etc.*), ispezionare.
begichten (einen Ofen) (*Metall.*), caricare.
Begichtung (eines Ofens z. B.) (*f. - Metall. - etc.*), caricamento. 2 ~ s·aufzug (*m. - ind. Masch. - Bauw.*), montacarichi. 3 ~ s·bühne (*f. - Ofen - etc.*), piano di caricamento.
beglasen (*Bauw.*), montare i vetri.
Beglasung (*f. - Bauw.*), montaggio dei vetri.
beglaubigen (*recht.*), autenticare, legalizzare. 2 ~ (akkreditieren, einen Gesandten z. B.) (*Politik*), accreditare.
beglaubigt (*recht.*), autenticato, legalizzato. 2 ~ e Abschrift (*recht.*), copia autenticata, copia legalizzata.
Beglaubigung (*f. - recht.*), autenticazione, legalizzazione.
begleichen (eine Rechnung bezahlen) (*komm. - Adm.*), saldare, regolare.
Begleitbrief (*m. - allg.*), lettera accompagnatoria.
Begleiteffekt (*m. - allg.*), effetto collaterale. 2~ (Störung) (*m. - Radar*), disturbo.
Begleitelement (Begleiter) (*n. - Metall.*), elemento accompagnatore.
Begleiter (Begleitelement, Eisenbegleiter z. B.) (*Metall.*), elemento accompagnatore.
Begleiterscheinung (*f. - Phys.*), fenomeno accompagnatorio, fenomeno collaterale.
Begleitfrachtbrief (*m. - Transp.*), lettera di vettura (che segue la merce).
Begleitjäger (*m. - Luftw.*), caccia di scorta.
Begleitkarte (begleitet die Ware in Fabrikbetrieben) (*f. - Ind.*), distinta materiali.
Begleitmetalle (Nebenmetalle, mit dem Hauptmetall in Erzen sich befindende Metalle) (*n. - pl. - Metall.*), metalli accompagnatori.
Begleitpapier (*n. - Transp.*), polizza di carico.
Begleitverwerfer (Nebenverwerfung) (*m. - Geol.*), faglia di accompagnamento.
Begleitzettel (*m. - Transp.*), avviso di spedizione, bolla di spedizione.
begradigen (*Ing.b.*), livellare. 2 ~ (einen Fluss gerade machen) (*Hydr.*), rettificare.
begrenzen (*allg.*), limitare.
Begrenzer (*m. - Elekt. - Funk.*), limitatore. 2 ~ diode (*f. - Fernseh. - Funk.*), diodo limitatore. 3 ~ röhre (*f. - Elektronik*), tubo di soglia. 4 Spannungs ~ (*Elekt.*), limitatore di tensione.
Begrenzung (*f. - allg.*), limitazione. 2 ~ der Ladung (*Eisenb.*), sagoma limite (del carico). 3 ~ des Fahrzeuges (*Eisenb.*), sagoma limite (del veicolo). 4 ~ s·anschlag (*m. - Mech.*), battuta di fine corsa. 5 ~ s·bake (*f. - Flugw.*), radiosegnale di delimitazione. 6 ~ s·feuer (*n. - Flugw.*), luce di delimitazione. 7 ~ s·leuchte (eines Anhängers z. B.) (*f. - Aut.*), luce d'ingombro. 8 ~ s·linie (Fahrbahnmarkierung) (*f. - Strass.verk.*), siehe Sperrlinie. 9 ~ s·schalter (Endschalter) (*m. - Elektromech.*), interruttore di fine corsa, «fine corsa».
Begriff (*m. - allg.*), concetto, idea. 2 ~ e (einer Norm) (*Technol.*), definizioni. 3 ~ s·bestimmung (Begriffsbezeichnung) (*f. - allg.*), definizione. 4 ~ s·bildung (*f. - allg.*), terminologia.
begründen (*allg.*), motivare, fondare, giustificare.
Begründung (*f. - allg.*), motivazione, fondamento, giustificazione.
Begünstigungstarif (*m. - komm.*), tariffa preferenziale.
begutachten (*allg.*), giudicare, esprimere il proprio parere. 2 ~ lassen (*allg.*), sottoporre ad un esperto, sottoporre ad un perito, far periziare.
Begutachter (*m. - allg.*), esperto (*s.*), perito.
Begutachtung (*f. - allg.*), parere di un esperto, perizia.
Behaglichkeit (*f. - allg.*), confortevolezza. 2 ~ (Klimatechnik - Bauw.), benessere. 3 ~ s·ziffer (Katawert) (*f. - Meteor.*), indice di benessere.
Behälter (*m. - allg.*), recipiente, serbatoio. 2 ~ (für Ladung auf Eisenb.wagen) (*Eisenb. Transp.*), container, cassa mobile. 3 ~ (für Erz) (*Bergbau*), silo. 4 ~ blech (*n. - metall. Ind.*), lamiera per serbatoi. 5 ~ einlaufkammer (*f. - Hydr.*), camera di immissione nel serbatoio. 6 ~ für Druckzuführung (*Aut.*), serbatoio (per alimentazione) a pressione. 7 ~ für Gefällezuführung (*Aut.*), serbatoio (per alimentazione) a gravità. 8 ~ gerät (tragbares Atemschutzgerät) (*n. - Ger.*), respiratore portatile. 9 ~ inhalt (*m. - Aut. - etc.*), capacità del serbatoio. 10 ~ tragewagen (*m. - Eisenb.*), carro per container. 11 ~ wagen (Bassinwagen) (*m. - Eisenb.*), carro cisterna, vagone cisterna. 12 Abwurf ~ (*Flugw.*), serbatoio sganciabile in volo. 13 Betriebs ~ (Hilfsbehälter, für Brennstoff)

(Mot.), serbatoio di servizio. 14 Brennstoff ~ (Kraftstoffbehälter) (Mot.), serbatoio del combustibile. 15 Fall ~ (für Kraftstoff) (Mot.), serbatoio a gravità. 16 Flüssigkeits ~ (Eisenb. - Transp.), cassa mobile per liquidi. 17 Gas ~ (Ind.), recipiente per gas. 18 Gas ~ (Gasometer) (chem. Ind.), gasometro. 19 geschlossener ~ (Eisenb. - Transp.), cassa mobile chiusa. 20 Gummi ~ (Eisenb. - Transp.), cassa mobile di gomma. 21 Kraftstofftags ~ (Mot.), serbatoio di servizio giornaliero. 22 Lager ~ (für Kraftstoff z. B.) (chem. Ind. - App.), serbatoio di stoccaggio, serbatoio di deposito. 23 Luft ~ (Druckluftbehälter) (Ind.), serbatoio per aria compressa. 24 Mehrlagen ~ (Kugelbehälter z. B.) (Ind.), recipiente a più strati, recipiente a pareti stratificate. 25 offener ~ (Eisenb. - Transp.), cassa mobile aperta. 26 Öl ~ (Mot.), serbatoio dell'olio. 27 Reserve ~ (Hilfsbehälter) (Aut. - etc.), serbatoio ausiliario, « riserva ». 28 Speisewasser ~ (Kessel - etc.), serbatoio dell'acqua di alimento. 29 verlorener ~ (komm.), recipiente a perdere.

behandeln (allg.), trattare. 2 ~ (Med.), curare.
Behandlung (f. - allg.), trattamento. 2 ~ (Med.), cura. 3 ~ (Wartung, des Motors z. B.) (Mot. - etc.), manutenzione. 4 ~ bei tiefen Temperaturen (Metall.), trattamento a bassa temperatura. 5 ~ s·stuhl (Operationsstuhl, eines Zahnarztes) (m. - Med. - Ger.), poltrona odontoiatrica. 6 ~ s·vorschriften (f. - pl. - Mot. - etc.), istruzioni per l'uso, istruzioni per la manutenzione.
Beharrung (f. - Phys.), continuità, stabilità. 2 ~ s·geschwindigkeit (f. - elekt. Fahrz.), velocità di regime. 3 ~ s·masse (f. - Phys.), massa inerziale. 4 ~ s·vermögen (Trägheit) (n. - Mech.), forza d'inerzia. 5 ~ s·wert (Wert der Regelgrösse der sich nach den Übergangserscheinungen des Reglers einstellt) (m. - Regelung), valore regolato. 6 ~ s·wert (stetiger Wert) (Instr. - etc.), valore a regime, valore in condizioni di stabilità. 7 ~ s·zustand (m. - Phys.), regime, stabilità, condizione stabile.
beharrungsgesteuert (allg.), comandato ad inerzia.
behauen (allg.), sgrossare, squadrare.
behaupten (erklären) (allg.), affermare, asserire. 2 ~ (wahren, seine Rechte z. B.) (allg.), sostenere, affermare.
Behauptung (f. - allg.), asserzione. 2 ~ (Math.), tesi, proposizione.
Behausung (Wohnung) (f. - Bauw.), abitazione, domicilio. 2 ~ s·ziffer (Zahl der Personen die ein Wohngrundstück bewohnen) (f. - Bauw.), indice di affollamento.
beheizen (allg.), riscaldare.
Beheizung (f. - Wärme), riscaldamento.
Behelf (Ersatz) (m. - allg.), rimedio, espediente. 2 ~ s·antenne (f. - Funk.), antenna di fortuna. 3 ~ s·ausbesserung (f. - Aut. - etc.), riparazione di fortuna. 4 ~ s·bauten (m. - pl. - Bauw.), strutture provvisorie. 5 ~ s·brücke (f. - Brück.b.), ponte di fortuna, ponte provvisorio.

beherrscht (allg.), dominato. 2 ~ e Gesellschaft (finanz.), società controllata. 3 ~ e Reaktion (Kernphys.), reazione controllata.
behindern (allg.), impedire, ostacolare.
Behinderung (f. - allg.), impedimento.
Behm-Lot (Unterwasser-Echolot) (n. - Ger.), ecoscandaglio.
Behobeln (n. - Mech.), piallatura.
behobeln (Mech.), piallare.
Behörde (f. - allg.), autorità. 2 hohe ~ (allg.), alta autorità. 3 Internationale Atomenergie ~, Agenzia Internazionale dell'Energia Atomica.
Beianker (m. - naut.), ancora di posta.
beibiegen (beilegen) (Büro), allegare, accludere.
Beiblatt (n. - Druck.), supplemento, appendice. 2 ~ (einer Norm) (Normung), supplemento, parte supplementare.
beibringen (Zeuge z. B.) (recht.), produrre.
beidäugig (Opt.), binoculare.
beidohrig (Akus.), biauricolare.
Beidraht (Beilaufdraht, für Erdung z. B.) (m. - Elekt. - Funk.), filo di accompagnamento.
beidrehen (naut.), mettere in panna.
beif. (beifolgend) (allg.), allegato, accluso.
Beifahrer (in einem Pkw) (m. - Aut.), passeggero anteriore.
Beifilm (kurzer Film neben dem Hauptfilm) (m. - Filmtech.), (cortometraggio) fuori programma.
Beiflieger (beigeordneter Flugzeugführer) (m. - Flugw.), secondo pilota.
Beigabe (f. - allg.), supplemento. 2 ~ (Werkstoff) (chem. Ind. - etc.), additivo.
Beige (Beuge, Holzstoss) (f. - Holz), catasta.
Beihilfe (f. - Arb. - etc.), sussidio.
beiholen (die Segel) (naut.), ammainare.
beiklappbar (allg.), ripiegabile, pieghevole. 2 ~ er Flügel (Flugw.), ala ripiegabile.
Beil (n. - Werkz.), accetta. 2 ~ picke (f. - Werkz.), piccone.
Beil. (Beilage) (Büro), allegato (s.).
beil. (beiliegend) (allg.), allegato, accluso.
Beilage (Schriftstück) (f. - Büro), allegato. 2 ~ (Beilagescheibe) (Mech.), spessore, rasamento.
Beilauf (für Kabeln) (m. - Elekt.), materiale di riempimento. 2 ~ draht (Beidraht, für Erdung z. B.) m. - Elekt. - Funk.), filo di accompagnamento. 3 ~ faden (für Leitungskennzeichnung z. B.) (m. - Elekt.), filo di contrassegno, filato di contrassegno.
beilegen (Büro), allegare, accludere. 2 ~ (die Segel) (naut.), stringere il vento. 3 ~ (eine Streitigkeit schlichten) (Arb. - etc.), comporre, appianare.
Beilegscheibe (Unterlegscheibe) (f. - Mech.), rosetta, rondella.
Beilegung (einer Streitigkeit) (f. - Arb. - etc.), composizione, appianamento.
Beimann (m. - Eisenb. - Arb.), aiuto macchinista.
Beimengung (f. - allg.), siehe Beimischung.
beimessen (zuschreiben) (allg.), attribuire, ascrivere.
Beimischung (f. - Bauw. - etc.), materiale aggiunto, additivo.
Bein (n. - allg.), gamba. 2 ~ (Knochen) (allg.),

Beiprodukt

osso. 3 ~ (Lagerstättenteil, meist keilförmig, zwischen Abbauräumen) (*Bergbau*), cuneo di separazione. 4 ~ **glas** (Calciumphosphat-Trübglas) (*n. - Glasind.*), vetro (opalino) al fosfato calcico. 5 ~ **raum** (*m. - Aut.*), spazio per le gambe. 6 ~ **schwarz** (*n. - chem. Ind.*), nero animale, nero d'ossa, spodio. 7 **Feder** ~ (*Flugw.*), gamba ammortizzatrice. 8 **Feder** ~ (einer Aufhängung) (*Aut.*), ammortizzatore telescopico.

Beiprodukt (Nebenerzeugnis) (*n. - Ind.*), sottoprodotto.

Beirat (Berater) (*m. - recht. - etc.*), consigliere.

Beischlaf (Beiwohnung) (*m. - Bauw.*), coabitazione.

Beischrift (*f. - recht.*), postilla.

Beispiel (*n. - allg.*), esempio. 2 **zum** ~ (*allg.*), per esempio.

Beispitze (eines Herzstückes) (*f. - Eisenb.*), contropunta.

Beisskeil (zum Festspannen von Zugproben z. B.) (*m. - Technol.*), cuneo di afferraggio.

Beisszange (*f. - Werkz.*), tenaglia.

Beistand (*m. - allg.*), assistente. 2 ~ (*recht.*), consulente legale.

Beistelleiste (Stelleiste, eines Schlittens) (*f. - Werkz.masch.*), lardone.

beistellen (einstellen) (*Mech.*), regolare. 2 ~ (zustellen, eine Schleifscheibe z. B.) (*Werkz. masch.bearb.*), avanzare in profondità.

Beistellgetriebe (beim Schleifen, Zustellmechanismus) (*n. - Werkz.masch.*), meccanismo di avanzamento in profondità.

Beistellhandrad (beim Schleifen) (*n. - Werkz. masch.*), volantino per l'avanzamento in profondità.

Beistellung (Einstellung) (*f. - Mech.*), regolazione, registrazione. 2 ~ (Zustellung, einer Schleifscheibe) (*Werkz.masch.bearb.*), avanzamento in profondità.

Beistrich (Komma) (*m. - Druck.*) (*österr.*), virgola.

Beitel (Stechbeitel) (*m. - Holzbearb.werkz.*), scalpello (da legno). 2 **Hohl** ~ (*Holzbearb. werkz.*), sgorbia. 3 **Loch** ~ (*Holzbearb. werkz.*), bedano, pedano.

Beitrag (*m. - allg.*), contributo. 2 ~ (Geldbeitrag) (*Adm.*), quota. 3 ~ (Artikel) (*Zeitg.*), articolo. 4 **Arbeitgeber** ~ (*Pers. - Adm.*), onere a carico del datore di lavoro. 5 **Arbeitslosenversicherungs** ~ (*Pers. - Adm.*), contributo per il fondo disoccupazione. 6 **Arbeitnehmer** ~ (*Pers. - Adm.*), contributi (pagati dal personale).

beitragen (zu, seinen Anteil geben) (*allg.*), contribuire (a).

breitreiben (einziehen, Gelder etc.) (*komm.*), riscuotere.

Beiwagen (Seitenwagen) (*m. - Fahrz.*), carrozzino, «sidecar». 2 ~ (Anhänger) (*Eisenb.*), carrozza rimorchiata. 3 ~ (Strassenbahnanhänger) (*Fahrz.*), carrozza tranviaria rimorchiata. 4 ~ **maschine** (Seitenwagenmaschine) (*f. - Fahrz.*), motocarrozzino.

Beiwert (Koeffizient) (*m. - Phys. - etc.*), coefficiente.

beiwohnen (den Beischlaf ausüben) (*Bauw.*), coabitare. 2 ~ (dabei sein) (*allg.*), essere presente, presenziare, partecipare.

Beiwohnung (Beischlaf) (*f. - Bauw.*), coabitazione. 2 ~ (Zugegensein) (*allg.*), presenza, partecipazione.

Beizablauge (Abfallbeize) (*f. - Metall. - etc.*), bagno di decapaggio esaurito, soluzione decapante esaurita.

Beizanlage (*f. - Metall.*), impianto di decapaggio.

Beizbad (*n. - Färberei*), bagno mordente. 2 ~ (*Metall.*), bagno di decapaggio.

Beizblasen (*f. - pl. - Metall.*), soffiature da decapaggio.

Beizbottich (*m. - Metall.*), vasca di decapaggio.

Beizbrüchigkeit (Beizsprödigkeit) (*f. - Metall.*), fragilità caustica.

Beize (Lösung von Farbstoffen für Holz) (*f. - Anstr.*), vernice, tinta, colore. 2 ~ (Verbindung zur Herstellung von Farblacken) (*Anstr.*), mordente. 3 **Terpentin** ~ (*Anstr.*), vernice alla trementina. 4 **Wasser** ~ (*Anstr.*), tinta ad acqua.

Beizen (*n. - Metall.*), decapaggio. 2 ~ (von Holz) (*Anstr.*), verniciatura, coloritura. 3 ~ (von Leder) (*Lederind.*), concia.

beizen (*allg.*), corrodere. 2 ~ (*Metall.*), decapare. 3 ~ (Holz) (*Anstr.*), colorire, verniciare. 4 ~ (Leder) (*Lederind.*), conciare.

beizend (*allg.*), caustico, corrosivo.

Beizer (*m. - Arb.*), addetto al decapaggio.

Beizerei (*f. - Metall.*), reparto decapaggio. 2 ~ **abwasser** (Beizablauge) (*n. - Technol.*), soluzione decapante esaurita, bagno di decapaggio esaurito.

Beizfarbstoff (*m. - Farbstoff*), colorante a mordente, colorante fenolico.

Beizfehler (*m. - Metall.*), difetto da decapaggio.

Beizfleck (*m. - Metall.fehler*), macchia da decapaggio.

Beizprobe (*f. - Anstr.*), prova di rinvenimento.

Beizriss (*m. - Metall.*), cricca da decapaggio.

Beizsprödigkeit (Beizbrüchigkeit) (*f. - Metall.*), fragilità caustica.

Beizung (*f. - Metall. - etc.*), siehe Beizen.

Bekanntgabe (*f. - allg.*), notifica.

Bekanntmachung (*f. - allg.*), avviso, comunicato. 2 ~ (Verkündung, eines Gesetzes) (*recht.*), promulgazione.

Beklagte (der, die) (*recht.*), querelato (*s.*) querelata (*s.*).

Beklebemaschine (einer Wellenpappenanlage) (*f. - Masch.*), macchina accoppiatrice.

bekleiden (*allg.*), rivestire.

Bekleidung (*f. - allg.*), rivestimento. 2 ~ (eines Portals z. B.) (*Arch.*), rivestimento. 3 ~ **s·industrie** (*f. - Ind.*), industria dell'abbigliamento. 4 ~ **s·stoff** (*m. - Bauw. - etc.*), materiale di (o da) rivestimento. 5 **Holz** ~ (*Bauw. - etc.*), rivestimento di legno. 6 **Leinwand** ~ (*allg.*), rivestimento di tela. 7 **Schutz** ~ (*Ind.*), indumenti protettivi.

Bekohlung (*f. - Eisenb. - etc.*), rifornimento di carbone, carbonamento. 2 ~ (*Kessel - etc.*), rifornimento di carbone. 3 ~ **s·vorrichtung** (*f. - Kessel*), alimentatore automatico.

Bel (*n. - akus. Masseinh.*), bel.

Beladebühne (*f. - Ind.*), piattaforma di caricamento, piano di carico.

beladen (*v. - allg.*), caricare. 2 ~ (*adj. - allg.*), caricato.

Beladevorrichtung (für Wagen) (*f. - Eisenb.*), caricatore.
Beladung (*f. - allg.*), carico, caricamento, carica.
Belag (Deckschicht) (*m. - allg.*), strato di rivestimento. 2 ~ (einer Bremsbacke z. B.) (*Mech.*), guarnizione, spessore. 3 ~ (einer Scheibenbremse) (*Aut.*), pastiglia, pattino. 4 ~ (eines Kondensators) (*Elekt.*), armatura. 5 ~ blech (*n. - Bauw. - etc.*), lamiera per pavimentazioni. 6 ~ platte (für Dächer) (*f. - Bauw.*), tegola. 7 Brems ~ (*Mech.*), guarnizione per freni. 8 Kupplungs ~ (*Mech.*), guarnizione della frizione.
belangen (*recht.*), querelare.
belanglos (*allg.*), trascurabile. 2 ~ er Fehler (bei Qualitätskontrolle z. B.) (*mech. Technol.*), difetto secondario.
Belastbarkeit (*f. - Bautechnik*), portata. 2 ~ (von Zahnrädern z. B.) (*Mech.*), carico ammissibile. 3 ~ (einer elekt. Anlage) (*Elekt.*), caricabilità, carico ammissibile. 4 ~ (eines Gewässers) (*Hydr.*), limite d'inquinamento. 5 Dauer ~ (eines Motors z. B.) (*Elekt. - Mot. - etc.*), carico ammissibile per servizio continuo.
belasten (*Bautechnik*), caricare. 2 ~ (*Elekt. - Mot. - etc.*), caricare. 3 ~ (*Adm.*), addebitare. 4 ~ (mit Hypotheken z. B.) (*finanz.*), gravare.
belastet (*Bautechnik*), caricato. 2 ~ (*Elekt. - Mot. - etc.*), caricato. 3 mit Schulden ~ (*finanz.*), indebitato, pieno di debiti. 4 voll ~ (*Masch. - etc.*), a pieno carico.
Belastung (*f. - Bautechnik*), carico. 2 ~ (*Elekt. - Mot. - etc.*), carico. 3 ~ (*Adm.*) addebito. 4 ~ (physische und psychische Arbeitsbelastung) (*Arbeitsstudium*), gravame di lavoro. 5 ~ (der Umwelt, durch Emissionen, etc.) (*Ökologie*), inquinamento. 6 ~ durch Widerstand (*Elekt.*), carico resistivo, carico ohmico. 7 ~ durch Wirkwiderstand (*Elekt.*), carico non reattivo. 8 ~ mit Querspulen (*Fernspr.*), carico in parallelo. 9 ~ pro Flächeneinheit (spezifische Belastung) (*Bautechnik*), carico specifico, carico per unità di superficie. 10 ~ pro Rad (*Fahrz.*), carico per ruota. 11 ~ s·änderung (*f. - Elekt. - Mot.*), variazione di carico. 12 ~ s·anzeige (*f. - Adm.*), nota di addebito. 13 ~ s·Dehnungs-Schaubild (*n. - Baukonstr.lehre*), diagramma carico-allungamento, diagramma di cedimento, curva di cedimento, diagramma della deformazione in funzione delle sollecitazioni. 14 ~ s·dichte (eines Gebietes, Flächenlast, in MW/km² gemessen) (*f. - Elekt.*), densità di carico, carico (elettrico) per unità di superficie. 15 ~ s·fähigkeit (Belastbarkeit) (*f. - Bautechnik*), portata. 16 ~ s·faktor (*m. - Elekt. - etc.*), fattore di carico. 17 ~ s·gebirge (*n. - Elekt.*), diagramma di carico tridimensionale. 18 ~ s·grenze (*f. - Bautechnik*), carico limite, limite di carico. 19 ~ s·kurve (*f. - Elekt. - etc.*), diagramma di carico, curva di carico. 20 ~ s·metamorphose (*f. - Geol.*), metamorfismo di carico. 21 ~ s·moment (*n. - Mech.*), coppia resistente, momento resistente. 22 ~ s·probe (*f. - Mot. - etc.*), prova a carico. 23 ~ s·schwankung (*f. - Elekt. - Mot.*), variazione di carico. 24 ~ s·schwankung von Vollast bis Leerlauf (*Elekt. - etc.*), variazione di carico da pieno a vuoto. 25 ~ s·spitze (*f. - Elekt. - etc.*), carico massimo, punta di carico. 26 ~ s·verteilung (*f. - Bautechnik - Elekt.*), distribuzione del carico, ripartizione del carico. 27 ~ s·wechsel (Spannungswechsel, im Dauerversuch) (*m. - Mech.*), alternanza della sollecitazione. 28 ~ s·zeuge (*m. - recht.*), teste a carico. 29 allmähliche ~ (*Werkstoffprüfung*), applicazione graduale del carico. 30 ausgeglichene ~ (*Elekt.*), carico equilibrato. 31 aussetzende ~ (*Elekt. - etc.*), carico intermittente. 32 beliebige ~ s·änderung (*Mot.*), variazione qualsiasi del carico. 33 bewegliche ~ (wandernde) (*Baukonstr.lehre*), carico mobile. 34 Bruch ~ (Bruchlast) (*Bautechnik*), carico di rottura. 35 Bruch ~ (eines Flugzeuges) (*Flugw.*), carico di robustezza. 36 finanzielle ~ (*finanz.*), onere finanziario. 37 Flächen ~ (*Flugw.*), carico superficiale. 38 Flügel ~ (einer Luftschraube) (*Flugw.*), carico sulla pala. 39 Flügelbreiten ~ (*Flugw.*), carico di apertura. 40 Flügelflächen ~ (*Flugw.*), carico alare. 41 gleichbleibende ~ (*Elekt. - etc.*), carico costante. 42 gleichmässig verteilte ~ (*Baukonstr.lehre*), carico uniformemente distribuito. 43 Grenz ~ (eines Flugzeuges) (*Flugw.*), carico limite. 44 grösste zulässige ~ (*Bautechnik*), carico massimo ammissibile. 45 induktive ~ (*Elekt.*), carico induttivo. 46 kapazitive ~ (*Elekt.*), carico capacitivo, carico reattivo. 47 konstante ~ (*Elekt. - Mot.*), carico costante, carico statico. 48 Leistungs ~ (*Flugw.*), carico di potenza, carico per cavallo. 49 Ohmsche ~ (*Elekt.*), carico non reattivo. 50 Probe ~ (*Bautechnik - etc.*), carico di prova. 51 Probe ~ (eines Flugzeuges) (*Flugw.*), carico di prova. 52 pulsierende ~ (*Elekt.*), carico pulsante. 53 reine Flügelflächen ~ (*Flugw.*), carico alare netto. 54 Rotorkreisscheiben ~ (*Flugw.*), carico unitario sul disco. 55 ruhende ~ (konstante Belastung) (*Elekt. - Mot.*), carico costante, carico statico. 56 schwellende ~ (pulsierende Belastung) (*Mech.*), carico pulsante. 57 spezifische ~ (*Bautechnik*), carico specifico. 58 statische ~ (*Bautechnik - etc.*), carico statico. 59 steuerliche ~ (*finanz.*), onere fiscale. 60 stossweise ~ (*Mech.*), carico pulsante. 61 symmetrische ~ (*Elekt.*), carico simmetrico, carico equilibrato. 62 teilweise ~ s·änderung (*Mot.*), variazione parziale del carico. 63 unsymmetrische ~ (einseitige Belastung) (*Elekt.*), carico squilibrato. 64 volle ~ (*Elekt. - Mot.*), pieno carico. 65 volle ~ s·änderung (*Mot.*), variazione di carico da pieno carico a vuoto. 66 wechselnde ~ (*Baukonstr.lehre*), carico alternato. 67 zulässige ~ (*Bautechnik*), carico di sicurezza, carico ammissibile.
Belauf (Betrag) (*m. - Buchhaltung*), importo, ammontare.
belaufen (die Summe erreichen) (*Buchhaltung*), ammontare.
beleben (den Markt) (*komm.*), animare.
belebt (Schlamm, für Abwasser) (*Abwasserklärung*), attivato.
Belebtschlammprozess (für Abwasser) (*m. Abwasserklärung*), processo con fango attivo.

Belebung

Belebung (für Abwasser) (*f. - Abwasserklärung*), attivazione.
beledert (*Mech. - etc.*), guarnito con cuoio.
Belederung (eines Ruders z. B.) (*f. - naut.*), ricoprimento in cuoio.
Beleg (Beweisstück) (*m. - Adm.*), documento giustificativo, giustificativo. 2 ~ leser (*m. - Ger.*), lettore di documenti. 3 ~ schaft (Gesamtheit der Arbeitnehmer) (*f. - Arb.*), personale, dipendenti, maestranze. 4 ~ schaft (*Bergbau - Arb.*), squadra (di minatori). 5 ~ schaftsabteilung (*f. - Ind. - Pers.*), direzione del personale. 6 ~ sortierer (*m. - Ger.*), classificatore di documenti, selezionatore di documenti.
Belegen (der Bremsbacken) (*n. - Aut.*), guarnitura, montaggio delle guarnizioni.
belegen (bedecken) (*Bauw. - etc.*), coprire, rivestire. 2 ~ (mit Unterlagen beweisen) (*allg.*), documentare. 3 ~ (ein Boot festmachen) (*naut.*), ormeggiare. 4 ~ (besetzen, einen Platz) (*Fahrz. - Transp.*), occupare. 5 ~ (einen Platz vorbestellen) (*Fahrz. - Transp.*), prenotare. 6 ~ (bemannen) (*naut. - etc.*), equipaggiare. 7 ~ (mit Hartmetall) (*Werkz.*), applicare la placchetta dura. 8 ~ (eine Maschine mit Werkstücken) (*Werkz. masch.bearb.*), caricare.
Belegtlampe (Besetztlampe) (*f. - Fernspr. - etc.*), lampadina di occupato.
Belegung (*f. - Fernspr.*), occupazione. 2 ~ s·dauer (*f. - Fernspr.*), durata d'occupazione. 3 ~ s·dichte (Wohnfläche pro Bewohner) (*f. - Bauw.*), indice di affollamento. 4 ~ s·relais (*Fernspr.*), relè d'occupazione. 5 ~ s·stunde (*f. - Fernspr.*), comunicazione-ora. 6 ~ s·wert (*m. - Fernspr.*), indice di occupazione. 7 ~ s·zahl (*f. - Fernspr.*), numero delle occupazioni. 8 ~ s·zähler (*m. - Fernspr. - Ger.*) contatore di occupazioni.
Belehnung (Beleihung) (*f. - Adm.*) (*schweiz.*), concessione di un prestito. 2 ~ (Hypothek) (*komm.*) (*schweiz.*), ipoteca.
belehren (*allg.*), istruire.
Belehrung (*f. - allg.*), istruzione.
Beletage (Belletage) (*f. - Bauw.*), mezzanino, piano rialzato.
beleuchten (*Beleucht.*), illuminare. 2 ~ (*allg.*), illuminare, chiarire.
Beleuchter (Lichtmeister) (*m. - Fernseh. - Filmtech. - Arb.*), addetto alle luci.
Beleuchtung (*f. - Beleucht.*), illuminazione. 2 ~ s·anlage (*f. - Beleucht.*), impianto di illuminazione. 3 ~ s·batterie (*f. - Elekt.*), batteria per illuminazione. 4 ~ s·brücke (*f. - Fernseh. - Filmtech.*), ponte (mobile) per illuminazione. 5 ~ s·bühne (Glühlampenanordnungen im Fernsehstudio) (*f. - Fernseh.*), tabella luminosa. 6 ~ s·gleiche (Linie gleicher Beleuchtungsstärke) (*f. - Beleucht.*), isofota, curva isofota, curva isoluxa, isoluxa. 7 ~ s·körper (*m. - Beleucht. - Bauw.*), corpo illuminante. 8 ~ s·messer (*m. - Beleucht.*), *App.*), luxmetro, illuminometro. 9 ~ s·quelle (*f. - Beleucht.*), sorgente luminosa. 10 ~ s·spiegel (*m. - top. Instr.*), specchietto per illuminazione. 11 ~ s·stärke (Quotient aus Lichtstrom und Fläche) (*f. - Beleucht.*), illuminamento. 12 ~ s·technik (*f. - Beleucht.*), illuminotecnica,

tecnica dell'illuminazione. 13 ~ s·wirkungsgrad (*m. - Beleucht.*), fattore di utilizzazione. 14 allgemeine ~ (*Beleucht.*), illuminazione generale. 15 Arbeitsplatz ~ (*Beleucht.*), illuminazione del posto di lavoro. 16 Aussen ~ (*Beleucht.*), illuminazione esterna, illuminazione di locali aperti. 17 diffuse ~ (*Beleucht.*), illuminazione diffusa. 18 direkte ~ (*Beleucht.*), illuminazione diretta. 19 Fahrzeug ~ (*Beleucht. - Fahrz.*), illuminazione di veicoli. 20 fluoreszente ~ (*Beleucht.*), illuminazione a fluorescenza. 21 gleichförmige ~ (*Beleucht.*), illuminazione uniforme. 22 halbdirekte ~ (vorwiegend direkte Beleuchtung) (*Beleucht.*), illuminazione semidiretta. 23 halbindirekte ~ (vorwiegend indirekte Beleuchtung) (*Beleucht.*), illuminazione semiindiretta. 24 indirekte ~ (*Beleucht.*) illuminazione indiretta. 25 Innenraum ~ (*Beleucht. - Bauw.*), illuminazione di ambienti chiusi. 26 Linie gleicher ~ s·stärke (*Beleucht.*), linea isoluxa. 27 Nummern ~ (*Aut.*), luce targa. 28 Reklame ~ (*Beleucht. - komm.*), illuminazione pubblicitaria. 29 Strassen ~ (*Beleucht.*), illuminazione stradale. 30 vorwiegend indirekte ~ (*Beleucht.*), illuminazione semiindiretta.
belichten (*Phot. - Radioakt.*), esporre. 2 über ~ (*Phot. - Radioakt.*), sovraesporre. 3 unter ~ (*Phot. - Radioakt.*), sottoesporre.
belichtet (*Phot.*), esposto.
Belichtung (Exposition) (*f. - Phot. - Radioakt.*), esposizione. 2 ~ (Produkt aus der Beleuchtungsstärke und der Dauer des Beleuchtungsvorganges) (*Beleucht.*), quantità di illuminamento. 3 ~ s·dauer (*f. - Phot. - Radioakt.*), durata dell'esposizione, durata della posa. 4 ~ s·messer (*m. - Phot. - Radioakt.*), esposimetro. 5 ~ s·regler (für Offsetkopien z. B.) (*m. - Druck.*), regolatore di esposizione. 6 ~ s·schalter (eines Fotokopiergeräts z. B.) (*m. - Büromasch. - etc.*), interruttore di esposizione. 7 ~ s·skala (einer Kamera) (*f. - Phot.*), anello dei tempi di posa, scala dei tempi di posa. 8 ~ s·tabelle (*f. - Phot.*), tabella dei tempi di posa. 9 ~ s·uhr (eines Vervielfältigungsapparates z. B.) (*f. - Büro - Masch.*), contatore di esposizione. 10 ~ s·zeit (*f. - Phot.*), tempo di posa. 11 photoelektrischer ~ s·automat (*m. - Radioakt. - App.*), regolatore automatico del tempo di esposizione a cellula fotoelettrica. 12 Über ~ (*Phot. - Radioakt.*), sovraesposizione. 13 Unter ~ (*Phot. - Radioakt.*), sottoesposizione.
beliebig (*allg.*), arbitrario.
Belleville-Feder (Tellerfeder) (*f. - Mech.*), molla a tazza, rondella Belleville, rosetta elastica Belleville.
belohnen (*allg.*), ricompensare, rimunerare.
belohnend (*allg.*), rimunerativo.
Belohnung (*f. - allg.*), rimunerazione, ricompensa.
Belotsung (Lotsen) (*f. - naut.*), pilotaggio, diritti di pilotaggio.
Belötung (von Kontakten z. B.) (*f. - Elekt.*), ravvivatura a stagno.
belüften (*Bauw. - etc.*), ventilare.
Belüfter (Entlüfter, eines Motors z. B.) (*m.*

- *Mot.*), sfiato. 2 ~ (Lüfter) (*Bauw.*), ventilatore.
Belüftung (*f. - Bauw. - etc.*), aerazione, ventilazione. 2 ~ s·becken (Lüftungsbecken, Belebungsbecken) (*n. - Hydr.*), bacino d'aerazione, vasca d'ossidazione, bacino a fango attivato. 3 ~ s·haube (*f. - Bauw. - etc.*), presa d'aria (per ventilazione). 4 ~ s·loch (einer Batterie z. B.) (*n. - Elekt. - etc.*), foro di sfiato, sfiatatoio. 5 ~ s·rohr (*n. - Mot. - etc.*), tubo di sfiato. 6 ~ s·schacht (*m. - Bergbau*), pozzo di ventilazione. 7 ~ s·stollen (*m. - Bergbau.*), galleria di ventilazione, cunicolo di ventilazione.
Bem. (Bemerkung) (*allg.*), nota, osservazione.
bemalen (mit Farben anstreichen) (*Anstr.*), pitturare.
bemannen (ein Schiff) (*naut.*), armare.
bemannt (Schiff) (*naut.*), armato. 2 ~ (eine Funkstation z. B.) (*Funk. - etc.*), presidiato, con personale di servizio. 3 ~ (Raumfahrzeug) (*Raumfahrt*), con uomini a bordo.
Bemannung (*f. - naut.*), equipaggio.
bemasst (*Zeichn.*), quotato.
Bemassung (Masseintragung, einer Zeichnung) (*f. - Zeichn.*), quotatura, dimensionamento, indicazione delle quote.
bemasten (*naut.*), alberare, mettere gli alberi.
Bemastung (*f. - naut.*), alberatura.
bemauern (*Bauw.*), circondare con mura.
bemerken (*allg.*), osservare.
Bemerkung (*f. - allg.*), osservazione.
bemessen (dimensionieren) (*allg.*), dimensionare. 2 neu ~ (*allg.*), ridimensionare.
Bemessung (Bemassung) (*f. - Zeichn.*), dimensionamento, indicazione delle quote. 2 ~ (bei der Konstruktion eines App. z. B.) (*Zeichn. - etc.*), dimensionamento. 3 ~ s·strom (*m. - Elekt.*), corrente di taratura.
Bemusterung (*f. - komm.*), presentazione di campioni.
benachbart (anliegend) (*allg.*), adiacente, contiguo.
benachrichtigen (*allg.*), notificare, avvisare.
Benachrichtigung (*f. - allg.*), notifica, avviso. 2 ~ s·gebühr (*f. - Fernspr.*), tassa di preavviso. 3 Versand ~ (*Transp.*), avviso di spedizione.
benageln (*Tischl.*), inchiodare.
Benagelung (eines Schuhes z. B.) (*f. - Schuhmacher - etc.*), chiodatura. 2 ~ (*Tischl.*), applicazione dei chiodi.
benannt (Zahl) (*Math.*), concreto.
benässen (*allg.*), umettare, bagnare.
Benedikt-Nickel (Ni-Cu-Legierung mit 80% Cu) (*n. - Legierung*), cupronichel con 80% Cu.
Benetzbarkeit (*f. - Phys. - Chem.*), umettabilità, bagnabilità.
benetzen (*allg.*), umettare.
benetzt (*allg.*), bagnato, umettato. 2 ~ (beim Löten) (*mech. Technol.*), bagnato. 3 wasser ~ e Oberfläche (*naut.*), superficie immersa, superficie bagnata dall'acqua.
Benetzung (*f. - allg.*), umettamento, bagnatura. 2 ~ s·fähigkeit (*f. - Phys.*), potere bagnante. 3 ~ s·mittel (*n. - Chem. - etc.*), umettante (*s.*). 4 ~ s·winkel (zwischen Flüssigkeit und Wand) (*m. - Phys.*), angolo di raccordo.

Benne (Schiebkarre, Schubkarre) (*f. - Maur.*) (*schweiz.*), carriola.
Bensonkessel (Höchstdruckkessel) (*m. - Kessel*), caldaia Benson.
Bentonit (*m. - Min. - Giess.*), bentonite.
benummern (*allg.*), numerare.
Benummerung (*f. - allg.*), numerazione.
Benutzer, Benützer (*m. - allg.*), utente, utilizzatore, consumatore.
Benutzung, Benützung (*f. - allg.*), uso, utilizzazione. 2 ~ s·vorschrift (*f. - allg.*), prescrizioni sull'uso.
Benzaldehyd ($C_6H_5 - CHO$) (*n. - Chem.*), benzaldeide.
Benzanthron (*n. - Chem. - Färberei*), benzantrone.
Benzidin ($NH_2 - C_6H_4 - C_6H_4 - NH_2$) (*n. - Chem.*), benzidina.
Benzin (*n. - Chem. - Brennstoff*), benzina. 2 ~ aggregat (*n. - Elekt.*), gruppo elettrogeno con motore a benzina, gruppo elettrogeno a benzina. 3 ~ behälter (*m. - Aut. - etc.*), serbatoio della benzina. 4 ~ dämpfe (*m. - pl. - Chem.*), vapori di benzina. 5 ~ einspritzung (*f. - Mot.*), iniezione di benzina. 6 ~ entzug (Benzinabscheidung, vom Gas) (*m. - chem. Ind.*), degasolinaggio. 7 ~ fass (*n. - chem. Ind.*), fusto di benzina. 8 ~ filter (*m. - Mot.*), filtro della benzina. 9 ~ für das Luftwesen (*chem. Ind.*), benzina avio. 10 ~ kanister (*m. - Aut.*), canistro di benzina. 11 ~ kanne (*f. - chem. Ind.*), latta di benzina, bidone di benzina. 12 ~ kocher (*m. - Camping - etc.*), fornello a benzina. 13 ~ lagerung (*f. - chem. Ind.*), deposito di benzina. 14 ~ leitung (*f. - Mot.*), tubo della benzina. 15 ~ lötkolben (*m. - Schweissen - Ger.*), saldatoio a benzina. 16 ~ lötlampe (*f. - Schweissen - Ger.*), lampada a benzina per saldare. 17 ~ messuhr (einer Zapfsäule) (*f. - Aut.*), contalitri di benzina. 18 ~ mit hoher Oktanzahl (*Aut. - chem. Ind.*), benzina ad elevato numero di ottano, benzina super. 19 ~ motor (*m. - Mot.*), motore a benzina, motore a scoppio. 20 ~ -Öl-Gemisch (*n. - Fahrz.*), miscela. 21 ~ pumpe (Zapfsäule) (*f. - Aut.*), distributore di benzina. 22 ~ pumpe (eines Motors) (*Mot.*), pompa benzina. 23 ~ standsanzeiger (*m. - Aut.*), indicatore del livello della benzina. 24 ~ station (*f. - Fahrz.*), posto di rifornimento di benzina, stazione di rifornimento di benzina. 25 ~ tank (*m. - Mot. - etc.*), serbatoio della benzina. 26 ~ uhr (Treibstoffuhr) (*f. - Aut. - Instr.*), indicatore del livello della benzina. 27 ~ verbrauchsprüfer (*m. - Aut. - Ger.*), apparecchio per la prova del consumo di benzina. 28 ~ wagen (*m. - Aut.*), automobile a benzina. 29 ~ wetterlampe (*f. - Bergbau*), siehe Sieherheitslampe. 30 ~ zapfstelle (Benzinzapfsäule) (*f. - Aut.*), distributore di benzina. 31 Fahr ~ (für übliche Kraftfahrzeuge) (*Brennst.*), benzina auto. 32 Flug ~ (Flugkraftstoff) (*Brennst.*), benzina avio. 33 Krack ~ (*chem. Ind.*), benzina di «cracking», benzina di piroscissione. 34 Leicht ~ (*chem. Ind.*), benzina solvente. 35 Normal ~ (*chem. Ind.*), benzina normale. 36 Spezial ~ (für Rennmotoren, Strahltrieb-

Benzoe 130

werke, etc.) (*Brennst.*), benzina speciale. 37 Super- ~ (*Aut.*), benzina super. 38 unverbleites ~ (*Brennst.*), benzina non etilizzata, benzina bianca.
Benzoe (Benzoin) (*f. - Chem.*), benzoe, benzoina. 2 ~ säure (*f. - Chem.*), acido benzoico.
Benzol (C_6H_6) (*n. - Chem.*), benzolo, benzene. 2 ~ derivate (*n. - pl. - Chem.*), derivati benzenici. 3 ~ ring (*m. - Chem.*), anello benzenico. 4 ~ vergiftung (Berufskrankheit) (*f. - Arb. - Med.*), benzolismo. 5 ~ wäsche (*f. - chem. Ind.*), lavaggio del benzolo. 6 Handels ~ (Waschbenzol, gewaschenes Benzol) (*chem. Ind.*), benzolo commerciale, benzolo 90. 7 Roh ~ (*chem. Ind.*), benzolo greggio.
beobachten (*allg.*), osservare.
Beobachter (*m. - Flugw. - etc.*), osservatore. 2 Normal ~ (*Opt.*), occhio normale, osservatore normale.
Beobachtung (*f. - allg.*), osservazione. 2 ~ s·fernrohr (*n. - Opt. - Instr.*), cannocchiale. 3 ~ s·lupe (einer Filmkamera) (*f. - Opt.*), oculare per l'osservazione. 4 ~ s·stelle (*f. - milit.*), posto di osservazione, osservatorio.
bepanzern (*milit.*), corazzare.
bepfählen (*Bauw.*), piantare palafitte, palafittare.
Bepflanzung (*f. - Ack.b.*), piantagione.
bepflastern (*Strass.b.*), lastricare, selciare.
bepflügen (*Ack.b.*), arare.
bepichen (*naut. - etc.*), impeciare.
beplanken (*Schiffbau*), fasciare (con corsi di legno).
beplankt (*Schiffbau*), fasciato (in legno).
Beplankung (*f. - Schiffbau*), fasciame (in legno). 2 ~ (einer Tragfläche z. B.) (*Flugw.*), rivestimento. 3 Deck ~ (*Schiffbau*), copertura (in legno) del ponte, tavolato del ponte. 4 Diagonalkraweel ~ (*Schiffbau*), doppio fasciame a paro con fasciame interno diagonale. 5 doppelte ~ (*Schiffbau*), doppio fasciame. 6 innere ~ (*Schiffbau*), fasciame interno. 7 Klinker ~ (*Schiffbau*), fasciame sovrapposto, fasciame a semplice ricoprimento. 8 Kraweel ~ (*Schiffbau*), fasciame a paro, fasciame a comenti appaiati. 9 mittragende ~ (*Flugw.*), rivestimento resistente, rivestimento portante.
beplatten (*Schiffbau*), fasciare (con lamiera).
beplattet (*Schiffbau*), fasciato (con lamiera).
Beplattung (*f. - Schiffbau*), fasciame metallico.
Bequemlichkeit (Wohnlichkeit) (*f. - Flugw. - naut.*), comodità, abitabilità.
Berandungskurve (Hüllkurve) (*f. - Geom.*), inviluppo.
berappen (mit Rauhputz bewerfen) (*Maur.*), rinzaffare, dare la prima mano di intonaco.
Berappung (Berapp, Rauhputz) (*f. - Maur.*), rinzaffo, prima mano di intonaco.
Berasung (der Bodenoberfläche an den Böschungen von Dämmen z. B.) (*f. - Bauw.*), appratimento.
beraten (*allg.*), consigliare.
beratend (*allg.*), consultivo. 2 ~ er Ausschuss (*Ind. - etc.*), comitato consultivo.
Berater (*m. - allg.*), consulente. 2 Fach ~ (*Ind. - etc.*), consulente tecnico. 3 Rechts ~ (*recht.*), consulente legale. 4 Steuer ~ (*finanz.*), consulente fiscale.

Beratung (*f. - allg.*), consulenza. 2 ~ s·stelle (*f. - allg.*), centro d'informazioni.
berauhwehren (*Wass.b.*), proteggere con fascine, proteggere con fascinate.
Beräumen (*n. - Bergbau*), siehe Bereissen.
berechenbar (*Math.*), computabile, calcolabile.
berechnen (kalkulieren) (*Adm. - etc.*), calcolare. 2 ~ (schätzen) (*komm.*), preventivare. 3 ~ (belasten) (*Adm.*), addebitare. 4 ~ (fakturieren) (*Buchaltung*), fatturare.
Berechnung (Errechnung) (*f. - Adm. - etc.*), calcolo, computo. 2 ~ (Schätzung) (*Adm.*), preventivo. 3 ~ (Belastung) (*Adm.*), addebito. 4 ~ (Fakturierung) (*Buchhaltung*), fatturazione. 5 ~ s·grundlage (*f. - Math. - etc.*), base di calcolo. 6 ~ s·wert (*m. - allg.*), valore calcolato. 7 annähernde ~ (*allg.*), calcolo approssimato. 8 Kosten ~ (*Adm.*), determinazione dei costi. 9 statische ~ (*Baukonstr. lehre*), calcolo statico. 10 überschlägige ~ (*Math. - etc.*), calcolo approssimato, calcolo di massima. 11 Voraus ~ (Vorkalkulation) (*allg.*), calcolo preliminare, calcolo approssimato, calcolo di massima.
Berechtigter (*m. - recht.*), l'avente diritto, titolare, beneficiario.
beregnen (*Ack.b.*), irrigare a pioggia.
Beregnung (*f. - Ack.b.*), irrigazione a pioggia. 2 ~ s·probe (Beregnungsversuch) (*f. - Fahrz.*), prova a pioggia. 3 ~ s·vorrichtung (Sprinkler (*f. - Ack.b.*), irrigatore a pioggia.
Bereich (Gebiet) (*m. - allg.*), campo, zona, settore. 2 ~ (Weite; Sehweite, Schussweite, z. B.) (*allg.*), portata. 3 ~ (Umfang) (*allg.*), àmbito. 4 ~ (Band, der Frequenzen) (*Funk.*), banda. 5 ~ (*Radar*), portata. 6 ~ s·endwert (auf der Skala) (*m. - Ind.*), valore di fondo scala. 7 ~ s·schalter (Frequenz-Umschalter) (*m. - Funk. - Fernseh.*), commutatore di banda. 8 ~ s·schalter (bei Messgeräten, Bereichwähler) (*Instr. - Ger.*), commutatore del campo (di misura). 9 ~ s·umschalter (der Frequenz) (*m. - Funk. - Fernseh.*), commutatore di banda. 10 Absatz ~ (*komm.*), zona di vendita. 11 Anwendungs ~ (*allg.*), campo di impiego. 12 Fahr ~ (Aktionsradius) (*allg.*), raggio d'azione. 13 Flug ~ (*Flugw.*), autonomia. 14 Licht ~ (*Beleucht. - Aut.*), distanza di illuminazione. 15 Regel ~ (der Drehzahl z. B.) (*Mot.*), campo di regolazione. 16 Toleranz ~ (Abmass) (*Mech.*), scostamento.
bereichern (*allg.*), arricchire.
Bereicherung (*f. - allg.*), arricchimento.
bereifen (*Eisenb.*), montare i cerchioni, cerchiare. 2 ~ (*Aut.*), montare i pneumatici, montare le gomme. 3 ~ (ein Fass) (*allg.*), cerchiare, mettere i cerchi. 4 ~ (beeisen) (*Meteor.*), formarsi di brina.
Bereifung (*f. - Eisenb.*), cerchioni, cerchiatura. 2 ~ (*Aut.*), pneumatici, gommatura. 3 ~ (eines Fasses) (*allg.*), cerchiatura. 4 Eisen ~ (*Fahrz.*), cerchioni di ferro, cerchiatura di ferro. 5 Pneumatik ~ (*Fahrz.*), pneumatici, gommatura. 6 Vollgummi ~ (*Fahrz.*), gomme piene, cerchioni di gomma piena.
bereinigen (ein Konto) (*Adm.*), far quadrare. 2 ~ (lösen, Probleme z. B.) (*allg.*), risolvere.

3 ~ (klären, Missverständnisse z. B.) (*allg.*), chiarire. 4 ~ (beseitigen, Schwierigkeiten z. B.) (*allg.*), eliminare. 5 ~ (bezahlen, ausgleichen, eine Rechnung z. B.) (*komm. - etc.*), pagare, saldare. 6 ~ (in Ordnung bringen) (*allg.*), mettere in ordine, riordinare. 7 ~ (normalisieren, die Verhältnisse zwischen Ländern z. B.) (*allg.*), normalizzare.
Bereinigung (Prüfung und Abschluss, einer Bilanz) (*f. - finanz.*), verifica e chiusura.
Bereissen (die Bruchwände beräumen nach dem Schiessen) (*n. - Bergbau*), disgaggio.
Bereiss·stange (*f. - Berbauwerkz.*), palanchino per disgaggio.
bereiten (*allg.*), preparare.
Bereitschaftsanlage (*f. - allg.*), impianto di emergenza. 2 Schnell ~ (*Elekt.*), impianto di emergenza a rapido intervento. 3 Sofort ~ (*Elekt.*), impianto di emergenza ad intervento immediato.
Bereitschaftsdienst (*m. - Ind. - etc.*), servizio di emergenza.
bereitstellen (*allg.*), approntare. 2 ~ (zur Verfügung stellen) (*allg.*), mettere a disposizione. 3 ~ (Beträge z. B.) (*allg.*), assegnare.
Bereitstellung (zur Verfügung-Setzen) (*f. - allg.*), messa a disposizione. 2 ~ (von Beträge z. B.) (*allg.*), assegnazione.
Berg (*m. - Geogr.*), monte, montagna. 2 ~ (einer Welle z. B.) (*naut. - etc.*), cresta. 3 ~ (*Bergbau*), siehe auch Berge. 4 ~ **ahorn** (*m. - Holz*), acero bianco. 5 ~ **alaun** (*m. - Min.*), allume di rocca. 6 ~ **arbeit** (*f. - Bergbau*), lavoro di miniera. 7 ~ **arbeiter** (Grubenarbeiter, Bergmann, Bergknappe) (*m. - Bergbau*), minatore. 8 ~ **art** (*f. - Min.*), ganga. 9 ~ **bahn** (*f. - Eisenb.*), ferrovia di montagna. 10 ~ **bahn** (Seilbahn) (*Transp.*), funicolare (terrestre od aerea). 11 ~ **bau** (*m. - Bergbau*), estrazione dei minerali, industria estrattiva. 12 ~ **baugesellschaft** (Bergwerkgesellschaft) (*f. - Bergbau*), società mineraria. 13 ~ **baugewerkschaft** (*f. - Bergbau*), sindacato dei minatori. 14 ~ **baukunde** (*f. - Min.*), mineralogia. 15 ~ **baukundiger** (*m. - Min.*), ingegnere minerario. 16 ~ **braun** (*n. - Farbe*), terra d'ombra. 17 ~ **buche** (*f. - Holz*), carpino. 18 ~ **fahrt** (*f. - Aut.*), salita, percorso in salita. 19 ~ **fall** (*m. - Geol.*), frana. 20 ~**feste** (Feste, stehenbleibender Lagerstättenteil um das Dach zu stützen) (*f. - Bergbau*), pilastro abbandonato, minerale lasciato in posto. 21 ~ **führer** (*m. - Sport*), guida alpina. 22 ~ **gang** (*m. - Bergbau*), filone. 23 ~ **gelb** (*n. - Farbe*), giallo ocra. 24 ~ **gerechtigkeit** (Bergwerkskonzession) (*f. - Bergbau*), concessione mineraria. 25 ~ **grün** (*n. - Farbe*), verde malachite. 26 ~ **gut** (*n. - Bergbau*), minerale. 27 ~ **haar** (*n. - Min.*), amianto fibroso. 28 ~ **hammer** (*m. - Werkz.*), gravina. 29 ~ **holz** (Asbest) (*n. - Min.*), amianto, asbesto. 30 ~ **kette** (*f. - Geogr.*), catena montuosa. 31 ~ **knappe** (Bergmann, Bergarbeiter) (*m. - Bergbau*), minatore. 32 ~ **krankheit** (Höhenkrankheit) (*f. - Med.*), mal di montagna. 33 ~ **kristall** (reinste Form des Quarzes) (*m. - Min.*), cristallo di rocca. 34 ~ **kunde** (*f. - Geogr.*), orografia. 35 ~ **mann** (Bergarbeiter, Bergknappe) (*m. - Bergbau*), minatore. 36 ~ **mannslampe** (*f. - Bergbauger.*), lampada da minatore. 37 ~ **mehl** (*n. - Min.*), farina fossile. 38 ~ **meisterschaft** (*f. - Aut. - Sport*), campionato (corse in) montagna. 39 ~ **pech** (Asphalt) (*n. - Min.*), asfalto. 40 ~ **rennen** (*n. - Aut. - Sport*), corsa in salita. 41 ~ **revierbeamter** (*m. - Arb.*), ispettore minerario. 42 ~ **rutsch** (*m. - Geol.*), frana. 43 ~ **schlag** (*m. - Bergbau*), colpo di tensione. 44 ~ **schlucht** (*f. - Geol.*), burrone. 45 ~ **seite** (einer Talsperre z. B.) (*f. - Bauw.*) - *etc.*), lato a monte. 46 ~ **sport** (Bergsteigen) (*n. - Sport*), alpinismo. 47 ~ **station** (einer Seilbahn) (*f. - Transp.*), stazione a monte. 48 ~ **steigefähigkeit** (*f. - Aut.*), pendenza superabile. 49 ~ **steigen** (Alpinismus) (*n. - Sport*), alpinismo. 50 ~ **steiger** (*m. - Sport*), alpinista. 51 ~ **sturz** (*m. - Geol.*), frana, franamento. 52 ~ **waage** (*f. - Instr.*), clinometro. 53 ~ **wachs** (Ozokerit) (*n. - Mim.*), cera minerale, ozocerite. 54 ~ **wand** (*f. - Geol.*), parete rocciosa. 55 ~ **werk** (*n. - Bergbau*), impianto di estrazione. 56 ~ **werksindustrie** (*f. - Bergbau*), industria mineraria, industria estrattiva. 57 am ~ (*Aut.*), in salita.
bergab (bergunter) (*adv.*), in discesa.
Bergamottöl (*n. - Ind.*), olio di bergamotto.
bergan (bergauf) (*adv.*), in salita.
bergauffahren (*Aut. - etc.*), andare in salita.
Berge (taubes Gestein) (*m. - pl. - Bergbau*), sterile. 2 ~ (Bergeversatz) (*Bergbau*), ripiena, materiale da ripiena. 3 ~ **mauer** (*f. - Bergbau*), parete di sterile. 4 ~ **rolle** (*f. - Bergbau*), pozzo per scarico dello sterile. 5 ~ **versatz** (Verfahren) (*m. - Bergbau*), ripiena. 6 Wasch ~ (*Bergbau*), scarti di laveria.
Bergelohn (*m. - naut.*), premio di salvataggio.
bergen (retten) (*allg.*), salvare. 2 ~ (ein Segel) (*naut.*), ammainare.
bergig (*Geogr.*), montuoso.
Bergit (hochlegierter Sonderstahlguss mit $6 \div 32\%$ Mo, $53 \div 62\%$ Ni, $< 22\%$ Cr und $< 6\%$ Cu) (*n. - Metall.*), acciaio Bergit.
Bergmannrohr (Isolierrohr) (*n. - Elekt.*), tubo « Bergmann », tubo isolante.
Bergsteigefähigkeit (*f. - Aut.*), pendenza superabile.
Bergung (Heben gesunkener Schiffe) (*f. - naut.*), ricupero. 2 ~ (von Flugkörpern nach Wiedereintauchen, mit Fallschirmen, etc.) (*Raumfahrt*), ricupero. 3 ~ **s·kran** (*m. - Masch.*), gru per ricuperi. 4 ~ **s·schiff** (*n. - naut.*), nave per ricuperi. 5 ~ **s·schlepper** (*m. - naut.*), rimorchiatore per ricuperi.
bergunter (bergab) (*adv.*), in discesa.
Bericht (Mitteilung) (*m. - allg.*), comunicazione. 2 ~ (Berichterstattung) (*m. - Büro - etc.*), relazione. 3 ~ **erstatter** (*m. - Ind.*), relatore. 4 ~ **erstatter** (*Zeitg.*), cronista. 5 Bild ~ (*Phot. - Zeitg. - etc.*), fotocronaca. 6 einen ~ **erstatten** (einen Bericht ausarbeiten) (*Ind.*), preparare una relazione, compilare una relazione. 7 Gegen ~ (*komm. - etc.*), avviso contrario. 8 Geschäfts ~ (*Adm. - finanz.*), rendiconto. 9 Jahres ~ (*allg.*), relazione annuale. 10 Jahres ~ (*Adm.*), relazione di bilancio.
berichtigen (einen Fehler) (*allg.*), rettificare,

Berichtigung

correggere. 2 ~ (ausgleichen, Rechnungen) (*Adm.*), saldare.
Berichtigung (eines Fehlers) (*f. - allg.*), rettifica, correzione. 2 ~ (Ausgleich, einer Rechnung) (*Adm.*), saldo. 3 ~ s·faktor (*m. allg.*), fattore di correzione. 4 ~ s·schreiben (*n. - allg.*), lettera di rettifica.
Berichtigungen (Druckfehlerverzeichnis) (*f. pl. - Druck.*), errata-corrige.
berieseln (bewässern) (*Ack.b.*), irrigare.
Berieselung (*f. - Ack.b.*), irrigazione per scorrimento, irrigazione a velo d'acqua. 2 ~ s·kanal (*m. - Ack.b.*), canale di irrigazione. 3 ~ s·kondensator (*m. - ind. Ger.*), condensatore di tipo atmosferico. 4 Stau ~ (*Ack.b.*), irrigazione per sommersione.
beringen (einen Pfahl z. B.) (*Bauw. - etc.*), cerchiare.
berippt (Rohr z. B.) (*Leit. - etc.*), alettato.
Berkelium (radioakt. chem. Element) (*Bk - n. - Chem. - Radioakt.*), berkelio, berchelio.
Berline (alter Wagen) (*f. - Fahrz.*), berlina.
Berlinerblau (Preussischblau) (*n. - Farbstoff*), blu di Prussia.
Berlinersäure (*f. - Chem.*), acido prussico.
Berme (*f. - Strass.b.*), berma.
Bernoullische Gleichung (*Hydr.*), equazione di Bernoulli.
Bernstein (Succinit) (*m. - Elekt.*), ambra. 2 ~ säure (COOH.CH$_2$—CH$_2$.COOH) (*f. Chem.*), acido succinico.
Berstdruck (eines Behälters) (*m. - allg.*), pressione di scoppio. 2 ~ prüfgerät (*n. - Papierind. - Ger.*), scoppiometro, apparecchio per misurare la pressione di scoppio.
Bersten (einer Schleifscheibe) (*n. - Mech.*), scoppio, rottura.
bersten (eines Behälters) (*allg.*), scoppiare.
Berstfaktor (*m. - Papierind.*), indice di scoppio.
berstfest (*allg.*), antiscoppio.
Berstfestigkeit (*f. - Textilind. - Papierind.*), resistenza allo scoppio.
Berstplatte (Berstscheibe, Sicherheitseinrichtung an Druckanlagen) (*f. - chem. Ind. - etc.*), disco antiscoppio.
Berstversuch (*m. - Textilind. - Papierind.*), prova di scoppio.
berücksichtigen (*allg.*), considerare, prendere in considerazione.
Berücksichtigung (*f. - allg.*), considerazione. 2 in ~ ziehen (*allg.*), prendere in considerazione.
Beruf (*m. - Arb.*), professione. 2 ~ s·arbeit (*f. - Arb.*), lavoro professionale. 3 ~ s·ausbildung (*f. - Arb. - Organ.*), istruzione professionale, formazione professionale. 4 ~ s·ausübung (*f. - Arb.*), esercizio di una professione. 5 ~ s·boxer (*m. - Sport*), pugile professionista. 6 ~ s·geheimnis (Schweigepflicht) (*n. - Arb. - recht.*), segreto professionale. 7 ~ s·genossenschaft (VBG) (*f. - Arb.*), istituto di assicurazione contro gli infortuni sul lavoro. 8 ~ s·geschäfte (*n. - pl. - Arb.*), affari di ufficio. 9 ~ s·krankheit (*f. - Med. - Arb.*), malattia professionale. 10 ~ s·laufbahn (*f. - Arb.*), carriera professionale. 11 ~ s·schule (Gewerbeschule) (*f. - Schule*), scuola professionale. 12 ~ s·wahl (*f. - Arb.*), scelta della professione. 13 einen ~ ausüben (*Arb.*), esercitare una professione. 14 freier ~ (*Arb.*), libera professione.
beruflich (*Arb.*), professionale.
berufsmässig (*allg.*), professionale.
Berufung (Einberufung) (*f. - allg.*), convocazione. 2 ~ (vor Gericht) (*recht.*), citazione. 3 ~ (Einspruch gegen ein Urteil) (*recht.*), ricorso, appello. 4 ~ (Ernennung) (*finanz. - etc.*), nomina. 5 ~ (Bezugnahme) (*allg.*), riferimento. 6 ~ einlegen (*recht.*), far ricorso, appellarsi. 7 ~ s·gericht (*n. - recht.*), corte di appello. 8 ~ s·instanz (*f. - recht.*), istanza di appello, seconda istanza. 9 ~ vor Gericht (*recht.*), citazione in tribunale. 10 ~ unter ~ auf (*Büro*), in riferimento a.
beruhigen (ein Stahlbad z. B.) (*Metall.*), calmare. 2 ~ (ausgleichen, ausregeln) (*Elekt.*), stabilizzare.
beruhigt (*Metall. - etc.*), calmato. 2 halb ~ (Stahl) (*Metall.*), semicalmato. 3 un ~ (Stahl) (*Metall.*), effervescente, non calmato.
Beruhigung (*f. - allg.*), acquietamento. 2 ~ (Dämpfung, von Schwingungen) (*Phys. - etc.*), smorzamento. 3 ~ s·mittel (Tranquillans) (*n. - Pharm.*), tranquillante (*s.*). 4 ~ s·glied (*n. - Elekt.*), circuito stabilizzatore, circuito livellatore. 5 ~ s·mittel (Beruhigungszuschlag) (*n. - allg.*), calmante. 6 ~ s·tank (Beruhigungsbehälter) (*m. - Wass.b.*), serbatoio di compensazione. 7 ~ s·topf (Ansaugtopf, eines Verbrennungsmotors) (*m. - Mot.*), silenziatore di ammissione. 8 ~ s·widerstand (*m. - Elekt.*), resistenza stabilizzatrice, resistenza livellatrice.
Berührung (*f. - allg.*), contatto. 2 ~ (*Geom.*), contatto. 3 ~ s·ebene (*f. - Geom.*), piano di contatto. 4 ~ s·elektrizität (*f. - Elekt.*), elettricità di contatto. 5 ~ s·fläche (*f. - Geom. - etc.*), superficie di contatto. 6 ~ s·korrosion (*f. - Chem.*), corrosione di contatto. 7 ~ s·linie (Tangente) (*f. - Geom.*), tangente. 8 ~ s·linie (von Zähnen) (*Mech.*), linea di contatto. 9 ~ s·punkt (*m. - Geom.*), punto di contatto, punto di tangenza. 10 ~ s·schutz (*m. - Elekt.*), protezione contro le scariche. 11 ~ s·spannung (Kontaktspannung) (*f. - Elekt.*), tensione di contatto. 12 ~ s·stelle (*f. - allg.*), punto di contatto. 13 ~ s·umprägung (Kontaktmetamorphose) (*f. - Geol.*), metamorfismo di contatto.
berührungslos (*allg.*), senza contatto. 2 ~ (Sensor, Befehlsgeber z. B.) (*Ger.*), di prossimità.
berussen (die Kontaktfläche mit einer Kerzenflamme, zum Abdrucken der Gegenfläche unter Last z. B.) (*mech. Technol.*), affumicare (con nerofumo).
Beryll (Be$_3$Al$_2$Si$_6$O$_{18}$) (*m. - Min.*), berillo. 2 ~ erde (Berilliumoxyd) (*f. - Min.*), ossido di berillio.
Beryllid (Hochtemperaturwerkstoff) (*n. - Metall.*), berilliuro.
Berylliose (Berufskrankheit) (*f. - Arb. - Med.*), berillosi.
Beryllium (Be - n. - Chem.), berillio. 2 ~ bremssubstanz (*f. - Atomphys.*), moderatore a berillio.
Bes (b, Einheit für die Masse = 1 kilogramm) (*n. - Einheit*), bes.

bes. (besonder) (*allg.*), speciale, particolare.
Besan (Segel) (*m. - naut.*), randa. 2 ~ **baum** (*m. - naut.*), boma. 3 ~ **-Bramstagsegel** (*n. - naut.*), (vela di) straglio di belvedere. 4 ~ **mast** (*m. - naut.*), albero di mezzana. 5 ~ **rute** (*f. - naut.*), picco di mezzana. 6 ~ **saling** (*f. - naut.*), coffa di mezzana. 7 ~ **segel** (Besan) (*n. - naut.*), vela di randa, randa. 8 ~ **-Stagsegel** (*n. - naut.*), (vela di) straglio di mezzana. 9 ~ **stenge** (*f. - naut.*), albero di mezzana. 10 ~ **-Stengestagsegel** (*n. - naut.*), (vela di) straglio di contromezzana.
besanden (*allg.*), insabbiare, coprire di sabbia. 2 ~ (*Eisenb.*), sabbiare.
Besandung (*f. - allg.*), insabbiamento. 2 ~ **s·anlage** (*f. - Eisenb.*), impianto di rifornimento di sabbia.
Besatz (*m. - Text.*), guarnizione, passamaneria. 2 ~ (eines Bohrloches) (*Bergbau*), intasamento. 3 ~ **stein** (*m. - Maur.*), mattone da riempimento. 4 ~ **stock** (für Bohrlöcher) (*m. - Bergbauwerkz.*), costipatore, intasatore.
Besatzung (Mannschaft) (*f. - naut.*), equipaggio. 2 ~ (Truppen) (*milit.*), presidio. 3 ~ **s·truppen** (*f. - pl. - milit.*), truppe di occupazione.
Besäumen (von Blech z. B.) (*n. - mech. Technol.*), rifilatura.
besäumen (Blech z. B.) (*mech. Technol.*), rifilare. 2 ~ (ein Brett oder Balken) (*Zimm.*), squadrare.
Besäumkreissäge (*f. - Holzbearb. - Werkz. masch.*), segatrice circolare per rifilare.
beschädigen (*allg.*), danneggiare.
beschädigt (*allg.*), danneggiato.
Beschädigung (*f. - allg.*), danneggiamento, danno. 2 ~ (*Mech. - Mot.*), difetto, guasto, inconveniente, avaria. 3 ~ (Havarie) (*naut.*), avaria.
beschaffen (*allg.*), procurare.
Beschaffenheit (Eigenart, Zustand, innere) (*f. - allg.*), qualità, condizione, natura. 2 ~ (Gefüge) (*Min.*), struttura. 3 ~ (eines Gewindes z. B.) (*Mech. - etc.*), conformazione. 4 ~ (äussere) (*allg.*), finitura, aspetto. 5 ~ (einer Strasse z. B.) (*Strass.b. - etc.*), stato, condizione. 6 **Oberflächen** ~ (*Mech.*), finitura superficiale, aspetto superficiale.
Beschaffung (*f. - allg.*), acquisizione. 2 ~ (*komm.*), acquisto. 3 ~ (Anwerbung, neuer Arbeitskräfte) (*Pers.*), reclutamento. 4 ~ **s·ermächtigung** (*f. - komm. - etc.*), autorizzazione all'acquisto. 5 ~ **s·kosten** (*f. - komm.*), prezzo di acquisto.
beschäftigt (*Arb.*), occupato, impiegato. 2 **nicht ganztägig** ~ (*Arb.*), occupato a orario ridotto.
beschäftigen (*Arb.*), impiegare, dare un lavoro.
Beschäftigung (*f. - Arb.*), occupazione. 2 ~ (Beruf) (*Arb.*), professione. 3 **hauptberufliche** ~ (*Arb.*), occupazione principale, attività principale. 4 **nebenberufliche** ~ (*Arb.*), occupazione secondaria, attività secondaria. 5 **Saison** ~ (*Arb.*), occupazione stagionale. 6 **Voll** ~ (*Arb.*), piena occupazione, pieno impiego. 7 **weniger als acht Stunden täglich** ~ (*Arb.*), occupazione a tempo parziale, impiego a tempo parziale.
beschallen (*Akus.*), sonorizzare. 2 ~ (mit Ultraschall behandeln) (*Akus.*), esporre a radiazioni ultrasonore, irradiare acusticamente.
Beschallung (*f. - Akus.*), sonorizzazione. 2 ~ (Ultraschallbehandlung) (*Chem. - Technol.*), trattamento con ultrasuoni, esposizione ad ultrasuoni. 3 **Zug** ~ (durch Lautsprecher, Schallübertragungsanlage) (*Funk. - Eisenb.*), impianto di diffusione sonora per treni.
beschalten (*Elekt.*), cablare.
Beschaltung (*f. - Elekt.*), cablaggio. 2 ~ (Kupplung, RC-Beschaltung z. B.) (*Elekt.*), accoppiamento. 3 ~ (Belastung) (*Elekt.*), carico. 4 ~ **s·plan** (*m. - Elekt.*), schema elettrico.
Beschattung (für elektronenmikroskopischen Untersuchungen) (*f. - Opt.*), ombreggiatura.
Beschauer (*m. - allg.*), spettatore.
beschaufeln (*Turb.*), palettare.
Beschaufelung (*f. - Turb.*), palettatura.
Bescheid (behördliche Entscheidung) (*recht. - Adm.*), decisione. 2 ~ (Auskunft) (*allg.*), informazione. 3 ~ (Antwort) (*allg.*), risposta. 4 ~ **dienst** (*m. - Fernspr.*), servizio informazioni.
bescheinigen (*allg.*), certificare. 2 **den Empfang** ~ (*Büro - etc.*), accusare ricevuta.
Bescheinigung (*f. - allg.*), certificato. 2 ~ (Abnahmebescheinigung) (*komm. - Adm.*), ricevuta. 3 **amtliche** ~ (*allg.*), certificato ufficiale.
beschichten (*allg.*), rivestire. 2 ~ (*Phot.*), applicare l'emulsione, sensibilizzare. 3 ~ (*Papierind.*), patinare.
beschichtet (*Papierind.*), patinato.
Beschichtung (*f. - allg.*), rivestimento. 2 ~ (*Druck. - Phot.*), sensibilizzazione. 3 ~ (*f. - Papierind.*), patinatura. 4 ~ **s·maschine** (*f. - Papierind.masch.*), patinatrice. 5 ~ **s·stoff** (*m. - Phot.*), emulsione. 6 **abziehbare** ~ (*Technol.*), rivestimento pelabile. 7 **Bürsten** ~ (*Papierind.*), patinatura a spazzola.
beschicken (einen Hochofen z. B.) (*Metall.*), caricare. 2 ~ (versehen, den Markt) (*komm.*), approvvigionare, rifornire. 3 ~ (bei Peilgeräten) (*Funk.*), correggere, compensare.
Beschicker (*m. - Masch.*), caricatrice.
beschickt (Leitung z. B.) (*Elekt.*), sotto tensione.
Beschickung (eines Hochofens z. B.) (*f. - Metall. - etc.*), caricamento. 2 ~ (bei Peilgeräten) (*Funk.*), correzione, compensazione. 3 ~ **s·automat** (*m. - Werkz.masch.*), caricatore automatico, dispositivo per il caricamento automatico. 4 ~ **s·bühne** (*f. - Metall. Giess. - etc.*), piattaforma di caricamento. 5 ~ **s·einrichtung** (*f. - Mech. - etc.*), dispositivo di caricamento. 6 ~ **s·kübel** (*m. - Giess.*), tazza, secchione. 7 ~ **s·maschine** (*m. - Masch.*), caricatrice. 8 ~ **s·öffnung** (*f. - Ofen - Giess.*), bocca di caricamento. 9 ~ **s·stellung** (*f. - Werkz.masch.bearb.*), posizione di caricamento. 10 ~ **s·trichter** (*m. - ind. Masch.*), tramoggia di caricamento. 11 **Kupolofen** ~ (*Giess.*), carica del cubilotto.
beschienen (*Eisenb.*), montare le rotaie.
beschiessen (bombardieren, mit Teilchen z. B.) (*Kernphys.*), bombardare.

Beschiessung

Beschiessung (Bombardierung, mit Neutronen z. B.) (*f. - Kernphys.*), bombardamento.
beschiffbar (*naut.*), navigabile.
beschiffen (*naut.*), navigare.
Beschiffung (*f. - naut.*), navigazione.
Beschilderung (Signalisierung) (*f. - Strassenverkehr*), segnalamento verticale, segnaletica verticale. 2 ~ (auf einer Maschine z. B.) (*Masch. - etc.*), targhettatura, targhette.
beschirmen (*allg.*), schermare, proteggere.
Beschirmung (*f. - allg.*), schermatura. 2 ~ (zur Herstellung des Leuchtschirms) (*f. - Elektronik*), applicazione della sostanza luminescente.
Beschlag (metall. Ring z. B.) (*m. - allg.*), guarnizione metallica, guarnitura. 2 ~ (der Brille) (*Opt.*), montatura. 3 ~ (Nagel) (*Tischl.*) borchia. 4 ~ (Beschlagnahme) (*recht.*), sequestro. 5 ~ (für Schiffe) (*naut.*), embargo, sequestro. 6 ~ (Trübwerden, der Fenster z. B.) (*allg.*), appannamento. 7 ~ **nahme** (*f. - recht.*), sequestro. 8 ~ **s·befehl** (*m. - recht.*), ordine di sequestro. 9 ~ **schmied** (*m. - Arb.*), maniscalco. 10 ~ **zange** (*f. - Schmiedewerkz.*), tenaglie da maniscalco.
Beschläge (Metallteile für Möbel, Wagen, etc.) (*pl. - Bauw. - etc.*), ferramenta, ferramenti, guarniture metalliche. 2 ~ (*naut.*), attrezzatura.
beschlagen (ein Holzrad z. B.) (*allg.*), cerchiare. 2 ~ (*naut.*), mettere l'embargo. 3 ~ (Pferde) (*Schmied*), ferrare. 4 ~ (verdunkeln, der Fenster z. B.) (*allg.*), appannarsi.
beschlagnahmen (mit Beschlag belegen) (*recht.*), sequestrare.
beschleunigen (*Mech. - etc.*), accelerare. 2 ~ (eine Antwort z. B.) (*komm. - Büro*), sollecitare.
Beschleuniger (von Teilchen) (*m. - Atomphys.*) acceleratore. 2 ~ **fusshebel** (*m. - Aut.*), pedale dell'acceleratore. 3 ~ **pumpe** (*f. - Mot.*), pompa di accelerazione. 4 **chemischer** ~ (*Chem.*), catalizzatore, accelerante. 5 **induktiver** ~ (*Atomphys.*), acceleratore ad induzione. 6 **Linear** ~ (*Atomphys.*), acceleratore lineare.
beschleunigt (*Mech. - etc.*), accelerato. 2 ~ **er Lebensdauertest** (eines Gerätes z. B.) (*m. - Technol.*), prova accelerata di durata. 3 ~ **er Vorlauf** (eines Schlittens z. B.) (*Werkz. masch.bearb.*), avviamento rapido.
Beschleunigung (*f. - Phys. - etc.*), accelerazione. 2 ~ (von Teilchen) (*Atomphys.*), accelerazione. 3 ~ (eines Wagens) (*Aut.*), ripresa, accelerazione. 4 ~ (einer Antwort z. B.) (*komm. - Büro*), sollecito. 5 ~ **s·anlage** (Beschleunigungsmachine) (*f. - Atomphys.*), acceleratore. 6 ~ **s·elektrode** (*f. - Atomphys.*), elettrodo acceleratore. 7 ~ **s·fusshebel** (*m. - Aut.*), pedale dell'acceleratore. 8 ~ **s·kammer** (*f. - Atomphys.*), camera di accelerazione. 9 ~ **s·messer** (*m. - Instr.*), accelerometro. 10 ~ **s·pedal** (*n. - Aut.*), pedale dell'acceleratore. 11 ~ **s·pumpe** (eines Vergasers) (*f. - Mot. - Aut.*), pompa di accelerazione. 12 ~ **s·schreiber** (*m. - Instr.*), accelerometro statistico. 13 ~ **s·spannung** (*f. - Elektronik*), tensione di accelerazione. 14 ~ **s·zeit für den stehenden km** (*Aut.*), tempo minimo sul km con partenza da fermo, accelerazione con partenza da fermo sulla base del km. 15 **Erd** ~ (*Phys.*), accelerazione di gravità. 16 **500-m-** ~ **s·zeit** (kürzeste Zeit die ein Fahrzeug benötigt um eine Strecke von 500 m aus dem Stand zu durchfahren) (*f. - Aut.*), tempo minimo sul mezzo km (con partenza da fermo). 17 **gleichbleibende** ~ (*Phys.*), accelerazione uniforme. 18 **negative** ~ (*Phys.*), accelerazione negativa, decelerazione. 19 **Normal** ~ (*Phys.*), accelerazione centripeta. 20 **Stoss** ~ **s·messer** (*m. - Instr.*), accelerometro d'impatto. 21 **wechselnde** ~ (*Phys.*), accelerazione variabile.
Beschlickung (*f. - Wass.b.*), deposito (alluvionale).
beschliessen (*allg.*), chiudere. 2 ~ (entscheiden) (*allg.*), decidere. 3 ~ (*Politik - etc.*), votare.
Beschluss (Entscheid) (*m. - allg.*), decisione. 2 ~ (für eine neue Produktion z. B.) (*Ind.*), delibera. 3 ~ (*Politik - etc.*), voto. 4 ~ **fähigkeit** (beschlussfähige Anzahl) (*f. - finanz. - etc.*), quorum, numero legale. 5 ~ **fassung** (*f. - Politik - etc.*), votazione. 6 ~ **unfähigkeit** (*f. - finanz. - etc.*), mancanza del quorum, mancanza del numero legale.
beschmieren (mit Öl) (*allg.*), ungere, lubrificare. 2 ~ (mit Fett) (*allg.*), ingrassare.
Beschneideklotz (Abgratwerkzeug) (*m. - Schmiedewerkz.*), attrezzo per sbavare, attrezzo sbavatore, stampo sbavatore.
Beschneidemaschine (*f. - Papierind.*), raffilatrice, rifilatrice.
Beschneidemesser (*n. - Buchbinderei*), utensile per rifilare.
Beschneiden (Abtrennen von überflüssigem Material von einem geschnittenen, gebogenen oder gezogenen Blechteil) (*n. - Blechbearbeitung*), rifilatura. 2 ~ (von Frequenzen) (*Funk. - etc.*), taglio, limitazione.
beschneiden (Bleche) (*mech. Technol.*), rifilare. 2 ~ (schneiden) (*allg.*), tagliare. 3 ~ (*Buchbinderei*), rifilare, raffilare. 4 ~ (Bäume) (*Ack.b.*), potare. 5 **die Ausgaben** ~ (*Adm.*), ridurre le spese.
Beschneidepresse (für Blech z. B.) (*f. - Masch.*), pressa per rifilare.
Beschneider (*m. - Blechbearb.werkz.*), stampo per rifilatura.
Beschneidung (Verminderung, der Ausgaben) (*f. - Adm.*), riduzione.
Beschnitt (*m. - mech. Technol.*), rifilatura.
beschnitten (*mech. Technol.*), rifilato.
beschottern (*Ing.b.*), inghiaiare. 2 ~ (*Eisenb.*), posare la massicciata.
Beschotterung (*f. - Strass.b.*), massicciata, pietrisco. 2 ~ (*Eisenb.*), massicciata.
Beschr. (Beschreibung) (*allg.*), descrizione.
beschränken (*allg.*), limitare.
beschrankt (bewacht, Bahnübergang) (*Eisenb.*), custodito.
beschränkt (*allg.*), limitato. 2 ~ **haftbar** (*komm.*), a responsabilità limitata. 3 ~ **haftender Teilhaber** (*komm.*), socio accomandante. 4 **Gesellschaft mit** ~ **er Haftung** (*komm.*), società a responsabilità limitata.
Beschränkung (*f. - allg.*), restrizione, limitazione. 2 **Ausfuhr** ~ (*komm.*), contingentamento dell'esportazione.

beschreiben (*allg.*), descrivere.
Beschreibung (*f. - allg.*), descrizione. 2 ~ (eines Patents) (*recht.*), descrizione. 3 ~ s·abteilung (einer Firma) (*f. - Ind.*), servizio pubblicazioni tecniche. 4 ~ s·mann (einer technischen Veröffentlichungsabteilung z. B.) (*m. - Pers. - Ind.*), descrittore (tecnico). 5 ~ s·stelle (einer Firma) (*f. - Ind.*), ufficio pubblicazioni tecniche.
beschreiten (einen Weg) (*allg.*), percorrere.
beschriften (eine Zeichnung) (*Zeichn.*), applicare le diciture, applicare le iscrizioni. 2 ~ (Zahlen auf ein metall. Stück z. B.) (*Mech.*), incidere.
Beschriftung (*f. - Zeichn.*), applicazione delle diciture, applicazione delle iscrizioni. 2 ~ (eines Metallstücks, mit Zahlen) (*Mech.*), incisione. 3 ~ (*allg.*), iscrizione, dicitura, leggenda.
beschroten (*Mech.*), sbavare, togliere le bave.
beschuldigen (*recht.*), accusare.
Beschuldiger (*m. - recht.*), accusatore.
Beschuldigter (*m. - recht.*), accusato, imputato.
Beschuldigung (*f. - recht.*), accusa, imputazione.
Beschwerde (Klage) (*f. - komm. - etc.*), reclamo. 2 ~ (*recht.*), querela. 3 ~ abteilung (*f. - komm. - etc.*), ufficio reclami. 4 ~ gericht (Apellationsgericht) (*n. - recht.*), corte di appello. 5 die ~ einlegen (*recht.*), querelarsi. 6 die ~ zurückziehen (*recht.*), ritirare la querela.
beschweren (Seide z. B.) (*Text.*), caricare. 2 ~ (*Flugw.*), zavorrare. 3 ~ (durch Hypotheken z. B.) (*finanz.*), gravare, onerare.
Beschwerstoff (feingemahlener Feststoff mit Wasser zur Herstellung einer Trübe) (*m. - Bergbau*), minerale (macinato) per torbida, carica, polvere per carica.
Beschwerung (von Seide z. B.) (*f. - Text.*), carica. 2 ~ (durch Hypotheken z. B.) (*f. - finanz.*), onere, gravame. 3 ~ s·gewicht (Belastungsgewicht, für Formen) (*n. - Giess.*), blocco (per caricare la forma).
beschworen (Erklärung z. B.) (*a. - recht.*), giurato.
beschwören (*recht.*), giurare.
Beschwörung (*f. - recht.*), giuramento.
Besegelung (*f. - naut.*), velatura.
beseitigen (*allg.*), togliere, eliminare, sopprimere. 2 das Spiel ~ (*Mech.*), eliminare il gioco.
Beseitigung (*f. - allg.*), eliminazione, smaltimento, soppressione. 2 ~ (der Risse) (*Metall.*), scriccatura.
Besen (*m. - Werkz.*), scopa. 2 ~ putz (Spritzputz, mit Besen oder Putzmaschine aufgetragt) (*Bauw.*), intonaco a proiezione. 3 ~ walze (Zylinderbürste) (*f. - Strasse - Fahrz.*), scopa rotante. 4 Fransen ~ (Mop) (*Werkz.*), radazza.
besetzen (*allg.*), occupare. 2 ~ (beschicken, einen Ofen) (*Metall.*), caricare. 3 ~ (Bohrlöcher) (*Bergbau*), intasare.
Besetzlampe (*f. - Fernspr.*), lampadina di occupato.
Besetztprüfung (*f. - Fernspr.*), prova di linea occupata.
Besetzschlegel (Stampfer) (*m. - Strass.b. werkz.*), siehe Handramme.

besetzt (*allg.*), occupato. 2 ~ (*Fernspr.*), occupato.
Besetzung (*f. - milit. - etc.*), occupazione. 2 ~ s·zahl (absolute Häufigkeit bei Qualitätskontrolle z. B.) (*f. - Stat. - mech. Technol.*), frequenza. 3 kumulierte ~ zahl (absolute Summenhäufigkeit, bei Qualitätskontrolle z. B.) (*Stat. - mech. Technol.*), frequenza cumulativa.
Besetztzeichen (*n. - Fernspr.*), segnale di occupato.
besichtigen (*komm. - etc.*), visitare, esaminare.
Besichtigter (Aufseher) (*m. - allg.*), ispettore. 2 ~ s·gang (Kontrollgang) (*m. - Hydr. - etc.*), galleria d'ispezione.
Besichtigung (*f. - komm. - etc.*), visita, esame.
Besiedlung (*f. - Bauw.*), popolamento. 2 ~ s·dichte (Zahl der Einwohner die pro ha in einem Wohngebiet wohnen) (*f. - Bauw.*), densità di popolazione, popolazione relativa.
Besitz (*m. - allg.*), possesso 2 ~ gesellschaft (« holding ») (*f. - finanz.*), « holding ». 3 ~ tum (*n. - allg.*), proprietà. 4 in den ~ gelangen (*allg.*), entrare in possesso. 5 aus dem ~ vertreiben (*recht.*), espropriare. 6 sich in den ~ setzen (*recht.*), prendere possesso.
Besitzer (*m. - allg.*), proprietario. 2 ~ (*naut.*), armatore.
BesL (Besetztlampe) (*Fernspr.*), lampada di occupato.
Besohlung (eines Reifens) (*f. - Aut.*), applicazione del battistrada.
besolden (belohnen) (*Adm.*), salariare, stipendiare.
besonderer (*allg.*), speciale, particolare.
Besonderheit (besondere Eigenschaft) (*f. - allg.*), particolarità, peculiarità. 2 konstruktive ~ (*Masch. - etc.*), particolarità costruttiva.
Besonnung (*f. - Arch.*), soleggiamento.
besorgen (verschaffen) (*allg.*), procurare. 2 ~ (einkaufen) (*komm.*), acquistare. 3 ~ (ausführen, einen Auftrag z. B.) (*allg.*), eseguire. 4 ~ (*allg.*), siehe auch versorgen.
Besorgung (Einkauf) (*f. - komm.*), acquisto.
Bespannung (Aussenhaut, eines Luftschiffes) (*f. - Flugw.*), involucro.
bespinnen (bekleiden, ein Draht) (*Elekt. - etc.*), rivestire (a spirale) con filato.
Bespinnung (eines Drahtes) (*f. - Elekt.*), calza, guaina, rivestimento di materiale intrecciato.
besponnen (Kabel) (*naut. - etc.*), fasciato.
besprechen (in Tonband oder eine Schallplatte) (*Elektroakus.*), registrare.
Besprechung (*f. - allg.*), conferenza. 2 ~ (eines Buches, Rezension) (*Druck.*), recensione. 3 ~ (*f. - komm. - etc.*), colloquio, conversazione. 4 ~ mit den Bewerbern (*Pers.*), intervista dei candidati. 5 ~ s·anlage (*f. - Elektroakus.*), impianto di registrazione sonora. 6 ~ s·notiz (einer Versammlung) (*f. - Adm. - etc.*), verbale. 7 ~ s·raum (*m. - Elektroakus.*), studio di registrazione. 8 ~ s·zimmer (einer Fabrik z. B.) (*n. - Ind.*), salottino.
Besprengen (*n. - Ack.b.*), siehe Berieselung.
Bespreutung (Buschdach, Deichschutz) (*f. - Wass.b.*), fascinata.
Bespritzung (*f. - Metall. fehler*), spruzzo.

bespulen (*Fernspr.*), pupinizzare. 2 ~ (*Textilind.*), montare le bobine.
Bespulung (*f. - Fernspr.*), pupinizzazione. 2 ~ (eines Relais z. B.) (*Elekt.*), avvolgimento, bobinatura.
Bessemerbirne (*f. - Metall.*), convertitore Bessemer.
bessemern (*Metall.*), sottoporre a processo Bessemer.
Bessemerprozess (*m. - Metall.*), processo Bessemer.
Bessemerstahl (*m. - Metall.*), acciaio Bessemer. 2 ~ werk (*n. - Metall.*), acciaieria Bessemer. 3 basischer ~ (*Metall.*), acciaio Bessemer basico. 4 saurer ~ (*Metall.*), acciaio Bessemer acido.
Bessemerwerk (Bessemerstahlwerk) (*n. - Metall.*), acciaieria Bessemer.
bessern (*allg.*), migliorare.
Besserung (*f. - allg.*), miglioramento. 2 ~ s·anstalt (*f. - recht.*), riformatorio, casa di correzione.
Best. (Bestand) (*allg.*), quantità, giacenza, esistenza, scorta. 2 ~ (Bestellung) (*komm.*), ordinazione.
bestallen (*allg.*), insediare.
Bestallung (*f. - allg.*), insediamento.
Bestand (des Lagers) (*m. - Adm.*), giacenza, esistenza (di magazzino), scorta. 2 ~ (Inventar) (*Adm.*), inventario. 3 ~ (*Fahrz.*), parco (circolante). 4 ~ (eines Kraftwerks, hydroelekt. Anlage, etc.) (*Elekt. - etc.*), consistenza. 5 ~ (einer Bank) (*finanz.*), portafoglio. 6 ~ (Fortdauer) (*allg.*), durata, permanenza. 7 ~ (Pacht) (*komm.*) (*österr.*), affitto. 8 ~ es·vertrag (Pachtvertrag) (*m. - komm.*) (*österr.*), contratto di affitto. 9 ~ s·aufnahme (*f. - Adm.*), inventario, esecuzione dell'inventario. 10 ~ s·buch (*n. - Adm.*), libro inventario. 11 ~ s·führung (*f. - Ind.*), gestione delle scorte. 12 ~ s·liste (*f. - Adm.*), inventario. 13 ~ teil (Substanz) (*m. - allg.*), sostanza. 14 ~ teil (einer Mischung) (*Chem. - etc.*), ingrediente, ›componente. 15 ~ teil (*Mech. - Masch.*), particolare, componente. 16 ~ verzeichnis (*n. - Adm.*), inventario. 17 fremder ~ teil (*allg.*), corpo estraneo. 18 Gold ~ (*finanz.*), riserva aurea. 19 Grund ~ (im Lager) (*Adm. - Ind.*), scorta fissa. 20 Kartei- ~ (Lagerbestand) (*Ind. - Adm.*), giacenza risultante dalle schede (di magazzino). 21 Personal ~ (*Pers.*), personale in forza. 22 Wechsel ~ (*finanz.*), portafoglio cambiario. 23 Wertpapier ~ (Effektenbestand) (*finanz.*), portafoglio titoli.
beständig (*Mech. - Chem. - etc.*), resistente, stabile. 2 ~ (andauernd) (*allg.*), continuo. 3 ~ (stetig) (*Mech.*), uniforme, costante. 4 ~ (stabil) (*Chem. - etc.*), stabile. 5 alterungs ~ (*Metall.*), antiinvecchiante. 6 hitze ~ (*Metall.*), resistente ad alte temperature. 7 korrosions ~ (*Metall.*), resistente alla corrosione. 8 säure ~ (*Metall. - etc.*), resistente agli acidi.
Beständigkeit (*f. - allg.*), resistenza, stabilità. 2 ~ (einer Emulsion z. B.) (*Chem. - etc.*), stabilità. 3 ~ der Frequenz (*Elekt.*), stabilità della frequenza. 4 Korrosions ~ (*Metall.*), resistenza alla corrosione. 5 Licht ~ (*Anstr.*), resistenza alla luce. 6 Wärme ~ (*Metall. - etc.*), resistenza al calore.
Beständigmachen (*n. - Chem.*), stabilizzazione.
bestärken (*allg.*), rinforzare. 2 ~ (bestätigen) (*allg.*), confermare.
Bestärkung (*f. - allg.*), rinforzo. 2 ~ (Bestätigung) (*allg.*), conferma.
bestätigen (*allg.*), confermare. 2 ~ (Gesetze) (*recht.*), sanzionare, ratificare. 3 ~ (einen Auftrag) (*komm.*), confermare. 4 ~ (Urkunden) (*recht.*), autenticare, legalizzare. 5 den Empfang ~ (*Büro*), accusare ricevuta.
Bestätigung (*f. - allg.*), conferma. 2 ~ (eines Vertrages) (*komm.*), conferma. 3 ~ (eines Gesetzes) (*recht.*), sanzione, ratifica. 4 ~ (von Urkunden) (*recht.*), autenticazione, legalizzazione. 5 ~ (eines Spruches) (*recht.*), convalida.
Bestäubung (von Feldern) (*f. - Flugw. - Ack.b.*), spargimento di polveri (insetticidi p. es.).
Bestechung (von Zeugen z. B.) (*f. - recht.*), corruzione, subornazione.
Besteck (*n. - Schiffahrt*), posizione, punto. 2 ~ (Arbeitszeug) (*Werkz.*), dotazione attrezzi. 3 ~ (Bestick, Sollabmessungen eines Hauptdeiches) (*Wass.b.*), dimensioni nominali. 4 beobachtetes ~ (*Schiffahrt*), posizione osservata. 5 das ~ machen (*naut.*), fare il punto, rilevare la posizione. 6 geschätztes ~ (gegisstes Besteck) (*Schiffahrt*), posizione stimata.
Bestellängen (von Rohren z. B.) (*f. - pl. - metall. Ind.*), spezzoni di lunghezza speciale.
bestellen (*komm.*), ordinare. 2 ~ (bearbeiten, Felder) (*Ack.b.*), coltivare. 3 ~ (ein Zimmer in einem Gasthof z. B.) (*komm. - etc.*), prenotare. 4 ~ (einsetzen, einen Vertreter) (*komm.*), nominare.
Besteller (*m. - komm.*), committente. 2 ~ (der Felder) (*Ack.b. - Arb.*), coltivatore. 3 ~ risiko (*n. - komm.*), rischio del committente.
Bestellgebühr (Porto) (*f. - Transp.*), (spese di) porto.
Bestellnummer (*f. - komm.*), numero dell'ordine, numero dell'ordinazione.
Bestellung (*f. - komm.*), ordinazione. 2 ~ (Bearbeitung) (*Ack.b.*), coltivazione. 3 ~ (eines Vertreters z. B.) (*recht.*), nomina. 4 ~ s·abteilung (*f. - Ind.*), ufficio acquisti, servizio acquisti. 5 auf ~ (*komm.*), su ordinazione.
besteuerbar (steuerpflichtig) (*finanz. - komm. - recht.*), tassabile, imponibile.
besteuern (*finanz.*), tassare.
Besteuerung (*f. - finanz.*), tassazione. 2 befreiende ~ zum Pauschalsatz von 30 % (*f. - finanz.*), cedolare secca del 30 %.
Bestich (Rappputz, Rauhputz) (*m. - Maur.*), rinzaffo, prima mano di intonaco, intonaco di malta.
Bestick (Besteck, Sollabmessungen eines Hauptdeiches) (*n. - Wass.b.*), dimensioni nominali.
Bestiftung (*f. - Dampfkessel*), perni di Nelson. 2 ~ s·schweissen (*n. - Dampfkessel*), saldatura dei perni di Nelson.

bestimmbar (*allg.*), determinabile. 2 **statisch** ~ (*Baukonstr.lehre*), staticamente determinabile.
bestimmen (*allg.*), determinare, definire. 2 ~ (*Chem.*), determinare (con analisi). 3 ~ (die Bedingungen z. B.) (*komm.*), fissare, stabilire.
bestimmt (*allg.*), determinato, definito, stabilito. 2 ~ (*Math.*), definito. 3 **statisch** ~ (*Baukonstr.lehre*), staticamente determinato.
Bestimmtheit (Präzision, von Angaben z. B.) (*f. - allg.*), precisione.
Bestimmung (*f. - allg.*), determinazione, definizione. 2 ~ (*Chem.*), analisi, determinazione. 3 ~ (Vorschrift) (*komm. - etc.*), prescrizione, norma, disposizione. 4 ~ (Bestimmungsort, Lieferungsort) (*Transp. - etc.*), destinazione. 5 ~ (eines Vertrages) (*komm.*), condizione, clausola. 6 ~ **en** (*pl. - naut. - etc.*), norme, regolamento. 7 ~ **s·bahnhof** (*m. - Transp.*), stazione di destinazione. 8 ~ **s·grösse** (Parameter) (*f. - Math. - etc.*), parametro. 9 ~ **s·grund** (*m. - allg.*), causa determinante. 10 ~ **s·ort** (Lieferungsort) (*m. - Transp. - etc.*), destinazione. 11 ~ **s·stück** (*n. - allg.*), elemento determinante. 12 **Mit** ~ (*Arb. - Organ.*), cogestione.
Bestmelierte (Förderkohle) (*Brennst.*), «toutvenant», carbone alla rinfusa, carbone a pezzatura mista.
Bestossfeile (Grobfeile) (*f. - Werkz.*), lima a taglio bastardo.
bestrafen (*Arb. - etc.*), punire. 2 ~ (mit Geld) (*Arb.*), multare.
Bestrafung (*f. - Arb. - etc.*), punizione.
bestrahlen (*Phys.*), irradiare.
bestrahlt (*Phys.*), irradiato. 2 ~ (mit Sand) (*Giess. - mech. Technol.*), sabbiato. 3 ~ (mit Stahlkies) (*mech. Technol.*), granigliato.
Bestrahlung (H_e, J/m^2) (*f. - Phys.*), emissività specifica, potere emissivo. 2 ~ (*Beleucht.*), irradiamento, illuminamento. 3 ~ (*Atomphys. - Radioakt.*), irradiamento. 4 ~ (Belichtung) (*Radioakt. - Phot.*), esposizione. 5 ~ **s·biologie** (Strahlenbiologie) (*f. - Radioakt.*), radiobiologia. 6 ~ **s·schaden** (*m. - Atomphys. - Radioakt.*), contaminazione da radiazioni. 7 ~ **s·schutzwand** (Bleisiegelwand) (*f. - Atomphys.*), schermo antiradiazioni. 8 ~ **s·stärke** (E_e, W/m^2, die Dichte des auf eine Fläche auftreffenden Strahlungsflusses) (*f. - Phys.*), irradiamento, emittenza raggiante. 9 ~ **s·stärke** (*Beleucht.*), illuminamento energetico.
bestreichen (mit Farbe bedecken) (*allg.*), verniciare. 2 ~ (mit Fett) (*Mech. - etc.*), spalmare. 3 ~ (abtasten) (*Fernseh. - etc.*), esplorare, analizzare.
Bestreitbarkeit (*f. - recht.*), contestabilità.
bestreiten (*allg.*), contestare.
Bestreitung (*f. - recht.*), contestazione.
bestreuen (*allg.*), cospargere.
bestritten (*recht. - etc.*), contestato.
Bestücken (von Werkzeugen, mit Hartmetallplättchen) (*n. - Werkz.*), applicazione della placchetta (di carburi). 2 ~ (in integrierten Schaltungen z. B.) (*Elektronik*), montaggio, applicazione.
bestücken (Werkzeuge mit Hartmetallplättchen) (*Werkz.*), applicare la placchetta (di carburi). 2 ~ (Werkz.masch. mit Einrichtungen) (*Werkz.masch.bearb.*), equipaggiare, dotare di attrezzi. 3 ~ (*Elekt. - etc.*), equipaggiare, corredare. 4 ~ (in integrierten Schaltungen z. B.) (*Elektronik*), montare, applicare.
Bestückung (Satz, von Kolbenringen z. B.) (*f. - allg.*), corredo, dotazione, serie. 2 ~ (in integrierten Schaltungen z. B.) (*Elektronik*), montaggio, applicazione. 3 ~ **s·plan** (*m. - Elekt. - etc.*), piano di equipaggiamento.
Bestwert (Optimum) (*m. - Phys. - etc.*), optimum. 2 ~ **regelung** (*f. - Ger.*), ottimizzazione.
Bestzeit (*f. - Zeitstudie*), tempo minimo.
Besuch (*m. - komm. - etc.*), visita. 2 ~ **s·karte** (Visitenkarte) (*f. - komm.*), biglietto da visita.
besuchen (*komm. - etc.*), visitare.
Beta (β - *n. - Phys. - Metall. - Math. - etc.*), beta. 2 ~ **dickenmesser** (*m. - Radioakt. - Mech. - Instr.*), misuratore di spessore a particelle beta, spessimetro a particelle beta. 3 ~ **minuszerfall** (*m. - Radiakt.*), disintegrazione per emissione di raggi β negativi, decadimento da emissione di raggi β negativi. 4 ~ **pluszerfall** (*m. - Radioakt.*), disintegrazione per emissione di raggi β positivi, decadimento da emissione di raggi β positivi. 5 ~ **strahl** (*m. - Radioakt.*), raggio beta. 6 ~ **strahler** (*m. - Radioakt.*), emettitore di raggi beta. 7 ~ **strahlspektrometer** (*n. - Radioakt.*), spettrometro per raggi beta. 8 ~ **strahlung** (*f. - Radioakt.*), radiazione beta. 9 ~ **teilchen** (*n. - Radioakt.*), particella beta. 10 ~ **zerfall** (*m. - Radioakt.*), disintegrazione beta.
Betain (Trimethylglykokoll) (*n. - Chem.*), betaina.
betakeln (auftakeln) (*naut.*), attrezzare, allestire.
Betankung (mit Kraftstoff) (*f. - Fahrz.*), rifornimento. 2 ~ **s·flugzeug** (*n. - Flugw.*), aerocisterna.
betätigen (zur Wirkung bringen, die Bremse z. B.) (*Mech. - etc.*), azionare.
Betätigung (*f. - Mech. - etc.*), azionamento, comando. 2 ~ (*Arb. - komm.*), attività. 3 ~ **s·hebel** (*m. - Mech. - etc.*), leva di comando. 4 ~ **s·schalter** (zur Fernsteuerung) (*m. - Elekt.*), teleruttore. 5 ~ **s·stange** (Schaltstange zur Betätigung von elekt. App. unter Spannung) (*f. - Elekt.*), fioretto.
Betatron (Elektronenschleuder) (*n. - Atomphys.*), betatrone.
Betäubung (Anästhesie) (*f. - Med.*), anestesia. 2 ~ **s·mittel** (Anästhetikum) (*n. - Med.*), anestetico.
beteiligt (*allg.*), interessato, partecipante.
Beteiligung (*f. - finanz. - etc.*), partecipazione. 2 **finanzielle** ~ (*finanz.*), partecipazione finanziaria. 3 **stille** ~ (stille Gesellschaft) (*komm. - recht.*), società in partecipazione.
Betocel (ein Schaumbeton) (*n. - Bauw.*), betocel, (tipo di) calcestruzzo poroso.
Beton (*m. - Maur.*), calcestruzzo. 2 ~ **arbeiter** (*m. - Arb.*), addetto alle gettate di calcestruzzo. 3 ~ **bau** (*m. - Bauw.*), struttura in calcestruzzo. 4 ~ **brücke** (*f. - Brück.b.*), ponte di cemento armato. 5 ~ **decke** (im Stahlbetonbau) (*f. - Bauw.*), solaio di cemento armato. 6 ~ **decke** (Fahrbahndecke)

Beton

(*Strass.b.*), pavimentazione di calcestruzzo. **7 ~ dichtigkeit** (*f. - Bauw.*), consistenza del calcestruzzo. **8 ~ dichtungsmittel** (Sperrmittel, Zusatz zur Herstellung von Sperrbeton) (*n. - Bauw.*), isolante per calcestruzzo, additivo idrofugo per calcestruzzo. **9 ~ diele** (*f. - Bauw.*), soletta di cemento armato. **10 ~ eisen** (Armierungseisen) (*n. - Bauw.*), tondino per cemento armato. **11 ~ eisenbieger** (*m. - Bauw. - Werkz.*), piegaferri. **12 ~ eisenbinder** (*m. - Bauw.*), legaccio per tondini da cemento armato. **13 ~ fabrik** (*f. - Bauw.*), impianto per la preparazione del calcestruzzo. **14 ~ facharbeiter** (*m. - Bauw. - Arb.*), betonista, betoniere. **15 ~ fahrbahn** (einer Brücke) (*f. - Bauw.*), via in calcestruzzo. **16 ~ fertigteile** (*m. - pl. - Bauw.*), elementi prefabbricati in cemento armato. **17 ~ glas** (*n. - Bauw.*), mattonella per vetrocemento. **18 ~ kies** (*m. - Bauw.*), ghiaia per calcestruzzo. **19 ~ klotz** (*m. - Bauw.*), blocco di calcestruzzo. **20 ~ kübel** (*m. - Maur.*), secchia per calcestruzzo. **21 ~ mast** (*m. - Bauw.*), palo in cemento armato. **22 ~ mischanlage** (zentrale Mischstation) (*f. - Bauw.*), impianto per la preparazione del calcestruzzo. **23 ~ mischer** (*m. - Bauw.masch.*), betoniera. **24 ~ mischmaschine** (*f. - Bauw.masch.*), betoniera. **25 ~ mörtel** (Feinbeton) (*m. - Maur.*), malta di calcestruzzo. **26 ~ nachbehandlungsmittel** (Betonschutzanstrich, zur Verhinderung des Austrocknens) (*n. - Bauw.*), stagionante (*s.*), antievaporante (*s.*) (per calcestruzzo). **27 ~ ohne Feinkorn** (*Bauw.*), calcestruzzo senza inerti fini. **28 ~ panzer** (*m. - Atomphys.*), schermo di calcestruzzo. **29 ~ platte** (*f. - Bauw.*), soletta di cemento armato. **30 ~ pumpe** (zur Beförderung von Beton über weite Strecken) (*f. - Bauw.masch.*), pompa per calcestruzzo. **31 ~ rüttler** (*m. - Maur.masch.*), vibratore per calcestruzzo. **32 ~ schalung** (*f. - Bauw.*), cassaforma per calcestruzzo, armatura per calcestruzzo. **33 ~ schutzanstrich** (*m. - Bauw.*), siehe Betonnachbehandlungsmittel. **34 ~ schutzmantel** (eines Atomreaktors) (*m. - Atomphys.*), schermo (biologico) in calcestruzzo. **35 ~ schwelle** (*f. - Eisenb.*), traversina di cemento armato. **36 ~ split** (*m. - Bauw.*), pietrisco per calcestruzzo. **37 ~ stahl** (*m. - Bauw.*), tondino per cemento armato. **38 ~ stampfer** (*m. - Maur.werkz.*), mazzapicchio per calcestruzzo, pestello per calcestruzzo, costipatore per calcestruzzo. **39 ~ stein** (Sammelbegriff für Erzeugnisse aus Zement und Zuschlagstoffen) (*m. - Bauw.*), prodotto in conglomerato cementizio. **40 ~ strassendecke** (*f. - Strass.b.*), pavimentazione stradale in calcestruzzo. **41 ~ überzug** (*m. - Bauw.*), rivestimento di calcestruzzo, «betoncino». **42 ~ unterlage** (*f. - Bauw.*), platea di calcestruzzo. **43 ~ verflüssiger** (Plastifizierungsmittel, Weichmacher, BV-Stoff) (*m. - Bauw. - chem. Ind.*), plasticizzante (per calcestruzzo). **44 ~ verteilerkübel** (*m. - Strass.b.*), distributore di calcestruzzo. **45 ~ verteilerwagen** (*m. - Strass.b.bauw.*), pavimentatrice stradale per calcestruzzo. **46 ~ vibrator** (*m. - Bauw.masch.*), vibratore per calcestruzzo. **47 ~ wand** (*f. - Maur.*), muro di calcestruzzo. **48 ~ zusatzmittel** (*n. - Bauw.*) additivo per calcestruzzo. **49 ~ zuschlagstoff** (*m. - Bauw.*), inerti per calcestruzzo. **50 Anmachen des ~ s** (*Bauw.*), betonaggio. **51 armierter ~** (bewehrter Beton) (*Maur.*), cemento armato. **52 Asbest ~** (*Maur.*), fibrocemento, «eternit». **53 bewehrter ~** (armierter Beton) (*Maur.*), cemento armato. **54 dichter ~** (*Bauw.*), calcestruzzo compatto. **55 Eisen ~** (bewehrter Beton) (*Maur.*), cemento armato. **56 erdfeuchter ~** (*Maur.*), calcestruzzo normale, calcestruzzo con consistenza di terra umida. **57 fahrbare ~ mischanlage** (Transportmischer, Fahrmischer) (*Bauw. - Fahrz.*), autobetoniera. **58 fetter ~** (mit hohem Zementgehalt) (*Bauw.*), calcestruzzo grasso. **59 flüssiger ~** (*Maur.*), calcestruzzo fluido, calcestruzzo colato. **60 Gas ~** (*Maur.*), gasbeton, calcestruzzo poroso (o soffiato, o spugnoso). **61 gestampfter ~** (Stampfbeton) (*Bauw.*), calcestruzzo battuto. **62 kolloidaler ~** (Colcretebeton) (*m. - Bauw.*), calcestruzzo colloidale, calcestruzzo Colcrete. **63 Leicht ~** (*Maur.*), calcestruzzo leggero. **64 Liefer- ~** (Transport-Beton) (*Bauw.*), calcestruzzo fornito al cantiere. **65 magerer ~** (*Maur.*), calcestruzzo magro. **66 Ort- ~** (*Bauw.*), calcestruzzo preparato in cantiere. **67 plastischer ~** (weicher Beton) (*Maur.*), calcestruzzo plastico. **68 Prepakt- ~** (mit speziellem Zementmörtel verdichteter Beton) (*Bauw.*), calcestruzzo compatto. **69 Rüttel ~** (*Maur.*), calcestruzzo vibrato. **70 Schaum ~** (*Bauw.*), calcestruzzo cellulare. **71 Schlacken ~** (*Bauw.*), calcestruzzo di scoria. **72 Schütt ~** (*Bauw.*), calcestruzzo gettato. **73 Sicht ~** (*Maur.*), calcestruzzo a faccia vista. **74 Spann ~** (vorgespannter Beton) (*Maur.*), calcestruzzo precompresso. **75 Stahl ~** (*Maur.*), cemento armato. **76 Stampf ~** (*Maur.*), calcestruzzo battuto. **77 unbewehrter ~** (*Maur.*), calcestruzzo non armato. **78 vorgespannter ~** (Spannbeton) (*Maur.*), calcestruzzo precompresso. **79 weicher ~** (plastischer Beton) (*Maur.*), calcestruzzo plastico.

betonen (*allg.*), accentuare.
betonieren (*Maur.*), gettare il calcestruzzo.
Betonierturm (*m. - Bauw.*), torre di betonaggio.
Betonierung (*f. - Maur.*), gettata di calcestruzzo.
Betonung (*f. - Akus. - etc.*), accentuazione.
Betr. (Betrag) (*komm. - etc.*), importo. **2 ~** (Betrieb) (*allg.*), siehe Betrieb. **3 ~** (Betreff, eines Briefes) (*Büro*), oggetto.
betr. (betreffend) (*allg.*), relativo, concernente, riguardante.
Betracht (*m. - allg.*), considerazione. **2 in ~ ziehen** (*allg.*), prendere in considerazione.
betrachten (*allg.*), considerare.
Betrachter (Fernsehzuschauer) (*m. - Fernseh.*), telespettatore.
Betrachtung (*f. - allg.*), considerazione, osservazione. **2 ~ s·winkel** (*m. - Opt.*), angolo visivo.
Betrag (Summe) (*m. - finanz.*), importo, somma. **2 ~** (Wert, eines Vektors) (*Phys.*), grandezza. **3 in einem ~** (Bezahlung) (*komm.*),

in una sola soluzione, in un'unica soluzione.
betragen (*allg.*), ammontare (a.). 2 sich ~ (*allg.*), comportarsi.
beträufeln (*allg.*), instillare.
Beträufelung (*f. - allg.*), instillazione. 2 ~ (Beträufeln, mit Kunstharz impregnieren) (*Technol.*), impregnazione per instillazione.
Betreff (eines Schreibens) (*m. - Büro*), oggetto. 2 ~ (Beziehung) (*Büro - etc.*), riferimento. 3 im ~ (*Büro*), in oggetto, a riferimento.
betreiben (eine Omnibuslinie z. B.) (*komm.*), gestire, esercire. 2 ~ (in Betrieb setzen) (*Mech.*), azionare. 3 ~ (erregen) (*Elekt.*), eccitare. 4 ~ (*recht.*), pignorare.
Betreibung (*f. - recht.*), pignoramento.
Betreuung (*f. - allg.*), assistenza. 2 ärztliche ~ (*Ind. - Arb.*), assistenza medica. 3 soziale ~ (*Ind.*), assistenza sociale. 4 technische ~ (für Lieferungen z. B.) (*Ind.*), assistenza tecnica. 5 überwachende ärztliche ~ (*Ind. - Arb.*), visite mediche di controllo.
Betrieb (Fabrik) (*m. - Ind.*), azienda, fabbrica, stabilimento. 2 ~ (das Betreiben einer Omnibuslinie z. B.) (*komm. - Aut. - Eisenb. - etc.*), esercizio. 3 ~ (Antrieb, elektrischer Betrieb z. B.) (*elekt. Eisenb.*), trazione. 4 ~ (Betriebsart, Funktionierungsart, Dauerbetrieb z. B.) (*elekt. Masch. - etc.*), servizio. 5 ~ (Funktionieren, eines Motors, z. B.) (*Masch. - Mot.*), funzionamento. 6 ~ (eines Ofens) (*Metall. - Giess.*), marcia. 7 ~ (Werkstatt) (*Mech. - etc.*), officina. 8 ~ (Herstellung) (*Ind.*), fabbricazione. 9 ~ (Operation, des Rechners) (*Datenverarb.*), operazione (di macchina). 10 ~ (das einmalige Durchlauf eines Programms) (*Rechner*), fase di elaborazione, elaborazione. 11 ~ (Produktion) (*Ind.*), produzione. 12 ~ (Verkehr) (*Transp.*), movimento, traffico. 13 ~ (Antrieb) (*Masch.*), azionamento. 14 ~ (Betriebsführung) (*Ind.*), direzione. 15 ~ mit gleichbleibender Belastung (*Mot. - Elekt. - etc.*), servizio a carico costante. 16 ~ mit veränderlicher Belastung (*Mot. - Elekt. - etc.*), servizio a carico variabile. 17 ~ s·abrechnung (*f. - Adm.*), determinazione dei costi. 18 ~ s·abteilung (*f. - Ind.*), reparto di produzione. 19 ~ s·anlagen (*f. - pl. - Ind.*), installazioni, impianti, attrezzamento, mezzi di produzione. 20 ~ s·anleitung (*f. - Masch. - etc.*), istruzioni sull'uso. 21 ~ s·anleitung (Handbuch) (*Mot. etc.*), libretto d'istruzione. 22 ~ s·anweisung (*f. - Masch. - etc.*), istruzioni sull'uso. 23 ~ s·art (bei numerisch gesteuerten Arbeitsmaschinen) (*f. - Masch.*), siehe Betriebsart. 24 ~ s·arzt (*m. - Med. - Ind.*), medico di fabbrica. 24 ~ s·aufseher (*m. - Eisenb.*), ispettore ferroviario. 26 ~ s·ausflug (*m. - Ind.*), gita aziendale. 27 ~ s·ausschuss (Betriebsrat) (*m. - Arb. - Organ.*), commissione interna. 28 ~ s·bedingung (*f. - Mot. - etc.*), condizione di funzionamento. 29 ~ s·behälter (für Kraftstoff) (*m. - Mot.*), serbatoio di servizio. 30 ~ s·berater (*m. - Ind.*), consulente aziendale. 31 ~ s·bremse (*f. - Aut.*), freno di esercizio. 32 ~ s·buchhaltung (*f. - Adm. - Ind.*), contabilità industriale. 33 ~ s·dämpfung (eines Vierpoles) (*f. - Elekt. - Funk.*), perdita d'inserzione, attenuazione composita. 34 ~ s·daten (Betriebseigenschaften) (*m. - pl. - Masch.*), caratteristiche di funzionamento. 35 ~ s·dauer (einer Maschine) (*f. - Masch.*), durata del servizio. 36 ~ s·dauer (eines Motors z. B.) (*Mot.*), periodo di funzionamento. 37 ~ s·dauer (*Arb.*), durata del lavoro. 38 ~ s·dienst (Fahrdienst) (*m. - Eisenb.*), movimento. 39 ~ s·direktor (*m. - Eisenb.*), capo del movimento. 40 ~ s·drehzahl (*f. - Masch.*), numero di giri di esercizio. 41 ~ s·druck (*m. - Kessel - etc.*), pressione di esercizio. 42 ~ s·eigenschaften (*f. - pl. - Masch.*), caratteristiche di funzionamento. 43 ~ s·eingriffwinkel (von Zahnrädern) (*m. - Mech.*), angolo di pressione di funzionamento. 44 ~ s·einrichtungen (*f. - pl. - Ind.*), impianti. 45 ~ s·erde (*f. - Elekt. - etc.*), terra elettrica, barra di terra dello stabilimento. 46 ~ s·erträge (*m. - pl. - Adm.*), utili di esercizio. 47 ~ s·fehlbetrag (*m. - finanz.*), disavanzo di esercizio. 48 ~ s·ferien (*pl. - Pers.*), ferie collettive, ferie annuali, « chiusura ». 49 ~ s·ferienlager (für die Kinder der Arbeiter z. B.) (*n. - Ind. - Arb.*), colonia (aziendale). 50 ~ s·fernsehen (industrielles Fernsehen) (*n. - Fernseh. - Ind.*), televisione in circuito chiuso, televisione industriale. 51 ~ s·festigkeit (eines betriebsmässig beanspruchten Konstruktionteiles) (*f. - Baukonstr.lehre*), resistenza in esercizio. 52 ~ s·frequenz (Netzfrequenz) (*f. - Elekt.*), frequenza di rete, frequenza industriale. 53 ~ s·führer (*m. - Ind.*), direttore di fabbricazione, direttore di produzione. 54 ~ s·führer (eines elekt. Unternehmens z. B.) (*elekt. Ind.*), direttore d'esercizio. 55 ~ s·führung (*f. - Ind.*), conduzione aziendale. 56 ~ s·führung (Oberleitung, Direktion) (*Ind.*), direzione generale. 57 ~ s·führung (eines elekt. Unternehmens z. B.) (*Ind.*), conduzione dell'esercizio. 58 ~ s·fürsorgerin (*f. - Arb. - Organ.*), assistente sociale. 59 ~ s·gewerkschaftsleitung (BGL, die Vertretung der Arbeitnehmer in den Betrieben) (*f. - Arb. - Organ.*), commissione interna. 60 ~ s·gewicht (Gewicht des startbereiten Flugzeugs ohne Nutzlast) (*n. - Flugw.*), peso a vuoto, peso in ordine di volo senza carico pagante. 61 ~ s·gipfelhöhe (*f. - Flugw.*), tangenza pratica. 62 ~ s·gliederung (*f. - Ind.*), organizzazione di fabbrica. 63 ~ s·hebel (*m. - Mech.*), leva di azionamento, leva di comando. 64 ~ s·ingenieur (*m. - Ind. - Pers.*), ingegnere di fabbrica, ingegnere di officina. 65 ~ s·jahr (*n. - finanz.*), anno finanziario, anno fiscale, esercizio. 66 ~ s·kapazität (einer Viererleitung z. B.) (*f. - Elekt. Funk.*), capacità mutua. 67 ~ s·kennlinie (*f. - Masch. - etc.*), caratteristica di funzionamento. 68 ~ s·kondensator (*m. - Elekt.*), condensatore di rifasamento. 69 ~ s·kontrolle (*f. - Mech.*), controllo di produzione. 70 ~ s·kosten (*pl. - Adm.*), spese di esercizio. 71 ~ s·kraft (*f. - Mech.*), forza motrice. 72 ~ krankenkasse (*f. - Ind.*), mutua aziendale, cassa mutua aziendale. 73 ~ s·laboratorium (*n. - Ind.*), laboratorio di fabbrica, laboratorio industriale. 74 ~ s·lage (eines Gerätes z. B., senkrecht z. B.) (*f. - Ger. - etc.*), posizione

Betrieb

d'impiego. **75** ~ **s·leistung** (einer Masch. Ofen, etc.) (*f. - Masch.*), prestazione. **76** ~ **s·leiter** (*m. - Ind.*), direttore di fabbricazione. **77** ~ **s·leiter** (*Eisenb.*), capo del movimento. **78** ~ **s·material** (*n. - Eisenb.*), materiale rotabile. **79** ~ **s·messgerät** (der Güteklassen 1,0; 1,5; 2,5 und 5) (*n. - Ger.*), strumento di misura di esercizio. **80** ~ **s·mittel** (*n. - pl. - Ind.*), mezzi di produzione. **81** ~ **s·mittel-Vorschrift** (für elekt. Anlagen) (*f. - Elekt.*), norma impiantistica. **82** ~ **s·obmann** (*m. - Arb. - Organ.*), delegato sindacale. **83** ~ **s·ordnung** (einer Fabrik) (*f. - Ind.*), regolamento interno. **84** ~ **s·organisation** (*f. - Ind.*), organizzazione aziendale. **85** ~ **s·periode** (*f. - Masch. - etc.*), periodo di funzionamento, periodo di esercizio. **86** ~ **s·praxis** (*f. - Ind.*), procedimento di fabbricazione. **87** ~ **s·psychologie** (*f. - Arb. - Organ. - ind. Psychol.*), psicologia industriale. **88** ~ **s·punkt** (Wert der Regelgrösse im normalen Betriebzustand erreicht) (*m. - Regelung*), valore di esercizio, valore nominale, punto di lavoro. **89** ~ **s·rat** (Betriebsausschuss) (*m. - Arb. - Organ.*), commissione interna. **90** ~ **s·ratsmitglied** (*n. - Arb. - Organ.*), membro della commissione interna. **91** ~ **s·rechner** (führt die Fertigungsplanung aus und überwacht den Datenfluss, an Hand der Kundenaufträge) (*m. - Rechner*), calcolatore di gestione, calcolatore per la programmazione della produzione (e controllo del flusso dei dati). **92** ~ **s·ruhe** (für Inventur z. B.) (*f. - Ind. - Pers.*), chiusura dello stabilimento. **93** ~ **s·schema** (Darstellung der Leitungen mit allen Armaturen, Mess- und Regeleinrichtungen etc., die für den Produktfluss erforderlich sind) (*n. - Ind.*), schema impianti ausiliari, schema servizi di stabilimento (per la fabbricazione di un dato prodotto). **94** ~ **s·schwingversuch** (*m. - mech. Technol. - Baukonstr.lehre*), prova di fatica in condizioni effettive d'esercizio. **95** ~ **s·sicherheit** (einer Maschine z. B.) (*f. - Masch. - etc.*), sicurezza di funzionamento. **96** ~ **s·soziologie** (*f. - Ind. - Pers.*), sociologia industriale. **97** ~ **s·spannung** (*f. - Elekt.*), tensione di esercizio. **98** ~ **s·spiel** (eines Lagers z. B.) (*n. - Mech.*), gioco in funzionamento, gioco d'esercizio. **99** ~ **s·sport** (*m. - Arb. - Organ.*), attività ricreativa. **100** ~ **s·stätte** (Industriebetrieb) (*f. - Ind.*), stabilimento industriale. **101** ~ **s·stellung** (*f. - Masch.*), posizione di funzionamento. **102** ~ **s·stoff** (*m. - Ind.*), materiale d'esercizio. **103** ~ **s·störung** (*f. - Mot. - etc.*), anomalia di funzionamento. **104** ~ **s·struktur** (*f. - Ind.*), struttura aziendale. **105** ~ **s·stunde** (*f. - Mot. - Masch.*), ora di funzionamento. **106** ~ **s·stundenzähler** (eines Verbrennungsmotors z. B.) (*m. - Instr.*), contaore. **107** ~ **s·technik** (*f. - Ind.*), tecnica aziendale. **108** ~ **s·überschuss** (*m. - finanz.*), eccedenza attiva dell'esercizio. **109** ~ **s·unfall** (*m. - Arb.*), infortunio sul lavoro. **110** ~ **s·unternehmen** (*n. - Transp.*), impresa di trasporti. **111** ~ **s·verhalten** (einer Masch. z. B.) (*n. - Masch.*), prestazione. **112** ~ **s·verkaufsstelle** (*f. - Ind.*), spaccio aziendale. **113** ~ **s·verlust** (*m. - Ind.*), perdita d'esercizio. **114** ~ **s·vertretung** (*f. - Arb. - Organ.*), rappresentanza dei lavoratori. **115** ~ **s·vorschrift** (*f. - Masch.*), istruzioni sull'uso. **116** ~ **s·wälzkegel** (an einem Kegelradgetriebe) (*m. - Mech.*), cono primitivo di funzionamento. **117** ~ **s·wälzkegelwinkel** (an einem Kegelradgetriebe) (*m. - Mech.*), angolo primitivo di funzionamento. **118** ~ **s·wälzkreis** (an Zahnrädern) (*m. - Mech.*), cerchio primitivo di funzionamento. **119** ~ **s·wälzzylinder** (an Zahnrädern) (*m. - Mech.*), cilindro primitivo di funzionamento. **120** ~ **s·wasser** (*n. - Ind.*), acqua industriale. **121** ~ **s·welle** (*f. - Mot.*), albero motore. **122** ~ **s·werker** (*m. - Arb.*), lavoratore dell'industria. **123** ~ **s·wert** (*m. - Ind.*), valore di avviamento dell'azienda. **124** ~ **s·zeit** (einer Masch., Stunden pro Tag oder Woche) (*f. - Elekt. - etc.*), ore di funzionamento. **125** ~ **s·zeit** (Arbeitszeit, Arbeitsstunden) (*Arb. - Ind.*), ore di lavoro. **126** ~ **s·zeit** (Kampagne, eines Hochofens z. B.) (*f. - Ind.*), campagna. **127** ~ **s·zeitung** (*f. - Arb. - Organ.*), giornale aziendale. **128** ~ **s·zugehörigkeit** (*f. - Pers.*), anzianità. **129** ~ **s·zustand** (*m. - Masch. - etc.*) condizione di funzionamento. **130** ausser ~ setzen (*Mot. - Masch.*), arrestare, fermare, mettere fuori servizio. **131** aussetzender ~ (*Elekt.*), servizio intermittente. **132** chemischer ~ (*chem. Ind.*), stabilimento chimico. **133** Dauer ~ (*Mot. - etc.*), servizio continuo, servizio continuativo. **134** durchlaufender ~ mit aussetzender Belastung (*Mot. - etc.*), servizio continuativo con applicazione intermittente del carico, servizio continuativo con carico intermittente. **135** Einzel ~ (*Elekt.*), funzionamento singolo. **136** elektrischer ~ (*Eisenb.*), trazione elettrica. **137** gemeinsamer ~ (*Elekt.*), funzionamento in comune. **138** in ~ setzen (*Mot. - Masch.*), mettere in funzione, mettere in marcia. **139** kurzzeitiger ~ (*Elekt.*), servizio di breve durata. **140** Parallel ~ (*Elekt.*), funzionamento in parallelo. **141** privater ~ (*Ind.*), azienda privata. **142** industrieller ~ (*Ind.*), azienda industriale. **143** rauher ~ (*Mot. - Masch.*), servizio pesante. **144** technischer ~ **s·leiter** (*Fernseh. - etc.*), direttore tecnico. **145** unterbrochener ~ (*Mot. - Masch.*), servizio intermittente.

betrieben (*Masch. - etc.*), azionato, comandato.
betrieblich (*Ind.*), aziendale.
betriebsam (geschäftig, tätig) (*Arb.*), laborioso, attivo.
Betriebsart (bei numerisch gesteuerten Arbeitsmaschinen) (*f. - Masch.*), modo di operazione, modo operativo. **2** Einzelsatz ~ (*NC-Werkz.masch.*), operazione semiautomatica. **3** Handeingabe ~ (Dateneingabe) (*NC-Werkz.masch.*), (operazione con) entrata manuale, (operazione con) immissione manuale. **4** manuelle ~ (*NC-Werkz.masch.*), operazione manuale. **5** Satzfolge ~ (automatischer Arbeitslauf eines Programms) (*NC-Werkz.masch.*), operazione automatica.
betriebsbereit (*allg.*), pronto per l'uso.
betriebsfähig (*Aut. - etc.*), pronto per l'uso, in ordine di marcia.
betriebsfertig (*Masch. - Ind. - komm.*), pronto per l'uso, in ordine di marcia, pronto per il servizio.

betriebsklar, *siehe* betriebsfertig.
betriebsmässig (*allg.*), in esercizio, in normali condizioni di esercizio.
betriebssicher (*Masch. - etc.*), di sicuro funzionamento.
betriebswarm (*Mot. - Masch. - etc.*), a temperatura d'esercizio.
betriebswissenschaftlich (*Ind.*), relativo alla direzione scientifica.
Betr. Std (Betrieb-Stunden) (*Fahrz. - etc.*), ore di funzionamento.
Betrug (*m. - recht.*), frode.
betrügerisch (*recht.*), fraudolento. 2 ~ er Bankrott (*recht.*), bancarotta faudolenta.
Bett (*n. - allg.*), letto. 2 ~ (einer Drehbank z. B.) (*Werkz.masch.*), bancale, banco. 3 ~ bahn (*f. - Werkz.masch.*), guida del bancale. 4 ~ führungsprismen (einer Drehbank) (*n. pl. - Werkz.masch.*), guide a V del bancale, guide prismatiche del bancale. 5 ~ koks (Füllkoks, eines Kupolofens) (*m. - Giess.*), dote, coke di riscaldo. 6 ~ kröpfung (*f. - Werkz.masch.*), interruzione del bancale, incavo del bancale. 7 ~ prisma (Bettführungsprisma) (*f. - Werkz.masch.*), guida a V del bancale. 8 ~ schlitten (einer Drehbank) (*m. - Werkz.masch.*), carrello. 9 ~ schürze (einer Drehbank) (*f. - Werkz.masch.*), grembiale, piastra. 10 ~ wange (einer Drehbank z. B.) (*f. - Werkz.masch.*), fiancata del bancale.
BET-Theorie (Brunauer, Emmet, Teller-Theorie, zum Messen der Gasadsorption an porösen Proben bei tiefen Temperaturen) (*f. - Chem.*), teoria BET.
Bettung (*f. - Eisenb.*), massicciata. 2 ~ s·reinigungsmaschine (*f. - Eisenb.*), pulitrice per massicciate. 3 ~ s·tiefe (eines Kabels) (*f. - Elekt.*), profondità di posa, profondità d'interramento, profondità del cunicolo. 4 ~ s·walze (*f. - Eisenb.*), rullo compressore per massicciate. 5 ~ s·ziffer (Drucksetzungsquotient, Planumsmodul, Bodenziffer) (*f. - Bauw.*), quoziente di assestamento, modulo di reazione del terreno. 6 elastische ~ (nachgiebige Unterlage) (*Eisenb.*), massicciata elastica.
betünchen (*Maur.*), tinteggiare a calce.
Beuche (*f. - Chem.*), ranno, liscivia.
Beuchen (*n. - Textilind.*), lisciviazione.
Beuchkessel (*m. - chem. Ind.*), lisciviatore.
beugen (biegen) (*allg.*), piegare, flettere. 2 ~ (Licht) (*v.i. - Opt.*), diffrangersi.
Beugung (Biegung) (*f. - allg.*), piegatura, flessione. 2 ~ (Diffraktion) (*Opt.*), diffrazione. 3 ~ s·fransen (*f. pl. - Opt.*), frange di diffrazione. 4 ~ s·gitter (*n. - Opt.*), reticolo di diffrazione. 5 ~ s·spektrum (*n. - Opt.*), spettro di diffrazione. 6 ~ s·strahl (*m. - Opt.*), raggio diffratto. 7 ~ s·verlust (*m. - Opt.*), perdita per diffrazione. 8 ~ s·welle (*f. - Phys.*), onda diffratta. 9 ~ s·winkel (*m. - Opt. - etc.*), angolo di diffrazione.
Beule (auf Blech z. B.) (*f. - metall. Ind.*), ammaccatura.
Beulen (zur Stabknickung analoger Vorgang bei Platten und Schalen) (*n. - Baukonstr. lehre*), pressoflessione.
Beulfestigkeit (von Platten, Beulsicherheit) (*f. - Baukonstr.lehre*), resistenza a pressoflessione, resistenza all'ingobbamento.
Beullast (Euler-Last, Knicklast einer Platte) (*f. - Baukonstr.lehre*), carico di punta.
Beulspannung (Beulen, einer Platte) (*f. - Baukonstr.lehre*), pressoflessione.
beurkunden (*allg.*), documentare. 2 ~ (zu Protokoll geben, notariell beurkunden) (*recht.*) rogare.
beurkundend (Notar) (*recht.*), rogatario (*a.*).
Beurkundung (urkundlicher Beweis) (*f. - allg.*), prova documentata. 2 ~ (protokollarische Niederlegung, durch einen Notar) (*recht.*), rogito. 3 ~ (Beglaubigung) (*recht.*), autenticazione.
beurlauben (*Arb.*), dare un permesso, rilasciare un permesso.
Beurlaubung (*f. - Arb.*), concessione di permesso.
beurteilen (ein Buch) (*Druck.*), recensire. 2 ~ (bewerten) (*Pers. - Arb.*), valutare.
Beurteilung (eines Buches) (*f. - Druck.*), recensione. 2 ~ (*Pers.*), valutazione. 3 ~ ~ s·mass·stab (*m. - allg.*), criterio di valutazione, criterio di giudizio.
Beutel (Säckchen) (*m. - Papierind.*), sacchetto.
Bevatron (Beschleunigungsgerät für Protonen) (*n. - Atomphys.*), bevatrone.
Bevölkerung (*f. - Statistik*), popolazione. 2 ~ s·dichte (*f. - Statistik*), densità di popolazione.
bevollmächtigen (*allg.*), autorizzare. 2 ~ (Vollmacht erteilen) (*recht.*), conferire procura, delegare.
Bevollmächtigter (*m. - recht.*), procuratore.
Bevollmächtigung (*f. - recht.*), conferimento di procura, conferimento di pieni poteri, delega di poteri. 2 ~ (Vollmacht) (*f. - recht.*), procura.
bevorrechtigt (Gläubiger z. B.) (*recht.*), privilegiato.
Bevorschussung (*f. - komm. - etc.*), anticipo, acconto.
bevorzugt (vorzüglich) (*allg.*), preferenziale.
bew. (beweglich) (*allg.*), mobile.
Bewachsen (des Bodens) (*n. - naut.*), incrostazione (della carena).
Bewachsung (des Bodens) (*f. - naut.*), incrostazione (della carena).
bewacht (beschrankt, Bahnübergang z. B.) (*Eisenb. - etc.*), custodito.
bewaldet (*Landw. - Bauw.*), boscato, bosco.
bewässern (*Ack.b.*), irrigare.
Bewässerung (*f. - Ack.b.*), irrigazione. 2 ~ s·kanal (*m. - Ack.b.*), canale irriguo, canale d'irrigazione. 3 ~ s·wasser (*n. - Ack.b.*), acqua irrigua, acqua d'irrigazione. 4 ~ s·wehr (*n. - Ack.b. - Wass.b.*), traversa per irrigazione, paratoia per irrigazione. 5 Becken ~ (*Ack.b.*), irrigazione per sommersione a scomparti. 6 düngende ~ (*Ack.b.*), fertirrigazione. 7 Stau ~ (*Ack.b.*), irrigazione per sommersione.
bewegen (*allg.*), muovere.
Bewegkraft (*f. - Mech.*), forza motrice.
beweglich (*allg.*), mobile. 2 ~ e Belastung (*Baukonstr.lehre*), carico mobile. 3 ~ e Funkstelle (bewegliche Station) (*Funk.*), stazione mobile. 4 ~ e Kupplung (elastische Kup-

Beweglichkeit

plung) (*Masch.*), giunto elastico. **5** ~ **e Last** (*Baukonstr.lehre*), carico mobile. **6** ~ **er Besitz** (bewegliche Habe, beweglisches Vermögen) (*finanz.*), beni mobili. **7** ~ **e Sachen** (*Adm.*), beni mobili. **8** ~ **es Messgerät** (*Instr.*), strumento di misura portatile. **9** ~ **es Ziel** (*Radar - etc.*), bersaglio mobile.
Beweglichkeit (*f. - allg.*), mobilità.
bewegt (*See*), mosso.
Bewegung (*f. - allg.*), movimento. **2** ~ (*Phys.*), moto. **3** ~ s·achse (*f. · Mech.*), asse di rotazione. **4** ~ s·element (*n. - Masch.*), organo di moto. **5** ~ s·energie (kinetische Energie) (*f. - Mech.*), energia cinetica. **6** ~ s·folge (*f. - Zeitstudie*), sequenza dei movimenti. **7** ~ s·freiheit (*f. - allg.*), libertà di movimento. **8** ~ s·fuge (*f. - Leit. - etc.*), giunto di dilatazione. **9** ~ s·gesetze (*n. - pl. - Phys.*), leggi del moto. **10** ~ s·grösse (Bewegungsmoment) (*f. - Phys.*), quantità di moto. **11** ~ s·lehre (*f. - Phys.*), meccanica razionale. **12** ~ s·mikrophon (*n. - Elektroacus.*), microfono a spostamento. **13** ~ s·richtung (*f. - Phys.*), direzione del moto. **14** ~ s·scheinwiderstand (*m. - Elekt.*), impedenza dinamica, impedenza cinetica. **15** ~ s·sitz (*m. - Mech.*), accoppiamento mobile. **16** ~ s·studie (*f. - Arb. - Organ.*), studio dei movimenti. **17** ~ s·umkehr (*f. - allg.*), inversione di movimento. **18** ~ s·vortäuschung (*f. - Fernseh.*), animazione. **19** ~ s·widerstand (*m. - Phys.*), resistenza al moto. **20** ~ s·zähigkeit (*f. - Chem.*), viscosità cinematica. **21** Abwälz ~ (*Mech.*), movimento di generazione. **22** alternierende ~ (*Mech. - etc.*), moto alternativo. **23** aperiodische ~ (*Mech.*), moto aperiodico. **24** Arbeits ~ (beim Zerspanen) (*Werkz.masch. bearb.*), moto di lavoro. **25** beschleunigte ~ (*Mech.*), moto accelerato. **26** drehende ~ (*Mech.*), moto rotatorio. **27** exzentrische ~ (*Mech.*), moto eccentrico. **28** fortschreitende ~ (*Mech.*), moto di traslazione, movimento di traslazione. **29** gegenläufige ~ (*Mech. - etc.*), moto in senso opposto. **30** gegenseitige ~ (relative Bewegung) (*Mech. - etc.*), moto relativo. **31** geradlinige ~ (*Mech.*), moto rettilineo. **32** gleichförmige ~ (*Mech.*), moto uniforme. **33** gleichförmig-beschleunigte ~ (*Mech.*), moto uniformemente accelerato. **34** gleichförmig-verzögerte ~ (*Mech.*), moto uniformemente ritardato. **35** gleitende ~ (*Mech. - etc.*), moto radente, scorrimento. **36** hin- und hergehende ~ (*Mech. - etc.*), movimento di va e vieni, moto pendolare, moto alternativo. **37** in ~ setzen (*allg.*), mettere in moto. **38** intermittierende ~ (*Mech. - etc.*), moto intermittente. **39** kreisförmige ~ (*Mech.*), moto circolare. **40** krummlinige ~ (*Mech.*), moto curvilineo. **41** Laminar ~ (Gleiten) (*Mech. der Flüss.k.*), moto laminare. **42** oszillierende ~ (*Mech.*), moto oscillatorio. **43** periodische ~ (*Mech.*), moto periodico. **44** relative ~ (*Mech.*), moto relativo. **45** rollende ~ (*Mech.*), moto volvente, (moto di) rotolamento. **46** schwingende ~ (*Mech.*), moto oscillatorio. **47** sinusförmige ~ (*Mech. - etc.*), moto sinusoidale. **48** stationäre ~ (Bewegungszustand bei dem die Geschwindigkeit unabhängig von der Zeit ist) (*Hydr.*), moto permanente, moto stazionario. **49** stetige ~ (*Mech.*), moto continuo. **50** Teil ~ (*Werkz.masch.*), movimento di divisione. **51** thermische ~ (*Phys. - Chem.*), agitazione termica. **52** ungleichförmige ~ (*Mech.*), moto non uniforme. **53** verzögerte ~ (*Mech.*), moto ritardato. **54** Vorschub ~ (*Werkz.masch.*), avanzamento, moto di avanzamento. **55** Wirbel ~ (*Mech. der Flüss.k.*), moto turbolento.
bewehren (*allg.*), armare. **2** ~ (Beton) (*b. B. - Bauw.*), armare. **3** ~ (Kabel) (*Elekt.*), armare.
bewehrt (*allg.*), armato. **2** ~ (Beton) (*b. B. - Bauw.*), armato. **3** ~ er Beton (*b. B. - Bauw.*), cemento armato.
Bewehrung (*f. - allg.*), armamento. **2** ~ (Armierung, von Beton) (*b. B. - Bauw.*), armatura. **3** ~ (eines Kabels) (*Elekt.*), armatura. **4** ~ s·eisen (Armierungseisen) (*n. - b. B.*), ferri per armatura, ferri. **5** ~ s·maschine (für Kabel) (*f. - Masch.*), macchina per armare. **6** ~ s·zahl (Verhältnis zwischen Stahlgewicht und Betonvolumen) (*f. - Bauw.*), indice di armatura. **7** Bügel ~ (*b. B. - Bauw.*), armatura trasversale, staffe. **8** Haupt ~ (*Bauw.*), siehe Längsbewehrung. **9** Längs ~ (*b. B. - Bauw.*), armatura longitudinale. **10** Spiral ~ (*b. B. - Bauw.*), armatura elicoidale.
Beweis (*m. - allg.*), prova, dimostrazione. **2** ~ (Begründung eines Lehrsatzes) (*Math. - Phys.*), dimostrazione.
beweisen (*allg.*), provare, dimostrare. **2** wie zu ~ war (*allg.*), come dovevasi dimostrare.
bewerben (sich bewerben, eine Stelle anmelden) (*Arb. - Pers.*), fare domanda di assunzione.
Bewerber (*m. - Arb. - Pers.*), candidato (ad un posto).
Bewerbung (um eine Stellung) (*f. - Arb. - Pers.*), domanda di assunzione.
bewerfen (berappen) (*Maur.*), rinzaffare, dare l'intonaco di malta.
Bewerfung (*f. - Maur.*), rinzaffo, intonaco di malta.
bewerkstelligen (ausführen) (*allg.*), eseguire.
bewerten (schätzen) (*allg.*), valutare.
bewertet (*allg.*), valutato, stimato.
Bewertung (*f. - allg.*), valutazione. **2** ~ s·faktor (*m. - Pers.*), coefficiente di merito. **3** ~ s·filter (*m. - Akus.*), filtro campione.
bewettern (*Bergbau*), ventilare.
bewettert (Messräume z. B.) (*Messtechnik - etc.*), condizionato.
Bewetterung (Luftzuführung) (*f. - Bergbau*), ventilazione. **2** ~ s·anlage (*f. - Bauw. - etc.*), impianto di condizionamento. **3** ~ s·prüfung (Bewitterungsversuch) (*f. - Anstr.*), prova agli agenti atmosferici.
Bewicklung (Drahtschlingen z. B.) (*f. - allg.*), fasciatura, rivestimento.
Bewilligung (*f. - allg.*), autorizzazione, permesso. **2** Arbeits ~ (*Arb.*), permesso di lavoro. **3** Aufenthalts ~ (*recht.*), permesso di soggiorno. **4** Bau ~ (*Bauw.*), autorizzazione alla costruzione.
bewirtschaften (*allg.*), amministrare. **2** ~ (betreiben) (*allg.*), gestire.
Bewirtschaftung (*f. - allg.*), amministrazione.
Bewitterung (Aussetzung zu Witterung, bei

Versuchen z. B.) (*f. - Technol.*), esposizione agli agenti atmosferici. 2 ~ (Verwitterung) (*Technol.*), degradazione da agenti atmosferici. 3 ~ s·apparat (*m. - Anstr.*), veterometro. 4 ~ s·versuch (Wetterbeständigkeitsprobe) (*m. - Anstr.*), prova agli agenti atmosferici artificiali. 5 ~ s·versuch (Korrosionsversuch im Meerklima) (*Technol.*), prova in atmosfera salina. 6 Schnell ~ (*Anstr.*), prova accelerata con agenti atmosferici artificiali.
bewohnbar (*Bauw.*), abitabile.
Bewohnbarkeit (*f. - Bauw. - etc.*), abitabilità.
bewohnen (*allg.*), abitare, dimorare.
Bewohner (*m. - allg.*), abitante.
bewölken (sich bewölken) (*Meteor.*), annuvolarsi.
Bewölkung (Grad der Bedeckung mit Wolken) (*f. - Meteor.*), nuvolosità. 2 ~ (Bildung von Wolken) (*Meteor.*), annuvolamento. 3 ~ s·höhe (*f. - Meteor.*), altezza nubi. 4 ~ s·messer (*m. - Meteor.*), nefoscopio, nefeloscopio.
bewuchsverhindernd (Unterwasseranstrich) (*Anstr. - naut.*), antivegetativo.
Bewurf (angeworfener Putz) (*m. - Maur.*), rinzaffo.
bez. (bezahlt) (*komm.*), pagato, quietanzato. 2 ~ (bezüglich) (*allg.*), relativo.
bezahlen (*komm. - Adm.*), pagare. 2 bar ~ (*komm. - Adm.*), pagare in contanti. 3 ratenweise ~ (*komm.*), pagare a rate.
Bezahlung (*f. - komm. - Adm.*), pagamento. 2 Art der ~ (*komm.*), sistema di pagamento.
bezeichnen (Waren z. B.) (*komm. - etc.*), marcare, contrassegnare. 2 ~ (zeigen) (*allg.*), indicare. 3 ~ (Namen geben) (*allg.*), denominare, designare.
Bezeichnung (von Waren z. B.) (*f. - komm. - etc.*), contrassegno, segno. 2 ~ (durch Namen) (*allg.*), denominazione, designazione. 3 ~ (eines Stahles z. B.) (*Metall. - etc.*), sigla. 4 ~ (der Richtung z. B.) (*Mech. - etc.*), indicazione. 5 ~ s·schild (*n. - Masch. - etc.*), targhetta. 6 Amts ~ (*Pers. - Arb.*), mansioni esplicate, incarico. 7 Berufs ~ (*Arb. - etc.*), titolo professionale.
bezetteln (*allg.*), etichettare.
bezeugen (beurkunden) (*allg.*), dare atto.
Bezeugung (vor Gericht) (*f. - recht.*), testimonianza.
Bezichtigung (*f. - recht.*), incriminazione.
beziehen (Geld) (*komm.*), riscuotere. 2 ~ (kaufen) (*komm.*), acquistare, comperare. 3 ~ (bestellen) (*komm.*), ordinare. 4 ~ (abonnieren) (*Zeitg. - etc.*), abbonarsi. 5 ~ (besetzen, eine Stellung) (*allg.*), occupare. 6 ~ (die Universität z. B.) (*Schule*), entrare, accedere (a). 7 ~ (einziehen, ein Haus z. B.) (*Bauw. - etc.*), entrare, occupare. 8 ~ (entnahmen elekt. Energie z. B.) (*allg.*), prelevare, acquistare. 9 die Wache ~ (*milit.*), montare la guardia. 10 einen Wechsel ~ (*komm.*), trarre una cambiale. 11 sich ~ auf (*allg.*), riferirsi a.
Bezieher (einer Zeitung) (*m. - komm.*), abbonato. 2 ~ (Aussteller, eines Wechsels) (*komm.*), traente. 3 ~ (Aussteller, einer Messe) (*komm.*), espositore. 4 ~ (einer Rente z. B.) (*finanz.*), beneficiario.
Beziehung (*f. - allg.*), rapporto, relazione.

2 ~ en zur Öffentlichkeit (Öffentlichkeitsarbeit) (*komm. - Ind.*), relazioni pubbliche. 3 Geschäfts ~ en (*komm.*), relazioni di affari. 4 Handels ~ en (*komm.*), relazioni commerciali. 5 innerbetriebliche ~ en (*Ind.*), relazioni sociali. 6 menschliche ~ en (*Arb. - Organ.*), relazioni umane.
beziehungsweise (*allg.*), rispettivamente. 2 ~ (oder) (*allg.*), oppure.
beziffern (*allg.*), numerare.
Bezifferung (*f. - allg.*), numerazione. 2 dekadische ~ (*allg.*), numerazione decimale.
Bezirk (einer Stadt) (*m. - Bauw.*), quartiere, rione. 2 ~ (*milit.*), distretto. 3 ~ s·gericht (*n. - recht.*), pretura. 4 ~ s·kabel (*n. - Fernspr.*) cavo regionale, cavo distrettuale. 5 ~ s·richter (*m. - recht.*), pretore. 6 ~ s·rundfunksender (Bezirkssender) (*m. - Funk.*), trasmettitore regionale. 7 ~ s·schulinspektor (*m. - Schule*), provveditore agli studi. 8 ~ s·verkehr (*m. - Fernspr.*), traffico distrettuale. 9 ~ s·vertreter (*m. - komm.*), rappresentante di zona. 10 ~ s·wähler (*m. - Fernspr.*), selettore di prefisso. 11 ~ s·wochenkarte (Wochenkarte) (*f. - Eisenb.*), abbonamento settimanale, « settimanale ». 12 Gerichts ~ (*recht.*), circoscrizione giudiziaria. 13 Industrie ~ (*Ind.*), zona industriale. 14 Kohlen ~ (*Bergbau*), distretto carbonifero. 15 Land ~ (*Landw.*), zona rurale.
bezogen (auf) (*allg.*), riferito (a). 2 ~ (spezifisch) (*allg.*), specifico. 3 ~ (relativ) (*allg.*), relativo. 4 ~ auf (*allg.*), riferito a. 5 ~ e Farbe (*Opt.*), tinta relativa, tinta di contrasto, tonalità relativa, tonalità di contrasto. 6 ~ e Feuchtigkeit (relative Feuchtigkeit) (*Meteor.*), umidità relativa. 7 ~ e Formänderung (*Schmieden - etc.*), deformazione relativa. 8 ~ es Gewicht (*Chem.*), peso specifico.
Bezogener (eines Wechsels) (*m. - komm. - finanz.*), trattario.
Bezug (Bezugnahme) (*m. - allg.*), riferimento. 2 ~ (Einnahme, von Geld) (*komm.*), riscossione. 3 ~ (des Lohnes z. B.) (*Arb. - Pers.*), riscossione. 4 ~ (Bestellung, von Waren) (*komm.*), ordinazione. 5 ~ (Belag) (*Mech.*), rivestimento. 6 ~ (Lieferung, von Waren) (*komm. - Transp.*), consegna. 7 ~ (einer Wohnung) (*Bauw.*), occupazione. 8 ~ nahme (*f. - allg.*), riferimento. 9 ~ s·bohrung (*f. - Mech.*), foro di riferimento. 10 ~ s·elektrode (Normalelektrode) (*f. - Elektrochem.*), elettrodo normale. 11 ~ s·formstück (*n. - allg.*), pezzo campione. 12 ~ s·grösse (*f. - Phys.*), grandezza di riferimento. 13 ~ s·linie (*f. - Instr.*), linea di fede. 14 ~ s·linie (*Zeichn.*), linea di riferimento. 15 ~ s·messachse (eines Kreiselgerätes, bei Trägheitsnavigation) (*f. - Ger. - Navig.*), asse di riferimento di entrata. 16 ~ s·preis (Abonnementspreis) (*m. - Zeitg. - etc.*), prezzo d'abbonamento. 17 ~ s·preis (Einkaufspreis) (*Buchhaltung*), prezzo d'acquisto. 18 ~ s·profil (bei Verzahnungen) (*n. - Mech.*), profilo di riferimento. 19 ~ s·punkt (*m. - allg.*), punto di riferimento. 20 ~ s·quellenverzeichnis (*n. - Ind.*), elenco dei fornitori. 21 ~ s·recht (auf Aktien z. B.) (*n. - finanz.*), opzione, diritto di opzione. 22 ~ s·schein (Lagerschein) (*m. - Ind.*), buono di

Bezüge

prelevamento. 23 ~ s·strecke (bei Rauheitsmessungen z. B.) (*f. - Mech.*), lunghezza di base, lunghezza del tratto di misura. 24 ~ s·system (*n. - Phys.*), sistema di riferimento. 25 in ~ auf (*allg.*), in riferimento a. 26 unter ~ nahme auf (*allg.*), in riferimento a, con riferimento a.
Bezüge (Einkünfte) (*m. - pl. - Adm.*), reddito, entrate.
bezüglich (*allg.*), relativo.
bezw. (beziehungsweise) (*allg.*), rispettivamente.
BF (Bandfilter) (*Funk.*), filtro passabanda.
Bf. (Bahnhof) (*Eisenb.*), stazione. 2 ~ (Brief) (*komm.*), lettera.
BFI (Betriebsforschungsinstitut) (*Ind.*), Istituto di Ricerche Industriali.
B-Flattern (klassisches Flattern) (*n. - Flugw.*), vibrazione aeroelastica classica.
BFM (Bundesfinanzministerium) (*finanz.*), Ministero Federale delle Finanze.
bfn (brutto für netto) (*komm.*), lordo per netto.
BFS (Bundesanstalt für Flugsicherung)(*Flugw.*) Istituto Federale per la Sicurezza del Volo.
BG (Bandgerät) (*Elektroakus.*), registratore a nastro.
Bg. (Bogen, Papierbogen) (*allg.*), foglio.
b. G. (bezahlt) (*komm. - Adm.*), pagato, quietanzato, saldato.
bg (Bremsgitter) (*Funk.*), griglia di soppressione, griglia di arresto.
BGB (Bürgerliches Gesetzbuch) (*recht.*), codice civile.
B G H (Bundesgerichtshof) (*recht.*), corte suprema.
B G L (Betriebsgewerkschaftsleitung) (*Arb. Organ.*), commissione interna.
Bh. (Beiheft) (*Druck.*), supplemento.
Bhf. (Bahnhof) (*Eisenb.*), stazione.
Bi (Bismutum, Wismut) (*Chem.*), Bi, bismuto. 2 ~ (Biot, 1 Bi = 10 A) (*Einh.*), bi, biot.
Bi - Auslöser (Bimetallauslöser, gegen Überwärmung z. B.) (*m. - Elekt.*), interruttore automatico a bimetallo.
biaxial (*Opt.*), biasse.
Bibeldruckpapier (*n. - Druck.*), carta bibbia.
Biberschwanz (flacher Dachziegel) (*m. - Bauw.*), lastra di copertura. 2 ~ antenne (*f. - Radar*), antenna a ventaglio.
Bibliographie (*f. - Druck.*), bibliografia.
bibliographisch (*Druck.*), bibliografico.
Bibliothek (*f. - Bauw. - Ind.*), biblioteca. 2 ~ s·ausgabe (*f. - Druck.*), edizione di grande formato. 3 ~ s·wesen (*n. - Bauw. - etc.*), biblioteconomia. 4 Programm ~ (*Rechner*), biblioteca programmi. 5 Stadt ~ (*Bauw. - etc.*), biblioteca comunale. 6 wissenschaftliche ~ (*Ind.*), biblioteca tecnica.
Bibliothekar (*m. - Pers.*), bibliotecario.
BIC (Bureau International des Container) (*Transp.*), B.I.C., Ufficio Internazionale Container.
Bichromat (Dichromat) (*n. - Chem.*), bicromato. 2 Kalium ~ ($K_2Cr_2O_7$) (*Chem.*), bicromato di potassio.
Bidet (Sitzbecken, einer Toilette) (*n. - Bauw.*), bidè.
biegbar (biegsam) (*allg.*), pieghevole, flessibile.

Biegeachse (Nullinie, eines Balkens) (*f. - Baukonstr.lehre*), asse neutro.
Biegebank (Biegemaschine) (*f. - Masch.*), piegatrice.
Biegebeanspruchung (*f. - Baukonstr.lehre*), sollecitazione di flessione.
Biegeeisen (*n. - Werkz.*), attrezzo per piegare.
Biegefähigkeit (*f. - allg.*), piegabilità, flessibilità.
Biegefaktor (Verhältnis von Biegefestigkeit zur Zugfestigkeit) (*m. - Baukonstr.lehre*), rapporto flessione/trazione.
Biegefeder (*f. - Mech.*), molla di flessione.
biegefest (starr, biegesteif) (*Baukonstr.lehre*), rigido.
Biegefestigkeit (*f. - Baukonstr.lehre*), resistenza alla flessione.
Biegefliess·spannung (*f. - Mech.*), carico di snervamento a flessione.
Biegegesenk (einer Biegemasch.) (*n. - Werkz.*), matrice per piegatura, matrice per piega. 2 ~ (für Blech, einer Presse) (*Werkz.*), stampo di piega.
Biegegravur (*f. - Schmieden*), incisione di piegatura.
Biegegrenze (*f. - Mech.*), carico di snervamento a flessione, limite di snervamento a flessione.
Biegelinie (*f. - Baukonstr.lehre*), linea elastica. 2 ~ (neutrale Faser z. B.) (*Baukonstr.lehre*), asse neutro.
Biegemaschine (*f. - Masch.*), piegatrice. 2 ~ (Abkantmaschine) (*Blechbearb.masch.*), piegatrice. 3 ~ (für Betoneisen) (*b. B. - Masch.*), piegaferri. 4 Holz ~ (*Masch.*), piegatrice per legno. 5 Pappen ~ (*Druckmasch.*), macchina piega-cartoni.
Biegemoment (*n. - Baukonstr.lehre*), momento flettente. 2 ~ fläche (*f. - Baukonstr. lehre*), diagramma dei momenti flettenti.
Biegen (eines Blechstreifens z. B., in einem bestimmten Winkel) (*n. - Blechbearb.*), piega (ad angolo), piegatura (ad angolo).
biegen (ein Rohr z. B.) (*allg.*), piegare. 2 ~ (krümmen) (*allg.*), curvare.
Biegepfeil (Verhältnis der Durchbiegung zur Stützweite in %) (*m. - Baukonstr.lehre*), freccia di flessione (percentuale).
Biegepresse (*f. - Masch.*), pressa piegatrice, pressa per piega.
Biegeprobe (Biegeprüfung) (*f. - Versuch*), prova a flessione. 2 ~ (Biegeprüfstück) (*Versuch*), provino per prova a flessione, provetta per prova a flessione. 3 Hin-und-her ~ (*Metall.*), prova di piegatura ripetuta in sensi opposti, prova a flessione alternata, prova di piega alterna. 4 Kalt ~ (*Metall.*), prova di piegatura a freddo. 5 Warm ~ (*Metall.*), prova di piegatura a caldo.
biegeprüfen (*Versuch*), provare a flessione.
Biegeprüfmaschine (*f. - Masch.*), macchina per prove di flessione.
Biegeprüfstück (Probestück) (*n. - Versuch*), provino per prova a flessione, provetta per prova a flessione.
Biegeprüfung (*f. - Versuch*), prova a flessione.
Biegeradius (Biegehalbmesser) (*m. - Mech. etc.*), raggio di curvatura.
Biegeröhr (Glasrohr für Laboratoriumsgeräte)

(*n. - Chem.*), curva (di vetro) per laboratorio.
Biegeschubspannung (*f. - Baukonstr.lehre*), flessione combinata, sollecitazioni di flessione e taglio combinate.
Biegeschwellfestigkeit (*f. - Baukonstr.lehre*), resistenza a fatica a flessione a ciclo dallo zero.
Biegeschwingfestigkeit (*f. - Baukonstr.lehre*), resistenza a fatica a flessione.
Biegeschwingung (*f. - Mech. - etc.*), vibrazione di flessione, vibrazione flessoria.
Biegespannung (Biegebeanspruchung) (*f. - Baukonstr.lehre*), sollecitazione di flessione.
Biegestanze (*f. - Blechbearb.masch.*), piegatrice. 2 ~ (einer Biegemasch.) (*Werkz.*), stampo per piegatura, stampo per piega.
biegestarr (biegungssteif) (*Mech.*), resistente a flessione.
Biegesteife (Biegesteifigkeit) (*f. - Mech.*), resistenza alla flessione, rigidità alla flessione.
Biegestempel (einer Presse) (*m. - Blechbearb.*), punzone di piega, stampo di piega. 2 ~ (einer Biegemasch.) (*Werkz.*), punzone per piegatura, punzone per piega.
Biegeteil (*m. - Blechbearb.*), pezzo piegato.
Biegetisch (für Stahlbetonbau) (*m. - b. B.*), banco per piegatura dei ferri.
Biegetorsion (*f. - Baukonstr.lehre*), flesso-torsione.
Biegeverformung (*f. - Werkstoffprüfung*), deformazione da flessione.
Biegeversuch (*m. - Versuch*), prova a flessione. 2 Flach ~ (*mech. Technol.*), prova a flessione piana. 3 Hin- und Her ~ (für Drähte) (*mech. Technol.*), prova di piegatura alternata. 4 Umlauf ~ (*mech. Technol.*), prova a flessione rotante.
Biegevorrichtung (*f. - Vorr.*), attrezzo per piegare. 2 Rohr ~ (*Vorr.*), piegatubi.
Biegewalzen (Walzrunden, Rundwalzen, Runden) (*n. - Blechbearb.*), curvatura (a rulli).
Biegewalzmaschine (*f. - Masch.*), curvatrice a rulli.
Biegewechsel (eines Drahtseiles) (*m. - Baukonstr.lehre*), resistenza a piegatura alternata. 2 ~ belastung (Biegewechselbeanspruchung) (*f. - Baukonstr.lehre - Werkstoffprüfung*), sollecitazione di flessione alternata. 3 ~ festigkeit (*f. - Baukonstr.lehre*), resistenza alla fatica per flessione a ciclo alterno simmetrico, resistenza alla flessione alternata.
Biegezahl (Zahl der Biegungen bis zum Bruch des Drahtes) (*f. - mech. Technol.*), numero di piegamenti di rottura, numero di alternanze di piegatura di rottura.
Biegezange (*f. - Werkz.*), ferro per piegare. 2 Rohr ~ (*Werkz.*), piegatubi.
biegsam (biegbar) (*allg.*), pieghevole, flessibile. 2 ~ e Leitung (*Leit.*), tubazione flessibile, tubo flessibile. 3 ~ es Metallrohr (*Leit.*), tubo metallico flessibile. 4 ~ e Verbindung (*Mech. - etc.*), collegamento flessibile. 5 ~ e Welle (*Mech.*), albero flessibile.
Biegsamkeit (*f. - allg.*), pieghevolezza, flessibilità. 2 ~ (*Anstr.*), flessibilità.
Biegung (*f. - Baukonstr.lehre*), flessione. 2 ~ (von Rohren z. B.) (*Mech. - etc.*), piegatura, curvatura. 3 ~ (Wendung) (*Strasse - etc.*),

curva, svolta. 4 ~ s·beanspruchung (*f. - Baukonstr.lehre*), sollecitazione di flessione. 5 ~ s·fähigkeit (*f. - allg.*), pieghevolezza, flessibilità. 6 ~ s·festigkeit (*f. - Baukonstr.lehre*), resistenza a flessione. 7 ~ s·halbmesser (Biegungsradius) (*m. - Mech.*), raggio di curvatura. 8 ~ s·linie (elastische Linie) (*f. - Baukonstr.lehre*), linea elastica. 9 ~ s·moment (*n. - Baukonstr.lehre*), momento flettente. 10 ~ s·schwingung (*f. - Mech. - etc.*), vibrazione di flessione, vibrazione flessoria. 11 ~ s·spannung (Biegungsbeanspruchung) (*f. - Baukonstr.lehre*), sollecitazione di flessione. 12 Durch ~ (in mm gemessen) (*Baukonstr.lehre*), freccia di inflessione, inflessione.
Biene (*f. - Ack.b.*), ape.
Bienen (*f. - pl. - Ack.b.*), api. 2 ~ haus (*n. - Ack.b.*), alveare. 3 ~ kasten (*m. - Ack.b.*), arnia. 4 ~ korbkühler (Wabenkühler) (*m. - Aut.*), radiatore a nido d'api. 5 ~ kunde (*f. - Ack.b.*), apicoltura. 6 ~ wachs (*n. - Ack.b.*), cera d'api. 7 ~ zucht (*f. - Ack.b.*), apicoltura. 8 ~ züchter (*m. - Ack.b. - Arb.*), apicoltore.
Bier (*n. - chem. Ind.*), birra. 2 ~ brauerei (*f. - chem. Ind.*), fabbrica di birra. 3 ~ filter (*m. - Brauerei*), filtro per birra. 4 dunkles ~ (*Brauerei*), birra scura. 5 helles ~ (*Brauerei*), birra chiara. 6 Jung ~ (*Brauerei*), birra giovane.
Bieter (einer Ausschreibung) (*m. - komm.*), offerente, partecipante, concorrente.
bifilar (*Elekt.*), bifilare, a due fili, bipolare. 2 ~ e Wicklung (*Elekt.*), avvolgimento bifilare.
bifokal (*Opt.*), bifocale.
Bifokalglas (Zweistärkenglas) (*n. - Opt.*), lente bifocale.
Bikarbonat (*n. - Chem.*), bicarbonato. 2 Natrium ~ ($NaHCO_3$) (*Chem.*), bicarbonato di sodio.
bikonkav (*Opt. - etc.*), biconcavo.
bikonvex (*Opt. - etc.*), biconvesso.
Bilanz (*f. - Adm.*), bilancio. 2 ~ buch (Hauptbuch) (*n. - Adm.*), libro mastro, mastro. 3 ~ kurs (*m. - finanz.*), indice di bilancio. 4 ~ periode (*f. - Adm.*), periodo fiscale. 5 ~ position (*f. - Adm.*), voce di bilancio. 6 ~ stichtag (*m. - finanz.*), data del bilancio. 7 ~ summe (*f. - finanz.*), importo di bilancio. 8 dynamische ~ (*Adm.*), bilancio dinamico, bilancio dei risultati economici. 9 ~ Erfolgs ~ (*Adm.*), bilancio del reddito. 10 Eröffnungs ~ (*finanz.*), bilancio di apertura. 11 Gewinn ~ (*finanz.*), bilancio attivo. 12 Schluss ~ (*finanz.*), bilancio di chiusura. 13 Verlust ~ (*finanz.*), bilancio passivo. 14 Wärme ~ (Energiebilanz, eines Verbr. mot.) (*Mot.*), bilancio termico.
bilanzieren (*finanz.*), fare il bilancio.
Bild (*n. - Opt.*), immagine. 2 ~ (eines Buches z. B.) (*Druck.*), illustrazione, figura. 3 ~ (Einzelbild) (*Filmtech.*), fotogramma. 4 ~ (*Opt. - etc.*), siehe auch Abbildung. 5 ~ ablenkung (*f. - Fernseh.*), analisi verticale, scansione verticale. 6 ~ archiv (*n. - Phot.*), archivio fotografico, fototeca. 7 ~ aufbau (Bildsynthese) (*m. - Fernseh.*), sintesi dell'immagine. 8 ~ aufnahmekamera (Filmkamera) (*f. -*

Bild

Filmtech.), macchina da presa, cinepresa. **9 ~ ausschnitt** (einer Szene) (*m. - Filmtech.*), inquadratura. **10 ~ breiteneinstellung** (*f. - Fernseh.*), regolazione della deflessione orizzontale. **11 ~ -Dup-Positiv** (Kopie für die Herstellung von weiteren Negativen) (*n. - Filmtech.*), positivo riproducibile. **12 ~ einstellung** (*f. - Fernseh.*), regolazione del quadro. **13 ~ empfänger** (Fernsehempfänger) (*m. - Fernseh.*), televisore. **14 ~ fang** (Synchronisierungsglied der vertikalen Ablenkung) (*m. - Fernseh.*), sincronizzatore verticale. **15 ~ feld** (einer Kamera) (*n. - Phot. - Filmtech.*), campo. **16 ~ feldrahmen** (Bildfeld) (*m. - Fernseh.*), quadro. **17 ~ fenster** (Filmfenster, eines Filmprojektors z. B.) (*n. - Filmtech.*), finestrino. **18 ~ flug** (zur Aufnahme von Luftbildern) (*m. - Flugw. - Phot.*), volo per ripresa di aerofotografie. **19 ~ frequenz** (Videofrequenz) (*f. - Fernseh.*), videofrequenza. **20 ~ frequenz** (Bildfolgefrequenz) (*Filmtech. - Fernseh.*), frequenza d'immagine. **21 ~ funk** (Bildtelegraphie) (*m. - Funk.*), telefotografia, trasmissione a distanza delle immagini. **22 ~ gerät** (Sichtbarmachungsgerät) (*n.-Opt.-Ger.*), visualizzatore. **23 ~ giesserei** (*f. - Giess. - Kunst*), fonderia artistica. **24 ~ hauer** (*m. - Kunst*), scultore. **25 ~ haueratelier** (*n. - Kunst*), studio di scultura. **26 ~ ingenieur** (*m. - Fernseh.*), tecnico della televisione. **27 ~ kamera** (*f. - Filmtech.*), macchina da presa, cinepresa. **28 ~ kontrast** (*m. - Fernseh.*), contrasto dell'immagine. **29 ~ lupe** (*f. - Fernseh.*), lente di ingrandimento. **30 ~ - Markenzeichen** (*n. - recht.*), marchio figurato. **31 ~ messgerät** (*n. - Photogr.*), apparecchio fotogrammetrico. **32 ~ messung** (Photogrammetrie) (*f. - Photogr.*), fotogrammetria. **33 ~ mischer** (*m. - Fernseh. - Arb.*), tecnico del missaggio. **34 ~ mischer** (*Fernseh. - App.*), apparecchio per il missaggio. **35 ~ mischpult** (*n. - Fernseh.*), tavolo di missaggio. **36 ~ -Negativ** (kinematographischer Film mit Negativ-Bildaufzeichnungen) (*n. - Filmtech.*), negativo, pellicola cinematografica negativa. **37 ~ plastik** (*f. - Fernseh.*), effetto stereoscopico, effetto di rilievo. **38 ~ platte** (eines Lithosteines) (*f. - graphische Kunst*), lastra litografica. **39 ~ -Positiv** (kinematographischer Film mit Positiv-Bildaufzeichnungen) (*n. - Filmtech.*), positivo, pellicola cinematografica positiva. **40 ~ postkarte** (Ansichtspostkarte) (*f. - Post*), cartolina illustrata. **41 ~ projektor** (*m. - Filmtech.*), proiettore cinematografico. **42 ~ punkt** (*m. - Fernseh.*), elemento d'immagine, punto d'immagine. **43 ~ quelle** (*f. - Kernphys.*), sorgente virtuale. **44 ~ raster** (*n. - Fernseh.*), quadro, disegno. **45 ~ reihe** (*f. - Filmtech.*), sequenza di immagini, sequenza di fotogrammi. **46 ~ röhre** (eines Fernsehapp.) (*f. - Fernseh.*), cinescopio. **47 ~ rundfunk** (*m. - Funk.*), radiodiffusione fotografica. **48 ~ samkeit** (eines Metallstückes, Plastizität) (*f. - Schmieden - etc.*), plasticità, foggiabilità, lavorabilità. **49 ~ schärfe** (*f. - Phot. - etc.*), definizione dell'immagine, nitidezza dell'immagine. **50 ~ schirm** (einer Röhre) (*m. - Phys. - Fernseh.*), schermo per l'immagine. **51 ~** (Leuchtschirm, eines Elektronenstrahl-Oszillographs z. B.) (*Phys.*), schermo. **52 ~ schnitzer** (Holzbildhauer) (*m. - Kunst*), scultore per legno. **53 ~ schreiberöhre** (*f. - Fernseh.*), tubo televisivo. **54 ~ seitenverhältnis** (Bildverhältnis) (*n. - Fernseh.*), rapporto d'immagine, rapporto larghezza-altezza dell'immagine. **55 ~ seitenverschiebung** (Regelung) (*f. - Fernseh.*), regolazione orizzontale dell'immagine. **56 ~ sender** (*m. - Fernseh.*), trasmettitore video. **57 ~ sendung** (*f. - Fernseh.*), trasmissione televisiva. **58 ~ signal** (*n. - Fernseh.*), segnale video, videosegnale. **59 ~ speicherröhre** (Ikonoskop) (*f. - Fernseh.*), tubo memorizzatore di immagini. **60 ~ streifen** (Streifen teilweise überdeckender Bilder) (*m. - Photogr.*), strisciata (*s.*). **61 ~ sucher** (*m. - Phot. - etc.*), mirino. **62 ~ synchronisationsimpuls** (Bildsynchronisierungsimpuls) (*m. - Fernseh.*), impulso di sincronizzazione verticale dell'immagine. **63 ~ synchronisiereinstellung** (*f. - Fernseh.*), regolazione verticale dell'immagine. **64 ~ synthese** (Bildaufbau) (*f. - Fernseh.*), sintesi dell'immagine. **65 ~ tanzen** (*n. - Opt. - Fernseh.*), instabilità dell'immagine. **66 ~ telegraphie** (*f. - Telegr.*), fototelegrafia. **67 ~ telephon** (Fernsehsprecher) (*n. - Fernspr.*), videotelefono. **68 ~ theodolit** (*m. - Top. - Instr.*), fototeodolite. **69 ~ -Ton-Kamera** (für Bild- und Tonaufnahme) (*f. - Filmtech.*), macchina da presa con registrazione del suono, cinepresa con registrazione del suono. **70 ~ trägerfrequenz** (*f. - Fernseh.*), frequenza portante d'immagine. **71 ~ überschrift** (*f. - Filmtech.*), didascalia, sottotitolo. **72 ~ unterschrift** (*f. - Druck.*), leggenda di figura. **73 ~ verhältnis** (*n. - Fernseh.*), rapporto d'immagine, rapporto tra larghezza ed altezza (dell'immagine). **74 ~ verschiebung** (*f. - Fernsehfehler*), spostamento dell'immagine. **75 ~ verstärker** (*m. - Fernseh.*), amplificatore video. **76 ~ vervielfachung** (*f. - Fernsehfehler*), sdoppiamento dell'immagine. **77 ~ verzerrung** (*f. - Fernsehfehler*), distorsione dell'immagine. **78 ~ wand** (*f. - Filmtech.*), schermo. **79 ~ wandler** (*m. - Fernseh.*), convertitore di immagine. **80 ~ wandler-Ikonoskop** (Superikonoskop) (*n. - Fernseh.*), super-iconoscopio. **81 ~ wandlerröhre** (*f. - Fernseh.*), tubo convertitore d'immagine. **82 ~ wechselfrequenz** (*f. - Filmtech.*), frequenza di immagine. **83 ~ werfer** (Projektor) (*m. - Opt. - Ger.*), proiettore (di immagini). **84 ~ wiedergaberöhre** (Bildröhre) (*f. - Fernseh.*), cinescopio. **85 ~ zähler** (einer Filmkamera) (*m. - Filmtech.*), contafotogrammi. **86 ~ zentralfrequenzgleichrichter** (eines Fernsehapp.) (*m. - Fernseh.*), regolatore frequenza immagine. **87 ~ zentralfrequenzverstärker** (eines Fernsehapp.) (*m. - Fernseh.*), amplificatore frequenza di immagine. **88 ~ zerlegung** (*f. - Fernseh.*), scomposizione dell'immagine. **89 ~ zerreissung** (*f. - Fernsehfehler*), scorrimento dell'immagine. **90 ~ zittern** (*n. - Fernsehfehler*), tremolio dell'immagine. **91 ~ zusammendrückung** (*f. - Fernsehfehler*), compressione dell'immagine. **92 abgeschnittenes ~** (*Fernsehfehler*), immagine troncata. **93 Dreifach ~ kamera** (für Panora-

mafilm) (*f. - Filmtech.*), macchina da presa triplice. **94 flaches** ~ (*Opt.*), immagine piatta. **95 flaues** ~ (*Phot.*), immagine senza contrasto. **96 fernübertragenes** ~ (*Phot.*), telefoto. **97 geteiltes** ~ (Bildvervielfachung) (*Fernsehfehler*), immagine sdoppiata. **98 hartes** ~ (*Opt.*), immagine a forte contrasto. **99 hochzeiliges** ~ (scharfes Bild) (*Fernseh.*), immagine ad alta definizione. **100 imaginäres** ~ (virtuelles Bild) (*Opt.*), immagine virtuale. **101 kontrastreiches** ~ (*Fernseh.*), immagine a forte contrasto. **102 kopfstehendes** ~ (*Fernseh. - etc.*), immagine capovolta. **103 lichtschwaches** ~ (*Fernseh.*), immagine poco luminosa. **104 Panorama** ~ (*Filmtech.*), immagine panoramica. **105 Panorama** ~ **wand** (*f. - Filmtech.*), schermo panoramico. **106 reelles** ~ (wirkliches Bild) (*Opt.*), immagine reale. **107 Reklame** ~ (*komm.*), illustrazione pubblicitaria. **108 Schalt** ~ (Schaltplan, Schaltschema) (*Elekt. - etc.*), schema. **109 scharfes** ~ (*Phot. - etc.*), immagine nitida. **110 Schau** ~ (*allg.*), schema, prospetto, tabella. **111 scheinbares** ~ (virtuelles Bild) (*Opt.*), immagine virtuale. **112 umgekehrtes** ~ (auf dem Kopf stehendes Bild) (*Opt.*), immagine capovolta. **113 unscharfes** ~ (*Phot. - etc.*), immagine sfuocata. **114 unverzeichnetes** ~ (*Opt.*), immagine rettolineare, immagine ortoscopica, immagine non distorta. **115 verbranntes** ~ (*Phot. - etc.*), immagine sovraesposta. **116 verschwommenes** ~ (*Phot. - etc.*), immagine sfuocata. **117 virtuelles** ~ (scheinbares Bild) (*Opt.*), immagine virtuale. **118 weiches** ~ (*Opt.*), immagine morbida, immagine senza contrasto. **119 welliges** ~ (*Fernsehfehler*), immagine ondulata. **120 wirkliches** ~ (reelles Bild) (*Opt.*), immagine reale.
bilden (*allg.*), formare. **2** ~ (unterrichten) (*Schule - Arb.*), istruire. **3** ~ (*Metall. - Schmieden*), foggiare, lavorare. **4** ~ (eine Gesellschaft) (*komm.*), costituire. **5** ~ (eine Kurve) (*allg.*), tracciare.
Bilder (*n. - pl. - allg.*), illustrazioni, figure, immagini. **2** ~ **galerie** (*f. - Kunst*), pinacoteca. **3** ~ **haken** (Wandhaken) (*m. - Zimm.*), gancio per quadri, gancio X. **4** ~ /sec (*Filmtech.*), fotogrammi al secondo.
bildhauen (*Kunst*), scolpire.
bildlich (graphisch, Darstellung z. B.) (*allg.*), grafico (*a.*). **2** ~ (Schaltschema z. B.) (*Elekt. - etc.*), figurato.
Bildner (ein Legierungselement z. B., Ferritbildner z. B.) (*m. - Metall.*), formatore.
bildsam (*allg.*), foggiabile, plasmabile. **2** ~ (*Metall. - Schmieden*), plastico. **3** ~ **e Formänderung** (*f. - Metall.*), deformazione plastica.
Bildsamkeit (eines Metallstückes, Plastizität) (*f. - Schmieden - etc.*), plasticità, foggiabilità, lavorabilità.
Bildung (*f. - allg.*), formazione. **2** ~ (*Schule - Arb.*), istruzione. **3** ~ (einer Gesellschaft) (*recht. - komm.*), costituzione. **4** ~ (*Metall.*), formazione. **5** ~ (*Phys. - Chem.*), formazione. **6** ~ s·enthalpie (*f. - Thermodyn.*), entalpia di formazione. **7** ~ s·prozess (*m. - Chem.*), processo di formazione. **8** ~ s·wärme (Reaktionswärme) (*f. - Phys. - Chem.*), calore di for-

mazione. **9** ~ s·wasser (Konstitutionswasser, Zersetzungswasser) (*n. - Chem.*), acqua di costituzione. **10 Blasen** ~ (*Anstr.fehler*), formazione di vescicole (o di bolle, o bollicine). **11 Gardinen** ~ (*Anstr.fehler*), festonatura. **12 Gel** ~ (*Anstr.fehelr*), impolmonimento. **13 Grübchen** ~ (*Metall.*), vaiolatura, « pittatura ». **14 Haarriss** ~ (*Anstr.fehler*), screpolatura capillare, incrinatura. **15 Haut** ~ (*Anstr.fehler*), formazione di pelle. **16 höhere** ~ (*Schule*), istruzione superiore. **17 Riss** ~ (*Anstr.fehler*), screpolatura. **18 Runzel** ~ (*Anstr.fehler*), raggrinzimento. **19 Spinngewebe** ~ (*Anstr.fehler*), formazione di filamenti. **20 Stippen** ~ (*Anstr.fehler*), puntinatura. **21 Wirbel** ~ (*Mech. der Flüss.k.*), formazione di vortici, turbolenza.
Bilge (*f. - Schiffbau*), sentina. **2** ~ **pumpe** (*f. - naut.*), pompa di sentina. **3** ~ **wasser** (*n. - naut.*), acqua di sentina.
Bilgenbronze (Marinebronze, Zinnbronze mit 2% Sn, Fe und Pb) (*f. - Legierung*), bronzo da marina, bronzo allo stagno (col 2% Sn, Fe e Pb).
bilinear (*Math.*), bilineare.
Bill (Gesetzesentwurf) (*f. - recht.*), progetto di legge.
Billett (Karte) (*n. - allg.*), biglietto. **2** ~ (Fahrkarte) (*Eisenb. - etc.*), biglietto.
Billiarde (1000 Billionen, in Deutschland 10^{15}, in Frankreich und USA 10^{12}) (*f. - Math.*), biliardo.
Billietit (*m. - radioakt. Min.*), billietite.
billig (*komm.*), a buon prezzo, economico. **2 zum** ~ **sten Preis** (*komm.*), al miglior prezzo, al prezzo minimo.
billigen (*allg.*), sanzionare, ratificare, approvare.
Billion (in Deutschland 10^{12}, in Frankreich und USA 10^9) (*f. - Math.*), bilione.
Biluxlampe (für Autoscheinwerfer) (*f. - Aut.*), lampada biluce.
Bimetall (Metallstreifen) (*n. - Metall.*), bimetallo. **2** ~ **auslöser** (Bi-Auslöser, gegen Überwärmung, etc.) (*m. - Elekt.*), interruttore automatico a bimetallo. **3** ~ **instrument** (*n. - Instr.*), strumento a lamina bimetallica. **4** ~ **kontakte** (*m. - pl. - Elekt.*), contatti bimetallici. **5** ~ **platte** (*f. - Metall. - Druck.*), lastra bimetallica.
bimetallisch (*allg.*), bimetallico.
Bimetallismus (Doppelwährung) (*finanz.*), bimetallismo.
Bimot-Bus (zweimotoriger Kraftomnibus) (*m. - Fahrz.*), autobus a due motori.
Bimsbeton (*m. - Bauw.*), calcestruzzo di pomice.
bimsen (*Anstr.*), pomiciare.
Bimshohlblockstein (*m. - Bauw.*), blocco forato, blocco leggero.
Bimskies (*m. - Bauw.*), ghiaia di pomice.
Bimssand (*m. - Bauw.*), sabbia di pomice.
Bimsstein (Bums) (*m. - Min.*), pietra pomice.
Bimszement (*m. - Bauw.*), cemento cellulare.
binär (*Math. - Chem.*), binario. **2** ~ **e Codierung** (*Rechenanlage*), codificazione binaria. **3** ~ **e Legierung** (*Metall.*), lega binaria. **4** ~ **es System** (benutzt nur die Ziffern 0 und 1) (*Math. - Rechner*), sistema binario.

Binärcode

Binärcode (Binärsystem) (m. - Rechenanlage), codice binario.
binär-codiert (Dezimalsystem z. B.) (Rechenanlage), in codice binario, codificato in binario.
Binär-Dezimal-Umwandlung (f. - Datenverarb.), conversione binario-decimale.
Binarsystem (benutzt nur die Ziffern 0 und 1) (n. - Math. - Rechner), sistema binario.
Binärziffer (bit) (f. - Math.), cifra binaria.
binaural (Akus.), binaurale, relativo ad ambedue gli orecchi.
Binde (f. - allg.), fascia, benda. 2 ~ draht (einer Mutter z. B.) (m. - Mech.), filo di fermo, filo di sicurezza. 3 ~ draht (für Betoneisen) (Bauw.), filo di ferro per legacci. 4 ~ elektron (Valenzelektron) (n. - Phys.), elettrone di valenza. 5 ~ gewebsentzündung (Cellulitis) (f. - Med. - Arb.), cellulite. 6 ~ glied (zwischen Masch. und deren elekt. Antriebseinrichtungen z. B.) (n. - Masch.), giunto, elemento di collegamento, organo di collegamento. 7 ~ mäher (m. - Landw.masch.), mietilegatrice, mietitrice-legatrice. 8 ~ mittel, siehe Bindemittel. 9 ~ zeit (von Zement) (f. - Bauw.), tempo di presa. 10 sterile ~ (Med.), benda sterilizzata.
Bindemittel (n. - Bauw.), legante. 2 ~ (Bindung, für Schleifscheiben) (mech. Technol.), agglomerante, cemento. 3 ~ (nichtflüchtiger Anteil eines Anstrichstoffes der die Pigmentteilchen untereinander und mit dem Untergrund verbindet) (Anstr.), legante. 4 anorganisches ~ (für Schleifscheiben) (mech. Technol.), agglomerante inorganico, cemento inorganico. 5 bituminöses ~ (Strass.b.), legante bituminoso. 6 Farb ~ (Anstr.), legante per vernici. 7 hydraulisches ~ (Bauw.), legante idraulico. 8 Mörtel- ~ (Bauw.), legante per malta. 9 unhydraulisches ~ (Bauw.), legante non idraulico.
binden (allg.), legare. 2 ~ (Bücher) (Buchbinderei), rilegare, legare. 3 ~ (Steine) (Bauw.), connettere.
bindend (komm. - etc.), impegnativo, vincolante.
Binder (m. - Buchbinderei), legatore, rilegatore. 2 ~ (Emulsionsbindemittel) (Strass.b. - etc.), emulsione legante. 3 ~ (nichtpigmentierter Anstrichstoff) (Anstr.), veicolo. 4 ~ (Mauerstein) (Maur.), mattone (messo in opera) di punta. 5 ~ (Dachbinder, Dreieckbinder) (Bauw.), capriata. 6 ~ balken (Bundbalken, eines Daches) (m. - Bauw.), traversa. 7 ~ schicht (f. - Strass.b.), strato « binder ». 8 ~ sparren (Bundsparren, eines Daches) (m. - Bauw.), montante. 9 ~ verband (Streckerverband) (m. - Mauerverband), legatura in chiave, apparecchio in chiave. 10 Dreieck ~ (Dachbinder) (Bauw.), capriata. 11 englischer ~ (Bauw.), incavallatura tipo inglese. 12 Polonceau ~ (Bauw.), incavallatura Polonceau.
Bindfaden (m. - Transp. - etc.), spago.
bindig (Baugrund z. B.) (Geol. - Bauw. - etc.), coerente.
Bindung (f. - allg.), legatura, unione. 2 ~ (eines Atoms) (Chem.), legame. 3 ~ (Bindemittel, einer Schleifscheibe) (Werkz.), agglomerante, legante, cemento, impasto. 4 ~ (Textiltechnik), armatura. 5 ~ (Kernphys.), legame. 6 ~ (Vorr. zur Befestigung des Stiefels am Ski) (Sport), attacco. 7 ~ **der Preise** (komm.), blocco dei prezzi. 8 ~ **des Stickstoffes** (im Stahl) (Metall.), fissazione dell'azoto. 9 ~ s·energie (f. - Kernphys.), energia di legame. 10 ~ s·moment (n. - Chem.), momento di legame. 11 ~ s·rapport (m. - Text.), rapporto di armatura. 12 **Atlas** ~ (Satinbindung) (Text.), armatura raso, armatura satin. 13 **atomare** ~ (Atombindung) (Chem.), legame atomico. 14 **Gummi** ~ (einer Schleifscheibe) (Werkz.), agglomerante di gomma, cemento di gomma, agglomerante elastico, cemento elastico. 15 **Hauptvalenz** ~ (Chem.), legame di valenza principale. 16 **heteropolare** ~ (polare, ionogene Bindung) (Chem.), legame eteropolare, legame polare, legame ionico. 17 **homöopolare** ~ (unpolare, kovalente Bindung) (Chem.), legame covalente, legame omopolare, covalenza. 18 **ionogene** ~ (heteropolare, polare Bindung) (Chem.), legame ionico, legame eteropolare, legame polare. 19 **keramische** ~ (einer Schleifscheibe) (Werkz.), agglomerante ceramico, cemento ceramico, agglomerante vetrificato, cemento vetrificato. 20 **Köper** ~ (Diagonalbindung, Croisébindung) (Text.), armatura diagonale, armatura saia, armatura spiga, armatura spina. 21 **kovalente** ~ (unpolare, homöopolare Bindung) (Chem.), legame covalente, legame omopolare, covalenza. 22 **Kunstharz** ~ (einer Schleifscheibe) (Werkz. - Chem.), agglomerante resinoide, cemento resinoide, impasto resinoide. 23 **Leinwand** ~ (Tuchbindung, Taftbindung) (Text.), armatura tela, armatura taffetas. 24 **metallische** ~ (Chem.), legame metallico. 25 **mineralische** ~ (einer Schleifscheibe) (Werkz.), agglomerante minerale, cemento minerale. 26 **Nebenvalenz** ~ (Chem.), legame di valenza secondaria. 27 **polare** ~ (heteropolare Bindung, ionogene Bindung) (Chem.), legame polare, legame eteropolare, legame ionico. 28 **Silikat** ~ (einer Schleifscheibe) (Werkz.), agglomerante al silicato, cemento al silicato. 29 **Spiral** ~ (Druck.), legatura a spirale. 30 **unpolare** ~ (homöopolare Bindung, kovalente Bindung) (Chem.), legame omopolare, legame covalente, covalenza. 31 **vegetabile** ~ (einer Schleifscheibe) (Werkz.), agglomerante vegetale, cemento vegetale. 32 **vertragliche** ~ (komm.), impegno contrattuale.
Bineutron (n. - Kernphys.), bineutrone.
Binghamsches Fliessen (Phys.), scorrimento di Bingham.
Binnenböschung (die dem Polder zugekehrte Böschung, eines Deiches) (f. - Wass.b.), scarpa esterna, spalla.
Binnenfischerei (f. - Fischerei), pesca in acque interne.
Binnenhafen (m. - naut.), porto interno.
Binnenhandel (m. - komm.), commercio interno.
Binnenhaut (f. - Schiffbau), fasciame interno.
Binnenklüver (Segel) (m. - naut.), gran fiocco.
Binnenmarkt (m. - komm.), mercato interno.

Binnenschiffahrt (*f. - naut.*), navigazione interna.
Binnensee (*m. - Geogr.*), mare interno.
Binnenvordersteven (*m. - Schiffbau*), controruota interna di prua.
binobjektiv (mit zwei gliechzeitig benutzten Objektiven) (*Opt.*), a due obiettivi.
Binode (*f. - Funk.*), binodo, biànodo, valvola doppia.
binokular (*Opt.*), binoculare. 2 ~ es **Mikroskop** (*Opt.*), microscopio binoculare.
Binom (*n. - Math.*), binomio.
Binomialverteilung (bei Qualitätskontrolle z. B.) (*f. - Stat. - mech. Technol.*), distribuzione binomiale.
binomisch (binomial) (*Math.*), binomiale.
Binormale (*f. - Geom.*), binormale (s.).
Bioastronautik (Lebensbedingungen im Weltraum) (*f. - Astronautik*), bioastronautica.
Biochemie (*f. - Chem.*), biochimica.
bioelektrisch (*Elekt.*), bioelettrico.
Bioelektrizität (*f. - Elekt.*), bioelettricità.
Biographie (*f. - Druck.*), biografia.
Biokatalysator (*m. - Chem.*), biocatalizzatore, enzima.
biologisch (*Biol. - Kernphys.*), biologico. 2 ~ **abbaubar** (*Chem. - etc.*), biodegradabile. 3 ~ **e Abbaufähigkeit** (*Ökologie*), biodegradabilità. 4 ~ **e Halbwertzeit** (*Kernphys. - Radioakt.*), periodo biologico. 5 ~ **e Kläranlage** (für Abwasser) (*Bauw. - Hydr.*), impianto di depurazione biologica. 6 ~ **er Körper** (für Abwasser) (*Bauw. - Hydr.*), letto biologico, letto batterico. 7 ~ **er Panzer** (*Kernphys. - Radioakt.*), schermo biologico. 8 ~ **er Schirm** (*Kernphys.*), schermo biologico. 9 ~ **er Strahlungseffekt** (*Kernphys. - Radioakt.*), effetto biologico della radiazione.
biometrisch (*Med.*), biometrico.
Bionik (*f. - Wissens.*), bionica.
Biophysik (*f. - Phys.*), biofisica.
Biot (Bi, 1 Biot = 10 A) (*Einh.*), biot, bi.
BIP (Bruttoindexprodukt) (*finanz.*), prodotto nazionale lordo.
bipolar (zweipolig) (*Elekt.*), bipolare.
Biprisma (*n. - Opt.*), biprisma, biprisma di Fresnel.
Biquadrat (Quadrat des Quadrats, vierte Potenz) (*n. - Math.*), biquadrato.
biquadratisch (Gleichung z. B.) (*Math.*), biquadratico, di quarto grado.
Birke (*f. - Holz*), betulla. 2 ~ **n·holz** (*n. - Holz*), legno di betulla.
Birne (*f. - allg.*), pera. 2 ~ (Bessemerbirne) (*Metall.*), convertitore. 3 ~ (Lampe) (*Elekt.*), lampada. 4 ~ **n·futter** (*n. - Metall.*), rivestimento del convertitore. 5 ~ **n·prozess** (*m. - Metall.*), processo Bessemer, processo al convertitore. 6 ~ **n·sockel** (einer Lampe) (*m. - Elekt.*), virola, attacco. 7 **basische** ~ (*Metall.*), convertitore basico. 8 **Bessemer** ~ (*Metall.*), convertitore Bessemer. 9 **Fall** ~ (*Giess.*), pera (per berta) spezzarottami, mazza (per berta) spezzarottami. 10 **Glüh** ~ (Glühlampe) (*Elekt.*), lampada ad incandescenza. 11 **saure** ~ (*Metall.*), convertitore acido.
Biskuit (Porzellan) (*m. - n. - Keramik*), biscotto.
Bisphenoid (*n. - Geom. - Min.*), bisfenoide.

Bissel-Achse (einachsiges Bissel-Gestell) (*f. - Eisenb.*), asse Bissel, carrello ad un asse.
bistabil (Multivibrator z. B.) (*Phys.*), bistabile. 2 ~ **e Kippstufe** (*Elektronik*), stadio di multivibratore bistabile.
Bit (Binärziffer) (*n. - Math.*), bit, cifra binaria. 2 ~ **dichte** (*f. - Rechner*), densità dei bit. 3 ~ **geschwindigkeit** (*f. - Datenverarb.*), velocità di trasferimento in bit.
Bitas (eine kolloidale Asphalt-Öl-Lösung) (*Strass.b.*), soluzione di bitume ed olio.
Bitruder (Doppelschneckenpresse, für die Gummi- und Kunststoffbearbeitung) (*m. - Masch.*), estrusore a doppia vite.
Bittererde (Magnesia, Magnesiumoxyd) (*f. - Chem.*), ossido di magnesio.
Bittermandelöl (*n. - Chem.*), olio di mirbana, nitrobenzolo.
Bitufalt (Asphaltemulsion) (*m. - Strass.b.*), (tipo di) emulsione di bitume.
Bitumen (*n. - Min.*), bitume. 2 ~ **decke** (*f. - Strass.b.*), pavimentazione di bitume. 3 ~ **emulsion** (*f. - Strass.b.*), emulsione bituminosa. 4 ~ **makadam** (*m. - Strass.b.*), macadam al bitume. 5 ~ **mörtel** (Mörtel mit Bitumen als Bindemittel) (*m. - Bauw.*), malta bituminosa. 6 ~ **pappe** (*f. - Bauw.*), cartone catramato. 7 ~ **verguss** (*m. - Bauw.*), colata di bitume. 8 **geblasenes** ~ (*Strass.b.*), bitume ossidato, bitume soffiato. 9 **Kalt** ~ (*Strass.b.*), bitume a freddo. 10 **Strassenbau** ~ (*Strass.b.*), bitume stradale. 11 **Verschnitt** ~ (*Strass.b.*), bitume flussato.
bituminieren (*Ing.b. - etc.*), bitumare.
bituminös (*Strass.b. - etc.*), bituminoso.
Bivibrator (bistabiler Multivibrator) (*m. - Elektronik*) multivibratore bistabile.
BK-Schwingung (Barkhausen-Kurz-Schwingung) (*f. - Elektronik*), oscillazione di Barklausen-Kurz.
BkW (Blindkilowatt) (*Elekt.*), chilowatt reattivo.
BL (Belegtlampe) (*Fernspr.*), lampada di occupato.
Blähen (Volumenausdehnung von Kohle beim Erhitzen) (*n. - Brennst.*), rigonfiamento, aumento di volume.
blähen (von Schlamm z. B. schwellend ausdehnen) (*v.t. - Hydr. - etc.*), gonfiare.
Blähglimmer (Vermiculit) (*m. - Bauw.*), vermiculite.
Blähgrad (*m. - Verbr.*), siehe Blähzahl.
Blähindex (*m. - Verbr.*), siehe Blähzahl.
Blähmittel (zur Herstellung von porösen Gummi oder Kunststoff) (*n. - chem. Ind.*), agente espansore, agente di espansione.
Blähschlamm (*m. - Hydr. - Bauw.*), fango rigonfiato.
Blähung (von Koks z. B.) (*f. - Metall. - etc.*), rigonfiamento.
Blähzahl (Blähindex, Blähgrad, Zahl durch die das Blähvermögen von Steinkohle gekennzeichnet wird) (*f. - Verbr.*), indice di rigonfiamento.
blanchieren (weiss machen) (*allg.*), imbiancare. 2 ~ (*Lederind.*), smerigliare (il lato carne).
Blanchiermaschine (*f. - Lederind. - Masch.*), macchina per smerigliare, smerigliatrice.
Blancometall (Blankometall, Nickel-Kupfer

blank

mit 20% Ni) (*n. - Legierung*), cupronichel col 20% Ni.
blank (glänzend) (*allg.*), lucido. 2 ~ (bloss) (*allg.*), nudo. 3 ~ (bearbeitet) (*Mech.*), lavorato di macchina. 4 ~ (mit einer glatten Oberfläche, Stabstahl z. B., durch spanlose Kaltformung oder durch spanende Bearbeitung erhalten) (*Metall.*), lucido. 5 ~ (nackt, unverhüllt) (*Technol.*), nudo, non rivestito. 6 ~ (Schleifscheibe) (*Werkz.*), impanato, intasato. 7 ~ e **Elektrode** (*Elekt.*), elettrodo nudo. 8 ~ er **Draht** (*Elekt.*), filo nudo. 9 ~ er **Leiter** (*Elekt.*), conduttore nudo, conduttore non isolato. 10 ~ geglüht (*Wärmebeh.*), ricotto in bianco, lucido. 11 ~ gewalzt (kaltgewalzt) (*Walzw.*), laminato a freddo. 12 ~ gezozen (*Metall.*), trafilato lucido. 13 ~ machen (einen Draht) (*Elekt.*), spelare, denudare.
Blankätzen (*n. - Elektrochem.*), lucidatura elettrolitica.
Blankbremsung (Bildung von blanken Spuren auf dem Stück) (*f. - Werkz.masch.bearb.*), formazione di tracce lucide.
Blankdraht (*m. - Metall.*), filo lucido. 2 ~ (blanker Draht) (*Elekt.*), filo nudo.
Blankett (Blankounterschrift) (*n. - recht.*), firma in bianco. 2 ~ (Formular) (*komm. - etc.*), modulo. 3 ~ (unprofilierte in Messerköpfe einsetzbares Messer) (*Werkz.*), inserto greggio.
Blankglühen (*n. - Wärmebeh.*), ricottura in bianco.
Blankglühofen (*m. - Wärmebeh.*), forno per ricottura in bianco.
blanko (*finanz.*), in bianco.
Blankoformular (*n. - allg.*), modulo in bianco.
Blankogiro (*n. - finanz.*), girata in bianco.
Blankstahl (Stabstahl mit blanker Oberfläche durch Schälen oder Blankziehen erzeugt) (*m. - Metall.*), acciaio lucido. 2 ~ (Stahlprobe) (*m. - Metall.*), provino di acciaio lucido.
Blankstrahlen (*n. - mech. Technol.*), granigliatura.
Blankziehen (*n. - mech. Technol.*), trafilatura lucida.
blankziehen (*Metall.*), trafilare lucido.
Bläschenbildung (*f. - Anstr.fehler*), formazione di bollicine.
Blasdorn (Kalibrierdorn, Teil eines Hohlkörperblaswerkzeuges) (*m. - Werkz.*), calibratore.
Blase (*f. - allg.*), bolla. 2 ~ (Gussblase) (*Giess.fehler*), soffiatura. 3 ~ (einer Libelle) (*Instr.*), bolla. 4 ~ (Retorte) (*Chem.*), storta. 5 ~ (Hohlraum in Glas) (*Glasfehler*), pùlica, pùliga. 6 ~ (Behälter zum Verdampfen z. B.) (*chem. Ind. - Ger.*), bolla. 7 ~ (Druck. - Zeitg.*), fumetto. 8 ~ **balg** (*m. - Schmiedewerkz.*), mantice, soffietto. 9 ~ **meister** (*m. - Metall. - Arb.*), operatore di convertitori. 10 ~ **rohr** (*n. - Metall.*), tubiera. 11 ~ n·säule (*f. - chem. Ind. - Ger.*), colonna a gorgogliamento. 12 **Rand** ~ (*Giess.fehler*), soffiatura periferica.
Blasen (beim Bessemerverfahren) (*n. - Metall.*), soffiaggio. 2 ~ (*Glasind.*), soffiatura. 3 ~ **bildung** (*f. - Anstr.fehler*), formazione di vescicole (o di bolle, o bollicine). 4 ~ **bildung** (in Akkumulatoren) (*Elekt.*), ebollizione. 5 ~ **kammer** (zum Sichtbarmachen der Spuren ionisierender Teilchen) (*f. - Phys. - Chem.*), camera a bolle. 6 ~ **koeffizient** (der Reaktivität) (*m. - Kernphys.*), coefficiente di vuoto. 7 ~ **kupfer** (*n. - Metall.*), rame nero, rame grezzo. 8 ~ **mit Bodenwind** (*Metall.*), soffiaggio dal disotto. 9 ~ **mit Seitenwind** (*Metall.*), soffiaggio laterale. 10 ~ **packung** (für Tabletten z. B.) (*f. - Packung*), confezione « blister ». 11 ~ **sextant** (*m. - Flugw. - Instr.*), sestante a bolla d'aria. 12 ~ **stahl** (*m. - Metall.*), acciaio vescicolare.
blasen (*allg.*), soffiare. 2 ~ (*Glasind.*), soffiare.
blasenfrei (*Giess. - Metall.*), senza soffiature.
Bläser (Ausbruch von Grubengas) (*m. - Bergbau*), eruzione di gas. 2 ~ (Blasrohr, einer Loko) (*Eisenb.*), soffiatore. 3 ~ (Blasmagnet) (*Elekt.*), magnete antiarco, magnete spegniarco. 4 ~ (*Glas - Arb.*), soffiatore. 5 ~ (Ventilator) (*Ger.*), ventilatore. 6 ~ (einer Dampflokomotive) (*Eisenb.*), soffiante.
Blasform (Blaserohr) (*f. - Metall.*), tubiera. 2 ~ (Düse, eines Ofens) (*Metall.*), ugello. 3 ~ **rüssel** (*m. - Metall.*), ugello di tubiera. 4 **selbstentschlackende** ~ (*Metall.*), ugello autodescorificante.
Blasformen (Hohlkörperblasen, thermoplastischer Kunststoffe z. B.) (*n. - Technol.*), soffiatura.
Blashaus (für Sandstrahlen) (*n. - Giess.*), cabina per sabbiatura.
blasig (*allg.*), vescicolare. 2 ~ **er Guss** (*Giess.fehler*), getto soffiato, getto con soffiature.
Blaskammer (für Sandstrahlen) (*f. - Ind.*), cabina di sabbiatura.
Blaskern (*m. - Giess.*), anima soffiata. 2 ~ **kasten** (*m. - Giess.*), cassa d'anima per macchina soffiatrice (per anime), cassa per anime soffiate.
Blaskopf (Spritzkopf, Vorr. zum Herstellen slauchförmigen Teile aus Kunststoff durch Extrusion aus einer Ringdüse) (*m. - Masch.*), testa soffiante.
Blasmagnet (Bläser) (*m. - Elekt.*), magnete antiarco, magnete spegniarco.
Blasmaschine (Hohlkörperblasmaschine, für Kunststoffe) (*f. - Masch.*), soffiatrice.
Blasrohr (einer Lokomotive) (*n. - Eisenb.*), soffiatore. 2 ~ (*Glasind.werkz.*), canna da soffio, ferro da soffio, tubo da soffiatore.
Blasröhre (Windröhre) (*f. - Metall. - Ofen*), tubo del vento.
Blasstahlverfahren (durch Aufblasen von Sauerstoff mit einer Lanze) (*n. - Metall.*), elaborazione dell'acciaio ad ossigeno.
Blasversatz (*m. - Bergbau*), ripiena pneumatica.
Blatt (Papierblatt z. B.) (*n. - allg.*), foglio. 2 ~ (einer Feder) (*Mech.*), foglia. 3 ~ (Flügel, einer Luftschraube z. B.) (*Flugw. - naut.*), pala. 4 ~ (Zeitung) (*Zeitg.*), giornale. 5 ~ (eines Buches) (*Druck.*), pagina. 6 ~ (einer Säge, Axt, etc.) (*Werkz.*), lama. 7 ~ (einer Kreissäge) (*Werkz.*), disco. 8 ~ (eines Ruders, Riemenblatt) (*naut.*), pala. 9 ~ (feinst ausgeschlagenes Metall) (*Metall.*), lamina. 10 ~ (Riet, Rietkamm, eines Webstuhles) (*Text.masch.*), pettine. 11 ~ (Teil einer Norm, aus

einer oder mehreren Seiten) (*Normung*), parte. **12** ~ **achsenwinkel** (Konuswinkel, der Achsen der Flügelblätter von Windturbinen zur Drehachse) (*m. - Masch.*), angolo dell'asse della pala. **13** ~ **aluminium** (*n. - Metall.*), alluminio in fogli. **14** ~ **anstellwinkel** (einer Luftschraube) (*m. - Flugw.*), angolo di calettamento della pala. **15** ~ **breite** (einer Luftschraube) (*f. - Flugw.*), larghezza della pala. **16** ~ **dichte** (*f. - Flugw. - naut.*), solidità delle pale. **17** ~ **drucker** (*m. - Telegr.*), apparecchio (telegrafico) stampante su fogli. **18** ~ **elektrometer** (*n. - Instr.*), elettroscopio a foglia. **19** ~ **feder** (*f. - Mech.*), molla a balestra. **20** ~ **feder** (Einzelblattfeder) (*Mech. - Instr.*), molla a lamina. **21** ~ **fläche** (einer Schraube) (*f. - Flugw. - naut.*), superficie della pala. **22** ~ **furnier** (*n. - Tischl.*), foglio per impiallacciatura. **23** ~ **gold** (*n. - Metall.*), oro in lamine. **24** ~ **grün** (Chlorophyll) (*n. - Ind.*), clorofilla. **25** ~ **kantenbeschlag** (einer Luftschraube) (*m. - Flugw.*), blindatura della pala. **26** ~ **kondensator** (*m. - Elekt.*), condensatore a piastre. **27** ~ **meissel** (Rotary-Bohrmeissel ohne bewegliche Teile) (*m. - Bergbauwerkz.*), scalpello (rotary) comune (senza elementi mobili). **28** ~ **neigung** (einer Luftschraube) (*f. - Flugw.*), angolo di campanatura della pala. **29** ~ **ornament** (*n. - Arch. - etc.*), ornamento a foglie. **30** ~ **rippen** (*f. - pl. - Giess.fehler*), bave sottili. **31** ~ **schreiber** (Fernschreiber) (*m. - Büromasch.*), telescrivente. **32** ~ **schreiber** (*Ger.*), registratore grafico su fogli. **33** ~ **schreiber** (*Rechner*), stampante a pagine. **34** ~ **stärke** (einer Luftschraube z. B.) (*f. - Flugw. - naut.*), spessore della pala. **35** ~ **steigung** (*f. - Flugw. - naut.*), passo della pala. **36** ~ **tiefe** (Blattbreite, einer Luftschraube z. B.) (*f. - Flugw. - naut.*), larghezza della pala. **37** ~ **völligkeit** (einer Luftschraube z. B.) (*f. - Flugw. - naut.*), rapporto di solidità. **38** ~ **zinn** (*n. - Metall.*), stagnola. **39** Abend ~ (*Zeitg.*), giornale della sera. **40** Amts ~ (*recht.*), gazzetta ufficiale. **41** Feder ~ (*Mech.*), foglia di molla a balestra. **42** Haupt ~ (einer Blattfeder) (*Mech.*), foglia principale, foglia maestra, foglia madre. **43** leuchtendes Ziffer ~ (*Instr.*), quadrante luminoso. **44** Ziffer ~ (Zeigerblatt) (*Instr.*), quadrante.

blattartig (*allg.*), a forma di foglia, lanceolato.
blätterförmig (lamellar) (*allg.*), lamelliforme.
blätterig (lamellar) (*allg.*), lamellare.
Blau (*n. - Farbe*), blu. **2** ~ **anlaufen** (*n. - Anstr.fehler*), annebbiamento, velo. **3** ~ **brenner** (Bunsenbrenner) (*m. - Werkz.*), becco di Bunsen. **4** ~ **brüchigkeit** (*f. - Metall.*), fragilità al blu. **5** ~ **bruchversuch** (Biegeversuch in dem die Probe in Ölbad erwärmt wird) (*m. - Metall.*), prova di rottura al blu. **6** ~ **glanzblech** (mit blauer Oxydüberzug zum Kossosionsschutz) (*n. - Metall.*), lamiera blu. **7** ~ **glühen** (*n. - Wärmebeh.*), ricottura al blu. **8** ~ **holz** (Blutholz, Kampeschenholz) (*n. - Holz*), legno di campeggio. **9** ~ **kuppe** (Blaukopf, Blaustift, Nagel mit breitem Kopf) (*f. - Tischl.*), chiodo a testa larga. **10** ~ **licht** (Warn- und Blinklicht auf Unfallwagen oder Löschfahrzeug) (*n. - Aut.*), lampeggiatore a luce blu. **11** ~ **pause** (Lichtpause mit blauen Strichen auf weissem Grund) (*f. - Zeichn.*), copia eliografica blu, copia (a righe) blu su carta positiva. **12** ~ **pause** (Negativ-Wasserbad-Blaupause) (*Zeichn.*), copia cianografica. **13** ~ **säure** (HCN) (Zyanwasserstoff, Zyanwasserstoffsäure) (*f. - Chem.*), acido prussico. **14** ~ **schimmer** (bläulicher Lichtschein) (*m. - Min.*) adularescenza. **15** ~ **schriftröhre** (Blauschriftspeicherröhre, um viel lange Nachleuchtdauer zu erzielen, beim Elektronenstrahl-Oszillographen) (*f. - Eletronik*), tubo ad alta persistenza. **16** ~ **sprödigkeit** (*f. - Metall.*), fragilità al blu. **17** ~ **skein** (Kupfervitriol, Kupfersulfat, Cuprisulfat, Blauer Vitriol, für die elektrolyt. Kupfererzeugung) (*m. - Metall.*), solfato di rame. **18** ~ **wärme** (*m. - Metall.*), calore di rinvenimento. **19** Preussisch ~ (*Farbe*), blu di Prussia.

blau (*Farbe*), blu, azzurro. **2** ~ **anlaufen** (*Metall.*), brunire. **3** ~ **er Rand** (beim Glühen) (*Wärmebeh.*), alone blu (da ricottura), orlo blu.
Bläuen (Brünieren) (*n. - Metall.*), brunitura. **2** ~ (*Wärmebeh.*), ricottura blu.
bläuen (brünieren) (*Metall.*), brunire.
bläulich (*Farbe*), bluastro.
Bläuung (*f. - Anstr.fehler*), azzurraggio.
Blech (*n. - Metall.*), lamiera. **2** ~ **abfälle** (*m. - pl. - Metall.*), ritagli di lamiera, sfridi (di lamiera). **3** ~ **bearbeitung** (*f. - Blechbearb.*), lavorazione della lamiera. **4** ~ **beilage** (Blechunterlage) (*f. - Mech.*), spessore (di lamiera). **5** ~ **beplankung** (*f. - Schiffbau*), fasciame metallico. **6** ~ **biegemaschine** (*f. - Masch.*), curvatrice per lamiere, calandra per lamiere. **7** ~ **bördelmaschine** (*f. - Masch.*), bordatrice per lamiere. **8** ~ **doppler** (Blechdoppelmaschine) (*m. - Blechbearb.masch.*), doppiatrice per lamiere. **9** ~ **dose** (*f. - Ind.*), scatola di latta. **10** ~ **druckmaschine** (*f. - Druckmasch.*), macchina metallografica. **11** ~ **duo** (*n. - Walzw.*), gabbia a duo per lamiere. **12** ~ **einlage** (*f. - Mech.*), spessore, rasamento. **13** ~ **formstanze** (*f. - Blechbearb.*), stampo per lamiera. **14** ~ **halter** (einer Presse) (*m. - Blechbearb.*), premilamiera, premilastra. **15** ~ **hämmerer** (*m. - Arb.*), lattoniere, battilastra, lamierista. **16** ~ **kantenhobelmaschine** (*f. - Masch.*), smussatrice per lamiere. **17** ~ **lehre** (*f. - Werkz.*), calibro per lamiere. **18** ~ **mantel** (*m. - Metall. - Ofen*), mantello, involucro metallico, carcassa. **19** ~ **niederhalter** (*m. - Blechbearb.*), premilamiera, premilastra. **20** ~ **packung** (Konservendose z. B., Blechdose) (*f. - Ind.*), scatola di latta. **21** ~ **paket** (*n. - Elekt.*), pacco di lamierini. **22** ~ **rahmen** (*m. - Aut.*), telaio in lamiera. **23** ~ **richtmaschine** (*f. - Masch.*), raddrizzatrice per lamiere. **24** ~ **rohr** (*n. - metall. Ind.*), tubo di lamiera. **25** ~ **scheibe** (Unterlegscheibe) (*f. - Mech.*), rosetta, rondella. **26** ~ **schere** (*f. - Werkz.*), cesoie per lamiera. **27** ~ **schermaschine** (*f. - Masch.*), cesoia per lamiera. **28** ~ **schmied** (*m. - Arb.*), lattoniere. **29** ~ **schnitt** (*m. - mech. Technol.*), pezzo tranciato. **30** ~ **schrank** (*m. - Möbel*), armadio metal-

Blech

lico, armadietto metallico. 31 ~ **schraube** (*f. - Metall.*), vite per lamiera, vite Parker. 32 ~ **schrott** (*m. - Blechbearb.*), ritagli di lamiera, sfridi (di lamiera). 33 ~ **stanzwerkzeug** (*n. - Blechbearbeit.werkz.*), stampo per lamiera. 34 ~ **stärke** (Blechdicke) (*f. - metall. Ind.*), spessore della lamiera. 35 ~ **strasse** (Blechwalzwerk) (*f. - Walzw.*), treno per lamiere. 36 ~ **streifen** (für Röhren) (*m. - metall. Ind.*), nastro di lamiera. 37 ~ **tafel** (*f. - Metall. - etc.*), pannello di lamiera. 38 ~ **träger** (Vollwandträger) (*m. - Bauw.*), travatura a cassone. 39 ~ **trio** (*n. - Walzw.*) gabbia a tre cilindri per lamiere. 40 ~ **unterlage** (Blechbeilage, Blechzwischenlage) (*f. - Mech.*), spessore (di lamiera). 41 ~ **verkleidung** (Panzerung) (*f. - Mech. - etc.*), blindatura. 42 ~ **walzwerk** (*n. - Walzw.*), laminatoio per lamiere. 43 ~ **zwischenlage** (Blechbeilage, Blechunterlage) (*f. - Mech.*), spessore (di lamiera). 44 **Ausschuss** ~ (*metall. Ind.*), lamiera di scarto. 45 **Bedachungs** ~ (*Bauw.*), lamiera per coperture. 46 **Behälter** ~ (*metall. Ind.*), lamiera per serbatoi. 47 **Bördel** ~ (*metall. Ind.*), lamiera flangiata. 48 **dekapiertes** ~ (gebeiztes Blech) (*metall. Ind.*), lamiera decapata. 49 **dressiertes** ~ (*metall. Ind.*), lamiera finita a freddo. 50 **Dynamo** ~ (*metall. Ind.*), lamierino magnetico. 51 **Eck** ~ (*Bauw. - Zimm.*), fazzoletto, lamiera di angolo. 52 **Fein** ~ (Dicke unter 3 mm) (*metall. Ind.*), lamiera sottile. 53 **fertiges** ~ (*metall. Ind.*), lamiera finita. 54 **Form** ~ (*metall. Ind.*), lamiera sagomata, lamiera profilata. 55 **gelochtes** ~ (perforiertes Blech) (*metall. Ind.*), lamiera perforata. 56 **gestrecktes** ~ (*metall. Ind. - Bauw.*), lamiera stirata. 57 **glattes** ~ (*metall. Ind.*), lamiera liscia. 58 **Gleitschutz** ~ (*metall. Ind.*), lamiera antisdrucciolevole, lamiera rigata. 59 **Grob** ~ (Dicke über 4,75 mm) (*metall. Ind.*), lamiera grossa. 60 **Hochglanz** ~ (*metall. Ind.*), lamiera lucida. 61 **kaltgewalztes** ~ (*metall. Ind.*), lamiera laminata a freddo. 62 **Karosserie** ~ (*Aut.*), lamiera per carrozzerie. 63 **karriertes** ~ (*metall. Ind.*), lamiera striata. 64 **Kessel** ~ (*metall. Ind.*), lamiera per caldaie. 65 **Knoten** ~ (*Bauw.*), coprigiunto. 66 **Kremp** ~ (*metall. Ind.*), lamiera flangiata. 67 **Kümpel** ~ (*metall. Ind.*), lamiera da imbutire, lamiera per imbutitura. 68 **mit geschlossenem** ~ **rahmen** (Träger) (*Aut. - etc.*), scatolato. 69 **Mittel** ~ (Dicke von 3 bis 4,75 mm) (*metall. Ind.*), lamiera media. 70 **Panzer** ~ (*metall. Ind.*), lamiera per corazze. 71 **Panzerplatten** ~ (Panzerblech) (*metall. Ind.*), lamiera per corazze. 72 **perforiertes** ~ (*metall. Ind.*), lamiera forata, lamiera perforata. 73 **plattiertes** ~ (*Walzw. - metall. Ind.*), lamiera placcata. 74 **Rahmen** ~ **schere** (*f. - Masch.*), cesoia a ghigliottina. 75 **Riffel** ~ (*metall. Ind.*), lamiera striata. 76 **Rippen** ~ (*metall. Ind.*), lamiera nervata. 77 **Roh** ~ (*metall. Ind.*), lamiera greggia. 78 **Rund** ~ (*metall. Ind.*), lamiera circolare. 79 **Schiffs** ~ (*metall. Ind.*), lamiera per costruzioni navali. 80 **Schutz** ~ (*allg.*), lamiera di protezione, riparo di lamiera. 81 **schwaches** ~ (dünnes Blech) (*metall. Ind.*), lamiera sottile. 82 **schwarzes** ~ (Schwarzblech) (*metall. Ind.*), lamiera nera. 83 **Tiefzieh** ~ (*metall. Ind.*), lamiera per imbutitura profonda. 84 **Transformatoren** ~ (*metall. Ind.*), lamiera per trasformatori. 85 **verbleites** ~ (*metall. Ind.*), lamiera piombata. 86 **verzinktes** ~ (*metall. Ind.*), lamiera zincata. 87 **verzinntes** ~ (*metall. Ind.*), lamiera stagnata. 88 **warmgewalztes** ~ (*metall. Ind.*), lamiera laminata a caldo. 89 **Weiss** ~ (*metall. Ind.*), lamiera stagnata. 90 **Well** ~ (*metall. Ind.*), lamiera ondulata. 91 **Zieh** ~ (*metall. Ind.*), lamiera per imbutitura.

Blei (*Pb - n. - Chem.*), piombo. 2 ~ (Lot) (*naut.*), scandaglio. 3 ~ **abguss** (zur Prüfung der Gesenke) (*m. - Schmieden*), calco in piombo. 4 ~ **akkumulator** (*m. - Elekt.*), accumulatore al piombo. 5 ~ **asche** (PbO) (*f. - Metall.*), ossido di piombo, litargirio. 6 ~ **azid** (Pb (N$_3$)$_2$, Initialsprengstoff) (*n. - Expl.*), azotidrato di piombo. 7 ~ **backen** (*m. - pl. - Werkz.*), mordacce. 8 ~ **bad** (*n. - Metall.*), bagno di piombo. 9 ~ **bedachung** (*f. - Bauw.*), copertura di piombo. 10 ~ **benzin** (*n. - Kraftstoff*), benzina etilizzata. 11 ~ **block** (*m. - Metall.*), pane di piombo. 12 ~ **bronze** (für Lager) (*f. - Mech.*), metallo rosa, bronzo al piombo. 13 ~ **chromat** (PbCrO$_4$) (Chromgelb) (*n. - Chem.*), cromato di piombo, crocoite. 14 ~ **draht** (*m. - Metall.*), filo di piombo. 15 ~ **erkrankung** (*f. - Med.*), siehe Bleivergiftung. 16 ~ **erz** (*n. - Min.*), minerale di piombo. 17 ~ **gehaltgrenze** (*f. - Anstr.*), contenuto limite di piombo. 18 ~ **gewicht** (*n. - Bauw.*), piombino. 19 ~ **giesserei** (*f. - Giess.*), fonderia di piombo. 20 ~ **glanz** (PbS) (Selenit) (*m. - Min.*), galena. 21 ~ **glanzdetektor** (*m. - Funk.*), rivelatore a galena, rivelatore a cristallo. 22 ~ **glanzzelle** (für Infrarotnachweis) (*f. - Opt.*), cellula al solfuro di piombo. 23 ~ **glas** (*n. - Glasind.*), vetro al piombo, vetro piombico. 24 ~ **glätte** (PbO) (*f. - Metall.*), ossido di piombo, litargirio. 25 ~ **gummi** (*m. - Radioakt.*), gomma piombifera. 26 ~ **härten** (Patentieren) (*n. - Wärmebeh.*), patentamento (in piombo). 27 ~ **hütte** (*f. - Metall.*), fonderia di piombo. 28 ~ **isolierung** (Bleischirm) (*f. - Atomphys.*), schermo di piombo. 29 ~ **kabel** (*n. - Elekt.*), cavo sottopiombo. 30 ~ **kammer** (*f. - Chem.*), camera di piombo. 31 ~ **kiel** (*m. - naut.*), chiglia a pinna. 32 ~ **krankheit** (*f. - Med.*), siehe Bleivergiftung. 33 ~ **krätze** (erstarrtes Gemisch von Oxyden) (*m. - pl. - Metall.*), miscela di ossidi del piombo. 34 ~ **leder** (Pb-Ag Legierung mit 50-80% Ag-Au) (*n. - Metall.*), lega piombo-argento. 35 ~ **mann** (Rohrleger) (*m. - Arb.*), tubista, installatore di tubi. 36 ~ **mantel** (eines Hochspannungskabels) (*m. - Elekt.*), guaina di piombo. 37 ~ **mantelkabel** (*n. - Elekt.*), cavo sottopiombo. 38 ~ **mennig** (*m. - Anstr.*), minio. 39 ~ **oxyd** (PbO) (*n. - Metall.*), ossido di piombo, litargirio. 40 ~ **pfropfen** (*m. - Elekt.*), tappo fusibile. 41 ~ **plombe** (*f. - Transp.*), piombino (per sigilli). 42 ~ **prozess** (*m. - chem. Ind.*), processo delle camere di piombo. 43 ~ **rohr** (*n. - Leit.*), tubo di piombo. 44 ~ **rot** (Pb$_3$O$_4$) (Mennige) (*n. - Anstr.*), minio. 45 ~ **sammler** (Bleibatterie) (*m.* - *Elekt.*), batteria al piombo. 46 ~ schirm (*m.* - *Atomphys.*), schermo di piombo. 47 ~ schutzmantel (eines Atomreaktors) (*m.* - *Kernphys.*), schermo protettivo di piombo. 48 ~ sicherung (*f.* - *Elekt.*), fusibile (di piombo). 49 ~ siegel (*n.* - *Transp.*), piombino, sigillo. 50 ~ stift (*m.* - *Zeichn.* - *etc.*), matita. 51 ~ stifthärte (*f.* - *Anstr.*), durezza misurata con matite. 52 ~ stiftzeichnung (*f.* - *Zeichn.*), disegno a matita. 53 ~ stift-Anschärfmaschine (*f.* - *Büromasch.*), macchinetta temperalapis. 54 ~ stiftspitzmaschine (*f.* - *Büromasch.*), macchinetta temperalapis. 55 ~ stöpsel (*m.* - *Elekt.*), tappo fusibile. 56 ~ styphnat (Bleitrinitroresorcinat, Initialssprengstoff) (*n.* - *Expl.*), stifnato di piombo. 57 ~ tetraäthyl [Pb(C$_2$H$_5$)$_4$] (*n.* - *Chem.* - *Brennst.*), piombotetraetile. 58 ~ vergiftung (*f.* - *Med.*), intossicazione da piombo, saturnismo. 59 ~ weiss (*n.* - *Anstr.*), biacca. 60 ~ wurf (*m.* - *naut.*), scandaglio. 61 Block ~ (*Metall.*), piombo in pani, piombo in salmoni. 62 Fein ~ (99,99 % Bleigehalt) (*Metall.*), piombo affinato. 63 Hart ~ (Lettermetall) (*Metall.* - *Druck.*), piombo indurito, piombo per caratteri da stampa, piombo antimoniale. 64 Kupfer- ~ (*Metall.*), cupropiombo. 65 Weich ~ (*Metall.*), piombo molle. 66 Werk ~ (Rohblei) (*Metall.*), piombo d'opera.

bleiben (*allg.*), rimanere, restare. 2 in Kraft ~ (gültig bleiben) (*allg.*), rimanere in vigore.

bleibend (*allg.*), permanente. 2 ~ e Dehnung (*Baukonstr.lehre*), allungamento permanente. 3 ~ e Durchbiegung (*Baukonstr.lehre*), inflessione permanente. 4 ~ e Formänderung (*Mech.* - *etc.*), deformazione permanente.

Bleichanlage (*f.* - *Text.*), impianto di candeggio.

Bleichapparatur (*f.* - *Text.*), apparecchio per candeggio.

Bleichechtheit (Widerstandsfähigkeit der Farbe von Textilien) (*f.* - *Textilind.*), resistenza (del colore) al candeggio.

Bleichen (*n.* - *Text.*), candeggio, sbianca.

bleichen (*Text.*), candeggiare, sbiancare.

Bleicherde (*f.* - *chem. Ind.*), terra da follone, terra da sbianca, terra da candeggio.

Bleichflotte (*f.* - *Textilind.*), bagno di candeggio.

Bleichholländer (*m.* - *Papierherstellung* - *Masch.*), olandese imbiancatrice, imbiancatore.

Bleichkalk (Bleichpulver, Chlorkalk) (*m.* - *Textilind.*), polvere da sbianca.

bleien (*Transp.* - *etc.*), piombare, sigillare.

bleifrei (*Anstr.*), esente da piombo.

bleihaltig (*Min.* - *etc.*), piombifero.

bleiumhüllt (*Elekt.*), sottopiombo. 2 ~ es Kabel (*Elekt.*), cavo sottopiombo.

Blendanstrich (*m.* - *Anstr.*), vernice abbagliante.

Blendarkade (*f.* - *Arch.*), arcata cieca, arcata finta.

Blendboden (*m.* - *Bauw.*), siehe Blindboden.

Blende (*f.* - *Opt.*), diaframma. 2 ~ (*Min.*), blenda. 3 ~ (für Durchflussmessung) (*Leit.* - *Hydr.*), diaframma. 4 ~ n·lamelle (*f.* - *Opt.*), lamella del diaframma. 5 ~ n·schirm (*m.* - *Filmtech.*), pannello antisonoro. 6 ~ n·zahl (Verhältnis der Brennweite zum Durchmesser der Eintrittspupille, reziproker Wert der relativen Öffnung) (*f.* - *Phot.* - *Opt.*), luminosità. 7 Iris ~ (*Opt.*), diaframma ad iride.

blenden (*Aut.* - *etc.*), abbagliare.

blendend (*Aut.* - *etc.*), abbagliante.

Blendfenster (*n.* - *Bauw.*), finta finestra.

blendfrei (Instr. z. B.) (*Opt.*), antiabbagliamento (*a.*).

Blendglas (eines Handblendschirmes) (*n.* - *Elektroschweissung*), vetro protettivo, vetro antiattinico.

Blendrahmen (am Fenster oder Türe) (*m.* - *Bauw.*), infisso.

Blendschirm (*m.* - *Aut.* - *etc.*), visiera parasole. 2 ~ (*Filmtech.*), pannello antisonoro.

Blendschutz (Handblendschirm) (*m.* - *Elektroschweissung*), schermo protettore. 2 ~ (Blendschirm) (*Aut.* - *etc.*), visiera parasole. 3 ~ lampe (*f.* - *Elekt.*), lampada anabbagliante.

Blendstein (äusserlich angesetzter Stein) (*m.* - *Bauw.*), pietra da paramano, mattone da paramano.

Blendtür (*f.* - *Bauw.*), finta porta.

Blendung (*f.* - *Opt.* - *Aut.*), abbagliamento. 2 Ab ~ (*Filmtech.*), dissolvenza in chiusura. 3 Auf ~ (*Filmtech.*), dissolvenza in apertura. 4 blindmachende ~ (*Beleucht.*), abbagliamento accecante. 5 direkte ~ (Infeldblendung) (*Beleucht.*), abbagliamento diretto. 6 indirekte ~ (Umfeldblendung) (*Opt.* - *Beleucht.*), abbagliamento indiretto. 7 Infeld ~ (*Opt.* - *Beleucht.*), abbagliamento diretto. 8 psychologische ~ (*Beleucht.* - *Opt.*), abbagliamento insopportabile. 9 Reflex ~ (*Beleucht.*), abbagliamento per riflessione.

blendungsfrei (*Opt.* - *Aut.*), antiabbagliante, anabbagliante.

Bleuel (Wringstock) (*m.* - *Text.*), battitoio.

Bl. Fl. (Blindflug) (*Flugw.*), volo strumentale, volo cieco.

Blick (*m.* - *Opt.*), sguardo. 2 ~ feld (*n.* - *Opt.*), campo visivo. 3 ~ punkt (Augenpunkt) (*m.* - *Opt.* - *Geom.*), punto principale. 4 ~ richtung (*f.* - *Opt.*), linea di mira. 5 ~ silber (Rohsilber) (*n.* - *Metall.*), argento greggio. 6 ~ weite (*f.* - *Opt.*), distanza visiva.

Blicken (Spelt, Spelz, Dinkel, Fesen, Vesen, Schwabenkorn) (*m.* - *Ack.b.*), farro.

Blimp (Schallschutzkasten) (*m.* - *Filmtech.*), cuffia silenziatrice, cuffia afonica.

blind (*allg.*), cieco. 2 ~ (*Bauw.*), finto, falso. 3 ~ (glanzlos) (*allg.*), opaco. 4 ~ er Alarm (*milit.* - *etc.*), falso allarme. 5 ~ er Passagier (nicht zahlender Reisender) (*naut.*), passeggero clandestino, clandestino (*s.*). 6 ~ es Kaliber (*Walzw.*), passaggio a vuoto. 7 ~ es Loch (*Mech.* - *etc.*), foro cieco.

Blindanflugsystem (*n.* - *Flugw.*), sistema di avvicinamento strumentale.

Blindanteil (*m.* - *Elekt.*), componente reattiva.

Blindarbeitszähler (Blindverbrauchszähler) (*m.* - *Elekt.* - *Ger.*), varorametro, contatore di energia reattiva.

Blindarm (*m.* - *Med.*), appendice. 2 ~ entzündung (*f.* - *Med.*), appendicite.

Blindaufnahme (Kameraleerlauf, Aufnahme ohne eingelegten Film) (*f. - Filmtech.*), ripresa a vuoto, ripresa senza pellicola.

Blindbefehl (*m. - Datenverarb.*), istruzione fittizia.

Blindbelastung (wattlose Belastung) (*f. - Elekt.*), carico reattivo.

Blindboden (Blendboden) (*m. - Bauw.*), assito (per l'appoggio dei palchetti). 2 ~ (*allg.*), doppio fondo.

Blindbohrung (*f. - Mech. - etc.*), foro cieco.

Blinde (*m. - Opt. - Med.*), cieco (*s.*). 2 Grün ~ (*Opt. - Med.*), deuteranopo, affetto da cecità per il verde. 3 Rot ~ (*Opt. - Med.*), protanopo, affetto da cecità per il rosso.

Blindenergie (*f. - Elekt.*), energia reattiva.

Blindfaktor (Blindleistungsfaktor, sin φ) (*m. - Elekt.*), sen φ, fattore di potenza reattiva.

Blindflansch (Scheibe die als Deckel bei Rohrleitungen verwendet wird) (*m. - Leit.*), flangia cieca.

Blindflug (Blindfliegen) (*m. - Flugw.*), volo cieco, volo strumentale. 2 ~ -Instrumente (*n. - pl. - Flugw. - Instr.*), strumenti per il volo cieco, strumenti per il volo strumentale. 3 ~ schulung (*f. - Flugw.*), addestramento al volo strumentale.

Blindhärtefestigkeit (Kernfestigkeit, beim Einsatzhärten) (*f. - Wärmebeh.*), resistenza a cuore.

Blindhärteversuch (zur Beurteilung des Verhaltens von Einsatzstählen bezüglich ihrer Kerneigenschaften) (*m. - Technol.*), prova della durezza a cuore.

Blindheit (*f. - Opt. - Med.*), cecità. 2 Grün ~ (*Opt. - Med.*) deuteranopia, cecità per il verde. 3 Rot ~ (*Opt.*), protanopia, cecità per il rosso.

Blindholz (Füllholz) (*n. - Tischl.*), legno di riempimento, legno di spessore. 2 ~ (Mittellage, für Sperrholz oder Tischlerplatten) (*Holz - Tischl.*), anima.

Blindkomponente (*f. - Elekt.*), componente reattiva, componente swattata.

Blindlandeverfahren (*m. - Flugw.*), sistema di atterraggio strumentale.

Blindlandung (*f. - Flugw.*), atterraggio strumentale, atterraggio cieco.

Blindlast (*f. - Elekt.*), carico reattivo.

Blindleistung (*f. - Elekt.*), potenza reattiva. 2 ~ s·faktor (Blindfaktor, sin φ) (*m. - Elekt.*), sen φ, fattore di potenza reattiva. 3 ~ s·maschine (*f. - Elekt.*), compensatrice di potenza reattiva. 4 ~ s·messer (*m. - elekt. Ger.*), varometro, varmetro, misuratore di potenza reattiva.

Blindleitwert (reziproker Blindwiderstand, Suszeptanz) (*m. - Elekt.*), suscettanza.

Blindmaterial (*n. - Buchdruck*), bianco.

Blindniet (für nur einseitig zugänglichen Konstruktionen, Sprengniet z. B.) (*m. - Technol.*), rivetto cieco.

Blindröhre (*f. - Funk.*), tubo di reattanza.

Blindschacht (*m. - Bergbau*), pozzo cieco.

Blindschaltbild (Blindschema, schematische Nachbildung des jeweiligen Zustands einer Anlage, etc.) (*n. - Elekt. - etc.*), schema ottico attuale.

Blindschema (*n.*), siehe Blindschaltbild.

Blindspannung (*f. - Elekt.*), tensione reattiva.

Blindstecker (*m. - elekt. Ger.*), spina finta.

Blindstich (beim Walzen) (*m. - Metall.*), passata cieca.

Blindstrom (wattloser Strom) (*m. - Elekt.*), corrente reattiva, corrente swattata.

Blindverbrauchszähler (*m. - elekt. Ger.*), varometro, contatore di energia reattiva.

Blindwelle (bei Dieselloks z. B., zwischen Motor und Treibachse durch die Kuppelstange verbunden) (*f. - Eisenb.*), albero intermedio.

Blindwiderstand (*m. - Elekt.*), reattanza efficace.

blinken (*Beleucht.*), lampeggiare.

Blinker (Fahrtrichtungsanzeiger) (*m. - Aut.*), lampeggiatore. 2 ~ hebel (*m. - Aut.*), leva del lampeggiatore. 3 vorderer ~ (*Aut.*), lampeggiatore anteriore

Blinkfeuer (*n. - naut. - Flugw.*), faro a luce intermittente.

Blinkgeber (*m. - Aut. - Elekt.*), apparecchio (automatico) per intermittenza.

Blinklicht (*n. - Beleucht.*), luce intermittente, lampi di luce. 2 ~ anlage (*f. - Fahrz.*), lampeggiatore. 3 ~ anlage (*Eisenb.*), segnale luminoso intermittente.

Blinkrelais (*n. - Aut. - Elekt.*), deviatore elettromagnetico (per lampeggiatori).

Blinkschalter (*m. - Aut. - Elekt.*), interruttore per lampeggiatori, interruttore per segnale di direzione.

Blip (*m. - Radar*), cuspide, guizzo d'eco, segnale di ritorno.

Blitz (*m. - Meteor.*), lampo, fulmine. 2 ~ ableiter (*m. - elekt. Vorr.*) parafulmine. 3 ~ ableiterspitze (*f. - elekt. Vorr.*), punta del parafulmine. 4 ~ ableiterstange (*f. - elekt. Vorr.*), asta del parafulmine. 5 ~ feuer (*n. - naut.*), faro a bagliori. 6 ~ gerät (*n. - Phot.*), apparecchio per lampi di luce. 7 ~ gespräch (*n. - Fernspr.*), comunicazione urgentissima. 8 ~ kessel (*m. - Kessel*), caldaia a rapida vaporizzazione, generatore a rapida vaporizzazione. 9 ~ lampe (*f. - Beleucht. - Phot.*), lampada a lampo. 10 ~ licht (*n. - Phot.*), lampo di luce, «flash». 11 ~ röhre (*f. - Beleucht. - Phot.*), tubo elettronico lampeggiatore. 12 ~ schutz (*m. - Elekt.*), protezione contro i fulmini. 13 ~ schutzseil (*n. - Elekt.*), siehe Erdseil. 14 ~ telegramm (*n. - Telegr.*), telegramma lampo. 15 ~ temperatur (höchste Temperatur zweier Oberflächen in reibender Berührung) (*f. - Mech.*), temperatura di lampo. 16 ~ zange (Rohrzange) (*f. - Werkz.*), tenaglia per tubi. 17 Abwärts ~ (von Wolke zu Boden) (*Meteor.*), fulmine discendente. 18 Aufwärts ~ (vom Boden zu Wolke) (*Meteor.*), fulmine ascendente. 19 Elektronen ~ (*Phot.*), lampeggiatore elettronico, flash elettronico. 20 Kugel ~ (*Meteor.*), fulmine globulare, fulmine sferico.

Blizzard (*m. - Meteor.*), tempesta di neve, tormenta.

Bloch (Blochware, Abschnitt, eines Stammes) (*m. - Holz*), spezzone di tronco.

Block (*m. - allg.*), blocco. 2 ~ (gegossenes Metallstück, aus Stahl) (*Metall.*), lingotto. 3 ~ (aus Blei) (*Metall.*), pane. 4 ~ (Blöckchen, Knuppelabschnitt) (*Schmieden*), spezzone. 5 ~ (Sicherungseinrichtung) (*Eisenb.*), blocco. 6 ~ (Gruppe von Wörtern) (*Rechner*), blocco (d'informazione). 7 ~ (Basis, bei Transistoren, zwischen Emitter und Kollektor) (*Elektronik*), base. 8 ~ (Brocken, Würfel, für einen Reaktor) (*Atomphys.*), cilindro. 9 ~ (*Hebevorrichtung*), bozzello. 10 ~ (Stein) (*Min.*), masso. 11 ~ (von Häusern, Häuserblock) (*Bauw.*), isolato. 12 ~ **abschnitt** (*m. - Eisenb.*), sezione di blocco. 13 ~ **abstreifen** (*n. - Metall.*), slingottatura, strippaggio. 14 ~ **abstreifer** (*m. - Metall. - Masch.*), slingottatore. 15 ~ **abstreifkran** (*m. - Metall.*), gru per slingottare. 16 ~ **apparat** (*m. - Eisenb.*), apparato di blocco. 17 ~ **aufsatz** (*m. - Metall.*), materozza. 18 ~ **ausdrücker** (Blockdrücker) (*m. - Metall.*), spingitoio per lingotti. 19 ~ **bau** (Abbauverfahren) (*m. - Bergbau*), coltivazione a blocchi. 20 ~ **bruchbau** (*m. - Bergbau*), coltivazione per franamento a blocchi. 21 ~ **diagramm** (Programmierungstechnik z. B.) (*n. - Ind. - Rechner*), diagramma a blocchi. 22 ~ **dreherei** (*f. - Metall.*), tornitura dei lingotti. 23 ~ **eis** (*n. - Eisind.*), ghiaccio in stanghe, ghiaccio in blocchi. 24 ~ **feld** (*n. - Eisenb.*), sezione di blocco. 25 ~ **form** (*f. - Metall. - Giess.*), lingottiera. 26 ~ **gefüge** (*n. - Metall.*), struttura di lingotto. 27 ~ **gerüst** (*n. - Walzw.*), gabbia blooming, gabbia sbozzatura lingotti. 28 ~ **giessform** (Blockform) (*f. - Metall.*), lingottiera. 29 ~ **haus** (Holzhaus) (*n. - Bauw.*), casa di legno. 30 ~ **holz** (*n. - Holz*), legno in ceppi. 31 ~ **kasten** (einer Batterie) (*m. - Elekt.*), contenitore a scomparti. 32 ~ **kette** (*f. - Mech.*), catena a blocchi. 33 ~ **kipper** (*m. - Walzw.*), giralingotti. 34 ~ **kokille** (*f. - Metall.*), lingottiera. 35 ~ **kondensator** (*m. - Funk.*), condensatore di arresto, condensatore di blocco. 36 ~ **konstruktion** (*f. - allg.*), costruzione monoblocco. 37 ~ **kruste** (*f. - Metall.*), pelle del lingotto. 38 ~ **lager** (*n. - Metall.*), parco lingotti. 39 ~ **länge** (einer Druckfeder) (*f. - Mech.*), lunghezza a pacco, lunghezza con spire a contatto. 40 ~ **last** (einer Druckfeder) (*f. - Mech.*), carico di compressione a pacco, carico per spire a contatto. 41 ~ **mass** (Endmass) (*n. - Werkz.*), calibro a blocchetto, blocchetto di riscontro, blocchetto piano-parallelo. 42 ~ **metall** (Aluminium und NE-Metall-Gusslegierung) (*n. - Metall.*), lega per getti di Al e metalli non ferrosi. 43 ~ **motor** (*m. - Mot.*), motore monoblocco, motore con basamento monoblocco. 44 ~ **putzarbeit** (*f. - Metall.*), scriccatura dei lingotti. 45 ~ **putzerei** (*f. - Metall.*), reparto scriccatura lingotti. 46 ~ **rad** (Zahnräder) (*n. - Mech.*), gruppo di ruote dentate, ingranaggio a grappolo. 47 ~ **reifen** (Vollreifen von doppelter Breite) (*m. - Fahrz.*), gomma piena larga. 48 ~ **relais** (*n. - Eisenb.*), relè di blocco. 49 ~ **rest** (*m. - Metall.*), lingotto corto. 50 ~ **revolver** (*m. - Werkz.masch.*), torretta quadra, torretta a quattro posizioni. 51 ~ **säulendrehkran** (*m. - ind. Masch.*), gru girevole a colonna. 52 ~ **schale** (*f. - Metall.fehler*), doppia pelle di lingotto. 53 ~ **schaltbild** (zur Darstellung eines Regelkreises z. B.) (*n. - Elekt. - etc.*), schema a blocchi, diagramma a blocchi. 54 ~ **schere** (*f. - Walzw.masch.*), cesoia per lingotti. 55 ~ **schrift** (*f. - allg.*), scrittura a stampatello. 56 ~ **schruppbank** (*f. - Metall.*), tornio per (sgrossare) lingotti. 57 ~ **schwinger** (*m. - Funk.*), oscillatore a rilassamento. 58 ~ **signal** (*n. - Eisenb.*), segnale di blocco. 59 ~ **stelle** (*f. - Eisenb.*), posto di blocco. 60 ~ **stellwerk** (*n. - Eisenb.*), cabina di blocco. 61 ~ **strasse** (Blockstrecke) (*f. - Walzw.*), treno « blooming », laminatoio « blooming », treno per lingotti, treno sbozzatore. 62 ~ **strasse** (Rollgang) (*Walzw.*), piano a rulli per lingotti. 63 ~ **strecke** (Blockstrasse) (*f. - Walzw.*), treno « blooming », laminatoio « blooming », treno per lingotti, treno sbozzatore. 64 ~ **strecke** (Blockabschnitt) (*Eisenb.*), sezione di blocco. 65 ~ **stripper** (*m. - Metall.*), slingottatore, meccanismo estrattore dei lingotti, meccanismo per strippaggio lingotti. 66 ~ **stromkreis** (Blockierschaltung, Sperrstromkreis) (*m. - Rechner*), circuito di blocco. 67 ~ **system** (*n. - Eisenb.*), sistema di blocco. 68 ~ **verband** (*m. - Mauerverband*), legatura a blocco, apparecchio a blocco. 69 ~ **völligkeitsgrad** (Völligkeitsgrad der Verdrängung) (*m. - naut.*), coefficiente di finezza totale di carena. 70 ~ **wagen** (*m. - Metall. - Ind.*), carro portalingotti. 71 ~ **walzgerüst** (Blockwalzenständer) (*n. - Walzw.*), gabbia « blooming », gabbia per lingotti. 72 ~ **ware** (unbesäumtes Schnittholz, Blochware) (*f. - Holz*), legname in tronchi, legname tagliato e non squadrato. 73 ~ **walzwerk** (*n. - Walzw.*), laminatoio per lingotti, treno « blooming », laminatoio sbozzatore, treno sbozzatore. 74 ~ **wurf** (*m. - Wass.b.*), fondazione con pietrame alla rinfusa. 75 ~ **zeichnung** (*f. - Zeichn.*), disegno schematico, disegno a blocchi. 76 ~ **zeit** (zwischen Beginn des Abrollens und Stillstand) (*f. - Flugw.*), durata del volo, tempo di volo. 77 ~ **zustimmung** (*f. - Eisenb.*), consenso di blocco. 78 Bahnhof ~ (*Eisenb.*), blocco di stazione. 79 **bedingter** ~ (*Eisenb.*), blocco permissivo. 80 **gesunder** ~ (*Metall. - Giess.*), lingotto sano. 81 **in einem** ~ **gegossen** (*Giess.*), fuso in un sol blocco, monoblocco. 82 **Probe** ~ (*Metall. - Giess.*), saggio. 83 **Quadrat** ~ (*Metall.*), lingotto a sezione quadra. 84 **Rund** ~ (*Metall.*), lingotto cilindrico. 85 **Selbst** ~ **system** (*n. - Eisenb.*), sistema di blocco automatico. 86 **unbedingter** ~ (*Eisenb.*), blocco assoluto. 87 **unruhigvergossener** ~ (*Metall.*), lingotto di acciaio effervescente. 88 **Vierzylinder** ~ (*Mot.*), monoblocco di quattro cilindri. 89 **vorgewalzter** ~ (*Walzw. - Metall.*), blumo, lingotto sbozzato. 90 **Wirtschafts** ~ (*finanz.*), blocco economico.

Blockade (blockierte Stelle) (*f. - Buchdruck*), bianco.

Blöckchen (Stangenabschnitt, Knüppelabschnitt, Ausgangsform für Schmiedestücke) (*n. - Schmieden*), spezzone (di billetta o di barra).

Blocken (Schliessen einer Teilstrecke) (*n. - Eisenb.*), chiusura del blocco, chiusura della sezione di blocco. 2 ~ (Zusammenkleben von

blocken

Folien aus Kunststoff) (*chem. Ind.*), aderenza di contatto, incollamento.
blocken (eine Teilstrecke schliessen) (*Eisenb.*), chiudere una sezione di blocco.
blockgiessen (*Giess. - Metall.*), colare in lingotti, lingottare.
Blockieren (Gleitung eines bremsenden Rades) (*n. - Aut. - etc.*), bloccaggio, slittamento.
blockieren (sperren) (*allg.*), bloccare. 2 ~ (hemmen, die Räder) (*Fahrz.*), bloccare. 3 ~ (*Buchdruck*), mettere bianchi.
Blockierregler (Gleitschutzeinrichtung, beim Bremsvorgang) (*m. - Aut. - etc.*), dispositivo antislittamento, regolatore del bloccaggio (ruote).
Blockierschaltung (Blockstromkreis, Sperrstromkreis) (*f. - Rechner*), circuito di blocco.
Blockierspannung (Sperrspannung einer Röntgenröhre) (*f. - Elektronik*), tensione inversa.
Blockierspur (Bremsspur) (*f. - Aut.*), traccia della frenata, segno della frenata.
blockiert (*allg.*), bloccato. 2 ~ es Ruder (*Flugw.*), timone bloccato.
« Blocking » (Haften von aufeinanderliegenden Folien, aus Kunststoff) (*n. - Technol. - Fehler*), incollamento, aderenza di contatto.
Blockung (Block) (*f. - Eisenb.*), blocco. 2 ~ s·faktor (Anzahl der Sätze je Block) (*m. - Rechner*), fattore di bloccaggio. 3 **unbedingte** ~ (*Eisenb.*), blocco assoluto. 4 **bedingte** ~ (bedingter Block) (*Eisenb.*), blocco permissivo.
Blondin (Kabelkran) (*m. - ind. Masch.*), « blondin ».
Blösse (die von Haaren und Unterhaut befreite Haut) (*f. - Lederind.*), pelle scarnata e purgata.
blosslegen (einen Draht) (*Elekt.*), denudare, spelare.
« blousses » (Kämmling) (*Textilind.*), pettinaccia, cascame di pettinatrice.
Blst. (Blockstelle) (*Eisenb.*), stazione di blocco, posto di blocco.
Blubbern (*n. - Funk. - Fehler*), oscillazioni parassite.
Blume (Bierschaum) (*f. - Bier*), schiuma.
Blut (*n. - allg.*), sangue. 2 ~ **farbstoff** (Hämoglobin) (*m. - Med.*), emoglobina. 3 ~ **gefäss** (*n. - Med.*), vaso sanguigno. 4 ~ **gruppe** (*f. - Med.*), gruppo sanguigno. 5 ~ **holz** (*n. - Holz*), legno di campeggio. 6 ~ **körperchen** (*n. - Med.*), globulo del sangue. 7 ~ **spender** (*m. - Med.*), donatore di sangue. 8 ~ **stein** (Eisenglanz, Hämatit) (*m. - Min.*), ematite. 9 ~ **transfusion** (Blutübertragung) (*f. - Med.*), trasfusione di sangue.
Bluten (*n. - Anstr.fehler*), sanguinamento. 2 ~ (Bilden roter Eisenoxyde bei der Reiboxydation) (*n. - Mech.*), ossidazione per attrito. 3 ~ (Wasserabstossen, Wasserabsonderung, von Beton) (*Bauw.*), separazione d'acqua. 4 ~ (Ausschwitzung eines Schmierfettes) (*chem. Ind.*), trasudamento.
BM (Bleimantel) (*Elekt.*), guaina di piombo.
B-Meissel (Blattmeissel mit parabolischen Schneiden) (*m. - Bergbauwerkz.*), scalpello a taglienti parabolici.
BMZ (*Bauw.*), siehe Baumassenzahl.
BO (Abkürzung für Eisenbahn-Bau und Betriebsordnung) (*Eisenb.*), regolamento per la costruzione e l'esercizio delle ferrovie.
bo. (bto., Btto., brutto) (*komm. - etc.*), lordo.
Bö (Böe) (*f. - Meteor.*), raffica di vento. 2 ~ en·messer (*m. - Instr.*), misuratore di raffica.
Bob (Lenkschlitten) (*m. - Sport*), guidoslitta.
Bober (Treibbake, Holzkörper, Holztonne) (*m. - naut.*), boa di legno.
Bobierres Metall (Neumessing, $59,5 \div 62\%$ Cu, $0,3 \div 3,0\%$ Pb, $< 1\%$ Sn) (*Metall.*), ottone da stampaggio al 60% di Cu.
Bobine (Papierrolle) (*f. - Papierind.*), bobina. 2 ~ (Cops, Kops) (*Baumwollspinnerei*), bobina, spola, filo avvolto sul fuso. 3 ~ (Seiltrommel einer Fördermaschine) (*Bergbau - etc.*), tamburo.
Bock (Gestell, aus Holz, zum Sägen z. B.) (*m. - allg.*), cavalletto. 2 ~ (Sitz, eines Wagens z. B.) (*Fahrz.*), sedile. 3 ~ (Gerüst) (*Bauw.*), traliccio. 4 ~ (Verbindungsstück zwischen Lasche der Blattfeder und Rahmen) (*Aut.*), elemento (di collegamento) tra biscottino (della molla a balestra) e telaio. 5 ~ **kran** (*m. - ind. Masch.*), gru a cavalletto. 6 ~ **leiter** (*f. - Ger.*), scaleo, scala doppia. 7 **Brems** ~ (Probierbock) (*m. - Mot.*), banco prova. 8 **fahrbarer** ~ **kran** (*ind. Masch.*), gru a cavalletto mobile. 9 **Feder** ~ (*Aut. - etc.*), magnone per balestre. 10 **feststehender** ~ **kran** (*ind. Masch.*), gru a cavalletto fisso. 11 **Hebe** ~ (*Werkz.*), martinetto. 12 **Montage** ~ (*Mot. - etc.*), cavalletto per montaggio. 13 **Motor** ~ (*Mot. - Werkz.*), cavalletto supporto motore. 14 **Schrauben** ~ (Wellenbock) (*naut.*), braccio (di supporto) dell'albero portaelica. 15 **Schrauben** ~ (Hebebock) (*Werkz.*), martinetto a vite. 16 **Ventilator** ~ (*Mot.*), supporto del ventilatore.
bocken (stampfen) (*naut.*), beccheggiare.
Bocksprung-Test (*m. - Datenverarb.*), prova del salto di rana.
BOD (biochemical oxygen demand) (*Ökologie*), siehe BSB.
Boden (oberste Schicht der Erdoberfläche) (*m. - Geol.*), terreno, suolo. 2 ~ (untere Fläche, eines Kastens z. B.) (*allg.*), fondo. 3 ~ (Fussboden) (*Bauw.*), pavimento. 4 ~ (eines Schiffes) (*naut.*), carena. 5 ~ (eines Kolbens) (*Mot.*), cielo. 6 ~ (eines Druckbehälters oder Dampfkessels) (*Kessel*), fondo. 7 ~ **abdichtung** (*f. - Bauw.*), impermeabilizzazione del terreno. 8 ~ **abfluss** (*m. - Bauw.*), colonna scarico acque nere. 9 ~ **abstand** (einer Luftschraube z. B.) (*m. - Flugw. - etc.*), distanza libera dal suolo. 10 ~ **analyse** (*f. - Geol. - Bauw.*), analisi del terreno. 11 ~ **anlage** (*f. - Flugw.*), impianto al suolo, infrastruttura. 12 ~ **anstrich** (*m. - naut.*), pittura antivegetativa. 13 ~ **aufstandsfläche** (Bodenberührungsfläche, eines Reifens) (*f. - Fahrz.*), area di contatto col terreno. 14 ~ **balken** (Auflagerbalken, eines Flachwagens) (*m. - Eisenb.*), traversa del pavimento. 15 ~ **bearbeitung** (*f. - Landw.*), coltivazione del terreno. 16 ~ **beförderung** (*f. - Bauw.*), trasporto terra. 17 ~ **benderit** (*m. - Min. - Atomphys.*), bodenbenderite. 18 ~ **beschaffenheit** (*f. - Bauw. - etc.*), natura del terreno. 19 ~ **besitz** (*m. - recht.*), proprietà

fondiaria. 20 ~ bewegung (f. - Flugw.), movimento al suolo. 21 ~ bewirtschaftung (f. - Landw.), coltivazione del suolo. 22 ~ blech (n. - Aut.), lamiera del pavimento. 23 ~ Boden-Flugkörper (m. - milit.), missile terra-terra. 24 ~ -Bord-Sprechverkehr (m. - Flugw. - Funk.), radiotelefonia terra-aria. 25 ~ -Bord-Verbindung (f. - Flugw.), comunicazione suolo-aria. 26 ~ dienst (m. - Flugw.), servizio di terra. 27 ~ druck (eines Rades z. B.) (m. - Fahrz.), pressione sul terreno. 28 ~ druck (einer Grundung z. B.) (Bauw.), carico sul terreno. 29 ~ druck (einer Flüsigkeit im Gefäss) (Hydr.), pressione sul fondo. 30 ~ echo (n. - Radar), eco di terra. 31 ~ effekt (eines Hubschraubers) (m. - Flugw.), effetto (del) suolo. 32 ~ entleerer (m. - Eisenb.), carro a scaricamento dal fondo. 33 ~ entleerer (Gefäss) (Bergbau), «skip« a fondo apribile. 34 ~ entwässerung (Dränage) (f. - Landw.), drenaggio del terreno. 35 ~ erzeugnisse (n. - pl. - Landw.), prodotti del suolo, prodotti agricoli. 36 ~ fenster (f. - Bauw.), abbaino. 37 ~ filter (m. - Bauw.), terreno filtrante. 38 ~ fläche (f. - Ind.), ingombro in pianta. 39 ~ fliessen (Erdfliessen, Fliessrutschung, Murgang) (n. - Geol.), solifluzione. 40 ~ forschung (f. - Bergbau), prospezione del terreno. 41 ~ freiheit (f. - Fahrz.), altezza libera dal suolo, altezza minima dal suolo, franco dal suolo. 42 ~ funkanlage (f. - Funk.), impianto radio di terra. 43 ~ gang (m. - Schiffbau), corso di fasciame della carena. 44 ~ geschoss (Dachgeschoss) (n. - Bauw.), attico. 45 ~ geschwindigkeit (f. - Flugw.), velocità al suolo. 46 ~ gewinnung (f. - Bauw.), scavo del terreno. 47 ~ haftung (beim Kurvenfahren) (f. - Aut.), aderenza al terreno. 48 ~ heizung (f. - Bauw.), riscaldamento nel pavimento. 49 ~ höhe (f. - Bauw. - etc.), livello del suolo, livello del pavimento. 50 ~ kabel (Erdkabel) (n. - Elekt.), cavo sotterraneo. 51 ~ kammer (f. - Bauw.), soffitta, sottotetto, « solaio ». 52 ~ klappe (n. - Hydr.), valvola di fondo. 53 ~ klappe (eines Ofens z. B.) (Giess.), porta di scarico, porta per sfornare. 54 ~ klappe (Fahrz. - Transp.), pavimento a botola. 55 ~ klasse (f. - Bauw.), tipo del terreno. 56 ~ kolonne (Stufenkolonne) (f. - chem. Ind.), colonna a piatti. 57 ~ kontakt (einer Lampe z. B.) (m. - Elekt. - Beleucht.), fondello. 58 ~ konstante (Durchlässigkeitsbeiwert) (f. - Bauw. - etc.), coefficiente di permeabilità (del terreno). 59 ~ korrosionsversuch (zur Bestimmung der Korrosionswirkung des Erdbodens auf Werkstoffe) (m. - Technol. - etc.), prova di corrosività del terreno, prova del potere corrosivo del terreno. 60 ~ kraft (Bodenhaftung) (f. - Aut.), aderenza. 61 ~ kredit (m. - Landw.), credito fondiario. 62 ~ lauf (von Flugzeugmotoren) (m. - Flugw.), funzionamento al suolo. 63 ~ leistung (f. - Flugzeugmot.), potenza al livello del suolo, potenza al suolo. 64 ~ lüftung (f. - Bauw.), ventilazione del terreno. 65 ~ -Luft-Lenkwaffe (f. - milit.), missile guidato terra-aria. 66 ~ luke (f. - Bauw.), abbaino. 67 ~ macherei (Blasstahlwerk mit Boden-windkonverter) (f. - Metall.), convertitore con soffiaggio dal basso. 68 ~ mannschaft (f. - Flugw.), personale al suolo. 69 ~ markierung (Strassenmarkierung) (f. - Strass.verkehr) (schweiz.), segnaletica orizzontale. 70 ~ mechanik (Erdbaumechanik) (f. - Geol.), meccanica delle terre. 71 ~ nähe (f. - Flugw.), quota zero, livello del mare. 72 ~ organisation (Infrastruktur) (f. - Flugw.), infrastruttura, organizzazione al suolo. 73 ~ peiler (m. - Navig.), radiogoniometro terrestre. 74 ~ peilsystem (n. - Flugw.), avvicinamento radioguidato da terra, atterraggio a discesa parlata. 75 ~ platte (Fundamentplatte) (f. - Bauw.), plinto di fondazione. 76 ~ platte (Instr. - etc.), piastra di base. 77 ~ pressung (Bodendruck, in kg/cm^2 gemessen, einer Gründung z. B.) (f. - Bauw.), carico (specifico) sul terreno (di fondazione). 78 ~ produkt (Destilliersäule) (n. - chem. Ind.), residuo. 79 ~ punkt (trigonometrischer Punkt) (m. - Top.), punto trigonometrico. 80 ~ raum (Bodenkammer) (m. - Bauw.), soffitta, sottotetto, «solaio». 81 ~ reform (f. - Landw.), riforma agraria. 82 ~ reisser (beim Tiefziehen) (m. - Blechbearb.fehler), strappo al fondello. 83 ~ resonanz (eines Hubschraubers) (f. - Flugw.), risonanza al suolo. 84 ~ riss (Erdspalte) (m. - Geogr. - Geol.), spaccatura del terreno. 85 ~ rückstrahler (an Fahrbahnrändern) (m. - Strass.ver.), catadiottro stradale. 86 ~ satz (m. - Anstr.), morchia. 87 ~ sau (eines Hochofens) (f. - Metall.), materiale residuo non fuso. 88 ~ scheibe (f. - Mech.), fondello. 89 ~ senkung (f. - Bauw.), cedimento del terreno. 90 ~ stabilisation (Baugrundverbesserung, Bodenstabilisierung) (f. - Bauw.), stabilizzazione del terreno. 91 ~ stampfer (m. - Strass.b. - Werkz.), mazzaranga. 92 ~ standfestigkeit (f. - Bauw.), stabilità del terreno. 93 ~ stein (einer Mühle) (m. - Ger.), mola inferiore, pietra inferiore. 94 ~ stein (Tiegeluntersatz) (Giess.), formaggella, supporto (per crogiuolo). 95 ~ stein (Bodenform, Sohlstein, Herd) (Ofen - Metall.), suola, laboratorio. 96 ~ stück (Bodenwrange) (n. - Schiffbau), madiere. 97 ~ stück (Giess.), suola. 98 ~ tank (eines Schwimmdockes) (m. - naut.), serbatoio inferiore. 99 ~ überwachungsradar (n. - Radar), radar di sorveglianza terrestre. 100 ~ untersuchung (f. - Bauw.), esame del terreno. 101 ~ ventil (n. - Hydr.), valvola di fondo. 102 ~ verbesserung (f. - Ing.b.), bonifica del terreno. 103 ~ verdichter (m. - Masch.), costipatore del terreno. 104 ~ verdichtung (f. - Bauw.), costipamento del terreno. 105 ~ verfestigung (f. - Bauw.), consolidamento del terreno. 106 ~ vermörtelung (f. - Bauw.), stabilizzazione del terreno. 107 ~ verschluss (eines Bodenentleerer-Gefässes) (m. - Bergbau), fondo apribile (automaticamente). 108 ~ wasser (n. - Geol.), acqua sotterranea. 109 ~ wegerung (f. - Schiffbau), pagliuolo, pagliuolato. 110 ~ welle (f. - Funk.), onda diretta. 111 ~ windgeschwindigkeit (f. - Meteor.), velocità del vento al suolo. 112 ~ windkonverter (m. - Metall.), convertitore soffiato dal basso, convertitore con soffiaggio dal basso. 113 ~

Bodmerei

wrange (Bodenstück) (*f. - Schiffbau*), madiere. 114 ~ zeit (Gesamtzeit) (*f. - Werkz. masch.bearb.*), tempo ciclo. 115 ~ ziegel (*m. - Bauw.*), mattonella da pavimentazione. 116 ~ ziffer (Bettungsziffer, Drucksetzungsquotient, Planumsmodul) (*f. - Bauw.*), quoziente di assestamento, modulo di reazione del terreno. 117 ~ -zu-Bord-Anruf (*m. - Funk. - Flugw.*), chiamata terra-aria. 118 ~ -zu-Bord-Fernschreibverkehr (*m. - Funk. - Flugw.*), telex terra-aria. 119 angeschweisster ~ (*mech. Technol.*), fondo saldato. 120 aufgewachsener ~ (*Bauw.*), terreno vergine, terreno naturale. 121 Bewachsen des ~ s (*naut.*), incrostazione della carena. 122 doppelter ~ (*allg.*), doppio fondo. 123 durchlässiger ~ (*Geol.*), terreno permeabile. 124 Flach ~ (*Kessel*), fondo piatto.
Bodmerei (Seedarlehen) (*f. - naut.*), prestito a cambio marittimo.
Böe (Bö) (*f. - Meteor. - Flugw.*), raffica di vento. 2 ~ n·schreiber (*m. - Flugw. - Instr.*), rivelatore di raffiche.
Boehmit (*m. - Min. - Giess.*), boehmite.
Bogen (*m. - Geom.*), arco. 2 ~ (*Arch.*), arco. 3 ~ (*Papierind. - Druck.*), foglio (di carta). 4 ~ (Lichtbogen) (*Elekt.*), arco, arco voltaico. 5 ~ (Rohrverbindungsstück) (*Leit.*), curva. 6 ~ ableger (*m. - Papierind.masch.*), raccoglifoglio. 7 ~ anfang (Bogenkämpfer) (*m. - Arch.*), imposta dell'arco. 8 ~ anlegeapparat (*m. - Druckmasch.*), mettifoglio. 9 ~ anleger (*m. - Druckmasch.*), mettifoglio. 10 ~ bildung (*f. - Elekt.*), formazione di arco. 11 ~ brücke (*f. - Arch.*), ponte ad arco. 12 ~ dach (*n. - Bauw.*), tetto centinato, tetto ad arco. 13 ~ decke (*f. - Bauw.*), volta. 14 ~ einheit (Radiant) (*f. - Geom.*), radiante. 15 ~ entladung (*f. - Elekt.*), scarica in regime d'arco. 16 ~ feld (Tympanon) (*n. - Arch.*), timpano. 17 ~ fenster (*n. - Bauw.*), finestra ad arco. 18 ~ gang (Arkade) (*m. - Arch.*), portico, porticato. 19 ~ gerüst (*n. - Bauw.*), centina. 20 ~ gewichtsmauer (Gewölbegewichtsmauer) (*f. - Wass.b.*), diga ad arcogravità. 21 ~ gleichrichter (*m. - Eletronik*), raddrizzatore ad arco. 22 ~ grad (bei der Winkelmessung) (*m. - Geom.*), grado di arco. 23 ~ höhe (Bogenpfeil) (*f. - Geom.*), freccia dell'arco. 24 ~ kämpfer (Bogenanfang) (*m. - Arch.*), imposta dell'arco. 25 ~ lampe (*f. - Elekt.*), lampada ad arco. 26 ~ länge (eines Zahnes) (*f. - Mech.*), spessore circolare. 27 ~ leibung (innere Bogenfläche) (*f. - Arch.*), intradosso dell'arco. 28 ~ maschine (*f. - Druckmasch.*), macchina (da stampa) dal foglio. 29 ~ mass (*n. - Geom.*), misura (degli angoli) in radianti. 30 ~ minute (*f. - Geom.*), minuto di arco. 31 ~ norm (Norm) (*f. - Druck.*), segnatura (parlante o ragionata). 32 ~ pfeilhöhe (Bogenstich) (*f. - Arch.*), freccia dell'arco, monta dell'arco. 33 ~ rohr (*n. - Leit.*), curva. 34 ~ rotationsmaschine (*f. - Druckmasch.*), macchina rotativa dal foglio, rotativa dal foglio. 35 ~ rücken (äussere Bogenfläche) (*m. - Arch.*), estradosso dell'arco. 36 ~ säge (*f. - Werkz.*), sega ad arco. 37 ~ schalung (*f. - Bauw.*), centinatura dell'arco. 38 ~ scheitel (*m. - Arch.*), chiave dell'arco. 39 ~ schiene (*f. - Eisenb.*), rotaia curva. 40 ~ schubkurbel (*f. - Mech.*), manovellismo a glifo curvo, manovellismo a guide curve oscillanti. 41 ~ schweissung (*f. - mech. Technol.*), saldatura ad arco. 42 ~ seite (*f. - Druck.*), pagina in folio. 43 ~ sekunde (*f. - Geom.*), secondo di arco. 44 ~ skala (*f. - Instr.*), arco graduato. 45 ~ spannweite (*f. - Arch.*), luce dell'arco. 46 ~ staudamm (*m. - Wass.b.*), diga ad arco. 47 ~ stich (Bogenpfeilhöhe) (*m. - Arch.*), freccia dell'arco, monta dell'arco. 48 ~ träger (*m. - Bauw.*), trave ad arco. 49 ~ tür (*f. - Bauw.*), porta ad arco. 50 ~ verzahnung (Kreisbogenverzahnung) (*f. - Mech.*), dentatura ad arco di cerchio. 51 ~ widerlager (*n. - Arch.*), spalla dell'arco, piedritto dell'arco. 52 ~ zähler (*m. - Druckmasch.*), contafogli. 53 ~ zahn-Kegelrad (Spiralkegelrad) (*n. - Mech.*), ruota conica con denti a spirale. 54 ~ zeichen (Signatur) (*n. - Druck.*), segnatura. 55 ~ zuführer (*m. - Druckmasch.*), mettifoglio. 56 Annäherungs ~ (von Zahnrädern) (*Mech.*), arco di accesso, arco di avvicinamento. 57 auflaufender ~ (aufsteigender Bogen) (*Arch.*), arco rampante. 58 Dreigelenk ~ (*Arch.*), arco a tre cerniere. 59 Dreipass ~ (*Arch.*), arco a tre lobi. 60 Effektkohlen- ~ lampe (Flammen-Bogenlampe) (*f. - Beleucht.*), lampada ad arco con elettrodo di carbone a miccia, lampada ad arco a fiamma, lampada ad arco con carboni a fiamma (o mineralizzati). 61 eingespannter ~ (*Arch.*), arco incastrato. 62 Eingriffs ~ (Eingriffslänge, von Zahnrädern) (*Mech.*), arco di azione. 63 Entfernungs ~ (von Zahnrädern) (*Mech.*), arco di recesso, arco di allontanamento. 64 Flach ~ (*Arch.*), arco ribassato. 65 gerader ~ (*Arch.*), piattabanda. 66 gotischer ~ (*Arch.*), arco gotico. 67 heisser ~ (der Mantellaufbahn eines Wankelmotors) (*Mot.*), arco caldo. 68 Hufeisen ~ (*Arch.*), arco a ferro di cavallo. 69 kalter ~ (der Mantellaufbahn eines Wankelmotors) (*Mot.*), arco freddo. 70 Kiel ~ (Karniesbogen) (*Arch.*), arco fiammeggiante. 71 Kohle- ~ lampe (Reinkohlenbogenlampe) (*f. - Beleucht.*) lampada ad arco con elettrodi di carbone. 72 Kreis ~ (*Geom.*), arco di cerchio. 73 Licht ~ (*Elekt.*), arco voltaico. 74 Parabel ~ (*Arch.*), arco parabolico. 75 Protokoll ~ (*Papierind.*), carta protocollo, foglio protocollo. 76 Rund ~ (*Arch.*), arco a tutto sesto, arco a pieno centro. 77 Spitz ~ (*Arch.*), arco acuto. 78 Spitz ~ (*allg.*), ogiva. 79 Tiefdruck ~ maschine (*f. - Druckmasch.*), macchina (per la stampa) calcografica dal foglio. 80 Tudor ~ (*Arch.*), arco Tudor. 81 Zahn ~ (*Mech.*), settore dentato. 82 Zweigelenk ~ (*Arch.*), arco a due cerniere.
bogenförmig (*allg.*), ad arco.
Bohle (Schnittholz von mehr als 40 mm Stärke) (*f. - Holz - Bauw.*), tavola, asse, tavolone. 2 ~ n·abdeckung (einer Reparaturgrube z. B.) (*f. - allg.*), copertura con tavole. 3 ~ n·belag (*m. - Bauw. - etc.*), tavolato. 4 ~ n·belag (Dielenbelag) (*Bauw.*), ponte, impalcatura. 5 Holz ~ (Spundwandbohle) (*Wass.b.*), palancola di legno. 6 Spundwand ~ (*Wass.b.*), palancola. 7 Stahlbeton ~

(Spundwandbohle) (*Wass.b.*), palancola di cemento armato. **8 Stahl** ~ (Spundwandbohle) (*Wass.b.*), palancola di acciaio.

Bohlwerk (*n. - naut.*), siehe Bollwerk.

Bohner (*m. - Arb.*), lucidatore. **2** ~ **maschine** (*f. - Masch.*), lucidatrice per pavimenti. **3** ~ **wachs** (*n. - Ind.*), cera per pavimenti.

bohnern (Boden z. B.) (*allg.*), lucidare.

Bohnerz (*n. - Min.*), limonite.

Bohranlage (*f. - Bergbau*), impianto di perforazione, impianto di trivellazione.

Bohrapparat (*m. - Bergbau*), apparecchio per trivellazioni, apparecchio per perforazioni. **2** ~ (*Werkz.*), trapano (portatile).

Bohrarbeit (*f. - Bergbau*), trivellazione, perforazione, sondaggio. **2** ~ (*Werkz.masch.bearb.*), foratura al trapano, trapanatura. **3** ~ (Ausbohren) (*Werkz.masch.bearb.*), alesatura.

Bohrautomat (*m. - Werkz.masch.*), trapanatrice automatica, trapano automatico.

Bohrbank (für Ausbohren) (*f. - Werkz.masch.*), alesatrice orizzontale.

Bohrbär (Schwerstange, beim Bohrverfahren) (*m. - Bergbau*), asta pesante.

Bohrbild (Ausbohrplan) (*n. - Werkz.masch. bearb.*), schema di foratura.

Bohrbrunnen (*m. - Bauw. - Hydr.*), pozzo artesiano.

Bohrbuchse (*f. - Mech.*), bussola per foratura, bussola (per maschera) di foratura.

Bohrdruck (beim drehenden Bohren) (*m. - Bergbau*), pressione di trivellazione. **2** ~ **messer** (Drillometer) (*m. - Bergbau - Ger.*), indicatore della pressione di trivellazione.

Bohrdurchmesser (*m. - Werkz.masch.*), diametro di foratura.

Bohreinheit (Baueinheit) (*f. - Werkz.masch.*), unità operatrice per trapano.

Bohreinrichtung (*f. - Werkz.masch.*), dispositivo per forare, accessorio per forare.

Bohreinsatz (*m. - Holzbearb.werkz.*), punta, saetta, mecchia.

Bohrelektrode (bei Elektroerosion) (*f. - mech. Technol.*), elettrodo per foratura.

Bohren (ins Vollen, mittels Spiralbohrer z. B.) (*n. - Werkz.masch.bearb.*), foratura (al trapano), trapanatura. **2** ~ (Ausbohren, mittels Bohrstahl) (*Werkz.masch.bearb.*), alesatura, barenare. **3** ~ (*Bergbau*), trivellazione, perforazione, sondaggio. **4 drehendes** ~ (Drehbohren) (*Bergbau*), trivellazione a rotazione. **5 elektroerosives** ~ (*Mech.*), foratura ad elettroerosione, foratura elettroerosiva. **6 Fein** ~ (*Werkz.masch.bearb.*), alesatura di precisione. **7 Gewinde** ~ (*Mech.*), maschiatura. **8 Kern** ~ (*Werkz.masch.bearb.*), foratura con utensile tubolare, foratura con utensile a tazza. **9 Kopier** ~ (Nachformbohren) (*Werkz.masch.bearb.*), alesatura a riproduzione. **10 Lehren** ~ (mit Koordinaten-Bohrmaschine) (*Mech.*), alesatura a coordinate. **11 Nachform** ~ (Kopierbohren) (*Werkz.masch.bearb.*), alesatura a riproduzione. **12 schlagendes** ~ (*Bergbau*), trivellazione a percussione. **13 stossendes** ~ (Stossbohren) (*Bergbau*), trivellazione a percussione. **14 Tief** ~ (*Bergbau*), trivellazione profonda, perforazione profonda. **15 Voll** ~ (*Werkz.masch.bearb.*), foratura (al trapano), trapanatura.

bohren (ins Volle, mittels Spiralbohrer) (*Werkz.masch.bearb.*), forare (al trapano), trapanare. **2** ~ (ausbohren, mittels Bohrstahl) (*Werkz.masch.bearb.*), alesare, barenare. **3** ~ (*Bergbau*), trivellare, perforare. **4** ~ (Gewinde) (*Mech.*), maschiare. **5 tief** ~ (*Bergbau*), perforare, trivellare in profondità.

Bohrer (Spiralbohrer z. B.) (*m. - Werkz.*), punta da trapano. **2** ~ (*Arb.*), trapanista. **3** ~ (Bohrmeissel) (*Bergbau - Werkz.*), scalpello. **4** ~ (*Zahnarztwerkz.*), fresetta (da dentista). **5** ~ (Bohrapparat) (*Werkz.*), trapano (portatile). **6** ~ **fänger** (zum Bergen verlorener Gestängeteile) (*m. - Berbauwerkz.*), pescatore. **7** ~ **futter** (*n. - Werkz.masch.*), pinza serrapunta, mandrino portapunta. **8** ~ **halter** (*m. - Werkz.masch.*), pinza portapunta. **9** ~ **mit geraden Nuten** (*mech. Werkz.*), punta (da trapano) a scanalature diritte. **10** ~ **schärfmaschine** (*f. - Werkz.masch. - Bergbau*), affilatrice per scalpelli. **11** ~ **spitze** (*f. - Werkz.*), testa della punta, parte tagliente della punta. **12 Douglas-** ~ (*Holzwerkz.*), trivella a serpentina. **13 Drill** ~ (*Tischl.werkz.*), trapano a vite, trapano di Archimede. **14 Einlippen** ~ (Kanonenbohrer) (*Werkz.*), punta a cannone. **15 Fertig** ~ (Normalbohrer, Gewindebohrer) (*Werkz.*), maschio finitore, terzo maschio filettatore. **16 Forstner-** ~ (*Holzwerkz.*), punta universale Forstner. **17 Gasgewinde** ~ (*Werkz.*), maschio per filettatura gas. **18 Gestein** ~ (Bohrhammer) (*Bergbau*), martello perforatore. **19 Gewinde** ~ (*Werkz.*), maschio (per filettare). **20 gewundener** ~ (Spiralbohrer) (*mech. Werkz.*), punta elicoidale. **21 Grund** ~ (Fertigbohrer) (*Werkz.*), maschio finitore, terzo maschio filettatore. **22 Grundlochgewinde** ~ (*Werkz.*), maschio per fori ciechi. **23 Holz** ~ (*Tischl. - Werkz.*), punta (da trapano) per legno, saetta, mecchia. **24 Kanonen** ~ (Einlippbohrer) (*Werkz.*), punta a cannone. **25 Lauf** ~ (Spindelbohrer, Kanonenbohrer) (*Werkz.*), punta a cannone. **26 Leier** ~ (*Werkz.*), trapano a mano, girabacchino, menaruola. **27 Maschinen** ~ (Gewindebohrer) (*Werkz.*), maschio a macchina. **28 Maschinen-Gewinde** ~ (*Werkz.*), maschio a macchina. **29 Mutter** ~ (Gewindebohrer) (*Werkz.*), maschio per dadi. **30 Nach** ~ (Gewindebohrer) (*Werkz.*), maschio intermedio. **31 Normal** ~ (Fertigbohrer, Gewindebohrer) (*Werkz.*), maschio finitore, terzo maschio filettatore. **32 Pels** ~ (*Werkz.*), siehe Leierbohrer. **33 Schlangen** ~ (*Holzbearb.werkz.*), saetta a tortiglione. **34 Schneck** ~ (*Holzbearb.werkz.*), saetta stiriana. **35 Spindel** ~ (Laufbohrer, Kanonenbohrer) (*Werkz.*), punta a cannone. **36 Spiral** ~ (*Werkz.*), punta elicoidale, punta ad elica. **37 Stufen** ~ (sonstiger Bohrer) (*Werkz.*), punta elicoidale a gradini. **38 Tiefloch** ~ (sonstiger Bohrer) (*Werkz.*), punta per fori profondi. **39 Vor** ~ (Gewindebohrer) (*Werkz.*), maschio sbozzatore. **40 Wendel** ~ (Spiralbohrer) (*Werkz.*), punta elicoidale, punta ad elica. **41 Zentrier** ~

Bohrfänger

(*Werkz.*), punta per centrare. **42 Zentrum** ~ (*Holzbearb.werkz.*), saetta a tre punte.
Bohrfänger (um Bohrstangen aufzunehmen) (*m. - Bergbauwerkz.*), pescatore, ricuperatore.
Bohrfortschritt (Bohrgeschwindigkeit) (*n. - Bergbau*), velocità di trivellazione.
Bohrfutter (Spannfutter) (*n. - Werkz.*), pinza portapunta, pinza serrapunta. **2 Dreibacken** ~ (*Werkz.masch.bearb.*), pinza a tre morsetti.
Bohrg. (Bohrung) (*Mech.*), foro.
Bohrgerüst (*n. - Bergbau*), torre di perforazione.
Bohrgestänge (*n. - Bergbauwerkz.*), asta di perforazione.
Bohrgeschwindigkeit (Verhältnis zwischen Bohrlochtiefe und Zeit) (*f. - Bergbau*), velocità di perforazione, velocità di trivellazione.
Bohrglocke (zur Befestigung der Spindelträger einer Mehrspindel-Bohrmaschine) (*f. - Werkz.masch.*), campana supporti mandrini.
Bohrgrat (*m. - Werkz.masch.bearb.*), bava di foratura.
Bohrguss (mit hohem Siliziumgehalt) (*m. - Giess.*), ghisa ad alto contenuto di silicio.
Bohrgut (Bohrklein) (*n. - Bergbau*), detriti di perforazione.
Bohrhammer (Gesteinbohrer) (*m. - Bergbau*), martello perforatore.
Bohrhonen (*n. - Werkz.masch.*), levigatura interna.
Bohr-Insel (zum Durchführung von Tiefbohrungen, aus Stahl) (*f. - chem. Ind.*), isola per trivellazioni, piattaforma per trivellazioni sottomarine.
Bohrist (Arbeiter der Sprenglöcher bohrt) (*m. - Arb. - Bergbau*) (österr.), minatore fiorettista.
Bohrium (*n. - Chem.*), siehe Hafnium.
Bohrkern (*m. - Bergbau*), carota.
Bohrklein (Bohrgut) (*n. - Bergbau*), detriti di perforazione.
Bohrknarre (Ratsche, Bohrratsche) (*f. - Werkz.*), trapano a cricco.
Bohrkolonne (eines Schachtes) (*f. - Bergbau*), tubo di rivestimento.
Bohrkopf (*m. - Werkz.masch.*), testa portapunta. **2** ~ (am oberen Ende einer Bohrkolonne z. B.) (*Bergbau*), testa ermetica dei tubi. **3 einspindeliger** ~ (*Werkz.masch.*), testa foratrice semplice, testa portapunta ad un mandrino. **4 Mehrspindel** ~ (*Werkz.masch.*), testa foratrice multipla.
Bohrkrone (*f. - Bergbauwerkz.*), tubo carotiere. **2 Kern** ~ (*Bergbauwerkz.*), corona, punta a corona.
Bohrkurbel (Bohrwinde) (*f. - Werkz.*), trapano a manovella, girabacchino, menaruola.
Bohrlehre (*f. - Werkz.*), calibro per foratura. **2** ~ (Bohrschablone, Bohrvorrichtung) (*f. - Vorr.*), maschera per foratura.
Bohrleistung (einer Bohrmaschine) (*f. - Werkz.masch.bearb.*), diametro massimo forabile, diametro massimo del foro eseguibile. **2** ~ (die von einem Mann erlängten Bohrmeter pro Schicht) (*Bergbau - Arb.*), metri di scavo (per turno), metri scavati (per turno).
Bohrloch (Bohrung) (*n. - Bergbau*), foro trivellato. **2** ~ (Sprengloch) (*Bergbau*), foro da mina. **3** ~ (durch Spiralbohrer erzeugt z. B.) (*Werkz.masch.bearb.*), foro trapanato, foro.
Bohrlöffel (*m. - Werkz.*), sgorbia.
Bohrmaschine (zum Bohren aus dem Vollen) (*f. - Werkz.masch.*), trapano, trapanatrice. **2** ~ (zum Ausbohren) (*Werkz.masch.*), alesatrice. **3** ~ (*Bergbaumasch.*), perforatrice. **4** ~ (*Zahnarztmasch.*), trapano (da dentista). **5** ~ **mit Handhebelvorschub** (*Werkz.masch.*), trapano sensitivo, trapanatrice sensitiva. **6 elektrische** ~ (*Werkz.*), trapanino elettrico. **7 elektrische Hand** ~ (*Werkz.*), trapano elettrico portatile. **8 Elektrofunkennachform** ~ (*Werkz.masch.*), foratrice elettroerosiva a copiare, foratrice elettroerosiva per riproduzioni. **9 Elektrotisch** ~ (*Werkz.masch.*), trapano elettrico da banco. **10 Fräs- und** ~ (*Werkz.masch.*), fresatrice-alesatrice, fresalesatrice. **11 Gelenkspindel** ~ (*Werkz.*), trapano a mandrino snodato. **12 Gewinde** ~ (*Werkz.masch.*), maschiatrice. **13 Hand** ~ (*Werkz.*), trapano a mano. **14 Horizontal** ~ (*Werkz.masch.*), alesatrice orizzontale. **15 Koordinaten** ~ (zum Ausbohren) (*Werkz. masch.*), alesatrice a coordinate, tracciatrice. **16 Lehren** ~ (Koordinaten-Bohrmaschine) (*Werkz.masch.*), alesatrice a coordinate, tracciatrice. **17 mehrspindlige** ~ (*Werkz.masch.*), trapano plurimandrino, trapanatrice a più mandrini. **18 Papier** ~ (*Masch.*), trapano per carta. **19 Radial** ~ (*Werkz.masch.*), trapano radiale, trapanatrice radiale. **20 Reihen** ~ (*Werkz.masch.*), trapano a mandrini multipli. **21 Revolver** ~ (*Werkz.masch.*), trapano a revolver, trapanatrice a revolver. **22 Säulen** ~ (Ständerbohrmaschine) (*Werkz.masch.*), trapano a colonna, trapanatrice a colonna. **23 Ständer** ~ (Säulenbohrmaschine) (*Werkz. masch.*), trapano a colonna, trapanatrice a colonna. **24 Tiefloch** ~ (*Werkz.masch.*), trapano per fori profondi. **25 Tisch** ~ (*Werkz. masch.*), trapano da banco, trapanatrice da banco. **26 Ultraschall** ~ (*Werkz.masch.*), trapano ad ultrasuoni, trapanatrice ad ultrasuoni. **27 Vorrichtungs** ~ (*Werkz.masch.*), alesatrice per maschere. **28 Werkbank** ~ (*Werkz. masch.*), trapano da banco, trapanatrice da banco.
Bohrmeissel (*m. - Bergbauwerkz.*), scalpello, punta per perforazione. **2** ~ (zum Ausbohren) (*Werkz.*), utensile per alesare (a macchina). **3** ~ **haken** (*m. - Bergbauwerkz.*), ricuperatore per scalpelli, pescatore per scalpelli. **4 Disken** ~ (Scheibenbohrmeissel, Diskenmeissel, Scheibenmeissel) (*Bergbauwerkz.*), scalpello a disco. **5 Dreh** ~ (Rotarybohrmeissel) (*Bergbauwerkz.*), scalpello rotante. **6 Fischschwanz** ~ (*Bergbauwerkz.*), scalpello a coda di pesce. **7 Flügel** ~ (Flügelmeissel) (*Bergbauwerkz.*), scalpello ad alette. **8 Kegel** ~ (Konusbohrmeissel, Kegelmeissel, Konusmeissel) (*Bergbauwerkz.*), scalpello a coni. **9 Kreuz** ~ (Kreuzmeissel) (*Bergbauwerkz.*), scalpello a croce. **10 Rollen** ~ (Rollenmeissel) (*Bergbauwerkz.*), scalpello a rulli. **11 Schlag** ~ (*Bergbauwerkz.*), scalpello a percussione.
Bohrmesser (Bohrmeissel, zum Ausbohren) (*n. - Werkz.*), utensile per alesare (a macchina).

Bohrpinole (*f. - Werkz.masch.*), cannotto del mandrino di foratura.
Bohrprobe (Bodenprobe) (*f. - Bergbau*), carota.
Bohrratsche (*f. - Werkz.*), siehe Bohrknarre.
Bohrregister (Bohrprotokoll) (*n. - Bergbau*), registro di perforazione.
Bohrrohr (*n. - Bergbau*), tubo per perforazioni, tubo di rivestimento.
Bohrrüssel (zum Ultraschallbearbeiten) (*m. - mech. Bearb.*), tromba portautensile.
Bohrsäule (Bohrmaschinenständer) (*f. - Werkz. masch.*), colonna del trapano.
Bohrschablone (Bohrvorrichtung) (*f. - Vorr.*), maschera per foratura.
Bohrschiff (*n. - naut. - Bergbau*), nave per trivellazioni.
Bohrschlamm (*m. - Bergbau*), fango per trivellazioni.
Bohrschmand (*m. - Bergbau*), siehe Bohrklein.
Bohrschneide (*f. - Bergbauwerkz.*), siehe Bohrmeissel.
Bohrschraube (*f. - Mech.*), vite autoperforante (autofilettante).
Bohrseil (für die Erdölindustrie) (*n. - chem. Ind.*), fune per trivellazioni.
Bohrspäne (*m. - pl. - Werkz.masch.*), trucioli di trapanatura.
Bohrspindel (*f. - Werkz.masch.*), mandrino portapunta.
Bohrstahl (zum Ausbohren) (*m. - Werkz.*), alesatore (a macchina), utensile per alesare (a macchina).
Bohrstange (zum Ausbohren) (*f. - Werkz. masch.*), barra alesatrice. 2 ~ (Bohrgestänge) (*Bergbau*), asta di perforazione. 3 ~ n‑ ständer (*m. - Werkz.masch.*), montante per alesatrice.
Bohrtiefe (*f. - Werkz.masch.bearb.*), profondità di foratura.
Bohrtisch (*m. - Werkz.masch.*), tavola per alesatrice. 2 ~ (Drehtisch, Rotarytisch) (*Bergbau*), tavola rotante. 3 Koordinaten ~ (*Werkz.masch.*), tavola per tracciatrice, tavola per alesatrice a coordinate.
Bohrtrübe (Bohrschlamm) (*f. - Bergbau*), fango per trivellazioni, fango per perforazioni.
Bohrturm (*m. - Bergbau*), torre di trivellazione, torre di perforazione.
Bohr- und Fräsmaschine (*f. - Werkz.masch.*), alesatrice-fresatrice.
Bohr- und Fräswerk (Bohr- und Fräsmaschine) (*n. - Werkz.masch.*), alesatrice-fresatrice.
Bohrung (innerer Durchmesser, eines Zylinders z. B.) (*f. - Mech. - Mot. - etc.*), alesaggio. 2 ~ (Arbeitsvorgang) (*Werkz.masch.bearb.*), foratura. 3 ~ (*Bergbau*), trivellazione, perforazione, sondaggio. 4 ~ (Loch) (*Mech.*), foro. 5 ~ s‑abstände (*m. - pl. - Werkz.masch. bearb.*), interasse fori. 6 ~ s‑läppen (Innenrundläppen) (*n. - Werkz.masch.bearb.*), lappatura interna. 7 ~ s‑läppmaschine (*f. - Werkz.masch.*), lappatrice interna, lappatrice per interni. 8 abgesetzte ~ (abgestufte Bohrung) (*Mech.*), foro a gradini, foro a più diametri. 9 Bezugs ~ (*Mech.*), foro di riferimento. 10 durchgehende ~ (*Mech.*), foro passante. 11 Einheits ~ (E B) (*Mech.*), foro base. 12 Erdöl ~ (*Bergbau*), perforazione petrolifera. 13 versenkte ~ (*Mech.*), accecatura, allargatura (di un foro).
Bohrvorrichtung (zum Bohren auf Werkz. masch. mit Spiralbohrer) (*f. - mech. Vorr.*), maschera per foratura. 2 schwenkbare ~ (Kippbohrvorrichtung) (*mech. Vorr.*), maschera orientabile per foratura.
Bohrwagen (*m. - Bergbaufahrz.*), carrello portaperforatrice, jumbo, carro-jumbo.
Bohrwerk (Bohrmaschine, zum Ausbohren) (*n. - Werkz.masch.*), alesatrice. 2 Vertikal-Koordinaten ~ (*Werkz.masch.*), tracciatrice verticale, alesatrice verticale a coordinate.
Bohrwerker (Arbeiter) (*m. - Werkz.masch. - Arb.*), alesatore.
Bohrwinde (Brustleier, Faustleier) (*f. - Werkz.*), trapano a manovella, menaruola, girabacchino.
Boiler (eines Atomreaktors z. B.) (*m. - Kernphys. - etc.*), riscaldatore, scaldacqua.
Boje (Tonne) (*f. - naut.*), boa. 2 ~ reep (*n. - naut.*), cavo del gavitello. 3 Anker ~ (*naut.*), boa d'ancora. 4 Leucht ~ (*naut.*), boa luminosa. 5 Rettungs ~ (*naut.*), boa di salvataggio.
boken (klopfen, in der Flachsspinnerei z. B.) (*Text.*), battere.
Bol (*m. - Min.*), siehe Bolus.
Bollwerk (Bollwehr, Schutzwehr) (*n. - Wass. b.*), palizzata.
Bolometer (zur Messung sehr kleiner Wärmeunterschiede) (*n. - phys. Instr.*), bolometro.
« Bolster » (Grosspalette) (*Transp.*), pallettone, grande pallet, « bolster ».
Boltonkreisel (Belüftungsverfahren) (*m. - Bauw.*), ruota Bolton, ruota Simplex.
Bolus (Bol, Tonerdsilikat) (*m. - Min.*), bolo, terra bolare.
Bolzen (runder Metallstift) (*m. - Mech.*), perno. 2 ~ (Schraube) (*Mech.*), vite. 3 ~ (mit Mutter, Mutterschraube) (*Mech.*), bullone. 4 ~ (einer Mutter- Bolzenkupplung) (*Mech.*), vite. 5 ~ (eines Kolbens z. B.) (*Mech.*), spinotto. 6 ~ (Stift) (*Mech.*), spina. 7 ~ -Anfas- und Ankuppmaschine (*f. - Masch.*), appuntatrice-arrotondatrice per viti. 8 ~ augennabe (eines Kolbens) (*f. - Mot.*), mozzo dello spinotto, portate dello spinotto. 9 ~ -Aussendurchmesser (Schrauben-Aussendurchmesser) (*m. - Mech.*), diametro esterno della vite. 10 ~ automat (Drehbank) (*m. - Werkz.masch.*), tornio automatico per bulloneria. 11 ~ bohrung (des Kolbens eines Wankelmotors) (*f. - Mot.*), sede del pistoncino. 12 ~ gewinde (*n. - Mech.*), filetto maschio, vite. 13 ~ kopf (*m. - Mech.*), testa del perno. 14 ~ -Kerndurchmesser (Schrauben-Kerndurchmesser) (*m. - Mech.*), diametro di nocciolo della vite. 15 ~ kupplung (Wellenkupplung) (*f. - Mech.*), innesto a piuoli. 16 ~ mit Gewindezapfen (*Mech.*), perno a testa piana con estremità filettata (con gola). 17 ~ mit grossem Kopf (*Mech.*), perno a testa (piana) larga. 18 ~ mit kleinem Kopf (*Mech.*), perno a testa (piana) stretta. 19 ~ mit kleinem Kopf mit Splintloch (*Mech.*), perno a testa (piana)

stretta con foro per copiglia. 20 ~ mit **Splintlöchern** (*Mech.*), perno con fori per copiglia. 21 ~ **ohne Kopf** (*Mech.*), perno senza testa. 22 ~ **ohne Kopf** (Zylinderstift) (*Mech.*), spina cilindrica. 23 ~ **schiessgerät** (*n. - Ger.*), pistola sparachiodi. 24 ~ **setzpistole** (*f. - Ger.*), pistola sparachiodi. 25 ~ **verbindung** (*f. - Mech.*), collegamento a perno. 26 **angesetzter** ~ (Stiftschraube) (*Mech.*), prigioniero, vite prigioniera. 27 **durchgehender** ~ (*Mech.*), bullone passante. 28 **Gelenk** ~ (*Mech.*), perno di articolazione. 29 **Hohl** ~ (Verbindungsbolzen) (*Mech.*), perno cavo. 30 **Ketten** ~ (*Mech.*), perno di catena. 31 **Kolben** ~ (*Mot.*), spinotto. 32 **Kreuzkopf** ~ (*Mech.*), perno della testa a croce. 33 **Lehr** ~ (Lehrdorn) (*Werkz.*), calibro a tampone. 34 **Mess** ~ (*Mech.*), rullo per misurazioni. 35 **Niet** ~ (*Mech.*), chiodo, perno ribattuto (per collegamenti fissi). 36 **Rad** ~ (*Aut.*), colonnetta per ruota. 37 **Scher** ~ (*Mech.*), perno di sicurezza, perno tranciabile. 38 **Schrauben** ~ (*Mech.*), colonnetta, perno ad estremità filettate (con gole). 39 **Schrauben** ~ (Stiftschraube) (*Mech.*), prigioniero, vite prigioniera. 40 **Splint** ~ (*Mech.*), copiglia, coppiglia. 41 **Steh** ~ (Zugbolzen) (*Mech.*), tirante a vite. 42 **Stift** ~ (Stiftschraube) (*Mech.*), prigioniero, vite prigioniera. 43 **versenkter** ~ (*Mech.*), perno a testa svasata. 44 **Zug** ~ (*Mech. - etc.*), tirante.

Bölzung (Abspreizung, Abbolzung) (*f. - Bauw.*), puntellamento.

Bombage (Wölbung der Walzen von Kalendern für die Kautschukverarbeitung) (*f. - Masch.*), bombatura.

Bombardement (*n. - milit. - Kernphys.*), bombardamento.

bombardieren (*milit. - Kernphys.*), bombardare.

Bombe (*f. - Expl.*), bomba. 2 ~ (*Phys. - Instr.*), bomba. 3 **Atom** ~ (*Expl.*), bomba atomica. 4 **Flieger** ~ (*Expl. - Luftw.*), bomba da aereo, bomba da aeroplano. 5 **kalorimetrische** ~ (Berthelotsche Bombe) (*Phys.*), bomba calorimetrica, calorimetro a bomba. 6 **panzerbrechende** ~ (*Expl. - milit.*), bomba perforante. 7 **Phosphor** ~ (*Expl.*), bomba al fosforo. 8 **saubere** ~ (Atombombe), bomba pulita. 9 **Splitter** ~ (*Expl.*), bomba dirompente (non perforante). 10 **Spreng** ~ (*Expl.*), bomba dirompente perforante. 11 **Wasserstoff** ~ (H-Bombe) (*Expl.*), bomba all'idrogeno.

Bomber (Bombenflugzeug) (*m. - Luftw.*), bombardiere, aeroplano da bombardamento.

bombiert (*Mech. - etc.*), bombato.

Bonderschicht (Phosphatschicht) (*f. - Metall.*), strato bonderizzato.

Bondern (Phosphatieren, Rostschutzverfahren für Eisenteile) (*n. - mech. Technol.*), bonderizzazione.

bondern (phosphatieren) (*mech. Technol.*), bonderizzare.

Bondur (Al-Knetlegierung, AlCuMg) (*n. - Metall.*), lega di Al da stampaggio.

Bonität (Solvenz, Zahlungsfähigkeit) (*f. - finanz. - komm.*), solvibilità.

Bonus (*m. - allg.*), gratifica. 2 ~ **aktien** (*f. - pl. - finanz.*), azioni gratuite. 3 **Dividenden** ~ (*finanz.*), dividendi straordinari.

Boolesch (*Math. - etc.*), booleano. 2 ~ **e Algebra** (*Math. - etc.*), algebra booleana, algebra di Boole.

Boort (*m. - Min.*), siehe Bort.

Booster (Servoverstärker, etc.) (*m. - Ger.*), booster. 2 ~ **diode** (*f. - Elektronik*), diodo elevatore.

Boot (kleineres Wasserfahrzeug) (*n. - naut.*), barca, imbarcazione. 2 ~ (eines Flugbootes) (*Flugw.*), scafo. 3 ~ **kran** (Davit) (*m. - naut.*), gru d'imbarcazione. 4 ~ **s·aufhängung** (*f. - naut.*), barcarizzo. 5 ~ **s·deck** (*n. - naut.*), ponte lance, ponte delle imbarcazioni. 6 ~ **s·fender** (*m. - naut.*), parabordo, guardalato. 7 ~ **s·galgen** (Davit) (*m. - Kriegsmar.*), gru delle imbarcazioni. 8 ~ **s·haken** (*m. - naut.*), gancio d'accosto, gaffa, mezzo marinaio. 9 ~ **s·maat** (*m. - Kriegsmar.*), nocchiere. 10 ~ **s·mann** (*m. - naut.*), nostromo. 11 ~ **s·rumpf** (eines Flugbootes) (*m. - Flugw.*), scafo. 12 ~ **s·steg** (Landungssteg, Anlegesteg) (*m. - naut.*), pontile, imbarcadero. 13 **Atom-U-** ~ (*Kriegsmar.*), sommergibile atomico. 14 **Fähr** ~ (*naut.*), barca per traghetto, traghetto. 15 **Falt** ~ (*naut.*), barca (di tipo) pieghevole. 16 **Fischer** ~ (*naut.*), peschereccio, barca da pesca. 17 **gedecktes** ~ (*naut.*), barca con coperta, barca pontata. 18 **Gleit** ~ (Hydroplan) (*naut.*), idroplano. 19 **Kanonen** ~ (*Kriegsmar.*), cannoniera. 20 **Motor** ~ (*naut.*), motoscafo. 21 **Motorfischer** ~ (*naut.*), motopeschereccio. 22 **Rettungs** ~ (*naut.*), lancia di salvataggio, imbarcazione di salvataggio. 23 **Rumpf** ~ (für Motor z. B.) (*Flugw.*), gondola. 24 **Segel** ~ (*naut.*), barca a vela. 25 **Tragflächen** ~ (Tragflügelboot) (*naut.*), aliscafo, scafo ad ala portante, motoscafo a tre punti. 26 **Tragflügel** ~ (*naut.*), aliscafo, scafo ad ala portante, motoscafo a tre punti. 27 **Torpedo** ~ (*Kriegsmar.*), torpediniera. 28 **U-** ~ (*Kriegsmar.*), sommergibile, sottomarino. 29 **Vergnügungs** ~ (*naut.*), barca da diporto, imbarcazione da diporto.

«Bootstrap» (Kathodenverstärker) (*m. - Elektronik - etc.*), «bootstrap», amplificatore bootstrap. 2 ~ (Ureingabe) (*Rechner*), lancio iniziale, inizializzazione.

Bor (*B - n. - Chem.*), boro. 2 ~ **karbid** (Schleifmittel) (*n. - Werkz.masch.bearb.*), carburo di boro. 3 ~ **-Kron** (Art optisches Glases, Abbesche Zahl $67,00 \div 62,01$) (*n. - Opt.*), crown boro. 4 ~ **säure** (HB_3O_3) (*f. - Chem.*), acido borico. 5 ~ **silikatglas** (*n. - Glasind.*), vetro al borosilicato. 6 ~ **wasser** (3%ige Lösung von Borsäure) (*n. - Chem. - Pharm.*), acqua borica.

Bora (Wind) (*f. - Meteor.*), bora.

Boral (eines Reaktors, für Neutronenabsorption) (*n. - Atomphys.*), boral.

Borane (Borwasserstoffe, für Hochenergiebrennstoffe) (*n. - pl. - Verbr.*), borani.

Borax ($Na_2B_4O_7 - 10H_2O$) (*m. - Min.*), borace.

Borazit ($Mg_6 B_{14} O_{26} Cl_2$) (*m. - Min.*), boracite.

Borazol ($B_3N_3H_6$) (*n. - Chem.*), borazolo, benzolo inorganico.

Borazon (Borkarbid, für Schleifscheiben z. B.) (*m. - Werkz.*), borazon.
Borchers Metall (Nickelsonderlegierung) (*n. - Metall.*), metallo Borchers, lega Borchers.
Bord (Rand) (*m. - allg.*), orlo, margine. 2 ~ (*naut. - Flugw.*), bordo. 3 ~ -**Abfangradar** (*m. - Radar*), radar intercettatore di bordo. 4 ~ -**Boden** (*Funk. - etc.*), aria-terra. 5 ~ -**Bord-Rakete** (*f. - Lufw.*), razzo aria-aria. 6 ~ -**Bord-Verkehr** (*m. - Flugw.*), comunicazione aria-aria. 7 ~ **buch** (*n. - naut.*), giornale di bordo. 8 ~ **elektrik** (elekt. Anlagen, etc. eines Flugzeuges) (*f. - Flugw.*), impianti ed apparecchiature elettriche di bordo. 9 ~ **elektronik** (*f. - Flugw.*), apparecchiatura elettronica di bordo. 10 ~ -**Feuerleitradar** (*n. - Radar - Flugw.*), radar di puntamento di bordo. 11 ~ **funker** (*m. - Flugw.*) - *naut.*), radiotelegrafista di bordo. 12 ~ **ingenieur** (*m. - Flugw.*), motorista di bordo. 13 ~ **hahn** (Bordventil) (*m. - Leit.*), rubinetto di spurgo. 14 ~ **kante** (*f. - Strasse*), siehe Bordschwelle. 15 ~ **konnossement** (Verladungsschein) (*n. - naut.*), polizza di carico. 16 ~ -**Land-Verbindung** (*f. - naut. - Funk.*), comunicazione nave-terra. 17 ~ **mechaniker** (*m. - Flugw.*), motorista di bordo. 18 ~ **netz** (eines Schiffes) (*n. - Elekt. - naut.*), rete di bordo. 19 ~ **peiler** (*m. - Instr.*), radiobussola di bordo. 20 ~ **radar** (*n. - Flugw.*), radar di bordo. 21 ~ **scheibe** (Bordring, eines Achslagers) (*f. - Eisenb.*), anello di spallamento. 22 ~ **schwelle** (Bordstein, Schrammbord, Bordkante), cordone (di marciapiede), cordonata, cordolo. 23 ~ **sender** (*m. - Funk.*), trasmettitore di bordo. 24 ~ **sprechanlage** (*f. - Flugw.*), impianto d'intercomunicazione di bordo. 25 ~ **stein** (Bordkante, Bordschwelle, eines Bürgersteigs) (*m. - Strasse*), cordone (del marciapiede), cordolo (del marciapiede), cordonata. 26 ~ **steinkante** (*f. - Strasse*), spigolo del marciapiede. 27 ~ **wand** (eines Lastkraftwagens) (*f. - Aut.*), sponda. 28 ~ **wandwagen** (offener Güterwagen) (*m. - Eisenb.*), carro merci aperto, carro a sponde alte. 29 ~ **werkzeuge** (*n. - pl. - Aut.*), dotazione attrezzi, borsa attrezzi. 30 ~ -**zu Boden-Signal** (*n. - Funk. - Flugw.*), segnale aria-terra. 31 ~ -**zu-Bord-Verbindung** (*f. - Flugw.*), comunicazione aria-aria. 32 ~ -**zu-Bord-Warngerät** (*n. - Flugw.*), apparecchio anticollisioni aeree. 33 **frei an** ~ (*Transp. - komm.*), franco a bordo. 34 **Frei** ~ (*naut.*), bordo libero. 35 **Setz** ~ (*naut.*), battente di boccaporto, falca. 36 **über** ~ **werfen** (*naut.*), gettare in mare.
Borda-Mündung (*f. - Hydr.*), tubo di Borda.
Bördelautomat (für Blechbearb.) (*m. - Masch.*), bordatrice automatica.
Bördeleisen (für Blechbearb.) (*n. - Werkz.*), attrezzo per bordare.
Bördelmaschine (für Blechbearb.) (*f. - Masch.*), bordatrice.
Bördelmutter (*f. - Mech.*), dado zigrinato.
Bördeln (Umbiegen des Randes von Blechteilen) (*n. - mech. Technol.*), bordatura. 2 ~ (Warmverfahren) (*Schmieden*), flangiatura.
bördeln (den Rand von Blechteilen umbiegen) (*Blechbearb.*), bordare. 2 ~ (umbördeln, ein Rohr) (*Leit.*), flangiare. 3 ~ (mittels Warmverfahren) (*Schmieden*), flangiare.
Bördelprobe (von Rohrwerkstoffen) (*f. - mech. Technol.*), prova di flangiatura, prova di slabbratura.
Bördelverbindung (Flanschverbindung) (*f. - Leit. - etc.*), giunto a flangia risvoltata.
Bore (Sprungwelle, Bewegungsgrösse) (*f. - Hydr.*), quantità di moto.
Borieren (Bor- Diffusion, Wärmebeh. des Stahls z. B. in borabgebenden Mitteln) (*n. - Wärmebeh.*), borizzazione, borurazione.
Borkron (Borosilikatkronglas) (*n. - Glasind.*), vetro « crown » al silicato di boro.
Bornit (Cu_5 Fe S_4, Buntkupferkies) (*m. - Min.*), bornite.
Börse (*f. - finanz.*), borsa. 2 ~ **n·händler** (*m. - finanz.*), operatore di borsa. 3 ~ **n·makler** (*m. - finanz.*), agente di cambio. 4 ~ **n·notierung** (Börsenpreis) (*f. - finanz.*), quotazione in borsa. 5 ~ **n·vorstand** (*m. - finanz.*), comitato di borsa. 6 ~ **n·zettel** (*m. - finanz.*), listino di borsa. 7 **Nach** ~ (*finanz.*), dopo-borsa. 8 **Waren** ~ (*finanz.*), borsa merci.
börsenfähig (Wertpapiere) (*finanz.*), negoziabile (in borsa).
börsengängig (*finanz.*), quotato in borsa.
Borste (*f. - Ind.*), setola. 2 ~ **n·pinsel** (*m. - Werkz.*), pennello di setole.
Bort, Boort (Industriediamant) (*m. - Min.*), diamante bort, diamante industriale.
Böschmauer (*f. - Bauw.*), muro a scarpa.
Bosch-Spezialmetall (Sondermessing mit 58 % Cu, 38 % Zn, 2 % Mn, 1 % Ni, 1 % Fe, seewasserbeständig) (*n. - Metall.*), metallo Bosch, ottone speciale Bosch.
Böschung (*f. - Bauw.*), scarpata. 2 ~ **s·grad** (*m. - Bauw.*), siehe natürlicher Böschungswinkel. 3 ~ **s·kegel** (einer Strassenabzweigung) (*m. - Strass.verkehr*), scarpata conica (di un bivio stradale). 4 ~ **s·mauer** (*f. - Bauw.*), muro di ritegno, muro di sostegno (per terrapieni). 5 ~ **s·waage** (*f. - Instr.*), clinometro. 6 ~ **s·winkel** (Böschungshöhe: Böschungsbreite) (*m. - Bauw.*), pendenza. 7 **Aussen** ~ (eines Deiches, die dem Gewässer zugekehrte Böschung) (*Wass.b.*), scarpa interna, petto. 8 **Binnen** ~ (eines Deiches, die dem Polder zugekehrte Böschung) (*Wass.b.*), scarpa esterna, spalla. 9 **Innen** ~ (eines Deiches, die dem Polder zugekehrte Böschung) (*Wass.b.*), scarpa esterna, spalla. 10 **natürlicher** ~ **s·winkel** (Böschungsgrad) (*Bauw.*), angolo di naturale declivio.
Bose - Statistik (Bose - Einstein - Statistik) (*f. - Kernphys.*), statistica di Bose.
Bosonen (Teilchen) (*n. - pl. - Kernphys.*), bosoni.
Bosse (Bossenwerkstein) (*f. - Baukunst*), bugna.
bosseln (bossieren) (*Baukunst*), bugnare.
Bossenwerk (die Rustika) (*n. - Baukunst*), bugnato. 2 ~ **stein** (*m. - Baukunst*), bugna.
bossieren (bosseln) (*Baukunst*), bugnare. 2 ~ (Blech z. B.) (*mech. Technol.*), goffrare.
BO Strab (Bau- und Betriebsordnung für Strassenbahnen) (*Transp.*), regolamento per la costruzione e l'esercizio delle tranvie.
Bote (*m. - Arb.*), fattorino. 2 **Bank** ~ (*Arb.*),

Böttcher

fattorino di banca. 3 **Brief** ~ (*Arb. - Post*), postino. 4 **Gerichts** ~ (Gerichtsdiener) (*Arb. - recht.*), usciere.
Böttcher (Weissbinder, Fassbinder, Binder, Schäffler, Büttner, Fässler, Kübler, Küfer) (*m. - Arb.*), bottaio.
Bottich (*m. - allg.*), tino, tinozza.
Bouclégarn (*n. - Textil.ind.*), filato bouclè.
Bourdondruckmesser (*m. - Instr.*), manometro di Bourdon.
Bourdonrohr (*n. - Instr.*), tubo di Bourdon.
Bowdenbremse (*f. - Mech.*), freno con trasmissione flessibile, freno azionato da cavo Bowden.
Bowdenkabel (*n. - Mech.*), cavo Bowden, cavetto Bowden, cavo flessibile, « Bowden ».
Bowdenzug (*m. - Mech.*), tirante Bowden, tirante flessibile.
Box (Boxkamera, Kastenkamera) (*f. - Phot.*), macchina fotografica a cassetta. 2 ~ (Autoschuppen) (*Aut.*), « autobox », « box ».
Boxen (*n. - Sport*), pugilato.
Boxermotor (*m. - Mot.*), motore piatto, motore a sogliola, motore a cilindri contrapposti.
BP (Bandpassfilter) (*Funk.*), filtro passabanda. 2 ~ (Bundespost) (*Post*), Poste federali.
BPA (Beginn der Paraffinausscheidung, gibt Auskunft über das Kälteverhalten von Dieselkraftstoff) (*Brennst.*), temperatura inizio separazione paraffina.
BR (Butadienkautschuk) (*Gummiind.*), BR, polibutadiene, 1,4 cis polibutadiene.
Br (Brom) (*Chem.*), Br, bromo.
Br. (Brennstoff) (*Verbr.*), combustibile. 2 ~ (Brücke) (*Brück.b. - etc.*), ponte. 3 ~ (Breite) (*Geogr.*), latitudine.
Brachystochrone (Kurve des schnellsten Fallens eines Teilchens in einem homogenen Gravitationsfeld) (*f. - Mech.*), brachistocrona.
Brachzeit (Nebenzeit) (*f. - Zeitstudie*), tempo passivo.
brackig (Wasser) (*allg.*), salmastro.
Brackwasser (*n. - allg.*), acqua salmastra.
Bragit (Fergusonit) (*m. - Min.*), bragite, fergusonite.
Brahne (Brahme) (*f. - Bauw. - etc.*), piombino.
Brail (*f. - naut.*), gavitello. 2 ~ **tau** (*n. - naut.*), cavo del gavitello.
Brake (Flachsbreche) (*f. - Textilmasch.*), maciulla, gramola.
braken (Flachs brechen) (*Text.*), maciullare, gramolare.
Bramme (Stahlblock) (*f. - Metall.*), bramma. 2 ~ **n·kokille** (*f. - Metall.*), forma per bramme. 3 ~ **n·strasse** (*f. - Walzw.*), laminatoio per bramme, treno per bramme.
Branchenadressbuch (*n. - Ind. - komm. - Fernspr. - etc.*), repertorio categorico, pagine gialle.
Brand (Feuer) (*m. - allg.*), fuoco. 2 ~ (Glühen von keramischen Massen z. B.) (*Keramik*), cottura. 3 ~ (eines Brandsteinofens) (*Ofen*), carica. 4 ~ (Verbrennen) (*allg.*), combustione. 5 ~ (Feuersbrunst, Unfall) (*Feuerwehr*), incendio. 6 ~ **ausbruch** (*m. - Bauw. - etc.*), scoppio d'incendio. 7 ~ **bekämpfung** (Feuerlöschen) (*f. - Bauw. - etc.*), operazioni antincendio. 8 ~ **bombe** (*f. - milit.*), bomba incendiaria. 9 ~ **eisen** (*n. - Werkz.*), ferro per marcare (a fuoco). 10 ~ **fleck** (*m. - Med.*), scottatura. 11 ~ **fleck** (Schleiffehler) (*Werkz. masch.bearb.*), (macchia di) bruciatura. 12 ~ **giebel** (*m. - Bauw.*), muretto tagliafuoco. 13 ~ **hahn** (zur Treibstoffzufuhrunterbrechung) (*m. - Flugw. - Mot.*), rubinetto di chiusura del combustibile. 14 ~ **malerei** (*f. - allg.*), pirografia. 15 ~ **marke** (beim Schleifen z. B.) (*f. - Werkz.masch.bearb.*), segno di bruciatura, bruciatura. 16 ~ **mauer** (*f. - Bauw.*), muro tagliafuoco. 17 ~ **meister** (*m. - Feuerwehr*), comandante dei pompieri. 18 ~ **melder** (*m. - Ger.*), avvisatore d'incendio. 19 ~ **messer** (Pyrometer) (*m. - Instr.*), pirometro. 20 ~ **riss** (*m. - Metall.*), incrinatura termica. 21 ~ **schott** (*n. - Bauw. - etc.*), paratia parafiamma. 22 ~ **schutz** (*m. - Bauw. - etc.*), protezione antincendio. 23 ~ **silber** (Feinsilber mit 998÷999-1000 Ag) (*n. - Metall.*), argento al 998÷999-1000. 24 ~ **sohle** (Innensohle) (*f. - Schuhind.*), soletta. 25 ~ **stein** (Backstein) (*m. - Bauw.*), mattone. 26 ~ **tür** (*f. - Kessel*), portello del focolaio. 27 ~ **versicherung** (*f. - komm.*), assicurazione contro gli incendi. 28 ~ **wunde** (*f. - Med.*), scottatura. 29 ~ **zeichen** (*n. - Transp. - etc.*), indicazione impressa a fuoco. 30 ~ **ziegel** (*m. - Metall. - etc.*), mattone refrattario. 31 in ~ **setzen** (*allg.*), incendiare.
branden (von Wellen) (*See*), frangersi.
« **Brandenburger** » (überhitztes Lager) (*m. - Mech.*), cuscinetto surriscaldato.
Brander (*m. - naut.*), brulotto.
brandfest (*allg.*), ignifugo.
Brandung (Brandungswelle, waagerechte Wellenbewegung) (*f. - Geogr.*), onda longitudinale.
Branntkalk (gebrannter Kalk) (*m. - Maur.*), calce viva.
Branntwein (*m. - chem. Ind.*), acquavite. 2 ~ **waage** (Alkoholometer) (*f. - Instr.*), alcoolometro.
Braschen (Schlacken) (*f. - pl. - Metall.*), scorie.
Brasse (laufendes Gut) (*f. - naut.*), braccio.
brassen (*naut.*), bracciare.
Bräu, Brau (Brauerei) (*n. - m. - Ind.*), fabbrica di birra.
Brauch (Gebrauch) (*m. allg.*), uso. 2 ~ **barkeit** (*f. - allg.*), utilizzabilità, usabilità, impiegabilità. 3 ~ **wasser** (für gewerbliche Zwecke) (*n. - Ind.*), acqua industriale.
brauchbar (*allg.*), utilizzabile, usabile, idoneo, adatto.
brauchen (*allg.*), usare, impiegare, adoperare, utilizzare.
Brauen (Brauerei) (*n. - chem. Ind.*), fabbricazione della birra.
brauen (*chem. Ind.*), fabbricare la birra.
Brauer (*m. - chem. Ind.*), fabbricante di birra.
Brauerei (Herstellung von Bier) (*f. - chem. - Ind.*), fabbricazione della birra.
Braun (*n. - Farbe*), bruno. 2 ~ **eisenstein** ($Fe_2O_3 \cdot nH_2O$) (Limonit, Nadeleisenerz) (*m. - Min.*), limonite. 3 ~ **kohle** (*f. - Kohle*), lignite. 4 ~ **kohlenbrikett** (*n. - Kohle*), mattonella di lignite. 5 ~ **schliff** (Holzschliff) (*m. - Papier-*

ind.), pasta meccanica bruna. 6 ~ **stein** (Pyrolusit, Weichmanganerz) (*m. - Min.*), biossido di manganese, pirolusite.
bräunen (brunieren, Metalle) (*Technol.*), brunire.
Braunsche Röhre (*Phys.*), tubo di Braun.
Brause (Dusche) (*f. - Bauw.*), doccia. 2 ~ **wanne** (*f. - Bauw.*), vaschetta per doccia.
brausen (von Bier) (*chem. Ind.*), bollire.
brausend (*allg.*), effervescente.
Brauwesen (*n. - chem. Ind.*), industria della birra.
Breccie (*f. - Min. - Bauw.*), siehe Brekzie.
Brechbank (Flachsbreche) (*f. - Textilmasch.*), maciulla, gramola.
brechbar (*allg.*), frangibile, fragile. 2 ~ (Strahl) (*Phys.*), rifrangibile.
Brechbarkeit (*f. - allg.*), frangibilità, fragilità. 2 ~ (von Strahlen) (*Phys. - Opt.*), rifrangibilità.
Brechbolzen-Kupplung (Sicherheitskupplung) (*f. - Mech.*), giunto a spina tranciabile.
Breche (Flachsbreche) (*f. - Textilmasch.*), maciulla, gramola.
Brecheisen (Brechstange) (*n. - Werkz.*), palanchino, piè di porco.
Brechen (*n. - allg.*), rottura. 2 ~ (von Erz) (*Bergbau*), frantumazione, macinazione.
brechen (*v.t. - allg.*), rompere. 2 ~ (Kohle z. B.) (*v.t. - - Bergbau*), frantumare. 3 ~ (Flachs) (*v.t. - Textilind.*), maciullare, gramolare. 4 ~ (Strahlen) (*v.t. - Opt.*), rifrangere. 5 ~ (Verträge z. B.) (*v.t. - komm. etc.*), violare. 6 ~ (gewinnen) (*v.t. - Bergbau*), estrarre. 7 ~ (*v.i. - Mech. - etc.*), guastarsi, avariarsi. 8 ~ (Gebäude) (*v.i. - Bauw.*), crollare.
Brecher (Brechmaschine) (*m. - Masch.*), frantoio. 2 ~ (Steinbrucharbeiter) (*Arb.*), spaccapietre. 3 ~ (Brechsee) (*See*), frangente, colpo di mare.
Brechhammer (*m. - Werkz.*), gravina, piccone.
Brechindex (Brechungszahl, Brechungskoeffizient) (*m. - Opt. - etc.*), indice di rifrazione.
Brechkraft (*f. - Opt.*), siehe Brechwert.
Brechmaschine (Brecher) (*f. - Masch.*), frantoio.
Brechplatte (für Absicherung) (*f. - Masch.*), piastra di rottura, piastra di sicurezza.
Brechsand (Sand aus gebrochenen Gesteinen bis 7 mm Korndurchmesser) (*m. - Bauw.*), sabbia da frantumazione.
Brechsee (Brecher) (*f. - See*), frangente, colpo di mare.
Brechstange (Brecheisen) (*f. - Werkz.*), palanchino, piè di porco.
Brechtopf (für Absicherung) (*m. - Walzw.*), blocco di sicurezza.
Brechung (*f. - allg.*), rottura, frattura. 2 ~ (Refraktion) (*Opt.*), rifrazione. 3 ~ s·ebene (*f. - Opt.*), piano di rifrazione. 4 ~ s·einheit (*f. - Opt.*), diottria. 5 ~ s·koeffizient (Brechungsexponent, Brechungsindex) (*m.- Opt.*), siehe Brechzahl. 6 ~ s·messer (*m. - Opt.*), rifrattometro. 7 ~ s·streuung (*f. - Kernphys.*), diffusione rifrattiva. 8 ~ s·vermögen (*n. - Opt.*), potere rifrangente. 9 ~ s·welle (*f. - Phys.*), onda rifratta. 10 ~ s·winkel (*m. - Opt.*), angolo di rifrazione. 11 ~ s·zahl (Brechzahl, Brechungskoeffizient, Brechungsindex) (*f. - Opt.*), indice di rifrazione.
Brechwalzwerk (*n. - Masch.*), frantoio a cilindri.
Brechweinstein (Salz der Weinsäure, zum Beizen von Gewebe) (*m. - Chem. - Textilind.*), sale emetico, tartrato doppio di antimonio e potassio.
Brechwert (Brechkraft, in Dioptrien definiert) (*m. - Opt.*), potere diottrico, potenza.
Brechzahl (Brechungskoeffizient, Brechungsexponent, Brechungsindex) (*f. - Opt.*), indice di rifrazione.
Brei (Pulp, Holzstoff) (*m. - Papierind.*), pasta di legno.
breit (*allg.*), largo.
Breitband (*n. - Funk.*), banda larga. 2 ~ **kabel** (*n. - Fernseh. - etc.*), cavo multigamma (di frequenze). 3 ~ **stahl** (*m. - metall. Ind.*), nastro largo (di acciaio). 4 ~ **strasse** (Breitbandwalzwerk) (*f. - Walzw.*), laminatoio per larghi nastri.
breitbandig (*Funk.*), a banda larga.
Breitbeil (*n. - Werkz.*), scure.
Breitbildaufnahme (*f. - Filmtech.*), ripresa panoramica.
Breite (Weite) (*f. - allg.*), larghezza. 2 ~ (*Geogr.*), latitudine. 3 ~ n·effekt (Änderung der Intensität von kosmischen Strahlen) (*m. - Geophys.*), effetto di latitudine. 4 ~ n·fehler (*m. - Navig.*), errore di latitudine. 5 ~ n·grad (*m. - Geogr.*), grado di latitudine. 6 ~ n·kreis (Breitenparallel) (*m. - Geogr.*), parallelo. 7 ~ n·verhältnis (eines Propellerflügels) (*n. - naut.*), rapporto di larghezza. 8 grösste ~ (*allg.*), ingombro in larghezza, larghezza fuori tutto. 9 grösste ~ (*Schiffbau*), larghezza massima. 10 Konstruktions ~ (Berechnungsbreite) (*Schiffbau*), larghezza massima. 11 Konstruktions ~ auf Aussenkante Panzer (*Schiffbau*), larghezza massima fuori corazza. 12 Konstruktions ~ auf Aussenkante Planken (*Schiffbau*), larghezza massima fuori fasciame. 13 Konstruktions ~ auf Aussenkante Spanten (*Schiffbau*), larghezza massima fuori ossatura e dentro fasciame. 14 Konstruktions ~ über Spanten (*Schiffbau*), larghezza massima fuori ossatura e dentro fasciame. 15 Zahn ~ (*Mech.*), larghezza del dente.
Breiten (*n. - Schmieden*), appiattimento, stiratura trasversale.
breiten (*allg.*), allargare. 2 ~ (*Walzw.*), appiattire.
Breitfärbemaschine (*f. - Textilmasch.*), macchina per la tintura in largo.
Breitfilm (Breitwandfilm) (*m. - Filmtech.*), film panoramico, film per grande schermo. 2 ~ (Film über 35 mm) (*Filmtech.*), pellicola larga.
Breitflachstahl (gewalzter Fluss·stahl mit den Querschnittformen über 150 mm Breite, 3 mm Dicke und mehr) (*m. - metall. Ind.*), largo piatto.
Breitflanschprofil (*n. - Metall. - Bauw.*), profilato ad ali larghe.
Breitflanschträger (*m. - Bauw. - Metall.*), trave a doppio T.

Breitfuss·schiene

Breitfuss·schiene (Vignolesschiene) (*f.* - *Eisenb.*), rotaia Vignole, rotaia a base piana.
Breithalter (Vorr. zur Ausbreitung, an der Webemaschine, Breitrichter) (*m.* - *Textilmasch.*), allargatore.
Breitkopfstift (Drahtstift) (*m.* - *Zimm.* - *Tischl.*), punta a testa piana larga, chiodo a testa piana larga.
Breitrichter (*m.* - *Textilmasch.*), siehe Breithalter.
Breitrundkopfstift (Drahtstift) (*m.* - *Zimm.* - *Tischl.*), punta a testa bombata larga.
breitschlagen (*Technol.* - *Metall.*), appiattire (battendo).
Breitschliff (*m.* - *Werkz.masch.bearb.*), rettifica (con mola) larga.
Breitschlitzdüse (zur Herstellung von Folien oder Platten aus Kunststoff) (*f.* - *Masch.*), testa di estrusione piana, testa piana.
Breitspur (*f.* - *Eisenb.*), scartamento largo.
breitspurig (*Eisenb.*), a scartamento largo.
Breitstrahler (*m.* - *Beleucht.* - *App.*), apparecchio di illuminazione estensivo, apparecchio di illuminazione a ripartizione estensiva. 2 ∼ (Nebellicht) (*Aut.*), luce fendinebbia, luce antinebbia, proiettore fendinebbia, proiettore antinebbia.
Breitwand (*f.* - *Filmtech.*), schermo panoramico. 2 ∼ film (Breitfilm) (*m.* - *Filmtech.*), film panoramico, film per grande schermo.
Breitwaschmaschine (*f.* - *Textilmasch.*), lavatrice in largo, macchina per lavare in largo.
Breitziehpresse (Doppelkurbelziehpresse) (*f.* - *Masch.*), pressa per imbutitura a doppia manovella.
Brekzie (Breccie, Bresche) (*f.* - *Bauw.*), breccia.
Bremsanlage (*f.* - *Aut.*), impianto di frenatura, freno, impianto frenante. 2 Betriebs ∼ (*Aut.*), freno di esercizio. 3 Dauer ∼ (*Aut.*), rallentatore, freno continuo. 4 Einkreis ∼ (Einkreisbremse) (*Aut.*), freno ad un circuito, impianto frenante ad un circuito. 5 Feststell ∼ (*Aut.*), freno di stazionamento. 6 Fremdkraft ∼ (Auflaufbremse z. B.) (*Aut.*), freno ad azionamento separato. 7 Hilfs ∼ (*Aut.*), freno di soccorso. 8 Hilfskraft ∼ (Servobremse) (*Aut.*), servofreno. 9 Not ∼ (*Aut.*), freno di emergenza. 10 Zweikreis ∼ (Zweikreisbremse) (*Aut.*), freno a due circuiti, impianto frenante a due circuiti.
Bremsarbeit (*f.* - *Aut.* - *etc.*), lavoro di frenatura.
Bremsattest (Bremszeugnis) (*n.* - *Mot.*), bollettino della prova al freno, certificato della prova al freno.
Bremsaudion (Bremsfeldaudion) (*n.* - *Elekt.*), demodulatore a campo frenante.
Bremsausgleich (*m.* - *Aut.* - *etc.*), compensazione del freno.
Bremsausgleicher (*m.* - *Aut.*), bilanciere comando freni.
Bremsautomat (für Schlitten z. B.) (*m.* - *Werkz.masch.*), dispositivo di bloccaggio automatico.
Bremsbacke (*f.* - *Aut.* - *etc.*), ceppo del freno. 2 Ablauf ∼ n (*Aut.*), ceppi svolgenti. 3 Anlauf ∼ n (*Aut.*), ceppi avvolgenti.
Bremsband (*n.* - *Mech.*), nastro del freno.
Bremsbelag (*m.* - *Aut.* - *etc.*), guarnizione del freno, «ferodo». 2 ∼ (einer Scheibenbremse) (*Aut.*), pastiglia (del freno), pattino (del freno).
Bremsbelastung (*f.* - *Mot.*), carico del freno.
Bremsberg (*m.* - *Bergbau*), piano inclinato per frenatura.
Bremsbock (Probierbock) (*m.* - *Mot.*), banco prova.
Bremsdauer (vom Beginn bis zum Ende des Bremsvorganges) (*f.* - *Aut.* - *etc.*), tempo di frenatura.
Bremsdichte (von Neutronen) (*f.* - *Kernphys.*), densità di rallentamento.
Bremsdrehmoment (*n.* - *Mot.*), coppia frenante.
Bremsdruckmesser (*m.* - *Eisenb.* - *Instr.*), manometro del freno.
Bremsdynamo (*m.* - *Mot.*), freno elettrico.
Bremsdynamometer (*n.* - *Mot.*), freno dinamometrico.
Bremse (*f.* - *Fahrz.* - *Mech.*), freno. 2 ∼ (für Bremsversuche) (*Mot.*), freno. 3 abstufbare ∼ (*veic.*), freno moderabile. 4 Anlauf- und Ablaufbacken ∼ (*Aut.*), freno ad azione avvolgente e svolgente. 5 Auflauf ∼ (eines Anhängers) (*Aut.*), freno ad inerzia. 6 Auspuff ∼ (Motorbremse) (*Aut.*), freno-motore. 7 Aussenbacken ∼ (*Fahrz.*), freno a ceppi esterni. 8 Backen ∼ (*Fahrz.*), freno a ceppi. 9 Band ∼ (*Mech.*), freno a nastro. 10 Betriebs ∼ (Fussbremse) (*Aut.*), freno di esercizio, freno a pedale. 11 Dauer ∼ (Dauerbremsanlage) (*Fahrz.*), rallentatore, freno continuo. 12 doppeltwirkende ∼ (*Fahrz.*), freno a doppio effetto. 13 Dreibacken ∼ (*Aut.*), freno a tre ceppi. 14 Dreibacken-Trommel ∼ (*Aut.*), freno a tamburo a tre ceppi. 15 Dreikreis ∼ (*Aut.*), freno a tre circuiti. 16 Druckluft ∼ (*Fahrz.*), freno ad aria compressa. 17 Duplex ∼ (mit zwei Auflauf- oder zwei Ablaufbacken) (*Fahrz.*), freno duplex, freno a doppio ceppo avvolgente (o svolgente). 18 Einkreis ∼ (*Aut.*), freno ad un circuito. 19 Eisenbahn ∼ (*Eisenb.*), freno per veicoli ferroviari. 20 elektrische ∼ (*Fahrz.* - *etc.*), freno elettrico. 21 Elektromotor ∼ (*elekt. Fahrz.*), siehe Kurzschlussbremse. 22 Expansionsband ∼ (*Mech.*), freno a nastro ad espansione. 23 Felgen ∼ (*Fahrz.*), freno sul cerchione. 24 Feststell ∼ (*Fahrz.*), freno di stazionamento, freno di blocco. 25 Fliehkraft ∼ (*Mech.*), freno centrifugo. 26 Flüssigkeits ∼ (*Mot.*), freno idraulico. 27 Fuss ∼ (Betriebsbremse) (*Aut.*), freno a pedale, freno di esercizio. 28 Gegenstrom ∼ (in der der Motorstrom umgekehrt wird) (*Elekt.*), freno a controcorrente. 29 Getriebe ∼ (*Aut.*), freno sulla trasmissione. 30 Hand ∼ (*Fahrz.*), freno a mano. 31 Hilfs ∼ (*Aut.*), freno di soccorso. 32 Hinterrad ∼ (*Fahrz.*), freno sulle ruote posteriori. 33 hydraulische ∼ (*Aut.* - *etc.*), freno idraulico. 34 hydraulische Wirbel ∼ (Wasserwirbelbremse) (*Mot.*), freno idraulico, freno dinamometrico idraulico. 35 hydropneumatische ∼ (*Fahrz.*), freno idropneumatico. 36 Innenbacken ∼ (*Fahrz.*), freno a ceppi interni, freno ad espansione. 37 Kurzschluss ∼ (Elektromotorbremse, durch die die Bewegungsenergie als Stromerzeuger

benützt wird) (*elekt. Fahrz.*), freno a resistenza. **38 Lamellen** ~ (*Mech.*), freno a dischi. **39 lastabhängige** ~ (*Fahrz.*), freno (ad azione) proporzionale al carico. **40 Luft** ~ (*Flugw.*), aerofreno, freno aerodinamico. **41 luftgekühlte** ~ (*Fahrz.*), freno raffreddato ad aria. **42 mechanische** ~ (*Mech.*), freno meccanico. **43 mechanische Reibungs** ~ (*Fahrz.*), freno ad attrito secco, freno meccanico. **44 Motor** ~ (*Fahrz.*), freno motore. **45 Not** ~ (*Aut. - Fahrz.*), freno di soccorso, freno di emergenza. **46 Park** ~ (*Aut.*), freno di parcheggio. **47 Pronysche** ~ (*Mot.*), freno Prony. **48 Reibungs** ~ (*Fahrz.*), freno ad attrito. **49 Rücktritt** ~ (*Fahrrad*), freno a contropedale. **50 Saugluft** ~ (*Fahrz.*), freno a depressione. **51 Scheiben** ~ (*Fahrz.*), freno a disco. **52 Scheiben** ~ **mit Vakuum-Unterstützung** (*Aut.*), freno a disco con servofreno a depressione. **53 Servo-** ~ (*Fahrz.*), servo freno. **54 Simplex** ~ (mit einem Auflauf und Ablaufbacken) (*Fahrz.*), freno simplex, freno ad un ceppo avvolgente ed uno svolgente. **55 Vakuum** ~ (Saugluftbremse, Unterdruckbremse) (*Mech.*), freno a depressione. **56 Vierrad** ~ (*Aut.*), freno sulle quattro ruote. **57 Vorderrad** ~ (*Aut.*), freno anteriore, freno sulle ruote anteriori. **58 Wasser** ~ (für Bremsversuche) (*Mot.*), freno idraulico. **59 Wirbelstrom** ~ (*Elektromech.*), freno a correnti di Foucault. **60 Zusatz** ~ (*Mech.*), freno ausiliario. **61 Zweikreis** ~ (*Aut.*), freno a due circuiti.

Bremsen (*n. - Aut. - etc.*), frenatura.
bremsen (*Aut. - etc.*), frenare.
Bremser (*m. - Arb.*), frenatore. **2** ~ **häuschen** (*n. - Eisenb.*), cabina del frenatore, garitta del frenatore.
Bremsfading (*n. - Aut.*), siehe Wärmefading.
Bremsfallschirm (*m. - Flugw.*), paracadute frenante.
Bremsfeld (*n. - Elekt.*), campo frenante, campo ritardante.
Bremsfeldröhre (Hochfrequenzröhre) (*f. - Elektronik*), tubo a campo frenante.
Bremsflüssigkeit (*f. - Aut.*), liquido dei freni.
Bremsfusshebel (*m. - Aut.*), pedale del freno.
Bremsfutter (Bremsbelag) (*n. - Mech. - etc.*), guarnizione del freno.
Bremsgestänge (*n. - Fahrz.*), tirante del freno.
Bremsgitter (*n. - Elektronik*), griglia di arresto, griglia di soppressione.
Bremsheben (der Hinterachse eines Pkw) (*n. - Aut.*), picchiata (da frenatura).
Bremsklappe (an den Tragflügeln eines Flugzeuges) (*f. - Flugw.*), aerofreno, freno aerodinamico.
Bremsklotz (Bremsbacke) (*m. - Mech.*), ceppo del freno.
Bremskraft (*f. - Aut. - etc.*), forza frenante. **2** ~ **begrenzer** (*m. - Aut.*), limitatore della forza frenante.
Bremskreis (einer Zweikreis-Bremsanlage z. B.) (*m. - Aut.*), circuito frenante.
Bremskupplungsschlauch (*m. - Eisenb. - etc.*), accoppiatore per il freno.
Bremsleistung (Brems-PS) (*f. - Mot.*), potenza al freno. **2** ~ (Produkt aus Bremskraft und Fahrgeschwindigkeit) (*Aut. - etc.*), potenza frenante.
Bremsleitung (*f. - Eisenb.*), tubazione del freno.
Bremslenkung (bei Gleiskettenfahrzeugen) (*f. - Fahrz.*), sterzaggio mediante frenata.
Bremsleuchte (*f. - Aut.*), luce di arresto.
Bremslicht (Bremsleuchte, Stopplicht, Haltelicht) (*n. - Aut.*), luce di arresto.
Bremslüftgerät (*n. - Masch. - Fahrz.*), dispositivo di allentamento del freno.
Bremsluftkompressor (Bremsluftpumpe) (*m. - Eisenb.*), compressore del freno.
Bremsluftschraube (für Flugzeugmotorprobe) (*f. - Flugw.*), mulinello, elica per prove (al freno), elica di prova, elica frenante.
Bremsmagnet (*m. - Elekt.*), magnete frenante, magnete smorzatore.
Bremsmoment (*n. - Masch.*), coppia frenante, momento frenante.
Bremsmotor (*m. - Elekt.*), motore con freno.
Bremsnachstellung (*f. - Fahrz.*), registrazione dei freni.
Bremsnickausgleich (bei Strassenfahrzeugen) (*m. - Fahrz.*), compensazione picchiata da frenata.
Bremsnocken (Bremsschlüssel) (*m. - Aut. - Mech.*), bocciolo, camma, chiave.
Bremsorbit (*m. - Raumfahrt*), orbita di frenatura.
Bremspedal (*n. - Fahrz.*), pedale del freno.
Bremspferdestärke (Brems - PS) (*f. - Mot.*), potenza al freno.
Bremspotential (um ein Elektron zu bremsen) (*n. - Kernphys.*), potenziale di arresto.
Bremsprellbock (*m. - Eisenb.*), respingente fisso.
Bremsprobe (*f. - Mot.*), prova al freno.
Bremsprotokoll (Prüfungsschein) (*n. - Mot.*), verbale della prova al freno, protocollo della prova al freno, bollettino della prova al freno.
Bremsprüfstand (zur Prüfung der Bremse) (*m. - Aut.*), banco prova dei freni. **2 Rollen** ~ (*Aut.*), banco a rulli per prova dei freni.
Bremsrakete (Retrorakete) (*f. - Astronautik*), razzo frenante, retrorazzo.
Bremsregler (gegen die Blockierung der Räder) (*m. - Fahrz. - Elektronik*), regolatore di frenata.
Bremsrückzugfeder (*f. - Mech.*), molla di richiamo del freno.
Bremsscheibe (einer Scheibenbremse) (*f. - Aut.*), disco del freno.
Bremsschirm (Fallschirm) (*m. - Flugw.*), paracadute frenante.
Bremsschlupf (*m. - Aut.*), slittamento da frenata.
Bremsschlüssel (Bremsnocken) (*m. - Mech. - Aut.*), chiave, bocciolo, camma.
Bremsschreiber (für Bremsverzögerungsmessungen an Kraftfahrzeugen) (*m. - Aut. - Ger.*), frenografo, decelerografo, registratore dei tempi di frenatura.
Bremsschuh (Bremsbacke) (*m. - Mech. - etc.*), ceppo del freno.
Bremsspur (auf der Fläche der Strasse) (*f. -*

Bremsstand

Aut. - etc.), segno della frenata, traccia della frenata.
Bremsstand (Prüfstand) (*m. - Mot.*), banco prova.
Bremsstation (Probierstation) (*f. - Mot.*), sala prove.
Bremsstoff (*m. - Atomphys.*), moderatore. 2 ~ gitter (*n. - Atomphys.*), reticolo moderatore.
Bremsstrahlung (*f. - Kernphys.*), radiazione di decelerazione.
Bremsstrecke (*f. - Fahrz.*), siehe Bremsweg.
Bremssubstanz (*f. - Atomphys.*), moderatore, sostanza moderatrice.
Bremstauchen (der Vorderachse eines Pkw beim Bremsen) (*n. - Aut.*), picchiata (da frenata).
Bremstrommel (*f. - Mech.*), tamburo del freno. 2 ~ drehbank (*f. - Werkz.masch. - Aut.*), tornio per tamburi freno. 3 ~ schleifbank (*f. - Werkz.masch. - Aut.*), rettificatrice per tamburi freno.
Bremsübersetzung (Bremsgestänge) (*f. - Fahrz.*), tiranteria del freno.
Bremsung (*f. - Aut. - etc.*), frenatura. 2 ~ (*Atomphys.*), moderazione. 3 ~ in der Fabrik (*Aut.*), prova (di collaudo) dei freni in fabbrica. 4 elektrische ~ (*Fahrz.*), frenatura elettrica. 5 elektromagnetische ~ (*Elekt.*), frenatura elettromagnetica. 6 Nutz ~ (*Elekt.*), frenatura a ricupero. 7 Widerstands ~ (*Fahrz.*), frenatura reostatica.
Bremsverhältnis (*n. - Atomphys.*), rapporto di moderazione.
Bremsvermögen (für Neutronen) (*n. - Kernphys.*), potere di rallentamento.
Bremsverstärker (Servobremse) (*m. - Aut.*), servofreno.
Bremsversuch (*m. - Mot.*), prova al freno.
Bremsverzögerung (*f. - Aut. - etc.*), decelerazione di frenatura, rallentamento di frenatura.
Bremswagen (*m. - Eisenb.*), carro con freno.
Bremsweg (Bremsstrecke) (*m. - Fahrz.*), spazio di frenata, spazio percorso durante la frenata. 2 ~ kurve (*f. - Aut.*), grafico dello spazio di frenata.
Bremswiderstand (*m. - Elekt.*), reostato di frenatura.
Bremszange (einer Scheibenbremse) (*f. - Aut.*), pinza del freno.
Bremszaum (Prony'scher Zaum) (*m. - Mot.*), freno Prony.
Bremszeit (*f. - Fahrz.*), siehe Bremsdauer.
Bremszeugnis (*n. - Mot.*), siehe Bremsattest.
Bremszugstange (*f. - Fahrz.*), tirante del freno.
Bremszylinder (einer Kanone) (*m. - milit.*), cilindro freno, cilindro frenante. 2 ~ (Radbremszylinder) (*Aut.*), cilindretto del freno. 3 ~ (Stossdämpfer) (*Mech.*), ammortizzatore. 4 ~ (Bauteil von Druckluftbremsen) (*Eisenb. - etc.*), cilindro del freno. 5 Haupt ~ (einer hydraulischen Bremse) (*Aut.*), pompa idraulica. 6 Rad ~ (einer hydraulischen Bremse) (*Aut.*), cilindretto del freno, cilindretto apriceppi.
Brennachse (*f. - Opt.*), asse focale.
brennbar (*allg.*), combustibile.

Brenndauer (von Röhren z. B.) (*f. - Elektronik - etc.*), durata.
Brennebene (*f. - Opt.*), piano focale.
Brenneisen (*n. - Werkz.*), ferro per marcare a fuoco. 2 ~ (Thermokauter) (*Med.*), termocauterio.
Brennelement (Brennstoffelement, eines Kernreaktors) (*n. - Brennst.*), elemento di combustibile.
Brennen (*n. - allg.*), bruciatura. 2 ~ (von Ziegelsteinen z. B.) (*Ind.*), cottura. 3 ~ (von Branntwein) (*Ind.*), distillazione. 4 ~ (Keramik), cottura. 5 ~ (*Text.*), bruciatura.
brennen (*allg.*), bruciare. 2 ~ (Kalk z. B.) (*Ind.*), cuocere. 3 ~ (Branntwein) (*Ind.*), distillare. 4 ~ (*Keramik*), cuocere. 5 ~ (*Text.*), bruciare.
Brenner (*m. - Verbr.*), bruciatore. 2 ~ (für Schweissarbeiten z. B.) (*Werkz.*), cannello. 3 ~ düse (*f. - Verbr.*), ugello del bruciatore. 4 ~ härtungsverfahren (*n. - Wärmebeh.*), tempra al cannello, tempra alla fiamma. 5 ~ nadel (Düsennadel) (*f. - Verbr.*), ago per bruciatore. 6 ~ probe (*f. - Chem.*), prova al cannello. 7 ~ zange (*f. - Werkz.*), pinza. 8 Azetylen ~ (*Verbr.*), becco per acetilene. 9 Bunsen ~ (*Verbr.*), becco Bunsen. 10 Gabel ~ (*Verbr.*), becco doppio. 11 Gas ~ (*Verbr.*), bruciatore per gas. 12 Kohlenstaub ~ (*Verbr.*), bruciatore per polverino di carbone. 13 Öl ~ (*Verbr.*), bruciatore per nafta. 14 Schneide ~ (*Werkz.*), cannello da taglio. 15 Schweiss ~ (*Werkz.*), cannello per saldare.
Brennerei (Herstellung von Branntwein, etc.) (*f. - Ind.*), distilleria.
Brennfläche (m²) (der Rosteinrichtung) (*f. - Verbr.*), superficie di griglia.
Brennfleck (Brennpunkt) (*m. - Opt.*), fuoco, punto focale.
Brenngas (*n. - Verbr.*), gas combustibile.
Brenngeschwindigkeit (*f. - Verbr.*), velocità di propagazione della fiamma.
Brenngut (*n. - Metall.*), materiale da trattare.
Brennhärtung (*f. - Wärmebeh.*), flammatura, tempra alla fiamma.
Brennholz (*n. - Verbr.*), legna da ardere.
Brennkammer (eines Dampfkessels) (*f. - Kessel*), camera di combustione. 2 ~ (eines Strahltriebwerkes) (*Strahltriebw.*), camera di combustione, combustore. 3 ~ (einer Gasturbine z. B.) (*Turb.*), camera di combustione. 4 Ring ~ (einer Gasturbine z. B.) (*Turb.*), camera di combustione anulare.
Brennkolben (*m. - chem. Ger.*), storta.
Brennkraft-Elektrofahrzeug (Elektroschienenfahrzeug mit Brennkraftmaschinen, Generatoren und Elektromotoren) (*n. - Eisenb. - Fahrz.*), elettromotrice autonoma, autoelettromotrice.
Brennkraftmaschine (*f. - Mot.*), motore termico.
Brennlinie (*f. - Opt.*), linea focale.
Brennofen (*m. - chem. Ind.*), forno di calcinazione. 2 ~ (*Keramik*), forno di cottura.
Brennöl (*n. - Verbr.*), olio combustibile.
Brennpunkt (Fokus) (*m. - Opt.*), fuoco. 2 ~ (Entzündung) (*Chem.*), punto di accensione. 3 ~ (von Brennstoffen) (*Verbr.*), tempera-

tura di accensione. 4 ~ (eines Flügels z. B.) (*Flugw.*), fuoco aerodinamico. 5 ~ (einer Parabel z. B.) (*Geom.*), fuoco. 6 ~ s·abstand (*m. - Opt.*), distanza focale. 7 auf den ~ einstellen (*Opt.*), mettere a fuoco, focalizzare. 8 mit zwei ~ en (*Opt.*), bifocale.
Brennputzen (*n. - Metall.*), scriccatura al cannello, scriccatura alla fiamma.
Brennschluss (bei Raketen) (*m. - Mot.*), chiusura del propellente, arresto della combustione.
Brennschneiden (*n. - Technol.*), taglio al cannello.
Brennschweissen (Abbrennschweissen) (*n. - mech. Technol.*), saldatura a scintillìo.
Brennspannung (einer Gasentladungslampe) (*f. - Beleucht.*), tensione di funzionamento.
Brennstab (Brennstoffelement, eines Kernreaktors) (*m. - Brennst.*), barra combustibile.
Brennstand (für Raketen) (*m. - Mot.*), rampa di prova.
Brennstaub (*m. - Verbr.*), combustibile in polvere. 2 ~ feuerung (Feuerraum) (*f. - Kessel*), focolare a polverino di carbone, focolare a polverizzato.
Brennstoff (*m. - Verbr.*), combustibile. 2 ~ (Öl z. B.) (*Mot.*), combustibile. 3 ~ (Benzin) (*Aut. - Mot.*), carburante. 4 ~ absperrhahn (*m. - Mot.*), rubinetto arresto combustibile. 5 ~ -Aufarbeitung (*f. - Kernphys.*), rigenerazione del combustibile. 6 ~ behälter (*m. - chem. Ind. - Mot.*), serbatoio del combustibile. 7 ~ druckpumpe (*f. - Mot.*), pompa di alimentazione del combustibile. 8 ~ einspritzung (*f. - Mot.*), iniezione del combustibile. 9 ~ element (*n. - Elekt.*), pila a combustione. 10 ~ element (eines Kernreaktors, Brennelement) (*Brennst.*), elemento di combustibile. 11 Brennstoffilter (*m. - Mot.*), filtro del combustibile. 12 **Brennstofförderanlage** (*f. - Mot.*), impianto di alimentazione del combustibile. 13 **Brennstofförderung** (*f. - Mot. - etc.*), alimentazione del combustibile. 14 ~ gemisch (Benzin-Öl-Gemisch) (*n. - Motorrad*), miscela. 15 ~ leitung (*f. - Mot.*), tubo del combustibile, tubazione del combustibile. 16 ~ luftgemisch (*n. - Mot.*), miscela aria-combustibile. 17 ~ mangel (*m. - Mot.*), mancanza di combustibile. 18 ~ pumpe (*f. - Mot.*), pompa di alimentazione del combustibile. 19 ~ reiniger (Kraftstoffilter) (*m. - Mot.*), filtro del combustibile. 20 ~ schnellentleerung (*f. - Flugw.*), scarico rapido del carburante, scarico rapido del combustibile. 21 ~ stand (*m. - Aut.*), livello del combustibile. 22 ~ tank (*m. - Mot.*), serbatoio del combustibile. 23 ~ tender (*m. - Eisenb.*), « tender », carrozscorta. 24 ~ uhr (*f. - Instr.*)` indicatore di livello del combustibile. 25 ~ umhüllung (*f. - Kernreaktor*), incamiciatura dell'elemento di combustibile. 26 ~ verbrauch (*m. - Mot.*), consumo di combustibile. 27 ~ zelle (um chemische Energie in elekt. Energie zu umwandeln) (*f. - Elekt.*), cella a combustione, pila a combustione. 28 ~ zellenbatterie (*f. - Elekt.*), batteria a combustione, batteria di pile a combustione. 29 ~ zuführung (Brenstoffförderung) (*f. - Mot.*), alimentazione del combustibile. 30 ~ zuführung mit Gefälle (*Mot.*), alimentazione del combustibile a gravità. 31 ~ zuführung unter Druck (*Mot.*), alimentazione forzata del combustibile, alimentazione a pressione del combustibile. 32 abwerfbarer ~ behälter (*Flugw.*), serbatoio del combustibile sganciabile in volo. 33 fester ~ (*Verbr.*), combustibile solido. 34 flüssiger ~ (*Verbr.*), combustibile liquido. 35 gasförmiger ~ (*Verbr.*), combustibile gassoso. 36 reiches ~ luftgemisch (*Mot.*), miscela ricca, miscela grassa. 37 veredelter ~ (*Verbr.*), combustibile arricchito.
brennstoffzellengespeist (*Elekt.*), alimentato da pile a combustione.
Brennstrahl (einer Ellipse) (*m. - Geom.*), raggio focale. 2 ~ (*Opt.*), raggio focale. 3 ~ härtung (*f. - Wärmebeh.*), flammatura, tempra alla fiamma.
Brennversuch (*m. - Verbr.*), prova di combustione.
Brennweite (einer Kamera) (*f. - Opt.*), distanza focale, focale. 2 ~ n·messer (*m. - Opt. - Instr.*), focometro.
Brennwert (*m. - Phys.*), siehe Heizwert.
Brennziegel (*m. - Bauw.*), mattone, cotto, laterizio.
Brennzünder (*m. - Expl.*), spoletta a miccia.
Bresche (*f. - Bauw.*), siehe Brekzie.
Brett (Schnittholz von 10 - 35 mm Stärke) (*n. - Holz - Bauw.*), asse, tavola. 2 ~ (für Instr.) (*Aut. - etc.*), quadro. 3 ~ er·dach (*n. - Bauw.*), tetto di assi. 4 ~ er·lager (*n. - Holz*), deposito di legname. 5 ~ er·stapel (*m. - Holz*), catasta di legname. 6 ~ er·verschlung (*m. - Bauw.*), assito, tavolato. 7 ~ fallhammer (*m. - Schmiedemasch.*), maglio a tavola, berta a tavola. 8 Anschlag ~ (zum Anschlagen von Mitteilungen, etc. einer Fabrik z. B.) (*Ind. - etc.*), albo. 9 Armaturen ~ (*Mot. - Aut.*), quadro portastrumenti, cruscotto portastrumenti, quadro portapparecchi. 10 Dach ~ (*Bauw.*), tavola per copertura. 11 Fuss ~ (*Fahrz.*), pedana. 12 Instrumenten ~ (*Mot. - etc.*), quadro portapparecchi, quadro portastrumenti. 13 Klemmen ~ (*Elekt.*), morsettiera. 14 Reiss ~ (*Zeichn.*), tavolo da disegno. 15 Spritz ~ (Spritzwand) (*Aut.*), cruscotto. 16 Stirn ~ (*Bauw.*), frontalino. 17 Tritt ~ (*allg.*), pedana, predellino. 18 Zeichen ~ (*Zeichn.*), tavolo da disegno.
Bride (Federbride, Federbügel) (*f. - Mech.*), staffa (per molla).
Brief (*m. - komm. - Büro*), lettera. 2 ~ (Angebot, an der Börse) (*finanz.*), offerta. 3 ~ (Nadeln) (*Ind.*), bustina di aghi. 4 ~ bearbeitung (*f. - Post*), smistamento delle lettere. 5 ~ bogen (*m. - Papierind.*), foglio di carta da lettera. 6 ~ bote (Briefträger, Zusteller, Postbote) (*m. - Arb.*), portalettere, postino. 7 ~ datum (*n. - Büro*), data della lettera. 8 ~ einwurf (*m. - Post*), buca delle lettere. 9 ~ fach (*n. - Post*), casella postale. 10 ~ kasten (*m. - Post*), cassetta delle lettere. 11 ~ klammer (Büroklammer) (*f. - Büro*), fermaglio. 12 ~ kopf (*m. - Büro*), intestazione della lettera. 13 ~ kopierpresse (*f. - Büromasch.*), copialettere. 14 ~ marke (*f. - Post*), francobollo. 15 ~ markenkunde (*f. - Post*), filatelia. 16 ~ mit

Brigantine

Wertangabe (*Post*), (lettera) assicurata. 17 ~ öffner (*m. - Bürowerkz.*), aprilettere. 18 ~ ordner (*m. - Büro*), raccoglitore (per ufficio). 19 ~ papier (*n. - Papierind.*), carta da lettera. 20 ~ siegel (*n. - Büro*), sigillo per lettere. 21 ~ stempel (*m. - Post*), timbro postale. 22 ~ telegramm (LT, ELT) (*n. - Post*), telegramma-lettera. 23 ~ text (Text, Briefinhalt) (*m. - Büro*), testo della lettera, contenuto della lettera. 24 ~ träger (*m. - Arb.*), portalettere, postino. 25 ~ umschlag (Briefhülle, Briefkuvert, Kuvert) (*m. - Post*), busta per lettere. 26 ~ verschliessgerät (*n. - Ger.*), chiudilettere, apparecchio chiudilettere. 27 ~ verteilanlage (*f. - Post*), impianto distribuzione lettere. 28 ~ waage (*f. - Post*), bilancia per lettere. 29 ~ werbung (*f. - komm.*) pubblicità per corrispondenza. 30 Begleit ~ (*Büro*), lettera di accompagnamento. 31 Bürger ~ (*recht.*), certificato di cittadinanza. 32 Eil ~ (*Post*), espresso, lettera espresso. 33 Einschreibe ~ (E-Brief, R-Brief) (*Post*), raccomandata, lettera raccomandata. 34 Fenster ~ umschlag (*Post*), busta con finestra. 35 Fracht ~ (*Transp.*), lettera di vettura. 36 Geschäfts ~ (*Büro - komm.*), lettera di affari, lettera commerciale. 37 Ideen ~ kasten (Vorschlag-Briefkasten) (*m. - Arb. - Organ.*), cassetta delle idee. 38 Kredit ~ (*komm.*), lettera di credito. 39 Luftpost ~ (Flugpostbrief) (*Post*), lettera aerea. 40 Wert ~ (*Post*), lettera assicurata, assicurata.

Brigantine (Brigg) (*f. - naut.*), brigantino.

Brigg (Brigantine) (*f. - naut.*), brigantino.

Brikett (gepresste Stoffe) (*n. - Kohle - etc.*), bricchetta, bricchetto, mattonella. 2 ~ presse (*f. - Masch.*), pressa per mattonelle. 3 Guss·span ~ (*Metall. - Mech.*), mattonella di trucioli di ghisa.

brikettieren (*Kohle - etc.*), formare mattonelle, bricchettare.

Brikettierung (*f. - Kohle - etc.*), formazione di mattonelle, bricchettazione.

Brillant (Edelstein) (*m. - Min.*), brillante.

Brille (Augenglas) (*f. - Opt.*), occhiali. 2 ~ (Zugbrett) (*Textilmasch.*), tavola di trazione. 3 ~ (einer Stopfbüchse) (*Leit. - etc.*), premistoppa, premitreccia, premibaderna, pressatreccia. 4 ~ (Lünette) (*Werkz.masch.*), lunetta. 5 ~ n·futteral (*n. - Opt.*), astuccio per occhiali. 6 ~ n·gestell (*n. - Opt.*), montatura per occhiali. 7 ~ n·glas (*n. - Opt.*), lente da occhiali. 8 ~ n·macher (*m. - Opt.*), ottico. 9 ~ n·ofen (Ofen mit zwei Herden) (*m. - Ofen - Metall.*), forno a doppia suola. 10 Bifokal ~ (*Opt.*), occhiali bifocali. 11 Probier ~ (*Opt.*), occhiali da prova. 12 Schutz ~ (*Arb.*), occhiali protettivi, occhiali di protezione. 13 Schweiss ~ (*mech. Technol.*), occhiali da saldatore. 14 Sonnen ~ (*Opt.*), occhiali da sole.

Brinellhärte (*f. - mech. Technol.*), durezza Brinell.

« brinellieren » (*mech. Technol.*), misurare la durezza Brinell, sottoporre a prova di durezza Brinell.

Brinelling (Eindruckbildung auf der Oberfläche durch wiederholte Stosse) (*m. - Metall.*

- *mech. Technol.*), brinellatura. 2 falsches ~ (*Metall. - mech. Technol.*), falsa brinellatura.

Brinell-Zahl (*f. - mech. Technol.*), numero di durezza Brinell.

bringen (*allg.*), portare. 2 ~ (abwerfen, Dividende z. B.) (*finanz.*), rendere. 3 auf den Markt ~ (*komm.*), mettere in commercio, mettere sul mercato. 4 in Gang ~ (*allg.*), mettere in movimento. 5 in Vorschlag ~ (*allg.*), proporre. 6 zum Abschluss ~ (*allg.*), portare a compimento. 7 zu Papier ~ (*allg.*), mettere per iscritto. 8 zur Anwendung ~ (*allg.*), mettere in pratica. 9 zur Ausführung ~ (*allg.*), portare a buon fine. 10 zur Vollendung ~ (*allg.*), portare a termine, perfezionare.

Bringer (*m. - allg.*), portatore, latore.

brisant (*Expl.*), dirompente.

Brisanz (Zertrümmerungsvermögen) (*f. - Expl.*), dirompenza.

Brise (*f. - Meteor.*), brezza. 2 frische ~ (*Meteor.*), vento teso. 3 leichte ~ (*Meteor.*), brezza leggera. 4 mässige ~ (*Meteor.*), vento moderato. 5 schwache ~ (*Meteor.*), brezza tesa.

Briseur (Vorreisser, einer Karde) (*m. - Textilmasch.*), prerompitore.

Bristolpapier (*n. - Papierind.*), cartoncino Bristol.

Brixgrad (*m. - chem. Ind.*), grado Brix.

Brk. (Brücke) (*Brück.b. - etc.*), ponte.

br. m (brevi manu) (*Büro*), brevi manu.

Bröckel (Brocken, Bröckchen, Bröcklein) (*n. - allg.*), frammento. 2 ~ span (Reiss·span) (*m. - Werkz.masch.bearb.*), truciolo strappato.

bröckelig (*allg.*), friabile.

bröckeln (brocken, in kleinere Stücke brechen) (*allg.*), sgretolare, sbriciolare.

Brocken (Reaktorbrennstoff, Block, Würfel) (*m. - Atomphys.*), cilindro. 2 ~ (Bröckel) (*allg.*), frammento. 3 ~ eisen (Abfalleisen) (*n. - Metall.*), rottami di ferro.

brodeln (von Flüssigkeiten) (*allg.*), gorgogliare.

Brodelstörung (*f. - Akus.*), gorgoglìo.

Brokat (Seidenstoff) (*m. - Text.*), broccato.

Brokatell (Brokatelle, Dekorationsstoff, halbseidener) (*n. - Text.*), broccatello.

Brom (Br - *n. - Chem.*), bromo. 2 ~ äther (*m. - Chem.*), bromuro di etile. 3 ~ -Natrium (Natriumbromid, NaBr) (*n. - Chem.*), bromuro di sodio. 4 ~ -Silber (Silberbromid, AgBr) (*n. - Chem.*), bromuro di argento. 5 ~ silberdruck (Kilometerphotographie) (*m. - Phot.*), stampa al bromuro. 6 ~ silbergelatine (*f. - Phot.*), emulsione al bromuro di argento. 7 ~ silberkopie (*f. - Phot.*), copia al bromuro. 8 ~ silberpapier (*n. - Phot.*), carta al bromuro, carta a sviluppo, carta ad immagine latente. 9 ~ -Wasserstoffsäure (HBr) (*f. - Chem.*), acido bromidrico. 10 ~ zahl (Menge Brom in Gramm die von 100 g der Probe aufgenommen wird, zur Bestimmung der ungesättigten Kohlenwasserstoffen die in Ottokraftstoffen etc., enthalten sind) (*f. - Chem.*), numero di bromo.

Bromid (*n. - Chem.*), bromuro. 2 Kalium ~ (*Chem.*), bromuro di potassio. 3 Natrium ~

(*Chem.*), bromuro di sodio. 4 Silber ~ (*Chem. - Phot.*), bromuro di argento.
Bronze (Kupfer-Zinn-Legierung) (*f. - Metall.*), bronzo. 2 ~ (Bronzefarbe) (*Farbe*), bronzo, color bronzo. 3 ~ **buchse** (*f. - Mech.*), bronzina, bussola di bronzo, boccola di bronzo. 4 ~ **farben** (*f. - pl. - Anstr.*), colori per bronzare. 5 ~ **giesserei** (*f. - Giess.*), fonderia di bronzo. 6 ~ **lack** (*m. - Anstr.*), vernice per bronzare. 7 ~ **lager** (*n. - Mech.*), bronzina. 8 ~ **lagerschale** (*f. - Mech.*), bronzina. 9 ~ **tinktur** (*f. - Anstr.*), vernice per bronzare. 10 **Aluminium** ~ (*Metall.*), bronzo d'alluminio. 11 **Blei** ~ (*Metall.*), metallo rosa, bronzo al piombo. 12 **Geschütz** ~ (*Metall.*), bronzo da cannoni. 13 **Glocken** ~ (*Metall.*), bronzo da campane. 14 **Guss-Aluminium** ~ (*Metall.*), bronzo d'alluminio da getti. 15 **Guss** ~ (*Metall.*), bronzo da getti. 16 **Knet** ~ (*Metall.*), bronzo per lavorazione plastica. 17 **Mangan** ~ (*Metall.*), bronzo al manganese. 18 **Nickel** ~ (*Metall.*), bronzo al nichel. 19 **Silizium** ~ (*Metall.*), bronzo al silicio. 20 **Zinn** ~ (*Metall.*), bronzo allo stagno.
bronzen (*adj. - Metall.*), di bronzo.
Bronzieren (*n. - Anstr.*), bronzatura.
bronzieren (*Anstr.*), bronzare.
Bronziermaschine (*f. - Druckmasch.*), bronzatrice, macchina per bronzare.
Brook (*m. - f. - Transp.*), rete di carico, rete per imbragare.
Broschieren (*n. - Buchbinderei*), legatura in brossura.
broschieren (*Buchbinderei*), legare in brossura.
broschiert (*Buchbinderei*), legato in brossura.
Broschur (*f. - Buchbinderei*), brossura.
Broschüre (Druckschrift) (*f. - Druck. - komm.*), opuscolo.
Brotröster (*m. - elekt. Ger.*), tostapane.
Brotschrift (Werkschrift) (*f. - Druck.*), carattere di testo.
Brougham (*m. - Aut.*), guida esterna, « limousine » con guida esterna.
Brownsche Bewegung (*f. - Phys.*), moto browniano.
BRS (Baurichtlinien für den Schiffbau) (*Schiffbau*), norme per le costruzioni navali.
BRT (Bruttoregistertonne) (*naut.*), tonnellata di stazza lorda.
Brucellose (Bangsche Krankheit, Berufskrankheit) (*f. - Med. - Arb.*), brucellosi.
Bruch (Auseinandergehen) (*m. - allg.*), rottura, frattura. 2 ~ (*Werkstoffprüfung*), rottura, frattura. 3 ~ (*Math.*), frazione. 4 ~ (*Min.*), frattura. 5 ~ (Bruchaussehen, Bruchgefüge) (*Metall.*), (aspetto della) frattura. 6 ~ (Riss) (*Maur.*), fessura, crepa. 7 ~ (Verwerfung, Sprung, Dislokation, vertikale oder schiefe Absenkung) (*Geol.*), faglia. 8 ~ (*Geol.*), siehe auch Verwerfung. 9 ~ (des Hangenden) (*Bergbau*), crollo. 10 ~ (Abfall) (*Metall.*), rottame. 11 ~ (Moor, Sumpf) (*m. - n. - Geogr.*), palude. 12 ~ (Unfall, eines Flugzeuges) (*Flugw.*), caduta, urto. 13 ~ **aussehen** (*n. - Metall.*), (aspetto della) frattura. 14 ~ **bau** (*m. - Bergbau*), coltivazione a franamento. 15 ~ **beanspruchung** (Bruchspannung) (*f. - Baukonstr.lehre*), sollecitazione di rottura, carico di rottura. 16 ~ **belastung** (*f. - Werkstoffprüfung*), carico di rottura. 17 ~ **dehnung** (*f. - Werkstoffprüfung*), allungamento alla rottura. 18 ~ **durch Verklebung** (*Metall.fehler*) frattura da incollamento. 19 ~ **einschnürung** (*f. - Metall.*), strizione alla rottura. 20 ~ **eisen** (*n. - Metall.*), rottame di ghisa. 21 ~ **faltung** (*f. - Geol.*), piega con faglia. 22 ~ **festigkeit** (*f. - Metall.*), resistenza alla rottura. 23 ~ **gefüge** (*n. - Metall.*), struttura della frattura. 24 ~ **grenze** (*f. - Werkstoffprüfung*), limite di rottura. 25 ~ **last** (Bruchbelastung) (*f. - Metall. - etc.*), carico di rottura. 26 ~ **lastspielzahl** (beim Dauerversuch) (*f. - mech. Technol.*), numero di alternanze di rottura, numero di cicli di rottura. 27 ~ **linie** (Verwerfungslinie) (*f. - Geol.*), linea di faglia. 28 ~ **lochwicklung** (*f. - Elekt.*), avvolgimento a cave frazionarie. 29 ~ **probe** (Bruchversuch) (*f. - Werkstoffprüfung*), prova a rottura. 30 ~ **punkt** (einer Seilbahn) (*m. - Transp.*), punto del cambiamento di pendenza. 31 ~ **sicherheit** (*f. - Baukonstr.lehre*), coefficiente di sicurezza (alla rottura). 32 ~ **spannung** (Bruchbeanspruchung) (*f. - Baukonstr.lehre*), carico di rottura. 33 ~ **stein** (Quaderstein) (*m. - Bauw.*), pietra tagliata, concio. 34 ~ **stelle** (*f. - Math.*), decimale. 35 ~ **strich** (*m. - Math.*), lineetta di frazione. 36 ~ **stück** (*n. - allg.*), frammento. 37 ~ **stückbildung** (*f. - Metall. fehler*), frammentazione. 38 ~ **tagebau** (*m. - Bergbau*), scavo a cielo aperto, scavo a giorno. 39 ~ **teil** (einer Sekunde z. B.) (*m. - Mech. - etc.*), frazione. 40 ~ **widerstand** (Bruchlast, einer Papierprobe, in kg ausgedrückt) (*m. - Papierind.*), carico di rottura. 41 ~ **zäh** (*Mech. - Metall.*), rottura tenace. 42 ~ **zäh und mattgrau** (*Mech. - Metall.*), rottura tenace e grigio opaco. 43 **Dauer** ~ (Dauerschwingbruch) (*Metall.*), rottura per fatica, frattura per fatica. 44 **Dezimal** ~ (Zehnerbruch) (*Math.*), frazione decimale. 45 **echter** ~ (*Math.*), frazione propria, frazione di valore inferiore all'unità. 46 **Ermüdungs** ~ (*Metall. fehler*), frattura da fatica. 47 **faseriger** ~ (*Metall.*), frattura fibrosa. 48 **feinkörniger** ~ (*Metall.*), frattura a grano fine. 49 **flacher** ~ (*Metall.fehler*), frattura piatta. 50 **gemaserter** ~ (melierter Bruch) (*Metall.fehler*), frattura trotata. 51 **grobkörniger** ~ (*Metall.*), frattura a grano grosso. 52 **Halbnäpfchen** ~ (*Metall.fehler*), frattura a semicoppa. 53 **holziger** ~ (*Metall.fehler*), frattura legnosa. 54 **interkristalliner** ~ (*Metall.fehler*), frattura infracristallina, frattura intercristallina, frattura infragranulare. 55 **kristallinischer** ~ (*Metall.*), frattura cristallina. 56 **melierter** ~ (gemaserter Bruch) (*Metall.fehler*), frattura trotata. 57 **muscheliger** ~ (*Metall.*), frattura concoide. 58 **Naben** ~ (*Metall.fehler*), frattura a raggiera. 59 **Näpfchen** ~ (*Metall.fehler*), frattura a coppa. 60 **Pfeifen** ~ (*Metall.fehler*), frattura a fischietto. 61 **rechnerische** ~ **last** (eines Seiles) (*Seile*), carico di rottura nominale. 62 **Schiebungs** ~ (*Metall.*), frattura da scorrimento. 63 **schieferiger** ~ (*Metall.*), frattura stratificata. 64 **schnelles** ~ **stück** (im Reaktor) (*Atomphys.*), frammento

bruchartig

rapido. **65 schuppiger ~** (*Metall.fehler*), frattura squamosa. **66 Schwarz ~** (*Metall.fehler*), frattura nera. **67 sehniger ~** (*Metall.*), frattura fibrosa. **68 seidiger ~** (*Metall.fehler*), frattura sericea, frattura setacea. **69 spitzer ~** (*Metall.fehler*), frattura a punte. **70 splitteriger ~** (*Metall.*), frattura scheggiata. **71 Staffel ~** (*Geol.*), faglia a gradinata. **72 Trennungs ~** (*Metall.*), frattura da distacco, frattura per separazione, frattura di separazione. **73 unechter ~** (*Math.*), frazione impropria, frazione di valore superiore all'unità. **74 wirkliche ~ last** (effektive Bruchlast, eines Seiles) (*Seile*), carico di rottura effettivo.
bruchartig (*Landw.*), paludoso.
bruchfest (*Technol.*), resistente alla rottura.
brüchig (*Metall. - etc.*), fragile. **2 faul ~** (*Metall.*), fragile a caldo ed a freddo. **3 heiss ~** (rotbrüchig) (*Metall.*), fragile a caldo. **4 kalt ~** (*Metall.*), fragile a freddo.
Brüchigkeit (*f. - Metall. - etc.*), fragilità. **2 ~ beim Kerben** (*Metall.*), fragilità all'intaglio. **3 Blau ~** (*Metall.*), fragilità al (calor) blu. **4 rheotropische ~** (*Metall.*), fragilità reotropica. **5 Rot ~** (*Metall.*), fragilità a caldo. **6 Kalt ~** (*Metall.*), fragilità a freddo.
bruchlanden (*Flugw.*), fracassarsi in atterraggio.
bruchsicher (*allg.*), infrangibile.
Brückchen (*n. - allg.*), ponticello.
Brücke (*f. - Arch. - Brück.b.*), ponte. **2 ~** (Kommandobrücke, Brückendeck) (*naut.*), plancia, ponte di comando. **3 ~** (Wheatstonebrücke z. B.) (*Elekt.*), ponte. **4 ~** (für Verbindungen zwischen Klemmen, Überbrückungsklemme) (*Elekt.*), ponticello. **5 ~** (Pritsche, eines Lastwagens) (*Aut.*), cassone. **6 ~** (*Arch. - Brück.b.*), siehe auch Brücken. **7 ~ mit oberer Fahrbahn** (*Arch. - Brück.b.*), ponte a via superiore. **8 ~ mit unterer Fahrbahn** (*Arch. - Brück.b.*), ponte a via inferiore. **9 Ausleger ~** (*Arch. - Brück.b.*), ponte a sbalzo, ponte a mensola. **10 Balken ~** (*Arch. - Brück.b.*), ponte a trave. **11 Beton ~** (*Arch. - Brück.b.*), ponte in cemento armato. **12 bewegliche ~** (*Arch. - Brück.b.*), ponte mobile. **13 Bogen ~** (Wölbbrücke) (*Arch. - Brück.b.*), ponte ad arco. **14 Dreh ~** (*Arch. - Brück.b.*), ponte girevole. **15 Dreigelenkbogen ~** (*Arch. - Brück.b.*), ponte ad arco a tre cerniere. **16 Durchlaufbalken ~** (*Arch. - Brück.b.*), ponte a travata continua. **17 eine ~ schlagen** (*Brück.b.*), gettare un ponte. **18 Eingelenkbogen ~** (*Arch. - Brück.b.*), ponte ad arco ad una cerniera. **19 eingespannte Bogen ~** (*Brück.b. - Arch.*), ponte ad arco senza cerniere. **20 Eisenbahn ~** (*Arch. - Brück.b.*), ponte ferroviario. **21 Fachwerk ~** (*Arch. - Brück.b.*), ponte a travata, ponte a travi reticolari, ponte a traliccio. **22 feste ~** (*Arch. - Brück.b.*), ponte fisso. **23 Feuer ~** (*Ofen*), volta del focolaio. **24 Hänge ~** (*Arch. - Brück.b.*), ponte sospeso. **25 Hängewerk ~** (*Arch. - Brück.b.*), ponte sospeso. **26 Hinterachs ~** (*Aut.*), ponte posteriore. **27 Holz ~** (*Arch. - Brück.b.*), ponte in legno. **28 Hub ~** (*Arch. - Brück.b.*), ponte sollevabile. **29 Klapp ~** (*Arch. - Brück.b.*), ponte levatoio, ponte ribaltabile.

30 Ponton ~ (Schiffsbrücke) (*naut.*), ponte di barche. **31 Roll ~** (Schiebebrücke) (*Arch. - Brück.b.*), ponte a scorrimento orizzontale, ponte scorrevole. **32 Schiffs ~** (Pontonbrücke) (*naut.*), ponte di barche, ponte galleggiante. **33 Sprengwerk ~** (*Arch. - Brück.b.*), ponte spingente. **34 Stabbogen ~** (Balkenbrücke mit darübergespanntem Bogen) (*Arch. - Brück.b.*), ponte a trave con arco superiore, ponte a trave Langer. **35 Stahl ~** (*Arch. - Brück.b.*), ponte metallico, ponte in ferro. **36 Stahlbeton ~** (*Arch. - Brück.b.*), ponte in cemento armato. **37 Stahlbetonbogen ~** (*Arch. - Brück.b.*), ponte ad arco in cemento armato. **38 Stein ~** (Natursteinbrücke) (*Arch. - Brück.b.*), ponte in pietra. **39 Stein ~** (Ziegelmauerwerkbrücke) (*Arch. - Brück.b.*), ponte in muratura. **40 Strassen ~** (*Brück.b.*), ponte stradale. **41 Verbund ~** (*Arch. - Brück.b.*), ponte a struttura mista, ponte a via in cemento armato e trave principale in ferro. **42 Vollwandbalken ~** (*Arch. - Brück.b.*), ponte a trave con parete piena. **43 vorgespannte ~** (Stahlbetonbrücke) (*Arch. - Brück.b.*), ponte (in cemento armato) precompresso. **44 Wheatstonesche ~** (*Elekt.*), ponte di Wheatstone. **45 Zünder ~** (einer Kerze) (*Elekt. - Mot.*), distanza tra gli elettrodi, spazio esplosivo. **46 Zweigelenkbogen ~** (*Arch. - Brück.b.*), ponte ad arco a due cerniere.
Brücken (*f. - pl. - Arch. - Brück.b.*), ponti. **2 ~ arm** (*m. - Elekt.*), ramo del ponte. **3 ~ aufbau** (eines Tankers) (*m. - naut.*), plancia, ponte di comando. **4 ~ bahn** (*f. - Brück.b.*), siehe Brückenfahrbahn. **5 ~ bau** (*m. - Arch. - Brück.b.*), costruzione di ponti. **6 ~ belag** (*m. - Brück.b.*), pavimentazione del ponte. **7 ~ bildung** (an Zündkerzen) (*f. - Aut. - Mot.*), (formazione di) ponticello. **8 ~ bogen** (*m. - Arch. - Brück.b.*), arcata del ponte. **9 ~ boot** (*n. - naut.*), siehe Brückenschiff. **10 ~ deck** (Brücke, Kommandobrücke) (*n. - naut.*), plancia, ponte di comando. **11 ~ diagonalspannung** (*f. - Elekt.*), tensione della diagonale del ponte. **12 ~ fachwerk** (*n. - Brük.b.*), travata del ponte. **13 ~ fahrbahn** (Fahrbahnübergang) (*f. - Arch. - Brück.b.*), piano stradale del ponte. **14 ~ filter** (*m. - Funk.*), filtro a ponte, filtro differenziale. **15 ~ geländer** (*n. - Brück.b.*), parapetto del ponte. **16 ~ geld** (Brückenzoll) (*n. - komm.*), pedaggio per transito sul ponte. **17 ~ -Gleisfahrzeug** (auf zwei oder mehreren Gestellen ruhend) (*n. - Eisenb.*), carro a bilico. **18 ~ gleichrichter** (*m. - Elekt.*), raddrizzatore a ponte. **19 ~ kabel** (*n. - Brück.b.*), fune per ponti, fune di sospensione (per ponti). **20 ~ klappe** (*f. - Brück.b.*), parte mobile del ponte, parte ribaltabile del ponte. **21 ~ koffer** (*m. - Aut.*), bagagliera. **22 ~ kran** (*m. - ind. Masch.*) gru a ponte. **23 ~ lager** (*n. - Brück.b.*), appoggio del ponte. **24 ~ längsträger** (*m. - Brück.b.*), trave principale longitudinale del ponte. **25 ~ laufkran** (*m. - ind. Masch.*), gru a carroponte. **26 ~ oberbau** (Brückenüberbau) (*m. - Arch. - Brück.b.*), sovrastruttura del ponte. **27 ~ pfeiler** (*m. - Brück.b.*), pila del ponte. **28 ~ pfosten** (Vertikale, einer Fachwerkbrücke) (*m. - Brück.b.*), asta

verticale (della travata) del ponte. 29 ~ **portal** (einer Hängebrücke) (*n. - Brück.b.*), portale del ponte. 30 ~ **querträger** (*m. - Brück.b.*), trave principale trasversale del ponte, traversa principale del ponte. 31 ~ **schaltung** (*f. - Elekt.*), collegamento a ponte, circuito a ponte. 32 ~ **schaltung** (b-Schaltung, eines Stromrichters) (*Elektronik*), collegamento a ponte. 33 ~ **schiff** (Ponton, Tragschiff) (*n. - naut.*), pontone, barca da ponte. 34 ~ **strebe** (Diagonale, einer Fachwerkbrücke) (*f. - Brück.b.*), asta diagonale (della travata) del ponte. 35 ~ **träger** (*m. - Brück.b.*), trave principale del ponte. 36 ~ **verhältnis** (einer Wheatstone-Brücke) (*n. - Elekt.*), rapporto del ponte. 37 ~ **waage** (*f. - Ger.*), stadera a ponte, ponte a bilico, pesa a ponte. 38 ~ **weg** (*m. - Brück.b.*), cavalcavia. 39 Wheatstonesche ~ **schaltung** (*Elekt.*), ponte di Wheatstone.
brücken (eine Brücke schlagen) (*Brück.b.*), gettare un ponte. 2 ~ (zwei Klemmen z. B.) (*Elekt.*), collegare con ponticello, cavallottare. 3 ~ (eine Verbindung machen) (*allg.*), collegare, fare un collegamento.
Brüden (Wrasen, Schwaden) (*m. - Phys.*), fumane, vapori. 2 ~ **abzug** (Dampfabzug, eines Kalkwerkes z. B.) (*m. - Ind.*), estrazione delle fumane (o di vapori). 3 ~ **kondensator** (*m. - Ger.*), condensatore di vapori. 4 ~ **wasser** (*n. - Phys.*), acqua di condensa.
Brumm (Brummen) (*m. - Funk.*), ronzio. 2 ~ **entstörungsspule** (*f. - Funk.*), bobina antironzio. 3 ~ **generator** (Summer) (*m. - Elekt.*), ronzatore. 4 ~ **spannung** (*f. - Funk.*), tensione di ronzio. 5 ~ **strom** (*m. - Elekt.*), corrente di ronzio.
Brummen (Brumm) (*n. - Funk.*), ronzio. 2 ~ (einer Luftschraube) (*Flugw.*), rumore sordo.
Brünieren (Färben von Metallteilen) (*n. - Metall. - mech. Technol.*), brunitura.
brünieren (*Metall. - mech. Technol.*), brunire.
Brunnen (Schachtbrunnen) (*m. - Wass.b.*), pozzo. 2 ~ (*Baukunst*), fontana. 3 ~ (Quelle) (*Geogr.*), sorgente. 4 ~ **ergiebigkeit** (Schüttung) (*f. - Hydr.*), portata del pozzo. 5 ~ **kranz** (*m. - Hydr. - Arch.*), vera (del pozzo), ghiera (del pozzo), puteale. 6 ~ **leistung** (Fassungsvermögen) (*f. - Hydr.*), portata massima di un pozzo. 7 ~ **macher** (Brunnenmeister) (*m. - Arb.*), fontaniere. 8 ~ **mantel** (*m. - Wass.b.*), rivestimento del pozzo. 9 artesischer ~ (*Wass.b.*), pozzo artesiano. 10 Kessel ~ (Schachtbrunnen) (*Wass.b.*), pozzo a gola. 11 Ramm ~ (Abessinier-Brunnen) (*Wass.b.*), pozzo battuto. 12 Rohr ~ (*Wass.b.*), pozzo tubolare. 13 Schacht ~ (Kesselbrunnen) (*Wass.b.*), pozzo a gola.
Brust (*f. - allg.*), parte anteriore. 2 ~ (Vortriebstelle, Einbaustelle) (*Strass.b. - Bergbau*), fronte di avanzamento. 3 ~ (Flanke, eines Zahnes) (*Mech.*), fianco in tiro, fianco attivo, fianco conduttore. 4 ~ (beim Schwimmen) (*Sport*), rana. 5 ~ **leier** (*f. - Werkz.*), trapano a petto. 6 ~ **mauer** (*f. - Maur.*), parapetto. 7 ~ **mikrophon** (*n. - Funk.*), microfono pettorale. 8 ~ **schild** (Tunnelschild, Vortriebschild) (*n. - Strass.b. - Bergbau*), scudo di avanzamento. 9 ~ **winkel** (Spanwinkel, eines Schneidstahles) (*m. - Werkz.*), angolo di spoglia superiore.
Brüstung (Fensterbrüstung) (*f. - Bauw.*), davanzale. 2 ~ (Mauer) (*f. - Bauw.*), parapetto.
Brutapparat (*m. - Landw.*), incubatrice.
brütbar (fruchtbar) (*Atomphys.*), fertile.
Brüten (Brutvorgang) (*n. - Kernphys.*), fertilizzazione, rigenerazione.
brüten (*Kernphys.*), fertilizzare, rigenerare.
Brüter (Brutreaktor) (*m. - Kernphys.*), reattore autofertilizzante, reattore surrigeneratore.
Brutgewinn (*m. - Kernphys.*), guadagno di surrigenerazione.
Brutmantel (Brutzone, eines Brutreaktors) (*m. - Atomphys.*), zona di autofertilizzazione, mantello.
Brutmaschine (*f. - Masch.*), incubatrice.
Brutreaktor (*m. - Kernphys.*), reattore autofertilizzante, reattore surrigeneratore. 2 langsamer ~ (thermischer Brutreaktor) (*Kernphys.*), reattore autofertilizzante a neutroni lenti. 3 schneller ~ (*Kernphys.*), reattore autofertilizzante a neutroni veloci. 4 thermischer ~ (langsamer Brutreaktor) (*Kernphys.*), reattore autofertilizzante a neutroni lenti.
Brutstoff (*m. - Kernphys.*), elemento fertile.
brutto (*komm.*), lordo.
Bruttoeinnahme (*f. - komm.*), entrata lorda.
Bruttogewicht (*n. - komm.*), peso lordo.
Bruttogewinn (*m. - komm.*), guadagno lordo, utile lordo.
Bruttolohn (*m. - Arb. - Pers.*), salario lordo, stipendio lordo.
Bruttoregistertonne (*f. - naut.*), tonnellata di stazza lorda.
Bruttosozialprodukt (*n. - finanz.*), prodotto nazionale lordo.
Bruttotonnengehalt (*m. - naut.*), stazza lorda.
Brutverhältnis (*n. - Kernphys.*), rapporto di rigenerazione.
Brutvorgang (Brüten) (*m. - Kernphys.*), fertilizzazione, rigenerazione.
Brutzone (*Atomphys.*), siehe Brutmantel.
BSA (Bund Schweizer Architekten) (*Arch.*), Associazione Architetti Svizzeri.
BSB (biochemischer Sauerstoffbedarf) (*Biol. - Bauw. - etc.*), fabbisogno biochimico di ossigeno, BOD.
b-Schaltung (Brückenschaltung) (*f. - Elekt.*), circuito a ponte. 2 ~ (eines Stromrichters) (*Elektronik*), collegamento a ponte.
BSchSO (Binnenschiffahrtsstrassen-Ordnung) (*Navig.*), regolamento sulle vie di navigazione interna.
B-Signal (Videosignal) (*n. - Fernseh.*), segnale video.
BS-Kabel (Baumwollseidenkabel) (*n. - Elekt.*), cavo isolato in seta e cotone.
BTÄ (Bleitetraäthyl) (*Aut. - Brennst.*), piombotetraetile.
bto., Btto. (brutto) (*komm. - etc.*), lordo.
BTR (Beratungsdienst Transport-Rationalisierung) (*Transp.*), Servizio Consulenza Razionalizzazione Trasporti.

BT-Wagen (Behälter-Tragwagen) (*m. - Eisenb.*) carro per container, carro per casse mobili.

Buch (*n. - Druck.*), libro. 2 ~ (altes Zählmass für Papier, 24 Schreibpapier- oder 25 Druckpapierbogen) (*Papierind.*), mazzetta di 24 (o 25) fogli di carta. 3 ~, *siehe auch* Bücher. 4 ~ **binder** (*m. - Arb.*), legatore (di libri). 5 ~ **binderei** (*f. - Buchbinderei*), legatoria. 6 ~ **bindereimaschine** (*f. - Buchbindereimasch.*), macchina per legatoria. 7 ~ **binderpappe** (*f. - Papierind.*), cartone per legatoria. 8 ~ **binderwerkstatt** (*f. - Buchbinderei*), legatoria. 9 ~ **decke** (Buchdeckel) (*f. - Buchbinderei*), copertina del libro. 10 ~ **druck** (Hochdruck) (*m. - Druck.*), stampa tipografica. 11 ~ **drucker** (*m. - Arb.*), tipografo. 12 ~ **druckerei** (*f. - Druck.*), tipografia. 13 ~ **druckerkunst** (*f. - Druck.*), arte tipografica. 14 ~ **druckerpresse** (*f. - Druckmasch.*), macchina da stampa tipografica. 15 ~ **druckfarbe** (*f. - Druck.*), inchiostro da stampa. 16 ~ **druckletter** (Buchdruckschrift, Type) (*f. - Druck.*), carattere tipografico. 17 ~ **druckschriften** (*f. - pl. - Druck.*), caratteri tipografici. 18 ~ **fahrplan** (*m. - Eisenb.*), tabella di marcia. 19 ~ **führung** (*f. - Buchhaltung*), contabilità, tenuta dei libri contabili. 20 ~ **halter** (*m. - Buchhaltung*), contabile. 21 ~ **halterei** (Buchhaltung) (*f. - Buchhaltung*), ufficio contabilità, «contabilità». 22 ~ **haltung** (Abteilung eines Betriebes) (*f. - Buchhaltung*), ufficio contabilità, «contabilità». 23 ~ **haltung** (Buchführung) (*Buchhaltung*), contabilità. 24 ~ **haltungsleiter** (Buchhaltungsvorstand, Hauptbuchhalter) (*m. - Buchhaltung*), capocontabile. 25 ~ **haltungsmaschine** (*f. - Masch.*), macchina contabile. 26 ~ **händler** (*m. - komm.*), libraio. 27 ~ **handlung** (*f. - komm.*), libreria. 28 ~ **prüfer** (Bücherrevisor) (*m. - Buchhaltung*), revisore contabile. 29 ~ **prüfung** (Betriebsprüfung) (*f. - Buchhaltung*), revisione contabile. 30 ~ **rücken** (*m. - Buchbinderei*), dorso del libro. 31 ~ **seite** (Seite) (*f. - Buchbinderei*), pagina (del libro), 32 **Arbeits** ~ (*Arb.*), libretto di lavoro. 33 **Bestands** ~ (*Ind.*), libro magazzino, libro (esistenza di) magazzino, inventario. 34 **Bord** ~ (*naut. - Flugw.*), giornale di bordo. 35 **Check** ~ (*finanz.*), libretto degli assegni. 36 **Debitoren-Kreditoren-** ~ **haltung** (*Buchhaltung*) (*schweiz.*), contabilità debitori-creditori. 37 **doppelte** ~ **führung** (*Buchhaltung*), partita doppia. 38 **einfache** ~ **führung** (*Buchhaltung*), partita semplice. 39 **Hand** ~ (*allg.*), manuale. 40 **Haupt** ~ (*Buchhaltung*), mastro, libro mastro. 41 **Kassa** ~ (Kassenbuch) (*Adm.*), libro cassa. 42 **Kontokorrent** ~ (*finanz.*), libretto di contocorrente. 43 **Kurs**~(*Eisenb.*), orario. 44 **Log** ~ (*naut.*), giornale di bordo. 45 **Scheck** ~ (*finanz.*), libretto degli assegni. 46 **Spar** ~ (Sparkassenbuch) (*finanz.*), libretto di risparmio. 47 **zu** ~ **bringen** (*allg.*), registrare.

Buche (*f. - Holz*), faggio. 2 ~ n·**holz** (*n. - Holz*), legno di faggio, faggio.

buchen (*v. - Buchhaltung - etc.*), registrare. 2 ~ (büchen) (*adj. - Holz*), di faggio.

Bücher (*n. - pl. - Druck.*), libri. 2 ~ (**Buchhaltung**), libri (contabili). 3 ~ **abschluss** (*m. - Buchhaltung*), chiusura dei libri. 4 ~ **beschreibung** (*f. - Druck.*), bibliografia. 5 ~ **brett** (*n. - Möbel*), scaffale (per libri). 6 ~ **revisor** (Buchprüfer) (*m. - Buchhaltung*), revisore contabile. 7 ~ **schrank** (Bücherspind) (*m. - Möbel*), libreria. 8 ~ **stand** (*m. - Möbel*), scaffale per libri. 9 **die** ~ **führen** (*Buchhaltung*), tenere i libri.

Bücherei (Bibliothek) (*f. - Bauw.*), biblioteca.

buchhalterisch (*Adm.*), contabilmente.

Büchi-Aufladung (Abgasturboaufladung) (*f. - Mot.*), sovralimentazione con turbocompressore a gas di scarico.

Büchnertrichter (Filter) (*m. - chem. Ger.*), filtro a imbuto.

Buchs (Buchsbaum) (*m. - Holz*), bosso, bossolo.

Buchse (Büchse, Laufbuchse z. B.) (*f. - Mot.*), canna, camicia. 2 ~ (Lager) (*Mech.*), bussola, boccola. 3 ~ (Steckbuchse) (*Elekt.*), presa. 4 ~ **mit glattem Stoss** (*Mech.*), boccola (avvolta) a giunto piano, bussola (avvolta) a giunto piano. 5 ~ **mit verklinktem Stoss** (*Mech.*), boccola (avvolta) a giunto aggraffato, bussola (avvolta) a giunto aggraffato. 6 ~ n·**feld** (Steckbuchsenfeld) (*n. - Elekt.*), pannello prese. 7 ~ n·**kette** (Hülsenkette, Treib- oder Transmissionskette) (*f. - Mech.*), catena Zobel, catena per trasmissione. 8 ~ n·**leiste** (Buchsenstreifen, Steckbuchsenleiste) (*f. - Elekt.*), striscia prese. 9 ~ n·**würfel** (Steckbuchsenwürfel) (*m. - Elekt.*), blocchetto (isolante) portaprese. 10 ~ n·**zieher** (*m. - Werkz.*), estrattore per bussole. 11 **Achs** ~ (*Eisenb.*), boccola. 12 **Feuer** ~ (*Ofen*), focolaio. 13 **fliegende** ~ (*Mech.*), cuscinetto flottante. 14 **Führungs** ~ (*Mech.*), bussola di guida. 15 **gerollte** ~ (*Mech.*), boccola avvolta, boccola rullata. 16 **geteilte Lager** ~ (*Mech.*), cuscinetto in due pezzi, supporto in due semicuscinetti. 17 **Klemm** ~ (*Mech.*), bussola di serraggio. 18 **Kolbenbolzen** ~ (*Mot.*), boccola del piede di biella, bussola per piede di biella. 19 **Lager** ~ (*Mech.*), cuscinetto, bussola per supporto. 20 **Lauf** ~ (eines Zylinders z. B.) (*Mot.*), canna, camicia. 21 **nasse** ~ (Laufbuchse) (*Mot.*)·camicia a umido, canna a umido. 22 **Spann** ~ (*Mech.*), bussola di serraggio. 23 **Steck** ~ (*Elekt.*), presa (di corrente). 24 **Stell** ~ (*Werkz.*), bussola di registro. 25 **trockene** ~ (Laufbuchse) (*Mot.*), canna a secco, camicia a secco. 26 **Zylinder** ~ (*Mot.*), canna cilindro, camicia del cilindro.

Büchse (Behälter) (*f. - Ind.*), scatola, astuccio. 2 ~ (Gewehr), fucile. 3 ~ (Ring, eines Kugellagers) (*Mech.*), anello, pista. 4 ~, *siehe auch* Buchse. 5 ~ n·**fleisch** (*n. - Ind.*), carne in scatola. 6 ~ n·**kamera** (*f. - Phot.*), macchina a cassetta. 7 ~ n·**öffner** (*m. - Werkz.*), apriscatole. 8 ~ n·**schmied** (*m. - Arb.*), armaiolo. 9 **äussere** ~ (eines Kugellagers) (*Mech.*), anello esterno, pista esterna. 10 **Doppel** ~ (Doppelflinte) (*Gewehr*), doppietta, fucile a due canne. 11 **dreiläufige** ~ (Drilling) (*Gewehr*), fucile a tre canne, «drilling». 12 **Fett** ~ (*Mech.*), ingrassatore (tipo Stauffer). 13 **innere** ~ (eines Kugellagers) (*Mech.*), anello interno, pista interna. 14 **Kern** ~ (Kernkasten)

(*Giess.*), cassa d'anima. **15 Notsteuerungs** ~ (*Mech. - Mot.*), scatola comandi ausiliari, centralina comandi ausiliari. **16 Schmier** ~ (*Mech.*), ingrassatore (tipo Stauffer). **17 Stauffer** ~ (*Mech.*), ingrassatore Stauffer. **18 Stopf** ~ (*Mech.*), tenuta a premistoppa, « premistoppa ».

büchsen (ausbüchsen) (*Mech.*), imbussolare, imboccolare.

Buchstabe (*m. - Druck.*), lettera, carattere. **2** ~ **n·ausdruck** (*m. - Math.*), espressione algebrica. **3** ~ **n·gleichung** (*f. - Math.*), equazione algebrica. **4** ~ **n·rechnung** (Algebra) (*f. - Math.*), algebra. **5** ~ **n·schloss** (*n. - Mech.*), serratura a combinazione di lettere. **6** ~ **n·stempel** (*m. - Mech.*), stampiglio. **7 Anfangs** ~ (*Druck.*), iniziale. **8 aufsteigender** ~ (b, d, f z. B.) (*Druck.*), lettera ascendente. **9 gotischer** ~ (*Druck.*), carattere gotico. **10 grosser** ~ (*Druck.*), lettera maiuscola. **11 Grotesk** ~ (*Druck.*), carattere etrusco, carattere bastone, carattere lapidario, carattere grottesco. **12 in** ~ **n** (eine Nummer) (*finanz. - etc.*), in lettere. **13 kleiner** ~ (*Druck.*), lettera miuuscola.

buchstäblich (Übersetzung z. B.) (*allg.*), letterale.

Bucht (*f. - Geogr.*), baia, insenatura. **2** ~ (Balkenbucht) (*Schiffbau*), bolzone (del baglio).

buchten (*allg.*), incavare.

Buchung (*f. - Buchhaltung - etc.*), registrazione. **2** ~ **s·automat** (*m. - Buchhaltungsmasch.*), macchina contabile automatica. **3** ~ **s·beleg** quitanza. **4** ~ **s·fehler** (*m. - Buchhaltung*), errore contabile. **5** ~ **s·maschine** (*f. - Buchhaltungsmasch.*), macchina contabile. **6** ~ **s·papier** (*n. - Papierind.*), carta per contabilità. **7** ~ **s·zentrum** (Platzreservierungszentrum) (*n. - Rechner*), centro prenotazioni. **8 Rück** ~ (*Buchhaltung*), storno.

Buckel (*m. - Mech. - Giess.*), risalto, borchia, formaggella. **2** ~ **blech** (Buckelplatte) (*n. - metall. Ind.*), lamiera a risalti. **3** ~ **schweissen** (Warzenschweissung) (*n. - mech. Technol.*), saldatura su risalti. **4** ~ **stein** (*m. - Arch.*), bugna. **5** ~ **steinmauer** (Bossenwerk) (*f. - Arch.*), bugnato.

bücken (sich beugen) (*allg.*), curvarsi.

Buckling (*f. - Kernphys.*), buckling. **2 materielle** ~ (materielle Flussdichtewölbung) (*Kernphys.*), buckling materiale.

Bude (Schuppen) (*f. - Bauw.*), capannone.

Budget (staatlicher Haushaltplan) (*n. - finanz.*), bilancio governativo. **2** ~ (eines Betriebes) (*Adm.*), bilancio preventivo, « budget ».

Budgetierung (*f. - Adm.*), esecuzione di budget, esecuzione di bilancio preventivo.

Büfett [Büffet (österr.)] (*n. - Möbel*), credenza.

Büfettier [Büffetier (österr.)] (*m. - Arb.*), barista, « barman ».

Büffeltank (*m. - Motorrad*), serbatoio (benzina) da motocicletta.

Buffer (*m. - Mech. - etc.*), ammortizzatore. **2** ~ **stange** (Stossfänger) (*f. - Aut.*), paraurti.

buffieren (abbuffen) (*Lederind.*), vellutare, smerigliare il lato fiore.

Bug (eines Schiffes z. B.) (*m. - naut. - Flugw.*), prua, prora. **2** ~ **anker** (*m. - naut.*), àncora di posta. **3** ~ **kappe** (eines Luftschiffes) (*f. - Flugw.*), scudo di prua. **4** ~ **lastigkeit** (*f. - Flugw.*), appruamento. **5** ~ **pforte** (Bugklappe) (*f. - naut.*), prua apribile, portellone di prua. **6** ~ **rad** (eines Fahrwerkes) (*n. - Flugw.*), ruota anteriore. **7** ~ **radfahrgestell** (Bugradfahrwerk) (*n. - Flugw.*), carrello di atterraggio a triciclo. **8** ~ **rohr** (Torpedoausstossrohr) (*n. - Kriegsmar.*), tubo (lanciasiluri) di prua. **9** ~ **spriet** (*n. - naut.*), bompresso. **10** ~ **welle** (*f. - naut.*), onda di prua. **11** ~ **werfer** (Raketenwerfer) (*m. - milit.*), lanciarazzi prodiero, lanciarazzi di prua. **12 Wulst** ~ (*Schiffbau*), prua a bulbo.

Bügel (einer Säge) (*m. - Werkz.*), archetto, arco, telaio. **2** ~ (Stromabnehmer) (*elekt. Eisenb.*), presa (di corrente) ad archetto. **3** ~ (für Eisenbeton) (*Bauw.*), staffa. **4** ~ **blech** (Trimmkante) (*n. - Flugw.*), correttore di assetto, aletta correttrice di assetto. **5** ~ **bolzen** (*m. - Mech.*), bullone ad U, cavallotto, staffa ad U. **6** ~ **brett** (Plättbrett) (*n. - Ger.*), tavola per stirare. **7** ~ **dampfabsaugung** (einer Bügelpresse) (*f. - Masch.*), aspirazione del vapore dalla tavola per stirare. **8** ~ **eisen** (Plätteisen) (*n. - Werkz.*), ferro da stiro. **9** ~ **gleitbacke** (*f. - Eisenb.*), guida del parasale. **10** ~ **kontakt** (*m. - Elekt.*), contatto ad archetto. **11** ~ **messchraube** (Mikrometer, Schraublehre) (*f. - Werkz.*), micrometro a vite, « palmer ». **12** ~ **pfanne** (*f. - Giess.*), siviera a bilanciere, caldaia a bilanciere. **13** ~ **presse** (*f. - Textilmasch.*), pressa per stirare, stiratrice meccanica. **14** ~ **probe** (Spannungskorrosionsprobe) (*f. - Werkstoffprüfung*), provino a staffa. **15** ~ **säge** (*f. - Werkz.*), seghetto (a mano). **16** ~ **sägemaschine** (Metallsägemaschine) (*f. - Masch.*), segatrice alternativa. **17** ~ **schleifkontakt** (*m. - Elekt.*), contatto strisciante ad archetto. **18** ~ **schraube** (*f. - Mech.*), bullone ad U, cavallotto, staffa ad U. **19** ~ **stromabnehmer** (*m. - elekt. Fahrz.*), presa (di corrente) ad archetto. **20 kardanischer** ~ (*Mech.*), sospensione cardanica. **21 Kleider** ~ (*allg.*), ometto. **22 Sicherheits** ~ (*Hebemasch.*), staffa di sicurezza. **23 Steig** ~ (*Reitkunst*) staffa.

Bügeln (Plätten) (*n. - Text.*), stiratura.

bügeln (*Text.*), stirare.

buglastig (bugschwer) (*Flugw.*), appruato.

Büglerin (*f. - Arb.*), stiratrice.

bugschwer (buglastig) (*Flugw.*), appruato.

Bugsieren (Schleppen und Schieben von Wasserfahrzeugen) (*n. - naut.*), rimorchio.

bugsieren (schleppen) (*naut.*), rimorchiare.

Bugsierschiff (Schleppschiff, Schlepper) (*n. - naut.*), rimorchiatore.

Bugsierschlepper (*m. - naut.*), rimorchiatore.

Bugsiertau (Schlepptau) (*n. - naut.*), cavo da rimorchio.

Buhne (Kribbe, vom Ufer in das Wasser vorgebauter Dammkörper) (*f. - Wass.b.*), pennello, repellente. **2 Strand** ~ (für Küstenschutz) (*Ing.b.*), diga marittima.

Bühne (Holzgerüst) (*f. - Bergbau*), armatura (in legno). **2** ~ (für die Beschickung von

Bulb

grossen Öfen) (*Metall.*), impalcatura di caricamento, piano di caricamento. 3 ~ (für die Beschickung von Schiffen) (*naut.*), torre di caricamento. 4 ~ (Schaubühne) (*Theater*), palcoscenico. 5 ~ n·arbeiter (*m. - Arb.*), macchinista. 6 ~ n·beleuchtung (*f. - Theater*), illuminazione del palcoscenico. 7 ~ n·bild (*n. - Theater*), apparato scenico. 8 ~ n·effekt (*m. - Theater*), effetto scenico. 9 ~ n·gebäude (die Skene) (*n. - Bauw.*), pulvinare. 10 ~ n·haus (*n. - Theater*), palcoscenico. 11 ~ n·himmel (*m. - Theater*), cielo. 12 ~ n·maler (*m. - Arb.*), scenografo. 13 ~ n·meister (*m. - Arb.*), direttore di scena. 14 ~ n·rahmen (Portal, Mantel) (*m. - Theater*), boccascena. 15 auf die ~ bringen (*Theater*), mettere in scena. 16 Dreh ~ (*Theater*), palcoscenico girevole. 17 Hinter ~ (*Theater*), retropalco. 18 Mittel ~ (*Theater*), palcoscenico intermedio. 19 Schiebe ~ (*Theater*), palcoscenico scorrevole. 20 Seiten ~ (*Theater*), laterale (*s.*). 21 Spiel ~ (*Theater*), proscenio. 22 Unter ~ (*Theater*), sottopalco. 23 Versenk ~ (*Theater*), palcoscenico innalzabile, palcoscenico a scomparsa.

Bulb (Wulst) (*m. - allg.*), bulbo. 2 ~ bug (Wulstbug) (*m. - naut.*), prua a bulbo. 3 ~ eisen (Wulsteisen) (*n. - metall. Ind.*), trave a bulbo, profilato (in ferro) a bulbo. 4 ~ nase (Verbreiterung des unteren Bugteils eines Schiffes) (*f. - naut.*), bulbo. 5 ~ winkeleisen (Winkelwulsteisen) (*n. - metall. Ind.*), angolare a bulbo.

bulbförmig (*allg.*), a bulbo.

Buline (Bulin, Bulien, Buleine, Hilfsleine an der Vorderkante eines Rahsegels) (*f. - naut.*), bolina.

Bullauge (rundes Fenster) (*n. - naut.*), portellino di murata, oblò.

Bulldog (Traktor, Trecker, Schlepper) (*m. - Fahrz.*), trattore (agricolo).

Bulldozer (Raupenfahrzeug) (*m. - Erdbew. masch.*), apripista, «bulldozer». 2 ~ (Schmiedemasch.), fucinatrice orizzontale.

Bummeltag (*m. - Arb.*), assenza senza permesso.

Bummelzug (langsamer Personenzug) (*m. - Eisenb.*), treno omnibus.

Bumslandung (*f. - Flugw.*), atterraggio duro.

Buna (Butadien - Natrium, Kunstkautschuk) (*n. - chem. Ind.*), buna.

Bund (*m. - milit.*), alleanza, patto. 2 ~ (soziale Gruppe) (*m. - Arb. - etc.*), associazione. 3 ~ (Band) (*m. - Metall.*), piattina, moietta. 4 ~ (Ring an einer Welle) (*m. - Mech.*), collare. 5 ~ (Holzverbindung z. B.) (*m. - Zimm. etc.*), giunzione, unione. 6 ~ (Schmiedestück) (*m. - Schmieden*), pezzo di unione. 7 ~ (Rolle, von Draht) (*m. - Walzw.*), rotolo. 8 ~ (Bündel) (*n. - allg.*), fascio, mazzo. 9 ~ (Reisigwelle, Reisigbündel) (*n. - Holz*), fascina. 10 ~ (Garn) (*n. - Text.*), matassa. 11 ~ balken (Binderbalken) (*m. - Bauw.*), trave composta. 12 ~ buchse (*f. - Mech.*), bussola flangiata. 13 ~ durchmesser (einer Schraube) (*m. - Mech.*), diametro dello spallamento. 14 ~ es·bahnen (*f. - pl. - Eisenb.*), ferrovie federali. 15 ~ es·gericht (*n. - recht.*), tribunale federale. 16 ~ es·strasse (Fernverkehrsstrasse) (*f. - Strasse*), strada statale, strada di grande comunicazione. 17 ~ garn (*n. - Text.*), filo di ordito. 18 ~ gespärre (*n. - Bauw.*), puntone. 19 ~ lager (*n. - Mech.*), cuscinetto con spallamento, cuscinetto flangiato. 20 ~ mutter (*f. - Mech.*), dado con spallamento. 21 ~ ring (*m. - Mech.*), collare. 22 ~ säge (*f. - Werkz.*), segone, sega da tronchi. 23 ~ schraube (*f. - Mech.*), vite con spallamento, bullone con spallamento. 24 ~ stahl (*m. - Metall.*), acciaio a pacchetto, pacchetto (di acciaio). 25 ~ welle (*f. - Mech.*), albero con spallamento.

Bündel (*n. - allg.*), fascio. 2 ~ (Schar gleichartiger geom. Figuren) (*Geom.*), fascio. 3 ~ (von Banknoten) (*finanz.*), mazzo. 4 ~ (*Funk.*), fascio. 5 ~ (von Teilchen) (*Radioakt.*), fascio. 6 ~ breite (*f. - Radar - etc.*), larghezza del fascio. 7 ~ durchschnitt (Bündelquerschnitt) (*m. - Phys.*), apertura del fascio. 8 ~ legung (von elekt. Leitungen) (*f. - Elekt.*), posa a fascio. 9 ~ leiter (*m. - Elekt.*), conduttore a fascio. 10 ~ maschine (für Schrott) (*f. - metall. Ind. - Masch.*), pacchettatrice (per rottami). 11 ~ pfeiler (*m. - Baukunst*), pilastro multiplo, pilastro a fascio. 12 ~ presse (*f. - Masch.*), pressa imballatrice. 13 ~ tetrode (*f. - Elektronik*), tetrodo a fascio (elettronico). 14 Dreier ~ (von elekt. Leitungen) (*Elekt.*), fascio trinato, terna di fasci. 15 Kraftlinien ~ (*Elekt.*), fascio di linee di forza. 16 Licht ~ (*Beleucht.*), fascio luminoso. 17 Licht ~ (*Aut. - etc.*), fascio luminoso. 18 Rohr ~ (*Kessel - etc.*), fascio tubiero. 19 Vierer ~ (von elekt. Leitungen) (*Elekt.*), fascio quadrinato, bicoppia. 20 Zweier ~ (von elekt. Leitungen) (*Elekt.*), fascio binato, coppia di fasci.

bündeln (*allg.*), formare fasci. 2 ~ (Schrott) (*metall. Ind.*), pacchettare (rottami). 3 ~ (*Funk. - Radar*), concentrare, focalizzare.

Bündelung (*f. - allg.*), concentramento, concentrazione, accumulo. 2 ~ (von Elektronen) (*Funk.*), accumulo. 3 ~ (*Radar*), focalizzazione, direttività. 4 ~ (des Lichts) (*Beleucht.*), concentrazione. 5 ~ (von Kanälen) (*Funk.*), raggruppamento. 6 ~ s·elektrode (*f. - Funk.*), elettrodo focalizzatore.

bündig (Fuge z. B.) (*Mech. - etc.*), a paro, a livello, a raso.

Bungalow (einstöckiges Haus) (*m. - Bauw.*), casa ad un piano con veranda, «bungalow».

Bunker (betonierter Schutzraum) (*m. - milit.*), fortino, «bunker». 2 ~ (Behälter, für Kohle z. B.) (*naut.*), carbonile. 3 ~ (Schutzraum) (*milit.*), rifugio. 4 ~ (für Späne z. B.) (*Ind.*), silo, serbatoio. 5 ~ boot (Tankboot) (*n. - naut.*), bettolina per rifornimento di combustibile, bettolina per bunkeraggio. 6 ~ grube (Erdbunker) (*f. - Erdbew.*), cava di deposito. 7 ~ station (eines Hafens) (*f. - naut.*), stazione di carbonamento. 8 Koks ~ (*chem. Ind.*), deposito di coke.

Bunkern (Laden von Kohle) (*n. - naut.*), carbonamento, rifornimento di carbone, bunkeraggio.

bunkern (Kohle laden) (*naut.*), far carbone, carbonare, rifornirsi di carbone.

Bunsenbrenner (*m. - Ger.*), becco Bunsen.

Bunsenelement (n. - *Elekt.*), elemento Bunsen.
bunt (farbig) (*allg.*), colorato. 2 ~ **gefleckt** (*allg.*), variegato.
Buntbild (n. - *Fernseh.*), immagine a colori.
Buntdruck (Farbendruck) (m. - *Druck.*), stampa a colori.
Buntglas (n. - *Glasind.*), vetro colorato.
Buntkupferkies (m. - *Min.*), *siehe* Bornit.
Buntmetall (Nichteisenmetall) (n. - *Metall.*), metallo non ferroso. 2 ~ (Kupfer und seine Legierungen) (n. - *Metall.*), rame e sue leghe.
Bunt- oder Schwarzweiss-Fernsehverfahren (n. - *Fernseh.*), sistema compatibile di televisione a colori.
Buntpapier (n. - *Papierind.*), carta colorata.
Buntregler (Buntspannungsregler) (m. -*Fernseh.*), regolatore del colore.
Buntstift (Farbstift) (m. - *Büro*), matita colorata.
Bunttonung (Tonung) (f. - *Phot.*), viraggio, intonazione.
Bürde (Traglast) (f. - *allg.*), carico. 2 ~ (Last) (*Elekt.*), carico. 3 ~ (Scheinwiderstand bei Stromwandlern) (f. - *Elekt.*), impedenza. 4 ~ (bei Spannungswandlern, Scheinleitwert in Siemens) (*Elekt.*), ammettenza. 5 ~ n·kapazität (f. - *Elekt.*), capacità di carico. 6 ~ n·leistung (Nutzleistung) (f. - *Elekt.*), potenza utile.
Bürette (kalibrierte Glasröhre) (f. - *chem. Ger.*), buretta. 2 ~ n·klemme (f. - *chem. Ger.*), morsetto per burette, pinza per burette. 3 ~ n·stativ (n. - *chem. Ger.*), stativo per burette.
Burg (f. - *Arch.*), castello.
Bürge (wer für andere haftet) (m. - *finanz.*), garante. 2 ~ (Wechselbürge) (*finanz.* - *komm.*), avallante. 3 ~ (*recht.* - *finanz.*), fideiussore. 4 Wechsel ~ (*finanz.*), avallante.
bürgen (garantieren) (*finanz.*), garantire. 2 ~ (einen Wechsel) (*finanz.* - *komm.*), avallare.
Bürgerbrief (m. - *recht.*), certificato di cittadinanza.
bürgerlich (*allg.*), civile.
Bürgersteig (Gehsteig, Gehweg, Trottoir) (m. - *Strass.b.*), marciapiedi.
Bürgschaft (Garantie) (f. - *allg.*), garanzia. 2 ~ (Kaution) (f. - *finanz.*), cauzione, deposito cauzionale. 3 ~ (Bürgschaftserklärung) (*recht.* - *finanz.*), fideiussione. 4 ~ **s·nehmer** (m. - *finanz.*), avallato (s.). 5 Wechsel ~ (*finanz.*), avallo.
Büro (n. - *Büro*), ufficio. 2 ~ **angestellter** (m.- *Arb.*), impiegato. 3 ~ **arbeit** (f. - *Arb.*), lavoro di ufficio. 4 ~ **bote** (Bote) (m. - *Arb.*), fattorino di ufficio. 5 ~ **chef** (m. - *Arb.*), capo ufficio. 6 ~ **diener** (Bürobote) (m. - *Arb.*), fattorino di ufficio. 7 ~ **drucker** (Vervielfältigungsapparat, Vervielfältiger) (m. - *Büromasch.*), duplicatore per ufficio. 8 ~ **einrichtung** (aus Metall z. B.) (f. - *Möbel*), attrezzatura per ufficio, arredamento per ufficio. 9 ~ **gehilfin** (Angestellte) (f. - *Arb.*), impiegata di ufficio, signorina di ufficio. 10 ~ **haus** (Geschäftshaus) (n. - *Bauw.*), palazzo per uffici. 11 ~ **heftmaschine** (f. - *Bürowerkz.*), cucitrice, puntatrice. 12 ~ **klammer** (Briefklammer) (f. - *Büro*), fermaglio. 13 ~ **maschine** (f. - *Büromasch.*), macchina per ufficio. 14 ~ **stunden** (Bürozeit) (f. - *pl.* - *Arb.*), ore di ufficio, orario di ufficio. 15 ~ **vorsteher** (Bürochef, Kanzleivorsteher) (m. - *Arb.*), capo ufficio. 16 Auskunfts ~ (*allg.*), ufficio informazioni. 17 Einkaufs ~ (*Ind.*), ufficio acquisti. 18 Empfangs ~ (*Ind.*), ufficio ricevimento (materiale). 19 Haupt ~ (*komm.*), sede centrale, sede. 20 Patent ~ (Patentanwalt) (*recht.*), ufficio brevetti. 21 Tarif ~ (*Arb.* - *Organ.*), ufficio tempi. 22 technisches ~ (*Ind.*), ufficio tecnico. 23 Zweig ~ (*komm.*), filiale, succursale.
Bürste (f. - *allg.*), spazzola. 2 ~ (Kohlenstück) (*Elekt.*), spazzola. 3 ~ n·abhebeeinrichtung (f. - *Elekt.*), alzaspazzole. 4 ~ n·abzug (Korrekturabzug, erster Abzug) (m. - *Druck.*), prima bozza, bozza (ottenuta inchiostrando la forma) a spazzola. 5 ~ n·belüftung (für Abwasser) (f. - *Bauw.* - etc.), aerazione a spazzolone. 6 ~ n·draht (m. - *metall. Ind.*), filo per spazzole. 7 ~ n·feder (f. - *Elekt.*), molla per spazzola. 8 ~ n·feuer (n. - *Elekt.*), scintillio alle spazzole. 9 ~ n·halter (m. - *Elekt.*), portaspazzole. 10 ~ n·maschine (f. - *Masch.*), spazzolatrice. 11 ~ n·satz (m. - *Elekt.*), muta di spazzole, corredo di spazzole. 12 ~ n·scheibe (f. - *Werkz.*), spazzola a disco. 13 ~ n·stellung (f. - *Elekt.*), posizione delle spazzole. 14 ~ n·träger (Bürstenhalterbrücke, Bürstenbrücke, Bürstenschieber, Bürstenbrille) (m. - *Elekt.*), portaspazzole. 15 ~ n·vergleichsprüfung (von Lochkarten) (f. - *Datenverarb.*), controllo per confronto di lettura. 16 ~ n·verstellmotor (m. - *Elekt.*), motore a spazzole regolabili. 17 feste ~ (*Elekt.*), spazzola fissa. 18 Kohlen ~ (*Elekt.*), spazzola di carbone. 19 Metall ~ (*Werkz.*), spazzola metallica. 20 rotierende ~ (*Werkz.*), spazzola rotante. 21 Stahldraht ~ (*Werkz.*), spazzola di filo di acciaio. 22 Zirkular ~ (*Werkz.*), spazzola circolare.
bürsten (*allg.*), spazzolare.
Bürstpinsel (m. - *Werkz.*), pennello.
Bus (Omnibus, Autobus, Automnibus) (m. - *Fahrz.*), autobus. 2 ~ **anhänger** (m. - *Fahrz.*), rimorchio per autobus. 3 Linien ~ (*Aut.*), autobus di linea. 4 Reise ~ (*Aut.*), autobus da turismo, autobus per grandi viaggi. 5 Stadtlinien ~ (*Aut.*), autobus urbano. 6 Überlandlinien ~ (*Aut.*), autobus interurbano. 7 ~. *siehe auch* Omnibus.
Buschdach (n. - *Wass.b.*), fascinata.
Büschel (n. - *allg.*), pennacchio, ciuffo. 2 ~ (von Strahlen) (*Phys.*), fascio, pennello. 3 ~ (von Kristallen) (*Min.*), grappolo, gruppo. 4 ~ **entladung** (stille Entladung, Townsend-Entladung) (f. - *Elekt.*), scarica a effluvio. 5 ~ **funke** (m. - *elekt. Masch.*), scintilla a fiocco.
Buschkohle (Holzkohle) (f. - *Verbr.*), carbone di legna.
Buschpackwerk (Faschinat) (n. - *Wass.b.*), fascinata.
Büse (Schiff zum Heringsfang) (f. - *naut.*), peschereccio (per la pesca delle sardine).
Busse (f. - *komm.*), penalità. 2 ~ (*Arb.* - etc.), multa.
büssen (*recht.* - *komm.*), penalizzare. 2 ~ (*Arb.* - etc.), multare.

Bussole

Bussole (Magnetkompass) (*f. - Instr.*), bussola. 2 ~ (elektromagnetisches Messgerät) (*elekt. Messinstr.*), strumento elettromagnetico.
Butadien (Kohlenwasserstoff) (*n. - Chem.*), butadiene.
Butan (C_4H_{10}) (*n. - Chem.*), butano.
Buten (*n. - Chem.*), siehe Butylen.
Bütte (Butte) (*f. - Ind.*), tinozza.
Butten (Büttenpapier) (*n. - Papierind.*), carta a mano, carta al tino. 2 ~ leimung (*f. - Papierind.*), collatura alla gelatina. 3 ~ ofen (*m. - Glasind.*), forno a crogioli, forno a padelle. 4 ~ papier (*n. - Papierind.*), carta a mano, carta al tino. 5 ~ rand (eines Büttenpapierbogens) (*m. - Papierind.*), zazzera, sbavatura, riccio.
Butter (*f. - Ind.*), burro. 2 ~ fass (*n. - Werkz.*), zangola. 3 ~ fertiger (*m. - Masch.*), macchina per la fabbricazione del burro. 4 ~ säure (*f. - Chem.*), acido butirrico.
Büttner (*m. - Arb.*), bottaio.
Butyl (Radikal C_4H_9-) (*n. - Chem.*), butile. 2 ~ alkohol (C_4H_9OH) (*m. - Chem.*), alcool butilico. 3 ~ kautschuk (*m. - Chem.*), gomma butilica.
Butylen (Buten) (*n. - Chem.*), butilene.
Butyrometer (Milchfettmesser) (*n. - Instr.*), butirrometro, lattodensimetro, lattoscopio.
Butze (*m. - f.*), siehe Butzen.
Butzen (Metallabfälle) (*m. - Metall.*), sfridi metallici. 2 ~ (Unregelmässigkeiten an Gussstücken) (*Giess.*), irregolarità, difetto superficiale. 3 ~ (kleine Erhebung) (*allg.*), piccola sporgenza, piccolo risalto. 4 ~ (Erz in einer Steinmasse enthalten) (*Bergbau - Min.*), tasca. 5 ~ scheibe (Ochsenauge) (*f. - Bauw.*), tondo di vetro, vetro circolare, vetro da oblò. 6 Stanz ~ (Metallabfälle) (*Blechbearbeitung*), sfrido di punzonatura.
BV (Bureau Veritas, Klassifikationsgesellschaft) (*naut.*), Bureau Veritas.
B - Verstärker (*m. - Funk.*), amplificatore classe B.
BV - Stoff (Betonverflüssiger, Plastifizierungsmittel, Weichmacher) (*m. - Bauw. - chem. Ind.*), plasticizzante (per calcestruzzo).
BW (Blindleistung) (*Elekt.*), potenza reattiva.
Bw (Bahnbetriebswerk) (*Eisenb.*), deposito locomotive.
b. w. (bitte wenden) (*allg.*), vedi retro, segue a tergo.
Bww (Bahnbetriebswagenwerk) (*Eisenb.*), deposito carrozze.
Bypasskondensator (Ableitkondensator) (*m. - Elekt.*), bypass, condensatore di fuga.
Bypass-riebwerk (Strahlantriebmotor) (*n. - Flugmotor*), motore a derivazione, motore a diluizione, motore a bipasso.
Bypassverhältnis (*n. - Strahltriebw.*), rapporto di diluizione.
Byssusseide [Byssus (*m.*)] (*f. - Text.*), bisso.
Byte (eine Kombination von 8 Bits, Gruppe von Binärziffern) (*n. - Rechner*), byte, gruppo di 8 bit, sequenza di 8 bit, parola di 8 bit.
BZ (Besetztzeichen) (*Fenrspr.*), segnale di occupato.
bz (bez., bezahlt) (*komm.*), pagato.
bzgl. (bezüglich) (*allg.*), relativo a.
B(Zw) (Bainit, Zwischenstufegefüge) (*Wärmebeh.*), B (Zw), bainite.
bzw. (beziehungsweise) (*allg.*), rispettivamente. 2 ~ (beziehungsweise, oder) (*allg.*), oppure.

C

C (siehe auch unter K und Z).
C (Kohlenstoff) (*Chem.*), C, carbonio. 2 ~ (Coulomb) (*Elekt.*), coulomb. 3 ~ (Temperatur, Celsius) (*Phys.*), centigrado. 4 ~ (leitende Hülle, eines Kabel) (*Elekt.*), guaina conduttrice. 5 ~ (Muffenstück mit Muffenabzweig) (*Leit.*), raccordo a bicchiere con diramazione a bicchiere a 45°. 6 ~ (Kapazität), (*Elekt.*), capacità.
c (zenti- 10^{-2}) (*Mass*), c, centi-. 2 ~ (hochgesetzt, Kurzzeichen für die Einheit Neuminute) (*Winkeleinheit*), minuto centesimale. 3 ~ (Kurzzeichen für die Einheit Curie) (*Radioakt. - Einheit*), C, curie. 4 ~ (spezifische Wärme) (*Phys.*), calore specifico.
c (Lichtgeschwindigkeit) (*Phys.*), c, velocità della luce.
CA (Celluloseacetat, Spritzgussmasse) (*Kunststoff*), CA, acetato di cellulosa.
Ca (Kalzium) (*Chem.*), Ca, calcio. 2 ~ (*Mech.*), siehe Cauchy-Zahl.
ca. (cca, circa, zirka) (*allg.*), circa.
CAB (Celluloseacetat-butyrat) (*Chem.*), CAB, acetato butirrato di cellulosa.
Cab (*n. - Aut.*), siehe Cabriolet.
Cabriolet (Kabriolett, 2- oder 4-sitzig) (*n. - Aut.*), cabriolet.
Cabrio-Limousine (mit feststehender Seitenwandumrahmung und zurücklegbarem Verdeck) (*f. - Aut.*), convertibile.
C-Achse (nachlaufende Achse des Aufliegers) (*f. - Fahrz.*), assale posteriore (del semimorchio).
Caddie (Caddy, Schlägerträger) (*m. - Golfspiel*), portamazze.
c-Ader (*f. - Fernspr.*), filo di prova, filo c, terzo filo.
Cadmierung (Kadmierung) (*f. - mech. Technol.*), cadmiatura.
Caesium (Cesium, Zäsium) (*Cs - n. - Chem.*), cesio. 2 ~ photozelle (*f. - Phys.*), fotocellula al cesio.
Café (Kaffee, Kaffeehaus) (*n. - Bauw.*), caffè, bar.
Caisson (Kasten für Druckluftgründung, Senkkasten) (*m. - Wass.b.*), cassone (per fondazioni pneumatiche).
cal (Grammkalorie) (*Masseinheit*), cal, piccola caloria, caloria-grammo.
Calcit (Ca CO₃) (Kalkspat, Kalzit) (*m. - Min.*), calcite.
Calcium (Kalzium) (*Ca - n. - Chem.*), calcio.
Californiantest (für die schädlichen Emissionen in Abgasen) (*m. - Aut. - Verbr. - Mot.*), prova californiana, prova California.
Californium (Kalifornium) (*Cf - n. - Chem.*), californio.
Calit (Fe-Ni-Legierung mit Al und Cr) (*n. - Metall.*), calite.
« Calmalloy » (Thermalloy, 60÷65% Ni, 30÷35% Cu, Rest Fe und Mn) (*Legierung*), « calmalloy ».

Calme (Kalme, Windstille) (*f. - naut.*), calma, bonaccia.
Calorisation (Kalorisieren) (*f. - Wärmebeh.*), calorizzazione.
Calutron (California University cyclotron) (*n. - Atomphys. - Ger.*), calutrone.
Cambric (Kambrik) (*m. - Text.*), cambrì.
Cambriens Metall (Aluminiumbronze mit 88% Cu und 12% Al) (*n. - Legierung*), lega cambrien.
Camelia-Metall (Bleibronze für Gleitlager, 70% Cu, 15% Pb, 9÷11% Zn, 5% Sn, < 1% Fe) (*n. - Legierung*), lega camelia.
Camera (Kamera, fotografischer Apparat, Fotoapparat) (*f. - Phot.*), macchina fotografica.
Camionnage (*n. - Transp.*) (*schweiz.*), trasporto con autocarri.
campieren (Camping machen) (*Sport*), (*österr. und schweiz.*), campeggiare.
Camping (*n. - Sport*), campeggio, camping. 2 ~ anhänger (Rolleranhänger) (*m. - Fahrz. - Sport*), rimorchietto per campeggio.
Candela (Neue Kerze, Einheit der Lichtstärke) (cd. - *Opt.*), candela nuova.
Candelkohle (Cannelkohle) (*f. - Brennst.*), siehe Kannelkohle.
Candle (Internationale Kerze = 1,17 Hefnerkerze = 1,075 cd) (cdl - *Opt.*), candela internazionale.
« Canning » (Umhüllung der Spaltstoffelemente) (*Kernphys.*), rivestimento, involucro.
Capernick (50% Ni, 50% Cu) (*n. - Legierung*), « capernick ».
Caprolactam (zur Herstellung von Kunststoffen) (*n. - Chem. - Ind.*), caprolattame.
Carbazol (C₁₂H₉N) (*n. - Chem.*), carbazolo.
Carben (tiefdunkler Kohlenwasserstoffanteil des Bitumens) (*n. - Chem.*), carbene.
Carbol (bei Teerdestillation) (*n. - Chem.*), carbolio, olio carbolico.
Carbonado (Karbonado, schwarzer Diamant) (*m. - Min.*), carbonado, diamante industriale.
Carbondale (*Legierung*), siehe Neusilber.
Carbonisieren (*n. - Textilind.*), carbonizzazione, carbonissaggio.
Carbonitrieren (Kombination von Bekohlung und Nitrieren) (*n. - Wärmebeh.*), carbonitrurazione, cementazione carbonitrurante.
Carbonpapier (Kohlepapier) (*n. - Büro*), carta carbone.
Carbonyleisen (*n. - Chem.*), ferro carbonile.
Carbonylverfahren (*n. - Metall.*), processo al carbonile.
Carborundscheibe (Karborundscheibe) (*f. - Werkz.*), mola di carborundum.
Carborundum (Karborundum) (*n. - mech. Technol.*), carborundum, carburo di silicio.
Carboxymethylcellulose (CMC) (*f. - Chem.*), carbossimetilcellulosa, CMC.

Carcinotron

Carcinotron (Rückwärtswellenröhre) (*n.* - *Eletronik*), carcinotron, oscillatore ad onda regressiva.
Cardiostimulator (Schrittmacher, Pacemaker) (*m.* - *Med.* - *Ger.*), cardiostimolatore, stimolatore cardiaco, «pacemaker».
Carnallit (K Mg Cl$_3$ - 6 H$_2$O) (Karnallit) (*m.* - *Min.*), carnallite.
carnotisieren (nähern dem Carnotschen Wirkungsgrad) (*Wärme*), avvicinarsi al rendimento del ciclo di Carnot.
Carnotit (*m.* - *Min.*), carnotite.
Carnotscher Kreisprozess (*Thermodyn.*), ciclo di Carnot.
Caro-Bronze (Zinnbronze) (*f.* - *Legierung*), bronzo caro.
Caseinleim (*m.* - *Chem.*), colla caseina.
«Cash-flow» (*m.* - *finanz.*), «cash flow», flusso di cassa.
«Cassetten-Recorder» (*m.* - *Elektroakus.*), registratore a cassetta.
Cassiopeium (Lutetium) (*Cp* - *n.* - *Chem.*), cassiopeo, lutezio.
Castiglianoscher Satz (*Baukonstr.lehre*), teorema di Castigliano.
Catamaran (Boot mit zwei Rümpfen) (*m.* - *naut.*), catamarano.
Catformen (Reformierprozess) (*n.* - *chem. Ind.*), «catforming», processo di reforming a catalizzatore rigenerabile interrompendo il processo.
Cauchy-Zahl (Ca, Verhältnis der Trägheitskraft zur elastischen Kraft) (*f.* - *Mech.*), numero di Cauchy.
CaZ (Cetanzahl) (*Dieselkraftstoff*), numero di cetano.
cbm (Kubikmeter) (*Masseinheit*), m^3, metro cubo.
CBR-Versuch (zur Bestimmung der Tragfähigkeit einer Strasse, California-Bearing-Ratio-Versuch) (*m.* - *Strass.b.*), prova CBR.
CBR-Wert (California Bearing Ratio, Bodenkennziffer für die Bemessung von Verkehrsflächen) (*m.* - *Strass.b.*), indice CBR.
CBS-Farbfernsehmethode (*f.* - *Fernseh.*), sistema CBS di televisione a colori.
cc (hochgesetzt, Kurzeichen für die Einheit Neusekunde) (*Winkeleinheit*), secondo centesimale.
ccm (Kubikzentimeter) (*Masseinheit*), cm^3, centimetro cubo.
Cd (Kadmium) (*Chem.*), Cd, cadmio.
cd (Neue Kerze) (*Opt.*), candela nuova.
C-Darstellung (*f.* - *Radar*), indicatore di tipo C.
C-D-Düse (verstellbare Schubdüse für Ultraschallflugzeuge) (*f.* - *Strahltriebw.*), effusore supersonico regolabile.
CD-Härte (Monotron-Härte, durch Kugeldruck-Verfahren bestimmt) (*f.* - *Technol.*), durezza (rilevata con apparecchio) Monotron.
cdl (Internationale Kerze) (*Opt.*), candela internazionale.
cdm (Kubikdezimeter) (*Masseinheit*), dm^3, decimetro cubo.
C-Düse (konvergent Unterschalldüse) (*f.* - *Strahltriebw.*), effusore subsonico.
Ce (*Chem.*), Ce, cerio.
Cedille (Ç, Zeichen unter c) (*f.* - *Druck.*), cediglia.

CEE (Commission Internationale de Règlementation pour l'Approbation de l'Equipement Electrique; Regeln zur Begutachtung elektroteknischer Erzeugnisse) (*Elekt.*), CEE, Commissione Internazionale per la regolamentazione dell'approvazione di prodotti elettrotecnici.
Cellophan (Zellglas) (*n.* - *Chem.*), cellophan, cellofan.
Cellulitis (Bindegewebsentzündung) (*f.* - *Med.* - *Arb.*), cellulite.
Celluloid (Zelluloid) (*n.* - *chem. Ind.*), celluloide.
Cellulose (Zellulose) (*f.* - *chem. Ind.*), cellulosa. 2 ~ acetat (CA) (*n.* - *Chem.*), acetato di cellulosa, CA. 3 ~ acetobutyrat (CAB) (*n.* - *Chem.*), acetato butirrato di cellulosa, CAB.
Celotex (schallabsorbierender Stoff) (*n.* - *Akus.* - *etc.*), celotex.
Celsiusskala (Temperaturskala) (*f.* - *Phys.*), scala centigrada.
cementieren (zementieren) (*Wärmebeh.*), cementare.
CEN (Comité Européen de Normalisation, Europäisches Komitee für Normung) (*Normung*), CEN, Comitato Europeo per la Normalizzazione.
CENEL (Comité Européen de Coordination des Normes Electriques, Europäisches Komitee zur Koordinierung Elektrotechnischer Normen) (*Elekt.*), CENEL, Comitato Europeo per il Coordinamento delle Norme Elettriche.
CENELCOM (Comité Européen de Coordination des Normes Electrotechniques des Etats Membres de la Communauté Economique Européenne, Europäisches Komitee zur Koordinierung Elektrotechnischer Normen in den Mitglied - Staaten der Europäischen Wirtschaftsgemeinschaft) (*Elekt.*), CENELCOM, Comitato Europeo per il Coordinamento delle Norme Elettrotecniche negli Stati Membri della Comunità Economica Europea.
CENELEC (Comité Européen de Normalisation Electrotechnique, Europäisches Komitee für Elektrotechnische Normung) (*Elekt.*), CENELEC, Comitato Europeo per la Normalizzazione Elettrotecnica.
Cent (Reaktivitätseinheit = 1/100 Dollar) (*n.* - *Atomphys.*), cent.
Centipoise (Viskositätseinheit) (*Cp* - *n.* - *Chem.*), centipoise.
Centistoke (cSt, Zentistoke, Viskositätseinheit) (*Chem.*), centistoke.
Ceresin (*n.* - *Chem.*), ceresina.
Cerium (Zer) (*Ce* - *n.* - *Chem.*), cerio.
Cermet (Bezeichnung aus Ceramic und metal) (*n.* - *Metall.*), cermet.
Cerussit (P CO$_3$) (Zerussit) (*m.* - *Min.*), cerussite.
Cesium (*n.* - *Chem.*), siehe Caesium.
Cetan (C$_{16}$ H$_{34}$) (*n.* - *Chem.*), cetano. 2 ~ zahl (für die Zündfreudigkeit eines Kraftstoffes, für Dieselmotoren) (*f.* - *Mot.*), numero di cetano.
Ceten (C$_{16}$ H$_{32}$) (*n.* - *Chem.*), cetene.
CETOP (Comité Européen des Transmissions Oléohydrauliques et Pneumatiques, Europäisches Komitee Ölhydraulik und Pneumatik)

(*Hydr.*), CETOP, Comitato Europeo per l'Oleoidraulica e la Pneumatica.
CETS (Conférence Européenne de Télécommunications par Satellites, Ausschuss europäischer Verwaltungen für das Nachrichtensatellitenwesen) (*Astronautik*), CETS, Conferenza Europea per le telecomunicazioni via satellite.
C & F, cf (Kosten und Fracht) (*Transp. - komm.*), costo e nolo.
Cf (Kalifornium) (*Chem.*), californio.
CFR - Motor (*m. - Mot.*), motore CFR.
cg (Zentigramm) (*Mass*), centigrammo. 2 ~ (hochgesetzt, Kurzzeichen für die Einheit Neuminute) (*Winkeleinheit*), minuto centesimale.
C-Gestell (einer Presse) (*n. - March.*), incastellatura a collo di cigno, incastellatura a C.
C.G.S.-Einheit (*f. - Phys.*), unità C.G.S.
CGS - System (Zentimeter - Gramm-Sekunde - System) (*n. - Phys.*), sistema CGS.
Ch (Chaussee) (*Strasse*), strada principale, strada di grande comunicazione. 2 ~ (Chef) (*Pers. - etc.*), capo.
ch (Cosinus hyperbolicus) (*Math.*), coseno iperbolico.
Chabotte (*f. - Metall.*), siehe Schabotte.
chagrinieren (*Lederind.*), zigrinare, granire.
Chagriniermaschine (*f. - Lederind.*), macchina per granire, granitrice.
Chalcedon (Chalzedon) (*m. - Min.*), calcedonio.
Chalkographie (Kupferstechkunst, Kupferstich, Tiefdruckverfahren) (*f. - Druck.*), calcografia.
Chalkopyrit (*m. - Min.*), calcopirite.
Chalzedon (*m. - Min.*), calcedonio.
Chalzit (Ca CO₃) (Kalzit, Kalkspat) (*m. - Min.*), calcite.
« **Chamotte** » (*f. - Giess.*), « chamotte ».
Chandelle (*f. - Flugw.*), salita in candela.
Charactron (*n. - Elektronik - Radar*), siehe Matrixröhre.
Charakter (*m. - Phys. - etc.*), carattere.
Charakteristik (eines Logarithmus z. B.), (*f. - Math.*), caratteristica. 2 ~ (Kurve, etc.) (*Phys. - Technik*), caratteristica. 3 **Richt ~** (einer Antenne) (*Funk.*), caratteristica di direttività. 4 **Strahlungs ~** (*Funk.*), caratteristica di radiazione.
Charge (Beschickung) (*f. - Ofen - Metall.*), carica, calda. 2 ~ (Last) (*allg.*), carico. 3 ~ n·**betrieb** (diskontinuierlicher Betrieb) (*m. - Hydr. - etc.*), servizio intermittente. 4 ~ n·**dauer** (*f.- Ofen*), durata della carica.
Chargierdauer (*f. - Ofen*), durata del caricamento.
chargieren (beschicken) (*Metall. - Ofen - etc.*), caricare.
Chargieröffnung (eines Kupolofens z. B.) (*f. - Giess. - etc.*), bocca di caricamento.
Charpy-Bronze (Bleibronze für Gleitlager, 80÷85% Cu, 8÷10% Pb, 6÷9% Sn) (*f. - Legierung*), bronzo Charpy.
Charpy - Probe (*f. - mech. Technol.*), prova Charpy.
Charter (Charterung) (*m. - naut. - Transp.*), noleggio. 2 ~ **auf Zeit** (*naut. - Transp.*), noleggio a tempo 3 ~ **fracht** (*f.- Transp.*),

nolo. 4 ~ **partie** (Chartervertrag) (*f. - naut. - Transp.*), contratto di noleggio. 5 ~ **vertrag** (*m. - naut. - Transp.*), contratto di noleggio.
Charterer (*m. - naut. - Transp.*), noleggiatore.
chartern (*naut. - Flugw.*), noleggiare.
Chassis (Autofahrgestell) (*n. - Aut.*), autotelaio, « chassis ». 2 ~ (Montagegestell) (*allg.*), telaio, « chassis ».
Chaussee (Landstrasse) (*f. - Strasse*), strada principale, strada di grande comunicazione. 2 ~ **geld** (*n. - Verkehr*), pedaggio.
chaussieren (*Strass.b.*), macadamizzare.
Chaussierung (Makadamisierung) (*f. - Strass. b.*), pavimentazione macadam (con legante all'acqua).
Cheddit (*m. - Expl.*), cheddite.
Chef (Leiter) (*m. - Pers.*), capo. 2 ~ (Prinzipal, einer Firma) (*Ind. - etc.*), principale. 3 ~ **des Personals** (*Pers.*), capo del personale. 4 ~ -**Einfahrer** (*m. - Aut. - Arb.*), capocollaudatore. 5 ~ **ingenieur** (*m. - Pers.*), ingegnere capo. 6 ~ **konstrukteur** (*m. - Pers.*), capo progettista. 7 ~ **pilot** (*m. - Flugw.*), primo pilota. 8 ~ **redakteur** (*m. - Zeitg.*), redattore capo. 9 ~ **vorführer** (*m. - Arb. - Filmtech.*), capo-operatore. 10 **Abteilungs ~** (*Pers. - Ind.*), caporeparto. 11 **Büro ~** (*Pers. - Ind. - etc.*), capoufficio. 12 **Werkstatt ~** (*Pers.*), capoofficina.
Chelat (*n. - Chem.*), chelato.
Chemie (*f. - Chem.*), chimica. 2 ~ **draht** (Monofil, Draht aus thermoplastischen Kunststoffen) (*m. - chem. Ind.*), filo di plastica. 3 ~ **fasern** (Kunstfasern) (*f. - pl. - Text.*), fibre artificiali, fibre tecniche, fibre chimiche. 4 ~ **pumpe** (Säurepumpe) (*f. - Masch.*), pompa per acidi. 5 **Agrikultur ~** (*Chem.*), chimica agraria. 6 **allgemeine ~** (theoretische Chemie) (*Chem.*), chimica generale. 7 **analytische ~** (*Chem.*), chimica analitica. 8 **angewandte ~** (*ind. Chem.*), chimica applicata. 9 **anorganische ~** (*Chem.*), chimica inorganica. 10 **Bio ~** (*Chem.*), biochimica. 11 **Elektro ~** (*Chem.*), elettrochimica. 12 **gerichtliche ~** (forensische Chemie) (*Chem.*), chimica legale. 13 **heisse ~** (Chemie hochradioaktiver Stoffe, mehr als 1 c) (*Radioakt. - Chem.*), chimica caldissima. 14 **Kolloid ~** (*Chem.*), chimica dei colloidi. 15 **laue ~** (Chemie hochradioaktiver Stoffe, bis 10^{-3} c) (*Chem. - Radioakt.*), chimica tiepida. 16 **organische ~** (*Chem.*), chimica organica. 17 **pharmazeutische ~** (*Chem.*), chimica farmaceutica. 18 **Photo ~** (*Chem.*), fotochimica. 19 **physikalische ~** (*Chem. - Phys.*), chimica fisica. 20 **reine ~** (anorganische und organische Chemie) (*Chem.*), chimica pura. 21 **theoretische ~** (allgemeine Chemie) (*Chem.*), chimica generale. 22 **Thermo ~** (*Chem.*), termochimica. 23 **warme ~** (Chemie hochradioaktiver Stoffe, bis 1 c) (*Chem. - Radioakt.*), chimica calda.
Chemigraphie (für die Herstellung von Klischees) (*f. - Druck.*), zincotipia, fotoincisione.
Chemikalien (*f. - pl. - Chem.*), prodotti chimici.
Chemiker (*m. - Arb. - Chem.*), chimico.

Chemilumineszenz

Chemilumineszenz (*f.* - *Phys.*), chemiluminescenza, chimico-luminescenza.
Cheminée (Kamin) (*n.* - *Bauw.*), caminetto.
chemisch (*Chem.*), chimico. 2 ~ e **Anlage** (*chem. Ind.*), impianto chimico. 3 ~ e **Bearbeitung** (*Chem.*), trattamento chimico, elaborazione chimica. 4 ~ e **Bindung** (*Chem.*), legame chimico. 5 ~ e **Elemente** (chemische Grundstoffe) (*n.* - *pl.* - *Chem.*), elementi chimici. 6 ~ e **Fabrik** (*Chem.*), stabilimento chimico. 7 ~ e **Formel** (*Chem.*), formula chimica. 8 ~ er **Aufbau** (*Chem.*), costituzione chimica. 9 ~ er **Austausch** (*Chem.*), scambio chimico. 10 ~ er **Betrieb** (chemische Fabrik) (*Chem.*), stabilimento chimico. 11 ~ e **Reaktion** (*Chem.*), reazione chimica. 12 ~ e **Reinigung** (*Chem.* - *Text.*), pulitura chimica. 13 ~ er **Prozess** (*Chem.*), processo chimico. 14 ~ es **Äquivalent** (*Chem.*), equivalente chimico. 15 ~ es **Fräsen** (*Mech.*), fresatura chimica. 16 ~ es **Laboratorium** (*Chem.*), laboratorio chimico. 17 ~ e **Verbindung** (*Chem.*), combinazione chimica, composto chimico. 18 ~ e **Verwandtschaft** (Affinität) (*Chem.*), affinità chimica. 19 ~ e **Waschanstalt** (*Chem.* - *Text.*), lavanderia a secco, lavanderia chimica. 20 ~ e **Wäsche** (*Chem.* - *Text.*), lavatura a secco, lavatura chimica. 21 ~ e **Zusammensetzung** (*Chem.*), composizione chimica. 22 ~ **gebunden** (*Chem.*) combinato chimicamente. 23 ~ **rein** (*Chem.*), chimicamente puro. 24 ~ **träge** (*Chem.*), (chimicamente) inerte. 25 ~ **wirksam** (aktinish, Strahlung) (*Phys.*), attinico.
Chemisorption (chemische Adsorption, Chemosorption) (*f.* - *Chem.*), chemiadsorbimento, chemisorpzione, adsorbimento chimico.
Chemofläche (Oberfläche die sich chemisch aktiv oder passiv verhalten soll) (*f.* - *Chem.*), superficie chimica.
Chemolumineszenz (*f.* - *Phys.*), chemiluminescenza, chimico-luminescenza.
Chemosphäre (von 35 bis 90 km) (*f.* - *Geophys.*), mesosfera, atmosfera chimica.
Chemo-Techniker (*m.* - *Arb.* - *Chem.*), ingegnere chimico.
Chenille (*f.* - *Text.*), ciniglia.
Cheralit (*m.* - *Min.* - *Atomphys.*), cheralite.
Chiffre (Kennziffer) (*f.* - *allg.*), numero di riferimento. 2 ~ **telegramm** (*n.* - *Telegr.*), telegramma cifrato. 3 **in** ~ **schreiben** (*allg.*), scrivere in cifre.
Chiffriermaschine (*f.* - *Masch.*), macchina crittografica.
chiffriert (*Telegr.* - *etc.*), cifrato.
Chilesalpeter ($NaNO_3$) (Natriumnitrat, Natronsalpeter) (*m.* - *chem. Ind.*), nitrato del Cile, nitrato di sodio.
China-Bronze (chinesische Bronze, Morinsbronze, chinesisches Kupfer, 83% Cu, 10% Pb, 5% Sn) (*f.* - *Legierung*), bronzo cinese.
Chinin (*n.* - *Chem.* - *Pharm.*), chinino.
Chinolin (organische Base) (*n.* - *Chem.* - *Phot.*), chinolina. 2 ~ **farbstoffe** (*m.* - *pl.* - *Chem.*), coloranti alla chinolina.
Chinon (organische Verbindung) (*n.* - *Chem.*), chinone.
Chintz (Glanzkattun) (*m.* - *Text.*), « chintz », chinz.

Chi-Phase (*f.* - *Metall.*), fase χ.
Chi-Quadrat-Probe (*f.* - *Stat.*), prova del χ quadro, prova del chi quadro.
Chitin (*n.* - *Chem.*), chitina.
Chlor (Cl - *n.* - *Chem.*), cloro. 2 ~ **ammoniakverfahren** (*n.* - *Chem.*), cloroammoniazione. 3 ~ **ammonium** (Ammoniumchlorid) (*n.* - *Chem.*), cloruro di ammonio. 4 ~ **äthyl** (Äthylchlorid) (C_2H_5Cl) (*n.* - *Chem.*), cloruro di etile. 5 ~ **benzol** (*n.* - *Chem.*), clorobenzolo. 6 ~ **diagramm** (*n.* - *Chem.*), diagramma di Adler, diagramma di cloro. 7 ~ **gerät** (Chlorapparat) (*n.* - *Chem.*), cloratore. 8 ~ **kalium** (Kaliumchlorid) (*n.* - *Chem.*), cloruro di potassio. 9 ~ **kalk** (Bleichkalk) ($CaOCl_2$) (*m.* - *Chem.*), cloruro di calce. 10 ~ **kautschuk** (*m.* - *chem. Ind.*), gomma clorurata. 11 ~ **lauge** (*f.* - *Papierind.* - *etc.*), soluzione imbiancante, soluzione candeggiante. 12 ~ **säure** ($HClO_3$) (*f.* - *Chem.*), acido clorico. 13 ~ **silber** (Silberchlorid) (*n.* - *Chem.*), cloruro d'argento. 14 ~ **soda** (*n.* - *Chem.*), clorosoda, ipoclorito di sodio. 15 ~ **strom** (*n.* - *chem. Ind.*), corrente di cloro. 16 ~ **wasser** (*n.* - *Chem.*), acqua di cloro. 17 ~ **wasserstoff** (*m.* - *Chem.*), acido cloridrico (anidro), cloruro d'idrogeno. 18 ~ **wasserstoffsäure** (Salzsäure) (*f.* - *Chem.*), acido cloridrico. 19 ~ **zehrung** (Chlorbindungsvermögen) (*f.* - *Chem.*), capacità di assorbimento di cloro. 20 ~ **zellstoff** (*m.* - *chem. Ind.*), clorocellulosa, cellulosa al cloro, cellulosa ottenuta con procedimento al cloro. 21 ~ **zink** (Zinkchlorid) (*n.* - *Chem.*), cloruro di zinco. 22 **aktives** ~ (wirksames Chlor, verwertbares Chlor)(*Chem.*) cloro attivo.
Chloramin (*n.* - *Chem.*), clorammina.
Chlorat (*n.* - *Chem.*) clorato. 2 ~ **sprengstoffe** (*m.* - *pl.* - *Expl.*), esplosivi al clorato. 3 **Kalium** ~ ($KClO_3$) (*Chem.*), clorato di potassio.
Chloren (zum Entkeimen von Trinkwasser z. B.) (*n.* - *Chem.*), clorazione.
chloren (Wasser) (*Chem.* - *etc.*), clorare.
Chlorhydrine (*f.* - *Chem.*), cloridrina.
Chlorid (*n.* - *Chem.*), cloruro. 2 **Ammonium** ~ (*Chem.*), cloruro di ammonio. 3 **Kalzium** ~ (*Chem.*), cloruro di calcio. 4 **Natrium** ~ (Kochsalz) (*Chem.*), cloruro di sodio. 5 **Silber** ~ (*Chem.*), cloruro di argento.
Chlorieren (für Chlorkautschuk z. B.) (*n.* - *chem. Ind.*), clorurazione.
chlorieren (*Chem.*), clorurare.
Chlorimet (Sonderstahlguss, $18 \div 28\%$ Mo, $60 \div 62\%$ Ni, $< 18\%$ Cr) (*n.* - *Metall.*), « chlorimet ».
Chlorit (dunkelgrünes Mineral) (*m.* - *Min.*), clorite.
Chloroform ($CHCl_3$) (Trichlormethan) (*n.* - *Chem.*), cloroformio.
Chloromycetin (Chloramphenicol) (*n.* - *Pharm.*), cloromicetina.
Chlorophyll (Blattgrün) (*n.* - *Botanik* - *etc.*), clorofilla.
Chloropren (*n.* - *Chem.*), cloroprene.
Chlorsilan (*n.* - *Chem.*), clorosilano.
Chlorung (des Wassers, zur Zerstörung unerwünschter Inhaltsstoffe) (*f.* - *Chem.*), clorazione. 2 **Hoch** ~ (Überchlorung, Überschusschlorung) (*Chem.*), superclorazione, sopra-

clorazione. **3** Knickpunkt $\sim$ (*Chem.*), clorazione oltre il punto critico.
Chopper (*m. - Ger.*), siehe Zerhacker.
Chor (*m. - Arch.*), coro. **2** $\sim$ **nische** (Apsis) (*f. - Arch.*), abside.
Chordale (Potenzlinie zweier Kreise) (*f. - Geom.*), asse radicale.
« **Christopherieren** » (feine Längseinschnitte auf abgenützte Reifen) (*n. - Aut.*), aderizzazione longitudinale, tagliettatura longitudinale.
Chrom (*Cr - n. - Chem.*), cromo. **2** $\sim$ **eisenstein** (*m. - Min.*), siehe Chromit. **3** $\sim$ **gelb** (*n. - Farbe*), giallo cromo. **4** $\sim$ **gerbung** (*f. - Lederind.*), concia al cromo. **5** $\sim$ **nickelstahl** (*m. - Metall.*), acciaio al cromonichel. **6** $\sim$ **oxyd** (Cr_2O_3) (*n. - Chem.*), ossido cromico. **7** $\sim$ **säure** (H_2CrO_4) (*f. - Chem.*), acido cromico. **8** $\sim$ **schwefelsäure** (*f. - Chem.*), acido solfocromico. **9** $\sim$ **spritzen** (*n. - mech. Technol.*), cromatura a spruzzo. **10** $\sim$ **stahl** (*m. - Metall.*), acciaio al cromo. **11** Ferro $\sim$ (*Chem.*), sidercromo, ferrocromo.
Chromat (Chromsäuresalz) (*n. - Chem.*), cromato. **2** $\sim$ (*m. - Opt.*), lente cromatica. **3** $\sim$ **behandlung** (*f. - Anstr. - mech. Technol.*), cromatizzazione. **4** Kalium $\sim$ (K_2CrO_4) (*Chem.*), cromato di potassio.
Chromatieren (chem. Verfahren zur Herstellung von Korrosionsschutzschichten auf Metallen) (*n. - Technol.*), cromatazione.
chromatieren (*mech. Technol.*), cromatare.
chromatisch (*Opt.*), cromatico. **2** $\sim$ **e Aberration** (chromatische Abweichung) (*Opt.*), aberrazione cromatica.
Chromatographie (chromatographische Adsorptionsanalyse) (*f. - Chem.*), cromatografia, analisi cromatografica. **2** Dünnschicht $\sim$ (*Prüfung*), cromatografia su strato sottile. **3** Gas $\sim$ (*chem. Ind.*), cromatografia in fase gassosa, gas-cromatografia.
Chromatron (Farbbildröhre) (*n. - Fernseh.*), cromatron, chromatron, tubo di Lawrence.
Chromieren (Diffusion von Chrom) (*n. - Wärmebeh.*), cromizzazione.
chromieren (*Wärmebeh.*), cromizzare.
Chrominanz (*f. - Opt.*), crominanza.
Chromit (Fe Cr_2O_4) (Chromeisenstein, Chromeisenerz) (*m. - Min.*), cromite.
Chromoersatzpapier (*n. - Papierind.*), carta uso cromo.
Chromogen (*n. - Chem.*), cromogeno.
Chromolithographie (Mehrfarbdruck) (*f. - Druck.*), cromolitografia.
Chromopapier (*n. - Papierind.*), carta cromo.
Chromophor (*m. - Chem.*), cromoforo.
Chromoskop (*n. - Fernseh.*), cromoscopio, cinescopio (per TV) a colori.
Chromosom (Erbkörperchen) (*n. - Biochem.*), cromosoma.
Chromosphäre (*f. - Astr.*), cromosfera.
Chromotypie (*f. - Druck.*), cromotipia.
Chronaxie (*f. - Elekt. - Med.*), cronassia.
chronisch (Krankheit z. B.) (*Med. - etc.*), cronico.
Chronograph (*m. - Instr.*), cronografo.
Chronoisotherme (*f. - Meteor.*), cronoisoterma.
Chronometer (Präzisionsuhrwerk) (*n. - Uhr*), cronometro.
Chronoskop (*n. - Instr.*), cronoscopio.
Chrysoberyll ($Be Al_2 O_4$) (*m. - Min.*), crisoberillo.
Chrysolith (Olivin) (*m. - Min.*), crisolite, olivina.
Chrysotil [$Mg_6Si_4O_{11}(OH)_6H_2O$] (Faserserpentin) (*m. - Min.*), crisotilo.
C-H-Verhältnis (Gewichtsverhältnis von C und H in einem Brennstoff enthalten) (*n. - Brennst.*), rapporto C/H.
Cicero (typographisches Mass = 12 Punkt) (*f. - Druck.*), cicero, riga tipografica, corpo 12.
CIE (Commission Internationale Eclairage, Internationale Beleuchtungskommission, IBK) (*Beleucht.*), CIE, Commissione Internazionale di Illuminotecnica.
CIM (Convention Internationale sur le Transport des Marchandises) (*Eisenb.*), CIM.
Cinekamera (*f. - Filmtech.*), cinepresa, macchina da presa cinematografica.
Cinemascope (Filmverfahren) (*Filmtech.*), « cinemascope ».
Cinerama (Filmverfahren) (*Filmtech.*), « cinerama ».
Cirrocumulus (*m. - Meteor.*), cirrocumulo.
Cirrostratus (*m. - Meteor.*), cirrostrato.
Cirrus (Zirrus) (*m. - Meteor.*), cirro.
Cis-Mondraum (*m. - Astr.*), spazio cislunare.
Cissoide (Zissoide, Kurve) (*f. - Geom.*), cissoide.
City (Geschäftsviertel, Innerstadt, Stadtzentrum) (*f. - Stadt*), zona degli affari.
CIV (Convention Internationale sur le Transport des Voyageurs et des Bagages) (*Eisenb.*), CIV.
C(K) ([Zementit (Karbid)]) (*Wärmebeh.*), C(K), cementite.
Cl (Chlor) (*Chem.*), Cl, cloro. **2** $\sim$ (Clausius, Einheit für die Entropie, 1 Cl = 1 cal/°K) (*Wärmeeinheit*), Cl, clausius.
cl (Zentiliter) (*Masseinh.*), cl, centilitro.
CLA (Centre Line Average, bei Oberflächenprüfung) (*Mech.*), CLA.
Clapeyronsche Gleichung (Dreimomentengleichung) (*f. - Baustatik*), equazione dei tre momenti.
Clarit (Kohlebestandteil) (*m. - Chem. - Min.*), clarite, clarano, carbone semibrillante.
Clarkelement (*n. - Elekt.*), pila Clark.
Clausius (Einheit für die Entropie, Cl, 1 Cl = 1 cal/°K) (*Wärmeeinheit*), clausius, Cl.
Claus-Verfharen (zur Schwefelherstellung durch Verbrennung von Schwefelwasserstoff mit Luft) (*n. - Chem.*), processo Claus.
Clearing (*n. - finanz.*), compensazione, « clearing ». **2** $\sim$ **haus** (*n. - finanz.*), stanza di compensazione.
Club (Klub, Golfschläger) (*m. - Golfspiel*), mazza.
Cm (Curium) (*Chem.*), Cm, curio.
cm (Zentimeter) (*Masseinh.*), cm, centimetro.
CMC (Carboxymethylcellulose) (*Chem.*), CMC, carbossimetilcellulosa.
cmg (Zentimetergramm) (*Mass*), gcm, grammo-centimetro.
cmm (mm^3, Kubikmillimeter) (*Mass*), mm^3, millimetro cubo.

CN (Cellulosenitrat) (*Kunststoff*), CN, nitrato di cellulosa.
Co (Kobalt) (*Chem.*), Co, cobalto.
c/o (care of) (*Büro*), c/o, presso.
Coalescer (in der Extraktionstechnik, Schicht porösen Materials) (*m. - Chem.*), strato coalescente.
COBOL (common business oriented language, Programmiersprache) (*Rechner*), COBOL.
Cockpit (Kockpit, Sitzraum, Pflicht, eines Aussenbordmotorboots z. B.) (*m. - naut. - etc.*), abitacolo.
Cocoon-Verpackung (Abstreifpackung, für Masch. z. B.) (*f. - Packung*), imbozzolatura, involucro plastico protettivo.
COD (chemical oxygen demand, CSB, chemischer Sauerstoffbedarf) (*Ökologie*), COD, fabbisogno chimico di ossigeno.
Code (*m. - recht. - etc.*), codice. 2 ~ -Umsetzer (*m. - Rechner*), convertitore di codice. 3 Binär ~ (*Rechner*), codice binario. 4 Drei-Exzess- ~ (*Rechner*), codice ad eccesso tre. 5 Fehlererkennungs ~ (*Rechner*), codice per rilevamento di errori. 6 numerischer ~ (*Rechner - etc.*), codice numerico. 7 zwei aus fünf ~ (*Datenverarb.*), codice due su cinque.
Codein (Kodein) (*n. - Chem.*), codeina.
coden (in Code abfassen) (*allg.*), cifrare.
Codewort (Wort) (*n. - Rechner*), parola.
codieren (kodieren, verschlüsseln) (*allg.*), codificare.
Codierer (Codiergerät) (*m. - Rechner - Elektronik*), codificatore.
Codiergerät (Codierer) (*n. - Rechner - etc.*), codificatore.
Codierröhre (*f. - Elektronik*), tubo codificatore.
codiert (kodiert, verschlüsselt) (*allg.*), codificato.
Coelostat (*m. - astr. Instr.*), celostato.
Colas (Asphaltemulsion) (*Strass.b.*), (tipo di) emulsione di bitume.
Colcret-Beton (kolloidaler Beton) (*m. - Bauw.*), calcestruzzo colloidale, calcestruzzo « Colcrete ».
Cölestin (Sr SO$_4$) (Zölestin) (*n. - Min.*), celestina.
Colibakterium (*n. - Hydr.*), colibacillo, coli.
Colidar (Laser-Entfernungsmesser, coherent light detection and ranging) (*m. - Ger.*), colidar.
Colititer (*m. - Hydr.*), colititolo.
Colizahl (*f. - Hydr.*), numero di coli.
Coltainer (zusammenlegbarer Container) (*m. - Transp.*), container ripiegabile.
Columbium (*n. - Chem.*), siehe Niobium.
« Compact-Wagen » (*m. - Aut.*), vettura compatta, autovettura compatta.
Compound... (Verbund) (*Elekt.*), «compound», composto, composito. 2 ~ motor (*m. - Elekt.*), motore « compound ».
Comptoneffekt (*m. - Phys.*), effetto Compton.
Computer (elektronischer Rechner, Elektronenrechner) (*m. - Rechner*), calcolatore.
Conradson-Test (zur Bestimmung des Verkokungsrückstandes von Schmierölen, etc.) (*m. - Chem.*), prova Conradson.
Consolsystem (*n. - Radar*), sistema Consol.
Container (*m. - Transp.*), container. 2 ~ -Schiff (*n. - Transp. - naut.*), nave portacontainer.
Containerisierung (*f. - Transp.*), containerizzazione.
Continue-Bleichanlage (*f. - Textilmasch.*), impianto continuo di candeggio.
Conto (Konto) (*n. - Adm. - etc.*), conto.
Controller (Leiter des Finanz- und Rechnungswesens, etc. eines Unternehmens) (*m. - Pers. - Organ.*), « controller ».
Conveyer (Elevator, Becherwerk) (*m. - ind. Masch.*), siehe Pendelbecherwerk.
Cop (Kop, Bobine) (*m. - Spinnerei*), siehe Bobine.
Cordfaden (für Reifen z. B.) (*m. - Aut.*), tortiglia.
Cord-Gewebe (Festigkeitsträger, eines Reifens) (*n. - Aut. - Text.*), tela di tortiglia.
Cordierit (2MgO.2Al$_2$O$_3$.5SiO$_2$) (feuerfester Stein) (*m. - Min. - Metall.*), cordierite.
Coriolis-Beschleunigung (*f. - Phys.*), accelerazione di Coriolis.
Cornusche Spirale (*Geom.*), spirale di Cornu, (spirale) clotoide.
Cornwallkessel (*m. - Kessel*), caldaia Cornovaglia.
Corrix-Metall (Legierung mit 88% Cu, 9% Al, 3% Fe) (*n. - Metall.*), metallo corrix, lega corrix.
Corronil (Kupfernickellegierung, mit 26% Cu, 4% Mn, 70% Ni) (*n. - Legierung*), corronil.
Cortison (*n. - Pharm.*), cortisone.
cos (Kosinus) (*Math.*), coseno.
cosec (Kosekans) (*Math.*), cosecante.
cos-förmig (Verlauf z. B., Kurve) (*Math.*), cosinusoidale.
cos φ-Messer (Leistungsfaktormesser) (*m. - elekt. Ger.*), cosfimetro.
cotg (Kotangens) (*Math.*), cotangente.
Cottonmaschine (für Damenstrümpffabrikation) (*f. - Textilmasch.*), macchina (per maglieria) Cotton.
Couette-Strömung (*f. - Mech. der Flüss. k.*), siehe Scherströmung.
Coulomb [C = Amperesekunde (As)] (*n. - elekt. Einheit*), coulomb.
Coulombmeter (Coulometer, Voltameter) (*n. - elekt. Instr.*), voltametro.
Coulombsche Reibung (*Mech.*), attrito coulombiano, attrito radente dinamico.
Coulometer (*n. - elekt. Instr.*), siehe Coulombmeter.
Coupé (Kupee, zweisitziger geschlossener Kraftwagen) (*n. - Fahrz.*), coupé. 2 ~ (Eisenbahnabteil) (*Eisenb.*), scompartimento. 3 ~ wagen (Abteilwagen) (*m. - Eisenb.*), vettura a scompartimenti, carrozza a scompartimenti.
Coupon (Kupon) (*m. - allg.*), cedola, « coupon ». 2 ~ steuer (*f. - finanz.*), imposta cedolare.
Courtage (Maklergebühr) (*f. - finanz.*), (diritto di) mediazione, senseria.
Covercoat (*m. - Text.*), « covercoat ».
Cowper (Winderhitzer, Cowper-Apparat) (*m. - Metall.*), « Cowper », ricuperatore.
Cp (Zentipoise, Viskositätseinheit) (*Chem.*), cp, centipoise.

CP-Charakteristik (CP-Kennlinie, Konstantspannungscharakteristik) (*f. - Elekt.*), caratteristica a tensione costante.
C. P. Meter (tragbare Ionisations-Kammer) (*n. - Atomphys.*), camera di ionizzazione portatile.
CR (Chloroprenkautschuk) (*Gummiind.*), CR, policloroprene, policlorobutadiene.
Cr (Chrom) (*Chem.*), Cr, cromo.
Crackanlage (*f. - chem. Ind.*), impianto di piroscissione, impianto di « cracking ».
cracken (*Chem. - Ind.*), sottoporre a piroscissione, sottoporre a « cracking », « crackizzare ».
Craquelé-Glas (Eisglas) (*n. - Glasind.*), vetro ghiacciato.
Crash-Switch-Anlage (Sicherheitsanlage) (*f. - Flugw.*), impianto di sicurezza per urti (o cadute ecc.).
Crawlen (Kraulen, Kraulschwimmen, Kriechstoss-schwimmen) (*n. - Sport*), « crawl ».
Credit (Haben) (*m. - Adm.*), credito.
Cremonascher Kräfteplan (*Baustatik*), diagramma cremoniano, cremoniano.
Cretonne (*m. - Text.*), « cretonne ».
Cristobalit (feuerfester Stein) (*m. - Min. - Giess.*), cristobalite.
Croning-Giessverfahren (Formmaskenverfahren) (*n. - Giess.*), procedimento di colata Croning, colata a guscio.
Crookesit [$(Cu, Tl, Ag)_2 Se$] (*m. - Min.*), crookesite.
Crossbarwähler (Kreuzschienenwähler, Koordinatenwähler) (*m. - Fernspr.*), crossbar, selettore corssbar.
Crosspoint-Technik (*f. - Fernspr.*), tecnica dei punti di incrocio, tecnica « crosspoint ».
Crossverfahren (Momentenausgleichmethode) (*n. - Bauw.*), metodo di Cross.
Crudum (Schwefelantimon, $Sb_2 S_3$, Handelsprodukt für, die Antimonherstellung) (*n. - Metall.*), trisolfuro d'antimonio, stibina, antimonite.
cryogenisch (*Phys. - Chem.*), criogenico.
CS (Kasein) (*Kunststoff*), CS, caseina.
Cs (Zäsium) (*Chem.*), Cs, cesio.
CSB (chemischer Sauerstoff-Bedarf, von Abwässern) (*Wasserreinigung*), fabbisogno chimico di ossigeno, COD.
cSt (Zentistoke, Viskositätseinheit) (*Chem.*), cSt, centistoke.
ctg (cotg, Kotangens) (*Math.*), cotangente.
CT-Minute (*f. - Fernspr.*), comunicazione-minuto.
Cu (Kupfer) (*Chem.*), Cu, rame.
Cu B (Kupferdraht mit einfache Baumwollumflechtung) (*Elekt.*), filo di rame con rivestimento semplice di cotone.
Cu BB (Kupferdraht mit doppelter Baumwollumflechtung) (*Elekt.*), filo di rame con doppio rivestimento di cotone.
Cu L (Kupferlackdraht) (*Elekt.*), filo di rame smaltato.
Culemeyer-Fahrzeug (Strassenfahrzeug zur Beförderung von Eisenbahnwagen, etc.) (*n. - Fahrz. - Eisenb.*), rimorchio (speciale ribassato a ruote multiple) per grandi portate.
Culmannsche Kräftezerlegung (*f. - Baustatik*), scomposizione delle forze secondo Culmann.
Cumarin (*n. - Chem.*), cumarina, benzo-α-pirone.
Cumaron (Benzofuran) (*n. - Chem.*), cumarone, benzofurano. 2 ~ **harz** (Inden-Cumaronharz) (*n. - Chem.*), resina cumaronica, resina cumaron-indenica.
Cumulonimbus (*m. - Meteor.*), cumolonembo.
Cumulus (Kumulus, Cumulus humilis) (*m. - Meteor.*), cumulo.
Cu-Ni-Material (*n. - Metall.*), cupronichel.
Cuprit (Cu_2O) (Rotkupfererz) (*m. - Min.*), cuprite.
Curcumpapier (*n. - Papierind.*), carta curcuma.
Curie (Masseinheit der radioaktiven Strahlung) (*c - Phys.*), curie. 2 ~ **-Punkt** (Curie Temperatur) (*m. - Elekt.*), punto di Curie.
Curium (*Cm - n. - Chem.*), curio.
Cu-Rohr (Kupferrohr) (*n. - Leit.*), tubo di rame.
« Curtain wall » (Ausbildung von Aussenwänden) (*Bauw.*), « curtain wall ».
Curtis- Turbine (*f. - Turb.*), turbina Curtis.
Cu S (Kupferdraht mit einfacher Seidenumflechtung) (*Elekt.*), filo di rame con rivestimento di seta semplice.
Cu SS (Kupferdraht mit doppelter Seidenumflechtung) (*Elekt.*), filo di rame con doppio rivestimento di seta.
Cutter (Schnittmeister) (*m. - Filmtech.*), montatore.
Cuvelage (Schachtverschalung, aus eisernen Ringsegmenten, Tübbing) (*Bergbau*), *siehe* Tübbing.
CVG-Verfahren (Kracken mit überhitztem Wasserdampf) (*n. - chem. Ind.*), processo (di cracking) CVG.
CW (Kondensator-Widerstand) (*Elekt.*), RC, resistenza/capacità.
Cw (Luftwiderstandswert) (*Aerodyn.*), Cr, coefficiente di resistenza.
C-W-Schaltung (*Elekt.*), circuito capacità-resistenza, circuito RC.
Cw-Wert (Luftwiderstandsbeiwert im Windkanal ermittelt) (*m. - Aut. - Aerodyn.*), coefficiente di resistenza aerodinamica, coefficiente di resistenza all'avanzamento, coefficiente di resistenza dell'aria.
Cyanid (Zyanid) (*n. - Chem.*), cianuro. 2 ~ **Kalium** ~ (Zyankalium, KCN) (*Chem.*), cianuro di potassio. 3 ~ **laugung** (Zyanlaugung, Goldgewinnungsverfahren) (*f. - Metall.*), cianurazione.
Cyanin (*n. - Chem. - Phot.*), cianina. 2 ~ **farbstoff** (*m. - Phot.*), colorante alla cianina.
Cyanit ($Al_2O_3 \cdot SiO_2$) (Kyanit, Disthen) (*m. - Min.*), cianite.
Cybernetik (*f. - Automatisierung*), cibernetica.
cyclisch (*Chem.*), ciclico.
Cyclisierung (Herstellung von cyclischen Verbindungen) (*f. - Chem.*), ciclizzazione.
Cyclohexanon (*n. - Chem. - Text.*), cicloesanone.
Cyclotron (Zyklotron) (*n. - Atomphys.*), ciclotrone.

D

D (Deka... = 10^1) (*Mass.*), da, deca. **2** ~ (Deuterium schwerer Wasserstoff) (*Chem.*), D, deuterio, idrogeno pesante. **3** ~ (Diode) (*Elektronik*), diodo. **4** ~ (Drahtfunk) (*Funk.*), filodiffusione. **5** ~ (Dreieckschaltung) (*Elekt.*), (collegamento a) triangolo. **6** ~ (Debye-Länge in Mikrobereichen, bei Plasmen) (*Phys.*), D, lunghezza Debye.

d (Vorsatz Dezi-: 10^{-1}) (*Einheit*), d, deci-. **2** ~ (Durchmesser) (*Geom. - etc.*), diametro. **3** ~ (°d, D-G, deutscher Grad, Masseinheit der Härte eines Wassers) (*Masseinh.*), grado tedesco. **4** ~ (Kurzzeichen für die Einheit Tag) (*Einheit*), giorno. **5** ~ (dexter, optisch rechts drehend) (*Opt.*), destrorso.

DA (Dienstanruf) (*Fernspr.*), chiamata di servizio.

D/A (Dokumente gegen Akzept) (*komm.*), documenti contro accettazione.

da (dk österr.) (*Mass*), siehe deka.

DAB (Dauerbetrieb mit aussetzender Belastung) (*elekt. Masch.*), servizio continuativo con carico intermittente.

Dach (*n. - Bauw.*), tetto. **2** ~ (*Fahrz.*), tetto, padiglione. **3** ~ (hangendes Gestein) (*Bergbau*) tetto. **4** ~ (eines Impulses) (*Phys.*), sommità, picco. **5** ~ **antenne** (*f. - Fernseh. - etc.*), antenna esterna (da tetto). **6** ~ **antenne** (*Aut.*), antenna da padiglione. **7** ~ **balken** (*m. - Bauw.*), trave maestra del tetto, traversa del tetto. **8** ~ **bedeckungsblech** (*n. - Bauw.*), lamiera di copertura. **9** ~ **belag** (*m. - Bauw.*, copertura del tetto. **10** ~ **binder** (*m. - Bauw.*), capriata del tetto. **11** ~ **boden** (*m. - Bauw.*), sottotetto, soffitta. **12** ~ **decker** (*m. - Arb.*), conciatetti. **13** ~ **deckung** (*f. - Bauw.*), manto di copertura. **14** ~ **deckungsstoff** (Dachdeckungsmaterial) (*m. - Bauw.*), materiale di copertura. **15** ~ **einlauf** (zur Entwässerung eines Flachdaches z. B.) (*m. - Bauw.*), bocchettone, bocchetta (di raccolta), tubo di raccolta del tetto. **16** ~ **fenster** (*n. - Bauw.*), abbaino, finestra sul tetto. **17** ~ **first** (First) (*m. - Bauw.*), colmo del tetto, comignolo. **18** ~ **fuss** (Traufe) (*m. - Bauw.*), orlo inferiore del tetto. **19** ~ **garten** (Dachterrasse) (*m.-Bauw.*), giardino pensile. **20** ~ **gaube** (Dachgaupe, Gaube, Gaupe) (*f. - Bauw.*), abbaino. **21** ~ **gebirge** (*n. - Bergbau*), tetto. **22** ~ **gerüst** (*n. - Bauw.*), ossatura del tetto. **23** ~ **geschoss** (*n. - Bauw.*), soffitta, attico. **24** ~ **gesellschaft** (Holding) (*f. - finanz.*), holding, società finanziaria di controllo. **25** ~ **gesims** (Hauptgesims) (*n. - Bauw.*), cornicione di gronda. **26** ~ **grat** (Grat) (*m. - Bauw.*), displuvio (del tetto). **27** ~ **haube** (Dachkappe) (*f. - Bauw.*), lucernario, lanternino. **28** ~ **haut** (*f. - Bauw.*), manto di copertura, copertura del tetto. **29** ~ **kammer** (*f. - Bauw.*), soffitta. **30** ~ **kanal** (Dachrinne) (*m. - Bauw.*), grondaia, canale di gronda. **31** ~ **kappe** (Dachhaube) (*f. - Bauw.*), lucernario, lanternino. **32** ~ **kehle** (Kehle) (*f. - Bauw.*), compluvio, conversa. **33** ~ **latte** (*f. - Bauw.*), correntino del tetto, listello del tetto. **34** ~ **liegefenster** (*n. - Bauw.*), abbaino, finestra sul tetto. **35** ~ **luke** (*f. - Bauw.*), siehe Dachfenster. **36** ~ **manschette** (Topf- oder Napfmanschette) (*f. - Mech. - etc.*), guarnizione a tazza. **37** ~ **neigung** (Abdachung) (*f. - Bauw.*), pendenza del tetto. **38** ~ **oberlicht** (*n. - Bauw.*), lucernario. **39** ~ **organisation** (*f. - finanz.*), organizzazione di controllo. **40** ~ **pappe** (*f. - Bauw.*) cartone catramato (per coperture). **41** ~ **pappenstift** (*m. - Bauw.*), chiodo a testa larga per coperture in carta catramata. **42** ~ **pfanne** (*f. - Bauw.*), embrice. **43** ~ **pfette** (*m. - Bauw.*), terzere, arcareccio. **44** ~ **prismenführung** (*f. - Mech.*), guida a V invertito. **45** ~ **raum** (*m. - Bauw.*), soffitta, sottotetto. **46** ~ **reiter** (Glockentürmchen auf dem Dachfirst) (*m. - Bauw.*), torretta campanaria (sul colmo del tetto). **47** ~ **rinne** (*f. - Bauw.*), grondaia, canale di gronda. **48** ~ **röhre** (Abfallrohr) (*f. - Bauw.*), pluviale. **49** ~ **rutsche** (*f. - Metall.*), siehe Hochlauf. **50** ~ **schifter** (eines Walmdaches) (*m. - Bauw.*), falso puntone, travetto inclinato del tetto. **51** ~ **sparren** (eines Sparrendaches) (*m. - Bauw.*), falso puntone. **52** ~ **spriegel** *m. - Fahrz.*), centina del tetto. **53** ~ **stein** (*m. - Bauw.*), tegola, pietra di copertura. **54** ~ **stube** (*f. - Bauw.*), mansarda. **55** ~ **stuhl** (der tragende Teil eines Daches) (*m. - Bauw.*), ossatura del tetto. **56** ~ **vorsprung** (Dachgesims) (*m. - Bauw.*), cornicione di gronda. **57** ~ **ziegel** (*m. - Bauw.*), tegola. **58** flaches ~ (*Bauw.*), tetto piano, tetto con copertura piana. **59** einhängiges ~ (Pultdach) (*Bauw.*), tetto ad una falda, tetto ad uno spiovente. **60** Fetten ~ (*Bauw.*), tetto a terzere, tetto ad arcarecci. **61** Flug ~ (Pultdach) (*Bauw.*), tetto ad una falda, tetto ad uno spiovente. **62** Giebel ~ (Satteldach) (*Bauw.*), tetto a due falde, tetto a due spioventi. **63** Halb ~ (Pultdach) (*Bauw.*), tetto ad una falda, tetto ad uno spiovente. **64** Kehlen ~ (Wiederkehrdach) (*Bauw.*), tetto a conversa. **65** Laternen ~ (*Bauw.*), tetto a lucernario. **66** Mansarden ~ (*Bauw.*), tetto a mansarda. **67** Pfetten ~ (*Bauw.*), tetto a terzere, tetto ad arcarecci. **68** Pult ~ (*Bauw.*), tetto ad una falda, tetto ad uno spiovente. **69** Säge ~ (Sheddach) (*Bauw.*), tetto a shed, tetto a riseghe. **70** Sattel ~ (*Bauw.*), tetto a due falde, tetto a due spioventi. **71** Schiebe ~ (*Aut. - Eisenb.*), tetto scorrevole. **72** Schlepp ~ (Pultdach) (*Bauw.*), tetto ad una falda, tetto ad uno spiovente. **73** Shed ~ (*Bauw.*), tetto a shed, tetto a riseghe. **74** Sonnen ~ (zurückziehbares Dach) (*Aut.*), tetto apribile. **75** Terrassen ~ (*Bauw.*), tetto a terrazza. 76 **Walm** ~ (*Bauw.*), tetto a padiglione. 77 **zweihängiges** ~ (Satteldach) (*Bauw.*), tetto a due falde, tetto a due spioventi. 78 **zurückziehbares** ~ (Sonnendach) (*Aut.*), tetto apribile.

dachdecken (*Bauw.*), coprire, mettere il tetto, mettere la copertura.

dachförmig (*Mech. - etc.*), a V rovescio, a V inverso.

« Dackel » (Block) (*m. - Metall.*), massello.

DAeC (Deutscher Aero-Club) (*Flugw.*), Aeroclub Tedesco.

DAFuStöMD (Dienstanweisung für den Funkstörungs-Messdienst) (*Funk.*), servizio istruzioni per la misura dei radiodisturbi.

DAG (Deutsche Angestellten-Gewerkschaft) (*Arb.*), sindacato degli impiegati tedeschi.

Daguerreotypie (*f. - Phot.*), dagherrotipia.

DAI (Deutscher Architekten- und Ingenieurverband) (*Arch.*), Associazione Tedesca Architetti ed Ingegneri.

DAK (Deutsche Atomkommission) (*Kernphys.*), Commissione Atomica Tedesca. 2 ~ (Deutsche Angestellten-Krankenkasse) (*Arb.*), cassa mutua impiegati tedeschi.

DAL (DaL, Dienstanruflampe) (*Fernspr.*), lampadina di chiamata di servizio. 2 ~ (Deutscher Arbeitsring für Lärmbekämpfung) (*Akus.*), Circolo di Lavoro Tedesco per la Campagna contro i Rumori.

Dalbe (Dückdalbe, Dalben, Duckdalben, Dückdalben, Bündel aus Pfählen) (*f. - naut.*), briccola, « bricole ».

Dalle (Delle, Dälle, Telle, leichte Vertiefung) (*f. - allg.*), depressione.

Daltonismus (Farbenblindheit) (*m. - Opt.*), daltonismo.

Damast (Damaststoff, Damas) (*m. - Text.*), damasco.

Damaszenerstahl (*m. - Metall.*), acciaio damascato.

damaszieren (*Metall. - etc.*), damascare.

DAMG (Deutsches Amt für Mass und Gewicht) (*Messtechnik*), Ufficio Tedesco Pesi e Misure.

Damm (aufgeschütteter Erdkörper) (*m. - Bauw.*), terrapieno. 2 ~ (am Ufer eines Flusses) (*Wass.b.*), argine. 3 ~ (Staudamm) (*Wass.b.*), diga. 4 ~ **balken** (*m. - Wass.b.*), pancone. 5 ~ **bruch** (*m. - Wass.b.*), rottura dell'argine, falla (dell'argine). 6 ~ **fuss** (*m. - Wass.b.*), piede della diga. 7 ~ **grube** (Erdgrube) (*f. - Giess.*), fossa di colata. 8 ~ **grubenformen** (*n. - Giess.*), formatura in fossa. 9 ~ **krone** (*f. - Wass.b.*), coronamento della diga. 10 ~ **stein** (Dammplatte, eines Hochofens) (*m. - Metall.*), pietra di dama, pietra di guardia. 11 ~ **stoff** (*m. - Giess.*), mattone parascorie. 12 ~ **weg** (Strassendamm) (*m. - Strasse*), strada su terrapieno. 13 **Erd** ~ (Erdkörper mit Böschungsneigung, zur Überführung von Strassen, Eisenbahnen, ecc.) (*Ing.b.*), corpo stradale. 14 **Fange** ~ (aus Erde oder Beton zwischen Spundwänden) (*Wass.b.*), tura. 15 **Fluss** ~ (Uferdamm) (*Wass.b.*), cavedone. 16 **Gewölbereihen** ~ (Talsperre mit Vielfachgewölben) (*Wass.b.*), diga ad archi multipli. 17 **Schutz** ~ (*Wass.b.*), argine. 18 **Sperr** ~ (Staudamm) (*Wass.b.*), diga di ritenuta, diga d'invaso. 19 **Stau** ~ (Sperrdamm) (*Wass.b.*), diga di ritenuta. 20 **Stein** ~ (Felsdamm, Steinschüttungsdamm) (*Wass.b.*), diga di pietrame a secco. 21 **Strassen** ~ (Dammweg) (*Strasse*), terrapieno stradale. 22 **Ufer** ~ (*Wass.b.*), diga di protezione, argine.

Dammarharz (*n. - Chem. - etc.*), dammar.

dämmen (stauen, absperren) (*Wass.b. - etc.*), arginare. 2 ~ (Wärme z. B.) (*Bauw. - etc.*), isolare.

dämmerig (*Meteor.*), crepuscolare.

Dämmerung (Helligkeit vor Sonnenaufgang und nach Sonnenuntergang) (*f. - Meteor.*), crepuscolo. 2 ~ **s·effekt** (beim Peilen) (*m. - Funk. - Navig.*), effetto notte, errore di polarizzazione. 3 ~ **s·schalter** (Selbstschalter) (*m. - Elekt. - Ger.*), interruttore crepuscolare, interruttore ad inserzione serale (automatica). 4 ~ **s·sehen** (*n. - Opt.*), visione mesopica, visione crepuscolare, emeralopia.

Dämmplatte (Isolierplatte) (*f. - Bauw. - Akus. - etc.*), pannello isolante.

Dämmschicht (unter dem Amboss eines Hammers z. B.) (*f. - Masch.*), strato isolante, strato antivibrante.

Dämmstoff (*m. - Bauw. - Akus. - etc.*), materiale isolante. 2 **Schall** ~ (*Bauw. - etc.*), materiale insonorizzante, materiale antifonico. 3 **Wärme** ~ (*Bauw. - etc.*), materiale coibente, materiale isolante termicamente, isolante termico.

Dämmung (*f. - Akus.*), isolamento. 2 ~ (von Schwingungen z. B.) (*f. - allg.*), isolamento.

Dämmzahl (*f. - Akus.*), fattore d'isolamento (acustico), perdita per trasmissione.

DAMP (Deutscher Ausschuss für Materialprüfwesen) (*Werkstoffprüfung*), Comitato Tedesco Prove Materiali.

Dampf (unsichtbares Gas) (*m. - Phys.*), vapore. 2 ~ (Wasserdampf) (*Phys. - Kessel - Turb.*), vapore d'acqua, vapore acqueo. 3 ~ **abblaserohr** (Dampfableitungsrohr, Dampfabgangsrohr) (*n. - Leit.*), tubo di scarico del vapore. 4 ~ **absperrschieber** (*m. - Leit.*), saracinesca di arresto del vapore. 5 ~ **abzug** (*m. - chem. Ind.*), estrazione di vapori. 6 ~ **auslassventil** (Dampfausblaseventil) (*n. - Leit.*), valvola di scarico del vapore. 7 ~ **bereiter** (Dampferzeuger) (*m. - Kessel*), generatore di vapore. 8 ~ **blasenbildung** (*f. - Mot.*), formazione di tampone di vapore, « vapor lock ». 9 ~ **bremse** (eines Daches z. B.) (*f. - Bauw.*), barriera al vapore. 10 ~ **dichte** (in g/cm³ oder kg/m³) (*f. - Phys.*), densità di vapore. 11 ~ **dom** (*m. - Kessel*), duomo. 12 ~ **druck** (Dampfspannung) (*m. - Phys.*), tensione di vapore. 13 ~ **druck** (*Kessel*), pressione del vapore. 14 ~ **druckkurven** (Dampfdrucktabellen) (*f. - pl. - Phys.*), diagrammi della tensione di vapore, curve della tensione di vapore. 15 ~ **druck nach Reid** (eines Kraftstoffes) (*Brennst. - Aut.*), tensione di vapore Reid. 16 ~ **einlassventil** (*n. - Leit.*), valvola di ammissione del vapore. 17 ~ **entnahme** (*f. - Kessel*), presa di vapore. 18 ~ **entwässerer** (*m. - Kessel*), separatore di condensa. 19 ~ **erhärtung** (von Beton) (*f. - Bauw.*), trattamento con vapore. 20 ~ **erzeuger** (*m. - Kessel*), generatore di vapore. 21 ~ **hammer** (*m. - Masch.*), maglio

Dampf

a vapore. 22 ~ **heizschlange** (*f. - Leit.*), serpentino per vapore. 23 ~ **heizung** (*f. - Wärme*), riscaldamento a vapore. 24 ~ **kasten** (*m. - Masch.*), camera di distribuzione del vapore. 25 ~ **kessel** (*m. - Kessel*), siehe Dampfkessel. 26 ~ **kochtopf** (Schnellkochtopf) (*m. - Ger.*), pentola a pressione. 27 ~ **kolbenmaschine** (*f. - Masch.*), siehe Dampfmaschine. 28 ~ **kolbenpumpe** (*f. - Masch.*), pompa a pistone a vapore. 29 ~ **kompressor** (*m. - Masch.*), compressore a vapore. 30 ~ **kraftwerk** (Dampfkraftzentrale) (*n. - Elekt.*), centrale termoelettrica a vapore. 31 ~ **kran** (*m. - ind. Masch.*), gru a vapore. 32 ~ **leistung** (eines Dampferzeugers, höchster erzeugbarer Dampf im Dauerbetrieb in t/h oder kg/h gemessen) (*f. - Kessel*), produzione massima continua oraria di vapore. 33 ~ **leitung** (*f. - Leit.*), tubazione del vapore, condotta del vapore. 34 ~ **leitzahl** (Wasserdampfmenge die pro Stunde auf 1 m² Fläche durch 1 m dicke Materialschicht diffundiert bei einer Dampfdruckdifferenz von 1 kg/m²) (*f. - Bauw.*), coefficiente di conduzione per vapore acqueo. 35 ~ **lok** (Dampflokomotive) (*f. - Eisenb.*), locomotiva a vapore. 36 ~ **lokführer** (*m. - Eisenb. - Arb.*), macchinista. 37 ~ **lokführerstand** (*m. - Eisenb.*), cabina del macchinista. 38 ~ **lokomotive** (*f. - Eisenb.*) locomotiva a vapore. 39 ~ **lokschuppen** (das Rundhaus) (*m. - Eisenb.*), deposito (a rotonda) per locomotive. 40 ~ **machen** (Anfeuchten von Leder) (*n. - Lederind.*), umettamento. 41 ~ **maschine** (*f. - Masch.*), siehe Dampfmaschine. 42 ~ **menge** (*f. - Kessel*), quantità di vapore, volume di vapore. 43 ~ **messer** (*m. - Ger.*), misuratore di portata di vapore. 44 ~ **motor** (*m. - Masch.*), siehe Dampfmaschine. 45 ~ **nässe** (Wassergehalt des Dampfes in Gewichts-% Nassdampf) (*f. - Thermodyn.*), titolo del vapore, umidità del vapore, contenuto d'acqua del vapore. 46 ~ **pfeife** (*f. - Eisenb.*), fischio a vapore. 47 ~ **pfeife** (*naut.*), fischio a vapore, sirena a vapore. 48 ~ **punkt** (Gleichgewichtstemperatur zwischen flüssigem Wasser und seinem Dampf) (*m. - Phys.*), punto di ebollizione. 49 ~ **ramme** (*f. - Masch.*), battipalo a vapore. 50 ~ **reiniger** (*m. - Masch.*), depuratore del vapore. 51 ~ **sack** (*m. - Mot.*), tampone di vapore, « vapor lock ». 52 ~ **sammler** (*m. - Leit.*), collettore del vapore. 53 ~ **schieber** (*m. - Masch.*), cassetto di distribuzione del vapore. 54 ~ **schiff** (*n. - naut.*), piroscafo. 55 ~ **schiffahrt** (*f. - naut.*), navigazione a vapore. 56 ~ **schlange** (*f. - Ind.*), serpentino per vapore. 57 ~ **spannung** (*f. - Phys.*), tensione di vapore. 58 ~ **speicher** (*m. - Masch.*), accumulatore di vapore. 59 ~ **speicherlokomotive** (feuerlose Fabriklokomotive) (*f. - Eisenb.*), locomotiva ad accumulatore termico, locomotiva senza focolaio. 60 ~ **speisepumpe** (*f. - Kessel - Masch.*), cavallino, pompa di alimentazione a vapore. 61 ~ **spritze** (*f. - Masch.*), iniettore a vapore. 62 ~ **steuereinrichtung** (*f. - Masch.*), distributore del vapore. 63 ~ **steuerung** (*f. - Masch.*), distribuzione del vapore. 64 ~ **strahl** (*m. - Masch.*), getto di vapore. 65 ~ **strahlluftsauger** (*m. - Masch.*), eiettore d'aria a getto di vapore. 66 ~ **strahlpumpe** (*f. - Masch.*), iniettore a vapore. 67 ~ **strahl-Reinigungsanlage** (zum Entfetten) (*f. - mech. Technol.*), impianto di sgrassatura a getto di vapore. 68 ~ **turbine** (*f. - Turb.*), siehe Dampfturbine. 69 ~ **turbogruppe** (*f. - Masch.*), gruppo turbogeneratore, gruppo elettrogeno con turbina a vapore, turboalternatore. 70 ~ **übergangszahl** (Wasserdampfmenge die pro Stunde auf 1 m² Fläche diffundiert bei 1 kg/m² Druckdifferenz von feuchter Luft) (*f. - Bauw.*), coefficiente di trasmissione per vapore acqueo. 71 ~ **überhitzer** (*m. - Kessel*), surriscaldatore del vapore. 72 ~ **überhitzung** (*f. - Kessel*), surriscaldamento del vapore. 73 ~ **umsteuerung** (*f. - Dampfmasch.*), inversione del vapore. 74 ~ **umsteuerung** (Dampfumsteuerungseinrichtung) (*Masch.*), invertitore del vapore. 75 ~ **versuch** (Korrosionsprüfung, mit Wasserdampf von etwa 95°) (*m. - mech. Technol.*), prova (di corrosione) al vapore d'acqua. 76 ~ **verteiler** (*m. - Masch.*), collettore di vapore. 77 ~ **vulkanisation** (*f. - chem. Ind.*), vulcanizzazione a caldo. 78 ~ **walze** (Strassenwalze) (*f. - Masch.*), rullo compressore a vapore. 79 ~ **wasser** (*n. - Kessel - etc.*), condensa. 80 ~ **wassertopf** (*m. - Leit.*), separatore di condensa. 81 ~ **zulassventil** (*n. - Kessel*), valvola di presa del vapore. 82 Ab ~ (*Masch.*), vapore di scarico. 83 Ammoniak ~ (*Chem.*), vapore di ammoniaca. 84 Benzin ~ (*Aut. - Chem.*), vapore di benzina. 85 direkter ~ (Frischdampf) (*Kessel*), vapore vivo. 86 Frisch ~ (*Kessel*), vapore vivo. 87 gesättigter ~ (*Thermodyn.*), vapore saturo. 88 Heiss ~ (überhitzter Dampf) (*Thermodyn.*), vapore surriscaldato. 89 Nass ~ (*Thermodyn.*), vapore umido. 90 Öl ~ (*Masch.*), vapori di olio. 91 Satt ~ (*Thermodyn.*), vapore saturo. 92 Trocken ~ (*Thermodyn.*), vapore secco. 93 überhitzter ~ (Heissdampf) (*Thermodyn.*), vapore surriscaldato. 94 Wasser ~ (*Phys. - Kessel - etc.*), vapore d'acqua, vapore acqueo.

dampfdicht (*Leit. - etc.*), a tenuta di vapore.
Dämpfeabsaugung (*f. - Ind.*), aspirazione vapori, estrazione vapori.
dampfen (Dampf ausdünsten) (*Phys.*), esalare vapori, fumare.
dämpfen (Schwingungen) (*Phys.*), smorzare. 2 ~ (mit Heissdampf bearbeiten) (*Holz*), trattare con vapore. 3 ~ (*Text.*), passare al vapore. 4 ~ (einen Hochofen) (*Metall.*), arrestare, spegnere. 5 ~ (Geräusche) (*Akus.*), attenuare, smorzare.
Dampfer (Dampfschiff) (*m. - naut.*), piroscafo.
Dämpfer (für Schwingungen) (*m. - Vorr.*), smorzatore. 2 ~ (Stossdämpfer) (*Vorr.*), ammortizzatore. 3 ~ (*Textilind.*), vaporizzatore. 4 ~ **diode** (*f. - Fernseh.*), diodo smorzatore. 5 ~ **kammer** (*f. - Messtechnik*), camera isolata. 6 ~ **wicklung** (*f. - Elekt.*), avvolgimento smorzatore. 7 Absorptions ~ (Schalldämpfer) (*Akus. - Mot. - etc.*), silenziatore ad assorbimento. 8 Friktionsstoss ~ (*Mech. - Fahrz.*), ammortizzatore a frizione. 9 hydraulischer Stoss ~ (*Mech. - Fahrz.*), ammortizzatore idraulico. 10 Interferenz ~ (Schalldämpfer) (*Akus. - Mot.*), silenziatore ad interferen-

za. 11 magnetischer ~ (für Mess·systeme) (Instr.), smorzatore magnetico. 12 Reflexions ~ (Schalldämpfer) (Akus. - Mot.), silenziatore a riflessione. 13 rotierender ~ (Filmtech.), stabilizzatore rotante. 14 Schall ~ (Auspufftopf) (Mot.), silenziatore di scarico, marmitta di scarico. 15 Schwingungs ~ (Phys. - Vorr.), smorzatore di vibrazioni. 16 Schwingungs ~ (einer Kurbelwelle z. B.) (Mot.), antivibratore. 17 Stoss ~ (Masch. - Fahrz.), ammortizzatore.

Dampfkessel (m. - Kessel), caldaia a vapore. 2 ~ anlage (f. - Kessel), impianto di caldaia a vapore. 3 ~ blech (n. - metall. Ind.), lamiera per caldaie. 4 ~ einmauerung (f. - Kessel), muratura della caldaia a vapore. 5 ~ für Schiffsbetrieb (Kessel), caldaia marina. 6 ~ trommel (f. - Kessel), corpo della caldaia a vapore. 7 ~ überwachung (f. - Kessel), sorveglianza delle caldaie a vapore, controllo delle caldaie a vapore. 8 feststehender ~ (Kessel), caldaia fissa. 9 Flammrohr ~ (Kessel), caldaia a grandi corpi. 10 Heizrohr ~ (Kessel), siehe Rauchrohrkessel. 11 Höchstdruck ~ (Kessel), caldaia a vapore ad altissima pressione. 12 liegender ~ (Kessel), caldaia orizzontale. 13 Lokomotiv ~ (Kessel), caldaia a vapore da locomotiva. 14 Rauchrohr ~ (Heizrohrkessel) (Kessel), caldaia a tubi di fumo. 15 Rauchröhren ~ (Kessel), caldaia a tubi di fumo. 16 Schrägrohr ~ (Kessel), caldaia a tubi d'acqua inclinati. 17 stehender ~ (Kessel), caldaia verticale. 18 Steilrohr ~ (Kessel), caldaia a tubi verticali. 19 ~, siehe auch Kessel.

Dampfmaschine (f. - Masch.), macchina a vapore, motrice a vapore. 2 atmosphärische ~ (Masch.), macchina a vapore con scarico nell'atmosfera. 3 doppeltwirkende ~ (Masch.), macchina a vapore a doppio effetto. 4 einfachwirkende ~ (Masch.), macchina a vapore a semplice effetto. 5 einstufige ~ (Masch.), macchina a vapore ad espansione semplice. 6 Expansions ~ (Masch.), macchina a vapore ad espansione. 7 feststehende ~ (Masch.), macchina a vapore fissa. 8 Kondensations ~ (Masch.), macchina a vapore a condensazione. 9 liegende ~ (Masch.), macchina a vapore orizzontale. 10 ortsfeste ~ (Masch.), macchina a vapore fissa. 11 Schieber ~ (Masch.), macchina a vapore con distribuzione a cassetto. 12 stehende ~ (Masch.), macchina a vapore verticale. 13 Ventil ~ (Masch.), macchina a vapore con distribuzione a valvole. 14 Verbund ~ (Compounddampfmaschine) (Masch.), macchina a vapore compound.

Dämpfmaschine (f. - Textilind.), vaporizzatrice.

Dampfturbine (f. - Turb.), turbina a vapore. 2 Aktions ~ (Gleichdruckdampfturbine) (Turb.), turbina a vapore ad azione. 3 Anzapf ~ (Entnahmedampfturbine) (Turb.), turbina a vapore a presa intermedia. 4 Axial ~ (Turb.), turbina a vapore assiale. 5 Curtis ~ (Turb.), turbina a vapore Curtis. 6 eingehäusige ~ (Dampfturb.), turbina a vapore ad un corpo. 7 Entnahme ~ (Anzapfdampfturbine) (Turb.), turbina a vapore a presa intermedia. 7 Gegendruck ~ (Industriedampfturbine) (Turb.), turbina a vapore a contropressione. 9 Gleichdruck ~ (Aktionsdampfturbine) (Turb.), turbina a vapore ad azione. 10 Industrie ~ (Gegendruckdampfturbine) (Turb.), turbina a vapore a contropressione. 11 Parsons ~ (Turb.), turbina a vapore Parsons. 12 Radial ~ (Turb.), turbina a vapore radiale. 13 Reaktions ~ (Überdruckdampfturbine) (Turb.), turbina a vapore a reazione. 14 Überdruck ~ (Reaktionsdampfturbine) (Turb.), turbina a vapore a reazione.

Dämpfung (von Schwingungen) (f. - Phys.), smorzamento. 2 ~ (Akus. - Fernspr. - Funk.), attenuazione. 3 ~ (der Stösse) (Technol.), smorzamento. 4 ~ (von Licht) (Beleucht.), attenuazione. 5 ~ (eines Hohlleiters oder Kabels z. B.) (Elekt. - Elektronik), perdita di tramissione. 6 ~ (von Tuch) (Textilind.), vaporizzazione, trattamento con vapore. 7 ~ s·diode (f. - Funk.), diodo di smorzamento. 8 ~ s·entzerrung (f. - Funk. - etc.), correzione di attenuazione. 9 ~ s·fähigkeit (der Stösse z. B.) (f. - Metall. - etc.), capacità di smorzamento. 10 ~ s·faktor (m. - Flugw. - etc.), fattore di smorzamento. 11 ~ s·faktor (Dämpfungskonstante) (Fernspr.), costante di attenuazione, coefficiente di attenuazione. 12 ~ s·fläche (Stabilisierungsfläche, eines Luftschiffes) (f. - Luftf.w.), piano stabilizzatore. 13 ~ s·glied (n. - Fernspr. - etc.), attenuatore. 14 ~ s·grad (von Schwingungen) (m. - Phys.), fattore di smorzamento. 15 ~ s·halterung (f. - Instr. - etc.), supporto antivibrante, supporto flessibile. 16 ~ s·konstante (f. - Fernspr. - Akus.), costante di attenuazione. 17 ~ s·magnet (m. - Elekt.), magnete smorzatore. 18 ~ s·messer (m. - Fernspr.), misuratore di attenuazione. 19 ~ s·mittel (von Schwingungen) (n. - Ind. - Technol.), mezzo smorzante, materiale smorzante. 20 ~ s·moment (n. - Flugw.), momento di smorzamento. 21 ~ s·verhältnis (n. - Elekt.), rapporto di attenuazione. 22 ~ s·verhältnis (eines Kreiselgerätes, bei Trägheitsnavigation) (Ger. - Navig.), rapporto di smorzamento. 23 ~ s·verzerrung (f. - Fernseh. - Funk.), distorsione di attenuazione. 24 ~ s·widerstand (m. - Elekt.), resistenza di smorzamento, resistenza di attenuazione. 25 ~ s·zahl (f. - Mech. - etc.), indice di smorzamento. 26 ~ s·zylinder (m. - Masch.), ammortizzatore cilindrico, « dashpot ». 27 hydraulische ~ (Phys.), smorzamento idraulico. 28 logarithmisches ~ s·dekrement (Phys.), decremento logaritmico di smorzamento. 29 Luft ~ (Phys.), smorzamento pneumatico. 30 Reibungs ~ (Phys.), smorzamento per attrito.

DAMW (Deutsches Amt für Messwesen und Warenprüfung) (Technol.), Ufficio Tedesco (Orientale) di Metrologia e Controllo Merceologico.

Dandyroller (Dandywalze, Egoutteur, mit dem die Wasserzeichen eingepresst werden) (m. - Papierind.), ballerino, tamburo ballerino, tamburo per filigranatura.

Daniell-Element (n. - Elekt.), pila Daniell.

DAP

DAP (Deutsches Ausschliessungspatent) (*recht.*) brevetto esclusivo tedesco.
DARA (Deutsche Arbeitsgemeinschaft für Rechenanlagen) (*Rechner*), gruppo di lavoro tedesco per calcolatori.
daraf (Masseinheit für die Elastanz) (*n. - Masseinh.*), daraf.
Darbietung (Programm) (*f. - Filmtech. - etc.*), programma, rappresentazione.
DARC (Deutscher Amateur - Radio - Club) (*Funk.*), Club dei radioamatori tedeschi.
Darcy (Permeabilitätseinheit = 0,987.10^{-12} m²) (*n. - Masseinheit*), darcy.
dareinreden (dreinreden) (*allg.*), interloquire.
Darlegung (*f. - allg.*), dichiarazione, spiegazione.
Darlehen (Darlehn) (*n. - komm.*), prestito, mutuo. 2 ~ s·konto (*n. - Adm.*), conto prestito. 3 Bank ~ (*finanz.*), prestito bancario. 4 gedecktes ~ (gesichertes Darlehen) (*komm.*), prestito garantito. 5 zinsverbilligtes ~ (*finanz.*), prestito agevolato.
Darrbühne (*f. - Ind.*), forno di essiccazione, essiccatoio.
Darre (Darrebühne) (*f. - Ind.*), forno di essiccazione, essiccatoio.
darren (dörren, trocknen) (*Ind.*), essiccare.
Darrgewicht (Trockengewicht) (*n. - allg.*), peso a secco.
Darrhaus (*n. - Ind.*), essiccatoio.
Darrholz (*n. - Holz*), legno essiccato in forno.
Darrmalz (*n. - Bierbrauerei*), orzo essiccato.
Darrofen (*m. - Ind.*), forno di essiccazione, essiccatoio.
Darrsau (Heizkammer) (*f. - Bierbrauerei*), camera di essiccazione.
d'Arsonvalisation (*f. - Elekt. - Med.*), darsonvalizzazione, marconiterapia.
darstellen (*Geom.*), descrivere. 2 ~ (Kräfte) (*Mech.*), rappresentare. 3 ~ (erzeugen) (*Chem.*), preparare. 4 ~ (erzeugen) (*Metall.*), produrre, fabbricare, elaborare. 5 graphisch ~ (*Zeichn. - etc.*), rappresentare graficamente.
darstellend (*allg.*), descrittivo, rappresentativo. 2 ~ e Geometrie (*Geom.*), geometria descrittiva. 3 ~ e Künste (*Kunst*), arti figurative.
Darsteller (Schauspieler) (*m. - Kunst*), attore.
Darstellerin (Schauspielerin) (*f. - Kunst*), attrice.
Darstellung (*f. - allg.*), descrizione, esposizione, rappresentazione. 2 ~ (*Chem.*), preparazione. 3 ~ (*Zeichn.*), rappresentazione. 4 ~ (Projektion) (*Zeichn.*), proiezione. 5 ~ (Erzeugung) (*Metall.*), fabbricazione, produzione, elaborazione. 6 ~ (Oszilloskop) (*Radar*), indicatore. 7 ~ (Schreibweise) (*Datenverarb.*), notazione. 8 ~ im Grundriss (*Zeichn.*) vista in pianta, vista dall'alto. 9 amerikanische ~ (amerikanische Anordnung der Ansichten, amerikanische Projektionsmethode) (*Zeichn.*), proiezione all'americana. 10 europäische ~ (Anordnung der Ansichten nach europäischer Projektionsmethode) (*Zeichn.*), proiezione ortogonale normale, proiezione all'europea. 11 graphische ~ (*Zeichn. - etc.*), rappresentazione grafica. 12 in Einzelteile aufgelöste ~ (*Zeichn.*), quadro pezzi smontati. 13 massgleiche ~ (isometrische Darstellung) (*Zeichn. - etc.*), rappresentazione isometrica. 14 vektorielle ~ (*Mech.*), rappresentazione vettoriale. 15 zeichnerische ~ (*Zeichn. - etc.*), rappresentazione grafica.
darüberlagernd (*allg.*), sovrapposto.
darunterliegend (*allg.*), sottostante.
DAS (Deutsche Patentanmeldung-Auslegeschrift) (*recht.*), attestato di brevetto tedesco.
DaT (Dienstabfragetaste) (*Fernspr.*), tasto di operatrice.
« Dataplotter » (für graphische Darstellung von EDV-Ergebnissen) (*m. - Datenverarb.*), diagrammatore.
Datei (*f. - Datenverarb.*), archivio dati, raccolta dei dati.
Daten (Angaben) (*n. - pl. - allg.*), dati. 2 ~ bank (für Informationssystemen) (*f. - Rechner - etc.*), banca dei dati, archivio dati. 3 ~ blätter (*n. - pl. - Masch. - etc.*), fogli caratteristiche. 4 ~ block (*m. - NC - Werkz.masch.*), blocco istruzioni. 5 ~ dienst (Rechenzentrum) (*m. - Rechner*), servizio (elaborazione) dati. 6 ~ fernverarbeitung (« Teleprocessing ») (*f. - Rechner*), tele-elaborazione dati, « teleprocessing ». 7 ~ satz (*m. - Rechner*), blocco di dati. 8 ~ schild (auf einer Maschine) (*n. - Masch.*), targhetta dati di funzionamento. 9 ~ sichtgerät (*n. - Ger.*), visualizzatore di dati. 10 ~ stelle (Nummernstelle für eine Ziffer oder einen Buchstaben) (*f. - Math.*), posizione di dati, posizione di cifra o lettera. 11 ~ träger (Lochkarte, Lochstreifen, Magnetband, etc.) (*m. - Rechner*), supporto di dati. 12 ~ verarbeiterer (*m. - Rechner*), elaboratore di dati. 13 ~ verarbeitung (*f. - allg.*), elaborazione dei dati. 14 ~ verarbeitungsabteilung (*f. - Ind.*), centro meccanografico. 15 ~ verarbeitungsanlage (DVA) (*f. - Rechner*), elaboratore di dati, impianto per l'elaborazione dei dati. 16 ~ verarbeitungsmaschine (*f. - Masch.*), elaboratore di dati. 17 ~ verkehr (*m. - Datenverarb.*), trasmissione di dati. 18 ~ verwaltung (Datenorganisation) (*f. - Datenverarb.*), gestione dati. 19 elektronische ~ verarbeitungsanlage (EDV) (*Rechner*), impianto elettronico per l'elaborazione dei dati, elaboratore elettronico di dati.
datieren (*Büro - etc.*), datare. 2 früher ~ (*Büro - etc.*), retrodatare. 3 später ~ (*Büro - etc.*), postdatare.
dato (*adv. - allg.*), in data di. 2 drei Monate ~ (*allg.*), a tre mesi data.
Datowechsel (*m. - komm.*), cambiale a certo tempo data.
Datum (*n. - allg.*), data. 2 älteren ~s (*allg.*), di vecchia data. 3 Stempel ~ (*Büro - Post*), data del timbro (postale). 4 unter dem heutigen ~ (*Büro - etc.*), in data odierna.
DAU (Digital-Analog-Umsetzer) (*Rechner*), convertitore numerico-analogico, convertitore digitale-analogico.
Daube (Dauge, eines Fasses) (*f. - Ind.*), doga.
Dauer (*f. - allg.*), durata. 2 ~ anriss (*m. - Metall.*), siehe Dauerschwinganriss. 3 ~ auftrag (*m. - komm.*), ordine permanente. 4 ~ beanspruchung (Dauerschwingbeanspruchung) (*f. - Werkstoffprüfung*), sollecitazione di fatica. 5 ~ beanspruchung im Schwellbereich (*Werkstoffprüfung*), sollecitazione pulsante. 6 ~ beanspruchung im Wechselbereich (*Werkstoffprüfung*), sollecitazione alterna asimme-

trica. 7 ~ belastung (*f. - Baukonstr.lehre*), carico permanente. 8 ~ betrieb (*m. - Mot. - etc.*), servizio continuo, servizio continuativo. 9 ~ biegefestigkeit (*f. - mech. Technol.*), resistenza alla piegatura ripetuta. 10 ~ biegeprüfer (*m. - mech. Technol. - App.*), apparecchio per prove di piegatura ripetuta. 11 ~ brandbogenlampe (*f. - Elekt.*), lampada ad arco chiuso. 12 ~ brenner (Ofen mit langdauerndem Feuerbrand) (*m. - Ofen*), forno a fuoco continuo. 13 ~ brenner (dauerbrennende Besetztlampe) (*Fernspr.*), chiamata permanente. 14 ~ bruch (Dauerschwingbruch) (*m. - mech. Technol. - Werkstoffprüfung*), rottura di fatica. 15 ~ echo (*n. - Radar*), eco permanente, eco fissa. 16 ~ entladung (*f. - Elekt.*), scarica continua. 17 ~ fahrt (*f. - Aut. - etc.*), prova di durata. 18 ~ festigkeit (*f. - mech. Technol. - Werkstoffprüfung*), limite di fatica. 19 ~ festigkeit (von Farben z. B.) (*Anstr. - etc.*), resistenza, solidità. 20 ~ feuer (*n. - Flugw. - etc.*), luce fissa. 21 ~ flug (*m. - Flugw.*), volo di durata. 22 ~ form (Kokille) (*f. - Giess.*), forma permanente, conchiglia. 23 ~ formguss (Verfahren) (*m. - Giess.*), colata in forma permanente, colata in conchiglia. 24 ~ formguss (Guss·stück) (*Giess.*), getto in forma permanente, getto in conchiglia. 25 ~ glühung (*f. - Wärmebeh.*), ricottura prolungata. 26 ~ haftigkeit (*f. - Anstr.*), resistenza, solidità. 27 ~ höchstleistung (*f. - Flugw. - Mot.*), potenza massima continuativa. 28 ~ hub (einer Schere z. B.) (*m. - Masch.*), corsa continua. 29 ~ karte (*f. - Transp. - etc.*), permanente (*s.*). 30 ~ kurzschluss-strom (*m. - Elekt.*), corrente di corto circuito permanente. 31 ~ ladung (einer Batterie) (*f. - Elekt.*), carica di compensazione. 32 ~ last (*f. - Mot. - etc.*), carico continuo. 33 ~ läufer (Schwingprobe) (*m. - Metall.*), provino di fatica. 34 ~ leistung (*f. - Mot.*), potenza continua, potenza continuativa. 35 ~ magnet (*m. - Elekt.*), magnete permanente. 36 ~ magnetstahl (*m. - Metall.*), acciaio per magneti permanenti. 37 ~ -Packung (*f. - Transp. - komm.*), imballaggio non a perdere. 38 ~ probe (*f. - Technol.*), prova di durata. 39 ~ prüfmaschine (*f. - Masch.*), macchina per prove di fatica. 40 ~ rente (lebenslängliche Rente) (*f. - finanz.*), vitalizio. 41 ~ schlagfestigkeit (*f. - mech. Technol.*), limite di fatica per sollecitazioni d'urto, resistenza ad urti ripetuti. 42 ~ schub (*m. - Strahltriebw.*), spinta continua. 43 ~ schweissbetrieb (*m. - mech. Technol.*), saldatura continua. 44 ~ schwinganriss (Daueranriss, meist glatter Teil eines Dauerschwingbruches) (*m. - Metall.*), rottura progressiva, frattura(a struttura) fine. 45 ~ schwingbeanspruchung (*f. - mech. - Technol.*), sollecitazione di fatica. 46 ~ schwingbruch (Dauerbruch) (*m. - mech. Technol.*), rottura da fatica. 47 ~ schwingfestigkeit (Dauerfestigkeit) (*f. - mech. Technol. - Werkstoffprüfung*), limite di fatica. 48 ~ schwing-Fliessgrenze (Spannungsausschlag bei dem eine bleibende Verformung von 0,2 % erreicht wird) (*f. - Baukonstr.lehre*), limite di snervamento per fatica (convenzionale), carico di fatica di snervamento (cui corrisponde una deformazione del 0,2 %). 49 ~ schwingprüfmaschine (*f. - Masch.*), macchina per prove di fatica. 50 ~ schwingversuch (*m. - mech. Technol.*), prova di fatica. 51 ~ standfestigkeit (höchste ruhende Beanspruchung die eine Probe unendlich lange ohne Bruch ertragen kann) (*f. - Metall. - mech. Technol.*), resistenza a durata illimitata, resistenza ad un carico statico permanente. 52 ~ strich (*m. - Radar*), tratto permanente. 53 ~ strichleistung (eines Senders) (*f. - Funk. - etc.*), servizio continuo. 54 ~ strom (*m. - Elekt.*), corrente permanente. 55 ~ tonzone (Dauertonsektor) (*f. - Flugw. - Funk.*), zona equisegnale. 56 ~ versuch (*m. - Mot. - etc.*), prova di durata. 57 ~ versuch (*mech. Technol. - Werkstoffprüfung*), prova di fatica. 58 ~ zugfestigkeit (*f. - mech. Technol.*), limite di fatica a trazione. 59 ~ zugkraft (*f. - Fahrz.*), sforzo di trazione normale, sforzo di trazione continuativo. 60 Flug ~ (*Flugw.*), durata del volo. 61 Halte ~ (*Wärmebeh. - Metall.*), permanenza, soggiorno. 62 pulsierende ~ beanspruchung (*mech. Technol.*), carico dinamico pulsante, sollecitazione dinamica pulsante.

dauerfest (*Metall.*), resistente a fatica.

dauerhaft (Farbe z. B.) (*Anstr. - etc.*), resistente, solido. 2 ~ (*allg.*), duraturo, durevole, di lunga durata.

dauernd (*allg.*), permanente, continuativo.

dauerschwingfest (*mech. Technol.*), resistente a fatica.

D-Aufschaltung (D-Wirkung, Vorhalt) (*f. - Regelung*), azione derivativa.

Daumen (Nocken) (*m. - Mech.*), camma, eccentrico. 2 ~ mutter (*f. - Mech.*), dado ad alette, galletto. 3 ~ schraube (*f. - Mech.*), vite ad alette, galletto. 4 ~ welle (Nockenwelle) (*f. - Mech.*), albero a camme.

Däumling (Nocken) (*m. - Mech.*), camma, eccentrico.

D/A-Umsetzer (DAU, Digital-Analog Umsetzer) (*m. - Rechner*), convertitore digitale-analogico, convertitore numerico-analogico.

DAV (Deutscher Arbeitskreis Vakuum) (*Vakuum*), circolo di lavoro tedesco per il vuoto.

Davis-Metall (Kupferlegierung, 67 % Cu, 25 ÷ 29 % Ni, 2 ÷ 6 % Fe, 1 ÷ 1,5 % Mn) (*n. - Legierung*), lega Davis.

Davit (Kraneinrichtung) (*m. - naut.*), gru. 2 Anker ~ (*naut.*), gru d'àncora. 3 Boots ~ (*naut.*), gru d'imbarcazione.

Davy-Lampe (Davy'sche Sicherheitslampe) (*f. - Bergbau*), lampada di sicurezza Davy.

DB (Dauerbetrieb) (*elekt. Masch.*), servizio continuativo. 2 ~ (Deutsche Bundesbahn) (*Eisenb.*), ferrovie federali tedesche.

dB (Dezibel) (*Akus. - Einheit*), dB, db, decibel.

d. B. (durch Boten, auf Briefen) (*Post*), a mano.

dB(A) (internationales Lautstärke-Mass) (*Akus.*), dB(A).

DBGM (Deutsches Bundes-Gebrauchsmuster) (*recht. - komm.*), modello di utilità tedesco.

dbK (Dezibel bezogen auf 1 kW) (*Akus.*), dbK, decibel riferito ad 1 kW.

dbm (Dezibel bezogen auf 1 mW) (*Akus.*), dbm, decibel riferito ad 1 mW.

DBP (Deutsches Bundespatent) (*recht.*), bre-

DBPS

vetto tedesco. 2 ~ (Deutsche Bundespost) (*Post*), poste federali tedesche.
DBPS (Deutsche Bundespatentschrift) (*recht.*), descrizione di brevetto tedesco.
dbRN (Dezibel bezogen auf 1 μμW Rauschleistung bei 1 kHz) (*Akus.*), dbRN, decibel superiori al rumore di riferimento di 1 μμW a 1 kHz.
dbv (Dezibel bezogen auf 1 V) (*Akus.*), dbv, decibel riferito ad 1 V.
dbw (Dezibel bezogen auf 1 W) (*Akus.*), dbw, decibel riferito ad 1 W.
DChIV (Deutscher Chemie-Ingenieur-Verband) (*Chem.*), Associazione Ingegneri Chimici Tedeschi.
DCL-Schaltung (direct-coupled logic) (*f. - Elektronik*), circuito logico ad accoppiamento diretto, DCL.
DCTL-Schaltung (direct coupled transistor logic) (*f. - Elektronik*), circuito logico a transistori ad accoppiamento diretto, DCTL.
DD (Doppeldicke, bei Fensterglas, 3,6÷4 mm) (*Glasind. - Bauw.*), doppio spessore.
Dd (doctorandus) (*Universität*), laureando.
DDA (Deutscher Dampfkessel- und Druckgefässeausschuss) (*Kessel*), Comitato Tedesco Caldaie a Vapore e Recipienti a Pressione.
DDa (Drahtfunk-Anschaltdose) (*Funk.*), presa per filodiffusione.
DDAC (Der Deutsche Automobil-Club) (*Aut.*), Automobilclub Tedesco.
D-Darstellung (*f. - Radar*), indicatore di tipo D.
DDC (direct digital control, direkte numerische Steuerung) (*Rechner*), DDC, comando numerico diretto, controllo numerico diretto.
DD-Lack (Polyurethanlack) (*m. - Anstr.*), vernice poliuretanica.
DE (dieselelektrisch) (*Elekt.*), dieselettrico.
De (Demodulator, Detektor) (*Funk.*), demodulatore, rivelatore.
Debatte (*f. - allg.*), dibattito.
debattieren (*allg.*), dibattere.
Debet (*n. - Adm.*), debito, dare. 2 ~ note (*f. - Adm.*), nota di addebito. 3 ~ und Kredit (*Adm.*), dare ed avere.
Debiteuse (*f. - Glasind.*), siehe Ziehdüse.
debitieren (*Adm.*), addebitare.
Debitor (Schuldner) (*m. - komm.*), debitore. 2 ~ en·konto (*n. - Buchhaltung*), conto debitori.
Decaleszenz (absorbierte Umwandlungswärme) (*f. - Metall.*), decalescenza.
Decca-Navigationssystem (*n. - Navig.*), sistema di navigazione Decca.
dechiffrieren (entziffern) (*allg.*), decifrare.
Dechsel (Dächsel, Dachsbeil, Dexel, Deichsel, Beil) (*f. - Werkz.*), accetta.
decimal (*Textilind.*), siehe grex.
Deck (*n. - Schiffbau*), ponte, coperta. 2 ~ (*Flugw.*), ponte. 3 ~ (*Fahrz.*), imperiale. 4 ~ anstrich (*m. - Anstr.*), ultima mano, mano di finitura, mano finale, mano 5 ~ aufbau (*m. - Schiffbau*), sovrastruttura. 6 ~ balken (*m. - Schiffbau*), baglio di coperta. 7 ~ beplankung (*f. - Schiffbau*), copertura del ponte, tavolato del ponte. 8 ~ fähigkeit (*f. - Anstr.*), siehe Deckvermögen. 9 ~ farbe (deckende Pigmentfarbe) (*f. - Anstr.*), pittura. 10 ~ farbe (Wasserfarbe) (*Maur.*), tinta, pittura. 11 ~ flacheisen (Kopfplatte, eines Balkens) (*n. - Bauw.*), piattabanda di ricoprimento. 12 ~ gebirge (*n. - Bergbau*), copertura, terreno di copertura. 13 ~ glas (*n. - Mikroskopie*), vetrino. 14 ~ gut (*n. - naut. - Transp.*), carico di coperta. 15 ~ kante (*f. - Schiffbau*), linea del ponte. 16 ~ knie (*n. - Schiffbau*), bracciuolo del ponte. 17 ~ kraft (einer Farbe) (*f. - Anstr.*), potere coprente. 18 ~ lack (*m. - Anstr.*), ultima mano. 19 ~ ladung (Decklast) (*f. - naut. - Transp.*), carico di coperta. 20 ~ lage (beim Schweissen) (*f. - mech. Technol.*), passata finale. 21 ~ landeflugzeug (Trägerflugzeug) (*n. - Flugw.*), velivolo di portaerei. 22 ~ licht (Deckfenster) (*n. - naut.*), osteriggio. 23 ~ planken (*f. - pl. - Bauw.*), tavoloni di copertura. 24 ~ platte (*f. - Schiffbau*), lamiera del ponte. 25 ~ schicht (*f. - allg.*), strato superiore, strato di copertura. 26 ~ schicht (*Strass.b.*), strato di usura. 27 ~ schicht (*Anstr.*), siehe Deckanstrich. 28 ~ s·haus (*n. - Schiffbau*), tuga. 29 ~ sitzomnibus (*m. - Fahrz.*), autobus a due piani, autobus con imperiale. 30 ~ sprung (Sprung) (*m. - Schiffbau*), insellatura. 31 ~ stein (*m. - Maur.*), cimosa, copertina. 32 ~ stringer (*m. - Schiffbau*), trincarino di coperta. 33 ~ stuhl (Liegestuhl) (*m. - naut.*), sedia a sdraio (da coperta). 34 ~ stütze (*f. - Schiffbau*), puntale del ponte, puntale di coperta. 35 ~ vermögen (Deckfähigkeit) (*n. - Anstr.*), potere coprente. 36 ~ walze (durch Aufprall eines Wasserstrahles ufe eine Wand verursacht) (*f. - Hydr.*), vortice. 37 ~ werk (*n. - Flussbau*), difesa (delle sponde), opera di consolidamento (delle sponde). 38 ~ wort (Codewort) (*n. - Telegr. - etc.*), parola in codice. 39 Achter ~ (*naut.*), cassero (di poppa). 40 Back ~ (*naut.*), controcoperta. 41 Batterie ~ (*Kriegsmar.*), ponte di batteria. 42 Boots ~ (*naut.*), ponte delle imbarcazioni, ponte delle lance, ponte lance. 43 Brücken ~ (*naut.*), ponte di comando, plancia. 44 Flug ~ (eines Flugzeugträgers) (*Kriegsmar.*), ponte di volo. 45 Haupt ~ (Oberdeck) (*naut.*), ponte principale, ponte superiore, coperta, ponte di coperta. 46 Kommandobrücken ~ (*Kriegsmar.*), ponte di comando, plancia. 47 Lande ~ (eines Flugzeugträgers) (*Kriegsmar.*), ponte di atterraggio. 48 Ober ~ (Hauptdeck) (*naut.*), ponte principale, ponte superiore, coperta, ponte di coperta. 49 Orlop ~ (*naut.*), ponte di corridoio. 50 Panzer ~ (*Kriegsmar.*), ponte corazzato. 51 Poop ~ (Quarterdeck) (*naut.*), cassero (di poppa). 52 Promenaden ~ (*naut.*), ponte di passeggiata. 53 Quarter ~ (Poopdeck) (*naut.*), cassero (di poppa). 54 Raum ~ (*naut.*), ponte di stiva. 55 Start ~ (eines Flugzeugträgers) (*Kriegsmar.*), ponte di decollo. 56 Vermessungs ~ (*naut.*), ponte di stazza. 57 Zwischen ~ (*naut.*), corridoio, interponte.
Decke (*f. - allg.*), coperta, copertura. 2 ~ (tragender Bauteil) (*Bauw.*), solaio. 3 ~ (aus Stahlbeton tragender Bauteil) (*Bauw.*), soletta. 4 ~ (Laufdecke, Mantel, Laufmantel, Reifen) (*Aut. - etc.*), pneumatico, coper-

tone, gomma. 5 ~ (*Strass.b.*), manto, pavimentazione. 6 ~ (obere Fläche eines Zimmers z. B.) (*Bauw.*), soffitto. 7 ~ (Dach) (*Bauw. - etc.*), tetto, copertura. 8 ~ (eines Tunnels) (*Bergbau*), cielo. 9 ~, siehe auch Decken. 10 Einschub ~ (*Bauw.*), controsoffitto, soffittatura. 11 Fuss ~ (Fussmatte) (*Bauw.*), stuoia, tappeto. 12 Hohlstein ~ (*Bauw.*), solaio in laterizi forati, solaio di mattoni forati, solaio in volterrane. 13 Holzbalken ~ (*Bauw.*), solaio con travi di legno. 14 Hourdi ~ (*Bauw.*), solaio con tavelloni curvi. 15 Kassetten ~ (*Bauw.*), soffitto a cassettoni. 16 Pilz ~ (*Bauw.*), solaio a fungo, solaio su pilastri a fungo. 17 Plattenbalken ~ (*Bauw.*), solaio in cemento armato a soletta nervata. 18 Stahlbeton ~ (*Bauw.*), solaio in cemento armato, soletta. 19 Stahlbeton-Rippen ~ (*Bauw.*), solaio nervato in cemento armato. 20 Stein ~ (*Bauw.*), solaio in laterizio. 21 Steineisen ~ (*Bauw.*), solaio in laterizio armato. 22 Strassen ~ (*Strass.b.*), manto stradale, pavimentazione stradale. 23 untergehängte ~ (*Bauw.*), soffiatura, controsoffitto.

Deckel (*m. - allg.*), coperchio. 2 ~ (*Mech. - Mot.*), coperchio. 3 ~ (eines Buches) (*Druck.*), copertina. 4 ~ (einer Krempel) (*Textilmasch.*), cappello. 5 ~ (Pressdeckel) (*Druck.*), foglio di maestra. 6 ~ krempel (Karde, Kratze) (*f. - Textilmasch.*), carda a cappelli. 7 ~ ring (eines Scheinwerfes) (*m. - Aut.*), cornice. 8 ~ stuhl (*m. - Druck.*), supporto per foglio di maestra. 9 ~ verschraubung (*f. - Mech.*), coperchio a vite. 10 ~ wagen (*m. - Eisenb.*), carro chiuso. 11 Getriebegehäuse ~ (*Aut.*), coperchio della scatola del cambio. 12 Hauptlager ~ (*Mot.*), cappello di banco. 13 Koffer ~ (*Aut.*), coperchio bagagliera. 14 Kofferraum ~ (*Aut.*), coperchio bagagliera. 15 Kolbenstangen ~ (Pleuelstangendeckel) (*Mot.*), cappello di biella. 16 Kurbelwellenlager ~ (*Mot.*), cappello di banco. 17 Lager ~ (*Mech.*), cappello di cuscinetto. 18 Pleuel ~ (*Mot.*), cappello di biella. 19 Schiebe ~ (*allg.*), coperchio scorrevole. 20 Zylinderkopf ~ (*Mot.*), coperchio testa cilindri.

Decken (*f. - pl. - Bauw.*), solai, solette. 2 ~ balken (Hauptbalken) (*m. - Bauw.*), trave maestra, trave principale. 3 ~ bau (*m. - Strass.b.*), pavimentazione. 4 ~ beleuchtung (*f. - Bauw.*), illuminazione dal soffitto. 5 ~ bügel (für Beton) (*m. - Bauw.*), staffa per (armatura di) solai. 6 ~ einbaugerät (Deckeneinbau) (*n. - Strass.b.masch.*), pavimentatrice (stradale). 7 ~ fächer (Ventilator) (*m. - Bauw.*), ventilatore da soffitto. 8 ~ fenster (Oberlicht) (*n. - Bauw.*), finestra da soffitto, lucernario. 9 ~ fertiger (Strassenfertiger, Fertiger) (*m. - Strass.b.masch.*), finitrice (stradale). 10 ~ heizung (Strahlungsheizung) (*f. - Bauw.*), riscaldamento (a pannelli radianti) nel soffitto, riscaldamento a pannelli radianti. 11 ~ kappe (für elekt. Leuchten) (*f. - Beleucht. - Bauw.*), plafoniera. 12 ~ kran (Hängekran, Brückenkran mit hängenden Laufschienen) (*m. - ind. Masch.*), gru a ponte a vie di corsa superiori. 13 ~ lager (*n. - Bauw.*), supporto pendente, sedia pendente. 14 ~ lampe (*f. - Aut.*), plafoniera. 15 ~ leuchte (*f. - Aut.*), plafoniera. 16 ~ putz (*m. - Maur.*), intonaco da soffitto. 17 ~ rosette (*f. - Elekt.*), rosone da soffitto. 18 ~ schweissung (Überkopfschweissen) (*f. - mech. Technol.*), saldatura sopratesta. 19 ~ spannung (*f. - Elekt.*), tensione plafond. 20 ~ träger (*m. - Bauw.*), travetto, travicello. 21 ~ transmission (*f. - Mech. - Bauw.*), trasmissione da soffitto. 22 ~ ventilator (*m. - Bauw.*), ventilatore da soffitto. 23 ~ vorgelege (Welle) (*n. - Mech. - Bauw.*), albero di rinvio da soffitto. 24 ~ vorgelegewelle (*f. - Mech. - Bauw.*), trasmissione da soffitto. 25 ~ ziegel (*m. - Bauw.*), laterizio da solaio, mattone forato da solaio, volterrana.

decken (*allg.*), coprire. 2 ~ (ein Negativ) (*Phot.*), scontornare. 3 ~ (den Bedarf z. B.) (*allg.*), coprire, soddisfare. 4 die Spesen ~ (*komm.*), coprire le spese. 5 sich ~ (zusammenfallen) (*allg.*), coincidere. 6 sich ~ (überschneiden, Zeiten z. B.) (*allg.*), sovrapporsi.

Decker (Dachdecker) (*m. - Arb.*), conciatetti. 2 Ein ~ (Flugzeug) (*Flugw.*), monoplano. 3 Halbhoch ~ (Flugzeug) (*Flugw.*), monoplano ad ala media, aeroplano ad ala media. 4 Hoch ~ (Flugzeug) (*Flugw.*), monoplano ad ala alta, aeroplano ad ala alta. 5 Tief ~ (Flugzeug) (*Flugw.*), monoplano ad ala bassa, aeroplano ad ala bassa.

Deckung (*f. - allg.*), copertura. 2 ~ (Deckschicht) (*Bauw. - etc.*), copertura. 3 ~ (*Geom.*), coincidenza. 4 ~ (Kongruenz) (*Math.*), congruenza. 5 ~ (Geldmittel) (*finanz.*), copertura. 6 ~ (Bezahlung) (*komm.*), pagamento. 7 ~ haben (*finanz.*), essere coperto. 8 ~ s·punkt (*m. - Adm. - etc.*), punto di pareggio. 9 ~ s·rücklage (Deckungsrücklass) (*f. - komm.*), riserva di garanzia, riserva di copertura. 10 zur ~ bringen (zusammenfallen lassen) (*allg.*), far coincidere.

deckungsgleich (kongruent) (*Math.*), congruente.

decodieren (*Rechner*), decodificare.

Decoltiermaschine (Fassondrehautomat) (*f. - Werkz.masch.*), tornio automatico a sagoma.

Decoltierwerkzeug (*n. - Werkz.*), utensile per tornitura automatica a sagoma.

Dedekindscher Schnitt (*Math.*), sezione di Dedekind.

de Dion-Achse (*f. - Aut.*), assale de Dion.

Deduktion (*f. - allg.*), deduzione.

deduktiv (Methode) (*Math.*), deduttivo.

deduzieren (*allg.*), dedurre.

Defekt (Fehler) (*m. - allg.*), difetto. 2 ~ (Panne) (*Masch. - etc.*), guasto, avaria. 3 ~ buchstabe (*m. - Druck.*), carattere avariato, carattere difettoso. 4 ~ elektron (Loch, eines Halbleiters) (*n. - Elektronik*), vacanza. 5 ~ kasten (*m. - Druck.*), cassa per caratteri difettosi.

defekt (*allg.*), difettoso.

Defibrator (zur Zerfaserung von Holz) (*m. - Masch.*), sfibratore.

Defimeter (Leitfähigkeitsmesser) (*n. - elekt. Instr.*), misuratore di conduttività.

Definition (*f. - allg.*), definizione. 2 ~ s·valenzen (*f. - pl. - Opt.*), stimoli cardinali,

Defizit (Fehlbetrag) (*n. - Adm. - finanz.*), deficit, disavanzo.
defizitär (*finanz.*), deficitario.
Deflagration (*f. - Expl.*), deflagrazione.
Deflation (erodierende Tätigkeit des Windes) (*f. - Geol.*), deflazione. 2 ~ (*finanz.*), deflazione.
deflationistisch (*finanz.*), deflazionistico.
Deflektor (für beschleunigte Teilchen z. B.) (*m. - Atomphys - etc.*), deflettore.
Defo-Gerät (zur Prüfung der Plastizität) (*n. - Gummiind. - Ger.*), apparecchio per prove di deformazione.
Defohärte (Deformation-Härte, von Kautschuk und Gummi, Druckkraft durch die eine bestimmte Deformation erzielt wird) (*f. - Technol.*), durezza alla deformazione, forza di deformazione.
defokussieren (*Opt. - etc.*), defocalizzare.
defokussiert (unscharf) (*Opt.*), sfuocato.
Defokussierung (*f. - Opt. - etc.*), defocalizzazione.
Defoprüfung (Deformation-Prüfung, von Kautschuk und Gummi) (*f. - Technol.*), prova di deformazione.
Deformation (Formänderung) (*f. - Phys. - mech. Technol.*), deformazione. 2 ~ s·schwingung (bei infrarotspektroskopischen Untersuchungen z. B.) (*f. - Opt.*), vibrazione di deformazione. 3 ~ s·tensor (Tensor der inneren Spannungen) (*m. - Baukonstr.lehre*), tensore delle deformazioni (interne).
Defo-Wert (Deformationswert) (*m. - Gummiind.*), indice di deformazione.
Defroster (Entfroster) (*m. - Ger.*), sistema antighiaccio. 2 ~ (für die Windscheibe) (*Aut.*), sbrinatore, riscaldatore (del parabrezza.)
degressiv (abnehmend, sich stufenweise vermindernd) (*allg.*), decrescente.
Degummieren (von Seide) (*n. - Textilind.*), sgommatura, purga.
degummieren (Seide) (*Textilind.*), sgommare, purgare.
dehnbar (Gase) (*Phys.*), espansibile. 2 ~ (durch Wärme) (*Phys.*), dilatabile. 3 ~ (*Metall.*), duttile.
Dehnbarkeit (*f. - Phys.*), dilatabilità. 2 ~ (*Metall.*), duttilità. 3 ~ s·messer (Dilatometer) (*m. - Phys. - Instr.*), dilatometro.
Dehndorn (*m. - Mech.*), mandrino espansibile.
dehnen (in Länge) (*Phys.*), allungare. 2 ~ (in Weite) (*Phys.*), dilatare.
Dehner (*m. - Ger.*), espansore.
Dehngrenze (Streckgrenze) (*f. - Baukonstr.lehre*), carico di snervamento, limite di snervamento. 2 0,2- ~ (*Baukonstr.lehre*), carico di snervamento convenzionale, limite di snervamento convenzionale.
Dehnschraube (Dehnschaftschraube, deren Schaftdurchmesser gleich oder kleiner als 0,9 des Gewindekerndurchmessers ist) (*Mech.*), vite con gambo scaricato.
Dehnung (*f. - allg.*), dilatazione, allungamento. 2 ~ (Ausdehnung, bei Wärme z. B.) (*Phys.*), dilatazione. 3 ~ (Verlängerung) (*Baukonstr. lehre*), allungamento. 4 ~ s·diagramm (Spannungs-Dehnungs-Diagramm) (*n. - Metall.*), diagramma carichi-deformazioni. 5 ~ s·fuge (*f. - Bauw. - Strass.b.*), giunto di dilatazione. 6 ~ s·grenze (Fliessgrenze) (*f. - Metall.*), limite di snervamento. 7 ~ s·grösse (Dehnzahl, Elastizitätskoeffizient) (*f. - Baukonstr. lehre*), coefficiente di elasticità. 8 ~ s·hub (Explosionshub) (*m. - Mot.*), corsa di espansione. 9 ~ s·koeffizient (*m. - Phys.*), coefficiente di dilatazione. 10 ~ s·linie (Expansionskurve) (*f. - Thermodyn.*), curva di espansione. 11 ~ s·messer (*m. - Baukonstr.lehre - mech. Technol.*), estensimetro, estensigrafo, tensiometro, tensiografo. 12 ~ s·messrosette (*f. - Materialprüfung*), rosetta estensimetrica. 13 ~ s·mess·streifen (DMS) (*m. - Ger.*), estensimetro. 14 ~ s·modul (Youngscher Modul) (*m. - Baukonstr.lehre*), modulo di elasticità normale, modulo di Young. 15 ~ s·risse (*m. - pl. - mech. Technol.*), incrinature di dilatazione. 16 ~ s·schreiber (*m. - mech. Technol. - Instr.*), estensigrafo, tensiografo. 17 ~ s·streifen (*m. - mech. Technol. - Instr.*), piastrina estensimetrica. 18 ~ s- UT (Expansions-UT, Dehnungs-unterer Totpunkt, eines Wankelmotors) (*Mot.*), p.m.i. di espansione, punto morto inferiore di espansione. 19 ~ s·verbindung (*f. - Mech. - Leit.*), giunto di dilatazione. 20 bleibende ~ (*Baukonstr.lehre*), allungamento permanente. 21 Bruch ~ (*Baukonstr.lehre*), allungamento di rottura. 22 dynamischer ~ s·messer (*mech. Technol. - Instr.*), estensimetro dinamico. 23 Einschnür ~ (Teil der Bruchdehnung) (*Baukonstr.lehre*), allungamento di strizione. 24 elastische ~ (*Baukonstr.lehre*), allungamento elastico. 25 elektrischer ~ s·messer (*mech. Technol. - Instr.*), estensimetro elettrico. 26 Gleichmass ~ (Teil der Bruchdehnung) (*Baukonstr.lehre*), allungamento uniforme. 27 Längs ~ (*Baukonstr. lehre*), allungamento. 28 mechanischer ~ s· messer (*mech. Technol. - Instr.*), estensimetro meccanico. 29 statischer ~ s·messer (*mech. Technol. - Instr.*), estensimetro statico. 30 Widerstand- ~ s·messer (*m. - mech. Technol. - Instr.*), estensimetro a resistenza.
Dehnverband (Verbindung zweier Bauteile durch Unterkühlen) (*m. - mech. Technol.*), calettamento sottozero (ad interferenza).
Dehnwelle (Dehnungswelle, Überlagerung von Longitudinal- und Transversalwellen, bei Ultraschallprüfung z. B.) (*f. - Technol.*), onda composta.
Dehnzahl (beim Zugversuch, Verhältnis zwischen bestimmter Dehnung und Spannung) (*f. - Baukonstr.lehre*), coefficiente di deformazione elastica lineare.
Dehydratation (Dehydrierung, von Lebensmitteln z. B.) (*f. - chem. Ind. - etc.*), disidratazione.
dehydrieren (oxidieren) (*Chem.*), deidrogenare.
Dehydrierung (Dehydratation) (*f. - Chem. - etc.*), disidratazione. 2 ~ (Oxydation) (*Chem.*), deidrogenazione.
Deich (Schutzdamm gegen Überschwemmungen, für Flüsse) (*m. - Wass.b.*), argine. 2 ~ (Seedeich) (*Wass.b.*), diga. 3 ~ bruch (*m. - Wass.b.*), rottura dell'argine. 4 ~ krone (*f. - Wass.b.*), coronamento, cresta. 5 ~ rampe (*f. - Wass.b.*), rampa di accesso all'argine. 6 ~ schau (Deichschauung, gesetzlich vorge-

sehene Prüfung der Hauptdeiche) (*f. - Wass. b.*), controllo dell'argine maestro. **7** ~ **siel** (die Deichschleuse) (*n. - Wass.b.*), scarico di svaso. **8 Binnen** ~ (*Wass.b.*), argine in campagna. **9 Fluss** ~ (*Wass.b.*), argine. **10 Gefahr** ~ (Schardeich) (*Wass.b.*), argine in froldo, argine in frodo. **11 Haupt** ~ (*Wass.b.*), argine maestro. **12 Leit** ~ (Flügeldeich) (*Wass.b.*), argine laterale. **13 Ring** ~ (*Wass. b.*), argine anulare. **14 Schar** ~ (Gefahrdeich) (*Wass.b.*), argine in froldo, argine in frodo. **15 Rückstau** ~ (für Nebenflüsse) (*Wass.b.*), argine per affluente. **16 Schlaf** ~ (alter aufgegebener Deich) (*Wass.b.*), argine abbandonato, argine dormiente. **17 See** ~ (*Wass.b.*), diga marittima. **18 Sommer** ~ (*Wass.b.*), argine per livello estivo. **19 Winter** ~ (*Wass.b.*), argine per livello invernale.
Deichsel (eines Wagens) (*f. - Fahrz.*), timone. **2** ~ **-Hubwagen** (*m. - ind. Transp. - Fahrz.*), carrello elevatore con guida a timone. **3** ~ **last** (*f. - Fahrz.*), siehe Stützlast.
deichselgeführt (Hubwagen) (*ind. Trasp.*), guidato (a mano) con timone.
D-Einfluss (eines Reglers) (*m. - Elektromech.*), azione derivativa.
Deinig (Schlagwelle) (*f. - See*), mare grosso.
Deionat (deionisiertes Wasser) (*n. - Ind.*), acqua deionizzata. **2** ~ **behälter** (für Rohwasser) (*m. - Ind.*), vasca di deionizzazione.
Deionisation (*f. - Phys.*), deionizzazione.
dejustieren (*allg.*), regolare male, sregolare.
deka (zehn) (*D - da - Masseinheit*), deca.
Dekade (Zehnzahl) (*f. - allg.*), decade. **2** ~ **n·rheostat** (*m. - Elekt.*), reostato a decadi. **3** ~ **n·schalter** (Schalter mit 10 definierten Zuständen) (*m. - Datenverarb. - NC - Werkz. masch.bearb.*), commutatore decadale, decadale (*s.*). **4** ~ **n·widerstand** (*m. - Elekt.*), cassetta di resistenze a decadi. **5** ~ **zähler** (Dekadenuntersetzer) (*m. - Mech.*), demoltiplicatore decimale, contatore decadale.
dekadisch (*Math. - etc.*), decadale.
Dekaeder (*n. - Geom.* - decaedro.
Dekagramm (*n. - Mass*), decagrammo.
Dekaleszenz (Decaleszenz, absorbierte Umwandlungswärme) (*f. - Metall.*), decalescenza.
Dekalin (Dekahydronaphtalin, $C_{10}H_{18}$) (*n. - Chem.*), decalina, decaidronaftalina.
Dekaliter (*m. - Mass*), decalitro.
Dekalröhre (mit 10 Steckerstiften) (*f. - Elektronik*), tubo a 10 spinotti.
Dekameter (*m. - Mass*), decametro.
Dekamired (10 mired, Temperatureinheit) (*Einheit*), decamired.
Dekantieren (*n. - Chem.*), decantazione.
dekantieren (*Chem. - etc.*), decantare.
Dekapierbad (*n. - Metall.*), bagno di decapaggio.
Dekapieren (Abbeizen) (*n. - Metall.*), decapaggio.
dekapieren (abbeizen) (*Metall.*), decapare.
dekapiert (*Metall.*), decapato. **2** ~ **es Blech** (*Metall.*), lamiera decapata.
dekarburieren (*Wärmebeh.*), siehe entkohlen.
Dekartellisierung (Entflechtung von Kartellen) (*f. - finanz.*), decartellizzazione, dissoluzione dei cartelli.

Dekatieren (*n. - Textilind.*), decatissaggio.
dekatieren (*Textilind.*), decatizzare, delucidare.
Dekatiermaschine (*f. - Textilmasch.*), decatizzatrice.
Dekatron (Zählrohr) (*n. - Elektronik*), decatron.
Dekaturechtheit (*f. - Textilind.*), solidità al decatissaggio.
Deklaration (*f. - allg.*), dichiarazione. **2 Zoll** ~ (*komm.*), dichiarazione doganale.
deklariert (*allg.*), dichiarato. **2** ~ **er Wert** (*komm.*), valore dichiarato.
Deklination (Abweichung) (*f. - Astr.*), declinazione. **2** ~ (Missweisung, einer Magnetnadel) (*Geophys. - Instr.*), declinazione (magnetica). **3** ~ **s·bussole** (Kompass) (*f. - Instr.*), bussola di declinazione, declinometro. **4** ~ **s·messer** (Deklinationsmessgerät, Deklinometer) (*m. - Ger.*), declinometro.
Deklinometer (Deklinationsmesser) (*n. - Ger.*), declinometro.
Dekoder (Decodierer) (*m. - Ger.*), decodificatore.
dekodieren (decodieren) (*Rechner - etc.*), decodificare.
Dekompression (Kompressionsverminderung) (*f. - Mot. - etc.*), decompressione. **2** ~ **s· nocken** (*m. - Mot. - Mech.*), camma di decompressione.
Dekontaminierung (*f. - Atomphys. - etc.*), siehe Entseuchung.
Dekontamination (*f. - Radioakt.*), decontaminazione. **2** ~ **s·faktor** (*m. - Kernphys.*), fattore di decontaminazione.
Dekor (*n. - Fernseh.*), scena, scenario.
Dekoration (*f. - Bauw.*), decorazione. **2** ~ **s· maler** (*m. - Arb.*), decoratore.
Dekrement (*n. - Math.*), decremento. **2** ~ **messer** (*m. - Funk. - Instr.*), decremetro, decrimetro. **3 logarithmisches** ~ (*Math.*), decremento logaritmico.
Dekupiersäge (*f. - Werkz.*), sega a svolgere.
Delaminieren (Trennung der Schichten von Schichtpressstoffen) (*n. - chem. Ind.*), separazione degli strati, delaminazione.
Delanium (imprägnierte Graphitsorte) (*n. - Material*), delanium.
delegieren (*allg.*), delegare.
Delkredere (Burgschaft) (*n. - finanz.*), star del credere, dal credere.
Delle (Dalle, Dälle, Telle, leichte Vertiefung) (*f. - Geogr.*), depressione. **2** ~ (muldenähnlicher Fehler, einer bearbeiteten Oberfläche) (*Mech.*), rientranza. **3** ~ (Beule) (*allg.*), ammaccatura, intaccatura. **4** ~ **n·schweissung** (Buckelschweissung, Warzenschweissung) (*f. - mech. Technol.*), saldatura su risalti.
dellenartig (örtlich, Korrosion z. B.) (*allg.*), locale.
DELPHI (Dispositions- und Entscheidungs-Lehrspiel zur Planung in Handel und Industrie) (*komm. - Ind.*), DELPHI, gioco aziendale per la programmazione e la gestione di aziende commerciali ed industriali.
Delphin (beim Schwimmen) (*m. - Sport*), farfalla.
Delta (Δ - *n. - Math.*), delta. **2** ~ (*Phys. - Metall. - etc.*), delta. **3** ~ (eines Flusses)

(Geogr.), delta. 4 ~ flügel (Dreieckflügel) (m. - Flugw.), ala a delta. 5 ~ flugzeug (Dreieckflugzeug) (n. - Flugw.), aeroplano con ala a delta. 6 ~ isolator (Delta-Stütz-Isolator) (m. - Elekt.), isolatore a campana. 7 ~ metall (n. - Metall.), metallo delta. 8 ~ schaltung (Dreieckschaltung) (f. - Elekt.), collegamento a triangolo. 9 ~ strahlen (Elektronenstrahlen) (m. - pl. - Phys.), raggi delta.
Deltoid-Dodekaeder (Kristall) (n. - Min.), deltoide-dodecaedro.
Demarkationslinie (f. - Geogr. - etc.), linea di demarcazione.
demgemäss (allg.), in conformità.
Demijon (grosse Korbflasche, für Säure z. B.) (m. - Glasind.), damigiana.
Demission (Niederlegung, eines Amtes z. B.) (f. - Arb. - etc.), dimissione.
Demissionär (m. - allg.), dimissionario.
demissionieren (Arb. - etc.), dimettersi.
Demodulation (f. - Funk.), demodulazione.
Demodulator (m. - Funk.), demodulatore.
demodulieren (Funk.), demodulare.
Demonstrantin (f. - komm. - Arb.), dimostratrice.
Demontage (f. - Mech. - etc.), smontaggio.
demontieren (auseinandernehmen) (Mech. - etc.), smontare.
Demulgator (m. - Chem.), demulsificante (s.).
den (Denier, Feinheitsmass für Seide) (Text.), denaro.
denaturieren (Alkohol, etc.) (Chem.), denaturare.
Dendrit (Tannenbaumkristall) (m. - Metall. . etc.), dendrite. 2 ~ en-struktur (f. - Metall.), struttura dendritica. 3 ~ en-wachstum (n. - Metall.fehler), dendritismo.
Dengel (Sensenblatt) (m. - Ger.), lama (della falce). 2 ~ amboss (auf dem die Sensenschneide geschlagen wird) (m. - Landw. - Ger.), piccola incudine.
Dengeln (Breiten dünner Werkstückkanten, bei Sensenherstellung) (n. - mech. Technol.), affilatura a martello.
dengeln (dängeln, dünnschlagen von Sensen) (Landw.), affilare (a martello).
Denier (Feinheitsmass für Seide) (n. - Text.), denaro.
denitrieren (Landw.), denitrificare.
Denitrifikation (f. - Landw.), denitrificazione.
Denkschrift (f. - Büro - etc.), promemoria.
Densitometer (Schwärzungsmesser) (n. - Phot. - Instr.), densitometro.
Dentallegierung (f. - Metall.), lega per protesi dentaria.
Dentist (Zahnarzt) (m. - Med.), dentista.
Denudation (Abtragung vom Untergrund durch die Tätigkeit der Gewässer, etc.) (f. - Geol.), denudazione.
Depesche (das Telegramm) (f. - Post), telegramma.
Dephlegmator (Destillierapparat) (m. - Chem. - App.), deflemmatore.
Deplacement (Wasserverdrängung eines Schiffes) (n. - naut.), dislocamento. 2 ~ s-schwerpunkt (Auftriebsschwerpunkt) (m. - naut.), centro di carena. 3 Reserve ~ (Reserveauftrieb) (naut.), riserva di galleggiamento.

deplacieren (verdrängen) (naut.), dislocare.
Depolarisation (f. - Elektrochem. - Opt.), depolarizzazione.
Depolarisator (m. - Elektrochem. - Ger.), depolarizzatore.
depolarisieren (Elektrochem.), depolarizzare.
Depolymerisation (f. - Chem.), depolimerizzazione.
Deponie (Mischstoff - Splitt - und Sandhaufen) (f. - Strass.b.), mucchio (di materiale da pavimentazione).
deponieren (allg.), depositare. 2 eine Bürgschaft ~ (komm.), depositare una cauzione.
Deport (Kursabschlag) (m. - finanz. - Börse), deporto.
Depositar, Depositär (m. - allg.), depositario.
Depositen (n. - pl. - finanz.), depositi. 2 ~ bank (f. - Bank), banca di deposito. 3 ~ konto (n. - Bank - etc.), conto deposito. 4 ~ schein (m. - Bank), ricevuta di deposito.
Depositum (n. - finanz.), deposito.
Depot (Lager) (n. - Bauw.), deposito, magazzino. 2 ~ (Wertstücke, in einer Bank) (finanz.), deposito. 3 ~ buch (m. - finanz.), libretto di deposito, libretto di banca.
Depression (Tiefdruckgebiet, Tief, Zyklone) (f. - Meteor.), depressione, minimo barometrico, ciclone. 2 ~ (Eintiefung der Erdoberfläche) (Geogr.), depressione. 3 ~ (Unterdruck) (Phys. - Mot.), depressione, pressione negativa. 4 ~ (Krise) (komm. - finanz.), depressione. 5 Kapillar ~ (in Haarröhren) (Phys.), depressione capillare.
Depside (Verbindung aromatischer Oxykarbonsäuren) (n. - Chem.), depside.
Deputat (Sachbezüge als Teil des Einkommens) (n. - Arb.), compenso in natura.
Derbholz (zusammengepresstes Holz) (n. - Holz), legno a struttura compatta.
Derivat (Abkömmling) (n. - Chem.), derivato.
Derivation (Ableitung) (f. - allg.), derivazione. 2 ~ (Ableitung einer Funktion) (Math.), derivazione.
Derivator (differenzierendes Gerät) (m. - Ger.), differenziatore.
Derivierte (Ableitung) (f. - Math.), derivata. 2 hintere ~ (Math.), derivata a destra. 3 vordere ~ (Math.), derivata a sinistra.
Derrickkran (m. - Bauw.masch.), falcone.
DES (Dieselelektroschiff) (naut.), nave a propulsione dieselelettrica.
Desagglomeration (f. - Chem.), disagglomerazione.
Desakkomodation (der Permeabilität z. B.) (f. - Eletronik), disaccomodamento.
desaktivieren (Chem. - etc.), disattivare.
Desaminierung (Abspaltung von Amminogruppen) (f. - Technol. - Chem.), desamminazione.
desaxiert (versetzt) (Mech.), disassato.
Descloizit (Vanadinmineral) (m. - Min.), descloizite.
Desemulgator (m. - Chem.), siehe Spalter.
Desensibilisator (m. - Phot.), desensibilizzatore.
Desinfektion (Entseuchung) (f. - Ind. - Bauw. - Chem.), disinfezione. 2 ~ s-mittel (n. - Chem.), disinfettante.

Desintegration (Zerspaltenheit) (*f. - allg.*), disintegrazione.
Desintegrator (*m. - App.*), disintegratore.
Deskriptor (*m. - Dokum.*), descrittore.
desmodromisch (zwangsläufige Ventilbewegung) (*Mot.*), desmodromico.
Desmotropie (Sonderfall der Tautomerie) (*f. - Chem.*), isomerismo dinamico, equilibrio tautomerico.
Desodorisation (*f. - Ind. - Chem.*), deodorazione. 2 ~ s·mittel (*n. - Chem.*), deodorizzante.
Desorganisation (*f. - allg.*), disorganizzazione.
Desorption (Umkehrung der Adsorption) (*f. - Chem.*), desorbimento, desorpzione, desorbizione.
Desoxydation (*f. - Metall. - etc.*), disossidazione. 2 ~ s·mittel (*n. - Metall. - etc.*), disossidante (*s.*).
Desoxydieren (*n. - Metall. - etc.*), disossidazione.
desoxydieren (*Metall. - etc.*), disossidare.
desoxydiert (*Metall. - etc.*), disossidato.
Dessinblech (*n. - metall. Ind.*), lamiera operata.
Destillat (*n. - Chem.*), distillato (*s.*). 2 ~ -Lagerstätte (*f. - Bergbau*), *siehe* Kondensat-Lagerstätte.
Destillateur (*m. - App.*), distillatore.
Destillation (Destillieren, Abdestillieren) (*f. - chem. Ind.*), distillazione. 2 ~ s·anlage (*f. - chem. Ind.*), impianto di distillazione. 3 ~ s·erzeugnis (*n. - chem. Ind.*), prodotto di distillazione. 4 ~ s·produkt (*n. - chem. Ind.*), prodotto di distillazione. 5 ~ s·rückstände (*m. - pl. - chem. Ind.*), residui di distillazione. 6 diskontinuierliche ~ (unstetige Destillation) (*chem. Ind.*), distillazione discontinua. 7 einfache ~ (diskontinuierliche Destillation) (*chem. Ind.*), distillazione (discontinua) semplice. 8 fraktionierte ~ (*chem. Ind.*), distillazione frazionata. 9 kontinuierliche ~ (*chem. Ind.*), distillazione continua. 10 Molekular ~ (*chem. Ind.*), distillazione molecolare. 11 stetige ~ (kontinuierliche Destillation) (*chem. Ind.*), distillazione continua. 12 trockene ~ (*chem. Ind.*), distillazione a secco. 13 unstetige ~ (diskontinuierliche Destillation) (*chem. Ind.*), distillazione discontinua. 14 Vakuum ~ (*chem. Ind.*), distillazione sotto vuoto. 15 Wasserdampf ~ (*chem. Ind.*), distillazione in corrente di vapore.
Destillierapparat (Destillateur) (*m. - chem. App.*), distillatore.
Destillierblase (Destillierkolben) (*f. - chem. App.*), storta, alambicco.
Destillieren (*n. - Chem.*), *siehe* Destillation.
destillieren (*Chem.*), distillare.
Destillierkolben (*m. - chem. Ger.*), alambicco, pallone ebollitore, storta.
Destillierofen (Röstofen) (*m. - Metall.*), forno di arrostimento.
Destilliersäule (*f. - chem. Ger.*), colonna di distillazione.
destilliert (*Chem.*), distillato. 2 ~ es Wasser (*Chem. - etc.*), acqua distillata.
Destilliervorrichtung (*f. - chem. Ger.*), distillatore.

Desublimation (*f. - Chem.*), desublimazione.
Desymmetrierglied (*n. - Elekt.*), dissimmetrizzatore.
Desynn (Gleichstromdrehmelder-System) (*n. - Elekt. - etc.*), sincro a corrente continua, ripetitore sincrono a c.c., sincrono «Desynn».
det (Determinante) (*Math.*), determinante.
Detachement (*n. - milit.*), distaccamento.
Detail (*n. - allg.*), dettaglio. 2 ~ (*Zeichn.*), particolare. 3 ~ handel (*m. - komm.*), commercio al minuto. 4 ~ händler (*m. - komm.*), rivenditore, negoziante, dettagliante. 5 ~ preis (*m. - komm.*), prezzo al minuto. 6 ~ zeichner (*m. - Zeichn.*), particolarista, disegnatore di particolari. 7 ~ zeichnung (*f. - Zeichn.*), disegno di particolare. 8 im ~ verkaufen (*komm.*), vendere al minuto.
Detaillist (Detailverkäufer) (*m. - komm.*), rivenditore, dettagliante.
Detektor (*m. - Funk.*), rivelatore, detettore, «detector». 2 ~ empfänger (*m. - Funk.*), ricevitore a cristallo. 3 ~ pinsel (Kontaktspirale in Kristalldetektoren) (*m. - Funk.*), baffo di gatto. 4 Kristall ~ (*Funk.*), rivelatore a cristallo.
Detergentien (waschaktive Substanzen und Waschmittel) (*pl. - chem. Ind.*), detersivi.
Detergentzusatz (zu Motorenöle) (*m. - chem. Ind. - Mot.*), additivo detergente, detergente (*s.*).
Detergenzien (hautschonende Reinigungsmittel) (*pl. - Chem.*), detergenti.
Determinante (*f. - Math.*), determinante.
Determination (*f. - allg.*), determinazione.
Determinismus (*m. - Phys. - Math.*), determinismo.
deterministisch (Methode z. B.) (*Phys. Math. - Programmierung*), deterministico.
Detonation (*f. - Expl.*), detonazione.
detonieren (*Expl.*), detonare.
Detritus (*m. - Geol.*), detrito.
Deul (Klumpen unbearbeiteten Schmiedeeisens) (*m. - Metall.*), massello.
deuten (auswerten) (*v.t. - allg.*), interpretare.
Deuterierung (Reinigungsmethode von Schwerwasser) (*f. - Atomphys.*), deuterazione.
Deuterium (schwerer Wasserstoff) ($D - {}^2H$ - *n. - Chem. - Atomphys.*), deuterio, idrogeno pesante.
Deuteron (*n. - Atomphys.*), deutone, deuterone.
deutlich (*Akus.*), intelligibile. 2 ~ (*Opt.*), chiaro, definito.
Deutlichkeit (*f. - Akus.*), intelligibilità. 2 ~ (*Opt.*), chiarezza, definizione.
Deutrid (*n. - Atomphys.*), deuteruro.
Deutung (*f. - allg.*), interpretazione.
Devalvation (Devaluation, Abwertung) (*f. - allg.*), svalutazione.
Deviation (Abweichung, des Kompasses) (*f. - Instr.*), deviazione. 2 ~ s·tafel (zur Richtigstellung des Kompasskurses) (*f. - Flugw.*), tabella delle deviazioni.
Deviatorspannung (reduzierte Spannung, Differenz zwischen Normalspannung und hydrostatischer Spannung; bei plastischer Formänderung) (*f. - mech. Technol.*), sollecitazione ridotta.
«Devis» (Baubeschreibung) (*n. - Bauw.*), descrizione dei lavori, descrizione delle opere.

Devise

Devise (*f. - finanz.*), divisa (estera).
Devon (Devonische Formation) (*n. - Geol.*), devoniano, devonico.
Dewarsches Gefäss (Thermoflasche) (*n. - Phys.*), vaso Dewar, bottiglia di Dewar.
Dextrin (Stärkegummi) (*n. - Chem.*), destrina. 2 ~ **klebstoffe** (*m. - pl. - chem. Ind.*), colle alla destrina, sostanze agglutinanti alla destrina.
Dezentralisation (*f. - allg.*), decentralizzazione, decentramento.
dezentralisieren (*allg.*), decentrare.
Dezernat (Abteilung) (*n. - recht. - Adm.*), sezione, divisione, ufficio.
Dezernent (*m. - recht. - Adm.*), capo sezione, capo divisione.
dezi- (1/10) (*Masseinheit*), deci-.
Dezibel (dB - *n. - Akus. - Einheit*), decibel.
Dezi-Bereich (Wellenbereich) (*m. - Funk.*), gamma di onde decimetriche.
dezimal (*Math.*), decimale.
Dezimalbruch (*m. - Math.*), frazione decimale.
Dezimale (*f. - Math.*), decimale (*s.*). 2 **bis auf** 5 ~ **n** (*Math.*), fino a 5 decimali.
Dezimalklassifikation (DK, von Büchern, in Bibliotheken und Dokumentation angewandt) (*f. - Ind.*), classificazione decimale.
Dezimalsystem (*n. - Masseinheiten - etc.*), sistema metrico, sistema decimale.
Dezimeterverbindung (Dezi-Verbindung, Richtfunkstrecke) (*f. - Funk. - Fernseh.*), ponte radio ad onde decimetriche.
Dezimeterwelle (*f. - Fernseh. - etc.*), onda decimetrica.
Dezineper (*n. - elekt. Einheit*), decineper.
Df (Drahtfunk) (*Funk.*), filodiffusione.
DFB (*Metall.*), siehe Druckfeuerbeständigkeit.
DFBO (Deutsche Forschungsgesellschaft für Blechverarbeitung und Oberflächenbehandlung (*mech. Technol.*), Istituto Tedesco di Ricerca per la Lavorazione della Lamiera ed il Trattamento Superficiale.
DFF (Drehfunkfeuer) (*Funk. - Navig.*), radiofaro rotante.
DFG (Deutsche Forschungsgemeinschaft) (*Forschung*), Associazione Tedesca per le Ricerche.
dfg. (dienstfähig) (*allg.*), idoneo al servizio.
DFL (Deutsche Forschungsanstalt für Luft- und Raumfahrt) (*Flugw.*), Istituto Tedesco di Ricerca per Aeronautica ed Astronautica.
DFV (Datenfernverarbeitung) (*Elektronik*), elaborazione dei dati a distanza.
D.G. (°d, deutscher Grad, Masseinheit der Härte eines Wassers) (*Masseinh.*), grado tedesco.
Dg (Durchgangsgüterzug, nur auf wichtigen Knotenpunkten haltender Frachtenzug) (*Eisenb.*), treno merci diretto.
dg (Dezigramm) (*Masseinheit*), dg, decigrammo.
DGB (Deutscher Gewerkschaftsbund) (*Arb.*), Federazione dei Sindacati Tedeschi.
D-Glied (Differenzierglied, bei Regelung) (*n. - Regelung*), differenziatore.
DGW (Gruppenwähler für Dienstverkehr) (*Fernspr.*), selettore di gruppo per chiamate di servizio.
dH (deutsche Härte-Mass der Wasserhärte) (*Masseinh.*), grado (di durezza) tedesco.

d. h. (dass heisst) (*allg.*), cioè, ossia, vale a dire.
DHI (Deutsches Hydrographisches Institute) (*Hydr.*), Istituto Idrografico Tedesco.
DHP (Drahtfunk-Hochpass) (*Funk.*), filtro passa alto per filodiffusione.
d. i. (das ist) (*allg.*), ossia, cioè, vale a dire.
Dia (Diapositiv) (*Phot.*), diapositiva. 2 ~ **abtastung** (*f. - Fernseh.*), scansione di diapositive. 3 ~ **betrachter** (*m. - Opt. - Ger.*), visore per diapositive, visorino.
Diabas (schwarzes Ergussgestein) (*m. - Min.*), diabase.
Diabon (imprägnierte Graphitsorte) (*m. - Material*), diabon.
Diac (diode-ac-switch, Dioden-Wechselstrom-Schalter) (*Elektronik*), diac.
Diageber (Diapositivgeber) (*m. - Fernsehapp.*), analizzatore di diapositive.
Diagenese (Enstehung eines Minerals aus einem anderen z. B.) (*f. - Geol.*), diagenesi, lapidificazione.
Diagnose (*f. - Med. - mech. Technol.*), diagnosi. 2 ~ **-Programm** (Testprogramm) (*n. - Rechner*), programma diagnostico.
Diagnostikröhre (*f. - Med. - Ger.*), tubo diagnostico.
diagnostisch (*allg.*), diagnostico.
diagonal (*allg.*), diagonale. 2 ~ (*Geom.*), diagonale.
Diagonalbau (*m. - Schiffbau*), costruzione a fasciame diagonale.
Diagonalbewehrung (für Beton) (*f. - Bauw.*), armatura diagonale.
Diagonale (*f. - Geom.*), diagonale. 2 ~ (Brückenstrebe) (*Bauw.*), asta diagonale.
Diagonalkraweelbeplankung (*f. - Schiffbau*), siehe unter Beplankung.
Diagonalreifen (Reifen mit unter einem Winkel gekreuzte Gewebeeinlagen) (*m. - Aut.*), pneumatico a tele diagonali, pneumatico diagonale.
Diagonalstoff (*m. - Text.*), tessuto diagonale.
Diagonalverstrebung (*f. - Bauw. - etc.*), controventatura diagonale.
Diagonalwälzfräsen (*n. - Werkz.masch.bearb.*), fresatura a creatore diagonale.
Diagramm (graphische Darstellung, Schaulinie, Schaubild) (*n. - allg.*), diagramma. 2 ~ **gleicher Lichtstärke** (*Opt. - Beleucht.*), diagramma delle curve isofote. 3 **Arbeits** ~ (*Mot.*), diagramma di lavoro. 4 **Indikator** ~ (*Mot.*), diagramma dell'indicatore. 5 **Wärme** ~ (Wärmebild) (*Thermodyn.*), diagramma entropico.
Diallag (Pyroxene) (*m. - Min.*), diallagio.
Dialysator (*m. - chem. App.*), dializzatore. 2 **Elektro** ~ (*chem. App.*), elettrodializzatore.
Dialyse (*f. - Chem.*), dialisi. 2 **Elektro** ~ (*Chem.*), elettrodialisi.
dialysieren (*Chem.*), dializzare.
Dialysierzelle (Dialysator) (*f. - chem. App.*), dializzatore.
Diamagnetikum (diamagnetischer Stoff) (*n. - Elekt.*), sostanza diamagnetica.
diamagnetisch (*Elekt.*), diamagnetico.
Diamagnetismus (*m. - Elekt.*), diamagnetismo.

Diamant (*m. - Min.*), diamante. **2** ~ (Schriftgrad von 3 Punkten) (*Druck.*), diamante. **3** ~ **abdrehen** (von Schleifscheiben, Diamantabrichten) (*n. - Werkz.masch.bearb.*), ravvivatura a diamante, ripassatura a diamante. **4** ~ **bohrer** (*m. - mech. Werkz. - Bergbau*), fioretto diamantato. **5** ~ **drahtziehstein** (*m. mech. Technol.*), trafila di diamante. **6** ~ **gewicht** (*n. - Min.*), carato. **7** ~ **grube** (*f. - Bergbau*), miniera di diamanti. **8** ~ **kegel** (für Rockwellversuche) (*m. - mech. Technol.*), cono di diamante. **9** ~ **-Kernbohrer** (*m. - mech. Werkz. - Bergbau*), fioretto carotatore diamantato. **10** ~ **krone** (*f. - Bergbauwerkz.*), punta a corona di diamanti, scalpello a corona di diamanti. **11** ~ **paste** (*f. - Werkz. - Mech.*), pasta di diamante. **12** ~ **prüfkörper** (für Rockwellprüfung) (*m. - mech. Technol.*), penetratore di diamante. **13** ~ **pulver** (*n. - mech. Technol.*), polvere di diamante. **14** ~ **schleifscheibe** (*f. - Werkz.*), mola diamantata. **15** ~ **schneide** (*f. - Werkz.*), tagliente di diamante. **16** ~ **staub** (*m. - mech. Technol.*), polvere di diamante. **17** ~ **werkzeug** (*n. - Werkz.*), utensile di diamante. **18 klarer** ~ (*Min.*), diamante puro. **19 schwarzer** ~ (Carbonado) (*Min.*), diamante nero, carbonado.
Diameter (Durchmesser) (*m. - Geom.*), diametro.
diametral (*Geom.*), diametrale. **2** ~ **entgegengesetzt** (*Geom. - etc.*), diametralmente opposto.
Diamin (*n. - Chem.*), diammina. **2** ~ **farbstoffe** (*m. - pl. - Chem.*), coloranti diamminici.
Diaphanometer (Ger. zur Bestimmung der Lichtdurchlässigkeit) (*n. - Meteor. - Ger.*), diafanimetro.
Diaphragma (Membran) (*n. - allg.*), membrana, diaframma. **2** ~ (poröse Scheidewand) (*Elektrochem.*), diaframma, membrana. **3** ~ **-Pumpe** (*f. - Masch.*), pompa a membrana.
Diaphtorit (*m. - Min.*), diaftorite, roccia diaftoritica.
Diapir (*m. - Geol.*), diapiro.
Diapositiv (Dia) (*n. - Phot.*), diapositiva. **2** ~ **projektion** (Diaprojektion) (*f. - Opt. - Phot.*), proiezione di diapositive.
Diaprojektor (Diaskop) (*m. - Opt.*), proiettore per diapositive.
Diaskop (Diaprojektor) (*m. - Opt.*), proiettore per diapositive.
Diaspor (*m. - Min.*), diaspro.
Diasporameter (Drehkeilpaar, Keilkompensator) (*n. - Opt. - Ger.*), diasporametro.
Diastase (Amylase, Enzym) (*f. - Chem.*), diastasi, amilasi.
Diäten (Tagegelder, Vergütung) (*f. - pl. - Arb. - Pers.*), diaria, trasferta.
diätetisch (*Med.*), dietetico.
diatherman (für Wärmestrahlen durchlässig) (*Phys.*), diatermàno.
Diathermie (Wärmebehandlung mit hochfrequenten Wechselströmen) (*f. - Med. - Elekt.*), diatermia.
Diatomeenerde (Kieselgur) (*f. - Min.*), diatomite, farina fossile, tripoli.
Diazonium (*n. - Chem.*), diazonio. **2** ~ **verbindungen** (*f. - pl. - Chem.*), diazocomposti, composti di diazonio.

Diazotierung (*f. - Chem.*), diazotazione.
Dibbelmaschine (Drillmaschine) (*f. - Ack.b. masch.*), seminatrice.
Dichloräthylen (Entfettungsmittel) (*n. - Chem.*), dicloroetilene, dicloretilene.
Dichroismus (Eigenschaft der Kristalle, in verschiedener Richtung das Licht in verschiedenem Masse zu absorbieren) (*m. - Opt.*), dicroismo.
Dichroit (*m. - Expl.*), siehe Cordierit.
dichroitisch (Kristall z. B.) (*Opt.*), dicroico.
Dichroskop (Vergrösserungsglas zur Prüfung der Zweifärbigkeit, von Kristallen) (*n. - Opt. Instr. - Min.*), dicroscopio.
dicht (Körper) (*allg.*), compatto, solido. **2** ~ (Flüssigkeit) (*allg.*), denso. **3** ~ (luftdicht z. B.) (*Technol.*), ermetico, a tenuta stagna. **4** ~ (Gewebe, Gefüge) (*Metall. - etc.*), compatto. **5** ~ (feinkörnig) (*Metall.*), a grana fine, a grana compatta. **6** ~ (Nebel) (*Meteor.*), fitto. **7** ~ (Wald z. B.) (*allg.*), fitto, folto. **8** ~ **am Winde** (beim Winde) (*naut.*), stretto di bolina. **9** ~ **brennen** (feuerfeste Stoffe) (*Metall.*), vetrificare. **10** ~ **polen** (bei Kupferverhüttung) (*Metall.*), trattare al legno verde, ridurre con pali di legno verde.
Dichte (Masse der Raumeinheit eines Stoffes) (*f. - Phys.*), densità. **2** ~ (*Elekt.*), densità. **3** ~ (eines Verschlusses, durch Dichtungen erzeugt z. B.) (*Technol.*), tenuta, tenuta ermetica, tenuta stagna. **4** ~ (von Kraftlinien z. B.) (*Phys.*), densità. **5** ~ (*Opt.*), densità (ottica). **6** ~ **messer** (Aräometer, für Flüssigkeiten) (*m. - Instr.*), densimetro, areometro. **7** ~ **probe** (zur Bestimmung des Gasgehaltes von Schmelzen) (*f. - Metall.*), prova della densità, prova della porosità. **8** ~ **schrift** (*f. - Filmtech.*), colonna sonora a densità variabile. **9** ~ **zahl** (spezifisches Gewicht) (*f. - Phys.*), peso specifico. **10 elektrische** ~ (*Elekt.*), densità elettrica. **11 Energie** ~ (*Phys.*), densità di energia. **12 Leucht** ~ (*Beleucht.*), luminanza, brillanza. **13 magnetische** ~ (*Elekt.*), densità magnetica. **14 Massen** ~ (*Phys.*), densità di massa. **15 Raum** ~ (*Phys.*), densità di volume, densità spaziale. **16 Strom** ~ (*Elekt.*), densità di corrente (elettrica).
Dichteisen (Kalfateisen) (*n. - naut. Werkz.*), ferro da calafato.
dichten (*Mech. - etc.*), ermetizzare, chiudere a tenuta, rendere stagno. **2** ~ (*naut.*), calafatare.
Dichthammer (*m. - naut. Werkz.*), martello da calafato.
Dichtheit (*f. - allg.*), tenuta, ermeticità.
Dichtigkeit (Dichte, von Flüssigkeiten) (*f. - Phys.*), densità. **2** ~ (von Körpern) (*Phys.*), compattezza. **3** ~ (Wasserdichtigkeit z. B.) (*Technol.*), ermeticità, tenuta ermetica, tenuta stagna, tenuta. **4** ~ **s·messer** (*m. - Instr.*), densimetro.
Dichtkante (eines Radial-Wellendichtrings) (*f. - Mech.*), spigolo di tenuta.
Dichtkegel (einer Verschraubung) (*m. - Leit.*), oliva, bocchino, bocchino conico, cono, «ogiva».
Dichtleiste (*f. - Mech.*), listello di tenuta, guarnizione a listello. **2** ~ (des Kolbens eines

Dichtli ppe

Wankelmotors) (*Mot.*), segmento (di tenuta).
Dichtlippe (einer Wellendichtung z. B.) (*f. - Mech.*), labbro di tenuta.
Dichtmasse (Dichtungsmasse) (*f. - Mech.*), ermetico (*s.*), mastice.
Dichtöl (Drucköl) (*n. - Mech.*), olio di tenuta, olio (in pressione) per la tenuta.
Dichtpolen (für Kupferverhüttung) (*n. - Metall.*), «perchage», trattamento al legno verde, riduzione con pali di legno verde.
Dichtregler (*m. - chem. Instr.*), regolatore di densità.
Dichtring (*m. - Mech.*), anello di tenuta.
Dichtsitz (*m. - Mech.*), sede a tenuta.
Dichtung (Liderung, Packung) (*f. - Leit. - Mech. - etc.*), guarnizione. 2 ~, siehe auch Abdichtung. 3 ~ s·masse (*f. - Mech. - etc.*), ermetico (*s.*), mastice. 4 ~ s·masse (*Bauw.*), massa sigillante. 5 ~ s·material (*n. - Mech. - etc.*), materiale per guarnizioni. 6 ~ s·platte (*f. - Mech.*), siehe It-Platte (*f.*). 7 ~ s·ring (für Leitungen z. B.) (*m. - Mech. - etc.*), guarnizione ad anello. 8 ~ s·ring (für Verbrennungsmotorkolben) (*Mot.*), anello di tenuta, fascia elastica di tenuta, segmento di tenuta. 9 Flach ~ (*Mech.*), guarnizione piana. 10 Kupferasbest ~ (*Mot. - Mech.*), guarnizione di rame ed amianto. 11 Labyrinth ~ (*Masch.*), tenuta a labirinto. 12 Metall ~ (*Mech.*), guarnizione metallica. 13 Rundgummi ~ (*Mech.*), guarnizione OR, anello torico, guarnizione in gomma ad anello a sezione circolare, anello torico di guarnizione in gomma. 14 Well ~ (*Mech.*), guarnizione ondulata. 15 Wellen ~ (*Mech.*), guarnizione (radiale) per alberi. 16 Zylinderkopf ~ (*Mot.*), guarnizione della testata.
dick (*allg.*), grosso, denso, spesso. 2 ~ (mit grosser Tiefenausdehnung, Schicht z. B.) (*allg.*), spesso, di forte spessore. 3 ~ (dickflüssig, dicht, Flüssigkeit) (*allg.*), denso. 4 ~ er Flügel (*Flugw.*), ala spessa. 5 ~ flüssig (*allg.*), denso, viscoso. 6 ~ wandig (*allg.*), a parete spessa.
Dicke (*f. - allg.*), grossezza. 2 ~ (einer Wandung, eines Bleches, einer Planke z. B.) (*Mech. - Tischl. - Schiffbau - etc.*), spessore. 3 ~ (von Rundmaterial) (*Mech.*), diametro. 4 ~ n·hobelmaschine (Dicktenmaschine) (*f. - Holzbearb.masch.*), piallatrice a spessore, pialla a spessore. 5 ~ n·lehre (*f. - Werkz.*), calibro per spessori, calibro per esterni. 6 ~ n·messer (*m. - mech. Instr.*), misuratore di spessore, spessimetro. 7 ~ n·schwingungen (Querschwingungen) (*f. - pl. - Mech.*), vibrazioni trasversali. 8 kritische ~ (einer Reaktorplatte) (*Atomphys.*), spessore critico.
Dickglas (Tafelglas) (*n. - Glasind.*), lastra spessa.
Dicköl (Öl von künstlich erhöhter Viskosität) (*n. - Chem.*), olio a viscosità aumentata.
Dickte (Dickenhobelmaschine, Dicktenhobelmaschine) (*f. - Holzbearb.masch.*), piallatrice a spessore, pialla a spessore. 2 ~ (Korpus) (*Druck.*), corpo. 3 ~ n·lehre (Dicktenschablone, Spion, Fühler) (*f. - mech. Werkz.*), spessimetro, sonda (lamellare). 4 ~ n·schablone (Fühlerlehre, Spion) (*f. - Werkz.*), spessimetro, sonda (lamellare).

Didym (seltene Erde) (*n. - Chem.*), didimio.
Diebel (Dübel) (*m. - Mech.*), grano, spina (di riferimento).
diebessicher (*allg.*), antifurto (*a*).
Diebsgut (*n. - recht.*), refurtiva.
Diebstahl (*m. - recht.*), furto. 2 ~ schutz (*m. - Aut. - etc.*), antifurto (*s.*). 3 ~ versicherung (*f. - recht. - komm.*), assicurazione contro i furti.
Diele (Brett, 2 bis 3,5 cm stark) (*f. - Zimm.*), tavola, asse. 2 ~ (Fussboden) (*Bauw.*), pavimento di tavole. 3 ~ (Decke) (*Bauw.*), solaio di tavole. 4 ~ (Raum unter dem Dach) (*Bauw.*), sottotetto. 5 ~ n·belag (Bohlenbelag) (*m. - Bauw.*), tavolato, assito. 6 ~ n·werk (*n. - Bauw.*), tavolato, assito.
Dielektrikum (*n. - Elekt.*), dielettrico. 2 Verluste im ~ (*Elekt.*), perdite nel dielettrico.
dielektrisch (*Elekt.*), dielettrico. 2 ~ e Festigkeit (*Elekt.*), rigidità dielettrica. 3 ~ e Hysterese (*Elekt.*), isteresi elettrica. 4 ~ er Spannwiderstand (dielektrische Festigkeit) (*Elekt.*), rigidità dielettrica. 5 ~ er Verlustfaktor (*Elekt.*), angolo di perdita del dielettrico. 6 ~ es Verfahren (Hochfrequenzerwärmung) (*Technol.*), riscaldamento dielettrico. 7 ~ e Verschiebung (*Elekt.*), spostamento elettrico.
Dielektrizitätskonstante (elekt. Feldkonstante, Influenzkonstante, Verschiebungskonstante) (*f. - Elekt.*), costante dielettrica, permettanza specifica, permettività. 2 absolute ~ (*Elekt.*), costante dielettrica assoluta. 3 relative ~ (*Elekt.*), costante dielettrica relativa.
Dielektrizitätszahl (relative Dielektrizitätskonstante) (*f. - Elekt.*), costante dielettrica relativa.
dielen (*Zimm.*), ricoprire con tavole.
Diën (Diolefin) (*n. - Chem.*), diene, diolefina.
Dienerschaft (Gesamtheit der Diener) (*f. - Arb.*), servitù.
Dienetts Metall (Kupferlegierung, aus 50 % Cu, 6 % Ni, 10 % Pb, 32 % Zn, 2 % Sn) (*Metall.*), lega Dienetts.
Dienst (*m. - allg.*), servizio. 2 ~ (*Aut. - etc.*), assistenza. 3 ~ alter (*n. - Arb. - Pers.*), anzianità di servizio. 4 ~ altersgrenze (*f. - Arb. - Pers.*), limiti di età (per il servizio). 5 ~ alterszulage (*f. - Pers.*), premio di anzianità. 6 ~ beschädigung (*f. - Arb.*), malattia contratta in servizio. 7 ~ boot (*n. - naut.*), lancia per servizio (di porto). 8 ~ eintritt (*m. - Arb.*), entrata in servizio. 9 ~ entlassungsgeld (*n. - milit.*), premio di smobilitazione. 10 ~ erfindung (Arbeitnehmererfindung) (*f. - Arb.*), invenzione di un dipendente (in servizio). 11 ~ fähigkeit (*f. - Arb. - etc.*), idoneità al servizio. 12 ~ fahrt (*f. - Arb.*), viaggio per servizio. 13 ~ geber (Arbeitgeber) (*m. - Arb.*) (*österr.*), datore di lavoro. 14 ~ gespräch (*n. - Teleph.*), conversazione di servizio. 15 ~ gewicht (*n. - Masch. - etc.*), peso in esercizio, peso in ordine di funzionamento. 16 ~ gipfelhöhe (*f. - Flugw.*), tangenza pratica. 17 ~ leistung (*f. - komm. - etc.*), prestazione di servizi. 18 ~ leistungsbetriebe (nichtproduzierende Dienste) (*m. - pl. - Organ.*), servizi. 19 ~ mann (Gepäckträger z. B.) (*m.*

- *Arb.*), facchino. **20** ~ **nebengebäude** (eines Bahnhofs z. B.) (*m.* - *Bauw.*), palazzina servizi. **21** ~ **nehmer** (Arbeitnehmer) (*m.* - *Arb.*), (österr.), lavoratore, prestatore d'opera. **22** ~ **programm** (*n.* - *Datenverarb.*), programma di servizio. **23** ~ **stand** (*m.* - *Aut.*), banco di servizio. **24** ~ **stempel** (*m.* - *allg.*), bollo di ufficio. **25** ~ **stunden** (*f.* - *pl.* - *Arb.*), orario di servizio, orario di lavoro. **26** ~ **tauglichkeit** (Dienstfähigkeit) (*f.* - *Arb.* - *etc.*), idoneità al servizio. **27** ~ **unfähigkeit** (*f.* - *Arb.* - *etc.*), inabilità al servizio. **28** ~ **verhältnis** (*n.* - *Pers.*), stato di servizio. **29** ~ **wagen** (Abschleppwagen) (*m.* - *Aut.*), carro-attrezzi. **30** ~ **wohnung** (Wohnung der Beamten z. B., als Teil des Gehalts) (*f.* - *Arb.*), abitazione in conto retribuzione. **31 auf dem** ~ **wege** (*allg.*), per vie ufficiali. **32 Auftrags** ~ (*Fernspr.*), servizio segreteria telefonica. **33 Fernsprech** ~ (*Teleph.*), servizio telefonico. **34 Fracht** ~ (*Transp.*), servizio merci. **35 Kunden** ~ (*Aut.* - *etc.*), assistenza clienti. **36 öffentlicher** ~ (*allg.*), servizio pubblico. **37 Passagier** ~ (*Transp.*), servizio passeggeri. **38 Rettungs** ~ (*naut.* - *etc.*), servizio di salvataggio. **39 sozialer Fürsorge** ~ (*Pers.* - *Ind.*), assistenza sociale, servizi sociali.
dienstansässig (*recht.*), residente d'ufficio.
diensttauglich (dienstfähig) (*Arb.* - *etc.*), idoneo al servizio.
dieselelektrisch (*Fahrz.* - *naut.*), dieselelettrico. **2** ~ **er Antrieb** (*Fahrz.* - *naut.*), propulsione dieselelettrica. **3** ~ **er Antrieb** (*Eisenb.*), trazione dieselelettrica.
Dieselgenerator (Stromerzeuger) (*m.* - *Elekt.*), gruppo elettrogeno con motore Diesel.
dieselhydraulisch (*Fahrz.*), dieselidraulico.
Diesel-Index (Anilinpunkt in °F × Wichte in API-Graden/100) (*m.* - *Kraftstoff* - *Mot.*), indice Diesel.
Dieselkraftstoff (*m.* - *chem. Ind.*), combustibile per motori Diesel, carburante per motori Diesel, gasolio.
Dieselkraftwerk (*n.* - *Elekt.*), centrale termoelettrica con motore Diesel.
Diesellokomotive (*f.* - *Eisenb.*), locomotiva con motore Diesel.
Dieselmotor (*m.* - *Mot.*), motore Diesel, motore a ciclo Diesel, motore a combustione a pressione costante. **2** ~ **mit direkter Einspritzung** (*Mot.*), motore Diesel ad iniezione diretta. **3** ~ **mit Lufteinblasung** (*Mot.*), motore Diesel ad iniezione pneumatica. **4** ~ **schiff** (Dieselschiff, Motorschiff) (*n.* - *naut.*), motonave. **5 Fahrzeug** ~ (*Mot.*), motore Diesel per autotrazione. **6 kompressorloser** ~ (*Mot.*), motore Diesel ad iniezione diretta. **7 Luftspeicher** ~ (*Mot.*), motore Diesel ad accumulazione. **8 Schiffs** ~ (*Mot.*), motore Diesel marino. **9 Vorkammer** ~ (*Mot.*), motore Diesel a precamera. **10 Wirbelkammer** ~ (Ricardo-Wirbelkammer) (*Mot.*), motore Diesel con camera di turbolenza.
Dieseltriebwagen (*m.* - *Eisenb.*), automotrice Diesel.
DIFAD (Deutsches Institut für angewandte Datenverarbeitung) (*Datenverarb.*), Istituto Tedesco per l'Elaborazione dati applicata.
Differential (*n.* - *Math.*), differenziale. **2** ~ (Ausgleichgetriebe) (*Aut.* - *Mech.*), differenziale. **3** ~ (*Werkz.masch.*), differenziale. **4** ~ (*Aut.*), siehe auch Ausgleichgetriebe. **5** ~ **achse** (*f.* - *Aut.*), albero del differenziale. **6** ~ **bremse** (*f.* - *Mech.*), freno differenziale. **7** ~ **flaschenzug** (*m.* - *Masch.*), paranco differenziale. **8** ~ **gehäuse** (*n.* - *Aut.*), scatola del differenziale. **9** ~ **gehäusehälfte** (*f.* - *Aut.*), semiscatola del differenziale. **10** ~ **getriebe** (*n.* - *Mech.*), differenziale, ruotismo differenziale. **11** ~ **getriebe** (*Aut.*), differenziale. **12** ~ **gleichung** (*f.* - *Math.*), equazione differenziale. **13** ~ **manometer** (Differentialdruckmesser) (*n.* - *Instr.*), manometro differenziale. **14** ~ **pumpe** (Stufenkolbenpumpe) (*f.* - *Masch.*), pompa con stantuffo a due diametri. **15** ~ **quotient** (Ableitung) (*m.* - *Math.*), derivata. **16** ~ **rad** (Ausgleichsrad) (*n.* - *Aut.* - *Mech.*), satellite del differenziale. **17** ~ **rechnung** (*f.* - *Math.*), calcolo differenziale. **18** ~ **regler** (*m.* - *Ger.*), regolatore differenziale. **19** ~ **schraube** (*f.* - *Mech.*), vite differenziale. **20** ~ **seitenwelle** (Antriebswelle) (*f.* - *Fahrz.*), semiasse. **21** ~ **sperre** (Ausgleichsperre) (*f.* - *Fahrz.*), dispositivo di bloccaggio del differenziale. **22** ~ **stern** (Differentialkreuz) (*m.* - *Aut.*), (crociera) portasatelliti del differenziale. **23** ~ **tarif** (*m.* - *komm.*), tariffa differenziale. **24** ~ **teilen** (*n.* - *Werkz.masch.*), divisione differenziale. **25** ~ **teilgerät** (*n.* - *Werkz.masch.*), testa a dividere differenziale, divisore differenziale. **26** ~ **übertrager** (*m.* - *Ger.*), traslatore differenziale. **27** ~ **verhalten** (D-Verhalten) (*n.* - *Regelung*), azione derivativa. **28** ~ **-Verteilergetriebe** (*Aut.*), differenziale-distributore (di coppia). **29** ~ **wechselrad** (*n.* - *Werkz.masch.*), ruota di cambio differenziale. **30** ~ **winde** (*f.* - *Hebemasch.*), verricello differenziale. **31 Kegelrad** ~ (*Aut.*), differenziale a ruote coniche. **32 Stirnrad** ~ (*Aut.*), differenziale a ruote cilindriche.
differential (*allg.*), differenziale.
Differentiation (Differenzieren) (*f.* - *Math.*), differenziazione, ricerca del differenziale.
Differentiator (differenzierendes Gerät) (*m.* - *Ger.*), differenziatore. **2** ~ (Schaltung) (*Elektronik*), circuito differenziatore.
Differenz (*f.* - *allg.*), differenza. **2** ~ (Rest) (*Math.*), resto. **3** ~ **en·summator** (ein Inkrementalrechner mit einem digitalen Integrierer als Haupteinheit) (*m.* - *Rechner*), analizzatore differenziale digitale, calcolatore ad incrementi con integratore digitale. **4** ~ **frequenz** (*f.* - *Elekt.*), frequenza differenziale. **5** ~ **lehre** (*f.* - *Werkz.*), calibro differenziale, calibro doppio, calibro « passa » e « non passa ». **6** ~ **messer** (*m.* - *Instr.*), strumento differenziale. **7** ~ **strom** (*m.* - *Elekt.*), corrente differenziale. **8** ~ **tarif** (Differentialtarif) (*m.* - *komm.*), tariffa differenziale. **9** ~ **träger** (Zwischenträger) (*m.* - *Fernseh.*), subportante. **10** ~ **träger-Verfahren** (*n.* - *Fernseh.*), sistema intercarrier, intercarrier. **11 Kassen** ~ (*Adm.*), differenza di cassa.
Differenzieren (*n.* - *Math.*), differenziazione, ricerca del differenziale.
differenzieren (*allg.*), differenziare. **2** ~

Differenzierglied

(*Math.*), differenziare, cercare il differenziale.
Differenzierglied (D-Glied) (*n. - Regelung*), differenziatore.
Differenzier-Integriergerät (*n. - Ger.*), (apparecchio) differenziatore-integratore.
Differenzierkreis (*m. - Elekt.*), circuito differenziatore.
Differenzierung (*f. - Math. - etc.*), differenziazione.
Diffraktion (Beugung) (*f. - Phys.*), diffrazione.
Diffraktometer (*n. - Ger.*), diffrattometro.
diffundieren (*Opt.*), diffondere.
diffus (zerstreut) (*Chem. - Phys.*), diffuso. 2 ∼ es Licht (zerstreutes Licht) (*Beleucht.*), luce diffusa.
diffusibel (Wasserstoff beim Schweissen z. B.) (*Technol. - etc.*), diffusibile. 2 **diffusibler Wasserstoff** (*Technol. - etc.*), idrogeno diffusibile.
Diffusion (*f. - Phys. - Chem.*), diffusione. 2 ∼ (durch poröse Wände z. B.) (*Phys. - Chem.*), diffusione. 3 ∼ (von Beanspruchungen in der Flugzeugstruktur z. B.) (*Baukonstr.lehre*), diffusione. 4 ∼ (von Elementen bei Wärmebehandlung) (*Wärmebeh.*), diffusione. 5 ∼ s·glühen (Glühen bei sehr hohen Temperaturen mit langzeitigem Halten auf diesen Temperaturen) (*n. - Wärmebeh.*), ricottura di omogeneizzazione. 6 ∼ s·koeffizient (*m. - Chem.*), coefficiente di diffusione. 7 ∼ s·länge (*f. - Kernphys.*), lunghezza di diffusione. 8 ∼ s·pumpe (*f. - Masch.*), pompa a diffusione. 9 ∼ s·schicht (in Halbleitern) (*f. - Elektronik*), strato diffusore. 10 ∼ s·schweissen (*n. - Technol.*), saldatura per diffusione. 11 ∼ s·spannung (*f. - Elektronik*), tensione di diffusione. 12 ∼ s·verchromung (Verchromung erfolgt durch Diffusion) (*f. - mech. Technol.*), cromizzazione per diffusione. 13 ∼ s·vermögen (*n. - Phys.*), diffusibilità. 14 ∼ s·zahl (*f. - Chem.*), siehe Diffusionskoeffizient. 15 Molekular ∼ (*Chem.*), diffusione cineticomolecolare.
diffusionsfest (diffusionsdicht, gegen CO_2- oder O_2-Diffusion von Flaschen für carbonisierten Getränke z.B.) (*Kunststoff - etc.*), antidiffusione.
Diffusität (*f. - Akus.*), diffusività.
Diffusor (zur Umsetzung von Geschwindigkeit in Druck) (*m. - Masch. - etc.*), diffusore.
Difluoräthan (Kältemittel) (*n. - Chem.*), difluoroetano.
Digestor (*m. - chem. Ind. - App.*), digestore. 2 ∼ (Abzug, Kapelle, zum Entfernen von Gasen und Dämpfen) (*Chem.*), estrattore, aspiratore, cappa aspirante.
Digimatik (elektronische Zähltechnik) (*f. - Elektronik*), tecnica del conteggio (elettronico).
digital (*Rechenmasch.*), numerico, digitale. 2 ∼ e Messwerterfassung (für Wegmess·systeme an Maschinenschlitten z. B.) (*Werkz.masch.*), rilevamento digitale della quota. 3 ∼ e Zählsteuerung (an Werkz.masch.) (*Werkz. masch.*), comando numerico.
Digital-Analog-Umsetzer (D-A-Umsetzer, DAU) (*m. - Rechner*), convertitore digitale-analogico.

digitalisieren (ziffernmässig darstellen)(*Datenverarb.*), digitalizzare.
Digitalrechner (*m. - Rechenanlage*), calcolatore numerico, calcolatore digitale.
digitieren (eine phys. Grösse in Zahlen umwandeln) (*Rechner*), digitalizzare.
Dihydrat (*n. - Chem.*), biidrato.
Diktatzeichen (eines Geschäftsbriefes z. B.) (*n. - Büro*), sigle.
diktieren (*Büro*), dettare.
Diktiergerät (Diktiermaschine) (*n. - Büromasch.*), dittafono.
Diktiermaschine (*f. - Büromasch.*), dittafono.
Diktionär (Wörterbuch) (*n. - m. - Druck.*), dizionario.
Dilatanz (Rheopexie, Erscheinung in einer Suspension) (*f. - Chem.*), dilatanza.
Dilatation (Ausdehnung) (*f. - Phys.*), dilatazione. 2 Zeit ∼ (*Relativitätstheorie*), dilatazione del tempo.
Dilation (Aufschub) (*f. - allg.*), dilazione.
Dilatometer (Ausdehnungsmesser) (*n. - phys. Instr.*), dilatometro. 2 ∼ probe (*f. - Metall.*), provino dilatometrico.
dilatometrisch (Messung z. B.) (*allg.*), dilatometrico. 2 ∼ e Messung (*Mass - Instr.*), misurazione dilatometrica.
Diligence (Postwagen, Postkutsche) (*f. - altes Fahrz.*), diligenza.
Diluvium (*n. - Geol.*), diluviale, diluvium, diluvio-glaciale.
Dimension (Abmessung) (*f. - allg.*), dimensione.
dimensional (*Math. - Phys.*), dimensionale.
dimensionslos (*Math. - etc.*), adimensionale.
dimer (aus zwei Monomeren) (*Chem.*), dimero.
Dimerisation (*f. - Chem.*), dimerizzazione.
Dimethylamin (*n. - Chem.*), dimetilammina.
DIN (Deutsche Industrie Norm) (*Technol. - etc.*), norma tedesca di unificazione, norma industriale tedesca, norma DIN. 2 ∼ -Blatt (Normblatt) (*n. - Technol.*), tabella DIN. 3 ∼ -Entwurf (*m. - Technol. - etc.*), progetto di norma DIN, norma DIN sperimentale. 4 ∼ -Format (*n. - Papier - etc.*), formato unificato DIN, formato DIN. 5 ∼ -Grad (Masseinheit für die Lichtempfindlichkeit von phot. Negativmaterial) (*m. - Phot.*), grado DIN. 6 ∼ -Norm (*f. - Technol. - etc.*), norma DIN. 7 ∼ -Taschenbuch (*n. - Technol.*), manuale DIN.
Dinasstein (feuerfester Stoff für Öfen) (*m. - Metall.*), ganistro, materiale refrattario per rivestimenti.
Dinatriumphosphat (*n. - Chem.*), fosfato bisodico.
Dineutron (*n. - Kernphys.*), dineutrone.
dingen (verhandeln) (*komm.*), contrattare. 2 ∼ (in Dienst nehmen) (*Arb.*), assumere. 3 ∼ (einen Preis z. B.) (*komm.*), fissare, stabilire.
dingfest (*komm.*), fissato per contratto.
Dingi (Dinghy, Boot) (*n. - naut.*), « dinghy ».
Dingpunkt (*m. - Opt.*), punto oggetto.
Dinitrobenzol ($C_6H_4(NO_2)_2$) (*n. - Chem.*), dinitrobenzene.
Dinitrophenol (*n. - Chem. - Med.*), dinitrofenolo.

Dinitrotoluol (n. - Expl.), dinitrotoluene.
Diode (Elektronenröhre) (f. - Funk.), diodo. 2 ~ n·phasenschieber (m. - Elektronik), sfasatore a diodi. 3 Flächen ~ (Elektronik), diodo a giunzione. 4 Tunnel ~ (Elektronik), diodo tunnel. 5 Zener ~ (Elekt.), diodo Zener.
diofantisch (Gleichung z. B.) (Math.), diofanteo.
Diolefin (ungesättigter Kohlenwasserstoff) (n. - Chem.), diolefina.
Dion (Kurzwort für Direktion) (f. - recht. - etc.) (österr.), direzione.
Diopsid (m. - Min.), diopside.
Dioptas (m. - Min.), dioptasio.
Diopter (n. - top. Ger.), diottra.
Dioptrie (Masseinheit einer Linse) (f. - Opt.), diottria.
Diorit (dunkelgrünes Tiefengestein) (m. - Geol.), diorite.
Dioxyd (n. - Chem.), biossido.
Diphenyl (aromatische Verbindung) (n. - Chem.), difenile. 2 chloriertes ~ (Chem. - Elekt.), clorodifenile.
Diphyl (Wärmeträger, Wärmeübertragungsmittel, eutektisches Gemisch aus 73,5% Diphenyloxid und 26,5% Diphenyl) (Chem.), « diphyl », tipo di vettore di calore.
Diplexer (Kopplungssystem) (m. - Elektronik - Fernseh.), diplexer.
Diplextelegraphie (f. - Telegr.), telegrafia diplex, telegrafia diplice.
Dipl.-Kfm. (Diplomkaufmann) (Betriebswirtschaftslehre), laureato in economia aziendale.
Diploeder (Kristall) (n. - Min.), diploedro, diacisdodecaedro.
Diplom (n. - allg.), diploma. 2 ~ ingenieur (Dipl. - Ing.) (m. - Arb.), laureato in ingegneria, ingegnere. 3 ~ ingenieur des Bauingenieurfaches (Arb.), ingegnere civile. 4 ~ kaufmann (Dipl.-Kfm.; Dkfm [österr.]) (m. - Betriebswirtschaftslehre), laureato in economia aziendale.
Dipol (m. - Elekt.), dipolo. 2 ~ (Dipolantenne) (Funk. - Fernseh.), dipolo, antenna a dipolo. 3 ~ moment (n. - Elekt.), momento del dipolo. 4 ~ reihe (f. - Funk. - etc.), fila di dipoli, antenna collineale. 5 elektrischer ~ (Elekt.), dipolo elettrico. 6 gefalteter ~ (Fernseh.), dipolo ripiegato. 7 magnetischer ~ (Elekt.), dipolo magnetico.
Dirac-Funktion (Delta-Funktion, Einheitsimpulsfunktion) (f. - Phys.), funzione di Dirac.
« Direct Costing » (Direktkosten-Rechnung) (Adm.), « direct costing », calcolo dei costi marginali.
direkt (allg.), diretto. 2 ~ (Lenkungseigenschaft) (Aut.), diretto. 3 ~ e Einspritzung (Dieselmotor), iniezione diretta. 4 ~ er Antrieb (Mech.), azionamento diretto, comando diretto. 5 ~ er Lichtbogenofen (m. - Metall. - Ofen), forno ad arco diretto. 6 ~ e Steuer (finanz.), imposta diretta. 7 ~ gekuppelt (Mech.), accoppiato direttamente. 8 ~ proportional (Math.), direttamente proporzionale.
Direktabbildung (f. - Fernseh.), immagine diretta.
Direktaufnahme (f. - Funk. - Fernseh.), ripresa diretta.
Direktdruck (von Geweben) (m. - Textilind.), stampa diretta.
Direkteinschaltung (f. - Mech.), presa diretta.
Direkteinspritzer (Dieselmotor z. B) (m. - Mot.), motore ad iniezione diretta.
Direkthärten (Härten aus dem Einsatz) (n. - Wärmebeh.), tempra diretta, tempra di durezza.
Direktion (Richtung) (f. - Math.), direzione. 2 ~ (Leitung) (Ind.), direzione. 3 ~ s·kraft (f. - Funk.), forza direttiva. 4 ~ s·moment (n. - Funk.), coppia direttiva. 5 ~ s·sekretariat (n. - Organ.), segreteria centrale. 6 ~ s·sekretärin (f. - Pers.), segretaria di direzione.
Direktkosten-Rechnung (« direct costing ») (f. - Adm.), « direct costing », calcolo dei costi marginali.
Direktor (m. - Arb. - Organ. - Ind.), direttore. 2 ~ (einer Fernsehantenne) (Funk. - Fernseh.), direttore. 3 Einkaufs ~ (Ind.), direttore acquisti. 4 Fabrik ~ (Arb. - Organ. - Ind.), direttore di fabbricazione, direttore di stabilimento. 5 General ~ (Ind.), direttore generale. 6 stellvertretender ~ (Hilfsleiter) (Ind.), vicedirettore. 7 technischer ~ (Ind.), direttore tecnico. 8 Verkaufs ~ (Ind.), direttore vendite.
Direktorium (Vorstand) (n. - Ind. - finanz.), consiglio di amministrazione. 2 ~ (einer Bank) (finanz.), comitato di direzione.
Direktrix (Leitlinie) (f. - Geom. - etc.), direttrice.
Direktsprechen (Direktgespräch) (n. - Fernspr.) comunicazione diretta.
Direktstrahler (Fotoaufnahmelampe) (m. - Ger.), lampada a luce diretta.
Direktübertragung (f. - Fernseh - Funk.), trasmissione diretta.
Direktverkauf (m. - komm.), vendita diretta.
Disaccharid ($C_{12}H_{22}O_{11}$) (n. - Chem.), disaccaride.
Disagio (Abzug, Verlust) (n. - finanz.), disaggio.
Dishomogenität (Heterogenität) (f. - Metall. fehler), eterogeneità.
Disjunktion (einschliessliches ODER, inklusives ODER) (f. - Rechner), disgiunzione, OR inclusivo.
Diskont (m. - finanz.), sconto. 2 ~ kredit für Wechsel (finanz.), credito per lo sconto di cambiali. 3 ~ satz (m. - finanz.), tasso di sconto.
diskontieren (einen Wechsel) (finanz.), scontare.
diskontinuierlich (unterbrochen) (Phys.), interrotto. 2 ~ (unstetig, Destillation z. B.) (Chem. - etc.), discontinuo.
diskordant (Lagerung) (Geol.), discordante.
Diskordanz (f. - Geol.), discordanza.
Diskothek (Sammlung von Schallplatten) (f. - Elektroakus.), discoteca.
diskret (getrennt) (Math. - etc.), discreto.
Diskretisation (f. - Math.), discretizzazione.
Diskriminator (für die Demodulation von frequenzmodulierten Schwingungen) (m. - Funk.), discriminatore. 2 ~ (Math.), discri-

Diskus

minatore. 3 **Impulshöhen** ~ (*Ger.*), discriminatore d'altezza di impulsi.
Diskus (Scheibe) (*m. - allg.*), disco. 2 ~ **getriebe** (Planscheibengetriebe) (*n. - Mech.*), trasmissione a dischi di frizione. 3 ~ **werfen** (*n. - Sport*), lancio del disco.
Diskussionsmethode (Aussprachemethode) (*f. - Arb. - Organ.*), tecnica di discussione.
Dislokation (Lagerungsstörung) (*f. - Geol.*), dislocazione.
Dismutation (*f. - Chem.*), dismutazione, reazione di Cannizzaro.
Dispache (Berechnung der Schadenverteilung) (*f. - naut.*), calcolo dell'avaria.
Dispacheur (*m. - naut.*), liquidatore di avaria.
« **dispansiv** » (divergierend, divergent) (*allg.*), divergente.
Dispergator (Zusatz zur Dispergierung) (*m. - Bergbau - etc.*), additivo disperdente, disperdente (*s.*).
Dispergens (Dispersionsmittel) (*n. - Chem.*), mezzo disperdente, disperdente (*s.*).
dispergierend (*Phys.*), disperdente (*a.*).
Dispergierungsmittel (Dispergator) (*n. - Chem.*), mezzo disperdente, disperdente (*s.*).
dispers (*Chem. - Phys.*), disperso. 2 ~ **e Phase** (*Chem.*), fase dispersa. 3 ~ **es Gebilde** (disperses System) (*Phys.*), sistema disperso. 4 **grob** ~ (*Chem.*), a dispersione grossolana. 5 **kolloid** ~ (*Chem.*), a dispersione colloidale.
Dispersantzusatz (zu Motorenöle) (*m. - chem. Ind. - Mot.*), additivo disperdente.
Dispersion (von Lichtwellen) (*f. - Phys. - Opt.*), dispersione. 2 ~ **des Lichtes** (*Opt.*), dispersione della luce. 3 ~ **s·grad** (*f. - Chem.*), grado di dispersione. 4 ~ **s·kraft** (*f. - Phys.*), potere disperdente. 5 ~ **s·mittel** (Dispergens) (*n. - Chem.*), (mezzo) disperdente. 6 **anomale** ~ (*Opt.*), dispersione anomala. 7 **grobe** ~ (*Chem.*), dispersione grossolana. 8 **kolloidale** ~ (*Chem.*), dispersione colloidale. 9 **normale** ~ (*Opt.*), dispersione normale.
Dispersitätsgrösse (Feinheitskennwert) (*f. - Chem.*), dispersività.
Disponent (Angestellter mit besonderen Vollmachten und der einen grösseren Unternehmungsbereich leitet) (*m. - Pers.*), responsabile di settore.
Disposition (*f. - allg.*), disposizione. 2 ~ **s·zeichnung** (*f. - Zeichn.*), disegno di massima.
Disproportionierung (*f. - Chem.*), disproporzionamento.
Dissektorröhre (*f. - Fernseh.*), tubo disettore.
Dissertation (Inauguraldissertation) (*f. - Schule*), tesi di laurea.
Dissipation (der Energie z. B.) (*f. - Phys.*), dissipazione.
Dissonanz (*f. - Akus.*), dissonanza.
Dissousgas (unter 15 at Druck in Azeton gelöstes Azetylen) (*n. - Ind.*), acetilene compressa (in bombole). 2 ~ **schweissung** (Gasschmelzschweissen) (*f. - mech. Technol.*), saldatura ossiacetilenica.
Dissoziation (*f. - Chem. - Phys.*), dissociazione. 2 ~ **s·grad** (*m. - Chem.*), grado di dissociazione. 3 ~ **s·wärme** (*f. - Chem. - Phys.*), calore di dissociazione. 4 **elektrochemische** ~ (*Chem.*), dissociazione elettrochimica. 5 **thermische** ~ (*Chem.*), dissociazione termica.
dissoziieren (*Phys.*), dissociare.
Distanz (Abstand) (*f. - allg.*), distanza. 2 ~ **buchse** (*f. - Mech.*), distanziale a tubo. 3 ~ **latte** (Abstandlatte, Messlatte, E-Latte) (*f. top. Instr.*), stadia. 4 ~ **messer** (*m. - Instr.*), telemetro. 5 ~ **relais** (Impedanzrelais) (*n. - Elekt.*), relè d'impedenza, relè distanziometrico. 6 ~ **rohr** (*n. - Mech.*), distanziale a tubo. 7 ~ **scheibe** (*f. - Mech.*), spessore, rasamento. 8 ~ **stück** (*n. - Mech.*), distanziale, distanziatore.
Disthen (*m. - Min.*), siehe Cyanit.
Distribution (Verteilung) (*f. - allg.*), distribuzione. 2 ~ **s·kette** (von Waren) (*f. - komm.*), catena di distribuzione.
distributiv (*Math.*), distributivo.
Distrikt (*m. - allg.*), distretto. 2 ~ **s·messer** (Wassermesser) (*m. - Ger.*), contatore principale. 3 **Bergbau** ~ (*Bergbau*), distretto minerario.
Disziplin (*f. - Arb. - etc.*), disciplina.
disziplinar (disziplinarisch) (*allg.*), disciplinare (*a.*). 2 ~ **e Massnahme** (*Arb. - etc.*), provvedimento disciplinare, misura disciplinare.
Disziplinarmassnahme (*f. - Arb. - etc.*), provvedimento disciplinare, misura disciplinare.
Disziplinarstrafe (*f. - Arb. - etc.*), punizione disciplinare.
Ditetrode (*f. - Elektronik*), doppio tetrodo.
« **Dither** » (schwingendes elekt. Signal, in Servoventilen) (*Elektrohydr.*), « dither », segnale periodico.
divergent (*Opt. - etc.*), divergente.
Divergenz (*f. - Flugw.*), divergenza. 2 ~ (*Math. - Phys.*), divergenza. 3 **Längs** ~ (*Flugw.*), divergenza longitudinale. 4 **Quer** ~ (*Flugw.*), divergenza laterale, divergenza trasversale.
divergieren (*allg.*), divergere.
Diversifikation (*f. - Ind.*), diversificazione.
Diversity-Empfang (*m. - Elektronik*), siehe Mehrfachempfang.
Dividend (Zähler) (*m. - Math.*), dividendo.
Dividende (*f. - finanz.*), dividendo. 2 ~ **n· abgabe** (Dividendensteuer) (*f. - finanz.*), imposta cedolare. 3 ~ **n·abschnitt** (Dividendenschein) (*m. - finanz.*), cedola di dividendo. 4 ~ **n·erklärung** (*f. - finanz.*), dichiarazione di dividendo. 5 ~ **n·fonds** (*m. - finanz.*), fondo (di riserva) per dividendi. 6 ~ **n·steuer** (Dividendenabgabe) (*f. - finanz.*), imposta cedolare. 7 ~ **n·zahlung** (*finanz.*), pagamento dei dividendi.
dividieren (teilen) (*Math.*), dividere.
Division (*f. - Math.*), divisione. 2 ~ (Truppenverband) (*milit.*), divisione. 3 ~ **s·algebra** (*f. - Math.*), algebra primitiva.
Divisor (Teiler) (*m. - Math.*), divisore.
DIW (Deutsches Institut für Wirtschaftsforschung) (*Forschung*), Istituto Tedesco per la Ricerca Economica.
Diwan (Liege, Liegesofa) (*m. - Möbel*), divano.
DK (Dezimalklassifikation, Folge von Begriffen) (*Technol.*), classificazione decimale. 2 ~ (Deka...) (*Mass*), deca...
D.K. (Dielektrizitätskonstante) (*Elekt.*), co-

stante dielettrica, permettanza specifica, permettività.
Dk (Dieselkraftstoff) (*Brennst.*), combustibile per motori Diesel, carburante per motori Diesel, gasolio.
DKB (Dauerbetrieb mit kurzzeitiger Belastung) (*elekt. Masch.*), servizio continuativo con carico di breve durata.
DK-EW (Deutsches Komitee für Elektrowärme) (*Technol.*), Comitato Tedesco per il riscaldamento elettrico.
Dkfm. (Diplomkaufmann) (*Betriebswirtschaftslehre*) (*österr.*), laureato in economia aziendale.
dkg (Dekagramm) (*Masseinheit*) (*österr.*), decagrammo.
DKI (Deutsches Kupfer-Institut) (*Metall.*), Istituto Tedesco del Rame. 2 ~ (Deutsches Kunststoff-Institut) (*chem. Ind.*), Istituto Tedesco delle Materie Plastiche.
dkl (Dekaliter) (*Masseinh.*) (*österr.*), decalitro.
DKM (Drehkolbenmotor) (*Mot.*), motore a pistone rotante.
DKV (Deutscher Kältetechnischer Verein) (*Kälte*), Associazione Frigotecnica Tedesca.
DKVO (Dampfkesselverordnung) (*Kessel*), regolamento sulle caldaie a vapore.
DKW (Dampfkraftwerk) (*Elekt.*), centrale termoelettrica a vapore.
Dl. (Druckluft) (*allg.*), aria compressa.
dl (Deziliter) (*Mass*), decilitro.
DL50 (Dosis letalis 50%) (*Radioakt.*), dose letale 50%.
Dlm (dalm, Dekalumen) (*Mass - Beleucht.*), decalumen.
DL-Schaltung (diode logic) (*f. - Elektronik*), circuito logico a diodi, DL.
DLW (Dienstleitungswähler) (*Fernspr.*), selettore circuito di chiamata.
DM (D-Mark, Deutsche Mark) (*finanz.*), marco tedesco. 2 ~ (Dynamotor) (*Elekt.*), dinamotore. 3 ~ (Sperrmittel, Betondichtungsmittel) (*Bauw.*), isolante per calcestruzzo.
d.M. (dieses Monats) (*allg.*), di questo mese.
dm (Dezimeter) (*Mass*), decimetro.
Dmr. (Durchmesser) (*Mech. - etc.*), diametro.
DMS (Dehnungsmess-streifen) (*Baukonstr.lehre*), estensimetro. 2 ~ -Rosette (Dehnungsmess-streifen-Rosette, zur Messung in mehreren Richtungen) (*f. - Baukonstr.lehre*), estensimetro a rosetta.
DMSO (Dimetyl-Schwefel-Oxid, Lösungsmittel) (*Chem.*), DMSO, dimetil-solfossido. 2 ~ -Extraktion (Dimetyl- Schwefeloxid, Lösungsmittel für Benzol, Toluol, etc.) (*f. - Chem.*), estrazione con DMSO, estrazione con dimetilsolfossido.
DMW (dmW, Dezimeterwelle) (*Funk.*), onda decimetrica.
dn (dezineper) (*Mass*), dn, decineper.
DNA (Deutscher Normen-Ausschuss) (*Technol. - etc.*), Ente di Unificazione Tedesco.
DNC (direkt numerische Steuerung) (*NC - Werkz.masch.*), comando numerico diretto, CND.
DNS (Desoxyribonucleinsäure) (*Chim.*), DNA, acido desossiribonucleico.
d. O. (der Obige) (*allg.*), il suddetto.
do (ditto) (*allg.*), idem, c.s.
Döbel (*m. - Mech.*), siehe Dübel.
Dobus (Doppelstockomnibus) (*m. - Aut.*), autobus a due piani.
DOC (Diesel-Öl-Zement, Mischung in Erdölbohrungen verwendet) (*chem. Ind.*), miscela nafta-cemento.
Docht (einer Kerze z. B.) (*m. - Verbr.*), stoppino, lucignolo. 2 ~ schmierung (*f. - Mech.*), lubrificazione a stoppino.
Dock (Dockhafen, abgeschlossener Hafen mit Schiffsliegeplätzen) (*n. - naut.*), bacino, « dock ». 2 ~ arbeiter (*m. - Arb.*), scaricatore di porto. 3 ~ boden (Docksohle) (*m. - naut.*), platea del bacino. 4 ~ gebühren (*f. - pl. - naut.*), diritti di bacino. 5 ~ grube (*f. - naut.*), conca del bacino (di carenaggio). 6 ~ hafen (Schleusenhafen) (*m. - naut.*), porto chiuso, porto a livello quasi costante, porto con chiusa. 7 ~ kielstapel (*m. - naut.*), taccata di chiglia del bacino (di carenaggio). 8 ~ ponton (Docktor) (*m. - naut.*), porta del bacino. 9 ~ schiff (zum Heben gesunkener Schiffe) (*n. - Kriegsmar.*), nave bacino. 10 ~ sohle (*f. - naut.*), platea del bacino. 11 ~ stapel (*m. - naut.*), taccata di bacino. 12 ~ tor (*n. - naut.*), chiusura del bacino, porta del bacino. 13 ~ wand (*f. - naut.*), fiancata del bacino. 14 Bau ~ (*naut.*), bacino di costruzione (navale). 15 Ein ~ en (Docken) (*n. - naut.*), messa in bacino. 16 gelenztes ~ (leergepumptes Dock) (*naut.*), bacino prosciugato. 17 Schwimm ~ (*naut.*), bacino (di carenaggio) galleggiante. 18 Trocken ~ (*naut.*), bacino di carenaggio.
Docke (Garndocke) (*f. - Textilind.*) matassa. 2 ~ (kleine Säule) (*Bauw.*), balaustro, balaustrino. 3 ~ (Dockenspindel) (*Mech.*), mandrino, fuso. 4 ~ (Schutzhülse, eines dünnen Stempels um sein Ausknicknen zu verhindern) (*Blechbearb.werkz.*), bussola di rinforzo, bussola di protezione. 5 ~ n-maschine (für Schnur z. B.) (*f. - Textilmasch.*), macchina per intrecciare.
Docken (*n. - naut.*), messa in bacino.
docken (*naut.*), mettere in bacino.
« Docking » (Zusammenkoppeln zweier Raumfahrzeuge) (*Raumfahrt*), « docking », agganciamento.
Dodekaëder (*n. - Geom.*), dodecaedro.
Dogger (Abteilung der Iura) (*m. - Geol.*), dogger.
Dokimasie (*f. - Min. - Metall.*), siehe Probierkunst.
Doktor (Arzt) (*m. - Med.*), medico, dottore. 2 ~ der Rechte (Doktor der Rechtswissenschaft) (*Schule*), dottore in legge. 3 ~ der Staatswissenschaften (*Schule*), dottore in scienze politiche. 4 ~ diplom (*n. - Schule*), diploma di laurea, laurea. 5 ~ dissertation (*f. - Schule*), tesi di laurea. 6 ~ examen (Doktorprüfung) (*n. - Schule*), esame di laurea. 7 ~ prüfung (Doktorexamen) (*f. - Schule*), esame di laurea. 8 ~ schrift (Dissertation) (*f. - Schule*), tesi di laurea. 9 ~ test (von Ölen) (*m. - chem. Ind.*), prova doctor. 10 ~ titel (*m. - Schule*), laurea.
Doktorand (*m. - Schule*), laureando.
doktorieren (*Schule*), laurearsi.
Dokument (*n. - allg.*), documento. 2 ~ en-

Dokumentar

Akkreditiv (*n. - komm.*), credito documentario.
Dokumentar (einer technischen Bibliothek z. B.) (*m. - Ind. - etc.*), documentalista. 2 ~ film (*m. - Filmtech.*), documentario.
Dokumentation (*f. - allg.*), documentazione. 2 ~ (einer wissenschaftlichen Bibliothek) (*Ind.*), documentazione. 3 ~ s·dienst (*m. - Ind.*), servizio (di) documentazione. 4 ~ s·stelle (*f. - Ind. - etc.*), centro di documentazione. 5 **Zentralstelle für maschinelle** ~ (*Dokum.*), centro di documentazione meccanizzato.
Dole (Dohle, Abwasserkanal) (*f. - Bauw.*), fogna.
Dolerit (Basalt) (*m. - Min.*), dolerite.
Doline (rundliche Vertiefung in Kalkgebieten) (*f. - Geol. - Geogr.*), dolina.
Dollar (Reaktivitätseinheit) (*m. - Atomphys.*), dollaro. 2 ~ währungsgebiet (Dollarzone) (*n. - finanz.*), area del dollaro.
Dolle (eines Ruderboots) (*f. - naut.*), scalmiera, scalmo.
Dollen (Nagel) (*m. - Zimm.*), chiodo grosso senza testa.
dollieren (abschleifen der Fleischseite von Leder) (*n. - Lederind.*), smerigliare, pomiciare.
Dolliermaschine (*f. - Lederind.masch.*), (macchina) smerigliatrice.
Dolly (*f. - Fernseh.*), carrello.
dolmetschen (*Arb. - etc.*), fare da interprete.
Dolmetscher (Dolmetsch) (*m. - Arb.*), interprete. 2 ~ anlage (*f. - Fernspr.*), impianto di traduzione simultanea. 3 ~ schule (*f. - Schule*), scuola interpreti. 4 **vereidigter** ~ (*Arb.*), interprete giurato.
Dolomit (*m. - Min.*), dolomite. 2 **stabilisierter** ~ (*Min. - Giess.*), dolomite stabilizzata.
Dom (*m. - Baukunst*), duomo. 2 ~ deckel (Mannlochdeckel) (*m. - Kessel - etc.*), coperchio per passo d'uomo. 3 ~ deckel (eines Domschachtes, z. B.) (*Bauw. - etc.*), chiusino (di pozzo) d'ispezione. 4 ~ loch (Mannloch) (*n. - Kessel - etc.*), passo d'uomo. 5 ~ schacht (einer Ölfeuerungsanlage z. B.) (*m. - Bauw. - etc.*), pozzetto d'ispezione. 6 **Dampf** ~ (*Kessel - Eisenb.*), duomo.
Doma (Kristallform) (*n. - Kristallographie*), doma.
Domäne (*f. - recht.*), demanio. 2 ~ (Bereich eines ferromagnetischen Materials) (*Elekt.*), dominio. 3 ~ n·gut (*n. - recht.*), bene demaniale.
domänial (*recht.*), demaniale.
dominierend (*allg.*), dominante.
Domizil (*n. - recht.*), domicilio. 2 ~ akzept (*n. - komm.*), tratta a domicilio.
Donator (Störstelle, eines Halbleiters) (*m. - Phys.*), impurità donatrice.
Donner (*m. - Meteor.*), tuono.
Donor (Donator) (*m. - Chem.*), donatore.
Dopen (Dotieren, Einbau von Fremdatomen in einen Halbleiter) (*n. - Elektronik*), drogatura.
doppeladrig (*Elekt.*), a due fili.
Doppelbackenbremse (*f. - Fahrz.*), freno a due ceppi.
Doppelbahn (*f. - Eisenb.*), doppio binario.
Doppelbereifung (*f. - Fahrz.*), pneumatici gemelli, pneumatici accoppiati.
Doppelbild (*n. - Fernsehfehler*), falsa immagine.
Doppelboden (*m. - Schiffbau*), doppio fondo.
Doppelbogen (*m. - Strasse*), doppia svolta, doppia curva, curva e controcurva.
doppelbrechend (*Opt.*), birifrangente, a doppia rifrazione.
Doppelbrechung (*f. - Opt.*), doppia rifrazione, birifrangenza.
Doppelbüchse (Gewehr) (*f. - Waffe*), fucile a due canne, doppietta.
Doppeldecker (Omnibus) (*m. - Fahrz.*), autobus a due piani. 2 ~ (Flugzeug mit zwei Tragflächen) (*Flugw.*), biplano.
Doppeldeckomnibus (Oberdeckomnibus) (*m. - Fahrz.*), autobus a due piani.
Doppeldicke (bei Fensterglas, 3,6÷4 mm dick) (*f. - Glasind. - Bauw.*), doppio spessore.
doppeldrähtig (*Elekt.*), a due fili.
Doppeldreieckschaltung (*f. - Elekt.*), collegamento a doppio triangolo.
Doppeldruckkugellager (*n. - Mech*), cuscinetto di spinta a doppia corona di sfere.
Doppeldruckverfahren (Fliesspressenverfahren) (*n. - mech. Technol.*), estrusione a due pressioni.
Doppelduowalzwerk (*n. - Walzw.*), laminatoio a doppio duo, doppio duo.
doppelfädig (*allg.*), bifilare.
Doppelfalttür (*f. - Bauw.*), porta con apertura a libro.
Doppelfeldmaschine (*f. - Elekt.*), macchina a doppio campo, macchina (asincrona) a doppia induzione.
Doppelfenster (*n. - Bauw.*), finestra doppia, doppia finestra.
Doppelfernrohr (*n. - opt. Instr.*), binocolo.
Doppelflinte (Gewehr) (*f. - Waffe*), fucile a due canne, doppietta.
Doppelflugzeug (Huckepackflugzeug) (*n. - Flugw.*), « canguro », velivolo trasportante altro velivolo (più piccolo, per il lancio di questo in volo).
Doppelfrequenz (*f. - Elekt.*), doppia frequenza.
doppelgängig (Schraube) (*Mech.*), a due principii, a due filetti.
Doppelgegenschreiben (Quadruplextelegraphie) (*n. - Telegr.*), telegrafia quadruplex.
Doppelgelenkwelle (*f. - Mech.*), albero a doppio snodo (cardanico).
doppelgeschossig (*Bauw.*), a due piani.
Doppelgesenkhammer (*m. - Masch.*), maglio a doppio effetto per stampaggio.
Doppelgleis (*n. - Eisenb.*), doppio binario.
doppelgleisig (*Eisenb.*), a doppio binario.
Doppelhaken (Kranhaken, Lasthaken) (*m. - ind. Masch.*), gancio doppio. 2 ~ (*Sportfischerei*), amo doppio.
Doppelhärtung (*f. - Wärmebeh.*), doppia tempra.
Doppelhaut (eines Blockes, Aussenhaut) (*f. - Metall.fehler*), doppia pelle, guscio.
Doppelhobel (Schrupphobel) (*m. - Tischl. - Werkz.*), pialla a doppio ferro, pialla doppia, pialla con controferro.
Doppelhubschrauber (*m. - Flugw.*), elicottero a due eliche di quota (coassiali), elicottero a due rotori (coassiali).

Doppelkardanantrieb (*m. - Mech.*), trasmissione a due snodi, trasmissione a doppio snodo (cardanico).
Doppelkegelkupplung (*f. - Fahrz. - Mech.*), innesto a doppio cono.
Doppelkegelrolle (eines Rollgangs z. B.) (*f. - ind. Masch.*), rullo biconico.
Doppelkeil (*m. - Mech.*), chiavetta doppia.
Doppelklemme (*f. - Mech.*), morsetto doppio.
Doppelkolbenmotor (Zweitakt-Verbrennungsmotor bei dem zwei Kolben in einem Verbrennungsraum arbeiten) (*m. - Mot.*), motore a doppio pistone (e camera di combustione unica).
Doppelkollektormaschine (*f. - elekt. Masch.*), macchina a doppio collettore.
Doppelkonusantenne (*f. - Funk.*), antenna biconica.
Doppelkopfhörer (*m. - Akus. - Funk.*), cuffia (a due auricolari).
Doppelkopfschiene (*f. - Eisenb. - metall. Ind.*), rotaia a doppio fungo.
Doppelkreuzleitwerk (*n. - Flugw.*), doppio impennaggio.
Doppelkurbel (*f. - Masch.*), doppia manovella.
Doppellängslenker (einer Aufhängung) (*m. - Aut.*), parallelogramma longitudinale.
Doppellatte (eines Daches) (*f. - Bauw.*), travicello doppio, correntino doppio.
Doppelleiterzahnstange (für Bergbahnen z. B.) (*f. - Mech.*), doppia cremagliera.
Doppellichtbogenofen (*m. - Ofen*), forno ad arco in serie.
Doppelliftsessel (*m. - Bergbahnen*), seggiolino biposto (di seggiovia).
Doppelluftschrauben (*f. - pl. - Flugw.*), eliche coassiali.
Doppelmantel (*m. - Leit. - etc.*), camicia con intercapedine.
Doppelmaulschlüssel (Doppelschraubenschlüssel) (*m. - Werkz.*), chiave doppia, chiave fissa doppia.
Doppelmessbrücke (Thompson-Brücke) (*f. - Elekt.*), ponte doppio, ponte di Thompson.
Doppelmotor (aus zwei hintereinanderliegenden und mit einer gemeinsamen Antriebswelle arbeitenden Motoren) (*m. - Verbr. - Mot.*), motore doppio in linea, due motori accoppiati.
Doppeln (von Blech) (*n. - Metall.*), doppiatura, ripiegatura.
Doppelnietung (*f. - Mech.*), chiodatura doppia.
Doppeloberleitung (Zweidrahtoberleitung für Trolleybuszug) (*f. - Elekt.*), linea aerea a due fili.
Doppelphantomkreis (*m. - Fernspr.*), circuito supervirtuale.
doppelpolig (*Elekt.*), bipolare, a due poli.
Doppelpoller (*m. - naut.*), bitta doppia, « monachelle ».
Doppelpunkt (Kolon) (*m. - Druck.*), doppiopunto.
Doppelquerlenker (einer Aufhängung) (*m. - Aut.*), quadrilatero trasversale.
Doppelräder (Zwillingsräder) (*n. - pl. - Fahrz.*), ruote gemellate, ruote accoppiate.
Doppelreifen (Zwillingsreifen) (*m. - pl. - Fahrz.*), doppio pneumatico, pneumatici gemelli.
Doppelröhre (*f. - Elektronik*), tubo doppio.
Doppelrumpfflugzeug (*n. - Flugw.*), velivolo a doppia trave di coda.
Doppelsalz (*n. - Chem.*), sale doppio.
Doppelscheibenfräser (*m. - Werkz.*), fresa a disco doppia, fresa a due dischi.
Doppelschicht (*f. - Elekt.*), doppio strato.
doppelschlicht (Feile) (*Werkz.*), a taglio dolcissimo.
Doppelschlüssel (Schraubenschlüssel) (*m. - Werkz.*), chiave doppia, chiave fissa doppia.
Doppelschlussmaschine (*f. - elekt. Masch.*), macchina compound.
Doppelschnur (*f. - Fernspr.*), bicordo.
Doppelschraube (zweigängige Schraube) (*f. - Mech.*), vite a due principii, vite a due filetti. 2 ~ n-schiff (*n. - naut.*), nave bielica, nave a due eliche. 3 ~ n-schlüssel (Doppelmaulschlüssel) (*m. - Werkz.*), chiave doppia, chiave fissa doppia.
Doppelschreiben (Diplextelegraphy) (*n. - Telegr.*), telegrafia duplex, telegrafia diplice.
Doppelschutz (eines Patentes) (*m. - recht.*), protezione cumulata.
Doppelseitenruder (*n. - Flugw.*), doppio timone.
Doppelsitzer (Zweisitzer) (*m. - Flugw.*), biposto.
Doppelspat (Islandspat) (*m. - Min.*), spato d'Islanda.
doppelspurig (*Eisenb.*), a doppio binario.
Doppelständerfräsmaschine (*f. - Werkz. masch.*), fresatrice (a pialla) a portale.
Doppelständerhobelmaschine (*f. - Werkz. masch.*), piallatrice a due montanti.
Doppelständerpresse (*f. - Masch.*), pressa a due montanti.
doppelständrig (*Masch.*), a due montanti.
Doppelsteckdose (*f. - Elekt.*), presa di corrente doppia.
Doppelsteigungsschraube (Duplexschraube) (*f. - Mech.*), vite a doppio passo.
Doppelstern (*m. - Elekt.*), doppia stella. 2 ~ (*Astr.*), stella doppia. 3 ~ motor (*m. - Flugw. - Mot.*), motore a doppia stella. 4 ~ schaltung (*f. - Elekt.*), collegamento a doppia stella.
Doppelsteuerung (*f. - Flugw.*), doppio comando.
Doppelstiftstecker (*m. - Elekt.*), spina bipolare.
Doppelstockgüterwagen (Autotransportwagen) (*m. - Eisenb.*), carro a due piani.
Doppelstockpersonenwagen (*m. - Eisenb.*), carrozza a due piani, vettura a due piani.
Doppelstricheinfang (*m. - Opt.*), coincidenza a doppia riga, centraggio.
Doppelstrombetrieb (*m. - Telegr.*), trasmissione in corrente doppia.
Doppelstromgenerator (*m. - Elekt.*), generatore bicorrente, generatore di doppia corrente.
doppelt (*allg.*), doppio. 2 ~ e Ausfertigung (*Büro - etc.*), duplice copia. 3 ~ e Buchführung (Buchhaltung), partita doppia. 4 ~ kuppeln (*Aut.*), cambiare (marcia) con « doppietto », cambiare con doppio azionamento della frizione. 5 ~ **logarithmisch** (*Math.*), bilogaritmico, doppiologaritmico.

Doppel-T-Anker (*m. - Elekt.*), indotto a doppio T.
Doppeltarifzähler (*m. - Elekt. - Instr.*), contatore a doppia tariffa.
Doppel-T-Eisen (*n. - metall. Ind.*), trave a doppio T.
Doppelkuppeln (bei nicht synchronisiertem Getriebe) (*n. - Aut.*), « doppietto », cambio (marcia) con « doppietto », cambio marcia con doppio azionamento della frizione.
Doppeltontelegraphie (*f. - Telegr.*), telegrafia a due frequenze.
Doppeltür (*f. - Bauw.*), doppia porta.
Doppelung (*f. - Textilind.*), binatura, doppiatura.
Doppelvergaser (*m. - Mot. - Aut.*), carburatore a doppio corpo, doppio carburatore.
Doppelwährung (Bimetallismus) (*f. - finanz.*), bimetallismo.
doppelwandig (*allg.*), a doppia parete.
Doppelweggleichrichter (*m. - Elekt.*), raddrizzatore ad onda intera.
Doppelweiche (*f. - Eisenb.*), scambio doppio.
Doppelwendel (einer Lampe) (*f. - Beleucht.*), filamento a doppia spirale, filamento bispirale.
doppelwirkend (*Masch.*), a doppio effetto.
Doppelwirkung (*f. - Masch.*), doppio effetto.
Doppelzelle (eines Akkumulators) (*f. - Elekt.*), elemento doppio.
Doppelzimmer (*n. - Bauw.*), camera a due letti.
Doppelzündung (*f. - Mot. - Aut.*), doppia accensione.
Doppelzweckkopplung (für Radar wie auch für Fernmeldezwecke, Diplexer) (*f.-Fernseh.*), diplexer.
Döpper (Nietstempel, Nietendöpper) (*m. - Werkz.*), stampo per ribadire (chiodi), butteruola.
Doppler (Blechdoppler) (*m. - Metall. - Masch.*), doppiatore.
Dopplereffekt (*m. - Phys.*), effetto Doppler.
Dopplung (Falte, beim Schmieden z. B.) (*f. - Metall.fehler*), doppiatura, ripiegatura. 2 ~ (Blechfehler, von grossflächigen nichtmetallische Einschlüssen verursacht) (*Metall. - Fehler*), sdoppiatura.
Dorn (Werkzeug zum Aufweiten eines Loches) (*m. - Werkz.*), mandrino, allargatubi. 2 ~ (Stift) (*allg.*), spina. 3 ~ (Kaliberdorn, Lehre) (*Werkz.*), calibro a tampone. 4 ~ (Schmiedewerkz.), spina, spinotto. 5 ~ (Werkzeughalter z. B.) (*Werkz.masch.bearb.*), mandrino, albero. 6 ~ (für Aufdornversuche) (*mech. Technol.*), spina. 7 ~ (eines Schrägwalzwerkes) (*Walzw.*), spina. 8 ~ (beim Hohl- Fliesspressen) (*mech. Technol.*), mandrino perforatore. 9 ~ biegetest (Dornbiegeprobe, einer lackierten Oberfläche) (*m. - Anstr. - Blech.*), prova di piegatura su mandrino. 10 ~ presse (*f. - Masch.*), pressa per punzonatura. 11 ~ schuh (Rennschuh, Laufschuh) (*m. - Sport*), scarpetta per corse podistiche. 12 ~ stange (für die Herstellung geschweisster Rohre) (*f. - mech. Technol.*), spina. 13 Dreh ~ (*Werkz.masch. bearb.*), mandrino (portapezzo) da tornio. 14 Fräser ~ (*Werkz.masch.bearb.*), albero portafresa, mandrino portafresa. 15 Grenzlehr ~ (*Werkz.*), calibro a tampone passa-non passa, calibro differenziale a tampone. 16 Kaliber ~ (Lehre) (*Werkz.*), calibro a tampone. 17 Lehr ~ (*Werkz.*), calibro a tampone. 18 Schleifscheiben [~ (*Werkz.*), mandrino portamola. 19 Zieh ~ (zum Ziehen von Rohren) (*Werkz.*), spina. 20 Zieh ~ (Räumer) (*Werkz.*), broccia a trazione.
Dornen (von Rohren) (*n. - Leit.*), mandrinatura, allargatura (con mandrino). 2 ~ (*Schmieden*), punzonatura. 3 ~ (*Mech.*), siehe auch Einsenken.
dornen (ein Rohr) (*Leit.*), mandrinare, allargare (con mandrino).
Dornostrahlung (Ultraviolettstrahlung des Bereichs von 2800 - 3200 Å) (*f. - Opt.*), radiazione ultravioletta (di lunghezza d'onda 2800 - 3200 Å).
dörren (trocknen) (*allg.*), essiccare.
Dose (Behälter) (*f. - allg.*), scatola, cassetta. 2 ~ (für Schalter z. B.) (*Elekt.*), cassetta. 3 ~ (Dosis) (*allg.*), dose. 4 ~ n·barometer (Aneroidbarometer) (*n. - Instr.*), barometro aneroide. 5 ~ n·höhenmesser (*m. - Instr.*), altimetro aneroide. 6 ~ n·öffner (Büchsenöffner) (*m. - Werkz.*), apriscatole. 7 ~ n·satz (eines Barometers z. B.) (*m. - Instr.*), capsula barometrica, capsula aneroide. 8 ~ n·sicherung (*f. - Elekt.*), valvola a tabacchiera, fusibile a tabacchiera. 9 Anschluss ~ (*Elekt.*), presa di corrente. 10 barometrische ~ (für Flugmotorvergaser z. B.) (*Flugw. - etc.*), capsula barometrica. 11 Doppelsteck ~ (*Elekt.*), presa di corrente doppia. 12 Dreifachsteck ~ (*Elekt.*), presa di corrente tripla. 13 Dreiwegsteck ~ (*Elekt.*), presa di corrente tripla. 14 Fussbodensteck ~ (*Elekt.*), presa di corrente da pavimento. 15 Steck ~ (*Elekt.*), presa di corrente a spina. 16 Unterdruck ~ (eines Vergasers z. B.) (*Mot.*), capsula pneumatica, camera a depressione, capsula manometrica. 17 Wandanschluss ~ (Normalsteckdose) (*Elekt.*), presa di corrente da muro, presa da parete.
Dosieranlage (*f. - Ind.*), impianto di dosatura.
dosieren (*allg.*), dosare.
Dosierpumpe (*f. - Mech.*), pompa dosatrice.
Dosierung (*f. - Ind.*), dosatura.
Dosimeter (*n. - Strahlungsmessgerät - Atomphys.*), dosimetro. 2 chemisches ~ (*Strahlungsmessgerät - Atomphys.*), dosimetro chimico. 3 Film ~ (*Strahlungsmessgerät - Atomphys.*), dosimetro a pellicola. 4 Fingerring-Film ~ (*Strahlungsmessgerät - Atomphys.*), dosimetro a pellicola da anello. 5 integrierendes ~ (*Strahlungsmessgerät - Atomphys.*), dosimetro integratore. 6 Taschen ~ (*Strahlungsmessgerät - Atomphys.*), dosimetro da tasca, dosimetro a penna, dosimetro tascabile.
Dosis (*f. - allg.*), dose. 2 ~ leistung (*f. - Atomphys. - Radioakt.*), intensità della dose. 3 ~ leistung (Dosis pro Zeit) (*Radioakt.*), dose in funzione del tempo. 4 ~ leistungsmesser (Intensimeter) (*m. - Radioakt. - Atomphys.*), intensimetro. 5 ~ messer (*m. - Atomphys. - Radioakt.*), dosimetro. 6 ~ wirkungskurve (*f. - Atomphys. - Radioakt.*), curva dose-effetto. 7 Energie ~ (*Kernphys.*), dose assorbita. 8 letale ~ (*Atomphys. - Radioakt.*),

dose letale. **9** zulässige ~ (*Atomphys. - Radioakt.*), dose tollerata.
Dotieren (Dopen, Einbau von Fremdatomen in einen Halbleiter) (*n. - Elektronik*), drogatura.
Double (Ersatzperson für den Darsteller z. B.) (*m. - Filmtech.*), controfigura.
Doublé (Dublee) (*n. - Metall.*), oro doublé, metallo placcato d'oro.
Doublieren (Dublieren, Belegung eines Metalls mit einem edleren) (*n. - Metall.*), placcatura (metallica). **2** ~ (Fachen) (*Textilind.*), binatura.
doublieren (dublieren, ein Metall mit einem edleren belegen) (*Metall.*), placcare. **2** ~ (dublieren) (*Textilind.*), binare, doppiare.
doubliert (Garn) (*Textilind.*), abbinato, binato.
doucieren (dossieren, feinschleifen) (*Glasind.*), molare fino, levigare.
Dozent (*m. - Hochschule*), docente.
DP (Durchschnittpolymerisationsgrad) (*Chem.*) grado di polimerizzazione medio.
DPA (Deutsches Patentamt) (*recht.*), Ufficio Centrale Brevetti Tedesco.
dpp. (doppelt) (*allg.*), doppio.
DPS (Deutsche Patentschrift) (*recht.*), descrizione di brevetto tedesco.
dpt (Bezeichnung für Dioptrie) (*Opt.*), dpt, diottrìa.
dptr. (Dioptrie) (*Opt.*), diottria.
Drachen (Drache, Fluggerät) (*m. - Flugw.*), cervo volante.
Dragge (stockloser Anker) (*f. - naut.*), ancorotto.
« Dragline » (*f. - Erdbew.masch.*), escavatore a benna trascinata, escavatore a benna strisciante, « dragline ».
Draht (gezogener Metallstrang) (*m. - metall. Ind.*), filo (metallico). **2** ~ (gewalzter Draht, Walzdraht) (*metall. Ind.*), vergella, bordione. **3** ~ (*Elekt. - Fernspr.*), filo. **4** ~ (Drall, Drehung, Torsion) (*Textilind.*), torsione, torcitura. **5** ~ **adresse** (Drahtanschrift) (*f. - Post*), indirizzo telegrafico. **6** ~ **antwort** (*f. - komm.*), risposta telegrafica. **7** ~ **arbeit** (*f. - Papierind.*), filigrana. **8** ~ **aufnahme** (*f. - Elektroakus.*), registrazione su filo. **9** ~ **befestigungsschraube** (*f. - Elekt.*), vite serrafilo. **10** ~ **bewehrung** (für Kabel) (*f. - Mech.*), armatura di filo metallico. **11** ~ **bindung** (*f. - Buchbinderei*), legatura a filo metallico. **12** ~ **bruchmelder** (*m. - Ger.*), avvisatore di rottura del filo. **13** ~ **bürste** (*f. - Werkz.*), spazzola metallica. **14** ~ **diode** (*f. - Elektronik*), diodo a fili. **15** ~ **eisen** (Walzdraht) (*n. - metall. Ind.*), vergella, bordione. **16** ~ **eisen** (Ziehwerkzeug) (*Werkz.*), trafila, « filiera ». **17** ~ **eisen** (Kalfatereisen) (*naut. - Werkz.*), ferro da calafato. **18** ~ **feder** (*f. - Mech.*), molla di filo. **19** ~ **fernsehen** (*n. - Fernseh.*), televisione via cavo. **20** ~ **fernsehverbindung** (*f. - Fernseh.*), collegamento televisivo via cavo. **21** ~ **fertigstrecke** (*f. - Walzw.*), laminatoio finitore per vergella. **22** ~ **führer** (Drahtführung, im Wickelmaschinen) (*m. - Elekt. - etc.*), guidafilo. **23** ~ **funk** (Übertragung von Rundfunksendungen über Fernsprechleitungen) (*m. - Funk. - Teleph.*), filodiffusione. **24** ~ **gabel** (*f. - Fernspr. - etc.*), asta a forcella per (la posa dei) fili. **25** ~ **gaze** (für Filter z. B.) (*f. - Leit. - etc.*), reticella metallica. **26** ~ **gazefilter** (*m. - Mot. - etc.*), filtro a reticella metallica. **27** ~ **geflecht** (Drahtgewebe) (*n. - metall. Ind.*), tessuto metallico. **28** ~ **geflecht** (für Kabeln) (*Elekt.*), calza metallica, treccia metallica. **29** ~ **gewebe** (Metalltuch, Siebtuch) (*n. - metall. Ind.*), tessuto di filo metallico, tessuto metallico. **30** ~ **glas** (Sicherheitsglas) (*n. - Glasind.*), vetro retinato, vetro armato. **31** ~ **gurt** (*m. - ind. - Masch.*), nastro di tessuto metallico. **32** ~ **halter** (*m. - Elekt.*), serrafilo, morsetto. **33** ~ **härtemesser** (von Strahlungen) (*m. - Instr.*), misuratore di durezza a filo, misuratore di penetrazione a filo. **34** ~ **heftmaschine** (*f. - Buchbinderei*) (macchina) cucitrice a filo metallico. **35** ~ **heftung** (*f. - Buchbinderei*), cucitura a filo metallico. **36** ~ **kabel** (Drahtseil) (*n. - metall. Ind.*), fune metallica. **37** ~ **kern** (eines Reifens) (*m. - Fahrz.*), cerchietto. **38** ~ **klemme** (Drahthalter) (*f. - Elekt.*), serrafilo, morsetto. **39** ~ **klinke** (Drahtlehre) (*f. - Werkz.*), calibro per fili. **40** ~ **korn** (zum Pressluftstrahlputzen) (*n. - mech. Technol.*), graniglia metallica (ricavata da filo), « cut-wire », cilindretti di filo di acciaio. **41** ~ **kreuzung** (*f. - Fernspr.*), trasposizione. **42** ~ **-Kröpfmaschine** (*f. - Masch.*), ondulatrice per fili. **43** ~ **lampe** (*f. - Beleucht.*), lampada a filamento. **44** ~ **leger** (*m. - Arb.*), guardafili. **45** ~ **lehre** (Drahtklinke) (*f. - Werkz.*), calibro per fili. **46** ~ **leitung** (Drahtverbindung) (*f. - Teleph.*), collegamento a filo. **47** ~ **leitung** (Leiter) (*f. - Elekt.*), filo conduttore. **48** ~ **litze** (*f. - metall. Ind.*), trefolo (di filo) metallico. **49** ~ **litzenmaschine** (*f. - Masch.*), macchina per fare trefoli. **50** ~ **magnetophon** (*n. - Elektroakus.*), registratore a filo, magnetofono a filo. **51** ~ **nachricht** (Telegramm) (*n. - Telegr.*), telegramma. **52** ~ **nagel** (Drahtstift) (*m. - Tischl. - etc.*), punta Parigi, punta di filo. **53** ~ **netz** (*n. - metall. Ind.*), rete metallica. **54** ~ **netz** (chem. Ger.), reticella. **55** ~ **putzdecke** (*f. - Bauw.*), soffitto a rete metallica intonacata. **56** ~ **registrierapparat** (*m. - Elektroakus. - App.*), registratore a filo, magnetofono a filo. **57** ~ **rolle** (*f. - Metall.*), rotolo di filo. **58** ~ **saite** (*f. - metall. Ind.*), filo armonico. **59** ~ **schere** (*f. - Werkz.*), pinza tagliafili. **60** ~ **schwabbelscheibe** (*f. - Werkz.*), spazzola metallica a disco rotante. **61** ~ **seil** (*n. - metall. Ind.*), fune metallica. **62** ~ **seil** (*metall. Ind.*), siehe auch Seil. **63** ~ **seilbahn** (*f. - Transp.*), funivia. **64** ~ **seilbrücke** (*f. - Brück.b.*), ponte sospeso. **65** ~ **seilflaschenzug** (*m. - Hebevorr.*), paranco a fune. **66** ~ **seilsäge** (*f. - Bergbauwerkz.*), filo elicoidale. **67** ~ **sicherung** (*f. - Elekt.*), fusibile a filo. **68** ~ **sieb** (*n. - Werkz.*), vaglio, crivello di filo (metallico). **69** ~ **spanner** (Drahtspannschloss) (*m. - Vorr.*), tesafili, tenditore, tendifilo. **70** ~ **speichenrad** (*n. - Fahrz.*), ruota a raggi. **71** ~ **sprengring** (für Kolbenbolzen z. B.) (*m. - Mot. - Mech.*), anello di arresto (espansibile), anello di sicurezza. **72** ~ **stärke** (Drahtdurchmesser) (*f. - mech. Technol.*), diametro del filo (metallico). **73**

Draht

~ **stift** (Drahtnagel) (*m. - Tischl. - etc.*), punta Parigi, punta di filo. 74 ~ **stiftmaschine** (*f. - Masch.*), macchina per fare punte. 75 ~ **strasse** (*f. - Walzw.*), laminatoio per vergella. 76 ~ **strecke** (Drahtstrasse) (*f. - Walzw.*), treno per vergella. 77 ~ **tau** (Drahtseil) (*n. - metall. Ind.*), fune metallica. 78 ~ **telegraphie** (*f. - Telegr.*), telegrafia su filo. 79 ~ **tongerät** (*n. - Elektroakus.*), registratore a filo, magnetofono a filo. 80 ~ **tuch** (Drahtgewebe, Metalltuch) (*n. - metall. Ind.*), tessuto metallico. 81 ~ **umflechtmaschine** (*f. - Masch.*), trecciatrice per fili. 82 ~ **umspinnmaschine** (*f. - Masch.*), macchina per eseguire calze metalliche. 83 ~ **unter Spannung** (*Elekt.*) filo sotto tensione. 84 ~ **verflüssiger** (zur Verflüssigung des Kältemitteldampfes) (*m. - Kältemasch.*), condensatore a filo. 85 ~ **verspannung** (*f. - Bauw.*), ventatura (in filo metallico). 86 ~ **wälzlager** (bei dem die Wälzkörper auf Federstahldrähten abrollen) (*n. - Mech.*), cuscinetto volvente a fili. 87 ~ **walzwerk** (*n. - Walzw.*), laminatoio per vergella. 88 ~ **warmzug** (*m. - mech. Technol.*), trafilatura a caldo. 89 ~ **wellenleiter** (*m. - Elektronik.*), guida d'onda unifilare. 90 ~ **wendel** (« Heli-Coil ») (*f. - Mech.*), filetto riportato. 91 ~ **wort** (Drahtadresse) (*n. - komm.*), indirizzo telegrafico. 92 ~ **zange** (*f. - Werkz.*), pinza per fili. 93 ~ **zaun** (*m. - Bauw.*), rete metallica (di recinzione). 94 ~ **ziehbank** (Drahtzug) (*f. - Masch.*), trafilatrice, banco di trafila, « trafila ». 95 ~ **zieheisen** (*f. - Werkz.*), trafila, « filiera ». 96 ~ **ziehen** (*n. mech. Technol.*), trafilatura (di fili). 97 ~ **zieher** (*m. - Arb.*), trafilatore. 98 ~ **ziehrei** (*f. - mech. Technol.*), trafileria. 99 ~ **ziehmaschine** (*f. - Masch.*), trafilatrice, « trafila ». 100 ~ **ziehschmiermittel** (*n. - chem. Ind.*), lubrificante per trafilatura. 101 ~ **zug** (Drahtziehen, Verfahren) (*m. - mech. Technol.*), trafilatura. 102 **zug** ~ (Drahtziehmaschine) (*Masch.*), trafilatrice, « trafila ». 103 ~ **zug** (Zugdraht) (*Mech.*), tirante di filo. 104 ~ **zylinder** (*m. - Papierind.*), rullo ballerino, ballerino, rullo per filigranare. 105 **Abschmelz** ~ (*Elekt.*), filo fusibile. 106 **Binde** ~ (*Mech.*), filo per legature. 107 **blanker** ~ (*Elekt. - etc.*), filo nudo. 108 **Dessin** ~ (Fassondraht) (*metall. Ind.*), filo di sezione speciale. 109 **Eisen** ~ (*metall. Ind.*), filo di ferro. 110 **Fahr** ~ (*elekt. Fahrz.*), filo di contatto (aereo). 111 **Fahr** ~ **weiche** (*f. - elekt. Fahrz.*), scambio aereo. 112 **Fasson** ~ (Dessindraht) (*metall. Ind.*), filo di sezione speciale. 113 **Federstahl** ~ (*metall. Ind.*), filo di acciaio per molle. 114 **Form** ~ (Fassondraht) (*metall. Ind.*), filo di sezione speciale. 115 **galvanisierter** ~ (*metall. Ind.*), filo zincato. 116 **geglühter** ~ (*metall. Ind.*), filo ricotto. 117 **gewalzter** ~ (Walzdraht) (*metall. Ind.*), vergella, bordione. 118 **gezogener** ~ (*metall. Ind.*), filo trafilato, filo crudo. 119 **gummiisolierter** ~ (*Elekt.*), filo isolato con gomma. 120 **Halbrund** ~ (*metall. Ind.*), filo di sezione semicircolare. 121 **Heiz** ~ (für elekt. Widerstände) (*Elekt.*), resistenza di riscaldamento, resistore per riscaldamento. 122 **Klaviersaiten** ~ (*metall. Ind.*), filo armonico (per pianoforte). 123 **Leitungs** ~ (*Elekt.*), filo conduttore. 124 **Leucht** ~ (*Elekt. - Beleucht.*), filamento. 125 **Magnetton** ~ (*Elektroakus.*), filo magnetico. 126 **Platin** ~ (*chem. Ger.*), filo di platino. 127 **Schmelz** ~ (*Elekt.*), filo fusibile. 128 **Schweiss** ~ (*mech. Technol.*), filo di apporto (per saldatura), filo-elettrodo. 129 **Seelen-Elektroden-** ~ (zum Schweissen) (*mech. Technol.*), filo di apporto con anima, filo-elettrodo con anima. 130 **Seil** ~ (*metall. Ind.*), filo per funi metalliche. 131 **Stachel** ~ (*metall. Ind.*), filo spinato, filo spinoso. 132 **umsponnener** ~ (*Elekt. - etc.*), filo rivestito. 133 **ungeglühter** ~ (*metall. Ind.*), filo crudo. 134 **verzinkter** ~ (*metall. Ind.*), filo zincato. 135 **Vierkant** ~ (*metall. Ind.*), filo a sezione quadrangolare. 136 **Walz** ~ (*metall. Ind.*), vergella, bordione. 137 **Widerstands** ~ (*Elekt. - metall. Ind.*), filo per resistori, filo per resistenze (elettriche).

Drähtchen (*n. - Elekt.*), filamento.
drahten (telegraphieren) (*Telegr.*), telegrafare.
drahtgebunden (Übertragung) (*Nachrichtentechnik*), su filo.
drahtlos (*Funk.*), senza fili. 2 ~ e **Bildübertragung** (*Funk.*), radiotrasmissione di immagini. 3 ~ e **Peilung** (*Navig.*), radiogoniometria. 4 ~ e **Telegraphie** (*Funk. - Telegr.*), radiotelegrafia. 5 ~ e **Telephonie** (*Fernspr.*), radiotelefonia. 6 ~ e **Verbindung** (*Funk.*), radiocomunicazione, radiocollegamento. 7 ~ **gesteuert** (*Funk. - etc.*), radiocomandato. 8 ~ **telegraphieren** (*Telegr.*), radiotelegrafare.
drahtziehen (mech. Technol.), trafilare (fili).
Drain (*m. - Ack.b.*), siehe Drän.
Drainage (*f. - Ack.b.*), siehe Dränage.
drainieren (*Ack.b. - etc.*), prosciugare, drenare.
Draisine (Dräsine, Schienen-Kraftrad, Gleiskraftrad) (*f. - Eisenb.*), carrello di servizio.
Drall (Drehung) (*m. - Mech.*), torsione. 2 ~ (Windung in Feuerwaffenrohren) (*Waffe*), rigatura. 3 ~ (Drehimpuls) (*Atomphys.*), momento cinetico (di rotazione). 4 ~ (Wendel, eines Fräsers z. B.) (*Werkz. - etc.*), elica. 5 ~ (Drallwinkel, eines Fräsers z. B.) (*Werkz.*), angolo dell'elica, angolo di spira. 6 ~ (*Spinnerei*), torsione, torcitura. 7 ~ (Drallung, von Kurbeln einer Welle z. B.) (*Schmieden*), svergolatura, torcitura. 8 ~ (eines Kreiselgerätes, bei Trägheitsnavigation) (*Ger. - Navig.*), momento angolare, momento cinetico. 9 ~ **abweichung** (*f. - Ballistik*), deriva. 10 ~ **apparat** (Drehungsmesser, Torsiometer) (*m. - Text. App.*), torsiometro. 11 ~ **bohrer** (Spiralbohrer) (*m. - Werkz.*), punta elicoidale. 12 ~ **büchse** (*f. - Walzw.*), scatola di torsione. 13 ~ **düse** (*f. - Mech. der Flüss.k.*), ugello per turbolenza. 14 ~ **düse** (*Mot.*), iniettore ad elica. 15 ~ **führung** (*f. - Mech.*), guida elicoidale. 16 ~ **führung** (*Walzw.*), guida di torsione. 17 ~ **nut** (*f. - Mech.*), scanalatura elicoidale. 18 ~ **räumen** (Spiralräumen, von Drallnuten) (*n. - Werkz.masch.bearb.*), brocciatura elicoidale. 19 ~ **sinn** (Drehungsrichtung) (*m. - Textilind.*), verso di torsione. 20 ~ **treiber** (zum Eindrehen von Stiftschrauben) (*m. - Werkz.*), avvitaprigionieri, « padreterno ». 21 ~ **winkel** (eines

Spiralbohrers) (*m. - Werkz.*), angolo dell'elica, angolo di spira.

Drän (Drain, Dränstrang) (*m. - Ack.b. - etc.*), canale di drenaggio. 2 ~ **bewässerung** (Untergrundbewässerung) (*f. - Ack.b.*), irrigazione sotterranea. 3 ~ **graben** (*m. - Ack.b.*), fosso di scolo, fosso di drenaggio. 4 ~ **grabenmaschine** (*f. - Erdbew.masch.*), drenatore. 5 ~ **rohr** (Dränagerohr) (*n. - Ack.b.*), tubo di drenaggio. 6 ~ **system** (*n. - Ack.b. - etc.*), sistema di drenaggio.

Dränage (Dränung, Bodenentwässerung) (*f. - Ack.b. - etc.*), drenaggio, prosciugamento. 2 ~ **schacht** (*m. - Bauw.*), pozzo di drenaggio.

Drang (Druck) (*m. - allg.*), impulso, spinta. 2 ~ **kraft** (*f. - Werkz.masch.bearb.*), siehe Abdrängkraft.

drängen (drücken, pressen) (*allg.*), sollecitare, urgere.

Dränung (Bodenentwässerung durch Dräne) (*f. - Ack.b. - etc.*), drenaggio, prosciugamento. 2 Längs ~ (bei der die Sauger in der Richtung des grössten Geländegefälles liegen) (*Ack.b.*), drenaggio con condotti secondo le linee di massima pendenza. 3 Quer ~ (*Ack.b.*), drenaggio con condotti disposti trasversalmente alle linee di massima pendenza.

Dräsine (*f. - Eisenb.*), siehe Draisine.

Draufgabe (Draufgeld, Angeld, Handgeld) (*f. - komm.*), caparra.

Draufsicht (Grundriss) (*f. - Zeichn.*), vista dall'alto, pianta.

Drechselbank (für Holz z. B.) (*f. - Werkz. masch.*), tornio (per la lavorazione di pezzi non metallici). 2 ~ (*Holzbearb.masch.*), tornio per legno. 3 ~ (*Keramikbearb.masch.*), tornio da vasai.

Drechseln (Verfahren zur Herstellung von Rotationskörpern aus Nichtmetallen, mit spanender Formung) (*n. - mech. Bearb.*), tornitura (di pezzi non metallici).

drechseln (*mech. Bearb.*), tornire (pezzi non metallici).

Drechselwange (*f. - Werkz.masch.*), banco del tornio (per legno).

Drechselwerkzeug (Drechslerdrehstahl) (*n. - Werkz.*), utensile per tornire (pezzi non metallici).

Drechsler (*m. - Arb.*), tornitore (per legno).

Dreck (*m. - Bergbau*), fango.

Dredge (Dredsche, Dregge, Schleppnetz für Seemuscheln) (*f. - Fischerei*), rete a strascico.

Dredsche (*f. - Fischerei*), siehe Dredge.

Dregge (*f. - Fischerei*), siehe Dredge.

D-Regler (*m. - Elektromech.*), regolatore derivativo, regolatore ad azione derivativa.

Dreh (*m. - allg.*), siehe Drehung.

Drehachse (*f. - Mech. - etc.*), asse di rotazione. 2 augenblickliche ~ (Momentanachse) (*Mech. - etc.*), asse di rotazione istantaneo.

Drehantenne (*f. - Funk.*), antenna girevole.

Dreharbeit (*f. - Werkz.masch.bearb.*), tornitura, lavorazione al tornio. 2 ~ (gedrehtes Stück) (*Werkz.masch.bearb.*), pezzo tornito. 3 Hinter ~ (*Werkz.masch.bearb.*), tornitura a spoglia. 4 Kegel ~ (*Werkz.masch.bearb.*), tornitura conica.

Dreharm (eines Kranes z. B.) (*m. - ind. Masch.*), braccio girevole.

Drehaufreisser (*m. - Strass.b.masch.*), scarificatore rotante.

Drehausgleich (Drehmomentausgleich) (*m. - Flugw.*), compensazione della coppia.

Drehautomat (Drehbank) (*m. - Werkz.masch.*), tornio automatico. 2 ~ (*Werkz.masch.*), siehe auch Automat. 3 Fasson ~ (Drehbank) (*Werkz.masch.*), tornio a sagoma automatico. 4 Mehrspindel ~ (*Werkz.masch.*), tornio automatico plurimandrino, tornio automatico a più fusi.

Drehbakensender (*m. - Funk.*), trasmettitore a fascio rotante.

Drehbank (für Metallbearbeitung) (*f. - Werkz. masch.*), tornio (per metalli). 2 ~ **bett** (*n. - Werkz.masch.*), bancale del tornio, banco del tornio. 3 ~ **führungen** (*f. - pl. - Werkz. masch.*), guide del tornio. 4 ~ **für Futterarbeiten** (*Werkz.masch.*), tornio frontale, tornio di testa. 5 ~ **für Stangenarbeit** (*Werkz. masch.*), tornio per lavorazione della barra. 6 ~ **futter** (Spannfutter) (*n. - Werkz.masch.*), piattaforma (serrapezzo) del tornio. 7 ~ **lünette** (*f. - Werkz.masch.*), lunetta per tornio. 8 ~ **mit gekröpftem Bett** (*Werkz.masch.*), tornio a collo d'oca, tornio a bancale interrotto. 9 ~ **mit Getriebespindelkasten** (*Werkz. masch.*), tornio monopuleggia. 10 ~ **spitze** (*f. - Werkz.masch.*), punta del tornio. 11 ~ **support** (*m. - Werkz.masch.*), carrello del tornio. 12 ~ **zangen** (*f. - pl. - Werkz.masch.*), pinze per tornio. 13 Abstech ~ (*Werkz.masch.*), tornio per troncare. 14 Automaten ~ (*Werkz. masch.*), tornio automatico. 15 Diamant ~ (*Werkz.masch.*), tornio per utensili di diamante. 16 Einspindel ~ (*Werkz.masch.*), tornio ad un fuso, tornio ad un mandrino, tornio monomandrino. 17 Einständer ~ (*Werkz.masch.*), tornio verticale ad un montante. 18 Fasson ~ (Formdrehbank) (*Werkz. masch.*), tornio a sagoma. 19 Feinmechanik ~ (Uhrmacherdrehstuhl) (*Werkz.masch.*), tornio da orologiai. 20 Feinst ~ (*Werkz.masch.*), tornio di precisione. 21 feste ~ spitze (*f. - Werkz.masch.*), punta da tornio fissa. 22 Form ~ (*Werkz.masch.*), tornio a sagoma. 23 Front ~ (*Werkz.masch.*), tornio frontale. 24 Futter-Revolver ~ (*Werk.masch.*), tornio a torretta a mandrino, tornio a revolver a mandrino. 25 ganzautomatische ~ (*Werkz. masch.*), tornio (completamente) automatico. 26 Gewinde ~ (*Werkz.masch.*), tornio per filettare. 27 halbautomatische ~ (*Werkz. masch.*), tornio semiautomatico. 28 Hinter ~ (*Werkz.masch.*), tornio per spogliare. 29 Hochleistungs ~ (*Werkz.masch.*), tornio per forti produzioni. 30 Holz ~ (*Werkz.masch.*), tornio per legno. 31 Karussell ~ (*Werkz. masch.*), tornio a giostra, tornio verticale. 32 Klein ~ (*Werkz.masch.*), tornietto, piccolo tornio. 33 Kopier ~ (Nachformdrehbank) (*Werkz.masch.*), tornio riproduttore. 34 Kurbelwellen ~ (*Werkz.masch.*), tornio per alberi a gomito. 35 Kurzwangen ~ (*Werkz.masch.*), tornio a bancale corto. 36 Leitspindel ~ (*Werkz.masch.*), tornio parallelo. 37 Mechaniker ~ (*Werkz.masch.*), tornio di precisione, tornio per attrezzisti. 38 Mehrspindel ~ (Werkz.masch.), tornio a più fusi, tornio a più mandrini, tornio plurimandrino. 39 mitlaufende ~ spitze (f. - Werkz.masch.), punta da tornio girevole. 40 Nach ~ (Werkz.masch.), tornio da ripresa. 41 Nachform ~ (Kopierdrehbank) (Werkz. masch.), tornio riproduttore. 42 Planscheiben ~ (Werkz.masch.), tornio frontale, tornio di testa. 43 Plan-Spitzen ~ (Werkz.masch.), tornio semifrontale. 44 Präzisions ~ (Werkz. masch.), tornio di precisione. 45 Produktions ~ (Werkz.masch.), tornio di produzione. 46 Radsatz ~ (Werkz.masch.), tornio per sale montate. 47 Revolver ~ (Werkz.masch.), tornio a torretta, tornio a revolver. 48 Schablonen ~ (Werkz.masch.), tornio riproduttore a sagoma. 49 Schnell ~ (Werkz.masch.), tornio rapido, tornio ad alta velocità. 50 Schnellkopier ~ (Werkz.masch.), tornio riproduttore rapido. 51 Schrauben ~ (Werkz.masch.), tornio per viteria, tornio per filettare. 52 selbsttätige ~ (Werkz.masch.), tornio automatico. 53 Spezial ~ (Werkz.masch.), tornio speciale. 54 Spitzen ~ (Werkz.masch.), tornio parallelo. 55 Stufenscheiben ~ (Werkz.masch.), tornio con puleggia a gradini. 56 Tisch ~ (Werkz.masch.), tornio da banco. 57 Uhrmacher ~ (Werkz.masch.), tornio da orologiai. 58 Vielschnitt ~ (Vielstahldrehbank) (Werkz.masch.), tornio a più fusi, tornio a più mandrini, tornio plurimandrino. 59 Vierkantblock ~ (Werkz.masch.), tornio per lingotti quadri. 60 Walzen ~ (Werkz.masch.), tornio per cilindri da laminatoio. 61 Werkbank ~ (Werkz.masch.), tornio da banco. 62 Werkzeug ~ (Werkz.masch.), tornio da utensileria. 63 Werkzeugmacher ~ (Werkz. masch.), tornio da utensileria, tornio da attrezzista. 64 Wickel ~ (Masch.), tornio per avvolgere. 65 Zug- und Leitspindel ~ (Werkz. masch.), tornio per cilindrare e filettare. 66 Zweiständer-Karussell ~ (Werkz.masch.), tornio a giostra a due montanti.

drehbar (allg.), girevole. 2 ~ er Haken (Mech. - etc.), gancio a mulinello.

Drehbeanspruchung (f. - Baukonstr.lehre), sollecitazione di torsione.

Drehbereich (m. - Werkz.masch.bearb.), dimensioni massime di tornitura.

Drehbeschleunigung (Winkelbeschleunigung) (f. - Mech.), accelerazione angolare.

Drehbewegung (f. - Phys. - etc.), moto rotatorio.

Drehbild (Oberflächenfertigung, durch Drehen erzeugt) (n. - Werkz.masch.bearb.), finitura superficiale di tornitura.

Drehbleistift (Drehfüllstift) (m. - Büro etc.), matita automatica (a mina mobile).

Drehbohren (n. - Bergbau), trivellazione a rotazione, perforazione a rotazione.

Drehbohrmaschine (Rotary-Bohranlage) (f. - Bergbau), sonda a rotazione, «rotary». 2 ~ (zum Sprenglochbohren) (Bergbau), perforatrice. 3 Drucklufthand ~ (Bergbau), perforatrice (meccanica) ad aria compressa.

Drehbolzen (m. - Mech.), perno.

Drehbrücke (f. - Brück.b.), ponte girevole.

Drehbuch (Filmdrehbuch, Filmmanuskript, Manuskript, Script, Skript) (n. - Filmtech.), copione. 2 ~ schreiber (m. - Filmtech.), autore del copione.

Drehbühne (f. - Theater), palcoscenico girevole.

Drehdolle (Dolle, eines Bootes) (f. - naut.), scalmiera, scalmo.

Drehdorn (m. - Werkz.masch.), mandrino (portapezzi) per tornio.

Drehdurchmesser (m. - Werkz.masch.), diametro massimo di tornitura, diametro massimo eseguibile sul tornio. 2 ~ über Bett (Werkz.masch.), diametro massimo di tornitura sul bancale. 3 ~ über der Kröpfung (Werkz.masch.), diametro massimo di tornitura sull'incavo (del banco).

Drehe (Wendepunkt) (f. - allg.), svolta. 2 ~ (Kurve) (allg.), curva.

Dreheigenfrequenz (f. - Mech.), frequenza torsionale naturale.

Dreheinrichtung (f. - Werkz.masch.), accessorio per tornire, accessorio per tornitura. 2 Fasson ~ (Werkz.masch.), accessorio per tornitura a sagoma. 3 Innen ~ (Werkz. masch.), accessorio per tornitura interna. 4 Innenplan ~ (Werkz.masch.), accessorio per sfacciatura interna. 5 Kegel ~ (Werkz.masch.), accessorio per tornitura conica. 6 Lang ~ (Werkz.masch.), accessorio per tornitura cilindrica.

Dreheiseninstrument (Weicheiseninstrument, Strom- und Spannungsmesser) (n. - Elekt. - Instr.), strumento a ferro mobile.

Drehen (n. - Werkz.masch.bearb.), tornitura, lavorazione al tornio. 2 ~ (Porzellanherstellung), foggiatura al tornio. 3 ~ aus dem Vollen (Werkz.masch.bearb.), tornitura dal pieno. 4 Aus ~ (Innendrehen) (Werkz.masch. bearb.), tornitura interna. 5 Feinst ~ (Werkz. masch.bearb.), tornitura di precisione. 6 Fertig ~ (Werkz.masch.bearb.), tornitura di finitura. 7 Form ~ (Werkz.masch.bearb.), tornitura con utensile sagomato, sagomatura al tornio. 8 Innen ~ (Ausdrehen) (Werkz. masch.bearb.), tornitura interna. 9 Kegel ~ (Werkz.masch.bearb.), tornitura conica. 10 Kopier ~ (Nachformdrehen) (Werkz.masch. bearb.), tornitura a riproduzione. 11 Längs ~ (Werkz.masch.bearb.), tornitura cilindrica esterna, cilindratura, tornitura di passata, tornitura di lungo. 12 Nachform ~ (Kopierdrehen) (Werkz.masch.bearb.), tornitura a riproduzione. 13 Plan ~ (Werkz.masch.bearb.), tornitura piana, sfacciatura al tornio. 14 Rund ~ (Werkz.masch.bearb.), tornitura cilindrica. 15 Schrupp ~ (Werkz.masch.bearb.), tornitura di sgrossatura, tornitura di sgrosso. 16 Unrund ~ (Werkz.masch.bearb.), tornitura non cilindrica.

drehen (Werkz.masch.bearb.), tornire. 2 ~ (allg.), ruotare, girare. 3 ~ (Porzellanherstellung), foggiare al tornio. 4 ~ (einen Film) (Filmtech.), girare. 5 ~ (die Richtung verändern) (naut.), cambiare rotta. 6 an ~ (das Licht anzünden) (Beleucht.), accendere. 7 Ansätze ~ (Werkz.masch.bearb.), tornire a gradini, tornire a più diametri. 8 auf ~ (öffnen, einen Hahn z. B.) (Leit. - etc.), aprire. 9 auf ~ (festschrauben) (Mech.),

stringere, serrare, avvitare a fondo. **10 aus ~** (innendrehen) (*Werkz.masch.bearb.*), tornire internamente. **11 aus ~** (das Licht) (*Beleucht.*), spegnere. **12 aus ~** (eine Schraube) (*Mech.*), svitare. **13 aus dem Vollen ~** (*Werkz.masch.bearb.*), tornire dal pieno. **14 form ~** (*Werkz.masch.bearb.*), tornire con utensile sagomato, sagomare al tornio. **15 im Uhrzeigersinn ~** (*Mech. - etc.*), ruotare in senso orario. **16 innen ~** (ausdrehen) (*Werkz.masch.bearb.*), tornire internamente. **17 kegelig ~** (konischdrehen) (*Werkz.masch. bearb.*), tornire conico. **18 kopier ~** (nachformdrehen) (*Werkz.masch.bearb.*), tornire a riproduzione, copiare al tornio. **19 lang ~** (*Werkz.masch.bearb.*), cilindrare, tornire cilindrico esternamente. **20 nachform ~** (kopierdrehen) (*Werkz.masch.bearb.*), tornire a riproduzione, copiare al tornio. **21 plan ~** (*Werkz.masch.bearb.*), tornire in piano, sfacciare al tornio. **22 rund ~** (*Werkz.masch. bearb.*), tornire cilindrico.
drehend (rotierend) (*allg.*), rotante. **2 ~ er Anker** (*Elekt.*), indotto rotante.
Drehenergie (*f. - Mech.*), energia (cinetica) di rotazione.
Dreher (*m. - Arb.*), tornitore. **2 ~** (*m. - Porzellanherstellung - Arb.*), vasaio. **3 ~** (Kurbel) (*Mech. - etc.*), manovella. **4 ~** (Türgriff) (*Bauw. - etc.*), maniglia.
Dreherei (*f. - Werkz.masch.bearb.*), torneria.
Drehewer (Kleinst-Löffelbagger, in sehr beengten Hafengewässern eingesetzt) (*m. - Erdbew.masch.*), minidraga.
Drehfähigkeit (eines Verbr.mot.) (*f. - Mot. - Aut.*), briosità.
Drehfass (zum Putzen metallischer Stücke) (*n. - mech. Technol.*), barilatrice.
Drehfeder (Torsionsfeder) (*f. - Mech.*), molla di torsione.
Drehfeld (*n. - Elekt.*), campo rotante. **2 ~ impedanz** (*f. - Elekt.*), impedenza di fase. **3 ~ umformer** (*m. - elekt. Masch.*), convertitrice a campo rotante.
Drehfestigkeit (*f. - Baukonstr.lehre*), resistenza alla torsione.
Drehfeuer (*n. - naut. - etc.*), faro rotante. **2 ~** (Drehfunkfeuer) (*Funk.*), radiofaro rotante, radiofaro girevole.
Drehfläche (Rotationsfläche) (*f. - Geom.*), superficie di rivoluzione.
Drehflügel (*m. - Flugw.*), ala rotante. **2 ~ flugzeug** (Drehflügler) (*n. - Flugw.*), velivolo ad ala rotante. **3 ~ schraube** (Umsteuerschraube) (*f. - Flugw. - naut.*), elica a passo variabile, elica a passo reversibile.
Drehflügler (Drehflügelflugzeug) (*m. - Flugw.*), velivolo ad ala rotante.
Drehfreudigkeit (eines Verbr. mot.) (*f. - Mot. - Aut.*), briosità.
Drehfunkbake (Drehfunkfeuer) (*f. - Funk.*), radiofaro rotante.
Drehfunkfeuer (*n. - Funk.*), radiofaro rotante, radiofaro girevole.
Drehgang (*m. - Werkz.masch.bearb.*), operazione di tornitura.
Drehgasgriff (Vergaserdrehgriff, Gasgriff) (*m. - Motorrad*), comando del gas a manopola, manopola comando gas.

Drehgeber (zum Umformen einer als Drehbewegung vorliegenden Messgrösse in Widerstand, Strom, Spannung etc. die zur elekt. Messung oder Fernübertragung geeignet sind) (*m. - Elekt.*), trasduttore di velocità angolare.
Drehgelenk (*n. - Mech.*), giunto a cerniera.
Drehgeschwindigkeit (*f. - Mech.*), velocità di rotazione. **2 ~** (von Propellerspitzen z. B.) (*Mech. - etc.*), velocità periferica.
Drehgestell (Fahrgestell für Schienenfahrzeuge) (*n. - Eisenb.*), carrello. **2 ~ wagen** (*m. - Eisenb.*), carrozza a carrelli, carro a carrelli. **3 ~ wange** (eines Wagens) (*f. - Eisenb.*), longherone del carrello, fiancata del carrello. **4 ~ Lauf ~** (*Eisenb.*), carrello portante. **5 Trieb ~** (*Eisenb.*), carrello motore.
Drehgrenze (*f. - Baukonstr.lehre*), limite di snervamento alla torsione.
Drehgriffschaltung (eines Kraftrades) (*f. - Fahrz.*), cambio a manopola.
Drehhalbautomat (halbautomatische Drehmaschine) (*m. - Werkz.masch.*), tornio semiautomatico.
Drehherdofen (*m. - Ofen - Metall.*), forno a suola rotante.
Drehherz (einer Drehbank) (*n. - Werkz.masch.*), briglia, trascinatore a briglia, brida.
Drehimpuls (Drall) (*m. - Phys.*), momento cinetico.
Drehkeilkupplung (*f. - Mech.*), innesto a chiavetta (semicircolare) girevole.
Drehkeilpaar (Diasporameter, Keilkompensator) (*n. - Opt. - Ger.*), diasporametro.
Drehklang (Sirenenton, in Ventilatoren, Antriebmotoren z. B.) (*m. - Akus.*), tono di sirena.
Drehklappe (Flügelklappe) (*f. - Flugw.*), ipersostentatore a cerniera.
Drehknicken (*n. - Baukonstr.lehre*), siehe Torsionsknicken.
Drehknopf (*m. - Ger. - etc.*), manopola.
Drehko (Drehkondensator) (*m. - Elekt.*), condensatore variabile.
Drehkolben (*m. - Mot.*), stantuffo rotante. **2 ~ motor** (Wankelmotor) (*m. - Mot.*), motore a stantuffo rotante, motore a rotore eccentrico, motore (di) Wankel. **3 ~ pumpe** (*f. - Masch.*), pompa rotativa, pompa volumetrica (a rotore eccentrico).
Drehkondensator (*m. - Funk.*), condensatore variabile.
Drehkonverter (*m. - Elekt.*), convertitrice rotante.
Drehkopf (einer Revolverdrehbank) (*m. - Werkz.masch.*), torretta.
Drehkörner (Körnerspitze, einer Drehbank order Wuchtmaschine z. B.) (*m. - Mech.*), punta.
Drehkörper (*m. - Geom.*), solido di rivoluzione.
Drehkraft (*f. - Mech.*), forza rotatoria.
Drehkran (*m. - ind. Masch.*), gru girevole. **2 Greifer ~** (*ind. Masch.*), gru girevole a benna (prensile). **3 Säulen ~** (*ind. Masch.*), gru girevole a colonna. **4 Turm ~** (*ind. Masch.*), gru (girevole) a torre.
Drehkreis (eines Kranes) (*m. - ind. Masch.*), raggio d'azione. **2 ~** (eines Schiffes, Bahn des Schiffsschwerpunktes unter Wirkung der

Drehkreuz

Ruderkräfte) (*m. - naut.*), curva di evoluzione.
Drehkreuz (Handkreuz) (*n. - Werkz.masch.*), volantino a croce, volantino a crociera. 2 ~ (Hebemaschine) (*Masch.*), argano. 3 ~ antenne (*f. - Funk.*), antenna ad arganello.
Drehkuppel (eines Observatoriums) (*f. - Astr.*), cupola girevole.
Drehlänge (*f. - Werkz.masch.bearb.*), lunghezza massima di tornitura.
Drehling (Kurbel) (*m. - Masch.*), manovella. 2 ~ (Drehteil) (*Werkz.masch.bearb.*), pezzo tornito. 3 ~ (Werkz. aus Schnellarbeitsstahl, gehärtet, angelassen und allseitig geschliffen) (*Werkz.*), prisma, cilindretto. 4 ~ mit dreieckigem Querschnitt (aus Schnellarbeitsstahl) (*Werkz.*), prisma a sezione triangolare (per utensili da tornio). 5 ~ mit quadratischem Querschnitt (aus Schnellarbeitsstahl) (*Werkz.*), prisma a sezione quadrata (per utensili da tornio). 6 ~ mit rundem Querschnitt (aus Schnellarbeitsstahl) (*Werkz.*), cilindretto (per utensili da tornio). 7 ~ mit trapezförmigem Querschnitt (aus Schnellarbeitsstahl) (*Werkz.*), prisma a sezione trapezoidale (per utensili da tornio).
Drehmagnet (*m. - Fernspr.*), elettromagnete di rotazione. 2 ~ instrument (*n . Ger.*), strumento a magnete mobile.
Drehmaschine (Drehbank) (*f. - Werkz.masch.*), tornio, tornitrice, macchina per tornire. 2 ~ (*Werkz.masch.*), siehe auch Drehbank. 3 Front ~ (*Werkz.masch.*), tornio frontale. 4 halbautomatische ~ (*Werkz.masch.*), tornio semiautomatico. 5 Holz ~ (*Werkz.masch.*), tornio per legno. 6 Karussell ~ (*Werkz. masch.*), tornio a giostra. 7 Kopf ~ (Plandrehmaschine) (*Werkz.masch.*), tornio frontale. 8 Metall ~ (*Werkz.masch.*), tornio per metalli. 9 Revolver ~ (*Werkz.masch.*), tornio a torretta, tornio a revolver. 10 Riesenkarussel ~ (*Werkz.masch.*), tornio verticale gigante. 11 Spitzen ~ (*Werkz.masch.*), tornio parallelo. 12 Werkzeugmacher ~ (*Werkz. masch.*), tornio da attrezzista, tornio da utensileria.
Drehmeissel (Drehstahl) (*m. - Werkz.*), utensile da tornio. 2 ~ mit Hartmetallschneideplatte (*Werkz.*), utensile da tornio con placchetta di carburi. 3 breiter ~ (*Werkz.*), utensile da tornio a punta larga. 4 Eck ~ (*Werkz.*), utensile da tornio ad angolo. 5 gebogener ~ (*Werkz.*), utensile da tornio curvo. 6 gebogener Eck ~ (*Werkz.*), utensile ad angolo curvo. 7 gerader ~ (*Werkz.*), utensile da tornio diritto. 8 Innen ~ (*Werkz.*), utensile per torniture interne. 9 Innen-Eck ~ (*Werkz.*), utensile ad angolo per torniture interne. 10 Innen-Stech ~ (*Werkz.*), utensile ad uncino, utensile da tornio per gole interne. 11 linker gerader ~ (*Werkz.*), utensile da tornio diritto sinistro. 12 rechter gerader ~ (*Werkz.*), utensile da tornio diritto destro. 13 spitzer ~ (*Werkz.*), utensile da tornio a punta. 14 Stech ~ (*Werkz.*), utensile da tornio per troncare.
Drehmelder (Ger. für Folgeregelkreise und Wegmess-systeme, Drehfeldgeber, Synchro, elektrische Welle) (*m. - Ger.*), sincrono (*s.*), sincro, risolutore.
Drehmitte (eines Stückes) (*f. - Werkz.masch. bearb.*), asse di rotazione.
Drehmoment (*n. - Baukonstr.lehre*), momento torcente. 2 ~ (*Mot.*), coppia, momento torcente. 3 ~ ausgleich (*m. - Flugw.*), compensazione della coppia. 4 ~ begrenzer (*m. - Mech.*), limitatore di coppia. 5 ~ dose (*f. - Flugmotor*), misuratore di coppia, torsiometro. 6 ~ erzeuger (Momentengeber) (*m. - Ger.*), generatore di coppia. 7 ~ geber (*m. - Vorr.*), trasduttore di coppia. 8 ~ messer (*m. - App.*), torsiometro. 9 ~ messwelle (*f. - Mech.*), albero torsiometrico. 10 ~ schlüssel (*m. - Werkz.*), chiave torsiometrica, chiave dinamometrica, chiave tarata. 11 ~ waage (*f. - App.*), bilancia di torsione, bilancia torsiometrica. 12 ~ wandler (*m. - Mot.*), convertitore di coppia, variatore di coppia. 13 abbrechendes ~ (*Mot. - etc.*), coppia di spunto. 14 abgebremstes ~ (*elekt. Masch.*), coppia di stallo, momento torcente di stallo. 15 Anlauf ~ (*Mot.*), coppia di avviamento, coppia di spunto. 16 Anzieh ~ (für Schrauben) (*Mech.*), coppia di serraggio. 17 Sperrkörper ~ begrenzer (*Mech.*), limitatore di coppia a nottolini.
Drehofen (Drehrohrofen, für Zement z. B.) (*m. - Ofen*), forno rotativo.
Drehpanzer (*m. - Kriegsmar.*), torre corazzata girevole.
Drehpeiler (*m. - Navig.*), radiogoniometro rotante.
Drehpfannenträger (eines Drehgestelles) (*m. - Eisenb.*), traversa portaralla.
Drehpilz (rundes Drehwerkzeug) (*m. - Werkz.*), utensile da tornio circolare.
Drehplatte (eines Drehgestelles) (*f. - Eisenb.*), ralla.
Drehpol (*m. - Mech.*), centro di rotazione istantaneo.
Drehpunkt (*m. - Mech.*), centro di rotazione.
Drehrahmensender (*m. - Funk.*), trasmettitore a telaio rotante.
Drehregler (*m. - Elekt.*), regolatore rotativo.
Drehrichtung (*f. - Mech. - etc.*), senso di rotazione. 2 ~ aus Schwungrad gesehen (eines Verbrennungsmotors) (*Mot.*), senso di rotazione visto dal lato volano. 3 ~ s-umkehrschalter (für Drehstrommotoren z. B.) (*m. - elekt. Ger.*), commutatore invertitore di marcia.
Drehriefe (*f. - Werkz.masch.bearb.*), segno di utensile (da tornio), rigatura di utensile (da tornio).
Drehrohr (Drehrohrofen, für Zement z. B.) (*n. - Ofen*), forno rotativo. 2 ~ ofen (Drehofen, für Zement z. B.) (*m. - Ofen*), forno rotativo.
Drehrost (*m. - Kessel - etc.*), griglia rotante.
Drehsäge (*f. - Werkz.*), sega circolare.
Drehsattel (eines Kranes z. B.) (*m. - ind. Masch.*), ralla.
Drehsäule (Blocksäule) (*f. - Hafenmasch.*), gru a colonna girevole.
Drehschablone (*f. - Porzellanherstellung - Werkz.*), sagoma per foggiatura al tornio.

Drehschalter (*m. - Elekt.*), interruttore rotante, commutatore rotante.
Drehscheibe (*f. - Eisenb.*), piattaforma rotante. 2 ~ (*Werkz.masch.*), tavola rotante. 3 ~ (eines Kranes) (*ind. Masch.*), piattaforma girevole. 4 ~ (*Porzellanherstellung - Vorr.*), piattaforma girevole (da vasaio). 5 ~ **mit Querbewegung** (*Werkz.masch.*), piattaforma rotante con movimento trasversale.
Drehschemel (eines Lastwagen-Sattelschleppers) (*m. - Fahrz.*), ralla.
Drehschieber (eines Ofens z. B.) (*m. - Leit.*), valvola di registro. 2 ~ (eines Verbrennungsmotors) (*Mot.*), cassetto rotante. 3 ~ **steuerung** (eines Verbrennungsmotors) (*f. - Mot.*), distribuzione a cassetto rotante.
Drehschlagbohren (*n. - Bergbau*), trivellazione a rotazione e percussione, sondaggio a rotazione e percussione.
Drehschleudern (eines Rades) (*n. - Fahrz.*), slittamento.
Drehschub (*m. - Mech.*), forza tangenziale. 2 ~ **gelenk** (*n. - Mech.*), giunto articolato scorrevole, articolazione scorrevole.
Drehschwingung (*f. - Mech.*), vibrazione torsionale, oscillazione torsionale. 2 ~ **s·festigkeit** (*f. - mech. Technol.*), limite di fatica torsionale. 3 ~ **s·prüfmaschine** (*f. - mech. Technol.*), macchina per la prova alle vibrazioni torsionali.
Drehsessel (*m. - Fahrz. - etc.*), sedile girevole.
Drehsieb (*n. - Bergbau*), vaglio rotante.
Drehsinn (*m. - Mech. - etc.*), senso di rotazione.
Drehsitz (Passung) (*m. - Mech.*), accoppiamento libero (per alberi). 2 ~ (Sitzmöbel) (*Fahrz. - etc.*), sedile girevole.
Drehspan (*m. - Werkz.masch.bearb.*), truciolo di tornitura.
Drehspäne (*m. - pl. - Werkz.masch.bearb.*), trucioli di tornitura, tornitura.
Drehspannung (*f. - Baukonstr.lehre*), sollecitazione di torsione. 2 ~ (*Elekt.*), tensione trifase.
Drehspindel (Arbeitsspindel, einer Drehbank) (*f. - Werkz.masch.*), fuso operatore, mandrino operatore.
Drehspule (eines Messwerkes) (*f. - Instr.*), bobina mobile.
Drehspulinstrument (*n. - Instr.*), strumento a bobina mobile.
Drehspul-Messinstrument (*n. - Instr.*), contatore a bobina mobile.
Drehstab (Torsionsstab, Drillstab) (*m. - Aut.*), barra di torsione. 2 ~ **federung** (*f. - Aut.*), sospensione a barra di torsione. 3 ~ **stabilisator** (*m. - Aut.*), stabilizzatore a barra di torsione.
Drehstahl (Drehmeissel) (*m. - Werkz.*), utensile da tornio. 2 ~ (Werkstoff) (*Metall.*), acciaio per utensili da tornio. 3 ~ **halter** (*m. - Werkz.masch.*), portautensile da tornio. 4 Plan ~ (*Werkz.*), utensile (da tornio) per sfacciare.
drehsteif (*Mech.*), resistente alla torsione.
Drehsteifigkeit (*f. - Baukonstr.lehre*), rigidità torsionale.
Drehstift (*m. - Mech.*), perno.
Drehstrom (Dreiphasenstrom) (*m. - Elekt.*), corrente trifase. 2 ~ **anlage** (*f. - Elekt.*), impianto trifase. 3 ~ **anlage ohne Nulleiter** (*Elekt.*), impianto trifase a tre fili (senza conduttore neutro). 4 ~ **-Asynchronmotor** (*m. - elekt. Masch.*), motore asincrono trifase. 5 ~ **generator** (*m. - elekt. Masch.*), generatore trifase. 6 ~ **-Generator** (Alternator, Drehstromlichtmaschine) (*Aut.*), alternatore (caricabatterie). 7 ~ **lichtmaschine** (Drehstrom-Generator, Alternator) (*f. - Aut.*), alternatore (caricabatteria). 8 ~ **motor** (*m. - elekt. Masch.*), motore trifase. 9 ~ **netz** (*n. - Elekt.*), rete trifase. 10 ~ **regelsatz** (*m. - Elekt.*), gruppo di regolazione a corrente alternata. 11 ~ **transformator** (*m. - Elekt.*), trasformatore trifase. 12 ~ **-Vierleiteranlage** (*f. - Elekt.*), impianto trifase a quattro fili.
Drehstuhl (Bürostuhl z. B.) (*m. - Büro - etc.*), sedia girevole. 2 ~ (Drehschemel) (*Mech. - Fahrz.*), ralla. 3 Uhrmacher ~ (Feinmechanikdrehbank) (*m. - Werkz.masch.*), tornio da orologiaio.
Drehsupport (*m. - Werkz.masch.*), supporto orientabile, portautensile orientabile.
Drehteil (gedrehtes Teil, Drehling) (*m. - n. - Werkz.masch.bearb*), pezzo tornito. 2 ~ (zu bearbeitender Teil) (*Werkz.masch.bearb.*) pezzo da tornire. 3 ~ (schwenkbarer Teil) (*Mech. - etc.*), parte orientabile, parte girevole.
Drehteller (Revolverteller, Zuführungseinrichtung) (*m. - Blechbearb.*), alimentatore rotativo. 2 ~ (für Schallplatten) (*Elektroakus.*) (piatto) giradischi.
Drehtisch (eines Bohrturmes) (*m. - Bergbau*), tavola rotante. 2 ~ (*Werkz.masch.*), tavola rotante. 3 ~ (Zusammentragetisch) (*Buchbinderei*), tavola girevole. 4 ~ **formmaschine** (*f. - Giess.*), formatrice a piattaforma girevole. 5 ~ **sandstrahlapparat** (*m. - Masch.*), macchina per sabbiatura a tavola rotante. 6 ~ **schweissmaschine** (*f. - Masch.*), saldatrice a giostra.
Drehtransformator (*m. - Elekt.*), trasformatore variabile.
Drehtür (*f. - Bauw.*), porta girevole.
Dreh- und Bohrwerk (*n. - Werkz.masch.*), tornio verticale per tornire e forare.
Drehung (Umdrehung, Rotation) (*f. - Mech. - etc.*), rotazione. 2 ~ (Torsion) (*Mech.*), torsione. 3 ~ (Drall, Draht, Torsion, der Garne) (*Textilind.*), torsione. 4 ~ **s·ellipsoid** (*n. - Geom.*), elissoide di rotazione. 5 ~ **s·feder** (*f. - Mech.*), molla di torsione. 6 ~ **s·richtung** (Drallsinn) (*f. - Textilind.*), verso di torsione. 7 ~ **s·vermögen** (*n. - Phys.*), potere rotatorio. 8 ~ **s·zahl** (Quotient aus der Anzahl der Drehungen eines Garnes und dessen Länge) (*f. - Textilind.*), numero di spire di torsione. 9 ~ **s·zeiger** (Wendezeiger) (*m. - Aut.*), indicatore di direzione.
drehungsfrei (Strömung) (*Mech. der Flüss.k.*), irrotazionale. 2 nicht ~ (Strömung) (*Mech. der Flüss.k.*), rotazionale.
Drehvariometer (*n. - Instr.*), variometro rotativo.
Drehventil (*n. - Aut. - Mot.*), valvola rotante.
Drehvermögen (*n. - Phys. - Opt.*), potere rotatorio.
Drehversuch (*m. - Mech.*), prova di torsione.
Drehvorrichtung (*f. - mech. Vorr.*), attrezzo

Drehwaage

per tornio. 2 ~ (zum langsamen Drehen des Schiffsmotors z. B.) (*f. - Vorr.*), viratore. 3 **Ballig** ~ (*Werkz.masch.*), attrezzo per tornitura sferica.
Drehwaage (Torsionswaage) (*f. - Phys. - Instr.*), bilancia di torsione.
Drehwähler (*m. - Teleph.*), disco combinatore. 2 **Motor-** ~ (*Teleph.*), selettore rotativo a motore.
Drehweg (eines Schlittens) (*m. - Werkz.masch. bearb.*), corsa di tornitura.
Drehwelle (Amphidromie, umlaufende Tidewelle) (*f. - See*), amfidromia.
Drehwerk (Karrusseldrebbank) (*n. - Werkz. masch.*), tornio verticale.
Drehwerkzeug (Drehstahl) (*n. - Werkz.*) utensile da tornio.
Drehwiderstand (veränderbarer Widerstand, Potentiometer) (*m. - Elekt.*), potenziometro.
Drehwinkel (*m. - Mech. - etc.*), angolo di rotazione.
Drehwuchs (*m. - Holzfehler*), torsione (del fusto).
Drehzahl (*f. - Mot. - etc.*), numero di giri. 2 ~ **abfall** (*m. - Mot.*), caduta di giri, caduta del numero di giri. 3 ~ **änderung** (eines geregelten Motors) (*f. - Mot. - etc.*), variazione del numero di giri, scarto di giri. 4 ~ **anstieg** (*m. - Mot. - etc.*), aumento di giri. 5 ~ **anzeiger** (*m. - Instr.*), contagiri. 6 ~ **automatik** (*f. - Mech.*), variatore automatico del numero di giri. 7 ~ **bei Belastung** (*Mot.*), numero di giri a carico, velocità sotto carico. 8 ~ **bereich** (*m. - Mot.*), campo di velocità (di funzionamento). 9 ~ **einstellung** (einer Drehbank z. B.) (*f. - Mech.*), regolazione della velocità. 10 ~ **erhöhung** (*f. - Mot.*), aumento del numero di giri. 11 ~ **feinstellung** (*f. - Mech.*), microregolazione di giri, regolazione micrometrica del numero di giri. 12 ~ **messer** (*m. - Instr.*), siehe Drehzahlmesser. 13 ~ **potentiometer** (*n.-Ger.*), potenziometro per (regolare) il numero di giri. 14 ~ **regelung** (*f. - Mot.*), regolazione del numero di giri. 15 ~ **regelwiderstand** (*m.-Elekt.*), reostato di regolazione della velocità. 16 ~ **regler** (*m. - Mot.*), regolatore di giri, regolatore di velocità, tachiregolatore. 17 ~ **regler mit Drehzahlverstellvorrichtung** (*Mot.*), regolatore di velocità a regime variabile, regolatore di giri con dispositivo variatore del regime regolato. 18 ~ **regler mit Sicherung gegen Überdrehzahl** (*Mot.*), regolatore di giri con limitatore di sicurezza, regolatore di giri con dispositivo antifuga. 19 ~ **schreiber** (*m. - Instr.*), contagiri registratore, tachigrafo. 20 ~ **schwankung** (*f. - Mot.*), pendolamento del numero di giri, fluttuazione del numero di giri. 21 ~ **verstellbereich** (*m. - Mot.*), campo di regolazione del numero di giri. 22 ~ **verstellmotor** (elekt. Motor für die Einstellung der Drehzahl eines Verbr.- Motors) (*m. - Mot.*), motorino per la regolazione del numero di giri, servomotore di regolazione della velocità. 23 ~ **wächter** (*m. - Ger.*), dispositivo di controllo (automatico) del numero di giri. 24 ~ **wahlschalter** (*m. - Mech.*), selettore del numero di giri. 25 **Anlass** ~ (*Mot.*), numero di giri di avviamento, regime di avviamento. 26 **Betriebs** ~ (*Mot.*), numero di giri di esercizio, velocità di esercizio. 27 **den Motor bei hohen** ~ **en halten** (*Mot. - Aut.*), tenere il motore su di giri. 28 **gleichbleibende** ~ (*Mot.*), numero di giri costante, velocità costante. 29 **Höchst** ~ (*Mot.*), numero di giri massimo. 30 **hydraulischer** ~ **regler** (*Mot.*), regolatore di giri idraulico. 31 **kleinste Leerlauf** ~ (im Betrieb) (*Mot.*), numero di giri del minimo, velocità al minimo. 32 **kritische** ~ (*Mech.*), numero di giri critico. 33 **Leerlauf** ~ (*Mot.*), numero di giri a vuoto, velocità a vuoto. 34 **minutliche** ~ (Umdrehungen pro Minute) (*Mot. - etc.*), numero di giri al minuto primo, numero di giri al 1'. 35 **Nenn** ~ (*Mot.*), numero di giri nominale, velocità nominale. 36 **obere Leerlauf** ~ (*Mot.*), numero di giri massimo a vuoto, limite superiore velocità minima a vuoto. 37 **obere Vollast** ~ (*Mot.*), numero di giri massimo a pieno carico. 38 **Riegel** ~ (eines Wandlers z. B.) (*Mot.*), numero di giri di blocco, velocità di blocco, velocità di presa diretta. 39 **Über** ~ (bei Fahrversuchen von Personenkraftwagen z. B.) (*Mot. - Aut.*), « fuori giri ». 40 **Überlast** ~ (*Mot.*), numero di giri in sovraccarico. 41 **untere Leerlauf** ~ (innerhalb des Drehzahlverstellbereiches) (*Mot.*), numero di giri minimo a vuoto, limite inferiore velocità minima a vuoto. 42 **untere Vollast** ~ (*Mot.*), numero di giri minimo a pieno carico, velocità minima a pieno carico. 43 **veränderliche** ~ (eines Motors) (*Mot.*), velocità variabile, numero di giri variabile. 44 **Vollast** ~ (*Mot.*), numeri di giri a pieno carico, velocità a pieno carico.
Drehzähler (Drehzahlmesser) (*m. - Instr.*), contagiri, tachimetro.
drehzahlgeregelt (*elekt. Mot.*), a velocità variabile.
Drehzahlmesser (*m. - Instr.*), contagiri, tachimetro. 2 **berührungsloser** ~ (*Ger.*), contagiri fotoelettronico, tachimetro fotoelettronico. 3 **elektrischer** ~ (*Instr.*), contagiri elettrico, tachimetro elettrico. 4 **lichtelektrischer** ~ (stroboskopischer Drehzahlmesser) (*Instr.*), contagiri stroboscopico. 5 **Wirbelstrom** ~ (*Instr.*), contagiri magnetico, tachimetro magnetico.
Drehzahn (eingesetzte Schneidplatte z. B.) (*m. - Werkz.*), placchetta per utensile, riporto per utensile. 2 ~ (Drehling) (*Werkz.*), prisma, cilindretto.
Drehzapfen (eines Drehgestelles) (*m. - Eisenb.*), perno ralla, perno della ralla. 2 ~ (Drehbolzen) (*Mech.*), perno fisso, fulcro. 3 ~ **lager** (Drehgestellager, Drehplatte) (*n. - Eisenb.*), ralla. 4 ~ **loch** (eines Drehgestelles) (*n. - Eisenb.*), disco ralla, disco della ralla.
Drehzerstäuber (eines Brenners) (*m. - Verbr.*), polverizzatore rotante.
Dreiachsanhänger (*m. - Fahrz.*), rimorchio a tre assi.
Dreiachser (Lastkraftwagen) (*m. - Fahrz.*), autocarro a tre assi.
dreiachsig (*Phys.*), triassiale.
Dreiaderkabel (*n. - Elekt.*), cavo tripolare.
dreiadrig (*Elekt.*), a tre fili.

dreiatomig (*Chem.*), triatomico.
Dreibackenbremse (*f. - Aut.*), freno a tre ceppi.
Dreibackenfutter (*n. - Werkz.masch.*), piattaforma a tre morsetti, piattaforma a tre griffe. 2 **selbstzentrierendes** ~ (*Werkz.masch.*), piattaforma autocentrante, autocentrante.
Dreibein (*n. - allg.*), treppiedi. 2 ~ **kran** (*m. - ind. Masch.*), gru a tre gambe.
Dreiblattschraube (*f. - naut. - Flugw.*), elica tripala, elica a tre pale.
Dreiblechschweissung (T-Stoss) (*f. - mech. Technol.*), saldatura a T su tre lamiere, giunto saldato a T su tre lamiere.
Dreibock (*m. - Hebevorr.*), capra.
Dreidecker (altes Flugzeug) (*m. - Flugw.*), triplano. 2 ~ (*naut.*), nave a tre ponti.
dreidimensional (*allg.*), tridimensionale, a tre dimensioni. 2 ~ **er Film** (3-D Film) (*Filmtech.*), film stereoscopico, film in rilievo. 3 ~ **er Ton** (*Filmtech.*), suono stereofonico. 4 ~ **es Fernsehen** (*Fernseh.*), televisione stereoscopica.
dreidrähtig (*Elekt.*), a tre fili.
Dreidrahtsystem (*n. - Elekt.*), sistema a tre fili.
Dreidruckpresse (für die Fertigung von Fliesspressteilen z. B.) (*f. - Werkz.masch.*), estensore a tre pressioni.
Dreieck (*n. - Geom.*), triangolo. 2 ~ **aufhängung** (Dreipunktaufhängung) (*f. - Mech.*), sospensione su tre punti. 3 ~ **aufnahme** (Triangulation) (*f. - Top.*), triangolazione. 4 ~ **basis** (*f. - Geom.*), base del triangolo. 5 ~ **feder** (*f. - Mech.*), molla triangolare. 6 ~ **flügel** (Deltaflügel) (*m. - Flugw.*), ala a delta. 7 ~ **flugzeug** (Deltaflugzeug) (*n. - Flugw.*), aeroplano con ala a delta. 8 ~ **gewinde** (*n. - Mech.*), filettatura triangolare, filettatura a profilo triangolare. 9 ~ **höhenlinie** (*f. - Geom.*), altezza del triangolo. 10 ~ **lenker** (einer Aufhängung) (*m. - Aut.*), braccio oscillante a triangolo, triangolo oscillante. 11 ~ **punkt** (*m. - Top.*), punto trigonometrico. 12 ~ **schaltung** (*f. - Elekt.*), collegamento a triangolo. 13 ~ **s·lehre** (Trigonometrie) (*f. - Geom.*), trigonometria. 14 ~ **s·netz** (*n. - Top.*), rete di triangolazione. 15 ~ **spannung** (*f. - Elekt.*), tensione a triangolo. 16 ~ **sternanlasser** (*m. - Elekt.*), avviatore stella-triangolo. 17 ~ **sternschalter** (*m. - Elekt.*), commutatore stella-triangolo. 18 ~ **stufe** (Stufe mit dreieckigem Querschnitt) (*f. - Bauw.*), gradino a sezione triangolare, scalino a sezione triangolare. 19 ~ **s·vermessung** (Triangulation) (*f. - Top.*), triangolazione. 20 ~ **s·versteifung** (im Stahlbau z. B.) (*f. - Bauw.*), triangolazione (di irrigidimento). 21 ~ **zahn** (einer Säge) (*m. - Werkz.*), dente triangolare. 22 **ebenes** ~ (*Geom.*), triangolo piano. 23 **gleichschenkliges** ~ (*Geom.*), triangolo isoscele. 24 **gleichseitiges** ~ (*Geom.*), triangolo equilatero. 25 **im** ~ **geschaltet** (*Elekt.*), collegato a triangolo. 26 **Kugel** ~ (sphärisches Dreieck) (*Geom.*), triangolo sferico. 27 **rechtwinkliges** ~ (*Geom.*), triangolo rettangolo. 28 **sphärisches** ~ (Kugeldreieck) (*Geom.*), triangolo sferico. 29 **spitzwinkliges** ~ (*Geom.*), triangolo acutangolo. 30 **stumpfwinkliges** ~ (*Geom.*), triangolo ottusangolo. 31 **ungleichseitiges** ~ (*Geom.*), triangolo scaleno.
dreieckgeschaltet (*Elekt.*), collegato a triangolo.
dreieckig (*Geom.*), triangolare.
Dreier (Dreifarbenpunkt) (*m. - Fernseh.*), triade. 2 ~ **alphabet** (*n. - Telegr.*), codice a 3 unità. 3 ~ **diode** (Dreifachdiode) (*f. - Elektronik*), diodo triplo. 4 ~ **gemisch** (klopffester Kraftstoff aus Benzin, Benzol und Alkohol) (*n. - Mot.*), miscela (antidetonante) di benzina, benzolo ed alcool. 5 ~ **system** (*n. - Telegr.*), trasmissione a tre tipi di emissione.
dreietagig (*allg.*), a tre piani.
Drei-Exzess-Code (*m. - Rechner*), codice eccesso tre.
dreifach (*allg.*), triplice.
Dreifachbildkamera (für 3-D Film) (*f. - Filmtech.*), macchina da presa tripla.
Dreifachbildprojektor (für 3-D Film) (*m. - Filmtech.*), proiettore triplo.
Dreifachexpansion (*f. - Masch.*), triplice espansione.
Dreifachkabel (Dreileiterkabel) (*n. - Elekt.*), cavo a tre conduttori, cavo tripolare.
Dreifach-Seitenleitwerk (*n. - Flugw.*), timone (di direzione) triplice.
Dreifachsteckdose (Dreiwegsteckdose) (*f. - Elekt.*), presa di corrente tripla.
Dreifachstecker (dreipoliger Stecker) (*m. - Elekt.*), spina tripolare. 2 ~ (Dreiwegstecker) (*Elekt.*), presa di corrente triplice (su spina), presa tripla ad innesto.
Dreifarbendruck (*m. - Druck.*), tricromia.
Dreifingerregel (*f. - Elekt.*), regola delle tre dita, regola di Fleming.
Dreiflächner (*m. - Geom.*), triedro.
dreiflügelig (Propeller) (*naut. - Flugw.*), tripala, a tre pale.
Dreiflügelschraube (*f. - naut. - Flugw.*), elica tripala, elica a tre pale.
Dreifuss (Gestell) (*m. - allg.*), treppiedi.
dreigablig (*allg.*), triforcato.
Dreiganggetriebe (*n. - Aut.*), cambio a tre marce, cambio a tre rapporti.
dreigängig (Gewinde) (*Mech.*), a tre principi.
Dreigelenkbogen (*m. - Baukonstr.lehre*), arco a tre cerniere.
dreigliedrig (*Math.*), trinomiale, a tre termini.
Dreigrundfarbentheorie (*f. - Opt.*), teoria tricromatica.
Dreihalsflasche (*f. - chem. Ger.*), bottiglia a tre colli.
Dreikammwalzengerüst (*n. - Walzw.*), gabbia a pignoni a trio.
Dreikanalverfahren (stereophonische Tonaufnahme) (*n. - Filmtech.*), sistema a tre canali.
Dreikant (Trieder) (*m. - Geom.*), triedro. 2 ~ **eisen** (*n. - metall. Ind.*), barra triangolare. 3 ~ **feile** (*f. - Werkz.*), lima triangolare. 4 ~ **mutter** (Spezialmutter) (*f. - Mech. - Bergbau*), dado triangolare. 5 ~ **prisma** (*n. - Geom.*), prisma triangolare. 6 ~ **schaber** (*m. - Werkz.*), raschietto triangolare. 7 ~ **schraube** (Spezial-Kopfschraube, für schlagwettergeschützte Geräte) (*f. - Mech. - Bergbau*), vite a testa triangolare.

dreikantig

dreikantig (*allg.*), triangolare.
Dreiklanghorn (*n. - Aut.*), avvisatore acustico a tre toni.
Dreikomponentenbildröhre (Fernseh-Dreifarbenbildröhre) (*f. - Fernseh.*), cinescopio a tricromia, cinescopio per televisione a colori.
Dreikomponentenwaage (*f. - Flugw.*), bilancia a tre componenti.
Dreikreiser (Dreikreisempfänger) (*m. - Funk.*) ricevitore a tre circuiti.
Dreileiterkabel (*n. - Elekt.*), cavo a tre conduttori, cavo tripolare.
Dreileiternetz (*n. - Elekt.*), rete a tre fili, rete a tre conduttori.
Dreileitersystem (*n. - Elekt.*), sistema a tre fili, sistema a tre conduttori.
Dreimaster (*m. - naut.*), trealberi, veliero a tre alberi.
Dreimomentengleichung (*f. - Baukonstr. lehre*), equazione dei tre momenti.
dreimonatlich (*allg.*), trimestrale.
Dreimotorenflugzeug (*n. - Flugw.*), trimotore, aeroplano trimotore.
dreimotorig (*Mot.*), a tre motori.
dreinutig (Spiralbohrer z. B.) (*Werkz.*), a tre scanalature.
Dreiphasenstrom (Drehstrom) (*m. - Elekt.*), corrente trifase.
dreiphasig (*Elekt.*), trifase.
Dreiplattenwerkzeug (beim Spritzgiessen von Kunststoffen) (*n. - Technol.*), stampo triplo.
dreipolig (*Elekt.*), tripolare.
Dreipolröhre (Eingitterröhre, Triode) (*f. - Elektronik*), triodo.
Dreipolumschalter (*m. - Elekt.*), commutatore tripolare.
Dreipunktlandung (*f. - Flugw.*), atterraggio su tre punti.
Dreipunktregler (*m. - Ger.*), regolatore a tre posizioni.
Dreirad (Dreiradwagen) (*n. - Fahrz.*), triciclo. 2 ~ **fahrgestell** (*n. - Flugw.*), carrello a triciclo. 3 ~ **lieferwagen** (*m. - Fahrz.*), motocarro. 4 ~ **walze** (Strassenwalze) (*f. - Masch.*), compressore stradale a tre rulli.
Dreireihenstandmotor (W-Motor) (*m. - Mot.*), motore a W, motore a ventaglio.
Dreischeibenbohner (*m. - Masch.*), lucidatrice a tre spazzole.
Dreischichtenfilm (*m. - Phot.*), pellicola a tre emulsioni, pellicola a tripla emulsione.
dreischiffig (Halle z. B.) (*Bauw.*), a tre campate, a tre navate.
Dreischneider (Wendelbohrer) (*m. - Werkz.*), punta elicoidale a tre taglienti.
Dreiseitenkipper (*m. - Fahrz.*), autocarro a cassone ribaltabile su tre lati, ribaltabile a scarico trilaterale.
Dreiseitenriss (*m. - Zeichn.*), disegno con tre viste.
dreiseitig (*allg.*), trilaterale.
Dreispindelmaschine (*f. - Werkz.masch.*), macchina a tre mandrini, macchina a tre fusi.
Dreisprung (*m. - Sport*), salto triplo.
dreispurig (*Strasse*), a tre corsie.
dreistellig (Zahl) (*Math.*), a tre cifre.
Dreistiftstecker (*m. - Elekt.*), spina tripolare.

dreistöckig (*Bauw.*), a tre piani.
Dreistoff (Bleibronze) (*m. - Metall.*), bronzo al piombo, metallo rosa. 2 ~ **stahl** (*m. - Metall.*), acciaio ternario.
Dreistrangmaschine (*f. - Giess.*), macchina a tre linee per colata continua.
Dreistufenmotor (*m. - elekt. Mot.*), motore a tre velocità.
dreistufig (*Masch.*), a tre stadi.
Dreiviertelfeder (Blattfeder, einer Aufhängung, 3/4-Elliptik-Feder) (*f. - Fahrz.*), balestra semiellittica + molla semicantilever.
Dreiwegehahn (*m. - Leit.*), rubinetto a tre vie.
Dreiwegschalter (*m. - Elekt.*), commutatore a tre posizioni.
dreiwertig (*Chem.*), trivalente.
Dreiwertigkeit (*f. - Chem.*), trivalenza.
dreiwinkelig (*Geom.*), triangolare.
Drell (Drillich, Zwillich, Drill) (*m. - Text.*), traliccio.
Drempel (Kniestock, Wand unter dem Dach) (*m. - Bauw.*), muretto (tra solaio e tetto). 2 ~ (Schwelle im Schleusenboden gegen die sich das geschlossene Schleusentor stützt) (*Wass.b.*), soglia.
Dreschen (*n. - Ack.b.*), trebbiatura.
dreschen (*Ack.b.*), trebbiare.
Drescher (*m. - Arb.*), trebbiatore.
Dreschflegel (Handgerät zum Dreschen) (*m. - Ack.b.werkz.*), correggiato, coreggiato.
Dreschmaschine (*f. - Ack.b.masch.*), trebbiatrice.
Dreschtenne (*f. - Ack.b.*), aia.
Dressieren (Strecken von Blechen nach dem Warmwalzen auf Kaltwalzgerüsten) (*n. - Walzw.*), finitura a freddo (presso il laminatoio).
dressieren (Bleche) (*Walzw.*), finire a freddo (presso il laminatoio).
Dressierwerk (für Bleche, nach dem Warmwalzen) (*n. - Walzw.*), treno finitore (a freddo).
Dretsche (Nassbagger) (*f. - Hydr. - Masch.*), draga.
DRGM (Deutsches Reichsgebrauchsmuster) (*recht.*), modello di utilità tedesco.
Drierite (Calciumsulfat, Trocknungsmittel) (*m. - Chem. - Ind.*), drierite.
Drift (*f. - naut.*), deriva. 2 ~ (ungewollte Änderung eines Signals) (*Rechner*), deriva. 3 ~ (*Elektronik*), deriva. 4 ~ (von Elektronen) (*Phys.*), deriva. 5 ~ (eines Kreiselgerätes) (*Ger. - Navig.*), siehe Auswanderung. 6 ~ **geschwindigkeit** (von Ladungsträgern) (*f. - Phys.*), velocità di migrazione. 7 ~ **rohr** (eines Linearbeschleunigers) (*n. - Elektronik*), guida d'onda, tubo di propagazione. 8 ~ **strömung** (*f. - naut.*), corrente di deriva. 9 ~ **transistor** (*m. - Elektronik*), transistore a deriva. 10 **Frequenz** ~ (eines Oszillators) (*Elektronik*), deriva di frequenza.
driftarm (*Elektronik*), a bassa deriva.
Drill (Drell) (*m. - Text.*), traliccio.
Drillbohrer (*m. - Werkz.*), trapano di Archimede, trapano a vite.
Drillich (Drell) (*m. - Text.*), traliccio.
Drilling (*m. - Jagdgewehr*), fucile a tre canne, « drilling ». 2 ~ **s-fenster** (*n. - Bauw.*), tri-

fora. 3 ~ s·pumpe (dreifachwirkende Pumpe) (f. - Masch.), pompa a triplice effetto. 4 ~ s·stecker (m. - Elekt.), spina tripolare. 5 ~ s·turm (m. - Kriegsmar.), torre trinata. 6 ~ s·walzwerk (Triowalzwerk) (n. - Walzw.), treno trio.
Drillmaschine (f. - Ack.b.masch.), seminatrice a righe.
Drillmoment (Drehmoment) (n. - Baukonstr. lehre), momento torcente.
Drillometer (Bohrdruckmesser) (m. - Bergbau - Instr.), indicatore della pressione di trivellazione.
Drillschwingungen (Drehschwingungen) (f. - pl. - Mech.), vibrazioni torsionali.
Drillung (Torsion, Verdrehung) (f. - Baukonstr. lehre), torsione. 2 ~ s·schwingungen (f. - pl. - Mech.), vibrazioni torsionali.
dringen (durchdringen) (allg.), penetrare. 2 ~ (eine Antwort z. B.) (komm.), sollecitare.
dringend (dringlich) (allg.), urgente, pressante. 2 ~ es Telegramm (Post), telegramma urgente. 3 ~ es Verfahren (für Produktion z. B.) (Ind. - etc.), procedura d'urgenza.
Dringlichkeit (f. - allg.), urgenza. 2 ~ s· reparatur (f. - Mech. - etc.), riparazione di emergenza.
dritte (allg.), terzo. 2 ~ Hand (dritte Person, Dritter) (komm.), terza parte, terzi. 3 ~ Schiene (Eisenb.), terza rotaia. 4 ~ Wurzel (Math.), radice cubica.
Dritteldach (n. - Bauw.), tetto con pendenza 1 : 3.
Drittelrundfeile (Halbrundfeile) (f. - Werkz.), lima mezzotonda.
Dritter (m. - allg.), terza persona.
DRK (Deutsches Rotes Kreuz) (Med. - etc.), Croce Rossa Tedesca.
Drl (Drängelampe im Fernverkehr) (Fernspr.), lampadina di occupato (interurbano).
Drohbrief (m. - allg.), lettera minatoria.
dröhnen (Aut. - etc.), far rumore (rombante), rimbombare.
Droogmansit (m. - Min. - Atomphys.), droogmansite.
« Dropout » (bei der Wiedergabe magnetischer Farbfernsehaufzeichnungen) (n. - Elektroakus. - Fehler), scrosci.
Droschke (Mietwagen) (f. - Aut.), autopubblica, taxi.
Drossel (Drosselspule) (f. - Funk.), bobina di reattanza, bobina d'induttanza, induttore. 2 ~ (Drosselventil, Drosselklappe) (Leit. - etc.), valvola a farfalla, farfalla. 3 ~ bohrung (f. - Mech. der Flüss.k.), foro calibrato di strozzamento. 4 ~ düse (Drosselbohrung) (f. - Mech. der Flüss.k.), foro calibrato di strozzamento. 5 ~ effekt (Thomson-Joule-Effekt) (m. - Wärme), effetto Thomson-Joule. 6 ~ gerät (Venturirohr, in der Durchflussmesstechnik) (n. - Hydr. - Ger.), apparecchio di strozzamento. 7 ~ gestänge (n. - Mot. - Aut.), tirante dell'acceleratore. 8 ~ hebel (Handgashebel) (m. - Mot. - Flugw.), leva del gas, « manetta ». 9 ~ hebel (Handgashebel) (Aut.), acceleratore a mano. 10 ~ kalorimeter (m. - Ger.), calorimetro a strozzamento. 11 ~ kette (elekt. Filter, um Wechselströme oberhalb einer Grenzfrequenz zu sperren) (f. - Funk.), filtro passa basso. 12 ~ kompass (m. - Instr.), bussola elettronica, bussola ad induzione terrestre. 13 ~ klappe (Drosselventil) (f. - Mot.), valvola a farfalla, farfalla. 14 ~ kopplung (f. - Elekt.), accoppiamento reattanza-capacità. 15 ~ kreis (m. - Funk.), circuito di arresto. 16 ~ kurve (Isenthalpe) (f. - Thermodyn.), isoentalpica (s.), isentalpica (s.). 17 ~ kurve (Q-H-Linie, einer Kreiselpumpe) (Masch.), caratteristica QH, caratteristica prevalenza-portata. 18 ~ messgerät (Drosselgerät, für die Durchflussmessung) (n. - Ger.), misuratore (di portata) a strozzamento, flussometro a strozzamento. 19 ~ relais (n. - Elekt.), relè ad alta impedenza. 20 ~ rückschlagventil (n. - Hydr.), valvola monodirezionale regolatrice della portata, valvola antiritorno con regolazione della portata, valvola combinata di strozzamento ed antiritorno. 21 ~ scheibe (Drosselblende) (f. - Leit.), diaframma di strozzamento, strozzamento a diaframma. 22 ~ spule (f. - Funk.), bobina di reattanza, bobina d'induttanza, induttore. 23 ~ stelle (f. - Leit. - etc.), strozzatura. 24 ~ stoss (von Schienen) (m. - elekt. Eisenb.), connessione induttiva. 25 eisengeschlossene ~ (Elekt.), induttore a circuito magnetico chiuso. 26 eisenlose ~ (Drossel mit Luftkern) (Elekt.), bobina d'induttanza (avvolta) in aria, induttore in aria.
drosseln (allg.), strozzare. 2 ~ (Mot. - Aut.), chiudere l'aria (al carburatore). 3 ~ (den Wind, eines Ofens z. B.) (Metall.), parzializzare.
Drosselung (f. - allg.), strozzamento. 2 ~ (Funk.), reazione. 3 ~ (Mot. - Aut.), chiusura dell'aria (al carburatore). 4 ~ (der Strömung) (Hydr. - etc.), parzializzazione. 5 ~ s·regelung (eines Verdichters z. B.) (f. - Mech.), regolazione per strozzamento.
DRT (Doppelstrom-Ruhestrom-Telegraphie) (Telegr.), telegrafia in circuito chiuso a doppia corrente.
Druck (Kraft je Flächeneinheit) (m. - Phys.), pressione. 2 ~ (Belastung eines Körpers) (Baukonstr.lehre), compressione. 3 ~ (Hochdruck z. B.) (Druck.), stampa. 4 ~ (axial) (Mech. - etc.), spinta. 5 ~ (Abdruck, Abzug) (Druck. - etc.), copia. 6 ~ abfall (m. - allg.), caduta di pressione, perdita di pressione. 7 ~ anschluss (einer Pumpe) (m. - Masch.), raccordo di mandata, attacco di mandata. 8 ~ anstalt (f. - Druck.), tipografia, stabilimento tipografico. 9 ~ anzeiger (m. - Instr.), manometro, indicatore di pressione. 10 ~ anzug (m. - Astronautik - etc.), tuta pressurizzata. 11 ~ apparat (m. - App. - Rechner), stampatrice, stampante (s.). 12 ~ arbeit (Druck) (f. - Druck.), stampa. 13 ~ ausgleich (m. - allg.), equilibratura della pressione (o della spinta), compensazione della pressione (o della spinta). 14 ~ ausgleichkolben (m. - Turb.), stantuffo compensatore. 15 ~ beanspruchung (f. - Baukonstr.lehre), sollecitazione di compressione. 16 ~ behälter (Druckluftbehälter z. B.) (m. - Ind.), serbatoio a pressione, recipiente a pressione. 17 ~ berichtigungsbogen (m. - Druck.), errata corrige. 18 ~ berührzeit (zwischen Stempel und Werk-

Druck

stück, beim Pressen) (*f. - mech. Technol.*), tempo di contatto. 19 ~ **bestäuber** (*m. - Druck.*), antiscartino, foglio antiscartino. 20 ~ **bewehrung** (Druckarmierung) (*f. - b.B. - Bauw.*), armatura resistente a compressione. 21 ~ **bewilligung** (*f. - Druck.*), imprimatur. 22 ~ **bolzen** (Zugbolzen) (*m. - Kessel*), tirante a vite. 23 ~ **buchstahe** (*m. - Druck.*), lettera stampata. 24 ~ **dezimalpunkt** (*m. - Datenverarb.*), punto decimale effettivo. 25 ~ **dichtheit** (*f. - Masch.*), tenuta a pressione. 26 ~ **dose** (*f. - Instr.*), rivelatore di pressione, capsula manometrica, pressostato, manostato. 27 ~ **elektrizität** (Piezoelektrizität) (*f. - Elekt.*), piezoelettricità. 28 ~ **empfänger** (*m. - Telegr.*), ricevitore stampante. 29 ~ **erlaubnis** (Druckbewilligung) (*f. - Druck.*), imprimatur. 30 ~ **fahne** (*f. - Druck.*), bozza in colonna. 31 ~ **farbe** (*f. - Druck.*), inchiostro da stampa. 32 ~ **feder** (*f. - Mech.*), molla di compressione. 33 ~ **fehler** (*m. - Druck.*), errore di stampa, refuso. 34 ~ **fehlerverzeichnis** (*n. - Druck.*), errata corrige. 35 ~ **festigkeit** (*f. - Baukonstr.lehre*), resistenza alla compressione. 36 ~ **festigkeit** (für Höhenflugkabine) (*Flugw.*), resistenza alla pressurizzazione. 37 ~ **fettpresse** (*f. - Werkz.*), ingrassatore a pressione, siringa per ingrassaggio. 38 ~ **feuerbeständigkeit** (von feuerfesten Steinen, gegen Druck bei ansteigender Temperatur) (*f. - Metall.*), resistenza alla compressione a caldo (di refrattari). 39 ~ **filz** (*m. - Druck.*), caucciù, tessuto gommato. 40 ~ **fläche** (einer Luftschraube) (*f. - Flugw.*), superficie d'intradosso. 41 ~ **förderung** (*f. - Mot.*), alimentazione a pressione. 42 ~ **form** (Form) (*f. - Druck.*), forma tipografica. 43 ~ **formular** (*n. - Büro - etc.*), modulo stampato, modulo. 44 ~ **freiheit** (*f. - Zeitg. - etc.*), libertà di stampa. 45 ~ **fühler** (*m. - Ger.*), elemento barosensibile, elemento manosensibile, elemento sensibile alla pressione, sensore di pressione. 46 ~ **gas** (*n. - Phys.*), gas compresso. 47 ~ **gaskesselwagen** (für Flüssiggase z. B.) (*m. - Eisenb.*), carro cisterna per gas compressi. 48 ~ **gasschalter** (*m. - Elekt.*), interruttore sotto gas compresso. 49 ~ **geber** (*m. - Ger. - Instr.*), trasduttore di pressione, trasmettitore di pressione. 50 ~ **gefälle** (*n. - Phys.*), caduta di pressione. 51 ~ **gefäss** (einer Druckgussmaschine) (*n. - Giess.*), camera calda mobile (di macchina per pressofusione ad aria compressa) 52 ~ **gefäss** (eines Kernreaktors, Druckbehälter) (*Kernphys.*), contenitore (a pressione). 53 ~ **gelierverfahren** (Giessverfahren für Kunststoffen) (*n. - Technol.*), procedimento di gelificazione sotto pressione. 54 ~ **giesser** (*m. - Giess. - Arb.*), pressocolatore. 55 ~ **giesserei** (*f. - Giess.*), fonderia a pressione, officina di pressocolatura, officina di pressofusione. 56 ~ **giessform** (*f. - Giess. - Werkz.*), stampo per pressofusione. 57 ~ **giessformteilung** (*f. - Giess. - Werkz.*), divisione dello stampo per pressofusione. 58 ~ **giessmaschine** (Druckgussmaschine) (*f. - Giess.masch.*), pressocolatrice, macchina per pressofusione. 59 ~**gradientmikrophon** (*n. - Elektroakus.*), microfono a gradiente di pressione. 60 ~ **grenze** (*f. - Baukonst.lehre*), siehe Stauchgrenze. 61 ~ **guss** (Spritzguss, Pressguss) (*m. - Giess.*), siehe Druckguss. 62 ~ **hilfsmittel** (*n. - Druck.*), prodotto ausiliario per la stampa. 63 ~ **höhe** $\left(\dfrac{p}{\gamma}\right)$ (*f. - Hydr.*), altezza piezometrica. 64 ~ **höhengeber** (*m. - Flugw.*), capsula barometrica, elemento sensibile alla pressione, capsula manometrica. 65 ~ **höhenmesser** (*m. - Instr.*), altimetro a pressione, altimetro barometrico. 66 ~ **kabel** (Aussendruckkabel, durch Druckgas) (*n. - Elekt.*), cavo sotto pressione. 67 ~ **kabine** (*f. - Flugw.*), cabina stagna, cabina pressurizzata. 68 ~ **kammer** (einer Druckgussmaschine) (*f. - Giess.masch.*), camera di iniezione. 69 ~ **kasten** (*m. - Bauw. - Wass.b.*), cassone pneumatico. 70 ~ **kessel** (Autoklav) (*m. - Kessel*), autoclave. 71 ~ **knopf** (*m. - Elekt.*), pulsante. 72 ~ **knopfauslöser** (einer Kamera z. B.) (*m. - Phot. etc.*), scatto a pulsante. 73 ~ **knopfschalter** (*m. - Elekt.*), interruttore a pulsante. 74 ~ **knopftafel** (*f. - Elekt. - etc.*), pulsantiera, quadro pulsanti. 75 ~ **koeffizient** (der Reaktivität) (*m. - Kernphys.*), coefficiente di pressione. 76 ~ **kolben** (einer Druckgussmaschine) (*m. - Giess.*), stantuffo d'iniezione. 77 ~ **kontakt** (*m. - Instr.*), manocontatto, rivelatore di pressione. 78 ~ **kraft** (Druck) (*f. - Phys.*), pressione. 79 ~ **kraft** (einer Presse) (*Masch.*), capacità, potenza, forza di compressione, forza di chiusura. 80 ~ **kraftgeber** (*m. - Ger.*), trasmettitore dinamometrico di sollecitazioni di compressione. 81 ~ **kugel** (für Brinellhärteversuch) (*f. - mech. Technol.*), penetratore a sfera, sferetta per impronte (a pressione). 82 ~ **lager** (*n. - Mech. - naut.*), cuscinetto di spinta, supporto di spinta, reggispinta. 83 ~ **last** (Druckbelastung einer Achse) (*f. - Fahrz.*), carico. 84 ~ **leitung** (Druckwasserleitung) (*f. - Hydr.*), condotta forzata. 85 ~ **leitung** (einer Pumpe z. B.) (*Mot. - Masch.*), tubo di mandata, tubazione di mandata. 86 ~ **linie** (Verbindungslinie der Druckhöhen) (*f. - Hydr.*), piezometrica, linea piezometrica. 87 ~ **luft**, siehe Druckluft. 88 ~ **luftschraube** (*f. - Flugw.*), elica propulsiva. 89 ~ **lüftung** (*f. - Bauw. - etc.*), ventilazione forzata. 90 ~ **magnet** (*m. - Telegr.*), elettromagnete impressore, elettromagnete stampante. 91 ~ **maschine** (*f. - Druckmasch.*), siehe Druckmaschine. 92 ~ **massel** (Steiger, in Tempergiessereien, zum Speisen von Materialanhäufungen, von Formstoff allseitig umschlossen) (*f. - Giess.*), materozza a pressione. 93 ~ **messdose** (Gerät zum Messen von hohen Drukken) (*f. - Instr.*), capsula manometrica. 94 ~ **messer** (Manometer) (*m. - Instr.*), manometro. 95 ~ **messquarz** (*m. - Instr.*), manometro piezoelettrico, misuratore di pressione piezoelettrico. 96 ~ **mikrophon** (*n. - Elektroakus.*), microfono a pressione. 97 ~ **minderungsventil** (Druckminderventil) (*n. - Leit. etc.*), valvola riduttrice della pressione. 98 ~ **mitte** (Druckpunkt) (*f. - Flugw.*), centro di pressione. 99 ~ **mittelpunkt** (*m. - Phys.*), centro di pressione. 100 ~ **modul** (*m. - Baukonstr.lehre*), modulo di elasticità a compressione. 101 ~ **ölgetriebe** (*n.* - *Mech.*), trasmissione idraulica. 102 ~ **ölsteuerung** (*f.* - *Mech.*), comando idraulico. 103 ~ **ölung** (Druckschmierung) (*f.-Mot.* - *etc.*), lubrificazione forzata. 104 ~ **papier** (*n.* - *Papierind.*), carta da stampa. 105 ~ **pfosten** (*m.* - *Bauw.*), puntone. 106 ~ **platte** (*f.* - *Bauw.*), soletta (resistente a compressione). 107 ~ **platte** (Anpressplatte, einer Kupplung) (*Aut.*), anello di spinta. 108 ~ **platte** (Zinkplatte) (*Druck.*), lastra zincografica. 109 ~ **presse** (*f.* - *Druckmasch.*), torchio, pressa per stampare. 110 ~ **probe** (*f.* - *Druck.*), bozza di stampa. 111 ~ **probe** (Prüfung, eines Kessels z. B.) (*Technol.*), prova a pressione. 112 ~ **probe** (Druckprobekörper) (*Werkstoffprüfung*), provino per prove di compressione, provetta per prove di compressione. 113 ~ **probe** (Prüfung, auf einem Probestück) (*Werkstoffprüfung* - *Baukonstr.lehre*), prova a compressione. 114 ~ **prüfer** (Reifendruckprüfer, Reifenfüllmesser, Atümesser) (*m.* - *Aut.* - *Instr.*), manometro (per pneumatici). 115 ~ **prüfung** (Innendruckprüfung, für Rohre) (*f.* - *mech. Technol.*), prova a pressione. 116 ~ **prüfungsmaschine** (*f.* - *Werkstoffprüfung* - *Masch.*), macchina per prove a compressione. 117 ~ **pumpe** (*f.* - *Masch.*), pompa premente. 118 ~ **punkt** (eines Tragflügels) (*m.* - *Flugw.*), centro di pressione. 119 ~ **räumen** (*n.* - *Werkz.masch.bearb.*), brocciatura a spinta. 120 ~ **reduzierer** (Druckminderventil) (*m.* - *Schweissen* - *etc.*), riduttore di pressione, valvola riduttrice della pressione. 121 ~ **regelung** (*f.* - *allg.*), regolazione della pressione. 122 ~ **regler** (*m.* - *Ger.*), regolatore di pressione. 123 ~ **ring** (*m.* - *Mech.*), anello di spinta. 124 ~ **rohr** (Druckwasserleitung) (*n.* - *Hydr.*), condotta forzata. 125 ~ **rohrleitung** (*f.* - *Hydr.*), condotta forzata. 126 ~ **rolle** (*f.* - *Mech.* - *etc.*), rullo pressore. 127 ~ **rolle** (*Filmtech.*), rullo pressore. 128 ~ **rolle** (*Telegr.*), rullo stampante, rullo impressore. 129 ~ **sachen** (*f.* - *pl.* - *Büro* - *etc.*), stampati. 130 ~ **sackverfahren** (zum Herstellen grosser Teile aus Kunststoffen) (*n.* - *Technol.*), stampaggio con sacco. 131 ~ **satz** (*m.* - *Druck.*), composizione. 132 ~ **schacht** (Wasserschloss·schacht) (*m.* - *Hydr.* - *Wass.b.*) pozzo piezometrico. 133 ~ **schalter** (*m.* - *Elekt.* - *etc.*), interruttore a pressione, pressostato. 134 ~ **scheibe** (*f.* - *Mech.*), rosetta di spinta, rondella di spinta. 135 ~ **schmiernippel** (*m.* - *Mech.*), raccordo per lubrificazione a pressione. 136 ~ **schmierpresse** (*f.* - *Werkz.*), ingrassatore a pressione, pompa per ingrassaggio, siringa per ingrassaggio. 137 ~ **schmierung** (*f.* - *Mot.*), lubrificazione forzata. 138 ~ **schraube** (*f.* - *Mech.*), vite di pressione. 139 ~ **schraube** (*Flugw.*), elica propulsiva. 140 ~ **schrauber** (Flugzeug) (*m.* - *Flugw.*), aeroplano ad elica propulsiva. 141 ~ **schreiber** (*m.* - *Instr.*), manometro registratore, registratore manometrico. 142 ~ **schrift** (*f.* - *Druck.*), carattere da stampa. 143 ~ **schriften** (*pl.* - *Büro* - *etc.*), stampati. 144 ~ **schweissen** (*n.* - *mech. Technol.*), saldatura a pressione. 145 ~ **seite** (eines Kompressors z. B.) (*f.* - *Masch.*), lato mandata. 146 ~ **setzungsquotient** (Bettungsziffer, Planumsmodul, Bodenziffer) (*m.* - *Bauw.*), quoziente di assestamento, modulo di reazione (del terreno). 147 ~ **sonde** (*f.* - *Instr.*), capsula manometrica, pressostato. 148 ~ **spannung** (*f.* - *Baukonstr.lehre*), sollecitazione di compressione. 149 ~ **speicher** (zwischen Pumpe und hydraulischer Presse) (*m.* - *Masch.*), accumulatore. 150 ~ **spüler** (eines Abortspülapparats) (*m.* - *Bauw.*), (valvola a) pulsante di cacciata. 151 ~ **stange** (*f.* - *Mot.*), asta di spinta. 152 ~ **steigung** (*f.* - *Phys.*), gradiente manometrico. 153 ~ **stelle** (Blechfehler) (*f.* - *mech. Technol.*), ammaccatura. 154 ~ **stempel** (*m.* - *Werkz.*), punzone. 155 ~ **stock** (Klischee) (*m.* - *Druck.*), cliché. 156 ~ **stollen** (*m.* - *Hyyr.*), condotta forzata in roccia, galleria in pressione. 157 ~ **stoss** (Wasserschlag, in geschlossenen Leitungen auftretende Druckwelle) (*m.* - *Hydr.*), colpo d'ariete. 158 ~ **strahlbaggerung** (*f.* - *Erdbew.*), escavazione a getto d'acqua, scavo a getto d'acqua. 159 ~ **strahlläppen** (Flüssigkeitshonen, Pressluftanblasung einer metall. Oberfläche mit sehr feinen, in Wasser aufgeschwemmten Schleifkörnern) (*n.* - *Mech.*), idrofinitura. 160 ~ **streifen** (*m.* - *Telegr.*), zona per apparecchio stampante. 161 ~ **stück** (zur Übertragung der Spannkraft auf das Werkstück, bei Spannzeugen) (*n.* - *Vorr.*), tassello di spinta. 162 ~ **stufe** (eines Kompressors) (*f.* - *Masch.*), stadio di pressione. 163 ~ **taste** (*f.* - *Instr.* - *etc.*), tasto. 164 ~ **telegraph** (*m.* - *Telegr.*), telegrafo stampante. 165 ~ **tiegel** (*m.* - *Druckmasch.*), platina. 166 ~ **topf** (beim Walzen) (*m.* - *Metall.*), scatola di sicurezza. 167 ~ **träger** (Plattenzylinder) (*m.* - *Offsetdruck*), cilindro portalastra. 168 ~ **tuch** (für Offsetdruck) (*n.* - *Druckmasch.*), caucciù, tessuto gommato. 169 ~ **turbine** (Gleichdruckturbine, Aktionsturbine) (*f.* - *Masch.*), turbina ad azione. 170 ~ **übersetzer** (*m.* - *Masch.*), moltiplicatore di pressione, elevatore di pressione. 171 ~ **-Ubertragungsfaktor** (eines Mikrophons) (*m.* - *Akus.*), sensibilità in camera di pressione. 172 ~ **umlauf** (von Wasser z. B.) (*m.* - *Mot.*), circolazione forzata. 173 ~ **ventil** (einer Einspritzpumpe) (*n.* - *Dieselmot.*), valvola di mandata. 174 ~ **ventilator** (*m.* - *Mot.*), ventilatore soffiante. 175 ~ **verfahren** (*n.* - *Druck.*), procedimento di stampa. 176 ~ **versuch** (*m.* - *Werkstoffprüfung*), prova a compressione. 177 ~ **waage** (Kolbenmanometer) (*f.* - *Ger.*), manometro a pistone. 178 ~ **wachstücher** (*n.* - *pl.* - *Druck.*), tele cerate per la stampa. 179 ~ **wächter** (*m.* - *Instr.*), rivelatore di pressione, pressostato. 180 ~ **wächter** (für elekt. Manometer) (*elekt. Instr.*), manocontatto. 181 ~ **walze** (*f.* - *Druck.*), cilindro per la stampa. 182 ~ **walze** (*Strass.b.* - *Masch.*), rullo compressore. 183 ~ **walzenstreicher** (Gummituch) (*m.* - *Druck.*), caucciù per cilindro da stampa. 184 ~ **wasser** (*n.* - *Hydr.* - *etc.*), *siehe* Druckwasser. 185 ~ **welle** (*f.* - *Flugw.*), onda d'urto. 186 ~ **wellenmaschine** (Zellenradverdichter z. B.) (*f.* - *Masch.*), scambiatore di pressione. 187 ~ **werk** (einer Registriereinrichtung z. B.) (*m.* - *Ger.*), dispositivo stampante. 188 ~ **widerstand** (*m.* - *Flugw.*), resistenza di pres-

Druck

sione. 189 ~ winkel (eines Schrägkugellagers z. B.) (*m. - Mech.*), angolo di contatto. 190 ~ zuführung (von Brennstoff) (*f. - Aut. - Mot.*), alimentazione a pressione. 191 ~ zug (eines Ofens z. B.) (*m. - Wärme*), tiraggio forzato. 192 ~ zylinder (einer Presse) (*m. - Masch.*), cilindro della pressa. 193 ~ zylinder (*Druckmasch.*), cilindro per la stampa. 194 absoluter ~ (*Phys.*), pressione assoluta. 195 Achs ~ (*Fahrz.*), carico per asse. 196 Achs ~ -Ausgleicheinrichtung (eines Eisenbahnfahrz. z. B.) (*f. - Mech.*), compensatore di carico. 197 Anilin ~ (*Druck.*), stampa all'anilina. 198 Arbeits ~ (Betriebsdruck) (*Kessel - etc.*), pressione di esercizio. 199 Arbeits ~ (Schneiddruck) (*Werkz.masch. bearb.*), pressione di taglio. 200 atmosphärischer ~ (*Phys.*), pressione atmosferica. 201 Axial ~ (Längsdruck) (*Mech.*), spinta assiale. 202 barometrische ~ regelung (*Flugmotor*), regolazione barometrica della pressione. 203 Bibel ~ papier (*n. - Papierind.*), carta bibbia. 204 Buch ~ (*Druck.*), stampa tipografica. 205 den ~ satz bestehen lassen (*Druck.*), tenere in piedi la composizione. 206 dynamischer ~ (*Hydr. - etc.*), pressione dinamica. 207 einen ~ abziehen (*Druck.*), tirare una copia, tirare una bozza. 208 Flach ~ (*Druck.*), stampa in piano, stampa planografica. 209 Flachform ~ (*Druck.*), stampa da matrice piana, stampa planografica. 210 Gegen ~ (Rückdruck) (*Mot.*), contropressione. 211 Gummi ~ tuch (*n. - Offsetdruck*), caucciù, tessuto gommato. 212 Hoch ~ (Buchdruck) (*Druck.*), stampa tipografica, stampa a rilievo. 213 Hoch ~ (*Phys.*), alta pressione. 214 Hoch ~ -Bogenrotationsmaschine (*f. - Druckmasch.*), macchina rotativa tipografica dal foglio. 215 im ~ sein (*Druck.*), essere in corso di stampa. 216 in ~ geben (*Druck.*), dare alle stampe. 217 kinetische ~ höhe (*Hydr.*), altezza cinetica. 218 Kunst ~ papier (*n. - Papierind.*), carta patinata (da stampa). 219 Kupfer ~ (*Druck.*), calcografia. 220 Lade ~ (*Mot. - Flugw.*), pressione di alimentazione. 221 Lade ~ messer (*m. - Flugw. - Mot.*), manometro della pressione di alimentazione. 222 Mehrfarben ~ (*Druck.*), stampa a più colori, policromia. 223 Michell ~ lager (*n. - Mech.*), cuscinetto di spinta Michell. 224 mittlerer Arbeits ~ (*Mot.*), pressione media effettiva. 225 mittlerer effektiver ~ (*Mot.*), pressione media effettiva. 226 Nach ~ (*Druck.*), ristampa, riproduzione. 227 Nach ~ s·recht (*n. - Druck.*), « copyright », proprietà letteraria, diritto di riproduzione. 228 niederer ~ (*Phys.*), bassa pressione. 229 Noten ~ (*Druck.*), stampa di musica. 230 Offset ~ (*Druck.*), stampa offset. 231 Offset ~ platte (*f. - Druck.*), lastra per stampa offset. 232 osmotischer ~ (*Chem.*), pressione osmotica. 233 Relief ~ (*Druck.*), stampa in rilievo. 234 Reserve ~ (von Geweben) (*Textilind.*), stampa a riserva. 235 Rotations ~ (*Druck.*), stampa dalla bobina, stampa dal rotolo, stampa rotativa. 236 Rotations ~ platte (*f. - Druck.*), lastra per la stampa rotativa. 237 Rück ~ (Gegendruck) (*Mot.*), contropressione. 238 ruhender ~ (*Phys.*), pressione statica. 239 Schneid ~ (Arbeitsdruck) (*Werkz.masch.bearb.*), pressione di taglio. 240 Sieb ~ (*Druck.*), serigrafia. 941 Sieb ~ farbe (*f. - Druck.*), inchiostro per serigrafia. 242 statischer ~ (*Phys.*), pressione statica. 243 Stein ~ (*Druck.*), stampa litografica. 244 Stein ~ schnellpresse (*f. - Druckmasch.*), macchina litografica rapida. 245 Textil ~ (*Druck.*), linografia. 246 Tief ~ (*Druck.*), stampa calcografica. 247 Tief ~ bogenmaschine (*f. - Druckmasch.*), macchina per la stampa calcografica dal foglio. 248 Tief ~ platte (*f. - Druck.*), lastra per la stampa calcografica. 249 Tief ~ rotationsmaschine (*f. - Druckmasch.*), macchina rotativa per la stampa a rotocalco dalla bobina. 250 Tief ~ walze (*f. - Druckmasch.*), cilindro per rotocalco. 251 Tief ~ zylinder (*m. - Druckmasch.*), cilindro per rotocalco. 252 Tiegel ~ presse (*f. - Druck.*), platina tipografica. 253 Über ~ (*Phys.*), sovrapressione. 254 Über ~ ventil (*n. - Mot. - etc.*), valvola limitatrice della pressione. 255 unter ~ setzen (*Kessel - etc.*), mettere sotto pressione. 256 Verdichtungs ~ (*Mot.*), pressione di compressione. 257 Wind ~ (*Meteor. - Bauw.*), pressione del vento. 258 Zünd ~ (eines Dieselmotors) (*Mot.*), pressione di accensione.

druckabhängig (*Instr. - etc.*), sensibile alla pressione.

Drückbank (Drehbank, zum Drücken von Blechen) (*f. - Werkz.masch.*), tornio per lastra, tornio per imbutitura.

Drückbarkeit (Volumenänderung durch Druck, eines Öles z. B.) (*f. - Phys.*), comprimibilità.

druckbelüftet (*Bauw.*), ventilato artificialmente, a ventilazione forzata.

druckdicht (Behälter z. B.) (*allg.*), stagno a pressione.

druckelektrisch (piezoelektrisch) (*Elekt.*), piezoelettrico.

Drucken (*n. - Textilind.*), stampa.

drucken (*Druck.*), stampare. 2 wieder ~ (*Druck.*), ristampare.

Drücken (von Blechen, mit Drehbank) (*n. - Werkz.masch.bearb.*), imbutitura al tornio, tornitura in lastra, « repussatura ». 2 ~ (Glätten) (*Mech.*), brunitura.

drücken (einen Druck ausüben) (*allg.*), premere. 2 ~ (Bleche, mit Drehbank) (*Werkz.masch.bearb*), imbutire al tornio, tornire in lastra. 3 ~ (glätten) (*Mech.*), brunire. 4 ~ (ein Guss·stück) (*Giess.*), pressare. 5 ~ (abwärts lenken) (*Flugw.*), picchiare. 6 aus ~ (*allg.*), spremere. 7 den Markt ~ (*komm.*), deprimere il mercato. 8 die Preise ~ (*komm.*), far cadere (o scendere) i prezzi, comprimere i prezzi. 9 Gewinde ~ (*Mech.*), filettare mediante rullatura.

drückend (Bedingung) (*komm. - etc.*), oneroso.

Drucker (*m. - Druck. - Arb.*), stampatore, tipografo. 2 ~ (Ausgabeeinrichtung von Rechnern) (*Rechner*), stampatrice, stampante (*s.*). 3 ~ (*Telegr.*), (dispositivo) impressore. 4 ~ (Gerät, eines Digitalvoltmeters z. B.) (*Ger.*), stampante (*s.*). 5 ~ farbe (*f. - Druck.*), inchiostro da stampa. 6 ~ lehrling (*m. -*

Arb.), apprendista tipografo. **7** ~ **presse** (*f. - Druckmasch.*), torchio, pressa per la stampa. **8** ~ **schwärze** (Druckerfarbe) (*f. - Druck.*), inchiostro da stampa, nero da stampa. **9 Serien-Parallel** ~ (*Rechner*), stampante serie-parallelo, stampatrice serie-parallelo.

Drücker (am Gewehr) (*m. - Feuerwaffe*), grilletto. **2** ~ (Türdrücker) (*Bauw.*), maniglia. **3** ~ (*Mech.*), pressoio. **4** ~ **schalter** (*m. - Elektromech.*), interruttore a grilletto.

Druckerei (*f. - Druck.*), tipografia. **2** ~ **maschine** (Druckmaschine) (*f. - Druckmasch.*), macchina da stampa.

druckfertig (*Druck.*), pronto per la stampa. **2** ~ **er Korrekturbogen** (*Druck.*), ultima bozza, bozza corretta, bozza licenziata per la stampa.

druckfest (*Mech. - etc.*), resistente alla compressione. **2** ~ (Höhenflugkabine) (*Flugw.*), stagno.

Drückform (zum Drücken von Blechen) (*f. - mech. Technol.*), forma per imbutitura al tornio, forma per tornitura in lastra.

druckgiessen (*Giess.*), pressocolare.

Druckguss (Druckgiessen, Pressgiessen, Spritzgiessen) (*m. - Giess.*), pressofusione, fusione sotto pressione, colata sotto pressione. **2** ~ (Druckgussteil, Guss-stück) (*Giess.*), pressogetto, getto pressofuso, pressofuso, pezzo ottenuto con pressofusione. **3** ~ (*Kunststoffe*), iniezione. **4** ~ **form** (*f. - Giess.*), stampo per pressofusione. **5** ~ **maschine** (Pressgussmaschine) (*f. - Giess. masch.*), pressocolatrice, macchina per pressofusione, macchina ad iniezione. **6** ~ **maschine** (*Kunststoffe - Masch.*), macchina per iniezione. **7 Kaltkammer-** ~ **maschine** (*Giess.masch.*), macchina per pressofusione a camera fredda, macchina ad iniezione a camera fredda. **8 Warmkammer-** ~ **maschine** (*f. - Giess.masch.*), macchina per pressofusione a camera calda, macchina ad iniezione a camera calda.

Druckluft (Pressluft) (*f. - Phys. - etc.*), aria compressa. **2** ~ **anlage** (*f. - Ind.*), impianto dell'aria compressa. **3** ~ **anlassvorrichtung** (Druckluftanlasser) (*f. - Mot.*), avviatore ad aria compressa. **4** ~ **antrieb** (*m. - Mech.*), comando pneumatico, azionamento pneumatico. **5** ~ **behälter** (zum Anlassen von Dieselmotoren z. B.) (*m. - Ger.*), serbatoio dell'aria compressa. **6** ~ **bohrhammer** (*m. - Bergbau - Werkz.*), martello perforatore, martello pneumatico (perforatore). **7** ~ **bremse** (*f. - Eisenb. - etc.*), freno ad aria compressa. **8** ~ **flasche** (*f. - Ind.*), bombola di aria compressa. **9** ~ **förderer** (*Masch. - ind. Masch.*), trasportatore pneumatico. **10** ~ **futter** (*n. - Werkz.masch.*), mandrino a comando pneumatico. **11** ~ **giessmaschine** (*f. - Giess. masch.*), macchina ad iniezione ad aria compressa, macchina per pressofusione ad aria compressa. **12** ~ **gründung** (für Gründungen unter Wasser) (*f. - Bauw.*), fondazione pneumatica. **13** ~ **hammer** (Druckluftbohrhammer) (*m. - Werkz.*), martello pneumatico. **14** ~ **hammer** (*Schmiedemasch.*), maglio ad aria compressa, maglio pneumatico. **15** ~ **kammer** (Pressluftsenkkasten) (*f. - Bauw. - Wass.b.*), cassone pneumatico. **16** ~ **kühlung** (*f. - Masch. - etc.*), ventilazione forzata. **17** ~ **kupplung** (einer Presse z. B.) (*f. - Masch.*), frizione pneumatica, frizione a comando pneumatico. **18** ~ **lokomotive** (*f. - Eisenb. - Bergbau*), locomotiva ad aria compressa. **19** ~ **manometer** (*n. - Instr.*), manometro dell'aria. **20** ~ **meissel** (*m. - Werkz.*), scalpello pneumatico. **21** ~ **motor** (*m. - Mot.*), motore pneumatico. **22** ~ **-Pressformmaschine** (*f. - Giess.masch.*), formatrice pneumatica a compressione. **23** ~ **schalter** (*m. - Elekt.*), interruttore ad aria compressa. **24** ~ **schaltplan** (*m. - Ind. - App.*), schema dell'impianto pneumatico. **25** ~ **spannzange** (*f. - Werkz. masch.*), pinza pneumatica.

Druckmaschine (*f. - Druckmasch.*), macchina da stampa. **2 Anilin** ~ (*Druckmasch.*), macchina per la stampa flessografica. **3 Blech** ~ (*Druckmasch.*), macchina da stampa metallografica. **4 Bogen** ~ (*Druckmasch.*), macchina da stampa dal foglio. **5 Buch** ~ (Hochdruckmaschine) (*Druckmasch.*), macchina da stampa tipografica. **6 Hoch** ~ (Buchdruckmaschine) (*Druckmasch.*), macchina da stampa tipografica. **7 Metallfolien** ~ (*Druckmasch.*), stampatrice per lamine metalliche. **8 Offset** ~ (*Druckmasch.*), macchina per la stampa offset. **9 Rotations** ~ (*Druckmasch.*), macchina rotativa, macchina per la stampa rotativa, rotativa. **10 Sieb** ~ (*Druckmasch.*), macchina per serigrafia, macchina per la stampa serigrafica. **11 Stein** ~ (*Druckmasch.*), macchina da stampa litografica, macchina litografica. **12 Tief** ~ (*Druckmasch.*), macchina per la stampa calcografica.

Drückmaschine (Drückbank für Blechbearbeitung) (*f. - Werkz.masch.*), tornio per imbutitura, tornio per lastra, macchina per tornitura in lastra.

Drückplatte (zur Betätigung der Drückstifte) (*f. - Blechbearb. - Ger.*), piastra di estrazione.

druckreif (druckfertig) (*Druck.*), pronto per la stampa.

Drückrolle (zum Drücken von Blechen) (*f. - mech. Technol.*), rullo per imbutitura al tornio, rullo per tornitura in lastra.

druckseitig (einer Pumpe z. B.) (*Masch.*), sulla mandata, (sul) lato mandata.

Drückstahl (Drückstange, zum Drücken von Blechen) (*m. - Werkz.*), utensile per imbutitura al tornio, utensile per tornitura in lastra.

Drückstange (Drückstahl, zum Drücken von Blechen) (*f. - mech. Technol.*), utensile per imbutitura al tornio, utensile per tornitura in lastra.

Drückstift (zum Ausheben des Pressteiles aus dem Gesenk) (*m. - Blechbearb. - Ger.*), candela di estrazione.

Drückwalzen (von Blech) (*n. - Werkz.masch. bearb.*), fluotornitura.

Druckwasser (*n. - Hydr.*), acqua in pressione. **2** ~ (im Wortverbindungen) (*Hydr. - etc.*), idraulico. **3** ~ **abbrausung** (Druckwasser-Entzunderung) (*f. - Metall.*), disincrostazione idraulica, «decalaminazione» idraulica. **4** ~ **antrieb** (hydraulischer Antrieb) (*m. - Masch.*), comando idraulico, aziona-

Druse

mento idraulico. 5 ~ -**Druckluftanlage** (*f. - Ind.*), impianto idropneumatico. 6 ~ **ejektor** (Druckwassersaugstrahlpumpe) (*m. - Masch.*), eiettore idraulico. 7 ~ -**Entzunderung** (*f. - Metall.*), disincrostazione idraulica, « decalaminazione » idraulica. 8 ~ **hebezeug** (*n. - Masch.*), elevatore idraulico, apparecchio di sollevamento idraulico, martinetto idraulico. 9 ~ **leitung** (*f. - Hydr.*), condotta forzata. 10 ~ **nietung** (*f. - mech. Technol.*), chiodatura idraulica. 11 ~ **reaktor** (*m. - Atomphys.*), reattore ad acqua pressurizzata. 12 ~ **sammler** (*m. - Masch.*), accumulatore idraulico. 13 ~ **saugstrahlpumpe** (Druckwasserejektor) (*f. - Masch.*), eiettore idraulico.
Druse (Aggregat von Kristallen auf den Wänden von Gesteinshohlräumen) (*f. - Min.*), drusa.
DS (Doppelsternschaltung) (*Elekt.*), avvolgimento a doppia stella. 2 ~ (Drehstrom) (*Elekt.*), corrente trifase.
d. s. (das sind) (*allg.*), ossia, cioè.
D-Schicht (der Atmosphäre, 50-60 km Höhe) (*f. - Geophys.*), strato D.
D-Schirmbild (D-Darstellung) (*n. - Radar*), indicatore di tipo D.
DSend (Drahtfunksender) (*Funk.*), trasmettitore per filodiffusione.
DSG (Deutsche Schlafwagengesellschaft) (*Eisenb.*), Compagnia Vagoni Letto Tedesca.
DS-Motor (Drehstrommotor) (*m. - Elekt.*), motore trifase.
DSR (Dampfgekühlter Schneller Brutreaktor) (*Kernphys.*), reattore veloce autofertilizzante raffreddato a vapore.
DSRK (Deutsche Schiffs-Revision und Klassifikation) (*Schiffbau*), Registro navale tedesco di classificazione e revisione.
DSTV (Deutscher Stahlbauverband) (*Metall.*), Associazione Tedesca Costruzioni Acciaio.
DTL-Schaltung (diode-transistor logic) (*Elektronik*), circuito logico a diodi e transistori.
dto (ditto) (*allg.*), idem.
DTP (Drahtfunk-Tiefpass) (*Funk.*), filtro passa basso per filodiffusione.
Dtz. (Dutzend) (*Mass*), dozzina.
d. U. (der Unterzeichnete) (*allg.*), il sottoscritto.
d. u. (diensttauglich) (*allg.*), inabile al servizio.
dual (binär) (*Rechner*), binario. 2 ~ e **Ziffer** (*Math.*), cifra binaria.
Dualität (*f. - Math.*), dualità. 2 ~ s-**prinzip** (*n. - Math.*), principio di dualità, legge di dualità.
Dualsystem (Dualcode, Zahlensystem mit der Basis 2) (*n. - Rechner*), sistema binario.
Dualzahl (*f. - Rechner*), numero binario.
Dübel (Holzpflock) (*m. - Maur.*), tassello. 2 ~ (Stift, Zapfen) (*Mech.*), grano, spina (di riferimento o di registro). 3 ~ (für Holzmodelle) (*Giess.*), tassello. 4 ~ (für Verbindungen) (*Zimm.*), caviglia, cavicchio, incavigliatura. 5 **Mauer** ~ (*Maur.*), tassello da muro. 6 **Spreiz** ~ (*Maur.*), caviglia ad espansione. 7 **Stahl** ~ (*Zimm.*), caviglia di acciaio. 8 **Wand** ~ (*Maur.*), tassello da parete.
dübeln (*Zimm.*), fissare con caviglie.

Dublee (Doublé) (*n. - Text.*), tessuto doppio. 2 ~ (Doublé, mit Gold überzogene Kupferlegierungen) (*Metall.*), metallo placcato d'oro, oro doublé. 3 ~ **gold** (*n. - Metall.*), oro laminato.
dublieren (doublieren, Faserbänder) (*Text.*), doppiare. 2 ~ (doublieren) (*Metall.*), placcare.
Dubonnetfederung (bei der Feder und Stossdämpfer kombiniert sind) (*f. - Aut.*), sospensione Dubonnet.
Ducht (Ruderbank) (*f. - naut.*), panca del rematore.
Dückdalbe (Dalbe, Pfahlbündel zum Festmachen von Schiffen) (*f. - naut.*), briccola, « bricole ».
Dücker (*m. - Wass.b.*), siehe Düker.
Duckstein (*m. - Geol.*), siehe Trass.
duff (matt, glanzlos) (*allg.*), opaco, matto.
Düker (Führung eines Wasserlaufes, einer Gasleitung, etc., unter einem Kanal z. B.) (*m. - Wass.b.*), sifone, tomba a sifone, sottopasso.
Dukes Metall (Nickellegierung, aus 40% Ni, 30% Fe, 30% Cu) (*Legierung - Elekt.*), metallo Dukes, lega Dukes.
duktil (*Metall.*), duttile.
Duktilität (*f. - Metall.*), duttilità.
Duktorwalze (*f. - Druckmasch.*), cilindro inchiostratore.
dumpf (*Akus.*), basso.
Dündtelmaschine (Biesenmaschine, zur Herstellung von Schnüren etc.) (*f. - Masch.*), macchina per la preparazione di cordami.
Düne (*f. - Geogr.*), duna. 2 ~ n-**bau** (Dünenschutz) (*m. - Bauw.*), difesa contro le dune.
Dung (*m. - Landw.*), siehe Dünger.
Düngemittel (*n. - Landw.*), siehe Dünger.
düngen (*Landw.*), concimare, fertilizzare.
Dünger (*m. - Landw.*), concime, fertilizzante. 2 ~ **grube** (*f. - Landw.*), concimaia. 3 ~ **streuer** (Düngerstreumaschine) (*m. - Landw. masch.*), macchina spandiconcime, spandiconcime. 4 ~ **wagen** (Mistwagen, Dungwagen) (*m. - Landw.*), carro per concime. 5 **Kali** ~ (*Landw.*), concime potassico. 6 **Kalk** ~ (*Landw.*), concime calcareo. 7 **Phosphorsäure** ~ (*Landw.*), concime fosfatico. 8 **Stall** ~ (*Landw.*), stallatico, letame. 9 **Stickstoff** ~ (*Landw.*), concime azotato.
Düngung (*f. - Landw.*), concimazione, fertilizzazione.
Dunit (*m. - Min.*), dunite.
Dunkel (Dunkelheit) (*n. - allg.*), oscurità. 2 ~ **adaptation** (*f. - Opt.*), adattamento all'oscurità. 3 ~ **entladung** (*f. - Elektronik*), scarica fredda. 4 ~ **feldbeleuchtung** (eines Mikroskopes) (*f. - Opt.*), illuminazione a campo oscuro. 5 ~ **feldkondensor** (eines Mikroskopes) (*m. - Opt.*), condensatore a campo oscuro. 6 ~ **glühen** (*n. - Wärmebeh.*), ricottura nera. 7 ~ **glühhitze** (Dunkelrotglut) (*f. - Metall.*), calore rosso scuro. 8 ~ **kammer** (*f. - Phot.*), camera oscura. 9 ~ **kammerlampe** (*f. - Phot.*), lampada per camera oscura. 10 ~ **kirschrotglut** (*f. - Metall.*), calore rosso ciliegia scuro. 11 ~ **rotglut** (*f. - Metall.*), calore rosso scuro. 12 ~ **schalter** (*m. - Elekt.*), interruttore di oscuramento. 13 ~ **schaltung** (beim Synchronisieren, wird

eingeschaltet wenn die Lampen erloschen sind) (*f. - Elekt.*), inserzione a lampade (di sincronizzazione) spente. 14 ~ **schaltung** (Schaltung eines Relais z. B. wenn der auf die Photozelle fallende Lichtstrahl unterbrochen wird) (*Elekt. - Opt.*), commutazione per assenza di luce. 15 ~ **strahler** (*m. - Phys.*), radiatore nero. 16 ~ **strahler** (Infrarotglühlampe, zur Lacktrocknung) (*Anstr. - App.*), impianto di essiccamento a raggi infrarossi. 17 ~ **strahlung** (*f. - Phys.*), radiazione nera, radiazione invisibile. 18 ~ **strahlung** (Infrarotstrahlung, zur Lacktrocknung) (*Anstr.*), essiccamento a raggi infrarossi. 19 ~ **strom** (einer Photozelle) (*m. - Elekt.*), corrente di oscurità. 20 ~ **tasten** (*n. - Fernseh.*), cancellazione, soppressione.
dunkel (*allg.*), oscuro. 2 ~ (*Farbe*), scuro. 3 ~ **getönte Farbe** (*Farbe*), colore di gradazione scura. 4 ~ **glühend** (*Metall.*), scaldato al calor rosso scuro. 5 ~ **rot** (*Farbe*), rosso scuro. 6 ~ **tasten** (*v. - Fernseh.*), cancellare, sopprimere.
Dunkelheit (Dunkel) (*f. - allg.*), oscurità. 2 ~ (eines Farbtones z. B.) (*Opt. - ecc.*), scurezza.
dünn (nicht dick) (*allg.*), sottile. 2 ~ (Flüssigkeit) (*allg.*), fluido. 3 ~ **er Flügel** (*Flugw.*), ala sottile. 4 ~ **flüssig** (*Phys.*), fluido. 5 ~ **flüssiges Öl** (*chem. Ind.*), olio fluido. 6 ~ **schalig** (Block) (*Metall.*), a pelle sottile. 7 ~ **wandig** (*Mech. - etc.*), a parete sottile.
Dünndruckpapier (*n. - Papierind.*), carta India, carta da stampa sottile.
Dünne (der Luft z. B.) (*f. - Phys.*), rarefazione.
Dünnerschliff (eines Sägeblattes) (*m. - Werkz.*), affilatura conica.
Dünnflüssigkeit (*f. - Chem.*), fluidità. 2 ~ (Giessbarkeit) (*Giess.*), colabilità.
Dünnglas (*n. - Glasind.*), vetro (in lastra) sottile.
Dünnschicht (*f. - Elekt. - etc.*), strato sottile. 2 ~ **speicher** (*m. - Rechner*), memoria a strato sottile.
Dünnschliff (Mineralienplättchen für mikroskopische Beobachtungen) (*m. - Opt.*), lastrina levigata (di minerale preparato per osservazioni al microscopio).
dünnwandig (*allg.*), a parete sottile. 2 ~ **e Lagerschale** (*Mech.*), cuscinetto (liscio) sottile.
Dunst (*m. - Phys.*), vapore, esalazione. 2 ~ (*Meteor.*), bruma. 3 ~ **abzug** (Dunstrohr) (*m. - Bauw.*), tubo di estrazione, tubo di ventilazione. 4 ~ **glocke** (Dom) (*f. - Kessel*), duomo. 5 ~ **haube** (Abzug) (*f. - Bauw. - chem. Ind.*), cappa (di estrazione). 6 ~ **rohr** (Entlüftungsrohr) (*n. - Leit.*), tubo di sfiato, sfiatatoio. 7 **Öl** ~ (*Mot. - etc.*), nebbia di olio, vapori di olio.
dunsten (*allg.*), evaporare.
Dünungswelle (*f. - See*), onda morta, onda lunga.
Duo-Blechwalzwerk (*n. - Walzw.*), (laminatoio) duo per lamiera.
Duo-Blockwalzwerk (*n. - Walzw.*), (laminatoio) duo sbozzatore.
Duodezformat (*n. - Druck.*), formato in dodicesimo.

Duo-Fertiggerüst (*n. - Walzw.*), gabbia a due cilindri per finitura, duo finitore.
Duogerüst (*n. - Walzw.*), gabbia a duo, gabbia a due cilindri, duo.
Duoreversierwalzwerk (*n. - Walzw.*), duo reversibile.
Duostrasse (Zweiwalzenstrasse) (*f. - Walzw.*), treno duo, laminatoio duo.
Duowalzenständer (*m. - Walzw.*), gabbia a due cilindri, duo.
Duo-Walzwerk (Zweiwalzen-Walzwerk) (*n. - Walzw.*), laminatoio duo, duo.
Duplexbetrieb (*m. - Metall.*), processo duplex.
Duplexdruck (mit zwei Farben) (*m. - Druck.*), stampa duplex, stampa a due colori, stampa bicolore, bicromia.
Duplexschnecke (Doppelsteigungsschnecke) (*f. - Mech.*), vite a doppio passo.
Duplextelegraphie (*f. - Telegr.*), telegrafia duplex.
Duplikat (Abschrift) (*n. - Büro - etc.*), duplicato, copia.
Düppel (Düppelstreifen, Radarstörfolie) (*m. - Radar - Milit.*), striscia metallizzata (o metallica) anti-radar.
Düppelung (*f. - Radar - Milit.*), protezione antiradar, radardisturbo (mediante strisce metallizzate o metalliche).
Durabon (Hartbrandkohle, sehr hart und verschleissfest, als Lagerstoff verwendet z. B.) (*Material*), « durabon ».
Dural (Duraluminium) (*n. - Metall.*), duralluminio.
durcharbeiten (einen Plan z. B.) (*allg.*), elaborare. 2 ~ (ohne Unterbrechung arbeiten) (*allg.*), lavorare senza interruzione.
Durcharbeitung (*f. - Walzw.*), penetrazione (della lavorazione).
durchbacken (*Technol.*), cuocere completamente.
Durchbiegung (in mm gemessen) (*f. - Baukonstr.lehre*), freccia d'inflessione, inflessione. 2 ~ **s·messer** (*m. - Instr.*), deflettometro, misuratore d'inflessione. 3 ~ **s·ziffer** (Quotient aus Biegefestigkeit und Bruchdurchbiegung) (*f. - Baukonstr.lehre*), rapporto di inflessione, rapporto tra resistenza a flessione e freccia d'inflessione alla rottura. 4 **bleibende** ~ (*Baukonstr.lehre*), inflessione permanente. 5 **Bruch** ~ (*Baukonstr.lehre*), freccia massima alla rottura (per flessione), freccia d'inflessione alla rottura.
Durchblasen (*n. - Chem.*), gorgogliamento. 2 ~ (zwischen Kolbenringen) (*Mot.*), trafilamento, laminazione, perdita di compressione.
durchblasen (zwischen Kolbenringen) (*Mot.*), trafilare, perdere compressione. 2 ~ (eine Leitung z. B.) (*Leit. - etc.*), stasare (con aria compressa).
Durchbluten (Ausbluten) (*n. - Anstr.fehler*), sanguinamento.
Durchbohren (*n. - Mech.*), foratura passante, perforazione.
durchbohren (*Mech.*), perforare, forare con foro passante.
durchbohrt (Welle z. B.) (*Mech.*), cavo, forato.
Durchbohrung (*f. - Mech.*), foratura passante, perforazione. 2 ~ (*Ing.b. - Bergbau*),

durchbrechen

traforo. 3 ~ (des Dielektrikums) (*Elekt.*), perforazione.
durchbrechen (eine Strasse) (*Strass.b.*), aprire.
Durchbrechung (*f. - Mech.*), apertura, finestra, sfinestratura.
durchbrennen (Sicherungen z. B.) (*Elekt.*), bruciare, saltare.
Durchbrennpunkt (eines Reaktors) (*m. - Kernphys.*), punto di crisi, punto di bruciatura.
durchbringen (ein Gesetz z. B.) (*recht.*), far passare. 2 ~ (verschwenden, Geld) (*allg.*), dissipare, sprecare.
durchbrochen (eine Presse) (*Masch.*), a due montanti, ad incastellatura aperta.
Durchbruch (*m. - allg.*), rottura, breccia. 2 ~ (*Geol.*), eruzione. 3 ~ (Funkentladung) (*Elekt.*), scarica disruptiva. 4 ~ (von Isolatoren z. B., Durchschlag) (*Elekt.*), perforazione, rottura. 5 ~ (Werkstofftrennung die den ganzen Querschnitt erfasst) (*Metall. - etc.*), rottura passante, 6 ~ säge (*f. - Werkz.*), sega per traforo. 7 ~ spannung (*f. - Elekt.*), tensione di scarica, tensione di rottura.
Durchdrehen (eines Motors, etc.) (*n. - Mot. - etc.*), rotazione. 2 ~ (Rutschen, von Rädern) (*Eisenb. - etc.*), slittamento, pattinamento. 3 ~ (eines Wählers) (*Fernspr.*), rotazione a vuoto, rotazione folle.
durchdrehen (einen Motor, eine Luftschraube, z. B., bei Hand) (*v. t. - Mech. - etc.*), ruotare, far girare, virare. 2 ~ (rutschen, beim Anfahren, von Rädern) (*v. i. - Eisenb. - etc.*), girare a vuoto, slittare.
Durchdrehmoment (beim Kaltstart eines Verbr.mot.) (*n. - Mot.*), momento di trascinamento, coppia di trascinamento.
Durchdrehmotor (*m. - Mech. - Mot.*), viratore a motore.
durchdringbar (durchlässig) (*allg.*), permeabile.
Durchdringbarkeit (*f. - allg.*), permeabilità. 2 ~ (*Radioakt.*), permeabilità.
Durchdringen (beim Schweissen z. B.) (*n. - Technol. - etc.*), penetrazione. 2 übermässiges ~ (beim Schweissen) (*mech. Technol.-Fehler*), eccesso di penetrazione. 3 ungenügendes ~ (*mech. Technol.-Fehler*), penetrazione insufficiente.
durchdringen (*allg.*), penetrare.
durchdringend (*Radioakt. - etc.*), penetrante.
Durchdringung (*f. - allg.*), penetrazione. 2 ~ (*Radioakt.*), penetrazione. 3 ~ s·fähigkeit (*f. - allg.*), potere di penetrazione, potere penetrante. 4 ~ s·vermögen (Strahlungshärtegrad) (*n. - Radioakt.*), potere di penetrazione.
Durchdrücken (Strangpressen) (*mech. Technol.*), estrusione.
durchdrücken (*allg.*), passare, far passare (a pressione). 2 ~ (strangpressen) (*mech. Technol.*), estrudere.
durcheinander (unordentlich) (*allg.*), alla rinfusa.
durcherhitzen (Blöcke z. B.) (*Metall.*), riscaldare a cuore, riscaldare a regime, riscaldare in fossa di permanenza.
durchfädeln (*allg.*), infilare (un filo).
Durchfahrt (*f. - Transp.*), transito. 2 ~ (*naut.*), traversata. 3 ~ s·höhe (unter einem Bogen z. B.) (*f. - Fahrz. - Verkehr*), altezza libera. 4 ~ s·profil (*n. - Fahrz.*), sagoma limite. 5 ~ s·verbot (*n. - allg.*), divieto di passaggio, divieto di transito. 6 auf der ~ (*Transp.*), in transito.
Durchfall (gesiebter Stoff) (*m. - Bauw. - etc.*), materiale vagliato, materiale passante (di vagliatura).
Durchfedern (Walzendurchbiegung) (*n. - Walzw.*), inflessione (elastica). 2 ~ (eines aufgehängten Pkw-Rades) (*Aut.*), escursione elastica, escursione di molleggio.
Durchfederung (elastische Formänderung einer Maschine, Presse z. B.) (*f. - Mech.*), deformazione elastica.
durchflochten (*allg.*), intrecciato.
Durchfluss (*m. - allg.*), passaggio, flusso. 2 ~ (Q, Wassermenge die in der Sekunde einen geschlossenen Querschnitt durchfliesst) (*Hydr.*), portata. 3 ~ (eines Filters) (*Mot. - etc.*), portata. 4 ~ anzeiger (Wassermesser) (*m. - Hydr. - Ger.*), misuratore di portata, indicatore di portata. 5 ~ erhitzer (*m. - Ger.*), scaldacqua a flusso continuo. 6 ~ geber (*m. - Ger.*), trasduttore di portata. 7 ~ geschwindigkeit (*f. - Hydr.*), velocità (di flusso). 8 ~ menge (*f. - Hydr. - etc.*), portata. 9 ~ messapparat (Durchflussmesser) (*m. - Instr.*), flussimetro, misuratore di portata. 10 ~ öffnung (*f. - Hydr.*), luce di efflusso. 11 ~ regler (*m. - App.*), regolatore di portata. 12 ~ sack (einer Druckgiessform z. B.) (*m. - Giess.*), pozzetto di lavaggio. 13 ~ versuch (Korrosionsversuch, bei dem die Probe dem kontinuierlich durchfliessenden Korrosionsmittel ausgesetzt wird) (*m. - Technol.*), prova (di corrosione) dinamica, prova in corrente (corrosiva). 14 Einstell ~ (eines Gas-Druckreglers z. B.) (*chem. Ind. - etc.*), portata impostata, portata per la quale il regolatore viene regolato. 15 Gewichts ~ (*Hydr.*), portata in peso. 16 Volumen ~ (*Hydr.*), portata in volume.
durchfluten (von Licht) (*Beleucht. - etc.*), inondare.
durchflutet (Leiter z. B.) (*Elekt. - etc.*), attraversato dalla corrente.
Durchflutung (Strom) (*f. - Elekt.*), corrente. 2 ~ (magnetische Durchflutung, magnetischer Fluss) (*Phys.*), flusso magnetico. 3 ~ s·gesetz (*n. - Elekt.*), legge del flusso di eccitazione magnetica, legge di Biot e Savart.
durchflutungsgesteuert (Transduktor z. B.) (*Elekt.*), comandato da passaggio (di corrente).
Durchfracht (*f. - Transp.*), merce in transito. 2 ~ brief (*m. - Transp.*), lettera di vettura di transito.
durchfressen (korrodieren) (*Chem. - etc.*), corrodere (a perforazione).
Durchfuhr (Transit) (*f. - Transp.*), transito.
Durchführbarkeit (*f. - allg.*), fattibilità.
durchführen (eine Arbeit) (*allg.*), eseguire.
Durchführung (von Arbeiten) (*f. - allg.*), esecuzione. 2 ~ (Hülse) (*allg.*), passante, bussola passante. 3 ~ des Gesetzes (*recht.*), applicazione della legge. 4 ~ s·isolator (*m. - Elekt.*), isolatore passante. 5 ~ s·kondensator (*m. - Elekt.*), condensatore passante.

Durchgabelung (des Schotters) (*f. - Eisenb.*), rifacimento.
Durchgang (*m. - allg.*), passaggio. 2 ~ (Durchfuhr) (*Transp.*), transito. 3 ~ (*Walzw.*), passaggio, passata. 4 ~ s·amt (*n. - Fernspr.*), centrale di transito. 5 ~ s·bahnhof (*m. - Eisenb.*), stazione di transito. 6 ~ s·blockwerk (*n. - Eisenb.*), blocco di sezione. 7 ~ s·bohrung (Durchgansloch) (*f. - Mech.*), foro passante. 8 ~ s·drehzahl (Schleuderdrehzahl) (*f. - Mot. - Masch.*), velocità di fuga. 9 ~ s·gewindebohrer (*m. - Werkz.*), maschio per fori passanti. 10 ~ s·gut (*m. - komm.*), merce in transito. 11 ~ s·güterzug (nur auf wichtigen Knotenpunkten haltender Frachtenzug, Dg) (*m. - Eisenb.*), treno merci diretto. 12 ~ s·handel (*m. - komm.*), commercio di transito. 13 ~ s·isolator (*m. - Elekt.*), isolatore passante, passante (*s.*). 14 ~ s·leistung (von Spartransformatoren) (*f. - Elekt.*), potenza passante. 15 ~ s·loch (*n. - Mech.*), foro passante. 16 ~ s·profil (Lichtprofil) (*n. - Eisenb.*), sagoma limite. 17 ~ s·prüfer (für Leitungen z. B.) (*m. - Elekt. - Ger.*), apparecchio per la prova della continuità. 18 ~ s·prüfung (eines Leiters z. B.) (*f. - Elekt.*), prova di continuità. 19 ~ s·prüfung (Dauerprüfung) (*Technol.*), prova continua. 20 ~ s·schraube (*f. - Mech.*), vite passante. 21 ~ s·verkehr (*m. - Verkehr*), traffico di transito. 22 ~ s·versuch (*m. - Radioakt.*), prova di trasmissione. 23 ~ s·wagen (*m. - Eisenb.*), carrozza con corridoio. 24 ~ s·wähler (*m. - Fernspr.*), selettore di transito. 25 ~ s·widerstand (spezifischer Durchgangswiderstand, von Isolierstoffen) (*m. - Elekt.*), resistività di massa. 26 ~ s·zug (D-zug) (*m. - Eisenb.*), treno con carrozze intercomunicanti. 27 Strom ~ (*Elekt.*), passaggio di corrente.
durchgeben (senden) (*Telegr. - etc.*), trasmettere.
durchgebrannt (Sicherung) (*Elekt.*), saltato, bruciato.
durchgehärtet (durchgetrocknet, Lack) (*Anstr.*), indurito.
Durchgehen (des Motors) (*n. - Mot.*), fuga, imballamento. 2 ~ (Durchdrehen, der Räder von Kraftfahrzeugen) (*Fahrz.*), slittamento, pattinamento, rotazione rapida per mancanza di aderenza. 3 ~ (eines Reaktors) (*Kernphys.*), perdita di controllo.
durchgehen (*allg.*), passare attraverso. 2 ~ (*Mot.*), imballarsi. 3 ~ (angenommen werden) (*allg.*), passare. 4 ~ (Rechnungen z. B.) (*Buchhaltung - etc.*), esaminare. 5 ~ **lassen** (einen Motor) (*Mot.*), imballare.
durchgehend (*Transp.*), in transito. 2 ~ (ein Loch z. B.) (*Mech.*), passante. 3 ~ (Bremse) (*Eisenb.*), continuo. 4 ~ (Schwingung, vorübergehend) (*Phys.*), transitorio. 5 ~ e **Arbeitszeit** (*Arb.*), orario (di lavoro) continuato. 6 ~ er **Flug** (*Flugw. - Verkehr*), volo senza scalo. 7 ~ er **Träger** (*Bauw.*), trave continua. 8 ~ er **Zug** (*Transp.*), treno diretto. 9 ~ e **Schweissung** (*mech. Technol.*), saldatura continua. 10 ~ e **Tragfläche** (*f. - Flugw.*), ala continua. 11 ~ e **Waren** (*komm.*), merci in transito.

durchgeschaltet (verbindet) (*Elekt.*), collegato.
durchgeschlagen (Isolator) (*Elekt.*), perforato.
durchgeschliffen (Stelle, beim Schleifen einer gespachtelten Karosserie z. B.) (*Anstr.*), scoperto dalla carteggiatura.
durchgeschmiedet (*Schmieden*), fucinato a cuore, fucinato completamente.
durchgetrocknet (durchgehärtet, Lack) (*Anstr.*), indurito.
Durchgriff (Reziproke des Verstärkungsfaktors) (*m. - Elektronik*), intraeffetto, coefficiente di penetrazione, reciproco del fattore di amplificazione.
Durchhandel (Durchgangshandel) (*m. - komm.*), commercio di transito.
Durchhang (einer Freileitung) (*m. - Elekt. - etc.*), freccia. 2 ~ (eines Riemens z. B.) (*Mech.*), allentamento.
durchhängen (*allg.*), inflettersi, insellarsi.
Durchhängung (*f. - allg.*), inflessione, insellamento.
Durchhärten (Durchtrocknen, Erreichen der Gebrauchshärte, eines Anstriches) (*n. - Anstr.*), indurimento.
Durchhärtung (*f. - Wärmebeh.*), tempra di profondità, tempra a cuore.
Durchkonnossement (*n. - Transp.*), polizza di carico diretta.
durchkreuzen (*allg.*), attraversare, intersecare incrociare.
Durchkröpfung (*f. - Mech.*), gomito.
Durchlass (kleiner Durchgang) (*m. - allg.*), passaggio. 2 ~ (Dohle, zur Unterführung eines Wasserlaufes unter einer Strasse z. B.) (*Bauw. - Ing.b.*), cunicolo di passaggio, sottopasso. 3 ~ (Abzugkanal) (*Ing.b.*), fognolo, galleria di drenaggio. 4 ~ (an einer Toreinfahrt) (*Bauw.*), portello. 5 ~ (Kenngrösse einer Hobelmaschine, durch Hobelbreite und Hobelhöhe bestimmt) (*Werkz. masch.*), capacità. 6 ~ **bereich** (der Kennlinie einer Silizium-Diode z. B.) (*m. - Elektronik*), campo di conduzione. 7 ~ **bereich** (eines Filters) (*Funk.*), banda passante, banda di passaggio. 8 ~ (eines Filters, Bandbreite) (*f. - Funk.*), larghezza di banda. 9 ~ **grad** (Transmissionsgrad, eines Körpers) (*m. - Opt.*), coefficiente di trasmissione, fattore di trasmissione. 10 ~ **kennlinie** (eines Gleichrichters) (*f. - Elekt.*), caratteristica della corrente diretta. 11 ~ **leitwert** (eines Transistors) (*m. - Elektronik*), conduttanza diretta. 12 ~ **richtung** (eines Stromes) (*f. - Elekt.*), senso di passaggio. 13 ~ **spannung** (*f. - Elekt.*), tensione diretta. 14 ~ **spannung** (eines Thyristors z. B.) (*Elektronik*), tensione diretta, tensione di conduzione. 15 ~ **stellung** (eines Thyristors z. B.) (*f. - Elektronik*), stato di conduzione. 16 ~ **stellungsstrom** (eines Thyristors z. B.) (*m. - Elektronik*), corrente nello stato di conduzione. 17 ~ **strahlung** (Leckstrahlung) (*f. - Kernphys.*), fuga di radiazioni. 18 ~ **strom** (*m. - Elekt.*), corrente diretta. 19 ~ **strom** (eines Thyristors z. B.) (*Elektronik*), corrente diretta, corrente di conduzione.
durchlassen (*allg.*), lasciar passare.
durchlässig (*allg.*), permeabile. 2 ~ (tran-

Durchlässigkeit

sparent) (*Opt.*), trasparente. 3 ~ (*Radioakt.*), trasparente. 4 ~ (für Wärmestrahlen) (*Phys.*), diatermano.
Durchlässigkeit (*f. - allg.*), permeabilità. 2 ~ (für Licht) (*Opt.*), trasparenza. 3 ~ (für Wärmestrahlen) (*Phys.*), diatermanità. 4 ~ s·beiwert (Bodenkonstante) (*m. - Bauw.*), coefficiente di permeabilità. 5 ~ s·gerät (*n. - Ger.*), permeametro. 6 ~ s·kurve (*f. - Wärme*), curva di diatermanità, curva di penetrazione. 7 ~ s·versuch (*m. - Bauw.*), prova di permeabilità. 8 magnetische ~ (*Elekt.*), permeabilità magnetica.
Durchlassung (von Licht) (*f. - Opt.*), trasmissione.
durchlaufend (*allg.*), continuo. 2 ~ er Träger (*Bauw.*), trave continua.
Durchlauf (Betrieb einer Presse im Gegensatz zu Einzelhub) (*m. - Masch.*), corsa continuata. 2 ~ (gefährliche Schliessbewegung des Stössels die unmittelbar auf eine beabsichtigte Schliessbewegung folgt) (*Presse*), ripetizione di corsa involontaria.
Durchläufer (im Dauerschwingversuch nichtgebrochene Probe) (*m. - Baukonstr.lehre*), provino che ha superato la prova (di fatica), elemento che supera la prova, « passante » (*s.*). 2 ~ (Riss) (*m. - Fehler - Metall.*), cricca passante.
Durchlauferhitzer (in dem sich das Wasser während des Abzapfens erhitzt) (*m. - Wärme - Ger.*), scaldacqua fluente (o istantaneo). 2 elektrischer ~ (*Wärme - Ger.*), scaldacqua elettrico fluente (o istantaneo).
Durchlaufglühung (im Durchlaufofen) (*f. - Wärmebeh.*), ricottura continua.
Durchlaufhärten (Umlaufhärten) (*n. - Wärmebeh.*), tempra continua, tempra a passaggio.
Durchlaufkessel (*Kessel*), siehe Zwangdurchlaufkessel.
Durchlaufofen (*m. - Ofen*), forno continuo.
Durchlaufpatentieren (*n. - Wärmebeh.*), patentamento continuo.
Durchlaufplan (Fertigungsplan) (*m. - Mech. - etc.*), diagramma di lavorazione.
Durchlaufregal (bei dem das Gut auf Rollen durch Schwerkraft, oder auf angetriebene Rollen, durchfliesst) (*n. - Transp. - Ind.*), scaffalatura di transito, scaffalatura movimentata.
Durchlaufverfahren (*n. - Ind.*), processo continuo.
Durchlaufvergüterei (*f. - Wärmebeh.*), linea continua di bonifica.
Durchlaufzähler (für Flüssigkeiten) (*m. - Ger.*), contatore.
Durchlaufzeit (eines Stückes, zwischen Beginn des Rüstzeit und Ende der Einlagerungszeit) (*f. - Mech.*), tempo di lavorazione, tempo ciclo. 2 ~ (bei Röhren) (*Elektronik*), tempo di transito.
durchleuchten (röntgen) (*Phys.*), fare una radioscopia.
Durchleuchtung (Röntgendurchleuchtung) (*f. - Phys.*), radioscopia. 2 ~ s·apparat (*m. - Phys.*), apparecchio per raggi X. 3 ~ s·bild (*n. - Phys.*), immagine radioscopica.
Durchlicht (*n. - Opt.*), luce passante, luce trasmessa.

Durchlochen (eines Werkstückes) (*n. - Schmieden*), foratura.
durchlochen (Blech z. B.) (*mech. Technol.*), perforare. 2 ~ (lochen, ein Werkstück) (*Schmieden*), forare.
Durchlöcherung (eines Rohres z. B., durch Korrosion) (*f. - Technol.*), perforazione.
Durchlüftung (von Sand z. B.) (*f. - Giess. - etc.*), ventilazione.
Durchmesser (*m. - Geom. - etc.*), diametro. 2 ~ spannung (eines Mehrphasensystems) (*f. - Elekt.*), tensione diametrale. 3 ~ teilung (Modul, eines Zahnrades) (*f. - Mech.*), modulo. 4 ~ wicklung (*f. - Elekt.*), avvolgimento a passo diametrale, avvolgimento a passo intero. 5 äusserer ~ (Aussendurchmesser) (*Mech. - etc.*), diametro esterno. 6 Bohr ~ (einer Bohrmaschine) (*Werkz.masch.*), diametro (massimo) di foratura. 7 Flanken ~ (von Zahnrädern) (*Mech.*), diametro primitivo. 8 Flanken ~ (einer Schraube) (*Mech.*), diametro medio. 9 Fusskreis ~ (eines Zahnrades) (*Mech.*), diametro di fondo. 10 Gewinde ~ (Aussendurchmesser) (*Mech.*), diametro esterno. 11 Grundkreis ~ (einer Verzahnung) (*Mech.*), diametro base, diametro del cerchio base. 12 innerer ~ (*Mech. - etc.*), diametro interno. 13 innerer ~ (eines Gewindes) (*Mech.*), diametro di nocciolo. 14 Kern ~ (einer Schraube) (*Mech.*), diametro di nocciolo. 15 kleinster Spurkreis ~ (Durchmesser des Kreises den die Reifenmitte des äusseren Vorderrades bei grösstem Lenkeinschlag beschreibt) (*Aut.*), diametro minimo di volta (riferito alla mediana del pneumatico). 16 kleinster Wendekreis ~ (vom am weitesten nach aussen vorstehenden Fahrzeugteil beschrieben) (*Aut.*), diametro minimo di volta (riferito al massimo ingombro del veicolo). 17 konjugierter ~ (*Geom.*), diametro coniugato. 18 Kopfkreis ~ (eines Zahnrades) (*Mech.*), diametro di troncatura. 19 Nenn ~ (*Mech.*), diametro nominale. 20 Rücken ~ (eines Spiralbohrers) (*Werkz.*), diametro dello scarico. 21 Teilkreis ~ (eines Zahnrades) (*Mech.*), diametro primitivo. 22 Umlauf ~ über Bett (*Werkz.masch.bearb.*), diametro di rotazione sul bancale.
Durchpausen (Tuschzeichnen) (*n. - Zeichn.*), lucidatura. 2 ~ (Blaupausen z. B.) (*Zeichn.*), riproduzione.
durchpausen (tuschzeichnen) (*Zeichn.*), lucidare. 2 ~ (Blaupausen z. B.) (*Zeichn.*), riprodurre.
Durchprojektion (*f. - Opt.*), proiezione per trasparenza.
durchprüfen (*allg.*), verificare a fondo.
durchrechnen (*allg.*), verificare (i conti).
Durchreissen (*n. - Papierind. - etc.*), lacerazione.
Durchreisswiderstand (Weiterreisswiderstand, von Papier) (*m. - Technol.*), resistenza alla lacerazione.
Durchrisse (*m. - pl. - Metall.fehler*), cricche passanti.
durchrufen (*Fernspr.*), far passare la chiamata.
durchrutschend (Rad) (*Fahrz.*), slittante, che slitta.

Durchrutschweg (Schutzstrecke hinter einem Hauptsignal die frei zu halten ist für den Fall dass ein Zug umbeabsichtig hinausfährt) (*m. - Eisenb.*), tratto di (sicurezza di) frenata.
durchsacken (*Flugw.*), stallare.
Durchsackgeschwindigkeit (*f. - Flugw.*), velocità di stallo.
Durchsackwarngerät (*n. - Flugw. - Ger.*), indicatore di stallo.
Durchsatz (in einer gegebenen Zeit verarbeitete Stoffmenge, in einem Ofen z. B.) (*m. - Ind.*), produzione oraria. 2 ~ (Durchflussmenge, von Kraftstoff z. B.) (*Mot. - etc.*), portata. 3 Kühlluft ~ (*Mot.*), portata d'aria di raffreddamento. 4 Kühlwasser ~ (*Mot.*), portata d'acqua di raffreddamento. 5 Luft ~ (Ladungsdurchsatz) (*Mot.*), portata d'aria (d'alimentazione).
Durchschallen (von Schweissnähten z. B., zur Prüfung) (*n. - mech. Techn.*), controllo con ultrasuoni.
durchschalten (*Fernspr.*), mettere in comunicazione, stabilire la comunicazione. 2 ~ (verbinden) (*Elekt.*), collegare, allacciare.
Durchschaltfilter (*m. - Fernspr.*), filtro di transito.
Durchschaltrelais (*n. - Elekt. - Fernspr.*), relè congiuntore, relè di connessione.
Durchschaltzeit (*f. - Elekt.*), tempo di collegamento. 2 ~ (*Fernspr.*), tempo per stabilire la comunicazione.
durchscheinend (*Opt.*), traslucido, translucido.
durchschiessen (Wörter) (*Druck.*), spaziegiare. 2 ~ (Zeilen) (*Druck.*), interlineare. 3 ~ (weisses Papier zwischen die Blätter eines Buches setzen) (*Druck.*), inserire (fogli) antiscartini.
Durchschlag (Durchbohrung) (*m. - allg.*), perforazione. 2 ~ (des Dielektrikums z. B.) (*Elekt.*), perforazione. 3 ~ (Raddurchschlag) (*Aut.*), scuotimento. 4 ~ (zweier Grubenbaue ineinander) (*Bergbau - etc.*), giunzione. 5 ~ (eines Reifens) (*Aut.*), foratura. 6 ~ (Werkzeug zum Schlagen von Löchern in Blech) (*Werkz.*), punzone (per forare). 7 ~ (Doppelschrift, mit der Schreibmaschine) (*Büro - etc.*), copia (a macchina), copia dattilografica. 8 ~ eisen (*n. - Werkz.*), punzone. 9 ~ papier (Florpost) (*n. - Papierind. - Büro*), carta vergata. 10 ~ s·feldstärke (Durchschlagsfestigkeit) (*f. - Elekt.*), rigidità dielettrica. 11 ~ s·festigkeit (dielektrische Festigkeit) (*f. - Elekt.*), rigidità dielettrica. 12 ~ s·kraft (*f. - allg.*), forza di penetrazione. 13 ~ s·spannung (*f. - Elekt.*), tensione disruptiva. 14 Rad ~ (Durchschlag) (*Aut.*), scuotimento (ruota).
Durchschlagen (Sichtbarwerden von Bestandteilen) (*n. - Anstr.fehler*), affioramento.
durchschlagen (durchbohren) (*allg.*), perforare. 2 ~ (Sicherung, durchbrennen) (*Elekt.*), saltare, bruciare. 3 ~ (Nagel) (*allg.*), piantare. 4 nach Masse ~ (*Elekt.*), scaricare a massa.
Durchschläger (Durchtreiber) (*m. - Werkz.*), punteruolo.
durchschleifen (eine Stelle, beim Schleifen einer gespachtelten Karosserie z. B.) (*Anstr.*), scoprire carteggiando, carteggiare eccessivamente.
durchschleusen (*naut.*), passare le chiuse.
Durchschleusung (*f. - naut.*), passaggio delle chiuse.
Durchschlupf (durchschnittlicher Anteil von fehlerhaften Stücken, bei Qualitätskontrolle) (*m. - mech. Technol.*), qualità media risultante. 2 grösster ~ (bei Qualitätskontrolle) (*mech. Technol.*), limite di qualità media risultante.
durchschmelzen (von Sicherungen z. B.) (*Elekt.*), fondersi, bruciarsi, saltare.
durchschmieden (*Schmieden*), fucinare a cuore, fucinare completamente.
durchschneiden (*Mech.*), troncare, tagliare. 2 ~ (*Geom.*), intersecare.
Durchschnitt (*m. - Zeichn.*), sezione. 2 ~ (*Arch.*), profilo. 3 ~ (arithmetisches Mittel) (*Statistik - etc.*), media. 4 ~ s·ansicht (*f. - Zeichn.*), vista in sezione. 5 ~ s·fläche (Durchschnittsebene) (*f. - Zeichn.*), piano di sezione. 6 ~ s·gehalt (*m. - Chem. - Metall.*), tenore medio. 7 ~ s·geschwindigkeit (*f. - Mech. - etc.*), velocità media. 8 ~ s·punkt (*m. - Geom.*), punto di intersezione. 9 ~ s·temperatur (*f. - Phys.*), temperatura media. 10 ~ s·wert (*m. - Phys. - etc.*), valore medio.
durchschnittlich (*allg.*), medio. 2 ~ (in der Schätzskala) (*Arb. - Zeitstudium*), medio.
durchschossen (Wörter) (*Druck.*), spazieggiato. 2 ~ (Zeilen) (*Druck.*), interlineato.
Durchschreibpapier (*n. - Büro*), carta carbone, carta da ricalco.
Durchschrift (*f. - Büro*), copia carbone, copia dattilografica.
Durchschuss (Metallstück für Zeilenzwischenräume) (*m. - Druck.*), interlinea. 2 ~ blatt (*n. - Druck.*), interfoglio, foglio antiscartino.
Durchseihen (*n. - Chem.*), filtrazione.
durchseihen (*Chem.*), filtrare.
Durchsetzen (bei Freiformschmieden von Kurbelwellen z. B.) (*n. - mech. Technol.*), sbozzare i gomiti.
Durchsicht (Prüfung) (*f. - allg.*), esame, revisione. 2 ~ s·schirm (*m. - Fernseh.*), schermo trasparente.
durchsichtig (*allg.*), trasparente.
Durchsichtigkeit (*f. - Opt.*), trasparenza. ~ s·grad (*m. - Opt.*), fattore di trasmissione interna.
Durchsickern (*n. - allg.*), infiltrazione.
durchsickern (*allg.*), infiltrarsi.
durchsieben (*Ind.*), setacciare.
Durchstarten (bei Landung) (*n. - Flugw.*), ripresa (per mancato atterraggio).
Durchstechen (*n. - Blechbearb.*), siehe Durchziehen.
durchstechen (Papier z. B.) (*allg.*), perforare.
Durchsteckschraube (Durchgangsschraube) (*f. - Mech.*), vite passante.
Durchsteck-Stromwandler (*m. - Elekt.*), trasformatore (di misura) amperometrico a foro passante.
Durchsteckwandler (*m. - Elekt.*), trasformatore a foro passante.
Durchstich (*m. - Bauw. - Eisenb.*), traforo.
durchstimmbar (*allg.*), sintonizzabile.

Durchstimmbereich

Durchstimmbereich (*m. - Funk.*), campo di sintonizzazione.
Durchstossen (einer Röhre, Überlastung) (*n. - Elektronik*), sovraccarico.
Durchstossfestigkeit (von Papier z. B.) (*f. - Technol.*), resistenza alla perforazione.
Durchstossofen (*m. - Ofen*), forno a spinta.
Durchstrahlen (von Schweissnähten z. B., zur Prüfung) (*n. - mech. Technol.*), controllo con radiazioni.
Durchstrahlung (*f. - Phys.*), radiazione penetrante. 2 ~ s·Elektronenmikroskopie (*f. - Opt.*), microscopia elettronica diascopica.
Durchstrich (*m. - Büro - etc.*), cancellatura, depennatura.
durchströmen (*Elekt. - etc.*), passare attraverso.
durchströmt (*Elekt. - Hydr. - etc.*), attraversato, percorso.
Durchströmung (*f. - Elekt. - etc.*), passaggio.
durchsuchen (*recht. - etc.*), perquisire.
Durchsuchung (*f. - recht. - etc.*), perquisizione.
Durchtreiber (*m. - Werkz.*), *siehe* Durchschläger.
Durchtrocknen (*n. - Anstr.*), *siehe* Durchhärten.
Durchvergütung (*f. - Wärmebeh.*), bonifica completa, bonifica di profondità.
Durchwahl (*f. - Fernspr.*), selezione diretta.
durchwärmen (ein Werkstück im Ofen vollständig und gleichmässig erwärmen) (*Schmieden - Metall.*), portare a temperatura, riscaldare a cuore.
Durchwärmungszeit (von Blöcken z. B.) (*f. - Metall.*), tempo di permanenza, tempo di regime, tempo di riscaldo a cuore.
durchwaten (*Fahrz. - etc.*), guadare.
Durchwirblung (des Metallbades) (*f. - Metall.*), turbolenza, agitazione.
Durchwurf (Sandsieb) (*m. - Bauw. - Ger.*), crivello, vaglio (per sabbia).
Durchzeichenpapier (*n. - Zeichn.*), carta da lucidi, carta per lucidi.
durchzeichnen (durchpausen, eine Zeichnung) (*Zeichn.*), lucidare.
Durchzeichnung (Durchpausen) (*f. - Zeichn.*), lucidatura.
Durchziehen (Hochziehen der Wandung eines in das Blech vorher eingeschnittenen Loches) (*n. - Blechbearb.*), estrusione (di fori), trafilatura (di fori), slabbratura (di fori). 2 ~ (Ziehen, von Drähten, Rohren, etc.) (*mech. Technol.*), trafilatura.
durchziehen (eine Linie) (*Zeichn.*), tirare. 2 ~ (Gewindelöcher z. B., mit Durchziehstempel) (*mech. Technol.*), estrudere, trafilare, slabbrare. 3 ~ (Fäden z. B.) (*Textilind· - etc.*), infilare.
Durchziehformmaschine (*f. - Giess.masch.*), formatrice ad estrazione (del modello).
Durchziehglas (eines Mikroskops) (*n. - Opt.*), vetrino.
Durchziehnadel (*f. - Werkz.*), punteruolo.
Durchziehofen (*m. - Ofen*), forno a transito.
Durchziehplatte (Durchzugplatte) (*f. - Giess.*), piastra per sformatura, pettine.
Durchziehstempel (für Löcher in Blechteilen, die mit Gewinde versehen werden sollen) (*m. - mech. Technol. - Werkz.*), punzone estrusore. 2 ~ für Gewindelöcher (*mech. Technol. - Werkz.*), punzone estrusore per fori da filettare.
Durchzug (*m. - Arch.*), architrave. 2 ~ (Durchziehstempel) (*Blechbearb.werkz.*), punzone estrusore. 3 ~ (durch einen Raum streichende Luft) (*allg.*), corrente d'aria. 4 ~ (durch einen Motor fliessende Luft) (*Mot.*), portata d'aria. 5 ~ kraft (maximal mögliche Schnittkraft, einer Hobelmaschine) (*f. - Werkz.masch.*), forza di taglio massima. 6 ~ s·platte (*f. - Giess.masch.*), pettine, piastra per sformatura.
Durchzündung (in Gasröhren z.B.) (*f. - Elektronik - Fehler*), difetto d'interdizione.
Duromer (Kunststoff) (*n. - chem. Ind.*), termoindurente (*s.*).
Duronze (Mangan-Zinn-Bronze mit 97% Cu, 1% Mn und 2% Sn) (*f. - Legierung*), bronzo allo Sn, Mn.
Duroplast (härtbares Kunstharz) (*n. - chem. Ind.*), materia plastica termoindurente.
Dürre (Trockenheit) (*f. - Meteor.*), siccità, secchezza.
Duschanlage (Dusche) (*f. - Bauw.*), doccia.
Dusche (Duschanlage, Brause, Tropfbad, Fallbad, Sturzbad) (*f. - Bauw.*), doccia.
Duschkabine (*f. - Bauw.*), cabina per doccia.
Düse (einer Rohrleitung) (*f. - Leit.*), ugello. 2 ~ (Einspritzdüse, eines Dieselmotors z. B.) (*Mot.*), polverizzatore. 3 ~ (Einspritzventil, Düsenhalter mit Düse, eines Dieselmotors) (*Mot.*), iniettore. 4 ~ (Leitapparat, einer Turbine) (*Masch.*), distributore. 5 ~ (eines Turbinenstrahlwerkes) (*Strahltriebwerk*), effusore, ugello del getto. 6 ~ (eines Vergasers) (*Mot.*), getto, spruzzatore. 7 ~ (Windform) (*Hochofen*), ugello. 8 ~ (für die Lüftungs- und Heizungsanlage eines Wagens z. B.) (*Aut.*), bocchetta. 9 ~ (einer Schraube, Kort-Düse) (*naut.*), mantello. 10 ~ n·antrieb (Strahlantrieb) (*m. - Flugw.*), propulsione a getto. 11 ~ n·dorn (zur Messung von Durchgangsbohrungen, mit Luftzuführung) (*m. - Ger.*), calibro pneumatico a tampone. 12 ~ n·flügel (*m. - Flugw.*), ala a fessura. 13 ~ n·flugzeug (Strahltriebflugzeug) (*n. - Flugw.*), aviogetto, aeroplano a getto, reattore. 14 ~ n·halter (eines Dieselmotors) (*m. - Mot.*), portapolverizzatore. 15 ~ n·kranz (Leitapparat, einer Turbine) (*m. - Masch.*), distributore, statore, corona di palette distributrici. 16 ~ n·lehre (Lochlehre, zum Prüfen von Düsen und kleinen Bohrungen (*f. - Ger.*), calibro per ugelli. 17 ~ n·messdorn (Messelement eines pneumatischen Messgerätes) (*m. - Mech. - Ger.*), tastatore per diametri interni, calibro pneumatico a tampone. 18 ~ n·messring (Messelement eines pneumatischen Messgerätes) (*m. - Mech. - Ger.*), tastatore per diametri esterni, calibro pneumatico ad anello. 19 ~ n·nadel (eines Dieselmotors) (*f. - Mot.*), ago del polverizzatore. 20 ~ n·nadel (eines Vergasers) (*Mot.*), ago del getto. 21 ~ n·propeller (Kort-Düse) (*m. - naut.*), elica intubata, elica Kort. 22 ~ n·prüfstand (*m. - Dieselmot.*), banco prova iniettori. 23 ~ n·pumpe (Saugpumpe) (*f. - Masch.*), pompa aspirante. 24 ~ n·reinigungs-

werkzeug (*n. - Werkz. - Mot.*), utensile per pulire gli iniettori. **25** ~ **n·ring** (zum Prüfen von Wellen z. B.) (*m. - Ger.*), calibro pneumatico ad anello. **26** ~ **n·rohr** (eines Hochofens) (*n. - Metall.*), tubiera del vento. **27** ~ **n·spitze** (*f. - Hochofen*), portavento. **28** ~ **n·stock** (eines Dieselmotors) (*m. - Mot.*), supporto del polverizzatore, portapolverizzatore. **29** ~ **n·träger** (eines Vergasers) (*m. - Mot.*), portagetto. **30** ~ **n·triebwerk** (Strahltriebwerk) (*n. - Mot.*), motore a getto, motore a reazione. **31** ~ **n·vergaser** (*m. - Mot.*), carburatore a getti. **32 Abflug** ~ (eines Flugzeugmotorvergasers) (*Mot. - Flugw.*), getto di decollo. **33 Anlass** ~ (*Mot.*), getto per l'avviamento. **34 Ausgleich** ~ (eines Vergasers) (*Mot.*), getto compensatore. **35 Beschleunigerpumpen** ~ (eines Vergasers) (*Mot.*), getto pompa di accelerazione. **36 Einspritz** ~ (eines Dieselmotors z. B.) (*Mot.*), polverizzatore. **37 Haupt** ~ (eines Vergasers) (*Mot.*), getto principale. **38 Hauptluft** ~ (eines Vergasers) (*Mot.*), (getto) calibratore aria principale. **39 Hochleistungs** ~ (eines Vergasers) (*Flugmot.*), getto di potenza. **40 Höchstleistungs** ~ (Abflugdüse) (*Flugw. - Mot.*), getto di decollo. **41 Korrektur** ~ (Ausgleichdüse, eines Vergasers) (*Mot.*), getto compensatore. **42 Kühlmittel** ~ (*Werkz. masch.*), ugello per il refrigerante. **43 Leerlauf** ~ (eines Vergasers) (*Mot.*), getto del minimo. **44 Loch** ~ (eines Dieselmotors) (*Mot.*), polverizzatore a fori. **45 Mehrloch** ~ (eines Dieselmotors) (*Mot.*), polverizzatore a fori. **46 Pumpen** ~ (eines Vergasers) (*Mot. - Aut.*), getto della pompa di accelerazione. **47 Sandstrahl** ~ (*Giess. - etc.*), ugello per proiezione di sabbia, boccaglio per sabbiatura. **48 Schlitz** ~ (für Sand z. B.) (*Giess. - etc.*), ugello a fessura. **49 selbstentschlackende** ~ (*Giess.*), ugello autodescorificante. **50 Spinn** ~ (für Kunstseide) (*Textilind.*), filiera. **51 Spritz** ~ (Einspritzdüse, eines Vergasers) (*Mot.*), getto, spruzzatore. **52 Starterkraftstoff** ~ (eines Vergasers) (*Mot.*), getto starter, getto di avviamento. **53 Starterluft** ~ (eines Vergasers) (*Mot.*), (getto) calibratore aria del minimo. **54 verstellbarer** ~ **kranz** (*Masch.*), distributore a (palette) direttrici regolabili. **55 Wind** ~ (eines Hochofens) (*Metall.*), ugello del vento. **56 Zapfen** ~ (eines Dieselmotors) (*Mot.*), polverizzatore a pernetto. **57 Zusatz** ~ (eines Vergasers) (*Flugmotor*), getto di potenza.

Düte (Allonge, Ballon, Tute, bei Zinkgewinnung) (*f. - Metall.*), allunga.

Dutzend (*n. - Mass*), dozzina. **2** ~ (von Feilen) (*Werkz.*), mazzo (di 12).

DV (Dienstvorschrift) (*allg.*), norma di servizio.

DVA (Datenverarbeitungsanlage) (*Rechner*), calcolatore, impianto per l'elaborazione dei dati, elaboratore di dati.

D-Verhalten (Differentialverhalten) (*n. - Regelung*), azione derivativa.

DVL (Deutsche Versuchsanstalt für Luftfahrt) (*Flugw.*), Istituto Tedesco per Ricerche Aeronautiche.

DVM (Deutscher Verband für Materialprüfung) (*Technol.*), Associazione Tedesca Prove Materiali.

DVMF-Probe (Kerbschlagbiegeprobe mit Flachkerb) (*f. - Metall.*), provino DVMF, provino ad intaglio piano per prove di resilienza.

DVMK-Probe (kleine Kerbschlagbiegeprobe) (*f. - Metall.*), provino DVMK.

DVM-Kriechgrenze (besonders festgelegter Festigkeitswert für das Zeitstandverhalten von Stahl) (*f. - Metall.*), limite di scorrimento DVM.

DVM-Probe (Kerbschlagbiegeprobe mit Rundkerb) (*f. - Metall.*), provino DVM, provino ad intaglio tondo per prove di resilienza.

DVMR-Probe (Schlagprobe) (*f. - mech. Technol.*), provino DVMR.

DVMS-Probe (Spitzkerbprobe) (*f. - Metall.*), provino DVMS, provino con intaglio a V per prove di resilienza.

DVO (Durchführungsverordnung) (*recht.*), disposizioni procedurali.

DVS (Deutscher Verband für Schweisstechnik) (*mech. Technol.*), Associazione Tedesca della Saldatura.

DW (Dienstwähler) (*Fernspr.*), selettore di servizio. **2** ~ (Drahtwiderstand) (*Elekt.*), resistenza a filo.

Dwaidel (*m. - naut.*), siehe Dweil.

dwars (dwas) (*adv. - naut.*), al traverso, a mezza nave.

Dwarsee (*f. - naut.*), mare al traverso.

Dweil (Dwaidel, Wischbesen) (*m. - naut.*), radazza.

dweilen (das Deck z. B.) (*naut.*), lavare.

D-Wirkung (Vorhalt) (*f. - Regelung*), azione derivativa.

DWR (Druckwasserreaktor) (*Kernphys.*), reattore ad acqua pressurizzata.

DX (grosse Reichweite) (*Radar - etc.*), grande distanza, grande portata.

Dy (Disprosium) (*Chem.*), Dy, disprosio.

Dyade (*f. - Math.*), coppia.

dyadisch (binär) (*Rechner*), binario.

Dyakisdodekaeder (Kristall) (*n. - Min.*), diacisdodecaedro, diploedro, diploide.

Dyn (Masseinheit der Kraft) (*n. - Masseinheit*), dina.

Dynamik (*f. - Mech.*), dinamica. **2** ~ (Aussteuerungsbereich, Schalldruckumfang, durch den grössten und kleinsten Schalldruck bestimmt) (*Elektroakus. - Fernspr.*), dinamica. **3** ~ **dehner** (Dynamikexpander) (*m. - Akus.*), espansore della dinamica, espansore di volume. **4** ~ **dehnung** (*f. - Akus.*), espansione della dinamica, espansione del volume. **5** ~ **des Massenpunktes** (*Mech.*), dinamica del punto materiale. **6** ~ **dränger** (Dynamikkompressor, Dynamikpresser) (*m. - Akus.*), compressore della dinamica, compressore del volume. **7** ~ **drängung** (Dynamikkompression) (*f. - Akus.*), compressione della dinamica. **8** ~ **fester Körper** (*Phys.*), dinamica dei solidi. **9** ~ **presser** (Dynamikdränger) (*m. - Elektroakus. - Fernspr.*), compressore della dinamica, compressore del volume. **10** ~ **regler** (*m. - Elektroakus. - Fernspr.*), regolatore della dinamica, regolatore del volume. **11 Aero** ~ (*Aerodyn.*), aerodinamica. **12 Gas**

dynamisch

~ (*Phys.*), dinamica dei gas, gasdinamica. 13 Hydro ~ (*Phys.*), idrodinamica.
dynamisch (*Mech.*), dinamico. 2 ~ **ausgewuchtet** (*Mech.*), equilibrato dinamicamente. 3 ~ **e Ausgleichung** (der Steuerungsflächen) (*Flugw.*), compensazione dinamica. 4 ~ **e Druckmessöffnung** (*Flugw.*), presa dinamica manometrica, presa pressostatica, presa per pitometro. 5 ~ **er Auftrieb** (*Flugw.*), sostentazione dinamica, portanza dinamica. 6 ~ **er Druck** (*Mech. der Flüss.k.*), pressione dinamica. 7 ~ **er Gütegrad** (*Flugw.*), coefficiente di qualità dinamica. 8 ~ **es Auswuchten** (der Schraube) (*Mech. - Flugw.*), equilibratura dinamica, bilanciamento dinamico. 9 ~ **e Stabilität** (*Flugw.*), stabilità dinamica.
Dynamit (*n. - Expl.*), dinamite.
Dynamo (Dynamomaschine, Generator) (*f. m. - Elekt.*), dinamo. 2 ~ **blech** (*n. - Elekt.*), lamierino magnetico. 3 ~ **gestell** (*n. - Elekt.*), carcassa della dinamo. 4 **Aussenpol** ~ (*Elekt.*), dinamo a poli esterni. 5 **Beleuchtungs** ~ (*Elekt.*), dinamo per illuminazione. 6 **Compound** ~ (Verbunddynamo) (*Elekt.*), dinamo compound. 7 **Erreger** ~ (*Elekt.*), dinamo eccitatrice. 8 **fremderregte** ~ (*Elekt.*), dinamo ad eccitazione separata. 9 **Funken einer** ~ (*Elekt.*), scintillamento della dinamo, scintillìo della dinamo. 10 **Innenpol** ~ (*Elekt.*), dinamo a poli interni. 11 **Lade** ~ (*Mot. - Elekt.*), dinamo per caricare la batteria, dinamo carica batteria. 12 **Licht** ~ (*Elekt.*), dinamo per illuminazione. 13 **Nebenschluss** ~ (*Elekt.*), dinamo con eccitazione in derivazione. 14 **Reihenschluss** ~ (*Elekt.*), dinamo con eccitazione in serie. 15 **Verbund** ~ (*Elekt.*), dinamo compound.

dynamoelektrisch (*Elekt.*), dinamoelettrico.
Dynamometamorphose (*f. - Geol.*), dinamometamorfismo, metamorfismo di dislocazione.
Dynamometer (*n. - Mech.*), dinamometro. 2 **Brems** ~ (*Mech. - Mot.*), freno dinamometrico. 3 **Feder** ~ (*Mech.*), dinamometro a molla.
Dynamotor (*m. - Elekt.*), dinamotore.
Dynapak-Maschine (Hochgeschwindigkeitshammer) (*f. - Schmiedemasch.*), maglio Dynapak, maglio ad alta energia.
Dynastarter (Lichtmaschine und Anlasser) (*m. - Mot.*), avviatore-dinamo.
Dynatron (Röhrengenerator) (*n. - Funk.*), dinatron.
Dynode (Prallanode, Elektrode deren Sekundärelektronenemission zum Betrieb der Röhre notwendig ist) (*f. - Elektronik*), dinodo, elettrodo d'emissione secondaria.
Dynstatgerät (Gerät für statische und dynamische Prüfungen) (*n. - Ger.*), apparecchio per prove statiche e dinamiche.
Dynstat-Probe (Schlagbiegeprobe zur Prüfung von Kunststoffen) (*f. - Technol.*), provino dynstat.
Dysprosium (*Dy - n. - Chem.*), disprosio.
dz (Doppelzentner = 100 kg) (*Gewichtseinheit*), quintale.
DZl (Drahtfunk-Zuführungsleitung) (*Funk.*), filo di alimentazione per filodiffusione.
D-Zug (Durchgangszug) (*m. - Eisenb.*), treno con carrozze intercomunicanti. 2 ~ **wagen** (*m. - Eisenb.*), carrozza con mantice d'intercomunicazione.

E

E (Elastizitätsmodul) (*Baukonstr.lehre*), E, modulo di elasticità. 2 ~ (elektromotorische Kraft, EMK) (*Phys.*), E, forza elettromotrice. 3 ~ (Edison-Gewinde) (*Elekt.*), filettatura Edison. 4 ~ (Erstarrungspunkt) (*Phys.*), punto di solidificazione. 5 ~ (Englergrad) (*Phys. - Einheit*), E, grado Engler. 6 ~ (Empfänger) (*Funk. - etc.*), ricevitore. 7 ~ (Eilzug) (*Eisenb.*), D, treno diretto. 8 ~ (Elektrostahl) (*Metall.*), acciaio elettrico, acciaio fabbricato al forno elettrico. 9 ~ (Beleuchtungsstärke) (*Beleucht.*), E, illuminamento. 10 ~ (E_e, Bestrahlungsstärke) (*Phys.*), E_e, irradiamento.
($\bar{E}$) (absolute Einheit) (*Mass*), unità assoluta.
e (Basis der natürlichen Logarithmen = 2,71828...) (*Math.*), e. 2 ~ (Elementarladung (*Phys.*), e. 3 ~ (E, EMK, elektromotorische Kraft) (*Elekt.*), fem, forza elettromotrice.
[e] (Bezugseinheit) (*Mass*), unità relativa.
EA (elektronischer Analogrechner) (*Rechner*), calcolatore analogico.
E/A (Eingabe-Ausgabe, Ein-Ausgabe) (*Rechner*) entrata-uscita.
E/A-Gerät (Ein- und Ausgabe-Gerät) (*Rechner*), apparecchio per l'immissione e l'emissione (di dati).
EAG (Europäische Atomgemeinschaft, Euratom) (*Kernphys.*), EURATOM, Comunità Europea per l'Energia Atomica.
EAM (Einseitenband-Amplitudenmodulation) (*Funk.*), modulazione di ampiezza a banda laterale unica.
EAU (Einankerumformer) (*elekt. Masch.*), convertitrice rotante ad indotto unico.
E-Auto (Elektrofahrzeug, batterieangetrieben z. B.) (*n. - Fahrz.*), automobile elettrica.
EAWAG (Eidgenössische Anstalt für Wasserversorgung, Abwasserreinigung und Gewässerschutz) (*Hydr. - Bauw.*) (*schweiz.*), Istituto Svizzero per l'Approvvigionamento dell'Acqua, la Depurazione delle acque di rifiuto e la Protezione delle acque.
E B (Einheitsbohrung) (*Mech.*), foro base. 2 ~ (Elektrische Bahnen) (*Eisenb.*), ferrovie elettriche.
Ebbe (Fallen des Meerwassers) (*f. - See*), riflusso. 2 ~ **deich** (*m. - Wass.b.*), diga di marea. 3 ~ **marke** (Ebbelinie) (*f. - See*), marca di bassa marea. 4 ~ **strom** (Ebbeströmung) (*m. - See*), corrente di riflusso. 5 ~ **tore** (Schleusenebbetore) (*n. - pl. - Wass.b.*), chiuse di marea. 6 ~ **und Flut** (*See*), bassa ed alta marea. 7 ~ **-und Flutmesser** (*m. - Ger.*), mareometro.
ebben (*See*), rifluire.
eben (flach) (*allg.*), piano. 2 ~ (gleichmässig) (*allg.*), uguale, uniforme. 3 ~ **drehen** (*Mech.*), spianare al tornio, sfacciare al tornio. 4 ~ **e Geometrie** (*Geom.*), geometria piana. 5 ~ **erdige Kreuzung** (plangleiche Kreuzung) (*Eisenb. - Strasse*), passaggio a livello. 6 ~ **er Winkel** (*Geom.*), angolo piano. 7 ~ **sohlig** (*Bergbau*), orizzontale. 8 ~ **es Schaufelgitter** (*Turb.*), schiera di palette sviluppata in un piano. 9 ~ **flächig** (*allg.*), piano, a superficie piana. 10 ~ **mässig** (Korrosion z. B.) (*Technol.*), uniforme.
Ebenbaum (*m. - Holz*), ebano.
Ebenbild (Hautabdruck) (*n. - Metall. - etc.*), calco pellicolare, replica.
Ebene (Fläche) (*f. - Geom.*), piano. 2 ~ (Flachland) (*Geogr.*), pianura. 3 ~ **n·schar** (*f. - Geom.*), famiglia di piani. 4 Beleuchtungs ~ (einer Fabrik, Höhe der Beleuchtungsgeräte) (*Ind.*), piano degli apparecchi d'illuminazione. 5 Berührungs ~ (*Geom.*), piano di contatto. 6 Brechungs ~ (*Opt.*), piano di rifrazione. 7 Diametral ~ (*Geom.*), piano diametrale. 8 Einfalls ~ (*Opt.*), piano di incidenza. 9 Flur ~ (*Bauw. - Ind.*), piano pavimento. 10 Fokal ~ (*Opt.*), piano focale. 11 geneigte ~ (schiefe Ebene) (*Mech.*), piano inclinato. 12 Klimatisierungs ~ (einer Fabrik, Höhe der Kilma-Anlagen) (*Ind.*), piano degli impianti di climatizzazione. 13 Produktions ~ (einer Fabrik, Fertigungsebene, auf der die Masch., etc. aufgestellt sind) (*Ind.*), piano di lavorazione. 14 schiefe ~ (geneigte Ebene) (*Mech.*), piano inclinato. 15 Schnitt ~ (*Zeichn. - etc.*), piano di sezione. 16 Schwimm ~ (*naut.*), piano di galleggiamento. 17 Symmetrie ~ (*Flugw. - etc.*), piano di simmetria. 18 Transport ~ (einer Fabrik, Höhe der Förderer) (*Ind.*), piano dei trasportatori.
Ebenen (*n. - allg.*), spianamento, livellamento.
ebenen (*v. - allg.*), spianare, livellare.
Ebenheit (*f. - Mech.*), planarità.
Ebenholz (*n. - Holz*), ebano.
ebenieren (*Ind.*), ebanitare.
Ebenist (Kunstschreiner) (*m. - Arb.*), ebanista.
Ebenung (*f. - allg.*), spianamento, livellamento.
ebnen (*allg.*), spianare, livellare.
Ebner (Richtscheit, Setzlatte, Richtlatte, Wiegelatte, für Beton) (*m. - Maur. - Werkz.*), regolo.
EBO (Eisenbahn-Bau- und Betriebsordnung) (*Eisenb.*), regolamento sulla costruzione e l'esercizio delle ferrovie.
Ebonit (Hartgummi) (*n. - chem. Ind.*), ebanite.
E-Brief (R-Brief, Einschreibebrief) (*m. - Post*), lettera raccomandata, raccomandata.
Ebullioskop (*n. - Phys. - App.*), ebullioscopio.
Ebullioskopie (*f. - Chem. - Phys.*), ebullioscopia.
Echinus (Igelwulst, beim dorischen Kapitell) (*m. - Arch.*), echino.
Echo (Widerhall) (*n. - Akus. - Radar*), eco. 2 ~ (Echobild) (*Fernseh.fehler*), doppia immagine, immagine riflessa. 3 ~ **bild** (bei

Ultraschallprüfung (*n. - Prüfung - Metall.*), riflettogramma. 4 ~ **empfänger** (*m. - Radar*), ricevitore d'eco. 5 ~ **falle** (*f. - Fernseh.*), trappola per echi. 6 ~ **gramm** (*n. - Radar - naut.*), ecogramma. 7 ~ **graph** (Lotschreiber) (*m. - naut. Ger.*), ecografo. 8 ~ **lot** (Ultraschall-Echolot) (*n. - naut.*), ecoscandaglio, scandaglio acustico, ecometro, ecosonda. 9 ~ **lot** (*Flugw.*), altimetro acustico. 10 ~ **lotung** (*f. - naut.*), ecometria. 11 ~ **prüfung** (Prüfung der Richtigkeit durch Rückübertragung eines Signals z. B., bei numerischer Steuerung z. B.) (*f. - Rechner - NC - Werkz.masch.*), verifica per eco, controllo mediante trasmissione di ritorno. 12 ~ **sperre** (*f. - Radar*), soppressore d'eco. 13 ~ **unterdrücker** (Echosperre) (*m. - Radar - etc.*), soppressore d'eco. 14 ~ **-verfahren** (Impuls-Echo-Verfahren bei zerstörungsfreier Werkstoffprüfung mittels Ultraschallwellen) (*n. - Technol.*), procedimento ad eco, procedimento ad ultrasuoni. 15 ~ **welle** (*f. - Funk. - etc.*), onda riflessa.

echt (unverfälscht) (*allg.*), autentico, vero, genuino. 2 ~ (Farbe, widerstandsfähig gegen Licht, etc.) (*Anstr.*), resistente, solido. 3 ~ (Bruch) (*Math.*), proprio. 4 ~ **e Lösung** (*Chem.*), soluzione vera. 5 ~ **es Bild** (*Opt.*), immagine reale. 6 ~ **e Seide** (Naturseide) (*Text.*), seta (di baco), seta naturale.

Echtheit (*f. - allg.*), autenticità, genuinità. 2 ~ (von Farben, Widerstandsfähigkeit gegen Licht, etc.) (*Anstr. - Färbung*), resistenza, stabilità, solidità. 3 Avivier ~ (*Textilind.*), solidità all'avvivaggio. 4 Beuch ~ (Farbechtheitsprüfung) (*Textilind.*), solidità alla lisciviazione. 5 Bügel ~ (Farbechtheitsprüfung) (*Textilind.*), solidità alla stiratura. 6 Schweiss ~ (*Textilind.*), solidità alla sudorazione, resistenza alla diaforèsi.

Echtpergamentpapier (*n. - Papierind.*), carta pergamena vegetale.

Echtzeit (Datenverarbeitung in dem Augenblick in dem die Daten tatsächlich anfallen) (*f. - Rechner*), tempo reale. 2 ~ **rechner** (*m. - Rechner*), calcolatore in tempo reale.

Eck (*n. - allg.*) (österr.), siehe Ecke.

Eckanschluss (*m. - Leit.*), raccordo ad angolo.

Eckbebauung (mit zurückgesetzter Baulinie, an Strassenkreuzungen) (*f. - Bauw. - Verkehr*), edilizia d'angolo.

Eckblech (Eckplatte) (*n. - Bauw. - Zimm.*), fazzoletto, lamiera d'angolo.

Eckbohrstahl (*m. - Werkz.*), utensile ad angolo per alesare.

Eckdrehmeissel (*m. - Werkz.*), utensile da tornio ad angolo.

Ecke (Eckpunkt, Punkt in dem zwei Seiten eines Vielecks zusammenstossen) (*f. - Geom.*), vertice. 2 ~ (Kante, eines Werkstückes z. B.) (*Mech.*), spigolo. 3 ~ (Winkel) (*allg.*), angolo. 4 ~ (eines Gebäudes, an Strassenkreuzungen) (*Bauw. - Strasse*), angolo, cantonata. 5 ~ (des Kolbens eines Wankelmotors) (*Mot.*), vertice, cuspide. 6 ~ (Schnittpunkt zweier Geraden eines Funktionsgenerators) (*Rechner*), punto d'intersezione. 7 ~ **n·abrundung** (*f. - Mech.*), arrotondamento degli spigoli. 8 ~ **n·fase** (Fase an der Schneidenecke) (*f. - Werkz.*), spigolo smussato. 9 ~ **n·feuerung** (Staubfeuerung für eine quadratische Brennkammer) (*f. - Verbr.*), focolare alimentato dagli angoli, focolare a bruciatori d'angolo. 10 ~ **n·heftmaschine** (für Kartonagen) (*f. - Pakung - Masch.*), cucitrice per spigoli. 11 ~ **n·mass** (einer Sechskantschraube oder Mutter) (*n. - Mech.*), larghezza sugli spigoli. 12 ~ **n·radius** (*m. - Mech. - etc.*), raggio di raccordo. 13 ~ **n·radius** (eines Ziehteiles) (*Blechbearb.*), raggio (di curvatura) agli spigoli. 14 ~ **n·schärfe** (*f. - Fernseh.*), definizione agli orli (dell'immagine). 15 ~ **n·träger** (fehlerhaftes Zahnrad-Tragbild) (*m. - Mach.*), ruota dentata con contatto di spigolo, ruota dentata di spigolo, ruota dentata con contatto all'estremità (della larghezza) del dente. 16 ~ **n·winkel** (*m. - Werkz.*), siehe Spitzenwinkel. 17 körperliche ~ (einer Pyramide) (*Geom.*), triedro. 18 scharfe ~ (*Mech.*), spigolo vivo.

eckende Bewegung (Stick-Slip-Bewegung, Stotterbewegung, eines Schlittens z. B.) (*Mech.*), movimento a scatti.

Eckfeile (Dreikantfeile) (*f. - Werkz.*), lima triangolare.

Eckfenster (*n. - Bauw.*), finestra d'angolo.

Eckfrequenz (Grenze des Durchlassbereiches, eines Filters) (*f. - Elektroakus.*), frequenza limite.

Eckführung (Schachtführung für die Gestelle) (*f. - Bergbau*), guida d'angolo.

Eckholz (*n. - Zimm. - Bauw.*), legname squadrato.

eckig (*allg.*), ad angolo, angolare.

Eckigkeit (*f. - allg.*), angolosità.

Ecklohn (tariflich festgesetzter Stundenlohn des Facharbeiters) (*m. - Pers.*), paga oraria sindacale (per operaio specializzato).

Eckmeissel (Eckdrehmeissel) (*m. - Werkz.*), utensile ad angolo.

Ecknaht (beim Schweissen) (*f. - mech. Technol.*), cordone d'angolo, saldatura d'angolo.

Eckpfeiler (*m. - Bauw.*), pilastro d'angolo. 2 ~ (eines Kartons) (*Packung*), rinforzo d'angolo.

Eckpfosten (*m. - Aut. - Aufbau - etc.*), montante d'angolo.

Eckplatte (Eckblech) (*f. - Bauw. - Zimm.*), fazzoletto, lamiera d'angolo.

Eckplatz (eines Wagenabteiles) (*m. - Eisenb.*), posto d'angolo.

Eckpunkt (*m. - Geom.*), siehe Ecke.

Eckrohrkessel (bei dem die Fallrohre als Kesselgerüst wirken) (*m. - Kessel*), caldaia a tubi d'angolo.

Eckschrauber (Winkelschrauber) (*m. - Werkz.*), cacciavite ad angolo.

Eckschweissung (*f. - mech. Technol.*), saldatura d'angolo.

Eckstahl (*m. - Werkz.*), utensile ad angolo.

Eckstein (*m. - Arch.*), concio d'angolo.

Eckstoss (beim Schweissen) (*m. - mech. Technol.*), giunto d'angolo, saldatura d'angolo.

Eckstück (Eckblech) (*n. - Bauw.*), fazzoletto, lamiera d'angolo. 2 ~ (eines Rohres) (*Leit.*), gomito, raccordo ad angolo.

Eckventil (mit einmaliger Umlenkung der Strömung um 90°) (*n. - Leit.*), valvola ad angolo (di 90°).

ECL-Schaltung (emitter-coupled logic) (*Elektronik*) circuito logico ad accoppiamento di emettitori, ECL.
Eco (Speisewasservorwärmer) (*m. - Kessel*), economizzatore.
Ecruseide (basthaltige edle Seide, für Gaze verwendet z. B.) (*f. - Textilind.*), seta greggia, seta cruda.
ECTL-Schaltung (emitter-coupled transistor logic) (*Elektronik*), circuito logico a transistori ad accoppiamento di emettitori, ECTL.
E-Cu (Elektrolytkupfer) (*Metall.*), rame elettrolitico.
ED (Einschaltdauer) (*elekt. Masch.*), siehe Einschaltdauer. 2 ~ (einfache Dicke von Fensterglas, 1,25 ÷ 2 mm) (*Bauw.*), spessore semplice.
edel (*Metall.*), nobile. 2 ~ (Gas) (*Chem.*), nobile, inerte.
Edelfestsitz (eF) (*m. - Mech.*), accoppiamento extrapreciso bloccato serrato.
Edelgas (Helium, Argon, Neon, Krypton, Xenon und radioakt. Emanationen Radon, Thoron und Aktinon) (*n. - Chem.*), gas nobile, gas inerte.
Edelgleitsitz (eG) (*m. - Mech.*), accoppiamento extrapreciso di scorrimento.
Edelhaftsitz (eH) (*m. - Mech.*), accoppiamento extrapreciso bloccato leggero.
Edelkohle (Steinkohle mit höchstens 2 % Aschengehalt) (*f. - Brennst.*), carbone fossile (con meno del 2 % di ceneri).
Edelkorund (für Schleifscheiben (*m. - Werkz.*), corindone prezioso.
Edelmessing (mit 55 ÷ 60 % Cu, 40 % Zn, bis 5 % Cr + Fe + Mn) (*n. - Legierung*), ottone al cromo-ferro-manganese, ottone nobile.
Edelmetall (Gold, Silber und Platin) (*n. - Metall.*), metallo nobile.
Edelpassung (*f. - Mech.*), accoppiamento extrapreciso.
Edelputz (*m. - Maur.*), intonaco di rifinitura.
Edelrost (Patina, Überzug auf Kupfer) (*m. - Metall.*), patina.
Edelschiebesitz (eS) (*m. - Mech.*), accoppiamento extrapreciso di spinta.
Edelschrott (*m. - Metall.*), rottame pregiato.
Edelstahl (legierter Stahl) (*m. - Metall.*), acciaio legato.
Edelstein (*m. - Min.*), pietra preziosa. 2 ~ lager (für Uhren z. B.) (*n. - Instr.*), rubino, supporto in pietra dura, cuscinetto in pietra dura.
Edeltanne (*f. - Holz*), abete bianco.
Edeltreibsitz (eT) (*m. - Mech.*), accoppiamento extrapreciso bloccato normale.
Edelzellstoff (*m. - Chem.*), cellulosa nobile.
Edisonakkumulator (Eisen-Nickel-Akkumulator) (*m. - Elekt.*), accumulatore alcalino, accumulatore al ferro-nichel, accumulatore Edison.
Edisoneffekt (*m. - Elekt.*), effetto Edison.
Edisonfassung (*f. - Elekt.*), portalampada a vite (con attacco) Edison, portalampada tipo Edison.
Edisongewinde (*n. - Elekt.*), filettatura (a passo) Edison.
Edisonlampensockel (Edisonsockel) (*m. - Elekt.*), attacco Edison.
Edison-Sammler (Eisen-Nickel-Akku) (*m. - Elekt.*), accumulatore alcalino al ferro-nichel.
Edisonsockel (Edisonlampensockel) (*m. - Elekt.*), attacco Edison.
EDV (elektronische Datenverarbeitung) (*Rechner*), elaborazione elettronica dei dati. 2 ~ -Anlage (elektronische Datenverarbeitungsanlage) (*f. - Rechner*), calcolatore, impianto per l'elaborazione elettronica dei dati, elaboratore elettronico dei dati.
EDVA (elektronische Datenverarbeitungsanlage) (*Rechner*), calcolatore, impianto elettronico per l'elaborazione dei dati, elaboratore elettronico di dati.
EEG (Elektroenzephalogramm) (*Med.*), elettroencefalogramma.
eF (Edelfestsitz) (*Mech.*), accoppiamento extrapreciso bloccato serrato.
Effe (Rüster, Ulme) (*f. - Holz*), olmo.
Effekt (*m. - allg.*), effetto. 2 ~ (Leistung) (*Phys.*), potenza. 3 ~ en (Wertpapiere) (*pl. - finanz.*), titoli. 4 ~ en·bestand (*m. - finanz.*), portafoglio titoli. 5 ~ en·börse (Börse, Wertpapierbörse, Fondsbörse) (*f. - finanz.*), borsa, borsa valori, borsa dei titoli. 6 ~ en·giro (*n. - finanz.*), trasferimento di titoli. 7 ~ en·makler (Börsenmakler, Sensal) (*m. - finanz.*), agente di borsa. 8 ~ garn (mit Schlingen, Noppen, etc.) (*n. - Textilind.*), filato d'effetto. 9 ~ lack (für Eisblumeneffekt z. B.) (*m. - Anstr.*), vernice di effetto. 10 ~ lautsprecher (*m. - Filmtech.*), altoparlante per effetti sonori. 11 ~ -Projektor (Ger. zur Projektion von feststehenden oder bewegten Dias) (*m. - opt. Ger.*), proiettore per diapositive. 12 ~ scheinwerfer (Bühnenscheinwerfer) (*m. - Elekt.*), proiettore per palcoscenico, proiettore per effetti di luce. 13 ~ zwirn (*m. - Text.*), siehe Zierzwirn. 14 akustischer ~ (*Akus.*), effetto acustico. 15 Edison ~ (*Elekt.*), effetto Edison. 16 elektrokinetischer ~ (*Atomphys.*), effetto elettrocinetico. 17 Eisblumen ~ (*Anstr.fehler*), effetto a fiori di ghiaccio. 18 glühelektrischer ~ (*Elektronik*), effetto termoionico. 19 Hammer ~ (*Anstr.*), effetto martellato. 20 irisierender Metall ~ (*Anstr.*), effetto policromatico, effetto iridescente. 21 Joule ~ (*Elekt.*), effetto Joule. 22 lichtelektrischer ~ (photoelektrischer Effekt) (*Phys.*), effetto fotoelettrico. 23 marktfähige ~ en (*finanz.*), titoli negoziabili. 24 optischer ~ (*Opt.*), effetto ottico. 25 photoelektrischer ~ (*Phys.*), effetto fotoelettrico. 26 Plastik ~ (*Anstr.*), effetto a rilievo. 27 Reiss ~ (*Anstr.*), effetto screpolante. 28 Runzel ~ (*Anstr.*), effetto raggrinzante. 29 thermoelektrischer ~ (*Phys.*), effetto termoelettrico.
effektiv (tatsächlich) (*allg.*), effettivo. 2 ~ (wirksam) (*allg.*), efficace, efficiente. 3 ~ e Atomladung (*Kernphys.*), carica atomica efficace. 4 ~ e Höhe (einer Antenne) (*Funk.*), altezza efficace. 5 ~ e Kosten (*pl. - Adm.*), spese effettive. 6 ~ e Leistung (*Mot.*), potenza effettiva. 7 ~ er Wert (Effektivwert) (*Math. - Elekt.*), valore efficace. 8 ~ e Spannung (Effektivspannung) (*Elekt.*), tensione efficace.
Effektivität (der Arbeit, Produktion z. B.) (*f. - allg.*), efficienza, efficacia.

Effektivspannung

Effektivspannung (effektive Spannung) (*f. - Elekt.*), tensione efficace.
Effektivwert (effektiver Wert) (*m. - Math. - Elekt.*), valore efficace.
Effektivzähler (der Gespräche) (*m. - Fernspr.*), contatore-totalizzatore.
effektuieren (einen Auftrag) (*komm.*), evadere, eseguire.
Effektuierung (eines Auftrages) (*f. - komm.*), evasione, esecuzione.
Effizienz (*f. - allg.*), efficienza. 2 ~ **analyse** (*f. Planungstechnik*), analisi dell'efficienza.
Effloreszenz (*f. - allg.*), efflorescenza.
Effusion (Lavaausfluss) (*f. - Geol.*), effusione. 2 ~ (*Phys.*), effusione. 3 **Molekular** ~ (*Phys.*), effusione molecolare.
Effusivgestein (Ergussgestein) (*n. - Geol.*), roccia effusiva.
E-Filter (Elektrofilter) (*m. - Ger.*), filtro elettrostatico.
EFM (Einzelkanal-Frequenzmodulation)(*Funk*) modulazione di frequenza a canale unico.
EFTA (Europäische Freihandelsvereinigung) (*komm.*), EFTA, Associazione Europea di Libero Scambio.
EG (Erdgeschoss) (*Bauw.*), pianoterreno.
e G (Edelgleitsitz) (*Mech.*), accoppiamento extrapreciso di scorrimento.
E-gehärtet (einsatzgehärtet) (*Wärmebeh.*), cementato.
Egge (*f. - Landw.masch.*), erpice. 2 ~ **n·teller** (*m. - Landw.masch.*), disco di erpice. 3 **Gelenk** ~ (*Landw.masch.*), erpice snodato. 4 **Netz** ~ (*Landw.masch.*), erpice a maglie. 5 **Scheiben** ~ (*Landw.masch.*), erpice a dischi. 6 **starre** ~ (*Landw.masch.*), erpice rigido. 7 **Walzenkrümel** ~ (*Landw.masch.*), erpice a stella.
eggen (*Landw.*), erpicare.
EGKS (*finanz.*), *siehe* Montanunion.
E-Glas (alkalifreies Glas) (*n. - Glasind.*), vetro neutro.
EGmbH, eGmbH (Eingetragene Genossenschaft mit beschränkter Haftung) (*komm.*), società cooperativa a responsabilità limitata.
EGmuH, eGmuH (Eingetragene Genossenschaft mit unbeschränkter Haftung) (*komm.*), società cooperativa a responsabilità illimitata.
Egoutteur (Vorpresswalze) (*m. - Papiermasch.*), pressa umida. 2 ~ **rippung** (*f. - Papierind.*), *siehe* Wasserlinien.
EGR (elektrostatische Gasreinigung) (*Ind. - Metall.*), depurazione elettrostatica di gas, filtrazione elettrostatica di gas.
egrenieren (Baumwolle) (*Text.*), sgranare.
Egreniermaschine (für Baumwolle) (*f. Text.masch.*), ginniera, sgranatrice.
Egrenierung (Entkörnung der Baumwolle) (*f. - Text.*), ginnatura, sgranatura.
eH (Edelhaftsitz) (*Mech.*), accoppiamento extrapreciso bloccato leggero.
e.h. (ehrenhalber) (*allg.*), honoris causa, h.c. 2 ~ (*allg.*) (*österr.*), *siehe auch* eigenhändig.
EHF (Frequenz von 30.000 MHZ) (*Phys.*), EHF, frequenza estremamente alta.
Ehn-Korngrösse (McQuaid-Ehn-Korngrösse, arteigene Korngrösse) (*f. - Metall.*), dimensione del grano austenitico (McQuaid).

Ehrendoktor (*m. - Arb.*), laureato honoris causa. 2 ~ **würde** (*f. - Schule*), laurea ad honorem.
ehrenhalber (*allg.*), honoris causa.
Ehrenpräsident (*m. - allg.*), presidente onorario.
Ehrenrechte (*n. - pl. - recht.*), diritti civili.
Eht (Einhärtungstiefe) (*Wärmebeh.*), penetrazione di tempra.
Eibe (Nadelholz) (*f. - Holz*), tasso.
Eichamt (*n. - Mass*), ufficio pesi e misure.
Eichapparat (*m. - Instr.*), apparecchio per taratura.
Eichbatterie (*f. - Elekt.*), batteria campione, pila campione.
Eichbaum (Eiche) (*m. - Holz*), quercia.
Eichbehälter (*m. - Hydr.*), vasca di taratura.
Eiche (*f. - Holz*), quercia. 2 ~ (Eichung, Raumgehaltsvermessung) (*naut.*), stazzatura. 3 ~ **n·holz** (*n. - Holz*), legno di quercia.
Eichel (*f. - Holz - etc.*), ghianda. 2 ~ **röhre** (*f. - Funk.*), valvola a ghianda.
eichen (*Instr.*), tarare. 2 ~ (vermessen) (*naut.*), stazzare.
Eicher (*m. - naut.*), *siehe* Eichmeister.
Eichfrequenz (*f. - Elekt.*), frequenza campione.
Eichinstrument (*n. - Instr.*), strumento campione.
Eichkolben (*m. - chem. Ger.*), pallone tarato.
Eichkondensator (*m. - Elekt.*), condensatore campione.
Eichkreis (Eichleitung) (*m. - Elekt.*), circuito di taratura.
Eichkurve (*f. - Instr.*), curva di taratura.
Eichlösung (*f. - Chem.*), soluzione per taratura.
Eichmass (Normalmass) (*n. - Technol.*), misura campione, misura normale. 2 ~ (Vermessungsraum) (*naut.*), stazza. 3 ~ (Aichmass, früheres Flüssigkeitsmass = 1,6-1,9l) (*Mass*), misura di volume (= 1,6-1,9 l).
Eichmeister (*m. - naut.*), stazzatore.
Eich-Metall (Sondermessing aus 60 % Cu, 38 % Zn und 2 % Fe) (*n. - Legierung*), ottone speciale col 2 % di ferro.
Eichpfahl (Eichstab) (*m. - Hydr.*), indicatore di livello, asta di livello.
Eichreize (bei Farbempfindung, Rot, Grün, Blau) (*m. - pl. - Opt.*), stimoli elementari, sensazioni primarie.
Eichschaltung (*f. - Elekt.*), circuito di taratura.
Eichsender (Eigenfrequenz-Generator) (*m. - Elekt.*), generatore di frequenza naturale.
Eichspannung (*f. - Elekt.*), tensione di taratura.
Eichstätte (*f. - Ind. - etc.*), laboratorio di taratura.
Eichstoff (zur opt. Metallprüfung z. B.) (*m. - mech. Technol.*), materiale di taratura, materiale di riferimento.
Eichtabelle (*f. - Instr.*), tabella di taratura.
Eichung (*f. - Instr.*), taratura. 2 ~ (Raumgehaltsvermessung) (*naut.*), stazzatura.
Eichwert (*m. - Instr. - etc.*), valore di riferimento, valore di taratura.
Eichwesen (gesetzliches Messwesen) (*n. - Messtechnik*), metrologia ufficiale.

Eichzahl (eines Galvanometers) (*f. - Instr.*), costante.
Eichzähler (*m. - elekt. Ger.*), contatore campione.
Eidophor-Röhre (*f. - Fernseh.*), tubo Eidophor.
Eidophorverfahren (Projektionsverfahren für die Wiedergabe von Fernsehbildern auf grossen Bildschirmen) (*n. - Fernseh.*), sistema di riproduzione televisiva su grande schermo.
Eierantenne (*f. - Flugw. - Funk.*), aereo filato.
Eierisolator (*m. - Elekt.*), isolatore a noce.
Eierkette (*f. - Elekt.*), catena d'isolatori a noce.
Eiern (in Rohrwalzung z. B.) (*n. - Walzw. - etc.*), ovalizzazione.
« eiern » (flattern) (*Mech.*), sfarfallare.
Eierschalenglanz (*m. - Anstr. - etc.*), finitura semimatta.
Eierstab (*m. - Arch.*), ornamento ad ovoli e linguette.
eiförmig (oval) (*allg.*), ovale.
eigen (*allg.*), proprio. 2 ~ (besonder) (*allg.*), particolare, speciale. 3 ~ (seltsam) (*allg.*), singolare. 4 ~ **belüftet** (*Elekt. - etc.*), autoventilato.
Eigenakzept (*n. - finanz.*), pagherò (*s.*).
Eigenamt (*n. - Teleph.*), centralino interno.
Eigenart (*f. - allg.*), caratteristica, particolarità.
Eigenaustauschkoeffizient (*m. - Opt.*), coefficiente di autoscambio.
Eigenbedarf (eines Kraftwerkes) (*m. - Elekt.*), fabbisogno proprio, energia richiesta dai dispositivi ausiliari.
Eigendrehachse (eines Radsatzes) (*f. - Eisenb.*), asse di rotazione.
Eigendrehgeschwindigkeit (*f. - Flugw. - etc.*), velocità di autorotazione.
Eigendrehimpuls (eines Elektrons) (*m. - Atomphys.*), quantità di moto angolare, « spin ».
Eigendrehung (*f. - Flugw.*), autorotazione.
Eigenenergie (*f. - Atomphys.*), energia intrinseca.
Eigenentladung (*f. - Elekt.*), autoscarica.
Eigenerregung (*f. - Elekt.*), autoeccitazione.
Eigenerwärmung (*f. - Phys.*), autoriscaldamento.
Eigenerzeugung (elektrischer Energie) (*f. - Elekt.*), autoproduzione.
Eigenerzeuger (von Energie) (*m. - Elekt. etc.*), autoproduttore.
Eigenfarbe (*f. - Farbe*), colore naturale.
Eigenfilterung (*f. - Radioakt.*), filtrazione primaria, filtrazione propria.
Eigenfinanzierung (*f. - finanz.*), autofinanziamento.
Eigenfrequenz (*f. - Phys.*), frequenza propria, frequenza naturale.
Eigenfunktion (für die Lösung von Differential- oder Integralgleichungen) (*f. - Math.*), autofunzione.
eigengefertigt (Teil) (*Ind.*), costruito all'interno.
Eigengeräusch (eines Empfängers z. B.) (*n. - Akus. - Ger.*), rumore di fondo, rumore proprio.

Eigengeschwindigkeit (*f. - Flugw.*), velocità propria, velocità vera. 2 **angezeigte** ~ (*Flugw.*), velocità indicata. 3 **berichtigt angezeigte** ~ (*Flugw.*), velocità calibrata. 4 **bezogene** ~ (*Flugw.*), velocità equivalente.
eigengestaltig (idiomorph) (*Geol. - Min.*), idiomorfo.
Eigengewicht (von Bauteilen) (*n. - Baukonstr. lehre*), peso proprio.
Eigengiesserei (*f. - Giess.*), fonderia in proprio, fonderia per conto proprio.
Eigenhalbleiter (i-Halbleiter, Kompensationshalbleiter, Halbleiter mit gleicher Elektronen- und Defektelektronendichte) (*m. - Elektronik*), semiconduttore intrinseco, semiconduttore di tipo i, semiconduttore compensato.
Eigenhandel (*m. - komm.*), commercio in proprio.
eigenhändig (Unterschrift) (*recht.*), di proprio pugno, olografo. 2 ~ (Testament) (*recht.*), olografo.
Eigenheit (*f. - allg.*), particolarità, singolarità, peculiarità.
Eigeninduktivität (*f. - Elekt.*), induttanza propria.
Eigenkorrelation (*f. - allg.*), autocorrelazione.
Eigenkühlung (*f. - Elekt. - etc.*), raffreddamento naturale.
Eigenladung (*f. - Elekt.*), carica propria.
eigenleitend (Halbleiter) (*Elektronik*), intrinseco.
Eigenleitung (in einem Halbleiter, mit gleicher Anzahl von Elektronen und Defektelektronen) (*f. - Elektronik*), conduttività intrinseca, conduttività compensata.
Eigenlenkung (*f. - Aut.*), autosterzatura.
Eigenlenkverhalten (eines Pkw) (*n. - Aut.*), comportamento autosterzante.
Eigenlicht (*n. - Astr.*), luminosità propria.
Eigenlüftung (*f. - Elekt. - etc.*), autoventilazione.
Eigennetz (Industrienetz) (*n. - Elekt.*), rete propria, rete industriale.
Eigenpeilung (*f. - Flugw. - Funk. - Navig.*), radiorilevamento da bordo, radiogoniometraggio da bordo.
Eigenproduktion (*f. - Ind.*), produzione propria.
Eigenrauschen (*n. - Elektroakus.*), rumore di fondo.
Eigenreibung (*f. - Chem. - Phys.*), attrito interno.
Eigenschaft (*f. - allg.*), proprietà, caratteristica. 2 **aerodynamische** ~ (*Flugw.*), qualità aerodinamica, caratteristica aerodinamica. 3 **chemische** ~ (*Chem.*), proprietà chimica. 4 **hygroskopische** ~ (*Chem.*), igroscopicità. 5 **mechanische** ~ (auf mech. Wege ermittelt, wie Härte, Zugfestigkeit, etc.) (*Mech.*), proprietà meccanica. 6 **physikalische** ~ (nicht auf mech. Wege ermittelt, wie Dichte, elekt. Widerstand, etc.) (*Phys.*), proprietà fisica.
Eigenschwingung (*f. - Phys.*), oscillazione propria, oscillazione naturale. 2 ~ **s-zahl** (Eigenfrequenz) (*f. - Phys.*), frequenza propria, frequenza naturale.

eigenschwingungsfrei (aperiodisch) (*Phys.*), aperiodico.
Eigenschwingzahl (Eigenschwingungszahl) (*f. - Phys.*), frequenza propria, frequenza naturale.
eigensicher (Stromkreis) (*Elekt.*), a sicurezza intrinseca.
Eigensicherheit (*f. - Phys.*), sicurezza intrinseca. 2 ~ (eines Stromkreises z. B., (Ex)i) (*f. - Elekt.*), sicurezza intrinseca.
Eigenspannung (beim Schweissen z. B.) (*f. - Metall. - mech. Technol.*), tensione interna, tensione residua. 2 ~ en (*f. - pl. - Mech. - Giess.*), tensioni interne. 3 ~ s·verlauf (*m. - Metall.*), stato tensoriale interno. 4 Druck ~ en (*Mech. - Metall.*), tensioni interne di compressione.
Eigenstabilität (*f. - Flugw.*), stabilità intrinseca.
Eigensteuerung (*f. - Mech. - etc.*), comando automatico.
Eigenstrahlung (*f. - Phys.*), radiazione naturale, radiazione caratteristica.
Eigenstreuung (Selbststreuung) (*f. - Atomphys.*), autodiffusione.
eigentlich (*allg.*), effettivo, vero e proprio.
Eigentum (*n. - recht.*), proprietà. 2 ~ s·entsetzung (*f. - recht.*), espropriazione. 3 ~ s·recht (*n. - recht.*), diritto di proprietà. 4 ~ s·übertragung (*f. - komm.*), trasferimento di proprietà. 5 ~ s·vorbehalt (*m. - komm. - recht.*), riservato dominio. 6 Allein ~ (ausschliessliches Eigentum) (*recht.*), proprietà esclusiva. 7 literarisches ~ (*Druck.*), proprietà letteraria, copyright. 8 Mit ~ (*recht.*), comproprietà.
Eigentümer (*m. - recht.*), proprietario.
Eigentümlichkeit (wesentliches Merkmal) (*f. - allg.*), proprietà caratteristica.
Eigenüberlagerungsempfänger (Autodynempfänger) (*m. - Funk.*), autodina.
Eigenvektor (*m. - Math.*), autovettore.
eigenventiliert (eigenbelüftet) (*Elekt.*), autoventilato.
Eigenverbrauch (von elekt. Messinstrumenten z. B.) (*m. - Instr. - etc.*), autoconsumo, consumo proprio.
Eigenverlust (*m. - Radioakt.*), perdita propria.
Eigenverständigungsanlage (eines Flugzeuges) (*f. - Flugw.*), telefono interno, citofono.
Eigenviskosität (*f. - Phys.*), viscosità specifica.
Eigenwelle (*f. - Phys.*), onda naturale.
Eigenwert (einer Differential- oder Integralgleichung) (*m. - Math.*), autovalore.
Eigenwiderstand (*m. - Elekt.*), resistenza interna.
Eigenzeit (eines Schalters beim Ausschalten, Zeit zwischen Freigabe der Sperrung und Kontakttrennung) (*f. - Elekt.*), tempo proprio. 2 ~ konstante (eines Gebers) (*f. - Elektronik*), costante di tempo di uscita.
Eigenzündung (*f. - Mot.*), accensione per compressione. 2 ~ s·motor (*m. - Mot.*), motore Diesel, motore a ciclo Diesel.
Eignung (*f. - Pers. - etc.*), idoneità, attitudine, l'essere adatto. 2 ~ s·prüfung (*f. - Pers. - Psychotech.*), prova attitudinale, esame attitudinale, «test» attitudinale. 3 ~ s·prüfung (für fliegendes Personal) (*Flugw.*), prova di idoneità, esame di idoneità. 4 psychotechnische ~ s·prüfung (*Flugw.*), esame psicotecnico di idoneità.
Eigsch. (Eigenschaft) (*allg.*), proprietà.
Eiisolator (*m. - Funk. - etc.*), isolatore a noce.
Eikanal (eiförmiger Abwasserkanal) (*m. - Bauw.*), canale (di fognatura) ovoidale.
Eilbewegung (*f. - Werkz.masch.bearb.*), siehe Eilgang.
Eilbrief (*m. - Post*), espresso, lettera espresso.
Eilfracht (*f. - Transp.*), merci a grande velocità.
Eilgang (Schnellgang) (*m. - Werkz.masch. bearb.*), traslazione rapida, corsa rapida, spostamento rapido. 2 ~ kupplung (*f. - Werkz.masch.*), innesto per traslazione rapida.
Eilgut (Eilfracht) (*n. - Transp.*), merce a grande velocità.
eilig (unaufschiebbar) (*komm. - etc.*), urgente.
Eilregler (*m. - Elekt. - etc.*), regolatore ad azione rapida.
Eilrückgang (Eilrücklauf) (*m. - Werkz.masch. bearb.*), ritorno rapido, corsa di ritorno rapida.
Eilrücklauf (Eilrückgang) (*m. - Werkz.masch.*), ritorno rapido, corsa di ritorno rapida.
Eilverfahren (*n. - allg.*), procedimento d'urgenza.
Eilvorschub (*m. - Werkz.masch.bearb.*), avanzamento rapido.
Eilzug (*m. - Eisenb.*), treno diretto.
Eimer (Gefäss) (*m. - allg.*), secchio. 2 ~ (*naut.*), bugliolo. 3 ~ bagger (Eimernassbagger) (*m. - Wass.b.masch.*), draga a catena di tazze. 4 ~ bagger (Trockenbagger) (*Erdbew.masch.*), escavatore a catena di tazze. 5 ~ grabenbagger (*m. - Erdbew. masch.*), scavatrincee a catena di tazze. 6 ~ kette (*f. - Transp.*), catena di tazze. 7 ~ kettenförderer (*m. - ind. Masch.*), trasportatore a catena di tazze. 8 ~ nassbagger (*m. - Wass.b.masch.*), draga a catena di tazze. 9 ~ seilbagger (Schürfkübelbagger, Zugkübelbagger, Schleppschaufelbagger, Trockenbagger) (*m. - Erdbew.masch.*), escavatore a benna raschiante, escavatore a benna strisciante, escavatore a benna trascinata, «dragline». 10 ~ seilkübel (Schleppschaufel) (*m. - Erdbew.masch.*), benna per escavatore a strascico. 11 ~ trockenbagger (*m. - Erdbew.masch.*), escavatore a catena di tazze. 12 Bagger ~ (*Wass.b.masch.*), tazza per draga. 13 Bagger ~ (Trockenbaggereimer) (*Erdbew.masch.*), tazza per escavatore. 14 Sand ~ (*Feuersicherung*), secchio da sabbia, secchio per sabbia.
Ein (Schaltstellung) (*Masch.*), inserzione, marcia. 2 ~ (eingeschaltet) (*Elekt.*), inserito. 3 ~ (Anlassen) (*Mot.*), avviamento. 4 ~ (auf einem Druckknopf) (*Werkz.masch.*), avviamento. 5 ~ -aus (Schaltstellung) (*Masch.*), marcia-arresto. 6 ~ -aus (*Motor*), avviamento -arresto. 7 ~ -aus (eines elekt. Gerätes z. B.) (*Elekt.*), inserzione-esclusione. 8 ~ -aus (beim Schleifen z. B., Schlittenbewegung) (*Werkz. masch.bearb.*), avvicinamento-allontanamento.

Einachsanhänger (m. - Fahrz.), rimorchio monoasse, biga.
einachsig (Fahrz. - etc.), monoasse, ad un solo asse. 2 ~ es **Bissel-Gestell** (Bissel-Achse) (Eisenb.), asse Bissel, carrello ad un asse. 3 ~ es **Drehgestell** (Eisenb.), carrello a sala unica.
Einachs-Luftverdichter (m. - Strass.b.masch.), compressore carrellato monoasse, compressore carrellato su biga, motocompressore su biga.
Einachsschlepper (Zweiradschlepper) (m. - Fahrz.), trattore monoasse.
Ein-Adress-Computer (m. - Rechner), calcolatore ad un indirizzo.
einadrig (Kabel z.B.) (Elekt.), unipolare.
Einankerumformer (m. - Elekt.), convertitrice rotante a indotto unico.
Einarbeiten (Einwerben, der Kette) (n. - Textilind.), accorciamento (dell'ordito).
Einarbeitung (Reifung, eines Filters für Abwasser) (f. - Bauw.), maturazione.
Einarbeitungszeit (f. - Arb.), periodo di addestramento sul lavoro.
Einatmung (f. - Med.), inalazione.
einatomig (Chem.), monoatomico.
einätzen (Druck.), incidere chimicamente.
Ein-Ausgabe (f. - Rechner - etc.), entrata-uscita.
einbahnig (Strass.ver.), a senso unico.
Einbahn (Zeichen) (f. - Strass.ver. - Aut.), senso unico. 2 ~ **strasse** (Strasse die nur in einer Richtung benutzt werden darf) (f. - Strass.verk.), via a senso unico, strada a senso unico.
einballen (Transp.), imballare (in balle), confezionare balle.
Einballierer (m. - Arb.), imballatore, addetto alla confezione di balle.
Einballierung (f. - Transp.), imballo, confezione di balle.
Einband (Bucheinband) (m. - Buchbinderei), legatura, rilegatura. 2 ~ **decke** (Buchdecke, Buchdeckel) (f. - Buchbinderei), copertina. 3 ~ **verfahren** (bei dem Bild und Ton gleichzeitig auf dem Kinofilm aufgenommen werden) (n. - Filmtech.), registrazione su pellicola di ripresa dotata di banda magnetica.
einbändig (Druck.), in un solo volume.
Einbau (m. - Mech.), costruzione solidale, incorporamento. 2 ~ (Montage) (Mech. - etc.), montaggio, installazione. 3 ~ (von Strassendecken) (Strass.b.), posa. 4 ~ (nachträgliche Veränderung innerhalb eines Bauwerks) (Bauw.), modifica. 5 ~ (für Sternmotoren z. B.) (Flugw. - Mot.), supporto. 6 ~ **antenne** (in Empfängern) (f. - Funk.), antenna incorporata. 7 ~ **-Belichtungsmesser** (in Kamera eingebaut) (m. - Phot.), esposimetro incorporato. 8 ~ **dipol** (m. - Funk.), dipolo incorporato. 9 ~ **durchmesser** (eines Instr. z. B.) (m. - Instr. - etc.), diametro di installazione. 10 ~ **grube** (f. - Aut.), fossa per le riparazioni. 11 ~ **heber** (m. - Aut.), martinetto incorporato. 12 ~ **höhe** (einer Presse, grösster Abstand zwischen Tisch und Stösselunterkante) (f. - Masch.), luce massima in altezza. 13 ~ **instrument** (n. - Instr.), strumento di tipo incassato. 14 ~ **maschine** (Deckeneinbaumaschine) (f. - Strass.masch.), pavimentatrice (stradale). 15 ~ **mass** (eines Kegelrades, Abstand zwischen Teilscheitelpunkt und hinterer Fläche) (n. - Mech.), quota di montaggio, distanza tra vertice primitivo e faccia posteriore. 16 ~ **masse** (n. - pl. - allg.), dimensioni di ingombro (per l'installazione). 17 ~ **motor** (m. - Elekt.), motore incorporato. 18 ~ **motor** (für Aggregate) (Verbrennungsmotor), motore per gruppi (industriali). 19 ~ **plan** (m. - Zeichn.), disegno di installazione. 20 ~ **puffer** (m. - Mech. - etc.), tampone elastico (di supporto). 21 ~ **ring** (m. - Flugw. - Motor), anello di supporto. 22 ~ **stück** (n. - Mech.), pezzo incorporato. 23 ~ **toleranz** (f. - Mech. etc.), tolleranza di montaggio. 24 ~ **unwucht** (einer Schleifscheibe z. B.) (f. - Mech.), squilibrio di montaggio. 25 ~ **vorrichtung** (f. - Mech. - Vorr.), attrezzo di montaggio. 26 ~ **zeichnung** (f. - Zeichn.), disegno di installazione. 27 **elastischer** ~ (Flugw. - Mot.), supporto elastico. 28 **fester** ~ (Flugw. - Mot.), supporto rigido.
einbauen (in etwas) (allg.), incorporare. 2 ~ (montieren) (allg.), montare, installare. 3 ~ (einen Flugmotor) (Flugw.), installare.
einbaufertig (Mech. - etc.), pronto per il montaggio, pronto per l'applicazione.
einbegriffen (inbegriffen, mitgerechnet, Kosten) (komm.), compreso, incluso.
einbehalten (Beiträge vom Lohn z. B.) (Arb. - etc.), trattenere.
Einbehaltung (vom Lohn z. B.) (f. - Arb. - etc.), trattenuta.
einberufen (eine Versammlung z. B.) (finanz. - etc.), convocare.
Einberufung (f. - Adm.), convocazione. 2 ~ (f. - milit.), chiamata. 3 ~ **zum Heeresdienst** (Milit.), chiamata alle armi.
einbeschrieben (allg.), iscritto, inscritto. 2 ~ **e Kreislinie** (Geom.), circonferenza iscritta, circonferenza inscritta.
einbetonieren (Bauw.), annegare nel calcestruzzo.
einbetten (allg.), incassare. 2 ~ (in Beton z. B.) (Bauw. - etc.), annegare.
Einbettung (Einlagerung von körnigen Zwischenstoffen im weicheren Werkstoff einer Paarung) (f. - Mech.), incorporamento.
Einbettvermögen (n. - Technol.), incorporabilità.
einbeulen (Blechkarosserie z. B.) (Fehler), ammaccarsi.
Einbeulversuch (Tiefziehversuch) (m. - mech. Technol.), prova di imbutitura.
einbiegen (allg.), piegare in dentro.
Einbildgeber (m. - Fernseh.), monoscopio.
einbinden (Buchbinderei), rilegare, legare. 2 ~ (einbringen, einen Radsatz) (Eisenb.), montare. 3 ~ (den Eisenreifen umlegen) (Fahrz.), cerchiare.
Einblasen (von Luft z. B.) (n. - allg.), iniezione, insufflamento.
einblasen (Luft z. B.) (allg.), insufflare.
einbleien (Metall.), impiombare.
einblenden (Filmtech.), aprire in dissolvenza.
Einbrand (in Schweissung) (m. - mech. Techn.), penetrazione. 2 ~ **riefe** (Schweissungsfehler)

Einbrennemaille 240

(*f. - mech. Technol.*), incisione (marginale), solco marginale. 2 ~ **zone** (beim Schweissen, Teil des Grundwerkstoffes der durch die Schweisswärme geschmolzen wurde) (*f. - mech. Technol.*), zona fusa (del metallo base).
Einbrennemaille (*f. - Anstr.*), smalto a fuoco.
Einbrennen (*n. - Anstr.*), trattamento in forno, cottura. 2 ~ **des Metalls** (in die Form) (*Giess.fehler*), penetrazione del metallo.
einbrennen (*Anstr.*), trattare in forno.
Einbrennlack (*m. - Anstr.*), vernice a fuoco.
Einbrennofen (*m. - Glasind.*), forno di riscaldo. 2 ~ (für Keramik z. B.) (*Ofen*), forno di cottura.
Einbrenntemperatur (*f. - Anstr.*), temperatura di cottura.
Einbrennverfahren (für thermisch aufgebrachten Metallüberzüge, Amalgamverfahren, zum Vergolden z. B.) (*n. - Technol.*), amalgamazione.
Einbrennversuch (*m. - mech. Technol.*), siehe Anschmelzversuch.
Einbrennzeit (von Röhren z. B.) (*f. - Funk. - etc.*), periodo di riscaldamento, periodo di riscaldo. 2 ~ (*Anstr.*), tempo di cottura, durata della cottura.
einbringen (*allg.*), introdurre, apportare. 2 ~ (Geld) (*komm.*), rendere, fruttare. 3 ~ (einen Antrag z. B.) (*allg.*), presentare. 4 ~ (die verlorene Zeit z. B., einholen) (*allg.*), ricuperare.
Einbringung (*f. - allg.*), introduzione. 2 ~ (von Geld) (*finanz.*), utile, rendita. 3 ~ (Einholung, der Arbeitsstunden) (*Arb.*), ricupero.
Einbruch (*m. - allg.*), rottura. 2 ~ (*Bergbau*), primo attacco. 3 ~ (Einsturz) (*Bauw.*), crollo. 4 ~ (Eindringen) (*allg.*), penetrazione. 5 ~ (plötzliche Veränderung) (*allg.*), variazione brusca. 6 ~ s·diebstahl (*m. - recht.*), furto con scasso, furto con effrazione. 7 ~ s·front (Kaltluftfront) (*f. - Meteor.*), fronte di aria fredda, fronte fredda. 8 ~ sicherung (*f. - Elekt. - etc.*), allarme antifurto, sicurezza antifurto, antifurto. 9 ~ s·melder (*m. - Vorr.*), (dispositivo di) allarme antifurto. 10 **Kegel** ~ (*Bergbau*), attacco a cono. 11 **Luft** ~ (in den Kondensator z. B.) (*Dampfmasch. - etc.*), entrata di aria.
Einbusse (Verlust) (*f. - Metall. - etc.*), perdita, calo.
eindammen (die Form) (*Giess.*), pigiare, costipare, stivare.
eindämmen (*Bauw. - Wass.b.*), circondare con argine, arginare.
Eindämmung (*f. - Wass.b.*), arginatura. 2 ~ (Ringdämmung) (*Wass.b.*), argine anulare (per fontanazzi p. es.).
Eindampfapparat (*m. - App.*), evaporatore.
Eindampfen (*n. - Phys.*), evaporazione.
eindampfen (*Phys.*), evaporare.
eindecken (eine Strasse) (*Strass.b.*), pavimentare. 2 ~ (*Bauw.*), mettere la copertura. 3 **neu** ~ (eine Strasse) (*Strass.b.*), ripavimentare.
Eindecker (*m. - Flugw.*), monoplano. 2 ~ (Einstufensieb) (*m. - Bauw.*), vaglio semplice. 3 **Halbhoch** ~ (*Flugw.*), monoplano ad ala media. 4 **Hoch** ~ (*Flugw.*), monoplano ad ala alta. 5 **Tief** ~ (*Flugw.*), monoplano ad ala bassa.
Eindeckung (Deck) (*f. - naut.*), ponte, coperta. 2 ~ (*Bauw.*), copertura. 3 **Glas** ~ (*Bauw.*), copertura di vetro.
eindeutig (*allg.*), univoco.
Eindicken (*n. - Anstr.fehler*), impolmonimento, addensamento.
eindicken (*Anstr. - etc.*), rendere più denso, ispessire.
Eindicker (*m. - App.*), concentratore, addensatore. 2 ~ (von Schlämmen) (*m. - Bergbau*), addensatore.
Eindickung (*f. - Anstr.fehler*), impolmonimento, addensamento. 2 ~ s·mittel (*n. - chem. Ind.*), addensante (*s.*).
Eindickzyklon (*m. - Bergbau - Ger.*), addensatore a ciclone.
Eindiffundieren (*n. - Metall.*), diffusione.
eindimensional (*Phys.*), unidimensionale.
Eindocken (Docken) (*n. - naut.*), messa in bacino.
eindocken (docken) (*naut.*), mettere in bacino.
eindrähtig (*allg.*), unifilare.
eindrehen (eine Schraube) (*Mech.*), avvitare. 2 ~ (mit Drehmeissel, aushalsen) (*Mech.*), eseguire gole.
Eindrehpistole (für Schrauben, pneumatisch angetrieben z. B.) (*f. - Ger.*), pistola giraviti.
Eindrehschnecke (*f. - ind. Masch.*), alimentatore a coclea.
Eindrehung (*f. - Mech.*), cavità (tornita), incameratura.
Eindringen (*n. - Geol.*), intrusione.
eindringen (*allg.*), penetrare.
Eindringgerät (für Betonprüfung) (*n. - Bauw. - Ger.*), penetratore.
Eindringhärte (*f. - Anstr.*), durezza alla penetrazione, resistenza alla penetrazione.
Eindringkörper (Eindringprüfkörper für Härteprüfung) (*m. - mech. Technol.*), penetratore.
Eindringmörtel (Einpressmörtel, Injektionsmörtel, Verpressmörtel) (*m. - Bauw.*), malta per iniezioni.
Eindringtiefe (in der Rockwell-Härteprüfung z. B.) (*f. - mech. Technol.*), profondità di penetrazione.
Eindringung (*f. - Bauw. - etc.*), penetrazione. 2 ~ s·messer (Penetrometer) (*m. - Bauw. - Instr. - chem. Instr.*), penetrometro. 3 ~ s· widerstand (beim Eintreiben des Pfahles) (*m. - Bauw.*), resistenza alla penetrazione.
Eindringverfahren (Diffusionsverfahren, Oberflächenprüfverfahren der zerstörungsfreien Werkstoffprüfung mit eingedrungenen Flüssigkeiten) (*n. - mech. Technol.*), incrinoscopia a penetrazione (di liquido).
Eindringversuch (für Frischbeton, mit Eindringgerät) (*m. - Bauw.*), prova di penetrazione.
Eindruck (Anschein) (*m. - allg.*), impressione. 2 ~ (Einprägung) (*allg.*), impronta. 3 ~ bildung (Brinelling) (*f. - Metall. - mech. Technol.*), brinellatura. 4 ~ deckel (Einsteckdeckel) (*m. - Packung*), coperchio incassato. 5 ~ härte (*f. - mech. Technol.*), durezza all'impronta. 6 ~ kalotte (in Härteprüfung) (*f. - mech. Technol.*), impronta sferica, impronta

della sfera. 7 ~ länge (Eindruckweg, eines Puffers) (f. - Eisenb.), lunghezza di impronta. 8 ~ prüfkörper (für Härteprüfung) (m. - mech. Technol.), penetratore. 9 ~ schmierung (f. - Mech.), lubrificazione ad iniezione. 10 ~ versuch (m. - Anstr.), prova all'impronta.

Eindrücken (Einsenken) (n. - mech. Technol.), improntatura.

eindrücken (einprägen) (allg.), imprimere.

Eindrückprofilrolle (Eindrückrolle, für Schleifscheiben) (f. - Werkz.), rullo profilatore (a pressione).

Eindrückung (des Reifens unter Last) (f. - Aut.), appiattimento. 2 ~ (flache Vertiefung in der Zahnflanke, durch die Eindrückung von kleinen Metallteilchen verursacht) (Mech. - Fehler), improntatura.

Eindüsung (Einblasen z. B.) (f. - Chem. - etc.), immissione.

einebnen (allg.), spianare, livellare.

Einebnung (Verflachung) (f. - allg.), spianamento, livellamento.

eineindeutig (Math. - etc.), biunivoco.

Eineinhalbdeck-Omnibus (m. - Fahrz.), autobus con imperiale.

Einengen (Verkleinern eines Probevolumens bei chem. Analysen) (n. - Chem.), diminuzione di volume.

Einengungsverhältnis (von Erz) (n. - Bergbau), rapporto di concentrazione.

Einer (Renneiner, Skiff) (m. - Wassersport), singolo (s.). 2 ~ (Math.), unità. 3 ~ stelle (in einer Nummer) (f. - Math.), posizione delle unità. 4 ~ wähler (m. - Fernspr.), selettore delle unità.

einfach (allg.), semplice. 2 ~ brechend (Opt.), monorifrangente. 3 ~ e Buchführung (Buchhaltung), partita semplice. 4 ~ e Destillation (Chem.), distillazione semplice. 5 ~ er Träger auf zwei Stützen (Baukonstr. lehre), trave semplicemente appoggiata su due supporti. 6 ~ es Gewinde (eingängiges Gewinde) (Mech.), filettatura ad un principio. 7 ~ es Hängewerk (Bauw.), capriata semplice, travatura semplice. 8 ~ es Sprengwerk (Bauw.), capriata semplice, travatura semplice. 9 ~ e Strömung (Mech. der Flüss.k.), corrente laminare. 10 ~ e Zufallsstichprobe (bei Qualitätskontrolle) (mech. Technol.), campionamento semplice. 11 ~ gerichtet (allg.), unidirezionale. 12 ~ wirkend (Masch.), a semplice effetto. 13 ~ wirkende Dampfmaschine (Masch.), macchina a vapore a semplice effetto. 14 ~ wirkende Presse (Masch.), pressa a semplice effetto.

Einfachexpansionsmaschine (f. - Masch.), macchina ad espansione semplice.

Einfach-Frequenzmesser (mit 13 Zungen) (m. - elekt. Ger.), frequenzimetro semplice.

Einfachkontakt (eines Relais) (m. - Elekt.), contatto semplice.

Einfachschlüssel (Schraubenschlüssel) (m. - Werkz.), chiave semplice.

Einfachstreuung (f. - Atomphys.), diffusione unica.

Einfachwendel (einer Lampe) (f. - Beleucht. - Elekt.), filamento a spirale semplice. 2 ~ lampe (f. - Beleucht. - Elekt.), lampada con filamento a spirale semplice.

Einfach-Werkzeug (Werkz. mit nur einer Formhöhlung, für Spritzgiessen von Kunststoffen) (n. - Technol.), stampo ad un'impronta (o cavità).

Einfachwiderstand (m. - Elekt.), resistenza semplice.

einfachwirkend (Kolbenmaschine) (Masch.), a semplice effetto.

Einfädeln (in einen Fahrzeugstrom) (n. - Aut. - Strass.verk.), infilamento, inserimento.

Einfadenaufhängung (Unifilaraufhängung) (f. - Phys. - etc.), sospensione unifilare.

einfädig (allg.), unifilare.

Einfädler (einer Nähmaschine) (m. - Masch.), infila-aghi.

Einfahren (eines Motors z. B.) (n. - Mot. - Aut.), rodaggio.

einfahren (allg.), introdurre, immettere. 2 ~ (einen Motor) (Mot.), rodare. 3 ~ (einstellen, einen Wagen z. B.) (Aut. - etc.), mettere a punto. 4 ~ (das Fahrwerk) (Flugw.), retrarre, alzare, far rientrare. 5 ~ (in eine Grube) (Bergbau), discendere. 6 ~ (in den Hafen) (naut.), entrare. 7 ~ (das Werkstück in Arbeitsstellung bringen z. B.) (Werkz. masch.bearb. - etc.), portare in posizione, posizionare. 8 ~ (in den Bahnhof, des Zuges) (Eisenb.), entrare. 9 sich ~ (Aut.), esercitarsi alla guida.

Einfahrer (von Kraftwagen) (m. - Aut. - Arb.), (autista) collaudatore.

Einfahrgleis (eines Bahnhofes) (n. - Eisenb.), binario di arrivo.

Einfahrsignal (n. - Funk. - etc.), segnale in arrivo.

Einfahrt (Hereinkommen) (f. - allg.), entrata. 2 ~ (Öffnung, eines Hauses) (Bauw.), ingresso. 3 ~ (in eine Grube) (Bergbau), discesa. 4 ~ s·bogen (bei Zahnrädern) (m. - Mech.), arco di accesso. 5 ~ s·tor (n. - Bauw.), portone di ingresso. 6 Kanal ~ (Wass.b.), imbocco del canale, imboccatura del canale.

Einfahrzeit (Einlaufzeit, Einlaufdauer) (f. - Aut. - etc.), periodo di rodaggio. 2 ~ (NC - Werkz.masch.bearb.), tempo di posizionamento.

Einfall (von Strahlen) (m. - Opt.), incidenza. 2 ~ s·ebene (f. - Opt.), piano di incidenza. 3 ~ stelle (Oberflächenfehler) (f. - Giess. fehler), avvallamento, fossetta. 4 ~ s·strahl (m. - Opt.), raggio incidente. 5 ~ s·winkel (m. - Opt.), angolo di incidenza. 6 ~ s·winkel (einer Schicht) (m. - Geol.), angolo di immersione.

Einfallen (n. - Opt.), incidenza. 2 ~ (der Schichten) (Geol.), immersione.

einfallen (einstürzen, Haus z. B.) (Bauw.), crollare. 2 ~ (einer Klinke) (Mech.), impegnarsi, innestarsi. 3 ~ (Licht) (Opt.), cadere.

einfallend (Opt.), incidente. 2 ~ es Teilchen (Kernphys.), particella incidente.

Einfamilienhaus (n. - Bauw.), casa unifamiliare.

Einfang (m. - Atomphys.), cattura. 2 ~ ausbeute (f. - Atomphys.), rendimento di cattura. 3 ~ gammaquant (Einfanggammastrahlung) (n. - Atomphys.), radiazione gam-

einfärben

ma di cattura. 4 ~ **querschnitt** (Wirkungsquerschnitt) (*m. - Atomphys.*), sezione di cattura.
einfärben (*Ind.*), tingere.
einfarbig (*allg.*), monocolore, monocromatico, ad un solo colore, di un solo colore.
Einfärbigkeit (Monochromasie) (*f. - Opt.*), monocromatismo.
Einfärbung (*f. - chem. Ind.*), tintura.
einfassen (einkreisen) (*allg.*), circondare. 2 ~ (*Tischl.*), incorniciare, intelaiare. 3 ~ (mit Mauer z. B.) (*Bauw.*), cintare. 4 ~ (einschliessen) (*allg.*), racchiudere. 5 ~ (einen Edelstein z. B.) (*allg.*), incastonare.
Einfassmaschine (*f. - Papierind.masch.*), macchina cordonatrice.
Einfassung (von Fenstern) (*f. - Bauw.*), intelaiatura. 2 ~ s·mauer (*f. - Bauw.*), muro di cinta.
Einfedern (eines Seegerringes, z. B.) (*n. - Mech.*), inserzione. 2 ~ (einer Aufhängung oder eines Stossdämpfers) (*Aut.*), compressione.
einfedern (einen Seegerring z. B.) (*Mech.*), inserire.
Einfederung (federude Formänderung) (*f. - Mech. - Baukonstr.lehre*), deformazione elastica, cedimento elastico.
einfetten (*allg.*), ingrassare.
Einfettung (*f. - Mech. - etc.*), ingrassaggio.
Einflammrohrkessel (Cornwallkessel) (*m. - Kessel*), caldaia Cornovaglia.
Einflankenprüfung (der Zähne eines Zahnrades) (*f. - Mech.*), controllo di un solo fianco.
Einfliegen (*n. - Flugw.*), prova in volo.
einfliegen (*Flugw.*), provare in volo.
Einflieger (*m. - Flugw.*), pilota collaudatore.
Einfliesswulst (Ziehwulst) (*m. - Blechbearb.*), rompigrinza.
Einfluchten (Einweisen, von Zwischenpunkten) (*n. - Top.*), allineamento.
einfluchten (*Mech. - etc.*), allineare.
Einfluchtung (*f. - allg.*), allineamento.
Einflug (*m. - Luftwaffe*), incursione aerea. 2 ~ **schneise** (*f. - Flugw. - Navig.*), corridoio aereo. 3 ~ **zeichensender** (*m. - Flugw. - Navig.*), radiofaro di segnalazione, radiomeda.
einflügelig (Tür oder Fenster) (*Bauw.*), ad un battente.
Einfluss (Wirkung) (*m. - allg.*), influenza, azione, effetto. 2 ~ (*Chem.*), azione (chimica), attacco. 3 ~ **bilanz** (Einflussfunktion, Einflusskonzeption) (*f. - Atomphys.*), fattore di influenza. 4 ~ **der chemischen Bindung** (*Chem. - Atomphys.*), effetto di legame chimico. 5 ~ **funktion** (*f. - Kernphys.*), funzione importanza. 6 ~ **linien** (*f. - pl. - Baukonstr. lehre*), linee d'influenza. 7 ~ **sphäre** (Einwirkungsbereich) (*f. - allg.*), sfera d'influenza. 8 ~ **untersuchung** (*f. - Technol.*), ricerca fattoriale, ricerca dei fattori influenti. 9 **korrodierender** ~ (*Chem.*), azione corrosiva.
Einformen (Stampfen von Modellen mit Sand) (*n. - Formerei - Giess.*), formatura, esecuzione dell'impronta.
einformen (*Formerei - Giess.*), formare, eseguire l'impronta.
Einformung (des Zementits) (*f. - Wärmebeh.*), sferoidizzazione.

einfräsen (Gesenke) (*Mech. - Schmieden*), incidere, fresare.
Einfräsung (Nute) (*f. - Mech.*), cava fresata. 2 ~ (von Gesenken) (*Mech. - Schmieden*), incisione, fresatura.
einfressen (*allg.*), erodere. 2 ~ (Grübchenbildung) (*Mech.*), vaiolarsi, «pittare». 3 ~ (eines Lagers, Kolbens, etc.) (*Mech. - Mot.*), grippare.
Einfressung (Grübchenbildung) (*f. - Mech.*), vaiolatura, «pittatura». 2 ~ (eines Lagers, Kolbens, etc.) (*Mech. - Mot.*), grippaggio, grippatura.
einfriedigen (*Bauw.*), cintare.
Einfriedigung (Einfriedung) (*f. - Bauw.*), cinta, recinzione. 2 ~ (Zaun) (*Bauw.*), stecconato, steccato. 3 ~ (Pfahlgehege) (*Bauw.*), palizzata. 4 ~ (eingefriedigter Ort) (*Bauw. - etc.*), recinto. 5 ~ s·mauer (Umschliessungsmauer) (*f. - Bauw.*), muro di cinta.
Einfrieren (eines Vergasers z. B.) (*n. - Mot. - etc.*), congelamento. 2 ~ (des Ofens) (*Giess. - Metall.*), gelata, solidificazione (del metallo nel forno). 3 ~ **von Guthaben** (*finanz.*), congelamento dei crediti.
Einfriertemperatur (*f. - Phys.*), temperatura di congelamento. 2 ~ (von Kunststoffen, Temperatur bei welcher die Abhängigkeit bestimmter Eigenschaften ändert) (*Technol.*), temperatura critica.
einfügen (eine Klausel in einen Vertrag z. B.) (*komm.*), inserire.
Einfügung (einer Klausel in einen Vertrag z. B.) (*f. - komm.*), inserimento. 2 ~ s·verlust (*m. - Funk. - etc.*), perdita d'inserzione, attenuazione d'inserzione.
Einfuhr (Import) (*f. - komm.*), importazione. 2 ~ **deklaration** (Einfuhrerklärung) (*f. - komm.*), dichiarazione (doganale) di importazione. 3 ~ **erlaubnis** (Einfuhrgenehmigung, Einfuhrbewilligung) (*f. - komm.*), permesso di importazione. 4 ~ **handel** (*m. - komm.*), commercio di importazione. 5 ~ **quote** (*f. - komm.*), quota di importazione. 6 ~ **schein** (*m. - naut. - komm.*), dichiarazione (doganale) di importazione. 7 ~ **zoll** (*m. - komm.*), dazio di importazione.
einführen (*allg.*), introdurre. 2 ~ (*komm.*), importare. 3 ~ (in eine Gleichung z. B.) (*Math.*), introdurre.
Einführer (*m. - komm.*), importatore.
Einführung (Neuerung) (*f. - allg.*), introduzione. 2 ~ (Import) (*komm.*), importazione. 3 ~ (Vorwort) (*Druck.*), introduzione. 4 ~ (*Walzw.*), guida di entrata. 5 ~ s·brief (*m. - komm.*), lettera di presentazione. 6 ~ s· dämpfung (*f. - Elektronik*), attenuazione d'inserzione. 7 ~ s·hund (untere Führung) (*n. - Walzw.*), guida inferiore. 8 ~ s·öffnung (*f. - Elekt. - Ger. - etc.*), foro di entrata. 9 ~ s· verkauf (*m. - komm.*), vendita di propaganda, vendita di lancio.
einfüllen (*allg.*), riempire. 2 ~ (in Flaschen) (*Ind.*), imbottigliare.
Einfüllmaschine (*f. - Bierbrauerei - etc.*), imbottigliatrice, macchina per imbottigliare.
Einfülloch (*n. - allg.*), foro di riempimento.
Einfüllöffnung (*f. - Masch. - etc.*), foro di riempimento.

Einfüllstopfen (*m. - Masch. - etc.*), tappo (per foro) di riempimento.
Einfüllstutzen (*m. - Mot. - etc.*), bocchettone di riempimento. 2 Öl ~ (*Mot.*), bocchettone di riempimento per l'olio.
Einfülltrichter (*m. - Ger.*), imbuto (di riempimento).
Einfüllung (*f. - allg.*), riempimento. 2 ~ (in Flaschen) (*Ind.*), imbottigliamento. 3 ~ (von Öl in eine Masch. z. B.) (*Masch.*), carica. 4 Öl ~ (einer Presse z. B.) (*Masch.*), carica di olio.
Einfüllverschraubung (*f. - Mech.*), bocchettone di riempimento filettato.
Eingabe (in einen Elektronenrechner z. B.) (*f. - Rechner - etc.*), immissione, entrata. 2 ~ beleg (*m. - Rechner*), documento coi dati di entrata. 3 ~ daten (*n. - pl. - Rechner*), dati di entrata, dati d'ingresso. 4 ~ feinheit (*f. - NC - Werkz.masch.bearb.*), risoluzione di entrata.
Eingang (*m. - allg.*), entrata, ingresso. 2 ~ (Haupttür) (*Bauw.*), ingresso. 3 ~ (eines Briefes z. B.) (*Post*), ricevimento. 4 ~ (von Geld) (*komm.*), entrata. 5 ~ (von Waren, in Fabrik z. B.) (*Ind.*), arrivo. 6 ~ (von Strom, etc.) (*Elekt.*), entrata. 7 ~ (Einfuhr) (*komm.*), importazione. 8 ~ s·druck (ist das Eingangssignal eines pneumatischen Regelgerätes) (*m. - Regelung*), pressione d'entrata, segnale d'entrata. 9 ~ s·kapazität (einer Röhre) (*f. - Elektronik*), capacità di entrata. 10 ~ s·kontrolle (*f. - Ind.*), controllo arrivi, controllo accettazione (materiali). 11 ~ s·kreis (Eingangsschaltung) (*m. - Elekt.*), circuito d'entrata. 12 ~ s·luke (*f. - Flugw.*), sportello di entrata. 13 ~ s·schaltung (Eingangskreis) (*f. - Elekt.*), circuito di entrata. 14 ~ s·signal (*n. - Funk.*), segnale in arrivo. 15 ~ s·signal (*Elektronik*), segnale di entrata. 16 ~ s·treppe (*f. - Bauw.*), scala d'ingresso. 17 ~ s·tür (*f. - Bauw.*), porta d'ingresso.
eingängig (von Schrauben) (*Mech.*), ad un principio, ad un filetto. 2 ~ (Wicklung) (*allg.*), ad una spira, monospira.
eingearbeitet (Schlamm, für Abwasser) (*Bauw.*), maturato.
eingeätzt (*Chem. - etc.*), inciso (con acido).
eingebaut (*allg.*), incorporato. 2 ~ er Belichtungsmesser (*Phot. - Filmtech.*), esposimetro incorporato.
Eingeben (eines Werkstückes, Werkstückbewegung in dem unmittelbaren Arbeitsbereich der Maschinenwerkzeuge) (*n. - Werkz.masch. bearb.*), avvicinamento (del pezzo).
eingeben (Informationen) (*Rechner*), immettere.
eingebettet (in Beton z. B.) (*Bauw. - etc.*), annegato.
eingeboren (*Arb. - etc.*), indigeno, locale.
Eingeborenenarbeit (*f. - Arb.*), mano d'opera indigena, mano d'opera locale.
eingebrannt (Sand z. B.) (*Giess. - etc.*), cotto.
Eingebrauchs-Packung (Einweg-Packung) (*f. - komm.*), imballaggio a perdere.
eingedrungen (Gestein) (*Geol. - Min.*), intrusivo.
eingefahren (*Mot. - Aut.*), rodato.

eingefroren (Guthaben z. B.) (*finanz.*), congelato.
eingeführt (*komm.*), importato.
eingegangen (Brief z. B.) (*Post - Büro*), arrivato.
eingegossen (Laufbuchse z. B., in einem Leichtmetall-Zylinderblock) (*Giess. - Mot. - Aut.*), preso in fondita, incorporato durante la colata.
eingehängt (*allg.*), sospeso. 2 ~ (das Mittelfeld einer Brücke z. B.) (*Bauw.*), sospeso.
eingehäusig (Turbine z. B.) (*Masch.*), ad una cassa, ad un corpo, monocorpo.
eingehen (von Briefen, ecc.) (*Post - Ind. - Transp.*), arrivare. 2 ~ (von Gesellschaften) (*recht.*), sciogliersi. 3 ~ (aufhören) (*allg.*), cessare. 4 ~ (annehmen, eine Bedingung z. B.) (*allg.*), accettare. 5 ~ (kontrahieren, schliessen, Aufgaben) (*komm.*), incorrere, contrarre, concludere.
eingehend (Brief z. B.) (*Post - etc.*), in arrivo. 2 ~ (ausführlich, Prüfung, z. B.) (*allg.*), esauriente. 3 ~ (vertieft, Prüfung, Studie, etc.) (*allg.*), approfondito.
eingehülst (*Mech.*), incamiciato.
eingekapselt (Klemme z. B.) (*Elekt. - etc.*), protetto, chiuso.
eingekeilt (*Mech.*), inchiavettato.
eingekuppelt (*Mech.*), innestato.
eingelagert (Waren z. B.) (*Ind.*), immagazzinato, giacente.
eingelassen (*allg.*), inserito, incassato. 2 ~ (*Instr.*), incassato, da incasso. 3 ~ (in den Beton) (*Bauw.*), annegato.
Eingeleisebahn (*f. - Eisenb.*), ferrovia ad un binario.
eingeleitet (Reaktion z.B.) (*Chem. - etc.*), innescato, eccitato, attivato.
eingemauert (*Bauw.*), immurato, murato.
eingenietet (*Mech.*), ribadito.
eingepasst (*Mech.*), aggiustato, adattato, calibrato. 2 ~ e Schraube (Pass·schraube) (*Mech.*), bullone calibrato.
eingeprägt (E.M.K. z. B.) (*Elekt.*), applicato, impresso.
eingepresst (Metallteil z. B. in Kunststoff) (*Technol.*), incorporato durante lo stampaggio.
eingerechnet (mitgezählt, die Unkosten z. B.) (*komm.*), compreso, incluso.
eingerichtet (fertigmontiert) (*Masch. - etc.*), allestito. 2 ~ (Gesenke z. B.) (*Schmieden*), centrato.
eingerüstig (*Walzw.*), ad una gabbia.
eingesackt (Zement z. B.) (*Ind.*), insaccato, in sacchi.
eingeschaltet (*Mech.*), innestato. 2 ~ (*Elekt.*), inserito.
eingeschlagen (Räder) (*Aut.*), sterzato.
eingeschlossen (Gas z. B.) (*Metall.*), incluso.
eingeschossen (Kapital) (*finanz.*), investito.
eingeschränkt (*adv. - allg.*), con riserva.
eingeschraubt (*Mech.*), avvitato.
eingeschrieben (Brief) (*Post*), raccomandato. 2 ~ (immatrikuliert) (*allg.*), immatricolato.
eingeschrumpft (*Mech.*), calettato a caldo, forzato a caldo.
eingeschweisst (*mech. Technol.*), saldato.
eingeschwungen (Zustand) (*Phys.*), transitorio (*a.*).

eingesetzt

eingesetzt (Zahn z. B.) (*Mech.*), riportato.
eingespannt (*Bauw.*), incastrato. 2 ~ er Balken (oder Träger) (*Bauw.*), trave incastrata. 3 halb ~ er Balken (oder Träger) (*Bauw.*), trave semincastrata.
eingespritzt (Gewindebuchse z. B. in Kunststoffen eingebettet) (*mech. - Technol.*), incorporato durante l'iniezione.
eingetaucht (*allg.*), immerso.
eingetragen (*allg.*), registrato. 2 ~ e Schutzmarke (*komm.*), marchio depositato.
eingewalzt (*Walzw.*), laminato. 2 ~ (Rohr im Rohrboden) (*Kessel - etc.*), mandrinato.
eingezahlt (bezahlt) (*finanz.*), pagato, versato. 2 voll ~ es Kapital (*finanz.*), capitale interamente versato.
Eingiessen (Giessen) (*n. - Giess.*), colata.
eingiessen (*allg.*), versare. 2 ~ (eine Laufbuchse z. B., in einem Leichtmetall-Zylinderblock) (*Giess. - Mot. - Aut.*), prendere in fondita, incorporare all'atto della colata.
Eingiessvorrichtung (*f. - Giess.*), dispositivo di colata.
eingipflig (*Stat.*), unimodale.
Eingitterröhre (Dreipolröhre, Triode) (*f. - Elektronik*), triodo.
eingleisen (*Eisenb.*), rimettere sul binario.
eingleisig (*Eisenb.*), ad un binario.
eingraben (*allg.*), interrare.
Eingrabung (*f. - allg.*), interramento.
eingreifen (von Zahnrädern) (*Mech.*), ingranare. 2 ~ (in eine Angelegenheit z. B.) (*allg.*), intervenire. 3 ~ (übergreifen) (*recht.*), usurpare.
eingrenzen (*allg.*), delimitare. 2 ~ (lokalisieren, einen Fehler) (*Elekt. - etc.*), localizzare.
Eingrenzung (eines Fehlers) (*f. - Elekt. - etc.*), localizzazione.
Eingriff (von Zähnen) (*m. - Mech.*), ingranamento, presa. 2 ~ (eines Wälzfräsers z. B.) (*Werkz.*), ingranamento. 3 ~ (chirurgischer Eingriff z. B.) (*Med.*), intervento. 4 ~ prüfbild (eines Wälzfräsers) (*n. - Werkz.*), grafico verifica ingranamento. 5 ~ s·bereich (eines Wälzfräsers z. B.) (*m. - Mech. - Werkz.*), campo di ingranamento. 6 ~ s·bogen (von Zahnrädern) (*m. - Mech.*), siehe Eingriffslänge. 7 ~ s·dauer (Überdeckungsgrad, von Zahnrädern) (*f. - Mech.*), rapporto d'azione. 8 ~ s·ebene (von Zahnrädern) (*f. - Mech.*), piano di azione. 9 ~ s·feld (von Zahnrädern) (*n. - Mech.*), superficie di azione. 10 ~ s·fläche (von Zahnrädern) (*f. - Mech.*), superficie di azione. 11 ~ s·flankenspiel (von Zahnrädern, auf der Eingriffslinie gemessenes Spiel) (*n. - Mech.*), giuoco sulla linea di azione. 12 ~ s·gerade (von Zahnrädern) (*f. - Mech.*), retta di azione. 13 ~ s·grösse (Schnittbreite) (*f. - Werkz.masch.bearb.*), larghezza della passata. 14 ~ s·grösse (Schnittiefe) (*Werkz.masch. bearb.*), profondità di taglio. 15 ~ s·länge (von Zahnrädern) (*f. - Mech.*), siehe Eingriffslänge. 16 ~ s·linie (von Zahnrädern) (*f. - Mech.*), linea di azione. 17 ~ s·punkt (von Zahnrädern) (*m. - Mech.*), punto di contatto. 18 ~ s·strecke (von Zahnrädern) (*f. - Mech.*), lunghezza di azione. 19 ~ s·teilung (eines Wälzfräsers oder Zahnrades) (*f. - Mech. - Werkz.*), passo d'ingranamento. 20 ~ s·teilungsfehler (von Zahnrädern) (*m. - Mech.*), errore di passo. 21 ~ s·tiefe (von Zahnrädern) (*f. - Mech.*), altezza di contatto, altezza di ingranamento. 22 ~ s·winkel (von Zahnrädern) (*m. - Mech.*), angolo di pressione. 23 ~ s·winkel (eines Wälzfräsers z. B.) (*Mech.*), angolo di pressione. 24 ~ s·winkel im Axialschnitt (axialer Eingriffswinkel, eines Zahnrades z. B.) (*Mech.*), angolo di pressione assiale. 25 ~ s·winkel im Normalschnitt (Normaleingriffswinkel, eines Zahnrades z. B.) (*Mech.*), angolo di pressione normale. 26 ~ s·winkel im Stirnschnitt (eines Zahnrades z. B.) (*Mech.*), angolo di pressione trasversale, angolo di pressione frontale. 27 allmählicher ~ (von Zahnrädern) (*Mech.*), ingranamento graduale. 28 axialer ~ s·winkel (eines Zahnrades z. B.) (*Mech.*), angolo di pressione assiale. 29 Fuss ~ s·strecke (einer Verzahnung) (*f. - Mech.*), lunghezza di recesso. 30 Getrieberäder für ständigen ~ (*Aut.*), ingranaggi sempre in presa, ingranaggi in presa continua. 31 im ~ (Zahnprofile oder Zahnräder, zusammenarbeitend) (*Mech.*), coniugato, in presa. 32 in ~ bringen (Zahnräder) (*Mech.*), ingranare. 33 in ~ bringen (eine Kupplung z. B.) (*Mech.*), innestare. 34 Kopf ~ s·strecke (einer Verzahnung) (*f. - Mech.*), lunghezza di accesso. 35 Normal ~ s·winkel (eines Zahnrades z. B.) (*Mech.*), angolo di pressione normale. 36 Stirn ~ s·winkel (eines Zahnrades z. B.) (*Mech.*), angolo di pressione frontale. 37 unmittelbarer ~ (*Aut. - etc.*), presa diretta.
Eingriffslänge (Eingriffsbogen, von Zahnrädern) (*f. - Mech.*), arco di azione. 2 Abgangs ~ (Fussflanken-Eingriffslänge, von Zahnrädern) (*Mech.*), arco di recesso. 3 Fussflanken- ~ (Abgangseingriffslänge, von Zahnrädern) (*Mech.*), arco di recesso. 4 Kopfflanken- ~ (Zugangseingriffslänge, von Zahnrädern) (*Mech.*), arco di accesso. 5 Zugangs ~ (Kopfflanken-Eingriffslänge, von Zahnrädern) (*Mech.*), arco di accesso.
Einguck (*m. - Masch. - etc.*), foro spia.
Einguss (*m. - Giess.*), canale di colata. 2 ~ (Einguss·stengel) (*Giess.*), discesa di colata. 3 ~ formhälfte (einer Druckgiessform) (*f. - Giess.*), semistampo con canale di colata. 4 ~ loch (*n. - Giess.*), foro di colata. 5 ~ modell (*n. - Formerei - Giess.*), modello per discesa di colata. 6 ~ mulde (Einguss·sumpf) (*f. - Giess.*), pozzetto di colata. 7 ~ rinne (*f. - Giess.*), doccia di colata. 8 ~ schere (*f. - Giess. - Masch.*), tagliacolate, tagliaboccame. 9 ~ tümpel (Tümpel) (*m. - Giess.*), bacino di colata. 10 Ring ~ (*Giess.*), attacco di colata ad anello.
Engüsse (Trichter) (*m. - pl. - Giess.*), colame.
Einh. (Einheit) (*allg.*), unità.
einhaken (*allg.*), agganciare.
Einhalsen (Einziehen) (*n. - Blechbearb.*), strozzatura. 2 ~ (Aushalsen, Eindrehen) (*n. - Mech.*), esecuzione di gole.
einhalten (Temperatur z. B.) (*Wärme - etc.*), mantenere. 2 die Lieferzeit ~ (*komm.*), ri-

spettare il termine di consegna, mantenere il termine di consegna.
Einhaltung (eines Vertrags) (*f. - komm.*), osservanza, rispetto. 2 ~ (von Toleranzen z. B.) (*Mech.*), osservanza, rispetto.
Einhandstoss·säge (für Stämme) (*f. - Werkz.*), segaccio, saracco (da tronchi).
Einhängegestell (*n. - Elektrochem. - etc.*), rastrelliera per sospensione.
Einhängekatze (Laufkatze zum Einhängen von Flaschenzügen, etc.) (*f. - Hebevorr.*), carrello di sospensione.
Einhängemaschine (*f. - Buchbindereimasch.*), macchina per rilegare in brossura.
einhängen (den Hörer) (*Fernspr.*), attaccare, appendere.
Einhängestift (zur Vorschubbegrenzung des Blechstreifens) (*m. - Blechbearb.*), spina di arresto.
einhängig (Dach z. B.) (*Bauw.*), ad una falda.
Einhänglasche (Stegklemme) (*f. - Ger. -Elekt. - Eisenb. - etc.*), pendino.
Einhärtbarkeit (*f. - Wärmebeh.*), temprabilità in profondità, temprabilità a cuore.
Einhärtung (*f. - Wärmebeh.*), tempra in profondità, tempra a cuore. 2 ~ s·tiefe (Eht) (*f. - Wärmebeh.*), penetrazione di tempra.
einheben (einziehen, Geld) (*komm. - etc.*), incassare, riscuotere.
Einhebung (Eintreibung) (*f. - komm. - etc.*) (*österr.*), riscossione.
einheimisch (inländisch, Industrie z. B.) (*allg.*), nazionale.
Einheit (*f. - allg.*), unità. 2 ~ s·achsabstand (Pass·system für Verzahnungen) (*m. - Mech.*), interasse base. 3 ~ s·bohrung (EB) (*f. - Mech.*), foro base. 4 ~ s·code (für Informations-Austausch) (*m. - Datenverarb. - etc.*), codice standard. 5 ~ s·form (Grundform, Normalformat) (*f. - allg.*), formato normale. 6 ~ s·gewicht (*n. - allg.*), peso unitario. 7 ~ s·gewicht (Verhältnis-Gewicht zum Standschub, von Strahltriebwerken) (*Flugw.*), peso specifico, peso per kg di spinta (statica). 8 ~ s·gewinde (*n. - Mech.*), filettatura normale. 9 ~ s·kreis (*m. - Geom.*), cerchio di raggio uno. 10 ~ s·leistung (*f. - Mot.*), potenza specifica. 11 ~ s·leistung (einer Wasserturbine, Kennzahl für eine Turbine mit 1 m Laufraddurchmesser) (*Turb.*), potenza di riferimento. 12 ~ s·preis (Grundpreis) (*m. - komm.*), prezzo base. 13 ~ s·reihe (*f. - Normung*), serie unificata, serie normalizzata. 14 ~ s·regelgerät (in dem die Eingangs- und Ausgangsgrössen im Einheitsdruckbereich 0,2÷1,0 kg/cm², oder Strombereich 0÷20 mA liegen) (*n. - Ger.*), regolatore standard, regolatore tipo. 15 ~ s·sand (dient als Modell- und Füllsand) (*m. - Giess.*), terra unica. 16 ~ s·welle (*f. - Mech.*), albero base. 17 ~ s·wurzel (*f. - Math.*), radice di uno. 18 ~ s·zahndicke (Pass·system für Verzahnungen) (*f. - Mech.*), spessore dente base. 19 ~ s·zeit (*f. - Astr.*), ora legale. 20 elektromagnetische ~ (*Phys.*), unità elettromagnetica. 21 Mass ~ (*Phys.*), unità di misura. 22 magnetische ~ (*Phys.*), unità magnetica. 23 periphere ~ (*Rechner*), unità periferica. 24 Wärme ~ (*Phys.*), unità termica.

einheitlich (überall gleich) (*allg.*), uniforme. 2 ~ (genormt) (*allg.*), normalizzato, unificato. 3 ~ (eine Einheit bildend) (*allg.*), unitario. 4 ~ (homogen) (*Chem.*), omogeneo.
einhiebig (Feile) (*Werkz.*), ad un taglio.
einhitzig (Schmieden), in una sola calda.
einhüftig (steigend, Bogen z. B.) (*Bauw.*), rampante. 2 ~ er Bogen (steigender Bogen) (*Bauw.*), arco rampante.
einhüllen (*allg.*), avviluppare, involgere.
Einhüllende (Kurve, Enveloppe) (*f. - Geom.*), inviluppo.
einhüllende Fläche (*Math.*), superficie di inviluppo.
einhüllende Kurve (Enveloppe) (*Math.*), linea di inviluppo, inviluppo.
Einhülsen (*n. - Mech. - etc.*), incamiciatura.
einhülsen (*Mech. - etc.*), incamiciare.
Einigung (Verständigung) (*allg.*), accordo, intesa. 2 ~ (Einheitlichkeit) (*allg.*), unificazione. 3 ~ (gerichtliche z. B.) (*recht.*), conciliazione. 4 ~ s·formel (*f. - allg.*), modus vivendi. 5 ~ s·kommission (*f. - Arb.*), commissione paritetica. 6 ~ s·mangel (*m. - recht.*), vizio di consenso. 7 ~ s·versuch (*m. - recht. - etc.*), tentativo di conciliazione. 8 gütliche ~ (*recht.*), accordo amichevole.
Einkanalübertragung (*f. - Fernseh.*), trasmissione ad un canale.
einkanten (Blech) (*Technol.*), ripiegare in dentro (ad angolo vivo).
Einkantensteuerung (bei hydr. Kopiersystemen) (*f. - Werkz.masch.*), pilotaggio ad uno spigolo.
Einkapselmaschine (*f. - Pharm. - Ind. - Masch.*), incapsulatrice.
Einkauf (*m. - komm.*), acquisto. 2 ~ (Betriebsabteilung einer Fabrik) (*Ind.*), servizio acquisti, ufficio acquisti. 3 ~ chef (*m. - Pers.*), capo servizio acquisti. 4 ~ s·abteilung (Einkauf, Betriebsabteilung) (*f. - Ind.*), servizio acquisti. 5 ~ s·agent (*m. - komm.*), acquisitore. 6 ~ s·preis (*m. - komm. - Adm.*), prezzo di acquisto.
Einkäufer (einer Firma) (*m. - Arb. - Organ.*), direttore acquisti, caposervizio acquisti. 2 ~ (Einkaufsagent) (*komm.*), acquisitore.
einkeilen (*Mech.*), inchiavettare.
Einkerben (Einschnüren) (*n. - Schmieden*), strangolatura. 2 ~ (eines Probestabes) (*Mech.*), intaglio.
einkerben (einen Probestab z. B.) (*Mech.*), intagliare. 2 ~ (in Holz) (*Tischl. - Zimm.*), fare delle tacche.
einkitten (*Technol.*), masticare, applicare il mastice.
einklammern (*Druck.*), mettere tra parentesi.
Einklang (*m. - Akus.*), unisono (s.).
einklinken (*Mech. - etc.*), agganciare, impegnare.
Einklopfen (des Modells) (*n. - Giess.*), assestamento.
Einknicken (Fehler, beim Fahren eines Lkw mit Anhänger) (*n. - Fahrz.*), forbice.
einknicken (ausknicken, Säule z. B.) (*Bauw.*), pressoflettersi, inflettersi (sotto carico di punta).
Einkommen (Einkünfte) (*n. - Adm.*), reddito. 2 ~ aus unselbständiger Arbeit (*finanz.*), red-

Einkornbeton

dito da lavoro dipendente. 3 ~ s·erklärung (Einkommensteuererklärung) (*f. - finanz.*), dichiarazione dei redditi. 4 ~ s·ermittlung (*f. - finanz.*), accertamento del reddito. 5 ~ s·grenze (*f. - Pers.*), massimale. 6 ~ steuer (*f. - finanz.*), imposta sul reddito. 7 ~ steuererklärung (*f. - finanz.*), dichiarazione dei redditi. 8 National ~ (Volkseinkommen) (*finanz.*), reddito nazionale, reddito pubblico.
Einkornbeton (*m. - Bauw.*), calcestruzzo (con inerti) a granulometria uniforme.
einkreisen (Fehler z. B.) (*allg.*), circoscrivere.
Einkreiser (*m. - Funk.*), ricevitore ad un solo circuito (sintonizzato).
einkreuzen (einlesen) (*Textilind.*), invergare.
Einkristall (*m. - Min.*), monocristallo. 2 ~ kamera (*f. - Phys.*), camera a monocristallo.
Einkünfte (*finanz.*), siehe Einkommen.
einkuppeln (einrücken, die Kupplung) (*Aut.*), innestare.
Einladen (*n. - Transp.*), carico, caricamento.
einladen (*Transp.*), caricare.
Einlage (Beilage) (*f. - Büro*), allegato. 2 ~ (Depot, von Geld) (*finanz.*), deposito. 3 ~ (Einsatzstück) (*Mech.*), pezzo riportato. 4 ~ (Zwischenlegscheibe) (*Mech. - etc.*), spessore. 5 ~ (Geschäftseinlage, einer Gesellschaft z. B.) (*komm.*), investimento. 6 ~ (im Gummi z. B., Gewebeeinlage z. B.) (*Gummiind. - Technol.*), tela. 7 ~ (Zwischenschicht) (*allg.*), strato intermedio. 8 ~ deich (neuer landeinwärts errichteter Deich als Ersatz eines stark beschädigten Hauptdeiches) (*m. - Wass.b.*), (nuovo) argine ausiliario arretrato. 9 ~ holz (Füllholz) (*n. - Tischl. - etc.*), legno di riempimento. 10 Kapital ~ (*finanz.*), capitale investito. 11 Kontokorrent ~ (*finanz.*), deposito in conto corrente.
Einlagenwicklung (*f. - Elekt. - etc.*), avvolgimento ad uno strato, avvolgimento monostrato.
einlagern (Waren) (*Ind.*), immagazzinare.
Einlagerung (*f. - Ind.*), immagazzinamento, immagazzinaggio. 2 ~ s·zeit (Endteil der Durchlaufzeit) (*f. - Zeitstudium*), tempo di immagazzinamento, tempo richiesto per l'immagazzinamento.
einlagig (*allg.*), ad uno strato.
Einlass (Eingang) (*m. - allg.*), entrata, accesso. 2 ~ (von Luft z. B.) (*Mot.*), ammissione, aspirazione. 3 ~ druck (*m. - Mot.*), pressione di ammissione, pressione di alimentazione. 4 ~ hub (*m. - Mot.*), corsa di ammissione, corsa di aspirazione, fase di aspirazione. 5 ~ kanal (eines Wankelmotors) (*m. - Mot.*), condotto di aspirazione. 6 ~ karte (*f. - allg.*), biglietto d'ingresso. 7 ~ öffnet (bei Verbrennungsmotoren) (*Mot.*), inizio apertura (valvola di) ammissione. 8 ~ rohr (*n. - Mot. - etc.*), tubo di ammissione, tubo di aspirazione. 9 ~ schliesst (bei Verbrennungsmotoren) (*Mot.*), fine chiusura (valvola di) ammissione. 10 ~ schlitz (*m. Mot.*), luce di ammissione, luce di aspirazione. 11 ~ seite (*f. - Mot.*), lato ammissione, lato aspirazione. 12 ~ -Steueröffnung (eines Wankelmotors) (*f. - Mot.*), luce di aspirazione. 13 ~ temperatur (von Wasser z. B.) (*f. - Mot. - etc.*), temperatura di entrata. 14 ~ ventil (*n. - Mot.*), valvola di ammissione, valvola di aspirazione. 15 ~ verteiler (*m. - Mot.*), collettore di ammissione, collettore di aspirazione.
einlassen (*allg.*), inserire, incassare. 2 ~ (in den Beton) (*Bauw.*), annegare. 3 ~ (*Instr. - Ger.*), incassare. 4 sich auf die Klage ~ (*recht.*), costituirsi in giudizio.
Einlauf (Einkommen) (*m. - allg.*), arrivo. 2 ~ (*Mech.*), assestamento. 3 ~ (Einfahren) (*Mot. - Aut.*), rodaggio. 4 ~ (von Schiffen) (*naut.*), entrata in porto, approdo. 5 ~ (Anschnitt) (*Giess.*), attacco di colata. 6 ~ (eingegangene Post) (*Post - Büro*), posta in arrivo. 7 ~ (eines Flachdaches, für Wasserableitung) (*Bauw.*), bocchettone. 8 ~ (Lufteinlauf, der erste Teil eines Triebwerks, in Strömungsrichtung gesehen) (*Strahltriebw.*), presa d'aria. 9 ~ (von Kühlmittel z. B.) (*Leit.*), entrata. 10 ~ bauwerk (Entnahmebauwerk) (*n. - Hydr.*), opera di presa. 11 ~ diffusor (eines Luftstrahltriebwerkes) (*m. - Flugw.*), presa d'aria, diffusore d'ingresso. 12 ~ ende (einer Räumnadel z. B.) (*n. - Werkz.*), lato entrata. 13 ~ form (beim Tiefziehen) (*f. - Blechbearb.werkz.*), matrice d'imbocco. 14 ~ gehäuse (eines Abgasturboladers z. B.) (*n. - Mot. - Masch.*), corpo di entrata. 15 ~ kanal (*m. - Wass.b.*), canale di arrivo. 16 ~ linie (Begrenzung einer aussen Aussenfläche des Schiffes wo die Schiffskrümmung beginnt) (*f. - Schiffbau*), linea del ginocchio. 17 ~ schacht (*m. - Bauw.*), pozzetto di scolo. 18 ~ spirale (einer Wasserturbine) (*f. - Masch.*), chiocciola d'ingresso. 19 ~ trichter (*m. - Giess.*), bacino di colata troncoconico. 20 ~ trompete (von Triebwasserleitungen) (*f. - Hydr.*), imbocco a tromba. 21 ~ tümpel (Eingusstümpel) (*m. - Giess.*), bacino di colata. 22 ~ turm (*m. - Hydr.*), siehe Entnahmeturm. 23 ~ verlust (bei Triebwasserleitungen von Wasserkraftwerken, Energieverlust von Wirbelablösungen beursacht) (*m. - Hydr.*), perdita d'imbocco. 24 ~ zahl (Verhältnis zwischen Meridiankomponente der Zuströmgeschwindigkeit und Förderhöhengeschwindigkeit bei der Berechnung von Kreiselpumpen verwendet z. B.) (*Masch.*), coefficiente d'ingresso, coefficiente d'imbocco. 25 ~ zeit (*f. - Mot. - Aut.*), periodo di rodaggio. 26 ~ zeit (einer Maschine, eines Kolbens, etc.) (*Mech.*), periodo di assestamento. 27 Keil ~ (*Giess.*), attacco di colata a zeppa, attacco di colata a cuneo. 28 Schlitzen ~ (*Giess.*), attacco di colata a coltello. 29 Sieb ~ (*Giess.*), attacco di colata a doccia.
Einläufe (eines Flachdaches, für Wasserableitung) (*m. - pl. - Bauw.*), bocchettoni. 2 ~ (kleine Risse auf Glas) (*Glasind.*), piccole incrinature. 3 ~ (eingegangene Briefe) (*Büro*), posta in arrivo.
Einlaufen (Einfahren) (*n. - Mot. - etc.*), rodaggio. 2 ~ (eines Kolbens, etc.) (*Mech.*), assestamento.
einlaufen (einfahren) (*Mot. - etc.*), rodare. 2 ~ (*Masch. - Mech.*), assestare. 3 ~ (des Zuges, in den Banhof z. B.) (*v.i. - allg.*), entrare, arrivare. 4 ~ (von Briefen z. B.) (*v.i. - allg.*), arrivare. 5 ~ (enger werden, ein

Kleid beim Waschen z. B.) (*allg.*), restringersi.
einlaufend (Briefe z. B.) (*Büro - etc.*), in arrivo.
einläufig (*Waffe*), ad una canna.
Einlegearbeit (eingelegte Arbeit) (*f. - Tischl.*), lavoro di intarsio.
Einlegeeinrichtung (Magazin, für Werkstükke), (*f. - Werkz.masch.*), caricatore, dispositivo di caricamento.
Einlegekeil (rundstirniger Keil) (*m. - Mech.*), chiavetta incastrata.
einlegen (*allg.*), mettere dentro, introdurre, inserire. 2 ~ (Holz z. B.) (*Tischl. - etc.*), intarsiare. 3 ~ (Geld) (*komm.*), investire, collocare. 4 ~ (*recht.*), depositare.
Einleger (*m. - finanz.*), depositante.
Einlegung (Einlegearbeit, eingelegte Arbeit) (*f. - Tischl.*), intarsio. 2 ~ (von Rechtsmitteln) (*recht.*), ricorso (a mezzi legali).
einleimen (*allg.*), incollare.
einleiten (beginnen, einen Prozess z. B.) (*allg.*), iniziare. 2 ~ (Verhandlungen) (*komm.*), avviare, iniziare. 3 ~ (ein Buch, das Vorwort schreiben) (*Druck.*), scrivere la prefazione. 4 das Verfahren ~ (*recht.*), istruire la procedura.
einleitend (Wörter z. B.) (*allg.*), introduttivo.
Einleiterkabel (*n. - Elekt.*), cavo unipolare.
Einleitung (Vorrede) (*f. - Druck.*), introduzione, prefazione. 2 ~ (von Abwasser z. B.) (*Bauw. - etc.*), immissione. 3 ~ (eines Prozesses) (*recht.*), istruzione.
Einleitungsbremse (für Anhänger, durch den Druckfall betätigt) (*f. - Aut.*), freno ad una condotta.
Einlesen (Schränken, Kreuzgreifen) (*n. - Textilind.*), invergatura.
einlesen (einkreuzen) (*Textilind.*), invergare.
einliefern (*komm.*), consegnare.
Einlieferung (*f. - komm.*), consegna. 2 ~ s·schein (*m. - komm.*), bolletta di consegna, ricevuta. 3 ~ s·zeit (Liefertermin) (*f. - komm.*), termine di consegna.
Einlippbohrer (Tieflochbohrer, Kanone) (*m. - Werkz.*), punta cannone, punta ad un tagliente.
Einlochschaltung (bei Teilung) (*f. - Mech. - Werkz.masch.bearb.*), spostamento di un foro.
einlösbar (rückkaufbar) (*finanz.*), redimibile.
einlösen (eine Schuld bezahlen) (*Adm.*), pagare, redimere. 2 ~ (einen Wechsel bezahlen z. B.) (*komm. - etc.*), onorare, pagare. 3 ~ (halten, seine Verpflichtungen z. B.) (*allg.*), mantenere. 4 ~ (Pfänder gegen Zahlung zurücknehmen z. B.) (*allg.*), riscattare, svincolare. 5 ~ (einnehmen, einen Scheck z. B.) (*finanz.*), incassare.
Einlösung (Bezahlung) (*f. - Adm.*), pagamento, riscatto. 2 ~ (Einnahme, eines Schecks z. B.) (*finanz.*), incasso. 3 ~ (eines Pfandes) (*f. - allg.*), riscatto, svincolo.
einloten (*Bauw.*), piombare.
einlullen (von Wind) (*naut.*), cadere, diminuire, calare.
einmalig (Ausgabe z. B.) (*Adm. - etc.*), straordinario, « una tantum ».
Einmann-Bedienung (von Baumaschinen, von einen Sitzplatz) (*f. - Bauw. - Masch.*), comando centralizzato, manovra da un solo posto.
Einmann-Motorkettensäge (*f. - Masch.*), segatrice portatile con lama a catena.
Eimmannsäge (Einhandstoss·säge) (*f. Werkz.*), segaccio, saracco (da tronchi).
Einmannsessel (Liftsessel) (*m. - Bergbahnen*), seggiolino monoposto.
Einmassenschwinger (*m. - Mech.*), sistema oscillante ad una massa.
Einmaster (*m. - naut.*), barca a vela ad un albero.
Einmaststütze (*f. - Bergbahnen - etc.*), sostegno a pilastro.
einmauern (*Maur.*), murare.
Einmauerung (in die Mauer Einfügung) (*f. - Bauw.*), inserzione nel muro. 2 ~ (Einschliessung, Umschliessung) (*Bauw.*), recinzione in muratura. 3 ~ (Schamottenfutter, für die Feuerung eines Dampferzeugers) (*f. - Kessel*), rivestimento refrattario.
Einmaulschlüssel (Schraubenschlüssel) (*m. - Werkz.*), chiave semplice, chiave fissa semplice.
einmengen (*allg.*), immischiarsi.
Einminutenkamera (Polaroid-Kamera, Sofortbild-Kamera) (*f. - Phot.*), macchina a spiegamento rapido, macchina Polaroid.
Einmotorenflugzeug (*n. - Flugw.*), velivolo monomotore.
einmotorig (*Flugw. - etc.*), monomotore, ad un motore.
Einmündung (*f. - Strasse*), imbocco.
Einnahme (Eingang, von Geld) (*f. - komm.*), entrata, incasso. 2 ~ (von Steuern) (*finanz.*), esazione. 3 ~ schein (*m. - allg.*), ricevuta. 4 in ~ bringen (*f. - Buchhaltung*), registrare in entrata. 5 Rein ~ (Nettoeinnahme) (*Adm.*), incasso netto.
Einnebelung (Vernebelung) (*f. - milit.*), cortina fumogena.
einnehmen (Wärme z. B.) (*allg.*), assorbire. 2 ~ (Geld) (*komm.*), incassare, riscuotere.
Einnehmer (von Steuern z. B.) (*m. - Arb.*), esattore.
einnieten (*Technol.*), ribadire.
einordnen (klassieren) (*allg.*), classificare.
Einordnung (Klassierung) (*allg.*), classificazione.
einpacken (*Transp.*), imballare.
Einpacker (*m. - Arb.*), imballatore.
Einpackung (*f. - Transp.*), imballo.
Einpassarbeit (*f. - Mech.*), aggiustaggio, adattamento.
Einpassen (*n. - Mech.*), aggiustaggio, adattamento.
einpassen (*Mech.*), aggiustare, adattare.
einpegeln (*allg.*), regolare il livello.
einpeilen (*Funk.*), radiogoniometrare.
Einpfählung (*f. - Bauw.*), battitura di pali, infissione di pali.
einpflanzen (einen Befehl z. B.) (*Rechner*), collocare.
Einphasenanlage (*f. - Elekt.*), impianto monofase.
Einphasenbahn (*f. - elekt. Eisenb.*), ferrovia monofase. 2 ~ betrieb (*m. - elekt. Eisenb.*), trazione monofase.

Einphasengenerator

Einphasengenerator (m. - Elekt.), alternatore monofase.
Einphasenmotor (m. - Elekt.), motore monofase.
Einphasenstrom (m. - Elekt.), corrente monofase.
einphasig (Elekt.), monofase.
Einpipettieren (n. - allg.), introduzione mediante pipetta.
Einplatten-Trockenkupplung (f. - Aut.), frizione monodisco a secco.
einpolig (Elekt.), unipolare.
einprägen (eindrücken) (allg.), imprimere. 2 ~ (von Spannungen z. B.) (Elekt.), applicare.
Einpressdübel (m. - Tischl. - Zimm.), cavicchio forzato, caviglia forzata.
einpressen (Mech. - etc.), forzare, inserire a forza. 2 ~ (Zement, in den Boden z. B.) (Bauw.), iniettare. 3 ~ (Metallteile z. B. in Kunststoff) (Technol.), incorporare durante lo stampaggio.
Einpressmörtel (m. - Bauw.), malta da riempimento, malta per iniezioni.
Einpresstiefe (eines Scheibenrades, Abstand von der Felgenmitte bis zur inneren Auflagefläche der Radscheibe am Nabenflansch) (f. - Fahrz.), campanatura (della ruota), convessità (della ruota).
Einpressverfahren (Injektionsverfahren, für Zement z. B.) (n. - Bauw.), procedimento di iniezione.
einpumpen (allg.), iniettare.
Einquadrantbetrieb (eines Umformers, der Strom fliesst nur in einer Richtung) (m. - Elektronik), servizio ad un quadrante.
Einquartier (Ziegelstein) (n. - Maur.), quartiere, boccone, quarto di mattone.
einrahmen (allg.), incorniciare, intelaiare.
Einrammen (von Pfählen) (n. - Bauw.), infissione, battitura.
einrammen (Pfähle) (Bauw.), battere, piantare, conficcare, infiggere.
Einrasten (eines Schaltknopfes oder Hebels) (n. - Mech. - etc.), scatto (in posizione).
einrasten (Mech.), innestare in posizione.
Einrastknopf (m. - Mech.), bottone di fermo.
einreffen (ein Segel) (naut.), terzarolare.
einregeln (allg.), regolare.
Einregulieren (eines Motors z. B.) (n. - Mot. - etc.), messa a punto, regolazione.
einregulieren (Mot. - etc.), regolare, mettere a punto.
Einregulierung (des Vergasers) (f. - Mot.), registrazione, regolazione, messa a punto. 2 ~ für Langsamlauf (Mot.), registrazione del minimo, regolazione del minimo.
einreichen (ein Angebot z. B.) (komm. - etc.), inoltrare, presentare, sottoporre.
Einreichung (eines Angebotes z. B.) (f. komm.), inoltro, presentazione. 2 ~ s·frist (eines Angebotes z. B.) (f. - komm. - etc.), termine di presentazione, scadenza di presentazione.
einreihen (allg.), mettere in fila. 2 ~ (die Folge bestimmen) (Rechner), stabilire la sequenza.
einreihig (allg.), ad una fila. 2 ~ e Nietung (Kessel - etc.), chiodatura ad una fila (di chiodi). 3 ~ er Sternmotor (Mot.), motore ad una stella. 4 ~ es Kugellager (Mech.), cuscinetto ad una corona di sfere.
einreissen (allg.), strappare, strapparsi. 2 ~ (anreissen, ein Guss·stück z. B.) (Mech.), tracciare.
Einreissfestigkeit (einer Papier- oder Gewebeprobe) (f. - Technol.), resistenza allo strappo.
Einreissversuch (für Papier z. B.) (m. - Technol.), prova a strappo.
Einreisswiderstand (von Papier) (m. - Technol.), resistenza allo strappo.
Einrichtearbeit (Einstellen) (f. - Werkz. masch.), preparazione, allestimento.
Einrichteblatt (bei numerisch gesteuerten Werkz.masch.) (n. - Werkz.masch.), scheda tecnologica di operazione.
Einrichten (Einstellen) (n. - Werkz.masch.), preparazione, allestimento. 2 ~ einer Karte (Top. - etc.), orientamento di una carta.
einrichten (einstellen) (Werkz.masch.), preparare, allestire. 2 ~ (ausrüsten, eine Werkstatt z. B.) (Mech.), attrezzare. 3 ~ (Gesenke in den Hammer) (Schmieden), montare, assestare, centrare.
Einrichter (für Installationen) (m. - Masch. - etc. - Arb.), installatore. 2 ~ (Werkz.masch. - Arb.), preparatore, allestitore, addetto alla preparazione (macchine).
Einrichtezeit (Rüstzeit) (f. - Werkz.masch.), tempo di preparazione (macchina), tempo di allestimento.
Einrichtung (f. - Werkz.masch.), preparazione, allestimento. 2 ~ (Ausrüstung) (Mech.), attrezzatura. 3 ~ (Anlage) (Elekt.), impianto. 4 ~ (Installation) (Bauw. - etc.), installazione. 5 ~ (von Gesenken) (Schmieden), centratura. 6 ~ (mit Möbeln) (Bauw.), arredamento. 7 ~ (Vorrichtung) (Vorr.), dispositivo, accessorio. 8 ~ auf der Baustelle (Bauw. - etc.), messa in opera. 9 ~ s·arbeiten (Installationsarbeiten) (f. - pl. - Bauw.), lavori di installazione. 10 ~ s·fahrzeug (Strassenbahntriebwagen z. B. mit einem einzigen Führerstand) (n. - Fahrz.), carrozza ad un solo posto di manovra. 11 ~ s·kosten (f. - pl. - komm.), spese di installazione. 12 Anschlag ~ (Mech.), meccanismo di arresto. 13 Betriebs ~ (Mech. - etc.), attrezzatura di officina. 14 Fassonier ~ (Werkz.masch.), dispositivo per copiare, accessorio per copiare, accessorio per profilare. 15 Fernmess ~ (Elekt.), impianto di telemisura. 16 Hafen ~ en (pl. - naut.), installazioni portuali. 17 sanitäre ~ en (Bauw.), impianti igienico-sanitari. 18 Setzerei ~ (Druck.), attrezzatura per la preparazione delle forme da stampa. 19 soziale ~en (Ind.), servizi sociali. 20 Spann ~ (Mech.), dispositivo di bloccaggio, dispositivo di serraggio. 21 Teil ~ (Teilkopf) (Werkz.masch.), testa a dividere, divisore. 22 Vorschub ~ (Werkz. masch.), dispositivo per l'avanzamento. 23 zusätzliche ~ (Masch. - etc.), apparecchiatura ausiliaria.
Einriemenscheibenantrieb (m. - Masch.), comando monopuleggia, trasmissione monopuleggia.
Einrillenscheibe (Seilscheibe) (f. - Mech.), carrucola ad una gola. 2 ~ (Riemenscheibe) (Mech.), puleggia ad una gola.

Einriss (Riss) (*m. - Metall. - etc.*), cricca, incrinatura.
Einrollen (von Zahnrädern) (*n. - Mech.*), rullatura. 2 ~ (Rollbördeln, von Blechkanten) (*Mech.*), bordatura. 3 ~ (Profilieren, einer Schleifscheibe) (*Mech.*), sagomatura a rullo, profilatura a rullo.
einrollen (Blechkanten) (*Mech.*), bordare. 2 ~ (Schleifscheiben, einrollprofilieren) (*Werkz. masch.*), profilare a rullo.
Einrollkante (eines Kugelgelenkes) (*f. - Mech.*), spigolo rullato, orlo avvolgente.
Einrollvorgang (Einrollprofilieren von Schleifscheiben) (*m. - Werkz.*), profilatura a rullo.
einrotorig (*Flugw.*), ad un rotore.
Einrücken (einer Kupplung) (*n. - Mech.*), innesto.
einrücken (Kupplungen, etc.) (*Masch.*), innestare.
Einrückhebel (*m. - Masch.*), leva di innesto.
Einrückvorrichtung (*f. - Mech. - etc.*), dispositivo di innesto.
Einrumpfflugzeug (*n. - Flugw.*), aeroplano ad una fusoliera, velivolo ad una fusoliera.
einrüsten (*Bauw.*), armare.
Einrüstung (*f. - Bauw.*), armatura (di servizio). 2 ~ (Rüstung, von Bogen) (*Bauw.*), centinatura.
einrüttelfähig (*allg.*), vibratile.
Einrüttlung (Einrütteln, von Beton z. B.) (*f. - Bauw. - etc.*), vibratura.
einsacken (*allg.*), insaccare.
Einsattelung (*f. - Geogr.*), insellatura, sella.
Einsatz (Beschickung, eines Ofens) (*m. - Giess. - Metall.*), carica. 2 ~ (Einsatzschicht) (*Wärmebeh.*), strato superficiale indurito, strato cementato. 3 ~ (eingesetzter Teil) (*Mech.*), pezzo riportato. 4 ~ (Vorr. in die ein' Werkz. eingesteckt wird) (*Werkz.*), attacco. 5 ~ (Vorgang, Einbringung eines Stückes) (*Mech.*), riporto, inserzione. 6 ~ (Einstellen, von Werkzeugen) (*Werkz.masch.*), piazzamento. 7 ~ (Ladungseinsatz, Luft- oder Gemischmenge, eines Verbr.mot.) (*Mot.*), carica. 8 ~ (Gebrauch, einer Masch. z. B.) (*allg.*), impiego. 9 ~ (Aufschaukeln, von Schwingungen z. B.) (*Phys.*), innesco, inizio. 10 ~ (Summe aller Stoffe die einem Verarbeitungsprozess zugeführt werden)(*Ind.*), materiali di lavorazione. 11 ~ (Intensität mit der eine Arbeit ausgeführt wird, Kennzeichen für den menschlichen Leistungsgrad) (*Arb.*), impegno. 12 (eines Drehstahles) (*Werkz.*), barretta. 13 ~ (Schneidplatte) (*Werkz.*) placchetta. 14 ~ (Nennungsgeld) (*Aut. - Sport*), tassa d'iscrizione. 15 ~ bedingungen (*f. - pl. - Masch. - etc.*), condizioni di impiego. 16 ~ entladung (Vorentladung, bei Entladungsröhren) (*f. - Elekt.*), scarica preliminare. 17 ~ fähigkeit (*f. - Wärmebeh.*), cementabilità. 18 ~ flug (*m. - Luftwaffe*), missione. 19 ~ flugplatz (*m. - Luftwaffe*), base di operazioni. 20 ~ gebiet (Einsatzraum) (*n. - milit.*), zona di operazioni. 21 ~ gebiet (eines Erzeugnisses) (*Ind.*), campo d'impiego, campo di applicazione. 22 ~ geschwindigkeit (höchste Reisegeschwindigkeit ohne Aufenthalt) (*f. - Strass.verk.*), velocità massima di sicurezza. 23 ~ gewicht (eines Gesenkschmiedestückes, Gewicht der Ausgangsform) (*n. - Schmieden*), peso dello spezzone (di partenza). 24 ~ gewicht (Gussgewicht mit Anguss und Speisern) (*Giess.*), peso della carica, peso lordo del getto, peso del getto con colate e montanti. 25 ~ gewicht (*n. - Flugw.*), siehe Betriebsgewicht. 26 ~ härtung (Einsatzhärten) (*f. - Wärmebeh.*), cementazione. 27 ~ härtungstiefe (*f. - Wärmebeh.*), profondità di cementazione, penetrazione della cementazione. 28 ~ hülse (*f. - Mech. - Werkz.*), bussola di adattamento. 29 ~ kasten (*m. - Wärmebeh.*), cassetta per cementazione. 30 ~ messer (eines Fräsers) (*n. - Werkz.*), dente riportato. 31 ~ mittel (*n. - Wärmebeh.*), mezzo cementante, mezzo carburante. 32 ~ mittel (Personen und Mittel die für Ausführung von Arbeiten zur Verfügung stehen) (*n. - pl. - Ind.*), mezzi operativi. 33 ~ muldenwagen (für Öfen) (*m. - Metall. - Giess.*), vagonetto per caricamento. 34 ~ ofen (*m. - Wärmebeh.*), forno per cementazione. 35 ~ platte (*f. - Mech.*), tassello. 36 ~ preis (niedriges Angebot) (*m. - komm.*), offerta minima. 37 ~ schicht (*f. - Wärmebeh.*), strato superficiale indurito, strato cementato. 38 ~ schneide (eines Bohrers, auswechselbares Werkz.) (*f. - Bergbauwerkz.*), tagliente sostituibile. 39 ~ spannung (einer Zählerröhre z. B.) (*f. - Elektronik*), tensione di avviamento. 40 ~ spannung (bei Entladungsröhren) (*Elekt.*), tensione di innesco, tensione di (inizio delle scariche per) effetto corona. 41 ~ stahl (*m. - Metall.*), acciaio da cementazione. 42 ~ stahl (*Werkz.*), lama riportata, coltello riportato. 43 ~ stück (*n. - Mech.*), pezzo riportato. 44 ~ stück (*Werkz.*), placchetta (riportata). 45 ~ tiefe (*f. - Wärmebeh.*), penetrazione della cementazione, profondità di cementazione. 46 ~ topf (*m. - Wärmebeh.*), cassetta per cementazione. 47 ~ tür (*f. - Ofen*), portello di caricamento. 48 ~ zirkel (*m. - Zeichn.*), compasso. 49 Gesenk ~ (*Schmiedewerkz.*), inserto (di stampo). 50 Gewinde ~ (*Mech.*), filetto riportato. 51 Ladungs ~ (Luft- oder Gemischmenge, eines Verbr.mot.) (*Mot.*), carica. 52 Schabotte ~ (eines Gesenkhammers) (*m. - Schmieden*), blocco portastampi, banchina portastampi. 53 Schmelz ~ (*Elekt.*), fusibile. 54 Sieb ~ (eines Filters) (*Mot. - etc.*), elemento filtrante, cartuccia (filtrante). 55 wärmeabgebender ~ (zum Warmhalten von Steigern, Rohr z. B.) (*Giess.*), riscaldatore. 56 Zylinder ~ (Laufbuchse) (*Mot.*), canna cilindro.
einsatzbereit (*allg.*), pronto per l'uso, pronto per l'impiego.
einsatzgehärtet (*Wärmebeh.*), cementato.
einsatzhärten (*Wärmebeh.*), cementare.
einsaugen (*allg.*), succhiare, assorbire.
Einsaugung (*f. - Chem.*), assorbimento. 2 ~ s· hygrometer (*n. - Instr.*), igrometro ad assorbimento.
Einsäulendach (Einstieldach) (*n. - Bauw.*), pensilina.
einschaben (Lager z. B.) (*Mech.*), adattare.
Einschachtelmaschine (Kartoniermaschine) (*f. - Verpackung - Masch.*), inscatolatrice.

einschachteln (*allg.*), mettere in scatola, inscatolare.
einschäkeln (Kettenglieder ineinanderfügen) (*naut.*), collegare le maglie (di catene).
einschalen (*allg.*), incassare. 2 ~ (mit Schalung, für Betonguss) (*Bauw.*), armare, montare le casseforme.
Einschaler (*m. - Bauw. - Arb.*), addetto alle casseforme.
einschalig (Dach) (*Bauw.*), senza intercapedine.
Einschaltdauer (des Motors eines Hebezeuges z. B., Verhältnis zwischen Einschaltzeit und Summe aus Einschaltzeit und stromloser Pause, in % angegeben) (*f. - Elekt. - Förder-technik*), rapporto d'inserzione.
einschalten (*Elekt.*), inserire. 2 ~ (*Mech.*), innestare. 3 ~ (Zahnräder) (*Mech.*), ingranare, imboccare. 4 ~ (anlassen) (*Mot.*), avviare. 5 den ersten Gang ~ (*Aut.*), innestare la prima (marcia). 6 den Strom ~ (*Elekt.*), dare corrente. 7 die Kupplung ~ (*Aut. - etc.*), innestare la frizione. 8 eine Maschine ~ (*Masch.*), mettere in funzione una macchina.
Einschalter (*m. - Elekt.*), inseritore.
Einschaltglied (Schliesser) (*n. - Elekt.*), contatto aperto a riposo.
Einschaltmotor (*m. - Elekt. - Mot.*), motorino di avviamento.
Einschaltrelais (*n. - Elekt.*), relè d'inserzione.
Einschaltspitzenstrom (*m. - Elekt.*), corrente massima di avviamento.
Einschaltstellung (eines Schalters, einer Schaltung, eines Kreises) (*f. - Elekt.*), posizione di chiusura. 2 ~ (einer Maschine z. B.) (*Masch. - Mot.*), posizione di marcia.
Einschaltstoss (*m. - Elekt.*), extracorrente di chiusura.
Einschaltstrom (der höchste Momentanwert des Stromes der beim Schliessen eines Stromkreises fliesst) (*m. - Elekt.*), corrente d'inserzione, valore massimo istantaneo della corrente alla chiusura del circuito.
Einschaltung (*f. - Elekt.*), inserzione. 2 ~ (*Mech.*), innesto.
Einschaltverzug (aus Ansprechverzug und Schliesszeit gebildet, eines Schalters) (*m. - Elekt.*), ritardo d'inserzione, ritardo di chiusura.
Einschaltvorgang (Ausgleichvorgang) (*m. - Elekt.*), processo transitorio.
Einschaltzeit (Summe aus Einschaltverzug und Prelldauer, eines Schalters) (*f. - Elekt.*), tempo d'inserzione, tempo di chiusura. 2 ~ (eines Motors) (*Elekt.*), durata dell'inserzione, periodo d'inserzione.
Einschalung (*f. - Bauw.*), siehe Schalung.
Einscharpflug (*m. - Landw.masch.*), aratro monovomere.
einschätzen (*allg.*), stimare, valutare. 2 ~ (Steuer bestimmen) (*finanz.*), determinare l'imponibile.
Einschätzung (*f. - allg.*), stima, valutazione. 2 ~ (Bestimmung von Steuern) (*f. - finanz.*), determinazione dell'imponibile.
Einscheibenantrieb (*m. - Mech.*), comando monopuleggia, trasmissione monopuleggia.
Einscheibenkupplung (*f. - Mech. - Aut.*), frizione monodisco.
Einscheibensicherheitsglas (vorgespanntes Glas) (*n. - Aut. - Glasind.*), vetro di sicurezza temprato.
Einscheiben-Trockenkupplung (*f. - Aut. - Mech.*), frizione monodisco a secco.
einscheren (ein Tau durch einen Block ziehen) (*naut.*), passare, infilare. 2 ~ (in Richtung zurückkehren) (*naut.*), riportarsi in rotta.
einschichten (*allg.*), disporre a strati.
Einschichten-Sicherheitsglas (vorgespanntes Glas) (*n. - Aut. - Glasind.*), vetro temprato, vetro di sicurezza temprato.
einschichtig (*allg.*), ad uno strato. 2 ~ (*Arb. Organ.*), ad un turno (di lavoro). 3 ~ e Wicklung (*Elekt.*), avvolgimento ad uno strato.
Einschichtlack (*m. - Anstr.*), vernice ad una mano.
einschieben (*allg.*), inserire, far scorrere dentro.
Einschiebermotor (*m. - Flugw. - Mot.*), motore con distribuzione a fodero, motore a fodero.
Einschienenbahn (*f. - Eisenb.*), monorotaia.
Einschienenförderbahn (*f. - ind. Masch.*), trasportatore a monorotaia.
Einschienen-Hängebahn (*f. - ind. Masch.*), trasportatore (aereo) a monorotaia sospesa.
Einschienenhochbahn (*f. - Eisenb.*), monorotaia elevata, monorotaia sopraelevata.
Einschienenkran (Velozipedkran) (*m. - ind. Masch.*), gru a velocipede.
einschienig (*Eisenb. - etc.*), monorotaia (*a.*). 2 ~ (Versorgung) (*Elekt.*), a sbarra singola.
einschiffen (*naut.*), imbarcare. 2 sich ~ (*naut.*), imbarcarsi.
einschiffig (*Arch.*), ad una navata.
Einschiffung (*f. - naut.*), imbarco.
einschl. (einschliesslich) (*allg.*), compreso, incluso.
Einschlag (Eintrag, Einschuss, Schuss) (*m. - Text.*), inserzione della trama. 2 ~ (des Blitzes z. B.) (*Meteor. - etc.*), caduta. 3 ~ faden (Schussfaden) (*m. - Text.*), filo di trama. 4 ~ gesenk (Urgesenk für das Warmeinsenken) (*n. - Werkz.*), improntatore campione. 5 ~ maschine (Wickelmaschine) (*f. - Packung*) siehe Einwickelmaschine. 6 ~ maschine (Umbuggmaschine) (*Lederind.masch.*), risvoltatrice-incollatrice. 7 ~ messer (*n. - Werkz.*), coltello a molla, coltello a scatto, coltello a serramanico. 8 ~ papier (*n. - Papierind.*), carta da pacchi. 9 ~ seide (Trame) (*f. - Text.*), trama. 10 ~ winkel (*m. - Aut.*), angolo di sterzata, angolo di sterzatura.
Einschlagen (von Ventilen) (*n. - Mot. - Mech.*), martellamento. 2 ~ (Winkel, eines Gelenkes z. B.) (*Mech.*), angolazione. 3 ~ (Umbuggen, Umlegen und Festkleben der Kante eines Lederteiles) (*n. - Lederind.*), risvoltatura-incollatura.
einschlagen (Pfähle z. B.) (*Bauw. - etc.*), conficcare, piantare, battere. 2 ~ (Nummern auf ein Werkstück z. B.) (*Mech.*), incidere, punzonare. 3 ~ (Blitz) (*Meteor.*), colpire.
einschlägig (hingehörig) (*allg.*), pertinente. 2 ~ (geltend, Vorschrift) (*allg.*), applicabile.
einschlämmen (*Hydr. - etc.*), interrarsi.
Einschleifen (von Ventilen) (*n. - Mot. Mech.*), smerigliatura.

einschleifen (Ventile) (*Mot. - Mech.*), smerigliare. 2 ~ (einschalten, eine Leitung) (*Elekt.*), collegare, inserire.
Einschleifpaste (*f. - Mot. - Mech.*), spoltiglio.
Einschleifpulver (*n. - Mech.*), polvere per smerigliare.
einschliessen (*allg.*), includere. 2 ~ (in die Rechnung) (*komm.*), comprendere.
einschliesslich (*komm.*), compreso. 2 ~ **Porto** (*komm.*), franco di porto.
Einschliff (Spanbrecher) (*m. - Werkz.*), (cava) rompitrucciolo.
Einschluss (*m. - Min. - Metall.*), inclusione. 2 Schlacken ~ (*Metall.fehler*), inclusione di scoria.
Einschmelzen (*n. - Metall. - Giess.*), fusione.
einschmelzen (schmelzen, Rohstoffe) (*Metall.*), fondere.
Einschmelzmaschine (für Elektronenröhre) (*f. - Masch.*), macchina per sigillare.
Einschmelzzeit (*f. - Metall.*), periodo di fusione.
einschmieren (*Mot. - etc.*), lubrificare.
Einschneckenpresse (für die Kunststoff- und Gummiindustrie) (*f. - Masch.*), estrusore ad una vite.
Einschneiden (von Blech, teilweises Trennen bei dem das angeschnittene Blechstück mit dem Gesamtblechstück noch in Verbindung bleibt) (*n. - Blechbearb.*), taglio parziale, intaglio. 2 ~ (Bestimmung von Einzelpunkten durch Richtungsbeobachtungen, bei der Triangulation) (*n. - Top.*), intersezione. 3 Rückwärts ~ (*Top.*), intersezione all'indietro. 4 Vorwärts ~ (*Top.*), intersezione diretta, intersezione in avanti.
einschneidig (einschnittig) (*Werkz.*), monotagliente, ad un tagliente.
Einschnitt (*m. - allg.*), incisione, incavo, tacca. 2 ~ (Abtrag) (*Bauw.*), sterro. 3 ~ **und Damm** (Abtrag und Auftrag) (*Bauw.*), sterro e riporto.
Einschnüren (*n. - Schmieden*), strangolatura, strozzatura.
einschnüren (*allg.*), legare. 2 ~ (beengen) (*Technol.*), contrarsi. 3 ~ (*Schmieden*), strangolare.
Einschnürung (Beengung) (*f. - allg.*), contrazione. 2 ~ (Querschnittverminderung) (*Baukonstr.lehre*), strizione. 3 ~ (*Schmieden*), strangolatura, strozzatura. 4 ~ (eines Strahls) (*Hydr.*), contrazione. 5 ~ s·beiwert (Quozient des engsten Querschnittes des Strahles zum Querschnitt der Austrittsöffnung) (*m. - Hydr.*), coefficiente di contrazione (della vena). 6 Bruch ~ (Bruchquerschnittverminderung) (*Baukonstr.lehre*), strizione a rottura.
einschränken (*allg.*), limitare.
einschränkend (*allg.*), restrittivo, limitativo.
Einschränkung (*f. - allg.*), limitazione. 2 ~ (*komm. - recht.*), restrizione.
einschrauben (*Mech.*), avvitare.
Einschraublänge (*f. - Mech.*), lunghezza di avvitamento.
Einschrauböse (Augbolzen) (*f. - Mech. - etc.*), siehe Augbolzen.

Einschraubtiefe (*f. - Mech.*), profondità di avvitamento.
Einschraubverlängerung (*f. - Mech.*), prolunga avvitabile.
Einschreibebrief (*m. - Post*), lettera raccomandata, raccomandata.
Einschreiben (eingeschriebene Postsendung) (*n. - Post*), raccomandata (*s.*). 2 ~ **mit Rückschein** (*Post*), raccomandata con ricevuta di ritorno.
einschreiben (*allg.*), registrare. 2 ~ (*Geom.*), inscrivere.
Einschreibgebühr (*f. - finanz.*), tassa di registrazione.
Einschreibung (Eintragung) (*f. - allg.*), registrazione.
einschrumpfen (*Mech. - etc.*), ritirarsi, contrarsi.
Einschrumpfung (*f. - Mech. - etc.*), ritiro.
Einschub (*m. - Bauw.*), controsoffitto, soffittatura. 2 ~ (Bildungsart von Bausteinen z. B., durch Steckverbindungen elektrisch verbunden) (*Elektronik*), gruppo da innesto, unità da innesto. 3 ~ (Gerät, Verstärker z. B.) (*Elekt.*), apparecchio da innesto. 4 ~ (Tafel, Brett) (*Elekt.*), pannello da innesto. 5 ~ **bauweise** (von Geräten) (*f. - Ger.*), sistema ad innesto.
Einschuss (Einschlag, Schuss) (*m. - Text.*), inserzione della trama. 2 ~ **bogen** (*m. - Druck.*), foglio antiscartino.
einschütten (*allg.*), alimentare, caricare.
einschwalben (*Tischl.*), eseguire incastri a coda di rondine.
Einschweissschieber (durch Einschweissen eingebaut) (*m. - Leit.*), saracinesca da montare mediante saldatura.
Einschweissversuch (eine Schweiss-sicherheitsprüfung) (*m. - mech. Technol.*), prova di criccabilità di saldatura.
einschwenkbar (schwenkbar) (*Mech.*), orientabile verso l'interno, avvicinabile.
einschwenken (nach innen schwenken) (*v.t. - allg.*), avvicinare girando verso l'interno, orientare verso l'interno. 2 ~ (einen Bohrtisch z. B.) (*v.t. - Mech. - Werkz.masch.bearb.*), portare in posizione di lavoro.
Einschwimmerflugzeug (*n. - Flugw.*), idrovolante a scafo.
Einschwingen (Pendeln) (*n. - Mech. - Elekt.*), pendolamento.
einschwingen (pendeln) (*Mech. - Elekt.*), pendolare. 2 ~ (einen Hebel) (*Masch.*), portare in posizione.
Einschwingspannung (*f. - Elekt.*), tensione transitoria.
Einschwingstrom (*m. - Elekt.*), corrente transitoria.
Einschwingverzerrung (charakteristische Verzerrung) (*f. - Elektronik*), distorsione caratteristica.
Einschwingvorgang (*m. - Phys.*), processo transitorio.
Einschwingzeit (*f. - Elekt.*), periodo transitorio.
Einschwingzustand (Übergangszustand) (*m. - Elekt.*), stato transitorio, transitorio.
einsehen (die Bücher) (*Adm.*), esaminare.
einseifen (seifen) (*allg.*), insaponare.

Einseilbahn (Umlaufbahn) (*f. - Bergbahn*), funivia monofune.
Einseitenbandsender (*m. - Funk.*), trasmettitore a banda laterale unica.
einseitig (*allg.*), unilaterale. 2 ~ er Kompressor (*Masch.*), compressore a ingresso singolo. 3 ~ gerichtet (*allg.*), unidirezionale. 4 ~ gestrichen (*Papierind.*), monopatinato, patinato su un solo lato. 5 ~ glatter Karton (*Papierind.*), cartoncino monolucido. 6 ~ greifen (einseitig fassen, der Bremsen) (*Aut.*), tirare da un lato.
einsenden (Geld) (*Adm.*), rimettere.
Einsender (*m. - Post*), mittente.
Einsendung (von Geld) (*f. - Adm.*), rimessa.
Einsenken (eine Hohlform durch Eindrücken eines Stempels in den Gesenkblock herstellen) (*n. - Schmiedewerkz.*), improntatura. 2 Kalt ~ (Formpressverfahren) (*mech. Technol.*), improntatura a freddo. 3 Warm ~ (Formpressverfahren) (*mech. Technol.*), improntatura a caldo.
einsenken (*allg.*), immergere. 2 ~ (mittels Kopfsenker) (*Mech.*), accecare, allargare. 3 ~ (mittels Spitzsenker) (*Mech.*), svasare, eseguire una accecatura conica. 4 ~ (Gesenke) (*Mech.*), improntare.
Einsenk-Matrize (für die Kunststoff- und Druckgussindustrie z.B.) (*f. - Werkz.*), matrice improntata.
Einsenkpresse (zum Formpressen) (*f. - Masch.*), improntatrice.
Einsenkstempel (zum Eindrücken der Gravur in den Gesenkblock) (*m. - Schmieden - Werkz.*), punzone d'improntatura.
Einsenktiefe (beim Formpressen) (*f. - mech. Technol.*), profondità di improntatura.
Einsenkung (*f. - allg.*), avvallamento, insellatura. 2 ~ (*Schiffbau*), insellatura.
Eisenk-Werkzeug (*n. - Werkz.*), improntatore.
Einsetzen (Aufkohlen, Zementieren) (*n. - Wärmebeh.*), cementazione carburante, carbocementazione. 2 ~ (von Schmelzgut in den Ofen) (*Metall.*), carica. 3 ~ (von Kernen in eine Gussform) (*Giess.*), ramolaggio. 4 ~ (Einfügen) (*Mech.*), inserzione. 5 ~ (von Schwingungen z. B.) (*Elekt. - Mech. - etc.*), innesco. 6 ~ (eines Wertes in einer Gleichung z. B.) (*Math.*), sostituzione.
einsetzen (*allg.*), inserire. 2 ~ (zementieren) (*Wärmebeh.*), cementare, carburare. 3 ~ (Schmelzgut in den Ofen) (*Metall.*), caricare. 4 ~ (Kerne in eine Gussform) (*Giess.*), ramolare, montare. 5 ~ (einfügen) (*Mech.*), inserire, riportare. 6 ~ (anbringen) (*Mech.*), montare, applicare. 7 ~ (beginnen) (*allg.*), iniziare. 8 ~ (brauchen) (*allg.*), impiegare. 9 ~ (einen Wert in eine Gleichung) (*Math.*), sostituire.
Einsetzkran (*m. - ind. Masch.*), gru per caricamento.
Einsetzmaschine (*f. - Metall. - Ofen*), infornatrice.
Einsetzspannung (von Gleitfunken z. B.) (*f. - Elekt.*), tensione di innesco.
Einsetztür (*f. - Metall.*), porta di carico.
Einsetzzähne (*m. - pl. - Mech.*), denti riportati.

Einsickerung (*f. - allg.*), infiltrazione.
Einsinken (Setzen, des Unterbaus) (*n. - Bauw.*), assestamento, cedimento.
einsinnig (*allg.*), unidirezionale.
Einsitzer (*m. - Flugw. - etc.*), monoposto (*s.*).
einsitzig (*Flugw. - etc.*), monoposto.
Einspänen (Einlegen der Leder in feuchte Sägespäne) (*n. - Lederind.*), umidificazione in segatura.
Einspannen (eines Werkstückes z. B.) (*n. - Mech.*), serraggio, bloccaggio. 2 ~ (Festspannen, der Probe bei Zugversuchen z. B.) (*Werkstoffprüfung*), afferraggio.
einspannen (ein Werkstück z. B.) (*Mech.*), serrare, bloccare, montare (in macchina). 2 ~ (einen Träger) (*Bauw.*), incastrare.
Einspänner (eines Mehrfamilienhauses, wenn nur eine Wohnung an einen Treppenpodest liegt) (*m. - Bauw.*), casa (multifamiliare) con un solo appartamento per piano.
Einspannkopf (Teil einer Zugprüfmaschine) (*m. - Technol.*), testa di afferraggio.
Einspannmoment (*n. - Baukonstr.lehre*), momento d'incastro.
Einspannplatte (Grundplatte) (*f. - Blechbearb.werkz.*), piastra portastampi.
Einspann-Schweissversuch (Schweissrissigkeitsversuch) (*m. - mech. Technol.*), prova di criccabilità (di saldatura).
Einspannstelle (*f. - Baukonstr.lehre - Mech.*), punto di incastro, incastro.
Einspannung (*f. - Baukonstr.lehre*), incastro. 2 ~ (Vorr. zum Festklemmen der Probe) (*Vorr. - Werkstoffprüfung*), dispositivo di afferraggio. 3 ~ s·moment (*n. - Baukonstr. lehre*), momento di incastro.
Einspannvorrichtung (für Werkstücke) (*f. - Mech.*), attrezzo di serraggio, dispositivo di serraggio, attrezzo di bloccaggio.
Einspannzapfen (eines Stempels, für Blechbearbeitung) (*m. - Werkz.*), codolo.
Einsparung (Ersparnis) (*f. - Adm. - etc.*), economia, risparmio.
Einspeicherglied (Speicherglied) (*n. - Rechner*), cellula di memoria.
Einspeicherung (Speicherung) (*f. - Rechner*), memorizzazione.
einspeisen (*Elekt.*), alimentare, applicare.
Einspeisungsklemme (Eingangsklemme) (*f. - Elekt.*), morsetto di entrata, morsetto di alimentazione.
einspielen (*allg.*), equilibrare. 2 ~ (*Instr. - etc.*), stabilizzare, portare a regime.
Einspindelautomat (Drehbank) (*m. - Werkz. masch.*), tornio automatico monomandrino, tornio automatico monofuso.
Einspindelbohrmaschine (*f. - Werkz.masch.*), trapano monomandrino, trapano monofuso, trapano ad un mandrino.
einspindlig (*Werkz.masch.*), ad un fuso, monofuso, ad un mandrino, monomandrino.
einspleissen (*allg.*), giuntare.
einspringen (*Bauw.*), rientrare.
einspringend (*Bauw. - etc.*), rientrante. 2 ~ er Winkel (*Bauw. - etc.*), angolo rientrante.
Einspritz-Anlasser (*m. - Mot.*), iniettore per l'avviamento, « cicchetto ».
Einspritzbeginn (einer Einspritzpumpe) (*m. - Dieselmotor - etc.*), inizio iniezione.

Einspritzdruck (*m. - Dieselmotor*), pressione di iniezione.
Einspritzdüse (*f. - Dieselmotor*), polverizzatore. 2 ~ (Düse und Düsenhalter) (*Dieselmotor*), iniettore. 3 ~ (*Dieselmotor*), siehe auch Düse. 4 ~ (für Kunststoffe) (*Technol.*), ugello d'iniezione. 5 ~ n·prüfer (*m. - Mot.*), banco prova iniettori.
einspritzen (*Mot. - etc.*), iniettare.
Einspritzmenge (*f. - Mot.*), quantità iniettata, portata iniettore.
Einspritzmotor (*m. - Mot.*), motore ad iniezione.
Einspritz-Ottomotor (*m. - Mot.*), motore a ciclo Otto ad iniezione, motore ad iniezione di benzina.
Einspritzpumpe (*f. - Dieselmotor*), pompa d'iniezione.
Einspritzung (*f. - Mot. - etc.*), iniezione. 2 Brennstoff ~ (*Mot.*), iniezione del combustibile. 3 elektronischer ~ (Benzineinspritzung) (*Mot.*), iniezione elettronica. 4 Mengenteiler-Saugrohr ~ (für Viertakt-Ottomotoren) (*Mot. - Aut.*), iniezione regolata dal tubo di aspirazione. 5 unmittelbare ~ (direkte Einspritzung) (*Dieselmotor*), iniezione diretta.
Einspritzventil (eines Ottomotors, bei elektronischer Kraftstoffeinspritzung) (*n. - Mot.*), iniettore.
Einspritzvergaser (Spritzvergaser) (*m. - Mot.*), carburatore ad iniezione.
Einspruch (*m. - komm.*), reclamo, rimostranza. 2 ~ (gegen bekanntgemachte Patentanmeldungen) (*recht.*), ricorso. 3 ~ s·verfahren (*n. - recht.*), procedimento di opposizione.
Einsprung (*m. - Text.*), ritiro.
Einspulentransformator (Spartransformator) (*m. - Elekt.*), autotrasformatore.
einspurig (*Eisenb.*), ad un solo binario.
einstampfen (*allg.*), costipare, pigiare. 2 ~ (makulieren) (*Ind. - etc.*), mandare al macero.
Einständer-Exzenterpresse (*f. - Masch.*), pressa monomontante ad eccentrico.
Einständerhobelmaschine (*f. - Werkz.masch.*), piallatrice ad un montante, pialla ad un montante.
Einständer-Lufthammer (*m. - Schmiedemasch.*), maglio pneumatico ad un montante.
Einstandspreis (Einkaufspreis zuzüglich aller Beschaffungskosten, das heisst Fracht, Zoll, etc.) (*m. - Adm.*), prezzo di costo.
Einstau (*m. - Hydr.*), siehe Stauung.
Einstaubmittel (Formerei) (*n. - Giess.*), polvere di separazione.
Einstechbogen (*m. - Druck.*), foglio di maestra.
Einstechen (*n. - Werkz.masch.bearb.*), esecuzione di gole. 2 ~ (beim Schleifen) (*Werkz.masch.bearb.*), rettifica a tuffo. 3 ~ (Abstechen) (*Werkz.masch.bearb.*), troncatura. 4 Innen ~ (*Werkz.masch.bearb.*), esecuzione di gole interne.
einstechen (*Werkz.masch.bearb.*), eseguire gole. 2 ~ (abstechen) (*Werkz.masch.bearb.*), troncare. 3 ~ (beim Schleifen) (*Werkz.masch.bearb.*), rettificare a tuffo.
Einstechhub (beim Schleifen) (*m. - Werkz.masch.bearb.*), avanzamento a tuffo.

Einstechschleifen (*n. - Werkz.masch.bearb.*), rettifica a tuffo.
Einstechschleifmaschine (*f. - Werkz.masch.*), rettificatrice a tuffo.
Einstechstahl (*m. - Werkz.*), utensile per gole, utensile recessitore. 2 ~ (Abstechstahl) (*Werkz.*), utensile per troncare.
Einstechverschleiss-Versuch (zur Bewertung der Zerspanbarkeit) (*m. - mech. Technol.*), prova di truciolabilità (con utensile recessitore).
Einsteckdorn (*m. - Mech.*), mandrino conico.
Einsteckende (eines Bohrers z. B.) (*n. - Werkz.*), gambo, codolo.
Einsteckheber (*m. - Aut.*), martinetto con braccio.
Einsteckschlüssel (Vierkant-Einsteckschlüssel z. B.) (*m. - Werkz.*), chiave maschia.
Einsteigeisen (*n. - Bauw. - etc.*), scala alla marinara.
Einsteigloch (Einsteigöffnung) (*n. - Bauw. - etc.*), passo d'uomo.
Einsteigöffnung (*f. - Bauw.*), passo d'uomo.
Einsteigschacht (*m. - Bauw.*), pozzo d'ispezione.
Einsteinsche Gleichung (*Atomphys.*), equazione di Einstein.
Einsteinium (künstliches radioakt. chem. Element) (*E - n. - Chem. - Radioakt.*), einsteinio.
Einstellager (Zylinderrollenlager ein Rollbahnring des welches mit Borden versehen ist) (*n. - Mech.*), cuscinetto a rulli cilindrici radiale rigido aperto (con due bordini su un anello).
einstellbar (*Mech. - etc.*), regolabile, registrabile. 2 ~ e Luftschraube (*Flugw.*), elica a passo variabile. 3 ~ er Anschlag (*Mech.*), scontro regolabile, battuta regolabile, arresto regolabile.
Einstellbolzen (einer Vorrichtung) (*m. - Mech.*), perno di riferimento, spina di riferimento.
Einstellebene (*f. - Opt. - etc.*), piano di riferimento.
Einstellehre (*f. - Messgerät*), calibro di messa a punto, riscontro per messa a punto.
Einstelleiste (an Bettführungen) (*f. - Werkz.masch.*), lardone.
Einstellen (Beendigung, der Arbeit z. B.) (*n. - allg.*), cessazione, sospensione. 2 ~ (feines Anpassen) (*Mech.*), regolazione, registrazione. 3 ~ (des Gemisches) (*Mot.*), messa a punto. 4 ~ (eines zu regelnden Wertes z. B.) (*Elektromech.*), impostazione. 5 ~ (von Gesenken) (*Schmieden*), centratura. 6 ~ (von Wellen z. B.) (*Mech.*), allineamento. 7 ~ (Anstellen, des Werkzeugs) (*Werkz.masch.bearb.*), registrazione. 8 ~ (Vorwählen, des Vorschubes z. B.) (*Werkz.masch.bearb. - etc.*), impostazione. 9 ~ (Bewegung, eines Hebels) (*Masch. - etc.*), spostamento. 10 ~ (*Opt.*), messa a fuoco. 11 ~ (*Mech. - etc.*), siehe auch Einstellung. 12 ~ der Steuerung (*Mot.*), messa in fase della distribuzione. 13 selbsttätiges ~ (*Mech.*), regolazione automatica. 14 selbsttätiges ~ (von Wellen z. B.) (*Mech.*), autoallineamento.
einstellen (*Mech.*), regolare, registrare. 2 ~

Einsteller

(Wellen z. B.) (*Mech.*), allineare. 3 ~ (einen Vergaser z. B.) (*Mot.*), mettere a punto. 4 ~ (die Zündung) (*Mot.*), mettere in fase. 5 ~ (einen zu regelnden Wert) (*Elektromech.*), impostare. 6 ~ (Gesenke) (*Schmieden*), centrare, regolare. 7 ~ (*Opt.*), mettere a fuoco. 8 ~ (neue Arbeiter z. B.) (*Pers.*), assumere. 9 ~ (beendigen, die Arbeit z. B.) (*Arb.*), sospendere. 10 ~ auf (*Funk.*), sintonizzare su. 11 auf Null ~ (*Instr. - etc.*), regolare a zero, azzerare. 12 den Verkehr ~ (*komm.*), rompere le relazioni, troncare le relazioni. 13 die Arbeit ~ (*Arb.*), sospendere il lavoro. 14 die Verbindungen ~ (*komm.*), rompere le relazioni, troncare le relazioni. 15 die Zahlungen ~ (*komm.*) - *Adm.*), sospendere i pagamenti. 16 fein ~ (*Mech. - etc.*), regolare di precisione. 17 grob ~ (*Mech. - etc.*), regolare grossolanamente. 18 mittig ~ (*allg.*), centrare.

Einsteller (Einrichter) (*m. - Werkz.masch. - Arb.*), preparatore, addetto alla preparazione macchine. 2 ~ (Regler) (*m .- Ger.*), siehe Einstellregler. 3 Sollwert ~ (*Ger.*), impostatore del valore nominale.

Einstellerei (Vorgang) (*f. - Mech.*), regolazione, messa a punto, preparazione. 2 ~ (Abteilung) (*Ind.*), reparto preparazione.

Einstellfeder (*f. - Mech.*), molla compensatrice.

Einstellgetriebe (*n. - Mech.*), meccanismo di regolazione.

Einstellgrösse (Einstellbedingung, um einen Arbeitsgang durchführen zu können) (*f. - Werkz.masch.bearb.*), dato di registrazione.

Einstellnormal (eines Messgerätes z. B.) (*n. - Instr.*), campione per messa a punto.

Einstellohn (Anfangslohn) (*m. - Arb.*), salario iniziale, stipendio iniziale.

Einstellplan (Einstellzeichnung) (*m. - Werkz.masch.bearb.*), (schema) disposizione degli utensili.

Einstellprisma (*n. - mech. Bearb. - Werkz.*), prisma per messa a punto.

Einstellraum (Garage, Autoschuppen) (*m. - Aut.*), autorimessa.

Einstellregler (Einsteller, regelbare Widerstände, Kondensatoren, etc.) (*m. - Ger.*), impostatore, predispositore.

Einstellring (für Messgeräte) (*m. - Werkz.*), riscontro ad anello per messa a punto.

Einstellscheibe (*f. - Instr.*), quadrante.

Einstellschraube (*f. - Mech.*), vite di regolazione.

Einstellspartransformator (*m. - Elekt.*), autotrasformatore regolabile.

Einstellung (Beendigung) (*f. - allg.*), cessazione, sospensione. 2 ~ (feines Anpassen) (*Instr. - Mech. - etc.*), regolazione, registrazione. 3 ~ (von Arbeitern) (*Pers. - Arb.*), assunzione. 4 ~ (*Mech. - etc.*), siehe auch Einstellen. 5 ~ s·interview (*n. - Pers.*), intervista preassunzione. 6 ~ s·plan (Einstellungszeichnung) (*m. - Werkz.masch.bearb.*), (schema) disposizione degli utensili. 7 ärztliche ~ s· untersuchung (*Pers.*), visita medica preassunzione. 8 Fein ~ (*Mech.*), regolazione fine, regolazione di precisione. 9 Feinst ~ (*Mech.*), microregolazione. 10 Grob ~ (*Mech.*), regolazione grossolana. 11 Null ~ (*Instr. - etc.*), regolazione a zero, azzeramento.

Einstellwerk (ein Werk zur Aufnahme von Eingangswerten, bei Addiermaschinen z. B.) (*n. - Ger.*), meccanismo d'impostazione.

Einstellwert (Sollwert, bei Regelung z. B.) (*m. - Ger. - etc.*), valore impostato.

Einstellwinkel (eines Drehmeissels z. B.) (*m. - Werkz.*), angolo di registrazione, angolo di appostamento.

Einstellzeit (eines Werkzeuges) (*f. - Werkz.masch.bearb.*), tempo di regolazione (dell'utensile). 2 ~ (Einschwingzeit) (*Phys.*), periodo transitorio, transitorio. 3 ~ (eines Zeigers) (*Instr.*), tempo di risposta.

Einstemmaschine (*f. - Werkz.masch.*), mortasatrice.

einstemmen (*Tischl.*), unire a mortasa, fare un giunto a mortasa.

Einstempelbau (*m. - Bergbau*), armatura semplice a puntelli.

Einsternmotor (*m. - Flugw. - Mot.*), motore ad una stella.

Einstich (*m. - Walzw.*), siehe Stich. 2 ~ (Einstechen, beim Schleifen) (*Werkz.masch.bearb.*), rettifica a tuffo. 3 ~ (Aussparen, Vorgang) (*Mech.*), esecuzione di cavità. 4 ~ (Eindrehung z. B., Hohlraum) (*Mech.*), cavità. 5 ~ (Nute) (*Mech.*), cava, scanalatura, gola. 6 ~ (eines Spiralbohrers z. B.) (*Werkz.*), gola. 7 ~ seite (*f. - Walzw.*), lato di entrata.

Einstieg (eines Wagens) (*m. - Strassenbahn - etc.*), salita, entrata. 2 ~ leiste (einer Karosserie) (*f. - Aut.*), batticalcagno. 3 ~ plattform (eines Wagens) (*f. - Strassenbahn. - etc*), piattaforma lato salita. 4 ~ treppe (*f. - Flugw.*), scala di imbarco.

einstimmig (*adj. - allg.*), unanime. 2 ~ (*adv. - allg.*), all'unanimità.

Einstimmigkeit (*f. - finanz. - etc.*), unanimità.

einstöckig (*Bauw.*), ad un piano.

Einstoffsystem (*n. - Metall.*), sistema unario.

einstöpseln (*Elekt.*), innestare (la spina).

Einstossvorrichtung (*f. - Ofen - Walzw.*), spingitoio.

Einstrahlzähler (Flügelradzählerart, zur Messung von Flüssigkeiten) (*m. - Ger.*), contatore a palette monogetto.

Einstreichmittel (für Formen) (*n. - Giess.*), vernice.

einströmen (zuströmen) (*allg.*), affluire.

Einströmung (Einlass) (*f. - Mot.*), ammissione.

einstufen (einordnen) (*allg.*), ordinare, mettere in ordine. 2 ~ (*Arb. - Pers.*), classificare.

Einstufenbelastung (bei Dauerschwingversuchen) (*f. - Baukonstr.lehre*), sollecitazione con una sola fase di carico.

Einstufenrakete (*f. - milit. - etc.*), razzo monostadio.

einstufig (*Masch.*), ad uno stadio, monostadio. 2 ~ er Kompressor (*Masch.*), compressore ad uno stadio, compressore monostadio. 3 ~ er Verstärker (*Funk.*), amplificatore monostadio.

Einstufung (der Arbeiter nach Leistung z. B.) (*f. - Arb. - Pers.*), valutazione, classifica. 2 ~ (der Arbeitsaufgaben nach der Schwierigkeit) (*Arb.*), classificazione.

Einsturz (eines Hauses) (*m. - Bauw.*), crollo. 2 ~ (*Geol.*), frana.
einstürzen (*Bauw.*), crollare. 2 ~ (*Geol.*) franare.
einstweilig (*allg.*), provvisorio, temporaneo.
Eintaktbetrieb (eines Verstärkers) (*m. - Elekt.*), funzionamento dissimmetrico.
Eintakt-Spannungswandler (*m. - Elekt.*), trasformatore (di misura) voltmetrico dissimmetrico.
Eintasten (einer Zahl auf einem Taschenrechner z. B.) (*n. - allg.*), battuta.
Eintauchen (*n. - allg.*), immersione. 2 ~ (Einstechen, einer Schleifscheibe) (*Werkz. masch.bearb.*), immersione, tuffo, movimento di immersione.
eintauchen (*allg.*), immergere. 2 ~ (kippen) (*naut.*), beccheggiare.
Eintauchkolorimeter (*n. - Ger.*), colorimetro ad immersione.
Eintauchlötung (*f. - mech. Technol.*), brasatura ad immersione.
Eintauchrefraktometer (zur Nahrungsmitteluntersuchung z. B.) (*n. - opt. Instr.*), rifrattometro ad immersione.
Eintauchschleifen (Einstechen mit gleichzeitigen Plananschleifen ein- oder zweiseitiger Schultern) (*n. - Werkz.masch.bearb.*), rettifica a tuffo in tondo con simultanea lavorazione di spallamenti.
Eintauchschmierung (*f. - Mech.*), lubrificazione ad immersione.
Eintauchthermoelement (*n. - Instr.*), termocoppia ad immersione.
Eintauchtiefe (Tauchtiefe, Tiefgang) (*f. - naut.*), pescaggio, immersione.
Eintauchweise (des Härtegutes in das Abschreckmittel) (*f. - Wärmebeh.*), modo di immersione.
Eintauchzähler (Immersionszähler) (*m. - radioakt. Instr.*), contatore ad immersione.
Eintausch (*m. - komm.*), permuta.
einteilbar (*allg.*), divisibile.
einteilen (*allg.*), suddividere, distribuire. 2 ~ (in Grade) (*allg.*), graduare. 3 ~ (*Werkz. masch.bearb*), dividere, eseguire divisioni. 4 in Klassen ~ (klassifizieren) (*naut. - etc.*), classificare.
einteilig (*allg.*), in un pezzo.
Einteilung (*f. - allg.*), suddivisione, distribuzione. 2 ~ (in Grade) (*allg.*), graduazione. 3 ~ (in Klassen) (*allg.*), classificazione. 4 ~ s·keile (für die mechanische Setzung) (*m. - pl. - Druck.*), spazi mobili. 5 Klassen ~ (*naut.*), classificazione.
Eintiefung (eines Bleches z. B.) (*f. - Mech. - Fehler*), avvallamento.
Eintontelegraphie (*f. - Telegr.*), telegrafia ad una frequenza.
Eintourenkupplung (für Addiermaschinen z. B.) (*f. - Masch.*), giunto ad innesto monogiro (o monociclo).
eintourig (Elektromotor) (*Elekt.*), a velocità costante. 2 ~ (Schloss) (*Mech.*), ad una mandata.
Eintrag (Eintragung) (*m. - Buchhaltung*), registrazione. 2 ~ (Einschlag, Schuss, Einschuss) (*Text.*), inserzione della trama. 3 ~ (von Wärme) (*Phys.*), immissione. 4 ~ e·buch (*n. - allg.*), registro. 5 ~ faden (*m. - Text.*), filo di trama. 6 ~ s·schnecke (Schnekke) (*f. - ind. Masch.*), coclea. 7 Luft ~ (durch einen Wasserstrahl z. B.) (*Leit. - etc.*), trascinamento.
eintragen (*allg.*), registrare. 2 ~ (*Buchhaltung*), registrare.
einträglich (*komm. - etc.*), rimunerativo.
Eintragung (*f. - Buchhaltung*), registrazione. 2 ~ (eines Patentes) (*recht.*), registrazione, concessione. 3 ~ s·antrag (in Grundbuch z. B.) (*m. - recht.*), domanda d'iscrizione. 4 ~ s·gebühr (*f. - finanz.*), imposta di registro.
einträufeln (*allg.*), instillare.
eintreibbar (*finanz.*), esigibile.
Eintreibedorn (*m. - Werkz.*), mandrino, allargatubi, allargatore.
eintreiben (*Mech.*), inserire a forza, forzare. 2 ~ (einkassieren) (*finanz. - Adm.*), riscuotere.
Eintreiber (*m. - Arb.*), esattore.
Eintreibung (*f. - finanz.*), esazione, riscossione.
eintreten (in einen Pachtvertrag z. B.) (*komm.*), subentrare.
Eintritt (*m. - allg.*), entrata, ingresso. 2 ~ (Beginn, eines Schadens z. B.) (*allg.*), inizio. 3 ~ s·kante (*f. - Flugw.*), orlo di attacco, orlo di entrata. 4 ~ s·öffnung (des Laders z. B.) (*f. - Masch.*), luce di ammissione, foro di ingresso. 5 ~ s·schleuse (in einem Reaktor) (*f. - Atomphys.*), labirinto di ingresso. 6 ~ s·seite (*f. - Walzw. - etc.*), lato (di) entrata. 7 ~ s·spiel (Flankeneintrittspiel, von Verzahnungen) (*n. - Mech.*), spoglia di troncatura. 8 ~ s·stoss (am Beginn des Eingriffs der Zähne) (*m. - Mech.*), urto di accesso. 9 ~ s·temperatur (*f. - Mot. - etc.*), temperatura di entrata. 10 ~ s·zimmer (*n. - Bauw.*), anticamera.
eintrocknen (*allg.*), essiccare.
eintröpfeln (*allg.*), gocciolare.
eintrümmig (*Seil*), ad un trefolo. 2 ~ er Schacht (*Bergbau*), pozzo (unico), pozzo (semplice).
Einvergütung (*f. - Wärmebeh.*), penetrazione di bonifica.
einverleiben (*allg.*), incorporare.
Einverleibung (Inkorporation) (*f. - komm.*), incorporazione.
Einvernahme (Vernehmung vor Gericht) (*f. - recht.*) (*österr. und schweiz.*), interrogatorio.
Einvernehmen (Einverständnis) (*n. - komm.*), accordo, intesa. 2 im ~ mit (*allg.*), in conformità con.
Einverständnis (Einvernehmen) (*n. - komm.*), accordo, intesa.
Einwaage (Betrag um den eine Ware beim Verwiegen verliert) (*f. - Ind.*), calo di peso (in sede di pesata). 2 ~ (Gewichtsbestimmung) (*Ind. - Chem.*), pesata. 3 ~ (erste Wiegung) (*Ind.*), pesata iniziale.
Einwalzapparat (zum Einwalzen von Rohren in Rohrböden) (*m. - App. - Kessel*), allargatubi.
Einwalzen (Kaltwalzverfahren, bei dem Beschriftungen etc. in Arbeitsteile eingepresst werden) (*n. - mech. Technol.*), rullatura. 2 ~ (Verfahren zur Befestigung von Rohren in Rohrböden) (*Kessel*), mandrinatura.
einwalzen (Schlacke z. B.) (*Walzw.fehler*),

creare paglie di laminazione, dar origine a paglie di laminazione. 2 ~ (Rohren in Rohrböden) (*Kessel - etc.*), mandrinare.
Einwälzen (von Zahnrädern) (*n. - Werkz. masch.bearb.*), generazione iniziale.
Einwalzung (Walzfehler) (*f. - Metall.*), paglia di laminazione.
Einwand (Einwendung) (*m. - recht.*), obbiezione, eccezione. 2 ~ **erheben** (*recht.*), sollevare eccezione.
einwandfrei (*Technol.*), perfetto, a regola d'arte. 2 ~ (*Fernseh.*), senza distorsioni, indistorto. 3 ~ **arbeiten** (*Technol.*), lavorare a regola d'arte.
einwässern (auslaugen) (*Ind.*), macerare.
Einweben (Einarbeiten, der Kette) (*n. - Textilind.*), accorciamento (dell'ordito).
einwechseln (*komm.*), permutare, dare in permuta.
Einwechselung (*f. - komm.*), permuta.
Einweg-Boden-Bord-Verkehr (*m. - Funk.*), comunicazione terra-aria unidirezionale.
Einweggleichrichter (*m. - Funk.*), raddrizzatore di semionda.
Einweggleichrichtung (*f. - Funk.*), rettificazione di semionda.
Einweghahn (*m. - Leit.*), rubinetto ad una via.
Einweg-Packung (Eingebrauchs-Packung) (*f. - komm.*), imballaggio a perdere.
Einwegeschaltung (von Stromrichtern, Halbwellenschaltung) (*f. - Elekt.*), collegamento ad una via.
einweichen (einwässern) (*Ind.*), macerare.
Einweichung (*f. - Ind.*), macerazione.
Einweisen (Einfluchten, von Zwischenpunkte) (*n. - Top.*), allineamento.
einweisen (anweisen) (*Flugw.*), addestrare, istruire.
Einweisung (Landungsverfahren) (*f. - Navig. - Flugw.*), avvicinamento guidato da terra.
einwellig (*Elekt.*), sinusoidale.
Einwendung (Einwand) (*f. - recht.*), obbiezione, eccezione.
einwertig (*Chem.*), monovalente.
Einwertigkeit (*f. - Chem.*), monovalenza.
Einwickelmaschine (für Verpackung, mit Papierband z. B.) (*f. - Masch.*), fasciatrice, nastratrice.
Einwickelpapier (*n. - Papierind.*), carta da imballo.
Einwilligung (Zustimmung, Genehmigung) (*f. - allg.*), approvazione, benestare, autorizzazione.
einwinden (die Anker z. B.) (*naut.*), salpare.
einwirken (*allg.*), influenzare, avere effetto su, agire su. 2 ~ (*Chem.*), reagire.
Einwirkung (*f. - allg.*), effetto, influenza. 2 ~ (*Chem.*), reazione. 3 ~ **der Erde** (eines Hubschraubers z. B.) (*Flugw.*), effetto (del) suolo. 4 ~ **s·zeit** (Teil der Veränderungszeit eines Werkstoffes) (*f. - Technol.*), tempo di azione. 5 **mechanische** ~ (*Mech.*), azione meccanica.
einwohner (*Bauw. - etc.*), abitare.
Einwohner (*m. - Bauw. - etc.*), abitante. 2 ~ **gleichwert** (*m. - Stat.*), popolazione equivalente 3 ~ **meldeamt** (*n. - Stat.*), anagrafe, ufficio anagrafe.
Einwölbung (Wölbung) (*f. - Bauw.*), volta. 2 ~ **auf Kuf** (*Bauw.*), volta a botte.

Einwurf (Öffnung, Schlitz) (*m. - allg.*), fessura, bocchetta. 2 ~ (*Fussballspiel*), rimessa laterale.
einzahlen (an eine Bank zahlen) (*komm.*), versare.
Einzahlung (Zahlung an eine Bank) (*f. - komm.*), versamento.
einzahnen (*Tischl. - etc.*), eseguire tacche (od intagli).
einzapfen (*Zimm.*), unire a tenone, congiungere a tenone, unire a mortasa, congiungere a mortasa.
einzäunen (einfriedigen) (*Bauw.*), recingere con steccato.
Einzelabfederung (*f. - Aut.*), sospensione indipendente.
Einzelabteil (Abteil, Eisenbahnabteil) (*n. - Eisenb.*), scompartimento.
Einzelakkord (*m. - Arb. - Organ.*), cottimo individuale.
Einzelanfertigung (*f. - Ind.*), lavorazione singola.
Einzelanruf (*m. - Fernspr.*), chiamata selettiva, chiamata alla persona.
Einzelantenne (*f. - Funk.*), antenna individuale, antenna singola.
Einzelantrieb (*m. - Werkz.masch. - etc.*), comando singolo, comando indipendente.
Einzelaufhängung (Einzelradaufhängung, unabhängige Aufhängung) (*f. - Aut.*), sospensione indipendente, sospensione a ruote indipendenti.
Einzelbild (*n. - Filmtech.*), fotogramma. 2 ~ **zähler** (*m. - Filmtech.*), contafotogrammi.
Einzelbox (Autobox) (*f. - Aut.*), « box » singolo.
Einzelbuchstaben - Setz - und - Giess - Maschine (« Monotype ») (*f. - Druckmasch.*), « monotype », macchina « monotype ».
Einzeldarstellung (*f. - Druck. - etc.*), monografia.
Einzeldrehstahl (*m. - Werkz.*), utensile singolo (da tornio).
Einzelfaden (*m. - Chem.*), siehe Monofil.
Einzelfertigung (*f. - Ind.*), lavorazione singola.
Einzelfunkstrecke (*f. - Elekt.*), spinterometro semplice.
Einzelgarage (Autobox) (*f. - Aut.*), « box » singolo.
Einzelgeleise (*n. - Eisenb.*), binario unico, binario semplice.
Einzelgussform (*f. - Giess.*), forma per getti singoli.
Einzelgut (*n. - Transp.*), collo.
Einzelhandel (Kleinhandel, Detailhandel) (*m. - komm.*), commercio al minuto, commercio al dettaglio.
Einzelheiten (*f. - pl. - allg.*), particolari, elementi.
Einzelheizung (mit Ofen z. B.) (*f. - Heizung*), riscaldamento locale.
Einzelkanal (*m . Funk. - etc.*), monocanale.
Einzellast (*f. - Baukonstr.lehre*), carico concentrato.
Einzelleistung (Arbeitsleistung) (*f. - Arb.*), prestazione singola.
Einzelleiterstromkreis (geerdeter Kreis) (*m.*

- *Elekt.*), circuito a massa, circuito con ritorno a massa.
Einzelleitung (geerdeter Kreis) (*f. - Elekt.*), circuito a massa.
einzellig (*allg.*), unicellulare, monocellulare.
Einzellinse (*f. - Opt.*), lente semplice.
Einzelperson (*f. - recht.*), individuo.
Einzelpunktsteuerung (Punktsteuerung, numerische Steuerung z. B.) (*f. - Werkz.masch. bearb. - etc.*), comando punto a punto, controllo punto a punto.
Einzelradaufhängung (*f. - Aut.*), sospensione a ruote indipendenti.
Einzelradlast (des Fahrwerks eines Flugzeugs) (*f. - Flugw.*), carico su una ruota.
Einzelriemen (Einzelscheibe) (*m. - Mech.*), monopuleggia.
Einzelscheibenantrieb (*m. - Mech.*), comando monopuleggia.
Einzelschnur (*f. - Fernspr.*), monocordo (*s.*).
Einzelschweissmaschine (*f. - mech. Technol. Masch.*), saldatrice ad un posto di lavoro.
Einzelsteuerung (*f. - Flugw. - etc.*), monocomando.
Einzelteil (*m. - Mech.*), particolare, pezzo sciolto, pezzo staccato, parte staccata. 2 ∼ (Ersatzteil) (*Mech.*), parte di ricambio. 3 ∼ e (Bauteile, zum Zusammenbau) (*m. - pl. - Ind.*), parti prefabbricate. 4 ∼ fertigung (*f. - Ind.*), produzione di pezzi singoli. 5 ∼ verfahren (*n. - Werkz.masch.bearb.*), procedimento a divisione singola, lavorazione a divisione singola.
Einzelteilungsfehler (eines Zahnrades) (*m. - Mech.*), errore del passo singolo.
Einzeltriebstoff (für Raketen z. B.) (*m. - Astronautik*), monopropellente.
Einzelverstellung (von Supporten z. B.) (*f. - Mech.*), movimento indipendente, traslazione indipendente.
Einzelversuch (*m. - Materialprüfung*), prova isolata.
Einzelwasserversorgung (*f. - Bauw.*), impianto idrico autonomo.
Einzelzahnhärtung (von Zahnrädern) (*f. - Wärmebeh.*), tempra dente per dente.
Einzelzeichnung (Teilzeichnung) (*f. - Zeichn.*), disegno di particolare.
Einzelzeiten (*f. - pl. - Zeitstudie*), tempi singoli.
Einzelzeit-Verfahren (bei dem die Einzelzeiten abgestoppt werden) (*n. - Zeitstudie*), cronometraggio singolo, cronometraggio di tempi singoli.
einziehbar (*Flugw. - etc.*), retrattile. 2 ∼ es Fahrgestell (*Flugw.*), carrello (di atterraggio) retrattile.
Einziehen (des Fahrgestelles) (*n. - Flugw.*), rientro. 2 ∼ (der Luft z. B.) (*Ind.*), aspirazione. 3 ∼ (Verkleinern der Querschnitte von Rohren z. B. am offenen Ende) (*Blechbearb.*), strozzatura (di estremità). 4 ∼ (Ketteln) (*Textilind.*), rimettaggio.
einziehen (das Fahrgestell) (*Flugw.*), far rientrare, ritirare. 2 ∼ (einkassieren, eine Summe) (*komm.*), riscuotere. 3 ∼ (eine Schraube z. B.) (*Mech.*), stringere. 4 ∼ (die Fläche vermindern) (*Schmieden*), ridurre. 5

∼ (Stangen im Drehautomat z. B.) (*Werkz. masch. bearb.*), caricare.
Einziehfahrgestell (Einziehfahrwerk) (*n. - Flugw.*), carrello (di atterraggio) retrattile.
Einziehkran (*m. - ind. Masch.*), gru a braccio retrattile.
Einziehrolle (Einzugrolle) (*f. - Masch.*), rullo di presa, rullo alimentatore, cilindro alimentatore.
Einziehschacht (*m. - Bergbau*), pozzo di immissione dell'aria, pozzo di ventilazione discendente.
Einziehung (einer Summe z. B.) (*f. - komm.*), riscossione.
Einziehwalze (*f. - Masch.*), siehe Einziehrolle.
Einzug (einer Zeile, Einrücken des Anfangs) (*m. - Druck.*), rientro. 2 ∼ (eines elekt. Anlassers z. B.) (*Elektromech.*), innesto, imbocco. 3 ∼ (Einfädeln der Kettfäden) (*Textilind.*), incorsatura, rimettaggio. 4 ∼ schnecke (*f. - ind. Masch.*), coclea di alimentazione, coclea alimentatrice. 5 ∼ s·gebiet (Entwässerungsgebiet, Abflussgebiet) (*n. - Geogr.*), bacino idrografico, bacino imbrifero. 6 ∼ s·kessel (*m. - Kessel*), caldaia ad un giro di fumo. 7 ∼ s·rolle (*f. - Masch.*), rullo di presa, rullo alimentatore, cilindro alimentatore. 8 ∼ s·walze (*f. - Masch.*), cilindro alimentatore. 9 ∼ s·walze (Einzugszylinder, Speisezylinder) (*Textilmasch.*), cilindro alimentatore. 10 ∼ s·wicklung (eines elekt. Anlassers) (*f. - Elektromech.*), avvolgimento di innesto, avvolgimento di imbocco. 11 ∼ s·winkel (von Walzenmühlen) (*m. - Bergbau*), angolo d'imbocco.
Einzüger (Kamin) (*m. - Bauw.*), camino ad una canna.
einzwängen (*allg.*), forzare, introdurre a forza.
Einzweckdrehmaschine (*f. - Werkz.masch.*), tornio monoscopo.
Einzweckfahrzeug (Sonderfahrzeug) (*n. - Fahrz.*), veicolo speciale.
Einzweckmaschine (*f. - Werkz.masch.*), macchina (utensile) monoscopo.
Einzylindermotor (*m. - Mot.*), motore monocilindrico, monocilindro.
Einzylinder-Versuchmotor (*m. - Mot.*), monocilindro sperimentale.
Eiprofil (Eiquerschnitt, einer Abwasser-Kanalisation) (*n. - Bauw.*), sezione ovoidale.
EIR (Eidgenössisches Institut für Reaktorforschung) (*Kernphys.*) (*schweiz.*), Istituto Svizzero per la Ricerca sui Reattori.
Eis (*n. - Phys.*), ghiaccio. 2 ∼ abwehr (*f. - Wass.b.*), protezione paraghiaccio. 3 ∼ auftaumittel (für Strassen im Winter) (*n. - Chem. - Aut.*), disgelante (*s.*), « anticongelante » (*s.*). 4 ∼ axt (Eispickel, Eisbeil) (*f. - Bergsport*), piccozza. 5 ∼ bahn (*f. - Sport*), pista per pattinaggio. 6 ∼ berg (*m. - Geogr.*), « iceberg », blocco di ghiaccio galleggiante. 7 ∼ beutel (Eisblase) (*m. - Gummiind. - Med.*), borsa da ghiaccio. 8 ∼ bildung (*f. - Flugw.*), formazione di ghiaccio. 9 ∼ bildungsanzeiger (*m. - Instr. - Flugw.*), indicatore di formazione di ghiaccio. 10 ∼ blumeneffekt (*m. - Anstr.*), effetto a fior di ghiaccio. 11 ∼ blumenlackierung (*f. - Anstr.*), superficie ghiac-

Eisen

ciata, finitura ghiacciata. 12 ~ **brecher** (für Brücken) (*m. - Bauw.*), paraghiaccio. 13 ~ **brecher** (Schiff) (*naut.*), rompighiaccio. 14 ~ **fabrik** (*f. - Ind.*), fabbrica di ghiaccio. 15 ~ **feld** (Eisflarr, Flarr, Eisfeld) (*n. - Geogr.*), banchisa. 16 ~ **flarr** (Flarr, Eisfeld) (*n. - Geogr.*), banchisa. 17 ~ **generator** (*m. - Ind.*), impianto per la produzione del ghiaccio. 18 ~ **glas** (Craquelé, Glas mit Netz von Sprüngen, durch Besprühung des ofenheissen Glases mit Flüssigkeiten entstanden) (*n. - Glasind.*), vetro ghiacciato. 19 ~ **kalorimeter** (*n. - phys. Instr.*), calorimetro a ghiaccio. 20 ~ **kluft** (Frostriss) (*f. - Bauw.*), screpolatura da gelo. 21 ~ **maschine** (Kältemaschine) (*f. - Masch.*), macchina frigorifera. 22 ~ **maschine** (für Speiseeisbereitung) (*Masch.*), macchina per la fabbricazione dei gelati. 23 ~ **punkt** (*m. - Phys.*), punto fisso del ghiaccio. 24 ~ **schmierung** (beim Streckziehen von Blechen aus Titanlegierungen z. B., mit Eisschichten auf unterkühlte Streckziehwerkzeuge gebracht) (*f. - Blechbearb.*), lubrificazione a ghiaccio. 25 ~ **scholle** (*f. - Geogr.*), lastrone di ghiaccio. 26 ~ **schrank** (*m. - Ger.*), ghiacciaia. 27 ~ **segelboot** (*n. - Wintersport*), slitta a vela (per ghiaccio). 28 ~ **zelle** (Blechzelle) (*f. - Ind.*), stampo per ghiaccio. 29 **Fluss ~ brecher** (*naut.*), rompighiaccio fluviale. 30 **Hafen ~ brecher** (*naut.*), rompighiaccio portuale. 31 **Hochsee ~ brecher** (*naut.*), rompighiaccio d'alto mare. 32 **Klar ~** (*Ind.*), ghiaccio trasparente. 33 **Kunst ~** (*Ind.*), ghiaccio artificiale. 34 **Trüb ~** (*Ind.*), ghiaccio opaco, ghiaccio torbido, ghiaccio con inclusione di aria. 35 **Würfel ~** (*elekt. App.*), ghiaccio in cubetti. 36 **Zellen ~** (*Ind.*), ghiaccio in stanghe, ghiaccio in stecche.

Eisen (Fe - *n. - Chem. - Metall.*), ferro. 2 ~ (Stab) (*metall. Ind.*), barra (di ferro), ferro. 3 ~ **abbrand** (*m. - Metall.*), perdita al fuoco. 4 ~ **abscheider** (magnetischer Abscheider) (*m. - Ger.*), separatore magnetico. 5 ~ **abstand** (beim Verlegen der Bewehrung) (*m. - Bauw.*), distanza tra i ferri. 6 ~ **ausbau** (eines Schachtes) (*m. - Bergbau*), siehe Tübbing. 7 ~ **bahn** (*f. - Eisenb.*), siehe Eisenbahn. 8 ~ **band** (*n. - metall. Ind.*), siehe Bandeisen. 9 ~ **bär** (Eisensau, Ofensau, im Hochofen) (*m. - Metall. - Ofen*), salamandra, materiale residuo non fuso. 10 ~ **bau** (*m. - Bauw.*), costruzione in ferro. 11 ~ **bedachung** (*f. - Bauw.*), copertura in ferro. 12 ~ **beton** (Stahlbeton) (*m. - Bauw.*), cemento armato. 13 ~ **betondecke** (*f. - Bauw.*), solaio in cemento armato. 14 ~ **betondecke mit sichtbaren Eisenbetonbalken** (*Bauw.*), solaio in cemento armato con travi in vista. 15 ~ **bewehrung** (*f. - Bauw.*), armatura in ferro. 16 ~ **bieger** (*m. - Bauw. - Arb.*), piegaferri, addetto alla piegatura dei ferri. 17 ~ **blaupapier** (*n. - Zeichn.*), carta per copie cianografiche. 18 ~ **blech** (*n. - metall. Ind.*), lamiera di ferro. 19 ~ **blech** (Schwarzblech) (*metall. Ind.*), lamiera nera. 20 ~ **blechbramme** (*f. - Metall.*), slebo, bramma per lamiere. 21 ~ **block** (*m. - Metall.*), lingotto di acciaio. 22 ~ **bogenbrücke** (*f. - Bauw.*), ponte ad arco in ferro. 23 ~ **bronze** (durch Sinterung erhalten) (*f. - Metallkeramik*), bronzo al ferro. 24 ~ **carbonyl** (Gegenklopfmittel) (*n. - Chem. - Mot.*), ferro-carbonile. 25 ~ **draht** (*m. - metall. Ind.*), filo di ferro. 26 ~ **drossel** (*f. - Elekt.*), induttore a nucleo di ferro, induttore saturabile. 27 ~ **erz** (*n. - Min. - Bergbau*), minerale di ferro. 28 ~ **fachwerk** (*n. - Bauw.*), intelaiatura di ferro, traliccio di ferro. 29 ~ **feilspäne** (*m. - pl. - Metall.*), limatura di ferro. 30 ~ **frischen** (*n. - Metall.*), puddellaggio, puddellatura. 31 ~ **frischerei** (*f. - Metall.*), affinazione del ferro mediante puddellatura. 32 ~ **frischflammofen** (*m. - Ofen*), forno di puddellaggio. 33 ~ **gans** (*f. - Giess.*), pane di ghisa. 34 ~ **garn** (Glanz- oder Lüstergarn) (*n. - Text.*), filo lucido. 35 ~ **giesser** (*m. - Arb.*), fonditore di ghisa. 36 ~ **giesserei** (*f. - Giess. - Ind.*), fonderia di ghisa. 37 ~ **gitter** (*n. - Bauw.*), inferriata. 38 ~ **glanz** (Fe_2O_3) (Hämatit) (*m. - Min.*), ematite. 39 ~ **glas** (Fe_2SiO_4) (*n. - Min.*), olivina. 40 ~ **grube** (*f. - Bergbau*), miniera di ferro. 41 ~ **guss** (Guss·stück) (*m. - Giess.*), getto in ghisa. 42 ~ **guss** (Gusseisen, Werkstoff) (*Giess.*), ghisa. 43 ~ **guss·stück** (*n. - Giess.*), getto in ghisa. 44 ~ **hammer** (Schmiedehammer) (*m. - Masch.*), maglio per fucinatura. 45 ~ **hochbau** (*m. - Bauw.*), struttura a travi di ferro, costruzione edile in ferro. 46 ~ **holz** (*n. - Holz*), legno duro. 47 ~ **hütte** (Hüttenwerk) (*f. - Metall.*), ferriera, acciaieria. 48 ~ **hüttenleute** (*m. - pl. - Metall.*), siderurgici. 49 ~ **hüttentechnik** (*f. - Metall.*), tecnica siderurgica. 50 ~ **hüttenwerk** (*n. - Metall.*), ferriera, acciaieria. 51 ~ **hüttenwesen** (*n. - Metall.*), siderurgia. 52 ~ **hydroxid** (zur Gasreinigung z. B.) (*n. - Chem.*), idrossido ferrico. 53 ~ **industrie** (*f. - metall. Ind.*), industria siderurgica. 54 ~ **karbid** (Fe_3C) (*n. - Metall.*), carburo di ferro. 55 ~ **kern** (*m. - Elekt.*), nucleo di ferro. 56 ~ **kies** (FeS_2) (Schwefelkies, Pyrit) (*m. - Min.*), pirite di ferro, pirite. 57 ~ **kitt** (Rostkitt, Salmiakkitt, Schwefelkitt, Mischung zum Einfüllen in Fehlerstellen in Gusseisen) (*m. - Giess.*), mastice per metalli, mastice metallico. 58 ~ **kohlenstofflegierung** (*f. - Metall.*), lega ferro-carbonio. 59 ~ **-kohlenstoff-Schaubild** (*n. - Metall.*), diagramma di stato ferro-carbonio. 60 ~ **kreis** (magnetischer Kreis) (*m. - Elekt.*), circuito magnetico. 61 ~ **lack** (Rostschutzlack) (*m. - Anstr.*), vernice antiruggine. 62 ~ **mangan** (*n. - Metall. - Legierung*), ferro-manganese. 63 ~ **massel** (*f. - Metall.*), pane di ghisa. 64 ~ **metalle** (*n. - pl. - Metall.*), metalli ferrosi, ferrosi. 65 ~ **metallurgie** (*f. - Metall.*), siderurgia. 66 ~ **möller** (Eiseneinsatz, eines Ofens) (*m. - Metall.*), carica metallica. 67 ~ **nickelsammler** (*m. - Elekt.*), accumulatore al ferro-nichel, accumulatore alcalino. 68 ~ **oxyd** (*n. - Metall.*), ossido di ferro. 69 ~ **oxydhydratkitt** (Rostkitt) (*m. - Giess.*), siehe Eisenkitt. 70 ~ **pecherz** (*n. - Min.*), pitticite. 71 ~ **portlandzement** (*m. - Bauw. - Metall.*), cemento d'alto forno. 72 ~ **reifen** (für Baumwollballen z. B.) (*m. - Transp. - etc.*), reggetta di ferro. 73 ~ **reifen** (eines hölzernen Wagenrades) (*Fahrz.*), cerchione di ferro. 74 ~ **rinne** (*f. - Giess.*), canale di colata per la ghisa. 75 ~ rüstung (Eisenausbau, eines Schachtes) (f. - Bergbau), siehe Tübbing. 76 ~ säge (f. - Werkz.), sega per metalli. 77 ~ sau (f. - Metall. - Ofen), siehe Eisenbär. 78 ~ schmied (m. - Arb.), fabbro ferraio. 79 ~ schrott (m. - Metall.), rottame di ferro. 80 ~ schwamm (m. - Metall.), ferro spugnoso. 81 ~ schwefel (m. - Metall.), solfuro di ferro. 82 ~ schwelle (f. - Eisenb.), traversina di ferro. 83 ~ spalt (Luftspalt) (m. - Elekt.), traferro, intraferro. 84 ~ spat (FeCO₃) (Siderit) (m. - Min.), siderite. 85 ~ spundwand (f. - Bauw. - Wass.b.), palancolata metallica. 86 ~ stab (m. - Metall.), barra di ferro. 87 ~ stich (Stichloch) (m. - Ofen - Giess.) foro di spillatura. 88 ~ träger (Stahlträger) (m. - metall. Ind. - Bauw.), trave in ferro. 89 ~ verluste (m. - pl. - Elekt.), perdite nel ferro. 90 ~ vitriol (n. - Chem.), solfato ferroso, copparosa verde. 91 ~ waren (f. - pl. - komm.), ferramenta. 92 ~ winkel (m. - Werkz.), squadra di ferro. 93 ~ zeit (f. - Geol.), età del ferro, epoca del ferro. 94 ~ zyanid (n. - Chem.), ferricianuro. 95 ~ zyanür (n. - Chem.), ferrocianuro. 96 Abfall ~ (Metall.), rottame di ferro. 97 Achtkant ~ (metall. Ind.), barra ottagonale (di ferro). 98 Alt ~ (altes Eisen) (Metall.), rottame di ferro. 99 Band ~ (metall. Ind.), moietta, piattina, reggetta. 100 Breit ~ (Metall.), ferro piatto largo, largo piatto. 101 Doppel-T- ~ (Bauw.), trave a doppio T. 102 Elektrolyt ~ (Metall.), ferro elettrolitico. 103 Feinkorn ~ (Metall.), ferro a grano fine. 104 Flach ~ (metall. Ind.), barra piatta, piatto (di ferro). 105 Flach-Halbrund ~ (metall. Ind.), mezzotondo irregolare, semitondo irregolare (di ferro). 106 Flachwulst ~ (metall. Ind.), (ferro) piatto a bulbo. 107 Flanschwulst ~ (metall. Ind.), ferro a T a bulbo. 108 Fluss ~ (Metall.), ferro fuso. ferro omogeneo, acciaio dolce. 109 Form ~ (Fassoneisen, Profileisen) (ind. Metall.), profilato di ferro. 110 Geländer ~ (metall. Ind.), cordonato doppio. 111 Giessereiroh ~ (Giess.), ghisa da fonderia, ghisa da getti. 112 Glätt ~ ~ (Maur. - Werkz.), ferro per lisciare. 113 gleichschenkliges Winkel ~ (metall. Ind.), angolare a lati uguali, cantonale a lati uguali. 114 graues Roh ~ (Giess.), ghisa grigia. 115 Grobkorn ~ (Gusseisen) (Metall.), ghisa a grano grosso. 116 Guss ~ (Giess.), ghisa, ghisa di seconda fusione. 117 Guss ~ ~ (Giess.), siehe auch Gusseisen. 118 Haken ~ (Nageleisen) (metall. Ind.), barra per arpioni. 119 halbiertes Roh ~ (Giess.), ghisa trotata. 120 Halbrund ~ (metall. Ind.), mezzotondo, semitondo (di ferro). 121 Handels ~ (metall. Ind.), ferro commerciale. 122 Handschienen ~ (metall. Ind.), barra corrimano. 123 Hobel ~ (Werkz.), ferro da pialla. 124 Hohlhalbrund ~ (metall. Ind.), barra (di ferro) a canalino. 125 Kalfater ~ (naut. Werkz.), ferro da calafato. 126 kaltbrüchiges ~ (Metall.), ferro fragile a freddo. 127 lückiges ~ (Metall.), ferro spugnoso. 128 Nagel ~ (Hakeneisen) (metall. Ind.), barra per arpioni. 129 Oval ~ (metall. Ind.), barra (di ferro) ovale. 130 Puddel ~ (Metall.), ferro puddellato. 131 Punktier ~ (Werkz.), punteruolo, punzone. 132 Rippen ~ (metall. Ind.), barra piatta con nervatura centrale, cordonato semplice. 133 Roh ~ (Giess.), ghisa di prima fusione, ghisa d'alto forno. 134 Roststab ~ (metall. Ind.), barra per griglie. 135 rotbrüchiges ~ (heissbrüchiges Eisen) (Metall.), ferro fragile a caldo. 136 Rund ~ (Bauw.), tondino, ferro tondo. 137 scharfkantiges ~ (metall. Ind.), barra a spigoli vivi. 138 Sechskant ~ (metall. Ind.), barra esagonale (di ferro), barra esagona. 139 schmiedbares ~ (Metall.), ferro fucinabile, ferro malleabile. 140 Schmiede ~ (Metall.), ferro omogeneo, acciaio dolce. 141 Schneid ~ (Gewindeschneideisen) (Werkz.), filiera (per filettare). 142 Schweiss ~ (Schweiss-stahl) (Metall.), ferro saldato. 143 Sonderroh ~ (Giess.), ghisa speciale. 144 sphärolitisches Guss ~ (mit kugelförmiger Graphitbildung) (Giess.), ghisa (a grafite) sferoidale, ghisa nodulare, ghisa sferoidale. 145 Spiegel ~ (Metall. - Giess.), ghisa speculare. 146 Stahl ~ (Giess.), ghisa acciaiosa. 147 technisches ~ (Metall.), ferro commerciale. 148 T- ~ (Bauw.), ferro a T, trave a T. 149 teigiges ~ (Metall.), ferro pastoso. 150 Trapez ~ ~ (metall. Ind.), barra trapezoidale, barra a sezione trapezia. 151 U- ~ (Bauw.), ferro a C. 152 ungleichschenkliges Winkel ~ ~ (metall. Ind.), angolare a lati disuguali, cantonale a lati disuguali. 153 Vierkant ~ (metall. Ind.), barra (di ferro) quadra, quadro (di ferro). 154 Vorschlag ~ (Hohleisen) (Holzbearb. - Werkz.), sgorbia. 155 Walz ~ (metall. Ind.), laminati. 156 weiches ~ (Metall.), ferro dolce. 157 weisses Roh ~ (Giess.), ghisa bianca. 158 Wind ~ (Werkz.), giramaschi. 159 Winkel ~ (metall. Ind. - Bauw.), angolare, cantonale. 160 Winkelwulst ~ (metall. Ind.), angolare a bulbo, cantonale a bulbo. 161 Wulst ~ (metall. Ind.), ferro a bulbo. 162 Z- ~ (Bauw.), ferro a Z. 163 Zores ~ (Belageisen) (metall. Ind. - Bauw.), ferro Zores.

Eisenbahn (f. - Eisenb.), ferrovia. 2 ~ (Eisenb.), siehe auch Bahn. 3 ~ anschluss (m. - Eisenb.), raccordo ferroviario. 4 ~ bau (m. - Eisenb.), costruzione di ferrovie. 5 ~ betrieb (m. - Eisenb.), esercizio delle ferrovie. 6 ~ brücke (f. - Brück.b.), ponte ferroviario. 7 ~ damm (m. - Eisenb.), terrapieno ferroviario. 8 ~ er (m. - Eisenb. - Arb.), ferroviere. 9 ~ erdkörper (m. - Eisenb.), corpo stradale della ferrovia. 10 ~ fähre (f. - Eisenb.), traghetto ferroviario. 11 ~ fahrkarte (f. - Eisenb.), biglietto ferroviario. 12 ~ fahrplan (m. - Eisenb.), orario ferroviario. 13 ~ fahrzeuge (n. - pl. - Eisenb.), veicoli ferroviari. 14 ~ frachtbrief (m. - Eisenb. - Transp.), lettera di vettura ferroviaria. 15 ~ knotenpunkt (m. - Eisenb.), nodo ferroviario. 16 ~ kran (m. - Eisenb.), gru ferroviaria. 17 ~ kupplung (f. - Eisenb.), gancio (per veicoli ferroviari), attacco, aggancio. 18 ~ linie (f. - Eisenb.), linea ferroviaria. 19 ~ linienbau (m. - Eisenb.), costruzione di linee ferroviarie. 20 ~ netz (n. - Eisenb.), rete ferroviaria. 21 ~ oberbau (m. - Eisenb.), sovrastruttura, armamento e ballast. 22 ~ panzerzug (m. - milit. Eisenb.),

eisengesättigt

treno corazzato. 23 ~ **radio** (*n. - Funk. - Eisenb.*), radiotelefono per ferrovie. 24 ~ **recht** (*n. - Eisenb. - recht.*), diritto ferroviario, legislazione ferroviaria. 25 ~ **schiene** (*f. - Eisenb.*), rotaia per ferrovia. 26 ~ **schotter** (Gleisschotter, Bettung) (*m. - Eisenb.*), massicciata, inghiaiata, ballast. 27 ~ **schwelle** (*f. - Eisenb.*), traversina ferroviaria. 28 ~ **signale** (*n. - pl. - Eisenb.*), segnalamento ferroviario. 29 ~ **strecke** (*f. - Eisenb.*), sezione di linea ferroviaria. 30 ~ **tarif** (*m. - Eisenb.*), tariffa ferroviaria. 31 ~ **überführung** (*f. - Eisenb. - Bauw.*), viadotto ferroviario. 32 ~ **unterbau** (*m. - Eisenb.*), corpo stradale ed opere d'arte. 33 ~ **unterführung** (*f. - Eisenb. - Bauw.*), sottopassaggio ferroviario. 34 ~ **verkehr** (*m. - Eisenb.*), traffico ferroviario. 35 ~ **vorschrift** (*f. - Eisenb.*), regolamento ferroviario. 36 ~ **wagen** (*m. - Eisenb.*), veicolo ferroviario. 37 ~ **wagen** (*Eisenb.*), *siehe auch* Wagen. 38 ~ **wagenkipper** (Waggonkipper) (*m. - Eisenb.*), rovesciatore (per carri ferroviari). 39 ~ **zug** (*m. - Eisenb.*), treno, convoglio. 40 **Breit** ~ (*Eisenb.*), ferrovia a scartamento largo. 41 **doppelgleisige** ~ (zweigleisige Eisenbahn) (*Eisenb.*), ferrovia a doppio binario. 42 **eingleisige** ~ (*Eisenb.*), ferrovia ad un binario. 43 **elektrische** ~ (elektrifizierte Eisenbahn) (*Eisenb.*), ferrovia elettrica. 44 **Haupt** ~ (*Eisenb.*), ferrovia principale. 45 **Konzessions** ~ (*Eisenb.*), ferrovia in concessione. 46 **Neben** ~ (*Eisenb.*), ferrovia secondaria. 47 **Normal** ~ (Regeleisenbahn) (*Eisenb.*), ferrovia a scartamento normale. 48 **per** ~ (mit der Eisenbahn) (*Eisenb. - Transp.*), per ferrovia. 49 **Regel** ~ (Normaleisenbahn) (*Eisenb.*), ferrovia a scartamento normale. 50 **Reibungs** ~ (*Eisenb.*), ferrovia ad aderenza. 51 **rollendes** ~ **material** (*Eisenb.*), materiale (ferroviario) rotabile. 52 **Schmalspur** ~ (*Eisenb.*), ferrovia a scartamento ridotto. 53 **Staats** ~ (*Eisenb.*), ferrovia dello Stato. 54 **Werk** ~ (*Eisenb.*), ferrovia industriale. 55 **Zahnrad** ~ (*Eisenb.*), ferrovia a dentiera, ferrovia a cremagliera.

eisengesättigt (Drossel z. B.) (*Elekt.*), a ferro saturo.

eisenhaltig (Wasser z. B.) (*Geol. - etc.*), ferruginoso.

eisenschüssig (*Min.*), ferrifero.

eisern (*Metall.*), di ferro, ferroso. 2 ~ e **Hand** (Greiferarm, um Blechstücke zu greifen) (*Blechbearb.*), mano meccanica, manipolatore. 3 ~ **er Bestand** (Mindestbestand, Lagerbestand) (*Ind.*), scorta minima, giacenza minima. 4 ~ **er Bestand** (*finanz.*), riserva permanente. 5 ~ **er Bestand** (von Ersatzstücken z. B., für den Fall unvorgesehener Störungen) (*Ind.*), scorta minima per imprevisti, giacenza minima per imprevisti. 6 ~ **er Hut** (*Bergbau*), cappello, cappellaccio.

eisig (*Geogr.*), glaciale.

Ejektor (Dampfstrahlpumpe) (*m. - App.*), eiettore.

Ek (Elektrokardiograph) (*Elekt. - Med. - Ger.*), elettrocardiografo.

Eka- (Vorsatz für chem. Elementen, Eka-Bor z. B.) (*Chem.*), eka-.

Ekg (Elektrokardiogramm) (*Elekt. - Med.*), elettrocardiogramma.

Eklipse (Sonnen - und Mondfinsternis) (*f. - Astr.*), eclissi.

Ekliptik (*f. - Astr.*), eclittica.

Eklogit (*m. - Min.*), eclogite.

Ekof-Gerät (Druckluft-Flotationgerät) (*n. - Bergbau*), cella (di flottazione) Ekof.

Ekonomiser (*m. - Dampfkessel*), economizzatore.

Ekrüseide (Rohseide) (*f. - Text.*), seta grezza.

E.K.W. (Eisenbahnkesselwagen) (*Eisenb.*), carro cisterna, vagone cisterna.

Ekzem (berufliche Krankheit, von Schmierkühlmitteln z. B. beursacht) (*n. - Med.*), eczema.

eL (enger Laufsitz) (*Mech.*), accoppiamento preciso libero stretto.

Eläolith (Nephelin) (*m. - Min.*), eleolite.

Elast (*n. - Chem.*), siehe Elastomer.

Elastanz (Kehrwert der Kapazität) (*f. - Elekt.*), elastanza.

Elastikreifen (Vollgummireifen) (*m. - Fahrz.*), gomma piena.

Elastik-Stanze (zum Elastik-Stanzen) (*f. - Blechbearb.werkz.*), stampo elastico.

Elastik-Stanzen (Umformen durch Formstempel und elastischen Gegenstempel bei annähernd gleichbleibender Dicke des Zuschnittes) (*n. - Blechbearb.*), stampaggio elastico.

elastisch (*allg.*), elastico, flessibile. 2 ~ **aufgehängter Motor** (*Mot.*), motore su supporti flessibili, motore su supporti elastici. 3 ~ **e Aufhängung** (*Aut. - etc.*), sospensione elastica. 4 ~ **e Binde** (*Textilind. - Med.*), fascia elastica. 5 ~ **e Dehnung** (*Baukonstr.lehre*), allungamento elastico. 6 ~ **e Formänderung** (*Baukonstr.lehre*), deformazione elastica. 7 ~ **e Grenze** (*Baukonstr.lehre*), limite elastico, limite di elasticità. 8 ~ **e Kollision** (elastischer Stoss) (*Atomphys.*), collisione elastica. 9 ~ **e Kupplung** (*Mech. - Masch.*), giunto elastico, giunto parastrappi. 10 ~ **e Linie** (*Baukonstr. lehre*), linea elastica. 11 ~ **e Nachwirkung** (*Baukonstr.lehre*), elasticità susseguente, elasticità residua. 12 ~ **e Streuung** (*Atomphys.*), diffusione elastica. 13 ~ **e Verformung** (*Baukonstr.lehre*), deformazione elastica. 14 ~ **e Verformungsarbeit** (*Baukonstr.lehre*), resilienza. 15 ~ **-plastisch** (Formänderung) (*Baukonstr.lehre*), elastoplastico.

Elastizität (*f. - Phys. - etc.*), elasticità. 2 ~ (Eigenschaft eines Verbrennungsmotors für Pkw) (*Aut. - Mot.*), elasticità. 3 ~ **s·beiwert** (Elastizitätsmodul) (*m. - Baukonstr. lehre*), modulo di elasticità. 4 ~ **s·grad** (bei Formänderungen, Verhältnis zwischen umkehrbare mech. Energie und gesamte innere Formänderungsarbeit, ist Eins für vollkommen elastichen Körper) (*m. - Baukonstr. lehre*), grado di elasticità. 5 ~ **s·grenze** (Fliessgrenze) (*f. - Baukonstr.lehre*), limite di elasticità, limite elastico. 6 ~ **s·hysteresis** (*f. - Baukonstr.lehre*), isteresi elastica. 7 ~ **s·modul** (E-Modul) (*m. - Baukonstr. lehre*), modulo di elasticità (a tensione normale), modulo di elasticità normale, modulo di Young, modulo E. 8 ~ **s·zahl** (Elastizitätsziffer) (*f. - Baukonstr.lehre*), modulo di

elasticità. 9 Dreh ~ (Mech.), elasticità a torsione. 10 technische ~ s·grenze (Baukonstr. lehre), limite di elasticità apparente.
Elastomer (n. - Chem.), elastomero.
elastoplastisch (Baukonstr.lehre - etc.), elastoplastico.
Elastostatik (f. - Baukonstr.lehre), elastostatica.
« Elbo » (elektrisches Bohren, elektroerosive Metallbearbeitung) (Mech. - Elekt.), elettroerosione.
Elco-Kupplung (drehfedernde Kupplungsart, mit elastischen Kompressionshülsen) (f. - Mech.), giunto Elco.
Elektrant (Unterflur-Anschluss für Kraftstrom, in Industriegebäuden z. B.) (m. - Elekt. - Bauw.), presa di corrente (sotto pavimento).
Elektret (Stoff mit bleibender dielektrischer Polarisation) (n. - Elekt.), elettrete.
elektrifizieren (Eisenb.), elettrificare.
Elektrifizierung (f. - Eisenb.), elettrificazione.
Elektriker (Elektrotechniker) (m. - Arb. - Elekt.), elettricista. 2 ~ schraubenzieher (m. - Werkz.), cacciavite da elettricista.
elektrisch (Elekt.), elettrico. 2 ~ angetrieben (Elekt.), azionato elettricamente. 3 ~ e Bahn (Eisenb.), ferrovia elettrica. 4 ~ e Bohnermaschine (Masch.), lucidatrice elettrica (per pavimenti). 5 ~ e Energie (Elektrizität) (Elekt.), energia elettrica. 6 ~ e Handbohrmaschine (elekt. Werkz.), trapano elettrico portatile. 7 ~ e Haushaltgeräte (n. - pl. - Elekt. - Ger.), elettrodomestici, apparecchi elettrodomestici. 8 ~ e Lichtbogenschweissung (mech. Technol.), saldatura ad arco. 9 ~ e Luftdruckbremse (Fahrz.), freno elettropneumatico. 10 ~ e Maschine (elekt. Masch.), macchina elettrica. 11 ~ e Messgeräte (n. - pl. - elekt. Ger.), strumenti di misura elettrici. 12 ~ er Bahnbetrieb (elekt. Eisenb.), trazione elettrica. 13 ~ er Lichtbogen (Elekt.), arco elettrico. 14 ~ er Strom (Elekt.), corrente elettrica. 15 ~ er Unfall (Elekt.), fulminazione elettrica. 16 ~ er Widerstand (Elekt.), resistenza elettrica. 17 ~ es Feld (Elekt.), campo elettrico. 18 ~ es Netz (Elekt.), rete (elettrica). 19 ~ es Schweissaggregat (mech. Technol. - Masch.), motosaldatrice elettrica. 20 ~ e Stumpfschweissmaschine (Schweissmasch.), saldatrice elettrica di testa. 21 ~ es Unterwerk (Elekt.), sottostazione (elettrica). 22 ~ e Waschmaschine (Masch.), lavatrice elettrica. 23 ~ e Welle (zur Fernübertragung von Drehmomenten, durch zwei Drehmelder z. B.) (Elektromech.), albero elettrico. 24 ~ geschweisst (mech. Technol.), saldato elettricamente. 25 negativ ~ (elektronegativ) (Elekt.), elettronegativo. 26 positiv ~ (Elekt.), elettropositivo.
Elektrische (Strassenbahn) (f. - elekt. Fahrz.) tranvia.
Elektrisiermaschine (f. - elekt. Masch.), macchina elettrostatica.
Elektrisierung (f. - Elekt.), elettrizzazione. 2 ~ (Elektrifizierung) (Elekt.), elettrificazione.
Elektrizität (f. - Elekt.), elettricità. 2 ~ (elekt. Energie) (Elekt.), energia elettrica. 3 ~ s·automat (m. - elekt. Instr.), contatore elettrico a moneta. 4 ~ s·erzeugung (f. - Elekt.),
produzione di energia elettrica. 5 ~ s·fortleitung (f. - Elekt.), trasporto dell'energia elettrica, trasmissione dell'energia elettrica. 6 ~ s·gesellschaft (f. - Elekt. - Ind.), società elettrica, azienda elettrica. 7 ~ s·leiter (m. - Elekt.), conduttore elettrico. 8 ~ s·versorgung (Einrichtungen zur Erzeugung, Fortleitung und Verteilung elekt. Energie) (f. - Elekt.), produzione, trasporto e distribuzione di energia elettrica. 9 ~ s·verteilung (f. - Elekt.), distribuzione dell'energia elettrica. 10 ~ s·waage (Elektrometer) (f. - Instr.), elettrometro. 11 ~ s·werk (Kraftwerk, Eltwerk) (n. - Elekt.), centrale elettrica. 12 ~ s·werk (Elektrizitätsgesellschaft) (Elekt.), azienda elettrica, società elettrica. 13 ~ s·zähler (m. - elekt. Instr.), contatore elettrico. 14 atmosphärische ~ (Meteor.), elettricità atmosferica. 15 Berührungs ~ (Elekt.), elettricità di contatto, elettricità per contatto. 16 gebundene ~ (Elekt.), elettricità latente. 17 gleichnamige ~ (Elekt.), elettricità dello stesso segno. 18 Reibungs ~ (Elekt.), elettricità di strofinio, elettricità per strofinio, triboelettricità. 19 strömende ~ (dynamische Elektrizität) (Elekt.), elettricità dinamica. 20 ungleichnamige ~ (Elekt.), elettricità di segno opposto.
elektrizitätserzeugend (Elekt.), elettrogeno.
Elektroaggregat (n. - Elekt.), gruppo elettrogeno.
Elektroakustik (f. - Elektroakus.), elettroacustica.
elektroakustisch (Elektroakus.), elettroacustico.
Elektroanalyse (f. - Elektrochem.), elettroanalisi.
Elektroanästhesie (f. - Med.), anestesia elettrica.
Elektroantrieb (m. - elekt. Fahrz.), trazione elettrica. 2 ~ (naut.), propulsione elettrica.
Elektrobahnsteigkarren (m. - Transp. - Eisenb.), carrello ad accumulatori (per trasporti interni di stazione).
Elektrobau (elekt. Industrie) (m. - Elekt.), industria elettrotecnica.
elektrobearbeiten (elektroerosiv bearbeiten) (Technol.), lavorare ad elettroerosione.
Elektrobiologie (f. - Biol.), elettrobiologia.
Elektroblech (n. - Elekt.), lamierino magnetico.
Elektrobohren (mit Bohrmeissel, Elektromotor, etc.) (n. - Bergbau), perforazione con motore elettrico, perforazione elettrica.
Elektrobohrer (elektrische Handbohrmaschine) (m. - elekt. Werkz.), trapano elettrico portatile.
Elektroboot (kleines Passagierschiff) (n. - naut.), battello elettrico, battello ad accumulatori.
Elektrobus (m. - Fahrz.), autobus elettrico.
Elektrochemie (f. - Elektrochem.), elettrochimica.
elektrochemisch (Elektrochem.), elettrochimico.
Elektrochirurgie (f. - Med.), elettrochirurgia.
Elektrochromatographie (f. - Technol.), elettrocromatografia, cromatografia elettrica.

Elektrodampfkessel (*m. - Kessel*), caldaia elettrica.
Elektrode (*f. - Elekt. - Funk.*), elettrodo. 2 ~ (zum Schweissen) (*mech. Technol.*), elettrodo. 3 ~ (eines Akkumulators) (*Elekt.*), piastra. 4 ~ (*Elekt.*), siehe auch Elektroden 5 **blanke** ~ (*Elekt.*), elettrodo nudo. 6 **Es-** ~ (Erzsauer-Elektrode, mit saurer Eisenoxid-Manganoxid-Siliziumoxid-haltigen Schlacke als Umhüllung) (*Schweissen*), elettrodo Es. 7 **getauchte** ~ (*Elekt. - Schweissen*), elettrodo rivestito (ad immersione). 8 **Kb-** ~ (mit kalkbasischem Umhüllungstyp) (*Schweissen*), elettrodo Kb. 9 **Masse** ~ (einer Zündkerze) (*Elekt. - Mot.*), elettrodo di massa. 10 **nackte** ~ (*Elekt. - Schweissen*), elettrodo nudo. 11 **negative** ~ (Kathode) (*Elektrochem.*), elettrodo negativo, catodo. 12 **Ox-** ~ (mit Umhüllung aus Eisenoxid mit oder ohne Manganoxidzusätzen) (*Schweissen*), elettrodo Ox. 13 **passive** ~ (*Elekt.*), elettrodo indifferente. 14 **positive** ~ (Anode) (*Elektrochem.*), elettrodo positivo, anodo. 15 **Rollen** ~ (*Schweissen*), elettrodo a rullo. 16 **So-** ~ (mit Sondertyp-Umhüllung, zum Unterwasserschweissen, etc.) (*Schweissen*), elettrodo So. 17 **Ti-** ~ (Titandioxid-Elektrode, Umhüllungstyp) (*Schweissen*), elettrodo Ti. 18 **umhüllte** ~ (*Elekt. - Schweissen*), elettrodo rivestito. 19 **umkehrbare** ~ (*Elekt.*), elettrodo reversibile. 20 **ummantelte** ~ (*Elekt. - Schweissen*), elettrodo rivestito. 21 **umwickelte** ~ (*Elekt. - Schweissen*), elettrodo rivestito (mediante fasciatura). 22 **Ze-** ~ (mit Cellulosetyp-Umhüllung) (*Schweissen*), elettrodo Ze.
Elektroden (*f. - pl. - Elekt.*), elettrodi. 2 ~ **abstand** (einer Zündkerze z. B.) (*m. - Elekt. - Mot.*), distanza tra gli elettrodi, distanza tra le puntine, distanza esplosiva. 3 ~ **abstand** (beim Schweissen) (*Technol.*), distanza tra gli elettrodi, distanza interelettrodica. 4 ~ **draht** (für Schweissung) (*m. - mech. Technol.*), filoelettrodo, filo di apporto. 5 ~ **druck** (*m. - Schweissung*), pressione sull'elettrodo, forza dell'elettrodo. 6 ~ **fehlstrom** (*m. - Elekt.*), corrente di fuga di un elettrodo. 7 ~ **halter** (*m. - Elekt.*), portaelettrodo. 8 ~ **mantel** (Elektrodenumhüllung) (*m. - Elekt.*), rivestimento dell'elettrodo. 9 ~ **metall** (*n. - Schweissung*), metallo di apporto, filo di apporto. 10 ~ **potential** (*n. - Elektronik*), potenziale di elettrodo. 11 ~ **spannung** (*f. - Elektronik*), tensione d'elettrodo. 12 ~ **träger** (*m. - Elekt.*), portaelettrodo. 13 ~ **überschlag** (*m. - Elekt.*), scarica tra elettrodi, formazione d'arco tra elettrodi. 14 ~ **verlustleistung** (*f. - Elekt.*), dissipazione d'elettrodo. 15 ~ **vorspannung** (*f. - Elekt.*), tensione di riposo dell'elettrodo, polarizzazione di elettrodo.
Elektrodialyse (*f. - Elektrochem.*), elettrodialisi.
Elektrodynamik (*f. - Elekt.*), elettrodinamica.
elektrodynamisch (*Elekt.*), elettrodinamico. 2 ~ **e Kraft** (*Elekt.*), siehe Stromkraft.
Elektrodynamometer (*n. - Masch.*), elettrodinamometro, dinamometro elettrico.
Elektroencephalogramm (*n. - Med.*), elettroencefalogramma.
Elektroerosion (Abtragung von Metallen durch kurzdauernde elekt. Entladungen) (*f. - mech. Bearb.*), elettroerosione.
elektroerosiv (*Mech. - Elekt.*), elettroerosivo. 2 ~ **e Bearbeitung** (*Mech. - Elekt.*), elettroerosione.
Elektrofahrzeug (Elektromobil) (*n. - elekt. Fahrz.*), autoveicolo elettrico.
Elektrofilter (*m. - Mot. - etc.*), filtro elettrostatico, precipitatore elettrostatico.
Elektroflaschenzug (Elektrozug) (*m. - ind. Masch.*), paranco elettrico.
Elektro-Flurfördergerät (gleisloses Batteriefahrzeug, im innerbetrieblichen Verkehr) (*n. - Fahrz. - Ind.*), carrello (ad accumulatori) per trasporti interni.
Elektrofluss-stahl (*m. - Metall.*), acciaio al forno elettrico, acciaio elettrico.
Elektroformierung (Galvanoplastik) (*f. - Elektrochem.*), galvanoplastica, elettroformatura.
Elektrogabelstapler (*m. - ind. Transp.*), carrello elevatore a forca (elettrico).
Elektrogerät (Haushaltgerät) (*n. - Elekt.*), elettrodomestico (*s.*).
Elektro-Getriebe (Zahnrad-Wechselgetriebe mit elektromagnetischen Kupplungen, bei Strassenfahrzeugen) (*n. - Fahrz.*), cambio ad ingranaggi con innesti elettromagnetici.
Elektrogyro (Gyrobus, mit Schwungrad - Energieantrieb) (*m. - elekt. Fahrz.*), girobus, elettrobus a ruota libera, elettrobus a volano-accumulatore.
Elektro-Handschleifmaschine (*f. - Werkz. masch.*), molatrice elettrica a mano.
Elektrohartlötung (*f. - mech. Technol.*), brasatura elettrica.
Elektro-Haushaltgeräte (*n. - pl. - Elekt.*), elettrodomestici, apparecchi elettrodomestici.
Elektrohebemagnet (*m. - ind. Masch.*), elettromagnete di sollevamento.
Elektroheizung (*f. - Heizung*), riscaldamento elettrico.
Elektroherd (Kochplatte) (*m. - Elekt.*), fornello elettrico.
Elektrohubkarren (*m. - ind. Transp.*), carrello elevatore (elettrico).
Elektro-Ingenieur (*m. - Pers.*), ingegnere elettrotecnico.
Elektroinstallateur (*m. - Elekt. - Arb.*), elettroinstallatore.
Elektrokapillarität (*f. - Elekt.*), elettrocapillarità.
Elektrokardiogramm (Ekg) (*n. - Med. - Elekt.*), elettrocardiogramma.
Elektrokardiograph (Ek) (*m. - Elekt. - Med. - Ger.*), elettrocardiografo.
Elektrokarren (batteriegespeistes Fahrzeug, mit Führerstand) (*m. - ind. Fahrz.*), carrello ad accumulatori.
Elektrokessel (in dem das Wasser zwischen Elektroden erhitzt und verdampft wird) (*m. - Kessel*), caldaia elettrica.
Elektrokettenzug (*m. - Hebevorr.*), paranco elettrico a catena.
elektrokinetisch (*Elekt.*), elettrocinetico.
Elektrokleinmotor (*m. - Elektromot.*), motore frazionario.

Elektrokorund (Kunstkorund) (*m. - Werkz.*), corindone artificiale.

Elektrokymograph (*m. - Radioakt. - Instr.*), elettrochimografo.

Elektrolok (Ellok, Fahrdrahtlok, elektrische Lokomotive) (*f. - elekt. Eisenb.*), locomotore (elettrico).

Elektrolokomotive (elektrische Lokomotive, Ellok) (*f. - Eisenb.*), locomotore (elettrico).

Elektrolötkolben (*m. - Werkz.*), saldatoio elettrico.

Elektrolüfter (Elektroventilator) (*m. - Elekt. - Ger.*), elettroventilatore.

Elektroluminiszenz (das Leuchten einer Gasentladung z. B., kaltes Leuchten) (*f. - Elekt.*), elettroluminescenza.

Elektrolyse (*f. - Elektrochem.*), elettrolisi. 2 ~ n·bad (*n. - Elektrochem.*), bagno galvanico. 3 ~ n·schlamm (*m. - Elektrochem.*), fango elettrolitico. 4 ~ zelle (*f. - Elektrochem.*), cella elettrolitica.

Elektrolyseur (*m. - Ger.*), elettrolizzatore.

Elektrolyt (Ionenleiter, Leiter zweiter Klasse) (*m. - Elektrochem.*), elettrolita, conduttore di seconda classe. 2 ~ detektor (*m. - Funk.*), rivelatore elettrolitico. 3 ~ eisen (durch Elektrolyse abgeschiedenes Eisen, 99,9% Reinheit mindestens) (*n. - Metall.*), ferro elettrolitico. 4 ~ kondensator (*m. - Elekt.*), condensatore elettrolitico. 5 ~ zähler (*m. - Ger.*), contatore elettrolitico.

elektrolytisch (*Elektrochem.*), elettrolitico. 2 ~ e Dissoziation (*Chem.*), dissociazione elettrolitica. 3 ~ e Fällung (*Chem.*), elettrodeposizione, precipitazione elettrolitica. 4 ~ e Korrosion (*mech. Technol.*), corrosione galvanica, corrosione di contatto, corrosione elettrolitica. 5 ~ e Raffination (*Metall.*), affinazione elettrolitica. 6 ~ es Polieren (*Elektrochem. - mech. Technol.*), lucidatura elettrolitica. 7 ~ e Zelle (*Elektrochem.*), cella elettrolitica. 8 ~ e Zersetzung (*Elektrochem.*), dissociazione elettrolitica.

Elektromagnet (*m. - Elekt.*), elettromagnete, elettrocalamita.

elektromagnetisch (*Elekt.*), elettromagnetico. 2 ~ e Bremsung (*Elekt.*), frenatura elettromagnetica. 3 ~ er Abscheider (*elekt. Ger.*), separatore elettromagnetico. 4 ~ e Schienenbremse (*Elekt. - Eisenb.*), freno elettrico a pattini. 5 ~ e Welle (*Phys. - Funk.*), onda elettromagnetica.

Elektromagnetismus (*m. - Elekt.*), elettromagnetismo.

Elektromechanik (*f. - Elektromech.*), elettromeccanica.

elektromechanisch (*Elektromech.*), elettromeccanico.

Elektrometallurgie (*f. - Metall.*), elettrometallurgia.

Elektrometer (Ger. zum Feststellen und Messen von elekt. Spannungen) (*n. - elekt. Instr.*), elettrometro, voltmetro elettrostatico, voltmetro elettrostatico. 2 ~ röhre (*f. - Elektronik*), tubo elettrometrico. 3 Braunsches ~ (*elekt. Instr.*), elettrometro di Braun.

Elektromobil (elektrisches Fahrzeug) (*n. - Fahrz.*), autoveicolo elettrico.

Elektromonteur (*m. - Arb.*), elettricista industriale, montatore elettricista, elettricista montatore.

Elektromotor (*m. - elekt. Mot.*), motore elettrico. 2 ~ (*elekt. Mot.*), siehe auch Motor. 3 geschlossener ~ (gekapselter Elektromotor, Kapselmotor) (*m. - elekt. Mot.*), motore elettrico chiuso, motore elettrico di costruzione chiusa, motore elettrico in esecuzione chiusa. 4 offener ~ (*elekt. Mot.*), motore elettrico aperto, motore elettrico di costruzione aperta, motore elettrico in esecuzione aperta. 5 schlagwettersicher gekapselter ~ (*elekt. Mot.*), motore elettrico (in esecuzione) antideflagrante. 6 wasserdichter ~ (*elekt. Mot.*), motore elettrico stagno all'acqua.

elektromotorisch (*Elekt.*), elettromotore. 2 ~ e Gegenkraft (*Elekt.*), forza controelettromotrice. 3 ~ e Kraft (EMK) (*Elekt.*), forza elettromotrice, f. e. m.

Elektromyogramm (EMG) (*n. - Med.*), elettromiogramma.

Elektromyographie (*f. - Med.*), elettromiografia.

Elektron (*n. - Elekt.*), elettrone. 2 ~ (Magnesium-Legierung mit 10 ÷ 3% Aluminium) (*Legierung*), elektron. 3 ~ (*Elekt.*), siehe auch Elektronen. 4 ~ guss·stück (*n. - Mech. - Giess.*), getto in elektron, fusione in elektron. 5 Defekt ~ (Loch, eines Halbleiters) (*Elektronik*), vacanza. 6 freies ~ (*Atomphys.*), elettrone libero. 7 gebundenes ~ (*Atomphys.*), elettrone legato. 8 kernfernes ~ (*Phys.*), elettrone periferico, elettrone di valenza, elettrone di conduzione. 9 kernnahes ~ (*Phys.*), elettrone su orbita interna. 10 kreisendes ~ (*Phys.*), elettrone orbitale. 11 Leitungs ~ (in der Halbleitertechnik) (*Elektronik*), elettrone di conduzione. 12 metastatisches ~ (*Atomphys.*), elettrone metastatico. 13 schnelles ~ (*Atomphys.*), elettrone veloce. 14 Valenz ~ (in der Halbleitertechnik) (*Elektronik*), elettrone di valenza.

elektronegativ (*Elekt.*), elettronegativo.

Elektronegativität (*f. - Chem. - Metall.*), elettronegatività.

Elektronen (*n. - pl. - Elekt.*), elettroni. 2 ~ abtaststrahl (*m. - Fernseh.*), pennello elettronico esploratore, pennello elettronico analizzatore. 3 ~ abtastung (*f. - Fernseh.*), scansione elettronica. 4 ~ akzeptor (*m. - Chem.*), accettore di elettroni, elettronaccettore. 5 ~ aufprall (*m. - Phys.*), bombardamento elettronico, bombardamento catodico. 6 ~ bahn (*f. - Elektronik*), traiettoria dell'elettrone. 7 ~ ballung (*f. - Phys.*), raggruppamento di elettroni. 8 ~ beugung (*f. - Phys.*), diffrazione elettronica. 9 ~ blitz (*m. - Phot.*), lampo elettronico. 10 ~ bombardement (*n. - Phys.*), bombardamento elettronico, bombardamento catodico. 11 ~ bündel (Elektronenstrahl) (*n. - Phys.*), fascio elettronico, pennello elettronico. 12 ~ bündelung (Elektronenkonzentration) (*f. - Phys.*), concentrazione di elettroni. 13 ~ donor (*m. - Chem.*), donatore di elettroni, elettrondonatore. 14 ~ eintritt (*m. - Phys.*), cattura di elettroni. 15 ~ emission (*f. - Elektronik*), emissione di elettroni. 16 ~ fahrplan (in Laufzeitröhren, Applegate-Dia-

Elektronik

gramm, Darstellung der Elektronenballung) (*m. - Elektronik*), diagramma di Applegate. **17 ~ gas** (Elektronenplasma) (*n. - Phys.*), plasma elettronico. **18 ~ gehirn** (*n. - Elektronik*), cervello elettronico. **19 ~ herd** (Haushaltgerät) (*n. - Ger.*), cucina elettronica. **20 ~ kamera** (*f. - Fernseh.*), telecamera. **21 ~ kanone** (*f. - Elektronik*), cannone elettronico, proiettore elettronico. **22 ~ katalog** (*m. - Elektronik*), repertorio elettronico. **23 ~ laufzeit** (*f. - Phys.*), tempo di transito degli elettroni. **24 ~ lawine** (*f. - Elektronik*), valanga elettronica. **25 ~ linse** (*f. - Elektronik*), lente elettronica. **26 ~ mikroskop** (*n. - Elektronik - Opt.*), microscopio elettronico. **27 ~ optik** (*f. - Elektronik - Opt.*), ottica elettronica. **28 ~ plasma** (*n. - Phys.*), plasma elettronico. **29 ~ rauschen** (Wärmegeräusch) (*n. - Phys.*), rumore di agitazione termica. **30 ~ rechner** (*m. - Rechner*), calcolatore elettronico. **31 ~ röhre** (*f. - Elektronik - Funk.*), tubo elettronico, valvola elettronica. **32 ~ schleuder** (Betatron, Rheotron) (*f. - Elektronik*), acceleratore di elettroni, betatrone. **33 ~ spin** (*m. - Atomphys.*), quantità di moto angolare, «spin». **34 ~ steuerung** (*f. - Elektronik*), comando elettronico. **35 ~ sprung** (*m. - Elektronik*), discontinuità elettronica. **36 ~ stauung** (*f. - Elektronik*), accumulo di elettroni. **37 ~ stoss** (*m. - Phys.*), urto elettronico. **38 ~ stossleuchten** (*n.-Phys.*), luminescenza d'urto elettronico. **39 ~ strahl** (*m. - Phys. - Fernseh.*), fascio elettronico, pennello elettronico. **40 ~ strahlbeugung** (Elektronenbeugung) (*f. - Phys.*), diffrazione elettronica. **41 ~ strahlkanone** (einer Elektronenstrahl-Schweissmaschine z. B.) (*f. - Elektronik*), cannone elettronico. **42 ~ strahlofen** (*m. - Metall.*), forno a fascio elettronico. **43 ~ strahlschmelzofen** (Vakuumschmelzofen in dem das Giessmetall durch freien Elektronen geschmolzen wird) (*m. - Metall.*), forno fusorio elettronico. **44 ~ strahlung** (*f. - Phys.*), radiazione elettronica. **45 ~ strahl-Wandlerröhre** (*f. - Elektronik*), tubo convertitore a raggi elettronici. **46 ~ strom** (*m. - Phys.*), corrente elettronica. **47 ~ tanzschwingung** (*f. - Elektronik*), oscillazione di Barkhausen-Kunz, oscillazione a campo ritardante. **48 ~ übermikroskop** (*n. - Elektronik - Opt.*), ultramicroscopio elettronico. **49 ~ uhr** (*f. - Elektronik*), orologio elettronico. **50 ~ umlaufzeit** (*f. - Phys.*), tempo di rotazione di un elettrone. **51 ~ volt** (eV, Energiemass = $1{,}602 \cdot 10^{-19}$ Joule) (*n. - Mass.*), voltelettrone. **52 ~ wanderung** (*f. - Phys.*), migrazione di elettroni, deriva di elettroni. **53 ~ wolke** (*f. - Elektronik*), nube elettronica. **54 abtastender ~ strahl** (*Fernseh.*), pennello elettronico analizzatore.

Elektronik (*f. - Elektronik*), elettronica. **2 ~** (Anlage oder Gerät) (*Elektronik*), apparecchiatura elettronica. **3 ~ -Lehrgerät** (*n. - Masch.*), macchina elettronica per insegnare. **4 ~ motor** (*m. - Elektronik*), motore elettronico. **5 ~ techniker** (*m. - Pers.*), tecnico elettronico. **6 industrielle ~** (*Elektronik*), elettronica industriale.

Elektroniker (*m. - Elektronik*), tecnico elettronico.

elektronisch (*Elektronik*), elettronico. **2 ~ e Abtastung** (*Fernseh.*), scansione elettronica, analisi elettronica, esplorazione elettronica. **3 ~ es Rechengerät** (*Elektronik - Rechenmasch.*), calcolatore elettronico.

Elektroofen (*m. - Ofen*), forno elettrico.

Elektrooptik (*f. - Elekt. - Opt.*), elettroottica.

Elektroosmose (*f. - Chem.*), elettroosmosi.

elektrophil (*Chem.*), elettrofilo.

Elektrophor (*m. - Phys. - Ger.*), elettroforo.

Elektrophorese (elektrokinetische Erscheinung) (*f. - Elektrochem.*), elettroforesi.

elektrophoretisch (*Elektrochem.*), elettroforetico. **2 ~ e Lackierung** (*Aut. - etc.*), verniciatura elettroforetica.

Elektrophysik (*f. - Phys.*), elettrofisica.

elektrophysikalisch (*Phys.*), elettrofisico.

Elektroplan (elektrischer Schaltplan) (*m. - Elekt.*), schema elettrico.

Elektroplattformkarren (*m. - ind. Transp.*), carrello piatto ad accumulatori, piattina ad accumulatori.

Elektroplattieren (*n. - Elektrochem.*), elettroplaccatura, galvanostegia, elettrodeposizione.

elektroplattieren (*Elektrochem.*), trattare con galvanostegia, trattare elettroliticamente, placcare elettroliticamente.

elektropneumatisch (Steuerung z. B.) (*Elekt.*), elettropneumatico.

Elektropolieren (elektrochemisches Glänzen) (*n. - Elektrochem.*), lucidatura elettrochimica.

Elektroporzellan (für Isolatoren) (*m. - Elekt.*), porcellana tecnica.

elektropositiv (*Elekt.*), elettropositivo.

Elektropumpe (*f. - Masch.*), pompa elettrica.

Elektroraum (einer Masch. z. B.) (*m. - Elekt. - Masch.*), vano apparecchiature elettriche.

Elektroroheisen (*n. - Giess.*), ghisa d'alto forno elettrico.

Elektrorolle (Arbeitsrolle eines Rollgangs, mit Einzelantrieb, bei Walzgerüsten) (*f. - Metall.*), rullo ad azionamento elettrico, rullo motorizzato.

Elektroschaltschrank (*m. - Elekt.*), quadro elettrico ad armadio.

Elektroschiff (*n. - naut.*), nave a propulsione elettrica, elettronave.

Elektroschlacke (*f. - Technol. - Metall.*), elettroscoria. **2 ~ -Technik** (Frischen-Technik) (*f. - Metall.*), tecnica (di affinazione) ad elettroscoria, affinazione ad elettroscoria. **3 ~ schweissen** (*n. - mech. Technol.*), saldatura ad elettroscoria. **4 ~ -Umschmelz-Verfahren** (*n. - Metall.*), rifusione ad elettroscoria. **5 ~ umschmelzanlage** (*f. - Metall.*), impianto di rifusione ad elettroscoria.

Elektroschleife (Schleifkontakt) (*f. - Elekt.*), contatto elettrico strisciante.

Elektroschlepper (Batteriefahrzeug) (*m. - Fahrz.*), trattore ad accumulatori.

Elektroschockbehandlung (*f. - Med.*), elettroshock, elettroshockterapia.

Elektroschraubenzieher (Elektroschrauber) (*m. - Werkz.*), avvitatrice (elettrica), giraviti elettrico.

Elektroschrauber (*m. - Werkz.*), avvitatrice (elettrica).

Elektroschweissen (*n. - mech. Technol.*), saldatura elettrica.
Elektroschweisser (*m. - Arb.*), saldatore elettrico.
Elektroschweissmaschine (*f. - Schweissmasch.*), saldatrice elettrica.
Elektroseilzug (*m. - Hebevorr.*), paranco elettrico a fune.
Elektroskop (*n. - elekt. Instr.*), elettroscopio.
Elektrospannfutter (*n. - Werkz.masch.*), mandrino a serraggio elettrico.
Elektrostahl (*m. - Metall.*), acciaio elettrico, acciaio al forno elettrico. 2 ~ **werk** (*n. - Metall.*), acciaieria elettrica.
Elektrostapler (*m. - ind. Transp.*), carrello elevatore elettrico.
Elektrostatik (*f. - Elekt.*), elettrostatica.
elektrostatisch (*Elekt.*), elettrostatico. 2 ~ **e Abscheidung** (*Elekt.*), separazione elettrostatica, precipitazione elettrostatica. 3 ~ **e kopplung** (*Elekt. - Phys.*), accoppiamento elettrostatico. 4 ~ **er Filter** (*Ind. - App.*), filtro elettrostatico, precipitatore elettrostatico. 5 ~ **er Gasreiniger** (*Ger.*), precipitatore elettrostatico. 6 ~ **es Feld** (*Elekt.*), campo elettrostatico. 7 ~ **e Speicherung** (*Rechner*) memorizzazione elettrostatica. 8 ~ **e Verschiebung** (*Elekt.*), spostamento elettrostatico.
Elektrostauchanlage (Elektrostauchmaschine) (*f. - Schmiedemasch.*), elettroricalcatrice.
Elektrostauchmaschine (*f. - Schmiedemasch.*) elettroricalcatrice.
Elektrostenolyse (*f. - Elektrochem.*), elettrostenolisi.
Elektrostoss·schweissung (*f. - mech. Technol.*), saldatura a percussione.
Elektrostriktion (elastische Verformung eines Dielektrikums im elekt. Feld) (*f. - Elekt.*), elettrostrizione.
Elektrosynthese (*f. - Chem.*), elettrosintesi.
Elektrotauchlackierung («elektrophoretische Lackierung») (*f. - Anstr.*), elettroverniciatura ad immersione.
Elektro-Tauchpumpe (*f. - Masch.*), elettropompa sommersa.
Elektrotaxis (Galvanotaxis) (*f. - Elekt. - Biol.*), galvanotattismo, elettrotassi, elettrotattismo.
Elektrotechnik (*f. - Elekt.*), elettrotecnica.
Elektrotechniker (Elektroingenieur) (*m. - Elekt.*), ingegnere elettrotecnico. 2 ~ (gelernter Handwerker) (*elekt. Arb.*), elettricista, elettrotecnico.
elektrotechnisch (*Elekt.*), elettrotecnico.
Elektrotherapie (*f. - Med.*), elettroterapia.
elektrothermisch (Relais z. B.) (*Phys. - etc.*), elettrotermico.
elektrotonisch (*Elekt. - Med.*), elettrotonico.
Elektrotonus (*m. - Elekt. - Med.*), elettrotono.
Elektrotriebwagen (mit Stromabnehmer) (*m. - elekt. Eisenb.*), elettromotrice.
Elektrotriebzug (*m. - elekt. Eisenb.*), elettrotreno.
Elektrotropismus (Galvanotropismus) (*m. - Elekt. - Biol.*), elettrotropismo, galvanotropismo.
Elektrotypie (Galvanotypie) (*f. - Druck.*), elettrotipia, galvanoplastica.
Elektrovalenz (*f. - Chem.*), elettrovalenza, legame ionico, legame eteropolare.
Elektroverschiebelok (*f. - elekt. Eisenb.*), locomotore elettrico da manovra.
Elektrowagen (*m. - ind. Fahrz.*), carrello ad accumulatori.
Elektrowärme (Wärmeerzeugung durch Elektrizität) (*f. - Elekt.*), elettrotermìa.
Elektrowerkzeug (Bohrer z. B.) (*n. - Werkz.*), utensile elettrico.
Elektrowickler (*m. - Arb.*), avvolgitore.
Elektrowinde (*f. - ind. Masch.*), verricello elettrico.
Elektrozaun (zum Begrenzen einer Bewegung z. B.) (*m. - Werkz.masch.bearb. - etc.*), barriera elettrica.
Elektrozug (Hebevorrichtung) (*m. - ind. Masch.*), paranco elettrico.
Elektrum (Edelmetall-Legierung aus 75% Au und 25% Ag) (*n. - Legierung*), electrum, lega oro-argento. 2 ~ (Neusilber mit 52% Cu, 25% Ni, 23% Zn) (*Legierung*), argentone col 25% di Ni.
Element (*n. - allg.*), elemento. 2 ~ (*Chem. - Phys.*), elemento. 3 ~ (galvanisches Element, Primärelement) (*Elekt.*), pila, elemento, coppia voltaica. 4 ~ **en·paar** (*n. - Mech.*), coppia elementare. 5 **Daniell** ~ (*Elekt.*), pila Daniell. 6 **galvanisches** ~ (elektrisches Element, Primärelement) (*Elekt.*), pila, coppia voltaica, elemento. 7 **irreversibles** ~ (*Elekt.*), pila irreversibile. 8 **Konzentrations** ~ (*Elekt.*), pila a concentrazione. 9 **Maschinen** ~ (*Mech.*), elemento di macchina. 10 **Methode der finiten** ~ **e** (*Math. - etc.*), metodo degli elementi finiti. 11 **Normal** ~ (*Elekt.*), pila campione. 12 **reversibles** ~ (*Elekt.*), pila invertibile. 13 **thermoelektrisches** ~ (*Elekt.*), pila termoelettrica. 14 **Trocken** ~ (*Elekt.*), pila a secco. 15 **Weston** ~ (*Elekt.*), pila Weston.
elementar (*allg.*), elementare. 2 ~ **er Kohlenstoff** (*Chem.*), carbonio elementare, carbonio non combinato.
Elementarbewegung (*f. - Arbeitstudium*), movimento elementare.
Elementarladung (elektrisches Elementarquantum, kleinste elekt. Ladung der Grösse $1,602 \cdot 10^{-19}$ Coulomb, positiv oder negativ) (*f. - Phys.*), carica elementare.
Elementarlänge (der Grössenordnung 10^{-13} cm) (*f. - Atomphys.*), lunghezza elementare.
Elementarpaar (*n. - Mech.*), coppia (cinematica). 2 **höheres** ~ (HEP) (*Mech.*), coppia (cinematica) superiore. 3 **niederes** ~ (NEP) (*Mech.*), coppia (cinematica) inferiore.
Elementarquantum (*n. - Phys.*), siehe Elementarladung.
Elementarteilchen (*n. - Phys.*), particella elementare.
Elementarwelle (*f. - Phys.*), onda elementare.
Elementarwirbel (*m. - Aerodyn.*), vortice elementare.
Elementarzeit (etwa 10^{-23} sec) (*f. - Phys.*), tempo elementare.
Elemi (Baumharz) (*n. - Technol. - Pharm.*), elemi.
Elevation (Höhe) (*f. - Astr.*), altezza. 2 ~ **s· winkel** (*m. - Geod. - etc.*), angolo di elevazione.
Elevator (Becherwerk) (*m. - ind. Masch.*), elevatore.

Elfenbein

Elfenbein (n. - *Werkstoff*), avorio.
Elimination (Beseitigung) (*f. - Math. - etc.*), eliminazione.
Elinvarlegierung (*f. - Metall.*), elinvar.
Elko (Elektrolytkondensator) (*m. - Elektrochem.*), condensatore elettrolitico.
Elkonit (Wolframbronze, mit $33,3 \div 66,6\%$ W, Rest Cu) (*n. - Legierung*), elkonit.
Ellbogenrohr (Knierohr) (*n. - Leit.*), curva, gomito.
Ellipse (*f. - Geom.*), ellisse. 2 ~ n·bahn (*f. - Astr. - etc.*), orbita ellittica. 3 ~ n·zirkel (*m. - Geom. - Ger.*), ellissografo.
ellipsenförmig (elliptisch) (*Geom. - etc.*), ellittico.
Ellipsoid (*n. - Geom.*), ellissoide. 2 **Rotations** ~ (Umdrehungsellipsoid) (*Geom.*), ellissoide di rotazione.
Elliptikfeder (*f. - Fahrz.*), molla a balestra.
elliptisch (*Geom.*), ellittico. 2 ~ **e Funktion** (*Math.*), funzione ellittica. 3 ~ **e Geometrie** (nichteuklidische Geometrie, absolute Geometrie) (*Geom.*), geometria ellittica. 4 ~ **es Gewölbe** (*Arch.*), arco ellittico. 5 ~ **es Integral** (*Math.*), integrale ellittico.
Ellira-Schweissung (verdeckte Lichtbogenschweissung) (*f. - mech. Technol.*), saldatura ad arco sommerso.
Ellok (elektrische Lokomotive) (*f. - Eisenb.*), locomotiva elettrica. 2 ~ **führer** (*m. - Arb.*), conduttore, macchinista.
Elmet (Wolframbronze, mit $33,3\%$ W, Rest Cu) (*n. - Legierung*), elmet.
Elmsfeuer (Eliasfeuer) (*n. - Meteor.*), fuoco di St. Elmo.
Eloid-Verzahnung (Oerlikon-Epizykloidenverzahnung bei der die Flankenlinien auf dem Planrad Epizykloiden sind) (*f. - Mech.*), dentatura Eloid, dentatura epicicloidale.
Elongation (*f. - Astr.*), elongazione. 2 ~ (bei Schwingungen, Entfernung eines schwingenden Punktes von der Gleichgewichtslage) (*Phys.*), elongazione.
Eloxalverfahren (elektrisch oxydiertes Aluminium, für die Erzeugung einer Schutzschicht auf Aluminium und seinen Legierungen) (*n. - mech. Technol.*), trattamento anodico, anodizzazione.
Eloxieren (Eloxalverfahren) (*n. - mech. Technol.*), anodizzazione, trattamento anodico.
eloxieren (*Elektrochem. - mech. Technol.*), anodizzare, ossidare anodicamente.
eloxiert (*mech. Technol. - Elektrochem.*), anodizzato, ossidato anodicamente.
ELS (Einheitslieferschein) (*Transp.*), bolla di consegna standard.
Elsenholz (*n. - Holz*), legno di ontano, ontano.
ELT (LT, Brieftelegramm) (*Post*), telegramma-lettera.
Eltwerk (*n. - Elekt.*), siehe Elektrizitätswerk.
Elysierbohren (elektrochemisches Bohren) (*n. Technol.*), foratura elettrochimica.
Elysierdrehen (elektrochemisches Drehen) (*n. - Technol.*), tornitura elettrochimica.
Elysieren (elektrochemische Bearbeitung bei der das Abtragen mit äusserer Stromquelle erfolgt) (*n. - Technol.*), lavorazione elettrochimica (con sorgente di corrente esterna).
Elysierentgraten (elektrochemisches Entgraten) (*n. - Technol.*), sbavatura elettrochimica.
EM (Erdbewegungsmaschine) (*Fahrz.*), macchina per movimento terra. 2 ~ (Einseitenbandmodulation) (*Funk.*), modulazione a banda laterale unica. 3 ~ (Elektromagnet) (*Elekt.*), elettromagnete.
E. M. (Entfernungsmesser) (*Instr.*), telemetro.
Em (Emanation) (*f. - Radioakt.*), emanazione.
Email (Emaille (*f.*), glasartiger Überzug für Eisen) (*n. - Ind.*), smalto. 2 ~ **draht** (*m. - Elekt.*), filo smaltato. 3 ~ **gefäss** (*n. - Ind.*), recipiente smaltato. 4 ~ **lack** (*m. - Anstr.*), pittura a smalto.
Emaillierblech (*n. - metall. Ind.*), lamiera per smaltatura.
Emaillieren (*n. - Ind.*), smaltatura.
emaillieren (*Ind.*), smaltare.
Emaillierofen (*m. - Ofen*), forno per smaltatura.
emailliert (*Ind.*), smaltato. 2 ~ **er Kolben** (*Beleucht. - Ger.*), ampolla smaltata.
Eman (Einheit für die radiologische Konzentration von Quellwässern, 1 Eman $= 10^{-10}$ C/l $= 0,275$ Mache-Einheit) (*Radioakt.*), eman.
Emanation (Em) (*f. - Radioakt.*), emanazione. 2 **Aktinium** ~ (AcEm, Aktinon, An) (*Radioakt.*), emanazione di attinio, attinon. 3 **Radium** ~ (RaEm, Radon, Rn, Niton, Nt) (*Radioakt.*), emanazione di radio, -radon, niton. 4 **Thorium** ~ (ThEm, Thoron, Tn) (*Radioakt.*), emanazione di torio.
Emas (Asphaltemulsion) (*Strass.b.*), (tipo di) emulsione di bitume.
E-Maschinenraum (Elektromaschinenraum, für dieselelektrischen Antrieb z. B.) (*m. - naut.*), sala macchine elettriche.
Ematalieren (anodisches Oxidationsverfahren für Aluminium mit gleichzeitiger Einlagerung von Titan und Kobalt in die Oxydschicht) (*n. - Technol.*), ossidazione anodica con Ti e Co.
Ematal-Verfahren (anodische Oxydation, mit Einlagerung von Pigmenten in die Oxydschicht) (*n. - Technol.*), processo Ematal, anodizzazione Ematal.
Emballage (Verpackung) (*f. - Transp.*), imballaggio. 2 ~ **papier** (*n. - Papierind.*), carta da imballo.
Embargo (Beschlagnahme eines Schiffes) (*n. - naut.*), «embargo», sequestro (di una nave).
EMD (Edelmetall-Motor-Drehwähler) (*Fernspr.*), SMN, selettore a motore con contatti in metallo nobile.
emE (elektromagnetische Einheit) (*Mass*), unità elettromagnetica.
Emendation (Verbesserung) (*f. - recht.*), emendamento.
EMG (Elektromyogramm) (*Med.*), elettromiogramma.
Emission (*f. - Phys.*), emissione. 2 ~ (von Aktien z. B.) (*finanz.*), emissione. 3 ~ **s·grad** (*m. - Phys. - Beleucht.*), potere emissivo. 4 ~ **s·mikroskopie** (Elektronenmikroskopie) (*f. - Opt.*), microscopia (elettronica) ad emissione. 5 ~ **s·oxyd** (*n. - Beleucht.*), materia emissiva. 6 ~ **s·photozelle** (*f. - Phys.*), cellula

fotoemittente. 7 ~ s·spektrum (n. - Opt.), spettro di emissione. 8 ~ s·vermögen (n. - Phys.), emissività, potere emissivo. 9 Glüh ~ (Funk.), emissione termoionica. 10 halbräumlicher ~ s·grad (eines Temperaturstrahlers) (Phys.), fattore di emissione.
Emitron (Spezialtyp eines Ikonoskops) (n. - Fernseh.), emitron.
Emitter (von verzögerten Neutronen z. B.) (m. - Atomphys.), emettitore. 2 ~ (von Transistoren) (Elektronik), emettitore. 3 ~ s·schaltung (f. - Elektronik), circuito emettitore.
emittergekoppelt (Oszillator z. B.) (Elektronik), con accoppiamento in emettitore.
emittieren (allg.), emettere.
EMK (elektromotorische Kraft) (Elekt.), forza elettromotrice, f. e. m.
EMNID (Institut für Meinungsforschung) (komm. - etc.), Istituto per la Ricerca sulle Opinioni.
Emodin (n. - Chem.), emodina.
E-Modul (Elastizitätsmodul) (m. - Baukonstr. lehre), modulo di elasticità (a tensione normale), modulo di elasticità normale, modulo di Young, modulo E.
EMPA (Eidgenössische Materialprüfungs- und Versuchsanstalt) (Prüfung), Istituto Svizzero Ricerche e Prove Materiali.
Empf. (Empfänger) (Funk.), ricevitore.
Empfang (m. - Funk. - etc.), ricezione. 2 ~ mit Wellentransformation (Superheterodynempfang) (Funk.), ricezione a supereterodina. 3 ~ s·anlage (f. - Funk. - etc.), impianto ricevente. 4 ~ s·antenne (f. - Funk. - etc.), antenna ricevente. 5 ~ s·apparat (m. - Funk. - etc.), ricevitore, apparecchio ricevente. 6 ~ s·bescheinigung (f. - komm. - etc.), ricevuta. 7 ~ s·bezugdämpfung (f. - Fernspr.), equivalente di riferimento di ricezione. 8 ~ s·fernhörer (m. - Fernspr.), ricevitore telefonico. 9 ~ s·gebäude (eines Personenbahnhofs) (n. - Eisenb.), edificio della stazione. 10 ~ s·gerät (n. - Funk. - etc.), ricevitore, apparecchio ricevente. 11 ~ s·locher (m. - Telegraph.), ricevitore perforatore. 12 ~ s·schein (m. - komm. - etc.), ricevuta. 13 ~ s·station (f. - Funk.), stazione ricevente. 14 ~ s·störungen (f. - pl. - Funk. - etc.), disturbi di ricezione. 15 akustischer ~ (Funk. - etc.), ricezione acustica, ricezione audio. 16 gerichteter ~ (Richtempfang) (Funk. - etc.), ricezione direzionale. 17 optischer ~ (Fernseh.), ricezione ottica, ricezione video. 18 Sende- und ~ s·gerät (n. - Funk.), ricetrasmettitore, apparecchio ricevente e trasmittente.
empfangen (Funk. - etc.), ricevere.
Empfänger (m. - Funk. - etc.), ricevitore. 2 ~ (Funkempfänger) (Funk.), radio, apparecchio radio, apparecchio radioricevente. 3 ~ (Adressat) (Transp. - Post), destinatario. 4 Detektor ~ (Funk.), radio a galena, apparecchio radio a galena. 5 Fernseh ~ (Fernseh.), televisore. 6 Gehalts ~ (Lohnempfänger) (Arb.), salariato. 7 Pensions ~ (Arb.), pensionato. 8 Sende- ~ (Funk.), ricetrasmettitore. 9 Überlagerungs ~ (Superheterodyne-Empfänger, Superhet, Super) (Funk.), ricevitore a supereterodina, apparecchio radio a supereterodina.

Empfehlung (f. - allg.), raccomandazione. 2 ~ s·schild (m. - Mot. - Masch.), targhetta (delle) istruzioni. 3 Öl ~ s·schild (Mot. - Masch.), targhetta lubrificanti consigliati.
empfindlich (allg.), sensibile. 2 ~ (beschädigungsanfällig) (allg.), delicato. 3 ~ machen (allg.), sensibilizzare. 4 alterungs ~ (Wärmebeh.), sensibile all'invecchiamento.
Empfindlichkeit (eines Reglers z. B.) (f. - Instr. - etc.), sensibilità. 2 ~ (Beschädigungsanfälligkeit) (allg.), fragilità. 3 ~ (Neigung, für Korrosion z. B.) (allg.), suscettibilità. 4 ~ s·pegel (m. - Akus.), livello di sensazione sonora. 5 Kerb ~ (Baukonstr. lehre), sensibilità all'intaglio. 6 Licht ~ (Opt.), sensibilità alla luce.
Empfindung (f. - allg.), sensazione. 2 ~ s·geschwindigkeit (f. - Opt. - etc.), velocità di sensazione.
empirisch (allg.), empirico. 2 ~ e Formel (Math. - etc.), formula empirica.
EM-Reifen (Erdbaumaschinen-Reifen) (m. - Fahrz.), pneumatico per macchine per movimento terra.
EMT (Elektromesstechnik) (Elekt.), elettromisure, elettrometrologia.
Emulgator (m. - Phys. - Chem.), emulsionante, emulsificante.
Emulgierbarkeit (f. - Phys. - Chem.), emulsionabilità.
emulgieren (Phys. - Chem.), emulsionare.
Emulsin (Gemisch von Enzymen) (n. - Chem.), emulsina.
Emulsion (kolloidale Lösung) (f. - Chem.), emulsione. 2 ~ s·farbe (aus einer Bindemittelemulsion und Pigmenten hergestellter Anstrichstoff) (f. - Anstr.), pittura emulsionata. 3 Öl-in-Wasser- ~ (OW-E) (Chem.), emulsione di olio in acqua. 4 Wasser-in-Öl- ~ (WO-E) (Chem.), emulsione di acqua in olio.
enantiomorph (Min. - Chem.), enantiomorfo.
Enantiotropie (f. - Chem.), enantiotropia.
Enargit (Cu$_3$AsS$_4$) (m. - Min.), enargite.
Encephalograph (zur Messung von Spannungen und Strömen in der Hirnrinde) (m. - Med. - Ger.), encefalografo.
Endabnahme (f. - Technol.), collaudo finale, prova finale.
Endamt (n. - Fernspr.), centrale locale.
Endanflug (m. - Flugw.), avvicinamento finale.
Endanschlag (m. - Mech.), arresto di fine corsa, battuta di fine corsa.
Endanstrich (letzter Anstrich) (m. - Anstr.), ultima mano, smalto.
Endarbeitsgang (m. - Mech. - etc.), operazione finale.
Endaufbau (m. - Mech.), montaggio finale.
Endausbau (einer Anlage) (m. - Bauw. - etc.), completamento.
Endausschalter (Endschalter) (m. - Elektromech.), interruttore di fine corsa, finecorsa.
Endausschlag (Endwert, Bereichsendwert) (m. - Messinstr.), valore di fondo scala, fondo scala. 2 bei ~ (Messinstr.), a fondo scala.
Endbahnhof (m. - Eisenb.), stazione di testa.
endbearbeiten (Mech.), finire.

Endbearbeitung (*f.* - *Mech.*), finitura. 2 ~ s·werkzeug (*n.* - *Werkz.*), utensile per finitura, utensile finitore.
Endbegrenzungsschalter (Endschalter) (*m.* - *Elektromech.*), interruttore di fine corsa, finecorsa.
Endbohrer (Gewindebohrer) (*m.* - *mech. Werkz.*), maschio finitore, terzo maschio filettatore.
Enddrehzahl (höchste Drehzahl) (*f.* - *Masch.*), numero di giri massimo.
Enddruck (niedrigster Druck, in der Vakuumtechnik) (*m.* - *Phys.*), pressione minima. 2 ~ (eines Verdichters) (*Masch.*), pressione di mandata.
Ende (*n.* - *allg.*), fine. 2 ~ (einer Welle z. B.) (*Mech.*), estremità. 3 ~ n·bearbeitungsmaschine (*f.* - *Werkz.masch.*), centratrice-intestatrice duplex.
Endfeld (*n.* - *Ind.* - *Bauw.*), campata di estremità.
Endfestigkeit (Bruchspannung) (*f.* - *Baukonstr.lehre*), carico di rottura.
Endflügel (Aussenflügel) (*m.* - *Flugw.*), ala esterna.
Endform (Gesenkschmiedestück) (*f.* - *Schmieden*), fucinato a stampo.
endgültig (*allg.*), definitivo.
Endkaliber (beim Walzen) (*n.* - *Metall.*), calibro finitore.
Endkontrolle (*f.* - *Mech.* - *etc.*), controllo finale, collaudo finale.
Endlagerung (radioaktiver Rückstände) (*f.* - *Kernphys.*), deposito definitivo.
Endlast (Prüfungslast z. B.) (*f.* - *mech. Technol.*), carico massimo.
Endlauf (beim Schwimmen z. B.) (*m.* - *Sport*), finale.
Endlauge (Ablauge, Abfallauge) (*f.* - *chem. Ind.*), sottoliscivia.
Endleistung (*f.* - *Mot.*), potenza di uscita.
endlich (*a.* - *Math.*), finito. 2 ~ e Länge (*Math.*), lunghezza finita. 3 ~ er Körper (*Math.*), campo finito.
endlos (*allg.*), senza fine, continuo. 2 ~ er Kolbenring (von Stossdämpfern z. B.) (*Mech.*), anello elastico di tenuta senza spacco.
Endlosformular (*n.* - *Datenverarb.*), modulo continuo.
Endmass (Parallelendmass) (*n.* - *Instr.*), calibro a blocchetto, blocchetto di riscontro, blocchetto piano parallelo. 2 ~ halter (für Parallelendmasse) (*m.* - *Mech.*), portablocchetti. 3 Kugel ~ (*Messzeug*), barretta ad estremità sferiche, calibro a punte sferiche. 4 Zylinder ~ (*Messzeug*), barretta ad estremità cilindriche, calibro a punte cilindriche.
Edmontage (*f.* - *Aut.* - *etc.*), montaggio finale. 2 ~ band (*n.* - *Aut.* - *etc.*), catena di montaggio finale.
Endmonteur (*m.* - *Arb.*), montatore (alla catena di montaggio).
Endogas (Schutzatmosphäre in einem endothermischen Erzeuger) (*n.* - *Wärmebeh.*), endogas.
Endosmose (*f.* - *Chem.*), endosmosi.
endotherm (*Phys.*), endotermico.
Endpentode (*f.* - *Elektronik*), pentodo finale.

Endpreis (*m.* - *komm.*), prezzo di vendita al consumatore.
Endprodukt (*n.* - *Ind.*), prodotto finale, prodotto finito.
Endprüfung (*f.* - *Technol.*), prova finale.
Endrille (einer Schallplatte) (*f.* - *Elektroakus.*), ultimo solco.
Endröhre (einer Anlage) (*f.* - *Elektronik*), tubo (elettronico) finale, valvola finale.
Endschalter (*m.* - *Elektromech.*), interruttore di fine corsa, finecorsa.
Endsiedepunkt (*m.* - *Phys.*), punto di ebollizione finale.
Endspiel (*n.* - *Mech.*), gioco assiale.
Endstation (für Strassenbahnen) (*f.* - *Transp.*), capolinea. 2 ~ (ein Punkt wo Daten ein- oder ausgegeben werden) (*Rechner*), terminale.
Endstück (Ende, einer Welle z. B.) (*n.* - *Mech.*), estremità.
Endstufe (eines Senders z. B.) (*f.* - *Funk.* - *etc.*), stadio finale, stadio di uscita.
Endverbindung (*f.* - *Mech.*), giunto di testa.
Endverschluss (eines Kabels) (*m.* - *Elekt.*), terminale. 2 ~ für Freiluft-Anlagen (*Elekt.*), terminale per esterno, terminale per impianti esterni. 3 ~ für Innenraum-Anlagen (*Elekt.*), terminale per interno, terminale per impianti interni.
Endverstärker (*m.* - *Funk.*), amplificatore di uscita.
Endwert (einer Instrumentskala) (*m.* - *Ind.*), valore di fondo scala. 2 ~ (*Math.*), valore finale, risultato finale.
Endwickel (Spitzenreserve, am Kopf der Schuss·spule gebildeter Fadenring, zum Finden des Fadenanfanges) (*m.* - *Textil.*), capo ad anello.
Energetik (Lehre von der Energie und ihren Wandlungen) (*f.* - *Chem.*), energetica.
Energie (*f.* - *Phys.*), energia. 2 ~ angebots-Schwankung (*f.* - *Elekt.*), fluttuazione dell'energia (elettrica) offerta. 3 ~ band (Band eines Halbleiters) (*n.* - *Elektronik*), banda di energia. 4 ~ betrieb (Betrieb der Dampf, Strom, etc. an Fertigungsstätten liefert) (*m.* - *Ind.*), società fornitrice di energia. 5 ~ bilanz (*f.* - *Elekt.* - *etc.*), bilancio energetico. 6 ~ der Lage (potentielle Energie) (*Phys.*), energia potenziale, energia di posizione. 7 ~ dichte (*f.* - *Phys.*), densità energetica. 8 ~ -Eigenerzeugung (*f.* - *Elekt.*), autoproduzione di energia (elettrica). 9 ~ erhaltung (*f.* - *Phys.*), conservazione dell'energia. 10 ~ fluss (*m.* - *Phys.*), flusso energetico. 11 ~ flussbild (graphische Darstellung der Energiebilanz, Sankey-Diagramm) (*n.* - *Elekt.*), rappresentazione grafica del bilancio energetico, diagramma di Sankey. 12 ~ führungskette (für die Versorgung von Energie, Druckluft, etc. zu Werkzeug-, Hebe- etc. Maschinen) (*f.* - *Ind.*), catena portacavi. 13 ~ gewinn (bei Wasserkraftwerken z. B.) (*m.* - *Elekt.* - *etc.*), ricavo di energia. 14 ~ horizont (*m.* - *Hydr.*), piano orizzontale di riferimento del carico idraulico. 15 ~ kabel (Starkstromkabel zum Energietransport bei Nieder- und Hochspannung) (*n.* - *Elekt.*), cavo di energia. 16 ~ leitung (*f.* - *Elekt.*), linea di trasmissione, linea di trasporto (dell'energia). 17 ~ lieferungs-

vertrag (*m. - Elekt. - komm.*), contratto di fornitura di energia elettrica. 18 ~ **linie** (*f. - Hydr.*), linea del carico totale, linea del carico idraulico. 19 ~ **niveau** (*n. - Phys.*), livello energetico. 20 ~ **quantum** (*n. - Phys.*), quanto di energia. 21 ~ **quellen** (*f. - pl. - Elekt. - etc.*), fonti di energia. 22 ~ **reaktor** (Leistungsreaktor, Kraftreaktor) (*m. - Atomphys.*), reattore di potenza. 23 ~ **satz** (Energieprinzip) (*m. - Phys.*), legge della conservazione dell'energia, principio della conservazione dell'energia. 24 ~ **schema** (Darstellung der Dampf-, Wasser-, Pressluft-, Heizgasleitungen etc. zusammen mit den Apparaten) (*n. - Ind.*), schema delle tubazioni ed apparecchiature (alimentate). 25 ~ **speicherung** (*f. - Phys.*), accumulazione di energia. 26 ~ **strahlen-Bearbeitung** (durch Elektronen- Laser- und Plasmastrahlen) (*f. - Technol.*), lavorazione a raggi (di energia). 27 ~ **term** (der Elektronen) (*m. - Elektronik*), livello energetico, livello di energia. 28 ~ **umwandlung** (*f. - Phys.*), trasformazione dell'energia. 29 ~ **vernichtung** (Energieverschwendung) (*f. - Phys.*), dissipazione di energia. 30 ~ **versorgung** (*f. - Elekt.*), siehe Elektrizitätsversorgung. 31 ~ **wandler** (Energiekonverter, Ger. das chem., solare oder nukleare Energie in elekt. Energie umsetzt) (*m. - Phys.*), convertitore di energia. 32 Bewegungs ~ (kinetische Energie) (*Phys.*), energia cinetica. 33 Bindungs ~ (*Chem.*), energia di legame. 34 elektrische ~ (*Elekt.*), energia elettrica. 35 Erhaltung der ~ (*Phys.*), conservazione dell'energia. 36 Feld ~ (*Phys.*), energia del campo. 37 Gravitations ~ (*Phys.*), energia di gravitazione, energia del campo di gravitazione. 38 kinetische ~ (Bewegungsenergie) (*Phys.*), energia cinetica. 39 potentielle ~ (Energie der Lage) (*Phys.*), energia potenziale. 40 Schall ~ (*Akus.*), energia sonora. 41 Wärme ~ (*Phys.*), energia termica, energia calorifica.
energie-vernichtend (Aufprallzone eines Pkw z. B.) (*Aut.*), ad assorbimento di energia.
eng (*allg.*), stretto. 2 ~ **er Laufsitz** (*Mech.*), accoppiamento preciso libero stretto. 3 ~ **e Toleranz** (*Mech.*), tolleranza stretta, tolleranza ristretta. 4 ~ **maschig** (Filter z. B.) (*Chem. - etc.*), a maglia stretta. 5 ~ **umgrenzt** (*allg.*), a campo molto limitato.
Engesterium (*n. - Legierung*), siehe Königinmetall.
Engländer (verstellbarer Schraubenschlüssel) (*m. - Werkz.*), chiave inglese.
Englergrad (für die Viskosität eines Schmieröles) (*m. - Chem.*), grado Engler.
Engobe (Begussüberzug) (*f. - Keramik - Bauw.*), ingobbio.
engobieren (eine keramische Grundmasse überziehen) (*Keramik*), ingobbiare.
Engpass (in der Produktion) (*m. - Ind. - Arb. - Organ.*), strozzatura, collo di bottiglia. 2 ~ (Verkehrszeichen) (*Strass.ver.*), strettoia. 3 ~ **situation** (*f. - allg.*), situazione critica. 4 **Versorgungs** ~ (*Elekt.*), crisi di erogazione.
Engroshandel (*m. - komm.*), commercio all'ingrosso.
Engspalt (einer Passung, engste Stelle im Betriebszustand zwischen Welle und Bohrung) (*m. - Mech.*), posizione di gioco minimo (in esercizio).
Enneode (Neunpolröhre, Phasendetektor) (*f. - Elektronik*), ennèodo.
Ensat (selbstschneidende Gewindebüchse) (*Mech.*), bussola «Ensat», inserto filettato automaschiante.
entaktivieren (*Radioakt.*), disattivare.
Entaktivierung (*f. - Radioakt.*), disattivazione.
entarretieren (*Mech.*), sbloccare.
Entarsenieren (von Schwefelsäure) (*n. - Chem. - Metall.*), dearsenizzazione, eliminazione dell'arsenico.
entarten (*allg.*), deteriorarsi.
entartet (Gas, Materie, etc.) (*Phys. - Astrophys.*), degenere.
Entartung (*f. - allg.*), deterioramento. 2 ~ (*Atomphys.*), degenerazione.
Entaschung (*f. - Ind.*), rimozione delle ceneri.
Entbasten (Degummieren, Rohseide) (*n. - Textilind.*), sgommatura, purga.
entbasten (degummieren, Rohseide) (*Textilind.*), sgommare, purgare.
Entbasung (von Rohwasser z. B.) (*f. - Chem.*), eliminazione delle basi.
Entbenzolung (Entbenzolierung) (*f. - chem. Ind.*), debenzolaggio.
Entbleien (*n. - Metall.*), eliminazione del piombo.
entblocken (die Linie) (*Eisenb.*), sbloccare, dare via libera.
entblockt (*Eisenb.*), libero.
Entblockung (*f. - Eisenb.*), liberazione. 2 ~ **s·kreis** (*m. - Elekt. - Eisenb.*), circuito di liberazione.
Entbrummerspule (*f. - Elekt.*), bobina antironzio.
Entchloren (von Schwefelsäure z. B.) (*n. - Chem. - Metall.*), declorazione, eliminazione del cloro.
Entchromen (*n. - mech. Technol.*), scromatura.
entchromen (*mech. Technol.*), scromare.
entcoden (*Telegr. - etc.*), decifrare.
Entdämpfung (*f. - Phys.*), compensazione dell'attenuazione.
entdröhnen (*Aut.*), spruzzare con antirombo, applicare antirombo, insonorizzare.
Entdröhnung (*f. - Aut.*), applicazione di antirombo, insonorizzazione. 2 ~ **s·mittel** (*n. - Akus. - Aut.*), antirombo (*s.*), prodotto antirombo, insonorizzante (*s.*).
enteignen (*Bauw. - recht.*), espropriare.
Enteignung (Expropriation) (*f. - Bauw. - recht.*), espropriazione.
enteisen (*Flugw. - etc.*), togliere il ghiaccio.
enteisenen (*Chem. - etc.*), deferrizzare.
Enteisenung (*f. - Metall.*), deferrizzazione.
Enteiser (*m. - Flugw.*), antighiaccio, dispositivo antighiaccio.
Enteisungsmittel (Enteisungsflüssigkeit) (*n. - Flugw.*), fluido antighiaccio, soluzione antighiaccio.
Entelektrisator (*m. - Ger.*), neutralizzatore di elettricità statica.
Entenflugzeug (*n. - Flugw.*), canard.
Entf. (Entfernung) (*allg.*), distanza.
Entfall (Abfall) (*m. - Mech. - etc.*), scarto.

entfalten

entfalten (auseinanderbreiten, Papier z. B.) (*allg.*), spiegare, distendere.
Entfaltung (eines Fallschirmes) (*f. - Flugw.*), spiegamento. 2 ~ s·zeit (eines Fallschirmes) (*f. - Flugw.*), tempo di apertura. 3 numerische ~ (*Math.*), sviluppo numerico.
entfärben (*allg.*), decolorare.
Entfärbung (*f. - chem. Ind.*), decolorazione. 2 ~ s·mittel (*n. - chem. Ind.*), decolorante. 3 ~ s·vermögen (*n. - chem. Ind.*), potere decolorante.
entfernen (*allg.*), allontanare, togliere, rimuovere.
Entfernung (Abstand) (*f. - allg.*), distanza. 2 ~ in der Luftlinie (*Top. - etc.*), distanza in linea d'aria. 3 ~ s·einstellung (*f. - Phot.*), regolazione della distanza. 4 ~ s·messen (*n. - Top. - etc.*), telemetria. 5 ~ s·messer (Telemeter, Teletop, Distanzmesser) (*m. - opt. Instr.*), telemetro. 6 ~ s·messer (*Phot.*), telemetro. 7 ~ s·messmann (*m. - milit.*), telemetrista. 8 ~ s·ring (*m. - Radar*), cerchio di distanza. 9 ~ s·skala (*f. - Phot.*), scala delle distanze. 10 ~ s·stück (*n. - Mech.*), distanziatore, distanziale. 11 Koinzidenz ~ s·messer (*m. - opt. Instr.*), telemetro a coincidenza. 12 Raumbild ~ s·messer (Stereoentfernungsmesser) (*opt. Instr.*), telemetro stereoscopico. 13 stereoskopischer ~ s·messer (Raumbild-Entfernungsmesser, Stereoentfernungsmesser) (*opt. Instr.*), telemetro stereoscopico.
Entfestigung (Festigkeitsverringerung) (*f. - mech. Technol.*), diminuzione della resistenza, riduzione della resistenza. 2 ~ (von Befestigungen) (*milit.*), smantellamento.
entfetten (*Text. - Mech. - etc.*), sgrassare.
entfettet (*Mech. - etc.*), sgrassato.
Entfettung (*f. - Mech.*), sgrassaggio, sgrassatura. 2 ~ s·bad (*n. - Technol.*), bagno di sgrassaggio, bagno di sgrassatura. 3 ~ s·maschine (*f. - Textilmasch.*), lavatrice.
Entfeuchten (der Luft), (*n. - Ind. - etc.*), deumidificazione.
Entfeuchter (*m. - Ger.*), deumidificatore.
entfeuchtet (Hochofenwind z. B.) (*Metall. - etc.*), deumidificato.
Entfeuchtung (der Luft z. B.) (*f. - Metall. - etc.*), deumidificazione.
Entfilzer (*m. - Textilmasch.*), sfeltratore.
entflammbar (*allg.*), infiammabile.
Entflammbarkeit (*f. - allg.*), infiammabilità.
Entflammpunkt (Flammpunkt) (*m. - Phys. - Chem.*), punto di infiammabilità, punto di fiamma.
Entflammung (Entzündung von Dämpfen oder Gasen) (*f. - Verbr.*), infiammazione. 2 ~ s·probe (von Ölen) (*f. - Chem.*), prova (del punto) di infiammabilità.
entflechten (ein Kabel) (*Elekt.*), togliere la calza, togliere la treccia.
Entflechtung (Dezentralisierung) (*f. - allg.*), decentramento. 2 ~ (Auseinanderflechten, eines Konzerns z. B.) (*finanz. - ecc.*), smembramento.
Entfleischen (Scheren) (*n. - Lederind.*), scarnatura.
Entfleischmaschine (*f. - Lederind. - Masch.*), scarnatrice.
entfliehen (Gas) (*allg.*), sfuggire.

entformen (das Modell abheben) (*Giess.*), sformare.
Entformung (eines Modells) (*f. - Giess.*), sformatura, estrazione dalla forma. 2 ~ (eines Formteils, beim Spritzgiessen von Kunststoffen z. B.) (*Technol.*), estrazione dallo stampo. 4 ~ s·mittel (gegen das Kleben zwischen Formteil und Form) (*n. - Kunststoff-Bearb.*), distaccante (*s.*), antiadesivo (per stampo).
Entfroster (Defroster, für Windschutzscheibe) (*m. - Aut.*), sbrinatore, visiera termica. 2 ~ düsen (*f. - pl. - Aut. - etc.*), bocchette sbrinatrici.
Entgaser (Absauger) (*m. - ind. App.*), aspiratore, estrattore. 2 ~ (für Flüssigkeiten z. B.) (*Ger.*), degassatore. 3 Riesel ~ (für Kohlensäure z. B.) (*Ger.*), degassatore a pioggia.
Entgasung (von Flüssigkeiten z. B.) (*f. - Chem.*), degassamento. 2 ~ (*Giess.*), degassificazione. 3 ~ (von Koks) (*chem. Ind.*), distillazione. 4 ~ (beim Spritzgiessen von Kunststoffen) (*Technol.*), degassamento. 5 ~ s·gas (*n. - chem. Ind.*), gas di cokeria, gas di cocheria.
entgegengesetzt (*allg.*), opposto, contrario. 2 ~ gerichtet (*allg.*), in senso contrario, in direzione contraria.
entgegenwirkend (Feder z. B.) (*Mech.*), antagonista.
Entgelt (Lohn oder Gehalt) (*n. - Arb.*), retribuzione, rimunerazione, compenso.
entgiften (*allg.*), disintossicare. 2 ~ (*Atomphys.*), decontaminare.
entglasen (*Ind.*), devetrificare.
Entglasung (Rekristallisierung) (*f. - Glasfehler*), devetrificazione, ricristallizzazione.
entgleisen (*Eisenb.*), sviare, deragliare.
entgleist (*Eisenb.*), sviato, deragliato.
Entgleisung (*f. - Eisenb.*), sviamento, deragliamento. 2 ~ s·schutz (für Seilbahnen) (*m. - Bergbahnen*), protezione antisviamento.
Entgraphitierung (Graphitentfernung, eines Ofens) (*f. - Ofen*), « sgrafitaggio », decarburazione.
Entgraten (Abgraten) (*mech. Technol.*), sbavatura. 2 elektrochemisches ~ (von Druckgussteilen z. B.) (*Giess.*), sbavatura elettrochimica.
entgraten (abgraten) (*Schmieden - etc.*), sbavare.
Entgrater (*m. - Werkz.*), sbavatore, utensile sbavatore. 2 ~ (Putzer) (*Giess. - Arb.*), sbavatore. 3 ~ (Spitzsenker) (*Werkz.*), allargatore a punta, fresa per svasare.
Entgratmaschine (für Druckgussteile z. B.) (*f. - Giess. - Masch.*), sbavatrice.
Enthaarung (*f. - Lederind.*), depilazione.
Enthalpie (Gibbssche Wärmefunktion) (*f. - Thermodyn.*), entalpia. 2 ~ -Entropie Diagramm (i, s-Diagramm, Mollier-Diagramm) (*n. - Thermodyn.*), diagramma di Mollier, diagramma entalpia-entropia.
enthärten (Wasser) (*chem. Ind.*), addolcire, togliere la durezza. 2 ~ (Stahl) (*Wärmebeh.*), addolcire.
Enthärter (für Wasser) (*m. - Chem.*), addolcitivo (*s.*).

Enthärtung (*f. - Chem. - Metall.*), addolcimento.
Enthüllen (*n. - Kernphys.*), rimozione della incamiciatura.
enthülsen (*Landw.*), sgusciare, togliere il guscio.
Enthülsungsmaschine (*f. - Landw.masch.*), sgusciatrice.
enthydratisieren (dehydratisieren) (*Chem.*), disidratare.
entionisieren (*Chem. - Phys.*), deionizzare.
Entionisierung (*f. - Chem. - Phys.*), deionizzazione.
entkalken (*Lederind.*), purgare dalla calce.
Entkälken (*n. - Lederind.*), purga dalla calce.
entkeimen (sterilisieren) (*allg.*), sterilizzare.
Entkeimung (Sterilisierung) (*f. - Ind.*), sterilizzazione. 2 ~ s·lampe (*f. - Beleucht. - Med.*), lampada germicida.
entkernen (auskernen) (*Giess.*), scaricare le anime, asportare le anime.
Entkernung (*f. - Giess.*), scarico delle anime, asportazione delle anime. 2 ~ (Auskernung, der Baublöcken zur Verbesserung der Belichtung) (*Bauw.*), diradamento urbanistico.
Entkieselung (*f. - Bauw. - Hydr.*), desilicazione, eliminazione della silice.
Entkiesungswerk (eines hydr. Kraftwerkes) (*n. - Hydr. - Elekt.*), sghiaiatore.
Entkletten (von Wolle) (*n. - Textilind.*) slappolatura.
entkletten (Wolle) (*Texilind.*), slappolare.
Entkohlen (Verringerung des Kohlenstoffgehaltes in der Randschicht eines Werkstückes z. B.) (*n. - Wärmebeh.*), decarburazione.
entkohlen (*Wärmebeh.*), decarburare.
entkohlend (*Wärmebeh.*), decarburante.
entkohlt (*Wärmebeh.*), decarburato. 2 ~ **er** Streifen (*Metall.*), banda decarburata.
Entkohlung (Entkohlen) (*f. - Wärmebeh.*), siehe Entkohlen. 2 ~ s·tiefe (*f. - Wärmebeh.*), profondità di decarburazione, profondità dello strato decarburato, spessore dello strato decarburato.
Entkonservieren (entwachsen) (*Aut.*), decerare.
Entkonservierung (Entwachsung, eines Personenkraftwagens) (*f. - Aut.*), deceratura, asportazione dello strato protettivo, asportazione della cera. 2 ~ s·mittel (Entwachsungsmittel) (*n. - Aut.*), prodotto decerante.
entkoppeln (*Elektrotel.*), disaccoppiare.
Entkopplung (*f. - Elektrotel.*), disaccoppiamento.
entkörnen (Baumwolle) (*Textilnd.*), sgranare.
Entkörnung (von Baumwolle) (*f. - Textilind.*), ginnatura, sgranatura. 2 ~ s·maschine (*f. - Textilind.masch.*), ginniera.
entkupfern (*Metall.*), deramare.
entkuppeln (auskuppeln, ausrücken) (*Mech.*), disinnestare, staccare.
Entkupplung (*f. - Mech. - etc.*), disinnesto, distacco, sgancio. 2 ~ s·relais (*n. - Elektromech.*), relè di sgancio.
Entlackung (*f. - Anstr.*), sverniciatura.
Entladeanlage (*f. - ind. Masch.*), impianto di scaricamento.
Entladebrücke (*f. - ind. Masch.*), ponte di scaricamento.
Entladekennlinie (eines Akkumulators) (*f. - Elekt.*), curva di scarica.
Entladeklappe (einer Pritsche) (*f. - Fahrz.*), sponda ribaltabile.
entladen (*Transp.*), scaricare. 2 ~ (eine Batterie z. B.) (*Elekt.*), scaricare. 3 ~ (ein Gewehr) (*Waffe*), scaricare.
Entlader (*m. - Masch.*), scaricatore. 2 ~ (*Elekt.*), scaricatore. 3 Mittenselbst ~ (Güterzugwagen) (*Eisenb.- Fahrz.*), carro a scaricamento centrale automatico. 4 Seitenselbst ~ (Güterzugwagen) (*Eisenb. - Fahrz.*), carro con scaricamento automatico laterale.
Entladespannung (*f. - Elekt.*), tensione di scarica.
Entladestation (eines Drehautomats z. B.) (*f. - Werkz.masch.*), stazione di scaricamento.
Entladestoss·schweissung (*f.-mech.Technol.*), saldatura a percussione.
Entladezeit (einer Batterie) (*f. - Elekt.*), tempo di scarica. 2 zweistündige ~ (einer Batterie) (*Elekt.*), tempo di scarica di 2 ore.
Entladung (*f. - Transp.*), scaricamento. 2 ~ (einer Batterie z. B.) (*Elekt.*), scarica. 3 ~ s·kurve (*f. - Elekt.*), curva di scarica. 4 ~ s·lampe (elektrische Lampe bei der elekt. Entladungen feste, flüssige oder gasförmige Stoffe zum Leuchten bringen) (*f. - Beleucht. - Ger.*), lampada a scarica elettrica. 5 ~ s·spannung (*f. - Elekt.*), tensione di scarica. 6 ~ s·strecke (*f. - Elekt.*), distanza di scarica. 7 atmosphärische ~ (*Elekt.*), scarica atmosferica. 8 Glimm ~ (*Elekt.*), scarica a bagliore. 9 Kapazität bei 2-stündiger ~ (einer Batterie) (*Elekt.*), capacità al regime di scarica in due ore. 10 Schnell ~ (einer Batterie) (*Elekt.*), scarica rapida. 11 schwingende ~ (*Elekt.*), scarica oscillatoria. 12 selbständige ~ (*Elekt.*), scarica autosostenuta. 13 Selbst ~ (einer Batterie) (*Elekt.*), autoscarica. 14 zweistündige ~ (einer Batterie) (*Elekt.*), scarica in due ore.
entlassen (*Pers.*), licenziare. 2 ~ (aus dem Krankenhaus) (*allg.*), dimettere. 3 aus disziplinären Gründen ~ (*Pers.*), licenziare per motivi disciplinari.
Entlassung (*f. - Pers.*), licenziamento. 2 ~ s·entschädigung (*f. - Arb.*), indennità di licenziamento. 3 ~ s·geld (*n. - Pers.*), indennità di licenziamento. 4 fristlose ~ (sofortige Entlassung) (*Pers.*), licenziamento in tronco. 5 Massen ~ (*Pers.*), licenziamento in massa.
entlasten (*Mech. - Baukonstr.lehre*), scaricare.
Entlastung (*f. - Mech. - Baukonstr.lehre*), scarico, rimozione del carico. 2 ~ (Befreiung) (*Arb. - etc.*), esonero. 3 ~ (*finanz. - etc.*), sgravio. 4 ~ erteilen (den Geschäftsführern für die Bilanz) (*finanz.*), dare scarico. 5 ~ s·anlage (einer Stauanlage) (*f. - Hydr.*), scaricatore di sicurezza. 6 ~ s·becken (*n. - Wass.b.*), bacino di scarico. 7 ~ s·bogen (*m. - Bauw.*), arco di scarico. 8 ~ s·bohrung (Entlastungsdurchgang) (*f. - Leit.*), bypass, « bipasso ». 9 ~ s·gewölbe (*n. - Bauw.*), volta di scarico. 10 ~ s·kolben (*m. - Turb.*), stantuffo compensatore. 11 ~ s·stadt (zum Entlasten der Ballungen in den Gross·städten)

(*f. - Bauw. - etc.*), città satellite. 12 ~ s·strasse (*f. - Strasse*), diversione stradale. 13 ~ s·ventil (*n. - Leit. - etc.*), valvola limitatrice, valvola di sicurezza.
entleeren (*allg.*), vuotare.
Entleerung (*f. - allg.*), svuotamento. 2 ~ s·schraube (*f. - Mot. - etc.*), tappo di scarico (a vite).
entleimen (*allg.*), scollare.
Entlohnung (*f. - Arb.*), retribuzione, rimunerazione. 2 Leistungs ~ (*Arb.*), retribuzione a cottimo. 3 Zeit ~ (*Arb.*), retribuzione a tempo, retribuzione ad economia.
Entlüften (einer Einspritzpumpe z. B.) (*n. - Mot. - etc.*), disaerazione.
entlüften (*Chem.*), disaerare, togliere l'aria. 2 ~ (durchlüften) (*allg.*), ventilare.
Entlüfter (Entlüfterrohr) (*m. - Mot. - etc.*), sfiato, sfiatatoio. 2 ~ (Ventilator) (*ind. App.*), ventilatore. 3 ~ rohr (*n. - Mot.*), tubo di sfiato.
Entlüftung (Ventilation) (*f. - Ind.*), ventilazione. 2 ~ (von Flüssigkeiten) (*chem. Ind.*), disaerazione. 3 ~ (einer Druckform) (*Giess.*), sfiato. 4 ~ (einer Luftbremsanlage) (*Fahrz.*), scarico dell'aria. 5 ~ s·anlage (*f. - Bauw.*), impianto di ventilazione. 6 ~ s·kappe (einer Batterie) (*f. - Elekt.*), sfiatatoio. 7 ~ s·leitung (*f. - Mot.*), tubo di sfiato. 8 ~ s·sack (Luftsack, Luftbohne, beim Druckgiessen) (*m. - Giess.*), pozzetto di lavaggio. 9 ~ s·schiltze (*m. - pl. - Lüftung*), fessure di ventilazione. 10 ~ s·ventil (*n. - Leit. - etc.*), valvola di sfiato, valvola di disaerazione.
entmagnetisieren (*Elekt.*), smagnetizzare.
Entmagnetisierer (*m. - Elekt.*), smagnetizzatore.
Entmagnetisierung (*f. - Elekt.*), smagnetizzazione.
Entmanganung (des Rohwassers) (*f. - Hydr. - Chem.*), demanganizzazione.
Entmischen (*n. - Anstr.*), separazione.
entmischen (sortieren) (*allg.*), separare, assortire. 2 ~ (*Chem.*), separarsi, dissociarsi.
Entmischung (*f. - Chem.*), separazione, dissociazione. 2 ~ (von Beton) (*Maur.*), segregazione degli inerti (dal cemento). 3 ~ (Seigerung) (*Metall.*), segregazione. 4 ~ (*Glasind.*), segregazione.
Entmodeler (Demodulator) (*m. - Funk.*), demodulatore.
entmodeln (demodulieren) (*Funk.*), demodulare.
Entmodulation (Demodulation) (*f. - Funk.*), demodulazione.
Entnahme (Herausnehmen) (*f. - allg.*), estrazione. 2 ~ (von Geld) (*finanz.*), prelevamento. 3 ~ (von Probeeinheiten, bei Qualitätskontrolle) (*mech. Technol.*), prelevamento. 4 ~ bauwerk (Einlaufbauwerk, eines Wasserwerks) (*n. - Wass.b.*), opera di presa. 5 ~ grube (*f. - Erdbew.*), cava di prestito. 6 ~ klemmen (*f. - pl. - Elekt.*), morsetti di uscita. 7 ~ kondensationsturbine (*f. - Turb.*), turbina a condensazione con presa (di vapore) intermedia. 8 ~ kreis (*m. - Elekt.*), circuito di utilizzazione, circuito di carico. 9 ~ leitung (*f. - Hydr.*), tubazione di presa. 10 ~ rohr (*n. - chem. App.*), sonda per campionatura.

11 ~ schein (Anforderungsschein) (*m. - Ind. - Adm.*), buono di prelievo. 12 ~ stelle (*f. - Wass.b.*), presa, punto di presa. 13 ~ stollen (*m. - Wass.b.*), galleria di presa. 14 ~ trichter (eines Brunnens) (*m. - Wass.b.*), imbuto di presa. 15 ~ turbine (Anzapfturbine) (*f. - Turb.*), turbina a presa intermedia. 16 ~ turm (um Triebwasser einem Stausee zu entnehmen, Einlaufturm) (*m. - Hydr. - Wass.b.*), torre di presa.
Entnebelung (Verfahren um Nebel auf Flugplätzen zu entfernen) (*f. - Flugw. - etc.*), procedimento antinebbia.
entnehmen (Probeeinheiten, bei Qualitätskontrolle) (*mech. Technol.*), prelevare.
entnickeln (*mech. Technol.*), togliere la nichelatura, asportare la nichelatura.
entnieten (*Mech.*), togliere i chiodi, schiodare, togliere i rivetti, togliere i ribattini.
entölen (*Leit.*), separare l'olio, disoliare.
Entöler (*m. - Ger. - Leit.*), separatore di olio.
Entphenolung (*f. - Hydr. - Chem.*), defenolizzazione.
entphosphoren (*Metall.*), defosforare.
Entphosphorung (*f. - Metall.*), defosforazione 2 ~ s·mittel (*n. - Metall.*), defosforante.
Entpolymerisation (*f. - Chem.*), depolimerizzazione.
entrahmen (Milch) (*Ind.*), scremare.
Entrauschen (*n. - Akus.*), riduzione del rumore, attenuazione del rumore.
entregen (*Elekt.*), diseccitare.
Entregung (*f. - Elekt.*), diseccitazione.
Entresol (Zwischengeschoss, Halbgeschoss) (*n. Bauw.*), mezzanino, ammezzato.
Entrichtung (Bezahlung, von Beiträgen) (*f. - allg.*), pagamento, versamento.
entriegeln (*Mech. - etc.*), sbloccare.
entrinden (*Holz*), scortecciare.
Entrindung (*f. - Holz*), scortecciatura. 2 ~ s·maschine (*f. - Holzbearb.masch.*), scortecciatrice.
Entropie (*f. - Thermodyn.*), entropia. 2 ~ (bei der Informationstheorie, mittlere Informations-Gehalt, Negentropie) (*Elektronik*), entropia. 3 ~ diagramm (*n. - Thermodyn.*), diagramma entropico.
entrosten (*Metall.*), togliere la ruggine, disossidare.
entsalzen (Wasser) (*Chem. Ind.*), dissalare, desalinizzare.
Entsalzung (von Meerwasser z. B.) (*f. - allg.*), dissalazione. 2 ~ (von Erdöl z. B.) (*chem. Ind.*), desalificazione. 3 ~ s·anlage (für Meerwasser) (*f. - chem. Ind.*), impianto di dissalazione, dissalatore.
Entsanden (Klarpumpen, eines Brunnens z. B.) (*n. - Wass.b. - Hydr.*), dissabbiamento.
entsanden (klarpumpen, einen Brunnen) (*Hydr. - Wass.b.*), dissabbiare.
Entsander (Sandfang) (*m. - Hydr. - etc.*), dissabbiatore.
entsäuern (*Chem.*), deacidificare, disacidificare.
Entsäurung (thermische Zersetzung von Carbonaten) (*f. - Metall.*), disacidificazione, neutralizzazione.
entschädigen (einem einen Schaden ersetzen) (*finanz. - etc.*), indennizzare.
Entschädigung (*f. - finanz.*), indennizzo. 2

Reise- ~ (*f. - Arb.*), indennità di viaggio, spese di viaggio.

Entschalung (Beton-Entschalung, Ausschalung) (*f. - Bauw.*), disarmo. 2 ~ s·**mittel** (zum Verhindern das Haften des Betons an der Schalung) (*n. - Bauw.*), mezzo di disarmo, (soluzione) distaccante per disarmo.

entschärfen (*Expl.*), disinnescare.

entscheidend (Faktor z. B.) (*allg.*), decisivo.

Entscheidung (der Direktion z. B.) (*f. - Ind. - etc.*), decisione. 2 ~ s·**baum** (Gesamtbild möglicher Entscheidungen eines Problems) (*m. - Planung - etc.*), tabella decisionale. 3 ~ s·**prozess** (*m. - Planung - etc.*), processo decisionale. 4 ~ s·**theorie** (*f. - Ind. - etc.*), teoria decisionale.

entschlacken (*Metall. - Giess.*), descorificare, asportare le scorie.

Entschlackung (*f. - Metall. - Giess.*), descorificazione, asportazione delle scorie. 2 ~ s·**grube** (Ausschlackgrube) (*f. - Eisenb.*), fossa raccolta scorie.

entschlammen (*allg.*), sfangare.

Entschlämmung (*f. - Bergbau*), sfangatura.

entschlichten (*Textilind.*), disapprettare, togliere l'imbozzimatura, togliere l'appretto, disimbozzimare.

Entschlichtungsmittel (*n. - Textilind.*), sostanza scollante, disapprettante (*s.*).

entschlüsseln (*allg.*), decifrare.

Entschuldigungsbrief (*m. - komm.*), lettera di scuse.

Entschuldung (*f. - finanz.*), sgravio debitorio.

entschwefeln (*Metall.*), desolforare.

Entschwefelung (*f. - Metall.*), desolforazione. 2 ~ s·**mittel** (*n. - Metall. - Giess.*), desolforante.

Entschweissung (von Wolle) (*f. - Textilind.*), lavatura, sgrassatura.

entseuchen (desinfizieren) (*allg.*), disinfettare. 2 ~ (*Atomphys.*), decontaminare.

Entseuchung (*f. - chem. Ind. - etc.*), disinfezione. 2 ~ (*Atomphys.*), decontaminazione. 3 ~ s·**mittel** (*n. - chem. Ind.*), disinfettante. 4 **radioaktive** ~ (*Radioakt.*), decontaminazione radioattiva.

Entsichern (einer Schraube z. B.) (*n. - Mech.*), sbloccaggio.

entsichern (eine Schraube z. B.) (*Mech.*), sbloccare. 2 ~ (eine Schusswaffe) (*Feuerwaffe*), togliere la sicura.

Entsilberung (von Blei) (*f. - Metall.*), disargentaggio.

entsilizieren (*Giess.*), asportare il silicio.

Entsorgung (Beseitigung) (*f. - allg.*), eliminazione, smaltimento. 2 ~ (Abwässer- und Abfallbeseitigung sowie deren Aufbereitung) (*f. - Ind.*), smaltimento e trattamento rifiuti.

entspannen (sich ausdehnen) (*Phys.*), espandersi. 2 ~ (entlasten, eine Feder z. B., (*Mech.*), scaricare. 3 ~ (ein Seil z. B.) (*allg.*), allentare. 4 ~ (entlasten, einen Bogen z. B.) (*Baukonstr.lehre*), scaricare. 5 ~ (*Wärmebeh. - Metall.*), sottoporre a distensione, sottoporre a ricottura di distensione. 6 ~ (Messwerkzeuge z. B.) (*Mech.*), stagionare.

Entspannung (Entlastung, von Federn z. B.) (*f. - Mech.*), scarico. 2 ~ (Ausdehnung, von Dampf z. B.) (*Phys.*), espansione. 3 ~ (Entspannungsglühen, Spannungsfreiglühen) (*Wärmebeh.*), distensione, ricottura di distensione, ricottura di stabilizzazione, ricottura di antistagionatura. 4 ~ (beim Entspannungsversuch, Abnahme der Beanspruchung) (*Baukonstr.lehre*), rilassamento. 5 ~ (Entlastung, eines Bogens z. B.) (*Baukonstr.lehre*), scarico. 6 ~ (von Messgeräten z. B.) (*Mech.*), stagionatura. 7 ~ (von Seilen z. B.) (*allg.*), allentamento. 8 ~ s·**abkühlung** (*f. - Phys.*), raffreddamento per espansione. 9 ~ s·**glühen** (Entspannung, Epannungsfreiglühen) (*n. - Wärmebeh.*), distensione, ricottura di distensione, ricottura di stabilizzazione, ricottura di antistagionatura. 10 ~ s·**ofen** (*m. - Wärmebeh.*), forno per distensione, forno per ricottura di distensione. 11 ~ s·**raum** (*m. - Phys.*), camera di espansione. 12 ~ s·**turbine** (einer Verdichtungsanlage z. B.) (*f. - Masch.*), turbina a ricupero. 13 ~ s·**versuch** (*m. - Baukonstr.lehre*), prova di rilassamento. 14 ~ s·**widerstand** (*m. - Baukonstr.lehre*), resistenza di rilassamento. 15 ~ s·**zeit** (Relaxationszeit) (*f. - Baukonstr.lehre*), tempo di rilassamento.

Entsperren (*n. - Masch. - etc.*), sblocco, sbloccaggio.

entsperren (*Mech. - etc.*), sbloccare.

Entspiegeln (Vergüten, Reflexminderungsverfahren, von Linsen z. B.) (*n. - Opt.*), trattamento antiriflessione.

entsprechen (Vorschriften befriedigen z. B.) (*komm.*), soddisfare.

Entspulung (einer Leitung) (*f. - Fernspr.*), spupinizzazione.

Entstauben (*n. - Ind.*), depolverazione, captazione delle polveri, aspirazione delle polveri. 2 ~ (mit Entstaubungslappen) (*Anstr.*), fissazione della polvere, pulitura con « tackrag ».

entstauben (*Ind.*), depolverare, asportare le polveri. 2 ~ (mit Enstaubungslappen) (*Anstr.*), fissare la polvere, pulire con « tackrag ».

Entstauber (*m. - App.*), aspirapolvere, depolveratore.

Entstaubung (*f. - Ind.*), captazione delle polveri, aspirazione delle polveri, depolverazione. 2 ~ s·**anlage** (*f. - Ind.*), impianto captazione polveri. 3 ~ s·**lappen** (*m. - Anstr.*), strofinaccio fissapolvere, « tack rag ». 4 ~ s·**vorrichtung** (*f. - Ind. - Ger.*), separatore di polveri.

Entstehung (*f. - allg.*), formazione. 2 ~ (eines Erzeugnisses z. B.) (*allg.*), realizzazione. 3 ~ (von Ionen) (*Chem.*), produzione. 4 ~ s·**zustand** (*m. - Chem.*), stato nascente.

Entsteinen (*n. - Kessel*), disincrostazione.

Entstickung (Entnitrieren) (*f. - Wärmebeh.*), denitrurazione.

Entstördrossel (*f. - Funk. - Ger.*), soppressore di radiodisturbi, dispositivo antiradiodisturbi.

entstören (*Funk.*), eliminare radiodisturbi, sopprimere radiodisturbi, schermare.

Entstörer (Störschutzeinrichtung) (*m. - Funk.*), filtro antiradiodisturbi, dispositivo antiradiodisturbi. 2 ~ (des Zündsystems) (*Aut.*), schermatura antiradiodisturbi. 3 ~ (*Fernsprech.*), soppressore d'eco.

Entstörgeschirr (n. - Mot.), impianto di schematura, schermaggio.
Entstörkappe (für Zündkerzen) (f. - Elekt. - Mot.), soppressore antiradiodisturbi.
Entstörkondensator (m. - Aut. - Mot.), condensatore antiradiodisturbi.
Entstörschlauch (m. - Mot. - Funk.), calza schermante, guaina schermante.
Entstörstecker (einer Zündkerze) (m. - Funk. - Mot.), soppresore a cappuccio, cappuccio antiradiodisturbi.
Entstörung (Störschutz) (f. - Funk.), soppressione di radiodisturbi, schermatura, schermaggio. 2 ~ s·widerstand (eines Zündsystems z. B.) (m. - Funk. - Mot.), soppressore ohmico, resistenza antiradiodisturbi.
Entteerer (Teerscheider) (chem. Ind. - Ger.), separatore di catrame, decatramatore.
Entteerung (Teerscheidung) (f. - chem. Ind.), decatramatura, separazione del catrame.
Enttropfen (n. - allg.), sgocciolatura. 2 elektrostatisches ~ (Anstr.), sgocciolatura elettrostatica.
Enttrübung (f. - Radar), dispositivo antimare, dispositivo antieco dal mare.
entwachsen (entkonservieren) (Aut.), decerare.
Entwachsung (Entkonservierung) (f. - Aut.), deceratura.
entwässern (Chem.), disidratare. 2 ~ (Bodenentwässerung), drenare, prosciugare. 3 ~ (Dampf) (Kessel), essiccare.
Entwässerung (f. - Chem.), disidratazione. 2 ~ (Bodenentwässerung), drenaggio, prosciugamento. 3 ~ (Trocknung) (Ind.), essiccazione. 4 ~ (Abwässerableitung) (Bauw.), fognatura. 5 ~ (von Grundwasser) (Hydr.), emungimento. 6 ~ s·graben (m. - Ing.b.), fosso di scolo. 7 ~ s·mittel (n. - Chem.), disidratante. 8 ~ s·stollen (m. - Strass.b.), fognolo, chiavica.
Entweichen (von Gasen z. B., Entfliehen) (n. - allg.), fuga.
entwerfen (planen) (allg.), progettare.
Entwerfer (m. - Arb.), progettista.
entwerten (finanz.), deprezzare. 2 ~ (Marken z. B.) (finanz. - etc.), annullare.
Entwertung (f. - finanz.), deprezzamento. 2 ~ s·satz (m. - finanz.), tasso di deprezzamento, tasso di ammortamento.
entwickeln (allg.), sviluppare. 2 ~ (Gas z. B.) (Chem.), generare, sviluppare. 3 ~ (Phot.), sviluppare.
Entwickler (m. - Phot. - Chem.), rivelatore, sviluppo, sviluppatore. 2 ~ (von Gas) (Ger.), gasogeno, generatore di gas, generatore. 3 ~ tank (Entwicklungstank) (m. - Phot.), vasca di sviluppo. 4 Repro ~ (Druck.), sviluppo per riproduzioni.
Entwicklung (f. - allg.), sviluppo. 2 ~ (von Gasen) (Chem.), generazione, sviluppo. 3 ~ (Phot.), sviluppo. 4 ~ s·bad (n. - Phot.), bagno di sviluppo. 5 ~ s·büro (n. - Ind.), ufficio sviluppo. 6 ~ s·maschine (automatische Filmentwicklungsmaschine) (f. - Masch.), sviluppatrice. 7 ~ s·stätte (f. - Ind.), reparto sviluppo. 8 Absaug- und ~ s·tisch (für Offsetkopie z. B.) (Druck.), tavola aspirante per sviluppo.

entwirren (Verwirrtes lösen) (allg.), dipanare, sciogliere.
Entwismutung (bei der Raffination des Werkbleis z. B.) (f. - Metall.), eliminazione del bismuto.
Entwurf (Plan) (m. - Bauw.), progetto. 2 ~ (Skizze) (Zeichn. - etc.), schizzo. 3 ~ (einer Empfehlung z. B.) (Technol. - etc.), progetto. 4 ~ (eines Briefes z. B.) (Büro), bozza, minuta. 5 ~ s·ingenieur (m. - Bauw. - etc.), progettista. 6 ~ s·zeichnung (Skizze) (f. - Zeichn.), schizzo. 7 ~ s·zeichnung (Projektzeichnung) (Zeichn.), progetto di massima. 8 den ~ zur Genehmigung vorlegen (Bauw. - etc.), sottoporre il progetto all'approvazione. 9 endgültiger ~ (Bauw. - etc.), progetto definitivo. 10 flüchtiger ~ (Zeichn.), schizzo di massima. 11 Gesetzes ~ (recht.), progetto di legge. 12 rechnergestützter ~ (Rechner - etc.), progettazione con l'ausilio di calcolatore. 13 Vor ~ (Bauw. - etc.), progetto preliminare.
entzerren (allg.), rettificare, correggere. 2 ~ (Photogr.), restituire. 3 ~ (Fernspr.), eliminare distorsioni, attenuare distorsioni.
Entzerrer (m. - Fernspr.), dispositivo antidistorsioni. 2 ~ (Entzerrungsgerät) (Photogr.), restitutore (fotogrammetrico). 3 ~ (Elektroakus. - Elektronik), equalizzatore. 4 Echo ~ (in einer Trägerfrequenzanlage z. B.) (Funk.), equalizzatore ad eco.
Entzerrlinse (Dehnungslinse, für Breitwandfilmprojektor) (f. - Filmtech. - Opt.), obiettivo anamorfico.
Entzerrung (f. - Fernspr.), antidistorsione. 2 ~ (Photogr.), restituzione. 3 ~ (Elektroakus. - Elektronik), equalizzazione. 4 ~ s·gerät (n. - Photogr.), restitutore (fotogrammetrico). 5 ~ s·magnet (eines Fernsehapparats) (m. - Fernseh.), magnete antidistorsione.
entziehen (Chem.), estrarre.
Entziehung (f. - allg.), sottrazione. 2 ~ (Verbot) (allg.), proibizione. 3 ~ (der Bürgerrechte z. B.) (recht.), privazione. 4 ~ (Abschaffung, einer Rente z. B.) (f. - finanz.), soppressione. 5 ~ des Führerscheins (Aut.), ritiro della patente.
entziffern (allg.), decifrare.
Entzinkung (f. - Metall.), dezincatura.
Entzinnen (von Weissblechabfällen) (n. - Metall.), eliminazione dello stagno.
entzündbar (allg.), infiammabile.
Entzündbarkeit (f. - allg.), infiammabilità.
entzünden (allg.), accendere, infiammare.
Entzundern (n. - Metall. - Schmieden), disincrostazione, disossidazione, scagliatura, « decalaminazione ». 2 ~ im Rollfass (Metall. - Schmieden), barilatura, bottalatura. 3 ~ im Salzbad (Metall. - Schmieden), disincrostazione in bagno salino, « decalaminazione » in bagno salino. 4 ~ mit Presswasser (Schmieden), disincrostazione idraulica, disossidazione idraulica, « decalaminazione » idraulica.
entzundern (Metall. - Schmieden), disincrostare, disossidare, « decalaminare ». 2 ~ im Rollfass (Metall. - Schmieden), barilare, bottalare. 3 ~ im Salzbad (Metall. - Schmieden),

disincrostare in bagno salino, « decalaminare » in bagno salino.
entzundert (*Schmieden*), disossidato, disincrostato, « decalaminato ».
Entzunderung (von Stahl) (*f. - Metall. - Schmieden*), disincrostazione, scagliatura, disossidazione, « decalaminazione ». 2 ~ (*Metall. - Schmieden*), siehe auch Entzundern.
entzündlich (*allg.*), infiammabile.
Entzündlichkeit (*f. - allg.*), infiammabilità.
Entzündung (Zündung) (*f. - Verbr. - etc.*), accensione. 2 ~ s·funke (*m. - Mot.*), scintilla di accensione. 3 ~ s·gemisch (*n. - Mot. - Chem.*), miscela esplosiva. 4 ~ s·temperatur (Zündpunkt) (*f. - Mot. - etc.*), temperatura di accensione.
entzurren (ein Boot losbinden z. B.) (*naut.*), disormeggiare.
Enumeration (Method der Planungsforschung) (*f. - ind. Organ. - Math.*), enumerazione.
Enzym (Ferment) (*n. - Biochem.*), enzima.
Eosin (*n. - Färben*), eosina. 2 ~ prüfung (Rissprüfung für Magnesium) (*f. - Technol.*), incrinoscopia all'eosina.
Eötvös-Einheit (*f. - Geophys. - Einheit*), unità Eötvös.
Eötvös-Drehwaage (*f. - Geophys. - Ger.*), bilancia di (torsione di) Eötvös.
Eozän (Stufe des Tertiärs) (*n. - Geol.*), eocene.
EP (Epoxydharz) (*Chem.*), EP, eposside, resina epossidica. 2 ~ -Schmierstoff (« extreme pressure » -Schmierstoff) (*m. - Chem.*), lubrificante EP, lubrificante per altissime pressioni.
E.P. (Erweichungspunkt, von bituminösen Massen) (*Bauw.*), punto di rammollimento.
Epeirophorese (*f. - Geophys.*), siehe Verschiebungstheorie.
Epidiaskop (Bildwerfer) (*n. - Opt.*), epidiascopio.
Epilam (Absorptionsschicht, Oberflächenschicht zur Verbesserung der Ölhaltung z. B.) (*Schmierung - etc.*), epilamina. 2 ~ en·reibung (*f. - Phys. - Schmierung*), attrito epilaminico, attrito limite.
Epileuchte (Mikroskopieleuchte für schräg von oben fallendes Licht, bei Stereomikroskopen) (*f. - Opt.*), luce episcopica obliqua.
Epiplanobjektiv (eines Mikroskops) (*n. - Opt.*), obiettivo epiplanatico.
Epi-Projektion (episkopische Projektion, Auflichtprojektion) (*f. - Opt.*), proiezione episcopica.
Episkop (*n. - opt. Ger.*), episcopio.
episkopisch (*Opt.*), episcopico.
epitaktisch (epitaxial) (*Plup. - Chem.*), epitassiale.
epitaxial (epitaktisch) (*Phys. - Chem.*), epitassiale.
Epitaxialscheibe (einer integrierten Schaltung) (*f. - Elektronik*), disco epitassiale.
Epitaxie (Orientierungszusammenhang zwischen den Kristallgittern von zwei Stoffen der welchen ein auf dem anderen aufwächst, Zunderschichte z. B.) (*f. - Technol. - Metall. - Elektronik*), epitassia.
epithermal (Neutron oder Reaktor) (*Atomphys.*), epitermico.
Epitrochoide (*f. - Geom.*), epitrocoide.

Epizentrum (eines Erdbebens) (*n. - Geol.*), epicentro.
Epizykelgetriebe (*n. - Masch.*), ruotismo epicicloidale.
epizyklisch (*Geom.*), epicicloidale.
Epizykloide (*f. - Geom.*), epicicloide. 2 ~ n·getriebe (*n. - Mech.*), ruotismo epicicloidale. 3 ~ n·räderpaar (*n. - Mech.*), ingranaggio epicicloidale.
EP-Öl (« Extreme Pressure » - Öl (*n. - Chem. - Schmierung*), olio per altissime pressioni, olio EP.
Epoxydharz (*n. - chem. Ind.*), resina epossidica. 2 ~ lack (Epoxydlackfarbe) (*m. - Anstr.*), vernice a resina epossidica, vernice epossidica. 3 ~ laminat (*n. - chem. Ind.*), laminato epossidico, stratificato epossidico.
Eprouvette (Reagenzglas) (*f. - Chem. - Ger.*) (österr.), provetta.
EP-Schmierstoff (« Extreme Pressure » - Schmierstoff) (*m. - Chem.*), lubrificante per altissime pressioni, lubrificante EP.
Epsilon-Tensor (*m. - Math.*), tensore epsilon.
Epuré (gereinigter Trinidadasphalt) (*Strass.b.*), bitume raffinato.
equipotential (*Phys.*), equipotenziale. 2 ~ e Oberfläche (*Phys.*), superficie equipotenziale.
Er (Erbium) (*Chem.*), Er, erbio.
erarbeiten (formulieren) (*allg.*), formulare.
Erarbeitung (Formulierung) (*allg.*), formulazione.
erbauen (aufbauen) (*Bauw.*), erigere, costruire.
Erbauer (*m. - Bauw.*), costruttore.
Erbbaurecht (*n. - recht. - Bauw.*), diritto di costruzione su terreno altrui.
Erbengebühr (Erbgebühr) (*f. - finanz.*), imposta di successione.
Erbgebühr (*f. - finanz.*), imposta di successione.
Erbium (Er - *n. - Chem.*), erbio.
Erbpacht (Nutzungsrecht an einem Grundstück) (*f. - recht.*), enfiteusi.
Erbpächter (*m. - recht.*), enfiteuta.
Erbskohle (*f. - Brennst.*), tritino di carbone.
Erbstollen (einer Grube) (*m. - Bergbau*), galleria principale.
Erbunwürdigkeit (*f. - recht.*), indegnità a succedere.
Erbvertrag (*m. - recht.*), patto successorio.
Erbverzicht (*f. - recht.*), rinuncia all'eredità.
Erbzins (Kanon) (*m. - recht. - Agrik.*), canone annuo. 2 ~ vertrag (*m. - recht.*), contratto d'enfiteusi.
Erdachse (*f. - Geol.*), asse terrestre.
Erdalkalimetall (Erdalkalie, Ca, Sr, Ba, Ra) (*n. - Metall.*), metallo alcalino-terroso.
Erdanschluss (*m. - Elekt.*), collegamento a terra, collegamento a massa.
Erdantenne (*f. - Funk.*), antenna interrata.
Erdanziehung (*f. - Phys.*), gravitazione terrestre. 2 ~ s·kraft (Erdschwere, Schwerkraft) (*f. - Phys.*), forza di gravità.
Erdäquator (*m. - Geophys.*), equatore terrestre.
Erdarbeit (*f. - Erdbew.*), movimento di terra, lavoro di scavo, lavoro di sterro.
Erdarbeiter (*m. - Arb.*), manovale. 2 ~ (*Bauw. - Ing.b. - Arb.*), terrazziere, sterratore.
Erdatmosphäre (*f. - Meteor.*), atmosfera terrestre.

Erdbahn

Erdbahn (*f.* - *Astr.*), orbita terrestre.
Erdbauwerk (*n.* - *Ing.b.*), opera in terra, lavoro in terra.
Erdbeanspruchung (Erddruck) (*f.* - *Bauw.* - *Ing.b.*), spinta della terra.
Erdbeben (*n.* - *Geol.*), terremoto. 2 ~ **anzeiger** (Erdbebenmesser, Seismograph) (*m.* - *geol. Instr.*), sismografo. 3 ~ **herd** (Hypozentrum) (*m.* - *Geol.*), ipocentro. 4 ~ **kunde** (*f.* - *Geol.*), sismologia. 5 ~ **schreiber** (*m.* - *geol. Instr.*), sismografo. 6 ~ **wellen** (*f.* - *pl.* - *Geol.*), onde sismiche.
erdbebensicher (*Bauw.*), asismico.
Erdbeschleunigung (Fallbeschleunigung, Schwerebeschleunigung) (*f.* - *Phys.*), accelerazione di gravità.
Erdbewegung (*f.* - *Erdbew.*), movimento di terra.
Erdbildmessung (terrestrische Photogrammetrie) (*f.* - *Photogr.*), fotogrammetria terrestre.
Erdboden (*m.* - *Geol.*), terreno, suolo.
Erdbogen (*m.* - *Bauw.* - *Arch.*), arco rovescio.
Erdbohrer (*m.* - *Bergbauwerkz.*), trivella, punta da trivellazione.
Erdbohrung (*f.* - *Bergbau*), trivellazione, sondaggio.
Erdböschung (*f.* - *Bauw.*), scarpa delle terre.
Erddamm (Deich) (*m.* - *Bauw.*), argine in terra. 2 ~ (Staudamm) (*Wass.b.*), diga in terra. 3 ~ (Erdkörper mit Böschungsneigung, zur Überführung von Strassen, Eisenbahnen, etc.) (*Ing. b.*), corpo stradale.
Erddraht (*m.* - *Elekt.*), filo di terra, filo di massa.
Erddrehfehler (bei Kreiselgeräten) (*m.* - *Ger.*), errore dovuto alla rotazione della Terra.
Erddruck (*m.* - *Bauw.*), spinta delle terre. 2 **aktiver** ~ (*Bauw.*), spinta (delle terre) attiva. 3 **passiver** ~ (*Bauw.*), spinta (delle terre) passiva.
Erde (*f.* - *Geol.* - *Astr.*), Terra. 2 ~ (Boden) (*Landw.* - *Bauw.*), terra, terreno, suolo. 3 ~ (*Elekt.*), terra, massa. 4 **an** ~ **legen** (*Elekt.*), mettere a terra, mettere a massa. 5 **gebrannte** ~ (Terrakotta, Ton) (*Keramik*), terracotta. 6 **in die** ~ **verlegen** (*Leit.* - *etc.*), interrare. 7 **seltene** ~ (*Chem.*), terra rara.
Erdeinführung (eines Blitzableiters) (*f.* - *Elekt.* - *Bauw.*), presa di terra.
Erden (*n.* - *Elekt.*), messa a terra, collegamento a massa.
erden (an Erde legen) (*Elekt.*), mettere a terra, mettere a massa, collegare a terra, collegare a massa.
Erdenge (*f.* - *Geogr.*), istmo.
Erder (Erdleiter) (*m.* - *Elekt.*), filo di terra, filo di massa. 2 ~ (Erdung) (*Elekt.*), presa di terra, dispersore. 3 ~ **spannung** (*f.* - *Elekt.*), tensione di dispersione verso terra.
Erdfall (*m.* - *Geol.*), frana.
Erdfehler (*m.* - *Elekt.*), dispersione a terra.
Erdfeld (*n.* - *Elekt.*), campo terrestre.
Erdferne (Apogäum) (*f.* - *Astr.*), apogeo.
Erdfliessen (Solifluktion) (*n.* - *Geol.*), solifluzione.
Erdg. (Erdgeschoss) (*Bauw.*), pianterreno.

Erdgas (Naturgas) (*n.* - *chem. Ind.*), gas naturale, metano.
Erdgeschoss (eines Hauses) (*n.* - *Bauw.*), pianterreno.
Erdgrube (*f.* - *Giess.*), fossa.
Erdhaue (*f.* - *Werkz.*), gravina, piccone.
Erdhochbehälter (*m.* - *Hydr.* - *etc.*), serbatoio interrato in posizione sopraelevata.
Erdhörer (*m.* - *akus. App.*), geofono.
erdig (*allg.*), terroso.
Erdinduktionskompass (Erdinduktor) (*m.* - *Flugw.* - *Instr.*), bussola ad induzione (terrestre), bussola elettronica.
Erdinduktor (Erdinduktionskompass) (*m.* - *Instr.* - *Flugw.*), bussola a induzione (terrestre), bussola elettronica.
Erdkabel (*n.* - *Elekt.*), cavo interrato.
Erdkarren (*m.* - *Bauw.*), carriola.
Erdkarte (*f.* - *Geogr.*), carta geografica.
Erdklemme (*f.* - *Elekt.*), morsetto di terra, morsetto di massa.
Erdkopplung (Erdungssymmetrie) (*f.* - *Elekt.*), simmetria verso terra.
Erdkörper (der einen Erddruck wirkt) (*m.* - *Bauw.*), massa di terra.
Erdkratzer (Schrapper) (*m.* - *Erdbew. Masch.*), escavatore a benna trascinata.
Erdkruste (*f.* - *Geogr.*), crosta terrestre.
Erdkunde (Geographie) (*f.* - *Geogr.*), geografia.
Erdleiter (*m.* - *Elekt.*), filo di terra, filo di massa.
Erdleitung (*f.* - *Elekt.*), collegamento a terra, collegamento a massa.
Erdlicht (Erdschein, aschgraues Mondlicht) (*n.* - *Astr.*), luce riflessa (dalla Terra).
Erdmagnetfeld (*n.* - *Geophys.*), campo magnetico terrestre.
Erdmagnetismus (*m.* - *Elekt.*), magnetismo terrestre.
Erdmassenberechnung (Massenermittlung) (*f.* - *Bauw.*), computo dei movimenti di terra, computo delle masse.
Erdmechanik (Bodenmechanik) (*f.* - *Ing.b.*), meccanica delle terre.
Erdmeridian (*m.* - *Geogr.*), meridiano terrestre.
Erdmesser (*m.* - *Geol.*), geodeta.
Erdmessung (*f.* - *Geol.*), geodesia.
Erdmetall (*n.* - *Metall.* - *Chem.*), metallo terroso.
Erdnähe (Perigäum) (*f.* - *Astr.*), perigeo.
Erdohmmeter (Erdwiderstandsmesser) (*n.* - *elekt. Ger.*), terrohmmetro.
Erdöl (*n.* - *chem. Ind.* - *Bergbau*), petrolio grezzo, petrolio, grezzo. 2 ~ **bohrung** (*f.* - *Bergbau*), pozzo petrolifero. 3 ~ **chemie** (*f.* - *Chem.*), petrolchimica. 4 ~ **erzeugnisse** (Erdölprodukte) (*n.* - *pl.* - *chem. Ind.*), prodotti petroliferi, derivati del petrolio. 5 ~ **gewinnung** (Erdölförderung) (*f.* - *Bergbau*), estrazione del petrolio. 6 ~ **konzession** (*f.* - *komm.*), concessione petrolifera. 7 ~ **lagerstätte** (*f.* - *Bergbau*), giacimento di petrolio. 8 ~ **lagerung** (*f.* - *chem. Ind.*), stoccaggio del petrolio. 9 ~ **leitung** (Ölleitung) (*f.* - *Bergbau*), oleodotto. 10 ~ **raffinerieanlagen** (*f.* - *pl.* - *chem. Ind.*), impianti di raffinazione del petrolio. 11 ~ **transport** (*m.* - *chem. Ind.* - *Bergbau*), trasporto del petrolio, trasporto del

grezzo. **12 gemischtes** ~ (*Bergbau*), petrolio a base mista, grezzo a base mista. **13 naphtenisches** ~ (*Bergbau*), petrolio a base naftenica, grezzo a base naftenica. **14 paraffinisches** ~ (*Bergbau*), petrolio a base paraffinica, grezzo a base paraffinica.
Erdpech (Bergteer, Bitumen, Asphalt) (*n. - Bauw.*), bitume, asfalto.
Erdphysik (Geophysik) (*f. - Geophys.*), geofisica.
Erdplatte (*f. - Elekt.*), piastra di terra, piastra per messa a terra, presa di terra. **2** ~ (Gegengewicht, der Antenne) (*Funk.*), contrappeso, presa di terra.
Erdpol (*m. - Geogr.*), polo terrestre.
Erdpotential (Erdspannung) (*n. - Elekt.*), potenziale verso terra.
Erdpunkt (*m. - Elekt.*), punto a massa.
Erdreich (Boden) (*n. - Bauw. - etc.*), terreno.
Erdrohrleitung (*f. - Bauw. - etc.*), tubazione interrata, tubazione sotterranea.
Erdrückleitung (*f. - Elekt.*), ritorno a massa.
Erdrutsch (*m. - Geol.*), frana.
Erdsatellit (*m. - Astr.*), satellite terrestre, satellite della Terra. **2** ~ (künstlicher Satellit, Erdtrabant, künstlicher Mond) (*Astronautik*), satellite artificiale (della Terra).
Erdschallgerät (Geophon) (*n. - Ger.*), geofono.
Erdschaufel (*f. - Erdbew.masch.*), pala caricatrice, palatrice.
Erdschein (*m. - Astr.*), siehe Erdlicht.
Erdschieber (Vorbaugerät) (*m. - Fahrz.*), spostatore di terra, spostaterra.
Erdschluss (unerwünschte Verbindung einer elekt. Anlage mit der Erde z. B.) (*m. - Elekt.*), dispersione a terra. **2** ~ **anzeiger** (Erdschlussprüfer) (*m. - elekt. Instr.*), indicatore di dispersioni verso terra. **3** ~ **löschspule** (Erdschluss-spule) (*f. - Elekt.*), bobina Petersen. **4** ~ **schutz** (*m. - Elekt.*), protezione contro le dispersioni verso terra. **5** ~ **spule** (Peterson-Spule, zum Schutz von Transformatoren) (*f. - Elekt.*), bobina Peterson. **6** ~ **strom** (*m. - Elekt.*), corrente verso terra. **7** ~ **sucher** (*m. - elekt. Ind.*), ricercatore di dispersioni a terra, rivelatore di dispersioni a terra.
Erdseil (zum Schutz einer Freileitung gegen Blitzeinschläge, Schutzseil, Blitzschutzseil) (*n. - Elekt.*), conduttore di guardia, conduttore di terra, corda di guardia.
Erdsenkung (*f. - Geol. - etc.*), cedimento del terreno.
Erdspalte (Bodenriss) (*f. - Geol.*), crepa nel terreno.
Erdspannung (Erdpotential) (*f. - Elekt.*), potenziale verso terra.
Erdstampfe (*f. - Werkz.*), pestello, mazzaranga, mazzapicchio, pillo.
Erdstoff (Boden) (*m. - Bauw. - etc.*), terreno.
Erdstoss (*m. - Geophys.*), scossa tellurica.
Erdstrasse (unbefestigter Weg ohne Unterbau) (*f. - Strass.b.*), strada in terra.
Erdstrom (*m. - Elekt.*), corrente tellurica. **2 vagabundierender** ~ (*Elekt.*), corrente vagante.
Erdstufe (*f. - Geol.*), terrazza.
erdsymmetrisch (Leitung z. B.) (*Elekt.*), equilibrato verso terra, simmetrico verso terra.

Erdumlaufbahn (*f. - Astronautik*), orbita attorno alla terra, orbita circumterrestre.
Erdung (Erdverbindung) (*f. - Elekt.*), collegamento a terra, collegamento a massa. **2** ~ (*Funk.*), terra. **3** ~ **s·buchse** (*f. - Elekt.*), bussola di massa, bussola di terra. **4** ~ **s·draht** (*m. - Elekt.*), filo di terra, filo di massa. **5** ~ **s·drosselspule** (*f. - Elekt.*), bobina di drenaggio, induttanza protettiva. **6** ~ **s·leitung** (*f. - Elekt.*), conduttore di terra. **7** ~ **s·platte** (*f. - Elekt.*), piastra di terra. **8** ~ **s·schalter** (*m. - Elekt.*), apparecchio di messa a terra. **9** ~ **s·symmetrie** (Erdkopplung) (*f. - Elekt.*), simmetria verso terra. **10** ~ **s·widerstand** (*m. - Elekt.*), resistenza di terra. **11 Nullpunkt** ~ (*Elekt.*), messa a terra del neutro. **12 Schutz** ~ (*Elekt.*), messa a terra protettiva.
Erdverbindung (Erdung) (*f. - Elekt.*), collegamento a terra, collegamento a massa. **2** ~ (*Elekt.*), siehe auch Erdung.
erdverlegt (Rohrleitung z. B.) (*Leit.*), interrato.
Erdverlegung (*f. - Elekt. - etc.*), posa sotterranea.
Erdvermessung (*f. - Top.*), rilevamento topografico.
Erdwachs (Ozokerit) (*n. - Min.*), ozocerite, cera fossile minerale.
Erdwärmemesser (*m. - Instr.*), geotermometro.
Erdwärmetiefenstufe (*f. - Geol.*), gradiente geotermico.
Erdwelle (*f. - Funk.*), onda diretta.
Erdwerk (*n. - Erdbew.*), movimento di terra.
Ereignis (*n. - allg.*), evento. **2** ~ (Eintreten eines Zustandes, bei Netzplantechnik) (*n. - Planung*), evento. **3** ~ **algebra** (*f. - Math.*), algebra degli eventi. **4 zufälliges** ~ (*allg.*), evento fortuito.
Erfahrung (*f. - allg.*), esperienza. **2** ~ **s·austausch** (*m. - komm.*), scambio di informazioni tecniche. **3** ~ **s·wert** (*m. - allg.*), valore empirico.
erfassen (*Radar*), rilevare. **2** ~ (die Situation) (*allg.*), afferrare.
Erfassung (*f. - Radar*), rilevamento. **2** ~ (von Daten) (*allg.*), rilevamento. **3** ~ (von Informationen) (*Datenverarb.*), acquisizione. **4** ~ **s·methode** (*f. - Technol.*), metodo di rilevamento. **5** ~ **s·- und Verfolgungsradar** (*n. - Radar*), radar di rilevamento e puntamento.
erfinden (*Technol. - recht.*), inventare.
Erfinder (*m. - recht.*), inventore.
erfinderisch (*recht. - etc.*), inventivo.
Erfindung (*f. - recht.*), invenzione, trovato, ritrovato. **2** ~ **s·beschreibung** (*f. - recht.*), descrizione (dell'invenzione). **3** ~ **s·patent** (*n. - recht.*), brevetto d'invenzione. **4 Arbeitnehmer-** ~ (*recht.*), invenzione di dipendente.
Erfordernis (*n. - allg.*), esigenza.
Erforschung (Forschung) (*f. - allg.*), ricerca.
Erftal (99,9% rein Hüttenaluminium durch Elektrolyse von Tonerde hergestellt) (*n. - Metall.*), « erftal », alluminio tecnico puro al 99,9%.
erfüllen (eine Bedingung) (*komm. - etc.*), soddisfare, adempiere.

Erfüllung

Erfüllung (*f. - allg.*), adempimento. 2 ~ s·ort (*m. - recht.*), luogo di adempimento.
Erg (Masseinheit der Arbeit, 1 erg = 1 dyn · cm) (*n. - Masseinheit*), erg. 2 ~ **meter** (Ergometer) (*n. - Instr.*), ergometro.
ergänzen (den Ölstand z. B.) (*Aut. - etc.*), ripristinare.
ergänzend (*allg.*), complementare, supplementare.
Ergänzung (*f. - Geom.*), complemento. 2 ~ s·band (*m. - Druck.*), appendice, supplemento. 3 ~ s·batterie (*f. - Elekt.*), batteria tampone. 4 ~ s·farbe (*f. - Opt.*), colore complementare. 5 ~ s·kegel (einer Kegelradverzahnung) (*m. - Mech.*), cono complementare. 6 ~ s·kraftwerk (*n. - Elekt.*), centrale d'integrazione. 7 ~ s·winkel (Komplementwinkel) (*m. - Geom.*), angolo complementare. 8 ~ s·zeichnung (*f. - Zeichn.*), disegno complementare.
Erg. Bd. (Ergänzungsband) (*Druck.*), appendice, supplemento.
Ergebnis (*n. - allg.*), risultato. 2 ~ (einer Rechnung) (*Math.*), risultato. 3 ~ **lohn** (Beteiligung am Unternehmungsgewinn) (*m. - Arb.*), partecipazione agli utili.
Ergiebigkeit (*f. - Technol.*), resa. 2 ~ (Produktivität) (*Ind.*), produttività.
ergodisch (*mech. Stat.*), ergodico.
Ergometer (zum Vergleich der Leistungsfähigkeit von Menschen) (*n. - Ger.*), ergometro.
ergonometrisch (*allg.*), ergonometrico.
Ergonomie (Anpassung der Arbeit an den Menschen) (*f. - Wissens.*), ergonomia.
ergonomisch (*Arb. - etc.*), ergonomico.
Ergussgesteine (*n. - pl. - Min.*), rocce eruttive, rocce magmatiche.
Erh. (Erhitzung) (*Wärme*), riscaldamento.
erhaben (konvex) (*allg.*), convesso. 2 ~ (erhöht) (*allg.*), sporgente, in rilievo. 3 ~ e **Arbeit** (*Ind.*), lavoro in rilievo.
Erhalt (Empfang) (*m. - allg.*), ricevimento. 2 bei ~ der **Auftragsbestätigung** (in Lieferungsbedingungen) (*komm.*), al ricevimento della conferma d'ordine.
erhalten (*allg.*), mantenere in efficienza. 2 ~ (empfangen) (*allg.*), ricevere, ottenere.
Erhaltung (der Energie) (*f. - Phys.*), conservazione. 2 ~ (Wartung) (*Aut. - Mot. - etc.*), manutenzione. 3 ~ s·arbeiten (*f. - pl. - Bauw. - etc.*), lavori di manutenzione. 4 ~ s·ladung (einer Batterie) (*f. - Elekt.*), carica di compensazione.
erhärten (hart werden) (*allg.*), indurire. 2 ~ (des Mörtels z. B.) (*Maur.*), far presa.
Erhärtung (*f. - allg.*), indurimento. 2 ~ (des Mörtels z. B.) (*Maur.*), presa. 3 ~ (von Zement z. B.) (*Maur.*), siehe auch Abbinden. 4 ~ s·dauer (von Zement) (*f. - Maur.*), tempo di presa, durata della presa. 5 ~ s·schwinden (des Betons) (*n. - Bauw.*), ritiro.
erhauen (*Bergbau*), scavare (in roccia).
erheben (*Math.*), elevare. 2 ~ (untersuchen) (*allg.*), rilevare. 3 **in die n.te Potenz** ~ (*Math.*), elevare alla n^{ma} potenza.
Erhebung (*f. - Math.*), elevazione. 2 ~ (Hügel) (*Geogr.*), altura. 3 ~ (Untersuchung, um Erkundigungen einzuziehen) (*allg.*), rilevamento, inchiesta.

erhellen (beleuchten) (*Opt.*), illuminare.
erhitzen (*Wärme*), riscaldare. 2 **gleichmässig** ~ (*Wärme*), riscaldare uniformemente.
Erhitzer (Vorwärmer) (*m. - Kessel - etc.*), preriscaldatore. 2 ~ (*m. - Metall. - Arb.*), fornaiolo.
Erhitzung (Erwärmung) (*f. - Wärme*), riscaldamento.
erhöhen (die Leistung z. B.) (*allg.*), aumentare. 2 ~ (überhöhen, ein Haus) (*Bauw.*), sopraelevare. 3 ~ (Ton) (*Akus.*), alzare.
Erhöhung (der Leistung z. B.) (*f. - allg.*), aumento. 2 ~ (eines Hauses) (*Bauw.*), sopralzo. 3 ~ (Elevation) (*Feuerwaffe*), elevazione. 4 ~ (erhöhte Stelle) (*allg.*), elevazione. 5 ~ s·winkel (*m. - Ballistik*), angolo di elevazione. 6 **Kapital** ~ (*finanz.*), aumento del capitale. 7 **Lohn** ~ (*Pers.*), aumento di retribuzione.
Erholung (Kristallerholung) (*f. - Wärmebeh.*), riassestamento. 2 ~ (Rückgang mit der Zeit der durch plastische Verformung beursachte Verfestigung) (*f. - Metall.*), rilassamento, distensione. 3 ~ (*Wirtschaft*), ripresa. 4 ~ s·glühen (um die physikalischen oder mech. Eigenschaften wiederherzustellen) (*n. - Wärmebeh.*), ricottura di restaurazione. 5 ~ s·heim (*n. - Pers.*), casa di riposo. 6 ~ s·pause (*f. - Arb.*), pausa di riposo. 7 ~ s·urlaub (*m. - Arb. - Med.*), licenza di convalescenza. 8 ~ s·zeit (*f. - Instr.*), tempo di ripristino. 9 ~ s·zuschlag (*m. - Arbeitsstudium*), tempo aggiuntivo per fatica.
Erholzeit (bei Thyristoren z. B.) (*f. - Elektronik*), tempo di ricupero.
Erichsentiefung (Erichsentiefzieversuch) (*f. - mech. Technol.*), prova d'imbutitura Erichsen.
Erichsentiefziehversuch (Einbeulversuch) (*m. - mech. Technol.*), prova di imbutitura Erichsen.
Erinnerung (Einwendung) (*f. - recht. - etc.*), opposizione.
Eriometer (Ger. zum Messen der Dicke von Fasern) (*n. - Text. - Instr.*), eriometro.
Erk (Erkennungszeichen) (*allg.*), segno di riconoscimento.
erkalten (*allg.*), raffreddare.
Erkenntnis (Gerichtsbescheid) (*n. - recht.*) (*österr.*), sentenza.
Erkennungsnummer (*f. - Aut.*), targa, numero di targa.
Erker (Erkerfenster) (*m. - Arch.*), bovindo.
Erklärung (*f. - allg.*), chiarimento, spiegazione. 2 **Zoll** ~ (*komm.*), dichiarazione doganale.
erkranken (krank werden) (*Med. - etc.*), ammalarsi.
Erkundung (*f. - milit.*), ricognizione. 2 ~ s·bohrung (für Bebauungspläne) (*f. - Bauw.*), sondaggio esplorativo, trivellazione esplorativa. 3 ~ s·flugzeug (*n. - Luftw.*), velivolo da ricognizione.
Erl (Erlang) (*n. - Fernspr. - Einheit*), erl, erlang.
Erlag (Hinterlegen, eines Betrages) (*m. - Adm.*) (*österr.*), deposito.
Erlahmung (Ermüdung von Metall) (*f. - Mech.*), affaticamento, fatica. 2 ~ (Nachsetzen, einer Feder beim Überschreiten der

Fliessgrenze) (*Mech. - Metall.*), pedita di elasticità, snervamento.

Erlang (Verkehrswert, Mass der Verkehrsintensität) (*n. - Fernspr. - Einheit*), erlang. 2 ~ meter (*n. - Fernspr. - Ger.*), erlangmetro.

Erlaubnis (*f. - allg.*), permesso, autorizzazione. 2 Ausfuhr ~ (*komm.*), permesso di esportazione. 3 Handels ~ (*komm.*), licenza di commercio.

Erläuterung (einer Abbildung z. B.) (*f. - Druck.*), legenda, didascalia. 2 ~ (Erklärung) (*allg.*), spiegazione, chiarimento.

Erle (*f. - Holz*), ontano.

erledigt (Aktenbündel z. B.) (*Büro - etc.*), evaso.

erlegen (zahlen, eine Kaution z. B.) (*komm.*) (*österr.*), depositare.

erleichtern (eine Last abnehmen z. B.) (*allg.*), alleggerire. 2 ~ (leichter machen) (*allg.*), facilitare. 3 ~ (*naut.*), allibare, alleggiare.

Erleichterung (*f. - allg.*), alleggerimento. 2 ~ (*f. - naut.*), allibo, alleggio. 3 ~ s·loch (in Blech z. B.) (*n. - mech. Technol.*), foro di alleggerimento.

Erlenmeyerkolben (*m. - Chem. - Ger.*), bevuta, matraccio conico « Erlenmeyer ».

Erliegen (Brechen der Schneide eines Werkz.) (*n. - Werkz.*), rottura (del tagliente).

Erlös (*m. - finanz.*), ricavo, provento. 2 Brutto ~ (*finanz.*), ricavo lordo.

erloschen (Patent z. B.) (*adj. - recht.*), scaduto.

Erlöschen (eines Patentes) (*n. - recht.*), decadenza.

erlöschen (Feuer) (*allg.*), spegnersi. 2 ~ (eines Patents) (*recht.*), scadere.

ermächtigen (*allg.*), autorizzare.

ermässigen (die Preise z. B.) (*allg.*), ridurre.

Ermässigung (der Preise z. B.) (*f. - allg.*), riduzione.

Ermessen (freies Ermessen) (*n. - allg.*), discrezione. 2 ~ s·akt (*m. - recht.*), atto discrezionale. 3 nach billigem ~ (*recht. - etc.*), equamente. 4 nach freiem ~ (*allg.*), discrezionalmente.

ermitteln (feststellen) (*allg.*), determinare, accertare.

Ermittlung (bei Versuchen z. B.) (*f. - allg.*), rilevamento, determinazione.

ermöglichen (*allg.*), rendere possibile.

Ermüdung (*f. - Metall. - etc.*), affaticamento, fatica. 2 ~ (*Arb.*), fatica. 3 ~ s·bruch (*m. - Metall.*), rottura da fatica. 4 ~ s·festigkeit (*f. - Metall.*), resistenza a fatica. 5 ~ s·grenze (*f. - Metall.*), limite di fatica. 6 ~ s·riss (*m. - Metall.*), incrinatura da fatica, cricca da fatica. 7 ~ s·versuch (*m. - Metall.*), prova di fatica. 8 ~ s·zuschlag (*m. - Zeitstudie*), maggiorazione per fatica. 9 Korrosions ~ (*Metall. mech. Technol.*), fatica da corrosione. 10 Muskel ~ (*Arb.*), fatica muscolare, fatica fisica.

Ernährer (der Familie, Familienhaupt) (*m. - recht.*), capofamiglia.

erneuern (*allg.*), rinnovare. 2 ~ (das Öl z. B.) (*Mot.*), cambiare.

Erneuerung (*f. - allg.*), rinnovamento. 2 ~ (von Reifen) (*Aut.*), ricostruzione. 3 ~ (von Anlagen) (*Ind.*), ammodernamento. 4 ~ der Lauffläche (von Reifen) (*Aut.*), ricostruzione del battistrada.

erniedrigen (die Temperatur z. B.) (*allg.*), abbassare, ridurre, diminuire.

Ernte (*f. - Landw.*), raccolto. 2 ~ auf dem Halm (*Landw. - recht.*), frutti pendenti. 3 ~ maschine (*f. - Landw.masch.*), mietitrice.

Erodieren (Elektroerosion, elektroerosive Bearbeitung) (*n. - mech. Technol.*), elettroerosione.

Erodiermaschine (Funkenerodiermaschine z. B.) (*f. - Masch.*), macchina per elettroerosione, eroditrice.

« Erodomatic » (elektroerosive Metallbearbeitung) (*Mech. - Elekt.*), (processo di) elettroerosione.

eröffnen (beginnen, ein Werk z. B.) (*allg.*), iniziare. 2 ~ (eine Ausstellung z. B.) (*komm.*), inaugurare. 3 ~ (eine Grube z. B.) (*Bergbau*), aprire. 4 ~ (ein Bankkonto) (*finanz.*), aprire.

Eröffnung (*f. - allg.*), apertura. 2 ~ (der Angebote) (*komm.*), apertura. 3 ~ (einer Ausstellung z. B.) (*komm.*), inaugurazione. 4 Kredit ~ (*komm.*), apertura di credito.

Erörterung (*f. - allg.*), discussione.

Erosion (*f. - Geol. - etc.*), erosione. 2 ~ (*Anstr.*), erosione. 3 ~ s·maschine (zur Funkenerosion) (*f. - Masch.*), eroditrice.

Erprobung (Erproben) (*f. - Technol.*), prova. 2 ~ s·strasse (*f. - Strasse - Fahrz.*), percorso per prove. 3 ~ s·zeit (*f. - allg.*), periodo di prova. 4 in ~ (*allg.*), in prova.

erratisch (*Geol.*), erratico. 2 ~ e Blöcke (Findlinge) (*Geol.*), massi erratici, trovanti.

errechnen (*allg.*), calcolare.

erregbar (*Elekt. - etc.*), eccitabile.

erregen (*Elekt.*), eccitare.

Erreger (Erregermaschine, Erregerdynamo) (*m. - Elekt.*), eccitatrice. 2 ~ (statischer Erreger) (*Elekt.*), eccitatore. 3 ~ (von Schwingungen z. B.) (*Vorr.*), eccitatore. 4 ~ anode (*f. - Elektronik*), anodo d'eccitazione, anodo d'innesco. 5 ~ bürste (*f. - Elekt.*), spazzola dell'eccitatrice. 6 ~ frequenz (von Schwingungen) (*f. - Mech.*), frequenza di eccitazione. 7 ~ maschine (*f. - Elekt.*), eccitatrice. 8 ~ spannung (*f. - Elekt.*), tensione di eccitazione. 9 ~ wicklung (Feldwicklung) (*f. - elekt. Masch.*), avvolgimento di campo. 10 statischer ~ (*Elekt.*), eccitatore statico.

Erregung (*f. - Elekt.*), eccitazione. 2 Fremd ~ (*Elekt.*), eccitazione separata. 3 Nebenschluss ~ (*Elekt.*), eccitazione in derivazione. 4 Reihenschluss ~ (*Elekt.*), eccitazione in serie. 5 Selbst ~ (*Elekt.*), autoeccitazione. 6 statische ~ (*Elekt.*), eccitazione statica.

erreichen (*allg.*), raggiungere, conseguire.

Errettung (*f. - naut. - Flugw.*), salvataggio.

errichten (bauen) (*allg.*), costruire, erigere. 2 ~ (montieren) (*allg.*), montare, installare.

Errichtung (einer Antenne z. B.) (*f. - allg.*), erezione, installazione.

Errungenschaft (*f. - allg.*), acquisizione, conquista. 2 ~ (Fortschritt) (*allg.*), progresso.

ERS (Ersatz) (*allg.*), surrogato, sostituto, succedaneo.

Ersatz (*m. - allg.*), surrogato, succedaneo. 2 ~ (Erstattung, der Auslagen z. B.) (*komm.*), rimborso. 3 ~ (Entschädigung) (*komm.*), in-

ersaufen

dennizzo, risarcimento. 4 ~ **anlage** (*f. - Elekt.*), impianto di emergenza. 5 ~ **fachwerk** (durch Stabvertauschung erhalten) (*n. - Baukonstr.lehre*), traliccio equivalente. 6 ~ **flügeltiefe** (Mittelflügeltiefe) (*f. - Flugw.*), corda media (dell'ala). 7 ~ **forderung** (*f. - komm.*), domanda di risarcimento. 8 ~ **funktion** (der Kennlinie) (*f. - Masch. - etc.*), funzione equivalente. 9 ~ **kasse** (private Krankenkasse) (*f. - Arb.*), cassa malattia privata, cassa mutua privata. 10 ~ **kraft** (Resultierende) (*f. - Mech.*), risultante. 11 ~ **kreis** (Ersatzschaltung) (*m. - Elekt.*), circuito equivalente. 12 ~ **kurve** (*f. - Masch. - etc.*), curva equivalente. 13 ~ **leder** (*n. - Ind.*), similpelle, finta pelle, pegamoide, vinilpelle. 14 ~ **mann** (*m. - Arb. - etc.*), supplente, sostituto. 15 ~ **modell** (eines mech. Systems z. B. darstellendes Modell) (*n. - Technol.*), modello equivalente. 16 ~ **motor** (*m. - Mot. - Flugw. - etc.*), motore di riserva. 17 ~ **problem** (*n. - Planungsforschung*), problema equivalente. 18 ~ **rad** (Reserverad) (*n. - Aut.*), ruota di scorta. 19 ~ **schaltbild** (*n. - Elekt. - etc.*), schema equivalente. 20 ~ **schaltung** (Ersatzkreis) (*f. - Elekt.*), circuito equivalente. 21 ~ **stoff** (*m. - Ind.*), surrogato, succedaneo. 22 ~ **streckgrenze** (0,2% - Dehngrenze) (*f. - Baukonstr.lehre*), limite di snervamento convenzionale. 23 ~ **stück** (Ersatzteil) (*n. - Mech. - etc.*), parte di ricambio. 24 ~ **system** (einer Kolbenmaschine z. B., zur Berechnung der Drehschwingungen z. B.) (*n. - Mech.*), sistema equivalente. 25 ~ **teil** (Ersatzstück) (*m. - Mech. - etc.*), parte di ricambio. 26 ~ **teilkasten** (*m. - Mot. - etc.*), dotazione parti di ricambio. 27 ~ **teillager** (*n. - Aut. - etc.*), magazzino ricambi. 28 ~ **teilzeichnung** (mit Zugaben zum Ausgleichen des Verschleisses) (*f. - Zeichn.*), disegno per ricambi, disegno di parti di ricambio. 29 ~ **verstärker** (Reserveverstärker) (*m. - Funk. - etc.*), amplificatore di riserva. 30 ~ **widerstand** (*m. - Elekt.*), resistenza equivalente.
ersaufen (*v. i. - Bergbau*), allagarsi. 2 ~ (*v. t. - Bergbau*), allagare.
erschallen (schallend erklingen) (*Akus.*), risonare.
erscheinen (*recht.*), comparire.
Erscheinung (*f. - allg.*), fenomeno, manifestazione. 2 ~ **s·form** (*f. - Phys.*), stato, forma, fase. 3 Korona ~ (*Elekt.*), effetto corona.
Erschienener (*m. - recht.*), comparente (*s.*).
erschliessen (öffnen) (*allg.*), aprire. 2 ~ (ein Grundstück aufwerten, durch Strassen, Versorgungsanlagen etc.) (*Bauw.*), infrastrutturare.
Erschliessung (Öffnung) (*f. - allg.*), apertura. 2 ~ (Strassen, Wasser-, Gas- und Stromversorgungsanlagen etc. die eine Bebauung ermöglichen) (*Bauw.*), infrastrutturazione primaria, infrastrutture primarie. 3 ~ **s·kosten** (*Bauw.*), spese d'urbanizzazione primaria, spese di infrastrutturazione primaria. 4 **wirtschaftliche** ~ (*Wirtschaft*), sviluppo economico.
Erschmelzung (*f. - Metall.*), riduzione.
erschmolzen (Metall) (*Giess.*), fuso, liquefatto.

erschöpfen (*allg.*), esaurire. 2 ~ (Lagerstätten) (*Bergbau*), esaurire.
erschöpft (*allg.*), esaurito. 2 ~ (Batterie z. B.) (*Elekt.*), scarico.
Erschöpfung (Kraftlosigkeit, Erschöpftsein) (*f. - Arb. - Med.*), esaurimento.
Erschütterung (Erschüttern) (*f. - allg.*), scuotimento. 2 ~ (Stoss) (*allg.*), scossa, urto. 3 ~ (bei Erdbeben) (*Geol.*), scossa. 4 ~ (Schwingung) (*Mech.*), trepidazione, vibrazione. 5 ~ **s·festigkeit** (von Messgeräten für Fahrzeuge z. B.) (*f. - Ger.*), resistenza alle scosse. 6 ~ **s·zahl** (eines Erdbebens zu berücksichtigende waagerechte Zusatzkraft) (*f. - Geol.*), forza orizzontale. 7 ~ **s·zünder** (*m. - Expl.*), spoletta a percussione.
erschütterungsfest (*allg.*), antiurto.
erschütterungsfrei (schwingungsfrei) (*Masch. - Mot.*), esente da vibrazioni.
Erschweren (der Naturseide z. B.) (*n. - Textilind.*), carica.
erschweren (die Naturseide z. B.) (*Textilind.*), caricare.
Erschwernis (bei Arbeitsbewertung) (*n. - Arb.*), aggravio, aggravamento. 2 ~ **zulage** (*f. - Arb.*), supplemento per lavoro gravoso, maggiorazione per lavoro gravoso.
Erschwerung (*f. - allg.*), aggravamento, appesantimento. 2 ~ **s·umstände** (*m. - pl. - recht.*), circostanze aggravanti.
ersetzen (ein Stück z. B.) (*Mech. - etc.*), sostituire. 2 ~ (erstatten, wiedergeben) (*allg.*), rimborsare. 3 ~ (einen Schaden) (*allg.*), risarcire.
Ersetzung (eines Stückes z. B.) (*f. - Mech. - etc.*), sostituzione.
ersitzbar (*recht.*), usucapibile.
ersitzen (durch langjährigen Besitz erwerben) (*recht.*), usucapire.
Ersitzung (*f. - recht.*), usucapione.
ersoffen (*allg.*), allagato. 2 ~ (Vergaser) (*Mot.*), ingolfato, invasato. 3 ~ **e Grube** (*Bergbau*), miniera allagata.
Erstarren (*n. - Giess. - Metall.*), solidificazione. 2 ~ (Abbinden, von Zement) (*Maur.*), presa.
erstarren (von Metall z. B.) (*Giess. - etc.*), solidificare. 2 ~ (von Zement) (*Maur.*), far presa.
Erstarrung (*f. - Giess. - Metall.*), solidificazione. 2 ~ (von Öl) (*chem. Ind.*), congelamento. 3 ~ (Abbinden, von Zement) (*Maur.*), presa. 4 ~ **s·bereich** (Erstarrungsintervall) (*m. - Metall.*), intervallo di solidificazione. 5 ~ **s·beschleuniger** (Abbindebeschleuniger, für Zement, etc.) (*m. - Bauw. - Maur.*), accelerante della presa. 6 ~ **s·gesteine** (Eruptivgesteine) (*m. - pl. - Geol.*), rocce eruttive. 7 ~ **s·intervall** (Erstarrungsbereich) (*n. - Metall.*), intervallo di solidificazione. 8 ~ **s·öl** (Bindemittel, selbsthärtendes Öl durch Oxydation z. B., Sandbinder) (*n. - Giess. - etc.*), olio autoindurente. 9 ~ **s·punkt** (*m. - Giess. - Metall.*), punto di solidificazione. 10 ~ **s·punkt** (von Öl) (*chem. Ind.*), punto di congelamento. 11 ~ **s·sand** (Erstarrungsöl enthaltender Sand) (*m. - Giess.*), sabbia autoindurente. 12 ~ **s·verzögerer** (Abbindeverzögerer, Betonzusatzmittel) (*m. - Bauw.*),

ritardante della presa. 13 ~ s·wärme (f. - Metall.), calore di solidificazione.
erstatten (ersetzen, Arzneikosten z. B.) (allg.), rimborsare.
Erstattung (Ersatz) (f. - finanz.), rimborso. 2 ~ (Abfassung, eines Berichtes z. B.) (allg.), redazione, stesura.
erstattungsfähig (finanz. - etc.), rimborsabile.
Erstausfertigung (eines Dokumentes z. B.) (f. - recht. - etc.), originale.
Erstausführung (f. - Ind.), prototipo.
Erstausgabe (f. - Druck.), prima edizione.
Erstausscheidungen (f. - pl. - chem. Ind.), prodotti di testa, primi prodotti di distillazione.
Erstbelastung (f. - Mot.), carico iniziale.
Ersteher (bei Versteigerungen z. B.) (m. - komm.), aggiudicatario.
Erstellung (f. - allg.), siehe Herstellung.
Erstfiltrat (n. - chem. Ind.), primo filtrato (s.).
Erstflug (m. - Flugw.), primo volo.
Ersthilfe (f. - Med.), pronto soccorso.
Erstickung (von Feuer) (f. - Verbr.), soffocamento.
Erstkopie (Korrekturkopie, Nullkopie) (f. - Filmtech.), prima copia.
Erstkreis (m. - Elekt.), circuito primario.
Erstluft (Primärluft) (f. - Verbr.), aria primaria.
Erst.P. (Erstarrungspunkt) (Phys.), punto di solidificazione.
Erstreckung (f. - allg.), estensione. 2 ~ s·verhältnis (Verhältnis Schaufellänge zur Sehnenlänge) (n. - Turb.), rapporto lunghezza-corda.
Erststufe (einer Rakete) (f. - Astronautik), primo stadio.
Erstwicklung (f. - Elekt.), avvolgimento primario.
Erstziehen (Vorzug, Ziehen im Anschlag) (n. - Blechbearb.), prima operazione di imbutitura, imbutitura dello sviluppo.
erteilen (ein Patent z. B.) (recht.), concedere, rilasciare. 2 ~ (einen Auftrag) (komm.), aggiudicare, assegnare.
Erteilung (eines Patentes) (f. - recht.), concessione. 2 ~ (Zuschlag, eines Auftrags) (komm.), aggiudicazione, assegnazione.
Ertrag (Gewinn) (m. - finanz.), utile, profitto. 2 ~ (Selbstkosten plus Gewinn) (Adm. - Ind.), prezzo rimuneratore (di prodotto), prezzo rimuneratore (di vendita). 3 ~ (Ergebnis) (Ind.), produzione, resa. 4 ~ s·beteiligung (Gewinnbeteiligung) (f. - Adm.), partecipazione agli utili. 5 ~ s·fähigkeit (f. - Adm.), redditività. 6 ~ s·rechnung (f. - finanz. - Adm.), conto profitti e perdite. 7 Rein ~ (finanz.), utile netto.
ertragbar (erträglich, Belastung) (Technol.), tollerabile, sopportabile.
Erträglichkeit (von mech. Schwingungen z. B.) (f. - Fahrz. - etc.), tollerabilità, sopportabilità.
Eru (earth rate unit, Einheit der siderischen Erddrehgeschwindigkeit, 1 Eru = 15,041 o/h) (Einheit), eru.
Eruption (vulkanischer Ausbruch) (f. - Geol.), eruzione. 2 ~ s·kanal (Schlot, eines Vulkans) (m. - Geol.), canale di eruzione.

Eruptivgestein (Massengestein, magmatisches Gestein) (n. - Geol.), roccia eruttiva.
Erwachsener (m. - Arb.), adulto.
Erwärmdauer (Summe von Anwärmdauer und Durchwärmdauer) (f. - Wärmebeh.), tempo totale di riscaldamento.
Erwärmen (n. - Wärme), riscaldamento. 2 induktives ~ (Wärme), riscaldamento a induzione.
erwärmen (Wärme), riscaldare.
Erwärmung (f. - Wärme), riscaldamento. 2 ~ (Mot.), preriscaldamento, riscaldamento. 3 Widerstands ~ (Wärme), riscaldamento a resistenza.
Erwartungswert (m. - allg.), valore previsto.
erweichen (Metall.), addolcire.
Erweichung (f. - Anstr.), rammollimento. 2 ~ (Plastifizierung in der Gummibearbeitung z. B.) (Technol.), plastificazione. 3 ~ (Metall. - Wärmebeh.), addolcimento. 4 ~ s·punkt (von bituminösen Massen (m. - Bauw.), punto di rammollimento.
erweitern (allg.), allargare, ampliare.
Erweiterung (f. - allg.), allargamento, ampliamento. 2 ~ s·bohrung (bei Grosslochbohrungen) (f. - Bergbau), allargamento, perforazione di allargamento.
Erwerb (die Erwerbung) (m. - allg.), acquisizione. 2 ~ (eines Rechtes) (m. - recht. - etc.), acquisizione.
Erwerbsarbeit (f. - Arb.), lavoro retribuito.
erwerben (ein Recht) (recht. - etc.), acquisire.
Erwerber (m. - komm.), acquirente.
Erwerbskosten (Grundstücksnebenkosten, Gerichts- und Notarkosten, etc.) (f. - pl. - Bauw.), spese accessorie di acquisto.
erwerbslos (Arb.), disoccupato.
Erwerbslosenfürsorge (f. - Arb.), sussidio di disoccupazione.
Erwerbslosenversicherung (f. - Arb.), assicurazione contro la disoccupazione.
Erwerbsloser (m. - Arb.), disoccupato.
Erwerbslosigkeit (f. - Arb.), disoccupazione.
Erwerbspreis (m. - komm.), prezzo di acquisto.
Erwerbstätiger (m. - Arb.), occupato (s.).
Erwerbsunfähigkeit (Invalidität) (f. - Arb.), inabilità al lavoro, invalidità. 2 teilweise ~ (Arb.), invalidità parziale. 3 völlige ~ (Arb.), invalidità totale.
Erwerbung (f. - komm.), acquisizione, acquisto. 2 ~ s·kosten (f. - pl.), siehe Erwerbskosten.
erworben (Recht) (recht. - etc.), acquisito.
Erz (n. - Bergbau), minerale. 2 ~ (Bronze) (Metall.), bronzo. 3 ~ abfälle (m. - pl. - Bergbau), sterile, ganga. 4 ~ ader (Erzgang) (f. - Bergbau), filone (metallifero). 5 ~ anreicherung, (f. - Bergbau), arricchimento del minerale, concentrazione del minerale. 6 ~ aufbereitung (f. - Bergbau), preparazione del minerale, arricchimento del minerale. 7 ~ bergbau (Industrie) (m. - Bergbau), industria mineraria. 8 ~ bergbau (Erzgewinnung) (Bergbau), estrazione del minerale. 9 ~ bergmann (m. - Arb.), minatore. 10 ~ bezeichnung (f. - Bergbau), classificazione del minerale. 11 ~ brecher (m. - Bergbaumasch.), frantoio per minerali. 12 ~ brikett (n. - Bergbau), mattonella di minerale, bricchetto

Erz

di minerale. 13 ~ **brikettierung** (f. - Bergbau - Metall.), bricchettatura del minerale. 14 ~ **bunker** (m. - Bergbau), silo per minerali, bunker. 15 ~ **charge** (f. - Metall.), carica di minerale. 16 ~ **eindicker** (m. - Bergbaumasch.), concentratore di minerale. 17 ~ **einkaufformel** ($N = \frac{T-a}{100} P - H$ wo T = Metallgehalt in %; a = Metallverluste; P = Metallnotierungen; H = Verhüttungskosten) (f. - Metall.), formula per calcolare il prezzo del minerale grezzo. 18 ~ **fall** (reiche Lagerstätte) (m. - Bergbau), giacimento ricco. 19 ~ **farbe** (Bronzefarbe) (f. - Farbe), color bronzo. 20 ~ **feste** (f. - Bergbau), pilastro di minerale. 21 ~ **gang** (Erzader) (m. - Bergbau), filone (metallifero). 22 ~ **gicht** (f. - Metall.), carica di minerale. 23 ~ **giesser** (Bronzegiesser) (m. - Giess. - Arb.), fonditore di bronzo. 24 ~ **giesserei** (Bronzegiesserei) (f. - Giess.), fonderia di bronzo. 25 ~ **haufe** (Erzhalde) (m. - Bergbau), cumulo di minerale. 26 ~ **klauber** (m. - Bergbau), classificatore del minerale. 27 ~ **körper** (reiche Lagerstätte) (m. - Bergbau), giacimento ricco. 28 ~ **lagerstätte** (Erzvorkommen) (f. - Geol. - Bergbau), giacimento di minerale. 29 ~ **laugung** (f. - Bergbau), lisciviazione del minerale. 30 ~ **pfeiler** (m. - Bergbau), pilastro di minerale, pilastro abbandonato. 31 ~ **pochen** (n. - Bergbau), frantumazione del minerale. 32 ~ **probe** (Probestück) (f. - Bergbau), assaggio, campione di minerale. 33 ~ **probe** (Probenehmen) (Bergbau), prelevamento di campioni del minerale. 34 ~ **quetschmaschine** (f. - Bergbaumasch.), frantoio per minerali. 35 ~ **reduktion** (f. - Metall.), riduzione del minerale. 36 ~ **rösterei** (f. - Bergbau), impianto di arrostimento del minerale. 37 ~ **röstung** (f. - Bergbau), arrostimento del minerale. 38 ~ **scheidemaschine** (f. - Bergbaumasch.), classificatore del minerale, separatore del minerale. 39 ~ **scheider** (m. - Bergbaumasch.), separatore del minerale, classificatore del minerale. 40 ~ **scheidung** (f. - Bergbau), classificazione dei minerali. 41 ~ **schlamm** (Schlich, Schmant) (m. - Bergbau), torbida. 42 ~ **schlämmen** (n. - Bergbau), lavaggio del minerale. 43 ~ **schlämmer** (m. - Bergbaumasch.), lavatrice per minerali. 44 ~ **schnur** (f. - Bergbau), vena. 45 ~ **sieb** (n. - Bergbauger.), vaglio per minerali, crivello per minerali. 46 ~ **siebanlage** (f. - Bergbau), impianto di vagliatura del minerale. 47 ~ **sinterung** (f. - Bergbau), sinterizzazione del minerale, agglomerazione del minerale, pallottizzazione del minerale. 48 ~ **sortierung** (f. - Bergbau), classificazione dei minerali. 49 ~ **tagebau** (m. - Berbau), estrazione a giorno dei minerali. 50 ~ **trübe** (Erzschlamm, Schlich, Schmant) (f. - Bergbau), torbida. 51 ~ **veredelung** (f. - Bergbau), arricchimento del minerale. 52 ~ **verfahren** (n. - Metall.), processo al minerale. 53 ~ **verhüttung** (f. - Metall.), riduzione del minerale. 54 ~ **vorkommen** (Erzlagerstätte) (n. - Geol. - Bergbau), giacimento di minerale. 55 ~ **wäsche** (Erzwäscherei, Waschwerk) (f. - Bergbau), laveria (per minerali). 56 ~ **waschen** (n. - Bergbau), lavaggio del minerale. 57 ~ **waschmaschine** (f. - Bergbaumasch.), lavatrice per minerali. 58 **trockene** ~ **scheidung** (Bergbau), classificazione a secco.

erzeugen (allg.), produrre, generare.
Erzeugende (f. - Mech. - Geom.), generatrice.
Erzeuger (für Gas) (m. - ind. App.), gasogeno. 2 ~ (Hersteller) (Ind.), produttore. 3 ~ **gas** (n. - chem. Ind. - etc.), gas di gasogeno, gas di generatore. 4 ~ **kosten** (f. - pl. - Adm.), costo di fabbricazione. 5 ~ **und Verbraucher** (komm.), produttore e consumatore. 6 **Gas** ~ (App.), gasogeno, generatore.
Erzeugnis (Produkt) (n. - Ind.), prodotto. 2 ~ **forschung** (dient für die Weiterentwicklung und Konkurrenzerzeugnissenuntersuchung) (f. - Ind.), analisi dei prodotti. 3 **Walzdraht** ~ **se** (pl. - metall. Ind.), derivati vergella.
Erzeugung (Herstellung) (f. - Ind.), produzione, fabbricazione. 2 ~ (von Strom) (Elekt.), generazione. 3 ~ **s·anlagen** (f. - pl. - Ind.), mezzi di produzione, impianti di produzione. 4 ~ **s·fräser** (m. - Werkz.), fresa generatrice. 5 ~ **s·kosten** (f. - pl. - Adm.), costo di fabbricazione. 6 ~ **s·wälzkegel** (an einem Kegelradgetriebe) (m. - Mech.), cono primitivo di dentatura. 7 ~ **s·wälzkegelwinkel** (an einem Kegelradgetriebe) (m. - Mech.), angolo primitivo di dentatura. 8 ~ **s·wälzkreis** (m. - Mech.), circolo primitivo di dentatura. 9 ~ **s·wälzzylinder** (an Zahnrädern) (m. - Mech.), cilindro primitivo di dentatura. 10 **laufende** ~ (Ind.), produzione corrente. 11 **Massen** ~ (Ind.), produzione di massa.
erzielen (erzeugen) (allg.), realizzare.
Erzielung (f. - allg.), realizzazione.
erzwungen (allg.), forzato, indotto. 2 ~ **e Schwingungen** (Phys.), oscillazioni forzate.
ES (einschalten) (Elekt. - etc.), inserire, innestare.
eS (Edelschiebesitz) (Mech.) accoppiamento extrapreciso di spinta.
ESB (Einseitenband) (Funk.), banda laterale unica.
Eschenholz (n. - Holz), frassino, legno di frassino.
E - Schicht (f. - Meteor.), strato E, strato di Heaviside.
E-Schweisser (m. - Arb.), (operaio) elettrosaldatore.
esE (elektrostatische Einheit) (Masseinheit), unità elettrostatica.
Esel (Vorwalze) (m. - Walzw.), treno sbozzatore, treno preparatore. 2 ~ **s·rücken** (m. - Bauw.), schiena d'asino. 3 ~ **s·rücken** (Eisenb.), siehe Ablaufberg. 4 ~ **s·rückenbogen** (Karniesbogen) (m. - Arch.), arco ogivale.
ESG (Einscheibensicherheitsglas) (Aut.), vetro di sicurezza temprato.
ESO (Eisenbahn-Signalordnung) (Eisenb.), regolamento sulle segnalazioni ferroviarie.
ESp (Echosperre) (Radar), soppressore d'eco.
Esparto (Alfagras, Faserstoff und Papierrohstoff) (n. - Ind.), sparto. 2 ~ **zellstoff** (m. - chem. Ind.), spartocellulosa.
Espressomaschine (f. - Masch.), macchina per caffè espresso.

ES-Schweissung (Elektroschlacke-Schweissung) (*f. - mech. Technol.*), saldatura ad elettroscoria.
Esse (Schmiede) (*f. - Schmieden*), fucina. 2 ~ (Schornstein) (*Bauw.*), camino, fumaiolo. 3 ~ n·zug (*m. - Phys.*), tiraggio del camino.
es sei (*Math.*), sia. 2 ~ denn (*allg.*), salvo che, a meno che.
Esseisen (für Wind) (*n. - Hochofen*), ugello.
Essenz (*f. - Chem.*), essenza.
Essig (*m. - chem. Ind.*), aceto. 2 ~ prüfer (*m. - Instr.*), acetometro. 3 ~ salz (*n. - Chem.*), acetato. 4 ~ säure (CH_3—COOH) (*f. - Chem.*), acido acetico. 5 Eis ~ (*Chem.*), acido acetico glaciale.
essigsauer (*Chem.*), acetico.
Ester (*m. - Chem.*), estere. 2 ~ zahl (Differenz zwischen Verseifungszahl und Neutralisationszahl) (*f. - Chem.*), numero di estere.
Estrich (fugenloser Fussboden) (*m. - Bauw.*), pavimento continuo. 2 ~ gips (*m. - Maur.*), gesso idraulico, gesso da pavimenti. 3 ~ glättmaschine (*f. - Bauw.masch.*), finitrice per pavimenti. 4 ~ kelle (Spachtelkelle) (*f. - Maurerwerkz.*), cazzuola quadra. 5 schwimmender ~ (zum Verbessern der Schalldämmung von Massivdecken) (*Bauw.*), pavimento continuo flottante. 6 Zement ~ (*Bauw.*), pavimento in cemento.
ESU-Verfahren (Elektro-Schlacke-Umschmelz-Verfahren) (*n. - Metall.*), processo di rifusione sotto elettroscoria.
E-System (Oberflächenprüfung bei der das Profil von drei Kugeln abgetastet wird) (*n. - Mech.*), sistema del profilo medio, sistema E.
eT (Edeltreibsitz) (*Mech.*), accoppiamento extrapreciso bloccato normale.
Etage (Stockwerk) (*f. - Bauw.*), piano. 2 ~ (Wohnung) (*Bauw.*), appartamento. 3 ~ n·backofen (für Bäckerei z. B.) (*m. - Ofen*), forno a ripiani. 4 ~ n·brücke (*f. - Brück.b.*), ponte a due piani, ponte a due vie. 5 ~ n·guss (von mehreren aufeinandergestapelten Formen mit einzel abgegossenen Kasten) (*Giess.*), colata a grappolo con attacchi separati (o singoli). 6 ~ n·heizung (*f. - Bauw.*), riscaldamento autonomo, riscaldamento per singoli piani. 7 ~ n·ofen (*m. - Ofen*), forno multiplo. 8 ~ n·presse (*f. - Masch.*), pressa multipla. 9 ~ n·presse (für die Kunststoffverarbeitung z. B.) (*Masch.*), pressa a più piastre sovrapposte. 10 ~ n·scheibe (*f. - Mech.*), puleggia a gradini. 11 ~ n·wagen (*m. - Ind. - Transp.*), vagonetto a ripiani.
Etalon (*n. - Opt. - Ger.*), etalon.
Etat (*m. - finanz.*), budget, bilancio preventivo, bilancio di previsione. 2 ~ jahr (*n. - finanz. - Adm.*), anno fiscale, anno finanziario. 3 ~ posten (*m. - Adm.*), voce di bilancio preventivo.
etatisieren (*finanz.*), preparare un bilancio preventivo, preparare un budget.
Eternit (Asbestzement) (*n. - Bauw.*), eternit, fibrocemento.
Etikett (Zettel) (*n. - Transp. - etc.*), etichetta. 2 selbstklebendes und warmklebendes ~ (*Transp. - etc.*), etichetta autoadesiva e termocollante.

Etikettiermaschine (*f. - Masch.*), etichettatrice.
ETL (Elektrotauchlackierung) (*Anstr.*), verniciatura elettrica ad immersione, elettroverniciatura ad immersione.
ETRTO (European Tire and Rim Technical Organisation, Europäische Technische Reifen- und Felgen-Organisation) (*Fahrz.*), ETRTO, Organizzazione Tecnica Europea per Pneumatici e Cerchioni.
E-Typ (Feldtyp) (*m. - Elektronik*), modo E.
Eu (Europium) (*Chem.*), Eu, europio. 2 ~ (*Baukonstr.lehre*), siehe Euler-Zahl.
Eudiometer (Ger. zum Abmessen von Gasen) (*n. - chem. Ger.*), eudiometro.
Eugenol (*n. - Chem. - Pharm.*), eugenolo, alliguaiacolo.
Euklas (*m. - Min.*), euclasio.
euklidisch (*Geom. - Astr.*), euclideo.
Eukolloid (Makromolekul mit mehr als 2500 Bauelemente) (*n. - Chem.*), eucolloide.
Eulerlast (Knicklast) (*f. - Baukonstr.lehre*), carico di punta.
Eulersche Knickformel (*f. - Baukonstr.lehre*) formula di Eulero del carico di punta critico.
Eulersche Knicklast (kritische Drucklast) (*Baukonstr.lehre*), carico (di punta) critico di Eulero.
Euler-Zahl (Eu, Verhältnis der Druckkraft zur Trägheitskraft) (*f. - Baukonstr.lehre*), numero di Eulero.
Eupatheoskop (Ger. zum Messen der Kühlungsfähigkeit der Atmosphäre) (*n. - Ger.*), eupateoscopio.
EURATOM (Europäische Atomgemeinschaft) (*Atomphys.*), EURATOM, Comunità Europea per l'Energia Atomica.
Europa-Band (49-m-Kurzwellenband, 5,95 bis 6,2 MHz) (*n. - Funk.*), banda Europa.
Europium (Eu - *n. - Chem.*), europio.
Eurotron (Protonensynchrotron) (*n. - Atomphys. - App.*), eurotrone.
Eurovision (*f. - Fernseh.*), eurovisione.
EUSt (Einfuhrumsatzsteuer) (*komm. - finanz.*), imposta sugli scambi di importazione.
Eutektikum (*n. - Chem. - Metall.*), eutettico.
eutektisch (*Chem. - Metall.*), eutettico. 2 ~ e Legierung (*Metall.*), lega eutettica. 3 über ~ (*Metall.*), ipereutettico. 4 unter ~ (*Metall.*), ipoeutettico.
Eutektoid (*n. - Chem. - Metall.*), eutettoide.
eutektoidisch (*Chem. - Metall.*), eutettoide.
Eutropie (Änderung der Kristallform mit der Atomnummer) (*f. - Chem.*), eutropia.
EV (Elektrizitätsversorgung) (*Elekt.*), erogazione di energia elettrica, produzione e distribuzione di energia elettrica.
eV (Elektronenvolt) (*Energiemass*), eV, voltelettrone.
e.V. (eingetragenes Verein, im Vereinregister eines Amtsgerichts) (*recht.*), associazione registrata, società registrata.
EVA (Äthylen-Vinylacetat) (*chem. Ind.*), EVA, etilenacetato di vinile.
Evakuieren (der Luft, aus Packungen) (*n. - komm.*), eliminazione dell'aria.
evakuieren (*Chem. - etc.*), fare il vuoto.
Evakuiermaschine (*f.- Masch.*), macchina per fare il vuoto.

Evaporator

Evaporator (Verdampfer) (*m. - App.*), evaporatore.
Evaporimeter (Verdunstungsmesser) (*n. - Ger.*), evaporimetro.
Evaporographie (phot. Abbildung) (*f. - Phot.*), evaporografia.
EVB (Elektrotechnischer Verein Berlin) (*Elekt.*) Associazione Elettrotecnica di Berlino.
Everbrite (Knetlegierung, mit $60 \div 63\%$ Cu, 30% Ni, $3 \div 7\%$ Fe, $0 \div 3\%$ Cr, Mn) (*n. - Legierung*), everbrite.
Everdur (Kupferlegierung mit $3 \div 6\%$ Si und $1 \div 5\%$ Mn) (*n. - Legierung*), everdur.
Evidenz (*f. - allg.*) (*österr.*), evidenza. 2 ~ **büro** (an einer Hochschule z. B.) (*n. - Büro*) (*österr.*), segreteria. 3 **in** ~ **halten** (*allg.*) (*österr.*), tenere in evidenza.
EVO (Eisenbahn-Verkehrsordnung) (*Eisenb.*), regolamento sul traffico ferroviario.
EVÖ (Elektrotechnischer Verein Österreichs) (*Elekt.*), Associazione Elettrotecnica Austriaca.
Evolute (*f. - Geom.*), evoluta.
Evolutfeder (Wickelfeder) (*f. - Mech. - Eisenb.*), molla a bovolo.
Evolvente (*f. - Geom.*), evolvente. 2 ~ **n·profil** (*n. - Mech. - Geom.*), profilo ad evolvente. 3 ~ **n·prüfmaschine** (für Zahnräder) (*f. - App.*), evolventimetro. 4 ~ **n·rad** (Zahnrad) (*n. - Mech.*), ruota ad evolvente, ruota con dentatura ad evolvente. 5 ~ **n·schraubenfläche** (einer Schnecke z. B.) (*f. - Geom. - Mech.*), elicoide ad evolvente. 6 ~ **n·verzahnung** (*f. - Mech.*), dentatura ad evolvente. 7 **reine** ~ (eines Zahnrades) (*Mech.*), evolvente teorica.
evolventisch (*Mech. - etc.*), ad evolvente.
EVU (Elektrizitätsversorgungsunternehmen) (*Elekt.*), imprese erogatrici di energia elettrica, imprese produttrici e distributrici di energia elettrica.
EW (Einheitswelle) (*Mech.*), albero base. 2 ~ (Einweg-Gleichrichtung) (*Funk.*), raddrizzamento a semionda.
EWA (Europäische Werkzeugmaschinenausstellung) (*Werkz.masch.*), EEMU, Esposizione Europea della Macchina Utensile. 2 ~ (Europäisches Währungsabkommen) (*finanz.*), accordo monetario europeo.
E-Welle (TM-Welle, transversale magnetische Welle) (*f. - Elektronik*), onda TM.
Ewer (Ever, Leichter) (*m. - naut.*), chiatta. 2 ~ **führer** (*m. - naut.*), chiattaiuolo.
E-Wert (Mass für den Widerstand des Bodens gegen Drückung) (*m. - Bauw.*), modulo di compressibilità.
EWG (Europäische Wirtschaftliche Gemeinschaft) (*finanz.*), Comunità Economica Europea, CEE, Mercato Comune Europeo, MEC.
EWS (elektronisches Wählsystem) (*Fernspr.*), selezione elettronica.
(Ex) (explosionsgeschützt, Ausführung)(*Elekt.*), antideflagrante.
exakt (genau) (*allg.*), esatto, preciso. 2 ~ (Lenkung) (*Aut.*), preciso. 3 ~ **e Wissenschaften** (*Wissenschaft*), scienze esatte.
Exaktguss (Genauguss) (*m. - Giess.*), fusione di precisione, microfusione.

Examen (Prüfung) (*n. - allg.*), esame. 2 **Staats** ~ (*Schule*), esame di Stato.
EXAPT (Ausweitung des Programmiersystems APT [automatically programmed tool]) (*Autom.*), EXAPT.
Exciton (*n. - Phys.*), eccitone.
(Ex)e (erhöhte Sicherheit) (*Elekt.*), sicurezza aumentata.
Exekutor (Gerichtsvollzieher) (*m. - recht.*) (*österr.*), ufficiale giudiziario.
Exemplar (eines Buches z. B.) (*n. - allg.*), esemplare, copia.
Exequatur (*n. - recht.*), exequatur.
exergetisch (*Phys. - Thermodyn.*), exergetico.
Exergie (der in hochwertige Energie umwandelbare Teil der Energie) (*f. - Phys. - Thermodyn.*), exergia, parte di energia trasformabile in energia pregiata.
ex-geschützt (explosionsgeschützt) (*Elekt.*), antideflagrante, in esecuzione antideflagrante.
Exhalation (Ausdünstung) (*f. - Chem.*), esalazione.
Exhaustor (Entlüfter) (*m. - ind. App.*), aspiratore, estrattore.
(Ex)i (Eigensicherheit) (*Elekt.*), sicurezza intrinseca.
Existenzmittel (*n. - pl. - finanz.*), mezzi di sussistenza.
Exklusiv-Oder (Antivalenz) (*Rechner*), OR esclusivo, antivalenza.
Exlibris (Bucheignerzeichen) (*n. - Druck.*), ex libris.
Exoelektron (Elektron geringer Energie) (*n. - Phys.*), esoelettrone. 2 ~ **emission** (*f. - Elektronik*), emissione di esoelettroni.
Exogas (Schutzatmosphäre in einem exothermischen Erzeuger) (*n. - Wärmebeh.*), exogas.
exogen (*Phys.*), esogeno.
Exosphäre (*f. - Geophys.*), esosfera.
exotherm (*Phys. - Chem.*), esotermico.
exp (Exponentialfunktion) (*Math.*), funzione esponenziale.
exp. (experimental, experimentell) (*allg.*), sperimentale.
expandieren (sich ausdehnen) (*Phys.*), espandersi.
Expansion (Ausdehnung) (*f. - Phys.*), espansione. 2 ~ **des Raumes** (Ausdehnung des Weltalls) (*Astr.*), espansione dell'Universo. 3 ~ **s·dampfmaschine** (*f. - Masch.*), macchina a vapore ad espansione. 4 ~ **s·gefäss** (Ausdehnungsgefäss, der Heizung) (*n. - Bauw.*), vaso di espansione, camera di espansione. 5 ~ **s·hub** (Expansionstakt) (*m. - Mot.*), fase di espansione, corsa di espansione. 6 ~ **s·linie** (*f. - Mot. - etc.*), curva di espansione. 7 ~ **s·-UT** (Expansions-unterer Totpunkt eines Wankelmotors, Dehnungs-UT) (*Mot.*), p. m. i. di espansione, punto morto inferiore di espansione. 8 ~ **s·zahl** (bei der Durchflussmessung von Gasen) (*f. - Phys.*), coefficiente di espansione. 9 **adiabatische** ~ (*Thermodyn.*), espansione adiabatica.
Expedient (Angestellter) (*m. - Arb. - Pers.*), addetto alle spedizioni.
Expedit (Versandabteilung, einer Firma) (*n. - Ind.*) (*österr.*), reparto spedizioni, servizio spedizioni.
Expedition (Versand) (*f. - Transp.*), spedi-

zione. 2 ~ (Betriebsabteilung) (*Ind. - Transp.*), servizio spedizioni.
Experiment (*n. - Ind. - etc.*), esperimento.
Experimentalphysik (*f. - Phys.*), fisica sperimentale.
Experimentator (*m. - Arb.*), sperimentatore.
experimentell (experimental) (*allg.*), sperimentale.
experimentieren (*allg.*), sperimentare.
Expertise (Begutachtung) (*f. - Bauw. - etc.*), perizia.
Expl. (Exemplar) (*allg.*), esemplare, copia.
explizit (*Math.*), esplicito.
explodieren (*Expl.*), esplodere.
Explosion (*f. - Expl. - Chem. - Mot.*), esplosione. 2 ~ im Kurbelkasten (von Dieselmotoren) (*Dieselmot.*), esplosione nel basamento, esplosione nel carter motore. 3 ~ s·ansicht (*f. - Zeichn.*), siehe Explosionsdarstellung. 4 ~ s·darstellung (*f. - Zeichn.*), vista particolari smontati, vista esplosa. 5 ~ s·gemisch (*n. - Chem.*), miscela esplosiva. 6 ~ s·hub (*m. - Mot.*), fase di esplosione. 7 ~ s·klappe (*f. - Ofen - Metall.*), valvola di sfogo 8 ~ s·motor (Verbrennungsmotor) (*m. - Mot.*), motore a scoppio. 9 ~ s·plattieren (*n. - mech. Technol.*), placcatura ad esplosione. 10 ~ s·ramme (*f. - Ing.b.masch.*), costipatore a scoppio. 11 ~ s·raum (*m. - Mot.*), camera di combustione. 12 ~ s·reaktion (*f. - Chem.*), reazione esplosiva. 13 ~ s·schutz (*m. - Elekt.*), protezione antideflagrante. 14 ~ s·schweissen (*n. - mech. Technol.*), saldatura ad esplosione. 15 ~ s·umformung (*f. - mech. Technol.*), foggiatura con esplosivi. 16 ~ s·zünder (*m. - Expl. - Bergbau*), detonatore. 17 Zurückschlagen der ~ s·flamme (*Mot.*), ritorno di fiamma.
explosionsgefährlich (explosionsgefährdet, explosiv) (*Expl. - etc.*), esplosivo.
explosionsformgeben (von Blech z. B.) (*mech. Technol.*), formare con esplosivi, foggiare ad esplosione.
explosionsgeschützt (explosionssicher) (*Elekt.*), antideflagrante, in esecuzione antideflagrante.
explosionsplattiert (Blech z. B.) (*mech. Technol.*), placcato ad esplosione.
explosionssicher (explosionsgeschützt) (*Elekt.*), antideflagrante.
explosiv (*Expl. - etc.*), esplosivo.
Explosivstoffe (Sprengstoffe) (*m. - pl. - Expl.*), esplosivi.
Explosiv-Umformung (von Metallen) (*f. - mech. Technol.*), formatura esplosiva, stampaggio con esplosivi.
Exponat (Ausstellungsstück) (*n. - komm.*), materiale da esposizione.
Exponent (Hochzahl) (*m. - Math.*), esponente.
Exponentialfunktion (*f. - Math.*), funzione esponenziale.
Exponentialkurve (*f. - Phys.*), curva esponenziale.
Exponentialreaktor (*m. - Atomphys.*), reattore esponenziale.
Exponentialröhre (*f. - Elektronik*), tubo a pendenza variabile.
exponentiell (*Math.*), esponenziale.
exponieren (belichten) (*Phot.*), esporre.

Export (Ausfuhr) (*m. - komm.*), esportazione. 2 ~ lizenz (*f. - komm.*), licenza di esportazione. 3 ~ prämie (*f. - komm.*), premio di esportazione. 4 ~ vergütung (*f. - komm.*), premio di esportazione. 5 ~ zoll (*m. - komm.*), dazio di esportazione.
Exporteur (Ausfuhrhändler) (*m. - komm.*), esportatore.
Exposition (Belichtung) (*f. - Phot.*), esposizione. 2 ~ s·uhr (*f. - Phot.*), esposimetro.
Expressgut (*n. - Eisenb. - Transp.*), merce a grande velocità.
Express-Strasse (Schnellverkehrstrasse) (*f. - Strasse*), strada a scorrimento veloce.
Expresszug (Schnellzug) (*m. - Eisenb.*), (treno) direttissimo.
Exsikkator (Laboratoriumsgerät) (*m. - chem. Ger.*), essiccatore.
Extensometer (Dehnungsmesser) (*n. - Instr.*), estensimetro.
Extinktion (des Lichts) (*f. - Opt.*), estinzione. 2 ~ s·modul (einer Schicht) (*m. - Phys. - Beleucht.*), coefficiente di assorbimento.
Extrablatt (*n. - Zeitg.*), edizione straordinaria.
extragalaktisch (anagalaktisch) (*Astr.*), extragalattico.
Extrakt (Auszug, aus Büchern) (*m. - Druck.*), estratto. 2 ~ (beim Extraktionsverfahren) (*Chem.*), estratto (*s.*).
Extraktion (*f. - Chem. - etc.*), estrazione. 2 ~ aus fester Phase (*Chem.*), estrazione da fase solida. 3 ~ aus flüssiger Phase (*Chem.*), estrazione da fase liquida. 4 Flüssig-Flüssig- ~ (*chem. Ind.*), estrazione liquido-liquido. 5 Flüssig-Metall-Metall- ~ (*Chem.*), estrazione liquido-metallo-metallo.
Extraktor (Laborgerät) (*m. - Chem.*), estrattore.
Extralängen (Stäbe z. B.) (*f. - pl. - metall. Ind.*), spezzoni di lunghezza non normale.
Extrapolation (*f. - Math.*), estrapolazione.
extrapolieren (*Math.*), estrapolare.
Extrapolierung (Extrapolation) (*f. - Math.*), estrapolazione.
Extrapreis (Sonderpreis) (*m. - komm.*), prezzo speciale. 2 ~ (Preisaufschlag) (*komm.*) extraprezzo, sovrapprezzo.
Extrasteuer (Steuerzuschlag) (*f. - finanz.*), sovrattassa.
Extrastrom (*m. - Elekt.*), extracorrente.
Extrastunden (*f. - pl. - Arb.*), ore straordinarie.
extraterrestrisch (*Astr.*), extraterrestre.
extraweich (Stahl) (*Metall.*), extradolce.
extremal (*Math.*), estremale.
Extremalsystem (*n. - Math.*), sistema estremale.
Extremthermometer (Maximum- und Minimumthermometer) (*n. - Instr.*), termometro a massima e minima.
Extremum (extremer Wert) (*n. - Phys.*), siehe Extremwert.
Extremwert (*m. - Phys. - etc.*), valore di cresta, picco. 2 ~ rechnung (von Höchst- und Kleinstwerten) (*f. - allg.*), calcolo dei valori estremi.
Extruder (Schneckenpresse, für Kautschuk- oder Kunststoffbearbeitung) (*m. - Masch.*), estrusore. 2 ~ schnecke (für Kunststoffe z. B.) (*f. - Masch.*), vite per estrusore.

Extrusion

Extrusion (von Kunststoffen z. B.) (*f.* - *Technol.*), estrusione. **2** ~ **s·blasen** (Hohlkörperblasen) (*n.* - *Technol.*), soffioestrusione, soffiatura di estrusi, soffiatura di preformati a estrusione.
extrusionsbeschichten (*Papierind.*), patinare ad estrusione.
extrusionsgeblasen (Kunststoff-Flasche z. B.) (*Technol.*), soffioestruso.
Exuro-Glas (Spezial-Wärmeschutzglas) (*n.* - *Glasind.*), vetro « exuro ».
Exzenter (*m.* - *Mech.*), eccentrico. **2** ~ **abgratpresse** (*f.* - *Masch.*), pressa ad eccentrico per sbavatura. **3** ~ **dreheinrichtung** (*f.* - *Werkz.masch.*), accessorio per tornitura eccentrica. **4** ~ **drehen** (*n.* - *Werkz.masch.bearb.*), tornitura eccentrica. **5** ~ **presse** (*f.* - *Masch.*), pressa ad eccentrico. **6** ~ **spannung** (*f.* - *Werkz.masch.*), bussola di chiusura ad eccentrico. **7** ~ **welle** (*f.* - *Masch.*), albero ad eccentrico. **8** ~ **welle** (eines Wankelmotors) (*Mot.*), albero ad eccentrico. **9** ~ **winkel** (eines Kreiskolbenmotors) (*m.* - *Mot.*), angolo dell'eccentrico. **10 neigbare** ~ **presse** (*Masch.*), pressa eccentrica inclinabile. **11 schwenkbare** ~ **presse** (neigbare Exzenterpresse) (*Masch.*), pressa eccentrica inclinabile.
exzentrisch (*allg.*), eccentrico. **2** ~ **e Belastung** (*Baukonstr.lehre*), carico eccentrico.
Exzentrizität (*f.* - *Mech.* - *etc.*), eccentricità.
Exziton (*n.* - *Atomphys.*), eccitone.
EZU (Europäische Zahlungsunion) (*komm.* - *finanz.*), UEP, Unione Europea dei Pagamenti.

F

F (Farad) (*elekt. Einheit*), F, farad. 2 ~ (Fahrenheit) (*Temperatureinheit*), F, Fahrenheit. 3 ~ (Fluor) (*Chem.*), F, fluoro. 4 ~ (Kraft) (*Mech.*), F, forza. 5 ~ (Fläche, Querschnitt) (*Mass*), area, superficie. 6 ~ (Abteilungsfaktor) (*Schiffbau*), fattore di suddivisione. 7 ~ (Ferrit) (*Wärmebeh.*), F, ferrite. 8 ~ (Abtastdichte) (*Fernseh.*), densità di scansione. 9 ~ (Einflanschstück) (*Leit.*), raccordo ad una flangia.

f (Femto- = 10^{-15}) (*Masseinh.*), femto-, f. 2 ~ (Frequenz) (*Elekt.*), frequenza. 3 ~ (Heizfaden) (*Elektronik*), filamento.

FA (Fachausschuss) (*Technol.*), comitato tecnico. 2 ~ (Fachnormenausschuss Anstrichstoffe) (*Normung*), Comitato Tecnico Norme prodotti vernicianti.

Fa. (Firma) (*komm.*), ditta.

fa (Formabweichung) (*Mech.*), errore di forma. 2 ~ (faster, schneller, auf Uhrstellscheiben z. B.) (*Ger.*), accelerazione, avanti.

Fabrik (Betrieb) (*f. - Ind. - Bauw.*), fabbrica, stabilimento. 2 ~ **abwasser** (*n. - Ind.*), acqua di scarico industriale, scarichi industriali. 3 ~ **anlage** (*f. - Ind.*), impianto industriale. 4 ~ **arbeiter** (*m. - Arb.*), operaio. 5 ~ **arbeiterin** (*f. - Arb.*), operaia. 6 ~ **buchhaltung** (Betriebsbuchhaltung) (*f. - Buchhaltung*), contabilità industriale. 7 ~ **direktor** (*m. - Ind.*), direttore di fabbricazione. 8 ~ **einrichtung** (*f. - Ind.*), attrezzatura di fabbrica. 9 ~ **fenster** (mit Metall- oder Betonrahmen) (*n. - Bauw.*), finestra per edifici industriali. 10 ~ **gebäude** (*n. - Bauw.*), stabilimento industriale, fabbricato industriale. 11 ~ **kennzeichen** (Fabrikmarke) (*n. - Ind. - recht.*), marchio di fabbrica. 12 ~ **leitung** (*f. - Ind.*), direzione di fabbrica. 13 ~ **marke** (Warenzeichen) (*f. - recht.*), marchio di fabbrica. 14 ~ **nummer** (*f. - Ind.*), numero di costruzione. 15 ~ **organisation** (*f. - Ind.*), organizzazione di fabbrica. 16 ~ **preis** (*m. - komm.*), prezzo di fabbrica. 17 ~ **prüfung** (*f. - Ind.*), prova in fabbrica. 18 ~ **schornstein** (Esse) (*m. - Ind. - Bauw.*), ciminiera. 19 ~ **verfahren** (*n. - Ind.*), processo industriale. 20 ~ **wasser** (*n. - Ind.*), acqua per uso industriale. 21 ~ **zeichen** (Fabrikmarke) (*n. - recht.*), marchio di fabbrica. 22 **ab** ~ (*komm.*), franco fabbrica. 23 **Automobil** ~ (*Ind.*), fabbrica di automobili. 24 **chemische** ~ (*Ind.*), stabilimento chimico. 25 **Gas** ~ (Gaswerk) (*chem. Ind.*), officina del gas, officina di produzione del gas. 26 **Glas** ~ (*Ind.*), vetreria. 27 **Motoren** ~ (*Ind.*), fabbrica di motori. 28 **Papier** ~ (*Ind.*), cartiera. 29 **Seifen** ~ (*chem. Ind.*), saponificio. 30 **Zucker** ~ (*chem. Ind.*), zuccherificio.

Fabrikant (Hersteller) (*m. - Ind.*), fabbricante.

Fabrikat (Erzeugnis, Ware) (*n. - Ind.*), prodotto. 2 **Fertig** ~ (*Ind.*), prodotto finito. 3 **Halb** ~ (Halberzeugnis) (*Ind.*), semilavorato.

Fabrikation (Herstellung) (*f. - Ind.*), fabbricazione. 2 ~ **s·abfall** (*m. - mech. Ind.*), scarto di lavorazione, sfrido. 3 ~ **s·abfall** (*Textilind.*), cascame. 4 ~ **s·drehmaschine** (*f. - Werkz.masch.*), tornio di produzione. 5 ~ **s·fehler** (*m. - Ind.*), difetto di fabbricazione. 6 ~ **s·gang** (*m. - Ind.*), ciclo di fabbricazione, ciclo di lavorazione. 7 ~ **s·kosten** (*f. - pl. - Adm.*), costo di fabbricazione. 8 ~ **s·lehre** (*f. - Werkz.*), calibro di produzione. 9 ~ **s·nummer** (*f. - Ind.*), numero di costruzione. 10 ~ **s·programm** (*n. - Ind.*), programma di fabbricazione, programma di produzione. 11 ~ **s·schema** (*n. - chem. Ind.*), schema di fabbricazione. 12 ~ **s·zeugnis** (*n. - Ind.*), certificato di origine. 13 **Massen** ~ (*Ind.*), produzione di massa. 14 **Serien** ~ (*Ind.*), produzione in serie.

fabrikfertig (Anlage, etc.) (*Ind.*), prefabbricato.

fabrikmässig hergestellt (in einer Fabrik hergestellt) (*Ind.*), prodotto industrialmente.

fabrikneu (*komm.*), nuovo di fabbrica.

fabrizieren (*Ind.*), fabbricare.

Façade (eines Gebäudes) (*f. - Arch.*), facciata. 2 ~, siehe auch Fassade.

Face (Vorderseite) (*f. - allg.*), parte anteriore.

Facette (eines Spiralbohrers z. B.) (*f. - Werkz.*), faccetta, fascetta. 2 ~ (angeschliffene Fläche, eines Edelsteines z. B.) (*Min.*), sfaccettatura. 3 ~ (Vorr. zum Halten von Druckplatten) (*Druck.*), supporto. 4 **Facetten** (Rattermarken) (*pl. - Werkz.masch. bearb.*), segni da vibrazione, «trematura». 5 **hochstehende** ~ (eines Spiralbohrers z. B.) (*Werkz.*), faccetta sporgente, faccetta rialzata, fascetta rialzata.

facettieren (*Min.*), sfaccettare.

facettiert (*Min.*), sfaccettato.

Facettierung (beim Rundwalzen) (*f. - Blechbearb.fehler*), poligonatura.

Fach (Branche, Berufsgebiet) (*n. - allg.*), sezione, settore, branca. 2 ~ (Abteilung, einer Fabrik z. B.) (*Ind.*), reparto, servizio. 3 ~ (eines Schrankes z. B.) (*Tischl.*), scaffale. 4 ~ (Spezialität, einer Wissenschaft) (*allg.*), materia di studio, specialità, branca. 5 ~ (eines Schriftkastens) (*Druck.*), cassettino, scomparto. 6 ~ (eines Schreibtisches z. B.) (*Tischl.*), cassetto. 7 ~ (Zwischenraum) (*Bauw.*), campata. 8 ~ (*Post*), casella. 9 ~ (einer Kassettendecke) (*Arch.*), cassettone. 10 ~ (Öffnung zwischen den Kettfäden) (*Spinnerei*), passo, bocca d'ordito. 11 ~ **arbeiter** (*m. - Arb.*), operaio specializzato. 12 ~ **arzt** (*m. - Med.*), medico specialista. 13 ~ **ausdruck** (*m. - Technol.*), termine tecnico. 14 ~ **ausbildung** (*f. - Pers.*), formazione professionale. 15 ~ **ausschuss** (*m. - Technol.*),

Fache

commissione tecnica. 16 ~ **baum** (Wehrschwelle) (*m. - Wass.b.*), soglia. 17 ~ **berater** (*m. - Arb.*), consulente tecnico. 18 ~ **bildung** (*f. - Arb.*), istruzione professionale, istruzione tecnica. 19 ~ **einsatz** (*m. - Packung*), tramezza alveolare. 20 ~ **gelehrter** (*m. - Arb.*), specialista. 21 ~ **gestell** (*n. - allg.*), graticcio. 22 ~ **gruppe** (*f. - Ind. - etc.*), (settore di) attività. 23 ~ **krankheit** (*f. - Ind. - Med.*), malattia professionale. 24 ~ **literatur** (*f. - Ind. - Druck.*), letteratura tecnica. 25 ~ **mann** (*m. - Arb.*), esperto, specialista. 26 ~ **maschine** (Fachspulmaschine) (*f. - Textilmasch.*), abbinatrice, binatrice. 27 ~ **norm** (*f. - Technol.*), norma tecnica. 28 ~ **normenausschuss** (*m. - Technol.*), comitato tecnico di unificazione, comitato tecnico di normalizzazione. 29 ~ **presse** (*f. - Druck.*), stampa tecnica, stampa specializzata. 30 ~ **schriftsteller** (*m. - Technol. - Wissens.*), autore di pubblicazioni tecniche. 31 ~ **schule** (*f. - Arb.*), scuola tecnica, istituto tecnico. 32 ~ **sprache** (*f. - Technol.*), linguaggio tecnico. 33 ~ **spulmaschine** (Fachmaschine) (*f. - Textilmasch.*), abbinatrice, binatrice. 34 ~ **übersetzer** (*m. - Pers.*), traduttore tecnico. 35 ~ **werk** (*n. - Bauw.*), traliccio. 36 ~ **werkbalken** (*m. - Bauw.*), trave reticolare, travatura reticolare. 37 ~ **werkbogen** (*m. - Arch.*), arco reticolare, arco a traliccio. 38 ~ **werkbrücke** (*f. - Brück.b.*), ponte a travata, ponte a trave reticolare. 39 ~ **werkträger** (*m. - Bauw.*), trave reticolare. 40 ~ **wissenschaft** (*f. - Arb.*), specialità. 41 ~ **wort** (*n. - Durck.*), termine tecnico. 42 ~ **wörterbuch** (*n. - Druck.*), dizionario tecnico. 43 ~ **zahl** (eines Spritzgusswerkzeuges) (*f. - Technol.*), numero di cavità, numero di impronte. 44 ~ **zeitschrift** (*f. - Druck. - Zeitg.*), rivista tecnica, periodico tecnico. 45 Hoch ~ (*Spinnerei*), passo per semplice alzata. 46 Hoch und Tief ~ (*Spinnerei*), passo per alzata ed abbassata. 47 Tief ~ (*Spinnerei*), passo per semplice abbassata.

Fache (Klappe am Ofenrohr) (*f. - Ofen*), valvola di registro, registro, serranda.

Fachen (Doublieren, doppelt Aufstecken) (*n. - Textilind.*), binatura.

fachen (doublieren) (*Textilind.*), binare, doppiare.

Fächer (*m. - allg.*), ventaglio. 2 ~ **falte** (*f. - Geol.*), piega a ventaglio. 3 ~ **fenster** (auf einer Türe z. B.) (*n. - Arch.*), rosta a lunetta, finestra a lunetta, lunetta (a ventaglio). 4 ~ **funkfeuer** (*n. - Funk. - Flugw.*), radiofaro di segnalazione a ventaglio (verticale). 5 ~ **gewölbe** (*n. - Arch.*), volta a ventaglio. 6 ~ **markierungsbake** (*f. - Funk.*), radiofaro a fascio diretto a ventaglio. 7 ~ **motor** (Verbrennungsmotor) (*m. - Mot.*), motore a W. 8 ~ **scheibe** (Sicherungsscheibe) (*f. - Mech.*), rosetta di sicurezza dentata a ventaglio, rosetta elastica dentata a ventaglio. 9 ~ **verlust** (von Axialturbinen m. B. mit radial langen Schaufeln) (*m. - Masch.*), perdita di palettatura. 10 **aussengezahnte** ~ **scheibe** (*Mech.*), rosetta di sicurezza con dentatura a ventaglio esterna, rosetta elastica con dentatura a ventaglio esterna. 11 **innengezahnte** ~ **scheibe** (*Mech.*), rosetta di sicurezza con dentatura a ventaglio interna, rosetta elastica con dentatura a ventaglio interna. 12 **magischer** ~ (magisches Auge) (*Funk.*), occhio magico. 13 **versenkte** ~ **scheibe** (*Mech.*), rosetta di sicurezza svasata dentata a ventaglio, rosetta elastica svasata dentata a ventaglio.

fächerförmig (*allg.*), a ventaglio.

fachgemäss (*Mech. - etc.*), a regola d'arte.

fachsimpeln (nur über sein Spezialfach reden) (*Mecch. - Ind. - etc.*), discorrere di questioni tecniche del proprio ramo.

Fackel (*f. - Beleucht. - Signal*), razzo illuminante. 2 ~ **brenner** (zum Abfackeln von brennbaren Abgasen) (*m. - chem. Ind.*), bruciatore a torcia.

Faden (*m. - allg.*), filo. 2 ~ (*Textilind.*), filo. 3 ~ (einer elekt. Lampe z. B.) (*Elekt.*), filamento. 4 ~ (1,8287 m) (*naut. Mass*), braccio. 5 ~ (eines Thermometers) (*Instr.*), colonna, colonnina. 6 ~ (flüssiger) (*Mech. der Flüss.k.*), filetto (fluido). 7 ~ **elektrometer** (*n. - Elekt. Instr.*), elettrometro a filo. 8 ~ **führer** (*m. - Textilmasch.*), guidafilo. 9 ~ **glas** (*n. - Glasind.*), vetro filato. 10 ~ **heftmaschine** (*f. - Druck. - Buchbinderei*), cucitrice a filo di refe. 11 ~ **hygrometer** (*n. - Instr.*), igrometro a capello. 12 ~ **korrosion** (*f. - Metall.*), corrosione filiforme. 13 ~ **kreuz** (*n. - Opt. - Instr.*), reticolo. 14 ~ **meter** (*n. - naut. Instr.*), scandaglio. 15 ~ **sonde** (zur Anzeige der Richtung einer Strömung) (*f. - Aerodyn.*), indicatore a fili. 16 ~ **spanner** (*m. - Textilmasch.*), tendifilo. 17 ~ **spannung** (*f. - Elektronik*), tensione di filamento. 18 ~ **strömung** (*f. - Mech. der Flüss.k.*), flusso laminare, corrente laminare. 19 ~ **wächter** (*m. - Textilmasch.*), arresto automatico per la rottura del filo, guardiatrama. 20 Zwei ~ **lampe** (*f. - Elekt. - Aut.*), lampada a due filamenti.

fadenförmig (*allg.*), filiforme.

Fading (Schwundeffekt, Fadingeffekt) (*n. - Funk.*), evanescenza, affievolimento, « fading ». 2 ~ (Bremsfading) (*Aut.*), siehe Wärmefading. 3 ~ **ausgleich** (Fadingregelung) (*m. Funk.*), regolazione automatica del volume. 4 Wärme ~ (Verminderung der Bremswirkung bei heisser Bremse) (*Aut.*), fading termico.

fähig (*allg.*), adatto, idoneo, abile. 2 **arbeits** ~ (*Arb.*), idoneo al lavoro, abile al lavoro. 3 **bank** ~ (*finanz.*), bancabile. 4 **konkurrenz** ~ (*komm.*), allineato, concorrenziale. 5 **zahlungs** ~ (*finanz.*), solvibile.

Fähigkeit (*f. - allg.*), capacità, idoneità, attitudine. 2 **geistige** ~ (*recht.*), facoltà mentale. 3 Lade ~ (Tragfähigkeit) (*Fahrz. - etc.*), portata. 4 **Produktions** ~ (*Ind.*), produttività. 5 Zahlungs ~ (*finanz.*), solvibilità.

Fahne (*f. - allg.*), bandiera. 2 ~ (einer Akkuplatte z. B.) (*Elekt.*), bandiera. 3 ~ (Korrekturabzug) (*Druck.*), colonna. 4 ~ **n·abzug** (Korrekturabzug) (*m. - Druck.*), bozza in colonna. 5 ~ **n·anschluss** (eines Widerstandes z. B.) (*m. - Elekt.*), connessione a linguetta. 6 ~ **n·magnetron** (*n. - Elektronik*), magnetron a palette. 7 ~ **n·presse** (*f. - Druckmasch.*),

Fahrantrieb — continued entries:

torchio tirabozze, tirabozze, tiraprove. **8** ~ n-**tuch** (Flaggentuch) (*n. - Textilind.*), stoffa per bandiere. **9** ~ **n·ziehen** (schwarze Begrenzungslinie auf der rechten Seite jedes hellfarbigen Bildobjekts) (*n. - Fernsehfehler*), sbaffatura. **10 die** ~ **auf Halbmast setzen** (*milit.*), mettere la bandiera a mezz'asta. **11 stromführende** ~ (einer Akkuplatte) (*Elekt.*), bandiera per presa di corrente.

Fahrantrieb (*m. - Fahrz.*), trazione, propulsione.

Fahrarm (eines Planimeters) (*m. - Ger.*), asta con segnatoio.

Fahraufnahme (*f. - Filmtech.*), carrellata. **2 begleitende** ~ (*Filmtech.*), carrellata di accompagnamento. **3 optische** ~ (*Filmtech.*), carrellata ottica.

Fahrbahn (Teil der Strasse auf dem die Fahrzeuge verkehren) (*f. - Strasse*), carreggiata, piano stradale. **2** ~ (Gleis) (*Eisenb.*), binario. **3** ~ (einer Brücke) (*Bauw.*), piano stradale, via di transito. **4** ~ (eines Kranes z. B.) (*ind. Masch.*), via di corsa. **5** ~ **markierung** (*f. - Strass.verk.*), segnaletica orizzontale. **6** ~ **teiler** (*m. - Strass.verk.*), spartitraffico. **7 zweispurige** ~ (*Strasse*), carreggiata a due corsie.

fahrbar (*Strasse*), carrozzabile. **2** ~ (*naut.*), navigabile. **3** ~ (fortschaffbar) (*Masch.*), mobile, trasportabile, spostabile. **4** ~ **e Betonmischanlage** (*Bauw. - Fahrz.*), autobetoniera. **5** ~ **e Station** (*Funk. - etc.*), stazione mobile.

Fahrbarkeit (*f. - naut.*), navigabilità. **2** ~ (*Strasse*), praticabilità.

Fahrbereich (*m. - Aut. - etc.*), autonomia.

Fahrbetrieb (*m. - Eisenb.*), trazione. **2 elektrischer** ~ (*Eisenb.*), trazione elettrica.

Fährbetrieb (*m. - naut.*), esercizio del traghetto.

Fährbett (*n. - naut.*), darsena per traghetti.

Fahrbrücke (*f. - Bauw.*), ponte trasportabile.

Fahrdiagraph (Fahrzeitrechner, zum Berechnen der Fahrzeit von Zügen) (*m .- Eisenb. - Instr.*), contaore (registratore).

Fahrdienst (Betriebsdienst) (*m. - Eisenb.*), movimento.

Fahrdienstmeister (*m. - Arb.*), capostazione.

Fährdienst-Radar (*n. - Radar*), radar per servizio traghetti.

Fahrdraht (*m. - elekt. Fahrz.*), filo di contatto. **2** ~ **bügel** (*m. - elekt. Eisenb.*), presa ad arco. **3** ~ **kreuzung** (*f. - elekt. Fahrz.*), crociamento aereo. **4** ~ **lok** (elektrische Lokomotive) (*f. - Eisenb.*), locomotore. **5** ~ **-Stegklemme** (*f. - elekt. Fahrz.*), pendino (per linea aerea). **6** ~ **weiche** (*f. - elekt. Eisenb.*), scambio aereo. **7 doppelter** ~ (*elekt. Fahrz.*), linea di contatto a doppio filo.

Fähre (Fährboot, Fährschiff, Trajekt) (*f. - naut.*), traghetto, nave traghetto. **2 Eisenbahn** ~ (*Eisenb. - naut.*), traghetto ferroviario. **3 Fluss** ~ (*naut.*), traghetto fluviale.

Fahreigenschaften (eines Personenkraftfahrzeugs z. B.) (*f. - pl. - Aut.*), comportamento su strada.

fahren (ein Fahrzeug) (*Aut.*), guidare, condurre. **2** ~ (*Bergbau*), scendere (nella miniera). **3** ~ (*naut.*), navigare. **4** ~ (einen Schlitten z. B.) (*Werkz.masch.bearb.*), traslare. **5** ~ (mit einem Fahrz. fortbringen) (*Transp.*), trasportare. **6** ~ (betreiben, einen Ofen z. B.) (*allg.*), far funzionare, far marciare, condurre. **7** ~ **im Eilgang** (*Werkz.masch. bearb.*), traslare in marcia rapida. **8 ganz rechts** ~ (*Strass.verk.zeichen*), occupate la corsia libera più a destra.

Fahrenheitgrad (°F = 5/9 °C) (*m. - Masseinheit*), grado Fahrenheit, °F.

Fahrenheitskala (*f. - Phys.*), scala Fahrenheit.

Fahrer (*m. - Arb.*), autista, conducente. **2** ~ **haus** (*n. - Aut.*), cabina di guida. **3** ~ **sitz** (*m. - Aut. - etc.*), posto del conducente, sedile del conducente, posto di guida. **4** ~ **von Flurförderzeugen** (*Arb.*), carrellista. **5 Fern** ~ **haus** (eines Lastwagens, Führerkabine mit Schlafkojen) (*Aut.*), cabina lunga, cabina con cuccette. **6 Kurz** ~ **haus** (kurzes Fahrerhaus, eines Lastwagens) (*n. - Aut.*), cabina corta. **7 langes** ~ **haus** (Fernfahrerhaus, eines Lastwagens) (*Aut.*), cabina lunga, cabina con cuccette.

Fahrerlaubnis (Führerschein) (*f. - Aut.*), patente di guida.

fahrerlos (*Fahrz. - ind. Transp.*), senza conducente.

fahrfertig (Fahrzeug) (*Aut.*), in ordine di marcia.

Fahrfusshebel (Gashebel) (*m. - Aut.*), pedale dell'acceleratore.

Fahrgast (Passagier) (*m. - Transp.*), passeggero. **2** ~ **raum** (Innenraum, des Aufbaues) (*m. - Aut.*), abitacolo. **3** ~ **schiff** (*n. - naut.*), nave (per trasporto) passeggeri.

Fahrgeld (*n. - Arb. - etc.*), spesa per il trasporto.

Fahrgeschwindigkeit (*f. - Aut.*), velocità di marcia.

Fahrgestell (*n. - Aut.*), autotelaio. **2** ~ (*Eisenb.*), carrello. **3** ~ (*Flugw.*), carrello (di atterraggio). **4** ~ **anzeiger** (*m. - Flugw.*), indicatore della posizione del carrello (di atterraggio). **5** ~ **mit Fahrerhaus** (eines Lastwagens) (*Fahrz.*), autotelaio cabinato. **6** ~ **-Nummer** (*f. - Aut.*), numero dell'autotelaio. **7** ~ **tragfähigkeit** (*f. - Aut.*), portata dell'autotelaio. **8 ausgefahrenes** ~ (*Flugw.*), carrello abbassato. **9 Dreirad** ~ (*Flugw.*), carrello a triciclo. **10 einziehbares** ~ (*Flugw.*), carrello retrattile. **11 festes** ~ (*Flugw.*), carrello (di atterraggio) fisso. **12 Niederrahmen** ~ (eines Lastwagens) (*Aut.*), autotelaio ribassato.

Fahrgut (*n. - finanz.*), beni mobili.

Fahrhöhe (*f. - Flugw.*), quota di crociera.

Fahrkarte (*f. - Transp.*), biglietto (di viaggio). **2 Rück** ~ (*Transp.*), biglietto di andata e ritorno.

Fahrkomfort (*m. - Aut. - etc.*), confortevolezza di marcia.

Fahrkorb (Fahrstuhlkabine, eines Aufzugs) (*m. - Transp.*), cabina dell'ascensore. **2** ~ (*Bergbau*), gabbia. **3** ~ **tragrahmen** (eines Aufzugs) (*m. - Bauw.*), intelaiatura della cabina.

Fahrkostenentschädigung (*f. - Arb. - Pers.*), indennità di viaggio.

Fahrkran (*m. - ind. Masch.*), gru mobile.

Fahrlässigkeit

Fahrlässigkeit (Sorglösigkeit) (*f. - allg.*), negligenza.
Fahrlehrer (*m. - Aut.*), istruttore di guida.
Fahrleistung (Leistung an den Rädern eines Kraftwagens) (*f. - Aut.*), potenza alle ruote. 2 ~ en (Höchstgeschwindigkeit und Beschleunigungszeit, eines Pkw) (*pl. - Aut.*), prestazioni su strada.
Fahrleitung (Oberleitung, für O-Busse z. B.) (*f. - elekt. Fahrz.*), linea di contatto (aerea). 2 ~ (dritte Schiene, für Schienenbahnen) (*elekt. Eisenb.*), terza rotaia. 3 ~ s·omnibus (Oberleitungsomnibus, Obus) (*m. - elekt. Fahrz.*), filobus.
Fahrlizenz (Führerschein) (*f. - Aut.*), patente (di guida).
Fahrloch (Mannloch) (*n. - Kessel - etc.*), passo d'uomo.
Fahrmotor (bei elekt. Eisenb.) (*m. - Mot.*), motore di trazione.
Fahrnis (bewegliches Vermögen) (*f. - recht.*), bene mobile.
Fahrpark (*m. - Eisenb. - etc.*), materiale rotabile. 2 ~ (*Aut.*), parco autoveicoli, autoparco.
Fahrpedal (Gaspedal) (*n. - Aut.*), pedale dell'acceleratore.
Fahrplan (*m. - Eisenb.*), orario.
fahrplanmässig (Zug) (*Eisenb. - Verk.*), in orario.
Fahrprobe (*f. - Fahrz.*), prova su strada.
Fahrprüfung (*f. - Aut.*), esame di guida.
Fahrrad (*n. - Fahrz.*), bicicletta. 2 ~ lenkstange (Fahrradlenker) (*f. - Fahrz.*), manubrio della bicicletta. 3 **Motor** ~ (Moped) (*Fahrz.*), bicicletta a motore.
Fahrrichtungshaltung (*f. - Aut.*), tenuta di strada.
Fahrrinne (*f. - naut. - Hydr.*), canale navigabile.
Fahrschacht (Fahrstuhlschacht, eines Aufzugs) (*m. - Transp.*), vano di corsa, pozzo (dell'ascensore). 2 ~ (*Bergbau*), siehe Fahrtrum(m).
Fahrschalter (*m. - Strassenbahn*), combinatore di marcia, « controller ». 2 ~ steuerung (*f. - elekt. Fahrz.*), comando a combinatore.
Fahrschaltung (Fahrschaltersteuerung) (*f. - Elekt. - Eisenb.*), comando a combinatore.
Fahrschein (Fahrkarte) (*m. - Eisenb.*), biglietto (di viaggio).
Fahrschemel (Hilfsrahmen, an selbstragenden Karosserie durch Gummielemente verbunden) (*m. - Aut.*), telaio ausiliario.
Fahrschiene (eines Kranes z. B.) (*f. - ind. Masch.*), via di corsa.
Fährschiff (*n. - naut.*), siehe Fähre.
Fahrschule (*f. - Aut.*), scuola guida, autoscuola.
Fahrsicherheit (*f. - Aut.*), sicurezza di guida.
Fahrsimulator (für Fahrer) (*m. - Aut.*), simulatore di guida. 2 ~ (für Fahrzeuge) (*m. - Fahrz. - Prüfung*), simulatore di marcia.
Fahrsperre (*f. - Eisenb.*), (dispositivo di) arresto automatico.
Fahrspur (*f. - Strasse*), corsia.
Fahrstabilität (*f. - Aut.*), stabilità di marcia.
Fahrstand (*m. - Strassenbahn*), posto di manovra, posto di guida.

290

Fahrsteig (Rollsteig, Band- oder Kettenförderer für Personen) (*m. - Transp.*), marciapiedi mobile.
Fahrstift (eines Planimeters) (*m. - Ger.*), segnatoio, calcatoio.
Fahrstrahl (Leitstrahl) (*m. - Mech.*), raggio vettore.
Fahrstrassenhebel (*m. - Eisenb.*), leva d'itinerario.
Fahrstrom (*m. - elekt. Eisenb.*), corrente di trazione. 2 ~ rückleitung (*f. - elekt. Eisenb.*), circuito di ritorno della corrente di trazione.
Fahrstufen (Schaltstufen) (*f. - pl. - elekt. Fahrz.*), posizioni di marcia (del combinatore), tacche di marcia (del combinatore).
Fahrstuhl (Kabine des Aufzugs) (*m. - Transp.*), cabina (dell'ascensore).
Fahrt (Reise) (*f. - Transp.*), viaggio. 2 ~ (Schiffahrt) (*naut.*), traversata. 3 ~ (Kurs) (*naut. - Flugw.*), rotta. 4 ~ (Geschwindigkeit, eines Schiffes z. B.) (*naut.*), velocità. 5 ~ (Leiter, für Bergleute) (*Bergbau*), scala (da minatore). 6 ~ anzeiger (Drehzahlmesser) (*m. - Instr.*), tachimetro. 7 ~ auslagen (*f. - pl. - Pers.*), spese di viaggio. 8 ~ begrenzer (Wegbegrenzer) (*m. - Vorr.*), limitatore di corsa. 9 ~ dauer (Fahrtzeit) (*f. - Eisenb. - etc.*), durata del viaggio. 10 ~ fehler (*m. - naut. - Flugw.*), errore di rotta. 11 ~ laterne (*f. - naut.*), luce di posizione, fanale di via. 12 ~ messer (Geschwindigkeitsmesser) (*m. - Flugw. - Instr.*), anemometro. 13 ~ messer (Log) (*naut.*), solcometro, « log ». 14 ~ messeranzeige (*f. - Flugw.*), velocità indicata. 15 ~ quelle (Anfangspunkt) (*f. - Transp.*), punto di partenza. 16 ~ regler (Geschwindigkeitsregler) (*m. - Mot.*), regolatore di velocità. 17 ~ richtungsanzeiger (Winker z. B.) (*m. - Aut.*), indicatore di direzione. 18 ~ schreiber (Tachograph) (*m. - Instr.*), tachigrafo. 19 ~ schreiber (Gerät zur Messung der Fahrzeiten und Geschwindigkeiten eines Fahrzeugs) (*Fahrz. - Ger.*), registratore dei dati di marcia. 20 ~ stellung (Betriebsstellung) (*f. - Masch.*), posizione di funzionamento. 21 ~ wender (bei elekt. Eisenbahnen) (*m. - Ger.*), invertitore di marcia, combinatore d'inversione. 22 ~ wind (bei Fahrzeugen, durch die Bewegung verursacht) (*m. - Fahrz.*), vento, vento relativo. 23 ~ wind (bei Fahrzeugprüfungen) (*Aut.*), effetto dinamico dell'aria. 24 ~ ziel (Endpunkt) (*n. - Transp.*), punto di arrivo. 25 **freie** ~ (*Eisenb.*), via libera. 26 **grosse** ~ (nach allen Meeren und Häfen der Welt) (*naut. - Navig.*), navigazione di lungo corso. 27 **in voller** ~ (*naut.*), a tutta forza. 28 **kleine** ~ (Schiffahrt in der Ostsee, Nordsee etc.) (*naut. - Navig.*), piccolo cabotaggio. 29 **mittlere** ~ (zwischen europäischen und nichteuropäischen Häfen des Mittel- und des Schwarzen Meers etc.) (*naut. - Navig.*), grande cabotaggio. 30 **ökonomische** ~ (*Flugw.*), velocità di crociera.
Fahrtreppe (Rolltreppe, in Bahnhöfen z. B.) (*f. - Transp.*), scala mobile.
Fahrtrum (Fahrtrumm, Fahrschacht, mit Leitern versehener Schachtteil) (*m. - Bergbau*), pozzo di emergenza.

Fahrung (Fortbewegung zu Fuss) (*f. - Bergbau*), cammino.
Fahrverhalten (*n. - Aut.*), tenuta di strada, comportamento su strada.
Fahrversuch (*m. - Aut.*), prova su strada.
Fahrwasser (Fahrrinne) (*n. - naut.*), canale navigabile.
Fahrweg (Fahrbahn) (*m. - Strasse*), piano stradale, carreggiata.
Fahrwerk (*n. - Flugw. - etc.*), siehe Fahrgestell.
Fahrwiderstand (eines Kraftwagens) (*m. - Aut.*), resistenza all'avanzamento.
Fahrwind (*m. - Flugw.*), vento relativo.
Fahrzeit (reine Fahrzeit plus Wartezeit) (*f. - Transp.*), durata del viaggio.
Fahrzeug (*n. - Fahrz.*), veicolo. 2 ~ (Schiff) (*naut.*), nave. 3 ~ **gerade** (Fahrzeugmittellinie, Fahrzeuglängsachse) (*f. - Eisenb.*), asse longitudinale del veicolo. 4 ~ **innere** (Innenraum) (*n. - Fahrz.*), abitacolo. 5 ~ **motor** (*m. - Mot. - Aut.*), motore per autoveicolo. 6 ~ **park** (eines Unternehmens) (*m. - Aut.*), parco veicoli. 7 ~ **profil** (*n. - Fahrz.*), sagoma limite del veicolo. 8 ~ **rampe** (eines Bahnhofes) (*f. - Eisenb.*), rampa per veicoli. 9 **Anhänge** ~ (Anhänger, für Kraftfahrzeuge) (*Fahrz.*), rimorchio. 10 **Arbeitskraft** ~ (Strassenreinigungsmaschine z. B.) (*Fahrz.*), autoveicolo speciale. 11 **Batterie** ~ (*elekt. Fahrz.*), veicolo ad accumulatori. 12 **Gleisketten** ~ (Raupenfahrzeug) (*Fahrz.*), veicolo cingolato. 13 **Halbketten** ~ (*Fahrz.*), veicolo semicingolato. 14 **Kraft** ~ (Landfahrzeug mit eigener Maschinenkraft bewegt, nicht an Schienen gebunden) (*Fahrz. - Aut.*), autoveicolo. 15 **Motor** ~ (*Fahrz.*), veicolo a motore. 16 **Raupen** ~ (Gleiskettenfahrzeug) (*Fahrz.*), veicolo cingolato. 17 **Solo** ~ (Lastwagen) (*Fahrz.*), motrice, autocarro senza rimorchio. 18 **Sonder** ~ (*Aut.*), veicolo speciale.
FAKI (Fachnormenausschuss Kinotechnik) (*Normung*), Comitato Tecnico Norme Cinetecnica.
FAKRA (Fachnormenausschuss Kraftfahrzeugindustrie) (*Aut.*), Comitato Norme Tecniche Industria Automobilistica.
Faksimile (genaue Abbildung) (*n. - Druck. - etc.*), facsimile (*s.*). 2 ~ **telegraphie** (*f. - Telegr.*), (telegrafia) facsimile, fototelegrafia.
Faktis (Ölkautschuk) (*m. - Gummiind.*), fatturato.
Faktor (einer Zahl) (*m. - Math.*), fattore. 2 ~ (Koeffizient) (*Math. - etc.*), fattore, coefficiente. 3 ~ (einer Druckerei) (*Druck.*), proto. 4 ~ (*Landw.*), fattore.
Faktorisierung (*f. - Math.*), fattorizzazione.
Faktur(a) (Rechnung) (*f. - Adm. - Buchhaltung*), fattura. 2 ~ **en·betrag** (*m. - Adm.*), importo di fattura, fatturato. 3 **90 Tage, Ende des Monats des** ~ **endatums** (Zahlung) (*Adm. - komm.*), 90 giorni fine mese data fattura. 4 **Zoll** ~ (*finanz.*), fattura doganale.
Fakturieren (*n. - Adm. - Buchhaltung*), fatturazione.
fakturieren (*Adm. - Buchhaltung*), fatturare.
Fakturiermaschine (*f. - Adm. - Masch.*), macchina per fatture, fatturatrice.
Fakturist (*m. - Arb. - Pers.*), fatturista.
Fakturistin (*f. - Arb. - Pers.*), fatturista.

Fakultät (*f. - Math.*), funzione fattoriale. 2 ~ (Hochschule), facoltà. 3 ~ **en·reiche** (*f. - Math.*), serie fattoriale. 4 **medizinische** ~ (Schule), facoltà di medicina.
fakultativ (wahlfrei) (*allg.*), facoltativo.
Fall (von Körpern nach dem Erdmittelpunkt) (*m. - Phys.*), caduta. 2 ~ (Fallen) (*allg.*), caduta. 3 ~ (einzelner Umstand) (*allg.*), caso. 4 ~ (Prozess) (*recht.*), caso, processo. 5 ~ (Neigung, einer Strasse z. B.) (*allg.*), inclinazione, pendenza. 6 ~ (Verminderung) (*allg.*), diminuzione. 7 ~ (Neigung, von Masten z. B.) (*naut.*), inclinazione. 8 ~ (Tau) (*naut.*), drizza. 9 ~ (von Preisen) (*komm.*), ribasso, caduta. 10 ~ (von Wasser) (*Geogr.*), cascata. 11 ~ (Zustand) (*Flugw.*), condizione. 12 ~ **arbeit** (eines Schlagwerkzeuges, potentielle Energie) (*f. - Phys.*), lavoro di caduta. 13 ~ **bär** (eines mech. Hammers z. B.) (*m. - Masch.*), mazza (battente). 14 « ~ **benzin** » (Zulaufförderung, eines Verbr.mot.) (*n. - Mot.*), alimentazione a gravità. 15 ~ **benzintank** (*m. - Mot.*), serbatoio (della benzina) a gravità. 16 ~ **beschleunigung** (Schwerebeschleunigung, Erdbeschleunigung) (*f. - Phys.*), accelerazione di gravità. 17 ~ **birne** (*f. - Giess.*), pera spezzarottami. 18 ~ **bö** (*f. - Flugw.*), vuoto d'aria. 19 ~ **bodenbehälter** (*m. - Transp.*), recipiente a fondo apribile, contenitore a fondo apribile. 20 ~ **fenster** (Schiebefenster) (*n. - Bauw.*), finestra a saliscendi, finestra scorrevole (verticalmente). 21 ~ **filmaustauscher** (Wärmeaustauscher) (*m. - Ind.*), scambiatore termico a velo discendente. 22 ~ **geschwindigkeit** (*f. - Phys.*), velocità di caduta. 23 ~ **gesetze** (*n. - pl. - Phys.*), leggi sulla caduta (dei gravi). 24 ~ **gewicht** (Bär, eines Hammers) (*n. - Masch.*), mazza. 25 ~ **gewichtsversuch** (Fallprobe) (*m. - Werkstoffprüfung*), prova a caduta di peso. 26 ~ **hammer** (*m. - Masch.*), siehe Fallhammer. 27 ~ **härteprüfer** (Skleroskop) (*m. - mech. Technol. - App.*), scleroscopio (di Shore). 28 ~ **höhe** (einer Kraftanlage) (*f. - Hydr.*), salto. 29 ~ **höhe** (Hub, eines Hammers) (*Masch.*), altezza di caduta. 30 ~ **höhenmehrung** (bei Flusskraftwerken, durch Ejektorwirkung z. B.) (*f. - Hydr.*), aumento del salto. 31 ~ **höhenverluste** (eines Kraftwerkes) (*m. - pl. - Hydr.*), perdite di salto. 32 **Fallinie** (einer Lagerstätte) (*f. - Geol. - Bergbau*), linea d'immersione. 33 **Fallinie** (Linie stärksten Gefälles, bei Dränung z. B.) (*Landw. - Wass.b.*), linea di massima pendenza. 34 ~ **klappe** (*f. - Fernspr.*), cartellino a caduta. 35 ~ **klappenrelais** (*n. - Fernspr.*), relè con cartellino a caduta. 36 ~ **klinke** (*f. - Mech. - etc.*), salterello. 37 ~ **kugel** (eines Fallwerkes) (*f. - Giess. - Metall.*), palla spezzarottami. 38 ~ **leitung** (*f. - Hydr. - etc.*), siehe Falleitung. 39 ~ **maschine** (zum Demonstrieren der Fallgesetze) (*f. - Phys.*), macchina di Atwood. 40 ~ **nullenzirkel** (*m. - Zeichn. - Ger.*), balaustrino a pompa. 41 ~ **probe** (Fallgewichtsversuch) (*f. - Metall.*), prova a caduta di peso. 42 ~ **reep** (Treppe an der Bordwand eines Schiffes) (*n. - naut.*), scalandrone. 43 ~ **rohr** (Dachröhre) (*n. - Bauw.*),

Fällbad

pluviale. 44 ~ **rohr** (Förderer) (*ind. Masch.*), tubo trasportatore a gravità. 45 ~ **rohrleitung** (*f. - Hydr.*), siehe Falleitung. 46 ~ **schirm** (*m. - Flugw.*), paracadute. 47 ~ **schirmjäger** (*m. - milit.*), paracadutista. 48 ~ **schmieden** (Fallhammerschmieden) (*n. - Schmieden*), fucinatura con berta. 49 ~ **schnecke** (Vorrichtung zur mech. Unterbrechung der Vorschubbewegung) (*f. - Werkz. masch.*), vite di arresto (dell'avanzamento). 50 ~ **stromkühler** (*m. - Aut.*), radiatore a tubi verticali. 51 ~ **stromvergaser** (*m. - Mot.*), carburatore invertito. 52 ~ **tank** (*m. - Aut.*), serbatoio a gravità. 53 ~ **türe** (*f. - Bauw.*), botola. 54 ~ **von Körpern** (*Phys.*), caduta dei gravi. 55 ~ **wähler** (*m. - Fernspr.*), selettore a movimento verticale. 56 ~ **wasser** (einer Zuckerfabrik) (*n. - chem. Ind.*), acqua di condensa. 57 ~ **werk** (Masselbrecher, für Abfälle) (*n. - Metall. - Giess.*), berta spezzaghisa, berta spezzarottami, martino. 58 ~ **werk** (fur Pfähle) (*Masch.*), battipalo. 59 ~ **wind** (*m. - Meteor.*), vento catabatico. 60 ~ **winkel** (Einfallwinkel, einer Schicht) (*m. - Geol. - Bergbau*), angolo di immersione. 61 **Auszieh** ~ **schirm** (Hilfsfallschirm) (*m. - Flugw.*), calottina, calottina di estrazione, calottino estrattore. 62 **Flug** ~ (*Flugw.*), condizione di volo. 63 **freier** ~ **eines Körpers** (*Phys.*), caduta libera di un grave. 64 **Gesamt** ~ **höhe** (einer Kraftanlage) (*f. - Hydr.*), salto totale. 65 **Kraftwerks** ~ **höhe** (Energiehöhen-Unterschied) (*f. - Hydr.*), salto motore, salto utile. 66 **Nenn** ~ **höhe** (einer Kraftanlage) (*f. - Hydr.*), salto nominale. 67 **Nutz** ~ **höhe** (einer Kraftanlage) (*f. - Hydr.*), salto utile, salto motore. 68 **See-** ~ **reep** (Jakobsleiter) (*n. - naut.*), biscaglina.

Fällbad (*n. - Chem.*), precipitante (*s*).
fällbar (*Chem.*), precipitabile.
Falle (*f. - Wass.b.*), chiusa, paratoia. 2 ~ (einer Türe) (*Bauw. - Zimm.*), saliscendi. 3 ~ (*f. - Elektronik*), siehe Haftstelle (*f.*). 4 ~ (Schwingkreis zur Ableitung von störenden Frequenzen) (*Fernseh.*), circuito antidisturbi. 5 **magnetische** ~ (*Kernphys. - Ger.*), siehe Spiegelmaschine.
Falleitung (Zuleitung einer Turbine z. B.) (*f. - (Hydr.*), condotta di alimentazione. 2 ~ (einer Blitzschutzanlage) (*Elekt. - Bauw.*), filo scendente.
Fallen (Neigung, der Schicht) (*n. - Geol.*), immersione. 2 ~ (des Stromes z. B.) (*Elekt.*), caduta.
fallen (*Phys. - etc.*), cadere. 2 ~ (sinken, Thermometer z. B.) (*Instr.*), cadere, abbassarsi. 3 ~ (*Geol.*), avere una pendenza. 4 **aus dem Tritt** ~ (*Elekt.*), uscire di sincronismo.
fällen (*Chem.*), precipitare. 2 ~ (Bäume) (*Bauw.*), abbattere. 3 ~ (eine Senkrechte z. B.) (*Geom.*), abbassare, calare. 4 ~ (den Anker) (*naut.*), gettare. 5 ~ (das Urteil z. B.) (*recht.*), pronunciare, emettere, formulare.
fallend (*allg.*), decrescente. 2 ~ **er Guss** (*Giess.*), colata dall'alto. 3 ~ **e Tendenz** (*komm.*), tendenza al ribasso. 4 ~ **giessen** (*Giess.*), colare dall'alto. 5 ~ **vergossener Block** (*Metall.*), lingotto colato dall'alto.
Fallhammer (*m. - Masch.*), maglio a caduta libera, berta. 2 ~ (*Masch.*), siehe auch Hammer. 3 ~ **schmieden** (*n. - Schmieden*), fucinatura con berta. 4 **Brett** ~ (*Masch.*), maglio a tavola, berta a tavola. 5 **Riemen** ~ (*Masch.*), maglio a cinghia, berta a cinghia. 6 **Vorschmiede** ~ (*Schmiedemasch.*), maglio per sbozzatura.
fallieren (*komm.*), fallire.
fällig (zu bezahlen) (*komm.*), pagabile, maturato, in scadenza. 2 ~ (verfallen) (*komm.*), scaduto. 3 ~ (Kredit) (*komm.*), esigibile. 4 ~ **werden** (*komm.*), scadere, maturare.
Fälligkeit (*f. - komm.*), scadenza. 2 ~ **s·datum** (*n. - komm.*), data di scadenza.
Fallinie (einer Lagerstätte) (*f. - Geol. - Bergbau*), linea di immersione. 2 ~ (Linie stärksten Gefälles, bei Dränung z. B.) (*Landw. - Wass.b*), linea di massima pendenza.
Fällmittel (*n. - Chem.*), siehe Fällungsmittel.
« fall out » (Abfall, von radioakt. Abfällen) (*m. - Kernphys.*), « fall out », pulviscolo radioattivo.
Fällung (Ausfällung) (*f. - Chem.*), precipitazione. 2 ~ (von Bäumen) (*Bauw.*), abbattimento. 3 ~ **s·enthärtung** (des Rohwassers) (*f. - Ind. - etc.*), addolcimento per precipitazione. 4 ~ **s·mittel** (*n. - Chem.*), agente precipitante.
falsch (unwahr) (*allg.*), falso. 2 ~ (irrig) (*allg.*), errato, sbagliato. 3 ~ (Fenster z. B.) (*Bauw.*), finto. 4 ~ **e Flügelrippe** (*Flugw.*), falsa centina. 5 ~ **phasig** (*Elekt.*), sfasato.
Falschabstimmung (*f. - Funk.*), sintonizzazione errata.
Falschanruf (*m. - Fernspr.*), falsa chiamata.
Falschecho (*n. - Akus. - etc.*), eco falso, eco indiretto.
Falschkern (*m. - Holzfehler*), falso durame.
fälschlich (*allg.*), erroneamente.
Falschluft (durch Undichtigkeit in den Feuerraum eindringende Luft) (*f. - Verbr.*), aria d'infiltrazione.
Faltautomat (für grossformatige Zeichnungen) (*m. - Masch.*), piegatrice automatica.
Faltbiegeversuch (Faltversuch, von Schweissnähten z. B.) (*m. - mech. Technol.*), prova di piegatura.
Faltboot (*n. - naut.*), barca smontabile, barca ripiegabile.
Faltbox (Dauerbehälter) (*f. - Transp.*), scatola ripiegabile.
Fältchenbildung (*f. - Walzw.fehler*), (formazione di) grinze.
Faltdipol (*m. - Fernseh.*), dipolo ripiegato.
Falte (Biegung) (*f. - allg.*), piega. 2 ~ (Faltung) (*Geol.*), piega. 3 ~ (beim Tiefziehen z. B.) (*Blechbearb.fehler*), grinza. 4 ~ (*Text.*), piega. 5 ~ **n·balg** (*m. - Eisenb.*), soffietto d'intercomunicazione, mantice. 6 ~ **n·balg** (einer Gelenkwelle z. B.) (*Mech.*), soffietto, tenuta a soffietto. 7 ~ **n·bildung** (bei Blechverformung z. B.) (*f. - mech. Technol.*), formazione di grinze. 8 ~ **n·bogen** (*m. - Leit.*), curva a grinze. 9 ~ **n·filter** (*m. - Chem. - etc.*), filtro (ad elemento filtrante) pieghettato. 10 ~ **n·halter** (Blechhalter, Niederhalter) (*m. - Blechbearb.*), premilamiera, premilastra. 11 **Fächer** ~ (*Geol.*), piega a ventaglio. 12 **liegende** ~ (*Geol.*), piega coricata. 13 **stehende**

~ (*Geol.*), piega diritta. **14 überkippte** ~ (*Geol.*), piega rovesciata. **15 Überschiebungs** ~ (*Geol.*), faglia di carreggiamento.
Fältelungsriss (*m. - Metall.fehler*), paglia.
falten (*allg.*), piegare. **2** ~ (*Text.*), pieghettare.
Faltgarage (Notabdeckung aus Planenstoff z. B.) (*f. - Aut.*), copriveicolo.
faltig (Blech z. B.) (*Technol.*), a grinze.
Faltmaschine (*f. - Textilmasch.*), pieghettatrice. **2** ~ (Wellenfaltmaschine) (*f. - Blechbearb.masch.*), ondulatrice.
Faltmasstab (*m. - Messger.*), metro pieghevole.
Falttor (*n. - Bauw.*), porta a libro.
Faltung (Biegung) (*f. - allg.*), piegatura. **2** ~ (*Text.*), pieghettatura. **3** ~ (Falte, der Schichten) (*Geol.*), piega. **4** ~ (einer Zeichnung) (*Zeichn.*), piegatura. **5** ~ (*Geol.*), siehe auch Falte. **6** ~ (*Math.*), prodotto integrale. **7** ~ s·riss (*m. - Metall. - Fehler*), paglia. **8** ~ s·theorem (bei Laplace-Transformationen) (*n. - Math.*), teorema del prodotto integrale. **9** ~ s·überschiebung (*f. - Geol.*), carreggiamento della faglia.
Faltversuch (für Bleche) (*m. - mech. Technol.*), prova di piegatura.
Faltwellenkessel (eines Trafos) (*m. - Elekt.*), cassa a parete ondulata.
Falz (Falte) (*m. - allg.*), piega. **2** ~ (Buchfalz) (*Buchbinderei*), piega. **3** ~ (Verbindung, von Blechrändern) (*mech. Technol.*), aggrafatura, graffatura. **4** ~ **apparat** (Schopperscher Falzapparat, für Papierprüfung) (*m. - App.*), sgualcimetro. **5** ~ **blech** (*m. - mech. Technol.*), lamiera con buone caratteristiche di piegatura. **6** ~ **güte** (eines Bleches) (*f. - metall. Ind.*), piegabilità, idoneità allo stampaggio leggero. **7** ~ **hobel** (*m. - Tischl. - Werkz.*), incorsatoio, pialla per scanalature, pialletto per scanalature. **8** ~ **maschine** (für Blech) (*f. - Masch.*), aggraffatrice. **9** ~ **pfanne** (*f. - Bauw.*), marsigliese, embrice, tegola piatta. **10** ~ **rohr** (Isolierrohr) (*n. - Elekt.*), tubo aggraffato (tipo Bergmann). **11** ~ **schiene** (für Strassenbahnen) (*f. - Fahrz.*), rotaia a canale. **12** ~ **verbindung** (*f. - Tischl.*), incastro. **13** ~ **widerstand** (Doppelfalzung, um 180 Grad nach beiden Seiten, Anzahl der erreichten Doppelfalzungen) (*m. - mech. Technol.*), resistenza alla piegatura (di 180° nei due sensi). **14** ~ **widerstand** (von Papier) (*Technol.*), resistenza alla piegatura ripetuta, resistenza alla sgualcitura. **15** ~ **ziegel** (Falzpfanne) (*m. - Bauw.*), tegola piatta, embrice, marsigliese. **16 doppelter** ~ (von Blechen) (*mech. Technol.*), graffatura doppia, aggraffatura doppia. **17 einfacher** ~ (von Blechen) (*mech. Technol.*), graffatura semplice, aggraffatura semplice. **18 Rotations** ~ **apparat** (für Büchsen z. B.) (*m. - Masch.*), aggraffatrice rotativa.
Falzen (Falten) (*n. - allg.*), piegatura. **2** ~ (von Blech) (*mech. Technol.*), aggraffatura, graffatura. **3** ~ (Ausriefung, von Hölzern) (*Tischl.*), scanalatura.
falzen (falten) (*allg.*), piegare. **2** ~ (ausriefen, Holz) (*Tischl.*), scanalare. **3** ~ (Blech) (*mech. Technol.*), aggraffare.
Falzung (*f. - mech. Technol.*), piegatura. **2 Doppel** ~ (*mech. Technol.*), siehe Falzwiderstand.

FAM (Fachausschuss Mineralöl- und Brennstoff-Normung) (*Chem.*), Comitato Tecnico Normalizzazione Oli Minerali e Combustibili. **2** ~ (Frequenz- und Amplitudenmodulation) (*Fernseh.*), modulazione di frequenza e di ampiezza.
Familienhaupt (*m. - recht. - Adm.*), capofamiglia.
Familienzugabe (Familienunterstützung) (*f. - Arb. - Pers.*), assegni familiari.
Fanfare (Mehrklanghorn) (*f. - Aut.*), avvisatore a più toni.
Fangdamm (*m. - Wass.b.*), tura.
Fangdraht (Schutzdraht) (*m. - Elekt. - etc.*), filo di guardia, filo di protezione.
Fangedamm (Fangdamm) (*m. - Wass.b.*), tura.
fangen (ergreifen) (*allg.*), afferrare. **2** ~ (stützen) (*Bergbau*), puntellare. **3** ~ (einen Druck aufnehmen, durch Bögen z. B.) (*Bauw.*), assorbire (una spinta), sostenere (una spinta). **4** ~ (das Flugzeug aus dem Sturzflug in die Waagerechte bringen) (*Flugw.*), richiamare.
Fanggerät (Fangstück) (*n. - Bergbauwerkz.*), pescatore, utensile per ricuperi.
Fanggitter (Bremsgitter) (*n. - Elektronik*), griglia di arresto, griglia di soppressione.
Fanggraben (Randgraben eines Entwässerungsgebietes) (*m. - Hydr. - Wass.b.*), fosso di raccolta.
Fanggrad (Ladegrad, eines Verbr.mot., Verhältnis von Frischladung zu Ladungseinsatz) (*m. - Mot.*), rapporto di utilizzazione.
Fangkreis (*m. - Teleph.*), circuito intercettatore.
Fangleiste (Stufe in der Gesenkfuge) (*f. - Schmiedewerkz.*), spallamento.
Fangnetz (Schutznetz, für Oberleitungen) (*n. - Elekt.*), rete di protezione.
Fangschale (*f. - Werkz.masch. - etc.*), bacinella di raccolta.
Fangspitze (*f. - Bauw. - Elekt.*), punta del parafulmine.
Fangstange (des Blitzableiters) (*f. - Elekt.*), asta.
Fangstelle (eines Halbleiters) (*f. - Phys.*), siehe Haftstelle.
Fangstoff (zur Erzeugung des Vakuums) (*m. - Chem. - Funk.*), « getter ».
Fangstück (Fanggerät) (*n. - Bergbauwerkz.*), pescatore, utensile per ricuperi.
Fangvorrichtung (bei Aufzügen) (*f. - Vorr.*), paracadute. **2 Brems** ~ (bei Aufzügen) (*Vorr.*), paracadute ad azione progressiva. **3 Sperr** ~ (bei Aufzügen) (*Vorr.*), paracadute ad azione istantanea.
Fangwerkzeug (*n. - Bergbau*), siehe Fanggerät.
FAO (Ernährungs- und Landwirtschafts-Organisation der Vereinten Nationen) (*Landw.*), FAO, Organizzazione delle Nazioni Unite per l'Alimentazione e l'Agricoltura.
Farad (Masseinheit der Kapazität) (*n. - Elekt.*), farad.
Faraday (*n. - Elekt.*), Faraday. **2** ~ **scher Käfig** (Faraday-Käfig) (*Elekt.*), gabbia di Faraday.
Faradisation (Elektrotherapie mit Induktionsströmen) (*f. - Elekt. - Med.*), faradizzazione.

Farbabgleich   **294**

Farbabgleich (*m. - Opt.*), uguagliamento di colori.
Farbabweichung (chromatische Aberration) (*f. - Opt.*), aberrazione cromatica.
Farbanstrich (*m. - Anstr.*), mano di colore. 2 temperaturanzeigender ~ (*Technol.*), vernice termosensibile.
Farbart (eines Lichtes) (*f. - Opt.*), cromaticità.
Farbauszug (*m. - Phot. - Druck.*), selezione. 2 direkter ~ (*Druck.*), selezione diretta. 3 Konkakt ~ (*Druck.*), selezione a contatto.
Farbband (für Schreibmaschine) (*n. - Büromasch.*), nastro.
Farbbeständigkeit (*f. - Färberei*), resistenza, solidità.
Farbbild (*n. - Fernseh.*), immagine a colori. 2 ~ röhre (Farbfernsehbildröhre) (*f. - Fernseh.*), cromoscopio, cinescopio a colori.
Farbbluten (Ausbluten, eines Farbmittels) (*m. - Anstr.*), sanguinamento, diffusione (del colore).
Farbdia (Farbdiapositiv) (*n. - Phot.*), diapositiva a colori.
Farbdreieck (*n. - Opt.*), triangolo di colori.
Farbe (*f. - Opt.*), colore. 2 ~ (Anstrich) (*Anstr.*), pittura, vernice. 3 ~ (*Druck.*), inchiostro (da stampa). 4 ~ (Farbstoff) (*Textilind.*), colorante. 5 ~, *siehe auch* Farben. 6 Anstrich ~ (mit Pigment) (*Anstr.*), pittura. 7 bewuchsverhindernde Anstrich ~ (*naut.*), pittura sottomarina antivegetativa. 8 bezogene ~ (*Opt.*), tinta relativa, tinta di contrasto, tonalità relativa, tonalità di contrasto. 9 Bronze ~ (*Druck.*), colore al bronzo, inchiostro al bronzo. 10 Druck ~ (*Druck.*), inchiostro da stampa. 11 Grundanstrich ~ (*Anstr.*), mano di fondo. 12 Körper ~ (Pigment) (*Anstr.*), pigmento. 13 Lack ~ (Klarlack mit Pigment) (*Anstr.*), vernice pigmentata, pittura. 14 Leucht ~ (*Druck.*), inchiostro fluorescente. 15 Leucht ~ (*Anstr. - etc.*), vernice fluorescente. 16 Matt ~ (*Anstr.*), pittura opaca. 17 Punktschweiss ~ (für Korrosionsschutz) (*mech. Technol.*), vernice protettiva per saldatura a punti. 18 Rostschutz ~ (*Anstr. - Mech. - etc.*), pittura antiruggine. 19 Siebdruck ~ (*Druck.*), inchiostro per serigrafia. 20 Tempera ~ (*Anstr.*), tempera. 21 unbezogene ~ (*Opt.*), tinta (propriamente detta), tonalità intrinseca. 22 Wasser ~ (*Anstr.*), pittura ad acqua.
Färbebad (*n. - Färberei*), bagno di tintura.
farbecht (beständig in der Farbe) (*Textilind.*), a tinta solida.
Farbechtheit (Widerstandsfähigkeit einer Färbung gegen Säuren, Licht, etc.) (*f. - Anstr. - Färberei*), solidità. 2 ~ s·prüfer (*m. Anstr. - Färberei - Instr.*), strumento per la prova della solidità (dei colori).
Färbeflotte (*f. - Textilind.*), bagno di tintura, bagno di colore.
Färbekessel (*m. - Färbcrei*), vasca per tingere, vasca per tintura.
Färbekraft (*f. - Färberei*), potere colorante.
Färbemittel (*n. - chem. Ind.*), colorante.
Farbempfindlichkeit (*f. - Phot.*), sensibilità cromatica.
Farbempfindung (*f. - Opt.*), percezione dei colori.

Farben (*f. - pl. - Opt. - etc.*), colori. 2 ~ abbeizmittel (*n. - Anstr.*), sverniciatore. 3 ~ abstreichmesser (*n. - Druckmasch.*), racla. 4 ~ abweichung (*f. - Opt.*), aberrazione cromatica. 5 ~ beize (Farbenabbeizmittel) (*f. - Anstr.*), sverniciatore. 6 ~ blindheit (Daltonismus, Farbenfehlsichtigkeit) (*f. - Opt.*), daltonismo. 7 ~ druck (Buntdruck) (*m. - Druck.*), stampa a colori. 8 ~ fabrik (*f. - Ind.*), colorificio. 9 ~ fehler (*m. - Opt.*), difetto cromatico. 10 ~ fehlsichtigkeit (Farbenblindheit, Daltonismus) (*f. - Opt.*), daltonismo, cecità per i colori. 11 ~ fernsehen (*n. - Fernseh.*), televisione a colori. 12 ~ industrie (*f. - Ind.*), industria dei coloranti. 13 ~ lehre (*f. - Opt.*), cromatica, scienza dei colori. 14 ~ ~ messer (Kolorimeter) (*m. - Instr.*), colorimetro. 15 ~ messung (*f. - Opt.*), colorimetria. 16 ~ mischung (*f. - Opt.*), sintesi di colori. 17 ~ pass (Spezialanstrich an Höhe der Schwimmwasserlinie) (*m. - naut.*), pittura per bagnasciuga. 18 ~ photographie (*f. - Phot.*), fotografia a colori. 19 ~ raum (*m. - Opt.*), spazio cromatico. 20 ~ sehen (*n. - Opt.*), visione dei colori. 21 ~ steindruck (*m. - Druck.*), cromolitografia. 22 ~ strak (*f. - naut.*), siehe Farbenpass. 23 ~ tiefdruck (*m. - Druck.*), stampa calcografica a colori. 24 ~ treue (*f. - Opt.*), fedeltà cromatica. 25 ~ verdünner (*m. - chem. Ind.*), diluente per vernici. 26 ~ zuführwalze (Farbenabstreichmesser) (*f. - Druckmasch.*), racla. 27 additive ~ mischung (*Opt.*), sintesi additiva (di colori). 28 subtraktive ~ mischung (*Opt.*), sintesi sottrattiva (di colori).
Färben (*n. - Textilind.*), tintura. 2 ~ und Drücken (für Gewebe) (*Textilind.*), tintura e stampa.
färben (*Textilind.*), tingere. 2 ~ auf offener Kufe (*Textilind.*), tingere alla barca. 3 im Garn ~ (*Textilind.*), tingere in filato. 4 ~ im Strang (*Textilind.*), tingere in matassa.
farbenblind (*Opt. - Med.*), daltonico (*a.*).
farbenfroh (*allg.*), di colore vivace.
farbenrichtig (orthochromatisch) (*Opt.*), ortocromatico.
Färber (*m. - Textilind. - Arb.*), tintore.
Färberei (Betrieb, zur Färbung von Textilien) (*f. - Färbcrei - Bauw. - Textilind.*), tintoria. 2 ~ (Verfahren) (*Färberei - Textilind.*), tintura.
Farbfehler (chromatische Aberration) (*m. Opt.*), aberrazione cromatica.
farbfehlerfrei (farblos) (*Opt.*), acromatico.
Farbfernsehbildröhre (*f. - Fernseh.*), cromoscopio, cinescopio a colori.
Farbfernsehempfänger (*m. - Fernseh.*), televisore a colori.
Farbfernsehen (*n. - Fernseh.*), televisione a colori.
Farbfernsehfilm (*m. - Fernseh.*), telefilm a colori.
Farbfernseh-Filmabtaster (*m. - Fernseh.*), analizzàtore di telefilm a colori.
Farbfernsehgerät (*n. - Fernseh.*), televisore a colori.
Farbfernsehkamera (*f. - Fernseh.*), telecamera a colori.

Farbfernsehröhre (*f.* - *Fernseh.*), siehe Farbfernsehbildröhre.
Farbfernsehübertragung (*f.* - *Fernseh.*), trasmissione televisiva a colori.
Farbfestigkeitsprüfer (Farbechtheitsprüfer, (*m.* - *Instr.*), strumento per la prova della solidità (dei colori).
Farbfilm (*m.* - *Phot.*), pellicola a colori. 2 ~ (*Filmtech.*), film a colori.
Farbfilter (Lichtfilter) (*m.* - *n.* - *Phot.*), filtro selettivo. filtro colorato.
Farbfreudigkeit (*f.* - *Opt.* - *etc.*), ricchezza di colori.
Farbgebung (an Räumen z. B.) (*f.* - *Bauw.* - *etc.*), coloritura.
Farbgestaltung (psychische Wirkung von Farben auf den Menschen) (*f.* - *Opt.* - *Bauw.*), azione (psichica) dei colori.
Farbglas (*n.* - *Glasind.*), vetro colorato.
Farbgleichlauf (*m.* - *Fernseh.*), sincronismo dei colori.
Farbgleichung (*f.* - *Opt.*), equazione dei colori.
farbig (*allg.*), colorato.
Farbkamera (Farbfernsehkamera) (*f.* - *Fernseh.*), telecamera a colori.
Farbkasten (*m.* - *Druckmasch.*), calamaio.
Farbkennzeichen (*n.* - *Ind.* - *etc.*), contrassegno colorato.
farbkennzeichnen (*Ind.* - *etc.*), contrassegnare con colori.
Farbkörper (*m.* - *Opt.*), solido dei colori. 2 ~ (Pigment) (*Anstr.*), pigmento.
Färbkraft (*f.* - *Anstr.*), potere colorante.
Farbkreis (*m.* - *Opt.*), circolo cromatico.
Farblack (*m.* - *Anstr.*), lacca.
farblos (*allg.*), incolore. 2 ~ (*Opt.*), acromatico.
Farbmesser (Spachtel) (*n.* - *Ger.*), spatola per colori.
Farbmessgerät (Kolorimeter, Farbenmesser) (*n.* - *Ger.*), colorimetro.
Farbmessung (Kolorimetrie) (*f.* - *Opt.*), colorimetria.
Farbmischung (*f.* - *Opt.*), sintesi di colori. 2 additive ~ (*Opt.*), sintesi additiva (dei colori).
Farbmodulator (*m.* - *Fernseh.*), modulatore di colore.
Farboxyd (Zinkoxyd mit $3 \div 8\%$ Pb, als Pigmentfarbe verkauft) (*n.* - *Anstr.*), bianco di zinco.
Farbpigment (*n.* - *Anstr.*), pigmento.
Farbpresse (*f.* - *Druck.* - *Masch.*), pressa per inchiostri.
Farbpunkt (*m.* - *Opt.*), punto di colore.
Farbrädchenschreiber (Farbschreiber) (*m.* - *Telegr.*), ricevitore Morse.
Farbreiz (*m.* - *Opt.*), stimolo del colore.
Farbsaum (Farbrand) (*m.* - *Opt.*), frangia colorata.
Farbschalter (*m.* - *Fernseh.*), commutatore di colori.
Farbschaltfrequenz (*f.* - *Fernseh.*), frequenza di commutazione dei colori.
Farbschreiber (*m.* - *Messinstr.*), registratore ad inchiostro. 2 ~ (*m.* - *Telegr.*), ricevitore Morse.
Farbsignal (*n.* - *Fernseh.*), segnale cromatico.
Farbspritzen (*n.* - *Anstr.*), verniciatura a spruzzo.
farbspritzen (*Anstr.*), verniciare a spruzzo.

Farbspritzkabine (*f.* - *Anstr.*), cabina per verniciatura a spruzzo.
Farbspritzpistole (*f.* - *Anstr.werkz.*), pistola per verniciatura a spruzzo.
Farbstift (Buntstift) (*m.* - *Büro*), matita colorata.
Farbstoff (*m.* - *Textilind.* - *chem. Ind.*), colorante. 2 ~ (Pigment) (*Anstr.*), pigmento. 3 basischer ~ (*Textilind.* - *chem. Ind.*), colorante basico. 4 Beizen ~ (*Textilind.* - *chem. Ind.*), colorante a mordente. 5 Direkt ~ (*Textilind.* - *chem. Ind.*), colorante diretto. 6 fluoreszierender ~ (Pigment) (*chem. Ind.*), pigmento fluorescente.
Farbstufe (*f.* - *Opt.*), gradazione di colore.
Farbsynchronsignal (*n.* - *Fernseh.*), segnale di sincronizzazione del colore.
Farbtafel (*f.* - *Opt.*), diagramma cromatico, triangolo dei colori.
Farbtemperatur (Temperatur des schwarzen Strahlers bei der dieser die gleiche Farbe wie die betreffende Lichtquelle hat) (*f.* - *Opt.*), temperatura del colore.
Farbton (*m.* - *Opt.*), tonalità cromatica, tinta.
farbtongleich (*Opt.*), omocromatico.
Farbträger (*m.* - *Anstr.*), veicolo cromatico. 2 ~ (Farbsignalträger) (*Fernseh.*), portante di segnale cromatico.
Farbüberzug (*m.* - *Anstr.*), mano di colore, mano di vernice.
Färbung (Anstrich) (*f.* - *Anstr.*), verniciatura. 2 ~ (Färberei) (*Textilind.*), tintura.
Farbvalenzeinheit (*f.* - *Opt.*), unità cromatica.
Farbverschiebung (Farbverzerrung) (*f.* - *Opt.*), distorsione cromatica.
Farbverzerrung (Farbverschiebung) (*f.* - *Opt.*), distorsione cromatica.
Farbwalze (*f.* - *Druck.*), rullo inchiostratore.
Farbwandlung (*f.* - *Opt.*), siehe Farbverzerrung.
Farbwert (eines Lichtes) (*m.* - *Opt.*), componente cromatica. 2 ~ anteil (*m.* - *Opt.*), coordinata cromatica. 3 ~ -Diagramm (*n.* - *Opt.*), diagramma cromatico.
Farbwiedergabe (*f.* - *Opt.*), resa del colore.
Farbzerstäuber (*m.* - *Anstr.werkz.*), aerografo.
FAS (frei Längsseite Seeschiff) (*komm.* - *Transp.*), FAS, franco lungobordo.
Faschinat (Packwerk) (*n.* - *Wass.b.*), fascinata.
Faschine (Astwerkbündel) (*f.* - *Wass.b.*), fascina. 2 ~ n·damm (*m.* - *Wass.b.*), argine di fascine. 3 ~ n·packwerk (Faschinat) (*n.* - *Wass.b.*), fascinata.
Fase (abgeschrägte Kante, an Bauholz z. B.) (*f.* - *Mech.* - *etc.*), smusso. 2 ~ (eines Spiralbohrers, Facette) (*Werkz.*), faccetta, fascetta, «quadretto». 3 ~ (Faden) (*Text.*), filo. 4 ~ n·fräser (*m.* - *Werkz.*), fresa conica. 5 ~ n·meissel (Fasenstahl) (*m.* - *Werkz.*), utensile per smussare.
fasen (abschrägen) (*allg.*), smussare.
Faser (*f.* - *Text.* - *Metall.* - *etc.*), fibra. 2 ~ (Fäserchen) (*allg.*), filamento. 3 ~ (Äquivalenzklasse) (*Math.*), classe di equivalenza. 4 ~ asbest (*m.* - *Min.*), amianto fibroso. 5 ~ band (Kratzerband) (*n.* - *Textilind.*), na-

stro di carda. 6 ~ **bart** (Faserbüschel) (*m.* - *Textilind.*), fiocco. 7 ~ **büschel** (Faserbart) (*n.* - *Textilind.*), fiocco. 8 ~ **glas** (*n.* - *Ind.*), vetro filato. 9 ~ **metallurgie** (*f.* - *Metall.*), metallurgia delle fibre. 10 ~ **optik** (Fiberoptik zum Lichttransport) (*f.* - *Opt.*), ottica a fibre, guida di luce a fibre. 11 ~ **platte** (Fasertafel) (*f.* - *Bauw.*), cartone di fibra. 12 ~ **richtung** (*f.* - *Metall.* - *etc.*), direzione delle fibre, andamento delle fibre, orientamento delle fibre. 13 ~ **serpentin** (*m.* - *Min.*), siehe Chrysotil (*m.*). 14 ~ **stoff** (*m.* - *Text.*), fibra 15 ~ **verlauf** (eines Schmiedestückes z. B.) (*m.* - *Metall.*), andamento delle fibre, direzione delle fibre, orientamento delle fibre. 16 **Bast** ~ (Cellulosefaser, z. B. Flachs, Hanf, etc.) (*Textil.*), fibra lignificata. 17 **chemische** ~ (künstlich hergestellte Faser) (*chem. Ind.*), fibra tecnica, fibra chimica. 18 **entlang der** ~ (mit der Faser) (*Holz - etc.*), nel senso della fibra, secondo la fibra, lungo la fibra. 19 **Kunst** ~ (*Textilind.*), fibra artificiale. 20 **Natur** ~ (*Textilind.*), fibra naturale. 21 **neutrale** ~ (neutrale Achse, Nullinie) (*Baukonstr. lehre*), asse neutro. 22 **quer zur** ~ (*Holz - etc.*), trasversalmente alla fibra. 23 **synthetische** ~ (*chem. Ind.*), fibra sintetica.
faserig (*allg.*), fibroso. 2 ~ **es Gefüge** (*Metall.* - *etc.*), struttura fibrosa.
Fasmaschine (Schmiegemaschine, Abschrägmaschine, Kantenabschrägmaschine) (*f.* - *Werkz.masch.*), smussatrice.
Fass (aus Holz, geschlossener Behälter) (*n.* - *allg.*), botte, barile, fusto. 2 ~ (offener Behälter, aus Holz) (*allg.*), tino, tinozza. 3 ~ (aus Stahlblech) (*Ind.*), fusto. 4 ~ **band** (*n.* - *Ind.*), cerchio per botti. 5 ~ **bier** (*n.* - *Bier*), birra in fusti. 6 ~ **daube** (*f.* - *Tischl.*), doga. 7 ~ **färbung** (*f.* - *Textilind.*), tintura al tino. 8 ~ **lager** (Wälzlager) (*n.* - *Mech.*), cuscinetto a botte, cuscinetto sferico. 9 ~ **lampe** (Handlampe) (*f.* - *Elekt.*), lampada d'ispezione. 10 ~ **wagen** (*m.* - *Eisenb.*), carro cisterna. 11 ~ **Benzin** ~ (*Kraftstoff*), fusto di benzina. 12 **vom** ~ (*Bier*), alla spina.
Fassade (Façade) (*f.* - *Arch.*), facciata. 2 ~ **n· aufzug** (Schwebebühne, zum Putzen von Fenstern z. B.) (*m.* - *Hebevorr.* - *Bauw.*), impalcatura sospesa (per facciate). 3 ~ **n· farbe** (*f.* - *Anstr.*), pittura per esterno. 4 ~ **n· klinker** (Fassadenstein) (*m.* - *Bauw.*), mattone da paramano. 5 ~ **n·putz** (*m.* - *Maur.*), intonaco civile. 6 ~ **n·stein** (Fassadenziegel) (*m.* - *Bauw.*), mattone da paramano.
fassen (einfassen, halten) (*allg.*), contenere. 2 ~ (einsetzen, Edelsteine z. B.) (*allg.*), montare, incastonare, incassare. 3 ~ (greifen) (*allg.*), serrare, afferrare. 4 ~ (*Bier - etc.*), mettere nei fusti. 5 ~ (des Ankers) (*naut.*), mordere. 6 ~ (ein Bild z. B., in einen Rahmen) (*allg.*), incorniciare. 7 ~ (einen Stollen z. B.) (*Bergbau*), rivestire. 8 **ineinander** ~ (*Mech.*), imboccare, ingranare.
Fässler (Böttcher) (*m.* - *Arb.*), bottaio.
Fasson (Form) (*f.* - *allg.*), forma, contorno, sagoma. 2 ~ **arbeit** (*f.* - *Mech.*), lavorazione sagomata. 3 ~ **automat** (*m.* - *Werkz.masch.*), macchina automatica per copiare. 4 ~ **draht** (*m.* - *metall. Ind.*), filo di sezione speciale.

5 ~ **drehbank** (*f.* - *Werkz.masch.*), tornio riproduttore, tornio a copiare. 6 ~ **eisen** (*n.* - *metall. Ind.*), profilato speciale. 7 ~ **fräser** (*m.* - *Werkz.*), fresa sagomata. 8 ~ **pressen** (*n.* - *Blechbearb.*), stampaggio alla pressa. 9 ~ **schmieden** (Fallhammerschmieden z. B.) (*n.* - *Schmieden*), stampaggio (a caldo). 10 ~ **stahl** (*m.* - *Werkz.*), utensile sagomato. 11 ~ **stahl** (*metall. Ind.*), profilato speciale (di acciaio).
fassonieren (*Technol.*), sagomare, profilare.
Fassung (Träger) (*f.* - *allg.*), supporto. 2 ~ (Brillenfassung) (*Opt.*), montatura. 3 ~ (Umrahmung, eines Objektives) (*Phot.* - *Filmtech.*), montatura. 4 ~ (für Lampen) (*Elekt.*), portalampada. 5 ~ (Einsetzen, von Edelsteinen, z. B.) (*allg.*), incastonatura. 6 ~ (Umrahmung) (*Instr.*), montatura, supporto. 7 ~ (Auskleidung) (*Bergbau*), rivestimento. 8 ~ (eines Artikels z. B.) (*Druck.* - *etc.*), stesura. 9 ~ **s·kraft** (*f.* - *Arb.*), capacità intellettuale. 10 ~ **s·vermögen** (Fassungsraum) (*n.* - *allg.*), volume, capacità. 11 ~ **s·vermögen** (eines Behälters z. B.) (*allg.*), capacità. 12 ~ **s·vermögen** (Nutzinhalt, eines Industrieofens) (*Ofen*), capacità. 13 ~ **s·vermögen** (Gesamtzahl stehender und sitzender Fahrgäste eines Fahrzeuges) (*Fahrz.*), capacità, numero di posti in piedi ed a sedere. 14 ~ **s·vermögen** (eines Brunnens) (*Hydr.*), portata massima. 15 **Bajonett** ~ (*Elekt.*), portalampada a baionetta. 16 **Edison** ~ (*Elekt.*), portalampada Edison. 17 **Lampen** ~ (*Elekt.*), portalampada. 18 **Schraub** ~ (*elekt. Ger.*), portalampada a vite. 19 **Wasser** ~ (für Trinkwasser z. B.) (*Wass.b.*), serbatoio di raccolta, « presa ».
« **Fastener** » (Schraube, etc.) (*Mech.*), organo di collegamento, collegatore, « fastener ».
fastperiodisch (*Math.*), quasi-periodico.
Faulbehälter (Faulbecken, Faulgrube) (*m.* - *Bauw.*), fossa settica.
Faulbruch (von Temperrohguss, bei dem die Bruchfläche ein dem Grauguss ähnliches Aussehen hat) (*m.* - *Metall.*), rottura fragile, rottura friabile.
Fäule (Fäulnis, von Holz z. B.) (*f.* - *Werkstoff*), decomposizione, deterioramento.
faulen (*Holz*), marcire.
Faulfähigkeit (Fäulnisfähigkeit) (*f.* - *Ind.* - *etc.*), putrescibilità, potere fermentativo.
Faulgas (*n.* - *Chem.*), gas di fogna.
Faulgrube (Faulkammer) (*f.* - *Bauw.*), fossa settica.
fäulnisbeständig (*allg.*), resistente al deterioramento, indeteriorabile.
fäulniserregend (*Chem.* - *etc.*), putrefattivo.
Fäulnisprobe (*f.* - *Chem.* - *etc.*), prova di putrescibilità.
Faulraum (Schlammfaulraum, für Abwasser) (*m.* - *Bauw.*), camera di digestione.
Faulschlamm (bei Abwassersbehandlung) (*m.* - *Bauw.*), fango digerito.
Faulung (Ausfaulung, bei Abwassersbehandlung) (*f.* - *Bauw.*), digestione.
FAUST (Fehlereingrenzung durch automatische Schnellumschaltung der Trennstelle) (*Elekt.*), delimitazione del guasto mediante commutazione rapida automatica del punto di sezionamento.

Faustachse (Achse die den Achsschenkelbolzen' wie eine Faust umfasst) (*f. - Aut.*), assale (con estremità) ad occhio.
Fäustel (Hammer, des Bergmanns) (*n. - Werkz. - Bergbau*), mazza, martello da minatore.
Faustformel (*f. - Math. - etc.*), formula empirica.
Faustleier (Brustleier, Bohrwinde) (*f. - Werkz.*), trapano a mano, menaruola, girabacchino.
Faustregel (grobe Regel) (*f. - allg.*), regola empirica.
Faustsäge (*f. - Werkz.*), seghetto a mano.
Fayalit [$(FeO)_2SiO_2$] (*m. - Metall. - Min.*), fayalite.
Fayence (Majolika) (*f. - Keramik*), terracotta, terraglia, maiolica.
FAZ (Fernanrufzeichen) (*Fernspr.*), segnale di chiamata interurbana.
fazettiert (Scheibe) (*Glasind.*), smussato.
Fazies (Merkmale einer Gesteinsfolge) (*f. - pl. - Geol.*), facies.
FBD (Fachnormenausschuss Bibliotheks- und Dokumentationswesen) (*Normung*), Comitato Tecnico Normalizzazione Biblioteche e Documentazione.
FD (Fernmeldedienst) (*Telegr. - etc.*), servizio di telecomunicazioni. **2** ~ (Fernsprechdienst) (*Fernspr.*), servizio telefonico. **3** ~ (Fischdampfer) (*naut.*), peschereccio.
FDM (Frequenzdemodulation) (*Funk.*), demodulazione di frequenza.
FDR (Fortschrittlicher Druckwasserreaktor) (*Kernphys. - naut.*), reattore ad acqua pressurizzata di tipo avanzato.
f.d.R. (für die Richtigkeit, einer Abschrift) (*Büro*), per copia conforme.
F3 (Fernsprechen) (*Fernspr.*), telefonia.
FD-Zug (Fern-Durchgangs-Zug) (*m. - Eisenb.*), treno direttissimo, direttissimo.
FE (Fachverband der Elektroindustrie) (*Elekt.*), (*österr.*), Associazione Tecnica Industrie Elettriche.
Fe (Eisen) (*Chem.*), Fe, ferro.
Feder (elastischer Metallstab oder Metalldraht) (*f. - Mech. - etc.*), molla. **2** ~ (Keil) (*Mech.*), linguetta. **3** ~ (einer Keilwelle) (*Mech.*), dente. **4** ~ (in Holzverbindungen) (*Tischl. - Zimm.*), linguetta. **5** ~ (Schreibfeder) (*Büro*), pennino. **6** ~ (Schreckpalette) (*Giess.*), raffreddatore. **7** ~ **achsantrieb** (Hohlwellenantrieb) (*m. - Eisenb.*), trasmissione ad albero cavo. **8** ~ **anschlag** (*m. - Mech.*), arresto a molla. **9** ~ **arbeit** (aufgenommene und abgegebene Arbeit bei Belastung und Entlastung) (*f. - Mech.*), lavoro elastico. **10** ~ **aufhängung** (*f. - Fahrz. - etc.*), sospensione elastica. **11** ~ **barometer** (*n. - Instr.*), barometro aneroide. **12** ~ **bein** (eines Fahrwerkes) (*n. - Flugw.*), gamba ammortizzatrice. **13** ~ **belastung** (*f. - Mech.*), carico della molla. **14** ~ **belastung** (eines Kraftfahrzeuges) (*Fahrz.*), carico sospeso, carico molleggiato. **15** ~ **biegegrenze** (Biege-Elastizitätsgrenze) (*f. - mech. Technol.*), limite di elasticità a flessione. **16** ~ **blatt** (einer Blattfeder) (*n. - Mech.*), foglia (di molla). **17** ~ **blech** (*n. - metall. Ind.*), lamiera per molle. **18** ~ **blechbiegeversuch** (*f. - mech. Technol. - Metall.*), prova a flessione della lamiera per molle. **19** ~ **bock** (*m. - Aut.*), supporto per molla. **20** ~ **brett** (*n. - Sport*), pedana elastica. **21** ~ **bride** (Federbund, Federbügel, einer Blattfeder) (*f. - Fahrz.*), staffa per (molla a) balestra. **22** ~ **bügel** (Federbride, Federbund, einer Blattfeder) (*m. - Fahrz.*), staffa della (molla a) balestra, cavallotto della (molla a) balestra. **23** ~ **bund** (Federbride, Federbügel, einer Blattfeder) (*m. - Mech.*), staffa della molla. **24** ~ **draht** (*m. - metall. Ind.*), filo per molle. **25** ~ **dynamometer** (*n. - Mech.*), dinamometro a molla. **26** ~ **gamasche** (*f. - Fahrz. - Aut.*), guaina per molla a balestra. **27** ~ **hammer** (*m. - Schmiedemasch.*), maglio a balestra. **28** ~ **hammer** (Gerät zur mechanische Prüfung von elekt. Geräten) (*Ger.*), martello a molla. **29** ~ **härte** (reziproker Wert der spezifischen Federung, einer Feder = $\frac{dP}{df}$) (*f. - Mech.*), rigidezza. **30** ~ **hobel** (*m. - Tischl. - Werkz.*), incorsatoio. **31** ~ **keil** (*m. - Mech.*), linguetta. **32** ~ **keilnut** (*f. - Mech.*), sede per linguetta, cava per linguetta. **33** ~ **kern** (Federwelle, einer Triebfeder) (*Mech.*), perno del bilanciere. **34** ~ **kissenapparat** (einer Presse) (*m. - Masch.*), cuscino a molle. **35** ~ **konstante** (bei proportionaler Federung stellt die Federhärte dar) (*f. - Mech.*), (indice di) rigidezza, coefficiente di proporzionalità. **36** ~ **kontakt** (*m. - Elekt.*), contatto a molla. **37** ~ **kraft** (Reaktion eines Federkörpers, Reaktion der Unterlage, Rückstellkraft) (*f. - Mech. - etc.*), reazione elastica, reazione (di elemento elastico). **38** ~ **kraftanlasser** (von Verbrennungsmotoren, Schwungkraftanlasser) (*m. - Mot.*), avviatore ad inerzia. **39** ~ **kupplung** (*f. - Masch.*), giunto elastico. **40** ~ **lasche** (einer Blattfeder) (*f. - Aut. - Mech.*), biscottino per molla. **41** ~ **last** (ruhendes Gewicht auf einer Tragfeder) (*f. - Fahrz.*), carico sulla molla. **42** ~ **laufwerk** (*n. - Mech.*), meccanismo a molla, motore a molla. **43** ~ **membran** (*f. - allg.*), membrana elastica. **44** ~ **messer** (*n. - Werkz.*), temperino. **45** ~ **mit progressiver Kennlinie** (progressive Schraubenfeder) (*Mech. Aut.*), molla ad elasticità variabile. **46** ~ **motor** (*m. - Mot.*), motore a molla. **47** ~ **n·paket** (*n. - Mech.*), pacco di molle. **48** ~ **puffer** (*m. - Fahrz. - Eisenb.*), respingente a molla. **49** ~ **rate** (*f. - Mech.*), siehe Federkonstante. **50** ~ **regler** (*m. - Mech.*), regolatore a molla. **51** ~ **ring** (*m. - Mech.*), rosetta elastica, rondella elastica, rondella Grover. **52** ~ **ringdichtung** (*f. - Mech.*), guarnizione ad anello con molla. **53** ~ **ring für Zylinderschrauben** (*Mech.*), rosetta elastica per viti a testa cilindrica. **54** ~ **säule** (Tellerfedersäule) (*f. - Mech.*), molla a tazze. **55** ~ **schalter** (*m. - Elekt.*), interruttore a scatto. **56** ~ **schaltung** (Parallel- oder Hintereinanderschaltung von Federn) (*f. - Mech.*), collegamento di molle. **57** ~ **scheibe** (*f. - Mech.*), siehe Federscheibe. **58** ~ **schloss** (*n. - Mech.*), serratura a scatto. **59** ~ **spannplatte** (*f. - Aut.*), piastra fissaggio molla. **60** ~ **speicherbremse** (*f. - Aut. - etc.*), freno (ad accumulo di energia) a molla. **61** ~ **speicherzylinder**

Feder

(von Luftbremsanlagen z. B.) (*m. - Fahrz.*), cilindro a molla. 62 ~ **stahl** (*m. - Metall.*), acciaio per molle. 63 ~ **steife** (*f. - Mech.*), *siehe* Federhärte. 64 ~ **stossdämpfer** (*m. - Mech.*), ammortizzatore a molle. 65 ~ **taster** (*m. - mech. Werkz.*), compasso a molla. 66 ~ **teller** (eines Ventils) (*m. - Mot.*), scodellino per molla. 67 ~ **topfantrieb** (Hohlwellenantrieb) (*m. - Eisenb.*), trasmissione ad albero cavo. 68 ~ **träger** (*m. - Mech.*), supporto elastico. 69 ~ **und Nut** (Federkeil und Nut) (*Mech.*), linguetta e cava, linguetta e sede. 70 ~ **und Nut** (für Holzverbindungen) (*Tischl.*), linguetta e scanalatura, linguetta e incavo, maschio e femmina. 71 ~ **waage** (*f. - Instr.*), bilancia a molla. 72 ~ **weg** (einer Feder) (*m. - Mech.*), deflessione, deformazione. 73 ~ **weg** (einer Aufhängung z. B.) (*Aut. - etc.*), freccia elastica, escursione elastica. 74 ~ **weichheit** (spezifische Federung, Elastizität, einer Feder = $\frac{df}{dP}$) (*f. - Mech.*), flessibilità. 75 ~ **welle** (*f. - Mech.*), albero flessibile, flessibile. 76 ~ **windmaschine** (für Schrauben und Formfedern) (*f. - Werkz. masch.*), macchina per l'avvolgimento di molle. 77 ~ **windung** (*f. - Mech.*), spira della molla. 78 ~ **wirkung** (Elastizität) (*f. - allg.*), elasticità. 79 ~ **wolke** (*f. - Meteor.*), cirro. 80 ~ **zahl** (eines Pressgestells z. B., Verhältnis zwischen Kraft und elastischer Dehnung) (*f. - Baukonstr.lehre*), forza per unità di deformazione, « indice elastico ». 81 ~ **zahnegge** (*f. - Ack.b.masch.*), erpice a denti flessibili. 82 ~ **zange** (*f. - Werkz.*), pinzetta. 83 ~ **zirkel** (*m. - Zeichn. - Ger.*), compasso a molla. 84 **Biege** ~ (*Mech.*), molla di flessione. 85 **Blatt** ~ (*Fahrz.*), molla a balestra. 86 **Druck** ~ (*Mech.*), molla di compressione. 87 **eine** ~ **entspannen** (*Mech.*), scaricare una molla. 88 **eine** ~ **wickeln** (*Mech. - etc.*), caricare una molla (a spirale). 89 **Evolut** ~ (Kegelstumpffeder) (*Mech.*), molla a bovolo, molla conica. 90 **Flachspiral** ~ (*Mech.*), molla a spirale. 91 **Gegen** ~ (*Mech.*), molla antagonista, contromolla. 92 **halbelliptische** ~ (*Fahrz.*), balestra semiellittica. 93 **Kegel** ~ (Evolutfeder) (*Mech.*), molla a bovolo, molla ad elica conica. 94 **Kegel** ~ **mit rechteckigem Querschnitt** (*Mech. - Fahrz.*), molla a bovolo a sezione rettangolare. 95 **Kegel** ~ **mit rundem Querschnitt** (*Mech.*), molla ad elica conica a sezione circolare. 96 **Kegelstumpf** ~ (*Mech.*), molla a bovolo. 97 **progressive** ~ (Feder mit progressiver Kennlinie) (*Mech. - Aut.*), molla ad elasticità variabile. 98 **Rückzug** ~ (*Mech.*), molla di richiamo. 99 **Scheiben** ~ (Keil) (*Mech.*), linguetta a disco, linguetta Woodruff, linguetta americana. 100 **Schenkel** ~ (Torsionsfeder) (*Mech.*), molla di torsione. 101 **Schrauben** ~ (*Mech.*), molla ad elica cilindrica. 102 **Spiral** ~ (*Mech.*), molla a spirale. 103 **Teller** ~ (*Mech.*), molla a tazza. 104 **Torsions** ~ (*Mech.*), molla di torsione. 105 **Trag** ~ (Blattfeder) (*Fahrz.*), molla a balestra. 106 **Wagen** ~ (Blattfeder z. B.) (*Fahrz.*), molla di sospensione. 107 **Zug** ~ (*Mech.*), molla di trazione.

federbelastet (*Mech.*), caricato da molla.
federgelagert (*Mech.*), montato elasticamente.
federhart (*Metall.*), elastico.
Federn (*n. - Mech.*), molleggio, elasticità, flessibilità. 2 ~ (*Tischl.*), esecuzione di linguette.
federn (*Mech. - etc.*), molleggiare, ammortizzare. 2 ~ (*Tischl.*), lavorare la linguetta, eseguire linguette.
federnd (*Mech.*), sospeso elasticamente, molleggiato, elastico. 2 ~ **e Aufhängung** (*Fahrz.*), sospensione elastica. 3 ~ **e Formänderung** (*Baukonstr.lehre*), deformazione elastica. 4 ~ **er Futtering** (*Werkz.*), bussola di serraggio elastica. 5 ~ **e unterlegplatte** (*Mech.*), rosetta elastica, rondella elastica, rondella Grover.
Federscheibe (*f. - Mech.*), rosetta elastica. 2 **gewellte** ~ (*Mech.*), rosetta elastica ondulata. 3 **gewölbte** ~ (*Mech.*), rosetta elastica curva.
Federung (Elastizität) (*f. - Baukonstr.lehre*), elasticità. 2 ~ (elastische Deformation) (*Baukonstr.lehre*), deformazione elastica. 3 ~ (*Fahrz. - etc.*), sospensione elastica, molleggio. 4 **degressive** ~ (einer Feder die mit zunehmender Verformung weicher wird) (*Mech.*), rigidezza decrescente, flessibilità crescente (con la deformazione). 5 « **Hydrolastic-** ~ » (*Aut.*), sospensione « hydrolastic ». 6 **hydropneumatische** ~ (*Aut.*), sospensione idropneumatica, molleggio idropneumatico. 7 **Luft** ~ (pneumatische Federung) (*Fahrz.*), sospensione pneumatica. 8 **pneumatische** ~ (für Aut.aufhängung) (*Aut.*), sospensione pneumatica. 9 **progressive** ~ (einer Feder, die mit zunehmender Verformung steifer wird) (*Mech.*), rigidezza crescente, flessibilità decrescente (con la deformazione). 10 **spezifische** ~ (Federweichheit, einer Feder = $\frac{df}{dP}$) (*Mech.*), flessibilità.
Feeder (Speiseleitung) (*n. - Elekt.*), alimentatore, linea di alimentazione.
Fehlanflug (*m. - Flugw.*), avvicinamento mancato.
Fehlangabe (*f. - Instr.*), errore d'indicazione.
Fehlanpassung (*f. - Elekt. - etc.*), disadattamento.
Fehlanruf (Falschanruf) (*m. - Fernspr.*), falsa chiamata.
Fehlauslösung (einer Schutzeinrichtung) (*f. - Elekt. - etc.*), funzionamento intempestivo, scatto intempestivo.
Fehlbauerscheinung (*f. - Min.*), struttura mosaica.
Fehlbetätigung (*f. - allg.*), azionamento errato.
Fehlbetrag (Defizit) (*m. - Adm.*), deficit, disavanzo. 2 **mit einem** ~ **abschliessen** (*Adm.*), chiudere con un disavanzo.
Fehldruck (*m. - Druck.*), stampa mal riuscita.
Fehleinstellung (*f. - Mech.*), regolazione errata.
Fehler (Materialfehler) (*m. - Mech. - etc.*), difetto. 2 ~ (Irrtum) (*Math. - etc.*), errore. 3 ~ (*Elekt.*), dispersione. 4 ~ **ausgleichung** (*f. - allg.*), compensazione degli errori. 5 ~ **band** (*n. - Instr. - etc.*), banda di errore. 6

~ **erkennungscode** (*m. - Rechner*), codice riconoscimento errori. **7** ~ **funktion** (*f. - Math. - Stat.*), funzione di Gauss, funzione dell'errore. **8** ~ **funktionsgesetz** (*n. - Math. - Stat.*), legge di Gauss, legge di distribuzione degli errori. **9** ~ **gesetz** (von Gauss) (*n. - Math.*), legge di frequenza degli errori. **10** ~ **grenze** (Genauigkeit) (*f. - Messinstr.*), precisione. **11** ~ **häufigkeit** (*f. - Stat.*), frequenza degli errori. **12** ~ **kurve** (*f. - Math. - Stat.*), curva di Gauss, curva di errore. **13** ~ **meldung** (*f. - Elekt. - etc.*), segnalazione di guasto. **14** ~ **ortsbestimmung** (Fehlerortung, in einem Kabel z. B.) (*f. - Elekt.*), localizzazione della dispersione. **15** ~ **quelle** (*f. - allg.*), fonte di errori. **16** ~ **relais** (*n. - Elekt.*), relè differenziale. **17** ~ **schutz** (*m. - Elekt.*), protezione contro le dispersioni. **18** ~ **spannung** (*f. - Elekt.*), tensione di guasto, potenziale verso terra. **19** ~ **spannungsschutzschalter** (*m. - Elekt.*), dispositivo di protezione azionato dalla tensione di guasto. **20** ~ **strom** (durch Isolierungsfehler bedingt) (*m. - Elekt.*), corrente di guasto, corrente di dispersione. **21** ~ **stromschutzschalter** (*m. - Elekt.*), interruttore di sicurezza per correnti di guasto. **22** ~ **suche** (*f. - Aut. - etc.*), diagnosi dei difetti. **23** ~ **sucher** (für Metalle) (*m. - Mech. - Metall.*), metalloscopio, incrinoscopio. **24** ~ **sucher** (*Elekt.*), rivelatore di guasti, rivelatore di dispersioni. **25** ~ **tafel** (*f. - Instr. - etc.*), tabella di correzione. **26** ~ **theorie** (*f. - Stat. - Math.*), teoria degli errori. **27 Abschreib** ~ (*Büro*), errore di copiatura. **28 absoluter** ~ (*Math.*), errore assoluto. **29 belangloser** ~ (bei Qualitätskontrolle) (*mech. Technol.*), difetto secondario. **30 Buchungs** ~ (*Buchhaltung*), errore contabile. **31 Druck** ~ (*Druck.*), errore di stampa. **32 einen** ~ **eingrenzen** (*Technol.*), localizzare un difetto. **33 einen** ~ **eingrenzen** (*Math.*), individuare un errore. **34 Haupt** ~ (bei Qualitätskontrolle) (*mech. Technol.*), difetto importante. **35 Isolations** ~ (*Elekt.*), difetto di isolamento. **36 Konstruktions** ~ (*Mech. - etc.*), difetto di costruzione. **37 Mass** ~ (*Mech. - etc.*), errore dimensionale. **38 Material** ~ (*Ind.*), difetto di materiale. **39 Mess** ~ (*Mech. - etc.*), errore di misura, errore di misurazione. **40 mittlerer** ~ (Quadratwurzel aus dem Mittelwert aller Fehlerquadrate) (*Math.*), errore medio quadratico. **41 Oberflächen** ~ (*Mech.*), difetto superficiale. **42 periodischer** ~ (einer Schraube z. B.) (*Mech.*), errore periodico. **43 relativer** ~ (*Math.*), errore relativo. **44 Rundlauf** ~ (Radialschlag) (*Mech.*), oscillazione radiale. **45 Sammel** ~ (bei Messungen) (*Mech.*), errore cumulativo. **46 Standard** ~ (mittlerer Fehler, bei Qualitätskontrolle) (*mech. Technol. - Stat.*), errore tipo. **47 statistischer** ~ (*Messtechnik*), errore statistico. **48 systematischer** ~ (*Messtechnik*), errore sistematico. **49 Taumel** ~ (von Gewindegängen) (*Mech.*), errore periodico (ripetuto ad ogni giro della vite). **50 überkritischer** ~ (gefährlicher Fehler, der Menschenleben gefährden kann) (*mech. Technol.*), difetto critico. **51 wahrscheinlicher** ~ (*Math.*), errore probabile. **52 zufälliger** ~ (*Messtechnik*), errore accidentale. **53 zulässiger** ~ (*allg.*), errore ammissibile, errore tollerato.

fehlerfrei (*Giess. - etc.*), sano, senza difetti.
fehlerhaft (*allg.*), difettoso. **2** ~ (Resultat) (*Math.*), errato, sbagliato. **3** ~ **es Stück** (bei Qualitätskontrolle) (*mech. Technol.*), elemento non conforme.
fehlersicher (Steuerungssystem z. B.) (*Masch. - etc.*), sicuro da difetti.
Fehlgriff (*m. - Masch. - etc.*), errore di manovra.
Fehlguss (*m. - Giess.*), getto difettoso.
Fehlkorn (Über- oder Unterkorn) (*m. - Siebanalyse*), granulo fuori misura.
Fehlmengen (bei Ersatzteillieferungen z. B.) (*f. - pl. - Adm. - Ind.*), mancanti (*s. pl.*), particolari mancanti.
Fehlphasenschutz (*m. - Elekt.*), protezione contro fase mancata.
Fehlschaltung (*f. - Elekt.*), collegamento sbagliato, inserzione errata, manovra sbagliata.
Fehlschweissung (*f. - mech. Technol.*), saldatura difettosa.
Fehlstart (*m. - Mot.*), mancato avviamento.
Fehlstelle (*f. - allg.*), punto difettoso.
Fehlstellenecho (im Ultraschallversuch, von Schweissungen z. B.) (*n. - mech. Technol.*), eco (riflessa) dal punto difettoso.
Fehlteil (einer Lieferung) (*m. - komm.*), mancante, particolare mancante.
Fehlwinkel (*m. - Elekt.*), angolo di sfasamento.
fehlzünden (*Mot.*), dare accensioni irregolari.
Fehlzündung (Zündung die nicht im Zylinder sondern im Auspuffrohr erfolgt) (*f. - Mot.*), mancata accensione (nel cilindro).
Feiertag (arbeitsfreier Tag) (*m. - Arb.*), giorno festivo. **2 National** ~ (*Arb.*), festa nazionale.
Feilarbeit (Feilen) (*f. - Mech.*), limatura, lavorazione alla lima.
Feilbank (Arbeitsbank) (*f. - Mech.*), banco da lavoro (da aggiustaggio).
Feile (*f. - Werkz.*), lima. **2** ~ **mit Bastardhieb** (*Werkz.*), lima a taglio bastardo. **3** ~ **n·angel** (*f. - Werkz.*), codolo della lima. **4** ~ **n·härte** (*f. - mech. Technol.*), durezza provata con la lima. **5** ~ **n·hauen** (*n. - Mech.*), taglio di lime. **6** ~ **n·hauer** (*m. - Werkz.*), utensile per tagliare lime. **7** ~ **n·hieb** (*m. - Werkz.*), taglio della lima, tratto della lima. **8** ~ **n·stahl** (mit 0,5 ÷ 1,4 % C, bis 0,8 % Mn mit Zusätzen von Cr, W, etc.) (*m. - Metall.*), acciaio per lime. **9** ~ **zum Schlichten** (Schlichtfeile) (*Werkz.*), lima a taglio dolce. **10 Bastard** ~ (*Werkz.*), lima a taglio bastardo. **11 Diamant** ~ (*Werkz.*), lima diamantata. **12 Doppelhieb** ~ (*Werkz.*), lima a taglio doppio, lima a tratti incrociati. **13 Doppelschlicht** ~ (*Werkz.*), lima a taglio extradolce. **14 Dreikant** ~ (*Werkz.*), lima triangolare. **15 dreikantige** ~ (Dreikantfeile) (*Werkz.*), lima triangolare. **16 einhiebige** ~ (*Werkz.*), lima a taglio semplice, lima a tratti semplici. **17 extrafeine** ~ (*Werkz.*), lima a taglio dolcissimo. **18 feine** ~ (*Werkz.*), lima a taglio mezzo dolce. **19 flache** ~ (Flachfeile) (*Werkz.*), lima piatta. **20 Fräser** ~ (*Werkz.*), fresa a lima. **21 Gesenkmacher** ~ (*Werkz.*), lima per stampi. **22 grobe** ~ (*Werkz.*), lima a taglio grosso. **23 halbrunde** ~ (*Werkz.*), lima mezzo tonda. **24**

feilen

Halbschlicht ~ (*Werkz.*), lima a taglio mezzo dolce. 25 konische ~ (*Werkz.*), lima a punta. 26 Kordler ~ (*Werkz.*), lima per zigrinare. 27 Kreuzhieb ~ (Doppelhiebfeile) (*Werkz.*), lima a taglio doppio, lima a tratti incrociati. 28 Loch ~ (*Werkz.*), lima curva (per stampi), « rifloir ». 29 Messer ~ (*Werkz.*), lima a coltello. 30 Nadel ~ (*Werkz.*), lima ad ago. 31 Oval ~ (*Werkz.*), lima ovale. 32 Pack ~ (*Werkz.*), lima con taglio a pacco. 33 Polier ~ (*Werkz.*), brunitoio. 34 Prisma ~ (*Werkz.*), lima triangolare piatta. 35 Raum ~ (Gesenkmacherfeile) (*Werkz.*), lima per stampi. 36 Rauten ~ (*Werkz.*), lima a losanga. 37 Rhombus ~ (Schwertfeile) (*Werkz.*), lima a losanga. 38 Riffel ~ (*Werkz.*), lima curva, lima per stampi, « rifloir ». 39 Rotier ~ (*Werkz.*), lima rotante, limola. 40 rotierende ~ (*Werkz.*), lima rotante, limola. 41 Rund ~ (*Werkz.*), lima tonda. 42 Sägen ~ (*Werkz.*), lima per (affilare) seghe. 43 Schlicht ~ (*Werkz.*), lima a taglio dolce. 44 Schlüssel ~ (*Werkz.*), lima per chiavi. 45 Schrupp ~ (*Werkz.*), lima a taglio grosso. 46 Spitz ~ (*Werkz.*), lima a punta. 47 Schwert ~ (*Werkz.*), lima a losanga. 48 Turbo- ~ (*Werkz.*), *siehe* Rotierfeile. 49 Umlauf ~ (*Werkz.*), *siehe* Rotierfeile. 50 Vierkantfräser ~ (*Werkz.*), lima quadrata con denti fresati. 51 vierkantige ~ (Vierkantfeile) (*Werkz.*), lima quadra. 52 Vogelzungen ~ (*Werkz.*), lima a foglia di salvia. 53 Vor ~ (Bastardfeile) (*Werkz.*), lima bastarda. 54 zweihiebige ~ (Spiegelfeile) (*Werkz.*), lima a taglio doppio, lima a tratti incrociati. 55 zylindrische ~ (*Werkz.*), lima tonda.

feilen (*Mech.*), limare.
Feilicht (Feilspäne) (*n. - Mech.*), limatura, trucioli di limatura.
Feilkloben (Handkloben) (*m. - Werkz.*), morsetto a mano, morsetto a vite.
Feilmaschine (*f. - Werkz.masch.*), limatrice, macchina per limare. 2 umlaufende ~ (*Werkz.masch.*), limolatrice, limatrice a moto rotatorio.
Feilscheibe (rotierende Feile) (*f. - Werkz.*), lima rotante, limola.
Feilsel (Feilicht) (*n. - Mech.*), limatura, trucioli di limatura.
Feilspäne (Feilstaub) (*m. - pl. - Mech.*), limatura, trucioli di limatura.
Feilstrich (Arbeitsgang) (*m. - Mech.*), colpo di lima. 2 ~ (Markierung) (*Mech.*), segno di lima.
fein (*allg.*), fine. 2 ~ (genau, Einstellung z. B.) (*Mech.*), preciso. 3 ~ (rein) (*Metall.*), fino. 4 ~ (Sieb) (*allg.*), a maglia fine, a maglia stretta. 5 ~ bearbeiten (*Mech. - etc.*), lavorare di precisione, finire. 6 ~ bohren (*Mech.*), alesare di precisione. 7 ~ er Formsand (*Giess.*), sabbia modello. 8 ~ er Grat (*Mech. - Fehler*), bava, bavatura. 9 ~ faserig (*allg.*), fibrillare. 10 ~ fühlig (Regler z. B.) (*Mech. - etc.*), sensibile, di altà sensibilità. 11 ~ geschliffen (*Werkz.masch.bearb.*), rettificato di precisione. 12 ~ honen (*Werkz.masch.bearb.*), superfinire. 13 ~ körnig (*Metall.*), a grano fine. 14 ~ mahlen (*Ind.*), polverizzare, ridurre in polvere. 15 ~ maschig (Sieb) (*Ind.*), a maglia fine. 16 ~ regelbarer Motor (*Elekt.*), motore a variazione continua della velocità. 17 ~ schleifen (*Mech.*), microfinire, lappare. 18 ~ verteilen (*Metall. - Chem.*), disperdere finemente. 19 ~ verteilt (*Metall. - Chem.*), finemente disperso.

Feinabgleich (*m. - Mech. - etc.*), regolazione di precisione, microregolazione. 2 ~ bohle (eines Fertigers) (*f. - Strass.bau - Masch.*), trave stenditrice.
Feinabstimmung (*f. - Funk.*), sintonia acuta.
Feinarbeit (*f. - Arb.*), lavoro di precisione.
Feinbank (Feinfleier) (*f. - Textilmasch.*), banco a fusi in fino.
Feinbearbeitung (Fertigbearbeitung) (*f. - Mech.*), finitura, lavorazione fine.
Feinblech (*n. - metall. Ind.*), lamiera sottile. 2 ~ gerüst (*n. - Walzw.*), gabbia per lamiere sottili.
Feinbohren (*n. - Werkz.masch.bearb.*), alesatura di precisione.
Feinbohrmaschine (Feinbohrwerk) (*f. - Werkz.masch.*), alesatrice di precisione.
Feinbohrwerk (Feinbohrmaschine) (*n. - Werkz.masch.*), alesatrice di precisione.
Feinbrennen (bei Silbergewinnung) (*n. - Metall.*), affinazione finale.
feinbrennen (*Metall.*), affinare.
Feine (*f. - Metall.*), *siehe* Feingehalt.
Feineinstellschraube (Feinstellschraube) (*f. - Instr. - etc.*), vite micrometrica, vite di microregolazione.
Feineinstellung (Feinregulierung) (*f. - Mech.*), regolazione fine, regolazione di precisione, microregolazione, regolazione micrometrica. 2 ~ s·kondensator (*m. - Elekt.*), condensatore d'accordo, condensatore di regolazione a nonio.
Feineisen (Feinstahl) (*n. - Walzw.*), profilato di piccola dimensione, piccolo profilato.
feinen (*Metall.*), affinare. 2 ~ (*Werkz.masch.bearb.*), finire di precisione.
Feinerodieren (*n. - Mech.*), finire di elettroerosione.
Feinerz (*n. - Bergbau*), minerale minuto, fini.
Feinfahrt (eines Aufzugs am Ende der Aufzugsbewegung, verringerte Geschwindigkeit) (*f. - Bauw.*), velocità ridotta.
Feinfeile (*f. - Werkz.*), lima a taglio dolce.
Feinfilter (*m. - Mot. - etc.*), filtro a maglia fine, filtro a maglia stretta.
Feinfleier (Feinbank) (*m. - Textilmasch.*), banco a fusi in fino.
Feinfräsen (*n. - Werkz.masch.bearb.*), fresatura fine, fresatura di precisione.
Feinführungsradar (*m. - Flugw. - Radar*), radar di avvicinamento di precisione.
Feingefüge (Mikrostruktur) (*n. - Metall.*), microstruttura.
Feingehalt (Feinheit, Feine, Korn, einer Legierung, für Münzen z. B.) (*m. - Metall.*), titolo.
Feingestalt (mikrogeometrische Gestalt, einer bearbeiteten Oberfläche) (*f. - Mech.*), configurazione microgeometrica.
Feingewebe (mit einem Gewicht über 100 und bis 200 g/m²) (*n. - Textilind.*), tessuto fine.
Feingewinde (*n. - Mech.*), filettatura fine. 2 metrisches ~ (*Mech.*), filettatura metrica

fine. 3 Whitworth- ~ (*Mech.*), filettatura fine Whitworth.
Feingliedrigkeit (*f. - allg.*), esilità. 2 ~ s‑kennwert (eines Gesenkschmiedestückes, Verhältnis des Schmiedestückgewichtes zum Gewicht des Hüllkörpers) (*m. - Technol.*), caratteristica di esilità.
Feingold (*n. - Metall.*), oro fino, oro puro.
Feinguss (Präzisionsguss) (*m. - Giess.*), microfusione.
Feinhechel (*f. - Textilind.*), pettine in fino.
Feinheit (*f. - allg.*), finezza. 2 ~ (Schlankheit, der Form) (*naut.*), finezza. 3 ~ (Quotient aus Gewicht und Länge von Fasern) (*Textilind.*), titolo. 4 ~ (*Metall.*), siehe auch Feingehalt. 5 metrische ~ s‑nummer (Quotient aus Länge in m und Gewicht in g) (*Textilind.*), titolo metrico.
Feinhöhenmesser (*m. - Flugw. - Instr.*), statoscopio.
Feinhonen (*n. - Mech.*), superfinitura.
feinhonen (*Mech.*), superfinire.
Feinkalk (Branntkalk) (*m. - Bauw.*), calce viva.
Feinkies (mit Korngrösse 7-30 mm) (*m. - Bauw.*), ghiaietto.
Feinkohle (*f. - Bergbau*), carbone in pezzatura minuta, minuto (*s.*), trito (*s.*), pula.
Feinkorn (*n. - Metall. - Min.*), grano fine. 2 ~ eisen (*n. - Metall. - Giess.*), ghisa acciaiosa.
feinkörnig (*Metall. - etc.*), a grana fine, a struttura compatta.
Feinkrempel (Feinkarde) (*m. - Textilmasch.*), carda in fino.
Feinkrempeln (*n. - Textilind.*), cardatura in fino.
feinkristallinisch (*Min. - etc.*), a grana fine.
Feinmechanik (*f. - Mech.*), meccanica di precisione, meccanica fine.
Feinmessdiagramm (*n. - Baukonstr.lehre*), curva sollecitazione-deformazione, diagramma carico-deformazione.
Feinmesser (*m. - Instr.*), micrometro.
Feinmessgerät (*n. - Instr.*), strumento di precisione.
Feinmesslehre (*f. - Werkz.*), calibro di precisione.
Feinmessmaschine (*f. - Masch.*), banco micrometrico.
Feinmess·schraube (Mikrometerschraube) (*f. - Werkz.*), micrometro, palmer.
Feinmess·schraublehre (Mikrometerschraube) (*f. - Mech.*), micrometro, palmer.
Feinmessung (*f. - Messtechnik*), misurazione di precisione.
Feinmesswesen (*n. - Messtechnik*), micrometrologia.
Feinofen (*m. - Metall.*), forno di affinamento, forno di affinazione.
Feinoptik (*f. - Opt.*), ottica di precisione.
Feinpassung (*f. - Mech.*), accoppiamento preciso.
Feinperiode (Frischperiode) (*f. - Metall.*), periodo di affinazione.
Feinporigkeit (*f. - Technol.*), microporosità.
Feinprozess (*m. - Metall.*), processo di affinazione.
Feinputz (Edelputz) (*m. - Maur.*), stabilitura, ultima mano di intonaco, velo.

feinregeln (*Mech. - etc.*), regolare di precisione.
Feinregulierung (Feineinstellung) (*f. - Mech. - etc.*), regolazione fine, regolazione di precisione, microregolazione, regolazione micrometrica.
Feinsand (mit Korngrösse bis 1 mm) (*m. - Bauw.*), sabbia fine.
Feinschlichten (*n. - Mech.*), microfinitura, superfinitura.
Feinschlichtfeile (*f. - Werkz.*), lima a taglio dolcissimo.
Feinschliff (*m. - Mech.*), microfinitura.
Feinsicherung (*f. - Elekt.*), fusibile per correnti deboli, fusibile a filo sottile.
Feinsieb (*n. - Ind.*), vaglio a maglia fine, setaccio.
Feinsitz (Feinpassung) (*m. - Mech.*), accoppiamento preciso.
Feinspindelbank (Feinfleier) (*f. - Textilmasch.*) banco a fusi in fino.
Feinspinnen (*n. - Textilind.*), filatura in fino.
Feinspinnmaschine (*f. - Textilmasch.*), filatoio in fino.
Feinstahlwalzwerk (*n. - Metall.*), laminatoio per piccoli profilati (di acciaio).
Feinstanzen (*n. - Blechbearb.*), tranciatura fine.
Feinstbearbeitung (*f. - Mech.*), superfinitura. 2 ~ (von Zahnrädern) (*Mech.*), rasatura, sbarbatura.
Feinstbohrmaschine (Feinstbohrwerk) (*f. - Werkz.masch.*), alesatrice di precisione.
Feinstein (bei Nickelgewinnung) (*m. - Metall.*), metallina fine, seconda metallina. 2 ~ gut (Majolika) (*n. - Keramik*), maiolica.
Feinstellschraube (*f. - Mech.*), vite di microregolazione, vite micrometrica.
Feinsteuerung (Einrichtung zum selbsttätigen Nachstellen des Fahrkorbs eines Aufzugs im Bereich der Stufenhöhe) (*f. - Bauw.*), livellatore, autolivellatore.
Feinstfilterung (*f. - Hydr. - etc.*), microfiltrazione.
Feinstkorn (Zuschlagstoff mit Körnungen unter 0,2 mm) (*n. - Bauw.*), aggregato finissimo.
Feinstopmotor (für Werkz.masch.) (*m. - Elektromech.*), motorino ad arresto di precisione.
Feinstrasse (für Bleche) (*f. - Walzw.*), treno per lamiere sottili.
Feinstrecken (*n. - Textilind.*), stiro in fino, stiro di finitura.
Feinstrecker (*m. - Textilmasch.*), stiratoio finitore, banco di stiro finitore.
Feintaster (Feinlehre) (*m. - Instr.*), calibro di precisione.
Feinungsschlacke (Fertigschlacke) (*f. - Metall.*), scoria di affinazione.
Feinvorschub (*m. - Werkz.masch.bearb.*), avanzamento fine.
Feinwaage (*f. - Ger.*), bilancia di precisione.
Feinwalzwerk (*n. - Walzw.*), laminatoio finitore.
Feinwerktechnik (*f. - Technik*), tecnica di precisione.
Feinzeiger (Feintaster) (*m. - Messzeug*), microindicatore.
Feinzeug (Ganzzeug) (*n. - Papierind.*), pasta

Feinziehschleifen

di legno. 2 ~ **holländer** (*m. - Papierind. masch.*), raffinatore, olandese.
Feinziehschleifen (*n. - Mech.*), superfinitura.
Feinzink (durch Destillation oder durch Elektrolyse gewonnen) (*n. - Metall.*), zinco puro (da distillazione o da elettrolisi).
Feinzug (Drahtziehen) (*m. - mech. Technol.*), ultima passata di trafilatura. 2 ~ (Matrize, einer Ziehbank) (*Werkz.*), trafila per l'ultima passata. 3 ~ **matrize** (für Drahtziehen) (*f. - mech. Technol. - Werkz.*), trafila per l'ultima passata.
Feinzustellung (für die Einstellung der Schnittiefe) (*f. - Werkz.masch.bearb.*), regolazione di precisione della profondità di taglio, regolazione micrometrica della profondità di taglio, microregolazione della profondità di taglio.
Feld (*n. - allg.*), campo. 2 ~ (*Elekt.*), campo. 3 ~ (Acker) (*Landw.*), campo. 4 ~ (zwischen den Nuten eines Kolbens z. B.) (*Mech.*), pieno. 5 ~ (Betonfeld z. B., einer Strassendecke) (*Strass.b.*), lastrone (di pavimentazione stradale in calcestruzzo). 6 ~ (eines Fachwerkträgers) (*Bauw.*), maglia. 7 ~ (eines ind. Gebäudes) (*Bauw.*), campata. 8 ~ (Schaubild, Kennfeld) (*Masch. - etc.*), diagramma, grafico. 9 ~ (Teil, eines Satzes, einer Lochkarte) (*Datenverarb.*), campo. 10 ~ **arbeit** (*f. - Arb.*), lavoro agricolo. 11 ~ **arbeiter** (*m. - Arb.*), bracciante agricolo. 12 ~ **artillerie** (*f. - milit.*), artiglieria da campagna. 13 ~ **bahn** (*f. - Bauw. - etc.*), ferrovia Decauville. 14 ~ **bahnlokomotive** (*f. - Bauw. - Eisenb.*), locomotiva per ferrovia Decauville. 15 ~ **bahnlore** (*f. - Fahrz.*), vagonetto a bilico, vagonetto ribaltabile, vagonetto Decauville. 16 ~ **bahnschiene** (*f. - Bauw. - etc.*), rotaia per ferrovia Decauville. 17 ~ **bahnwagen** (*m. - Bauw.*), vagonetto Decauville. 18 ~ **bau** (Ackerbau) (*m. - Ack.b.*), agricoltura. 19 ~ **bestellung** (*f. - Landw.*), dissodamento del terreno. 20 ~ **buch** (*n. - Top. - Bergbau*), libretto di campagna. 21 ~ **dichte** (*f. - Elekt.*), densità del campo, densità del flusso. 22 ~ **effekttransistor** (FET) (*m. - Elektronik*), transistore ad effetto di campo. 23 ~ **elektronenmikroskop** (Feldelektronen-Emissionsmikroskop) (*n. - Opt. - Instr.*), microscopio elettronico con campo (acceleratore). 24 ~ **emission** (von Elektronen) (*f. - Elektronik*), emissione di campo. 25 ~ **energie** (*f. - Elekt.*), energia di campo. 26 ~ **erregung** (*f. - Elekt.*), eccitazione del campo. 27 ~ **fernsprecher** (Feldtelefon) (*m. - Fernspr.*), telefono da campo. 28 ~ **funksprecher** (*m. - Funk. - milit.*), radiotelefono da campo, ricetrasmittente portatile. 29 ~ **gerät** (*n. - Ack.b.ger.*), utensile agricolo. 30 ~ **gestell** (*n. - Elekt.*), carcassa statorica. 31 ~ **häcksler** (*m. - Landw.masch.*), trinciaforaggi. 32 ~ **kurve** (Kurve des magnetischen Feldes im Luftspalt) (*f. - elekt. Masch.*), curva del campo magnetico, andamento del campo magnetico. 33 ~ **linie** (*f. - Elekt.*), linea di flusso, linea di forza. 34 ~ **magnetspule** (*f. - Elekt.*), bobina di campo. 35 ~ **messen** (Vermessen) (*n. - Top.*), operazioni di campagna. 36 ~ **messer** (Geometer) (*m. - Top.*), geometra. 37 ~ **messkette** (*f. - Top. - Ger.*), catena da geometra. 38 ~ **moment** (Biegemoment eines Balkens z. B. innerhalb einer Spannweite) (*n. - Bauw.*), momento flettente entro la campata. 39 ~ **platte** (Halbleiterbauelement) (*f. - Elektronik*), piastra di campo. 40 ~ **platte** (Hallsondenplatte) (*Elekt.*), piastra (sonda) di Hall. 41 ~ **quant** (Feldteilchen) (*n. - Phys.*), particella del campo, quanto del campo. 42 ~ **regelanlasser** (*m. - Elekt.*), combinatore di marcia, « controller ». 43 ~ **regler** (Feldsteller) (*m. - Elekt.*), reostato di campo. 44 ~ **röhre** (Flussröhre) (*f. - Phys.*), tubo di flusso. 45 ~ **schmiede** (*f. - Schmieden*), fucina portatile. 46 ~ **schwächung** (*f. - Elekt.*), attenuazione del campo (induttore), diseccitazione del campo. 47 ~ **schwächung** (bei elekt. Antrieb) (*elekt. Fahrz.*), diseccitazione, attenuazione del campo. 48 ~ **spannung** (Erregungsspannung) (*f. - Elekt.*), tensione di eccitazione. 49 ~ **spannungsteiler** (*m. - Elekt.*), reostato di campo potenziometrico. 50 ~ **spule** (*f. - Elekt.*), bobina di campo, bobina induttrice. 51 ~ **stärke** (*f. - Elekt.*), intensità di campo. 52 ~ **stecher** (Fernglas) (*m. - Opt. - Instr.*), binocolo. 53 ~ **stein** (Rollstein) (*m. - Bauw.*), ciottolo. 54 ~ **stein** (erratischer Block) (*Geol.*), masso erratico, trovante. 55 ~ **steinpflaster** (*n. - Strass.b.*), acciottolato. 56 ~ **steller** (*m. - elekt. Ger.*), siehe Feldregler (*m.*). 57 ~ **telefon** (*n. - Fernspr. - milit.*), telefono da campo. 58 ~ **tensor** (*m. - Elekt.*), tensore di campo. 59 ~ **typ** (elektromagnetische Feldform) (*m. - Elektronik*), modo di campo. 60 ~ **übertragungsfaktor** (eines Mikrophons) (*m. - Akus.*), sensibilità in campo libero. 61 ~ **vektor** (*m. - Phys.*), vettore del campo. 62 ~ **versuch** (im Gegensatz zu Laborversuch) (*m. - Elekt. - etc.*), prova in esercizio. 63 ~ **werkstatt** (*f. - milit.*), officina da campo, officina mobile. 64 ~ **wicklung** (*f. - Elekt.*), bobina di campo. 65 ~ **widerstand** (Feldregler) (*m. - Elekt.*), reostato di campo. 66 ~ **zug** (der Presse z. B.) (*m. - komm. - etc.*), campagna. 67 Beton ~ (Betondeckenplatte) (*Strass.b.*), lastrone in calcestruzzo (per pavimentazioni). 68 elektrostatisches ~ (*Elekt.*), campo elettrostatico. 69 erdmagnetisches ~ (*Geophys.*), campo magnetico terrestre. 70 Gravitations ~ (*Phys.*), campo gravitazionale. 71 Kraft ~ (*Phys.*), campo di forza. 72 magnetisches ~ (*Elekt.*), campo magnetico. 73 magnetostatisches ~ (*Elekt.*), campo magnetostatico. 74 Propaganda ~ zug (Reklamefeldzug) (*m. - komm.*), campagna pubblicitaria. 75 quellenfreies ~ (*Elekt.*), campo (conservativo) solenoidale. 76 rotierendes ~ (Drehfeld) (*Elekt.*), campo rotante. 77 Schwere ~ (*Phys.*), campo gravitazionale terrestre. 78 Toleranz ~ (*Mech.*), campo di tolleranza. 79 Vektor ~ (vektorielles Feld) (*Phys.*), campo vettoriale. 80 wirbelfreies ~ (*Elekt.*), campo irrotazionale. 81 Wirbel ~ (*Elekt. - etc.*), campo rotazionale.
Feldspat (Gestein) (*m. - Min.*), feldspato.
Felge (eines Rades) (*f. - Fahrz.*), cerchione. 2 ~ **n·abziehhebel** (*m. - Fahrz.*), estrattore per cerchioni, leva per smontare cerchioni, leva cavafascioni. 3 ~ **n·bett** (*n. - Aut.*),

canale del cerchione, gola del cerchione. **4 ~ n·bremse** (*f. - Fahrz.*), freno sul cerchione. **5 ~ n·horn** (*n. - Aut.*), bordo del cerchione. **6 ~ n·rand** (*m. - Fahrz.*), tallone del cerchione. **7 ~ n·schulter** (*f. - Aut.*), fianco del cerchione, spalla del cerchione. **8 Flachbett ~** (*Aut.*), cerchione a base piana. **9 Ring ~** (Flachbettfelge) (*Aut.*), cerchione a base piana. **10 Tiefbett ~** (*Aut.*), cerchione a canale.

Fell (Haut) (*n. - Lederind.*), pelle. **2 ~** (Überlappung) (*Walzw.fehler*), ripiegatura. **3 ~** (Überlappung) (*Schmiedefehler*), sovrapposizione. **4 gegerbtes ~** (*Lederind.*), pelle conciata.

Fell (« sheet ») (*n. - Gummiind.*), « sheet ».

Fellows-Rod (*n. - Werkz.*), coltello Fellows.

Fels (*m. - Geogr.*), scoglio, rupe. **2 ~** (Felsen, Gestein) (*Geol. - Min.*), roccia. **3 ~ aushub** (*m. - Bauw.*), scavo in roccia. **4 ~ baggerung** (*f. - Bauw.*), escavazione di roccia. **5 ~ bohrer** (Gesteinsbohrer) (*m. - Werkz.*), scalpello da roccia. **6 ~ damm** (*m. - Wass.b.*), *siehe* Steindamm. **7 ~ en·alaun** (*m. - Min.*), allume di rocca. **8 ~ geher** (Bergsteiger, Berggeher) (*m. - Sport*), rocciatore, alpinista. **9 ~ geröll** (Schutthalde) (*n. - Geogr.*), roccia franata, ghiaione. **10 ~ grund** (*m. - Bauw.*), fondo roccioso. **11 ~ gründung** (*f. - Bauw.*), fondazione su roccia. **12 ~ klettern** (Klettern) (*n. - Sport*), roccia, arrampicata su roccia. **13 ~ mechanik** (Geomechanik) (*f. - Geol.*), geomeccanica. **14 ~ meissel** (*m. - Bergbauwerkz.*), scalpello da roccia. **15 ~ wand** (*f. - Geogr.*), parete rocciosa. **16 Meeres ~** (Felsenklippe) (*Geogr.*), scoglio.

felsartig (felsig) (*Geol.*), roccioso.

Felsit (bestehend aus Quarz und Feldspat) (*m. - Min.*), felsite.

F.E.M. (Fédération Européenne de la Manutention, Europäische Vereinigung der Fördertechnik) (*ind. Transp.*), F.E.M., Federazione Europea Trasporti Industriali.

Femto- (f = 10^{-15}) (*Masseinh.*), femto-, f.

Fender (Puffer, am Schiffbord) (*m. - naut.*), parabordo (d'accosto), paglietto.

Fenn (Fehn, Venn, Veen) (*n. - Geogr.*), palude, terreno paludoso.

Fenster (*n. - Bauw.*), finestra. **2 ~** (eines Wagens) (*Aut. - Eisenb.*), finestrino. **3 ~** (Ausnehmung, im Blech z. B.) (*Technol.*), asola, finestra, sfinestratura. **4 ~** (eines Projektors) (*Filmtech.*), quadruccio, finestra. **5 ~ abdichtschiene** (*f. - Aut.*), profilato di tenuta del finestrino. **6 ~ anschlag** (Fensterfalz) (*m. - Tischl. - Bauw.*), battuta della finestra. **7 ~ aussteller** (*m. - Aut.*), manovella alzacristallo, alzacristallo. **8 ~ band** (*n. - Bauw.*), finestrato (*s.*), ordine di finestre. **9 ~ bank** (Sohlbank) (*f. - Bauw.*), davanzale della finestra. **10 ~ brett** (*n. - Bauw.*), davanzale interno. **11 ~ dichtungsprofil** (Fensterdichter) (*n. - Aut.*), profilato di tenuta del finestrino. **12 ~ einfassung** (*f. - Bauw.*), infisso di finestra. **13 ~ flügel** (*m. - Bauw.*), battente di finestra, imposta di finestra. **14 ~ führung** (Fensterführungsschiene) (*f. - Aut.*), finestrino guidacristallo, canalino di guida del finestrino. **15 ~ führungsschiene** (*f. - Aut.*), canalino guida-cristallo, canalino di guida del finestrino. **16 ~ futter** (*n. - Bauw.*), infisso di finestra. **17 ~ glas** (Scheibenglas) (*n. - Bauw.*), vetro per finestre. **18 ~ glas** (*Aut.*), cristallo del finestrino. **19 ~ heber** (*m. - Aut.*), alzacristallo. **20 ~ hochwindevorrichtung** (*f. - Bauw.*), meccanismo apertura finestre. **21 ~ jalousie** (*f. - Bauw.*), tendina alla veneziana. **22 ~ kitt** (*m. - Bauw.*), mastice da vetrai, « stucco ». **23 ~ klappe** (Jalousie, eines Kühlers z. B.) (*f. - Aut. - etc.*), parzializzatore. **24 ~ kurbel** (Fensteraussteller) (*f. - Aut.*), manovella alzacristallo, alzacristallo. **25 ~ laden** (*m. - Bauw.*), gelosia, persiana. **26 ~ lauf** (*m. - Aut.*), intelaiatura del finestrino. **27 ~ leder** (Fensterputzleder) (*n. - Aut. - etc.*), pelle di daino. **28 ~ leibung** (*f. - Bauw.*), stipite della finestra. **29 ~ öffnung** (*f. - Bauw.*), finestra. **30 ~ rahmen** (*m. - Bauw.*), chiassile. **31 ~ riegel** (Sturzriegel) (*m. - Bauw.*), architrave della finestra. **32 ~ rose** (Rose) (*f. - Arch.*), finestra a rosone. **33 ~ sohle** (Sohlbank) (*f. - Bauw.*), davanzale di finestra. **34 ~ stiel** (*m. - Bauw.*), montante di finestra. **35 ~ stock** (Einfassung der Fensteröffnung) (*m. - Bauw.*) (*österr.*), chiassile. **36 ~ sturz** (*m. - Bauw.*), architrave di finestra. **37 ~ zählrohr** (*n. - Radioakt. - Instr.*), contatore a finestra. **38 ~ zarge** (Fenstereinfassung, Fensterfutter) (*f. - Bauw.*), infisso di finestra. **39 Ausstell ~** (*Aut.*), finestrino orientabile. **40 Doppel ~** (*Bauw.*), doppia finestra. **41 Dreh ~** (*Aut.*), deflettore. **42 Drehflügel ~** (*Bauw.*), finestra a battente verticale. **43 einflügeliges ~** (*Bauw.*), finestra ad un battente. **44 Falt-Schiebe- ~** (*Bauw.*), finestra a libro (scorrevole). **45 herablassbares ~** (versenkbares Fenster) (*Bauw.*), finestra a saliscendi, finestra scorrevole verticalmente. **46 Horizontal-Schiebeflügel ~** (*Bauw.*), finestra ad ante scorrevoli orizzontalmente. **47 Kippflügel ~** (*Bauw.*), finestra ribaltabile a cerniere inferiori. **48 Klappflügel ~** (*Bauw.*), finestra a battente orizzontale. **49 Kurbel ~** (*Aut.*), finestrino abbassabile. **50 Metall ~** (Leichtmetallfenster, in Büro- und Industriebauten) (*Bauw.*), finestra ad intelaiatura metallica. **51 Rückwand ~** (*Aut.*), finestrino posteriore, lunotto. **52 Schiebe ~** (*Aut.*), finestrino scorrevole. **53 Schiebe ~** (*Bauw.*), finestra scorrevole. **54 schräges ~** (*Bauw.*), lucernario. **55 Schwingflügel ~** (*Bauw.*), finestra a bilico orizzontale. **56 Seiten ~** (*Aut.*), finestrino laterale. **57 strahlensicheres ~** (*Radioakt.*), finestra antiradiazioni. **58 Vertikal-Schiebeflügel ~** (*Bauw.*), finestra a saliscendi. **59 Waagerecht-Schiebe ~** (*Bauw.*), finestra scorrevole orizzontalmente. **60 Wendeflügel ~** (*Bauw.*), finestra a bilico verticale.

Feran (mit Al plattiertes Stahlfeinblech) (*n. - Metall.*), lamierino placcato con alluminio.

Ferien (Arbeitspause) (*f. - pl. - Arb.*), ferie. **2 ~ kolonie** (für die Kinder der Arbeiter z. B.) (*f. - Arb. - etc.*), colonia.

fermentieren (*Chem.*), fermentare.

Fermentwirkung (*f. - Chem.*), fermentazione.

Fermi-Alter (*n. - Atomphys.*), età di Fermi.

Fermionen

Fermionen (Teilchen die sich gemäss der Fermistatistik verhalten) (*n. - pl. - Phys.*), fermioni.
Fermi-Statistik (Fermi-Dirac-Statistik) (*f. - Phys.*), statistica di Fermi.
Fermium (künstliches chem. Element) (*Fm - n. - Chem.*), fermio.
Fernablesung (*f. - Instr.*), lettura a distanza.
Fernamt (Fernsprechvermittlungsstelle) (*n. - Fernspr.*), centrale interurbana.
Fernanlassrelais (*n. - Elekt.*), teleavviatore.
Fernanruf (*m. - Fernspr.*), chiamata interurbana.
Fernanschluss (*m. - Fernspr.*), allacciamento interurbano, allacciamento alla centrale interurbana.
Fernantrieb (*m. - Elektromech.*), telecomando, comando a distanza.
Fernanzeige (*f. - Instr.*), teleindicazione, indicazione a distanza.
Fernanzeiger (*m. - Instr.*), teleindicatore, indicatore a distanza.
Fernaufklärungsflugzeug (*n. - Flugw.*), ricognitore a lungo raggio.
Fernaufnahme (Fernbild) (*f. - Phot.*), telefoto.
Fernauslösung (einer Kamera) (*f. - Phot.*), scatto a distanza, telescatto.
fernbedient (fernbetätigt) (*Masch. - etc.*), comandato a distanza, telecomandato.
Fernbedienung (*f. - Elektromech.*), telecomando, comando a distanza. 2 ~ s·instrument (in Kernenergieanlagen) (*n. - Kernphys.*), strumento telecomandato.
fernbesetzt (*Fernspr.*), occupato da comunicazione interurbana.
fernbetätigen (*Elekt. - Mech.*), telecomandare, azionare a distanza.
fernbetätigt (*Elektromech.*), telecomandato, comandato a distanza.
Fernbetätigung (*f. - Elektromech.*), telecomando, comando a distanza.
Fernbild (*n. - Phot.*), telefoto.
Fernbleiben (*n. - Arb.*), assenza. 2 **unentschuldigtes** ~ (*Arb.*), assenza ingiustificata.
Fernbomber (*m. - Luftwaffe*), bombardiere a lungo raggio.
Ferndrehzahlmesser (*m. - Instr.*), teletachimetro.
Ferndrucker (*m. - Telegr. - Ger.*), telestampante (*s.*), apparecchio telegrafico stampante.
Ferneinschalten (*n. - Elekt.*), teleinserzione, inserzione a distanza.
Ferneinstellung (*f. - Elektromech.*), regolazione a distanza, teleregolazione. 2 ~ (von Geschützen z. B.) (*milit.*), puntamento a distanza.
Ferner (Gletscher) (*m. - Geogr.*), ghiacciaio.
Fernfahrer (Lastfahrzeug z. B.) (*m. - Fahrz.*), autoveicolo per lunghi percorsi. 2 ~ **haus** (eines Lastwagens) (*n. - Aut.*), cabina lunga.
Fernfeld (einer Antenne, Fraunhofer-Zone) (*n. - Funk.*), zona di Fraunhofer.
Fernfunkfeuer (*n. - Funk.*), radiofaro di grande portata.
Fernganggetriebe (für Schongang) (*n. - Aut.*), moltiplicatore.
Ferngas (für Industrie, durch Rohrnetze versorgt) (*n. - Ind.*), gas di città.
Ferngeber (*m. - Instr.*), teletrasmettitore, trasduttore.
ferngelenkt (*Flugw. - Astronautik*), teleguidato.
Ferngeschoss (*n. - milit.*), missile balistico.
Ferngespräch (Fernverkehrsgespräch) (*n. - Fernspr.*), comunicazione interurbana, conversazione interurbana. 2 ~ (Telephongespräch) (*Fernspr.*), comunicazione telefonica, conversazione telefonica.
ferngesteuert (*Elektromech.*), telecomandato, comandato a distanza.
Fernglas (Feldstecher) (*n. - Opt. - Instr.*), binocolo.
Ferngreifer (*m. - ind. Masch.*), benna telecomandata.
Ferngruppensucher (*m. - Fernspr.*), cercatore di gruppo interurbano.
Fernheizung (für verschiedene Gebäude oder Stadtteile) (*f. - Heizung*), riscaldamento centrale (per più edifici o quartieri).
Fernheizwerk (für verschiedene Gebäude oder Stadtteile) (*n. - Heizung*), centrale di riscaldamento (a distanza).
Fernhörer (*m. - Fernspr.*), ricevitore, cornetta. 2 ~ **schnur** (*f. - Fernspr.*), cordone del ricevitore.
Fernhydraulik (hydraulische Fernbetätigung) (*f. - Mech. - Hydr.*), telecomando idraulico.
Fernkinematographie (*f. - Fernseh. - Filmtech.*), telecinematografia.
Fernklappe (*f. - Fernspr.*), cartellino indicatore per linea interurbana.
Fernkompass (*m. - Ger.*), telebussola.
Fernlastzug (Lastwagen) (*m. - Aut.*), autotreno.
Fernleitung (für Energie) (*f. - Elekt.*), elettrodotto. 2 ~ (*Fernspr.*), linea interurbana. 3 Rohöl ~ (*chem. Ind.*), oleodotto.
Fernlenkflugzeug (*n. - Flugw. - Funk.*), velivolo teleguidato.
Fernlenkung (Fernsteuerung, von Geschossen z. B.) (*f. - Flugw. - Milit. - Astronautik*), teleguida.
Fernlenkwaffen (*f. - pl. - milit.*), |telearmi guidate, armi teleguidate.
Fernlicht (*n. - Aut.*), luce abbagliante, fascio di profondità. 2 ~ **anzeigelampe** (Fernlichtkontrollampe) (*f. - Aut.*), spia luce abbagliante, spia degli abbaglianti. 3 ~ **kontrollampe** (*f. - Aut.*), spia degli abbaglianti.
Fernmeldeanlage (*f. - Telegr. - Fernspr. - Funk.*), impianto di telecomunicazioni.
Fernmeldekabel (*n. - Telegr. - etc.*), cavo per telecomunicazioni.
Fernmeldeleitung (*f. - Fernspr. - etc.*), linea di telecomunicazione.
Fernmelder (Fernanzeiger) (*m. - Instr.*), teleindicatore.
Fernmeldeschnur (für bewegliche Verbindungen ortsveränderlicher Fernmeldegeräte) (*f. - Fernspr.*), cordone volante.
Fernmeldetechnik (elektrische Nachrichtentechnik) (*f. - Funk. - etc.*), tecnica delle telecomunicazioni.
Fernmeldewesen (*n. - Telegr. - etc.*), telecomunicazioni.
Fernmengenmesser (*m. - Ger. - Hydr. - etc.*), teleindicatore di portata.

Fernmesser (Entfernungsmesser) (*m. - Instr.*), telemetro.
Fernmessgerät (*n. - Elektromech.*), apparecchio di telemisura.
Fernmessung (elekt. Übertragung von Messwerten) (*f. - Elektromech.*), telemisura.
fernmündlich (telephonisch) (*Fernspr.*), telefonico.
Fernnebensprechen (*n. - Fernspr.*), telediafonia, diafonia lontana.
Fernnetz (*n. - Fernspr.*), rete interurbana.
Fernobjektiv (Teleobjektiv) (*n. - Phot. - Filmtech.*), teleobiettivo.
Fernphotographie (*f. - Phot.*), telefoto.
Fernplatz (*m. - Fernspr.*), posto interurbano.
Fernregelung (*f. - Elektromech.*), regolazione a distanza, teleregolazione.
Fernrohr (*n. - opt. Instr.*), cannocchiale. 2 ~ (Teleskop) (*Astr.*), telescopio. 3 ~ **aufnahme** (Fernphotographie) (*f. - Phot.*), telefoto. 4 ~ **aufsatz** (eines Gewehres) (*m. - Opt.*), mirino a cannocchiale. 5 ~ **hülse** (*f. - Instr. - etc.*), tubo telescopico. 6 ~ **post** (Rohrpost) (*f. - Post*), posta pneumatica. 7 **astronomisches** ~ (*Astr.*), telescopio astronomico. 8 **dioptrisches** ~ (Refraktor) (*Astr. - Instr.*), telescopio a rifrazione, rifrattore. 9 **Galileisches** ~ (holländisches Fernrohr) (*Astr. - Instr.*), cannocchiale di Galileo. 10 **katadioptrisches** ~ (*Astr. - Instr.*), telescopio a riflessione e rifrazione, telescopio catadiottrico. 11 **katoptrisches** ~ (Reflektor, Spiegelfernrohr) (*Astr. - Instr.*), telescopio a riflessione, riflettore. 12 **Linsen** ~ (Refraktor) (*Astr. - Instr.*), telescopio a rifrazione, rifrattore. 13 **Radio** ~ (Radioteleskop) (*Astr.*), radiotelescopio. 14 **Spiegel** ~ (Reflektor) (*Astr. - Instr.*), telescopio a riflessione, riflettore. 15 **Spiegellinsen** ~ (Medial, katadioptrisches Fernrohr) (*Astr. - Ger.*), telescopio a riflessione e rifrazione, telescopio catadiottrico.
Fernruf (*m. - Fernspr.*), chiamata interurbana.
Fernschalter (*m. - Elekt.*), teleruttore.
Fernscheinwerfer (*m. - Aut.*), proiettore, faro.
Fernschreibadresse (auf Briefen) (*f. - Telegr.*), telex.
Fernschreibalphabet (*n. - Telegr.*), codice per telex.
Fernschreibanschluss (*m. - Telegr.*), allacciamento telex.
Fernschreibdienst (*m. - Telegr.*), servizio telex.
Fernschreib-Drucker (*m. - Masch.*), meccanismo scrivente (di telescrivente).
Fernschreib-Empfänger (*m. - Masch.*), ricevitore (di telescrivente).
Fernschreiben (Schriftstück) (*n. - Telegr.*), telex, telescritto. 2 ~ (Vorgang) (*Telegr.*), trasmissione per telescrivente, trasmissione di telex.
fernschreiben (*Telegr.*), telescrivere, trasmettere per telescrivente, trasmettere in telex.
Fernschreiber (Fernschreibmaschine) (*m. - Masch.*), telescrivente. 2 ~ (*Arb.*), telescriventista, addetto alla telescrivente.
Fernschreibmaschine (*f. - Masch.*), telescrivente.
Fernschreib-Sender (*m. - Masch.*), trasmettitore di telescrivente.

fernschriftlich (*Fernmeldewesen*), per telex, per telescrivente.
Fernsehansagerin (*f. - Fernseh. - Pers.*), annunciatrice della televisione.
Fernsehapparat (Fernsehempfänger) (*m. - Fernseh.*), televisore. 2 ~ **mit 21-Zoll-Bildschirm** (*Fernseh.*), televisore con schermo da 21 pollici. 3 **tragbarer** ~ (*Fernseh.*), televisore portatile.
Fernsehaufnahme (*f. - Fernseh.*), ripresa televisiva. 2 ~ **kamera** (Fernsehkamera) (*f. - Fernseh.*), telecamera. 3 **für** ~ **gut geeignet** (*Fernseh.*), telegenico.
Fernsehband (*n. - Fernseh.*), banda di videofrequenza, banda video.
Fernsehbericht (*m. - Fernseh.*), telecronaca.
Fernsehbild (*n. - Fernseh.*), immagine televisiva. 2 **plastisches** ~ (*Fernseh.*), immagine stereoscopica.
Fernsehdrahtfunk (*m. - Fernseh.*), televisione per cavo.
Fernsehdrama (*n. - Fernseh.*), dramma televisivo.
Fernsehempfänger (*m. - Fernseh.*), televisore.
Fernseh-Empfangsantenne (*f. - Fernseh.*), antenna ricevente per televisione.
Fernsehempfangsröhre (*f. - Fernseh.*), cinescopio.
Fernsehen (*n. - Fernseh.*), televisione. 2 ~ **im Kurzschlussverfahren** (industrielles Fernsehen) (*Fernseh.*), televisione in circuito chiuso, televisione industriale. 3 **direktes** ~ (*Fernseh.*) televisione diretta, ripresa diretta. 4 **Farb** ~ (*Fernseh.*), televisione a colori. 5 **industrielles** ~ (Fernsehen im Kurzschlussverfahren) (*Fernseh.*), televisione industriale, televisione in circuito chiuso. 6 **schwarz-weisses** ~ (*Fernseh.*), televisione in bianco e nero.
fernsehen (*Fernseh.*), televedere.
Fernsehfilm (*m. - Fernseh. - Filmtech.*), telefilm.
Fernsehfrequenz (*f. - Fernseh.*), videofrequenza.
Fernseh-Füllsender (Umsetzer) (*m. - Fernseh.*), ripetitore per la televisione.
Fernsehfunk (*m. - Fernseh. - Funk.*), radiotelevisione.
Fernsehkamera (*f. - Fernseh.*), telecamera.
Fernsehkanal (*m. - Fernseh.*), canale per televisione, canale televisivo.
Fernsehkofferempfänger (tragbarer Fernsehapparat) (*m. - Fernseh.*), televisore portatile.
Fernsehkurzfilm (*m. - Fernseh.*), cortometraggio televisivo.
Fernsehnachrichten (*f. - pl. - Fernseh.*), telegiornale.
Fernsehradar (*n. - Fernseh. - Radar*), radar televisivo.
Fernsehraster (*m. - Fernseh.*), quadro, reticolo.
Fernsehregisseur (*m. - Fernseh.*), regista della televisione.
Fernsehrelaisstation (*f. - Fernseh.*), stazione ripetitrice della televisione.
Fernsehrichtverbindung (*f. - Fernseh.*), ponte radio per televisione.
Fernsehröhre (*f. - Fernseh.*), cinescopio. 2 ~ **n·prüfer** (*m. - Fernseh.*), monoscopio.
Fernsehrundfunk (*m. - Fernseh.*), teletrasmissione, trasmissione televisiva.

Fernsehschirm (*m. - Fernseh.*), teleschermo.
Fernsehsender (*m. - Fernseh.*), trasmettitore televisivo, stazione teletrasmittente.
Fernsehsendung (*f. - Fernseh.*), trasmissione televisiva, teletrasmissione.
Fernsehsignal (*n. - Fernseh.*), videosegnale, segnale video.
Fernsehsprecher (Fernsehsprechapparat) (*m. - Fernseh. - Fernspr.*), telefono visore, videotelefono.
Fernsehsprechverbindung (*f. - Fernspr. - Fernseh.*), videotelefonia.
Fernsehstudio (*n. - Fernseh.*), studio televisivo.
Fernsehteilnehmer (*m. - Fernseh.*), teleabbonato.
Fernsehtelephon (Fernsehsprecher) (*n.-Fernseh. - Fernspr.*), telefono visore, videotelefono.
Fernsehtelephonie (Fernsprechverbindung) (*f. - Fernseh. - Fernspr.*), videotelefonia.
Fernsehturm (*m. - Fernseh.*), torre della televisione.
Fernsehumsetzer (*m. - Fernseh.*), stazione ritrasmittente per televisione, ripetitore, (stazione) ripetitrice per televisione.
Fernsehwagen (*m. - Fernseh. - Fahrz.*), autocarro della televisione.
Fernsehzuschauer (*m. - Fernseh.*), telespettatore.
Fernsetzen (*n. - Druck. - Zeitg.*), telecomposizione, composizione a distanza.
Fernsicht (*f. - Opt.*), visibilità.
fernsichtig (*Opt.*), presbite.
Fernsprechamt (Amt) (*n. - Fernspr.*), centrale telefonica, centralino telefonico.
Fernsprechanlage (*f. - Fernspr.*), impianto telefonico.
Fernsprechanschlusskabel (*n. - Fernspr.*), cavo d'abbonato.
Fernsprechantwortgerät (Fernsprech-Aufnahme-und-Wiedergabe-Apparat) (*n. - Fernspr.*), apparecchio registratore-riproduttore di conversazioni telefoniche (per utenti assenti).
Fernsprechapparat (Fernsprecher, Telephon) (*m. - Fernspr.*), apparecchio telefonico, « telefono ». 2 ~ **für Wahlbetrieb** (*Fernspr.*), apparecchio telefonico con disco combinatore, apparecchio telefonico automatico. 3 ~ **mit Ortsbatterie** (*Fernspr.*), apparecchio telefonico a batteria locale. 4 ~ **mit Zentralbatterie** (*Fernspr.*), apparecchio telefonico a batteria centrale.
Fernsprech-Aufnahme- und Wiedergabe-Apparat (*m. - Fernspr.*), apparecchio registratore e riproduttore di comunicazioni telefoniche.
Fernsprechauftragsdienst (*m. - Fernspr.*), servizio segreteria telefonica.
Fernsprechautomat (Münzfernsprecher) (*m. - Fernspr.*), apparecchio telefonico a gettone.
Fernsprechbeamtin (*f. - Fernspr. - Arb.*), telefonista, centralinista, operatrice telefonica.
Fernsprechbericht (*m. - Fernspr.*), fonogramma.
Fernsprechbetrieb (*m. - Fernspr.*), servizio telefonico.
Fernsprechbuch (*n. - Fernspr.*), guida del telefono, elenco degli abbonati (al telefono).

Fernsprechdichte (*f. - Fernspr.*), densità telefonica.
Fernsprechdienst (*m. - Fernspr.*), servizio telefonico.
fernsprechen (telephonieren) (*Fernspr.*), telefonare.
Fernsprecher (Fernsprechapparat, Telephon) (*m. - Fernspr.*), apparecchio telefonico, « telefono ». 2 **Münz** ~ (Fernsprechautomat) (*Fernspr.*), apparecchio telefonico a gettone.
Fernsprechfrequenz (*f. - Fernspr.*), frequenza telefonica.
Fernsprechhauszentrale (*f. - Fernspr.*), centralino telefonico privato.
Fernsprechkabel (*n. - Fernspr.*), cavo telefonico.
Fernsprechkabine (Telephonzelle) (*f. - Fernspr.*), cabina del telefono, cabina telefonica.
Fernsprechkundendienst (Fernsprechauftragsdienst) (*m. - Fernspr.*), servizio abbonati assenti.
Fernsprechleitung (*f. - Fernspr.*), linea telefonica.
Fernsprechmesstechnik (*f. - Fernspr.*), telefonometria.
Fernsprechnebenstellenanlage (*f. - Fernspr.*), impianto telefonico privato.
Fernsprechnetz (*n. - Fernspr.*), rete telefonica.
Fernsprechnormalkreis (*m. - Fernspr.*), circuito telefonico di riferimento.
Fernsprechnummer (*f. - Fernspr.*), numero del telefono, numero di abbonato.
Fernsprechreihenanlage (*f. - Fernspr. - Bauw.*), impianto di telefoni intercomunicanti.
Fernsprechrelais (*n. - Fernspr.*), relè telefonico.
Fernsprechschnur (*f. - Fernspr.*), cordone telefonico.
Fernsprechstelle (*f. - Fernspr.*), posto telefonico. 2 **öffentliche** ~ (*Fernspr.*), posto telefonico pubblico.
Fernsprechteilnehmer (*m. - Fernspr.*), abbonato al telefono.
Fernsprechtischstation (Fernsprechtischapparat) (*f. - Fernspr.*), apparecchio telefonico da tavolo.
Fernsprechvermittlungssystem (*n. - Fernspr.*), sistema di commutazione telefonica.
Fernsprechverzeichnis (Telephonbuch) (*n. - Fernspr.*), guida del telefono, elenco degli abbonati (al telefono).
Fernsprechweg (*n. - Fernspr.*), canale telefonico.
Fernsprechwesen (*n. - Fernspr.*), telefonia.
Fernsprechzelle (*f. - Fernspr.*), cabina telefonica, cabina del telefono.
Fernsprechzentrale (*f. - Fernspr.*), centrale telefonica.
Fernsteller (zur Fernbetätigung) (*m. - Ger.*), telecomando.
fernsteuerbar (*Elektromech.*), telecomandabile, comandabile a distanza.
Fernsteuerung (Fernlenkung, von Geschossen z. B.) (*f. - Flugw. - milit. - Astronautik.*), teleguida. 2 ~ (Fernbetätigung) (*Elektromech.*), telecomando, comando a distanza.

3 mechanische ~ (*Mech.*), telecomando meccanico.
Fernstrasse (*f. - Strasse*), strada di grande comunicazione.
Ferntaster (Fernsteuerung, Fernbetätigung) (*m. - Funk.*), telecomando.
Ferntelephonie (*f. - Fernspr.*), telefonia interurbana.
Fernthermometer (*n. - Instr.*), teletermometro.
Fernübertrager (*m. - Instr.*), trasmettitore (a distanza), teletrasmettitore.
Fernüberwachung (*f. - Elekt. - etc.*), telecontrollo, telesorveglianza.
Fernunterricht (Fernstudium) (*m. - Schule*), scuola per corrispondenza.
Fernverarbeitung (*f. - Datenverarb.*), teleelaborazione.
Fernverkehr (*m. - Transp.*), trasporti interurbani. 2 ~ (*Fernspr.*), traffico interurbano, telefonia interurbana. 3 ~ s·omnibus (*m. - Aut.*), autobus interurbano. 4 Selbstwähl ~ (*Fernspr.*), teleselezione.
Fernvermittlungsplatz (*m. - Fernspr.*), posto di commutazione interurbana.
Fernwahl (Selbstwähl-Fernverkehr) (*f. - Fernspr.*), teleselezione.
Fernwähler (*m. - Fernspr. - App.*), teleselettore.
Fernwahlnetz (*n. - Fernspr.*), rete di teleselezione.
Fernwärmeanlage (*f. - Heizung*), impianto di riscaldamento a distanza, centrale di riscaldamento, impianto di riscaldamento centrale.
Fernwirkanlage (*f. - Elektromech.*), impianto di telecomando e telecontrollo.
Fernwirktechnik (Fernsteuerung- und Überwachungstechnik) (*f. - Elekt. - etc.*), tecnica dei telecomandi e telecontrolli.
Fernwirkung (*f. - allg.*), azione a distanza.
Fernzähler (*m. - Instr.*), contatore a distanza, telecontatore.
Fernzeichnung (*f. - Zeichn.*), disegno in prospettiva, disegno prospettico.
Fernzeiger (*m. - Instr.*), teleindicatore.
Fernzug (F-Zug, FT-Zug) (*m. - Eisenb.*), direttissimo, treno direttissimo.
Ferrichlorid (Eisenchlorid) (*n. - Chem.*), cloruro di ferro, ferricloruro.
Ferrioxyd (*n. - Chem.*), ossido ferrico.
Ferrit (Verbindung des Oxyds) (*n. - Min. Chem.*), ferrite. 2 ~ (das kubisch kristallisierte α-Eisen) (*Metall.*), ferrite. 3 ~ -Antenne (Ferritstabantenne) (*f. - Funk.*), antenna (con asta) di ferrite. 4 ~ kern (für Hochfrequenzspulen) (*m. - Elekt.*), nucleo di ferrite. 5 ~ speicher (*m. - Elektronik*), memoria magnetica a (nuclei di) ferrite. 6 ~ streifen (entkohlter Streifen) (*m. - Metall. fehler*), banda di ferrite.
ferritisch (*Metall. - Chem.*), ferritico.
Ferrizyaneisen (*n. - Chem.*), ferricianuro di ferro.
Ferrizyanid (*n. - Chem.*), ferricianuro.
Ferrizyankalium (*n. - Chem.*), ferricianuro di potassio.
Ferrobor (*n. - Metall.*), ferroboro.
Ferrobronze (Sondermessing mit geringem Eisengehalt) (*f. - Legierung*) (tipo di) ottone al ferro.
Ferrochlorid (*n. - Chem.*), cloruro ferroso.
Ferroelektrika (ferroelektrische Stoffe, Dielektrika, Seignette-Salz z. B.) (*f. - pl. - Elekt.*), materiali ferroelettrici.
ferroelektrisch (*Phys.*), ferroelettrico.
Ferroelektrizität (*f. - Elekt.*), ferroelettricità.
Ferrofil (Ferrozellin, Papiergarnart) (*m. - Papierind.*), ferrofil.
Ferrokoks (*m. - Brennst.*), ferrocoke.
Ferrolegierung (*f. - Metall.*), ferrolega.
Ferromagnetika (ferromagnetische Stoffe, Eisen, Kobalt und Nickel) (*f. - pl. - Elekt.*), materiali ferromagnetici.
ferromagnetisch (*Elekt.*), ferromagnetico.
Ferromagnetismus (*m. - Elekt.*), ferromagnetismo.
Ferrometer (zur Ermittlung der Eisenverluste) (*n. - elekt. Ger.*), ferrometro.
Ferrooxyd (*n. - Chem.*), ossido ferroso.
Ferrotypie (Blechphotographie) (*f. - Phot.*), ferrotipia.
Ferrozellin (*Papierind.*), siehe Ferrofil.
Ferrozyaneisen (Berliner Blau) (*n. - Chem. - Farbe*), ferrocianuro di ferro, blu di Prussia.
Ferrozyankalium (*n. - Chem. - Farbe*), ferrocianuro di potassio.
Ferry (dem Konstantan entsprechendes Cu-Ni-Legierung) (*n. - Legierung*), (tipo di) lega cupronichel.
Ferse (eines Kegelradzahnes) (*f. - Mech.*), estremità esterna. 2 ~ blech (*n. - Aut.*), batticalcagno. 3 ~ n·tragbild (eines Zahnes) (*n. - Mech.*), portata all'estremità esterna, contatto all'estremità esterna.
fertig (zu Ende gearbeitet) (*allg.*), finito. 2 ~ (Werkstück) (*Mech.*), finito. 3 ~ (bereit) (*allg.*), pronto. 4 ~ bearbeiten (*Mech.*), finire. 5 ~ bearbeiten (zerspanend) (*Werkz.masch. bearb.*), finire di macchina. 6 ~ drehen (*Mech.*), finire al tornio. 7 ~ fräsen (*Werkz.masch.bearb.*), finire di fresa, finire alla fresatrice. 8 ~ hobeln (*Werkz.masch.bearb.*), finire alla piallatrice. 9 ~ läppen (*Mech.*), finire di lappatura. 10 ~ schleifen (*Mech.*), finire di rettifica. 11 ~ stellen (*allg.*), finire, completare, ultimare. 12 ~ walzen (*Walzw.*), finire al laminatoio.
Fertiganstrich (*m. - Anstr.*), smalto, ultima mano di vernice.
Fertigbau (*m. - Mech. - etc.*), montaggio (finale). 2 ~ halle (*f. - Ind.*), reparto montaggio. 3 ~ weise (*f. - Bauw.*), costruzione ad elementi prefabbricati.
Fertigbearbeitung (*f. - Mech.*), finitura, operazione di finitura. 2 ~ (zerspanend) (*Werkz.masch.bearb.*), finitura di macchina.
Fertigbehandlung (Endbearbeitung) (*f. - Bauw.*), operazione di finitura (superficiale).
Fertigbeton (*m. - Bauw.*), calcestruzzo in elementi prefabbricati. 2 ~ pfahl (*m. - Bauw.*), palo prefabbricato in cemento armato. 3 ~ platte (*f. - Bauw.*), soletta (in cemento armato) prefabbricata. 4 ~ teil (Fertigteil) (*m. - Bauw.*), elemento prefabbricato (in cemento armato).
Fertigbohrer (Gewindebohrer) (*m. - Werkz.*), maschio finitore, terzo maschio filettatore,

Fertigdrehen

Fertigdrehen (*n. - Mech.*), tornitura di finitura, finitura al tornio.
fertigen (fertigstellen) (*allg.*), finire. 2 ~ (erzeugen) (*Ind.*), produrre. 3 ~ (herstellen) (*allg.*), eseguire. 4 ~ (eine Oberfläche z. B.) (*Mech.*), finire.
Fertiger (Deckenfertiger) (*m. - Strass.b.masch.*), finitrice (stradale). 2 ~ (Spediteur) (*Transp.*), spedizioniere. 3 **Nivellier** ~ (*Strass.bau - Masch.*), finitrice-livellatrice.
Fertigerzeugnis (Fertigfabrikat, Fertigware) (*n. - Ind.*), prodotto finito.
Fertigfabrikat (Fertigerzeugnis, Fertigware) (*n. - Ind.*), prodotto finito.
Fertigfräsen (*n. - Werkz.masch.bearb.*), finitura di fresa, finitura alla fresatrice.
Fertiggerüst (*n. - Walzw.*), gabbia finitrice.
Fertiggesenk (*n. - Schmieden*), stampo finitore.
Fertiggravur (eines Gesenkes) (*f. - Schmieden*), incisione di finitura, impronta di finitura.
Fertigguss (Druckgussteil) (*m. - Giess.*), pressogetto, pezzo pressofuso, pezzo ottenuto di pressofusione.
Fertighaus (*n. - Bauw.*), casa prefabbricata.
Fertighobeln (*n. - Werkz.masch.bearb.*), finitura alla piallatrice.
Fertigkalander (*m. - Papierind.masch.*), calandra finitrice.
Fertigkeit (erworbenes Können) (*f. - Arb.*), prontezza, destrezza, abilità.
Fertiglager (*n. - Ind.*), magazzino prodotti finiti.
Fertigläppen (*n. - Mech.*), finitura alla lappatrice.
Fertigmass (*n. - Mech.*), misura del pezzo finito, misura a disegno. 2 **auf** ~ **bearbeiten** (*Mech.*), finire a misura, finire a disegno.
Fertigmontage (*f. - Ind.*), montaggio finale.
Fertigmörtel (*m. - Bauw.*), malta pronta.
Fertigprodukt (*n. - Ind.*), prodotto finito.
Fertigreibahle (*f. - Werkz.*), alesatore finitore, alesatoio finitore.
Fertigschleifen (*n. - Mech.*), finitura alla rettificatrice, rettifica di finitura.
Fertigschliff (*m. - Werkz.masch.bearb.*), rettifica di finitura, finitura alla rettificatrice.
Fertigschmieden (*n. - Schmieden*), fucinatura di finitura, stampaggio di finitura.
Fertigschneider (*m. - Werkz.*), utensile finitore. 2 ~ (für Gewinde, Fertigbohrer) (*Werkz.*), maschio finitore, terzo maschio filettatore.
Fertigstaffel (*f. - Walzw.*), treno finitore.
Fertigstellung (*f. - allg.*), approntamento, completamento, ultimazione.
Fertigstrasse (*f. - Walzw.*), treno finitore.
Fertigstrecke (Fertigstrasse) (*f. - Walzw.*), treno finitore.
Fertigteil (*m. - Ind.*), pezzo finito, prodotto finito. 2 ~ (Betonfertigteil, Fertigbetonteil, Formling) (*Bauw.*), elemento prefabbricato (in cemento armato).
Fertigung (Herstellung) (*f. - Ind.*), fabbricazione, produzione, lavorazione. 2 ~ s·**ablaufdiagramm** (*n. - Ind.*), ciclo di lavorazione. 3 ~ s·**abteilung** (*f. - Ind.*), reparto di produzione. 4 ~ s·**auftrag** (*m. - Ind.*), commessa. 5 ~ s·**betrieb** (*m. - Ind.*), officina di produzione. 6 ~ s·**einrichtung** (zur spanabhebenden Formung) (*f. - Werkz.masch.bearb.*), attrezzo. 7 ~ s·**fehler** (*m. - Ind.*), difetto di fabbricazione. 8 ~ s·**folge** (*f. - Ind.*), ciclo di lavorazione. 9 ~ s·**gemeinkosten** (*f. - pl. - Ind.*), costi di produzione indiretti. 10 ~ s·**hauptkostenstelle** (bei der die Kosten je Maschinenstunde oder Lohnzuschläge in der Kalkulation gebracht werden) (*f. - Ind.*), centro di costo della produzione principale. 11 ~ s·**hilfskostenstelle** (für die Energieerzeugung, innerbetriebliche Transport, Werkzeugmacherei, ohne direkte Bearbeitung der Produkte) (*f. - Ind.*), centro di costo della produzione ausiliaria. 12 ~ s·**kontrolle** (*f. - Ind.*), controllo di fabbrica, controllo di produzione. 13 ~ s·**kosten** (*f. - pl. - Ind.*), costi di lavoro. 14 ~ s·**kostenstelle** (*f. - Ind.*), centro di costo di produzione. 15 ~ s·**lohn** (*m. - Ind.*), costo manodopera diretta. 16 ~ s·**mass** (Nennmass mit Abmassangabe) (*n. - Mech.*), quotatura di lavorazione. 17 ~ s·**material** (*n. - Ind.*), materiale diretto. 18 ~ s·**plan** (Produktionsplan) (*m. - Arb. - Organ.*), programma di produzione. 19 ~ s·**plan** (zur Fertigung eines mech. Werkstückes z. B. durch Drehen, etc.) (*Mech.*), ciclo di lavorazione. 20 ~ s·**planung** (*f. - Ind.*), programmazione della produzione. 21 ~ s·**steuerung** (*f. - Ind.*), controllo della produzione. 22 ~ s·**stoffe** (*m. - pl. - Ind.*), materiali diretti. 23 ~ s·**strasse** (*f. - Ind.*), linea di lavorazione, catena di lavorazione. 24 ~ s·**vorbereitung** (*f. - Ind.*), preparazione dei lavori. 25 ~ s·**zeichnung** (Werkstatt-Zeichnung) (*f. - Zeichn.*), disegno di lavorazione, disegno di officina. 26 ~ s·**zeit** (Herstellungszeit) (*f. - Ind.*), tempo ciclo. 27 **Einzel** ~ (*Ind.*), lavorazione singola. 28 **Fliessband** ~ (*Ind.*), lavorazione a catena, lavorazione a flusso continuo. 29 **fliessende** ~ (Fliessbandfertigung) (*Ind.*), lavorazione a flusso continuo. 30 **Gross·serien** ~ (Massenfertigung) (*Ind.*), lavorazione in grande serie. 31 **Gruppen** ~ (*Ind.*), lavorazione a gruppi. 32 **Kleinserien** ~ (*Ind.*), lavorazione in piccola serie. 33 **Los** ~ (*Ind.*), lavorazione a lotti. 34 **Massen** ~ (Gross·serien-Fertigung) (*Ind.*), lavorazione di massa. 35 **Reihen** ~ (Serienfertigung) (*Ind.*), lavorazione in serie. 36 **Serien** ~ (*Ind.*), lavorazione in serie. 37 **statistische** ~ s·**kontrolle** (Qualitätskontrolle) (*Ind.*), controllo statistico della qualità.
Fertigwälzfräser (*m. - Werkz.*), creatore finitore.
Fertigwalzwerk (*n. - Walzw.*), laminatoio finitore.
Fertigware (Fertigerzeugnis, Fertigfabrikat) (*f. - Ind.*), prodotto finito. 2 ~ n·**bestand** (*m. - Ind.*), giacenza prodotti finiti, scorta prodotti finiti. 3 ~ n·**magazin** (*n. - Ind.*), magazzino prodotti finiti.
Fertigziehen (beim Tiefziehen) (*n. - Blechbearb.*), operazione finale di imbutitura, imbutitura finale.
Fertigzug (*m. - Drahtziehen*), passata finale. 2 ~ (*Blechbearb.werkz.*), stampo per l'operazione finale di imbutitura, stampo per imbutitura finale.
fertil (fruchtbar) (*Ack.b.*), fertile.

Fertilität (*f.* - *Ack.b.*), fertilità.
FES (Fachnormenausschuss Stahl und Eisen) (*Technol.*), Comitato Tecnico Normalizzazione Ferro ed Acciaio.
Fessel (Bindung) (*f.* - *allg.*), legame, vincolo. 2 ~ (Kondensator) (*Elekt.*), condensatore. 3 ~ **ballon** (*m.* - *Flugw.*), pallone frenato. 4 ~ **flugmodell** (*n.* - *Flugw.* - *Sport*), aeromodello controllato. 5 **Hand** ~ (*recht.*), manette.
Fesselung (*f.* - *allg.*), legame, vincolo. 2 ~ (eines Kreiselgerätes, bei Trägheitsnavigation z. B.) (*Ger.*), vincolo, forza vincolare.
fest (starr, Körper) (*Phys.*), solido. 2 ~ (hart) (*allg.*), duro. 3 ~ (unzerbrechlich) (*allg.*), resistente. 4 ~ (sicher) (*allg.*), sicuro. 5 ~ (Börse) (*finanz.*), in rialzo. 6 ~ (Bestellung z. B.) (*komm.*), fermo. 7 ~ (stationär) (*Masch.*), fisso. 8 ~ (fix) (*Mech.*), fermo, fisso, serrato. 9 ~ (Frequenz z. B.) (*Elekt.*), fisso. 10 ~ (Gewebe) (*allg.*), compatto. 11 ~ (Gestein z. B.) (*Min.* - etc.), compatto. 12 ~ (gebunden) (*Chem.*), combinato. 13 ~ **an** (*Mech.* - etc.), solidale con, formante pezzo unico con. 14 ~ **anziehen** (eine Schraube) (*Mech.*), stringere a fondo, serrare a fondo. 15 ~ **binden** (*allg.*), legare stretto. 16 ~ **brennen** (Lager) (*Mech.*), grippare. 17 ~ **e Anbringung** (eines Zubehörs) (*Mech.* - etc.), applicazione fissa. 18 ~ **e Anlagen** (*Ind.*), impianti fissi. 19 ~ **e Fassung** (*Mech.*), montaggio rigido. 20 ~ **eingebaut** (*Masch.* - etc.), fisso. 21 ~ **e Kosten** (*f.* - *pl.* - *Adm.*), spese fisse. 22 ~ **e Kupplung** (*Mech.*), giunto rigido. 23 ~ **e Lehre** (*Werkz.*), calibro fisso. 24 ~ **e Lösung** (*Chem.*), soluzione solida. 25 ~ **e Luftschraube** (*Flugw.*), elica a passo fisso. 26 ~ **e Phase** (*Chem.*), fase solida. 27 ~ **er Anschlag** (*Masch.*), battuta fissa. 28 ~ **er Brennstoff** (*Brennst.*), combustibile solido. 29 ~ **er Körper** (*Phys.*), corpo solido. 30 ~ **er Markt** (*komm.*), mercato sostenuto. 31 ~ **er Ofeneinsatz** (*Metall.*), carica fredda. 32 ~ **er Preis** (*komm.*), prezzo fisso. 33 ~ **er Zustand** (*Metall.*), stato solido. 34 ~ **es Angebot** (*komm.*), offerta ferma. 35 ~ **es Auflager** (*Mech.*), supporto fisso. 36 ~ **e Spitze** (einer Drehbank) (*Werkz.masch.*), punta fissa. 37 ~ **e Steigung** (einer Luftschraube z. B.) (*Flugw.* - *naut.*), passo fisso. 38 ~ **fahren** (*Mech.*), bloccarsi, grippare, incollarsi. 39 ~ **fressen** (*v.* - *Mech.*), grippare. 40 ~ **gebremst** (Läufer einer elekt. Masch. z. B.) (*Elekt.*), bloccato. 41 ~ **gefressen** (*a.* - *Mot.*), grippato. 42 ~ **gekeilt** (*Mech.*), inchiavettato, fissato mediante chiavetta. 43 ~ **gekuppelt** (*Mech.* - *Masch.*), accoppiato rigidamente. 44 ~ **gelagert** (Sand z. B.) (*Bauw.*), compatto. 45 ~ **geworden** (*Phys.*), solidificato. 46 ~ **gezogen** (Schraube z. B.) (*Mech.*), serrato, stretto, bloccato. 47 ~ **haftend** (*allg.*), aderente. 48 ~ **halten** (*Mech.*), fissare, bloccare, fermare, assicurare. 49 ~ **keilen** (*Mech.*), inchiavettare, bloccare con chiavetta. 50 ~ **kitten** (*allg.*), fissare con mastice. 51 ~ **kleben** (der Kolbenringe) (*Mot.*), incollarsi. 52 ~ **klemmen** (*Mech.*), bloccare. 53 ~ **laufen** (sich) (von Lagern) (*Mech.*), grippare. 54 ~ **legen**, *siehe* festlegen. 55 ~ **machen**, *siehe* festmachen. 56 ~ **nageln** (*Zimm.*), inchiodare. 57 ~ **schrauben** (*Mech.*), avvitare a fondo. 58 ~ **setzen**, *siehe* festsetzen. 59 ~ **sitzen**, *siehe* festsitzen. 60 ~ **spannen**, *siehe* festspannen. 61 ~ **stampfen** (*Bauw.*), consolidare, costipare. 62 ~ **stehend**, *siehe* feststehend. 63 ~ **stellen**, *siehe* feststellen. 64 ~ **werden** (*Phys.*), solidificare.
Festanschlag (für Schlittenbewegung z. B.) (*m.* - *Werkz.masch.*), battuta fissa.
Festantenne (*f.* - *Funk.*), antenna fissa.
Fest-Ballast (an der Kielflosse eines Segelbootes) (*m.* - *naut.*), zavorra fissa.
Festbeton (erhärteter Beton) (*m.* - *Bauw.*), calcestruzzo indurito.
Festbrennen (Festfressen) (*n.* - *Mech.*), grippaggio.
Feste (*f.* - *Bergbau*), *siehe* Bergfeste.
Festecho (*n.* - *Radar*), eco permanente.
Festfahrwerk (*n.* - *Flugw.*), carrello fisso.
Festfenster (Schiffsfenster) (*n.* - *naut.*), oblò fisso.
Festfeuer (*n.* - *naut.* - etc.), luce fissa.
Fest-Flüssig-Antrieb (Hybridantrieb, Feststoff- und Flüssigkeitsantrieb, einer Rakete) (*m.* - *Raumfahrt*), propulsione a propellente solido e liquido.
Festfressen (*n.* - *Mech.* - *Mot.*), grippaggio.
Festgehalt (Festkörpergehalt) (*m.* - *Chem.*), contenuto solido.
Festgestein (*n.* - *Geol.*), *siehe* Fels.
festigen (*Mech.* - etc.), irrigidire, rinforzare.
Festigkeit (*f.* - *Mech.* - *Baukonstr.lehre*), resistenza. 2 ~ (*Metall.*), resistenza, tenacità. 3 ~ (Standfestigkeit) (*Bauw.*), stabilità. 4 ~ (Starrheit) (*Mech.* - etc.), rigidità. 5 ~ (Stabilität) (*Chem.*), stabilità. 6 ~ **bei der Fliessgrenze** (*Baukonstr.lehre*), resistenza al limite di snervamento, limite di snervamento. 7 ~ **s·grenze** (Bruchgrenze) (*f.* - *Baukonstr.lehre*), limite di rottura, carico di rottura. 8 ~ **s·guss** (*m.* - *Giess.*), getto di ghisa acciaiosa. 9 ~ **s·koeffizient** (*m.* - *Flugw.* - etc.), coefficiente di robustezza. 10 ~ **s·lehre** (*f.* - *Technol.*), scienza della resistenza dei materiali. 11 ~ **s·nachweis** (*m.* - *Baukonstr.lehre*), analisi delle sollecitazioni. 12 ~ **s·prüfung** (*f.* - *Technol.*), prova di resistenza. 13 ~ **s·schweissung** (*f.* - *mech. Technol.*), saldatura di resistenza. 14 **Abrieb** ~ (*Technol.* - *Anstr.*), resistenza all'abrasione. 15 **Biege** ~ (*Baukonstr.lehre*), resistenza a flessione. 16 **Dauer** ~ (*Baukonstr.lehre*), limite di fatica. 17 **dielektrische** ~ (*Elekt.*), rigidità dielettrica. 18 **dynamische** ~ (*Baukonstr.lehre*), resistenza dinamica. 19 **Druck** ~ (*Baukonstr.lehre*), resistenza a compressione. 20 **elektrische** ~ (dielektrische Festigkeit) (*Elekt.*), rigidità dielettrica. 21 **Haft** ~ (*Anstr.* - *Technol.*), adesività. 22 **Kerbschlagbiege** ~ (*Baukonstr.lehre*), resilienza. 23 **Knick** ~ (*Baukonstr.lehre*), resistenza a pressoflessione, resistenza al carico di punta. 24 **Reibungs** ~ (*Werkstoffprüfung*), resistenza all'abrasione. 25 **Schlag** ~ (*Baukonstr.lehre*), resistenza all'urto. 26 **Schlagbiege** ~ (*Baukonstr.lehre*), resilienza. 27 **Schub** ~ (*Baukonstr.lehre*), resistenza al taglio. 28 **spezifische** ~ (*Baukonstr.lehre*), resistenza specifica. 29 **spezifische** ~ (Bruch-

Festigung

festigkeit) (*Baukonstr.lehre*), carico di rottura. **30 statische** ~ (*Baukonstr.lehre*), resistenza statica. **31 Umform** ~ (*Schmieden*), *siehe* Formänderungsfestigkeit. **32 Verdreh** ~ (*Baukonstr.lehre*), resistenza a torsione. **33 Verschleiss** ~ (*mech. Technol.*), resistenza all'usura. **34 Verschleiss** ~ (*Anstr.*), resistenza all'usuale maneggio. **35 Warm** ~ (*Metall.*), resistenza ad alta temperatura. **36 Wasch** ~ (*Anstr.*), lavabilità. **37 Zug** ~ (*Baukonstr.lehre*), resistenza a trazione.
Festigung (Verfestigung) (*f. - Metall. - Mech.*), incrudimento.
Festkleben (von Kolbenringen) (*n. - Mot.*), incollamento.
Festklemmen (*n. - Mech.*), bloccaggio.
Festkomma (*n. - Datenverarb.*), virgola fissa. **2** ~ **rechnung** (*f. - Rechner*), operazione a virgola fissa.
Festkondensator (*m. - Elekt.*), condensatore fisso.
Festkörper (fester Körper) (*m. - Phys.*), corpo solido. **2** ~ (*Elektronik*), stato solido. **3** ~ **gehalt** (Festgehalt, einer Lösung) (*m. - Chem. - etc.*), contenuto solido. **4** ~ **maser** (*m. - Ger.*), maser a stato solido. **5** ~ **reibung** (Trockenreibung) (*f. - Mech.*), attrito secco. **6** ~ **schaltkreis** (*m. - Elektronik*), circuito (integrato) a stato solido.
Festkraftstoff (für Raketen z. B.) (*m. - Kraftstoff*), combustibile solido.
Festland (*n. - Geogr.*), terraferma, continente.
festlegen (bestimmen) (*allg.*), fissare, stabilire. **2** ~ (bestimmen, die Zusammensetzung einer Legierung z. B.) (*Chem. - etc.*), determinare. **3** ~ (*allg. - etc.*), *siehe auch* bestimmen. **4 schriftlich** ~ (*allg.*), mettere per iscritto.
Festlohn (*m. - Arb.*), salario fisso.
Festmacheboje (*f. - naut.*), boa di ormeggio.
festmachen (*Mech.*), fissare, assicurare. **2** ~ (*Chem.*), solidificare. **3** ~ (*naut.*), ormeggiare.
Festmass (*n. - Mass*), misura solida. **2** ~ **lehre** (Grenzmasslehre) (*f. - Werkz.*), calibro fisso, calibro differenziale.
Festmeter (von Holz, ohne Zwischenräume der Schichtung) (*m. - Holz - Mass*), metro cubo pieno (senza vuoti).
Festmörtel (erhärteter Mörtel) (*m. - Bauw.*), malta indurita.
Festofferte (*f. - komm.*), offerta ferma.
Feston (Girlande) (*n. - Arch.*), festone.
Festpreis (*m. - komm.*), prezzo fisso. **2** ~ (eines Angebots) (*komm.*), prezzo bloccato.
Festpunkt (Fixpunkt) (*m. - Top.*), punto trigonometrico. **2** ~ (Fixpunkt, Temperaturpunkt) (*Phys.*), punto fisso. **3** ~ (einer Druckrohrleitung, Fixpunkt) (*Wass.b.*), punto fermo, ancoraggio.
Festsattel (Sattel, einer Scheibenbremse) (*m. - Aut.*), pinza.
Festscheibe (*f. - Masch.*), puleggia fissa. **2** ~ (Antriebsscheibe) (*Masch.*), puleggia motrice.
Festschnallvorrichtung (*f. - Flugw.*), cintura di sicurezza.
festsetzen (*allg.*), fissare, definire, determinare. **2** ~ (festfressen) (*Mech.*), gripparsi. **3** ~ (Steuern) (*finanz.*), accollare, valutare.
Festsitz (F) (*m. - Mech.*), accoppiamento preciso bloccato serrato. **2 Edel** ~ (*Mech.*), accoppiamento extrapreciso bloccato serrato.
Festsitzen (eines Ventils z. B. auf den Sitz) (*n. - Mech.*), incollamento.
festsitzen (*Mech.*), gripparsi, bloccarsi. **2** ~ (eines Ventils auf den Sitz) (*Mech.*), incollarsi.
Festspannen (von Werkstücken) (*f. - Werkz.masch.bearb.*), bloccaggio (in posizione). **2** ~ (von Schrauben z. B.) (*Mech.*), serraggio a fondo. **3** ~ (von Zugproben z. B.) (*Materialprüfung*), afferraggio.
festspannen (Werkstücke z. B.) (*Werkz.masch.bearb.*), bloccare (in posizione). **2** ~ (Schrauben) (*Mech.*), stringere, serrare, avvitare a fondo.
Festspannvorrichtung (*f. - Vorr.*), attrezzo di bloccaggio.
Festspiel (Festival) (*n. - Filmtech. - etc.*), « festival ».
Feststampfen (von Bohrlöchern) (*n. - Bergbau*), intasamento, borraggio.
Feststauen (Hängen, der Gicht) (*n. - Metall. - Ofen*), formazione di ponte.
feststehend (stationär) (*Mot. - etc.*), fisso. **2** ~ **e Achse** (*Fahrz.*), asse fisso. **3** ~ **e Brille** (Lünette) (*Werkz.masch.*), lunetta fissa.
Feststellbremse (Handbremse) (*f. - Aut.*), freno di stazionamento, freno di blocco.
feststellen (*Mech. - etc.*), fissare, assicurare. **2** ~ (finden, einen Fehler z. B.) (*Mech. - etc.*), individuare. **3** ~ (*allg.*), determinare, stabilire, accertare, constatare. **4** ~ (den Preis) (*komm.*), stabilire, fissare. **5** ~ (urkundlich) (*recht. - etc.*), constatare. **6** ~ (eine Tatsache) (*allg.*), accertare, constatare.
Feststeller (*allg.*), fermo (*s.*). **2** ~ (einer Türe) (*m. - Aut. - etc.*), fermaporta.
Feststellmutter (*f. - Mech.*), controdado.
Feststellschraube (*f. - Mech.*), vite di fermo, vite di arresto, vite di pressione.
Feststellung (*f. - allg.*), determinazione. **2** ~ (einer Tatsache) (*recht. - etc.*), constatazione. **3** ~ (des Haushaltplans) (*finanz.*), approvazione. **4** ~ s·**protokoll** (*n. - recht. - etc.*), verbale di constatazione.
Feststellvorrichtung (*f. - Mech. - etc.*), dispositivo di arresto, fermo, arresto.
Feststoff (*m. - Phys.*), solido. **2** ~ (für Rakete) (*Kraftstoff*), propellente solido. **3** ~ **gehalt** (von Flüssigkeiten) (*m. - Hydr. - etc.*), contenuto solido. **4** ~ **rakete** (*f. - milit. - etc.*), razzo a propellente solido. **5** ~ **speicher** (einer Bremsanlage, zur Speicherung der Reibungswärme) (*m. - Fahrz.*), assorbitore di calore, dissipatore termico, termodispersore.
Festtag (*m. - Arb.*), giorno festivo.
Festtreibstoff (Raketentreibstoff) (*m. - Astronautik*), propellente solido.
Festung (*f. - milit. Bauw.*), fortificazione. **2 fliegende** ~ (*Luftw.*), fortezza volante.
Festwalzen (zur Erhöhung der Festigkeit der Aussenschichten) (*n. - Mech.*), rullatura, brunitura a rulli.
Festwerden (*n. - Chem.*), solidificazione.
Festwert (Konstante) (*m. - Math. - etc.*), costante. **2** ~ **regelung** (*f. - Masch. - etc.*), regolazione a valore costante, regolazione a valore predeterminato.

Festwiderstand (*m. - Elekt.*), resistenza fissa, resistore fisso.
Festzeichen (Festzacke) (*n. - Radar*), eco permamente, eco fisso.
Festzeitgespräch (*n. - Fernspr.*), conversazione ad ora fissata.
Festzündung (*f. - Mot.*), accensione ad anticipo fisso.
FET (Feldeffekttransistor) (*Elektronik*), FET, transistore ad effetto di campo.
Fetsche (*f. - Zimm.*), siehe Fischband.
Fett (tierischer oder pflanzlicher Stoff) (*n. - Chem.*), grasso. 2 ~ **abscheider** (*m. - Chem. - etc.*), separatore di grasso. 3 ~ **büchse** (Schmiervorrichtung) (*f. - Masch.*), ingrassatore. 4 ~ **druck** (Dickdruck) (*m. - Druck.*), stampa in grassetto. 5 ~ **entziehung** (Fettextrahierung) (*f. - Chem.*), estrazione dei grassi. 6 ~ **fang** (Fettabscheider) (*m. - Chem. - etc.*), separatore di grasso. 7 ~ **fleckphotometer** (Bunsenphotometer) (*n. - opt. Instr.*), fotometro a macchia d'olio, fotometro di Bunsen. 8 ~ **grund** (*m. - Anstr.*), base di olio. 9 ~ **härtung** (*f. - Chem.*), indurimento dei grassi. 10 ~ **kalk** (Weisskalk) (*m. - Bauw.*), calce grassa. 11 ~ **kneter** (für die Prüfung der Walkpenetration eines Schmiermittels) (*m. - chem. Ind. - Ger.*), manipolatore di grasso. 12 ~ **kohle** (*f. - Verbr.*), carbone grasso. 13 ~ **papier** (*n. - Papierind.*), carta oleata. 14 ~ **pressbüchse** (Staufferbüchse) (*f. - Masch.*), ingrassatore a vite, Stauffer. 15 ~ **presse** (Schmierpresse) (*f. - Ger.*), ingrassatore a siringa. 16 ~ **reihe** (*f. - Chem.*), serie alifatica. 17 ~ **säure** (*f. - Chem.*), acido grasso. 18 ~ **schmierung** (*f. - Masch.*), lubrificazione a grasso. 19 ~ **seife** (*f. - chem. Ind.*), sapone grasso. 20 ~ **überzug** (Rostschutzfett) (*m. - Mech.*), rivestimento di grasso. 21 ~ **verbindung** (*f. - Chem.*), composto alifatico. 22 ~ **zug** (eines Verbr.mot.), (*m. - Mot.*), arricchimento. 23 Gleitlager ~ (Staufferfett) (*chem. Ind.*), grasso per cuscinetti a strisciamento. 24 Hochtemperatur ~ (*chem. Ind.*), grasso per alte temperature. 25 Kälte ~ (Tieftemperaturfett) (*chem. Ind.*), grasso per basse temperature. 26 konsistentes ~ (*chem. Ind.*), grasso consistente. 27 Löt ~ (*mech. Technol.*), pasta per saldare. 28 Rostschutz ~ (*Mech.*), grasso antiruggine. 29 Schmier ~ (*chem. Ind.*), grasso lubrificante. 30 Stauffer ~ (Gleitlagerfett) (*chem. Ind.*), grasso per cuscinetti a strisciamento. 31 Tieftemperatur ~ (Kältefett) (*chem. Ind.*), grasso per basse temperature. 32 tierisches ~ (*Chem.*), grasso animale. 33 Wälzlager ~ (*chem. Ind.*), grasso per cuscinetti a rotolamento.
fett (*Chem.*), grasso. 2 ~ (*Druck.*), grassetto. 3 ~ (Gemisch) (*Mot.*), ricco, grasso. 4 ~ (fruchtbar) (*Ack.b.*), fertile. 5 ~ **er Kalk** (*Maur.*), calce grassa. 6 ~ **er Lack** (*Anstr.*), vernice ad olio. 7 ~ **es Gemisch** (*Mot.*), miscela ricca, miscela grassa. 8 ~ **gedruckt** (*Druck.*), stampato in grassetto.
fettdicht (Papier) (*Papierind.*), oleato.
Fette (eines Daches) (*f. - Bauw.*), siehe Pfette.
Fetten (Schmieren) (*n. - Mech.*), ingrassaggio. 2 ~ (*Textilind.*), oliatura. 3 ~ (*n. - Lederind.*), ingrasso.
fetten (schmieren) (*Mech. - Mot.*), ingrassare. 2 ~ (*Textilind.*), oliare.
feucht (*allg.*), umido. 2 ~ **er Ölsumpf** (Mot. Schmierung) (*Mot.*), coppa serbatoio. 3 ~ **es Kugelthermometer** (eines Psychrometers) (*Instr.*), termometro a bulbo bagnato.
Feuchte (Feuchtigkeit) (*f. - Meteor. - etc.*), umidità. 2 ~, siehe auch Feuchtigkeit. 3 ~ **geber** (Feuchtigkeitsmesser) (*m. - Ger.*), misuratore di umidità, igrometro. 4 ~ **leitkoeffizient** (Feuchteleitzahl) (*m. - Bauw. - etc.*), coefficiente di conduzione dell'umidità.
feuchten (*allg.*), inumidire, umettare.
Feuchtfilz (*m. - Papierind.*), feltro umido.
Feuchtglättwerk (*n. - Papierind. - Masch.*), presse umide.
Feuchtigkeit (*f. - Meteor.*), umidità. 2 ~ siehe auch Feuchte. 3 ~ **s·ausdehnung** (*f. - Holz - etc.*), rigonfiamento dovuto all'umidità, aumento di volume dovuto all'umidità. 4 ~ **s·gehalt** (*m. - Meteor.*), grado di umidità, grado igrometrico. 5 ~ **s·messer** (Hygrometer) (*m. - Meteor. - Instr.*), igrometro. 6 ~ **s·prüfer** (für Sand z. B.) (*m. - Giess. - etc.*), apparecchio per la prova di umidità, misuratore di umidità. 7 ~ **s·schreiber** (*m. - Instr.*), igrografo. 8 ~ **s·schutz** (*m. - Elekt.*), protezione contro l'umidità. 9 absolute ~ (*Meteor.*) umidità assoluta. 10 Luft ~ (*Meteor.*), umidità dell'aria. 11 relative ~ (*Meteor.*), umidità relativa.
feuchtigkeitsanziehend (*Chem.*), igroscopico.
feuchtigkeitsgeschützt (*Elekt.*), protetto contro l'umidità.
feuchtigkeitssicher (*Elekt.*), protetto contro l'umidità.
Feuchtlagerversuch (Korrosionsprüfung) (*m. - mech. Technol.*), prova in aria umida.
Feuchtmaschine (*f. - App.*), apparecchio umidificatore, umidificatore.
Feuchtpresse (*f. - pl. - Papierind. - Masch.*), presse umide.
Feuchtraumleitung (*f. - Elekt.*), cavo protetto contro l'umidità, cavo per ambienti umidi.
Feuchtverfahren (*n. - Technol.*), procedimento a umido. 2 ~ (Lichtpausverfahren) (*Zeichn.*), riproduzione a umido, procedimento a umido.
Feuchtwasserfarbe (*f. - Farbe*), acquerello.
Feuer (*n. - allg.*), fuoco. 2 ~ (Leuchte) (*naut. - Flugw.*), luce. 3 ~ (Leuchtfeuer, Leuchtturm z. B.) (*naut. - Flugw.*), faro. 4 ~ (Funkfeuer) (*Funk.*), radiofaro. 5 ~ (von Geschützen z. B.) (*milit.*), fuoco, tiro. 6 ~ (eines Leuchtturmes) (*Opt. - naut.*), ottica. 7 ~ (Glanz, von Edelsteinen) (*Min. - etc.*), brillanza. 8 ~ **alarmapparat** (*m. - Ger.*), avvisatore d'incendio. 9 ~ **anmachen** (*Verbr.*), accendere il fuoco. 10 ~ **anschüren** (*Verbr.*), attizzare il fuoco. 11 ~ **anzeiger** (eines Flugzeugmotors z. B.) (*m. - Flugw. - etc.*), rivelatore di incendio. 12 ~ **bekämpfung** (*f. - Bauw. - etc.*), operazioni antincendio. 13 ~ **beständigkeit** (von Werkstoffen) (*f. - Bauw. - etc.*), incombustibilità, refrattarietà. 14 ~ **blech** (*n. - metall. Ind. - Kessel*), lamiera per focolari. 15

Feuer

~ brücke (eines Ofens) (f. - Ofen), altare. 16 ~ büchse (Teil eines Kessels, der den Rost enthält) (f. - Kessel), focolaio, focolare. 17 ~ büchsendecke (f. - Kessel), cielo del focolaio. 18 ~ büchskessel (m. - Kessel), caldaia a focolare interno. 19 ~ buchskupfer (Arsenkupfer, zähfestes und feuerbeständiges Kupfer) (n. - Legierung), (lega refrattaria) rame-arsenico. 20 ~ festigkeit (f. - Werkstoff), refrattarietà, incombustibilità. 21 ~ folge (f. - milit.), celerità di tiro. 22 ~ gas (Hochofengas) (n. - Hochofen), gas d'altoforno. 23 ~ gase (n. - pl. - Verbr.), prodotti della combustione. 24 ~ gasse (f. - Bauw.), passaggio pompieri. 25 ~ geschränk (n. - Ofen - Kessel), fronte del focolare. 26 ~ geschwindigkeit (f. - milit.), celerità di tiro. 27 ~ grube (Herd) (f. - Ofen), focolare. 28 ~ grube (Löschgrube) (Eisenb. - Kessel), ceneraio. 29 ~ hydrant (m. - Feuerbekämpfung), idrante, idrante antiincendio. 30 ~ kammer (f. - Kessel), focolare. 31 ~ kanal (m. - Bauw. - etc.), condotto del fumo. 32 ~ kohle (bitumenarme Braunkohle, zur Beheizung von Kesseln verwendet) (f. - Brennst.), lignite da caldaia. 33 ~ kugel (Bolid, besonders helles Meteor) (f. - Astr.), bolide. 34 ~ leichtstein (m. - Ofen - Metall.), mattone refrattario leggero. 35 ~ leitstelle (f. - milit.), centrale di tiro. 36 ~ leitgerät (n. - milit.), dispositivo per la regolazione del tiro. 37 ~ leitung (f. - milit.), direzione del tiro, condotta del fuoco, regolazione del tiro. 38 ~ löschapparat (Feuerlöscher) (m. - Feuerbekämpfung), estintore. 39 ~ löschboot (n. - naut.), motobarca antincendi. 40 ~ löschen (n. - Feuerbekämpfung), operazioni antincendio. 41 ~ löscher (m. - Feuerbekämpfung - App.), estintore. 42 ~ löscher (Feuerbekämpfung - App.), siehe auch Löscher. 43 ~ löschfahrzeug (n. - Feuerbekämpfung), autopompa antincendi. 44 ~ löschpumpe (f. - Masch.), pompa antincendi. 45 ~ löschschaum (m. - Feuerbekämpfung), schiuma per estinzione, schiuma antincendi. 46 ~ löschwesen (n. - Feuerbekämpfung), organizzazione antincendi. 47 ~ lötung (f. - mech. Technol.), brasatura a fuoco. 48 ~ mann (m. - Arb. - Kessel), fuochista. 49 ~ mauer (f. - Bauw.), muro tagliafuoco. 50 ~ melder (Feuermeldeanlage) (m. - App.), avvisatore di incendio. 51 ~ punkt (m. - Opt.), fuoco. 52 ~ raum (m. - Ofen), focolare. 53 ~ rohr (n. - Kessel), tubo di fumo, tubo bollitore. 54 ~ röhrenkessel (m. - Kessel), caldaia a tubi di fumo. 55 ~ rost (m. - Ofen - Kessel), griglia. 56 ~ roststab (m. - Ofen - Kessel), barrotto per griglia. 57 ~ schiff (n. - naut.), battello faro. 58 ~ schirm (m. - Bauw. - etc.), paratia tagliafuoco. 59 ~ schott (Brandschott) (n. - naut. - Flugw.), paratia parafiamma, paratia tagliafuoco. 60 ~ schutz (m. - Feuerbekämpfung), protezione antincendio. 61 ~ schutzanstrich (m. - Anstr.), vernice ignifuga. 62 ~ schweissbarkeit (f. - Technol.), saldabilità a fuoco. 63 ~ schweissung (f. - mech. Technol.), bollitura, saldatura a fuoco. 64 ~ spritze (f. - Feuerbekämpfung), pompa antincendi. 65 ~ steg (Teil eines Kolbens zwischen Boden und Ringnuten) (m. - Mot.), fascia superiore (tra cielo e sedi dei segmenti). 66 ~ stein (Flint) (m. - Min.), pietra focaia. 67 ~ stelle (f. - Ofen), focolare. 68 ~ ton (m. - Min.), argilla refrattaria, terra refrattaria. 69 ~ treppe (Nottreppe) (f. - Bauw.), scala di emergenza. 70 ~ tür (f. - Ofen - Kessel), portello del focolare. 71 ~ turm (Leuchtturm) (m. - naut.), faro. 72 ~ verbleiung (durch Tauchen in Schmelzbad) (f. - mech. Technol.), piombatura a caldo, piombatura ad immersione. 73 ~ vereinigung (f. - milit.), concentrazione del fuoco, concentrazione dei tiri. 74 ~ versicherung (Brandversicherung) (f. - Versicherung), assicurazione antincendi. 75 ~ verzinkung (durch Tauchen in Schmelzbad) (f. - mech. Technol.), zincatura a caldo, zincatura ad immersione. 76 ~ verzinnung (durch Tauchen in Schmelzbad) (f. - mech. Technol.), stagnatura a caldo, stagnatura ad immersione. 77 ~ waffe (f. - Feuerwaffe), arma da fuoco. 78 ~ wehr (f. - Feuerbekämpfung), pompieri, corpo dei pompieri, vigili del fuoco. 79 ~ wehrmann (m. - Feuerbekämpfung), pompiere. 80 ~ wehrschlauch (m. - Feuerbekämpfung), manichetta antincendi. 81 ~ werk (n. - chem. Ind.), fuoco artificiale. 82 ~ zange (f. - Werkz.), tenaglie da fucinatore. 83 ~ zement (m. - Bauw.), cemento refrattario. 84 ~ zeug (n. - Ger.), accenditore. 85 ~ zeug (Zigarrenanzünder) (Ger.), accendisigari. 86 ~ ziegel (feuerfester Ziegel) (m. - Ofen), mattone refrattario. 87 ~ zug (m. - Verbr.), tiraggio. 88 bestreichendes ~ (milit.), tiro radente. 89 Blink ~ (naut. - etc.), luce intermittente. 90 festes ~ (naut. - etc.), luce fissa. 91 Schlag ~ zeug (n. - Ger.), accenditore a pietrina. 92 Schlag ~ zeug (Zigarrenanzünder) (Ger.), accendisigaro a pietrina.

Feuerbachscher Kreis (Neunpunktkreis) (Geom.), circonferenza di Feuerbach, circonferenza dei nove punti.

feuerbeständig (Baustoff, der während 1,5 h dem Feuer standhaltet) (Prüfung), incombustibile, refrattario. 2 ~ er Guss (Giess.), ghisa refrattaria. 3 hoch ~ (Baustoff, wenn das Prüfstück während 2 h dem Feuer standhaltet) (Prüfung), ad alta incombustibilità.

feuerfest (feuersicher, Schmelztemperatur oberhalb 1600° C) (Festgestein), refrattario. 2 ~ e Baustoffe (Bauw. - Ofen), materiali refrattari. 3 ~ er Anstrich (Anstr.), vernice ignifuga. 4 ~ er Anzug (Arb.), tuta incombustibile. 5 ~ er Beton (Bauw. - Ofen), calcestruzzo refrattario. 6 ~ er Kitt (Bauw.), cemento refrattario. 7 ~ er Stein (Ofen - Bauw.), mattone refrattario. 8 ~ er Ton (Min.), argilla refrattaria. 9 ~ er Zement (Bauw.), cemento refrattario. 10 ~ er Ziegel (Ofen - Bauw.), mattone refrattario. 11 ~ e Wand (Maur.), muro tagliafuoco. 12 halb ~ (Schmelztemperatur zwischen 1500 und 1600 °C) (Festgestein), semirefrattario. 13 hoch ~ (Schmelztemperatur über 1800 °C) (Festgestein), superrefrattario.

feuergefährlich (allg.), infiammabile, combustibile.

feuerhemmend (Baustoff, wenn das Prüf

stück während 0,5 h nicht entflammt und den Durchgang des Feuers verhindert) (*Prüfung*), ignifugo. 2 ~ e **Farbe** (*Anstr.*), pittura ignifuga.
Feuern (*n. - Elekt.*), scintillamento. 2 ~ (Grobschleifen von groben metall. Oberflächen) (*mech. Technol.*), molatura (in grosso).
feuern (*allg.*), alimentare il fuoco. 2 ~ (funken) (*Elekt.*), scintillare, dare scintille. 3 ~ (schiessen) (*milit. - etc.*), sparare.
Feuerung (Feuerungsanlage, Einrichtung zum Verbrennen fester, etc. Brennstoffe) (*f. - Verbr.*), impianto di combustione. 2 ~ (Füllung eines Ofens mit Brennstoff) (*Ofen*), alimentazione del combustibile. 3 ~ (*Ofen*) (*Verbr.*), forno. 4 ~ (Feuerraum) (*Kessel - Verbr.*), focolare. 5 ~ **en** (*f. - pl. - Verbr.*), accessori per la combustione. 6 ~ **mit Druckluft** (*Ofen*), focolare a tiraggio forzato. 7 ~ **s·gas** (*n. - Verbr.*), gas d'altoforno. 8 **Aussen** ~ (*Kessel*), focolare esterno. 9 **Innen** ~ (*Kessel*), focolare interno. 10 **Kettenrost** ~ (*Kessel*), focolare con griglia a catena. 11 **Kohlenstaub** ~ (*Verbr. - Ofen*), impianto di combustione a polverino di carbone. 12 **mechanische** ~ (*Ofen*), alimentazione meccanica del combustibile. 13 **Öl** ~ (*Verbr. - Ofen*), impianto di combustione a nafta. 14 **Staub** ~ (*Verbr.*), focolare a polverizzato. 15 **Unterwind** ~ (*Verbr. - Ofen*), focolare con tiraggio a pressione. 16 **Zyklon** ~ (*Verbr.*), alimentazione (del combustibile) a ciclone.
feuerverzinnt (durch Tauchen in Schmelzbad) (*Metall.*), stagnato a caldo, stagnato ad immersione. 2 ~ **er Draht** (*Metall.*), filo stagnato a caldo, filo stagnato per immersione.
ff (sehr fein) (*allg.*), siehe fein. 2 ~ (feuerfest) (*Min. - etc.*), refrattario. 3 ~ (folgende Seiten) (*allg.*), pagine seguenti. 4 ~ **-Futter** (feuerfestes Futter, eines Ofens) (*n. - Ofen*), rivestimento refrattario. 5 ~ **-Material** (feuerfestes Material) (*n. - Metall.*), materiale refrattario. 6 ~ **-Stein** (feuerfester Stein) (*m. - Min.*), pietra refrattaria.
FFAG-Maschine (engl. *fixed frequency alternating gradient* machine, Teilchenbeschleuniger) (*f. - Atomphys. - App.*), acceleratore FFAG, tipo di acceleratore di elettroni e protoni.
FFE (Flüssig-Flüssig-Extraktion) (*chem. Ind.*), estrazione liquido-liquido.
FFM (Flugwissenschaftliche Forschungsanstalt, München) (*Flugw.*), Istituto Ricerche Aeronautiche.
FFR-Stück (Flanschenübergangsstück) (*n. - Leit.*), raccordo a due flange.
F5 (Fernsehen) (*Fernseh.*), televisione.
Fg (abgehendes Ferngespräch) (*Fernspr.*), comunicazione interurbana in partenza.
FGW (Fernverkehrs-Gruppenwähler) (*Fernspr.*), teleselettore di gruppi.
FH (Fachhochschule) (*Schule*), scuola tecnica superiore.
FHZ (Freihandelzone) (*komm.*), zona di libero scambio.
Fl (Fehlerstrom) (*Elekt.*), corrente di guasto.
F.I.A. (Féderation International de l'Automobile) (*Aut.*), FIA, Federazione Internazionale dell'Automobile.

Fiale (gotisches schlankes Türmchen) (*f. - Arch.*), guglia.
Fiber (Faser) (*f. - Text. - etc.*), fibra. 2 ~ **glas** (Glasfaserkunststoff, glasfaserverstärktes Kunstharz) (*n. - chem. Ind.*), plastica rinforzata con fibra di vetro, PRFV. 3 ~ **metallurgie** (Fasermetallurgie) (*f. - Metall.*), metallurgia delle fibre. 4 ~ **optik** (Faseroptik, zum Lichttransport) (*f. - Opt.*), guida di luce a fibre, ottica a fibre. 5 ~ **packung** (*f. - Mech.*), guarnizione di fibra. 6 ~ **rad** (Fiberzahnrad) (*n. - Mech.*), ruota dentata di fibra. 7 ~ **ritzel** (*n. - Mech.*), pignone di fibra.
Fiberfrax (keramische Faser, Isoliermaterial) (*m. - Chem.*), fiberfrax, fibra ceramica.
Fibrilliereinrichtung (für Kunststoffen) (*f. - Masch.*), fibrillizzatore.
Fibrillieren (von Kunststoffen) (*n. - Technol.*), fibrillizzazione.
Fibroin (Hauptbestandteil der Seide) (*n. - Text.*), fibroina.
Fichte (gemeine Fichte, Rotfichte, Rottanne) (*f. - Holz*), abete rosso.
FID (Flammenionisationsdetektor, bei Gaschromatographie z. B.) (*Chem. - Ger.*), rivelatore di ionizzazione a fiamma.
Fid (rundes, spitzes Holzstück, beim Splissen benutzt) (*n. - naut.*), caviglia per impiombare.
Fieber (*n. - Med.*), febbre. 2 ~ **thermometer** (*n. - Med. - Instr.*), termometro clinico (per misurare la febbre).
Fiechtlhaken (Mauerhaken, Kletterhaken) (*m. - Bergsport*), chiodo da roccia.
Fiederung (der Isolation) (*f. - Elekt.*), frangiatura.
Fierant (Wanderhändler) (*m. - komm.*) (*österr.*), ambulante (*s.*).
fieren (ein Kabel) (*naut.*), filare.
Figur (*f. - allg.*), figura. 2 ~ (Abbildung) (*Geom.*), grafico. 3 ~ **en·achse** (eines Kreisels) (*f. - Ger.*), asse giroscopico, asse di figura. 4 **ebene** ~ (*Geom.*), figura piana.
fiktiv (*allg.*), fittizio.
Fiktivlohn (*m. - Arb.*), salario fittizio.
Fil. (Filiale) (*komm.*), filiale.
Filament (Netzarbeit) (*n. - Text.*), lavoro a rete.
Filet (Filetarbeit) (*n. - Text.*), lavoro a rete. 2 ~ (Peigneur, einer Krempel) (*Textil.masch.*), siehe Abnehmer. 3 ~ **arbeit** (Netzarbeit, Filament) (*f. - Text.*), lavoro a rete. 4 ~ **nadel** (*f. - Text.*), ago per reti.
Filialbank (*f. - finanz.*), succursale (di banca).
Filiale (Filialgeschäft) (*f. - komm.*), filiale. 2 ~ **leiter** (*m. - komm. - Pers.*), direttore di filiale.
Filieren (*n. - Seidenind.*), filatura.
Filiernadel (Netznadel, Schütze) (*f. - Text.*), ago da rete.
Filigran (*n. - Metallbearb.*), filigrana.
Filler (*m. - Anstr.*), siehe Füller.
Film (dünne Schicht) (*m. - allg.*), pellicola, velo. 2 ~ (*Phot.*), pellicola. 3 ~ (*Filmtech.*), pellicola cinematografica, « film ». 4 ~ (*Anstr.*), strato, film. 5 ~ (Ölfilm) (*Schmierung*), velo, velubro. 6 ~ **abtaster** (*m. - Fernseh.*), analizzatore di film (per telecinema). 7 ~ **amateur** (*m. - Filmtech.*), cineamatore. 8 ~ **archiv** (*n. - Filmtech.*), cineteca. 9 ~ **atelier** (*n. - Film-*

tech.), studio cinematografico. **10 ~ aufnahme** (kinematographische Aufnahme) (*f. - Filmtech.*), ripresa cinematografica. **11 ~ aufnahmeapparat** (*m. - Filmtech. - App.*), macchina da presa cinematografica, cinepresa. **12 ~ autor** (*m. - Filmtech.*), sceneggiatore. **13 ~ -Bewegungsstudie** (*f. - Zeitstudie*), studio dei movimenti mediante ripresa cinematografica. **14 ~ bild** (einzelnes Bild) (*n. - Filmtech.*), fotogramma. **15 ~ bildwerfer** (Filmprojektor, Kinoprojektor) (*m. - Filmtech.*), proiettore cinematografico. **16 ~ dose** (*f. - Filmtech.*), scatola per film, « pizza ». **17 ~ drehbuch** (Filmmanuskript, Manuskript, Skript, Script) (*n. - Filmtech.*), copione cinematografico, copione. **18 ~ druck** (*m. - Textil.*), siehe Siebdruck. **19 ~ empfindlichkeit** (durch DIN- oder ASA-Werte gegeben) (*f. - Phot.*), sensibilità della pellicola. **20 ~ fenster** (eines Projektors) (*n. - Filmtech. - App.*), finestrino. **21 ~ festspiel** (*n. - Filmtech.*), festival cinematografico. **22 ~ geschwindigkeit** (*f. - Filmtech.*), velocità della pellicola, velocità di ripresa. **23 ~ hersteller** (*m. - Filmtech.*), produttore cinematografico. **24 ~ kamera** (Filmaufnahmeapparat) (*f. - Filmtech.*), macchina da presa cinematografica, cinepresa. **25 ~ kassette** (*f. - Filmtech.*), scatola per film, « pizza ». **26 ~ komparse** (Filmstatist) (*m. - Filmtech.*), comparsa cinematografica. **27 ~ leinwand** (*f. - Filmtech.*), schermo cinematografico, telone cinematografico. **28 ~ manuskript** (Filmdrehbuch, Manuskript, Script, Skript) (*n. - Filmtech.*), copione cinematografico, copione. **29 ~ messer** (Filmmeterzähler) (*m. - Filmtech.*), contametri (di pellicola). **30 ~ mit Untertiteln** (*Filmtech.*), film con didascalie. **31 ~ produzent** (*m. - Filmtech.*), produttore cinematografico. **32 ~ schauspieler** (*m. - Filmtech.*), attore cinematografico. **33 ~ schauspielerin** (Filmstar, Filmstern) (*f. - Filmtech.*), attrice cinematografica, stella cinematografica. **34 ~ spule** (*f. - Phot.*), rotolo di pellicola. **35 ~ studio** (Filmatelier) (*n. - Filmtech.*), studio cinematografico. **36 ~ teil** (*m. - Fernseh.*), inserto filmato. **37 ~ theater** (*n. - Filmtech.*), cinematografo. **38 ~ theorie** (der Strömung eines Mediums längs einer festen Oberfläche) (*f. - Chem.*), teoria del « film ». **39 ~ trick** (*m. - Filmtech.*), trucco cinematografico. **40 ~ uhr** (Filmmesser) (*f. - Filmtech.*), contametri (di pellicola). **41 ~ vorführer** (*m. - Filmtech.*), operatore (di proiezioni), operatore per proiezioni (cinematografiche). **42 ~ vorführraum** (Vorführkabine) (*m. - Filmtech.*), cabina di proiezione. **43 ~ werbung** (*f. - komm.*), pubblicità cinematografica. **44 ~ zähler** (Filmmesser) (*m. - Filmtech.*), contametri (di pellicola). **45 Blank ~** (*Phot. - Filmtech.*), pellicola senza emulsione, supporto. **46 Breitwand ~** (*Filmtech.*), film a schermo panoramico, film a grande schermo. **47 Dokumentar ~** (*Filmtech.*), film documentario, documentario. **48 Doppelacht ~** (*Filmtech.*), pellicola 2 × 8 mm. **49 doppelbeschichteter ~** (*Phot.*), pellicola a doppia emulsione. **50 dreidimensionaler ~** (3-D-Film) (*Filmtech.*), film stereoscopico, film tridimensionale, film 3 D. **51 Farb ~** (*Filmtech. - Phot.*), pellicola a colori, film a colori. **52 Klang ~** (Tonfilm) (*Filmtech.*), film sonoro. **53 Kultur ~** (*Filmtech.*), film culturale, film educativo. **54 Lack ~** (*Anstr.*), pellicola di vernice. **55 Lehr ~** (*Filmtech.*), film didattico. **56 Normal ~** (35 mm breit) (*Filmtech.*), pellicola normale, pellicola da 35 mm. **57 Öl ~** (*Schmierung*), velubro, pellicola di olio, velo di olio. **58 Panorama ~** (*Filmtech.*), film panoramico. **59 Roh ~** (*Filmtech. - Phot.*), pellicola vergine, pellicola da impressionare. **60 Schmal ~** (16 mm und 8 mm) (*Filmtech.*), pellicola a passo ridotto, film a passo ridotto. **61 Schmal ~ kamera** (Amateurkamera) (*f. - Filmtech.*), cinepresa a passo ridotto, cinepresa. **62 Stereo ~** (3-D-Film) (*Filmtech.*), film stereoscopico. **63 Stumm ~** (stummer Film) (*Filmtech.*), film muto. **64 stummer ~** (Stummfilm) (*Filmtech.*), film muto. **65 Ton ~** (*Filmtech.*), film sonoro. **66 Umkehr ~** (*Phot.*), pellicola invertibile. **67 unverbrennbarer ~** (*Phot.*), pellicola ininfiammabile, pellicola di sicurezza. **68 Wochenschau ~** (*Filmtech.*), cinegiornale, attualità.

filmen (*Filmtech.*), girare un film, filmare.
Filoselle (Seidenabfall) (*Text.*), filosello.
Filter (*m. - n. - allg.*), filtro. **2 ~ becken** (*n. - Bauw.*), bacino di filtrazione, vasca di filtrazione. **3 ~ belt** (*n. - Bauw.*), siehe Filterbett. **4 ~ bett** (für Abwasser z. B.) (*n. - Bauw.*), letto filtrante. **5 ~ brunnen** (*m. - Bauw.*), pozzo filtrante. **6 ~ drossel** (*f. - Elekt.*) bobina di filtraggio, bobina filtrante. **7 ~ einsatz** (*m. - Mot. - etc.*), elemento del filtro, cartuccia del filtro, elemento filtrante. **8 ~ gewebe** (*n. - Mot. - etc.*), reticella del filtro, reticella per filtri. **9 ~ glas** (*n. - Opt.*), filtro (di) luce, filtro ottico. **10 ~ glied** (Filtermasche) (*n. - Mot. - etc.*), maglia del filtro. **11 ~ kasten** (*m. - naut. - Mot.*), cassa filtro. **12 ~ korb** (Saugkorb) (*m. - Hydr.*), succhieruola. **13 ~ kreis** (*m. - Funk.*), (circuito) filtro, circuito filtrante. **14 ~ laufzeit** (Betriebszeit, Betriebsdauer, eines Filters) (*f. - Ind.*), periodo di lavaggio, periodo tra due lavaggi successivi (di un filtro). **15 ~ masche** (*f. - Mot. - etc.*), maglia del filtro. **16 ~ papier** (*n. - Chem.*), carta da filtri, carta filtro. **17 ~ presse** (*f. - Masch.*), filtropressa. **18 ~ sand** (*m. - Bauw.*), sabbia da filtro. **19 ~ stoff** (Filtertuch) (*m. - chem. Ind. - etc.*), tessuto da filtri, tessuto per filtri. **20 ~ widerstand** (*m. - Hydr.*), perdita di carico nel filtro. **21 akustischer ~** (*Elektroakus.*), filtro acustico. **22 Band ~** (Bandpassfilter) (*Funk.*), filtro passabanda. **23 Band ~** (für Kühlmittel z. B.) (*Ger.*), filtro a nastro (trasportatore). **24 Bandpass ~** (*Funk.*), filtro passabanda. **25 Bandsperre ~** (*Funk.*), filtro arrestabanda, filtro eliminatore di banda. **26 Echtgrau ~** (aselektives Filter) (*Opt.*), filtro non selettivo. **27 Farb ~** (Lichtfilter) (*Opt. - Phot.*), filtro colorato, filtro selettivo. **28 Grau ~** (*Opt.*), filtro grigio, filtro non selettivo. **29 Hauptstrom ~** (Ölfilter) (*Mot. - Aut.*), filtro a portata totale, filtro (sulla tubazione) principale. **30 Hochpass ~** (*Funk.*), filtro passa-alto. **31 Kerzen ~** (aus porösen Stoffen)

(*Ger.*), filtro a candela. **32 Kraftstoff** ~ (*Mot.*), filtro del combustibile. **33 Licht** ~ (Farbfilter) (*Opt. - Phot.*), filtro colorato, filtro selettivo. **34 Luft** ~ (*Lüftung - Mot.*), filtro dell'aria, filtro per l'aria. **35 Magnetband** ~ (für Kühlmittel z. B.) (*Ger.*), filtro a nastro magnetico. **36 Nebenstrom** ~ (Teilstromfilter, Ölfilter) (*Mot. - Aut.*), filtro a portata parziale, filtro in derivazione. **37 Neutralgrau** ~ (*Phot.*), filtro polarizzatore. **38 Öl** ~ (*Mot.*), filtro dell'olio. **39 Ölbadluft** ~ (*Mot.*), filtro dell'aria a bagno d'olio, filtro per l'aria a bagno d'olio. **40 ölbenetzter Zellen-Luft** ~ (ölbenetzter Zellenfilter) (*Mot.*), filtro dell'aria a velo d'olio. **41 Ölfein** ~ (*Mot.*), microfiltro dell'olio, microfiltro per olio. **42 Schleuder** ~ (*Mot.*), filtro centrifugo. **43 Spalt** ~ (*App.*), filtro a lamelle. **44 Teilstrom** ~ (Nebenstromfilter, Ölfilter) (*Mot. - Aut.*), filtro a portata parziale, filtro in derivazione. **45 Tiefpass** ~ (*Funk.*), filtro passabasso. **46 Tuch** ~ (*Lüftung - Mot.*), filtro di tessuto. **47 Ultra** ~ (*Chem. - Ger.*), ultrafiltro. **48 Vor** ~ (eines Ölbadfilters z. B.) (*Mot. - etc.*), prefiltro. **49 Wechsel** ~ (Ölfilter) (*Mot. - Aut.*), filtro a cartuccia.
Filtern (*n. - allg.*), filtrazione.
filtern (filtrieren) (*allg.*), filtrare.
Filtrat (*n. - Chem. - etc.*), filtrato (*s.*).
Filtration (Filtern) (*f. - allg.*), filtrazione.
Filtrierbecken (für Trinkwasser z. B.) (*n. Ind.*), bacino di filtrazione, bacino filtrante.
Filtrierflasche (*f. - chem. Ger.*), bevuta per filtrare alla pompa.
Filtrierpapier (*n. - Chem.*), carta da filtro.
Filz (*m. - Text. - etc.*), feltro. **2** ~ **ärmel** (Filzschlauch) (*m. - Papierind. - etc.*), siehe Manchon. **3** ~ **dichtung** (*f. - Mech. - etc.*), guarnizione di feltro. **4** ~ **maschine** (*f. - Masch.*), feltratrice. **5** ~ **pappe** (*f. - Bauw.*), cartonfeltro. **6** ~ **scheibe** (Filzpolierscheibe) (*f. - Mech.*), disco in feltro (per pulitrice), disco in feltro per lucidare). **7** ~ **scheibe** (Dichtung) (*Mech. - etc.*), rondella di feltro. **8** ~ **schlauch** (Filzärmel) (*Papierind. - etc.*), siehe Manchon. **9** ~ **schreiber** (*m. - Büro*), pennarello. **10** ~ **walze** (*f. - Papierind.*), cilindro con feltro. **11** ~ **walze** (*Druck.*), rullo con feltro.
Filzen (*n. - Text. - etc.*), feltratura.
filzig (Wolle) (*Text.*), feltrato.
Finanz (*f. - finanz.*), finanza. **2** ~ **amt** (*n. - finanz.*), intendenza di finanza. **3** ~ **anlagen** (*f. - pl. - Adm.*), investimenti finanziari. **4** ~ **buchhaltung** (Geschäftsbuchhaltung, Hauptbuchhaltung) (*f. - Adm.*), contabilità generale. **5** ~ **gesellschaft** (*f. - finanz.*), società finanziaria. **6** ~ **hilfe** (*f. - finanz.*), aiuto in conto capitale. **7** ~ **jahr** (*n. - Adm.*), anno finanziario, esercizio finanziario. **8** ~ **kapital** (*n. - finanz.*), capitale finanziario. **9** ~ **mathematik** (politische Arithmetik) (*f. - Math.*), matematica finanziaria. **10** ~ **periode** (Finanzjahr) (*f. - Adm.*), esercizio finanziario, anno finanziario. **11** ~ **plan** (*m. - finanz.*), piano finanziario. **12** ~ **vorschriften** (*f. - pl. - finanz.*), disposizioni finanziarie. **13** ~ **wirtschaft** (Finanzgebahrung) (*f. - Wissens.*), economia finanziaria.
finanzamtlich (*finanz.*), tributario.

Finanzer (*m. - finanz.*), finanziere.
finanziell (*finanz.*), finanziario.
finanzieren (*finanz.*), finanziare.
Finanzierung (*f. - finanz.*), finanziamento. **2** ~ **s·gesellschaft** (*f. - finanz.*), società finanziaria.
Findling (erratischer Block) (*m. - Geol.*), masso erratico, trovante.
Finger (*m. - allg.*), dito. **2** ~ **abdruck** (*m. - recht.*), impronta digitale. **3** ~ **anschlag** (*m. - Fernspr.*), arresto del disco combinatore. **4** ~ **fräser** (Schaftfräser) (*m. - Werkz.*), fresa a candela. **5** ~ **probe** (Prüftest zur Ermittlung des richtigen Verklebungszeitpunktes bei Kontaktklebern) (*f. - Technol.*), prova col dito. **6** ~ **scheibe** (Drehscheibe, eines Selbstwählapparates) (*f. - Fernspr.*), disco combinatore. **7** ~ **scheibe** (Schleifscheibe) (*Werkz.*), mola ad ago. **8** ~ **taste** (*f. - Büromasch. - etc.*), tasto. **9 Schalt** ~ (*Mech.*), levetta di innesto, levetta di comando.
Finimeter (Manometer zur Überwachung des Sauerstoffvorrates, bei Gasschutzgeräten) (*m. - Bergbau - Ger.*), manometro controllo ossigeno.
fin inf (Infinum, untere Grenze) (*Math.*), limite inferiore.
Finirzange (*f. - Werkz.*), pinzette da orologiaio.
Finish (*n. - m. - Textilind.*), finitura, finissaggio. **2** ~ **er** (Finishmaschine) (*m. - Textilmasch.*), finitrice. **3** ~ **maschine** (Finisher) (*f. - Textilmasch.*), finitrice.
finit (*Math. - etc.*), finito.
Finit-Element-Methode (*f. - Math.*), metodo degli elementi finiti.
Finne (Pinne, eines Hammers) (*f. - Werkz.*), penna.
Finsternis (*f. - Astr.*), eclissi. **2 Mond** ~ (*Astr.*), eclissi lunare. **3 partielle** ~ (*Astr.*), eclissi parziale. **4 ringförmige Sonnen** ~ (*Astr.*), eclissi solare anulare. **5 Sonnen** ~ (*Astr.*), eclissi solare. **6 totale** ~ (*Astr.*), eclissi totale.
fin sup (obere Grenze) (*Math.*), limite superiore.
Firma (Handelshaus) (*f. - komm.*), ditta. **2** ~ (Name, Bezeichnung, Firmenbezeichnung) (*komm.*), ragione sociale.
Firmament (Himmelsgewölbe) (*n. - Astr.*), firmamento.
Firmenbezeichnung (*f. - komm.*), ragione sociale.
Firmenschild (auf einem Wagen z. B.) (*n. Ind.*), stemma.
Firmenzeichen (Fabrikmarke) (*n. - Ind.*), marchio di fabbrica.
Firn (Hochgebirgsschnee) (*m. - Meteor.*), neve granulosa, « firn ». **2** ~ **feld** (*n. - Geol.*), nevato (*s.*), vedretta, gramolada.
Firner (Firnfeld, Gletscher) (*m. - Geol.*), siehe Firnfeld.
Firnis (durchsichtige dünne Schicht) (*m. - Anstr.*), vernice. **2 Öl** ~ (*Anstr.*), vernice ad olio.
firnissen (*Anstr.*), verniciare.
First (Dachfirst) (*m. - Bauw.*), colmo, comignolo. **2** ~ (Gebirgskamm) (*Bergbau*), corona. **3** ~ **balken** (*m. - Bauw.*), trave di colmo. **4** ~ **ecke** (*f. - Bauw.*), coppo, tegola di colmo, tegola curva, tegola a canale. **5** ~ **en·bau**

Fisch

(*m. - Bergbau*), coltivazione a magazzino. 6 ~ en·bau mit geneigter Firste (*Bergbau*), coltivazione a tagli inclinati. 7 ~ en·bau mit Versatz (*Bergbau*), coltivazione a ripiena. 8 ~ en·kammerbau (Kammerpfeilerbau) (*m. - Bergbau*), coltivazione a camere e pilastri. 9 ~ en·stoss (*m. - Bergbau*), cantiere a gradino rovescio. 10 ~ haube (*f. - Bauw.*), scossalina di colmo. 11 ~ säule (*f. - Zimm. - Bauw.*), monaco, ometto. 12 ~ stempel (*m. - Bergbau*), puntello. 13 ~ stoss (Firstenstoss) (*m. - Bergbau*), cantiere a gradino rovescio. 14 ~ ziegel (Hohlziegel, Gratziegel, Mönch) (*m. - Bauw.*), coppo, tegola di colmo, tegola curva, tegola a canale, coppone.

Fisch (*m. - Fischerei*), pesce. 2 ~ angel (Angelhaken) (*f. - Fischerei*), amo. 3 ~ auge (*n. - Metall.fehler*), occhio di pesce. 4 ~ band (*n. - Zimm. - Bauw.*), cerniera. 5 ~ dampfer (*m. - naut.*), peschereccio. 6 ~ dampfer für Schleppnetzfang (Trawler) (*naut.*), peschereccio per pesca a strascico. 7 ~ fabriktrawler (*m. - naut.*), nave fattoria. 8 ~ leim (*m. - Ind.*), colla di pesce, ittiocolla. 9 ~ lot (Echolot) (*n. - Fischerei - Ger.*), ittioscopio. 10 ~ lupe (Echolot) (*f. - Fischereiger.*), ittioscopio. 11 ~ netz (*n. - Fischerei*), rete da pesca. 12 ~ netzwinde (*f. - naut. - Fischerei*), salpareti, verricello salpareti. 13 ~ schwanz (Schmiedefehler z. B.) (*m. - Metall.*), coda di pesce. 14 ~ schwanzbohrer (Fischschwanzmeissel) (*m. - Bergbau - Werkz.*), scalpello a coda di pesce. 15 ~ trawler (*m. - naut.*), motopeschereccio per pesca a strascico. 16 ~ zucht (Fischaufzucht) (*f. - Ind.*), piscicoltura.

Fl-Schalter (Fehlerstromschalter) (*m. - Elekt.*), interruttore a corrente di guasto.

fischen (*Fischerei*), pescare.

Fischer (*m. - Arb.*), pescatore. 2 ~ boot (*n. - naut.*), peschereccio, barca da pesca. 3 ~ kahn (Fischerboot) (*m. - naut.*), barca da pesca. 4 Hochsee ~ boot (*n. - naut.*), peschereccio d'altura, peschereccio d'alto mare.

Fischerei (*f. - Fischerei*), pesca. 2 ~ fahrzeug (*n. - naut.*), peschereccio. 3 ~ flotte (*f. - Fischerei - naut.*), flottiglia da pesca. 4 ~ mit dem Grundschleppnetz (*Fischerei*), pesca a strascico. 5 Angel ~ (*Fischerei*), pesca con lenza. 6 Hochsee ~ (*Fischerei*), pesca di altura, pesca di alto mare. 7 Küsten ~ (*Fischerei*), pesca costiera. 8 Langleinen ~ (*Fischerei*), pesca con palangrese, pesca con palamite. 9 Ringwaden ~ (*Fischerei*), pesca a cianciolo, pesca con rete di aggiramento. 10 Schleppnetz ~ (*Fischerei*), pesca a strascico. 11 Treibnetz ~ (*Fischerei*), pesca con rete a imbrocco. 12 Zugnetz ~ (*Fischerei*), pesca con rete di aggiramento (salpata da terra).

Fl-Schutzschalter (Fehlerstromschutzschalter) (*m. - Elekt.*), interruttore di sicurezza a corrente di guasto.

fiskalisch (*finanz.*), fiscale.

Fiskaljahr (*n. - finanz. - Adm.*), anno fiscale, esercizio.

Fiskus (*m. - finanz.*), fisco.

Fissium (*n. - Kernphys.*), fissio.

Fitsche (Fetsche, Fatsche) (*f. - Zimm.*), siehe Fischband.

« Fitte » (Strassenpflaster aus Kunststeinplatten) (*Strass.n.*), (tipo di) lastricato in pietra artificiale.

Fitting (Verbindungstück für Rohrleitungen) (*m. - Leit.*), raccordo.

Fittings (*m. - pl. - Leit.*), raccorderia.

Fitze (Strang) (*f. - Textilind.*), filzuolo, matassina.

Fitzen (Masten, Unterteilen und Umbinden der Stränge) (*n. - Textilind.*), legatura.

Fitzer (*m. - Textilapp.*), avvolgitore per matasse.

Fitzfeile (Nadelfeile) (*f. - Werkz.*), lima ad ago.

fix (*Masch. - Mot.*), fisso. 2 ~ (fest) (*Mech.*), fisso, fermo. 3 ~ e Kosten (*komm. - Adm.*), spese fisse.

Fixativ (Fixiermittel) (*n. - chem. Ind.*), fissativo. 2 ~ (*Anstr.*), fissativo.

Fixecho (Festecho) (*n. - Radar*), eco permanente.

fixen (*Mech. - etc.*), fissare.

Fixfokus (*m. - Phot. - Filmtech.*), fuoco fisso.

Fixierbad (*n. - Phot.*), bagno di fissaggio.

fixieren (*Phot. - etc.*), fissare.

Fixiermittel (*n. - Phot.*), fissatore.

Fixiernatron (Natriumthiosulfat) (*n. - Phot.*), iposolfito di sodio.

Fixierstift (*m. - Mech.*), perno di fissaggio, spina di fissaggio.

Fixiervorgang (*m. - Phot.*), fissaggio.

Fixpunkt (*m.*), siehe Festpunkt.

Fixstern (*m. - Astr.*), stella fissa.

Fixum (festes Gehalt) (*n. - Pers.*), stipendio fisso.

Fjord (*m. - Geogr.*), fiordo.

Fk (ankommendes Ferngespräch) (*Fernspr.*), comunicazione interurbana in arrivo.

FKH (Forschungskommission für Hochspannungsfragen) (*Elekt.*) (*schweiz.*), Commissione di Ricerca sui Problemi dell'Alta Tensione.

F-Kopf (Zylinderkopf mit stehendem Einlass- und hängendem Auslassventil) (*m. - Mot.*), testa ad F, testa con valvola di ammissione laterale e valvola di scarico in testa.

Fk-Stück (Flanschenbogen) (*n. - Leit.*), curva a flange.

FK-Verfolgungsradar (*n. - Radar*), radar per puntamento di missili.

Fl (Fehlerstrom) (*Elekt.*), corrente di guasto.

Flach (Bank, Grund) (*n. - See - Geogr.*), banco (di sabbia).

flach (eben) (*allg.*), piano. 2 ~ (platt) (*allg.*), piatto. 3 ~ (seicht, Wasser) (*allg.*), poco profondo. 4 ~ (*Phot.*), piatto, senza contrasto. 5 ~ e Abstimmung (*Funk.*), sintonia piatta. 6 ~ e Kurve (eines Diagrammes) (*Masch.*), curva piatta, (curva) caratteristica piatta. 7 ~ er Bogen (Stichbogen) (*Arch.*), arco ribassato. 8 ~ verlegt (Mauerstein z. B.) (*allg.*), posato di piatto.

Flachbagger (*m. - Erdbew.masch.*), escavatore in superficie.

Flachbaggerung (*f. - Erdbew.*), escavazione superficiale.

Flachbahn (*f. - Werkz.masch.*), guida piana. 2 ~ geschütz (*n. - milit.*), cannone a tiro teso.

Flachbau (einstöckige Bauweise) (m. - Bauw.), costruzione ad un piano. 2 ~ **gruppe** (f. - NC - Werkz.masch.bearb.), scheda, cartolina.
Flachbiegeversuch (Biegedauerschwingversuch an Flachproben) (m. - Materialprüfung), prova di fatica a flessione su provino piano.
Flachblech (n. - Technol.), lamiera piana.
Flachboden (eines Lastkraftwagens z. B.) (m. - Fahrz.), pianale. 2 ~ **-Kippritsche** (eines Lastkraftwagens) (f. - Aut.), cassone ribaltabile a fondo piano.
Flachbohrung (Bohrung mit geringer Teufe) (f. - Bergbau), trivellazione poco profonda.
Flachbrunnen (m. - Hydr.), pozzo superficiale.
Flachdach (n. - Bauw.), tetto piano. 2 ~ **pfanne** (f. - Bauw.), tegola piatta, tegola piana, embrice, marsigliese.
Flachdichtung (f. - Mech.), guarnizione piatta.
Flachdraht (Flachleitung) (m. - Elekt.), piattina, filo piatto.
Flachdrehen (n. - Werkz.masch.bearb.), spianatura al tornio, sfacciatura al tornio, tornitura in piano.
flachdrehen (Werkz.masch.bearb.), spianare al tornio, sfacciare al tornio, tornire in piano.
Flachdruck (m. - Druck.), stampa da matrice piana, stampa planografica. 2 ~ **maschine** (f. - Druckmasch.), macchina per stampa planografica, macchina per la stampa in piano. 3 ~ **presse** (f. - Druckmasch.), macchina per la stampa in piano, macchina per la stampa planografica. 4 ~ **rotationsmaschine** (f. - Druckmasch.), macchina da stampa rotativa a matrice piana, rotativa per stampa planografica. 5 ~ **verfahren** (n. - Druck.), procedimento di stampa a matrice piana, procedimento di stampa planografica.
Fläche (Oberfläche, eines Stückes z. B.) (f. - Mech. - etc.), superficie. 2 ~ (Geom.), superficie. 3 ~ **gleichen Potentials** (Elekt.), superficie equipotenziale. 4 ~ n·**ausdehnung** (f. - Technol.), sviluppo superficiale. 5 ~ n·**ausdehnungszahl** (f. - Phys.), coefficiente di dilatazione (termica) superficiale. 6 ~ n·**ausschnitt** (Tragprofil einer technischen Oberfläche) (m. - Mech.), profilo planimetrico (di rugosità). 7 ~ n·**bedarf** (m. - Ind.), ingombro in pianta. 8 ~ n·**behälter** (m. - Flugw.), serbatoio alare. 9 ~ n·**belastung** (f. - Bauw.), carico per m², carico per unità di superficie. 10 ~ n·**belastung** (Flugw.), carico alare. 11 ~ n·**berechnung** (f. - Geom. - etc.), calcolo della superficie. 12 ~ n·**blitz** (m. - Meteor.), lampo diffuso. 13 ~ n·**dichte** (der Ladung) (f. - Elekt.), densità (elettrica) superficiale. 14 ~ n·**diode** (f. - Elektronik), diodo a giunzione. 15 ~ n·**divergenz** (Sprungdivergenz, bei Vektoranalysis) (f. - Math.), divergenza superficiale. 16 ~ n·**druck** (Flachdruck) (m. - Druck.), stampa planografica, stampa da matrice piana. 17 ~ n·**druck** (zwischen festen Körpern) (Phys. - Mech.), pressione superficiale, pressione di contatto. 18 ~ n·**fräsen** (n. - Werkz.masch. bearb.), fresatura in piano, fresatura di superficie piana. 19 ~ n·**gleichrichter** (m. - Elektronik), raddrizzatore a contatto superficiale, raddrizzatore a giunzione. 20 ~ n·**gradient** (Sprunggradient) (m. - Math.), gradiente superficiale. 21 ~ n·**güte** (f. - Mech.), finitura superficiale. 22 ~ n·**heizung** (durchbeheizte Raumflächen, Deckenheizung z. B.) (f. - Heizung), riscaldamento a superficie. 23 ~ n·**holm** (m. - Flugw.), longherone alare, longarone alare. 24 ~ n·**inhalt** (m. - Geom.), area, superficie. 25 ~ n·**inhalt** (Flügelfläche) (Flugw.), superficie alare. 26 ~ n·**last** (f. - Elekt.), siehe Belastungsdichte. 27 ~ n·**mass** (m² z. B.) (n. - Geom. - etc.), misura di superficie. 28 ~ n·**messer** (m. - Instr.), planimetro. 29 ~ n·**messung** (f. - Geom.), planimetria. 30 ~ n·**nutzungsgrad** (eines Lagers, etc.) (m. - Ind.), indice di utilizzazione della superficie. 31 ~ n·**pressung** (f. - Phys. - Mech.), siehe Flächendruck. 32 ~ n·**rotor** (Sprungrotor, bei Vektoranalysis) (m. - Math.), rotore di superficie. 33 ~ n·**schleifen** (n. - Werkz.masch.bearb.), rettifica in piano, rettifica di superfici piane. 34 ~ n·**schleifmaschine** (Planschleifmaschine) (f. - Werkz. masch.), rettificatrice in piano, rettificatrice per superfici piane. 35 ~ n·**schluss** (Aufteilen eines Blechstreifens) (m. - Blechbearb.), (schema di) tranciatura con minimo sfrido. 36 ~ n·**stummel** (eines Flugbootes) (m. - Flugw.), galleggiante alare. 37 ~ n·**tragantell** (zur Ermittlung der Feingestalt einer Oberfläche) (m. - n. - Mech.), fattore di portanza. 38 ~ n·**transistor** (m. - Elektronik), transistore a giunzione. 39 ~ n·**trigonometrie** (f. - Math.), trigonometria piana. 40 ~ n·**verhältnis** (einer Propeller) (n. - naut. - aer.), rapporto di solidità. 41 ~ n·**wagen** (m. - Flugw.), vagone volante. 42 ~ n·**winkel** (m. - Geom.), angolo piano. 43 ~ **zweiter Ordnung** (Kugel, Kegel, etc.) (Geom.), superficie di secondo ordine. 44 **algebraische** ~ (Math.), superficie algebrica. 45 **Arbeits** ~ (eines Werkstückes, die durch den Schneidvorgang erzielte Fläche) (Werkz.masch.bearb.), superficie lavorata. 46 **Auflage** ~ (Mech. - etc.), superficie portante, superficie di appoggio. 47 **ausgedehnte** ~ (von Blech z. B.) (Technol.), sviluppo, superficie sviluppata (in piano). 48 **bearbeitete** ~ (Mech.), superficie lavorata (di macchina). 49 **bebaute** ~ (eines Werkes z. B.) (Ind. - Bauw.), superficie coperta, area coperta. 50 **belegte** ~ (eines Werkes z. B.) (Ind. - Bauw.), superficie sviluppata. 51 **Berührungs** ~ (Mech. - etc.), superficie di contatto. 52 **Boden** ~ (eines Werkes) (Ind.), area del terreno. 53 **Form** ~ (Istform eines Körpers, wie sie durch einen Taster erfasst wird) (Mech.), superficie macrogeometrica. 54 **geschlossene** ~ (die Kugel z. B.) (Geom.), superficie chiusa. 55 **krumme** ~ (Geom.), superficie curva. 56 **Naben** ~ (Mech.), superficie lamata. 57 **rauhe** ~ (Mech. - etc.), superficie ruvida. 58 **Schnitt** ~ (Geom. - etc.), sezione. 59 **Span** ~ (Fläche über die der Span abläuft) (Werkz.), petto, superficie di spoglia superiore. 60 **spiegelnde** ~ (Mech.), superficie speculare. 61 **strahlende** ~ (Wärme), superficie radiante. 62 **tragende** ~ (Tragfläche) (Flugw.), superficie portante, superficie alare. 63 **tragende** ~ (einer technischen Oberfläche, bei Rauheitsmessungen

Flacheisen

z. B.) (*Mech.*), superficie portante, portanza. **64 Trag** ~ (bei Rauheitsmessungen z. B., einer technischen Oberfläche) (*Mech.*), superficie portante, portanza. **65 Wälz** ~ (*Mech.*), superficie di rotolamento. **66 Wälz** ~ (von Zahnrädern) (*Mech.*), superficie primitiva. **67 Wasser** ~ (*Hydr.*), superficie dell'acqua.
Flacheisen (Flachstahl) (*n. - metall. Ind.*), piatto, barra piatta, largo piatto.
flächenzentriert (*Min. - Metall.*), facce-centrato. **2** ~ **es Raumgitter** (*Min. - Metall.*), reticolo spaziale facce-centrato.
Flachfeder (Blattfeder) (*f. - Mech.*), molla a lamina. **2** ~ **spirale** (*f. - Mech.*), molla a spirale (piana).
Flachfeile (*f. - Werkz.*), lima piatta.
Flachfeuer (von Geschützen) (*n. - milit.*), tiro teso. **2** ~ **geschütz** (Kanone, Flachbahngeschütz) (*n. - milit.*), cannone.
Flachfilm (*m. - Filmtech.*), film bidimensionale, film non stereoscopico, film non in rilievo, 2 D.
flachgängig (Gewinde) (*Mech.*), a filetto rettangolare.
flachgelegt (*allg.*), di piatto, coricato, per piano.
Flachgewinde (*n. - Mech.*), filetto rettangolare.
Flachglas (*n. - Glasind.*), vetro in lastre.
Flachgründung (*f. - Bauw.*), fondazione a solettone.
flachhämmern (mit Krafthammer) (*mech. Technol.*), spianare al maglio. **2** ~ (mit Handhammer) (*mech. Technol.*), spianare col martello.
Flachkabel (*n. - Elekt.*), cavo piatto, cavo a nastro.
Flachkeil (*m. - Mech.*), chiavetta piana.
Flachkiel (*m. - naut.*), carena piatta, fondo piatto.
Flachknüppel (*m. - Walzw.*), slebo, billetta a sezione rettangolare.
Flachkolben (Flachbodenkolben) (*m. - Mot.*), stantuffo a cielo piano, stantuffo a testa piana, pistone a cielo piano, pistone a testa piana.
flachköpfig (*Mech.*), a testa piana, a testa piatta.
Flachkopfniet (*m. - Mech.*), ribattino a testa piana, chiodo a testa piana, rivetto a testa piana.
Flachkuppel (*f. - Arch.*), cupola ribassata.
Flachland (Ebene) (*n. - Geogr.*), pianura.
Flachlasche (*f. - Eisenb.*), stecca piatta.
Flachlehrdorn (*m. - Werkz.*), calibro a tampone piatto.
Flachleitung (*f. - Elekt.*), piattina, conduttore piatto.
Flachlöffelbagger (Planierbagger) (*m. - Erdbew.masch.*), escavatore a cucchiaia livellatrice.
Flachmeissel (*m. - Werkz.*), scalpello piatto.
Flachmotor (*m. - Mot.*), motore piatto, motore a sogliola.
Flachnaht (Kehlnahtart) (*f. - Schweissen*), cordone d'angolo piatto.
Flachnutenräumen (Räumen von Keilnabenprofilen) (*n. - Werkz.masch.bearb.*), brocciatura di profili scanalati.
Flachoffsetmaschine (*f. - Druckmasch.*), macchina offset a matrice piana.

Flachpassung (Passung zwischen ebenen Flächen) (*f. - Mech.*), accoppiamento piano, accoppiamento di superfici piane.
Flachpinsel (*m. - Werkz.*), pennellessa.
Flachpfanne (*f. - Bauw.*), tegola piana, embrice.
Flachprägewerkzeug (Flachstanze, Planierwerkzeug) (*n. - Blechbearb.werkz.*), utensile spianatore, stampo spianatore.
Flachprobe (*f. - mech. Technol. - Metall.*), provino piatto, provetta piatta.
Flachrelief (*n. - Arch.*), bassorilievo.
Flachriemen (*m. - Mech.*), cinghia piana.
Flachrundkopf (*m. - Mech.*), testa a calotta piatta, testa bombata larga.
Flachrundschraube (*f. - Mech.*), vite con testa a calotta piatta.
Flachs (Lein) (*m. - Text.*), lino. **2** ~ **baumwolle** (*f. - Text.*), lino misto a cotone. **3** ~ **brechmaschine** (*f. - Textilmasch.*), scotolatrice per lino. **4** ~ **hechel** (Flachshechelmaschine) (*f. - Textilmasch.*), macchina per pettinare il lino, pettinatrice per lino. **5** ~ **hechelmaschine** (*f. - Textilmasch.*), pettinatrice per lino, macchina per pettinare il lino. **6** ~ **hechler** (Flachshechelmaschine) (*m. - Textilmasch.*), pettinatrice per lino, macchina per pettinare il lino. **7** ~ **krempel** (*m. - Textilmasch.*), carda per lino. **8** ~ **röste** (*f. - Textilind.*), vasca per la macerazione del lino. **9** ~ **rotte** (*f. - Textilind.*), macerazione del lino. **10** ~ **werg** (Flachshede) (*n. - Text.*), stoppa di lino. **11** ~ **zwirnmaschine** (*f. - Textilmasch.*), torcitrice per lino.
Flachschaber (*m. - Werkz.*), raschietto piatto.
Flachschieber (Ventil) (*m. - Mech.*), valvola a cassetto piano, cassetto piano. **2** ~ (für Wasser, Absperrverschluss einer Druckrohrleitung in einem Einlaufbauwerk) (*m. - Hydr.*), paratoia piana. **3** ~ **steuerung** (*f. - Masch.*), distribuzione a cassetto piano.
Flachschleifmaschine (*f. - Werkz.masch.*), rettificatrice in piano, rettificatrice per superfici piane.
Flachschliff (*m. - Werkz.masch.bearb.*), rettifica in piano.
Flachschnitt (*m. - Mech. - etc.*), sezione orizzontale.
Flachseil (Bandseil) (*n. - Seil*), fune piatta.
Flachsenker (mit Führungszapfen, Zapfensenker) (*m. - Werkz.*), allargatore con guida.
Flachspirale (*f. - Geom.*), spirale piatta.
Flachspule (*f. - Funk.*), bobina piatta.
Flachstab (*m. - metall. Ind.*), barra piatta, piatto. **2** ~ (Probestab) (*m. - Metall.*), barretta piatta.
Flachstahl (*m. - metall. Ind.*), piatto, ferro piatto, barra piatta.
Flachstanze (*f. - Blechbearb.werkz.*), utensile spianatore, stampo spianatore.
Flachstanzen (zum Planieren von gestanzten Blechteilen) (*n. - mech. Technol.*), spianatura.
Flachstereotypie (*f. - Druck.*), stereotipia piana.
Flachstrickmaschine (*f. - Textilmasch.*), macchina rettilinea per maglieria.
Flachstromvergaser (Horizontalvergaser) (*m. - Mot.*), carburatore orizzontale.

Flachtrudeln (*n. - Flugw.*), vite piatta.
Flachwagen (*m. - Eisenb.*), pianale.
Flachwähler (*m. - Fernspr.*), selettore a pannello.
Flachwulsteisen (*n. - metall. Ind.*), ferro piatto a bulbo, piatto a bulbo, barra piatta a bulbo.
Flachzange (Plattzange) (*f. - Werkz.*), pinze piatte.
Flachziegel (*m. - Bauw.*), tegola piana.
Flachziehen (*n. - mech. Technol.*), imbutitura poco profonda.
Flackerfrequenz (*f. - Fernseh.*), frequenza di scintillazione.
Flackerlampe (*f. - Elekt.*), lampadina a luce pulsante.
Flackern (*n. - Fernseh. - Filmtech.fehler*), tremolìo, sfarfallio. 2 ~ (des Lichtes) (*Beleuchtung*), tremolo, sfarfallamento.
Flackerrausch (*m. - Elektronik*), rumore di scintillamento.
fladerig (Gusseisen) (*Giess.*), trotato.
Fladerschnitt (Tangentialschnitt, eines Rundholzes) (*m. - Holz*), taglio tangenziale.
Fla-Feuerleitradar (*n. - Radar*), radar comando tiro antiaereo.
Flagge (*f. - naut. - etc.*), bandiera. 2 ~ n·gala (*f. - naut.*), gran pavese. 3 ~ n·tuch (*n. - Text.*), stoffa per bandiere. 4 ~ n·winker (*m. - Signal*), semaforo. 5 die ~ dippen (*naut. - milit.*), ammainare la bandiera. 6 die ~ halbstocks setzen (*naut. - milit.*), mettere la bandiera a mezz'asta. 7 die ~ hissen (*naut. - milit.*), alzare la bandiera. 8 Handels ~ (*naut.*), bandiera mercantile. 9 National ~ (*naut.*), bandiera nazionale. 10 Quarantäne ~ (*naut.*), bandiera di quarantena, bandiera gialla. 11 Signal ~ (*naut.*), bandiera da segnalazione.
flaggen (*allg.*), imbandierare. 2 ~ (*naut.*), pavesare.
Flaggschiff (*n. - Kriegsmar.*), nave ammiraglia.
Flak (Flugabwehrkanone) (*f. - milit.*), cannone controaereo. 2 ~ artillerie (*f. - milit.*), artiglieria controaerea. 3 ~ batterie (*f. - milit.*), batteria controaerea. 4 ~ feuer (*n. - milit.*), tiro controaereo. 5 ~ geschütz (*n. - milit.*), cannone controaereo. 6 ~ rakete (*f. - milit.*), razzo controaereo. 7 ~ scheinwerfer (*m. - milit. - Opt.*), proiettore controaereo, fotoelettrica controaerea. 8 ~ sperre (*f. - milit.*), sbarramento controaereo. 9 ~ vierling (*m. - milit.*), cannone controaereo a quattro canne. 10 ~ zielgerät (*n. - Radar*), radar antiaereo. 11 ~ zwilling (*m. - milit.*), cannone controaereo binato, cannone controaereo a due canne binate.
Flakon (Fläschchen) (*n. - m. - Chem.*), flacone.
flambieren (brennen) (*Text.*), bruciare.
Flamboyant-Stil (*m. - Arch.*), stile fiammeggiante.
Flammaschine (*f. - Textilmasch.*), macchina bruciapelo.
Flammbarkeit (*f. - Chem.*), infiammabilità.
Flammbläser (Funkenbläser, magnetischer Funkenlöscher) (*m. - Elekt.*), (magnete) spegniarco, (magnete) soffia-arco.
Flammbogen (elekt. Lichtbogen) (*m. - Elekt.*), arco voltaico.

Flamme (*f. - Chem. - Verbr.*), fiamma. 2 ~ (Flachknüppel) (*Walzw.*), billetta piatta, slebo, billetta rettangolare. 3 ~ n·dämpfer (*m. - milit.*), parafiamma, coprifiamma. 4 ~ n·färbung (*f. - Chem.*), colorazione della fiamma. 5 ~ n·fortpflanzung (*f. - Verbr.*), propagazione della fiamma. 6 ~ n·garn (flammiertes Garn, geflammtes Garn) (*n. - Textil.*), filato fiammato, filato flammé. 7 ~ n·halter (*m. - Verbr.*), stabilizzatore di fiamma. 8 ~ n·härten (Brennhärten) (*n. - Wärmebeh.*), fiammatura, tempra alla fiamma. 9 ~ n·löten (Löten im Flammenfeld) (*n. - mech. Technol.*), brasatura alla fiamma. 10 ~ n·photometrie (Art der Spektralanalyse) (*f. - Opt.*), fotometria a fiamma. 11 ~ n·reinigung (*f. - Anstr.*), sverniciatura a fiamma, sverniciatura al cannello. 12 ~ n·rückschlag (*m. - Schweissung - Mot.*), ritorno di fiamma. 13 ~ n·rückschlagsicherung (*f. - Mot. - etc.*), rompifiamma, tagliafiamma. 14 ~ n·schutzmittel (*n. - chem. Ind. - Bauw.*), materiale ignifugo. 15 ~ n·wächter (Fühler, eines Brenners) (*m. - Verbr. - Ger.*), pirostato. 16 ~ n·werfer (*m. - milit.*), lanciafiamme. 17 flackernde ~ (*Verbr.*), fiamma oscillante, fiamma tremolante. 18 oxydierende ~ (Oxydationsflamme) (*Chem.*), fiamma ossidante. 19 reduzierende ~ (Reduktionsflamme) (*Chem.*), fiamma riducente.
Flämmen (Entfernen von Fehlstellen an Oberflächen von Rohblöcken etc.) (*n. - Metall.*), scriccatura alla fiamma.
flammengespritzt (mit Überzug nichtmetallischer Stoffe geschützt) (*Technol.*), spruzzato alla fiamma.
flammensicher (*allg.*), ininfiammabile, ignifugo.
flammenspritzen (flammspritzen, das Aufspritzen nichtmetallischer Überzüge als Korrosionsschutz oder Isolation) (*Technol.*), spruzzare alla fiamma.
Flammentrostung (Flammentzunderung) (*f. Metall. - Anstr.*), disincrostazione alla fiamma, decalaminazione alla fiamma.
Flammentzunderung (Flammentrostung) (*f. - Metall. - Anstr.*), disincrostazione alla fiamma, decalaminazione alla fiamma.
Flammfrischen (*n. - Metall.*), puddellaggio.
Flammhaltung (*f. - Verbr.*), stabilizzazione della fiamma.
Flammhärten (*n. - Wärmebeh.*), siehe Flammenhärten.
Flammkohle (*f. - Verbr.*), carbone a lunga fiamma.
Flammofen (*m. - Ofen - Metall.*), forno a riverbero.
Flammplattieren (*n. - mech. Technol.*), placcatura alla fiamma.
Flammpunkt (von flüssigen Brennstoffen) (*m. - Chem.*), punto di infiammabilità, punto di fiamma. 2 ~ bestimmung (*f. - Chem.*), prova di infiammabilità. 3 ~ im offenen Tiegel (*chem. Ind.*), punto di infiammabilità in vaso aperto, punto di fiamma in vaso aperto. 4 ~ nach Abel-Pensky (*Chem.*), punto di infiammabilità Abel-Pensky.
Flammrohr (Feuerrohr) (*n. - Kessel*), tubo focolare. 2~ (*Strahltriebw.*), tubo di fiamma.

Flammschmelzofen

3 ~ **kessel** (*m. - Kessel*), caldaia a grandi corpi.
Flammschmelzofen (Flammofen) (*m. - Ofen - Metall.*), forno a riverbero.
Flammschutzfarbe (Feuerschutzfarbe) (*f. - Anstr.*), vernice ignifuga.
Flammsperre (*f. - Mot. - etc.*), tagliafiamma, parafiamma.
Flammspritzen (Metallspritzen) (*n. - mech. Technol.*), metallizzazione a spruzzo. 2 ~ (von Kunststoffen) (*Technol.*), spruzzatura alla fiamma.
flammspritzen (metallspritzen) (*mech. Technol.*), metallizzare a spruzzo. 2 ~ (*Technol.*), siehe auch flammenspritzen.
Flammstrahlen (autogenes Flammstrahlen, Flammentrostung, Flammentzunderung) (*n. - Metall. - Anstr.*), disincrostazione alla fiamma, decalaminazione alla fiamma.
flammwidrig (Stoff, der selbst nicht weiter brennt wenn die Flamme nicht von anderen brennbaren Stoffen gespeist wird) (*Verbr.*), antifiamma.
Flanell (*n. - Textilind.*), flanella.
Flanke (eines Zahnes z. B.) (*f. - Mech. - etc.*), fianco. 2 ~ (des Kolbens eines Wankelmotors) (*Mot.*), faccia. 3 ~ n·**abstand** (Flankenspiel, von Zahnrädern) (*m. - Mech.*), gioco sui fianchi. 4 ~ n·**abstand** (Flankenspiel von Gewinden) (*Mech.*), gioco sui fianchi (del filetto), gioco di avvitamento. 5 ~ n·**durchmesser** (einer Schraube) (*m. - Mech.*), diametro medio. 6 ~ n·**eintrittsform** (Flankeneintrittsspiel, von Verzahnungen) (*f. - Mech.*), spoglia di troncatura. 7 ~ n·**feuer** (*n. - milit.*), tiro d'infilata. 8 ~ n·**formfehler** (eines Zahnes) (*m. - Mech.*), errore del profilo del fianco. 9 ~ n·**linie** (Schnittlinie der Rechts- oder Linksflanke mit dem Teilzylinder, eines Zahnes) (*f. - Mech.*), direttrice del fianco. 10 ~ n·**pressung** (eines Gewindes) (*f. - Mech.*), pressione sui fianchi. 11 ~ n·**richtungsfehler** (fβ, bei Zahnrädern, Abweichung der Flankenkennlinie von ihrer Sollrichtung) (*m. - Mech.*), errore di direzione dei fianchi. 12 ~ n·**schutz** (*m. - milit.*), protezione dei fianchi. 13 ~ n·**spiel** (von Zahnrädern) (*n. - Mech.*), gioco sui fianchi. 14 ~ n·**spiel** (von Gewinden) (*Mech.*), gioco sui fianchi (del filetto), gioco di avvitamento. 15 ~ n·**steilheit** (*f. - Funk.*), pendenza, transconduttanza. 16 ~ n·**taster** (für Gewinde) (*m. - Werkz.*), compasso per filettature. 17 ~ n·**überdeckung** (eines Gewindes) (*f. - Mech.*), ricoprimento. 18 ~ n·**winkel** (Eingriffswinkel, von Zahnrädern z. B.) (*m. - Mech.*), angolo di pressione. 19 ~ n·**winkel** (des Gewindes) (*Mech.*), angolo del filetto, angolo dei fianchi. 20 **entgegengesetzte** ~ n (der Zähne eines Zahnrades) (*Mech.*), fianchi opposti. 21 **Fuss** ~ (eines Zahnes) (*Mech.*), fianco dedendum. 22 **Gegen** ~ (der Zähne eines Räderpaars) (*Mech.*), fianco coniugato. 23 **Kopf** ~ (eines Zahnes) (*Mech.*), fianco addendum.
Flansch (eines Rohres z. B.) (*m. - Mech. Leit.*), flangia. 2 ~ (eines Winkeleisens) (*metall. Ind.*), ala, lato. 3 ~ en·**bronze** (92 ÷ 94 % Cu, 3 ÷ 5 % Sn, 1 ÷ 2 % Pb, 2 % Zn) (*f. - Legierung*), tipo di bronzo per getti. 4 ~ en·**welle** (*f. - Mech.*), albero flangiato. 5 ~ **heizung** (bei Dampfturbinen, gegen Wärmespannungen) (*f. - Masch.*), riscaldamento della flangia. 6 ~ **kupplung** (*f. - Mech.*), accoppiamento a flangia. 7 ~ **mit Eindrehung für Dichtung** (*Mech.*), flangia con incameratura per guarnizione. 8 ~ **motor** (*m. - elekt. Motor*), motore flangiato. 9 ~ **rohr** (*n. - Leit.*), tubo a flangia, tubo flangiato. 10 ~ **scheibe** (*f. - Mech.*), puleggia a gola. 11 ~ **sockel** (*m. - Beleucht.*), zoccolo ad alette. 12 ~ **verbindung** (*f. - Leit.*), giunto a flangia. 13 **Abtriebs** ~ (eines Getriebes) (*Mech.*), flangia di uscita. 14 **angegossener** ~ (*Mech.*), flangia di fusione. 15 **aufgelöteter** ~ (*Mech.*), flangia brasata (a dolce o a forte). 16 **aufgeschweisster** ~ (*Mech.*), flangia saldata. 17 **aufgewalzter** ~ (*Mech.*), flangia mandrinata. 18 **Gegen** ~ (*Mech. - Leit.*), controflangia. 19 **Gewinde** ~ (*Leit.*), flangia a vite, flangia (per attacco) a vite. 20 **loser** ~ (*Mech.*), flangia mobile. 21 **Stock** ~ (unmittelbar an einem Gehäuse z. B. angeschlossen) (*Mech.*), flangia su getti. 22 **Vorschweiss** ~ (*Leit.*), flangia (sciolta) da saldare.
Flanschen (*n. - Metall.*), flangiatura, bordatura. 2 ~ **presse** (*f. - Masch.*), bordatrice. 3 ~ **rohr** (*n. - Leit.*), tubo flangiato.
flanschen (*Mech. - Leit.*), flangiare.
Flasche (*f. - Glasind.*), bottiglia. 2 ~ (für Gase) (*Ind.*), bombola. 3 ~ (Flaschenzug) (Hebevorrichtung), paranco. 4 ~ (Kasten) (*Giess.*), staffa. 5 ~ n·**blasmaschine** (*f. - Glasind.masch.*), soffiatrice per bottiglie. 6 ~ n·**füllmaschine** (*f. - Masch.*), macchina per imbottigliare, imbottigliatrice. 7 ~ n·**gas** (*n. - chem. Ind.*), gas in bombole. 8 ~ n·**hals** (Engpass) (*m. - Ind.*), collo di bottiglia. 9 ~ n·**kapsel** (Kapsel) (*f. - Ind.*), tappo a corona (per bottiglie). 10 ~ n·**wagen** (für Schweissarbeiten z. B.) (*m. - Fahrz.*), carrello portabombole. 11 ~ n·**zug** (*m. - Hebemasch.*), siehe Flaschenzug. 12 **Luft** ~ (Pressluftflasche) (*Ind. - Mot.*), bombola di aria compressa. 13 **Pressluft** ~ (*Ind.*), bombola di aria compressa. 14 **Stahl** ~ (für komprimierte Gase) (*chem. Ind.*), bombola di acciaio.
flaschengrün (*Farbe*), verde bottiglia.
Flaschenzug (*m. - Hebevorr.*), paranco, taglia. 2 ~ **mit Stirnrädergetrieben** (*Hebevorr.*), paranco a ingranaggi cilindrici. 3 ~ **rolle** (*f. - Hebevorr.*), carrucola per paranco. 4 **Differential** ~ (*Hebevorr.*), paranco differenziale. 5 **einfacher** ~ (*Hebevorr.*), paranco semplice, taglia semplice. 6 **Elektro** ~ (*Hebevorr.*), paranco elettrico. 7 **Kabel** ~ (*Hebevorr.*), paranco a fune metallica. 8 **Ketten** ~ (*Hebevorr.*), paranco a catena. 9 **Schnecken** ~ (Schraubenflaschenzug) (*Hebevorr.*), paranco a vite senza fine. 10 **Schrauben** ~ (Schneckenflaschenzug) (*Hebevorr.*), paranco a vite senza fine. 11 **Seil** ~ (*Hebevorr.*), paranco a fune (di canapa).
Flaschner (Klempner) (*m. - Arb.*), idraulico. 2 ~ (Installateur) (*Arb.*), installatore, montatore. 3 ~ **hammer** (aus Buche) (*m. - Werkz.*), mazzuolo (di legno).
« **Flash** » (Endschicht eines Lagers, 1 μm Dicke) (*m. - Mech.*), « flash », strato finale.

« **Flat** » (Grundplatte mit aufklappbaren Stirnwänden oder nur Eckstützen) (*n. - Transp.*), « flat ».
Flatterecho (*n. - Radar*), eco intermittente.
Flattereffekt (des Bildes) (*m. - Fernseh.*), tremolio.
Flattern (Schwingung) (*n. - allg.*), oscillazione. 2 ~ (der Vorderräder) (*Aut.*), sfarfallamento, « shimmy ». 3 ~ (*Flugw.*), sbattimento, vibrazione aeroelastica, « flutter ». 4 ~ (eines Sägeblattes z. B.) (*Werkz.*), vibrazione. 5 **asymmetrisches** ~ (*Flugw.*), sbattimento asimmetrico, vibrazione aeroelastica asimmetrica. 6 **Feld** ~ (Blechfeldflattern, Beplankungsflattern, Hautflattern, Behäutungsflattern) (*Flugw.*), vibrazione aeroelastica di pannelli (isolati). 7 **Geschwindigkeitsverlust** ~ (*Flugw.*), sbattimento di stallo, vibrazione aeroelastica di stallo. 8 **mitwirkendes** ~ (*Flugw.*), sbattimento accoppiato, sbattimento classico, vibrazione aeroelastica classica, vibrazione aeroelastica accoppiata. 9 **symmetrisches** ~ (*Flugw.*), sbattimento simmetrico, vibrazione aeroelastica simmetrica. 10 **Ventil** ~ (*Mot.*), sfarfallamento delle valvole.
flattern (*allg.*), oscillare. 2 ~ (von Rädern (*Aut.*), sfarfallare. 3 ~ (von Sägeblättern z.B.) (*Werkz.*), vibrare.
Flatterschwingung (um eine etwa senkrechte Achse, eines Rades) (*f. - Aut.*), oscillazione di sfarfallamento, sfarfallamento.
Flatterwinkel (eines Hubschraubers) (*m. - Flugw.*), angolo di sbattimento.
flau (kraftlos) (*Phot.*), debole.
Flaute (*f. - Meteor. - naut.*), calma, bonaccia.
Flechte (Zopf) (*f. - Elekt.*), treccia.
flechten (Draht z. B.) (*Elekt. - etc.*), intrecciare.
Flechtmaschine (*f. - Seile*), trecciatrice, macchina per intrecciare.
Flechtseil (geflochtenes Seil) (*n. - Seil*), fune intrecciata.
Flechtströmung (turbulentes Fliessen) (*f. - Hydr.*), corrente turbolenta.
Flechtungszahl (*f. - Seile*), numero dei trefoli.
Flechtwerk (*n. - Bauw.*), traliccio. 2 ~ (aus Reisig geflochtene Matten und Zäune zum Befestigen von Böschungen) (*Wass.b.*), mantellatura, incorniciata, fascinata.
Fleck (Flecken) (*m. - allg.*), macchia. 2 ~ (Abtastfleck) (*Fernseh.*), punto luminoso, punto esplorante. 3 ~ (Fehler) (*allg.*), difetto. 4 ~ **entferner** (*m. - chem. Ind. - Text.*), smacchiatore. 5 ~ **geschwindigkeit** (Abtastgeschwindigkeit) (*f. - Fernseh.*), velocità di scansione. 6 ~ **rücklauf** (*m. - Fernseh.*), ritorno del punto esplorante. 7 **gelber** ~ (durch Zinn) (*Metall.fehler*), macchia gialla.
flecken (*allg.*), macchiare.
fleckig (*allg.*), macchiato.
Fleckigkeit (*f. - Metall.fehler*), chiazzatura.
Fledermausbrenner (für Gas) (*m. - Verbr.*), becco a gas.
Fledermausfenster (*n. - naut.*), oblò.
Fleier (Flyer, Flügelbank) (*m. - Textilapp.*), banco a fusi, filatoio.
Fleiperverkehr (Flugzeug-Eisenbahn-Verkehr für Personen) (*m. - Transp.*), trasporto passeggeri (combinato) aeroferroviario.
Fleisch (Stärke, einer metall. Wand z. B.) (*n. - Mech.*), spessore.
Fleiverkehr (Flugzeug-Eisenbahnverkehr) (*m. - Transp.*), trasporto merci (combinato) aeroferroviario.
Flettner-Rotor (für die Anwendung des Magnus-Effektes als Schiffsantrieb) (*m. - naut.*), rotore di Flettner.
Flettnerruder (Flettnerhilfsruder) (*n. - Flugw.*), aletta Flettner.
flexibel (biegsam) (*allg.*), flessibile. 2 **flexible Arbeitswoche** (von 4 Tagen) (*Arb.*), settimana flessibile. 3 **flexible Arbeitszeit** (gleitende Arbeitszeit) (*Arb.*), orario di lavoro flessibile.
Flexibilität (Anpassungsfähigkeit von Einrichtungen, Gebäuden, etc.) (*f. - Ind.*), flessibilità.
Flexodruck (*m. - Druck.*), siehe Anilindruck.
Flick (Flicken, Stück zum Ausfüllen und Verdecken) (*n. - allg.*), rappezzo. 2 ~ (für Schläuche) (*Fahrz.*), pezza, rappezzo. 3 ~ (Ausflicken, Ausbesserung) (*Strass.b. - etc.*), riparazione, rappezzo, rappezzatura. 4 ~ (eines fehlerhaften Programms) (*Rechner*), correzione (fuori sequenza). 5 ~ **gerät** (Strassenreparaturgerät, als Anhänger ausgeführt) (*n. - Strass.b. - Ger.*), rappezzatore. 6 ~ **kasten** (Reparaturkasten) (*m. - Mot. - etc.*), cassetta attrezzi (per riparazioni). 7 ~ **masse** (*f. - Ofen*), materiale per rappezzi, pigiata da rappezzo.
Flicken (*m. - allg.*), siehe Flick.
flicken (ausbessern) (*allg.*), riparare, rappezzare. 2 ~ (Ofenfutter) (*Metall.*), riparare, ripristinare. 3 **den Schlauch** ~ (*Aut. - etc.*), riparare la camera d'aria, mettere una pezza alla camera d'aria.
Flickereffekt (Flackereffekt) (*m. - Fernseh.*), tremolio, sfarfallamento.
Fliege (*f. - Textilind.*), anellino, cursore.
Fliegen (*n. - Flugw.*), volo. 2 ~ **auf dem Rücken** (*Flugw.*), volo rovescio. 3 ~ **im Verbande** (*Luftw.*), volo in formazione. 4 ~ **kopf** (Abdruck einer umgekehrt gesetzten Letter) (*m. - Druck.fehler*), lettera capovolta, carattere capovolto.
fliegen (*Flugw.*), volare.
fliegend (*allg.*), mobile, volante. 2 ~ **angeordnet** (*Masch.*) (montato) a sbalzo. 3 ~ **e Achswelle** (Steckachse) (*Fahrz.*), asse non portante, semiasse non portante. 4 ~ **e Anlage** (*allg.*), impianto provvisorio. 5 ~ **e Bauten** (Zelte, Tribünen, etc.) (*Bauw.*), costruzioni volanti. 6 ~ **e Fähre** (*naut.*), passerella volante. 7 ~ **e Festung** (*Luftw.*), fortezza volante. 8 ~ **e Leitung** (*Elekt.*), filo volante, filo provvisorio. 9 ~ **er Anschluss** (*Elekt.*), allacciamento volante. 10 ~ **er Flügel** (*Flugw.*), aeroplano tuttala. 11 ~ **er Kilometer** (*Aut. - etc.*), chilometro lanciato. 12 ~ **er Start** (*Aut. - etc.*), partenza lanciata. 13 ~ **es Gerüst** (*Bauw.*), ponteggio mobile, impalcatura mobile. 14 ~ **es Modell** (*Flugw.*), modello volante. 15 ~ **es Personal** (*Flugw.*), personale di volo. 16 ~ **gelagert** (*Masch.*), supportato a sbalzo.
Fliegenddrehen (Futterdrehen, bei dem das

Flieger

Werkstück nur einseitig eingespannt ist) (*n.* - *Werkz.masch.bearb.*), tornitura su pinza.
Flieger (Flugzeugführer) (*m.* - *Flugw.*), aviatore, pilota. 2 ~ (Flugzeug) (*Flugw.*), velivolo. 3 ~ **angriff** (*m.* - *Luftw.*), attacco aereo. 4 ~ **anzug** (*m.* - *Flugw.*), tuta di volo. 5 ~ **ausbildung** (*f.* - *Luftw.*), addestramento piloti. 6 ~ **benzin** (*n.* - *Kraftstoff*), benzina avio. 7 ~ **bild** (*n.* - *Phot.*), fotografia aerea. 8 ~ **bombe** (*f.* - *milit.*), bomba volante. 9 ~ **horizont** (*m.* - *Instr.*), orizzonte artificiale. 10 ~ **karte** (*f.* - *Flugw.*), carta aeronautica. 11 ~ **krankheit** (*f.* - *Flugw.*), mal d'aria. 12 ~ **zulage** (*f.* - *Flugw.* - *Pers.*), indennità di volo. 13 **Gleit** ~ (*Flugw.*), veleggiatore, aliante. 14 **Schrauben** ~ (Hubschrauber) (*Flugw.*), elicottero.
Fliegerin (*f.* - *Flugw.*), aviatrice.
Fliegwerkstoff (Flugzeugbauwerkstoff) (*m.* - *Flugw.*), materiale per costruzioni aeronautiche.
Fliehbeschleunigung (*f.* - *Mech.* - *Phys.*), accelerazione centrifuga.
Fliehgeschwindigkeit (*f.* - *Astronautik*), velocità di fuga, velocità necessaria per sfuggire alla gravitazione.
Fliehgewicht (eines Reglers z. B.) (*n.* - *Mech.*), massa centrifuga.
Fliehkraft (Zentrifugalkraft) (*f.* - *Mech.*), forza centrifuga. 2 ~ **abscheider** (*m.* - *Ind.* - *App.*), ciclone, separatore centrifugo. 3 ~ **anlasser** (*m.* - *Mot.*), avviatore ad inerzia. 4 ~ **beschleunigung** (*f.* - *Mech.* - *Phys.*), accelerazione centrifuga. 5 ~ **kupplung** (*f.* - *Mech.*), frizione centrifuga. 6 ~ **lüfter** (Schleudergebläse, Zentrifugalventilator) (*m.* - *App.*), ventilatore centrifugo. 7 ~ **regler** (*m.* - *Mech.*), regolatore centrifugo. 8 ~ **schalter** (*m.* - *Elekt.*), interruttore centrifugo. 9 ~ **tachometer** (*n.* - *Ger.*), tachimetro centrifugo.
Fliese (Platte zur Verkleidung von Fussböden) (*f.* - *Bauw.*), piastrella, marmetta. 2 ~ **n-pflaster** (*n.* - *Bauw.*), pavimento a piastrelle.
fliesen (*Bauw.*), piastrellare.
Fliessarbeit (Fliessfertigung) (*f.* - *Ind.*), lavorazione a flusso continuo.
Fliessband (*n.* - *ind. Masch.*), nastro trasportatore continuo, catena. 2 ~ **arbeit** (Fliessarbeit) (*f.* - *Ind.*), lavorazione a catena, lavorazione a flusso continuo. 3 ~ **montage** (Fliessmontage) (*f.* - *Ind.*), montaggio a catena.
Fliessbeanspruchung (*f.* - *Baukonstr.lehre*), sollecitazione di snervamento.
Fliessbett (Wirbelschicht, Fluidalbett) (*n.* - *chem. Ind.*), letto fluido. 2 ~ **trockner** (Wirbelschichttrockner, Fluidalbett-Trockner) (*m.* - *Ind.*), essiccatore a letto fluido. 3 ~ **verfahren** (Wirbelsintern, von Kunststoffen) (*n.* - *Technol.*), sinterazione a letto fluido.
Fliessbild (*n.* - *Ind.*), diagramma del ciclo di lavorazione.
Fliessboden (*m.* - *Bauw.*), terreno instabile, terreno poco consistente, terreno inconsistente.
Fliessdruckpresse (*f.* - *Masch.*), pressa per estrudere, pressa per estrusione, estrusore.
Fliessen (von Metall) (*n.* - *Schmieden*), scorrimento plastico. 2 ~ (von Flüssigkeiten) (*Hydr.*), flusso. 3 **laminares** ~ (*Hydr.*), flusso laminare.
fliessen (*allg.*), scorrere.
Fliesserzeugung (*f.* - *Ind.*), produzione a catena, produzione a flusso continuo.
Fliessfähigkeit (*f.* - *allg.*), fluidità, scorrevolezza.
Fliessfestigkeit (*f.* - *Rheologie*), resistenza allo scorrimento.
Fliessfiguren (*f.* - *pl.* - *metall. Fehler*), siehe Fliesslinien.
Fliessförderer (Stetigförderer, Dauerförderer) (*m.* - *ind. Transp.*), trasportatore continuo.
Fliessförderung (*f.* - *Ind.*), trasporto continuo, convogliamento continuo.
Fliessgrenze (*f.* - *Baukonstr.lehre*), carico di snervamento, limite di snervamento.
Fliessgussverfahren (Förderguss, Intrusionsverfahren, von Kunststoffen) (*n.* - *Technol.*), intrusione.
Fliessheck (Fastback) (*Aut.* - *Aufbau*), « fastback ».
Fliesskunde (Rheologie, untersucht das Fliessen zäher und plastischer Stoffe) (*f.* - *Kunde*), reologia.
Fliesskurve (*f.* - *Baukonstr.lehre*), curva carichi-deformazioni. 2 ~ (bei Kaltformgebung, Abhängigkeit der Formänderungsfestigkeit von der Formänderung) (*Technol.*), curva resistenza alla deformazione - deformazione.
Fliesslager (Lager in welchem das Gut sich weiterbewegt, Stetigförderer z. B.) (*n.* - *Ind.*), magazzino mobile.
Fliesslehre (Rheologie) (*f.* - *Wissens.*), reologia.
Fliesslinien (Lüder'sche Linien) (*f.* - *pl.* - *metall. Fehler*), linee di Lüder.
Fliessmontage (Fliessbandmontage) (*f.* - *Ind.*), montaggio a catena.
Fliessnaht (Bindenaht, Fehler eines Spritzgussteiles) (*f.* - *Technol.*), linea di giunzione.
Fliesspapier (Löschpapier) (*n.* - *Papierind.*), carta assorbente, carta asciugante.
« Fliesspassung » (plastische Aufweitung der inneren Schale eines Mehrlagenbehälters zwecks satter Anlage z. B.) (*f.* - *Technol.*), adattamento plastico.
Fliesspressen (*n.* - *mech. Technol.*), estrusione. 2 **adiabatisches** ~ (ohne Ableitung der in der Umformzone erzeugten Wärme) (*mech. Technol.*), estrusione adiabatica. 3 **Gegen** ~ (Tubenpressverfahren, Spritzpressen, Hookerverfahren) (*mech. Technol.*), estrusione inversa, estrusione indiretta, estrusione a rimonta. 4 **Gleich** ~ (Neumeyerverfahren) (*mech. Technol.*), estrusione diretta, estrusione in avanti. 5 **Hohl** ~ (*mech. Technol.*), estrusione di tubi. 6 **Kalt** ~ (*mech. Technol.*), estrusione a freddo. 7 **Quer** ~ (quer zur Wirkrichtung des Stössels) (*mech. Technol.*), estrusione laterale. 8 **Rückwärts-** ~ (Gegenfliesspressen) (*mech. Technol.*), estrusione indiretta, estrusione inversa. 9 **Schlag** ~ (*mech. Technol.*), estrusione per urto. 10 **Voll-** ~ (*mech. Technol.*), estrusione diretta di barre. 11 **Vorwärts-** ~ (Gleichfliesspressen) (*mech. Technol.*), estrusione diretta, estrusione in avanti. 12 **Warm** ~ (*mech. Technol.*), estrusione a caldo.

Fliesspresskraft (beim Fliesspressen) (*f. - mech. Technol.*), forza di estrusione.
Fliesspressteil (*m. - mech. Technol.*), particolare estruso, estruso (*s.*).
Fliesspunkt (eines Dieselkraftstoffes z. B.) (*m. - chem. Ind.*), punto di scorrimento.
Fliess·sand (Fliess·schwimmsand) (*m. - Geol.*), sabbie mobili.
Fliess·scheide (Stelle eines Stückes in der kein Werkstoff·fluss entsteht) (*f. - Schmieden*), piano neutro.
Fliess·schema (Fliessdiagramm, Fliessbild) (*n. - Ind.*), diagramma del ciclo di lavorazione.
Fliess-span (durch Verformung des Werkstoffes entstehend) (*m. - Werkz.masch.bearb.*), truciolo continuo (da deformazione), truciolo fluente.
Fliess·spannung (*f. - Metall.*), sollecitazione di snervamento.
Fliess·strasse (Transferstrasse) (*f. - Werkz. masch.*), linea transfer.
Fliessverfahren (*n. - Ind.*), processo continuo.
Fliesswiderstand (*m. - Schmieden*), resistenza allo scorrimento (plastico).
Flimmerfrequenz (*f. - Fernseh.*), frequenza di sfarfallamento.
Flimmern (Flackereffekt) (*n. - Fernseh.*), tremolìo, sfarfallamento. 2 ~ (des Lichtes) (*Opt. - Beleucht.*), sfarfallamento. 3 Herz ~ (*Med.*), fibrillazione (cardiaca).
flimmern (*allg.*), vacillare. 2 ~ (von Licht) (*Opt.*), tremolare, sfarfallare.
Flimmerphotometer (*n. - Instr.*), fotometro a sfarfallamento.
flink (rasch) (*Elekt.*), istantaneo. 2 ~ (Sicherung) (*Elekt.*), rapido.
Flinte (Jagdgewehr mit glattem Lauf) (*n. - Feuerw.*), fucile (da caccia) a canna liscia.
Flintglas (*n. - Glasind.*), vetro flint.
Flintpapier (*n. - Papierind.*), carta lisciata.
Flipflop (elektronischer Kippschalter) (*m. - Funk.*), multivibratore bistabile, flipflop.
Flitter (Flocke) (*m. - Text.*), fiocco. 2 ~ glas (Sinterglasart, in der Elektroindustrie verwendet) (*n. - Elekt.*), (tipo di) vetro sinterato.
FLK (schwedisches Normenzeichen) (*Normung*), FLK, sigla norme svedesi.
Floaten (der Wechselkurse) (*n. - finanz.*), fluttuazione.
Flocke (*f. - Textilind.*), fiocco. 2 ~ n·anfälligkeit (*f. - metall. Fehler*), tendenza alla formazione di fiocchi. 3 ~ n·bildung (Flockung) (*f. - Chem.*), flocculazione. 4 ~ n·graphit (*m. - Metall.*), grafite a fiocchi, grafite flocculare. 5 ~ n·riss (*m. - metall. Fehler*), fiocco.
flocken (*Chem.*), flocculare.
Flockseide (Seidenabfälle) (*f. - Text.*), cascame di seta.
Flockung (*f. - Chem.*), flocculazione. 2 ~ s·mittel (*n. - Chem.*), coagulante (*s.*), flocculante (*s.*).
Florettseide (Abfallseide) (*f. - Text.*), cascame di seta.
Florpapier (*n. - Papierind.*), carta velina.
Floss (Wasserfahrzeug) (*n. - naut.*), zattera. 2 ~ (Block) (*Metall.*), lingotto, pane. 3 ~ brücke (*f. - Bauw. - naut.*), ponte galleggiante. 4 ~ ofen (Hochofen) (*m. - Ofen - Metall.*), altoforno.

Flosse (am Flugzeug, festehender Teil des Leitwerkes) (*f. - Flugw.*), deriva, piano stabilizzatore. 2 ~ (Heckflosse, eines Personenkraftwagens) (*Aut.*), pinna. 3 ~ (eines Flossen-Kielers) (*naut.*), falsa chiglia, chiglia di deriva, chiglia a pinna, pinna di deriva. 4 ~ (Block) (*Metall.*), lingotto, pane. 5 ~ n·bett (*n. - Metall.*), fossa di colata per lingotti. 6 ~ n·kieler (Segelboot mit verlängertem Kiel) (*m. - naut.*), cutter con chiglia di deriva, cutter con falsa chiglia. 7 ~ n·rohr (zur Verbindung mit ähnlichen Rohren) (*n. - Leit.*), tubo ad aletta longitudinale. 8 ~ n·träger (*m. - Flugw.*), dritto di deriva. 9 Höhen ~ (des Leitwerks) (*Flugw.*), piano stabilizzatore. 10 Seiten ~ (des Leitwerks) (*Flugw.*), deriva.
flossen (frischen) (*Metall.*), affinare.
Flotation (Schwimmaufbereitung) (*f. - Bergbau*) flottazione. 2 ~ s·gift (drückende Schwimmittel) (*n. - Bergbau*), agente deprimente della flottazione. 3 ~ s·mittel (*n. - Bergbau*), agente di flottazione. 4 ~ s·trübe (*f. - Bergbau*), torbida di flottazione. 5 ~ s·zellen (*f. - pl. - Bergbau*), celle di flottazione. 6 selektive ~ (sortenweise Flotation) (*Bergbau*), flottazione differenziale.
Flotol (Schäumer, Schwimmittel) (*Bergbau*), « flotol », agente di flottazione.
flott (schwimmend) (*allg.*), galleggiante.
Flotte (*f. - naut. - Kriegsmar.*), flotta. 2 ~ (Färbeflotte) (*Textilind.*), tinta. 3 ~ (Waschflotte) (*Textilind.*), bagno di lavaggio. 4 ~ n·stützpunkt (*m. - Kriegsmar.*), base navale. 5 ~ n·verhältnis (*n. - Textilind.*), rapporto del bagno.
Flottille (*f. - Kriegsmar.*), flottiglia.
Flottung (Flottieren, übersprungene Bindungspunkte und daher in Gewebe freiliegende Garne) (*f. - Textilind. - Fehler*), slegature, fili liberi.
Flötz (*n. - Bergbau - Geol.*), siehe Flöz.
Flöz (Flötz, eine Schicht nutzbarer Mineralien) (*n. - Bergbau - Geol.*), strato di minerale. 2 ~ gebirge (*n. - Geol.*), roccia stratificata. 3 ~ schichtung (*f. - Geol.*), stratificazione.
flözführend (*Geol.*), stratificato, stratiforme.
Fluate (Fluorsilikate, als Härtemittel für Beton verwendet) (*n. - pl. Bauw. - Chem.*), fluosilicati, silicati di fluoro.
Fluatieren (der Oberfläche das Betons) (*n. - Bauw.*), applicazione di fluosilicati.
Flucht (*f. - Bauw. - etc.*), allineamento. 2 ~ abweichung (Abweichung vom Fluchten) (*f. - Mech.*), errore di allineamento. 3 ~ en·tafel (Fluchtlinientafel) (*f. - Math.*), abaco. 4 ~ fehler (von Wellen) (*m. - Mech.*), disassamento. 5 ~ fernrohr (*n. - Opt.*), cannocchiale di allineamento, collimatore di allineamento. 6 ~ geschwindigkeit (eines Flugkörpers, um aus dem Erdschwerfeld herauszufliegen) (*f. - Raumfahrt*), velocità di fuga. 7 ~ holz (*n. - Werkz.*), regolo. 8 ~ linie (von Häusern z. B.) (*f. - Bauw.*), allineamento. 9 ~ punkt (in der Perspektive) (*m. - Zeichen. - Opt.*), punto di fuga. 10 ~ schnur (*f. - Maur. - Werkz.*), filo a piombo, filo. 11 ~ stab (beim Vermessen) (*m. - Top.*), palina. 12 Kapital ~ (*finanz.*), fuga di capitali.

fluchten (in eine gerade Linie bringen) (*v. t. - allg.*), allineare. 2 ~ (fluchtrecht sein) (*v. i. - allg.*), essere allineato.

fluchtgerecht (*Mech.*), allineato con precisione, allineato esattamente.

flüchtig (volatil) (*Chem.*), volatile. 2 ~ **e Grösse** (*Elekt. - Phys.*), grandezza transitoria. 3 ~ **es Öl** (*chem. Ind.*), olio essenziale. 4 ~ **e Spaltprodukte** (*Atomphys.*), prodotti di fissione volatili. 5 ~ **e Spannung** (Einschwingspannung) (*Elekt.*), tensione transitoria.

Flüchtigkeit (*f. - Chem.*), volatilità. 2 ~ (*recht.*), latitanza.

fluchtrecht (*allg.*), a livello, a paro.

Fluchtung (*f. - allg.*), allineamento. 2 ~ **s-fehler** (von Wellen z. B.) (*m. - Mech.*), disassamento. 3 ~ **s-messung** (Messung der seitlichen Abstände von einer Fluchtgerade) (*f. - Mech. - Instr.*), misura di allineamento, misurazione di allineamento.

Flud (Fluid, auch körnige, staubige, etc. Stoffe einschliessend) (*n. - Mech. - etc.*), (materiale) fluido.

Fluenz (Zeitintegral der Flussdichte, über die Zeit integrierter Neutronenfluss) (*f. - Kernphys.*), fluenza, flusso (neutronico) integrato.

Flug (*m. - Flugw.*), volo. 2 ~ **abwehr** (*f. - milit.*), difesa controaerea. 3 ~ **abwehr-Artillerie** (*f. - milit.*), artiglieria controaerea. 4 ~ **abwehr-Kanone** (Flak) (*f. - milit.*), cannone antiaereo. 5 ~ **abwehrrakete** (*f. - milit.*), razzo antiaereo. 6 ~ **asche** (*f. - Verbr.*), cenere volatile, cenerino. 7 ~ **auftankung** (*f. - Flugw.*), rifornimento in volo. 8 ~ **bahn** (eines Geschosses) (*f. - milit.*), traiettoria. 9 ~ **bahn** (*Flugw.*), traiettoria di volo. 10 ~ **bereich** (*m. - Flugw.*), autonomia. 11 ~ **betrieb** (*m. - Flugw.*), servizio aereo. 12 ~ **blatt** (Flugschrift, Einblattdruck) (*n. - komm.*), volantino. 13 ~ **boot** (Wasserflugzeug) (*n. - Flugw.*), idrovolante a scafo. 14 ~ **buch** (*n. - Flugw.*), giornale di bordo. 15 ~ **dach** (*n. - Bauw.*), siehe Pultdach. 16 ~ **dauer** (*f. - Flugw.*), durata del volo. 17 ~ **deck** (eines Flugzeugträgers) (*n. - Kriegsmar. - Luftw.*), ponte di volo. 18 ~ **eigenschaften** (*f. - pl. Flugw.*), qualità aerodinamiche, caratteristiche aerodinamiche. 19 ~ **feld** (*n. - Flugw.*), campo d'aviazione. 20 ~ **formation** (*f. - Luftw.*), formazione di volo. 21 ~ **funknavigation** (Flugfunk) (*f. - Flugw. - Funk.*), navigazione aerea radioguidata. 22 ~ **gäste** (*m. - pl. - Flugw.*), passeggeri. 23 ~ **gastraum** (*m. - Flugw.*), cabina passeggeri. 24 ~ **geschwindigkeitsmesser** (Fahrtmesser) (*m. - Instr. - Flugw.*), anemometro. 25 ~ **gewicht** (eines Flugzeuges) (*n. - Flugw.*), peso totale. 26 ~ **hafen** (*m. - Flugw.*), aeroporto. 27 ~ **hafendirektor** (*m. - Flugw.*), comandante dell'aeroporto. 28 ~ **hafenverkehr** (*m. - Flugw.*), traffico aeroportuale. 29 ~ **höchstgewicht** (eines Flugzeuges) (*n. - Flugw.*), peso massimo. 30 ~ **höhe** (*f. - Flugw.*), quota di crociera. 31 ~ **in geschlossenem Kreise** (*Flugw.*), volo in circuito chiuso. 32 ~ **kolbenverdichter** (Freikolbenverdichter) (*m. - Masch.*), compressore a pistoni liberi. 33 ~ **körper** (*m. - Flugw.*), aerodina. 34 ~ **körper** (*milit. - Astronautik*), missile. 35 ~ **kraftstoff** (*m. - Flugw.*), benzina avio, combustibile avio. 36 ~ **lage** (des Flugzeugs) (*f. - Flugw.*), assetto di volo. 37 ~ **lehrer** (*m. - Flugw.*), pilota istruttore. 38 ~ **leistungen** (*f. - pl. - Flugw.*), prestazioni di volo. 39 ~ **leitungsturm** (*m. - Flugw.*), torre di controllo. 40 ~ **linie** (Luftverkehrslinie) (*f. - Flugw.*), linea aerea, aviolinea. 41 ~ **-Machzahl** (*f. - Flugw.*), numero di Mach di volo. 42 ~ **maschine** (*f. - Flugw.*), aeroplano. 43 ~ **mechanik** (*f. - Flugw.*), meccanica del volo. 44 ~ **mit Bodensicht** (*Flugw.*), volo a vista. 45 ~ **modell** (*n. - Flugw. - Sport*), aeromodello. 46 ~ **modellbau** (*m. - Flugw.*), aeromodellistica. 47 ~ **modellsport** (*m. - Flugw. - Sport*), aeromodellismo. 48 ~ **motor** (Flugzeugmotor) (*m. - Flugw. - Mot.*), motore di aviazione. 49 ~ **nach den Instrumentenflugregeln** (*Flugw.*), volo strumentale. 50 ~ **nach den Sichtflugregeln** (*Flugw.*), volo a vista. 51 ~ **navigation** (*f. - Flugw.*), navigazione aerea. 52 ~ **ohne Aufenthalt** (*Flugw.*), volo senza scalo. 53 ~ **personal** (*n. - Flugw.*), personale navigante. 54 ~ **plan** (*m. - Flugw.*), piano di volo. 55 ~ **platz** (*m. - Flugw.*), aerodromo, aeroporto. 56 ~ **platzfeuer** (*n. - Flugw.*), faro di aeroporto, aerofaro. 57 ~ **post** (*f. - Post*), posta aerea. 58 ~ **sand** (vom Wind bewegter und abgelagerter Sand) (*m. - Geol.*), sabbia trasportata dal vento. 59 ~ **schrauber** (Hubschrauber mit Luftschraube für horizontalen Vortrieb) (*m. - Flugw.*), autogiro. 60 ~ **schreiber** (automatisches Registriergerät) (*m. - Flugw.*), registratore dei dati di volo, scatola nera. 61 ~ **schüler** (*m. - Flugw.*), allievo pilota. 62 ~ **sicherung** (FS) (*f. - Flugw.*), controllo del traffico aereo. 63 ~ **simulation** (*f. - Flugw.*), simulazione di volo. 64 ~ **simulator** (*m. - Flugw. - Ger.*), simulatore di volo. 65 ~ **stau** (Aufstau, Staudruck) (*n. - Flugw.*), pressione dinamica. 66 ~ **steige** (*f. - Flugw.*), passerella d'imbarco (su velivolo). 67 ~ **strecke** (*f. - Flugw.*), distanza percorsa (in volo), km percorsi. 68 ~ **streckenkarte** (*f. - Flugw.*), carta aeronautica. 69 ~ **stunde** (*f. - Flugw.*), ora di volo. 70 ~ **stützpunkt** (*m. - Flugw.*), base aerea. 71 ~ **technik** (Flugwesen) (*f. - Flugw.*), aeronautica. 72 ~ **trimmlage** (*f. - Flugw.*), assetto di volo. 73 ~ **trockner** (Trockner in dem das Gut im Flug in dem Trockenluftstrom steht) (*m. - Ind.*), essiccatoio a fluidizzazione. 74 ~ **veranstaltung** (*f. - Flugw.*), manifestazione aeronautica. 75 ~ **verkehr** (*m. - Flugw.*), traffico aereo. 76 ~ **versuch** (*m. - Flugw.*), prova in volo. 77 ~ **weg** (*m. - Flugw.*), rotta aerea. 78 ~ **wegrechengerät** (berechnet der zurückgelegte Strecke) (*m. - Flugw.*), calcolatore della distanza percorsa (in volo). 79 ~ **wegschreiber** (registriert die augenblickliche geographische Position fortlaufend auf einer Karte) (*m. - Flugw.*), registratore di rotta. 80 ~ **wesen** (*n. - Flugw.*), aeronautica. 81 ~ **wetterdienst** (*m. - Flugw. - Meteor.*), servizio meteorologico dell'aeronautica. 82 ~ **zeit** (Flugdauer) (*f. - Flugw.*), durata del volo. 83 ~ **zettel** (Werbemittel) (*m. - komm.*), volantino. 84 ~ **zeug** (*n. - Flugw.*), siehe Flugzeug. 85 **Ab** ~

(*Flugw.*), decollo. **86** An ~ (*Flugw.*), avvicinamento. **87** ballistischer ~ körper (*milit.*), missile balistico. **88** Gleit ~ (*Flugw.*), volo librato. **89** Höhen ~ (*Flugw.*), volo d'alta quota. **90** Kavalier ~ (*Flugw.*), salita in candela. **91** Kunst ~ (*Flugw.*), acrobazia. **92** Motor ~ (*Flugw. - Mot.*), volo a motore. **93** Muskel ~ (*Flugw.*), volo muscolare. **94** Raum ~ (*Astronautik*), volo spaziale. **95** Schleifen ~ (Looping) (*Flugw.*), gran volta, volta. **96** Schlepp ~ (*Flugw.*), volo a rimorchio, volo rimorchiato. **97** Schwebe ~ (eines Hubschraubers) (*Flugw.*), volo a punto fisso, volo stazionario. **98** Segel ~ (*Flugw.*), volo a vela. **99** Spiralgleit ~ (*Flugw.*), volo librato a spirale. **100** Steil ~ (*Flugw.*), salita in candela. **101** Sturz ~ (*Flugw.*), picchiata, affondata. **102** überzogener ~ (Sackzustand) (*Flugw.*), stallo. **103** Vertikal ~ (*Flugw.*), volo verticale.

Flügel (*m. - allg.*), ala. **2** ~ (Tragfläche) (*Flugw.*), ala, superficie portante. **3** ~ (eines Gebäudes) (*Bauw.*), ala. **4** ~ (einer Truppenaufstellung) (*milit.*), ala. **5** ~ (eines Propellers) (*Flugw. - naut.*), pala. **6** ~ (eines Fensters z. B.) (*Bauw.*), battente, anta. **7** ~ (eines Rennwagens) (*Aut. - Sport*), alettone. **8** ~ (eines Ventilators) (*Ger.*), pala. **9** ~ (einer Windmühle) (*Masch.*), pala. **10** ~ (einer Falte) (*Geol.*), fianco, gamba, ala, lembo. **11** ~ belastung (*f. - Flugw.*), carico alare. **12** ~ breitenbelastung (*f. - Flugw.*), carico di apertura. **13** ~ -Brennstoff-Behälter (*m. - Flugw.*), serbatoio alare del combustibile. **14** ~ enteiser (*m. - Flugw.*), antighiaccio alare. **15** ~ fenster (*n. - Bauw.*), finestra a battenti. **16** ~ fläche (*f. - Flugw.*), superficie alare. **17** ~ fläche (eines Schiffs-Propellers) (*naut.*), superficie delle pale. **18** ~ flächenbelastung (Flügelbelastung) (*f. - Flugw.*), carico alare. **19** ~ flächenverhältnis (Verhältnis zwischen abgewickelter und projizierter Fläche) (*n. - Flugw. - naut.*), solidità (delle pale). **20** ~ flächenverhältnis (Beziehung der Flügelfläche auf die Propellerkreisfläche) (*naut.*), solidità dell'elica. **21** ~ hinterkante (*f. - Flugw.*), orlo di uscita dell'ala. **22** ~ holm (Flügelhauptholm) (*m. - Flugw.*), longherone alare. **23** ~ klappe (*f. - Flugw.*), ipersostentatore alare. **24** ~ kontur (eines Propellers) (*f. - Flugw.*), orlo della pala, contorno della pala. **25** ~ last (eines Propellers) (*f. - Flugw. - naut.*), carico sulla pala. **26** ~ mauer (*f. - Bauw.*), muro d'ala. **27** ~ mutter (*f. - Mech.*), dado ad alette, galletto. **28** ~ profil (*n. - Flugw.*), profilo alare, profilo aerodinamico. **29** ~ pumpe (Zellenpumpe) (*f. - Masch.*), pompa rotativa a palette. **30** ~ rad (einer Flügelradpumpe) (*n. - Masch.*), elica. **31** ~ radpumpe (Propellerpumpe) (*f. - Masch.*), pompa ad elica. **32** ~ radwasserzähler (*m. - Instr.*), contatore d'acqua a palette. **33** ~ rippe (*f. - Flugw.*), centina alare. **34** ~ schnitt (Flügelprofil) (*m. - Flugw.*), profilo alare, profilo aerodinamico. **35** ~ schiene (eines Herzstückes z. B.) (*f. - Eisenb.*), rotaia di risvolto, zampa di lepre. **36** ~ schraube (*f. - Mech.*), vite ad alette. **37** ~ schwimmer (*m. - Flugw.*), galleggiante alare.

38 ~ sehne (*f. - Flugw.*), linea di corda (dell'ala). **39** ~ signal (*n. - Eisenb.*), semaforo, segnale semaforico. **40** ~ signalmelder (Signalrückmelder) (*m. - Eisenb.*), ripetitore di segnale semaforico. **41** ~ spannweite (*f. - Flugw.*), apertura alare. **42** ~ spinnmaschine (*f. - Textilmasch.*), filatoio continuo ad alette. **43** ~ spitzentank (*m. - Flugw.*), serbatoio alare di estremità. **44** ~ stärke (*f. - Flugw.*), spessore alare. **45** ~ streckung (*f. - Flugw.*), allungamento. **46** ~ tiefe (*f. - Flugw.*), corda, lunghezza della corda (dell'ala). **47** ~ unterseite (*f. - Flugw.*), ventre dell'ala. **48** ~ verwindung (*f. - Flugw.*), svergolamento dell'ala. **49** ~ vorderkante (*f. - Flugw.*), orlo di attacco dell'ala. **50** ~ widerstand (*m. - Flugw.*), resistenza di sostentamento. **51** ~ zelle (Tragwerk) (*f. - Flugw.*), cellula. **52** ~ zellenpumpe (mit Flügeln besetzten Rotor und exzentrisches Gehäuse) (*f. - Masch.*), pompa rotativa a palette. **53** Delta ~ (Dreieckflügel) (*Flugw.*), ala a delta. **54** dicker ~ (*Flugw.*), ala spessa. **55** Dreieck ~ (Deltaflügel) (*Flugw.*), ala a delta. **56** Dreh ~ (*Flugw.*), ala rotante. **57** dünner ~ (*Flugw.*), ala sottile. **58** freitragender ~ (eines Flugzeugs) (*Flugw.*), ala a sbalzo. **59** halbfreitragender ~ (*Flugw.*), ala a semisbalzo. **60** hydrometrischer ~ (Wassermessflügel, Geschwindigkeitsflügel) (*Ger.*), mulinello idraulico. **61** Hilfs ~ (*Flugw.*), aletta di compensazione, compensatore. **62** Oval ~ (*Flugw.*), ala ovale. **63** Pfeil ~ (*Flugw.*), ala a freccia. **64** pfeilförmiger ~ (eines Flugzeugs) (*Flugw.*), ala a freccia. **65** positiver Pfeil ~ (*Flugw.*), ala a freccia positiva. **66** Ring ~ (*Flugw.*), ala anulare, ala a botte. **67** Rückklapp ~ (*Flugw.*), ala ripiegabile. **68** Schlitz ~ (*Flugw.*), ala a fessura. **69** Starr ~ (*Flugw.*), ala fissa (non rotante). **70** Trag ~ (*Flugw.*), piano con profilo aerodinamico. **71** Trapez ~ (*Flugw.*), ala trapezia. **72** verwindbarer ~ (*Flugw.*), ala svergolabile. **73** Vor ~ (*Flugw.*), aletta Handley-Page.

flugfähig (*Flugw.*), atto alla navigazione aerea.
flugklar (*Flugw.*), pronto per il decollo.
Flugzeug (*n. - Flugw.*), aeromobile, velivolo, aeroplano. **2** ~ achsen (*f. - pl. - Flugw.*), assi del velivolo. **3** ~ bau (*m. - Flugw.*), costruzioni aeronautiche. **4** ~ besatzung (*f. - Flugw.*), equipaggio (aereo). **5** ~ effekt (Störung) (*m. - Funk. - Fernseh.*), effetto d'aeroplano. **6** ~ führer (*m. - Flugw.*), pilota. **7** ~ für Senkrechtstart (*Flugw.*), aeroplano per decollo verticale. **8** ~ halle (Flugzeugschuppen) (*f. - Flugw.*), aviorimessa, «hangar». **9** ~ industrie (*f. - Flugw.*), industria aeronautica. **10** ~ hijacker (*m. - Flugw. - recht.*), dirottatore di aerei. **11** ~ knall (Überschallknall) (*m. - Flugw.*), tuono sonico (del velivolo). **12** ~ mit intermittierendem Staustrahlrohr (*Flugw.*), aeroplano a pulsoreattore, aeroplano a pulsogetto. **13** ~ mit Raketenantrieb (*Flugw.*), aviorazzo. **14** ~ mit Strahlantrieb (*Flugw.*), aviogetto. **15** ~ mit Strahlantrieb und Senkrechtstart (*Flugw.*), vertigetto, aviogetto a decollo verticale. **16** ~ motorgondel (*f. - Flugw.*), gondola motore. **17** ~ orter (*m. - Flugw.*), ufficiale di

Fluh

rotta, «navigatore». 18 ~ **positionslicht** (n. - *Flugw.*), fanale di via. 19 ~ **reaktor** (m. - *Flugw. - Atomphys.*), reattore per propulsione di aereo. 20 ~ **rumpf** (m. - *Flugw.*), fusoliera. 21 ~ **schlepp** (m. - *Flugw.*), rimorchio aereo. 22 ~ **schleuder** (Startschleuder, Katapult) (f. - *Flugw.*), catapulta (di lancio per velivoli). 23 ~ **schuppen** (m. - *Flugw.*), aviorimessa, «hangar». 24 ~ **sporn** (m. - *Flugw.*), pattino di coda. 25 ~ **spornrad** (n. - *Flugw.*), ruotino di coda. 26 ~ **torpedo** (m. - *Luftw.*), aerosiluro. 27 ~ **träger** (m. - *Luftw. - Kriegsmar.*), portaerei, nave portaerei. 28 ~ **zulassung** (f. - *Flugw.*), certificato di navigabilità. 29 **Amphibien** ~ (*Flugw.*), aeroplano anfibio. 30 **Atom** ~ (*Flugw.*), aeroplano atomico, aeroplano a propulsione atomica. 31 **Delta** ~ (Dreieckflugzeug) (*Flugw.*), aeroplano con ala a delta. 32 **Doppelrumpf** ~ (*Flugw.*), aeroplano a doppia trave di coda, aeroplano a doppia fusoliera. 33 **Drehflügel** ~ (*Flugw.*), aeroplano ad ala rotante. 34 **Dreieck** ~ (Deltaflugzeug) (*Flugw.*), aeroplano con ala a delta. 35 **Enten** ~ (*Flugw.*), «canard». 36 **Fracht** ~ (*Flugw.*), aeroplano da trasporto merci. 37 **Gleit** ~ (*Flugw.*), aliante. 38 **Hubschrauber** ~ (*Flugw.*), velivolo ad ala rotante. 39 **Huckepack** ~ (Doppelflugzeug, Mutter und Parasitflugzeug) (*Flugw.*), aeroplano trasportante altro aeroplano (per successivo lancio). 40 **Hyperschall** ~ (*Flugw.*), velivolo ipersonico. 41 **Käfer** ~ (Ringflügelflugzeug) (*Flugw.*), aeroplano con ala anulare, aeroplano con ala a botte. 42 **Keilflügel** ~ (Nurflügelflugzeug) (*Flugw.*), aeroplano tuttala. 43 **Land** ~ (*Flugw.*), velivolo terrestre. 44 **lotrecht startendes und landendes** ~ (*Flugw.*), velivolo a decollo ed atterraggio verticali. 45 **Mehrmotoren** ~ (*Flugw.*), aeroplano plurimotore. 46 **Mutter** ~ (*Flugw.*), aeroplano (destinato al) trasporto di altro aeroplano (da lanciare in volo), «canguro». 47 **Parasit** ~ (*Flugw.*), aeroplano aviotrasportato (per successivo lancio). 48 **Pfeilflügel** ~ (*Flugw.*), aeroplano con ala a freccia. 49 **Propeller** ~ (*Flugw.*), aeroplano ad elica. 50 **Propeller-Turbinen** ~ (*Flugw.*), aeroplano a turboelica. 51 **Ringflügel** ~ (Käferflugzeug) (*Flugw.*), aeroplano con ala anulare, aeroplano con ala a botte. 52 **schwanzloses** ~ (*Flugw.*), aeroplano tuttala. 53 **Schwimmer** ~ (*Flugw.*), idrovolante a galleggianti. 54 **Segel** ~ (*Flugw.*), aliante. 55 **Starrflügel** ~ (*Flugw.*), aeroplano ad ala fissa. 56 **Staustrahl** ~ (*Flugw.*), aeroplano a statoreattore, aeroplano ad autoreattore. 57 **Träger** ~ (*Flugw. - Luftw.*), velivolo imbarcato, velivolo di portaerei. 58 **Überschall** ~ (*Flugw.*), velivolo supersonico. 59 **Unterschall** ~ (*Flugw.*), velivolo subsonico. 60 **Verkehrs** ~ (*Flugw. - Transp.*), aeroplano per trasporti civili, aeroplano per aviolinee. 61 **Vertikalstart** ~ (*Flugw.*), velivolo a decollo verticale. 62 **Wasser** ~ (*Flugw.*), idrovolante.

Fluh (Felswand) (f. - *Geogr.*) (*schweiz.*), parete rocciosa.

Fluid (flüssiges Mittel) (n. - *Chem. - Phys.*), fluido. 2 ~ **kompass** (Schwimmkompass) (m. - *Instr.*), bussola a liquido.

fluid (flüssig) (*Phys.*), fluido.

Fluidalbett-Trockner (Flugtrockner) (m. - *Ind.*), essiccatoio a letto fluido, essiccatoio a fluidizzazione.

Fluidatbett (n. - *chem. Ind.*), siehe Fliessbett.

Fluidik (f. - *Wissens.*), fluidica. 2 ~ **steuerung** (f. - *Fluidik*), comando fluidico.

fluidisch (Steuerung z. B.) (*Masch. - etc.*), fluidico.

Fluidität (Kehrwert der dynamischen Viskosität) (f. - *Phys. - Chem.*), fluidità.

Fluor (F - n. - *Chem.*), fluoro. 2 ~ **carbon** (Fluorkohlenstoff, Kunststoff) (n. - *Chem. - Elekt.*), fluorocarbonio. 3 ~ **kron** (Art optisches Glases, Abbesche Zahl $70{,}04 \div 65{,}79$) (n. - *Opt.*), crown fluoro. 4 ~ **silikate** (Fluate, als Härtemittel für Beton, verwendet) (n. - pl. - *Bauw. - Chem.*), fluosilicati, silicati di fluoro. 5 ~ **wasserstoff** (Fluorwasserstoffsäure) (m. - *Chem.*), acido fluoridrico.

Fluoreszein (Farbstoff, als Indikator für chem. Analysen verwendet) (n. - *Chem.*), fluorescina.

Fluoreszenz (f. - *Phys.*), fluorescenza. 2 ~ **analyse** (Fluorometrie) (f. - *Phys.*), fluorometria. 3 ~ **farbe** (f. - *Anstr.*), pittura luminosa, vernice luminosa. 4 ~ **lampe** (f. - *Beleucht.*), lampada a fluorescenza. 5 ~ **messer** (m. - *Phys. - App.*), fluorometro, misuratore di fluorescenza. 6 ~ **prüfung** (zur Untersuchung von Rissen auf der Oberfläche eines Werkstückes) (f. - *Metall.*), fluoroscopia, controllo a penetrazione (di liquido) fluorescente. 7 ~ **prüfverfahren** (von Metallen) (n. - *mech. Technol.*), siehe Fluoreszenzprüfung. 8 ~ **schirm** (m. - *Elektronik*), schermo fluorescente.

fluoreszierend (*Opt.*), fluorescente.

Fluorid (n. - *Chem.*), fluoruro. 2 ~ **glas** (Trübglasart) (n. - *Glasind.*), vetro (opalino) al fluoruro.

fluoridieren (*Chem.*), fluorurare.

Fluorit (CaF_2) (Fluss·spat) (m. - *Min.*), fluorite, spatofluore.

Fluorometer (n. - *Ger.*), fluorometro.

Fluorometrie (f. - *Phys.*), fluorometria.

Fluorophor (Fluoreszenzträger) (m. - *Chem.*), fluoroforo, gruppo fluoroforo, gruppo fluorogeno.

Fluoroscope (n. - *Phys. - Ger.*), fluoroscopio, schermo fluorescente.

Fluorose (Berufskrankheit) (f. - *Med. - Arb.*), fluorosi.

Flur (Fussboden) (m. - *Bauw.*), pavimento. 2 ~ (Vorplatz, Korridor) (*Bauw.*), anticamera. 3 ~, siehe auch Flur (f.). 4 ~ **ebene** (eines Werkes z. B.) (f. - *Bauw.*), piano pavimento. 5 ~ **fenster** (Treppenfenster) (n. - *Bauw.*), finestra sulle scale. 6 ~ **förderfahrzeug** (n. - *Fahrz. - ind. Transp.*), siehe Flurfördermittel (n.). 7 ~ **fördermittel** (gleisloses oder schienengebundenes Fahrz. für Lasten aller Art, mit Hand- oder Motorantrieb) (n. - *Fahrz. - Ind.*), veicolo per trasporti interni. 8 ~ **gang** (Verbindungsraum) (m. - *Bauw.*), corridoio. 9 ~ **höhe** (f. - *Bauw. - etc.*), livello pavimento 10 ~ **platte** (f. - *metall. Ind.*), lamiera striata.

Flur (nutzbare Landfläche, Feldflur) (*f. - Top.*), terreno, campagna (coltivata). 2 ~, siehe auch Flur (*m.*). 3 ~ **buch** (Grundbuch) (*n. - Top. - recht.*), catasto. 4 ~ **karte** (Katasterplan) (*f. - Top. - recht.*), mappa catastale. 5 ~ **schütz** (*m. - Landw.*), guardia campestre. 6 ~ **stück** (Teil eines Grundstückes, in der Katasterkarte unter einer Nummer ausgeführt) (*n. - Bauw.*), mappale (*s.*), numero mappale. 7 ~ **zwang** (*m. - Landw.*), obbligo di masse di coltura. 8 **Feld** ~ (*Top. - Landw.*), terreno coltivabile.

Fluse (Fadenrestchen) (*f. - Textilind.*), cimatura di filo.

Fluss (*m. - Geogr.*), fiume. 2 ~ (Fliessen) (*Mech. der Flüss.k.*), flusso. 3 ~ (*Phys. - Elekt.*), flusso. 4 ~ (Schmelzzusatz, zum Schweissen z. B.) (*Metall. - etc.*), fondente. 5 ~ (Schmelzmasse, Glasfluss z. B.) (*Ind.*), massa fusa. 6 ~ **abflachung** (Flussglättung, eines inhomogenen Verlaufes des Neutronenflusses im Kernreaktor) (*f. - Kernphys.*), omogeneizzazione del flusso. 7 ~ **bett** (*n. - Geogr.*), alveo, letto di fiume. 8 ~ **biegung** (*f. - Geogr.*), ansa fluviale. 9 ~ **bild** (Flussdiagramm, von Werkstoffen) (*n. - Ind.*), ciclo di lavorazione, diagramma del ciclo di lavorazione. 10 ~ **deich** (*m. - Wass.b.*), argine fluviale. 11 ~ **diagramm** (von Werkstoffen) (*n. - Ind.*), siehe Flussbild. 12 ~ **diagramm** (graphische Darstellung aller Operationen die zur Lösung eines Problems führen) (*Rechner*), reogramma, diagramma di lavoro. 13 ~ **dichte** (*f. - Phys.*), densità di flusso. 14 ~ **dichtewölbung** (Flusswölbung, eines Reaktors) (*f. - Kernphys.*), parametro di criticità, « buckling ». 15 ~ **eisen** (Flussstahl, nicht legierte Stahlsorte) (*n. - Metall.*), ferro omogeneo, acciaio dolce. 16 ~ **gebiet** (Niederschlagsgebiet) (*n. - Geogr. - Hydr.*), bacino imbrifero. 17 ~ **gebiet** (Flussbecken) (*Hydr.*), bacino fluviale. 18 ~ **glättung** (*f. - Kernphys.*), siehe Flussabflachung. 19 ~ **hafen** (*m. - Bauw.*), porto fluviale. 20 ~ **kies** (*m. - Bauw.*), ghiaia di fiume. 21 ~ **kraftwerk** (Stromkraftwerk, Niederdruckstaukraftwerk) (*n. - Elekt.*), centrale (idroelettrica) a piccolo salto, centrale (idroelettrica) fluviale. 22 ~ **lauf** (*m. - Geogr.*), corso d'acqua. 23 ~ **linie** (*f. - Phys.*), linea di flusso. 24 ~ **messer** (*m. - Ger. - Elekt.*), flussometro. 25 ~ **mittel** (Schmelzzusatz) (*n. - Metall.*), fondente. 26 ~ **mittel** (zur Reinigung der Oberfläche, beim Löten) (*mech. Technol.*), flusso, fondente. 27 ~ **pegel** (Wasserstandmesser) (*m. - App.*), fluviometro, idrometro. 28 ~ **röhre** (*f. - Phys.*), tubo di flusso. 29 ~ **säure** (Fluorwasserstoffsäure) (*f. - Chem.*), acido fluoridrico. 30 ~ **schiffahrt** (*f. - naut.*), navigazione fluviale. 31 ~ **schiffer** (*m. - naut.*), battelliere (fluviale), barcaiolo (fluviale). 32 ~ **schleppdampfer** [Remorqueur (österr.)] (*m. - naut.*), rimorchiatore fluviale. 33 ~ **spat** (CaF$_2$) (Fluorit) (*m. - Min.*), fluorite, spatofluore. 34 ~ **stahl** (Flusseisen, nicht legierte Stahlsorte) (*m. - Metall.*), ferro omogeneo, acciaio dolce. 35 ~ **strom** (*m. - Elektrotronik.*), corrente diretta. 36 ~ **widerstand** (*m. - Elektrotronik.*), resistenza diretta. 37 ~ **wölbung** (*f. - Kernphys.*), siehe Flussdichtewölbung. 38 ~ **zeit** (einer Elektronröhre, Durchlasszeit) (*f. - Elektronik*), tempo di conduzione. 39 **geometrische** ~ **dichtewölbung** (*Kernphys.*), parametro di criticità geometrico, « buckling » geometrico. 40 **Löt** ~ **mittel** (*n. - mech. Technol.*), fondente per brasatura (a dolce od a forte). 41 **magnetischer** ~ (*Elekt.*), flusso magnetico. 42 **Material-** ~ **dichtewölbung** (eines Reaktors) (*Kernphys.*), parametro di criticità materiale, « buckling » materiale. 43 **mittelgekohlter** ~ **stahl** (mit mehr als 0,40 % C) (*Metall.*), acciaio semiduro, acciaio a medio tenore di carbonio. 44 **quellenfreier** ~ (*Elekt.*), flusso conservativo. 45 **tonerdiger** ~ (Tonerdezuschlag) (*Metall. - Giess.*), calcare fondente, « castina ».

flussabwärts (stromabwärts) (*allg.*), a valle.
flussaufwärts (stromaufwärts) (*allg.*), a monte.

flüssig (*allg.*), liquido, fluido. 2 ~ (geschmolzen) (*Metall. - etc.*), fuso. 3 ~ **e Gelder** (*finanz. - Adm.*), (capitale) liquido, (capitale) contante. 4 ~ **e Kristalle** (*Phys.*), cristalli liquidi, liquidi cristallini, liquidi anisotropi, liquidi in fase mesomorfica. 5 ~ **e Luft** (*Phys.*), aria liquida. 6 ~ **er Beton** (*Bauw.*), calcestruzzo fluido. 7 ~ **er Einsatz** (für Stahlerzeugung) (*Metall. - Giess.*), carica liquida. 8 ~ **er Körper** (*Phys.*), liquido. 9 ~ **er Mörtel** (*Bauw.*), malta liquida. 10 ~ **er Sauerstoff** (für Raketen z. B.) (*Kraftstoff*), ossigeno liquido. 11 ~ **er Stahl** (*Metall.*), acciaio fuso. 12 ~ **werden** (*Phys. - Chem.*), liquefarsi.

Flüssigbrennstoff (*m. - Brennst.*), combustibile liquido. 2 ~ **-Element** (zur Erzeugung von elekt. Energie) (*n. - Elekt.*), elemento a combustibile liquido.

Flüssigerdgas (*n. - Brennst.*), gas naturale liquefatto, GNL.

Flüssiggas (Propan, Butan) (*n. - Verbr.*), gas di petrolio liquefatto, gas liquido.

Flüssigkeit (Flüssiges) (*f. - Phys.*), liquido. 2 ~ **s·abscheider** (zum Abscheiden von Tröpfchen aus strömenden Gasen) (*m. - Ger.*), separatore di liquidi (da gas). 3 ~ **s·anlasser** (*m. - Elekt.*), avviatore a liquido. 4 ~ **s·bremse** (hydraulische Bremse) (*f. - Aut.*), freno idraulico. 5 ~ **s·druck** (hydrostatischer oder dynamischer Druck) (*m. - Hydr.*), pressione di liquido. 6 ~ **s·feder** (*f. - Mech.*), ammortizzatore idraulico. 7 ~ **s·getriebe** (hydraulisches Getriebe, hydraulischer Wandler, hydraulischer Transformator) (*n. - Mot.*), convertitore di coppia idraulico, cambio idraulico. 8 ~ **s·grad** (Viskosität) (*m. - Phys. - Chem.*), viscosità. 9 ~ **s·honen** (*n. - Mech.*), siehe Druckstrahlläppen. 10 ~ **s·kühlung** (*f. - Mot. - etc.*), raffreddamento a liquido. 11 ~ **s·kupplung** (*f. - Mot.*), giunto idraulico, giunto oleodinamico. 12 ~ **s·mechanik** (*f. - Phys.*), meccanica dei fluidi. 13 ~ **s·messer** (*m. - Instr.*), flussometro. 14 ~ **s·ring-Pumpe** (*f. - Masch.*), pompa (rotativa) ad anello liquido. 15 ~ **s·ring-Verdichter** (*m. - Masch.*), compressore (rotativo) ad anello liquido. 16 ~ **s·säule** (*f. - Hydr.*), colonna di liquido. 17 ~ **s·strahlpumpe** (*f. - Masch.*), pompa a getto liquido. 18 ~ **s·thermometer** (*n. - Instr.*), termometro a li-

flüssigkeitsgekühlt

quido. 19 ~ **kristalline** (*Phys.*), liquido cristallino, liquido anisotropo, liquido in fase mesomorfica. 20 **Newtonsche** ~ (*Phys.*), liquido newtoniano. 21 **Nicht-Newtonsche** ~ (*Phys.*), liquido non newtoniano.

flüssigkeitsgekühlt (*Mot. - etc.*), raffreddato a liquido.

Flüssigkristall (*Min. - Technol.*), cristallo liquido. 2 ~ **anzeiger** (*m. - Ger.*), indicatore a cristalli liquidi, visualizzatore a cristalli liquidi.

Flüssigmetallreaktor (FMR) (*m. - Kernphys.*), reattore a metallo liquido.

Flüssigspaltstoffreaktor (*m. - Atomphys.*), reattore a combustibile fluidificato.

Flüssigtreibstoff (Raketentreibstoff) (*m. - Rammfahrt*), propellente liquido.

flussmittelumhüllt (Elektrode) (*Schweissung*), rivestito con fondente.

Flüsterpumpe (geräuschlose Pumpe) (*f. - Masch.*), pompa silenziosa.

Flut (Steigen des Meerwassers) (*f. - See*), flusso, marea montante. 2 ~ (Wassermasse) (*Hydr.*), massa d'acqua. 3 ~ (Hochwasser) (*Wass.b.*), acqua alta. 4 ~ **becken** (*n. - See*), bacino di marea. 5 ~ **brecher** (Wellenbrecher) (*m. - Seebau*), frangiflutti, antemurale. 6 ~ **grenze** (Grenzgeschwindigkeit in Extraktionskolonnen) (*f. - chem. Ind.*), velocità limite. 7 ~ **hafen** (*m. - naut.*), porto a marea. 8 ~ **kanal** (*m. - Wass.b.*), siehe Umfluter. 9 ~ **kraftwerk** (Gezeitenkraftwerk) (*n. - Elekt.*), centrale elettrica a movimento di marea, centrale mareomotrice. 10 ~ **lackieren** (Abart des Tauchlackieren) (*n. - Anstr.*), verniciatura a flusso, verniciatura ad aspersione. 11 ~ **lichtanlage** (*f. - Beleucht.*), impianto di proiettori (di illuminazione), proiettori (di illuminazione). 12 ~ **lichtbeleuchtung** (*f. - Beleucht.*), illuminazione per proiezione. 13 ~ **lichtlampe** (*f. - Beleucht.*), proiettore. 14 ~ **lichtscheinwerfer** (*m. - Beleucht. - Ger.*), proiettore per illuminazione. 15 ~ **punkt** (bei Rektifiziersäulen, Punkt bei dem die Flüssigkeit im Mittel ist in Ruhe, obere Grenzgeschwindigkeit) (*m. - chem. Ind.*), velocità limite superiore. 16 ~ **schreiber** (*m. - Instr.*), mareografo. 17 ~ **ventil** (*n. - naut.*), valvola di allagamento, « Kingston ». 18 ~ **welle** (*f. - See*), onda di marea. 19 ~ **zeit** (*f. - See*), alta marea.

Flutbarkeit (eines Schiffes) (*f. - naut.*), riserva di galleggiabilità.

Flute (Flüte, dreimastiges Lastschiff) (*f. - naut.*), trealberi da carico.

Fluten (Lackierung) (*n. - Anstr.*), verniciatura a flusso.

fluten (Schiffsräume) (*naut.*), allagare. 2 ~ (belüften) (*allg.*), immettere aria.

fluvial (*Geogr.*), fluviale.

fluvioglazial (*Geol.*), fluvioglaciale.

Fluxmesser (*m. - Ger. - Elekt.*), siehe Flussmesser.

Flyer (*m. - Textilmasch.*), siehe Fleier. 2 ~ (*Flugw.*), siehe Flieger.

Flyerkette (Gall-Kette aus nebeneinander liegenden Laschen ohne freien Bolzen) (*f. - Mech.*), catena Flyer.

FM (Frequenzmodulation) (*Funk.*), MF, modulazione di frequenza. 2 ~ (Fachnormenausschuss Maschinenbau) (*Masch.*), Comitato Tecnico Normalizzazione Costruzioni Macchine.

Fm (Fermium) (*Radioakt.*), Fm, fermio.

fm (1 cbm fester Holzmasse) (*Holzmass*), siehe Festmeter.

FMR (Flüssigmetallreaktor) (*Kernphys.*), reattore a metallo liquido.

F.N. (Funknavigation) (*Navig.*), radionavigazione.

FNA (Fachnormenausschuss, des DNA) (*Normung*), Comitato Tecnico di Normalizzazione.

FN Bau (Fachnormenausschuss-Bauwesen) (*Bauw.*), Comitato Tecnico di Normalizzazione Edilizia.

FNE (Fachnormenausschuss-Elektrotechnik) (*Elekt.*), Comitato Tecnico Norme Elettriche.

FNF (Fachnormenausschuss Farbe) (*Normung*), Comitato Tecnico Normalizzazione Colori.

FNHL (Fachnormenausschuss Heizung und Lüftung) (*Normung*), Comitato Tecnico di Normalizzazione sul Riscaldamento e Ventilazione.

FNK (Fachnormenausschuss Kunststoffe) (*Normung*), Comitato Tecnico Normalizzazione Materie Plastiche.

FNL (Fachnormenausschuss Lichttechnik) (*Beleucht.*), Comitato Tecnico Normalizzazione Illuminotecnica.

FNM (Fachnormenausschuss Materialprüfung) (*Normung*), Comitato Tecnico Normalizzazione Prove Materiali.

FNNE (Fachnormenausschuss Nichteisenmetalle) (*Normung*), Comitato Tecnico Normalizzazione Metalli non Ferrosi.

F-Normal (fertigungstechnisches Öberflächennormal, zum Vergleich mit Werkstückoberflächen) (*n. - Metall.*), campione di superficie tecnica.

FNP (Fachnormenausschuss Pulvermetallurgie) (*Normung*), Comitato Tecnico Norme Metallurgia delle Polveri.

FNR (Fachnormenausschuss Radiologie) (*Normung*), Comitato Tecnico Norme Radiologia.

FNS (Fachnormenausschuss Schweisstechnik) (*Normung*), Comitato Tecnico Normalizzazione Tecniche di Saldatura.

Fo (Fernsprechordnung) (*Fernspr.*), regolamento telefonico. 2 ~ (Funkortung) (*Funk.*), radiolocalizzazione. 3 ~ (Wärme), siehe Fourier-Zahl.

Fock (Focksegel) (*f. - naut.*), vela di trinchetto. 2 ~ **mars** (*m. - naut.*), coffa di trinchetto. 3 ~ **mast** (*m. - naut.*), albero di trinchetto.

Föhn (warmer, trockener Fallwind) (*m. - Meteor.*), föhn. 2 ~ (Heissluftdusche) (*elekt. Ger.*) (*schweiz.*), asciugacapelli, fon.

Föhre (Kiefer) (*f. - Holz*), pino.

fokal (*Opt.*), focale.

Fokaldistanz (Fokalentfernung) (*f. - Opt.*), distanza focale.

Fokalebene (*f. - Opt.*), piano focale.

Fokalisator (zur Fokalisierung von Elektronenstrahlen) (*m. - Ger.*), focalizzatore.

Fokometer (Gerät zur Bestimmung der Brennweite von opt. Linsen) (*n. - opt. Ger.*), focometro.

Fokus (Brennpunkt) (*m. - Opt.*), fuoco. 2 ~ **spule** (Fokussierspule) (*f. - Fernseh.*), bobina focalizzatrice, bobina di focalizzazione.

fokussieren (*Opt.*), mettere a fuoco, focalizzare.

Fokussierspule (Fokusspule) (*f. - Fernseh.*), bobina focalizzatrice, bobina di focalizzazione.

Fokussierung (*f. - Opt.*), focalizzazione, messa a fuoco. 2 **magnetische** ~ (eines Elektronenstrahls durch ein magnetisches Feld) (*Elektronik*), focalizzazione magnetica.

Folge (Reihe, Abfolge) (*f. - allg.*), sequenza, successione. 2 ~ (Zusammengehöriges) (*allg.*), serie. 3 ~ (Ergebnis) (*allg.*), conseguenza. 4 ~ (Zukunft) (*allg.*), futuro. 5 ~ **abtastung** (Zickzackabtastung) (*f. - Fernseh.*), scansione sequenziale. 6 ~ **aufnahme** (*f. - Filmtech.*), carrellata, ripresa a carrellata. 7 ~ **bild** (Fernsehaufnahme, bei der die Kamera dem sich bewegenden Objekt folgt) (*n. - Fernseh.*), ripresa a carrellata, ripresa mobile. 8 ~ **funke** (bei Zündanlagen) (*m. - Verbr. mot.*), scintilla susseguente. 9 ~ **kontakte** (*m. - pl. - Elekt.*), contatti a sequenza (comandata). 10 ~ **presse** (Mehrstufenpresse, in der das Blechteil durch Greiferarme zur nächsten Arbeitsstufe fortbewegt wird) (*f. - Masch.*), pressa a trasferta, pressa progressiva. 11 ~ **produkt** (*n. - Ind.*), derivato. 12 ~ **produkt** (*Kernphys.*), prodotto di decadimento. 13 ~ **prüfung** (*f. - Datenverarb.*), controllo di sequenza. 14 ~ **reaktion** (A→B→C, komplexe Reaktionsart) (*f. - Chem.*), reazione consecutiva. 15 ~ **regler** (Nachlaufregler, Regler mit veränderlichem Sollwert) (*m. - Ger.*), servosistema, sistema asservito. 16 ~ **satz** (Korollar) (*m. - Math.*), corollario. 17 ~ **schalter** (*m. - Elekt.*), interruttore a sequenza. 18 ~ **schalter** (*Fernsp.*), combinatore sequenziale. 19 ~ **schaltung** (*f. - Masch. - etc.*), siehe Folgesteuerung. 20 ~ **schnitt** (Folgeschnittmatrize, für Presse) (*m. - Werkz.*), stampo progressivo, stampo composto per operazioni multiple. 21 ~ **steuerung** (Programmsteuerung) (*f. - Werkz.masch.bearb.*), comando a programma. 22 ~ **-Stichprobenprüfung** (bei Qualitätskontrolle) (*f. - mech. Technol.*), campionamento sequenziale. 23 ~ **strom** (*m. - Elekt.*), corrente susseguente, corrente residua. 24 ~ **verstärker** (*m. - Elektronik*), amplificatore sequenziale. 25 ~ **zündung** (*f. - Verbr.mot.*), accensione susseguente.

folgegesteuert (Anlage) (*Ind.*), comandato a sequenza.

Folgen (*n. - Radar*), puntamento.

folgenderweise (*Büro*), come segue.

folgern (*allg.*), dedurre.

Folgerung (*f. - Math. - etc.*), conclusione.

Folie (Metallblech von sehr geringer Stärke) (*f. - Metall.*), lamina. 2 ~ (*Kunststoff - Ind.*), foglia. 3 ~ (dünne Folie, von weniger als 0,25 mm Dicke) (*Kunststoff - Ind.*), film. 4 ~ **n-blasverfahren** (durch die Extrusion eines Folienschlauches, für Kunststoffolien) (*n. - Technol.*), (procedimento di) soffiatura del film. 5 ~ **n-Verbundfenster** (*n. - Bauw.*), finestra stratificata con interfilm. 6 **Blas** ~ (*Kunststoff - Ind.*), film soffiato. 7 **dünne** ~ (**Film**) (*Kunststoff - Ind.*), film, foglia sottile. 8 **Flach** ~ (*Kunststoff - Ind.*), film piano. 9 **gespritzte** ~ (*Kunststoff - Ind.*), foglia estrusa. 10 **Schlauch** ~ (*Kunststoff - Ind.*), tubolare soffiato, film soffiato. 11 **zu schlagen** (*Technol. - Metall.*), ridurre in lamine.

Folio (Papierformat 21 × 33 cm, jetzt durch 21 × 29,7 cm abgelöst) (*n. - Papierind.*), foglio.

Fön (Heissluftdusche) (*m. - elekt. Ger.*), fon, asciugacapelli.

Fond (Rücksitz, Hintersitz) (*m. - Aut.*), sedile posteriore. 2 ~ (Hintergrund) (*allg.*), sfondo. 3 ~ **fenster** (Rückfenster) (*n. - Aut.*), finestrino posteriore, «lunotto». 4 ~ **insassen** (in einem PkW) (*m. - pl. - Aut.*), passeggeri posteriori. 5 ~ **seitenteil** (*m. - Aut. - Aufbau*), parafango posteriore. 6 ~ **tür** (*f. - Aut.*), portiera posteriore.

Fonds (*m. - finanz. - Adm.*), fondo. 2 ~ **börse** (Börse) (*f. - finanz.*), borsa (valori). 3 ~ **makler** (*m. - finanz.*), agente di cambio. 4 **Ablösungs** ~ (*Adm.*), fondo di ammortamento. 5 **Arbeitslosenunterstützungs** ~ (*Pers.*), fondo per la disoccupazione. 6 **Betriebs** ~ (*Adm.*), fondo di esercizio. 7 **Dispositions** ~ (*Adm.*), fondo di riserva. 8 **Pensions** ~ (*Pers.*), fondo pensioni. 9 **Reserve** ~ (*Adm.*), fondo di riserva. 10 **Tilgungs** ~ (*Adm.*), fondo di ammortamento.

Fontäne (Fontaine, Wasserstrahl, Springbrunnen) (*f. - Bauw.*), fontana.

Fontur (Nadelreihe einer Wirkmaschine) (*f. - Textilmasch.*), fila di aghi.

forciert (der Betrieb eines Ofens z. B.) (*Metall. - etc.*), forzato, accelerato, spinto. 2 ~ (unnatürlich) (*allg.*), artificiale. 3 ~ **e Luftkühlung** (*Bauw. - Ind.*), ventilazione artificiale.

Förderanlage (Transportanlage) (*f. - ind. Masch.*), trasportatore, convogliatore. 2 **Luft** ~ (pneumatische Förderanlage) (*ind. Masch.*), trasportatore pneumatico.

Förderbahn (*f. - Bergbau - etc.*), ferrovia tipo Decauville.

Förderband (*n. - ind. Masch.*), nastro trasportatore. 2 **Drahtgurt** ~ (*ind. Transp.*), trasportatore a nastro di tessuto metallico. 3 **fahrbares** ~ (*ind. Masch.*), trasportatore mobile a nastro.

Förderbeginn (einer Einspritzpumpe) (*m. - Dieselmot.*), inizio mandata.

Förderbohrung (produzierende Bohrung) (*f. - Bergbau*), pozzo produttivo.

Förderdruck (*m. - Mot. - Flugw.*), pressione di alimentazione. 2 ~ (einer Pumpe) (*Hydr.*), pressione di mandata. 3 ~ **messer** (*m. - Flugw. - Instr.*), manometro della pressione di alimentazione.

Fördereimer (*m. - ind. Masch.*), tazza dell'elevatore.

Förderer (Transporteur, Konveyor) (*m. - ind. Masch.*), trasportatore, convogliatore. 2 **Band** ~ (*ind. Masch.*), trasportatore a nastro. 3 **Brems** ~ (Rutsche mit Bremsvorrichtung) (*ind. Masch.*), scivolo con (dispositivi di) frenatura (del materiale). 4 **fahrbarer** ~ (*ind. Masch.*), trasportatore mobile. 5 **Ketten** ~

Fördererz

(*ind. Masch.*), trasportatore a catena. 6 **Kratzer** ~ (*ind. Masch.*), trasportatore a palette raschianti. 7 **Luft** ~ (pneumatischer Förderer) (*ind. Masch.*), trasportatore pneumatico. 8 **Plattenband** ~ (*ind. Masch.*), trasportatore a piastre. 9 **pneumatischer** ~ (Luftförderer) (*ind. Masch.*), trasportatore pneumatico. 10 **Rollenbahn-** ~ (*ind. Masch.*), trasportatore a rulli. 11 **Sack** ~ (*ind. Masch.*), trasportatore per sacchi. 12 **Sammel** ~ (eines Systems mehrerer Förderer) (*ind. Masch.*), trasportatore collettore. 13 **Sand** ~ (*Giess. masch.*), trasportatore per terra da fonderia. 14 **Schaukel** ~ (*ind. Masch.*), trasportatore a bilancini. 15 **Schnecken** ~ (Förderschnecke, Schraubenförderer) (*ind. Masch.*), trasportatore a coclea. 16 **Schrauben** ~ (Förderschnecke, Schneckenförderer) (*ind. Masch.*), trasportatore a coclea. 17 **Schubstangen** ~ (*ind. Masch.*), trasportatore ad aste di spinta, trasportatore a spinta (ad aste). 18 **Schüttgut** ~ (*ind. Masch.*), trasportatore per materiale sciolto. 19 **Schwing** ~ (Wuchtförderer) (*ind. Masch.*), vibrotrasportatore. 20 **Stapel** ~ (*ind. Masch.*), trasportatore impilatore. 21 **Stetig** ~ (*ind. Masch.*), trasportatore continuo. 22 **Stückgut** ~ (für Säcke, Kisten, etc.) (*ind. Masch.*), trasportatore per oggetti, trasportatore per materiali non sciolti. 23 **Trogketten** ~ (Massenförderer) (*ind. Masch.*), trasportatore a catena raschiante intubata. 24 **Wucht** ~ (Schwingförderer) (*ind. Masch.*), vibrotrasportatore. 25 **Zwei-Bahn** ~ (Power- und Freeförderer) (*ind. Transp.*), trasportatore a due linee, trasportatore ad una linea motrice ed una non motrice.

Fördererz (*n. - Bergbau*), minerale estratto.

Fördergebläse (*n. - ind. Masch.*), trasportatore pneumatico.

Fördergefäss (gestattet die Förderung der Nutzlast ohne zusätzliche Wagen) (*n. - Bergbau*), skip.

Fördergerüst (Förderturm) (*n. - Bergbau*), castelletto di estrazione.

Fördergestell (Förderkorb) (*n. - Bergbau*), gabbia di estrazione.

Fördergurt (*m. - ind. Transp.*), nastro trasportatore. 2 ~ **strom** (Fördermenge, in m³/h z. B. gemesst) (*m. - ind. Transp.*), capacità di trasporto del nastro.

Förderguss (von Kunststoffen) (*m. - Technol.*), siehe Fliessgussverfahren.

Förderhöhe (einer Pumpe) (*f. - Hydr.*), prevalenza. 2 **geodätische** ~ (Höhenunterschied zwischen Druck- und Saugwasserspiegel) (*Hydr.*), prevalenza geodetica, prevalenza topografica. 3 **manometrische** ~ (*Hydr.*), prevalenza manometrica.

Förderkarren (im Betrieb) (*m. - ind. Fahrz.*), carrello per trasporti interni. 2 ~ (*Bergbau - Fahrz.*), vagonetto da miniera.

Förderkasten (*m. - ind. Transp.*), cassone trasporto materiale, cassa trasporto materiale.

Förderkette (Kettenförderer) (*f. - ind. Masch.*), trasportatore a catena.

Förderkohle (Bestmelierte, ungesiebte Kohle) (*f. - Brennst.*), « tout-venant », carbone alla rinfusa, carbone a pezzatura mista.

Förderkorb (*m. - Bergbau*), gabbia di estrazione. 2 ~ **anschlussbühne** (Schwingbühne) (*f. - Bergbau*), piattaforma oscillante per gabbie di estrazione, pianerottolo oscillante per gabbie d'estrazione. 3 ~ **taster** (Sicherheitseinrichtung) (*m. - Bergbau*), sensore (di sicurezza) per gabbie di estrazione.

Förderkübel (Fördergefäss) (*m. - Bergbau*), « skip », recipiente per estrazione (minerale).

Förderleistung (einer Pumpe) (*f. - Hydr.*), portata, mandata. 2 ~ (eines Förderers) (*ind. Masch.*), portata.

Förderleitung (Förderrohr, Rohrpost) (*f. - Post*), tubo trasportatore (per posta pneumatica), tubo convogliatore (per posta pneumatica).

Fördermaschine (*f. - Bergbau*), macchina di estrazione, impianto di estrazione.

Fördermaschinist (zur Bedienung der Fördermaschine) (*m. - Bergbauarb.*), macchinista (addetto alla macchina di estrazione).

Fördermenge (einer Pumpe) (*f. - Masch.*), portata.

Fördermittel (Förderer) (*n. - ind. Masch.*), convogliatore, trasportatore.

fördern (*Bergbau*), estrarre, scavare. 2 ~ (transportieren) (*ind. Transp.*), trasportare. 3 ~ (die Verkäufe) (*komm.*), promuovere.

Förderpumpe (für Kraftstoff) (*f. - Mot.*), pompa di alimentazione.

Förderrate (bei Erdölsonden, Produktion in t in einer gegebenen Zeit) (*f. - Bergbau*), produzione, quantità prodotta.

Förderrinne (*f. - Bergbau*), scivolo.

Förderrohr (*n. - ind. Transp.*), siehe Schneckenrohrförderer (*m.*).

Förder-Rollgang (*m. - Walzw.*), piano a rulli.

Förderrutsche (*f. - ind. Transp. - etc.*), scivolo, discenderia.

Förderschacht (Hauptschacht) (*m. - Bergbau*), pozzo di estrazione.

Förderschale (*f. - Bergbau*), siehe Förderkorb.

Förderschnecke (Schneckenförderer, Schraubenförderer) (*f. - ind. Masch.*), trasportatore a coclea.

Förderseil (*n. - ind. Masch.*), fune di sollevamento. 2 ~ (*n. - Bergbau*), fune di estrazione.

Förderstrecke (Zugang einer Grube) (*f. - Bergbau*), galleria di accesso. 2 ~ (Förderweg bestimmter Länge) (*ind. Transp.*), tratto di trasporto.

Förderstrom (einer Pumpe) (*m. - Masch.*), mandata, portata.

Fördertechnik (*f. - ind. Transp.*), tecnica dei trasporti industriali.

Förderteufe (*f. - Bergbau*), profondità (di estrazione).

Förderturm (einer Fördermaschine) (*m. - Bergbau*), castelletto di estrazione, torre di estrazione.

Forderung (*f. - allg.*), esigenza. 2 ~ (in Liefervorschriften vorgeschrieben z. B.) (*komm.*), requisito. 3 ~ (Anspruch) (*komm. - etc.*), reclamo. 4 ~ (Kredit) (*komm.*), credito. 5 ~ **en** (in einer Bilanz z. B.) (*pl. - Adm.*), conti attivi. 6 **die** ~ **erfüllen** (*allg.*), soddisfare le esigenze. 7 **fällige** ~ (*komm.*), credito esigibile. 8 **eine** ~ **an jemanden haben** (*komm.*), avere un credito nei confronti di qualcuno.

Förderung (Gewinnung) (*f. - Bergbau*), estrazione. 2 ~ (von Erde) (*Erdbew. - Ing.b.*), movimento (di terra). 3 ~ (mit Förderern) (*ind. Transp.*), trasporto. 4 ~ (Fördermenge, einer Pumpe z. B.) (*Masch.*), portata. 5 ~ (Zuführung, von Kraftstoff z. B.) (*Mot. etc.*), alimentazione. 6 ~ (Entwicklung) (*allg.*), promozione, sviluppo. 7 ~ im Tagebau (*Bergbau*), estrazione a giorno. 8 Luft ~ (eines Gebläses) (*Masch.*), portata d'aria. 9 pneumatische ~ (*ind. Transp.*), trasporto pneumatico. 10 Verkaufs ~ (*komm.*), promozione delle vendite.
Förderwagen (*m. - Bergbau*), carrello da miniera.
Förderweg (*m. - Ing.b.*), distanza di trasporto.
Förderwesen (*n. - Ind. - Transp.*), trasporto. 2 innerbetriebliches ~ (*Ind.*), trasporti interni.
Förderzeit (des Stückes am Arbeitsplatz) (*f. - Zeitstudie*), tempo di trasporto.
FOR-FOT (frei Waggon) (*komm. - Transp.*), franco vagone.
Forke (*f. - Landw. - Ger.*), forca.
Form (Gestalt) (*f. - allg.*), forma. 2 ~ (Giessform) (*Giess.*), forma. 3 ~ (Druckform) (*Druck.*), forma. 4 ~ (Muster) (*allg.*), modello. 5 ~ (Windform, eines Hochofens) (*Metall.*), ugello, tubiera. 6 ~ (Gesenk) (*Werkz.*), matrice, stampo inferiore. 7 ~ (für Spritzguss und Druckguss) (*Giess. - Kunststoff*), stampo. 8 ~ (offener Kasten für Papierherstellung von Hand) (*Papierind.*), forma (a mano), telaio. 9 ~ (eines Schiffes) (*Schiffbau*), finezza. 10 ~ abweichung (*f. - Mech.*), errore di forma. 11 ~ änderung (Verformung) (*f. - mech. Technol. - etc.*), siehe Formänderung. 12 ~ angaben (eines Werkstückes) (*f. - pl. NC - Werkz.masch.bearb.*), dati di forma. 13 ~ anstrich (*m. - Metall. - Giess.*), vernice per forme, rivestimento della forma. 14 ~ arbeit (Formgebung) (*f. - mech. Technol.*), foggiatura, formatura. 15 ~ arbeit (Formereiarbeit) (*f. - Giess.*), operazione di formatura. 16 ~ aus grünem Sand (*Giess.*), forma in verde. 17 ~ backe (*f. - Mech. - Vorr.*), attrezzo a ganasce sagomate. 18 ~ bank (*f. - Giess.*), banco da formatore. 19 ~ bearbeitung-Steuerung (Bahn-Steuerung, Kontur-Steuerung, numerische Steuerung) (*f. - Werkz.masch.bearb.*), comando (numerico) di contornatura, comando (numerico) continuo. 20 ~ belastung (Formbeschwerung) (*f. - Giess.*), caricamento della forma. 21 ~ beständigkeit (bei Wärme z. B.) (*f. - Technol.*), stabilità dimensionale. 22 ~ biegen (*n. - mech. Technol.*), piegatura a stampo. 23 ~ blatt (Formular) (*n. - allg.*), formulario, modulo. 24 ~ blech (*n. - metall. Ind.*), lamiera sagomata, lamiera profilata. 25 ~ brett (Schablone) (*n. - Giess.*), sagoma. 26 ~ diamant (*m. - Werkz.*), diamante sagomato. 27 ~ draht (Fassondraht) (*m. - metall. Ind.*), filo di sezione speciale. 28 ~ drehapparat (für Schleifscheiben) (*m. - App.*), dispositivo di ripassatura. 29 ~ drehbank (Fassondrehbank) (*f. - Werkz.masch.*), tornio a sagoma. 30 ~ einsatz (beim Druckgiessen) (*m. - Giess.*), inserto, parte riportata (dello stampo). 31 ~ eisen (Fassoneisen, Profileisen) (*n. - metall. Ind.*), profilato (di ferro). 32 ~ eisenwalzwerk (Profileisenwalzwerk) (*n. - Walzw.*), laminatoio per profilati (di ferro). 33 ~ elektrode (für Elektroerosion) (*f. - mech. Technol.*), elettrodo sagomato. 34 ~ entgraten (Elysierentgraten mit formgebender Werkzeugelektrode) (*n. - Technol.*), sbavatura (elettrochimica) con elettrodo sagomato, sbavatura a sagoma. 35 ~ erde (*f. - Giess.*), terra da fonderia. 36 ~ faktor (*m. - Phys.*), coefficiente di forma. 37 ~ faktor (Völligkeitsgrad, einer bearbeiteten Oberfläche, bei Rauheitsmessungen) (*Mech.*), fattore di pienezza. 38 ~ fehler (eines Werkstückes) (*m. - Mech.*), errore di forma. 39 ~ -Fliesspressen (Verfahren bei dem das Ausfliessen des Metalls nicht in einem freien Raum erfolgt sondern in eine Form mit offenem Endteil) (*n. - mech. Technol.*), estrusione in stampo. 40 ~ fräser (*m. - Werkz.*), fresa sagomata, fresa a profilo. 41 ~ gebung (*f. - mech. Technol.*), foggiatura, formatura. 42 ~ guss (Kastenguss, Verfahren) (*m. - Giess.*), colata in staffa, colata in forma temporanea, fusione in staffa. 43 ~ guss (Gussstück) (*Giess.*), getto ottenuto in staffa. 44 ~ guss·stahl (Gussstück) (*m. - Metall. - Giess.*), acciaio fuso in getti. 45 ~ hälfte (*f. - Giess.*), mezza forma, mezza staffa. 46 ~ hälfte (Druckgussform) (*Giess.*), semistampo. 47 ~ halle (*f. - Giess.*), capannone formatura. 48 ~ kaliber (*n. - Walzw.*), calibro per profilati. 49 ~ kasten (*m. - Giess.*), siehe Formkasten. 50 ~ kurvenblatt (*n. - Schiffbau*) siehe Kurvenblatt. 51 ~ lehm (*m. - Giess.*), terra grassa, argilla da formatore. 52 ~ lehre (*f. - Messzeug*), calibro a sagoma. 53 ~ leiste (Spant, eines Rumpfes) (*f. - Flugw.*), ordinata. 54 ~ lineal (*n. - Werkz.*), sagoma. 55 ~ löffel (*m. - Giess. - Werkz.*), lisciatoio, spatola per lisciare. 56 ~ maschine (*f. - Giess.masch.*), siehe Formmaschine. 57 ~ maskenverfahren (Croningverfahren) (*n. - Giess.*), formatura a guscio. 58 ~ masse (für Kunststoff-Formteile) (*f. - chem. Ind.*), materiale da stampaggio. 59 ~ nagel (*m. - Giess.*), chiodo da fonderia. 60 ~ öl (Schalungsöl, zum Verhindern des Anbindens des Betons an das Schalungsholz) (*n. - Bauw.*), olio per casseforme. 61 ~ platte (mit fest angebrachtem Modell) (*f. - Giess.*), placca modello. 62 ~ pressen (von Kunststoffen) (*n. - Technol.*), stampaggio a compressione. 63 ~ puder (*m. - Giess.*), polverino per forme. 64 ~ rahmen (*m. - Druck.*), telaio. 65 ~ sand (*m. - Giess.*), siehe Formsand. 66 ~ sandkern (*m. - Giess.*), anima in terra. 67 ~ scheibenmeissel (Rundformstahl, Drehmeissel) (*m. - Werkz.*), utensile sagomato circolare. 68 ~ schleifscheibe (Formscheibe) (*f. - Werkz.*), mola sagomata. 69 ~ schlichte (Formschwärze) (*f. - Giess.*), nero di fonderia. 70 ~ schluss (eines Elementenpaars bei dem die Sicherung der Berührung durch die Form der Elementen selbst entsteht) (*m. - Mech.*), accoppiamento geometrico, accoppiamento di forma. 71 ~ schlussverbindung (Welle und Radnabe, Passfedern, Gleitfedern z. B.) (*f. - Mech.*), coppia cinematica indipendente. 72

Form

~ **schmieden** (Genauschmieden), fucinatura di precisione. 73 ~ **schnitt** (Umgrenzungsschnitt) (*m. - Blechbearb.werkz.*), stampo per tranciatura. 74 ~ **schräge** (Schräge einer Druckgiessform z. B.) (*f. - Giess. - etc.*), conicità dello stampo, spoglia dello stampo, sformo dello stampo. 75 ~ **schwärze** (Formschlichte) (*f. - Giess.*), nero di fonderia. 76 ~ **senker** (*m. - Werkz.*), allargatore sagomato. 77 ~ **spatel** (Formlöffel) (*m. - Giess.werkz.*), spatola per lisciare, lisciatoio. 78 ~ **speicher** (besonderer Speicher der die Form eines ganzen Werkstückes festhaltet) (*m. - NC - Werkz.masch.bearb.*), memoria di forma. 79 ~ **stabilität** (*f. - Flugw.*), stabilità intrinseca. 80 ~ **stahl** (Formeisen) (*m. - metall. Ind. - Walzw.*), profilato di acciaio. 81 ~ **stahl** (Fassondrehstahl) (*Werkz.*), utensile sagomato. 82 ~ **stampfer** (*m. - Giess.werkz.*), pestello da formatore. 83 ~ **stanze** (für Blechbearbeitung) (*f. - Werkz.*), stampo per formatura, stampo per foggiatura. 84 ~ **stanzen** (*n. - Blechbearb.*), stampaggio, foggiatura a stampo, formatura a stampo. 85 ~ **stein** (profilierter Mauerstein z. B.) (*m. - Maur.*), mattone di forma speciale. 86 ~ **stift** (*m. - Giess.*), punta (o gancio) per fonderia. 87 ~ **stoff** (Formmasse) (*m. - Kunststoff*), materiale da stampaggio. 88 ~ **stücke** (« Fittings ») (*n. pl. - Leit.*), raccorderia. 89 ~ **teil** (*m. - Kunststoff*), pezzo stampato. 90 ~ **teilebene** (einer Druckgussform, Formteilung) (*f. - Giess.*), piano di divisione dello stampo. 91 ~ **teilung** (eines Formkastens, Teilungsbene) (*f. - Giess.*), piano di divisione della forma. 92 ~ **teilung** (einer Druckgussform, Teilungsbene) (*Giess.*), piano di divisione dello stampo. 93 ~ **toleranz** (zulässige Formabweichung) (*f. - Mech.*), tolleranza di forma, errore di forma ammesso. 94 ~ **verfahren** (Croningverfahren, Formmaskenverfahren) (*n. - Giess.*), formatura a guscio. 95 ~ **wagen** (einer Formmaschine) (*m. - Giess.masch.*), carrello portastaffa. 96 ~ **walzen** (*n. - Walzw.*), laminazione di profilati. 97 ~ **widerstand** (*m. - naut.*), resistenza d'onda. 98 ~ **widerstand** (*Flugw.*), resistenza di forma. 99 ~ **zahl** (Mass des Gestalteinflusses, Formziffer) (*f. - Materialprüfung*), indice di forma, coefficiente di forma, fattore di concentrazione delle sollecitazioni. 100 ~ **ziegel** (*m. - Maur.*), siehe Formstein. 101 **Ausgangs** ~ (Rohling) (*Schmieden*), spezzone. 102 **Bezugs** ~ **stück** (Model) (*n. - Werkz.masch.bearb.*), modello, copia. 103 **breitflanschiger** ~ **stahl** (*metall. Ind.*), profilato (di acciaio) ad ali larghe. 104 **Dauer** ~ (*Giess.*), forma permanente. 105 **Druck** ~ (*Druck.*), forma. 106 **Druckgiess** ~ (*Giess. - Werkz.*), stampo (per pressofusione). 107 **Einzelguss** ~ (*Giess.*), forma per getti singoli. 108 **eiserne** ~ (*Giess.*), forma metallica, forma permanente, conchiglia. 109 **End** ~ (Gesenkschmiedestück) (*Schmieden*), fucinato a stampo, pezzo finito di stampaggio. 110 **Feinheit der** ~ (Schlankheit der Form) (*naut.*), finezza di forma. 111 **flacher** ~ **stift** (*Giess.*), punta a testa piana per fonderia. 112 **gebrannte** ~ (*Giess.*), forma essiccata. 113 **geschlossene** ~ (*Giess.*), forma in staffa. 114 **Masken** ~ (*Giess.*), forma a guscio.

115 **offene** ~ (*Giess.*), forma in fossa, forma aperta. 116 **spanlose** ~ **gebung** (*mech. Technol.*), foggiatura a deformazione, foggiatura senza asportazione di truciolo. 117 **Stanz** ~ (*Werkz.*), fustella. 118 **Strom** ~ (*Fahrz. - etc.*), forma aerodinamica. 119 **verlorene** ~ (*Giess.*), forma temporanea. 120 **verlorener** ~ **abguss** (*m. - Giess.*), fusione a cera persa. 121 **Zahn** ~ (*Mech.*), profilo del dente. 122 **zerspanende** ~ **gebung** (spanabhebende Formgebung) (*mech. Technol.*), foggiatura ad asportazione, foggiatura con asportazione di truciolo. 123 **Zwischen** ~ (*Schmieden*), sbozzato (*s.*).

Formaldehyd (H-COH) (*n. - Chem.*), aldeide formica, formaldeide.

Formalin (*n. - Chem.*), formalina.

Formalität (*f. - allg.*), formalità.

Formalkinetik (*f. - Chem. - Phys.*), cinetica chimica.

Formänderung (Verformung) (*f. - mech. Technol. - etc.*), deformazione. 2 ~ **s·arbeit** (*f. - Baukonstr.lehre*), lavoro di deformazione. 3 ~ **s·arbeit** (Umformarbeit) (*Schmieden - etc.*), lavoro di deformazione. 4 ~ **s·energie** (innere Formänderungsarbeit, während der Formänderung zugeführte Energie) (*f. - mech. Technol.*), lavoro di deformazione interno. 5 ~ **s·festigkeit** (eines Schmiedestückes z. B., reine Kenngrösse für einen bestimmten Werkstoff im reibungsfreien Druckversuch zu bestimmen) (*f. - Schmieden - etc.*), resistenza teorica alla deformazione, resistenza alla deformazione senza attrito. 6 ~ **s·geschwindigkeit** (Umformgeschwindigkeit) (*f. - Schmieden - etc.*), velocità di deformazione. 7 ~ **s·kraft** (Umformkraft) (*f. - Schmieden - etc.*), forza di deformazione. 8 ~ **s·verhältnis** (Umformverhältnis) (*n. - Schmieden - etc.*), rapporto di deformazione, tasso di deformazione. 9 ~ **s·vermögen** (eines Werkstoffes) (*n. - Schmieden - etc.*), deformabilità. 10 ~ **s·widerstand** (eines Schmiedestückes z. B.; Kenngrösse, die Reibungs- und Formeinflüsse umschliesst) (*m. - Schmieden - etc.*), resistenza effettiva alla deformazione, resistenza alla deformazione con attrito. 11 ~ **s·wirkungsgrad** (Umformwirkungsgrad) (*m. - Schmieden - etc.*), rendimento di deformazione. 12 **bezogene** ~ (Unterschied zwischen Endabmessung und Anfangabmessung eines Schmiedestückes) (*Schmieden - etc.*), deformazione relativa. 13 **bleibende** ~ (*Baukonstr.lehre - Metall.*), deformazione permanente. 14 **federnde** ~ (*Baukonstr.lehre*), deformazione elastica. 15 **logarithmiertes** ~ **s·verhältnis** (logarithmiertes Umformverhältnis) (*Schmieden - etc.*), rapporto logaritmico di deformazione.

Formanten (*m. - pl. - Akus.*), formanti (*s.*), frequenze formanti. 2 ~ **filter** (*m. - Akus.*), filtro di formanti.

Format (Mass, Normgrösse) (*n. - Papierind.*), formato. 2 ~ (Anordnung von Daten) (*Rechner*), disposizione sistematica di dati, « format ». 3 ~ **trennmaschine** (einer Briefverteilanlage) (*f. - Post. - Masch.*), separatrice di formati.

Formation (*f. - Geol.*), formazione. 2 ~ (*Luftw.*), formazione. 3 ~ **s·flug** (Verbandsflug) (*m. - Luftw.*), volo in formazione. 4 ~ s·kunde (Stratigraphie) (*f. - Geol.*), stratigrafia.

formdrehen (mit Drehbank) (*Werkz.masch. bearb.*), tornire a sagoma.

Formel (*f. - Math. - Chem.*), formula. 2 ~ 1-Rennwagen (*m. - Aut. - Sport*), vettura di formula uno. 3 ~ -Rennwagen (Formelwagen) (*m. - Aut. - Sport*), vettura di formula. 4 Erfahrungs ~ (empirische Formel) (*allg.*), formula empirica.

Formen (*n. - Giess.*), formatura. 2 ~ bauer (*m. - Giess. - Arb.*), formatore. 3 ~ fräsmaschine (Gesenkfräsmaschine) (*f. - Werkz. masch.*), fresatrice per stampi. 4 ~ mit Ausschmelzmodellen (*Giess.*), formatura a cera persa. 5 ~ mit Maschinen (Maschinenformen) (*Giess.*), formatura meccanica, formatura a macchina. 6 ~ mit Schablonen (*Giess.*), formatura a bandiera, formatura a sagoma. 7 Grünsand ~ (*Giess.*), formatura a verde. 8 Herd ~ (*Giess.*), formatura in fossa. 9 kastenloses ~ (*Giess.*), formatura a motta, formatura senza staffa. 10 Maschinen ~ (*Giess.*), formatura meccanica, formatura a macchina. 11 Schablonen ~ (*Giess.*), formatura a sagoma, formatura a bandiera. 12 Trockensand ~ (*Giess.*), formatura a secco.

formen (*allg.*), formare. 2 ~ (*Giess.*), formare. 3 ~ (*Metall. - mech. Technol.*), foggiare, formare.

Former (*m. - Giess - Arb.*), formatore. 2 ~ mass·stab (*m. - Giess.werkz.*), regolo da modellista, riga da modellista, riga da formatore. 3 ~ werkzeuge (*n. - pl. - Giess.werkz.*), utensili da formatore.

Formerei (Formen, Verfahren) (*f. - Giess.*), formatura. 2 ~ (Abteilung der Giesserei) (*Giess.*), reparto formatura. 3 freie ~ (*Giess.*), formatura libera, formatura senza modello. 4 Gruben ~ (*Giess.*), formatura in fossa. 5 Hand ~ (*Giess.*), formatura a mano. 6 Maschinen ~ (*Giess.*), formatura meccanica. 7 Modellformplatten ~ (*Giess.*), formatura con placca modello. 8 Nassguss ~ (*Giess.*), formatura in verde.

formgebunden (Mass, eines Pressteiles) (*Technol.*), dimensione obbligata dallo stampo, dimensione vincolata allo stampo. 2 nicht ~ (Mass, eines Pressteiles) (*Technol.*), dimensione non vincolata allo stampo.

formgedreht (*Werkz.masch.bearb.*), tornito a sagoma.

Formiat (*n. - Chem.*), formiato.

Formiergas (80% N_2 + 20% H_2, Schutzgas beim Flammspritzen verwendet z. B.) (*n. - Chem.*), miscela gassosa azotidrica.

Formierung (Formieren, eines Akkumulators) (*f. - Elekt.*), formazione. 2 ~ s·spannung (für Akkumulatoren) (*f. - Elekt.*), tensione di formazione.

Formkasten (*m. - Giess.*), staffa. 2 ~ stift (*m. - Giess.*), spinotto della staffa, perno della staffa, spina della staffa. 3 Abschlag ~ (*Giess.*), falsa staffa. 4 aufklappbarer ~ (*Giess.*), staffa apribile, staffa a cerniera, staffa matta, staffa a smottare. 5 Maschinen ~ (*Giess.*), staffa per formatura meccanica. 6 mittlerer ~ (*Giess.*), fascia, staffa intermedia. 7 oberer ~ (*Giess.*), staffa superiore, coperchio. 8 unterer ~ (*Giess.*), fondo, staffa inferiore.

förmlich (*allg.*), formale.

Formling (Beton-Fertigteil) (*m. - Bauw.*), elemento prefabbricato (di cemento armato). 2 ~ (Brikett) (*Giess.*), bricchetto.

Formmaschine (*f. - Giess.masch.*), formatrice. 2 ~ mit Druckluftpressung (*Giess. masch.*), formatrice pneumatica a compressione, formatrice a compressione ad aria compressa. 3 ~ mit selbsttätiger Modellaushebung (*Giess.masch.*), formatrice ad estrazione automatica del modello. 4 ~ mit Stiftenabhebung (*Giess.masch.*), formatrice con estrazione a candele. 5 ~ mit Wendeplatte (*Giess.masch.*), formatrice a ribaltamento. 6 Abhebe ~ (*Giess.masch.*), formatrice a candele di sollevamento (della staffa). 7 Absenk ~ (*Giess.masch.*), formatrice a candele ad abbassamento (della placca modello). 8 Drehtisch ~ (*Giess. masch.*), formatrice con piattaforma girevole. 9 Durchzieh ~ (bei der das Modell durch die Modellplatte nach unten gezogen wird) (*Giess.masch.*), formatrice ad estrazione (dal basso, con sfilamento del modello dalla placca). 10 Hand ~ mit Stiftenabhebung (*Giess.masch.*), macchina per formare a mano con sollevamento a candele. 11 hydraulische ~ (*Giess.masch.*), formatrice idraulica. 12 Kern ~ (*Giess.masch.*), formatrice per anime. 13 Press ~ (*Giess.masch.*), formatrice a compressione. 14 Wendeplatten ~ (*Giess.masch.*), formatrice a ribaltamento (della placca). 15 Zahnräder ~ (*Giess. masch.*), formatrice per ingranaggi.

Formsand (*m. - Giess.*), terra da fonderia. 2 ~ schleuder (Sandslinger) (*f. - Giess. - Masch.*), lanciaterra. 3 ausgeglühter ~ (*Giess.*), terra bruciata. 4 feingesiebter ~ (*Giess.*), terra modello. 5 fetter ~ (*Giess.*), terra grassa, terra verde, argilla da formatore. 6 grüner ~ (*Giess.*), terra verde.

formschlüssig (Elementenpaar bei dem die Sicherung der Berührung durch die Form der Elementen selbst entsteht, zwischen Zapfen und Buchse z. B.) (*Mech.*), ad accoppiamento geometrico, accoppiato geometricamente, ad accoppiamento di forma. 2 ~ verbinden (*Mech.*), accoppiare geometricamente.

formschwierig (*Mech. - etc.*), di forma complessa.

Formular (Formblatt) (*n. - allg.*), modulo. 2 ~ buch (Formelbuch, Formelsammlung) (*n. - Druck. - etc.*), formulario. 3 ~ transporteinrichtung (in Buchungsmaschinen) (*f. - Masch.*), trasportatore di moduli. 4 Endlos ~ (*Rechner*), modulo continuo.

Formung (Formgebung) (*f. - mech. Technol.*), foggiatura, formatura. 2 ~ (Brikettierung) (*Giess. - etc.*), bricchettatura, pacchettatura. 3 spanabhebende ~ (zerspanende Formung) (*mech. Technol.*), foggiatura ad asportazione di truciolo, formatura ad asportazione di truciolo. 4 spanlose ~ (*mech. Technol.*), foggiatura a deformazione, formatura senza asportazione di truciolo.

forschen (*Technol.*), eseguire ricerche, ricercare.

Forscher (Forschungsingenieur) (*m. - Ind. - etc.*), ricercatore.
Forschung (*f. - Ind.*), ricerca. 2 ~ s·anstalt (*f. - Ind.*), istituto di ricerca. 3 ~ s·arbeit (*f. - Ind. - etc.*), lavoro di ricerca. 4 ~ s·flugzeug (*n. - Flugw.*), velivolo sperimentale. 5 ~ s·labor (*n. - Ind. - etc.*), laboratorio di ricerca, laboratorio per ricerche. 6 ~ s·reaktor (*m. - Atomphys.*), reattore da ricerca, reattore per ricerche. 7 ~ und Entwicklung (*Ind. - etc.*), ricerca e sviluppo. 8 angewandte ~ (*Ind. - etc.*), ricerca applicata. 9 Markt ~ (*komm.*), ricerche di mercato. 10 Meinungs ~ (*komm. - etc.*), sondaggio della pubblica opinione.
Forst (*m. - Landw. - Holz*), foresta. 2 ~ aufseher (*m. - Arb.*), guardia forestale. 3 ~ wirtschaft (*f. - Landw.*), selvicoltura.
forstwirtschaftlich (*Landw.*), forestale.
Fortbewegung (*f. - Mech. - etc.*), movimento progressivo.
Fortbildung (*f. - Arb.*), qualificazione professionale. 2 ~ s·schule (landwirtschaftliche Berufsschule) (*f. - Schule*) (österr. - schweiz.), scuola agraria.
fortdauernd (*allg.*), permanente, continuo.
Fortfall (*m. - allg.*), cessazione.
Fortgeschrittenenschulung (*f. - Flugw.*), addestramento secondo periodo.
« Forticel » (*Kunststoff*), « forticel ».
fortlaufend (*allg.*), continuo. 2 ~ e Abtastung (*Fernseh.*), scansione progressiva. 3 ~ e Nummern (*allg.*), numeri successivi.
Fortleitung (von Licht z. B.) (*f. - allg.*), trasmissione. 2 ~ (Transport, der Elektrizität) (*Elekt.*), trasporto. 3 ~ s- und Verteilungsanlage (der Elektrizität) (*f. - Elekt.*), impianto di trasporto e distribuzione.
Fortluft (einer Lüftungsanlage) (*f. - Bauw.*), aria di smaltimento.
Fortpflanzung (*f. - Phys.*), propagazione. 2 ~ s·geschwindigkeit (der Flamme z. B.) (*f. - Phys.*), velocità di propagazione.
FORTRAN (*Formula Translator*, problemorientierte Programmierungssprache der Datenverarbeitung) (*Programmierung*), FORTRAN.
Fortschaltmotor (Schrittmotor) (*m. - Elekt.*), motore a passi, motore passo-passo.
Fortschaltrelais (*n. - elekt. Ger.*), relè a passi, relè passo-passo.
Fortschaltung (*f. - Elekt.*), azionamento a passi, azionamento passo-passo.
fortschreitend (*allg.*), progressivo. 2 ~ (Welle) (*Phys.*), progressivo.
Fortschritt (*m. - allg.*), progresso, avanzamento. 2 ~ s·geschwindigkeit (*f. - naut.*), velocità di avanzamento. 3 ~ s·geschwindigkeit (von Wasser z. B.) (*Hydr. - Geol.*), velocità di circolazione (sotterranea). 4 ~ s·steigung (einer Luftschraube z. B.) (*f. - Flugw.*), passo effettivo. 5 ~ s·zeiten (*f. - pl. - Zeitstudie*), tempi progressivi. 6 ~ s·zeit-Verfahren (bei dem Fortschrittszeiten abgestoppt werden) (*n. - Zeitstudie*), cronometraggio progressivo. 7 ~ s·ziffer (einer Propeller, Verhältnis zwischen Fortschrittsgeschwindigkeit und Umdrehungen) (*f. - naut. - Flugw.*), rapporto di funzionamento.

fortschrittlich (*allg.*), aggiornato, progredito, moderno.
Fortsetzung (*f. - allg.*), continuazione. 2 ~ s·film (*m. - Filmtech.*), film a serie.
Fossil (*n. - Geol.*), fossile. 2 Zeit ~ (*Geol.*), fossile caratteristico, fossile guida.
Fossilienmehl (*n. - Geol.*), farina fossile.
Fosterit (2MgO . SiO$_2$, feuerfester Stoff) (*m. - Metall.*), fosterite.
Foto, *siehe auch* Photo.
Fotodiode (*f. - Elektronik*) fotodiodo.
Fotokopie (*f. - Büro - etc.*), fotocopia.
Fotosetter (Photosetzmaschine) (*m. - Druckmasch.*), fotocompositrice, compositrice fotomeccanica.
Föttinger-Kupplung (hydraulische Kupplung) (*f. - Mech.*), giunto Föttinger, giunto idraulico.
Foucaultsche Ströme (Wirbelströme) (*m. pl. - Elekt.*), correnti di Foucault.
Foulard (Seidenstoff) (*m. - Textilind.*), « foulard ». 2 ~ (Färbereimaschine) (*Textilmasch.*), apparecchio per tintura.
Fourier-Analyse (*f. - Math.*), analisi di Fourier, analisi armonica.
Fouriersche Reihe (*Math.*), serie di Fourier.
Fourier-Zahl (Fo, Verhältnis der geleiteten zur gespeicherten Wärmemenge) (*f. - Wärme*), numero di Fourier.
Fournier (Furnier) (*n. - Tischl.*), *siehe* Furnier.
fournieren (furnieren) (*Tischl.*), *siehe* furnieren.
Fowler-Flügel (Tragflügel mit Fowler-Klappe) (*m. - Flugw.*), ala Fowler, ala con ipersostentatore ad uscita (tipo Fowler).
Fowler-Klappe (Landeklappe) (*f. - Flugw.*), ipersostentatore ad uscita, ipersostentatore tipo Fowler.
Fox-Rohr (Wellrohr, gewellt ausgeführtes Flammrohr) (*n. - Kessel*), tubo ondulato Fox, tubo (focolare) ondulato.
Foyer (eines Theaters) (*n. - Bauw.*), ridotto.
FR (Forschungsreaktor) (*Kernphys.*), reattore da ricerca.
Fr (Francium) (*Chem.*), Fr, francio. 2 ~ (Franklin) (*Einheit*), franklin. 3 ~ (*Phys.*), *siehe auch* Froude-Zahl.
fr (frigorie 1 fr = 1 kcal, kalorische Einheit) (*Einh.*), frigoria. 2 ~ (frei) (*allg.*), *siehe* frei.
Fracht (Güter) (*f. - Transp.*), carico, merci (trasportate). 2 ~ (Güter) (*naut. Transp.*), carico. 3 ~ (Transport) (*Transp.*), trasporto. 4 ~ (Preis für die Beförderung) (*Transp.*), prezzo del trasporto. 5 ~ (Preis für die Beförderung) (*naut.*), nolo. 6 ~ aufzug (Lastaufzug) (*m. - ind. Masch.*), montacarichi. 7 ~ behälter (Container) (*m. - Eisenb. - Transp.*), cassa mobile, « container ». 8 ~ brief (*m. - Transp.*), lettera di vettura. 9 ~ enbahnhof (Frachtenstation, Güterbahnhof) (*m. - Eisenb.*) (österr.), stazione merci. 10 ~ flugzeug (*n. - Flugw.*), aeroplano per trasporto merci. 11 ~ führer (*m. - Transp.*), trasportatore. 12 ~ gutannahme (*f. - Transp.*), ricevimento merci. 13 ~ kontrakt (*m. - Transp. - naut.*), contratto di noleggio. 14 ~ kosten (Transportkosten) (*f. - pl. - Transp.*), spese di trasporto, spese di porto. 15 ~ schiff (*n. - naut.*), nave da carico. 16 ~ vertrag (Transportvertrag) (*m. - Transp.* -

naut.), contratto di noleggio. 17 ~ **wagen** (*m. - Eisenb.*), carro, carro merci. 18 ~ **zettel** (*m. - naut.*), polizza di carico. 19 **offener** ~ **wagen** (*Eisenb.*), carro aperto, carro merci aperto. 20 **Passagier- und** ~ **schiff** (*Transp. - naut.*), nave mista, nave per trasporto misto (passeggeri e merci).
frachten (*Transp. - naut.*), noleggiare.
Frachter (Frachtschiff) (*m. - naut.*), nave da carico.
frachtfrei (*Transp.*), franco di porto.
Frage (*f. - allg.*), domanda. 2 ~ (**Problem**) (*allg.*), problema. 3 ~ **bogen** (*m. - allg.*), questionario. 4 ~ **stellung** (*f. - allg.*), impostazione del problema. 5 ~ **zeichen** (*n. - Druck.*), punto interrogativo.
Fragment (*n. - Geol. - etc.*), frammento. 2 ~ **ausbeute** (primäre Spaltausbeute) (*f. - Kernphys.*), resa di fissione primaria.
Fraktion (*f. - Chem.*), frazione.
Fraktionieraufsatz (*m. - chem. Ger.*), colonna di frazionamento.
fraktionieren (*Chem.*), sottoporre a distillazione frazionata.
fraktioniert (*Chem.*), frazionato. 2 ~ **e Destillation** (*Chem.*), distillazione frazionata.
Fraktionierturm (*m. - chem. Ind.*), colonna di frazionamento.
Fraktographie (*f. - Metall.*), fractografia.
Fraktokumulus (*m. - Meteor.*), fractocumulo.
Fraktostratus (*m. - Meteor.*), fractostrato, nuberotta.
Fraktur (Schriftart) (*f. - Druck.*), stile gotico, carattere gotico.
Francisturbine (Wasserturbine) (*f. - Turb.*), turbina Francis.
Francium (chem. Element aus der Gruppe der Alkalimetalle) (*Fr - n. - Chem.*), francio.
Franje (Franse, Franze) (*f. - Text.*), frangia.
Frankatur (*f. - Post*), affrancatura.
frankieren (*Post*), affrancare.
Frankiermaschine (*f. - Post - Masch.*), affrancatrice (postale).
Frankipfahlramme (*f. - Bauw. - Masch.*), battipalo Franki.
Franklin (Fr, 1 Fr = $\frac{1}{3}$ 10^{-9} C) (*n. - Elekt. Einheit*), franklin.
Franklinisation (*f. - Elekt. - Med.*), franklinizzazione.
Franklinit ($ZnOFe_2O_3$) (*m. - Min.*), franklinite.
franko (*Transp.*), franco di porto.
Franse (Franse, Franje) (*f. - Text.*), frangia. 2 ~ (*Fernsehfehler*), frangia. 3 ~ **n·wirkung** (*f. - Fernsehfehler*), frangia d'interferenza.
Franz (Beobachter) (*m. - Flugw.*), ufficiale di rotta, navigatore.
Franzband (Ganzledereinband) (*m. - Buchbinderei*), legatura in pelle. 2 **Halb** ~ (*Buchbinderei*), legatura in mezza pelle.
Franze (Franse, Franje) (*f. - Text.*), frangia.
franzen (*Navig.*), fare il punto.
Franzose (Schraubenschlüssel) (*m. - Werkz.*), chiave registrabile a doppio martello.
Fräsapparat (*m. - Werkz.masch.*), accessorio per fresatura. 2 **Innengewinde** ~ (*Werkz. masch.*), accessorio per fresare filettature interne.
Fräsarbeit (Fräsen) (*f. - Werkz.masch.bearb.*), fresatura. 2 **Tauch** ~ (*Werkz.masch.bearb.*), fresatura a tuffo, fresatura ad immersione.

Fräsautomat (*m. - Werkz.masch.*), fresatrice automatica. 2 **Wälz** ~ (*Werkz.masch.*), fresatrice a creatore automatica.
Fräsbild (*n. - Werkz.masch.bearb.*), (aspetto della) superficie fresata.
Fräsdorn (Fräserdorn) (*m. - Werkz.masch.*), albero portafresa, mandrino portafresa.
Fräse (Bodenfräse) (*f. - Landw.masch.*), zappatrice rotante, fresa. 2 ~ (Holzbearbeitung) (*Zimm. - Masch.*), mortasatrice.
Fräseinrichtung (*f. - Werkz.masch.*), accessorio per fresatura. 2 **Zahnstangen** ~ (*Werkz. masch.*), accessorio per fresare cremagliere.
Fräsen (*n. - Werkz.masch.bearb.*), fresatura. 2 **Abwälz** ~ (*Werkz.masch.bearb.*), fresatura a creatore, fresatura a generazione, fresatura ad inviluppo. 3 **Ansatz** ~ (*Werkz.masch. bearb.*), fresatura di spallamenti. 4 **Flächen** ~ (*Werk.masch.bearb.*), fresatura a spianare, fresatura in piano. 5 **Form** ~ (*Werkz.masch. bearb.*), fresatura a sagoma, fresatura di profili, fresatura con fresa sagomata. 6 **Gegenlauf** ~ (*Werkz.masch.bearb.*), fresatura discorde, fresatura convenzionale, fresatura bidirezionale. 7 **Gesenk** ~ (*Werkz.masch. bearb.*), fresatura di stampi. 8 **Gewindewälz** ~ (*Werkz.masch.bearb.*), fresatura a creatore di filettature, filettatura a creatore. 9 **Gleichlauf** ~ (bei dem der Schneideangriff an der dicksten Stelle des Spankommas beginnt) (*Werkz.masch.bearb.*), fresatura concorde, fresatura concorrente, fresatura anticonvenzionale. 10 **Keilnuten** ~ (*Werkz.masch.bearb.*), fresatura di sedi per chiavette. 11 **Nachform** ~ (*Werkz.masch.bearb.*), fresatura a riproduzione, fresatura a copiare. 12 **Plan** ~ (*Werkz.masch.bearb.*), fresatura a spianare, fresatura in piano. 13 **Pendel** ~ (für krumme Oberflächen) (*Werkz.masch.bearb.*), fresatura a va e vieni, fresatura pendolare, fresatura a spazzolamento. 14 **Stirn** ~ (*Werkz.masch. bearb.*), fresatura frontale. 15 **Stirnflächen** ~ (*Werkz.masch.bearb.*), fresatura frontale. 16 **Tauch** ~ (*Werkz.masch.bearb.*), fresatura a tuffo, fresatura ad immersione. 17 **Umriss** ~ (Fräsen der Hohlform eines Gesenkes) (*Werkz.masch.bearb.*), fresatura del contorno. 18 **Walz** ~ (Walzen) (*Werkz.masch.bearb.*), fresatura cilindrica, fresatura tangenziale. 19 **Wälz** ~ (*Werkz.masch.bearb.*), fresatura a creatore, fresatura ad inviluppo, fresatura a generazione. 20 **winkliges** ~ (*Werkz.masch. bearb.*), fresatura ad angolo. 21 **Zahnstangen** ~ (*Werkz.masch.bearb.*), fresatura di cremagliere.
fräsen (*Werkz.masch.bearb.*), fresare. 2 ~ (Keilwellen) (*Werkz.masch.bearb.*), scanalare. 3 **form** ~ (*Werkz.masch.bearb.*), profilare alla fresa, sagomare alla fresa, profilare mediante fresatura. 4 **hinter** ~ (*Werkz.masch.bearb.*), spogliare alla fresa, fresare a spoglia, spogliare con fresa. 5 **pendel** ~ (*Werkz.masch. bearb.*), fresare a va e vieni. 6 **plan** ~ (*Werkz. masch.bearb.*), spianare con la fresa. 7 **wälz** ~ (*Werkz.masch.bearb.*), fresare con creatore, tagliare con fresa a vite.
Fräser (*m. - Werkz.*), fresa. 2 ~ (*Arb.*), fresatore. 3 ~ **bagger** (*m. - Erdbew.masch.*), escavatore a fresa. 4 ~ **dorn** (*m. - Werkz.*

Fräser

masch.), albero portafresa, mandrino portafresa. 5 ~ **feile** (*f. - Werkz.*), fresa a lima. 6 ~ **für Zahnräder** (*Werkz.*), fresa modulare, fresa per ingranaggi. 7 ~ **hinterdrehapparat** (*m. - Mech.*), apparecchio per spogliare frese. 8 ~ **körper** (*m. - Werkz.*), corpo della fresa. 9 ~ **mit eingesetzten Messern** (*Werkz.*), fresa a coltelli, fresa a denti riportati, fresa a lame riportate. 10 ~ **mit gefrästen Zähnen** (*Werkz.*), fresa a denti fresati. 11 ~ **satz** (Satzfräser) (*m. - Werkz.*), fresa multipla, fresa composita, gruppo di frese. 12 ~ **schleifautomat** (Fräserschärfautomat) (*m. - Werkz.masch.*), affilatrice automatica per frese. 13 ~ **spindel** (*f. - Werkz. masch.*), mandrino portafresa. 14 ~ **zahnlücke** (*Werkz.*), vano interdentale, vano (fra i denti della fresa). 15 **Aufsteck ~ dorn** (*m. - Werkz.masch.*), mandrino per frese a manicotto. 16 **Aufsteck-Gewinde ~** (*Werkz.*), fresa a manicotto per filettature. 17 **doppelseitiger Winkel ~** (*Werkz.*), fresa biconica, fresa ad angolo doppio. 18 **Einschneide ~** (Frässtichel) (*Werkz.*), fresa ad un tagliente. 19 **einseitiger Winkel ~** (*Werkz.*), fresa ad angolo semplice. 20 **Finger ~** (Schaftfräser) (*Werkz.*), fresa a candela. 21 **Form ~** (*Werkz.*), fresa sagomata, fresa a profilo. 22 **gekuppelter und verstellbarer ~** (*Werkz.*), fresa doppia a incastri regolabile. 23 **gerad verzahnter ~** (*Werkz.*), fresa a denti diritti. 24 **Gesenk ~** (*Werkz.*), fresa per stampi. 25 **Gewinde ~** (*Werkz.*), fresa per filettare, fresa per filettature. 26 **Glimmer ~** (für Kollektoren elekt. Masch.) (*Werkz.*), fresa per mica, fresa per collettori. 27 **Halbkreis ~** (*Werkz.*), fresa a raggio, fresa a profilo semicircolare. 28 **Halbkreis ~ nach aussen gewölbt** (*Werkz.*), fresa a raggio convessa, fresa a profilo semicircolare convesso. 29 **Halbkreis ~ nach innen gewölbt** (*Werkz.*), fresa a raggio concava, fresa a profilo semicircolare concavo. 30 **hinterdrehter ~** (*Werkz.*), fresa a profilo costante, fresa a spoglia, fresa a denti spogliati. 31 **Hohl ~** (*Werkz.*), fresa a tazza, fresa a bicchiere. 32 **Kippstollen ~** (*Werkz.*), fresa a denti riportati orientabili. 33 **kreuzverzahnter ~** (*Werkz.*), fresa a denti incrociati, fresa a denti alterni. 34 **Langloch ~** (*Werkz.*), fresa a codolo per asole, fresa a gambo per finestre. 35 **Lücken ~** (Winkelfräser) (*Werkz.*), fresa ad angolo. 36 **Modul ~** (*Werkz.*), fresa a modulo, fresa modulare. 37 **Nuten ~** (*Werkz.*), fresa per scanalature. 38 **Oberflächen ~** (*Werkz.*), fresa per spianare, fresa a spianare. 39 **Prismen ~** (doppelseitiger Winkelfräser) (*Werkz.*), fresa ad angolo doppio simmetrico, fresa biconica simmetrica. 40 **Satz ~** (*Werkz.*), fresa multipla, fresa composita, gruppo di frese. 41 **Schaft ~** (*Werzk.*), fresa a gambo, fresa a codolo. 42 **Schaft ~ für T-Nuten** (*Werkz.*), fresa per scanalature a T. 43 **Schaft ~ mit Kegelschaft** (*Werkz.*), fresa a codolo conico. 44 **Schaft ~ mit Zylinderschaft** (*Werkz.*), fresa a codolo cilindrico. 45 **Scheiben ~** (*Werkz.*), fresa a disco. 46 **Scheiben ~ mit eingesetzten Messern** (*Werkz.*), fresa a disco a denti riportati, fresa a disco a lame riportate. 47 **Schlitz ~** (für Nuten) (*Werkz.*), fresa per scanalature, fresa per cave. 48 **Schlitz ~** (zum Trennen) (*Werkz.*), fresa per troncare. 49 **Schlitz ~ ~** (für Schraubenköpfe) (*Werkz.*), fresa per intagli (di viti). 50 **Schnecken ~** (*Werkz.*), fresa per viti senza fine. 51 **Schneckenradabwälz ~** (*Werkz.*), creatore per ruote a vite. 52 **Trapezgewinde ~** (*Werkz.*), fresa per filettature trapezie. 53 **Versenk ~** (Senker) (*Werkz.*), fresa per svasare. 54 **Viertelkreis ~** (*Werkz.*), fresa a quarto di cerchio. 55 **Vorschneid ~** (Schruppfräser) (*Werkz.*), fresa per sgrossare. 56 **Walzen ~** (*Werkz.*), fresa cilindrica, fresa a rullo. 57 **Walzenstirn ~** (*Werkz.*), fresa cilindrica frontale, fresa cilindrico-frontale. 58 **Wälz ~** (*Werkz.*), creatore, fresa a vite. 59 **Winkel ~** (*Werkz.*), fresa ad angolo. 60 **Winkelstirn ~** (*Werkz.*), fresa frontale ad angolo. 61 **Zahnstangen ~** (*Werkz.*), fresa per cremagliere.

Fräserei (Betrieb) (*f. - mech. Ind.*), reparto fresatura, reparto « frese », reparto fresatrici. 2 ~ (Arbeit, Fräsen) (*Werkz.masch.bearb.*), fresatura.

Fräsgang (*m. - Werkz.masch.bearb.*), operazione di fresatura.

Fräskopf (einer Fräsmaschine) (*m. - Werkz. masch.*), testa portafresa. 2 ~ (einer Wälzfräsmaschine) (*Werkz.masch.*), testa portacreatore.

Fräsmaschine (*f. - Werkz.masch.*), fresatrice, « fresa ». 2 ~ (Holzbearb.masch.), fresatrice per legno, taboretto. 3 ~ **und Bohrmaschine** (*Werkz.masch.*), fresatrice-alesatrice. 4 **Abwälz ~** (*Werkz.masch.*), fresatrice a creatore, fresatrice a generazione. 5 **Gesenk ~** (für Schmiedegesenke) (*Werkz.masch.*), fresatrice per stampi. 6 **Konsol ~** (*Werkz. masch.*), fresatrice a mensola. 7 **Kopier ~** (Nachformfräsmaschine) (*Werkz.masch.*), fresatrice a copiare, fresatrice a riproduzione. 8 **Kurven ~** (*Werkz.masch.*), fresatrice per camme. 9 **Lang ~** (für besonders lange Werkstücke) (*Werkz.masch.*), fresatrice per pezzi lunghi. 10 **Matrizen ~** (für Blechbearbeitung) (*Werkz.masch.*), fresatrice per stampi. 11 **Nachform ~** (Kopierfräsmaschine) (*Werkz.masch.*), fresatrice a copiare, fresatrice a riproduzione. 12 **Passnuten- ~** (*Werkz. masch.*), fresatrice per cave da linguette. 13 **Senkrecht ~** (*Werkz.masch.*), fresatrice verticale. 14 **Teil ~** (zum Gewindefräsen) (*Werkz. masch.*), fresatrice per filettature. 15 **Universal ~** (*Werkz.masch.*), fresatrice universale. 16 **Waagerecht ~** (*Werkz.masch.*), fresatrice orizzontale. 17 **Wälz ~** (*Werkz.masch.*), fresatrice a creatore, fresatrice a generazione. 18 **Zahnrad ~** (*Werkz.masch.*), dentatrice a fresa, fresatrice-dentatrice, fresatrice per ingranaggi. 19 **Zahnradabwälz ~** (*Werkz. masch.*), dentatrice a creatore.

Fräspinole (Frässpindelhülse) (*f. - Werkz. masch.*), cannotto del mandrino portafresa.

Frässchlitten (Frässpindelkopf, einer Fräsmaschine) (*m. - Werkz.masch.*), slitta portafresa, testa portafresa. 2 ~ (Frässpindelkopf, einer Abwälzfräsmaschine) (*Werkz. masch.*), slitta portacreatore, testa portacreatore.

Frässpindel (einer Fräsmaschine) (*f. - Werkz. masch.*), mandrino portafresa. 2 ~ (einer Abwälzfräsmaschine) (*Werkz.masch.*), mandrino portacreatore. 3 ~ **hülse** (*f. - Werkz. masch.*), siehe Fräspinole. 4 ~ **kopf** (*m. - Werkz.masch.*), testa portafresa. 5 ~ **ständer** (*m. - Werkz.masch.*), supporto del mandrino portafresa. 6 **schwenkbare** ~ (*Werkz.masch.*), mandrino portafresa orientabile.

Frässtichel (Einschneidefräser) (*m. - Werkz.*), fresa ad un tagliente.

Frässupport (*m. - Werkz.masch.*), siehe Frässchlitten.

Fräs- und Hobelmaschine (Portalfräsmaschine) (*f. - Werkz.masch.*), fresatrice a pialla.

Fräsvorrichtung (*f. - Vorr.*), attrezzo per fresare.

Fräsweg (*m. - Werkz.masch.bearb.*), corsa di fresatura.

Fräswerk (grosse waagerechte Fräsmaschine) (*n. - Werkz.masch.*), grossa fresatrice orizzontale.

Fräswerkzeug (*n. - Werkz.*), siehe Fräser.

Fraunhofersche Linien (*f. - pl. - Phys.*), linee di Fraunhofer.

FR-Ausführung (Feuchte-Räume-Ausführung) (*f. - Elekt.*), esecuzione per ambienti umidi, tipo per ambienti umidi.

Fregatte (altes Kriegsschiff mit drei Masten) (*f. - naut.*), fregata.

frei (ungebunden) (*allg.*), libero. 2 ~ (*Transp. - komm.*), franco. 3 ~ **arbeiten** (hinterdrehen) (*Mech.*), spogliare. 4 ~ **aufliegend** (Träger z. B.) (*Baukonstr.lehre*), liberamente appoggiato. 5 ~ **Bahnhof** (*Transp.*), franco stazione. 6 ~ **Baustelle** (frei Verwendungsstelle) (*Transp.*), franco a piè d'opera, franco cantiere. 7 ~ **bleibend** (Preis) (*komm.*), soggetto a variazioni. 8 ~ **bleibend** (Angebot) (*komm.*), senza impegno, non impegnativo. 9 ~ **e Gewerkschaften** (*f. - pl. - Arb.*), sindacati liberi. 10 ~ **er Arbeitsplatz** (*Arb.*), posto vacante. 11 ~ **er Beruf** (*Arb.*), libera professione. 12 ~ **er Kohlenstoff** (*Metall.*), carbonio libero, carbonio non combinato. 13 ~ **er Markt** (*komm.*), mercato libero. 14 ~ **er Spiegel** (*Hydr.*), pelo libero. 15 ~ **e Schwingung** (*Phys.*), oscillazione libera. 16 ~ **es Elektron** (*Atomphys.*), elettrone libero. 17 ~ **es Gelände** (Gelände ohne Bäume) (*Bauw.*), terreno nudo, terreno non alberato. 18 ~ **es Grundwasser** (ungespanntes Grundwasser) (*Geol.*), falda libera. 19 ~ **es Wellenende** (*Masch.*), estremità libera dell'albero. 20 ~ **fliegend** (*Bauw. - etc.*), a sbalzo. 21 ~ **geben** (freimachen) (*allg.*), liberare. 22 ~ **geben** (loslassen) (*Mech.*), far scattare, sganciare, sbloccare. 23 ~ **geben** (ein Probestück für eine Lieferung z. B.) (*Ind.*), omologare. 24 ~ **geben** (zur Serienfertigung z. B.) (*Ind.*), deliberare. 25 ~ **geben** (die Durchführung einer Änderung z. B.) (*allg.*), deliberare. 26 ~ **gegeben** (losgelassen) (*Elekt. - Mech.*), sbloccato, sganciato. 27 ~ **gegeben** (eine Probestück für eine Lieferung z. B.) (*Ind.*), omologato. 28 ~ **händig** (*Zeichn.*), a mano libera. 29 ~ **hängend** (*Mech.*), liberamente sospeso. 30 ~ **liegend** (Rohrleitung z. B.) (*Leit. - etc.*), scoperto, allo scoperto, non interrato. 31 ~ **schleifen** (*Mech.*), spogliare alla mola. 32 ~ **schneiden** (hinterdrehen) (*Mech.*), spogliare. 33 ~ **setzen** (*Chem.*), liberare. 34 ~ **stehend** (*Mech.*), autonomo. 35 ~ **tragend** (überhängend) (*Bauw. - etc.*), a sbalzo. 36 ~ **von** (Steuern z. B.) (*finanz.*), esente da. 37 ~ **werdend** (*Chem.*), nascente. 38 ~ **willig** (*allg.*), facoltativo. 39 **im Freien** (*allg.*), all'aperto, all'esterno, all'aria aperta.

Freianlage (Freiluftanlage) (*f. - Ind. - etc.*), installazione all'aperto.

Freiantenne (*f. - Funk.*), antenna esterna.

Freiarbeitung (Hinterdreharbeit) (*f. - Mech.*), lavorazione a spoglia, spogliatura.

Freiauslösung (zum Verhindern des wiederholten Einschalten von Schutzschaltern) (*f. - Elekt.*), sgancio libero.

Freibad (*n. - Bauw. - Sport*), piscina scoperta.

Freibewitterung (Freibewitterungsversuch) (*f. - Technol.*), prova agli agenti atmosferici naturali.

Freibezirk (*m. - komm.*), siehe Freilager.

Freibohrer (Reibahle) (*m. - Werkz.*), alesatore a mano.

Freibord (*n. - naut.*), bordo libero. 2 ~ (eines Dammes, Unterschied zwischen Krone und Höchstwasserspiegel) (*Wass.b.*), franco. 3 ~ **regeln** (*f. - pl. - naut.*), regole del bordo libero. 4 **Sommer** ~ (*naut.*), bordo libero estivo.

Freidrehverfahren (bei dem der Werkstoff von längs- und querarbeitenden Werkz. bearbeitet wird, ohne sich selbst in axialer Richtung zu verschieben) (*n. - Werkz.masch. bearb.*), tornitura automatica (senza avanzamento della barra).

Freien, im ~ (*allg.*), all'esterno, all'aria aperta, all'aperto.

Freiexemplar (eines Buches z. B.) (*n. - Druck.*), copia omaggio.

Freifahrt (eines Fischereifahrzeugs z. B.) (*f. - Fischerei - naut.*), navigazione libera, navigazione alla vela, navigazione senza strascico.

Freifahrturbine (*f. - Turb. - Flugw.*), siehe Freilaufturbine.

Freifall (*m. - Phys.*), caduta libera.

Freifläche (eines Drehstahles, die gegen die Schnittfläche gerichtete Fläche) (*f. - Werkz.*), fianco, superficie di spoglia. 2 **Haupt** ~ (eines Drehmeissels) (*Werkz.*), fianco principale. 3 **Neben** ~ (eines Drehmeissels) (*Werkz.*), fianco secondario.

Freiflugwindkanal (*m. - Flugw.*), galleria del vento per volo libero.

Freiformschmieden (*n. - Schmieden*), fucinatura libera.

Freigabe (Auslösung) (*f. - Elekt. - Mech.*), scatto, sgancio. 2 ~ (für die Herstellung z. B.) (*Ind.*), delibera. 3 ~ **für die Presse** (*komm. - etc.*), comunicato per la stampa. 4 ~ **signal** (*n. - Eisenb.*), segnale di via libera. 5 ~ **zur Serienfertigung** (*Ind.*), delibera alla produzione in serie.

Freigrenze (Radioaktivitätsgrenze) (*f. - Radioakt.*), limite di sicurezza.

Freihafen (*m. - naut. - komm.*), porto franco.

Freihandel (*n. - komm.*), libero scambio. 2 ~ **s-zone** (*f. - komm.*), zona di libero scambio.

Freihandlinie

Freihandlinie (Bruchlinie) (*f. - Zeichn.*), linea di rottura (a mano libera).
Freihandschliff (Schleifen bei dem nicht eingespannte Werkstücke von Hand geführt werden) (*m. - Mech.*), molatura (a mano).
Freihandzeichung (*f. - Zeichn.*), disegno a mano libera.
Freiheitsgrad (*m. - Baukonstr.lehre*), grado di libertà.
Freikolbenkompressor (*m. - Masch.*), compressore a pistoni liberi.
Freikolbenmotor (in dem die Kolben keine Bewegung übertragen) (*m. - Mot.*), motore a pistoni liberi.
Freikolben-Turboanlage (Freikolbenmotor) (*f. - Mot.*), motore a pistoni liberi.
Freiladestrasse (zum Umschlagen vor Gütern zwischen Eisenb. und Strasse) (*f. Eisenb.*), strada di trasbordo.
Freilager (freie Niederlage, Freibezirk) (*n. - komm.*), magazzino doganale, deposito franco.
Freilampe (*f. - Fernspr.*), lampadina di linea libera.
Freilänge (einer Brücke z. B.) (*f. - Bauw.*), luce.
Freilauf (einer Kraftübertragung) (*m. - Mech. - Farz.*), ruota libera, giunto unidirezionale. 2 ~ (Freilauffahrt) (*Aut. - etc.*), marcia in folle. 3 ~ (Freigerinne) (*Wass.b.*), canale di scarico. 4 ~ -Aussenring (*m. - Fahrz.*), anello esterno della ruota libera. 5 ~ **diode** (*f. - Elektronik*), diodo autooscillante, diodo ad oscillazione libera. 6 ~ **klemmrollenkäfig** (*m. - Fahrz.*), gabbia per i rulli della ruota libera. 7 ~ **knarre** (Schlüsselart, mit Vierkant z. B.) (*f. - Werkz.*), chiave a cricchetto, chiave ad arpionismo. 8 ~ **körper** (*m. - Mech. - Fahrz.*), corpo della ruota libera. 9 ~ **kupplung** (eines Fahrrades, z. B.) (*f. - Mech.*), (giunto a) ruota libera, giunto unidirezionale. 10 ~ **rotor** (eines Hubschraubers) (*m. - Flugw.*), rotore in autorotazione. 11 ~ **sperre** (*f. - Fahrz.*), blocco della ruota libera. 12 ~ **träger** (*m. - Mech. - Fahrz.*), mozzo della ruota libera. 13 ~ **turbine** (Freifahrturbine, eines Turbotriebwerkes, zum Antrieb des Propellers z. B.) (*f. - Turb. - Flugw.*), turbina libera. 14 **Klemmrollen** ~ (*Mech. - Fahrz.*), ruota libera a rulli. 15 **Kugel** ~ (*Mech. Fahrz.*), ruota libera a sfere. 16 **Rollen** ~ (*Mech. Fahrz.*), ruota libera a rulli.
Freileitung (oberirdische Drahtleitung) (*f. - Elekt.*), linea aerea. 2 ~ s·**draht** (*m. - Elekt.*), filo aereo. 3 ~ s·**isolator** (*m. - Elekt.*), isolatore esterno.
Freilichtaufnahme (Aussenaufnahme) (*f. - Filmtech.*), ripresa esterna, « esterno ».
Freilichtfernsehkamera (*f. - Fernseh.*), telecamera per riprese esterne.
freiliegend (Rohrleitung) (*Leit.*), scoperto, allo scoperto, non interrato.
Freiluftausführung (*f. - Masch. - etc.*), esecuzione per impiego all'aperto, esecuzione a giorno.
Freiluftschalter (*m. - Elekt.*), interruttore a giorno, interruttore per esterni.
Freiluftunterstation (*f. - Elekt.*), sottostazione all'aperto.
Freimeldung (*f. - Fernspr.*), segnalazione di libero.

Freischleifen (*m. - Werkz.masch.bearb.*), rettifica della spoglia, rettifica dell'angolo di spoglia.
Freischneiden (Hinterdrehen) (*n. - Mech.*), spogliatura, esecuzione della spoglia.
Freischnitt (*m. - Blechbearb.werkz.*), punzone senza guida, punzone libero, stampo di tranciatura senza ponte. 2 ~ (*Werkz.masch.bearb.*), sottosquadro, scarico.
Freischwinger (elettromagnetischer Lautspecher) (*m. - Elektroakus. - Ger.*), altoparlante elettromagnetico, altoparlante magnetico a membrana libera.
Freispiegelstollen (*m. - Wass.b.*), condotta in roccia a pelo libero, galleria a pelo libero.
Freisteinsprengen (*n. - Bergbau*), siehe Knäpperschiessen.
Freistempler (Frankiermaschine) (*m. - Masch.*) affrancatrice (postale).
Freistich (Unterschnitt) (*m. - Mech.*), scarico, sottosquadro.
Freistil (beim Schwimmen) (*m. - Sport*), stile libero.
Freistrahl (Flüssigkeits- oder Gasstrahl) (*m. - Hydr. - etc.*), getto libero.
Freistrahlturbine (Wasserturbine, Peltonturbine) (*f. - Turb.*), turbina Pelton.
Freistrahlwindkanal (*m. - Flugw.*), galleria del vento a vena aperta (o libera).
Freiton (*m. - Fernspr.*), segnale di libero.
freitragend (Balken z. B.) (*Bauw. - etc.*), a sbalzo, cantilever.
Freiträger (*m. - Bauw.*), trave a sbalzo.
Freitreppe (Aussentreppe) (*f. - Bauw.*), scala esterna.
Freiumschlag (*m. - Post*), busta affrancata.
Freiwache (*f. - naut.*), gaettone.
Freiwahl (automatisches Suchen der freien Linie) (*f. - Fernspr.*), ricerca libera, ricerca della linea libera. 2 ~ **zeit** (*f. - Fernspr.*) tempo di ricerca della linea libera.
Freiwasser (ungenutzter, abfliessender Teil des Wassers, an Wasserkraftanlagen) (*n. - Wass.b.*), acqua libera, acqua non motrice, acqua di sfioro.
Freiwerden (von Elektronen) (*n. - Elektronik*), liberazione.
Freiwerdezeit (eines Thyristors) (*f. - Elektronik*), tempo di sblocco, tempo per portarsi in conduzione.
Freiwinkel (*m. - Werkz.*), angolo di spoglia inferiore. 2 **wirksamer** ~ (eines Spiralbohrers) (*Werkz.*), angolo di spoglia inferiore.
Freizeichen (*n. - Fernspr.*), segnale di libero.
Freizeit (*f. - Arb.*), tempo libero.
fremd (*Chem.*), estraneo. 2 ~ **belüftet** (*elekt. Masch. - etc.*), a ventilazione separata. 3 ~ **erregt** (*Elekt.*), ad eccitazione separata. 4 ~ **gefertigt** (Teil) (*Ind.*), costruito all'esterno. 5 ~ **gesteuert** (fremderregt) (*Elekt.*), ad eccitazione separata, ad eccitazione indipendente. 6 ~ **gesteuert** (*Elektronik*), a controllo indipendente.
Fremdatom (bei Halbleitern) (*n. - Elektronik*), atomo estraneo, impurità.
Fremdbearbeitung (nicht in eigenem Betrieb ausgeführte Bearbeitung) (*f. - Ind.*), lavorazione all'esterno.

Fremdbelüftung (*f. - Elekt. - etc.*), ventilazione (forzata) separata.
Fremdenverkehrsamt (*n. - Pers. - Ferien*), azienda di soggiorno, ufficio turistico.
Fremderregung (*f. - Elekt.*), eccitazione separata, eccitazione indipendente.
Fremdfeld (getrenntes Feld) (*n. - Elekt.*), campo separato. 2 ~ (störendes Feld) (*Elekt.*), campo parassita.
Fremdfluss (magnetischer Induktionsfluss) (*m. - Elekt.*), flusso estraneo.
Fremdgeräusche (*n. - pl. - Funk.*), rumore indotto, disturbi.
Fremdheitquantenzahl (*f. - Phys.*), siehe Strangeness.
Fremdkapital (ausländisches Kapital) (*n. - finanz.*), capitale estero. 2 ~ (geborgtes Kapital, Obligationen, Hypotheken, etc., eines Unternehmens) (*finanz.*), debiti di finanziamento.
Fremdkörper (Fremdstoff) (*m. - Chem. - etc.*), corpo estraneo, impurità.
Fremdkühlung (Fremdlüftung) (*f. - elekt. Masch.*), raffreddamento separato, ventilazione separata.
Fremdleuchter (*m. - Beleucht.*), sorgente secondaria.
Fremdlüftung (*f. - elekt. Masch.*), ventilazione separata.
Fremdschicht (eines Isolators) (*f. - Elekt.*), strato estraneo.
Fremdspannung (*f. - Elekt.*), tensione parassita, tensione indotta, tensione esterna.
Fremdspeisung (*f. - Elekt.*), alimentazione esterna.
Fremdstrom (angekaufter Strom) (*m. - Elekt.*), energia elettrica acquistata da terzi. 2 ~ (vagabundierender Strom) (*Elekt.*), corrente vagante. 3 ~ **einwirkung** (elektrolytische Korrosion) (*f. - Metall.*), corrosione elettrolitica, corrosione di contatto, corrosione galvanica.
Fremdumsatz (*m. - komm.*), forniture a terzi.
Freon (*n. - Chem. - Kältemasch.*), Freon. 2 ~ 12 (CCl_2F_2) (Frigen) (*Chem. - Kältemasch.*), Freon 12, frigene, diclorodifluorometano.
Frequenta (Steatit, Isolierungs material) (*m. - Elekt.*), frequenta.
Frequenz (*f. - Elekt. - etc.*), frequenza. 2 ~ **abhängigkeit** (Frequenzfehler, einer Photozelle z. B.) (*f. - Elektronik*), selettività, variabilità con la frequenza. 3 ~ **abstand** (*m. - Funk.*), intervallo di frequenza. 4 ~ **analysator** (*m. - Akus.*), analizzatore di armoniche. 5 ~ **angleicher** (*m. - Funk.*), regolatore di sintonia. 6 ~ **anzeiger** (Frequenzmesser) (*m. - Instr.*), frequenzimetro. 7 ~ **band** (*n. - Elekt. - etc.*), banda di frequenze. 8 ~ **bereich** (*m. - Elekt. - etc.*), gamma di frequenze. 9 ~ **diskriminator** (*m. - Elekt.*), discriminatore di frequenza. 10 ~ **drift** (Frequenzgleiten) (*n. - Elekt.*), deriva di frequenza. 11 ~ **gang** (Abhängigkeit einer phys. Kenngrösse von der Frequenz) (*m. - Phys. - etc.*), risposta armonica, risposta frequenziale, risposta oscillatoria. 12 ~ **gangkennlinie** (*f. - Regelung*), caratteristica di risposta armonica, curva di risposta oscillatoria. 13 ~ **gleiten** (eines Magnetrons, Frequenzwechsel mit Anodenstrom z. B.) (*n. - Elektronik*), deriva di frequenza. 14 ~ **hub** (Differenz zwischen den Grösst- und Kleinstwerten der Augenblicksfrequenz, bei der Frequenzmodulation) (*m. - Funk.*), scarto di frequenza (istantanea). 15 ~ **kanal** (*m. - Funk. - etc.*), canale di frequenze. 16 ~ **konstanthaltung** (*f. - Elekt.*), stabilizzazione della frequenza. 17 ~ **konstanz** (*f. - Elekt.*), stabilità della frequenza. 18 ~ **messer** (*m. - Instr.*), frequenzimetro. 19 ~ **modler** (*m. - Funk.*), modulatore di frequenza. 20 ~ **modulation** (FM) (*f. - Funk.*), modulazione di frequenza, MF. 21 ~ **multiplex** (Übertragungssystem) (*n. - Funk. - etc.*), multiplex di frequenza. 22 ~ **nachlauf** (Frequenzregler) (*m. - App.*), regolatore automatico di frequenza. 23 ~ **-Normal** (*n. - Elekt.*), campione di frequenza, frequenza campione. 24 ~ **regelung** (Frequenzstabilisierung) (*f. - Elekt.*), stabilizzazione della frequenza. 25 ~ **schwankung** (*f. - Elekt.*), fluttuazione della frequenza. 26 ~ **sieb** (*n. - Funk.*), filtro d'onda. 27 ~ **spektrum** (*n. - Phys.*), spettro della frequenza. 28 ~ **sprung** (Frequenzspringen) (*m. - Elekt.*), salto di frequenza. 29 ~ **stabilität** (*f. - Elekt.*), stabilità della frequenza. 30 ~ **steigerungsstransformator** (*m. - App.*), moltiplicatore di frequenza. 31 ~ **teilung** (*f. - Elekt.*), divisione di frequenza. 32 ~ **umsetzer** (Ger. das ein Signal von einer niedrigen Frequenzlage in eine höhere oder umgekehrt verlagert) (*m. - Funk.*), traspositore di frequenza. 33 ~ **verkämmung** (*f. - Fernseh.*), interallacciamento di frequenze. 34 ~ **vervielfacher** (*m. - Funk. - etc.*), moltiplicatore di frequenza. 35 ~ **verwerfung** (langsame Frequenzänderung) (*f. - Funk. - etc.*), deriva di frequenza, deviazione di frequenza. 36 ~ **von 50 Hz** (*Elekt.*), frequenza di 50 Hz, frequenza di 50 periodi. 37 ~ **waage** (Ger. zur Überwachung der Drehzahl von Wellen z. B.) (*f. - Ger.*), teleruttore tachimetrico. 38 ~ **wandler** (*m. - App.*), convertitore di frequenza. 39 ~ **weiche** (*f. - Elekt.*), separatore di frequenze. 40 ~ **wobblung** (periodische Veränderung einer Oszillatorfrequenz) (*f. - Funk. - etc.*), vobulazione, variazione periodica della frequenza, pendolazione della frequenza. 41 ~ **ziehen** (Frequenzwechsel in einem Oszillator) (*n. - Funk.*), trascinamento della frequenza, variazione di frequenza. 42 Hoch ~ (HF) (*Phys.*), alta frequenza. 43 Höchst ~ (HHF) (*Phys.*), altissima frequenza. 44 Kenn ~ (niedrigste Eigenschwingung) (*Phys.*), frequenza fondamentale. 45 Mittel ~ (MF) (*Phys.*), media frequenza. 46 Nenn ~ (*Elekt. - etc.*), frequenza nominale. 47 Nieder ~ (NF) (*Phys.*), bassa frequenza. 48 technische ~ (50 oder 60 Hz) (*Elekt.*), frequenza industriale. 49 Ton ~ (*Phys. - Elektroakus.*), frequenza musicale, frequenza acustica. 50 Träger ~ (*Funk.*), frequenza portante, frequenza vettrice. 51 Video ~ (*Fernseh.*), videofrequenza, frequenza video. 52 Zungen ~ **messer** (*m. - Instr.*), frequenzimetro a lamelle.
frequenzanalog (*elett.*), ad analogia di frequenza.

frequenzgesteuert (*elekt. Mot.*), a comando di frequenza.
frequenzmoduliert (*Funk.*), a modulazione di frequenza, modulato in frequenza.
Fresko (Freske, Freskomalerei) (*n. - Anstr.*), fresco, pittura a fresco.
Fresnelsche Linse (*Opt.*), lente di Fresnel.
Fressen (eines Kolbens z. B.) (*n. - Mot. - Mech.*), grippaggio, grippatura. 2 ~ (eines Lagers) (*Mech.*), grippaggio, grippatura. 3 ~ (Korrosion) (*Chem.*), corrosione. 4 ~ mit Bildung schwacher Schweissrissen (*Mech.*), pregrippaggio.
fressen (eines Kolbens z. B.) (*Mech. - Mot.*), grippare. 2 ~ (ätzen) (*Chem. - Metall.*), attaccare. 3 ~ (korrodieren) (*Chem.*), corrodere. 4 das Lager ~ (*Mech.*), grippare il cuscinetto.
Fresser (*m. - Mech.*), segno di grippatura.
Fresslastgrenze (von Schmierstoffen z. B.) (*f. - Mot. - Mech.*), carico limite di grippaggio.
Fress·sichercheit (eines Kolbens z. B.) (*f. - Mot. - Mech.*), sicurezza contro il·grippaggio.
Fress·spuren (*f. - pl. - Mech.*), segni di grippaggio.
Fress·stelle (eines Kolbens) (*f. - Mot.*), zona rigata, zona grippata.
Fresstragfähigkeit (*f. - Mech.*), resistenza al grippaggio.
« **Frettierung** » (*f. - Mech.*), forzamento.
« **Fretting** » (*Mech.*), siehe Schwingreibverschleiss und Passungsverschleiss. 2 « ~ corrosion » (*Mech.*), siehe Reibkorrosion und Reiboxydation.
Frettsäge (*f. - Werkz.*), sega da traforo.
Fretz-Moon-Anlage (zur kontinuierlichen Herstellung geschweisster Rohre) (*f. - Metall.*) impianto Fretz-Moon.
Fretz-Moon-Rohr (*n. - metall. Ind.*), tubo Fretz-Moon.
freundlich (*allg.*), cortese, gentile. 2 ~ (günstig) (*finanz. - etc.*), favorevole. 3 **umgebungs** ~ (*Ökologie*), non inquinante. 4 **wartungs** ~ (*Masch. - etc.*), richiedente poca manutenzione.
friedlich (*allg.*), pacifico. 2 ~ **e Kernenergienutzung** (*Atomphys. - Ind.*), utilizzazione pacifica dell'energia atomica.
Friemeln (Walzrichten, Richten und Glätten von runden Staben zwischen Stahlwalzen) (*n. - Walzw.*), raddrizzatura a rulli, raddrizzamento a rulli.
frieren (*Phys.*), gelare, congelare.
Frierpunkt (*m. - Phys.*), punto di congelamento.
Fries (*m. - Arch.*), fregio. 2 ~ (Parkettbrett) (*Bauw.*), palchetto, parchetto.
Frigen (Kältemittel) (*n. - Chem. - Kältemasch.*), frigene.
frigorie (fr, kalorische Einheit, 1 fr = 1 kcal) (*f. - Einh.*), frigoria.
Frigorigraph (zur Registrierung der Abkühlungsgrösse) (*m. - Ger.*), frigorigrafo.
Frigorimeter (Abkühlmessgerät, für Behaglichkeitsmessungen z. B.) (*m. - Ger.*), frigorimetro.
Friktion (Reibung) (*f. - Phys.*), attrito. 2 ~ **s·kalander** (für Papier) (*m. - Masch.*), calandra a frizione. 3 ~ **s·kupplung** (Reibungskupplung) (*f. - Mech.*), innesto a frizione. 4 ~ **s·presse** (*f. - Masch.*), pressa a frizione. 5 ~ **s·rad** (*n. - Mech.*), ruota di frizione. 6 ~ **s·sägemaschine** (Reibsägemaschine) (*f. - Masch.*), segatrice ad attrito. 7 ~ **s·schmiedehammer** (*m. - Masch.*), maglio a frizione. 8 ~ **s·werkstoff** (Reibwerkstoff, für Bremse, etc., gesinterter Stoff) (*m. - Technol.*), materiale d'attrito (sinterizzato).
frisch (*allg.*), fresco. 2 ~ (*Holz*), verde. 3 ~ **gestrichen!** (Warnung) (*Anstr.*), vernice fresca!
Frischarbeit (Frischen) (*f. - Metall.*), affinazione.
Frischbeton (unabgebundener Beton) (*m. - Bauw.*), calcestruzzo fresco, calcestruzzo appena gettato.
Frischblei (*n. - Metall.*), piombo affinato.
Frischdampf (*m. - Kessel*), vapore vivo.
Frischen (*n. - Giess. - Metall.*), affinazione.
frischen (*Metall.*), affinare.
Frischfeuer (*n. - Ofen*), forno di affinazione.
Frischgewicht (des Bodens, einschliesslich seines Wassergehalts) (*n. - Bauw.*), peso apparente.
Frischladung (in den Zylindern eines Verbr. mot.) (*f. - Mot.*), carica fresca.
Frischluft (für Lüftung z. B.) (*f. - Ind.*), aria pura, aria esterna. 2 ~ **heizung** (*f. - Aut.*), riscaldamento dell'aria (di ventilazione).
Frischofen (*m. - Ofen*), forno di affinazione.
Frischöl-Automatik (Ölpumpe zur Vermischung von Öl mit Kraftstoff bei Zweitaktmotoren) (*f. - Mot.*), miscelatore automatico.
Frischöl-Schmierung (mit getrenntem Ölbehälter und Pumpe, für Zweitaktmotoren) (*f. - Mot.*), lubrificazione separata.
Frischperiode (Feinperiode) (*f. - Metall.*), periodo di affinazione.
Frischraumgewicht (des Bodens, Frischgewicht geteilt durch den Bodenraum) (*n. - Bauw.*), massa specifica apparente.
Frischschlacke (*f. - Metall.*), scoria ossidante.
Frischstahl (*m. - Metall.*), acciaio affinato.
Frischvogel (Schlackenansatz) (*m. - Metall. - Ofen*), deposito di scoria.
Frischwasser (Süsswasser) (*n. - Mot. - etc.*), acqua dolce. 2 ~ **kühlung** (*f. - Mot. - naut.*), raffreddamento ad acqua dolce.
Frischwerk (*n. - Metall.*), impianto di affinazione.
Frischwetter (*n. - Bergbau*), aria pura. 2 ~ **stollen** (*m. - Bergbau*), galleria d'immissione dell'aria.
frisieren (einen Motor modifizieren, zur Erzeugung besserer Leistungen) (*Mot.*), truccare.
frisiert (Motor) (*Mot.*), truccato.
Frist (*f. - komm.*), termine, (termine di) scadenza. 2 ~ **gewährung** (*f. - komm.*), concessione di proroga (del termine). 3 **Galgen** ~ (*allg.*), termine ultimo, termine indifferibile, termine perentorio. 4 **innerhalb der** ~ (*komm.*), entro il termine. 5 **Liefer** ~ (*komm.*), termine di consegna.
fristgerecht (fristgemäss) (*komm.*), entro il termine, puntualmente.
fristlos (*allg.*), non a termine. 2 ~ **e Entlassung** (*Pers.*), licenziamento in tronco.

Fritte (Glasmasse) (*f. - Glasind.*), fritta.
Fritten (Sintern) (*n. - Metall.*), sinterizzazione.
fritten (*Glasind.*), agglomerare.
Fritter (Kohärer) (*m. - Funk.*), rivelatore, coesore, « coherer ».
Frittstrom (zur Herabsetzung des Kontaktwiderstands eines Wählers) (*m. - Fernspr.*), corrente di bagnatura.
Frittung (Herabsetzung des Kontaktwiderstands eines Wählers) (*f. - Fernspr.*), bagnatura.
Front (Vorderansicht, eines Hauses) (*f. - Bauw.*), facciata. 2 ~ (Grenzfläche zwischen warmen und kalten Luftmassen) (*Meteor.*), fronte. 3 ~ **antrieb** (*m. - Aut.*), trazione anteriore. 4 ~ **gabelstapler** (*m. - ind. Transp.*), carrello a forche frontali. 5 ~ **ladeschaufel** (Frontschaufellader) (*f. - Erdbew.masch.*) pala caricatrice frontale, palatrice frontale. 6 ~ **lenker** (Lastwagen) (*m. - Fahrz.*), autocarro a cabina avanzata. 7 ~ **lenkerkabine** (*f. - Fahrz.*), cabina avanzata. 8 Kalt ~ (*Meteor.*), fronte freddo. 9 Warm ~ (*Meteor.*), fronte caldo.
Frontalaufprall (Frontalzusammenstoss) (*m. - Aut. - etc.*), urto frontale, collisione frontale.
Frontalzusammenstoss (Frontalaufprall) (*m. - Aut. - etc.*), urto frontale, collisione frontale.
Frontispiz (vorspringender Teil eines Gebäudes) (*n. - Arch.*), facciata principale. 2 ~ (*Druck.*), frontispizio.
Frontogenese (*f. - Meteor.*), frontogenesi.
Frontolysis (*f. - Meteor.*), frontolisi.
Frosch (hervorragender Teil) (*m. - allg.*), sporgenza, parte sporgente. 2 ~ (Grundplatte, Einspannplatte, einer Presse) (*m. - Blechbearb.werkz.*), piastra portastampi. 3 ~ (Nocken) (*Mech.*), eccentrico, camma. 4 ~ (Explosionsstampfer) (*Strass.b. - App.*), costipatore a scoppio. 5 ~ (Schützentreiber) (*Textilmasch.*), lancianavetta. 6 ~ (eines Winkelhakens) (*Druck. - Ger.*), tallone. 7 ~ **klemme** (Werkz. zum Spannen von Draht) (*f. - Werkz.*), tenaglia a rana, pinza tirafilo. 8 ~ **leiste** (zum Klemmen einer Schnittplatte) (*f. - Blechbearb.*), lardone (fermastampo). 9 ~ **platte** (einer Presse) (*f. - mech. Technol.*), piastra portastampi. 10 ~ **ring** (zum Klemmen einer Schnittplatte) (*m. - Blechbearb.*), anello di serraggio (dello stampo).
Frost (*m. - Phys.*), gelo. 2 ~ **beständigkeit** (von Naturstein) (*f. - Bauw.*), resistenza al gelo. 3 ~ **lack** (*m. - Anstr.*), vernice cristallizzata. 4 ~ **riss** (*m. - Bauw. - etc.*), incrinatura da gelo. 5 ~ **schutz** (Schicht aus gebrochenem Gestein, z. B. zur Verhinderung von Frostschäden) (*m. - Strass.*), strato antigelo. 6 ~ **schutzmittel** (*n. - Aut.*), anticongelante, antigelo. 7 ~ **schutzscheibe** (*f. - Aut.*), visiera termica. 8 ~ **schutzschicht** (*f. - Strass.b.*), strato antigelo.
frostrissig (*allg.*), incrinato da gelo.
Frotteur (Nadelwalzen-Nitschelstrecke) (*m. - Textilind.*), frottatoio.
Frottieren (*n. - Textilind.*), siehe Würgeln.
frottieren (abreiben, Kabel z. B.) (*Mech. - etc.*), consumare (per sfregamento).

Frottierzeug (Würgelapparat, Nitschelwerk) (*n. - Textil.masch.*), frottatoio.
Froudescher Zaum (Froudesche Bremse) (*Mot.*), freno dinamometrico Froude.
Froude-Zahl (Fr, Verhältnis der Trägheitskraft zur Schwerkraft) (*f. - Phys.*), numero di Froude.
Frucht (*f. - allg.*), frutto. 2 ~ **wasser** (bei Konservenherstellung) (*n. - Ind.*), acqua di governo. 3 ~ **wechsel** (*m. - Landw.*), rotazione agraria.
fruchtbar (brütbar) (*Atomphys.*), fertile.
Frühlingsäquinoktium (Frühlingspunkt, Widderpunkt, am 21. März) (*n. - Arb.*), equinozio di primavera.
Frühlingspunkt (Widderpunkt, am 21. März, Frühlingsäquinoktium) (*m. - Astr.*) equinozio di primavera.
Frühschicht (*f. - Arb.*), primo turno.
frühzünden (*Mot.*), preaccendersi.
Frühzündung (Verstellung) (*f. - Mot.*), anticipo all'accensione. 2 ~ (Selbstzündung) (*Mot.*), preaccensione. 3 ~ **s·hebel** (*m. - Mot.*), leva dell'anticipo di accensione.
FS (Flugsicherung) (*Flugw.*), controllo del traffico aereo. 2 ~ (Fernschreiber) (*Funk.*), telescrivente. 3 ~ (Fernschreiben) (*Funk.*), telex, telescritto. 4 ~ (Fernsehen) (*Fernseh.*), TV, televisione.
FS-Band (*n. - Fernseh.*), banda video.
F-Schicht (Ionosphäre) (*f. - Geophys.*), strato F.
FSF (Fachnormenausschuss Schienenfahrzeuge) (*Normung*), Comitato Tecnico Norme Veicoli su Rotaia.
Fspr (Fernsprecher) (*Fernspr.*), telefono, apparecchio telefonico.
FStrG (Bundesfernstrassengesetz) (*Strass. Verk.*), legge sulle strade di grande comunicazione.
F-Stück (Einflanschstück) (*n. - Leit.*), raccordo monoflangia.
F.T. (Funkentelegraphie) (*Funk.*), radiotelegrafia.
FU (Frequenzumsetzer) (*Funk.*), traspositore di frequenza. 2 ~ (Fehlerspannung) (*Elekt.*), tensione di guasto.
Fu (Funk) (*Funk.*), radio.
Fuchs (Kanal, der die Feuerung eines Kessels mit dem Schornstein verbindet) (*m. - Bauw. - Kessel - Ofen*), condotto del fumo (tra focolare e fumaiolo). 2 ~ **gas** (*n. - Verbr.*), gas della combustione, prodotti gassosi della combustione, fumi. 3 ~ **kanal** (*m. - Bauw. - Kessel - Ofen*), siehe Fuchs. 4 ~ **schwanz** (Einhandstoss·säge) (*m. - Werkz.*), saracco, segaccio. 5 ~ **schwanzsägemaschine** (Baumstammquersäge, Abspranzsäge, Klotzstutzsäge, Kopfsäge) (*f. - Masch.*), segatrice alternativa a lama libera.
Fuchsin (künstlicher Farbstoff) (*n. - Chem.*), fucsina, fuxina, fuchsina.
Fu D (Funkdienst) (*Funk.*), servizio radio.
Fugazität (Flüchtigkeit, von Gasen) (*f. - Phys. - Chem.*), fugacità.
Fuge (*f. - Tischl.*), giunto, giunzione, unione. 2 ~ (*Maur.*), giunto. 3 ~ (Wärmedehnungsfuge einer Autobahn, z. B.) (*Strass.b. - etc.*), giunto (di dilatazione). 4 ~ **n·füller** (Mörtel) (*m. - Bauw.*), malta per giunti. 5 ~ **n·hobel** (*m.*

Fügeband

- *Werkz.*), pialletto per scanalare. 6 ~ n·hobeln (Gashobelverfahren) (*n. - mech. Technol.*), sgorbiatura al cannello. 7 ~ n·messer (eines Fugenschneiders) (*n. - Strass.b.masch.*), lama (della macchina) per giunti. 8 ~ n·schneider (Fugenschneidgerät) (*m. - Strass.b. masch.*), macchina per (il taglio di) giunti. 9 Ausdehnung ~ (Raumfuge) (*Bauw.*), giunto di dilatazione. 10 bündige ~ (*Tischl. - etc.*), giunto a paro. 11 Löt ~ (*mech. Technol.*), giunto brasato (a dolce, od a forte). 12 Stoss ~ (*mech. Technol.*), giunto di testa. 13 Teil ~ (eines Gesenkes) (*Werkz.*), piano di separazione.

Fügeband (Förderer) (*n. - Ind.*), nastro per assemblaggio, nastro trasportatore per particolari da assemblare.

Fügemaschine (zum automatischen Zusammenbau) (*f. - Masch.*), macchina per assemblaggio.

fugen (*Maur.*), eseguire un giunto. 2 ~ (Holz) (*Tischl. - Zimm.*), unire.

fügen (Werkstücke oder Werkstoffe durch Schrauben, Schweissen, etc. verbinden) (*Mech.*), collegare, unire, accoppiare. 2 ~ (zusammenbauen) (*mech. Technol.*), assemblare, montare.

fugenlos (*allg.*), senza giunzioni, senza giunti. 2 ~ (monolitisch, Ofenfutter z. B.) (*Metall. - etc.*), monolitico, senza giunzioni.

Fügeteil (*m. - Mech.*), particolare (da assemblare).

fühlbar (*allg.*), sensibile. 2 ~ e Wärme (*Wärme*), calore sensibile.

Fühler (Fühlerlehre, zum Messen von Dicken) (*m. - Mech. - Werkz.*), spessimetro, sonda. 2 ~ (Fühlstift, in Nachform-Vorrichtungen) (*Werkz.masch.*), tastatore, palpatore, stilo. 3 ~ (Fühlglied, einer Fühlhebeluhr z. B.) (*Instr. - etc.*), astina, stilo, tastatore. 4 ~ (Sensor, Wärmefühler z. B.) (*Ger.*), sensore, elemento sensibile, sonda. 5 ~ lehre (Dickentenschablone, Spion) (*f. - Instr.*), spessimetro, sonda. 6 Temperatur ~ (Wärmefühler) (*Ger.*), elemento termosensibile, sonda termica, sensore termico. 7 Wärme ~ (Temperaturfühler) (*Ger.*), sonda termica, elemento termosensibile, sensore termico.

fühlergesteuert (Kopiereinrichtung) (*Werkz. masch.*), comandato da sensore.

Fühlfinger (Fühler, einer Kopiermaschine) (*m. - Werkz.masch.*), tastatore, stilo, palpatore.

Fühlgerät (*n. - Instr.*), rivelatore.

Fühlglied (*n. - Instr. - etc.*), elemento sensibile, rivelatore, tastatore.

Fühlhebel (einer Fühlhebeluhr) (*m. - Instr.*), levetta amplificatrice. 2 ~ instrument (Fühlhebeluhr) (*n. - Instr.*), comparatore, minimetro, « orologio ».

Fühlstift (Fühlfinger, einer Kopiermaschine z. B.) (*m. - Werkz.masch.*), tastatore, palpatore, stilo.

Fühluhr (Messuhr, Fühlhebelinstrument) (*f. - Instr.*), comparatore, minimetro, « orologio ».

Fühlung (Kontakt) (*f. - allg.*), contatto.

führen (*allg.*), guidare, condurre. 2 ~ (ein Fahrzeug) (*Aut.*), guidare. 3 ~ (*Elekt.*), condurre. 4 ~ (einen Ofen) (*Metall.*), condurre, far funzionare. 5 ~ (Geschäfte) (*Ind. - komm.*), condurre. 6 ~ (eine Linie, ziehen) (*Zeichn. - etc.*), tracciare, tirare. 7 den Vorsitz ~ (*Adm. - etc.*), presiedere. 8 die Bücher ~ (Buchhandlung), tenere i libri. 9 einen Artikel ~ (*komm.*), tenere un articolo (a magazzino).

führend (*allg.*), primario, principale. 2 ~ (beim Rennen z. B.) (*Sport*), al comando, in testa. 3 ~ (Null z. B.) (*Math.*), che precede.

Führer (*m. - Aut.*), autista, conducente, guidatore. 2 ~ (*Eisenb.*), macchinista. 3 ~ (Lineal) (*Zeichn. - Instr.*), riga. 4 ~ (*Pers. - Arb. - Organ.*), capo. 5 ~ (Flieger) (*Flugw.*), pilota. 6 ~ (Handbuch) (*allg.*), guida. 7 ~ ausbildung (*f. - Pers.*), formazione dei capi. 8 ~ bremsventil (*n. - Eisenb.*), rubinetto del macchinista, rubinetto di comando del freno. 9 ~ eigenschaft (*f. - Pers.*), attitudine al comando. 10 ~ gondel (eines Luftschiffes) (*f. - Flugw.*), navicella di comando. 11 ~ haus (einer Lokomotive) (*n. - Eisenb.*), cabina (del macchinista). 12 ~ raum (*m. - Flugw. - etc.*), cabina pilota, abitacolo pilota. 13 ~ schein (*m. - Aut.*), patente di guida. 14 ~ sitzhaube (*f. - Flugw.*), tettuccio (dell'abitacolo di pilotaggio). 15 ~ stand (*m. - elekt. Eisenb.*), cabina del macchinista. 16 ~ standsignal (*n. - Eisenb.*), segnale in cabina. 17 ~ überdachung (*f. - Flugw.*), tettuccio (dell'abitacolo pilota). 18 Geschäfts ~ (gesetzlicher Vertreter einer GmbH) (*finanz.*), amministratore delegato. 19 Geschäfts ~ (ein fremdes Geschäft besorgende Person) (*Ind. - etc.*), gestore. 20 Geschäfts ~ (Leiter) (*Ind.*), direttore. 21 Gewerkschafts ~ (*Pers.*), dirigente sindacale. 22 Gruppen ~ (*Arb. - Pers.*), capogruppo. 23 Kolonnen ~ (*Arb. - Pers.*), capolinea. 24 Werk ~ (*Pers.*), capoofficina. 25 Wirtschafts ~ (*Ind.*), capitano d'industria. 26 zweiter ~ (*Flugw.*), secondo pilota.

Fuhrgewerbe (*n. - Transp.*), ditta di trasporti, trasportatore.

Führung (*f. - Mech. - Mot.*), guida. 2 ~ (eines Automobils) (*Aut.*), guida. 3 ~ (von Arbeitern z. B.) (*Pers.*), direzione. 4 ~ (einer Firma) (*Ind.*), direzione. 5 ~ (des Flugzeuges) (*Flugw.*), pilotaggio. 6 ~ der Bücher (Buchführung) (*Buchhaltung*), tenuta dei libri. 7 ~ s·bahn (*f. - Werkz.masch.*), guida. 8 ~ s·band (Führungsring, eines Geschosses) (*n. - Expl.*), cintura di forzamento, corona di forzamento, anello di forzamento. 9 ~ s·block (für Riemen) (*m. - Mech.*), guidacinghia, galoppino. 10 ~ s·bolzen (der Aufnahme für Schmiedewerkzeuge z. B.) (*m. - Schmieden*), colonna, spina. 11 ~ s·buchse (*f. - Mech.*), bussola di guida. 12 ~ s·fähigkeit (*f. - Ind. - etc.*), attitudine al comando. 13 ~ s·feld (*n. - Phys.*), campo (magnetico) di guida. 14 ~ s·gesenk (*n. - Schmieden*), stampo con guide. 15 ~ s·grösse (Sollwert der Regelgrösse, unabhängige Grösse der die Regelgrösse angepasst werden soll trotz der Einwirkung von Störgrössen) (*Regelung*), valore desiderato (della grandezza regolata), grandezza di comando, grandezza pilota. 16 ~ s·hebel (*m. - Mech.*), leva di comando. 17 ~ s·holm (einer Landw. masch. z. B.) (*m. - Masch.*), manubrio. 18 ~ s·hülse (für Stangenwerkstoff beim

Langdrehverfahren) (*f. - Werkz.masch.bearb.*) tubo di guida. **19** ~ s·kanal (für Film) (*m. - Filmtech.*), corridoio di scorrimento (del film), canale di scorrimento (del film). **20** ~ s·kanal (für Kabeln z. B.) (*Elekt. - etc.*), traccia, canalizzazione. **21** ~ s·kettenrad (*m. - Mech.*), rocchetto tendicatena, galoppino tendicatena. **22** ~ s·kraft (bei der Kurvenfahrt) (*f. - Aut.*), forza laterale (dovuta alla sterzata). **23** ~ s·kräfte (*pl. - Pers. - Arb. - Organ.*), dirigenti esecutivi, quadri direttivi. **24** ~ s·lager (Radialzylinderrollenlager mit Borden und einem losen Stützring) (*n. - Mech.*), cuscinetto radiale rigido chiuso con bordi e anello. **25** ~ s·leiste (einer Presse) (*f. - Masch.*), lardone (guidamazza). **26** ~ s·lenker (Längslenker, einer Aufhängung) (*m. - Aut.*), braccio longitudinale. **27** ~ s·lineal (Führungsleiste) (*n. - Werkz.masch.*), lardone (guidamazza). **28** ~ s·marken (*f. pl. - Walzw.fehler*), segni delle guide. **29** ~ s·platte (zur Führung des Schnittstempels) (*f. - Blechbearb.werkz.*), ponte. **30** ~ s·regler (*m. - Ger.*), regolatore pilota. **31** ~ s·rohr (*n. - Mech. - etc.*), guida tubolare. **32** ~ s·rohr (Leitrohr) (*Opt.*), collimatore. **33** ~ s·rolle (für Riemen) (*f. - Mech.*), galoppino, guidacinghia. **34** ~ s·rolle (für Film) (*Filmtech.*), rocchetto di alimentazione. **35** ~ s·rolle (*Walzw.*), rullo alimentatore. **36** ~ s·scheibe (bei spitzenlosem Innenrundschleifen) (*f. - Werkz.masch.bearb.*), mola di guida. **37** ~ s·schraube (einer Drehbank z. B.) (*f. - Werkz.masch.*), vite madre, patrona. **38** ~ s·schuh (am Förderkorb z. B.) (*m. - Bergbau - etc.*), pattino di guida. **39** ~ s·stift (für Maschinenformkästen) (*m. - Giess.*), candela. **40** ~ s·teil (des Werkzeuges, beim Fliesspressen) (*m. - mech. Technol.*), tratto di lavoro, tratto di guida. **41** ~ s·wert (*m. - Regelung*), siehe Führungsgrösse. **42** ~ s·zeugnis (*n. - Pers. - etc.*), certificato di buona condotta. **43 Betriebs** ~ (*Ind.*), conduzione aziendale. **44 Dachprismen** ~ (*Werkz.masch.*), guida a V rovescio. **45 Flach** ~ (*Werkz.masch.*), guida piana, guida rettangolare. **46 lärmdämpfendes** ~ s·rohr (bei Stangenzuführung) (*Werkz.masch.*), tubo silenzioso di guida (della barra). **47 Netz** ~ (*Elekt.*), conduzione della rete. **48 Personal** ~ (*Pers.*), direzione del personale. **49 Prismen** ~ (*Werkz.masch.*), guida a V, guida prismatica. **50 Rad** ~ (Aufhängung) (*Fahrz.*), sospensione.

Fuhrunternehmer (*m. - Transp.*), trasportatore, ditta di trasporti.

Fuhrwerk (Lastwagen) (*n. - Fahrz.*), autocarro.

Fuhrwerker (Lenker eines Fuhrwerkes) (*m. - Arb.*) (österr.), camionista. **2** ~ (Unternehmer) (*Transp.*) (österr.), autotrasportatore.

Fulguration (*f. - Elekt.*), folgorazione.

Füllbatterie (aus Füllelementen) (*f. - Elekt.*), batteria a liquido aggiunto.

Fülldichtung (aus Kupfer oder Weicheisen mit Asbest- oder It-Füllung) (*f. - Mech.*), guarnizione di conglomerato.

Fülldeckel (*m. - allg.*), tappo (del bocchettone) di riempimento.

Fülldraht (für Schweissen) (*m. - mech. Technol.*), filo animato.

Füllelement (erst unmittelbar vor Stromentnahme mit Elektrolyt gefüllt) (*n. - Elekt.*), elemento a liquido aggiunto.

Füllen (*n. - allg.*), riempimento. **2** ~ (einer Pumpe z. B.) (*Masch. - Hydr.*), adescamento, caricamento, innesco.

füllen (*allg.*), riempire. **2** ~ (eine Pumpe) (*Masch. - Hydr.*), adescare, caricare.

Füller (*m. - App.*), riempitore. **2** ~ (Kitt) (*Anstr.*), stucco, sottosmalto, isolante. **3 Poren** ~ (*Anstr.*), turapori.

Füllerde (*f. - Erdbew.*), terra di riporto.

Fuller-Kurve (Sieblinie) (*f. - Bauw.*), curva di Fuller.

Füllfaktor (bei Wicklungen) (*m. - Elekt.*), fattore di riempimento. **2** ~ (Füllungsfaktor eines Drahtseiles, Verhältnis zwischen Summe der Querschnitte aller Einzeldrähte und dem Nennquerschnitt) (*n. - Metall.*), fattore di riempimento.

Füllfederhalter (*m. - Büro - etc.*), penna stilografica.

Füllgas (für Glühlampen) (*n. - Beleucht.*), gas di riempimento.

Füllgrad (Verhältnis des metallischen Drahtseilquerschnittes zur Fläche des den Drahtseilquerschnitt umschreibenden Kreises) (*m. - Seile*), grado di riempimento.

Füllkoks (bestimmte Koksmenge zum Anheizen eines Kupolofens) (*m. - Giess.*), dote, coke di riscaldo.

Füllkörper (einer Säule) (*m. - chem. Ind.*), corpo di riempimento. **2** ~ säule (*f. - chem. Ind.*), colonna a riempimento.

Füllkraft (*f. - Anstr.*), siehe Füllvermögen.

Füllmasse (Kitt) (*f. - allg.*), stucco. **2** ~ (aktive Masse eines Akkumulators) (*Elekt.*), massa attiva.

Füllmaterial (Füllstoff, für Papier z. B.) (*n. - Chem.*), carica.

Füllmauer (*f. - Maur.*), muro a sacco.

Füllmengen (Öl, Kraftstoff und Wasser zum Füllen eines Motors z. B.) (*f. - pl. - Mot. - etc.*), rifornimenti.

Füllnute (eines Rillenkugellagers) (*f. - Mech.*), taglio per introduzione (delle sfere).

Fülloch (eines Ofens z. B.) (*n. - Ofen - etc.*), portello di carica.

Füllöffel (Handpfanne) (*m. - Giess.*), sivierina.

Füllort (Grubenraum im Schachtbereich) (*m. - Bergbau*), stazione d'ingabbiamento, stazione di caricamento.

Füllraumform (zweiteilige Pressform für Kunststoffe) (*f. - Technol.*), stampo senza canale di bava.

Füllsand (*m. - Giess.*), terra di riempimento.

Füllsäure (für Akkumulatoren) (*f. - Elekt.*), acido per accumulatori.

Füllschraube (*f. - Masch.*), tappo di riempimento a vite.

Füllstation (Füllstelle) (*f. - Aut.*), stazione di rifornimento, distributore.

Füllstein (*m. - Maur.*), mattone di riempimento.

Füllstoff (für Papierstoff z. B.) (*m. - chem. Ind.*), carica.

Füllstutzen (für Öl z. B.) (*m. - Aut. - etc.*), bocchettone di riempimento.

Fülltasche (Messtasche, Messbunker, zur Be-

Fülltrichter

ladung der Fördergefässe) (*f. - Bergbau*), silo dosatore.
Fülltrichter (*m. - Ind.*), tramoggia. 2 ~ (einer Spritzgussmaschine, für Kunststoffe) (*Masch.*) tramoggia.
Füllung (*f. - allg.*), riempimento. 2 ~ (Frischluftfüllung z. B. für Dieselmotoren) (*Mot. - etc.*), carica. 3 ~ (Förderung, von Dampf z. B.) (*Masch.*), alimentazione. 4 ~ (Tür) (*Tischl.*), pannello. 5 ~ (Polsterung) (*allg.*), imbottitura. 6 ~ (Geschoss) (*Expl.*), carica. 7 ~ s·faktor (eines Drahtseiles) (*m. - Metall.*), siehe Füllfaktor. 8 ~ s·grad (volumetrischer Wirkungsgrad, eines Verbrennungsmotors) (*m. - Mot.*), grado di riempimento, rendimento volumetrico. 9 ~ s·grad (beim Fördern von Schuttgütern) (*ind. Transp.*), grado di riempimento.
Füllventil (*n. - Hydr. - etc.*), valvola di riempimento.
Füllvermögen (Vermögen eines Anstrichstoffes, die Unebenheiten des Untergrundes auszugleichen) (*n. - Anstr.*), potere riempitivo.
Füllwand (*f. - Bauw. - etc.*), pannello.
Fulminat (Salz der Knallsäure) (*n. - Expl.*), fulminato (*s.*).
Fumarole (Öffnung an der Flanke eines tätigen Vulkans) (*f. - Geol.*), fumarola.
Fumarsäure ($C_4H_4O_4$, für Kunststoffe, etc.) (*f. - Chem.*), acido fumarico.
FuMG (Funkmessgerät) (*Radar*), radar.
Fund (Entdeckung) (*m. - allg.*), scoperta. 2 ~ amt (Fundbüro) (*n. - Büro*), ufficio oggetti smarriti. 3 ~ büro (Fundamt) (*n. - Büro*), ufficio oggetti smarriti. 4 ~ grube (ergiebiges Bergwerk) (*f. - Bergbau*), miniera.
Fundament (Gründung) (*n. - Bauw.*), fondazione. 2 ~ (Grundlage) (*allg.*), fondamento, base. 3 ~ (Eisenplatte auf der die Druckform ruht) (*Druckmasch.*), piano. 4 ~ (Gründung, eines Hammers) (*n. - Masch. - Bauw.*), fondazione. 5 ~ (*Bauw.*), *siehe auch* Gründung. 6 ~ anker (Fundamentschraube) (*m. - Bauw.*), bullone di fondazione. 7 ~ aushub (*m. - Bauw.*), scavo per le fondazioni. 8 ~ block (einer Masch. z. B.) (*m. - Bauw.*), blocco di fondazione. 9 ~ bolzen (Fundamentschraube, Fundamentanker) (*m. - Bauw.*), bullone di fondazione, chiavarda di fondazione. 10 ~ mauer (Grundmauer) (*f. - Bauw.*), muro di fondazione. 11 ~ platte (im Eisenbeton z. B.) (*f. - Bauw.*), piastra di fondazione. 12 ~ sohle (*f. - Bauw.*), piano di fondazione. 13 federnd aufgehängtes Hammer ~ (*Schmieden - Bauw.*), fondazione elastica del maglio.
fundamental (*Phys. - etc.*), fondamentale.
Fundamentalfolge (*f. - Math.*), successione di Cauchy.
Fundamentalgrössen (*f. - pl. - Phys.*), grandezze fondamentali.
fundamentieren (*Bauw.*), posare le fondazioni.
Fundamentierung (Gründung) (*f. - Bauw.*), posa delle fondazioni.
Fünfeck (Pentagon) (*n. - Geom.*), pentagono.
Fünfelektrodenröhre (*f. - Funk.*), pentodo.
Fünferalphabet (*n. - Fernspr.*), alfabeto a cinque unità.

Fünfkampf (*m. - Sport*), pentatlon.
Fünfkantrevolverkopf (einer Drehbank z. B.) (*m. - Werkz.masch.*), torretta a cinque stazioni.
Fünfschenkelwandler (*m. - Elekt.*), trasformatore a cinque colonne.
Fünfteldach (*n. - Bauw.*), tetto con pendenza 1 : 5.
Fungizid (für opt. Ger. z. B.) (*n. - Opt. - etc.*), antifungo (*s.*), fungicida (*s.*).
Funkbake (*f. - Funk.*), *siehe* Funkfeuer.
Funkbastler (Amateur) (*m. - Funk.*), radioamatore.
Funkbeschickung (bei Peilung) (*f. - Funk.*), correzione di errori (radiogoniometrici).
Funkbild (Faksimile, Bildübertragungssystem) (*n. - Funk.*), (sistema di) teleriproduzione (di immagini).
Funke (*m. - Elekt.*), scintilla. 2 ~ n·abtragung (Funkenerosion, Elektroerosion) (*f. - Technol.*), elettroerosione. 3 ~ n·analyse (*f. - Mech.*), *siehe* Funkenprobe. 4 ~ n·ausbläser (*m. - Elekt.*), (magnete) soffia-arco, spegniarco. 5 ~ n·entladung (*f. - Elekt.*), scarica disruptiva, scarica. 6 ~ n·erosion (Elektroerosion, Abtragen von Metallen durch elekt. Funken) (*f. - mech. Bearb. - Elekt.*), elettroerosione. 7 ~ n·fänger (Funkengitter) (*m. - Mot. - etc.*), parascintille. 8 ~ n·induktor (*m. - Elekt.*), rocchetto di Ruhmkorff, induttore. 9 ~ n·kammer (Funkenfänger) (*f. - Giess. - etc.*), parascintille. 10 ~ n·kammer (*Ofen - Metall.*), camera a scintille. 11 ~ n·länge (*f. - Elekt.*), lunghezza della scintilla. 12 ~ n·löscher (*m. - Elekt.*), spegniarco. 13 ~ n·löschmagnet (*m. - Elekt.*), magnete spegniarco. 14 ~ n·oszillator (*m. - Elektronik*), oscillatore a scintille. 15 ~ n·probe (zur Unterscheidung von Stählen) (*f. - mech. Technol.*), prova di scintillamento, prova delle scintille (alla mola). 16 ~ n·sender (*m. - Funk.*), trasmettitore a scintilla. 17 ~ n·sieb (*n. - Eisenb.*) parascintille. 18 ~ n·spannung (*f. - Elekt.*), tensione di scarica. 19 ~ n·strecke (einer Zündkerze z. B.) (*f. - Elekt. - Mot.*), distanza esplosiva, distanza degli elettrodi. 20 ~ n·strecke (*elekt. Instr.*), spinterometro. 21 ~ n·strecke (Überspannungsableiter, für Bildröhre) (*Fernseh.*), scaricatore di sovratensione. 22 ~ n·streckenröhre (*f. - Elektronik*), valvola spinterometrica. 23 ~ n·telegraphie (drahtlose Telegraphie) (*f. - Funk.*), radiotelegrafia. 24 ~ n·überschlag (*m. - Elekt.*), scarica. 25 ~ n·zündung (*f. - Mot.*), accensione a scintilla. 26 Kriech ~ (*Elekt.*), scintilla dispersiva superficiale. 27 rotierende ~ n·strecke (*elekt. Instr.*), spinterometro rotante. 28 Überschlag ~ (*Elekt.*), scintilla disruptiva.
Funkempfang (*m. - Funk.*), radioricezione.
Funkempfänger (*m. - Funk.*), radioricevitore, apparecchio radio, radio.
Funken (einer Dynamo z. B.) (*n. - Elekt.*), scintillamento, scintillio.
funken (feuern) (*Elekt.*), scintillare. 2 ~ (telegraphieren) (*Funk.*), telegrafare.
funkenerosive Bearbeitung (funkenerosives Senken, Bearbeitung durch Elektroerosion)

(*Mech.*), (lavorazione mediante) elettroerosione.
funkentstören (*Funk.*), schermare.
Funkentstörer (*m. - Elekt. - Funk.*), dispositivo antiradiodisturbi, soppressore di radiodisturbi.
funkentstört (*Funk. - Aut. - etc.*), protetto contro i radiodisturbi, schermato.
Funkentstörung (*f. - Funk.*), schermatura contro i radiodisturbi.
Funker (*m. - Arb.*), radiotelerafista.
Funkfernschreiben (*n. - Funk. - Telegr.*), radiotelegrafia.
Funkfernsteuerung (*f. - Funk.*), radiotelecomando.
Funkfernsprechen (*n. - Funk. - Fernspr.*), radiotelefonia.
Funkfernsprecher (Funksprecher, Funksprechgerät) (*m. - Funk. - Fernspr.*), radiotelefono.
Funkfeuer (Funkbake) (*n. - Funk. - Navig.*), radiofaro. 2 **Dreh** ~ (*Funk. - Navig.*), radiofaro rotante.
Funkfliegen (*n. - Flugw. - Navig.*), volo radioassistito.
Funkfrequenz (*f. - Funk.*), radiofrequenza. 2 ~ **kanal** (Funkkanal) (*m. - Funk.*), radiocanale.
Funkfreund (Amateur) (*m. - Funk.*), radioamatore.
Funkgegensprechen (Funkfernsprechen) (*n. - Funk.*), radiotelefonia.
Funkgerätmechaniker (*m. - Arb. - Funk.*), radioriparatore.
funkgesteuert (*Funk.*), radiocomandato.
Funkhöhenmesser (*m. - Instr. - Flugw.*), radioaltimetro.
Funkhorchdienst (*m. - Funk.*), servizio di radiointercettazione.
Funkkanal (*m. - Funk.*), radiocanale.
Funkkompass (*m. - Instr.*), radiobussola.
Funklenkung (*f. - Funk.*), radioguida.
Funkmast (*m. - Funk.*), pilone di antenna radio.
Funkmechaniker (*m. - Funk. - Arb.*), radiotecnico.
Funkmeldung (*f. - Funk.*), radiomessaggio.
Funkmessen (*n. - Funk.*), radiolocalizzazione.
Funkmessgerät (Radargerät) (*n. - Radar*), radar.
Funkmesshaube (Radarhaube) (*f. - Radar*), radomo, cupola di ricetrasmissione radar.
Funkmesslandeanlage (Bodenpeilsystem) (*f. - Flugw. - Radar*), radar di atterraggio guidato da terra.
Funkmessturm (Radarturm) (*m. - Radar*), torre radar.
Funkmessziel (*n. - Radar*), bersaglio radar.
Funkmutung (*f. - Bergbau*), prospezione radioelettrica.
Funknavigation (*f. - Funk. - Navig.*), radionavigazione.
Funkortung (*f. - Funk.*), radiolocalizzazione.
funkpeilen (*Funk.*), radiogoniometrare.
Funkpeiler (*m. - Funk. - Navig.*), radiogoniometro.
Funkpeilkompass (*m. - Ger.*), radiobussola.
Funkpeiltochterkompass (*m. - Ger.*), radiobussola ripetitrice.

Funkpeilung (Funkortung) (*f. - Funk. - Navig.*) radiogoniometria.
Funkruf (*m. - Funk.*), chiamata radiotelefonica.
Funksenden (Funksendung) (*n. - Funk.*), radiotrasmissione.
Funksender (*m. - Funk.*), radiotrasmettitore.
Funksonde (*f. - Funk. - Meteor. - Ger.*), radiosonda.
funksprechen (*Funk. - Fernspr.*), radiotelefonare.
Funksprecher (Funksprechgerät) (*m. - Fernspr. - Ger.*), radiotelefono.
Funksprechgerät (Funksprecher) (*n. - Funk. - Fernspr.*), radiotelefono. 2 **tragbares** ~ (*Funk. - Fernspr.*), radiotelefono mobile.
Funksprechweg (*m. - Funk.*), canale radiotelefonico.
Funkspruch (*m. - Funk.*), radiotelefonata.
Funkstation (*f. - Funk.*), stazione radio.
Funksteuerung (*f. - Funk.*), radiocomando.
Funkstörung (*f. - Funk.*), radiodisturbo.
Funktaxi (*n. - Funk. - Fahrz.*), radiotaxi.
Funktechnik (Radiotechnik) (*f. - Funk.*), radiotecnica.
Funktechniker (*m. - Funk. - Arb.*), radiotecnico.
Funktelegramm (*n. - Funk.*), radiotelegramma, marconigramma.
funktelegraphisch (*Funk.*), radiotelegrafico.
Funktelegraphist (Funker) (*m. - Arb.*), radiotelegrafista.
Funktelephon (Funksprecher) (*n. - Fernspr.*), radiotelefono.
Funktelephonie (*f. - Funk. - Fernspr.*), radiotelefonia.
funktelephonish (*Fernspr.*), radiotelefonico.
Funktion (*f. - Math.*), funzione. 2 ~ (Funktionieren) (*Mot. - etc.*), funzionamento. 3 ~ **en·funktion** (*f. - Math.*), funzione di funzione, funzione composta. 4 ~ **geber** (eines Analog-Rechners) (*m. - Rechner*), generatore di funzione. 5 ~ **s·analyse** (Wertanalyse) (*f. - Ind.*), analisi del valore. 6 ~ **s·bild** (*n. - Math. - etc.*), diagramma funzionale. 7 ~ **s·bild** (Funktionsplan) (*Elekt. - etc.*), schema funzionale. 8 ~ **s·einheit** (*f. - Elektronik - Rechner - etc.*), unità funzionale. 9 ~ **s·fähigkeit** (*f. - allg.*), funzionalità. 10 ~ **s·geber** (Funktionsgenerator) (*m. - Rechner*), generatore di funzioni. 11 ~ **s·getriebe** (in Büromaschinen) (*n. - Masch.*), cinematico (s.). 12 ~ **s·mass** (*n. - Zeichn. - Mech. - etc.*), quota funzionale, dimensione funzionale. 13 ~ **s·plan** (*m. - Elekt. - etc.*), schema funzionale. 14 ~ **s·prüfung** (*f. - Masch.*), prova del funzionamento. 15 ~ **s·tüchtigkeit** (*f. - allg.*), funzionalità. 16 ~ **von Funktionen** (Funktionenfunktion)(*Math.*) funzione di funzione, funzione composta. 17 **abgeleitete** ~ (*Math.*), funzione derivata. 18 **als** ~ (Leistung als Funktion der Drehzahl z. B., in einem Diagramm) (*Mot. - etc.*), in funzione (di). 19 **Auslöse** ~ (*Rechner*), funzione di sblocco. 20 **Autokorrelations** ~ (*Rechner*), funzione autocorrelatrice. 21 **eindeutige** ~ (*Math.*), funzione ad un valore, funzione monodroma, funzione univoca, funzione uniforme. 22 **entwickelte** ~ (explizite Funktion) (*Math.*), funzione esplicita. 23 **fastperiodische** ~ (*Math.*), funzione quasi-

Funktional

periodica. 24 *inverse* ~ (Umkehr-Funktion) (*Math.*), funzione inversa. 25 **Korrelations** ~ (*Rechenmasch.*), funzione correlatrice. 26 **logische** ~ (*Rechner*), funzione logica. 27 **mehrdeutige** ~ (*Math.*), funzione a più valori, funzione polidroma, funzione plurivoca, funzione pluriforme. 28 **monoton steigende** ~ (monoton zunehmende Funktion) (*Math.*), funzione monotona crescente. 29 **transzendente** ~ (*Math.*), funzione trascendente. 30 **trigonometrische** ~ (*Math.*), funzione trigonometrica. 31 **unentwickelte** ~ (implizite Funktion) (*Math.*), funzione implicita.
Funktional (Abbildung von Funktionen) (*f. - Math.*), funzionale (*s.*). 2 ~ **determinante** (*f. - Math.*), determinante Iacobiano, determinante funzionale. 3 ~ **gleichung** (*f. - Math.*), equazione funzionale.
Funktionalität (Wertigkeit, in der hochmolekularen Chemie) (*f. - Chem.*), valenza di polimerizzazione, «funzionalità».
funktionell (funktionstüchtig) (*allg.*), funzionale. 2 ~ **e Gruppe** (*Chem.*), gruppo funzionale.
funktionieren (*Masch.*), funzionare.
Funktionierung (*f. - Masch.*), funzionamento.
funktionstüchtig (funktionell) (*allg.*), funzionale.
Funktor (*m. - Math.*), funtore.
Funkturm (*m. - Funk.*), pilone radio.
Funkverbindung (Richtfunkverbindung) (*f. - Funk.*), ponte radio.
Funkverkehr (*m. - Funk.*), servizio radiofonico.
Funkwelle (*f. - Funk.*), radioonda.
Funkwesen (Funktechnik) (*n. - Funk.*), radiotecnica.
Funkwetterdienst (*m. - Funk. - Meteor.*), servizio radiometeorologico.
Furan (*n. - Chem.*), furano. 2 ~ **harz** (*n. - chem. - Ind.*), resina furanica.
Furche (Rille) (*f. - Walzw.*), scanalatura. 2 ~ (*Landw.*), solco. 3 ~ **n·rieselung** (*f. - Ack.b.*), irrigazione a solchi.
Furchung (*f. - allg.*), solcatura.
Furfurol ($C_5H_4O_2$) (Furol) (*n. - Chem.*), furfurolo. 2 ~ **harz** (*n. - chem. Ind.*), resina furfurilica.
Furnier (dünne Platte aus Edelholz) (*n. - Tischl.*), foglio per impiallacciatura. 2 ~ (für Sperrholz) (*Tischl.*), lamina (di legno). 3 ~ **arbeit** (*f. - Tischl.*), impiallacciatura. 4 ~ **maschine** (*f. - Masch.*), macchina per tagliare fogli per impiallacciature. 5 ~ **messermaschine** (*f. - Tischl. - Masch.*), sfogliatrice in piano, tranciatrice. 6 ~ **platte** (Sperrholz aus verleimten Furnieren) (*f. - Tischl.*), pannello di legno compensato. 7 ~ **presse** (Holzbearb. - Masch.), pressa per impiallacciare. 8 ~ **schälmaschine** (*f. - Tischl. - Masch.*), sfogliatrice. 9 **Messer** ~ (*Tischl.*), tranciato (*s.*). 10 **Säge** ~ (*Tischl.*), sfogliato (*s.*) (con sega). 11 **Schäl** ~ (*Tischl.*), sfogliato (*s.*) (con sfogliatrice).
Furnieren (*n. - Tischl.*), impiallacciatura.
furnieren (*Tischl.*), impiallacciare.
furniert (*Tischl.*), impiallacciato. 2 ~ **e Platte** (Furnierplatte) (*Tischl.*), pannello di legno compensato.

Furnierung (*f. - Tischl.*), impiallacciatura.
Fürsorge (soziale Fürsorge) (*f. - Pers.*), assistenza sociale. 2 ~ **beitrag** (*m. - Pers.*), contributo previdenziale.
Fürsorgerin (Betriebsfürsorgerin) (*f. - Ind. - Pers.*), assistente sociale.
FU-Schutzschaltung (Fehlerspannungsschutzschaltung) (*f. - Elekt.*), protezione a tensione di guasto.
Fuselöl (*n. - Chem.*), fuselolo, olio di fusel.
Fusinit (Gefügebestandteil der Steinkohle) (*m. - Min.*), fusinite.
Fusion (von Erzen) (*f. - Giess.*), fusione, riduzione. 2 ~ (Kernfusion) (*Atomphys.*), fusione. 3 ~ (von Gesellschaften) (*finanz.*) fusione. 4 ~ **s·antrieb** (Raketenantrieb durch Fusionsenergie) (*m. - Atomphys. - Raumfahrt*), propulsione a fusione. 5 ~ **reaktor** (Thermoreaktor) (*m. - Atomphys.*), reattore a fusione.
Fusit (Bestandteil der Steinkohle) (*m. - Min.*), fusite, carbone matto fibroso.
Fuss (*m. - allg.*), piede. 2 ~ (einer Mauer) (*Bauw. - Maur.*), piede. 3 ~ (eines Zahnradzahnes) (*Mech.*), fondo, base. 4 ~ (einer Schiene) (*Eisenb.*), base, piede, piattino, suola. 5 ~ **abblendschalter** (*m. - Aut.*), commutatore a pedale per luci anabbaglianti. 6 ~ **abrundung** (eines Zahnes) (*f. - Mech.*), raccordo di fondo (dente). 7 ~ **anlasser** (*m. - Motorrad*), avviatore a pedale. 8 ~ **bemerkung** (Fussnote) (*f. - Druck.*), nota in calce, nota a piè di pagina. 9 ~ **boden** (Flur) (*m. - Bauw.*), pavimento. 10 ~ **bodenbelag** (*m. - Bauw.*), rivestimento del pavimento. 11 ~ **bodendecklack** (*m. - Bauw.*), vernice (trasparente) per pavimenti. 12 ~ **bodenplatte** (*f. - Bauw.*), piastrella per pavimentazione. 13 ~ **bodenplattenleger** (*m. - Arb.*), piastrellista. 14 ~ **bodenschleifmaschine** (*f. - Bauw. - Masch.*), levigatrice per pavimenti. 15 ~ **bodenunterlagspappe** (*f. - Bauw.*), mocchetta per pavimenti. 16 ~ **bremse** (*f. - Aut.*), freno a pedale, freno di esercizio. 17 ~ **brett** (*n. - Fahrz.*), pedana. 18 ~ **eingriffsstrecke** (einer Verzahnung) (*f. - Mech.*), lunghezza di recesso. 19 ~ **flanke** (eines Zahnes) (*f. - Mech.*), fianco dedendum. 20 ~ **flanken-Eingriffslänge** (eines Zahnrades) (*f. - Mech.*), lunghezza di recesso. 21 ~ **gängerbrücke** (*f. - Bauw.*), passerella. 22 ~ **gängerschutzinsel** (Stützinsel) (*f. - Strass.verkehr*), salvagente (per pedoni). 23 ~ **gängertunnel** (*m. - Strass.verkehr*), sottopassaggio pedonale. 24 ~ **gängerüberweg** (*m. - Strass.verkehr*), sovrappassaggio pedonale. 25 ~ **gängerüberweg** (Zebrastreifen) (*m. - Strass.verkehr*), passaggio (zebrato) per pedoni. 26 ~ **gashebel** (Gaspedal) (*m. - Aut.*), pedale dell'acceleratore. 27 ~ **höhe** (von Zahnrädern) (*f. - Mech.*), dedendum. 28 ~ **kegel** (eines Kegelzahnrades) (*m. - Mech.*), cono di fondo. 29 ~ **kegelmantellinie** (eines Kegelzahnrades) (*f. - Mech.*), generatrice del cono di fondo. 30 ~ **kegelwinkel** (eines Kegelzahnrades) (*m. - Mech.*), angolo di fondo. 31 ~ **kreis** (von Zahnrädern) (*m. - Mech.*), circonferenza di fondo, cerchio di fondo. 32 ~ **leiste** (*f. - Bauw.*), zoccolo. 33

~ **luftpumpe** (*f.* - *Masch.*), pompa a pedale. 34 ~ **matte** (*f.* - *Ger.*), zerbino, nettapiedi. 35 ~ **motor** (*m.* - *elekt. Motor*), motore montato su piedini, motore non flangiato. 36 ~ **pfad** (*m.* - *Strasse*), sentiero. 37 ~ **presse** (*f.* - *Masch.*), pressa a pedale. 38 ~ **punkt** (einer Senkrechte) (*m.* - *Geom.*), piede. 39 ~ **punktkurve** (*f.* - *Math.*), pedale, curva pedale, podaria. 40 ~ **punktwiderstand** (einer Antenne) (*m.* - *Funk.*), impedenza di base (di antenna). 41 ~ **raster** (eines Motorrades) (*m.* - *Fahrz.*), poggiapiede. 42 ~ **schalter** (*m.* - *Elekt.*), interruttore a pedale. 43 ~ **schiene** (*f.* - *Eisenb.*), rotaia Vignole, rotaia a base piana, rotaia a suola. 44 ~ **sockel** (*m.* - *Bauw.*), zoccolo. 45 ~ **tiefe** (eines Zahnrades) (*f.* - *Mech.*), dedendum. 46 ~ **tragen** (von Zahnradzähnen) (*n.* - *Mech.*), contatto di fondo, portata di fondo, portanza di fondo. 47 ~ **träger** (fehlerhaftes Zahnrad mit Tragbild in der Nähe des Zahnfusses) (*m.* - *Mech.*), ingranaggio con portate basse, ingranaggio con portanze basse, ingranaggi con contatti bassi. 48 ~ **tritt** (*m.* - *Fahrz.*), pedana. 49 ~ **tritt** (Tritt) (*Textilmasch.*), pedale. 50 ~ **ventil** (*n.* - *Hydr.*), valvola di fondo. 51 ~ **weg** (Fussteig) (*m.* - *Strasse*), marciapiede. 52 ~ **winkel** (von Zahnrädern) (*m.* - *Mech.*), angolo dedendum. 53 ~ **zylinder** (eines Zahnrades) (*m.* - *Mech.*), cilindro di fondo. 54 **Schienen** ~ (*Eisenb.*), base della rotaia, piede della rotaia, piattino della rotaia, suola della rotaia. 55 **Stab** ~ **boden** (Parkett) (*m.* - *Bauw.*), pavimento a parchetti.

FuSt (Funkstelle) (*Funk.*), stazione radio.

Futter (Auskleidung eines Behälters z. B.) (*n.* - *allg.*), rivestimento. 2 ~ (einer Drehbank; Spannfutter, zur Aufnahme eines Werkstücks) (*Werkz.masch.*), piattaforma portapezzo, «mandrino portapezzo», autocentrante. 3 ~ (Spannfutter, zur Aufnahme eines Werkzeugs) (*Werkz.masch.*), pinza (portautensile), «mandrino» (portautensile). 4 ~ (eines Ofens, feuerfeste Auskleidung) (*Metall.* - *Giess.*), rivestimento (refrattario). 5 ~ (innere Stoffschicht eines Oberkleidungsstücksz. B.) (*allg.*), fodera. 6 ~ (eines Lagers) (*Mech.*), rivestimento (antifrizione), «bronzina». 7 ~ **arbeit** (*f.* - *Werkz.masch. bearb.*), lavorazione su pinza. 8 ~ **automat** (Drehbank) (*m.* - *Werkz.masch.*), tornio frontale automatico, tornio automatico per lavorazione su pinza. 9 ~ **mauer** (Stützmauer) (*f.* - *Bauw.*), muro di rivestimento. 10 ~ **rohr** (eines Schachtes) (*n.* - *Bergbau*), tubo di rivestimento. 11 ~ **stufe** (der Treppe) (*f.* - *Bauw.*), alzata. 12 **Aufspann** ~ (*Werkz. masch.*), «mandrino», piattaforma, pinza. 13 **Backen** ~ (*Werkz.masch.*), piattaforma a morsetti, piattaforma a griffe. 14 **Bohrer** ~ (Bohrfutter, für Spiralbohrer) (*Werkz. masch.*), pinza portapunta. 15 **Bohrer** ~ (für Gewindebohrer) (*Werkz.*), giramaschi. 16 **Brems** ~ (*Aut.* - *etc.*), rivestimento del freno, guarnizione del freno, «ferodo». 17 **Dreh** ~ (Drehbankfutter) (*Werkz.masch.*), autocentrante. 18 **Dreibacken** ~ (*Werkz.masch.*), autocentrante a tre griffe, autocentrante a tre morsetti. 19 **Fräser** ~ (*Werkz.masch.*), mandrino portafresa. 20 **Zentrierklemm** ~ (*Werkz.masch.*), autocentrante.

füttern (*allg.*), rivestire.

FZ (Freizeichen) (*Fenspr.*), segnale di linea libera. 2 ~ (Frequenzzeiger) (*Elekt.*), indicatore di frequenza.

FZG (Forschungsstelle für Zahnräder und Getriebebau) (*Mech.*), Stazione Sperimentale per Ingranaggi e Rotismi.

G

G (Giga = 1 Milliarde, 10^9) (*Masseinheit*), Giga, 1 miliardo (di volte), 10^9. **2** ~ (Gauss) (*elekt. Einheit*), gauss. **3** ~ (Gleitsitz) (*Mech.*), accoppiamento preciso di scorrimento. **4** ~ (Glühen) (*Wärmebeh.*), ricottura. **5** ~ (geglüht, auf Zeichnungen z. B.) (*Wärmebeh.*), ricotto. **6** ~ (Gewicht) (*Phys.*), peso. **7** ~ (Gusseisen) (*Giess.*), ghisa. **8** ~ (Guss·stück) (*Giess.*), getto. **9** ~ (Giessen, Verfahren) (*Giess.*), colata. **10** ~ (gegossen) (*Giess.*), colato. **11** ~ (Leitwert) (*Phys.*), conduttanza. **12** ~ (Grösstmass) (*Mech.*), limite superiore. **13** ~ (Schubmodul) (*Baukonstr.lehre*), modulo di elasticità tangenziale, G. **14** ~ (Gummi, eines Kabels) (*Elekt.*), gomma. **15** ~ (Gummiisolation) (*Elekt.*), isolamento in gomma. **16** ~ (Gitter) (*Funk.*), griglia. **17** ~ (Gewinn, Antennengewinn) (*Funk.*), guadagno di antenna. **18** ~ (Geld, auf Kurszetteln) (*finanz.*), danaro. **19** ~ **-Anzug** (*m. - Flugw.*), combinazione anti-G, tuta anti-G. **20** ~ **-Modul** (Gleitmodul) (*m. - Baukonstr.lehre*), modulo di elasticità tangenziale. **21** ~ **W** (1 Milliarde Watt) (*elekt. Einheit*), Gw, gigawatt, 1 miliardo di watt.

g (Gramm) (*Masseinheit*), g, grammo. **2** ~ (Fallbeschleunigung) (*Phys.*), g, accelerazione di gravità. **3** ~ (hochgestellt, Winkelmass = Neugrad) (*Winkelmass*), siehe Neugrad. **4** ~ (grob) (*Mech.*), grossolano. **5** ~ (abgehend) (*Fernspr.*), in uscita.

Ga (Gallium) (*Chem.*), Ga, gallio.

Gabardine (Gewebe) (*m. - f. - T'ext.*), gabardina.

Gabbro (Gestein) (*m. - Min.*), gabbro.

Gabe (Dosis) (*f. - Med. - Pharm.*), dose.

Gabel (*f. - Mech.*), forcella. **2** ~ (eines Gabelkarrens) (*ind. Transp.*), forca. **3** ~ (*Landw. gerät*), forca. **4** ~ (eines Fahrrades) (*Fahrz.*), forcella. **5** ~ (Entfernung zwischen Geschosseinschlägen) (*milit.*), forcella. **6** ~ (eines Tischfernsprechers) (*Fernspr.*), supporto a forcella (della cornetta). **7** ~ (Endvorrichtung eines Kreises) (*Fernspr.*), forcella, terminale a forcella. **8** ~ **achse** (Achse mit gabelförmigen Enden) (*f. - Aut.*), assale (con estremità) a forcella. **9** ~ **bolzen** (*m. - Mech. - etc.*), perno a forchetta. **10** ~ **gelenk** (einer Gelenkwelle) (*n. - Aut. - Mech.*), forcella (di trasmissione snodata). **11** ~ **hebel** (*m. - Mech.*), leva a forcella, leva a forchetta. **12** ~ **hub-Elektrokarren** (*m. - ind. Transp. - Fahrz.*), carrello elevatore a forca (elettrico). **13** ~ **kanter** (beim Walzen) (*m. - Metall.*), manipolatore a forcella. **14** ~ **karren** (Gabelstapler) (*m. - ind. Transp. Fahrz.*), carrello (elevatore) a forca elevatore a forca, sollevatore a forca. **15** ~ **lager** (*n. - Mech.*), supporto a forcella. **16** ~ **lager** (eines Kanonenrohres) (*milit.*), orecchioniera. **17** ~ **lehre** (*f. - Werk.z*), calibro a forchetta. **18** ~ **pfanne** (Handpfanne) (*f. - Giess.*), sivierina con manico a forchettone. **19** ~ **probe** (zur Prüfung von Aluminium-Legierungen gegen Spannungskorrosion) (*f. - mech. Technol.*), provino a forcella. **20** ~ **schaltung** (*f. - Fernspr.*), forcella. **21** ~ **schiessen** (*n. - milit.*), tiro a forcella. **22** ~ **schlüssel** (Maulschlüssel) (*m. - Werkz.*), chiave fissa, chiave a bocca. **23** ~ **schubstange** (*f. - Mech.*), biella a forchetta, biella a forcella. **24** ~ **stapler** (Gabelkarren) (*m. - ind. Transp. - Fahrz.*), carrello (elevatore) a forca, elevatore a forca. **25** ~ **stück** (eines Kreuzgelenkes) (*n. - Mech. - Aut.*), forcella. **26** ~ **tasche** (einer Palette z. B.) (*f. - ind. - Transp.*), cavità per (l'inserimento delle) forche. **27** ~ **verlängerung** (für Gabelstapler) (*f. - ind. Transp.*), prolunga per forca. **28** ~ **wagen** (*m. - ind. Transp. - Fahrz.*), carrello a forca. **29** ~ **winkel** (eines V-Motors) (*m. - Aut.*), angolo del V, angolo bielle (affiancate). **30** ~ **zapfen** (*m. - Masch.*), perno di testa e croce. **31 doppelseitige** ~ **pfanne** (*Giess.*), sivierina a doppio forchettone. **32 Frontal** ~ **stapler** (*m. - ind. Transp. - Fahrz.*), carrello elevatore a forche frontali. **33 Schalt** ~ (einer Kupplung z. B.) (*Mech. - Aut.*), forcella di comando. **34 Vierwege** ~ **stapler** (frontal und seitlich lastaufnehmender Gabelstapler) (*m. - ind. Transp. - Fahrz.*), carrello elevatore a forca orientabile, carrello elevatore frontale-laterale.

gabelförmig (*Mech. - etc.*), a forcella, biforcato, a forchetta.

gabeln (*allg.*), biforcare, biforcarsi. **2** ~ (*milit.*), fare forcella.

Gabelung (einer Strasse) (*f. - Strasse*), biforcazione. **2** ~ (Bifurkation, eines Flusses) (*Geogr.*), derivazione, biforcazione.

Gadolinit (*m. - Min.*), gadolinite.

Gadolinium (*Gd - n. - Chem.*), gadolinio.

Gaede (Einheit der Saugleistung und des Mengendurchsatzes = 1 Torr·l/s, einer Pumpe) (*m. - Einheit*), gaede.

Gaff (Landungshaken) (*n. - naut.*), gancio d'accosto, gaffa, mezzo marinaio.

Gaffel (*f. - naut.*), picco. **2** ~ **segel** (*n. - naut.*), vela di randa.

Gagat (Pechkohle) (*m. - Brennst.*), gagate, giaietto.

Gage (Lohn) (*f. - Arb.*), salario, paga.

Gal (eine für die Beschleunigung benutzte Einheit, 1 Gal = 1 cm/s²) (*n. - Geophys. - Einh.*), gal.

G-AL... (Sandguss-Aluminiumlegierung) (*Giess.*) lega di alluminio per getti in terra.

galaktisch (*Astr.*), galattico.

Galaktometer (Milchwaage) (*n. - Instr.*), galattometro.

Galaktose ($C_6 H_{12} O_6$) (*f. - Chem.*), galattosio.

Galalith (Kunsthorn) (*m. - chem. Ind.*), galalite.
Galaxis (Milchstrasse) (*f. - Astr.*), galassia, via lattea.
Galerie (*f. - Bergbau*), galleria. 2 ~ (gedeckter, heller Gang) (*Arch.*), galleria. 3 ~ (Laufgang nach einer Seite offen) (*Arch.*), portico. 4 ~ (oberster Rang im Theater) (*Arch.*), galleria. 5 ~ (Hebebühne zum Laden eines Reaktors z. B.) (*Atomphys. - etc.*), impalcatura mobile. 6 ~ (Kunstsammlung) (*Kunst*), galleria.
Galettseide (Abfallseide) (*f. - Text.*), cascame di seta.
Galgen (Bock) (*m. - Ger.*), cavalletto. 2 ~ (*Filmtech.*), giraffa. 3 ~ (*Hebevorr.*), braccio da carico. 4 ~ **amboss** (*m. - Werkz.*), incudine (monocorno) da lattoniere.
Galion (eines Schiffes) (*n. - naut.*), tagliamare.
Galle (Gussblase) (*f. - Giess.fehler*), soffiatura.
Gallerte [Gallert (*n.*)] (*f. - Chem.*), gelatina.
gallertartig (*Chem.*), gelatinoso.
Gallium (*Ga - n. - Chem.*), gallio.
Gallkette (Gallsche Kette, Gelenkkette) (*f. - Mech.*), catena Galle.
Gallone (*f. - Masseinheit*), gallone.
Gallsäure (*f. - Chem.*), acido gallico.
Gallsche Kette (Gelenkkette) (*f. - Mech.*), catena Galle.
Galmei (Glühspan, Zunder) (*m. - Giess.*), calamina, scoria. 2 ~ (Zinkspat, Zinkkarbonat) (*Maur.*), smithsonite.
Galosche (Überschuh aus Gummi) (*f. - Gummiind.*), soprascarpa impermeabile, caloscia, galoscia.
Galoppieren (*n. - Mot.*), galoppo, funzionamento irregolare. 2 ~ (der Lokomotive) (*Eisenb.*), beccheggio, galoppo.
Galtonpfeife (zur Erzeugung von Ultraschall) (*f. - Ger.*), fischio di Galton.
galvanisch (*Elekt.*), galvanico. 2 ~ (*Elektrochem.*), galvanico, elettrolitico. 3 ~ **aufgebracht** (*chem. Ind. - Technol.*), depositato galvanicamente. 4 ~ **er Strom** (Gleichstrom) (*Elekt.*), corrente continua. 5 ~ **es Bad** (*Elektrochem.*), bagno galvanico, bagno elettrolitico. 6 ~ **es Bronzieren** (*Elektrochem.*), bronzatura elettrolitica. 7 ~ **es Element** (Primärelement) (*Elekt.*), pila, elemento primario. 8 ~ **e Verzinkung** (*Elektrochem.*), zincatura (elettrolitica). 9 ~ **niederschlagen** (*Elektrochem.*), elettrodepositare.
Galvanisieren (Elektroplattieren) (*n. - Elektrochem.*), galvanizzazione, elettrodeposizione, galvanostegia. 2 ~ (Verzinken) (*Elektrochem.*), zincatura (elettrolitica). 3 **Kunststoff** ~ (*Technol.*), metallizzazione delle materie plastiche.
galvanisieren (elektroplattieren) (*Elektrochem.*) galvanizzare, elettrodepositare. 2 ~ (verzinken) (*Elektrochem.*), zincare (elettroliticamente).
Galvanisiererei (*f. - Elektrochem. - Ind.*), reparto trattamenti galvanici.
Galvano (Druckplattenkopie, aus Kupfer z. B., auf galvanoplastischem Weg hergestellt) (*n. - Druck. - Ind.*), galvano. 2 ~ **kaustik** (*f. - Med.*), galvanocaustica. 3 ~ **meter** (*n. - Instr.*), siehe Galvanometer. 4 ~ **plastik** (Elektroformung) (*Technol.*), elettroformatura. 5 ~ **plastik** (*f. - Elektrochem.*), galvanoplastica. 6 ~ **stegie** (Elektroplattieren) (*f. - Elektrochem.*), galvanostegia, elettrodeposizione. 7 ~ **technik** (*f. - Elektrochem.*), galvanotecnica. 8 ~ **typie** (*f. - Druck.*), galvanotipia.
Galvanometer (*n. - elekt. Instr.*), galvanometro. 2 **astatisches** ~ (*elekt. Instr.*), galvanometro astatico. 3 **ballistisches** ~ (*elekt. Instr.*), galvanometro balistico. 4 **Hitzdraht** ~ (*elekt. Instr.*), galvanometro a filo caldo. 5 **Lichtmarken** ~ (*elekt. Instr.*), galvanometro ad indice ottico, galvanometro a punto luminoso. 6 **Nadel** ~ (*elekt. Instr.*), galvanometro ad ago (mobile). 7 **Spiegel** ~ (*elekt. Instr.*), galvanometro a specchio.
Galvanoskop (*n. - elekt. Instr.*), galvanoscopio.
Galvanotaxis (*f. - Elekt.*), galvanottattismo, galvanotassi, elettrotassi, elettrotattismo.
Gamma (γ, griechischer Buchstabe) (*n. - Druck.*), gamma. 2 ~ (1γ = 1µg = 1/1.000.000 g) (*Masseinheit*), 1/1.000.000 di grammo. 3 ~ **durchstrahlung** (von Stahl z. B.) (*f. - mech. Technol.*), controllo con raggi gamma. 4 ~ **eisen** (*n. - Metall.*), ferro gamma. 5 ~ **graphie** (Aufnahme mit Gammastrahlen zur Untersuchung auf innere Fehler) (*f. - Metall.*), gammagrafia. 6 ~ **quantum** (*n. - Phys.*), quanto di raggi gamma. 7 ~ **strahlen** (*m. - pl. - Radioakt.*), raggi gamma. 8 ~ **wert** (*m. - Fernseh.*), valore gamma.
Gang (Bewegung) (*m. - allg.*), movimento. 2 ~ (Lauf, Funktionieren) (*Masch.*), funzionamento, marcia. 3 ~ (Untersetzungsverhältnis zwischen Motor und Achse) (*Aut.*), marcia, rapporto (di trasmissione), velocità. 4 ~ (schmaler Verbindungsraum, Korridor) (*Bauw.*), corridoio. 5 ~ (Ader) (*Bergbau*), filone, vena. 6 ~ (einer Schraube) (*Mech.*), principio. 7 ~ (einer Wicklung z. B.) (*allg.*), spira. 8 ~ (eines Ofens) (*Metall.*), marcia. 9 ~ (Schmelzgang) (*Ofen - Metall.*), calda. 10 ~ (Durchgang) (*Walzw.*), passata. 11 ~ (Hemmung) (*Uhrtechnik*), scappamento. 12 ~ **art** (Gangerz) (*f. - Bergbau - Min.*), ganga. 13 ~ **erz** (*n. - Bergbau*), ganga. 14 ~ **gestein** (Ergussgestein) (*n. - Min.*), roccia intrusiva. 15 ~ **hebel** (*m. - Aut.*), leva del cambio. 16 ~ **höhe** (Gewindesteigung) (*f. - Mech.*), passo effettivo, passo reale, avanzamento per giro. 17 ~ **linie** (Darstellung des zeitlichen Verlaufs einer Grösse) (*f. - Phys.*), curva in funzione del tempo, diagramma grandezza-tempo. 18 ~ **polbahn** (der Kardankreise) (*f. - Geom.*), polare mobile. 19 ~ **regler** (Gangordner, Schwingungssystem mit Selbststeuerung, Pendel oder Unruh mit Feder z. B.) (*m. - Ger.*), regolatore di marcia. 20 ~ **richtung** (eines Wälzfräsers z. B.) (*f. -Mech.*), verso delle spire. 21 ~ **schaltung** (*Aut.*), cambio (di) marcia. 22 ~ **schein** (Prüfschein, Zertifikat, einer Uhr) (*m. - Uhrtechnik*), certificato di prova. 23 ~ **spill** (Ankerspill) (*n. - naut.*), argano. 24 ~ **tiefe** (einer Schraube) (*f. - Mech.*), altezza del filetto. 25 ~ **verzögerung** (*f. - Datenverarb.*), ritardo nel ciclo. 26 ~ **vorwähler** (*m. - Aut.*), preselettore delle marce. 27 ~ **wähler** (*m. - Fahrz. - Mech.*), preselettore delle marce. 28

gangbar

~ **way** (Stelling, Laufplanke vom Kai zum Schiff) (*m. - naut.*), passerella (d'imbarco). **29** ~ **wechsel** (*m. - Masch. - etc.*), cambio di rapporto, cambio di velocità. **30** ~ **werk** (*n. - Uhr*), movimento. **31** ~ **zahl** (einer Schraube) (*f. - Mech.*), numero dei principi. **32** ~ **zahl** (Bildzahl die pro Sekunde aufgenommen wird, bei Filmkameras) (*Filmtech*, numero di fotogrammi al secondo, velocità di ripresa. **33** ~ **zählung** (*f. - Rechner - etc.*), conteggio di cicli. **34 Arbeits** ~ (eines Fertigungsplans) (*Werkz.masch.bearb.*), operazione. **35 den** ~ **einschalten** (*Aut.*), innestare la marcia. **36 den** ~ **herausnehmen** (*Aut.*), disinnestare la marcia. **37 direkter** ~ (*Aut.*), presa diretta. **38 dritter** ~ (*Aut.*), terza velocità, « terza ». **39 einen** ~ **einrücken** (*Aut.*), innestare una marcia. **40 Fern** ~ (*Aut.*), *siehe* Schnellgang. **41 frei vom toten** ~ (*Mech.*) senza gioco, senza lasco. **42 Gar** ~ (*Ofen*), marcia normale. **43 geräuschloser** ~ (ruhiger Gang) (*Mot.*), funzionamento silenzioso. **44 heissgarer** ~ (*Ofen*), marcia caldissima. **45 leichter** ~ (*Masch. - Mot.*), funzionamento dolce, funzionamento regolare. **46 rauher** ~ (*Mot. - Masch.*), funzionamento irregolare, funzionamento duro. **47 Roh** ~ (*Ofen*), marcia fredda. **48 Rückwärts** ~ (*Aut.*), retromarcia, marcia indietro. **49 Schmelz** ~ (*Ofen - Metall.*), calda. **50 Schnell** ~ (eines Wechselgetriebes) (*Aut.*), marcia moltiplicata. **51 Schon** ~ (*Aut.*), siehe Schnellgang. **52 toter** ~ (einer Steuerung z. B.) (*Mech. - etc.*), gioco, lasco. **53 unmittelbarer** ~ (direkter Gang) (*Aut.*), presa diretta. **54 Vorwärts** ~ (*Aut.*), marcia avanti.

gangbar (*Strasse*), praticabile. **2** ~ (*Geld*) (*finanz.*), in corso. **3** ~ (*komm.*), commerciabile.

gängig (*komm.*), commerciabile. **2 ein** ~ (Gewinde) (*Mech.*), ad un principio. **3 links** ~ (*Mech. - etc.*), sinistrorso, sinistro. **4 rechts** ~ (*Mech. - etc.*), destrorso, destro. **5 zwei** ~ (Gewinde) (*Mech.*), a due principi.

Gängigkeit (Gangzahl, einer Schraube) (*f. - Mech.*), numero dei principi. **2** ~ (einer Maschine) (*Masch.*), innesto dolce.

Ganister (*m. - Min.*), roccia silicea.

Gans (Floss) (*f. - Giess.*), ghisa di prima fusione, ghisa d'alto forno.

Gänsefuss (beim Pfahlwerk) (*m. - Bauw.*), piede d'oca.

Gänsefüsschen (Anführungszeichen) (*n. - Druck.*), virgolette.

Ganttplan (zur Darstellung von Fristenplänen) (*m. - Arb. Organ.*), diagramma di Gantt.

ganz (*allg.*), intero, completo. **2** ~ (*Grube*) (*Bergbau*), non ancora scavato. **3** ~ **e Zahl** (*Math.*), numero intero. **4** ~ **seitige Anzeige** (*komm.*), pubblicità su pagina intera. **5** ~ **tätig** (Arbeit) (*Arb.*), a orario pieno.

Ganzautomat (Vollautomat) (*m. - Masch.*), macchina (completamente) automatica.

Gänze (Gesamtheit) (*f. - allg.*), totalità. **2** ~ (nicht abgebauter Erzlager) (*f. - Bergbau*), giacimento non coltivato.

Ganzfabrikat (Fertigerzeugnis) (*n. - Ind.*), prodotto finito.

Ganzholz (Vollholz, Nutzholz mit fast unveränderten natürlichen Abmessungen) (*n. - Holz*), legname in tronco scortecciato.

Ganzlederband (*m. - Buchbinderei*), legatura in tutta pelle, rilegatura in tutta pelle.

Ganzleinenband (*m. - Buchbinderei*), legatura in tutta tela, rilegatura in tutta tela.

Ganzlochwicklung (*f. - Elekt.*), avvolgimento a numero intero di cave.

Ganzmetallbau (*m. - Flugw. - etc.*), costruzione interamente metallica.

Ganzstahlkarosserie (*f. - Aut.*), carozzeria (in) tutto acciaio.

Ganzstoff (Ganzzeug, Papierstoff) (*m. - Papierherstellung*), pasta di legno.

Ganzstück (*n. - Bauw.*), (unità) monoblocco.

G - Anzug (*m. - Flugw.*), combinazione anti - G, tuta anti - G.

Ganzwellengleichrichter (*m. - Elekt.*), raddrizzatore di onda intera.

Ganzzeug (*n. - Papierherstellung*), siehe Ganzstoff.

gar (bereitet) (*allg.*), pronto, finito. **2** ~ **machen** (frischen) (*Metall.*), affinare. **3** ~ **machen** (*Lederind.*), conciare.

Garage (*f. - Aut.*), autorimessa, « garage ». **2** ~ **n·bedarf** (*m. - Aut.*), attrezzatura per autorimesse. **3** ~ **n·wärter** (*m. - Arb.*), « garagista ». **4 Stockwerks** ~ (*Aut.*), autorimessa a più piani, « garage » a più piani.

garagieren (*Aut.*) (*österr. - schweiz.*), mettere in garage, mettere in autorimessa.

Garantie (Gewähr) (*f. - komm. - recht.*), garanzia. **2** ~ **frist** (*f. - komm.*), periodo di garanzia. **3** ~ **schein** (*m. - komm.*), certificato di garanzia. **4** ~ **schein** (für die Einlaufzeit) (*Aut.*), tessera di garanzia. **5** ~ **wert** (*m. - allg.*), valore garantito. **6** ~ **zeit** (*f. - komm.*), periodo di garanzia. **7 Bank** ~ (*finanz.*), garanzia bancaria.

garantieren (*komm.*), garantire.

Garbe (Bündel, von Licht z. B.) (*f. - allg.*), fascio. **2** ~ (*Ack.b.*), covone. **3 Licht** ~ (des Scheinwerfers) (*Beleucht.*), fascio luminoso.

gärben (Stahl) (*Metall.*), saldare a pacchetto.

Gärbottich (*m. - App.*), tino di fermentazione.

Gärbstahl (*m. - Metall.*), acciaio saldato a pacchetto.

Gardinenbildung (*f. - Anstr.fehler*), insaccatura.

Gare (Bodengare) (*f. - Landw.*), preparazione. **2** ~ (von Stahl) (*Metall.*), grado di affinazione.

Gären (Gärung) (*n. - chem. Ind.*), fermentazione.

gären (*allg.*), fermentare.

Gärerzeugnis (*n. - Ind.*), prodotto di fermentazione.

Gärfaulverfahren (für Abwasser) (*n. - Bauw.*), processo di fermentazione-digestione.

Gargang (eines Hochofens z. B.) (*m. - Ofen. - Metall.*), marcia normale.

Garkupfer (*n. - Metall.*), rame affinato.

Garleder (*n. - Lederind.*), pelle conciata.

Gärmesser (*m. - Instr.*), zimometro.

Gärmittel (*n. - Ind.*), fermento.

Garn (Faden) (*n. - Textilind.*), filato. **2** ~ (Netz) (*Text.*), rete. **3** ~ **drehung** (*f. - Textilind.*), torsione del filato. **4** ~ **dynamometer** (*n. - Instr.*), dinamometro per filati. **5** ~ **färben** (*n. - Textilind.*), tintura in matasse.

6 ~ fischerei (Netzfischerei) (f. - *Fischerei*), pesca con rete. 7 ~ führer (m. - *Textilmasch.*), guidafilo. 8 ~ merzerisierung (f. - *Textilind.*), mercerizzazione del filato. 9 ~ meterzähler (m. - *Weberei*), contametri per filati, contatore di metri di filato. 10 ~ nummer (f. - *Textilind.*), titolo del filato. 11 ~ rolle (f. - *Textilind.*), rocchetto di filato. 12 ~ spule (f. - *Textilind.*), bobina di filato. 13 ~ strähn (m. - *Textilind.*), matassa di filato. 14 ~ waage (f. - *Textilind.*), bilancia di titolazione, bilancia per (determinare il) titolo del filato. 15 Asbest ~ (*Ind.*), filo di amianto. 16 Flammen ~ (flammiertes Garn, geflammtes Garn) (n. - *Textilind.*), filato fiammato, filato flammé. 17 gebauschtes ~ (Bauschgarn) (*Textilind.*), filato voluminizzato. 18 gezwirntes ~ (*Textilind.*), filato ritorto. 19 gleichmässiges ~ (*Textilind.*), filato regolare.

Garnettmaschine (Fadenöffner) (f. - *Textilind. masch.*), garnettatrice, «garnett», sfilacciatrice.

Garnierung (Innenbeplankung) (f. - *Schiffbau*), fasciame interno.

Garnitur (Zubehör, eines Kessels z. B.) (f. - *allg.*), accessori. 2 ~ (Satz, einer Maschine z. B.) (*allg.*), dotazione, corredo.

Garschaumgraphit (m. - *Giess.*), grafite primaria, grafite ipereutettica, schiuma di grafite.

Garschlacke (f. - *Ofen.* - *Metall.*), loppa calda, loppa normale, scoria calda, scoria normale.

Gärschlamm (m. - *Biol.*), fango attivo.

Garten (m. - *Bauw.*), giardino. 2 ~ bau (m. - *Ack.b.* - *etc.*), giardinaggio. 3 ~ erde (Mutterboden, humusreiche Erde) (f. - *Ack.b.* - *etc.*), terreno vegetale, terriccio. 4 ~ schere (f. - *Werkz.*), cesoia da giardino. 5 ~ stadt (in der Nähe einer Gross·stadt) (f. - *Bauw.*), città giardino. 6 englischer ~ (*Bauw.*), giardino all'inglese. 7 italienischer ~ (*Bauw.*), giardino all'italiana.

Gärtner (m. - *Arb.*), giardiniere.

Gärung (f. - *chem. Ind.*), fermentazione. 2 ~ s·erreger (Gärungspilz, Ferment, Enzym) (m. - *chem. Ind.*), fermento, enzima. 3 ~ s·messer (m. - *Instr.*), zimometro. 4 alkoholische ~ (*chem. Ind.*), fermentazione alcolica.

gärungserregend (*Chem.*), fermentativo.

gärungshemmend (*Chem.*), antifermentativo.

Gas (n. - *Phys.*), gas. 2 ~ (Stadtgas) (*chem. Ind.*), gas illuminante, gas di città. 3 ~ abscheider (in der Rohölverarbeitung) (m. - *chem. Ind.*), separatore di gas. 4 ~ analyse (f. - *Chem.*), analisi dei gas. 5 ~ anlage (f. - *Bauw.*), impianto del gas. 6 ~ anreicherung (eines flüssigen Bades) (f. - *Metall.* - *Giess.*), gasaggio. 7 ~ anschluss (Gashauszuleitung) (m. - *Bauw.* - *Leit.*), tubo (del gas) di allacciamento alla rete. 8 ~ anstalt (Gaswerk) (f. - *chem. Ind.*), officina del gas, officina di produzione del gas. 9 ~ anzeiger (Gasdetektor) (m. - *Ger.*), rivelatore (di fughe) di gas. 10 ~ anzünder (für Stadtgas) (m. - *Ger.*), accendigas. 11 ~ anzünder (für Zigaretten) (*Ger.*), accendisigari a gas. 12 ~ aufkohlen (Gaseinsatzhärten) (n. - *Wärmebeh.*), cementazione carburante a gas, carbocementazione a gas. 13 ~ auftragschweissen (n. - *mech. Technol.*), riporto mediante saldatura al cannello. 14 ~ automat (Münzgasmesser) (m. - *Instr.*), contatore del gas a gettone, distributore di gas a moneta. 15 ~ backofen (m. - *Ofen*), forno' di cottura a gas. 16 ~ badeofen (m. - *Bauw.*), scaldabagno a gas. 17 ~ ballasteinrichtung (einer Pumpe) (f. - *Masch.*), zavorratore. 18 ~ ballastpumpe (f. - *Masch.*), pompa con zavorratore. 19 ~ behälter (m. - *chem. Ind.*), siehe Gasbehälter. 20 ~ beleuchtung (f. - *Beleucht.*), illuminazione a gas. 21 ~ beton (m. - *Bauw.*), calcestruzzo poroso. 22 ~ betrieb (m. - *Verbr. mot.*), funzionamento a gas. 23 ~ blase (f. - *Giess.fehler*), soffiatura. 24 ~ brenner (m. - *Verbr.*), bruciatore per gas, becco a gas. 25 ~ brennhärtung (Flammhärtung) (f. - *Wärmebeh.*), flammatura. 26 ~ brennschnitt (Gasbrennschneiden) (m. - *mech. Technol.*), taglio al cannello, ossitaglio. 27 ~ chromatogramm (n. - *chem. Ind.*), gascromatogramma. 28 ~ diffusionsanlage (zur Isotopentrennung) (f. - *Kernphys.*), impianto di diffusione gassosa. 29 ~ drossel (eines Vergasers) (f. - *Mot.*), valvola a farfalla (del gas), farfalla. 30 ~ durchtritt (an den Kolbenringen) (m. - *Mot.*), trafilamento di gas. 31 ~ dynamik (f. - *Phys.*), gasdinamica, dinamica dei gas. 32 ~ einsatzhärtung (Gasaufkohlen) (f. - *Wärmebeh.*), carbocementazione a gas, cementazione carburante a gas. 33 ~ einschlüsse (m. - *pl.* - *Technol.*), inclusioni di gas. 34 ~ entbindungsflasche (Kipp-Apparat) (f. - *chem. Ger.*), apparecchio di Kipp. 35 ~ entladung (f. - *Elekt.*), scarica in gas (rarefatto). 36 ~ entladungslampe (f. - *Beleucht. App.*), lampada luminescente a gas. 37 ~ entladungsröhre (f. - *Elekt.*), tubo a gas ionizzato. 38 ~ entladungszählrohr (Geiger-Müller-Zählrohr) (n. - *Ger.*), contatore di Geiger e Müller. 39 ~ entwickler (Gaserzeuger, Gasgenerator) (m. - *App.*), gasogeno. 40 ~ entwicklung (f. - *Chem.*), sviluppo di gas. 41 ~ erzeuger (Gasgenerator) (m. - *App.*), gasogeno. 42 ~ erzeugung (f. - *chem. Ind.*), produzione di gas. 43 ~ feder (f. - *Ger.*), ammortizzatore pneumatico. 44 ~ fernleitung (f. - *Leit.*), gasdotto. 45 ~ feuerung (Verfahren) (f. - *Verbr.*), combustione a gas. 46 ~ feuerung (eines Ofens, Kessels, etc.) (*Kessel* - *etc.*), focolare a gas. 47 ~ feuerung (Gasofen) (*Ofen*), forno a gas. 48 ~ flammofen (m. - *Ofen*), forno a riverbero a gas. 49 ~ flasche (f. - *chem. Ind.*), bombola per gas. 50 ~ fusshebel (Gaspedal) (m. - *Aut.*), pedale dell'acceleratore. 51 ~ geben (*Mot.*), accelerare, «dare gas», aprire il gas. 52 ~ geben (*Flugw.*), dare manetta, aprire il gas. 53 ~ gemisch (n. - *Mot.*), miscela gassosa. 54 ~ gemischhebel (m. - *Flugmotor*), correttore della miscela. 55 ~ generator (Gaserzeuger) (m. - *App.*), gasogeno. 56 ~ gesetze (n. - *pl.* - *Chem.* - *Phys.*), leggi dei gas. 57 ~ gestänge (n. - *Aut.*), tiranteria dell'acceleratore. 58 ~ gewinde (n. - *Mech.* - *Leit.*), filettatura gas. 59 ~ gewindebohrer (m. - *Werkz.*), maschio per filettature gas. 60 ~ gleichung (f. - *Phys.*), equazione dei gas. 61 ~ griff

Gas

(eines Mopeds z. B., **Drehgasgriff**) (*m. - Fahrz.*), manopola comando gas. 62 ~ **handgriff** (*m. - Mot. - Aut.*), pomello dell'acceleratore a mano. 63 ~ **handhebel** (Handgashebel) (*m. - Aut.*), leva dell'acceleratore a mano. 64 ~ **härteofen** (*m. - Ofen - Wärmebeh.*), forno a gas per tempra. 65 ~ **hebel** (*m. - Flugmotor*), leva del gas, «manetta». 66 ~ **hobeln** (*n. - mech. Technol.*), sgorbiatura al cannello. 67 ~ **hydrat** (für die Gewinnung von Süsswasser aus dem Meere) (*n. - Chem.*), idrato gassoso. 68 ~ **installateur** (*m. - Arb.*), gasista, «idraulico», installatore. 69 ~ **kessel** (*m. - chem. Ind.*), siehe Gasbehälter. 70 ~ **koks** (*m. - Brennst.*), coke di storta. 71 ~ **kreisel** (auf Gaslagern gelagerter sphärischer Kreisel, für Trägheitsnavigation gebraucht) (*m. - Ger.*), giroscopio (sferico) su cuscinetti a gas. 72 ~ **lagerung** (von Lebensmitteln) (*f. - Ind.*), immagazzinamento in atmosfera gassosa. 73 ~ **laser** (*m. - Ger.*), laser a gas. 74 ~ **leitung** (*f. - Bauw.*), conduttura del gas. 75 ~ **licht-Glühstrumpf** (*m. - Beleucht.*), reticella Auer. 76 ~ **mann** (Angestellter der Gaswerke) (*m. - Arb.*), letturista del gas, contorista verificatore del gas. 77 ~ **maschine** (Grossgasmaschine, Kraftmaschine für Gichtgas) (*f. - Masch. - Metall.*), macchina a gas (di alto forno), macchina a gas (di bocca). 78 ~ **maske** (*f. - milit. etc.*), maschera antigas. 79 ~ **messer** (*m. - Instr.*), siehe Gasmesser. 80 ~ **motor** (Gasmaschine) (*m. - Mot.*), motore a gas. 81 ~ **nitrieren** (*n. - Wärmebeh.*), nitrurazione a gas. 82 **ofen** (*m. - Ofen*), forno a gas. 83 ~ **öl** (*n. - Brennst.*), gasolio. 84 ~ **pedal** (Gasfusshebel) (*n. - Aut.*), pedale dell'acceleratore. 85 ~ **pore** (*f. - Giess.fehler*), soffiatura. 86 ~ **quelle** (*f. - chem. Ind.*), pozzo che produce gas. 87 ~ **sauger** (*m. - ind. App.*), aspiratore (di gas). 88 ~ **schluss** (bei Gasblasenbildung) (*m. - Mot.*), tampone di vapore. 89 ~ **schmelzschweissung** (Autogenschweissung) (*f. - mech. Technol.*), saldatura autogena. 90 ~ **schweissbrenner** (*m. - mech. Technol. - Ger.*), cannello per saldatura. 91 ~ **schweissung** (Autogenschweissung) (*f. - mech. Technol.*), saldatura autogena. 92 ~ **sengmaschine** (*f. - Textilmasch.*), macchina bruciapelo a gas. 93 ~ **speicher** (*m. - chem. Ind.*), siehe Gasbehälter. 94 ~ **stocher** (*m. - Arb.*), fuochista di gasogeni. 95 ~ **tanker** (*m. - naut.*), nave cisterna per gas, nave per trasporto di gas. 96 ~ **tankstelle** (*f. - Aut.*), stazione di rifornimento di gas, distributore di gas. 97 ~ **triode** (*f. - Elektronik*), triodo a gas. 98 ~ **turbine** (Verbrennungsturbine) (*f. - Turb.*), siehe Gasturbine. 99 ~ **uhr** (Gasmesser) (*f. - Instr.*), contatore del gas. 100 ~ **verflüssigung** (*f. - chem. Ind.*), liquefazione del gas. 101 ~ **wascher** (*m. - chem. Ind.*), gorgogliatore di lavaggio (di gas). 102 ~ **wasser** (Ammoniakwasser) (*n. - Chem.*), acqua ammoniacale, ammoniaca in soluzione acquosa. 103 ~ **wasser** (Abwasser von Gaswerken) (*chem. Ind.*), acqua di rifiuto di officine del gas. 104 ~ **wasserheizer** (*m. - Heizung - Ger.*), scaldacqua a gas. 105 ~ **wasserheizer** (grösserer Gaswasserheizer, zur Warmwasserversorgung des Bades) (*Bauw. - Ger.*), scaldabagno a gas. 106 ~ **wegnehmen** (*Aut.*), chiudere il gas. 107 ~ **werk** (*n. - chem. Ind.*), officina del gas, officina di produzione del gas. 108 ~ **wertzahl** (Produkt von Gasausbeute aus 1 kg Reinkohle und dem Heizwert des Gases in kcal/m³) (*f. - Verbr.*), indice gas-calorie. 109 ~ **zähler** (*m. - Ger.*), contatore del gas. 110 ~ **zentrifuge** (zur Isotopentrennung) (*f. - Phys.*), centrifuga ionica. 111 **durchblasendes** ~ (zwischen Kolben und Zylinderbuchse) (*Mot.*), trafilamento, laminazione, perdita di compressione. 112 **entartetes** ~ (*Phys. - Astrophys.*), gas degenere. 113 **Generator** ~ (*Ind.*), gas di gasogeno. 114 **Hochofen** ~ (*Metall.*), gas d'altoforno. 115 **ideales** ~ (*Phys.*), gas perfetto. 116 **Kokerei** ~ (Stadtgas) (*chem. Ind.*), gas di cokeria, gas illuminante. 117 **Leucht** ~ (*chem. Ind.*), gas illuminante. 118 **Luft** ~ (*Ind.*), gas d'aria. 119 **reales** ~ (*Phys.*), gas reale. 120 **Schutz** ~ (*Ofen - Metall.*), gas protettivo, atmosfera protettiva, atmosfera controllata. 121 **Stadt** ~ (Kokereigas) (*chem. Ind.*), gas di città, gas illuminante. 122 **technisches** ~ (für Heizung z. B.) (*Ind.*), gas tecnico, gas industriale. 123 **verdünntes** ~ (*Phys.*), gas rarefatto. 124 **Wasser** ~ (*Ind.*), gas d'acqua.

gasarm (Kohle) (*Verbr.*), a fiamma corta. 2 ~ (Gemisch) (*Mot.*), povero, magro.

Gasbehälter (*m. - Ind.*), recipiente per gas, serbatoio per gas. 2 ~ (Gasometer) (*chem. Ind.*), gasometro. 3 **Glocken** ~ (Glockengasspeicher) (*chem. Ind.*), gasometro a campana. 4 **Kugel** ~ (Hochdruckgas-Kugelspeicher) (*chem. Ind.*), gasometro sferico. 5 **mehrfacher** ~ (Teleskopbehälter) (*chem. Ind.*), gasometro telescopico. 6 **nasser** ~ (*chem. Ind.*), gasometro a umido, gasometro a tenuta idraulica. 7 **Scheiben** ~ (trockener Gasbehälter) (*chem. Ind.*), gasometro a secco. 8 **trockener** ~ (*chem. Ind.*), gasometro a secco.

gasdicht (*Ind.*), a tenuta di gas, stagno al gas.

Gasen (Sengen) (*n. - Textilind.*), gasatura, bruciatura. 2 ~ (der Batterie) (*Elektrochem.*), ebollizione. 3 ~ (Gasentwicklung) (*Ind.*), sviluppo di gas.

gasen (*Textilind.*), bruciare, gasare.

Gaserer (Gasmann, Angestellter der Gaswerke) (*m. - Arb.*) (österr.), letturista del gas, contorista verificatore del gas.

gasförmig (*Phys.*), gassoso.

gasgeheizt (*Ofen*), a gas.

Gasieren (Gasen, Sengen) (*n. - Textilind.*), gasatura, bruciatura.

gasieren (gasen, sengen) (*Textilind.*), gasare, bruciare.

Gasmesser (Gaszähler) (*m. - Instr.*), contatore del gas. 2 **nasser** ~ (*Instr.*), contatore del gas a liquido. 3 **trockener** ~ (*Instr.*), contatore del gas a secco.

gasnitriert (*Wärmebeh.*), nitrurato a gas.

Gasometer (*m. - chem. Ind.*), siehe Gasbehälter.

Gasse (*f. - Giess.*), canale. 2 ~ (Stadtstrasse) (*Strasse*), strada di città. 3 ~ (enge Strasse) (*Strasse*), strada stretta. 4 ~ (eines Hochregallagers z. B.) (*Ind.*), corsia. 5 ~ (beim Gangschalten von Wechselgetrieben) (*Aut.*),

instradamento. 6 ~ n·besetztzeichen (n. - Fernspr.), segnale d'occupazione di gruppo.
Gast (m. - Transp. - etc.), passeggero. 2 ~ **arbeiter** (m. - Arb.), lavoratore straniero. 3 ~ **hof** (m. - Bauw.), albergo. 4 ~ **zimmer** (n. - Bauw.), camera degli ospiti.
Gasturbine (Verbrennungsturbine) (f. - Turb.), turbina a gas. 2 ~ **mit geschlossenem Kreislauf** (Turb.), turbina a gas a circuito chiuso. 3 ~ **mit offenem Kreislauf** (Turb.), turbina a gas a circuito aperto. 4 **Luftschrauben-** ~ (Propeller-Turbine, Luftstrahltriebwerk) (Flugw.), turboelica, motore a turboelica.
GATT (Allgemeines Zoll- und Handelsabkommen) (komm.), GATT, Accordo Generale Tariffario per le Dogane ed il Commercio.
Gatt (Heckform) (n. - Schiffbau), (forma di) poppa. 2 **Platt** ~ (Schiffbau), poppa piatta. 3 **Rund** ~ (Schiffbau), poppa tonda. 4 **Spitz** ~ (Kreuzerheck) (Schiffbau), poppa tipo incrociatore.
Gatter (Gitter) (n. - allg.), grata, griglia. 2 ~ (Gattersäge, Masch. mit mehreren Sägeblättern) (Masch.), sega alternativa multipla (per legno), segatrice alternativa multipla (per legno). 3 ~ (Torschaltung, logische Schaltung) (Datenverarb.), elemento logico, circuito logico, porta. 4 ~ (Spulengestell an Spinnmaschinen) (Spinnerei), cantra. 5 ~ **rahmen** (Sägerahmen) (m. - Werkz.), telaio di sega. 6 ~ **säge** (Vollgatter) (f. - Masch.), sega alternativa multipla (per legno), segatrice alternativa multipla (per legno). 7 **Inverter-** ~ (Negator, NICHT-Schaltung) (Rechner), elemento NOT, negatore, circuito NOT, porta NOT. 8 **ODER-** ~ (Rechner), elemento OR, circuito OR, porta OR. 9 **UND-** ~ (Rechner), elemento AND, circuito AND, porta AND. 10 **Voll** ~ (Masch.), siehe Gattersäge.
Gattieren (Vermengung mehrerer Roheisengattungen) (n. - Giess.), preparazione della carica.
gattieren (mischen) (allg.), mescolare, mischiare. 2 ~ (Giess. - Metall.), preparare la carica.
Gattierung (Mischung) (f. - allg.), mescolanza. 2 ~ (Vorgang) (Metall.), preparazione della carica. 3 ~ (Zusammensetzung) (Giess. - Metall.), carica, composizione della carica.
GAU., g.a.U. (grösster anzunehmender Unfall, grösster glaubwürdiger Unfall) (Kernphys.), massimo incidente credibile.
Gaube (Dachgaupe, Dachgaube, Gaupe) (f. - Bauw.), abbaino.
Gaufrieren (Vorprägen) (n. - Textilind.), goffratura, stampaggio in rilievo.
gaufrieren (Textilind.), goffrare.
Gaufriermaschine (f. - Masch.), goffratrice.
Gaupe (Dachgaube, Gaube, Dachgaupe) (f. - Bauw.), abbaino.
gauss (Einheit der magnetischen Induktion) (n. - Elekt. - Masseinheit), gauss.
Gauss·sche Verteilung (der Streuung von Versuchswerten z. B.) (Phys. - Mech.), distribuzione di Gauss, distribuzione gaussiana.
Gauss'sche Zahlenebene (Math.), piano complesso, piano di Gauss.

Gautschpappe (f. - Papierind.), cartone a mano.
Gautschpresse (für Papierherstellung) (f. - Masch.), pressa umida.
Gaze (f. - Textilind.), garza. 2 ~ **papier** (n. - Papierind.), carta velina.
Gb (Gilbert) (Masseinheit), Gb, gilbert.
G.B.-A.B. (Gitterbasis-Anodenbasis-Schaltung) (Funk.), circuito con griglia ed anodo a massa.
Gbh. (Güterbahnhof) (Eisenb.), scalo merci.
GBK (blankgeglüht) (Wärmebeh.), ricotto in bianco.
Gbm (Gebrauchsmuster) (recht. - Ind.), modello di utilità.
GBO (Grundbuchordnung) (Bauw.), regolamento catastale.
GCA-Radaranlage (GCA-Verfahren, Anflugverfahren) (f. - Flugw. - Navig.), impianto radar GCA, impianto radar per avvicinamento guidato da terra.
GD (Druckguss, Guss·stück) (Giess.), pressogetto. 2 ~ (Druckguss, Verfahren) (Giess.), pressofusione. 3 ~ (dunkelgeglüht) (Wärmebeh.), ricotto nero.
Gd (Gadolinium) (Chem.), Gd, gadolinio.
GD^2 (γ, Trägheitsmoment, eines Schwungrades z. B.) (Mech.), GD^2, momento d'inerzia.
GdA (Gewerkschaftsbund der Angestellten) (Arb.), sindacato degli impiegati.
GD-Al... (Druckguss-Aluminiumlegierung) (Giess.), lega di alluminio per pressoggetti.
GDM (Gesamtverband Deutscher Metallgiessereien) (Giess.), Associazione Tedesca Fonderie per Metalli.
Ge (Germanium) (Chem.), Ge, germanio. 2 ~ (Germaniumdiode) (Elektronik), diodo al germanio.
ge (gelb) (Farbe), giallo.
geädert (allg.), venato, a righe. 2 ~ (Gusseisen) (Giess.), trotata.
gealtert (allg.), invecchiato, stagionato. 2 ~ (Wärmebeh.), invecchiato.
geb. (gebunden, Buch) (Druck.), rilegato. 2 ~ (geboren) (recht.), nato.
Gebälk (Balkenwerk, eines Daches z. B.) (n. - Zimm. - Bauw.), ossatura in legno.
Gebarung (Geschäftsführung) (f. - komm. - Adm.) (österr.), gestione. 2 ~ **s·jahr** (n. - Adm.) (österr.), esercizio, anno finanziario. 3 ~ **s·kontrolle** (Kontrolle der Buchführung) (f. - Adm.) (österr.), verifica contabile.
gebaucht (allg.), convesso, panciuto, bombato.
Gebäude (n. - Bauw.), edificio, fabbricato. 2 ~ **abstand** (Entfernung zwischen Hausfronten und Strasse) (m. - Bauw.), distanza (edificabile) dal ciglio (della strada), distacco (dell'edificio) dal filo stradale. 3 ~ **fläche** (eines Grundstückes) (f. - Bauw.), area copribile. 4 ~ **gruppe** (f. - Bauw.), isolato. 5 ~ **steuer** (f. - finanz.), imposta sui fabbricati. 6 **Betriebs** ~ (Bauw. - Ind.), edificio industriale. 7 **Betriebs** ~ (eines Kraftwerkes z. B.) (Elekt. - etc.), edificio impianti e servizi. 8 **öffentliches** ~ (Bauw.), edificio pubblico.
gebaut (Balken z. B.) (Bauw. - etc.), composto, composito. 2 ~ **e Kurbelwelle** (Mot.), albero a gomiti composto.
gebeizt (Metall.), decapato.

geben (*allg.*), dare. 2 ~ (*Fernspr.*), trasmettere.
Geber (Sender) (*m. - Fernspr.*), trasmettitore. 2 ~ (eines elekt. Messgerätes, wandelt die nichtelektrische Grösse in eine elekt. Grösse um) (*Instr.*), trasduttore (elettrico), rivelatore, trasmettitore. 3 ~ (Morsetaste) (*Telegr.*), tasto trasmettitore. 4 ~ **dynamo** (Drehzahlgeber) (*f. - Ger.*), dinamo tachimetrica. 5 ~ **zylinder** (zur Kupplungsbetätigung z. B.) (*m. - Aut.*), pompa idraulica. 6 **Widerstandsfern** ~ (*Ger.*), trasduttore elettrico a resistenza.
Gebiet (*n. - allg.*), regione, zona. 2 ~ (*Geogr.*), territorio. 3 ~ (der Umwandlung) (*Metall.*), zona. 4 ~ (*Wissenschaft*), campo. 5 ~ (Unterteilung) (*allg.*), settore. 6 **abgetastetes** ~ (*Radar*), zona esplorata. 7 **Bergbau** ~ (*Bergbau*), distretto minerario. 8 **Grenz** ~ (*Geogr.*), zona di frontiera. 9 **Industrie** ~ (*Ind.*), zona industriale. 10 **instabiles** ~ (des Kennlinienfeldes eines Verdichters) (*Masch.*), regione (del funzionamento) labile. 11 **Notstands** ~ (*Ind.*), zona depressa. 12 **Öl** ~ (*Geol.*), regione petrolifera. 13 **Schatten** ~ (blindes Gebiet) (*Radar*), zona d'ombra. 14 **stabiles** ~ (des Kennlinienfeldes eines Verdichters) (*Masch.*), regione (del funzionamento) stabile. 15 **technisches** ~ (*Technol. - Wissens.*), campo tecnico. 16 **Zollausschluss** ~ (*komm.*), zona franca.
gebietlich (*allg.*), regionale.
Gebilde (einer Oberfläche z. B.) (*n. - Mech. - etc.*), struttura.
gebildet (*allg.*), formato. 2 **akademisch** ~ **sein** (*Schule - Arb.*), avere un'istruzione universitaria.
gebilligt (*allg.*), approvato, accettato.
« Gebimmel » (schwacher Ton) (*n. - Akus.*), suono fioco.
Gebinde (Packung) (*n. - Transp. - komm.*), confezione.
Gebirge (*n. - Geogr.*), montagna. 2 ~ (Gestein) (*Min.*), roccia. 3 ~ (gesamtes Gestein das eine Lagerstätte umgibt) (*Bergbau*), roccia incassante.
Gebirgsbahn (Bergbahn) (*f. - Eisenb.*), ferrovia di montagna.
Gebirgsbeschreibung (Orographie) (*f. - Geogr.*), orografia.
Gebirgsbildung (Orogenese) (*f. - Geol.*), orogenesi.
Gebirgsdruck (*m. - Geol.*), pressione orogenetica.
Gebirgskunde (*f. - Geogr.*), orografia.
Gebirgslokomotive (*f. - Eisenb.*), locomotiva da montagna.
Gebirgsmechanik (Gesteinsmechanik) (*f. - Geol.*), meccanica delle rocce.
Gebirgsschlag (*m. - Bergbau*), scoppio, cedimento di roccia.
Gebirgszug (*m. - Geogr.*), catena di montagne.
Gebläse (Maschine zur Förderung von Luft, Dämpfen und Gasen, mit Druckbereich zwischen Lüfter und Kompressor) (*n. - Masch.*), soffiante, pompa pneumofora. 2 ~ (Auflader, zur Verbesserung der Füllung der Zylinder) (*Mot.*), compressore. 3 ~ **haus** (*n. - Metall.*), sala soffianti. 4 ~ **lampe** (zum Schweissen z. B.) (*f. - Ger.*), torcia, lampada, fiaccola. 5 ~ **maschine** (*f. - Masch.*), soffiante, pompa pneumofora. 6 ~ **motor** (Auflademotor) (*m. - Mot.*), motore sovralimentato. 7 ~ **rad** (*n. - Masch.*), ventola, girante. 8 ~ **wind** (*m. - allg.*), corrente (d'aria) forzata. 9 ~ **wind** (für Hochofen) (*Ofen - Metall.*), vento. 10 **Axial** ~ (*Masch.*), compressore assiale. 11 **Benzinlöt** ~ (für Schweissen) (*Ger.*), saldatoio a benzina, torcia a benzina (per saldare), lampada a benzina (per saldare). 12 **Dampfstrahl** ~ (*Masch.*), eiettore a getto di vapore. 13 **Kapsel** ~ (*Masch.*), capsulismo soffiante, pompa rotativa per gas. 14 **Kolben** ~ (*Masch.*), soffiante a stantuffo. 15 **Kreisel** ~ (*Masch.*), soffiante centrifuga, pompa centrifuga per gas. 16 **Kühlluft** ~ (*Mot.*), ventilatore dell'aria di raffreddamento. 17 **Lade** ~ (*Mot.*), compressore. 18 **Radial** ~ (*Masch.*), compressore radiale. 19 **Spül** ~ (eines Dieselmotors) (*Mot.*), compressore di lavaggio. 20 **Turbo** ~ (*Masch.*), turbosoffiante. 21 **Zoller** ~ (Flügelgebläse, Sternkolbengebläse)(*Masch. - Mot.*), compressore rotativo a palette.
geblasen (Kunststoff z. B.) (*Technol.*), soffiato.
geblättert (*allg.*), a lamine, stratificato, lamellare. 2 ~ (lamellieren, Läufer aus Blechen zusammengesetzt) (*elekt. Masch.*), a lamelle.
gebleit (*Brennst.*), etilizzato. 2 ~ **es Benzin** (*Kraftstoff*), benzina etilizzata, benzina antidetonante.
gebogen (*allg.*), curvo.
gebondert (Stahl) (*Metall.*), bonderizzato.
gebördelt (Blech z. B.) (*Technol.*), bordato.
gebösscht (Mauer) (*Bauw.*), a scarpa. 2 ~ **e Mauer** (*Maur.*), muro a scarpa.
Gebot (Angebot) (*n. - komm.*), offerta. 2 ~ (Befehl) (*allg.*), comando, ordine. 3 ~ **s**·**schild** (*n. - Strass.ver. - etc.*), segnale d'obbligo.
gebrannt (*Keramik*), cotto. 2 ~ **e Form** (*Giess.*), forma a secco, forma di terra essiccata. 3 ~ **er Kalk** (*Maur.*), calce viva.
Gebrauch (*m. - allg.*), uso, impiego. 2 ~ **s**·**anweisung** (*f. - allg.*), istruzioni sull'uso, istruzioni per l'uso. 3 ~ **s**·**eignung** (*f. - allg.*), utilizzabilità, applicabilità, idoneità. 4 ~ **s**·**gipfelhöhe** (*f. - Flugw.*), tangenza pratica. 5 ~ **s**·**last** (*f. - Mot. - etc.*), carico di esercizio. 6 ~ **s**·**muster** (*n. - recht.*), modello di utilità. 7 ~ **s**·**spannung** (*f. - Elekt.*), tensione di esercizio. 8 ~ **s**·**vorschrift** (*f. - allg.*), prescrizioni per l'uso. 9 ~ **s**·**wagen** (*m. - Aut.*), utilitaria. 10 ~ **s**·**wagen** (im Gegensatz zur Sport- und Rennwagen z. B.) (*Aut.*), vettura normale. 11 ~ **s**·**wert** (*m. - komm. - etc.*), valore d'uso. 12 **ausser** ~ (*allg.*), fuori uso.
gebräuchlich (*allg.*), comune, usuale, tradizionale.
gebrauchsfertig (*allg.*), pronto per l'uso.
gebraucht (Wagen, Öl, etc.) (*Ind.*), usato. 2 ~ **er Formsand** (*Giess.*), terra da fonderia usata, terra del cumulo.
Gebrauchtwagen (*m. - Aut.*), veicolo usato.
Gebrechlichkeit (*f. - Med.*), infermità.
gebremst (*allg.*), frenato. 2 ~ **e Pferdestärke** (*Mot.*), potenza al freno (in cavalli).
gebrochen (*allg.*), rotto. 2 ~ (Strahl) (*Opt.*), rifratto. 3 ~ (Zahl) (*Math.*), frazionario. 4 ~ **es Härten** (Abschrecken in zwei verschiedenen Abschreckmitteln nacheinander) (*Wärmebeh.*), tempra interrotta.

gebrückt (Klemmen z. B.) (*Elekt.*), collegati con ponticello.
Gebühr (Abgabe, für öffentliche Einrichtungen z. B.) (*f. - finanz.*), tassa, diritto. 2 ~ (Entgelt für geleistete Dienste) (*Adm.*), onorario. 3 ~ en-anzeiger (Gebührenmelder) (*m. - Fernspr.*), indicatore di tariffa. 4 ~ eneinheit (*f. - Fernspr.*), unità tariffaria, tariffa unitaria. 5 ~ en-erfassung (*f. - Fernspr.*), computo degli addebiti. 6 ~ en-freiheit (für Post z. B.) (*f. - finanz.*), franchigia. 7 ~ enmelder (Gebührenanzeiger) (*m. - Fernspr.*), indicatore di tariffa. 8 ~ en-rechner (*m. - Fernspr. - Ger.*), calcolatore di tariffa. 9 ~ en-stempel (einer Frankiermaschine) (*m. - Post*), timbro. 10 ~ en-tabelle (*f. - Adm.*), tariffario. 11 ~ en-verzeichnis (*n. - Adm.*), tariffario. 12 ~ en-zähler (in Frankiermaschinen) (*m. - Post*), contatore di affrancature. 13 Aufnahme ~ (*finanz.*), tassa d'iscrizione. 14 Eintragungs ~ (*finanz.*), tassa di registro. 15 ermässigte ~ (*finanz.*), tassa ridotta, tariffa ridotta. 16 Gerichts ~ en (*finanz.*), diritti legali. 17 Hafen ~ en (*naut.*), diritti portuali. 18 Jahres ~ (*finanz.*), annualità, tassa annua. 19 Lizenz ~ (*finanz. - komm.*), diritto di licenza, « redevance ». 20 Wert ~ (*Adm.*), tariffa ad valorem. 21 Zeit ~ (*Adm.*), tariffa a tempo. 22 Zoll ~ en (*finanz.*), diritti doganali. 23 zu ermässigter ~ (für Drucksachen z. B.) (*Post - Transp.*), a tariffa ridotta.
gebührenpflichtig (*allg.*), tassabile. 2 ~ (Autobahn) (*Strasse*), a pedaggio.
gebunden (*Buchbinderei*), legato, rilegato. 2 ~ (*Chem.*), combinato. 3 ~ e Energie (*Phys.*), energia latente, energia interna. 4 ~ es Elektron (*Atomphys.*), elettrone legato. 5 ~ es Wasser (*Chem.*), acqua di costituzione. 6 ~ e Wärme (*Phys.*), calore latente.
Geburtsschein (*m. - recht.*), certificato di nascita.
Geburtszange (*f. - med. Ger.*), forcipe.
Gedächtniswerk (Speicher, an Rechenmaschinen) (*n. - Rechenmasch.*), memoria.
gedämpft (Schwingung) (*Phys.*), smorzato. 2 ~ es Licht (*Opt.*), luce attenuata.
Gedankenaustausch (*m. - allg.*), scambio di idee.
Gedankenstrich (*m. - Druck.*), lineetta.
gediegen (*Min. - Metall.*), nativo.
Gedingarbeit (Stückarbeit) (*f. - Arb. - Bergbau*), lavoro a cottimo.
Gedinge (Stückarbeit) (*n. - Arb. - Bergbau*), cottimo. 2 ~ lohn (Leistungslohn) (*m. - Arb. - Bergbau*), salario a cottimo. 3 ~ nehmer (Akkordarbeiter) (*m. - Arb. - Bergbau*), lavoratore a cottimo, cottimista. 4 ~ setzung (*f. - Arb. - Bergbau*), determinazione dei cottimi.
gedrängt (kompakt) (*allg.*), compatto.
Gedrängtheit (*f. - allg.*), compattezza.
gedrechselt (*Holzbearb.*), tornito.
gedrosselt (*allg.*), strozzato. 2 ~ (*Mot.*), a gas ridotto.
gedruckt (*Druck.*), stampato. 2 ~ e Schaltplatte (*Elekt.*), circuito stampato su pannello. 3 ~ e Schaltung (*Elekt. - Funk.*), circuito stampato.

gedrückt (*allg.*), compresso.
gedrungen (dicht, fest, kompakt) (*allg.*), compatto. 2 ~ (zusammengedrückt) (*allg.*), schiacciato, di forma schiacciata. 3 ~ (*allg.*), siehe auch dringen.
gedübelt (*Mech.*), fissato con spina, fissato con grano. 2 ~ (*Zimm. - Tischl.*), incavigliato, incavicchiato, fissato con caviglia.
geeicht (*Instr.*), tarato.
geeignet (*allg.*), adatto, appropriato.
Geer (Gei, Geerde) (*f. - naut.*), siehe Geitau.
geerdet (*Elekt.*), a massa, a terra. 2 ~ er Mittelleiter (*Elekt.*), neutro a massa. 3 ~ er Nullpunkt (*Elekt.*), centro stella a massa, punto neutro a massa.
Gefachautomat (zur Ausgabe von Waren) (*m. - Masch.*), distributore automatico.
Gefahr (*f. - Verkehr - etc.*), pericolo. 2 ~ enfeuer (*n. - Flugw.*), faro di pericolo. 3 ~ engrad (einer Kreuzung z. B.) (*m. - Strass.verk. - etc.*), grado di pericolosità. 4 ~ enklasse (brennbarer Flüssigkeiten) (*f. - Brennst.*), classe di pericolosità. 5 ~ enschild (*n. - Strass.verkehr*), segnale di pericolo. 6 ~ signal (*n. - allg.*), segnale di pericolo. 7 allgemeine ~ stelle (Verkehrszeichen) (*Strass.ver.*), pericolo generico.
gefährden (*allg.*), mettere in pericolo.
Gefährdung (*f. - allg.*), pericolosità. 2 ~ spannung (*f. - Elekt.*), tensione pericolosa. 3 Berührungs ~ (*Elekt. - etc.*), pericolosità da contatto.
gefährlich (*allg.*), pericoloso.
Gefällbruch (Neigungswechsel) (*m. - Eisenb.*), cambio di livelletta.
Gefälle (Neigung, Höhe/Länge) (*n. - Top. - etc.*), pendenza. 2 ~ (Gradient, von Temperatur z. B.) (*Phys.*), gradiente. 3 ~ (Gefällhöhe, eines Kanals z. B.) (*Wass.b. - Hydr.*), pendenza. 4 ~ (*Eisenb.*), pendenza, livelletta. 5 ~ (Unterschied, im Preise z. B.) (*komm. - etc.*), differenza. 6 ~ (Abgabe) (*finanz.*), diritto. 7 ~ -Beton (geneigte Betonschicht für Flachdächer, etwa 1°) (*m. - Bauw.*), strato di calcestruzzo in pendenza. 8 ~ verlust (*m. - Hydr.*), perdita di carico. 9 ~ zuführung (*f. - Aut. - Mot.*), alimentazione a gravità. 10 Druck ~ (Gefälle der Drucklinie) (*Hydr.*), pendenza piezometrica, cadente piezometrica. 11 elektrisches ~ (*Elekt.*), caduta di potenziale. 12 Energie ~ (Gefälle der Energielinie) (*Hydr.*), pendenza della linea di carico, perdita di carico. 13 nutzbares ~ (des Wassers für eine Turbine z. B.) (*Hydr.*), salto motore, salto utile. 14 Reibungs ~ (*Hydr.*), perdita di carico (per attrito). 15 Sohl ~ (eines Kanals z. B.) (*Hydr.*), pendenza del fondo. 16 Spiegel ~ (eines Kanals z. B.) (*Hydr.*), pendenza della superficie libera.
Gefällhöhe (Gefälle) (*f. - Hydr.*), pendenza.
gefällig (Aussehen z. B.) (*allg.*), gradevole.
Gefälligkeitswechsel (*m. - komm.*), cambiale di comodo.
Gefällmesser (Neigungsmesser) (*m. - Instr.*), clinometro.
Gefällsversorgung (*f. - Mot. - etc.*), alimentazione per gravità.
Gefällwechsel (*m. - Eisenb.*), cambio di pendenza, cambio di livelletta.

G.-E.-Faser (Faserstoff aus einem Mischpolymerisat; 70% Acrylnitril, 25% Äthylacetat und 5% Äthylmetacrylat) (*f. - chem. Ind.*), fibra G.-E.
Gefäss (*n. - allg.*), recipiente. 2 ~ (Förderkorb) (*Bergbau*), skip. 3 ~ (Glaskolben) (*Elekt. - etc.*), ampolla. 4 ~ (*Anatomie*), vaso. 5 ~ barometer (*n. - Instr.*), barometro a vaschetta. 6 ~ förderung (*f. - Bergbau*) estrazione con «skip». 7 ~ ofen (Tiegelofen) (*m. - Ofen*), forno a crogiolo.
gefedert (Aufhängung z. B.) (*Mech.*), sospeso, montato su molle, molleggiato. 2 ~ (mit Feder) (*Tischl.*), con linguetta.
gefeilt (*Mech.*), limato (a mano).
gefesselt (*Mech. - etc.*), vincolato.
geflanscht (*Mech. - Leit.*), flangiato.
Geflecht (*n. - allg.*), treccia. 2 ~ (Netzwerk) (*allg.*), rete.
geflochten (Schnur, etc.) (*allg.*), intrecciato.
geflügelt (Rennwagen) (*Aut. - Sport*), con alettone.
gefluxt (Bitumen) (*Strass.b.*), flussato.
Gefolgschaft (*f. - Pers. - Arb.*), maestranze, dipendenti.
geformt (*Mech.*), sagomato, profilato.
gefräst (*Werkz.masch.bearb.*), fresato.
Gefrieranlage (Gefrierapparat, für Lebensmittel z. B.) (*f. - Ind.*), impianto di congelazione.
Gefrieren (Erstarren) (*n. - Phys.*), solidificazione, congelamento. 2 ~ (von Lebensmitteln, Boden, etc.) (*Ind. - Bauw.*), congelazione. 3 ~ mit Plattenapparat (von Lebensmitteln die zwischen tiefgekühlten Platten verpackt werden) (*Ind.*), congelazione per compressione. 4 **Luftstrom** ~ (von Lebensmitteln) (*Ind.*), congelazione in corrente d'aria. 5 **schnelles** ~ (von Lebensmitteln) (*Ind.*), congelazione rapida.
gefrieren (erstarren, aus dem flüssigen in den festen Zustand übergehen) (*Phys.*), solidificare. 2 ~ (Lebensmittel, Boden, etc.) (*Ind. - Bauw.*), congelare.
Gefrierer (für Lebensmittel) (*m. - App.*), congelatore, apparecchio per congelazione.
Gefrierfleisch (*n. - Ind.*), carne congelata.
gefriergetrocknet (Lebensmittel) (*Ind.*), liofilizzato.
Gefriergründung (*f. - Bauw.*), fondazione a congelamento (del terreno).
Gefriermischung (*f. - Ind.*), miscela frigorifera.
Gefrierpunkt (*m. - Phys.*), punto di congelamento.
Gefrierschiff (*n. - Fischerei*), peschereccio con impianto di congelamento.
Gefrierschrank (*m. - Kältegerät*), congelatore, «freezer».
Gefrierschutzmittel (Frostschutzmittel) (*n. Aut. - etc.*), anticongelante, «antigelo».
Gefriertemperatur (*f. - Phys.*), temperatura di congelamento, temperatura di solidificazione.
Gefriertrocknung (Lyophilisation) (*f. - Ind.*), liofilizzazione.
Gefrierverfahren (*n. - Bergbau*), metodo del congelamento, metodo della congelazione.
Gefrisch (Gummi, Öl, etc.) (*n. - Ind.*), materiale rigenerato.

gefrischt (Metall im Ofen) (*Metall.*), solidificato, gelato.
Gefüge (Struktur) (*n. - Metall.*), struttura. 2 ~ (einer Schleifscheibe z. B.) (*Werkz.*), struttura. 3 ~ (*Bauw.*), struttura. 4 ~ (Schicht) (*Bergbau*), strato. 5 ~ **aufnahme** (Gefügebild) (*f. - Metall.*), micrografia. 6 ~ **beständigkeit** (*f. - Metall.*), stabilità strutturale. 7 ~ **bild** (*n. - Metall.*), aspetto strutturale, micrografia. 8 ~ **richtreihe** (*f. - Metall.*), serie della struttura tipo. 9 ~ **umbildung** (*f. - Metall.*), trasformazione strutturale. 10 **blättriges** ~ (*mech. Technol.*), struttura lamellare. 11 **dichtes** ~ (einer Schleifscheibe z. B.) (*Werkz. - etc.*), struttura chiusa, struttura compatta. 12 **dichtes** ~ (eines Stahls) (*Metall. - etc.*), struttura chiusa, struttura compatta. 13 **faseriges** ~ (*mech. Technol.*), struttura fibrosa. 14 **grobes** ~ (*Metall. - etc.*), struttura grossa. 15 **hochporöses** ~ (einer Schleifscheibe) (*Werkz.*), struttura molto aperta, struttura molto porosa. 16 **Kristallin** ~ (*Metall.*), struttura cristallina. 17 **mittleres** ~ (einer Schleifscheibe z. B.) (*Werkz. - etc.*), struttura media. 18 **normales** ~ (einer Schleifscheibe) (*Werkz.*), struttura media. 19 **offenes** ~ (einer Schleifscheibe z. B.) (*Werkz. - etc.*), struttura aperta, struttura porosa. 20 **sehr dichtes** ~ (einer Schleifscheibe z. B.) (*Werkz. - etc.*), struttura molto chiusa, struttura molto compatta. 21 **sehr offenes** ~ (einer Schleifscheibe z. B.) (*Werkz. - etc.*), struttura molto aperta.
gefügt (*allg.*), unito, congiunto, accoppiato. 2 ~ (gepasst) (*Mech.*), adattato, aggiustato.
gefühlsmässig (*allg.*), per tentativi.
Gefühlvorschub (beim Bohren) (*m. - Werkz. masch.bearb.*), avanzamento sensitivo.
gefurcht (Zylinder z.B.) (*Mech. - Fehler*), rigato.
gefüttert (*allg.*), rivestito.
gegabelt (*Mech.*), a forcella, a forchetta.
Gegebenheit (*f. - allg.*), dato di fatto, fatto reale.
gegen (wider) (*allg.*), contro. 2 ~ (Richtung) (*allg.*), verso. 3 ~ (in Abhängigkeit von) (*allg.*), in funzione di. 4 ~ (ungefähr) (*allg.*), verso, circa, dell'ordine di. intorno a. 5 ~ **das Licht** (*allg.*), controluce. 6 ~ **den Faden** (*allg.*), trasversalmente alle fibre. 7 ~ **den Wind** (*Meteor. - etc.*), controvento. 8 ~ **die Antriebsseite gesehen** (Ansicht) (*Zeichn. - etc.*), vista guardando il lato accoppiamento. 9 ~ **Ende** (*allg.*), verso la fine. 10 ~ **Masse** (Spannung z. B.) (*Elekt.*), verso massa. 11 ~ **Norden** (*Navig. - etc.*), verso nord, in direzione Nord. 12 ~ **Versandpapiere** (*komm.*), contro documenti di spedizione. 13 **eintauschen** ~ (*komm.*), scambiare con, in cambio di. 14 **schützen** ~ (*Technol.*), proteggere da, proteggere contro.
Gegenamt (*n. - Fernspr.*), centrale corrispondente, centrale opposta.
Gegenangebot (*n. - komm.*), controofferta.
Gegenbehälter (Ausgleichbehälter) (*m. - Hydr. - etc.*), serbatoio di equilibrio.
Gegenbiegewechsel (Mass für die Lebensdauer des Drahtseiles beim Dauerbiegever-

such) (*m. - mech. Technol.*), alternanze di piegatura nei due sensi, alternanze bidirezionali (di piegatura).
Gegenbild (*n. - Opt.*), immagine rovescia.
Gegenbogen (*m. - Arch.*), arco rovescio. 2 ~ (Gegenkurve) (*Strass.b. - etc.*), controcurva.
Gegenböschung (*f. - Ing.b.*), controscarpa.
Gegendampf (*m. - Masch.*), controvapore. 2 ~ **bremse** (*f. - Eisenb.*), freno a controvapore.
Gegendrehmoment (*n. - Flugw.*), anticoppia.
Gegendruck (Reaktion) (*m. - allg.*), reazione. 2 ~ (Auflagerkraft) (*Bauw.*), reazione d'appoggio. 3 ~ (*Mot. - etc.*), contropressione. 4 ~ **entnahmeturbine** (*f. - Turb.*), turbina a contropressione con presa intermedia. 5 ~ **kolben** (einer Turbine z. B.) (*m. - Masch.*), stantuffo compensatore. 6 ~ **turbine** (*f. - Turb.*), turbina a contropressione.
gegenelektromotorisch (Kraft) (*Elekt.*), controelettromotrice.
Gegen-EMK (Gegenelektromotorische Kraft) (*f. - Elekt.*), forza controelettromotrice.
Gegenfahren (eines Schlittens) (*n. - Werkz. masch.bearb.*), traslazione in senso opposto.
Gegenfarbe (*f. - Farbe*), colore complementare.
Gegenfeder (*f. - Mech.*), molla antagonista.
Gegenfeuer (*n. - Mot.*), ritorno di fiamma.
Gegenflansch (*m. - Mech. - Leit.*), controflangia.
Gegenfliessverfahren (Gegenfliesspressen, Tubenpressverfahren, Spritzpressen) (*n. - mech. Technol.*), estrusione indiretta, estrusione inversa, estrusione a rimonta.
Gegengewicht (*n. - Masch. - etc.*), contrappeso. 2 ~ (Antenne) (*Funk.*), contrappeso, presa di terra. 3 ~ (der Kurbelwelle) (*Mot. etc.*), contrappeso.
Gegengewölbe (*n. - Arch.*), arco rovescio.
Gegenhalter (Nietstock) (*m. - Werkz.*), controstampo. 2 ~ (eines Drehmeissels) (*Werkz.*), elemento di reazione.
Gegenimpedanz (*f. - Elekt.*), impedenza di campo inverso.
Gegeninduktion (gegenseitige Induktion) (*f. - Elekt.*), mutua induzione.
Gegeninduktivität (*f. - Elekt.*), induttanza mutua, coefficiente di mutua induzione.
Gegenkathete (*f. - Geom.*), cateto opposto.
Gegenkathode (*f. - Funk. - etc.*), anticatodo.
Gegenkeil (*m. - Mech.*), controchiavetta.
Gegenklinke (*f. - Mech.*), dente di arresto, nottolino di arresto, scontro.
Gegenklopfmittel (*n. - Mot.*), antidetonante.
Gegenkolbenmotor (*m. - Mot.*), motore a stantuffi contrapposti.
Gegenkompoundierung (*f. - Elekt.*), eccitazione anticompound, eccitazione differenziale.
Gegenkopplung (negative Rückkopplung) (*f. - Funk.*), retroazione negativa, controreazione. 2 ~ **s·schaltung** (*f. - Elektronik*), circuito di controreazione. 3 ~ **s·verstärker** (*m. - Funk.*), amplificatore a controreazione. 4 Spannungs ~ (*Elekt. - Funk.*), controreazione di tensione.
Gegenkraft (*f. - Mech.*), forza opposta, forza antagonista. 2 **elektromotorische** ~ (*Elekt.*), forza controelettromotrice.
Gegenkrümmung (*f. - Strass.b. - Eisenb.*), controcurva.

Gegenlagerständer (*m. - Werkz.masch.*), montante di supporto esterno.
Gegenlauf (Drehung) (*m. - Mech. - etc.*), rotazione in senso opposto. 2 ~ **fräsen** (*n. - Werkz.masch.bearb.*), fresatura discorde, fresatura convenzionale, fresatura bidirezionale. 3 ~ **rotor** (eines Hubschraubers) (*m. - Flugw.*), elica anticoppia, rotore anticoppia. 4 ~ **schraube** (eines Flugzeuges) (*f. - Flugw.*), elica controrotante.
gegenläufig (*allg.*), in senso contrario. 2 ~ (umlaufend) (*Masch. - etc.*), controrotante.
Gegenlautsprechanlage (*f. - Fernspr.*), impianto interfonico ad altoparlante.
Gegenlehre (*f. - Mech.*), calibro di riscontro.
Gegenleistung (*f. - Elekt.*), potenza inversa. 2 ~ (Erwiderungsdienst) (*f. - finanz. - etc.*), contropartita.
Gegenlenken (Gegensteuern, beim übersteuernden Fahrz. z. B.) (*n. - Aut.*), controsterzo, controsterzatura.
gegenlenken (gegensteuern, beim übersteuernden Fahrz. z. B.), (*Aut.*), controsterzare.
Gegenlicht (*n. - Opt.*), controluce. 2 ~ **aufnahme** (*f. - Phot.*), fotografia in controluce, controluce. 3 ~ **blende** (Lichtabdeckschirm, für die Kamera) (*f. - Filmtech. - Fernseh.*), schermo paraluce.
Gegenlogarithmus (*m. - Math.*), antilogaritmo.
Gegenmassnahme (*f. - milit. - etc.*), contromisura.
Gegenmoment (*n. - Mech. - Masch.*), momento antagonista, coppia resistente, coppia di reazione.
Gegenmutter (Kontermutter) (*f. - Mech.*), controdado.
Gegennebensprechen (*n. - Fernspr.*), telediafonia.
Gegenparallelschaltung (*f. - Elekt. - Elektronik*), accoppiamento antiparallelo.
Gegenpfeiler (*m. - Bauw.*), contrafforte.
Gegenphase (*f. - Elekt.*), controfase, opposizione di fase. 2 in ~ (*Elekt.*), in controfase, in opposizione di fase.
Gegenpol (*m. - Elekt.*), polo opposto, antipolo.
gegenphasig (*allg.*), in controfase, in opposizione di fase.
Gegenpolung (*f. - Elekt.*), polarità opposta, antipolarità.
Gegenprofil (eines Räderpaars) (*n. - Mech.*), profilo coniugato.
Gegenrad (eines Räderpaars) (*n. - Mech.*), ruota coniugata.
Gegenreaktanz (von Synchronmaschinen) (*f. - Elekt.*), reattanza inversa.
Gegenschaltung (Gegenparallelschaltung) (*f. - Elektronik*), accoppiamento antiparallelo.
Gegenschein (*m. - Astr. - Opt.*), luce anteliale, luce emessa dall'antelio.
Gegenschiene (Führungsschiene) (*f. - Eisenb.*), controrotaia.
Gegenschlag (*m. - allg.*), contraccolpo. 2 ~ **hammer** (*m. - Schmiedemasch.*), maglio a contraccolpo.
Gegenschräge (Gegendiagonale) (*f. - Bauw.*), controdiagonale.
gegenseitig (*allg.*), reciproco, mutuo. 2 ~ e **Abhängigkeit** (*allg.*), interdipendenza. 3 ~ e

Gegenseitigkeit

Anziehung (*Phys. - Elekt.*), attrazione reciproca. 4 ~ e Beeinflussung (*allg.*), influenza reciproca, interazione. 5 ~ e Induktion (*Elekt.*), mutua induzione.
Gegenseitigkeit (*f. - allg.*), reciprocità.
Gegenspannung (*f. - Elekt.*), forza controelettromotrice.
Gegenspant (*m. - naut.*), controordinata.
Gegensperre (Deich) (*f. - Wass.b.*), controdiga, diga ausiliaria.
Gegenspitze (*f. - Werkz.masch.*), contropunta.
Gegensprechanlage (*f. - Fernspr.*), impianto interfonico in duplice, impianto d'intercomunicazione telefonica in duplice.
Gegensprechen (*n. - Fernspr.*), comunicazione simultanea nei due sensi, comunicazione in duplice.
Gegenspule (Kompensationsspule) (*f. - Elekt.*), bobina di compensazione.
Gegenstand (Objekt) (*m. - allg.*), oggetto. 2 ~ (Schulfach) (*Schule*) (*österr.*), materia. 3 Pflicht ~ (*Schule*) (*österr.*), materia obbligatoria.
Gegenstandsträger (Objektträger, eines Mikroskops) (*m. - Opt.*), portaoggetto.
Gegenstempel (Gegenhalter) (*m. - Blechbearb.*), controstampo, contropunzone.
Gegensteuern (Gegenlenken, beim übersteuernden Fahrz. z. B.) (*n. - Aut.*), controsterzo, controsterzatura.
gegensteuern (*Aut.*), controsterzare.
Gegenstoff (bei Verschleissversuchen) (*m. - Technol.*), materiale usurante.
Gegenstrebe (*f. - Zimm.*), controvento.
Gegenstrom (*m. - Elekt. - etc.*), controcorrente. 2 ~ bremsung (*f. - Elekt.*), frenatura elettrica a controcorrente. 3 ~ destillation (*f. - chem. Ind.*), distillazione a controcorrente. 4 ~ kondensator (*m. - Kessel*), condensatore a controcorrente. 5 ~ kühler (*m. - App.*), refrigeratore a controcorrente. 6 ~ kühlturm (*m. - Ind.*), torre di raffreddamento a controcorrente. 7 ~ wäsche (Rückspülung) (*f. - chem. Ind.*), lavaggio in controcorrente.
Gegentaktoszillator (*m. - Elektronik*), oscillatore in controfase, oscillatore simmetrico.
Gegentaktschaltung (*f. - Elekt. - Funk.*), collegamento in controfase.
Gegentakt-Spannungswandler (*m. - Elekt.*), trasformatore voltmetrico in controfase.
Gegentaktverstärker (*m. - Funk.*), amplificatore in controfase.
Gegentaktwelle (*f. - Phys.*), onda in opposizione di fase.
Gegentelegraphie (Duplextelegraphie) (*f. - Telegr.*), telegrafia duplex.
Gegenuhrzeigersinn (*m. - Masch. - etc.*), senso (di rotazione) antiorario, senso (di rotazione) sinistrorso.
Gegenverbunddynamo (*f. - Elekt.*), dinamo anticompound.
Gegenverbunderregung (*f. - Elekt.*), eccitazione differenziale, eccitazione anticompound.
Gegenvorstellung (*f. - komm.*), controproposta.
Gegenwall (*m. - Ing.b.*), muro di controscarpa.
Gegenwelle (*f. - Mech. - Aut.*), albero di rinvio, contralbero.

Gegenwind (*m. - Meteor. - Fahrz.*), vento contrario. 2 ~ landung (*f. - Flugw.*), atterraggio controvento.
Gegenwinkel (*m. - Geom.*), angolo opposto.
gegenwirkend (Feder z. B.) (*Mech.*), antagonista.
Gegenwirkleitwert (*m. - Elekt.*), transconduttanza.
Gegenwirkung (*f. - Phys.*), reazione, azione contraria. 2 ~ s·prinzip (Reaktionsprinzip, Wechselwinkungsgesetz) (*m. - Mech.*), principio dell'azione e reazione.
Gegenzahnrad (Gegenrad, eines Räderpaars) (*n. - Mech.*), ruota coniugata.
Gegenzelle (einer Batterie) (*f. - Elekt.*), elemento stabilizzatore di tensione.
Gegenzug (einer Säge z. B.) (*m. - Masch.*), corsa di ritorno, movimento di ritorno.
gegisst (*allg.*), stimato, valutato. 2 ~ e Besteckrechnung (*Navig.*), posizione stimata. 3 ~ es Besteck (*Navig.*), punto stimato.
geglättet (Fläche) (*Mech. - etc.*), levigato, lisciato. 2 ~ (Papierind.), calandrato. 3 ~ (Spannung) (*Elekt.*), livellata, spianata.
geglüht (*Wärmebeh.*), ricotto.
Gegner (*m. - recht.*), parte avversa.
gegossen (*Giess.*), colato, ricavato per fusione. 2 fallend ~ (*Giess.*), colato dall'alto. 3 offen ~ (*Giess.*), colato in fossa.
gegürtet (*allg.*), con cinghia. 2 ~ (Reifen) (*Aut.*), cinturato.
geh. (geheftet) (*Büro - etc.*), cucito.
Gehalt (Inhalt) (*m. - allg.*), contenuto. 2 ~ (einer Lösung oder Mischung) (*Chem. - etc.*), titolo. 3 ~ (Pers.) (*österr.*), stipendio. 4 ~ s·vorrückung (Gehaltserhöhung) (*f. - Pers.*) (*österr.*), aumento di stipendio.
Gehalt (Arbeitsentgelt, meist monatlich bezahlt, für Angestellte) (*n. - Pers.*), stipendio. 2 ~ s·abzug (*m. - Pers.*), trattenuta sullo stipendio, ritenuta sullo stipendio. 3 ~ s·aufbesserung (*f. - Pers.*), aumento di stipendio. 4 ~ s·empfänger (Angestellter) (*m. - Pers.*), stipendiato. 5 ~ s·empfänger (Lohnempfänger) (*Pers.*), salariato. 6 ~ s·kürzung (Disziplinarstrafe für Beamte z. B.) (*f. - Pers. - Arb.*), multa. 7 ~ system (*n. - Pers.*), sistema di rimunerazione. 8 Anfangs ~ (*Pers.*), stipendio iniziale. 9 13. Monats ~ (*Pers.*), tredicesima mensilità, tredicesima (*s.*). 10 festes ~ (*Pers.*), stipendio fisso. 11 Jahres ~ (*Pers.*), stipendio annuo.
gehämmert (*Mech.*), martellato.
Gehänge (Aufhängung) (*n. - Mech.*), sospensione. 2 ~ (für Antriebswelle) (*Mech.*), supporto pendente. 3 ~ (Lastaufnahmemittel, in den Kranhaken eingehängt) (*ind. Transp.*), mezzo di presa (del carico). 4 ~ welle (*f. - Mech.*), trasmissione da soffitto.
gehärtet (*Wärmebeh.*), temprato. 2 ~ es Öl (*Chem.*), olio idrogenato. 3 im Einsatz ~ (*Wärmebeh.*), cementato.
Gehäuse (für Zahnräder z. B.) (*n. - Mech.*), scatola. 2 ~ (für die Kurbelwelle) (*Mot.*), basamento. 3 ~ (einer elekt. Masch., Pumpe, etc.) (*elekt. Masch.*), carcassa. 4 ~ (eines Kugellagers z. B.) (*Mech.*), alloggiamento, sede. 5 ~ (eines Wankelmotors) (*Mot.*), carcassa. 6 ~ (Behälter) (*allg.*), contenitore. 7

~ block (*m. - Mot.*), monoblocco. 8 ~ hälfte (einer Pumpe z. B.) (*f. - Masch.*), semicarcassa. 9 ~ hälfte (eines Wechselgetriebes z. B.) (*Mech. - Aut.*), semiscatola. 10 ~ mantel (eines Wankelmotors) (*m. - Mot.*), camicia della carcassa. 11 ~ -Seitenteil (eines Wankelmotors) (*m. - Mot.*), coperchio laterale. 12 **Differential** ~ (*Aut.*), scatola del differenziale, scatola ponte. 13 **Einlauf** ~ (eines Aufladers z. B.) (*Masch. - Mot.*), corpo di entrata. 14 **Hinterachs** ~ (*Aut.*), scatola ponte. 15 **Kupplungs** ~ (*Mot. - Aut.*), scatola della frizione. 16 **Kurbel** ~ (Motorgehäuse) (*Mot.*), basamento. 17 **Lenk** ~ (*Aut.*), scatola guida, scatola dello sterzo. 18 **Ölpumpen** ~ (*Mot.*), corpo della pompa dell'olio. 19 **Plastik** ~ (*Technol.*), contenitore di plastica. 20 **Schwimmer** ~ (eines Vergasers) (*Mot.*), vaschetta del galleggiante. 21 **Spiral** ~ (einer Pumpe z. B.) (*Masch.*), chiocciola. 22 **Tunnel** ~ (*Mot.*), basamento tubolare, basamento a tunnel. 23 **Vergaser** ~ (*Mot.*), corpo del carburatore. 24 **Zylinder-Kurbel** ~ (in einem Stück gegossen) (*Mot.*), monoblocco, basamento.

Gehbahn (Bürgersteig) (*f. - Strasse*), marciapiedi.

geheftet (broschiert) (*Buchbinderei*), in brossura.

Gehege (*n. - Bauw.*), recinto.

Geheimschalter (*m. - Elekt.*), commutatore a combinazione segreta.

Geheimschaltung (*f. - Fernspr.*), dispositivo di segretezza.

Geheimschloss (*n. - Mech.*), serratura a combinazione.

Geheimschreibmaschine (*f. - Masch.*), macchina a scrittura cifrata.

Geheimschrift (*f.*), criptografia.

Gehen (*n. - Sport*), marcia.

gehen (*allg.*), andare. 2 ~ (funktionieren) (*Masch.*), funzionare, marciare.

Geh-Hubwagen (*m. - Ind. Transp.*), carrello elevatore senza uomo a bordo.

Gehilfe (*m. - Arb. - Pers.*), assistente, aiutante.

Gehirnschreiber (*m. - Ger.*), (elettro)encefalografo.

Gehirnerschütterung (*f. - Med.*), commozione cerebrale.

gehobelt (*Tischl. - Mech.*), piallato.

Gehöft (*n. - Landw.*), fattoria.

gehont (Oberfläche) (*Mech.*), levigato.

Gehör (*n. - Akus.*), udito. 2 ~ **anzeige** (*f. - Akus. - Funk.*), segnale audio, audiosegnale. 3 ~ **messer** (*m. - med. Instr.*), audiometro.

Gehrdreieck (*n. - Tischl.werkz.*), squadra zoppa (a 45°).

Gehre (Vorderteil eines Schiffes) (*f. - naut.*), prua. 2 ~ (Gehrung) (*Mech. - etc.*), *siehe* Gehrung.

Gehreisen (*n. - Tischl.werkz.*), sgorbia triangolare.

gehren (*Zimm.*), smussare.

Gehrfuge (*f. - Tischl.*), giunto obliquo, unione obliqua.

Gehrmass (*f. - Tischl.werkz.*), *siehe* Gehrdreieck (*n.*).

Gehrung (Gehre, Schräge) (*f. - Mech. - etc.*), smusso (a 45°), bisello. 2 ~ **s·säge** (*f. - Werkz.*), sega per tagli obliqui. 3 ~ **s·schnitt** (*m. - Mech. - etc.*), taglio obliquo, bisellatura (a 45°). 4 ~ **s·winkel** (*m. - Werkz.*), squadra zoppa (a 45°).

Geh-Steh-Apparat (Start-Stop-Apparat) (*m. - Telegr.*), apparato aritmico.

Gehsteig (Bürgersteig) (*m. - Strasse*), marciapiedi.

Geh-Wagen (*m. - ind. Transp.*), trattore senza uomo a bordo.

Gehweg (Bürgersteig) (*m. - Strasse*), marciapiedi.

Gehwerk (*n. - Uhr*), movimento.

Gei (Geere) (*naut.*), *siehe* Geitau.

Geigenkasten (bei Schalldämmung) (*m. - Akus.*), cassa armonica.

Geigerzähler (Geiger-Müller-Zählrohr, Geigerscher Spitzenzähler) (*m. - Radioakt.*), contatore di Geiger.

Geiser (Geysir, Springquelle) (*m. - Geogr.*), geiser.

Geissfuss (Gehreisen) (*m. - Tischl.werkz.*), sgorbia triangolare. 2 ~ (Brechstange zum Ausziehen von Nägeln) (*Werkz.*), piede di cervo. 3 ~ (*Bergbauwerkz. - etc.*), palanchino, piè di porco.

Geisterbild (Bildüberlagerung die aus dem Echo hervorgeht) (*n. - Fernseh.fehler*), spettri, falsa immagine.

Geitau (Gei) (*n. - naut.*), bozza.

gekapselt (*allg.*), incapsulato. 2 ~ (*elekt. Motor*), completamente chiuso, in esecuzione chiusa, di costruzione chiusa. 3 ~ (Triebwerk z. B.) (*Mech.*), (racchiuso) in custodia. 4 ~ **er Antrieb** (*Mech. - etc.*), comando protetto, trasmissione protetta. 5 **metall** ~ (Gerät, Anlage) (*Elekt.*), incapsulato in metallo.

gekerbt (*Mech.*), intagliato. 2 ~ **er Probestab** (*mech. Technol.*), provino intagliato, provetta intagliata.

geklappt (Ansicht, Schnitt) (*Zeichn.*), ribaltato. 2 ~ (Deckel z. B.) (*allg.*), a cerniera, incernierato.

geklärt (Abwasser z. B.) (*Ing.b. - Chem.*), depurato, chiarificato. 2 ~ (Bestellung z. B.) (*komm.*), perfezionato.

geklebt (*Papierind. - etc.*), incollato.

geklemmt (Leitung) (*Elekt.*), connesso a morsetto.

geklinkert (*naut.*), a fasciame cucito, a fasciame sovrapposto, con fasciame a semplice ricoprimento.

gekoppelt (gekuppelt) (*Mech.*), accoppiato. 2 ~ (*Phys. - Elekt.*), accoppiato. 3 ~ **e Schwingungen** (*Phys.*), oscillazioni accoppiate.

gekordelt (*Mech.*), zigrinato, godronato.

Gekrätz (Schlacke, etc. auf der Oberfläche einer Metallschmelze) (*n. - Metall.*), raspatura.

gekräuselt (Wollfaser) (*Textilind.*), arricciato.

gekreuzt (*allg.*), incrociato. 2 ~ **er Riemen** (*Mech.*), cinghia incrociata.

gekröpft (*Mech. - etc.*), piegato a gomito, piegato a doppio angolo (inverso). 2 ~ **e Achse** (*Eisenb.*), sala (ripiegata) a gomito. 3 ~ **es Bett** (einer Drehbank) (*Werkz.masch.*), bancale ad incavo, doppio banco. 4 ~ **e Welle** (Kurbelwelle) (*Mech.*), albero a manovella, albero a gomito. 5 **doppelt** ~ **e Welle** (*Mot.*), albero a doppia manovella.

gekrümmt (*allg.*), curvato, piegato.
gekuppelt (*Mech.*), accoppiato. 2 **elastisch ~** (*Mech.*), accoppiato elasticamente, accoppiato con giunto elastico.
Gel (*n. - Chem.*), gel. 2 **~ bildung** (*f. - Anstr. fehler*), impolmonimento. 3 **~ chromatographie** (*f. - Chem.*), gelcromatografia.
geladen (*allg.*), caricato. 2 **~** (*Feuerwaffe*), carico.
gelagert (*Mech.*), supportato. 2 **~** (Ware, im Lager) (*Ind.*), immagazzinato. 3 **~** (trocken) (*Holz*), stagionato. 4 **fünfmal ~ e Kurbelwelle** (*Mot.*), albero a gomiti su cinque supporti di banco.
Gelände (Landschaft) (*n. - Bauw.*), terreno. 2 **~ antrieb** (Allradantrieb) (*m. - Aut.*), trasmissione su tutte le ruote, tutte le ruote motrici. 3 **~ aufnahme** (*f. - Top.*), rilevamento del terreno. 4 **~ beschaffenheit** (*f. - Top. - etc.*), natura del terreno. 5 **~ darstellung** (*f. - Top. - Geogr.*), rappresentazione del terreno. 6 **~ fahrzeug** (*n. - Fahrz.*), veicolo per (marcia) fuori strada. 7 **~ formen** (*f. pl. - Top. - etc.*), caratteristiche del terreno. 8 **~ gestalt** (*f. - Top.*), configurazione del terreno. 9 **~ kunde** (*f. - Top.*), topografia. 10 **~ punkt** (*m. - Top.*), punto trigonometrico. 11 **~ reifen** (*m. - Aut.*), pneumatico per (marcia) fuori strada. 12 **~ winkel** (Zielhöhenwinkel) (*m. - milit.*), angolo di sito, angolo di mira. 13 **unebenes ~** (*Geol.*), terreno accidentato.
Geländer (*n. - Bauw.*), ringhiera, balaustrata, parapetto. 2 **~** (einer Treppe) (*Bauw.*), ringhiera. 3 **~ docke** (*f. - Bauw.*), balaustro, balaustrino. 4 **~ stab** (*m. - Bauw.*), balaustro, balaustrino. 5 **~ stange** (Handleiste) (*f. - Bauw.*), corrimano.
Gelatine (*f. - Chem.*), gelatina.
Gelatinieren (*n. - Anstr.fehler*), gelatinizzazione.
Gelb (*n. - Farbe*), giallo. 2 **~ brennen** (Abbrennen, Abbeizen von Messing und Rotguss z. B.) (*n. - Metall.*), decapaggio. 3 **~ eisenstein** (*m. - Min.*), limonite. 4 **~ erde** (*f. - Farbe*), ocra gialla. 5 **~ filter** (Gelbscheibe) (*m. - Phot.*), filtro giallo. 6 **~ giesser** (*m. - Arb.*), fonditore di ottone. 7 **~ giesserei** (*f. - Giess.*), fonderia di ottone. 8 **~ gluthitze** (*f. - Metall.*), calor giallo. 9 **~ guss** (Messing, Kupferlegierung mit 60÷64% Zink) (*m. - Metall.*), ottone per getti. 10 **~ kuppfererz** (*n. - Min.*), calcopirite.
gelb (*Farbe*), giallo. 2 **~ brennen** (kurzes Beizen von Kupfer in salpetersäurehaltigen Lösungen) (*Metall.*), decapare (con soluzione di acido nitrico). 3 **~ er Fleck** (der Netzhaut) (*Opt.*), macchia gialla.
Geld (*n. - finanz.*), danaro. 2 **~ brief** (*m. - Post*), assicurata. 3 **~ faktor** (Akkordrichtsatz/60, Minutenfaktor) (*m. - Arb.*), paga a cottimo al minuto. 4 **~ einwurfschlitz** (*m. - Fernspr. - etc.*), fessura per l'introduzione della moneta. 5 **~ politik** (*f. - finanz.*), politica monetaria. 6 **~ schein** (*m. - finanz.*), banconota. 7 **~ schrank** (*m. - finanz.*), cassaforte. 8 **~ strafe** (*f. - Arb. - etc.*), multa. 9 **~ währung** (*f. - finanz.*), valuta. 10 **~ wechsler** (*m. - finanz.*), cambiavalute. 11 **~ wert** (Geldfaktor multipliziert mit der Vorgabezeit) (*m. - Arb.*), paga per pezzo.
Gelegenheit (*f. - allg.*), occasione. 2 **~ s·verkehr** (*m. - Transp.*), traffico occasionale, traffico non di linea.
gelegentlich (*Arb.*), avventizio, occasionale.
geleimt (*Papierind.*), a colla, con finitura superficiale a colla.
Geleise (*n. - Eisenb. - etc.*), siehe Gleis.
geleistet Arbeit) (*Mech.*), eseguito, prestato.
Geleitboot (Korvette) (*n. - Kriegsmar.*), corvetta.
Geleitflugzeug (*n. - Luftw.*), caccia di scorta.
Gelenk (*n. - Mech.*), articolazione, snodo. 2 **~** (eines Brückenbogens z. B.) (*Bauw. - Baukonstr.lehre*), cerniera. 3 **~ arm** (einer Lampe z. B.) (*m. - Beleucht.*), braccio snodato. 4 **~ bohrspindel** (*f. - Werkz.masch.*), mandrino portapunta snodato. 5 **~ bolzen** (*m. - Mech.*), perno di articolazione, perno di snodo. 6 **~ fahrzeug** (Gelenkomnibus) (*n. - Aut.*), autosnodato. 7 **~ hebel** (*m. - Mech.*), leva a ginocchiera 8 **~ kette** (*f. - Mech.*), catena articolata. 9 **~ kreuz** (einer Gelenkwelle) (*n. - Mech.*), crociera, crociera cardanica. 10 **~ kupplung** (*f. - Mech.*), giunto articolato, giunto snodato, giunto a snodo, giunto cardanico. 11 **~ lokomotive** (*f. - Eisenb.*), locomotiva articolata. 12 **~ mass·stab** (*m. - Ger.*), metro snodato, metro pieghevole. 13 **~ obus** (Gelenkoberleitungsomnibus) (*m. - Fahrz.*), filobus articolato. 14 **~ omnibus** (*m. - Fahrz.*), autosnodato, autobus articolato. 15 **~ polygon** (Seilzug, Seilpolygon) (*n. - Baukonstr.lehre*), poligono funicolare. 16 **~ punkt** (*m. - Mech.*), articolazione, snodo. 17 **~ spindel** (*f. - Werkz.masch.*), mandrino articolato. 18 **~ spindelantrieb** (*m. - Werkz. masch.*), comando a mandrino articolato. 19 **~ spindelbohrmaschine** (*f. - Werkz.masch.*), trapano a mandrini multipli snodati. 20 **~ -Steckschlüssel** (*m. - Werkz.*), chiave snodata. 21 **~ stoss** (*m. - Mech. - etc.*), giunto articolato, giunto snodato. 22 **~ stück** (Gelenkkupplung) (*n. - Mech.*), giunto universale, giunto cardanico. 23 **~ träger** (Gerberbalken) (*m. - Bauw.*), trave Gerber. 24 **~ triebwagen** (Strassenbahnwagen, mit drei Drehgestellen) (*m. - elekt. - Fahrz.*), (carrozza) motrice articolata. 25 **~ viereck** (*n. - Kinematik*), siehe Gelenkviereck. 26 **~ welle** (Kardanwelle) (*f. - Mech. - Aut.*), trasmissione snodata, trasmissione cardanica. 27 **~ zapfen** (*m. - Mech.*), perno (di articolazione). 28 **Achsen ~** (*Mech.*), articolazione a perno, snodo semplice. 29 **Dreh ~** (*Mech.*), articolazione sferica. 30 **Gabel ~** (*Mech.*), articolazione a forcella, snodo a forcella. 31 **Gleichgang ~** (homokinetisches Gelenk) (*Mech.*), giunto omocinetico. 32 **Gleichlauf ~** (homokinetisches Gelenk) (*Mech.*), giunto omocinetico. 33 **homokinetisches ~** (Gleichlaufgelenk) (*Mech.*), giunto omocinetico. 34 **Kardan ~** (Kreuzgelenk) (*Mech.*), giunto cardanico, snodo cardanico, giunto a crociera, snodo a crociera. 35 **Kugel ~** (*Mech.*), snodo sferico, giunto sferico. 36 **Scheitel ~** (*Bauw.*), cerniera in chiave. 37 **Universal ~** (*Mech.*), giunto universale.

gelenkartig (*Mech. - etc.*), articolato, snodato.
gelenkig (*Mech. - etc.*), articolato, snodato.
gelenkt (gesteuert) (*allg.*), comandato. 2 ~ (gerichtet) (*Aut.*), sterzato. 3 links ~ (*Fahrz.*), con guida a sinistra. 4 rechts ~ (*Fahrz.*), con guida a destra.
Gelenkung (für mech. Steuerungen z. B.) (*f. - Mech. - etc.*), sistema articolato, leveraggio, tiranteria.
Gelenkviereck (*n. - Mech.*), quadrilatero articolato. 2 Doppelkurbel- ~ (*Mech.*), quadrilatero articolato a doppia manovella. 3 Doppelschwinge- ~ (*Mech.*), quadrilatero articolato a doppio bilanciere. 4 gegenläufig Antiparallelkurbel- ~ (*Mech.*), antiparallelogramma articolato. 5 Parallelkurbel- ~ (*Mech.*), parallelogramma articolato.
gelernt (*Arb.*), specializzato.
Geleseblatt (Geleseriet, Webkamm) (*n. - Weberei*), pettine invergatore.
Geleseriet (Geleseblatt, Webkamm) (*n. - Weberei*), pettine invergatore.
Geleucht (tragbare Grubenlampe) (*n. - Bergbau - Ger.*), lampada portatile (da miniera).
geliefert (*komm.*), fornito. 2 ~ Grenze (*komm. - Transp.*), reso frontiera... 3 ~ verzollt (*komm. - Transp.*), reso sdoganato.
Gelieren (*n. - Anstr.fehler*), impolmonimento, gelificazione.
gelitzt (*Seil*), a trefoli.
gelocht (Blech z. B.) (*Mech.*), perforato. 2 ~ es Band (für automatische Steuerungen) (*Technol.*), nastro perforato.
gelöscht (Kalk z. B.) (*Maur. - etc.*), spento. 2 ~ (im Magnettonverfahren, magnetisch gelöscht) (*Elektroakus.*), cancellato.
gelöst (*Chem.*), disciolto, in soluzione. 2 ~ (ausgekuppelt) (*Mech.*), disinnestato. 3 ~ (Bremse) (*Fahrz.*), allentato.
gelötet (*mech. Technol.*), brasato.
Geltendmachung (eines Rechts) (*f. - recht.*), esercizio.
Geltungsbereich (*m. - allg.*), campo di validità.
gelüftet (*Bauw. - etc.*), ventilato.
Gemarkung (abgegrenztes Gebiet) (*f. - Top.*), territorio delimitato. 2 ~ (Dorfflur, Feldmark) (*f. - Top.*), territorio comunale.
gemasert (*allg.*), venato, a righe. 2 ~ (Gusseisen) (*Giess.*), trotato.
gemässigt (Klima) (*Meteor.*), temperato. 2 ~ e Breiten (*Geogr.*), zone temperate.
Gemäuer (Mauerwerk) (*n. - Maur.*), muratura.
gemeert (festgemacht) (*naut.*), ormeggiato. 2 vorn und achter ~ (*naut.*), imbozzato.
Gemeinde (*f. - Geogr. - etc.*), comune. 2 ~ amt (*n. - Bauw.*), municipio. 3 ~ betrieb (*m. - Adm.*), azienda comunale, azienda municipale. 4 ~ rat (Beigeordnete) (*m. - Adm.*), assessore.
gemeindlich (*Adm. - etc.*), comunale, municipale.
Gemeinkosten (*f. - pl. - Adm.*), spese generali. 2 ~ lohn (Hilfslohn, unproduktiver Lohn) (*m. - Ind.*), manodopera indiretta. 3 ~ material (*n. - Ind.*), materiale indiretto.

gemeinnützig (Gesellschaft z. B.) (*recht.*), di pubblica utilità.
gemeinsam (*Math.*), comune. 2 ~ er Nenner (Generalnenner) (*Math.*), denominatore comune. 3 ~ er Teiler (*Math.*), divisore comune.
Gemeinschaft (*f. - allg.*), comunità. 2 ~ s·antenne (*f. - Fernseh.*), antenna collettiva. 3 ~ s·arbeit (*f. - Arb.*), lavoro di squadra. 4 ~ s·kraftwerk (von zwei oder mehr Unternehmen erstellt und betrieben) (*n. - Elekt.*), centrale (elettrica) gestita da più società, centrale (elettrica) condominiale. 5 ~ s·leitung (*f. - Fernspr.*), linea collettiva, linea multipla. 6 ~ s·tagung (*f. - allg.*), convegno. 7 ~ s·umschalter (*m. - Fernspr.*), commutatore per linee multiplex. 8 Europäische ~ für Kohle und Stahl (*finanz.*), Comunità Europea del Carbone e dell'Acciaio, CECA.
gemeinschaftlich (*Adv. - allg.*), congiuntamente. 2 ~ und einzeln (Verpflichtung) (*recht.*), in solido, solidale.
Gemenge (*n. - Bergbau*), conglomerato. 2 ~ (Gemisch) (*Chem.*), miscela. 3 ~ (*Glasind.*), carica, miscela.
gemessen (*Mass.*), misurato. 2 ~ e Pferdestärke (indizierte Pferdestärke) (*Mot.*), potenza indicata.
Gemisch (*n. - Mot.*), miscela. 2 ~ regler (*m. - Flugmotor*), correttore di miscela. 3 ~ schmierung (für kleine zweitakt-Otto-Motoren; das Öl wird dem Kraftstoff zugemischt) (*f. - Mot.*), lubrificazione a miscela. 4 armes ~ (*Mot.*), miscela povera, miscela magra. 5 reiches ~ (*Mot.*), miscela ricca, miscela grassa.
gemischt (*allg.*), misto, miscelato. 2 ~ er Verkehr (*Strass.verk.*), traffico misto. 3 ~ schalten (*Elekt.*), collegare in serie-parallelo.
Gemurmel (Babbeln) (*n. - Funk. - Fehler*), bisbiglio.
genau (*allg.*), preciso. 2 ~ (tiefste, Preis z. B.) (*komm.*), minimo. 3 ~ (Lenkung) (*Aut.*), preciso. 4 ~ aufpassen (*Mech.*), accoppiare di precisione. 5 ~ laufen (*Mech.*), girare centrato. 6 ~ laufend (*Mech.*), centrato.
Genaugiessverfahren (*n. - Giess.*), fusione di precisione, microfusione.
Genauguss (Präzisionsguss, Guss·stück) (*m. - Giess.*), microfuso, getto microfuso, microfusione.
Genauigkeit (*f. - allg.*), precisione. 2 ~ s·grad (*m. - Mech.*), grado di precisione. 3 ~ s·klasse (*f. - Instr.*), classe di precisione. 4 ~ Form ~ (*Mech.*), precisione di forma. 5 Lage ~ (*Mech.*), precisione di posizione. 6 Lauf ~ (eines Lagers) (*Mech.*), regolarità di marcia. 7 Mass ~ (*Mech.*), precisione dimensionale.
Genauschmieden (*n. - Schmieden*), fucinatura di precisione.
Genauschmiedestück (*n. - Schmieden*), (pezzo) fucinato di precisione.
genehmigen (*Zeichn. - etc.*), approvare.
genehmigt (gebilligt, Zeichnung z. B.) (*allg.*), approvato, accettato.
Genehmigung (*f. - allg.*), approvazione, benestare. 2 ~ (Einwilligung) (*allg.*), autorizzazione. 3 ~ s·zeichnung (*f. - Zeichn.*), disegno di approvazione, disegno di benestare.
geneigt (*allg.*), inclinato. 2 ~ e Presse (*Masch.*), pressa inclinata.

Genelit

Genelit (Graphitbronze; 70% Cu, 14% Sn, 9% Pb, 1,5% Zn, 5,5% Graphit) (*m. - Legierung*), (tipo di) bronzo alla grafite.
Generaldirektor (*m. - Ind.*), direttore generale.
Generalnenner (*m. - Math.*), denominatore comune.
General-Regulativ (Reglement, Gesetzessammlung für den inneren Betrieb) (*n. - Ind.*), regolamento di fabbrica.
Generalschalter (*m. - Elekt.*), interruttore principale.
generalüberholen (*Mot. - etc.*), sottoporre a revisione generale.
Generalüberholung (*f. - Masch. - etc.*), revisione generale.
Generalversammlung (*f. - finanz.*), assemblea generale.
Generator (*m. - elekt. Masch.*), generatore. 2 ~ (Gaserzeuger) (*Verbr. - App.*), gasogeno. 3 ~ (Generierprogramm) (*Rechner*), (programma) generatore. 4 ~ **anhänger** (Generatorsatz) (*m. - Elekt. - Fahrz.*), gruppo elettrogeno carrellato. 5 ~ **fahrzeug** (*n. - Fahrz.*), veicolo a gasogeno. 6 ~ **gas** (*n. - Brennst.*), gas di gasogeno. 7 ~ **mit feststehendem Feld** (*elekt. Masch.*), generatore ad indotto rotante. 8 ~ **mit zwei Wellenenden** (*elekt. Masch.*), generatore a doppia sporgenza d'albero, generatore a doppia estremità d'albero (libera). 9 ~ **satz** (*m. - Elekt.*), gruppo elettrogeno. 10 **Drehstrom-Asynchron-** ~ (*elekt. Masch.*), generatore asincrono trifase di corrente alternata. 11 **Drehstrom** ~ (Dreiphasenwechselstromgenerator) (*elekt. Masch.*), alternatore trifase. 12 **Dreiphasenwechselstrom** ~ (Drehstromgenerator) (*elekt. Masch.*), alternatore trifase. 13 **Einphasenwechselstrom** ~ (*elekt. Masch.*), alternatore monofase. 14 **Gleichstrom** ~ (*elekt. Masch.*), dinamo, generatore di corrente continua. 15 **Report-Programm-** ~ (RPG) (*Rechner*), RPG, generatore programmi per prospetti stampati. 16 **Synchron** ~ (*elekt. Masch.*), generatore sincrono. 17 **Turbo** ~ (*elekt. Masch.*), turboalternatore. 18 **Wechselstrom** ~ (*elekt. Masch.*), alternatore.
Generierer (Generierprogramm) (*m. - Rechner*), programma generatore.
Genesender (*m. - Med.*), convalescente (*s.*).
Genesungsheim (*m. - Med. - Bauw.*), convalescenziario, casa di convalescenza.
Genuss (eines Rechts z. B.) (*m. - allg.*), godimento. 2 ~ **aktie** (*f. - finanz.*), azione di godimento. 3 ~ **schein** (Genussaktie) (*m. - finanz.*), azione di godimento, buono di godimento, certificato di godimento.
genietet (*Technol.*), chiodato. 2 ~ **er Kessel** (*Kessel*), caldaia chiodata.
genormt (Schraube, etc.) (*Mech.*), unificato, normalizzato, normale.
Genossenschaft (*f. - allg.*), associazione, cooperativa, società. 2 ~ **mit beschränkter Haftpflicht** (GmbH) (*komm.*), società a responsabilità limitata, S. r. l. 3 ~ **mit unbeschränkter Haftpflicht** (GmuH) (*komm.*), società a responsabilità illimitata.
genügen (den Vorschriften z. B.) (*Technol.*), soddisfare. 2 ~ (eine Gleichung z. B.) (*Math.*), soddisfare.

genügend (in der Schätzskala) (*Arb. - Zeitstudium*), modesto.
genullt (*Elekt.*), con neutro a massa. 2 ~ **e Anlage** (*Elekt.*), impianto con neutro a massa.
Geoakustik (*f. - Geophys.*), geoacustica.
geochemisch (*Geol. - Chem.*), geochimico.
Geodäsie (*f. - Geol.*), geodesia.
Geodät (*m. - Geol.*), geodeta.
geodätisch (*Geol.*), geodetico. 2 ~ **e Bauweise** (*Baukonstr.lehre - Flugw.*), costruzione geodetica. 3 ~ **e Förderhöhe** (einer Pumpe) (*Hydr. - Masch.*), prevalenza geodetica, prevalenza topografica. 4 ~ **e Höhe** (*Hydr.*), altezza geodetica, altezza topografica.
Geode (Mandelraum, Gasblasenraum in Gesteinen) (*f. - Min.*), geode.
Geodimeter (geodätischer Entfernungsmesser) (*n. - Instr.*), geodimetro.
Geodynamik (*f. - Geophys.*), geodinamica.
Geoelektrik (geophysikalische Aufschlussverfahren) (*f. - Geol. - Bergbau*), (scienza dei) metodi di prospezione geoelettrici.
geoelektrisch (*Geol.*), geoelettrico.
Geographie (Erdkunde) (*f. - Geogr.*), geografia.
geographisch (*Geogr.*), geografico. 2 ~ **er Norden** (*Geogr.*), nord geografico.
Geoid (*n. - Geol.*), geoide.
Geologie (*f. - Geol.*), geologia.
geologisch (*Geol.*), geologico.
Geomagnetismus (Erdmagnetismus) (*m. - Geophys.*), geomagnetismo, magnetismo terrestre.
Geometer (Feldmesser) (*m. - Top.*), geometra.
Geometrie (*f. - Geom.*), geometria. 2 ~ **fehler** (*m. - Fernseh. - etc.*), distorsione geometrica. 3 **analytische** ~ (*Geom.*), geometria analitica. 4 **darstellende** ~ (*Geom.*), geometria descrittiva. 5 **ebene** ~ (*Geom.*), geometria piana. 6 **euklidische** ~ (*Geom.*), geometria euclidea, geometria generale. 7 **projektive** ~ (*Geom.*), geometria proiettiva. 8 **Riemannsche** ~ (*Geom.*), geometria riemanniana.
geometrisch (*Geom.*), geometrico. 2 ~ **e Abstufung** (*Math.*), progressione geometrica. 3 ~ **es Mittel** (*Math.*), media geometrica.
Geophon (Erdhörer, Seismophon) (*n. - Akus. - Ger.*), geofono.
Geophysik (*f. - Geophys.*), geofisica.
geophysikalisch (*Geophys.*), geofisico. 2 **Internationales** ~ **es Jahr** (*Geophys.*), anno geofisico internazionale.
geortet (*allg.*), localizzato.
Geotektonik (*f. - Geol.*), geologia tettonica, geologia strutturale.
Geothermik (*f. - Geophys.*), geotermica.
geothermisch (*Geol.*), geotermico.
gepaart (Werkstücke z. B., um die Toleranzen zu erfüllen in zusammengebauten Zustand) (*Mech.*), accoppiato selettivamente.
Gepäck (*n. - Transp.*), bagaglio. 2 ~ **aufbewahrung** (*f. - Eisenb.*), deposito bagagli. 3 ~ **halter** (Gepäckträger) (*m. - Aut.*), portabagagli. 4 ~ **raum** (Kofferraum) (*m. - Aut.*), bagagliera. 5 ~ **träger** (eines Kraftrades) (*m. - Fahrz.*), portapacchi. 6 ~ **wagen** (*m. - Eisenb.*), bagagliaio. 7 ~ **weg** (Bewegungslinie innerbalb des Abfertigungsgebäudes

eines Flughafens) (*m. - Transp.*), trasportatore per bagagli.
gepanzert (*allg.*), corazzato, blindato.
gepfeilt (Flügel) (*Flugw.*), a freccia. 2 ~ er Tragflügel (*Flugw.*), ala a freccia.
gepolstert (*allg.*), imbottito.
gepolt (ein Relais z. B.) (*Elekt.*), polarizzato.
Gepr. (geprüft) (*Mech. - Zeichn.*), controllato.
gepresst (verdichtet) (*allg.*), compresso. 2 ~ (Blechteile z. B.) (*mech. Technol.*), stampato. 3 ~ (gesenkgeschmiedet) (*Schmieden*), stampato. 4 ~ (Kunststoff-Teil) (*Technol.*), stampato a compressione. 5 ~ (Loch z. B. in einen Kunststoff-Teil) (*Technol.*), ottenuto di stampaggio, ottenuto a deformazione. 6 ~ er Rahmen (*Fahrz.*), telaio stampato. 7 fliess ~ (*mech. Technol.*), estruso.
gepulst (*Elekt. - etc.*), pulsato.
gepunktet (*Schweissung*), saldato a punti.
geputzt (Guss-stück z. B.) (*Giess.*), sbavato.
gequantelt (*Phys.*), quantizzato.
gequollen (Guss-stück z. B.) (*Giess.fehler*), gonfiato.
Gerade (*f. - Geom.*), retta, linea retta. 2 ~ (*Strass.b. - Eisenb.*), rettilineo. 3 ~ ausempfänger (*m. - Funk.*), ricevitore ad amplificazione diretta. 4 ~ **ausfahrt** (*f. - Aut.*), marcia in rettilineo. 5 ~ **ausfahrtstellung** (der Lenkung) (*f. - Aut.*), posizione di marcia rettilinea. 6 ~ leger (für Bogen in der Druckmasch.) (*m. - Druckmasch.*), pareggiatore. 7 ~ richten (von Schienen z. B.) (*n. - Mech.*), raddrizzamento.
gerade (geradlinig, grade) (*allg.*), rettilineo. 2 ~ (geradzahlig, durch zwei ohne Rest teilbar) (*Math.*), pari. 3 ~ (unmittelbar) (*allg.*), diretto. 4 ~ (Zahn z. B.) (*Mech.*), diritto. 5 ~ **Aufsteigung** (gerade Absteigung, Rektaszension, AR) (*Astr.*), ascensione retta. 6 ~ **Beleuchtung** (direkte Beleuchtung) (*Beleucht.*), illuminazione diretta. 7 ~ **Entfernung** (*allg.*), distanza in linea retta. 8 ~ **richten** (*Mech. - etc.*), raddrizzare. 9 ~ s-**Verhältnis** (*Math. - etc.*), rapporto diretto. 10 ~ **verzahnt** (Fräser z. B.) (*Mech.*), a denti diritti. 11 ~ **Zahl** (*Math.*), numero pari.
geradfaserig (*Metall. - etc.*), a fibra diritta.
Geradheit (*f. - Mech.*), rettilineità.
Geradlaufapparat (GA, eines Torpedos) (*m. - Kriegsmar.*), guidasiluri.
Geradläufer (Kurskreisel für Torpedos) (*m. - Ger. - milit.*), guidasiluri.
geradlinig (*allg.*), rettilineo. 2 ~ er Leuchtdraht (*Beleucht.*), filamento diritto.
Geradlinigkeit (*f. - Mech. - etc.*), rettilineità.
geradnutig (*Mech.*), a scanalature diritte.
Geradsäge (*f. - Mech.*), sega a denti diritti.
Geradschubkurbel (Schubkurbel) (*f. - Mech.*), manovellismo (di spinta), meccanismo biellamanovella.
geradverzahnt (Zahnrad) (*Mech.*), a denti diritti.
Geradverzahnung (*f. - Mech.*), dentatura diritta.
geradzahlig (*Math.*), pari. 2 ~ e Oberwellen (*Phys. - Mech.*), armoniche di ordine pari.
Geradzahnrad (*n. - Mech.*), ruota a denti diritti.
Geradzahnstirnrad (*n. - Mech.*), ruota cilindrica a denti diritti.

gerändelt (*Mech.*), zigrinato.
gerastert (*Zeichn.*), ombreggiato.
gerastet (*Mech.*), bloccato in posizione.
Gerät (Vorrichtung) (*n. - Ger.*), attrezzo. 2 ~ (Werkzeug) (*Ger.*), utensile. 3 ~ (Apparat) (*Ger.*), apparecchio, apparecchiatura. 4 ~ (Ausrüstungsgegenstand) (*Ger.*), congegno. 5 ~ (Arbeitsgerät, für Schlepper) (*Erdbew. etc. - Ger.*), attrezzo. 6 ~ (Instrument) (*Instr.*), strumento. 7 ~ e·anschluss·schnur (*f. - Elekt.*), cordone di allacciamento. 8 ~ e·brett (*n. - Instr. - Mot. - etc.*), quadro portapparecchi. 9 ~ e·brett (für landw. Geräte) (*Landw.*), rastrelliera per attrezzi (agricoli). 10 Geräte für die Materialbeförderung (*Ind.*), apparecchi per il sollevamento e trasporto dei materiali. 11 ~ e·glas (beständig gegen hohe Temperaturen, chem. Angriffe, etc.) (*n. - Glasind.*), vetro da laboratorio, vetro pirofilo. 12 ~ e·kasten (*m. - Masch.*), cassetta attrezzi. 13 ~ e·tafel (*f. - Elekt.*), quadro strumenti. 14 ~ e·träger (Schlepper) (*m. - Erdbew.masch.*), trattore con attrezzi montati, trattore con attrezzi portati. 15 ~ e·turnen (*n. - Sport*), ginnastica agli attrezzi. 16 ~ **schaften** (Ausrüstung) (*f. - pl. Ind. - etc.*), attrezzatura. 17 Analog-Rechen ~ (*Rechenmasch.*), calcolatore analogico. 18 Anbau ~ (eines Schleppers) (*Erdbew.ger.*), attrezzo portato, attrezzo montato. 19 astronomisches ~ (*Astr. - Opt.*), strumento astronomico. 20 chemisches Laboratoriums ~ (*Chem.*), attrezzo per laboratorio chimico. 21 Feinmess ~ (*Instr.*), strumento di precisione. 22 Garten ~ (*Ger.*), attrezzo da giardinaggio. 23 Lade ~ (für Akkumulatoren) (*Elekt.*), (apparecchio) carica-batterie. 24 landwirtschaftliches ~ (*Ger.*), attrezzo agricolo. 25 Mess ~ (*Ger.*), apparecchio di misura, strumento di misura. 26 optisches ~ (Mikroskop, etc.) (*Opt.*), strumento ottico. 27 Rechen ~ (*Rechenmasch.*), calcolatrice, calcolatore. 28 Schmiede ~ (*Ger.*), attrezzo da fabbro. 29 Teil ~ (*Mech. - Werkz.masch.*), apparecchio per dividere, testa a dividere, divisore. 30 Zeichen ~ (*Zeichn.*), strumento per disegno.
gerauht (*allg.*), irruvidito.
geräumig (räumlich) (*allg.*), spazioso.
Geräusch (*n. - allg.*), rumore. 2 ~ **abstand** (*m. - Funk.*), rapporto segnale/rumore. 3 ~ **dämpfer** (*m. - App.*), silenziatore. 4 ~ **dämpfung** (*f. - Bauw. - etc.*), insonorizzazione. 5 ~ -EMK (*f. - Elekt. - Fernspr.*), forza elettromotrice psofometrica. 6 ~ **leistung** (*f. - Fernspr. - etc.*), potenza psofometrica. 7 ~ **messer** (*m. - Instr.*), fonometro. 8 ~ **pegel** (*m. - Akus.*), livello del rumore. 9 ~ **spannung** (*f. - Fernspr.*), tensione di rumore, tensione di disturbo, tensione psofometrica. 10 ~ **spannungsmesser** (*m. - Akus. - Instr.*), psofometro. 11 Auspuff ~ (*Aut.*), rumore dello scarico, rumore dello scappamento. 12 Innen ~ (eines Wagens) (*Aut.*), rumorosità all'interno. 13 magnetisches ~ (*Elekt.*), rumore magnetico.
geräuscharm (Kraftfahrzeug z. B.) (*allg.*), silenzioso.
geräuschlos (*allg.*), silenzioso. 2 ~ e Kette (*Mech.*), catena silenziosa.

geräuschvoll (*Akus.*), rumoroso.
Gerbanlage (*f. - Lederind.*), impianto di concia.
Gerbbrühe (*f. - Lederind.*), liquido conciante, succo tannico.
Gerbeisen (*n. - Werkz.*), brunitoio.
Gerben (*n. - Lederind.*), concia.
gerben (*Lederind.*), conciare.
Gerber (*m. - Arb.*), conciatore.
Gerberbalken (Gerberträger) (*m. - Bauw.*), trave Gerber.
Gerberei (*f. - Lederind.*), conceria.
Gerbernorm (*f. - Fernseh.*), norma Gerber.
Gerbfass (Gerbtrommel) (*n. - Lederind.*), bottale da concia.
Gerbsäure (Tannin) (*f. - Lederind. - Chem.*), acido tannico, tannino.
Gerbstahl (*m. - Werkz.*), brunitoio. 2 ~ (Gärbstahl) (*Metall.*), acciaio saldato a pacchetto.
Gerbstoff (*m. - Lederind.*), materiale conciante. 2 **synthetischer** ~ (Syntan) (*Lederind.*), materiale conciante sintetico.
Gerbung (*f. - Lederind.*), concia. 2 **Alaun** ~ (Weissgerbung) (*Lederind.*), concia all'allume. 3 **Chrom** ~ (*Lederind.*), concia al cromo. 4 **Fass** ~ (*Lederind.*), concia al bottale, concia in botte. 5 **gemischte** ~ (*Lederind.*), concia mista. 6 **Glacé** ~ (*Lederind.*), concia glacé. 7 **Gruben** ~ (*Lederind.*), concia in fossa. 8 **mineralische** ~ (Mineralgerbung) (*Lederind.*), concia minerale. 9 **pflanzliche** ~ (*Lederind.*), concia vegetale. 10 **sämische** ~ (*Lederind.*), concia all'olio, scamosciatura.
gerechtfertigt (*allg.*), giustificato.
Gerechtigkeit (*f. - recht.*), giustizia. 2 **soziale** ~ (*recht. - etc.*), giustizia sociale.
Gerechtsame (Servitut, Nutzungsrecht) (*f. - recht. - Bauw.*), servitù.
gereckt (*Technol.*), stirato. 2 **biaxial** ~ (Kunststoff) (*Technol.*), a stiro biassiale, a stiramento biassiale.
geregelt (Abkühlung z. B.) (*Metall. - etc.*), controllato, regolato. 2 ~ **e Atmosphäre** (*Wärmebeh. - Metall.*), atmosfera controllata.
Gericht (*n. - recht.*), tribunale, corte. 2 ~ s·**behörde** (*f. - recht.*), autorità giudiziaria. 3 ~ s·**beschluss** (*m. - recht.*), ordine della corte. 4 ~ s·**gebäude** (*n. - Bauw. - recht.*), palazzo di giustizia. 5 ~ s·**gebühren** (*f. - pl. - recht.*), spese legali. 6 ~ s·**hof** (*m. - recht.*), corte (di giustizia). 7 ~ s·**kosten** (*f. - pl. - recht.*), spese di giudizio. 8 ~ s·**schreiber** (*m. - recht.*), cancelliere. 9 ~ s·**stand** (*m. - recht.*), foro, 10 ~ s·**weg** (*m. - recht.*), via legale. 11 **Amts** ~ (*recht.*), pretura. 12 **Appellations** ~ (Berufungsgericht, Beschwerdegericht) (*recht.*), corte d'appello. 13 **Kriegs** ~ (*milit. - recht.*), corte marziale. 14 **vor** ~ **laden** (*recht.*), chiamare in giudizio.
gerichtet (*Funk.*), direzionale, direttivo. 2 ~ (Draht oder Stange z. B.) (*Mech.*), raddrizzato. 3 ~ (Anschnitt) (*Giess.*), guidato. 4 ~ **e Antenne** (*Funk.*), antenna direttiva. 5 ~ **e Reflexion** (*Opt.*), riflessione regolare, riflessione speculare. 6 **einseitig** ~ (*allg.*), unidirezionale.
gerichtlich (*recht.*), legale. 2 ~ **e Medizin** (*Med. - recht.*), medicina legale.
geriefelt (gerieft) (*allg.*), scanalato. 2 ~ (gerieft) (*Arch.*), scanalato. 3 ~ (grieft, Laufbuchse z. B.) (*mech. Fehler*), rigato.
gerieft (*allg. - etc.*), siehe geriefelt.
geriffelt (*allg.*), siehe geriefelt.
gerillt (*allg.*), scanalato, a solchi, a gole. 2 ~ (Karton) (*Papierind.*), cordonato.
gering (in der Schätzskala) (*Arb. - Zeitstudium*), piccolo.
Gerinne (*n. - allg.*), siehe Rinne.
Gerinnen (*n. - Chem.*), coagulazione.
gerinnen (*Chem.*), coagularsi.
Gerippe (*n. - allg.*), ossatura, scheletro. 2 ~ (eines Schiffes) (*Schiffbau*), ossatura. 3 **Aufbau** ~ (*Aut.*), ossatura (della scocca).
gerippt (*Mech.*), nervato. 2 ~ **es Papier** (für Schreibmaschine) (*Papierind.*), carta vergata. 3 ~ **es Rohr** (*Leit.*), tubo nervato, tubo alettato.
gerissen (*allg.*), strappato.
Germanium (Ge - *n. - Chem.*), germanio. 2 ~ **diode** (*f. - Funk.*), diodo a germanio. 3 ~ **verstärker** (Transistor) (*m. - Funk.*), transistore a germanio.
Geröll (Stein) (*n. - Bauw. - etc.*), ciottolo. 2 ~ **strasse** (*f. - Strass.*), acciottolato, strada acciottolata.
gerollt (Gewinde) (*Mech.*), rullato. 2 ~ **es Gewinde** (*Mech.*), filettatura rullata. 3 **fertig** ~ (Gewinde) (*Mech.*), finito di rullatura.
geröngt (zur Feststellung der Fehler) (*Technol. - Metall.*), radiografato.
geröstet (*Chem.*), calcinato. 2 ~ **es Erz** (*Bergbau*), minerale arrostito.
Geruchsprüfung (*f. - Technol.*), analisi olfattiva.
Geruchsverschluss (Wasserverschluss, U-förmiges Rohrstück) (*m. - Bauw.*), sifone intercettatore, pozzetto intercettatore.
gerundet (*allg.*), arrotondato. 2 ~ **e Kanten** (*Mech. - etc.*), spigoli arrotondati.
Gerüst (Baugerüst, Arbeitsgerüst) (*n. - Bauw.*), ponteggio, impalcatura. 2 ~ (*Walzw.*), gabbia. 3 ~ **arbeiter** (*m. - Bauw.*), siehe Gerüster. 4 ~ **bogen** (*m. - Bauw.*), centina per volte. 5 ~ **brücke** (*f. - Bauw.*), ponte a traliccio. 6 ~ **kran** (*m. - ind. Masch.*), gru a cavalletto, gru a portico. 7 ~ **strick** (*m. - Bauw.*), legaccio da ponte. 8 **fliegendes** ~ (Hängegerüst) (*Bauw.*), ponte volante. 9 **Hänge** ~ (*Bauw.*), ponte sospeso. 10 **Lehr** ~ (*Bauw.*), centina. 11 **Stahlrohr** ~ (*Bauw.*), ponteggio in tubi metallici, impalcatura in tubi metallici.
Gerüster (Facharbeiter für Gerüstbau, Gerüstarbeiter) (*m. - Bauw. - Arb.*), addetto alle impalcature, ponteggiatore, pontaiolo, pontatore.
Gesamtansicht (*f. - Zeichn.*), vista d'insieme.
Gesamtarbeitszeit (*f. - Werkz.masch.bearb.*), tempo ciclo.
Gesamtaufnahme (*f. - Fernseh.*), ripresa panoramica.
Gesamtbelastung (*f. - Bauw.*), carico totale.
Gesamtbetrag (*m. - Adm. - etc.*), importo totale.
Gesamtbildzähler (einer Filmkamera z. B.) (*m. - Filmtech.*), contafotogrammi.
Gesamtbrechung (*f. - Opt.*), rifrazione totale.
Gesamtemissionsvermögen (*n. - Phys. - Beleucht.*), potere emissivo totale.

Gesamterhöhung (Rohrerhöhung, einer Waffe) (*f. - milit.*), angolo di tiro.
Gesamtfallhöhe (bei Wasserkraftanlagen) (*f. - Hydr.*), salto totale.
Gesamtfehler (*m. - Mech.*), errore cumulativo.
Gesamtfluggewicht (*n. - Flugw.*), peso totale.
Gesamthärte (eines Wassers) (*f. - Hydr.*), durezza totale.
Gesamtheit (Grundgesamtheit, Kollektiv) (*f. - Stat.*), popolazione. 2 Teil ~ (*Stat.*), sottopopolazione.
Gesamthubraum (*m. - Mot.*), cilindrata totale.
Gesamtkatalog (*m. - komm. - Druck.*), catalogo generale.
Gesamtkosten (*f. - Ind.*), costo totale.
Gesamtkraft (*f. - Mech.*), risultante (*s.*), forza risultante.
Gesamtlänge (*f. - allg.*), lunghezza totale, lunghezza d'ingombro. 2 ~ (*naut.*), lunghezza fuori tutto.
Gesamtlast (*f. - Flugw. - etc.*), carico totale.
Gesamtlichtstrom (*m. - Beleucht.*), flusso luminoso sferico.
Gesamtlöschhebel (einer Rechenmaschine) (*m. - Masch.*), leva di azzeramento.
Gesamtporosität (wahre Porosität, von Baustoffen) (*f. - Bauw.*), porosità reale.
Gesamtrückstrahlung (Summe der direkten und der diffusen Reflexion) (*f. - Opt.*), riflessione complessiva (diretta e diffusa).
Gesamtschnittdruck (Summe des Hauptschnittdruckes, des Rückdruckes und des Vorschubdruckes) (*m. - Werkz.masch.bearb.*), pressione di taglio totale.
Gesamtteilungsfehler (eines Zahnrades) (*m. - Mech.*), errore di passo totale, errore totale di divisione, errore cumulativo massimo (del passo).
Gesamtwirkungsgrad (*m. - Mot. - etc.*), rendimento totale.
Gesamt-Zeichnung (Übersichtszeichnung, Zusammenstellungszeichnung, Zeichnung die eine Masch., etc., in zusammengebauten Zustand zeigt) (*f. - Zeichn.*), (disegno) complessivo generale.
Gesamtzeit (Bodenzeit) (*f. - Zeitstudium*), tempo ciclo.
gesättigt (*Chem.*), saturo. 2 ~ e Lösung (*Chem.*), soluzione satura. 3 ~ er Dampf (*Kessel*), vapore saturo.
Geschabsel (*n. - Mech.*), trucioli (di raschiettatura).
geschachtelt (Bauweise z. B.) (*allg.*), scatolato.
Geschäft (Ergebnis einer Tätigkeit) (*n. - komm.*), affare. 2 ~ (Büro) (*Büro*), ufficio. 3 ~ (Beruf, Tätigkeit) (*Arb.*), professione. 4 ~ s·anschluss (*m. - Fernspr.*), telefono per uso professionale. 5 ~ s·brief (*m. - Büro*), lettera commerciale, lettera d'affari. 6 ~ s·buchhaltung (offizielle Gesamtabrechnung eines Betriebes) (*f. - Adm. - Ind.*), contabilità generale. 7 ~ s·führer (gesetzlicher Vertreter einer GmbH) (*m. - finanz.*), amministratore delegato. 8 ~ s·führer (ein fremdes Geschäft besorgende Person) (*Ind. - etc.*), gestore. 9 ~ s·führer (Leiter) (*Ind.*), direttore. 10 ~ s·führung (*f. - komm.*), gestione. 11 ~ s·gebiet (einer Stadt) (*n. - Bauw.*), zona degli affari. 12 ~ s·haus (*n. - Ind. - Bauw.*), fabbricato per uffici. 13 ~ s·jahr (Rechnungsjahr) (*n. - Adm.*), esercizio. 14 ~ s·leitung (*f. - Ind.*), direzione generale. 15 ~ s·ordnung (eines Unternehmens) (*f. - Ind. - Adm.*), regolamento di società. 16 ~ s·reiseflugzeug (*n. - Flugw.*), velivolo per viaggi di affari. 17 ~ s·reisender (*m. - komm.*), commesso viaggiatore. 18 ~ s·träger (*m. - komm.*), incaricato di affari. 19 ~ s·verbindung (*f. - komm.*), relazione di affari. 20 ~ s·viertel (einer Stadt) (*n. - Bauw.*), quartiere degli affari, zona degli affari. 21 ~ s·wagen (Lieferwagen) (*m. - Aut.*), furgone.
geschäftsführend (*Organ.*), direzionale.
geschalt (verkleidet) (*allg.*), incapsulato, rivestito.
geschält (Baum) (*Holz*), scortecciato. 2 ~ (gedreht, Stabstahl z. B.) (*Mech. - Metall.*), pelato, scortecciato.
geschäumt (Kunststoff) (*Chem.*), espanso (*a.*). 2 ~ (Wand eines Personenkraftwagens z. B.) (*Aut. - Sicherheit - etc.*), imbottito con espanso.
geschichtet (*allg.*), a strati. 2 ~ er Press·stoff (*chem. Ind.*), stratificato plastico, laminato plastico. 3 ~ e Zufallstichprobe (bei Qualitätskontrolle) (*mech. Technol.*), campione stratificato.
Geschick (*n. - Arb.*), abilità.
Geschicklichkeit (bei Leistungsgradschätzung) (*f. - Zeitstudium*), abilità.
Geschiebe (*n. - Geol.*), detriti. 2 ~ (im Flussboden fortgeschobene feste Stoffe) (*Hydr.*), materiale solido trascinato sul fondo.
Geschirr (Geräte) (*n. - allg.*), utensili, attrezzi. 2 ~ (Tafelgeschirr) (*Ind.*), stoviglie. 3 ~ (Flaschenzug) (*Hebevorr. - naut.*), paranco. 4 ~ spülmaschine (Geschirrspüler) (*f. - elekt. App.*), lavastoviglie.
geschlagen (Blech) (*Mech.*), martellato.
geschleppt (*Fahrz.*), rimorchiato.
geschliffen (*Werkz.masch.bearb.*), rettificato. 2 ~ (Karosserie z. B.) (*Anstr.*), carteggiato. 3 nass ~ (Karosserie, mit Schmirgelpapier) (*Anstr.*), carteggiato a umido.
geschlitzt (*allg.*), a fessure, sfinestrato.
geschlossen (*allg.*), chiuso. 2 ~ (*elekt. Masch.*), chiuso. 3 ~ (Gefüge) (*allg.*), compatto. 4 ~ e Ordnung (der Truppe) (*milit.*), ordine chiuso.
Geschmack (für einen Artikel beim Publikum z. B.) (*m. - komm.*), gusto, favore. 2 ~ s·muster (*n. - recht.*), modello ornamentale.
geschmeidig (Metall, formbar) (*mech. Technol.*), plastico.
Geschmeidigkeit (*f. - Metall.*), plasticità.
Geschmeidig-Leder (G-Leder, für Flächriemen) (*n. - Mech.*), cuoio per cinghie, cuoio flessibile.
geschmiedet (*Schmieden*), fucinato (*a.*). 2 ~ es Teil (*Schmieden*), fucinato (*s.*), pezzo fucinato.
geschmolzen (*Metall. - etc.*), fuso.
geschnitten (*Mech.*), tagliato, lavorato ad asportazione (di truciolo), lavorato di macchina. 2 ~ (Gewinde) (*Mech.*), filettato (con filiera).
geschnitzt (*Holz*), intagliato.

Geschoss

Geschoss (Stock) (*n. - Bauw.*), piano. 2 ~ (Projektil) (*milit. - Astronautik*), proiettile, missile. 3 ~ (Granate) (*Expl.*), granata. 4 ~ **höhe** (*f. - Bauw.*), distanza tra i piani. 5 ~ **spitze** (*f. - milit. - Astronautik*), ogiva del proiettile, ogiva del missile. 6 **ballistisches ~** (*milit.*), missile balistico. 7 **Dach ~** (*Bauw.*), ultimo piano. 8 **Erd ~** (*Bauw.*), pianterreno, pianoterra. 9 **Exerzier ~** (Übungsgeschoss) (*milit.*), granata da esercitazione. 10 **interkontinentales ~** (*milit.*), missile intercontinentale. 11 **Leucht ~** (*milit.*), proiettile tracciante. 12 **panzerbrechendes ~** (*Expl.*), granata perforante. 13 **Raketen ~** (*milit. - Astronautik*), proiettile a razzo, missile. 14 **Spreng ~** (*Expl.*), granata dirompente.
geschraubt (*Mech.*), avvitato. 2 ~ **e Verbindung** (*Mech.*), collegamento a vite.
geschrumpft (*Mech.*), bloccato a caldo, accoppiato ad interferenza (a caldo), calettato a caldo.
geschult (*allg.*), addestrato.
geschüttelt (Beton) (*Bauw.*), vibrato.
Geschütz (Feuerwaffe, die wegen ihres Gewichts oder Kalibers für den Handgebrauch ungeeignet ist) (*n. - Feuerwaffe*), bocca da fuoco. 2 ~ (Kanone) (*Feuerwaffe*), cannone. 3 ~ **metall** (Bronze) (*n. - Metall.*), bronzo da cannoni. 4 ~ **rohr** (*n. - milit.*), canna del cannone. 5 ~ **seele** (*f. - milit.*), anima del cannone. 6 ~ **verschluss** (*m. - milit.*), otturatore. 7 **Atom ~** (*milit.*), cannone atomico. 8 **Eisenbahn ~** (*milit.*), bocca da fuoco montata su carro ferroviario.
geschützt (*elekt. Masch. - etc.*), protetto. 2 **explosions ~** (*elekt. Masch.*), antideflagrante. 3 **schlagwetter ~** (*elekt. Masch.*), antideflagrante (per miniere). 4 **schwallwasser ~** (gegen Wassertropfen oder Wasserstrahlen geschützt) (*elekt. Masch.*), protetto contro il getto di manichetta. 5 **spritzwasser ~** (*elekt. Masch.*), protetto contro gli spruzzi d'acqua. 6 **tropfwasser ~** (*elekt. Masch.*), protetto contro lo stillicidio.
geschweisst (*mech. Technol.*), saldato. 2 ~ **es Rohr** (*Leit.*), tubo saldato.
Geschwemmsel (im Fluss schwimmend fortbewegte feste Stoffe) (*n. - Hydr.*), materiali (solidi) trasportati (nei fiumi) per galleggiamento.
Geschwindigkeit (*f. - allg.*), velocità. 2 ~ **s·abnahme** (*f. - Phys.*), decelerazione. 3 ~ **s·änderung** (*f. - Phys.*), variazione di velocità. 4 ~ **s·begrenzer** (eines Aufzugs z. B.) (*m. - Bauw. - etc.*), limitatore di velocità. 5 ~ **s·höhe** (*f. - Hydr.*), altezza cinetica. 6 ~ **s·messer** (Tachometer) (*m. - Aut. - Instr.*), tachimetro. 7 ~ **s·messer** (Log) (*naut. Instr.*), solcometro. 8 ~ **s·messer** (*Flugw. - Instr.*), anemometro. 9 ~ **s·mikrophon** (*n. - Akus.*), microfono a gradiente di velocità. 10 ~ **s·modulation** (eines Elektronstrahles) (*f. - Elektronik*), modulazione di velocità. 11 ~ **s·potential** (*n. - Akus.*), potenziale di velocità. 12 ~ **s·regler** (*m. - App.*), regolatore di velocità. 13 ~ **s·schreiber** (*m. - Instr.*), tachigrafo. 14 ~ **s·schwankung** (*f. - Mech.*), fluttuazione della velocità. 15 **Anfangs ~** (*Ballistik - etc.*), velocità iniziale. 16 **Anschluss ~** (einer Lichtmaschine z. B.) (*Mech. - etc.*), velocità di attacco. 17 **Brenn ~** (Verbrennungsgeschwindigkeit) (*Brennst. - Mot.*), velocità di combustione. 18 **Durchsack ~** (*Flugw.*), velocità di stallo. 19 **gleichförmig beschleunigte ~** (*Mech.*), velocità uniformemente accelerata. 20 **gleichförmige ~** (*Mech.*), velocità uniforme. 21 **höchste ~** (grösste maximale Geschwindigkeit) (*Mech. - etc.*), velocità massima. 22 **höchstzulässige ~** (*Mech. - etc.*), velocità massima permessa, velocità massima ammissibile. 23 **kleinstmögliche ~** (*Flugw.*), velocità minima. 24 **kritische ~** (*Mech. - Mot. - Flugw.*), velocità critica. 25 **Licht ~** (*Phys.*), velocità della luce. 26 **mittlere ~** (*Mech.*), velocità media. 27 **Reise ~** (*naut. - Flugw.*), velocità di crociera. 28 **relative ~** (*Flugw.*), velocità relativa. 29 **relativistische ~** (mit der Lichtgeschwindigkeit vergleichbar) (*Phys.*), velocità relativistica. 30 **Schall ~** (*Akus. - etc.*), velocità del suono. 31 **schallnahe ~** (*Flugw.*), velocità transonica. 32 **Umlaufs ~** (eines Rades z. B.) (*Mech.*), velocità periferica. 33 **ungleichförmige ~** (*Mech.*), velocità disuniforme, velocità variabile. 34 **Winkel ~** (*Mech.*), velocità angolare.
Geschworene (*m. - pl. - recht.*), giurati, giuria. 2 ~ **n·spruch** (*m. - recht.*), verdetto della giuria.
gesehen (*allg.*), visto. 2 **gegen das Werkstück ~** (Ansicht) (*Zeichn. - etc.*), visto guardando verso il pezzo. 3 **von Antriebsseite ~** (Ansicht) (*Zeichn. - etc.*), visto dal lato accoppiamento. 4 **von links ~** (Ansicht) (*Zeichn. - etc.*), visto (guardando) da sinistra.
Geselle (Facharbeiter) (*m. - Arb.*), operaio specializzato. 2 ~ **n·prüfung** (*f. - Arb.*), esame di abilitazione. 3 ~ **n·stück** (praktische Arbeitsprobe) (*n. - Arb.*), capolavoro.
Gesellschaft (*f. - komm. - recht.*), società. 2 ~ **mit beschränkter Haftung** (GmbH) (*komm.*), società a responsabilità limitata. 3 ~ **s·anteil** (*m. - finanz.*), quota di partecipazione. 4 ~ **s·firma** (Firma der Gesellschaft) (*f. - komm.*), ragione sociale. 5 ~ **s·gründungsvertrag** (*m. - komm. - recht.*), atto di costituzione, atto costitutivo. 6 ~ **s·kapital** (*n. - finanz.*), capitale sociale. 7 ~ **s·leitung** (*f. - Fernspr.*), linea collettiva. 8 ~ **s·satzung** (Gesellschaftsstatut, Satzungen) (*f. - komm. - recht.*), statuto (della società). 9 ~ **s·vertrag** (*m. - komm. - recht.*), atto di costituzione, atto costitutivo. 10 ~ **s·wagen** (Omnibus) (*m. - Fahrz.*), autobus. 11 **Aktien ~** (*komm.*), società per azioni. 12 **beherrschte ~** (*finanz.*), società controllata. 13 **einfache Kommandit ~** (*komm. - finanz.*), accomandita semplice, società in accomandita semplice. 14 **Familiar ~** (Aktiengesellschaft deren Aktionäre untereinander verwandt oder verschwägert sind) (*finanz.*), società familiare. 15 **Finanz ~** (Kapitalgesellschaft) (*komm. - finanz.*), società finanziaria. 16 **gemeinnützige ~** (*finanz.*), società di pubblica utilità. 17 **Handels ~** (Erwerbsgesellschaft) (*komm.*), società commerciale. 18 **Mutter ~** (*komm.*), casa madre. 19 **offene Handels ~** (OHG) (*komm. - finanz.*), società in nome collettivo. 20 **Schwester ~** (Tochtergesell-

schaft, Zweiggesellschaft) (*komm.*), consorella, società affiliata. 21 stille ~ (stille Beteiligung) (*recht. - komm.*), società in partecipazione.

Gesellschafter (Teilhaber) (*m. - finanz.*), socio. 2 stiller ~ (stiller Teilhaber) (*finanz.*), socio occulto.

gesellschaftrechtlich (*recht.*), di diritto sociale.

Gesenk (Werkz. zur Warm- oder Kaltumformung von Metallteilen) (*n. - Schmiedewerkz. - Blechbearb.werkz.*), stampo. 2 ~ (Schmiedegerät) (*Ger.*), stampo (da fabbro). 3 ~ (Blindschacht) (*Bergbau*), pozzo di affondamento. 4 ~ block (Gesenkklotz, Gesenkstock) (*m. - Schmiedewerkz.*), chiodaia, dama chiodiera. 5 ~ drücken (Nachschlagen, Nachprägen) (*n. - Schmieden*), calibratura. 6 ~ einsatz (*m. - Schmiedewerkz.*), inserto di stampo, perno (o bussola, ecc.) inserito nello stampo. 7 ~ fräsen (*n. - Werkz.masch.bearb.*), fresatura di stampi. 8 ~ fräser (*m. - Werkz.*), fresa per stampi. 9 ~ fräsmaschine (*f. - Werkz. masch.*), fresatrice per stampi. 10 ~ führung (Anordnung der Flächen an Ober- und Untergesenk) (*f. - Schmiedewerkz.*), incassatura (dello stampo). 11 ~ gravur (*f. - Werkz.*), impronta dello stampo, incisione (dello stampo). 12 ~ guss·stück (Druckguss) (*n. - Giess.*), pressogetto, getto ottenuto mediante pressofusione. 13 ~ halter (Schabotte-Einsatz) (*m. - Schmieden*), banchina portastampi. 14 ~ hammer (*m. - Schmiedemasch.*), maglio per fucinatura a stampo, maglio per stampaggio. 15 ~ kopiermaschine (*f. - Werkz. masch.*), fresatrice a riproduzione per stampi, fresatrice a copiare per stampi 16 ~ macherei (*f. - Mech.*), officina stampi. 17 ~ oberfläche (*f. - Schmiedewerkz.*), superficie di separazione stampi. 18 ~ platte (*f. - Schmiedegerät*), chiodaia, dama chiodiera. 19 ~ presse (*f. - Schmiedemasch.*), pressa per stampaggio. 20 ~ pressteil (*m. - mech. Technol.*), stampato (*s.*) alla pressa, pezzo stampato alla pressa. 21 ~ schlosser (*m. - Arb.*), stampista. 22 ~ schmied (*m. - Arb.*), fucinatore a stampo. 23 ~ schmiede (Werkstatt) (*f. - Ind.*), officina di stampaggio. 24 ~ schmiedehammer (*m. - Masch.*), maglio per fucinatura a stampo. 25 ~ schmieden (*n. - Schmieden*), fucinatura a stampo, stampaggio, stampatura. 26 ~ schmiedepresse (*f. - Schmiedemasch.*), pressa per fucinatura. 27 ~ schmiedestück (*n. - Schmieden*), fucinato (*s.*) a stampo, pezzo fucinato a stampo. 28 ~ schmiermittel (*n. - Schmieden*), lubrificante per stampi. 29 ~ schräge (*f. - Schmiedewerkz.*), conicità dello stampo, spoglia dello stampo, sformo dello stampo, invito dello stampo. 30 ~ stahl (*m. - Metall.*), acciaio per stampi. 31 ~ stahlblock (*m. - Werkz.*), blocco (dello) stampo. 32 ~ stauchen (*n. - Schmieden*), stampaggio. 33 ~ teilung (*f. - Schmiedewerkz.*), divisione dello stampo. 34 ~ versatz (*m. - Schmieden*), scentratura stampo. 35 ~ verschleiss (*m. - Schmieden*), usura stampo, consumo dello stampo. 36 Arbeits ~ (*Schmiedewerkz.*), stampo a impronte multiple. 37 Fertig ~ (*Schmiedewerkz.*), stampo finitore. 38 Gegen ~ (*Schmiedewerkz.*), controstampo. 39 geschlossenes ~ (*Schmiedewerkz.*), stampo chiuso. 40 Hand ~ (*Schmiedewerkz.*), attrezzo a mano. 41 letztes Vorschmiede ~ (vor der Fertigung) (*Schmiedewerkz.*), stampo abbozzatore, stampo prefinitore. 42 Mehrfach ~' (*Schmiedewerkz.*), stampo a impronte multiple. 43 Mehrstufen ~ (*Schmiedewerkz.*), stampo progressivo. 44 Meister ~ (zum Gesenkschmieden von Gesenken) (*Schmiedewerkz.*), stampo creatore. 45 Ober ~ (*Schmiedewerkz.*), controstampo, stampo superiore. 46 offenes ~ (*Schmiedewerkz.*), stampo aperto. 47 Richten im ~ (Nachschlagen des Schmiedestücks um Verbiegungen zu verbessern) (*Schmieden*), assestamento. 48 richten im ~ (*Schmieden*), assestare. 49 Roll ~ (Vorform im Gesenk) (*Schmiedewerkz.*), incisione di rullatura. 50 Stössel ~ (Stauchstempel, einer Schmiedemaschine) (*Schmiedewerkz.*), punzone (per ricalcatura). 51 Unter ~ (*Schmiedewerkz.*), stampo, stampo inferiore. 52 Vorschmiede ~ zur groben Massenverteilung (*Schmiedewerkz.*), stampo per scapolatura.

gesenkgeschmiedet (*Schmieden*), fucinato a stampo.

gesenkt (*allg.*), abbassato, calato.

Gesetz (*n. - Phys. - Mech. - etc.*), legge, principio. 2 ~ (*recht.*), legge. 3 ~ blatt (Amtsblatt, Staatsanzeiger) (*n. - recht.*), gazzetta ufficiale legislativa. 4 ~ buch (*n. - recht.*), codice. 5 ~ es·vorlage (*f. - recht.*), decreto legge. 6 ~ geber (*m. - recht.*), legislatore. 7 ~ gebung (*f. - recht.*), legislazione. 8 Straf ~ buch (*n. - recht.*), codice penale.

gesetzgebend (*recht.*), legislativo.

gesetzlich (gesetzmässig) (*recht.*), legale. 2 ~ e Rücklage (*recht.*), riserva legale. 3 ~ er Vertreter (*recht.*), rappresentante legale.

gesetzlos (gesetzwidrig) (*recht.*), illegale.

gesetzmässig (*recht.*), regolamentare, conforme alla legge, legale.

gesichert (*Mech.*), fissato. 2 ~ (*Elekt.*), protetto (da fusibili p. es.).

Gesicht (*n. - allg.*), faccia. 2 ~ (Sehkraft) (*Opt.*), vista. 3 ~ s·feld (*n. - Opt.*), campo visivo. 4 ~ s·täuschung (*f. - Opt.*), illusione ottica. 5 ~ s·winkel (Sehwinkel) (*m. - Opt.*), angolo visivo.

Gesims (Sims, einer Mauer) (*n. - Arch.*), cornicione. 2 ~ (der Säulenordnung) (*Arch.*), cornicione, cimasa. 3 Band ~ (*Bauw.*), fascia. 4 Haupt ~ (*Bauw.*), cornicione.

Gesinde (Dienerschaft) (*n. - Arb.*), servitù.

gesintert (*Metall.*), sinterato, sinterizzato. 2 ~ es Hartmetallplättchen (*Werkz.*), placchetta di carburo metallico sinterato, placchetta di metallo duro sinterizzato. 3 ~ es Metallkarbid (*Metall. - Werkz.*), carburo metallico sinterato, carburo metallico sinterizzato.

Ges.m.b.H. (Gesellschaft mit beschränkter Haftung) (*komm.*) (*österr.*), società a responsabilità limitata, S.r.l.

gespachtelt (*Anstr.*), stuccato (a spatola).

gespalten (*Mech. - etc.*), spaccato, fessurato.

Gespann (Motorrad mit Beiwagen) (*n. - Fahrz.*), motocarrozzino.

Gespannguss (von Stahlblöcken) (*m. - Metall.*), colata multipla.

gespannt

gespannt (Riemen z. B.) (*Mech. - etc.*), teso. 2 ~ (Feder z. B.) (*Mech.*), sotto carico. 3 ~ es Grundwasser (*Geol.*), falda captiva.
Gespärre (Sparren) (*n. - Bauw.*), falsi puntoni.
gespeichert (Information) (*Rechner*), memorizzato.
gespeist (*allg.*), alimentato.
Gesperre (Sperrgetriebe) (*n. - Mech.*), arresto, dispositivo di arresto, dispositivo di bloccaggio. 2 ~ (Sperrad und Sperrklinke) (*Mech.*), arpionismo.
gesperrt (*Druck.*), spaziato, spazieggiato. 2 ~ (Strasse) (*Strasse*), sbarrato. 3 ~ (Röhre z. B.) (*Elektronik*), bloccato.
Gespinst (Faden) (*n. - Text.*), filato. 2 ~ (Drahtnetz) (*Bauw. - etc.*), rete metallica. 3 ~ (Gewebe) (*Text.*), tessuto.
Gespräch (*n. - Fernspr.*), chiamata, conversazione, telefonata. 2 ~ mit Gebührenansage (*Fernspr.*), (richiesta di) conversazione con indicazione della spesa. 3 ~ mit Herberiuf (*Fernspr.*), conversazione con avviso di chiamata. 4 ~ mit Voranmeldung (*Fernspr.*) conversazione con preavviso. 5 ~ s·anmeldung (*f. - Fernspr.*), richiesta di conversazione. 6 ~ s·aufnameeinrichtung (*f. - Fernspr.*) ipsofono, registratore (automatico) delle comunicazioni (in assenza dell'utente). 7 ~ s· einheit (*f. - Fernspr.*), unità di conversazione. 8 ~ s·zähler (*m. - Fernspr.*), contatore di telefonate. 9 ~ s·zeitmesser (*m. - Fernspr.*), contatore della durata di telefonate. 10 ~ s· zettel (Gesprächsblatt) (*m. - Fernspr.*), cartellino di conversazione. 11 **gestrichene** ~ s· **anmeldung** (*Fernspr.*), richiesta di conversazione annullata.
gesprenkelt (*allg.*), screziato.
gespritzt (*Anstr.*), a spruzzo. 2 ~ (Kunststoff) (*Technol.*), stampato ad iniezione. 3 ~ (druckgegossen) (*Giess.*), colato sottopressione, pressofuso. 4 ~ (durch Fliesspressverfahren) (*mech. Technol.*), estruso. 5 ~ e Folie (*f. - Kunststoff - Ind.*), foglia estrusa.
gesprungen (*Holz*), fessurato. 2 ~ (Glas) (*Glasind.*), incrinato.
Gestade (Küste) (*n. - Geogr.*), costa.
gestaffelt (in Staffeln aufgestellt, treppenförmig) (*allg.*), scalare. 2 ~ (staffelförmig) (*allg.*), scaglionato, a scaglioni.
Gestalt (Form) (*f. - allg.*), configurazione, conformazione, figura. 2 ~ (Gefüge) (*allg.*), struttura. 3 ~ (menschliche Gestalt) (*allg.*) figura, statura. 4 ~ **festigkeit** (meist herabgesetzte Festigkeit, durch Form beeinflusst) (*f. - Baukonstr.lehre*), resistenza di forma. 5 ~ **geben** (*allg.*), dare forma. 6 ~ **nehmen** (*allg.*), prendere forma.
gestalten (*Mech.*), progettare.
Gestalter (*m. - Pers.*), progettista, disegnatore progettista.
Gestaltung (*f. - allg.*), conformazione, configurazione, strutturazione.
gestampft (Boden) (*Ing.b.*), costipato.
Gestänge (eines Antriebes oder einer Steuerung) (*n. - Mech.*), tiranteria. 2 ~ (für Erdölförderung) (*Bergbau*), aste (di trivellazione). 3 ~ (Gleise für die Förderung) (*Bergbau*), binari, rotaie. 4 ~ (einer Luftleitung) (*Elekt.*), sostegno. 5 ~ **fanggerät** (*n. -* Bergbau), pescatore per aste, attrezzo per il ricupero delle aste. 6 ~ **schlüssel** (*m. - Bergbauwerkz.*), chiave per aste. 7 ~ **test** (zur Bestimmung des Lagerstätteninhalts, etc.) (*m. - Bergbau*), prova con aste di trivellazione. 8 **Abstände am** ~ (einer Luftleitung) (*Elekt.*), distanze ai sostegni. 9 **Brems** ~ (*Fahrz.*), tiranteria del freno. 10 **Gas** ~ (*Aut.*), tiranteria comando acceleratore.
gestanzt (*Blechbearb.*), stampato. 2 ~ (ausgeschnitten, Blech) (*mech. Technol.*), tranciato. 3 ~ **es Loch** (*Blechbearb.*), foro punzonato.
gestaucht (*Schmieden*), ricalcato.
gestaut (*Hydr.*), rigurgitato.
gesteckt (Leitung) (*Elekt.*), connesso a spina.
Gestehungskosten (Herstellungskosten) (*f. - pl. - Ind.*), costo di fabbricazione. 2 ~ (Anschaffungskosten) (*Ind.*), costo di acquisizione. 3 **Strom** ~ (*Elekt.*), costi di produzione dell'energia elettrica.
Gestein (*n. - Geol.*), roccia. 2 ~ **s·bohrer** (*m. - Bergbau - Werkz.*), fioretto da roccia. 3 ~ **s·faser** (Steinwolle z. B., aus Sedimentgesteinen durch Schmelzen und Zerblasen hergestellt, sehr hitzebeständig) (*f. - Wärme - Akus. - etc.*), fibra minerale. 4 ~ **s·gang** (*m. - Bergbau*), dicco, filone eruttivo. 5 ~ **s·mechanik** (*f. - Geol.*), meccanica delle rocce. 6 ~ **s·silo** (*m. - Bergbau*), silo per minerale. 7 ~ **s·wäsche** (*f. - Bergbau*), laveria per minerale. 8 ~ **s·wolle** (*f. - Akus. - Ind.*), lana minerale. 9 **Absatz** ~ (Sedimentgestein) (*Geol.*), roccia sedimentaria. 10 **Erguss** ~ (Effusivgestein, Ausbruchsgestein) (*Geol.*), roccia effusiva. 11 **Erstarrungs** ~ (Eruptivgestein) (*Geol.*), roccia eruttiva. 12 **Eruptiv** ~ (Erstarrungsgestein) (*Geol.*), roccia eruttiva. 13 **Metamorph** ~ (*Geol.*), roccia metamorfica. 14 **Schicht** ~ (*Geol.*), roccia stratificata. 15 **Sediment** ~ (Absatzgestein) (*Geol.*), roccia sedimentaria.
Gestell (Rahmen, einer Presse z. B.) (*n. - Masch.*), incastellatura. 2 ~ (unterer Teil des Hochofens) (*Metall. - Ofen*), crogiuolo. 3 ~ (Walzengerüst) (*Walzw.*), gabbia. 4 ~ (Fahrgestell, eines Personenkraftwagens) (*Aut.*), autotelaio. 5 ~ (Fahrgestell, eines Wagens) (*Eisenb.*), carrello. 6 ~ (Fahrgestell, eines Flugzeugs) (*Flugw.*), carrello (di atterraggio). 7 ~ (Förderkorb) (*Bergbau*), gabbia. 8 ~ (Gestellglied, festes Glied eines Getriebes) (*Mech.*), telaio. 9 ~, siehe auch Fahrgestell. 10 ~ **bauweise** (von Geräten z. B.) (*f. - Ger.*), metodo costruttivo a telai. 11 ~ **förderung** (*f. - Bergbau*), estrazione a gabbia. 12 ~ **mantel** (eines Hochofens) (*m. - Ofen*), blindatura del crogiolo. 13 ~ **motor** (Fahrmotor) (*m. - Eisenb.*), motore di trazione. 14 ~ **säge** (Spannsäge) (*f. - Werkz.*), sega a telaio. 15 ~ **schluss·schutz** (*m. - Elekt.*), protezione di massa. 16 **ausladendes** ~ (einer Presse) (*Masch.*), incastellatura frontale, incastellatura ad un montante, incastellatura a collo di cigno. 17 **Deichsel** ~ (Bisselsches Drehgestell) (*Eisenb.*), carrello Bissel, sterzo Bissel, asse Bissel, carrello ad un asse. 18 **Dreh** ~ (Fahrgestell) (*Eisenb.*), carrello. 19 **Lauf** ~ (*Eisenb.*), carrello portante. 20 **Rad** ~ (Radsatz, Achssatz) (*Eisenb.*), sala mon-

tata. 21 Tor ~ (einer Presse) (Masch.), incastella cura a due montanti. 22 Trieb ~ (Eisenb.), carrello motore. 23 Unter ~ (Eisenb.), telaio.
gesteuert (Mech.), comandato. 2 ~ (Geschoss z. B.) (milit. - Flugw.), guidato. 3 ~ (Abkühlung z. B.) (Wärmebeh.), controllato. 4 ~ (Gleichrichter z. B.) (Elektronik), controllato. 5 ~ er Gleichrichter (Elektronik), raddrizzatore controllato.
Gestirn (Himmelskörper) (n. - Astr.), corpo celeste.
gestoppt (Geschwindigkeit z. B.) (allg.), cronometrato.
gestrahlt (mit Sand, Guss-stück z. B.) (mech. Technol.), sabbiato. 2 ~ (mit Stahlsand) (mech. Technol.), granigliato. 3 ~ (kugelgestrahlt) (mech. Technol.), pallinato.
geströhlt (gestrehlt, Gewinde) (Mech.), filettato con pettine.
gestreckt (Blech oder Schmiedestück) (Technol.), stirato. 2 ~ (Länge z. B.) (Mass), sviluppato. 3 ~ (gereckt, Kunststoff) (Technol.), stirato. 4 ~ er Pfahl (Bauw.), palo stirato. 5 ~ er Winkel (Geom.), angolo piatto.
gestrehlt (Gewinde) (Mech.), filettato con pettine.
gestreift (allg.), a strisce. 2 ~ (Text. - etc.), a righe, rigato.
gestreut (allg.), disperso. 2 ~ (Strahlung) (Opt.), diffuso, disperso. 3 ~ (zerstreut, Versuchswert z. B.) (Technol. - etc.), disperso. 4 ~ (zerstreut, Elektron z. B.) (Atomphys.), diffuso, disperso. 5 ~ (Strom z. B.) (Elekt.), disperso. 6 ~ e Beleuchtung (Beleucht.), illuminazione diffusa. 7 ~ e Reflexion (Opt. - Beleucht.), riflessione diffusa.
gestrichelt (Linie) (Zeichn.), tratteggiato.
gestrichen (allg.), cancellato. 2 ~ (Anstr.), verniciato. 3 ~ (bestrichen) (Papierind.), patinato.
Gestübe (Kohlenstaub) (n. - Bergbau), polvere di carbone.
Gestück (Packlage) (n. - Bauw.), vespaio.
gestumpft (Schneide) (Werkz.), consumato.
gesund (Guss-stück z. B.) (Giess. - etc.), sano.
gesundheitlich (Med.), sanitario.
Gesundheitsdienst (eines Betriebes) (m. - Ind. - Med.), servizio sanitario.
Gesundheitsfürsorge (f. - Pers.), assistenza sanitaria.
Gesundheitstechnik (f. - Wissens.), ingegneria sanitaria, tecnica sanitaria.
Getäfel (Holzverkleidung an Wänden) (n. - Bauw.), rivestimento in legno, pannellatura in legno.
getäfelt (Tischl. - etc.), pannellato.
getastet (Fernseh. - etc.), siehe abgetastet.
getaucht (allg.), immerso.
geteert (Strass.b. - etc.), catramato.
geteilt (Lager z. B.) (Mech.), diviso, in due pezzi, spaccato. 2 ~ durch (Math.), diviso per.
Getränke (n. pl. - Ind.), bibite, bevande. 2 ~ automat (m. - Masch.), distributore automatico di bibite. 3 carbonisierte ~ (Ind.), bibite gassate.
Ge-Transistor (Germanium-Transistor) (m. - Elektronik), transistore al germanio.

Getreide (n. - Ack.b.), cereale. 2 ~ bau (m. - Landw.), cerealicoltura. 3 ~ grube (f. - Bauw.), silo interrato per cereali. 4 ~ speicher (m. - Bauw.), silo per cereali.
getrennt (allg.), separato. 2 ~ (Stromkreis) (Elekt.), aperto, interrotto.
Getreuheit (f. - allg.), fedeltà.
Getriebe (Maschinenteile zur Übertragung von Bewegungen) (n. - Mech.), meccanismo. 2 ~ (Wechselgetriebe) (Aut. - etc.), cambio (di velocità). 3 ~ (Rädergetriebe) (Mech.), rotismo. 4 ~ (Untersetzungsgetriebe) (Mech.), riduttore. 5 ~ (Triebwerk) (Mech.), trasmissione. 6 ~ bremse (f. - Fahrz.), freno sulla trasmissione. 7 ~ gehäuse (Getriebekasten) (n. - Aut. - etc.), scatola del cambio. 8 ~ kasten (für Zahnräder) (m. - Masch.), scatola degli ingranaggi. 9 ~ lehre (Kinematik) (f. - Mech.), cinematica. 10 ~ mit dauernd im Eingriff befindlichen Rädern (Mech. - Aut.), cambio (di velocità) con ingranaggi sempre in presa. 11 ~ mit Durchschaltung (Mech. - Aut.), cambio (di velocità) con presa diretta. 12 ~ mit Gangvorwahl (Fahrz.), cambio a preselettore. 13 ~ mit ständigem Eingriff (Aut.), cambio con ingranaggi sempre in presa. 14 ~ motor (m. - Elekt.), motoriduttore. 15 ~ öl (n. - Mot. - Mech.), olio per cambi. 16 ~ pfähle (m. - pl. - Bergbau), puntelli. 17 ~ rad (Zahnrad) (n. - Mech.), ruota dentata. 18 ~ schalthebel (m. - Aut. - etc.), leva del cambio. 19 ~ schaltung (f. - Aut.), cambio (di) marcia. 20 ~ schaltung am Lenkrad (Aut.), cambio (marcia) al volante. 21 ~ turbine (f. - Turb.), turboriduttore. 22 ~ umkehrmotor (m. - Elekt.), motoriduttore con invertitore. 23 ~ welle (Antriebswelle) (f. - Mech.), albero di trasmissione. 24 ~ zimmerung (Abbauverfahren) (f. - Bergbau), (metodo dei) marciavanti. 25 ~ zug (mit mehr als ein Räderpaar) (m. - Mech.), treno di ingranaggi. 26 Allklauen ~ (Aut.), cambio ad innesti a denti frontali. 27 Allsynchron ~ (Aut.), cambio sincronizzato. 28 Aphon ~ (Getriebe mit ständigem Eingriff) (Aut.), cambio ad ingranaggi sempre in presa. 29 Ausgleich ~ (Differentialgetriebe) (Mech. - Fahrz.), differenziale. 30 automatisches ~ (Aut.), trasmissione automatica. 31 automatisches ~ (Automatgetriebe, Wechselgetriebe) (Aut.), cambio automatico. 32 Flüssigkeits ~ (Fahrz.), cambio idrodinamico, cambio idraulico. 33 Föttinger ~ (Mech.), convertitore Föttinger, cambio Föttinger. 34 Gelenk ~ (Mech.), manovellismo. 35 Gleichlauf ~ (Synchrongetriebe) (Aut.), cambio sincronizzato. 36 halbautomatisches ~ (Selektiv-Automatik, ohne Kupplung aber mit Wählen der Gänge) (Aut.), cambio semiautomatico. 37 Hilfs ~ (einer Dampfturbine z. B.) (Mech.), ausiliari, apparecchi ausiliari. 38 Ketten ~ (Mech.), trasmissione a catena. 39 Klauen ~ (Aut.), cambio ad innesti. 40 Planeten ~, siehe Umlaufgetriebe. 41 Räder ~ (Mech.), rotismo. 42 Reibrad ~ (Mech.), trasmissione a ruote di frizione, rotismo a coppia di frizione, coppia di frizione. 43 Schnecken ~ (Mech.), ingranaggio a vite, coppia vite-ruota.

getrieben

coppia elicoidale a vite senza fine. **44 Schnellgang** ~ (eines Wechselgetriebes) (*Aut.*), moltiplicatore. **45 Schubwechsel** ~ (*Aut.*), cambio ad ingranaggi scorrevoli. **46 Sechsgang-** ~ (*Aut.*), cambio a sei marce, cambio a sei rapporti. **47 selbsttätigschaltendes** ~ (*Fahrz.*), cambio automatico. **48 Sperr** ~ (Malteserkreuz) (*Mech.*), croce di Malta. **49 Spiral** ~ (Schubradgetriebe bei dem die Zahnräder schräg verzahnt sind) (*Aut.*), cambio ad ingranaggi scorrevoli a denti elicoidali. **50 Stufen** ~ (Wechselgetriebe) (*Fahrz.*), cambio di velocità a rapporti fissi (non continuo). **51 stufenloses** ~ (*Mech.*), cambio continuo, variatore di velocità continuo. **52 Synchron** ~ (*Aut.*), cambio sincronizzato. **53 Übersetzungs** ~ (*Mech.*), moltiplicatore. **54 Umlauf** ~ (Planetengetriebe) (*Mech.*), rotismo epicicloidale. **55 Umlauf** ~ (Zahnräderpaar) (*Mech.*), ingranaggio epicicloidale. **56 Umlauf** ~ (Wechselgetriebe) (*Fahrz.*), cambio ad ingranaggi epicicloidali, cambio epicicloidale. **57 unsynchronisiertes** ~ (*Aut.*), cambio non sincronizzato. **58 Untersetzungs** ~ (*Mech.*), riduttore. **59 Verteiler** ~ (*Aut.*), distributore (di coppia). **60 vollautomatisches** ~ (Wechselgetriebe) (*Aut.*), cambio automatico. **61 Vorwähl** ~ (*Aut.*), cambio a preselettore. **62 Wechsel** ~ (*Aut. - etc.*), cambio di velocità. **63 Wende** ~ (*Mech. - naut.*), invertitore (di marcia). **64 Wende-Untersetzungs** ~ (*naut.*), invertitore-riduttore, invertitore con riduttore incorporato. **65 Zahnrad** ~ (*Mech.*), trasmissione ad ingranaggi, rotismo. **66 Zugmittel** ~ (Riemenantrieb) (*Mech.*), trasmissione a cinghia. **67 Zusatz** ~ (Untersetzungsgetriebe) (*Aut.*), riduttore.

getrieben (Zahnrad z. B.) (*Mech.*), condotto. **2** ~ **e Welle** (*Mech.*), albero condotto.

getrocknet (*allg.*), essiccato.

Getter (zur Bindung der Restgase in hochevakuierten Röhren) (*m. - Elekt.*), « getter », assorbitore. **2** ~ **pumpe** (*f. - Vakuumtechnik*), pompa getter, pompa di assorbimento.

Gettern (in einer Röhre) (*n. - Elektronik - Vakuumtechnik*), « getterizzazione », assorbimento, « gettering ».

GeV (Gigaelektronenvolt, 10^9 Elektronenvolt) (*Elekt.*), GeV, gigavoltelettrone.

Gevier (Geviert, Quadrat) (*n. - Geom.*), quadrato. **2** ~ (Geviert, Türstock, Holzrahmen für Tunnel) (*n. - Bergbau*), quadro. **3** ~ (Quadrat) (*n. - Druck.*), quadrato.

Gew. (Gewinde) (*Mech.*), filettatura. **2** ~ (Gewerbe), siehe Gewerbe.

Gewächshaus (Wintergarten) (*n. - Bauw.*), serra.

gewachst (Pappe) (*Papierind.*), paraffinato.

Gewähr (Garantie) (*f. - komm.*), garanzia.

gewährleistet (*komm. - etc.*), garantito.

Gewährleistung (Garantie) (*f. - komm.*), garanzia.

Gewalt (*f. - allg.*), forza, violenza. **2** ~ **bruch** (unter einer einmaligen Belastung auftretender Bruch) (*m. - Metall. - mech. Technol.*), rottura da sovraccarico, rottura non da fatica. **3 höhere** ~ (*recht. - etc.*), forza maggiore.

gewalzt (*Walzw.*), laminato. **2** ~ (Gewinde) (*Mech.*), rullato. **3** ~ **es Rohr** (*Walzw.*), tubo laminato, tubo ricavato dal massello.

Gewände (einer Türe z. B.) (*n. - Bauw.*), stipite.

Gewässer (*n. - Geol. - etc.*), acque, corpo idrico. **2** ~ **kunde** (Hydrographie), (*f. - Hydr.*), idrografia. **3 Oberflächen** ~ (*Geol.*), acque superficiali.

Gew. Bo. (Gewindebohrer) (*Werkz.*), maschio.

Gewebe (*n. - Text. - etc.*), tessuto. **2** ~ **breite** (*f. - Textilind.*), altezza del tessuto. **3** ~ **einlage** (eines Reifens) (*f. - Aut.*), tela. **4** ~ **unterbau** (Karkasse, eines Reifens) (*m. - Aut.*), carcassa, tele. **5 Unterhautzell** ~ (*Med.*) tessuto sottocutaneo.

Gewehr (tragbare Feuerwaffe) (*n. - Feuerwaffe*), fucile. **2** ~ **granate** (*f. - Expl.*), bomba da fucile. **3** ~ **kolben** (*m. - Feuerwaffe*), calcio del fucile. **4** ~ **lauf** (*m. - Feuerwaffe*), canna del fucile. **5** ~ **schloss** (Gewehrverschluss) (*n. - Feuerwaffe*), otturatore. **6 gezogener** ~ **lauf** (*Feuerwaffe*), canna (di fucile) rigata. **7 Jagd** ~ (*Feuerwaffe*), fucile da caccia. **8 Mehrlade** ~ (Magazingewehr) (*Feuerwaffe*), fucile a ripetizione. **9 Selbstlade** ~ (*Feuerwaffe*), fucile (a caricamento) automatico. **10 vollautomatisches** ~ (*Feuerwaffe*), fucile automatico.

gewellt (Blech z. B.) (*Technol.*), ondulato. **2** ~ **es Rohr** (*Leit.*), tubo ondulato.

Gewerbe (Industrie) (*n. - Ind.*), industria. **2** ~ (Geschäft) (*komm.*), affare. **3** ~ (Beruf) (*Arb.*), professione. **4** ~ (Handel) (*komm.*), commercio. **5** ~ **aufsicht** (Fabrikinspektion, Arbeitsinspektion, die Überwachung der Ausführung der gesetzlichen Vorschriften über Arbeitsschutz) (*f. - Arb.*), sorveglianza delle industrie, controllo delle lavorazioni. **6** ~ **aufsichtamt** (*n. - Arb.*), ispettorato del lavoro. **7** ~ **ausstellung** (*f. - komm.*), esposizione industriale. **8** ~ **betrieb** (Handelsbetrieb) (*m. - komm.*), impresa commerciale. **9** ~ **betrieb** (Industriebetrieb) (*Ind.*), industria. **10** ~ **betrieb** (Handwerksbetrieb) (*Arb.*), mestiere. **11** ~ **hygiene** (*f. - Med. - Ind.*), medicina industriale, medicina del lavoro. **12** ~ **krankheit** (*f. - Ind. - Mech.*), malattia professionale. **13** ~ **recht** (*n. - recht.*), diritto industriale. **14** ~ **schein** (Handelserlaubnis) (*m. - komm.*), licenza commerciale, licenza di commercio. **15** ~ **schule** (gewerbliche Schule) (*f. Schule*), scuola tecnica industriale. **16** ~ **steuer** (für berufsmässigen Tätigkeiten) (*f. - finanz.*), imposta sull'esercizio delle professioni. **17** ~ **steuer** (Gewerbeertrag- und Gewerbekapitalsteuer) (*Ind. - finanz.*), imposta sui profitti e capitali delle industrie. **18 Ausübung eines** ~**s** (Ausübung eines Berufes) (*Arb.*), esercizio di una professione. **19 Handel und** ~ (*komm. - Ind.*), commercio ed industria.

gewerblich (industriell) (*Ind.*), industriale. **2** ~ (handelsmässig) (*komm.*), commerciale. **3** ~ (beruflich) (*Arb.*), professionale. **4** ~ **er Arbeiter** (Industriearbeiter) (*Arb.*), lavoratore dell'industria. **5** ~ **e Schule** (Gewerbeschule) (*Schule*), scuola tecnica industriale. **6** ~ **es Eigentum** (*recht.*), proprietà industriale. **7** ~ **es Erzeugnis** (*Ind.*), prodotto industriale. **8** ~ **er Rechtsschutz** (*recht.*), protezione della proprietà industriale, privativa industriale.

9 ~ e Wirtschaft (*komm. - Ind.*), industria e commercio.
gewerbsmässig (beruflich) (*Arb.*), professionale. 2 ~ (industriell) (*Ind.*), industriale. 3 ~ (handelsmässig) (*komm.*), commerciale.
Gewerkschaft (Gewerkschaftsverein, Arbeiterverband, Arbeitnehmerverband) (*f. - Arb.*), sindacati dei lavoratori. 2 ~ (Arbeitskräfte einer Fabrik) (*Ind.*), maestranze. 3 ~ **ler** (Anhänger der Gewerkschaftsbewegung) (*m. - Arb.*), sindacalista. 4 ~ **s·angehöriger** (Gewerkschaftsmitglied) (*m. - Arb.*), membro dei sindacati. 5 ~ **s·wesen** (*n. - Arb.*), sindacalismo.
gewerkschaftlich (*Arb.*), sindacale.
Gewicht (*n. - Phys.*), peso. 2 ~ (Belastung) (*allg.*), carico. 3 ~ (Genauigkeit, einer Beobachtung) (*Instr.*), precisione. 4 ~ **s·abmessung** (Gewichtsteilmischung, Gewichtszuteilung) (*f. - Bauw.*), dosatura gravimetrica. 5 ~ **s·analyse** (Gravimetrie) (*f. - Chem.*), analisi gravimetrica. 6 ~ **s·durchfluss** (*m. - Hydr. - etc.*), portata in peso. 7 ~ **s·feilen** (nach Gewicht verkaufte Feilen) (*f. - pl. - Werkz. - komm.*), lime a peso. 8 ~ **s·rückstand** (*m. - Chem.*), residuo in peso. 9 ~ **s·sperre** (Gewichtsmauer, Talsperre) (*f. - Bauw.*), diga a gravità. 10 ~ **s·teile** (einer Mischung) (*m. - pl. - Chem. - etc.*), parti in peso. 11 **Betriebs** ~ (*Fahrz.*), peso di esercizio. 12 **Dienst** ~ (*Fahrz.*), peso di esercizio. 13 **Eigen** ~ (*Bauw.*), peso proprio. 14 **Eigen** ~ **vollgetankt** (*Aut.*), peso a vuoto in ordine di marcia. 15 **elastisches** ~ (W-Gewicht, W-Kraft, eines Fachwerkes z. B.) (*Baukonstr. lehre*), peso elastico. 16 **Leer** ~ (*Fahrz.*), peso a vuoto. 17 **Regler** ~ (eines Geschwindigkeitsreglers) (*Mech. - Masch.*), massa del regolatore. 18 **spezifisches** ~ (*Chem.*), peso specifico. 19 **Trocken** ~ (des Garnes) (*Textilind.*), peso a secco. 20 **ungefedertes** ~ (ungefederte Massen) (*Aut. - etc.*), masse non sospese. 21 **zulässiges Gesamt** ~ (eines Kraftfahrzeuges) (*Aut.*), peso totale ammesso, peso massimo consentito.
gewichtsanalytisch (gravimetrisch) (*Chem.*), gravimetrico.
Gewichtung (bei Arbeitsbewertung) (*f. - Arbeitsstudium*), valutazione ponderata.
gewickelt (*Elekt.*), avvolto. 2 **in Serie** ~ (*Elekt.*), avvolto in serie.
Gewinde (*n. - Mech.*), filettatura, filetto. 2 ~ **auslauf** (*m. - Mech.*), filetti incompleti, smussatura (del filetto). 3 ~ **aussendurchmesser** (*m. - Mech.*), diametro esterno della filettatura. 4 ~ **bohrer** (*m. - Werkz.*), maschio (per filettare). 5 ~ **bohrmaschine** (*f. - Werkz.masch.*), maschiatrice. 6 ~ **bohrung** (Gewindeloch) (*f. - Mech.*), foro maschiato, foro filettato. 7 ~ **bolzen** (Aussengewinde) (*m. - Mech.*), vite. 8 ~ **buchse** (*f. - Mech.*), boccola filettata. 9 ~ **dorn** (Lehre) (*m. - Werkz.*), calibro a tampone per filettature, calibro per madreviti. 10 ~ **drehbank** (*f. - Werkz.masch.*), tornio per filettare. 11 ~ **drücken** (Gewinderollen) (*n. - mech. Bearb.*), rullatura di filettature. 12 ~ **drückmaschine** (zur Erzeugung von Gewinden auf Blechteilen) (*f. - Werkz.masch.*), rullatrice di filettature (su lamiera), repussatrice per filettature. 13 ~ **einsatz** (*m. - Mech.*), filetto riportato, sede filettata di riporto. 14 ~ **flanke** (*f. - Mech.*), fianco del filetto. 15 ~ **flankendurchmesser** (*m. - Mech.*), diametro medio della filettatura. 16 ~ **fräser** (*m. - Werkz.*), fresa per filettature. 17 ~ **fräsmaschine** (*f. - Werkz.masch.*), fresatrice per filettature. 18 ~ **furchen** (spanloses Gewindebohren mit Poligonalwerkzeug ohne Nuten) (*n. - Werkz.masch.bearb.*), maschiatura a deformazione (con utensile senza gole). 19 ~ **gang** (*m. - Mech.*), filetto, spira. 20 ~ **höhe** (*f. - Mech.*), altezza (del triangolo generatore) del filetto. 21 ~ **hülse** (*f. - Mech.*), bussola filettata. 22 ~ **kern** (einer Druckgussform) (*m. - Giess.*), maschio filettato. 23 ~ **kerndurchmesser** (*m. - Mech.*), diametro di nocciolo della filettatura. 24 ~ **kluppe** (Gewindeschneideisen) (*f. - Werkz.*), filiera. 25 ~ **länge** (einer Schraube) (*f. - Mech.*), lunghezza (della porzione) filettata. 26 ~ **lehrdorn** (*m. - Werkz.*), calibro a tampone per filettature, calibro per madreviti. 27 ~ **lehre** (*f. - Werkz.*), calibro per filettature. 28 ~ **lehrring** (*m. - Werkz.*), calibro ad anello per filettature. 29 ~ **loch** (Gewindebohrung) (*n. - Mech.*), foro filettato. 30 ~ **lochtiefe** (*f. - Mech.*), profondità del foro filettato. 31 ~ **muffe** (*f. - Mech.*), manicotto filettato. 32 ~ **nachbohrer** (*m. - Werkz.*), maschio intermedio. 33 ~ **passung** (*f. - Mech.*), accoppiamento filettato. 34 ~ **rille** (Gewindelücke) (*f. - Mech.*), gola della filettatura. 35 ~ **ring** (*m. - Mech.*), ghiera filettata. 36 ~ **rolle** (*f. - Werkz.*), rullo per filettare. 37 ~ **rollen** (*n. - mech. Bearb.*), rullatura di organi filettati, filettatura alla rullatrice. 38 ~ **rollmaschine** (*f. - Werkz.masch.*), rullatrice per filettature, filettatrice a rullo. 39 ~ **schälen** (Gewindewirbeln) (*n. - Werkz.masch.bearb.*), filettatura a mulinello. 40 ~ **schälmaschine** (*f. - Werkz.masch.*), filettatrice a mulinello. 41 ~ **schleifmaschine** (*f.-Werkz.masch.*), rettificatrice per filettature. 42 ~ **schneidbacke** (*f. - Werkz.*), filiera. 43 ~ **schneiden** (*n. - mech. Bearb.*), filettatura, taglio di filettatura. 44 ~ **-Schneideschraube** (*f. - Mech.*), vite maschiante. 45 ~ **sockel** (*m. - Elekt. - Beleucht.*), zoccolo a vite, zoccolo Edison, attacco a vite, attacco Edison. 46 ~ **spitze** (*f. - Mech.*), cresta del filetto. 47 ~ **steigung** (*f. - Mech.*), passo (reale) della filettatura. 48 ~ **stift** (*m. - Mech.*), siehe Gewindestift. 49 ~ **stöpsel** (*m. - Mech.*), tappo a vite. 50 ~ **strehlen** (*n. - Mech.*), filettatura con pettine. 51 ~ **strehlen** (*v. - Mech.*), filettare con pettine. 52 ~ **strehler** (Gewindesträhler) (*m. - Werkz.*), pettine per filettare. 53 ~ **taster** (*m. - Werkz.*), compasso per filettature. 54 ~ **teil** (einer Schraube) (*n. - Mech.*), parte filettata. 55 ~ **tiefe** (Abstand, senkrecht zur Schraubenachse, der äussersten und innersten Punkte des Gewindes) (*f. - Mech.*), altezza di filettatura. 56 ~ **tragtiefe** (*f. - Mech.*), altezza utile del filetto, ricoprimento. 57 ~ **uhr** (an einer Leitspindeldrehbank, zum Wiederfinden der Einschaltstellung der Schlossmutter) (*f.- Werkz.masch.*) indicatore (della posizione di ripresa) della

gewindebohren

filettatura. 58 ~ **verschluss** (für Geschütz) (*m. - Feuerwaffe*), vitone, otturatore a vitone. 59 ~ **vorschneider** (Gewindebohrer) (*m. - Werkz.*), maschio sbozzatore, primo maschio filettatore. 60 ~ **walzbacke** (*f. - Werkz.*), piastra per rullare filettature. 61 ~ **walzen** (*n. - Mech.*), rullatura di filettature. 62 ~ **wälzen** (Gewindewälzfräsen) (*n. - Mech.*), filettatura a generazione, filettatura a creatore. 63 ~ **wälzfräser** (*m. - Werkz.*), creatore per filettature. 64 ~ **walzmaschine** (*f. - Werkz.masch.*), filettatrice a rulli, rullatrice per filettature. 65 ~ **wirbeln** (Wirbeln, Gewindeschälen) (*n. - Werkz.masch.bearb.*), filettatura a mulinello. 66 ~ **zapfen** (einer Rohrverschraubung) (*m. - Mech. - Leit.*), maschio. 67 **abgeflachtes** ~ (*Mech.*), filettatura ribassata. 68 **Aussen** ~ (*Mech.*), vite, filettatura esterna. 69 **äusserer** ~ **durchmesser** (*m. - Mech.*), diametro esterno della filettatura. 70 **Bolzen** ~ (Aussengewinde) (*Mech.*), vite, filettatura esterna. 71 **dreieckiges** ~ (*Mech.*), filettatura triangolare. 72 **eingängiges** ~ (*Mech.*), filettatura ad un principio. 73 **Fein** ~ (*Mech.*), filettatura fine. 74 **Flach** ~ (flaches Gewinde) (*Mech.*), filetto quadrato. 75 **Gas** ~ (*Mech.*), filettatura gas. 76 **gerolltes** ~ (*Mech.*), filettatura rullata. 77 **gewalztes** ~ (*Mech.*), filettatura rullata. 78 **grobgängiges** ~ (*Mech.*), filettatura grossolana. 79 **Innen** ~ (*Mech.*), filettatura interna, madrevite. 80 **innerer** ~ **durchmesser** (Kerndurchmesser) (*m. - Mech.*), diametro di nocciolo della filettatura. 81 **Links** ~ (*Mech.*), filettatura sinistrorsa. 82 **linksgängiges** ~ (*Mech.*), filettatura sinistrorsa. 83 **mehrgängiges** ~ (*Mech.*), filettatura a più principi. 84 **metrisches** ~ (*Mech.*), filettatura metrica. 85 **metrisches Regel** ~ (Grobgewinde, metrische Gewinde mit grober Steigung) (*Mech.*), filettatura metrica a passo grosso. 86 **mittlerer** ~ **durchmesser** (Gewindeflankendurchmesser) (*Mech.*), diametro medio della filettatura. 87 **Mutter** ~ (Innengewinde) (*Mech.*), madrevite. 88 **rechtsgängiges** ~ (*Mech.*), filettatura destrorsa. 89 **Rund** ~ (*Mech.*), filetto ad arco di cerchio. 90 **selbstschneidende** ~ **büchse** («Ensat») (*Mech.*), bussola «Ensat», inserto filettato automaschiante. 91 **Schneid** ~ (Gewinde welches das Gegengewinde beim Einschrauben selbst schneidet) (*Mech.*), filettatura maschiante. 92 **Spitz** ~ (*Mech.*), filetto triangolare. 93 **Trapez** ~ (*Mech.*), filettatura trapezia, filettatura trapezoidale. 94 **Whitworth** ~ (*Mech.*), filettatura Whitworth. 95 **zweigängiges** ~ (*Mech.*), filettatura a due principi.

gewindebohren (*Mech.*), maschiare.
gewindefurchend (Schraube) (*Mech.*), automaschiante a deformazione.
Gewindestift (*m. - Mech.*), vite senza testa completamente filettata (con intaglio). 2 ~ (Stellschraube) (*Mech.*), vite di arresto, vite di fermo. 3 ~ **mit Innensechskant und Kegelkuppe** (*Mech.*), vite senza testa con esagono cavo ed estremità piana con smusso. 4 ~ **mit Innensechskant und Ringschneide** (*Mech.*), vite senza testa con esagono cavo ed estremità a corona tagliente. 5 ~ **mit Innensechskant und Spitze** (*Mech.*), vite senza testa con esagono cavo ed estremità a punta. 6 ~ **mit Innensechskant und Zapfen** (*Mech.*), vite senza testa con esagono cavo ed estremità a nocciolo sporgente. 7 ~ **mit Kegelkuppe** (*Mech.*), vite senza testa con estremità piana con smusso. 8 ~ **mit Ringschneide** (*Mech.*), vite senza testa con estremità a corona tagliente. 9 ~ **mit Zapfen** (*Mech.*), vite senza testa con estremità a nocciolo sporgente. 10 ~ **mit verzahnter Ringschneide** (*Mech.*), vite senza testa con estremità a corona tagliente dentata. 11 ~ **mit Spitze** (*Mech.*), vite senza testa con estremità a punta.

«**Gewindigkeit**» (Luftgeschwindigkeit) (*f. - Fahrz.*), velocità relativa, velocità rispetto all'aria.
Gewinn (*m. - komm.*), utile. 2 ~ (*Funk.*), guadagno, amplificazione. 3 ~ **abführungsvertrag** (*m. - finanz.*), contratto di devoluzione di utili. 4 ~ **anteilschein** (Dividendenkupon, Dividendenschein) (*m. - finanz.*), cedola dei dividendi. 5 ~ **beteiligung** (*f. - Arb.*), compartecipazione agli utili. 6 ~ **marge** (Gewinnspanne) (*f. - komm.*), margine di utile. 7 ~ **punkt** (*m. - Adm.*), punto di utile. 8 ~ **schwelle** (*f. - finanz.*), pareggio. 9 ~ **spanne** (Gewinnmarge) (*f. - komm. - etc.*), margine di utile. 10 ~ - **und Verlustrechnung** (einer Bilanz z. B.) (*f. - Adm.*), conto profitti e perdite. 11 **Energie** ~ (bei Wasserkraftwerken z. B.) (*Elekt. - etc.*), ricavo di energia.
gewinnen (*Bergbau*), estrarre, scavare, coltivare.
Gewinnung (Erzeugung) (*f. - Ind.*), produzione. 2 ~ (*Bergbau*), estrazione, coltivazione. 3 ~ (Erwerbung, von Informationen z. B.) (*allg.*), acquisizione, reperimento. 4 ~ **unter Tage** (*Bergbau*), coltivazione in sotterraneo. 5 **Untertage** ~ (*Bergbau*), coltivazione in sotterraneo.
Gewitter (*n. - Meteor.*), temporale. 2 ~ **störung** (*f. - Funk.*), scariche, disturbi atmosferici. 3 ~ **überspannung** (*f. - Elekt.*), sovratensione di carattere atmosferico.
Gew. L. D. (Gewindelehrdorn) (*Werkz.*), calibro a tampone per filettature, calibro per madreviti.
Gew. L. R. (Gewindelehrring) (*Werkz.*), calibro ad anello per filettature.
GewO (Gewerbeordnung) (*Arb.*), ordine professionale.
gewogen (*Akus.*), ponderato.
Gewölbe (*n. - Arch.*), volta. 2 ~ (Feuerraumgewölbe) (*Ofen*), volta. 3 ~ (*Geol.*), anticlinale. 4 ~ **anfang** (*m. - Arch.*), linea d'imposta della volta. 5 ~ **anfänger** (*m. - Bauw.*), concio di imposta. 6 ~ **bau** (*m. - Arch.*), costruzione a volte. 7 ~ **des Himmels** (*Astr.*), volta celeste. 8 ~ -**Gewichtssperre** (*f. - Bauw.*), diga a gravità a volta. 9 ~ **rücken** (*n. - Bauw.*), estradosso della volta. 10 ~ **scheitel** (*m. - Bauw.*), chiave della volta. 11 ~ **stich** (*m. - Arch.*), freccia della volta, monta della volta. 12 **äussere** ~ **fläche** (*Bauw.*), estradosso della volta. 13 **böhmisches** ~ (*Arch.*), volta a vela. 14 **Feuer** ~ (*Kessel*), volta

del focolare, voltino del focolare. 15 **Hauben** ~ (Klostergewölbe) (*Arch.*), volta a padiglione. 16 **innere** ~ **fläche** (*Bauw.*), intradosso della volta. 17 **Kloster** ~ (*Arch.*), volta a padiglione. 18 **konoidisches** ~ (*Arch.*), volta conoidica. 19 **Kreuz** ~ (*Arch.*), volta a crociera. 20 **Kreuzgrat** ~ (*Arch.*), volta a crociera a sesto normale. 21 **Kreuzrippen** ~ (*Arch.*), volta a crociera a sesto rialzato. 22 **Kugel** ~ (*Arch.*), volta sferica. 23 **Kuppel** ~ (*Arch.*), volta a cupola. 24 **Mulden** ~ (*Arch.*), volta a botte con testa a padiglione. 25 **Rippen** ~ (*Arch.*), volta nervata. 26 **Spiegel** ~ (*Arch.*), volta a schifo. 27 **Stern** ~ (*Arch.*), volta stellata. 28 **Tonnen** ~ (*Arch.*), volta a botte. 29 **Topf** ~ (*Arch.*), volta a timpani.
gewölbt (*Bauw.*), ad arco. 2 ~ (konvex) (*allg.*), convesso. 3 ~ (konvex) (*Mech.*), convesso, bombato. 4 ~ **er Kolbenboden** (*Mot.*), testa dello stantuffo bombata.
Gew % (Gewichtsprozent) (*Chem. - etc.*), peso in percento, % in peso.
gewunden (*allg.*), ad elica, a spirale. 2 ~ (Treppe) (*Bauw.*), a chiocciola.
Geysir (Geiser, heisse Quelle) (*m. - Geol.*), geiser.
gez. (gezeichnet) (*Mech. - Zeichn.*), disegnato.
gezackt (*Mech.*), a denti di sega, a tacche, dentellato.
Gezähe (Handwerkzeug des Bergmanns) (*n. - Bergbauwerkz.*), utensile da minatore. 2 ~ **kasten** (Gezähekiste) (*m. - Bergbau*), cassetta attrezzi da minatore.
gezahnt (*Mech.*), dentato.
Gezeit (Tide) (*f. - See*), marea. 2 ~ **en-Hub** (*m. - See*), ampiezza della marea. 3 ~ **en-kraftwerk** (*n. - Kraftwerk*), centrale di marea, centrale mareomotrice. 4 ~ **en-kurve** (*f. - See*), mareogramma. 5 ~ **en-strom** (*m. - See*), corrente di marea.
Gezeugstrecke (*f. - Bergbau*), galleria di livello, livello.
gezinkt (schwalbenschwanzförmig) (*Tischl.*), a coda di rondine.
gezogen (Draht z. B.) (*mech. Technol.*), trafilato. 2 ~ (Blech) (*mech. Technol.*), imbutito. 3 ~ (Gewehr), rigato, a canna rigata. 4 ~ **er Bauteil** (*Bauw.*), elemento sollecitato a trazione. 5 ~ **es Rohr** (*Metall.*), tubo trafilato. 6 ~ **er Stabstahl** (*metall. Ind.*), acciaio trafilato in barre.
gezwirnt (*Text.*), ritorto.
GFK (glasfaserverstärkter Kunststoff) (*chem. Ind.*), PRFV, plastica rinforzata con fibra di vetro, resina rinforzata con fibra di vetro, vetroresina.
GfP (Polyesterharz mit Glasfaser) (*Chem.*), resina poliestere con fibra di vetro.
GG (Grauguss) (*Giess.*), ghisa grigia. 2 ~ (Guss-stück aus Grauguss) (*Giess.*), getto di ghisa grigia.
ggf. (gegebenenfalls) (*allg.*), eventualmente.
GGG (Guss-stück aus Gusseisen mit Kugelgraphit) (*Giess.*), getto in ghisa (a grafite) sferoidale. 2 ~ (Gusseisen mit Kugelgraphit) (*Giess.*), ghisa (a grafite) sferoidale.
GGL (Guss-stück aus Gusseisen mit Lamellengraphit) (*Giess.*), getto di ghisa (a grafite) lamellare. 2 ~ (Gusseisen mit Lamellengraphit) (*Giess.*), ghisa (a grafite) lamellare.

GH (Hochglühen, Grobkornglühen) (*Wärmebeh.*), ricottura d'ingrossamento del grano.
Gibbsit ($Al_2O_3 \cdot 3H_2O$) (*m. - Min.*), gibbsite.
Gicht (obere Öffnung, eines Ofens) (*f. - Metall.*), bocca. 2 ~ (Einsatz, eines Ofens) (*Metall.*), carica. 3 ~ **anzeiger** (eines Hochofen) (*m. - Ofen - Metall.*), indicatore (della discesa) della carica. 4 ~ **arbeiter** (*m. - Ofen*), addetto al caricamento. 5 ~ **aufzug** (*m. - Ofen - Metall.*), montacariche. 6 ~ **bühne** (eines Ofens) (*f. - Metall.*), piattaforma di caricamento. 7 ~ **gas** (Hochofengas) (*n. - Metall.*), gas di bocca, gas d'alto forno. 8 ~ **gasdruck** (in Hochöfen) (*m. - Metall.*), pressione (di gas) alla bocca. 9 ~ **gasfackel** (*f. - Metall.*), torcia del gas di bocca. 10 ~ **glocke** (eines Hochofens) (*f. - Metall.*), campana. 11 ~ **öffnung** (eines Hochofens) (*f. - Ofen*), bocca. 12 ~ **wagen** (*m. - Metall.*), vagoncino di caricamento.
Gichten (eines Ofens) (*n. - Metall.*), carica, caricamento.
gichten (beschicken, einen Ofen) (*Metall.*), caricare.
Gichtung (Beschickung, eines Ofens) (*f. - Metall.*), carica, caricamento.
Giebel (*m. - Arch.*), timpano, frontone. 2 ~ **dach** (*n. - Bauw.*), tetto a due falde su timpano. 3 ~ **mauer** (Giebelwand) (*f. - Bauw.*), muro sormontato da un timpano.
Gieren (*n. - Flugw. - Aut.*), imbardata.
gieren (*Flugw. - Aut.*), imbardare. 2 ~ (*naut.*), straorzare.
Giermoment (*n. - Flugw. - Aut.*), momento d'imbardata.
Gierungsmesser (*m. - Flugw. - Instr.*), indicatore d'imbardata.
Gierwinkel (*m. - Aut. - Flugw.*), angolo d'imbardata.
giessbar (*Giess.*), colabile.
Giessbarkeit (*f. - Giess.*), colabilità.
Giessbeschichtung (*f. - Papierind.*), patinatura per colata.
Giessbeton (*m. - Bauw.*), calcestruzzo gettato.
Giessbett (*n. - Giess.*), letto di colata.
Giessdruck (einer Druckgussmaschine) (*m. - Giess.*), pressione di iniezione.
Giessen (Guss, Giessverfahren) (*n. - Giess.*), colata. 2 ~ (*Giess.*), siehe auch Guss und Giessverfahren.
giessen (*Giess.*), colare. 2 **fallend** ~ (*Giess.*), colare dall'alto. 3 **im Herd** ~ (*Giess.*), colare in fossa. 4 **in Kokillen** ~ (*Giess.*), colare in conchiglia. 5 **in Sand** ~ (*Giess.*), colare in terra. 6 **stehend** ~ (*Giess.*), colare verticale, colare in piedi. 7 **steigend** ~ (*Giess.*), colare a sorgente. 8 **waagerecht** ~ (*Giess.*), colare orizzontale.
Giesser (*m. - Giess. - Arb.*), colatore. 2 ~ (Giesser der zugleich Former ist) (*Giess. - Work.*), fonditore.
Giesserei (*f. - Giess.*), fonderia. 2 ~ **eisen** (*n. - Giess.*), ghisa da fonderia, ghisa di seconda fusione. 3 ~ **koks** (*m. - Brennst.*), coke per fonderia. 4 ~ **kran** (*m. - Giess.*), gru per siviera. 5 ~ **nagel** (*m. - Giess.*), chiodo da fonderia. 6 ~ **roheisen** (*n. - Giess.*), ghisa per fonderia, ghisa di seconda fusione. 7 ~ **sand** (*m. - Giess.*), terra da fonderia. 8

Giessfähigkeit

~ **schwärze** (*f. - Giess.*), nero di fonderia.
9 ~ wesen (*n. - Wissens. - Giess.*), fonderia.
10 Eisen ~ (*Giess.*), fonderia di ghisa. **11 Kunden** ~ (*Giess.*), fonderia per lavorazione a commessa, fonderia per conto terzi. **12 Schrift** ~ (*Giess.*), fonderia di caratteri (da stampa). **13 Stahl** ~ (*Giess.*), fonderia di acciaio. **14 Temper** ~ (*Giess.*), fonderia di ghisa malleabile.
Giessfähigkeit (*f. - Giess.*), colabilità.
giessfertig (Form z. B.) (*Giess.*), pronto per la colata.
Giessfieber (Metalldampffieber) (*n. - Ind. - Med.*), febbre dei fonditori.
Giessform (Gussform) (*f. - Giess.*), forma (da fonderia). **2** ~ (für Stahlblöcke) (*Metall.*), lingottiera. **3 bleibende** ~ (*Giess.*), forma permanente.
Giessgeschwindigkeit (*f. - Giess.*), velocità di colata.
Giessgrube (*f. - Giess.*), fossa di colata.
Giesshalle (*f. - Giess.*), capannone colate.
Giessharz (*n. - chem. Ind.*), resina da getto, resina per colata.
Giesskabelkran (*m. - Bauw.masch.*), blondin con secchie di colata (del calcestruzzo).
Giesskelle (Giesslöffel) (*f. - Giess.*), cucchiaione di colata.
Giesskopf (*m. - Giess.*), materozza, alimentatore.
Giesskran (*m. - Giess. - Masch.*), gru per siviere.
Giesslackierung (*f. - Anstr.*), verniciatura a velo.
Giessläufe (*m. pl. - Giess.*), colame.
Giessleiste (angegossener Probestab) (*f. - Giess.*), provetta incorporata (nel getto).
Giesslöffel (Handpfanne) (*m. - Geiss. - Ger.*), sivierina.
Giessmaschine (*f. - Giess. - Druck.*), fonditrice. **2** ~ (bei Spritzgussverfahren) (*Kunststoff - Masch.*), macchina (per stampaggio) ad iniezione. **3 Druckluft** ~ (*Giess.masch.*), macchina ad iniezione ad aria compressa, pressocolatrice pneumatica. **4 Kolbenspritz-** ~ (*Giess.masch.*), macchina ad iniezione a stantuffo, pressocolatrice a stantuffo.
Giesspfanne (*f. - Giess.*), siviera, secchia di colata, secchione. **2** ~ **n·analyse** (*f. - Giess.*), analisi di colata.
Giesspress·schweissen (durch Übergiessen mit geschmolzenen Wärmeträger) (*n. - mech. Technol.*), saldatura a pressione (con energia termochimica) e mezzo liquido per il trasferimento del calore.
Giessrinne (eines Ofens) (*f. - Giess.*), doccia di colata.
Giess·schmelzschweissen (durch Schmelzen mit flüssigem Schweisszusatzwerkstoff) (*n. - mech. Technol.*), saldatura a fusione (con energia termodinamica) e mezzo liquido per il trasferimento del calore.
Giess·schnauze (eines Ofens) (*f. - Giess.*), becco di colata.
Giess·schweissen (Auftragsschweissen) (*n. - mech. Technol.*), saldatura a colata.
Giess·spirale (für Giessprüfungen, Spiralform) (*f. - Giess. - Prüfung*), forma a spirale.

Giess·strahlverfahren (*n. - Giess.*), iniezione.
2 Vakuum ~ (*Giess.*), iniezione sotto vuoto.
Giesstrichter (einer Form) (*m. - Giess.*), bacino di colata.
Giessverfahren (*n. - Giess.*), fusione, procedimento di fusione, colata, procedimento di colata. **2 Fein** ~ (verlorenes Modell-Verfahren) (*Giess.*), fusione a cera persa (industriale). **3 Genau** ~ (*Giess.*), fusione di precisione, microfusione. **4 Vakuumstrahl** ~ (*Giess.*), iniezione sotto vuoto.
Giesswagen (*m. - Giess. - Metall.*), carro di colata.
Giesswanne (*f. - Giess.*), paniera di colata.
Giesswerk (Masch. zum Giessen von Druckplatten) (*n. - Giess. - Druck.*), fonditrice.
Giesszapfen (Eingussmodell) (*m. - Giess.*), cono modello per colate.
Gift (*n. - Chem. - etc.*), veleno. **2** ~ **gas** (*n. - Chem. - etc.*), gas velenoso. **3 radioaktives** ~ (*Radioakt.*), veleno radioattivo.
Giftigkeit (*f. - Chem. - etc.*), tossicità.
giga- (10^9, vor Masseinheiten) (*Mass*), giga-, 10^9, 1 miliardo. **2** ~ **-Elektronenvolt** (10^9 eV) (*n. - Phys.*), gigavolelettroni, un miliardo di voltelettroni.
Gilbert (Einheit der elekt. Stromstärke im elektromagnetischen Mass·system, $1G = \frac{10}{4\pi}$ A) (*n. - elekt. Masseinheit*), gilbert.
Gilbungsgrad (*m. - Anstr.*), grado di ingiallimento.
Gilling (Gillung, Gillungsheck, gewölbter Teil des Hinterschiffs) (*f. - naut.*), forno di poppa.
Gillspinnen (Grobgarnspinnen) (*n. - Textilind.*), filatura in grosso.
Gillspinnmaschine (*f. - Textilmasch.*), « gillbox », stiratoio a barrette di pettini.
Gilsonit (*m. - Min.*), gilsonite, uintaite.
Gimetall (Gi-Metallfeder, Schwingmetall, etc.) (*n. - Mech.*), metalgomma, gomma-metallo.
Gipfel (*m. - allg.*), sommità, vertice, cima. **2** ~ **höhe** (*f. - Flugw.*), tangenza, quota di tangenza. **3** ~ **spannung** (*f. - Elekt.*), tensione di cresta. **4 Dienst** ~ **höhe** (*f. - Flugw.*), tangenza pratica. **5 höchste** ~ **höhe** (*Flugw.*), tangenza teorica.
GI-Profil (I-Profil mit verstärkten Flanschen und Übergang zwischen Steg und Flanschen) (*n. - metall. Ind. - Bergbau*), profilato GI.
Gips (*m. - Min.*), gesso. **2** ~ **abdruck** (Gipsabguss) (*m. - allg.*), calco in gesso. **3** ~ **decke** (Stuckdecke) (*f. - Bauw.*), soffitto a stucco. **4** ~ **kalk** (*m. - Bauw.*), gesso. **5** ~ **kitt** (*m. - Bauw.*), gesso-cemento. **6** ~ **latte** (*f. - Bauw.*), cantinella. **7** ~ **modell** (*n. - Technol. - etc.*), modello in gesso. **8** ~ **mörtel** (Stuck) (*m. - Bauw.*), malta di gesso, stucco. **9** ~ **schale** (*f. - Giess. - etc.*), calco in gesso. **10** ~ **stuck** (Stuck) (*m. - Bauw.*), stucco. **11 Estrich** ~ (durch Brennen bis 1000 °C erhalten) (*Bauw.*), gesso idraulico, gesso da pavimento. **12 gebrannter** ~ (*Bauw.*), gesso cotto. **13 Modell** ~ (Formgips, bei Brenntemperaturen bis 80 °C erhalten) (*Technol.*), gesso da calco, gesso da modello. **14 Putz** ~ (langsam bindend, durch Brennen bis 780 °C erhalten) (*Bauw.*), gesso morto, gesso a lenta presa. **15 Stuck** ~ (bei Brenntempe-

raturen bis 300 °C erhalten) (*Bauw.*), gesso da stucchi, scagliola.
Gipser (*m. - Arb. - Bauw.*), stuccatore, gessatore. 2 ~ **tritt** (*m. - Bauw. - Ger.*), scala (a sgabello) per stuccatori.
Giralgeld (Buchgeld, für bargeldlosen Zahlungsverkehr) (*n. - finanz.*), moneta bancaria, moneta scritturale, moneta cartacea creditizia.
Girant (*m. - finanz.*), girante.
Girat (Giratar) (*m. - finanz.*), giratario.
girierbar (Effekten z. B.) (*finanz.*), trasferibile.
girieren (einen Wechsel z. B.) (*finanz.*), girare.
Giro (eines Wechsels z. B.) (*n. - finanz.*), girata. 2 ~ (von Effekten) (*finanz.*), trasferimento. 3 Blanko ~ (*finanz.*), girata in bianco.
Gispe (Glasblase) (*f. - Glasfehler*), puliga.
gispig (Glasfehler) puligoso.
Gispigket (*f. - Glasfehler*), puligosità.
Gissung (Ortsbestimmung) (*f. - naut. - Navig.*), determinazione del punto stimato.
Gitter (Gitterwerk) (*n. - Bauw.*), graticcio, traliccio. 2 ~ (Kristall) (*Metall. - Opt.*), reticolo. 3 ~ (Zwischenelektrode) (*Funk.*), griglia. 4 ~ **ableitwiderstand** (*m. - Funk.*), resistenza di fuga (di griglia). 5 ~ **abstand** (Gitterkonstante) (*m. - Kernphys. - etc.*), costante del reticolo. 6 ~ **anodenkapazität** (*f. - Elekt.*), capacità griglia-placca. 7 ~ **balken** (*m. - Bauw.*), trave reticolare, trave a traliccio. 8 ~ **basisschaltung** (*f. - Elektronik*), circuito con griglia a massa. 9 ~ **batterie** (*f. - Elekt.*), batteria di griglia. 10 ~ **belastung** (Gitterverlustleistung) (*f. - Elektronik*), dissipazione di griglia. 11 ~ **blech** (Streckmetall) (*n. - Metall.*), lamiera stirata. 12 ~ **boxpalette** (*f. - ind. Transp.*), paletta a sponde grigliate. 13 ~ **brücke** (*f. - Brück.b.*), ponte a traliccio. 14 ~ **emission** (*f. - Elektronik*), emissione di griglia. 15 ~ **fehler** (*m. - Metall.*), difetto reticolare, difetto microstrutturale. 16 ~ **fenster** (*n. - Bauw.*), finestra a inferriata. 17 ~ **fussboden** (Gräting, Greting) (*m. - naut.*), carabottino. 18 ~ **gegenspannung** (*f. - Elektronik*), tensione inversa di griglia. 19 ~ **gleichrichtung** (*f. - Funk.*), rivelazione di griglia. 20 ~ **kondensator** (*m. - Funk.*), condensatore di griglia. 21 ~ **konstante** (Gitterabstand) (*f. - Kernphys. - etc.*), costante del reticolo. 22 ~ **kreis** (*m. - Funk.*), circuito di griglia. 23 ~ **mast** (Gitterpfeiler) (*m. - Bauw. - Elekt. - ecc.*), pilone a traliccio. 24 ~ **metall** (Lagermetall, etwa 73% Blei und Zusätze von Sb, Zn, Cu und Graphit) (*n. - Mot. - Legierung*), (tipo di) metallo antifrizione. 25 ~ **platte** (eines Akkumulators) (*f. - Elekt.*), piastra a griglia. 26 ~ **rost** (für Bürgersteige, Fussboden, etc.) (*m. - metall. Ind.*), grigliato. 27 ~ **rost** (für heiss gewalzte Stücke) (*Walzw.*), griglia (per laminati a caldo), letto metallico, letto caldo. 28 ~ **schnitt** (Prüfverfahren, einer Lackfarbe z. B.) (*m. - Anstr.*), incisione a reticolo. 29 ~ **schnittprobe** (*f. - Anstr.*), quadrettatura, prova di quadrettatura. 30 ~ **spannung** (*f. - Funk.*), tensione di griglia. 31 ~ **spannungswiderstand** (*m. - Funk.*), resistenza di polarizzazione (di griglia). 32 ~ **stein** (*m. - Metall.*), mattone per ricuperatori, mattone d'impilaggio. 33 ~ **sperre** (Gittersperrschaltung) (*f. - Elektronik*), circuito d'interdizione di griglia. 34 ~ **steuerung** (Ignitronsteuerung, einer Schweissmaschine) (*f. - mech. Technol.*), comando a ignitrone. 35 ~ **strom** (*m. - Funk.*), corrente di griglia. 36 ~ **tastung** (*f. - Elektronik*), manipolazione di griglia. 37 ~ **träger** (*m. - Bauw.*), trave reticolare, trave a traliccio. 38 ~ **tür** (*f. - Bauw.*), cancello. 39 ~ **umwandlung** (*f. - Metall.*), trasformazione del reticolo. 40 ~ **vorspannung** (*f. - Funk.*), polarizzazione di griglia, tensione base di griglia, tensione di polarizzazione di griglia. 41 ~ **vorwiderstand** (*m. - Elektronik*), resistenza di polarizzazione di griglia. 42 ~ **werk** (*n. - Bauw.*), traliccio, graticcio. 43 ~ **werk** (eines Ofens) (*Metall.*), impilaggio, camera di ricupero. 44 ~ **zündspannung** (*f. - Elektronik*), tensione critica di griglia. 45 Beugungs ~ (*Opt.*), reticolo di diffrazione. 46 Brems ~ (einer Elektronenröhre) (*Elektronik*), griglia di soppressione. 47 Fang ~ (*Elektronik*), siehe Bremsgitter. 48 Frontal ~ (*Bauw.*), recinzione a cancellata. 49 kubisches ~ (*Min. - Metall.*), reticolo cubico. 50 kubisch-flächenzentriertes ~ (*Metall. - Min.*), reticolo cubico facce-centrato. 51 kubisch-raumzentriertes ~ (*Min. - Metall.*), reticolo cubico corpocentrato. 52 Licht ~ (*Bauw.*), lucernario grigliato. 53 optisches ~ (*Opt.*), reticolo ottico. 54 Reflexions ~ (*Opt.*), reticolo per riflessione. 55 Roll ~ (*Bauw.*), avvolgibile a griglia, saracinesca avvolgibile a griglia. 56 Scheren ~ (*Bauw.*), serranda a pantografo. 57 Schiebe ~ (Gittertür) (*Bauw.*), cancello scorrevole. 58 Schirm ~ (einer Elektronenröhre) (*Elektronik*), griglia schermante. 59 Steuer ~ (einer Elektronenröhre) (*Elektronik*), griglia di comando, griglia di campo. 60 Transmissions ~ (*Opt.*), reticolo per trasmissione. 61 Waben ~ (*Elektronik*), griglia a nido d'ape.
gitterartig (Kristall) (*Min.*), reticolare.
gitterförmig (*Bauw. - etc.*), a traliccio, reticolare.
Gitterung (Gitterwerk) (*f. - Ofen - Metall.*), camera di ricupero, impilaggio.
GK (Gummikabel) (*Elekt.*), cavo sottogomma. 2 ~ (Kokillenguss) (*Giess.*), colata in conchiglia.
gk (abgehend und ankommend) (*Funk. - etc.*), in uscita e in entrata.
GK-Al... (Kokillenguss-Aluminiumlegierung) (*Giess.*), lega di alluminio per getti in conchiglia.
Gl (Gleichung) (*Math. - etc.*), equazione. 2 ~ (Glucinium) (*Chem.*), Gl, glucinio. 3 ~ (Gleichrichter) (*Elekt.*), raddrizzatore. 4 ~ (Gleitmetall, Lagermetall) (*Legierung*), metallo antifrizione.
Glanz (*m. - Phys.*), brillanza. 2 ~ (*Anstr.*), brillantezza. 3 ~ **blech** (*n. - Metall.*), lamiera lucida. 4 ~ **draht** (*m. - Elekt.*), filo smaltato. 5 ~ **drücken** (*n. - Mech.*), brunitura. 6 ~ **eisen** (*n. - Giess.*), ghisa siliciosa. 7 ~ **eisenerz** (Roteisenstein, Hämatit) (*n. - Min.*), ematite. 8 ~ **firnis** (*m. - Anstr.*), vernice brillante. 9 ~ **kattun** (*m. - Text.*), siehe Chintz. 10 ~ **kohle** (*f. - Brennst.*), antracite.

glanzbrennen

11 ~ **kopf** (*m. - Min.*), siehe Glaskopf. 12 ~ **krumpen** (Dekatieren) (*n. - Textilind.*), decatissaggio. 13 ~ **lack** (*m. - Anstr.*), vernice brillante. 14 ~ **leder** (*n. - Lederind.*), pelle verniciata. 15 ~ **maschine** (für Reis) (*f. - Masch.*), brillatoio, macchina per brillatura. 16 ~ **messer** (*m. - Opt. - Ger.*), lucentimetro, glossmetro. 17 ~ **nickel** (*n. - Metall. - Elektrochem.*), nichel lucido. 18 ~ **papier** (*n. - Papierind.*), carta lisciata, carta satinata. 19 ~ **plastizierung** (*f. - Papierind.*), plasticazione lucida, rivestimento plastico a specchio. 20 ~ **presse** (*f. - Textilmasch.*), pressa per lucidatura. 21 ~ **scheibe** (*f. - Werkz.*), disco per pulitrice.

glanzbrennen (beizen von Kupfer und Kupferlegierungen in salpetersäurehaltigen Lösungen) (*Metall.*), decapare lucido.

glanzdrücken (polierdrücken) (*Mech.*), brunire.

Glänze (*f. - Text.*), lucido (*s.*).

glänzen (*v.t. - Mech.*), lucidare. 2 ~ (*v.i. - allg.*), splendere.

glanzpolieren (*Mech.*), lucidare.

glanzverkadmet (*Mech.*), cadmiato lucido.

Glas (*n. - Glasind.*), vetro. 2 ~ (Trinkglas z. B.) (*Ger.*), bicchiere. 3 ~ (Spiegel) (*allg.*), specchio. 4 ~ (Brille) (*Opt.*), occhiali. 5 ~ (halbe Stunde) (*naut.*), mezzora. 6 ~ (Fernrohr) (*Opt. - Instr.*), binocolo. 7 ~ **ablauf** (*m. - Anstr. - Prüfung*), stendimento su vetro. 8 ~ **ballon** (Demijohn) (*m. - Glasind.*), damigiana. 9 ~ **bau** (Glasarchitektur) (*m. - Arch.*), costruzione a vetri. 10 ~ **baustein** (*m. - Bauw.*), mattonella per vetrocemento. 11 ~ **beton** (*m. - Bauw.*), vetrocemento. 12 ~ **bild** (Diapositiv) (*n. - Phot.*), diapositiva. 13 ~ **blase** (*f. - Glasfehler*), pùliga, pùlica. 14 ~ **blasen** (*n. - Glasind.*), soffiatura del vetro. 15 ~ **bläser** (*m. - Arb.*), soffiatore di vetro. 16 ~ **bläsereisen** (Glasbläserpfeife) (*n. - Glasind. - Ger.*), canna da soffio, ferro da soffio, tubo da soffiatore. 17 ~ **bruch** (*m. - Glasind.*), rottame di vetro, vetro di scarto. 18 ~ **durchführung** (*f. - Elekt.*), isolatore passante di vetro. 19 ~ **eindeckung** (*f. - Bauw.*), copertura di vetro. 20 ~ **er** (*m. - Arb.*), vetraio. 21 ~ **er·diamant** (*m. - Werkz.*), diamante da vetraio, diamante tagliavetro. 22 ~ **erei** (*f. - Glasind.*), vetreria. 23 ~ **er·kitt** (*m. - Glasind.*), mastice da vetraio, «stucco» da vetraio. 24 ~ **faden** (*m. - Glasind.*), filo di vetro, vetro filato. 25 ~ **faser** (*f. - Glasind.*), fibra di vetro. 26 ~ **faserkunststoff** (Fiberglas) (*m. - Glasind.*), vetroresina, resina rinforzata con fibra di vetro. 27 ~ **faseroptik** (*f. - Opt.*), ottica delle fibre di vetro. 28 ~ **faserschichtstoff** (*m. - Kunststoff - Ind.*), stratificato con fibre di vetro. 29 ~ **faservliese** (*m. - pl. - Kunststoff - Ind.*), cascami di fibra di vetro. 30 ~ **fenster** (*n. - Bauw.*), finestra a vetri. 31 ~ **fluss** (Glaspaste, Strass) (*m. - Chem.*), strass, brillante chimico, brillante artificiale. 32 ~ **form** (*f. - Glasind.*), forma per vetro. 33 ~ **garn** (*n. - Glasind.*), filato di vetro. 34 ~ **glocke** (*f. - chem. - Ger.*), campana di vetro. 35 ~ **hafen** (eines Hafenofens) (*m. - Glasind. - Ofen*), crogiolo, padella. 36 ~ **haus** (Treibhaus) (*n. - Ack.b.*), serra. 37 ~ **hauseffekt** (*m. - Wärme - Bauw.*), siehe Treibhauseffekt. 38 ~ **hohlbaustein** (*m. - Bauw.*), mattonella per vetrocemento. 39 ~ **hütte** (*f. - Glasind.*), vetreria. 40 ~ **knoten** (glasiger Fremdkörper, Übergang von den Glassteinchen zu den Glasschlieren) (*m. - Glasfehler*), nodulo. 41 ~ **kolben** (Behälter) (*m. - Glasind. - Chem.*), pallone di vetro. 42 ~ **kolben** (*Elekt. - Funk.*), ampolla. 43 ~ **kopf** (Glanzkopf, ein Eisenerz) (*m. - Min.*), (tipo di) minerale di ferro. 44 ~ **kühlofen** (*m. - Glasind.*), forno di ricottura per vetro. 45 ~ **ofen** (Glaswannenofen) (*m. - Glasind. - Ofen*), bacino (fusorio) per vetro, forno a bacino per vetro. 46 ~ **papier** (Sandpapier) (*n. - Technol.*), carta abrasiva, carta vetrata. 47 ~ **paste** (Glasfluss, Strass) (*f. - Chem.*), strass, brillante chimico, brillante artificiale. 48 ~ **platte** (Glastafel, Glasscheibe) (*f. - Glasind. - Bauw.*), lastra di vetro. 49 ~ **rohr** (*n. - Glasind.*), tubo di vetro. 50 ~ **satz** (*m. - Glasind.*), carica, miscela. 51 ~ **scheibe** (*f. - Glasind. - etc.*), lastra di vetro. 52 ~ **schleifen** (*v. - Glasind.*), molare il vetro. 53 ~ **schmierungslösung** (*f. - Chem. - masch. Technol.*), soluzione lubrificante vetrosa. 54 ~ **schneider** (*m. - Werkz.*), tagliavetro. 55 ~ **seide** (Glasgespinst, Faserglas) (*f. - Ind. - Elekt.*), filamento di vetro, filamento continuo di fibra di vetro. 56 ~ **spannungsprüfung** (*f. - Technol.*), prova delle tensioni interne del vetro. 57 ~ **-Stahlbeton** (*m. - Bauw.*), vetrocemento armato. 58 ~ **steinchen** (fester Körper im Glas) (*n. - Glasfehler*), pietra. 59 ~ **tafel** (*f. - Glasind.*), lastra di vetro. 60 ~ **tiegel** (*m. - Glasind.*), crogiuolo per vetro. 61 ~ **veredlung** (Bearbeitung von Glas im erstarrten Zustand) (*f. - Glasind.*), lavorazione del vetro. 62 ~ **wannenofen** (*m. - Glasind. - Ofen*), bacino (fusorio) per vetro, forno a bacino per vetro. 63 ~ **waren** (*f. - pl. - Glasind.*), articoli di vetro. 64 ~ **wolle** (*f. - Glasind.*), lana di vetro. 65 **Blei** ~ (*Glasind.*), vetro al piombo, vetro piombico. 66 **Blendschutz** ~ (*Glasind.*), vetro antiabbagliamento. 67 **Draht** ~ (drahtbewehrtes Glas) (*Glasind.*), vetro retinato, vetro armato. 68 **Fenster** ~ (*Glasind.*), vetro (in lastra) per finestre. 69 **Fiber** ~ (Glasfaserkunststoff) (*Glasind.*), plastica rinforzata con fibra di vetro, vetroresina, resina rinforzata con fibra di vetro. 70 **Flint** ~ (*Glasind.*), vetro «flint». 71 **Grau** ~ (*Opt.*), siehe Neutralglas. 72 **Hart** ~ (Sicherheitsglas) (*Glasind.*), vetro temprato. 73 **Kristall** ~ (geschliffenes Glas) (*Glasind.*), cristallo. 74 **Kron** ~ (*Glasind.*), vetro «crown». 75 **lichtempfindliches** ~ (*Glasind.*), vetro fotosensibile. 76 **Lumineszenz** ~ (uran- oder cerhaltiges Glas das im ultravioletten Licht gelbgrün bis blaugrün oder blau fluoresziert) (*Glasind.*), vetro luminescente. 77 **Milch** ~ (*Glasind.*), vetro opalino. 78 **Neodym** ~ (Neophanglas, hochwertiges Sonnenschutzglas) (*Glasind.*), vetro al neodimio. 79 **Neutral** ~ (Grauglas, Lichtfilter) (*Opt.*), vetro neutro. 80 **optisches** ~ (*Glasind.*), vetro d'ottica. 81 **Perlmutter** ~ (*Glasind.*), vetro madreperlaceo. 82 **Press** ~ ~ (*Glasind.*), vetro stampato. 83

Quarz ~ (*Glasind.*), vetro di quarzo. **84 Sekurit** ~ (Sicherheitsglas) (*Aut.*), vetro temprato, vetro di sicurezza temprato. **85 Sicherheits** ~ (*Glasind. - Aut.*), vetro di sicurezza. **86 Signal** ~ (für Verkehrsignale) (*Glasind.*), vetro per apparecchi di segnalazione. **87 splittersicheres** ~ (*Glasind.*), vetro di sicurezza. **88 Strahlungsschutz** ~ (*Glasind.*), vetro antiradiazioni. **89 technisches** ~ (*Glasind.*), vetro tecnico. **90 Überfang** ~ (mit einer dünnen Schicht eingetrübtes Glas, z. B. überfangenes Glas) (*Glasind.*), vetro placcato. **91 Ultraviolett** ~ (ultraviolett durchlässiges Glas) (*Glasind.*), vetro trasparente agli ultravioletti. **92 Verbund** ~ (Sicherheitsglas) (*Aut. - etc.*), vetro stratificato, vetro di sicurezza stratificato. **93 vorgespanntes** ~ (Sicherheitsglas) (*Aut. - Glasind.*), vetro temprato. **94 Wärmeschutz** ~ (Wärmestrahlungsschutzglas) (*Glasind.*), vetro atermano, vetro adiatermano.

gläsern (aus Glas) (*adj. - allg.*), di vetro.
glasfaserverstärkt (Kunststoff, für Karosserie z. B.) (*chem. Ind.*), rinforzato con fibre di vetro.
glasieren (keramische Waren mit Glasur überziehen) (*Keramik*), vetrinare.
glasig (*allg.*), vetroso. 2 ~ (Schlacke) (*Metall.*), vetroso.
Glasigwerden (eines Guss-stückes) (*n. - Giess.fehler*), vetrificazione.
Glasur (glasartiger, durchsichtiger Überzug auf keramischen Gegenständen) (*f. - Keramik*), vetrina. 2 ~ **ofen** (*m. - Keramik*), forno per vetrinatura. 3 ~ **stein** (mit undurchsichtiger Glasur) (*m. - Bauw.*), mattone smaltato. 4 ~ **stein** (mit durchsichtiger Glasur) (*Bauw.*), mattone vetrinato. 5 **Email** ~ (undurchsichtiger Überzug) (*Keramik*), smalto.
« **glasuren** » (glasieren) (*Keramik*), vetrinare.
glatt (*allg.*), liscio. 2 ~ (ausgeglichen, Schuld z. B.) (*allg.*), saldato, regolato. 3 ~ (Prüfstab, entgegengesetzt zu gekerbt) (*Materialprüfung*), liscio, senza intaglio. 4 ~ **e Landung** (*Flugw.*), atterraggio perfetto. 5 ~ **e Seele** (eines Geschützes) (*Feuerwaffe*), anima liscia, canna liscia. 6 ~ **e Strömung** (*Hydr.*), corrente laminare. 7 ~ **e Walzen** (*f. - pl. - Walzw.*), cilindri lisci. 8 ~ **flächig** (*Mech. - etc.*), a superficie liscia. 9 ~ **hämmern** (*Technol.*), spianare al maglio. 10 ~ **landen** (*Flugw.*) fare un atterraggio perfetto. 11 ~ **machen** (*Metall.*), spianare. 12 ~ **putzen** (*Maur.*), dare l'ultima mano di intonaco. 13 ~ **streichen** (*Glasind.*), spianare. 14 **einseitig** ~ (Karton z. B.) (*Papierind.*), monolucido.
Glattblech (*n. - metall. Ind.*), lamiera liscia.
Glättbohle (eines Fertigers) (*f. - Strass.bau Masch.*), trave lisciatrice.
Glattbrennofen (Glasurofen) (*m. - Keramik*), forno per vetrinatura.
Glattdeck (*n. - naut.*), coperta rasa.
Glattdecker (Jacht) (*m. - naut.*), panfilo a coperta rasa.
Glätte (*f. - Mech.*), siehe Glättung.
Glätteil (eines Räumers) (*m. - Werkz.*), tratto finitore, tratto calibratore, tratto cilindrico.
Glatteis (Symbol ~) (*n. - Geophys.*), gelicidio.

Glättekelle (*f. - Maur.werkz.*), cazzuola per lisciare.
Glätten (*n. - allg.*), lisciatura. 2 ~ (*Papierind.*), lisciatura, levigatura, calandratura. 3 ~ (*Textilind.*), lucidatura.
glätten (*allg.*), lisciare. 2 ~ (*Papierind.*), lisciare, levigare, satinare, calandrare, cilindrare. 3 ~ (*Funk.*), livellare. 4 ~ (eine Spannung) (*Elekt.*), livellare, spianare. 5 ~ (das Holz) (*Holzbearb.*), spianare, piallare.
Glätteprüfer (*m. - Ger.*), rugosimetro, scabrosimetro.
Glättheft (Glättstahl) (*n. - Werkz.*), brunitoio.
Glättmaschine (*f. - Papierind.masch.*), satinatrice, calandratrice, calandra, macchina per lisciare.
Glattputz (*m. - Maur.*), stabilitura, ultima mano di intonaco, intonaco civile.
Glattrohr (*n. - Kessel*), tubo liscio.
Glättstahl (*m. - Werkz.*), brunitoio.
Glättung (einer Spannung) (*f. - Funk. - Elekt.*), livellamento, spianamento. 2 ~ (*f. - Papierind.*), lisciatura, calandratura, satinatura. 3 ~ **s·drossel** (*f. - Elekt.*), bobina di livellamento, bobina di spianamento. 4 ~ **s·grösse** (einer Presspassung) (*f. - Mech.*), indice di spianamento. 5 ~ **s·kondensator** (*m. - Elekt.*), condensatore di spianamento. 6 ~ **s·kreis** (*m. - Elektronik*), circuito stabilizzatore, circuito livellatore. 7 ~ **s·tiefe** (geglättete Rauhtiefe bei Presspassungen) (*f. - Mech.*), spianamento, profondità di spianamento.
Glattwalzen (Druckpolieren, Prägepolieren, zur Verdichtung und Glättung der Oberfläche) (*n. - Mech.*), rullatura.
Glättwalzwerk (*n. - Walzw.*), treno spianatore.
Glattwassermoment (max. Biegemoment des Schiffes in ruhigem Wasser) (*n. - naut.*), momento (flettente massimo) in acqua calma.
Glättzahn (eines Räumers) (*m. - Werkz.*), dente finitore, dente calibratore.
Glaubersalz (Natrinmsulfat) (*n. - Chem.*), sale di Glauber.
Gläubiger (*m. - finanz.*), creditore.
G-Leder (Geschmeidig-Leder, für Lederflachriemen) (*n. - Mech.*), cuoio per cinghie, cuoio flessibile.
gleich (*allg.*), uguale. 2 ~ **abständig** (*allg.*), equidistante, equidistanziato. 3 ~ **achsig** (koaxial) (*allg.*), coassiale. 4 ~ **artig** (*allg.*), analogo, della stessa specie. 5 ~ **belastet** (*Elekt.*), con carico equilibrato. 6 ~ **belastete Phasen** (*Elekt.*), fasi equilibrate. 7 ~ **bleibend** (konstant) (*allg.*), costante. 8 ~ **dauernd** (gleichlangdauernd, isochron) (*allg.*), isocrono. 9 ~ **dick** (*allg.*), di uguale spessore. 10 ~ **entfernt** (*allg.*), equidistanziato, equidistante. 11 ~ **farbig** (*Opt.*), omocromo. 12 ~ **förmig** (*allg.*), uniforme. 13 ~ **förmig beschleunigt** (*Mech.*), uniformemente accelerato. 14 ~ **förmige Bewegung** (*Mech.*), moto uniforme. 15 ~ **förmiger Strom** (*Elekt.*), corrente stabilizzata. 16 ~ **förmige Strömung** (*Hydr.*), corrente laminare. 17 ~ **förmig verzögert** (*Mech.*), uniformemente ritardato. 18 ~ **gängig** (synchron) (*allg.*), sincrono. 19 ~ **gekörnt** (*Metall.*), a grano omogeneo. 20 ~

Gleichdick

gerichtet (*Elekt.*), raddrizzato. 21 ~ gerichtet (*Mech.*), orientato nella stessa direzione. 22 ~ lastig (*naut.*), avente uguale pescaggio (a poppa ed a prua), a pescaggio uniforme. 23 ~ laufend (synchron) (*allg.*), sincronizzato. 24 ~ laufend (parallel) (*allg.*), parallelo. 25 ~ mässig (gleichförmig) (*allg.*), uniforme. 26 ~ mässig (konstant) (*allg.*), costante. 27 ~ mässige Spannung (*Elekt.*), tensione stabilizzata. 28 ~ mässig variierende Belastung (*Elekt. - etc.*), carico variabile uniformemente. 29 ~ mässig verteilt (Last z. B.) (*Bauw. - etc.*), uniformemente distribuito. 30 ~ mittig (*allg.*), concentrico. 31 ~ molar (*Chem.*), di uguale concentrazione molare, equimolare. 32 ~ phasig (*Elekt.*), in fase. 33 ~ polig (*Elekt.*), omopolare. 34 ~ richten (*v. Elekt.*), raddrizzare. 35 ~ schalten (synchronisieren) (*Elekt.*), sincronizzare. 36 ~ schenklig (*Geom.*), isoscele. 37 ~ schenkliger Winkelstahl (*metall. - Ind.*), angolare a lati uguali. 38 ~ schnell (isochron) (*allg.*), isocrono. 39 ~ seitig (*Geom.*), equilatero. 40 ~ signalig (*Funk.*), equisegnale. 41 ~ sinnig (*Mech.*), omorotante, dello stesso senso (di rotazione). 42 ~ weit entfernt (gleichabständig, äquidistant) (*allg.*), equidistante. 43 ~ weite Entfernung (*allg.*), equidistanza. 44 ~ wertig (äquivalent) (*allg.*), equivalente. 45 ~ winklig (*Geom.*), equiangolo. 46 ~ zeitig (*allg.*), simultaneo, contemporaneo. 47 ~ ziehen (*mech. Technol.*), stirare. 48 in ~ em Abstand (*allg.*), equidistanziato, equidistante.

Gleichdick (geometrischer Körper, in welchem alle Durchmesser die selbe Länge haben und welcher kein Zylinder ist) (*n. - Mech. - Geom.*), equispesso.

Gleichdruck (*m. - Phys.*), pressione costante. 2 ~ höhe (*f. - Flugw.*), quota di ristabilimento. 3 ~ linie (*f. - Meteor.*), linea isobara, isobara. 4 ~ motor (*m. - Mot.*), motore a combustione a pressione costante. 5 ~ turbine (Aktionsturbine) (*f. - Turb.*), turbina ad azione. 6 ~ verbrennung (*f. - Mot. - etc.*), combustione a pressione costante. 7 ~ verbrennungsmaschine (Dieselmotor) (*f. - Mot.*), motore a ciclo Diesel, motore Diesel.

Gleicher (Äquator) (*m. - Geogr.*), equatore.

Gleichfälligkeit (*f. - Bergbau*), equivalenza. 2 ~ s·klassierung (*f. - Bergbau*), classificazione per equivalenza.

Gleichförmigkeit (*f. - allg.*), uniformità.

Gleichganggelenk (zur Verbindung zweier Wellen die mit gleicher Winkelschnelligkeit umlaufen sollen, auch im angewinkelten Zustand) (*n. - Mech.*), giunto a snodo omocinetico, snodo omocinetico.

Gleichgängigkeit (Synchronismus) (*f. - allg.*), sincronismo.

Gleichgewicht (*n. - Phys. - Mech.*), equilibrio. 2 ~ s·fläche (Äquipotentialfläche) (*f. - Elekt.*), superficie equipotenziale. 3 ~ s·ionendosis (von einer Photonenstrahlung erzeugte Ionendosis bei Sekundärelektronengleichgewicht) (*f. - Kernphys.*), esposizione ionizzante. 4 ~ s·kraft (*f. - Flugw.*), momento stabilizzante. 5 ~ s·lage (*f. - allg.*), posizione di equilibrio. 6 ~ s·lage (*naut.*), assetto. 7 ~ s·lehre (Statik) (*f. - Wissens.*), statica. 8 ~ s·reaktion (*f. - Chem.*), reazione di equilibrio, reazione reversibile. 9 ~ s·waage (für eine Luftschraube z. B.) (*f. - Mech. - etc.*), supporto per equilibratura, banco per equilibratura. 10 dynamisches ~ (*Mech.*), equilibrio dinamico. 11 indifferentes ~ (*Mech.*), equilibrio indifferente. 12 labiles ~ (unsicheres Gleichgewicht) (*Phys. - Mech.*), equilibrio instabile. 13 metastabiles ~ (*Mech.*), equilibrio metastabile. 14 radioaktives ~ (*Radioakt.*), equilibrio radioattivo. 15 stabiles ~ (*Mech.*), equilibrio stabile. 16 thermodynamisches ~ (*Thermodyn.*), equilibrio termodinamico. 17 unsicheres ~ (*Mech.*), equilibrio instabile.

Gleichheit (*f. - allg.*), uguaglianza. 2 ~ s·zeichen (*n. - Math.*), segno di uguaglianza.

Gleichklang (Einklang) (*m. - Akus.*), unisono.

Gleichlauf (Synchronismus) (*m. - allg.*), sincronismo. 2 ~ (*Fernseh.*), sincronismo. 3 ~ anzeiger (Synchronoskop, Synchronismusanzeiger) (*m. - App.*), sincronoscopio. 4 ~ einrichtung (Synchronisiereinrichtung) (*f. - allg.*), sincronizzatore, dispositivo di sincronizzazione. 5 ~ fräsen (*n. - Werkz.masch. bearb.*), fresatura concorde, fresatura concorrente, fresatura anticonvenzionale, fresatura unidirezionale. 6 ~ gelenk (homokinetisches Gelenk) (*n. - Aut. - etc.*), snodo omocinetico, giunto a snodo omocinetico. 7 ~ gelenkwelle (*f. - Mech.*), trasmissione snodata omocinetica, albero snodato omocinetico. 8 ~ getriebe (Synchrongetriebe) (*n. - Aut.*), cambio sincronizzato. 9 ~ impuls (Gleichlaufsignal) (*m. - Elekt.*), impulso sincronizzatore. 10 ~ kupplung (*f. - Mech.*), giunto omocinetico. 11 ~ schaltung (bei Filmprojektionsapparaten z. B.) (*f. - Elektromech.*), comando sincronizzato. 12 ~ signal (Synchronisierungsimpuls) (*n. - Fernseh.*), impulso sincronizzatore. 13 ~ zylinder (*m. - pl. - Masch. - etc.*), cilindri sincronizzati. 14 aus dem ~ fallen (*Elekt. - etc.*), uscire di sincronismo. 15 in ~ bringen (synchronisieren) (*Elekt. - etc.*), sincronizzare.

Gleichmass (*n. - allg.*), giusta proporzione. 2 ~ dehnung (Teil der Bruchdehnung) (*f. - mech. Technol.*), allungamento a sezione costante.

Gleichmässigkeit (Gleichmässigkeitsgrad, der Beleuchtung) (*f. - Opt. - Beleucht.*), fattore di uniformità.

gleichmittig (konzentrisch) (*Geom.*), concentrico.

Gleichpolgenerator (*m. - elekt. Masch.*), generatore omopolare, dinamo aciclica, dinamo unipolare.

Gleichraum (*m. - allg.*), volume costante. 2 ~ verbrennung (*f. - Mot. - etc.*), combustione a volume costante.

Gleichrichter (*m. - Elekt.*), raddrizzatore. 2 ~ (zur Entmodelung) (*Funk.*), demodulatore. 3 ~ (eines Windtunnels) (*Flugw.*), raddrizzatore, rettificatore. 4 ~ röhre (*f. - Funk.*), diodo raddrizzatore, raddrizzatore a diodo. 5 ~ säule (*f. - Elekt.*), colonna di raddrizzatori. 6 elektrolytischer ~ (*Elekt.*), raddrizzatore elettrolitico. 7 gesteuerter ~ (*Elektronik*), raddrizzatore controllato. 8 Glühkathoden ~ (*Elekt.*), raddrizzatore a catodo incandescente. 9 Grätz ~ (Brückengleichrichter) (*Elekt. -*

Funk.), raddrizzatore a ponte di Grätz. **10 Kupfer-Oxydul- ~** (*Elekt.*), raddrizzatore ad ossidulo di rame. **11 Metalloxydul ~** (*Elekt.*), raddrizzatore ad ossidulo metallico. **12 Quecksilberdampf ~** (*Elekt.*), raddrizzatore a vapori di mercurio. **13 Selen ~** (*Elekt.*), raddrizzatore al selenio. **14 Silicium ~** (*Elektronik*), raddrizzatore al silicio.

Gleichrichtung (*f. - Elekt.*), raddrizzamento. **2 ~** (*Funk.*), demodulazione. **3 Doppelweg-~** (*Elekt.*), raddrizzamento delle due semionde.

Gleichschlagseil (Längsschlagseil) (*n. - Seil*), fune ad avvolgimento parallelo, fune parallela, fune Lang, fune Albert.

Gleichspannung (*f. - Elekt.*), tensione continua.

Gleichstellung (von Rechten z. B.) (*f. - allg.*), equiparazione.

Gleichstrom (*m. - Elekt.*), corrente continua. **2 ~ anteil** (eines Mischstromes) (*m. - Elekt.*), componente continua. **3 ~ bremsung** (*f. - Elekt.*), frenatura a corrente continua. **4 ~ fahrbetrieb** (*m. - Eisenb.*), trazione a corrente continua. **5 ~ kühler** (*m. - Ger.*), refrigeratore ad equicorrente. **6 ~ motor** (*m. - elekt. Masch.*) motore a corrente continua. **7 ~ steller** (*m. - Ger.*), regolatore di corrente continua. **8 ~ steller** (zur Einstellung des Stromes eines Motors) (*Elekt. - Fahrz.*), frazionatore, convertitore continua-continua. **9 ~ übertragung** (GSU) (*f. - Elekt.*), trasmissione in corrente continua. **10 ~ widerstand** (Ohmscher Widerstand) (*m. - Elekt.*), resistenza ohmica.

Gleichtakt (Gleichlauf) (*m. - allg.*), sincronismo. **2 ~ aufnahme** (*f. - Elektroakus.*), ripresa isofase, ripresa in perfetto sincronismo. **3 ~ feuer** (*n. - Navig. - Signal*), fuoco isofase. **4 ~ schaltung** (*f. - Elektronik*), disposizione isofase. **5 ~ unterdrückung** (*f. - Elektronik*), soppressione isofase. **6 ~ verstärker** (*m. - Elektronik*), amplificatore isofase.

Gleichung (*f. - Math. - Phys.*), equazione. **2 ~ ersten Grades** (*Math.*), equazione di primo grado. **3 binomische ~** (zweigliedrige Gleichung) (*Math.*), equazione binomia. **4 biquadratische ~** (*Math.*), equazione di quarto grado, equazione biquadratica. **5 eine ~ nach n auflösen** (*Math.*), risolvere un'equazione rispetto ad n. **6 einer ~ genügen** (*Math.*), soddisfare un'equazione. **7 kubische ~** (Gleichung dritten Grades) (*Math.*), equazione di terzo grado. **8 lineare ~** (Gleichung ersten Grades) (*Math.*), equazione di primo grado. **9 quadratische ~** (Gleichung zweiten Grades) (*Math.*), equazione di secondo grado. **10 trinomische ~** (dreigliedrige Gleichung) (*Math.*), equazione trinomia.

Gleichverteilungssatz (der Energie, Äquipartitionstheorem) (*m. - Phys.*), teorema dell'equipartizione (dell'energia).

Gleichvorspannung (Vorspannung) (*f. - Elektronik*), tensione (continua) di polarizzazione.

Gleichwelle (für mehrere Sender) (*f. - Funk.*), onda comune, onda sincronizzata.

Gleichwertigkeit (*f. - Math. - etc.*), equivalenza. **2 ~ s-koeffizient** (Äquivalenzkoeffizient) (*m. - Metall.*), coefficiente di equivalenza. **3 ~ s-faktor** (*m. - Elekt. - etc.*), fattore di simultaneità.

Gleichzeitigkeit (*f. - allg.*), simultaneità, contemporaneità.

Gleichziehhammer (*m. - Masch.*), maglio per stiratura.

Gleis (Geleise) (*n. - Eisenb.*), binario. **2 ~** (Schwellen und befestigte Schienen) (*Eisenb.*), armamento. **3 ~** (Wagenspur) (*Fahrz.*), carreggiata. **4 ~ abschnitt** (*m. - Eisenb.*), tronco di binario. **5 ~ anschluss** (*m. - Eisenb.*), raccordo, binario di raccordo. **6 ~ baumaschine** (*f. - Masch.*), macchina posabinario. **7 ~ bildstellwerk** (*n. - Eisenb.*), apparato centrale. **8 ~ bremse** (*f. - Eisenb.*), freno su rotaia. **9 ~ kette** (Raupe) (*f. - Fahrz.*), cingolo. **10 ~ kettenfahrzeug** (Raupenfahrzeug) (*n. - Fahrz.*), veicolo cingolato. **11 ~ kettenfertiger** (*m. - Strass.b.masch.*), pavimentatrice cingolata. **12 ~ kettenschlepper** (*m. - Fahrz.*), trattore cingolato, trattore a cingoli. **13 ~ kontakt** (*m. - Eisenb.*), contatto di binario. **14 ~ kreuzung** (*f. - Eisenb.*), crociamento. **15 ~ legen** (*v. - Eisenb.*), posare il binario. **16 ~ leger** (*m. - Eisenb. - Arb.*), armatore. **17 ~ räumer** (einer Lokomotive) (*m. - Eisenb.*), sgombrabinario. **18 ~ relais** (*n. - Eisenb. - Elekt.*), relè di binario. **19 ~ sperre** (*f. - Eisenb.*), blocco di binario. **20 ~ spur** (Spurweite) (*f. - Bergbau - Eisenb.*), scartamento. **21 ~ stopfmaschine** (Schwellenstopfmaschine) (*f. - Eisenb. - Masch.*), macchina per l'assestamento del binario. **22 ~ stromkreis** (*m. - Eisenb.*), circuito di binario. **23 ~ überhöhung** (*f. - Eisenb.*), sopraelevazione della rotaia esterna. **24 ~ untertiefung** (*f. - Eisenb.*), abbassamento della rotaia esterna. **25 ~ verlegung** (*f. - Eisenb.*), posa del binario. **26 ~ waage** (in die Gleise eingebaute Waage) (*f. - Eisenb.*), pesa da binario, binario pesa. **27 ~ wechselbetrieb** (bei dem beide Gleise einer zweigleisigen Strecke in zwei Richtungen befahren werden) (*m. - Eisenb.*), banalizzazione. **28 Ausfahr ~** (*Eisenb.*), binario di partenza. **29 Bahnsteig ~** (*Eisenb.*), binario con marciapiede. **30 buntbenutzbares ~** (in beiden Fahrrichtungen benutzbares Gleis) (*Eisenb.*), binario banalizzato. **31 einfaches ~** (*Eisenb.*), binario semplice. **32 Einfahr ~** (*Eisenb.*), binario di arrivo. **33 lückenloses ~** (durchgehend geschweisstes Gleis) (*Eisenb.*), binario saldato, binario a giunti saldati. **34 Stumpf ~** (*Eisenb.*), binario morto. **35 totes ~** (*Eisenb.*), binario morto. **36 windschiefes ~** (bei dem die Längsneigung der beiden Schienen verschieden ist) (*Eisenb.*), binario sghembo.

gleislos (*Fahrz.*), non vincolato a rotaia.

Gleit-Achslager (*n. - Eisenb.*), boccola a strisciamento, boccola ad attrito radente.

Gleitbacke (Gleitblock, Gleitschuh) (*f. - Mech.*), pattino.

Gleitbahn (Rutsche) (*f. - Transp.*), scivolo. **2 ~** (Führung) (*Mech.*), guida (di scorrimento). **3 ~** (*Schiffbau*), scalo di alaggio. **4 ~** (Schlittenbahn) (*Transp.*), slittovia.

Gleitbalken (*m. - pl. - Schiffbau*), vasi.

Gleitbeiwert (*m. - Mech.*), coefficiente di attrito radente.
Gleitboot (schnelles Motorboot) (*n. - naut.*), idroscivolante.
Gleitbruch (Scherbruch) (*m. - Baukonstr. lehre*), rottura a taglio, rottura a sollecitazione di taglio.
Gleitbügel (*m. - elekt. Fahrz.*), presa ad archetto.
Gleitdrahtwiderstand (*m. - Elekt.*), resistore a cursore.
Gleitebene (*f. - Metall.*), piano di scorrimento.
Gleiteigenschaften (*f. - pl. - Mech.*), proprietà antifrizione, caratteristiche antifrizione.
Gleiteisenbahn (Luftkissen-Fahrzeug z. B.) (*f. - Eisenb.*), ferrovia a levitazione.
Gleiten (Rutschen) (*n. - allg.*), scivolamento. 2 ~ (*Metall.*), scorrimento.
gleiten (*allg.*), scivolare. 2 ~ (von Bremsen z. B.) (*Aut.*), slittare.
gleitend (*allg.*), scorrevole. 2 ~ e Arbeitszeit (*Arb. - Pers.*), orario flessibile. 3 ~ er Lohn (*Arb.*), salario a scala mobile. 4 ~ es Komma (Gleitkomma) (*Rechner*), virgola mobile. 5 ~ **regelbar** (*Masch. - etc.*), a variazione continua.
Gleitentladung (Gleitfunke, auf einem Isolator) (*f. - Elekt.*), scarica superficiale, scarica in superficie.
Gleiter (Segelflugzeug) (*m. - Flugw.*), aliante, veleggiatore.
Gleitfeder (Passfeder) (*f. - Mech.*), linguetta.
Gleitfestigkeit (Schubfestigkeit) (*f. - Baukonstr.lehre*), resistenza al taglio.
Gleitfläche (*f. - Mech. - etc.*), superficie di scorrimento.
Gleitflieger (Segelflugzeug) (*m. - Flugw.*), aliante, veleggiatore.
Gleitflug (*m. - Flugw.*), volo librato.
Gleitfunke (*f. - Elekt.*), siehe Gleitentladung.
Gleitkeil (bei der Coulombschen-Erddrucktheorie) (*m. - Bauw.*), prisma di spinta.
Gleitkomma (eine besondere Form der Darstellung von Zahlen) (*n. - Rechner*), virgola mobile. 2 ~ **befehl** (*m. - Rechner*), istruzione a virgola mobile. 3 ~ **rechnung** (*f. - Rechner*), calcolo a virgola mobile.
Gleitkontakt (*m. - Elekt.*), contatto strisciante.
Gleitlager (*n. - Mech.*), cuscinetto radente, cuscinetto a strisciamento, cuscinetto liscio. 2 ~ (Rohrsattel, einer Druckrohrleitung) (*n. - Wass.b.*), sella di appoggio. 3 ~ **metall** (*n. - Metall.*), metallo antifrizione. 4 **Frössel-** ~ (*Mech.*), cuscinetto (cilindrico) a lobi, « Frössel-Gleitlager ». 5 **hydrodynamisches** ~ (*Mech.*), cuscinetto (radente) idrodinamico.
Gleitlinie (beim Umformen, Linie in Richtung der grössten Schubspannung) (*f. - Schmieden*), linea delle tensioni tangenziali.
gleitlos (*Mech.*), antislittante. 2 ~ e **Drahtziehmaschine** (*Masch.*), trafilatrice non slittante, trafilatrice antislittante.
Gleitmittel (bei der Kunststoffverarbeitung, Schmiermittel) (*n. - Technol.*), lubrificante.
Gleitmodul (Schubmodul, Scherungsmodul, G-Modul) (*m. - Baukonstr.lehre*), modulo di elasticità tangenziale, modulo di elasticità a tensione tangenziale.

Gleitpassung (*f. - Mech.*), siehe Gleitsitz.
Gleitregal (Lagersystem bei dem Regale über Rollen auf Gleitschienen laufen) (*n. - Ind.*), scaffalatura scorrevole.
Gleitreibung (*f. - Mech.*), attrito radente.
Gleitring (*m. - Mech.*), anello scorrevole. 2 ~ **dichtung** (entstehend aus einem axial verschiebbaren Gleitring und einem elastischen Rundschnurring) (*f. - Mech.*), tenuta ad anello scorrevole.
Gleitschicht (*f. - Kristallographie*), piano di scorrimento.
Gleitschiene (einer Maschine z. B.) (*f. - Masch. - etc.*), guida di scorrimento. 2 ~ (eines Getriebes) (*Mech.*), guida.
Gleitschleifen (Poliervorgang durch Vibration, Rotation oder Zentrifugalkraft) (*n. - mech. Technol.*), (tipo di) barilatura.
Gleitschutzblech (*n. - metall. Ind.*), lamiera antisdrucciolevole, lamiera striata.
Gleitschutzkette (*f. - Fahrz.*), catena antineve, catena antisdrucciolevole, catena da neve.
Gleitschutzmuster (eines Reifens) (*n. - Fahrz.*), scolpitura antisdrucciolevole.
Gleitschutzregler (verhindert das Festbremsen der Räder) (*m. - Fahrz.*), regolatore di frenata.
Gleitsitz (G, Gleitpassung) (*m. - Mech.*), accoppiamento preciso di scorrimento. 2 ~ (*Aut.*), sedile scorrevole. 3 **Edel** ~ (eG) (*Mech.*), accoppiamento extrapreciso di scorrimento. 4 **Schlicht** ~ (sG) (*Mech.*), accoppiamento medio di scorrimento.
Gleitspiralflug (*m. - Flugw.*), planata a spirale.
Gleitstange (eines Getriebes) (*f. - Mech.*), asta scorrevole.
Gleitstein (eines Getriebes) (*m. - Mech.*), corsoio.
Gleitstössel (*m. - Mot.*), punteria scorrevole.
Gleitstrahlverschleiss (durch einen mit Festteilchen beladenen Gasstrom) (*m. - Technol.*), usura da corrente gassosa abrasiva (strisciante).
Gleitung (gleitende Reibung) (*f. - Mech.*), attrito radente. 2 ~ (plastische Verformung) (*Kristallographie*), scorrimento viscoso, scorrimento plastico. 3 ~ (des Zahnkopfes beim Eingriff z. B.) (*Mech.*), strisciamento.
Gleitverfestigung (in der Oberflächenzone, bei Dauerschwingbeanspruchung) (*f. - Metall.*), incrudimento da scorrimento.
Gleitverschleiss (*m. - Technol.*), usura da strisciamento.
Gleitwiderstand (*m. - Mech.*), resistenza allo scorrimento.
Gleitwinkel (von Boden z. B.) (*m. - Ing.b.*), angolo di naturale declivio. 2 ~ (*Flugw.*), angolo di planata.
Gleitzahl (Gleitmodul) (*f. - Baukonstr.lehre*) modulo di elasticità tangenziale. 2 ~ (*Flugw.*), coefficiente di efficienza, coefficiente di merito.
Gleitzeit (Arbeitszeit gewählt von Arbeitern) (*f. - Arb. - Pers.*), orario (di lavoro) flessibile, orario (di lavoro) scelto dal lavoratore.
Gletscher (*m. - Geol.*), ghiacciaio. 2 ~ **kunde** (*f. - Geol.*), glaciologia. 3 ~ **mühle** (Gletschertopf, Riesentopf) (*f. - Geol.*), marmitta dei giganti. 4 ~ **schliff** (Gesteinstücke, Sche-

uersteine) (*m. - Geol.*), detriti asportati dal ghiacciaio.

Glied (einzelner Teil eines Ganzen) (*n. - allg.*), elemento, parte componente. 2 ~ (Zwischenglied) (*n. - Mech.*), connessione, articolazione. 3 ~ (einer Maschine) (*Mech.*), organo. 4 ~ (einer mech. Vorrichtung z. B.) (*Mech.*), particolare. 5 ~ (einer Kette) (*Mech.*), maglia. 6 ~ (eines Getriebes) (*Mech.*), membro. 7 ~ (Masche, eines Netzes) (*allg.*), maglia. 8 ~ (einer Gleichung z. B.) (*Math.*), termine. 9 ~ (einer Gesellschaft z. B.) (*komm.*) membro. 10 ~ er·band (*n. - ind. Transp.*), nastro trasportatore ad elementi articolati. 11 ~ er·gurt (*m. - Mech.*), cinghia articolata. 12 ~ er·hohlleiter (*m. - Elektronik*), guida d'onda articolata. 13 ~ er·mass·stab (*m. - Ger.*), metro articolato. 14 ~ er·riemen (*m. - Mech.*), cinghia articolata. 15 ~ er·röhre (*f. - Leit.*), tubo articolato. 16 ~ er·verbindung (*f. - Mech.*), giunto articolato. 17 ~ er·welle (*f. - Mech.*), albero articolato. 18 ~ er·werk (*n. - Mech.*), leveraggio, tiranteria. 19 künstliches ~ (*Med.*), arto artificiale. 20 schwingendes ~ (eines Getriebes) (*Mech.*), membro oscillante. 21 umlaufendes ~ (eines Getriebes) (*Mech.*), membro rotante.

Gliederung (*f. - allg.*), disposizione, ordinamento. 2 ~ s·mittel (Punkt, Komma, etc. einer Nummer) (*n. - Math.*), segno d'interpunzione.

Glimmeinsatzspannung (*f. - Elekt.*), tensione di effluvio, tensione d'innesco di scarica luminescente.

Glimmen (*n. - Elekt.*), effluvio, luminescenza. 2 ~ (Abglimmen, Glimmreinigung, einer Oberfläche durch Ionenbombardement) (*n. - Technol.*), pulitura ionica.

Glimmentladung (Gasentladung, bei der sich das Glimmlicht bildet) (*f. - Phys.*), scarica a bagliore, scarica luminescente. 2 ~ s·röhre (Stabilisator) (*Elekt.*), stabilizzatore a tubo luminescente.

Glimmer (*m. - Min.*), mica. 2 ~ quarz (Avanturin) (*m. - Min.*), avventurina, venturina, stellaria. 3 ~ schiefer (*m. - Min.*), micascisto. 4 schwarzer ~ (*Min.*), mica nera, mica bruna, biotite.

glimmerartig (*Min.*), micaceo.

glimmfrei (*Elekt.*), esente da effluvio, esente da scariche luminescenti.

Glimmgleichrichter (*m. - Elektronik*), (tubo) raddrizzatore a catodo freddo.

Glimmlampe (*f. - Beleucht.*), lampada a bagliore, lampada ad effluvio.

Glimmlicht (leuchtender Saum, der sich bei Glimmentladung bildet) (*n. - Beleucht.*), bagliore, luce (da scarica) a bagliore. 2 ~ röhre (Oszilloskop) (*f. - Phys.*), oscilloscopio a tubo.

Glimmnitrieren (Ionitrieren, Art des Gasnitrierens bei dem der Stickstoff durch Glimmentladungen ionisiert wird) (*n. - Wärmebeh.*), ionitrurazione.

Glimmrelais (*n. - Elekt.*), relè a luminescenza.

Glimmstabilisator (Spannungsstabilisator) (*m. - Elekt.*), stabilizzatore (di tensione) a tubo luminescente.

Globoid (Umdrehungskörper) (*n. - Geom.*), globoide. 2 ~ pumpe (*f. - Masch.*), siehe Schneckenpumpe. 3 ~ rad (Zahnrad) (*n. - Mech.*), ruota per viti globoidali. 4 ~ schnekke (*f. - Mech.*), vite globoidale. 5 ~ schnekkengetriehe (*n. - Mech.*), ingranaggio a vite globoidale.

globoidal (*Geom.*), globoidale.

globulitisch (Gefüge) (*Metall.*), globulitico.

Glocke (*f. - allg.*), campana. 2 ~ n·arm (Hebel) (*m. - Mech.*), leva a squadra. 3 ~ n·bohrer mit eingesetztem Spiralbohrer (*Werkz.*), punta combinata con punta elicoidale centrale, punta per edilizia. 4 ~ n·bronze (*f. - Metall.*), bronzo da campane. 5 ~ n·giebel (*m. - Bauw.*), campanile a vela. 6 ~ n·isolator (*m. - Elekt.*), isolatore a campana. 7 ~ n·klöppel (*m. - Ger.*), battacchio. 8 ~ n·kurve (Gauss·sche Verteilung) (*f. - Stat.*), curva di Gauss. 9 ~ n·kurve (eines Schaubildes) (*Zeichn. etc.*), curva a campana. 10 ~ n·kurve (Steuerkurve) (*f. - Mech. - Werkz.masch.*), camma a campana. 11 ~ n·läufermotor (*m. - Elekt.*), motore con rotore a coppa. 12 ~ n·turm (*m. - Bauw.*), campanile, torre campanaria. 13 ~ n·ventil (doppelsitziges Steuerventil) (*n. - Leit.*), valvola a doppia sede.

glockenförmig (*Mech.*), a campana, scampanato. 2 ~ aufgeweitet (*allg.*), ad imboccatura svasata.

Gloverturm (*m. - Chem.*), torre di Glover.

Glückshaken (*m. - Bergbauwerkz.*), pescatore, attrezzo ricuperatore.

Glucydur (Kupferberylliumlegierung mit 2 ÷ 3 % Be) (*Legierung*), « glucydur ».

Glühanlage (*f. - Wärmebeh.*), impianto di ricottura.

Glühbad (*n. - Wärmebeh.*), bagno di ricottura.

Glühbescheinigung (*f. - Metall.*), certificato di ricottura.

glühbeständig (*Metall.*), resistente al calor rosso.

Glühbirne (*f. - Elekt.*), lampadina ad incandescenza.

Glühdauer (*f. - Wärmebeh.*), durata della ricottura.

Glüheinrichtung (*f. - Wärmebeh.*), impianto di ricottura.

Glüheletkrode (*f. - Beleucht.*), elettrodo caldo.

Glühemission (*f. - Elektronik*), emissione termoelettronica.

Glühen (Erwärmen eines Werkstückes mit nachfolgendem langsamem Abkühlen) (*n. - Wärmebeh.*), ricottura. 2 ~ (Glut) (*Phys.*), incandescenza. 3 ~ im Vakuum (*Wärmebeh.*), ricottura sotto vuoto. 4 ~ mit Schutzgasumwälzung (*Wärmebeh.*), ricottura in atmosfera controllata. 5 Blank ~ (*Wärmebeh.*), ricottura in bianco. 6 Diffusions ~ (*Wärmebeh.*), ricottura di omogeneizzazione. 7 Dunkel ~ (*Wärmebeh.*), ricottura nera. 8 Entfestigungs ~ (zum Abbau von inneren Spannungen die durch Kaltverformung entstehen) (*Wärmebeh.*), distensione delle tensioni da incrudimento, ricottura distensiva delle tensioni da incrudimento. 9 Entspannungs ~ (Spannungsfreiglühung) (*Wärmebeh.*), distensione, ricottura di distensione. 10 Erholungs ~ (um die physikalischen oder mech. Eigenschaften wiederherzustellen) (*Wärmebeh.*),

ricottura di restaurazione. 11 Graphit ~ (*Wärmebeh.*), grafitizzazione. 12 Grobkorn ~ (Hochglühen) (*Wärmebeh.*), ricottura d'ingrossamento del grano. 13 Hoch ~ (Grobkornglühen) (*Wärmebeh.*), ricottura d'ingrossamento del grano. 14 Isotherm ~ (*Wärmebeh.*), ricottura isotermica. 15 Kasten ~ (*Wärmebeh.*), ricottura in cassetta. 16 Kugelkorn ~ (*Wärmebeh.*), ricottura di globulizzazione, ricottura di coalescenza, sferoidizzazione, 17 Lösungs ~ (*Wärmebeh.*), solubilizzazione, tempra di austenitizzazione, tempra negativa. 18 Normal ~ (*Wärmebeh.*), normalizzazione. 19 Pendel ~ (mit einem mehrfachen Abkühlen und Wiedererwärmen zwischen zwei Temperaturen) (*Wärmebeh.*), ricottura pendolare. 20 Rekristallisations ~ (*Wärmebeh.*), ricristallizzazione. 21 Spannungsfrei ~ (Entspannung) (*Wärmebeh.*), distensione, ricottura di distensione. 22 Stabil ~ (*Wärmebeh.*), ricottura di stabilizzazione. 23 Weich ~ (*Wärmebeh.*), ricottura di lavorabilità. 24 Zunderfrei ~ (Blankglühen) (*Wärmebeh.*), ricottura in bianco.
glühen (*Wärmebeh.*), ricuocere. 2 ~ (*Chem.*), calcinare. 3 zu stark ~ (*Metall. - etc.*), surriscaldare.
glühend (*Metall. - etc.*), incandescente.
Glüherei (Glühanlage) (*f. - Wärmebeh.*), impianto di ricottura.
Glühfaden (einer Lampe) (*m. - Beleucht.*), filamento incandescente.
Glühfarbe (Glühhitze) (*f. - Schmieden*), calor rosso.
Glühfestigkeit (*f. - Metall.*), resistenza allo stato ricotto.
Glühfrischen (Tempern in Sauerstoff abgebenden Mitteln) (*n. - Wärmebeh.*), malleabilizzazione (secondo il metodo europeo).
glühfrischen (*Wärmebeh.*), malleabilizzare (secondo il metodo europeo).
Glühkasten (*m. - Wärmebeh.*), cassetta di ricottura.
Glühkathode (*f. - Elektronik*), catodo caldo. 2 ~ n·lampe (*f. - Beleucht.*), lampada a catodo caldo.
Glühkauter (*m. - Med.*), elettrocauterio.
Glühkauterisation (*f. - Med.*), elettrocauterizzazione.
Glühkerze (*f. - Mot.*), candela (di avviamento) ad incandescenza, candeletta di riscaldamento.
Glühkiste (Glühkasten) (*f. - Wärmebeh.*), cassetta di ricottura.
Glühkolben (Retorte, Destillierkolben) (*n. - Chem.*), storta.
Glühkopfmotor (*m. - Mot.*), motore a testa calda, motore semi-Diesel.
Glühlampe (*f. - Elekt. - Beleucht.*), lampada ad incandescenza.
Glühofen (*m. - Wärmebeh. - Metall.*), forno per ricottura. 2 ~ (*Glasind.*), forno di ricottura.
Glührückstand (Abbrand) (*m. - Chem.*), residuo di calcinazione.
Glühschale (*f. - Chem.*), capsula (per calcinazione).
Glühspan (Zunder) (*m. - Schmieden*), scoria. 2 ~ (Galmei, Zunder) (*Giess.*), calamina, scoria.

Glühstahl (Temperguss) (*m. - Giess.*), ghisa malleabile.
Glühstartlampe (*f. - Beleucht.*), lampada con adescamento a caldo.
Glühstrasse (Glühofen) (*f. - Wärmebeh.*), forno di ricottura continua.
Glühtemperatur (*f. - Wärmebeh.*), temperatura di ricottura.
Glühtopf (Glühkasten) (*m. - Wärmebeh.*), cassetta di ricottura.
Glühung (*f. - Wärmebeh.*), siehe Glühen.
Glühverlust (Abbrand) (*m. - Metall.*), perdita al fuoco.
Glühzündung (Vorzündung) (*f. - Mot.*), preaccensione, autoaccensione.
Glukose ($C_6H_{12}O_6$) (Glykose, Dextrose, Traubenzucker) (*f. - Chem.*), glucosio, destrosio.
Glut (glühende Kohle) (*f. - Verbr.*), carbone acceso, brace. 2 ~ (Leuchten von Körpern bei Erwärmung) (*Opt.*), incandescenza. 3 ~ (Hitze) (*Wärme - Metall.*), calore. 4 ~ festigkeit (*f. - Kunststoff - Prüfung*), resistenza alla propagazione della fiamma. 5 ~ flussgestein (Erstarrungsgestein) (*n. - Geol.*), roccia eruttiva. 6 Gelb ~ (*Metall.*), calor giallo. 7 Rot ~ (*Metall.*), calor rosso. 8 Weiss ~ (*Metall.*), calor bianco.
glutflüssig (*Metall.*), fuso ed incandescente.
Glykokoll ($H_2N.CH_2.COOH$) (Glyzin, Leimsüss, Leimzucker, Aminoessigsäure) (*n. - Chem.*), glicocolla, glicina, zucchero di colla, acido amminoacetico.
Glykol ($CH_2OH.CH_2OH$) (*n. - Chem.*), glicole. 2 Äthylen ~ (*Chem.*), glicole etilenico.
Glykose (Glukose, Dextrose) (*f. - Chem.*), glucosio, destrosio.
Glykosid (*n. - Chem.*), glucoside.
Glyptal (Kunstharz) (*n. - chem. Ind.*), gliptal.
Glysantin (Frostschutzmittel) (*n. - Fahrz.*), « glysantin », tipo di antigelo.
Glyzerin [$CH_2(OH).CH(OH).CH_2(OH)$], (Ölsüss) (*n. - Chem.*), glicerina. 2 ~ ester (Glyzerid) (*m. - Chem.*), gliceride.
Glyzin (*n. - Chem.*), siehe Glykokoll.
Glyzinium (Beryllium) (*n. - Chem.*), berillio.
GMA-Gerät (zur Überprüfung der Wetter auf CO-Gehalt) (*n. - Ger. - Bergbau*), apparecchio GMA, misuratore di CO.
GMA-Schweissen (Gas-Metal-Arc-Schweissen, (*n. - mech. Technol.*), saldatura GMA, saldatura MAG.
GmbH (Gesellschaft mit beschränkter Haftung) (*komm.*), società a responsabilità limitata.
G-Modul (*Baukonstr.lehre*), siehe Schubmodul, Gleitmodul.
GM-Zählrohr (Geiger-Müllersches Zählrohr) (*n. - Radioakt. - Ger.*), contatore di Geiger-Müller.
gn (grün) (*Farbe*), verde.
Gneis (Gestein) (*m. - Min.*), gneiss.
G-Normal (geometrisches Oberflächennormal) (*n. - mech. Technol.*), campione di superficie geometrica.
GO (Goniometer) (*Ger.*), goniometro.
Gobelingarn (*n. - Taxt.*), filato gobelin.
Goethit ($FeO \cdot H_2O$) (*m. - Min.*), goethite.
Go-Kart (kleiner Sportrennwagen) (*n. - Fahrz. - Sport*), kart, go-kart.

Gold (*Au* - *n.* - *Chem.*), oro. **2** ~ **ader** (*f.* - *Bergbau*), filone d'oro. **3** ~ **barren** (*m.* - *Metall.*), lingotto d'oro. **4** ~ **blattelektroskop** (*n.* - *Instr.*), elettroscopio a foglie d'oro. **5** ~ **bronze** (Messing mit 77÷85% Cu) (*f.* - *Legierung*), porporina. **6** ~ **chrom** (Legierung aus 98% Gold und 2% Chrom, für Präzisionswiderstände z. B.) (*n.* - *Elekt.* - *etc.*), lega di oro e cromo. **7** ~ **doublé** (*n.* - *Goldhandwerk*), placcatura d'oro, oro doublé. **8** ~ **firnis** (Goldlack) (*m.* - *Anstr.*), vernice per dorare, vernice a dorare, missione a dorare, missione per dorare. **9** ~ **grund** (Goldlack) (*m.* - *Anstr.*), vernice per dorare, missione per dorare, vernice a dorare, missione a dorare. **10** ~ **in Barren** (*Metall.*), oro in lingotti. **11** ~ **kupfer** (*n.* - *Metall.*), similoro, princisbecco, tombacco. **12** ~ **parität** (*f.* - *finanz.*), parità aurea **13** ~ **punkt** (*m.* - *finanz.*), punto d'oro. **14** ~ **scheidewasser** (*n.* - *Chem.*), acqua regia. **15** ~ **schmied** (*m.* - *Kunst*), orafo. **16** ~ **schmiedmeissel** (*m.* - *Werkz.*), cesello. **17** ~ **zahl** (Schutzzahl, eines Schutzkolloids) (*f.* - *Chem.*), numero d'oro.
golden (*Metall.*), aureo, d'oro. **2** ~ **er Schnitt** (stetige Teilung, einer Strecke) (*Math.*), sezione aurea.
goldführend (*Bergbau*), aurifero.
goldhaltig (*Bergbau*), aurifero.
Golfwagen (*m.* - *Fahrz.* - *Sport*), vetturetta per golf.
Goliath-Sockel (*m.* - *Beleucht.*), zoccolo Golia, attacco Golia.
Gollertreifen (*m.* - *Fahrz.*), *siehe* Elastikreifen.
Gon (*n.* - *Masseinheit*), *siehe* Neugrad.
Gondel (Motorengondel, eines Luftschiffes) (*f.* - *Flugw.*), gondola, navicella. **2** ~ **bahn** (*f.* - *Transp.*), (linea di) telecabine.
Goniometer (Winkelmesser) (*m.* - *Instr.*), goniometro. **2 Anlege** ~ (Kontaktgoniometer) (*Ger.*), goniometro ad applicazione. **3 Interferenz** ~ (*Instr.*), goniometro ad interferenza. **4 Kontakt** ~ (Anlegegoniometer) (*Ger.*), goniometro ad applicazione. **5 Reflexions** ~ (*Ger.*), goniometro a riflessione. **6 Zählrohr** ~ (*Instr.*), goniometro a tubi contatori. **7 Zählrohr-Interferenz-** ~ (*Instr.*), goniometro d'interferenza a tubi contatori.
Göpel (Windemaschine) (*m.* - *Masch.*), argano.
Gosse (*f.* - *Strass.b.*), cunetta, zanella.
Gotik (*f.* - *Baukunst*), gotico (*s.*).
gotisch (*Arch.*), gotico. **2** ~ **e Schrift** (*Druck.*), carattere gotico.
Goudron (Teer) (*n.* - *Bauw.* - *etc.*), catrame.
Gouverneur (einer Bank) (*m.* - *finanz.*), governatore.
Göv (Gas-Öl-Verhältnis) (*Bergbau*), rapporto gas-petrolio.
GR (Gleichrichter) (*Elekt.*), raddrizzatore.
Gr (*Mech. der Flüss.k.*), *siehe* Grashof-Zahl.
g.R. (gegen Rückgabe) (*allg.*), da rendere.
Grabarbeit (Erdarbeit) (*f.* - *Erdbew.*), lavoro di scavo.
Graben (Wasserrinne) (*m.* - *Strass.b.*), fognolo, chiavica. **2** ~ (*Erdbew.*), fosso, trincea. **3** ~ (*Geol.*), fossa tettonica, « graben ». **4** ~ **absatz** (*m.* - *Ing.b.* - *Strass.b.*), berma. **5** ~ **bagger** (*m.* - *Erdbew.masch.*), scavatrincee, scavafossi. **6** ~ **fräser** (*m.* - *Erdbew.masch.*), scavatrincee a fresa, scavafossi a fresa, escavatrice a fresa. **7** ~ **maschine** (*f.* - *Erdbew.masch.*), *siehe* Grabenbagger. **8** ~ **zieher** (Grabenbagger) (*m.* - *Erdbew.masch.*), scavatrincee, scavafossi.
Gräber (*m.* - *Arb.*), affossatore, scavatore.
Grabkettenbagger (*m.* - *Erdbew.masch.*), scavatrincee a noria, scavatrincee a catena di tazze, scavafossi a noria, scavafossi a catena di tazze.
Grad (*m.* - *allg.*), grado. **2** ~ (Würde) (*Hochschule*), titolo accademico. **3** ~ **bogen** (Winkelmesser) (*m.* - *Instr.*), goniometro, rapportatore. **4** ~ **bogen** (zum Messen der Neigung) (*Bergbau* - *Geol.*), clinometro. **5** ~ **Celsius** (°C) (*Phys.*), grado centigrado, grado Celsius. **6** ~ **leiter** (Skala) (*f.* - *Instr.* - *etc.*), scala graduata. **7** ~ **tage** (Produkt aus der Zahl der Heiztage und der Differenz zwischen der mittleren Raumtemperatur und der mittleren Aussentemperatur, in einer Heizperiode) (*m.* - *pl.* - *Heizung*), giorni-gradi, indice climatico di riscaldamento. **8** ~ **teilung** (*f.* - *allg.*), graduazione. **9 Alt** ~ (der Kreis wird in 360 Grad eingeteilt) (*Geom.*), grado sessagesimale. **10 Güte** ~ (einer Passung) (*Mech.*), grado di precisione. **11 Neu** ~ (der rechte Winkel wird in 100 Grad eingeteilt) (*Geom.*), grado centesimale. **12 Sicherheits** ~ (*Masch.*), grado di sicurezza. **13 thermischer** ~ (der Zündkerzen) (*Aut.* - *Mot.*), grado termico. **14 Überdeckungs** ~ (Eingriffsdauer, von Zahnrädern, Verhältnis zwischen Eingriffslänge und Zahnleistung) (*Mech.*), rapporto d'azione. **15 um 90°** ~ **verschoben** (*Elekt.*), sfasato di 90 gradi, in quadratura. **16 Ungleichförmigkeits** ~ (*Mot.*), grado di irregolarità. **17 Wirkungs** ~ (*Thermodyn.* - *etc.*), rendimento.
Gradation (*f.* - *Phot.*), gradazione.
Grader (Strassenhobel) (*m.* - *Erdbew.masch.*), motolivellatore.
Gradient (*m.* - *Phys.*), gradiente. **2** ~ (Achse im Höhenplan, einer Strasse) (*Strass.b.*), profilo longitudinale. **3 alternierender** ~ (*Kernphys.*), gradiente alternato. **4 Temperatur** ~ (*Meteor.* - *etc.*), gradiente termico.
Gradierwaage (Aräometer, zum Messen des Salzgehalts einer Sole) (*f.* - *Instr.*), areometro, densimetro.
Grädigkeit (Gütekennzeichen für Wärmetauscher; Differenz zwischen Austrittstemperatur des beheizten Mediums und der Eintrittstemperatur des heizenden Mediums) (*f.* - *Wärme*), indice di termoscambio.
gradlinig (*allg.*), rettilineo.
graduieren (*Instr.* - *etc.*), graduare.
gradweise (*allg.*), gradualmente.
Graetz-Zahl (Gz, Verhältnis der konvektiv transportierten zur geleiteten Wärmemenge) (*f.* - *Wärme*), numero di Graetz, Gz.
Gramm (*n.* - *Masseinh.*), grammo. **2** ~ (spezifisches Gewicht des Papiers) (*Papierind.*), grammatura. **3** ~ **äquivalent** (*n.* - *Chem.*), grammo-equivalente. **4** ~ **atom** (*n.* - *Chem.*), grammo-atomo. **5** ~ **kalorie** (kleine Kalorie) (*f.* - *Phys.*), piccola caloria, grammocaloria. **6** ~ **-rad** (Einheit der Integraldosis = 10^2 erg) (*n.* - *Radiokt.*), grammo-rad. **7** ~ **-Röntgen** (Einheit der Integraldosis) (*n.* - *Radiokt.*), grammo-röntgen.

Grammolekül (*n. - Chem.*), grammomolecola, mole.
Grammophon (Plattenspieler) (*n. - Akus. App.*), grammofono, fonografo. 2 ~ **anschluss** (*m. - Elektroakus.*), fonorivelatore (da fonografo), «pick up». 3 ~ **nadel** (*f. - Elektroakus.*), puntina da grammofono. 4 ~ **platte** (*f. - Elektroakus.*), disco fonografico.
Granalie (*f. - mech. Technol.*), graniglia metallica. 2 ~ n·**gebläse** (*n. - mech. Technol.*), granigliatrice, «sabbiatrice» a graniglia metallica.
Granat (*m. - Min.*), granato.
Granate (*f. - Expl.*), granata. 2 ~ (Handgranate) (*Expl.*), bomba a mano.
Grand (grober Kiessand) (*m. - Bauw.*), ghiaino (da 4÷12 mm).
Grand Prix-Wagen (*m. - Aut. - Sport*), vettura Gran Premio, vettura GP.
Granit (*m. - Min.*), granito.
Granitisation (*f. - Min.*), granitizzazione.
Granodieren (Schutzverfahren für metall. Oberflächen) (*n. - Technol.*), granodizzazione.
Gran Turismo-Wagen (*m. - Aut. - Sport*), vettura Gran Turismo, vettura GT.
Granulate (*n. - pl. - Ind.*), granulati.
Granulation (feinkörnige Struktur) (*f. - Phys.*), granulosità.
Granulatkorn (aus Kunststoff) (*n. - Technol.*), granulo.
Granulator (Backenbrecher) (*m. - Masch.*), granulatrice.
Granuliermaschine (Granulator, Backenbrecher) (*f. - Masch.*), granulatrice. 2 ~ (*Druck.*), granitoio.
granuliert (zerkörnert) (*Metall.*), granulato. 2 ~ e Schlacke (gekörnte Schlacke) (*Giess. - Metall.*), loppa granulata.
Granulierung (*f. - Metall. - etc.*), granulazione.
Granulierverfahren (für Kunststoffe) (*n. - Technol.*), granulazione.
Granulometrie (*f. - Phys. - Werkstoff*), granulometria.
Graph (eindimensionaler absolute Komplex) (*m. - Math.*), grafo. 2 ~ en·**theorie** (math. Grundlage der Netzplantechnik) (*f. - Math. - Progr.*), teoria dei grafi.
Graphik (graphisches Gewerbe) (*f. - Druck.*), arti grafiche.
graphisch (*Zeichn. - etc.*), grafico. 2 ~ e Darstellung (*Zeichn. - etc.*), grafico (*s.*), rappresentazione grafica. 3 ~ e Geräte (*graph. Ind. - Ger.*), utensili per l'industria grafica. 4 ~ e Industrie (*graph. Ind.*), industria grafica. 5 ~ e Kunst und Gewerbe (*graph. Kunst*), arti grafiche. 6 ~ e Methode (*Zeichn. - etc.*), metodo grafico. 7 ~ es Gewerbe (*Druck.*), arti grafiche. 8 ~ e Statik (*Baukonstr.lehre*), statica grafica.
Graphit (*m. - Chem. - Metall. - etc.*), grafite. 2 ~ **ausscheidung** (*f. - Metall.*), separazione della grafite. 3 ~ **bremse** (Graphitmoderator, eines Reaktors z. B.) (*f. - Atomphys.*), moderatore a grafite. 4 ~ **glühen** (*n. - Wärmebeh.*), grafitizzazione, ricottura di grafitizzazione. 5 ~ **meiler** (Kernreaktor) (*m. - Atomphys.*), reattore atomico. 6 ~ **moderator** (eines Reaktors z. B.) (*m. - Atomphys.*), moderatore a grafite. 7 ~ **schmiere** (Schmiermittel) (*f. - Masch.*), lubrificante grafitico. 8 **Flocken** ~ (*Metall.*), grafite in fiocchi, grafite flocculare. 9 **kolloidaler** ~ (*Mech. - Chem.*), grafite colloidale.
graphitglühen (*Wärmebeh.*), grafitizzare.
graphithaltig (graphitisch) (*Metall.*), grafitico.
graphitieren (*Chem. - Mech.*), grafitare.
graphitiert (*Chem. - Mech.*), grafitato.
Graphitierung (*Giess.*), siehe Spongiose.
Graphitisieren (Graphitglühen) (*n. - Wärmebeh.*), grafitizzazione, ricottura di grafitizzazione.
Graphometer (*n. - naut. - Instr.*), grafometro.
Graphostatik (graphische Statik) (*f. - Baukonstr.lehre*), statica grafica.
Gras (*n. - Ack.b.*), erba. 2 ~ (Fehler) (*Elektronik - Radar*), ondulazione. 3 ~ (Störung bei Ultraschallversuchen) (*Metall.*), erbettamento. 4 ~ **mäher** (*m. - Landw.masch.*), falciatrice da prato. 5 ~ **zetter** (Heuwender) (*m. - Landw.masch.*), voltafieno.
Grashof-Zahl (Gr, Verhältnis der hydrostatischen Auftriebskraft zur Zähigkeitskraft) (*f. - Mech. der Flüss.k.*), numero di Grashof, Gr.
Grat (scharfe Kante) (*m. - allg.*), filo. 2 ~ (Schnittkante zweier Flächen) (*allg.*), spigolo. 3 ~ (Schmiedegrat, in der Gratmulde) (*Schmieden*), bava, bavatura. 4 ~ (Bohrgrat z. B.) (*Werkz.masch.bearb.*), bava, bavatura. 5 ~ (Pressgrat z. B.) (*Blechbearb.*), bava, bavatura. 6 ~ (Walzgrat) (*Walzw.fehler*), riga (di laminazione). 7 ~ (an Kanten eines Schmiedestückes) (*Schmiedefehler*), baffo, bava. 8 ~ (eines Guss·stückes) (*Giess.*), bavatura, bava. 9 ~ (Rippe) (*Arch.*), nervatura. 10 ~ (Gratlinie, eines Daches) (*Bauw.*), linea di colmo. 11 ~ (eines Berges) (*Geogr.*), cresta. 12 ~ (auf einem Zahnradkopf z. B.) (*Mech. - Fehler*), bava, cresta. 13 ~ **abstreifer** (*m. - Schmiedewerkz.*), spogliatore di bava. 14 ~ **ansatz** (Gratrest nach Abgraten) (*m. - Schmieden*), bava residua, residuo di bava. 15 ~ **bahn** (eines Gesenkes, zwischen Gravur und Gratmulde) (*f. - Schmiedewerkz.*), cordone di bava. 16 ~ **bogen** (*m. - Arch.*), nervatura diagonale. 17 ~ **entfernen** (Abgraten) (*n. - Technol.*), sbavatura. 18 ~ **gewölbe** (Walmgewölbe) (*n. - Arch.*), volta lunettata. 19 ~ **hobel** (Nuthobel) (*m. - Werkz.*), pialletto per scanalare. 20 ~ **kante** (Gratlinie) (*f. - Schmieden*), linea di bava. 21 ~ **linie** (des Schmiedegrates) (*f. - Schmieden*), linea di bava. 22 ~ **mulde** (eines Gesenkes, Vertiefung, die Gratbahn umgibt) (*f. - Schmiedewerkz.*), canale di bava, canale di bavatura. 23 ~ **naht** (Gratlinie) (*f. - Schmieden*), linea di bava. 24 ~ **rille** (*f. - Giess.*), canale di bava. 25 ~ **spalt** (Gratbahn) (*m. - Schmieden*), cordone di bava. 26 ~ **sparren** (eines Daches) (*m. - Bauw.*), puntone principale. 27 ~ **ziegel** (*m. - Bauw.*), tegola di colmo. 28 **Innen** ~ (Spiegel) (*Schmieden*), cartella, bava interna.
gratfrei (*mech. Technol.*), esente da bava, esente da bavatura, senza bava.
Gratifikation (Sonderzuwendung an die Arbeitnehmer) (*f. - Pers.*), gratifica.
gratig (*Walzw.fehler*), rigato.

Gräting (Greting, Gitterfussboden) (*f. - naut.*), carabottino.
Gratisaktie (*f. - finanz.*), azione gratuita.
Grätzschaltung (*f. - Elekt.*), circuito di Grätz.
Grau (*n. - Farbe*), grigio, colore grigio. 2 ~ **braunstein** (Graumanganerz) (*m. - Min.*), pirolusite, biossido di manganese. 3 ~ **filter** (*m. - Opt.*), filtro neutro, filtro grigio. 4 ~ **giesserei** (*f. - Giess.*), fonderia di ghisa grigia. 5 ~ **glas** (*n. - Phot.*), siehe Nentralglas. 6 ~ **guss** (Werkstoff) (*m. - Giess.*), ghisa grigia. 7 ~ **guss** (Guss·stück), (*Giess.*), getto di ghisa grigia. 8 ~ **kalk** (*m. - Bauw.*), calce grigia. 9 ~ **keil** (Graufilter) (*m. - Opt.*), cono fotometrico, filtro neutro a trasmissione crescente (gradualmente). 10 ~ **leiter** (*f.-Opt.*), scala del grigio. 11 ~ **pappe** (*f. - Papierind.*), cartone grigio. 12 ~ **stufenkeil** (Grautreppe) (*m. - Opt.*), filtro neutro a trasmissione scaglionata. 13 ~ **wacke** (Trümmersediment) (*f. - Min.*), grovacca, «graywacke».
grau (*Farbe*), grigio. 2 ~ **absorbierender Körper** (*Opt.*), assorbente neutro, assorbente non selettivo, filtro neutro, filtro grigio. 3 ~ **er Körper** (grauer Strahler) (*Opt.*), corpo grigio, radiatore non selettivo. 4 ~ **streuender Körper** (*Opt.*), diffusore neutro, diffusore grigio, diffusore non selettivo.
Graup (Kies) (*m. - Bauw.*), ghiaia. 2 grosser ~ (20-10 mm) (*Bauw.*), ghiaia grossa (20-10 mm). 3 kleiner ~ (5-2 mm) (*Bauw.*), ghiaia piccola (5-2 mm). 4 mittlerer ~ (10-5 mm) (*Bauw.*), ghiaia media (10-5 mm).
graupig (*allg.*), granulare.
Graus (verwittertes Gestein) (*m. - Geol.*), detriti.
Graveur (*m. - Arb.*), incisore.
Gravieren (der Schmiedegesenke) (*n. - Mech. - Schmieden*), incisione. 2 ~ (der Teilnummer auf ein Werkstück z. B.) (*Mech.*), incisione. 3 Nach ~ (eines Schmiedegesenkes) (*Mech.*), reincisione.
gravieren (*Technol.*), incidere, intagliare. 2 ~ (ein Schmiedegesenk z. B.) (*Mech.*), incidere. 3 ~ (die Teilnummer auf ein Werkstück z. B.) (*Mech.*), incidere. 4 nach ~ (nachsetzen, ein Schmiedegesenk) (*Mech.*), reincidere.
Graviermaschine (*f. - Druckmasch.*), macchina per incisioni.
Gravimeter (*n. - Ger.*), gravimetro. 2 astasiertes ~ (*Ger.*), gravimetro astatico. 3 nichtastasiertes ~ (*Ger.*), gravimetro non astatico.
Gravimetrie (*f. - Geophys.*), gravimetria.
gravimetrisch (*Chem.*), gravimetrico.
Gravitation (Massenanziehung) (*f. - Phys.*), gravitazione. 2 ~ **s·feld** (*n. - Phys.*), campo gravitazionale. 3 ~ **s·gesetz** (*n. - Phys.*), legge della gravitazione. 4 ~ **s·konstante** (*Phys.*), costante di gravitazione (universale). 5 ~ **s·quanten** (Gravitonen) (*n. - pl. - Phys.*), gravitoni.
Gravitonen (Gravitationsquanten) (*n. - pl. - Phys.*), gravitoni.
Gravur (Gravierung, Verfahren) (*f. - Technol.*), incisione. 2 ~ (Form, eines Schmiedegesenkes) (*Schmieden*), impronta, «incisione». 3 Biege ~ (eines Schmiedegesenkes) (*Schmieden*), impronta per piegare, incisione per piegare. 4 Fertig ~ (eines Schmiedegesenkes) (*Schmieden*), impronta di finitura, incisione di finitura. 5 letzte Vorschmiede ~ (vor der Fertiggravur) (*Schmieden*), impronta di prefinitura, incisione di prefinitura, impronta di abbozzatura, incisione di abbozzatura. 6 Schmiede ~ (*Schmieden*), impronta per fucinatura, incisione per fucinatura. 7 Vorschmiede ~ (zur groben Massenverteilung) (*Schmieden*), impronta di scapolatura, incisione di scapolatura, impronta di preabbozzatura. 8 Vorschmiede ~ (zur Massenverteilung, Rollen) (*Schmieden*), rullo (o attrezzo) per laminare (o abbozzare).
Greifbagger (*m. - Erdbew.masch.*), escavatore a benna mordente, escavatore a benna prensile.
greifen (*allg.*), afferrare. 2 ~ (angreifen, der Feile) (*Mech.*), intaccare. 3 ineinander ~ (von Zahnrädern z. B.) (*Mech.*), ingranare.
Greifer (eines Kranes z. B.) (*m. - Erbew. masch. - Ger.*), benna mordente, benna a valve, benna prensile. 2 ~ (zum Greifen der Papierbogen) (*Druck.masch.*), pinza. 3 ~ (einer Nähmaschine) (*Masch.*), crochet. 4 ~ **kran** (*m. - ind. Masch.*), gru a benna mordente, gru a benna prensile. 5 ~ **rad** (Mitnehmerscheibe einer Drehbank) (*n. - Mech.*), disco menabrida. 6 ~ **rand** (eines Papierbogens) (*m. - Druck.*), lato pinza. 7 ~ **spannzange** (einer Drehbank) (*f. - Werkz.masch.*), pinza. 8 ~ **vorschubapparat** (Zangenvorschubapparat) (*m. Blechbearb.*), alimentatore a pinza. 9 Einseil ~ (*Erdbew. - Ger.*), benna monofune, benna ad una sola fune. 10 Mehrschalen ~ (Polypgreifer) (*Erdbew. - Ger.*), benna a più spicchi, benna polipo. 11 Motor ~ (*Erdbew. - Ger.*), benna automotrice. 12 Polyp ~ (Mehrschalengreifer) (*Erdbew. - Ger.*), benna polipo. 13 Selbst ~ (*Erdbew. - Ger.*), benna automatica. 14 Zweiseil ~ (*Erdbew. - Ger.*), benna a due funi.
Greifkübel (*m. - Erdbew.-Ger. - etc.*), benna mordente, benna a valve, benna prensile.
Greifmanipulator (*m. - Atomphys.*), manipolatore principale, manipolatore di presa.
Greifwinkel (beim Walzen) (*m. - Metall.*), angolo di presa.
Greifzirkel (Tasterzirkel, Tastzirkel, zum Messen von Dicken) (*m. - Ger.*), compasso per spessori.
Greisen (Gestein) (*m. - Geol.*), greisen.
Gremium (von Sachverständigen) (*n. - allg.*), gruppo, comitato. 2 ~ (Verein, Körperschaft) (*Arb. - komm.*), corporazione.
Grenzbelastung (*f. - Baukonstr.lehre*), carico limite.
Grenzbeschleunigungsmesser (*m. - Ger.*), indicatore di accelerazione limite.
Grenzbetrieb (der keine Gewinne erzielt) (*m. - Ind.*), impresa in pareggio.
Grenze (Grenzwert, Limes) (*f. - Math.*), limite. 2 ~ (*Geogr.*), confine. 3 Ausschuss ~ (einer Lehre) (*Mech.*), limite non passa. 4 Elastizitäts ~ (*Baukonstr.lehre*), limite di elasticità, limite elastico. 5 Gut ~ (einer Lehre) (*Mech.*), limite passa. 6 0,2-Dehn ~ (0,2-Grenze, Spannung bei der die bleibende Dehnung 0,2% ist) (*Baukonstr.lehre*), limite

Grenzerwärmung

di snervamento convenzionale, carico che produce un allungamento del 0,2 %. **7 Proportionalitäts** ~ (*Baukonstr.lehre*), limite di proporzionalità. **8 Schmerz** ~ (des Gehörs) (*Akus.*), soglia del dolore. **9 Streck** ~ (*Baukonstr.lehre*), limite di snervamento.
Grenzerwärmung (*f. - elekt. Masch.*), sovratemperatura.
grenzflächenaktiv (oberflächenaktiv) (*Chem.*). tensioattivo.
Grenzflächenspannung (Oberflächenspannung) (*f. - Phys.*), tensione superficiale. **2** ~ (für Isolatorenöle in Berührung mit Wasser z. B.) (*Phys. - Elekt.*), tensione interfacciale.
Grenzfrequenz (kritische Frequenz) (*f. - Funk.*), frequenza di taglio, frequenza limite.
Grenzgeschwindigkeit (*f. - allg.*), velocità limite. **2** ~ (*Hydr.*), velocità critica.
Grenzkohlenwasserstoff (gesättigter Kohlenwasserstoff) (*m. - Chem.*), idrocarburo saturo.
Grenzkostenrechnung (« direct costing ») (*f. - Adm.*), « direct costing ».
Grenzkreisfrequenz (*f. - Funk.*), pulsazione limite, pulsazione di taglio.
Grenz-Lastspielzahl (teoretisch unendliche Lastspielzahl, bei Dauerfestigkeitsversuchen) (*f. - Baukonstr.lehre*), numero di cicli limite.
Grenzlehre (*f. - Ger.*), calibro differenziale.
Grenzleistung (zur Feststellung der Überlastbarkeit eines Ofens) (*f. - Ofen*), carico limite.
Grenzlicht (eines Flugplatzes) (*n. - Flugw.*), luce di perimetro.
Grenzlinie (*f. - Bauw. - etc.*), linea di confine, linea di demarcazione. **2** ~ (einer Spannung) (*Baukonstr.lehre*), limite.
Grenz-Machzahl (*f. - Flugw.*), numero di Mach critico.
Grenzmass (einer Passung) (*n. - Mech.*), dimensione limite.
Grenzprüfung (Prüfen unter verschärften Bedingungen) (*f. - Prüfen*), prova svolta in condizioni inasprite, controllo al limite, « prova marginale ».
Grenzreibung (Grenzflächenreibung) (*f. - Mech. der Flüss.k.*), attrito limite.
Grenzschalter (*m. - Elekt. - Ger.*), limitatore, interruttore limitatore.
Grenzschicht (*f. - Mech. der Flüss.k.*), strato limite. **2** ~ **ablösung** (*f. - Mech. der Flüss.k.*), distacco dello strato limite. **3** ~ **dicke** (*f. - Mech. der Flüss.k.*), spessore dello strato limite. **4** ~ **theorie** (*f. - Mech. der Flüss.k.*), teoria dello strato limite. **5 laminare** ~ (*Mech. der Flüss.k.*), strato limite laminare. **6 turbulente** ~ (*Mech. der Flüss.k.*), strato limite turbolento. **7 Umschlag der** ~ (laminar-turbulent, Grenzschichtumschlag) (*Mech. der Flüss.k.*), transizione dello strato limite (da laminare a turbolento).
Grenzstauchverhältnis (freie Länge die ohne Knicken angestaucht werden kann) (*n. - Schmieden*), rapporto limite di ricalcatura, rapporto critico di ricalcatura.
Grenzstein (*m. - Bauw. - etc.*), pietra confinaria, termine, meta.
Grenzstrom (einer Sicherung) (*m. - Elekt.*), corrente limite.
Grenztaster (Endschalter) (*m. - NC - Werkz.*

masch. - etc.), interruttore di fine corsa. **2** ~ (einer Presse z. B.) (*Ger.*), sensore di limite.
Grenzwert (Limes) (*m. - Math.*), limite. **2** ~ (*Phys. - etc.*), valore limite. **3** ~ **regler** (*m. - Ger.*), regolatore di valore limite.
Grenzwiderstand (*m. - Elekt.*), resistenza critica.
Greting (*f. - naut.*), siehe Gräting.
grex (decimal, Dezimaltiter in g/10 km, von Garnen und Fasern) (*Textilind.*), grex, titolo decimale.
Griess (körnige Masse) (*m. - allg.*), massa granulare. **2** ~ (Kies) (*Bauw.*), ghiaia. **3** ~ (Wärmegeräusch) (*m. - Fernsehfehler*), rumore di agitazione termica. **4** ~ **kohle** (*f. - Brennst.*), carbone di pezzatura minuta.
Griff (Handgriff) (*m. - allg.*), maniglia. **2** ~ (Ballengriff) (*Masch. - etc.*), manopola. **3** ~ **kreuz** (*n. - Masch.*), maniglia a crociera. **4** ~ **länge** (wirksames Profil, eines Zahnes) (*f. - Mech.*), fianco attivo, profilo attivo. **5** ~ **mutter** (*f. - Mech.*), dado zigrinato. **6** ~ **stange** (*f. - Fahrz.*), manubrio. **7** ~ **zeit** (bei Handbewegungsvorgängen) (*f. - Zeitstudium*), tempo di afferraggio.
griffest (*Anstr.*), asciutto maneggiabile.
griffgerecht (Gestaltung von Arbeitsmitteln z. B.) (*Arb. - etc.*), ergonomico. **2** ~ **e Gestaltung** (von Arbeitsmitteln z. B.) (*Steuerung - etc.*), configurazione ergonomica.
griffgünstig (Steuereinrichtung z. B.) (*Mech. - etc.*), accessibile, a portata di mano.
griffig (Reifen z. B.) (*Aut.*), antisdrucciolevole. **2** ~ (Schleifscheibe, etc.) (*Werkz.*), mordente. **3** ~ **machen** (einen Reifen) (*Aut.*), aderizzare.
Griffigkeit (*f. - allg.*), presa, mordenza. **2** ~ (eines Reifens oder einer Strassenoberfläche) (*f. - Aut. - Strasse*), mordenza. **3** ~ **s·mittel** (*n. - Strasse - Aut.*), aderizzante (*s.*).
Grindel (Pflugbaum) (*m. - Ack.b.masch.*), bure.
Grindometer (zur Ermittlung der Kornfeinheit) (*n. - App.*), grindometro.
Gritt (2,0 ÷ 0,2 mm Sand) (*m. - Bauw.*), sabbia grossa e media (da 2 a 0,2 mm).
Gr. L. D. (Grenzlehrdorn) (*Werkz.*), calibro differenziale a tampone.
grob (mech. Bearbeitung) (*Mech.*), grossolano. **2** ~ (Abstimmung) (*Funk.*), piatto. **3** ~ (rauh, Tuch z. B.) (*Text.*), ruvido. **4** ~ **bearbeiten** (*Mech.*), sgrossare. **5** ~ **körnig** (*Metall. - etc.*), a grano grosso. **6** ~ **maschig** (*Technol.*), a maglia larga. **7** ~ **schlichten** (*Mech.*), sgrossare, finire di sgrosso.
Grobabstimmung (unscharfe Abstimmung) (*f. - Funk.*), sintonia piatta.
Grobbeton (*m. - Bauw.*), calcestruzzo ad aggregati grossi.
Grobblech (*n. - metall. Ind.*), lamiera grossa, lamiera spessa. **2** ~ **strasse** (*f. - Walzw.*), laminatoio per lamiere grosse, treno per lamiere grosse.
Grobdrahtzug (*m. - Masch.*), trafilatrice in grosso.
Grobeinstellung (*f. - Mech.*), regolazione grossolana.
Grobeisenwalzwerk (*n. - Walzw.*), laminatoio per profilati normali.
Grobfaden (Doppelfaden) (*m. - Text.*), filato doppio.

Grobfeile (*f. - Werkz.*), lima a taglio grosso.
Grobfleier (Grobflyer, Vorfleier) (*m. - Textilmasch.*), banco a fusi in grosso.
Grobgefüge (Makrostruktur) (*n. - Metall.*), macrostruttura.
Grobgestalt (makrogeometrische Gestalt, einer bearbeiteten Oberfläche) (*f. - Mech.*), configurazione macrogeometrica.
Grobgewinde (*n. - Mech.*), filettatura a passo grosso.
Grobhecheln (*n. - Textilind.*), pettinatura in grosso.
Grobkarde (Grobkrempel) (*f. - Textilmasch.*), carda in grosso.
Grobkies (70-20 mm) (*m. - Bauw.*), ghiaia grossa (70-20 mm).
Grobkorn (*n. - Metall.*), grano grosso. 2 ∼ (für Steinkohle, mit Grösse zwischen 20 und 80 mm) (*Brennst.*), pezzatura tra 20 e 80 mm. 3 ∼ glühen (Hochglühen) (*n. - Wärmebeh.*), ricottura d'ingrossamento del grano.
grobkörnig (*Metall.*), a grano grosso.
Grobpassung (*f. - Mech.*), siehe Grobsitz.
grobporig (Schleifscheibe) (*Werkz.*), a struttura aperta.
Grobpumpe (Vakuumpumpe) (*f. - Masch.*), pompa per vuoto grossolano.
Grobsand (2-0,2 mm) (*m. - Bauw.*), sabbia grossa e media (2-0,2 mm).
Grobsicherung (Starkstromsicherung) (*f. - Elekt.*), fusibile per correnti forti.
Grobschleifen (*mech. Technol.*), siehe Feuern.
Grobschmied (Schmied) (*m. - Arb.*), fabbro.
Grobschmieden (*n. - Schmieden*), sbozzatura.
Grobschnitt (*m. - Werkz.masch.bearb.*), sgrossatura.
Grobsitz (Grobpassung) (*m. - Mech.*), accoppiamento grossolano.
Grobstaub (mit Körnern grösser als 5 µm) (*m. - Ind. - etc.*), polvere grossa.
Grobstrasse (*f. - Walzw.*), treno sbozzatore, treno blooming.
Grobwalzwerk (*n. - Walzw.*), laminatoio sbozzatore, laminatoio blooming.
Grobzug (beim Drahtziehen) (*m. - mech. Technol.*), passata iniziale.
Groden (Polder) (*m. - Wass.b.*), polder.
gross (*allg.*), grande, grosso. 2 ∼ **er Bär** (*Astr.*), Orsa Maggiore. 3 ∼ **e Trommel** (Trommel, einer Krempel) (*Textilmasch.*), gran tamburo, tamburo. 4 ∼ **maschig** (Sieb, Filter, etc.) (*Ind.*), a maglia larga. 5 **in** ∼ **em Mass·stab** (1 : 1 Mass·stab)(*Zeichn.*), in scala 1 : 1, in scala naturale, in grandezza naturale. 6 **in** ∼ **er Höhe** (*Flugw. - etc.*), ad alta quota.
Grossaufnahme (*f. - Filmtech. - Phot.*), primo piano.
Grossbramsegel (*n. - naut.*), velaccio.
Grossbuchstabe (*m. - Druck.*), (lettera) maiuscola.
Grossdrehbank (zur Bearbeitung besonders grosser Teile) (*f. - Werkz.masch.*), tornio per grandi pezzi.
Grossdyn (= 1 mkg/s² = 1 Newton) (*Mech. - Eisenb.*), newton, unità di forza identica ad 1 Newton.
Grösse (*f. - allg.*), grandezza, grossezza. 2 ∼ (Nummer) (*allg.*), misura. 3 ∼ (*Math.*), grandezza. 4 ∼ (einer Schwingung) (*Phys.*), ampiezza, escursione. 5 ∼ **n·änderung** (*f. - Mech.*), variazione dimensionale. 6 ∼ **n·optimum** (einer Firma z. B.) (*n. - Ind. - etc.*), dimensione ottima. 7 ∼ **n·ordnung** (*f. - allg.*), ordine di grandezza. 8 ∼ **n·verhältnis** (*n. - Zeichn.*), scala.
Grossender (*m. - Funk.*), trasmettitore di grande potenza, trasmettitore per grandi distanze.
Grosserg (Energieeinheit = 1 m² kg/s² = 1 Joule) (*n. - Phys.*), unità di energia identica ad 1 joule.
Grossfabrikation (Massenerzeugung) (*f. - Ind.*), fabbricazione in grande serie.
grossformatig (*allg.*), di grande formato.
Grossgasmaschine (*f. - Masch.*), siehe Gasmaschine.
Grosshändler (Grossist) (*m. - komm.*), grossista.
Grossindustrie (Grossunternehmung) (*f. - Ind.*), grande industria.
Grossist (Grosshändler) (*m. - komm.*), grossista. 2 ∼ **en·preis** (*m. - komm.*), prezzo all'ingrosso.
Grossjähriger (*m. - Arb. - etc.*), adulto (*s.*).
Grosskreis (*m. - Navig.*), cerchio massimo.
Grossmars (*m. - naut.*), coffa di maestra.
Grossmast (*m. - naut.*), albero maestro.
Grossoberflächenplatte (eines Akku) (*f. - Elekt.*), piastra di grande superficie.
Grosspflaster (Reihenpflaster, aus Naturstein) (*n. - Strass.b.*), lastricato (*s.*).
Grossraumtransporter (Flugzeug für mehr als 300 Passagiere) (*m. - Flugw.*), velivolo gigante.
Grossreihenfertigung (Gross·serienfertigung) (*f. - Ind.*), lavorazione in grande serie.
Gross·segel (*n. - naut.*), vela maestra.
Gross·sender (*m. - Funk.*), trasmettitore per grandi distanze, trasmettitore a grande raggio.
Gross·serie (*f. - Ind.*), grande serie.
Gross·speicher (mit Speicherkapazität höher als 10⁷ bit) (*m. - Rechner*), memoria di massa, memoria di grande capacità.
Gross·stadt (mit mehr als 100 000 Einwohnern) (*f. - Bauw.*), città con più di 100 000 abitanti.
Gross·strecke (*f. - Walzw.*), treno grosso, treno in grosso.
Grösstmass (bei Toleranzen) (*n. - Mech.*), dimensione massima, limite superiore.
Grösstspiel (*n. - Mech.*), gioco massimo.
Grösstübermass (einer Passung) (*n. - Mech.*), interferenza massima.
Grosswasserraumkessel (*m. - Kessel*), caldaie a grandi corpi.
Grosszahllehre (Statistik) (*f. - Stat.*), statistica, scienza dei grandi numeri.
grotesk (Schriftart) (*Druck.*), bastone, etrusco, grottesco, lapidario.
Groteskschrift (Schriftart) (*f. - Druck.*), carattere bastone, carattere etrusco, carattere grottesco, carattere lapidario.
Grubber (Kultivator) (*m. - Ack.b.masch.*), coltivatore.

Grübchen (n. - *Mech.*), alveolo, segno di vaiolatura. 2 ~ **bildung** (f. - *Mech.*), vaiolatura, puntinatura, « pittatura ».
Grube (rundliche Vertiefung) (f. - *allg.*), fossa. 2 ~ (Unter-Tage-Abbauanlage) (*Bergbau*), miniera. 3 ~ (Über-Tage-Abbauanlage) (*Bergbau*), cava. 4 ~ n·**abort** (m. - *Bauw.*), pozzo nero. 5 ~ n·**arbeiter** (Bergarbeiter) (m. - *Arb. - Bergbau*), minatore. 6 ~ n·**ausbau** (m. - *Bergbau*), armamento della miniera. 7 ~ n·**ausbaustahl** (Formstahl) (m. - *metall. Ind. - Bergbau*), profilato d'acciaio per armamento di miniera. 8 ~ n·**bahn** (mit Spurweite von 500-600 mm) (f. - *Bergbau*), ferrovia da miniera. 9 ~ n·**bewetterung** (f. - *Bergbau*), ventilazione di miniera. 10 ~ n·**fahrt** (f. - *Bergbau*), discesa nella miniera. 11 ~ n·**förderung** (Erztransport in Gruben) (f. - *Bergbau*), carreggio, trenaggio. 12 ~ n·**förderwagen** (m. - *Bergbau*), vagonetto da miniera. 13 ~ n·**gas** (Methan) (n. - *Chem.*), metano. 14 ~ n·**gebäude** (Sammelbegriff für alle Hohlräume, wie Schächte, Abbauräume, Strecken, etc.) (n. - *Bergbau*), vani di miniera. 15 ~ n·**gebläse** (n. - *Bergbau*), ventilatore per miniera, ventilatore da miniera. 16 ~ n·**holz** (n. - *Bergbau*), legname per miniera. 17 ~ n·**hund** (Grubenförderwagen) (m. - *Bergbau*), vagonetto da miniera. 18 ~ n·**kies** (m. - *Bauw.*), ghiaia di cava. 19 ~ n·**klein** (n. - *Bergbau*), minuto di cava. 20 ~ n·**kompass** (m. - *Instr.*), bussola da miniera. 21 ~ n·**lampe** (Sicherheitslampe) (f. - *Bergbau*), lampada da miniera, lampada Davy, lampada di sicurezza. 22 ~ n·**lokomotive** (f. - *Bergbau*), locomotiva da miniera. 23 ~ n·**risswerk** (Gesamtheit der bergmännischen Darstellungen) (n. - *Bergbau*), piano di miniera. 24 ~ n·**sand** (m. - *Bauw.*), sabbia di cava. 25 ~ n·**schacht** (Bergwerksschacht) (m. - *Bergbau*), pozzo di estrazione. 26 ~ n·**stahl** (Formstahl) (m. - *metall. Ind. - Bergbau*), profilato di acciaio per armamenti di miniera. 27 ~ n·**vermessung** (f. - *Bergbau*), prospezione mineraria. 28 ~ n·**wehr** (n. - *Bergbau*), squadra di soccorso di miniera. 29 ~ n·**weiche** (f. - *Bergbau - Eisenb.*), deviatoio da miniera, scambio da miniera. 30 ~ n·**zimmerung** (f. - *Bergbau*), armamento in legno per miniera. 31 **eine** ~ **aufgeben** (*Bergbau*), abbandonare una miniera. 32 **Kies** ~ (*Bauw.*), cava di ghiaia. 33 **Reparatur** ~ (*Aut.*), fossa per riparazioni.
Gruben (Grubenwetter) (n. - *Bergbau*), « grisou », grisù.
Grudekoks (m. - *Brennst.*), semi-coke.
Grün (n. - *Farbe*), verde, colore verde. 2 ~ **sand** (grüner Formsand) (m. - *Giess.*), terra verde. 3 ~ **festigkeit** (Festigkeit von grünem Sand) (f. - *Giess.*), resistenza a verde. 4 ~ **flächen** (f. pl. - *Bauw.*), superficie a verde. 5 ~ **span** (m. - *Chem.*), verderame. 6 ~ **streifen** (Mittelstreifen, einer Autobahn) (m. - *Strasse.*), spartitraffico, striscia verde spartitraffico.
grün (*Farbe*), verde. 2 ~ **bei 50** (*Strass.verk.*), (semafori) verdi alla velocità di 50 km/h, onda verde a 50 km/h. 3 ~ **er Formsand** (*Giess.*), terra verde da fonderia. 4 ~ **er Kern** (*Giess.*), anima di terra verde. 5 ~ **er Plan** (*Bauw.*), piano verde. 6 ~ **e Welle** (zentrale Schaltung von Verkehrsampeln mehrerer Kreuzungen) (*Strass.verkehr*), onda verde, semafori sincronizzati.
Grund (Boden, Baugrund) (m. - *Bauw.*), terreno. 2 ~ (Boden, eines Gefässes, z. B.) (*allg.*), fondo. 3 ~ (eines Gewindes) (*Mech.*), fondo. 4 ~ (Bett, eines Flusses) (*Geol.*), letto, alveo. 5 ~ **ablass** (einer Stauanlage) (m. - *Hydr. - Wass.b.*), scaricatore di fondo. 6 ~ **anstrich** (eine oder mehrere Anstrichschichten, zwischen dem Untergrund und den späteren Anstrichschichten) (m. - *Anstr.*), fondo. 7 ~ **art** (einer Anlage z. B.) (f. - *allg.*), tipo fondamentale. 8 ~ **bank** (Fundamentabsatz) (f. - *Bauw.*), gradino di fondazione, risega di fondazione. 9 ~ **bau** (m. - *Bauw.*), fondazione. 10 ~ **begriff** (m. - *allg.*), concetto fondamentale, principio fondamentale. 11 ~ **bogen** (Gegenbogen, Erdbogen) (m. - *Bauw.*), arco rovescio. 12 ~ **bohrer** (Gewindebohrer) (m. - *Werkz.*), maschio finitore, terzo maschio filettatore. 13 ~ **bruch** (Erdkörpersbruch unterhalb eines Fundaments z. B.) (m. - *Bauw.*), spaccatura del terreno. 14 ~ **buch** (hat die Aufgabe das Eigentum an Grundstücken zu sichern; jedes Grundstück erhält ein Blatt im Grundbuch) (n. - *Bauw.*), registro immobiliare, registro del catasto. 15 ~ **buch** (Hypothekenbuch) (*recht.*), registro delle ipoteche. 16 ~ **buchamt** (n. - *recht.*), ufficio tavolare. 17 ~ **bucheintragung** (f. - *Bauw.*), iscrizione tavolare. 18 ~ **buchrecht** (n. - *recht.*), diritto tavolare. 19 ~ **buchsrichter** (m. - *recht.*), giudice tavolare. 20 ~ **damm** (m. - *Wass.b.*), diga tracimante, diga tracimabile. 21 ~ **dicke** (eines Zahnes) (f. - *Mech.*), spessore base (del dente). 22 ~ **ebene** (f. - *Zeichn.*), piano di riferimento. 23 ~ **einheit** (absolute Einheit) (f. - *Phys.*), unità assoluta. 24 ~ **erwerbsteuer** (f. - *finanz.*), imposta sull'acquisto dei terreni. 25 ~ **farbe** (f. - *Malerei*), mestica. 26 ~ **fläche** (eines Zylinders z. B.) (f. - *Geom.*), base. 27 ~ **fläche** (*Bauw.*), superficie di base. 28 ~ **fläche** (einer Maschine z. B.) (*Ind.*), ingombro in pianta. 29 ~ **frequenz** (f. - *Phys.*), frequenza fondamentale. 30 ~ **gehalt** (eines Angestellten) (n. - *Pers.*), stipendio base. 31 ~ **geräusch** (n. - *Akus.*), rumore di fondo. 32 ~ **gesamtheit** (f. - *Stat.*), popolazione base. 33 ~ **geschwindigkeit** (f. - *Flugw.*), velocità suolo. 34 ~ **gesetz** (n. - *Phys.*), legge fondamentale. 35 ~ **gestein** (n. - *Min.*), roccia primaria. 36 ~ **grösse** (der Dynamik z. B.) (f. - *Phys.*), grandezza fondamentale. 37 ~ **harmonische** (f. - *Phys.*), siehe Grundschwingung. 38 ~ **helligkeit** (f. - *Fernseh.*), luminosità di fondo. 39 ~ **hobel** (Nuthobel) (m. - *Werkz.*), sponderuola. 40 ~ **joch** (n. - *Bauw.*), stilata di base. 41 ~ **kapital** (n. - *finanz.*), capitale sociale. 42 ~ **kapital** (einer Aktiengesellschaft) (n. - *finanz. - komm.*), capitale azionario. 43 ~ **karte** (Mass.stab bis 1 : 10.000) (f. - *Top.*), mappa. 44 ~ **kegel** (einer Kegelverzahnung) (m. - *Mech.*), cono base. 45 ~ **körper** (Metall, Gummi, etc., beim Verschleissversuch) (m. - *Technol.*), corpo base, corpo sottoposto a

usura. **46** ~ **kredit** (Bodenkredit) (*m. - finanz.*), credito fondiario. **47** ~ **kreis** (Grundkurve, eines Zahnrades) (*m. - Mech.*), cerchio di base, cerchio di costruzione. **48** ~ **kreisdurchmesser** (einer Verzahnung) (*m. - Mech.*), diametro base, diametro del cerchio base. **49** ~ **kreishalbmesser** (von Zahnrädern) (*m. - Mech.*), raggio della circonferenza di base, raggio del cerchio di base, raggio di costruzione. **50** ~ **kreisradius** (eines Zahnrades) (*m. - Mech.*), siehe Grundkreishalbmesser. **51** ~ **lack** (*m. - Anstr.*), prima mano, mano di fondo. **52** ~ **lage** (*f. - Bauw.*), base. **53** ~ **lagen** (*f. - pl. - allg.*), fondamenti, principi fondamentali. **54** ~ **lager** (Hauptlager) (*n. - Mot.*), cuscinetto di banco, supporto di banco. **55** ~ **last** (*f. - Elekt. - etc.*), carico di base. **56** ~ **linie** (Basis, eines Vielecks) (*f. - Geom.*), base. **57** ~ **linie** (Basis, bei der Ausführung einer Triangulation) (*Top.*), base. **58** ~ **loch** (*n. - Mech.*), foro cieco. **59** ~ **lohn** (*m. - Arb.*), paga oraria normale (a economia). **60** ~ **lücke** (eines Zahnes) (*f. - Mech.*), larghezza vano alla base (del dente). **61** ~ **masse** (eines Gesteins) (*f. - Min.*), matrice. **62** ~ **mauer** (*f. - Bauw.*), muro di fondazione. **63** ~ **metall** (*n. - Schweissen*), metallo base. **64** ~ **modul** (kleinstes Planungsmass = 10 cm) (*m. - Bauw.*), modulo base. **65** ~ **netz** (Schleppnetz) (*n. - Fischerei*), rete a strascico, strascico. **66** ~ **pfahl** (*m. - Bauw.*), palafitta, palo di fondazione. **67** ~ **platte** (*f. - Bauw.*), piastra di fondazione. **68** ~ **platte** (für Stanzwerkzeuge z. B.) (*mech. Technol.*), piastra portastampi. **69** ~ **rahmen** (eines Aggregates) (*m. - Mot.*), telaio di base. **70** ~ **rauschen** (*n. - Funk. - Fernseh.*), rumore di fondo. **71** ~ **rechnungsarten** (Addition, Subtraktion, Multiplikation und Division) (*f. - pl. - Math.*), operazioni fondamentali. **72** ~ **reibahle** (*f. - Werkz.*), alesatore (a codolo). **73** ~ **reihe** (von Zahlen) (*f. - Math.*), serie fondamentale. **74** ~ **riss** (Grundplan) (*m. - Zeichn.*), pianta. **75** ~ **säge** (Unterwassersäge) (*f. - Werkz.*), sega subacquea. **76** ~ **satz** (Prinzip) (*m. - allg.*), principio. **77** ~ **schaltung** (Schaltplan) (*f. - Elekt.*), schema fondamentale. **78** ~ **schwelle** (*f. - Bauw.*), soglia. **79** ~ **schwelle** (eines Geviers) (*Bergbau*), traversa. **80** ~ **schwingung** (erste Harmonische) (*f. - Phys.*), prima armonica. **81** ~ **see** (Grundwelle) (*f. - See*), onda di fondo. **82** ~ **steigungswinkel** (eines Wälzfräsers z. B.) (*m. - Mech.*), angolo di base della spira. **83** ~ **steuer** (*f. - finanz.*), imposta fondiaria. **84** ~ **stoff** (Element) (*m. - Chem.*), elemento. **85** ~ **stück** (Bodenfläche, im Grundbuch unter einer Nummer ausgeführt, mindestens aus einem Flurstück bestehend) (*n. - Bauw.*), immobile (*s.*). **86** ~ **stück** (Land) (*Bauw. - etc.*), terreno. **87** ~ **stückgesellschaft** (*f. - komm. - Bauw.*), società immobiliare. **88** ~ **stückliste** (Stückliste) (*f. - Ind.*), distinta base. **89** ~ **toleranz** (*f. - Mech.*), tolleranza fondamentale. **90** ~ **typ** (Feldtyp) (*m. - Elektronik*), modo fondamentale. **91** ~ **überholung** (*f. - Mot. etc.*), revisione generale. **92** ~ **ventil** (*n. - Hydr.*), valvola di fondo. **93** ~ **wasser** (unterirdisches Wasser) (*n. - Geol.*), acqua sotterranea. **94** ~ **wasserabsenkung** (örtlich, zum Trockenlegen von Baugruben z. B.) (*f. - Bauw.*), prosciugamento locale. **95** ~ **wasserabsinken** (infolge natürlicher Vorgänge) (*n. - Hydr. - Geol.*), abbassamento della falda. **96** ~ **wasseranreicherung** (künstlich) (*f. - Wass. b.*), arricchimento (artificiale) della falda. **97** ~ **wasseranstieg** (natürlich) (*m. - Hydr.*), ravvenamento. **98** ~ **wasserleiter** (wasserführende Schicht) (*m. - Geol.*), falda acquifera, nappa acquifera. **99** ~ **wasserspiegel** (*m. - Geol. - Hydr.*), livello della falda. **100** ~ **wehr** (*n. - Wass.b.*), stramazzo rigurgitato. **101** ~ **welle** (direkte Welle) (*f. - Funk.*), onda diretta. **102** ~ **welle** (Trägerwelle) (*Funk.*), onda portante. **103** ~ **welle** (Grundschwingung, erste Harmonische) (*Phys.*), onda fondamentale, prima armonica. **104** ~ **werkstoff** (*m. - Schweissen*), metallo base. **105** ~ **zahl** (Basis, bei Potenzen) (*f. - Math.*), base. **106** ~ **zange** (*f. - Bauw.*), grappa per fondazioni. **107** ~ **zapfen** (Keilzapfen) (*m. - Zimm.*), tenone a cuneo. **108** ~ **zeit** (*f. - Mech.*), tempo ciclo. **109** ~ **züge** (eines Verfahrens, einer Wissenschaft, etc.) (*m. - pl. - allg.*), elementi fondamentali, tratti fondamentali. **110** ~ **zustand** (Normalzustand) (*m. - Elektronik*), livello (energetico) normale, stato normale. **111** ~ **zylinder** (einer Verzahnung) (*m. - Mech.*), cilindro base. **112 aus irgendeinem** ~ (*allg.*), per una ragione qualsiasi. **113 Bau** ~ (*Bauw.*), terreno fabbricabile. **114 bebautes** ~ **stück** (einer Fabrik) (*Ind. - Bauw.*), area coperta. **115 gemeinsamer** ~ **rahmen** (eines elekt. Aggregates z. B.) (*Mech.*) base comune, telaio di base comune, basamento comune. **116 gespanntes** ~ **wasser** (*Geol.*), falda captiva. **117 nachstellbare** ~ **reibahle** (*Werkz.*), alesatore registrabile. **118 unbebautes** ~ **stück** (*Ind. - Bauw.*), area scoperta, area non coperta. **119 ungespanntes** ~ **wasser** (freies Grundwasser) (*Geol.*), falda libera, falda freatica.

grundbuchlich (*Bauw.*), tavolare.
gründen (*Bauw.*), eseguire le fondazioni.
Grundieren (*n. - Anstr.*), applicazione del fondo. **2** ~ (beim Laminieren z. B.) (*chem. Ind.*), applicazione del fondo. **3 Spritz** ~ (*Anstr.*), applicazione a spruzzo dei fondi. **4 Tauch** ~ (*Anstr.*), applicazione ad immersione dei fondi.
grundieren (*Anstr.*), applicare il fondo, dare la mano di fondo.
Grundierfarbe (*f. - Anstr.*), mano di fondo, prima mano.
Grundierharz (Harz-Härter-Gemisch für Grundieren, beim Laminieren) (*n. - chem. Ind.*), resina di fondo, fondo.
Grundierschicht (*f. - Anstr.*), mano di fondo.
Grundierung (Haftung und Passivierung, für Karosseriebleche z. B.) (*f. - Anstr.*), mano di fondo, prima mano, fondo.
Gründung (Fundierung, Fundament) (*f. - Bauw.*), fondazione. **2** ~ (eines Schmiedehammers z. B.) (*Bauw.*), fondazione. **3** ~ (einer Gesellschaft) (*komm.*), fondazione, costituzione. **4** ~ **auf Beton und Pfahlrost** (*Bauw.*), fondazione su calcestruzzo e palafitte. **5** ~

Grünguss 390

s·akt (einer Gesellschaft) (*m. - recht. - komm. - Adm.*), atto costitutivo, atto di costituzione. **6** ~ s·pfahl (Tragpfahl) (*m. - Bauw.*), palo di fondazione. **7 Brunnen** ~ (*Bauw.*), fondazione a pozzi. **8 Druckluft** ~ (*Bauw.*), fondazione con cassone pneumatico. **9 Gefrier** ~ (*Bauw.*), fondazione a congelamento. **10 offene** ~ (*Bauw.*), fondazione immediata, fondazione superficiale. **11 offene** ~ **im Trockenen** (*Bauw.*), fondazione superficiale in terreno asciutto. **12 offene** ~ **im Wasser** (*Bauw.*), fondazione superficiale in terreno acquifero. **13 Pfahl** ~ (*Bauw.*), fondazione su pali. **14 Platten** ~ (*Bauw.*), fondazione a platea. **15 Schwimmkasten** ~ (*Bauw.*), fondazione con cassone galleggiante. **16 Senkbrunnen** ~ (*Bauw.*), fondazione a pozzi per affondamento. **17 Senkkasten** ~ (*Bauw.*), fondazione con cassone autoaffondante.
Grünguss (Nassguss) (*m. - Giess.*), colata a verde.
Grünstreifen (einer Autobahn) (*m. - Strasse*), spartitraffico.
Gruppe (*f. - allg.*), gruppo. **2** ~ (*Math.*), gruppo. **3** ~ (*Artillerie - Luftw.*), gruppo. **4** ~ n·akkord (*m. - Pers. - Arb.*), cottimo di squadra, cottimo collettivo. **5** ~ n·antrieb (mehrerer Arbeitsmaschinen) (*m. - Mech.*), azionamento a gruppi, azionamento collettivo. **6** ~ n·arbeit (*f. - Arb. - Organ.*), lavoro di squadra. **7** ~ n·bohrmaschine (*f. - Werkz. masch.*), trapano a più fusi, trapano a più mandrini. **8** ~ n·fräser (*m. - Werkz.*), fresa multipla. **9** ~ n·führer (*m. - Arb. - Pers.*), capogruppo. **10** ~ n·geschwindigkeit (*f. - Fernspr. - etc.*), velocità di gruppo. **11** ~ n·getriebe (zur Verdoppelung der Gangzahl und des Übersetzungsbereiches) (*n. - Fahrz.*), riduttore. **12** ~ n·laufzeit (*f. - Funk. - etc.*), ritardo di gruppo, tempo (di propagazione) di gruppo. **13** ~ n·leistungslohn (Vergütung für eine von einer Gruppe gemeinsam erbrachte Leistung) (*m. - Arb.*), cottimo di squadra. **14** ~ n·leiter (*m. - Pers.*), assistente. **15** ~ n·prämie (*f. - Arb.*), premio di gruppo. **16** ~ n·schalter (*m. - Elekt.*), commutatore. **17** ~ n·schaltung (zum Vorwählen der langsamen oder schnellen Gruppe von Gängen eines Wechselgetriebes) (*f. - Aut.*), comando gruppi (di marce). **18** ~ n·theorie (*f. - Math. - etc.*), teoria dei gruppi. **19** ~ n·übergangsquerschnitt (*m. - Kernphys.*), sezione d'urto di trasporto di gruppo. **20** ~ n·umsetzung (*f. - Fernspr.*), trasposizione di gruppo. **21** ~ n·versicherung (Kollektivversicherung) (*f. - komm.*), assicurazione collettiva. **22** ~ n·wahl (*f. - Fernspr.*), selezione di gruppo. **23** ~ n·wähler (GW), (*m. - Fernspr.*), selettore di gruppo. **24 Abelsche** ~ (*Math.*), gruppo abeliano, gruppo commutativo, gruppo permutabile. **25 Arbeitnehmer** ~ (*Arb.*), categoria sindacale. **26 endliche** ~ (*Math.*), gruppo finito. **27 Finanz** ~ (*finanz.*), gruppo finanziario. **28 unendliche** ~ (*Math.*), gruppo infinito.
gruppieren (zusammenstellen) (*allg.*), raggruppare.
Gruppierung (*f. - allg.*), raggruppamento. **2** ~ (von Motoren) (*f. - Mot.*), accoppiamento. **3** ~ (von Leitungen) (*Fernspr.*), disposizione, armamento.
Grus (Graus, verwittertes Gestein) (*m. - Geol.*), detriti. **2** ~ (Kohle z. B.) (*Brennst. etc.*), minuto (*s.*). **3** ~ (Abfälle) (*allg.*), rifiuti.
Grusel (grober Sand und Steine) (*m. - Geol.*), pietrisco.
GS (Stahlguss, Werkstoff) (*Metall.*), acciaio colato. **2** ~ (Guss.stück aus Stahl) (*Giess.*), getto di acciaio.
Gs (Gleichspannung) (*Elekt.*), tensione continua. **2** ~ (Gleichstrom) (*Elekt.*), corrente continua, c.c.
G-Schweissen (Gasschweissen) (*n. - mech. Technol.*), saldatura a gas.
GSÜ (Gleichstromübertragung) (*Elekt.*), trasmissione in corrente continua.
G T (Grand Touring) (*Aut. - Sport*), Granturismo. **2** ~ (Gewicht) (*allg.*), peso. **3** ~ (Temperguss) (*Giess.*), ghisa malleabile. **4** ~ (Guss·stück aus Temperguss) (*Giess.*), getto di ghisa malleabile.
G.T. (Gewichtsteil) (*Mass*), parte in peso.
GT-Klasse (*f. - Aut. - Sport*), classe Granturismo.
GTP (perlitischer Temperguss) (*Giess.*), ghisa malleabile perlitica.
GTS (schwarzer Temperguss) (*Giess.*), ghisa malleabile a cuore nero.
GTW (weisser Temperguss) (*Giess.*), ghisa malleabile a cuore bianco.
Gu-Bindung (Gummibindung, für Schleifscheiben) (*f. - Werkz.*), impasto di gomma.
Guckfenster (*n. - Instr. - etc.*), finestrino.
Guillotineschere (*f. - Masch.*), cesoia a ghigliottina.
Gully (Sinkkasten, Einlaufschacht für die Kanalisation) (*m. - n. - Bauw.*), pozzetto di raccolta. **2** ~ deckel (*m. - Bauw. - Strass.b.*), chiusino, « tombino ».
gültig (geltend, wirksam) (*allg.*), valido, in vigore.
Gültigkeit (*f. - recht.*), validità.
Gum (*n. - Bauw.*) (*schweiz.*), siehe Lagerhaus. **2** ~ (Harzgehalt der Benzine) (*Brennst.*), « gomma ».
Gummi (vulkanisierter Kautschuk) (*m. - Werkstoff*), gomma. **2** ~ (wasserlöslicher Anteil der Gummiharze) (*n. - Chem.*), gomma. **3** ~ aderleitung (*f. - Elekt.*), filo isolato in gomma. **4** ~ belag (*m. - allg.*), rivestimento di gomma. **5** ~ belag (Bodenbelag) (*Bauw.*), pavimentazione di gomma. **6** ~ bereifung (Luftbereifung) (*f. - Fahrz.*), pneumatici, gommatura. **7** ~ bleikabel (*n. - Elekt.*), cavo con isolamento in gomma sottopiombo, cavo isolato in gomma sottopiombo. **8** ~ dichtung (*f. - Mech.*), guarnizione di gomma. **9** ~ druck (Anilindruck) (*m. - Druck.*), stampa all'anilina. **10** ~ druck (Offsetdruck), stampa offset. **11** ~ elastikum (*n. - Ind.*), gomma d'India. **12** ~ faden (Latexfaden) (*m. - Textilind.*), filo di gomma. **13** ~ -Gewebe (*n. - Ind.*), tessuto gommato. **14** ~ harz (*n. - chem. Ind.*), gommaresina. **15** ~ in Blättern (*Ind.*), gomma in fogli. **16** ~ kabel (*n. - Elekt.*), cavo sottogomma. **17** ~ kissen (*n. - Blechbearb.*), tampone di gomma. **18** ~ kli-

schee (n. - Druck.), clichè di gomma. 19 ~ kneter (m.-Masch.), masticatrice per gomma. 20 ~ lack (m. - chem. Ind.), gomma lacca. 21 ~ linse (Linse veränderlicher Brennweite, einer Kamera z. B.) (f. - Phot. - Fernseh.), obbiettivo a focale variabile, obbiettivo «zoom», ottica a focale variabile. 22 ~ metallverbindung (f. - Technol.), giunzione gomma-metallo, legame gomma-metallo. 23 ~ motor (eines Modellflugzeuges) (m. - Flugw. - Sport), motore ad elastico. 24 ~ motormodell (n. - Flugw. - Sport), aeromodello ad elastico. 25 ~ presseur (Zylinder einer Tiefdruckmaschine) (m. - Druckmasch.), cilindro di pressione in caucciù. 26 ~ puffer (m. - Mech.), tampone di gomma, paracolpi di gomma. 27 ~ reifen (Pneumatik, Luftreifen) (m. - Fahrz.), pneumatico di gomma. 28 ~ reifen (Vollgummireifen) (Fahrz.), gomma piena. 29 ~ schlauch (m. - Ind.), manichetta di gomma, tubo di gomma. 30 ~ schlauchleitung (f. - Elekt.), filo isolato in gomma. 31 ~ schneiden (Schneiden mit Schneidschablone) (n. - Blechbearb.), tranciatura con tampone di gomma. 32 ~ trockner (m. - Phot.), seccatoio (in gomma). 33 ~ tuch (für Offset) (n. - Druck.), caucciù, tessuto gommato. 34 ~ tülle (Gummihülse) (f. - Mech.), bussola di gomma. 35 ~ unterlage (f. - Mech.), tampone di gomma, tassello di gomma. 36 ~ ventil (Gummifussventil, Luftschlauchventil) (n. - Aut.), valvola della camera d'aria. 37 ~ ziehen (n. - Blechbearb.), imbutitura con tampone di gomma. 38 Hart ~ (chem. Ind.), ebanite. 39 Schaum ~ (Gummiind.), gomma spugnosa, spuma di gomma. 40 synthetischer ~ (chem. Ind.), gomma sintetica. 41 vulkanisierter ~ (chem. Ind.), gomma vulcanizzata. 42 Weich ~ (mit wenig Schwefel vulkanisierter hochelastischer Gummi) (chem. Ind.), gomma elastica, vulcanizzato elastico.

gummibereift (mit Luftreifen) (Fahrz.), con pneumatici. 2 ~ (mit Vollgummireifen) (Fahrz.), con gomme piene.

gummielastisch (Elastomer z. B.) (Technol.), elastico.

Gummieren (von Geweben) (n. - Textilind.), gommatura.

gummi-isoliert (Elekt.), sottogomma, isolato in gomma.

GUP (glasfaserverstärktes ungesättigte Polyester-Giessharz) (Kunststoff), resina poliestere non satura rinforzata con fibra di vetro.

Gurt (Gürtel, Band) (m. - allg.), cintura, cinghia. 2 ~ (Gurtung) (Bauw.), briglia, corrente. 3 ~ (Flansch, von Walzprofilen) (metall. Ind. - Bauw.), ala. 4 ~ (Patronengurt, für Maschinenwaffen) (milit.), nastro. 5 ~ förderer (Förderband) (m. - ind. Masch.), trasportatore a nastro. 6 ~ gewölbe (geripptes Gewölbe) (n. - Arch.), volta nervata. 7 ~ holz (n. - Schiffbau), corso di cinta. 8 ~ platte (Kopfplatte) (f. - Bauw.), piattabanda. 9 Bauch ~ (Sicherheitsgurt) (Aut. - etc.), cintura addominale. 10 Becken ~ (Bauchgurt, Sicherheitsgurt) (Aut.), cintura addominale. 11 Schulter ~ (Sicherheitsgurt) (Aut.), cintura a bandoliera. 12 Sicherheits ~ (Aut.), cintura di sicurezza.

Gürtel (Band) (m. - allg.), fascia, cintura. 2 ~ (Riemen) (allg.), cinghia. 3 ~ linse (Fresnellinse, Ringlinse) (f. - Opt.), lente di Fresnel. 4 ~ panzer (eines Kriegschiffs) (m. - Kriegsmar.), corazzatura della fiancata. 5 ~ reifen (Bandagenreifen) (Aut.), pneumatico cinturato. 6 Van-Allen- ~ (Geophys. - Radioakt.), fascia di Van Allen.

gürtelbereift (Aut.), con pneumatici cinturati.

gurten (überblatten) (Bauw.), sovrapporsi. 2 ~ (mit Patronen füllen) (milit.), caricare il nastro.

Gurtung (Gurt) (f. - Bauw.), briglia, corrente.

Guss (Guss·stück) (n. - Giess.), getto, fusione, pezzo fuso. 2 ~ (Giessen, Verfahren) (Giess.), colata. 3 ~ (Gusseisen) (Giess.), ghisa. 4 ~ asphalt (m. - Strass.b.), mastice d'asfalto. 5 ~ beton (m. - Bauw.), calcestruzzo colato. 6 ~ betoneinrichtung (f. - Bauw.), impianto per la gettata del calcestruzzo. 7 ~ betonpfahl (m. - Bauw.), palo in calcestruzzo. 8 ~ blase (f. - Giess.), soffiatura. 9 ~ block (m. - Metall.), lingotto. 10 ~ block (Stahlblock) (Metall.), lingotto (d'acciaio). 11 ~ bruch (Guss·schrott) (m. - Giess.), rottame di ghisa. 12 ~ eisen (n. - Giess.), siehe Gusseisen. 13 ~ fehler (m. - Giess.), difetto di colata. 14 ~ form (f. - Giess.), forma (da fonderia). 15 ~ form (für Druckgiessen) (Giess.), stampo. 16 ~ glas (Rohglas, in Dicken von 4÷10 mm gewalzt) (Glasind.), vetro grezzo in lastre, vetro stampato. 17 ~ haut (eines Blockes z. B.) (f. - Metall.), pelle. 18 ~ kern (m. - Giess.), anima. 19 ~ kopf (Guss·steiger, Steiger) (m.-Giess.), materozza, montante. 20 ~ legierung (aus Aluminium z. B.) (f. - Giess. - Metall.), lega per getti. 21 ~ loch (n. - Giess.), foro di colata. 22 ~ -Messing (n. - Metall.), ottone da getti, ottone per fonderia. 23 ~ modell (n. - Giess.), modello (da fonderia). 24 ~ naht (Formfuge) (f. - Giess.), bava, bavatura, cresta. 25 ~ pfanne (f. - Giess.), siviera, secchia di colata, caldaia di colata. 26 ~ putzerei (Gussputzen) (f. - Giess.), sbavatura. 27 ~ putzmaschine (f. - Giess.), sbavatrice. 28 ~ putzschleifmaschine (f. - Giess.), mola sbavatrice. 29 ~ rad (für Lkw, aus Stahl, Temperguss oder Leichtmetall (n. - Fahrz.), ruota fusa. 30 ~ ringausbau (m. - Bergbau), siehe Tübbingausbau. 31 ~ rohr (Gusseisenrohr) (n. - Leit.), tubo di ghisa, tubo fuso. 32 ~ schrott (m. - Giess.), rottame di ghisa. 33 ~ spannung (f. - Giess.), tensione interna (di fusione). 34 ~ stahl (Stahlguss) (m. - Metall.), acciaio fuso. 35 ~ stahl (Tiegelstahl) (Metall.), acciaio al crogiuolo. 36 ~ steiger (Steiger) (m. - Giess.), materozza, montante. 37 ~ stück (n. - Giess.), getto. 38 ~ trichter (Einlauftrichter) (m. - Giess.), bacino di colata. 39 ~ zinnbronze (f. - Metall.), bronzo allo stagno per getti. 40 Bau ~ (Maschinenguss) (Giess.), ghisa meccanica. 41 blasiger ~ (Giess.), getto poroso, getto soffiato. 42 Block ~ (Giess.), ghisa in pani. 43 Croningform-Genau ~ (Giess.), colata di precisione in forma a guscio, microfusione in forma a guscio. 44 Dauerform ~ (Kokil-

Gusseisen

lenguss, Verfahren) (*Giess.*), colata in conchiglia, colata in forma permanente. 45 **Druck ~** (Giessen, Verfahren) (*Giess.*), pressofusione, colata sotto pressione. 46 **Druck ~** (Erzeugnis, Guss·stück) (*Giess.*), pressogetto, getto ottenuto di pressofusione, pressofuso. 47 **fallender ~** (*Giess.*), colata diretta. 48 **Grau ~** (Werkstoff) (*Giess.*), ghisa grigia. 49 **Grau ~** (Guss-stück) (*Giess.*), getto in ghisa grigia. 50 **Hart ~** (Kokillenguss) (*Giess.*), ghisa conchigliata. 51 **hochwertiger Grau ~** (*Gies.*), ghisa acciaiosa. 52 **Kokillen ~** (Werkstoff) (*Giess.*), ghisa conchigliata. 53 **Kokillen ~** (Giessen, Verfahren) (*Giess.*), colata in conchiglia. 54 **Kokillen ~** (Guss·stück) (*Giess.*), getto conchigliato. 55 **kontinuierlicher ~** (*Giess.*), colata continua. 56 **Kunst ~** (*Giess. - Kunst*), getto artistico. 57 **liegender ~** (*Giess.*), colata orizzontale. 58 **Maschinen ~** (*Giess.*), ghisa meccanica. 59 **Nass ~** (Verfahren) (*Giess.*), colata in verde. 60 **NE-Metall ~** (Nichteisen-Metallguss) (*Giess.*), getto di metallo non ferroso. 61 **poröser ~** (*Giess.*), getto poroso. 62 **Press ~** (Druckguss, Verfahren) (*Giess.*), pressofusione. 63 **Sand ~** (Verfahren) (*Giess.*), colata in terra. 64 **Schalenhart ~** (Kokillenguss, Werkstoff) (*Giess.*), ghisa conchigliata. 65 **Schalenhart ~** (Guss·stück) (*Giess.*), getto di ghisa conchigliata. 66 **Schleuder ~** (Verfahren) (*Giess.*), colata centrifuga. 67 **Schwarzkern ~** (*Giess.*), ghisa malleabile a cuore nero, ghisa a cuore nero. 68 **Sphäro ~** (kugelförmiges Gusseisen) (*Giess.*), ghisa (a grafite) sferoidale, ghisa nodulare. 69 **Spritz ~** (Druckguss, Verfahren) (*Giess.*), pressofusione, colata sotto pressione, fusione sotto pressione. 70 **Spritz ~** (thermoplastischer Massen, Verfahren) (*chem. Ind. - Technol.*), iniezione. 71 **Stahl ~** (Erzeugnis, Guss·stück) (*Giess.*), getto di acciaio. 72 **Stahl ~** (Werkstoff) (*Metall.*), acciaio fuso. 73 **Stapel ~** (*Giess.*), colata a grappolo. 74 **stehender ~** (*Giess.*), colata verticale. 75 **steigender ~** (*Giess.*), colata a sorgente, colata a sifone. 76 **Strang ~** (kontinuierliches Giessen) (*Giess.*), colata continua. 77 **Temper ~** (Werkstoff) (*Giess.*), ghisa malleabile. 78 **Trocken ~** (Verfahren) (*Giess.*), colata in forma essiccata. 79 **unvollständiger ~** (*Giess. fehler*), getto incompleto. 80 **Vollhart ~** (Werkstoff) (*Giess.*), ghisa bianca. 81 **Vollhart ~** (Guss·stück) (*Giess.*), getto di ghisa bianca. 82 **Weisskern ~** (*Giess.*), ghisa malleabile a cuore bianco, ghisa a cuore bianco.

Gusseisen (*n. - Giess.*), ghisa. 2 ~ **erster Schmelzung** (*Giess.*), ghisa di prima fusione, ghisa d'alto forno. 3 ~ **mit Kugelgraphit** (Sphäroguss) (*Giess.*), ghisa (a grafite) sferoidale, ghisa nodulare. 4 ~ **mit Nadelstruktur** (*Giess.*), ghisa aciculare. 5 ~ **platte** (*f. - Mech.*), piano di riscontro (in ghisa). 6 ~ **zweiter Schmelzung** (*Giess.*), ghisa da fonderia, ghisa di seconda fusione. 7 **austenitisches ~** (*Giess.*), ghisa austenitica. 8 **bainitisches ~** (*Giess.*), ghisa bainitica. 9 **eutektisches ~** (*Giess.*), ghisa eutettica. 10 **ferritisches ~** (*Giess.*), ghisa ferritica. 11 **graphitisches ~** (*Giess.*), ghisa grafitosa. 12 **halbiertes ~** (*Giess.*), ghisa trotata. 13 **heisses ~** (*Giess.*), ghisa calda. 14 **hochfestes ~** (*Giess.*), ghisa ad alta resistenza. 15 **hochwertiges ~** (*Giess.*), ghisa acciaiosa. 16 **martensitisches ~** (*Giess.*), ghisa martensitica. 17 **perlitisches ~** (*Giess.*), ghisa perlitica. 18 **sorbitisches ~** (*Giess.*), ghisa sorbitica. 19 **sphärolitisches ~** (kugelförmiges Gusseisen, Sphäroguss) (*Giess.*), ghisa (a grafite) sferoidale, ghisa nodulare. 20 **übereutektisches ~** (*Giess.*), ghisa ipereutettica. 21 **untereutektisches ~** (*Giess.*), ghisa ipoeutettica. 22 **weisses ~** (*Giess.*), ghisa bianca.

gusseisern (*Giess. - etc.*), di ghisa.
gussgekapselt (*Elekt.*), corazzato.
gussputzen (ein Guss·stück) (*Giess.*), sbavare.

Gut (Ware) (*n. - komm.*), merce. 2 ~ (Eigentum) (*finanz.*), bene, proprietà. 3 ~ (Tauwerk) (*naut.*), manovre. 4 ~ (Einsatz, Charge) (*allg.*), carica. 5 ~ (*komm.*), *siehe auch* Güter. 6 ~ **achten** (fachmännische Beurteilung) (*n. - Bauw. - etc.*), perizia. 7 ~ **grenze** (Annahmegrenze, annehmbare Qualität der Lieferung, bei Qualitätskontrolle) (*f. - mech. Technol.*), livello di qualità accettabile. 8 ~ **haben** (*n. - Buchhaltung*), credito. 9 ~ **lehre** (*f. - Instr.*), calibro passa. 10 ~ **schrift** (*f. - komm.*), *siehe* Gutschrift. 11 ~ **seite** (einer Lehre) (*f. - Werkz.*), lato passa. 12 ~ **zahl** (Annahmezahl, bei Qualitätskontrolle) (*f. - mech. Technol.*), numero di accettazione. 13 **bewegliches ~** (*finanz.*), bene mobile. 14 **Durchgangs ~** (*Transp.*), merce in transito. 15 **Eil ~** (*Eisenb. - Transp.*), merce a grande velocità. 16 **Fracht ~** (*Eisenb. - Transp.*), merce a piccola velocità. 17 **laufendes ~** (*naut.*), manovre correnti. 18 **stehendes ~** (*naut.*), manovre dormienti, manovre fisse. 19 **Stück ~** (*Eisenb. - Transp.*), merce a collettame. 20 **Wagenladungs ~** (*Eisenb. - Transp.*), merce a vagone completo.

gut (*gen.*), buono. 2 ~ (in der Schätzskala) (*Arb. - Zeitstudium*), buono. 3 ~ **achtlich** (*Bauw. - etc.*), peritale. 4 ~ **er Glaube** (*recht.*), buona fede. 5 **sehr ~** (in der Schätzskala) (*Arb. - Zeitstudium*), molto abile.

Güte (Qualität) (*f. - allg.*), qualità. 2 ~ **einteilung** (*f. - Ind.*), cernita, classificazione, sortitura. 3 ~ **faktor** (Gütezahl, Güteziffer, Gütekoeffizient) (*m. - Elekt.*), fattore di merito. 4 ~ **grad** (Wirkungsgrad) (*m. - Mech.*), efficienza. 5 ~ **grad** (einer Passung) (*Mech.*), grado di precisione. 6 ~ **grad** (eines Verbrennungsmotors) (*Mot.*), grado di bontà. 7 ~ **klasse** (von Passungen) (*f. - Mech.*), classe di accoppiamento. 8 ~ **prämie** (Qualitätsprämie, Zuschlag zum Zeitlohn z. B.) (*f. - Arb.*), premio per la qualità. 9 ~ **sicherung** (Abteilung) (*f. - Ind.*), sicurezza della qualità. 10 ~ **stempel** (Gütezeichen) (*m. - komm.*), marchio di qualità. 11 ~ **überwachung** (*f. - Ind.*), controllo della qualità. 12 ~ **zahl** (Reversibilitätsgrad) (*f. - Okonomie*), grado di reversibilità. 13 ~ **zeichen** (*n. - komm.*), marchio di qualità. 14 ~ **ziffer** (Gütekennziffer) (*f. - allg.*), indice di qualità. 15 ~ **ziffer eines Speichers** (Energieinhalt des Speichers geteilt durch die Sperrenkubatur) (*Wass.b. - Hydr.*), indice di qualità di una diga.

Güter (*n. - pl. - komm.*), merci. 2 ~ **abfertigung** (Güterannahme) (*f. - Eisenb.*), servizio (spedizioni) merci. 3 ~ **bahnhof** (*m. - Eisenb.*), scalo merci. 4 ~ **beförderung** (*f. - Transp.*), trasporto merci. 5 ~ **flugzeug** (*n. - Flugw.*), aeroplano per trasporto merci. 6 ~ **ladeplatz** (*m. - Transp.*), piano di caricamento (delle merci). 7 ~ **rampe** (*f. - Transp.*), rampa di caricamento (delle merci). 8 ~ **schuppen** (*m. - Transp.*), deposito merci, magazzino. 9 ~ **wagen** (*m. - Eisenb.*), carro merci. 10 ~ **wagen** (*Eisenb.*), siehe auch Wagen. 11 ~ **zug** (*m. - Eisenb.*), treno merci. 12 gedeckter ~ wagen (geschlossener Güterwagen) (*Eisenb.*), carro (merci) chiuso. 13 offener ~ wagen (*Eisenb.*), carro (merci) aperto.

Gutsche (hohl geformtes Stecheisen) (*f. - Werkz.*), sgorbia.

gutschreiben (*Adm.*), accreditare.

Gutschrift (*f. - komm.*), credito. 2 ~ s·anzeige (*f. - Adm.*), nota di accredito. 3 zu meiner ~ (*komm.*), a mio credito.

Guttapercha (*f. - Ind.*), guttaperca.

GV (glasfaserverstärkt, Kunststoff) (*Chem.*), RFV, rinforzato con fibre di vetro.

GVU (Gasversorgungsunternehmen) (*Ind.*), azienda (per la fornitura) del gas.

GVZ (Grenzviskositätszahl) (*Papierherstellung*), indice di viscosità limite.

GW (Gleichstrom-Wechselstrom, Allstrom) (*Elekt.*), c.c.-c.a., corrente continua ed alternata, bicorrente. 2 ~ (Gruppenwähler) (*Fernspr.*), selettore di gruppo.

G-Wert (Zahl der je 100 eV absorbierter Strahlungsenergie umgesetzten oder gebildeten Moleküle) (*m. - chem. Bestrahlungstechnik*), valore G.

Gymkhana (*n. - Aut. - etc - Sport*), gincana, gymkhana.

Gyrator (Vierpolart) (*m. - Elekt.*), giratore.

Gyrobus (Elektrogyro mit Schwungradenergieantrieb) (*m. - Fahrz.*), girobus, elettrobus a ruota libera.

Gyrofrequenz (*f. - Elektronik*), girofrequenza, frequenza giromagnetica.

Gyroide (Symmetrieachse, eines Kristalls) (*f. - Min.*), giroide.

Gyro-Kompass (Kreiselkompass) (*m. - Ger.*), girobussola, bussola giroscopica.

gyromagnetisch (*Atomphys.*), giromagnetico. 2 ~ es Verhältnis (*Atomphys.*), rapporto giromagnetico.

Gyrorektor (Kreiselgradflugweiser) (*m. - Flugw. - Ger.*), indicatore di direzione (di volo) giroscopico.

Gyroskop (Kreisel) (*n. - App.*), giroscopio. 2 «~» - Qualität (Super-Präzisions-Qualität, von Kugellagern z. B.) (*f. - Mech.*), extra-precisione.

Gyrostat (*m. - Mech.*), girostato.

GZ (Schleuderguss, Zentrifugalguss) (*Giess.*), colata centrifuga.

Gz (*Wärme*), siehe Gratz-Zahl.

GZM (Gesprächszeitmesser) (*Fernspr.*), contatore della durata conversazioni.

H

H (Haftsitz) (*Mech.*), accoppiamento preciso bloccato leggero. 2 ~ (Wasserstoff) (*Chem.*), H, idrogeno. 3 ~ (Henry) (*Masseinh.*), h, henry. 4 ~ (Heizwert) (*Wärme*), potere calorifico. 5 ~ (Hochfrequenz, eines Kabels) (*Elekt.*), alta frequenza. 6 ~ (Gewindesteigung) (*Mech.*), passo. 7 ~ (Enthalpie) (*Thermodyn.*), entalpia. 8 ~ (Belichtung, lx·s) (*Beleucht.*), quantità di illuminamento. 9 ~ (H_e, Bestrahlung, J/m^2) (*Phys.*), emissività specifica, potere emissivo.

h (Hekto... = 10^2) (*Masseinh.*), h, etto... 2 ~ (Stunde) (*Masseinh.*), h, ora. 3 ~ (Höhe) (*allg.*), altezza. 4 ~ (relative Luftfeuchtigkeit) (*Meteor.*), umidità relativa. 5 ~ (Plancksches Wirkungsquantum = $6,62 . 10^{-34}$ Ws^2, Plancksche Konstante) (*Phys.*), h.

HA (Hausanschluss) (*Elekt. - etc.*), allacciamento domestico.

Ha (Hahnium) (*Chem.*), Ha, hahnio.

ha (Hektar, Flächenmass) (*Mass*), ettaro.

Haar (*n. - allg.*), pelo. 2 ~ **draht** (*m. - Elekt.*), filo capillare, filo di Wollaston. 3 ~ **feder** (Spiralfeder) (*f. - Uhr.*), spirale (del bilanciere). 4 ~ **filz** (*m. - Text.*), feltro di crine. 5 ~ **hygrometer** (Haarfeuchtigkeitsmesser) (*n. - Instr.*), igrometro a capello. 6 ~ **kristall** (*m. - Technol.*), siehe Whisker. 7 ~ **lineal** (Lineal aus gehärtetem Stahl) (*n. - Ger.*), riga a coltello, riga a filo. 8 ~ **messkante** (eines Stahlwinkels z. B.) (*f. - Mech.*), filo a coltello. 9 ~ **nadelfeder** (für Kraftradventilsteuerung) (*f. - Mech.*), molla a spillo. 10 ~ **riss** (*m. - Mech. - Metall.*), incrinatura capillare, cricca capillare. 11 ~ **rissbildung** (*f. , Anstr.fehler*), screpolatura capillare, incrinatura. 12 ~ **röhrchen** (Kapillare) (*n. - Phys.*), tubo capillare. 13 ~ **sieb** (*n. - Bergbau - etc.*), vaglio a maglia fine, setaccio, staccio. 14 ~ **strich** (einer Schrift) (*m. - Druck.*), grazia. 15 ~ **trockner** (Haartrockengerät) (*m. - elekt. - Ger.*), asciugacapelli. 16 ~ **zange** (*f. - Werkz.*), pinzette. 17 ~ **zirkel** (Teilzirkel, Federzirkel, Stechzirkel) (*m. - Zeichn. - Ger.*), balaustrino.

Habe (*f. - recht.*), proprietà, beni. 2 **bewegliche** ~ (*recht.*), beni mobili.

Haben (Guthaben) (*n. - Buchhaltung*), avere. 2 ~ **saldo** (*n. - Buchhaltung*), saldo a credito.

Habilitation (*f. - Schule*), abilitazione.

Hacke (Platthacke) (*f. - Ack.b.werkz.*), zappa. 2 **Stopfspitz** ~ (*Strass.b.werkz.*), piccone, gravina.

Hacken (zum Zellstoffaufschluss) (*n. - Papierind.*), sminuzzatura.

hacken (*Ack.b.*), zappare.

Hacker (Hackerkamm, einer Krempel) (*m. - Textilmasch.*), pettine oscillante.

Hackmaschine (*f. - Ack.b.masch.*), zappatrice, zappa a cavallo. 2 ~ (zum Zellstoffaufschluss) (*Masch.*), sminuzzatrice.

Hacksäge (*f. - Werkz.*), seghetto. 2 ~ (*Masch.*), seghetto meccanico, segatrice alternativa.

Hackschnitzel (Holzschnitzel, bei dem Zellstoffaufschluss) (*n. - Papierind.*), minuzzolo.

Hadern (Lumpen, Textilabfälle, etc.) (*m. - pl. - Papierind.*), stracci. 2 ~ **papier** (*n. - Papierind.*), carta di stracci. 3 ~ **stoff** (*m. - Papierind.*), pasta di stracci.

Hafen (*m. - naut. - Geogr.*), porto. 2 ~ (Schmelzhafen) (*Glasind.*), crogiolo, padella. 3 ~ **anlagen** (*f. - pl. - naut.*), impianti portuali. 4 ~ **arbeiter** (*m. - Arb.*), scaricatore di porto. 5 ~ **barkasse** (*f. - naut.*), lancia (per servizio) di porto. 6 ~ **damm** (Mole) (*m. - See*), molo. 7 ~ **diesel** (für den Hafenbetrieb von Turbinenschiffen) (*m. - Mot.*), motore diesel ausiliario per propulsione in porti. 8 ~ **einrichtungen** (*f. - pl. - naut.*), installazioni portuali. 9 ~ **feuer** (*n. - naut.*), faro di porto. 10 ~ **gelder** (*n. - pl. - naut.*), diritti portuali. 11 ~ **kai** (*m. - See*), banchina. 12 ~ **meisteramt** (Hafenmeisterei) (*n. - naut.*), capitaneria di porto. 13 ~ **ofen** (*m. - Glasind. - Ofen.*) forno a crogioli, forno a padelle. 14 ~ **radaranlage** (*f. - Radar*), radar portuale. 15 ~ **schlepper** (*m. - naut.*), rimorchiatore portuale. 16 ~ **zeit** (*f. - naut.*), (tempo di) sosta nei porti. 17 **Abgangs** ~ (*Transp.*), porto di imbarco. 18 **Anlauf** ~ (*Transp.*), porto di scalo. 19 **Aussen** ~ (Vorhafen) (*naut.*), avamporto. 20 **Bestimmungs** ~ (*Transp.*), porto di destinazione. 21 **Binnen** ~ (*naut.*), porto interno. 22 **Fluss** ~ (*naut.*), porto fluviale. 23 **Flut** ~ (Tidehafen) (*naut.*), porto a marea. 24 **Frei** ~ (Zollfreihafen) (*komm.*), porto franco. 25 **geschlossener** ~ (durch Schleuse vom Aussenwasser abgeschlossener Hafen) (*naut.*), porto chiuso. 26 **Handels** ~ (*naut.*), porto di commercio, porto commerciale. 27 **Kanal** ~ (*naut.*), porto-canale. 28 **künstlicher** ~ (*naut.*), porto artificiale. 29 **Natur** ~ (*Geogr. - naut.*), porto naturale. 30 **Not** ~ (*naut.*), porto di rifugio. 31 **offener** ~ (Fluthafen z. B.) (*naut.*), porto aperto. 32 **Schutz** ~ (Sicherheitshafen) (*naut.*), porto sicuro. 33 **See** ~ (*See*), porto di mare. 34 **Tide** ~ (Fluthafen) (*naut.*), porto a marea. 35 **Vor** ~ (*naut.*), avamporto.

Hafer (*m. - Ack.b.*), avena.

Hafnium (*Hf - n. - Chem.*), afnio.

Haft (*m. - allg.*), gancio, uncino. 2 ~ (Hafte, Agraffe) (*Bauw. - etc.*), uncino.

haftbar (*allg.*), responsabile. 2 ~ **machen für...** (*allg.*), ritenere responsabile di...

Haftbarkeit (Haftpflicht) (*f. - recht. - etc.*), responsabilità.

haften (*allg.*), aderire. 2 ~ (*recht.*), essere responsabile.

Haftfähigkeit (*f. - Anstr.*), siehe Haftvermögen.

Haftfestigkeit (*f. - Phys.*), adesione, adesività. 2 ~ (Mass für den Widerstand gegen

eine mech. Trennung vom Untergrund) (*Anstr.*), adesività.
Haftfläche (feinbearbeitete Oberfläche) (*f. - Mech.*), superficie adesiva.
Haftgeld (Angeld) (*n. - komm.*), caparra, cauzione.
Haftglas (Kontaktschale) (*n. - Opt.*), lente a contatto.
Haftgrenze (*f. - Fahrz.*), limite di aderenza.
Haftgrundierung (Wash-primer) (*f. - Anstr.*), siehe Haftgrundmittel (*n.*).
Haftgrundmittel (Grundierung, « Wash-primer ») (*n. - Anstr.*), wash-primer, fondo sintetico anticorrosione, ammannitura, imprimitura. 2 KH- ~ (Kunstharz-Haftgrundmittel) (*Anstr.*), wash-primer sintetico, wash-primer di resine sintetiche. 3 NC- ~ (*Anstr.*), wash-primer nitrocellulosico.
Haftkleber (*m. - Chem. Ind.*), siehe Selbstkleber.
Haftkraft (einer Presspassung) (*f. - Mech.*), forza di bloccaggio. 2 ~ (*Chem. - etc.*), forza di adesione.
Haftmass (Übermass minus Übermassverlust) (*n. - Mech.*), interferenza effettiva (dopo l'accoppiamento).
Haftmoment (übertragbares Drehmoment einer schaltbaren Kupplung) (*n. - Masch.*), coppia trasmissibile.
Haftpflaster (*n. - Pharm.*), cerotto.
Haftpflicht (*f. - recht.*), responsabilità. 2 ~ versicherung (*f. - Aut. - etc.*), assicuraz. contro terzi, assicuraz. per responsabilità civile.
Haftreibung (*f. - Phys.*), attrito statico. 2 ~ s· beiwert (*m. - Aut.*), coefficiente di aderenza. 3 ~ s·moment (Losbrechmoment, beim Kaltstart eines Verbr.mot.) (*n. - Mot.*), momento di scollamento, coppia di spunto.
Haftsitz (H) (*m. - Mech.*), accoppiamento preciso bloccato leggero. 2 Edel ~ (*Mech.*), accoppiamento extrapreciso bloccato leggero.
Haftspannung (*f. - Phys. - etc.*), aderenza.
Haftstelle (Fangstelle, Trap, Störstelle die einen Ladungsträger binden kann) (*f. - Phys.*), trappola, punto di cattura.
Haftung (Haftpflicht) (*f. - recht.*), responsabilità. 2 ~ (von Beton an Eisen z. B., Haftvermögen) (*Bauw. - etc.*), aderenza. 3 ~ s· prüfung (eines Lackes) (*f. - Anstr.*), prova di adesività.
Haftvermögen (Haftfestigkeit) (*n. - Phys.*), adesione. 2 ~ (Verbindung der Oberflächen ungleicher Stoffe, Beton und Stahl z. B.) (*n. - Ing.b. - etc.*), aderenza. 3 ~ (Haftfähigkeit; Vermögen, sich im Untergrund zu verankern) (*Anstr.*), adesività.
Haftwert (*n.-Eisenb.*), coefficiente di aderenza.
Hagebuche (Hainbuche, Hornbaum) (*f. - Holz*), carpino comune.
Hagel (*m. - Meteor.*), grandine. 2 ~ korn (Hagelschlosse) (*n. - Meteor.*), grano di grandine. 3 ~ schauer (*m. - Meteor.*), grandinata.
hageln (*Meteor.*), grandinare.
Hahn (*m. - Leit.*), rubinetto. 2 ~ (eines Gewehres) (*Feuerwaffe*), cane, grilletto. 3 ~ kappe (*f. - Feuerbekämpfung*), idrante. 4 ~ kegel (Hahnküken, Kückenhahn) (*m. - Leit.*), rubinetto a maschio. 5 Ablass ~ (*Leit.*), rubinetto di scarico. 6 Dreiweg ~ (*Leit.*), rubinetto a tre vie. 7 Durchgangs ~ (Kükkenhahn) (*Leit.*), rubinetto a maschio. 8 Entleerungs ~ (*allg.*), rubinetto di scarico. 9 Sperr ~ (*Leit.*), rubinetto di intercettazione.
Hahnenbalken (Spitzbalken, Hainbalken, Katzenbalken, eines Daches) (*m. - Bauw.*), trave di colmo.
Hahnium (*Ha - n - Chem.*), hahnio.
Hainbalken (*m. - Bauw.*), siehe Hahnenbalken.
Haken (*m. - Mech. - etc.*), gancio. 2 ~ (*Giess.*), gancio, « crochet ». 3 ~ blatt (Holzverbindung) (*n. - Zimm.*), giunto a dardo di Giove, giunto di Gibilterra, giunto a mezzo legno con risalto. 4 ~ bolzen (Fundamentanker) (*m. - Bauw.*), bullone di fondazione, chiavarda di fondazione. 5 ~ fänger (*m. - Bergbauwerkz.*), pescatore, gancio di ricupero. 6 ~ kanter (beim Walzen) (*m. - Metall.*), ribaltatore a gancio. 7 ~ keil (Nasenkeil) (*m. - Mech.*), chiavetta con nasello. 8 ~ mit Drehgelenk (eines Kranes z. B.) (*Mech.*), gancio a molinello, gancio girevole, gancio a perno. 9 ~ nagel (Schienennagel) (*m. - Eisenb.*), arpione a becco. 10 ~ platte (Lasche) (*f. - Eisenb.*), ganascia, stecca. 11 ~ schlüssel (*m. - Werkz.*), chiave a dente, chiave a gancio. 12 ~ schraube (*f. - Eisenb. - etc.*), caviglia a becco. 13 ~ umschalter (eines Telephongerätes) (*m. - Fernspr.*), gancio commutatore, commutatore a gancio. 14 ~ weg (höchste Hubhöhe) (*m. - Hebevorr.*), corsa massima del gancio, altezza massima di sollevamento. 15 ~ zum Aufheben (*Hebevorr.*), gancio di sollevamento. 16 Anker ~ (*naut.*), patta d'àncora. 17 Bilder ~ (X-Haken) (*Mech. - Bauw.*), gancio X. 18 Boots ~ (*naut.*), gancio d'accosto, mezzo marinaio. 19 drehbarer ~ (*Hebevorr.*), siehe Haken mit Drehgelenk. 20 Doppel ~ (*Hebevorr.*), gancio doppio. 21 Karabiner ~ (*Mech.*), moschettone. 22 Kleider ~ (*Bauw.*), attaccapanni (da muro). 23 Last ~ (*Hebevorr.*), gancio di sollevamento, gancio del carico. 24 Mauer ~ (*Bauw.*), gancio da muro. 25 Ösen ~ (*Transp. - Hebevorr.*), gancio ad occhiello. 26 Riemen ~ (*Mech.*), graffa per cinghia. 27 Sicherheits ~ (einer Eisenbahnkupplung) (*Eisenb.*), gancio di riserva. 28 Wirbel ~ (*Hebevorr.*), siehe Haken mit Drehgelenk. 29 X- ~ (Bilderhaken) (*Bauw.*), gancio X. 30 Zug ~ (einer Eisenbahnkupplung) (*Eisenb.*), gancio di trazione.
haken (*allg.*), agganciare.
halb (*allg.*), mezzo, metà. 2 ~ automatisch (*allg.*), semiautomatico. 3 ~ beruhigt (*Metall.*), semicalmato. 4 ~ beweglich (*Masch. - etc.*), semifisso. 5 ~ bogenförmig (*Bauw. - etc.*), semicircolare. 6 ~ durchlässig (*allg.*), semipermeabile. 7 ~ durchscheinend (*allg.*), semitrasparente. 8 ~ e Kraft (*naut.*), mezza forza. 9 ~ fertig (*Ind.*), semilavorato. 10 ~ kontinuierlich (*Walzw.*), semicontinuo. 11 ~ kreisförmig (*Geom. - etc.*), semicircolare. 12 ~ kugelförmiger Verbrennungsraum (*Mot.*), camera di combustione emisferica. 13 ~ starr (Luftschiff) (*Flugw.*), semirigido.
Halbachse (*f. - Geom.*), semiasse. 2 ~ (*Aut.*), semiasse.

Halbaddierer

Halbaddierer (m. - *Rechner*), semiaddizionatore.
Halbanhänger (Auflieger, Sattelanhänger) (m. - *Fahrz.*), semirimorchio.
Halbapochromat (Semiapochromat, Mikroskopobjektiv) (n. - *Opt.*), obiettivo semiapocromatico.
Halbautomat (m. - *Masch.*), macchina semiautomatica.
Halbbalance-Ruder (Teilbalance-Ruder) (n. - *naut.*), timone semicompensato.
Halbbalken (m. - *naut.*), barrotto, mezzo baglio.
Halbbild (n.-*Fernseh.*), quadro, semimmagine.
Halbdach (Pultdach) (n. - *Bauw.*), tetto a una falda.
Halbdauerform (f. - *Giess.*), forma semipermanente.
Halbdieselmaschine (f. - *Dieselmot.*), motore semidiesel, motore a testa calda.
halbdurchlässig (*allg.*), semipermeabile.
halbdurchsichtig (*allg.*), semitrasparente.
Halbedelkorund (für Schleifscheiben) (m. - *Werkz.*), corindone semiprezioso.
Halbellipsenfeder (f. - *Fahrz.*), molla (a balestra) semiellittica.
Halbfabrikat (Halbzeug, Halbfertigprodukt) (n. - *Ind.*), semilavorato.
Halbfeder (Blattfeder, einer Aufhängung, ½-Elliptik-Feder) (f. - *Fahrz.*), balestra semiellittica.
Halbfertigteil (Halbzeug, Halbfabrikat) (m. - *Ind.*), semilavorato.
Halbfinal (n. - *Sport*), semifinale.
Halbfrontkabine (eines Lastwagens) (f. - *Aut.*), cabina semiavanzata.
Halbgeschoss (Zwischenstock) (n. - *Bauw.*), mezzanino, ammezzato.
Halbglanznickel (n. - *Metall.* - *Elektrochem.*), nichel semilucido.
Halbhochdecker (m. - *Flugw.*), aeroplano ad ala media.
Halbholländer (Waschholländer) (m. - *Papierind.* - *Masch.*), olandese lavatrice.
Halbierende (eines Winkels) (f. - *Geom.*), bisettrice.
Halbinsel (f. - *Geogr.*), penisola.
halbjärlich (halbjährig) (*allg.*), semestrale.
Halbkampagne (f. - *Ofen*), mezza campagna.
Halbkettenfahrzeug (n. - *Fahrz.*), veicolo semicingolato.
Halbkokille (f. - *Giess.*), semiconchiglia. 2 ~ n·guss (Gussverfahren mit Aussenform aus Stahl, für Zylinderkurbelgehause z. B.) (m. - *Giess.*), colata in semiconchiglia. 3 ~ n·guss (Guss·stück) (*Giess.*), getto semiconchigliato.
Halbkoks (m. - *Brennst.*), semicoke.
Halbkompass (Kursüberwachungsgerät) (m. - *Flugw.*), bussola di rotta (giroscopica).
Halbkreisbogen (m. - *Geom.*), semicerchio. 2 ~ fenster (n. - *Bauw.*), finestra semicircolare.
Halbkreisformfräser (m. - *Werkz.*), fresa a raggio, fresa a profilo semicircolare.
halbkreisförmig (*Geom.* - *etc.*), semicircolare.
Halbkugel (f. - *Geom.*), emisfera.
halbkuglig (*Geom.* - *etc.*), emisferico.
Halblagerschale (f. - *Mech.*), semicuscinetto.
Halblast (f. - *Mot.* - *etc.*), mezzo carico.

Halblederband (m. - *Buchbinderei*), legatura in mezza pelle, rilegatura in mezza pelle.
Halbleinenband (m. - *Buchbinderei*), legatura in mezza tela, rilegatura in mezza tela.
Halbleiter (m. - *Elektronik*), semiconduttore. 2 ~ bauelemente (n. - *pl.* - *Elektronik*), componenti a semiconduttori. 3 ~ diode (f. - *Elektronik*), diodo a semiconduttore. 4 ~ ventil (n. - *Elektronik*), valvola a semiconduttori. 5 ~ verstärker (Transistor) (m. - *Elektronik*), transistore. 6 ~ wandler (HLW) (m. - *Elektronik*), trasduttore a semiconduttori. 7 n- ~ (Halbleiter mit Überschussleitung) (*Elektronik*), semiconduttore di tipo n, semiconduttore donatore, semiconduttore ad impurità donatrice, semiconduttore per eccesso. 8 p- ~ (Halbleiter mit Defektelektronenleitung) (*Elektronik*), semiconduttore di tipo p, semiconduttore per difetto, semiconduttore accettore, semiconduttore ad impurità ricevitrice.
halbleiterbestückt (transistorisiert) (*Elektronik*), transistorizzato.
halbmastflaggen (*naut.* - *etc.*), issare la bandiera a mezz'asta.
Halbmesser (Radius) (m. - *Geom.*), raggio. 2 Arbeits ~ (dynamischer Halbmesser, eines Reifens) (*Aut.*), raggio dinamico. 3 **dynamisch wirksamer** ~ (eines Reifens, bei 60 Km/h Geschwindigkeit) (*Aut.*), raggio effettivo dinamico. 4 **statisch wirksamer** ~ (eines Reifens) (*Aut.*), raggio effettivo statico. 5 **wirksamer** ~ (eines Reifens, unter Last) (*Aut.*), raggio effettivo (sotto carico).
Halbmetall (Metalloid) (n. - *Metall.*), metalloide.
halbmonatlich (zweiwochentlich, Zeitschrift z. B.) (*Zeitg.* - *etc.*), bimensile, quindicinale.
Halbmondmeissel (m. - *Werkz.*), sgorbia.
Halbperiode (f. - *Elekt.*), semiperiodo.
Halbporzellan (n. - *Keramik*), semiporcellana.
halbroh (*Ind.*), semilavorato.
Halbrundeisen (n. - *metall. Ind.*), (ferro) semitondo.
Halbrundfeile (f. - *Werkz.*), lima mezzotonda.
Halbrundkeil (m. - *Mech.*), linguetta americana, linguetta Woodruff, linguetta a disco.
Halbrundniet (m. - *Mech.*), chiodo a testa tonda.
Halbrundschraube (f. - *Mech.*), vite a testa tonda.
Halbrundstahl (m. - *metall. Ind.*), mezzotondo di acciaio.
Halbrundstange (f. - *metall. Ind.*), semitondo, barra semitonda.
Halbschale (Lagerschale) (f. - *Mech.*), semicuscinetto, semiguscio.
Halbschatten (m. - *Opt.*), penombra. 2 ~ polarimeter (Halbschattenapparat) (n. - *Opt.* - *Ger.*), polarimetro a penombra.
Halbschnitt (m. - *Zeichn.*), semisezione, mezza sezione.
Halbschwebe-Ruder (oben und auf halber Höhe gelagert) (n. - *naut.*), timone supportato in alto ed al centro.
Halbschwingachse (f. - *Fahrz.*), semiasse oscillante.
halbstaatlich (Körperschaft z. B.) (*finanz.*), parastatale.

Halbstahl (Temperguss) (*m. - Metall.*), ghisa malleabile.
Halbstein (*m. - Bauw.*), mezzo mattone.
Halbstoff (Halbzeug) (*m. - Papierind.*), mezza pasta, pesto. 2 ~ **holländer** (Waschholländer) (*m. - Papierind. - Masch.*), olandese lavatrice.
Halbtagsbeschäftigung (*f. - Arb.*), impiego a mezza giornata.
Halbton (*m. - Akus.*), semitono. 2 ~ (Grauton zwischen Schwarz und Weiss) (*Farbe - Opt.*), mezzatinta.
Halbtöne (abgestufte Tonwerte zwischen schwarz und weiss) (*m. - pl. - Druck.*), mezzetinte.
Halbware (Halbfabrikat) (*f. - Ind.*), semilavorato.
halbweiss (Gusseisen) (*Giess.*), bianco-freddo.
Halbwelle (*f. - Funk. - etc.*), semionda. 2 ~ **n·gleichrichter** (*m. - Funk.*), raddrizzatore di semionda.
Halbwertsbreite (*f. - Phys.*), semilarghezza.
Halbwertsdicke (Schichtdicke eines Abschirmmaterials durch welche die Intensität der Strahlung auf die Hälfte senkt) (*f. - Radioakt.*), spessore di dimezzamento.
Halbwertsschicht (HWS) (*f. - Radioakt.*), strato semivalente.
Halbwertszeit (Zeit in der die Radioakt. eines Elements zur Hälfte zerfällt) (*f. - Radioakt.*), periodo radioattivo, periodo di dimezzamento, tempo di dimezzamento, semiperiodo.
Halbzellstoff (*m. - Papierind.*), semicellulosa.
Halbzellulose (*f. - Papierind.*), semicellulosa.
Halbzeug (Halbfabrikat) (*n. - Ind.*), semilavorato. 2 ~ (Halbstoff) (*Papierind.*), mezza pasta, pesto.
Halde (Berghalde) (*f. - Bergbau*), discarica. 2 ~ (Schutthalde, Felsgeröll) (*Geol.*), ghiaione. 3 ~ **n·abfall** (*m. - Bergbau*), sterile.
Hall (im Hotel) (*f. - Bauw.*), atrio, « hall ».
Halle (*f. - Bauw.*), sala. 2 ~ **n·bad** (*n. - Bauw.*), piscina coperta. 3 ~ **n·bau** (*m. - Bauw.*), costruzione a shed. 4 ~ **n·schwimmbad** (Wasserhalle) (*n. - Bauw.*), piscina coperta. 5 ~ **n·vorfeld** (Flugplatz) (*n. - Flugw.*), area di stazionamento. 6 Flugzeug ~ (*Flugw.*), aviorimessa, « hangar ». 7 Markt ~ (*Bauw.*), mercato coperto. 8 Maschinen ~ (*Ind.*), sala macchine. 9 Montage ~ (*Ind.*), sala (di) montaggio. 10 Vor ~ (*Bauw.*), portico. 11 Vortrags ~ (*Bauw.*), auditorium. 12 Wagen ~ (Garage) (*Aut.*), autorimessa, garage.
Hall-Effekt (*m. - Elekt.*), effetto Hall.
Hälleflint (*m. - Min.*), hälleflinta.
hallen (*Akus. - etc.*), riverberare.
Hallraum (Raum mit glatten Wänden allseitig, an denen der Schall fast voll reflektiert wird) (*m. - Akus.*), camera riverberante.
Hallsonde (Magnetometer) (*f. - Elekt.*), sonda (magnetica) di Hall.
Halm (Schaft) (*m. - Werkz.*), gambo. 2 ~ (eines Schlüssels) (*Mech.*), gambo.
Halo (*m. - Opt.*), alone.
Halogen (*n. - Chem.*), alogeno. 2 ~ **-Fernscheinwerfer** (Jod-Fernscheinwerfer) (*m. - Aut.*), proiettore allo iodio. 3 ~ **-Metalldampflampe** (Jod-Lampe, Halogenlampe) (*f. - Beleucht. - Elekt.*), lampada a vapori di alogenuri, lampada ad alogenuri, lampada allo iodio.
Halogenid (*n. - Chem.*), alogenuro.
Haloid (Haloidsalz) (*n. - Chem.*), aloide.
Hals (*m. - allg.*), collo. 2 ~ (einer Welle) (*Mech.*), gola. 3 ~ **glied** (einer Säule z. B.) (*n. - Arch.*), collarino.
Halsen (Fahrtrichtungsänderung vor dem Wind) (*n. - naut.*), virata in poppa.
Halsen (Ecke des Segels) (*m. - pl. - naut.*), angolo di mura. 2 ~ (Haltetau des Segels) (*naut.*), mura.
halsen (wenden vor dem Winde) (*naut.*), virare in poppa.
Halt (*m. - allg.*), arresto. 2 ~ (Unterstützung) (*m. - Bauw.*), puntello, supporto.
haltbar (dauerhaft) (*allg.*), duraturo, durevole. 2 ~ (widerstandsfähig) (*allg.*), resistente. 3 ~ (erzhaltig) (*Bergbau*), contenente minerale utile, fruttifero, fertile. 4 ~ (*Chem.*), stabile.
Haltbarkeit (Dauerhaftigkeit) (*f. - allg.*), durevolezza, durata. 2 ~ (Widerstandsfähigkeit) (*allg.*), resistenza. 3 ~ (von Farben) (*Anstr.*), solidità, resistenza. 4 ~ (*Chem.*), stabilità. 5 ~ **s·grenze** (Dauerfestigkeit) (*f. - Metall.*), limite di fatica.
Haltbarmachung (des Holzes) (*f. - Bauw.*), preservazione, conservazione, trattamento di preservazione.
Halteband (*n. - Mech. - etc.*), fascia di fissaggio.
Haltebereich (Synchronisationsbereich, Frequenzbereich) (*m. - Fernseh.*), gamma di sincronizzazione.
Haltebolzen (*m. - Mech. - etc.*), vite di fissaggio.
Haltebügel (*m. - Mech.*), staffa, fascia di sostegno, cavallotto.
Haltedauer (*f. - allg.*), permanenza, soggiorno. 2 ~ (auf einer bestimmten Temperatur) (*Wärmebeh.*), permanenza.
Haltegesenk (*n. - Schmieden - Werkz.*), contromatrice.
Haltegriff (*m. - allg.*), maniglia. 2 ~ (*Fahrz. - etc.*), impugnatura di sostegno, maniglia di appiglio.
Haltekabel (*n. - Bauw. - etc.*), cavo di ancoraggio.
Haltekreis (eines Schaltrelais) (*m. - Elekt.*), circuito di tenuta.
Halteleine (*f. - naut.*), cima di ormeggio.
Haltelinie (vor der die Fahrz. anhalten müssen) (*f. - Aut. - Strass.verk.*), linea di arresto.
halten (fassen) (*allg.*), tenere. 2 ~ (besitzen) (*allg.*), possedere. 3 ~ (dauern, von Farben) (*Anstr.*), resistere. 4 ~ (stehen bleiben) (*allg.*), fermarsi. 5 ~ (veranstalten, eine Vorführung z. B.) (*allg.*), tenere. 6 Wetter ~ (*Bergbau*), ventilare.
Haltepfahl (Poller) (*m. - naut.*), bitta.
Haltepotential (*n. - Elekt.*), potenziale di guardia.
Haltepumpe (Vakuumpumpe) (*f. - Masch.*), pompa di mantenimento.
Haltepunkt (Haltestelle) (*m. - Strassenbahn - etc.*), fermata. 2 ~ (*Metall.*), punto di trasformazione, punto critico.

Halter

Halter (für Werkz. z. B.) (*m. - Mech. - etc.*), supporto. 2 ~ (für Mikrometer z. B.) (*Mech.*), supporto. 3 ~ (für Aufsteckwerkzeuge) (*Mech.*), mandrino. 4 **Blech** ~ (einer Presse) (*Blechbearb.*), premilamiera, serralamiera. 5 **Bohrer** ~ (*Werkz.*), (mandrino) portapunta. 6 **Bremsbacken** ~ (*Fahrz.*), portaceppi (del freno). 7 **Bürsten** ~ (*elektr. Masch.*), portaspazzole. 8 **Draht** ~ (Drahtklemme) (*Elekt.*), serrafilo. 9 **Drehstahl** ~ (*Werkz.*), portautensile (da tornio). 10 **Düsen** ~ (*Diesel Mot.*), portapolverizzatore. 11 **Gepäck** ~ (eines Motorfahrrades z. B.) (*Fahrz.*), portapacchi. 12 **Gewindebohrer** ~ (*Werkz.*), giramaschi. 13 **Meissel** ~ (Werkzeughalter) (*Mech.*), portautensile. 14 **Messuhr** ~ (*Mech.*), supporto per comparimetro. 15 **Schneideisen** ~ (*Werkz.*), portafiliera, girafiliera. 16 **Stahl** ~ (*Werkz.*), portautensile. 17 **Vielfachstahl** ~ (*Werkz.*), portautensile multiplo. 18 **Werkzeug** ~ (*Mech.*), portautensile.
Halterelais (*n. - Elekt.*), relè di tenuta.
Haltering (eines Lagers z. B.) (*m. - Mech.*), anello di fissaggio, anello di ritegno.
Halterung (*f. - Mech.*), supporto, sistema di supporto, montaggio.
Halteschild (*n. - Strass.ver. - Aut.*), segnale di stop.
Haltesignal (*n. - Eisenb.*), segnale di arresto.
Haltestein (*m. - Werkz. - etc.*), spina, grano. 2 ~ (Pass·stück für das Gesenk) (*m. - Schmiedewerkz.*), tassello, perno di centraggio.
Haltestelle (Haltepunkt) (*f. - Strassenbahn - etc.*), fermata.
Haltestift (*m. - Mech.*), spina di fissaggio.
Haltestrom (eines Thyristors z. B.) (*m. - Elektronik*), corrente di mantenimento, corrente di ritenuta. 2 ~ (eines Relais) (*m. - Elekt.*), corrente di tenuta. 3 ~ **kreis** (Haltekreis, eines Relais) (*m. - Elekt.*), circuito di tenuta.
Haltesystem (Rückhaltesystem, Sicherheitsgurt, etc.) (*n. - Aut. - Sicherheit*), sistema di ritenuta. 2 **aktives** ~ (Luftsack, selbstanlegendes Sicherheitsgurtsystem z. B.) (*Aut. - Sicherheit*), sistema di ritenuta attivo. 3 **passives** ~ (3-Punkt-Sicherheitsgurte z. B.) (*Aut. - Sicherheit*), sistema di ritenuta passivo.
Haltetau (*n. - naut.*), cima di ormeggio.
Halteverbot (*n. - Strass.verkehr*), divieto di sosta, sosta vietata.
Haltevorrichtung (*f. - Werkz.masch.bearb.*), attrezzo (di fissaggio).
Haltewicklung (eines elekt. Anlassers) (*f. - Elektromech.*), avvolgimento di risucchio, avvolgimento succhiante.
Haltezeit (Stillstandszeit, eines Ofens z. B.) (*f. - Metall. - etc.*), sosta, periodo di sosta. 2 ~ (eines Hochvakuum-Systems) (*Vakuumtechnik*), tempo di mantenimento.
hältig (Erz) (*Bergbau*), utile.
Haltung (Stauhaltung, eines Schiffahrtskanals) (*f. - Wass.b.*), tronco.
Hämatit (Eisenglanz) (*m. - Min.*), ematite.
Hammer (Handhammer) (*m. - Werkz.*), martello. 2 ~ (*Schmiedemasch.*), maglio. 3 ~ (aus Holz z. B.) (*Werkz.*), mazzuolo. 4 ~ (eines elekt. App. z. B.) (*Elekt. - etc.*), martelletto. 5 ~ **bahn** (eines Handhammers) (*f. - Werkz.*), bocca del martello. 6 ~ **bär** (Hammerklotz, eines Fallhammers) (*m. - Schmiedemasch.*), mazza battente. 7 ~ **brecher** (zum Zerkleinern von Gestein) (*m. - Masch.*), frantoio a martelli. 8 ~ **effekt** (*m. - Anstr.*), effetto martellato. 9 ~ **finne** (*f. - Werkz.*), penna (del martello). 10 ~ **führer** (*m. - Schmieden - Arb.*), fucinatore (al maglio). 11 ~ **fundament** (*n. - Schmiedemasch. - Bauw.*), fondazione per maglio. 12 ~ **haue** (*f. - Werkz.*), piccone, gradina. 13 ~ **klotz** (Hammerbär) (*m. - Schmiedemasch.*), mazza battente. 14 ~ **kopf** (einer Schraube) (*m. - Mech.*), testa a martello. 15 ~ **kran** (*m. - ind. Masch.*), gru a martello. 16 ~ **lötkolben** (Hammerkolben) (*m. - Werkz.*), saldatoio a martello. 17 ~ **maschine** (*f. - Masch.*), martellatrice. 18 ~ **mühle** (*f. - Masch.*), molino a martelli, mulino a martelli. 19 ~ **nietmaschine** (*f. - Masch.*), chiodatrice a martello. 20 ~ **rollmaschine** (*f. - Schmiedemasch.*), martellatrice. 21 ~ **schlag** (eines Fallhammers) (*m. - Schmieden*), colpo di maglio. 22 ~ **schlag** (Zunder) (*Schmieden*), scoria di fucinatura. 23 ~ **schlaglack** (*m. - Anstr.*), vernice per effetto martellato. 24 ~ **schmied** (*m. - Arb.*), fabbro ferraio. 25 ~ **schmied** (Hammerführer) (*Schmieden - Arb.*), fucinatore (al maglio). 26 ~ **schmiede** (Hammerwerk) (*f. - Schmieden - Bauw.*), fucina. 27 ~ **schmiedestück** (*n. - Schmieden*), (pezzo) fucinato al maglio. 28 ~ **schraube** (*f. - Mech.*), vite con testa a martello. 29 ~ **schweissung** (*f. - mech. Technol.*), saldatura a martello, bollitura. 30 ~ **ständer** (*m. - Schmiedemasch.*), incastellatura del maglio, montanti del maglio. 31 ~ **werk** (Hammerschmiede) (*n. - Schmieden - Bauw.*), fucina. 32 **Abbau** ~ (Presslufthammer) (*Bergbau - Werkz.*), martello pneumatico. 33 **Ausbeul** ~ (*Werkz.*), martello da battilastra, martello da lattoniere. 34 **Blei** ~ (*Werkz.*), martello di piombo. 35 **Bohr** ~ (*Bergbau - Werkz.*), perforatrice. 36 **Bossier** ~ (Bosshammer) (*Maur. - Werkz.*), martello per bugnatura. 37 **Brettfall** ~ (*Schmiedemasch.*), maglio a tavola, berta a tavola. 38 **Büchsensieken** ~ (für Blechbearbeitung) (*Werkz.*), martello per (esecuzione di) rilievi. 39 **Dicht** ~ (*naut. - Werkz.*), mazzuolo da calafato. 40 **Druckluft** ~ (pneumatischer Hammer) (*Werkz.*), martello pneumatico. 41 **Einständer-Luft** ~ (*Schmiedemasch.*), maglio pneumatico ad un montante, maglio ad aria compressa ad un montante. 42 **Fall** ~ (*Schmiedemasch.*), maglio a caduta libera, berta. 43 **Feder** ~ (*Schmiedemasch.*), maglio a balestra. 44 **federnd aufgehängtes** ~ **fundament** (*Schmiedemasch. - Bauw.*), fondazione elastica per maglio, fondazione antivibrante per maglio. 45 **Freiform-Schmiede** ~ (*Masch.*), maglio per fucinatura libera. 46 **Gegenschlag** ~ (*Schmiedemasch.*), maglio a contraccolpo. 47 **Gesenk-Schmiede** ~ (*Masch.*), maglio per fucinatura a stampo. 48 **Gummi** ~ (*Werkz.*), mazzuolo di gomma. 49 **Hand** ~ (*Werkz.*), martello a mano. 50 **Holz** ~ (*Werkz.*), mazzuolo di legno. 51 **Kesselstein** ~ (*Kessel - Werkz.*), martellina per disincrostazione (di caldaie). 52 **Kraft** ~ (*Masch.*),

maglio meccanico. **53 Kraus** ~ (Stockhammer) (*Maur. - Werkz.*), bocciarda. **54 Luft** ~ (*Schmiedemasch.*), maglio pneumatico, maglio ad aria compressa. **55 Maurer** ~ (*Maur. - Werkz.*), martello da muratore. **56 Oberdruck** ~ (für Dampfbetrieb z. B.) (*Schmiedemasch.*), maglio a doppio effetto. **57 Pflaster** ~ (Steinsetzerhammer) (*Maur. - Werkz.*), martello da selciatore. **58 pneumatischer** ~ (Druckluftthammer) (*Werkz.*), martello pneumatico. **59 Riemenfall** ~ (*Schmiedemasch.*), berta a cinghia. **60 Rohhaut** ~ (*Werkz.*), mazzuolo di cuoio. **61 Rundbahn** ~ (*Werkz.*), martello con bocca tonda. **62 Schell** ~ (*Maur. - Werkz.*), gradina, martello largo. **63 Schmiede** ~ (*Werkz.*), martello da fabbro. **64 Schmiede** ~ (*Schmiedemasch.*), maglio per fucinatura. **65 Schreiner** ~ (Tischlerhammer) (*Tischl.werkz.*), martello da falegname. **66 Schrupp** ~ (Kesselsteinhammer) (*Kessel - Werkz.*), martellina per disincrostazione (di caldaie). **67 Sieken** ~ (für Blechbearbeitung) (*Werkz.*), martello per (esecuzione di) rilievi. **68 Spann** ~ (*Werkz.*), martello per spianare. **69 Stock** ~ (Kraushammer) (*Maur. - Werkz.*), bocciarda. **70 Tischler** ~ (Schreinerhammer) (*Tischl.werkz.*), martello da falegname. **71 Vorschmiede-Fall** ~ (*Schmiedemasch.*), maglio per scapolatura, maglio per abbozzatura preliminare. **72 Zweiständer** ~ (*Masch.*), maglio a due montanti.

Hämmerbarkeit (Schmiedbarkeit) (*f. - Metall.*), fucinabilità.

Hämmern (*n. - Mech.*), martellamento. 2 ~ (Schmieden), fucinatura al maglio.

hämmern (*Mech. - etc.*), martellare. 2 ~ (Schmieden) (Schmieden), fucinare.

hammerstrecken (hammerrecken, mit Reckhammer) (*mech. Technol.*), stirare al maglio.

Hammingabstand (Hammingdistanz) (*m. - Rechner*), distanza Hamming, distanza di configurazione.

Hämoglobin (Blutfarbstoff) (*n. - Biochem.*), emoglobina.

Hampelmann (Seilrolle mit Gehäuse, bei Bohrverfahren) (*m. - Bergbau.*), carrucola con scatola.

Hand (*f. - allg.*), mano. 2 ~ (eines Ankers) (*naut.*), patta, orecchio. 3 ~ **abblendschalter** (*m. - Aut.*), commutatore a mano per luci anabbaglianti. 4 ~ **abstimmung** (*f. - Funk.*), sintonizzazione manuale. 5 ~ **amt** (*n. - Fernspr.*), centrale manuale. 6 ~ **andrehkurbel** (*f. - Aut. - Mot.*), manovella di avviamento. 7 ~ **antrieb** (*m. - Mech.*), azionamento manuale, azionamento a mano, comando a mano. 8 ~ **apparat** (Mikrotelephon) (*m. - Fernspr.*), microtelefono. 9 ~ **arbeit** (*f. - Arb.*), lavoro manuale. 10 ~ **arbeit** (Verfahren, für Lederwaren z. B.) (*Handwerk*), lavorazione a mano. 11 ~ **arbeit** (handwerklich gearbeitetes Werkstück) (*Ind.*), lavoro eseguito a mano, articolo eseguito a mano, « lavoro a mano ». 12 ~ **arbeiter** (*m. - Arb.*), manovale. 13 ~ **aufzug** (*m. - Hebevorr.*), paranco a mano. 14 ~ **betrieb** (*m. - Mech.*), azionamento a mano. 15 ~ **blechschere** (*f. - Werkz.*), forbici da lattoniere, cesoie a mano per lamiere. 16 ~ **blechschere** (*Masch.*), cesoia a mano per lamiere. 17 ~ **bohrmaschine** (*f. - Werkz.*), trapano a mano. 18 ~ **bremse** (*f. - Aut. - etc.*), freno a mano. 19 ~ **fertigkeit** (Tüchtigkeit) (*f. - Arb.*), abilità, destrezza. 20 ~ **feuerwaffe** (*f. - Feuerwaffe*), arma da fuoco portatile. 21 ~ **formerei** (*f. - Giess.*), formatura a mano. 22 ~ **funksprecher** (*m. - Funk.*), radiotelefono portatile. 23 ~ **gabelhubwagen** (*m. - ind. Transp. - Fahrz.*), transpallet. 24 ~ **gashebel** (*m. - Aut.*), acceleratore a mano. 25 ~ **gashebel** (eines Flugmotors) (*Flugw.*), leva del gas, manetta. 26 ~ **gaszug** (*m. - Aut.*), comando a mano del gas, acceleratore a mano. 27 ~ **geber** (Handsender) (*m. - Telegr.*), manipolatore. 28 ~ **geländer** (Handlauf) (*n. - Bauw. - etc.*), corrimano, « mancorrente ». 29 ~ **gewindebohrer** (*m. - Werkz.*), maschio a mano. 30 ~ **granate** (*f. - Expl.*), bomba a mano. 31 ~ **griff** (*m. - allg. - etc.*), maniglia. 32 ~ **habbarkeit** (Handlichkeit) (*f. - allg.*), maneggevolezza. 33 ~ **habung** (*f. - allg.*), manipolazione, maneggio. 34 ~ **haken** (für Ballenladung z. B.) (*m. - Transp. - Werkz.*), gancio a mano. 35 ~ **hebel** (*m. - Mech. - etc.*), leva a mano, manetta. 36 ~ **hebelbohrmaschine** (*f. - Werkz.masch.*), trapano sensitivo. 37 ~ **hebelvorschub** (*m. - Werkz.masch.bearb.*), avanzamento a mano. 38 ~ **karre** (einrädrige) (*f. - Fahrz.*), carriola. 39 ~ **kloben** (*m. - Werkz.*), morsetto a mano. 40 ~ **kreuz** (Drehkreuz) (*n. - Masch.*), crociera di manovra. 41 ~ **kurbel** (*f. - Aut. - etc.*), manovella. 42 ~ **lampe** (*f. - Aut. - etc.*), lampada di ispezione. 43 ~ **langer** (Hilfsarbeiter, ungelernter Arbeiter) (*m. - Arb.*), manovale. 44 ~ **lauf** (eines Treppengeländers z. B.) (*m. - Bauw. - etc.*), corrimano, « mancorrente ». 45 ~ **leiste** (Handlauf) (*f. - Bauw.*), corrimano, « mancorrente ». 46 ~ **loch** (*n. - Masch.*), foro di ispezione. 47 ~ **locher** (*m. - Rechner*), perforatore a mano. 48 ~ **lochverschluss** (*m. - Masch. - etc.*), chiusura (del) foro d'ispezione. 49 ~ **motor** (elekt. Handbohrmaschine z. B.) (*m. - Elekt. - Werkz.*), utensile elettrico portatile. 50 ~ **nietung** (*f. - Mech.*), chiodatura a mano. 51 ~ **papier** (handgeschöpftes Papier) (*n. - Papierind.*), carta a mano. 52 ~ **pfanne** (*f. - Giess.*), siviera a mano, sivierina, tazza di colata, tazzina, cassina. 53 ~ **presse** (*f. - Druckmasch.*), torchio tirabozze, torchio tiraprove, tirabozze, tiraprove. 54 ~ **pumpe** (*f. - Masch.*), pompa a mano. 55 ~ **rad** (*n. - Masch. - etc.*), volantino. 56 ~ **ramme** (Stampfer, Besetzschlegel, Hoye, Heye) (*f. - Bauw. - Werkz.*), mazzaranga, mazzapicchio. 57 ~ **reiss·schiene** (*f. - Zeichn. - Ger.*), squadra a T. 58 ~ **satz** (*m. - Druck.*), composizione a mano. 59 ~ **schleifmaschine** (*f. - Werkz.masch.*), molatrice (mobile) a mano. 60 ~ **schuhkasten** (*m. - Aut.*), cassetto (cruscotto), ripostiglio (sul cruscotto). 61 ~ **schuhkasten** (dichtschliessenden Behälter die Öffnungen des welchen mit Handschuhen verschlossen sind zum Manipulieren von radioakt. Stoffen z. B.) (*Radioakt.*), cabina a guanti, recipiente (stagno) con guanti (per manipolazione), camera a guanti. 62 ~ **schutzein-**

handbetätigt

richtung (an Pressen z. B.) (*f. - mech. Technol.*), dispositivo salvamano. 63 ~ **schweissbetrieb** (HSB, Gleichstrom - Lichtbogen-Schweissen) (*m. - mech. Technol.*), saldatura ad arco manuale. 64 ~ **schwungkraftanlasser** (*m. - Mot. - Elektromech.*), avviatore ad inerzia a mano. 65 ~ **sender** (Handgeber) (*m. - Telegr.*), manipolatore. 66 ~ **setzen** (*n. - Druck.*), composizione a mano. 67 ~ **setzer** (*m. - Druck. - Arb.*), compositore (a mano). 68 ~ **skizze** (*f. - Zeichn.*), schizzo a mano libera. 69 ~ **spake** (*f. - Ger.*), leva, palanchino. 70 ~ **spannsäge** (*f. - Werkz.*), sega a lama tesa. 71 ~ **steifsäge** (*f. - Werkz.*), sega a lama libera. 72 ~ **steller** (*m. - Ger.*), regolatore manuale. 73 ~ **stemmung** (*f. - Mech.*), presellatura a mano. 74 ~ **strickmaschine** (Flachstrickmaschine) (*f. - Textilmasch.*), macchina per maglieria a mano. 75 ~ **stück** (Probestück, aus einer Gesteinschicht entnommen) (*n. - Min. - Bergbau*), campione. 76 ~ **verstellung** (der Zündung) (*f. - Aut. - Mot.*), anticipo a mano. 77 ~ **vorschub** (*m. - Werkz.masch.bearb.*), avanzamento a mano, avanzamento manuale. 78 ~ **waschbecken** (*n. - Bauw.*), lavabo. 79 ~ **webstuhl** (*m. - Textilmasch.*), telaio a mano. 80 ~ **weiche** (*f. - Eisenb.*), deviatoio a mano, scambio a mano. 81 ~ **werk** (*n. - Arb.*), arte. 82 ~ **werker** (*m. - Arb.*), artigiano. 83 ~ **winde** (*f. - Hebevorr.*), verricello a mano. 84 ~ **zeichnung** (Freihandzeichnung) (*f. - Zeichn.*), disegno a mano libera. 85 ~ **ziegel** (Handstrichziegel) (*m. - Maur.*), mattone a mano. 86 ~ **zirkel** (*m. - Werkz.*), compasso a punte fisse. 87 **bei der** ~ (*allg.*), a portata di mano. 88 **eiserne** ~ (mechanische Hand, zum Erfassen und Abnehmen von Blechteilen vom Werkzeug) (*Blechbearb. - Presse*), mano meccanica, manipolatore. 89 **mechanische** ~ (*Blechbearb.*), siehe eiserne Hand. 90 **zu Händen von...** (*Büro*), alla (cortese) attenzione di...

handbetätigt (*allg.*), azionato a mano.

Handel (*m. - komm.*), commercio. 2 ~ (Geschäft) (*komm.*), affare. 3 ~ **s·bezeichnung** (*f. - komm.*), nome commerciale, denominazione commerciale. 4 ~ **s·bilanz** (*f. - komm.*), bilancia commerciale. 5 ~ **s·dampfer** (*m. - naut.*), nave mercantile. 6 ~ **s·eisen** (*n. - metall. Ind.*), profilato (di ferro) normale, profilato commerciale. 7 ~ **s·flotte** (Handelsmarine) (*f. - naut. - komm.*), marina mercantile, flotta mercantile. 8 ~ **s·gesellschaft** (*f. - komm.*), società commerciale. 9 ~ **s·gewerbe** (*n. - komm.*), attività commerciale. 10 ~ **s·gewicht** (Gewicht mittlerer Genauigkeit) (*n. - komm.*), peso commerciale. 11 ~ **s·hafen** (*m. - naut.*), porto di commercio, porto commerciale. 12 ~ **s·kammer** (*f. - komm.*), camera di commercio. 13 ~ **s·marine** (Handelsflotte) (*f. - naut. - komm.*), marina mercantile, flotta mercantile. 14 ~ **s·reisender** (*m. - komm.*), commesso viaggiatore. 15 ~ **s·schiff** (*n. - naut.*), nave mercantile. 16 ~ **s·spanne** (Bruttogewinnsatz) (*f. - komm.*), utile commerciale lordo. 17 ~ **s·vertreter** (*m. - komm.*), rappresentante. 18 ~ **s·wert** (*m. - komm.*), valore commerciale. 19 **Ausfuhr** ~ (Exporthandel) (*komm.*), commercio di esportazione. 20 **Aussen** ~ (*komm.*), commercio estero. 21 **Binnen** ~ (*komm.*), commercio interno, commercio nazionale. 22 **Durchfuhr** ~ (Transithandel) (*komm.*), commercio di transito. 23 **Eigen** ~ (*komm.*), commercio in proprio. 24 **Einfuhr** ~ (Importhandel) (*komm.*), commercio di importazione. 25 **Einzel** ~ (Kleinhandel, Detailhandel) (*komm.*), commercio al minuto, commercio al dettaglio. 26 **Gross** ~ (*komm.*), commercio all'ingrosso. 27 **nicht im** ~ **befindlich** (nicht im Handel erhältlich) (*komm. - etc.*), fuori commercio. 28 **Transit** ~ (Durchfuhrhandel) (*komm.*), commercio di transito.

handeln (tuen) (*allg.*), agire. 2 ~ (behandeln) (*allg.*), trattare. 3 ~ (Handel treiben) (*komm.*), commerciare. 4 ~ (verhandeln, um zu kaufen) (*komm.*), trattare, contrattare. 5 **ver** ~ (*komm.*), trattare, contrattare.

handelsüblich (Erzeugnis, etc.) (*komm.*), commerciale, esistente in commercio.

handgeschmiedet (Schmieden), fucinato a mano.

handgeschöpft (Papier) (*Papierind.*), a mano.

handhaben (*allg.*), manipolare, maneggiare.

Handikap (*n. - allg.*), svantaggio, «handicap».

Händler (*m. - komm.*), commerciante. 2 ~ (Absatzhändler) (*komm.*), concessionario. 3 ~ **organisation** (*f. - komm.*), organizzazione periferica, organizzazione dei concessionari. 4 **Detail** ~ (Einzelhändler, Kleinhändler) (*komm.*), commerciante al minuto, dettagliante. 5 **Gross** ~ (*komm.*), commerciante all'ingrosso, grossista.

Handley-Page-Spaltflügel (*m. - Flugw.*), aletta Handley-Page.

Handlichkeit (*f. - allg.*), maneggevolezza.

Handlung (Steuerung, Schalthandlung) (*allg.*), azionamento, manovra.

handputzen (ein Guss·stück) (*Giess.*), sbavare a mano.

Handweiser (halber Türstock) (*m. - Bergbau*), mezzo quadro.

handwerklich (*Arb.*), artigianale.

handwerksgerecht (Herstellung) (*Arb.*), a regola d'arte.

handwerksmässig (*Arb.*), a regola d'arte.

Hanf (*m. - Text.*), canapa. 2 ~ **dichtung** (*f. - Mech.*), guarnizione di canapa. 3 ~ **hechel** (*f. - Textilmasch.*), pettine per canapa. 4 ~ **öl** (*n. - Ind.*), olio di canapa. 5 ~ **schnur** (*f. - Textilind.*), canapo, corda di canapa. 6 ~ **seele** (eines Drahtseiles) (*f. - Seile*), anima di canapa. 7 ~ **seil** (*n. - Seile*), fune di canapa. 8 **Manila** ~ (*Text.*), canapa di Manilla, Manilla. 9 **Sisal** ~ (*Text.*), sisal, agave sisaliana. 10 **Sonnen** ~ (Madrashanf, Crotolariahanf, Sunhanf, Sunn) (*Textil.*), canapa del Bengala, sunn.

Hang (Neigung) (*m. - allg.*), pendenza, inclinazione.

Hangar (Flugzeughalle) (*m. - Flugw.*), hangar, aviorimessa.

Hängeantenne (*f. - Funk.*), aereo filato, antenna filata.

Hängebahn (Schienenhängebahn, zur Beförderung von Stück- und Massengütern) (*f. -*

Transp.), trasportatore a monorotaia aerea sospesa. 2 ~ (Seilhängebahn, für Waren) (*Transp.*), teleferica. 3 ~ (Seilhängebahn, für Personen) (*Transp.*), funivia. 4 ~ schiene (*f. - Eisenb. - Transp.*), rotaia sospesa, monorotaia sospesa, monorotaia aerea sospesa.
Hängebalken (Hängeträger) (*m. - Bauw. - Brück.b.*), trave sospesa.
Hängebank (übertägige Anlage) (*f. - Bergbau*), stazione esterna. 2 Hoch ~ (*Bergbau*), stazione esterna sopraelevata.
Hängebock (Hängelager, einer Welle) (*m. - Mech.*), supporto pendente, sedia pendente.
Hängeboden (Abstellraum unter der Decke) (*m. - Bauw.*), ripostiglio a controsoffitto.
Hängebrücke (*f. - Brück.b.*), ponte sospeso.
Hängedecke (*f. - Bauw.*), soffittatura, controsoffitto. 2 ~ (in Feuerungsräumen) (*f. - Ofen*), volta sospesa.
Hängegerüst (*n. - Bauw.*), ponte sospeso.
Hängeisolator (*m. - Elekt.*), isolatore sospeso.
Hängeklemme (*f. - Elekt. - etc.*), morsetto di sospensione.
Hängekompass (*m. - Bergbau - Instr.*), bussola da miniera.
Hängekran (Deckenkran) (*m. - ind. Masch.*), gru a ponte a vie di corsa superiori.
Hängelager (Hängebock) (*n. - Mech.*), supporto pendente, sedia pendente.
Hängematte (*f. - Camping*), amaca.
Hängemikrophon (*n. - Funk.*), microfono pendente.
Hängen (der Gichten, eines Ofens) (*n. - Metall. - Ofen*), formazione di ponte.
hängen (*allg.*), sospendere, appendere. 2 ~ bleiben (haften) (*Mech.*), incepparsi. 3 ~ bleiben (kleben, des Ventils) (*Mech. - Mot.*), incollarsi. 4 ein ~ (das Gespräch beenden) (*Fernsp.*), riattaccare, riappendere.
Hängenbleiben (im Hochofen) (*n. - Metall. - Ofen*), formazione di ponte. 2 ~ (des Ventils) (*Mot. - Mech.*), incollamento.
hängend (Ventilanordnung) (*Mot.*), in testa. 2 ~ (*allg.*), pendente. 3 ~ er Motor (*Mot.*), motore invertito.
Hangendes (Decke im Grubenbau) (*n. - Bergbau*), tetto. 2 ~ (einer Lagerstätte) (*Geol.*), tetto.
Hänger (Hängestange, einer Hängebrücke) (*m. - Brück.b.*), asta di sospensione. 2 ~ (*Aut.*), siehe Anhänger. 3 ~ klemme (zur Befestigung von Fahrdrähten) (*f. - elekt. Fahrz.*), pendino.
Hängeschiene (*f. - Transp.*), monorotaia aerea sospesa.
Hängeseil (*n. - Seil*), fune di sospensione.
Hänge-Stromschiene (*f. - elekt. Fahrz.*), rotaia aerea di contatto.
Hängetafel (*f. - Masch.*), quadretto (di comando) pensile, pulsantiera pensile.
Hängetheodolit (*m. - Ger. - Bergbau*), teodolite da miniera.
Hängewand (leichte Trennwand auf zwei Auflager) (*f. - Bauw.*), parete divisoria.
Hängewerk (bei einer Dachkonstruktion) (*n. - Bauw.*), capriata. 2 ~ träger (einer Hängebrücke) (*m. - Bauw.*), trave di sospensione. 3 doppeltes ~ (*Bauw.*), capriata a due monaci. 4 durchlaufendes ~ (kontinuierliches Hängewerk) (*Bauw.*), struttura sospesa continua. 5 einfaches ~ (*Bauw.*), capriata semplice.
Hängezange (einer Schweissmaschine) (*f. - mech. Technol.*), saldatrice pensile a pinza.
Hangfliessen (Bewegung eines Erdkörpers) (*n. - Geol.*), smottamento.
Hangsicherung (*f. - Bauw.*), protezione di scarpate.
Hangwind (*m. - Meteor.*), vento ascendente.
H-Anker (*m. - Elekt.*), indotto ad H.
Hantel (Handturngerät) (*f. - Sport*), peso.
Hantierung (Handhabung) (*f. - allg.*), manipolazione.
Hardenit (*n. - Metall.*), hardenite.
Hardit (Martensit) (*m. - Metall.*), martensite.
« Hardtop » (festes auf- und absetzbares Dach) (*Aut.*), « hardtop ».
Hardware (Maschinentechnische Ausstattung eines Computers, Bauelemente) (*f. - Rechner*), hardware, complesso degli elementi fisici costituenti l'impianto.
Hardyscheibe (*f. - Mech.*), giunto elastico (Hardy).
Harke (Eisenrechen) (*f. - Ack.b. - Ger.*), rastrello.
Harmonika (zwischen Wagen) (*f. - Eisenb.*), mantice, soffietto. 2 ~ tor (Falttor) (*n. - Bauw.*), porta a libro.
harmonisch (*Phys.*), armonico. 2 ~ e Analyse (Fourier-Analyse) (*Phys.*), analisi armonica.
Harmonische (*f. - Phys. - Mech.*), armonica. 2 erste ~ (*Phys.*), prima armonica.
Harmonogramm (Organigramm) (*n. - Ind. - Organ.*), organigramma.
Harnischbrett (in der Jacquardmaschine) (*n. - Textilind.*), tavoletta delle arcate.
Harnischschnur (in der Jacquardmaschine) (*f. - Textilind.*), arcata.
Harnstoff [$CO(NH_2)_2$] (Karbamid) (*m. - Chem.*), urea, carbammide. 2 ~ harz (*n. - Chem.*), resina ureica.
Harpune (*f. - Bauw. - etc.*), rampone, arpione.
hart (*allg.*), duro. 2 ~ (Strahl) (*Phys.*), duro, penetrante. 3 ~ (Röhre) (*Elektronik*), a vuoto spinto. 4 ~ (Wasser) (*Chem. - etc.*), duro. 5 ~ (Kunststoff, PVC z. B.) (*Chem.*), rigido. 6 ~ e Drehzahl (eines Motors, konstante Drehzahl) (*Mot.*), velocità costante, numero di giri costante. 7 ~ e Federung (*Fahrz.*), sospensione dura, molleggio duro. 8 ~ er Gang (des Motors) (*Mot.*), funzionamento duro. 9 ~ es Absetzen (*Anstr.*), sedimentazione dura. 10 ~ e Spannung (konstante Spannung) (*Elekt.*), tensione stabile, tensione costante. 11 ~ e Stellen (*Giess.fehler*), ghiaccioli. 12 ~ gewalzt (kaltgewalzt) (*Metall.*), laminato a freddo. 13 ~ verchromt (*mech. Technol.*), cromato a spessore.
härtbar (*Wärmebeh.*), temprabile. 2 ~ (durch Wärme) (*Kunstharz*), termoindurente.
Härtbarkeit (*f. - Wärmebeh.*), temprabilità. 2 Ein ~ (*Wärmebeh.*), temprabilità a cuore.
Hartbenzin (feste Masse mit 95-97 % Benzin das in einem porösen Harnstoffkondensat verteilt ist) (*n. - Brennst.*), benzina solida.
Hartbeton (für Fussböden etc. als Verschleiss-schicht angewandt) (*m. - Bauw.*), calcestruzzo duro, calcestruzzo di elevata resi-

Hartblei

stenza all'abrasione, calcestruzzo per pavimentazioni. 2 ~ stoff (Zuschlagstoff) (*m. - Bauw.*), aggregato duro (per calcestruzzo).
Hartblei (Letternblei, Antimonblei) (*n. - Metall.*), piombo antimoniale, piombo per caratteri da stampa, piombo duro.
Hartbrandkohle (Kunstkohle) (*f. - Brennst.*), carbone artificiale.
Härte (eines Stahles z. B.) (*f. - mech. Technol.*), durezza. 2 ~ (des Wassers) (*Chem.*), durezza. 3 ~ (von Strahlungen) (*Phys.*), penetrazione. 4 ~ (*Anstr.*), durezza. 5 ~ **anlage** (*f. - Wärmebeh.*), impianto di tempra. 6 ~ **automat** (Härtemaschine, für Induktionshärten z. B.) (*m. - Wärmebeh.*), macchina per tempra automatica. 7 ~ **bad** (*n. - Wärmebeh.*), bagno di tempra. 8 ~ **brenner** (beim Flammhärten) (*m. - Wärmebeh.*), cannello (per flammatura). 9 ~ **eindruck** (bei Härteprüfung) (*m. - mech. Technol.*), impronta durometrica. 10 ~ **fehler** (*m. - Wärmebeh.*), difetto di tempra. 11 ~ **grad** (*m. - Metall.*), durezza, grado di durezza. 12 ~ **grad** (des Wassers) (*Chem.*), grado idrotimetrico, grado di durezza. 13 ~ **maschine** (für kerne) (*f. - Giess. masch.*), macchina per l'indurimento. 14 ~ **maschine** (für Induktionshärten z. B.) (*Wärmebeh.*), macchina per tempra. 15 ~ **messer** (Sklerometer) (*m. - Instr.*), sclerometro. 16 ~ **n** (Abschreckhärten) (*n. - Wärmebeh.*), siehe Härten. 17 ~ **ofen** (*m. - Wärmebeh. - Ofen*), forno per tempra. 18 ~ **presse** (*f. - Wärmebeh. - Masch.*), pressa per tempra. 19 ~ **prüfmaschine** (*f. - Masch.*), macchina per prove di durezza. 20 ~ **prüfung** (*f. - mech. Technol.*), prova di durezza. 21 ~ **pulver** (*n. - Wärmebeh.*), polvere per cementazione. 22 ~ **reihe** (Härteskala) (*f. - Min.*), scala di durezza. 23 ~ **riss** (*m. - Wärmebeh.*), cricca da trattamento termico, cricca da tempra, incrinatura da tempra. 24 ~ **rissbildung** (*f. - Wärmebeh.*), incrinatura da tempra, criccatura da tempra, criccatura da trattamento termico. 25 ~ **skala** (Härtereihe) (*f. - Min.*), scala di durezza. 26 ~ **temperatur** (*f. - Wärmebeh.*), temperatura di tempra. 27 ~ **tiefe** (beim Härten) (*f. - Wärmebeh.*), penetrazione della tempra, profondità di tempra. 28 ~ **tiefe** (beim Einsatzhärten) (*Wärmebeh.*), spessore dello strato cementato, profondità di cementazione. 29 ~ **verziehung** (Härteverwerfung) (*f. - Wärmebeh.*), distorsione da tempra. 30 ~ **verzug** (Härteverziehung) (*m. - Mech. - Wärmebeh.*), distorsione da tempra. 31 ~ **zahl** (Brinell z. B.) (*f. - mech. Technol.*), numero di durezza. 32 ~ **zeit** (eines Harzes z. B.) (*f. - chem. Ind.*), tempo d'indurimento. 33 **bleibende** ~ (des Wassers) (*Chem.*), durezza permanente. 34 **Brinell** ~ (*mech. Technol.*), durezza Brinell. 35 **Kugeldruck** ~ (Brinellhärte) (*mech. Technol.*), durezza Brinell. 36 **Mineral** ~ (bleibende Härte, des Wassers) (*Chem.*), durezza permanente. 37 **Mohs'sche** ~ **skala** (*Min.*), scala di Mohs. 38 **Pyramideneindruck** ~ (Vickershärte) (*mech. Technol.*), durezza Vickers. 39 **Rockwell** ~ (*mech. Technol.*), durezza Rockwell. 40 **Vickers** ~ (*mech. Technol.*), durezza Vickers. 41 **Vorlast-** ~ (Rockwell - Härte) (*mech. Technol.*), durezza Rockwell. 42 **vorübergehende** ~ (temporäre Härte, schwindende Härte, Karbonathärte, des Wassers) (*Chem.*), durezza temporanea, durezza carbonica.
Härten (Abschreckhärten) (*n. - Wärmebeh.*), tempra. 2 ~ (*f. - Wärmebeh.*), siehe auch Härtung. 3 ~ **aus dem Einsatz** (Direkthärten) (*Wärmebeh.*), tempra diretta. 4 **Abschreck** ~ (*Wärmebeh.*), tempra. 5 **Aus** ~ (bestehend in Lösungsglühen, Abschrecken und Halten bei Raumtemperatur) (*Wärmebeh.*), invecchiamento artificiale. 6 **Bleibad** ~ (*Wärmebeh.*), tempra in bagno di piombo. 7 **Brenn** ~ (Flammenhärten) (*Wärmebeh.*), flammatura, tempra alla fiamma. 8 **Direkt** ~ (Härten aus dem Einsatz) (*Wärmebeh.*), tempra diretta, tempra di durezza. 7 **Doppel** ~ (zweimaliges Härten) (*Wärmebeh.*), doppia tempra. 10 **Durch** ~ (*Wärmebeh.*), tempra di profondità, tempra totale. 11 **Einsatz** ~ (*Wärmebeh.*), cementazione. 12 **Flammen** ~ (Brennhärten) (*Wärmebeh.*), flammatura, tempra alla fiamma. 13 **Impuls** ~ (von Stahl) (*Wärmebeh.*), tempra ad impulsi. 14 **Induktions** ~ (*Wärmebeh.*), tempra a induzione. 15 **Kern** ~ (*Wärmebeh.*), tempra a cuore. 16 **Luft** ~ (*Wärmebeh.*), tempra in aria. 17 **Öl** ~ (*Wärmebeh.*), tempra in olio. 18 **Rand** ~ (*Wärmebeh.*), tempra superficiale, tempra differenziale. 19 **Tauch** ~ (*Wärmebeh.*), tempra ad immersione. 20 **Warmbad** ~ (Härten durch Abkühlen in einem Salz- oder Metallbad bis zum Temperaturausgleich und Abkühlen auf Raumtemperatur) (*Wärmebeh.*), tempra isotermica, tempra intermedia. 21 **Zyanbad** ~ (Karbonitrieren im Zyanbad) (*Wärmebeh.*), cianurazione.
härten (*Wärmebeh.*), temprare. 2 ~ (von Kunststoffen) (*Technol.*), indurire. 3 **brenn** ~ (flammhärten) (*Wärmebeh.*), flammare, temprare alla fiamma. 4 **einsatz** ~ (*Wärmebeh.*), cementare. 5 **kern** ~ (*Wärmebeh.*), temprare a cuore. 6 **nitrier** ~ (*Wärmebeh.*), nitrurare.
härtend (Kunststoff) (*Technol.*), indurente. 2 **kalt** ~ (Kunststoff) (*Technol.*), indurente a freddo.
Härter (zum Härten von Kunstharzen oder Klebstoffen) (*m. - chem. Ind.*), induritore. 2 ~ (Erhitzer) (*Metall. - Arb.*), fornaiolo per forni di tempra.
Härterei (Wärmebehandlungs-Abteilung) (*f. - Wärmebeh.*), reparto trattamenti termici.
Hartfloss (weisses Gusseisen) (*n. - Giess.*), ghisa bianca.
Hartgasschalter (mit selbsterzeugtem gasförmigen Löschmittel) (*m. - Elekt.*), interruttore ad autoformazione di gas.
Hartgeld (Münzen, Geldstücke) (*n. - finanz.*), moneta, moneta (metallica).
hartgelötet (*mech. Technol.*), saldato a forte, brasato a forte.
Hartgestein (für Richtplatten z. B.) (*n. - Min.*), pietra dura, « diabase ».
Hartgewebe (Schichtpress-stoff aus Harz und Gewebe) (*n. - Technol.*), stratificato tessuto-resina, laminato tessuto-resina, tela bachelizzata.
hartgezogen (Draht) (*mech. Technol.*), trafilato a freddo, crudo.

Hartgiessen (Kokillenguss) (*n. - Giess.*), colata in conchiglia.
Hartgips (für Putze) (*m. - Bauw.*), gesso duro.
Hartglas (Sicherheitsglas) (*n. - Aut. - etc.*), vetro temprato.
Hartgummi (*m. - Gummiind.*), ebanite.
Hartguss (Gusseisen, in Kokillen gegossen) (*m. - Giess.*), ghisa conchigliata. 2 ~ (Hartgiessen) (*Giess.*), colata in conchiglia. 3 ~ (weisses Gusseisen) (*Giess.*), ghisa bianca.
Hartholz (*n. - Holz*), legno duro.
Hartilit (Austenit) (*m. - Metall.*), austenite.
Hartkupferdraht (*m. - Metall.*), filo di rame crudo.
Härtling (Zinn-Eisenlegierung, Zwischenprodukt bei dem Verhütten von Zinnerzen) (*m. - Metall.*), lega stagno-ferro.
Hartlot (*n. - mech. Technol.*), lega saldante forte, lega per brasatura forte.
Hartlöten (*n. - mech. Technol.*), saldatura forte, brasatura forte.
Hartmachen (Bereissen) (*n. - Bergbau*), disgaggio.
Hartmatte (Hm, Schichtpress-stoff aus Harz und Glasmatte) (*f. - chem. Ind.*), laminato a base feltro di vetro.
Hartmeissel (*m. - Werkz.*), scalpello a freddo.
Hartmetall (Karbidhartmetall, für Werkzeuge z. B.) (*n. - Metall.*), carburo metallico, metallo duro. 2 ~ **auflage** (*f. - Mech.*), riporto duro, rivestimento di metallo duro. 3 ~ **bestückung** (*f. - Werkz.*), applicazione di placchette di metallo duro (o di carburo metallico). 4 ~ **plättchen** (*n. - Werkz.*), placchetta di carburo metallico, placchetta di metallo duro. 5 ~ **schneide** (*f. - Werkz.*), tagliente in carburo metallico, tagliente di metallo duro. 6 ~ **werkzeug** (*n. - Werkz.*), utensile in carburo metallico. 7 **gesintertes** ~ (Sinterhartmetall) (*Metall.*), carburo sinterato, carburo metallico sinterato. 8 **Mehrzweck** ~ (*Metall. - Werkz.*), carburo (metallico) universale.
hartmetallbestückt (*Werkz.*), con placchetta di carburo metallico, con riporto di carburo metallico.
Hartpapier (mit härtbaren Kunststoffen getränktes Papier, für gedrückte Schaltungen z. B.) (*n. - Papierind.*), carta dura, carta (impregnata con) termoindurente, carta bachelizzata.
Hartporzellan (*n. - Keramik*), porcellana dura, porcellana naturale.
Hartputzgips (*m. - Bauw.*), gesso duro da intonaco.
Hartschaum (Hartschaumkunststoff) (*m. - chem. Ind.*), espanso rigido.
Hartsteingut (Feldspatsteingut) (*n. - Keramik*), terraglia forte, porcellana opaca.
Harttrockenöl (als Trockenmittel für Anstrichfarben verwendet) (*n. - Anstr.*), (tipo di) siccativo.
Härtung (von Fetten) (*f. - Chem.*), idrogenazione. 2 ~ (*Wärmebeh.*), siehe Härten. 3 ~ (von Kunststoffen) (*chem. Ind.*), indurimento. 4 ~ **s·dauer** (der Mischung eines Harzes mit einem Härter) (*f. - chem. Ind.*), tempo di indurimento. 5 **Gesamt** ~ (Härtung des gesamten Teiles) (*Wärmebeh.*), tempra totale.

6 **Mantel** ~ (Aufsatzhärtung) (*Wärmebeh.*), siehe Standhärtung. 7 **martensitische** ~ (*Wärmebeh.*), tempra martensitica. 8 **örtliche** ~ (*Wärmebeh.*), tempra localizzata. 9 **spektrale** ~ (von Teilchen z. B.) (*Kernphys.*), indurimento spettrale.
Hartverchromung (*f. - mech. Technol.*), cromatura dura, cromatura a spessore.
Hartwater (*n. - Textil.*), filo per catena a torsione forte, filo di ordito a torsione forte.
Hartzink (Zink-Eisenlegierung) (*n. - Metall.*), zinco duro, matta.
Hartzinn (*n. - Metall.*), peltro.
Harz (Baumharz) (*n. - Holz*), resina (vegetale). 2 ~ (Kunstharz) (*chem. Ind.*), resina (sintetica). 3 ~ **beton** (*m. - chem. Ind. - etc.*), conglomerato di resina. 4 ~ **leim** (für Papier z. B.) (*m. - Ind.*), colla di resina. 5 ~ **matte** (*f. - chem. Ind.*), siehe Prepreg (*n.*). 6 ~ **pressmasse** (*f. - Ind.*), resina da stampaggio. 7 **Alkyd** ~ (*Kunststoff*), resina alchidica. 8 **Phenol** ~ (*chem. Ind.*), resina fenolica.
harzig (*Chem. - etc.*), resinoide.
Haspe (Krampe) (*f. - Bauw.*), grappa.
Haspel (Förderhaspel) (*m. - f. - Hebevorr.*), verricello. 2 ~ (für Draht) (*Walzw.*), tamburo di avvolgimento, «aspo». 3 ~ (*Textilind.*), aspo.
haspeln (*Textilind.*), bobinare, innaspare.
Hastalloy (Hastelloy, Nickelsonderlegierung) (*n. - Metall.*), «hastalloy».
Haube (Motorhaube) (*f. - Aut.*), cofano (motore). 2 ~ (Kappe) (*Bauw.*), cappa. 3 ~ (*Chem.*), cappa. 4 ~ (eines Flugmotors) (*Flugw.*), cappottatura. 5 ~ (eines Aggregates) (*Mot.*), cappottatura. 6 ~ (Kuppel) (*Arch.*), cupola. 7 ~ (Laterne) (*Bauw.*), lucernario. 8 ~ (einer Stahlform) (*Metall. - Giess.*), materozza. 9 ~ **n·ausführung** (*f. - Aut.*), tipo (di autocarro) a cabina arretrata. 10 ~ **n·kipper** (*m. - Aut.*), autocarro ribaltabile a cabina arretrata, ribaltabile a cabina arretrata. 11 ~ **n·ofen** (*m. - Metall.*), forno a campana. 12 ~ **n·schloss** (*n. - Aut.*), fermacofano. 13 ~ **n·verkleidung** (eines Flugmotors) (*f. - Flugw.*), cappottatura. 14 ~ **n·verschluss** (Haubenhalter) (*m. - Aut.*), fermacofano. 15 ~ **n·wagen** (*m. - Fahrz.*), autoveicolo a cabina arretrata. 16 **First** ~ (*Bauw.*), scossalina di colmo.
Haubitze (Geschütz mit kurzem Rohr) (*f. - Feuerwaffe*), obice.
Hauch (Fehler) (*m. - Funk.*), soffio. 2 ~ (dünne Schicht) (*m. - allg.*), strato sottile. 3 ~ (eines Schalles, einer Stimme, z. B.) (*Akus.*), sfumatura.
Hauchverchromung (der Schneide eines Werkz., bei der eine sehr dünne Schicht, die keine Nachbearbeitung erfordert, aufgetragen wird) (*f. - Werkz.*), cromatura sottile.
Haue (Hacke) (*f. - Werkz.*), piccone, gravina.
Häuer (Hauer, beim Untertagebau) (*m. - Bergbau - Arb.*), minatore picconiere. 2 ~ (Hauer, beim Tagebau) (*Bergbau - Arb.*), cavatore.
Haufen (*m. - allg.*), mucchio. 2 ~ **sand** (*m. - Giess.*), terra da riempimento, terra in mucchio. 3 ~ **wolke** (Kumuluswolke) (*f. -*

Häufigkeit

Meteor.), cumulo. **4 Kugel** ~ (Sternhaufen) (*Astr.*), ammasso globulare. **5 offener** ~ (Sternhaufen) (*Astr.*), ammasso aperto, ammasso galattico. **6 Stern** ~ (*Astr.*), ammasso stellare.

Häufigkeit (*f. - allg.*), frequenza. **2** ~ (*Atomphys.*), abbondanza. **3** ~ (relative Häufigkeit) (*Stat.*), frequenza relativa. **4** ~ s·**verhältnis** (kosmische Häufigkeit) (*n. - Radioakt.*), abbondanza cosmica. **5** ~ s·**verteilung** (*f. - Stat.*), distribuzione della frequenza. **6 absolute Summen** ~ (kumulierte Besetzungszahl) (*Stat.*), frequenza cumulativa assoluta. **7 Summen** ~ (*Stat.*), frequenza cumulativa.

Häufler (Kultivator) (*m. - Landw.masch.*), coltivatore.

Häufung (*f. - allg.*), ammucchiamento, ammassamento.

Haufwerk (gelöstes Gestein, Tagebausteinbruch) (*n. - Bergbau*), pietrame sciolto. **2** ~ (hereingewonnenes Gestein) (*n. - Bergbau*), minerale scavato.

Hauklotz (Holzstock) (*m. - Holz*), ceppo.

Haumeissel (*m. - Werkz.*), tagliolo.

Haupt (Leiter) (*n. - allg.*), capo. **2** ~ **abmessungen** (*f. - pl. - Mass*), dimensioni principali. **3** ~ **abmessungen** (*Schiffbau*), dimensioni principali. **4** ~ **achse** (*f. - Geom.*), asse principale. **5** ~ **amt** (*n. - Fernspr.*), centrale principale. **6** ~ **ansicht** (*f. - Bauw.*), facciata. **7** ~ **anschluss** (Hauptstelle) (*m. - Fernspr.*), apparecchio principale (d'abbonato). **8** ~ **antrieb** (*m. - Werkz.masch.*), azionamento principale, azionamento di lavoro. **9** ~ **antriebsmaschine** (*f. - naut.*), apparato motore principale. **10** ~ **antriebsmotor** (*m. - Werkz. masch.*), motore principale. **11** ~ **ausschalter** (*m. - Elekt.*), interruttore principale. **12** ~ **bahn** (*f. - Eisenb.*), linea principale. **13** ~ **bahnhof** (*m. - Eisenb.*), stazione centrale. **14** ~ **balken** (*m. - Bauw.*), trave maestra, trave principale. **15** ~ **balken** (Architrav) (*Arch.*), architrave. **16** ~ **blatt** (einer Blattfeder) (*n. - Mech.*), foglia maestra. **17** ~ **bremszylinder** (*m. - Aut.*), pompa comando freni, pompa idraulica. **18** ~ **buch** (*n. - Buchhaltung*), libro mastro. **19** ~ **buchhalter** (*m. - Buchhaltung - Pers.*), capocontabile. **20** ~ **buchhaltung** (Geschäftsbuchhaltung, Finanzbuchhaltung) (*f. - Adm.*), contabilità generale. **21** ~ **darsteller** (Filmheld) (*m. - Filmtech. - etc.*), primo attore. **22** ~ **darstellerin** (Filmstern) (*f. - Filmtech.*), prima attrice, stella. **23** ~ **deck** (*n. - naut.*), ponte di coperta. **24** ~ **dehnung** (in der Elastizitätstheorie) (*f. - Baukonstr. lehre*), dilatazione principale. **25** ~ **drehflügel** (eines Hubschraubers) (*m. - Flugw.*), elica di quota, rotore principale. **26** ~ **düse** (eines Vergasers) (*f. - Mot. - Aut.*), getto principale. **27** ~ **einfahrt** (*f. - Bauw.*), ingresso principale. **28** ~ **formänderung** (*f. - Technol.*), deformazione principale. **29** ~ **gasrohr** (*n. - Bauw. - Ing.b.*), conduttura principale del gas. **30** ~ **gesims** (Dachgesims) (*n. - Bauw.*), cornicione (di gronda). **31** ~ **gleis** (durchgehendes Hauptgleis) (*n. - Eisenb.*), binario di corsa. **32** ~ **harmonische** (Hauptkritische) (*f. - Phys.*), armonica principale, armonica critica. **33** ~ **kanal** (Entwässerungskanal) (*m. - Ing.b.*), collettore di fognatura. **34** ~ **kassier** (*m. - Bank - Pers.*), cassiere capo. **35** ~ **katalog** (von Büchern) (*m. - Druck.*), catalogo generale. **36** ~ **katalog** (einer Bibliothek) (*Druck.*), schedario generale. **37** ~ **kritische** (Harmonische) (*f. - Phys.*), siehe Hauptharmonische. **38** ~ **lager** (eines Verbrennungsmotors) (*n. - Mot.*), cuscinetto di banco, supporto di banco. **39** ~ **lagerdeckel** (eines Verbrennungsmotors) (*m. - Mot.*), cappello di banco. **40** ~ **leitung** (Direktion) (*f. - Ind.*), direzione generale. **41** ~ **leitung** (*Elekt.*), linea principale. **42** ~ **linie** (*f. - Eisenb. - etc.*), linea principale. **43** ~ **luftleitung** (Bremsleitung) (*f. - Eisenb.*), condotta generale (del freno). **44** ~ **maschine** (eines Schiffes) (*f. - naut.*), motore di propulsione, macchina principale, macchina di propulsione, motore principale. **45** ~ **merkmal** (bei Qualitätskontrolle) (*n. - mech. Technol.*), caratteristica importante. **46** ~ **nenner** (*m. - Math.*), denominatore comune. **47** ~ **patent** (*n. - recht.*), brevetto principale. **48** ~ **pleuel** (Hauptpleuelstange, eines Flugmotors) (*n. - Mot.*), biella madre. **49** ~ **pleuelstange** (eines Sternmotors) (*f. - Flugmotor.*), biella madre. **50** ~ **programm** (*n. - Rechner*), programma principale. **51** ~ **punkt** (Augenpunkt, Blickpunkt, in der Perspektive) (*m. - Geom. - Opt.*), punto principale. **52** ~ **quantenzahl** (*f. - Atomphys.*), numero quantico principale. **53** ~ **quartier** (*n. - milit.*), quartier generale. **54** ~ **rohr** (*n. - Ing.b. - Leit.*), conduttura principale. **55** ~ **rotor** (Hauptdrehflügel, eines Hubschraubers) (*m. - Flugw.*), elica di quota, rotore principale. **56** ~ **sammelschiene** (*f. - Elekt.*), sbarra omnibus, sbarra collettrice principale. **57** ~ **sammler** (für Abwasser) (*m. - Bauw.*), emissario (di fognatura). **58** ~ **satz** (Hauptgesetz) (*m. - Phys. - etc.*), legge fondamentale, principio fondamentale. **59** ~ **satz** (Abschnitt eines Programms) (*Rechner - NC - Werkz.masch.bearb.*), blocco principale. **60** ~ **schacht** (Förderschacht) (*m. - Bergbau*), pozzo di estrazione, pozzo principale. **61** ~ **schalter** (*m. - Elekt.*), interruttore principale. **62** ~ **schaltpult** (*n. - Elekt.*), quadro generale. **63** ~ **schlussgenerator** (Hauptstrommaschine) (*m. - Elekt.*), dinamo eccitata in serie. **64** ~ **schlussklemme** (*f. - Elekt.*), morsetto in serie. **65** ~ **schlussmotor** (*m. - Elekt.*), motore in serie, motore eccitato in serie. **66** ~ **schlussölfilter** (Hauptstromölfilter) (*m. - Mot.*), filtro dell'olio a portata totale. **67** ~ **schneide** (eines Drehstahls z. B.) (*f. - mech. Werkz.*), tagliente principale. **68** ~ **schnittfläche** (eines Werkstückes) (*f. - Werkz.masch.bearb.*), superficie lavorata dal tagliente principale. **69** ~ **schubspannung** (am Volumenelement, bei der Elastizitätstheorie) (*f. - Baukonstr.lehre*), tensione tangenziale principale. **70** ~ **schuldner** (*m. - finanz.*), debitore principale. **71** ~ **serie** (nach der Vorserie) (*f. - Ind.*), serie. **72** ~ **spannung** (*f. - Elekt.*), tensione di linea. **73** ~ **spannung** (*Baukonstr.lehre*), tensione principale. **74** ~ **spant** (*m. - Schiffbau*), ordinata maestra. **75** ~ **sparren** (eines Daches) (*m. - Bauw.*), puntone. **76** ~ **speiseleitung** (für

Wasser) (*f. - Bauw.*), condotta principale (dell'acqua potabile). 77 ~ **spindel** (Leitspindel, einer Drehbank, zum Gewindeschneiden z. B.) (*f. - Werkz.masch.*), vite madre, vite conduttrice, vitone. 78 ~ **stelle** (Hauptanschluss) (*f. - Fernspr.*), apparecchio principale (d'abbonato). 79 ~ **steuerkolben** (eines Servoventils) (*m. - Elektrohydr.*), cursore. 80 ~ **strasse** (*f. - Strasse*), strada di grande comunicazione. 81 ~ **stromerregung** (*f. - Elekt.*), eccitazione in serie. 82 ~ **stromfilter** (Hauptschlussfilter, Ölfilter) (*m. - Mot. - etc.*), filtro a portata totale. 83 ~ **strommotor** (Reihenschlussmotor) (*m. - Elektromot.*), motore avvolto in serie. 84 ~ **stunde** (Spitzenstunde, Hauptverkehrsstunde, des Verkehrs) (*f. - Fernspr.*), ora di punta. 85 ~ **träger** (*m. - Bauw.*), trave principale, trave maestra. 86 ~ **trägheitsachse** (*f. - Baukonstr. lehre*), asse principale d'inerzia. 87 ~ **trägheitsachse** (Verbindungslinie der Massen-Schwerpunkte über die Vorder- und Hinterachse) (*Aut.*), asse principale d'inerzia. 88 ~ **treppe** (*f. - Bauw.*), scala principale. 89 ~ **typ** (Feldtyp) (*m. - Elektronik*), modo fondamentale. 90 ~ **untersuchung** (von Kraftfahzeugen, in StVZO festgelegt) (*f. - Aut.*), revisione. 91 ~ **valenz** (starke elektrostatische Anziehungskraft) (*f. - Chem.*), valenza principale, legame elettrostatico. 92 ~ **verkehrsstunde** (HVSt) (*f. - Fernspr.*), ora di maggior traffico, ora di punta. 93 ~ **verkehrszeit** (*f.-Fernspr.*), periodo di punta. 94 ~ **versammlung** (HV, der Aktionäre) (*f. - finanz.*), assemblea generale. 95 ~ **verwaltung** (einer Gesellschaft) (*f. - komm. - Adm.*), sede. 96 ~ **wasserleitung** (*f. - Ing.b. - Leit.*), conduttura principale dell'acqua (potabile). 97 ~ **welle** (Abtriebswelle, eines Wechselgetriebes) (*f. - Aut.*), albero primario. 98 ~ **welle** (zwischen Wechselgetriebe und Hinterachse) (*Aut.*), albero di trasmissione. 99 ~ **zähler** (*m. - Elekt.*), contatore principale. 100 ~ **zeit** (Nutzungszeit) (*f. - Werkz.masch.bearb.*), tempo macchina, tempo attivo. 101 ~ **zylinder** (Bremszylinder) (*m. - Aut.*), pompa idraulica.

Haus (*n. - allg.*), casa. 2 ~ (Gebäude) (*Bauw.*), edificio, fabbricato, casa. 3 ~ (Unternehmung) (*komm.*), casa, ditta. 4 ~ (Volksvertretung) (*Parlament*), camera. 5 ~ **abwasserleitung** (*f. - Bauw. - Leit.*), tubazione di scarico interna. 6 ~ **anschluss** (*m. - Elekt.*), allacciamento domestico. 7 ~ **anschlusskasten** (*m. - Elekt.*), cassetta di allacciamento per distribuzione domestica. 8 ~ **einfahrt** (*f. - Bauw.*), porta di ingresso, ingresso. 9 ~ **frau** (*f. - recht.*), casalinga. 10 ~ **gehilfe** (*m. - Arb.*), domestico, servitore. 11 ~ **gehilfin** (*f. - Arb.*), domestica, cameriera. 12 ~ **generator** (für den Eigenbedarf eines Kraftwerks) (*m. - Elekt.*), generatore per autoproduzione. 13 ~ **gerät** (Haushaltgerät) (*n. elekt. Ger.*), elettrodomestico. 14 ~ **gewerbe** (*n. - Ind.*), industria a domicilio. 15 ~ **halt** (Wirtschaft) (*m. - Adm.*), amministrazione. 16 ~ **halt** (Budget) (*finanz.*), bilancio preventivo. 17 ~ **haltgerät** (*n. - elekt. Ger.*), elettrodomestico. 18 ~ **halt-Kühlschrank** (*m. - elekt. Ger.*), frigorifero domestico. 19 ~ **haltmittel** (*finanz.*), stanziamento di bilancio. 20 ~ **halttarif** (*m. - Elekt.*), tariffa per usi elettrodomestici. 21 ~ **haltzähler** (*m. - Elekt. - Instr.*), contatore interno (per il consumo domestico). 22 ~ **installation** (*f. - Elekt.*), impianto interno. 23 ~ **maschine** (Hausturbosatz, Turbogenerator für den Betrieb von Hilfsantriebe etc. eines Kraftwerkes) (*f. - Elekt.*), gruppo generatore ausiliario. 24 ~ **meister** (Pförtner) (*m. - Arb.*), portiere, portinaio, custode. 25 ~ **personal** (*n. - Arb.*), servitù. 26 ~ **stein** (*m. - Bauw.*), concio, pietra squadrata. 27 ~ **technik** (*f. - Elekt.*), tecnica degli impianti domestici. 28 ~ **telephon** (*n. - Teleph.*), telefono privato. 29 ~ **transformator** (für den Eigenbedarf eines Kraftwerkes) (*m. - Elekt.*), trasformatore per autoproduzione. 30 ~ **turbine** (zur Eigenversorgung eines Kraftwerkes) (*f. - Turb. - Elekt.*), turbina per autoproduzione. 31 ~ **wart** (*m. - Arb.*), portinaio, portiere, custode. 32 ~ **wasserversorgungsanlage** (*f. - Bauw.*), impianto domestico dell'acqua (potabile). 33 ~ **zentrale** (*f. - Fernspr.*), centralino (telefonico) privato. 34 ~ **zuleitung** (Hausanschluss, des Wassers z. B.) (*f. - Bauw.*), allacciamento domestico. 35 **Energie ~ halt** (*Phys.*), bilancio energetico. 36 **Handels ~** (*komm.*), casa commerciale, ditta commerciale. 37 **Steuer ~** (*naut.*), timoniera.

Häuserblock (Häusergruppe, Baublock) (*m. - Bauw.*), isolato.

häuslich (Anlage z. B.) (*allg.*), domestico.

Hausse (Steigen der Preise) (*f. - komm. - finanz.*), rialzo, tendenza al rialzo.

Haustein (*m. - Bauw.*), pietra da taglio.

Haut (*f. - allg.*), pelle. 2 ~ (eines Flügels z. B.) (*Flugw. - etc.*), rivestimento. 3 ~ (Schiffsbekleidung) (*Schiffbau*), fasciame. 4 ~ **abdruckverfahren** (für Elektronenmikroskop-Analyse) (*n. - Metall.*), replica, calco pellicolare. 5 ~ **bildung** (*f. - Anstr.fehler*), formazione di pelle. 6 ~ **dosis** (*f. - Radioakt.*), dose cutanea. 7 ~ **effekt** (Hautwirkung, Skineffekt) (*m. - Elekt.*), effetto pelle. 8 ~ **erkrankung** (*f. - Med.*), malattia della pelle. 9 ~ **riss** (Oberflächenriss) (*m. - Technol.*), incrinatura superficiale, cricca superficiale. 10 ~ **verpackungsmaschine** (Skinverpakkungsmaschine, mit einer thermoplastischen Folie) (*f. - Masch. - Packung*), macchina per imballi «skin». 11 ~ **ziehen** (Hautbildung) (*n. - Anstr.fehler*), formazione di pelle. 12 **Aussen ~** (*Schiffbau*), fasciame esterno. 13 **tragende ~** (*Flugw.*) - *etc.*), rivestimento portante, rivestimento resistente.

Häute (*f. - pl. - Lederind.*), pellami.

häuten (die Haut abnehmen) (*Lederind.*), scuoiare.

Havarie (Haverei) (*f. - naut. - recht.*), avaria. 2 ~ **akte** (*f. - naut.*), compromesso di avaria. 3 ~ **kommissar** (*m. - naut.*), liquidatore di avaria. 4 **besondere ~** (*naut.*), avaria particolare. 5 **grosse ~** (*naut.*), avaria grossa, avaria generale. 6 **kleine ~** (*naut.*), avaria piccola.

havariert (beschädigt) (*naut.*), in avaria.

Havarist

Havarist (beschädigtes Schiff) (*m. - naut.*), nave in avaria.
HB (Brinell Härte) (*mech. Technol.*), durezza Brinell.
Hb (Hämoglobin) (*Biochem.*), emoglobina.
H-Band (7050÷10.000 MHz) (*n. - Funk. - etc.*), banda H.
Hbf. (Hauptbahnhof) (*Eisenb.*), stazione principale, stazione centrale.
H-Bombe (*f. - Expl.*), bomba H, bomba all'idrogeno.
HBR (Heizölbehälter-Richtlinien) (*Verbr.*), norme sui recipienti per oli combustibili.
HBV (Gewerkschaft Handel, Banken und Versicherung) (*Arb.*), sindacato dei lavoratori del commercio, banche ed assicurazioni.
h.c. (honoris causa), honoris causa.
HD (Hochdruck) (*Phys. - etc.*), alta pressione. 2 ~ (Heissdampf) (*Kessel*), vapore surriscaldato.
Hd. (Hand) (*allg.*), mano. 2 v. ~ (von Hand) (*allg.*), a mano.
Hdb (Handbuch) (*allg.*), manuale.
HDK (hohe Dielektrizitätskonstante) (*Elekt.*), alta costante dielettrica. 2 ~ -Masse (*f. - Elekt.*), materiale ad alta costante dielettrica.
HDO-Gerät (*h*inter *d*em *O*hr zu tragendes Hörgerät) (*n. - Akus.*), cornetto acustico da applicare dietro l'orecchio.
HD-Öl (Hochdruckschmiermittel) (*chem. Ind.*), lubrificante per alte pressioni.
HDR (Heissdampfreaktor) (*Kernphys.*), reattore a vapore surriscaldato.
He (Helium) (*Chem.*), He, elio.
h.e. (hoc est, das heisst) (*allg.*), ossia.
HEA (Hauptberatungsstelle für Elektrizitätsabnehmer) (*Elekt.*), Ufficio Centrale di Consulenza per Utenti di Energia Elettrica.
Heavisideschicht (*f. - Astr.*), strato di Heaviside.
Hebdrehwähler (*m. - Fernspr.*), selettore a sollevamento e rotazione.
Hebeanlage (*f. - Ind.*), impianto di sollevamento.
Hebeauge (*n. - Masch. - etc.*), golfare (di sollevamento), anello (di sollevamento).
Hebebaum (Eisen- oder Holzstange) (*m. - Werkz.*), palanchino.
Hebebock (Winde zum Heben von Wagen etc.) (*m. - Hebevorr.*), martinetto. 2 hydraulischer ~ (*Hebevorr.*), martinetto idraulico.
Hebebrücke (*f. - Brück.b.*), ponte mobile verticalmente.
Hebebühne (*f. - Hebevorr.*), ponte elevatore. 2 ~ (für Instandsetzung z. B.) (*Aut.*), ponte sollevatore, banco elevatore.
Hebedaumen (*m. - Mech.*), camma, bocciolo.
Hebedraht (Hebetrosse) (*m. - naut.*), cavo per ricuperi.
Hebeeisen (*n. - Werkz.*), palanchino.
Hebefahrzeug (Hebeschiff, Bergungsschiff) (*n. - naut.*), nave per ricuperi.
Hebefenster (*n. - Aut.*), finestrino sollevabile.
Hebehaspel (Hebewinde) (*m. - Hebevorr.*), verricello.
Hebel (*m. - Mech.*), leva. 2 ~ arm (*m. - Mech.*), braccio della leva. 3 ~ bremse (*f. - Mech. - Fahrz.*), freno a leva. 4 ~ drehpunkt (*m. - Mech.*), fulcro della leva. 5 ~ für den schnellen Rückzug (*Werkz.masch.*), leva comando ritorno rapido. 6 ~ probe (zur Prüfung auf Spannungskorrosion) (*f. - mech. Technol.*), provino a leva. 7 ~ schalter (Umschalter) (*m. - Elekt.*), interruttore a leva, interruttore a coltello. 8 ~ schaltung (*f. - Masch.*), comando a leva. 9 ~ steuerung (*f. - Masch.*), comando a leva. 10 ~ stütze (*f. - Mech.*), fulcro. 11 ~ system (Hebelwerk) (*n. - Masch.*), sistema di leve, «leveraggio». 12 ~ umschalter (*m. - Elekt.*), commutatore a leva. 13 ~ vorschneider (*m. - Werkz.*), tronchese. 14 ~ werk (Hebelsystem) (*n. - Mech.*), sistema di leve, «leveraggio». 15 Auflege ~ (Montierhebel, für Reifen) (*Aut.*), leva per pneumatici. 16 Fühl ~ (Fühlhebelgerät) (*Instr.*), comparatore, minimetro. 17 gegabelter ~ (*Mech.*), leva a forchetta. 18 gekröpfter (*Mech.*), leva a gomito. 19 Kipp ~ (*Mech.*), bilanciere. 20 Knick ~ (Kniehebel) (*Mech.*), leva a ginocchiera. 21 Lenk ~ (*Aut.*), braccio comando fuso a snodo. 22 rechtwinkliger ~ (Winkelhebel) (*Mech.*), leva a squadra. 23 Schwing ~ (*Mech.*), leva oscillante. 24 Winkel ~ (rechtwinkliger Hebel) (*Mech.*), leva a squadra.
Hebemagnet (Hebeelektromagnet, Hubmagnet, Elektrohebemagnet) (*m. - Hebevorr.*), magnete di sollevamento, elettromagnete di sollevamento.
Heben (*n. - allg.*), sollevamento. 2 ~ (eines Wracks) (*naut.*), ricupero. 3 ~ (des Wagenkastens z. B.) (*Eisenb.*), rialzo.
heben (*allg.*), sollevare. 2 ~ (einziehen, Gebühren z. B.) (*finanz.*), riscuotere.
Heber (Gerät zum Heben von Flüssigkeiten) (*m. - Ger.*), sifone. 2 ~ leitung (*f. - Ger.*), sifone. 3 ~ manometer (*n. - Instr.*), manometro (a mercurio) a sifone. 4 ~ schreiber (*m. - Telegr.*), registratore a sifone. 5 Ventil ~ (Ventilfederheber) (*Werkz. - Mot.*), alzavalvole.
Hebeschiff (*n. - naut.*), nave per ricuperi.
Hebeschraube (Schraubenwinde) (*f. - Hebevorr.*), martinetto a vite.
Hebestelle (*f. - finanz.*), esattoria.
Hebestempel (für Wagenpflege) (*m. - Aut.*), sollevatore a colonna.
Hebetisch (*m. - Walzw.*), elevatore, piano elevatore.
Hebetrosse (Hebedraht) (*f. - naut.*), cavo per ricuperi.
Hebe- und Förderzeuge (*n. pl. - ind. Masch. - Transp.*), apparecchi di sollevamento e trasporto.
Hebevorrichtung (*f. - Hebevorr.*), apparecchio di sollevamento.
Hebewerk (für Schiffe, Wagen, etc.) (*n. - Masch.*), sollevatore.
Hebewinde (*f. - Hebevorr.*), verricello.
Hebezeuge (*n. - pl. - ind. Masch. - Transp.*), apparecchi di sollevamento.
Hebung (im Gebirge) (*f. - Bergbau*), innalzamento.
Hechel (Hechelkamm, für Flachs) (*f. - Textilmasch.*), pettine. 2 ~ maschine (*f. - Textilmasch.*), pettinatrice, scapecchiatrice. 3 Abzug ~ (Grobhechel) (*Textilind.*), pettine in grosso. 4 Ausmach ~ (Feinhechel) (*Tex-*

tilind.), pettine in fino. **5 Fein** ~ (Ausmachhechel) (*Textilind.*), pettine in fino. **6 Grob** ~ (Abzughechel) (*Textilind.*), pettine in grosso.
Hecheln (*n. - Textilind.*), pettinatura.
hecheln (*Text.*), pettinare. **2 fein** ~ (*Text.*), pettinare in fino. **3 grob** ~ (*Text.*), pettinare in grosso.
Heck (eines Schiffes) (*n. - naut.*), poppa. **2** ~ (eines Flugzeugs) (*Flugw.*), coda. **3** ~ (*Aut.*), parte posteriore. **4** ~ **fender** (*m. - naut.*), paglietto di poppa, parabordo di poppa. **5** ~ **flosse** (Flosse eines Pkw) (*f. - Aut.*), pinna (di coda). **6** ~ **klappe** (Kofferraumdeckel) (*f. - Aut.*), coperchio della bagagliera. **7** ~ **lastigkeit** (Achterlastigkeit, Steuerlastigkeit) (*f. - naut.*), appoppamento. **8** ~ **laterne** (*f. - naut.*), fanale di poppa. **9** ~ **motor** (*m. - Fahrz.*), motore posteriore. **10** ~ **motorwagen** (Heckmotorkraftwagen) (*m. - Aut.*), autoveicolo a motore posteriore. **11** ~ **rad** (eines Flugzeugs) (*n. - Flugw.*), ruota di coda. **12** ~ **reling** (*f. - naut.*), coronamento. **13** ~ **rohr** (Torpedoausstossrohr) (*n. - Kriegsmar.*), lanciasiluri poppiero, tubo di lancio poppiero. **14** ~ **rotor** (eines Hubschraubers) (*m. - Flugw.*), elica di coda, elica anticoppia. **15** ~ **scheibe** (*f. - Aut.*), lunotto (posteriore). **16** ~ **scheibendefroster** (*m. - Aut.*), sbrinatore del lunotto. **17** ~ **spiegel** (Achterspiegel) (*m. - naut.*), specchio di poppa. **18** ~ **welle** (*f. - naut.*), onda di poppa. **19 abfallendes** ~ (eines PkW, « fastback ») (*Aut. - Aufbau*), « fastback ». **20 abgesetztes** ~ (Pontonform, eines PkW) (*Aut. - Aufbau*), coda a sbalzo, parte posteriore a sbalzo. **21 flaches** ~ (Spiegelheck, eines Bootes) (*naut.*), poppa piatta, poppa a specchio, poppa a quadro. **22 Kreuzer** ~ (*naut.*), poppa tipo incrociatore. **23 Spiegel** ~ (flaches Heck, eines Bootes) (*naut.*), poppa piatta, poppa a specchio, poppa a quadro. **24 Spiegel** ~ (Kreuzerheck) (*naut.*), poppa tipo incrociatore. **25 stumpfes** ~ (eines Pkw) (*Aut.*), coda tronca.
Hecke (*f. - Bauw.*), siepe.
hecklastig (*naut. - Flugw.*), appoppato.
heckwärts (*naut.*), a poppavia.
Hede (Rückstand beim Hecheln) (*f. - Text.*), stoppa.
Heer (*n. - milit.*), esercito. **2** ~ **es·dienst** (*m. - milit. - Arb.*), servizio militare.
Hefe (*f. - Biochem.*), lievito. **2** ~ **presse** (*f. - Bierbrauerei*), pressa per lievito. **3** ~ **reinzucht** (Gewinnung der Hefe) (*f. - Bierbrauerei*), estrazione del lievito.
Hefnerkerze (Lichtstärkemass bis 1940) (*f. - Beleucht.*), candela Hefner.
Heft (Griff, an Werkzeugen z. B.) (*n. - Werkz. - etc.*), manico, impugnatura. **2** ~ (Schreibheft) (*Papierind.*), quaderno. **3** ~ (einer Zeitschrift z. B.) (*Druck.*), numero. **4** ~ **draht** (*m. - Buchbinderei*), filo per punti (metallici). **5** ~ **faden** (*m. - Textilind.*), filo per imbastitura. **6** ~ **klammer** (*f. - Buchbinderei*), punto metallico. **7** ~ **maschine** (Büroheftmaschine) (*f. - Masch.*), cucitrice a punti metallici. **8** ~ **pflaster** (*n. - chem. Ind.*), nastro autoadesivo. **9** ~ **pflaster** (für Wunden) (*Med. - Pharm.*), cerotto. **10** ~ **punkten** (Heftschweissen) (*n. - Schweissen*), puntatura, imbastitura. **11** ~ **rand** (Rand, eines Briefes) (*m. - Büro*), margine. **12** ~ **schweissen** (*n. - mech. Technol.*), puntatura, imbastitura. **13** ~ **schweissmaschine** (*f. - Mach.*), puntatrice. **14** ~ **zange** (Büroheftmaschine) (*f. - Masch.*), cucitrice a pinza. **15** ~ **zwecke** (Zeichennagel, Reisszwecke, Reissnagel) (*f. - Zeichn.*), puntina da disegno.
Heften (*n. - Buchbinderei*), cucitura. **2** ~ (Heftschweissen) (*mech. Technol.*), puntatura, imbastitura. **3** ~ (*Blechbearb.*), cucitura.
heften (*Buchbinderei*), cucire. **2** ~ (*Schweissung*), puntare, imbastire.
heftgeschweisst (*mech. Technol.*), puntato, imbastito.
Heftung (*f. - Buchbinderei*), cucitura.
Heide (unbebautes Land) (*f. - Landw.*), landa, brughiera.
Heilanstalt (Kuranstalt) (*f. - Med.*), stabilimento di cura, sanatorio.
Heilgehilfe (Krankenpfleger) (*f. - Med. - Arb.*), infermiere.
Heilmittel (*n. - Med.*), medicina, farmaco, medicamento, prodotto farmaceutico.
Heilquelle (Mineralquelle) (*f. - Geol.*), sorgente minerale.
Heimarbeit (*f. - Arb.*), lavoro a domicilio.
Heimarbeiter (*m. - Arb.*), lavoratore a domicilio.
Heimathafen (eines Schiffes) (*m. - naut.*), porto di immatricolazione.
Heimatschein (*m. - Arb. - etc.*), certificato di cittadinanza.
Heimatzeichen (eines Nummernschildes) (*n. - Aut.*), sigla della provincia.
Heimfernsprecher (*m. - Fernspr.*), citofono.
Heimfroster (*m. - Elekt. - Ger.*), frigorifero domestico.
heimisch (einheimisch, Produkt) (*Ind. - komm.*), nazionale.
Heimkontakt (eines Wählers) (*m. - Fernspr.*), contatto di riposo.
Heimprojektor (*m. - Filmtech. - Ger.*), proiettore domestico.
H-Eisen (Doppel-T-Eisen) (*n. - metall. Ind. - Bauw.*), trave a doppio T.
heiss (*allg.*), caldo. **2** ~ (Lager z. B.) (*Mech.*), surriscaldato. **3** ~ **brüchig** (*Metall.*), fragile a caldo. **4** ~ **e Chemie** (Chemie der radioaktiven Stoffe) (*Chem. - Radioakt.*), chimica delle sostanze radioattive. **5** ~ **e Räume** (*Radioakt.*), ambienti radioattivi. **6** ~ **es Atom** (hochangeregtes Atom) (*Atomphys.*), atomo molto eccitato. **7** ~ **fahren** (*Mot. etc.*), surriscaldarsi. **8** ~ **fest** (*Metall.*), resistente a caldo, resistente ad alta temperatura, refrattario. **9** ~ **gefahren** (*Mot. - etc.*), surriscaldato. **10** ~ **gelaufen** (Lager z. B.) (*Mech.*), surriscaldato. **11** ~ **gewalzt** (*Walzw.*), laminato a caldo. **12** ~ **klebend** (*Chem.*), termoadesivo. **13** ~ **laufen** (von Lagern z. B.) (*Mech.*), surriscaldarsi, riscaldarsi. **14** ~ **pressen** (*mech. Technol.*), stampare a caldo, fucinare a caldo (alla pressa). **15** ~ **werden** (*Mech. - etc.*), surriscaldarsi, riscaldarsi.
Heissätzen (thermisches Ätzen, zur Vorbereitung der Proben für die Metallmikroskopie) (*n. - Metall.*), attacco acido termico.

Heissdampf

Heissdampf (überhitzter Dampf) (*m. - Kessel*), vapore surriscaldato.
Heisse (Heize, eines Ofens, oder zwischen Schmiedebearbeitungen) (*f. - Metall. - Schmieden*), calda.
Heisseisensäge (*f. - Werkz.*), sega a caldo.
heissen (hochziehen, hissen) (*naut. - etc.*), issare.
Heissflämmen (Putzen, von Blöcken z. B.) (*n. - Metall.*), scriccatura al cannello, scriccatura alla fiamma.
Heissflämm-Maschine (*f. - Metall. - Masch.*), scriccatrice (a fiamma).
Heissfräsen (*n. - Metall. - Mech.*), fresatura a caldo.
Heisshärtung (Hitzehärtung, von Kunststoffen) (*f. - Chem.*), indurimento a caldo.
Heissiegeln (Schweissen von Kunststoffen in dem die Wärme durch Konvektion übertragen wird) (*n. - Technol.*), termosigillatura a caldo, saldatura (con riscaldamento) a convezione.
Heisskanal (beim Spritzgiessen von Kunststoffen) (*m. - Technol.*), canale caldo. 2 ~ **werkzeug** (beim Spritzgiessen von Kunststoffen) (*n. - Technol.*), stampo a canali riscaldati, stampo a canali caldi.
Heissklebeetikette (*f. - Ind.*), etichetta termoadesiva.
Heisskühlanlage (zur Verwertung der Kühlwasserwärme) (*f. - Ofen - Metall.*), impianto di utilizzazione del calore assorbito dall'acqua di raffreddamento.
Heisskühlung (von Verbrennungsmotoren, mit abgeschlossenem Kühlsystem und Wasser unter Überdruck) (*f. - Mot.*), raffreddamento in circuito a pressione.
Heisslagerfett (*n. - Mech.*), grasso per alte temperature per cuscinetti.
Heisslaufen (eines Lagers z. B.) (*n. - Mech.*), surriscaldamento, riscaldamento.
Heissleiter (Thermistor) (*m. - Elektronik*), termistore.
Heissluft (*f. - Heizung - etc.*), aria calda. 2 ~ **dusche** (Fön) (*f. - elekt. - Ger.*), asciugacapelli, fon. 3 ~ **erzeuger** (*m. - App.*), aerotermo. 4 ~ **heizung** (*f. - Heizung*), riscaldamento ad aria calda, riscaldamento con aerotermi. 5 ~ **motor** (durch Ausdehnung erwärmter Luft oder Gase betrieben) (*m. - Mot.*), motore ad aria calda. 6 ~ **trockner** (*m. - App.*), essiccatoio ad aria calda. 7 ~ **turbine** (*f. - Turb.*), turbina ad aria calda.
Heissmaschine (Hissmaschine, Hebemaschine) (*f. - naut.*), apparecchio di sollevamento.
Heissrichten (von Schienen z. B.) (*n. - Mech.*), raddrizzamento a caldo.
Heiss-säge (*f. - Werkz.*), sega a caldo.
Heiss-stellen (im Verbrennungsraum) (*f. - pl. - Mot.*), punti caldi.
Heissvorrichtung (Hebevorrichtung) (*f. - Hebevorr.*), apparecchio di sollevamento.
Heisswalzen (*n. - Walzw.*), laminazione a caldo.
Heisswasserapparat (Heisswasserspeicher, Boiler) (*m. - App.*), scaldacqua, scaldabagno.
Heisswind (*m. - Metall.*), vento caldo. 2 ~ **kupolofen** (*m. - Giess. - Ofen*), cubilotto a vento caldo.

heiter (klar, Wetter) (*Meteor.*), chiaro.
Heizanlage (Heizung) (*f. - Bauw.*), impianto di riscaldamento.
Heizapparat (*m. - App.*), riscaldatore.
Heizbatterie (*f. - Elekt. - Funk.*), batteria di accensione, batteria di filamento.
Heizdampf (*m. - Heizung*), vapore per riscaldamento.
Heizdraht (*m. - Elekt.*), filo per resistenze (elettriche).
Heize (*f. - Metall. - Schmieden*), siehe Heisse.
Heizeinheit (Heizapparat) (*f. - Heizung*), aerotermo.
heizen (*allg.*), riscaldare.
Heizer (*m. - Arb. - Kessel - Eisenb.*), fuochista. 2 ~ (Heizfaden) (*Funk.*), filamento (caldo).
Heizfaden (*m. - Funk.*), filamento (caldo).
Heizfläche (Heizwärme abgebende Fläche) (*f. - Kessel - etc.*), superficie riscaldante. 2 ~ (feuerberührte Fläche) (*Kessel - etc.*), superficie riscaldata.
Heizflansch (zur Aunwärmung von Ansaugluft) (*m. - Dieselmot.*), riscaldatore (dell'aria aspirata).
Heizgase (brennbare Gase) (*n. - pl. - Verbr.*), gas combustibili. 2 ~ (die bei Verbrennung entstehenden Gase) (*Verbr.*), gas combusti, prodotti della combustione.
Heizgebläse (*n. - Fahrz.*), ventilatore del riscaldamento.
Heizgerät (*n. - Wärme*), riscaldatore.
Heizkammer (Rekuperator) (*f. - Ofen - Metall.*), ricuperatore.
Heizkessel (für Zentralheizungen) (*m. - Heizung*), caldaia per riscaldamento.
Heizkörper (*m. - Wärme - etc.*), elemento riscaldante, corpo riscaldante. 2 ~ (Radiator, für Raumerwärmung) (*m. - Heizung*), radiatore. 3 **Platten** ~ (*Heizung - Bauw.*), pannello radiante.
Heizkraftwerk (zur Erzeugung von elekt. und Wärme-Energie) (*n. - Elekt.*), centrale termoelettrica e di riscaldamento.
Heizleistung (eines Heizofens) (*f. - Heizung*), potenzialità calorifica. 2 ~ (einer Röhre) (*Elektronik*), potenza di accensione.
Heizleiter (für elekt. Widerstände, zur Wärmeerzeugung) (*m. - Elekt.*), filo per resistenze.
Heizofen (*m. - Heizung*), stufa.
Heizöl (mit Heizwert über 10.000 kcal/kg, verwendet für Schiffskessel, etc.) (*n. - chem. Ind.*), olio combustibile (tipo denso), nafta pesante, nafta da forno.
Heizplatte (*f. - elekt. Ger.*), fornello elettrico. 2 ~ **n-presse** (*f. - Masch.*), pressa con piani riscaldati.
Heizraum (Feuerung) (*m. - Ofen*), focolare.
Heizrohr (Rauchrohr) (*n. - Kessel*), tubo di fumo. 2 ~ **kessel** (Heizröhrenkessel) (*m. - Kessel*), caldaia a tubi di fumo. 3 ~ **wand** (*f. - Kessel*), piastra tubiera.
Heizschalter (*m. - Elekt.*), interruttore termico.
Heizscheibe (wärmefestes Sicherheitsglas hinter der Windschutzscheibe befestigt und durch Widerstandsdrähte beheizt) (*f. - Aut.*), cristallo termico (per parabrezza). 2 ~ (Heckscheibe, heizbare Heckscheibe) (*Aut.*), lunotto termico.

Heizschlange (f. - *Heizung*), serpentino di riscaldamento.
Heizschleife (Induktor, beim induktiven Erwärmen) (f. - *Wärmebeh. - etc.*), induttore.
Heizspannung (f. - *Elektronik*), tensione di riscaldamento, tensione di filamento.
Heizspirale (bei elekt. Heizung z. B.) (f. - *Elekt.*), spirale di riscaldamento.
Heizstrom (m. - *Elektronik*), corrente di filamento.
Heizstufe (Heize, Heisse) (f. - *Schmieden*), calda.
Heiztransformator (m. - *Elektronik*), trasformatore (di alimentazione) del filamento.
Heizung (Erhitzen der Kathode einer Röhre z. B.) (f. - *Phys. - Funk.*), riscaldamento. 2 ~ (Erwärmung, eines Hauses z. B.) (*Heizung - Bauw. - etc.*), riscaldamento. 3 ~ (Heizanlage) (*Heizung - Bauw.*), impianto di riscaldamento. 4 ~ s·anlage (Heizanlage) (f. - *Bauw.*), impianto di riscaldamento. 5 ~ anlage (*Aut.*), riscaldatore. 6 ~ s- und Lüftungsanlage (*Aut. - etc.*), riscaldatore-aeratore. 7 **Dampf** ~ (*Bauw.*), riscaldamento a vapore. 8 **Dampfluft** ~ (*Bauw.*), riscaldamento misto ad aria calda ed a vapore. 9 **Einzel** ~ (mit Ofen z. B.) (*Bauw.*), riscaldamento locale. 10 **Etagen** ~ (*Bauw.*), siehe Stockwerksheizung. 11 **Heisswasser** ~ (Wasserheizung deren höchste Wassertemperatur 150 °C beträgt, entsprechend einem Überdruck von mindestens 4 atü) (*Bauw.*), riscaldamento ad acqua surriscaldata. 12 **Hochdruckdampf** ~ (*Bauw.*), riscaldamento con vapore ad alta pressione. 13 **Luft** ~ (*Bauw.*), riscaldamento ad aria calda. 14 **Niederdruckdampf** ~ (*Bauw.*), riscaldamento a vapore a bassa pressione, riscaldamento con vapore ad evaporazione. 15 **Ofen** ~ (*Bauw.*), riscaldamento con stufe. 16 **Sammel** ~ (*Bauw.* riscaldamento centrale. 17 **Schwerkraftwarmwasser** ~ (*Bauw.*), riscaldamento con acqua calda a gravità, riscaldamento a termosifone. 18 **Stockwerks** ~ (Etagenheizung) (*Bauw.*), riscaldamento autonomo (piano per piano). 19 **Strahlungs** ~ (*Bauw.*), riscaldamento a radiazione. 20 **Warmwasser** ~ (*Bauw.*), riscaldamento ad acqua calda. 21 **Zentral** ~ (*Bauw.*), riscaldamento centrale.
Heizwasser (n. - *Heizung*), acqua per riscaldamento.
Heizwerk (n. - *Heizung*), centrale di riscaldamento.
Heizwert (m. - *Wärme - Brennst.*), potere calorifico. 2 ~ messer (Kalorimeter) (m. - *Phys. - App.*), calorimetro. 3 **oberer** ~ (Ho) (*Wärme - Brennst.*), potere calorifico superiore. 4 **Steuer-** ~ **-Formel** (f. - *Wärme*), formula di Steuer per la determinazione del potere calorifico superiore. 5 **unterer** ~ (Nettoheizwert, Hu) (*Wärme - Brennst.*), potere calorifico inferiore.
Heizwiderstand (m. - *Elekt.*), resistenza di riscaldamento.
Heizzug (m. - *Verbr. - Bauw.*), condotto del fumo, canna fumaria.
Hektar (ha, Flächenmass) (n. - *Mass*), ettaro.
Hektograph (Vervielfältigungsgerät) (m. - *Büro*), poligrafo, ciclostile.

Helfe (Litze) (f. - *Textilind.*), liccio.
Helfertätigkeit (f. - *Arb.*), manovalanza.
Helge (f. - *Schiffbau*), siehe Helling.
Helgen (m. - *Schiffbau*), siehe Helling.
Helikopter (Hubschrauber) (m. - *Flugw.*), elicottero. 2 ~ (*Flugw.*), siehe auch Hubschrauber.
Heliographie (Verfahren zur Herstellung von Tiefdruckplatten) (f. - *Druck.*), eliografia, elioincisione.
Heliogravüre (f. - *Druck.*), elioincisione.
Heliometer (Fernrohr) (n. - *astr. Ger.*), eliometro.
Helioskop (n. - *astr. Ger.*), elioscopio.
Heliotrop (Sonnenwende) (n. - *Pharm.*), eliotropio.
heliozentrisch (*Astr.*), eliocentrico, con il centro nel Sole.
Helium (He - n. - *Chem.*), elio. 2 ~ **kanal** (Windkanal für hypersonischen Prüfungen) (m. - *Flugw.*), galleria (del vento) ad elio. 3 ~ **kühlung** (eines Reaktors) (f. - *Atomphys.*), raffreddamento ad elio.
hell (*allg.*), chiaro. 2 ~ (von Farben) (*Farbe*), chiaro. 3 ~ (Arbeitsraum z. B.) (*Bauw.*), luminoso. 4 ~ **e Beleuchtung** (*Beleucht.*), illuminazione intensa. 5 ~ **e Glut** (*Metall.*), calor bianco. 6 ~ **e Rotglut** (*Metall.*), calor rosso chiaro. 7 ~ **grün** (*Farbe*), verde chiaro. 8 ~ **rot** (*Farbe*), rosso chiaro.
Hellbezugswert (Albedo) (m. - *Opt.*), fattore di riflessione diffusa, albedo.
Helle (f. - *Fernseh.*), luminosità. 2 ~ (des Himmels) (*Meteor.*), chiarezza.
Heller (Vorland, Aussendeichland) (m. - *Wass.b.*), golena.
hellig (hellicht), siehe hell.
Helligkeit (f. - *Opt. - Beleucht.*), brillanza (soggettiva), luminosità. 2 ~ (eines Bildes) (*Fernseh.*), luminosità. 3 ~ **s·ausbeute** (*Opt.*), luminosità. 4 ~ **s·automatik** (f. - *Fernseh.*), regolatore automatico di luminosità. 5 ~ **s·messer** (m. - *Beleucht. - Ger.*), luxmetro. 6 ~ **s·messung** (f. - *Opt.*), fotometria. 7 ~ **s·regelung** (f. - *Fernseh.*), regolatore della luminosità.
Helling (Helge (f.), Helgen (m.), geneigte Ebene auf der das Schiff gebaut wird) (f. - *Schiffbau*), scalo di costruzione. 2 ~ **kran** (Helgenkran) (m. - *Schiffbau*), gru da scalo. 3 **auf die** ~ **strecken** (*Schiffbau*), impostare.
Hellrotglühhitze (f. - *Metall.*), calor rosso chiaro.
Hellschaltung (beim Synchronisieren, wird eingeschaltet wenn die Lampen hell aufleuchten) (f. - *Elekt.*), inserzione a lampade (di sincronizzazione) accese. 2 ~ (Anziehung eines Relais z. B. wenn Licht auf die Photozelle fällt) (*Elekt. - Opt.*), eccitazione (o diseccitazione) in presenza di luce.
Hellstrahler (für Infrarot-Heizung, bei Lacktrocknung) (m. - *Anstr.*), lampada a raggi infrarossi.
Helm (Helmstock) (m. - *naut.*), barra del timone. 2 ~ (Kopfschutz, für Motorradfahrer z. B.) (*Fahrz.*), casco. 3 ~ (Stiel, eines Hammers z. B.) (*Werkz.*), manico. 4 ~ **dach** (Kuppeldach) (n. - *Bauw.*), tetto a cupola.

5 ~ öler (m. - Masch.), oliatore a tazza. 6 ~ stock (Helm) (m. - naut.), barra del timone.
Helvit (m. - Min.), elvite.
Hemeralopie (f. - Opt. - Fehler) emeralopia, cecità scotopica.
Hemisphäre (Erdhalbkugel) (f. - Geol.), emisfero.
Hemizellulose (f. - chem. Ind.), semicellulosa.
hemmen (aufhalten) (allg.), arrestare. 2 ~ (bremsen) (allg), frenare. 3 ~ (die Bewegung hindern) (allg.), ostacolare. 4 ~ (verlangsamen) (allg.), ritardare, rallentare. 5 ~ (sperren) (allg.), bloccare.
Hemmschraube (f. - Mech.), vite di fermo, vite di arresto.
Hemmschuh (Bremsschuh) (m. - Fahrz.), calzatoia, tacco. 2 ~ (eines Ablaufbergs) (Eisenb.), staffa, scarpa.
Hemmstoff (Inhibitor) (m. - Chem.), inibitore.
Hemmung (f. - Uhr), scappamento. 2 ~ (einer Reaktion) (Chem.), inibizione. 3 ~ s·stoff (m. - Chem.), inibitore. 4 ~ s·vorrichtung (Bremsvorrichtung) (f. - Fahrz. - etc.), dispositivo frenante. 5 Anker ~ (Uhr), scappamento ad àncora. 6 Chronometer ~ (Uhr), scappamento a cronometro. 7 Graham ~ (Uhr), scappamento di Graham. 8 Zähler ~ (Instr.), scappamento per contatori. 9 Zylinder ~ (Uhr), scappamento a cilindro.
Hemmwirkung (f. - Walzw. - etc.), azione frenante.
Hempelpipette (f. - chem. Ger.), pipetta di Hempel.
Henkel (Handhabe) (m. - allg.), maniglia.
Henry (Induktionseinheit) (n. - Masseinheit), henry.
HEP (höheres Elementarpaar) (Mech.), coppia cinematica superiore.
Heppe (Gertel, ein Haumesser) (f. - Landw. ger.), falcetto.
Heptan (Kohlenwasserstoff) (n. - Chem.), eptano.
Heptode (Elektronenröhre mit 7 Elektroden) (f. - Funk.), eptodo.
Herabführung (Ableitung, einer Antenne) (f. - Funk.), discesa.
herablassen (allg.), abbassare, calare.
herabmindern (allg.), ridurre, diminuire.
herabsetzen (die Produktion z. B.) (allg.), ridurre, diminuire.
Herabsetzung (f. - Mech. - etc.), riduzione.
Heraklith (Leichtbauplatte aus Holzwolle) (n. - Bauw.), eraclit.
heranfahren (heranführen, das Werkz. z. B.) (Mech.), avanzare.
heraufschalten (die Drehzahl z. B.) (Masch. - etc.), aumentare.
herausarbeiten (Mech. - etc.), sgrossare. 2 ~ aus dem Vollen ~ (Mech.), lavorare dal pieno, ricavare dal pieno.
herausfahren (eines Schlittens z. B.) (Werkz. masch.bearb.), arretrare, allontanare.
Herausfallen (eines Stiftes z. B.) (n. - Mech.), sfilamento.
herausgearbeitet (Mech.), lavorato, ricavato. 2 aus dem Vollen ~ (Mech.), lavorato dal pieno, ricavato dal pieno.

herausgeben (Druck.), pubblicare.
Herausgeber (m. - Druck.), editore.
herausgebrochen (Stück z. B.) (Mech. - etc.), avulso.
herausgeführt (Kontakt) (Elekt.), portato fuori, accessibile.
herausheben (ausklammern) (Math.), togliere da parentesi.
herausnehmbar (Mech. - etc.), estraibile, amovibile, asportabile.
herausnehmen (allg.), estrarre, asportare.
Herausreissen (eines Nukleons) (n. - Atomphys.), distacco.
herausschlagen (allg.), espellere.
herausschrauben (Mech.), svitare.
herausspülen (einen Zylinder z. B.) (Mot.), lavare.
herausstossen (Mech. - etc.), espellere.
Herausziehen (des Modells z. B., aus der Form) (n. - allg.), estrazione.
herausziehen (allg.), estrarre. 2 ~ (das Modell z. B. aus der Form) (Giess.), estrarre.
herbeiführen (allg.), comportare.
herbeirufen (Fernspr.), chiamare (qualcuno) ad un telefono pubblico.
Herbstäquinoktium (Herbsttagundnachtgleiche, Herbstpunkt, am 23 September) (n. - Astr.), equinozio d'autunno.
Herbstpunkt (Herbstäquinoktium, am 23 September) (m. - Astr.), equinozio d'autunno.
Herd (eines metall. Ofens) (m. - Metall. - Ofen), laboratorio, suola. 2 ~ (Feuerung) (Kessel - etc.), focolare. 3 ~ (zum Kochen) (Haushaltgerät), cucina. 4 ~ (zur Anreicherung von Erz) (Bergbau), tavolo di concentrazione. 5 ~ arbeit (Sortierung auf Herden) (f. - Bergbau), classificazione su tavole di concentrazione. 6 ~ flotation (Kombination von Flotation und Herdarbeit) (f. - Bergbau), flottazione selettiva, flottazione differenziale, flottazione con tavola di arricchimento. 7 ~ formerei (f. - Giess.), formatura allo scoperto, formatura in fossa. 8 ~ frischen (n. - Metall.), affinazione su suola. 9 ~ frischstahl (Martinstahl) (m. - Metall.), acciaio Martin (Siemens). 10 ~ frischverfahren (n. - Metall.), processo Martin-Siemens. 11 ~ guss (Herdgiessen) (m. - Giess.), colata in fossa. 12 ~ mauer (Sporn, einer Stauanlage) (f. - Wass.b.), taglione. 13 ~ ofen (m. - Metall. - Ofen), forno Martin-Siemens. 14 ~ panzer (m. - Hochofen), corazza del crogiulo. 15 ~ wagenofen (m. - Ofen), forno a suola mobile. 16 elektrischer ~ (Haushaltgerät), cucina elettrica. 17 Gas ~ (Haushaltgerät), cucina a gas.
Hering (Zeltpflock) (m. - Camping), picchetto.
herkömmlich (Masch., Anlage, etc.) (allg.), tradizionale.
Herkon (hermetisch abgeschlossener Kontakt) (Elekt.), contatto a chiusura ermetica.
hermetisch (luftdicht) (allg.), ermetico, stagno.
Heron-Zylinderkopf (völlig eben an seiner Unterseite und mit muldenförmigen Brennräumen in der Kolben) (m. - Mot.), testa cilindri Heron.
Herrenfahrrad (n. - Fahrz.), bicicletta da uomo.

herrschend (*allg.*), dominante. 2 ~ es Unternehmen (*Adm. - finanz.*), impresa di controllo.
herstellen (erzeugen) (*Ind.*), produrre, fabbricare, preparare. 2 ~ (Gas) (*Chem.*), sviluppare. 3 ~ (aufbauen) (*Maur.*), costruire. 4 serienmässig ~ (*Ind.*), produrre in serie.
Hersteller (*m. - Ind.*), fabbricante, produttore. 2 ~ lizenz (*f. - Ind.*), licenza di fabbricazione. 3 ~ zeichen (Schutzmarke) (*n. - Ind.*), marchio di fabbrica. 4 Film ~ (*Filmtech.*), produttore (cinematografico).
Herstellkosten (*f. - Adm. - Ind.*), costo industriale primo, costo gestionale.
Herstelltoleranz (*f. - Mech.*), tolleranza di fabbricazione.
Herstellung (Erzeugung) (*f. - Ind.*), fabbricazione, produzione. 2 ~ s·fehler (*m. - Ind.*), difetto di fabbricazione. 3 ~ s·kosten (*f. - Adm.*), costo industriale primo, costo gestionale. 4 ~ s·nummer (eines Fahrgestells z. B.) (*f. - Ind.*), numero di identificazione, numero di matricola. 5 ~ s·verfahren (*n. - Ind. - Technol.*), processo di fabbricazione. 6 Massen ~ (*Ind.*), produzione di massa.
Hertz (Hz, Masseinheit der Frequenz) (*n. - Elekt.*), hertz, Hz. 2 ~ sche Wellen (*f. - pl. - Elekt.*), onde hertziane.
herumprobieren (*allg.*), fare dei tentativi.
herunter (*naut.*), abbasso.
Herunterarbeiten (Werkstoffverteilung, Vorschmieden zur groben Massenverteilung) (*n. - Schmieden*), scapolatura.
herunterlassen (das Fahrwerk) (*Flugw.*), abbassare.
herunterregeln (*allg.*), attenuare, ridurre.
heruntertransformieren (*Elekt.*), abbassare la tensione.
herunterwalzen (vorwalzen) (*Walzw.*), sbozzare.
Hervorhebung (Gegenstand, eines Briefes) (*f. - Büro*), oggetto.
hervorragen (*Bauw.*), sporgere, aggettare.
hervorragend (vorstehend) (*allg.*), sporgente. 2 ~ (in der Schätzskala) (*Arb. - Zeitstudium*), abilissimo. 3 ~ (bedeutend) (*allg.*), saliente, importante, notevole.
Herz (*n. - allg.*), cuore. 2 ~ (einer Drehbank) (*Werkz.masch.*), brida, briglia. 3 ~ flimmern (*n. - Med.*), fibrillazione (cardiaca). 4 ~ impulsmesser (*m. - Med. - Ger.*), cardiotachimetro. 5 ~ kurve (Kardioide) (*f. - Geom.*), cardioide. 6 ~ litze (*f. - Seile*), trefolo centrale. 7 ~ löffel (*m. - Giess. - Werkz.*), cuore. 8 ~ schnitt (Destillatfraktion mit engen Siedegrenzen, eines Erdöles) (*m. - Bergbau*), frazione che distilla tra stretti limiti (di temperatura). 9 ~ spitze (*f. - Eisenb.*), punta del cuore. 10 ~ stück (einer Weiche oder Kreuzung) (*n. - Eisenb.*), cuore. 11 ~ tonaufnahme (*f. - Med.*), fonoelettrocardiografia. 12 ~ tonaufzeichnung (*f. - Med.*), fonocardiogramma. 13 doppeltes ~ stück (*Eisenb.*), cuore doppio. 14 einfaches ~ stück (*Eisenb.*), cuore semplice.
Hespenstahl (Gittereisen, Profileisen mit einseitigen Seitenwülsten nach DIN 1612) (*m. - Metall.*), piattina con ringrossi laterali su una faccia, profilato di acciaio per grigliati.

heterochrom (*Opt.*), eterocromo.
Heterodynempfang (*m. - Funk.*), ricezione ad eterodina.
Heterodynempfänger (*m. - Funk.*), ricevitore ad eterodina.
heterogen (ungleichartig) (*allg.*), eterogeneo. 2 ~ er Reaktor (*Atomphys.*), reattore eterogeneo.
Heterogenität (*f. - allg.*), eterogeneità.
heteromorph (*allg.*), eteromorfo.
heteropolar (*Chem.*), eteropolare. 2 ~ e Bindung (*Chem. - Atomphys.*), legame eteropolare. 3 ~ es Molekül (bestehend aus je einem positiven und einem negativen Ion) (*Chem.*), molecola eteropolare.
heterostatisch (*Elekt.*), eterostatico.
heterozyklisch (*Chem. - etc.*), eterociclico.
HET-Säure (Hexachlorendomethylentetrahydrophtalsäure) (*f. - Chem.*), acido esacloroendometilentetraidroftalico, acido clorendico, HET.
Heu (*n. - Landw.*), fieno. 2 ~ lader (*m. - Landw.masch.*), elevatore per fieno, insilatore per fieno. 3 ~ presse (*f. - Landw.masch.*), pressatrice per fieno. 4 ~ wender (*m. - agric. Masch.*), voltafieno.
Heuer (Lohn, für Seeleute) (*f. - Arb. - naut.*), ingaggio. 2 ~ baas (*m. - naut.*), ingaggiatore. 3 ~ büro (*n. - naut.*), agenzia marittima. 4 ~ vertrag (Arbeitsvertrag für Schiffsleute) (*m. - naut.*), contratto di ingaggio. 5 ~ vertrag (für Schiffe) (*naut. - Transp.*), contratto di noleggio.
heuern (Seeleute) (*naut.*), ingaggiare. 2 ~ (ein Schiff) (*naut. - komm.*), noleggiare.
Heulen (Geräusch, von Zahnrädern z. B.) (*n. - Mech.*), rumorosità. 2 ~ (starkes magnetisches Geräusch) (*n. - Elekt.*), ululo (magnetico).
heuristisch (Prozess der die Möglichkeit ein Problem zu lösen hat, aber dessen Lösung nicht garantiert) (*Rechner - Math.*), euristico. 2 ~ e Näherung (*Math. - etc.*), approssimazione euristica.
Heuslersche Legierung (magnetische Legierung) (*Metall.*), lega di Heusler.
Hexaeder (*n. - Geom.*), esaedro.
hexaedrisch (*Geom.*), esaedrico.
Hexafluordichlorpropan (Kältemittel, R216) (*n. - Kältetechnik*), esafluorodicloropropano.
Hexagon (*n. - Geom. - etc.*), esagono.
Hexahärtung (indirekte Härtung von Phenolharzen) (*f. - Chem.*), indurimento indiretto.
Hexalin ($C_6H_{11}OH$) (Zyklohexanol) (*n. - Chem.*), esalina, cicloesanolo.
Hexamethylentetramin (*n. - Chem. - Pharm.*), esametilentetrammina, urotropina.
Hexamin (Hexanitrodiphenylamin) (*n. - Expl.*), esanitrodifenilammina.
Hexan (C_6H_{14}) (Kohlenwasserstoff) (*n. - Chem.*), esano.
Hexanitrodiphenylamin (*n. - Expl.*), siehe Hexamin.
Hexode (Elektronenröhre mit 6 Elektroden) (*f. - Funk.*), esòdo.
Hexogen (Cyclo-Trimethylentrinitramin) (*n. - Expl.*), trimetilentrinitroammina, trinitrotrimetilentriammina, T4.

Heye

Heye (Stampfer) (*Strass.b.werkz.*), siehe Handramme.
HF (Hochfrequenz) (*Funk.*), alta frequenza. 2 ~ (Fluss·säure) (*Chem.*), acido fluoridrico. 3 ~ -Schweissem (Heissklebeverfahren bei dem die Wärme durch Hochfrequenz erzeugt wird) (*n. - Technol.*), incollaggio ad alta frequenza, saldatura ad alta frequenza.
Hf (Hafnium) (*Chem.*), Hf, afnio.
h.f.v. (hohl für voll) (*Bauw.*), v.p.p., vuoto per pieno.
Hg (Quecksilber) (*Chem.*), Hg, mercurio.
hg (Hektogramm) (*Mass*), ettogrammo.
HGB (Handelsgesetzbuch) (*komm. - recht.*), codice commerciale.
HG-Leder (hochgeschmeidig, für Lederflachriemen) (*n. - Mech.*), cuoio ad alta flessibilità (per cinghie piane).
HGÜ (Hochspannung-Gleichstrom-Übertragung) (*Elekt.*), trasmissione in corrente continua ad alta tensione.
Hgw (*chem. Ind.*), siehe Hartgewebe.
HHF (Höchstfrequenz, über 300 MHz und Wellenlänge unter 1 m) (*Funk. - Fernseh.*), frequenza ultraelevata.
HHQ (höchstes Hochwasser) (*Hydr.-Wass.b.*), piena massima, deflusso massimo.
HH-Sicherung (Hochspannung - Hochleistungssicherung, für 3 bis 30 kV) (*f. - Elekt.*), valvola fusibile a grande potenza ed alta tensione.
HHThw (höchstes Tidehochwasser, höchster Sturmflutwasserstand) (*See*), massima alta marea.
HHW (höchster Hochwasserstand) (*Hydr. - Wass.b.*), livello massimo.
Hickory (*m. - Holz*), noce americano.
Hieb (Schlag) (*m. - allg.*), colpo. 2 ~ (Einschnitt, der Feile) (*Werkz.*), taglio. 3 **Bastard** ~ (einer Feile) (*Werkz.*), taglio bastardo. 4 **Doppel** ~ (einer Feile) (*Werkz.*), taglio doppio, taglio incrociato. 5 **Einfach** ~ (einer Feile) (*Werkz.*), taglio semplice. 6 **Kreuz** ~ (Doppelhieb, einer Feile) (*Werkz.*), taglio incrociato, taglio doppio.
Hieling (des Kiels) (*f. - naut.*), calcagnolo.
hierarchisch (*Organ. - etc.*), gerarchico. 2 ~ e **Aufgliederung** (*Organ.*), classificazione gerarchica.
Hieven (Heben) (*n. - allg.*), sollevamento.
hieven (den Anker) (*naut.*), spedare.
Hi-Fi (« High Fidelity », gute Tonwiedergabe) (*Funk. - Elektroakus.*), alta fedeltà.
Hijacker (Flugzeughijacker) (*m. - Flugw.*), dirottatore.
Hilfsaggregat (*n. - naut. - etc.*), gruppo ausiliario, gruppo di emergenza.
Hilfsamt (*n. - Fernspr.*), centrale satellite.
Hilfsanlasser (*m. - Mot.*), avviatore di emergenza.
Hilfsanode (*f. - Funk.*), anodo ausiliario.
Hilfsarbeiter (*m. - Arb.*), aiutante, aiuto. 2 ~ (Handarbeiter, Handlanger) (*Arb.*), manovale.
Hilfsbehälter (Reservebehälter, für Kraftstoff z. B.) (*m. - Mot. - etc.*), serbatoio di riserva, riserva.
Hilfsbetriebe (*m. - pl. - Ind.*), impianti ausiliari.

Hilfsbremse (Hilfsbremsanlage) (*f. - Aut.*), freno di soccorso.
Hilfsbrücke (*f. - Brück.b. - etc.*), ponte provvisorio, passerella.
Hilfsdüse (eines Vergasers) (*f. - Mot.*), getto supplementare.
Hilfselektrode (*f. - Elekt. - etc.*), elettrodo ausiliario.
Hilfsfallschirm (*m. - Flugw.*), paracadute sussidiario, calottina, calottino estrattore.
Hilfsflügel (Landeklappe) (*m. - Flugw.*), ipersostentatore. 2 ~ **rippe** (*f. - Flugw.*), falsa centina.
Hilfsgeräteantrieb (eines Flugmotors z. B.) (*m. - Mot. - etc.*), comando ausiliari.
Hilfsindustrie (*f. - Ind.*), industria sussidiaria.
Hilfskessel (*m. - Kessel*), caldaia ausiliaria, calderina.
Hilfskraft (*f. - Arb.*), avventizio (*s.*). 2 ~ **bremse** (Servobremse) (*f. - Fahrz.*), servofreno.
Hilfskreuzer (*m. - Kriegsmar.*), incrociatore ausiliario.
Hilfslandeplatz (*m. - Flugw.*), aeroporto di fortuna.
Hilfslohn (*m. - Ind.*), manodopera indiretta.
Hilfslokomotive (Hilfsmaschine) (*f. - Eisenb.*), locomotiva da manovra.
Hilfsluftbehälter (einer Luftbremse) (*m. - Eisenb.*), serbatoio ausiliario (dell'aria).
Hilfsmaschine (*f. - naut.*), motore ausiliario. 2 ~ (*Eisenb.*), siehe Hilfslokomotive.
Hilfsmaterial (*n. - Ind.*), siehe Hilfsstoff.
Hilfsmotor (*m. - Mot.*), motore ausiliario. 2 ~ (Servomotor) (*Mech.*), servomotore. 3 **Segeljacht mit** ~ (*naut.*), panfilo con motore ausiliario.
Hilfsphase (eines Einphasen-Induktionsmotors) (*f. - Elekt. - Mot.*), fase ausiliaria.
Hilfspol (*m. - elekt. Masch.*), interpolo, polo di commutazione.
Hilfspumpe (*f. - Kessel*), pompa ausiliaria.
Hilfsrelais (*n. - Elekt.*), relè ausiliario.
Hilfsruder (Entlastungsruder, Flettner-Ruder) (*n. - Flugw.*), aletta Flettner, controtimone.
Hilfssammelschiene (*f. - Elekt.*), sbarra collettrice di emergenza.
Hilfsschalter (*m. - Elekt.*), interruttore ausiliario.
Hilfsschwimmkraft (*f. - naut.*), riserva di galleggiamento.
Hilfsseil (einer Bergbahn) (*n. - Transp.*), fune di sicurezza.
Hilfsspeicher (*m. - Rechner*), memoria ausiliaria.
Hilfsstoff (Lacke, Nägel, z. B.) (*m. - Ind.*), materiale ausiliario. 2 ~ (Extraktionsmittel, Lösungsmittel) (*chem. Ind.*), estraente, solvente.
Hilfsträger (Frequenz) (*m. - Elekt. - Funk.*), (frequenza) portante ausiliaria.
Hilfstriebwerk (*n. - Flugw.*), motore per l'azionamento degli ausiliari.
Hilfsturbine (Schiffsturbine) (*f. - Turb. - naut.*), turbina ausiliaria.
Hilfswagen (*m. - Aut.*), carro attrezzi.
Hilfswelle (Vorgelegewelle) (*f. - Mech.*), albero intermedio, contralbero.

Hilfswerk (Hilfszentrale) (*n. - Elekt.*), centrale (elettrica) ausiliaria, sottocentrale.
Hilfszug (Sonderzug) (*m. - Eisenb.*), treno di soccorso.
Himmel (Himmelskugel, Himmelsgewölbe, Firmament) (*m. - Astr.*), cielo. 2 ~ (First) (*Bergbau*), tetto. 3 ~ s·äquator (*m. - Astr.*), equatore celeste. 4 ~ s·blau (Azurblau, Azur) (*n. - Farbe*), blu cielo, azzurro. 5 ~ s·körper (*m. - Astr.*), corpo celeste. 6 ~ s·kunde (Astronomie) (*f. - Astr.*), astronomia. 7 ~ s·lichtfaktor (*m. - Opt. - Beleucht.*), fattore cielo. 8 ~ s·mechanik (*f. - Astr.*), meccanica celeste. 9 ~ s·richtung (*f. - Astr. - Geogr.*), punto cardinale. 10 ~ s·schreiber (Flugzeug) (*m. - Flugw., komm.*), velivolo per scrittura aerea. 11 ~ s·schrift (mit künstlichen Nebeln) (*f. - Flugw. - komm.*), scrittura aerea. 12 ~ taster (*m. - Ger.*), sensore di ostacolo. 13 ~ s·wagen (*m. - Astr.*), carro, orsa maggiore.
hinaufspannen (hinauftransformieren) (*Elekt.*), elevare la tensione.
hinaufübersetzen (*Aut.*), passare ad una marcia superiore.
hinauslehnen (*allg.*), sporgersi. 2 nicht ~ ! (Warnung) (*Eisenb.*), è vietato sporgersi.
hinausragen (*allg.*), sporgere.
hinausragend (*allg.*), sporgente.
Hinausschiebung (Vertagung) (*f. - komm. - etc.*), rinvio, aggiornamento. 2 ~ (Verlängerung) (*komm. - etc.*), proroga.
hindern (*allg.*), ostacolare. 2 ver ~ (*allg.*), impedire.
Hindernis (*n. - allg.*), ostacolo. 2 ~ (Verhinderung) (*allg.*), impedimento. 3 ~ bahn (zur Prüfung von Ackerschleppern z. B.) (*f. - Fahrz.*), percorso ad ostacoli. 4 ~ feuer (*n. - Flugw. - Navig.*), luce di ostacolo.
hineinbauen (*allg.*), incorporare.
hineingesteckt (*allg.*), inserito, infilato, immesso.
hineinstecken (*allg.*), inserire, infilare, immettere.
« hinrotzen » (bruchlanden) (*Flugw.*), fracassarsi in atterraggio.
Hinterachsantrieb (Hinterradantrieb) (*m. - Aut.*), trazione posteriore.
Hinterachsbrücke (Hinterachse) (*f. - Aut.*), ponte posteriore, assale posteriore.
Hinterachse (Hinterachsbrücke) (*f. - Aut.*), assale posteriore, ponte posteriore. 2 de Dion ~ (*Aut.*), ponte posteriore de Dion.
Hinterachsgehäuse (*n. - Aut.*), scatola ponte.
hinterachsgelenkt (hinterradgelenkt)(*Fahrz.*), ad asse posteriore sterzante.
Hinterachsübersetzung (eines Achsantriebes) (*f. - Aut.*), rapporto al ponte, « coppia conica ».
Hinteransicht (*f. - Zeichn.*), vista posteriore.
hinterarbeiten (*Mech.*), spogliare.
Hinterarbeitung (Ergebnis) (*f. - Werkz.*), spoglia. 2 ~ (Verfahren) (*Mech.*), spogliatura. 3 axiale ~ (*Werkz.*), spoglia assiale. 4 radiale ~ (*Werkz.*), spoglia radiale.
Hinterboden (*m. - Kessel*), fondo, piastra di fondo.
Hinterdreharbeit (Hinterdrehen) (*f. - Werkz. masch.bearb.*), tornitura a spoglia.

hinterdrehen (*Werkz.masch.bearb.*), tornire a spoglia.
hintereinandergeschaltet (*Elekt.*), collegato in serie.
hintereinanderliegend (Motoren z. B.) (*allg.*), in tandem.
hintereinanderschalten (*Elekt.*), collegare in serie.
Hintereinanderschaltung (Reihenschaltung, Serienschaltung) (*f. - Elekt.*), collegamento in serie.
Hinterfenster (*n. - Aut.*), lunotto (posteriore).
hinterfräsen (*Werkz.masch.bearb.*), fresare a spoglia.
Hinterfräsmaschine (*f. - Werkz.masch.*), fresatrice per spogliare.
Hinterfüllung (*f. - Erdbew. - Bauw.*), materiale di riempimento.
Hinterfüttern (Einstampfen von Harz-Füllstoff-Gemisch z. B.) (*n. - chem. Ind.*), costipamento.
Hintergrund (*m. - allg.*), sfondo. 2 ~ geräusch (*n. - Akus.*), rumore di fondo.
Hinterkante (eines Flügels) (*f. - Flugw.*), orlo di uscita.
Hinterkipper (Lastwagen) (*m. - Aut.*), autocarro ribaltabile posteriormente, ribaltabile a scarico posteriore.
Hinterklappe (eines Lastkraftwagens) (*f. - Fahrz.*), sponda posteriore ribaltabile.
Hinterlader (*m. - Feuerwaffe*), arma a retrocarica.
Hinterland (eines Hafens) (*n. - komm.*), retroterra.
hinterlastig (*naut.*), appoppato.
hinterlegen (eine Summe z. B.) (*komm.*), depositare.
Hinterlegung (von Geld) (*f. - komm.*), deposito. 2 ~ (eines Spruches) (*f. - recht.*), deposito.
Hintermaschine (drei- oder sechsphasige Kommutatormaschine eines Drehstromregelsatzes) (*f. - elekt. Masch.*), macchina posteriore.
Hintermast (*m. - naut.*), albero di mezzana.
Hintermauerung (*f. - Bauw.*), muratura di ridosso.
Hinterpiek (*f. - naut.*), gavone di poppa.
Hinterradantrieb (Hinterachsantrieb) (*m. - Aut.*), trazione posteriore.
hinterradgelenkt (hinterachsgelenkt)(*Fahrz.*), ad asse posteriore sterzante.
hinterschleifen (*Werkz.masch.bearb.*), rettificare a spoglia.
Hinterschleifmaschine (*f. - Werkz.masch.*), rettificatrice per spogliare.
Hinterschliffwinkel (*m. - Werkz.*), angolo di spoglia.
Hinterschmiedung (eines Schmiedestückes) (*f. - Schmieden*), sottosquadro.
Hinterschneidung (eines Werkstückes z. B.) (*f. - Mech.*), sottosquadro.
Hintersitz (*m. - Aut.*), sedile posteriore.
hinterstechen (*Mech.*), eseguire un sottosquadro.
Hinterstechwerkzeug (*n. - Werkz.*), utensile recessitore.
Hintersteven (*m. - naut.*), dritto di poppa. 2 ~ sohle (*f. - naut.*), calcagnolo.

Hinterzange

Hinterzange (einer Hobelbank) (*f. - Tischl.*), morsa posteriore.
Hinterziehung (*f. - recht.*), evasione. 2 **Steuer** ~ (*finanz.*), evasione fiscale.
hintrimmen (*naut.*), stivare, dare l'assetto.
Hin- und Herbewegung (*f. - Mech. - etc.*), moto alternativo, moto di va e vieni.
Hin- und Herbiegeversuch (für Drähte) (*m. - Werkstoffprüfung*), prova di piegatura alternata.
Hin- und Hergang (*m. - Mech. - etc.*), moto alternativo, moto di va e vieni.
hin- und hergehen (*Mech.*), muoversi con moto alternativo.
Hinweis (Angabe) (*m. - allg.*), indicazione. 2 ~ (Bemerkung) (*allg.*), osservazione, nota. 3 ~ (Verweisung) (*allg.*), rimando. 4 ~ **schild** (*n. - Masch. - etc.*), targhetta istruzioni. 5 ~ **zeichen** (*n. - Strass.verk.*), segnale d'indicazione. 6 **Schriftums** ~ (*Druck.*), riferimento bibliografico, citazione bibliografica.
« Hipersil » (kornorientierte Transformatorenblech mit hohem Siliziumgehalt) (*n. - Metall. - Elekt.*), « hipersil ».
Hippe (Gartenmesser, Gartenhippe) (*f. - Werkz.*), coltello da giardinaggio.
« Hirafe » (Hinterradfederung, bei Motorrädern) (*f. - Fahrz.*), sospensione ruota posteriore.
Hirn (Schnitt quer zur Faserrichtung) (*n. - Holz*), taglio trasversale (alla fibra). 2 ~ **fuge** (*f. - allg.*), giunto di testa. 3 ~ **holz** (*n. - Holz*), legno tagliato trasversalmente (alla fibra). 4 ~ **schnitt** (Querschnitt, eines Rundholzes) (*m. - Holz.*), taglio trasversale. 5 ~ **stromdiagramm** (*n. - Elekt. - Med.*), elettroencefalogramma.
Hirschleder (Fensterleder, Rehlederlappen) (*n. - Aut. - etc.*), pelle di daino.
Hirth-Stirnverzahnung (mit geraden Radialzähnen deren Querschnitt ein gleichseitiges Dreieck ist, für starre Wellenkupplungen z. B.) (*f. - Mech.*), dentatura frontale Hirth.
Hirth-Zahn-Kupplung (für Kurbelwellen z. B.) (*f. - Mech.*), giunto a denti di sega radiali, giunto Hirth.
hissen, siehe heissen.
Histogramm (Darstellung einer Häufigkeitsverteilung) (*n. - Stat.*), istogramma.
Hitzdrahtinstrument (elekt. Messgerät) (*n. - Instr.*), strumento a filo caldo.
Hitzdrahtoszillograph (*m. - Funk.*), oscillografo a filo caldo.
Hitze (hohe Temperatur) (*f. - Wärme*), caldo. 2 ~ (Arbeitsperiode zwischen zwei Erwärmungen, eines Schmiedestückes z. B.) (*Schmieden - Walzw.*), calda. 3 ~ (Zahl der aufeinanderfolgenden Schläge bei Rammen) (*Bauw.*), volata. 4 ~ **arbeit** (in Hitzebetrieben) (*f. - Arb.*), lavoro in ambiente surriscaldato. 5 ~ **beständigkeit** (*f. - Werkstoff*), resistenza ad alta temperatura, refrattarietà. 6 ~ **grenze** (Hitzemauer, Hitzeschwelle) (*f. - Flugw.*), barriera termica, muro del calore. 7 ~ **mauer** (Hitzeschwelle, beim Überschallflug) (*f. - Flugw.*), muro del calore, barriera termica. 8 ~ **schild** (Wiedereintrittsfläche von Raumflugkörpern) (*m. - Raumfahrt*), scudo termico. 9 **in einer** ~ (*Schmieden - Walzw.*), in una calda. 10 **in einer** ~ **walzen** (*Walzw.*), laminare in una calda.
hitzebeständig (*Werkstoff*), resistente ad alta temperatura, refrattario.
hitzehärtbar (Kunststoff) (*chem. Ind.*), termoindurente.
Hitzschlag (*m. - Med.*), colpo di calore.
HK (Hefnerkerze) (*Beleucht. - Mass*), candela Hefner. 2 ~ (Knoop-Härte) (*mech. Technol.*), durezza Knoop. 3 ~ (Handelskammer) (*komm.*), Camera di Commercio. 4 ~ (Hochspannungskabel) (*Elekt.*), cavo ad alta tensione.
HL (Halbleiter) (*Elektronik*), semiconduttore.
hl (Hektoliter) (*Mass*), ettolitro.
HLW (Halbleiterwandler) (*Elektronik*), trasduttore a semiconduttori.
HM (Hartmetall, für Werkzeuge) (*Metall.*), carburo metallico, metallo duro. 2 ~ **-Platte** (Hartmetall-Platte) (*f. - Werkz.*), placchetta di carburo metallico.
Hm (*chem. Ind.*), siehe Hartmatte.
hm (Hektometer) (*Mass*), ettometro.
H-Motor (Verbr.mot.) (*m. - Mot.*), motore ad H.
HO (Handelsorganisation) (*komm.*), organizzazione commerciale. 2 ~ (Hilfsoszillator) (*Elektronik*), oscillatore ausiliario. 3 ~ (Ölhärten) (*Wärmebeh.*), tempra in olio.
Ho (obererer Heizwert) (*Wärme - Brennst.*), potere calorifico superiore. 2 ~ (Holmium) (*Chem.*), Ho, olmio. 3 ~ (*Mech.*), siehe Hooke-Zahl.
« Hobbock » (grosses zylindrisches Versandgefäss aus Eisenblech) (*m. - Transp.*), bidone, recipiente cilindrico di lamiera.
Hobel (*m. - Werkz.*), pialla. 2 ~ **bank** (*f. - Tischl.*), banco da falegname. 3 ~ **breite** (grösste bearbeitbare Werkstückbreite) (*f. - Werkz.masch.bearb.*), larghezza massima di piallatura. 4 ~ **eisen** (*n. - Werkz.*), ferro della pialla. 5 ~ **kamm** (Kammstahl, zum Stossen von Zähnen) (*m. - Werkz.*), pettine per stozzare. 6 ~ **kasten** (*m.-Werkz.*), ceppo della pialla. 7 ~ **maschine** (*f. - Masch.*), siehe Hobelmaschine. 8 ~ **meissel** (für Metalle) (*m. - Werkz.*), utensile per piallatrice, utensile piallatore. 9 ~ **messer** (*n. - Werkz.*), siehe Hobeleisen. 10 ~ **schar** (eines Erdhobels) (*f. - Erdbew. masch.*), lama (livellatrice). 11 ~ **tisch** (*m. - Werkz.masch.*), tavola della piallatrice. 12 **Doppel** ~ (Putzhobel) (*Werkz.*), pialla a doppio ferro. 13 **Doppel** ~ **eisen** (*n. - Werkz.*), ferro e controferro (da pialla). 14 **eiserner** ~ (*Tischl. - Werkz.*), pialla in ferro. 15 **Erd** ~ (Strassenhobel) (*Erdbew.masch.*), motolivellatore, motolivellatrice. 16 **Falz** ~ (*Werkz.*), pialla per scanalare. 17 **Feder** ~ (*Werkz.*), incorsatoio, scorniciatore (per linguette). 18 **Gesims** ~ (Simshobel) (*Werkz.*), sponderuola. 19 **hölzerner** ~ (*Tischl. - Werkz.*), pialla in legno. 20 **Nut** ~ (*Werkz.*), incorsatoio, scorniciatore (per scanalature.) 21 **Nut- und Spund** ~ (*Werkz.*), pialla per perlinaggi. 22 **Putz** ~ (Doppelhobel) (*Werkz.*), pialla a doppio ferro. 23 **Schab** ~ (*Werkz.*), coltello a petto. 24 **Schiffs** ~ (*Werkz.*), pialla per superfici curve. 25 **Schlicht** ~ (*Werkz.*), pialletto. 26 **Schrupp** ~ (*Werkz.*), pialla per

sgrossare, sbozzino. 27 Sims ~ (Gesimshobel) (*Werkz.*), sponderuola. 28 Strassen ~ (Erdhobel) (*Erdbew.masch.*), motolivellatore, motolivellatrice. 29 Stuhl ~ (Schabhobel) (*Werkz.*), coltello a petto.

Hobelei (*f. - Werkz.masch.bearb.*), reparto piallatura.

Hobelmaschine (für Holz und Metalle) (*f. - Werkz.masch.*), piallatrice, pialla. 2 Abricht ~ (für Holz) (*Werkz.masch.*), piallatrice a filo, pialla a filo. 3 Blechkanten ~ (*Werkz.masch.*), piallatrice per rifilare lamiere. 4 Dicken ~ (Dicktenhobelmaschine, Dickte, für Holz) (*Werkz.masch.*), piallatrice a spessore, pialla a spessore. 5 Doppelständer ~ (*Werkz.masch.*), piallatrice a due montanti. 6 Einständer ~ (*Werkz.masch.*), piallatrice ad un montante. 7 Kurz ~ (Schnellhobelmaschine, Shapingmaschine) (*Werkz.masch.*), limatrice. 8 Lang ~ (Tischhobelmaschine, für Metalle) (*Werkz.masch.*), piallatrice a tavola mobile. 9 Metall ~ (*Werkz.masch.*), piallatrice per metalli. 10 Schnell ~ (Kurzhobelmaschine, Shapingmaschine) (*Werkz.masch.*), limatrice. 11 Stössel ~ (Shapingmaschine) (*Werkz.masch.*), limatrice. 12 Tisch ~ (Langhobelmaschine, für Metalle) (*Werkz.masch.*), piallatrice a tavola mobile. 13 Zahnrad ~ (*Werkz.masch.*), dentatrice a coltello lineare.

Hobeln (*n. - Werkz.masch.bearb.*), piallatura. 2 ~ (mit Kurzhobler) (*Werkz.masch.bearb.*), limatura (con limatrice). 3 Dicken ~ (für Holz) (*Werkz.masch.bearb.*), piallatura a spessore. 4 Form ~ (für Metall) (*Werkz.masch.bearb.*), piallatura con utensile sagomato. 5 Gas ~ (*mech. Technol.*), sgorbiatura al cannello. 6 Lang ~ (für Holz) (*Werkz.masch.bearb.*), piallatura a filo. 7 Nachform ~ (Kopierhobeln, für Metalle) (*Werkz.masch.bearb.*), piallatura a riproduzione.

hobeln (*Handbearbeitung - Werkz.masch.bearb.*), piallare. 2 ~ (auf Kurzhobler) (*Werkz.masch.bearb.*), limare (alla limatrice).

Hobler (Kurzhobler, Shaping-Maschine, für Metalle) (*m. - Werkz.masch.*), limatrice. 2 ~ (*m. - Werkz.masch. - Arb.*), piallatore.

Hoch (Hochdruckgebiet, Antizyklone) (*n. - Meteor.*), area di alta pressione, anticiclone. 2 ~ **achse** (eines Flugzeugs) (*f. - Flugw.*), asse normale. 3 ~ **antenne** (*f. - Funk. - Fernseh.*), antenna esterna. 4 ~ **ätzung** (von Druckplatten) (*f. - Druck.*), tipografia, incisione a rilievo. 5 ~ **aufladung** (mit Zwischenkühlung der Ladeluft) (*f. - Mot.*), sovralimentazione spinta. 6 ~ **bahn** (*f. - Eisenb.*), ferrovia elevata. 7 ~ **bahnkran** (*m. - ind. Masch.*), gru a carroponte. 8 ~ **bau** (*m. - Bauw.*), edilizia. 9 ~ **bauunternehmen** (*n. - Bauw.*), impresa edile. 10 ~ **behälter** (für Wasser, Ausgleichs- und Speicherbehälter) (*m. - Ing.b.*), serbatoio in posizione sopraelevata. 11 ~ **brücke** (Viadukt) (*f. - Bauw.*), viadotto. 12 ~ **decker** (Flugzeug) (*m. - Flugw.*), aeroplano ad ala alta, monoplano ad ala alta. 13 ~ **druck** (*m. - Druck. - etc.*), siehe Hochdruck. 14 ~ **ebene** (Hochfläche, Hochland, Hochplateau) (*f. - Geogr.*), altipiano. 15 ~ **energieumformung** (Hochgeschwindigkeitsumformung, Hochleistungsumformung) (*f. - mech. Technol.*), stampaggio ad alta energia, foggiatura plastica ad alta energia. 16 ~ **fachmaschine** (*f. - Textilmasch.*), macchina a passo alto. 17 ~ **finanz** (Haute Finance) (*f. - finanz.*), alta finanza. 18 ~ **fläche** (Hochebene, Hochland, Hochplateau) (*f. - Geogr.*), altipiano. 19 ~ **frequenz** (*f. - Elekt. - etc.*), siehe Hochfrequenz. 20 ~ **führungskanal** (für Kabeln z. B.) (*m. - Elekt. - Bauw. - etc.*), traccia verticale. 21 ~ **gang** (*m. - Werkz.masch.bearb.*), corsa ascendente, corsa verso l'alto. 22 ~ **garage** (*f. - Aut. - Bauw.*), autorimessa a più piani. 23 ~ **gebirge** (*n. - Geogr.*), alta montagna. 24 ~ **glanzblech** (*n. - metall. Ind.*), lamiera lucida. 25 ~ **glanzkalander** (*m. - Papierind. - Masch.*), calandra, satina, satinatrice. 26 ~ **glanzpolitur** (*f. - Technol.*), finitura a specchio, finitura speculare. 27 ~ **glühen** (*n. - Wärmebeh.*), ricottura d'ingrossamento del grano. 28 ~ **halter** (einer Knüppelschere) (*m. - Masch.*), controbarra, contropressore. 29 ~ **haus** (Wolkenkratzer) (*n. - Bauw.*), grattacielo. 30 ~ **hubwagen** (*m. - Fördertechnik.*), carrello elevatore. 31 ~ **kantenriemen** (aus hochkant gestellten Streifen) (*m. - Mech.*), cinghione. 32 ~ **klappflügel** (*m. - Flugw.*), ala ripiegabile verso l'alto. 33 ~ **lage** (Gebiet hoher Kerbschlagzähigkeit im Kerbschlagzähigkeit-Temperatur-Schaubild) (*f. - Metall.*), zona alta, zona di elevata resilienza. 34 ~ **land** (Hochebene, Hochfläche, Hochplateau) (*n. - Geogr.*), altipiano. 35 ~ **lauf** (Dachrutsche, zur Verlängerung der Rollgänge, beim Walzen) (*m. - Metall.*), piano inclinato. 36 ~ **laufen** (*n. - Mot.*), aumento del numero di giri, aumento di velocità. 37 ~ **laufzeit** (zur Lastaufnahme) (*f. - Mot.*), tempo per portarsi a regime di pieno carico. 38 ~ **leistungsdrehbank** (*f. - Werkz.masch.*), tornio per forti produzioni. 39 ~ **leistungsmaschine** (*f. - Masch.*), macchina di elevate prestazioni. 40 ~ **leistungsmotor** (*m. - Mot.*), motore di elevate prestazioni. 41 ~ **leistungs-Schnellstahl** (HSS) (*m. - Metall.*), acciaio superrapido, acciaio extrarapido. 42 ~ **leistungsschnittstahl** (*m. - Metall. - Werkz.*), acciaio rapido. 43 ~ **leitung** (*f. - Elekt.*), filo aereo. 44 ~ **löffelbagger** (*m. - Erdbew.masch.*), escavatore a cucchiaia spingente. 45 ~ **ofen** (*m. - Ofen*), siehe Hochofen. 46 ~ **ohmwiderstand** (*m. - Elekt.*), resistenza di alto valore ohmico. 47 ~ **parterre** (Hocherdgeschoss, 1,20 -1,50 m über der Strassenhöhe) (*n. - Bauw.*), piano rialzato. 48 ~ **pass** (Hochpassfilter) (*m. - Funk.*), filtro passa alto. 49 ~ **plateau** (Hochebene, Hochfläche, Hochland) (*n. - Geogr.*), altipiano. 50 ~ **polymer** (mit hohem Molekulargewicht) (*n. - Chem.*), altopolimero. 51 ~ **quelle** (*f. - Geol.*), sorgente montana. 52 ~ **rechnung** (Vorausberechnung des Gesamtergebnisses aus repräsentativen Teilergebnissen) (*f. - Rechner*), calcolo previsionale (in base alla tendenza). 53 ~ **regallager** (*n. - Ind.*), magazzino a scaffalature verticali, magazzino verticale. 54 ~ **regalstapler** (*m. - ind. Transp.*), carrello elevatore per magazzini verticali. 55 ~ **reissen** (*n. - Verbr. mot.*), accelerata brusca. 56 ~ **relief** (*n. - Arbeit*),

hoch

altorilievo. 57 ~ **schule** (*f. - Schule*), scuola superiore. 58 ~ **see** (*f. - See*), alto mare. 59 ~ **seefischerei** (*f. - Fischerei*), pesca d'altura, pesca d'alto mare. 60 ~ **seeschlepper** (*m. - naut.*), rimorchiatore d'alto mare. 61 ~ **seetüchtigkeit** (*f. - naut.*), navigabilità. 62 ~ **spannung** (*f. - Elekt.*), siehe Hochspannung. 63 ~ **stabläufer** (Läufer eines Drehstrommotors deren Stäbe hochkant in den Nuten liegen so dass bei Stillstand eine starke Stromverdrängung auftritt und so den Anlauf begünstigt) (*m. - Elekt.*), rotore a corrente di avviamento ridotta. 64 ~ **strasse** (Viadukt z. B.) (*f. - Ing.b.*), strada sopraelevata. 65 ~ **strombogen** (Hochstromkohlebogen, mit über 100 A und 10.000 ºC) (*m. - Elekt.*), arco voltaico con corrente superiore ai 100 A e temperature superiori ai 10.000 ºC. 66 ~ **vakuum** (bei Drücken zwischen 10^{-3} und 10^{-6} Torr) (*n. - Phys.*), alto vuoto. 67 ~ **vakuumpumpe** (*f. - Masch.*), pompa per alto vuoto. 68 ~ **vakuumröhre** (*f. - Elektronik*), tubo ad alto vuoto. 69 ~ **vakuumzelle** (*f. - Fernseh.*), fotocellula ad alto vuoto, cellula fotoelettrica ad alto vuoto. 70 ~ **wasser** (*n. - Hydr. - Wass.b.*), acqua alta, piena. 71 ~ **wasser** (Tidehochwasser) (*See*), alta marea. 72 ~ **wasserbett** (Überschwemmungsraum) (*n. - Wass.b. - Geogr.*), golena. 73 ~ **wasserdeich** (Winterdeich) (*m. - Wass.b.*), argine principale. 74 ~ **wassermarke** (*f. - Hydr. - Wass.b.*), livello di guardia. 75 ~ **wassermenge** (*f. - Hydr. - Wass.b.*), portata di piena. 76 ~ **wasserschaden** (Uferabbruch) (*m. - Wass.b.*), falla, rottura di argine (da piena). 77 ~ **wasserüberlauf** (*m. - Wass.b.*), sfioratore per piena. 78 ~ **weg** (Landstrasse) (*m. - Strasse*), strada principale, strada di grande comunicazione. 79 ~ **zahl** (Exponent) (*f. - Math.*), esponente. 80 ~ **ziehen** (*n. - Anstr.fehler*), rinvenimento, sollevamento. 81 ~ **ziehräummaschine** (*f. - Werkz.masch.*), brocciatrice a trazione ascendente.

hoch (*allg.*), alto. 2 ~ (drei hoch zwei z. B.) (*Math.*), alla ... (potenza), elevato a ... 3 ~ **beansprucht** (*Baukonstr.lehre*), molto sollecitato. 4 ~ **belastbar** (*Masch. - etc.*), per servizio pesante, per servizio gravoso. 5 ~ **bocken** (zum Radwechseln z. B.) (*Aut.*), alzare (con martinetto). 6 ~ **dampfend** (*Phys. - Chem.*), ad elevato punto di evaporazione. 7 ~ **evakuiert** (Elektronröhre, etc.) (*allg.*), ad alto vuoto. 8 ~ **fahren** (*n. - Elekt. - Mot. - etc.*), portarsi a regime, andare su di giri. 9 ~ **fest** (Stahl z. B.) (*Metall.*), ad alta resistenza. 10 ~ **forciert** (Verbrennungsmotor, mit sehr widerstandsarmen Ansaug- und Auslass·systemen z. B.) (*Mot.*), spinto 11 ~ **frequent** (*Elekt.*), ad alta frequenza. 12 ~ **gekohlt** (*Metall.*), ad alto tenore di carbonio. 13 ~ **gespannt** (*Elekt.*), ad alta tensione. 14 ~ **gezüchtet** (Motor) (*Mot.*), spinto, « tirato ». 15 ~ **glanzpolieren** (*Mech. - etc.*), lucidare a specchio. 16 ~ **kant** (Ziegel z. B., mit der schmalen Fläche auf der Unterlage) (*allg.*), di coltello. 17 ~ **kippbar** (*allg.*), ribaltabile verso l'alto. 18 ~ **legiert** (Stahl z. B.) (*Metall.*), ad alta lega, ad alto tenore di alligante, altolegato. 19 ~ **molekular** (*Chem.*), di alto peso molecolare, ad alto peso molecolare. 20 ~ **ohmig** (*Elekt.*), ad alta resistenza (ohmica). 21 ~ **prägen** (*Technol.*), goffrare. 22 ~ **radioaktiv** (*Radioakt. - Chem.*), ad elevata radioattività. 23 ~ **satiniert** (Papier) (*Papierind.*), supercalandrato, satinato. 24 ~ **schmelzend** (*Metall. - etc.*), ad elevato punto di fusione, « altofondente ». 25 ~ **siedend** (*Chem.*), ad elevato punto di ebollizione, « altobollente ». 26 ~ **sperrend** (Thyristor) (*Elektronik*), ad elevata tensione di blocco. 27 ~ **stellen** (von Blechen) (*mech. Technol.*), piegare i lembi, risvoltare gli orli. 28 ~ **tourig** (Motor) (*Mot.*), veloce. 29 ~ **warmfest** (Stahl z. B.) (*Metall.*), refrattario. 30 ~ **wasserfrei** (*Wass.b.*), al riparo dalle piene. 31 ~ **wertig** (*allg.*), di alta qualità, pregiato. 32 ~ **wertig** (Stahl) (*Metall.*), ad alta resistenza, pregiato. 33 ~ **wertiger Graugruss** (*Giess.*), ghisa acciaiosa. 34 ~ **ziehen** (*Flugw.*), cabrare. 35 a ~ minus zwei (a^{-2}, negative zweite Potenz von a) (*Math.*), a alla meno due, a elevato alla meno due. 36 drei ~ zwei (3^2) (*Math.*), tre alla seconda potenza. 37 fünf ~ minus zwei (*Math.*), cinque alla meno due, cinque elevato alla meno due.

Hochdruck (Buchdruck, Druckverfahren mit erhöhtliegenden Teilen der Druckform) (*m. - Druck.*), tipografia, stampa tipografica. 2 ~ (*Phys. - Hydr. - etc.*), alta pressione. 3 ~ **apparat** (Druckbomb, Bomb, chem. Reaktionsgefäss für Prüfungszwecke z. B.) (*m. - Chem. - App.*), bomba, recipiente per alte pressioni. 4 ~ **apparat** (Reaktionsgefäss für chem. Ind. - Verfahren) (*Chem. - App.*), reattore, recipiente ad alta pressione (per reazioni). 5 ~ **behälter** (*m. - Ind.*), serbatoio ad alta pressione. 6 ~ **bogenrotationsmaschine** (*f. - Druckmasch.*), macchina rotativa tipografica dal foglio. 7 ~ **gebiet** (Antizyklone, Hoch) (*n. - Meteor.*), area di alta pressione, anticiclone. 8 ~ **heizung** (*f. - Heizung - Bauw.*), riscaldamento ad alta pressione. 9 ~ **maschine** (Buchdruckpresse) (*f. - Druckmasch.*), macchina da stampa tipografica. 10 ~ **reifen** (*m. - Aut.*), pneumatico ad alta pressione. 11 ~ **-Rotationsmaschine** (*f. - Druckmasch.*), rotativa tipografica. 12 ~ **technik** (zur Verformung von Metall und Gläsern bei 30.000 atü und darüber) (*f. - Technol.*), processo di foggiatura ad altissima pressione. 13 ~ **verfahren** (*n. - Druck.*), procedimento di stampa tipografica, procedimento di stampa a rilievo. 14 ~ **verfahren** (*Technol.*), processo ad alta pressione.

Hochfrequenz (*f. - Elekt. - etc.*), alta frequenza. 2 ~ (10 kHz bis 3000 MHz, Wellenlänge von 30 km bis 10 cm) (*Elekt. - Funk. - etc.*), frequenza compresa tra 10 chilocicli e 3000 megacicli. 3 ~ (*Funk. - etc.*), siehe auch Frequenz. 4 ~ **erwärmung** (bei induktiven Verfahren z. B.) (*f. - Technol.*), riscaldamento ad alta frequenza. 5 ~ **generator** (Oszillator) (*m. - Funk. - Ger.*), generatore di radiofrequenza, oscillatore. 6 ~ **induktionsofen** (*m. - Metall. - Ofen - Wärmebeh.*), forno ad induzione ad alta frequenza. 7 ~ **kabel** (*n. - Elekt.*), cavo per alta frequenza. 8 ~ **kinematographie** (Filmaufnahmetechnik für technol. Vorgänge z. B.) (*f. - Filmtech. - Technol.*), cinematografia ultrarapida. 9 ~ **-Schweissen** (von Kunststoffen) (*n. - Technol.*), saldatura ad alta frequenza. 10 ~ **telephonie** (*f. - Teleph.*), telefonia (multipla) ad alta frequenza. 11 ~ **trägertelephonie** (Trägerfrequenztelephonie) (*f. - Teleph.*), telefonia (multipla) ad alta frequenza ad onde convogliate.

Hochofen (*m. - Metall. - Ofen*), altoforno. 2 ~ **betrieb** (*m. - Ofen*), marcia dell'altoforno. 3 ~ **gas** (*n. - Metall. - Ofen*), gas d'altoforno. 4 ~ **gebläse** (*n. - Masch.*), soffiante per altoforno. 5 ~ **gerüst** (*n. - Ofen*), armatura dell'altoforno, incastellatura dell'altoforno. 6 ~ **gestell** (*n. - Metall.*), crogiolo dell'altoforno. 7 ~ **gicht** (Öffnung) (*f. - Ofen*), bocca dell'altoforno. 8 ~ **gicht** (Einsatz) (*Ofen - Metall.*), carica dell'altoforno. 9 ~ **guss** (*m. - Giess.*), ghisa d'altoforno, ghisa di prima fusione. 10 ~ **koks** (*m. - Metall.*), coke d'altoforno. 11 ~ **möller** (*m. - Metall.*), letto di fusione dell'altoforno. 12 ~ **panzer** (Ofenmantel) (*m. - Metall.*), corazza dell'altoforno, mantello dell'altoforno. 13 ~ **schacht** (*m. - Ofen*), tino dell'altoforno. 14 ~ **schlacke** (*f.-Metall.*), scoria d'altoforno. 15 ~ **schwemmstein** (Hüttenschwemmstein) (*n. - Bauw.*), mattone di scoria porosa (d'altoforno). 16 ~ **stückschlacke** (langsam erkaltete Hochofenschlacke) (*f. - Metall. - Bauw.*), scorie di altoforno in pezzatura. 17 ~ **wind** (*m. - Metall. - Ofen*), vento dell'altoforno. 18 ~ **windform** (*f. - Ofen*), tubiera dell'altoforno. 19 ~ **zement** (*m. - Bauw.*), cemento di altoforno, cemento di scoria. 20 **den ~ anblasen** (*Metall. - Ofen*), accendere l'altoforno. 21 **den ~ ausblasen** (*Metall. - Ofen*), spegnere l'altoforno. 22 **elektrischer ~** (*Metall. - Ofen*), altoforno elettrico.

Hochöfner (*m. - Arb.*), altifornista.

Hochspannung (*f. - Elekt.*), alta tensione. 2 ~ (mit mehr als 1000 V, und 250 V gegen Erde bei Schaltanlagen) (*Elekt.*), tensione superiore ai 1000 V (ed ai 250 V per i quadri). 3 ~ **s·anzeiger** (zur Prüfung der Zündanlage an Kraftfahrzeugen) (*m. - Instr. - Mot.*), apparecchio prova-accensione. 4 ~ **s·erzeuger** (*m. - Elekt.*), generatore di alta tensione. 5 ~ **s·kabel** (*n. - Elekt.*), cavo per alta tensione. 6 ~ **s·netz** (*n. - Elekt.*), rete ad alta tensione. 7 ~ **s·schalter** (*m. - Elekt.*), interruttore per alte tensioni. 8 ~ **s·zündung** (*f. - Aut. - Mot.*), accensione ad alta tensione.

Höchstangebot (*n. - komm.*), offerta più alta, offerta massima.

Höchstbeanspruchung (Höchstbelastung) (*f. - Baukonstr.lehre*), carico massimo.

Höchstdrehmoment (*n. - Mot. - etc.*), coppia massima, momento torcente massimo.

Höchstdrehzahl (*f. - Mot. - etc.*), massimo numero di giri, velocità massima, regime massimo.

Höchstdruck (*m. - Verbr.mot. - etc.*), pressione massima.

Höchstfrequenz (über 300 MHz und Wellenlänge unter 1 m) (*f. - Funk. - Fernseh.*), frequenza ultraelevata.

Höchstgeschwindigkeit (*f. - allg.*), velocità massima. 2 ~ (technisch mögliche Geschwindigkeit) (*Fahrz.*), velocità massima. 3 ~ (rechtlich zulässige Geschwindigkeit) (*Fahrz.*), limite di velocità.

Höchstlast (eines Zerreiss·schaubildes) (*f. - Baukonstr.lehre*), carico massimo, carico di rottura.

Höchstpreis (staatlich festgesetzter Verkaufspreis) (*m. - komm.*), prezzo di calmiere, prezzo massimo.

Höchstspannung (über 200.000 V) (*f. - Elekt.*), altissima tensione (superiore ai 200.000 V).

Höchststrom (*m. - Elekt.*), corrente di punta. 2 ~ **relais** (*n. - Elekt. - Ger.*), relè di massima, relè di sovraccarico.

Höchstvakuum (bei Drücken unterhalb von 10^{-6} Torr) (*n. - Phys.*), vuoto ultraspinto, ultravuoto.

Höchstwert (*m. - allg.*), valore massimo. 2 ~ (*Elekt.*), valore di cresta, picco.

Höcker (hügelartige Erhöhung) (*m. - allg.*), sporgenza, gobba.

höckerartig (Fläche z. B.) (*allg.*), scabro.

Hodograph (Kurve von veränderlichen Vektoren) (*m. - Mech.*), odografa, odografo.

Hodometer (Wegmesser) (*n. - Ger.*), odometro.

Hof (*m. - Bauw.*), cortile. 2 ~ (Tribunal) (*recht.*), corte. 3 ~ (Bauernhaus mit Betriebsgebäuden und Feldern) (*Landw.*), podere, fattoria. 4 ~ (Lichtkreis) (*Opt. - Astr.*), alone. 5 ~ **fläche** (eines Grundstückes) (*f. - Bauw.*), area non copribile. 6 ~ **raumregel** (bestimmt den höchsten Anteil or welcher bebaut werden darf in einem Grundstück) (*f. - Bauw.*), regolamento sul rapporto tra area coperta e scoperta. 7 **Gerichts ~** (*recht.*), corte di giustizia, tribunale.

Höft (Hoft, Uferbefestigung) (*n. - Hydr.*), (tipo di) protezione delle sponde. 2 ~ (Hoft) (*Wass.b. - naut.*), *siehe auch* Mole, Pier, Kai.

Höhe (*f. - allg.*), altezza. 2 ~ (Erhebung eines Punktes der Erdoberfläche über der Meeresfläche) (*Top. - Geogr.*), altitudine. 3 ~ (Seitenhöhe) (*Schiffbau*), altezza, puntale. 4 ~ (*Geom.*), altezza. 5 ~ (des Gewindes) (*Mech.*), altezza (del triangolo generatore). 6 ~ (Winkel zwischen den Richtungen zu einem Gestirn und dem Horizont) (*Astr.*), altezza. 7 ~ (eines Tones) (*Akus.*), altezza. 8 ~ (*Flugw.*), quota. 9 ~ **n·atmungsgerät** (*n. - Flugw. - etc.*), respiratore (per alta quota). 10 ~ **n·bestimmung** (Nivellieren) (*f. - Top.*), livellazione. 11 ~ **n·bestimmung** (Höhenmessung) (*Flugw. - Geogr. - etc.*), altimetria. 12 ~ **n·bogen** (*m. - Top. - Instr.*), cerchio zenitale. 13 ~ **n·dose** (eines Vergasers) (*f. - Mot.*), capsula del correttore di quota. 14 ~ **n·flosse** (fester Teil des Leitwerks) (*f. - Flugw.*), stabilizzatore, piano stabilizzatore orizzontale. 15 ~ **n·flug** (*m. - Flugw.*), volo in quota. 16 ~ **n·flugzeug** (*n. - Flugw.*), aeroplano d'alta quota, velivolo per alta quota. 17 ~ **n·förderer** (Stapler) (*m. - Masch.*), elevatore. 18 ~ **n·gewinn** (*m. - Flugw.*), guadagno di quota. 19 ~ **n·kabine** (*f. - Flugw.*), cabina stagna, cabina pressurizzata

Höhe

20 ~ n·kammer (zur Prüfung von Motoren z. B.) (*f. - Flugw. - etc.*), camera per prove in quota, camera alta quota. 21 ~ n·korrektor (eines Vergasers) (*m. - Mot. - Aut. - Aer.*), correttore di quota. 22 ~ n·korrektur (*f. - Mot. - Aer. - Aut.*), correzione per la quota. 23 ~ n·krankheit (Fliegerkrankheit) (*f. - Flugw.*), mal d'aria. 24 ~ n·kreis (*m. - Top. - Instr.*), cerchio zenitale. 25 ~ n·leitwerk (eines Flugzeugs) (*n. - Flugw.*), impennaggio orizzontale. 26 ~ n·linie (Schichtlinie, Isohypse, Linie der Punkte gleicher Höhe) (*f. - Top. - Geogr.*), curva di livello, isoipsa. 27 ~ n·linienkarte (*f. - Geogr. - Top.*), carta a curve di livello, piano a curve di livello. 28 ~ n·marke (Festpunkt) (*f. - Top.*), punto trigonometrico, quota trigonometrica. 29 ~ n·messer (*m. - Flugw. - Instr.*), altimetro. 30 ~ n·messung (Nivellieren) (*f. - Top.*), livellazione. 31 ~ n·messung (Höhenbestimmung) (*Geogr. - etc.*), altimetria. 32 ~ n·motor (*m. - Flugw.*), motore d'alta quota. 33 ~ n·navigation (*f. - Flugw. - Navig.*), navigazione ad alta quota. 34 ~ n·plan (*m. - Ing.b.*), profilo longitudinale. 35 ~ n·plan (*Geogr. - Top.*), siehe auch Höhenlinienkarte. 36 ~ n·reisser (Parallelreisser) (*m. - Mech. - Werkz.*), truschino. 37 ~ n·ruder (beweglicher Teil des Leitwerks) (*n. - Flugw.*), equilibratore, timone di quota, timone di profondità. 38 ~ n·schichtenkarte (Höhenlinienkarte) (*f. - Geogr. - Top.*), carta a curve di livello, piano a curve di livello. 39 ~ schichtlinie (*f. - Top.*), siehe Höhenlinie. 40 ~ n·schlag (Unrundheit, eines Rades) (*m. - Aut.*), acircolarità. 41 ~ n·schnittpunkt (eines Dreiecks) (*m. - Geom.*), ortocentro. 42 ~ n·schreiber (*m. - Instr.*), altigrafo. 43 ~ n·sonne (Sonne im Hochgebirge) (*f. - Geogr.*), sole d'alta montagna. 44 ~ n·sonne (künstliche Höhensonne, Quecksilberquarzlampe) (*App.*), sole artificiale, lampada al quarzo. 45 ~ n·stab (eines Fensters) (*m. - Bauw.*), colonnino, montante divisorio. 46 ~ n·strahlung (kosmische Ultrastrahlung) (*f. - Astr. - Radioakt.*), radiazione cosmica. 47 ~ n·trieb (*m. - Werkz. masch.*), meccanismo di sollevamento. 48 ~n·unterschied (*m. - allg.*), dislivello. 49 ~ über NN (Höhe über normal Null) (*Top. - etc.*), altitudine sul livello del mare. 50 ~ n·wertgeber (*m. - Ger.*), sensore di quota. 51 ~ n·winkel (Erhebungswinkel, Elevationswinkel) (*m. - Top. - milit.*), angolo di elevazione. 52 absolute ~ (*Top.*), altitudine assoluta. 53 barometrischer ~ n·messer (*Flugw. - Instr.*), altimetro barometrico. 54 Bau ~ (einer Maschine z. B.) (*Masch. - etc.*), altezza d'ingombro. 55 Druck ~ (p/γ) (*Hydr.*), altezza piezometrica. 56 Druck ~ (einer Pumpe) (*Hydr.*), altezza di mandata. 57 dynamische ~ (*Geophys.*), altezza dinamica, quota dinamica. 58 effektive ~ (einer Antenne) (*Funk.*), altezza effettiva. 59 Fall ~ (einer Kraftanlage) (*Hydr.*), salto. 60 Förder ~ (einer Pumpe) (*Hydr.*), prevalenza. 61 Fuss ~ (eines Zahnrades) (*Mech.*), dedendum. 62 geodätische Förder ~ (einer Pumpe) (*Hydr.*), prevalenza topografica, prevalenza geodetica. 63 Geschwindigkeits ~ (*Hydr.*), altezza cinetica. 64 Hub ~ (*Mech. - etc.*), alzata. 65 kapazitiver ~ n·messer (*Flugw. - Instr.*), altimetro elettrostatico. 66 Kopf ~ (eines Zahnrades) (*Mech.*), addendum. 67 Kraftwerksfall ~ (*Hydr.*), salto motore, salto utile. 68 manometrische Förder ~ (einer Pumpe) (*Hydr.*), prevalenza manometrica. 69 metazentrische ~ (*naut.*), altezza metacentrica. 70 Nutzfall ~ (einer Kraftanlage) (*Hydr.*), salto utile, salto motore. 71 Reflexions ~ n·messer (*m. - Flugw. - Instr.*), radiosonda, radioaltimetro. 72 relative ~ (*Top.*), altitudine relativa. 73 Rohfall ~ (einer Kraftanlage) (*Hydr.*), salto utile lordo. 74 Saug ~ (einer Pumpe) (*Hydr.*), altezza di aspirazione. 75 Seiten ~ (Höhe) (*Schiffbau*), altezza, puntale.

hohl (*Mech. - etc.*), cavo. 2 ~ (konkav) (*allg.*), concavo. 3 ~ für voll (h.f.v.) (*Bauw.*), vuoto per pieno. 4 ~ geschliffen (*Werkz. masch. bearb.*), rettificato concavo. 5 ~ rund (konkav) (*allg.*), concavo.

Hohlachse (*f. - Mech.*), asse cavo.

Hohlbeitel (*m. - Werkz.*), sgorbia.

Hohlblockstein (*m. - Bauw.*), blocco forato.

Hohlbohrer (*m. - Mech. - Werkz.*), punta (da trapano) cava. 2 ~ (*m. - Bergbau - Werkz.*), punta a corona.

Hohlbohrstahl (*m. - Bergbau.*), barra cava (damina).

Hohlbolzen (*m. - Mech.*), perno cavo.

Hohldorn (*m. - Mech.*), mandrino cavo.

Höhle (Hohlform im Gestein) (*f. - Geol.*), grotta, caverna. 2 ~ n·wasser (*n. - Geol.*), acqua subalvea, acqua di caverna.

Hohleisen (Hohlmeissel) (*n. - Werkz.*), sgorbia.

Hohlfräser (*m. - Werkz.*), fresa a raggio concava.

Hohlguss (*m. - Giess.*), getto cavo.

Hohlkabel (*n. - Funk.*), siehe Hohlleiter.

Hohlkastenbauweise (*f. - Bauw. - etc.*), costruzione a scatola.

Hohlkegel (Kegelbohrung) (*m. - Mech.*), foro conico.

Hohlkehle (*f. - Mech.*), gola, cava, scanalatura. 2 ~ (Ausrundung zwischen zwei senkrechten Flächen eines Werkstückes z. B.) (*Mech. - etc.*), raccordo concavo. 3 ~ (*Arch.*), cavetto.

Hohlkehlhobel (*m. - Werkz.*), pialla per scanalare.

Hohlkehlschweissen (*n. - mech. Technol.*), saldatura concava, saldatura a cordone concavo.

Hohlkeil (*m. - Mech.*), chiavetta concava.

Hohlkern (*m. - Giess.*), anima cava.

Hohlkolben (*m. - Masch.*), stantuffo cavo, pistone cavo.

Hohlkörper (*m. - allg.*), corpo cavo. 2 ~ blasen (Extrusionsblasen, Blasformen, zur Herstellung von Flaschen etc. aus thermoplastischen Kunststoffen) (*n. - Technol.*), soffiatura (di corpi cavi). 3 ~ blasmaschine (für Kunststoffe) (*f. - Technol.*), soffiatrice (per corpi cavi).

Hohlkreis (Hohlraumresonator) (*m. - Funk.*), risonatore a cavità.

Hohlleiter (zur Übertragung von elektromagnetischen Wellen) (*m. - Funk.*), guida d'onda, guida cava. 2 HF- ~ (*Funk. - etc.*),

guida d'onda ad alta frequenza. 3 **Rechteck- ~** (*Funk. - etc.*), guida d'onda (a sezione) rettangolare. 4 **Rund- ~** (*Funk. - etc.*), guida d'onda (a sezione) circolare.
Hohllinse (konkave Linse) (*f. - Opt.*), lente concava.
Hohlmauer (*f. - Maur.*), siehe Hohlwand.
Hohlmeissel (*m. - Werkz.*), sgorbia.
Hohlnadel (Kanüle, einer Spritze) (*f. - Med. - Ger.*), ago cavo (da siringa).
Hohlnaht (Kehlnahtart) (*f. - Schweissen*), cordone (d'angolo) concavo.
Hohlniet (Rohrniet) (*m. - Mech.*), chiodo tubolare, rivetto tubolare.
Hohlpressen (Ausbauchen) (*n. - Blechbearb.*), espanditura.
Hohlrad (Zahnrad mit Innenverzahnung) (*n. - Mech.*), corona dentata (a dentatura) interna.
Hohlraum (*m. - allg.*), cavità. 2 ~ (einer Mischung) (*Bauw.*), vuoti. 3 ~ **bildung** (Kavitation) (*f. - naut.*), cavitazione. 4 ~ **bildung** (bei Guss-stücken, Poren, Lunker, etc.) (*Giess.*), formazione di cavità. 5 ~ **magnetron** (*n. - Funk.*), magnetrone a cavità. 6 ~ **resonator** (*m. - Funk.*), risonatore a cavità. 7 ~ **strahlung** (schwarze Strahlung) (*f. - Phys.*), radiazione nera. 8 **interdendritischer ~** (*Metall. - Fehler*), cavità interdendritica.
Hohlreibahle (Aufsteckreibahle) (*f. - Werkz.*), alesatore a manicotto.
Hohlresonator (Hohlraumresonator) (*m. - Funk.*), risonatore a cavità.
Hohlschleifeinrichtung (*f. - Werkz.masch.*), accessorio per rettifica concava.
Hohlschleifen (*n. - Werkz.masch.bearb.*), rettifica concava, rettifica di superfici concave.
Hohlschliff (*m. - Werkz.masch.bearb.*), rettifica di superfici concave, rettifica concava.
Hohlschmieden (*n. - Schmieden*), fucinatura cava.
Hohlschraube (*f. - Mech.*), vite cava.
Hohlseil (für elekt. Hochspannungsleitungen) (*n. - Elekt.*), conduttore cavo, conduttore tubolare.
Hohlsog (Kavitation) (*m. - naut.*), cavitazione.
Hohlspiegel (*m. - Opt.*), specchio concavo, specchio parabolico.
Hohlspindel (*f. - Mech.*), mandrino cavo, fuso cavo.
Hohlstein (*m. - Maur.*), mattone forato, laterizio forato. 2 ~ **decke** (*f. - Bauw.*), solaio in laterizi forati.
Höhlung (*f. - allg.*), cavità.
Hohlwand (*f. - Maur.*), muro a cassavuota, muro a intercapedine.
hohlwandig (*allg.*), a doppia parete.
Hohlwelle (für elekt. Lokomotiven) (*f. - Eisenb. - Mech.*), albero cavo.
Hohlziegel (Dachziegel) (*m. - Bauw.*), coppo, tegola curva, tegola a canale. 2 ~ (Hohlstein) (*Maur.*), mattone forato, laterizio forato.
Hohlzirkel (*m. - Werkz.*), compasso per interni, calibro per interni.
Holdinggesellschaft (*f. - recht. - Adm.*), holding, società finanziaria di controllo.

holen (Kreideln) (*naut.*), alare. 2 ~ (empfangen, eine Station) (*Funk.*), ricevere.
Holländer (*m. - Papierind. - Masch.*), olandese. 2 **Auflöse ~** (*Papierind. - Masch.*), olandese sfilacciatrice, sfilacciatore. 3 **Bleich ~** (*Papierind. - Masch.*), olandese imbiancatrice, imbiancatore. 4 **Wasch ~** (*Papierind. - Masch.*), olandese lavatrice.
Holländern (holländische Hefttechnik) (*n. - Buchbinderei*), cucitura olandese.
Höllenstein (AgNO$_3$) (Silbernitrat) (*m. - Med.*), nitrato d'argento.
Hollerithmaschine (Lochkartenmaschine) (*f. - Masch.*), macchina a schede perforate.
Holm (Langschwelle) (*m. - Bauw.*), corrente. 2 ~ (Längsträger, eines Flugzeugrumpfes oder Flügels) (*Flugw.*), longherone. 3 ~ (Geländereisen) (*Bauw.*), corrimano, « mancorrente ». 4 ~ (der Schliesseinheit einer Spritzgussmaschine von Kunststoffen) (*Masch.*), colonna.
Holmium (Ho - *n. - Chem.*), olmio.
Holoeder (Kristall) (*n. - Min.*), oloedro.
holoedrisch (Kristall) (*Min.*), oloedrico.
Hologrammetrie (Lasertechnik) (*f. - Werkstoffprüfung*), ologrammetria.
Holographie (zur Werkstoffprüfung z. B.) (*f. - Opt. - Technol.*), olografia.
holomorph (*Math.*), olomorfo, analitico.
holonom (Bindung) (*Mech.*), olònomo.
Holosterikbarometer (*n. - Ger.*), barometro aneroide, barometro olosterico.
Holozän (Alluvium) (*n. - Geol.*), olocene.
Holz (*n. - Holz*), legno. 2 ~ (für Bauzwecke) (*Bauw. - etc.*), legname. 3 ~ **abhieb** (Holzfällen) (*m. - Holz*), abbattimento (di alberi). 4 ~ **ausbau** (*m. - Bergbau*), armamento. 5 ~ **ausfütterung** (*f. - Bauw.*), rivestimento in legno. 6 ~ **balken** (*m. - Bauw.*), trave in legno. 7 ~ **bau** (*m. - Zimm. - Bauw.*), costruzione in legno. 8 ~ **bearbeitung** (*f. - Holzbearb.*), lavorazione del legno. 9 ~ **bearbeitungsmaschine** (*f. - Holzbearb.masch.*), macchina per la lavorazione del legno. 10 ~ **beton** (Beton aus Zement und Holzspänen) (*m. - Bauw.*), fibrocemento. 11 ~ **biegemaschine** (*f. - Masch.*), curvatrice per legno. 12 ~ **blech** (dünne Furniere, imprägniert und zu Sperrholzplatten gepresst) (*n. - Tischl.*), compensato forte. 13 ~ **boden** (Fussboden) (*m. - Bauw.*), pavimento in legno. 14 ~ **bohrer** (*m. - Werkz.*), trivella, punta (per legno). 15 ~ **bohrmaschine** (*f. - Holzbearb.masch.*), trapanatrice per legno, trapano per legno. 16 ~ **brandmalerei** (*f. - Kunst*), pirografia. 17 ~ **decke** (*f. - Bauw.*), solaio in legno. 18 ~ **draht** (Stäbchen von 1-3 mm Dicke und bis 6 m Länge) (*m. - Holzind.*), listello di legno. 19 ~ **dübel** (*m. - Maur. - etc.*), cavicchio. 20 ~ **fachwerk** (*n. - Bauw.*), intelaiatura in legno. 21 ~ **fällen** (*n. - Holzind.*), abbattimento (di alberi). 22 ~ **fäller** (*m. - Arb.*), boscaiolo, tagliaboschi, taglialegna. 23 ~ **faser** (*f. - Holz*), fibra del legno. 24 ~ **faserplatte** (*f. - Bauw.*), masonite, pannello di masonite. 25 ~ **fräsmaschine** (*f. - Holzbearb.masch.*), fresatrice per legno, taboretto. 26 ~ **geist** (roher Methylalkohol) (*m. - Chem.*), alcool metilico. 27 ~ **gerüst**

Holzverbindung

(*n. - Bauw.*), ponteggio in legno, impalcatura in legno. 28 ~ **gewinde** (*n. - Mech.*), filettatura per (vite da) legno. 29 ~ **hammer** (*m. - Werkz.*), mazzuolo di legno. 30 ~ **haus** (*n. - Bauw.*), casa in legno. 31 ~ **imprägnierung** (*f. - Holz - Ind.*), impregnazione del legno. 32 ~ **kohle** (*f. - Brennst.*), carbone di legna. 33 ~ **konservierung** (*f. - Ind.*), preservazione del legno. 34 ~ **mehl** (Holzstaub) (*n. - Holzbearb.*), segatura. 35 ~ **nagel** (für Schuhherstellung) (*m. - Handwerk*), seme. 36 ~ **papier** (*n. - Papierind.*), carta di legno, carta di pasta di legno. 37 ~ **pflaster** (*n. - Bauw. - Strass.b.*), pavimentazione in blocchetti di legno. 38 ~ **platz** (*m. - Holzind.*), deposito di legname. 39 ~ **säure** (*f. - Chem.*), acido pirolegnoso. 40 ~ **schiff** (*n. - naut.*), nave in legno. 41 ~ **schiff** (*Druck.*), vantaggio in legno, balestra in legno. 42 ~ **schleifmaschine** (*f. - Masch.*), levigatrice per legno, smerigliatrice per legno. 43 ~ **schliff** (Holzstoff) (*m. - Papierind.*), pasta di legno meccanica. 44 ~ **schraube** (Eisenschraube) (*f. - Mech.*), vite da legno, vite per legno. 45 ~ **schwelle** (*f. - Eisenb.*), traversina in legno. 46 ~ **spiralbohrer** (*m. - Werkz.*), trivella ad elica, trivella a tortiglione. 47 ~ **spiritus** (Äthylalkohol, durch Gärung bei der Holzverzuckerung gewonnen) (*m. - Chem.*), alcool etilico. 48 ~ **spundwand** (*f. - Bauw. - Wass.b*), palancolata in legno. 49 ~ **stoff** (Holzschliff) (*m. - Papierind.*), pasta di legno meccanica. 50 ~ **täfelung** (*f. - Bauw.*), rivestimento di legno. 51 ~ **träger** (*m. - Bauw.*), trave in legno. 52 ~ **trockner** (*m. - App.*), essiccatoio per legno. 53 ~ **trocknung** (natürliche Trocknung) (*f. - Holzind.*), stagionatura (del legname). 54 ~ **trocknung** (künstliche Trocknung) (*Holzind.*), essiccazione (del legname). 55 ~ **verbindung** (*f. - Tischl. - Zimm.*), siehe Holzverbindung. 56 ~ **werk** (*n. - Bauw.*), carpenteria di legno. 57 ~ **wolle** (*f. - Transp.*), paglietta di legno, trucioli di legno. 58 ~ **zellstoff** (*m. - Papierind.*), cellulosa di legno. 59 **ausgewittertes** ~ (*Holz*), legno stagionato, legname stagionato (naturalmente). 60 **Bau** ~ (*Bauw.*), legname da costruzione. 61 **Darr** ~ (*Holz*), legname essiccato in essiccatoio, legno essiccato in essiccatoio, legname stagionato artificialmente. 62 **das** ~ **beschlagen** (*Holzind.*), squadrare il legno. 63 **Formvoll-** ~ (FVH, parallel zur Faserrichtung gepresst) (*Holz*), legname compresso parallelamente alla fibra. 64 **Hart** ~ (*Technol.*), legno duro. 65 **Kant** ~ (*Bauw.*), legname squadrato. 66 **kassettierte** ~ **decke** (*Bauw.*), soffitto in legno a cassettoni. 67 **lufttrockenes** ~ (*Holz*), legname stagionato (all'aria). 68 **Pressvoll-** ~ (Press-Holz, PVH; senkrecht zur Faserrichtung gedrückt) (*Holz*), legname compresso perpendicolarmente alla fibra. 69 **Riegel** ~ (Mittelbauholz) (*Bauw.*), legname da costruzione di medie dimensioni. 70 **Sperr** ~ (*Tischl.*), legno compensato, compensato. 71 **Tränkvoll-** ~ (TVH) (*Holz*), legname impregnato.

Holzverbindung (*f. - Tischl. - Zimm.*), unione, giunzione, giunto (del legname). 2 **einfache gerade Zapfen** ~ (*Tischl. - Zimm.*), unione a tenone e mortisa, incastro a tenone e mortisa, giunzione a tenone e mortisa. 3 **schwalbenschwanzförmige** ~ (*Tischl. - Zimm.*), unione a coda di rondine, giunzione a coda di rondine, incastro a coda di rondine.

homochrom (*Opt.*), omòcromo.
Homodynempfang (*m. - Funk.*), ricezione ad omodina.
homogen (*allg.*), omogeneo. 2 ~ **er Reaktor** (*Kernphys.*), reattore omogeneo.
Homogenglühen (Diffusionsglühen) (*n. - Wärmebeh.*), ricottura di omogeneizzazione.
homogenisieren (*Metall. - etc.*), omogeneizzare.
Homogenisierung (homogenisierendes Glühen) (*f. - Metall. - Wärmebeh.*), omogeneizzazione.
Homogen-Reaktor (*m. - Atomphys.*), reattore omogeneo.
homokinetisch (Gelenk) (*Mech.*), omocinetico. 2 ~ **es Gelenk** (Gleichlaufgelenk) (*Mech.*), snodo omocinetico, giunto omocinetico.
homolog (*Chem. - Geom.*), omologo.
Homologation (eines Fahrzeuges, zur Teilnahme an sportlichen Wettbewerben) (*f. - Aut. - Sport*), omologazione.
homologiert (Wagen) (*Aut. - Sport*), omologato.
homomorph (*Math.*), omomorfo.
homonuklear (Molekül) (*Kernphys.*), omonucleare.
homöomorph (Kristall) (*Min.*), omeomorfo.
homöopolar (*Chem.*), omopolare. 2 ~ **e Bindung** (*Chem.*), legame omopolare.
Homophonie (*f. - Akus.*), omofonia.
homozentrisch (Strahlbündel z. B.) (*Opt. - etc.*), omocentrico.
Honahle (*f. - Werkz.*), levigatore. 2 ~ **zum Aussenhonen** (*Werkz.*), levigatore per esterni.
Honen (Ziehschleifen) (*n. - Werkz.masch, bearb.*), levigatura. 2 **Aussen** ~ (*Werkz.masch.bearb.*), levigatura esterna. 3 **Fein** ~ (Feinziehschleifen) (*Werkz.masch.bearb.*), microfinitura. 4 **Innen** ~ (*Werkz.masch.bearb.*), levigatura interna.
honen (ziehschleifen) (*Mech.*), levigare.
Honigwabenspule (*f. - Elekt.*), bobina a nido d'api.
Honmaschine (*f. - Werkz.masch.*), levigatrice. 2 **Aussen** ~ (*Werkz.masch.*), levigatrice per esterni. 3 **Fein** ~ (*Werkz.masch.*), microfinitrice. 4 **Innen** ~ (*Werkz.masch.*), levigatrice per interni.
Honorar (Vergütung) (*n. - Arb.*), onorario. 2 **Autoren** ~ (*Druck.*), diritti di autore.
Honstein (*m. - Mech. - Werkz.*), pietra abrasiva, levigatore.
Honwerkzeug (*n. - Mech. - Werkz.*), levigatore.
Hooke-Zahl (Ho, bezogene elastische Kraft) (*f. - Mech.*), numero di Hooke.
Hopperbagger (Saugbagger mit eigenem Fahrantrieb) (*m. - naut.*), draga aspirante semovente.
hörbar (*Akus.*), udibile.
Hörbarkeit (*f. - Akus.*), udibilità. 2 ~ **s-diagramm** (*n. - Akus.*), audiogramma. 3 ~ **s-faktor** (*m. - Funk.*), fattore di udibilità. 4

~ s·grenze (Hörbarkeitsschwelle, Hörgrenze, Hörschwelle) (*f. - Akus.*), soglia di udibilità.
Hörbereich (*m. - Akus.*), campo di udibilità.
hörbereit sein (*Funk.*), essere in ascolto.
Hörbrille (*f. - Akus.*), cornetto acustico da occhiali, occhiali con apparecchio acustico.
Horchdienst (*m. - Funk.*), servizio d'intercettazione.
horchen (*Akus. - Funk.*), ascoltare.
Horchgerät (Horchapparat, Richtungshörer, für Flugzeuge z. B.) (*n. - Akus. - App.*), aerofono. 2 ~ (Unterwassergerät, Horchapparat) (*Akus.*), idrofono.
Horchortung (*f. - Akus.*), fonolocalizzazione, localizzazione acustica.
Horde (Hürde) (*f. - allg.*), siehe Hürde.
Hörempfindlichkeit (*f. - Akus.*), sensibilità uditiva.
Hörer (*m. - Fernspr.*), ricevitore (telefonico), cornetta. 2 ~ **muschel** (Hörmuschel) (*f. - Fernspr.*), auricolare (*s.*). 3 den ~ **abnehmen** (*Fernspr.*), alzare il ricevitore, alzare la cornetta. 4 den ~ **auflegen** (*Fernspr.*), riattaccare il ricevitore, riattaccare la cornetta, riagganciare il ricevitore, posare il ricevitore.
hörfrequent (*Akus.*), audiofrequente, a (o di) frequenza acustica.
Hörfrequenz (*f. - Akus.*), frequenza acustica, audiofrequenza. 2 ~ **verstärker** (*m. - Funk.*), amplificatore audio.
Hörfunk (*m. - Funk.*), radiofonia, radio.
Hörgerät (für Schwerhörige) (*n. - Akus.*), apparecchio acustico, cornetto acustico.
Horizont (*m. - Geogr. - etc.*), orizzonte. 2 künstlicher ~ (*Flugw. - Instr.*), orizzonte artificiale. 3 sichtbarer ~ (*Geogr.*), orizzonte visibile, orizzonte apparente. 4 wahrer ~ (*Astr.*), orizzonte vero, orizzonte astronomico, orizzonte razionale.
horizontal (waagerecht) (*allg.*), orizzontale. 2 ~ e Biegepresse (*Schmiedemasch.*), piegatrice (a caldo) orizzontale.
Horizontalablenkung (*f. - Fernseh.*), deflessione orizzontale.
Horizontalauflösung (*f. - Fernseh.*), definizione orizzontale.
Horizontalbohrmaschine (*f. - Werkz.masch.*) alesatrice orizzontale.
Horizontale (Waagerechte) (*f. - Geom. - etc.*), linea orizzontale.
Horizontalebene (*f. - Geom. - etc.*), piano orizzontale.
Horizontalflug (*m. - Flugw.*), volo orizzontale.
Horizontalfräsmaschine (*f. - Werkz.masch.*), fresatrice orizzontale.
Horizontalfrequenz (*f. - Fernseh.*), siehe Zeilenfrequenz.
Horizontalkreis (*m. - Top. - Instr.*), cerchio azimutale.
Horizontalprojektion (*f. - Zeichn.*), vista in pianta.
Horizontalsynchronisierung (*f. - Fernseh.*), sincronizzazione orizzontale.
Horizontalvergaser (Flachstromvergaser) (*m. - Mot.*), carburatore orizzontale.
Hörkanal (*m. - Radar*), canale audio.
Hörkurve (*f. - Akus.*), audiogramma.
Hörmuschel (Hörermuschel) (*m. - Fernspr.*), auricolare.

Horn (*n. - allg.*), corno. 2 ~ (Hupe) (*Aut. - Ger.*), avvisatore acustico. 3 ~ (einer Stosstange) (*Aut.*), rostro. 4 ~ **amboss** (*m. - Schmieden*), incudine monocorno. 5 ~ **presse** (*f. - Masch.*), pressa a braccio. 6 ~ **schiene** (*f. - Eisenb.*), controrotaia. 7 ~ **strahler** (*m. - Funk.*), antenna (emittente) a corno. 8 Doppelton ~ (*Aut.*), avvisatore acustico a due toni. 9 elektropneumatisches ~ (*Aut.*), avvisatore elettropneumatico.
Hornblende (*f. - Min.*), orneblenda.
Hörnerblitzableiter (*m. - Elekt.*), scaricatore a corna.
Hörsaal (Auditorium) (*m. - Bauw.*), sala per audizioni, auditorio.
Hörsamkeit (Rammakustik) (*f. - Akus. - Bauw.*), acustica architettonica.
Hörschwelle (*f. - Akus.*), soglia di udibilità.
Hörsignal (*n. - Akus.*), segnale acustico.
Horst (*m. - Geol.*), massiccio, pilastro, «horst». 2 ~ (Flughafen) (*Flugw.*), stazione aerea.
Hosenmuffe (Abzweigmuffe) (*f. - Elekt.*), scatola a due derivazioni.
Hosenrohr (Dreiwegverbindungsrohr) (*n. - Leit.*), raccordo a tre vie a Y.
Hospital (*n. - Bauw. - Med.*), ospedale. 2 ~ schiff (Lazarettschiff) (*n. - naut.*), nave ospedale.
« Hostaflon » (Kunststoff) (*chem. Ind.*), « hostaflon ».
Hotwell (eines Kondensators) (*n. - Kessel*), pozzo caldo.
Houdriformen (katalytisches Reformierverfahren) (*n. - Chem.*), processo Houdry.
Hourdi (Hourdis, Hourdisstein, Tonhohlplatte) (*m. - Bauw.*), tavellone.
Hoye (Stampfer) (*Strass.b.werkz.*) siehe Handramme.
HOZ (Hochofenzement) (*Bauw.*), cemento di altoforno, cemento di scoria.
HP (Hochpass, Filter) (*Funk.*), passa alto.
Hp (*chem. Ind.*), siehe Hartpapier.
HPO (Hydrogeniumperoxid, Wasserstoffperoxyd) (*Chem.*), acqua ossigenata, perossido di idrogeno.
HQ (Hochwasser) (*Hydr. - Wass.b.*), piena.
H/Q-Charakteristik (einer Pumpe) (*f. - Hydr.*), curva caratteristica prevalenza-portata.
HR (Rockwell-Härte) (*mech. Technol.*), durezza Rockwell. 2 ~ (Handregelung) (*Elekt. - etc.*), regolazione a mano, regolazione manuale. 3 ~ (Hohlraumresonator) (*Elektronik*), risonatore a cavità.
HRC (Rockwell Härte) (*mech. Technol.*), durezza Rockwell (con penetratore a) cono (di diamante).
HS (Hilfsschalter) (*Elekt.*), interruttore ausiliario.
HSB (*mech. Technol.*), siehe Handschweissbetrieb.
HSB-Stahl (hochfester, schweissbarer Baustahl) (*m. - Metall.*), acciaio da costruzione saldabile ad alta resistenza.
HSi (Hanptsicherung) (*Elekt.*), fusibile principale.
HSS (Hochleistungs-Schnellstahl) (*Metall.*), acciaio extrarapido, acciaio superrapido.

HTA

HTA (Haupt-Telegraphenamt) (*Telegr.*), ufficio telegrafico centrale.
HT-Färben (Hochtemperatur-Färben) (*n. - Textilind.*), tintura ad alta temperatura.
HTL-Verfahren (Hochtemperatur-Pyrolyse-Verfahren, Krackenverfahren, zur Gewinnung von Äthylen und Acetylen z. B.) (*n. - chem. Ind.*), pirolisi ad alta temperatura.
HT-Zeit (Hochtarif-Zeit) (*f. - Elekt.*), tempo ad alta tariffa.
Hu (unterer Heizwert) (*Wärme - Brennst.*), potere calorifico inferiore.
Hub (Strecke) (*m. - Mech. - Mot. - etc.*), corsa. 2 ~ (Heben) (*Transp.*), sollevamento. 3 ~ (eines Kolbens) (*Mot.*), corsa. 4 ~ (des Ventils) (*Mot.*), alzata. 5 ~ (eines Nockens) (*Mech.*), alzata. 6 ~ (Fallhöhe, eines Hammers) (*Schmieden*), corsa, altezza di caduta. 7 ~ **balkenofen** (*m. - Ofen - Metall.*), forno a travi mobili. 8 ~ **begrenzer** (*m. - Mech. - etc.*), limitatore di corsa. 9 ~ **beschleunigung** (eines PkW) (*f. - Aut.*), accelerazione verticale. 10 ~ **bewegung** (eines PkW) (*f. - Aut.*), moto verticale. 11 ~ **bock** (Hebebock) (*m. - Hebevorr.*), martinetto. 12 ~ **brücke** (*f. - Brück.b.*), ponte sollevabile (verticalmente). 13 ~ **eingriff** (geradlinige Relativbewegung des Läufers einer Rotationskolbenmaschine) (*m. - Masch.*), movimento relativo rettilineo. 14 ~ **feilmaschine** (*f. - Werkz.masch.*), limatrice a moto alternativo. 15 ~ **geber** (zum Umformen von Hubbewegungen) (*m. - Ger.*), trasduttore di moto rettilineo. 16 ~ **gerüst** (eines Gabelstaplers) (*n. - ind. Fahrz.*), montante. 17 ~ **höhe** (eines Gabelstaplers z. B.) (*f. - Hebevorr.*), altezza di sollevamento, alzata. 18 ~ **karren** (*m. - Transp.*), carrello elevatore. 19 ~ **kipper** (Güterzugwagen) (*m. - Eisenb.*), carro con elevatore-scaricatore. 20 ~ **kolbenpumpe** (Schubkolbenpumpe) (*f. - Masch.*), pompa a stantuffo, pompa alternativa a stantuffo. 21 ~ **kraft** (für lotrecht startende und landende Flugzeuge) (*f. - Flugw.*), forza sostentatrice. 22 ~ **kurve** (*f. - Mech.*), camma di sollevamento. 23 ~ **lage** (des Rades eines Kraftfahrzeuges z. B.) (*f. - Aut. - etc.*), posizione verticale. 24 ~ **magnet** (*m. - Transp.*), elettromagnete di sollevamento. 25 ~ **motor** (*m. - Masch.*), motore di sollevamento. 26 ~ **platte** (Palette) (*f. - ind. Transp.*), paletta. 27 ~ **platte** (*ind. Transp.*), siehe auch Palette. 28 ~ **raum** (eines Verbrennungsmotors) (*m. - Mot.*), cilindrata. 29 ~ **raum eines Zylinders** (*Mot.*), cilindrata singola, cilindrata unitaria. 30 ~ **raumleistung** (Literleistung) (*f. - Mot.*), potenza specifica, potenza per litro. 31 ~ **roller** (Hubkarren auf 3 Rädern) (*m. - Transp.*), carrello elevatore (a 3 ruote). 32 ~ **sägemaschine** (*f. - Masch.*), segatrice alternativa. 33 ~ **scheibe** (Nockenscheibe, einer Werkz. masch. z. B.) (*f. - Mech.*), camma a disco. 34 ~ **scheibe** (Nockenscheibe, eines Sternmotors z. B.) (*Mech.*), tamburo a camme. 35 ~ **schraube** (eines Hubschraubers) (*f. - Flugw.*), elica di quota, rotore principale. 36 ~ **schrauber** (Helikopter) (*m. - Flugw.*), elicottero. 37 ~ **schrauberflughafen** (*m. - Flugw.*), eliporto. 38 ~ **schub** (bei Senkrechtstartflugzeugen) (*m. - Flugw.*), spinta verticale. 39 ~ **-Schub-Triebwerk** (*n. - Flugw.*), motore sostentatore e propulsore, motore per la sostentazione e propulsione. 40 ~ **-Schub-Turboluftstrahltriebwerk** (bei Senkrechtstartflugzeugen) (*n. - Flugw.*), turbogetto per la spinta verticale. 41 ~ **schwingung** (auf- und abwärts senkrechte Bewegung der Masse) (*f. - Aut.*), oscillazione verticale. 42 ~ **stapler** (Gabelstapler) (*m. - Transp.*), carrello elevatore (a forca). 43 ~ **stellung** (der Düsen einer Strahlturbine für lotrecht startende und landende Flugzeuge) (*f. - Flugw.*), posizione di sostentazione, posizione di volo verticale. 44 ~ **strahlen** (*n. - Flugw.*), gettosostentazione. 45 ~ **strahler** (*m. - Flugw.*), sostentatore a getto, getto sostentatore. 46 ~ **tisch** (*m. - Metall. - Werkz.*), siehe Hebetisch. 47 ~ **triebwerk** (*n. - Strahltriebw.*), reattore per il decollo verticale. 48 ~ **verhältnis** (S/D) (*n. - Mot.*), rapporto corsa-alesaggio. 49 ~ **volumen** (Hubraum) (*n. - Aut. - Mot.*), cilindrata. 50 ~ **wagen** (*m. - Transp.*), siehe Hubwagen. 51 ~ **werk** (*n. - Hebevorr.*), apparecchio di sollevamento. 52 ~ **zahl** (des Stössels einer Presse) (*f. - Masch.*), cadenza. 53 ~ **zähler** (*m. - Ger.*), contacorse. 54 ~ **zapfen** (Kurbelzapfen, Pleuelzapfen) (*m. - Mot.*), perno di biella, perno di manovella. 55 **Ansaug** ~ (Saughub) (*Mot.*), corsa di aspirazione. 56 **Arbeits** ~ (Elektrodenweg beim Schweissen) (*mech. Technol.*), corsa di lavoro. 57 **Ausdehnungs** ~ (*Mot.*), corsa di espansione. 58 **Auspuff** ~ (*Mot.*), corsa di scarico. 59 **Gesamt** ~ **raum** (eines Verbrennungsmotors) (*Mot.*), cilindrata totale. 60 **mehrrotoriger** ~ **schrauber** (*Flugw.*), elicottero a più rotori. 61 **Nieder** ~ (*ind. Transp.*), carrello ad elevazione limitata. 62 **Stössel** ~ (einer Presse z. B.) (*Schmieden - etc.*), corsa dello slittone. 63 **Verdichtungs** ~ (eines Verbrennungsmotors z. B.) (*Mot. - Masch.*), corsa di compressione.
Hubwagen (Hubkarren auf 4 Rädern) (*m. - Transp.*), carrello elevatore (a 4 ruote). 2 ~ (Lastwagen mit Hubvorrichtung für die Ladefläche) (*Fahrz.*), autocarro a cassone sollevabile, autocarro a cassone mobile verticalmente. 3 **Gabel** ~ (Gabelstapler) (*ind. Transp.*), carrello elevatore a forca, carrello di sollevamento per palette. 4 **Hand** ~ (*ind. Transp.*), carrello di sollevamento a mano. 5 **Hoch** ~ (*ind. Transp.*), carrello a grande alzata.
« **Huckbolt** » (zweiteiliger Niet) (*m. - Mech.*), chiodo in due pezzi, ribattino in due pezzi.
Huckepackflugzeug (Doppelflugzeug) (*Flugw.*), « canguro », velivolo trasportante altro velivolo.
Huckepackverkehr (Huckepackdienst) (*m. - Eisenb. - Aut.*), trasporto per ferrovia con semirimorchi.
Huckepackwagen (*m. - Eisenb.*), carro canguro.
Hufeisenmagnet (*m. - Elekt.*), magnete a ferro di cavallo.
Hufschmied (Hufbeschlagschmied) (*m. - Arb.*), maniscalco.

Hüftbreite (des Sitzes eines Pkw) (*f. - Aut.*), spazio per le anche.
Hüfthebel (einer Revolverdrehbank z. B.) (*m. - Werkz.masch.*), leva azionabile con l'anca.
Hüftpunkt (eines Sitzes) (*m. - Aut.*), punto d'anca.
Hulk (Ponton) (*m. - naut.*), pontone.
Hülle (*f. - allg.*), involucro. 2 ~ (Gashülle, eines Luftschiffes) (*Flugw.*), involucro. 3 ~ (Briefhülle, Umschlag) (*Büro*), busta. 4 ~ (Hülse, für den Spaltstoff eines Reaktors z. B.) (*Atomphys. - etc.*), incamiciatura. 5 ~ (eines Schirmes z. B.) (*allg.*), fodero.
Hüllfläche (makrogeometrische Fläche, bei Rauheitsmessungen) (*f. - Mech.*), superficie macrogeometrica. 2 ~ (*Geom.*), superficie inviluppo.
Hüllinie (der Rauheit einer Oberfläche) (*f. - Mech.*), profilo macrogeometrico.
Hüllkörper (aus den grössten Raumabmessungen gebildeter Körper) (*m. - allg.*), solido d'ingombro.
Hüllkreis (*n. - Geom.*), cerchio inviluppo. 2 ~ (von Zylinderrollenlagern) (*Mech.*), cerchio tangente. 3 ~ -**Messgerät** (zur Kontrollierung des Spiels in Zylinderrollenlagern z. B.) (*n. - Ger.*), strumento di misura del cerchio tangente.
Hüllkurve (*f. - Geom. - etc.*), curva inviluppo, inviluppo.
Hüllpapier (Packpapier) (*n. - Papierind.*), carta da pacchi.
Hüllprofil (makrogeometrisches Profil, bei Rauheitsmessungen) (*n. - Mech.*), profilo macrogeometrico.
Hüllschnitt (beim Wälzfräsen) (*m. - Werkz. masch.bearb.*), sezione inviluppo.
Hülse (*f. - Mech.*), manicotto, bussola. 2 ~ (Ziehteil z. B.) (*Blechbearb.*), bossolo, imbutito cilindrico. 3 ~ (umhüllender Behälter, eines Thermometers, z. B.) (*allg.*), astuccio. 4 ~ (*Expl.*), bossolo. 5 ~ (eines Motors) (*Mot.*), fodero. 6 ~ (Ummantelung, metallische Kapsel des Brennstoffes eines Kernreaktors) (*Kernphys.*), incamiciatura. 7 ~ (zum Aufwickeln der Garne) (*Textilind.*), tubetto. 8 ~ n·**kette** (Buchsenkette, Treib- oder Transmissionskette) (*f. - Mech.*), catena Zobel, catena per trasmissioni. 9 ~ n·**papier** (*n. - Textilind.*), carta per tubetti. 10 ~ n·**schiebermotor** (*m. - Mot.*), motore a fodero, motore con distributore a fodero. 11 ~ n·**verbindung** (*f. - Mech.*), giunto a manicotto. 12 **Einsatz** ~ (*Mech.*), bussola (da riporto). 13 **Führungs** ~ (*Mech.*), bussola di guida. 14 **Reduktions** ~ (*Mech.*), cono di riduzione, bussola di riduzione.
Humifizierung (Zersetzung, Vererdung) (*f. - Geol. - Ack.b.*), umificazione.
Humine (Restkohle, Rückstände bei der Extraktion von Bitumen aus Kohle) (*f. - pl. - Brennst.*), residui di carbone.
Huminsäure (*f. - Chem. - etc.*), acido umico, acido uminico.
Humus (*m. - Landw.*), humus.
Hund (Hunt, Förderwagen) (*m. - Bergbau*), vagoncino da miniera. 2 ~ (Abstreifblech) (*Walzw.*), guida. 3 ~ e·**balken** (Führungsbalken) (*m. - Walzw.*), barra di guida. 4 ~ e·**hütte** (Brennerhütte) (*f. - Ofen*), nicchia (dei bruciatori). 5 ~ e·**rennbahn** (*f. - Bauw.*), cinodromo. 6 **Einführungs** ~ (*Walzw.*), guida inferiore.
Hundeganglenkung (bei der die Vorderräder und auch die Hinterräder in gleichem Sinn geschwenkt werden) (*f. - Fahrz.*), sterzaggio doppio, sterzaggio parallelo.
hundertgradig (*Phys.*), centigrado.
Hundertsatz (*m. - Math. - etc.*), percentuale.
Hundertstel (*m. - Mass*), centesimo. 2 ~ -**Millimeter** (*m. - Mass*), centesimo di millimetro.
hundertteilig (Skala) (*Instr.*), centigrado, con cento divisioni.
Hunt (*m. - Bergbau*), siehe Hund.
Hupe (Horn) (*f. - Aut.*), avvisatore acustico. 2 **Licht** ~ (*Aut.*), avvisatore da incrocio, avvisatore a lampi di luce, lampeggiatore (da incrocio).
Hüpfen (*n. - allg.*), saltellamento.
hüpfen (*allg.*), saltare, saltellare. 2 ~ (flattern von Ventilen z. B.) (*allg.*), saltellare, sfarfallare.
Hürde (Gestell) (*f. - allg.*), graticcio. 2 ~ (eines Skrubbers) (*chem. Ind.*), piatto. 3 ~ (beim Hindernisrennen) (*Sport*), siepe. 4 **Holz** ~ (*f. - allg.*), graticcio di legno. 5 **Sprung** ~ (*Sport*), ostacolo.
Hut (*m. - Geol.*), cappello, cappellaccio. 2 ~ (beim Drahtziehen) (*Metall.*), tamburo per trafilatura. 3 ~ **ablage** (Ablagebrett) (*f. - Aut.*), ripiano posteriore. 4 ~ **klappe** (Abblaseventil des Hochofens) (*f. - Metall.*), valvola uscita (gas di altoforno). 5 ~ **manschette** (*f. - Mech.*), guarnizione radiale a cappello. 6 ~ **mutter** (*f. - Mech.*), dado cieco, dado a cappello.
Hütte (kleines Haus) (*f. - Bauw.*), capanna. 2 ~ (Hüttenwerk) (*Metall.*), stabilimento metallurgico. 3 ~ (Eisenhütte) (*Metall.*), ferriera. 4 ~ (Stahlwerk) (*Metall.*), acciaieria. 5 ~ (Manöverbrücke) (*naut.*), ponte di manovra. 6 ~ (*Bergsport - Bauw.*), rifugio. 7 ~ n·**aluminium** (Reinaluminium, 99 ÷ 99,9 %) (*n. - Metall.*), alluminio puro. 8 ~ n·**bims** (zerkleinerte, geschäumte Hochofenschlacke) (*m. - Metall. - Bauw.*), pomice artificiale, pomice siderurgica, pomice d'altoforno, loppa espansa. 9 ~ n·**industrie** (für Eisen und Stahl) (*f. - Metall.*), industria siderurgica. 10 ~ n·**kalk** (*m. - Metall.*), calce siderurgica. 11 ~ n·**koks** (*m. - Brennst.*), coke metallurgico. 12 ~ n·**legierungen** (Hüttenaluminium-Legierungen) (*f. - pl. - Metall.*), leghe di alluminio. 13 ~ n·**mann** (*m. - Metall.*), metallurgista. 14 ~ n·**schwemmstein** (Hochofenschwemmstein) (*m. - Bauw.*), mattone di scoria porosa. 15 ~ n·**stein** (Mauerstein aus Hochofenschlacke und Kalk) (*m. - Bauw.*), mattone di scoria. 16 ~ n·**weichblei** (*n. - Metall.*), piombo affinato commerciale. 17 ~ n·**werk** (*n. - Metall.*), stabilimento metallurgico. 18 ~ n·**werk** (Eisenhütte) (*Metall.*), ferriera. 19 ~ n·**werk** (Stahlwerk) (*Metall.*), acciaieria. 20 ~ n·**wesen** (*n. - Metall.*), metallurgia. 21 ~ n·**wolle** (*f. - Metall.*), siehe Schlackenwolle. 22 ~ n·**zement** (*m. - Bauw.*), cemento metallurgico.

hüttenmännisch (*Metall.*), metallurgico.
HV (Vickershärte) (*mech. Technol.*), durezza Vickers. 2 ~ (Hochvolt, Hochspannung) (*Elekt.*), alta tensione. 3 ~ (Handvermittlung) (*Fernspr.*), centralino manuale.
HV-Schraube (hochfeste vorgespannte Schraube) (*f. - Mech.*), vite ad alta resistenza precaricata.
HVSt (Hauptverkehrsstunde) (*Fernspr.*), ora di maggior traffico, ora di punta.
HV-Verbindung (hochfeste, vorgespannte Schraubenverbindung) (*f. - Stahlbau*), giunzione ad alta resistenza con bulloni precaricati, collegamento ad alta resistenza con precarico.
HW (Wasserhärten) (*Wärmebeh.*), tempra in acqua. 2 ~ (Hochwasserstand) (*Hydr.*), livello di piena. 3 ~ (Heisswind, Kupolofen) (*Giess.*), vento caldo.
H-Welle (TE-Welle, transversale elektrische Welle) (*f. - Elektronik*), onda TE, onda H.
HWS (Halbwertschicht) (*Radioakt.*), strato semivalente.
HWZ (Halbwertszeit) (*Radioakt.*), periodo radioattivo, periodo di dimezzamento, semiperiodo.
Hyalt (Opal) (*m. - Min.*), ialite.
Hyazinth (Zirkonart, Edelstein) (*m. - Min.*), giacinto.
Hybridantrieb (*m. - Raumfahrt*), siehe Fest-Flüssig-Antrieb. 2 ~ (Kombination aus Verbrennungsmotor, Generator und Elektromotor) (*m. - Eisenb. - Aut.*), trazione ibrida.
Hybrid-Empfänger (mit Röhren und Transistoren) (*m. - Funk. - Fernseh.*), ricevitore a valvole e transistori.
Hybrid-Matrize (*f. - Math.*), matrice ibrida.
Hybrid-Rechenanlage (Analog-Digital-Rechenanlage) (*f. - Rechner*), calcolatore ibrido.
Hybridrakete (durch festen Brennstoff und flüssigen Oxydator betrieben) (*f. - Raumfahrt*), razzo ibrido.
Hybridschaltung (integrierte Halbleiterschaltung z. B.) (*f. - Elektronik*), circuito ibrido, giunzione ibrida.
Hydrant (*m. - Feuerwehr*), idrante. 2 ~ enkappe (*f. - Feuerwehr*), chiusino per idrante.
Hydrargillit [$Al(OH)_3$] (*m. - Min.*), idrargillite.
Hydrat (*n. - Chem.*), idrato.
Hydratation (Hydratisieren) (*f. - Chem.*), idratazione. 2 ~ s-wärme (bei Zement-Wasser-Reaktion, Abbindewärme)(*f.- Bauw.*), calore d'idratazione, calore di (reazione nella) presa.
Hydratisieren (Hydratation) (*n. - Chem.*), idratazione.
Hydraulik (Lehre) (*f. - Hydr.*), idraulica. 2 ~ anlage (eines Flugzeugs) (*f. - Flugw.*), impianto idraulico. 3 ~ heber (hydraulische Winde) (*m. - Hebevorr.*), martinetto idraulico. 4 ~ öl (*n. - Aut.*), olio idraulico. 5 ~ plan (hydraulischer Schaltplan) (*m. - Hydr.*), schema idraulico.
hydraulisch (*Hydr. - etc.*), idraulico. 2 ~ e Kupplung (*Mech.*), giunto idraulico. 3 ~ e Presse (*Masch.*), pressa idraulica. 4 ~ er Dämpfer (*Aut.*), ammortizzatore idraulico. 5 ~ er Durchmesser (bei Strömung in Rohren, Verhältnis zwischen Querschnittsfläche und benetztem Umfang) (*Hydr.*), diametro idraulico. 6 ~ er Hebebock (*Hebevorr.*), martinetto idraulico. 7 ~ er Kalk (*Maur.*), calce idraulica. 8 ~ e Kraftübertragung (*Mech.*), trasmissione idraulica.
Hydrazin (N_2H_4) (Diamid) (*n. - Chem.*), idrazina. 2 ~ hydrat ($N_2H_2 \cdot H_2O$) (*n. - Chem.*), idrazina idrata.
Hydrierbenzin (*n. - Kraftstoff*), benzina di idrogenazione.
Hydrieren (*n. - Chem.*), idrogenazione.
hydrieren (*Chem.*), idrogenare.
Hydrierstahl (druckwasserstoffbeständiger Stahl) (*m. - Metall.*), acciaio resistente all'idrogeno in pressione, acciaio per impianti di idrogenazione.
Hydroborazit ($CaMgB_6O_{11} \cdot 6H_2O$) (*m. - Min.*), idroboracite.
Hydrochinon (*n. - Chem.*), idrochinone.
Hydrodolomit (Hydromagnokalzit) (*m. - Min.*), idrodolomite, idromagnocalcite.
Hydrodynamik (*f. - Mech. der Flüss.k.*), idrodinamica.
hydrodynamisch (*Mech. der Flüss.k.*), idrodinamico.
hydroelektrisch (*allg.*), idroelettrico.
hydrofil (wasseranziehend) (*Chem. - etc.*), idrofilo.
Hydroformen (Hydroformierungsprozess, Reformierverfahren) (*n. - Chem.*), « hydroforming ».
Hydroformverfahren (Tiefziehen mit hydraulischen Kissen statt des Ziehrings) (*n. - Blechbearb.*), imbutitura Hydroform.
Hydrogel (wässrige kolloidale Lösung) (*n. - Chem.*), idrogelo.
Hydrogen (Wasserstoff) (*H - n. - Chem.*), idrogeno.
Hydrogetriebe (hydrostatisches Getriebe aus Hydropumpe und Hydromotor bestehend) (*n. - Ölhydr.*), trasmissione idrostatica.
Hydrographie (*f. - Geophys.*), idrografia.
Hydrokop (*n. - Werkz.masch.*), siehe Hydrokopiereinrichtung.
Hydrokopiereinrichtung (*f. - Werkz.masch.*), riproduttore idraulico, dispositivo idraulico per copiare, dispositivo idraulico per riprodurre.
Hydroläppen (*n. - mech. Technol.*), idrolappatura, idrofinitura.
Hydrolastik-Federung (Vorder- und Hinterräder durch Druckleitung verbunden) (*f. - Aut.*), sospensione idroelastica.
Hydrologie (*f. - Geol.*), idrologia.
Hydrolenkung (*f. - Aut.*), sterzo idraulico, servosterzo idraulico, idrosterzo.
Hydroloidpapier (fettdichtes Papier) (*n. - Papierind.*), (tipo di) carta oleata.
Hydrolyse (*f. - Chem.*), idrolisi.
hydrolysieren (*Phys. - Chem.*), idrolizzare.
hydrolysiert (*Phys. - Chem.*), idrolizzato.
Hydromagnokalzit (Hydrodolomit) (*m. - Min.*), idromagnocalcite, idrodolomite.
Hydromechanik (*f. - Hydr.*), idromeccanica.
Hydroment (hydraulisch übersetzter Arbeitszylinder) (*n. - Ger.*), (tipo di) azionatore oleo-idraulico.
Hydrometallurgie (Nassmetallurgie) (*f. -*

Metall.), idrometallurgia, metallurgia per via umida.
Hydrometer (zur Bestimmung des spezifischen Gewichts) (*n. - Ger.*), aerometro, densimetro.
Hydromonitor (Wasserkanone, zum hydraulischen Bodenlösen) (*m. - Bauw.*), cannone idraulico.
Hydromotor (für die Umwandlung hydraulischer Energie in drehende Bewegung) (*m. - Mot.*), idromotore, motore idraulico.
Hydronalium (Aluminium-Legierung mit $3 \div 12\%$ Mg und $0,2 \div 0,5\%$ Mn) (*n. - Metall.*) idronalio, hydronalium.
Hydroniumionen (Hydroxoniumionen, H_3O^+-Ionen) (*n. - pl. - Elektrochem.*), ioni idronio.
Hydrophobieren (Abdichtung von Textilien) (*n. - Textil. ind.*), idrofobizzazione.
Hydrophon (Seismographenart) (*m. - Ger.*), idrofono.
Hydroplan (Gleitboot) (*m. - naut.*), idroplano.
Hydroplaning (*n. - Aut.*), siehe Aquaplaning.
hydropneumatisch (*allg.*), idropneumatico.
Hydropolieren (*n. - mech. Technol.*), idrolucidatura.
Hydropulsanlage (für Schwingungsuntersuchen) (*f. - Prüfung*), idropulsatore.
Hydropulsprüfstand (zum Prüfen von Aufhängungen z. B.) (*m. - Prüfstand*), banco prova idropulsante.
Hydropumpe (*f. - Ölhydraulik*), pompa idraulica, idropompa.
Hydrosol (Kolloid) (*n. - Chem.*), idrosole.
Hydrospeicher (*m. - App.*), accumulatore idraulico.
Hydrosphäre (*f. - Geogr.*), idrosfera.
Hydrostatik (*f. - Hydr.*), idrostatica.
hydrostatisch (*Hydr.*), idrostatico. 2 ~ er Druck (*Hydr.*), pressione idrostatica.
Hydrotimeter (zum Bestimmen der Wasserhärte) (*n. - chem. Instr.*), idrotimetro.
Hydroxyd (*n. - Chem.*), idrossido.
Hydroxylamin (NH_2OH) (*n. - Chem.*), idrossilammina.
Hydroxylgruppe (Wasserstoff-Sauerstoff-Gruppe) (*f. - Chem.*), (gruppo) idrossile, ossidrile.
Hydroxylion (*n. - Chem.*), idrossilione.
Hydroxylzahl (Acetylzahl, Kennwert der organischen chem. Analyse) (*f. - Chem.*), numero di acetile.
Hydroxoniumionen (*n. - pl. - Elektrochem.*), siehe Hydroniumionen.
Hydrozimtsäure ($C_6H_5CH_2CH_2COOH$) (*f. - Chem.*), acido idrocinnamico.
Hydrozyklon (*m. - Ger.*), idrociclone.
Hydrozylinder (Ger. zum Umwandeln von hydrostatischer Energie in mech. Energie) (*m. - Ger.*), cilindro idraulico.
Hyetometer (*n. - Meteor. - Ger.*), siehe Regenmesser.
Hygiene (*f. - Med.*), igiene.
Hygieniker (*m. - Med. - etc.*), igienista.
Hygrograph (*m. - Instr. - Meteor.*), igrografo.
Hygrometer (*n. - Instr. - Meteor.*), igrometro. 2 Haar ~ (*Instr. - Meteor.*), igrometro a capello. 3 **Kondensations** ~ (Taupunkthygrometer) (*Meteor. - Instr.*), igrometro a condensazione.
hygroskopisch (*Chem.*), igroscopico.
Hygroskopizität (*f. - Chem.*), igroscopicità.
hyl (Masseneinheit = 1 ps^2/m = $9,80665$ g) (*n. - Einh.*), hyl.
Hyle (Masseneinheit = 1 s^3 VA/cm^2 = $1s^2$ W/cm^2 = 10^7 g) (*n. - Einh.*), hyle.
Hyl-Verfahren (Reduktionsverfahren für Eisenerz) (*n. - Metall.*), processo Hyl.
Hyoszin (Skopolamin) (*n. - Pharm - Chem.*), scopolamina.
Hypalon (chlorsulfoniertes Polyäthylen, Kunstkautschuktyp) (*n. - Gummi - Ind.*), hypalon.
Hyperbel (*f. - Geom.*), iperbole. 2 ~ **bahn** (*f. - Astr.*), orbita iperbolica. 3 ~ **funktionen** (*f. - pl. - Math.*), funzioni iperboliche. 4 ~ **sinus** (*m. - Math.*), seno iperbolico. 5 ~ **verfahren** (*n. - Navig.*), navigazione iperbolica.
hyperbolisch (*Math.*), iperbolico.
Hyperboloid (*n. - Geom.*), iperboloide.
Hyperebene (*f. - Geom.*), iperpiano.
Hyperfeinstruktur (*f. - Atomphys.*), struttura iperfina.
hypergol (Raketentreibstoff) (*Chem. - Flugw.*), ipergolico. 2 ~ **er Treibstoff** (für Raketen) (*Chem.*), ipergolo, propellente ipergolico.
hyperkomplex (*Math.*), ipercomplesso.
Hypernik (Eisen-Nickel-Legierung) (*n. - Metall.*), « Hypernik ».
Hyperon (Elementarteilchen) (*n. - Kernphys.*), iperone.
Hyperraum (*m. - Math. - etc.*), iperspazio.
Hyperschallflug (*m. - Flugw.*), volo ipersonico.
Hypochlorit (*n. - Chem.*), ipoclorito.
Hypoidgetriebe (Schraubgetriebe) (*n. - Mech.*), ingranaggio ipoide.
Hypoidöl (EP-Öl für Hypoidgetriebe) (*n. - Mech.*), olio per ingranaggi ipoidi.
Hypoidrad (Schraubenrad) (*n. - Mech.*), ruota ipoide. 2 ~ **paar** (*n. - Mech.*), coppia ipoide.
Hypophosphit (*n. - Chem.*), ipofosfito.
Hyposkop (ein Doppelperiskop) (*n. - Opt. Ger.*), iposcopio.
Hyposulphit (*n. - Chem.*), iposolfito.
Hypotenuse (*f. - Geom.*), ipotenusa.
Hypothek (*f. - finanz.*), ipoteca. 2 ~ **en·gewinnabgabe** (*f. - finanz.*), imposta sui profitti ipotecari. 3 **erste** ~ (*finanz.*), prima ipoteca.
Hypothese (*f. - Math. - etc.*), ipotesi.
Hypotrochoide (*f. - Geom.*), ipotrocoide.
Hypoxaemie (*f. - Med.*), ipossiemia, anossiemia.
Hypozentrum (eines Erdbebens) (*n. - Geol.*), ipocentro.
Hypozykloidalbewegung (*f. - Mech.*), moto ipocicloidale.
Hypozykloide (*f. - Geom.*), ipocicloide.
Hypsometrie (Höhenmessung) (*f. - Top.*), ipsometria, altimetria.
Hysterese (Hysteresis) (*f. - Elekt.*), isteresi. 2 ~ **messer** (*m. - Phys. - Instr.*), isteresimetro. 3 ~ **motor** (*m. - Elekt.*), motore ad isteresi. 4 ~ **schleife** (*f. - Phys.*), ciclo di isteresi. 5 ~ **verlust** (*m. - Elekt.*), perdita per isteresi. 6 **dielektrische** ~ (*Phys.*), isteresi dielettrica. 7 **magnetische** ~ (*Phys.*), isteresi magnetica.
Hz (Hertz) (*Masseneinheit*), Hz.

I

I (Strom, Stromstärke) (*Elekt.*), I, corrente, intensità di corrente. 2 ~ (Trägheitsmoment) (*Baukonstr.lehre*), I, momento d'inerzia. 3 ~ (Lichtstärke) (*Opt.*), I, intensità luminosa. 4 ~ (Istmass) (*Mech.*), dimensione effettiva.
i (Enthalpie, Wärmeinhalt) (*Thermodyn.*), entalpia, contenuto termico.
Ia (Eins-A, erster Güte) (*komm.*), di prima qualità.
IAA (Internationales Arbeitsamt) (*Arb.*), ufficio di collocamento internazionale.
IAEO (Internationale Atomenergie-Organisation) (*Atomenergie*), Organizzazione internazionale per l'Energia Atomica.
I-Anker (*m. - Elekt.*), indotto a doppio T.
I-Anteil (I-Wirkung) (*m. - Regelung*), azione integrale.
IAO (Internationale Arbeitsorganisation) (*Arb.*), Organizzazione Internazionale del Lavoro.
IAU (Internationale Astronomische Union) (*Astr.*), Unione Astronomica Internazionale.
I-Ausweis (Identitätsausweis) (*m. - recht.*), carta d'identità.
IBFG (Internationaler Bund Freier Gewerkschaften) (*Arb.*), Unione Internazionale Sindacati Liberi.
IBK (Internationale Beleuchtungskommission) (*Beleucht.*), Commissione Internazionale per l'illuminazione.
IBS-Verfahren (Injection-Blow-Stretch, für Kunststoffen) (*n. - Technol.*), processo di iniezione-soffiatura-stiro.
ICAO (International Civil Aviation Organisation) (*Flugw.*), ICAO.
Ichbewusstsein (*n. - Psychol.*), autocoscienza.
Ichor (Granitisationsstufe) (*m. - Min.*), ichor.
Ichthyol (Ammonsulfoichthyolat) (*n. - Pharm.*), ittiolo.
ICI (International Commission of Illumination) (*Beleucht.*), ICI.
IC-Technik (Integrated Circuit Technik, IS-Technik, Integrierte Schaltung Technik) (*f. - Elektronik*), tecnica dei circuiti integrati.
ID (Innendurchmesser) (*Mech.*), diametro interno.
ideal (Gas) (*Phys.*), perfetto.
Idealscheibe (Sicherungsring) (*f. - Mech.*), anello di arresto.
ideell (imaginär, Zahl) (*Math.*), immaginario. 2 ~ e Arbeit (bei reibungsfrei gedachter Umformung) (*Blechbearb. - etc.*), lavoro ideale (di deformazione), lavoro teorico (di deformazione). 3 ~ e Leitung (verlustfreie Leitung) (*Elekt.*), linea senza perdita.
Ideenbriefkasten (*m. - Ind.*), cassetta delle idee.
idempotent (*Math.*), idempotente.
Identifizierung (*f. - allg.*), identificazione.
identisch (*Math.*), identico.
Identität (*f. - Math.*) identità.

identitiv (antisymmetrisch) (*Math.*), antisimmetrico.
Ideogramm (*n. - Zeichn.*), ideogramma.
idiochromatisch (eigenfarbig) (*Min.*), idiocromatico.
idiomorf (*Min.*), idiomorfo.
idiostatisch (*Elekt.*), idiostatico.
ID-Regler (*m. - Elektromech. - etc.*), regolatore integrale ad azione derivata.
IDV (integrierte Datenverarbeitung) (*Datenverarb.*), trattamento integrato dei dati.
IDW (Institut für Dokumentationswesen) (*Dokum.*), Istituto di Documentalistica.
I.E. (Internationale Einheiten) (*Einh.*), unità internazionali.
IEC (International Electrotechnical Commission) (*Elekt.*), IEC, Commissione Elettrotecnica Internazionale.
I-Eisen (*n. - metall. Ind.*), ferro a doppio T, trave a doppio T.
IfD (Institut für Dokumentationswesen) (*Dokum.*), Istituto di Documentazione.
IFIP (International Federation of Information Processing) (*Rechner - etc.*), IFIP, Federazione Internazionale del Trattamento dell'Informazione.
IFS (Institut für Schienenfahrzeuge) (*Eisenb.*), Istituto per veicoli su rotaie.
IFV (Internationaler Fernmeldeverein) (*Funk. - etc.*), Associazione Internazionale delle Telecomunicazioni.
IfWW (Institut für Welt-Wirtschaft) (*Wirtschaft*), Istituto per l'Economia Mondiale.
I.G. (Industrie-Gewerkschaft) (*Arb.*), sindacati dell'industria.
IGB (Internationaler Gewerkschaftsbund) (*Arb.*), Unione Internazionale dei Sindacati.
Igel (*m. - Textilmasch.*), apritoio, porcospino, tamburo a denti. 2 ~ schaftfräser (*m. - Werkz.*), fresa a riccio con gambo. 3 ~ transformator (*m. - Elekt.*), trasformatore a riccio. 4 ~ wulst (Echinus) (*m. - Arch.*), echino.
IGH (Internationaler Gerichtshof) (*recht.*), Corte di Giustizia Internazionale.
IGJ (Internationales Geophysikalisches Jahr) (*Geophys.*), anno geofisico internazionale.
Iglu (Schutzhülle aus Kunststoff) (*m. - Luftfrachtverkehr*), protezione di plastica.
Ignitron (ein Quecksilbergleichrichter für grosse Ströme) (*n. - Elekt.*), ignitrone, raddrizzatore di semionda con adescamento indipendente dell'arco. 2 ~ steuerung (einer Schweissmaschine) (*f. - mech. Technol.*), comando a ignitrone.
IHA (Internationale-Werkzeugmaschinen-Ausstellung, Hannover) (*Werkz.masch.*), Esposizione Internazionale delle Macchine Utensili) di Hannover.
i-Halbleiter (*m. - Elektronik*), siehe Eigenhalbleiter.
IHK (Industrie- und Handels-Kammer) (*Ind.*

- *komm.*), Camera dell'Industria e del Commercio.
i. H. v. (in Höhe von) (*Adm. -finanz.*), dell'ammontare di, di.
Ikonoskop (elektronischer Bildzerleger) (*n. - Fernseh.*), iconoscopio. 2 **Super** ~ (*Fernseh.*), supericonoscopio.
Ikosaeder (Zwanzigflächner) (*n. - Geom.*), icosaedro.
Ikositetraeder (*n. - Geom.*), icositetraedro.
i. L. (Innenlichtweite) (*Mass.*), luce interna.
Ilgner-Umformer (für Gleichstrom-Antriebsmotoren mit regelbarer Drehzahl) (*m. - Elekt. - Walzw.*), convertitore sistema Ilgner.
Illinium (Promethium) (*Il - n. - Chem.*), illinio.
Illium (Nickelsonderlegierung) (*n. - Metall.*), illium, illio.
Illuminator (*m. - Opt. - Ger.*), illuminatore.
Illustration (Abbildung) (*f. - Druck.*), illustrazione.
Ilmenit ($FeTiO_3$) (rhomboedrisches Mineral) (*m. - Min.*), ilmenite.
ILS (Instrumenten-Lande-System) (*Flugw.*), sistema di atterraggio strumentale.
ILV (Institut für Lebensmitteltechnologie und Verpackung) (*Packung*), Istituto per la Tecnologia e l'Imballaggio degli Alimentari.
imaginär (Zahl) (*Math.*), immaginario. 2 ~ **es Bild** (*Opt.*), immagine virtuale.
im Bau (*allg.*), in costruzione.
IMEKO (Internationale messtechnische Konföderation) (*Messtechnik*), Confederazione Internazionale di Metrologia.
Immatrikulation (Einschreibung) (*f. - Aut. - etc.*), immatricolazione.
immatrikulieren (einschreiben) (*Aut. - etc.*), immatricolare.
immatrikuliert (*Aut. - etc.*), immatricolato. 2 **neu** ~ (*Aut.*), di nuova immatricolazione.
Immediatanalyse (Kurzanalyse, für Kohleprüfung z. B.) (*f. - Brennst.*), analisi accelerata.
Immelmann-Kurve (Immelmann-Turn) (*f. - Flugw.*), Immelmann, gran volta imperiale, virata imperiale.
Immersion (Eintauchen) (*f. - allg.*), immersione. 2 ~ **s·linse** (Immersionsobjektiv) (*f. - Opt. - Fernseh.*), obiettivo ad immersione. 3 **homogene** ~ (*Opt.*), immersione omogenea.
Immigration (Einwanderung) (*f. - Arb.*), immigrazione.
Immission (Einführung) (*f. - allg.*), immissione.
Immobilien (*pl. - finanz.*), immobili. 2 ~ **gesellschaft** (*f. - komm.*), società immobiliare.
immobilisieren (Kapitalien) (*finanz.*), immobilizzare.
Impal (Imprägnierungsmittel) (*n. - Chem.*), impal.
Impedanz (Scheinwiderstand) (*f. - Elekt.*), impedenza. 2 ~ **anpassung** (*f. - Elekt.*), adattamento d'impedenza. 3 ~ **matrix** (Scheinwiderstandsmatrix) (*f. - Elektronik.*), matrice d'impedenza. 4 ~ **relais** (*n. - Elekt.*), relè d'impedenza. 5 ~ **schutz** (*m. - Elekt.*), protezione ad impedenza, protezione a distanza. 6 ~ **spule** (*f. - Elekt.*), bobina d'impedenza, bobina di reattanza. 7 ~ **wandler** (*m. - Elekt.*), trasformatore d'impedenza. 8 **Schall** ~ (*Akus.*), impedenza acustica. 9 **Schallstrahlungs** ~ (*Akus.*), impedenza meccanica.
Impfkrystall (*n. - Min. - etc.*), germe di cristallizzazione, germe cristallino.
Impfstoff (*m. - Giess. - etc.*), inoculante (*s.*).
Impfung (*f. - Giess. - etc.*), inoculazione. 2 ~ (Behandlung, des Wassers z.B.) (*Ind. - etc.*), trattamento.
Implant-Test (zur Untersuchung der Kaltrissneigung von Stahl beim Schweissen) (*m. - Prüfung*), prova Implant.
Implikation (ODER-NICHT, wenn, dann) (*f. - Rechner*), implicazione, operazione di implicazione condizionale, inclusione.
implizit (Funktion z. B.) (*Math.*), implicito.
Implosion (Gegenteil einer Explosion) (*f. - Phys.*), implosione.
Imponderabilien (*n. - pl. - allg.*), (gli) imponderabili (*s.*).
Import (Einfuhr) (*m. - komm.*), importazione. 2 ~ **e** (Einfuhrwaren) (*pl. - komm.*), merci importate. 3 ~ **lizenz** (*f. - komm.*), licenza di importazione. 4 ~ **zoll** (*m. - komm.*), dazio d'importazione, dazio doganale.
importieren (einführen) (*komm.*), importare.
imprägnieren (Holz z. B.) (*Holzind. - etc.*), impregnare.
imprimitiv (Polynom z. B.) (*Math.*), imprimitivo.
Imprimitivität (*f. Math.*), imprimitività.
Impuls (*m. - allg.*), impulso. 2 ~ (Produkt aus Masse und Geschwindigkeit) (*Mech.*), impulso. 3 ~ (Stromimpuls z. B.) (*Elekt.*), impulso. 4 ~ **abfallzeit** (*f. - Elekt.*), tempo di smorzamento dell'impulso. 5 ~ **abstand** (*m. - Elekt.*), distanza tra gli impulsi, scarto tra gli impulsi, intervallo tra gli impulsi. 6 ~ **abstandsverfahren** (Steuerverfahren, Impulsintervallverfahren) (*n. - Elekt.*), metodo ad impulsi intervallati. 7 ~ **amplitudenmodulation** (*f. - Funk.*), modulazione d'ampiezza degli impulsi. 8 ~ **antwort** (*f. - Elekt.*), risposta impulsiva. 9 ~ **auslöser** (Impulsgeber, Impulsgenerator) (*m. - Ger.*), impulsore, generatore d'impulsi. 10 ~ **breite** (Impulsdauer) (*f. - Elekt.*), durata dell'impulso, larghezza dell'impulso. 11 ~ **dauerverfahren** (Steuerverfahren) (*n. - Elekt.*), metodo ad impulsi di varia durata. 12 ~ **-Echo-Verfahren** (Impuls-Reflexionsverfahren) (*n. - Elektronik - Werkstoffprüfung*), procedimento a riflessione di impulsi. 13 ~ **einer Punktmasse** (*Mech.*), impulso elementare. 14 ~ **erregung** (*f. - Elekt.*), eccitazione ad impulsi. 15 ~ **folgefrequenz** (*f. - Elekt.*), cadenza degli impulsi. 16 ~ **former** (*m. - Elekt. - etc.*), variatore di forma degli impulsi, formatore degli impulsi. 17 ~ **frequenzmodulation** (*f. - Funk.*), modulazione di frequenza degli impulsi. 18 ~ **frequenzverfahren** (zur Fernsteuerung z. B.) (*n. - Elekt.*), metodo a frequenza di impulsi. 19 ~ **geber** (Impulsgenerator) (*m. - Elekt.*), generatore di impulsi. 20 ~ **generator** (*m. - Elekt.*), generatore di impulsi. 21 ~ **gerät** (Impulsgenerator) (*n. - Radar*), generatore di impulsi. 22 ~ **härten** (Erwärmung in ms durch einen elekt. Impuls und nachfolgende Selbstabschreckung, von Stahl) (*n. - Wärmebeh.*), tempra impulsiva, tempra

Imputation

ad impulsi (di corrente). **23 ~ häufigkeit** (*f. - Elekt. - etc.*), frequenza degli impulsi. **24 ~ intervallverfahren** (zur Fernsteuerung, Impulsabstandsverfahren) (*n. - Elekt.*), metodo a impulsi intervallati. **25 ~ leistungsverhältnis** (Impulsfolgefrequenz) (*n. - Radar - etc.*), cadenza degli impulsi. **26 ~ messer** (*m. - Ger.*), misuratore di impulsi, impulsometro. **27 ~ modulation** (*f. - Funk.*), modulazione degli impulsi. **28 ~ moment** (*n. - Mech.*), momento dell'impulso. **29 ~ peilanlage** (*f. - Ger.*), radiogoniometro ad impulsi. **30 ~ radar** (*m. - Radar*), radar ad impulsi. **31 ~ reihe** (Impulszug, Impulsserie) (*f. - Elekt. - etc.*), treno d'impulsi, serie d'impulsi. **32 ~ relais** (*n. - Elekt.*), relè ad impulso. **33 ~ satz** (*m. - Mech.*), teorema dell'impulso. **34 ~ schalter** (*m. - elekt. - Ger.*), commutatore di impulsi. **35 ~ schaltung** (*f. - Elekt.*), commutazione di impulsi. **36 ~ schreiber** (*m. - Ger.*), registratore di impulsi, impulsografo. **37 ~ schwanz** (*m. - Elekt. - etc.*), coda dell'impulso. **38 ~ schweissung** (mit einer Kondensatorbatterie) (*f. - mech. Technol.*), saldatura a percussione. **39 ~ sender** (*m. - Ger.*), trasmettitore d'impulsi. **40 ~ sieb** (*n. - Ger.*), separatore d'impulsi. **41 ~ speicher** (Impulschreiber) (*m. - Ger.*), registratore di impulsi. **42 ~ steuergerät** (*n. - Elekt.*), apparecchio di comando ad impulsi. **43 ~ stromkreis** (*m. - Elekt.*), circuito d'impulsi. **44 ~ unterdrücker** (*m. - Ger.*), soppressore d'impulsi. **45 ~ verdichtung** (*f. - Elekt.*), addensamento di impulsi. **46 ~ zähler** (*m. - Ger.*), contatore di impulsi. **47 ~ zeitmesser** (*m. - Ger.*), impulsoscopio. **48 ~ zug** (Impulsreihe) (*m. - Elekt.*), treno di impulsi. **49 Gesamt- ~** (Impuls aller Massenpunkte) (*Mech.*), impulso totale. **50 Nadel ~** (*Elektronik*), impulso triangolare. **51 Rechteck ~** (*Elektronik*), impulso rettangolare. **52 Sägezahn ~** (*Elektronik*), impulso a dente di sega. **53 Sinus ~** (*Elektronik*), impulso sinusoidale.
Imputation (Beschuldigung) (*f. - recht.*), imputazione.
In (Indium) (*Chem.*), In, indio.
INA (Internationale Normalatmosphäre) (*Geophys. - Flugw.*), aria tipo internazionale.
inaktiv (untätig) (*allg.*), inattivo.
inaktivieren (*allg.*), disattivare.
Inaktivierung (*f. - allg.*), disattivazione.
Inaugenscheinnahme (*f. - Messtechnik*), controllo visivo.
Inbetriebnahme (Inbetriebsetzen) (*f. - Masch. - etc.*), messa in funzione, messa in marcia, messa in esercizio.
Inbetriebsetzen (*n. - Masch. - etc.*), messa in funzione, messa in marcia.
Inbus-Rändelschraube (*f. - Mech.*), vite a testa cilindrica zigrinata con esagono cavo (o incassato).
Inbusschlüssel (*m. - Werkz.*), chiave per viti ad esagono cavo, chiave per viti Allen, chiave per viti ad esagono incassato.
Inbusschraube (Schraube mit Innensechskant) (*f. - Mech.*), vite ad esagono cavo, vite Allen, vite ad esagono incassato.
Inbus-Steckschlüssel (*m. - Werk.*), chiave a maschio per esagoni cavi, chiave esagonale, chiave per viti ad esagono cavo.
Inchromieren (zur Erreichung einer schützenden Schicht, auf Stahl) (*n. - Wärmebeh.*), cromizzazione.
inchromieren (*Wärmebeh.*), cromizzare.
Inchromierung (von Stahl) (*f. - Wärmebeh.*), cromizzazione.
Inconel (Nickelsonderlegierung) (*n. - Metall.*), inconel.
Incubator (*m. - Med. - Ger.*), incubatrice.
Indanthrenfarbstoffe (*m. - pl. - chem. Ind.*), coloranti all'indantrene.
Index (am Schluss eines Buches z. B.) (*m. - Druck.*), indice. **2 ~** (einer Zahl) (*Math.*), indice. **3 ~ bohrung** (*f. - Werkz.masch. - etc.*), foro di posizionamento, foro di « indessamento ». **4 ~ karte** (*f. - Büro*), scheda. **5 ~ lohn** (gleitender Lohn) (*m. - Arb.*), salario a scala mobile. **6 ~ mechanismus** (Indexiervorrichtung, Teilvorrichtung) (*m. - Masch. - etc.*), divisore, posizionatore. **7 ~ raste** (*f. - Masch. - etc.*), tacca di posizione. **8 ~ register** (*m. - Rechner*), registro indice. **9 ~ scheibe** (Teilscheibe) (*f. - Werkz.masch.*), disco divisore, disco posizionatore. **10 ~ stahlhalter** (*m. - Werkz.masch.*), portautensili a stazioni. **11 ~ stift** (*m. - Masch. - etc.*), spina di posizione. **12 ~ vorrichtung** (*f. - Mech. - Vorr.*), posizionatore a stazioni. **13 ~ zahl** (Indexziffer) (*f. - Statistik*), numero indice, indice.
Indexiereinrichtung (*f. - Werkz.masch.*), dispositivo per dividere, divisore.
Indexieren (*n. - Werkz.masch.bearb.*), posizionamento, « indessamento ».
indexieren (*Werkz.masch. - etc.*), posizionare, « indessare ».
Indexierung (*f. - Werkz.masch.bearb. - etc.*), posizionamento, « indessamento ». **2 ~** (Indizierung, Vorgang zur Adressmodifikation) (*f. - Rechner*), modifica d'indirizzo, « indexamento ».
Indexiervorrichtung (Teilvorrichtung) (*f. - Werkz.masch.*), divisore, posizionatore.
indifferent (*Chem. - Mech.*), indifferente.
Indifferenzlinie (neutrale Achse) (*f. - Baukonstr.lehre*), asse neutro.
Indigo (organischer Farbstoff) (*m. - chem. Ind.*), indaco, indigotina. **2 ~ küpe** (*f. - chem. Ind.*), tino per tintura all'indaco, tino d'indaco. **3 ~ sodasulfat** (*n. - chem. Ind.*), pastello, guado. **4 ~ weiss** (*n. - chem. Ind.*), indaco bianco.
indigoartig (indigoid) (*Chem.*), indigoide.
Indikator (Ger. zum Aufzeichnen des Druckverlaufs in Verbrennungsmotoren) (*m. - Mot. - Ger.*), indicatore. **2 ~** (Farbstoff zum Anzeigen des Verlaufes einer Reaktion) (*Chem.*), indicatore. **3 ~ -Diagramm** (Druck-Weg-Diagramm) (*n. - Mot.*), diagramma dell'indicatore. **4 ~ papier** (*n. - Chem.*), carta da prova, carta reagente. **5 radioaktiver ~** (*Radioakt. - Ger.*), indicatore radioattivo.
Indikatrix (*f. - Geom.*), indicatrice.
indirekt (*allg.*), indiretto. **2 ~** (Lenkung) (*Aut.*), indiretto. **3 ~ e Steuern** (*pl. - finanz.*), imposte indirette. **4 ~ geheizte Kathode** (*Funk.*), catodo a riscaldamento indiretto.
Indium (*In - n. - Chem.*), indio. **2 ~ plat-**

tierung (für Lager z. B.) (*f.* - *Mech.* - *Mot.*), indiumizzazione.
Indiziereinrichtung (*f.* - *Ger.*), indicatore.
indizieren (einen Arbeitsdiagram aufnehmen) (*Masch.*), rilevare il diagramma di lavoro.
indiziert (*allg.*), indicato. 2 ~ e Leistung (*Mot.*), potenza indicata. 3 ~ er mittlerer Druck (*Mot.*), pressione media indicata.
Indizierung (Vorgang zur Adressmodifikation) (*f.* - *Rechner*), modifica d'indirizzo, « indexamento ».
Indol (organische Verbindung) (*n.* - *Chem.*), indolo.
Indossament (Giro) (*n.* - *komm.* - *finanz.*), girata. 2 Blanko ~ (*finanz.*), girata in bianco.
Indossant (Girant) (*m.* - *finanz.* - *komm.*), girante.
Indossatar (Giratar) (*m.* - *finanz.* - *komm.*), giratario.
indossieren (girieren) (*finanz.* - *komm.*), girare.
Indossyl (*n.* - *Chem.*), indossile.
Induktanz (Induktionswiderstand) (*f.* - *Elekt.*), induttanza.
Induktion (*f.* - *Elekt.*), induzione. 2 ~ s-elektrizität (*f.* - *Elekt.*), elettricità indotta. 3 ~ s-fluss (*m.* - *Elekt.*), flusso d'induzione. 4 ~ s-generator (*m.* - *elekt. Masch.*), alternatore asincrono. 5 ~ s-härtung (*f.* - *Wärmebeh.*), tempra a induzione. 6 ~ s-heizung (*f.* - *Metall.* - *Heizung*), riscaldamento a induzione. 7 ~ s-kompass (*m.* - *Flugw.* - *Instr.*), bussola a induzione. 8 ~ s-konstante (magnetische Feldkonstante) (*f.* - *Elekt.*), costante di campo magnetico. 9 ~ s-messgerät (*n.* - *Elekt.* - *Ger.*), contatore a induzione. 10 ~ s-motor (*m.* - *Elekt.*), motore a induzione, motore asincrono. 11 ~ s-ofen (*m.* - *Ofen* - *Metall.*), forno a induzione. 12 ~ s-regler (Drehtransformator, Spannungsregler) (*m.* - *Elekt.*), regolatore a induzione. 13 ~ s-strom (*m.* - *Elekt.*), corrente indotta. 14 ~ s-zähler (*m.* - *Elekt.*), contatore ad induzione. 15 gegenseitige ~ (*Elekt.*), mutua induzione. 16 magnetische ~ (*Elekt.*), induzione magnetica. 17 Selbst ~ (*Elekt.*), autoinduzione.
induktionsarm (Belastung) (*Elekt.*), a bassa induzione.
induktionsfrei (*Elekt.*), non induttivo. 2 ~ e Belastung (*Elekt.*), carico ohmico.
induktiv (*Elekt.*), induttivo.
Induktivität (Selbstinduktionskoeffizient) (*f.* - *Elekt.*), autoinduttanza, induttanza propria, coefficiente di autoinduzione. 2 ~ s-belag (*m.* - *Elekt.*), induttanza unitaria. 3 Eigen ~ (*Elekt.*), induttanza propria. 4 Gegen ~ (*Elekt.*), induttanza mutua, coefficiente di mutua induzione.
Induktor (*m.* - *Elekt.*), induttore. 2 ~ (Funkeninduktor, Hochspannungstransformator) (*Elekt.*), rocchetto d'induzione, rocchetto di Ruhmkorff. 3 ~ (zum Induktionshärten z. B.) (*Wärmebeh.* - *etc.*), induttore. 4 ~ kamm (eines Linearmotors) (*m.* - *Elekt.*), induttore a pettine.
Indusi (Induktive Zugsicherung) (*f.* - *Eisenb.*), arresto di sicurezza induttivo.
industrialisieren (*Ind.*), industrializzare.
Industrialisierung (*f.* - *Ind.*), industrializzazione.

Industrie (*f.* - *Ind.*), industria. 2 ~ abwässer (*n.* - *pl.* - *Ind.*), acque di rifiuto industriali. 3 ~ anlage (*f.* - *Ind.*), impianto industriale. 4 ~ arbeiter (*m.* - *Arb.*), lavoratore dell'industria. 5 ~ -Automat (*m.* - *Ind.*), robot industriale. 6 ~ bahn (Fabrikbahn) (*f.* - *Eisenb.*), ferrovia privata (di un'industria). 7 ~ betrieb (*m.* - *Ind.*), azienda industriale. 8 ~ bezirk (*m.* - *Bauw.*), zona industriale. 9 ~ block (einer Stadt) (*m.* - *Bauw.*), zona industriale. 10 ~ buchführung (Industriebuchhaltung) (*f.* - *Buchhaltung*), contabilità industriale. 11 ~ diamant (Bort) (*m.* - *Min.*), diamante industriale, diamante bort, carbonado. 12 ~ form (zweckentsprechende Form von ind. Erzeugnissen) (*f.* - *Ind.*), disegno industriale. 13 ~ führer (*m.* - *Ind.*), capitano d'industria. 14 ~ gebäude (*n.* - *Bauw.*), fabbricato industriale. 15 ~ gelände (*n.* - *Ind.*), zona industriale. 16 ~ gleis (*n.* - *Eisenb.*), raccordo privato (per l'industria). 17 ~ kraftwerk (Eigenbedarfskraftwerk) (*n.* - *Ind.* - *Elekt.*), centrale elettrica per autoproduzione. 18 ~ motor (*m.* - *Mot.*), motore industriale. 19 ~ normung (*f.* - *Ind.* - *Technol.*), normalizzazione per l'industria, unificazione per l'industria. 20 ~ ofen (*m.* - *Ofen*), forno industriale. 21 ~ planung (*f.* - *Ind.*), programmazione industriale. 22 ~ reaktor (*m.* - *Atomphys.*), reattore industriale. 23 ~ reifen (für Flurfördezeuge) (*m.* - *Fahrz.* - *Ind.*), gomma per carrelli (adibiti a trasporti interni). 24 ~ -und Handelskammer (*f.* - *Ind.* - *komm.*), camera di industria e commercio. 25 ~ werk (*n.* - *Ind.*), stabilimento industriale. 26 Auto ~ (Automobilindustrie) (*Ind.*), industria automobilistica. 27 Eisen ~ (*Ind.*), industria siderurgica. 28 Fahrzeug ~ (Automobilindustrie) (*Ind.*), industria automobilistica. 29 feinwerktechnische ~ (*Ind.*), industria della meccanica fine. 30 Film ~ (*Ind.*), industria cinematografica. 31 Glas ~ (*Ind.*), industria vetraria. 32 Leder ~ (*Ind.*), industria del cuoio. 33 Maschinen ~ (*Ind.*), industria meccanica. 34 Papier ~ (*Ind.*), industria cartaria. 35 Schlüssel ~ (*Ind.*), industria chiave. 36 Schwer ~ (*Ind.*), industria pesante. 37 staatlich subventionierte ~ (*Ind.*), industria sovvenzionata (dallo Stato). 38 Stahl ~ (*Ind.*), industria dell'acciaio. 39 Textil ~ (*Ind.*), industria tessile.
industriell (*Ind.*), industriale (*a.*).
Industrielle (Inhaber einer Industrie) (*m.* - *finanz.*), industriale (*s.*).
« **Induweld** » (*n.* - *mech. Technol.*), siehe Induktionsschweissen.
induzieren (*Elekt.*), indurre.
induziert (*Elekt.*), indotto. 2 ~ er Strom (*Elekt.*), corrente indotta.
ineinandergreifen (von Zahnrädern) (*Mech.*), ingranare.
ineinanderpassen (*Mech.* - *etc.*), aggiustare, adattare.
ineinanderschieben (Röhren z. B.) (*Mech.* - *etc.*), infilare.
Inertial-Navigation (Trägheitsnavigation) (*f.* - *Navig.*), navigazione inerziale.
Inertialsystem (Bezugssystem) (*n.* - *Mech.*),

sistema (di riferimento) inerziale, (terna d') assi inerziali.
Inert-Lichtbogen-Schweissen (*n. - mech. Technol.*), saldatura ad arco in atmosfera inerte, saldatura ad arco in gas inerte.
Infanterie (*f. - milit.*), fanteria.
Infarkt (*m. - Med.*), infarto. 2 Herz ~ (*Med.*), infarto cardiaco.
Infektion (Ansteckung) (*f. - Med.*), infezione.
Infiltration (Einseihung) (*f. - allg.*), infiltrazione.
Infinitesimalrechnung (*f. - Math.*), calcolo infinitesimale.
Inflation (*f. - finanz.*), inflazione.
Influenz (elektrostatische Induktion) (*f. - Elekt.*), induzione elettrostatica. 2 ~ konstante (Dielektrizitätskonstante) (*f. - Elekt.*), costante dielettrica. 3 ~ maschine (Elektrisiermaschine) (*f. - Elekt. - Masch.*), macchina elettrostatica. 4 ~ strom (induzierter Strom) (*m. - Elekt.*), corrente indotta.
Informatik (Datenverarbeitung, Programmierung und Organisierung des Informationssystems einer Firma z. B.) (*f. - Wissens.*), informatica.
Information (Auskunft) (*f. - allg.*), informazione. 2 ~ (*Rechner*), informazione. 3 ~ s·bit (*n. - Rechner*), bit d'informazione. 4 ~ s·fluss (im automatisierten Betrieb) (*m. - Ind.*), flusso d'informazioni. 5 ~ s·theorie (Nachrichtentheorie, Grundlage der Kybernetik) (*f. - Phys.*), teoria dell'informazione. 6 ~ s·träger (Datenträger) (*m. - Datenverarb.*), supporto di informazioni. 7 ~ s·verarbeitung (*f. - Rechner*), elaborazione delle informazioni. 8 ~ s·wissenschaft (*f. - Wissens.*), scienza dell'informazione. 9 semantische ~ (*Rechner*), informazione semantica.
informatorisch (*allg.*), informativo.
infraakustisch (*Akus.*), infra-acustico, sub-audio.
Infrarot (Ultrarot) (*n. - Opt.*), infrarosso, ultrarosso. 2 ~ glas (infrarot durchlässig) (*n. - Glasind.*), vetro trasparente all'infrarosso. 3 ~ heizung (*f. - Heizung*), riscaldamento a raggi infrarossi, riscaldamento a raggi ultrarossi. 4 ~ trocknung (*f. - Anstr.*), essiccazione con raggi infrarossi, essiccazione a raggi ultrarossi. 5 ~ trocknungsanlage (*f. - Ind.*), essiccatoio a raggi infrarossi, essiccatoio a raggi ultrarossi.
Infraschall (*m. - Akus. - etc.*), infrasuono.
Infrastruktur (milit. Anlagen wie Flughäfen, etc. z. B.) (*f. - Flugw.*), infrastruttura.
Infusion (*f. - Chem.*), infusione.
Infusorienerde (Kieselgur) (*f. - Min.*), tripoli, farina fossile, terra d'infusori.
Ingangsetzen (Inbetriebsetzen) (*n. - Masch. - etc.*), messa in moto, messa in marcia, messa in funzione, avviamento.
ingangsetzen (anlassen) (*Mot. - etc.*), mèttere in moto, mettere in marcia, mettere in funzione, avviare.
Ingenieur (Ing., Diplom-Ingenieur) (*m. - Pers.*), ingegnere. 2 ~ bauten (Brücken, Hochhäuser, Talsperren, etc.) (*f. - pl. - Bauw.*), costruzioni civili. 3 ~ chemiker (*m. - Chem.*), chimico industriale. 4 ~ wesen (*n. - Wissens.*), ingegneria. 5 Bau ~ (*Bauw.*), ingegnere civile. 6 beratender ~ (*Technol.*), ingegnere consulente. 7 Berg ~ (*Bergbau*), ingegnere minerario. 8 Elektro ~ (*Elekt.*), ingegnere elettrotecnico. 9 Maschinenbau ~ (*Mech.*), ingegnere meccanico. 10 Schiffbau ~ (*Schiffbau*), ingegnere navale. 11 Zivil ~ (*Bauw.*), ingegnere civile.
Ingrediens (*n. - Chem.*), ingrediente.
Inh. (Inhalt), siehe Inhalt.
Inhaber (*m. - recht.*), proprietario. 2 Aktien ~ (*finanz.*), azionista.
Inhalationsgerät (für die Sauerstoff-Inhalation z. B.) (*n. - Med. - Ger.*), inalatore.
Inhalt (*m. - allg.*), contenuto. 2 ~ (Grösse einer Fläche) (*Geom.*), superficie. 3 ~ (in Raum) (*Geom.*), capacità, cubatura. 4 ~ (eines Briefes) (*Büro*), contenuto. 5 ~ (Gegenstand, eines Briefes) (*Büro*), oggetto. 6 ~ verzeichnis (eines Buches, Index) (*n. - Druck.*), indice.
inhärent (*allg.*), inerente.
Inhibitor (Hemmstoff) (*m. - Chem.*), inibitore.
Inhomogenität (*f. - Phys.*), eterogeneità.
Initiale (*f. - Druck.*), iniziale.
Initialsprengstoff (Zündsprengstoff) (*m. - Expl.*), innescante (*s.*).
Initiative (*f. - allg.*), iniziativa. 2 Privat ~ (*finanz.*), iniziativa privata.
Initiator (Programminitiator) (*m. - Rechner*), iniziatore (di programma). 2 ~ (Polymerisations-Katalysator) (*Chem.*), catalizzatore.
Injecta (Sondermessing aus 47 % Cu, 45 % Zn, 7 % Al, 1 % Pb) (*n. - Legierung*), « injecta », tipo di ottone speciale.
Injektion (Verpressung, von Zement z. B.) (*f. - Bauw.*), iniezione. 2 ~ (bei Kristallgleichrichtern) (*Elektronik*), iniezione.
Injektor (App. zum Speisen von Dampfkesseln) (*m. - App. - Kessel*), iniettore. 2 ~ (von Elektronen, eines Betatrons) (*Phys.*), iniettore.
injizieren (einpressen, Zement z. B.) (*Bauw.*), iniettare.
Inkasso (*n. - komm.*), incasso. 2 ~ agent (*m. - Arb.*), esattore.
inkl. (inklusive) (*allg.*), incluso, compreso.
Inklination (Neigungswinkel einer Planetenbahnebene mit der Erdbahnebene) (*f. - Astr.*), inclinazione. 2 ~ (Erdmagnetismus), inclinazione. 3 ~ s·bussole (*f. - Instr.*), bussola d'inclinazione.
Inklinometer (*n. - Instr.*), inclinometro.
inklusive (einschliesslich) (*allg.*), incluso, compreso.
inkohärent (*allg.*), incoerente.
Inkohärenz (*f. - Math.*), incoerenza.
Inkohlung (natürliche Umwandlung in Kohle) (*f. - Geol.*), carbonizzazione.
inkommensurabel (nicht messbar) (*Math.*), incommensurabile.
inkompatibel (*Fernseh. - etc.*), incompatibile.
inkompressibel (nicht zusammendrückbar) (*Phys.*), incomprimibile.
Inkompressibilität (*f. - Phys.*), incomprimibilità.
Inkongruenz (*f. - Math.*), incongruenza.
Inkrafttreten (*n. - recht. - etc.*), entrata in vigore.

Inkreis (einbeschriebener Kreis) (*m. - Geom.*), cerchio inscritto.
Inkrement (*n. - Math. - etc.*), incremento. 2 ~ **rechner** (*m. - Rechner*), calcolatore ad incrementi.
Inkrementalmessverfahren (*n. - NC - Werkz.masch.*), sistema di misura incrementale.
Inkrustation (Verkleidung von Mauern mit Marmorplatten z. B.) (*f. - Baukunst*), rivestimento decorativo. 2 ~ (Anlagerung, in Rohrleitungen z. B.) (*Leit. - etc.*), incrostazione.
Inkubation (Bebrüten) (*f. - Landw.*), incubazione.
Inlaid (Linoleum) (*n. - Bauw.*), linoleum (posato).
Inland (*n. - komm.*), territorio nazionale. 2 ~ **verpackung** (*f. - Transp.*), imballo per trasporto interno.
Inlösungsbringen (*n. - Chem.*), messa in soluzione.
innen (*allg.*), interno.
Innenabmessung (eines Rohres z. B.) (*f. - Mech.*), dimensione interna.
Innenarchitektur (*f. - Arch.*), architettura interna, decorazione interna.
Innenaufnahme (*f. - Filmtech.*), interno (*s.*).
Innenausdrehen (*n. - Werkz.masch.bearb.*), tornitura interna.
innenausdrehen (*Werkz.masch.bearb.*), tornire internamente.
Innenausstattung (der Karosserie (*f. - Aut.*), abbigliamento, finitura interna.
Innenbackenbremse (*f. - Aut.*), freno a ganasce interne, freno ad espansione.
Innenbord (eines Loches in Blech) (*m. - Blechbearb.*), slabbratura.
innenbords (*naut.*), entrobordo.
Innendrehen (*n. - Werkz.masch.bearb.*), tornitura interna.
innendrehen (*Werkz.masch.bearb.*), tornire internamente.
Innendruckkabel (*n. - Elektr.*), cavo sotto pressione interna.
Innendruckprüfung (Druckprüfung, für Rohre) (*f. - mech. Technol.*), prova a pressione, prova di pressatura.
Innendruckversuch (von Holkörpern) (*m. - mech. Technol.*), prova di pressatura, prova a pressione.
Innendurchmesser (*m. - Mech. - etc.*), diametro interno.
Inneneinstechen (*n. - Mech.*), esecuzione di gole interne.
Innengewinde (*n. - Mech.*), madrevite.
Innenhof (*m. - Bauw. - Arch.*), cortile, patio.
Inneninstallation (*f. - Elektr.*), impianto interno.
Innenlaufbahn (eines Kugellagers z. B.) (*f. - Mech.*), pista interna.
Innenläufer (eines Wankelmotors) (*m. - Mot.*), rotore.
Innenlehre (*f. - Mech.*), calibro per interni.
Innenleibung (Leibung) (*f. - Bauw.*), intradosso.
Innenleistung (indizierte Leistung) (*f. - Mo .*), potenza indicata.
Innenlenker (*m. - Aut.*), berlina, guida interna.
Innenlunker (*m. - Giess.fehler*), cavità interna.

Innenmass (*n. - Mech. - etc.*), dimensione interna.
Innenmauer (Trennmauer) (*f. - Bauw.*), muro divisorio.
Innenmikrometerschraube (*f. - Werkz.*), micrometro per interni.
Innenpolgenerator (*m. - elekt. Masch.*), alternatore a campo rotante, alternator a indotto esterno.
Innenraum (*m. - Bauw.*), ambiente chiuso. 2 ~ (*Fahrz.*), abitacolo. 3 ~ **antenne** (*f. - Funk.*), antenna interna. 4 ~ **isolator** (*m. - Elekt.*), isolatore da interni.
Innenriss (*m. - Metall. - Mech.*), incrinatura interna, cricca interna.
Innenschleifmaschine (*f. - Werkz.masch.*), rettificatrice per interni.
Innensechskant (einer Schraube) (*m. - Mech.*), esagono cavo, esagono incassato. 2 ~ **schraube** (Inbusschraube) (*f. - Mech.*), vite ad esagono cavo, vite ad esagono incassato, vite Allen, vite con testa a cava esagonale.
Innenspannungen (*f. - pl. - Giess - Metall.*), tensioni interne.
Innenstadt (Geschäftsviertel, Stadtzentrum) (*f. - Stadtbauplanung*), zona degli affari, centro della città.
Innenstürmer (*m. - Fussballspiel*), mezzala, interno.
Innentaster (*m. - Mech. - Werkz.*), compasso per interni, compasso ballerino.
Innen- und Aussentaster (*m. - Mech. - Werkz.*), compasso doppio.
Innenverzahnung (*f. - Mech.*), dentatura interna.
Innenwiderstand (eines Generators z. B.) (*m. - Elekt.*), resistenza interna.
Innenwinkel (*m. - Geom.*), angolo interno.
inneratomar (*Atomphys.*), intra-atomico.
innerbetrieblich (Transport z. B.) (*Ind.*), interno.
innerstaatlich (*allg.*), nazionale.
Inoxydieren (abwechselnde Behandlung in oxydierenden und reduzierenden Gasen, zur Erreichung einer schützenden Schicht) (*n. - Mech.*), ossi-riduzione.
Inpansion (der Erde z. B.) (*allg.*), compressione, costipazione.
Inproduktionssetzungsarbeiten (bei der Fertigstellung einer Bohrung) (*f. - pl. - Erdöl - Bergbau*), lavori di messa in produzione.
Insasser (*m. - Aut.*), occupante (*s.*).
Insektengift (Insektizid) (*n. - chem. Ind.*), insetticida (*s.*).
Insel (*f. - Geogr.*), isola. 2 ~ (*Strass.verkehr*), salvagente. 3 ~ (eines Flugzeugträgers) (*Kriegsmar.*), isola. 4 ~ **bildung** (Änderung der elekt. Feldstärke auf der Kathode einer Verstärkerröhre) (*f. - Elektronik*), effetto isola. 5 ~ **gruppe** (Archipel) (*f. - Geogr.*), arcipelago. 6 ~ **kraftwerk** (Flusskraftwerk in mitten eines Wehres) (*n. - Elekt.*), centrale d'isola, centrale fluviale su traversa collegante sponda ed isola. 7 ~ **lampe** (*f. - Strass.verkehr*), luce (di segnalazione) del salvagente. 8 **Halb** ~ (*Geogr.*), penisola.
Inserat (*n. - Zeitg.*), inserzione.
Inserent (*m. - komm. - Zeitg.*), inserzionista.
Insolvenz (Zahlungsunfähigkeit) (*f. - finanz.*), insolvenza.

Inspektion

Inspektion (*f. - Aut.*), controllo. 2 ~ (Fertigungskontrolle) (*Ind.*), controllo (di lavorazione). 3 ~ (um die Sicherung von Anlagen zu gewährleisten) (*Ind.*), ispezione, controllo. 4 ~ s- **Taktstand** (*m. - Aut.*), banco di controllo a cadenza.
Inspektor (*m. - komm. - etc.*), ispettore.
Inspektorat (*m. - recht. - etc.*), ispettorato.
Instabilität (*f. - Flugw. - etc.*), instabilità.
Installateur (*m. - Elekt. - etc. - Arb.*), installatore. 2 **Elektro** ~ (*Elekt. - Arb.*), elettroinstallatore.
Installation (von Leitungen, Motoren, etc.) (*f. - Bauw.*), installazione. 2 ~ **s·gerät** (*n. - Elekt.*), apparecchiatura d'installazione. 3 ~ **s·material** (für Wohnbauten z. B.) (*n. - Elekt. - Bauw.*), materiale da installazione. 4 ~ **s·schalter** (*m. - Elekt.*), interruttore per installazioni interne.
installieren (*Elekt. - etc.*), installare.
installiert (*Elekt. - etc.*), installato. 2 ~ **e Leistung** (*Elekt. - etc.*), potenza installata.
instandhalten (*Masch. - etc.*), mantenere in efficienza.
Instandhaltung (*f. - allg.*), manutenzione. 2 ~ (von Gabelstaplern z. B., Reparaturen, Erneuerungen der Batterie, etc.) (*Ind. - etc.*), manutenzione periodica. 3 ~ **s·kosten** (*f. - Ind.*), spese di manutenzione. 4 **vorbeugende** ~ (*Ind.*), manutenzione preventiva.
instandsetzen (*Mot. - Masch. - etc.*), riparare.
Instandsetzung (Ausbesserung) (*f. - Mot. - etc.*), riparazione. 2 ~ **s·bedingungen** (*f. - pl. - Masch. - etc.*), istruzioni per la riparazione. 3 ~ **s·trupp** (*m. - Arb.*), squadra per le riparazioni. 4 ~ **s·werkstätte** (*f. - Mech.*), officina di riparazione.
Instanz (*f. - recht.*), istanza. 2 ~ **weg** (*allg.*), via gerarchica.
instanzmässig (*allg.*), gerarchico.
instationär (*Phys.*), non stazionario, instazionario. 2 ~ **er Zustand** (*Aerodyn. - etc.*), stato non stazionario.
Institut (Anstalt, Forschungsinstitut z. B., einer Universität) (*n. - Technol. - Wissens.*), istituto. 2 **Forschungs** ~ (*Forschung*), istituto di ricerca.
Instruktion (Befehl) (*f. - Datenverarb.*), istruzione. 2 ~ (*Datenverarb.*), *siehe auch* Befehl. 3 **Mehradressen-** ~ (*Rechner*), istruzione a più indirizzi.
Instrument (*n. - Instr.*), strumento. 2 ~ **en·brett** (*n. - Aut. - Mot.*), quadro portastrumenti, cruscotto. 3 ~ **en·brettlampe** (*f. - Aut.*), lampadina illuminazione cruscotto. 4 ~ **en·fehler** (*m. - Instr.*), errore strumentale, errore dello strumento. 5 ~ **en·flug** (*m. - Flugw.*), volo strumentale. 6 ~ **en·gehäuse** (*n. - Instr.*), cassa dello strumento. 7 ~ **en·korrektur** (*f. - Instr.*), correzione per lo strumento. 8 ~ **en-Lande-System** (*n. - Flugw.*), sistema di atterraggio strumentale. 9 ~ **en·tafel** (*f. - Elekt. - etc.*), quadro portastrumenti, pannello degli strumenti. 10 ~ **en·teil** (einer Rakete) (*m. - Astronautik*), vano strumenti. 11 ~ **mit logarithmischer Skala** (*Instr.*), strumento con scala logaritmica. 12 ~ **mit Nullpunkt in der Mitte** (*Instr.*), strumento a zero centrale. 13 ~ **mit unmittelbarer Ablesung** (*Instr.*), strumento a lettura diretta. 14 **Anreiss** ~ (*Instr.*), apparecchio per tracciare. 15 **Anzeige** ~ (*Instr.*), strumento indicatore. 16 **esplosionsgeschütztes** ~ (*Instr.*), strumento antideflagrante, strumento in esecuzione antideflagrante. 17 **Laboratorium** ~ (*Instr.*), strumento da laboratorio. 18 **Mess** ~ (*Instr.*), strumento di misura. 19 **Präzisions** ~ (*Instr.*), strumento di precisione. 20 **Schreib** ~ (*Instr.*), strumento registratore. 21 **versenktes** ~ (*Instr.*), strumento incassato. 22 **Wirbelstrom** ~ (*Instr.*), strumento a correnti parassite.
Instrumentarium (Instrumentierung, eines Labors) (*n. - Ind.*), strumentazione.
Instrumentierung (*f. - Instr.*), strumentazione.
Insulin (*n. - Pharm.*), insulina.
Intarsia (Marketerie, Einlegearbeit) (*f. - Tischl.*), intarsio.
Integral (*n. - Math.*), integrale. 2 ~ **bauweise** (aus einem Stück hergestellter Bauteil) (*f. - Technol.*), costruzione monoblocco. 3 ~ **-Kessel** (Zweitrommel-Steilrohrkessel) (*m. - Kessel*), caldaia a tubi verticali a due corpi. 4 ~ **rechnung** (*f. - Math.*), calcolo integrale. 5 ~ **-Regler** (I-Regler, integral wirkender Regler) (*m. - Ger.*), regolatore integrale, regolatore I. 6 ~ **tank** (Treibstoffbehälter bei dem die Wand einen Teil der Flugkörperzelle bildet) (*m. - Flugw.*), serbatoio integrale. 7 ~ **zähler** (*m. - Ger.*), contatore integratore. 8 ~ **zeichen** (Integral) (*n. - Math.*), segno di integrale. 9 **bestimmtes** ~ (*Math.*), integrale definito. 10 **Flächen** ~ (*Math.*), integrale di superficie, integrale superficiale. 11 **Hüllen** ~ (Flächenintegral über eine geschlossene Fläche) (*Math.*), integrale d'inviluppo. 12 **mehrfaches** ~ (*Math.*), integrale multiplo, integrale di campo. 13 **Rand** ~ (*Math.*), circuitazione, integrale di linea chiusa. 14 **unbestimmtes** ~ (*Math.*), integrale indefinito. 15 **Volumen** ~ (*Math.*), integrale di volume. 16 **Zeit** ~ (*Math.*), integrale di tempo.
Integrand (*m. - Math.*), integrando.
Integraph (Integriergerät) (*m. - Math. - Ger.*), integrafo.
Integration (*f. - allg.*), integrazione. 2 ~ (Berechnen eines Integrals) (*Math.*), integrazione. 3 ~ **s·faktor** (*m. - Rechner*), coefficiente d'azione integrativa. 4 ~ **s·messer** (*m. - Instr.*), contatore integratore. 5 ~ **s·schaltung** (*f. - Elektronik*), integratore, circuito integratore.
Integrator (Integriergerät) (*m. - Math. - Ger.*), integratore.
integrierend (Anzeiger z. B.) (*Instr.*), integratore. 2 ~ **er Bestandteil** (eines Vertrages) (*komm.*), parte integrante.
Integrierkreisel (I-Wendekreisel) (*m. - Ger.*), giroscopio integratore.
Integrierrolle (eines Planimeters, Massrolle) (*f. - Ger.*), rotella integrante.
Integrierschaltung (*f. - Elektronik*), circuito integratore, integratore.
integriert (*allg.*), integrato. 2 ~ **e Datenverarbeitung** (IDV) (*Datenverarb.*), elaborazione dati integrata, trattamento integrato

di dati. 3 ~ e **Schaltung** (*Elektronik*), circuito integrato. 4 ~ es **Schaltkreis** (integrierte Schaltung) (*Elektronik*), circuito integrato.
Integrimeter (Integriergerät) (*n. - Ger.*), integratore.
Intelligenz (*f. - allg.*), intelligenza. 2 ~ **-Quotient** (*m. - Psychotech.*), quoziente d'intelligenza. 3 ~ **-Test** (*m. - Psychotech.*), reattivo intelligenza.
Intensität (*f. - Phys.*), intensità. 2 ~ s·**verfahren** (*n. - Filmtech.*), processo a densità variabile. 3 ~ s·**verfahren** (Ultraschall-Prüfverfahren bei dem als Messgrösse die Intensität dient) (*mech. Technol.*), prova (ultrasonica) ad intensità.
Interessent (*m. - allg.*), interessato (*s.*).
« **Interface** » (Schnittstelle, zwischen einem Rechner und ihrem Datenübertragungsgerät z. B.) (*f. - Rechner*), interfaccia.
Interferenz (von Wellen z. B.) (*f. - Phys.*), interferenza. 2 ~ **diagramm** (für Metallprüfung) (*n. - Metall.*), interferogramma. 3 ~ **empfänger** (Heterodynempfänger) (*m. - Funk.*), ricevitore ad eterodina. 4 ~ **gerät** (Interferometer) (*n. - Ger.*), interferometro. 5 ~ **komparator** (zum Vergleichen der Länge von Endmassen) (*m. - Instr.*), comparatore ad interferenza. 6 ~ **-Mikroskop** (*n. - Instr.*), microscopio interferenziale. 7 ~ **-Oberflächenkontrolle** (*f. - Mech.*), controllo superficiale ad interferenza, controllo ad interferenza della superficie. 8 ~ **streifen** (*m. - Opt.*), frangia di interferenza. 9 ~ **verfahren** (zum Messen der Rauheit einer bearbeiteten Oberfläche z. B.) (*n. - mech. Technol.*), procedimento interferometrico, metodo interferometrico, interferometria. 10 **Flügel-Rumpf-** ~ (*Flugw.*), interferenza tra ala e fusoliera. 11 **Martensit-** ~ **verfahren** (*Metall.*), interferometria su martensite.
Interferometer (Interferenzmesser) (*n. - Opt. - Instr.*), interferometro. 2 **Mehrstrahl-** ~ (*Opt. - Instr.*), interferometro a onde multiple. 3 **Mikro** ~ (Interferenz-Mikroskop) (*Instr.*), microscopio interferenziale.
intergalaktisch (*Astr.*), intragalattico.
INTERKAMA (*I*nternationaler *K*ongress mit *A*usstellung für *M*esstechnik und *A*utomatik) (*Autom.*), Congresso Internazionale con Mostra dell'Automazione e Strumentazione.
interkostal (*Schiffbau*), intercostale.
interkristallin (*Metall.*), intercristallino. 2 ~ e **Korrosion** (*Metall.*), corrosione intercristallina.
Intermodulation (*f. - Elektronik*), intermodulazione.
Intermolekularkraft (*f. - Chem. - Phys.*), forza intramolecolare.
international (*allg.*), internazionale. 2 ~ e **Arbeitsorganisation** (IAO) (*Arb.*), Organizzazione Internazionale del Lavoro. 3 ~ e **Atomenergie-Organisation** (IAEO) (*Atomenergie*), Organizzazione Internazionale per l'Energia Atomica. 4 ~ e **Handelskammer** (IHK) (*komm.*), Camera di Commercio Internazionale. 5 ~ er **Gerichtshof** (*recht.*), Corte Internazionale di Giustizia. 6 ~ es **Arbeitsamt** (*Arb.*), siehe Internationale Arbeits-

organisation. 7 ~ e **Schlafwagen- und grosse Europäische Expresszug-Gesellschaft** (ISG) (*Eisenb.*), Compagnia internazionale europea dei vagoni letto e dei treni espressi. 8 ~ es **Geophysikalisches Jahr** (I.G.J.) (*Geol.*), anno geofisico internazionale. 9 ~ es **Recht** (*recht.*), diritto internazionale.
interplanetarisch (*Astr.*), interplanetario.
Interpolation (*f. - Math.*), interpolazione. 2 **lineare** ~ (Geradeninterpolation) (*Math. - NC - Werkz.masch.bearb.*), interpolazione lineare, interpolazione rettilinea. 3 **zirkulare** ~ (Kreisinterpolation) (*Math. - NC - Werkz. masch.bearb.*), interpolazione circolare.
Interpolator (bei NC - Werkz.masch.bearb. z. B.) (*m. - Ger.*), interpolatore.
Interpretation (*f. - allg.*), interpretazione.
interpretativ (*Datenverarb.*), interpretativo. 2 ~ es **Programm** (*Datenverarb.*), programma intepretativo, interprete, metaprogramma.
Interpunktion (*f. - Druck.*), interpunzione.
interstellar (*Astr.*), interstellare.
Intertype-Photosetter (*m. - Druckmasch.*), fotocompositrice Intertype.
Intertype-Setzmaschine (*f. - Druckmasch.*), compositrice Intertype.
Intervall (Zwischenraum) (*n. - allg.*), intervallo.
intraatomar (*Atomphys.*), intra-atomico.
intramolekular (*Chem. - Phys.*), intramolecolare.
Intrittfallen (*n. - Phys. - etc.*), entrata in sincronismo.
intrittfallen (von Synchronmotoren z. B.) (*Elekt.*), entrare in sincronismo, mettersi al passo.
Intrittfallmoment (von Synchronmotoren z. B.) (*n. - Elekt.*), coppia di messa in passo, coppia di sincronizzazione.
Intrusion (*f. - allg.*), intrusione. 2 ~ s·**verfahren** (Fliessgussverfahren, von Kunststoffen) (*n. - Technol.*), intrusione.
Invalidenversicherung (der Arbeiter) (*f. - Arb.*), assicurazione contro l'invalidità.
Invalidität (*f. - Arb. - Med.*), invalidità. 2 **vorübergehende** ~ (*Arb. - Med.*), invalidità temporanea.
Invar (Eisenlegierung mit 35,5% Nickel) (*n. - Metall.*), invar.
invariant (Funktion) (*Math. - etc.*), invariante (*a.*).
Invariante (*f. - Math. - etc.*), invariante (*s.*).
Invarianz (*f. - Math.*), invarianza.
Inventar (Bestand) (*n. - Ind.*), inventario. 2 ~ **buch** (*n. - Buchhaltung - Adm.*), libro inventario. 3 ~ **wert** (*m. - Buchhaltung - Adm.*), valore d'inventario.
inventarisieren (den Bestand aufnehmen) (*Buchhaltung - Adm.*), fare l'inventario, inventariare.
Inventur (Bestandesaufnahme) (*f. - Buchhaltung - Adm.*), inventario, esecuzione dell'inventario. 2 **wegen der** ~ **geschlossen** (*Adm. - Ind.*), chiuso per inventario.
inverse Funktion (*Math.*), funzione inversa.
Inversion (*f. - Chem.*), inversione. 2 ~ (*f. - Meteor.*), inversione. 3 ~ s·**temperatur** (beim Thomson-Joule Effekt) (*f. - Wärme*), temperatura dei punti d'inversione.

Inversor (Umbildgerät) (*m. - Photogr.*), inversore.
Inverter (Negator, ein binärer Schaltkreis der die Bedeutung eines Eingangssignals umkehrt) (*m. - Rechner*), invertitore, negatore.
Inverttelemeter (Kehrbild-Entfernungsmesser) (*n. - Opt. - Ger.*), telemetro ad inversione.
Invertzucker (*m. - chem. Ind.*), zucchero invertito.
investieren (Geld) (*finanz.*), investire.
Investition (*f. - finanz.*), investimento. 2 ~ ~ s·vorhaben (*n. - finanz.*), piano d'investimento. 3 Europäische ~ s·bank (*finanz.*), Banca Europea per gli Investimenti.
Investmentguss (Präzisionsguss) (*m. - Giess.*), microfusione, fusione a cera persa industriale.
Involution (projektive Transformation) (*f. - Math.*), involuzione.
i. O. (in Ordnung) (*allg.*), in ordine.
IOK (Internationales Olympisches Komitee) (*Sport*), Comitato Olimpico Internazionale.
Ion (*n. - Elekt.*), ione. 2 ~ en·antrieb (von Flugkörpern z. B.) (*m. - Astronautik*), propulsione ionica. 3 ~ en·austauscher (*m. - Chem.*), scambiatore di ioni. 4 ~ en·baffle (*n. - Phys.*), baffle ionico, schermo ionico. 5 ~ en·dosis (*f. - Kernphys.*), dose ionica. 6 ~ en·falle (*f. - Elektronik*), trappola ionica. 7 ~ en·fleck (*m. - Elektronik*), macchia ionica. 8 ~ en·lawine (*f. - Elektronik*), valanga ionica. 9 ~ en·pumpe (*f. - Masch. - Vakuumtechnik*), pompa ionica. 10 ~ en·pumpen (*n. - Vakuumtechnik*), assorbimento ionico, pompaggio ionico. 11 ~ en·strahlen (zur Herstellung sehr feiner Bohrungen) (*n. - Mech.*), foratura a bombardamento ionico. 12 ~ en·strom (*m. - Elekt.*), corrente ionica. 13 ~ en·triebwerk (*n. - Astronautik - Elekt.*), propulsore ionico. 14 ~ en·wanderung (*f. - Chem.*), migrazione ionica.
Ionisation (*f. - Elekt. - Chem.*), ionizzazione. 2 ~ s·kammer (zur Messung der Strahlungsintensität von radioakt. Materialen) (*f. - Phys.*), camera di ionizzazione. 3 ~ s·manometer (*n. - Ger.*), vacuometro a ionizzazione. 4 ~ s·schicht (*f. - Phys.*), strato ionizzato. 5 ~ s·spannung (*f. - Phys.*), potenziale di ionizzazione. 6 lawinenartige ~ (*Phys.*), ionizzazione cumulativa. 7 thermische ~ (*Phys.*), ionizzazione (per agitazione) termica.
ionisierbar (*Chem.*), ionizzabile.
ionisieren (*Chem. - Phys.*), ionizzare.
ionisiert (*Phys.*), ionizzato.
Ionisierung (*f. - Phys. - Chem.*), ionizzazione. 2 ~ s·spannung (*f. - Phys.*), potenziale di ionizzazione.
Ionitrieren (*n. - Wärmebeh.*), siehe Ionitrierverfahren.
Ionitrierverfahren (Glimmnitrieren, bei dem der Stickstoff durch Glimmentladungen ionisiert wird) (*n. - Wärmebeh.*), ionitrurazione.
Ionium (radioakt. Isotop des Thoriums) (*Io - n. - Chem.*), ionio.
ionogen (*Chem.*), ionogeno. 2 ~ dispers (*Chem.*), a dispersione ionogena.
Ionogramm (*n. - Astr.*), ionogramma.
Ionometer (zum Messen des pH -Wertes einer Lösung) (*n. - Chem. - Ger.*), ionometro. 2 ~ (zum Messen der Strahlungsintensität von radioakt. Stoffen) (*Radioakt. - Ger.*), misuratore di radioattività.
Ionophorese (Iontophorese) (*f. - Elekt. - Med.*), ionoforesi, iontoforesi.
Ionosonde (*f. - Astr. - Ger.*), ionosonda.
Ionosphäre (*f. - Funk. - etc.*), ionosfera.
Iontophorese (Ionophorese) (*f. - Elekt. - Med.*), iontoforesi, ionoforesi.
IOZV (Internationale Organisation für Zivilverteidigung) (*Organ.*), OIPC, Organizzazione Internazionale per la Protezione Civile.
IPA (Institut für Produktionstechnik und Automatisierung) (*Autom.*), Istituto per la Tecnica ed Automazione della Produzione.
IPBM (Papierbaumwollkabel mit Bleimantel) (*Elekt.*), cavo isolato con carta e cotone sotto piombo.
i, P-Diagramm (Enthalpie-Druck-Diagramm) (*Kältetechnik*), diagramma i-p.
IPP (Institut für Plasmaphysik) (*Phys.*), Istituto di Fisica dei Plasmi.
I-Profil (*n. - metall. Ind.*), profilato a doppio T.
IQ (Intelligenzquotient) (*Psychotech.*), Q.I., quoziente intelligenza.
IR (infrarot) (*Phys.*), infrarosso.
Ir (Iridium) (*Chem.*), Ir, iridio.
Iraser (Infrared Amplification by Stimulated Emission of Radiations, ein Strahlungsverstärker für das Infrarotgebiet) (*m. - Phys.*), iraser, amplificatore di radiazioni infrarosse.
Irdengut (poröse keramische Masse) (*n. - Keramik*), prodotto ceramico a pasta porosa.
Irdom (Kunststoffkuppel bei Infrarot-Ortungsgeräten) (*m. - Flugw. - Ger.*), irdomo.
I - Regler (integral wirkender Regler) (*m. - Elektromech. - etc.*), regolatore ad azione integrale, regolatore integrale.
IR-Härte (International-Rubber-Härte, von Gummi) (*f. - Technol.*), durezza IR.
IRH-Härteprüfung (International Rubber Hardness-Härteprüfung, für Gummi) (*f. - Technol.*), prova (di durezza) IRH.
Iridium (*Ir - n. - Chem.*), iridio.
Iris (*f. - Opt.*), iride. 2 ~ blende (*f. - Phot.*), diaframma ad iride.
Irisieren (*n. - Opt.*), iridescenza.
irisierend (*Opt.*), iridescente.
IRK (Internationales Rotes Kreuz) (*Med. - etc.*), Croce Rossa Internazionale.
IR-Marke (international registriertes Warenzeichen) (*f. - recht.*), marchio internazionale.
Irradiation (Ausstrahlung) (*f. - Phys.*), irraggiamento, emissione di radiazioni.
irrational (Zahl) (*Math.*), irrazionale.
irreduzibel (*Math.*), irriducibile.
irreversibel (*Phys.*), irreversibile.
Irrigation (Bewässerung) (*f. - Landw.*), irrigazione.
Irrströme (vagabundierende Ströme) (*m. pl. - Elekt.*), correnti vaganti.
Irrtumswahrscheinlichkeit (*f. - allg.*), probabilità di errore.
IR-Spektroskopie (Infrarot-Spektroskopie) (*f. - Opt.*), spettroscopia all'infrarosso.
IS (integrierter Schaltkreis) (*Elektronik*), circuito integrato.
Isabellin (Manganbronze aus 85% Cu, 9,5% Mn, 5,5% Al) (*n. - Legierung*), « isabellin ».

Isallotherme (Linie) (*f. - Meteor.*), isalloterma, isoalloterma, linea isoalloterma.
Isanomale (Linie) (*f. - Geophys.*), isoanomala, linea isoanomala.
ISA-Passung (*f. - Mech.*), accoppiamento ISA.
ISA-Qualität (beim ISA-Toleranzsystem) (*f. - Mech.*), qualità ISA, grado di qualità ISA.
ISA-Toleranzfeld (*n. - Mech.*), campo di tolleranza ISA.
IS-Automat (*m. - Elekt.*), siehe IS-Schalter.
ISB (Institut für Selbstbedienung) (*komm.*), Istituto per il self-service. 2 ~ -**Laden** (*m. - komm.*), supermercato, negozio self-service.
Is-Begrenzer (elekt. Schaltgerät zur Unterbrechung von Stosskurzschluss-strömen) (*m. - elekt. Ger.*), limitatore di corrente impulsiva di corto circuito.
i, s-Diagramm (Mollier-Diagramm, Enthalpie-Enthropie-Diagramm) (*n. - Thermodyn.*), diagramma di Mollier, diagramma entalpia-entropia.
Isenthalpe (Drosselkurve) (*f. - Thermodyn.*), isoentalpica (*s.*), isentalpica (*s.*).
Isentrope (Linie) (*f. - Thermodyn.*), isoentropica (*s.*), isentropica (*s.*).
ISG (Internationale Schlafwagen- und grosse Europäische Expresszug-Gesellschaft) (*Eisenb.*), Compagnia internazionale europea dei vagoni letto e dei treni espressi.
Isima-Bronze (Manganbronze aus 85÷95% Cu, 5÷12% Mn, 1,5÷3% Si) (*f. - Legierung*), bronzo isima.
Islandspat (*m. - Min.*), spato d'Islanda.
ISO (International Standardizing Organisation, Internationale Normungsorganisation) (*Technol. - etc.*), ISO, Organizzazione Internazionale di Normalizzazione.
isobar (*Chem. - Phys.*), isobaro.
Isobare (*f. - Meteor.*), isobara, curva isobara. 2 ~ **n-ausbeute** (*f. - Kernphys.*), resa di fissione a catena.
Isobathe (Tieflinie) (*f. - Geogr.*), isobata.
Isobutan (*n. - Chem.*), isobutano.
Isochasme (Verbindungslinie von Orten gleicher Polarlichthäufigkeit) (*f. - Geophys.*), isocasmo, linea isocasmo.
Isochinolin (*n. - Chem.*), isochinolina.
Isochore (Zustandsänderung bei konstant Volumen) (*f. - Thermodyn.*), isocora (*s.*).
isochrom (*Opt.*), omocromo.
isochron (*Phys.*), isocrono.
Isochrone (Linie) (*f. - Geogr. - etc.*), isocrona, linea isocrona.
Isochronismus (*m. - Phys.*), isocronismo.
Isodimorphie (Kristall) (*f. - Min.*), isodimorfismo.
Isodose (*f. - Kernphys.*), isodose.
Isodromregler (Proportional-Integral-Regler) (*m. - Ger.*), regolatore proporzionale-integrale.
Isodyname (Verbindungslinie der Orten von gleichem Erdmagnetismus) (*f. - Geophys.*), isodinamica (*s.*), linea isodinamica.
isodynamisch (*Phys.*), isodinamico. 2 ~ **er Zustand** (*Biol.*), isodinamia, isodinamismo.
Isodynregler (Leistungsregler, für Turbinen die Pumpen und Kompressoren antreiben) (*m. - Turb.*), regolatore di potenza.
isoelektrisch (*Elektrochem.*), isoelettrico.

ISO-Empfehlung (*f. - Technol.*), raccomandazione ISO.
ISO-Entwurf (Entwurfs-Vorschlag für eine ISO-Empfehlung) (*m. - Technol.*), proposta-progetto (di raccomandazione) ISO.
Isofermion (*n. - Phys.*), isofermione.
Isogone (Linie gleicher magnetischer Deklination) (*f. - Geogr. - Erdmagnetismus*), linea isogona.
Isohyäte (Regengleiche) (*f. - Meteor.*), isoieta.
Isohypse (Höhenlinie) (*f. - Top. - Geogr.*), isoipsa.
isoionisch (*Chem.*), isoionico.
Isokline (Linie gleicher Inklination) (*f. - Erdmagnetismus*), linea isoclina.
Isolantit (keramisches Isoliermaterial) (*n. - Elekt.*), isolantite.
Isolation (Isolierung) (*f. - Elekt. - Wärme*), isolamento. 2 ~ **s-fehler** (*m. - Elekt.*), difetto di isolamento. 3 ~ **s-klasse** (*f. - Elekt.*), classe di isolamento. 4 ~ **s-material** (Isolierungsstoffe, Isolierstoffe) (*n. - Elekt.*), materiale isolante, isolante. 5 ~ **s-messer** (*m. - Elekt.*), misuratore di isolamento. 6 ~ **s-pegel** (*m. - Elekt.*), livello d'isolamento. 7 ~ **s-prüfer** (*m. - Elekt.*), apparecchio per la prova dell'isolamento. 8 ~ **s-prüfung** (*f. - Elekt.*), prova di isolamento. 9 ~ **s-widerstand** (*m. - Elekt.*), resistenza di isolamento. 10 **Tropen** ~ (*Elekt.*), isolamento tropicale. 11 **Schall** ~ **s-mass** (R) (*Akus.*), indice di riduzione acustica.
Isolator (*m. - Elekt.*), isolatore. 2 ~ (Isolierstoff) (*Elekt.*), isolante (*s.*) materiale isolante. 3 ~ **en-kette** (*f. - Elekt.*), catena di isolatori. 4 ~ **stütze** (*f. - Elekt.*), braccio portaisolatore. 5 **Durchführungs** ~ (*Elekt.*), isolatore passante, passante. 6 **Glocken** ~ (*Elekt.*), isolatore a campana. 7 **Kappen** ~ (*Elekt.*), isolatore a catena di cappe. 8 **Langstab** ~ (*Elekt.*) isolatore a barra. 9 **Stützen** ~ (*Elekt.*), isolatore rigido. 10 **Vollkern** ~ (Motor-Isolator) (*Elekt.*), isolatore a nucleo massiccio.
Isolierband (*n. - Elekt.*), nastro isolante.
isolieren (*Elekt.*), isolare.
Isolierfähigkeit (Isoliervermögen) (*f. - Elekt.*), potere isolante.
Isolierflasche (Thermosflasche) (*f. - Ger.*), « thermos ».
Isolierglocke (*f. - Elekt.*), isolatore a campana.
Isoliergriff (einer Zange z. B.) (*m. - Werkz. - Elekt.*), impugnatura isolante.
Isolierhülle (*f. - Elekt.*), rivestimento isolante, guaina isolante.
Isolierlack (*m. - Elekt. - Anstr.*), vernice isolante, isolante (*s.*).
Isoliermittel (Isolierstoff, Isoliermaterial) (*n. - Bauw.*), materiale isolante.
Isolierrohr (*n. - Elekt.*), tubo isolante, tubo Bergmann.
Isolierrolle (*f. - Elekt.*), isolatore a gola, isolatore a rocchetto.
Isolierstoff (Isoliermaterial) (*m. - Elekt.*), materiale isolante, isolante (*s.*).
isoliert (*Elekt.*), isolato. 2 ~ **er Leiter** (*Elekt.*), conduttore isolato.
Isolierung (*f. - Elekt. - Wärme - etc.*), isolamento.
Isoliervermögen (Isolierfähigkeit) (*n. - Elekt.*) potere isolante.

Iso-Linie (*f.* - *Meteor.* - *Geogr.*), isolinea.
Isomer (Kern) (*n.* - *Kernphys.*), isomero (*s.*).
isomer (Zustand eines Kernes) (*Kernphys.*), isomerico.
Isomerie (*f.* - *Chem.* - *Kernphys.*), isomeria. 2 **geometrische** ~ (cis-trans-Isomerie) (*Chem.*) isomeria geometrica, isomeria cis-trans. 3 **Kern** ~ (Stellungsisomerie) (*Phys.*), isomeria nucleare. 4 **Stellungs** ~ (*Phys.*), *siehe* Kernisomerie. 5 **Stereo** ~ (räumliche Isomerie) (*Chem.*), stereoisomeria, isomeria nello spazio.
Isomerisierung (Strukturumwandlung eines Moleküls) (*f.* - *Chem.*), isomerizzazione.
Isometrie (*f.* - *Zeichn.*), isometria.
isometrisch (*Mass*), isometrico. 2 ~ e **Projektion** (*Zeichn.*), proiezione isometrica, assonometria a sistema monometrico.
isomorph (*Min.*), isomorfo.
Isomorphie (*f.* - *Min.*), isomorfismo.
Iso-Oktan (*n.* - *Kraftstoff*), iso-ottano.
Isoplethe (Linie) (*f.* - *Meteor.*), isopleta, linea isopleta.
Isopren (flüssiger Kohlenwasserstoff) (*n.* - *Chem.*), isoprene.
Isoseiste (*f.* - *Geophys.*), isosisto, isoseisto, linea isosista, isosista, linea isosismica.
Isospin (isobarer Spin, isotoper Spin) (*m.* - *Phys.*), isospin.
Isostasie (Lehre vom Gleichgewichtszustand der Massen innerhalb der Erdkruste) (*f.* - *Geophys.*), isostasi.
isostatisch (*Phys.*), isostatico.
Isotache (Linie oder Feld im Strömungsfeld) (*f.* - *Hydr.* - *etc.*), isotachia.
isotaktisch (Polymer) (*Chem.*), isotattico.
isotherm (*Phys.*), isotermico.
Isotherme (*f.* - *Phys.*), isoterma.
Isothermfahrzeug (Kühlfahrzeug) (*n.* - *Fahrz.*), veicolo frigorifero.
Isothermhärtung (Zwischenstufenumwandlung, Zwischenstufenvergütung, Bainithärtung) (*f.* - *Wärmebeh.*), bonifica isotermica, bonifica intermedia, tempra bainitica isotermica.
isothermisch (*Thermodyn.* - *etc.*), isotermico. 2 ~ e **Verdichtung** (*Thermodyn.*), compressione isotermica.
Isoton (Atomkern) (*m.* - *Atomphys.*), isotono.
Isotop (*n.* - *Chem.*), isotopo. 2 ~ **en·batterie** (Kernbatterie) (*f.* - *Elekt.*), batteria nucleare. 3 ~ **en·haufigkeit** (*f.* - *Kernphys.*), abbondanza isotopica. 4 ~ **en·indikator** (Tracer) (*m.* - *Chem.*), indicatore di isotopi. 5 ~ **en·schleuse** (Ger. zur Isotopentrennung) (*f.* - *Chem.*), separatore di isotopi. 6 ~ **en·spin** (*m.* - *Kernphys.*), spin isotopico. 7 ~ **en·trennung** (*f.* - *Atomphys.*), separazione degli isotopi.
isotop (*Phys.*), isotopico. 2 ~ **er Spin** (*Phys.*), spin isotopico.
Isotron (Ger. zur Isotopentrennung) (*n.* - *Phys.* - *Ger.*), isotrone.

isotrop (*Phys.*), isotropico.
Isotropie (*f.* - *Phys.*), isotropia.
Isovente (Linie gleicher Mittelwerte der Windgeschwindigkeit) (*f.* - *Meteor.*), isoventa.
IS-Schalter (Installations-Selbstschalter, einschaltbarer Schalter) (*m.* - *Elekt.*), interruttore automatico.
I-Stahl (Walzstahlprofil, Doppel-T-Stahl) (*m.* - *metall. Ind.*), profilato a doppio T, trave a doppio T (di acciaio).
Istkosten (*f.* - *pl.* - *Ind.*), costo consuntivo. 2 ~ **rechner** (*m.* - *Ind.*), consuntivista.
Istleistung (*f.* - *Mot.*), potenza effettiva.
Istmass (*n.* - *Mech.*), dimensione reale, dimensione effettiva, misura reale, misura effettiva.
I-Stoss (Stumpfstoss) (*m.* - *Mech.* - *etc.*), giunto di testa.
Iststand (Lagerbestand) (*m.* - *Ind.*), scorta effettiva, giacenza effettiva.
Istwert (*m.* - *Phys.*), valore reale, valore effettivo.
IT (ISA-Toleranzreihe) (*Mech.*), serie di qualità IT (ISA).
i,t-Bild (i,t-Diagramm, Wärmeinhalt-Temperatur-Bild) (*n.* - *Thermodyn.*), diagramma entalpico.
It-Dichtung (Asbest- Gummi- Dichtung) (*f.* - *Mech.*), guarnizione gomma - amianto.
Iteration (*f.* - *Rechner* - *etc.*), iterazione. 2 ~ **s·verfahren** (*n.* - *Math.*), procedimento d'iterazione. 3 ~ **verfahren** (*n.* - *Technol.*), metodo per tentativi.
iterativ (Verfahren) (*Ind.* - *etc.*), discontinuo.
It-Füllung (für Dichtungen) (*f.* - *Mech.*), gomma-amianto.
It-Platte (Dichtungsplatte, aus Asbest, anorganischen Füllstoffen und Gummi) (*f.* - *Mech.*), foglio di guarnizione in gomma-amianto.
I-Träger (*m.* - *metall. Ind.* - *Bauw.*), trave a doppio T.
IVBH (Internationale Vereinigung für Brückenbau und Hochbau) (*Bauw.*), Associazione Internazionale per l'Edilizia e la Costruzione di Ponti.
i. W (in Worten, eine Zipher z. B.) (*finanz.* - *etc.*), in lettere.
I-Wendekreisel (Integrierkreisel) (*m.* - *Ger.*), giroscopio integratore.
IWF (Internationaler Währungsfonds) (*finanz.*), FMI, Fondo Monetario Internazionale.
I-Wirkung (I-Anteil) (*f.* - *Regelung*), azione integrale.
i,x-Diagramm (Entalpie- Feuchtegrad-Diagramm) (*n.* - *Thermodyn.*), diagramma dell'aria umida.
IZO (Internationale Zivilluftfahrt-Organisation) (*Flugw.*), Organizzazione Internazionale dell'Aviazione Civile.
Izod-Prüfung (*f.* - *mech. Technol.*), prova di resilienza Izod (con provetta a sbalzo).

J

J (Strom in Ampere) (*Elekt.*), intensità di corrente, corrente. 2 ~ (Trägheitsmoment, eines Schwungrades z. B.) (*Mech.*), momento d'inerzia, GD². 3 ~ (Jod) (*Chem.*), J, iodio. 4 ~ (Joule) (*Elekt. - Mass*), J, joule.
Jacht (*f. - naut.*), panfilo, « yacht ». 2 **Auxiliar** ~ (*naut.*), yacht con motore ausiliario, panfilo con motore ausiliario. 3 **Kreuzer** ~ (*naut.*), panfilo da crociera, yacht da crociera. 4 **Segel** ~ (*naut.*), panfilo a vela, yacht a vela.
Jacquardkarten (*f. - pl. - Textilind.*), cartoni per macchine Jacquard.
Jacquardmaschine (*f. - Textilmasch.*), telaio Jacquard.
Jacquardweberei (*f. - Textilind.*), tessitura operata.
Jäderindraht (Messdraht für Basismessungen) (*m. - Top.*), apparato di Jäderin.
Jagd (*f. - Sport*), caccia. 2 ~ **bomber** (*m. - Luftw.*), caccia-bombardiere. 3 ~ **flugzeug** (Jäger) (*n. - Luftw.*), aeroplano da caccia, caccia. 4 ~ **gewehr** (*n. - Feuerwaffe*), fucile da caccia. 5 ~ **rakete** (Luft-Luft-Rakete) (*f. - Luftw.*), missile aria-aria. 6 ~ **zapfen** (*m. - Zimm.*), tenone obliquo. 7 **Allwetter** ~ **flugzeug** (*n. - Luftw.*), caccia ognitempo.
Jäger (Jagdflugzeug) (*m. - Luftw.*), aeroplano da caccia, caccia. 2 **Allwetter** ~ (*Luftw.*), caccia ognitempo. 3 **Nacht** ~ (*Luftw.*), caccia notturno.
Jahr (*n. - allg.*), anno. 2 ~ **buch** (*n. - Druck.*), annuario. 3 ~ **es-abschluss** (der Buchführung) (*m. - Buchhaltung*), chiusura dell'esercizio. 4 ~ **es-belastungsdiagramm** (*n. - Elekt.*), curva di carico annuale. 5 ~ **es-bericht** (*m. - finanz.*), relazione di bilancio. 6 ~ **es-bericht** (technischer Bericht z. B.) (*Ind. - etc.*), relazione annuale. 7 ~ **es-erzeugung** (Jahresproduktion) (*f. - Ind.*), produzione annua. 8 ~ **es-gebühr** (für Patente z. B.) (*f. - recht.*), annualità. 9 ~ **es-speicher** (*m. - Hydr.*), serbatoio di regolazione annuale. 10 **Betriebs** ~ (*Adm.*), esercizio. 11 **Finanz** ~ (*finanz.*), anno fiscale.
jahreszeitlich (*Arb. - etc.*), stagionale.
Jakobsleiter (See-Fallreep) (*f. - naut.*), biscaglina.
Jalon (Richtlatte) (*m. - Bauw. - Top.*), palina.
Jalousie (Jalousieverschluss) (*f. - Bauw.*), tenda alla veneziana. 2 ~ **öffnung** (für den Luftzutritt) (*f. - Bauw. - etc.*), apertura a feritoie. 3 ~ **wellblech** (*n. - Bauw.*), lamiera ondulata per saracinesche.
Ja-Nein-Code (Ja/Nein-Code) (*m. - Rechner - etc.*), codice a tutto o niente.
Ja-Nein-Entscheidung (Ja/Nein-Entscheidung) (*f. - Rechner - etc.*), decisione a tutto o niente.
Janka-Härteprüfung (Eindringhärteprüfung für Holz) (*f. - Technol.*), prova Janka.
Japanerkarren (Betonrundkipper) (*m. - Bauw.*), carriola per calcestruzzo.
japanieren (*Anstr.*), laccare.
Japanlack (*m. - Anstr.*), lacca giapponese.
Japanpapier (Reispapier) (*n. - Papierind.*), carta di riso.
Jasmon (*n. - Chem.*), jasmone, giasmone, iasmone.
Jaspis (*m. - Min.*), diaspro.
jäten (*Landw.*), sarchiare.
Jäthacke (*f. - Landw.werkz.*), sarchio.
Jato-Rakete (Startrakete) (*f. - Flugw.*), razzo ausiliario di decollo.
J-Band (5850-8200 MHz) (*n. - Funk. - etc.*), banda J.
je (nachdem) (*allg.*), secondo. 2 ~ **Länge** (*allg.*), secondo la lunghezza. 3 ~ **Meter Länge** (*Mass*), per metro lineare.
Jeep (*m. - Aut.*), jeep.
Jenaer Glas (*n. - Glasind.*), vetro di Jena.
Jenny (*f. - Textilmasch.*), filatoio intermittente.
Jet (Gasstrahl) (*m. - Flugw. - etc.*), getto di gas. 2 ~ (Verkehrsflugzeug) (*Flugw.*), « jet », aviogetto di linea.
Jeweils-Änderung (eines Programms) (*f. - Rechner - etc.*), modifica in corso.
Jeweilsparameter (*m. - Rechner*), parametro di programma.
JFZ (*Chem. - Anstr.*), siehe Jodfarbzahl (*f.*).
Jidde (*Wass.b.*), siehe Deichrampe.
Jigger (Breitfärbemaschine für Gewebe) (*m. - Textilmasch.*), macchina per la coloritura in largo. 2 ~ (Segel) (*naut.*), vela di mezzana.
J-Kopf (Zylinderkopf mit hängender Ventilanordnung) (*m. - Verbr. motor*), testa a J, testa con valvole in testa.
Joch (*n. - Wass.b. - Brück.b.*), pila ad arco. 2 ~ (Magnetjoch) (*Elekt.*), giogo. 3 ~ (Jochpfahl) (*Bauw.*), stilata, palata. 4 ~ (Rahmen zum Schachtausbau) (*Bergbau*), quadro. 5 ~ **bolzen** (eines Transformators) (*m. - Elekt.*), tirante pressa-pacco gioghi. 6 ~ **weite** (Jochspannung, einer Brücke) (*f. - Brück.b.*), luce della campata.
Jod (I - *n. - Chem.*), iodio. 2 ~ **farbzahl** (*f. - Chem. - Anstr.*), colore (espresso) in iodio, numero di iodio. 3 ~ **-Licht** (*n. - Aut.*), luce allo iodio. 4 ~ **oform** (CHI₃) (Trijodmethan) (*n. - Pharm.*), iodoformio. 5 ~ **tinktur** (*f. - Pharm.*), tintura di iodio. 6 ~ **zahl** (für Fettprüfung) (*f. - Chem.*), numero di iodio.
Johanssonmass (Parallelendmass) (*n. - Mech.*), blocchetto Johansson, blocchetto piano parallelo.
Jolle (Ruderboot) (*f. - naut.*), jole.
Jominy-Versuch (Härtbarkeitsversuch) (*m. - Metall.*), prova (di temprabilità) Jominy.
Jones-Härteprüfung (Eindringhärteprüfung für Gummi) (*f. - Technol.*), prova Jones.

Jones-Probe (für Spannungskorrosionsprüfung) (*f. - Technol.*), provino Jones.
Jonon (Riechstoff) (*n. - Chem.*), ionone.
Joule (Wattsekunde, Masseinheit der elekt. Energie, 1 J = 10^7 erg) (*n. - Elekt.*), joule. 2 ~ **meter** (*n. - Elekt. - Ger.*), joulometro. 3 ~ **sche Wärme** (*Elekt.*), effetto Joule.
Journal (Tageszeitung) (*n. - Zeitg.*), giornale, quotidiano. 2 ~ **fräulein** (Journalführerin, Buchhalterin, für Hotels, etc.) (*f. - Arb.*) (*österr.*), contabile (*s.*), segretaria (di albergo). 3 **Kassa** ~ (*Adm.*), giornale di cassa. 4 **See** ~ (*naut.*), giornale di bordo.
JP-Brennstoff (Jet-Propellant-Brennstoff, für Turbostrahltriebwerke) (*m. - Flugw. - Brennst.*), propellente per turbogetti, combustibile per turbogetti.
Jugendlich (*m. - Arb. - etc.*), minore (*s.*).
Jungfer (Stampfer) (*f. - Strass.b.werkz.*), siehe Handramme.
Jungfernflug (*m. - Flugw.*), primo volo.
Jura (*m. - Geol.*), giurassico.
Justierarbeit (*f. - Instr. - etc.*), operazione di messa a punto, messa a punto.

justierbar (einstellbar) (*Mech. - etc.*), registrabile, regolabile.
Justieren (Massläppen, Nacharbeiten von Rachenlehren) (*n. - Mech.*), lappatura. 2 ~ (*Mech.*), siehe auch Justierung.
justieren (fein einstellen) (*Instr. - Mech. - etc.*), registrare, regolare. 2 ~ (einpassen) (*Mech.*), aggiustare. 3 ~ (die Zeilenlänge abgleichen) (*Druck.*), mettere a giustezza, giustificare.
Justierschraube (*f. - Mech.*), vite di registro.
Justierung (Einstellung) (*f. - Mech. - etc.*), regolazione, registrazione. 2 ~ (Einpassung) (*Mech.*), aggiustaggio. 3 ~ (Abgleichung der Zeilenlänge) (*Druck.*), giustificazione, messa a giustezza.
Justierwalzwerk (*n. - Walzw.*), laminatoio finitore.
Jute (*f. - Text.*), iuta. 2 ~ **sack** (*m. - Transp. - Text.*), sacco di iuta. 3 ~ **sacktuch** (*n. - Text.*), tela iuta da sacchi.
Juwelierarbeit (*f. - Kunst*), gioielleria, arte orafa, arte di lavorare i gioielli.
JZ (Jodzahl) (*Chem.*), numero di iodio.

K

K (Kelvin) (*Temperatureinheit*), K, Kelvin. 2 ~ (Kalium) (*Chem.*), K, potassio.
k (Kilo- = 10³) (*Mass*), k, chilo. 2 ~ (elektrochemisches Äquivalent) (*Elektrochem.*), equivalente elettrochimico. 3 ~ (Boltzmannsche Konstante) (*Phys.*), k, costante di Boltzmann. 4 ~ (Gewichtseinheit = 200 mg) (*Einheit*), 200 mg. 5 ~ (Karat) (*Masseinheit*), carato. 6 ~ (Kathode) (*Funk.*), catodo. 7 ~ (kΩ, bei Spezifikation eines Potentiometers z. B.) (*Elekt.*), kΩ.
kA (kiloampere) (*elekt. Mass*), chiloampere.
ka (kaltausgehärtet, Aluminium-Gusslegierung) (*Giess. - Wärmebeh.*), invecchiato naturalmente.
Kaar (*n. - Geol.*), siehe Kar.
Kabbelsee (*f. - See*), mare rotto, maretta, mare corto.
Kabel (elekt. Leitung) (*n. - Elekt.*), cavo. 2 ~ (Drahtseil, für Bergbahnen z. B.) (*Seil*), fune (metallica). 3 ~ **ader** (*m. - Elekt.*), conduttore di un cavo. 4 ~ **auslegung** (*f. - Elekt.*), posa di un cavo. 5 ~ **bagger** (*m. - Erdbew.masch.*), escavatore a benna trascinata, escavatore a benna strisciante, « drag-line ». 6 ~ **bahn** (*f. - Eisenb.*), ferrovia funicolare, funicolare. 7 ~ **band** (Kabelschelle) (*Elekt.*), fascetta per cavi, serracavi. 8 ~ **baum** (Kabelkamm) (*m. - Fernspr.*), pettine del cavo. 9 ~ **belastungsmöglichkeit** (*f. - Elekt.*), capacità di carico del cavo. 10 ~ **bewehrungsmaschine** (*f. - Elekt. - Masch.*), macchina per armare cavi. 11 ~ **bodenkanal** (Kabelkanal) (*m. - Elekt.*), cunicolo per cavi. 12 ~ **brücke** (Hängebrükke) (*f. - Bruck.b.*), ponte sospeso. 13 ~ **brunnen** (Kabelschacht) (*m. - Elekt.*), cameretta di distribuzione (dei cavi). 14 ~ **dampfer** (*m. - naut.*), nave posacavi, posacavi. 15 ~ **durchgang** (*m. - Elekt. - etc.*), passacavo. 16 ~ **endverschluss** (*m. - Elekt.*), terminale per cavi. 17 ~ **garnitur** (*f. - Elekt.*), accessori per cavi. 18 ~ **gatt** (Schiffsraum für Tauwerk) (*n. - naut.*), gavone (di poppa) per cavi (da rimorchio), pozzo per cavi. 19 ~ **graben** (Kabelgrube) (*m. - Elekt.*), cunicolo per cavi. 20 ~ **hochführung** (*f. - Bauw.*), traccia verticale per cavi. 21 ~ **isoliermaschine** (*f. - Elekt. - Masch.*), macchina per l'isolamento dei cavi, macchina isolacavi. 22 ~ **kamm** (Kabelbaum) (*m. - Fernspr.*), pettine del cavo. 23 ~ **kanal** (*m. - Elekt.*), cunicolo per cavi. 24 ~ **kappe** (*f. - Elekt.*), cappuccio (terminale) per cavi. 25 ~ **kasten** (*m. - Elekt.*), cassetta di giunzione per cavi. 26 ~ **keller** (*m. - Elekt.*), camera di distribuzione sotterranea (di cavi). 27 ~ **kette** (*f. - naut.*), catena (dell'àncora). 28 ~ **klemme** (*f. - Elekt.*), morsetto per cavi. 29 ~ **kordriemen** (Gummiriemen mit Kordfädeneinlage) (*m. - Mech.*), cinghia (piana di gomma) con filati cord. 30 ~ **kran** (*m. - ind. Masch.*), « blondin ». 31 ~ **länge** (0,1 Seemeile = 185,31 m) (*f. - naut.*), $^1/_{10}$ di miglio marino, misura di lunghezza uguale a 185,31 m. 32 ~ **leger** (Kabeldampfer) (*m. - naut.*), nave posacavi, posacavi. 33 ~ **legung** (*f. - Elekt. - etc.*), posa dei cavi. 34 ~ **mantel** (zum Schutz gegen Feuchtigkeit) (*m. - Elekt.*), involucro di protezione per cavi, guaina di protezione per cavi. 35 ~ **mantelpresse** (*f. - Masch.*), pressa per estrusione (diretta) della guaina sui cavi. 36 ~ **masse** (Isoliermaterial) (*f. - Elekt.*), materiale isolante per cavi. 37 ~ **messwagen** (*m. - Elekt.*), carro provacavi. 38 ~ **muffe** (*f. - Elekt.*), cassetta di giunzione per cavi. 39 ~ **öse** (Ösenschuh) (*f. - Elekt.*), capocorda ad anello. 40 ~ **panzerung** (*f. - Elekt.*), armatura per cavi. 41 ~ **reduktionsfaktor** (*m. - Fernspr. - etc.*), fattore di riduzione per cavi. 42 ~ **rundkopplung** (*f. - Elekt.*), connettore per cavi, connettore multipolare per cavi. 43 ~ **schacht** (Kabelbrunnen) (*m. - Elekt.*), cameretta di distribuzione (per cavi). 44 ~ **schelle** (zum Zusammenhalten mehrerer Kabeln) (*f. - Elekt.*), serracavi, fascetta per cavi. 45 ~ **schlag** (dreifache Verseilung) (*m. - Seile*), triplo avvolgimento. 46 ~ **schlauch** (*m. - Elekt.*), guaina flessibile per cavi. 47 ~ **schritt** (*m. - Elekt.*), passo (di cordatura) del cavo. 48 ~ **schuh** (*m. - Elekt.*), capocorda. 49 ~ **schutz** (*m. - Elekt.*), guaina protettiva per cavi. 50 ~ **seele** (stromführender Teil) (*f. - Elekt.*), anima del cavo. 51 ~ **spleissung** (*f. - Elekt.*), giunzione del cavo. 52 ~ **sprosse** (*f. - Elekt.*), portacavo. 53 ~ **spürer** (Kabelsuchgerät) (*m. - Ger.*), cercacavi, apparecchio identificatore di cavi. 54 ~ **stecker** (*m. - Elekt.*), capocorda a spina (per cavi). 55 ~ **tau** (*n. - naut.*), gomena, gherlino. 56 ~ **tragdraht** (*m. - Elekt.*), pendino (per cavi). 57 ~ **trommel** (*f. - Elekt. - etc.*), tamburo per cavi. 58 ~ **überführungskasten** (Kabelverteiler) (*m. - Elekt.*), cassetta di distribuzione per cavi. 59 ~ **umklöppelung** (*f. - Elekt.*), treccia, calza per cavi. 60 ~ **umspritzmaschine** (*f. - Elekt. - Masch.*), macchina per l'estrusione di guaine su cavi. 61 ~ **verankerung** (*f. - Brück.b. - etc.*), ancoraggio per cavi, ancoraggio per funi. 72 ~ **verbinder** (*m. - Elekt.*), connettore per cavi. 63 ~ **verbinder** (*Arb.*), giuntista di cavi. 64 ~ **verbindungskasten** (*m. - Elekt.*), cassetta di giunzione per cavi. 65 ~ **verlegemaschine** (*f. - Elekt. - etc. Masch.*), macchina posacavi, macchina per la posa di cavi. 66 ~ **verlegung** (*f. - Elekt.*), posa di cavi. 67 ~ **verteiler** (*m. - Elekt.*), cassetta di distribuzione per cavi. 68 ~ **verzweiger** (*m. - Elekt.*), cassetta di derivazione (per cavi). 69 ~ **wagen** (*m. - Elekt.*), carro portacavi, carrello portacavi, carro bobina. 70 ~ **zug** (*m. - Elekt.*), tesatura del cavo. 71 ~ **zuschlag** (Lose des Kabels) (*m. - Elekt.*),

kabeln

imbando di cavo. **72 armiertes** ~ (bewehrtes) (*Elekt.*), cavo armato. **73 belastetes** ~ (pupinisiertes Kabel) (*Fernspr.*), cavo pupinizzato, cavo caricato. **74 bewehrtes** ~ (armiertes) (*Elekt.*), cavo armato. **75 biegsames** ~ (*Mech.*), cavo flessibile. **76 Blei** ~ (*Elekt.*), cavo sottopiombo. **77 Bowden** ~ (*Mech.*), cavo Bowden. **78 Draht** ~ (Drahtseil) (*Seil*), fune metallica. **79 Dreileiter** ~ (*Elekt.*), cavo tripolare. **80 Druck** ~ (mit Öl oder Gas gefüllt) (*Elekt.*), cavo in pressione. **81 ein** ~ **verlegen** (*Elekt.*), posare un cavo. **82 Fernsprech** ~ (*Fernspr.*), cavo telefonico. **83 Gummi-Blei** ~ *Elekt.*), cavo isolato con gomma sottopiombo. **84 gummiisoliertes** ~ (*Elekt.*), cavo isolato con gomma. **85 Gummi** ~ (gummiisoliertes Kabel) (*Elekt.*), cavo isolato con gomma. **86 Gürtel** ~ (*Elekt.*), cavo con cintura. **87 koaxiales** ~ (*Funk.* - *Fernseh.*), cavo coassiale. **88 Kraftübertragungs** ~ (*Elekt.*), cavo per forza (motrice). **89 Kunststoff** ~ (*Elekt.*), cavo isolato con resine sintetiche, cavo sottoplastica. **90 Licht** ~ (*Elekt.*), cavo (per) luce. **91 Luft** ~ (*Elekt.*), cavo aereo. **92 Mehrleiter** ~ (*Elekt.*), cavo multipolare. **93 Öl** ~ (ölgefülltes Kabel) (*Elekt.*), cavo in olio. **94 Panzer** ~ (bewehrtes Kabel) (*Elekt.*), cavo armato. **95 papierisoliertes** ~ (Papierkabel) (*Elekt.*), cavo isolato con carta. **96 Papier** ~ (papierisoliertes Kabel) (*Elekt.*), cavo isolato con carta. **97 Schlepp** ~ (*Seil*), cavo da rimorchio, fune da rimorchio. **98 Schlepp** ~ (Energieführungskette) (*Ind.*), catena portacavi. **99 See** ~ (*Fernspr.* - *Telegr.*), cavo sottomarino. **100 Telegraphensee** ~ (*Telegr.*), cavo telegrafico sottomarino. **101 umklöppeltes** ~ (*Elekt.*), cavo sottotreccia. **102 Untergrund** ~ (unterirdisches Kabel) (*Elekt.*), cavo interrato, cavo sotterraneo.

kabeln (telegraphieren) (*Telegr.*), telegrafare.

Kabine (*f.* - *naut.*), cabina. 2 ~ (einer Seilbahn) (*Bergbahn*), cabina. 3 ~ (*Fernspr.*), cabina (telefonica). 4 ~ (eines Flugzeugs) (*Flugw.*), cabina (passeggeri). 5 ~ n·bahn (*f.* - *Bergbau*), funivia. 6 ~ n·bahnsystem (*n.* - *Transp.*), sistema di cabinovie. 7 ~ n·dachbrecher (eines Schleudersitzes) (*m.* - *Flugw.*), dispositivo rottura tettuccio abitacolo. 8 ~ n·druckhöhe (von Passagierflugzeugen) (*f.* - *Flugw.*), quota (mantenuta) in cabina mediante pressurizzazione, quota pressurizzata in cabina. 9 ~ n·druckregler (*m.* - *Flugw.*), regolatore pressione cabina, regolatore della pressurizzazione cabina. 10 ~ n·höhe (etwa 2300 m, durch Luftverdichter gehalten) (*f.* - *Flugw.*), quota in cabina. 11 ~ n·höhenwähler (*m.* - *Flugw.*), selettore pressurizzazione cabina, impostatore pressione cabina. 12 ~ n·koffer (*m.* - *Transp.*), baule. 13 ~ n·luftverdichter (*m.* - *Flugw.*), pressurizzatore di cabina. 14 ~ n·roller (Motorroller mit zwei lenkbaren Vorderrädern und aufklappbarem Verdeck) (*m.* - *Fahrz.*), motoretta cabinata a triciclo. 15 **druckfeste** ~ (*Flugw.*), cabina stagna, cabina pressurizzata. 16 **Gross** ~ (einer Seilschwebebahn, für mehr als sechs Personen) (*Transp.*), cabina grande. 17 **Klein** ~ (einer Seilschwebebahn, bis sechs Personen) (*Transp.*), cabina piccola. 18 **schalltote** ~ (*Akus.*), cabina afonica.

Kablierung (Verdrahtung) (*f.* - *Elekt.*), cablaggio.

Kabotage (Küstenschiffahrt) (*f.* - *naut.*), cabotaggio.

Kabrio (*Aut.*), siehe Cabriolett.

Kabriolett (*n.* - *Aut.*), siehe Cabriolett.

Kabrio-Limousine (*f.* - *Aut.*), siehe Cabrio-Limousine (*f.*).

Kachel (Platte aus gebranntem Ton, zur Bekleidung von Öfen z. B.) (*f.* - *Bauw.*), piastrella, tessera.

Kadenz (Feuergeschwindigkeit einer Waffe z. B.) (*f.* - *milit.*), cadenza.

Kader (*m.* - *milit.*), quadro. 2 ~ (eines Unternehmens) (*Ind.* - *Organ.*), quadri direttivi. 3 ~ **ausbildung** (*f.* - *Pers.* - *Ind.*), formazione dei quadri direttivi.

Kadmieren (Verkadmen) (*n.* - *mech. Technol.*), cadmiatura.

kadmieren (verkadmen) (*mech. Technol.*), cadmiare.

Kadmium (Cd - *n.* - *Chem.*), cadmio. 2 ~ **gelb** (CdS) (Kadmiumsulfid) (*n.* - *Chem.*), giallo di cadmio, solfuro di cadmio.

Kaffee-Ersatz (*m.* - *Ind.*), surrogato del caffè.

Kaffeemaschine (für Espresso-Verfahren) (*f.* - *Masch.*), macchina da caffè (espresso). 2 ~ (Gerät zur Kaffeebereitung) (*Ger.*), macchinetta per caffè.

Kaffeemühle (*f.* - *Ger.*), macinino da caffè.

Käfig (*m.* - *allg.*), gabbia. 2 ~ (eines Kugellagers z. B.) (*Mech.*), gabbia. 3 ~ **anker** (*m.* - *Elekt.*), siehe Käfigläufer. 4 ~ **ankermotor** (Kurzschlussläufermotor) (*m.* - *Elektromot.*), motore a gabbia (di scoiattolo). 5 ~ **antenne** (*f.* - *Funk.*), antenna a gabbia. 6 ~ **läufer** (Käfiganker, Kurzschlussanker, rotierender Teil eines Asynchronmotors) (*m.* - *Elekt.*), rotore a gabbia. 7 ~ **läufermotor** (*n.* - *Elekt.*), motore a gabbia di scoiattolo. 8 ~ **wicklung** (*f.* - *Elekt.*), avvolgimento a gabbia di scoiattolo. 9 **Kugel** ~ (eines Kugellagers) (*Mech.*), gabbia per sfere. 10 **Nadel** ~ (*Mech.*), gabbia a rullini.

kahl (leer, Wand z. B.) (*allg.*), nudo. 2 ~ (Schiff, ohne Takelwerk) (*naut.*), nudo.

Kahn (kleines ungedecktes Boot) (*m.* - *naut.*), piccola imbarcazione. 2 ~ (Schleppkahn, Lastschiff mit flachem Boden) (*naut.*), chiatta. 3 ~ **brücke** (*f.* - *naut.*), ponte di chiatte. 4 ~ **schaufel** (*f.* - *naut.*), gottazza, vuotazza, sassola, sessola.

Kai (Kaje) (*m.* - *naut.*), banchina. 2 ~ **liegegebühr** (Kaigeld) (*f.* - *naut.*), diritti di banchina.

Kainit ($KCl \cdot MgSO_4 \cdot 3\,H_2O$) (*m.* - *Min.*), cainite.

Kaje (*f.* - *naut.*), siehe Kai.

Kajüte (Kabine) (*f.* - *naut.*), cabina. 2 ~ n·treppe (*f.* - *naut.*), scaletta di boccaporto.

Kakodyl [$-As_2(CH_3)_4$] (*n.* - *Chem.*), cacodile. 2 ~ **säure** [$(CH_3)_2As O \cdot OH$] (*f.* - *Chem.*), acido cacodilico.

Kal (kcal, Kilogrammkalorie) (*Einheit*), kcal, chilocaloria, grande caloria.

kal (Grammkalorie) (*Einheit*), cal, piccola caloria, grammocaloria.

Kalander (zum Glätten von Geweben z. B.)

(*m. - Masch.*), calandra. 2 ~ (zum Glätten von Papier) (*Papierind.masch.*), calandra, liscia, satinatrice, calandra per lucidatura. 3 ~ **effekt** (Orientierung der Kautschukmoleküle in Kalanderrichtung) (*m. - Gummiind.*), effetto calandra. 4 **Friktions** ~ (*Masch.*), calandra a frizione. 5 **Präge** ~ (Gaufrierkalander) (*Masch.*), calandra per goffrare, calandra goffratrice.
Kalandern (*n. - Textilind. - etc.*), calandratura.
kalandern (kalandrieren) (*Papierind. - etc.*), calandrare.
Kalandrieren (*n. - Papierind.*), calandratura.
Kaldo-Verfahren (Kalling-Domnarvet-Verfahren, zur Stahlerzeugung durch Einblasen von Sauerstoff in waagerecht liegende Drehtrommel) (*n. - Metall.*), processo Kaldo.
Kaleidophon (*n. - Phys. - Ger.*), caleidofono.
Kaleidoskop (optisches Spielzeug) (*n. - Opt.*), caleidoscopio.
Kalender (*m. - komm.*), calendario. 2 ~ **Jahr** (*n. - komm. - etc.*), anno solare.
Kalfateisen (*n. ; Werkz.*), ferro da calafato.
Kalfaterer (*m. - Arb. - naut.*), calafato.
Kalfaterhammer (*m. - Werkz.*), mazzuolo da calafato.
Kalfatern (*n. - naut.*), calafataggio.
kalfatern (*naut.*), calafatare.
Kali (Kalium) (*n. - Chem.*), potassio. 2 ~ (Kalisalz) (*Bergbau*), sale potassico. 3 ~ (Kaliumhydroxyd, Kalilauge) (*Chem.*), potassa caustica. 4 ~ **-Bergwerk** (*n. - Bergbau*), miniera di sali potassici. 5 ~ **düngesalz** (Kalidünger) (*n. - Ack.b.*), fertilizzante potassico. 6 ~ **glas** (*n. - Glasind.*), vetro potassico. 7 ~ **lager** (*n. - Bergbau*), giacimento potassico, giacimento di sali potassici. 8 ~ **lauge** (Lösung von Kaliumhydroxyd) (*f. - Chem.*), potassa caustica. 9 ~ **salpeter** (Kaliumnitrat) (*m. - Chem.*), nitrato potassico, salnitro. 10 ~ **salz** (*n. - Chem.*), sale potassico. 11 ~ **wasserglas** (Kaliumsilikat) (*n. - Chem.*), vetro solubile, silicato di potassio.
Kaliber (innerer Durchmesser) (*n. - Feuerwaffe*), calibro. 2 ~ (Messkaliber, Werkz. zum Messen von Dicken etc.) (*Werkz.*), calibro. 3 ~ (Öffnung zwischen zwei Walzen) (*Walzw.*), calibro, altezza calibrata. 4 ~ **achse** (einer Öffnung) (*f. - Walzw.*), asse neutro (del calibro). 5 ~ **anzug** (*m. - Walzw.*), conicità del calibro. 6 ~ **bohrer** (*m. - Werkz.*), punta finitrice. 7 ~ **bolzen** (Grenzlehrdorn) (*m. - Werkz.*), calibro a tampone. 8 ~ **dorn** (Grenzlehrdorn) (*m. - Werkz.*), calibro a tampone. 9 ~ **fräsmaschine** (*f. - Werkz.masch. - Walzw.*), fresatrice per calibri (di laminazione). 10 ~ **haltigkeit** (*f. - Giess. - etc.*), precisione (dimensionale). 11 ~ **lehre** (Ringlehre) (*f. - Werkz.*), calibro ad anello. 12 ~ **öffnung** (Kaliber) (*f. - Walzw.*), calibro. 13 ~ **ring** (Ringlehre) (*m. - Werkz.*), calibro ad anello. 14 ~ **walze** (*f. - Walzw.*), cilindro con calibro, cilindro con scanalatura, cilindro con sagoma. 15 ~ **walzwerk** (*n. - Walzw.*), laminatoio per profilati. 16 **geschlossenes** ~ (*Walzw.*), calibro chiuso. 17 **offenes** ~ (*Walzw.*), calibro aperto. 18 **periodisches** ~ (bei dem am Walzenumfang periodisch wiederkehrende Vertiefungen oder Erhöhungen vorkommen) (*Walzw.*), calibro periodico, calibro che produce rientranze o sporgenze periodiche sul laminato. 19 **totes** ~ (*Walzw.*), calibro falso.
kaliberhaltig (*Mech. - etc.*), a misura.
Kalibreur (*m. - Walzw.*), progettista di calibri (di laminatoio).
Kalibrierdorn (für Kunststoffe) (*m. - Werkz.*), siehe Blasdorn.
Kalibrieren (es erfolgt sofort nach dem warmen Abgraten um Schmiedestücke zu erhalten die in ihren Abmessungen oder in ihrem Gewicht besonders genau sind) (*Schmieden*), calibratura (a caldo). 2 ~ (Entwurf) (*Walzw. - Zeichn.*), progettazione di calibri di (laminazione). 3 **Kalt** ~ (Prägen, der Schmiedestükke) (*Schmieden*), calibratura a freddo.
kalibrieren (ein vorgepresstes Gesenkschmiedestück prägen) (*Schmieden*), calibrare. 2 ~ (ein Werkstück messen) (*Mech.*), calibrare. 3 **kalt** ~ (*Schmieden*), calibrare a freddo.
Kalibrierpresse (*f. - Schmiedemasch.*), pressa per calibrare.
kalibriert (*Schmieden*), calibrato. 2 **kalt** ~ (*Schmieden*), calibrato a freddo.
Kalibrierteil (eines Räumwerkzeuges) (*m. - Werkz.*), tratto calibratore.
Kalibrierung (*f. - Walzw. - Schmieden*), calibratura. 2 ~, siehe auch Kalibrieren.
Kalibrierzahn (eines Räumwerkzeuges) (*m. - Werkz.*), dente calibratore.
Kalifornientest (für Kraftfahrzeugabgase) (*n. - Mot. - Aut.*), prova California.
Kalifornium (radioakt. Element) (*Cf - n. - Chem. - Radioakt.*), californio.
Kaliko (Kalikot) (*m. - Text.*), calicò, cotonina.
Kalinit (*m. - Min.*), calinite.
Kalium (*K - n. - Chem.*), potassio. 2 ~ **bichromat** ($K_2Cr_2O_7$) (*n. - Chem.*), bicromato potassico. 3 ~ **bikarbonat** ($KHCO_3$) (*n. - Chem.*), bicarbonato potassico. 4 ~ **bisulfat** ($KHSO_4$) (*n. - Chem.*), bisolfato potassico. 5 ~ **chlorat** ($KClO_3$) (*n. - Chem. - Pharm.*), clorato di potassio. 6 ~ **hydroxyd** (KOH) (Ätzkali) (*n. - Chem.*), potassa caustica. 7 ~ **nitrat** (Kalisalpeter) (*n. - Chem.*), nitrato di potassio, salnitro. 8 ~ **silikat** (Kaliwasserglas) (*n. - Chem.*), silicato di potassio, vetro solubile.
Kalk (CaO) (Kalziumoxyd) (*m. - Maur.*), calce viva. 2 ~ **anstrich** (Tünche) (*m. - Maur.*), bianco, bianco di calce, latte di calce. 3 ~ **beton** (*m. - Bauw.*), calcestruzzo a base di calce idraulica. 4 ~ **boden** (*m. - Geol.*), suolo calcareo. 5 ~ **elend** (im Hochofen) (*n. - Giess. - Metall.fehler*), difetto dovuto ad eccesso di calcare. 6 ~ **farben** (*f. - pl. - Bauw.*), tinte a calce. 7 ~ **gestein** (*n. - Min.*), calcare. 8 ~ **grube** (Löschgrube) (*f. - Maur.*), bagnolo (di estinzione) della calce. 9 ~ **härte** (des Wassers) (*f. - Hydr.*), durezza da calcio. 10 ~ **hydrat** (*n. - Bauw.*), idrato di calce. 11 ~ **krücke** (Kalkhaue) (*f. - Maur. - Werkz.*), zappa. 12 ~ **löschen** (*n. - Maur.*), spegnimento della calce. 13 ~ **löschen** (*v. - Maur.*), spegnere la calce. 14 ~ **messer** (*m. - Ger.*), calcimetro. 15 ~ **milch** (*f. - Maur.*), latte di calce. 16 ~ **mörtel** (*m. - Maur.*), malta di calce. 17 ~ **ofen** (*m. - Ofen*), forno per calce

kalkartig

18 ~ **putz** (*m. - Maur.*), intonaco di calce. 19 ~ **salpeter** (Kalziumnitrat) (*m. - Chem.*), nitrato di calcio. 20 ~ **sodaverfahren** (um die Härte des Wassers zu reduzieren) (*n. - Hydr.*), processo carbocalcico, processo a calce-soda. 21 ~ **spat** (CaCO₃) (Kalzit) (*m. - Min.*), calcite, spato d'Islanda, spato calcare. 22 ~ **stein** (CaCO₃) (Kalziumkarbonat) (*m. - Min.*), carbonato di calcio, calcare. 23 ~ **stein** (Kalkzuschlag) (*Giess. - Metall.*), calcare, « castina ». 24 ~ **stickstoff** (CaCN₂) (Kalziumzyanamid) (*m. - chem. Ind.*), calciocianamide. 25 ~ **teig** (mit Wasserüberschuss gelöschter Kalk) (*m. - Bauw.*), pasta di calce. 26 ~ **tuff** (*m. - Min.*), tufo calcareo. 27 ~ **tünche** (Kalkmilch) (*f. - Maur.*), bianco di calce, bianco, latte di calce. 28 ~ **verfahren** (für Wasser) (*n. - Hydr.*), trattamento con calce. 29 ~ **verlöschen** (*v. - Maur.*), spegnere la calce. 30 ~ **wasser** (stark verdünnte Lösung von Kalk) (*n. - Bauw.*), acqua di calce. 31 ~ **wolle** (Kalkäscherwolle) (*f. - Textil.*), lana calcinata. 32 ~ **zementmörtel** (*m. - Bauw.*), malta di calce e cemento, malta bastarda. 33 ~ **zuschlag** (Kalkstein) (*m. - Giess. - Metall.*), calcare, « castina ». 34 **Ätz** ~ (CaO) (Kalziumoxyd) (*Maur.*), calce viva. 35 **fetter** ~ (*Maur.*), calce grassa. 36 **gebrannter** ~ (Kalziumoxyd) (*Maur.*), calce viva. 37 **gelöschter** ~ [Ca(OH)₂] (Kalziumhydroxyd) (*Maur.*), calce spenta. 38 **Grau** ~ (magerer Kalk) (*Maur.*), calce magra. 39 **hochhydraulischer** ~ (*Bauw.*), calce ad alta idraulicità. 40 **hydraulischer** ~ (Wasserkalk) (*Maur.*), calce idraulica. 41 **Luft** ~ (*Bauw. - Maur.*), calce aerea. 42 **Mager** ~ (magerer Kalk) (*Maur.*), calce magra. 43 **magerer** ~ (Graukalk, Magerkalk) (*Maur.*), calce magra. 44 **ungelöschter** ~ (*Maur.*), calce viva. 45 **Wasser** ~ (hydraulischer Kalk) (*Maur.*), calce idraulica.

kalkartig (*Min. - etc.*), calcareo.

Kalken (Tünchen) (*n. - Maur.*), imbiancatura (a calce).

kalken (Wände tünchen) (*Maur.*), imbiancare, dare il bianco (di calce).

Kälken (Tauchen von Drähten in Kalkmilch vor dem Zug) (*n. - mech. Technol.*), immersione in latte di calce, neutralizzazione in latte di calce.

Kalkül (Rechnungsart) (*m. - n. - Math. - etc.*), calcolo.

Kalkulation (Berechnung der Kosten eines Produktes) (*f. - Buchhaltung*), determinazione dei costi, analisi dei costi, calcolazione dei costi. 2 **Nach** ~ (Kostenrechnung) (*Buchhaltung*), consuntivo, determinazione dei costi a consuntivo. 3 **Vor** ~ (Kostenrechnung) (*Buchhaltung*), preventivo di costo, determinazione dei costi a preventivo.

Kalkulator (Rechnungsbeamter) (*m. - Pers.*), contabile. 2 ~ (von Kosten) (*Adm. - Ind.*), preventivista.

Kalkulatur (*f. - Lehre*), computisteria.

kalkulieren (berechnen) (*allg.*), calcolare.

Kalling-Verfahren (*n. - Metall.*), processo Kalling.

Kalme (Windstille) (*f. - naut. - Meteor.*), calma, bonaccia. 2 ~ **n·zone** (*f. - Geogr. - naut.*), zona delle calme.

Kalomel (Hg₂Cl₂) (*n. - Chem.*), calomelano. 2 ~ **elektrode** (*f. - Elekt. - chem. Ind.*), elettrodo al calomelano.

Kalorie (cal, Wärmeeinheit) (*f. - Mass*), caloria, piccola caloria. 2 15°- ~ (= 4,1855 J) (*Wärme*), caloria 15° C. 3 **Gramm** ~ (kleine Kalorie) (*Masseinheit*), grammocaloria, piccola caloria. 4 **grosse** ~ (Kilogrammkalorie kcal = 1000 cal) (*Masseinheit*), grande caloria, chilocaloria. 5 **I.T.** ~ (Internationale Tafelkalorie = 4,18684 J) (*Wärme*), caloria I.T. 6 **Kilogramm** ~ (grosse Kalorie) (*Masseinheit*), chilocaloria, grande caloria. 7 **kleine** ~ (Grammkalorie) (*Masseinheit*), piccola caloria, grammocaloria. 8 **thermochemische** ~ (= 4,1833 J$_{int}$) (*Wärme*), caloria termochimica.

Kalorimeter (Wärmemesser) (*n. - Ger.*), calorimetro. 2 **Differential-** ~ (Zwillingskalorimeter) (*Ger.*), calorimetro differenziale, microcalorimetro differenziale. 3 **Eis** ~ (*Wärme - Ger.*), calorimetro a ghiaccio. 4 **Junkers-** ~ (Verbrennungskalorimeter) (*Ger.*), calorimetro di Junker. 5 **Strömungs** ~ (*Ger.*), calorimetro a flusso continuo.

Kalorimetrie (*f. - Chem. - Phys.*), calorimetria.

kalorimetrisch (*Wärme*), calorimetrico. 2 ~ **e Bombe** (Wärmemesser) (*Wärme - Ger.*), bomba calorimetrica.

Kalorisieren (Erhitzen von Stahl etc., in Aluminiumpulver zur Herstellung einer gegen hohe Temperaturen widerstandsfähigen Schicht) (*n. - Wärmebeh.*), calorizzazione, cementazione all'alluminio.

kalorisieren (*Wärmebeh.*), calorizzare, cementare all'alluminio.

Kalotte (Kugelhaube, Kappe) (*f. - Geom.*), calotta. 2 ~ (bei Härteprüfungen) (*mech. Technol.*), impronta sferica, impronta della sfera. 3 ~ (eines Tunnels) (*Ing.b.*), calotta. 4 ~ **n·zopf** (zur Verhütung des Einknickens von Rohren beim Biegen von kleinen Radien) (*m. - Leit.*), mandrino snodato (per la curvatura di tubi), mandrino a calotte.

kalt (*Phys. - etc.*), freddo. 2 ~ **anstauchen** (*mech. Technol.*), ricalcare a freddo. 3 ~ **biegen** (*Technol.*), curvare a freddo. 4 ~ **brüchig** (*Metall.*), fragile a freddo. 5 ~ **es Licht** (Lumineszenz, etc.) (*Beleucht.*), luce fredda. 6 ~ **e Verbrennung** (in Brennstoffelementen, direkte Umwandlung von chem. in elekt. Energie) (*Elekt. - Chem.*), combustione fredda. 7 ~ **gepilgert** (*Metall.*), laminato a freddo a passo di pellegrino. 8 ~ **geschmiedet** (*Schmieden*), fucinato a freddo. 9 ~ **gewalzt** (*Walzw.*), laminato a freddo. 10 ~ **gewalzt** (Zahnrad z. B.) (*mech. Technol.*), rullato a freddo. 11 ~ **gezogen** (Draht) (*mech. Technol.*), trafilato a freddo. 12 ~ **hämmerbar** (*Metall.*), malleabile. 13 ~ **härten** (kaltverfestigen) (*Metall.*), incrudire. 14 ~ **härtend** (Klebstoff z. B.) (*Technol.*), indurente a freddo. 15 ~ **legen** (einen Ofen) (*Ofen*), arrestare. 16 ~ **nieten** (*mech. Technol.*), chiodare a freddo. 17 ~ **pressen** (*mech. Technol.*), stampare a freddo alla pressa. 18 ~ **richten**

(*mech. Technol.*), raddrizzare a freddo. **19** ~ **sägen** (*Metall.*), segare a freddo. **20** ~ **schlagen** (Niete z. B.) (*mech. Technol.*), ribadire a freddo. **21** ~ **schlagen** (kaltpressen, Blech z. B.) (*mech. Technol.*), stampare a freddo. **22** ~ **schmieden** (*Schmieden*), fucinare a freddo. **23** ~ **schweissen** (*mech. Technol.*), saldare a freddo, saldare senza preriscaldamento. **24** ~ **spritzen** (beim Strangpressen) (*mech. Technol.*), estrudere a freddo. **25** ~ **stauchen** (*mech. Technol.*), ricalcare a freddo. **26** ~ **verfestigen** (kalthärten) (*Metall.*), incrudire. **27** ~ **verformen** (*mech. Technol.*), foggiare a freddo, formare a freddo. **28** ~ **vulkanisieren** (*Gummiind.*), vulcanizzare a freddo. **29** ~ **walzen** (*Walzw.*), laminare a freddo. **30** ~ **walzen** (Zahnräder z. B.) (*mech. Technol.*), rullare a freddo. **31** ~ **werden** (*allg.*), raffreddarsi. **32** ~ **ziehen** (Draht) (*mech. Technol.*), trafilare a freddo. **33** **auf** ~ **em Wege** (*Chem. - etc.*), a freddo.

Kaltabbrennen (Abbrennschweissung bei dem die Teile nicht vorgewärmt werden) (*n. - mech. Technol.*), saldatura a scintillio a freddo, saldatura a scintillio senza preriscaldo.

Kaltanstauchen (Kaltstauchen) (*n. - mech. Technol.*), ricalcatura a freddo.

Kaltanstauchmaschine (*f. - Masch.*), ricalcatrice a freddo.

Kaltanstauchmatrize (*f. - Werkz.*), stampo per ricalcatura a freddo, matrice per ricalcatura a freddo.

Kaltarbeitsstahl (für Kaltarbeitswerkzeuge) (*m. - Metall - Werkz.*), acciaio (per utensili) per lavorazione a freddo.

Kaltasphalt (Emulsion, im Strass.b. als Bindemittel verwendet) (*m. - Strass.b.*), emulsione bituminosa.

Kaltaushärtung (Kaltauslagern) (*f. - Wärmebeh.*), invecchiamento naturale.

Kaltauslagern (von Stahl, Behandlung bestehend in Lösungsglühen, Abschrecken und Halten bei Raumtemperatur) (*n. - Wärmebeh.*), invecchiamento naturale, invecchiamento a temperatura ambiente.

Kaltband (kaltgewalztes Band) (*n. - metall. Ind.*), nastro laminato a freddo, nastro a freddo.

Kaltbearbeitung (*f. - Metall.*), lavorazione a freddo.

Kaltbiegeprobe (*f. - Technol.*), prova di piegatura a freddo.

Kaltbitumen (*n. - Strass.b.*), bitume a freddo.

Kaltbruch (Kaltbrüchigkeit, von Metallen) (*m. - Metall.*), fragilità a freddo.

Kaltdach (Dachkonstruktion mit Zwischenschaltung einer Luftschicht damit die Feuchtigkeit weggeführt werden kann) (*n. - Bauw.*), tetto freddo, tetto ventilato.

Kälte (*f. - Phys.*), freddo. **2** ~ **anlage** (*f. - Kälte*), impianto frigorifero. **3** ~ **behandlung** (*f. - Technol.*), trattamento a freddo. **4** ~ **erzeugung** (*f. - Kälte*), generazione del freddo. **5** ~ **faktor** (Leistungsziffer, einer Kälteanlage, Verhältnis zwischen entzogene Wärmemenge und dazu gebrauchte Arbeit) (*m. - Kälte*), rendimento frigorifero. **6** ~ **fett** (Tieftemperaturfett) (*n. - chem. - Ind.*), grasso per basse temperature. **7** ~ **front** (*f. - Meteor.*), fronte freddo. **8** ~ **industrie** (*f. - Kälteind.*), industria del freddo. **9** ~ **isolierung** (*f. - Kälte*), isolamento dal freddo. **10** ~ **kammer** (für Kaltstartprüfungen z. B.) (*f. - Mot. - etc.*), camera fredda, camera a freddo, camera refrigerata. **11** ~ **leistung** (*f. - Kälte*), potenzialità refrigerante. **12** ~ **maschine** (*f. - Kältemasch.*), macchina frigorifera. **13** ~ **mischung** (*f. - Kälteind.*), miscela frigorifera. **14** ~ **mittel** (*n. - chem. Ind.*), refrigerante. **15** ~ **prüfung** (Kälteprobe, für Mot. z. B.) (*f. - Prüfung*), prova a freddo. **16** ~ **punkt** (*m. - Phys.*), punto di congelamento, punto di solidificazione. **17** ~ **raum** (für Kälteprüfungen z. B.) (*m. - Kälte*), camera fredda. **18** ~ **rissprüfung** (*f. - Anstr.*), prova di incrinatura al gelo. **19** ~ **schlagbeständigkeit** (*f. - Technol.*), resistenza ai colpi di freddo. **20** ~ **schutzmittel** (Gefrierschutzmittel) (*n. - Chem.*), anticongelante. **21** ~ **schutzstoff** (Polystyrolschaum z. B.) (*m. - Kältetechnik*), materiale frigoisolante. **22** ~ **technik** (*f. - Kälte*), tecnica del freddo. **23** ~ **träger** (Kältemittel) (*m. - Kälteind.*), refrigerante. **24** ~ **träger** (Kühlsole) (*Kälteind.*), salamoia. **25** ~ **turbine** (Expansionsturbine) (*f. - Turb.*), turbina ad espansione. **26** ~ **verdichter** (Kaltdampfverdichter) (*m. - Masch.*), compressore per frigoriferi. **27 Absorptions** ~ **maschine** (*f. - Kältemasch.*), macchina frigorifera ad assorbimento. **28 Kompressions** ~ **maschine** (*f. - Kältemasch.*), macchina frigorifera a compressione.

kältebeständig (*allg.*), resistente al congelamento, anticongelante. **2** ~ **es Gemisch** (*chem. Ind.*), miscela anticongelante.

kälteerzeugend (*Kälte*), frigorifero (*a.*).

Kalter-Fluss (von Kunststoffen z. B., durch das eigene Gewicht z. B.) (*m. - Technol.*), scorrimento a freddo.

Kaltfliessen (plastische Verformung, Zahnflankenschaden z. B.) (*n. - Mech.*), scorrimento a freddo.

Kaltfliesspressen (*n. - mech. Technol.*), estrusione a freddo.

Kaltformgebung (Kaltformung, beim Biegen, Tiefziehen, etc.) (*f. - mech. Technol.*), foggiatura a freddo, formatura a freddo.

Kaltgasanlage (eines Raumfahrzeuges, zur Lagesteuerung durch Steuerdüsen) (*f. - Astronautik*), impianto di gas freddo.

Kaltgesenkdrücken (*n. - mech. Technol.*), stampaggio a freddo.

Kaltgesenkschmieden (*n. - mech. Technol.*), stampaggio a freddo, forgiatura a stampo a freddo.

Kaltgewindewalzmaschine (*f. - Werkz.masch.*), rullatrice per filettature a freddo, filettatrice a rulli a freddo.

Kaltguss (nicht voll ausgelaufener Teil, mit Schweiss-stellen) (*m. - Giess.fehler*), getto incompleto (con saldature fredde).

Kalthärtung (Kaltverfestigung, Ansteigen von Härte und Festigkeit bei der Kaltverformung) (*f. - Metall.*), incrudimento. **2** ~ (von Kunststoffen, beim Zusatz von Säuren z. B.) (*Technol.*), indurimento a freddo.

Kalthaus (*n. - Ind.*), siehe **Kühlraum**.

Kaltkammer (einer Druckgussmaschine) (*f. -*

Kaltkathode

Giess.masch.), camera fredda. 2 ~ **maschine** (Kaltkammerdruckgussmaschine) (*f. - Giess. masch.*), macchina per pressofusione a camera fredda.
Kaltkathode (*f. - Funk.*), catodo freddo.
Kaltkreissäge (*f. - Werkz.*), sega circolare a freddo.
Kaltleim (*m. - Tischl.*), colla a freddo.
Kaltleiter (Widerstand mit steilem Widerstandsaufnehmen oberhalb des Curie-Punktes) (*m. - Elektronik*), conduttore a freddo.
Kaltlicht (*n. - Phys.*), luce fredda.
Kaltlochen (*n. - mech. Technol.*), punzonatura a freddo.
Kaltlötstelle (bei Thermoelementen) (*f. - Ger.*), giunto freddo.
Kaltmeissel (*m. - Werkz.*), scalpello a freddo.
Kaltmetall (Legierung mit geringer Wärmeleitfähigkeit) (*n. - Metall.*), metallo a bassa conducibilità termica.
Kaltnachpressen (*n. - mech.Technol.*), finitura a freddo alla pressa.
Kaltnachwalzwerk (*n. - Walzw.*), laminatoio finitore a freddo, treno finitore a freddo.
Kaltnieten (*n. - mech. Technol.*), chiodatura a freddo.
Kaltpilgern (*n. - Walzw.*), laminazione a freddo a passo di pellegrino.
Kaltpressen (*n. - mech. Technol.*), stampaggio a freddo alla pressa.
Kaltpressmasse (Kunststoff) (*f. - Technol.*), materiale per stampaggio a freddo.
Kaltpress-schweissbarkeit (*f. - mech. Technol.*), saldabilità per pressione a freddo.
Kalt-Press-schweissen (von Blechen z. B.) (*n. - mech. Technol.*), saldatura a pressione a freddo.
Kaltrecken (Formen von Metallen, durch Ziehen, Walzen, etc., bei gewöhnlicher Temperatur) (*n. - mech. Technol.*), foggiatura a freddo, formatura a freddo, lavorazione plastica a freddo. 2 ~ (Strecken) (*mech. Technol.*), stiratura a freddo, stiro a freddo. 3 ~ (Kaltverfestigung) (*mech. Technol.*), incrudimento.
Kaltrissempfindlichkeit (beim Schweissen z. B.) (*f. - mech. Technol.*), criccabilità a freddo.
Kaltsäge (*f. - Werkz.*), sega a freddo.
Kaltschlagen (Blech z. B.) (*n. - mech. Technol.*), stampaggio a freddo. 2 ~ (Stauchen) (*Schmieden*), ricalcatura a freddo.
Kaltschweisse (*f. - Giess.fehler*), ripresa, giunto freddo, saldatura fredda.
Kaltschweiss-stelle (Kaltschweisse) (*f. - Giess.fehler*), giunto freddo, saldatura fredda.
Kaltschweissung (Kaltschweisse) (*f. - Giess. fehler*), giunto freddo, ripresa, saldatura fredda, piega fredda. 2 ~ (*Schmiedefehler*), giunto freddo, saldatura fredda, piega fredda.
Kaltspritzen (Tubenspritzverfahren, Spritzpressen, Gegenfliesspressen) (*n. - mech. Technol.*), estrusione indiretta a freddo, estrusione inversa a freddo.
Kaltsprödigkeit (*f. - Metall.*), fragilità a freddo.
Kaltstart (*m. - Mot.*), avviamento a freddo. 2 ~ **gerät** (*n. - Mot.*), dispositivo per l'avviamento a basse temperature. 3 ~ **lampe** (*f. - Beleucht.*), lampada con adescamento a freddo.

Kaltstauchen (Kaltanstauchen) (*n. - mech. Technol.*), ricalcatura a freddo.
Kaltstauchmaschine (*f. - Masch.*), ricalcatrice a freddo.
Kaltverarbeitung (*f. - mech. Technol.*), lavorazione a freddo.
Kaltverfestigung (Kalthärten, Ansteigen von Härte und Festigkeit bei der Kaltverformung) (*f. - Metall.*), incrudimento.
Kaltverformbarkeit (*f. - mech. Technol.*), foggiabilità a freddo.
Kaltverschweissung (*f. - Werkz.masch.bearb. etc. - Fehler*), saldatura fredda.
Kaltwalzen (*n. - Walzw.*), laminazione a freddo.
Kaltwalzwerk (*n. - Walzw.*), laminatoio a freddo.
Kaltwasser-Versuch (für Zement) (*m. - Bauw.*), prova con acqua fredda.
Kaltziehen (Draht) (*n. - mech. Technol.*), trafilatura a freddo.
Kaltziehmatrize (*f. - Werkz.*), trafila per lavorazione a freddo, trafila a freddo.
Kaltzug (von Draht) (*m. - mech. Technol.*), trafilatura a freddo.
Kalzination (*f. - Chem.*), calcinazione.
kalzinieren (*Chem.*), calcinare.
Kalzinierofen (*m. - Ofen*), forno per calcinazione.
Kalzit ($CaCO_3$) (Kalkspat) (*m. - Min.*), calcite, spato d'Islanda, spato calcare.
Kalzium (*Ca - n. - Chem.*), calcio. 2 ~ **bikarbonat** [$Ca(HCO_3)_2$] (*n. - Chem.*), bicarbonato di calcio. 3 ~ **chlorid** ($CaCl_2$) (*n. - Chem.*), cloruro di calcio. 4 ~ **fluorid** (Fluss-spat) (*n. - Min.*), fluoruro di calcio, spatofluore. 5 ~ **hydroxyd** [$Ca(OH)_2$] (*n. - Chem.*), idrato di calcio. 6 ~ **hydroxyd** (gelöschter Kalk) (*Maur.*), calce spenta. 7 ~ **karbid** (CaC_2) (Karbid) (*n. - Chem.*), carburo di calcio. 8 ~ **karbonat** ($CaCO_3$) (*n. - Chem.*), carbonato di calcio. 9 ~ **nitrat** [$Ca(NO_3)_2$] (Kalksalpeter) (*n. - Chem.*), nitrato di calcio. 10 ~ **oxyd** (CaO) (*n. - Chem.*), ossido di calcio. 11 ~ **oxyd** (Ätzkalk) (*Maur.*), calce viva. 12 ~ **phosphat** (*n. - Chem.*), fosfato di calcio. 13 ~ **sulfat** ($CaSO_4$) (Gips) (*n. - Min.*), solfato di calcio, gesso anidro, anidrite solubile. 14 ~ **superphosphat** (*n. - chem. Ind.*), superfosfato di calcio. 15 ~ **zyanamid** ($CaCN_2$) (Kalkstickstoff) (*n. - chem. Ind.*), calciocianamide. 16 Tri ~ **phosphat**[$Ca_3(PO_4)_2$] (*n. - chem. Ind.*), fosfato tricalcico.
Kambium (*n. - Holz*), cambio.
Kambric (Cambric) (*m. - Text.*), cambri.
Kambüse (Kombüse) (*f. - naut.*), cambusa, cucina.
Kamelhaar (*n. - Text.*), pelo di cammello.
Kamera (*f. - Phot.*), macchina fotografica. 2 ~ (*Filmtech.*), macchina da presa, cinepresa. 3 ~ (*Fernseh.*), telecamera. 4 ~ **aufnahme** (*f. - Fernseh.*), ripresa televisiva. 5 ~ **bereich** (*m. - Fernseh.*), raggio di azione della telecamera. 6 ~ **bühne** (*f. - Fernseh.*), piattaforma (mobile) per telecamera. 7 ~ **einstellung** (*f. - Fernseh.*), allineamento della telecamera. 8 ~ **mann** (*m. - Fernseh.*), operatore, « cameraman ». 9 ~ **röhre** (Bildaufnahmeröhre, Aufnahmeröhre) (*f. - Fernseh.,*)

tubo di ripresa. 10 ~ **vorschub** (*m. - Fernseh.*), avanzamento della telecamera. 11 ~ **wagen** («Dolly») (*m. - Fernseh.*), carrello della telecamera.
Kamin (Esse, Schornstein) (*m. - Bauw.*), camino. 2 ~ (offene Feuerstelle) (*Bauw. - Arch.*), caminetto, camino. 3 ~ (Bergsteigen), camino.
Kamm (*m. - allg.*), pettine. 2 ~ (*Textilind.*), pettine. 3 ~ (Holzverbindung) (*Zimm.*), giunzione a denti, giunto a denti, unione a denti, incastro a pettine. 4 ~ (Gebirgskamm) (*Geol. - Geogr.*), cresta. 5 ~ (einer Welle) (*See*), cresta. 6 ~ (am Ende eines Kabels) (*Fernspr.*), pettine. 7 ~ **abfall** (*m. - Textilind.*), cascame di pettinatura. 8 ~ **garn** (*n. - Textil.*), filato pettinato. 9 ~ **garngewebe** (Kammgarnstoff) (*n. - Textilind.*), tessuto pettinato, pettinato. 10 ~ **garnspinnerei** (*f. - Textilind.*), filatura a pettine. 11 ~ **garnwolle** (*f. - Textilind.*), lana pettinata. 12 ~ **lager** (*n. - Mech.*), cuscinetto di spinta a collari. 13 ~ **rad** (Zahnrad) (*n. - Mech.*), pignone. 14 ~ **rissbildung** (Querrissbildung, senkrecht zur Schneide) (*f. - Werkz.*), incrinature trasversali, incrinature a pettine. 15 ~ **rolle** (*f. - Masch.*), rullo dentato. 16 ~ **stahl** (Hobelkamm, zum Stossen von Zähnen) (*m. - Werkz.*), pettine per stozzare, pettine per dentare. 17 ~ **stuhl** (Kämmaschine) (*m. - Textilmasch.*), pettinatrice. 18 ~ **walze** (*f. - Textilmasch.*), tamburo a pettini. 19 ~ **walze** (*Walzw.*), pignone. 20 ~ **walzengerüst** (Kammwalzenständer) (*n. - Walzw.*), gabbia a pignoni. 21 ~ **walzenständer** (Kammwalzengerüst) (*m. - Walzw.*), gabbia a pignoni. 22 ~ **wolle** (*f. - Text.*), lana pettinata. 23 ~ **zapfen** (Schwalbenschwanzzapfen) (*m. - Tischl.*), tenone a coda di rondine. 24 ~ **zapfen** (*Mech.*), perno di spinta a collare. 25 ~ **zug** (Faserband, Zug) (*m. - Textilind.*), nastro pettinato, pettinato. 26 ~ **zugband** (*n. - Textilind.*), «top», nastro pettinato. 27 ~ **zwecke** (Nagel) (*f. - Tischl.*), bulletta. 28 **Kreis** ~ (einer Kämmaschine) (*Textilmasch.*), pettine circolare.
Kämmaschine (Kammstuhl, für Baumwolle) (*f. - Textilmasch.*), pettinatrice.
Kämmen (*n. - Textilind.*), pettinatura. 2 ~ (Ineinandergreifen, von Zahnrädern) (*Mech.*), ingranamento, presa.
kämmen (*Textilind.*), pettinare. 2 ~ (Zahnräder) (*Mech.*), ingranare.
Kammer (kleines Zimmer) (*f. - Bauw.*), cameretta, camerino. 2 ~ (abgeschlossener Raum) (*allg.*), camera. 3 ~ (eines Ofens) (*Ofen - Metall.*), ricuperatore. 4 ~ (*Bergbau*), camera. 5 ~ (Verbrennungskammer) (*Mot.*), camera (di combustione). 6 ~ (Volksvertretung, Senat z. B.) (*Statthalterschaft*), Camera. 7 ~ **bau** (*m. - Bergbau*), coltivazione a camere. 8 ~ **ofen** (Gaswerk) (*m. - Ofen*), forno a storte. 9 ~ **ofen** (zum Wärmen von Stangenabschnitten etc.) (*Schmieden - Ofen*), forno a camere. 10 ~ **ofen** (*Keramik*), forno a camera. 11 ~ **pfeilerbau** (Firstenkammerbau) (*m. - Bergbau*), coltivazione a camere e pilastri. 12 ~ **schweissen** (der Enden von Drahtseilen z. B. in ein keramisches Rohr eingeführt und durch Stromwärme verflüssigt und geschweisst) (*n. - mech. Technol.*), saldatura (per fusione) in camera chiusa. 13 ~ **wasserschloss** (*n. - Hydr.*), pozzo piezometrico con camera di espansione. 14 **Druck** ~ (einer Druckgiessform) (*Giess.*), camera di pressione, camera di iniezione. 15 **Handels** ~ (*komm.*), Camera di Commercio. 16 **Horizontal** ~ **ofen** (Verkokungsofen) (*m. - chem. Ind.*), forno a camere orizzontali.
Kämmerei (Wollkämmerei) (*f. - Textilind.*), reparto pettinatura.
Kämmling (Abfall) (*m. - Textilind.*), pettinaccia, cascame di pettinatura.
Kampagne (jährliche Betriebszeit, in der Zuckerindustrie z. B.) (*f. - Ind.*), campagna.
Kampanile (freistehender Glockenturm) (*m. - Arch.*), campanile.
Kampecheholz (Blauholz) (*n. - Holz*), legno di campeggio.
Kampfer ($C_{10}H_{16}O$) (*m. - Chem.*), canfora.
Kämpfer (eines Bogens) (*m. - Bauw.*), cuscinetto (d'imposta). 2 ~ (Querstück eines Fensters) (*Bauw.*), traversa. 3 ~ **druck** (*m. - Bauw.*), spinta d'imposta. 4 ~ **linie** (*f. - Bauw.*), linea di imposta. 5 ~ **pfeiler** (Bogenpfeiler) (*m. - Bauw.*), piedritto. 6 ~ **punkt** (*m. - Bauw.*), imposta. 7 ~ **stein** (*m. - Bauw.*), rene.
Kampffahrzeug (*n. - milit. Fahrz.*), veicolo corazzato.
Kampfflieger (*m. - Luftw.*), pilota da caccia.
Kampfflugzeug (Jagdflugzeug) (*n. - Luftw.*), apparecchio da caccia, caccia.
Kampfhöchstleistung (der Motoren) (*f. - Flugw.*), extrapotenza (di combattimento).
Kampfschub (*m. - Strahltriebw. - Luftw.*), spinta di combattimento.
Kampfwagen (Panzerkampfwagen) (*m. - milit. Fahrz.*), veicolo corazzato.
Kampimeter (Tangentenschirm, zur Messung des Sichtfeldes) (*n. - Opt. - Ger.*), campimetro.
Kanadabalsam (*m. - Min.*), balsamo del Canada.
Kanal (künstlicher Wasserlauf) (*m. - Wass.b.*), canale. 2 ~ (Frequenzband) (*Fernseh.*), canale. 3 ~ (Seekanal) (*See - Geogr.*), canale. 4 ~ (Rinne) (*Mech.*), scanalatura. 5 ~ (zur Verbindung zwischen Zentraleinheit und Peripherie) (*Rechner*), canale. 6 ~ (für Kabeln) (*Elekt. - etc.*), canalizzazione, traccia. 7 ~ (Windkanal) (*Flugw.*), galleria (del vento). 8 ~ (beim Spritzgiessen von Kunststoffen) (*Technol.*), canale. 9 ~ **blech** (*n. - metall. Ind.*), lamiera a C. 10 ~ **brücke** (*f. - Wass.b.*), ponte-canale. 11 ~ **gase** (in Abwässerkanälen) (*n. - pl. - Bauw.*), gas di fognatura. 12 ~ **haltung** (Strecke zwischen zwei Schleusen) (*f. - Wass.b.*), (tratto di) canale tra due chiuse. 13 ~ **netz** (Abwässernetz) (*n. - Bauw.*), rete di fognatura. 14 ~ **ofen** (*m. - Ofen*), forno a tunnel, forno a galleria. 15 ~ **schalter** (*m. - Fernseh.*), commutatore di canale. 16 ~ **schiff** (*n. - naut.*), chiatta fluviale. 17 ~ **schleuse** (*f. - Wass.b.*), chiusa di canale. 18 ~ **stein** (*m. - Metall. - Giess.*), mattonecanale. 19 ~ **strahlen** (Strahlen positiver Ionen) (*m. - pl. - Phys. - Elekt.*), raggi po-

Kanalisation

sitivi, raggi canale. 20 ~ **trockner** (*m. - Ind.*), essiccatoio a tunnel, essiccatoio a galleria. 21 ~ **verdrahtung** (Verlegungsart in Kunststoffkanäle, von Leitungen) (*f. - Elekt.*), posa di conduttori in canalizzazioni (di plastica). 22 ~ **waage** (*f. - Top. - Ger.*), livella ad acqua. 23 ~ **wähler** (Kanalschalter) (*m. - Fernseh.*), commutatore di canale. 24 **Abwässer** ~ (zur Abführung der Schmutzwässer) (*Bauw.*), canale di fognatura. 25 **Bewässerungs** ~ (*Ack.b.*), canale di irrigazione. 26 **Bewässerungs** ~ (für Wasserkraftanlagen) (*Wass.b.*), canale di carico. 27 **Daten** ~ (*Rechner*), canale dati. 28 **Entwässerungs** ~ (für Wasserkraftanlagen) (*Wass.b.*), canale di scarico. 29 **Haupt** ~ (Abwässerkanal) (*Bauw.*), collettore (di fognatura), grande canale. 30 **Multiplex** ~ (*Rechner*), canale multiplex. 31 **Rauch** ~ (*Bauw.*), canna fumaria. 32 **Schifffahrts** ~ (*naut.*), canale navigabile. 33 **Schleusen** ~ (*naut.*), canale con chiuse. 34 **Selektor** ~ (*Rechner*), canale selettore. 35 **Stich** ~ (abzweigender, kurzer Kanal) (*Wass.b.*), canale secondario, canale derivato.

Kanalisation (Stadtentwässerung) (*f. - Bauw.*), sistema di fognatura, fognatura. 2 ~ (Kanalisierung, von Flüssen) (*Wass.b.*), canalizzazione. 3 ~ **s·anlage** (*f. - Bauw.*), impianto di fognatura.

kanalisieren (Flüsse) (*Wass.b. - Geogr.*), canalizzare. 2 ~ (Abwässer) (*Bauw.*), costruire la fognatura.

Kanalisierung (von Flüssen) (*f. - Wass.b.*), canalizzazione.

Kandel (Dachrinne) (*f. - m. - Bauw.*), doccia, grondaia, canale di gronda. 2 ~ (Kanne) (*f.*), *siehe* Kanne.

Kandelaber (*m. - Beleucht.*), colonna per lampada, sostegno per lampada.

kandeln (auskehlen) (*allg.*), scanalare.

Kandidat (Prüfling) (*m. - Arb. - etc.*), candidato.

Kandieren (von Früchten) (*n. - Ind.*), canditura.

Kan(e)tille (flachgewalzter Metalldraht) (*f. - Metall.*), filo metallico piatto.

Kani (Kathoden-Nickel) (*n. - Metall.*), nickel in catodi.

Kanister (Blechgefäss) (*m. - Aut.*), canistro.

Kanne (Gefäss für Flüssigkeiten) (*f. - allg.*), recipiente, bidone, «latta». 2 ~ (*Textilmasch.*), vaso. 3 **Öl** ~ (Schmierkanne) (*Werkz.*), oliatore a mano.

kannelieren (Säule z. B.) (*Arch. - etc.*), scanalare. 2 ~ (bördeln, Blech) (*mech. Technol.*), bordare. 3 ~ (Holz) (*Tischl.*), scanalare.

Kannelkohle (Kennelkohle) (*f. - Brennst.*), carbone a lunga fiamma.

Kannelur (Auskehlung, einer Säule) (*f. - Arch.*), scanalatura.

Kannette (*f. - Textilind.*), tubetto, rocchetto, cannetta.

Kanoe (Kanu) (*n. - Sport*), canoa.

Kanon (jährliche Geldabgabe) (*m. - komm.*), cánone.

Kanone (Geschütz) (*f. - Feuerwaffe*), cannone. 2 ~ (Elektronenkanone) (*Elektronik*), cannone. 3 ~ **n·bohrer** (*m. - Werkz.*), punta cannone, punta per fori profondi. 4 ~ **n·boot** (kleines Kriegsschiff) (*n. - Kriegsmar.*), cannoniera.

Kansasstein (Arkansasstein) (*m. - Werkz.*), pietra (abrasiva) Arkansas.

Kante (Linie des Zusammentreffens zweier Flächen) (*f. - Geom. - etc.*), spigolo. 2 ~ (Rand) (*allg.*), orlo, bordo. 3 ~ (Bezugslinie für Abmessungen) (*Mech. - etc.*), filo. 4 ~ (des Kiels) (*Schiffbau*), canto. 5 ~ **n·abschrägmaschine** (*f. - Masch.*), smussatrice, macchina per smussare. 6 ~ **n·bruch** (*m. - Technol.*), smusso. 7 ~ **n·eingriff** (Zahnradfehler) (*m. - Mech.*), interferenza. 8 ~ **n·pressung** (bei Fluchtungsfehlern in Radialgleitlagern) (*f. - Mech.*), sforzo sugli spigoli. 9 ~ **n·spaltfilter** (Spaltfilter) (*m. - Leit.*), filtro a lamelle autopulitore. 10 ~ **n·spannung** (*f. - Mech.*), effetto di spigolo, invito a rottura (dovuto a spigolo vivo). 11 ~ **n·tragen** (von Zahnrädern (*n. - Mech.*), portanza sugli spigoli, contatto sugli spigoli. 12 ~ **n·vorbereiten** (beim Schweissen) (*n. - mech. Technol.*), preparazione dei lembi. 13 ~ **n·wirbel** (*m. - Flugw. - Aerodyn.*), vortice di uscita. 14 **abgerundete** ~ (*Mech. - etc.*), spigolo arrotondato. 15 **abgeschrägte** ~ (*Mech. - etc.*), spigolo smussato, smusso. 16 **Aussen** ~ (eines Bootes z. B.) (*naut.*), spigolo esterno. 17 **Bezugs** ~ (am Gesenk z. B.) (*Schmieden - etc.*), orlo di riferimento. 18 **hintere** ~ (ablaufende Kante, eines Flügels z. B.) (*Flugw.*), orlo di uscita. 19 **scharfe** ~ (eines Werkstückes z. B.) (*Mech.*), spigolo vivo. 20 **Schneide** ~ (*Werkz.*), tagliente, filo. 21 **stumpfe** ~ (*allg.*), spigolo smussato. 22 **Webe** ~ (Salleiste, Salband) (*Text.*), cimosa, cimossa, lisiera.

Kanten (eines Schlittens) (*n. - Masch.*), inceppamento, impuntamento.

kanten (über die Kante drehen) (*allg.*), ribaltare. 2 ~ (die Segel bei Windwechsel richtig setzen) (*naut.*), orientare, bracciare. 3 ~ (neigen) (*allg.*), inclinare.

Kanter (Kantvorrichtung) (*m. - Walzw.*), giralingotti, ribaltatore, manipolatore.

Kantholz (Bauholz) (*n. - Bauw.*), legname squadrato.

kantig (*allg.*), spigoloso.

Kantine (Speise- und Verkaufsraum, einer Fabrik) (*f. - Ind.*), mensa. 2 ~ (*milit.*), spaccio. 3 **Werk** ~ (Werkgaststätte) (*Ind.*), mensa aziendale.

Kantspante (*m. - Schiffbau*), ordinata inclinata.

Kantstein (eines Bürgersteiges) (*m. - Strasse*), cordolo, cordone (del marciapiede), cordonata.

Kantstich (*m. - Walzw.*), rifinitura degli orli.

Kantvorrichtung (*f. - Walzw. - Vorr.*), giralingotti.

Kanzel (*f. - Arch.*), pulpito. 2 ~ (Rumpfbug, eines Flugzeuges) (*Flugw.*), cabina (di pilotaggio).

Kanzlei (Büro) (*f. - recht. - etc.*) (*österr.*), ufficio.

Kaolin (Porzellanerde) (*n. - Min.*), caolino.

Kaolinit [$Al_4Si_4O_{10}(OH)_8$] (*m. - Min.*), caolinite.

Kap (*n. - Geogr.*), capo.

Kapazitanz (kapazitive Reaktanz) (*f. - Elekt.*), capacitanza, reattanza capacitiva.

Kapazität (*f. - Elekt.*), capacità. **2** ~ (mögliches Produktionsvolumen eines Betriebes) (*Ind.*), potenzialità, capacità produttiva. **3** ~ (Fassungsvermögen) (*allg.*), capacità. **4** ~ (Ladekapazität, eines Akkumulators, in Amperestunden) (*Elekt.*), capacità. **5** ~ (Kondensator) (*Elekt.*), condensatore, capacitore. **6** ~ (eines Speichers) (*Rechner*), capacità (di memoria). **7** ~ (hervorragender Fachmann) (*Arb.*), tecnico esperto. **8** ~ gegen Erde (*Elekt.*), capacità verso terra. **9** ~ pro Flächeneinheit (*Elekt.*), capacità specifica, capacità per unità di superficie. **10** ~ s·belag (*m. - Elekt.*), armatura di condensatore. **11** ~ s·einbusse (eines Akkumulators) (*f. - Elekt.*), perdita di capacità. **12** ~ s·messbrücke (*f. - Elekt.*), ponte di misura di capacità. **13** ~ s·messer (*m. - Elekt. - Ger.*), capacimetro, misuratore di capacità. **14** ~ s·schwund (eines Akkumulators) (*m. - Elekt.*), diminuzione di capacità. **15** Lade ~ (eines Akkumulators, Produkt aus Entladestrom und Entladezeit, gemessen in Amperestunden) (*Elekt.*), capacità. **16** Teil ~ (zwischen mehr als zwei Elektroden) (*Elektronik*), capacità interelettrodica. **17** veränderliche ~ (*Elekt.*), capacità variabile.
kapazitiv (*Elekt.*), capacitivo. **2** ~ e Last (*Elekt.*), carico capacitivo. **3** ~ er Geber (*Elekt. - Ger.*), trasduttore capacitivo.
Kapelle (*f. - Arch.*), cappella. **2** ~ (Schale für Metalluntersuchungen) (*Metall.*), coppella. **3** ~ (Abzug, Digestor, zum Entfernen von Gasen und Dämpfen) (*Chem.*), estrattore, aspiratore, cappa di estrazione. **4** ~ n·ofen (*m. - Metall.*), forno di coppellazione.
kapillar (*Phys. - etc.*), capillare. **2** ~ aktiv (oberflächenaktiv) (*Phys.*), tensioattivo.
Kapillaranziehung (beim Hartlöten z. B.) (*f. - Phys.*), attrazione capillare.
Kapillaraszension (*f. - Phys.*), ascensione capillare.
Kapillardepression (*Phys.*), depressione capillare.
Kapillare (Rohr) (*f. - Phys.*), tubo capillare, capillare.
Kapillarimeter (Porensaugmesser, für Böden) (*n. - Bauw. - Ger.*), capillarimetro.
Kapillarität (*f. - Phys.*), capillarità. **2** ~ (Porensaugwirkung, eines Bodens) (*Bauw.*), capillarità.
Kapillarwirkung (*f. - Phys.*), azione capillare, effetto capillare.
Kapital (*n. - finanz.*), capitale. **2** ~ band (Kaptalband, am oberen und unteren Rande des Buchrückens) (*n. - Buchbinderei*), capitello. **3** ~ buchstabe (*m. - Druck.*), maiuscola. **4** ~ erhöhung (einer Aktiengesellschaft z. B.) (*f. - finanz.*), aumento di capitale. **5** ~ erträge (*m. - pl. - Adm.*), redditi di capitale. **6** ~ maschine (*f. - Buchbindereimasch.*), macchina per (l'applicazione di) capitelli. **7** ~ zustrom (*m. - finanz.*), afflusso di capitali. **8** Ablösungs ~ (*finanz.*), capitale per ammortamento. **9** Aktien ~ (*finanz.*), capitale azionario. **10** eingezahltes ~ (*finanz.*), capitale versato. **11** Gesellschafts ~ (*finanz.*), capitale sociale. **12** voll eingezahltes ~ (*finanz.*), capitale interamente versato.

Kapitäl (Kapitell, einer Säule) (*n. - Arch.*), capitello. **2** ~, siehe auch Kapitell.
kapitalisieren (*finanz.*), capitalizzare.
Kapitalisierung (*f. - finanz.*), capitalizzazione.
Kapitän (*m. - naut.*), comandante.
Kapitel (Abschnitt einer Schrift) (*n. - Druck.*), capitolo.
Kapitell (oberster Teil einer Säule) (*n. - Arch.*), capitello.
Kaplanturbine (*f. - Turb.*), turbina Kaplan.
Kapok (baumwollähnliches Samenhaar) (*m. - Text.*), « kapok », bambagia delle Indie, seta vegetale, lana vegetale.
Kappe (einer Kugel) (*f. - Geom.*), calotta. **2** ~ (einer Mauer z. B.) (*Maur.*), cimasa, copertina. **3** ~ (Radkappe) (*Aut.*), coppa (coprimozzo). **4** ~ (eines Dammes) (*Ing.b.*), coronamento. **5** ~ (eines Geviers) (*Bergbau*), cappello. **6** ~ (eines Stollens) (*Bergbau*), armamento del tetto. **7** ~ (Gewölbe, eines Ofens) (*Ofen*), volta. **8** ~ (eines Gewölbes) (*Arch.*), unghia, vela, lobo. **9** ~ (Deckel) (*allg.*), coperchio. **10** ~ (eines Isolators) (*Elekt.*), cappa. **11** ~ (eines Kreiselgerätes, 1. Rahmen zur Aufnahme des Kreiselläufers) (*Ger.*), cardano, supporto cardanico. **12** ~ n·isolator (*m. - Elekt.*), isolatore a cappe. **13** ~ n·klammer (Radkappenklammer) (*f. - Aut.*), linguetta fissaggio coppa. **14** ~ n·stahl (unsymmetrisches I-formiges Profil) (*m. - Metall. - Bergbau*), profilato a doppio T ad ali asimmetriche (di acciaio). **15** ~ n·ständer (*m. - Walzw.*), gabbia coperta, gabbia con cappello. **16** ~ n·ziegel (*m. - Bauw.*), tegola di colmo. **17** Abdeck ~ (der Ventilfeder) (*Mot.*), scodellino (coprimolla). **18** Gewinde ~ (*Mech. - etc.*), coperchio a vite. **19** Isolier ~ (eines Kabels) (*f. - Elekt.*), cappuccio isolante. **20** Rad ~ (*Aut.*), coppa coprimozzo. **21** Verteiler ~ (*Mot. - Elekt.*), calotta del distributore.
kappen (*allg.*), siehe abschneiden.
Kappfenster (eines Gewölbes z. B.) (*n. - Arch.*), lunetta.
Kapplage (wurzelseitige Decklage, beim Schweissen) (*f. - mech. Technol.*), ripresa al rovescio.
Kappsturz (Kronenbruch, eines Deiches) (*m. - Wass.b.*), scoronamento, rottura del coronamento.
Kapsel (*f. - allg.*), capsula. **2** ~ (einer Flasche) (*Ind.*), tappo a corona, capsula. **3** ~ barometer (Aneroidbarometer) (*n. - Instr.*), barometro aneroide. **4** ~ gebläse (*n. - Masch.*), compressore volumetrico, compressore a capsulismo. **5** ~ maschine (*f. - Masch.*), capsulatrice. **6** ~ mutter (Sechskantmutter mit eingesetzter Kapsel, die das Gewinde trägt) (*f. - Mech.*), dado cieco (con inserto filettato). **7** ~ werk (*n. - Masch.*), capsulismo.
Kapselung (Schutzkapsel) (*f. - allg.*), custodia (di protezione). **2** ~ (Vorgang) (*f. - allg.*), incapsulamento. **3** ~ (*Elekt.*), blindatura. **4** ~ (explosionssicher, z. B.) (*elekt. Ger.*), custodia. **5** ~ (Gehäuse) (*allg.*), involucro, scatola.
Kaptalband (*n. - Buchbinderei*), siehe Kapitalband.
Kar (Kaar, Hohlform einer Gebirgsflanke) (*n. - Geol.*), circo.

Karabiner

Karabiner (*m. - Feuerwaffe*), carabina. 2 ~ **haken** (*m. - Vorr.*), moschettone.
Karakane (Kunstbronze aus 70% Cu, bis 15% Pb, 15% Sn, 6% Zn und 3% Fe) (*Metall.*), (tipo di) bronzo.
Karat (Goldfeinheit) (*n. - Metall.*), carato. 2 ~ (Wertigkeitsgrundlage im Handel mit Edelsteinen) (*Werkz. - etc.*), carato.
Karbamid [$CO(NH_2)_2$] (*n. - Chem.*), carbammide, urea.
Karbid (*n. - Chem.*), carburo. 2 ~ **hartmetall** (*n. - Werkz.*), carburo metallico. 3 ~ **kalk** (*m. - Bauw.*), calce di carburo di calcio. 4 ~ **lampe** (*f. - Beleucht.*), lampada a carburo. 5 ~ **seigerung** (*f. - Metall.fehler*), segregazione di carburi, separazione di carburi. 6 ~ **zeile** (*f. - Metall.fehler*), allineamento di carburi. 7 **Kalzium** ~ (CaC_2) (*Chem.*), carburo di calcio.
Karbinol (CH_3OH) (*n. - Chem.*), carbinolo, alcool metilico.
Karbolineum (für Holzkonservierung) (*n. - Chem.*), « carbolineum », olio di antracene trattato.
Karbon (Zeitabschnitt) (*n. - Geol.*), carbonifero. 2 ~ **papier** (Kohlepapier) (*n. - Büro*) (*österr.*), carta carbone.
Karbonat (*n. - Chem.*), carbonato.
Karbonisation (*f. - Chem.*), carbonizzazione.
karbonisch (*Geol.*), carbonifero.
Karbonisieranlage (*f. - Textilind.*), impianto di carbonizzazione.
karbonisieren (*allg.*), carbonizzare. 2 ~ (*Textilind.*), carbonizzare. 3 ~ (karburieren) (*Metall.*), carburare, cementare.
Karbonitrieren (*n. - Wärmebeh.*), carbonitrurazione, cementazione carbonitrurante.
Karbonyl (–CO) (*n. - Chem.*), carbonile.
Karborundum (Karborund (*m.*), Siliziumkarbid, Schleifmittel) (*n. - Ind.*), « carborundum », carburo di silicio.
Karboxyl (–COOH) (*n. - Chem.*), carbossile. 2 ~ **gruppe** (*f. - Chem.*), gruppo carbossilico.
Karbunkel (Karfunkel) (*m. - Landw.*), carbonchio.
karburieren (karbonisieren) (*Metall.*), carburare, cementare. 2 ~ (*Mot.*), carburare.
Karburierung (Einsatzhärtung) (*f. - Metall.*), cementazione carburante, carbocementazione. 2 ~ (*Mot.*), carburazione.
Kardan (Kardangelenk) (*m. - Mech.*), giunto cardanico, cardano. 2 ~ **antrieb** (*m. - Mech.*), trasmissione cardanica. 3 ~ **aufhängung** (kardanische Aufhängung) (*f. - Mech. - Instr.*), sospensione cardanica. 4 ~ **bremse** (Getriebebremse) (*f. - Aut.*), freno sulla trasmissione. 5 ~ **fehler** (bei Kreiselgeräten) (*m. - Ger.*), errore dovuto alla sospensione cardanica. 6 ~ **gelenk** (Kreuzgelenk) (*n. - Mech.*), giunto cardanico. 7 ~ **kreis** (*m. - Geom.*), cerchio di Cardano. 8 ~ **rahmen** (eines Kreisels z. B.) (*m. - Mech.*), supporto cardanico. 9 ~ **welle** (Kreuzgelenkwelle) (*f. - Mech. - Aut.*), albero snodato, albero cardanico.
Kardätsche (Kratze) (*f. - Textilmasch.*), scardasso.
Karde (Kratze, Krempel) (*f. - Textilmasch.*), carda. 2 ~ (*Textilmasch.*), siehe auch Kratze und Krempel. 3 ~ **n·abfall** (*n. - Textilind.*), cascame di cardatura. 4 ~ **n·arbeiter** (*m. - Arb. - Text.*), cardatore. 5 ~ **n·belag** (*m. - Textilmasch.*), scardasso, guarnizione. 6 ~ **n·raum** (Karderie) (*m. - Textilind.*), carderia. 7 **Deckel** ~ (*Textilmasch.*), carda a cappelli. 8 **Halbwalzen** ~ (mit Walzen und Deckel über der Trommel) (*Textilmasch.*), carda mista, carda a cilindri ed a cappelli. 9 **Walzen** ~ (*Textilmasch.*), carda a cilindri.
Kardieren (Krempeln) (*n. - Textilind.*), cardatura.
kardieren (kratzen, krempeln) (*Textilind.*), cardare.
Kardinalzahlen (Grundzahlen) (*f. - pl. - Math.*), numeri cardinali.
Kardiograph (*m. - Med. - Ger.*), cardiografo.
Kardioide (Herzkurve) (*f. - Geom.*), cardioide.
Kardioidkondensor (*m. - Opt.*), condensatore cardioide.
Karenzzeit (Wartezeit) (*f. - Pers. - Arb.*), periodo di aspettativa.
Kargo (Ladung eines Schiffes) (*m. - naut. - Transp.*), carico.
kariert (*allg.*), a quadri, quadrettato, a scacchi. 2 ~ **es Blech** (Riffelblech) (*metall. Ind.*), lamiera striata. 3 ~ **es Papier** (*Büro*), carta quadrettata.
Karkasse (eines Reifens, Gewebeunterbau) (*f. - Aut.*), carcassa, tele. 2 ~ **in Diagonalbauweise** (Diagonalkarkasse, eines Reifens) (*Aut.*), tele diagonali. 3 **Radial** ~ (Karkasse in Radialbauweise, eines Reifens) (*Aut.*), tele radiali.
Karmin (Karmesin) (*n. - Farbe*), carminio.
Karnallit ($KCl.MgCl_2.6 H_2O$) (Carnallit) (*m. - Min.*), carnallite.
Karnaubawachs (*n. - Chem.*), cera carnauba.
Karnies (*m. - Arch.*), gola. 2 **verkehrter** ~ (*Arch.*), gola rovescia.
Karo (Viereck) (*n. - Geom.*), quadrato.
Karosse (*f. - Aut.*), scocca.
Karosserie (Aufbau) (*f. - Aut.*), carrozzeria. 2 ~ (*Aut.*), siehe auch Aufbau. 3 ~ **blech** (Tiefziehblech) (*n. - Aut. - metall. Ind.*), lamiera per carrozzeria, lamiera per imbutitura. 4 ~ **fabrik** (*f. - Aut.*), carrozzeria, carrozziere, fabbrica di carrozzerie. 5 ~ **flaschner** (Karossier) (*m. - Arb. - Aut.*), carrozziere. 6 ~ **körper** (*m. - Aut.*), scocca. 7 ~ **mit Schiebedach** (*Aut.*), carrozzeria con tetto scorrevole. 8 **Fliessheck-** ~ (Fastback-Karosserie) (*Aut.*), carrozzeria « fastback ». 9 **Kunststoff** ~ (*Aut.*), carrozzeria in plastica. 10 **mittragende** ~ (*Aut.*), carrozzeria semiportante. 11 **offene** ~ (*Aut.*), carrozzeria aperta. 12 **Ponton** ~ (Stufenheck-Karosserie) (*Aut.*), carrozzeria con coda a sbalzo. 13 **selbsttragende** ~ (*Aut.*), carrozzeria portante, carrozzeria a struttura portante, monoscocca. 14 **Stufenheck-** ~ (Pontonkarosserie) (*Aut.*), carrozzeria con coda a sbalzo. 15 **viertürige** ~ (*Aut.*), carrozzeria a quattro porte. 16 **Vollheck-** ~ (*Aut.*), carrozzeria con coda non a sbalzo.
Karossier (*m. - Aut.*), carrozziere.
karossiert (*Aut.*), carrozzato.
Karre (*f. - Fahrz.*), siehe Karren.
Karren (Karre) (*m. - Fahrz.*), carrello. 2 **Hub** ~ (*ind. Transp.*), carrello a piatta-

forma sollevabile. **3 Plattform** ~ (*ind. Transp.*), carrello piatto, piattina. **4 Schub** ~ (*ind. Transp. - Bauw.*), carriola. **5 Stech** ~ (Sackkarren) (*ind. Transp.*), carrello per sacchi.
Karst (Breithacke, Erdhacke) (*m. - Werkz.*), piccone.
Karsterscheinungen (Dolinen, etc.) (*f. - pl. - Geol.*), carsismo, fenomeni carsici.
Karstwasser (in den Hohlräumen von verkarsteten Gebieten) (*n. - Geol.*), acqua carsica.
Karte (Landkarte z. B.) (*f. - Geogr. - Top. - naut.*), carta. 2 ~ (Lochkarte z. B.) (*Elektromech. - etc.*), scheda. 3 ~ (Postkarte) (*Post*), cartolina (postale). 4 ~ (Fahrkarte) (*Eisenb. - etc.*), biglietto. 5 ~ (Besuchskarte) (*komm. - etc.*), biglietto da visita. 6 ~ **mit Höhenlinien** (*Geogr. - Top.*), carta a curve di livello. 7 ~ n·abtaster (*m. - Automation*), lettore di schede (perforate). 8 ~ n·bildanzeiger (*m. - Radar*), radar topografico, indicatore topografico del terreno, oscillografo panoramico. 9 ~ n·code (*m. - Datenverarb.*), codice scheda. 10 ~ n·geber (Automat) (*m. - Eisenb. - etc. - Masch.*), distributore di biglietti. 11 ~ n·haus (*n. - naut.*), sala nautica. 12 ~ n·lesemaschine (*f. - Masch.*), lettrice di schede (perforate). 13 ~ n·leser (Kartenabfühler, Kartenabtaster) (*m. - Autom. - Rechner*), lettore di schede. 14 ~ n·leuchte (*f. - Aut.*), luce per lettura carte. 15 ~ n·locher (Kartenstanzer) (*m. - Ger.*), perforatore di schede. 16 ~ n·lochmaschine (*f. - Masch.*), perforatrice per schede. 17 ~ n·mischer (*m. - Autom.*), mescolatore di schede. 18 ~ n·papier (*n. - Papierind.*), cartoncino. 19 ~ n·relais (*n. - Elekt.*), relè a cartolina, relè a cartellino. 20 ~ n·relais (für gedruckte Schaltungen) (*Elekt.*), relè per circuiti stampati. 21 ~ n·schlagmaschine (*f. - Masch.*), punzonatrice per schede. 22 ~ n·sichtgerät (*n. - Flugw.*), visualizzatore di carte. 23 ~ n·stanzer (Kartenlocher) (*m. - Ger.*), perforatore di schede. 24 **Ausweis** ~ (*recht.*), carta d'identità. 25 **Automobil** ~ (*Aut.*), carta automobilistica. 26 **Einrichten einer** ~ (*Top.*), orientamento di una carta. 27 **Eintritts** ~ (*allg.*), biglietto d'ingresso. 28 **Fracht** ~ (*Transp.*), lettera di vettura. 29 **geographische** ~ (*Geogr.*), carta geografica. 30 **Loch** ~ (*Elektromech.*), scheda perforata. 31 **Maschinen** ~ (*Masch.*), scheda di macchina. 32 **Programm** ~ (zur Feststellung des Steuerprogramms) (*Autom.*), scheda programma. 33 **See** ~ (*naut.*), carta nautica. 34 **stratigraphische** ~ (*Geol.*), carta stratigrafica. 35 **topographische** ~ (*Top.*), carta topografica. 36 **4 cm-** ~ (Karte 1 : 25.000) (*Geogr.*), tavoletta, carta al 25.000. 37 **Zeit** ~ (zur digitalen Zeitvorgabe z. B. der einzelnen Maschinentakte) (*Autom.*), scheda temporizzatrice.
Kartei (Kartothek, Sammlung von Karten) (*f. - Büro*), schedario. 2 ~ **karte** (*f. - Büro - etc.*), scheda. 3 **Daten** ~ (*Datenverarb.*), archivio, flusso.
Kartell (*n. - finanz.*), cartello.
kartengesteuert (*Autom.*), comandato da schede (perforate). 2 ~ **er Streifenlocher** (*Ger.*), convertitore scheda-nastro.
Kartesische Koordinaten (*f. - pl. - Math. - etc.*), coordinate cartesiane.
Kartiergerät (*n. - Top. - Ger.*), siehe Koordinatograph.
Kartierung (Planzeichnen) (*f. - Geogr. - etc.*), costruzione delle carte.
Karting (*n. - Sport*), karting, kartismo. 2 ~ **-Rennbahn** (*f. - Sport*), kartodromo.
Kartograph (Hersteller von Karten) (*m. - Top.*), cartografo.
Kartographie (Kartenwissenschaft) (*f. - Top. - Geogr.*), cartografia.
Karton (dickes Papier) (*m. - Papierind.*), cartoncino. 2 ~ (Schachtel) (*Ind.*), scatola di cartone.
Kartonagen (*f. - pl. - Papierind.*), cartonaggi.
kartonieren (*Buchbinderei*), legare alla bodoniana, incartonare.
Kartoniermaschine (Einschachtelmaschine, zum Aufrichten, Füllen und Schliessen von Faltschachteln) (*f. - Masch.*), incartonatrice.
kartonisiert (*Verpackung*), incartonato, in cartonaggio.
Kartothek (*f.*), siehe Kartei.
Kartusche (*f. - Expl.*), cartuccia. 2 ~ (*Arch.*), cartoccio. 3 ~ n·anlasser (*m. - Flugw. - Mot.*), avviatore a cartuccia. 4 ~ n·hülse (*f. - Expl.*), bossolo di cartuccia.
Karussell (Drehbank) (*n. - Werkz.masch.*), tornio a giostra, tornio verticale. 2 ~ **drehen** (*n. - Werkz.masch.bearb.*), tornitura a giostra, tornitura su tornio verticale, tornitura su tornio a giostra. 3 ~ **-Schmiedeanlage** (*f. - Masch.*), impianto a giostra per fucinatura. 4 ~ **verfahren** (für Durchstrahlen mehrerer Prüfstücke gleichzeitig) (*n. - Materialprüfung*) procedimento a giostra.
Karwelbau (*m. - naut.*), costruzione a paro, costruzione a comenti appaiati.
Kaschieren (*n. - Papierind.*), accoppiatura. 2 **Kupfer** ~ (für gedruckte Schaltungen z. B.) (*mech. Technol.*), placcatura (con lamina) di rame.
Kaschiermaschine (*f. - Papierind. - Masch.*), accoppiatrice.
kaschiert (Pappe z. B.) (*Ind.*), accoppiato. 2 **kupfer** ~ (*mech. Technol.*), ramato.
Kasein (*n. - Chem.*), caseina. 2 ~ **leim** (*m. - chem. Ind.*), colla alla caseina, colla a freddo.
Kaserne (*f. - milit. - Bauw.*), caserma.
Käsesäure (*f. - Chem.*), acido lattico.
Kaskade (stufenförmiger, künstlicher Wasserfall) (*f. - Arch.*), cascata (artificiale). 2 ~ **n·falte** (*f. - Geol.*), piega a zigzag. 3 ~ **n·regelung** (*f. - Regelung*), regolazione in cascata. 4 ~ **n·schaltung** (*f. - Elekt.*), collegamento in cascata. 5 ~ **n·umformer** (*m. - Elekt.*), convertitore in cascata. 6 **Maschinen** ~ (*Elekt.*), cascata di macchine.
kaskadisch (*Elekt. - etc.*), in cascata.
Kasko (Schiffsrumpf z. B.) (*m. - naut. - etc.*), scafo. 2 ~ **versicherung** (gegen Schäden an Auto-, Schiffskasko, etc.) (*f. - Versicherung*), assicurazione per danni a mezzi di trasporto.
Kaskodeschaltung (*f. - Fernseh.*), circuito cascode.

Kaskodeverstärker (*m. - Fernseh.*), amplificatore cascode.
Kassa (Kasse) (*f. - Adm.*), cassa. 2 ~ **buch** (*n. - Adm.*), libro di cassa. 3 **gegen** ~ (*Adm.*), pronta cassa, in contanti.
Kassation (*f. - recht.*), cassazione. 2 ~ **s·hof** (*m. - recht.*), corte di cassazione.
Kasse (Kassa) (*f. - Adm.*), cass ~ **n·anweisung** (*f. - Adm.*), buono di cassa. 3 ~ **n·artz** (*m. - Med. - Pers. - Arb.*), medico della mutua. 4 ~ **n·aufsichtbeamter** (Kassenvorstand) (*m. - Adm.*), capocassiere. 5 ~ **n·ausfall** (Kassendefizit) (*m. - Adm.*), ammanco di cassa. 6 ~ **n·ausweis** (*m. - Adm.*), situazione di cassa. 7 ~ **n·buch** (Kassabuch) (*n. - Adm.*), libro di cassa. 8 ~ **n·führer** (Kassenverwalter) (*m. - Adm. - Pers.*), cassiere. 9 ~ **n·prüfung** (Kassenrevision) (*f. - Adm.*), alzata di cassa. 10 ~ **n·scheine** (*m. - pl. - finanz.*), buoni fruttiferi. 11 ~ **n·schrank** (Safe) (*m. - finanz.*), cassaforte. 12 ~ **n·sturz** (Aufnahme des Kassenbestandes) (*m. - Adm.*), verifica di cassa. 13 ~ **n·verwalter** (einer Bank z. B.) (*m. - Adm.*), tesoriere. 14 ~ **n·vorstand** (*m. - Adm.*), capo cassiere. 15 **Amortisations** ~ (Tilgungsfonds, Tilgungskasse) (*finanz.*), fondo ammortamento. 16 **gegen** ~ (*Adm.*), pronta cassa, in contanti. 17 **gemeinschaftliche** ~ (*Adm.*), cassa comune. 18 **kleine** ~ (*Adm.*), piccola cassa. 19 **Kranken** ~ (*Med. - Pers. - Arb. Organ.*), cassa malattia, mutua. 20 **Pensions** ~ (*Pers. - Arb.*), fondo pensioni. 21 **Tilgungs** ~ (*finanz.*), fondo ammortamento.
Kassette (Kästchen) (*f. - allg.*), cassetta. 2 ~ (Behälter für Platten) (*Phot.*), telaio. 3 ~ **n·decke** (kassettierte Decke) (*f. - Bauw.*), soffitto a cassettoni. 4 **Video-** ~ (*Fernseh.*), videocassetta.
Kassier (Kassierer) (*m. - Pers.*), cassiere.
kassieren (*Adm. - komm.*), incassare.
Kassierstation (Münzfernsprecher) (*f. - Fernspr.*), telefono a gettone.
Kassiterit (SnO_2) (*n. - Min.*), cassiterite.
Kästchenschema (Blockschema) (*n. - Zeichn. - etc.*), schema a blocchi.
Kästelmauerwerk (*n. - Maur.*), muratura in elementi forati.
Kasten (rechtwinkliger Behälter) (*m. - allg.*), cassa, cassetta. 2 ~ (*Druck.*), cassa (tipografica). 3 ~ (für Werkz., etc.) (*Mot. - Masch.*), cassetta. 4 ~ (Wagenkasten) (*Aut.*), scocca, carrozzeria. 5 ~ (Formkasten) (*Giess. - Formerei*), staffa. 6 ~ (eines Hobels) (*Tischl. - Werkz.*), corpo. 7 ~ (Bergbau), armamento. 8 ~ (altes Schiff, alter Wagen) (*naut. - etc.*), carcassa. 9 ~ **aufbau** (eines Lastwagens (*m. - Fahrz.*), cassa (chiusa), cassa rigida. 10 ~ **bauform** (*f. - Ger. - etc.*), esecuzione modulare, costruzione modulare, costruzione ad elementi componibili. 11 ~ **einsatzverfahren** (*n. - Wärmebeh.*), cementazione in cassetta. 12 ~ **fenster** (Doppelfenster) (*n. - Bauw.*), doppia finestra. 13 ~ **form** (Formkasten) (*f. - Giess.*), staffa. 14 ~ **formerei** (*f. - Giess.*), formatura in staffa. 15 ~ **glühung** (*f. - Wärmebeh.*), ricottura in cassetta. 16 ~ **guss** (Verfahren) (*m. - Giess.*), colata in staffa, fusione in staffa. 17 ~ **guss** (Sandguss, Erzeugnis) (*Giess.*), getto in staffa. 18 ~ **hälfte** (*f. - Giess.*), semistaffa. 19 ~ **holm** (*m. - Flugw.*), longherone scatolato. 20 ~ **kamera** (*f. - Phot.*), macchina fotografica a cassetta. 21 ~ **kiel** (*n. - Schiffbau*), chiglia a scatola, chiglia di tipo scatolato. 22 ~ **kipper** (Kastenkippwagen) (*m. - Eisenb.*), carro chiuso ribaltabile. 23 ~ **rahmen** (*m. - Aut.*), telaio ad elementi scatolati, telaio ad elementi a scatola. 24 ~ **träger** (*m. - Bauw.*), trave scatolata. 25 ~ **wagen** (*m. - Eisenb.*), carro chiuso. 26 ~ **wagen** (Lastwagen) (*Aut.*), furgone. 27 **Abschlag** ~ (*Giess.*), staffa a cerniera, staffa apribile, staffa a smottare, staffa matta. 28 **Bohr** ~ (*mech. Vorr.*), maschera a scatola. 29 **Brief** ~ (*Post*), cassetta per le lettere. 30 **Dampf** ~ (*Dampfmasch.*), cassetto di distribuzione del vapore. 31 **Ersatzteil** ~ (*Mot. - Masch.*), cassetta parti di ricambio. 32 **Getriebe** ~ (*Mech.*), scatola ingranaggi. 33 **Getriebe** ~ (eines Wechselgetriebes) (*Aut.*), scatola del cambio. 34 **Glüh** ~ (*Wärmebeh.*), cassetta di ricottura. 35 **Ideenbrief** ~ (Vorschlagbriefkasten) (*Arb. - Organ.*), cassetta delle idee. 36 **Ober** ~ (*Giess. - Formerei*), staffa superiore, coperchio. 37 **Sand** ~ (*Eisenb.*), cassa sabbiera. 38 **Schalt** ~ (eines elekt. Mot. z. B.) (*Elekt.*), cassetta di manovra. 39 **Schalt** ~ (einer Instrumententafel) (*Aut. - Mot.*), quadretto di distribuzione. 40 **Schieber** ~ (Dampfkasten) (*Dampfmasch.*), cassetto di distribuzione. 41 **Unter** ~ (*Giess. - Formerei*), staffa inferiore, fondo. 42 **Werkzeug** ~ (*Mot. - Aut.*), cassetta attrezzi, borsa attrezzi.
kastenförmig (*Mech. - etc.*), a scatola, di sezione scatolare.
kastengeglüht (*Wärmebeh.*), ricotto in cassetta.
kastenlos (*Giess.*), senza staffa, a motta. 2 ~ **e Formweise** (*Giess.*), formatura a motta.
katadioptrisch (*Opt.*), catadiottrico.
Kata-Einheit (*f. - Bauw.*), siehe Katawert.
Katakaustik (Kaustik an spiegelnden Flächen) (*f. - Opt.*), catacaustica.
Katalog (*m. - Druck. - etc.*), catalogo. 2 ~ **nummer** (*f. - Mech. - etc.*), numero di catalogo, numero categorico. 3 **Ersatzteil** ~ (*Masch. - etc.*), catalogo parti di ricambio. 4 **Preis** ~ (*komm.*), prezziario.
katalogisieren (*allg.*), catalogare.
Katalysator (*m. - Chem.*), catalizzatore.
Katalyse (*f. - Chem.*), catalisi. 2 **heterogene** ~ (*Chem.*), catalisi eterogenea, catalisi di contatto. 3 **homogene** ~ (*Chem.*), catalisi omogenea.
katalysieren (*Chem.*), catalizzare.
Katalytbrenner (*m. - Verbr.*), bruciatore catalitico.
Katalytgift (*n. - Chem.*), veleno (di catalizzatore), anticatalizzatore.
katalytisch (*Chem.*), catalitico. 2 ~ **es Spaltverfahren** (*chem. Ind.*), pirocissione per catalisi, piroscissione catalitica.
Kataphorese (*f. - Phys. - Chem.*), cataforesi.
Katapult (Startvorrichtung, für Flugzeuge) (*m. - n. - Flugw.*), catapulta.

Katarakt (Stromschnelle) (*m. - Hydr.*), cateratta.
Kataster (*m. - n. - Top.*), catasto. 2 ~ **amt** (*n. - Top.*), ufficio del catasto. 3 ~ **karte** (Flurkarte) (*f. - Top.*), mappa catastale. 4 ~ **plan** (*m. - Top.*), mappa catastale. 5 ~ **vermessung** (*f. - Top.*), rilevamento catastale. 6 **Gebäude** ~ (*Top. - Bauw.*), catasto urbano, catasto edilizio. 7 **Grund** ~ (*recht. - Top.*), catasto rustico, catasto fondiario.
Katastrophe (*f. - allg.*), catastrofe. 2 ~ **n-hochwasser** (*n. - Hydr.*), piena catastrofica.
Katathermometer (*n. - Ger.*), catatermometro.
Katawert (Behaglichkeitsziffer, bei Klimaanlagen) (*m. - Meteor.*), catavalore, indice di benessere, potere raffreddante (climatico).
Katechu (Katechin) (*n. - Färberei*), catecù.
Katenoid (Kettenfläche, Umdrehungsfläche der Kettenlinie) (*n. - Math.*), catenoide.
Kathedrale (*f. - Arch.*), cattedrale.
Kathedralglas (*n. - Arch. - Glasină.*), vetro cattedrale, stampato cattedrale.
Kathete (*f. - Geom.*), cateto.
Katheter (Röhre) (*m. - Med. - Ger.*), catetere.
Kathetometer (zum Messen des Höhenunterschiedes) (*n. - Phys. - Ger.*), catetometro.
Kathetron (Gleichrichter) (*n. - Elekt.*), catetron.
Kathode (negativer Pol) (*f. - Elekt.*), catodo. 2 ~ (einer Röhre) (*Elektronik*), catodo. 3 ~ **n-basis-Anodenbasis-Schaltung** (KB-AB), (*f. - Elektronik*), circuito con catodo ed anodo a massa. 4 ~ ~ **n-basis-Gitterbasis-Schaltung** (KB-GB) (*f. - Elektronik*), circuito con catodo e griglia a massa. 5 ~ **n-basis-Schaltung** (KB) (*f. - Elektronik*), circuito con catodo a massa. 6 ~ **n-basis-verstärker** (*m. - Elektronik*), amplificatore con catodo a massa. 7 ~ **n-bombardement** (*n. - Elektronik*), bombardamento catodico. 8 ~ **n-dunkelraum** (*m. - Elektronik*), spazio oscuro catodico, spazio oscuro di Crookes, spazio oscuro di Hittorf. 9 ~ **n-fall** (Lichtbogenspannungsverlust in der Nähe der Kathode) (*m. - Elektronik*), caduta catodica, caduta di tensione catodica. 10 ~ **n-fallableiter** (*m. - Elekt.*), scaricatore a caduta catodica. 11 ~ **n-fleck** (*m. - Elektronik*), macchia catodica. 12 ~ **n-folger** (Kathodenverstärker, Anodenbasis-Schaltung) (*m. - Elektronik*), inseguitore catodico, trasferitore catodico, amplificatore ad accoppiamento catodico. 13 ~ **n-kupfer** (Elektrolytkupfer) (*n. - Metall. - Elektrochem.*), rame elettrolitico, rame in catodi. 14 ~ **n-modulation** (*f. - Funk.*), modulazione catodica. 15 ~ **n-niederschlag** (*m. - Elektrochem.*), deposito al catodo, deposito catodico. 16 ~ **n-rückkopplung** (*f. - Elektronik*), reazione catodica. 17 ~ **n-strahl** (*m. - Elektronik*), raggio catodico. 18 ~ **n-strahloszillograph** (*m. - Elektronik*), oscillatore a raggi catodici. 19 ~ **n-strahlröhre** (*f. - Elektronik*), tubo a raggi catodici. 20 ~ **n-verstärker** (*m. - Elektronik*), amplificatore ad accoppiamento catodico. 21 ~ **n-zerstäubung** (Überzugsverfahren) (*f. - Technol.*), polverizzazione ionica, vaporizzazione ionica, metallizzazione catodica. 22 **direkt geheizte** ~ (*Funk.*), catodo riscaldamento diretto. 23 **Faden** ~ (direkt geheizte Kathode) (*Elektronik*), catodo a riscaldamento diretto. 24 **Glüh** ~ (glühende Kathode) (*Elektronik*), catodo caldo. 25 **indirekt geheizte** ~ (*Funk.*), catodo a riscaldamento indiretto. 26 **kalte** ~ (*Elektronik*), catodo freddo. 27 **Oxyd** ~ (*Elektronik*), catodo ad ossidi. 28 **Schicht** ~ (Oxyd-Kathode z. B.) (*Elektronik*), catodo metallico rivestito. 29 **virtuelle** ~ (*Funk.*), catodo virtuale.
Kathodolumineszenz (*f. - Elektronik*), catodoluminescenza.
Kathodophon (*n. - Akus. - Ger.*), catodofono.
Katholyt (Elektrolyt im Kathodengebiet) (*m. - Elektrochem.*), catolito.
Kation (positives Ion einer chem. Verbindung) (*n. - Phys. - Chem.*), catione.
Katoptrik (Lichtreflexionslehre) (*f. - Opt.*), scienza della luce riflessa.
Kattun (Indienne, Baumwollgewebe) (*m. - Text.*), cotonina.
Katze (Laufkatze, eines Kranes) (*f. - ind. Masch.*), carrello. 2 ~ **n-auge** (Rückstrahler, für Signale) (*n. - Strass.verkehr - Fahrz.*), catadiottro. 3 ~ **n-kopf** (Zwischenfutter, beim Drehen von langen Werkstücken verwendete Hülse die zwischen den Gleitbacken des Setzstockes gesetzt wird) (*m. - Werkz. masch.bearb.*), bussola per lunetta.
Kaue (für Bergarbeiter) (*f. - Bergbau*), spogliatoio.
Kauf (*m. - komm.*), acquisto, compera. 2 ~ **angebot** (*n. - komm.*), offerta di acquisto. 3 ~ **fahrer** (Kauffahrteischiff, Handelsschiff) (*m. - naut.*), nave mercantile. 4 ~ **haus** (Kaufetage, Warenhaus, grösseres Geschäft) (*n. - komm. - Bauw.*), grande magazzino, grande emporio. 5 ~ **kraft** (von Geld) (*f. - komm.*), potere di acquisto. 6 ~ **mann** (*m. - komm.*), commerciante. 7 ~ **preis** (*m. - komm.*), prezzo di acquisto. 8 ~ **schilling** (Kaufpreis, im Grundstückshandel) (*m. - komm.*), prezzo di acquisto. 9 ~ **teil** (Gerät einer Maschine z. B. vom Maschinenhersteller gekauft) (*m. - Ind.*), particolare acquistato, particolare non di propria produzione. 10 ~ **vertrag** (*m. - komm. - recht.*), contratto di compravendita, compravendita. 11 **Diplom-** ~ **mann** (*Pers. - komm.*), dottore in scienze commerciali. 12 **in den** ~ **nehmen** (*komm.*), includere nell'acquisto. 13 **in** ~ **nehmen** (annehmen) (*allg.*), accettare, chiudere un occhio (su), passar sopra (a).
kaufen (*komm.*), acquistare, comperare.
Käufer (*m. - komm.*), acquirente, compratore. 2 **auf Gefahr des** ~ **s** (*komm.*), a rischio dell'acquirente.
Kausche (Eisenring, für Drahtseilöse) (*f. - Seile*), radancia.
Kaustik (Brennfläche, eines optischen Systems) (*f. - Opt.*), caustica.
kaustisch (*Chem.*), caustico. 2 ~ **e Soda** (Natriumhydroxyd) (*Chem.*), soda caustica.
Kaustizität (*f. - Chem.*), causticità.
Kauter (Thermokauter) (*m. - Med. - Instr.*), cauterio.
Kaution (*f. - komm.*), cauzione. 2 **eine** ~ **leisten** (*komm.*), prestare una cauzione.
Kautschuk (Gummi) (*m. - Ind.*), caucciù,

Kavalierperspektive

gomma elastica. 2 ~ **kitt** (*m. - Gummiind.*), mastice di gomma. 3 ~ **latex** (synthetischer Latex) (*m. - chem. Ind.*), lattice sintetico (vulcanizzabile), lattice artificiale (vulcanizzabile). 4 ~ **milch** (*f. - chem. Ind.*), lattice di gomma. 5 **Crepe-** ~ (*Gummiind.*), gomma elastica tipo crêpe. 6 **Kunst** ~ (*Gummiind.*), gomma sintetica. 7 **Natur-** ~ (C_5H_8)n) (*Gummiind.*), gomma elastica, gomma naturale, gomma greggia, caucciù. 8 **Styrolbutadien-** ~ (*chem. Ind.*), gomma allo stirene-butadiene. 9 **synthetischer** ~ (Kunstkautschuk) (*Gummiind.*), gomma sintetica.

Kavalierperspektive (*f. - Zeichn. - Geom.*), proiezione cavaliera.

Kavernenkraftwerk (*n. - Elekt.*), centrale elettrica in caverna.

Kavitation (Hohlsogbildung, Hohlraumbildung, an Schiffsschrauben, Wasserturbinen, etc.) (*f. - naut. - etc.*), cavitazione. 2 ~ **s-korrosion** (*f. - Metall.*), corrosione per cavitazione. 3 **Dampf** ~ (*naut. - etc.*), cavitazione di vapore.

kavitierend (Propeller) (*naut.*), cavitante.

KB (kurzzeitiger Betrieb) (*Elekt. - Masch.*), servizio di breve durata. 2 ~ (Kathodenbasis-Schaltung) (*Elektronik*), circuito con catodo a massa.

kb (kbar) (*Druckeinh.*), kb, chilobar.

KB-AB (Kathodenbasis-Anodenbasis-Schaltung) (*Elektronik*), circuito con anodo e catodo a massa.

K-Band (11.000-33.000 MHz) (*n. - Funk. - etc.*), banda K.

K-Bau (mit k-förmiger Stempelverstärkung) (*m. - Bergbau*), quadro di armamento con gamba a k.

KB-GB (Kathodenbasis-Gitterbasis-Schaltung) (*Elektronik*), circuito con catodo e griglia a massa.

kcal (Kilokalorie) (*Wärme*), kcal, chilocaloria, grande caloria.

KD (Kundendienst) (*Aut.*), assistenza clienti. 2 ~ **-Stelle** (Kundendienststelle) (*f. - Aut.*), punto assistenza clienti.

K-D-Apparat (Kompressions-Durchlässigkeits-Apparat, für Prüfung des Baugrundes) (*m. - Bauw.*), apparecchio per prove di compressione e permeabilità.

KD-Diagramm (Kraft-Dehnungs-Diagramm) (*n. - Baukonstr.lehre*), diagramma carichi-deformazioni.

KDF (Kaltdruckfestigkeit) (*Technol.*), resistenza alla compressione a freddo.

Ke-Bindung (für Schleifscheiben, keramische Bindung) (*f. - Werkz.*), impasto ceramico.

Keder (*m. - Lederind.*), siehe Köder.

Keep (Kerbe, einer Kausche) (*f. - naut.*), scanalatura.

Kees (Gletscher) (*n. - Geol.*) (*österr.*), ghiacciaio.

Kegel (*m. - Geom.*), cono. 2 ~ (Kegelstärke, einer Letter) (*Druck.*), corpo, forza di corpo. 3 ~ (eines Hahns) (*Leit.*), maschio. 4 ~ (Konus, Kegelverjüngung, Verhältnis des Durchmessers zur Achslänge) (*Mech.*), conicità. 5 ~ **abbildung** (*f. - Kartographie*), proiezione conica. 6 ~ **abtastung** (*f. - Radar*), esplorazione conica. 7 ~ **bohrung** (*f. - Mech.*), foro conico. 8 ~ **brecher** (Kreiselbrecher) (*m. - Bergbau - Masch.*), frantoio rotativo. 9 ~ **dach** (*n. - Bauw.*), tetto conico. 10 ~ **dorn** (*m. - Mech.*), mandrino conico. 11 ~ **drehvorrichtung** (*f. - Werkz.masch.*), accessorio per tornitura conica. 12 ~ **drucksonde** (für Härteprüfung) (*f. - Werkstoffprüfung*), penetratore conico, penetratore a cono. 13 ~ **druckversuch** (*m. - Technol.*), prova (di durezza) con penetratore a cono. 14 ~ **feder** (*f. - Mech.*), molla elicoidale conica, molla ad elica conica. 15 ~ **fräser** (*m. - Werkz.*), fresa conica. 16 ~ **hahn** (*m. - Leit.*), rubinetto a maschio. 17 ~ **hülse** (zum Einspannen von Werkz.) (*f. - Mech.*), bussola conica. 18 ~ **kopfniete** (*f. - Mech.*), chiodo a testa conica. 19 ~ **kupplung** (*f. - Mech.*), innesto a frizione a cono. 20 ~ **länge** (*f. - Mech.*), lunghezza del cono. 21 ~ **lehrdorn** (*m. - Werkz.*), calibro a tampone conico. 22 ~ **lehre** (Konuslehre) (*f. - Mech. - Werkz.*), calibro conico. 23 ~ **mantelflächenschliff** (eines Schneidrades) (*m. - Werkz.*), affilatura a tazza. 24 ~ **messgerät** (*n. - Ger.*), misuratore di conicità. 25 ~ **neigung** (*f. - Mech. - etc.*), conicità. 26 ~ **passung** (*f. - Mech.*), accoppiamento conico, accoppiamento tra superfici coniche. 27 ~ **projektion** (einer Karte) (*f. - Geogr.*), proiezione conica. 28 ~ **rad** (Zahnrad) (*n. - Mech.*), ruota (dentata) conica. 29 ~ **rad-Einbaudistanz** (*f. - Mech.*), distanza di montaggio delle ruote coniche. 30 ~ **räderpaar** (*n. - Mech.*), coppia conica, ingranaggio conico. 31 ~ **radfräsmaschine** (*f. - Werkz.masch.*), fresatrice per ingranaggi conici. 32 ~ **radgetriebe** (*n. - Mech.*), ingranaggio conico. 33 ~ **radhobelmaschine** (*f. - Werkz.masch.*), dentatrice a coltello lineare per ingranaggi conici. 34 ~ **radkranz** (Zahnrad) (*m. - Mech.*), corona (dentata) conica. 35 ~ **radräumen** (*n. - Werkz.masch.bearb.*), brocciatura di ingranaggi conici. 36 ~ **radumlaufgetriebe** (*n. - Mech.*), ingranaggio (conico) planetario. 37 ~ **ring** (Innenring eines Lagers) (*m. - Mech.*), anello conico. 38 ~ **rollenlager** (*n. - Mech.*), cuscinetto a rulli conici. 39 ~ **schaft** (*m. - Werkz.*), gambo conico, codolo conico. 40 ~ **scheibe** (Stufenscheibe, Riemenscheibe) (*f. - Mech.*), puleggia a gradini. 41 ~ **schnitt** (*m. - Geom.*), conica, sezione conica. 42 ~ **senker** (*m. - Werkz.*), fresa per svasare. 43 ~ **senkschraube** (*f. - Mech.*), vite a testa svasata. 44 ~ **sitz** (*m. - Mech.*), sede conica. 45 ~ **sitz** (Kegelpassung) (*Mech.*), accoppiamento conico, accoppiamento tra superfici coniche. 46 ~ **steigung** (*f. - Mech. - etc.*), conicità. 47 ~ **stift** (*m. - Mech.*), spina conica. 48 ~ **stirnrad** (*n. - Mech.*), ruota conica a denti diritti. 49 ~ **stumpf** (*m. - Geom.*), tronco di cono. 50 ~ **trieb** (Kegelradtrieb) (*m. - Aut. - Mech.*), coppia conica. 51 ~ **trieb mit Hypoidverzahnung** (*Aut. - Mech.*), coppia conica ipoide. 52 ~ **verjüngung** (*f. - Mech.*), conicità. 53 ~ **winkel** (*m. - Mech.*), apertura angolare del cono, angolo al vertice del cono. 54 **Ablagerungs** ~ (*Geol.*), cono di deiezione. 55 **Aussen** ~ (Kegelverjüngung) (*Mech.*), conicità esterna. 56 **Aussen** ~ (Kegelfläche) (*Mech. - etc.*), superficie conica esterna. 57

Aussen ~ (einer Kegelkupplung) (*Mech.*), cono maschio. 58 gerader ~ (*Geom.*), cono retto. 59 Grund ~ (eines Wälzzahnrades) (*Mech.*), cono base. 60 Hohl ~ (Innenkegel, einer Kegelkupplung) (*Mech.*), cono femmina. 61 Innen ~ (Kegelverjüngung) (*Mech.*), conicità interna. 62 Innen ~ (Kegelfläche) (*Mech. - etc.*), superficie conica interna. 63 Innen ~ (Hohlkegel, einer Kegelkupplung) (*Mech.*), cono femmina. 64 Kreis ~ (*Geom.*), cono a sezione retta circolare. 65 Licht ~ (*Beleucht.*), cono luminoso. 66 Morse ~ (*Mech.*), cono Morse. 67 Rücken ~ (einer Kegelrades) (*Mech.*), cono complementare. 68 schiefer ~ (*Geom.*), cono obliquo.

kegeldrehen (*Werkz.masch.bearb.*), tornire conico.

kegelförmig (*allg.*), conico. 2 ~ **aussenken** (*Mech.*), svasare.

kegelig (*allg.*), conico. 2 ~ **drehen** (*Werkz. masch.bearb.*), tornire conico. 3 ~ **es Gewinde** (*Mech.*), filettatura conica.

Kehlbalken (*m. - Bauw.*), controcatena.

Kehlblech (eines Daches) (*n. - Bauw.*), scossalina di conversa.

Kehle (rinnenförmige Vertiefung) (*f. - Mech. - etc.*), gola, scanalatura. 2 ~ (Kehllinie) (*Bauw.*), conversa, compluvio, linea di compluvio.

kehlen (*allg.*), scanalare.

Kehlhobel (*m. - Werkz.*), pialla per scanalare.

Kehlkopfmikrophon (*n. - Funk.*), microfono da laringe, laringofono.

Kehlnaht (*f. - Schweissen*), saldatura d'angolo.

Kehlziegel (*m. - Bauw.*), tegola di conversa.

Kehrbild (*n. - Opt.*), immagine capovolta. 2 ~ **-Entfernungsmesser** (Inverttelemeter) (*m. - Opt. - Ger.*), telemetro ad inversione.

Kehre (*f. - Strasse - Eisenb.*), tornante.

Kehrelement (*n. - Elekt.*), elemento reversibile.

Kehrgetriebe (*n. - Mech.*), meccanismo di inversione, invertitore.

Kehricht (Müll) (*m. - allg.*), immondizie, spazzatura, rifiuti.

Kehrlage (des Frequenzbandes z. B.) (*f. - Funk. - etc.*), posizione invertita.

Kehrmaschine (Strassenreinigungsmaschine) (*f. - Strasse - Masch.*), spazzatrice (stradale).

Kehrmatrix (*f. - Math.*), matrice inversa.

Kehrrad (Wasserrad mit Beschaufelung auf der Aussen- und Innenseite) (*n. - Hydr.*), ruota idraulica a doppia palettatura (esterna ed interna).

Kehrturbine (*f. - Turb.*), turbina della marcia indietro, turbina della contromarcia.

Kehrwalzwerk (*n. - Walzw.*), laminatoio reversibile.

Kehrwert (reziproker Wert) (*m. - Math.*), reciproco (*s.*).

Keil (zum Trennen z. B.) (*m. - allg.*), cuneo. 2 ~ (Verbindungselement, zwischen Welle und Rad z. B.) (*Mech.*), chiavetta. 3 ~ (Keilstein) (*Arch.*), concio di chiave, chiave. 4 ~ (einer Keilwelle) (*Mech.*), pieno. 5 ~ (eines Hobels) (*Werkz.*), cuneo. 6 ~ (*Druck.*), serraforme. 7 ~ (Prisma) (*Opt.*), prisma. 8 ~ (Zwischenlageplatte) (*Masch. - etc.*), spessore. 9 ~ **anstellung** (*f. - Mech.*), registrazione mediante chiavetta. 10 ~ **anzug** (Keilneigung) (*m. - Mech.*), conicità del cuneo. 11 ~ **bahn** (Keilnut) (*f. - Mech.*), sede per chiavetta. 12 ~ **fangvorrichtung** (*f. - Hebevorr. - etc.*), dispositivo di arresto a cuneo. 13 ~ **flosse** (*f. - Flugw.*), deriva, piano stabilizzatore verticale. 14 ~ **fuss** (einer Keilwelle) (*m. - Mech.*), fondo del dente. 15 ~ **haue** (*f. - Werkz.*), piccone. 16 ~ **hülse** (Keilnabe) (*f. - Mech.*), bussola scanalata, scanalato femmina. 17 ~ **kompensator** (Diasporameter, Drehkeilpaar) (*m. - Opt. - Ger.*), diasporametro. 18 ~ **leiste** (*f. - Masch.*), lardone conico. 19 ~ **loch** (*n. - Mech.*), asola per chiavetta, foro per chiavetta. 20 ~ **lochfräsmaschine** (*f. - Werkz.masch.*), fresatrice di fori per chiavetta. 21 ~ **nabe** (*f. - Mech.*), mozzo scanalato, scanalato femmina. 22 ~ **nabenprofil** (*n. - Mech.*), profilo per mozzi scanalati. 23 ~ **nase** (*f. - Mech.*), nasetto della chiavetta, nasello della chiavetta. 24 ~ **neigung** (*f. - Mech.*), conicità del cuneo. 25 ~ **nut** (*f. - Mech.*), sede per chiavetta, cava per chiavetta. 26 ~ **nutenfräsmaschine** (*f. - Werkz. masch.*), fresatrice di sedi per chiavetta. 27 ~ **nutenstossmaschine** (*f. - Werkz.masch.*), stozzatrice di sedi per chiavetta. 28 ~ **nutfräsen** (*n. - Werkz.masch.bearb.*), fresatura di sedi per chiavetta. 29 ~ **presse** (Schmiedepresse z. B.) (*f. - Mach.*), pressa a cuneo. 30 ~ **prüfung** (von Gusseisen, mit keilförmigen Proben) (*f. - Giess.*), prova con provino a cuneo. 31 ~ **relais** (*n. - Fernspr.*), relè con ancoretta a cuneo. 32 ~ **riemen** (mit trapezförmigem Querschnitt) (*m. - Mech.*), cinghia trapezoidale. 33 ~ **riemenscheibe** (*f. - Mech.*), puleggia a gole (trapezoidali). 34 ~ **riementrieb** (*m. - Mech.*), trasmissione a cinghie trapezoidali. 35 ~ **rille** (*f. - Mech. - etc.*), scanalatura a V. 36 ~ **rille** (für Riemen) (*Mech.*), gola (trapezoidale). 37 ~ **schloss** (Keil und Lösekeil) (*n. - Mech.*), chiavetta e controchiavetta, chiavetta doppia. 38 ~ **schneiden** (Zerteilen von Werkstücken mit einer oder zwei keilförmigen Schneiden, bei dem die Werkstücke auseinandergedrängt werden) (*n. - mech. Technol.*), spezzonatura a cuneo. 39 ~ **spalt** (bei Lagerschmierung) (*m. - Mech.*), meato cuneiforme. 40 ~ **stein** (*m. - Arch.*), concio di chiave. 41 ~ **und Lösekeil** (*Mech.*), chiavetta doppia, chiavetta e controchiavetta. 42 ~ **verbindung** (*f. - Mech.*), calettamento a chiavetta, collegamento a chiavetta. 43 ~ **welle** (*f. - Mech.*), albero scanalato, scanalato (maschio). 44 ~ **wellenprofil** (*n. - Mech.*), profilo per alberi scanalati. 45 ~ **wellenschleifmaschine** (*f. - Werkz. masch.*), rettificatrice per alberi scanalati. 46 ~ **wellen-Verbindung** (*f. - Mech.*), accoppiamento a profilo scanalato (per alberi). 47 ~ **wellenwälzfräser** (*m. - Werkz.*), creatore per alberi scanalati. 48 ~ **winkel** (eines Drehmeissels) (*m. - Werkz.*), angolo di taglio. 49 ~ **winkel** (eines opt. Prismas z. B.) (*Opt.*), angolo rifrangente. 50 ~ **zugprobe** (*f. - mech. Technol.*), prova differenziale di trazione. 51 **Anstellung** (*Mech.*), chiavetta di registrazione. 52 **brechender** ~ (Ablenkprisma) (*Opt. - Ger.*), prisma deflettore. 53

keilen   **454**

Einlege ~ (*Mech.*), chiavetta incastrata. 54
Feder ~ (Feder) (*Mech.*), linguetta. 55
Flach ~ (*Mech.*), chiavetta piatta. 56 Hohl
~ (*Mech.*), chiavetta concava. 57 konischer
~ (*Mech.*), chiavetta conica. 58 Konkav ~
(Hohlkeil) (*Mech.*), chiavetta concava. 59
Längs ~ (*Mech.*), chiavetta longitudinale. 60
Nasen ~ (*Mech.*), chiavetta con nasetto, chiavetta con nasello. 61 Nuten ~ (*Mech.*), chiavetta incassata. 62 Quer ~ (*Mech.*), chiavetta trasversale. 63 Rund ~ (*Mech.*), chiavetta rotonda. 64 Schrot ~ (Steinspeidel) (*Maur. - Werkz.*), cuneo da scalpellino. 65 Stell ~ (*Mech.*), chiavetta di registrazione. 66 Tangent ~ (*Mech.*), chiavetta tangenziale. 67 Treib ~ (*Mech.*), chiavetta diritta, chiavetta di torsione, chiavetta per trasmissione di momenti torcenti.
keilen (*Mech.*), inchiavettare, fissare con chiavetta. 2 los ~ (*Mech.*), togliere la chiavetta, smontare la chiavetta, « schiavettare ».
keilförmig (*allg.*), cuneiforme, a cuneo.
keilnuten (*Mech.*), eseguire cave per chiavetta.
Keilung (*f. - Mech.*), collegamento con chiavetta, inchiavettatura, calettamento con chiavetta.
Keim (*m. - allg.*), germe. 2 ~ bildung (Bildung von Kristallkeimen) (*f. - Metall.*), germinazione. 3 Kristall ~ (Kristallisationskeim) (*Metall.*), germe cristallino.
Kelch (*m. - allg.*), calice. 2 ~ (eines Kapitells) (*Arch.*), canestro.
Kelle (Löffel) (*f. - Ger.*), cucchiaione, mestolo. 2 ~ (Maurerkelle) (*Maur. - Werkz.*), cazzuola. 3 ~ n·putz (*m. - Bauw.*), intonaco a cazzuola. 4 Fugen ~ (*Maur. - Werkz.*), cazzuola per giunti, cazzuolino. 5 Glätt ~ (*Maur. - Werkz.*), pialletto, cazzuola per lisciare. 6 Maurer ~ (*Werkz.*), cazzuola da muratore. 7 Spachtel ~ (Estrichkelle) (*Maur. - Werkz.*), cazzuola quadra. 8 Stukkateur ~ (*Werkz.*), cazzuola da stuccatore.
kellengerecht (Mörtelsteife) (*Maur.*), maneggiabile con cazzuola.
Keller (*m. - Bauw.*), cantina. 2 ~ geschoss (*n. - Bauw.*), scantinato.
Kelvinskala (absolute Skala, thermodynamische Skala) (*f. - Phys.*), scala Kelvin.
KEM (Kehrbildentfernungsmessgerät, Inverttelemeter) (*Opt. - Ger.*), telemetro a inversione.
Kennbake (*f. - Funk.*), radiofaro d'identificazione.
Kennbild (*n. - Masch. - Mot. - etc.*), grafico, diagramma caratteristico. 2 Kraft ~ (Kennbild der Betätigungskraft z. B.) (*Mech. - etc.*), grafico delle forze, diagramma delle forze. 3 Zeit ~ (der Ansprechdauer z. B.) (*Aut. - etc.*), grafico dei tempi, diagramma dei tempi.
Kennbuchstabe (*m. - allg.*), lettera di riferimento.
Kenndaten (*n. - pl. - allg.*), dati caratteristici.
Kennelkohle (Kannelkohle) (*f. - Brennst.*), carbone a lunga fiamma.
Kennfaden (für Kabeln) (*m. - Elekt.*), filo di contrassegno, filo distintivo.
Kennfarbe (zur Kennzeichnung) (*f. - Technol.*), colore di contrassegno, colore di identificazione.

Kennfeld (Kennlinienfeld) (*n. - Masch. - Mot.*), diagramma delle curve caratteristiche, diagramma caratteristico. 2 ~ (Bild des spezifischen Kraftstoffverbrauchs) (*Mot.*), diagramma dei consumi specifici.
Kennfrequenz (niedrigste Eigenschwingung des ungedämpften Schwingungssystems) (*f. - Phys.*), frequenza caratteristica. 2 ~ (für Sendungen z. B.) (*Funk. - Fernseh. - etc.*), frequenza assegnata.
Kenngrösse (*f. - Mech. - etc.*), grandezza caratteristica, parametro.
Kennimpedanz (*f. - Funk. - etc.*), impedenza immagine.
Kennleuchte (*f. - allg.*), luce d'identificazione.
Kennlinie (Charakteristik) (*f. - Elekt. - etc.*), (curva) caratteristica. 2 ~ n·feld (*n. - Masch. - Mot.*), diagramma delle curve caratteristiche, diagramma caratteristico. 3 ~ n·schreiber (Koordinatenschreiber) (*m. - Ger.*), coordinatografo. 4 Belastungs ~ (Belastungscharakteristik) (*Elekt. - etc.*), caratteristica a carico. 5 Last ~ (*Mot.*), caratteristica a carico. 6 Leerlauf ~ (Leerlaufcharakteristik) (*Elekt. - etc.*), caratteristica a vuoto.
Kennmelder (Signal) (*m. - Signal*), segnale di riconoscimento.
Kennsatz (*m. - Rechner*), siehe Vorsatz.
Kennscheinwerfer (mit farbigem Kennlicht) (*m. - Aut.*), proiettore a luce colorata (di segnalazione).
Kenntnis (der Arbeitsaufgabe z. B.) (*f. - Arb. - etc.*), conoscenza.
Kennung (Signal) (*f. - naut. - Flugw. - Navig.*), segnalamento. 2 ~ (*allg.*), caratteristica. 3 ~ (Kennlinie) (*Mot.*), caratteristica, curva caratteristica. 4 ~ s·gerät (zur Identifizierung von Flugzeugen) (*n. - Radar - Flugw.*), radar di identificazione. 5 ~ s·wandler (Drehmomentenwandler) (*m. - Mot.*), convertitore di coppia.
Kennwert (Parameter) (*m. - Math. - etc.*), parametro. 2 ~ (Kennzahl) (*Masch. - etc.*), valore caratteristico, indice.
Kennwiderstand (eines Vierpols) (*m. - Elekt. - Funk.*), impedenza immagine.
Kennwort (*n. - milit.*), parola d'ordine.
Kennzahl (*f. - allg.*), numero caratteristico, caratteristica. 2 ~ (auf einer Zeichnung z. B.) (*f. - allg.*), numero di riferimento. 3 ~ (*Fernspr.*), prefisso. 4 Stabilitäts- ~ (*allg.*), caratteristica di stabilità.
Kennzeichen (Unterscheidungszeichen) (*n. - allg.*), segno di riconoscimento, segno di identificazione, sigla, contrassegno. 2 ~ (Buchstaben zur Erkennung des Heimatortes eines Kraftfahrzeuges oder Flugzeuges) (*Fahrz. - etc.*), sigla di nazionalità. 3 ~ (polizeiliches Kennzeichen) (*Aut.*), targa (di immatricolazione). 4 ~ leuchte (*f. - Aut.*), luce (di) targa. 5 ~ schild (des Herstellers) (*n. - Aut. - etc.*), stemma. 6 ~ schild (polizeiliches Kennzeichen) (*Aut.*), targa (di immatricolazione).
kennzeichnen (*allg.*), contrassegnare, siglare.
Kennzeichnung (*f. - allg.*), contrassegno, siglatura. 2 ~ s·pflicht (eines schädlichen Produkts z. B.) (*f. - chem. Ind. - etc.*), obbligo di contrassegno. 3 Farb ~ (*Elekt. -*

etc.), identificazione con colori, colori distintivi.

kennzeichnungspflichtig (schädliches Produkt z. B:) (*chem. Ind. - etc.*), avente obbligo di contrassegno, con obbligo di contrassegno.

Kennziffer (eines Logarithmus) (*f. - Math.*), caratteristica. 2 ~ (Kennzahl) (*f. - allg.*), indice. 3 Güte ~ (*Werkstoff - etc.*), indice di qualità.

Kenotron (Röhre) (*n. - Elektronik*), chenotrone.

kentern (eines Bootes) (*naut.*), capovolgersi. 2 ~ (des Windes) (*Meteor.*), cambiare.

Keplersche Gesetze (*Astr.*), leggi di Keplero.

Keramik (Erzeugnisse, Tonwaren, etc.) (*f. - Keramik*), ceramiche, prodotti ceramici. 2 ~ werkzeug (*n. - Werkz.*), utensile ceramico. 3 ~ werkzeug (aus metallkeramischem Material) (*Werkz.*), utensile metalceramico. 4 ~ werkzeug (aus oxydkeramischem Material) (*Werkz.*), utensile ossiceramico. 5 Metall ~ (Pulvermetallurgie) (*Metall.*), metalceramica, metallurgia delle polveri, ceramica delle polveri, ceramica dei metalli.

Keramiker (*m. - Keramik - Arb.*), ceramista. 2 ~ (Metallkeramiker) (*Metallkeramik*), tecnico di metalceramica.

keramisch (*Keramik*), ceramico. 2 ~ e **Bodenfliese** (*Bauw.*), piastrella (di) ceramica per pavimenti. 3 ~ er Isolierstoff (*Elekt.*), isolante ceramico. 4 ~ es Bindemittel (für Schleifscheiben) (*Werkz.*), agglomerante ceramico. 5 ~ e Wandfliese (*Bauw.*), piastrella (di) ceramica da parete.

Keratin (*n. - Biochem.*), cheratina.

Keratometer (*n. - Opt. - Ger.*), cheratometro.

Kerbbiegeversuch (*m. - Technol.*), prova a flessione su provino intagliato.

Kerbbrucharbeit (*f. - Baukonstr.lehre*), resilienza.

Kerbbruchversuch (*m. - Baukonstr.lehre*), prova di rottura all'intaglio.

Kerbdauerschwingfestigkeit (Dauerschwingfestigkeit einer gekerbten Probe) (*f. - Materialprüfung*), limite di fatica di provino intagliato.

Kerbe (Einschnitt) (*f. - allg.*), tacca, intaglio, incavo. 2 ~ (eines Kerbschlagprobestückes z. B.) (*Mech.*), intaglio. 3 ~ n·fügung (*f. - Tischl.*), giunto a maschio e femmina.

Kerbempfindlichkeit (eines Werkstückes z. B.) (*f. - Mech. - Metall.*), sensibilità all'intaglio.

kerben (*Mech.*), intagliare.

Kerbfaktor (*m. - Baukonstr.lehre*), siehe Kerbwirkungszahl.

Kerbgrund (eines Kerbstabes) (*m. - Materialprüfung*), fondo dell'intaglio.

Kerblochkarte (*f. - Autom.*), scheda perforata con intagli (ai margini).

Kerbnagel (*m. - Mech.*), chiodo intagliato, chiodo con gambo ad intagli (longitudinali), chiodo rigato.

Kerbschlagbiegeversuch (zur Beurteilung der Kerbschlagzähigkeit) (*m. - Baukonstr.lehre*), prova di resilienza.

Kerbschlagprobe (Kerbschlagbiegeversuch) (*f. - Baukonstr.lehre*), prova di resilienza. 2 ~ (Probestück) (*Baukonstr.lehre*), provino intagliato, provetta intagliata.

Kerbschlagwert (Kerbschlagzähigkeit) (*m. - Baukonstr.lehre*), resilienza.

Kerbschlagzähigkeit (Schlagarbeit dividiert durch den Querschnitt der Probe am Kerb) (*f. - Baukonstr.lehre*), resilienza.

Kerbspannung (*f. - Baukonstr.lehre*), sollecitazione all'intaglio.

Kerbstab (*m. - mech. Technol.*), barretta intagliata.

Kerbstift (Kerbkonus) (*m. - Mech.*), spina intagliata, spina con intagli (longitudinali). 2 Kegel ~ (*m. - Mech.*), spina conica con intagli. 3 Zylinder ~ (*m. - Mech.*), spina cilindrica con intagli.

Kerbverzahnung (einer Welle z. B.) (*f. - Mech.*), striatura, profilo Whitworth, profilo a denti triangolari.

Kerbwirkung (eines Werkstückes) (*f. - Mech.*), effetto di intaglio, invito a rottura. 2 ~ s· zahl (Verhältnis der Dauerfestigkeit des polierten Vollstabes zur Dauerfestigkeit des Kerbstabes) (*f. - Baukonstr.lehre*), coefficiente di concentrazione delle sollecitazioni, indice dell'effetto di intaglio.

Kerbzähigkeit (Kerbschlagzähigkeit) (*f. - Mech.*), resilienza.

Kerbzahnlehrdorn (*m. - Werkz.*), cilindretto per profili striati, spina calibrata per profili striati.

Kerbzahnnabe (*f. - Mech.*), mozzo striato.

Kerbzahnprofil (*n. - Mech.*), profilo striato.

Kerbzahnwelle (*f. - Mech.*), albero striato.

Kerbzugfestigkeit (*f. - mech. Technol.*), resistenza a trazione all'intaglio, carico di rottura (a trazione) del provino intagliato. 2 ~ s·verhältnis (Verhältnis der Zugfestigkeit gekerbter und glatter Prüfstäbe zueinander) (*n. - mech. Technol.*), rapporto tra le resistenze a trazione delle provette intagliata e liscia.

Kerbzugversuch (*m. - mech. Technol.*), prova di trazione con provino intagliato.

Kerma (kinetic energy released in *material*; im Material freigesetzte kinetische Energie) (*Kernphys.*), kerma.

Kern (Atomkern, innerster positiver Teil eines Atoms) (*m. - Kernphys.*), nucleo. 2 ~ (*Elekt.*), nucleo. 3 ~ (von Gestein) (*Bergbau*), carota. 4 ~ (einer Sandform) (*Giess.*), anima. 5 ~ (einer Druckgussform, zur Erzeugung von Bohrungen und Hohlräume) (*Giess.*), maschio. 6 ~ (eines Baumstammes) (*Holz*), anima, cuore. 7 ~ (*Metall. - Wärmebeh.*), cuore, parte interna. 8 ~ (eines Staudammes) (*Wass.b.*), diaframma centrale. 9 ~ (Seele, eines Spiralbohrers) (*Werkz.*), nocciolo. 10 ~ (eines Reaktors) (*Kernphys. - Ind.*), nocciolo. 11 ~ ansatz (einer Schraubenende) (*m. - Mech.*), estremità piana a colletto. 12 ~ arbeiter (Kernmacher) (*m. - Giess. - Arb.*), animista. 13 ~ auge (Kernlager) (*n. - Giess.*), portata d'anima. 14 ~ ausspitzen (eines Wendelbohrers) (*n. - Werkz.*), assottigliamento della punta. 15 ~ batterie (Isotopenbatterie) (*f. - Elekt.*), batteria nucleare. 16 ~ bau (Kernstruktur) (*m. - Kernphys.*), struttura del nucleo (atomico). 17 ~ baustein (Nu-

Kern

kleon) (*m. - Atomphys.*), nucleone. 18 ~ bauteil (*m. - Kernphys.*), particella subatomica. 19 ~ bauweise (deutsche Bauweise, eines Tunnels) (*f. - Ing.b.*), metodo di attacco tedesco. 20 ~ beton (Beton der von andersartigem Beton umhüllt wird) (*m. - Bauw.*), calcestruzzo rivestito. 21 ~ bindemittel (*n. - Giess.*), legante per anime. 22 ~ bindungsenergie (*f. - Kernphys.*), energia nucleare di legame. 23 ~ blasen (Fehler bei anodischer Oxydation z. B.) (*n. - Technol.*), bollosità. 24 ~ blasmaschine (*f. - Formereimasch.*), macchina soffia-anime, soffiatrice per anime. 25 ~ blech (für Kleintransformatoren z. B.) (*n. - Elekt.*), lamierino per nuclei. 26 ~ bohren (*n. - Bergbau*), carotaggio. 27 ~ bohrer (für Metallbearbeitung) (*m. - Mech. - Werkz.*), punta da trapano cava. 28 ~ bohrer (*Bergbauwerkz.*), sonda campionatrice, punta a corona. 29 ~ bohrgerät (Kernrohr) (*n. - Bergbau*), tubo carotiere. 30 ~ brennstoff (*m. - Kernphys.*), combustibile nucleare. 31 ~ büchse (Kernkasten) (*f. - Giess.*), cassa d'anima. 32 ~ chemie (*f. - Chem.*), chimica nucleare. 33 ~ dichtung (eines Staudammes) (*f. - Wass.b.*), diaframma centrale di tenuta. 34 ~ dicke (eines Spiralbohrers) (*f. - Werkz.*), dimensione del nocciolo. 35 ~ durchmesser (einer Schraube) (*m. - Mech.*), diametro di nocciolo. 36 ~ eisen (Verstärkung für schwere Kerne, Kerneisenanlage) (*n. - Giess.*), armamento per anime, armatura per anime. 37 ~ energie (*f. - Kernphys.*), energia nucleare, energia atomica. 38 ~ energieantrieb (von Flugkörpern z. B.) (*m. - Astronautik - etc.*), propulsione atomica, propulsione ad energia atomica. 39 ~ explosion (*f. - Atomphys.*), esplosione nucleare. 40 ~ feld (*n. - Atomphys.*), campo nucleonico. 41 ~ festigkeit (*f. - Metall.*), resistenza a cuore. 42 ~ form (Kernkasten) (*f. - Giess.*), cassa d'anima. 43 ~ formerei (*f. - Giess.*), formatura di anime. 44 ~ formmaschine (*f. - Giess. - Masch.*), formatrice per anime. 45 ~ fusion (Kernverschmelzung) (*f. - Atomphys.*), fusione nucleare. 46 ~ guss (Guss·stück) (*m. - Giess.*), getto con anima, getto cavo. 47 ~ härte (*f. - Metall.*), durezza a cuore, durezza del nocciolo. 48 ~ härten (*n. - Wärmebeh.*), tempra a cuore, tempra in profondità. 49 ~ kasten (*m. - Giess.*), cassa d'anima. 50 ~ kettenreaktion (*f. - Atomphys.*), reazione nucleare a catena. 51 ~ kraftwerk (*n. - Elekt. - Kernphys.*), centrale elettronucleare, centrale ad energia nucleare. 52 ~ ladung (*f. - Atomphys.*), carica del nucleo. 53 ~ ladungszahl (*Atomphys.*), numero atomico. 54 ~ lager (Kernmarke) (*n. - Giess.*), portata d'anima. 55 ~ litze (*f. - Seil*), trefolo centrale. 56 ~ lunker (*m. - Giess.fehler*), cavità da ritiro. 57 ~ lunker (*Schmieden - Fehler*), cavità da ritiro. 58 ~ macher (*m. - Giess. - Arb.*), animista. 59 ~ magnetmoment (*n. - Atomphys.*), momento magnetico nucleare. 60 ~ magneton (Einheit für das magnetische Moment der Atomkerne) (*n. - Atomphys.*), magneton nucleare. 61 ~ marke (Kernlager) (*f. - Giess.*), portata d'anima. 62 ~ moment (magnetisches Kernmoment) (*n. - Atomphys.*), momento (magnetico) nucleare. 63 ~ nagel (*m. - Giess.*), chiodo per anime. 64 ~ physik (*f. - Kernphys.*), fisica nucleare. 65 ~ probe (Kern, Bohrkern) (*f. - Bergbau*), carota. 66 ~ reaktion (*f. - Kernphys.*), reazione nucleare. 67 ~ reaktor (*m. - Kernphys.*), reattore nucleare. 68 ~ reaktor (*Kernphys.*), siehe auch Reaktor. 69 ~ riss (*m. - Holz - etc.*), incrinatura interna. 70 ~ rohr (Kernbohrgerät) (*n. - Bergbau*), tubo carotiere. 71 ~ rohr (eines Liebig-Kühlers) (*App.*), canna mobile. 72 ~ rückfeinen (zum Verfeinern des bei der Aufkohlung grobkörnig gewordenen Kernwerkstoffs) (*n. - Wärmebeh.*), affinazione del nucleo, affinazione a cuore. 73 ~ sand (*m. - Giess.*), terra per anime. 74 ~ schiessmaschine (*f. - Giess. - Masch.*), macchina spara-anime. 75 ~ schiess- und Härteautomat (*m. - Giess.masch.*), macchina per sparo ed indurimento automatico delle anime. 76 ~ spaltung (Kernzertrümmerung) (*f. - Kernphys.*), fissione nucleare, scissione nucleare. 77 ~ spaltungsenergie (*f. - Kernphys.*), energia nucleare. 78 ~ speicher (*m. - Rechner*), memoria a nuclei. 79 ~ spin (*m. - Kernphys.*), spin del nucleo. 80 ~ spindel (*f. - Giess.*), armatura dell'anima. 81 ~ stopfmaschine (*f. - Giess.masch.*), macchina per estrudere anime. 82 ~ strahl (*m. - Kernphys.*), radiazione nucleare. 83 ~ stütze (zur Fixierung der Kerne in der Form) (*f. - Giess.*), armatura per anime. 84 ~ transformator (*m. - Elekt.*), trasformatore a colonne. 85 ~ trockenofen (*m. - Giess. - Ofen*), essiccatoio per anime. 86 ~ verschmelzung (Kernfusion, Aufbau von Atomkernen) (*f. - Kernphys.*), fusione nucleare. 87 ~ zerschmiedung (*f. - Schmiedefehler*), distacco del cuore. 88 ~ zertrümmerung (*f. - Kernphys.*), fissione nucleare. 89 ~ zug (*m. - Giess. - Werkz.*), estrattore di anime, dispositivo per l'estrazione delle anime 90 ~ zug (einer Druckgussform) (*Giess. - Werkz.*), estrazione dei maschi. 91 ~ zug-Druckgiessform (*f. - Giess. - Werkz.*), stampo per pressofusione ad estrazione dei maschi. 92 Anker ~ (*Elekt.*), nucleo dell'indotto. 93 Einlegung der ~ e (*Giess.*), ramolaggio. 94 Sichern der ~ e (in der Form) (*Giess.*), ramolaggio.

Kerosin (Erdöl-Leuchtölanteile) (*n. - chem. Ind.*), petrolio.

Kerreffekt (*m. - Phys.*), effetto Kerr. 2 elektrooptischer ~ (*Phys.*), effetto Kerr elettro-ottico. 3 magnetooptischer ~ (*Phys.*), effetto Kerr magneto-ottico.

Kerrzelle (Karoluszelle) (*f. - Phys. - Ger.*), cellula di Kerr.

Kerze (Beleuchtungskörper) (*f. - Beleucht.*) candela. 2 ~ (Zündkerze) (*Mot. - Aut.*), candela. 3 ~ (Einheit der Lichtstärke) (*Beleucht. - Opt.*), candela. 4 ~ (zur Verbrennung von Hochofengas) (*Hochofen*), candela. 5 ~ n·filtration (für Wasser, durch Hohlkörper aus festen porösen Stoffen) (*f. - Kessel - etc.*), filtrazione a candela. 6 ~ n·gehäuse (*n. - Mot. - Aut.*), corpo della candela. 7 ~ n·prüfer (*m. - Mot. - Elekt. - Ger.*), provacandele. 8 ~ n·schlüssel (*m. - Werkz.*), chiave

per candele. 9 ~ n·stecker (*m. - Mot.*), sede per candela, sede riportata per candela. 10 ~ n·stein (einer Zündkerze) (*m. - Mot.*), isolante della candela. 11 ~ n·stift (*m. - Mot.*), elettrodo di candela. 12 ~ n·zündung (*f. - Mot. - Aut.*), accensione a candela. 13 Hefner ~ (HK) (*Beleucht.*), candela Hefner. 14 heisse ~ (Zündkerze) (*Mot. - Aut.*), candela calda. 15 Internationale ~ (Candle, cdl = 1,17 Hefnerkerze) (*Beleucht.*), candela internazionale. 16 kalte ~ (Zündkerze) (*Mot. - Aut.*), candela fredda. 17 Neue ~ (NK, Candela, cd) (*Beleucht.*), candela, cd, candela nuova.
Kessel (zum Erhitzen oder Verdampfen) (*m. - Kessel*), caldaia. 2 ~ (walzenförmiger Behälter für Flüssigkeiten) (*Eisenb. - etc.*), cisterna. 3 ~ (*Dampfkessel*), siehe Dampfkessel. 4 ~ (eines Transformators, Kasten) (*Elekt.*), cassa. 5 ~ (Eimer) (*allg.*), secchio. 6 ~ (Einlagerung in das Hangende oder Liegende, Auskesselung) (*Bergbau*), intrusione. 7 ~ armaturen (*f. - pl. - Kessel*), accessori per caldaie. 8 ~ batterie (*f. - Kessel*), batteria di caldaie. 9 ~ bauanstalt (*f. - Kessel*), fabbrica di caldaie. 10 ~ blech (*n. - metall. Ind.*), lamiera per caldaie. 11 ~ boden (*m. - Kessel*), fondo (di caldaia). 12 ~ brunnen (Schachtbrunnen) (*m. - Wass.b.*), pozzo a gola. 13 ~ dom (*m. - Kessel*), duomo di caldaia. 14 ~ einmauerung (*f. - Kessel*), muratura della caldaia. 15 ~ für Schiffsbetrieb (*Kessel*), caldaia marina. 16 ~ für sofortige Verdampfung (*Kessel*), caldaia a rapida vaporizzazione. 17 ~ hammer (*m. - Werkz.*), martello da calderaio. 18 ~ haus (*n. - Kessel - Ind.*), sala caldaie. 19 ~ mantel (zylindrisches Metallgefäss) (*m. - Kessel*), corpo cilindrico della caldaia. 20 ~ nietung (*f. - Kessel*), chiodatura delle caldaie. 21 ~ ofen (*m. - Ofen - Metall.*), forno a vasca. 22 ~ ölschalter (*m. - Elekt.*), interruttore in cassa d'olio. 23 ~ prüfung (*f. - Kessel*), collaudo della caldaia. 24 ~ raum (*m. - Kessel - Ind.*), sala caldaie. 25 ~ schlacke (Verbrennungsrückstände) (*f. - Kessel - Bauw.*), scoria di caldaia. 26 ~ schmied (*m. - Arb.*), calderaio. 27 ~ schmiede (*f. - Kessel*), fabbrica di caldaie. 28 ~ schuss (*m. - Kessel*), virola di caldaia. 29 ~ speisepumpe (*f. - Kessel*), pompa di alimentazione della caldaia. 30 ~ stein (Kesselsteinansatz) (*m. - Kessel*), incrostazione della caldaia. 31 ~ steinhammer (*m. - Werkz.*), martellina per disincrostazione (di calaie). 32 ~ steinverhütungsmittel (*n. - Kessel*), antiincrostante (per caldaie). 33 ~ trommel (Kesselmantel) (*f. - Kessel*), corpo della caldaia, corpo cilindrico della caldaia. 34 ~ überwachungsverein (*m. - Kessel*), ente per il controllo della combustione, ente per il controllo delle caldaie. 35 ~ wagen (*m. - Eisenb.*), carro cisterna. 36 ~ wagen (*Aut.*), autobotte, autocisterna. 37 ~ wärter (*m. - Arb.*), caldaista. 38 ~ zug (*m. - Kessel*), giro di fumo (d'una caldaia). 39 Blitz ~ (*Kessel*), caldaia a rapida vaporizzazione. 40 Dampf ~ (*m. - Kessel*), caldaia a vapore. 41 Dampf ~ (*Kessel*), siehe auch Dampfkessel. 42 Einflammrohr ~ (*Dampfkessel*), caldaia Cornovaglia. 43 feststehender ~ (*Dampfkessel*), caldaia fissa. 44 Flammrohr ~ (*Dampfkessel*), caldaia a grandi corpi. 45 Glieder ~ (für Heizung) (*Kessel*), caldaia a sezioni. 46 Heizrohr ~ (Rauchrohrkessel) (*Dampfkessel*), caldaia a focolare interno. 47 Höchstdruck ~ (*Dampfkessel*), caldaia ad altissima pressione. 48 liegender ~ (*Dampfkessel*), caldaia orizzontale. 49 Lokomotiv ~ (*Dampfkessel*), caldaia da locomotiva. 50 Pflaster ~ (*Maur. - Ger.*), secchio per la malta. 51 Rauchrohr ~ (Heizrohrkessel) (*Dampfkessel*), caldaia a focolare interno. 52 Rauchröhren ~ (*Dampfkessel*), caldaia a tubi di fumo. 53 Schiffs ~ (*Dampfkessel*), caldaia marina. 54 Schrägrohr ~ (Wasserrohrkessel) (*Dampfkessel*), caldaia a tubi d'acqua inclinati. 55 stehender ~ (*Kessel*), caldaia verticale. 56 Transformator ~ (*Elekt.*), cassa del trasformatore. 57 Wasserrohr ~ (*Dampfkessel*), caldaia a tubi d'acqua.
Keton (organische Verbindung) (*n. - Chem.*), chetone.
Ketsch (eine zweimastige Segeljacht) (*f. - naut.*), « ketch », (tipo di) veliero a due alberi.
Kettbaum (*m. - Textilmasch.*), subbio d'ordito.
Kettchen (*n. - Mech. - etc.*), catenella.
Kette (Zug- oder Treiborgan) (*f. - Mech. - etc.*), catena. 2 ~ (*Chem.*), catena. 3 ~ (Zettel, Schweif, Warp) (*Text.*), ordito. 4 ~ (Ankerkette) (*naut.*), catena (dell'àncora). 5 ~ (Folge von Dreiecken bei der Triangulation) (*Top.*), catena di triangoli, catena trigonometrica. 6 ~ (von Bergen) (*Geogr.*), catena. 7 ~ n·anpassung (*f. - Funk. - etc.*), adattamento iterativo. 8 ~ n·antrieb (*m. - Mech.*), trasmissione a catena. 9 ~ n·aufhängung (von elekt. Leitungen z. B.) (*f. - Elekt.*), sospensione a catenaria. 10 ~ n·bahn (Kettenförderer) (*f. - ind. Transp.*), trasportatore a catena. 11 ~ n·baum (*m. - Text.*), subbio dell'ordito. 12 ~ n·becherwerk (*n. - ind. Transp.*), elevatore a noria, elevatore a catena di tazze. 13 ~ n·bruch (*m. - Math.*), frazione continua. 14 ~ n·brücke (Hängebrücke) (*f. - Brück.b.*), ponte sospeso. 15 ~ n·drucker (*m. - Rechner*), catena stampante, stampante a catena. 16 ~ n·egge (*f. - Ackb. masch.*), erpice a catene. 17 ~ n·fahrleitung (*f. - elekt. Eisenb.*), linea di contatto aerea a catenaria. 18 ~ n·fahrzeug (Raupenfahrzeug) (*n. - Fahrz.*), veicolo cingolato. 19 ~ n·fallhammer (*m. - Masch.*), maglio a catena. 20 ~ n·feile (für Bandschleifmaschinen) (*f. - Mech.*), lima a nastro, lima a segmenti. 21 ~ n·flaschenzug (*m. - ind. Transp.*), paranco a catena. 22 ~ n·förderer (*m. - ind. Transp.*), trasportatore a catena. 23 ~ n·fräsmaschine (*f. - Holzbearb.masch.*), fresatrice a catena. 24 ~ n·garn (*n. - Text.*), filo di ordito. 25 ~ n·glied (Lasche) (*n. - Mech.*), maglia (di catena), anello. 26 ~ n·glied mit Steg (*Mech.*), maglia (di catena) con traversino. 27 ~ n·handel (durch viele Zwischenhändler) (*m. - komm.*), commercio attraverso più intermediari. 28 ~ n·impedenz (eines Vierpoles, Kettenwiderstand) (*f. - Elekt. - etc.*), impedenza iterativa. 29 ~ n·isolator (Kappenisolator) (*m. - Elekt.*), isolatore a cappe. 30 ~ n·kasten (*m. - Aut. - Mech.*), copricatena, « car-

Kette

ter» della catena. 31 ~ n·kasten (eines Mopeds z. B.) (*Fahrz.*), copricatena. 32 ~ n·kasten (für die Ankerkette) (*naut.*), pozzo delle catene. 33 ~ n·kranz (*m. - Mech.*), rocchetto per catena, pignone per catena. 34 ~ n·last (Raum für die Ankerketten) (*f. - naut.*), pozzo delle catene. 35 ~ n·leiter (Zusammenschaltung mehrerer Vierpole) (*m. - Elekt.*), catena di quadripoli, struttura iterativa, struttura ricorrente. 36 ~ n·linie (*f. - Geom. - etc.*), catenaria. 37 ~ n·magazin (mit Speicherplätzen an einem Bearbeitungszentrum) (*n. - Werkz.masch.bearb.*), caricatore a catena. 38 ~ n·maschine (*f. - Textilmasch.*), orditoio. 39 ~ n·mass (*n. - NC - Werkz. masch.bearb.*), dimensione incrementale. 40 ~ n·nuss (Kettenrad) (*f. - Mech.*), rocchetto per catena. 41 ~ n·nuss (Kettenrad, einer Winde) (*naut.*), ruota ad impronte. 42 ~ n·rad (*n. - Mech.*), rocchetto per catena, pignone per catena. 43 ~ n·rad (Kettennuss, einer Winde) (*naut.*), ruota ad impronte. 44 ~ n·radwälzfräser (*m. - Werkz.*), creatore per rocchetti di catena. 45 ~ n·räummaschine (*f. - Werkz.masch.*), brocciatrice a catena. 46 ~ n·reaktion (*f. - Chem.*), reazione a catena. 47 ~ n·rohrzange (*f. - Werkz.*), chiave a catena per tubi, giratubi a catena. 48 ~ n·rolle (Kettenrollenscheibe) (*f. - Hebevorr. - Mech.*), puleggia per catena. 49 ~ n·rollenscheibe (*f. - Hebevorr.*), puleggia per catena. 50 ~ n·schaltung (von Relais) (*f. - Elekt. - etc.*), circuito a catena. 51 ~ n·schaltung (von Vierpolen) (*Elekt. - etc.*), circuito iterativo. 52 ~ n·scheren (*n. - Textilind.*), orditura. 53 ~ n·schlepper (Raupenschlepper) (*m. - Fahrz.*), trattore cingolato, trattore a cingoli. 54 ~ n·schutz (*m. - Mech.*), copricatena. 55 ~ n·spanner (*m. - Mech. - Fahrz.*), tendicatena. 56 ~ steg (Steg, des Gliedes) (*m. - Mech.*), traversino. 57 ~ n·stopper (der Ankerkette) (*m. - naut.*), strozzatoio (della catena). 58 ~ n·teilung (Gliedlänge) (*f. - Mech.*), passo della catena. 59 ~ n·trieb (Kettenantrieb) (*m. - Mech.*), trasmissione a catena. 60 ~ n·turas (Kettenrad) (*m. - Mech.*), rocchetto a denti (per catena). 61 ~ n·winkelmass (*n. - Elekt. - etc.*), sfasamento iterativo. 62 ~ n·zahnrad (Kettenzahnkranz) (*n. - Mech.*), rocchetto per catena. 63 ~ n·zug (Kettenflaschenzug) (*m. - ind. Transp.*), paranco a catena. 64 Anker ~ (*naut.*), catena dell'àncora. 65 Anschlag ~ (*Hebevorr. - Transp.*), catena da imbragatura. 66 Gallsche ~ (Gelenkkette) (*Mech.*), catena Galle, catena articolata. 67 galvanische ~ (*Elekt.*), pila voltaica. 68 Gelenk ~ (Gallsche Kette) (*Mech.*), catena Galle, catena articolata. 69 geräuschlose ~ (*Mech.*), catena silenziosa. 70 geschweisste ~ (*Mech.*), catena saldata, catena a maglie saldate, catena ordinaria. 71 Gleitschutz ~ (*Aut.*), catena antisdrucciolevole. 72 Glieder ~ (*Mech.*), catena a maglie, catena ad anelli chiusi. 73 Hülsen ~ (Buchsenkette, Treib- oder Transmissionskette) (*Mech.*), catena Zobel, catena per trasmissione. 74 kalibrierte ~ (*Mech.*), catena calibrata. 75 kinematische ~ (*Mech.*), catena cinematica. 76 Laschen ~ (Gelenkkette) (*Mech.*),

catena Galle. 77 offene ~ (*Chem.*), catena aperta. 78 Rollen ~ (*Mech.*), catena a rulli. 79 Steg ~ (*naut. - Mech.*), catena a maglie con traversino. 80 Steuer ~ (*Mot. - Aut.*), catena della distribuzione. 81 Treib ~ (*Mech.*), catena di trasmissione. 82 verzweigte ~ (*Chem.*), catena con ramificazioni. 83 Zahn ~ (geräuschlose Kette) (*Mech.*), catena silenziosa. 84 zerlegbare ~ (Edwartkette) (*Mech.*), catena scomponibile.

Kettel (Anschlag) (*f. - Mech.*), arresto, fermo.
Ketteln (Einziehen) (*n. - Textilind.*), rimettaggio.
Kettfaden (*m. - Text.*), filo di ordito.
Kettgarn (*n. - Text.*), filo di ordito.
Kettrapport (*m. - Textilind.*), rapporto di ordito.
Keule (*f. - Radar*), lobo.
KF (Kommutationsfaktor) (*Elektronik*), fattore di commutazione.
K-Form (Kamm-Form, eines Wagens, mit abgeschnittener Heckspitze) (*f. - Aut.*), forma a coda mozza, forma a coda tronca.
KfR (Kommission für Raumfahrttechnik) (*Raumfahrt*), Commissione per la Tecnica Astronautica.
KFS (Kugelfunkenstrecke) (*Elekt.*), spinterometro a sfere.
KfS (Koordinierungsstelle für Standardisierung) (*Normung*) Ufficio di Coordinamento per l'Unificazione.
KFZ (Kernforschungszentrum) (*Kernphys.*), Centro di Ricerche Nucleari.
Kfz. (Kraftfahrzeug) (*Fahrz.*), autoveicolo.
Kfz-Meister (für die Leitung eines Reparaturbetriebes) (*m. - Aut.*), capo-officina riparazioni autoveicoli.
KG., K.G. (Kommanditgesellschaft) (*komm.*), società in accomandita.
KGaA. (Kommanditgesellschaft auf Aktien) (*komm.*), società in accomandita per azioni.
kgm (Kilogrammeter) (*Masseinheit*), kgm, chilogrammetro.
KH (*Chem.*), siehe Kunstharz. 2 ~ (Krafthaus) (*Ind.*), sala macchine.
KH-Decklack (Kunstharz-Decklack) (*m. - Anstr.*), smalto a legante resinoide.
K-Heck (Kamm-Heck) (*n. - Aut.*), coda tronca, coda mozza.
kHz (*Funk.*), kHz, chilocicli.
«Kick-down» (Vollbetätigung des Gaspedals) bei Automatgetrieben) (*Aut.*), «kick-down».
Kickstarter (Fusshebel zum Anwerfen des Motors) (*m. - Motorrad*), avviatore a pedale, pedale di avviamento.
Kiefer (*f. - Holz*), pino.
Kiel (*m. - Schiffbau*), chiglia. 2 ~ bogen (Spitzbogen) (*m. - Arch.*), arco ogivale. 3 ~ flosse (*f. - Flugw.*), deriva, piano stabilizzatore verticale. 4 ~ gang (Aussenplatte, des Kiels) (*m. - Schiffbau*), lamiera di chiglia. 5 ~ geld (Hafengebühre) (*n. - naut.*), diritti portuali. 6 ~ holen (Legen eines Schiffes auf die Seite) (*n. - naut.*), abbattimento in carena, abbattuta in carena. 7 ~ legung (*f. - Schiffbau*), impostazione della chiglia. 8 ~ linie (Formation eines Schiffsverbandes) (*f. - Kriegsmarine*), formazione in linea. 9 ~ pallen (Kielstapel, eines Schwimmdocks)

(*m. - naut.*), siehe Dockstapel. 10 ~ **platte** (*f. - Schiffbau*), chiglia in lamiera. 11 ~ **pumpe** (Kielraumpumpe) (*f. - naut.*), pompa di sentina. 12 ~ **raum** (*m. - naut.*), sentina. 13 ~ **raumpumpe** (*f. - naut.*), pompa di sentina. 14 ~ **schwein** (Verstärkungsbalken des Kiels) (*n. - Schiffbau*), paramezzale. 15 ~ **schwert** (*n. - Schiffbau*), deriva mobile. 16 ~ **sponung** (*f. - Schiffbau*), battura della chiglia. 17 ~ **stapel** (Kielpallen, eines Schwimmdocks) (*m. - naut.*), siehe Dockstapel. 18 ~ **wasser** (*n. - naut.*), scia. 19 After ~ (falscher Kiel) (*Schiffbau*), sottochiglia, falsa chiglia. 20 Balken ~ (*Schiffbau*), chiglia massiccia, chiglia di barra (non scatolata). 21 falscher ~ (Afterkiel) (*Schiffbau*), sottochiglia, falsa chiglia. 22 Flach ~ (*Schiffbau*), chiglia piatta. 23 Kimm ~ (Schlingerkiel) (*naut.*), aletta di rollio. 24 loser ~ (falscher Kiel) (*Schiffbau*), falsa chiglia, sottochiglia. 25 massiver ~ (Balkenkiel) (*Schiffbau*), chiglia massiccia, chiglia di barra (non scatolata). 26 Schlinger ~ (Kimmkiel) (*naut.*), aletta di rollio. 27 Seiten ~ schwein (*n. - Schiffbau*), paramezzale laterale.

Kieler Format (Mauerziegel 23 cm × 11 cm × 5,5 cm) (*Maur.*), mattone da 23 × 11 × 5,5 cm.

kielholen (ein Schiff auf die Seite legen) (*naut.*), abbattere in carena, carenare.

Kieme (Lüftungsschlitze, einer Haube z. B.) (*f. - Blechbearb. - etc.*), feritoia (di ventilazione). 2 ~ (Kiemenplatte, für Lüftungseinstellung) (*Flugw. - Mot.*), flabello. 3 ~ n-platte (Kieme) (*f. - Flugw. - Mot.*), flabello.

Kienruss (*m. - chem. Ind.*), nerofumo di lampada.

Kies (*m. - Bauw.*), ghiaia. 2 ~ (für Strahlreinigen) (*mech. Technol.*), graniglia. 3 ~ (Erz) (*Min.*), pirite. 4 ~ **abbrände** (*m. - pl. - Min.*), ceneri di pirite. 5 ~ **beton** (*m. - Bauw.*), calcestruzzo di ghiaia. 6 ~ **bett** (Kiesbettung) (*n. - Strass.b. - Eisenb.*), massicciata in ghiaia. 7 ~ **decke** (Makadamdecke) (*f. - Strass.b.*), pavimentazione in macadam. 8 ~ **filter** (*m. - Bauw.*), letto filtrante di ghiaia. 9 ~ **grube** (*f. - Bauw.*), cava di ghiaia. 10 ~ **pumpe** (Sandpumpe) (*f. - Bergbau - Masch.*), pompa per sabbia. 11 ~ **sand** (*m. - Bauw.*), sabbia ghiaiosa, ghiaia sabbiosa. 12 ~ **schüttung** (Kiesaufschüttung) (*f. - Strass.b.*), inghiaiata. 13 ~ **wagen** (*m. - Eisenb.*), carro per trasporto di « ballast ». 14 grober ~ (Flusskies) (*Bauw.*), ciottoli di fiume. 15 Garten ~ (*Bauw.*), ghiaietto per giardini. 16 Rund ~ (*Bauw.*), ghiaia naturale. 17 Schlag ~ (*Bauw.*), ghiaia frantumata.

Kiesel (Kieselstein, abgerundeter Stein) (*m. - Bauw.*), ciottolo. 2 ~ **alge** (Diatomee) (*f. - Botanik - Geol.*), diatomea. 3 ~ **erde** (*f. - Min.*), silice. 4 ~ **fluorkalium** (*n. - Chem.*), fluosilicato di potassio. 5 ~ **gel** (Silikagel, Adsorptionsmittel) (*n. - chem. Ind.*), gelo di silice, silicagel. 6 ~ **gur** (Infusorienerde, Diatomeenerde) (*f. - Min.*), tripoli, tripolo, farina fossile, terra d'infusori. 7 ~ **pflaster** (*n. - Strass.b.*), acciottolato. 8 ~ **säure** (SiO_2) (Kieselerde, Siliziumdioxyd) (*f. - Min.*), silice, anidride silicica. 9 ~ **säuresalz** (*n. - Min.*), silicato. 10 ~ **schlag** (Makadamdecke) (*m. - Strass.b.*), pavimentazione in macadam.

kieselhaltig (kieselig) (*Min.*), silicioso.
kieselig (kieselhaltig) (*Min.*), silicioso.
kiesig (*Geol.*), ghiaioso.
Kilodyn (*n. - Mass*), chilodina.
Kilogramm (kg) (*n. - Masseinh.*), chilogrammo. 2 ~ **kalorie** (grosse Kalorie) (*f. - Phys.*), chilocaloria, grande caloria.
Kilohertz (*n. - Masseinh.*), chilociclo.
Kilometer (km) (*m. - n. - Masseinh.*), chilometro, km. 2 ~ **stein** (*m. - Strass.b.*), pietra miliare. 3 ~ **zähler** (*m. - Fahrz. - Instr.*), contachilometri. 4 ~ **zählerabweichung** (*f. - Aut. - Instr.*), scarto al contachilometri. 5 Gesamt ~ **zähler** (*m. - Aut. - Ger.*), contachilometri totalizzatore. 6 Tages ~ **zähler** (*m. - Aut. - Instr.*), contachilometri parziale. 7 Tonnen ~ (*Transp.*), tonnellata-chilometro.
Kilopond (kp = 1000 Pond = 9,80665 N, Masseinheit der Kraft) (*n. - Masseinheit*), chilogrammo-peso, kp.
Kiloschlüssel (Drehmomentschlüssel) (*m. - Werkz.*), chiave dinamometrica, chiave torsiometrica, chiave tarata.
kilotex (ktex = $\frac{1 \text{ kg}}{1000 \text{ m}}$, Feinheitseinheit) (*n. - Textilind.*), kilotex.
Kilovoltampere (kVA) (*n. - Elekt.*), chilovoltampere, kVA.
Kilowatt (kW) (*n. - Elekt.*), chilowatt, kW. 2 ~ **stunde** (kWh) (*f. - Elekt.*), chilowattora, kWh. 3 ~ **stundenzähler** (*m. - Instr.*), contatore elettrico, chilowattorametro.
Kimm (Horizont) (*f. - Geogr.*), orizzonte. 2 ~ (runder Übergang vom Boden zur senkrechten Schiffswand) (*Schiffbau*), ginocchio, curvatura (da verticale ad orizzontale) della carena. 3 ~ (Linie zwischen Seiten und Boden eines Flugbootes) (*Flugw.*), spigolo. 4 ~ **kiel** (*m. - naut.*), aletta di rollio. 5 ~ **pallen** (Kimmstapel, eines Schwimmdocks) (*m. - naut.*), tacco. 6 ~ **stapel** (Kimmpallen, eines Schwimmdocks) (*m. - naut.*), tacco. 7 ~ **stringer** (Kimmweger) (*m. - Schiffbau*), corrente di stiva. 8 ~ **weger** (Kimmstringer) (*m. - Schiffbau*), corrente di stiva.
Kimmung (Luftspiegelung) (*f. - Meteor.*), miraggio.
Kinderbeihilfe (Familienunterstützung, Familienzulage) (*f. - Arb. - Organ. - Pers.*), assegni familiari.
Kinderschutz (*m. - Med. - etc.*), protezione dell'infanzia.
Kindersicherung (an hinteren Türen der Personenkraftwagen) (*f. - Aut.*), sicura per bambini.
Kinderzuschlag (Kinderzulage, Kinderzuschuss) (*m. - Arb.*), assegno per i figli.
Kinefilm (*m. - Filmtech.*), pellicola cinematografica.
Kinematik (*f. - Lehre - Mech.*), cinematica.
kinematisch (*Mech.*), cinematico. 2 ~ e Kette (*Baukonstr.lehre*), catena cinematica. 3 ~ e Zähigkeit (von Gasen) (*f. - Phys.*), viscosità cinematica.
Kinematograph (Kinoapparat) (*m. - Filmtech.*), cinepresa, macchina da presa cinematografica.

Kinematographie

Kinematographie (Kinoaufnahme) (*f.* - *Filmtech.*), ripresa cinematografica.
kinematographisch (*Filmtech.*), cinematografico.
Kine-Normalfilm (35 mm Breite) (*m.* - *Filmtech.*), pellicola normale, pellicola a passo normale.
Kine-Schmalfilm (*m.* - *Filmtech.*), pellicola ridotta, pellicola a passo ridotto.
Kinetik (*f.* - *Lehre* - *Mech.*), cinetica.
kinetisch (*Mech.*), cinetico. 2 ~ **e Energie** (Bewegungsenergie) (*Phys.*), energia cinetica. 3 ~ **e Gastheorie** (*Phys.*), teoria cinetica dei gas.
Kingstonventil (Seeventil, Flutventil) (*n.* - *naut.*), valvola di mare, valvola Kingston, valvola di allagamento.
Kink (Knick, eines Drahtes) (*n.* - *naut.*), piegatura brusca (accidentale).
Kino (Kinotheater, Lichtspielhaus) (*n.* - *Filmtech.* - *Bauw.*), cinematografo. 2 ~ **aufnahmegerät** (Kinokamera) (*n.* - *Filmtech.*), cinepresa, macchina da presa cinematografica. 3 ~ **bild** (*n.* - *Filmtech.*), fotogramma. 4 ~ **film** (*m.* - *Filmtech.*), « film », pellicola cinematografica. 5 ~ **kamera** (Kinoaufnahmegerät) (*f.* - *Filmtech.*), cinepresa, macchina da presa cinematografica. 6 ~ **lampe** (*f.* - *Filmtech.*), lampada da cinema. 7 ~ **projektor** (*m.* - *Filmtech.* - *App.*), proiettore cinematografico. 8 ~ **reklame** (*f.* - *komm.*), pubblicità cinematografica. 9 ~ **technik** (*f.* - *Filmtech.*), cinetecnica. 10 ~ **theater** (Kino, Lichtspieltheater) (*n.* - *Filmtech.* - *Bauw.*), cinematografo, cineteatro. 11 ~ **vorführung** (Filmschau) (*f.* - *Filmtech.*), proiezione cinematografica, spettacolo cinematografico, « film ». 12 ~ **wochenschau** (*f.* - *Filmtech.*), attualità (cinematografica).
Kiosk (Verkaufshäuschen) (*m.* - *Bauw.*), chiosco.
Kippablenkung (*f.* - *Elektronik* - *Fernseh.*), deflessione.
Kippachse (*f.* - *Mech.* - *etc.*), asse di rotazione, asse di ribaltamento.
Kippamplitude (*f.* - *Elektronik* - *Fernseh.*), ampiezza di rilassamento, ampiezza di scansione.
Kippanhänger (*m.* - *Fahrz.*), rimorchio ribaltabile.
Kippanschlag (des Kippkastens einer Seilschwebebahn z. B.) (*m.* - *Transp.* - *etc.*), dispositivo di ribaltamento (ad urto).
Kippaufbau (*m.* - *Fahrz.*), cassone ribaltabile.
kippbar (*Mech.*), inclinabile, orientabile. 2 ~ (*Fahrz.*), ribaltabile. 3 ~ **er Ofen** (*Ofen*), forno inclinabile.
Kippbenne (Kipper) (*f.* - *Fahrz.*), vagonetto ribaltabile.
Kippbewegung (Stampfen) (*f.* - *Flugw.*), beccheggio. 2 ~ (Kippen) (*Aut.*), rollio.
Kippbühne (*f.* - *ind. Transp.* - *etc.*), piattaforma ribaltabile.
Kippe (Scharnier) (*f.* - *Tischl.* - *Mech.*), cerniera. 2 ~ (Kipper) (*Bergbau*), vagonetto a bilico. 3 ~ (Halde, Ablagerungsstelle) (*Bergbau*), discarica.
Kippen (*n.* - *allg.*), ribaltamento, rovesciamento. 2 ~ (Kielholen, eines Schiffes) (*naut.*), abbattimento in carena, abbattuta in carena. 3 ~ (Schwingung eines Fahrzeuges um die Längsachse) (*Aut.* - *Fehler*), rollìo. 4 ~ (Stampfen) (*Flugw.*), beccheggio. 5 ~ (Klappern, Kolbenkippen) (*Mot.* - *Fehler*), scampanamento. 6 ~ (Aussertrittfallen, eines Wechselrichters, Versagen der Kommutierung) (*Elektronik*), difetto di commutazione.
kippen (*allg.*), ribaltare, rovesciare. 2 ~ (auskippen, ausladen) (*Fahrz.*), scaricare (mediante rovesciamento).
Kipper (Lastwagen) (*m.* - *Fahrz.* - *Aut.*), autocarro con cassone ribaltabile, ribaltabile. 2 ~ (Vorr. zum Auskippen von Eisenb. wagen) (*Eisenb.*), rovesciatore, scaricatore-rovesciatore. 3 ~ (zum Kippen der Pfanne) (*Giess.*), rovesciatore. 4 ~ **aufbau** (*m.* - *Aut.*), cassone ribaltabile. 5 **Allrad** ~ (*Aut.*), autocarro ribaltabile a 4 ruote motrici, ribaltabile a 4 ruote motrici. 6 **Hauben** ~ (*Aut.*), autocarro ribaltabile a cabina arretrata, ribaltabile a cabina arretrata. 7 **Seiten** ~ (*Eisenb.*), rovesciatore a scarico laterale. 8 **Stirn** ~ (*Eisenb.*), rovesciatore a scarico di testa, rovesciatore a scarico frontale. 9 **Waggon** ~ (*Eisenb.*), rovesciatore di carri (ferroviari), scaricatore-rovesciatore di carri (ferroviari).
Kippfenster (*n.* - *Bauw.*), finestra a bilico, finestra con telaio a bilico.
Kippfrequenz (*f.* - *Elektronik*), frequenza di rilassamento. 2 ~ (*Fernseh.*), frequenza di scansione. 3 ~ **regelung** (*f.* - *Fernseh.*), comando della sincronizzazione, regolatore di sincronizzazione.
Kippgelenk (eines Zirkels z. B.) (*n.* - *Zeichn.* - *Instr.* - *etc.*), articolazione, giunto articolato.
Kippgenerator (*m.* - *Elektronik*), generatore di oscillazioni di rilassamento.
Kippgerät (Sperrschwinger, Kippschwingoszillator) (*n.* - *Funk.* - *Fernseh.*), oscillatore a rilassamento, generatore di oscillazioni di rilassamento, generatore di oscillazioni a denti di sega.
Kippgeschwindigkeit (*f.* - *Elektronik*), velocità di deflessione.
Kippgrenze (*f.* - *Fahrz.*), limite di rovesciamento, limite di ribaltamento.
Kipphebel (*m.* - *Mot.*), bilanciere. 2 ~ **bock** (*m.* - *Mot.*), supporto di bilanciere. 3 ~ **deckel** (Zylinderkopfdeckel) (*m.* - *Mot.*), coperchio testa cilindri.
Kippherd (*m.* - *Ofen*), suola oscillante.
Kippkarren (*m.* - *Transp.*), carrello ribaltabile.
Kippkasten (einer Seilschwebebahn z. B.) (*m.* - *Transp.*), vagoncino ribaltabile, vagoncino a bilico.
Kippkreis (*m.* - *Elektronik*), circuito di rilassamento, circuito multivibratore. 2 ~ **verfahren** (Funkenverfahren zur elektroerosiven Bearbeitung) (*n.* - *mech. Technol.*), elettroerosione a multivibratore (bistabile).
Kippkübel (*m.* - *Bergbau*), skip a rovesciamento.
Kipplager (Gelenklager) (*n.* - *Mech.*), cuscinetto oscillante, supporto oscillante.
Kipplore (*f.* - *Eisenb.*), carro rovesciabile.
Kippmesser (Längsneigungsmesser) (*m.* - *Flugw.* - *Ger.*), inclinometro longitudinale.
Kippmoment (*n.* - *Mech. etc.*), coppia di ro-

vesciamento. 2 ~ (Längsmoment, Stampfmoment) (*Flugw.*), momento longitudinale, momento di beccheggio. 3 ~ (höchstes Moment im Anlauf eines Drehstrommotors) (*n. - Elektromot.*), coppia massima all'avviamento.
Kippofen (*m. - Ofen*), forno inclinabile.
Kipposzillator (*m. - Elektronik*), oscillatore a rilassamento.
Kipp·pfanne (*f. - Giess.*), siviera rovesciabile, siviera ribaltabile.
Kipp·presse (*f. - Masch.*), pressa inclinabile.
Kipp·pritsche (*f. - Fahrz.*), cassone ribaltabile.
Kipprelais (*n. - Elektronik*), relè di sgancio, « trigger ».
Kippschalter (*m. - Elekt.*), interruttore a levetta.
Kippschaltung (Multivibrator) (*f. - Elektronik*), oscillatore a rilassamento, multivibratore. 2 **bistabile** ~ (*Elektronik*), multivibratore bistabile, flip-flop.
Kippscher Apparat (*Chem.*), apparecchio di Kipp.
Kippschlupf (eines Linearmotors) (*m. - elekt. Mot.*), scorrimento massimo di sovraccarico.
Kippschub (eines Linearmotors) (*m. - elekt. Mot.*), spinta massima di sovraccarico.
Kippschwinggenerator (*m. - Elektronik*), generatore di oscillazioni rilassate.
Kippschwingung (*f. - Elektronik - Fernseh.*), oscillazione di rilassamento, oscillazione a denti di sega. 2 ~ **s·generator** (*m. - Elektronik*), generatore di oscillazioni rilassate.
Kippsicherheit (Stabilität) (*f. - allg.*), stabilità.
Kippsitz (einer Pkw) (*m. - Fahrz.*), sedile inclinabile.
Kippspannung (*f. - Elektronik*), tensione di rilassamento, tensione a denti di sega.
Kippstück (Sattel) (*n. - Mech. - Bauw.*), bilanciere.
Kippstufe (*f. - Elektronik*), stadio di multivibratore.
Kipptisch (*m. - Mech. - etc.*), tavola inclinabile, tavola orientabile.
Kipptriebwerksflugzeug (Vertikalstartflugzeug) (*n. - Flugw.*), velivolo a reattori ribaltabili, aviogetto a motori ribaltabili.
Kippverstärker (*m. - Elektronik*), amplificatore di deflessione.
Kippvorgang (bei Drehstromanlagen) (*m. - Elekt.*), fenomeno di rilassamento.
Kippvorrichtung (zum Auskippen von Eisenb. wagen) (*f. - Einseb.*), rovesciatore.
Kippwagen (Kipper, Lastwagen) (*m. - Aut.*), ribaltabile, autocarro con cassone ribaltabile. 2 ~ (*Eisenb.*), carro rovesciabile.
Kippwinkelmesser (Längsneigungsmesser) (*m. - Flugw. - Instr.*), inclinometro longitudinale.
Kippzapfen (*m. - Mech.*), perno di articolazione.
Kippzeiger (Kippwinkelmesser) (*m. - Flugw. - Instr.*), inclinometro longitudinale.
Kippzeit (*f. - Elektronik*), tempo di rilassamento.
Kippzündung (von Quecksilberdampfröhren) (*f. - Elektronik*), accensione meccanica.
Kirchhoffsches Gesetz (*n. - Chem.*), legge di Kirchhoff.

Kirchturm (*m. - Arch.*), campanile.
Kirschrotglut (*f. - Metall.*), rosso ciliegia.
Kissen (Polster) (*n. - allg.*), cuscino. 2 ~ ~ **verzeichnung** (*f. - Fernseh.fehler*), distorsione a cuscinetto, effetto cuscinetto.
Kissoide (*f. - Geom.*), cissoide.
Kiste (Holzbehälter) (*f. - Transp.*), cassa. 2 ~ **n·glühofen** (*m. - Ofen*), forno per ricottura in cassetta. 3 ~ **n·glühung** (*f. - Wärmebeh.*), ricottura in cassetta. 4 ~ **n·palette** (*f. - Transp.*), cassa-paletta. 5 ~ **n·zange** (*f. - Hebevorr. - Transp.*), tenaglia serracasse, tenaglia afferracasse. 6 **Latten** ~ (für Verpackungszwecke) (*Transp.*), gabbia. 7 **Verpackungs** ~ (*Transp.*), cassa da imballaggio.
kistengeglüht (*Wärmebeh.*), ricotto in cassetta.
Kitt (Glaserkitt z. B.) (*m. - Ind.*), mastice. 2 ~ **messer** (*n. - Werkz.*), spatola per mastice. 3 **Eisen** ~ (zur Ausbesserung von Gussstücken) (*Giess.*), mastice metallico, mastice per metalli. 4 **Glaser** ~ (*Bauw.*), mastice da vetrai, « stucco ».
kitten (*Maur.*), lutare. 2 ~ (Fenster z. B.) (*Zimm.*), applicare il mastice, « stuccare ».
Kitter (Glaser) (*m. - Arb.*), vetraio.
Kiwi (Versuchsreaktorsreihe für Raketentriebwerke) (*Kernphys. - Raumfahrt*), Kiwi, reattore di ricerca.
KK (Krankenkasse) (*Arb.*), cassa malattia.
KKM (Kreiskolbenmotor) (*Mot.*), motore a stantuffo rotante.
KKW (Kernkraftwerk) (*Kernphys.*), centrale elettronucleare, centrale ad energia nucleare.
Kl (Klirrfaktor) (*Phys.*), fattore di distorsione. 2 ~ (Klappe, Telefonnebenstelle) (*Fernspr.*) (*österr.*), interno (*s.*).
kl (Kiloliter) (*Masseinheit*) kl, chilolitro.
Kladde (*f. - Büro - Druck.*), brogliaccio.
Klage (*f. - recht.*), querela, azione. 2 ~ (Beschwerde) (*komm. - etc.*), reclamo. 3 ~ **schrift** (*f. - komm. - etc.*), reclamo scritto.
klagen (sich beklagen) (*komm. - etc.*), reclamare. 2 ~ (*recht.*), querelare.
Kläger (*m. - recht.*), querelante.
Klägerin (*f. - recht.*), querelante.
klaglos (Anlagebetrieb, etc. ohne Fehler) (*Masch. - etc.*), esente da difetti, che non dà adito a lagnanze.
Klai (Klaiboden) (*m. - Geol.*), siehe Klei.
Klammer (Bauklammer, Gerät zum Verbinden) (*f. - Maur. - Zimm.*), grappa. 2 ~ (Briefklammer) (*Büro*), fermaglio. 3 ~ (*Druck.*), parentesi. 4 ~ (*Math.*), parentesi. 5 ~ (*Hebevorr. - Transp.*), ganasce prensili. 6 ~ **ausdruck** (*m. - Math.*), espressione tra parentesi. 7 **Bau** ~ (*Bauw. - Zimm.*), grappa. 8 **Brief** ~ (*Büro*), fermaglio. 9 **eckige** ~ (*Druck.*), parentesi quadra. 10 **geschwungene** ~ ({}) (Akkolade) (*Druck.*), graffa. 11 **Heft** ~ (*Büro*), punto metallico. 12 **in** ~ **n** (*Math. - etc.*), tra parentesi. 13 **in** ~ **n setzen** (*Druck. - Math.*), mettere tra parentesi. 14 **runde** ~ (*Druck.*), parentesi tonda. 15 **Wund** ~ (*Med.*), punto metallico.
Klampe (*f. - naut.*), galloccia, castagnola, tacchetto, tacco.
Klang (*m. - Akus.*), suono (complesso). 2 ~ (des Papiers) (*Technol.*), sonorità. 3 ~ **ana-**

klanghart

lyse (*f. - Akus.*), analisi armonica (di suoni complessi). 4 ~ **bild** (*n. - Akus.*), spettro acustico. 5 ~ **blende** (*f. - Akus.*), regolatore di tono. 6 ~ **drossel** (*f. - Funk.*), bobina di controllo del tono. 7 ~ **empfindung** (*f. - Akus.*), sensazione sonora. 8 ~ **farbe** (*f. - Akus.*), timbro, tonalità. 9 ~ **farbenregler** (*m. - Akus.*), regolatore di tono, regolatore di tonalità. 10 ~ **figur** (mit feinkornigem Sand dargestellte Figuren, auf einem schwingenden Blech z. B.) (*f. - Phys. - Akus.*), figura sonora. 11 ~ **film** (Tonfilm) (*m. - Filmtech.*), film sonoro. 12 ~ **güte** (*f. - Akus.*), qualità del tono. 13 ~ **messer** (Phonmeter) (*m. - Akus. - Instr.*), fonometro. 14 ~ **probe** (einer Schleifscheibe z. B.) (*f. - Mech.*), prova al suono. 15 ~ **regler** (*m. - Akus.*), regolatore di tono. 16 ~ **spektrum** (*n. - Akus.*), spettro sonoro, spettro acustico. 17 ~ **stärke** (Lautstärke) (*f. - Akus.*), livello sonoro, livello di sensazione sonora. 18 ~ **versuch** (von Guss·stükken) (*m. - Prüfung*), prova della sonorità.
klanghart (sehr dichtgepackt, von Metallfolien z. B.) (*Metall.*), a pacco sonante, a pacco pressato a blocco.
Klanke (Klink, Seilschade) (*f. - Seile*), piegatura viva.
Klappanker-Relais (*n. - Elekt.*), relè ad armatura incernierata.
klappbar (*Mech. - etc.*), a cerniera, ribaltabile.
Klappbrücke (*f. - Brück.b.*), ponte levatoio, ponte ribaltabile.
Klappdeckel (*m. - allg.*), coperchio a cerniera.
Klappe (Drossel, eines Vergasers) (*f. - Mot.*), farfalla, valvola a farfalla. 2 ~ (Scharnierventil) (*Leit.*), valvola a cerniera. 3 ~ (*Flugw.*), ipersostentatore, deflettore, « flap ». 4 ~ (eines Ofenrohres) (*Verbr.*), valvola di tiraggio, serranda, registro. 5 ~ (Meldeplättchen) (*Fernspr.*), (avvisatore di chiamata a) cartellino. 6 ~ (Telefonnebenstelle) (*Fernspr.*) (*österr.*), interno (*s.*). 7 ~ (eines Schachtels) (*Transp.*), falda. 8 ~ **n·ausfahren** (*Flugw.*), abbassare i flap, abbassare gli ipersostentatori. 9 ~ **n·flügel** (*m. - Flugw.*), ala con ipersostentatore. 10 ~ **n·mann** (*m. -Filmtech.*), addetto al « ciak ». 11 ~ **n·schrank** (*m. - Fernspr.*), centralino con avvisatori di chiamata a cartellini. 12 ~ **n·träger** (einer Hobelmaschine, für Metallbearbeitung) (*m. - Werkz.masch.*), portautensili a cerniera. 13 ~ **n·ventil** (Scharnierventil) (*n. - Leit.*), valvola a cerniera. 14 gewöhnliche ~ (*Flugw.*), ipersostentatore di curvatura, ipersostentatore normale. 15 Luft ~ (*Aut. - Aufbau*), presa d'aria (di ventilazione). 16 Meissel ~ (Klappenträger) (*Werkz.masch.*), portautensili a cerniera. 17 Rückschlag ~ (*Leit.*), valvola di non ritorno a cerniera. 18 Stahlhalter ~ (Meisselklappe, einer Hobelmaschine) (*Werkz. masch.*), portautensili a cerniera, supporto oscillante dell'utensile.
Klappen (*n. - Zeichn.*), ribaltamento.
klappen (*Zeichn.*), ribaltare.
Klappern (*n. - allg.*), sbattimento. 2 ~ (Kippen, Kolbenklappern) (*Mot. - Fehler*), scampanamento. 3 ~ (der Bürsten) (*Elekt.*), crepitio.

klappern (*allg.*), sbattere.
Klappfenster (*n. - Bauw.*), finestra a bilico, finestra con telaio a bilico.
Klappflügel (*m. - Flugw.*), ala ripiegabile.
Klappkamera (Balgenkamera) (*f. - Phot.*), macchina (fotografica) a soffietto.
Klappkübelwagen (*m. - Eisenb.*), carro con fondo apribile (a cerniera).
Klappladen (Fensterladen) (*m. - Bauw.*), persiana a battenti, gelosia a battenti.
Klapplager (einer Blechrundmaschine z. B.) (*n. - Masch.*), supporto ribaltabile.
Klappleiter (*f. - Ger.*), scaleo.
Klappmass·stab (*m. - Ger.*), metro ripiegabile, metro snodato.
Klappsitz (*m. - Fahrz.*), strapuntino, sedile ribaltabile.
Klapptischchen (eines Eisenbahnabteils) (*n. - Eisenb.*), tavolino ribaltabile.
Klapptür (*f. - Bauw.*), botola.
Klappverdeck (*n. - Aut.*), capote abbassabile.
klar (hell) (*allg.*), chiaro. 2 ~ (deutlich) (*allg.*), chiaro. 3 ~ (Farbe), chiaro. 4 ~ (durchsichtig) (*allg.*), trasparente. 5 ~ (Schiff, bereit) (*naut.*), pronto.
Kläranlage (zur Abwasserreinigung) (*f. - Ing.b.*), impianto di chiarificazione, impianto di depurazione.
Klärbecken (*n. - Ing.b.*), bacino di chiarificazione, bacino di depurazione.
Kläre (*f. - chem. Ind.*), chiarificatore.
Klareis (*n. - Meteor. - Ind.*), ghiaccio trasparente.
klären (Missverständnisse z. B.) (*allg.*), chiarire. 2 ~ (reinigen, Flüssigkeiten) (*Ind.*), chiarificare, purificare, depurare.
Klärfilter (für Abwässer) (*m. - n. - Ing.b.*), letto filtrante.
Klärgas (Faulgas) (*n. - Gas - Ing.b.*), gas di fogna.
Klarglas (*n. - Glasind.*), vetro trasparente. 2 ~ **kolben** (*m. - Beleucht.*), ampolla chiara.
Klarheit (des Wassers) (*f. - allg.*), chiarezza, limpidezza. 2 Ideen ~ (*allg.*), chiarezza di idee.
klarieren (ein Schiff) (*naut. - komm.*), eseguire le pratiche di sdoganamento.
Klarierung (*f. - naut. - komm.*), pratica di sdoganamento.
Klarkohle (*f. - Brennst.*), minuto (*s.*), trito (*s.*), pula.
Klarlack (*m. - Anstr.*), vernice trasparente.
Klarpumpen (Entsanden, Abpumpen, eines Brunnens) (*n. - Wass.b.*), dissabbiamento.
Klarscheibe (Klarsichtscheibe) (*f. - Glasind.*), vetro antiappannante.
Klärschlamm (Abwasserschlamm, Klärrückstand) (*m. - Bauw.*), fango delle acque di fogna.
Klarschriftlesegerät (*n. - Ger.*), lettore in chiaro.
Klarsichtscheibe (*f. - Aut.*), cristallo antiappannante, parabrezza antiappannante. 2 ~ (*naut.*), finestrino di chiara visione, portellino di chiara visione.
Klarstellung (Aufklärung) (*f. - allg.*), spiegazione. 2 ~ (des Sachverhalts) (*recht.*), istruzione.

Klartext (*m. - Telegr. - Funk.*), testo in chiaro. 2 ~ **funken** (*n. - Funk.*), trasmissione in chiaro.
Klärung (von Abwässern) (*f. - Bauw.*), depurazione, chiarificazione.
Klasse (*f. - allg.*), classe. 2 ~ **n·grenzen** (*f. pl. - Stat.*), limiti della classe. 3 ~ **n·häufigkeit** (bei Qualitätskontrolle z. B.) (*f. - Stat.*), frequenza assoluta. 4 ~ **n·kampf** (*m. - Soziologie*), lotta di classe. 5 ~ **n·mitte** (arithmetischer Mittelwert der Klassengrenzen) (*f. - Stat.*), centro della classe. 6 **Arbeiter** ~ (*Arb.*), classe lavoratrice. 7 **die herrschende** ~ (*Soziologie*), la classe dirigente.
Klassement (*n. - Sport*), classifica. 2 **Gesamt** ~ (*Aut. - Sport*), classifica assoluta.
Klassierapparat (*m. - Bergbau - App.*), classificatore.
klassieren (*allg.*), classificare. 2 ~ (*Bergbau*), classificare.
Klassierer (*m. - Min.*), classificatore. 2 **Gegenstrom** ~ (Aufstromklassierer) (*Min.*), classificatore (idraulico) a controcorrente. 3 **Rechen** ~ (*Bergbau*), classificatore a rastrello.
Klassiergerät (*n. - Ger.*), classificatore.
Klassiersieb (*n. - Bergbauger.*), vaglio (classificatore).
Klassierung (*f. - allg.*), classificazione. 2 ~ (*Bergbau*), classificazione. 3 **Gleichfälligkeits** ~ (*Bergbau*), classificazione per equivalenza. 4 **Sieb** ~ (*Bergbau*), classificazione volumetrica.
Klassifikation (Klassenbildung) (*f. - allg.*), classificazione. 2 ~ (Schiffsklassifikation) (*naut.*), classificazione. 3 ~ **s·gesellschaft** (Lloyds Register z. B.) (*f. - Schiffbau*), Registro di Classificazione, Registro Navale. 4 **Dezimal** ~ (von Büchern) (*Technol.*), classificazione decimale.
klassifizieren (Schiffe) (*naut.*), classificare.
klastisch (durch Zertrümmerung entstandenes Gestein) (*Geol.*), clastico.
Klatsche (Synchronklappe) (*f. - Filmtech.*), ciak.
klauben (*Bergbau*), scegliere, cernere.
Klaue (Kupplung) (*f. - Mech.*), innesto a denti (frontali). 2 ~ (Kupplungszahn) (*Mech.*), dente di innesto. 3 ~ (Holzverbindung) (*Zimm.*), incastro (a denti). 4 ~ **n·getriebe** (*n. - Aut.*), cambio con ingranaggi ad innesti frontali. 5 ~ **n·kupplung** (*f. - Mech.*), innesto a denti (frontali). 6 ~ **n·rad** (*n. - Mech.*), ruota a denti d'innesto frontali, ruota a denti frontali di imbocco. 7 ~ **n·schraube** (Fundamentschraube) (*f. - Bauw.*), bullone di fondazione, chiavarda di fondazione. 8 **Andreh** ~ (*Aut. - Mot.*), griffa di avviamento, innesto a denti per l'avviamento.
Klausel (eines Vertrages z. B.) (*f. - komm. - recht.*), clausola.
Klaviatur (Tastatur, einer Schreibmaschine z. B.) (*f. - Masch. - etc.*), tastiera.
Klavier (*n. - Musikinstrument*), pianoforte, piano. 2 ~ **draht** (*m. - metall. Ind.*), filo armonico.
Klaxon (*n. - Aut.*), clacson, «klaxon», avvisatore elettrico a membrana.
Klebapparat (Klebpresse) (*m. - Filmtech.*), giuntatrice.

Klebblech (eines Relais) (*n. - Fernspr.*), piastrina antimagnetica.
Klebeband (*n. - Ind.*), nastro autoadesivo. 2 **Filament** ~ (*Ind.*), nastro autoadesivo armato.
Klebekraft (von Leim z. B.) (*f. - Phys.*), adesività.
Kleben (von Filmen) (*n. - Filmtech.*), giunzione. 2 ~ (Verbindungsart für Metalle) (*mech. Technol.*), incollatura.
kleben (an etwas haften) (*allg.*), aderire. 2 ~ (mit Leim befestigen) (*allg.*), incollare, attaccare. 3 ~ (Filme) (*Filmtech.*), giuntare.
Klebepresse (für Filme) (*f. - Filmtech.*), giuntatrice.
Kleber (Klebmittel) (*m. - chem. Ind.*), adesivo. 2 ~ (zur Verbindung von Metallen, Kunstharz z. B.) (*mech. Technol.*), collante, adesivo. 3 **Kalt** ~ (zur Verbindung von Metallen) (*mech. Technol.*), collante a freddo. 4 **Kontakt** ~ (*chem. Ind.*), adesivo a contatto. 5 **Warm** ~ (zur Verbindung von Metallen) (*mech. Technol.*), collante a caldo.
Klebestreifen (Klebeband) (*m. - Ind.*), nastro autoadesivo. 2 ~ **auftragmaschine** (*f. - Packung - Masch.*), nastratrice. 3 ~ **geber** (*m. - Packung*), distributore di nastro autoadesivo.
Klebezettel (*m. - allg.*), etichetta, talloncino.
Klebfuge (*f. - Technol.*), giunto incollato.
Klebmittel (Klebstoff) (*n. - chem. Ind.*), adesivo.
Klebnaht (*f. - Technol.*), incollatura.
Klebrigkeit (*f. - Phys.*), adesività. 2 ~ (eines Klebstoffes) (*chem. Ind.*), adesività, presa.
Klebsand (*m. - Giess.*), terra collante, terra argillosa.
Klebstoff (*m. - chem. Ind.*), adesivo (*s.*). 2 **Kunststoff-** ~ (*chem. Ind.*), adesivo a base di resine. 3 **organischer** ~ (*chem. Ind.*), adesivo organico.
Klebung (*f. - Filmtech.*), giunzione.
Klebverbindung (Metallklebverbindung z. B.) (*f. - Technol.*), incollaggio, giunto incollato.
Klebzettel (*m. - Ind. - etc.*), etichetta adesiva.
Klebzunder (*m. - Metall. - Schmieden*), scoria aderente, ossido aderente.
Klecks (Tintenfleck z. B.) (*m. - Büro - etc.*), macchia.
Kleeblattform (Kupplungszapfen, beim Treiben der Walze) (*f. - Walzw.*), trefolo.
Kleeblattlösung (Autobahnkreuzung) (*f. - Strass.b.*), quadrifoglio, crocevia a quadrifoglio.
Klei (Kleiboden, Klai, Klaiboden, Marschboden) (*m. - Geol.*), terreno alluvionale.
Kleid (*n. - Textilind.*), abito, vestito. 2 ~ **er·geld** (*m. - Arb. - etc.*), indennità vestiario. 3 ~ **er·schrank** (für Werkstatt und Büro) (*m. - Ind.*), armadietto da spogliatoio. 4 **Belegschafts-Stahl-** ~ **er·schränke** (*m. - pl. - Ind.*), armadietti da spogliatoio del personale.
Kleidung (*f. - Textilind.*), abbigliamento, vestiario. 2 ~ **s·industrie** (*f. - Ind.*), industria dell'abbigliamento.
klein (*allg.*), piccolo. 2 ~ **e Achse** (einer Ellipse) (*Geom.*), asse minore. 3 ~ **e Ausgaben** (*Adm.*), piccole spese. 4 ~ **es Grundstück** (kleines Besitztum) (*Adm.*), piccola proprietà.

Kleinanzeigen

Kleinanzeigen (*f. - pl. - komm. - Zeitg.*), piccola pubblicità, piccoli annunci.
Kleinautomat (Überstromselbstschalter) (*m. - Elekt.*), interruttore automatico.
Kleinbahn (Nebenbahn, für örtliche Verkehrsbedürfnisse) (*f. - Eisenb.*), ferrovia secondaria. 2 ~ (Schmalspurbahn) (*Eisenb.*), ferrovia a scartamento ridotto.
Kleinbessemerei (*f. - Metall.*), affinazione in piccoli convertitori.
Kleinbetrieb (*m. - Ind.*), piccola industria, piccola azienda.
Kleinbuchstabe (Minuskel) (*m. - Druck.*), lettera minuscola, minuscola.
Kleinbus (Kleinomnibus, für 6-8 Personen) (*m. - Fahrz.*), pullmino, minibus, piccolo autobus.
Kleineisen (Eisenkurzwaren) (*n. - metall. Ind.*), ferramenta. 2 ~ (Unterlagsplatten und Nägel oder Schrauben zur Befestigung der Schiene auf den Schwellen) (*Eisenb.*), materiale minuto di armamento.
Kleinfilm (*m. - Filmtech.*), pellicola a passo ridotto.
Kleingefügebild (*n. - Phot.*), microfotografia.
Kleingolf (Gartengolf, Miniaturgolf) (*n. - Sport*), minigolf.
Kleinhandel (*m. - komm.*), commercio al minuto.
Kleinhändler (*m. - komm.*), negoziante, commerciante al minuto, dettagliante.
Kleinhörer (eines Empfängers z. B.) (*Funk.*), auricolare.
Kleinhub-FM (*Funk.*), segnale FM a basso indice di modulazione.
Kleinindustrie (*f. - Ind.*), piccola industria.
Kleinkabine (Umlaufkabine, einer Seilschwebebahn) (*f. - Transp.*), cabinetta.
Kleinkampfwagen (*m. - milit.*), carro armato leggero.
Kleinkessel (mit Gesamtinhalt von höchstens 0,035 m³) (*m. - Kessel*), piccola caldaia.
Kleinkraftrad (*n. - Motorrad*), motoleggera.
Kleinlastwagen (Kleintransporter) (*m. - Fahrz.*), camioncino.
Kleinmechaniker (*m. - Arb.*), meccanico di precisione.
Kleinmotor (*m. - elekt. Motor*), motore frazionario.
Kleinpflaster (aus kleine Natursteine, 10 × 10 × 10 cm z. B.) (*m. - Strass.b.*), pavimentazione a blocchetti di pietra.
Kleinrechner (*m. - Rechner*), minicalcolatore.
Kleinserienfertigung (*f. - Ind.*), lavorazione in piccola serie.
Kleinspannung (Schutzspannung, nicht mehr als 42 V) (*f. - Elekt. - naut.*), tensione inferiore ai 42 V. 2 ~ (Spannung unter 65 V) (*Elekt.*), tensione inferiore ai 65 V.
Kleinstbildkamera (*f. - Phot.*), microcamera.
Kleinstlastwagen (Pick-up) (*m. - Aut.*), autocarro a pianale basso, autocarro per collettame.
Kleinstmass (eines Werkstückes) (*n. - Mech.*), limite inferiore, dimensione limite inferiore.
Kleinstmotor (mit Nennleistung von 1 bis zu 500 W, für Haushaltgeräten) (*m. - elekt. Mot. - etc.*), micromotore.
Kleinstrechner (*m. - Rechner*), minicalcolatore.

Kleinstschalter (*m. - Elekt.*), microinterruttore.
Kleinstspiel (einer Passung) (*n. - Mech.*), gioco minimo.
Kleinst-Tischrechner (*m. - Rechner*), minicalcolatore da tavolo.
Kleinstübermass (einer Passung) (*n. - Mech.*), interferenza minima.
Kleinstwert (Minimum) (*m. - Math. - etc.*), minimo.
Kleinstzeit (*f. - Arbeitsstudium*), tempo elementare.
Kleinteile (*m. - pl. - allg.*), minuteria. 2 ~ -Sortiment-Kasten (für Autoreparatur) (*m. - Aut. - Mot.*), cassetta minuterie assortite.
Kleintransformator (mit Nennleistung bis zu 5 kVA bei einer Nennspannung bis zu 500 V) (*m. - Elekt.*), trasformatore piccolo (fino a 5 kVA-500 V).
Kleintransporter (Kleinlastwagen) (*m. - Fahrz.*), camioncino.
Kleinverkehrsflugzeug (Lufttaxi) (*n. Flugw.*), aerotaxi.
Kleinwagen (*m. - Eisenb.*), carrello di servizio. 2 ~ (*Aut.*), utilitaria.
Kleister (Klebstoff) (*m. - chem. Ind.*), colla d'amido, salda d'amido.
Klemmbacke (*f. - Mech.*), ganascia. 2 ~ (einer Planscheibe) (*Werkz.masch.*), morsetto, griffa. 3 ~ (einer Waagerecht-Stauchmaschine) (*Schmiedemasch.*), ganascia (portamatrici), portamatrici. 4 **bewegliche** ~ (*Schmiedemasch.*), ganascia (portamatrici) mobile, portamatrici mobile. 5 **feste** ~ (*Schmiedemasch.*), ganascia (portamatrici) fissa, portamatrici fissa.
Klemmbrett (Klemmenbrett) (*n. - Elekt.*), morsettiera.
Klemme (*f. - allg.*), dispositivo di fissaggio, dispositivo di serraggio, dispositivo di bloccaggio. 2 ~ (*Elekt.*), morsetto. 3 ~ (Ütze, zum Transport von Blechen) (*Transp.*), attrezzo prensile (per trasporto lamiere). 4 ~ n·brett (Klemmbrett) (*n. - Elekt.*), morsettiera. 5 ~ n·kasten (*m. - Elekt.*), muffola terminale, testa, cassetta terminale. 6 ~ n·leiste (Klemmenbrett) (*f. - Elekt.*), morsettiera. 7 ~ n·spannung (*f. - Elekt.*), tensione ai morsetti. 8 **Draht** ~ (Froschklemme) (*Elekt.*), serrafilo, morsetto serrafilo. 9 **Feder** ~ (*Elekt.*), morsetto a molla. 10 **Masse** ~ (Erdungsklemme) (*Elekt.*), morsetto di massa.
Klemmen (Festklemmen) (*n. - Mech.*), bloccaggio. 2 ~ (*Mech. - etc. - Fehler*), inceppamento.
klemmen (*Mech. - etc.*), bloccare, serrare. 2 ~ (*Mech. - etc. - Fehler*), incepparsi.
Klemmfutter (Aufspannfutter) (*n. - Mech.*), pinza di serraggio.
Klemmgesperre (*n. - Mech.*), arresto a denti.
Klemmhebel (*m. - Mech.*), leva di bloccaggio, leva di serraggio.
Klemmhülse (eines Werkzeuges) (*f. - Mech.*), bussola di serraggio.
Klemmklinke (*f. - Mech.*), nottolino di arresto.
Klemmlänge (einer Schraubenverfestigung) (*f. - Mech.*), lunghezza di serraggio.

Klemmleiste (Klemmbrett) (f. - Elekt.), morsettiera.
Klemm·mutter (f. - Mech.), siehe Klemmutter.
Klemmotor (eines Querbalkens z. B.) (m. - Werkz.masch.), motore di bloccaggio.
Klemmplatte (f. - Eisenb.), piastra di fissaggio.
Klemmpratze (Klemme) (f. - Elekt. - etc.), morsetto.
Klemmrichtgesperre (n. - Masch.), siehe Freilaufkupplung.
Klemmschaltung (zur Stabilisierung des Schwarzpegels) (f. - Fernseh.), circuito stabilizzatore, circuito fissatore, circuito « clamping ».
Klemmschlitten (einer Schmiedemaschine) (m. - Masch.), slitta di serraggio, slitta chiusura (stampi).
Klemmschraube (f. - Mech.), vite di arresto. 2 ~ (Elekt.), vite serrafilo, serrafilo.
Klemmsitz (Press·sitz) (m. - Mech.), accoppiamento bloccato alla pressa.
Klemmung (f. - Mech.), bloccaggio, serraggio. 2 ~ (des Ventils) (Mot. - Fehler), incollamento.
Klemmutter (Befestigungsmutter) (f. - Mech.) dado di fissaggio. 2 ~ (selbstsichernde Mutter) (Mech.), dado autobloccante.
Klemmvorrichtung (f. - Mech.), dispositivo di bloccaggio, dispositivo di serraggio.
Klemmwerkzeug (mit mechanisch geklemmtem Plättchen) (n. - Werkz.), utensile con placchetta fissata meccanicamente.
Klempner (Spengler, Blechner, Flaschner, Geräteklempner) (m. - Arb.), stagnino, stagnaio. 2 ~ (Flugzeug-, Karosserie- etc. -klempner) (Arb.), lattoniere, battilastra. 3 ~ (Installateur) (Arb.), « idraulico ». 4 Bau ~ (Arb.), lattoniere, battilastra. 5 Geräte ~ (Arb.), stagnino, stagnaio.
Klette (f. - Textilind.), lappola.
kletten (Wolle) (Textilind.), slappolare.
Klettereisen (für Telegraphenstangen) (n. - Ger.), grappa, staffa (prensile per salire su pali).
Kletterfähigkeit (Fähigkeit senkrechte Stufen zu überwinden) (f. - Fahrz.), capacità di sormontamento.
Kletterfräsen (Gleichlauffräsen) (n. - Werkz.masch.bearb.), fresatura concorde, fresatura anticonvenzionale, fresatura unidirezionale.
Klettergarten (m. - Sport), palestra di roccia.
Kletterhaken (für Bergsteigen) (m. - Sport), chiodo da roccia.
Kletterkran (Stockwerks-Kran) (m. - Bauw. - Masch.), gru allungabile.
Kletterkreuzung (f. - Eisenb.), incrocio inclinato, crociamento inclinato.
klettern (allg.), arrampicarsi.
Klg. (Kugellager) (Mech.), cuscinetto a sfere.
Kliff (n. - Geogr.), rupe.
Klima (n. - Meteor.), clima. 2 ~ anlage (f. - Bauw.), impianto di condizionamento dell'aria, impianto per aria condizionata. 3 ~ anlage (Bauw. - Aut. - etc.), impianto di condizionamento. 4 ~ beanspruchung (f. - Ger. - etc.), sollecitazione da agenti atmosferici. 5 ~ beständigkeit (Klimafestigkeit) (f. - Technol.), resistenza agli agenti atmosferici. 6 ~ festigkeit (f. - Technol.), resistenza agli agenti atmosferici. 7 ~ kammer (für Versuche) (f. - Technol.), camera climatica. 8 ~ lehre (Klimatologie) (f. - Meteor.), climatologia. 9 ~ schrank (Klimatisierungsgerät) (m. - Bauw.), condizionatore dell'aria (autonomo), armadio condizionatore. 10 ~ schrank (für Instr. prüfung z. B.) (Prüfung), cabina per prove climatiche. 11 ~ versuch (für Instr. z. B.) (m. - Technol.), prova climatica. 12 ~ zelle (für Versuche, Klimakammer) (f. - Technol.), camera climatica. 13 ~ zentrale (einer Klimaanlage) (f. - Bauw.), centrale di condizionamento. 14 Gross- ~ (Meteor.), macroclima. 15 Klein- ~ (Meteor.), microclima. 16 Kontinental ~ (Landklima) (Meteor.), clima continentale. 17 Land ~ (Kontinentalklima) (Meteor.), clima continentale. 18 Meso- ~ (das Klima einer Landschaft mittlerer Ausdehnung) (Meteor.), mesoclima. 19 See ~ (ozeanisches Klima, maritimes Klima) (Meteor.), clima marittimo, clima oceanico. 20 tropisches ~ (Meteor.), clima tropicale. 21 Wüsten ~ (Meteor.), clima desertico.
Klimatisator (m. - Bauw. - Ger.), condizionatore (autonomo).
klimatisieren (Bauw.), climatizzare, condizionare, dotare di aria condizionata.
klimatisiert (Luft) (Bauw. - etc.), condizionato. 2 ~ (Betrieb z. B.) (Bauw. - etc.), ad aria condizionata, dotato di impianto di aria condizionata, climatizzato.
Klimatisierung (f. - Bauw.), condizionamento dell'aria, climatizzazione. 2 Strahlungs ~ (Bauw.), climatizzazione a radiazione.
Klimatologie (Klimalehre) (f. - Meteor.), climatologia.
Klinge (eines Messers z. B.) (f. - allg.), lama. 2 ~ (scharfer Teil eines Werkzeuges) (Werkz.), tagliente. 3 Messer ~ (Ger.), lama del coltello. 4 Zieh ~ (Tischl. - Werkz.), raschietto.
Klingel (f. - Elekt.), campanello. 2 ~ batterie (f. - Elekt.), batteria per suonerie. 3 ~ draht (m. - Elekt.), filo da campanello. 4 ~ taster (m. - Elekt.), bottone del campanello. 5 ~ trafo (Klingeltransformator) (m. - Elekt.), trasformatore per suonerie. 6 elektrische ~ (Elekt.), campanello elettrico.
Klingeln (eines Motors) (n. - Mot. - Mech.), battito in testa.
Klingelnberg-Verzahnung (Palloid-Verzahnung, bei Spiralzahn-Kegelräder) (f. - Mech.), dentatura Klingelnberg, dentatura palloide.
Klingen (Mikrophonie) (n. - Elektroakus.), microfonicità, fischio microfonico.
Klingerit-Dichtung (f. - Mech.), guarnizione in klingerite.
Klingkoeffizient (einer Elektronenröhre) (m. - Elektronik), coefficiente di microfonicità.
Klingstein (Phonolit, Ergussgestein) (m. - Geol. - Min.), fonolite.
Klinik (Krankenhaus) (f. - Bauw.), clinica.
Klink (Seile), siehe Klanke.
Klinke (Griff, einer Türe z. B.) (f. - Bauw. - etc.), maniglia. 2 ~ (Sperrzahn) (Mech.), nottolino, dente di arresto. 3 ~ (Verbindungsstöpsel) (Teleph.), presa telefonica. 4

Klinker

~ n·feld (n. - *Fernspr.* - *etc.*), pannello prese. 5 ~ n·getriebe (n. - *Mech.*), arpionismo. 6 ~ n·kupplung (f. - *Mech.*), innesto a nottolini. 7 ~ n·rad (n. - *Mech.*), ruota a denti di arresto, ruota di arpionismo. 8 ~ n·stecker (Klinkenstöpsel) (m. - *Fernspr.*), spina per «jack», spina per presa telefonica. 9 ~ n·streifen (m. - *Fernspr.* - *etc.*), striscia di prese. 10 Fang ~ (Stützklinke) (*Mech.*), chiavistello di arresto.

Klinker (Schlacke) (m. - *Ofen* - *Bauw.*), scoria, loppa, clinker. 2 ~ (Ziegel) (*Bauw.*), «clinker». 3 ~ bau (m. - *Schiffbau*), costruzione a fasciame sovrapposto, costruzione con fasciame a semplice ricoprimento. 4 ~ beton (m. - *Bauw.*), calcestruzzo di scoria. 5 ~ boot (n. - *naut.*), imbarcazione a fasciame sovrapposto, imbarcazione con fasciame a semplice ricoprimento. 6 ~ pflaster (n. - *Bauw.*), ammattonato, pavimentazione in mattoni.

klinkergebaut (*Schiffbau*), a fasciame sovrapposto, a fasciame cucito, con fasciame a semplice ricoprimento.

Klinkern (Agglomerierung im Drehrohrofen) (n. - *Ind.*), agglomerazione.

Klinkwerk (n. - *Mech.*), arpionismo.

Klinometer (Neigungsmesser) (n. - *Instr.*), clinometro.

Klippe (gefährliche Felsen, wenig unter oder über einer Wasserfläche) (f. - *Geol.* - *naut.*), scoglio, scogliera. 2 ~ (alleinstehender Rückstand einer Faltungsüberschiebung) (*Geol.*), lembo di ricoprimento.

Klipper (schnelles Segelschiff) (m. - *naut.*), clipper, veliero veloce.

Klirren (Intermodulationsgeräusch) (n. - *Funk.*), rumore d'intermodulazione. 2 ~ (einer Schleifscheibe beim Anschlagen z. B.) (*Werkz.* - *etc.*), sonorità (da percussione).

klirren (klingen) (*allg.*), risuonare.

Klirrfaktor (Oberschwingungsgehalt, Verzerrungsmass) (m. - *Elektronik*), fattore di distorsione. 2 ~ messer (m. - *Elektronik*), distorsiometro.

Klirrfrequenz (f. - *Funk.* - *etc.*), frequenza di distorsione (armonica).

Klischee (Druckstock für den Hochdruck) (n. - *Druck.*), cliché, clisée.

Kloake (Abwasserschleuse) (f. - *Ing.b.*), cloaca.

Kloben (Zapfen) (m. - *Mech.* - *etc.*), perno. 2 ~ (Vorr. zum Einspannen eines Werkstücks) (*Mech.*), attrezzo di serraggio. 3 ~ (einer Planscheibe) (*Werkz.masch.*), griffa, morsetto. 4 ~ (Flasche) (*Hebevorr.*), carrucola. 5 Handfeil ~ (*Werkz.*), morsetto a mano.

Klobsäge (Rahmensäge für Furnierschnitt) (f. - *Werkz.*), sega per sfogliare.

Klopfbremse (Antiklopfmittel) (f. - *Mot.*), antidetonante (s.).

Klopfen (im Vergasermotor) (n. - *Mot.*), detonazione, battito in testa. 2 ~ (des Kolbens) (*Mot.*), scampanamento (del pistone).

klopfen (*allg.*), battere. 2 ~ (eines Motors) (*Mot.* - *Fehler*), battere, detonare.

Klopfer (m. - *Telegr.*), ricevitore acustico.

Klopffeind (Antiklopfmittel) (m. - *Mot.* - *chem. Ind.*), antidetonante (s.).

klopffest (*Mot.*), antidetonante (a.).

Klopffestigkeit (f. - *Mot.*), potere antidetonante.

Klopfstärke (f. - *Mot.*), intensità della detonazione. 2 ~ -Messgerät (n. - *Mot.* - *Ger.*), detonometro.

Klöppel (einer Glocke) (m. - *Instr.*), battaglio. 2 ~ maschine (m. - *Masch.*), trecciatrice.

klöppeln (Verflechten) (*Elekt.*), trecciare.

Klosett (Spülabort) (n. - *Bauw.*), latrina (con sistema a cacciata), latrina (con sciacquone).

Kloster (n. - *Arch.*), convento. 2 ~ gewölbe (n. - *Arch.*), volta a padiglione.

Kloth (Baumwollgewebe) (m. - *Text.*) (österr.), tessuto di cotone.

Klothoide (Cornusche Spirale, Kurve aus zwei gleichen Spiralen) (f. - *Geom.*), clotoide, spirale di Cornu, spirale di Eulero, spirale di Fresnel, radioide agli archi.

Klotz (m. - *Holz*), ceppo. 2 ~ (Stapelklotz, Stapelblock) (*Schiffbau*), tacco. 3 ~ (eines Drucklagers) (*Mech.*), segmento, pattino. 4 ~ bad (n. - *Färberei*), bagno di mordenzatura. 5 ~ bremse (Backenbremse) (f. - *Fahrz.*), freno a ceppi. 6 ~ färbung (f. - *Textilind.* - *Färbung*), tintura su mordente. 7 ~ kontakt (Schiebekontakt) (m. - *Elekt.*), contatto strisciante. 8 ~ maschine («Foulard») (f. - *Färberei*) «foulard». 9 ~ pflaster (für Innenräume, Holzpflaster) (m. - *Bauw.*), pavimentazione a blocchetti di legno. 10 ~ verfahren (Klotzen) (n. - *Textilind.* - *Färbung*), mordenzatura, «padding».

Klotzen (Klotzverfahren) (n. - *Textilind.* - *Färbung*), mordenzatura, «padding».

klotzen (*Färberei*), mordenzare.

Kluft (Spalte, in Gestein z. B.) (f. - *allg.*), crepa, fessura.

Klumpen (Erdscholle) (m. - *Ack.b.*), zolla.

Klunkerwolle (Abfallwolle) (f. - *Text.*), lana di scarto, cascame di lana.

Kluppe (Schneidkluppe, Gewindeschneidkluppe) (f. - *Werkz.*), portafiliera, girafiliera. 2 ~ (Messkluppe, Schublehre) (*Werkz.*), calibro a corsoio.

Klüppel (Schlegel, Knüppel) (m. - *Werkz.* - *Bauw.*), mazzuolo, pillone.

Klüse (f. - *naut.*), occhio di cubia, cubia, occhio di prora.

Klüver (dreieckiges Vorsegel) (m. - *naut.*), fiocco. 2 ~ baum (m. - *naut.*), asta di fiocco.

Klydonograph (m. - *Elekt.*), clidonografo.

Klystron (Elektronenröhre) (n. - *Elektronik*), clistron, tubo a modulazione di velocità. 2 ~ sender (Oszillator-Klystron) (m. - *Elektronik*), clistron oscillatore. 3 **Reflex** ~ (Oszillator) (*Elektronik*), clistron reflex.

km (Kilometer) (*Masseinheit*), km, chilometro.

Kn (Knudsen-Zahl) (*Gasdynamik*), Kn, numero di Knudsen.

kn (Knoten, Seemeile) (*naut.*), nodo.

Knabbelkoks (Brechkoks) (m. - *Brennst.*), coke spezzato.

Knabber (Aushaumaschine, Knabbermaschine) (m. - *Blechbearb.masch.*), roditrice. 2 Hand ~ (Blechhandknabber) (*Werkz.*), roditrice a mano.

Knabbern (Nibbeln) (n. - *Blechbearb.*), roditura.

knack (Störung, bei Thyristorschaltern z. B.) (*m. - Elektronik - etc.*), « clic », colpo acustico.
Knacken (Knackgeräusch, Knallgeräusch) (*n. - Fernspr.*), colpo acustico.
knacken (brechen) (*allg.*), rompere. 2 ~ (lösen) (*allg.*), risolvere.
Knacker (Abgratpresse, zum Abtrennen von Eingüssen, Anschnitten, etc.) (*m. - Giess. masch.*), pressa per tranciare, pressa sbavatrice.
Knagge (Mitnehmer) (*f. - Mech.*), dente (di trascinamento). 2 ~ (Spannbacken an der Planscheibe einer Drehbank) (*Werkz.masch.*), griffa, morsetto. 3 ~ (Anschlag, an einer Welle z. B.) (*Mech.*), battuta.
K-Naht (beim Schweissen) (*f. - mech. Technol.*), giunto a K.
Knall (Schall) (*m. - allg.*), colpo, detonazione. 2 ~ **funke** (*f. - Elekt.*), scintilla esplosiva. 3 ~ **gas** (Gemenge von Wasserstoff und Sauerstoff) (*n. - Chem.*), miscela tonante. 4 ~ **gasflamme** (*f. - Technol.*), fiamma ossidrica. 5 ~ **gasgebläse** (*n. - Ger.*), cannello ossidrico. 6 ~ **gasschweissung** (*f. - mech. Technol.*), saldatura ossidrica. 7 ~ **kapsel** (*f. - Eisenb. - Signal*), petardo (da nebbia). 8 ~ **quecksilber** [$Hg(CNO)_2$] (knallsaures Quecksilber) (*n. - Chem. - Expl.*), fulminato di mercurio. 9 ~ **säure** (HONC) (*f. - Expl.*), acido fulminico. 10 ~ **welle** (Stosswelle) (*f. - Flugw. - etc.*), onda d'urto.
Knallen (*n. - Mot.fehler*), ritorno di fiamma.
knallen (*Mot.fehler*), dare ritorni di fiamma.
knapp (eng) (*allg.*), stretto. 2 ~ (dicht) (*allg.*), stretto. 2 in ~ er Form (*allg.*), in forma sintetica.
Knappe (Bergarbeiter) (*m. - Arb.*), minatore. 2 ~ (Kohlenbergarbeiter) (*Arb.*), minatore di carbone.
Knäpperschiessen (Knäppern, Stückeschiessen, Freisteinsprengen, Puffern, Sprengen von grossen Einzelsteinen) (*n. - Bergbau*), brillamento di massi, sparo di massi.
Knappheit (von Geld z. B.) (*f. - allg.*), scarsità, mancanza.
Knappschaft (Knappschaftsverein, Zusammenschluss der Bergleute) (*f. - Bergbau*), sindacato di minatori. 2 ~ **s·rente** (*f. - Bergbau - Arb.*), pensione dei minatori. 3 ~ **s·versicherung** (*f. - Bergbau*), assicurazione per i minatori.
Knarre (*f. - Mech.*), dente di arresto, nottolino di arresto. 2 ~ (Bohrknarre) (*Werkz.*), trapano a cricco. 3 ~ **n·seilzug** (*m. - Hebevorr.*), paranco a cricco.
Knarren (Knattern) (*n. - Akus.*), crepitio.
knattern (klopfen) (*Mot.*), detonare.
Knäuel (*m. - Text.*), gomitolo.
Knauf (Kapitell) (*m. - Arch.*), capitello. 2 ~ (kugelartiger Griff) (*allg.*), manopola, pomello.
Knautschzone (weich gestaltete Zone am vorderen und hinteren Wagenende zur Erhöhung passiver Unfallsicherheit) (*f. - Aut. - Karosseriebau*), zona accartocciabile (per assorbire l'urto).
Knebel (Hölzchen zum Spannen des Sägeblattes) (*m. - Werkz.*), nottola. 2 ~ (Stift) (*naut.*), caviglia, spina, cavigliotto. 3 ~

gelenk (*n. - Mech.*), giunto a ginocchiera. 4 ~ **abgriff** (eines Spaltfilters z. B.) (*m. - Mech. - Ger.*), manetta. 5 ~ **kerbstift** (*m. - Mech.*), spina ad intagli centrali (longitudinali). 6 ~ **presse** (Kniehebelpresse) (*f. - Masch.*), pressa a ginocchiera. 7 ~ **schalter** (*m. - Elekt.*), interruttore a jack. 8 ~ **schlüssel** (*m. - Werkz.*), chiave (a tubo) con traversino. 9 ~ **schraube** (Flügelschraube) (*f. - Mech.*), vite ad alette, galletto. 10 Ketten ~ (am Ende der Kette, zum Ziehen) (*Mech.*), traversino della catena, maniglia della catena.
Kneifzange (Kneipzange, Nagelzange) (*f. - Werkz.*), tenaglia.
knetbar (plastisch) (*Metall.*), plastico.
Knetbronze (*f. - Metall.*), bronzo per lavorazione plastica.
Kneten (*n. - Schmieden*), martellatura.
kneten (Brot z. B.) (*allg.*), impastare. 2 ~ (Gummi) (*Gummiind.*), masticare, plastificare.
Kneter (Knetmaschine, für Brot z. B.) (*m. - Masch.*), impastatrice. 2 ~ (Kunststoff - Masch.), plastificatore-miscelatore. 3 ~ (Innenmischer) (*Gummiind. - Masch.*), mescolatore, masticatrice. 4 ~ (*Masch.*), siehe auch Knetmaschine.
Knetlegierung (Aluminiumlegierung z. B.) (*f. - Metall.*), lega (adatta) per lavorazione plastica, lega per fucinatura, lega per stampaggio.
Knetmaschine (für Brot z. B.) (*f. - Masch.*), impastatrice. 2 ~ (für Gummi) (*Masch.*), mescolatore, masticatrice. 3 ~ (*Schmiedemasch.*), martellatrice. 4 ~ (*Masch.*), siehe auch Kneter.
Knetpackung (*f. - Mech.*), guarnizione plastica, tenuta plastica.
Knick (scharfe Biegung) (*m. - allg.*), piega (ad angolo vivo). 2 ~ **bauchen** (*n. - Blechbearb.*), rigonfiamento da pressoflessione, espanditura da pressoflessione. 3 ~ **beanspruchung** (*f. - Baukonstr.lehre*), pressoflessione, sollecitazione di pressoflessione, carico di punta. 4 ~ **belastung** (*f. - Baukonstr.lehre*), pressoflessione, carico di punta, sollecitazione di pressoflessione. 5 ~ **festigkeit** (*f. - Baukonstr.lehre*), resistenza a pressoflessione, resistenza a carico di punta. 6 ~ **hebel** (*m. - Mech.*), leva articolata. 7 ~ **länge** (Länge des auf Knicken beanspruchten Stabes) (*f. - Baukonstr.lehre*), lunghezza libera (dell'asta sollecitata) a pressoflessione. 8 ~ **last** (Knickkraft) (*f. - Baukonstr.lehre*), carico di punta, carico di pressoflessione. 9 ~ **prüfung** (*f. - Baukonstr.lehre*), prova a pressoflessione, prova a carico di punta. 10 ~ **regler** (Spannungsregler) (*m. - Elekt. - Aut.*), regolatore di tensione. 11 ~ **schutzspirale** (einer elekt. Geräteanschluss·schnur) (*f. - Elekt. - etc.*), guaina elicoidale antipiega, spirale (metallica) di protezione contro le piegature. 12 ~ **sicherheit** (einer Druckfeder z. B.) (*f. - Mech.*), sicurezza a pressoflessione. 13 ~ **sicken** (im Mantel von Hohlkörpern) (*n. - Blechbearb.*), nervatura alla pressa, nervatura da pressoflessione. 14 ~ **spannung** (*f. - Baukonstr. lehre*), carico di punta, sollecitazione di pressoflessione. 15 ~ **stab** (*m. - Baukonstr.lehre*),

Knicken

asta caricata di punta. 16 ~ **versuch** (*m. - Baukonstr.lehre*), prova a carico di punta, prova a pressoflessione. 17 ~ **walzwerk** (zum Entfernen des Zunders) (*n. - Walzw.*), laminatoio descagliatore.
Knicken (Brechen) (*n. - allg.*), rottura, cedimento. 2 ~ (*Baukonstr.lehre*), pressoflessione, flessione a carico di punta. 3 **elastoplastisches** ~ (*Baukonstr.lehre*), pressoflessione elastoplastica.
knicken (brechen) (*allg.*), rompersi. 2 ~ (*Baukonstr.lehre*), pressoflettersi, flettersi a carico di punta. 3 **Bitte nicht** ~ ! (*Post*), si prega di non piegare.
knickfest (*Baukonstr.lehre*), resistente a pressoflessione, resistente al carico di punta.
Knickung (*f. - Baukonstr.lehre*), siehe Knicken.
Knie (Kniestück, eines Rohres) (*n. - Leit.*), curva, gomito. 2 ~ **gelenk** (*n. - Mech.*), giunto a ginocchiera. 3 ~ **hebel** (*m. - Mech.*), leva articolata. 4 ~ **hebelpresse** (*f. - Masch.*), pressa a ginocchiera. 5 ~ **hebelzange** (*f. - Werkz.*), chiusura a ginocchiera. 6 ~ **hebelziehpresse** (*f. - Masch.*), pressa a ginocchiera per imbutitura. 7 ~ **kontakt** (bei Steuerungen) (*m. - Elekt. - Masch.*), contatto azionato dal ginocchio. 8 ~ **raum** (*m. - Aut. - Fahrz.*), spazio per le ginocchia. 9 ~ **rohr** (Knie) (*n. - Leit.*), curva, gomito. 10 ~ **spannung** (bei Transistoren) (*f. - Elektronik*), tensione di saturazione, tensione al ginocchio (della curva). 11 ~ **tisch** (Konsole, einer Fräsmaschine) (*m. - Werkz.masch.*), mensola. 12 ~ **tischfräsmaschine** (Konsolfräsmaschine) (*f. - Werkz.masch.*), fresatrice a mensola. 13 **Balken** ~ (*Schiffbau*), bracciuolo di baglio.
Kniff (Falte) (*m. - allg.*), piega.
knipsen (abschneiden) (*allg.*), tagliare via, troncare. 2 ~ (lochen, Fahrkarten z. B.) (*Eisenb. - etc.*), forare. 3 ~ (photographieren) (*Phot.*), scattare una fotografia, fotografare.
« Knipser » (Schalter) (*m. - Elekt.*), interruttore a scatto.
Knipsschalter (*m. - Elekt.*), interruttore a scatto.
Knipszange (Lochzange) (*f. - Werkz.*), pinza per forare.
knirschen (*allg.*), stridere.
Knistern (*n. - Akus.*), fruscìo.
Knitter (*m. - allg.*), grinza. 2 ~ **festigkeit** (*f. - Text.*), ingualcibilità.
knitterfest (*Text.*), ingualcibile.
knitterig (*allg.*), gualcito.
Knittern (*n. - allg.*), formazione di grinze.
Knochen (*m. - allg.*), osso. 2 ~ (am Guss-stück) (*Giess.*), materozza. 3 ~ **kohle** (Spodium) (*f. - chem. Ind.*), carbone d'ossa, nero animale, spodio. 4 ~ **mikrophon** (*n. - Akus. - Ger.*), osteofono. 5 ~ **schere** (*f. - Med. - Ger.*), cesoie per ossa.
Knollen (*m. - Papierfehler*), nodulo, grumo.
Knoop-Härteversuch (*m. - mech. Technol.*), prova di durezza Knoop.
Knopf (*m. - allg.*), bottone. 2 ~ (Druckknopf) (*Elekt. - etc.*), pulsante. 3 ~ (runder Griff) (*Mech. - etc.*), manopola. 4 ~ **auslösung** (*f. - Phot. - etc.*), scatto a pulsante. 5 ~ **loch** (*n. - Text.*), asola. 6 ~ **überzugslack** (Knotenlack) (*m. - Anstr.*), fissanodi.

Knötchen (*n. - allg.*), nodulo. 2 ~ (*Giess. - etc.*), nodulo. 3 ~ **graphit** (*m. - Giess.*), grafite nodulare, grafite sferoidale.
Knoten (Knote, Verschlingung von Seilen, etc.) (*m. - naut. - etc.*), nodo. 2 ~ (bei Wellen, Stelle mit der Amplitude Null) (*Phys.*), nodo. 3 ~ (kn, Fahrgeschwindigkeit eines Schiffes = 1,852 km je Stunde) (*naut.*), nodo. 4 ~ (eines Netzplans) (*Planung*), evento, nodo. 5 ~ **amt** (*n. - Fernspr.*), centrale nodale. 6 ~ **blech** (Eckblech) (*n. - Bauw.*), fazzoletto. 7 ~ **ebene** (*f. - Phys*), piano nodale. 8 ~ **fänger** (*m. - Papierind.*), separanodi, epuratore. 9 ~ **fläche** (Knotenebene) (*f. - Phys.*), piano nodale. 10 ~ **graphit** (*m. - Giess.*), grafite nodulare. 11 ~ **lack** (*m. - Anstr.*), fissanodi. 12 ~ **linie** (*f. - Phys.*), linea nodale. 13 ~ **punkt** (bei Fachwerkträgern) (*m. - Bauw.*), nodo. 14 ~ **punkt** (*Eisenb. - Strasse*), nodo. 15 ~ **punkt** (gemeinsamer Punkt von zwei oder mehr Wicklungsteilein) (*Elekt.*), centro. 16 ~ **punkterdspannung** (*f. - Elekt.*), tensione del centro neutro a massa. 17 ~ **punktleiter** (*m. - Elekt.*), conduttore neutro, neutro (*s.*). 18 ~ **stelle** (*f. - Phys.*), punto nodale. 19 **Kreuz** ~ (Schifferknoten, Weberknoten, einfachste Seilverbindung) (*naut.*), nodo piano, nodo dritto. 20 **Weber** ~ (*naut.*), siehe Kreuzknoten.
knoten (*allg.*), annodare.
knotenorientiert (bei Netzplantechnik) (*Progr.*), orientato da evento.
knotig (*Holz*), nodoso.
Knotmaschine (*f. - Textilmasch.*), annodatore.
knüpfen (knoten) (*allg.*), annodare.
Knüppel (gewalztes oder geschmiedetes Halbzeug) (*m. - Walzw.*), billetta. 2 ~ (auf eine bestimmte Länge geschnittenener Stab z. B.) (*Schmieden - Metall. - etc.*), spezzone. 3 ~ (Steuerhebel) (*Flugw.*), barra di comando, « cloche ». 4 ~ **abschnitt** (Stück, Blöckchen, Ausgangsform für ein Schmiedestück) (*m. - Schmieden*), spezzone (di billetta o di barra). 5 ~ **anode** (*f. - Elektrochem.*), anodo in barre. 6 ~ **ende** (*n. - Metall.*), spuntatura (di billetta). 7 ~ **gerüst** (*n. - Walzw.*), gabbia per billette. 8 ~ **lager** (*n. - metall. Ind.*), parco billette, deposito billette. 9 ~ **schalthebel** (*m. - Aut.*), leva del cambio a « cloche ». 10 ~ **schaltung** (des Wechselgetriebes) (*f. - Aut.*), comando a « cloche ». 11 ~ **schere** (*f. - Masch.*), troncabillette, troncatrice per billette. 12 ~ **steuerung** (*f. - Flugw.*), comando a « cloche ». 13 ~ **strasse** (*f. - Walzw.*), treno per billette. 14 ~ **teilanlage** (*f. - Masch. - Schmieden*), impianto troncabillette. 15 ~ **walzwerk** (*n. - Walzw.*), laminatoio per billette. 16 **Schalt** ~ (*Aut.*), leva del cambio.
KNV (Kraftstoffnormverbrauch) (*Aut.*), consumo normale di carburante.
K.O. (Kathodenstrahl-Oszillograph) (*Elektronik - App.*), oscillografo a raggi catodici.
Koagulation (Gerinnen) (*f. - Chem.*), coagulazione.
koagulieren (gerinnen) (*Chem.*), coagularsi.
Koaleszenz (*f. - Phys.*), coalescenza.
koaxial (*allg.*), coassiale.
Koaxialleitung (*f. - Funk. - etc.*), cavo coassiale.

Koazervat (*n. - Chem.*), coacervato.
Kobalt (*Co - n. - Chem.*), cobalto. 2 ~ **blau** (*n. - Farbe*), blu cobalto. 3 ~ **bombe** (*f. - Med. - Atomphys.*), bomba al cobalto. 4 ~ **-Fernbestrahlungsapparatur** (*f. - Med. App.*), bomba al cobalto. 5 ~ **glanz** (CoAsS) (Kobaltin) (*m. - Min.*), cobaltina, cobaltite. 6 ~ **kies** (*m. - Min.*), cobaltopirite. 7 ~ **spat** (*m. - Min.*), cobaltcalcite.
Kochabschnitt (Kochzeit) (*m. - Metall. - etc.*), periodo di ribollimento.
Kochen (*n. - Chem.*), ebollizione. 2 ~ (*Metall.*), ribollimento.
kochen (*allg.*), cuocere. 2 ~ (sieden) (*Phys.*), bollire. 3 ~ (von Akkumulatoren) (*Elekt.*), bollire.
Kocher (*m. - Ger.*), fornello. 2 ~ (*Papierind. - App.*), bollitore, lisciviatore, lisciviatrice.
Kochflasche (*f. - chem. Ger.*), matraccio refrattario, matraccio resistente al fuoco.
Kochperiode (Kochabschnitt) (*f. - Metall.*), intervallo di ebollizione.
Kochplatte (elekt. Kochplatte) (*f. - Ger.*), fornello elettrico.
Kochpunkt (Siedepunkt) (*m. - Phys.*), punto di ebollizione.
Kochsalz (*n. - Chem.*), sale comune, sale da cucina. 2 ~ **lösung** (*f. - Ind.*), salamoia.
Kochung (eines Stahlbades z. B.) (*f. - Metall.*), ebollizione.
Kochzeit (Kochabschnitt) (*m. - Metall. - etc.*), periodo di ribollimento.
Kockpit (Cockpit) (*m. - naut.*), siehe Plicht.
Kode (*m. - Telegr. - Rechner*), codice. 2 ~ **telegramm** (*n. - Telegr.*), telegramma cifrato.
Köder (Keder, schmaler Lederstreifen, zur Verschönerung von genähten Kanten an Kleidungen z. B.) (*m. - Lederind. - Textilind.*), fettuccia di cuoio.
Kodex (*m. - recht.*), codice.
kodieren (codieren, verschlüsseln) (*allg.*), codificare.
Kodierer (*m. - Rechner*), codificatore.
Kodierung (*f. - Rechner - etc.*), codificazione.
Koeffizient (Faktor) (*m. - Math. - etc.*), coefficiente. 2 ~ **der diffusen Reflexion** (*Opt.*), coefficiente di riflessione diffusa. 3 ~ **der Gesamtreflexion** (*Phys.*), coefficiente di riflessione totale. 4 ~ **der Selbstinduktion** (*Elekt.*), coefficiente di autoinduzione. 5 ~ **der Wärmedehnung** (*Phys.*), coefficiente di dilatazione termica. 6 **Dehnungs** ~ (*Phys.*), coefficiente di dilatazione. 7 **Reibungs** ~ (*Mech.*), coefficiente di attrito.
Koerzitivkraft (*f. - Elekt.*), forza coercitiva.
Koexistenz (*f. - allg.*), coesistenza. 2 ~ **kurve** (der Dielektrizitätskonstanten des Wassers z. B.) (*f. - Chem.*), curva di coesistenza.
Koextrusion (von Kunststoffen z. B.) (*f. - Technol.*), coestrusione.
Koffer (Behälter, für die Reise z. B.) (*m. - Transp.*), baule. 2 ~ (Steinlager zwischen den Schienen) (*Eisenb.*), inghiaiata, ballast. 3 ~ (Steinlager, an Seeufern z. B.) (*Wass.b.*), gettata, fondazione (subacquea) in pietrame alla rinfusa. 4 ~ (Kofferraum) (*Aut.*), bagagliera. 5 ~ **aufbau** (*m. - Aut.*), cassa furgone. 6 ~ **damm** (*m. - Schiffbau*), paratia di collisione. 7 ~ **deckel** (*m. - Aut.*), coperchio bagagliera, coperchio del vano bagagli. 8 ~ **empfänger** (Koffergerät) (*m. - Funk.*), radioricevitore portatile, radio portatile, apparecchio radio portatile, radiovaligia. 9 ~ **gerät** (*n. - Funk.*), radio portatile, apparecchio radio portatile. 10 ~ **grammophon** (*n. - Elektroakus.*), fonovaligia. 11 ~ **raum** (*m. - Aut.*), bagagliera. 12 ~ **schreibmaschine** (*f. - Büromasch.*), macchina per scrivere portatile. 13 ~ **träger** (*m. - Aut.*), portabagagli. 14 ~ **wagen** (Kastenwagen) (*m. - Fahrz.*), furgone.
koffern (auskoffern, das Steinlager erzeugen) (*Wass.b. - Strass.b.*), gettare (il sottofondo).
kohärent (*Phys.*), coerente. 2 ~ **es Licht** (*Phys.*), luce coerente.
Kohärentimpulsradar (*n. - Radar*), radar coerente, radar ad impulsi sincronizzati.
Kohärenz (*f. - Phys.*), coerenza. 2 ~ **-Raum** (räumliche Kohärenz) (*m. - Phys.*), coerenza spaziale, spazio di coerenza. 3 ~ **-Zeit** (zeitliche Kohärenz) (*f. - Phys.*), tempo di coerenza.
Kohärer (Fritter) (*m. - Funk.*), coesore, «coherer».
Kohäsion (*f. - Chem. - Phys.*), coesione. 2 ~ (eines Bodens) (*Bauw.*), coesione, tenacità. 3 ~ **s·kraft** (*f. - Chem. - Phys.*), forza di coesione.
Kohle (*f. - Brennst.*), carbone. 2 ~ (Kohlenstoff) (*Chem.*), carbonio. 3 ~ (für Zündverteiler z. B.) (*Elekt.*), carboncino. 4 ~ (Kohleelektrode, einer Bogenlampe) (*Elekt.*), carbone, elettrodo di carbone. 5 ~ **ablagerung** (*f. - Mot. - Fehler*), deposito carbonioso. 6 ~ **ansatz** (Ölkohleansatz) (*m. - Mot. - Fehler*), deposito carbonioso. 7 ~ **belag** (Ölkohlebelag, auf Kolbenboden z. B.) (*m. - Mot. - Fehler*), deposito carbonioso. 8 ~ **bogenlampe** (*f. - Elekt.*), lampada ad arco con elettrodi di carbone. 9 ~ **bürste** (*f. - Elekt.*), spazzola (di carbone). 10 ~ **druckregler** (Spannungsregler) (*m. - Elekt. - Ger.*), regolatore a pila di carbone. 11 ~ **drucksäule** (*f. - Elekt.*), pila di carbone. 12 ~ **elektrode** (einer Bogenlampe z. B.) (*f. - Elekt.*), elettrodo di carbone. 13 ~ **n·halter** (einer Bogenlampe) (*m. - Elekt.*), portaelettrodi (di carbone). 14 ~ **hydrate** (Kohlenhydrate) (*n. pl. - Chem.*), idrati di carbonio. 15 ~ **hydrierung** (Kohleverflüssigung) (*f. - chem. Ind.*) idrogenazione del carbone. 16 ~ **körner** (*n. pl. - Elektroakus.*), granuli di carbone. 17 ~ **körnermikrophon** (*n. - Elektroakus.*), microfono a granuli di carbone. 18 ~ **krater** (einer Bogenlampe) (*m. - Elekt.*), cratere del carbone, cratere dell'elettrodo. 19 ~ **lichtbogenschweissung** (*f. - mech. Technol.*), saldatura ad arco con elettrodi di carbone. 20 ~ **mikrophon** (*n. - Elektroakus.*), microfono a carbone. 21 ~ **n·abbau** (*m. - Bergbau*), abbattimento del carbone. 22 ~ **n·becken** (*n. - Geol.*), bacino carbonifero. 23 ~ **n·bett** (*n. - Geol.*), giacimento carbonifero. 24 ~ **n·blende** (Anthrazit) (*f. - Brennst.*), antracite. 25 ~ **n·bogenlampe** (*f. - Beleucht.*), lampada ad arco. 26 ~ **n·bunker** (*m. - Brennst.*), deposito di carbone. 27 ~ **n·bunker** (*naut.*), carbonile. 28 ~ **n·bürste** (*f. - Elekt.*), spazzola (di carbone). 29 ~ **n·dioxyd** (CO_2) (*n. - Chem.*),

Kohle

anidride carbonica. 30 ~ n·elektrode (f. - Elekt.), elettrodo di carbone. 31 ~ n·fadenlampe (f. - Beleucht.), lampada a filamento di carbone. 32 ~ n·feld (n. - Geol.), bacino carbonifero. 33 ~ n·feuerung (Feuerungsanlage) (f. - Verbr.), impianto di combustione con focolare a carbone. 34 ~ n·feuerung (Kessel - etc.), focolare a carbone. 35 ~ n·flöz (n. - Bergbau), filone di carbone, strato di carbone. 36 ~ n·förderung (f. - Bergbau), estrazione del carbone. 37 ~ n·gas (Kohlenoxyd) (n. - Chem. - Aut.), ossido di carbonio, monossido di carbonio. 38 ~ n·griess (m. - Elektroakus.), granuli di carbone. 39 ~ n·grösse (f. - Brennst.), pezzatura del carbone. 40 ~ n·grus (Gruskohle) (m. - Brennst.), carbone di piccola pezzatura. 41 ~ n·hydrate (Kohlehydrate) (n. - pl. - Chem.), idrati di carbonio. 42 ~ n·lager (n. - Geol.), giacimento di carbone. 43 ~ n·leichter (m. - naut.), chiatta per carbone, maona per carbone. 44 ~ n·meiler (für di Herstellung von Holzkohle) (m. - Verbr.), carbonaia. 45 ~ n·monoxyd (CO) (Kohlenoxyd) (n. - Chem. - Aut.), monossido di carbonio, ossido di carbonio. 46 ~ n·nachschubeinrichtung (einer Bogenlampe, zum Ausgleich des Kohlenabbrandes) (f. - Elekt.), alimentatore dell'elettrodo (di carbone). 47 ~ n·oxyd (CO) (Kohlenmonoxyd) (n. - Chem. - Aut.), ossido di carbonio, monossido di carbonio. 48 ~ n·sack (eines Hochofens) (m. - Ofen), ventre. 49 ~ n·säure (CO_2) (Kohlendioxyd) (f. - Chem. - etc.), anidride carbonica. 50 ~ n·säurelöscher (m. - App.), estintore ad anidride carbonica. 51 ~ n·säure-Schweissen (CO_2-Schweissen) (n. - mech. Technol.), saldatura sotto CO_2. 52 ~ n·stahl (Kohlenstoffstahl) (m. - Metall.), acciaio al carbonio. 53 ~ n·station (Hafen) (f. - naut.), porto di carbonamento, porto di rifornimento del carbone. 54 ~ n·staub (m. - Brennst.), polverino di carbone. 55 ~ n·stift (einer Kohlenbogenlampe) (m. - Elekt.), elettrodo di carbone. 56 ~ n·stoff (C - m. - Chem.), carbonio. 57 ~ n·stöffaser (Kunststoff) (f. - chem. Ind.), carbofibra. 58 ~ n·stoffeinsatzhärten (n. - Wärmebeh.), carbocementazione, cementazione carburante. 59 ~ n·stoffentziehung (f. - Metall.), decarburazione. 60 ~ n·stoffstahl (m. - Metall.), acciaio al carbonio. 61 ~ n·stofftetrachlorid (n. - Chem.), tetracloruro di carbonio. 62 ~ n·stoss (Mächtigkeit des abbauwürdigen Flözes) (m. - Bergbau), potenza dello strato di carbone, spessore dello strato di carbone. 63 ~ n·teer (m. - chem. Ind.), catrame di carbone. 64 ~ n·übernahme (f. - naut. - Eisenb.), carbonamento, rifornimento di carbone. 65 ~ n·versorgung (f. - naut.), carbonamento, rifornimento di carbone. 66 ~ n·vorschub (einer Bogenlampe) (m. - Elekt.), avanzamento degli elettrodi (di carbone). 67 ~ n·wagen (m.-Eisenb.), carro per (trasporto di) carbone. 68 ~ n·wagen (Förderwagen) (Bergbau), vagonetto per carbone. 69 ~ n·wagen (Tender) (Eisenb.), carro-scorta, « tender ». 70 ~ n·waschanlage (f. - Bergbau), laveria per carbone. 71 ~ n·wasserstoff (m. - Chem.), idro-

carburo. 72 ~ n·zeche (Kohlengrube) (f. - Bergbau), miniera di carbone. 73 ~ papier (Durchschreibpapier) (n. - Büro), carta carbone, carta da ricalco. 74 ~ pulvermikrophon (n. - Elektroakus.), microfono a granuli di carbone. 75 ~ stift (Kohleelektrode, einer Bogenlampe) (m. - Elekt.), carbone, elettrodo di carbone. 76 ~ tiegel (Graphittiegel) (m. - Ofen), crogiuolo di grafite. 77 ~ verflüssigung (f. - chem. Ind.), siehe Kohlehydrierung. 78 ~ verkokung (f. - chem. Ind.), cokefazione. 79 ~ wertstoffe (m. - pl. - chem. Ind.), sottoprodotti del carbone, derivati del carbone. 80 aromatische ~ n·wasserstoffe (m. - pl. - Chem.), idrocarburi aromatici. 81 Back ~ (Brennst.), carbone agglutinante. 82 Braun ~ (Brennst.), lignite. 83 Deputat ~ (Bergbau), carbone di assegnazione (al minatore). 84 Ess ~ (mit 12-19% Gasgehalt) (Brennst.), litantrace. 85 Fein ~ (Brennst.), carbone di pezzatura minuta, minuto (s.), trito (s.), pula. 86 fester ~ n·stoff (gebundener Kohlenstoff) (Metall.), carbonio combinato. 87 Fett ~ (Brennst.), carbone grasso. 88 Gas ~ (Brennst.), carbone da gas. 89 gesättigte ~ n·wasserstoffe (m. - pl. - Chem.), idrocarburi saturi. 90 Glanz ~ (Anthrazit) (Brennst.), antracite. 91 Gries ~ (Brennst.), carbone di piccola pezzatura. 92 Grus ~ (Kohlengrus) (Brennst.), carbone di piccola pezzatura. 93 Holz ~ (Brennst.), carbone di legna. 94 Kannel ~ (Brennst.), carbone a lunga fiamma. 95 Koks ~ (Brennst.), carbone da coke. 96 kurzflammige ~ (Brennst.), carbone a corta fiamma. 97 Mager ~ (mit 10-12% Gasgehalt) (Brennst.), carbone magro. 98 Nuss ~ (Brennst.), carbone di pezzatura noce. 99 Parrot ~ (Kannelkohle) (Brennst.), carbone a lunga fiamma. 100 Retorten ~ (Chem.), carbone di storta. 101 Staub ~ (Brennst.), polverino di carbone. 102 Stein ~ (Anthrazit z. B.) (Brennst.), carbone fossile. 103 Stück ~ (Brennst.), carbone di grossa pezzatura. 104 ungebundener ~ n·stoff (Metall.), carbonio non combinato, carbonio libero.

kohlebeheizt (Ofen), a carbone, funzionante a carbone.

kohlegeführt (Feuerung) (Verbr.), a carbone.

kohlen (Holz z. B.) (Verbr.), carbonizzare. 2 ~ (Kohle nehmen) (naut.), far carbone, carbonare. 3 ~ (das Eisen) (Metall.), carburare. 4 ~ haltig (Geol. - etc.), carbonifero. 5 ~ saurer (Chem.), carbonico. 6 ~ stoffeinsatzhärten (Wärmebeh.), carbocementare.

Köhlerei (Herstellung von Holzkohle im Kohlenmeiler) (f. - Verbr.), carbonizzazione (del legno con carbonaia).

Kohlung (f. - Verbr.), carbonizzazione. 2 ~ s-zone (f. - Ofen - Metall.), zona di carburazione.

KOH-Zahl (von Naturkautschuklatex) (f. - Technol.), numero KOH.

Koinzidenz (Zusammenfallen) (f. - allg.), coincidenza. 2 ~ entfernungsmesser (m. - Instr.), telemetro a coincidenza. 3 ~ gatter (UND-Gatter) (n. - Rechner), porta AND, « AND gate », elemento AND, circuito logico AND. 4 ~ keil (zur Entfernungseinstellung) (m. -

Opt.), prisma di coincidenza. **5 ~ signal** (*n. - Elekt.*), segnale di sincronizzazione.
Koje (Schlafgelegenheit) (*f. - naut.*), cuccetta. **2 ~** (Ausstellungsstand) (*komm.*), stand, posteggio.
Kojer (Deicharbeiter) (*m. - Arb.*), manovale addetto a trasporto di terra (per costruzione di argini).
Kokain (Methylbenzoylekgonin, Alkaloid) (*n. - Pharm.*), cocaina.
Koken (Erzeugung von Koks) (*n. - chem. Ind.*), cokificazione, cokefazione.
koken (Koks erzeugen) (*chem. Ind.*), cokificare.
Koker (Loch im Heck eines Schiffes, für Ruderschaft) (*m. - naut.*), losca.
Kokerei (Betrieb zur Gewinnung von Gas und Koks) (*f. - chem. Ind.*), cokeria, officina del gas. **2 ~ gas** (*n. - chem. Ind.*), gas di cokeria. **3 ~ teer** (*m. - chem. Ind.*), siehe Hochtemperaturteer (*m.*).
Kokille (metallische Gussform) (*f. - Giess.*), conchiglia. **2 ~** (für Stahlblöcke) (*Metall.*), lingottiera. **3 ~** (beim Stranggiessen) (*Giess.*), conchiglia, lingottiera. **4 ~ n·anstrichmittel** (für Stahlblöcke) (*n. - Metall.*), vernice per lingottiere. **5 ~ n·guss** (Guss·stück) (*m. - Giess.*), getto in conchiglia. **6 ~ n·guss** (Verfahren) (*Giess.*), colata in conchiglia, fusione in conchiglia. **7 ~ n·haltung** (für Stahlblöcke) (*f. - Metall.*), preparazione della lingottiera. **8 ~ n·schleuderguss** (Verfahren) (*m. - Giess.*), colata centrifuga in conchiglia, fusione centrifuga in conchiglia. **9 ~ n·wagen** (*m. - Metall.*), carro portalingottiere. **10 in der ~ vergiessen** (*Giess.*), colare in conchiglia. **11 in ~ gegossen** (*Giess.*), colato in conchiglia, fuso in conchiglia. **12 Rohr ~** (beim Stranggiessen) (*Giess.*), conchiglia tubolare.
Kokon (Seidenindustrie) (*m. - Text.*), bozzolo. **2 ~ verfahren** (Verpackungsmethode) (*n. - Transp. - Anstr.*), imbozzolatura, rivestimento con involucro plastico protettivo.
Kokosalkydherz (*n. - Chem.*), resina alchidica all'olio di cocco.
Kokosfaser (Coïr) (*f. - Text.*), fibra di cocco.
Kokosfett (*n. - Ind.*), olio di cocco.
Koks (*m. - Brennst.*), coke. **2 ~ bett** (Füllkoks, eines Kupolofens) (*n. - Giess.*), dote, coke di riscaldo. **3 ~ gas** (*n. - chem. Ind.*), gas di cokeria. **4 ~ gicht** (eines Kupolofens) (*f. - Giess.*), carica di coke. **5 ~ grus** (über 10-6 mm) (*m. - Brennst.*), polvere di coke. **6 ~ klein** (Koksschlacke) (*n. - Verbr.*), scoria di coke. **7 ~ kuchen** (Tiegelrückstand, bei Tiegelprobe) (*m. - Brennst.*), bottone di coke, formella di coke. **8 ~ lösche** (Koksstaub) (*f. - chem. Ind.*), polverino di coke. **9 ~ löschturm** (*m. - chem. Ind.*), torre di spegnimento del coke. **10 ~ ofen** (*n. - Ofen*), forno da coke, storta da coke. **11 ~ ofenbatterie** (*f. - Ofen*), batteria di storte da coke. **12 ~ ofengas** (*n. - chem. Ind.*), gas di cokeria. **13 ~ ofenkammer** (*f. - Ofen*), storta per coke. **14 ~ schicht** (des Kupolofens) (*f. - Giess.*), strato di coke. **15 ~ wertzahl** (zur Kennzeichnung der Koksfestigkeit) (*f. - chem. Ind.*), indice di resistenza del coke. **16 Gas ~** (*Brennst.*), coke di storta. **17 Gross ~** (über 80 mm) (*Brennst.*), coke da fonderia. **18 Hütten ~** (Zechenkoks) (*Brennst.*), coke metallurgico. **19 Schwel ~** (*Brennst.*), coke di storta. **20 Stück ~** (über 80 mm) (*Brennst.*), coke da fonderia, coke di grossa pezzatura. **21 Zechen ~** (Hüttenkoks) (*Brennst.*), coke metallurgico.
koksen (koken) (*Verbr.*), cokificare.
Kokung (*f. - chem. Ind.*), cokefazione, cokifazione. **2 ~ s·vermögen** (*n. - chem. Ind.*), potere cokificante, potere agglutinante.
Kolben (im Zylinder laufender Teil, eines Verbrennungsmotors z. B.) (*m. - Mot. - Mech.*), stantuffo, pistone. **2 ~** (Glasgefäss) (*Chem.*), bévuta, pallone. **3 ~** (Drehkolben, eines Drehkolbenmotors) (*Mot.*), rotore. **4 ~** (Lötkolben) (*Ger.*), saldatoio. **5 ~** (einer Glühlampe) (*Elekt.*), ampolla. **6 ~** (hinteres, breites Ende eines Gewehres z. B.) (*Handfeuerwaffe*), calcio. **7 ~** (einer hydraulischen Presse) (*Masch.*), pistone. **8 ~** (Schaft, eines Spiralbohrers z. B.) (*Werkz.*), gambo. **9 ~ boden** (*m. - Mot.*), cielo dello stantuffo. **10 ~ bolzen** (*m. - Mot.*), spinotto (dello stantuffo), perno di stantuffo. **11 ~ bolzenauge** (*n. - Mot.*), portata di spinotto. **12 ~ bolzenende** (einer Pleuelstange) (*n. - Mot.*), piede (di biella). **13 ~ bolzenhaltering** (*m. - Mot.*), anello di sicurezza dello spinotto. **14 ~ bolzenlager** (der Pleuelstange) (*n. - Mot.*), bussola del piede di biella. **15 ~ dampfmaschine** (*f. - Dampfmasch.*), motrice a vapore (alternativa), macchina a vapore (alternativa). **16 ~ deckel** (Kolbenboden) (*m. - Mot.*), cielo dello stantuffo, cielo del pistone. **17 ~ druck** (*m. - Mot.*), spinta sullo stantuffo. **18 ~ ende** (Kolbenschaft) (*n. - Mot.*), mantello del pistone, mantello dello stantuffo. **19 ~ fenster** (eines Wankelmotors) (*n. - Mot.*), finestra del rotore. **20 ~ flanke** (eines Wankelmotors) (*f. - Mot.*), faccia del rotore. **21 ~ fressen** (*n. - Mech.*), grippaggio del pistone, grippatura del pistone, grippaggio dello stantuffo. **22 ~ gebläse** (*n. - Masch.*), compressore a pistoni, compressore a stantuffi, compressore alternativo. **23 ~ geschwindigkeit** (*f. - Mot.*), velocità dello stantuffo, velocità del pistone. **24 ~ hub** (*m. - Mot.*), corsa dello stantuffo, corsa del pistone. **25 ~ kippen** (Kolbenklappern) (*n. - Mot.fehler*), scampanamento dello stantuffo, scampanamento del pistone. **26 ~ klappern** (*n. - Mot.fehler*), scampanamento dello stantuffo, scampanamento del pistone. **27 ~ kopf** (*m. - Mot.*), testa dello stantuffo, testa del pistone. **28 ~ kraft** (einer Druckgussmaschine) (*f. - Giess.*), forza di iniezione, forza sullo stantuffo. **29 ~ kraftmaschine** (Verbrennungsmotor) (*f. - Mot.*), motore alternativo, motore a pistoni. **30 ~ kraftmaschine** (*Dampfmasch.*), macchina alternativa, motrice alternativa. **31 ~ lauffläche** (*f. - Mot.*), superficie di scorrimento dello stantuffo. **32 ~ manometer** (*n. - Ger.*), manometro a pistone. **33 ~ mantel** (Kolbenschaft) (*m. - Mot.*), mantello dello stantuffo. **34 ~ motor** (*m. - Mot.*), motore a stantuffi, motore alternativo, motore a pistoni. **35 ~ pumpe** (*f. - Masch.*), pompa a pistone, pompa a stantuffo. **36 ~ ring** (*m. - Mot.*), fascia elastica, anello elastico, seg-

Kolben

mento (del pistone), anello di tenuta. 37 ~ **ringdurchblasen** (*n. - Mot.*), trafilamento (tra fasce elastiche e cilindro). 38 ~ **ring mit schräger Stossfuge** (*Mot.*), anello elastico con taglio obliquo. 39 ~ **ringnute** (Kolbenringriefe) (*f. - Mot.*), sede dell'anello elastico, scanalatura per la fascia elastica. 40 ~ **ringpumpwirkung** (wenn die Ringen grosses Seiten- und Höhenspiel besitzen) (*f. - Verbr. - Mot.*), effetto pompante del pistone. 41 ~ **ringschlitz** (*m. - Mot.*), taglio della fascia elastica, taglio del segmento, taglio dell'anello elastico. 42 ~ **ringspalt** (Kolbenringstoss·spiel) (*m. - Mot.*), luce dell'anello elastico, luce del segmento, gioco tra le punte dell'anello elastico. 43 ~ **ringstoss·spiel** (*n. - Mot.*), luce dell'anello elastico, luce del segmento, gioco tra le punte dell'anello elastico. 44 ~ **ringzange** (*f. - Werkz.*), pinza per (il montaggio delle) fasce elastiche. 45 ~ **schaft** (Teil unterhalb der Ringpartie) (*m. - Mot.*), mantello dello stantuffo. 46 ~ **schieber** (*m. - Mech.*), valvola a stantuffo, valvola a cassetto cilindrico. 47 ~ **spiel** (Raum) (*n. - Mot.*), spazio nocivo. 48 ~ **spritzmaschine** (*f. - Giess. - Masch.*), macchina ad iniezione a stantuffo. 49 ~ **stange** (Pleuelstange) (*f. - Mot. - Mech.*), biella. 50 ~ **stange** (*Dampfmasch.*), stelo dello stantuffo, asta dello stantuffo. 51 ~ **stangenkopf** (Pleuelstangenkopf, Pleuelkopf) (*m. - Mot. - Mech.*), piede di biella. 52 ~ **unterteil** (Kolbenschaft) (*m. - Mot. - Mech.*), mantello del pistone, mantello dello stantuffo. 53 ~ **verdrängung** (Hubraum, Hubvolumen) (*f. - Mot.*), cilindrata. 54 ~ **zylinder** (*m. - Hebevorr.*), martinetto. 55 **doppeltwirkender** ~ (*Mot.*), stantuffo a doppio effetto. 56 **Frei** ~ **motor** (*m. - Mot.*), motore a pistoni liberi. 57 **gegenläufige** ~ (*pl. - Mot.*), stantuffi contrapposti. 58 **hydraulischer** ~ **zylinder** (*m. - Hebevorr.*), martinetto idraulico. 59 **innen mattierter** ~ (*Beleucht.*), ampolla satinata. 60 **Löt** ~ (*Ger.*), saldatoio. 61 **mittlere** ~**geschwindigkeit** (*f. - Mot.*), velocità media dello stantuffo. 62 **Plunger** ~ (*Mot. - Masch.*), pistone tuffante, stantuffo tuffante. 63 **Pumpen** ~ (einer Einspritzpumpe) (*Dieselmotor*), pompante. 64 **Scheiben** ~ (bei Pumpen und Dampfmaschinen) (*Masch.*), stantuffo a disco. 65 **schwimmender** ~ **bolzen** (*Mot.*), spinotto flottante (dello stantuffo). 66 **schwimmendgelagerter** ~ **bolzen** (*Mot. - Mech.*), spinotto flottante (dello stantuffo). 67 **seitlicher** ~ **druck** (*Mot.*), spinta laterale del pistone. 68 **Sintal** ~ (aus Sinterstoffen) (*Mot.*), pistone sinterato. 69 **Spitz** ~ (Lötkolben) (*Werkz.*), saldatoio a punta. 70 **Stufen** ~ (für Hochdruckverdichter) (*Masch.*), stantuffo multiplo. 71 **Tauch** ~ (Plungerkolben) (*Masch.*), stantuffo tuffante. 72 **Thermoval** ~ (*Verbr. - Mot.*), pistone preovalizzato, stantuffo preovalizzato. 73 **Ventil** ~ (*Ölhydr.*), cassetto (della valvola). 74 **verchromter** ~ **ring** (*Mot.*), anello elastico cromato, fascia elastica cromata, segmento cromato. 75 **verklebter** ~ **ring** (*Mot. - Mech.*), anello elastico incollato, fascia elastica incollata, segmento incollato.

kolinear (*Geom.*), collineare.
Kolk (Austiefung, im Flussgrund) (*m. - Geogr.*), buca. 2 ~ (Werkzeugverschleiss auf der Spanfläche) (*Werkz.*), cratere. 3 ~ (Wasserloch, eines Deiches) (*Wass.b.*), fontanazzo.
kolken (*v. i. - Werkz.*), craterizzarsi.
kollaudieren (amtlich prüfen, ein Gebäude z. B.) (*Bauw.*) (*österr. - schweiz.*), collaudare.
Kollaudierung (amtliche Prüfung und Schlussgenehmigung eines Gebäudes) (*f. - Bauw.*) (*österr. - schweiz.*), collaudo.
Kollegialsystem (zur Leitung eines Unternehmens) (*n. - Ind. - adm.*), sistema collegiale.
Kollektiv (Sammellinse in einem Okular) (*n. - Opt.*), condensatore. 2 ~ (Gesamtheit, Grundgesamtheit) (*Stat.*), popolazione. 3 ~ **vertrag** (*m. - Arb. - Organ.*), contratto collettivo.
kollektiv (*allg.*), collettivo. 2 ~ **e Steuerung** (des Blatteinstellwinkels eines Helikopters) (*Flugw.*), variazione collettiva. 3 ~ **e Verhandlung** (*Arb. - Organ.*), contratto collettivo.
Kollektor (*m. - elekt. Masch.*), collettore. 2 ~ (Sammellinse, eines Mikroskopes) (*Opt.*), condensatore. 3 ~ (einer integrierten Schaltung) (*Elektronik*), collettore. 4 ~ **abdrehvorrichtung** (*f. - Mech. - Vorr.*), attrezzo per tornitura di collettori. 5 ~ **basisschaltung** (*f. - Elektronik*), circuito con collettore a massa. 6 ~ **elektrode** (eines Transistors) (*f. - Elektronik*), elettrodo collettore. 7 ~ **kreis** (Kollektorschaltung, bei Transistoren) (*m. - Elektronik*), circuito con collettore comune. 8 ~ **lamelle** (*f. - Elekt.*), lamella del collettore. 9 ~ **motor** (*m. - elekt. Masch.*), motore a collettore. 10 ~ **ring** (*m. - Elekt.*), anello del collettore.
Kollergang (Zerkleinerungsmaschine) (*m. - Masch. - Giess.*), molazza.
Kollern (*n. - Giess.*), molazzatura.
Kolli (Frachtstücke) (*n. - pl. - Transp.*), colli. 2 ~ **masse** (*n. - pl. - Transp.*), volume d'ingombro, dimensioni di ingombro.
kollidieren (*Fahrz. - naut.*), collidere.
Kollimation (*f. - Opt. - etc.*), collimazione. 2 ~ **s·linie** (*f. - Opt.*), linea di collimazione.
Kollimator (*m. - Opt. - Instr.*), collimatore. 2 ~ (künstlicher Stern, zur Erzeugung von parallelen Strahlungen) (*Opt. - Ger.*), stella artificiale, collimatore.
Kollision (*f. - naut. - etc.*), collisione. 2 ~ **s· schott** (*n. - naut.*), paratia di collisione.
Kollo (Frachtstück) (*n. - Transp.*), collo.
Kollodium (*n. - Chem.*), collodio. 2 ~ **wolle** (Dinitrozellulose) (*f. - Chem.*), cotone-collodio, binitrocellulosa.
Kolloid (*n. - Chem.*), colloide. 2 ~ **chemie** (*f. - Chem.*), chimica dei colloidi. 3 ~ **graphit** (Schmiermittel) (*m. - Mech.*), grafite colloidale. 4 ~ **mörtel** (Zement-Sand-Suspension) (*m. - Bauw.*), malta liquida colloidale. 5 **Mizelle** ~ (*Chem.*), colloide micellare. 6 **Molekül** ~ (*Chem.*), colloide molecolare.
kolloidal (*Chem.*), colloidale.
Kolmation (*f. - Wass.b.*), siehe Auflandung.
Kolmatierung (Auflandung) (*f. - Geol.*), interrimento, interramento.
Kolon (Doppelpunkt) (*n. - Druck.*), due punti.
Kolonne (*f. - Fahrz. - Aut.*), autocolonna. 2

~ (von Arbeitern) (*Arb.*), squadra. 3 ~ (Distillierapparat) (*chem. App.*), colonna. 4 ~ n·fahrt (auf Autobahnen z. B.) (*f. - Aut. - Strass.verk.*), marcia in colonna. 5 ~ n·führer (*m. - Arb.*), capolinea, caposquadra. 6 ~ n·steller (einer Schreibmaschine) (*m. - Büromasch.*), tabulatore. 7 ~ n·zusammenstoss (Reihenzusammenstoss) (*m. - Strass. verk. - Aut.*), tamponamento multiplo.

Kolophonium (Harz) (*n. - Chem.*), pece greca, colofonia. 2 ~ (Flussmittel für Weichlöten) (*mech. Technol.*), colofonia.

Kolorimeter (*n. - Ger.*), colorimetro.

Kolorimetrie (Farbmessung) (*f. - Phys.*), colorimetria.

Kolter (am Pflug) (*n. - Ack.b.masch.*), coltro.

Kolumbarium (Urnenhalle) (*n. - Bauw.*), colombario.

Kolumbium (Niobium) (*Cb - n. - Chem.*), columbio, niobio.

Kolumne (Säule) (*f. - Arch.*), colonna. 2 ~ (Spalte) (*Math.*), colonna. 3 ~ (fertiggesetzte Seite) (*Buchdruck.*), pagina composta. 4 ~ n·titel (Überschrift über einer Buchseite) (*m. - Druck.*), titolo su pagina intera.

KOM (Kraftomnibus) (*Aut.*), autobus.

Koma (Asymmetriefehler, Abbildungsfehler von Linsen) (*n. - Opt.*), coma.

Kombi (Kombiwagen, Kombinationskraftwagen) (*m. - Fahrz.*), familiare, autoveicolo per servizio promiscuo. 2 ~ film (Kombiband, mit Magnettonträger versehener Bildfilm) (*m. - Filmtech.*), pellicola con colonna sonora. 3 ~ mit Steilwand (*Aut. - Aufbau*), autovettura familiare con porta posteriore piana, familiare con porta posteriore piana. 4 ~ mit Stufenheck (*Aut. - Aufbau*), autovettura familiare con coda a semisbalzo, familiare con coda a semisbalzo. 5 ~ schiff (für mehr als 12 Personen ausgestattetes Frachtschiff) (*n. - naut.*), nave mista. 6 ~ -Schraube (Schraube mit unverlierbaren Unterlegteilen) (*f. - Mech.*), (gruppo) vite-rosetta. 7 ~ wagen (Kombinationskraftwagen, Kombi) (*m. - (Aut.*), familiare, autoveicolo per servizio promiscuo.

Kombination (*f. - Math. - etc.*), combinazione. 2 ~ (Slalom und Abfahrt, beim Skirennen) (*Sport*), combinata. 3 ~ s·anzug (*m. - Flugw. - etc.*), tuta. 4 ~ s·frequenz (Mischfrequenz, Summe- oder Differenzfrequenz, bei Intermodulation) (*f. - Elektronik*), frequenza di combinazione. 5 ~ s·kraftwagen (Kombi, Kombiwagen) (*m. - Fahrz.*), autoveicolo per servizio promiscuo. 6 ~ s·langlauf (*Ski - Sport*), fondo combinata. 7 ~ s·lehre (*f. - Math.*), calcolo combinatorio. 8 ~ s·schalter (*m. - Elekt.*), interruttore-commutatore. 9 ~ s·schloss (Buchstabe- oder Zahlenschloss) (*n. - Mech.*), serratura a combinazioni. 10 ~ s·technik (Bautechnik z. B.) (*f. - Masch. - etc.*), tecnica combinatoria. 11 nordische ~ (*Ski - Sport*), combinata nordica.

Kombinatorik (Kombinationslehre) (*f. - Math.*), calcolo combinatorio.

kombinatorisch (*Math. - etc.*), combinatorio.

kombinieren (*allg.*), combinare.

kombiniert (*allg.*), combinato. 2 ~ er Förderer (*ind. Transp.*), trasportatore-elevatore. 3 ~ e Saugluft-Druckluft Förderanlage (kombinierter pneumatischer Förderer) (*ind. Transp.*), trasportatore pneumatico combinato (a pressione e depressione).

Kombüse (Schiffsküche) (*f. - naut.*), cambusa.

Komet (Haarstern, Schweifstern) (*m. - Astr.*), cometa.

Komfort (Bequemlichkeiten) (*m. - allg.*), comodità, confortevolezza.

Komitee (Ausschuss) (*n. - allg.*), comitato.

Komma (Satzzeichen) (*n. - Druck.*), virgola. 2 Gleit ~ (gleitendes Komma) (*Datenverarb.*), virgola mobile. 3 zwei ~ fünf (2,5) (*Math.*), due virgola cinque.

Kommanditgesellschaft (KG) (*f. - komm.*), società in accomandita.

Kommanditist (*m. - komm.*), accomandante.

Kommandobrücke (*f. - naut.*), ponte di comando, plancia.

Kommandoeinheit (eines Raumfahrzeugs) (*f. - Raumfahrt*), modulo di comando.

Kommandogerät (Rechen- und Steuergerät bei Geschützen) (*n. - milit.*), centrale di tiro.

Kommandowerk (Steuerwerk) (*n. - Rechenmasch.*), unità di comando, complesso di comando.

kommen (*allg.*), venire. 2 auf Touren ~ (*Mot.*), aumentare di giri, andar su di giri. 3 ausser Eingriff ~ (*Mech.*), disinnestarsi. 4 ins Trudeln ~ (*Flugw.*), cadere in vite.

kommerziell (*komm.*), commerciale.

Kommerzstahlstrasse (*f. - Walzw.*), laminatoio per profilati normali (o commerciali).

Kommission (Entgelt) (*f. - komm.*), provvigione. 2 ~ (Auftrag) (*komm.*), commessa. 3 ~ (Ausschuss) (*allg.*), commissione. 4 Prüfungs ~ (Prüfungsausschuss) (*komm. - etc.*), commissione di collaudo. 5 Verkaufs ~ (*komm.*), provvigione sulle vendite.

Kommissionär (*m. - komm.*), commissionario.

Kommissionieren (Entnahme von Teilen aus Hochregallagern z. B.) (*n. - ind. Transp.*), composizione ordini.

Kommissionierstapler (für Hochregallager) (*m. - ind. Transp.*), carrello magazziniere.

Kommissionier-Stollen (in Hochregallagern z. B.) (*m. - Ind.*), campata per composizione ordini.

Kommittent (*m. - komm.*), committente.

Kommunalfahrzeug (*n. - Fahrz.*), veicolo comunale, veicolo del comune.

Kommunalsteuer (*f. - finanz.*), imposta comunale.

Kommunikation (*f. - allg.*), comunicazione. 2 ~ s·mittel (Druck, Funk, etc.) (*n. - allg.*), mezzo di comunicazione.

kommunizierend (*Phys. - etc.*), comunicante. 2 ~ e Röhren (*Phys. - Hydr.*), tubi comunicanti.

Kommutation (Schaltung) (*f. - Elekt.*), commutazione.

kommutativ (abelsch) (*Math.*), commutativo, abeliano.

Kommutator (Schalter) (*m. - Elekt.*), commutatore. 2 ~ (Kollektor) (*elekt. Masch.*), collettore a lamelle, commutatore. 3 ~ buchse (*f. - elekt. Masch.*), lanterna del collettore. 4 ~ motor (*m. - elekt. Masch.*), mo-

kommutieren

tore a collettore. 5 ~ **segment** (*n. - Elektromech.*), lamella del collettore.
kommutieren (umpolen) (*Elekt.*), commutare.
Kommutierung (eines Stromrichters) (*f. - Elektronik*), commutazione. 2 ~ **s·spannung** (*f. - Elektronik*), tensione di commutazione.
kompakt (dicht, Gestein z. B.) (*allg.*), compatto.
Kompaktion (*f. - Geol.*), compattazione.
Kompander (Amplitudenbegrenzer) (*m. - Fernspr. - Akus.*), compandor, compressore-espansore, limitatore automatico di ampiezza.
Kompandierung (*f. - Akus. - Fernspr.*), compressione-espansione.
Komparator (Messgerät zur genauen Längenmessung) (*m. - Ger.*), comparatore. 2 ~ (Kompensator) (*Opt. - Ger.*), compensatore. 3 **Interferenz** ~ (*Opt. - Ger.*), comparatore interferenziale.
Komparse (*m. - Filmtech. - Arb.*), comparsa.
Kompass (Bussole) (*m. - naut. - Instr.*), bussola. 2 ~ **ablenkung** (*f. - Instr.*), deviazione della bussola. 3 ~ **ausgleichung** (*f. - Instr.*), compensazione della bussola. 4 ~ **gehäuse** (*n. - Instr.*), mortaio della bussola. 5 ~ **haus** (*n. - naut. - Instr.*), chiesuola della bussola. 6 ~ **kurs** (*m. - Navig.*), rotta alla bussola. 7 ~ **nadel** (*f. - Instr.*), ago della bussola. 8 ~ **peilung** (*f. - naut.*), rilevamento alla bussola. 9 ~ **rose** (Windrose) (*f. - Instr.*), rosa della bussola. 10 ~ **strich** (*m. - Instr.*), rombo della bussola, quarta della bussola. 11 **bergmännischer** ~ (*Instr.*), bussola da miniera, clinometro. 12 **Kreisel** ~ (*Instr.*), bussola giroscopica, girobussola. 13 **Magnet** ~ (*Instr.*), bussola magnetica. 14 **Mutter** ~ (*Instr.*), bussola madre. 15 **Tochter** ~ (*Instr.*), bussola ripetitrice. 16 **Tochter** ~ **mit Peilaufsatz** (*Instr.*), grafometro.
kompatibel (*Fernseh. - etc.*), compatibile.
Kompatibilität (*f. - Fernseh. - etc.*), compatibilità.
Kompendium (Ger. zur Abschirmung des Objektives einer Filmkamera z. B. gegen Licht) (*n. - Filmtech. - Phot.*), paraluce, parasole.
Kompensation (Ausgleich) (*f. - allg.*), compensazione. 2 ~ (im Aussenhandel) (*komm.*), compensazione. 3 ~ **s·drossel** (*f. - Elekt.*), bobina compensatrice. 4 ~ **s·kreis** (*m. - Elekt. - Fernseh.*), circuito compensatore. 5 ~ **s·pendel** (*n. - Uhr*), pendolo compensato. 6 ~ **s·spule** (*f. - Fernseh. - etc.*), bobina di compensazione.
Kompensator (Ausgleicher) (*m. - Mech. - etc.*), compensatore. 2 ~ (Komparator) (*Messgerät*), comparatore. 3 ~ (Ausdehnungsfuge) (*Leit.*), giunto di dilatazione. 4 ~ (Potentiometer) (*Elekt.*), potenziometro. 5 **Wellrohr** ~ (Wellrohr-Dehnungsausgleicher) (*Leit.*), compensatore a tubo ondulato, giunto di dilatazione a tubo ondulato.
kompensieren (ausgleichen) (*allg.*), compensare.
kompensiert (*allg.*), compensato.
Kompetenz (*f. - allg.*), competenza. 2 ~ **streitigkeiten** (Kompetenzkonflikte) (*f. - pl. - recht. - etc.*), conflitti di competenza.
Kompilieren (*n. - Datenverarb.*), compilazione.

Kompilierer (Übersetzungsprogramm) (*m. - Rechner.*), compilatore.
Komplement (*n. - Geom.*), complemento. 2 ~ **winkel** (*m. - Geom.*), angolo complementare.
komplementär (*allg.*), complementare.
Komplementärfarbe (Ergänzungsfarbe) (*f. - Opt.*), colore complementare.
Komplettieren (von Zylinderbohrungen und Kolben in Klassenkombinationen z. B.) (*n. - Mot. - etc.*), appariglio, impariglio.
Komplex (Gruppe von Gebäuden, Block) (*m. - Bauw.*), isolato. 2 ~ **ion** (*n. - Chem.*), ione complesso. 3 ~ **verbindung** (*f. - Chem.*), complesso (*s.*), composto di coordinazione.
komplex (Zahl z. B.) (*Math.*), complesso. 2 ~ **es Ion** (*Atomphys.*), ione complesso.
Komplexometrie (*f. - Chem.*), complessometria.
kompliziert (*allg.*), complicato.
Komponente (Kraft) (*f. - Mech. - etc.*), componente. 2 ~ (Bestandteil) (*Mech. - Metall. - etc.*), componente, particolare. 3 **wattlose** ~ (*Elekt.*), componente reattiva, componente in quadratura, componente swattata.
Kompositbau (*m. - allg.*), costruzione composita.
Kompounderregung (*f. - Elekt.*), eccitazione compound.
Kompoundgenerator (*m. - elekt. Masch.*), dinamo compound.
kompressibel (*Phys.*), comprimibile.
Kompressibilität (*f. - Phys.*), comprimibilità.
Kompression (Verdichtung) (*f. - Phys. - Mot.*), compressione. 2 ~ (Abnahme des Amplitudenbereichs) (*Funk.*), compressione. 3 ~ **s·decke** (Bitumen- oder Teerdecke) (*f. - Strass.b.*), pavimentazione a compressione. 4 ~ **s·druckprüfer** (Kompressometer, für Verbrennungsmotoren) (*m. - Mot. - Instr.*), compressometro, misuratore di compressione. 5 ~ **s·druckprüfer** (Reifendruckprüfer, Reifenfüllmesser, Atümesser) (*Aut. - Instr.*), manometro. 6 ~ **s·druckschreiber** (für Verbrennungsmotoren) (*m. - Mot. - Instr.*), compressografo, registratore della pressione di compressione. 7 ~ **s·endspannung** (eines Verbrennungsmotors) (*f. - Mot.*), pressione finale di compressione. 8 ~ **s·glühen** (mit komprimiertem inertem Gas) (*n. - Wärmebeh.*), ricottura sotto (gas in) pressione. 9 ~ **s·hub** (*m. - Mot.*), corsa di compressione, fase di compressione. 10 ~ **s·kältemaschine** (*f. - Kältemasch.*), macchina frigorifera a compressione. 11 ~ **s·modul** (Modul der kubischen Ausdehnung) (*m. - Baukonstr.lehre*), modulo di elasticità cubica, modulo di dilatazione cubica. 12 ~ **s·prüfer** (*m. - Mot. - Instr.*), siehe Kompressometer. 13 ~ **s·raum** (Verdichtungsraum, Kleinstwert des Verbrennungsraumes, von Verbrennungsmotoren) (*m. - Mot.*), spazio di compressione, volume di compressione. 14 ~ **s·ring** (*m. - Mot.*), fascia elastica di tenuta, anello elastico di tenuta, segmento (di tenuta). 15 ~ **s·verhältnis** (*n. - Mot.*), rapporto di compressione. 16 ~ **s·verlust** (eines Verbrennungsmotors) (*m. - Mot. ehler*), perdita di compressione. 17 ~ **s·verminderung** (*f. - Mot. - etc.*), decom-

pressione. 18 ~ s·versuch (Zusammendrükkungsversuch, Druckversuch mit verhinderter Seitendehnung, des Bodens) (*m. - Bauw.*), prova di compressione (vincolata). 19 ~ s·wärme (*f. - Strömungslehre*), calore da compressione.

Kompressometer (Kompressionsdruckprüfer, für Verbrennungsmotoren) (*n. - Mot. Instr.*), compressometro, misuratore di compressione.

Kompressor (Gasverdichter) (*m. - Masch.*), compressore. 2 ~ (Auflader, für Verbrennungsmotoren) (*Masch. - Mot.*), compressore. 3 ~ aggregat (*n. - Masch.*), gruppo motocompressore, motocompressore. 4 ~ gehäuse (*n. - Masch.*), carcassa del compressore. 5 ~ motor (Verbrennungsmotor) (*m. - Mot.*), motore sovralimentato, motore con compressore. 6 Axial ~ (*Masch.*), compressore assiale. 7 einseitiger ~ (*Masch.*), compressore ad un ingresso. 8 Kolben ~ (*Masch.*), compressore alternativo, compressore a stantuffi. 9 Kreisel ~ (Turbokompressor) (*Masch.*), compressore centrifugo, turbocompressore. 10 Radial ~ (*Masch.*), compressore radiale. 11 Turbo ~ (Kreiselkompressor) (*Masch.*), turbocompressore, compressore centrifugo. 12 zweistufiger ~ (*Masch.*), compressore a due stadi.

komprimieren (verdichten) (*Phys.*), comprimere.

Komprimierlinse (Verzerrlinse, Anamorphotlinse, für Breitbildaufnahme) (*f. - Filmtech.*), obiettivo anamorfico.

Kompromiss (Zwischenlösung) (*m. - n. - komm. - etc.*), compromesso. 2 zu einem ~ kommen (*allg.*), venire ad un compromesso, giungere ad un compromesso.

Konchoide (Muschellinie) (*f. - Geom.*), concoide.

Kondensat (Kondenswasser) (*n. - Dampfmasch.*), condensa. 2 ~ (Kondensationsprodukt) (*Chem.*), prodotto di condensazione. 3 ~ abscheider (*m. - Dampfmasch.*), separatore di condensa. 4 ~ -Lagerstätte (mit in Gasphase sich befindliches Erdöl) (*f. - Bergbau*), giacimento (di petrolio) in fase gassosa. 5 ~ sammler (*m. - Dampfmasch.*), collettore di condensa.

Kondensation (*f. - Phys.*), condensazione. 2 ~ s·maschine (*f. - Dampfmasch.*), macchina a vapore a condensazione. 3 ~ s·rohrmessing (mit 70% Cu, 29% Zn and 1% Sn) (*n. - Legierung*), ottone per imbutitura (o stampaggio) a freddo. 4 ~ s·wärme (*f. - Thermodyn.*), calore di condensazione.

Kondensator (*m. - Elekt.*), condensatore. 2 ~ (*Dampfmasch.*), condensatore. 3 ~ ausgleich (von Kabeln) (*m. - Fernspr.*), bilanciamento capacitivo. 4 ~ elektrometer (zur Messung von Strahlungen) (*n. - Radioakt. - Instr.*), elettrometro a condensatore. 5 ~ -Impuls-Schweissen (*n. - mech. Technol.*), saldatura a scarica di condensatore. 6 ~ lautsprecher (*m. - Funk.*), altoparlante elettrostatico. 7 ~ leitung (Kondensatorkette) (*f. - Elekt.*), catena di condensatori. 8 ~ mikrophon (*n. - Akus.*), microfono a condensatore, microfono elettrostatico. 9 ~ motor (Einphasen-Induktionsmotor mit ein oder zwei Kondensatoren vor der Hilfsphase) (*m. - Elekt.*), motore (monofase ad induzione con fase ausiliaria) a condensatore. 10 ~ schweissung (*f. - mech. Technol.*), saldatura elettrostatica, saldatura ad accumulatore. 11 ~ stoss·schweissung (*f. - mech. Technol.*), saldatura elettrostatica a percussione. 12 ~ -Widerstandskopplung (*f. - Elektronik*), accoppiamento per resistenza-capacità, accoppiamento RC. 13 ~ -Zündanlage (*f. - Mot. - Aut.*), impianto di accensione a scarica di condensatore, impianto di accensione a scarica capacitiva. 14 Abstimm ~ (*Funk.*), condensatore di sintonia. 15 Anlass ~ (eines Einphasen-Induktionsmotors) (*Elekt.*), condensatore di avviamento. 16 Block ~ (Festkondensator) (*Elekt.*), condensatore fisso. 17 Dreh ~ (veränderlicher Kondensator, einstellbarer Kondensator) (*Elekt.*), condensatore variabile. 18 Einspritz ~ (*Dampfmasch.*), condensatore ad eiettore. 19 einstellbarer ~ (veränlicher Kondensator) (*Elekt.*), condensatore variabile. 20 Elektrolyt ~ (*Elekt.*), condensatore elettrolitico. 21 Fest ~ (*Elekt.*), condensatore fisso. 22 Leistungs ~ (zum Verbessern des Leistungsfaktors) (*Elekt.*), condensatore di rifasamento. 23 Oberflächen ~ (*Dampfmasch.*), condensatore a superficie. 24 Papier ~ (*Elekt.*), condensatore a carta. 25 Phasenschieber ~ (*Elekt.*), condensatore di rifasamento. 26 Platten ~ (*Elekt.*), condensatore a piastre. 27 Radiostörschutz ~ (*Funk. - etc.*), condensatore antiradiodisturbi. 28 Rücklauf ~ (*chem. Ind. - App.*), condensatore a riflusso. 29 Trimmer ~ (Trimmer) (*Elekt. - Funk.*), condensatore compensatore, compensatore. 30 veränderlicher ~ (einstellbarer Kondensator) (*Elekt.*), condensatore variabile.

Kondensor (für Mikroskope verwendet z. B.) (*m. - Opt. - Beleucht.*), condensatore (di luce).

Kondensrohr (*n. - Leit.*), tubo per condensa.

Kondensstreifen (Kondensationsstreifen) (*m. - Flug.*), scia di condensazione.

Kondenstopf (Kondenswasserabscheider) (*m. - Dampfmasch.*), separatore di condensa.

Kondenswasser (*n. - Dampfmasch.*), condensa. 2 ~ ablasser (*m. - Kessel*), scaricatore di condensa. 3 ~ abscheider (*m. - Kessel*), separatore di condensa.

Kondition (Bedingung) (*f. - komm.*), condizione.•

konditionieren (*Textilind.*), condizionare.

Konditionierung (*f. - Textilind.*), condizionatura, stagionatura.

Kondominium (*n. - recht. - Bauw.*), condominio.

Konduktanz (*f. - Elekt.*), conduttanza. 2 ~ relais (*n. - Elekt.*), relè di conduttanza.

Konduktometrie (*f. - Chem.*), conduttometria, conducimetria.

Konel (Nickelsonderlegierung) (*n. - Metall.*), konel.

Konfektion (Herstellung von Kleidern) (*f. - Textilind.*), confezione.

Konferenz (Sitzung) (*f. - allg.*), conferenza. 2 ~ gespräch (*n. - Fernspr.*), comunicazione collettiva. 3 ~ schaltung (*f. - Fernspr.*),

Konfiguration

circuito conferenza. 4 ~ verbindung (Konferenzgespräch) (*f. - Fernspr.*), comunicazione collettiva.
Konfiguration (Anordnung) (*f. - allg.*), configurazione. 2 ~ (Struktur) (*Chem.*), struttura. 3 ~ (Zusammenstellung verschiedener Geräte) (*f. - Datenverarb. - Rechner*), configurazione.
Konfitüre (Marmelade) (*f. - Ind.*), marmellata.
konform (*allg.*), conforme. 2 ~ (Abbildung) (*Math.*), conforme. 3 ~ e Abbildung (*Kartographie*), rappresentazione conforme.
Konglomerat (Gestein) (*n. - Min. - Geol.*), conglomerato.
Kongorotpapier-Verfahren (zur Bestimmung der thermischen Stabilität von Polymerisaten) (*n. - Technol.*), procedimento con carta rosso congo.
Kongress (*m. - allg.*), congresso.
kongruent (*Geom.*), congruente.
Kongruenz (völlige Übereinstimmung zweier Figuren) (*f. - Geom.*), congruenza.
Konifere (*f. - Holz*), conifera.
konifizieren (von Stahlrohren) (*Leit.*), conificare.
Königinmetall (Engesterium, Zinn-Antimon-Legierung; für Lager, 80-88,5 % Zinn, 16-8 % Antimon, 4-3,5 % Kupfer) (*n. - Legierung*), metallo antifrizione.
Königstein (*m. - Ofen - Metall.*), mattone centrale.
Königswasser ($HNO_3 + 3\ HCl$) (*n. - Chem.*), acqua regia.
Königswelle (Vorgelege) (*f. - Mech.*), albero di rinvio.
Königszapfen (einer Drehbrücke z. B., Zentrierungszapfen) (*m. - Brück.b. - etc.*), perno di centraggio. 2 ~ (einer Sattelkupplung, Kupplungszapfen) (*Fahrz.*), perno della ralla, perno accoppiamento (semirimorchio).
Konimeter (Gerät zum Messen des Staubgehaltes der Luft) (*n. - Bergbau - Ger.*), conimetro.
konisch (kegelförmig) (*Geom. - etc.*), conico. 2 ~ drehen (*Werkz.masch.bearb.*), tornire conico. 3 ~ es Gewinde (*Mech.*), filettatura conica.
Konischdrehen (*n. - Werkz.masch.bearb.*), tornitura conica.
Konischräumen (*n. - Werkz.masch.bearb.*), brocciatura conica.
Konizität (*f. - Geom. - etc.*), conicità. 2 ~ (eines Schmiedestückes z. B.) (*mech.Technol.*), spoglia, conicità.
konjugiert (*Geom.*), coniugato. 2 ~ er Durchmesser (eines Kegelschnittes) (*Geom.*), diametro coniugato.
Konjunktion (*f. - Astr.*), congiunzione. 2 ~ (UND) (*f. - Datenverarb.*), congiunzione, « AND ».
Konjunktur (*f. - komm.*), congiuntura.
konkav (*allg.*), concavo. 2 ~ (Linse z. B.), concavo. 3 ~ -ballig (*Mech.*), a bombatura concava. 4 ~ -konvex (*Opt.*), concavo-convesso.
Konkavität (*f. - allg.*), concavità.
Konkavlinse (*f. - Opt.*), lente concava.
Konkavspiegel (*m. - Opt.*), specchio concavo.

Konkordanz (typographisches Mass = 48 p) (*f. - Druck.*), concordanza, 48 punti.
Konkrement (Steinbildung) (*n. - Min. - etc.*), concrezione.
Konkurrent (*m. - komm.*), concorrente.
Konkurrenz (*f. - komm.*), concorrenza. 2 halsabschneiderische ~ (*komm.*), concorrenza spietata.
konkurrenzfähig (*komm.*), allineato, che sostiene la concorrenza, concorrenziale.
Konkurs (*m. - komm. - finanz.*), fallimento. 2 ~ erklärung (*f. - komm.*), dichiarazione di fallimento. 3 ~ pfleger (Konkursverwalter) (*m. - komm.*), curatore di fallimenti. 4 ~ verwalter (Konkurspfleger) (*m. - komm.*), curatore di fallimenti. 5 ~ verwaltung (*f. - komm.*), curatela di fallimento.
Konnossement (*n. - naut. - Transp.*), polizza di carico.
Konoid (*n. - Geom.*), conoide.
Konoskop (Mikroskop für die Beobachtung von Interferenzerscheinungen) (*n. - Ger.*), conoscopio.
Konserven (Lebensmittel) (*f. - pl. - Ind.*), scatolame, conserve alimentari.
konservieren (*Aut. - etc.*), proteggere. 2 ~ (wachsen) (*Aut.*), cerare.
Konservierung (Schutzverfahren) (*f. - Ind. - etc.*), protezione. 2 ~ (Schutzschicht gegen Lack- und Chromschäden) (*f. - Aut.*), strato protettivo, cera. 3 ~ (Verfahren) (*Aut.*), ceratura. 4 ~ (von Fernsehsendungen) (*Fernseh.*), registrazione. 5 ~ s·mittel (auf einer Wachs- Paraffinbasis beruht) (*n. - Aut. - etc.*), mezzo protettivo, cera. 6 ~ s·mittel (*Ind. - etc.*), mezzo protettivo.
Konsignation (an die Händler z. B.) (*f. - komm.*), consegna in conto deposito. 2 ~ s·fahrzeug (*n. - komm.*), veicolo in conto deposito. 3 ~ s·konto (*n. - Adm. - komm.*), conto deposito.
konsignationsweise (*Adm. - komm.*), in conto deposito.
konsignieren (*komm. - Adm.*), spedire in conto deposito.
Konsistenz (*f. - allg.*), consistenza. 2 ~ messer (*m. - Anstr. - etc. - Ger.*), consistometro, mobilometro. 3 ~ prüfung (von Beton) (*f. - Bauw.*), prova di consistenza. 4 ~ zunahme (von Lacken) (*f. - Anstr.fehler*), ispessimento, impolmonimento.
Konsistometer (Konsistenzmesser, für Beton z. B.) (*n. - Ger.*), consistometro. 2 ~ (für Anstriche) (*Ger.*), consistometro, mobilometro.
Konsole (Konsol) (*f. - Bauw. - etc.*), mensola. 2 ~ (Winkeltisch mit Höhenverstellung, einer Fräsmaschine, Knietisch) (*Werkz.masch.*), mensola. 3 ~ (Bedienungspult, Steuerpult) (*Rechner*), « console », « consolle », quadro di comando. 4 ~ (*Aut.*), (mobiletto) portaoggetti (centrale). 5 ~ kran (Wandkran) (*m. - ind. Masch.*), gru da parete, gru a mensola. 6 ~ träger (*m. - Bauw.*), trave a sbalzo.
Konsolfräsmaschine (Knietischfräsmaschine) (*f. - Werkz.masch.*), fresatrice a mensola.
Konsolidierung (*f. - allg.*), consolidamento.
Konsollaufkran (Wandlaufkran) (*m. - ind. Masch.*), gru scorrevole a mensola.

konstant (*allg.*), costante.
Konstantan (40% Nickel und 60% Kupfer) (*n. - Legierung*), costantana.
Konstante (*f. - Math. - Phys.*), costante. 2 ~ (Zahnradpaar, eines Getriebes z. B.) (*Mech. - Fahrz.*), ingranaggio sempre in presa. 3 ~ n·rechnung (*Rechner*), calcolo delle costanti. 4 Gas ~ (*Chem.*), costante dei gas. 5 Plancksche ~ (6.624 × 10^{-27} erg.sek.) (*Phys.*), costante di Plank.
Konstanthalter (Konstantregler, der Spannung) (*m. - elekt. Ger.*), regolatore, stabilizzatore.
Konstantmotor (Hydromotor mit konstanter Schluckmenge) (*m. - Hydr.*), idromotore a portata fissa, motore (idraulico) a portata fissa.
Konstantpumpe (Hydropumpe mit konstanter Fördermenge) (*f. - Hydr.*), pompa (idraulica) a portata fissa.
Konstantpumpe-Motor (*m. - Hydr.*), pompa-motore a cilindrata costante.
Konstantspannungscharakteristik (CP - Charakteristik) (*f. - Elekt.*), caratteristica a tensione costante.
Konstanz (der Spannung) (*f. - Elekt.*), stabilità.
Konstitution (Zusammensetzung) (*f. - allg.*), costituzione. 2 ~ s·wasser (*n. - Chem.*), acqua di costituzione.
konstruieren (entwerfen) (*Mech. - etc.*), progettare. 2 ~ (bauen) (*allg.*), costruire. 3 ~ (zeichnen) (*Geom.*), disegnare, progettare.
Konstrukteur (*m. - Pers. - Mech. - etc.*), progettista.
Konstruktion (*f. - Mech. - etc.*), progettazione. 2 ~ (Bauen) (*Bauw. - etc.*), costruzione. 3 ~ (Bauwerk) (*allg.*), struttura. 4 ~ s·büro (*n. - Ind.*), ufficio progettazione, ufficio tecnico. 5 ~ s·detail (*n. - Mech.*), particolare costruttivo. 6 ~ s·einzelheiten (*f. - pl. - Mech. - etc.*), particolari costruttivi. 7 ~ s·entwurf (*m. - Bauw. - etc.*), progetto. 8 ~ s·fehler (*m. - Mech. - etc.*), difetto di progettazione. 9 ~ s·material (Baustoff) (*n. - Bauw.*), materiale da costruzione. 10 ~ s·merkmal (*n. - allg.*), caratteristica costruttiva. 11 ~ s·stahl (Baustahl) (*m. - Metall.*), acciaio da costruzione. 12 ~ s·tiefgang (*m. - Schiffbau*), immersione di progetto. 13 ~ s·wasserlinie (*f. - Schiffbau*), linea di galleggiamento di progetto, linea d'acqua di progetto, linea di galleggiamento a pieno carico normale. 14 ~ s·zeichnung (Werkstattzeichnung) (*f. - Zeichn.*), disegno costruttivo, disegno di officina. 15 zugbeanspruchte ~ (*Bauw.*), tensostruttura.
konstruktiv (*allg.*), costruttivo.
Konsulatsfaktura (Konsulatsrechnung) (*f. - komm.*), fattura consolare.
Konsulent (*m. - Arb.*), consulente.
Konsum (*m. - komm.*), consumo. 2 ~ artikel (*m. - komm.*), articolo di consumo. 3 ~ steuer (*f. - finanz.*), imposta di consumo.
Konsument (*m. - Elekt.*), utilizzatore. 2 ~ (Käufer, Verbraucher) (*komm.*), consumatore. 3 ~ en·güter (*n. - pl. - Ind. - komm.*), beni di consumo, prodotti di consumo. 4 ~ en·verhalten (*n. - komm.*), comportamento del consumatore.
Konsumerismus (Bewegung zum Schutz der Verbraucher) (*m. - komm.*), consumerismo.
Kontakt (Berührung) (*m. - allg.*), contatto. 2 ~ (*Elekt.*), contatto. 3 ~ (*Chem.*), contatto. 4 ~ bank (*f. - Fernspr.*), banco di contatti. 5 ~ dose (*f. - Elekt.*), presa di corrente. 6 ~ druck (*m. - Phot.*), stampa a contatto. 7 ~ druck (kleinster Elektrodendruck, beim Schweissen) (*mech. Technol.*), pressione di contatto, forza di contatto. 8 ~ elektrode (für Schweissen) (*f. - mech. Technol.*), elettrodo di contatto. 9 ~ feder (*f. - Elekt.*), molla di contatto. 10 ~ finger (*m. - Elekt.*), astina di contatto, levetta di contatto. 11 ~ fläche (*f. - Math. - Geom.*), superficie di contatto. 12 ~ geber (*m. - Elekt.*), contattore. 13 ~ gleichrichter (*m. - Elekt.*), raddrizzatore a contatto. 14 ~ kopie (*f. - Druck.*), copia a contatto. 15 ~ korrosion (Berührungskorrosion in leitenden Flüssigkeiten) (*f. - Technol.*), corrosione da contatto. 16 ~ manometer (Alarm-Manometer, auf einen Schaltpunkt einstellbares Manometer) (*n. - Ger.*), manometro con contatto (di allarme). 17 ~ metamorphose (*f. - Geol.*), metamorfismo di contatto. 18 ~ niet (Wolframkontaktniet z. B.) (*m. - Elekt.*), puntina di contatto. 19 ~ ofen (*m. - Chem.*), forno di catalisi. 20 ~ papier (Photopapier) (*n. - Phot.*), carta a contatto. 21 ~ prellung (des Unterbrechers eines Zündsystems z. B.) (*f. - Elekt. - Mot.*), saltellamento dei contatti. 22 ~ prozess (*m. - Chem.*), metodo di contatto. 23 ~ raster (*m. - Druck.*), retino a contatto. 24 ~ rolle (Abnehmerrolle, einer Strassenbahn) (*f. - Elekt.*), contatto a rotella, rotella di presa. 25 ~ rolle (*Schweissung*), rullo per saldatura, elettrodo a rullo. 26 ~ schale (Haftglas) (*f. - Opt.*), lente a contatto. 27 ~ schieber (*m. - Elekt.*), contatto strisciante. 28 ~ schlitten (Abnehmerschlitten) (*m. - Elekt. - Eisenb.*), pattino di presa, contatto a pattino. 29 ~ schutzrelais (*n. - Elekt.*), relè per protezione di contatti. 30 ~ thermometer (*n. - Instr.*), termocontatto. 31 ~ trennung (Zeitpunkt bei dem die metallische Berührung endet, eines Schaltgerätes) (*f. - Elekt.*), (istante di) separazione dei contatti, fine del contatto. 32 ~ trocknung (auf beheizten Metallflächen) (*f. - Textilind.*), essiccazione a contatto. 33 ~ unterbrecher (*m. - Elekt.*), ruttore. 34 ~ verbindung (*f. - Elekt.*), collegamento per contatto. 35 ~ verfahren (Kontaktprozess) (*n. - Chem.*), metodo di contatto. 36 ~ verfahren (Tauchverfahren zum Überziehen von Metallen, bei dem das Grundmetall mit einem andern Metall in Kontakt gebracht wird) (*mech. Technol. - Chem.*), procedimento a contatto. 37 ~ werkstoff (Kupfer, Silber, etc.) (*m. - Elekt.*), materiale per contatti. 38 ~ widerstand (Übergangswiderstand) (*m. - Elekt.*), resistenza di contatto. 39 ~ zeit (eines Relais z. B.) (*f. - Elekt.*), tempo di contatto. 40 beweglicher ~ (Unterbrecherhebel, des Zündsystems) (*Mot. - Elekt.*), martelletto, contatto mobile. 41 federnder ~ (*Elekt.*), contatto a molla. 42 fester ~ (eines Zündsystems z. B.) (*Mot. - Elekt.*), contatto fisso. 43 schleifender ~

kontaktlos

(Schleifkontakt) (*Elekt.*), contatto strisciante. 44 **Schleif** ~ (schleifender Kontakt) (*Elekt.*), contatto strisciante. 45 **wackelnder** ~ (*Elekt.*), contatto incerto, contatto difettoso.
kontaktlos (*allg.*), senza contatto. 2 ~ (*Elekt.*), senza contatti. 3 ~ (Steuerung z. B.) (*Elektronik*), statico, senza contatti. 4 ~ (Sensor, Befehlsgeber z. B.) (*Ger.*), di prossimità.
Kontamination (*f. - Kernphys. - Radioakt.*), contaminazione.
Konten (*n. - pl. - Adm.*), conti. 2 ~ **abgleichung** (*f. - Adm.*), pareggio dei conti. 3 ~ **abrechnung** (*f. - Adm.*), regolazione dei conti, saldo dei conti. 4 ~ **abschluss** (*m. - Adm.*), chiusura dei conti. 5 ~ **plan** (systematische Ordnung der Konten eines Betriebes) (*m. - Adm. - Ind.*), piano dei conti. 6 ~ **rahmen** (Kontenplan) (*m. - Adm.*), piano dei conti. 7 **Kunden** ~ (Debitorenkonten) (*Buchhaltung*), conti clienti, conti debitori. 8 **Lieferer** ~ (Kreditorenkonten) (*Buchhaltung*), conti fornitori, conti creditori.
Konterdruck (*m. - Druck.*), stampa in trasparenza.
Kontereskarpe (Gegenböschung) (*f. - Ing.b.*), controscarpa.
Kontermutter (Gegenmutter) (*f. - Mech.*), controdado.
Kontern (bei Fahrschaltungen, Umschaltung des Steuergerätes) (*n. - elekt. Fahrz.*), inversione.
kontern (sichern, eine Mutter z. B.) (*Mech.*), assicurare, fissare. 2 ~ (ein Druckbild seitenverkehrt übertragen, beim Offsetdruck z. B.) (*Druck.*), rovesciare.
kontersicher (Fahrschaltung die eine Gegenstrombremsung zulässt ohne Beschädigung des Motors, etc.) (*elekt. Fahrz. - Ger.*), a prova di inversione.
Kontinent (*m. - Geogr.*), continente.
Kontingent (Quote, Einfuhrkontingent z. B.) (*n. - komm. - etc.*), contingente, quota. 2 **Ausfuhr** ~ (*komm.*), quota di esportazione, contingente di esportazione.
kontinuierlich (*Math. - etc.*), continuo, continuativo. 2 ~ **er Balken** (*Bauw.*), trave continua. 3 ~ **es Spektrum** (*Phys.*), spettro continuo. 4 ~ **es Verfahren** (*Ind.*), processo continuo.
Kontinuität (*f. - Math. - etc.*), continuità. 2 ~ **s·gleichung** (*f. - Math. - Phys.*), equazione di continuità.
Kontinuum (*n. - Phys. - Math.*), continuo (*s.*). 2 ~ **s·mechanik** (*f. - Mech.*), meccanica del continuo.
Kontinuverfolgung (*f. - Radar*), osservazione onnidirezionale.
Konto (*n. - Buchhaltung - etc.*), conto. 2 ~ **abschluss** (*m. - Adm.*), chiusura di un conto. 3 ~ **auszug** (*m. - Buchhaltung*), estratto conto. 4 ~ **eröffnung** (*f. - Adm.*), apertura di un conto. 5 ~ **korrent** (*n. - finanz.*), conto corrente. 6 ~ **korrentbuchhaltung** (Führung der Lieferer- und Kundenkonten) (*f.*), contabilità creditori e debitori. 7 **Bank** ~ (*Adm.*), conto banca. 8 **Betriebs** ~ (*Adm.*), conto esercizio. 9 **Debitoren** ~ (*Adm.*), conto debitori, conto fornitori. 10 **Effekten** ~ (Wertpapierkonto) (*Adm.*), conto titoli. 11 **Erfolgs** ~ (*Adm.*), conto economico, situazione economica. 12 **Erfolgs** ~ (Gewinn- und Verlustkonto) (*Adm.*), conto profitti e perdite. 13 **Filial** ~ (*Adm.*), conto filiali. 14 **Gewinn- und Verlust** ~ (*Adm.*), conto profitti e perdite. 15 **Hinterlegungs** ~ (*Adm.*), conto deposito. 16 **Interims** ~ (*Adm.*), conto sospesi. 17 **Kassa** ~ (Kassenkonto) (*Adm.*), conto cassa. 18 **Kommissions** ~ (*Adm.*), conto provvigioni. 19 **Kreditoren** ~ (*Adm.*), conto creditori, conto clienti. 20 **Kunden** ~ (*Adm.*), conto clienti. 21 **Lager** ~ (*Adm.*), conto magazzino. 22 **Vorschuss** ~ (*Adm.*), conto prestiti. 23 **Waren** ~ (*Adm.*), conto merci. 24 **Wechsel** ~ (*Adm.*), conto cambiali. 25 **Wertpapier** ~ (Effektenkonto) (*Adm.*), conto titoli. 26 **Zinsen** ~ (*Adm.*), conto interessi.
« **Kontophotkopie** » (*f. - Phot. - etc.*), copia fotostatica.
Kontor (Geschäftsraum) (*n. - Büro*), ufficio. 2 ~ (Syndikat) (*Ind. - etc.*), sindacato, associazione. 3 ~ **arbeit** (*f. - Arb.*), lavoro di ufficio. 4 ~ **haus** (*n. - Bauw.*), palazzo per uffici. 5 ~ **stunden** (*f. - pl. - Arb.*), ore di ufficio.
Kontorist (*m. - Pers.*), impiegato.
Kontoristin (*f. - Pers.*), impiegata.
kontragredient (Matrix z. B.) (*Math.*), contragrediente.
Kontrahent (*m. - komm.*), contraente.
Kontrakt (Vertrag) (*m. - komm.*), contratto. 2 ~ **bruch** (*m. - komm.*), rottura di contratto. 3 **Anstellungs** ~ (*Arb.*), contratto d'impiego. 4 **Kauf** ~ (*komm.*), contratto di acquisto.
Kontraktion (*f. - Phys. - etc.*), contrazione. 2 ~ (Einschnürung des gespannten Werkstückes bei der Zerreissprobe) (*Baukonstr. lehre*), strizione. 3 ~ **hohlraum** (bei Gussstücken) (*m. - Giess.*), cavità di ritiro. 4 ~ **s·riss** (eines Blockes) (*m. - Metall.*), incrinatura da ritiro, cricca di ritiro.
Kontraktorbeton (unter Wasser hergestellter Beton, Pumpbeton, am meistens) (*m. - Bauw.*), calcestruzzo fluido (da pompaggio).
Kontramuster (Gegenmuster) (*n. - komm.*), campione del fornitore.
Kontrast (*m. - Phot. - Fernseh.*), contrasto. 2 ~ **farbe** (Komplementärfarbe) (*f. - Opt.*), colore complementare. 3 ~ **regler** (*m. - Fernseh.*), regolatore di contrasto.
kontrastreich (Bild) (*Fernseh.*), a forte contrasto.
kontravariant (*Math.*), contravariante.
Kontrollampe (Signallampe, Kontrolleuchte) (*f. - Mot. - etc.*), lampada spia, spia luminosa. 2 ~ (Handlampe) (*Aut.*), lampada d'ispezione. 3 ~, *siehe auch* Kontrolleuchte.
Kontrollanruf (*m. - Fernspr.*), chiamata di controllo.
Kontrollbildapparatur (*f. - Fernseh.*), cabina di controllo del video.
Kontrolle (Überwachung) (*f. - allg.*), controllo. 2 ~ (eines bearbeiteten Werkstückes) (*Mech.*), controllo, collaudo. 3 ~ (Steuerung) (*Mech. - etc.*), comando. 4 ~ (Steuerung) (*Flugw. - naut.*), governo, pilotaggio. 5 ~

(Nachprüfung) (*allg.*), verifica. **6** ~ (Verstellung) (*allg.*), regolazione. **7 End** ~ (*Technol.*), controllo finale. **8 Fertigungs** ~ (*Ind.*), controllo di produzione. **9 fliegende** ~ (*Arb. - Organ.*), controllo volante. **10 laufende** ~ (*Arb. - Organ.*), controllo continuo. **11 normale** ~ (*mech. Technol. - Ind.*), collaudo ordinario, controllo ordinario. **12 Qualitäts** ~ (*Technol.*), controllo della qualità. **13 Schluss** ~ (von Werkstücken z. B.) (*Mech.*), controllo finale. **14 statistische Qualitäts** ~ (SQ) (*Ind.*), controllo statistico della qualità, C.S.Q. **15 Stichproben** ~ (*Technol.*), collaudo per campionamento. **16 Stoff** ~ (*mech. Technol.*), controllo dei materiali. **17 verminderte** ~ (*mech. Technol. - Ind.*), collaudo ridotto, controllo ridotto. **18 verschärfte** ~ (*mech. Technol. - Ind.*), collaudo rinforzato, controllo rinforzato.
Kontrollehre (*f. - Werkz.*), calibro campione.
Kontroller (Fahrschalter, eines elekt. Fahrzeuges) (*m. - Elekt.*), combinatore (di marcia), « controller ». **2** ~ (Regler) (*Elekt.*), regolatore.
Kontrolleuchte (Kontrollampe) (*f.-Aut.-Mot.*), spia luminosa, luce spia. **2 Fernlicht-** ~ (*Aut.*), spia dei proiettori. **3 Ladestrom-** ~ (*Aut. - Mot.*), spia carica dinamo, spia della corrente di carica (della batteria). **4 Öldruck-** ~ (*Aut. - Mot.*), spia (della) pressione dell'olio. **5 Winker-** ~ (Blinker-Kontrolleuchte) (*Aut.*), spia dei lampeggiatori, spia dell'indicatore di direzione.
Kontrolleur (von bearbeiteten Werkstücken) (*m. - Arb.*), addetto al controllo, « controllo », addetto al collaudo, collaudatore.
Kontrollfarbe (beim Lackieren, zwischen Spachteln und Schleifen aufgebracht) (*f. - Anstr. - Aut.*), tinta guida.
Kontrollgang (bei Talsperren) (*m. - Bauw.*), galleria d'ispezione.
Kontrollgrenze (in der Kontrollkarte, bei Qualitätskontrolle) (*f. - mech. Technol.*), limite di controllo.
Kontrollicht (Kontrolleuchte) (*n. - Elekt.*), spia luminosa, luce spia.
kontrollieren (*allg.*), controllare. **2** ~ (bearbeitete Werkstücke) (*Mech. - etc.*), controllare, collaudare.
Kontrollkarte (auf der die Arbeitszeit gedruckt wird) (*f. - Arb. - Organ.*), cartellino di presenza, cartolina, cartellino. **2** ~ (bei Qualitätskontrolle) (*mech. Technol.*), carta di controllo.
Kontrollkasse (Registrierkasse) (*f. - Masch.*), registratore di cassa.
Kontrollmanometer (*n. - Instr.*), manometro campione.
Kontrollöffnung (*f. - Kessel - etc.*), foro di ispezione.
Kontrollprobe (*f. - Probe*), verifica.
Kontrollprogramm (*n. - Rechner*), programma di controllo.
Kontrollrat (einer Bank) (*m. - finanz.*), collegio dei sindaci.
Kontrollstab (Versuchsstab) (*m. - mech. Technol.*), provino, provetta, barretta.
Kontrolltisch (*m. - Mech. - etc.*), banco di controllo, banco per collaudo.

Kontrollturm (*m. - Flugw.*), torre di controllo.
Kontrolluhr (zur Aufzeichnung von Zeitdauern bei Arbeitsvorgängen) (*f. - Ger.*), cronometro. **2 Arbeitszeit-** ~ (zum Aufdruck der Zeit auf Kontrollkarten) (*Arb. - Organ. - Ger.*), orologio marcatempo, orologio per timbratura cartellini di presenza, orologio per bollatura cartoline. **3 Wächter-** ~ (*Ger.*), orologio di controllo per guardiani, orologio per timbratura passaggio guardiani.
Kontroll- und Messgeräte (*n. - pl. - Ger.*), strumenti di misura e controllo.
Kontrollversuch (*m. - Materialprüfung*), prova di verifica.
Kontrollwaage (*f. - Ger.*), bilancia (automatica) di controllo.
Kontrollwarte (eines Kraftwerkes z. B.) (*f. - Elekt. - etc.*), sala quadri, sala di controllo, cabina di comando.
Kontroverse (*f. - recht.*), controversia.
Kontur (Umrisslinie) (*f. - allg.*), profilo, contorno. **2** ~ **-Drehbank** (*f. - Werkz.masch.*), tornio per contornare. **3** ~ **en-betonung** (*f. - Fernseh.*), accentuazione del contorno. **4** ~ **-Steuerung** (Bahn-Steuerung, Formbearbeitungs-Steuerung, numerische Steuerung) (*f. - Werkz.masch.bearb.*), comando (numerico) di contornatura, comando continuo.
Konus (Kegel) (*m. - Geom. - etc.*), cono. **2** ~ (kegelförmiger Schaft eines Werkzeuges) (*Werkz.*), gambo conico, codolo conico. **3** ~ **drehvorrichtung** (*f. - Werkz.masch.*), accessorio per tornitura conica. **4** ~ **kupplung** (*f. - Mech.*), frizione a cono. **5** ~ **läufermotor** (*m. - Elekt. - Mot.*), siehe Verschiebeläufermotor. **6** ~ **lautsprecher** (*m. - Elektroakus.*), altoparlante a diaframma conico. **7** ~ **rollenlager** (*n. - Mech.*), cuscinetto a rulli conici. **8** ~ **schaft** (Kegelschaft) (*m. - Werkz.*), gambo conico, codolo conico. **9** ~ **treiber** (*m. - Werkz.masch.*), estrattore di coni, cacciaconi. **10 Morse** ~ (*Mech.*), cono Morse.
Konvaleszenz (*f. - Med. - Arb.*), convalescenza.
Konvektion (Übertragung von Wärme z. B. durch die kleinsten Teilchen einer Strömung) (*f. - Phys.*), convezione. **2** ~ **s·kühlung** (*f. - Phys.*), raffreddamento a convezione. **3** ~ **s·strom** (*m. - Elekt.*), corrente di convezione. **4** ~ **s·trocknung** (*f. - Ind.*), essiccamento a convezione.
Konvektor (Heizkörper aus Rippenrohren) (*m. - Heizung*), convettore, termoconvettore.
Konvent (Kloster) (*m. - Arch.*), convento.
Konvention (*f. - komm. - etc.*), convenzione.
konvergent (*Geom.*), convergente.
Konvergenz (*f. - Geom.*), convergenza. **2** ~ (Abstandsverringerung zwischen Hangendem und Liegendem) (*Bergbau*), convergenza. **3** ~ **schaltung** (*f. - Farbfernsehen*), circuito di convergenza.
konvergieren (von Linien) (*Geom.*), convergere.
Konversion (*f. - Phys.*), conversione. **2** ~ **s·faktor** (*m. - allg.*), fattore di conversione. **3** ~ **s·rate** (*f. - Atomphys.*), rapporto di conversione. **4** ~ **s·steilheit** (*f. - Elektronik*), pendenza di conversione. **5 innere** ~ (innere Umwandlung) (*Phys.*), conversione interna.

Konverter (Bessemerbirne) (*m. - Metall.*), convertitore. 2 ~ (Reaktor) (*Kernphys.*), convertitore. 3 ~ **boden-Einsetzwagen** (*m. - Metall.*), carro applicafondi di convertitore. 4 ~ **hut** (Konverteröffnung) (*m. - Metall.*), becco (di colata) del convertitore. 5 ~ **kran** (Giesskran) (*m. - Metall.*), gru per (la colata del) convertitore. 6 ~ **stahl** (*m. - Metall.*), acciaio al convertitore, acciaio Bessemer. 7 ~ **verfahren** (Bessemerverfahren) (*n. - Metall.*), processo al convertitore, processo Bessemer. 8 **Cäsium** ~ (thermionischer Konverter) (*Elektronik*), convertitore (termoionico) a cesio. 9 **nuklear beheizter** ~ (thermionischer Konverter) (*Elektronik*), convertitore (termoionico) ad energia nucleare. 10 **Solar-** ~ (thermionischer Konverter) (*Elektronik*), convertitore (termoionico) ad energia solare. 11 **themionischer** ~ (zur Umwandlung von Wärme in elekt. Energie durch thermische Elektronenemission) (*Elektronik*), convertitore termoelettronico, convertitore termoionico.
Konvertierbarkeit (Konvertibilität) (*f. - finanz.*), convertibilità.
konvex (*allg.*), convesso. 2 ~ **-ballig** (*Mech.*), a bombatura convessa.
Konvexlinse (*f. - Opt.*), lente convessa.
Konvexspiegel (*m. - Opt.*), specchio convesso.
Konveyor (Förderer) (*m. - ind. Masch.*), trasportatore, convogliatore.
Konzentration (*f. - Chem.*), concentrazione. 2 ~ **s·element** (*n. - Elekt.*), pila a concentrazione. 3 ~ **s·lager** (Internierungslager) (*n. - milit.*), campo di concentramento. 4 ~ **spule** (*f. - Elektronik*), bobina di focalizzazione.
Konzentrator (*m. - Ger.*), concentratore.
konzentrieren (*Chem.*), concentrare.
konzentriert (*allg.*), concentrato. 2 ~ **e Last** (*Bauw.*), carico concentrato.
konzentrisch (*allg.*), concentrico.
Konzeptpapier (minderes Papier für Entwürfe) (*n. - Papierind.*), carta da minuta.
Konzern (Zusammenschluss mehrerer Unternehmen) (*m. - finanz.*), gruppo (economico). 2 ~ **umsatz** (*m. - komm.*), forniture alle aziende del gruppo.
Konzession (Verwaltungsrecht) (*f. - komm.*), concessione. 2 ~ (Gebiet) (*Ind.*), concessione. 3 **Erdöl** ~ (*Min.*), concessione petrolifera.
Konzessionär (Vertreter) (*m. - komm.*), concessionario. 2 ~ (Lizenznehmer) (*komm.*), licenziatario.
Konzipient (Angestellter in einem Rechtsanwaltsbüro) (*m. - Arb.*) (*österr.*), impiegato d'ufficio legale.
Kooperation (Zusammenarbeit) (*f. - allg.*), collaborazione.
Koordinate (*f. - Math.*), coordinata. 2 ~ **n·achsen** (*f. - pl. - Math.*), assi coordinati. 3 ~ **n·bohrmaschine** (*f. - Werkz.masch.*), alesatrice a coordinate. 4 ~ **n·bohrwerk** (Koordinatenbohrmaschine) (*n. - Werkz.masch.*), alesatrice a coordinate. 5 ~ **n·kreuz** (*n. - Math.*), sistema di coordinate. 6 ~ **n·messgerät** (*n. - Instr.*), strumento di misura a coordinate. 7 ~ **n·nullpunkt** (Ursprung) (*m. - Math.*), origine delle coordinate. 8 ~ **n·schreiber** (Kennlinienschreiber) (*m. - Ger.*), coordinatografo. 9 ~ **n·system** (*n. - Math.*), sistema di coordinate. 10 ~ **n·vorwähler** (*m. - Fernspr.*), preselettore crossbar, preselettore a coordinate, preselettore a barre incrociate. 11 ~ **n·wähler** (Crossbarwähler, Kreuzschienenwähler) (*m. - Fernspr.*), crossbar, selettore crossbar. 12 **affine** ~ **n** (Parallelkoordinaten, recht- oder schiefwinklig) (*Math.*), coordinate cartesiane. 13 **elliptische** ~ **n** (*Math.*), coordinate ellittiche. 14 **Kartesische** ~ **n** (*Math.*), coordinate cartesiane. 15 **krummlinige** ~ **n** (*Math.*), coordinate curvilinee. 16 **Kugel** ~ **n** (*Math.*), coordinate sferiche. 17 **optische** ~ **n-Schleifmaschine** (*Werkz.masch.*), rettificatrice ottica a coordinate. 18 **parabolische** ~ **n** (*Math.*), coordinate paraboliche. 19 **Parallel** ~ **n** (*Math.*), siehe affine Koordinaten. 20 **Polar** ~ **n** (*Math.*) coordinate polari. 21 **rechtwinklige** ~ **n** (*Math.*), coordinate ortogonali. 22 **Zylinder** ~ **n** (*Math.*), coordinate cilindriche.
Koordination (*f. - allg.*), coordinazione. 2 ~ **s·zahl** (bei Komplexverbindungen) (*f. - Chem.*) numero di coordinazione.
Koordinatograph (Kartiergerät, zum Auftragen von Punkten durch ihre Koordinaten) (*m. - Top. - Ger.*), coordinatografo.
Koordinierungsstudie (*f. - Arbeitsstudien*), studio di coordinamento.
Kopal (sehr feste Harze, für Lack, Firnis, etc. verwendet) (*m. - n. - chem. Ind.*), coppale.
Köper (*m. - Textilind.*), tessuto diagonale, diagonale.
Kopf (*m. - allg.*), testa. 2 ~ (eines Verbrennungsmotors, Zylinderkopf) (*Mot.*), testa, testata. 3 ~ (einer Schraube) (*Mech.*), testa. 4 ~ (des Zahnes eines Zahnrades) (*Mech.*), testa. 5 ~ (Spindelkopf) (*Werkz.masch.*), testa. 6 ~ (Giesskopf) (*Giess.*), materozza. 7 ~ (eines Nagels z. B.) (*Zimm. - etc.*), testa. 8 ~ (Titel der Zeitung) (*Zeitg.*), testata, titolo. 9 ~ (Balkenkopf) (*Bauw.*), estremità. 10 ~ **amt** (*n. - Fernspr.*), centrale terminale. 11 ~ **bahnhof** (*m. - Eisenb.*), stazione di testa. 12 ~ **drehbank** (Plandrehbank) (*f. - Werkz.masch.*), tornio frontale, tornio per sfacciatura. 13 ~ **eingriffsstrecke** (einer Verzahnung) (*f. - Mech.*), lunghezza di accesso. 14 ~ **fernhörer** (Kopfhörer) (*m. - Fernspr.*), cuffia telefonica, ricevitore a cuffia. 15 ~ **flanke** (eines Zahnes) (*f. - Mech.*), fianco addendum. 16 ~ **flanken-Eingriffslänge** (eines Zahnrades) (*f. - Mech.*), arco di accesso. 17 ~ **guss** (*m. - Giess.*), colata diretta. 18 ~ **höhe** (eines Zahns) (*f. - Mech.*), addendum. 19 ~ **höhe** (eines Pkw-Innenraumes) (*Aut.*), spazio per la testa. 20 ~ **hörer** (*m. - Funk. - Fernspr.*), cuffia. 21 ~ **kegelwinkel** (eines Kegelrades) (*m. - Mech.*), angolo (al vertice) del cono esterno. 22 ~ **kreis** (eines Zahnrades) (*m. - Mech.*), cerchio di troncatura. 23 ~ **kreisdurchmesser** (eines Zahnrades) (*m. - Mech.*), diametro di troncatura, diametro del cerchio di troncatura. 24 ~ **lastigkeit** (*f. - naut. - Flugw.*), appruamento. 25 ~ **lehne** (eines Sitzes z. B.) (*f. - Fahrz.*), appoggiatesta, poggiastesta. 26 ~ **platte** (Deckflacheisen, Lamelle, eines Trägers) (*f. -*

Bauw.), piattabanda. **27 ~ produkte** (*n. - pl. - chem. Ind.*), prodotti di testa. **28 ~ rampe** (*f. - Eisenb.*), rampa (di caricamento) di testa. **29 ~ rücknahme** (eines Zahnes) (*f. - Mech.*), spoglia alla sommità (del dente). **30 ~ scheinwerfer** (*m. - Eisenb.*), fanale anteriore. **31 ~ schiene** (Vignoleschiene) (*f. - Eisenb.*), rotaia a base piana, rotaia a suola, rotaia Vignole. **32 ~ schlagversuch** (einer Schraube) (*m. - Baukonstr.lehre*), prova all'urto sulla testa (della vite). **33 ~ schraube** (*f. - Mech.*), vite con testa. **34 ~ schutz** (*m. - allg.*), casco. **35 ~ seite** (Vorderseite) (*f. - allg.*), lato anteriore, fronte. **36 ~ senker** (*m. - Werkz.*), allargatore. **37 ~ spiel** (von Zahnrädern) (*n. - Mech.*), gioco sul fondo. **38 ~ station** (bei Stetigförderern, Abwurfstation) (*f. - ind. Transp.*), stazione di scaricamento. **39 ~ staucher** (Kopfstempel) (*m. - Werkz.*), stampo per ricalcare. **40 ~ steinpflaster** (unebenes Pflaster aus Bruchsteinen) (*n. - Strass.b.*), ciottolato, acciottolato. **41 ~ stempel** (*m. - Schmiedewerkz.*), stampo per ricalcare. **42 ~ stück** (*n. - Maur.*), mattone di punta. **43 ~ stück** (*Bergbau*), testa (di trivellazione). **44 ~ stütze** (*f. - Aut. - etc.*), appoggiatesta, poggiatesta. **45 ~ tragen** (eines Zahnes) (*n. - Mech.*), contatto sul fianco addendum. **46 ~ träger** (Querträger, einer Kranbrücke) (*m. - ind. Masch.*), trave trasversale. **47 ~ träger** (Zahnrad mit fehlerhaftem Tragbild) (*Mech.*), ruota dentata con portata (o portanza) alta. **48 ~ verbrauch** (*m. - Statistik*), consumo pro capite. **49 ~ wand** (*f.-allg.*), parete anteriore. **50~welle** (an der Spitze eines mit Überschallgeschwindigkeit bewegten Körpers, eines Geschosses z. B.) (*f. - Flugw. - milit.*), onda di prua. **51 ~ winkel** (eines Zahnes) (*m. - Mech.*), angolo addendum. **52 ~ zentrale** (*f. - Fernspr.*), centrale di testa. **53 ~ zylinder** (eines Zahnrades) (*m. - Mech.*), cilindro di troncatura. **54 Aufspann ~** (einer Fräsmaschine) (*Werkz. masch.*), testa portapezzo. **55 Flachrund ~** (einer Schraube) (*Mech.*), testa a calotta piatta. **56 Giess ~** (*Giess.*), materozza. **57 Halbrund ~** (einer Schraube) (*Mech.*), testa emisferica, testa tonda. **58 kreuzschlitz-Flachrund ~ mit angepresster Scheibe** (einer Schraube) (*Mech.*), testa rotonda ribassata con intaglio a croce e spallamento. **59 Linsen ~** (einer Schraube) (*Mech.*), testa a calotta, calotta. **60 Linsensenk ~** (einer Schraube) (*Mech.*), testa svasata con calotta. **61 Pleuelstangen ~** (Pleuelkopf) (*Mot. - Mech.*), piede di biella. **62 Revolver ~** (*Werkz.masch.*), portautensili a torretta, torretta portautensili. **63 Sechskant ~** (einer Schraube) (*Mech.*), testa esagonale. **64 Sechskant ~ mit angepresster Scheibe** (einer Schraube) (*Mech.*), testa esagonale con spallamento. **65 Senk ~** (versenkter Kopf, einer Schraube) (*Mech.*), testa svasata. **66 versenkter ~** (einer Schraube) (*Mech.*), testa svasata. **67 Vierkant ~** (einer Schraube) (*Mech.*), testa quadrata, testa quadra. **68 Zylinder ~** (eines Verbrennungsmotors) (*Mot.*), testa cilindri, testata. **69 Zylinder ~** (einer Schraube) (*Mech.*), testa cilindrica.

kopfgesteuert (mit hängenden Ventilen) (*Mot.*), a valvole in testa.
kopflastig (*Flugw. - naut.*), appruato.
kopfstauchen (*Mech.*), ricalcare la testa.
Kopie (*f. - allg.*), copia. **2 Arbeits ~** (Schnittcopie, eines Films) (*Filmtech.*), copia di lavorazione. **3 Photo ~** (*Phot.*), copia fotografica, fotocopia.
Kopierapparat (*m. - Werkz.masch.*), apparecchio per riproduzioni, riproduttore.
Kopierarbeit (*f. - Werkz.masch.bearb.*), riproduzione, copiatura.
Kopierdrehbank (*f. - Werkz.masch.*), tornio riproduttore, tornio per copiare.
Kopieren (Nachformen) (*n. - Werkz.masch. bearb.*), riproduzione, copiatura. **2 Umlauf ~** (*Werkz.masch.bearb.*), copiatura di contornatura. **3 Zeilen ~** (*Werkz.masch.bearb.*), copiatura lineare.
kopieren (*allg.*), copiare. **2 ~** (bei spanender Formung, nachformen) (*Werkz.masch.bearb.*), riprodurre, copiare. **3 ~** (*Druck.*), riprodurre.
Kopierfräsmaschine (*f. - Werkz.masch.*), fresatrice per riproduzioni, fresatrice riproduttrice, fresatrice per copiare.
Kopierlampe (Pauslampe) (*f. - Druck.*), lampada per riproduzioni.
Kopiermaschine (Kopierpresse) (*f. - Büromasch.*), copialettere. **2 ~** (Kopierdrehbank) (*Werkz.masch.*), tornio riproduttore, tornio per copiare.
Kopierpapier (lichtempfindliches Papier) (*n. - Papierind.*), carta per riproduzioni.
Kopierstift (Bleistift) (*m. - Büro*), matita copiativa.
Kopiervorlage (*f. - Werkz.masch.*), modello, copia.
Kopiervorrichtung (*f. - Werkz.masch.*), accessorio per riprodurre, accessorio per copiare.
Kopilot (*m. - Flugw.*), secondo pilota.
Kopist (Abschreiber) (*m. - Arb.*), copista.
koplanar (in gleicher Ebene, Kräfte z. B.) (*Geom.*), complanare. **2 ~ e Vektoren** (*Math.*), vettori complanari.
Koplanarität (zweier Geraden z. B. in gleicher Ebene) (*f. - Geom.*), complanarità.
Kopolymerisat (Mischpolymerisat) (*n. - chem. Ind.*), copolimerizzato (*s.*).
Kopolymerisation (*f. - Chem.*), copolimerizzazione.
Koppel (eines Kurbeltriebes) (*f. - Mech.*), biella **2 ~** (eines Gelenkvierecks) (*Mech.*), biella. **3 ~ kondensator** (*m. - Fernspr.*), condensatore di accoppiamento. **4 ~ masse** (im Schwerpunkt konzentrierte Masse) (*f. - Fahrz.*), massa baricentrica, massa concentrata nel baricentro. **5 ~ navigation** (*f. - Navig.*), navigazione stimata. **6 ~ netz** (*n. - Elektronik*), rete di accoppiamento. **7 ~ ort** (*m. - Navig.*), punto stimato. **8 ~ produktion** (von elekt. Energie und Wärme z. B.) (*f. - Ind.*), produzione combinata. **9 ~ relais** (*n. - Elekt. - etc.*), relè d'accoppiamento. **10 ~ verhältnis** (*n. - Mot.*), siehe Kurbelverhältnis.
koppeln (verbinden) (*allg.*), accoppiare.
Koppelung (*f. - Phys.*), siehe Kopplung. **2 ~ s·manöver** (Docking, das Koppeln zweier Raumfahrzeuge) (*n. - Raumfahrt*), agganciamento, manovra di agganciamento.

Koppler

Koppler (*m. - Elektronik*), accoppiatore.
Kopplung (wechselseitige Beeinflussung zweier phys. Systeme) (*f. - Phys.*), accoppiamento. 2 ~ (von Schwingungskreisen z. B.) (*Elekt. - Funk.*), accoppiamento. 3 ~ s·fenster (bei Hohlleitern) (*n. - Elektronik*), finestra di accoppiamento. 4 ~ s·grad (Kopplungskoeffizient) (*m. - Phys.*), fattore di accoppiamento. 5 ~ s·kapazität (*f. - Elekt. - Fernspr.*), capacità di accoppiamento. 6 ~ s·koeffizient (*m. - Elekt. - Funk.*), fattore di accoppiamento. 7 ~ s·kondensator (*m. - Funk.*), condensatore di accoppiamento. 8 ~ s·messer (*m. - Elekt. - Ger.*), cuplometro, misuratore di accoppiamento. 9 Drossel ~ (L/C - Kopplung) (*Elekt.*), accoppiamento impedenza-capacità, accoppiamento LC. 10 feste ~ (von Schwingungskreisen) (*Phys.*), accoppiamento forte, accoppiamento stretto. 11 galvanische ~ (*Phys.*), accoppiamento galvanico, accoppiamento ohmico, accoppiamento a resistenza. 12 induktive ~ (magnetische Kopplung) (*Elekt.*), coppiamento induttivo. 13 kapazitive ~ (*Elekt.*), accoppiamento capacitivo. 14 Kraft-Wärme ~ (*Elekt. - Heizung*), produzione combinata di energia elettrica e calore. 15 lose ~ (*Phys.*), accoppiamento debole, accoppiamento lasco. 16 magnetische ~ (induktive Kopplung) (*Elekt.*), accoppiamento induttivo. 17 Übertrager- ~ (Transformatorkopplung) (*Elektronik*), accoppiamento per trasformatore. 18 Widerstands ~ (R-C) - Kopplung) (*Elekt.*), accoppiamento resistenza-capacità, accoppiamento RC.
Kopra (getrocknetes Fleisch der Kokosnuss) (*f. - Ind.*), copra.
Kops (Kötzer, Garnkörper) (*m. - Text.*), spola. 2 ~ spulmaschine (*f. - Textilmasch.*), incannatrice. 3 ~ wechselautomat (*m. - Textilmasch.*), cambiaspole automatico.
Koralle (*f. - Geol.*), corallo. 2 ~ n·erz (HgS) (Zinnober, Merkurblende) (*n. - Min.*), cinabro. 3 ~ n·insel (*f. - Geogr.*), isola corallina.
Korb (*m. - allg.*), cesto. 2 ~ (Greifbagger) (*ind. Masch.*), benna. 3 ~ bogen (*m. - Arch.*), arco ribassato, arco a due centri. 4 ~ bogen (Übergangsbogen) (*Strass.b. - Eisenb.*), curva di transito (policentrica). 5 ~ möbel (*Möbel*), mobile di vimini. 6 Förder ~ (*Bergbau*), gabbia di estrazione.
Korde (Kordel, Schnur, Bindfaden) (*f. - Schnur*), corda, spago.
Kordel (Kreuzrändelung) (*f. - Mech.*), zigrinatura (incrociata). 2 ~ (Schnur, Kordel, Bindfaden) (*Schnur*), corda, spago. 3 ~ mutter (*f. - Mech.*), dado zigrinato. 4 ~ schraube (*f. - Mech.*), vite a testa zigrinata. 5 ~ werkzeug (*n. - Werkz.*), utensile per zigrinare.
kordeln (kordieren) (*Mech.*), zigrinare (a croce).
Kordieren (Kreuzrändelung, Kordeln) (*n. - Mech.*), zigrinatura (incrociata), zigrinatura (spinata). 2 ~ (Schärfen, von Walzen) (*Walzw.fehler*), intaccatura, godronatura.
kordieren (kordeln) (*Mech.*), zigrinare (a croce).
Kordierit (2MgO.2A$_2$O$_3$.5SiO$_2$) (*m. - Min.*), cordierite.

Kordierung (Kordeln) (*f. - Mech.*), zigrinatura (incrociata).
Kordierwerkzeug (*n. - Werkz.*), utensile zigrinatore.
korintisch (Stil) (*Arch.*), corinzio.
Kork (Korkrinde) (*m. - Werkstoff*), sughero. 2 ~ (Flaschenkork) (*Ind.*), tappo (di sughero), turacciolo. 3 ~ isolierung (für Rohre z. B.) (*f. - Leit. - etc.*), isolamento di sughero. 4 ~ platte (Korkstein, für Kälte- und Wärmeschutz) (*f. - Bauw.*), pannello isolante in sughero. 5 ~ zieher (Korkenzieher) (*m. - Werkz.*), cavatappi, cavaturaccioli.
Korn (Kristall) (*n. - Metall. - Min.*), grano. 2 ~ (Gefüge) (*Metall. - etc.*), grana. 3 ~ (einer lichtempfindlichen Schicht) (*Phot.*), grana. 4 ~ (Getreide) (*Ack.b.*), grano. 5 ~ (Teil der Visiereinrichtung von Handfeuerwaffen) (*Feuerwaffe*), mirino. 6 ~ alkohol (*m. - Chem.*), alcool di cereali. 7 ~ aufbau (Kornszusammensetzung) (*m. - Bauw. - Baustoff*), composizione granulometrica, granulometria. 8 ~ boden (*m. - Bauw. - Agric.*), granaio, «solaio». 9 ~ feinheit (*f. - Metall.*), finezza del grano. 10 ~ feinung (*f. - Metall.*), affinamento del grano. 11 ~ fliessbett (*n. - Ofen*), letto fluido. 12 ~ gemisch (*n. - Bauw. - etc.*), graniglia. 13 ~ grenzen (*f. - pl. - Metall.*), intergrani. 14 ~ grenzenriss (intercristallina, rottura intercristallina. 15 ~ grenzkorrosion (interkristalline Korrosion) (*f. - Metall. - mech. Technol.*), corrosione intercristallina. 16 ~ grösse (bei Schleifwerkzeukristalliner Riss) (*m. - Metall.*), frattura intergen) (*f. - Werkz.*), grossezza della grana. 17 ~ grösse (eines Stahles z. B.) (*Metall.*), grossezza del grano. 18 ~ verfeinerung (*f. - Metall.*), affinazione del grano, affinamento del grano. 19 ~ vergröberung (*f. - Metall.*), ingrossamento del grano. 20 ~ wachstum (Kornvergröberung) (*n. - Wärmebeh.*), ingrossamento del grano. 21 ~ zange (Pinzette) (*f. - Werkz.*), pinzetta. 22 ~ zerfall (*m. - Metall.*), corrosione intercristallina. 23 ~ zusammensetzung (der Zuschlagstoffe für Beton z. B.) (*f. - Bauw. - etc.*), composizione granulometrica. 24 arteigene ~ grösse (Ehn-Korngrösse, Mc Quaid-Ehn-Korngrösse) (*Metall.*), dimensione del grano austenitico (Mc Quaid). 25 feines ~ (*Metall.*)- *etc.*), grano fine. 26 grobes ~ (*Metall. - etc.*), grano grosso.
körnen (*allg.*), granulare. 2 ~ (kleine kegelige Vertiefungen in ein Werkstück einschlagen, als Kennzeichen z. B.) (*Mech.*), bulinare, punzonare.
Körner (Stahlstift, zum Markieren, eines zu bohrenden Werkstückes z. B.) (*m. - Werkz.*), punzone per centri, bulino. 2 ~ (eines Reitstocks) (*Werkz.masch.*), punta (conica). 3 ~ (Spitze der Welle einer Unruhe) (*Uhr*), punta (del perno). 4 ~ bohrer (*m. - Werkz. masch.bearb. - Werkz.*), punta da centri. 5 ~ lagerung (Spitzenlagerung, einer Unruhe) (*f. - Uhr*), supporto del perno a punta. 6 ~ mikrophon (*n. - Funk. - Fernspr.*), microfono a granuli di carbone. 7 ~ punkt (Körnermarke, eines zu bohrenden Stückes) (*m. - Mech.*), centro. 8 ~ schlag (zum Sichern einer

Stellschraube z. B.) (*m. - Mech.*), bulinatura, colpo di bulino. **9 ~ spitze** (auf der Spindelseite einer Drehbank) (*f. - Werkz.masch.*), punta. **10 ~ spitze** (feststehende Reitstockspitze) (*Werkz.masch.*), contropunta. **11 ~ stein** (für die Lagerung der Welle einer Unhruhe) (*m. - Uhr*), rubino. **12 Hohl ~** (zum Zentrieren von Werkstücken z. B.) (*Werkz.*), punzone cavo. **13 mitlaufende ~ spitze** (Reitstockspitze) (*Werkz.masch.*), contropunta girevole. **14 Spitz ~** (zum Zentrieren von Werkstücken z. B.) (*Werkz.*), punzone a punta.

körnig (*allg.*), granulare. **2 ~ er Bruch** (*Metall.*), frattura cristallina. **3 ~ er Perlit** (*Metall.*), perlite globulare. **4 ~ e Textur** (*Anstr.*), effetto bucciato, effetto goffrato.

kornorientiert (Blech z. B.) (*Metall.*), a grani orientati.

Körnung (bei Schleifwerkzeugen) (*f. - Werkz.*), grana, grossezza della grana. **2 ~** (von Metall) (*Metall.*), grana. **3 ~** (für Kies, etc.), grossezza. **4 ~ s·kennlinie** (bei Siebanalyse) (*f. - Ind.*), curva granulometrica.

Korollar (Zugabe) (*n. - Math. - etc.*), corollario.

Korona (äussere Lichthülle der Sonne) (*f. - Astr.*), corona. **2 ~** (Koronawirkung) (*Elekt.*), effetto corona. **3 ~ entladung** (Sprühentladung, Glimmentladung) (*f. - Phys.*), scarica a bagliore, scarica luminescente. **4 ~ verluste** (*m. - pl. - Elekt.*), perdite da effetto corona.

Koronograph (Spezialfernrohr für die Beobachtung der Sonnenkorona) (*m. - Opt. - Ger.*), coronografo.

Körper (*m. - Chem. - Phys.*), corpo. **2 ~** (*Geom.*), solido. **3 ~** (*Masch.*), incastellatura. **4 ~** (Geschoss) (*milit. - Astronautik*), missile. **5 ~** (*Math.*), corpo, campo. **6 ~ farbe** (Farbe einer nicht selbstleuchtenden Fläche) (*f. - Phys. - Opt.*), colore propriamente detto, pigmento. **7 ~ farbe** (Pigment) (*Anstr.*), pigmento. **8 ~ gehalt** (*m. - Anstr.*), corpo. **9 ~ haltung** (am Arbeitsplatz z. B., Körperstellung) (*f. - Arb. - etc.*), posizione del corpo. **10 ~ mass** (*n. - Mass*), misura solida. **11 ~ masse** (*n. - pl. - Anthropometrie*), dati antropometrici, misure del corpo umano. **12 ~ schall** (in festen Stoffen sich ausbreitender Schall) (*m. - Akus. - Bauw.*), suono sostantivo, suono intrinseco, suono (propagantesi) via solido. **13 ~ schall** (Schwingung) (*Bauw.*), vibrazione meccanica, vibrazione (propagantesi) in un solido. **14 ~ schallabtaster** (Körperschallaufnehmer) (*m. - Ger. - Bauw.*), rivelatore di vibrazioni (di strutture), rivelatore di suono (propagantesi) via solido. **15 ~ schallmesser** (*m. - Ger. - Bauw.*), misuratore di vibrazioni. **16 ~ schallmikrophon** (*n. - Ger.*), microfono a contatto (di solido), rivelatore acustico di vibrazioni. **17 ~ schallquelle** (*f. - Bauw. - etc.*), fonte di vibrazioni. **18 ~ schluss** (Erdungsschluss) (*m. - Elekt.*), contatto a massa. **19 ~ schlussprüfung** (*f. - Elekt.*), prova d'isolamento verso massa. **20 ~ strom** (*m. - Elekt.*), corrente nel corpo (umano). **21 falscher ~** (*Anstr.fehler*), falso corpo. **22 ferngelenkter ~** (*milit.*), missile teleguidato. **23 Fremd ~** (*allg.*), corpo estraneo. **24 luftförmiger ~** (*Phys.*), aeriforme (*s.*). **25 schwarzer ~** (Planckscher Strahler) (*Phys.*), corpo nero. **26 starrer ~** (*Phys.*), corpo rigido. **27 Ventil ~** (*Leit. - Mech.*), corpo della valvola. **28 Vergaser ~** (Vergasergehäuse) (*Mot.*), corpo del carburatore.

körperlich (*allg.*), corporeo. **2 ~ er Bestand** (eines Lagers) (*Ind.*), giacenza effettiva.

Körperschaft (Anstalt) (*f. - finanz.*), ente. **2 Gebiets ~** (*finanz.*), ente locale.

Korpus (Schriftgrad von 10 Punkten) (*m. - Druck.*), corpo da 10 punti.

Korpuskel (Teilchen) (*n. - Chem. - Phys.*), corpuscolo.

Korrasion (Abschleifung von Gesteinsoberflächen durch Sand und Wind) (*f. - Geol.*), corrasione.

korrekt (richtig, einwandfrei) (*allg.*), giusto, regolare, corretto.

Korrektion (Nachbesserung) (*f. - allg.*), correzione. **2 ~** (von opt. Systemen) (*Opt.*), correzione. **3 ~ s·faktor** (*m. - allg.*), fattore di correzione. **4 ~ s·kreis** (*m. - Fernseh.*), circuito correttore.

Korrektor (*m. - Druck. - Arb.*), correttore di bozze.

Korrektur (Korrektion) (*f. - allg.*), correzione. **2 ~** (des Druckabzugs) (*Druck.*), correzione di bozze. **3 ~** (von Zahnrädern) (*Mech.*), correzione. **4 ~ abzug** (Korrekturfahne) (*m. - Druck.*), bozza (di stampa). **5 ~ en** (eines Handbuches z. B.) (*pl. - Masch. - etc.*), aggiornamenti. **6 ~ gerät** (eines Vergasers z. B.) (*n. - Mot.*), correttore. **7 ~ kommando** (*n. - Astronautik*), segnale di correzione. **8 ~ schalter** (*m. - NC - Werkz.masch.bearb.*), impostatore di correzione, correttore. **9 ~ spule** (*f. - Fernseh.*), bobina correttrice.

korrekturlesen (korrigieren) (*Druck.*), correggere le bozze.

Korrelation (*f. - Math. - Statistik*), correlazione.

korreliert (*Math. - etc.*), correlato.

Korrespondent (Angestellter) (*m. - Pers.*), corrispondente. **2 ~** (Geschäftspartner) (*komm.*), corrispondente. **3 ~** (auswärtiger Berichterstatter einer Zeitung) (*Zeitg.*), corrispondente.

Korrespondenz (*f. - komm. - Büro*), corrispondenza. **2 ~** (*Math.*), corrispondenza.

Korridor (Flur) (*m. - Bauw.*), anticamera.

korrigieren (*allg.*), correggere. **2 ~** (die Korrektur lesen) (*Druck.*), correggere le bozze.

Korrodierbarkeit (*f. - Technol.*), corrodibilità.

korrodieren (*Chem. - Metall. - Geol.*), corrodere.

korrodierend (korrosiv) (*Technol.*), corrosivo.

Korronisierung (*f. - Elektrochem.*), corronizzazione.

Korrosion (Zerstörung von festen Körpern durch chem. oder elektrochem. Wirkung) (*f. - Chem. - Metall.*), corrosione. **2 ~** (Auflösung z. B. von Gestein durch Regenwasser z. B.) (*Geol.*), corrosione. **3 ~ s·ermüdung** (*f. - Metall.*), fatica da corrosione. **4 ~ s·mittel** (*n. - Chem.*), corrosivo. **5 ~ s·narbe** (*f. - Metall.*), alveolo da corrosione. **6 ~ prüfung** (*f. - Technol.*), prova a corrosione.

korrosionsfest

7 ~ s·schutz (*m. - Chem. - Metall.*), protezione contro la corrosione. 8 ~ s·schutzmittel (*n. - Chem.*), anticorrosivo. 9 ~ s·vorgang (*m. - Chem.*), azione corrosiva, processo corrosivo. 10 elektrochemische ~ (*Metall.*), corrosione galvanica, corrosione elettrochimica. 11 Ermüdungs ~ (*Metall.*), corrosione da fatica. 12 interkristalline ~ (*Chem. - Metall.*), corrosione intercristallina. 13 Korngrenzen ~ (interkristalline Korrosion) (*mech. Technol. - Metall.*), corrosione intercristallina. 14 Lochfrass ~ (sehr tiefer Korrosionsangriff) (*Technol.*), corrosione (localizzata) profonda. 15 Lochfrass ~ (Durchlöcherung) (*Technol.fehler*), corrosione perforante. 16 Schwingungsriss- ~ (*f. - mech. Technol.*), corrosione per fatica. 17 Spalt ~ (*Metall. fehler*), corrosione interstiziale. 18 Spannungsriss ~ (*Metall.*), tenso-corrosione.
korrosionsfest (korrosionsbeständig) (*Chem. - Metall. - etc.*), resistente alla corrosione.
korrosionsfördernd (*Chem.*), corrosivo.
korrosionshemmend (*Metall. - Chem.*), anticorrosivo.
Korrosivsublimat (*n. - Chem.*), sublimato corrosivo.
Korund (Al_2O_3) (*m. - Min.*), corindone. 2 ~ schleifmaterial (*n. - mech. Technol.*), abrasivo al corindone. 3 blauer ~ (Saphir) (*Min.*), zaffiro. 4 gemeiner ~ (*Min.*), corindone armofane, corindone comune. 5 kleinkörniger ~ (Schmirgel) (*Min. - Schleifmittel*), smeriglio. 6 roter ~ (Rubin) (*Min.*), rubino.
Korvette (*f. - Kriegsmar.*), corvetta. 2 ~ n·kapitän (*m. - Kriegsmar.*), capitano di corvetta.
Kosekans (Winkelfunktion) (*m. - Geom.*), cosecante.
Kosinus (Winkelfunktion) (*m. - Math.*), coseno. 2 ~ φ (cos φ) (*Elekt.*), cosfi, fattore di potenza. 3 hyperbolischer ~ (*Math.*), coseno iperbolico.
Kosmetik (Schönheitspflege) (*f. - chem. Ind.*), cosmetica, cosmesi.
Kosmetikerin (*f. - Arb.*), estetista.
kosmetisch (*Ind.*), cosmetico.
kosmisch (zum Weltall gehörig) (*Astr.*), cosmico. 2 ~ e Häufigkeit (Häufigkeitsverhältnis) (*Atomphys.*), abbondanza cosmica. 3 ~ er Staub (*Astr.*), pulviscolo cosmico. 4 ~ e Ultrastrahlung (Höhenstrahlung) (*Astr. - Radioakt.*), raggi cosmici, radiazione cosmica.
Kosmogonie (Lehre von der Weltentstehung) (*f. - Lehre*), cosmogonia.
Kosmographie (Weltbeschreibung) (*f. - Geophys. - Astr.*), cosmografia.
Kosmologie (*f. - Lehre*), cosmologia.
Kosmonaut (Astronaut) (*m. - Astronautik*), cosmonauta, astronauta.
Kosmonautik (Astronautik) (*f. - Astronautik*), cosmonautica, astronautica.
Kosmos (Weltall) (*m. - Astr.*), cosmo.
Kosmotron (Teilchenbeschleuniger) (*n. - Atomphys.*), cosmotrone.
Kost (*f. - allg.*), alimentazione, vitto. 2 ~ und Logis (*Arb. - etc.*), vitto e alloggio.
kostbar (*allg.*), costoso.
Kosten (*f. - pl. - komm. - etc.*), costo, costi, spesa, spese. 2 ~ anschlag (Voranschlag) (*m. - komm. - Adm.*), preventivo di costo. 3 ~ aufgliederung (*f. - Adm.*), analisi dei costi, classificazione dei fattori di costo. 4 ~ aufstellung (*f. - allg.*), nota spese. 5 ~ aufwand (*m. - komm. - Adm.*), spesa. 6 ~ ersatz (Kostenerstattung) (*m. - Adm.*), rimborso spese. 7 ~, Fracht und Versicherung (c. i. f.) (*komm.*), costo, assicurazione e nolo, c. i. f. 8 ~ kontrolle (*f. - Adm. - Ind.*), controllo dei costi. 9 ~ planung (*f. - Adm.*), programmazione dei costi. 10 ~ preis (*m. - komm.*), prezzo di costo. 11 ~ rechnung (*f. - Adm.*), analisi dei costi, determinazione dei costi, calcolo dei costi. 12 ~ senkung (*f. - Adm.*), riduzione dei costi. 13 ~ stelle (*f. - Adm. - Ind.*), centro di costo. 14 ~ stelle (Auftrag) (*Arb. - Organ.*), voce di costo, commessa. 15 ~ studie (*f. - Arbeitsstudium*), studio dei costi. 16 ~ träger (*m. - Arb. - Organ.*), fattore di costo. 17 ~ überwachung (*f. - Adm.*), controllo dei costi. 18 ~ voranschlag (*m. - Adm. - komm.*), preventivo di costo. 19 ~ wesen (Kostenrechnung) (*n. - Adm.*), analisi dei costi, determinazione dei costi, calcolo dei costi. 20 Anlage ~ (*Ind. - Adm.*), spese d'impianto. 21 Anschaffungs ~ (*Adm.*), costo di acquisto. 22 Betriebs ~ (*Adm.*), spese di esercizio. 23 direkte ~ (Einzelkosten) (*Adm.*), spese dirette. 24 Einzel ~ (direkte Kosten, für Rohstoff, Lohn) (*Adm.*), spese dirette. 25 Fertigung-Gemein ~ (*Adm. - Ind.*), costo indiretto di mano d'opera. 26 Fertigungs ~ (*Adm. - Ind.*), costo di lavoro, costo della mano d'opera. 27 Fertigungsmaterial ~ (*Adm. - Ind.*), costo del materiale. 28 fixe ~ (*Adm.*), spese fisse. 29 Fracht ~ (*Transp.*), spese di trasporto. 30 Gemein ~ (indirekte Kosten, Unkosten) (*Adm.*), spese generali. 31 Herstell ~ (Herstellungskosten) (*Adm. - Ind.*), costo industriale primo, costo gestionale. 32 indirekte ~ (Gemeinkosten, Unkosten) (*Adm.*), spese generali. 33 Lohn ~ (*Adm. - Ind.*), costi di mano d'opera. 34 Material-Gemein ~ (*Adm. - Ind.*), costo indiretto del materiale, spese generali sul materiale. 35 Material ~ (*Adm.*), costo del materiale. 36 Plan ~ (*Buchhaltung*), costi programmati. 37 Reise ~ (*Adm. - Pers.*), spese di viaggio. 38 Reklame ~ (*komm.*), spese di pubblicità, spese di propaganda. 39 Repräsentations ~ (*komm. - Adm.*), spese di rappresentanza. 40 Selbst ~ (*Adm.*), prezzo di costo, costo aziendale. 41 Soll ~ (*Adm. - Ind.*), costo standard. 42 Sonder ~ (Provisionen und Umsatzsteuer, Entwicklungskosten, etc.) (*Adm. - Ind.*), costi speciali, componenti speciali di costo. 43 Un ~ (Gemeinkosten) (*Adm.*), spese generali. 44 Unterhaltungs ~ (*Ind.*), spese di manutenzione. 45 variable ~ (*Adm.*), spese variabili. 46 Vertriebs ~ (*Adm.*), spese di vendita. 47 Verwaltung ~ (*Adm.*), spese amministrative.
kosten (*komm.*), costare.
kostenlos (kostenfrei) (*komm.*), franco di spesa.
Kostfracht (C. & F., cf) (*f. - komm. - Transp.*), costo e nolo.

Kot (Schlamm) (*m. - allg.*), fango. 2 ~ **blech** (Kotflügel) (*n. - Fahrz. - Aut.*), parafango. 3 ~ **flügel** (Kotblech) (*m. - Aut. - Fahrz.*), parafango. 4 ~ **flügelleuchte** (*f. - Aut.*), fanalino sui parafanghi. 5 ~ **schützer** (eines Fahrrades) (*m. - Fahrz.*), parafango.

Kotangens (Winkelfunktion) (*m. - Math.*), cotangente.

Kote (Höhenkote) (*f. - Top. - Geogr.*), altitudine, quota. 2 ~ (Quote, Anteil) (*Statistik - etc.*), quota.

kotieren (Punkte kartieren) (*Top. - Geogr.*), mettere le quote.

kottonisieren (*Textilind.*), cotonizzare.

Kötzer (*m. - Textilind.*), siehe Kops.

kovalent (*Chem. - Phys.*), covalente.

Kovalenz (*f. - Chem.*), covalenza.

kovariant (*Math.*), covariante.

Ko-Volum (*n. - Phys.*), covolume.

kp (*Masseinheit*), siehe Kilopond.

K-Profil (Dreiecksprofil, zur Verbindung von Wellen mit Radnaben) (*n. - Mech.*), profilo K.

Kr (Krypton) (*Chem.*), Kr, cripto, kripto.

Krach (Schall) (*m. - Akus.*), rumore. 2 ~ **töter** (*m. - Akus. - Ger.*), silenziatore, smorzatore di rumori. 3 ~ **töter** (*Funk.*), soppressore di interferenze. 4 ~ **tötung** (*f. - Akus.*), silenziamento, soppressione di rumori. 5 ~ **tötung** (*Funk.*), soppressione di interferenze.

Krackanlage (*f. - chem. Ind.*), impianto di piroscissione.

Krackbenzin (*n. - chem. Ind.*), benzina di « cracking », benzina di piroscissione.

Kracken (Krackung, Krackverfahren, Crackingprozess) (*n. - chem. Ind.*), « cracking », piroscissione. 2 katalytisches ~ (*chem. Ind.*), piroscissione catalitica, cracking catalitico.

kracken (*chem. Ind.*), sottoporre a piroscissione, « crackizzare ».

Krackung (Krackverfahren) (*f. - chem. Ind.*), siehe Kracken.

Krad (Kraftrad, Motorrad) (*n. - Fahrz.*), motocicletta.

Kraft (*f. - Phys. - etc.*), forza. 2 ~ (Stärke) (*Mech. - Metall.*), resistenza. 3 ~ (Leistung) (*Mech.*), potenza. 4 ~, siehe auch Kräfte. 5 ~ **abgabe** (*f. - Mot.*), potenza erogata. 6 ~ **abgabewelle** (*f. - Mech.*), albero motore. 7 ~ **abnahme** (*f. - Mech.*), presa di forza. 8 ~ **anlage** (*f. - Mot.*), impianto motore, impianto di forza motrice. 9 ~ **arm** (des Hebels) (*m. - Mech.*), braccio (di forza). 10 ~ **aufwand** (*m. - Masch. - etc.*), potenza assorbita. 11 ~ **bedarf** (*m. - Masch.*), potenza necessaria, fabbisogno di potenza. 12 ~ **boot** (Motorboot) (*n. - naut.*), motoscafo. 13 ~ **-Drehmelder** (*m. - Ger.*), sincro di coppia, trasduttore di coppia, ripetitore sincrono di coppia. 14 ~ **eck** (Kräftepolygon) (*n. - Baukonstr. lehre*), poligono delle forze. 15 ~ **element** (*n. - Masch.*), organo di forza. 16 ~ **fahrdrehleiter** (*f. - Feuerwehr*), autoscala. 17 ~ **fahrer** (Kraftwagenführer) (*m. - Arb.*), autista, conducente. 18 ~ **fahrerhotel** (*n. - Aut.*), autoostello, motel. 19 ~ **fahrlinie** (*f. - Transp. - Aut.*), linea automobilistica. 20 ~ **fahrsport** (*m. - Aut.*), automobilismo, sport motoristico. 21 ~ **fahrwesen** (Automobilismus) (*n. - Aut.*), automobilismo. 22 ~ **fahrzeug** (*n. - Fahrz.*), siehe Kraftfahrzeug. 23 ~ **feld** (*n. - Phys.*), campo di forze. 24 ~ **feld** (magnetisches Feld) (*Elekt.*), campo magnetico. 25 ~ **flug** (*m. - Flugw.*), volo con motore. 26 ~ **fluss** (*m. - Phys.*), flusso di forze. 27 ~ **fluss** (magnetischer Kraftfluss) (*Elekt.*), flusso magnetico. 28 ~ **former** (für Schweifarbeiten z. B.) (*m. - Blechbearb.masch.*), foggiatrice meccanica (per lamiere). 29 ~ **gas** (Treibgas) (*n. - Aut.*), gas per autotrazione. 30 ~ **hammer** (*m. - Masch.*), maglio meccanico. 31 ~ **haus** (*n. - Ind.*), sala macchine. 32 ~ **kabel** (*n. - Elekt.*), cavo di forza. 33 ~ **karre** (Kraftkarren [*m.*]) (*f. - Bauw. - Ger.*), carriola motorizzata, motocarriola. 34 ~ **karton** (*m. - Papierind.*), cartoncino kraft. 35 ~ **leitung** (Leistungsübertragung, Kardanwelle, etc.) (*f. - Fahrz.*), trasmissione. 36 ~ **lenkung** (*f. - Aut.*), servosterzo. 37 ~ **linie** (in Kraftfeldern) (*f. - Phys.*), linea di forza. 38 ~ **linienbild** (*n. - Phys.*), immagine delle linee di forza, spettro magnetico. 39 ~ **linienbündel** (*n. - Phys.*), tubo di forze. 40 ~ **linienfeld** (*n. - Phys.*), campo delle linee di forza. 41 ~ **maschine** (zur Umwandlung einer Energieform in mech. Energie) (*f. - Masch. - Mot.*), macchina motrice, motore. 42 ~ **maschine** (Verbrennungsmotor, Elektromotor, etc.) (*Mot.*), motore. 43 ~ **maschine** (Dampfmaschine, Turbine, etc.) (*Masch.*), macchina motrice. 44 ~ **messdose** (*f. - Instr.*), scatola dinamometrica, capsula dinamometrica. 45 ~ **messer** (Dynamometer) (*m. - App.*), dinamometro. 46 ~ **omnibus** (Autobus) (*m. - Aut.*), autobus. 47 ~ **papier** (*n. - Papierind.*), carta kraft. 48 ~ **pappe** (*f. - Papierind.*), cartone kraft. 49 ~ **rad** (Motorrad) (*n. - Fahrz.*), motocicletta. 50 ~ **radfahrer** (Motorradfahrer) (*m. - Fahrz.*), motociclista. 51 ~ **röhre** (Elektronröhre) (*f. - Elektronik*), tubo di potenza, valvola di potenza. 52 ~ **röhre** (Kraftlinienbündel) (*Phys.*), tubo di forze. 53 ~ **säge** (*f. - Masch.*), segatrice, sega meccanica. 54 ~ **schiene** (Sammelschiene) (*f. - Elekt.*), sbarra collettrice, sbarra omnibus. 55 ~ **schlepper** (Traktor) (*m. - Fahrz.*), trattore. 56 ~ **schluss** (eines Elementenpaars, bei dem die Sicherung der Berührung durch eine äussere Kraft entsteht) (*m. - Mech.*), accoppiamento di forza, accoppiamento dinamico, accoppiamento dipendente da azioni dinamiche. 57 ~ **schluss** (zwischen Reifen und Fahrbahn z. B.) (*Aut. - etc.*), aderenza. 58 ~ **schlussbeiwert** (*m. - Aut. - etc.*), coefficiente di aderenza. 59 ~ **schlussgewicht** (Reibungsgewicht) (*n. - Eisenb. - Fahrz.*), peso aderente. 60 ~ **schlusszugkraft** (Reibungszugkraft) (*f. - Eisenb. - Fahrz.*), sforzo di trazione massimo. 61 ~ **spritze** (*f. - Masch.*), motopompa antincendi. 62 ~ **steuerung** (Servosteuerung) (*f. - Elektromech. - etc.*), servocomando. 63 ~ **stoff** (Treibstoff) (*Brennst.*), siehe Kraftstoff. 64 ~ **strom** (*m. - Elekt.*), corrente per forza motrice. 65 ~ **transformator** (*m. - Elekt.*), trasformatore di potenza. 66 ~ **turbine** (Wellenturbine, eines Turbotriebwerkes) (*f. - Mot.*), turbina comando elica (o rotore). 67 ~ **und Gegen-**

kraftangetrieben

kraft (Wirkung und Gegenwirkung) (*Mech.*), azione e reazione. 68 ~ **verstärker** (*m. - Elektroakus.*), amplificatore di potenza. 69 ~ **vorschub** (maschineller Vorschub) (*m. - Werkz. masch.bearb.*), avanzamento meccanico. 70 ~ **wagen** (*m. - Aut.*), siehe Kraftwagen. 71 ~ **wandler** (*m. - Elekt.*), trasduttore. 72 ~ **wasser** (eines Kraftwerks) (*n. - Elekt.*), acqua motrice. 73 ~ **werk** (*n. - Elekt.*), siehe Kraftwerk. 74 ~ **winde** (*f. - Ger.*), verricello a motore. 75 ~ **wirkung** (*f. - Mech.*), effetto dinamico. 76 ~ **zähler** (*m. - Elekt. - Instr.*), contatore per forza motrice. 77 ~ **zentrale** (Maschinenhaus, einer Fabrik) (*f. - Ind.*), sala macchine. 78 ~ **zug** (*m. - Mech.*), trazione meccanica. 79 **Aktiv** ~ (Projektion der Zerspankraft auf die Arbeitsebene) (*Mech. - Werkz.*), forza attiva. 80 **Brems** ~ (*Fahrz. - etc.*), forza frenante. 81 **Druck** ~ (*Baukonstr.lehre*), forza di compressione. 82 **eine** ~ **zerlegen** (*Mech. - etc.*), scomporre una forza. 83 **elektromotorische** ~ (*Phys.*), forza elettromotrice. 84 **Feder** ~ (*Mech.*), forza elastica. 85 **Flächen** ~ (Druckkraft z. B.) (*Phys.*), forza di superficie. 86 **Flieh** ~ (Zentrifugalkraft) (*Mech.*), forza centrifuga. 87 **Gegen** ~ (*Mech.*), forza antagonista. 88 **gegenelektromotorische** ~ (*Phys.*), forza controelettromotrice. 89 **Hub** ~ (*Flugw.*), forza ascensionale. 90 **induzierte elektromotorische** ~ (*Elekt.*), forza elettromotrice indotta. 91 **in** ~ **bleiben** (*allg.*), rimanere in vigore. 92 **in** ~ **treten** (Gesetz z. B.) (*recht.*), entrare in vigore. 93 **Kauf** ~ (*komm. - finanz.*), potere di acquisto. 94 **lebendige** ~ (kinetische Energie) (*Mech. - etc.*), energia cinetica. 95 **Linien** ~ (*Phys.*), forza di linea. 96 **magnetomotorische** ~ (*Phys.*), forza magnetomotrice. 97 **Passiv** ~ (Schaftkraft, Rückkraft, Projektion der Zerspankraft auf eine Senkrechte zur Arbeitsebene) (*Mech. - Werkz.*), forza passiva, reazione. 98 **resultierende** ~ (*Mech.*), forza risultante, risultante. 99 **rückwirkende** ~ (Reaktionskraft) (*Mech.*), forza di reazione, reazione. 100 **rückwirkende** ~ (*recht.*), effetto retroattivo, retroattività. 101 **Volumen** ~ (Gravitationskraft z. B.) (*Phys.*), forza di volume. 102 **Wärme** ~ **maschine** (*f. - Mot. - Masch.*), motore termico, macchina termica. 103 **Zentripetal** ~ (*Mech.*), forza centripeta. 104 **Zug** ~ (*Fahrz.*), sforzo di traino, sforzo di trazione.

kraftangetrieben (kraftbetätigt) (*Mech.*), azionato meccanicamente.

kraftbetätigt (*Mech.*), azionato meccanicamente.

Kräfte (*pl. - Phys. - etc.*), forze. 2 ~ **bestimmung** (*f. - Baukonstr.lehre*), analisi delle sollecitazioni. 3 ~ **diagramm** (Cremonascher Kräfteplan) (*n. - Baukonstr.lehre*), diagramma reciproco, diagramma cremoniano. 4 ~ **dreieck** (*n. - Mech.*), triangolo delle forze. 5 ~ **gleichgewicht** (*n. - Mech. - etc.*), equilibrio delle forze. 6 ~ **paar** (*n. - Mech.*), coppia (di forze). 7 ~ **parallelogramm** (*n. - Baukonstr.lehre*), parallelogramma delle forze. 8 ~ **plan** (Cremonascher Kräfteplan) (*m. - Baukonstr. lehre*), diagramma reciproco, diagramma cremoniano. 9 ~ **polygon** (*n. - Baukonstr.lehre*), poligono delle forze. 10 ~ **zerlegung** (*f. - Baukonstr.lehre - etc.*), scomposizione delle forze. 11 ~ **zug** (Kräftepolygon) (*m. - Baukonstr.lehre*), poligono delle forze. 12 ~ **zusammensetzung** (*f. - Baukonstr.lehre - etc.*), composizione delle forze. 13 **Cremonascher** ~ **plan** (*Baukonstr.lehre*), diagramma cremoniano. 14 **reziproker** ~ **plan** (Cremonascher Kräfteplan) (*Baukonstr.lehre*), diagramma reciproco, diagramma cremoniano.

Kraftfahrzeug (mit eigener Maschinenkraft bewegtes, nicht an Schienen gebundenes Landfahrzeug) (*n. - Fahrz.*), autoveicolo. 2 ~ **bau** (Automobilbau) (*m. - Fahrz.*), costruzioni automobilistiche. 3 ~ **brief** (*m. - Aut.*), libretto di circolazione. 4 ~ **elektriker** (*m. - Arb.*), «elettrauto», elettricista per autoveicoli. 5 ~ **fabrik** (Automobilfabrik) (*f. - Ind.*), fabbrica di automobili. 6 ~ **handwerker** (Kraftfahrzeugmechaniker) (*m. - Arb.*), meccanico per automobili. 7 ~ **industrie** (Automobilindustrie) (*f. - Ind.*), industria automobilistica. 8 ~ **-Kennzeichen** (*n. - Aut.*), sigla automobilistica. 9 ~ **motor** (*m. - Mot.*), motore per autoveicolo. 10 ~ **schein** (*m. - Aut.*), carta di circolazione. 11 ~ **steuer** (*f. - Aut.*), tassa di circolazione, «bollo». 12 ~ **winde** (*f. - Werkz.*), martinetto per autoveicoli, cricco, «cric». 13 ~ **zubehör** (*n. - Aut.*), autoaccessorio, accessorio per autoveicoli. 14 **Arbeits** ~ (mit festgebundenen Masch. oder Geräten, Strassenreinigungsmaschinen z. B.) (*Aut.*), autocarro per impieghi speciali.

kraftgesteuert (*Mech.*), a comando meccanico.

kräftig (*allg.*), robusto.

kraftschlüssig (durch eine äussere Kraft in Berührung gehalten, Ventil und Nocken durch die Federkraft z. B.) (*Mech.*), accoppiato dinamicamente, ad accoppiamento di forza. 2 ~ **verbinden** (*Mech.*), accoppiare dinamicamente, accoppiare di forza.

Kraftstoff (Treibstoff, Brennstoff zum Antrieb von Verbrennungsmotoren) (*m. - Mot.*), carburante, combustibile (per motori a combustione interna). 2 ~ (für Ottomotoren) (*Mot.*), carburante. 3 ~ (für Dieselmotoren und Gasturbinen) (*Mot.*), combustibile. 4 ~ **anlage** (*f. - Mot. - Aut.*), impianto di alimentazione del combustibile. 5 ~ **behälter** (*m. - Mot. - Aut.*), serbatoio del combustibile, serbatoio del carburante. 6 ~ **behälter** (Benzinbehälter) (*Aut.*), serbatoio della benzina. 7 ~ **einspritzung** (*f. - Mot.*), iniezione di carburante, iniezione di combustibile. 8 ~ **-Förderpumpe** (*f. - Mot.*), pompa di alimentazione del carburante, pompa di alimentazione del combustibile. 9 ~ **hilfsbehälter** (*m. - Art.*), serbatoio di riserva del combustibile, serbatoio di riserva del carburante. 10 **Kraftstoffilter** (*m. - Mot.*), filtro del combustibile, filtro del carburante. 11 **Kraftstoffförderpumpe** (*f. - Aut. - Mot.*), pompa di alimentazione del combustibile. 12 ~ **-Luftgemisch** (*n. - Mot.*), miscela combustibile-aria, miscela carburante-aria. 13 ~ **messer** (*m. - Aut. - Instr.*), indicatore di livello del combustibile, indicatore di livello del carburante.

14 ~ **messuhr** (*f. - Instr.*), indicatore di livello del combustibile, indicatore di livello del carburante. 15 ~ **notablass** (*m. - Flugw.*), scarico di emergenza del combustibile. 16 ~ **ölmischung** (*f. - Fahrz.*), miscela. 17 ~ **pumpenmembrane** (*f. - Mot. - Aut.*), membrana della pompa di alimentazione. 18 ~ **schlauch** (*m. - Mot.*), tubo flessibile del combustibile, tubo flessibile del carburante. 19 ~ **schnellablass** (*m. - Flugw.*), scarico rapido del carburante. 20 ~ **verbrauch** (*m. - Mot.*), consumo di combustibile, consumo di carburante. 21 ~ **-Vorratszeiger** (*m. - Aut. - Instr.*), indicatore di livello del carburante. 22 ~ **zufluss** (*m. - Mot.*), alimentazione del combustibile, alimentazione del carburante. 23 ~ **zusatz** (*m. - Mot.*), additivo per carburanti. 24 Diesel ~ (DK, für den Betrieb von schnellaufenden Dieselmotoren, Gasöl) (*Brennst.*), combustibile per motori Diesel, gasolio, nafta per motori Diesel. 25 Düsen ~ (*Brennst.*), combustibile per motori a getto. 26 flüssiger ~ (*Brennst.*), combustibile liquido. 27 gasförmiger ~ (*Brennst.*), combustibile gassoso. 28 gebleiter ~ (Benzin) (*Mot. - Brennst.*), benzina etilizzata. 29 Otto ~ (Verbrennungskraftstoff) (*Brennst.*), benzina. 30 Renn ~ (*Brennst.*), carburante per veicoli da corsa. 31 spezifischer ~ verbrauch (*m. - Mot.*), consumo specifico di combustibile, consumo specifico di carburante. 32 Super ~ (*Brennst. - Aut.*), supercarburante, benzina super. 33 Verbrennungs ~ (VK, Ottokraftstoff) (*Brennst.*), carburante, benzina.

Kraftwagen (Automobil, Auto, Kraftfahrzeug zur Beförderung von Personen und/oder Sachen in eigenem Nutzraum) (*m. - Fahrz.*), autoveicolo. 2 ~ **empfänger** (Autoradio) (*m. - Aut. - Funk.*), autoradio. 3 ~ **getriebe** (Wechselgetriebe, Schaltgetriebe) (*n. - Aut. - Mech.*), cambio per autoveicoli. 4 Kessel ~ (*Aut.*), autobotte, autocisterna. 5 Kombinations ~ (Kombi) (*Aut.*), giardiniera, autoveicolo promiscuo. 6 Kranken ~ (*Aut.*), autoambulanza. 7 Last ~ (Lkw) (*Aut.*), autocarro. 8 Personen ~ (Pkw) (*Aut.*), autovettura. 9 Spezial ~ (Krankenkraftwagen, Kesselkraftwagen z. B.) (*Aut.*), autoveicolo speciale.

Kraftwerk (*n. - Elekt.*), centrale elettrica. 2 ~ **s·warte** (*f. - Elekt.*), sala quadri della centrale. 3 Dampf ~ (*Elekt.*), centrale termoelettrica a vapore. 4 Fluss ~ (Stromkraftwerk, Niederdruckstaukraftwerk) (*Elekt.*), centrale (idroelettrica) a piccolo salto. 5 Kern ~ (Atomkraftwerk) (*Elekt.*), centrale elettronucleare, centrale atomica, centrale elettrica ad energia atomica. 6 Wärme ~ (*Elekt.*), centrale termoelettrica. 7 Wasser ~ (*Elekt.*), centrale idroelettrica.

Kragbalken (*m. - Bauw.*), trave a sbalzo.
Kragdach (*n. - Bauw.*), pensilina, tetto a sbalzo.
Kragen (*m. - allg.*), collare. 2 ~ (Innenbord) (*Blechbearb.*), slabbratura. 3 ~ (Durchziehen, Verfahren) (*Blechbearb.*), slabbratura.
kragenziehen (aufstellen, die Ränder von Öffnungen in Blechteilen) (*Blechbearb.*), slabbrare.

Kragkonstruktion (Kragarm, Konsole) (*f. - Bauw. - Ing.b.*), struttura a sbalzo.
Kragstein (Konsole, aus der Mauer vortretender Stein) (*m. - Bauw.*), mensola.
Kragträger (*m. - Bauw.*), trave a sbalzo.
Krähenfussrunzeln (*f. - pl. - Anstr.fehler*), pieghe a zampa di gallina.
Kralle (für Kabeln z. B.) (*f. - Elekt. - etc.*), graffa.
Kramme (*f. - Bauw.*), siehe Krampe.
Krampe (U-formiger Haken, zum Verbinden von Bauteilen) (*f. - Bauw.*), grappa, graffa. 2 ~ (Nagel) (*Tischl.*), cambretta, cavallottino.
Krampstock (Stock mit löffelartigem Siebblech am Ende zum Abstreifen der Schlackenschicht aus einer Schmelze) (*m. - Giess.*), levascoria.
Kran (*m. - ind. Masch.*), gru. 2 ~ (Hahn) (*Leit.*), rubinetto a maschio. 3 ~ **ausleger** (Kranarm) (*m. - ind. Masch.*), braccio della gru. 4 ~ **bahn** (Kranlaufbahn) (*f. - ind. Masch.*), vie di corsa (della gru). 5 ~ **brücke** (*f. - ind. Masch.*), ponte (della gru). 6 ~ **führer** (*m. - Arb.*), gruista, manovratore (della gru). 7 ~ **führerhaus** (*n. - ind. Masch.*), cabina del gruista, cabina di manovra della gru. 8 ~ **greifer** (*m. - ind. Masch.*), benna per gru. 9 ~ **karren** (*m. - Fahrz.*), carro gru. 10 ~ **laufkatze** (*f. - ind. Masch.*), carrello (mobile) di gru. 11 ~ **pfanne** (*f. - Giess.*), siviera pensile. 12 ~ **träger** (Längsträger, einer Kranbrücke) (*m. - ind. Masch.*), trave longitudinale (della gru). 13 ~ **wagen** (*m. - Eisenb.*), gru ferroviaria, carro gru. 14 ~ **wagen** (*m. - ind. Masch.*), carro attrezzi. 15 Ausleger ~ (*ind. Masch.*), gru a braccio. 16 Auto ~ (*Fahrz.*), autogru. 17 Bock ~ (*ind. Masch.*), gru a cavalletto. 18 Brücken-Ausleger ~ (*ind. Masch.*), gru a ponte scorrevole con sovrastante gru a braccio. 19 Brücken-Dreh ~ (*ind. Masch.*), gru a ponte scorrevole con sovrastante gru girevole. 20 Brücken ~ (Laufkran) (*ind. Masch.*), gru a carroponte, gru a ponte scorrevole. 21 Decken ~ (Hängekran) (*ind. Masch.*), gru a ponte a vie di corsa superiori. 22 Derrick ~ (*ind. Masch.*), gru a braccio retrattile. 23 Dreh ~ (*ind. Masch.*), gru girevole. 24 Drehlauf ~ (einer Verladebrücke) (*ind. Masch.*), gru girevole mobile. 25 Kabel ~ (*ind. Masch.*), gru a funi, Blondin. 26 Konsol ~ (Wandlaufkonsolkran) (*ind. Masch.*), gru a mensola scorrevole. 27 Lauf ~ (Brückenkran) (*ind. Masch.*), gru a ponte scorrevole, gru a carroponte. 28 Portal ~ (*ind. Masch.*), gru a portale. 29 Schwimm ~ (*ind. Masch.*), gru galleggiante. 30 Stockwerks ~ (Kletterkran) (*Bauw. - Masch.*), gru allungabile. 31 Turmdreh ~ (zum Errichten von Hochbauten) (*Bauw. - Masch.*), gru a torre, gru girevole a torre. 32 Wanddreh ~ (*ind. Masch.*), gru girevole da parete. 33 Wandlaufkonsol ~ (*ind. Masch.*), gru a mensola scorrevole. 34 Wasser ~ (*Eisenb.*), colonna idraulica, gru idraulica. 35 Wippdreh ~ (*ind. Masch.*), gru girevole a braccio retrattile. 36 Wipp ~ (*ind. Masch.*), gru a braccio retrattile.

krängen

krängen (sich auf die Seite neigen, eines Schiffes) (*naut.*), sbandare.
Krängung (eines Schiffes, Neigung infolge Winddrucks, ungleich verteilter Ladung, etc.) (*f. - naut.*), sbandamento.
Krankengeld (*n. - Arb. - Organ.*), sussidio (per) malattia.
Krankenhaus (Hospital) (*n. Arch.*), ospedale. 2 ~ **aufenthalt** (*m. - Med.*), periodo di degenza in ospedale. 3 ~ **tarif** (*m. - Med. - Adm.*), retta ospitaliera.
Krankenkasse (*f. - Arb. - Organ.*), cassa malattia.
Krankenpfleger (Krankenwärter) (*m. - Arb.*), infermiere.
Krankenpflegerin (Krankenschwester) (*f. - Arb.*), infermiera.
Krankenschein (*m. - Med. - Arb.*), certificato medico.
Krankenschwester (*f. - Med. - Arb.*), infermiera.
Krankenträger (*m. - milit.*), portaferiti.
Krankenversicherung (*f. - Arb. - Organ.*), assicurazione malattie.
Krankenwagen (*m. - Fahrz.*), autolettiga, lettiga.
Krankheit (*f. - Med.*), malattia. 2 ~ **s·keim** (*m. - Med.*), germe patogeno. 3 **Berufs** ~ (*Med. - Arb.*), malattia professionale.
Kranz (Rand) (*m. - allg.*), corona, orlo (circolare), anello. 2 ~ (Teil einer Turbine, der die Schaufeln trägt) (*Turb.*), anello (portapalette), corona (portapalette). 3 ~ (Felge) (*Fahrz.*), cerchione. 4 ~ (Spurkranz) (*Eisenb.*), bordino. 5 ~ **gesims** (Hauptgesims) (*n. - Arch.*), cornicione. 6 ~ **leiste** (*f. - Bauw. - Arch.*), marcapiano. 7 **Rad** ~ (Felge) (*Fahrz.*), cerchione. 8 **Spur** ~ (einer Felge) (*Eisenb.*), bordino. 9 **Zahn** ~ (*Mech.*), corona dentata.
Krapprot (Alizarin) (*n. - Farbe*), alizarina.
Krarupisierung (*f. - Fernspr.*), krarupizzazione.
Krarupkabel (*n. - Fernspr.*), cavo krarupizzato.
Krater (eines Vulkans) (*m. - Geol.*), cratere. 2 ~ (der Lichtbogenkohle) (*Schweissen - etc.*), cratere. 3 ~ (*Anstr.fehler*), foro di spillo. 4 ~ **bildung** (*f. - Schweissen*), formazione di cratere, craterizzazione. 5 ~ **erscheinung** (*f. - Anstr.fehler*), vaiolatura, fori di spillo. 6 ~ **leuchtdichte** (einer Bogenlampe) (*f. - Elekt.*), brillanza del cratere. 7 ~ **reflektor** (einer Bogenlampe) (*m. - Elekt.*), riflettore del cratere.
Kratzbagger (Kratzer) (*m. - Erdbew.masch.*), escavatore a benna trascinata.
Kratzband (Förderer) (*n. - ind. Transp.*), nastro a pale raschianti, trasportatore a raschiamento.
Kratzbürste (Drahtbürste) (*f. - Werkz.*), spazzola metallica.
Kratze (Krempel) (*f. - Textilind.*), carda. 2 ~ (Werkz. zum Kratzen) (*Werkz.*), raschietto. 3 ~ (für metall. Bad) (*Metall.*), raschiatoio. 4 ~ **n·beschlag** (*m. - Textilind.*), guarnizione per carda, scardasso. 5 ~ **n·draht** (Kratzenstift) (*m. - Textilind.*), dente di carda, dente di guarnizione, punta di carda. 6 ~ **n·zahn** (Kratzenstift, Kratzendraht) (*m. - Textilind.*), dente di carda, dente di guarnizione, punta di carda.
Krätze (metallhaltiger Abfall) (*f. - Metall.*), scoria. 2 ~ (Schlacke) (*Giess.*), scoria. 3 ~ (*Med.*), scabbia. 4 ~ **aufbereitung** (*f. - Giess.*), separazione delle scorie. 5 ~ **ausschmelzmittel** (um die Krätze in einer einziger Schicht zu binden über dem Metallbad) (*n. - Giess.*), fondiscoria. 6 ~ **-Separator** (*m. - Giess.*), separatore di scorie.
Kratzeisen (Schuhreiniger an der Haustür) (*n. - Bauw.*), nettapiedi, ferro nettapiedi. 2 ~ (Schabeisen) (*Werkz.*), raschietto.
Kratzen (Schaben mit einem groben Gerät) (*n. - allg.*), raschiamento, raschiatura. 2 ~ (Geräusch) (*Mech. - Akus.*), grattamento. 3 ~ (Kratzgeräusch) (*Akus. - Funk.*), fruscìo, raschìo. 4 ~ (Krempeln) (*Textilind.*), cardatura. 5 ~ (Warmziehen, von Röhren) (*Metall.*), trafilatura a caldo (di tubi).
kratzen (schaben) (*allg.*), raschiare. 2 ~ (Geräusch machen) (*Mech.*), grattare. 3 ~ (Geräusch machen) (*Akus. - Funk.*), raschiare. 4 ~ (krempeln) (*Textilind.*), cardare.
Kratzer (Kratzbagger) (*m. - Erdbew.masch.*), escavatore a benna trascinata. 2 ~ (Förderer) (*ind. Transp.*), trasportatore a raschiamento, trasportatore a palette raschianti. 3 ~ (auf einer bearbeiteten Fläche z. B.) (*Mech. - Fehler*), graffio, graffiatura. 4 ~ (Schramme, eines Films z. B.) (*allg.*), graffio.
Krätzer (*m. - Giess. - Ger.*), levascorie.
Kratzfestigkeit (*f. - Technol.*), resistenza alla abrasione.
Kratzgeräusch (Kratzen) (*n. - Elektroakus. - Fehler*), fruscìo, raschìo.
Kratzmaschine (Kardenmaschine) (*f. - Textilmasch.*), carda.
Kratzprobe (*f. - Anstr.*), prova di raschiatura.
Kratzputz (Sgraffito) (*m. - Maur.*), graffito.
Kratzwolle (*f. - Textilind.*), lana di carda.
Kräusellack (*m. - Anstr.*), vernice vetrificata, vernice per effetto raggrinzante.
kräuseln (*allg.*), raggrinzare, increspare.
Kräuselung (der Wollfasern) (*f. - Textilind.*), arricciatura. 2 ~ **s·bogen** (der Wollfasern z. B.) (*m. - Textilind.*), arco di arricciatura. 3 ~ **s·länge** (der Wollfasern, Differenz zwischen der Länge der entkräuselten und gekräuselten Faser) (*f.-Textilind.*), lunghezza di arricciatura. 4 ~ **s·messer** (Wollklassifikator) (*m. - Teätilind. - Ger.*), misuratore delle ondulazioni, misuratore di arricciatura. 5 ~ **s·treue** (Gleichmässigkeit der Kräuselung, der Wollfasern, Wellentreue) (*f. - Textilind.*), uniformità di arricciatura. 6 **flachbogige** ~ (der Wollfasern) (*Textilind.*), arricciatura piatta. 7 **gedehntbogige** ~ (der Wollfasern) (*Textilind.*), arricciatura allungata. 8 **gedrängtbogige** ~ (der Wollfasern) (*Textilind.*), arricciatura stretta. 9 **gemaschte** ~ (überbogige Kräuselung, der Wollfasern) (*Textilind.*), arricciatura ammagliata. 10 **hochbogige** ~ (der Wollfasern) (*Textilind.*), arricciatura pronunciata. 11 **normalbogige** ~ (der Wollfasern) (*Textilind.*), arricciatura nor-

male. **12 schlichte** ~ (der Wollfasern) (*Textilind.*), arricciatura debole. **13 überbogige** ~ (gemaschte Kräuselung, der Wollfasern) (*Textilind.*), arricciatura ammagliata.
Kraushammer (Stockhammer) (*m. - Maur. - Werkz.*), bocciarda.
Krauskopf (Versenker, für Holz) (*m. - Tischl. - Werkz.*), utensile per svasare.
Krausputz (Berapp) (*m. - Maur.*), rinzaffo.
Krautschläger (*m. - Landw.masch.*), estirpatore.
Kraweelbau (*m. - Schiffbau*), costruzione a paro, costruzione a comenti (appaiati).
kraweelgebaut (*Schiffbau*), a comenti (appaiati), a paro.
Kreativität (*f. - allg.*), creatività.
Krebs (nicht verkauftes Buch) (*m. - Druck. - komm.*), libro invenduto. **2** ~ (*Astr.*), cancro. **3 Eisen** ~ (*Giess.*), siehe Spongiose.
Kredit (Haben) (*m. - Buchführung*), credito, avere. **2** ~ **brief** (*m. - komm.*), lettera di credito. **3** ~ **eröffnung** (Krediteinräumung, Kreditbewilligung) (*f. - komm.*), apertura di credito. **4** ~ **institut** (Kreditanstalt, Kreditbank) (*n. - finanz.*), istituto di credito. **5** ~ **note** (*f. - komm.*), nota di accredito. **6** **hypothekarischer** ~ (*finanz.*), credito ipotecario.
kreditieren (*Adm.*), accreditare.
Kreditierung (*f. - komm.*), accredito.
Kreditor (*m. - komm. - Adm.*), creditore. **2** ~ **en·buchhaltung** (*f. - Adm.*), conti attivi.
Kreide (erdiger Kalkstein) (*f. - Min.*), creta. **2** ~ **formation** (*f. - Geol.*), cretaceo, periodo cretacico. **3** ~ **weiss** (*n. - Min. - Geol.*), bianchetto. **4 Schreib** ~ (*Schule*), gessetto, gesso (da lavagna).
Kreiden (Auskreiden, Abkreiden) (*n. - Anstr.fehler*), sfarinamento.
kreiden (in Schuldrechnung schreiben) (*Buchhaltung*), registrare a debito, addebitare. **2** ~ (*Anstr.fehler*), sfarinarsi.
kreidig (*allg.*), gessoso. **2** ~ (*Geol.*), cretacico.
Kreis (Kreislinie) (*m. - Geom.*), circonferenza, circolo, cerchio. **2** ~ (Stromkreis) (*Elektr.*), circuito (elettrico). **3** ~ (Verwaltungsbezirk) (*Adm.*), circondario. **4** ~ **abschnitt** (Kreissegment) (*m. - Geom.*), segmento (di cerchio), segmento circolare. **5** ~ **abtastung** (*f. - Fernseh.*), scansione circolare. **6** ~ **ausschnitt** (*m. - Geom.*), settore circolare. **7** ~ **bahn** (*f. - Astr.*), orbita circolare. **8** ~ **bahn-Test** (zur Bestimmung des Fahrverhaltens in Kurven) (*m. - Aut.*), prova dei cerchi. **9** ~ **bewegung** (*f. - Mech.*), moto rotatorio, moto circolare, rotazione. **10** ~ **blatt** (für Registriergeräte) (*n. - Instr.*), carta circolare, disco di carta. **11** ~ **blatt-Schreiber** (*m. - Instr.*), registratore a disco di carta. **12** ~ **bogen** (*m. - Geom.*), arco di cerchio. **13** ~ **bogen** (*Arch.*), arco a tutto sesto. **14** ~ **bogenverzahnung** (*f. - Mech.*), dentatura ad arco di cerchio. **15** ~ **diagramm** (*n. - Elektr. - etc.*), diagramma polare. **16** ~ **fahrtest** (*m. - Aut.*), *siehe* Kreisbahn-Test. **17** ~ **fläche** (*f. - Geom.*), cerchio, superficie circolare. **18** ~ **förderer** (*m. - ind. Masch.*), trasportatore continuo, trasportatore a circuito chiuso. **19** ~ **formfehler** (Unrundheit) (*m. - Mech.*), errore di circolarità. **20** ~ **frequenz** (Winkelgeschwindigkeit) (*f. - Mech.*), velocità angolare. **21** ~ **frequenz** (Frequenz einer Schwingung mal 2π) (*Phys.*), pulsazione. **22** ~ **funkfeuer** (*n. - Funk.*), radiofaro onnidirezionale. **23** ~ **funktion** (*f. - Math.*), funzione circolare. **24** ~ **kegel** (Kegel dessen Leitlinie ein Kreis ist) (*m. - Geom.*), cono a base circolare. **25** ~ **kolbenmotor** (Wankelmotor, Drehkolbenmotor) (*m. - Mot.*), motore a rotore eccentrico, motore Wankel, motore a stantuffo rotante. **26** ~ **korn** (bei Maschinengewehren) (*n. - milit.*), mirino circolare. **27** ~ **lauf** (in sich selbst geschlossene Geschehniskette) (*m. - allg.*), ciclo. **28** ~ **lauf** (geschlossener Laufgang, von Öl in einem Motor z. B.) (*Mot. - Mech.*), circuito. **29** ~ **lauf** (Bewegung von Öl z. B. in einem Motor) (*Masch. - Mot.*), circolazione. **30** ~ **lauf** (von Blut) (*Med.*), circolazione. **31** ~ **laufmaterial** (abgeschlagenes Einguss-, Anschnitt- und Steigersystem nach dem Erstarren und zum Schmelzen gesendet) (*n. - Giess.*), ritorni di fonderia. **32** ~ **linie** (*f. - Geom.*), circonferenza, circolo, cerchio. **33** ~ **messer** (*n. - Werkz.*), coltello circolare. **34** ~ **mittelpunkt** (Zentrum) (*m. - Geom.*), centro (del cerchio). **35** ~ **prozess** (*m. - Phys.*), processo ciclico, ciclo. **36** ~ **prozess** (*Masch.*), ciclo. **37** ~ **prozess** (eines Verbrennungsmotors) (*Mot.*), ciclo termico. **38** ~ **ring** (*m. - Geom.*), anello circolare. **39** ~ **säge** (*f. - Masch.*), sega circolare, segatrice circolare. **40** ~ **schaltung** (Rückführungs·schaltung) (*f. - Autom. - etc.*), circuito ad anello chiuso, circuito con retroazione. **41** ~ **schere** (*f. - Masch.*), cesoia circolare. **42** ~ **segment** (Kreisabschnitt) (*n. - Geom.*), segmento (di cerchio), segmento circolare. **43** ~ **sektor** (*m. - Geom.*), settore circolare. **44** ~ **skala** (*f. - Instr. - Ger.*), cerchio graduato, scala circolare. **45** ~ **strom** (*m. - Elekt.*), corrente circolare. **46** ~ **strömung** (Zirkulation) (*f. - allg.*), circolazione. **47** ~ **teilmaschine** (zur Bearbeitung von Zahnrädern z. B.) (*f. - Werkz.masch.bearb.*), macchina a dividere. **48** ~ **teiltisch** (Vorr. für Bohrmaschinen z. B.) (*m. - Werkz.masch.*), tavola circolare con divisore. **49** ~ **teilung** (eines Zahnrades) (*f. - Mech.*), passo, passo sul cerchio primitivo. **50** ~ **umfang** (Kreislinie) (*m. - Geom.*), circonferenza, circolo, cerchio. **51** ~ **verkehr** (an Strassenkreuzungen) (*m. - Strass.verkehr*), circolazione rotatoria. **52** ~ **wellenzahl** (Phasenkonstante) (*f. - Phys. - Akus.*), costante di fase. **53** ~ **zahl** (π, 3,14159) (*f. - Geom.*), pi greco, π. **54 äusserer Wende** ~ (*Fahrz.*), diametro di volta esterno. **55 Carnotscher** ~ **prozess** (*m. - Thermodyn.*), ciclo di Carnot. **56 Fuss** ~ (eines Zahnrades) (*Mech.*), cerchio di fondo, circonferenza di fondo. **57 Grund** ~ (eines Zahnrades, bei Evolventen-Verzahnung) (*Mech.*), circonferenza di base, cerchio di base. **58 Grund** ~ **radius** (eines Zahnrades) (*m. - Mech.*), raggio del cerchio di base. **59 Kopf** ~ (eines Zahnrades) (*Mech.*), circonferenza di troncatura, cerchio di troncatura. **60 Kühlwasser** ~ **lauf** (*m. - Mot.*), circuito dell'acqua di raffreddamento. **61 Teil** ~ (eines Zahnrades) (*Mech.*), circonferenza primitiva,

Kreisel

cerchio primitivo. 62 Wende ~ (*Fahrz.*), diametro di volta. 63 Zündungsstrom ~ (*Mot.*), circuito di accensione.
Kreisel (Kreiselgerät, Gyroskop) (*m. - Ger.*), giroscopio. 2 ~ (Stabilisator) (*m. - naut. - App.*), stabilizzatore giroscopico. 3 ~ arretierung (Kreiselfeststeller) (*f. - Vorr.*), dispositivo bloccaggio giroscopio. 4 ~ auflader (*m. - Mot.*), compressore centrifugo. 5 ~ bewegung (*f. - Mech.*), movimento giroscopico. 6 ~ brecher (für Gestein) (*m. - Masch. Bergbau*), frantoio rotativo. 7 ~ gebläse (für Lüftung) (*n. - Masch.*), ventilatore centrifugo. 8 ~ gebläse (Kreiselauflader) (*Mot.*), compressore centrifugo. 9 ~ gerät (Kreisel, Gyroskop) (*n. - Ger.*), giroscopio. 10 ~ horizont (künstlicher Horizont) (*m. - Flugw. Instr.*), giroorizzonte, orizzonte artificiale. 11 ~ kompass (*m. - Instr.*), girobussola, bussola giroscopica. 12 ~ moment (der Vorderräder z. B.) (*n. - Aut.*), coppia giroscopica, momento giroscopico. 13 ~ platform (*f. - Ger. - Navig.*), piattaforma inerziale. 14 ~ pumpe (Zentrifugalpumpe) (*f. - Masch.*), pompa centrifuga. 15 ~ schwerpunkt (*m. - Mech.*), centro d'inerzia. 16 ~ steuergerät (*n. - Flugw. - Ger.*), giropilota, autopilota. 17 ~ tochterkompass (*m. - Instr.*), girobussola ripetitrice, bussola giroscopica ripetitrice. 18 ~ verdichter (Ventilator) (*m. - Masch.*), ventilatore centrifugo. 19 ~ verdichter (Kompressor) (*Masch.*), compressore centrifugo. 20 ~ wirkung (*f. - Phys.*), effetto giroscopico. 21 astatischer ~ (*Ger.*), siehe kräftefreier Kreisel. 22 Drehgeschwindigkeitsmess ~ (Wendekreisel) (*Ger.*), girometro, giroscopio misuratore di velocità angolare. 23 Horizont ~ (Kreiselhorizont, künstlicher Horizont) (*Flugw. - Instr.*), orizzonte artificiale, giro-orizzonte. 24 kräftefreier ~ (mit drei Freiheitsgraden) (*Ger.*), giroscopio libero. 25 Schiffs ~ (*Ger.*), girostabilizzatore navale. 26 Wende ~ (zur Messung und Anzeige von Winkelgeschwindigkeiten) (*Ger.*), girometro, giroscopio misuratore di velocità angolare.
kreiselmagnetisch (*Phys.*), giromagnetico.
kreisen (rotieren) (*allg.*), ruotare.
kreisförmig (*allg.*), circolare.
kreisstrombehaftet (*Elekt.*), affetto da corrente circolare.
kreisstromfrei (*Elekt.*), esente da corrente circolare.
Krem (Crème) (*f. - m. - Ind.*), crema. 2 Haut ~ (*chem. Ind.*), crema per la pelle.
Krempblech (Bördelblech) (*n. - metall. Ind.*), lamiera flangiata.
Krempe (*f. - Bauw.*), siehe Krampe.
Krempel (Karde, Kratze) (*f. - Textilmasch.*), carda. 2 ~ abfall (*m. - Textilind.*), cascame di carda. 3 ~ arbeit (*f. - Textilind.*), cardatura. 4 ~ wolf (*m. - Textilmasch.*), battitoio cardatore, lupo cardatore. 5 Deckel ~ (*Textilmasch.*), carda a cappelli. 6 Walzen ~ (*Textilmasch.*), carda a cilindri. 7 Wanderdeckel ~ (*Textilmasch.*), carda a cappelli mobili.
Krempeln (Blechbearbeitung) (*n. - mech. Technol.*), bordatura. 2 ~ (Krempelarbeit) (*Textilind.*), cardatura. 3 Fein ~ (*Textilind.*), cardatura in fino. 4 Grob ~ (*Textilind.*), cardature in grosso.
krempeln (kardieren) (*Textilind.*), cardare. 2 ~ (Blechbearbeitung) (*mech. Technol.*), bordare.
Krempler (*m. - Arb.*), cardatore.
krengen (krängen) (*naut.*), sbandare.
Krengung (Krängung) (*f. - naut.*), sbandamento.
Kreosol ($C_8H_{10}O_2$) (*n. - Chem.*), creosolo, monometilguaiacolo.
Kreosot (*n. - Chem.*), creosoto.
Krepp (Crêpe) (*m. - Text.*), crespo. 2 ~ de Chine (*Text.*), crespo cinese. 3 ~ -Papier (*n. - Papierind.*), carta crespata. 4 ~ sohle (Rohkautschuksohle) (*f. - Ind.*), suola di para.
Kreppen (Fältelung des Papiers) (*n. - Papierind.*), crespatura.
Kresol [$C_6H_4(CH_3)OH$] (Methylphenol) (*n. - Chem.*), cresolo, metilfenolo.
Kretonne (Cretonne) (*f. - Text.*), « crétonne ».
Kreuz (*n. - allg.*), croce. 2 ~ (einer Gelenkwelle) (*Mech.*), crociera. 3 ~ anschliff (Schleifverfahren für die Spitze eines Spiralbohrers) (*m. - Werkz.*), affilatura a croce. 4 ~ arm (*m. - allg.*), traversa. 5 ~ balken (Querbalken) (*m. - Bauw.*), trave trasversale. 6 ~ band (an Türen, etc.) (*n. - Tischl. - Bauw.*), maschietto, cerniera a « paumelles ». 7 ~ band (Andreaskreuz) (*Zimm. - Bauw.*), croce di S. Andrea. 8 ~ bramstenge (*f. - naut.*), alberetto di belvedere. 9 ~ dipol (*m. - Funk.*), dipolo incrociato. 10 ~ gang (eines Klosters) (*m. - Arch.*), chiostro. 11 ~ gängen (beim Lackieren) (*pl. - Anstr.*), mani incrociate. 12 ~ gelenk (*n. - Mech.*), giunto a snodo, giunto universale, giunto cardanico. 13 ~ gelenktrieb (*m. - Mech.*), trasmissione snodata, trasmissione cardanica, trasmissione a crociera. 14 ~ gewölbe (*n. - Arch.*), volta a crociera. 15 ~ greifen (Schränken, Einlesen) (*n. - Textilind.*), invergatura. 16 ~ griff (*m. - Mech.*), maniglia a crociera. 17 ~ hahn (*m. - Leit.*), rubinetto a quattro vie. 18 ~ hiebfeile (*f. - Werkz.*), lima a taglio incrociato. 19 ~ klemme (vierpolige Klemme) (*f. - Elekt.*), morsetto quadripolare. 20 ~ knoten (*m. - naut.*), nodo piano, nodo dritto. 21 ~ kopf (*m. - Mech. - Masch.*), testa a croce. 22 ~ kopfführung (*f. - Masch.*), guida della testa a croce. 23 ~ korrelation (*f. - allg.*), intercorrelazione. 24 ~ lochmutter (*f. - Mech.*), dado cilindrico con fori radiali. 25 ~ lochschraube (*f. - Mech.*), vite a testa tonda con fori radiali. 26 ~ marsstenge (*f. - naut.*), albero di contromezzana. 27 ~ mast (Achtermast, Besanmast) (*m. - naut.*), albero di mezzana. 28 ~ meissel (*m. - Bergbauwerkz.*), scalpello a croce. 29 ~ meissel (Holzbearbeitungswerkzeug) (*Werkz.*), unghietta. 30 ~ modulation (*f. - Funk.*), intermodulazione, trasmodulazione. 31 ~ peilung (*f. - naut.*), rilevamento ad incrocio. 32 ~ pfahl (*m. - naut.*), bitta. 33 ~ rahmenantenne (*f. - Funk.*), antenna a quadri incrociati. 34 ~ rippe (*f. - Bauw.*), nervatura a croce. 35 ~ rollenkette (Rollenkette deren Rollen um 90° wechselweise versetzt sind) (*f. - Mech.*), catena a rulli incrociati. 36 ~ rute (Kreuzschiene, Kreuzstab, Leserute, Trennstab) (*f.*

- *Textilmasch.*), verga, bacchetta d'invergatura. 37 ~ **schaltung** (*f.* - *Elekt.*), connessione incrociata. 38 ~ **schiene** (Kreuzrute, Kreuzstab, Trennstab, Leserute) (*f.* - *Textilmasch.*), bacchetta d'invergatura, verga. 39 ~ **schienensystem** (Crossbarsystem) (*n.* - *Fernspr. etc.*), sistema crossbar, sistema a barre incrociate. 40 ~ **schienenwähler** (Crossbarwähler, Koordinatenwähler) (*m.* - *Fernspr.*), crossbar, selettore crossbar. 41 ~ **schienenverteiler** (Steckbrett) (*NC-Werkz.masch.*), pannello distributore a spine. 42 ~ **schiff** (*n.* - *Arch.*), transetto. 43 ~ **schlag** (eines Drahtseiles) (*m.* - *Seile*), avvolgimento incrociato. 44 ~ **schliff** (Bearbeitungsverfahren, von Zahnrädern z. B.) (*m.* - *Werkz.masch.bearb.*), rettifica di finitura incrociata. 45 ~ **schliff** (Oberflächengefüge) (*Mech.*), finitura di rettifica incrociata. 46 ~ **schlitten** (*m.* - *Werkz.masch.*), slitta composita. 47 ~ **schlitten** (Oberschlitten, mit Werkzeughalter, einer Drehbank) (*Werkz.masch.*), slitta trasversale con torretta portautensili. 48 ~ **schlitz** (einer Schraube) (*m.* - *Mech.*), intaglio a croce. 49 ~ **schraffur** (*f.* - *Zeichn.*), tratteggio incrociato. 50 ~ **schweissprobe** (Blechprobe) (*f.* - *mech. Technol.*), provino (di lamiera) saldato in croce. 51 ~ **spule** (*f.* - *Textil.*), rocchetto ad avvolgimento incrociato. 52 ~ **spulmaschine** (*f.* - *Textilmasch.*), rocchettiera ad avvolgimento incrociato. 53 ~ **spulmesswerk** (*n.* - *Ger.*), equipaggio di misura a bobine incrociate. 54 ~ **spul-Ohmmeter** (*n.* - *Elekt.* - *Ger.*), ohmmetro a bobina incrociata. 55 ~ **stab** (Kreuzschiene, Kreuzrute, Laserute, Trennstab) (*m.* - *Textilmasch.*), verga, bacchetta d'invergatura. 56 ~ **stake** (*f.* - *Bauw.*), sbadacchio a croce. 57 ~ **stange** (*f.* - *Mech.*), traversa. 58 ~ **streben** (Andreaskreuz) (*f.* - *pl.* - *Bauw.*), croce di St. Andrea. 59 ~ **stück** (TT-Stück) (*n.* - *Leit.*), croce (a 90°), raccordo a quattro vie a 90°. 60 ~ **tisch** (Vorr. für Bohrmaschinen z. B.) (*m.* - *Werkz.masch.*), tavola composita. 61 ~ **tisch** (in zwei Richtungen bewegbarer Tisch, eines Mikroskops) (*Opt.* - *Ger.*), piatto mobile in due direzioni. 62 ~ **verspannung** (Diagonalverstrebung) (*f.* - *Bauw.* - *etc.*), controventatura diagonale. 63 ~ **verstrebung** (eines Fahrgestells) (*f.* - *Aut.*), traversa a X. 64 ~ **verzahnung** (von Fräsern) (*f.* - *Werkz.*), dentatura alterna. 65 ~ **vorschub** (Quervorschub) (*m.* - *Werkz.masch.bearb.*), avanzamento trasversale. 66 ~ **wicklung** (*f.* - *Elekt.*), avvolgimento a fili incrociati, avvolgimento a nido d'api. 67 **Andreas** ~ (Schrägkreuz) (*Arch.*), croce di St. Andrea. 68 **Griechisches** ~ (*Arch.*), croce greca. 69 **Lateinisches** ~ (*Arch.*), croce latina. 70 **Malteser** ~ (*Mech.*), croce di Malta. 71 **nadelgelagertes** ~ (einer Gelenkwelle) (*Mech.*), crociera a rullini. 72 **Schräg** ~ (Andreaskreuz) (*Arch.*), croce di St. Andrea.

Kreuzen (*n.* - *naut.*), bordeggiare (*s.*). 2 ~ (von Drähten) (*Fernspr.*), trasposizione.

kreuzen (*allg.*), incrociare. 2 ~ (gegen den Wind segeln) (*naut.*), bordeggiare. 3 ~ (die Leiter) (*Fernspr.*), trasporre, incrociare. 4 sich ~ (von Linien) (*Geom.*), intersecarsi.

Kreuzer (*m.* - *Kriegsmar.*), incrociatore. 2 ~ **heck** (*n.* - *Schiffbau*), poppa tipo incrociatore.

kreuzgerändelt (*Mech.*), zigrinato a tratti incrociati.

Kreuzung (*f.* - *Strasse*), incrocio stradale, crocevia. 2 ~ (*Eisenb.*), crociamento. 3 ~ (von Drähten) (*Fernspr.*), trasposizione. 4 ~ mit **Kreisverkehr** (*Strass.verkehr*), crocevia con circolazione rotatoria, incrocio stradale con circolazione rotatoria. 5 ~ **s·abschnitt** (*m.* - *Fernspr.*), sezione di trasposizione. 6 ~ **s· ausgleich** (*m.* - *Fernspr.*), bilanciamento per trasposizione. 7 ~ **s·drehscheibe** (*f.* - *Eisenb.*), piattaforma girevole, piattaforma rotante. 8 ~ **s·herzstück** (*n.* - *Eisenb.*), cuore del crociamento. 9 ~ **s·klemme** (*f.* - *Fernspr. etc.*), morsetto per incrocio. 10 ~ **s·stange** (Kreuzungsmast) (*f.* - *Fernspr.*), palo d'incrocio (dei fili). 11 ~ **s·stück** (*n.* - *Eisenb.*), crociamento. 12 ~ **s·winkel** (von Achsen) (*m.* - *Geom.* - *etc.*), angolo d'incrocio. 13 **höhengleiche** ~ (Niveaukreuzung) (*Strasse* - *Eisenb.*), passaggio a livello. 14 **Kabel** ~ (*Elekt.*), incrocio di cavi. 15 **Kleeblatt** ~ (*Strass.verkehr*), crocevia a quadrifoglio. 16 **Niveau** ~ (ebenerdige Kreuzung) (*Eisenb.* - *Strasse*), passaggio a livello. 17 **senkrechte** ~ (*Strasse*), crocevia ad angolo retto, incrocio stradale ad angolo retto.

kreuzverzahnt (Fräser) (*Werkz.*), con denti alterni, a denti alterni.

KR-Formel (Ausgleichsformel, für Segelbooten) (*f.* - *naut.* - *Sport*), formula KR.

Kribbe (*f.* - *Wass.b.*), siehe Buhne.

Kriechdehnung (*f.* - *Metall.*), scorrimento.

Kriechen (von Strömen) (*n.* - *Elekt.*), dispersione superficiale. 2 ~ (bleibende Formänderung von ruhend beanspruchten Metall-Werkstoffen bei erhöhten Temperaturen und läugerer Zeit) (*Metall.* - *mech. Technol.*), scorrimento. 3 ~ (*Anstr.fehler*), schivatura.

kriechen (*allg.*), strisciare. 2 ~ (*Metall.*), scorrere.

kriechend (Strom) (*Elekt.*), strisciante, di dispersione superficiale.

Kriecherholung (*f.* - *Werkstoffprüfung*), siehe Rückdehnung.

kriechfähig (durchdringend, z. B. Flüssigkeit) (*allg.*), penetrante.

Kriechfestigkeit (*f.* - *Metall.*), resistenza allo scorrimento.

Kriechfunke (*f.* - *Elekt.*), scintilla dispersiva superficiale.

Kriechgalvanometer (Flussmesser) (*n.* - *Elekt.* - *Ger.*), flussometro.

Kriechgang (sehr langsame Bewegung) (*m.* - *Werkz.masch.bearb.* - *etc.*), moto lentissimo.

Kriechgrenze (*f.* - *Metall.*), limite di scorrimento.

Kriechspurbildung (*f.* - *Elekt.*), formazione di via di dispersione, formazione di fuga.

Kriechstrecke (einer Klemme z. B.) (*f.* - *Elekt.*), via di dispersione superficiale.

Kriechstrom (Stromübergang auf einer Isolierstoffoberfläche) (*m.* - *Elekt.*), corrente di dispersione superficiale, corrente di fuga.

Kriechüberschlag (*m.* - *Elekt.*), scarica per dispersione superficiale.

Kriechversuch (*m.* - *Metall.*), prova di scorrimento.
Krieg (*m.* - *milit.*), guerra. 2 ~ s·beschädigter (*m.* - *Arb.*), invalido di guerra. 3 ~ s·ereignis (*n.* - *milit.*), evento bellico. 4 ~ s·fahrzeug (*n.* - *milit.*), veicolo militare. 5 ~ s·flugzeug (*n.* - *Luftw.*), velivolo militare. 6 ~ s·gewinnsteuer (*f.* - *finanz.*), tassa sui profitti di guerra. 7 ~ s·hafen (*m.* - *Kriegsmar.*), porto militare. 8 ~ s·industrie (*f.* - *Ind.*), industria bellica. 9~ s·material (*n.* - *Ind.* - *milit.*), materiale bellico. 10 ~ s·marine (*f.* - *Kriegsmar.*), marina militare. 11 ~ s·schäden (*m.* - *pl.* - *recht.* - *finanz.*), danni di guerra. 12 ~ s·schiff (*n.* - *Kriegsmar.*), nave da guerra.
Krimpe (Schrumpfung) (*f.* - *Text.*), ritiro.
krimpen (schrumpfen) (*Text.*), ritirarsi.
Krise (*f.* - *finanz.*), crisi.
Krispelholz (*n.* - *Lederind.* - *Ger.*), pamella.
krispeln (levantieren) (*Lederind.*), pamellare.
Kristall (*m.* - *Min.* - *Metall.*), cristallo. 2 ~ (Kristallglas, gut geläutertes Glas) (*n.* - *Glasind.*), cristallo. 3 ~ anordnung (Kristallstruktur) (*f.* - *Min.*), struttura cristallina. 4 ~ bau (Kristallstruktur) (*m.* - *Min.*), struttura cristallina. 5 ~ detektor (*m.* - *Funk.*), rivelatore a cristallo, rivelatore a galena. 6 ~ diode (Kristall mit zwei Elektroden und Gleichrichtereigenschaft) (*f.* - *Funk.*), diodo a cristallo. 7 ~ eis (Klareis) (*n.* - *Phys.*), ghiaccio trasparente. 8 ~ empfänger (*m.* - *Funk.*), ricevitore a cristallo, ricevitore a galena. 9 ~ fernhörer (*m.* - *Fernspr.*), ricevitore telefonico piezoelettrico. 10 ~ filter (Quarzfilter) (*m.* - *Funk.*), filtro a cristallo, filtro a quarzo. 11 ~ gitter (*n.* - *Min.* - *Metall.*) reticolo cristallino. 12 ~ glas (*n.* - *Min.* - *Glasind.*), cristallo. 13 ~ gleichrichter (*m.* - *Elektronik*), raddrizzatore a cristallo. 14 ~ keim (*m.* - *Phys.* - *Chem.*), germe cristallino. 15 ~ -Lautsprecher (*m.* - *Akus.*), altoparlante piezoelettrico. 16 ~ mikrophon (*n.* - *Elektroakus.*), microfono a cristallo, microfono a quarzo piezoelettrico. 17 ~ papier (*n.* - *Papierind.*), carta pergamina, glassina. 18 ~ schwinger (*m.* - *Funk.*), oscillatore a cristallo, oscillatore a quarzo piezoelettrico. 19 ~ siebkette (*f.* - *Funk.*), filtro a cristallo. 20 ~ tonabnehmer (*m.* - *Akus.*), fonorivelatore piezoelettrico. 21 Kristallumineszenz (*f.* - *Phys.* - *Opt.*), cristalloluminescenza. 22 ~ verstärker (Transistor) (*m.* - *Funk.*), amplificatore a cristallo, transistore. 23 ~ violett (Triphenylmethanfarbstoff) (*n.* - *Chem.*), cristall-violetto. 24 ~ wachstum (*n.* - *Metall.* - *etc.*), accrescimento dei cristalli. 25 ~ wasser (*n.* - *Chem.*), acqua di cristallizzazione. 26 böhmisches ~ (*Glasind.*), cristallo di Boemia. 27 flüssiger ~ (*Phys.*), cristallo liquido.
kristallin (kristallinisch) (*Min.* - *etc.*), cristallino. 2 ~ er Bruch (*Metall.*), frattura cristallina.
Kristallisat (*n.* - *Chem.* - *etc.*), cristallizzato (*s.*).
Kristallisation (*f.* - *Min.* - *Chem.* - *Phys.*), cristallizzazione. 2 ~ durch Sublimation (*Chem.*), cristallizzazione per sublimazione. 3 ~ s·gefäss (Kristallisator) (*n.* - *Phys.* - *Ger.*), cristallizzatore. 4 ~ s·punkt (von Kraftstoffen) (*m.* - *Chem.*), temperatura di cristallizzazione, punto di cristallizzazione. 5 fraktionierte ~ (*Chem.*), cristallizzazione frazionata.
kristallisationsfähig (kristallisierbar) (*Min.*), cristallizzabile.
Kristallisator (Kristallisationsgefäss) (*m.* - *Phys.* - *Ger.*), cristallizzatore.
kristallisieren (*Chem.* - *Phys.* - *Min.*), cristallizzare.
Kristallite (*m.* - *pl.* - *Min.* - *metall.*), cristalliti.
Kristallode (Transistor) (*f.* - *Funk.*), semiconduttore cristallino, transistore.
Kristallographie (*f.* - *Min.*), cristallografia.
kristallographisch (*Min.*), cristallografico.
Kristalloid (*n.* - *Phys.*), cristalloide.
Kristallumineszenz (*f.* - *Phys.* - *Opt.*), cristalloluminescenza.
Kriterium (Beurteilungsmittel) (*n.* - *allg.*), criterio. 2 ~ (Mass·stab) (*allg.*), misura. 3 ~ (unterscheidendes Merkmal) (*allg.*), caratteristica.
Kritikalität (Kritizität) (*f.* - *Phys.* - *etc.*), criticità.
kritisch (*allg.*), critico. 2 ~ e Drehzahl (einer Welle, durch Resonanz) (*Mech.* - *Mot.*), velocità critica, numero di giri critico. 3 ~ e Geschwindigkeit (*Flugw.*), velocità critica, velocità di stallo. 4 ~ er Anstellwinkel (*Flugw.*), angolo di incidenza critica, angolo di stallo. 5 ~ er Pfad (kritischer Weg) (*Progr.*), percorso critico. 6 ~ er Reaktor (*Kernphys.*), reattore critico. 7 ~ er Winkel (kritischer Anstellwinkel) (*Flugw.*), angolo di stallo. 8 ~ es Intervall (*Metall.*), intervallo critico. 9 ~ e Temperatur (*Phys.*), temperatura critica. 10 über ~ (Kernreaktor) (*Kernphys.*), supercritico, divergente. 11 unter ~ (Kernreaktor) (*Kernphys.*), sottocritico, convergente.
Kritizität (Kritikalität) (*f.* - *Phys.* - *etc.*), criticità.
Kroki (Darstellung des Geländes mit aufgenommenen einfachen Massen) (*n.* - *Top.*), schizzo quotato.
krokieren (*Top.*), schizzare (con quote).
Krokodilklemme (*f.* - *Elekt.*), morsetto a pinza.
Krokodilnarben (*f.* - *pl.* - *Anstr.fehler*), screpolatura a pelle di coccodrillo.
Krokoit (Rotbleierz) (*m.* - *Min.*), crocoite.
Krone (*f.* - *allg.*), corona. 2 ~ (Deckel) (*allg.*), coperchio. 3 ~ (oberer Teil) (*allg.*), sommità. 4 ~ (einer Welle) (*See*), cresta. 5 ~ (einer Staumauer z. B.) (*Wass.b.* - *Bauw.*), coronamento. 6 ~ n·kork (*m.* - *Ind.*), tappo a corona. 7 ~ n·mutter (*f.* - *Mech.*), dado a corona. 8 ~ n·rad (*n.* - *Mech.*), corona dentata, ruota a denti frontali. 9 ~ n·schleifstein (*m.* - *Werkz.*), mola a corona, mola a tazza.
Krönel (*m.* - *Maur.* - *Werkz.*), martellina americana.
Kröneln (*n.* - *Maur.*), martellinatura, lavorazione con martellina americana.
kröneln (*Maur.*), martellinare, lavorare con martellina americana.
Kronglas (*n.* - *Glasind.* - *Opt.*), vetro « crown ».
Kronkork (*m.* - *Ind.*), tappo a corona.

kröpfen (biegen) (*Schmieden*), piegare a gomito, piegare a doppio angolo retto.
Kröpfung (Verkröpfung, von Stabeisen, Wellen, etc.) (*f. - Schmieden*), piegatura a gomito, piegatura a doppio angolo retto. 2 Kurbel ~ (*Mot. - Mech.*), gomito di manovella.
Krücke (zum Schüren) (*f. - Verbr. - Ger.*), attizzatoio.
Krückstockschaltung (aus der Instrumententafel herausragender Schalthebel) (*f. - Aut.*), cambio a leva orizzontale (uscente dal cruscotto).
Krümeln (Granulieren, Änderung von feinkörnigen Material in gröberes Korn) (*n. - Metall.*), granulazione.
krümeln (zerbröckeln) (*allg.*), sbriciolare, spezzettare, sgretolare.
krumm (gebogen) (*allg.*), curvo, piegato.
krümmen (biegen) (*allg.*), piegare. 2 sich ~ (*Metall. - etc.*), svergolarsi.
Krümmer (Rohrkrümmer, rechtwinklig gebogenes Rohrstück) (*m. - Leit.*), curva. 2 Ansaug ~ (*Mot.*), collettore di aspirazione, collettore di ammissione. 3 Auspuff ~ (*Mot.*), collettore di scarico.
krummfaserig (*Holz*), a fibra ondulata.
Krümmling (Rohrkrümmer) (*m. - Leit.*), curva.
Krümmung (Kurve) (*f. - allg.*), curva. 2 ~ (Biegung) (*allg.*), curvatura. 3 ~ (*Geom.*), curvatura. 4 ~ (*Strass.b.*), curva. 5 ~ s·halbmesser (*m. - Geom. - etc.*), raggio di curvatura. 6 ~ s·halbmesser (*Fahrz.*), raggio di volta. 7 ~ s·kreis (*m. - Geom.*), cerchio osculatore. 8 ~ s·mittelpunkt (*m. - Geom.*), centro di curvatura. 9 ~ s·riss (*m. - Metall. fehler*), cricca ad uncino. 10 ~ s·verlustzahl (bei geschlossenen Leitungen) (*f. - Hydr.*), coefficiente di perdita di carico nelle curve. 11 ~ s·widerstand (Kurvenwiderstand) (*m. - Fahrz.*), resistenza in curva. 12 kleinster ~ s·halbmesser (*Fahrz.*), raggio minimo di volta. 13 scharfe ~ (*Strass.b.*), curva stretta.
Krummzapfen (Kurbelzapfen) (*m. - Mech.*), perno di manovella.
Krumpel (Krümpel, knitterige Falte) (*m. - allg.*), gualcitura.
krümpeln (*Text. - etc.*), gualcire.
krumpfecht (*Text.*), ingualcibile, antipiega.
krumpfen (*Text. - etc.*), gualcirsi.
Krumpfung (Schrumpfung, Verkürzung der Faserlänge) (*f. - Textilind.*), ritiro.
Kruste (*f. - allg.*), crosta.
kryogen (*Phys.*), criogeno, frigorifero.
Kryohydrat (*n. - Chem.*), crioidrato, miscela eutettica.
kryohydratisch (Punkt) (*Phys.*), crioidratico.
Kryokabel (*n. - Elekt.*), criocavo, cavo criogenico.
Kryolith (Na$_3$AlF$_6$) (*m. - Min.*), criolite.
kryomagnetisch (*Phys.*), criomagnetico.
Kryometer (Thermometer für Niedrigtemperaturen) (*n. - Instr.*), criometro.
Kryopumpe (*f. - Masch.*), criopompa.
Kryoskopie (*f. - Phys. - Chem.*), crioscopia.
Kryostat (*m. - Ger.*), criostato.
Kryotechnik (*f. - Phys.*), criotecnica.
Kryotransformator (*m. - Elekt.*), criotrasformatore.

Kryotron (Schaltelement) (*n. - Rechner*), criotrone.
Krypte (*f. - Arch.*), cripta.
Krypton (für Glühlampenfüllung) (*Kr - n. - Chem.*), cripto.
KS (Kühlschmiermittel) (*Werkz.masch.bearb.*), lubrorefrigerante.
K-Stück (Muffenbogen) (*n. - Leit.*), curva (con estremità) a bicchiere.
KTA (Kraftfahrzeugtechnische Anstalt) (*Fahrz.*), Istituto Tecnico Autoveicoli.
ktex (*Textilind.*), siehe kilotex.
Kto (Konto) (*Buchhaltung - etc.*), conto.
Kubatur (Kubikinhaltsberechnung) (*f. - Bauw. - etc.*), cubatura.
Kubba (islamische Baukunst, Gewölbe, Kuppel) (*f. - Arch.*), volta, cupola.
Kübel (Gefäss) (*m. - allg.*), mastello, tinozza. 2 ~ sitz (für alte Rennwagen z. B.) (*m. - Aut.*), «baquet», sedile «a baquet». 3 ~ sitzeraufbau (*m. - Aut.*), carrozzeria aperta con sedili a «baquet». 4 ~ wagen (Pkw) (*m. - Aut.*), vettura aperta con sedili a «baquet». 5 ~ wagen (für Erz, Kohle, etc.) (*Eisenb. - Fahrz.*), carro a casse.
kubieren (in die dritte Potenz erheben) (*Math.*), elevare al cubo, elevare alla terza potenza. 2 ~ (den Rauminhalt berechnen) (*Bauw. - etc.*), cubare.
Kubikinhalt (*m. - allg.*), volume, capacità. 2 ~ s·berechnung (Kubatur) (*f. - Bauw.*), cubatura.
Kubikmeter (*m. - Masseinheit*), metro cubo.
Kubikwurzel (dritte Wurzel) (*f. - Math.*), radice cubica.
Kubikzahl (die dritte Potenz) (*f. - Math.*), cubo.
kubisch (in der dritten Potenz) (*Math.*), al cubo. 2 ~ (würfelförmig) (*Geom. - etc.*), cubico. 3 ~ e Gleichung (*Math.*), equazione di terzo grado. 4 ~ e Kurve (*Geom.*), curva cubica, cubica. 5 ~ er Ausdehnungskoeffizient (*Phys.*), coefficiente di dilatazione cubica. 6 ~ es Gitter (*Min.*), reticolo cubico. 7 ~ flächenzentriert (Kristallgitter) (*Min.*), cubico facce-centrato. 8 ~ raumzentriert (Gitter) (*Min.*), cubico corpo-centrato. 9 ~ zentriert (Kristallgitter) (*Min.*), cubico-centrato.
Kubus (Würfel) (*m. - Geom.*), cubo.
Küche (Raum) (*f. - Bauw.*), cucina. 2 ~ n·wagen (Speisewagen) (*m. - Eisenb.*), vagone ristorante, carrozza ristorante. 3 ~ und Bad (*Bauw.*), servizi. 4 Klein ~ (*Bauw.*), cucinino.
Kuchel (Küche) (*f. - Bauw. - österr.*), cucina.
Küchel (Küken, eines Hahns) (*n. - Leit.*), maschio.
Kuchen (bei Pulvermetallurgie) (*m. - Metall.*), focaccia. 2 ~ (Erzmasse) (*m. - Min.*), massa di minerale. 3 Filter ~ (*Technol.*), residuo di filtrazione.
Kücken (*n.*), siehe Küken.
Kufe (Laufschiene, eines Schlittens) (*f. - Sport - etc.*), pattino. 2 ~ n·fahrgestell (*n. - Flugw.*), carrello (di atterraggio) a pattini.
Kugel (*f. - Geom.*), sfera. 2 ~ (Geschoss) (*Feuerwaffe*), pallottola. 3 ~ (eines Kugellagers z. B.) (*Mech.*), sfera. 4 ~ (eines Thermometers) (*Instr.*), bulbo. 5 ~ ausschnitt (*m. -*

Kugel

Geom.), settore sferico. 6 ~ **blitz** (*m.* - *Meteor.*), fulmine globulare, fulmine sferico. 7 ~ **bolzen** (*m.* - *Mech.*), perno sferico, perno a rotula. 8 ~ **bolzenpfanne** (*f.* - *Mech.*), sede sferica, sede per rotula. 9 ~ **charakteristik** (eines Mikrophons) (*f.* - *Funk.*), caratteristica onnidirezionale. 10 ~ **drehvorrichtung** (*f.* - *Werkz.masch.*), accessorio per tornitura sferica. 11 ~ **dreieck** (sphärisches Dreieck) (*n.* - *Geom.*), triangolo sferico. 12 ~ **drucklager** (*n.* - *Mech.*), cuscinetto di spinta a sfere. 13 ~ **druckprüfapparat** (Brinellapparat) (*m.* - *Technol.* - *App.*), apparecchio per prove di durezza Brinell. 14 ~ **druckversuch** (Brinellhärteversuch) (*m.* - *mech. Technol.*), prova di durezza Brinell. 15 ~ **eindruck** (bei Härteprüfung) (*m.* - *mech. Technol.*), impronta (della) sfera. 16 ~ **eindruckhärte** (von Kunststoffen) (*f.* - *Technol.*), durezza con penetratore a sfera. 17 ~ **endmass** (Lehre zur Messung von Bohrungen) (*n.* - *Werkz.*), calibro a barretta a punte sferiche. 18 ~ **endmass mit Griff** (*Werkz.*), calibro a barretta (ad estremità sferiche) con impugnatura. 19 ~ **fallversuch** (für Sicherheitsglas) (*m.* - *Aut.* - *Technol.*), prova a caduta di sfera. 20 ~ **fläche** (*f.* - *Geom.*), superficie sferica. 21 ~ **förmigkeit** (*f.* - *allg.*), sfericità. 22 ~ **fräser** (*m.* - *Werkz.*), fresetta sferica. 23 ~ **funkenstrecke** (*f.* - *Elekt.*), spinterometro a sfere. 24 ~ **funktion** (*f.* - *Math.*), funzione sferica. 25 ~ **funktionsmethode** (*f.* - *Kernphys.*), metodo delle armoniche sferiche. 26 ~ **gasspeicher** (Hochdruck-Kugelspeicher) (*m.* - *chem. Ind.*), serbatoio sferico per gas. 27 ~ **gelenk** (*n.* - *Mech.*), giunto sferico. 28 ~ **graphitgusseisen** (*n.* - *Giess.*), ghisa (a grafite) sferoidale, ghisa a grafite globulare, ghisa a grafite nodulare. 29 ~ **griff** (*m.* - *Ger.*), pomello, pomolo. 30 ~ **halter** (eines Lagers) (*m.* - *Mech.*), gabbia (distanziatrice delle sfere). 31 ~ **haube** (Kalotte) (*f.* - *Geom.*), calotta. 32 ~ **käfig** (eines Kugellagers) (*m.* - *Mech.*), gabbia (distanziatrice delle sfere). 33 ~ **kappe** (*f.* - *allg.*), calotta sferica. 34 ~ **kette** (*f.* - *Mech.*), catenella a rosario. 35 ~ **kipplager** (*n.* - *Mech.*), cuscinetto a sfere oscillante. 36 ~ **kondensator** (*m.* - *Elekt.*), condensatore sferico. 37 ~ **koordinaten** (*f.* - *pl.* - *Math.*), coordinate sferiche. 38 ~ **kranz** (für Anhänger) (*m.* - *Fahrz.*), ralla a sfere. 39 ~ **kuppe** (einer Schraube z. B.) (*f.* - *Mech.*), calotta sferica. 40 ~ **kupplung** (*f.* - *Mech.*), giunto sferico. 41 ~ **lager** (*n.* - *Mech.*), cuscinetto a sfere. 42 ~ **lagergehäuse** (*n.* - *Mech.*), sede di cuscinetto a sfere, alloggiamento di cuscinetto a sfere. 43 ~ **lagerring** (Laufring) (*m.* - *Mech.*), anello di cuscinetto a sfere. 44 ~ **laufrille** (*f.* - *Mech.*), pista di cuscinetto a sfere. 45 ~ **manipulator** (*m.* - *Atomphys.* - *Radioakt.*), manipolatore a snodi sferici. 46 ~ **mikrophon** (*n.* - *Funk.*), microfono onnidirezionale. 47 ~ **mühle** (*f.* - *Masch.*), mulino a palle, frantoio a sfere, mulino a sfere. 48 ~ **mutter-Hydrolenkung** (*f.* - *Aut.*), sterzo idraulico a circolazione di sfere. 49 ~ **papier** (*n.* - *Papierind.*), carta bulinata. 50 ~ **ratsche** (Rutschkupplung mit Kugeln als Verbindung zwischen den Kupplungshälften) (*f.* - *Mech.*), giunto a sfere. 51 ~ **reihe** (eines Kugellagers) (*f.* - *Mech.*), corona di sfere, giro di sfere, fila di sfere. 52 ~ **rille** (eines Kugellagers) (*f.* - *Mech.*), gola (di rotolamento) delle sfere. 53 ~ **rollspindel** (Kugelumlaufschraube) (*f.* - *Mech.*), vite a circolazione di sfere. 54 ~ **rückschlagventil** (*n.* - *Leit.*), valvola di ritegno a sfera, valvola di non ritorno a sfera. 55 ~ **scheibe** (*f.* - *Mech.*), rosetta a sede sferica, rondella a sede sferica. 56 ~ **schicht** (*f.* - *Geom.*), segmento sferico. 57 ~ **schleifen** (*n.* - *Werkz.masch.bearb.*), rettifica sferica. 58 ~ **schraube** (Halbrundschraube) (*f.* - *Mech.* - *Masch.*), vite a testa sferica. 59 ~ **schraube** (Kugelumlaufschraube) (*Mech.*), vite a sfere, vite a circolazione di sfere. 60 ~ **schraubtrieb** (*m.* - *Mech.*), trasmissione a vite di rotolamento. 61 ~ **schreiber** (*m.* - *Büro*), penna a sfera. 62 ~ **sintern** (*n.* - *Metall.*), *siehe* Pelletieren. 63 ~ **sitz** (*m.* - *Mech.*), sede sferica. 64 ~ **stossen** (*n.* - *Sport*), lancio del peso. 65 ~ **strahlen** (*n.* - *mech. Technol.*), pallinatura. 66 ~ **strahlprüfung** (für Anstriche) (*f.* - *Technol.*), prova a caduta di sfere, prova a caduta di biglie. 67 ~ **tank** (für Erdöl z. B.) (*m.* - *chem. Ind.*), serbatoio sferico. 68 ~ **thermometer** (*n.* - *Instr.*), termometro a bulbo. 69 ~ **tisch** (Fördergerät) (*m.* - *ind. Transp.*), piano a sfere. 70 ~ **trommelpolieren** (*n.* - *mech. Technol.*), barilatura. 71 ~ **umlauf-Lenkgetriebe** (Kugelumlauflenkung, Schneckenlenkung mit kugelgelagerter Mutter) (*n.* - *Aut.*), (comando) sterzo a vite e madrevite con circolazione di sfere. 72 ~ **umlaufschraube** (*f.* - *Mech.*), vite a circolazione di sfere. 73 ~ **umlaufspindel** (Kugelrollspindel) (*f.* - *Mech.*), vite a circolazione di sfere. 74 ~ **ventil** (*n.* - *Leit.*), valvola sferica. 75 ~ **welle** (*f.* - *Funk.*), onda sferica. 76 ~ **zapfen** (*m.* - *Mech.*), perno sferico, perno a rotula. 77 **Pendel** ~ **lager** (*n.* - *Mech.*), cuscinetto a sfere oscillante (per autoallineamento).

kugelförmig (*allg.*), sferico.

kugelgelagert (*Mech.*), su cuscinetti a sfere, con cuscinetti a sfere.

kugelgestrahlt (*mech. Technol.*), pallinato.

kugelig (*allg.*), sferico. 2 ~ **er Zementit** (*Metall.*), cementite sferoidale.

Kugeln (des Zementits z. B.) (*n.* - *Metall.*), sferoidizzazione.

kugelstrahlen (*mech. Technol.*), pallinare.

Kuhfänger (Bahnräumer) (*m.* - *Eisenb.*), cacciabufali.

Kuhfuss (*m.* - *Werkz.*), palanchino, piè di porco.

Kühlanlage (*f.* - *Kälteind.*), impianto frigorifero.

Kühlaufbau (*m.* - *Fahrz.*), carrozzeria con cella frigorifera.

Kühlbalken (Plattenkühler, eines Hochofens) (*m.* - *Metall.*), piattina di raffreddamento.

Kühlbett (*n.* - *Walzw.*), piano di raffreddamento. 2 **Rollen** ~ (*Walzw.*), piano di raffreddamento a rulli.

Kühlblech (*n.* - *Elekt.* - *etc.*), piastra di raffreddamento.

Kühlbremssubstanz (*f. - Atomphys.*), moderatore-refrigeratore.
Kühle (Kühlte, Wind) (*f. - Meteor. - naut.*), vento moderato.
Kühleisen (Kühlkokille, Kühlkörper) (*n. - Giess.*), raffreddatore, dispersore, «conchiglia».
Kühlelement (*n. - Giess.*), siehe Kühleisen.
kühlen (*allg.*), raffreddare.
Kühler (bei Kraftwagen und Flugzeugen) (*m. - Aut. - Flugw.*), radiatore. 2 ~ (Laboratoriumskühler) (*chem. Ind. - Ger.*), refrigeratore (da laboratorio). 3 ~ **abdeckung** (zur Regelung der Kühlluftmenge) (*f. - Mot. - Aut.*), parzializzatore del radiatore, tendina del radiatore. 4 ~ **ablasshahn** (*m. - Aut.*), rubinetto di scarico (dell'acqua) del radiatore. 5 ~ **attrappe** (*f. - Aut.*), griglia del radiatore. 6 ~ **block** (*m. - Aut.*), massa radiante (del radiatore). 7 ~ **haube** (*f. - Mot.*), convogliatore (dell'aria) del radiatore. 8 ~ **jalousie** (*f. - Aut.*), parzializzatore del radiatore. 9 ~ **maske** (*f. - Aut.*), mascherina del radiatore. 10 ~ **schraube** (*f. - Aut.*), tappo del radiatore. 11 ~ **teilblock** (*m. - Mot. - Aut.*), elemento del radiatore. 12 ~ **verkleidung** (*f. - Aut.*), griglia del radiatore, calandra. 13 Liebig ~ (*chem. Ger.*), refrigeratore di Liebig. 14 Öl ~ (eines Verbrennungsmotors, beim stationären Betrieb) (*Mot.*), refrigeratore dell'olio. 15 Öl ~ (eines Flugmotors) (*Flugw.*), radiatore dell'olio. 16 Querstrom ~ (*Fahrz.*), radiatore a tubi orizzontali. 17 Röhrchen ~ (*Aut. - Flugw.*), radiatore a tubetti. 18 Schlangen ~ (*Ind. - Ger.*), serpentino di raffreddamento. 19 Waben ~ (*Aut. - Mot.*), radiatore a nido d'api. 20 Wasser ~ (*Mot. - Aut.*), radiatore dell'acqua.
Kühlfalle (Teil eines Vakuumsystems z. B.) (*f. - Vakuumtechnik - etc.*), dispersore termico, termodispersore, dissipatore termico.
Kühlfläche (eines Kühlers z. B.) (*f. - Aut. - Mot.*), superficie radiante.
Kühlflügel (einer Elektrode) (*m. - Elektronik*), aletta di raffreddamento.
Kühlflüssigkeit (*f. - Mot. - etc.*), liquido refrigerante, refrigerante.
Kühlgeschwindigkeit (*f. - Metall.*), velocità di raffreddamento.
Kühlgrenztemperatur (adiabatische Sättigungstemperatur) (*f. - Thermodyn.*), temperatura di saturazione adiabatica.
Kühlhaus (*n. - Ind.*), magazzino frigorifero, magazzino refrigerato, cella frigorifera.
Kühlkokille (Kühlkörper) (*f. - Giess.*), raffreddatore, dispersore, «conchiglia».
Kühlkörper (Kühlkokille) (*m. - Giess.*), dispersore, raffreddatore, «conchiglia». 2 ~ (für Dioden z. B.) (*m. - Elektronik*), termodispersore, dissipatore di calore, raffreddatore.
Kühlkreislauf (*m. - Mot. - etc.*), circuito di raffreddamento.
Kühllagerung (von Lebensmitteln) (*f. - Kälteind.*), conservazione in frigoriferi, immagazzinamento in frigoriferi.
Kühlluft (*f. - Mot. - Aut.*), aria di raffreddamento. 2 ~ **durchsatz** (*m. - Mot.*), portata d'aria di raffreddamento. 3 ~ **gebläse** (*n. - Mot.*), ventilatore (dell'aria) di raffreddamento. 4 ~ **schlitz** (*m. - Aut. - etc.*), feritoia per l'aria di raffreddamento.
Kühlmantel (*m. - Mot.*), camicia di raffreddamento, intercapedine di raffreddamento.
Kühlmaschine (*f. - Kältemasch.*), macchina frigorifera.
Kühlmittel (*n. - Mot. - etc.*), refrigerante.
Kuhlodraht (*m. - Elekt.*), siehe Rohrdraht.
Kühlofen (*m. - Glasind.*), forno di ricottura.
Kühlöl (*n. - Werkz.masch.bearb.*), olio refrigerante.
Kuhlorohr (Kuhlodraht, Rohrdraht) (*n. - Elekt.*), siehe Rohrdraht.
Kühlpumpe (*f. - Werkz.masch.*), pompa del refrigerante.
Kühlraum (für Prüfungen) (*m. - Technol.*), camera fredda. 2 ~ (Kaltlagerraum, für Lebensmitteln) (*Ind.*), magazzino, frigorifero, cella frigorifera.
Kühlrippe (*f. - Mech. - etc.*), nervatura di raffreddamento, aletta di raffreddamento.
Kühlschiff (*n. - naut.*), nave frigorifera.
Kühlschlange (*f. - Ind.*), serpentino di raffreddamento.
Kühlschlitz (Kühlluftschlitz) (*m. - Masch. - etc.*), feritoia di ventilazione.
Kühlschmieren (*n. - Werkz.masch.bearb.*), lubrorefrigerazione.
Kühlschmierfähigkeit (eines Kühlschmiermittels) (*f. - Werkz.masch.bearb.*), potere lubrorefrigerante.
Kühlschmiermittel (*n. - Werkz.masch.bearb.*), lubrorefrigerante, refrigerante-lubrificante.
Kühlschmierung (*f. - Werkz.masch.bearb.*), lubrificazione refrigerante, lubrorefrigerazione.
Kühlschrank (Haushaltgerät) (*m. - Ger.*), frigorifero. 2 Absorptions ~ (*Ger.*), frigorifero ad assorbimento. 3 Kompressions ~ (*Ger.*), frigorifero a compressore.
Kühlsole (Kälteträger) (*f. - Kälteind.*), salamoia.
Kühlspalt (zur Kühlung des Betons während der Abbindezeit) (*m. - Bauw.*), fessura di raffreddamento.
Kühlstärke (*f. - Meteor.*), siehe Katawert.
Kühlte (Kühle, schwacher bis mittelstarker Wind) (*f. - Meteor. - naut.*), vento moderato.
Kühltransport (in Kühlschiffen, etc.) (*m. - Transp.*), trasporto su mezzi frigoriferi.
Kühlturm (*m. - Masch.*), torre di raffreddamento, refrigeratore a torre.
Kühl- und Schmiermittel (Kühlschmiermittel) (*n. - Werkz.masch.bearb.*), lubrorefrigerante.
Kühlung (Abkühlung) (*f. - allg.*), raffreddamento. 2 ~ (*Kälteind. - etc.*), refrigerazione. 3 ~ **durch Verdampfung** (*Phys.*), raffreddamento per evaporazione. 4 ~ **kristallisation** (*f. - Chem. - etc.*), cristallizzazione per raffreddamento. 5 ~ **kristallisator** (*m. - Ger.*), cristallizzatore a raffreddamento. 6 Gebläseluft ~ (*Mot. - Aut.*), raffreddamento ad aria (con ventilatore). 7 geschlossene Kreislauf ~ (*Mot.*), raffreddamento a circuito chiuso. 8 Konvektions ~ (*Phys.*), raffreddamento per convezione. 9 Leitungs ~ (*Phys.*), raffreddamento per conduzione. 10 Luft ~ (*Mot.*), raffreddamento ad aria. 11 Pumpenumlauf

Kühlwagen

~ (*Mot. - Aut.*), raffreddamento a circolazione forzata. 12 **Schmelz** ~ (*Phys.*), raffreddamento per liquefazione. 13 **Strahlungs** ~ (*Phys.*), raffreddamento per radiazione. 14 **Verdampf** ~ (*Phys.*), raffreddamento per evaporazione. 15 **Wärmeumlauf** ~ (*Mot. - Aut.*), raffreddamento a termosifone. 16 **Wasser** ~ (*Mot.*), raffreddamento ad acqua.
Kühlwagen (*m. - Eisenb.*), carro frigorifero.
Kühlwalze (als Wärmetauscher z. B.) (*f. - Ind.*), frigocilindro.
Kühlwasser (eines Verbrennungsmotor) (*n. - Mot.*), acqua di raffreddamento. 2 ~ **auslaufstutzen** (am Motor) (*m. - Mot.*), raccordo di uscita dell'acqua di raffreddamento. 3 ~ **durchsatz** (*m. - Mot.*), portata di acqua di raffreddamento. 4 ~ **einlaufstutzen** (am Motor) (*m. - Mot.*), raccordo di entrata dell'acqua di raffreddamento. 5 ~ **-Fernthermometer** (*n. - Mot.*), teletermometro dell'acqua. 6 ~ **pumpe** (*f. - Mot. - Aut.*), pompa dell'acqua. 7 ~ **thermometer** (*n. - Mot. - Aut.*), termometro dell'acqua (di raffreddamento). 8 **thermostatische** ~**regelung** (eines Verbrennungsmotors) (*Mot.*), regolazione termostatica della temperatura dell'acqua di raffreddamento.
Kühlzeit (beim Schweissen) (*f. - mech. Technol.*), tempo di raffreddamento.
Kühlzelle (*f. - Ind.*), cella frigorifera.
Kühlzement (mit hohen Eisenoxydgehalt) (*m. Bauw.*), cemento (Portland) ferrico.
Küken (eines Hahns) (*n. - Leit.*), maschio.
Kulanz (*f. - komm. - etc.*), correntezza. 2 **aus** ~ **gründen** (*komm. - etc.*), per motivi di correntezza.
Külbel (Zwischenkörper, beim Pressblasen z. B.) (*m. - Glasind.*), parison, candela. 2 ~ (Zwischenkörper, beim Blasverfahren von Kunststoffen) (*Technol.*), parison, candela.
Kulieren (*n. - Textilind.*), culissaggio.
Kulisse (Steuerorgan) (*f. - Dampfmasch.*), glifo. 2 ~ (einer Theaterbühne oder Filmaufnahmebühne) (*Theater - Filmtech.*), quinta. 3 ~ **n·kühler** (eines Flugmotors z. B.) (*m. - Mot.*), radiatore con parzializzatore. 4 ~ **n·schaltung** (*f. - Mech. - Aut.*), cambio a settori. 5 ~ **n·stein** (*m. - Mech.*), corsoio. 6 ~ **n·steuerung** (*f. - Dampfmasch.*), distribuzione a glifo. 7 ~ **n·wähler** (Ericsson-Wähler) (*m. - Fernspr.*), selettore Ericsson.
Kulmination (*f. - Astr.*), culminazione.
Kultivator (Grubber) (*m. - Ack.b.masch.*), coltivatore.
Kultur (*f. - Ack.b.*), coltivazione. 2 ~ **film** (Dokumentarfilm) (*m. - Filmtech.*), film culturale. 3 ~ **gerät** (*n. - Ack.b.ger.*), attrezzo agricolo.
Kumaron (Benzofuran) (*n. - Chem.*), cumarone, benzofurano. 2 ~ **harze** (*n. - pl. chem. Ind.*), resine cumaroniche.
Kümmelöl (*n. - Ind.*), olio essenziale di carvi.
Kumpel (Bergmann) (*m. - Arb.*), minatore.
Kümpelarbeit (Bördeln) (*f. - mech. Technol.*), bordatura.
Kümpeln (Bördeln, von Kesselböden z. B.) (*n. - Blechbearb.*), bordatura. 2 ~ (Wölben zwischen Stempel und Matrize) (*Blechbearb.*), centinatura, curvatura a stampo.

kümpeln (bördeln) (*mech. Technol.*), bordare. 2 ~ (wölben, Blech z. B.) (*mech. Technol.*), centinare.
Kümpelpresse (Bördelmaschine) (*f. - Masch.*), pressa bordatrice. 2 ~ (für Wölben, Blech z. B.) (*Masch.*), pressa centinatrice, pressa bombatrice.
kumuliert (*allg.*), cumulativo. 2 ~ **e Besetzungszahl** (absolute Summenhäufigkeit) (*Stat.*), frequenza cumulativa assoluta.
Kumulus (Haufenwolke) (*m. - Meteor.*), cumulo. 2 **Alto** ~ (*Meteor.*), altocumulo.
Kunde (Käufer) (*m. - komm.*), cliente. 2 ~ (Verbraucher) (*komm.*), utente. 3 ~ (Nachricht) (*f. - allg.*), notizia. 4 ~ (Wissenschaft) (*f.*), scienza. 5 ~ **n·dienst** (*m. - komm. - Ind.*), assistenza clienti. 6 ~ **n·dienstabteilung** (*f. - Ind.*), servizio assistenza clienti. 7 ~ **n·dienstbetrieb** (*m. - Aut.*), officina di assistenza (clienti). 8 ~ **n·giesserei** (*f. - Giess.*), fonderia per lavorazione a commessa, fonderia per lavorazione per conto terzi. 9 ~ **n·kreis** (*m. - komm.*), clientela. 10 ~ **n·werber** (Akquisiteur) (*m. - komm.*), procacciatore di affari, produttore.
kündigen (*allg.*), denunciare.
Kündigung (eines Vertrags) (*f. - komm.*), denuncia. 2 ~ (Aufgeben, einer Stellung) (*Arb. - Organ.*), dimissioni. 3 ~ (Entlassung) (*Arb. - Organ.*), licenziamento. 4 ~ (des Abonnements) (*Fernspr. - etc.*), disdetta. 5 ~ **s·frist** (*f. - Arb. - Organ.*), periodo di preavviso.
kundmachen (Gesetze z. B., kundgeben) (*recht. - etc.*), pubblicare.
Kundschaft (*f. - komm.*), clientela.
Kunke (geschleifter Knoten) (*f. - naut.*), nodo scorsoio.
Kunst (*f. - allg.*), arte. 2 ~ (Herd) (*Ofen - - schweiz.*), focolare. 3 ~ **antenne** (*f. - Funk.*), antenna artificiale. 4 ~ **bauten** (*m. - pl. - Eisenb.*), opere d'arte. 5 ~ **druckpapier** (*n. - Papierind.*), carta patinata. 6 ~ **dünger** (*m. - chem. Ind.*), concime artificiale. 7 ~ **eis** (*n. - Ind.*), ghiaccio artificiale. 8 ~ **fasern** (Chemiefasern) (*f. - pl. - Text.*), fibre artificiali. 9 ~ **fliegen** (Kunstflug) (*n. - Flugw.*), acrobazia. 10 ~ **gewerbe** (in einer Werkstatt ausgeführtes Kunsthandwerk) (*n. - Arb.*), artigianato (su scala industriale). 11 ~ **giesserei** (*f. - Giess.*), fonderia artistica, fonderia d'arte. 12 ~ **glied** (künstliches Glied) (*n. - Med.*), arto artificiale. 13 ~ **glimmer** (*m. - Min.*), micanite. 14 ~ **griff** (*m. - allg.*), artificio, accorgimento. 15 ~ **gummi** (*m. - chem. Ind.*), gomma sintetica. 16 ~ **guss** (*m. - Giess.*), getto artistico, fusione artistica. 17 ~ **handwerk** (*n. - Arb.*), artigianato. 18 ~ **harz** (*n. - chem. Ind.*), siehe Kunstharz. 19 ~ **kautschuk** (*m. - chem. Ind.*), gomma artificiale. 20 ~ **leder** (*n. - chem. Ind.*), similpelle, finta pelle. 21 ~ **licht** (*n. - Beleucht.*), luce artificiale. 22 ~ **seide** (Rayon, Reyon) (*f. - chem. Ind. - Text.*), seta artificiale, raion. 23 ~ **steine** (*m. - pl. - Bauw.*), pietre artificiali. 24 ~ **stoff** (*m. - chem. Ind.*), siehe Kunststoff. 25 ~ **werk** (*n. - Kunst*), opera d'arte. 26 **angewandte** ~ (*Arb.*), arte applicata.

kunstgerecht (*Arb.*), a regola d'arte.
Kunstharz (harzartiger Kunststoff) (*n. - chem. Ind.*), resina artificiale, resina sintetica, materia plastica artificiale. 2 ~ **bindung** (einer Schleifscheibe) (*f. - Werkz.*), agglomerante resinoide, impasto resinoide. 3 ~ **kleber** (*m. - Ind.*), adesivo plastico. 4 ~ **lack** (*m. - Anstr.*), vernice a legante resinoide. 5 ~ **press·stoff** (*m. - chem. Ind. - etc.*), materia plastica da stampaggio, resina da stampaggio. 6 **erweichbares** ~ (in Wärme bildsam bleibendes Kunstharz, Thermoplast) (*chem. Ind.*), resina termoplastica, materiale termoplastico. 7 **geschichteter** ~ **press·stoff** (*chem. Ind.*), laminato plastico. 8 **härtbares** ~ (härtendes Kunstharz, nach der Formung nicht mehr erweichbares Kunstharz) (*chem. Ind.*), resina (artificiale) termoindurente, materiale termoindurente. 9 **in Wärme aushärtendes** ~ (härtbares Kunstharz, nach der Formung nicht mehr erweichbares Kunstharz) (*chem. Ind.*), resina (artificiale) termoindurente, materiale termoindurente. 10 **nichthärtendes** ~ (Thermoplast) (*chem. Ind.*), resina (artificiale) termoplastica, materiale termoplastico. 11 **Polykondensations** ~ (*chem. Ind.*), materia plastica di policondensazione. 12 **Polymerisations** ~ (*chem. Ind.*), materia plastica di polimerizzazione. 13 **zellulosisches** ~ (*chem. Ind.*), materia plastica cellulosica.
kunstharzgebunden (Schleifscheibe) (*Werkz.*), con agglomerante resinoide, con impasto resinoide.
künstlerisch (*allg.*), artistico.
künstlich (nicht natürlich) (*allg.*), artificiale. 2 ~ (synthetisch) (*allg.*), sintetico. 3 ~ **e Alterung** (*Wärmebeh.*), invecchiamento artificiale. 4 ~ **e Antenne** (*Funk.*), antenna artificiale. 5 ~ **e Atmung** (*Med.*), respirazione artificiale. 6 ~ **e Radioaktivität** (*Radioakt.*), radioattività artificiale. 7 ~ **er Zug** (*Ofen - etc.*), tiraggio forzato, tiraggio artificiale. 8 ~ **es Grundwasser** (*Hydr.*), falda di ravvenamento.
Kunststoff (*m. - chem. Ind.*), materia artificiale, materia sintetica. 2 ~ (Polyplast) (*chem. Ind.*), plastica, materia plastica. 3 ~ (Kunstharz) (*chem. Ind.*), siehe Kunstharz. 4 ~ **kabel** (*n. - Elekt.*), cavo isolato con plastica. 5 ~ **latex** (*f. - Chem. - etc.*), lattice sintetico (non vulcanizzabile). 6 ~ **schweissen** (*n. - Technol.*), saldatura della plastica.
kunststoffbeschichtet (*Papierind.*), plasticato.
Küpe (Farbkessel) (*f. - Färberei*), tino. 2 ~ **n·farbstoff** (*m. - Textilind.*), colorante al tino.
Kupee (Abteil) (*n. - Eisenb.*), scompartimento. 2 ~ (Coupé) (*Aut.*), coupé.
Kupellation (*f. - Metall.*), coppellazione.
Kupelle (*f. - Metall.*), coppella.
kupellieren (*Metall.*), coppellare.
Küper (Böttcher) (*m. - Arb.*), bottaio.
Kupfer (*Cu - n. - Chem.*), rame. 2 ~ **asbestdichtung** (*f. - Mech.*), guarnizione di rame-amianto. 3 ~ **blech** (*n. - Metall.*), lamiera di rame. 4 ~ **draht** (*m. - Elekt. - Metall.*), filo di rame. 5 ~ **druck** (Kupfertiefdruck) (*m. - Druck.*), calcografia, stampa calcografica. 6 ~ **druckpresse** (*f. - Druckmasch.*), macchina da stampa calcografica. 7 ~ **folie** (*f. - Metall.*), lamierino di rame, lamina di rame. 8 ~ **füllfaktor** (*m. - elekt. Masch.*), fattore rame. 9 ~ **kies** ($CuFeS_2$) (Chalkopyrit) (*m. - Min.*), calcopirite. 10 ~ **kunstseide** (*f. - Text.*), seta (artificiale) al cuprammonio. 11 ~ **lot** (*n. - mech. Technol.*), lega saldante a base di rame, cuprolega saldante, cuprolega per saldature. 12 ~ **nickel** (*n. - Legierung*), cupronichel. 13 ~ **oxyd** (CuO) (*n. - Chem.*), ossido di rame. 14 ~ **oxydul** (Cu_2O) (*n. - Chem.*), ossidulo di rame. 15 ~ **oxydulgleichrichter** (*m. - Elekt.*), raddrizzatore a ossidulo di rame. 16 ~ **plattieren** (*n. - mech. Technol.*), ramatura. 17 ~ **reyon** (*n. - chem. Ind. - Text.*), raion al cuprammonio. 18 ~ **schmied** (Kessler, Rotschmied) (*m. - Arb.*), ramaio, battirame. 19 ~ **seide** (*f. - Textilind.*), raion al cuprammonio, raion cuprammonico. 20 ~ **spritzen** (*n. - mech. Technol.*), ramatura a spruzzo. 21 ~ **stahl** (mit etwa 1% Cu) (*m. - Metall.*), acciaio al rame. 22 ~ **stecher** (*m. - Druck. - Arb.*), calcografo. 23 ~ **sulfat** ($CuSO_4 . 5 H_2O$) (Kupfervitriol) (*n. - Chem.*), solfato di rame. 24 ~ **tiefdruck** (*m. - Druck.*), stampa calcografica, calcografia. 25 ~ **tiefdruck** (Rotationstiefdruck) (*Druck.*), rotocalcografia, rotocalco. 26 ~ **tiefdruckplatte** (*f. - Druck.*), lastra di rame per rotocalco. 27 ~ **verlust** (*m. - Elekt.*), perdita nel rame. 28 ~ **vitriol** (*n. - Chem.*), siehe Kupfersulfat. 29 ~ **zahl** (Kupfermenge, die durch Reduzierung einer Fehlinglösung erhalten wird) (*f. - Chem.*), numero di rame. 30 **Elektrolyt** ~ (*Metall.*), rame elettrolitico. 31 **Hütten** ~ (Raffinadekupfer, mit 99,4-99,6% Kupfer) (*Metall.*), rame affinato. 32 **Schwarz** ~ (mit 90-98% Kupfer) (*Metall.*), rame nero.
kupferhaltig (Erze) (*Bergbau - Min.*), ramifero.
Kupfern (Verkupfern) (*n. - Mech.*), ramatura.
kupfern (verkupfern) (*mech. Technol.*), ramare.
kupferplattiert (*Mech.*), ramato.
Kupolguss (Kupolofenguss) (*m. - Giess.*), colata del cubilotto.
Kupolofen (Kuppelofen) (*m. - Giess. - Ofen*), cubilotto. 2 ~ **eisen** (*n. - Giess.*), ghisa di seconda fusione, ghisa da fonderia. 3 **Heisswind** ~ (*Giess.*), cubilotto a vento caldo. 4 **Kaltwind** ~ (KW-Kupolofen) (*Giess.*), cubilotto a vento freddo.
Kupon (*m. - allg.*), cedola, « coupon », tagliando.
Kuppe (rundliches Ende) (*f. - allg.*), calotta (sferica). 2 ~ (eines Schraubendes) (*Mech.*), estremità. 3 ~ (Oberflächenfehler, 3. Ordnung Rauheit) (*Mech.*), calottina. 4 ~ **n·kontakt** (*m. - Elekt.*), contatto convesso. 5 ~ **n·radius** (eines Nockens) (*m. - Mech. - Mot.*), raggio del cerchio di testa. 6 **Kegel** ~ (eines Schraubenendes) (*Mech.*), estremità piana con smusso. 7 **Linsen** ~ (eines Schraubenendes) (*Mech.*), estremità a calotta.
Kuppel (*f. - Arch.*), cupola. 2 ~ **achse** (einer Loko) (*f. - Eisenb.*), asse accoppiato. 3 ~ **haken** (*m. - Fahrz.*), gancio di traino. 4 ~ **mit Pendentifs** (*Arch.*), cupola con pen-

Kuppeln

nacchi. 5 ~ **ofen** (Kupolofen) (*m. - Giess. - Ofen*), cubilotto. 6 ~ **schlauch** (*m. - Fahrz.*), accoppiatore. 7 ~ **stange** (zwischen Kurbeln oder Rädern) (*f. - Eisenb.*), biella di accoppiamento. 8 ~ **stange** (Anhängestange) (*Fahrz.*), barra di trazione. 9 ~ **staumauer** (*f. - Wass.b.*), diga a cupola.

Kuppeln (*n. - Mech.*), accoppiamento. 2 ~ (der Kupplung) (*Aut.*), innesto. 3 ~ (Auftragen einer Schicht auf die erste Grundschicht beim Kunstharz-Werkzeugbau) (*chem. Ind.*), accoppiatura.

kuppeln (*Mech.*), accoppiare. 2 ~ (*Aut.*), innestare la frizione. 3 **aus** ~ (*Aut.*), staccare la frizione, disinnestare la frizione. 4 **doppelt** ~ (*Aut.*), cambiare marcia col doppietto, cambiare (marcia) con « doppia frizione », cambiare (marcia) con doppio azionamento della frizione.

Kupplung (zur Verbindung von Wellen, eines Motors und einer Pumpe z. B.) (*f. - Mech.*), giunto. 2 ~ (Schaltkupplung) (*Mech.*), innesto. 3 ~ (ausrückbare Reibungskupplung) (*Aut. - Mot.*), frizione, innesto a frizione. 4 ~ (Eisenbahnkupplung) (*Eisenb.*), attacco, gancio, aggancio. 5 ~ **s·belag** (*m. - Aut. - Mech.*), rivestimento della frizione, guarnizione della frizione. 6 ~ **s·bolzen** (für Anhänger, Kupplungszapfen) (*m. - Fahrz.*), perno per agganciamento. 7 ~ **s·druckfeder** (*f. - Mech. - Aut.*), molla di spinta della frizione. 8 ~ **s·drucklager** (Kupplungsausrücklager) (*n. - Aut.*), manicotto distacco frizione. 9 ~ **s·flansch** (*m. - Mech.*), flangia di accoppiamento. 10 ~ **s·fusshebel** (Kupplungspedal) (*m. - Aut.*), pedale della frizione. 11 ~ **s·gabel** (*f. - Aut.*), forcella disinnesto frizione. 12 ~ **s·gehäuse** (*n. - Aut. - etc.*), scatola della frizione. 13 ~ **s·gestänge** (*n. - Fahrz. - etc.*), tiranteria della frizione. 14 ~ **s·getriebe** (*n. - Masch. - Mot.*), accoppiatore. 15 ~ **s·hebel** (eines Dieselaggregats z. B.) (*m. - Mech.*), leva della frizione. 16 ~ **s·klaue** (*f. - Mech.*), dente d'innesto. 17 ~ **s·lasche** (einer Eisenbahnkupplung) (*f. - Eisenb.*), tenditore (del gancio). 18 ~ **s·muffe** (zum Ausrücken der Reibungskupplung) (*f. - Aut.*), manicotto distacco frizione. 19 ~ **s·pedal** (Kupplungsfusshebel) (*n. - Aut.*), pedale della frizione. 20 ~ **s·platte** (an Anhängern) (*f. - Fahrz.*), ralla di agganciamento. 21 ~ **s·schliff** (Kupplungsschlupf) (*m. - Aut.*), slittamento della frizione. 22 ~ **s·schlupf** (*m. - Mech. - Aut.*), slittamento della frizione. 23 ~ **s·seite** (eines Motors) (*f. - Mot. - etc.*), lato accoppiamento. 24 ~ **s·spindel** (einer Eisenbahnkupplung) (*f. - Eisenb.*), doppio tenditore. 25 ~ **s·stecker** (*m. - Elekt.*), spina di connettore. 26 **Bibby-** ~ (Metallbandkupplung) (*Mech.*), giunto (flessibile) a nastro metallico. 27 **Bolzen-** ~ (Gummibolzen-Kupplung) (*Mech.*), giunto a perni di gomma. 28 **die** ~ **schleifen lassen** (*Aut.*), far slittare la frizione, far pattinare la frizione. 29 **direkte** ~ (ohne Untersetzungsgetriebe z. B., zwischen Mot. und Masch.) (*Mech.*), accoppiamento diretto. 30 **Einscheiben-Trocken** ~ (*Aut.*), frizione monodisco a secco. 31 **Eintouren-Rollen** ~ (*Mech.*), innesto a rulli a giro unico. 32 **elastische** ~ (*Mech.*), giunto elastico, giunto parastrappi. 33 **feste** ~ (*Mech.*), giunto fisso. 34 **Fliehkraft** ~ (*Mech.*), frizione centrifuga. 35 **Flüssigkeits** ~ (hydraulische Kupplung) (*Mech.*), giunto idraulico, giunto idrodinamico. 36 **gelenkige** ~ (*Mech.*), giunto a snodo. 37 **Gewinde** ~ (*Mech.*), giunto a manicotto filettato. 38 **Gleichganggelenk** ~ (Gleichlaufgelenkkupplung) (*Mech.*), giunto omocinetico. 39 **Gummibolzen-** ~ (Bolzen-Kupplung) (*Mech.*), giunto a perni di gomma. 40 **Gummiwulst-** ~ (*Mech.*), giunto elastico con anello di gomma (o pneumatico). 41 **harte** ~ (reissende Kupplung) (*Aut.*), frizione che strappa. 42 **hydraulische** ~ (Flüssigkeitskupplung) (*Mech.*), giunto idraulico, giunto (di accoppiamento) idrodinamico. 43 **Klauen** ~ (*Mech.*), innesto a denti frontali. 44 **Lamellen** ~ (Mehrscheibenkupplung) (*Mech.*), frizione a dischi. 45 **Magnet** ~ (elektromagnetische Kupplung) (*Mech.*), giunto magnetico, giunto elettromagnetico. 46 **Mehrscheiben** ~ (Lamellenkupplung) (*Mech.*), frizione a dischi. 47 **Muffen** ~ (*Mech.*), giunto a manicotto. 48 **Oldham-** ~ (*Mech.*), giunto di Oldham. 49 **Polygon** ~ (mit acht- oder sechseckigem Gummiring) (*Mech.*), giunto elastico « Giubo ». 50 **Pressluft** ~ (für eine Presse z. B.) (*Masch.*), frizione pneumatica, frizione ad aria compressa. 51 **Reibungs** ~ (*Mech.*), innesto a frizione. 52 **reissende** ~ (harte Kupplung) (*Aut.*), frizione che strappa. 53 **Rutsch** ~ (Sicherheitskupplung) (*Mech.*), giunto di sicurezza, limitatore (di coppia). 54 **Schalen** ~ (*Mech.*), giunto a viti, giunto a gusci. 55 **Schalt** ~ (schaltbare Kupplung) (*Mech.*), innesto. 56 **Scheiben** ~ (*Mech.*), giunto a dischi. 57 **selbsttätige** ~ (*Aut.*), frizione automatica. 58 **Sicherheits** ~ (*Mech.*), giunto di sicurezza. 59 **starre** ~ (*Mech.*), giunto rigido. 60 **Überlast** ~ (Drehmomentbegrenzer) (*Mech.*), giunto limitatore di coppia. 61 **unelastische** ~ (*Mech.*), giunto rigido, giunto anelastico. 62 **Weiss-Bendix-Gleichganggelenk-** ~ (*Mech.*), giunto omocinetico Weiss-Bendix. 63 **Zahn** ~ (*Mech.*), giunto a denti.

Kuprioxyd (*n. - Chem.*), ossido rameico.
Kuprit (Cu_2O) (*n. - Min.*), cuprite.
Kuprodekapieren (Cuprodekapieren, bei dem das Gut nicht nur elektrolytisch entfettet, sondern gleichzeitig elektrolytisch verkupfert wird) (*n. - mech. Technol.*), cuprodecapaggio.
Kupronelement (Kuprooxydelement) (*n. - Elekt.*), elemento ad ossido di rame.
Kuprooxyd (*n. - Chem.*), ossido rameoso.
Kuratorium (Aufsichtsbehörde, an Hochschulen) (*n. - Schule*), senato accademico.
Kurbel (Hebel zur Drehung) (*f. - Mech. - etc.*), manovella. 2 ~ (einer Kurbelwelle) (*Mot. - Mech.*), gomito, manovella. 3 ~ **achse** (*f. - Eisenb.*), asse a manovella. 4 ~ **achse** (Längslenkerachse) (*Aut.*), assale (con sospensione) a bracci longitudinali. 5 ~ **antenne** (*f. - Funk.*), antenna (telescopica azionata) a manovella. 6 ~ **arm** (einer Kurbelwelle) (*m. - Mech. - Mot.*), spalla, braccio di manovella. 7 ~ **bolzen** (Kurbelzapfen, einer Kurbel-

welle) (*m. - Mech. - Mot.*), perno di manovella, bottone di manovella. 8 ~ **dynamo** (*f. - Elekt.*), dinamo a manovella. 9 ~ **fenster** (*n. - Aut.*), finestrino abbassabile (con comando a manovella) 10 ~ **gehäuse** (eines Verbrennungsmotors) (*n. - Mot.*), basamento, incastellatura, carter. 11 ~ **gehäuse** (eines Sternmotors) (*Flugw. - Mot.*), incastellatura. 12 ~ **gehäuseentlüfter** (*m. - Mot.*), sfiato del basamento, sfiato dell'incastellatura. 13 ~ **getriebe** (*n. - Mech.*), manovellismo. 14 ~ **halbmesser** (*m. - Mech.*), raggio di manovella. 15 ~ **induktor** (*m. - Elekt.*), generatore magnetoelettrico. 16 ~ **kasten** (*m. - Mot.*), siehe Kurbelgehäuse. 17 ~ **kastenexplosion** (eines Dieselmotors) (*f. - Mot.*), esplosione nel carter. 18 ~ **kröpfung** (*f. - Mot. - Mech.*), gomito. 19 ~ **lager** (Hauptlager, einer Kurbelwelle) (*n. - Mot.*), cuscinetto di banco. 20 ~ **lenker** (einer Aufhängung) (*m. - Aut.*), doppio braccio longitudinale. 21 ~ **presse** (*f. - Masch.*), pressa a manovella. 22 ~ **radius** (*m. - Mech.*), braccio di manovella. 23 ~ **schleife** (*f. - Mech.*), manovella a glifo oscillante. 24 ~ **schwinge** (*f. - Mech.*), manovella a biella oscillante. 25 ~ **stange** (Pleuelstange) (*f. - Mot.*), biella. 26 ~ **stangenlager** (*n. - Mot.*), cuscinetto di biella. 27 ~ **tafelschere** (Guillotineschere) (*f. - Masch.*), cesoia a ghigliottina. 28 ~ **trieb** (Kurbelgetriebe) (*m. - Mech.*), manovellismo. 29 ~ **verhältnis** (Pleuelstangenverhältnis), Quotient aus Kurbelradius zur Pleuellänge. (*n. - Mot.*), rapporto di manovella. 30 ~ **versetzung** (einer Kurbelwelle) (*f. - Mot.*), angolo tra le manovelle. 31 ~ **wange** (einer Kurbelwelle) (*f. - Mot.*), spalla, braccio di manovella. 32 ~ **wanne** (Ölwanne) (*f. - Mot.*), coppa dell'olio. 33 ~ **welle** (eines Reihenmotors) (*f. - Mot.*), albero a manovella. 34 ~ **welle** (eines Sternmotors) (*Flugw. - Mot.*), albero a manovella. 35 ~ **wellenlager** (Hauptlager) (*n. - Mot.*), cuscinetto di banco. 36 ~ **wellenlagerdeckel** (*m. - Mot.*), cappello di banco. 37 ~ **wellenrad** (zum Antrieb der Steuerung) (*n. - Mot.*), ingranaggio comando distribuzione (sull'albero a gomito). 38 ~ **wellenzapfen** (Hubzapfen, Pleuelzapfen, Kurbelzapfen) (*m. - Mot.*), perno di biella, perno di manovella, bottone di manovella. 39 ~ **winkel** (einer Kurbelwelle) (*m. - Mot. - Mech.*), angolo di manovella. 40 ~ **winkelgrade** (*m. - pl. - Mot.*), gradi dell'angolo di manovella. 41 ~ **zapfen** (Kurbelbolzen, einer Kurbelwelle) (*m. - Mot. - Mech.*), perno di manovella, bottone di manovella. 42 ~ **zapfenende** (der Pleuelstange) (*n. - Mot. - Mech.*), testa (di biella). 43 ~ **zapfenlager** (Pleuellager) (*n. - Mot. - Mech.*), cuscinetto di biella. 44 ~ **ziehpresse** (*f. - Masch.*), pressa a manovella per imbutitura. 45 **Andreh** ~ (*Mot.*), manovella di avviamento. 46 **ausgewuchtete** ~ (einer Kurbelwelle) (*Mot.*), manovella contrappesata. 47 **einfachgekröpfte** ~ (*Mot. - Mech.*), manovella ad un gomito. 48 **Scheiben** ~ (einer Kurbelwelle) (*Mot. - Mech.*), manovella a disco. 49 **sechshübige** ~ **welle** (*Mot.*), albero a sei manovelle. 50 **siebenfach gelagerte** ~ **welle** (*Mot.*), albero a gomiti su sette supporti di banco. 51 **Tret** ~ (*Fahrrad*), pedivella.

kurbeln (drehen, einen Mot.) (*Mech. - Mot.*), ruotare, far girare a mano. 2 ~ (Film z. B.) (*allg.*), avvolgere.

Kurkumapapier (Reagens) (*n. - Chem.*), carta alla curcuma.

Kurkume (*f. - Farbstoff*), curcuma.

Kurre (Trawl, Grundschleppnetz) (*f. - Fischerei*), rete a strascico.

Kurrentschrift (Kursivschrift) (*f. - Druck.*), corsivo, carattere corsivo.

Kurs (eines Schiffes z. B.) (*m. - naut. - Navig. - Flugw.*), rotta. 2 ~ (Lehrgang) (*Schule - Pers.*), corso. 3 ~ (*finanz.*), tasso di cambio. 4 ~ **abweichung** (*f. - Navig.*), deviazione dalla rotta. 5 ~ **anzeiger** (*m. - Navig.*), indicatore di rotta. 6 ~ **buch** (Fahrplan) (*n. - Eisenb. - etc.*), orario. 7 ~ **geber** (automatischer Pilot) (*m. - Flug.*), autopilota. 8 ~ **haltung** (Strassenhaltung) (*f. - Aut.*), tenuta di strada. 9 ~ **haltung** (*Flugw. - etc.*), mantenimento della rotta. 10 ~ **kreisel** (*m. - Instr.*), giroscopio direzionale, bussola giroscopica. 11 ~ **makler** (*m. - finanz.*), agente di cambio. 12 ~ **moment** (*n. - Flugw.*), momento d'imbardata. 13 ~ **rechner** (*m. - Radar*), calcolatore di rotta. 14 ~ **schreiber** (*m. - Flugw.*), registratore di rotta. 15 ~ **wagen** (für direkte Bahnverbindungen) (*m. - Eisenb.*), vettura diretta, carozza diretta. 16 ~ **weiser** (Funkbake) (*m. - Navig.*), radiofaro. 17 ~ **winkel** (*m. - Aut.*), angolo di traiettoria. 18 **auf** ~ **gehen** (*Navig.*), mettersi in rotta. 19 **auf** ~ **sein** (*Navig.*), essere in rotta. 20 **den** ~ **halten** (*Navig.*), tenere la rotta. 21 **eingedrehter** ~ (*Navig.*), rotta prestabilita. 22 **nicht auf** ~ **sein** (*Navig.*), essere fuori rotta. 23 **rechtweisender** ~ (*Flugw.*), rotta vera.

kursiv (*Druck.*), corsivo (*a.*).

Kursive (Kursivschrift) (*f. - Druck.*), corsivo, carattere corsivo.

Kursus (Lehrgang, Kurs) (*m. - Schule - Pers.*), corso.

Kurve (*f. - Math. - Geom.*), curva. 2 ~ (*Strass.b. - Eisenb.*), curva. 3 ~ (Nocken) (*Werkz. masch. - Mech.*), camma. 4 ~ (Kurvenflug) (*Flugw.*), virata. 5 ~ **für Drehzahlwechsel** (*Werkz.masch.*), camma per il cambio del numero di giri. 6 ~ **für Gewindeschneiden** (*Werkz.masch.*), camma per la filettatura. 7 ~ **gleicher Beleuchtungsstärke** (*Beleucht.*), curva isofota di illuminamento. 8 ~ **gleicher Lichtstärke** (*Beleucht.*), curva isofota di intensità. 9 ~ **n·abtaster** (Gerät zur Übertragung des Verlaufes einer ausgeschnittenen oder gezeichneten Kurve in die Werkz. masch.) (*m. - Mech. - Ger.*), pantografo (utensile), macchina a pantografo. 10 ~ **n·ast** (einer Kennlinie z. B.) (*m. - Phys. - Zeichn.*), ramo della curva. 11 ~ **n·automat** (Drehbank) (*m. - Werkz.masch.*), tornio automatico a camme. 12 ~ **n·bahn** (*f. - allg.*), traiettoria curva. 13 ~ **n·bild** (*n. - Mech. - etc.*), grafico. 14 ~ **n·blatt** (Form-Kurvenblatt, graphische Darstellung zahlreicher Kennwerte als Funktion der Tauchtiefe) (*n. - Schiffbau*), diagramma (delle caratteristiche) di forma (in

kurven

funzione del pescaggio). 15 ~ n·diagramm (Nockendiagramm) (*n. - Mech.*), diagramma della camma. 16 ~ n·fahrt (*f. - Fahrz.*), marcia in curva. 17 ~ n·fahrverhalten (*n. - Aut.*), comportamento in curva. 18 ~ n·flug (*m. - Flugw.*), virata. 19 ~ n·form (Nockenform) (*f. - Mech.*), profilo della camma. 20 ~ n·form (Wellenform) (*Elekt.*), forma d'onda. 21 ~ n·fräsmaschine (*f. - Werkz.masch.*), fresatrice per camme. 22 ~ n·generator (*m. - Ger.*), generatore di curve. 23 ~ n·getriebe (zum Umformen einer Bewegung) (*n. - Mech.*), (meccanismo a) eccentrico. 24 ~ n·lineal (*n. - Zeichn. - Ger.*), curvilineo (*s.*). 25 ~ n·messer (Kurvimeter) (*m. - Ger.*), curvimetro. 26 ~ n·neigung (eines Wagens) (*f. - Aut.*), coricamento in curva. 27 ~ n·quietschen (der Reifen) (*n. - Aut.*), stridìo in curva. 28 ~ n·rolle (*f. - Mech.*), punteria a rullo, rullo. 29 ~ n·scheibe (Nockenscheibe) (*f. - Mech. - Werkz.masch.*), camma a disco. 30 ~ n·schreiber (*m. - Rechner - etc.*), diagrammatore. 31 ~ n·stabilität (*f. - Aut.*), stabilità in curva. 32 ~ n·stabilisator (*m. - Aut.*), stabilizzatore trasversale. 33 ~ n·steigung (*f. - Mech.*), alzata della camma. 34 ~ n·steuerung (*f. - Werkz.masch.*), azionamento a camme. 35 ~ n·trieb (*m. - Mech.*), meccanismo a camma. 36 ~ n·trommel (*f. - Mech.*), tamburo a camme. 37 ~ n·überhöhung (*f. - Strass.b.*), sopraelevazione della curva, curva sopraelevata. 38 ~ n·verhalten (Kurvenfahrverhalten) (*n. - Aut.*), comportamento in curva. 39 ~ n·vorschub (*m. - Werkz.masch.*), avanzamento a camma. 40 ~ n·welle (Nockenwelle) (*f. - Mech.*), albero a camme. 41 ~ n·widerstand (Krümmungswiderstand) (*m. - Fahrz.*), resistenza in curva. 42 ~ n·zeiger (*m. - Flugw. - Instr.*), indicatore di virata. 43 ballistische ~ (*Ballistik*), curva balistica. 44 ebene ~ (*Math.*), curva piana. 45 Flach ~ (*Mech.*), camma a disco. 46 gefährliche ~ (*Strass.verkehr - Signal*), curva pericolosa. 47 hypsometrische ~ (*Geogr.*), curva ipsometrica. 48 jungfräuliche ~ (Neukurve, einer Hystereseschleife) (*Elekt.*), curva vergine. 49 Mantel ~ (*Werkz.masch. - etc.*), camma cilindrica. 50 Schnellgang ~ (*Werkz.masch.*), camma per la marcia rapida. 51 S-~ (*Strasse*), curva a S, doppia curva. 52 Trommel ~ (*Mech.*), camma a rullo (scanalato). 53 überhöhte ~ (*Strass.b. - Eisenb.*), curva sopraelevata. 54 Wiegungs ~ (*Akus.*), curva di ponderazione.

kurven (*Fahrz.*), curvare, prendere una curva. 2 ~ (*Flugw.*), virare. 3 ~ fest (*Fahrz.*), stabile in curva. 4 ~ gesteuert (*Werkz.masch. - etc.*), azionato da camma. 5 ~ los (Drehautomat z. B.) (*Werkz.masch.*), senza camme. 6 ~ reich (*Strasse*), tortuoso. 7 ~ unwillig (*Aut.*), sottosterzante. 8 ~ willig (*Aut.*), sovrasterzante.

Kurvimeter (Kurvenmesser) (*n. - Ger.*), curvimetro.

kurvilinear (*allg.*), curvilineo (*a.*).

kurz (*allg.*), corto. 2 ~ brüchig (*Metall.*), fragile. 3 ~ e Schlacke (*Metall.*), scoria fluida. 4 ~ faserig (*Text.*), a fibra corta. 5 ~ flammig (Kohle) (*Brennst.*), a corta fiamma. 6 ~ fristig (Lieferung z. B.) (*komm. - etc.*), a breve scadenza. 7 ~ geschlossen (*Elekt.*), in corto circuito. 8 ~ hubig (*Mech. - Mot.*), a corsa corta. 9 ~ lebig (*allg.*), di breve durata. 10 ~ ölig (*Anstr.*), corto olio. 11 ~ öliges Alkydharz (*Anstr.*), alchidica corto olio, resina alchidica corto olio. 12 ~ schliessen (*Elekt.*), mettere in corto circuito, cortocircuitare. 13 ~ schriftlich (*allg.*), stenografico. 14 ~ sichtig (*Opt.*), miope. 15 ~ stapelig (kurzfaserig) (*Text.*), a fibra corta. 16 ~ wellig (*Funk.*), ad onde corte. 17 ~ zeitig (*allg.*), momentaneo, breve. 18 ~ zeitiger Betrieb mit veränderlicher Belastung (*Mot. - etc.*), servizio di breve durata a carico variabile. 19 zu ~ kommen (*Flugw.*), atterrare corto.

Kurzalterung (*f. - Wärmebeh.*), invecchiamento accelerato.

Kurzarbeit (zur Vermeidung von Entlassungen z. B.) (*f. - Arb. - Organ.*), lavoro ad orario ridotto.

Kurzbasisverfahren (*n. - Funk. - Navig.*), sistema (di radionavigazione) a base ridotta.

Kurzbespulung (*f. - Fernspr.*), pupinizzazione a passo breve.

Kurzbetrieb (*m. - Mot. - etc.*), servizio di breve durata.

Kurzbewitterung (*f. - Anstr. - Prüfung*), prova accelerata agli agenti atmosferici.

Kurzbezeichnung (*f. - allg.*), simboleggiatura.

Kurzbohrer (*m. - mech. Werkz.*), punta (da trapano) corta.

Kürzel (Abkürzung, etc.) (*n. - Druck.*), acronimo.

kürzen (*allg.*), accorciare. 2 ~ (reduzieren, das Gehalt z. B.) (*allg.*), ridurre, diminuire.

Kurzfilm (*m. - Filmtech.*), cortometraggio.

Kurzgewindefräsen (Einstechfräsen von Gewinden) (*n. - Werkz.masch.bearb.*), fresatura a tuffo di filettature corte.

Kurzhaubenfahrzeug (Lastwagen) (*n. - Fahrz.*), autocarro a cabina semiarretrata.

Kurzhobler (*m. - Werkz.masch.*), limatrice.

Kurzhuber (Verbrennungsmotor) (*m. - Mot.*), motore superquadro, motore a corsa corta, motore con corsa inferiore all'alesaggio.

Kurz-Lang-Schalter (Kurz-Lang-Wellenschalter) (*m. - Funk.*), commutatore onde corte-onde lunghe.

Kurzprüfung (*f. - Technol.*), prova accelerata.

Kurzreferat (einer Denkschrift oder eines Aufsatzes z. B.) (*n. - allg.*), condensato (*s.*).

Kurzschliesser (Schalter, durch den fast der gesamte Strom fliesst, während der Verbraucher stromlos wird) (*m. - Elekt.*), interruttore di corto circuito (di esclusione dell'utenza).

Kurzschluss (*m. - Elekt.*), corto circuito. 2 ~ anker (Käfigläufer, Käfiganker) (*m. - Elekt.*), rotore in corto circuito, rotore a gabbia di scoiattolo. 3 ~ fortschaltung (eines Schalters) (*f. - Elekt.*), reinserzione automatica dopo corto circuito. 4 ~ kennlinie (*f. - elekt. Masch.*), caratteristica di corto circuito. 5 ~ läufer (*m. - Elekt.*), siehe Kurzschlussanker. 6 ~ läufermotor (*m. - Elektromot.*), motore a gabbia di scoiattolo. 7 ~ schutz (*m. - Elekt.*), protezione contro corto circuiti. 8 ~ spannung (*f. - Elekt.*), tensione di corto circuito. 9 ~ ventil (*n. - Leit.*), valvola di corto circuito. 10 ~ wicklung (Käfigwicklung) (*f. - Elekt.*), avvolgimento a gabbia di scoiattolo. 11 Versuch bei ~ (*Elekt.*), prova in corto circuito.

kurzschlussfrei (*Elekt.*), anticortocircuito.

Kurzschrift (Stenographie) (*f. - Büro*), stenografia.

Kurzsichtigkeit (*f. - Opt.*), miopia.

Kurzstartflugzeug (*n. - Flugw.*), velivolo a decollo corto.

Kurztest (Kurzprüfung) (*m. - mech. Technol.*), prova accelerata.

Kurz- und Senkrechtstart-Triebwerk (*n. - Flugw.*), propulsore per decollo corto e verticale, motore per decollo corto e verticale.

Kurzversuch (Kurzzeitversuch) (*m. - Technol.*), prova accelerata.

Kurzwaren (Metallkurzwaren) (*f. - pl. - Metall.*), minuteria metallica.

Kurzwelle (*f. - Funk.*), onda corta. 2 ~ n·behandlung (*f. - Med.*), marconiterapia, terapia delle onde corte. 3 ~ n·empfang (*m. - Funk.*), ricezione ad onde corte. 4 ~ n·empfänger (*m. - Funk.*), ricevitore ad onde corte, apparecchio radio ad onde corte, radio ad onde corte. 5 ~ n·sender (*m. - Funk.*), trasmettitore ad onde corte.

Kurzzeichen (*n. - allg.*), simbolo, abbreviazione.

Kurzzeitbetrieb (*m. - Mot. - Elekt.*), servizio di breve durata.

Kurzzeitmesser (*m. - Instr.*), microcronometro.

Kurzzeitversuch (Kurzversuch) (*m. - Technol.*), prova accelerata.

Kusa-Schaltung (Kurzschluss-Sanftanlauf-Schaltung, zum Anlaufen von Käfigläufermotoren) (*f. - Elekt.*), sistema di avviamento (con rotore) in corto circuito.

Küste (Gestade [*n.*]) (*f. - Geogr.*), costa. 2 ~ n·artillerie (*f. - milit.*), artiglieria da costa. 3 ~ n·dampfer (*m. - naut.*), nave costiera. 4 ~ n·fahrt (Küstenschiffahrt) (*f. - naut.*), cabotaggio. 5 ~ n·fischerei (*f. - Fischerei*), pesca costiera. 6 ~ n·funkstelle (*f. - Funk.*), stazione radio costiera. 7 ~ n·gewässer (*n. - pl. - komm.*), acque territoriali. 8 ~ n·schiffahrt (Küstenfahrt) (*f. - naut.*), cabotaggio. 9 ~ n·schutzbauten (*f. - pl. - Wass.b.*), opere di difesa costiere, opere di protezione costiere. 10 ~ n·wachtschiff (Küstenwachboot) (*n. - naut.*), guardacoste, nave guardacoste. 11 Flach ~ (*Geogr.*), costa piatta. 12 grosse ~ n·schifffahrt (*naut.*), grande cabotaggio. 13 Steil ~ (*Geogr.*), costa a picco.

Kustos (*m. - Arb.*), custode.

Kutsche (Personenwagen) (*f. - Fahrz.*), carrozza.

Kutter (einmastiges Segelschiff) (*m. - naut.*), « cutter ». 2 ~ (Rettungsboot eines Kriegsschiffes) (*Kriegsmar.*), lancia (di salvataggio) armata. 3 ~ (kleineres Fischereifahrzeug) (*Fischerei*), piccolo peschereccio.

Kuverdeich (ringförmiger Hilfsdeich) (*m. - Wass.b.*), coronella.

Kuvert (eines Briefes) (*n. - Büro*), busta.

Kuvertiermaschine (*f. - Packung*), macchina per confezione in busta.

Kuverwasser (Drängewasser) (*n. - Wass.b.*), fontanazzo.

Küvette (flache Glasschale) (*f. - Chem. - Ger.*), cuvetta. 2 ~ (Waschbecken) (*Bauw.*), lavabo, lavandino.

Kux (Anteil am Vermögen eines Bergwerks) (*m. - finanz.*), azione (di società mineraria).

kV (Kilovolt) (*Elekt.*), kV, chilovolt.

kVA (Kilovoltampere) (*Elekt.*), kVA, chilovoltampere. 2 ~ -Zähler (*m. - Elekt. - Instr.*), chilovoltamperometro.

kv-Wert (Durchfluss durch das Ventil) (*m. - Hydr.*), valore Cv, Cv.

KW (Kurbelwinkel) (*Mot.*), angolo di manovella. 2 ~ (Kurzwelle) (*Funk.*), onda corta. 3 ~ (Kohlenwasserstoff) (*Chem.*), idrocarburo. 4 ~ (Kaltwind, beim Kupolofen) (*Giess.*), vento freddo. 5 ~ -Ger. (Kaltwalzen-Gerüst) (*Walzw.*), gabbia per laminazione a freddo.

kW (Kilowatt) (*Elekt.*), kW, chilowatt.

K-Wert (Wahrnehmungsstärke, mechanischer Schwingungen) (*m. - Fahrz. - Med. - etc.*), intensità di percezione. 2 ~ (Mass für die mittlere Polymerisationsstufe, von Polyvinylchloriden) (*m. - Technol.*), valore K.

kWh (Kilowattstunde) (*Elekt.*), kWh, chilowattora. 2 ~ -Zähler (*m. - Elekt. - Instr.*), chilovattorametro, contatore elettrico.

KWL (Konstruktionswasserlinie) (*Schiffbau*), linea di galleggiamento a carico normale, linea di galleggiamento di progetto.

kyanisieren (Tränken von Holz mit Quecksilber-Chlorid-Lösung) (*n. - Holz*), impregnazione con cloruro di mercurio.

Kybernetik (*f. - Automation*), cibernetica.

kybernetisch (*Autom.*), cibernetico.

Kyma (Kymation) (*n. - Arch.*), modanatura ad ovuli.

Kymograph (Bewegungsanzeiger) (*m. - Instr.*), chimografo.

L

L (Laufsitz) (*Mech.*), accoppiamento preciso libero normale. 2 ~ (Lambert, Einheit für die Leuchtdichte) (*Masseinh.*), L, lambert. 3 ~ (Induktivität) (*Elekt.*), L, induttanza. 4 ~ (Länge) (*Mass*), lunghezza. 5 ~ (Lot) (*mech. Technol.*), brasatura. 6 ~ (Leuchtdichte) (*Beleucht.*), L, luminanza. 7 ~ (L$_e$, Strahldichte) (*Phys.*), L$_e$, radianza.

l (Liter) (*Masseinh.*), l, litro. 2 ~ (Lumen) (*Masseinh.*), l, lumen. 3 ~ (latente Wärme) (*Thermodyn.*), calore latente. 4 ~ (Länge) (*Mass*), lunghezza.

La (Lanthan) (*Chem.*), La, lantanio. 2 ~ (Lampe) (*Elekt.*), lampada.

Lab. (Laboratorium) (*Chem. - etc.*), laboratorio.

labil (Gleichgewicht) (*Phys.*), labile.

Labilität (*f. - Phys.*), labilità.

Labor (Laboratorium) (*n. - Chem. - etc.*), laboratorio. 2 ~ geräte (*n. - pl. - Chem. - Phys.*), attrezzi da laboratorio. 3 ~ prüfung (*f. - Technol. - Chem.*), prova di laboratorio, prova in laboratorio. 4 Foto ~ (fotographisches Laboratorium) (*Phot.*), laboratorio fotografico.

Laborant (*m. - Ind. - Arb.*), assistente di laboratorio. 2 ~ (chemischer Laborant) (*chem. Arb.*), assistente chimico.

Laboratorium (Labor) (*n. - Chem. - etc.*), laboratorio. 2 ~ diener (*m. - Arb.*), inserviente di laboratorio. 3 ~ s·einrichtung (*f. - Chem. - etc.*), apparecchiatura da laboratorio. 4 ~ s·forschungen (*f. - pl. - Ind. - etc.*), ricerche di laboratorio. 5 ~ s·prüfung (Laboratoriumsversuch) (*f. - Technol. - Chem.*), prova di laboratorio. 6 ~ s·schale (*f. - Chem. - Ger.*), capsula da laboratorio. 7 ~ s·tisch (*m. - Ger.*), tavolo da laboratorio. 8 chemisches ~ (*Chem.*), laboratorio chimico.

Labradorit (Labradorstein) (*m. - Min.*), labradorite.

Labyrinthdichtung (einer Turbine z. B.) (*f. - Mech.*), tenuta a labirinto.

Lache (Pfütze) (*f. - Strass. - etc.*), pozzanghera.

Lachgas (Stickoxydul, N$_2$O) (*n. - Chem.*), gas esilarante, ossidulo di azoto, protossido di azoto.

Lack (*m. - Anstr.*), vernice. 2 ~ abbeizmittel (*n. - Anstr. - Chem.*), sverniciatore. 3 ~ anstrich (Lackschicht) (*m. - Anstr.*), mano di vernice. 4 ~ benzin (Testbenzin) (*n. - chem. Ind.*), benzina solvente. 5 ~ draht (*m. - Elekt.*), filo rivestito con vernice isolante, filo verniciato. 6 ~ farbe (Emaillelack, Gemisch aus einem Lack und einem Farbkörper) (*f. - Anstr.*), pittura a smalto. 7 ~ harz (*n. - Anstr.*), resina per vernici. 8 ~ kette (*f. - Anstr.*), ciclo di verniciatura. 9 ~ kunstharze (*n. - pl. - Anstr.*), resine per vernici. 10 ~ leder (*n. - Lederind.*), pelle verniciata. 11 ~ lösemittel (*n. - Anstr.*), solvente per vernici. 12 ~ papierdraht (*m. - Elekt.*), filo smaltato isolato con carta. 13 ~ saum (*m. - Anstr. fehler*), bordatura. 14 ~ schaden (Anstrichfehler) (*m. - Anstr.*), difetto di verniciatura. 15 ~ schicht (*f. - Anstr.*), mano di vernice, strato di vernice. 16 ~ spritzen (*n. - Anstr.*), verniciatura a spruzzo, spruzzatura. 17 ~ **spritzen im elektrostatischen Feld** (*Anstr.*), spruzzatura elettrostatica, verniciatura a spruzzo elettrostatica. 18 ~ trocknung (*f. - Anstr.*), essiccazione della vernice. 19 ~ überzug (*m. - Anstr.*), finitura a smalto, verniciatura a smalto. 20 Alkydharz- ~ (*Anstr.*), vernice alchidica. 21 Antidröhn ~ (*Anstr.*), vernice antirombo, antirombo. 22 Asphalt ~ (*Anstr.*), vernice asfaltica. 23 Bronze ~ (*Anstr.*), vernice a bronzare. 24 Deck ~ (*Anstr.*), vernice di copertura. 25 Einbrenn ~ (*Anstr.*), vernice a fuoco. 26 Emaille ~ (*Anstr.*), pittura a smalto. 27 Farb ~ (*Anstr.*), lacca. 28 flüchtiger ~ (*Anstr.*), vernice a solvente. 29 Harz ~ (Harzlösung) (*Anstr.*), vernice sintetica. 30 Isolier ~ (*Anstr. - Elekt.*), vernice isolante. 31 Japan ~ (*Anstr.*), vernice giapponese. 32 Knoten ~ (*Anstr.*), fissanodi. 33 Kombinations ~ (Kunstharz-Nitrozellulose-Kombinationslack z. B.) (*Anstr.*), vernice combinata. 34 Kunstharz- ~ farbe (*Anstr.*), vernice sintetica. 35 Luft ~ (*Anstr.*), vernice essiccante all'aria. 36 luftloses ~ spritzen (*Anstr.*), spruzzatura senza aria, verniciatura a spruzzo senza aria. 37 Nitrozellulose ~ (*Anstr.*), vernice alla nitrocellulosa, vernice alla nitro. 38 Öl ~ (*Anstr.*), vernice ad olio. 39 Polyurethan- ~ (*Anstr.*), vernice poliuretanica. 40 Reaktions ~ (kalthärtender Kunstharzlack, trocknet schnell wegen einer beschleunigten chem. Reaktion) (*Anstr.*), vernice reattiva, vernice (con essiccazione) a reazione (chimica). 41 reflektierender ~ (durch Einbetten reflektierender Körper, Glasprismen z. B.) (*Anstr.*), vernice riflettente. 42 säurehärtender ~ (*Anstr.*), vernice catalizzata ad acido, vernice con indurimento ad acido. 43 Schleif ~ (*Anstr.*), vernice a pulimento, vernice a lisciare. 44 Sonder ~ (Silikone z. B.) (*Anstr.*), vernice speciale. 45 Spann ~ (*Anstr.*), vernice tenditela, vernice a tendere. 46 Spiritus ~ (*Anstr.*), vernice all'alcool. 47 Sprit ~ (Spirituslack) (*Anstr.*), vernice all'alcool. 48 Spritz ~ (*Anstr.*), vernice a spruzzo. 49 Tauch ~ (*Anstr.*), vernice (per verniciatura) ad immersione. 50 UP-Harz- ~ (ungesättigter Polyesterharz-Lack) (*Anstr.*) vernice poliestere non satura. 51 Vor ~ (Grundierungslack) (*Anstr.*), vernice di fondo, fondo. 52 Zellulose ~ (*Anstr.*), vernice alla cellulosa, vernice cellulosica.

lackieren (*Anstr.*), verniciare.

Lackierer (*m. - Arb.*), verniciatore.

Lackiererei (*f. - Ind.*), reparto verniciatura.
Lackierofen (*m. - Anstr.*), forno per verniciatura.
Lackierstrasse (*f. - Anstr. - Ind.*), linea di verniciatura.
lackiert (*Anstr.*), verniciato.
Lackiertauchapparat (*m. - Anstr.*), impianto per verniciatura ad immersione.
Lackierung (einer Karosserie z. B.) (*f. - Anstr.*), verniciatura. 2 **Ballen** ~ (von Holz) (*Anstr.*), finitura a tampone, verniciatura a tampone. 3 **elektrophoretische** ~ (*Aut. - etc.*), verniciatura elettroforetica. 4 **elektrostatische** ~ (*Anstr.*), verniciatura elettrostatica. 5 **Flut** ~ (*Anstr.*), verniciatura a flusso. 6 **Giess** ~ (*Anstr.*), verniciatura a velo. 7 **Kunstharz** ~ (*Anstr.*), verniciatura con resine sintetiche. 8 **Metallic-** ~ (einer Karosserie z. B.) (*Aut. - etc.*), verniciatura metallica. 9 **Nitro** ~ (*Anstr.*), verniciatura alla nitro. 10 **Rostschutz** ~ (einer Karosserie z. B.) (*Anstr.*), verniciatura antiruggine. 11 **Schleuder** ~ (*Anstr.*), verniciatura a centrifugazione. 12 **Tauch** ~ (einer Karosserie z. B.) (*Anstr.*), verniciatura ad immersione. 13 **Trommel** ~ (*Anstr.*), verniciatura a buratto. 14 **Tupf** ~ (*Anstr.*), verniciatura ad effetto bucciato (o goffrato). 15 **Walz** ~ (*Anstr.*), verniciatura a rullo.
Lackmus (Farbstoff) (*m. - Chem.*), tornasole. 2 ~ **papier** (*n. - Chem.*), cartina al tornasole, cartina indicatrice di pH.
lacksichern (ein Gerät z. B.) (*allg.*), fissare con vernice.
Lactodensimeter (*n. - Instr.*), lattodensimetro.
Lactose ($C_{12}H_{22}O_{11}$) (*f. - Chem.*), lattosio.
Lade (Behälter) (*f. - allg.*), recipiente. 2 ~ (Weblade) (*Textilind.*), battente.
Ladeaggregat (für Akku) (*n. - Elekt.*), gruppo carica-batterie.
Ladearbeit (*f. - naut. - Transp.*), carico e scarico.
Ladeautomat (für Akku) (*m. - Elekt.*), carica-batterie automatico.
Ladebaum (*m. - naut.*), picco da carico.
Ladeblock (*m. - Hebevorr.*), bozzello da carico.
Ladebrief (*m. - Transp. - naut.*), polizza di carico.
Ladebrücke (eines Tiefladewagens für Schwersttransporte) (*f. - Eisenb.*), ponte a bilico.
Ladebühne (*f. - Transp.*), piattaforma di caricamento.
Ladedruck (eines aufgeladenen Verbrennungsmotors) (*m. - Mot.*), pressione di alimentazione. 2 ~ **begrenzer** (Ladedruckregler, eines Motors) (*m. - Flugw.*), limitatore della pressione di alimentazione, regolatore della pressione di alimentazione. 3 ~ **messer** (eines Flugmotors) (*m. - Instr.*), manometro della pressione di alimentazione. 4 ~ **regler** (Ladedruckbegrenzer, eines Flugmotors) (*m. - Flugw.*), regolatore della pressione di alimentazione, limitatore della pressione di alimentazione.
Ladedynamo (*f. - Mot. - Elekt.*), dinamo carica-batterie.
Ladefähigkeit (*f. - Fahrz.*), portata.

Ladefläche (*f. - Eisenb. - Fahrz.*), superficie per il carico.
Ladegerät (für Akku) (*n. - Elekt. - etc.*), apparecchio carica-batterie.
Ladegewicht (Höchstgewicht der Ladung eines Fahrzeuges) (*n. - Eisenb.*), portata.
Ladegleichrichter (*m. - Elekt.*), raddrizzatore per carica (batterie).
Ladegleis (eines Güterbahnhofs) (*n. - Eisenb.*), binario di caricamento.
Ladegrad (Fanggrad, eines Verbrennungsmotors) (*m. - Mot.*), rapporto di utilizzazione.
Ladekai (*m. - naut.*), banchina di caricamento.
Ladekanal (für Werkstücke) (*m. - Werkz. masch.bearb.*), canale alimentatore.
Ladekasten (für Innenbetriebstransport) (*m. - ind. Transp.*), contenitore per trasporti interni, cassetta raccolta materiali, cassa raccolta materiali, cestone raccolta materiali.
Ladekennlinie (eines Akku) (*f. - Elekt.*), caratteristica di carica, curva di carica.
Ladekontrollampe (für die Funktion von Lichtmaschine und Regler) (*f. - Aut.*), spia carica dinamo (o alternatore).
Ladekurve (einer Batterie) (*f. - Aut.*), curva di carica.
Ladelehre (*f. - Eisenb.*), siehe Lademass.
Ladeleistung (eines aufgeladenes Verbr. Mot.) (*f. - Mot.*), potenza assorbita dal compressore.
Ladelinie (*f. - naut.*), siehe Lademarke.
Ladeluke (*f. - naut.*), boccaporto di carico, boccaporto di stiva. 2 ~ (eines Flugzeugs) (*Flugw.*), sportello per il carico delle merci, portellone (per carico merci).
Lademarke (Ladelinie, Tiefladelinie) (*f. - naut.*), marca di bordo libero.
Lademaschine (Ladedynamo z. B.) (*f. - Mot. - Elekt.*), carica-batteria. 2 ~ (für Erz z. B.) (*Bergbau - etc.*), caricatrice, macchina caricatrice. 3 ~ (um Brennstoff an Kernreaktoren zu laden z. B.) (*Masch.*), caricatrice macchina per caricare. 4 **Quer** ~ (Querlader) (*Bergbaumasch.*), caricatrice laterale.
Lademass (Gerüst zum Nachprüfen der Umrisslinien von Güterwagenladungen) (*n. - Eisenb.*), sagoma limite del carico.
Lademenge (Sprengstoffmenge, für Sprenglöcher) (*f. - Bergbau*), carica.
Laden (Fensterladen, Verschluss) (*m. - Bauw.*), persiana, scuretto. 2 ~ (Kaufladen) (*komm.*), negozio. 3 ~ **angestellte** (*f. - Arb.*), commessa. 4 ~ **angestellter** (*m. - Arb.*), commesso. 5 ~ **dieb** (*m. - recht.*), taccheggiatore. 6 ~ **diebstahl** (*m. - recht.*), taccheggio. 7 ~ **fenster** (Schaufenster) (*n. - komm.*), vetrina 8 ~ **hüter** (*m. - komm.*), articolo che non si vende. 9 ~ **kasse** (Registrierkasse) (*f. - Masch. - komm.*), registratore di cassa. 10 ~ **preis** (*m. - komm.*), prezzo al minuto. 11 ~ **preis** (einer Buches) (*komm.*), prezzo di copertina. 12 ~ **schild** (*n. - komm.*), insegna di negozio.
Laden (Frachten) (*n. - Transp.*), caricamento. 2 ~ (eines Akkumulators) (*Elekt.*), carica. 3 ~ (Vorladen) (*recht.*), citazione. 4 ~ (von Sprenglöchern) (*Bergbau*), caricamento. 5 ~ (eines Programmes in einen Speicher) (*Rechner*), caricamento.

laden

laden (frachten) (*Transp.*), caricare. 2 ~ (eine Waffe) (*Feuerwaffe*), caricare. 3 ~ (einen Akku z. B.) (*Elekt.*), caricare. 4 ~ (vorladen) (*recht.*), citare. 5 ab ~ (*Transp.*), scaricare.
Ladepfosten (*m. - naut.*), colonna (da carico).
Ladeplatte (Stapelplatte, Palette) (*f. - ind. Transp.*), paletta.
Ladeplatz (*m. - naut.*), banchina (di carico). 2 ~ (*Eisenb.*), piano di caricamento.
Ladepritsche (*f. - Fahrz.*), pianale di carico.
Ladeprofil (*n. - Eisenb.*), siehe Lademass.
Ladepumpe (Verdichter, zur Aufladung von Verbr.mot.) (*f. - Mot.*), compressore, sovralimentatore.
Lader (Auflader, eines Verbrennungsmotors) (*m. - Mot.*), compressore. 2 ~ (Lademaschine) (*Bergbaumasch.*), caricatrice, macchina caricatrice. 3 ~ **gehäuse** (*n. - Mot.*), carcassa del compressore. 4 ~ **laufrad** (*n. - Mot.*), girante del compressore. 5 ~ **motor** (*m. - Mot.*), motore sovralimentato, motore con compressore. 6 ~ **schnecke** (*f. - Mot.*), chiocciola del compressore. 7 ~ **verteilergehäuse** (*n. - Mot.*), carcassa del diffusore (del compressore). 8 **Abgasturbo** ~ (*Mot.*), turbocompressore a gas di scarico. 9 **Cozette-** ~ (Sternkolbengebläse, Flügelgebläse, Zollergebläse) (*Masch.*), compressore rotativo a palette. 10 **Quer** ~ (Querlademaschine) (*Bergbaumasch.*), caricatrice laterale. 11 **Turbo** ~ (Abgasturbolader) (*Mot.*), turbocompressore a gas di scarico.
Laderampe (ebene Fläche in Höhe des Güterwagenbodens) (*f. - Eisenb.*), piano di caricamento.
Laderaum (*m. - naut.*), stiva.
Ladesatz (Ladeaggregat, für Akku) (*m. - Elekt.*), gruppo carica-batterie.
Ladeschablone (*f. - Eisenb.*), siehe Lademass.
Ladeschaffner (*m. - Arb.*), portabagagli, facchino.
Ladeschaufel (*f. - Erdbew.masch.*), pala caricatrice.
Ladeschein (*m. - Transp.*), polizza di carico.
Ladespannung (eines Akku z. B.) (*f. - Elekt.*), tensione di carica.
Ladestation (*f. - Werkz.masch.bearb.*), stazione di caricamento.
Ladestelle (Ladeplatz) (*f. - naut.*), banchina (di carico).
Ladestock (zum Feststampfen von Bohrlöchern) (*m. - Bergbau*). barra intasatrice, calcatoio di caricamento.
Ladestreifen (*m. - Feuerwaffe*), nastro, caricatore a nastro.
Ladestrom (eines Akkumulators) (*m. - Elekt.*), corrente di carica. 2 ~ **-Kontrolleuchte** (*f. - Aut. - Mot.*), spia carica batteria, spia della dinamo. 3 ~ **stärke** (eines Akkumulators) (*f. - Elekt.*), intensità di carica.
Ladetiefgang (*m. - naut.*), immersione a carico, pescaggio a carico.
Ladeverzeichnis (*n. - naut.*), manifesto di carico.
Ladevorrichtung (einer Presse z. B.) (*f. - Masch.*), alimentatore.
Ladewasserlinie (Tiefladelinie, Freibordmarke) (*f. - naut.*), marca di bordo libero.
Ladewinde (*f. - Hebevorr.*), verricello da carico.

Ladnerin (*f. - komm. - Arb.*), commessa di negozio.
Ladung (Laden) (*f. - Transp.*), caricamento. 2 ~ (Fracht, Last) (*Transp. - naut. - Eisenb.*), carico. 3 ~ (eines Verbrennungsmotors, Luft-Kraftstoffgemisch) (*Mot.*), carica. 4 ~ (Elektrizitätsmenge) (*Elekt.*), carica. 5 ~ (*Feuerwaffe*), carica. 6 ~ (Vorladung) (*recht.*), citazione. 7 ~ **s·bild** (*n. - Elektronik*), immagine di carica. 8 ~ **s·dichte** (*f. - Elekt.*), densità di carica. 9 ~ **s·durchsatz** (*m. - Mot.*), portata di carica, carica nell'unità di tempo. 10 ~ **s·rückstand** (*m. - Mot. - etc.*), residuo di carica. 11 ~ **s·schichtung** (in der Verbrennungskammer) (*f. - Mot.*), stratificazione della carica. 12 **Teil** ~ (*Transp.*), carico parziale. 13 ~ **s·träger** (Träger) (*m. - Elekt.*), elemento (portante), portatore (di carica). 14 ~ **s·verzeichnis** (*n. - Transp.*), manifesto di carico. 15 **volle** ~ (*Transp.*), carico completo. 16 ~ **s·wechsel** (*m. - Mot.*), ricambio della carica. 17 **beschleunigte** ~ (einer Batterie) (*Elekt.*), carica forzata. 18 **elektrische** ~ (*Elekt.*), carica elettrica. 19 **Frisch** ~ (*Mot.*), carica fresca. 20 **theoretische** ~ (*Mot.*), carica teorica.
Lafette (Fahrgestell, eines Geschützes) (*f. - milit.*), affusto. 2 ~ (Vorschubrahmen für Bohrmaschinen) (*Bergbau*), affusto, incastellatura di avanzamento (a slitta). 3 ~ **n·schwanz** (eines Geschützes) (*m. - milit.*), coda (dell'affusto). 4 ~ **n·sporn** (eines Geschützes) (*m. - milit.*), vomere (dell'affusto).
lafettieren (*milit. - etc.*), montare su affusto.
Lafettierung (*f. - milit. - etc.*), montaggio su affusto.
Lage (Stellung) (*f. - allg.*), posizione. 2 ~ (Schicht) (*allg.*), strato. 3 ~ (Ziegelschicht) (*Maur.*), corso (di mattoni). 4 ~ (Schicht) (*Geol. - Bergbau*), strato. 5 ~ (Reihe, von Säulen z. B.) (*Arch. - etc.*), ordine. 6 ~ (*Papierind.*), quinterno. 7 ~ (Leinwandeinlage, eines Reifens) (*Aut.*), tela. 8 ~ (beim Schweissen) (*mech. Technol.*), passata. 9 ~ **abweichung** (*f. - Mech.*), errore di posizione. 10 ~ **energie** (*f. - Phys.*), energia di posizione, energia potenziale. 11 ~ **messung** (*f. - Top.*), misurazione planimetrica. 12 ~ **n·holz** (aus mehreren Schichten zusammengeleimte Holzplatte, z. B., Sperrholz, Sternholz, etc.) (*n. Tischl.*), legno stratificato. 13 ~ **n·kennziffer** (Ply-Rating-Zahl, eines Reifens, Kennziffer für die Beanspruchungsfähigkeit) (*f. - Gummiind. - Aut.*), « ply rating », numero delle tele, indice di resistenza di un pneumatico. 14 ~ **n·lösung** (eines Reifens) (*f. - Aut. - Fehler*), separazione delle tele, distacco delle tele. 15 ~ **plan** (*m. - Zeichn.*), planimetria. 16 ~ **plan** (von Anlagen z. B.) (*Ind.*), planimetria, disposizione planimetrica. 17 ~ **plattform** (Dreiachsenplattform, Kreiselplattform) (*f. - Ger.*), piattaforma inerziale, piattaforma stabilizzata. 18 ~ **regelkreis** (*m. NC - Werkz.masch.*), circuito regolatore della posizione. 19 ~ **regler** (automatische Flugzeugsteuerung) (*m. - Flugw.*), autopilota, pilota automatico. 20 ~ **schwankung** (Bewegung des Bildes, die bei fehlerhafter Synchronisation auftritt) (*f. - Fernseh. - Fehler*),

scorrimento. 21 ~ n·spannung (einer Wicklung) (f. - Elekt.), tensione di strato, tensione tra strato e strato. 22 ~ wechsel (von Leitungen) (m. - Fernspr.), trasposizione. 23 ~ wert (eines Grundstückes) (m. - Bauw.), valore dovuto alla posizione. 24 ~ n·wicklung (eines Transformators z. B.) (f. - Elekt.), avvolgimento a strati. 25 ~ zahl (beim Schweissen) (f. - mech. Technol.), numero delle passate. 26 Finanz ~ (finanz.), situazione finanziaria. 27 Mehr ~ n·schweissen (n. - mech. Technol.), saldatura a più passate. 28 soziale ~ (finanz. - etc.), posizione sociale. 29 vertikale ~ schwankung (Fernseh. - Fehler), scorrimento verticale. 30 Wirtschafts ~ (finanz.), situazione economica.
lagenweise (geschichtet) (allg.), a strati.
Lager (Stütz- und Gleitvorrichtung für Wellen) (n. - Mech.), cuscinetto, sopporto, supporto. 2 ~ (Lagerraum) (Ind.), magazzino. 3 ~ (eines Trägers) (Baukonstr.lehre), appoggio. 4 ~ (Lagerstätte) (Bergbau - Geol.), giacimento. 5 ~ aufseher (m. - Arb.), magazziniere. 6 ~ ausguss (Lagerschalenausguss) (m. - Mech.), rifacimento del cuscinetto, ricolata del metallo bianco sul cuscinetto. 7 ~ aussenring (m. - Mech.), anello esterno del cuscinetto. 8 ~ belastung (f. - Mech.), carico sul cuscinetto. 9 ~ bestand (m. - Ind.), scorta (di magazzino), giacenza (a magazzino), esistenza di magazzino. 10 ~ beständigkeit (einer Lackfarbe z. B.) (f. - Anstr. - etc.), stabilità di conservazione. 11 ~ bestandskarte (Lagerkarte) (f. - Ind.), scheda di magazzino. 12 ~ bock (m. - Mech.), supporto di cuscinetto. 13 ~ bruch (m. - Ind. - Adm.), differenza di magazzino. 14 ~ buch (n. - Ind. - Adm.), libro (di) magazzino. 15 ~ buchführung (f. - Ind. - Adm.), contabilità di magazzino. 16 ~ buchse (f. - Mech.), guscio di cuscinetto, « bronzina ». 17 ~ bügel (Lagerdeckel) (m. - Mot. - Mech.), cappello del cuscinetto. 18 ~ deckel (m. - Mech.), cappello del cuscinetto. 19 ~ druck (m. - Mech. - etc.), pressione di appoggio. 20 ~ entnahmeschein (m. - Ind.), buono di prelievo (dal magazzino), bolla di prelevamento (dal magazzino). 21 ~ fähigkeit (eines Lackes z. B.) (f. - chem. Ind.), durata di immagazzinamento. 22 ~ fläche (f. - Mech.), superficie di supporto, superficie portante (di cuscinetto). 23 ~ fläche (Bauw.), superficie di appoggio. 24 ~ gehäuse (eines Gleitlagers z. B.) (n. - Mech.), scatola del cuscinetto, scatola del supporto. 25 ~ hälfte (f. - Mech.), semicuscinetto. 26 ~ halle (f. - Bauw.), capannone. 27 ~ haltung (f. - Ind.), tenuta a magazzino. 28 ~ haus (Lagerspeicher) (n. - Ind.), magazzino, deposito. 29 ~ hof (m. - Ind.), deposito (all'aperto), parco di deposito, piazzale di deposito. 30 ~ holz (n. - Bauw.), travetto, travicello. 31 ~ innenring (eines Kugellagers z. B.) (m. - Mech.), anello interno del cuscinetto. 32 ~ kartei (f. - Ind.), schedario di magazzino. 33 ~ körper (eines Gleitlagers) (m. - Mech.), corpo del cuscinetto, corpo del supporto. 34 ~ luft (Spiel, eines Wälzlagers) (f. - Mech.), gioco del cuscinetto. 35 ~ metall (n. - Mech. - Metall.), metallo antifrizione. 36 ~ mit Zitronenspiel (Lager mit veränderlichem Schmierspalt) (Mech.), cuscinetto a meato variabile. 37 ~ nutzungsgrad (m. - Ind.), grado di utilizzazione del magazzino. 38 ~ platte (f. - Bauw.), piastra di appoggio. 39 ~ produktivität (Mass für die Umschlagsgeschwindigkeit des gelagerten Gutes je Zeiteinheit) (f. - Ind.), produttività del magazzino. 40 ~ prüfer (m. - Ger.), apparecchio per la prova dei cuscinetti. 41 ~ quader (Auflagerquader) (m. - Bauw.), concio d'appoggio, pulvino di imposta. 42 ~ schale (zwischen Pleuelstange und Kurbelwelle z. B.) (f. - Mech.), (guscio di) cuscinetto. 43 ~ schild (einer elekt. Masch.) (n. - Elekt.), scudo. 44 ~ schein (m. - Adm.), bolla di magazzino, buono di magazzino. 45 ~ schuppen (m. - Bauw.), capannone per magazzino. 46 ~ silo (m. - Ind.), silo di stoccaggio. 47 ~ spiel (Unterschied zwischen Lagerbohrungsdurchmesser und Zapfendurchmesser, eines Gleitlagers) (n. - Mech.), gioco radiale (del cuscinetto). 48 ~ spiel (eines Wälzlagers, Lagerluft einschliesslich elastische Formänderung) (Mech.), gioco totale (del cuscinetto). 49 ~ stätte (Lager, Vorkommen nutzbarer Mineralstoffe) (f. - Bergbau - Geol.), siehe Lagerstätte. 50 ~ stein (Achat, Saphir, Rubin) (m. - Instr. - etc.), pietra dura per supporti, « rubino ». 51 ~ stuhl (Drucklager) (m. - naut. - Mech.), cuscinetto di spinta, cuscinetto reggispinta, reggispinta. 52 ~ stützweite (f. - Mech.), distanza tra i supporti. 53 ~ tank (m. - Erdölind.), serbatoio di deposito. 54 ~ umschlag (m. - Ind.), rotazione delle scorte, rotazione delle giacenze. 55 ~ vorbelastung (f. - Mech.), precarico del cuscinetto. 56 ~ vorrat (Lagerbestand) (m. - Ind. - Adm.), scorta (di magazzino), giacenza (di magazzino), esistenza di magazzino. 57 ~ wart (m. - Arb.), magazziniere. 58 ~ weissmetall (n. - Metall.), metallo bianco (per cuscinetti). 59 ~ zapfen (einer Kurbelwelle) (m. - Mot.), perno di banco. 60 ~ zeit (f. - Ind.), tempo (di giacenza) a magazzino, periodo d'immagazzinamento. 61 aerostatisches ~ (Mech.), cuscinetto pneumostatico, cuscinetto aerostatico, supporto pneumostatico. 62 auf ~ (Ind.), a magazzino. 63 auf ~ legen (Ind.), mettere a magazzino, tenere di scorta. 64 ausgelaufenes ~ (ausgeschmolzenes Lager) (Mech.), cuscinetto fuso. 65 Axial ~ (Mech.), cuscinetto assiale. 66 Beton ~ (einer Brücke) (Bauw.), appoggio di cemento armato. 67 bewegliches ~ (einer Brücke) (Bauw.), appoggio mobile, appoggio scorrevole. 68 Blei ~ (einer Brücke) (Bauw.), appoggio di piombo. 69 Bronze ~ (Mech.), bronzina. 70 Decken ~ (Mech.), siehe Hängelager. 71 Druck ~ (Mech.), cuscinetto di spinta, cuscinetto reggispinta, reggispinta. 72 Ersatzteil ~ (Ind.), magazzino ricambi. 73 Fertig ~ (Ind.), magazzino prodotti finiti. 74 Fest ~ (einer Brücke) (Bauw.), appoggio fisso. 75 Gleit ~ (Mech.), cuscinetto liscio, cuscinetto a strisciamento, cuscinetto ad attrito radente. 76 Gummi ~ (einer Brücke) (Bauw.), appoggio

lagerfähig

di gomma. 77 **Halb** ~ (*Mech.*), semicuscinetto. 78 **Halbfabrikaten** ~ (*Ind.*), magazzino semilavorati. 79 **Hänge** ~ (*Mech.*), supporto pendente. 80 **Kegelrollen** ~ (*Mech.*), cuscinetto a rulli conici. 81 **Kipp** ~ (*Mech.*), cuscinetto oscillante. 82 **Konsol** ~ (*Mech.*), supporto a mensola. 83 **Kugel** ~ (*Mech.*), cuscinetto a sfere. 84 **Kugel** ~ (einer Brücke) (*Bauw.*), appoggio sferico. 85 **Kurbelwellen** ~ (Hauptlager) (*Mot.*), cuscinetto di banco. 86 **Kurbelzapfen** ~ (Pleuellager) (*Mech. - Mot.*), cuscinetto di biella. 87 **Längs** ~ (*Mech.*) cuscinetto assiale. 88 **Mehrkeil** ~ (mit keilförmigen Öltaschen, bei Turbinen und Verdichtern) (*Masch.*), cuscinetto a pozzetti cuneiformi multipli. 89 **Mehrstoff** ~ (*Mech.*), cuscinetto polimetallico. 90 **Nadel** ~ (*Mech.*), cuscinetto a rullini. 91 **ölloses** ~ (*Mech.*), cuscinetto non richiedente lubrificazione. 92 **Pendelkugel** ~ (*Mech.*), cuscinetto a sfere oscillante. 93 **Pendel** ~ (einer Brücke) (*Bauw.*), appoggio pendolare. 94 **Pendelrollen** ~ (*Mech.*), cuscinetto a rulli oscillante. 95 **Pleuel** ~ (*Mot.*), cuscinetto di biella. 96 **Quer** ~ (*Mech.*), cuscinetto radiale, cuscinetto portante. 97 **Radial** ~ (Querlager) (*Mech.*), cuscinetto radiale, cuscinetto portante. 98 **Radial-Rillen-Kegel** ~ (*Mech.*), cuscinetto a sfere radiale a gola profonda. 99 **Roh** ~ (Rohmateriallager) (*Ind.*), magazzino materiali indefiniti. 100 **Rohstoff** ~ (Rohmateriallager) (*Ind.*), magazzino materie prime, magazzino materiali indefiniti. 101 **Rollen** ~ (*Mech.*), cuscinetto a rulli. 102 **Rollen** ~ (einer Brücke) (*Bauw.*), appoggio a rulli. 103 **Schrägkugel** ~ (*Mech.*), cuscinetto a sfere obliquo. 104 **Schulterkugel** ~ (*Mech.*), cuscinetto a sfere obliquo. 105 **segmentiertes Radialgleit** ~ (*Mech.*), cuscinetto radiale a segmenti, supporto radiale a segmenti. 106 **selbsteinstellendes** ~ (*Mech.*), cuscinetto (oscillante) ad autoallineamento. 107 **selbstschmierendes** ~ (*Mech.*), cuscinetto autolubrificato. 108 **Spitzen**~ (Steinlager, für Uhren, Messgeräte, etc.) (*Mech.*), rubino. 109 **Spur** ~ (*Mech.*), supporto portante e di spinta. 110 **Steh** ~ (*Mech.*), supporto ritto. 111 **Stein** ~ (für Uhren, Messgeräte, etc.) (*Mech.*), rubino. 112 **Stütz** ~ (*Mech.*), cuscinetto di spinta unilaterale, cuscinetto di spinta unidirezionale. 113 **Tonnen** ~ (*Mech.*), cuscinetto a rulli a botte. 114 **Trag** ~ (Radiallager) (*Mech.*), cuscinetto portante. 115 **Umlauf** ~ (umlaufendes Lager, Schaukelförderer z. B., in einer Automobilfabrik z. B.)(*Ind.*), magazzino aereo, trasportatore aereo magazzino. 116 **Wälz** ~ (*Mech.*), cuscinetto a rotolamento, cuscinetto ad attrito volvente. 117 **Wand** ~ (*Mech.*), supporto da parete. 118 **warmgelaufenes** ~ (*Mech.*), cuscinetto surriscaldato. 119 **Zylinderrollen** ~ (*Mech.*), cuscinetto a rulli cilindrici. 120 **Zylinderrollen** ~ **mit Aussenborden** (*Mech.*), cuscinetto a rulli cilindrici con bordini sull'anello esterno.

lagerfähig (Produkt) (*Ind.*), conservabile.

Lagerist (Angestellte) (*m. - Arb.*), impiegato di magazzino.

lagern (in Lager setzen) (*Ind.*), mettere a magazzino, immagazzinare. 2 ~ (stützten) (*v. t. - Mech.*), supportare. 3 ~ (in Lagern montieren) (*v. r. - Mech.*), montare su cuscinetti. 4 ~ (ein mech. Stück in Platz setzen) (*v. t. - Mech.*), alloggiare. 5 ~ (in Lagern laufen) (*v. i. - Mech.*), girare su cuscinetti. 6 ~ (auf einem Fundament z. B.) (*v. i. - Bauw. - Masch.*), appoggiare. 7 ~ (auswittern, Holz z. B.) (*v. i. - Chem. - etc.*), stagionare.

Lagerstätte (Lager, Vorkommen nutzbarer Mineralstoffe) (*f. - Bergbau - Geol.*), giacimento. 2 ~ n·druck (in Erdöl und Erdgaslagerstätten) (*m. - Bergbau*), pressione nel giacimento. 3 gangartige ~ (*Bergbau*), giacimento a filone. 4 geschichtete ~ (*Bergbau*), giacimento stratificato. 5 **verworfene** ~ (gestörte Lagerstätte) (*Bergbau*), giacimento dislocato.

Lagerung (Aufbewahrung) (*f. - Ind.*), magazzinaggio, tenuta in magazzino. 2 ~ (von Erdöl, etc.) (*Ind.*), stoccaggio. 3 ~ (Schichtenbildung) (*Geol. - etc.*), stratificazione. 4 ~ (Lageranordnung, einer Maschine) (*Mech.*), montaggio, sistema di supporto. 5 ~ s·kosten (*f. - Ind.*), magazzinaggio, spese di magazzinaggio. 6 **Spitzen** ~ (von elekt. Messinstrumenten; die Spitzen laufen in einem Lagerstein) (*Instr.*), supporto di punte.

Lagune (*f. - Geogr.*), laguna.

Lähmung (der Wirstchaft) (*f. - Wirtschaft*), paralisi (economica).

Lahn (Plätte, Rausch, Metallfaden) (*m. - Text.*), filato per lamè. 2 ~ (*f. - Geol.*) (österr.), siehe Lawine.

Lahnung (Erddamm z. B., bei Landgewinnung) (*f. - Wass.b.*), argine.

Laibung (*f. - Arch.*), siehe Leibung.

Laichplatz (für Fische z. B.) (*m. - Ind.*), vivaio.

Lake (Salzlösung, zum Einsalzen von Fleisch z. B.) (*f. - Ind.*), salamoia.

Lakkolit (Magmamasse) (*m. - Geol.*), laccolite.

Laktat (*n. - Chem.*), lattato.

Laktobutyrometer (*n. - Instr.*), lattobutirrometro.

Lakton (*n. - Chem.*), lattone.

Laktose ($C_{12}H_{22}O_{11}$) (*f. - Chem.*), lattosio.

Lambda (Wellenlänge) (*n. - Funk.*), lunghezza d'onda. 2 ~ **-Viertel** ~ (*n. - Funk.*), quarto d'onda. 3 ~ **-Viertel- Antenne** (*f. - Funk.*), antenna in quarto d'onda.

Lambda-Halbe-Dipol (Halbwellendipol) (*m. - Funk.*), dipolo a semionda.

Lambda-Viertel-Antenne (deren Länge ¼ der Wellenlänge entspricht, Viertelwellenantenne) (*f. - Funk.*), antenna a quarto di onda.

Lambert (Einheit der Leuchtdichte) (*n. - Beleucht. - Phys.*), lambert. 2 ~ **fläche** (vollkommen streuender Körper) (*f. - Opt. - Beleucht.*), diffusore uniforme, diffusore ortotropo.

Lamb-Wellen (zur Feststellung von Fehlern in dünnen Stahlblechen z. B.) (*f. - pl. - Technol.*), onde Lamb.

Lamé (Stoff aus Metallfäden) (*m. - Text.*), lamé.

Lamelle (Blättchen) (*f. - Metall. - Elekt.*), lamina, lamella. 2 ~ (Scheibe) (*Mech.*), disco.

3 ~ (Segment, eines Kollektors) (Elekt.), lamella. 4 ~ n·bremse (f. - Mech.), freno a dischi. 5 ~ n·kollektor (m. - Elekt.), collettore a lamelle, commutatore. 6 ~ n·kern (m. - Elekt.), nucleo di lamierini. 7 ~ n·kühler (für Öl z. B.) (m. - Mot. - Flugw.), radiatore ad alette. 8 ~ n·kupplung (f. - Mech.), frizione a dischi. 9 ~ n·struktur (n. - allg.), struttura lamellare. 10 ~ n·verschluss (m. - Phot.), otturatore a lamelle, diaframma ad iride, diaframma a lamelle.

lamellenförmig (allg.), lamellare.
lamellieren (allg.), laminare (v.).
lamelliert (Läufer) (elekt. Masch.), siehe geblättert.
laminar (Bewegung) (Phys.), laminare (a.). 2 ~ es Fliessen (Mech. der Flüss.k.), corrente laminare.
Laminarbewegung (Gleiten, laminares Fliessen) f. - Mech. der Flüss.k.), moto laminare.
Laminarströmung (f. - Mech. der Flüss.k.), corrente laminare.
Laminat (geschichteter Kunstharzwerkstoff) (n. - chem. Ind.), laminato (s.), stratificato (s.).
Laminieren (bei der Kunstharzverarbeitung) (n. - chem. Ind.), stratificatura, laminatura.
Lampe (Gerät zur Lichterzeugung, Petroleumlampe z. B.) (f. - Beleucht.), lampada. 2 ~ (Glühbirne) (Elekt.), lampadina. 3 ~ mit Edisongewinde (Beleucht.), lampadina con attacco Edison. 4 ~ n·fassung (f. - Elekt.), portalampada. 5 ~ n·haus (eines Projektors) (n. - Filmtech.), sede lampada. 6 ~ n·russ (Lampenschwarz) (m. - chem. Ind.), nerofumo di lampada. 7 ~ n·schirm (Leuchtenschirm) (m. - Beleucht.), paralume. 8 ~ n·schwarz (Lampenruss) (n. - chem. Ind.), nerofumo di lampada. 9 ~ n·sockel (m. - Beleucht.), zoccolo della lampada, attacco della lampada. 10 ~ n·stube (Lampisterie) (f. - Eisenb.), lampisteria. 11 Arbeits ~ (für Zeichner z. B.) (Elekt.), lampada da lavoro. 12 Azetylen ~ (Beleucht.), lampada ad acetilene. 13 Blase ~ (für Schweissen z. B., Gebläselampe) (Ger.), lampada, fiaccola. 14 Bogen ~ (Beleucht.), lampada ad arco. 15 Eindraht ~ (Elekt.), lampadina ad un filamento. 16 elektrische ~ (Beleucht.), lampada elettrica. 17 Gas ~ (Beleucht.), lampada a gas illuminante. 18 Gasentladungs ~ (Beleucht.), lampada luminescente a gas. 19 gasgefüllte ~ (Beleucht.), lampada a riempimento gassoso, lampada a gas inerte. 20 Glimm ~ (Beleucht.), lampada a bagliore, lampada ad effluvio. 21 Glüh ~ (Beleucht.), lampada ad incandescenza. 22 Gruben ~ (Bergbau), lampada da minatore. 23 Löt ~ (Ger.), lampada per saldare. 24 Lötrohr ~ (Ger.), lampada per saldare. 25 Metalldampf ~ (Beleucht.), lampada a vapore metallico. 26 Metalldraht ~ (Beleucht.), lampada a filamento metallico. 27 Mischlicht ~ (in der eine Glühlampe und eine Entladungslampe zusammengefasst sind) (Beleucht.), lampada a luce mista, lampada ad incandescenza e luminescenza. 28 Petroleum ~ (Beleucht.), lampada a petrolio. 29 Scheinwerfer ~ (Aut. - Elekt.), lampadina del proiettore. 30 Steh ~ (Beleucht.), lampada a stelo. 31 Zweidraht ~ (Aut. - Elekt.), lampadina a due filamenti, lampadina a doppio filamento.

Land (Erdboden) (n. - Bauw. - etc.), terreno, suolo. 2 ~ (fester Teil der Erdoberfläche) (Geogr.), terra, terraferma. 3 ~ (im Gegensatz zur Stadt) (Bauw. - Top. - etc.), campagna. 4 ~ arbeit (f. - Arb.), lavoro agricolo. 5 ~ arbeiter (landwirtschaftlicher Arbeiter) (m. - Arb.), lavoratore agricolo, contadino. 6 ~ bautechnik (f. - Bauw.), edilizia agricola. 7 ~ e·anflug-Bremsschirm (m. - Flugw.), paracadute frenante di atterraggio. 8 ~ e·bahn (f. - Flugw.), pista di atterraggio. 9 ~ e·brücke (Landungsbrücke, Landungssteg) (f. - naut.), pontile. 10 ~ e·deck (n. - Flugw. - Kriegsmar.), ponte di volo. 11 ~ e·fahrzeug (n. - milit.), mezzo da sbarco. 12 ~ e·feuer (n. - Flugw.), faro di atterraggio. 13 ~ e·funkfeuer (n. - Flugw.), radiofaro di atterraggio. 14 ~ e·gelände (n. - Flugw.), campo di atterraggio. 15 ~ e·geschwindigkeit (f. - Flugw.), velocità di atterraggio. 16 ~ e·hilfen (optische oder funktechnische Systeme) (f. - pl - Flugw.), sistemi di guida per l'atterraggio. 17 ~ e·klappe (f. - Flugw.), ipersostentatore di atterraggio, « flap ». 18 ~ e·kopf (m. - milit.), testa di ponte. 19 ~ e·korridor (für Raumfahrzeuge) (m. - Raumfahrt), corridoio di atterraggio. 20 ~ e·länge (Landestrecke) (f. - Flugw.), percorso di atterraggio, corsa di atterraggio. 21 ~ enge (Isthmus) (f. - Geogr.), istmo. 22 ~ e·piste (f. - Flugw.), pista di atterraggio. 23 ~ e·platz (m. - naut.), approdo. 24 ~ e·platz (Flugw.), aeroporto, aerodromo. 25 ~ e·radaranlage (f. - Radar - Flugw.), impianto radar di atterraggio. 26 ~ es·arbeitsgewerbe (n. - Arb.), ufficio provinciale del lavoro. 27 ~ es·aufnahme (Vermessung eines Landes) (f. - Top.), rilevamento del terreno. 28 ~ e·scheinwerfer (m. - Flugw.), proiettore di atterraggio. 29 ~ e·seil (Bremsseil, des Landedecks eines Flugzeugträgers) (n. - Flugw.), fune di arresto. 30 ~ es·fernwahl (f. - Fernspr.), teleselezione nazionale. 31 ~ es·vermessung (Landesaufnahme) (f. - Top.), rilevamento del terreno. 32 ~ e·weiser (auf Flughafen) (Flugw. - Ger.), indicatore della direzione di atterraggio. 33 ~ e·winkel (m. - Flugw.), angolo di atterraggio. 34 ~ fahrzeug (n. - Fahrz.), veicolo terrestre. 35 ~ flucht (f. - Arb.), esodo dalla campagna. 36 ~ flugzeug (n. - Flugw.), aeroplano terrestre. 37 ~ fracht (Landtransport) (f. - Transp.), trasporto via terra. 38 ~ gericht (n. - recht.), pretura. 39 ~ gewinnung (f. - Wass.b.), bonifica. 40 ~ gut (n. - Landw.), fondo rustico. 41 ~ haus (n. - Bauw.), casa rurale. 42 ~ karte (f. - Geogr.), carta topografica, mappa. 43 ~ maschine (f. - Ack.b.masch.), macchina agricola. 44 ~ messer (Feldmesser, Geometer, Diplomvermessungsingenieur) (m. - Top.), geometra. 45 ~ mine (f. - Expl.), mina terrestre. 46 ~ omnibus (m. - Aut.), autobus interurbano. 47 ~ pfeiler (einer Brücke) (m. - Brück.b.), pila in golena. 48 ~ strasse (Chaussee) (f. - Strasse), strada principale.

landen

49 ~ **transport** (*m. - Transp.*), trasporto via terra. 50 ~ **verkehrsweg** (*m. - Transp.*), via di comunicazione terrestre. 51 ~ **weg** (*m. - Transp.*), via terra. 52 ~ **wind** (*m. - Meteor.*), vento di terra. 53 ~ **wirtschaft** (Ackerbau) (*f. - Landw.*), agricoltura. 54 ~ **zentrale** (*f. - Fernspr.*), centrale rurale, centralino rurale.

landen (*naut.*), approdare. 2 ~ (*Flugw.*), atterrare. 3 **auf dem Mond** ~ (*Astronautik*), allunare. 4 **auf dem Wasser** « ~ » (*Flugw.*), ammarare.

ländlich (*Strass.b.*), di campagna. 2 ~ (*Landw.*), rurale.

Landung (*f. - Flugw.*), atterraggio. 2 ~ (*naut.*), approdo. 3 ~ **s·brücke** (*f. - naut.*), pontile (di sbarco). 4 ~ **s·fahrzeug** (*n. - milit.*), mezzo da sbarco. 5 ~ **s·feld** (*n. - Flugw.*), campo di atterraggio. 6 ~ **s·scheinwerfer** (*m. - Flugw.*), proiettore di atterraggio. 7 ~ **s·schiff** (*n. - Kriegsmar.*), nave da sbarco. 8 ~ **s·steg** (*m. - naut.*), pontile. 9 **gezwungene** ~ (*Flugw.*), atterraggio forzato. 10 **misslungene** ~ (*Flugw.*), atterraggio mancato. 11 **Not** ~ (*Flugw.*), atterraggio forzato. 12 **weiche** ~ (auf der Mondoberfläche z. B.) (*Raumfahrt*), atterraggio morbido, atterraggio soffice.

Landwirt (Bauer) (*m. - Arb.*), contadino.

landwirtschaftlich (*Landw.*), agricolo. 2 ~ **e Genossenschaft** (*Ack.b.*), cooperativa agricola.

lang (*allg.*), lungo. 2 ~ **brennweitig** (*Opt.*), a lunga focale, a lunga distanza focale. 3 ~ **faserig** (*Text. - etc.*), a fibra lunga. 4 ~ **flammig** (Kohle) (*Brennst.*), a lunga fiamma. 5 ~ **fristig** (*allg.*), a lunga scadenza. 6 ~ **ölig** (*Anstr.*), lungo olio. 7 ~ **öliges Alkydharz** (*Anstr.*), alchidica lungo olio, resina alchidica lungo olio. 8 ~ **wellig** (*Funk.*), ad onda lunga.

Langbasisverfahren (*n. - Funk. - Navig.*), sistema (di navigazione) a base lunga.

Langdrehautomat (für Schrauben, Muttern, etc. von der Stange) (*m. - Werkz.masch.*), tornio automatico per lavorazione dalla barra.

Langdrehen (*n. - Werkz.masch.bearb.*), tornitura cilindrica, cilindratura.

Langdrehschlitten (Längsschlitten) (*m. - Werkz.masch.*), carrello.

Langdrehverfahren (bei Drehautomaten, mit Führungshülse des Stangenwerkstoffes) (*n. - Werkz.masch.bearb.*), tornitura automatica con avanzamento della barra.

Länge (*f. - Phys. - Geom.*), lunghezza. 2 ~ (Dauer) (*allg.*), durata. 3 ~ (Winkel zwischen dem Meridian eines Ortes und dem Null-Meridian) (*Geogr.*), longitudine. 4 ~ **in der Wasserlinie** (*naut.*), lunghezza al galleggiamento. 5 ~ **n·abmessung** (*f. - Phys. - Math. - etc.*), dimensione lineare. 6 ~ **n·ausdehnung** (*f. - Phys.*), allungamento, dilatazione lineare. 7 ~ **n·ausdehnungszahl** (*f. - Phys.*), coefficiente di dilatazione (termica) lineare. 8 ~ **n·geber** (Hubgeber zur Messung grosser Hübe) (*m. - Ger.*), trasduttore per movimenti (rettilinei) lunghi. 9 ~ **n·grad** (*m. - Geogr.*), grado di longitudine. 10 ~ **n·kreis** (Meridian) (*m. - Geogr.*), meridiano. 11 ~ **n·mass** (*n. - Phys. - Math.*), misura di lunghezza. 12 ~ **n·profil** (Längsprofil) (*n. - Top. - Ing.b.*), profilo longitudinale, sezione longitudinale. 13 ~ **n·schnitt** (*m. - Zimm.*), taglio secondo lunghezza. 14 ~ **n·teilmaschine** (*f. - Masch.*), macchina per divisioni lineari. 15 ~ **n- und Kreisteilmaschine** (*f. - Masch.*), macchina per divisioni lineari e circolari. 16 ~ **n·verlust** (*m. - mech. Technol.*), siehe Längenverlust. 17 ~ **über alles** (*naut. - etc.*), lunghezza fuori tutto. 18 ~ **zwischen den Perpendikeln** (*Schiffbau*), lunghezza tra le perpendicolari. 19 **Bruch** ~ (Reisslänge) (*Textilind.*), lunghezza di rottura. 20 **Eingriffs** ~ (von Zahnrädern) (*Mech.*) arco di azione. 21 **Einschraub** ~ (*Mech.*), lunghezza di avvitamento. 22 **geographische** ~ (*Geogr.*), longitudine geografica. 23 **Knie** ~ **hinten** (eines Pkw) (*Aut.*), abitabilità posteriore. 24 **wirkende Gaspedal-Bein** ~ (eines Pkw) (*Aut.*), spazio massimo effettivo per la gamba-acceleratore. 25 **wirksame Bein** ~ (eines Pkw) (*Aut.*), spazio minimo effettivo per la gamba.

längen (verlängern, lang machen) (*allg.*), allungare. 2 ~ (lang werden) (*allg.*), allungarsi.

Längenverlust (beim Stumpfschweissen) (*m. - mech. Technol.*), sovrametallo di saldatura, perdita di lunghezza per saldatura. 2 **Abbrenn** ~ (Abbrennweg, beim Stumpfschweissen) (*mech. Technol.*), sovrametallo di scintillìo, perdita di lunghezza per scintillìo. 3 **gesamte** ~ (Verlustweg, beim Stumpfschweissen) (*mech. Technol.*), sovrametallo totale, perdita di lunghezza totale. 4 **Stauch** ~ (Stauchweg, beim Stumpfschweissen) (*mech. Technol.*), sovrametallo di ricalcatura, perdita di lunghezza per ricalcatura. 5 **Vorwärm-** ~ (Vorwärmweg, beim Stumpfschweissen) (*mech. Technol.*), sovrametallo di preriscaldo, perdita di lunghezza per preriscaldo.

Langfräsmaschine (für besonders lange Werkstücke) (*f. - Werkz.masch.*), fresatrice per pezzi lunghi. 2 ~ (Portalfräsmaschine) (*f. - Werkz.masch.*), fresatrice a pialla a due montanti.

langfristig (*allg.*), a lungo termine.

langfrontartig (Bauweise) (*Bergbau*), a lunga fronte.

Langführung (*f. - Werkz.masch.*), guida longitudinale.

Langhobel (Rauhbank, sehr langer Hobel) (*m. - Werkz.*), piallone. 2 ~ **maschine** (Hobelmaschine) (*f. - Werkz.masch.*), piallatrice.

Langholzwagen (*m. - Eisenb.*), carro a bilico per legname.

Langhuber (Verbrennungsmotor) (*m. - Mot.*), motore a corsa lunga, motore con corsa superiore all'alesaggio.

Langhubfederung (Mc Phearson-Federung) (*f. - Aut.*), sospensione McPhearson.

Langhubmaschine (*f. - Werkz.masch.*), macchina a corsa lunga.

Langlauf (Ski - Sport), fondo.

Langleine (*f. - Fischerei*), lenzara, palamite, palangrese.

Langloch (im Blech z. B.) (*n. - Mech.*), asola, finestra allungata. 2 ~ **fräser** (*m. - Werkz.*), fresa per asole. 3 ~ **ziegel** (*m. - Maur.*), laterizio forato, blocco forato, volterrana.

Langmuir-Sonde (Plasmafrequenzsonde) (*f.* - *Phy.s*), sonda di Langmuir.

langsam (*allg.*), lento. 2 ~ **bindend** (*Maur.*), a lenta presa. 3 ~ **es Neutron** (*Atomphys.*), neutrone lento. 4 ~ **fahren!** (*Strass. verkehr*), rallentare. 5 ~ **gehen!** (*naut.*), avanti adagio. 6 ~ **laufender Motor** (*Mot.*), motore lento. 7 ~ **voraus** (*naut.*), avanti adagio. 8 ~ **zurück** (*naut.*), indietro adagio.

Langsamausschalter (*m.* - *Elekt.*), interruttore a disinserzione graduale.

Langsambinder (langsambindender Zement) (*m.* - *Maur.*), cemento a lenta presa.

Langsameinschaltung (*f.* - *Elekt.*), inserzione ritardata, inserzione graduale.

Langsamgang (*m.* - *Werkz.masch.bearb.*), traslazione lenta.

Langsamläufer (Dieselmotor) (*m.* - *Mot.*), motore (Diesel) lento.

Längsanschlag (*m.* - *Werkz.masch.bearb.*), battuta (di arresto) longitudinale, fine corsa longitudinale.

Längsansicht (*f.* - *Zeichn.*), vista longitudinale.

Längsbelastung (*f.* - *Mech.* - *etc.*), carico assiale.

Längsbespulung (*f.* - *Fernspr.*), pupinizzazione.

Längsbewegung (*f.* - *Werkz.masch.bearb.* - *etc.*), movimento longitudinale.

Längsbiegemoment (eines Schiffes) (*n.* - *Schiffbau*), momento flettente longitudinale.

Langschiff (Längsschiff) (*n.* - *Arch.*), navata.

Langschiffchen (einer Nähmaschine z. B.) (*n.* - *Textilind.*), navetta, spola.

Langschlag (Gleichschlag, eines Drahtseiles) (*m.* - *Seile*), avvolgimento parallelo.

Langschlitz (im Blech z. B.) (*m.* - *Mech.* - *etc.*), asola, finestra allungata.

Langschwelle (*f.* - *Eisenb.*), longarina, lungherina.

Längsdehnung (lineare Ausdehnung) (*f.* - *Phys.*), dilatazione lineare.

Längsdrehen (*n.* - *Werkz.masch.bearb.*), tornitura in tondo.

Längsdrehschwingung (*f.* - *Mech.*), oscillazione torsionale longitudinale, vibrazione torsionale longitudinale.

Längsdrehversuch (Schnittgeschwindigkeitsversuch) (*m.* - *Werkz.masch.bearb.*), prova di tornitura in tondo.

Längsdruck (Axialdruck) (*m.* - *Mech.* - *etc.*), spinta assiale.

Längsentzerrer (zur Dämpfungsentzerrung) (*m.* - *Fernspr.* - *etc.*), equilibratore (di attenuazione) in serie.

Längsfestigkeit (eines Schiffes, am Längsbiegemoment) (*f.* - *Schiffbau*), resistenza longitudinale.

Längsfuge (einer Betonstrassendecke, z. B.) (*f.* - *Strass.b.* - *etc.*), giunto longitudinale.

Längsgefälle (*n.* - *Ing.b.*), pendenza longitudinale.

Längsgleitlager (Axialgleitlager, Drucklager) (*n.* - *Mech.*), cuscinetto liscio di spinta, cuscinetto assiale liscio, cuscinetto reggispinta liscio.

Längshub (*m.* - *Werkz.masch.bearb.*), corsa longitudinale.

Langsieb (einer Papiermaschine) (*n.* - *Masch.*), tavola piana. 2 ~ **maschine** (*f.* - *Papierind.* - *Masch.*), macchina a tavola piana, macchina continua, continua.

Längsimpedanz (*f.* - *Elekt.*), impedenza in serie.

Längskeil (*m.* - *Mech.*), chiavetta longitudinale.

Längskraft (*f.* - *Mech.*), forza assiale, spinta assiale.

Längskugellager (*n.* - *Mech.*), cuscinetto di spinta a sfere, cuscinetto reggispinta a sfere.

Längslage (*f.* - *Werkz.masch.bearb.*), posizione assiale.

Längslenker (einer Aufhängung) (*m.* - *Aut.*), braccio longitudinale, puntone longitudinale articolato.

Längsluft (Spiel, eines Lagers z. B.) (*f.* - *Mech.*), gioco assiale.

Längsmoment (Stampfmoment) (*n.* - *Flugw.*), momento di beccheggio.

Längsnaht (einer Nietung) (*f.* - *mech. Technol.*), chiodatura longitudinale. 2 ~ (einer Schweissung) (*mech. Technol.*), saldatura longitudinale, cordone di saldatura longitudinale.

Längsneigung (Nicken, Stampfen, des Wagens) (*f.* - *Aut.*), angolo di beccheggio.

Langspeicher (*m.* - *Wass.b.*), grande serbatoio, serbatoio di regolazione annuale.

Langspielplatte (*f.* - *Elektroakus.*), disco a lunga durata.

Längsprofil (*n.* - *Top.* - *Ing.b.*), profilo longitudinale, sezione longitudinale.

Längsrichtung (*f.* - *Papierind.*), siehe Maschinenrichtung.

Längsriss (*m.* - *Schiffbau*), piano di costruzione (sul piano longitudinale).

längsschiffs (*naut.*), longitudinalmente, di lungo.

Längsschlag (Gleichschlag, eines Drahtseiles) (*m.* - *Seile*), avvolgimento parallelo.

Längsschleifen (mit Vorschubbewegung in Richtung der Werkstücksachse) (*n.* - *Werkz.masch.bearb.*), rettifica longitudinale.

Längsschlitten (einer Drehbank) (*m.* - *Werkz. masch.*), carrello.

Längsschnitt (*m.* - *Zeichn.*), sezione longitudinale. 2 ~ (auf der Drehbank) (*Werkz. masch.bearb.*), tornitura cilindrica, cilindratura.

Längsschubstrebe (einer Aufhängung) (*f.* - *Aut.*), puntone longitudinale.

Längsschwingung (*f.* - *Mech.*), oscillazione longitudinale, vibrazione longitudinale.

Längsspannung (*f.* - *Mech.* - *etc.*), sollecitazione assiale.

Längsspannweite (einer Luftleitung z. B.) (*f.* - *Elekt.*), campata.

Längsspant (eines Bootes) (*m.* - *naut.*), corrente.

Längsspiel (eines Kugellagers z. B.) (*n.* - *Mech.*), gioco assiale.

Längsstabilität (*f.* - *Flugw.*), stabilità longitudinale.

Längssupport (Längsschlitten, einer Drehbank) (*m.* - *Werkz.masch.*), carrello.

Längsteilung (einer Nietung) (*f.* - *Mech.*), passo longitudinale.

Längsträger (Hauptträger) (*m. - Bauw.*), trave maestra, trave principale. 2 ~ (des Rahmens z. B.) (*Aut. - etc.*), longherone, longarone.
Langstreckenflug (*m. - Flugw.*), volo di distanza, volo a lungo raggio.
Längstrimmung (*f. - Flugw.*), assetto longitudinale.
Längstwelle (mit Länge grösser als 2000 m) (*f. - Funk.*), onda lunghissima.
Längsverschiebung (*f. - Werkz.masch.bearb. - etc.*), spostamento longitudinale, traslazione longitudinale.
Längsvorschub (*m. - Werkz.masch.bearb.*), avanzamento longitudinale.
Längszug (*m. - Werkz.masch.bearb.*), corsa longitudinale, movimento longitudinale, passata di lungo.
Längung (Dehnung) (*f. - allg.*), allungamento. 2 ~ (bei Werkstoffprüfungen, eines Probestückes z. B.) (*Baukonstr.lehre*), allungamento.
Langwelle (*f. - Funk.*), onda lunga.
Langzeitversuch (Dauerversuch) (*m. - mech. Technol. - etc.*), prova di durata.
Lanolin (*n. - chem. Ind.*), lanolina. 2 ~ seife (*f. - chem. Ind.*), sapone alla lanolina.
Lanova-Prinzip (Luftspeicherprinzip) (*n. - Mot.*), principio di Lanova, principio (d'iniezione) ad accumulo d'aria.
Lanterne (*f.*), siehe Laterne.
Lanthan (*La - n. - Chem.*), lantanio.
Lanze (alte Waffe) (*f. - Waffe*), lancia.
Lanzette (ärztliches Messer) (*f. - Med. - Werkz.*), bisturi.
lanzettförmig (lanzettlich) (*Arch.*), lanceolato.
Lanzierrohr (*n. - Kriegsmar.*), tubo lanciasiluri.
laplacesch (*Phys.*), laplaciano.
Laplace-Transformation (*f. - Math.*), trasformazione di Laplace.
Läppaste (*f. - Werkz.masch.bearb.*), pasta per lappatura.
Läppdorn (*m. - Werkz.*), lappatore, lapidello.
Lappen (Wisch) (*m. - allg.*), straccio. 2 ~ (Blechteil, der zur Verbindung zweier Stücke gebogen wird) (*mech. Technol.*), orecchietta, linguetta. 3 ~ (Mitnehmerlappen) (*m. - Werkz.*), aletta di trascinamento, dente di trascinamento. 4 ~ befestigung (Lappenverbindung) (*f. - Technol.*), siehe Verlappen. 5 ~ breite (einer Nietung) (*f. - Mech.*), larghezza di sovrapposizione. 6 ~ schraube (Flügelschraube) (*f. - Mech.*), vite ad alette, galletto. 7 gebogener ~ (zur Verbindung von Blechteilen) (*mech. Technol.*), orecchietta ripiegata, risvolto. 8 Schweiss ~ (beim Schweissen von Blechstücken) (*Schweissen*), linguetta per saldatura, piastrina per saldatura. 9 Ver ~ (Verbindung von Blechteilen) (*mech. Technol.*), giunzione a linguette incastrate e ripiegate, giunzione ad inserzione (delle sporgenze di un pezzo nelle asole dell'altro) e ripiegamento (delle sporgenze).
lappen (*Blechbearb.*), tranciatura di linguette (o di orecchiette). 2 über ~ (*allg.*), sovrapporre, ricoprire.
Läppen (zur Verfeinung von Oberflächen) (*n. - Mech.*), lappatura. 2 ~ mit Druckstrahl (*mech. Technol.*), siehe Druckstrahlläppen. 3 Druckstrahl ~ (Flüssigkeitshonen, Pressluftanblasung einer metall. Oberfläche mit sehr feinen Schleifkörnern, die im Wasser aufgeschwemmt sind) (*Mech.*), idrofinitura. 4 Pass ~ (Zusammenläppen von zwei zusammenarbeitenden Arbeitsteilen, Ventil und Sitz z. B.) (*Mech.*), smerigliatura. 5 Spitzenlos ~ (*Mech.*), lappatura senza centri.
läppen (*Mech.*), lappare.
Läppkäfig (Werkstückhalter) (*m. - Werkz.masch.*), portapezzo per lappatura.
Läppmaschine (*f. - Werkz.masch.*), lappatrice, lapidatrice. 2 Flach ~ (*Werkz.masch.*), lappatrice per esterni, lapidatrice per esterni. 3 Innen ~ (*Werkz.masch.*), lappatrice per interni, lapidatrice per interni.
Läppmittel (sehr feine Schleifpulvermischung) (*n. - Mech.*), pasta per lappare.
Lappnaht (*f. - mech. Technol.*), giunto a sovrapposizione.
Läppscheibe (*f. - Werkz.*), disco per lappatura, lapidello a disco.
Läppstein (Läppdorn) (*m. - Werkz.*), lapidello, pietra per lappare.
Läppulver (*n. - Mech.*), polvere per lappatura.
Läppwerkzeug (*n. - Werkz.*), utensile lappatore.
Lärche (*f. - Holz*), larice.
Lardöl (*n. - Schmierstoff*), olio di lardo.
Lärm (lautes Geräusch) (*m. - Akus.*), rumore forte, frastuono. 2 ~ (Alarm) (*allg.*), allarme. 3 ~ bekämpfung (*f. - Aut. - etc.*), lotta contro i rumori. 4 ~ beschädigung (*f. - Akus. - Med.*), influsso nocivo del rumore. 5 ~ schutz (*m. - Akus.*), protezione contro i rumori, protezione antifonica. 6 ~ schutzhalle (zum Prüfen von Motoren z. B.) (*f. - Prüfung - Bauw.*), capannone con isolamento acustico (verso l'esterno). 7 ~ vorrichtung (Alarmvorrichtung) (*f. - Ind. - etc.*), dispositivo di allarme. 8 Verkehrs ~ bekämpfung (*Aut.*), lotta contro i rumori della circolazione stradale.
Laryngoskop (Kehlkopfspiegel) (*n. - Med. - Ger.*), laringoscopio.
Lasche (Verbindungsstück von Eisenbahnschienen) (*f. - Eisenb.*), stecca, ganascia. 2 ~ (Verbindungsstück, für Blechverbindungen) (*mech. Technol.*), coprigiunto. 3 ~ (Verbindungsstück zwischen Blattfeder und Rahmen z. B.) (*Mech. - Aut. - etc.*), biscottino. 4 ~ (eines Kabelschuhes z. B.) (*Elekt.*), linguetta. 5 ~ (einer Schachtel) (*Packung*), pattella, patta, lembo pieghevole. 6 ~ n·bolzen (*Eisenb.*), chiavarda della stecca. 7 ~ n·kette (Gallsche Kette) (*f. - Mech.*), catena Galle. 8 ~ n·nietung (*f. - mech. Techno.*), chiodatura a coprigiunto. 9 ~ n·randentfernung (*f. - Mech.*), distanza dall'orlo del coprigiunto. 10 ~ n·schraube (*f. - Eisenb. - Mech.*), bullone per stecca. 11 ~ n·schweissung (Verfahren) (*f. - mech. Technol.*), saldatura a coprigiunto. 12 ~ n·stoss (im Schweissen) (*m. - mech. Technol.*), saldatura a coprigiunto, collegamento saldato a coprigiunto. 13 Doppel ~ n·nietung (*f. - mech. Technol.*), chiodatura a doppio coprigiunto

14 doppelte ~ (einer Nietung) (*Mech.*), doppio copriginto. **15 dreireihige einseitige** ~ **n·nietung** (*Mech.*), chiodatura a semplice coprigiunto con tre file di chiodi. **16 einseitige** ~ **n·nietung** (*Mech.*), chiodatura a coprigiunto semplice. **17 Feder** ~ (*Aut.*), biscottino (della balestra). **18 Kremp** ~ (*Eisenb.*), stecca a corniera. **19 Winkel** ~ (Kremplasche) (*Eisenb.*), stecca a corniera.
Laschung (Verbindung) (*f. - naut.*), ammorsatura, parellatura.
Laser (Lichtverstärker) (*m. - App.*), laser, amplificatore di luce. **2** ~ **-Brennschneidmaschine** (*f. - Masch.*), macchina per taglio con laser. **3** ~ **-Entfernungsmesser** (*m. - Opt.*), telemetro a laser. **4** ~ **-Interferometer** (*m. - Opt.*), interferometro a laser. **5** ~ **-Schweisstechnik** (*f. - mech. Technol.*), saldatura con laser. **6** ~ **strahl** (*m. - Opt.*), raggio laser, fascio laser. **7 Argon-Ionen-** ~ (*Phys.*), laser ad argo. **8 CO_2-** ~ (*App.*), laser a CO_2. **9 Farbstoff-** ~ (*App.*), laser a colorante. **10 Festkörper-** ~ (*Ger.*), laser a stato solido. **11 Gas-** ~ (*App.*), laser a gas. **12 Halbleiter-** ~ (*Ger.*), laser a semiconduttori. **13 Rubin-** ~ (*Ger.*), laser a rubino.
Lash-Trägerschiff (Leichter-Trägerschiff) (*n. - naut. - Transp.*), nave portachiatte.
Lasieren (sehr dünnes Auftragen des Lackes, so dass die Farbe der Untermalung durchscheint) (*n. - Anstr.*), velatura.
lasieren (Lack sehr dünn auftragen) (*Anstr.*), velare.
Last (Gewichtsdruck) (*f. - allg.*), carico. **2** ~ (auf einer Brücke, Struktur, etc.) (*Baukonstr. lehre*), carico, sollecitazione. **3** ~ (Strom, einem Motor entnommen z. B.) (*Elekt.*), carico. **4** ~ (Frachtgut, eines Schiffes z. B.) (*Transp.*), carico. **5** ~ (Grundsteuern, z. B.) (*finanz.*), onere. **6** ~ (Laderaum) (*naut.*), stiva. **7** ~ **abbremsung** (mit Anpassung der Bremskraft der Radbelastung) (*f. - Eisenb.*), frenatura in funzione del carico. **8** ~ **abwurf** (plötzliches Abschalten) (*m. - Elekt. - etc.*), distacco brusco del carico. **9** ~ **änderung** (*f. - Mot. - etc.*), variazione di carico. **10** ~ **angriffspunkt** (*m. - Baukonstr.lehre*), punto di applicazione del carico. **11** ~ **aufgabe** (bei Werkstoffprüfungen z. B.) (*f. - Technol.*), applicazione del carico. **12** ~ **ausgleich** (*m. - Bauw. - etc.*), distribuzione del carico, ripartizione del carico. **13** ~ **auto** (Lastkraftwagen) (*n. - Aut.*), siehe Lastwagen. **14** ~ **begrenzungsrelais** (*n. - Elekt.*), (relè) limitatore di carico. **15** ~ **-Dehnungskurve** (*f. - Baukonstr.lehre*), curva carico-allungamento, curva sollecitazioni-deformazioni, diagramma sollecitazioni-deformazioni. **16** ~ **dichte** (Verhältnis zwischen Höchstlast in einem Gebiet und Fläche des Gebietes) (*f. - Elekt.*), densità di carico. **17** ~ **drehzahl** (*f. - Mot.*), numero di giri a carico. **18** ~ **en·aufzug** (*m. - Hebevorr.*), montacarichi. **19** ~ **en·ausgleich** (*Adm.*), perequazione degli oneri. **20** ~ **en·ausgleichvermögenabgabe** (*f. - finanz.*), imposta patrimoniale di perequazione. **21** ~ **en·fallschirm** (*m. - Flugw.*), paracadute per materiali. **22** ~ **en·gleiter** (*m. - Flugw.*), siehe Lastensegler. **23** ~ **en·heft** (Pflichtenheft) (*n. - komm.*), capitolato d'oneri. **24** ~ **en·segler** (Lastengleiter, von Motorflugzeugen geschleppt) (*m. - Flugw. - milit.*), aliante da carico (rimorchiato). **25** ~ **faktor** (*m. - Elekt.*), fattore di carico. **26** ~ **faktor** (*Flugw.*), coefficiente di carico. **27** ~ **fall** (*m. - Flugw.*), condizione di carico. **28** ~ **fläche** (eines Reifens) (*f. - Aut.*), siehe Aufstandsfläche. **29** ~ **gabel** (eines Gabelstaplers) (*f. - ind. Transp.*), forca. **30** ~ **grenze** (eines Güterwagens) (*f. - Eisenb.*), limite di carico. **31** ~ **haken** (*m. - Hebevorr.*), gancio da carico. **32** ~ **hebemagnet** (Hebemagnet, Hubmagnet) (*m. - Hebevorr.*), magnete di sollevamento. **33** ~ **kraftwagen** (Lkw) (*m. - Aut.*), autocarro. **34** ~ **kraftwagen** (*Aut.*), siehe auch Lastwagen. **35** ~ **länge** (bei Reissversuchen, Länge der Probe mit einem Gewicht das dem Belastungsgewicht entspricht) (*f. - Textilind.*), lunghezza di carico. **36** ~ **magnet** (Hebemagnet) (*m. - Hebevorr.*), elettromagnete di sollevamento (del carico). **37** ~ **moment** (eines Turmkranes, Produkt aus Last und Ausladung) (*n. - ind. Masch.*), momento del carico. **38** ~ **periode** (bei Dauerversuchen) (*f. - Technol.*), ciclo. **39** ~ **rohr** (runder Transportbehälter, der durch Drehen entleert wird) (*n. - Transp.*), recipiente tubolare. **40** ~ **schalter** (*m. - Elekt.*), interruttore sotto carico. **41** ~ **schalter** (*elekt. Fahrz.*), combinatore di presa sotto carico. **42** ~ **scheibe** (Festscheibe, Riemenscheibe) (*f. - Mech.*), puleggia fissa. **43** ~ **schema** (*n. - Bauw. - Ind. - etc.*), diagramma di carico. **44** ~ **schrift** (*f. - Adm.*), addebito. **45** ~ **schriftzettel** (*m. - Adm.*), nota di addebito. **46** ~ **seil** (Tragseil) (*n. - Seilbahnen*), fune portante. **47** ~ **spiel** (bei Wechselbiegeversuchen z. B.) (*n. - Baukonstr.lehre*), ciclo. **48** ~ **spielzahl** (Bruchlastspielzahl) (*f. - Baukonstr.lehre*), numero di cicli di rottura. **49** ~ **spitze** (*f. - Elekt.*), punta di carico. **50** ~ **sprung** (*m. - Elekt. - etc.*), variazione brusca del carico. **51** ~ **taxi** (*n. - Fahrz.*), autoveicolo pubblico per merci. **52** ~ **trennschalter** (*m. - Elekt.*), sezionatore (azionabile) sotto carico. **53** ~ **verteiler** (*m. - Elekt.*), ripartitore del carico. **54** ~ **verteilung** (Lastausgleich) (*f. - Bauw. - etc.*), distribuzione del carico, ripartizione del carico. **55** ~ **verteilung** (*Elekt.*), ripartizione del carico. **56** ~ **vielfaches** (Lastfaktor) (*n. - Flugw.*), coefficiente di carico. **57** ~ **wagen** (*m. - Fahrz.*), siehe Lastwagen. **58** ~ **wechsel** (*m. - Elekt.*), variazione di carico. **59** ~ **wechsel** (bei Wechselbiegeversuchen z. B.) (*Baukonstr.lehre*), alternanza. **60** ~ **wechselzahl** (bei Dauerversuchen) (*f. - mech. Technol.*), numero di cicli. **61** ~ **winkel** (bei Schrägkugellagern z. B.) (*m. - Mech.*), angolo di azione. **62** ~ **zug** (*m. - Aut.*), autotreno, autocarro con rimorchio. **63** ~ **zugfahrer** (*m. - Aut. - Arb.*), camionista, conducente di autotreni. **64 bewegliche** ~ (*Baukonstr.lehre*), carico mobile. **65 Einzel** ~ (konzentrierte Last) (*Baukonstr.lehre*), carico concentrato. **66 gleichmässig verteilte** ~ (*Bauw.*), carico uniformemente distribuito. **67 Grenz** ~ (*Flugw.*), carico limite. **68 Haupt** ~ (bei Rechnungen) (*Bauw. - etc.*), carico

La-Stelle

principale. **69 konzentrierte** ~ (*Bauw.*), carico concentrato. **70 massgebende** ~ (für die Bemessung der Konstruktion) (*Flugw.*), carico di progetto. **71 Nullast** (Leerlauf) (*Elekt.*), carico zero, vuoto. **72 Nutz** ~ (eines Lastwagens) (*Aut.*), carico utile. **73 Nutz** ~ **faktor** (eines Lastwagens, Verhältnis zwischen Nutzlast und Gesamtgewicht) (*m. - Aut.*), coefficiente di carico, rapporto fra carico utile e peso totale. **74 Prüf** ~ (*Flugw.*), carico di prova. **75 ruhende** ~ (*Baukonstr.lehre*), siehe Totlast. **76 sichere** ~ (*Flugw.*), carico di sicurezza. **77 Strecken** ~ (*Baukonstr.lehre*), carico continuo. **78 Tot** ~ (ruhende Last) (*Baukonstr.lehre*), peso proprio, peso morto. **79 unsymmetrische** ~ (*Elekt.*), carico squilibrato. **80 unter** ~ **anlassen** (*Elekt. - etc.*), avviare sotto carico. **81 Vollast** (Vollbelastung) (*Elekt.*), pieno carico. **82 wechselnde** ~ (*Elekt.*), carico variabile. **83 wechselnde** ~ (im Wechselbiegeversuch) (*Baukonstr.lehre*), carico alternato, sollecitazione alternata. **84 Zusatz** ~ (bei Rechnungen, vom Wind, etc., beursacht) (*Bauw.*), carico complementare.
La-Stelle (Langsamfahrstelle, Streckenabschnitt) (*f. - Eisenb.*), tratto (da percorrere) a velocità ridotta.
lasten (belasten, ein Schiff z. B.) (*Transp.*), caricare. **2 aus** ~ (gleichmässig belasten) (*Technol. - etc.*), caricare uniformemente. **3 aus** ~ (zur Grenze der Leistungsfähigkeit belasten) (*allg.*), caricare al massimo.
Lastigkeit (eines Schiffes) (*f. - naut.*), portata.
lasttragend (Wand z. B.) (*Bauw. - etc.*), portante.
lastunabhängig (*allg.*), indipendente dal carico.
Lastwagen (*m. - Eisenb.*), carro, carro merci. **2** ~ (Lastkraftwagen, Lkw) (*Aut.*), autocarro. **3** ~ (*Eisenb.*), siehe auch Wagen. **4** ~ **anhänger** (*m. - Art.*), rimorchio per autocarro. **5** ~ **fahrer** (Lkw-Fahrer) (*m. - Aut.*), autista di autocarri, camionista. **6** ~ **mit Kippvorrichtung** (Kipper) (*Aut.*), autocarro ribaltabile. **7** ~ **motor** (Dieselmotor z. B.) (*m. - Mot. - Aut.*), motore da autocarro. **8** ~ **-Sattelschlepper** (*m. - Fahrz.*), motrice per semirimorchio. **9 leichter** ~ (*Aut.*), autocarro leggero. **10 Schwer** ~ (*Fahrz. - Aut.*), autocarro pesante.
Lasur (Lasurfarbe) (*f. - Anstr.*), velatura. **2** ~ **blau** (*n. - Farbe*), azzurro, ultramarino. **3** ~ **fähigkeit** (*f. - allg.*), trasparenza. **4** ~ **stein** (Lapislazuli) (*m. - Min.*), lapislazzuli.
Lateinersegel (*n. - naut.*), vela latina.
latent (gebunden) (*Phys.*), latente. **2** ~ **es Bild** (*Opt.*), immagine latente. **3** ~ **e Wärme** (*Phys.*), calore latente.
Latenz (*f. - Phys. - etc.*), latenza. **2** ~ **zeit** (Ansprechzeit, Reaktionszeit, beim Bremsen z. B.) (*f. - Aut.*), tempo di reazione.
Lateralplan (eines Schiffes) (*m. - Schiffbau*), piano di costruzione longitudinale.
Laterna magica (Zauberlaterne, alter Projektionsapparat) (*Opt.*), lanterna magica.
Laterne (geschützte Lampe) (*f. - Beleucht.*), fanale, lanterna. **2** ~ (Kuppelaufsatz) (*Arch.*), lanterna. **3** ~ **n·dach** (*n. - Bauw.*), tetto a lucernario. **4 Zauber** ~ (Laterna magica, alter Projektionsapparat) (*Opt.*), lanterna magica.
Latex (Gummimilch) (*m. - chem. Ind.*), lattice. **2 Kautschuk** ~ (*chem. Ind.*), lattice sintetico (vulcanizzabile). **3 Kunststoff** ~ (*chem. Ind.*), lattice sintetico (non vulcanizzabile). **4 synthetischer** ~ (*chem. Ind.*), lattice sintetico, lattice artificiale.
Latrine (*f. - Bauw.*), siehe Abort.
Latsch (Bodenaufstandsfläche, zwischen Reifen und Boden) (*m. - Aut.*), area di contatto, superficie di contatto, area di appoggio, superficie di appoggio. **2** ~ **breite** (eines Reifens) (*f. - Aut.*), larghezza di appoggio. **3** ~ **länge** (eines Reifens) (*f. - Aut.*), lunghezza di appoggio. **4** ~ **punkt** (eines Rades) (*m. - Aut.*), punto di contatto, punto di appoggio.
Latte (Bauholz, von 3-5 m Länge) (*f. - Bauw.*), assicella. **2** ~ (Luftschraube) (*Flugw.*), elica. **3** ~ **n·brett** (Fensterbrett) (*n. - Bauw.*), davanzale interno. **4** ~ **n·gestell** (*b. - Zimm.*), traliccio. **5** ~ **n·kiste** (Lattenverschlag) (*f. - Transp.*), gabbia (d'imballaggio). **6** ~ **n·pegel** (Messlatte, bei Wasserstandsmessungen) (*m. - Hydr.*), asta di livello. **7** ~ **n·rost** (*m. - Bauw.*), incannicciata. **8** ~ **n·rost** (Rostfussboden) (*Bauw.*), grigliato. **9** ~ **n·zaun** (*m. - Bauw.*), steccato. **10 Dach** ~ (zum Anhängen der Dachziegel) (*Bauw.*), correntino, listello.
Latthammer (Spitzhammer) (*m. - Werkz.*), martello a punte.
Lattung (Lattenrost) (*f. - Bauw.*), incannicciata.
lau (lauwarm, halbwarm) (*Wärme*), tiepido.
Laubenganghaus (*n. - Bauw.*), casa a ballatoi.
Laubholz (*n. - Holz*), legno di latifoglie.
Laubwald (*m. - Holz*), bosco di latifoglie.
Laubwerk (Blattwerk) (*n. - Arch.*), ornamento a fogliame.
Lauch (Helligkeit, der Flamme) (*m. - Verbr.*), luminosità.
Laudatio (*f. - allg.*), discorso di encomio, panegirico.
Laue-Diagramm (Einkristall-Diagramm, bei zerstörungsfreien Prüfungen) (*n. - Metall.*), diagramma di Laue.
Lauf (Laufen) (*m. - allg.*), corsa. **2** ~ (Gang) (*allg.*), corso. **3** ~ (Bahn, Weg) (*allg.*), corso. **4** ~ (Rohr, eines Gewehrs) (*Feuerwaffe*), canna. **5** ~ (Geschwindigkeit) (*Mech. - etc.*), velocità. **6** ~ (Hub, eines Kolbens) (*Mot. etc.*), corsa. **7** ~ (Funktionierung) (*Mech.*), marcia, funzionamento. **8** ~ **achse** (nicht angetriebene und nur tragende Achse) (*f. - Eisenb.*), sala, assile, asse. **9** ~ **bahn** (für die Kugeln eines Kugellagers z. B.) (*f. - Mech.*), pista. **10** ~ **bahn** (Laufdecke, des Reifens) (*Aut.*), battistrada. **11** ~ **bahn** (eines Krans) (*ind. Masch.*), via di corsa. **12** ~ **bahn** (berufliche z. B.) (*Arb. - Pers.*), carriera. **13** ~ **band** (Förderer) (*n. - ind. Transp.*), (nastro) trasportatore continuo. **14** ~ **bildaufnahme** (*f. - Filmtech.*), ripresa cinematografica. **15** ~ **bildkamera** (Filmapparat) (*f. - Filmtech.*), macchina da presa, cinecamera, cinepresa. **16** ~ **bildwerfer** (*m. - Ger.*), proiettore cinematografico, cineproiettore. **17** ~ **bohrer** (Kano-

nenbohrer) (*m. - Werkz.*), punta da cannone. **18 ~ bolzen** (eines Rollenlagers, bei dem die Rollen unmittelbar auf den Bolzen laufen) (*m. - Mech.*), sede di rotolamento (su perno), perno-sede (di rotolamento). **19 ~ brücke** (*f. - Bauw.*), passerella. **20 ~ brunnen** (Strassenbrunnen) (*m. - Hydr.*), fontanella. **21 ~ buchse** (eines Zylinders) (*f. - Mot.*), canna (cilindro), camicia. **22 ~ decke** (Laufstreifen, eines Reifens) (*f. - Aut.*), battistrada. **23 ~ deckenablösung** (Reifenfehler) (*f. - Aut. - Fehler*), distacco del battistrada. **24 ~ deckenmuster** (Reifenprofilierung) (*n. - Aut.*), scolpitura del battistrada. **25 ~ drehgestell** (*n. - Eisenb.*), carrello portante. **26 ~ feldröhre** (Wanderfeldröhre) (*f. - Elektronik*), tubo ad onde progressive. **27 ~ fläche** (Laufdecke, Laufstreifen, eines Reifens) (*f. - Aut.*), battistrada. **28 ~ fläche** (zwischen Rad und Schiene) (*Eisenb.*), superficie di rotolamento. **29 ~ genauigkeit** (eines Lagers) (*f. - Mech.*), regolarità di marcia. **30 ~ gestell** (Fahrgestell) (*n. - Eisenb.*), carrello portante. **31 ~ gewicht** (Läufer) (*n. - Instr.*), cursore. **32 ~ gewicht** (einer Waage) (*Ger.*), romano. **33 ~ gewichtswaage** (*f. - Ger.*), stadera. **34 ~ holm** (einer hydraulischen Presse) (*m. - Masch.*), traversa mobile. **35 ~ katze** (eines Krans) (*f. - ind. Masch.*), carrello. **36 ~ kette** (Raupenkette) (*f. - Fahrz.*), cingolo. **37 ~ kran** (Brückenkran) (*m. - ind. Masch.*), carroponte, gru a carroponte. **38 ~ kranz** (eines Stahlrades) (*m. - Eisenb.*), cerchione. **39 ~ kreis** (*m. - Eisenb.*), cerchio di rotolamento. **40 ~ kunde** (wechselnder Kunde) (*m. - komm.*), cliente occasionale. **41 ~ leiter** (*f. - Ger.*), scaléo, scala doppia. **42 ~ mantel** (Laufdecke, eines Reifens) (*m. - Aut. - etc.*), battistrada. **43 ~ meter** (*m. - Mass*), metro lineare. **44 ~ nummer** (*f. - allg.*), numero d'ordine, numero progressivo. **45 ~ nummernstempel** (*m. - Masch.*), numeratrice. **46 ~ passung** (Spielpassung) (*f. - Mech.*), accoppiamento mobile. **47 ~ planke** (*f. - naut.*), passerella. **48 ~ rad** (einer Turbine oder Pumpe) (*n. - Masch.*), girante. **49 ~ rad** (Rad das nur zum Tragen dient) (*Eisenb.*), ruota portante. **50 ~ radbeschaufelung** (*f. - Turb.*), palettatura mobile. **51 ~ radschaufel** (*f. - Turb.*), paletta mobile. **52 ~ rahmen** (einer Presse) (*m. - Masch.*), incastellatura mobile. **53 ~ rahmenpresse** (*f. - Masch.*), pressa ad incastellatura mobile. **54 ~ ramme** (*f. - Bauw. - Masch.*), battipalo. **55 ~ reinigungsbürste** (*f. - Feuerwaffe*), scovolo. **56 ~ richtung** (eines Rades z. B.) (*f. - Mech.*), senso di rotazione, verso di rotazione. **57 ~ richtung** (*Papierind.*), siehe Maschinenrichtung. **58 ~ rille** (eines Kugellagers) (*f. - Mech.*), gola di rotolamento. **59 ~ ring** (eines Kugellagers) (*m. - Mech.*), anello. **60 ~ rolle** (Leitrolle, eines Seiles) (*f. - Seilbahnen*), carrucola di guida. **61 ~ rolle** (*elekt. Fahrz.*), rotella (di presa). **62 ~ ruhe** (eines Motors z. B.) (*f. - Mot. - Aut. - etc.*), silenziosità di funzionamento. **63 ~ schaufel** (einer Gasturbine z. B.) (*f. - Turb.*), paletta mobile, paletta della girante. **64 ~ schicht** (eines Lagers) (*f. - Mech.*), strato di scorrimento. **65 ~ schiene** (*f. - Mech.*), rotaia di scorrimento, guida di scorrimento. **66 ~ schlacke** (*f. - Hochofen*), scoria fluida. **67 ~ sitz** (*m. - Mech.*), siehe Laufsitz. **68 ~ spiegel** (Glättung eines Gleitlagers z. B., beim Einlaufen) (*n. - Mech.*), superficie speculare di scorrimento. **69 ~ spindel** (Werkstückaufspannvorrichtung) (*f.-Werkz.masch.*), mandrino portapezzo. **70 ~ stange** (einer Treppe z. B.) (*f. - Bauw. - Fahrz.*), corrimano, « mancorrente ». **71 ~ steg** (Laufbrücke) (*m. - naut.*), passerella. **72 ~ stelle** (einer Welle z. B.) (*f. - Mech.*), portata, zona supportata. **73 ~ stellung** (*f. - Mot.*), posizione di marcia. **74 ~ streifen** (Laufdecke, eines Reifens) (*m. - Aut. - etc.*), battistrada. **75 ~ wagen** (Fahrgestell) (*m. - Fahrz.*), carrello. **76 ~ werk** (*n. - Eisenb.*), rodiggio. **77 ~ werk** (Drehgestell) (*Eisenb. - etc.*), carrello. **78 ~ werk** (für Zähler) (*Instr.*), ruotismo. **79 ~ winkel** (Produkt aus Kreisfrequenz und Elektronenlaufzeit) (*m. - Elektronik*), angolo di transito. **80 ~ zahl** (Verhältnis zwischen Umfangsgeschwindigkeit und Fallhöhengeschwindigkeit) (*f. - Turb. - Hydr.*), rapporto tra velocità periferica e salto. **81 ~ zapfen** (*m. - Fahrz.*), fusello. **82 ~ zapfen** (einer Walze) (*Metall. - Walzw.*), collo. **83 ~ zeit** (bei Werkzeugmaschinenbearbeitungen) (*f. - Arb. - Organ.*), tempo ciclo. **84 ~ zeit** (eines Elektrons in Kathodenstrahlröhren) (*Elektronik*), tempo di transito. **85 ~ zeit** (eines Wechsels) (*finanz.*), tempo di scadenza. **86 ~ zeit** (einer Uhr) (*Mech. - etc.*), periodo di carica. **87 ~ zeit** (von seismischen Wellen, zwischen Schussmoment und dem Anzeigen bei den Seismographen) (*Bergbau*), tempo di propagazione. **88 ~ zeit** (einer Versicherungskarte z. B.) (*allg.*), periodo di validità. **89 ~ zeitgenerator** (*m. - Elektronik*), oscillatore a modulazione di velocità. **90 ~ zeitkette** (Verzögerungskette für Laufzeitmessungen) (*f. - Elektronik*), catena di ritardo. **91 ~ zeitmodus** (*m. - Elektronik*), modo del tempo di transito. **92 ~ zeitröhre** (*f. - Elektronik*), tubo a modulazione di velocità. **93 ~ zeitverzerrung** (*f. - Elektronik*), distorsione del tempo di transito. **94 ~ zeitwinkel** (*m. - Elektronik*), angolo di transito, angolo di ritardo. **95 ~ zettel** (für Bahnsendungen) (*m. - Transp.*), bolla di accompagnamento, bolla di spedizione. **96 ~ zettel** (Zettel auf dem alle Arbeitsgänge aufgezeichnet werden und der das Arbeitsstück begleitet) (*Arb. - Organ.*), ordine di lavoro. **97 eingegossene ~ buchse** (in einem Leichtmetall-Zylinderblock) (*Mot. - Aut. - Giess.*), canna cilindro presa in fondita, canna cilindro incorporata durante la colata (del basamento). **98 geräuschloser ~** (eines Motors z. B.) (*Mot. - etc.*), marcia silenziosa, funzionamento silenzioso. **99 kritischer ~** (eines Gleisfahrzeugs) (*Eisenb.*), moto critico. **100 Rück ~** (*Mech.*), corsa di ritorno.

laufachslos (ohne Laufachsen, Lokomotive z. B.) (*Fahrz.*), ad aderenza totale.

laufen (*allg.*), correre. **2 ~** (in Bewegung sein) (*Masch. - Mech.*), funzionare, marciare. **3 ~** (rotieren) (*Mech.*), ruotare, girare. **4 ~** (fahren) (*naut.*), navigare. **5 ~** (fliessen) (*allg.*), scorrere. **6 ~** (dauern) (*allg.*), durare.

laufend

7 ab ~ (die Frist erreichen) (*komm. - etc.*), scadere. 8 ab ~ (beginnen) (*allg.*), decorrere. 9 an ~ (sich mit einer dünnen Schicht bedecken, Glas z. B.) (*allg.*), appannarsi. 10 aus ~ (leer werden) (*allg.*), vuotarsi. 11 aus ~ (ausgehen) (*allg.*), uscire. 12 aus ~ (abfahren, eines Schiffes z. B.) (*Navig.*), partire. 13 ein ~ (einer Maschine etc.) (*Mech.*), assestarsi, rodarsi. 14 ein ~ (im Bahnhof ankommen z. B.) (*allg.*), arrivare. 15 leer ~ (*Mech.*), girare a vuoto, funzionare a vuoto. 16 rund ~ (einer Welle z. B.) (*Mech.*), girare centrato, ruotare centrato. 17 unrund ~ (einer Welle z. B.) (*Mech.*), girare scentrato, ruotare scentrato. 18 vor ~ (vorgehen) (*allg.*), precedere. 19 vor ~ (überholen) (*allg.*), sorpassare.
laufend (*allg.*), corrente. 2 ~ (in Betrieb befindlich, Anlage z. B.) (*Ind. - etc.*), in attività, in servizio. 3 ~ e **Aufträge** (*Ind.*), ordini in corso. 4 ~ e **Nummer** (Laufnummer) (*allg.*), numero progressivo, numero d'ordine. 5 ~ er **Arbeitsgang** (*Technol.*), lavorazione continua. 6 ~ e **Rechnung** (Kontokorrent) (*finanz.*), conto corrente. 7 ~ es **Band** (Fliessband) (*Ind.*), trasportatore continuo. 8 ~ es **Gut** (*naut.*), manovra corrente. 9 links ~ (*Mech.*), sinistrorso, sinistrogiro. 10 rechts ~ (*Mech.*), destrorso, destrogiro.
Läufer (einer Maschine) (*m. - Mech. - Masch.*), rotore. 2 ~ (Laufrad, einer Turbine oder Pumpe) (*Turb.*), girante. 3 ~ (Anker, Rotor, einer elekt. Masch.) (*Elekt.*), rotore. 4 ~ (eines Drehkolbenmotors) (*Mot.*), rotore. 5 ~ (Laufgewicht) (*Instr. - etc.*), cursore. 6 ~ (Traveller, Reiter, Fliege, Öhr, kleiner Stahlbügel einer Ringspinningmaschine) (*Textilmasch.*), cursore, anellino. 7 ~ (Ziegel) (*Maur.*), mattone (posato) per piano. 8 ~ (Ablaufen) (*Anstr.fehler*), colatura. 9 ~ **kreis** (*m. - Elekt.*), circuito rotorico. 10 ~ **schicht** (*f. - Maur.*), corso di mattoni per piano. 11 ~ **stange** (einer Treppe) (*f. - Bauw.*), corrimano, «mancorrente». 12 ~ **wicklung** (*f. - Elekt.*), avvolgimento rotorico, avvolgimento di rotore. 13 **Schenkelpol** ~ (*elekt. Masch.*), rotore a poli salienti.
läufergespeist (Motor, mit an das speisende Netz angeschlossem Läufer) (*Elekt.*), con rotore collegato alla rete.
läufergewickelt (*elekt. Masch.*), a rotore avvolto.
Laufsitz (Spielpassung) (*m. - Mech.*), accoppiamento mobile. 2 ~ (L) (nach dem früheren DIN - Pass-system) (*Mech.*), accoppiamento preciso libero normale. 3 enger ~ (EL) (*Mech.*), accoppiamento preciso libero stretto. 4 leichter ~ (LL) (*m. - Mech.*), accoppiamento preciso libero largo. 5 Schlicht ~ (sL) (*Mech.*), accoppiamento medio libero normale. 6 weiter ~ (WL) (*m. - Mech.*), accoppiamento preciso libero amplissimo. 7 weiter Schlicht ~ (sWL) (*Mech.*), accoppiamento medio libero amplissimo.
Lauge (Salzlösung) (*f. - Chem.*), soluzione salina. 2 ~ (Alkalilauge) (*Chem.*), soluzione alcalina, lisciva. 3 ~ (zum Waschen) (*chem. Ind.*), lisciva, liscivia da bucato. 4 ~ **beständigkeit** (*f. - Chem. - etc.*), resistenza alle soluzioni alcaline. 5 ~ **n-messer** (Alkalimeter) (*m. - Ger.*), alcalimetro. 6 **Kali** ~ (*chem. Ind.*), soluzione di potassa caustica, potassa caustica liquida, lisciva di potassa. 7 **Natron** ~ (*chem. Ind.*), soluzione di soda caustica, soda caustica liquida, lisciva di soda, lisciva dei saponari.
Laugen (Auslaugen, Entfernen der löslichen Teile durch Lösungsmittel) (*n. - Ind.*), lisciviazione. 2 ~ **sprödigkeit** (Laugenbrüchigkeit) (*f. - Metall. - Fehler*), fragilità caustica.
laugen (auslaugen) (*chem. Ind.*), lisciviare. 2 ~ **artig** (alkalisch) (*Chem.*), alcalino. 3 ~ **beständig** (*chem. Ind. - etc.*), resistente alle soluzioni alcaline.
Laugerei (Anlage) (*f. - chem. Ind.*), impianto di lisciviazione. 2 ~ (Auslaugen) (*chem. Ind.*), lisciviazione.
Launcher (Startgestell für Raketen z. B.) (*m. - Raumfahrt - etc.*), incastellatura di lancio.
Lauscheinrichtung (Abhörapparat) (*f. - Akus.*), apparecchio di ascolto.
Lautbild (*n. - Akus.*), immagine acustica.
Läuteapparat (*m. - Elekt.*), campanello, soneria.
läuten (klingeln) (*Akus.*), suonare.
Läutern (Waschen) (*n. - Bergbau*), lavaggio.
läutern (klären) (*allg.*), depurare, purificare. 2 ~ (frischen) (*Metall.*), affinare. 3 ~ (Zucker) (*chem. Ind.*), raffinare.
Läuterofen (*m. - Metall.*), forno di affinazione.
Läutertrommel (*m. - Bergbau*), tamburo di lavaggio.
Läutervorrichtung (Filter) (*f. - Ind. - Ger.*), filtro.
Läutetaste (*f. - Elekt.*), bottone del campanello.
Läutewerk (Signaleinrichtung, zum Ankündigen eines Zuges auf einem Bahnhof) (*n. - Eisenb.*), campanello, soneria.
Lautheit (Stärke der Schallempfindung, deren Masseinheit das son ist) (*f. - Akus.*), intensità sonora soggettiva.
Lautlehre (Phonetik) (*f. - Akus.*), fonetica.
Lautschrift (phonetische Umschrift) (*f. - Druck.*), pronuncia.
Lautsprecher (*m. - Elektroakus. - Ger.*), altoparlante. 2 **dynamischer** ~ (*Elektroakus. - Ger.*), altoparlante elettrodinamico. 3 **elektromagnetischer** ~ (Freischwinger) (*Elektroakus.*), altoparlante elettromagnetico. 4 **elektrostatischer** ~ (Kondensator-Lautsprecher) (*Elektroakus. - Ger.*), altoparlante elettrostatico, altoparlante a condensatore. 5 **Ionen-** ~ (ionischer Lautsprecher) (*Elektroakus.*), ionofono, altoparlante ionico. 6 **Kondensator** ~ (elektrostatischer Lautsprecher) (*Elektroakus. - Ger.*), altoparlante a condensatore, altoparlante elettrostatico. 7 **Kristall-** ~ (*Elektroakus. - Ger.*), altoparlante a cristallo, altoparlante piezoelettrico. 8 **magnetischer** ~ (*Elektroakus. - Ger.*), altoparlante magnetico. 9 **Piezoelektrischer-** ~ (*Elektroakus. - Ger.*), *siehe* Kristallautsprecher.
Lautstärke (Klangstärke, Stärke der Schallempfindung, deren Masseinheit das Phon ist) (*f. - Akus.*), livello d'intensità sonora soggettiva. 2 ~ (*Funk. - Fernseh.*), volume. 3 ~ **messer** (Geräuschmesser) (*m. - Akus. -*

Ger.), misuratore di livello sonoro, fonometro. 4 ~ **regler** (*m. - Funk. - Fernseh.*), regolatore di volume.

Lautverstärker (*m. - Funk. - Akus.*), amplificatore del suono.

Läutwerk (einer Weckuhr) (*n. - Uhr*), soneria.

Lava (*f. - Geol.*), lava. 2 ~ **faser** (Lavawolle) (*f. - Min.*), fibra di lava. 3 ~ **schlacke** (Lavakrätze, Zuschlagstoff für Leichtbeton) (*f. - Bauw.*), scoria di lava.

Laval-Düse (*f. - Turb. - etc.*), ugello di Laval.

Lävulose (Fruchtzucker) (*f. - Chem.*), levulosio.

Lawine (Lahen (*österr.*), Lähne (*österr.*), Lauene, Leuine (*schweiz.*) (*f. - Geol.*), valanga. 2 ~ **n·brecher** (Ablenkmauer) (*m. - Bauw.*), (muro) rompivalanghe. 3 ~ **n·diode** (*f. - Elektronik*), diodo a valanga. 4 ~ **n·durchbruch** (*m. - Elektronik*), rottura a valanga. 5 ~ **n·effekt** (*m. - Elektronik*), effetto valanga. 6 ~ **n·galerie** (*f. - Bauw.*), galleria paravalanghe. 7 ~ **n·gleichrichterdiode** (*f. - Elektronik*), diodo raddrizzatore a valanga. 8 ~ **n·rauschen** (*n. - Elektronik*), rumore di valanga. 9 ~ **n·stromdichte** (*f. - Elektronik*), intensità di corrente di rottura. 10 **Flächen** ~ (*Geol.*), valanga di versante. 11 **Fliess** ~ (*Geol.*), valanga radente. 12 **Grund** ~ (Schlaglawine) (*Geol.*), valanga di fondo, valanga primaverile. 13 **Lockerschnee** ~ (Pulverlawine) (*Geol.*), valanga di neve polverosa. 14 **Ober** ~ (*Geol.*), valanga di superficie. 15 **Runsen** ~ (*Geol.*), valanga di canalone, valanga incanalata. 16 **Schneebrett** ~ (*Geol.*), valanga di lastroni. 17 **Staub** ~ (*Geol.*), valanga nubiforme.

« Layout » (Lageplan) (*Ind.*, « layout », planimetria, disposizione planimetrica.

Layouter (*m. - Pers.*), esperto di « layout ».

Lazarett (Militärkrankenhaus) (*n. - Med. - milit.*), ospedale militare. 2 ~ **schiff** (*n. - naut.*), nave ospedale. 3 ~ **zug** (*m. - Eisenb.*), treno ospedale.

L-Band (300-1550 MHz) (*n. - Radar*), banda L.

LBF (Lichtbogenfestigkeit) (*Elekt.*), resistenza alla formazione di arco.

L/C (Induktivität/Kapazität, beim Schwingkreis) (*Elektronik*), LC, induttanza/capacità. 2 ~ **-Kopplung** (*f. - Elektronik*), accoppiamento LC.

LD (Linz [L] und Donawitz, Sauerstoff-Frischverfahren bei Stahlerzeugung) (*Metall.*), LD.

l.D. (lichter Durchmesser) (*Mech.*), diametro interno.

LDAC-Verfahren (Linz - Donawitz - Arbed-CNRM-Verfahren zur Stahlerzeugung) (*n. - Metall.*), processo LDAC.

LD-Blasstahlwerk (*n. - Metall.*), acciaieria LD.

LD-Verfahren (Linz-Donawitz-Verfahren, Aufblasverfahren für Stahl) (*n. - Metall.*), procedimento LD, processo LD, procedimento ad insufflazione di ossigeno.

Le (Lewis-Zahl) (*Wärme - etc.*), numero di Lewis.

« Leasing » (Finanzierung betriebsnotwendiger Investitionen über Miete anstatt über Kauf) (*finanz.*), « leasing ». 2 ~ **-Vertrag** (*m. - finanz.*), contratto di leasing.

Leben (*n. - allg.*), vita. 2 ~ **s·bedürfnisse** (*n. - pl. - allg.*), generi di prima necessità. 3 ~ **s·dauer** (*f. - allg.*), durata. 4 ~ **s·dauer** (eines radioakt. Stoffes, = Halbwertszeit × 1,443) (*Atomphys. - Radioakt.*), vita media. 5 ~ **s·dauerversuch** (*m. - allg.*), prova di durata. 6 ~ **s·haltungskostenindex** (*m. - finanz.*), indice del costo della vita. 7 ~ **s·lauf** (*m. - Pers.*), curriculum. 8 ~ **s·mittel** (Nahrungsmittel) (*n. - Ind.*), prodotto alimentare, commestibile. 9 ~ **s·mittelindustrie** (*f. - Ind.*), industria alimentare, industria dei prodotti alimentari, industria degli alimentari. 10 ~ **s·standard** (*m. - finanz.*), tenore di vita. 11 ~ **s·versicherung** (*f. - Versicherung*), assicurazione sulla vita.

lebendig (*allg.*), vivo. 2 ~ **e Kraft** (kinetische Energie) (*Phys.*), energia cinetica, forza viva. 3 ~ **es Werk** (eines Schiffes, Teil der bei voller Ladung unter Wasser steht) (*naut.*), opera viva.

lebenslänglich (*allg.*), vitalizio.

lebenswichtig (*allg.*), d'importanza vitale.

Leck (Undichtigkeit) (*n. - allg.*), perdita, fuga. 2 ~ (Leckstelle) (*naut.*), falla, via d'acqua. 3 ~ **faktor** (Leckage, Leckverlust, eines Reaktors) (*m. - Atomphys.*), perdita, fuga. 4 ~ **ölleitung** (einer Düse) (*f. - Dieselmot.*), tubazione di ricupero della nafta. 5 ~ **ölpumpe** (Ölsaugpumpe) (*f. - Masch.*), pompa di ricupero dell'olio. 6 ~ **schraube** (Ablassverschraubung) (*f. - Mech. - etc.*), tappo a vite. 7 ~ **stelle** (*f. - naut.*), falla, via d'acqua. 8 ~ **strom** (*m. - Elekt.*), corrente di fuga, corrente di dispersione. 9 ~ **sucher** (*m. - App.*), cercafughe, rivelatore di fughe. 10 ~ **verlust** (Leckage, Leckfaktor, eines Reaktors) (*m. - Atomphys.*), perdita, fuga. 11 ~ **wasser** (*n. - naut.*), acqua di sentina. 12 ~ **wasser** (*allg.*), perdita d'acqua. 13 ~ **wasserpumpe** (*f. - naut.*), pompa di sentina.

leck (undicht) (*allg.*), non stagno, permeabile. 2 ~ **dicht** (*allg.*), a tenuta. 3 ~ **es Schiff** (*naut.*), nave che fa acqua.

Leckage (Verlust) (*f. - allg.*), perdita. 2 ~ (Leckverlust, Leckfaktor, eines Reaktors) (*Atomphys.*), perdita, fuga. 3 ~ (Verlust an flüssigen Waren durch Verdunsten z. B.) (*Transp.*), calo.

lecken (Wasser durchlassen) (*allg.*), lasciar passare acqua. 2 ~ (eines Schiffes) (*naut.*), fare acqua.

LED (Lichtemittierende Diode) (*Elektronik*), LED.

Ledeburit (eutektisches Gefüge von Eisen) (*n. - Metall.*), ledeburite.

Leder (*n. - Ind.*), cuoio. 2 ~ **faserstoff** (gepresste Lederabfälle) (*m. - Lederind.*), surrogato di cuoio (da ritagli sfibrati e pressati in fogli). 3 ~ **grube** (Kalkgrube) (*f. - Lederind.*), calcinaio. 4 ~ **hobel** (*m. - Werkz.*), coltello a petto (da sellaio). 5 ~ **imitation** (Kunstleder) (*f. - Ind.*), finta pelle, similpelle, pegamoide. 6 ~ **kalk** (ungelöschter Kalk) (*m. - Maur.*), calce viva. 7 ~ **lack** (*m. - Lederind.*), vernice per cuoio. 8 ~ **packung** (*f. - Mech.*), guarnizione di cuoio. 9 ~ **papier** (*n. - Papierind.*), carta imitazione cuoio. 10 ~ **pappe** (*f. - Papierind.*), cartone uso cuoio. 11 ~ **scheibe** (zum Polieren) (*f. - Mech.*), disco di

cuoio. 12 ~ treibriemen (m. - Mech.), cinghia di cuoio (per trasmissioni). 13 chromgares ~ (Lederind.), cuoio (conciato) al cromo. 14 Gasmesser ~ (Ger.), cuoio per (membrane di) contatori del gas. 15 Hirsch ~ (Aut. - Ind.), pelle di daino. 16 Kunst ~ (Ind.), finta pelle, similpelle, pegamoide. 17 Lack ~ (Lederind.), cuoio verniciato. 18 lohgares ~ (Lederind.), cuoio conciato. 19 Manschetten ~ (Dichtungsleder) (Mech.), cuoio per guarnizioni. 20 Sohl ~ (Schuhfabrikation), cuoio per suole. 21 sämisches ~ (Ind.), pelle di camoscio. 22 Wasch ~ (naut.), bazzana.
Lederer (Gerber) (m. - Arb.) (österr.), conciatore.
ledern (aus Leder) (Ind.), di cuoio.
Lee (Leeseite, dem Wind abgekehrte Seite, eines Schiffes) (f. - naut.), sottovento (s.). 2 ~ weg (Abdrift, durch Wind) (m. - naut.), scarroccio.
leegierig (naut.), poggiero.
Leer (die Leere, Vakuum, luftleerer Raum) (n. - Phys.), (il) vuoto. 2 ~ befehl (m. - Rechner), istruzione non operativa. 3 ~ bereich (m. - Funk.), zona di silenzio. 4 ~ charakter (Zwischenraum, beim Lochstreifenstanzen z. B.) (m. - Rechner - etc.), spazio intermedio. 5 ~ gang (der Kupplung) (m. - Aut.), (posizione di) folle. 6 ~ gang (Leerlauf, einer Maschine) (Masch.), marcia a vuoto. 7 ~ gewicht (n. - Fahrz. - Flugw.), peso a vuoto. 8 ~ gewicht (Taragewicht) (komm. - Transp.), tara. 9 ~ gut (im Frachtverkehr) (n. - Transp.), (i) vuoti. 10 ~ hub (einer Hobelmaschine z. B.) (m. - Werkz.masch.), corsa a vuoto, corsa di ritorno. 11 ~ hubgeschwindigkeit (des Stössels einer Presse bis kurz vor der Berührung) (f. - mech. Technol.), velocità di avvicinamento. 12 ~ kontakt (eines Nummernschalters z. B.) (m. - Fernspr.), contatto libero, contatto ausiliario. 13 ~ lauf (m. - Masch. - Mot.), siehe Leerlauf. 14 ~ lokomotive (f. - Eisenb.), locomotiva staffetta. 15 ~ pumpen (eines Dockes z. B.) (n. - naut. -.etc.), prosciugamento, aggottamento. 16 ~ rücklauf (m. - Mech.), ritorno a vuoto. 17 ~ scheibe (f. - Mech.), puleggia folle. 18 ~ station (einer Transferstrasse) (f. - Werkz. masch.bearb.), stazione di riposo, stazione non di lavorazione. 19 ~ stellung (eines Hebels z. B.) (f. - Mech.), posizione neutra, posizione a vuoto. 20 ~ taste (einer Schreibmaschine) (f. - Büromasch.), barra spaziatrice. 21 ~ tiefgang (m. - naut.), immersione a nave scarica, pescaggio a nave scarica. 22 ~ zeit (in Produktion) (f. - Arb. - Organ.), tempo passivo.
leer (allg.), vuoto. 2 ~ anlaufen (Mot. - Masch.), avviare a vuoto, avviare senza carico. 3 ~ laufen (ohne Last laufen) (Mot. - Masch.), funzionare a vuoto. 4 ~ laufen (eines Verbrennungsmotors) (Mot.), girare al minimo, funzionare al minimo.
Leere (Leer, Vakuum) (f. - Phys.) (il) vuoto. 2 ~, siehe auch Leer (n.).
leeren (ausleeren) (allg.), vuotare.
Leerlauf (einer Arbeitsmaschine) (m. - Masch.), funzionamento a vuoto. 2 ~ (eines Verbrennungsmotors) (Mot.), funzionamento al minimo, minimo. 3 ~ (Leerlaufzeit, eines Betriebes z. B.) (Arb. - Organ.), tempo inattivo. 4 ~ (einer Luftschraube) (Flugw.), autorotazione. 5 ~ arbeit (f. - Masch.), potenza assorbita a vuoto. 6 ~ bohrung (eines Vergasers) (f. - Mot.), foro del minimo. 7 ~ charakteristik (f. - Elekt. - etc.), caratteristica a vuoto. 8 ~ drehzahl (ohne Last) (f. - Masch. - Mot.), numero di giri a vuoto, velocità (angolare) a vuoto. 9 ~ drehzahl (kleinste Leerlaufdrehzahl, eines Verbrennungsmotors) (Mot.), numero di giri del minimo, numero di giri al minimo. 10 ~ düse (eines Vergasers) (f. - Mot.), getto del minimo. 11 ~ einstellschraube (eines Vergasers) (f. - Mot.), vite di regolazione del minimo. 12 ~ einstellung (f. - Mot.), regolazione del minimo. 13 ~ geschwindigkeit (f. - Mot.), siehe Leerlaufdrehzahl. 14 ~ impedanz (f. - Elekt.), impedenza a circuito aperto. 15 ~ kennlinie (f. - Mot. - etc.), caratteristica a vuoto. 16 ~ rolle (f. - Mech.), galoppino. 17 ~ scheibe (f. - Mech.), puleggia folle. 18 ~ spannung (f. - Elekt.), tensione a vuoto. 19 ~ strom (m. - Elekt.), corrente a vuoto. 20 ~ versuch (eines Motors oder einer Masch.) (m. - Technol.), prova a vuoto. 21 ~ zeit (eines Betriebes) (f. - Arb. - Organ.), tempo inattivo. 22 bei ~ (Masch. - etc.), a vuoto. 23 kleinste ~ drehzahl (ohne Nutzleistung abzugeben) (Mot.), numero di giri del minimo, numero di giri al minimo. 24 obere ~ drehzahl (eines geregelten Motors) (Mot.), numero di giri massimo a vuoto. 25 untere ~ drehzahl (eines geregelten Motors) (Mot.), numero di giri minimo a vuoto.
Lefa (Lederind.) siehe Lederfaserstoff.
legal (gesetzlich) (recht.), legale.
Legalisation (Legalisierung, Beglaubigung von Urkunden) (f. - recht.), autenticazione, legalizzazione.
legalisieren (eine Urkunde) (recht.), autenticare, legalizzare.
legalisiert (recht.), autenticato, legalizzato.
Legen (n. - Bauw. - etc.), posa in opera, messa in opera.
legen (allg.), mettere. 2 ~ (verlegen, Kabel z. B.) (Elekt. - etc.), posare. 3 an Masse ~ (Elekt.), mettere a massa, collegare a massa. 4 auf ~ (den Kiel in der Werft) (Schiffbau), impostare. 5 auf ~ (ein Schiff im Hafen unbenützt halten) (naut.), mettere in disarmo. 6 aus ~ (Leitungen, etc.) (Leit.), posare. 7 bei ~ (in einem Brief) (Büro), allegare. 8 ein ~ (Geld) (finanz.), depositare. 9 ein ~ (in einem Brief) (Büro), allegare. 10 um ~ (verteilen, die Kosten z. B.) (komm.), ripartire. 11 um ~ (fällen, Bäume) (Holz - etc.), abbattere. 12 um ~ (verändern) (allg.), cambiare. 13 vor ~ (zeigen) (allg.), presentare, sottoporre, dare in visione.
legieren (Metall.), legare, alligare.
legiert (Metall.), legato, alligato. 2 ~ (Schmieröl) (chem. Ind. - Mot.), additivato.
Legierung (f. - Metall.), lega. 2 ~ s·bestandteil (m. - Metall.), elemento di lega, componente. 3 ~ s·stahl (m. - Metall.), acciaio legato, acciaio speciale. 4 ~ s·zusatz (m. - Metall.),

elemento legante, elemento aggiunto. **5 binäre** ~ *(Chem.)*, lega binaria. **6 Zweistoff** ~ *(Metall.)*, lega binaria.
Legung (Verlegung, von Kabeln z. B.) *(f. - Elekt. - etc.)*, posa. **2 Erd** ~ (von Kabeln z. B.) *(Elekt. - etc.)*, posa sotto terra.
Lehm (braun oder gelb gefärbter, sandhaltiger Ton, zur Herstellung von Ziegeln) *(m. - Geol. - Bauw.)*, terra argillosa, argilla comune. **2** ~ *(Formerei)*, terra grassa (da fonderia), argilla da formatore. **3** ~ **boden** *(m. - Geol.)*, terreno argilloso. **4** ~ **formerei** *(f. - Formerei)*, formatura in terra grassa. **5** ~ **pfropf** *(m. - Metall.)*, tappo di argilla.
lehmig *(Geol.)*, argilloso.
Lehn (Flächenmass, etwa 200 m²) *(n. - Bergbau)*, misura di superficie di circa 200 m².
Lehne (Stütze) *(f. - allg.)*, appoggio, sostegno. **2** ~ **n·verstellung** (eines Personenkraftwagens z. B.) *(f. - Fahrz.)*, inclinazione dello schienale. **3 Arm** ~ (an Sitzen, Armstütze) *(Fahrz. - etc.)*, bracciuolo. **4 Kopf** ~ (an Sitzen) *(Fahrz. - etc.)*, poggiatesta.
Lehrbogen (Bogengerüst) *(m. - Bauw.)*, centina.
Lehrbrett (Schablone für die Herstellung von Profilen) *(n. - Werkz.)*, sagoma, dima.
Lehrbub *(m. - Arb.)* *(österr. - schweiz.)*, siehe Lehrling.
Lehrdorn *(m. - Messwerkzeug)*, calibro a tampone. **2 Gewindegrenz** ~ *(Messwerkz.)*, calibro differenziale a tampone per filettature. **3 Gewinde** ~ *(Werkz.)*, calibro a tampone per filettature. **4 Grenz** ~ *(Werkz.)*, calibro differenziale a tampone.
Lehre (Messwerkzeug für Werkstücke) *(f. - Mech. - Werkz.)*, calibro. **2** ~ (Lehrbrett) *(Werkz.)*, sagoma, dima. **3** ~ (Wissenschaft) *(Wissen)*, scienza. **4** ~ (Lehrzeit) *(Arb.)*, tirocinio, apprendistato, apprendissaggio. **5** ~ (Muster, Modell) *(Technol.)*, modello, campione. **6** ~ **n·bauer** (Konstrukteur) *(m. - Arb.)*, progettista di calibri. **7** ~ **n·bauer** (Hersteller) *(Ind.)*, fabbricante di calibri. **8** ~ **n·bohrer** *(m. - Arb. - Werkz.masch.)*, operatore di tracciatrice, operaio specializzato nella lavorazione a coordinate. **9** ~ **n·bohrmaschine** (Koordinatenbohrmaschine) *(f. - Werkz.masch.)*, alesatrice a coordinate, alesatrice per maschere. **10** ~ **n·sollmass** (Nennmass einer Lehre) *(n. - Mech.)*, dimensione nominale (prescritta) di una lehre. **11 Abnahme** ~ *(Werkz.)*, calibro di collaudo. **12 Arbeits** ~ *(Werkz.)*, calibro di lavorazione. **13 Ausschuss** ~ *(Werkz.)*, calibro « non passa ». **14 Blech** ~ *(Werkz.)*, calibro (di spessore) per lamiere. **15 Bohrungs** ~ *(Werkz.)*, calibro per interni. **16 Draht** ~ *(Werkz.)*, calibro per fili metallici. **17 einstellbare Grenzrachen** ~ *(Werkz.)*, calibro differenziale a forchetta regolabile. **18 Einstellehre** *(Werkz.)*, calibro di messa a punto. **19 Feinmess·scharaub** ~ (Mikrometer) *(Werkz.)*, micrometro, palmer. **20 Flach** ~ *(Werkz.)*, calibro piatto. **21 Fühl** ~ *(Messwerkz.)*, sonda, spessimetro. **22 Gabel** ~ (Rachenlehre) *(Werkz.)*, calibro a forchetta. **23 Gegen** ~ (für Gewindelehrringe z. B.) *(Werkz.)*, calibro di controllo, calibro di riscontro. **24 Gewindegrenzrachen** ~ *(Messwerkz.)*, calibro differenziale a forchetta per filettature. **25 Gewinde** ~ *(Werkz.)*, calibro per filettature. **26 Gewinderollen-Rachen** ~ *(Werkz.)*, calibro a rulli per viti. **27 Grenz** ~ *(Werkz.)*, calibro differenziale. **28 Grenzrachen** ~ *(Werkz.)*, calibro differenziale a forchetta. **29 Gut** ~ *(Werkz.)*, calibro « passa ». **30 Mass** ~ (zur Kontrolle von Strecken) *(Messwerkz.)*, calibro per controlli lineari. **31 Mikrometer-Tiefen** ~ *(Messwerkz.)*, micrometro per misure di profondità. **32 Prüf** ~ *(Werkz.)*, calibro di riscontro, riscontro. **33 Rachen** ~ *(Werkz.)*, calibro a forchetta, calibro a forcella. **34 Radius** ~ *(Messwerkz.)*, calibro per raggi di raccordo, calibro per raccordi. **35 Schiebe** ~ (Schublehre) *(Werkz.)*, calibro a corsoio. **36 Schraub** ~ (Bügelmessschraube, Mikrometer) *(Messwerkz.)*, micrometro, palmer. **37 Schub** ~ (Schiebelehre) *(Werkz.)*, calibro a corsoio. **38 Stufen** ~ (zur Prüfung der Mittigkeit z. B.) *(Werkz.)*, calibro a doppio diametro. **39 Tiefen** ~ *(Werkz.)*, calibro di profondità. **40 Wellen** ~ (Rachenlehre oder Lehrring) *(Messwerkz.)*, calibro per alberi.
lehren *(Mech.)*, misurare con calibro.
lehrenhaltig *(Mech.)*, a misura.
Lehrer *(m. - Arb.)*, maestro. **2 Fahr** ~ *(Aut.)*, istruttore di guida.
Lehrerschaft *(f. - Schule - etc.)*, corpo degli insegnanti.
Lehrfilm *(m. - Filmtech.)*, film didattico.
Lehrgang (Lehrkurs) *(m. - Schule - Arb.)*, corso di istruzione.
Lehrgerät (Lehrmaschine) *(n. - Schule - etc.)*, macchina per insegnare.
Lehrgeräte *(n. - pl. - Phys.)*, apparecchi da laboratorio.
Lehrgerüst (zur Formgebung und zum Abstützen von Bögen und Gewölben) *(n. - Bauw.)*, centinatura. **2** ~ **schalung** *(f. - Bauw.)*, manto della centina.
Lehrjunge (Lehrling) *(m. - Arb.)*, apprendista.
Lehrkanzel (Lehrstuhl, einer Hochschule) *(f. - Schule)* (österr.), cattedra.
Lehrling (Lehrjunge) *(m. - Arb.)*, apprendista. **2** ~ **s·ausbildung** *(f. - Arb. - Organ.)*, formazione degli apprendisti. **3** ~ **s·werkstatt** (eines Betriebes, zur Ausbildung von Lehrlingen) *(f. - Arb. - Ind.)*, officina per apprendisti, « scuola ».
Lehrmaschine *(f. - Schule - etc.)*, macchina per insegnare.
Lehrmeister *(m. - Arb.)*, istruttore.
Lehrmodell *(n. - Schule)*, modello didattico.
Lehrmutter (Gewindelehrring) *(f. - Werkz.)*, calibro ad anello per viti.
Lehrring *(m. - Werkz.)*, calibro ad anello. **2 Gewinde** ~ *(Messwerkz.)*, calibro ad anello per filettature.
Lehrsatz (Theorem) *(m. - Math.)*, teorema. **2 pythagoräischer** ~ *(Math.)*, teorema di Pitagora.
Lehrschalung (Bogenschalung) *(f. - Bauw.)*, centinatura.
Lehrschweisser (besitzt die praktischen und fachkundlichen Fähigkeiten die für die Ausbildung und Beaufsichtigung von Schweissern erforderlich sind) *(m. - Arb.)*, addetto alla

formazione e sorveglianza dei saldatori, istruttore (di fabbrica) dei saldatori.
Lehrstuhl (*m. - Schule*), cattedra.
Lehrung (*f. - Mech.*), calibratura.
Lehrwerkstatt (eines Betriebes, zur Ausbildung von Lehrlingen) (*f. - Arb. - Ind.*), officina per apprendisti, « scuola ».
Lehrzahnrad (*n. - Mech.*), ruota dentata campione.
Lehrzeit (Lehre) (*f. - Arb.*), tirocinio, apprendistato, apprendissaggio.
Leibung (Laibung, innere Fläche der Maueröffnung, eines Bogens z. B.) (*f. - Arch.*), intradosso. 2 ~ s·druck (eines Nietes) (*m. - mech. Technol.*), pressione di contatto laterale, pressione di appoggio laterale.
leicht (von geringem Gewicht) (*allg.*), leggero. 2 ~ (nicht schwierig) (*allg.*), facile. 3 ~ (oberflächlich) (*allg.*), superficiale. 4 ~ (wenig, unbedeutend) (*allg.*), piccolo, di poca importanza. 5 ~ entzündlich (*Verbr.*), infiammabile. 6 ~ er als Luft (*Flugw.*), più leggero dell'aria. 7 ~ er Gang (*Mech. - Masch.*), funzionamento regolare, funzionamento dolce. 8 ~ es Atom (*Atomphys.*), atomo leggero. 9 ~ gängig (Lenkung) (*Aut.*), dolce.
Leichtathletik (*f. - Sport*), atletica leggera.
Leichtbau (*m. - Bauw.*), costruzione con materiali leggeri, costruzione leggera. 2 ~ (eines Triebwagens z. B.) (*Eisenb. - etc.*), costruzione alleggerita, costruzione leggera. 3 ~ fertigplatte (*f. - Bauw.*), elemento prefabbricato in materiale da costruzione leggero. 4 ~ platte (*f. - Bauw.*), lastra di materiale da costruzione leggero.
Leichtbeton (*m. - Bauw.*), calcestruzzo leggero, calcestruzzo di pomice, calcestruzzo poroso.
leichten (ein Schiff z. B.) (*allg.*), alleggerire.
Leichter (Lichter, Prahm, Schute) (*m. - naut.*), chiatta, maona. 2 ~ (Bohrung um das Wasser weg zu führen) (*naut.*), alleggio. 3 ~ lohn (*m. - naut.*), spese per trasporto su chiatte. 4 ~ schiffer (*m. - naut.*), chiattaiolo. 5 ~ -Trägerschiff (Lash-Trägerschiff) (*n. - naut. - Transp.*), nave portachiatte.
leichtern (*naut.*), trasportare con chiatta.
Leichtgewicht (*n. - Sport*), peso leggero.
Leichtgut (*n. - naut. - Transp.*), carico leggero.
Leichtigkeit (Leichtheit) (*f. - Phys.*), leggerezza. 2 ~ (Unschwierigkeit) (*allg.*), facilità.
Leichtkraftrad (*n. - Fahrz.*), motocicletta leggera, motoleggera.
Leichtlehm (Baulehm mit leichten Zuschlagstoffen) (*m. - Bauw.*), argilla leggera (da costruzione).
Leichtmetall (mit einem spezifischen Gewicht unter 3,5; Aluminium und Magnesium z. B.) (*n. - Metall.*), metallo leggero. 2 ~ (Aluminium- und Magnesium-Legierungen z. B.) (*Legierung*), lega leggera. 3 ~ triebwagen (*m. - Eisenb.*), automotrice in lega leggera. 4 ~ zug (*m. - Eisenb.*), *siehe* Leichtschnellzug.
Leichtöl (*n. - chem. Ind.*), olio leggero.
Leichtprofil (*n. - metall. Ind.*), profilato leggero.
Leichtschnellzug (LS-Zug, Leichtmetallzug) (*m. - Eisenb.*), treno (con veicoli) in lega leggera.
Leichtstein (poröser Ziegelstein z. B.) (*m. - Bauw.*), mattone leggero.
Leichtwand (*f. - Bauw.*), muro divisorio, parete divisoria.
Leichtwasserreaktor (*m. - Kernphys.*), reattore ad acqua leggera.
Leichtzuschlagbeton (*m. - Bauw.*), calcestruzzo ad aggregati leggeri.
Leidener Flasche (Kleistsche Flasche) (*f. - Phys.*), bottiglia di Leida.
Leierbohrer (*m. - Werkz.*), girabacchino.
Leihemballage (*f. - komm.*), imballaggio a rendere, recipiente a rendere.
Leim (Klebemittel) (*m. - Chem.*), colla. 2 ~ auftragmaschine (*f. - Masch.*), incollatrice. 3 ~ auftragswalze (*f. - Ger.*), rullo spalmatore della colla. 4 ~ farbe (*f. - Anstr.*), colore a colla. 5 ~ kessel (*m. - Tischl. - Ger.*), pentola da colla. 6 ~ knecht (Leimzwinge) (*m. - Tischl.*), morsa da falegname, sergente. 7 ~ pulver (*n. - Ind.*), colla in polvere. 8 ~ süss (Leimzucker) (*Chem.*), *siehe* Glykokoll. 9 Fisch ~ (*Ind.*), colla di pesce, ittiocolla. 10 Kasein ~ (*chem. Ind.*), colla alla caseina. 11 Pflanzen ~ (*Chem.*), colla vegetale. 12 Tafel ~ (Tischlerleim) (*Tischl.*), colla da falegname, colla di pelle, colla caravella, colla forte. 13 Tier ~ (*Chem.*), colla animale.
leimen (*allg.*), incollare.
Leimung (*f. - allg.*), incollatura, incollaggio, incollamento. 2 ~ (des Papiers) (*Papierind.*), collatura, collaggio. 3 ~ in der Masse (*Papierind.*), collatura in pasta. 4 ~ s·grad (*m. - Papierprüfung*), grado di collatura. 5 Oberflächen ~ (*Papierind.*), collatura in superficie, collatura alla gelatina.
Lein (Flachs) (*m. - Textilind.*), lino. 2 ~ öl (*n. - Ind.*), olio di lino, olio di semi di lino. 3 ~ pfad (Treidelweg, Weg längs eines Flusses, von dem aus früher di Schiffe getreidelt wurden) (*m. - Transp.*), strada alzaia, alzaia. 4 ~ wand (Leinen, Linnen) (*f. - Textilind.*), tela di lino. 5 ~ wand (*Filmtech.*), schermo. 6 ~ wandbindung (*f. - Buchbinderei*), legatura in tela, rilegatura in tela. 7 ~ wandeinlage (eines Reifens) (*f. - Aut.*), tela.
Leine (Schnur) (*f. - Ind.*), corda. 2 ~ (*naut.*), cima, sagola. 3 ~ n·wurfapparat (*m. - naut.*), lanciasagole. 4 Festmache ~ (*naut.*), cima di ormeggio. 5 Wurf ~ (*naut.*), sagola.
Leinen (Gewebe) (*n. - Textilind.*), tessuto di lino. 2 ~ garn (*n. - Textilind.*), filo di lino. 3 ~ papier (*n. - Papierind.*), carta di stracci (di lino). 4 ~ stoff (Segelleinen) (*m. - Textilind.*), tela da vele, tela olona. 5 Sack ~ (*Textilind.*), tela da sacchi. 6 Schmirgel ~ (*Mech. - etc.*), tela smeriglio. 7 Segel ~ (*Textilind.*), tela da vele, tela olona.
L-Einfang (von Elektronen) (*m. - Elektronik*), cattura L.
Leinpfad (Treidelpfad, Treidelweg, Weg längs eines Flusses von dem aus früher die Schiffe getreidelt wurden) (*m. - Navig.*), alzaia, strada alzaia.
Leiste (Führungsleiste z. B., einer Presse) (*f. - Mech. - Masch.*), lardone. 2 ~ (Randein-

fassung) (*Tischl. - etc.*) cornice. 3 ~ (Salleiste, Egge, Selfkante) (*Text.*), cimosa. 4 ~ (Rand) (*allg.*), orlo, bordo. 5 ~ n·bau (Abbau mit Firstenstoss, Firstenbau) (*m. - Bergbau*), coltivazione a gradino rovescio. 6 ~ n·nut (des Kolbens eines Wankelmotors) (*f. - Mot.*), cava del segmento (radiale). 7 Fuss ~ (*Zimm. - Bauw. - etc.*), battiscopa, zoccolino. 8 **Nachstelleiste** (*Macch.*), lardone di registro.

Leisten (zum Einschlagen der Gesenke) (*m. - Schmiedewerkz.*), improntatore.

Leistung (die von einer Kraft in der Zeiteinheit geleistete Arbeit) (*f. - Phys.*), potenza. 2 ~ (eines Kranes) (*ind. Masch.*), portata. 3 ~ (Ausbeute) (*Ind.*), resa. 4 ~ (Produktion) (*Ind.*), produzione. 5 ~ (Wirkungsgrad) (*Mech.*), rendimento. 6 ~ (Dienstleistung) (*allg.*), prestazione. 7 ~ (eines Verbrennungsmotors) (*Mot.*), potenza. 8 ~ (einer Pumpe) (*Masch.*), portata. 9 ~ (Produktivität) (*Ind.*), produttività. 10 ~ am Radumfang (*Eisenb.*), potenza al cerchione della ruota. 11 ~ am Zughaken (*Eisenb.*), potenza al gancio (di trazione). 12 ~ bei Aussetzbetrieb (*Elekt. - etc.*), potenza per servizio intermittente. 13 ~ in der Höhe (eines Flugmotors) (*Flugw.*), potenza in quota. 14 ~ nach DIN (abgegebene Leistung eines Verbr.mot. mit Ventilator, Lichtmaschine, Abgassanlage und anderen für Motorbetrieb notwendigen Hilfseinrichtungen) (*Mot. - Aut.*), potenza DIN. 15 ~ nach SAE (abgegebene Leistung eines Verbr.mot. ohne Ventilator, Lichtmaschine und Abgasanlage) (*Mot. - Aut.*), potenza SAE. 16 ~ s·abfall (*m. - Mot.*), perdita di potenza. 17 ~ s·abgabe (*f. - Mot.*), potenza erogata, erogazione di potenza. 18 ~ s·anreiz (*m. - Arb. - Organ.*), incentivo (di produzione). 19 ~ s·aufnahme (*f. - Masch.*), potenza assorbita. 20 ~ s·bedarf (*m. - Masch.*), fabbisogno di potenza, assorbimento di potenza. 21 ~ s·belastung (eines Flugzeugs) (*f. - Flugw.*), carico di potenza, carico per unità di potenza. 22 ~ s·bereich (Elastizität, eines Verbr.mot.) (*m. - Mot.*), elasticità. 23 ~ s·bereich (Verwendungsbereich) (*Masch. - etc.*), campo di applicazione. 24 ~ s·bereich (einer Maschine, Verwendungsfähigkeit) (*Masch.*), possibilità d'impiego. 25 ~ s·bremse (*f. - Mot.*), freno dinamometrico. 26 ~ s·brutreaktor (*m. - Atomphys.*), reattore rigeneratore di potenza. 27 ~ s·diagramm (Leistungskurve) (*n. - Mot.*), curva di potenza, diagramma della curva di potenza. 28 ~ s·diode (*f. - Elektronik*), diodo di potenza. 29 ~ s·exkursion (plötzlicher Anstieg der Leistung eines Reaktors) (*f. - Kernphys.*), brusco aumento di potenza. 30 ~ s·fähigkeit (*f. - allg.*), potenzialità, capacità (di prestazione). 31 ~ s·faktor (cos φ) (*m. - Elekt.*), fattore di potenza, cosfi, cosφ. 32 ~ s·faktoranzeiger (Leistungsfaktormesser) (*m. - elekt. Ger.*), cosfimetro. 33 ~ s·faktorausgleich (*m.-Elekt.*), compensazione del fattore di potenza, rifasamento. 34 ~ s·faktor Eins (*Elekt.*), fattore di potenza 1. 35 ~ s·faktormesser (cos φ-Messer) (*m. - elekt. Ger.*), cosfimetro. 36 ~ s·faktorverbesserung (*f. - Elekt.*), correzione del fattore di potenza, rifasamento. 37 ~ s·gewicht (Verhältnis zwischen Gewicht des Motors und Höchstleistung) (*n. - Mot.*), potenza massica, peso per unità di potenza. 38 ~ s·gewinn (einer Antenne) (*m. - Funk.*), guadagno di potenza. 39 ~ s·grad (Verhältnis zwischen beobachteten Leistung und vorgestellten Normalleistung) (*m. - Arbeitstudium*), rendimento. 40 ~ s·kondensator (Phasenschieberkondensator) (*m. - Elekt.*), condensatore di rifasamento. 41 ~ s·kurve (Leistungsdiagramm) (*f. - Mot.*), curva di potenza, diagramma della curva di potenza. 42 ~ s·lohn (*m. - Arb.*), siehe Akkordlohn. 43 ~ s·löhner (*m. - Arb.*), salariato a cottimo. 44 ~ s·masse (kg/PS) (*f. - Aut. - Mot.*), massa per unità di potenza, massa per cavallo. 45 ~ s·messer (Wattmeter) (*m. - elekt. Instr.*), wattmetro. 46 ~ s·messer (Kilowattmeter) (*elekt. Instr.*), chilowattmetro. 47 ~ s·prämie (*f. - Ind.*), premio di produttività. 48 ~ s·preis (*m. - Ind. - komm.*), prezzo della mano d'opera. 49 ~ s·reaktor (*m. - Atomphys.*), reattore per forza motrice, reattore di potenza. 50 ~ s·relais (*n. - elekt.) - Ger.*), relè di potenza. 51 ~ s·röhre (*f. - Elektronik*), tubo di potenza, valvola di potenza. 52 ~ s·schalter (*m. - elekt. Ger.*), interruttore di potenza. 53 ~ s·schild (einer elekt. Masch. z. B.) (*n. - elekt. Masch.*), targa (con i dati sulle prestazioni). 54 ~ s·schild (eines Kranes) (*ind. Masch.*), targa (con indicazione) della portata. 55 ~ s·schutzautomat (Sicherung) (*m. - elekt. Ger.*), interruttore di potenza automatico. 56 ~ s·stufe (*f. - Elektronik*), stadio di potenza. 57 ~ s·stufe (stündlich erzeugte Dampfmenge) (*Kessel*), produzione oraria. 58 ~ s·transformator (mit galvanisch getrennten Primär- und Sekundärwicklungen und voller Übertragung der Leistung) (*m. - Elekt.*), trasformatore di potenza. 59 ~ s·transistor (*m. - Elektronik*), transistore di potenza. 60 ~ s·trenner (Leistungstrennschalter) (*m. - elekt. Ger.*), sezionatore di potenza. 61 ~ s·trennschalter (*m. - elekt. Ger.*), sezionatore di potenza. 62 ~ s·verstärker (*m. - Funk.*), amplificatore di potenza. 63 ~ s·verstärkung (*f. - Funk.*), amplificazione di potenza. 64 ~ s·verzeichnis (*n. - Bauw. - etc.*), capitolato. 65 ~ s·vorgabe (Zeitvorgabe für bestimmte Leistung) (*f. - Arbeitsstudie*), tempo standard per una determinata prestazione. 66 ~ s·wicklung (Transformatorwicklung) (*f. - Elekt.*), avvolgimento di potenza. 67 ~ s·zähler (Gesprächszähler) (*m. - Fernspr.*), contatore di conversazioni, contatore totalizzatore. 68 ~ s·ziffer (Kehrwert der Leistungsmasse) (*f. - Mot. - Aut.*), potenza per unità di massa. 69 ~ s·ziffer (Verhältnis zwischen mittlerem und höchstem Leistungsbedarf eines Netzes in einer Woche z. B.) (*Elekt.*), indice di domanda, indice del fabbisogno di potenza. 70 ~ s·ziffer (einer Kälteanlage), siehe Kältefaktor. 71 abgegebene ~ (Leistungsabgabe) (*Mot.*), potenza erogata. 72 **aufgenommene** ~ (Leistungsaufnahme) (*Masch.*) potenza assorbita. 73 **ausgestrahlte** ~ (*Phys.*), potenza irradiata. 74 **Best** ~ (bei der eine

Leistung

Maschine ihren höchsten Wirkungsgrad hat) (*Elekt. - etc.*), potenza ottima. **75 Blind** ~ (*Elekt.*), potenza reattiva, potenza in quadratura. **76 Brems** ~ (eines Verbrennungsmotors) (*Mot.*), potenza al freno. **77 Brutto** ~ (eines Kraftwerks, Leistung an den Klemmen der Maschinen des Werkes) (*Elekt.*), potenza lorda. **78 Dauer** ~ (eines Verbrennungsmotors) (*Mot.*), potenza continuativa. **79 Dauer** ~ **A** (eines Dieselmotors, Dauerleistung, die noch eine Überleistung zulässt) (*Mot.*), potenza massima continuativa sovraccaricabile. **80 Dauer** ~ **B** (eines Dieselmotors, nicht überlastbare Leistung, die nicht überschritten werden kann) (*Mot.*), potenza massima (per servizio di durata stabilita) non sovraccaricabile. **81 effektive** ~ (Nutzleistung) (*Mot.*), potenza effettiva. **82 Eigen** ~ **s·bedarf** (eines Kraftwerks) (*m. - Elekt.*), potenza per autoconsumo, potenza per consumo proprio. **83 Engpass** ~ (eines Kraftwerks, höchste fahrbare Leistung durch den leistungsschwächsten Anlageteil begrenzt) (*Elekt.*), potenza limite locale. **84 Fahr** ~ (an den Rädern stehende Leistung) (*Fahrz.*), potenza alle ruote. **85 Halbnetto** ~ (eines Kraftwerks, Bruttoleistung minus Eigenleistungsbedarf, jedoch mit der Leistungsverluste der Aufspanner) (*Elekt.*), potenza seminetta, potenza lorda meno l'autoconsumo più le perdite del trasformatore. **86 Höchst** ~ (eines Dieselmotors, Leistung die der Motor 15 Minuten lang abgeben kann) (*Mot.*), potenza massima (non impiegabile in esercizio), extrapotenza. **87** ~ (eines Verbrennungsmotors) (*Mot.*), potenza indicata. **88 Innen** ~ (indizierte Leistung) (*Mot.*), potenza indicata. **89 installierte** ~ (*Ind. - Flugw.*), potenza installata. **90 Kilometer** ~ (eines Wagens) (*Aut.*), percorrenza in km, chilometraggio, chilometri percorsi. **91 Klemmen** ~ (des Generators) (*Elekt.*), potenza ai morsetti. **92 Lader** ~ (*Mot.*), potenza assorbita dal compressore. **93 Liter** ~ (*Mot.*), potenza per litro, potenza specifica. **94 Nenn** ~ (*Mot. - Elekt.*), potenza nominale, potenza di targa. **95 Nutz** ~ (Bremsleistung, Effektivleistung) (*Mot.*), potenza effettiva, potenza al freno. **96 Reibungs** ~ (*Mot.*), potenza assorbita dall'attrito. **97 Reserve** ~ (eines Kraftwerks) (*Elekt.*), potenza di riserva. **98 Schein** ~ (VA) (*Elekt.*), potenza apparente. **99 Schild** ~ (elekt. *Masch.*), potenza di targa, potenza nominale. **100 Steuer** ~ (*Aut.*), potenza fiscale. **101 Über** ~ (eines Dieselmotors, Leistung die der Motor eine Stunde lang abgeben kann) (*Mot.*), potenza di sovraccarico, potenza unioraria. **102 volle** ~ (*Mot. - etc.*), piena potenza. **103 Verrechnungs** ~ (zugrunde der Berechnung des Leistungspreises in Stromlieferungs- Verträgen gelegt) (*Elekt.*), potenza base di tariffa. **104 wahre** ~ (wirkliche Leistung, Wirkleistung) (*Elekt.*), potenza attiva, potenza reale. **105 Wirk** ~ (VA cosφ, w) (*Elekt.*), potenza attiva, potenza reale. **106 Zerspanungs** ~ (in der Zeiteinheit gezerspante Menge) (*Werkz. masch. bearb.*), trucciolatura specifica, capacità di trucciolatura. **107 zugeführte** ~ (*Masch. - etc.*), potenza applicata.

leistungsfähig (*allg.*), efficiente. **2** ~ (Pkw) (*Aut.*), brillante, di elevate prestazioni.
leistungskontrolliert (Arbeit) (*Ind.*), a prestazione controllata.
Leitachse (Vorderachse) (*f. - Eisenb.*), assile anteriore.
Leitaluminium (für Freileitungen, etc.) (*n. - Elekt.*), alluminio per conduttori.
Leitapparat (Kopiervorrichtung) (*m. - Werkz. masch.*), dispositivo riproduttore, dispositivo per copiare. **2** ~ (einer Turbine) (*Masch.*), distributore.
Leitartikel (*m. - Zeitg.*), articolo di fondo.
Leitauge (für Kabeln z. B.) (*n. - Elekt. - etc.*), guida.
Leitblech (für Gase oder Flüssigkeiten) (*n. - Masch.*), deflettore in lamiera.
Leitblitz (Vorentladung) (*m. - Elekt.*), scarica preliminare.
Leitblock (*m. - naut.*), bozzello di guida.
Leitbronze (Cadmium-Magnesium-Bronze mit mindestens 97% Cu, für elekt. Leitungen, Kontakte, etc.) (*f. - Elekt.*), bronzo per applicazioni elettriche.
leiten (führen) (*allg.*), guidare, condurre. **2** ~ (Wärme z. B.) (*Phys.*), condurre. **3** ~ (eine Firma) (*Ind.*), dirigere. **4** ~ (die Geschäfte) (*Adm.*), condurre. **5** ~ (*Ind. - Arb. - Pers.*), dirigere. **6** ~ (eine Versammlung) (*Ind. - etc.*), presiedere. **7** ~ (Flüssigkeiten, durch Röhren, Leitbleche, etc.) (*Leit. - etc.*), convogliare. **8** ~ (verwalten) (*Adm. - etc.*), amministrare.
leitend (*allg.*), direttivo. **2** ~ (*Elekt.*), conduttore (a.), conduttrice (a.). **3** ~ **er Angestellter** (*Pers.*), dirigente.
Leiter (metallischer oder nichtmetallischer Stoff, der den elekt. Strom leitet) (*m. - Elekt.*), conduttore. **2** ~ (einer Abteilung z. B.) (*Pers. - Arb. - Organ.*), capo. **3** ~ (Direktor, einer Schule) (*Pers.*), direttore, preside. **4** ~, siehe auch Leiter (f.). **5** ~ **bruchschutz** (*m. - Elekt.*), protezione d'interruzione di fase. **6** ~ **erdspannung** (Sternspannung, Leitersternpunktspannung) (*f. - Elekt.*), tensione stellata. **7** ~ **1. Klasse** (Elektronenleiter, Metalle z. B.) (*Elekt.*), conduttore di prima classe, conduttore metallico, conduttore elettronico. **8** ~ **platte** (*f. - Elekt.*), cartella per circuito stampato. **9** ~ **platte** (gedruckte Schaltung) (*Elekt.*), circuito stampato. **10** ~ **seil** (von elektrischen Hochspannungsleitungen) (*n. - Elekt.*), corda conduttrice. **11** ~ **spannung** (*f. - Elekt.*), tensione concatenata, tensione di linea. **12** ~ **sternpunktspannung** (*f. - Elekt.*), tensione di fase, tensione stellata. **13** ~ **strom** (Strom in einem Hauptleiter) (*m. - Elekt.*), corrente di linea. **14** ~ **2. Klasse** (Ionenleiter, Elektrolyte z. B.) (*Elektrochem.*), conduttore di seconda classe, conduttore elettrolitico. **15 Abteilungs** ~ (*Arb. - Organ.*), caporeparto. **16 Betriebs** ~ (*Arb. - Organ.*), direttore di produzione, direttore di fabbricazione. **17 blanker** ~ (*Elekt.*), conduttore nudo. **18 Elektronen** ~ (Leiter 1. Klasse, Metalle z. B.) (*Elekt.*), conduttore elettronico, conduttore di prima classe, conduttore metallico. **19 Halb** ~ (*Elekt.*), semiconduttore. **20 Haupt** ~ (*Elekt.*), conduttore di linea, linea. **21 Ionen** ~ (Leiter 2. Klasse,

Elektrolyte z. B.) (*Elektrochem.*), conduttore di seconda classe, conduttore elettrolitico. **22** Knotenpunkt ~ (Mittelleiter, Mittelpunktleiter, Sternpunktleiter) (*Elekt.*), neutro, conduttore neutro. **23** Nulleiter (fest geerdeter Sternpunktleiter) (*Elekt.*), neutro a massa. **24** technischer ~ (*Ind.*), direttore tecnico. **25** verantwortlicher ~ (*Arb.*), capo responsabile.

Leiter (Steiggerät) (*f. - Ger.*), scala. **2** ~, *siehe auch* Leiter (*m.*). **3** ~ sprosse (*f. - Ger.*), piuolo. **4** ~ stufe (*f. - Ger.*), scalino, gradino. **5** ~ tafel (Nomogramm, Rechentafel) (*f. - Math. - etc.*), nomogramma. **6** Bock ~ (*f.*), scaléo. **7** Jakobs ~ (Strickleiter) (*naut.*), biscaglina. **8** Sprossen ~ (*Ger.*), scala a piuoli. **9** Steh ~ (*Ger.*), scaléo, scala doppia. **10** Strick ~ (Jakobsleiter) (*naut.*), biscaglina. **11** Verdeck ~ (eines Omnibusses z. B.) (*Fahrz.*), scaletta dell'imperiale.

Leitfähigkeit (*f. - Phys.*), conduttività, conducibilità. **2** elektrische ~ (*Elekt.*), conduttività elettrica, conducibilità elettrica. **3** Wärme ~ (*Phys.*), conduttività termica, conducibilità termica.

Leitfarbe (Kontrollfarbe) (*f. - Anstr.*), tinta guida, mano di guida.

Leitfehler (*m. - Fernspr.*), errore d'instradamento.

Leitfläche (*f. - Flugw.*), superficie di impennaggio. **2** ~ (für Flüssigkeiten z. B.) (*Hydr. - etc.*), superficie direttrice.

Leitflammenbrenner (*m. - Verbr.*), bruciatore a fiamma pilota.

Leitflosse (*f. - Flugw.*), piano stabilizzatore.

Leitflügel (einer Turbine z. B.) (*m. - Masch.*), paletta direttrice, paletta fissa.

Leitfrequenz (bei Fernmessung) (*f. - Elekt.*), frequenza pilota.

Leitgerät (*n. - Ger.*), apparecchio pilota.

Leitinsel (zur Verkehrsstromführung) (*f. - Strass.verk.*), isola di guida (del traffico).

Leitisotop (Radioindicator, radioakt. Isotop zur Markierung von Stoffen) (*n. - Radioakt. - Biol. - Ind.*), isotopo indicatore, isotopo tracciante, elemento marcato.

Leitkanal (*m. - Leit.*), condotto.

Leitkante (eines Flügels) (*f. - Flugw.*), bordo d'attacco.

Leitkarte (*f. - Büro*), scheda con cartellino indice.

Leitkupfer (Leitfähigkeitskupfer) (*n. - Elekt.*), rame per conduttori.

Leitkurve (Kopierschablone, Nachformschablone) (*f. - Werkz.masch.bearb.*), sagoma. **2** ~ (an Stelle einer Gewinde-Leitpatrone auf Drehautomaten verwendet) (*Werkz.masch.*), camma conduttrice, camma madre, camma-patrona.

Leitlack (*m. - Anstr.*), vernice elettroconduttiva.

Leitlinie (Direktrix) (*f. - Geom.*), direttrice.

Leitmal (*n. - Strass.verk.*), segnale di ostacolo.

Leitpatrone (*f. - Werkz.masch.*), *siehe* Leitspindel.

Leitplan (Plan der zukunftigen Entwicklung eines Unternehmens) (*m. - Ind.*), piano di sviluppo.

Leitplanke (*f. - Strasse - Aut.*), «guardrail», sicurvia.

Leitpunkte (*m. - pl. - Druck.*), puntini di guida.

Leitrad (feststehender Teil einer Turbine (*n. - Masch.*), distributore. **2** ~ (eines Wandlers) (*Mot.*), distributore. **3** ~ (Vorderrad z. B.) (*Fahrz.*), ruota direttrice, ruota sterzabile.

Leitradar (*m. - Radar*), radar di guida.

Leitrolle (*f. - Mech.*), puleggia guidacinghia, galoppino.

Leitsätze (*m. - pl. - allg.*), *siehe* Richtlinien.

Leitschaufel (einer Turbine z. B.) (*f. - Masch.*), paletta fissa, paletta direttrice.

Leitschiene (*f. - Eisenb.*), controrotaia.

Leitseil (bei Bergsteigen) (*n. - Sport*), corda fissa.

Leitspindel (einer Drehbank) (*f. - Werkz.masch.*), vite conduttrice, vite madre, patrona. **2** ~ mutter (einer Drehbank) (*f. - Werkz.masch.*), chiocciola della vite conduttrice. **3** ~ drehbank (*f. - Werkz.masch.*), tornio parallelo.

Leitstandraum (Warte) (*m. - Elekt.*), sala quadri.

Leitstelle (*f. - Büro*), direzione. **2** ~ (Gebäude, eines Unternehmens) (*Organ. - etc.*), centro direzionale. **3** ~ (eines Netzes z. B.) (*Elekt.*), stazione di comando, posto di comando. **4** Netz ~ (*Elekt.*), stazione di comando di rete.

Leitsteven (Rudersteven) (*m. - naut.*), dritto del timone.

Leitstrahl (Fahrstrahl, von Evolventen-Verzahnungen) (*m. - Mech.*), raggio vettore. **2** ~ funkfeuer (Leitstrahlsender) (*n. - Funk. - Navig.*), radiofaro direttivo, radiofaro equisegnale. **3** ~ lenkung (*Navigation - Radar*), teleguida con fasci direttivi. **4** ~ linie (*f. - Radar*), linea equisegnale. **5** ~ rakete (*f. - milit.*), razzo radioguidato.

Leitstück (*n. - Elektroakus.*), trasduttore acustico.

Leitung (Führung) (*f. - Pers. - Arb. - Organ.*), direzione. **2** ~ (Rohrleitung, für Gase oder Flüssigkeiten) (*Leit.*), tubazione. **3** ~ (physikalischer Vorgang, Elektronenleitung z. B.) (*Elekt.*), conduzione. **4** ~ (Drahtleitung, Zuleitung) (*Elekt.*), linea. **5** ~ (Leiter) (*Elekt.*), conduttore, filo. **6** ~ (Kabel) (*Elekt.*), cavo. **7** ~ (Wärme), conduzione. **8** ~ auf Isolatoren (*Elekt.*), linea su isolatori. **9** ~ auf Putz (*Elekt.*), linea sopra intonaco. **10** ~ im Putz (*Elekt.*), linea nell'intonaco. **11** ~ s·anlage (Rohrensystem) (*f. - Leit.*), sistema di condutture, impianto di tubazioni. **12** ~ s·anlage (*Elekt. - Fernspr.*), linea. **13** ~ s·band (*n. - Elektronik*), banda di conduzione. **14** ~ s·bündel (*n. - Fernspr.*), fascio di linee. **15** ~ s·elektron (*n. - Elektronik*), elettrone di conduzione, elettrone libero. **16** ~ s·kreuzung (*f. - Fernspr.*), trasposizione dei fili. **17** ~ s·mast (*m. - Elekt.*), pilone per linea aerea. **18** ~ s·netz (*n. - Elekt.*), rete di distribuzione. **19** ~ s·plan (*m. - Elekt.*), schema elettrico. **20** ~ s·plan (Verbindungsschema) (*Leit.*), schema degli allacciamenti. **21** ~ s·prüfer (Drehspul-Ohmmeter) (*m. - Elekt. - Ger.*), provalinee, provacircuiti. **22** ~ s·rauschen (*n. - Funk.*), rumore di linea. **23** ~ s·recht (*n. - Elekt.*), servitù di elettrodotto. **24** ~ s·rohr (*n. - Leit.*), tubazione. **25** ~ s·schiene (Sammelschiene) (*f. - Elekt.*), sbarra collet-

Leitvermerkszeichen

trice. 26 ~ s·schnur (*f. - Elekt.*), cordone. 27 ~ s·schutzschalter (Automat) (*m. - Elekt.*), interruttore automatico. 28 ~ s·verstärker (*m. - Fernspr.*), amplificatore di linea. 29 ~ s·wähler (Lw) (*m. - Fernspr.*), selettore di linea, selettore finale. 30 ~ s·wasser (~ *Leit.*), acqua di rubinetto, acqua potabile. 31 ~ s·weg (*m. - Funk. - etc.*), via di trasmissione. 32 ~ s·weiche (Frequenzweiche, Filter zur Trennung zweier Frequenzbereiche) (*f. - Fernspr.*), filtro separatore di linea. 33 ~ s·welle (TEM-Welle) (*f. - Elektronik*), onda TEM. 34 ~ s·widerstand (*m. - Elekt.*), resistenza di linea. 35 ~ s·zug (*m. - Elekt. - etc.*), tracciato della linea. 36 ~ unter Putz (Unterputzleitung) (*Elekt.*), linea sotto intonaco, linea incassata (nel muro). 37 abgeschirmte ~ (*Elekt. - Funk.*), conduttore schermato. 38 Auspuff ~ (*Mot. - Aut.*), tubo di scappamento. 39 Band ~ (*Elekt.*), piattina. 40 bewegbare ~ (*Elekt.*), linea volante. 41 biegsame ~ (*Elekt.*), conduttore flessibile. 42 blanke ~ (*Elekt.*), conduttore nudo. 43 Bleimantel ~ (*Elekt.*), conduttore sotto piombo. 44 Bündel ~ (*Elekt.*), conduttore a fascio. 45 Drehstrom ~ (*Elekt.*), linea trifase. 46 durchführende ~ (nach unten und oben) (*Elekt.*), linea passante. 47 Einphasen ~ (*Elekt.*), linea monofase. 48 Elektronen ~ (*Elektronik*), conduzione elettronica. 49 Erd ~ (*Elekt.*), conduttore di massa. 50 Fernheiz ~ (*Heizung*), tubazione per riscaldamento a distanza. 51 Fernsprech ~ (*Fernspr.*), filo telefonico. 52 Frei ~ (*Elekt.*), conduttore aereo. 53 Gas ~ (*Leit.*), tubazione del gas. 54 Gasfern ~ (*Leit.*), gasdotto. 55 Gummischlauch ~ (*Elekt.*), conduttore sottogomma. 56 Hochspannungs ~ (*Elekt.*), linea ad alta tensione. 57 Ionen ~ (*Elektronik*), conduzione ionica. 58 isolierte ~ (*Elekt.*), conduttore isolato. 59 Koaxial ~ (*Elekt.*), cavo coassiale. 60 Kupfer ~ (*Elekt.*), conduttore di rame. 61 Ober ~ (*Ind.*), direzione generale. 62 Ober ~ (*Elekt.*), linea (di contatto) aerea. 63 oberirdische ~ (*Elekt.*), linea fuori terra. 64 Ölfern ~ (*Leit.*), oleodotto. 65 Rück ~ (*Elekt.*) filo di ritorno, conduttore di ritorno. 66 operative ~ (eines Unternehmens) (*Leitung*), direzione operativa. 67 Schutz ~ (für Erdung z. B.) (*Elekt.*), linea di protezione. 68 Signal ~ (*Elekt.*), linea di segnalazione. 69 Speise ~ (*Elekt.*), linea di alimentazione. 70 Steig ~ (einer Pumpe) (*Hydr.*), tubo montante. 71 Überschuss ~ (Überlaufrohr) (*Leit.*), tubo di troppopieno, tubo scaricatore. 72 Übertragungs ~ (Speiseleitung) (*Elekt.*), linea di alimentazione. 73 unterirdische ~ (*Elekt.*), linea interrata. 74 unterirdische ~ (Kabel) (*Elekt.*), cavo sotterraneo. 75 unterseeische ~ (*Elekt.*), linea sottomarina. 76 Verbund ~ (*Elekt.*), linea d'interconnessione. 77 Verteilungs ~ (*Elekt.*), linea di distribuzione. 78 Wechselstrom ~ (*Elekt.*), linea a corrente alternata. 79 Wellen ~ (*f. - naut.*), linea d'assi.
Leitvermerkszeichen (*n. - Rechner*), carattere d'instradamento.
Leitvermögen (Leitfähigkeit) (*n. - Elekt.*), conduttività, conducibilità.

Leitwand (zur Leitung einer Strömung) (*f. - Wass.b.*), parete di guida.
Leitweg (*m. - Fernspr.*), via d'instradamento. 2 ~ lenkung (eines Gesprächs) (*f. - Fernspr.*), instradamento.
Leitwerk (*n. - Flugw.*), impennaggio. 2 ~ (Einheit eines Rechensystems die die Reihenfolge der Ausführung eines Programms steuert) (*Rechner*), unità di comando.
Leitwert $\left(\dfrac{1}{R}\right)$ (*m. - Elekt.*), conduttanza.
Leitwiderstand (*m. - Elekt.*), resistività. 2 Wärme ~ (*Wärme*), resistività termica.
Leitzunge (der Weiche) (*f. - Eisenb.*), ago.
Lemma (*n. - Math.*), lemma.
Lemniskate (*f. - Geom.*), lemniscata.
Lenkachse (*f. - Eisenb.*), asse sterzante, sala direttrice. 2 ~ (Achse des Achsschenkelbolzens) (*Aut.*), asse del perno del fuso a snodo, asse di incidenza.
Lenkballon (*m. - Flugw.*), pallone dirigibile.
lenkbar (*Fahrz.*), sterzante.
Lenkbarkeit (*f. - Aut.*), sterzabilità.
Lenkbolzen (Achsschenkelbolzen) (*m. - Aut.*), perno del fuso a snodo, perno dello snodo.
Lenkdrehpunkt (in Kurven) (*m. - Aut.*), centro d'istantanea rotazione, traccia dell'asse di rotazione.
Lenkdreiachser (*m. - Eisenb. - Fahrz.*), carro bilico a tre assi.
Lenkeffekt (*Fahrz.*), siehe Lenkwirkung.
Lenkeinrichtung (*f. - Fahrz.*), sterzo.
Lenkeinschlag (Einschlagwinkel) (*m. - Aut.*), angolo di sterzata.
Lenken (*n. - Aut.*), sterzatura. 2 Gegen ~ (Gegensteuern, beim übersteuernden Fahrz. z. B.) (*Aut.*), controsterzo, controsterzatura.
lenken (*Aut.*), sterzare. 2 gegen ~ (beim übersteuernden Fahrz. z. B.) (*Aut.*), controsterzare.
Lenker (*m. - Motorrad*), manubrio. 2 ~ (einer Aufhängung) (*m. - Aut.*), braccio oscillante. 3 Doppellängs ~ (einer Aufhängung) (*Aut.*), doppio braccio longitudinale. 4 Doppelquer ~ (einer Aufhängung) (*Aut.*), doppio braccio trasversale. 5 Führungs ~ (Längslenker einer Aufhängung) (*Aut.*), puntone longitudinale (di reazione), braccio longitudinale. 6 Längs ~ (Führungslenker, einer Aufhängung) (*Aut.*), braccio longitudinale, puntone longitudinale (di reazione). 7 Quer ~ (einer Aufhängung) (*Aut.*), braccio trasversale.
Lenk-Exaktheit (*f. - Aut.*), esattezza dello sterzo.
Lenkfähigkeitskontrolle (in der Kurve) (*f. - Aut.*), capacità d'inserimento in curva.
Lenkflugkörper (*m. - milit.*), missile guidato. 2 Boden-Boden- ~ (*milit.*), missile terra-terra. 3 Boden-Luft- ~ (*milit.*), missile terra-aria. 4 Luft-Luft- ~ (*milit.*), missile aria-aria. 5 Unterwasser-Luft- ~ (*milit.*), missile sottacqua-aria.
Lenkgehäuse (*n. - Aut.*), scatola guida.
Lenkgeometrie (Einstellung der Lenkeinrichtung und Vorderräder) (*f. - Aut.*), geometria dello sterzo, registrazione dello sterzo e delle ruote anteriori.
Lenkgeschoss (*n. - milit.*), siehe Lenkflugkörper.

Lenkgestänge (*n. - Aut.*), tiranteria dello sterzo.
Lenkgetriebe (Gehäuse mit Lager, Lenkschraube, Lenkmutter, etc.) (*n. - Aut.*), scatola guida.
Lenkhebel (Radlenkhebel) (*m. - Aut.*), braccio comando fuso a snodo, braccio di comando (sterzo) sul fuso a snodo, leva del fuso.
Lenkhilfe (*f. - Aut.*), servosterzo.
Lenkmutter (*f. - Aut.*), madrevite dello sterzo.
Lenkrad (Steuerrad) (*n. - Aut.*), volante (dello sterzo). 2 ~ (Rad in Kontakt mit dem Boden) (*Fahrz.*), ruota orientabile. 3 ~ **antrieb** (*m. - Aut.*), trazione sulle ruote sterzanti. 4 ~ **fahrschalter** (*m. - Aut.*), leva del cambio (marcia) sul volante. 5 ~ **schaltung** (*f. - Aut.*), cambio (marcia) sul volante. 6 **schüsselförmiges** ~ (*Aut.*), volante a calice. 7 **Tiefnaben** ~ (schüsselförmiges Lenkrad) (*Aut.*), volante a calice.
Lenkrohr (Lenkspindelstock) (*n. - Aut.*), tubo interno (del piantone di guida).
Lenkrolle (*f. - Aut.*), rullo dello sterzo.
Lenkrollhalbmesser (Abstand des Berührungspunktes des Reifens vom Schnittpunkt der Achse des Achsschenkelbolzens mit der Fahrebene in der Projektion auf eine senkrecht zur Fahrtrichtung stehende Ebene) (*n. - Aut.*), braccio a terra. 2 **negativer** ~ (*Aut.*), braccio a terra negativo.
Lenksäule (*f. - Aut.*), piantone di guida, piantone dello sterzo.
Lenkschenkel (Lenkhebel) (*m. - Aut.*), siehe Lenkhebel.
Lenkschloss (Diebstahlsicherung) (*n. - Aut.*), bloccasterzo.
Lenkschnecke (Lenkschraube) (*f. - Aut.*), vite (senza fine) dello sterzo. 2 ~ **n·rad** (*n. - Aut.*), ruota a vite dello sterzo, ruota elicoidale comando sterzo.
Lenkschraube (Lenkschnecke) (*f. - Aut.*), vite (senza fine) dello sterzo.
Lenkschubstange (*f. - Aut.*), tirante longitudinale comando sterzo, asta longitudinale comando sterzo.
Lenksegment (*n. - Aut.*), settore dello sterzo.
Lenkspindel (*f. - Aut.*), albero dello sterzo. 2 ~ **stock** (Lenkrohr) (*m. - Aut.*), tubo interno (del piantone di guida).
Lenkstange (*f. - Motorrad*), manubrio.
Lenkstockhebel (*m. - Aut.*), braccio comando sterzo.
Lenktrapez (trapezförmig gestaltetes Gestänge) (*n. - Aut.*), quadrilatero dello sterzo.
Lenkung (*f. - Aut.*), sterzo, guida. 2 ~ (von Raketen z. B.) (*Astronautik*), guida. 3 ~ (Führung, Leitung) (*Adm.*), direzione. 4 ~ **mit Schnecke und Rolle** (*Aut.*), sterzo a vite globoidale e rullo. 5 ~ **mit Schnecke und Segment** (*Aut.*), (comando) sterzo a vite e settore. 6 ~ **mit Schnecke und Zahnrolle** (Gemmerlenkung) (*Aut.*), (comando) sterzo a vite globoidale e rullo. 7 ~ **mit Schraube und Mutter** (*Aut.*), (comando) sterzo a vite e madrevite. 8 ~ **s·ausschlag** (*m. - Aut.*), angolo di sterzata massimo, « tutto sterzo ». 9 ~ **s·gehäuse** (Lenkgehäuse) (*n. - Aut.*), scatola guida, scatola dello sterzo. 10 ~ **s·geometrie** (Lenkgeometrie, Einstellung der Lenkeinrichtung und Vorderräder) (*f. - Aut.*), geometria dello sterzo. 11 ~ **s·spiel** (*n. - Aut.*), gioco dello sterzo. 12 **Achsschenkel** ~ (*Aut.*), sterzo con fusi a snodo. 13 **Differential** ~ (von Raupenfahrzeugen) (*Fahrz.*), sterzo differenziale. 14 **direkte** ~ (*Aut.*), sterzo diretto. 15 **drahtlose** ~ (*Flugw. - etc.*), radioguida. 16 **Drehschemel** ~ (bei Anhängern z. B.) (*Aut.*), sterzo a ralla. 17 **Gemmer** ~ (besondere Ausführung der Schneckenlenkung, bei der statt eines Segmentes eine Rolle verwendet wird) (*Aut.*), sterzo a vite globoidale e rullo. 18 **genaue** ~ (exakte Lenkung) (*Aut.*), sterzo preciso. 19 **Hundegang** ~ (bei der die Vorder und Hinterräder parallel zueinander verdreht werden) (*Fahrz.*), sterzatura parallela. 20 **Hydrospindel** ~ (Hydrolenkung) (*Aut.*), servosterzo idraulico, sterzo con servocomando idraulico. 21 **indirekte** ~ (*Aut.*), sterzo indiretto. 22 **Kugelumlauf** ~ (Schneckenlenkung mit kugelgelagerter Mutter) (*Aut.*), (comando) sterzo a (vite e madrevite con) circolazione di sfere. 23 **leichtgängige** ~ (*Aut.*), sterzo dolce. 24 **pretiale** ~ (*Adm.*), direzione preziale. 25 **Schnecken** ~ (*Aut.*), (comando) sterzo a vite senza fine. 26 **Schrauben** ~ (*Aut.*), (comando) sterzo a vite e madrevite, guida a vite e madrevite. 27 **schwergängige** ~ (*Aut.*), sterzo duro. 28 **Vierrad** ~ (*Fahrz.*), sterzo sulle quattro ruote, sterzo integrale. 29 **Vorderrad** ~ (*Aut.*), sterzo sulle ruote anteriori, sterzo a ruote anteriori direttrici. 30 **Zahnstangen** ~ (*Aut.*), (comando) sterzo a cremagliera, (comando) sterzo a pignone e cremagliera, guida a cremagliera.
lenkunwillig (untersteuernd) (*Fahrz.*), sottosterzante.
Lenkverbindungsstange (Spurstange) (*f. - Aut.*), barra di accoppiamento (dello sterzo), asta trasversale (dello sterzo).
Lenkwaffen (*f. - pl. - milit.*), telearmi (guidate), missili. 2 ~ **-kreuzer** (*m. - Kriegsmar.*), incrociatore lanciamissili.
Lenkwalze (einer Strassenwalze) (*f. - Strass.b. masch.*), rullo anteriore.
Lenkwelle (zwischen Lenkspindel und Lenkstockhebel) (*f. - Aut.*), albero del braccio comando sterzo.
lenkwillig (übersteuernd) (*Fahrz.*), sovrasterzante.
Lenkwirkung (Lenkeffekt, Richtungsänderung, durch die Kinematik der Radaufhängung verursacht) (*f. - Fahrz.*), effetto sterzo.
Lenkzapfen (Achsschenkel, Achszapfen) (*m. - Aut.*), fuso a snodo.
lenzen (das Wasser herauspumpen) (*naut.*), pompare acqua (dalla sentina).
Lenzleistung (einer Lenzpumpe) (*f. - Masch. - Hydr.*), portata.
Lenzpumpe (*f. - naut.*), pompa di sentina. 2 ~ (zum Leerpumpen einer Schleuse z. B.), (*Masch. - Hydr.*), pompa di prosciugamento, pompa di esaurimento.
Leonardsatz (*m. - Elekt.*), gruppo Ward-Leonard.
Lepton (kleinmassiges Teilchen, ein Elektron z. B.) (*n. - Atomphys.*), lettone.

lernend (System zur automatischen Steuerung z. B.) (*allg.*), istruibili.
Lernmodell (*n. - Kybernetik*), modello didattico.
Lesart (Fassung) (*f. - allg.*), versione. 2 ~ (Auslegung) (*allg.*), interpretazione.
Leseband (*n. - Bergbau*), classificatore a nastro.
Lesegeschwindigkeit (*f. - Rechner*), velocità di lettura.
Leseimpuls (*m. - Elektronik*), impulso lettore.
Lesekamm (Rispelkamm, Rispelblatt) (*m. - Textilmasch.*), pettine d'invergatura, pettine invergatore.
Lesen (*n. - Rechner - etc.*), lettura. 2 destruktives ~ (löschendes Lesen) (*Rechner*), lettura distruttiva.
lesen (*allg.*), leggere. 2 ~ (sortieren) (*allg.*), classificare, cernere. 3 ~ (*Rechner*), leggere.
Leser (*m. - allg.*), lettore. 2 alphanumerischer ~ (*Rechner*), lettore alfanumerico. 3 Korrektur ~ (*Druck.*), correttore di bozze.
Leserute (Kreuzrute, Kreuzschiene, Kreuzstab, Trennstab) (*f. - Textilmasch.*), verga, bacchetta d'invergatura.
Lesetisch (*m. - Bergbau*), classificatore a tavola.
Lesezwischengut (*n. - Bergbau*), prodotto intermedio.
letal (*Atomphys.*), letale. 2 ~ e Dosis (*Atomphys. - Radioakt.*), dose letale.
Letten (Lehm) (*m. - Geol.*), argilla comune.
Letter (*f. - Druck.*), lettera, carattere. 2 ~ n-giessmaschine (*f. - Druckmasch.*), fonditrice di caratteri. 3 ~ n-messer (*m. - Druck. - Werkz.*), tipometro. 4 ~ n-metall (*n. - Druck. - Metall.*), lega per caratteri.
Leuchtblatt (*n. - Instr.*), quadrante luminoso.
Leuchtboje (*f. - naut.*), boa luminosa.
Leuchtdecke (*f. - Beleucht.*), soffitto luminoso.
Leuchtdichte (L, cd/m², Nit) (*f. - Beleucht.*), luminanza. 2 ~ faktor (Strahldichtefaktor) (*m. - Phys.*), fattore di radianza, fattore di luminanza energetica. 3 ~ kontrast (*m.-Opt.*), contrasto di luminanza. 4 ~ messer (*m. - Opt. - Ger.*), misuratore di luminanza, nitometro.
Leuchtdraht (*m. - Beleucht.*), filamento.
Leuchte (*f. - Beleucht. - App.*), apparecchio di illuminazione, lume. 2 ~ (Lampe) (*Beleucht.*), lampada. 3 ~ (*Aut.*), luce. 4 ~ n-glocke (*f. - Beleucht.*), globo. 5 ~ n-schale (*f. - Beleucht.*), coppa. 6 ~ n-schirm (*m. - Beleucht.*), paralume. 7 Anbaublink ~ (*Aut.*), lampeggiatore applicato. 8 Anzeige ~ (*Aut. - etc.*), luce spia, spia luminosa. 9 Begrenzungs ~ (*Fahrz.*), luce d'ingombro. 10 Blink ~ (*Aut.*), lampeggiatore. 11 Brems ~ (*Aut.*), luce d'arresto. 12 Brems-Schluss ~ (*Aut.*), luce di arresto e di posizione (posteriore). 13 Decken ~ (*Aut.*), plafoniera. 14 Einbaublink ~ (*Aut.*), lampeggiatore incassato. 15 Hand ~ (*Aut.*), lampada d'ispezione. 16 Hand ~ (tragbare Leuchte) (*Bergbau*), lampada portatile. 17 hintere Park ~ (Schlussleuchte, Schlusslicht) (*Aut.*), luce di posizione posteriore. 18 Instrument ~ (*Aut.*), luce quadro strumenti, luce cruscotto. 19 Kennzeichen ~ (*Aut.*), luce targa. 20 Kontrolleuchte (*Aut. - Mot.*), spia luminosa. 21 Kotflügelleuchte (*Aut.*), luce sui parafanghi. 22 Nebel ~ (*Aut.*), luce antinebbia, fendinebbia. 23 Not ~ (*Elekt.*), lampada di emergenza. 24 Panik ~ (*Elekt.*), lampada di sicurezza. 25 Park ~ (*Aut.*), luce di posizione. 26 Rückfahr ~ (*Aut.*), luce di retromarcia. 27 Schaltbrett ~ (*Aut.*), luce quadro, luce cruscotto. 28 Schluss ~ (*Aut.*), luce di posizione posteriore. 29 Stirn ~ (für Strassenbahnen z. B.) (*Beleucht.*), luce frontale. 30 vordere Park ~ (*Aut.*), luce di posizione anteriore.
Leutchtemail (für Schalter, Türschlosser, etc.) (*n. - Anstr. - Beleucht.*), smalto luminescente.
leuchten (*Beleucht.*), illuminare.
leuchtend (*allg.*), luminoso.
Leuchterscheinung (*f. - Opt.*), fenomeno luminoso.
Leuchtfallschirm (*m. - milit.*), razzo illuminante a paracadute.
Leuchtfarbe (*f. - Anstr.*), vernice luminescente.
Leuchtfeld (leuchtende Fläche, einer Bogenlampe z. B.) (*n. - Opt.*), campo luminoso, superficie luminosa.
Leuchtfeuer (*n. - Beleucht. - naut. - Flugw.*), faro.
Leuchtfleck (Fleck) (*m. - Fernseh.*), punto luminoso. 2 ~ abtaster (*m. - Fernseh.*), analizzatore a punto luminoso.
Leuchtgas (Stadtgas) (*n. - Brennst.*), gas illuminante, gas di città.
Leuchtkondensator (*m. - Opt.*), *siehe* Leuchtplatte.
Leuchtkörper (*m. - Opt. - Beleucht.*), corpo luminoso.
Leuchtkraft (*f. - Phys.*), luminosità.
Leuchtkugel (*f. - milit.*), pallottola tracciante.
Leuchtlupe (Kombination einer Lupe mit einer Leuchte) (*f. - Opt.*), lente (d'ingrandimento) con apparecchio d'illuminazione (per l'oggetto).
Leuchtmasse (Leuchtstoff) (*f. - Beleucht.*), sostanza luminescente, luminoforo.
Leuchtmelder (Signallampe) (*m. - Elekt.*), lampada di segnalazione, segnalatore ottico.
Leuchtöl (Petroleum) (*n. - chem. Ind.*), petrolio illuminante, olio lampante.
Leuchtpistole (*f. - Signalgerät*), pistola Very, pistola di segnalazione.
Leuchtplatte (Elektrolumineszenzplatte, Leuchtkondensator) (*f. - Opt.*), pannello elettroluminescente.
Leuchtquarz (Leuchtresonator) (*m. - Phys.*), quarzo luminoso.
Leuchtrakete (*f. - Beleucht.*), razzo illuminante.
Leuchtreklameschild (*n. - Elekt. - komm.*), insegna luminosa.
Leuchtröhre (Gasentladungslampe, Neonröhre z. B.) (*f. - Beleucht.*), tubo luminescente.
Leuchtschaltbild (Blindschaltbild) (*n. - Elekt.*), schema luminoso, schema sinottico luminoso, quadro luminoso, schema ottico.
Leuchtschalttafel (*f. - Elekt.*), *siehe* Leuchtschaltbild.
Leuchtschiff (*n. - naut.*), battello faro.
Leuchtschirm (*m. - Phys.*), schermo fluorescente.
Leuchtspurgeschoss (*n. - milit.*), proiettile tracciante.

Leuchtstoff (Leuchtmasse) (*m. - Phys.*), sostanza luminescente, luminoforo. 2 ~ **lampe** (*f. - Beleucht. - Ger.*), lampada fluorescente. 3 ~ **-Messer** (*m. - Opt.*), fluorometro, fosforoscopio. 4 ~ **röhre** (*f. - Beleucht. - Ger.*), tubo fluorescente.
Leuchttonne (Leuchtboje) (*f. - naut.*), boa luminosa.
Leuchtturm (*m. - naut.*), faro. 2 ~ **wärter** (*m. - Arb.*), guardiano del faro.
Leuchtzeichen (*n. - Opt.*), segnale luminoso.
Leuchtzeiger (*n. - Instr.*), indice luminoso.
Leuchtzifferblatt (*n. - Instr.*), quadrante luminoso.
Leumundszeugnis (*n. - Arb. - etc.*), certificato di buona condotta.
Leuzit [$KAl(SiO_3)_2$] (*m. - Min.*), leucite.
levantieren (*Lederind.*), siehe krispeln.
Lewis-Säure (*f. - Elektronik*), siehe Antibase.
LF (Niedrigfrequenz, 30-300 kHz) (*Phys.*), LF, bassa frequenza.
lfd. (laufend) (*allg.*), see laufend. 2 ~ **Nr.** (in einer Tabelle) (*Druck.*), numero d'ordine, numero progressivo.
lfdm (laufendes Meter) (*Mass*), metro lineare.
Lfd. Nr (laufende Nummer, in einer Tabelle) (*allg.*), numero progressivo, numero d'ordine.
LFF (Landefunkfeuer) (*Flugw.*), radiofaro di atterraggio.
Lfg. (Lieferung) (*komm.*), fornitura.
LFP (langfristige Planung) (*Organ.*), programmazione a lungo termine.
lftr (lufttrocken) (*allg.*), essiccato all'aria.
lftraf (lufttrocken, aschenfrei) (*Chem. - etc.*), essiccato all'aria, senza ceneri.
LG (Landgericht) (*recht.*), pretura.
Lg. (Länge) (*Mass*), siehe Länge.
lg (lang) (*allg.*), lungo. 2 ~ (Logarithmus) (*Math.*), log, logaritmo.
Li (Lithium) (*Chem.*), Li, litio. 2 ~ (Lichtbogen) (*Elekt.*), arco.
Lias (*m. - f. - Geol.*), lias, eogiurassico.
liassisch (*Geol.*), liassico.
Libelle (*f. - Instr.*), livella. 2 ~ **n·sextant** (*m. - Instr.*), sestante a bolla d'aria. 3 **Dosen** ~ (*Instr.*), livella circolare. 4 **Röhren** ~ (*Instr.*), livella (a bolla) tubolare. 5 **Wasser** ~ (Wasserwaage) (*Instr.*), livella (a bolla d'aria).
Libellen (flüssige Einschlüsse, die Gasbläschen enthalten) (*f. - pl. - Min.*), libelle.
Liberalisierung (des Handels) (*f. - komm.*), liberalizzazione.
Licht (*n. - Opt.*), luce. 2 ~ (Schiffslaterne) (*naut. - Navig.*), luce, fanale. 3 ~ (Fenster) (*Bauw. - etc.*), finestra. 4 ~ **abtastung** (*f. - Fernseh.*), scansione a punto luminoso. 5 ~ **aggregat** (*n. - Elekt.*), gruppo elettrogeno per illuminazione. 6 ~ **anlage** (*f. - elekt. Beleucht.*), impianto di illuminazione, impianto luce. 7 ~ **äquivalent** (1 Lumen entsprechende elekt. Leistung in watt, 1 Lumen = etwa 0,00144 watt) (*n. - Phys.*), equivalente meccanico dell'unità di luce, equivalente meccanico della luce. 8 ~ **arbeit** (*f. - Opt.*), siehe Lichtmenge. 9 ~ **architektur** (*f. - Beleucht. - Arch.*), illuminazione architettonica. 10 ~ **ausbeute** (Verhältnis zwischen Lichtstrom in Lumen, und Leistungsaufnahme, in watt) (*f. - Beleucht.*), efficienza luminosa, coefficiente di efficienza luminosa. 11 ~ **ausstrahlung** (*f. - Opt.*), radianza luminosa. 12 ~ **bandinstrument** (*n. - Instr.*), strumento a nastro luminoso, strumento con indice a nastro luminoso. 13 ~ **batterie** (*f. - Aut. - etc.*), batteria per illuminazione. 14 ~ **batteriezünder** (*m. - Mot. - Aut.*), spinterogeno, sistema di accensione a batteria. 15 ~ **begrenzer** (eines Belichtungsmessers) (*m. - Phot.*), limitatore di luce. 16 ~ **beständigkeit** (einer Farbe) (*f. - Anstr. - Text.*), resistenza alla luce, solidità alla luce. 17 ~ **bild** (Photographie) (*n. - Phot.*), fotografia. 18 ~ **bildmessverfahren** (Photogrammetrie) (*n. - Photogr.*), fotogrammetria. 19 ~ **bildner** (*m. - Phot.*), fotografo. 20 ~ **bildnerei** (Lichtbildkunst, Photographie) (*f. - Phot.*), fotografia. 21 ~ **bildvermessung** (*f. - Top. - Geogr.*), rilevamento fotografico. 22 ~ **blitz** (*m. - Phot.*), lampo di luce, «flash». 23 ~ **bogen** (*m. - Elekt.*), siehe Lichtbogen. 24 ~ **brechung** (*f. - Opt.*), rifrazione della luce. 25 ~ **brechungsindex** (*m. - Opt.*), indice di rifrazione della luce. 26 ~ **bündel** (*n. - Opt.*), pennello luminoso, fascio luminoso. 27 ~ **büschel** (Entladung) (*n. - Elekt.*), scarica a fiocco. 28 ~ **büschel** (Lichtbündel) (*Beleucht.*), fascio luminoso, pennello luminoso. 29 ~ **druck** (Flachdruckverfahren, zur Wiedergabe von Halbtönen) (*m. - Druck.*), fototipia, fotocollografia. 30 ~ **drücker** (*m. - Elekt.*), interruttore luce a pulsante. 31 ~ **durchlässigkeit** (*f. - Phys.*), trasparenza. 32 ~ **echtheit** (einer Farbe) (*f. - Anstr. - Text.*), resistenza alla luce, solidità alla luce. 33 ~ **einheit** (Einheit der Lichtstärke) (*f. - Beleucht. - Masseinheit*), unità dell'intensità luminosa, campione primario. 34 ~ **elektrizität** (Photoelektrizität) (*f. - Phys.*), fotoelettricità. 35 ~ **empfindlichkeit** (eines Films) (*f. - Phot.*), sensibilità (alla luce). 36 ~ **energie** (*f. - Phys.*), energia luminosa. 37 ~ **erscheinung** (*f. - Phys.*), fenomeno luminoso. 38 ~ **farbe** (für die Lichtzeichen von Fahrzeugen) (*f. - Fahrz. - Verkehr.*), colore delle luci. 39 ~ **filter** (*m. - n. - Opt.*), siehe Farbfilter. 40 ~ **fleck** (*m. - Elektronik*), punto luminoso. 41 ~ **geschwindigkeit** (= 299.792 ± 0,25 km/sec) (*f. - Phys.*), velocità della luce. 42 ~ **gleiche** (Linie) (*f. - Opt.*), isofota, curva isofota. 43 ~ **hahn** (für Tonfilm-Aufnahmegeräte) (*m. - Filmtech.*), modulatore di luce, valvola luce. 44 ~ **hof** (Hof mit Glasdach) (*m. - Bauw.*), cortile con copertura di vetri. 45 ~ **hof** (Halo) (*Opt. - Phot. - Fehler*), alone. 46 ~ **hupe** (*f. - Aut.*), avvisatore d'incrocio, lampeggio fari, avvisatore a lampi di luce. 47 ~ **intensität** (*f. - Opt.*), intensità luminosa. 48 ~ **jahr** (Strecke, die das Licht in einem Jahr zurücklegt) (*n. - Astron.*), anno luce. 49 ~ **kranz** (Hof, Halo) (*m. - Opt.*), alone. 50 ~ **lehre** (Optik) (*f. - Opt.*), ottica. 51 ~ **leistung** (Nutzlichtstrom) (*f. - Opt.*), flusso luminoso utile. 52 ~ **leitbündel** (*n. - Opt.*), fotoconduttore a fascio (di fibre ottiche). 53 ~ **leitfaser** (*f. - Opt.*), fibra ottica, fibra fotoconduttrice. 54 ~ **leitfaserplatte** (*f. - Opt.*), piastra fotoconduttrice, piastra conduttrice di luce. 55 ~ **leitstab** (*m. - Opt.*),

Licht

bacchetta fotoconduttrice. **56 ~ loch** (*n. - Opt.*), pupilla. **57 ~ maschine** (Gleichstromgenerator, vom Motor angetrieben) (*f. - Mot.*), dinamo (carica-batteria). **58 ~ maschine** (Drehstromlichtmaschine, vom Motor angetrieben) (*Mot. - Aut.*), alternatore (carica-batteria). **59 ~ mast** (*m. - Beleucht.*), palo della luce. **60 ~ menge** (Q, lm·s, Lichtarbeit, Produkt aus dem Lichtstrom und der Zeit) (*f. - Beleucht.*), quantità di luce. **61 ~ messtechnik** (Photometrie) (*f. - Opt.*), fotometria. **62 ~ messung** (Photometrie) (*f. - Opt.*), fotometria. **63 ~ modulation** (Lichtsteuerung) (*f. - Opt.*), modulazione della luce. **64 ~ modulator** (Lichtsteuergerät) (*m. - Ger.*), modulatore di luce. **65 ~ mühle** (*f. - Opt. - Ger.*), siehe Radiometer. **66 ~ netz** (*n. - Elekt.*), rete luce, rete per illuminazione. **67 ~ pause** (Blaupause z. B., Kopie einer Zeichnung) (*f. - Zeichn. - etc.*), copia (a trasparenza). **68 ~ pauserei** (Blaupauserei z. B.) (*f. - Ind.*), riproduzione (a trasparenza). **69 ~ pauserei** (Abteilung einer Firma) (*Zeichn. - etc.*), cianografia, servizio riproduzioni. **70 ~ pauspapier** (für Blaupause z. B.) (*n. - Zeichn. - etc.*), carta per copie (a trasparenza). **71 ~ pausverfahren** (*n. - Zeichn.*), siehe Lichtpausverfahren. **72 ~ punkt** (Brennpunkt) (*m. - Opt.*), fuoco. **73 ~ quant** (Photon) (*n. - Phys.*), quanto di luce, fotone. **74 ~ quelle** (*f. - Opt.*), sorgente luminosa. **75 ~ -Radar** (Laser-Radar) (*m. - Radar*), radar ottico. **76 ~ raum** (freigehaltener Raum über den Gleisen) (*m. - Eisenb.*), franco. **77 ~ raumprofil** (*n. - Eisenb.*), sagoma limite. **78 ~ reiz** (*m. - Beleucht.*), stimolo luminoso. **79 ~ reklame** (Lichtwerbung) (*f. - komm. - Elekt.*), pubblicità luminosa. **80 ~ relais** (*n. - Ger.*), relè a cellula fotoelettrica. **81 ~ sammelschiene** (*f. - Elekt.*), sbarra collettrice per impianto luce. **82 ~ schacht** (einer Treppe z. B.) (*m. - Bauw.*), tromba a vetri, gabbia a vetri. **83 ~ schalter** (*m. - Elekt.*), interruttore luce, interruttore per circuito di illuminazione. **84 ~ schirm** (*m. - Elekt. - Beleucht.*), riffettore. **85 ~ schnitt** (Schnitt einer Oberfläche mit einer Lichtebene, bei Rauheitsmessungen) (*m. - mech. Technol.*), sezione ottica. **86 ~ schnittverfahren** (in der opt. Oberflächenmesstechnik angewendet) (*n. - Opt. - Messtechnik*), rugosimetria a sezione ottica. **87 ~ schranke** (Einbruchssicherung z. B., durch Photozelle) (*f. - Ger.*), relè fotoelettrico. **88 ~ sender** (einer Photozellenanlage z. B.) (*m. - Opt.*), emettitore di luce. **89 ~ setzmaschine** (*f. - Druckmasch.*), fotocompositrice, macchina fotocompositrice. **90 ~ signal** (*n. - Eisenb. etc.*), segnale luminoso. **91 ~ signalanlage** (*f. - Signal*), impianto di segnalamento ottico, impianto di segnalazione ottica. **92 ~ signalgerät** (*n. - Eisenb. - etc.*), apparecchio di segnalazione ottica. **93 ~ spielhaus** (Kino) (*n. - Filmtech.*), cinematografo. **94 ~ spielwesen** (Kinematographie) (*n. - Filmtech.*), cinematografia. **95 ~ sprächgerät** (optisches Telephon) (*n. - Fernspr. - Elekt.*), telefono ottico. **96 ~ stärke** (in Candela gemessen, Produkt aus Leuchtdichte und Grösse der leuchtenden Fläche) (*f. - Opt.*), intensità luminosa **97 ~ stärke** (Verhältnis des Durchmessers der wirksamen Öffnung eines Objektivs zur Brennweite) (*Phot.*), apertura relativa. **98 ~ stärkemesser** (Photometer) (*m. - Instr.*), fotometro. **99 ~ stärkeverteilungskurve** (*f. - Beleucht.*), curva fotometrica, curva di ripartizione della intensità luminosa. **100 ~ steuergerät** (Lichtmodulator) (*n. - Ger.*), modulatore di luce. **101 ~ steuerung** (Lichtmodulation) (*f. - Opt.*), modulazione della luce. **102 ~ strahl** (*m. - Opt.*), raggio luminoso. **103 ~ strahlung** (*f.-Phys.*), radiazione luminosa. **104 ~ streuung** (*f.-Beleucht.*), diffusione della luce. **105 ~ strom** (*m. - Elekt.*), corrente luce, corrente per illuminazione. **106 ~ strom** (in Lumen gemessen) (*Beleucht.*), flusso luminoso. **107 ~ strommesser** (*m. - Opt. - Ger.*), lumenometro. **108 ~ stromzähler** (Lichtzähler) (*m. - Instr.*), contatore della luce, contatore per circuito di illuminazione. **109 ~ tagessignal** (*n. - Eisenb.*), segnale ottico diurno. **110 ~ taster** (Lichtschalter) (*m. - Elekt.*), interruttore a pulsante. **111 ~ technik** (*f. - Beleucht.*), illuminotecnica, tecnica dell'illuminazione. **112 ~ telegraph** (*m. - Instr.*), eliografo. **113 ~ tonabtastgerät** (*n. - Opt. - Akus.*), riproduttore fotoacustico. **114 ~ tonaufzeichnung** (*f. - Opt. - Akus.*), registrazione ottica del suono. **115 ~ tonfilm** (*m. - Filmtech.*), pellicola con colonna sonora. **116 ~ tongenerator** (*m. - Ger.*), generatore fotoacustico. **117 ~ tonkamera** (*f. - Filmtech.*), macchina cinematografica sonora. **118 ~ ventil** (Lichthahn) (*n. - Elektrooptik*), valvola luce, modulatore di luce. **119 ~ wagen** (mit Generator-Aggregat) (*m. - Funk. - Fernseh.*), carro luce. **120 ~ weite** (innerer Durchmesser) (*f. - Leit. etc.*), diametro interno, luce. **121 ~ weite** (einer Brücke z. B.) (*Bauw.*), luce. **122 ~ welle** (*f. - Phys.*), onda luminosa. **123 ~ werbung** (Lichtreklame) (*f. - komm. - Elekt.*), pubblicità luminosa. **124 ~ wert** (Belichtungswert, aus Blendenzahl und Belichtungszeit zusammengesetzt) (*m. - Phot.*), indice di esposizione. **125 ~ wurflampe** (*f. - Opt. - Beleucht.*), lampada per proiezione. **126 ~ zähler** (*m. - Elekt.*), contatore della luce. **127 ~ zeiger** (*m. - Instr.*), indice luminoso. **128 ~ zeigerinstrument** (*n. - Instr.*), strumento a indice luminoso. **129 ~ zerfall** (*m. - Phys.*), fotodisintegrazione. **130 ~ zerstreuen** (*Opt.*), diffondere la luce. **131 Abblend ~** (*Aut.*), luce anabbagliante, fascio anabbagliante. **132 Anker ~** (*naut.*), fanale di fonda. **133 auffallendes ~** (einfallendes Licht) (*Beleucht. - Opt.*), luce incidente. **134 blendendes ~** (*Aut. - etc.*), luce abbagliante. **135 Brems ~** (*Fahrz.*), luce di arresto, stop. **136 einfarbiges ~** (*Beleucht.*), luce monocromatica. **137 einwelliges ~** (einfarbiges Licht, monochromatisches Licht) (*Opt.*), luce monocromatica. **138 Fern ~** (*Aut.*), proiettore, abbagliante, fascio di profondità, luce abbagliante. **139 flimmerfreies ~** (*Beleucht.*), luce stabile. **140 gebrochener ~ strahl** (*Opt.*), raggio rifratto. **141 indirektes ~** (*Beleucht.*), luce indiretta. **142 kaltes ~** (*Beleucht.*), luce fredda. **143 Kennzeichen ~** (*Fahrz.*), luce targa. **144 kohä-**

rentes ~ (*Phys.*), luce coerente. **145 Nebel** ~ (*Aut.*), luce fendinebbia, fendinebbia, faro fendinebbia. **146 Park** ~ (*Aut.*), luce di posizione. **147 Schluss** ~ (*Fahrz.*), luce di posizione posteriore. **148 Stand** ~ (Parklicht) (*Aut.*), luce di posizione. **149 Ultrarot** ~ (*Opt.*), luce ultrarossa. **150 Ultraviolett** ~ (*Opt.*), luce ultravioletta. **151 zerstreutes** ~ (*Beleucht.*), luce diffusa.

licht (leuchtend) (*Opt.*), luminoso. **2** ~ (hell, Farbe z. B.) (*allg.*), chiaro. **3** ~ **beständig** (lichtecht, Farbe z. B.) (*Anstr. - Text.*), resistente alla luce, solido alla luce. **4** ~ **blau** (*Farbe*), celeste. **5** ~ **bogengeschweisst** (*mech. Technol.*), saldato ad arco. **6** ~ **brechend** (*Opt.*), rifrangente. **7** ~ **chemisch** (photochemisch) (*Opt. - Chem.*), fotochimico. **8** ~ **dicht** (*Opt.*), impervio alla luce. **9** ~ **durchlässig** (transparent) (*allg.*), trasparente. **10** ~ **echt** (lichtbeständig, Farbe z. B.) (*Anstr. - Text.*), resistente alla luce, solido alla luce. **11** ~ **e Höhe** (Höhe im Lichten, einer Brücke z. B.) (*Bauw.*), altezza libera. **12** ~ **elektrisch** (photoelektrisch) (*Phys.*), fotoelettrico. **13** ~ **elektrischer Effekt** (Photoeffekt) (*Phys.*), effetto fotoelettrico. **14** ~ **elektrische Zelle** (Photozelle) (*Elektrooptik*), fotocellula, cellula fotoelettrica. **15** ~ **empfindlich** (*Phys.*), fotosensibile, sensibile alla luce. **16** ~ **empfindlich machen** (sensibilisieren) (*Phot.*), sensibilizzare. **17** ~ **er Abstand** (*Mech. - etc.*), distanza libera, apertura. **18** ~ **er Durchmesser** (Innendurchmesser) (*Mech. - etc.*), diametro interno. **19** ~ **er Raum** (Lichtraum, freigehaltener Raum über den Gleisen, für die gefahrlose Benutzung der Gleise durch die Eisenb.fahrz.) (*Eisenb.*), franco. **20** ~ **e Weite** (Weite im Lichten, einer Brücke z. B.) (*Bauw.*), luce. **21** ~ **e Weite** (Innendurchmesser, eines Rohres) (*Leit.*), diametro interno. **22** ~ **hoffrei** (*Phot.*), antialone. **23** ~ **isoliert** (Relais z. B.) (*Opt. - etc.*), fotoisolato. **24** ~ **leitend** (*Opt.*), fotoconduttivo. **25** ~ **streuend** (*Opt. - Beleucht.*), diffondente.

Lichtbogen (Bogenentladung) (*m. - Elekt.*), arco (voltaico). **2** ~ **abfall** (*m. - Elekt.*), caduta d'arco. **3** ~ **bearbeitung** (Elektroerosion, für die Bearb. von Werkstücken) (*f. - Mech. - Elekt.*), elettroerosione. **4** ~ **bildung** (*f. - Elekt.*), formazione di arco. **5** ~ **dauer** (eines Schalters) (*f. - Elekt.*), durata d'arco. **6** ~ **festigkeit** (Lichtbogensicherheit, von Isolierstoffen) (*f. - Elekt.*), resistenza alla formazione d'arco. **7** ~ **gleichrichter** (*m. - Elekt.*), raddrizzatore ad arco. **8** ~ **horn** (*n. - Elekt.*), corno di arco. **9** ~ **kohle** (*f. - Elekt. - Technol.*), carbone (di lampada ad arco), elettrodo (di lampada ad arco). **10** ~ **lampe** (*f. - Beleucht.*), lampada ad arco. **11** ~ **löscheinrichtung** (*f. - Elekt.*), spegniarco. **12** ~ **löschung** (*f. - Elekt.*), estinzione dell'arco. **13** ~ **lötung** (*f. - mech. Technol.*), brasatura ad arco. **14** ~ **ofen** (*m. - elekt. Ofen.*), forno ad arco. **15** ~ **schneiden** (*n. - mech. Technol.*), taglio ad arco. **16** ~ **schweissmaschine** (*f. - Masch.*), saldatrice ad arco. **17** ~ **schweissung** (*f. - mech. Technol.*), saldatura ad arco. **18** ~ **sender** (*m. - Elektronik*), trasmettitore ad arco. **19** ~ **spritzen** (Metallspritzen) (*n. - mech. Technol.*), metallizzazione ad arco. **20** ~ **unterdrückung** (*f. - Elekt.*), soppressione di arco. **21** ~ **verfahren** (*n. - Mech. - Elekt.*), siehe Lichtbogenbearbeitung. **22** ~ **zündstelle** (*f. - Schweissen - Fehler*), difetto da innesco d'arco. **23 Schutzgas** ~ **schweissung** (*f. - mech. Technol.*), saldatura ad arco sotto gas inerte, saldatura ad arco con protezione di gas inerte. **24 verdeckte** ~ **schweissung** (*mech. Technol.*), saldatura ad arco annegato.

lichten (die Anker vom Grund aufwinden) (*naut.*), salpare. **2** ~ (leichten, mit Leichtern befördern) (*naut.*), trasportare con chiatta.

Lichter (Leichter, Prahm, Schute) (*m. - naut.*), chiatta, maona. **2** ~ **führung** (vorgeschriebene Kennzeichnung von Luft- und Wasserfahrzeugen bei Nacht) (*f. - naut. - Flugw.*), segnali ottici, fanali. **3 Anker** ~ (weiss, sichtbar nach allen Seiten, für Schiffe und Seeflugzeuge) (*naut. - Flugw.*), fanali di fonda.

Lichtpausverfahren (*n. - Zeichn.*), (procedimento di) riproduzione. **2 Feucht** ~ (*Zeichn.*), riproduzione a umido. **3 Trocken** ~ (*Zeichn.*), riproduzione a secco.

« Lidar » (*Light detection and ranging*) (*Radar - Laser*), localizzazione telemetrica con laser, « lidar ».

lidern (dicht machen) (*Mech.*), guarnire, montare guarnizioni.

Liderung (Dichtung) (*f. - Mech.*), guarnizione. **2 Hanf** ~ (*Leit.*), guarnizione di canapa.

Lidodeck (Sonnendeck) (*n. - naut.*), ponte dei giochi, ponte del sole.

Liebhaber (Amateur) (*m. - Funk.*), amatore.

Liebigkühler (*m. - chem. Ger.*), refrigeratore di Liebig.

Lieferant (*m. - Ind. - komm.*), fornitore. **2** ~ **en·eingang** (*m. - Ind.*), ingresso per i fornitori. **3** ~ **en·liste** (*f. - komm.*), elenco dei fornitori. **4** ~ **en·risiko** (*n. - komm.*), rischio del fornitore. **5 Unter** ~ (*Ind. - komm.*), subfornitore.

Lieferauto (Lieferwagen) (*n. - Fahrz.*), furgone, autofurgone.

lieferbar (*komm.*), disponibile.

Lieferbedingungen (technische z. B.) (*f. - pl. - komm. - Technol.*), condizioni di fornitura, capitolato di fornitura. **2 technische** ~ (*Ind.*), capitolato tecnico (di fornitura).

Liefereinteilung (Lieferprogramm) (*f. - Ind. - komm.*), programma consegne, prospetto consegne.

Lieferer (Lieferant) (*m. - Ind. - komm.*), fornitore.

Lieferfrist (*f. - komm.*), termine di consegna.

Liefergrad (eines Verbrennungsmotors) (*m. - Mot.*), rendimento volumetrico, grado di riempimento.

Liefermenge (einer Pumpe) (*f. - Hydr.*), portata. **2** ~ (Anzahl von Teilen) (*Ind.*), quantitativo fornito, partita.

liefern (verkaufen) (*komm.*), fornire. **2** ~ (gekaufte Waren zustellen, abliefern) (*Transp.*), consegnare. **3** ~ **und einbauen** (*Ind.*), fornire e installare, fornire in opera.

Lieferort

Lieferort (m. - komm.), luogo di consegna.
Lieferprogramm (n. - Ind. - komm.), programma consegne.
Lieferschein (m. - Transp.), bolla di consegna.
Liefertermin (Lieferfrist, Lieferzeit) (m. - komm.), termine di consegna. 2 ~, siehe auch Lieferzeit.
Lieferung (Verkaufen) (f. - komm.), fornitura. 2 ~ (Zustellung gekaufter Waren) (Transp.), consegna. 3 ~ frei Bahnhof (Transp.), consegna franco stazione. 4 ~ ins Haus (Transp.), consegna a domicilio. 5 ~ s·angebot (n. - komm.), offerta di fornitura. 6 ~ s·bedingungen (f. - pl. - Ind. - komm.), capitolato di fornitura, condizioni di fornitura. 7 ~ s·geschäft (Kaufvertrag) (n. - komm.), contratto a termine. 8 ~ s·ort (m. - komm.), resa. 9 ~ s·vertrag (m. - komm.), contratto di fornitura. 10 ~ s·verzögerung (f. - komm.), ritardo di consegna. 11 ~ s·werk (n. - Druck.), opera a dispense, pubblicazione a dispense.
Lieferunwucht (einer Schleifscheibe) (f. - Werkz.), squilibrio alla consegna.
Liefervorschrift (f. - Ind. - komm.), capitolato di fornitura.
Lieferwagen (Lieferauto) (m. - Fahrz.), furgone, autofurgone.
Lieferwalze (f. - allg.), rullo alimentatore.
Liefer-Zeichnung (f. - Zeichn. - komm.), disegno di fornitura.
Lieferzeit (Lieferfrist) (f. - komm.), termine di consegna. 2 ~ ab Werk (komm.), termine di consegna franco fabbrica. 3 ~ nach geklärter Bestellung (komm.), termine di consegna a partire dal perfezionamento dell'ordine.
Lieferzustand (m. - komm. - etc.), condizione come fornito, stato all'atto della consegna.
Liege (Liegesofa, Diwan) (f. - Möbel), divano. 2 ~ (im Fahrerhaus eines Lastwagens) (Aut.), cuccetta. 3 ~ geld (n. - naut.), controstallìa. 4 ~ n·schaften (f. - pl. - finanz.), immobili, beni immobili. 5 ~ n·schafts·kataster (Nachweis von Grundstücken- und Gebäuden) (m. - Bauw.), catasto particellare. 6 ~ platz (m. - naut.), fonda. 7 ~ platz (in Zügen) (Eisenb.), letto, cuccetta. 8 ~ sitz (eines Personenkraftwagens) (m. - Aut.), sedile a schienale ribaltabile. 9 ~ sitz (Eisenb.), sedile cuccetta, posto cuccetta. 10 ~ stuhl (m. - Ger.), sdraio, sedia a sdraio. 11 ~ wagen (m. - Eisenb.), carrozza a cuccette. 12 ~ zeit (Zeit die das Schiff im Hafen liegt) (f. - naut.), stallia. 13 ~ zeit (der Werkstoffe in einem Betrieb, ohne Veränderungen zu erfahren) (Ind.), tempo di giacenza.
liegen (waagerecht sein) (allg.), giacere. 2 ~ (sein, sich befinden) (allg.), essere, trovarsi.
liegend (waagerecht) (allg.), coricato, orizzontale. 2 ~ (Ausführung z. B.) (Mech. etc.), di tipo orizzontale. 3 ~ e Falte (Geol.), piega coricata. 4 ~ e Maschine (Elekt. - etc.), macchina orizzontale. 5 ~ er Dampfkessel (Kessel), caldaia orizzontale. 6 ~ er Guss (Giess.), getto coricato. 7 ~ er Motor (Mot.), motore orizzontale, motore a cilindri orizzontali.
Liegende (das, untere Gesteinsschicht) (n. - Bergbau), letto.

Lieger (Schiff ausser Dienst) (m. - naut.), nave alla fonda.
Liek (Tauwerk, zum Besäumen der Kanten eines Segels) (n. - naut.), gratile, ralinga.
lieken (anlieken, einlieken) (naut.), ralingare, ingratinare.
Lift (Personenaufzug) (m. - Bauw.), ascensore. 2 ~ sessel (m. - Transp.), seggiolino (per seggiovia). 3 Sessel ~ (Transp.), seggiovia.
Liganden (bei Komplexverbindungen) (n. - pl. - Chem.), leganti (s.), coordinati (s.).
Ligatur (zusammengegossene Buchstabentypen) (f. - Druck.), legatura.
Lignin (Holzstoff) (n. - Holz), lignina.
Lignit (eine Braunkohle) (m. - Brennst.), lignite.
Ligroin (n. - Brennst.), ligroina.
Lilie (eines Hahns) (f. - Leit.), maschio.
Liliputröhre (Miniaturröhre) (f. - Elektronik), valvola miniatura.
Limbusteilung (f. - Instr.), lembo graduato.
Limes (Grenzwert) (m. - Math.), limite.
Limnigramm (n. - Hydr.), limnigramma.
Limnigraph (m. - Ger.), limnigrafo.
Limnigraphie (Registrierung stehender Wellen in Binnenseen) (f. - Hydr.), limnigrafia.
Limnologie (Erforschung von Binnengewässern als Lebensräume) (f. - Biol.), limnologia.
Limonit ($2 Fe_2O_3 . 3 H_2O$) (Brauneisen) (m. - Min.), limonite.
Limousine (Personenwagen) (f. - Aut.), berlina, « limousine ». 2 ~ (geschlossenes Motorboot) (naut.), motoscafo cabinato. 3 ~ n·karosserie (f. - Aut.), carrozzeria berlina. 4 viertürige ~ (Aut.), berlina a quattro porte.
lin. (linear, Potentiometer z. B.) (allg.), lineare.
linac (linear accelerator, Linearbeschleuniger) (m. - Phys.), linac.
Lindemann-Glas (n. - Opt.), vetro di Lindemann.
Lineal (n. - Zeichn. - etc. - Ger.), riga. 2 ~ (Schablone) (Mech. - Werkz.), sagoma. 3 ~ (zum Nachformen) (Werkz.masch.bearb.), sagoma. 4 Anschlag ~ (Zeichn. - Instr.), riga a T. 5 Haar ~ (zur Flächenprüfung) (Mech. - Werkz.), guardapiano, riga a coltello, riga a filo. 6 Kurven ~ (Zeichn. - Instr.), curvilineo. 7 Messer ~ (Instr.), siehe Haarlineal. 8 Sinus ~ (für mech. Bearbeitung und Kontrolle) (Instr.), barra seno. 9 Stahl ~ (Mech. - Instr.), riga di acciaio. 10 Werkstatt ~ (Mech. - Instr.), riga d'officina.
linear (allg.), lineare. 2 ~ e Ausdehnung (Phys.), dilatazione lineare. 3 ~ e Funktion (Math.), funzione lineare. 4 ~ e Gleichung (Gleichung ersten Grades) (Math.), equazione di primo grado. 5 ~ er Ausdehnungskoeffizient (Phys.), coefficiente di dilatazione lineare.
Linearbeschleuniger (m. - Atomphys.), acceleratore lineare.
linearisieren (Math. - Phys.), linearizzare.
linearisiert (Math. - Phys.), linearizzato.
Linearisierung (f. - Math.), linearizzazione.
Linearität (f. - allg.), linearità. 2 ~ s·grenze (f. - Elekt.), limite di linearità. 3 ~ s·regler (m. - Fernseh.), regolatore di linearità.
Linearmotor (mit einem elektromagnetischen Wanderfeld der eine Schubkraft ausübt und

damit eine geradlinige Bewegung) (*m.* - *Elekt.* - *etc.*), motore lineare. **2 Wanderfeld- ~** (*Elekt.*), motore lineare a campo migrante.

Linearplanung (*f.* - *Progr.*), programmazione lineare.

Linie (*f.* - *allg.*), linea, riga. **2 ~** (Zeile) (*allg.*), riga. **3 ~** (Bahn) (*Geom.* - *etc.*), traiettoria. **4 ~** (Verkehrsstrecke) (*Fahrz.*), linea. **5 ~** (Erdäquator) (*naut.*), equatore. **6 ~** (Truppenaufstellung) (*milit.*), linea. **7 ~** (*Zeichn.*), linea. **8 ~** (*Elekt.* - *Fernspr.*), linea. **9 ~** (eines Spektrums) (*Opt.*), riga. **10 ~** (Setzlinie) (*Druck.* - *Instr.*), cava-righe, interlinea alta. **11 ~ der grössten Momente** (Kurve der grössten Momente) (*Baukonstr.lehre*), curva dei momenti massimi. **12 ~ des Nullauftriebes** (*Flugw.*), linea di portanza nulla. **13 ~ gleichen Luftdrucks** (Isobare) (*Meteor.*), linea isobara, isobara. **14 ~ gleichen Potentials** (*Phys.*), linea equipotenziale. **15 ~ gleicher Beleuchtungsstärke** (*Beleucht.*), linea isoluxa. **16 ~ gleicher Inklination** (*naut.*), linea isoclina, isoclina. **17 ~ gleicher Kraftwirkung** (*Phys.*), linea isodinamica. **18 ~ n·führung** (Trassierung) (*f.* - *Eisenb.*), tracciato. **19 ~ n·integral** (*n.* - *Phys.*), integrale di linea, integrale curvilineo. **20 ~ n·omnibus** (Trambus) (*m.* - *Fahrz.*), autobus (per servizio) urbano. **21 ~ n·organisation** (*f.* - *Organ.*), organizzazione gerarchica. **22 ~ n·reisser** (*m.* - *Zeichn.* - *Instr.*), tiralinee. **23 ~ n·riss** (Darstellung der Schiffsform) (*m.* - *Schiffbau*), piano di costruzione. **24 ~ n·schiff** (Schlachtschiff) (*n.* - *Kriegsmar.*), corazzata. **25 ~ n·spektrum** (*n.* - *Opt.*), spettro a righe. **26 ~ n- und Staborganisation** (*f.* - *Organ.*), organizzazione gerarchico-funzionale. **27 ~ n·ziehvorrichtung** (*f.* - *Masch.*), rigatrice. **28 ausgezogene ~** (*Zeichn.*), linea continua. **29 beladene Wasser ~** (*Schiffbau*), linea di galleggiamento a pieno carico normale, linea di galleggiamento di progetto. **30 Berührungs ~** (*Mech.*), linea di contatto. **31 dicke Strichpunkt ~** (*Zeichn.*), linea a tratto e punto spessa. **32 dicke Vollinie** (starke Vollinie) (*Zeichn.*), linea continua spessa. **33 dünne Strichpunkt ~** (*Zeichn.*), linea a tratto e punto sottile. **34 dünne Vollinie** (*Zeichn.*), linea continua sottile. **35 Eingriffs ~** (von Zahnrädern) (*Mech.*), linea d'azione. **36 Eisenbahn ~** (*Eisenb.*), linea ferroviaria. **37 elastische ~** (*Baukonstr.lehre*), linea elastica. **38 Flug ~** (Luftverkehrslinie) (*Flugw.*), linea aerea. **39 Freihand ~** (Bruchlinie) (*Zeichn.*), linea di rottura. **40 gebrochene ~** (*Zeichn.*), linea spezzata. **41 gepunktete ~** (punktierte Linie) (*Zeichn.* - *etc.*), linea punteggiata, punteggiata. **42 gerade ~** (*Geom.*), linea retta, retta. **43 Grenz ~** (*Geogr.*), linea di confine. **44 in eine ~ bringen** (*allg.*), allineare. **45 Konstruktionswasser ~** (KWL), (*Schiffbau*), linea di galleggiamento a carico normale, linea di galleggiamento di progetto. **46 krumme ~** (*Geom.*), linea curva. **47 Leichtlade ~** (*Schiffbau*), linea di galleggiamento a nave scarica. **48 Strassenbahn ~** (*Fahrz.* - *Transp.*), linea tranviaria. **49 Strich ~** (*Zeichn.*), linea tratteggiata, linea a trattini, tratteggiata. **50 Strichpunkt ~** (*Zeichn.*), linea a tratto e punto. **51 Telegraphen ~** (*Telegr.*), linea telegrafica. **52 Telephon ~** (*Fernspr.*), linea telefonica. **53 Vollinie** (*Zeichn.*), linea continua. **54 vorderste ~** (Truppenaufstellung) (*milit.*), prima linea. **55 Wasser ~** (*Schiffbau*), linea di galleggiamento, linea d'acqua.

linieren (Linien ziehen) (*Druck.* - *etc.*), rigare.

Liniermaschine (*f.* - *Druckmasch.*), rigatrice.

Linierung (*f.* - *Druck.*), rigatura.

link (*allg.*), sinistro. **2 ~ er Stahl** (*Werkz.*), utensile sinistro.

Linkrusta (Lincrusta, abwaschbare Wandbekleidung) (*f.* - *Bauw.*), lincrusta.

links (*adv.* - *allg.*), a sinistra. **2 ~ drehend** (*Masch.*), sinistrorso, antiorario. **3 ~ drehend** (*Chem.* - *Opt.*), levogiro. **4 ~ gängig** (Gewinde z. B.) (*Mech.*), sinistrorso, sinistro.

Linksausführung (Bauart einer Masch. wenn beim Blick auf die Steuerungsseite des Motors die Kraftabgabe auf der rechten Stirnseite ist) (*f.* - *Masch.*), esecuzione sinistra.

Linksdrehung (*f.* - *Mech.*), rotazione sinistrorsa, rotazione antioraria.

Linkseinschlag (bei Lenkung) (*m.* - *Aut.*), sterzata a sinistra.

Linksgewinde (*n.* - *Mech.*), filettatura sinistrorsa.

Linkslauf (eines Antriebsmotors, entgegen der Drehrichtung des Uhrzeigers, auf die Kraftabgabeseite gesehen) (*m.* - *Mot.*), senso di rotazione sinistrorso, rotazione sinistorsa. **2 ~** (einer angetriebenen Masch., entgegen der Drehrichtung des Uhrzeigers, auf das angetriebene Ende der Welle gesehen) (*Masch.*), senso di rotazione sinistrorso, rotazione sinistrorsa.

Linkslenker (*m.* - *Aut.*), autoveicolo con guida a sinistra. **2 ~** (Lastwagen) (*Aut.*), autocarro con guida a sinistra. **3 ~ liegend** (*Aut.*), autoveicolo con guida a sinistra di tipo orizzontale. **4 ~ liegend** (Lastwagen) (*Aut.*), autocarro con guida a sinistra di tipo orizzontale. **5 ~ stehend** (*Aut.*), autoveicolo con guida a sinistra di tipo verticale. **6 ~ stehend** (Lastwagen) (*Aut.*), autocarro con guida a sinistra di tipo verticale.

Linkslenkung (*f.* - *Aut.*), guida a sinistra.

Linksschweissung (*f.* - *mech. Technol.*), saldatura a sinistra.

Linksverkehr (Benützung der linken Fahrbahnseite) (*m.* - *Strass.verkehr*), circolazione a sinistra, circolazione sulla sinistra.

Link-Trainer (Übungsgerät für Flugschüler) (*m.* - *Flugw.*), simulatore di volo.

Linoleum (Korkteppich) (*n.* - *Bauw.*), linoleum. **2 ~ zement** (*m.* - *Bauw.*), cemento di linoleum.

Linotype (Zeilensetzmaschine) (*f.* - *Druckmasch.*), « linotype », compositrice a linee intere.

Linoxyn (zur Linoleumherstellung) (*n.* - *Werkstoff*), linossina.

Linse (Glaslinse) (*f.* - *Opt.*), lente. **2 ~** (linsenförmiger Einschluss in Schichtgesteinen) (*Geol.*), lente. **3 ~ mit veränderlichem Fokus** (*Opt.*), lente a focale variabile, trasfocatore. **4 ~ n·antenne** (*f.* - *Funk.*), lente, antenna a lente. **5 ~ n·ausgleicher** (für Rohrleitungen)

linsenförmig

(*m. - Leit.*), compensatore a soffietto lenticolare. 6 ~ n·dichtung (aus Kupfer, etc.) (*f. - Leit.*), guarnizione (metallica) a lente. 7 ~ n·elektrode (*f. - Fernseh.*), elettrodo focalizzatore. 8 ~ n·kopfschraube (*f. - Mech. - Tischl.*), vite a testa bombata, vite a testa con calotta. 9 ~ n·kranzabtaster (mech. Bildzerleger) (*m. - Fernseh.*), tamburo analizzatore a lenti. 10 ~ n·kuppe (Schraubenende) (*f. - Mech.*), estremità a calotta. 11 ~ n·schraube (Linsenkopfschraube) (*f. - Mech.*), vite a testa bombata, vite con testa a calotta. 12 ~ senkkopf (einer Schraube) (*m. - Mech.*), testa svasata con calotta. 13 ~ n·senkschraube (*f. - Mech.*), vite a testa svasata con calotta. 14 ~ n·system (*n. - Opt.*), sistema di lenti. 15 ~ n·träger (*m. - Bauw.*), trave lenticolare. 16 achromatische ~ (*Opt.*), lente acromatica. 17 Bikonkav ~ (*Opt.*), lente biconcava. 18 Bikonvex ~ (*Opt.*), lente biconvessa. 19 elektromagnetische ~ (*Elektronik*), lente elettromagnetica. 20 konkave ~ (Hohllinse, Konkavlinse, Zerstreuungslinse) (*Opt.*), lente concava. 21 Konkav-Konvex ~ (*Opt.*), lente concavo-convessa. 22 konvexe ~ (Konvexlinse, Sammellinse) (*Opt.*), lente convessa. 23 Konvex-Konkav ~ (*Opt.*), lente convesso-concava. 24 Plankonkav ~ (*Opt.*), lente piano-concava. 25 Plankonvex ~ (*Opt.*), lente piano-convessa. 26 Sammel ~ (Konvexlinse) (*Opt.*), lente convergente. 27 Zerstreuungs ~ (Konkavlinse) (*Opt.*), lente divergente.

linsenförmig (*allg.*), lenticolare.

Linters (unverspinnbare Schutzhaare des Baumwollsamenkerns) (*m. pl. - Textilind.*), « linters ».

Liotal (kupferplattiertes Aluminiumblech) (*n. - Metall.*), lamiera di alluminio placcata con rame.

Liparit (Ergussgestein) (*m. - Min. - Geol.*), liparite.

Lipase (Enzyme) (*f. - Chem.*), lipasi.

Lipoid (fettähnliche Substanz) (*n. - Chem.*), lipoide.

Lippe (*f. - allg.*), labbro. 2 ~ (einer Ringdichtung) (*Mech.*), labbro, spigolo (di tenuta). 2 ~ n·fase (eines Spiralbohrers) (*f. - Werkz.*), faccetta, fascetta. 4 ~ n·mikrophon (*n. - Funk. - etc.*), labiofono, microfono labiale. 5 ~ n·ring (Manschettendichtung) (*m. - Mech.*), guarnizione ad anello con spigolo di tenuta, guarnizione anulare a labbro. 6 Schneid ~ (*Werkz.*), tagliente.

Lippklampe (*f. - naut.*), passacavo, bocca di rancio.

liquid (*finanz.*), liquido. 2 ~ e Reserven (*finanz.*), liquidi.

Liquidation (*f. - finanz.*), liquidazione.

Liquidator (*m. - finanz.*), liquidatore.

liquidieren (auflösen, eine Gesellschaft) (*finanz.*), liquidare. 2 ~ (ausgleichen) (*Adm.*), saldare, regolare.

Liquidierung (Auflösung) (*f. - finanz.*), liquidazione. 2 Zwangs ~ (*finanz.*), liquidazione forzosa.

Liquidität (*f. - finanz.*), liquidità.

Liquidus (*m. - Metall.*), fase liquida. 2 ~ linien (*f. - pl. - Metall.*), diagramma di solidificazione.

Lisene (Pfeilervorlage) (*f. - Bauw.*), lesena.

Liste (*f. - allg.*), elenco. 2 ~ der Aktionäre (*finanz.*), elenco degli azionisti. 3 ~ n·preis (*m. - komm.*), prezzo di listino. 4 Fracht ~ (*naut.*), manifesto di carico. 5 Preis ~ (*komm.*), listino prezzi. 6 Vorschlags ~ (*Politik - etc.*), lista dei candidati. 7 Wähler ~ (*Politik - etc.*), lista elettorale.

Liter (*m. - n. - Masseinheit*), litro. 2 ~ atmosphäre (aufgewendete Arbeit zur Veränderung des Volumens eines Gases beim Druck von einer Atmosphäre um einen Liter) (*f. - Phys. - Chem.*), litro-atmosfera. 3 ~ leistung (eines Verbrennungsmotors) (*f. - Mot.*), potenza specifica, potenza per litro (di cilindrata).

Literal (Symbol) (*n. - Rechner - etc.*), literal.

Literatur (Schriftum, Literaturnachweis, Literaturverzeichnis, nach einem Fachartikel z. B.) (*f. - Druck.*), bibliografia. 2 ~ angaben (*f. - pl. - allg.*), dati bibliografici. 3 ~ verzeichnis (Schriftum) (*n. - Druck.*), bibliografia.

Lithium (*Li - n. - Chem.*), litio.

Lithochromie (Chromolithographie) (*f. - Druck.*), cromolitografia.

Lithograph (Steindruck-Zeichner) (*m. - Arb.*), litografo.

Lithographie (Steindruck) (*f. - Druck.*), litografia.

lithographieren (*Druck.*), litografare.

lithographisch (*Druck.*), litografico.

Lithologie (Gesteinskunde) (*f. - Geol.*), litologia.

Lithopon (weisse Mineralfarbe) (*n. - chem. Ind.*), litopone.

Lithosphäre (Erdkruste) (*f. - Geol.*), litosfera.

Lithostein (*m. - Druck.*), pietra litografica.

Litoral (*n. - Geogr.*), litorale.

Litze (Draht mit Öse) (*f. - Textilmasch.*), liccio. 2 ~ (eines Seiles) (*Mech. - etc.*), trefolo. 3 ~ (biegsamer, elekt. Leiter) (*Elekt.*), cavetto. 4 ~ n·häuschen (Auge) (*n. - Textilmasch.*), cappio di liccio. 5 ~ n·maschine (*f. - Masch.*), trefolatrice. 6 ~ n·seil (*n. - Seil*), fune a trefoli.

Liveübertragung (Live) (*f. - Fernseh. - Funk.*), trasmissione diretta.

Lizenz (*f. - komm. - etc.*), licenza. 2 ~ bau (*m. - Ind. - komm.*), costruzione sotto licenza. 3 ~ einnahme (*f. - finanz.*), provento di licenza. 4 ~ ~ erwerber (Lizenznehmer) (*m. - komm.*), licenziatario. 5 ~ fertigung (*f. - Ind.*), produzione su licenza. 6 ~ geber (*m. - komm.*), cedente di licenza, chi concede la licenza. 7 ~ gebühren (*f. - pl. - komm.*), diritti di licenza, « redevances ». 8 ~ nehmer (Lizenzinhaber) (*m. - komm.*), licenziatario, concessionario di licenza. 9 ~ nehmerin (*f. - komm.*), licenziataria. 10 ~ vertrag (*m. - komm.*), contratto di licenza. 11 Ausfuhr ~ (*komm.*), licenza di esportazione. 12 in ~ (*Ind. - komm.*), sotto licenza. 13 Nachbau ~ (*recht. - komm.*), autorizzazione alla costruzione (da parte del licenziatario), permesso di riproduzione. 14 Unter ~ (*recht. - komm.*), sublicenza. 15 Unter ~ nehmer (*recht. - komm.*), sublicenziatario.

lizenzfrei (*komm.*), franco (di) diritti di licenza, esente da diritti di licenza.
lizenzieren (*komm.*), concedere la licenza. 2 ~ (ein Buch z. B.) (*Druck.*), licenziare.
Lizitation (Angebot) (*f. - komm.*), licitazione.
Lj (Lichtjahr) (*Astr.*), anno luce.
l.J. (laufenden Jahres) (*allg.*), a.c., anno corrente.
LKV (Lochkartenverfahren) (*Autom.*), procedimento a schede perforate.
Lkw (Lastkraftwagen) (*Aut.*), autocarro. 2 ~ -Waage (Fahrwerkswaage) (*f. - Masch.*), pesa per autocarri.
LL (leichter Laufsitz) (*Mech.*), accoppiamento preciso libero largo.
Llkw (Leichtlastkraftwagen) (*Fahrz.*), autocarro leggero, veicolo industriale leggero.
Lm (Lumen) (*Masseinheit*), lumen.
l.M. (im laufenden Monat) (*allg.*), (nel) corrente mese.
Lmh (Lumenstunde) (*Masseinh.*), Lmh, lumenora.
LMK (Lang-, Mittel- und Kurzwellen) (*Funk.*), onde lunghe, medie e corte.
LN (Luftfahrt-Normen) (*Flugw.*), norme per l'aeronautica.
Ln (natürlicher Logarithmus) (*Math.*), ln, logaritmo naturale.
ln (natürlicher Logarithmus) (*Mat.*), ln, logaritmo naturale.
LNA-Rohr (leicht Normal-Abflussrohr) (*n. - Leit.*), tubo di scarico leggero unificato.
Löbbehobel (Masch. zur Kohlengewinnung) (*m. - Bergbau*), intagliatrice, tagliatrice.
Loch (*n. - allg.*), foro. 2 ~ (Defektelektron, eines Halbleiters) (*Elektronik*), lacuna, buca, buca elettronica, vacanza. 3 ~ **abstand** (Lochschritt) (*m. - Filmtech.*), passo della perforazione. 4 ~ **apparat** (für Lochkarten z. B., Locher) (*m. - App.*), perforatore. 5 ~ **band** (Lochstreifen) (*n. - Automat.*), nastro perforato. 6 ~ **beitel** (Locheisen) (*m. - Tischl. - Werkz.*), pedano. 7 ~ **blech** (*n. - metall. Ind.*), lamiera perforata. 8 ~ **bohrer** (*m. - Tischl. - Werkz.*), trivella, succhiello. 9 ~ **dorn** (*m. - Schmiedewerkz.*), spina. 10 ~ **eisen** (Lochstahl) (*n. - Werkz.*), fustella. 11 ~ **empfindlichkeit** (Sonderfall der Kerbempfindlichkeit) (*f. - Metall.*), sensibilità al foro, sensibilità in corrispondenza del foro. 12 ~ **er** (*m. - Werkz.*), punzone. 13 ~ **er** (Büro - *Ger.*), perforatrice. 14 ~ **feinblech** (*n. - metall. Ind.*), lamierino perforato, lamiera perforata sottile. 15 ~ **frass** (Korrosion) (*m. - Technol.*), corrosione profonda. 16 ~ **grobblech** (*n. - metall. Ind.*), lamiera grossa perforata. 17 ~ **kammer** (*f. - Opt. - Phot.*), camera di Niepce, camera oscura a foro. 18 ~ **karte** (*f. - Automatisierung*), scheda perforata. 19 ~ **kartenabtaster** (*m. - Ger.*), analizzatore di schede perforate. 20 ~ **kartenabteilung** (Lockartenstelle, Rechenzentrum) (*f. - Ind. - Adm.*), centro meccanografico (a schede perforate). 21 ~ **kartendienst** (*m. - Adm. - etc.*), servizio meccanografico (a schede perforate). 22 ~ **kartenlesegerät** (*n. - Ger.*), lettore di schede perforate. 23 ~ **kartenmaschine** (*f. - Masch.*), macchina a schede perforate. 24 ~ **karten-Magnetbandumwandler** (*m. - Masch.*), trascrittore schede perforate - nastro magnetico, trascrittore schede-nastro. 25 ~ **kartenstanzer** (*m. - Ger.*), perforatore di schede. 26 ~ **kathode** (*f. - Elektronik*), catodo forato. 27 ~ **kreis** (eines Flansches z. B.) (*m. - Mech.*), circonferenza di giacitura di fori, circonferenza passante per i centri di fori. 28 ~ **kreisdurchmesser** (Durchmesser des Kreises auf dem die Mittelpunkte mehrerer Löcher liegen, eines Flansches z. B.) (*m. - Mech.*), diametro della circonferenza (passante per i centri dei) fori. 29 ~ **lehre** (*f. - Messwerkz.*), calibro per fori. 30 ~ **maschine** (*f. - Masch.*), punzonatrice. 31 ~ **matrize** (*f. - Blechbearb. - Werkz.*), stampo per punzonatura, matrice per punzonatura. 32 ~ **platte** (*f. - Werkz.*), chiodaia, dama. 33 ~ **presse** (Lochstanze) (*f. - Blechbearb.masch.*), punzonatrice. 34 ~ **rundmutter** (*f. - Mech.*), dado cilindrico con fori radiali. 35 ~ **säge** (*f. - Werkz.*), sega da traforo, foretto, gattuccio. 36 ~ **scheibe** (Teilscheibe) (*f. - Mech.*), disco divisore. 37 ~ **scheibenrad** (*n. - Aut.*), ruota a disco sfinestrata. 38 ~ **stahl** (Locheisen) (*m. - Werkz.*), fustella. 39 ~ **stanze** (*f. - Blechbearb.masch.*), punzonatrice. 40 ~ **stanzen** (*n. - Blechbearb.*), punzonatura. 41 ~ **stein** (Lochziegel) (*m. - Bauw.*), mattone forato. 42 ~ **stempel** (*m. - mech. Technol.*), punzone (perforatore). 43 ~ **streifen** (*m. - Automatisierung*), nastro perforato. 44 ~ **streifen** (Telegr.), zona perforata. 45 ~ **streifenleser** (*m. - Ger.*), lettore di nastri perforati. 46 ~ **streifenschreiber** (*m. - Telegr.*), registratore perforatore. 47 ~ **taster** (Innentaster) (*m. - Werkz.*), compasso per interni, compasso ballerino. 48 ~ -**und Ausklinkmaschine** (für Blechbearbeitung) (*f. - Masch.*), punzonatrice-intagliatrice. 49 ~ -**und Nietmaschine** (*f. - Masch.*), punzonatrice-chiodatrice. 50 ~ - **und Schermaschine** (für Blechbearbeitung) (*f. - Masch.*), cesoia-punzonatrice. 51 ~ **versuch** (*m. - mech. Technol.*), prova di punzonatura. 52 ~ **walzverfahren** (*n. - Walzw.*), laminazione al laminatoio perforatore. 53 ~ **zange** (*f. - Werkz.*), tenaglia perforatrice. 54 ~ **zirkel** (Innentaster, Lochtaster) (*m. - Werkz.*), compasso per interni, compasso ballerino. 55 **ausgebohrtes** ~ (Bohrloch, mittels Spiralbohrer ausgeführt) (*Mech.*), foro trapanato. 56 **blindes** ~ (Grundloch) (*Mech.*), foro cieco. 57 **Durchgangs** ~ (*Mech.*), foro passante. 58 **Erleichterungs** ~ (im Blech z. B.) (*Mech.*), foro di alleggerimento. 59 **Führungs** ~ (*Mech.*), foro di guida. 60 **gegossenes** ~ (*Giess.*), foro (ottenuto) di fusione. 61 **gestanztes** ~ (*Blechbearb.*), foro punzonato. 62 **Gewinde** ~ (*Mech.*), foro filettato. 63 **Grund** ~ (blindes Loch) (*Mech. - etc.*), foro cieco. 64 **Sack** ~ (Grundloch, blindes Loch) (*Mech. - etc.*), foro cieco. 65 **Stanz** ~ (*Blechbearb.*), foro punzonato. 66 **Teil** ~ (einer Teilscheibe) (*Mech.*), foro di divisione.
Lochen (Lochstanzen) (*n. - Blechbearb.*), punzonatura, foratura. 2 ~ (Schmieden), foratura.
lochen (*allg.*), forare. 2 ~ (lochstanzen, durchbrechen) (*Blechbearb.*), punzonare, forare.

Locher (*m. - Werkz.*), punzone. 2 ~ (*Büro - Ger.*), perforatrice. 3 ~ (von Lochkarten z. B.) (*Arb. - Ger.*), perforatore.
Locherin (Datenverarbeitung) (*f. - Arb. - Pers.*), perforatrice.
Löcherleitung (Defektleitung) (*f. - Elektronik*), conduzione per lacune, conduzione per buchi, conduzione per difetto.
lochstanzen (*Blechbearb.*), punzonare.
lochstreifengesteuert (*Masch.*), comandato da nastro perforato.
Lochung (von Filmstreifen z. B.) (*f. - allg.*), perforazione.
Locke (Lockenspan, Spanlocke) (*f. - Mech. - Werkz.masch.bearb.*), truciolo elicoidale.
locker (lose) (*Mech.*), lento, lasco. 2 ~ (Boden z. B.) (*Ing.b.*), sciolto, non costipato, non compatto. 3 ~ (porös) (*allg.*), poroso.
Lockern (*Mech. - etc.*), allentamento. 2 ~ (Losklopfen, des Modells) (*n. - Giess.*), branatura, scampanatura.
lockern (*Mech.*), allentare. 2 ~ (den Boden) (*Ing.b.*), rompere, scarificare, dissodare. 3 sich ~ (einer Schraube oder eines Riemens z. B.) (*Mech.*), allentarsi.
Lockerung (*f. - allg.*), allentamento.
Lo-Ex (Kolbenlegierung auf Aluminiumbasis) (*Metall.*), (tipo di) lega per pistoni.
Löffel (*m. - Erdbew.masch.*), cucchiaia. 2 ~ (Pfanne, zum Füllen der Druckkammer einer Druckgiessmaschine z. B.) (*Giess.*), tazza (di colata). 3 ~ **bagger** (*m. - Erdbew.masch.*), escavatore a cucchiaia. 4 ~ **binder** (*m. - Bauw.*), siehe Schnellbinder. 5 ~ **bohrer** (*m. - Tischl. - Werkz.*), trivella a sgorbia. 6 ~ **schaber** (Dreikantschaber) (*m. - Werkz.*), raschietto a cucchiaio, raschietto per superfici concave.
Log (Logge, Ger. zum Messen der Geschwindigkeit von Schiffen) (*n. - naut.*), solcometro, « log ». 2 ~ **buch** (*n. - naut.*), giornale di bordo. 3 ~ **glas** (*n. - naut.*), clessidra. 4 ~ **leine** (*f. - naut.*), sagola del solcometro. 5 ~ **propeller** (*m. - naut. Ger.*), elica del solcometro. 6 ~ **scheit** (*m. - naut.*), barchetta del solcometro. 7 **Hand** ~ (*naut.*), solcometro a barchetta. 8 **Patent** ~ (*naut.*), solcometro ad elica.
log (dekadischer Logarithmus) (*Math.*), log, logaritmo.
Logarithmenpapier (*n. - Math.*), carta logaritmica.
Logarithmenrechnung (Logarithmieren) (*f. - Math.*), calcolo logaritmico.
Logarithmentafel (*f. - Math.*), tavola dei logaritmi, tavola logaritmica.
logarithmisch (*Math.*), logaritmico. 2 ~ es Dekrement (*Math.*), decremento logaritmico. 3 ~ e Spirale (*Geom.*), spirale logaritmica.
Logarithmus (*m. - Math.*), logaritmo. 2 Briggscher ~ (gemeiner Logarithmus) (*Math.*), logaritmo di Briggs, logaritmo decimale, logaritmo volgare. 3 dekadischer ~ (*Math.*), logaritmo decimale. 4 gemeiner ~ (*Math.*), logaritmo decimale. 5 natürlicher ~ (*Math.*), logaritmo naturale. 6 negativer ~ (*Math.*), cologaritmo.
Logatomen (Silben, die für die Übertragung gewählt werden bei Verständlichkeitsversuche) (*pl. - Fernspr.*), logatomi.
Logge (*f. - naut.*), siehe Log.
Logger (Lugger, Heringslogger) (*m. - naut.*), peschereccio per la pesca delle sardine.
Loggia (offene, gewölbte Bogenhalle) (*f. - Arch.*), loggia.
Logik (*f. - Math. - etc.*), logica. 2 ~ **elemente** (Bauelemente) (*n. - pl. - Rechner*), componenti logici. 3 ~ **netz** (*n. - Elektronik*), sistema logico. 4 **mathematische** ~ (Logistik) (*Math.*), logica matematica, logica simbolica, logistica.
logisch (*Math. - etc.*), logico. 2 ~ **e Algebra** (*Math.*), algebra logica, algebra di Boole, algebra booleana. 3 ~ **e Funktion** (*Math.*), funzione logica. 4 ~ **e Operation** (*Rechner*), operazione logica. 5 ~ **e Schaltung** (Schaltungsanordnung) (*Elektronik*), circuito logico.
Logistik (math. Logik) (*f. - Math.*), logistica, matematica logica, logica simbolica. 2 ~ (milit. Nachschubwesen) (*f. - milit.*), logistica.
Lohe (Gerberlohe) (*f. - Chem.*), tannino.
Lohen (Gerben) (*n. - Lederind.*), concia al tannino, concia vegetale.
lohen (gerben) (*Lederind.*), conciare al tannino.
Lohgerber (*m. - Arb.*), conciatore.
Lohgerberei (*f. - Lederind.*), conceria.
Lohn (Entgelt für den Handarbeiter) (*m. - Arb. - Pers.*), salario, paga. 2 ~ (Gehalt, monatliches Entgelt für Angestellte) (*Pers.*), stipendio. 3 ~ (Arbeitslohn) (*Arb.*), mano d'opera, costo della mano d'opera. 4 ~ **abbau** (*m. - Arb.*), riduzione del salario. 5 ~ **abschlag** (Lohnvorschuss) (*m. - Arb.*), anticipo sul salario. 6 ~ **anpassung** (*f. - Arb.*), adeguamento dei salari. 7 ~ **ansprüche** (*m. - pl. - Arb.*), rivendicazioni salariali. 8 ~ **arbeiter** (Handarbeiter, Lohnempfänger) (*m. - Arb.*), salariato. 9 ~ **aufbesserung** (*f. - Arb.*), aumento di salario. 10 ~ **bediensteter** (Lohnempfänger) (*m. - Arb.*), salariato. 11 ~ **beutel** (Lohntüte) (*m. - Arb. - Pers.*), busta paga. 12 ~ **bezieher** (*m. - Arb.*), salariato (*s.*). 13 ~ **buch** (*n. - Arb. - Pers.*), libro paga. 14 ~ **büro** (*n. - Pers.*), ufficio paga, ufficio cassa. 15 ~ **einbehaltung** (*f. - Arb.*), trattenuta sul salario. 16 ~ **empfänger** (Handarbeiter) (*m. - Arb.*), salariato. 17 ~ **empfänger** (Angestellter) (*Pers.*), stipendiato. 18 ~ **gruppe** (*f. - Arb. - Organ.*), categoria salariale. 19 ~ **kosten** (*f. - pl. - Arb. - Adm.*), costo di mano d'opera. 20 ~ **liste** (Lohnbuch) (*f. - Adm.*), libro paga. 21 ~ **niveau** (*n. - Arb.*), livello dei salari. 22 ~ **-Preis-Spirale** (*f. - Arb.*), spirale prezzi-salari. 23 ~ **rückstände** (*m. - pl. - Arb.*), arretrati di salario. 24 ~ **skala** (*f. - Arb.*), scala dei salari. 25 ~ **stopp** (*m. - Arb.*), blocco dei salari. 26 ~ **streitigkeit** (*f. - Arb.*), disputa salariale, vertenza salariale, controversia salariale, conflittualità salariale. 27 ~ **stunde** (*f. - Adm. - Ind.*), ora di mano d'opera 28. ~ **tüte** (Lohnbeutel) (*f. - Arb. - Pers.*), busta paga. 29 ~ **unangemessenheit** (Lohnungerechtigkeit) (*f. - Arb. - Pers.*), sperequazione dei salari. 30 **unproduktiver** ~ (Hilfslohn, Gemeinkostenlohn) (*Arb.*), manodopera indiretta. 31 ~ **veredelung** (Fertigung von Roh-

stoffen oder Halbzengen die vom Kunde geliefert Werden) (*f. - Ind.*), lavorazione in conto deposito, lavorazione per conto terzi. 32 ~ **vorschuss** (Lohnabschlag) (*m. - Arb.*), anticipo sul salario. 33 ~ **zahlungsbuch** (Lohnbuch) (*n. - Arb.*), libro paga. 34 **Akkord** ~ (Stücklohn, Gedingelohn) (*Arb.*), salario a cottimo, cottimo. 35 **Brutto** ~ (*Arb.*), salario lordo. 36 **Familien** ~ (*Arb. - Pers.*), assegni familiari. 37 **Gedinge** ~ (Akkordlohn) (*Arb.*), salario a cottimo, cottimo. 38 **Geld** ~ (*Arb.*), salario in danaro. 39 **gleitende** ~ **skala** (*Arb.*), scala mobile dei salari. 40 **gleitender** ~ (Indexlohn) (*Pers. - Arb.*), salario a scala mobile. 41 **Grund** ~ (*Arb.*), paga oraria normale (ad economia). 42 **Höchst** ~ (*Arb.*), salario massimo, massimale del salario. 43 **Index** ~ (gleitender Lohn) (*Arb.*), salario a scala mobile. 44 **Natural** ~ (*Arb.*), salario in natura. 45 **Netto** ~ (*Arb.*), salario netto. 46 **Nominal** ~ (der rein zahlenmässige Geldbetrag) (*Arb.*), salario nominale. 47 **Prämien** ~ (*Arb.*), salario a premio. 48 **Real** ~ (Güter die mit dem Lohn gekauft werden können) (*Arb.*), salario reale. 49 **Stück** ~ (Akkordlohn) (*Arb.*), salario a cottimo, cottimo. 50 **Stunden** ~ (*Arb.*), paga oraria. 51 **Vermittler** ~ (Provision) (*komm.*), provvigione. 52 **Wochen** ~ (*Arb.*), settimanale, paga settimanale. 53 **Zeit** ~ (*Arb.*), salario ad economia.

Lok (*f. - Eisenb.*), siehe Lokomotive.

lokal (örtlich) (*allg.*), locale (*a.*).

Lokalbahn (Nebenbahn, Kleinbahn) (*f. - Eisenb.*), ferrovia secondaria.

lokalisieren (*allg.*), localizzare.

Lokalisierung (Lokalisation) (*f. - allg.*), localizzazione.

Lokalkorrosion (*f. - Chem. - Mech.*), corrosione localizzata.

Lokalrelais (*n. - Fernspr.*), relè locale.

Lokalmarkt (*m. - komm.*), mercato del pronto.

Lokalstrom (*m. - Elekt.*), corrente locale.

Lokalverkehr (*m. - Verkehr*), traffico locale.

Lokalzug (Zug einer Kleinbahn) (*m. - Eisenb.*), treno locale.

Lokomobile (fahrbare Dampfmaschine) (*f. - Masch.*), locomobile.

Lokomotion (*f. - Transp.*), locomozione.

Lokomotive (Lok) (*f. - Eisenb.*), locomotiva. 2 **Akkumulatoren** ~ (*Eisenb.*), locomotiva (da manovra) ad accumulatori. 3 **Dampf** ~ (*Eisenb.*), locomotiva a vapore. 4 **Diesel-Elektrische** ~ (*Eisenb.*), locomotiva diesel-elettrica. 5 **Diesel-Hydraulische** ~ (*Eisenb.*), locomotiva diesel-idraulica. 6 **Diesel** ~ (*Eisenb.*), locomotiva con motore Diesel, locomotiva Diesel. 7 **Diesel-Rangier** ~ (Verschiebelokomotive) (*Eisenb.*), locomotiva Diesel da manovra, locomotore Diesel da manovra. 8 **Druckluft** ~ (*Eisenb. - Bergbau*), locomotiva ad aria compressa. 9 **elektrische** ~ (*Eisenb.*), locomotore, locomotiva elettrica. 10 **feuerlose Dampf** ~ (*Eisenb.*), locomotiva senza focolaio, locomotiva ad accumulatore termico. 11 **Gasturbinen** ~ (*Eisenb.*), locomotiva a turbina a gas. 12 **Gelenk** ~ (*Eisenb.*), locomotiva articolata. 13 **Gruben** ~ (*Eisenb. - Bergbau*), locomotiva da miniera. 14 **Kondens** ~ (*Eisenb.*), locomotiva (a vapore) con condensatore. 15 **Rangier** ~ (Verschiebelokomotive) (*Eisenb.*), locomotiva da manovra. 16 **Strecken** ~ (*Eisenb.*), locomotiva di linea. 17 **Stromlinien** ~ (*Eisenb.*), locomotiva carenata. 18 **Tender** ~ (Dampflokomotive) (*Eisenb.*), locomotiva con tender, locomotiva con carro scorta. 19 **turbo-elektrische** ~ (*Eisenb.*), locomotiva turboelettrica. 20 **Turbo** ~ (*Eisenb.*), locomotiva a turbina. 21 **Verschiebe** ~ (Rangierlokomotive) (*Eisenb.*), locomotiva da manovra. 22 **Werk** ~ (*Eisenb. - Ind.*), locomotiva da stabilimento.

Lokomotivführer (*m. - Arb.*), macchinista.

Lokomotivheizer (*m. - Eisenb. - Arb.*), fuochista.

Lokomotivradsatz (*m. - Eisenb.*), sala montata per locomotive.

Lokomotivrundschuppen (*m. - Eisenb.*), rotonda per locomotive, deposito a rotonda per locomotive.

Lokomotivschuppen (*m. - Eisenb.*), deposito per locomotive.

Lokoware (sofort verfügbare Ware) (*f. - komm.*), merce pronta.

Lombard (Lombarddarlehen, Lombardierung) (*m. - finanz.*), prestito (su titoli). 2 ~ **bank** (*f. - finanz.*), banca di prestito. 3 ~ **kredit** (*m. - finanz.*), credito contro deposito di titoli. 4 ~ **satz** (*m. - finanz.*), tasso per prestiti, tasso delle anticipazioni su titoli.

lombardieren (*finanz.*), prestare (su titoli).

LON (Lokomotiv-Normen) (*Eisenb.*), norme sulle locomotive.

LONA (Lokomotivbau-Normenausschuss) (*Eisenb.*), Comitato di Normalizzazione Costruzione Locomotive.

longitudinal (*allg.*), longitudinale. 2 ~ **e Stabilität** (Längsstabilität) (*Flugw.*), stabilità longitudinale.

Longitudinalwelle (Längswelle) (*f. - Phys.*), onda longitudinale.

Looping (im Kunstflug) (*m. - Flugw.*), gran volta, « looping ».

Lorandit (TlAsS$_2$) (*m. - Min.*), lorandite.

Loransender (*m. - Funk. - Navig.*), trasmettitore Joran.

Loran-System (Loran) (*n. - Funk. - Navig.*), loran, sistema (di radionavigazione iperbolica) loran.

Lore (offener Güterwagen) (*f. - Eisenb.*), carro aperto. 2 ~ (Feldbahnwagen mit Kippmulde) (*Ing.b.*), vagonetto ribaltabile, vagonetto Decauville.

Lorentz-Kraft (Stromkraft, Wirbelkraft, elektrodynamische Kraft) (*f. - Elekt.*), forza di Lorentz, forza elettrodinamica.

Lorgnon (*n. - Opt.*), occhialino.

Lorinmaschine (Lorindüse, Staustrahltriebwerk, Athodyd) (*f. - Flugw.*), autoreattore, statoreattore, atodite.

Los (Anteil, von Waren) (*n. - Ind.*), partita. 2 ~ (bei Qualitätskontrolle) (*mech. Technol.*), lotto. 3 ~ (Landstück) (*Ing.b.*), lotto. 4 ~ **umfang** (bei Qualitätskontrolle) (*m. - mech. Technol.*), grandezza del lotto.

lösbar (*Chem.*), solubile. 2 ~ (abnehmbar)

losblättern

(*Mech. - etc.*), amovibile, asportabile. 3 ~ (auflösbar) (*Math.*), risolvibile.
losblättern (*allg.*), sfogliarsi.
Losboden (eines Ofens z. B.) (*m. - Ofen - etc.*), fondo apribile.
losbrechen (die Gussform z. B.) (*Giess. - etc.*), aprire.
Losbrechmoment (bei Kaltstart eines Verbr.-mot.) (*n. - Mot.*), coppia di scollamento, momento di scollamento, coppia di spunto.
Lösch (Koksstaub) (*m. - Brennst.*), polverino di coke.
Löschanlage (Feuerlöschanlage) (*f. - Bauw.*), impianto antincendio. 2 ~ (zur Ausladung der Güter aus einem Schiff) (*naut.*), impianto di scaricamento. 3 ~ (Kalklöschanlage) (*Maur.*), impianto di spegnimento.
löschbar (Tondband, Speicherung, etc.) (*Rechner - etc.*), cancellabile.
Löschbeton (*m. - Bauw.*), calcestruzzo di ceneri.
Löschblatt (Löschpapier) (*n. - Büro - Papierind.*), carta assorbente, carta asciugante.
Löschboot (*n. - naut.*), lancia antincendi, battello antincendi.
Löschdauer (Löschzeit, einer Sicherung) (*f. - Elekt.*), durata dell'arco.
Löschdrossel (*f. - Elekt.*), bobina di estinzione, bobina di spegnimento.
Löschen (*n. - allg.*), estinzione. 2 ~ (im Magnettonverfahren) (*Elektroakus.*), cancellazione. 3 ~ (*Büro*), cancellatura. 4 Ab ~ (Abschrecken) (*Wärmebeh.*), spegnimento, tempra.
löschen (das Feuer, das Licht) (*allg.*), spegnere. 2 ~ (Kalk) (*Maur.*), spegnere. 3 ~ (tilgen, ein Schuld) (*finanz.*), estinguere. 4 ~ (ausladen) (*naut.*), scaricare. 5 ~ (ausstreichen) (*Büro*), cancellare. 6 ~ (im Magnettonverfahren) (*Elektroakus.*), cancellare. 7 ab ~ (mit Wasser kühlen) (*allg.*), raffreddare (con acqua). 8 ab ~ (abschrecken) (*Wärmebeh.*), spegnere, temprare. 9 ab ~ (trocknen, Tinte) (*Büro*), asciugare. 10 aus ~ (tilgen, ein Schuld) (*finanz.*), estinguere. 11 aus ~ (trocknen, Tinte) (*Büro*), asciugare.
Löscher (Löschgerät) (*m. - Ger.*), estintore. 2 ~ (Feuerwehrmann) (*Arb.*), pompiere, vigile del fuoco. 3 ~ (Tintentrockner) (*Büro*), tampone assorbente. 4 ~, siehe auch Feuerlöscher.
Löschfahrzeug (*n. - Fahrz.*), autopompa antincendi, veicolo antincendi.
Löschfunke (*m. - Elekt.*), scintilla frazionata, scintilla strappata. 2 ~ n-sender (*m. - Funk.*), trasmettitore a scintilla frazionata. 3 ~ n-strecke (*f. - Elekt.*), spinterometro a scintilla frazionata.
Löschgerät (Löscher) (*n. - Ger.*), estintore.
Löschgrube (Kalkgrube) (*f. - Maur.*), bagnolo (di estinzione).
Löschgruppe (*f. - Feuerwehr*), squadra antincendi.
Löschkalk (gelöschter Kalk) (*m. - Maur.*), calce spenta.
Löschkondensator (*m. - Elekt. - Ger.*), condensatore di spegnimento.
Löschkopf (eines Magnettongerätes) (*m. - Elektroakus. - Ger.*), cancellatore.

Löschmagnet (*m. - Elekt.*), magnete spegniarco.
Loschmidtsche Zahl (Avogadrosche Zahl) (*Phys. - Chem.*), numero di Avogadro, numero di Loschmidt.
Löschmittel (Funkenlöscher) (*n. - Elekt. - Ger.*), spegniarco (*s.*).
Löschrelais (*n. - Elekt.*), relè soppressore d'arco.
Löschspannung (eines Lichtbogens) (*f. - Elekt.*), tensione di estinzione, tensione di deionizzazione. 2 ~ (bei Elektroerosion) (*f. - Werkz.masch.bearb.*), tensione di deionizzazione.
Löschstrom (zum Löschen magnetischer Aufzeichnungen) (*m. - Elektroakus.*), corrente di cancellazione.
Löschung (Ausladung der Güter aus einem Schiff) (*f. - naut.*), sbarco, scaricamento. 2 ~ (Streichung) (*allg.*), cancellazione. 3 ~ (*Atomphys.*), spegnimento. 4 Patent ~ (*recht.*), decadenza di brevetto. 5 ~, siehe auch Löschen.
Löschzeit (Löschdauer, einer Sicherung) (*f. - Elekt.*), durata dell'arco.
Löschzug (Feuerwehrabteilung) (*m. - Feuerwehr*), reparto antincendi.
losdrehen (eine Schraube, losschrauben) (*Mech.*), svitare.
Lose (hängender Teil eines Taues) (*f. - n. - naut.*), imbando. 2 ~ (toter Gang) (*Mech.*), gioco.
lose (nicht gebunden) (*allg.*), sciolto, slegato. 2 ~ (beweglich) (*Mech.*), lento, allentato, lasco. 3 ~ Aufbewahrung (*Ind.*), immagazzinamento alla rinfusa. 4 ~ werden (*Mech.*), allentarsi.
Lösekraft (einer Presspassung) (*f. - Mech.*), forza di sbloccaggio.
Lösemittel (*n. - Anstr. - etc.*), solvente.
Losen (von Stahl z. B., für Prüfungszwecke z. B.) (*n. - Ind.*), lottizzazione.
Lösen (Demontieren, eines Werkz. z. B.) (*n. - Mech.*), smontaggio. 2 ~ (*Chem.*), siehe Lösung. 3 ~ (Abführen der Grubenwässer) (*Bergbau*), estrazione delle acque, prosciugamento. 4 ~ (Zuführung frischer Luft) (*Bergbau*), ventilazione.
lösen (*allg.*), sciogliere, slegare. 2 ~ (*Chem.*), sciogliere. 3 ~ (losmachen) (*Mech.*), allentare, sbloccare. 4 ~ (auflösen) (*Math.*), risolvere. 5 ~ (die Grubenwässer abführen) (*Bergbau*), prosciugare. 6 ~ (frische Luft zuführen) (*Bergbau*), ventilare. 7 die Bremse ~ (*Aut.*), lasciare il freno, allentare il freno.
lösend (neutral) (*Chem.*), neutro.
Lösestellung (einer Luftbremse) (*f. - Fahrz.*), posizione di sfrenatura.
losgehen (*Mech. - etc.*), allentarsi.
loshaken (*allg.*), sganciare.
Losholz (Fensterkämpfer, waagerechtes Profil zwischen den unteren und oberen Flügeln) (*n. - Bauw.*), traversa di legno.
loskeilen (*Mech.*), togliere la chiavetta, schiavettare.
Loskiel (falscher Kiel) (*m. - Schiffbau*), falsa chiglia.
Losklopfen (um das Modell aus der Form zu ziehen) (*n. - Formerei - Giess.*), branatura, scampanatura, scuotimento.

losklopfen (*Formerei - Giess.*), branare, scampanare, scuotere.
loskuppeln (*Mech.*), disinnestare, staccare.
loslassen (eine Feder z. B.) (*Mech.*), scaricare, liberare.
löslich (*Chem.*), solubile.
Löslichkeit (*f. - Chem.*), solubilità. 2 ~ s·kurve (*f. - Chem.*), curva di solubilità.
loslöten (*mech. Technol.*), dissaldarsi.
losmachen (lösen) (*allg.*), sciogliere, slegare. 2 ~ (*Mech.*), sbloccare. 3 ~ (eine Feder) (*Mech.*), scaricare. 4 ~ (ein Boot) (*naut.*), disormeggiare, mollare l'ormeggio.
losnageln (*Tischl.*), schiodare.
losnieten (*Mech.*), schiodare.
Losrad (*n. - Mech.*), ruota folle.
losreissen (die Anker) (*naut.*), spedare.
Losrolle (*f. - Mech.*), galoppino, rullo folle.
Löss (Ablagerung) (*m. - Geol. - Min.*), löss, loess.
losschäkeln (*naut.*), smanigliare.
Losscheibe (bei Riementrieben) (*f. - Mech.*), puleggia folle. 2 ~ (bei Seiltrieben) (*Transp.*), carrucola folle.
losschlagen (*Mech.*), smuovere (con martello).
losschrauben (*Mech.*), svitare.
lostrennen (*allg.*), separare, distaccare.
Losung (Losungswort) (*f. - milit.*), parola d'ordine.
Lösung (*f. - Chem.*), soluzione. 2 ~ (Auflösung) (*Math.*), risoluzione, soluzione. 3 ~ (eines Vertrages) (*komm.*), rescissione, annullamento. 4 ~ (Losmachen) (*Mech.*), sbloccaggio. 5 ~ s·anode (*f. - Elektrochem.*), anodo solubile. 6 ~ s·fähigkeit (*f. - Chem.*), potere solvente. 7 ~ s·glühen (Glühen zur Lösung ausgeschiedener Bestandteile) (*n. - Wärmebeh.*), solubilizzazione, tempra di austenitizzazione, tempra negativa. 8 ~ s·mittel (*n. - Chem.*), solvente. 9 ~ s·stärke (*f. - Chem.*), titolo della soluzione. 10 ~ s·vermögen (*n. - Chem.*), potere solvente. 11 ~ s·wärme (*f. - Chem.*), calore di soluzione. 12 ~ von Verbindungen (*komm.*), rottura delle relazioni. 13 äquivalente ~ (gleichwertige Lösung) (*Chem.*), soluzione equivalente. 14 feste ~ (*Metall. - Chem.*), soluzione solida. 15 gesättigte ~ (*Chem.*), soluzione satura. 16 kolloidale ~ (*Chem.*), soluzione colloidale. 17 laugenartige ~ (*Chem.*), soluzione alcalina. 18 Normal ~ (*Chem.*), soluzione normale. 19 P3 ~ (*chem. Ind.*), soluzione con detersivo alcalino. 20 übersättigte ~ (*Chem.*), soluzione soprassatura. 21 ungesättigte ~ (*Chem.*), soluzione insatura, soluzione non satura. 22 wässerige ~ (*Chem.*), soluzione acquosa. 23 zeichnerische ~ (*Math.*), soluzione grafica.
lösungsgeglüht (Zustand eines Stahles) (*Metall. - Wärmebeh.*), solubilizzato.
Loswalze (Walzenkörper auf der feststehenden Achse drehbar) (*f. - Druckmasch. - etc.*), cilindro folle.
loswinden (*allg.*), svolgere.
Lot (Lötmetall) (*n. - mech. Technol.*), lega brasante, lega per brasatura, lega per saldatura (a forte od a dolce). 2 ~ (Senkrechte) (*Math.*), perpendicolare. 3 ~ (Senklot, Senkel) (*Bauw. - Ger.*), filo a piombo. 4 ~ (Tiefenlot, Ger. zur Messung der Wassertiefe) (*naut. Ger.*), scandaglio. 5 ~ abweichung (Lotablenkung, Lotstörung) (*f. - Bauw.*), fuori piombo (s.), strapiombo. 6 ~ achse (*f. - Flugw. - etc.*), asse verticale. 7 ~ apparat (Tiefenlot) (*m. - naut. - Ger.*), scandaglio. 8 ~ ballon (*m. - Meteor.*), pallone sonda. 9 ~ blei (Senkblei) (*n. - Bauw.*), piombo, piombino. 10 ~ ebene (*f. - Geom.*), piano verticale. 11 ~ maschine (*f. - naut.*), scandaglio. 12 ~ punkt (*m. - Geom.*), piede di perpendicolare. 13 ~ rechte (*f. - Geom.*), linea verticale. 14 ~ rechtstart (*m. - Flugw.*), decollo verticale. 15 ~ rechtstarter (Flugzeug) (*m. - Flugw.*), velivolo a decollo verticale. 16 ~ schnur (Maurerschnur) (*f. - Maur.*), filo a piombo. 17 ~ stange (*f. - mech. Technol.*), bacchetta di apporto (per brasature). 18 ~ störung (*f. - Bauw.*), siehe Lotabweichung. 19 Echo ~ (*naut. Ger.*), scandaglio acustico, ecoscandaglio, ecometro, ecosonda. 20 Funk ~ (*Flugw. - Ger.*), radioaltimetro. 21 Hart ~ (Lötmetall) (*mech. Technol.*), lega brasante forte, lega per brasatura forte, lega per saldatura forte. 22 Messing ~ (*mech. Technol.*), lega per brasatura a ottone. 23 Schall- ~ (*naut.*), scandaglio acustico, ecoscandaglio, ecometro, ecosonda. 24 Seil ~ (*naut.*), scandaglio a sagola. 25 Silber ~ (*mech. Technol.*), lega per brasatura ad argento. 26 Überschall- ~ (*naut.*), scandaglio ultrasonoro. 27 Weich ~ (Lötmetall) (*mech. Technol.*), lega brasante dolce, lega per brasatura dolce, lega per saldatura (a) dolce. 28 Weiss ~ (*mech. Technol.*), lega per brasatura dolce (a stagno), lega per saldatura dolce (a stagno). 29 Wisch ~ (Blei-Zinn-Cadmium-Legierung) (*mech. Technol.*), lega brasante di piombo-stagno-cadmio.
Löt-Anschluss·stück (Batterieklemme) (*n. - Elekt.*), morsetto a brasatura (del filo sopra lo stesso).
lötbar (*mech. Technol.*), brasabile, saldabile.
Lötbarkeit (*f. - mech. Technol.*), brasabilità.
Lötbrenner (*m. - Ger.*), siehe Lötrohr.
Lötdraht (*m. - mech. Technol.*), filo per brasare, filo di apporto (per brasature).
Loten (Lotung) (*n. - naut.*), sondaggio.
loten (die Senkrechte bestimmen) (*Bauw.*), piombare. 2 ~ (die Wassertiefe messen) (*naut.*), scandagliare.
Löten (Verbinden zweier Metallteile, die ihren festen Zustand behalten) (*n. - mech. Technol.*), brasatura, saldatura (a dolce ed a forte). 2 ~ im Flammenfeld (Flammenlöten) (Schweissen), brasatura alla fiamma. 3 ~ mit Ultraschall (von Aluminium z. B.) (*mech. Technol.*), brasatura con ultrasuoni. 4 Anschwemm ~ (Schwellöten) (*mech. Technol.*), brasatura a scorrimento. 5 Hart ~ (*mech. Technol.*), brasatura forte, saldatura forte. 6 Hochfrequenz ~ (von Hartmetall-Schneidplättchen z. B.) (*mech. Technol.*), brasatura ad alta frequenza. 7 Induktions ~ (*mech. Technol.*), brasatura a induzione. 8 Reib ~ (Weichlötverfahren von Leichtmetallen) (*mech. Technol.*), brasatura dolce meccanica. 9 Schweiss ~ (*mech. Technol.*), saldobrasatura. 10 Silber ~ (*mech. Technol.*), brasatura ad argento. 11 Tauch ~ (*mech. Technol.*), brasatura per immersione. 12

löten

Weich ~ (*mech. Technol.*), brasatura dolce, saldatura dolce. **13 Widerstands** ~ (*mech. Technol.*), brasatura a resistenza.
löten (Metallstücke verbinden) (*mech. Technol.*), brasare, saldare (a dolce o a forte). **2 hart** ~ (*mech. Technol.*), brasare a forte, saldare a forte. **3 los** ~ (*mech. Technol.*), dissaldare. **4 tauch** ~ (*mech. Technol.*), brasare ad immersione. **5 weich** ~ (*mech. Technol.*), brasare a dolce, saldare a dolce.
Lötfahne (*f. - Elekt.*), linguetta di connessione a saldatura.
Lötfett (Lötpaste) (*n. - mech. Technol.*), pasta per brasature.
Lötflansch (*m. - Mech.*), flangia da brasare.
Lötflussmittel (*n. - mech. Technol.*), fondente per brasature, flusso per brasature.
Lötfuge (*f. - mech. Technol.*), giunto brasato.
Lötgerät (*n. - Ger.*), apparecchio per brasatura. **2 Ultraschall** ~ (für Aluminiumlötung z. B.) (*Ger.*), apparecchio per brasatura ad ultrasuoni.
Lötigkeit (Feinheit des Silbers) (*f. - Metall.*), finezza (dell'argento), titolo (dell'argento).
Lötkolben (*m. - Ger.*), saldatoio. **2 elektrischer** ~ (*Ger.*), saldatoio elettrico.
Lötlampe (*f. - Ger.*), lampada (per saldare). **2 Benzin** ~ (*Ger.*), lampada a benzina (per saldare).
Lötmaschine (*f. - Masch.*), brasatrice, macchina per brasare.
Lötnaht (*f. - mech. Technol.*), cordone di brasatura.
Lötpaste (*f. - mech. Techn.*), pasta per brasare.
Lötperle (*f. - mech. Technol.*), goccia di brasatura.
lotrecht (senkrecht) (*allg.*), verticale. **2** ~ (*Bauw. - etc.*), a piombo.
Lötrissigkeit (des Stahles) (*f. - Metall. - mech. Technol.*), criccabilità da brasatura.
Lötrohr (*n. - Ger.*), cannello per saldatura. **2** ~ **probe** (Lötrohrversuch, Lötrohranalyse) (*f. - Chem.*), prova al cannello.
Lotse (Seemann) (*m. - naut.*), pilota. **2** ~ **n·schiff** (*n. - naut.*), pilotina. **3 Hafen** ~ (*naut.*), pilota di porto. **4 See** ~ (*naut.*), pilota d'altura, pilota d'alto mare.
Lotsen (*n. - naut.*), pilotaggio.
lotsen (in den Hafen führen) (*naut.*), pilotare.
Lötspalt (*m. - mech. Technol.*), gioco di brasatura.
Lötstelle (Lötverbindung) (*f. - mech. Technol.*), giunto brasato. **2 kalte** ~ (eines Thermoelements) (*Instr.*), giunto freddo.
Lotung (*f. - Bauw.*), piombatura, messa a piombo. **2** ~ (der Tiefe) (*naut.*), scandagliamento.
Lötung (*f. - mech. Technol.*), siehe **Löten**.
Lötverbindung (*f. - mech. Technol.*), giunto brasato, brasatura.
Lötwasser (säurehaltiges Flussmittel) (*m. - mech. Technol.*), fondente acido per brasatura, flusso acido per brasatura.
Lötzinn (*n. - mech. Technol.*), stagno per brasare.
Loxodrome (Kurve) (*f. - Math. - Navig.*), lossodromica, curva lossodromica.
loxodromisch (*Math. - Navig.*), lossodromico.
LP (Lackpapierdraht) (*Elekt.*), (filo) smaltato isolato con carta. **2** ~ (Langspielplatte) (*Akus.*), disco a lunga durata. **3** ~ (Läuten und Pfeifen, Eisenbahnzeichen) (*Eisenb.*), suonare e fischiare. **4** ~ **-Stoff** (Luftporenbildner, dem Beton zugesetzt) (*m. - Bauw.*), additivo aerante, sostanza aerante.
LPF-Verfahren (Leaching-Precipitation-Flotation, kombinierte Lauge- und Flotationsverfahren) (*n. - Metall. - Bergbau*), processo LPF.
LPZ (Leitpostzahl) (*Post*), numero di codice postale, numero di CAP.
LS (Lautsprecher) (*Funk.*), altoparlante.
L. S. (locus sigilli, auf Urkunden, an Stelle des Siegels) (*recht.*), L. S., posto per il sigillo.
LSP (Leitsätze für die Preisermittlung auf Grund von Selbstkosten) (*recht.*), direttive per la determinazione dei prezzi.
LS-Schalter (Leitungsschutzschalter) (*m. - Elekt.*), interruttore automatico.
lt. (laut, gemäss) (*allg.*), come, secondo.
LTG (Lichttechnische Gesellschaft) (*Beleucht.*), Società di Illuminotecnica.
Ltg (Leitung) (*Elekt.*), linea.
L-Transformation (Laplace-Transformation) (*f. - Phys.*), trasformazione di Laplace.
LU (Langsamunterbrecher) (*Elekt.*), interruttore lento, interruttore ad azione lenta.
Lu (Lutetium) (*Chem.*), Lu, lutezio.
L. ü. a. (Länge über alles) (*naut.*), lunghezza fuori tutto.
Lub-Hochdruckpresse (Schmierpresse) (*f. - Ger.*), ingrassatore a pressione.
Lücke (leerer Raum) (*f. - allg.*), vuoto. **2** ~ (Zwischenraum) (*allg.*), intervallo, luce. **3** ~ (Zahnlücke, eines Zahnrades oder Fräsers z. B.) (*Mech.*), vano. **4** ~ (Blase) (*Giess. fehler*), soffiatura. **5** ~ (Loch, Defektelektron, bei Halbleitern) (*Elektronik*), buco (elettronico), lacuna. **6** ~ **n·fräser** (Winkelfräser) (*m. - Werkz.*), fresa ad angolo. **7** ~ **n·pilotfrequenz** (*f. - Fernspr.*), frequenza pilota interstiziale. **8** ~ **tiefe** (Zahnhöhe) (*f. - Mech.*), altezza del dente. **9** ~ **n·weite** (eines Zahnrades z. B.) (*f. - Mech.*), vano. **10 Gewinde** ~ (*Mech.*), solco della filettatura, vano della filettatura. **11 Winter** ~ (in der Erzeugung von Elektrizität z. B.) (*Elekt. - etc.*), deficienze invernali. **12 Zahn** ~ (eines Zahnrades) (*Mech.*), vano interdentale.
lückend (diskontinuierlich) (*allg.*), discontinuo.
lückenlos (*allg.*), senza intervalli, senza soluzione di continuità.
luckig (lückig, porig) (*allg.*), poroso. **2** ~ (*Giess.fehler*), spugnoso.
Lüdersche Linien (Stahlfehler) (*Metall.*), linee di Lüder.
Luft (*f. - Phys.*), aria. **2** ~ (Spiel) (*Mech.*), gioco. **3** ~ (Zwischenraum) (*allg.*), intercapedine. **4** ~ **abwehr** (*f. - milit.*), difesa contraerea. **5** ~ **angriffspunkt** (Druckpunkt, Druckzentrum, Angriffspunkt der Luftkraftresultierenden) (*m. - Aerodyn.*), centro di pressione. **6** ~ **ansaugung** (eines Strahltriebwerks z. B.) (*f. - Mot. - Flugw.*), presa d'aria. **7** ~ **attaché** (*m. - Flugw. - milit.*), addetto aeronautico. **8** ~ **aufhängung** (*f. - Aut. - etc.*), sospensione pneumatica. **9** ~ **auf-**

klärung (f. - *Luftw.*), ricognizione aerea. 10 ~ aufnahme (f. - *Photogr.*), fotografia aerea, aerofotografia. 11 ~ aufwand (eines Verbrennungsmotors, Verhältnis von Ladungseinsatz zu theoretischer Ladung) (m. - *Mot.*), grado di riempimento. 12 ~ ballon (m. *Flugw.*), aerostato. 13 ~ beförderung (f. - *Transp.*), trasporto per via aerea, aerotrasporto. 14 ~ behälter (von Druckluftbremsen) (m. - *Fahrz.*), serbatoio dell'aria compressa. 15 ~ bereifung (f. - *Aut.*), pneumatici. 16 ~ bild (n. - *Photogr.*), fotografia aerea. 17 ~ bildkamera (f. - *Photogr.*), aerofotocamera, macchina per fotografie aeree, macchina per aerofotografia. 18 ~ bildkartographie (Luftbildvermessung) (f. - *Phot.* - *Flugw.*), aerofotocartografia. 19 ~ bildmesskamera (f. - *Photogr.*), macchina per aerofotocartografia. 20 ~ bildmessung (Aerophotogrammetrie) (f. - *Photogr.*), fotogrammetria aerea, aerofotogrammetria. 21 ~ bildvermessung (Luftbildkartographie) (f. - *Photogr.*), aerofotocartografia. 22 ~ blase (f. - *allg.*), bolla d'aria. 23 ~ -Boden-Lenkwaffe (f. - *milit.*), missile aria-suolo. 24 ~ bohne (Luftsack, Entlüftungssack, beim Druckgiessen) (f. - *Giess.*), pozzetto di lavaggio. 25 ~ bremse (Fläche zur Verminderung der Geschwindigkeit eines Flugzeuges) (f. - *Flugw.*), aerofreno, freno aerodinamico. 26 ~ bremse (Luftdruckbremse) (*Fahrz.*), freno ad aria compressa. 27 ~ -Brennstoffverhältnis (n. - *Mot.*), rapporto aria-combustibile, rapporto aria-carburante. 28 ~ brücke (f. - *milit.* - *Luftw.*), ponte aereo. 29 ~ bürstenbeschichtung (Luftmesserbeschichtung) (f. - *Papierind.*), patinatura a lama d'aria. 30 ~ bürsten-Streichmaschine (f. - *Papierind.* - *Masch.*), patinatrice a lama d'aria. 31 ~ dämpfung (bei Messgeräten) (f. - *elekt.* - *Ger.*), smorzamento ad aria. 32 ~ dichte (f. - *Meteor.*), densità dell'aria, densità atmosferica. 33 ~ dichteregler (des Vergasers eines Flugmotors) (m. - *Flugw.*), correttori di quota, correttore di miscela in quota. 34 ~ drossel (f. - *Elekt.*), bobina d'induttanza in aria. 35 ~ druck (m. - *Meteor.* - *etc.*), pressione atmosferica. 36 ~ druckanzeiger (Barometer) (m. - *Meteor.* - *Instr.*), barometro. 37 ~ druckbremse (Druckluftbremse) (f. - *Fahrz.*), freno ad aria compressa. 38 ~ druckkarte (f. - *Meteor.* - *etc.*), carta isobarica, carta barometrica. 39 ~ druckmesser (Manometer) (m. - *Instr.*), manometro dell'aria. 40 ~ druckmesser (Barometer) (*Meteor.* - *Instr.*), barometro. 41 ~ druckprüfer (Reifenprüfer) (f. - *Aut.*), manometro per pneumatici. 42 ~ druckschalter (m. - *Elekt.*), interruttore pneumatico. 43 ~ druckschreiber (Barograph) (m. - *Meteor.* - *Instr.*), barografo. 44 ~ durchdringungsmesser (m. - *Instr.*), permeametro. 45 ~ durchlässigkeit (f. - *Textilind.* - *Papierind.*), permeabilità all'aria. 46 ~ düse (eines Vergasers) (f. - *Mot.* - *Aut.*), diffusore. 47 ~ einblasung (f. - *Dieselmot.*), iniezione pneumatica. 48 ~ einbruch (in den Kondensator z. B.) (m. - *Wärme* - *etc.*), entrata aria. 49 ~ einschluss (m. - *allg.*), sacca d'aria, inclusione d'aria. 50 ~ einschluss (in Beton) (*Bauw.*), inclusioni di aria. 51 ~ elektrizität (f. - *Elekt.* - *Funk.*), elettricità atmosferica. 52 ~ entfeuchtung (f. - *Metall.* - *etc.*), deumidificazione dell'aria. 53 ~ erhitzer (m. - *Ger.*), aerotermo, riscaldatore d'aria. 54 ~ erneuerung (f. - *Bauw.* - *etc.*), ricambio d'aria. 55 ~ fahrer (m. - *Flugw.*), aviatore. 56 ~ fahrt (f. - *Flugw.*), aviazione. 57 ~ fahrtausstellung (f. - *Flugw.*), mostra aeronautica. 58 ~ fahrtforschung (f. - *Flugw.*), ricerca aeronautica. 59 ~ fahrtgesellschaft (f. - *Flugw.*), compagnia di navigazione aerea. 60 ~ fahrtindustrie (Flugzeugindustrie) (f. - *Flugw.* - *Ind.*), industria aeronautica. 61 ~ fahrttechnik (f. - *Flugw.*), aerotecnica. 62 ~ fahrzeug (n. - *Flugw.*), aeromobile. 63 ~ fahrzeugmechaniker (m. - *Flugw.*), motorista d'aviazione. 64 ~ faktor (m. - *Verbr.* - *Mot.*), siehe Luftverhältnis. 65 ~ fänger (Stauhutze, eines Flugmotors) (m. - *Flugw.*), presa d'aria dinamica. 66 ~ feder (f. - *Fahrz.*), molla pneumatica. 67 ~ federbein (n.-*Flugw.*), gamba elastica (con ammortizzatore pneumatico). 68 ~ federung (Luftaufhängung) (f. - *Fahrz.* - *etc.*), sospensione pneumatica. 69 ~ feuchtigkeit (f. - *Meteor.*), umidità dell'aria. 70 ~ feuchtigkeitsmesser (Hygrometer) (m. - *Instr.*), igrometro. 71 ~ filter (m. - *Mot.* - *etc.*), filtro dell'aria. 72 ~ fracht (f. - *Transp.*), trasporto merci per via aerea, aerotrasporto di merci. 73 ~ frachtbrief (m. - *Transp.*), lettera di vettura aerea. 74 ~ funkstelle (f. - *Funk.* - *Flugw.*), stazione radio di bordo. 75 ~ geschwindigkeit (f. - *Flugw.*), velocità relativa. 76 ~ geschwindigkeitsmesser (m. - *Flugw.* - *Instr.*), anemometro. 77 ~ gesenkhammer (m. - *Schmieden* - *Masch.*), maglio ad aria compressa per fucinatura a stampo. 78 ~ gut (n. - *Transp.*), merce per via aerea. 79 ~ hafen (Flughafen) (m. - *Flugw.*), aeroporto, aerodromo. 80 ~ hammer (Drucklufthammer) (m. - *Masch.*), maglio ad aria compressa. 81 ~ hammer (bei dem die Druckluft im Hammer selbst erzeugt wird) (*Schmiedemasch.*), maglio autocompressore. 82 ~ härter (Selbsthärter, Stahl) (m. - *Metall.*), acciaio autotemprante, acciaio temprabile in aria. 83 ~ härtung (f. - *Wärmebeh.*), tempra in aria. 84 ~ hebel (m. - *Aut.*), leva (di chiusura) dell'aria. 85 ~ hebel (Aussenzug-Lufthebel, an Kraftradlenkern) (*Fahrz.*), leva dell'aria, manetta dell'aria. 86 ~ heber (m. - *Hebevorr.*), martinetto pneumatico. 87 ~ heizapparat (m. - *App.*), aerotermo. 88 ~ heizung (f. - *Heizung*), riscaldamento ad aria calda. 89 ~ hülle (Atmosphäre) (f. - *Geophys.*), atmosfera. 90 ~ kabel (n. - *Elekt.* - *etc.*), cavo aereo. 91 ~ kalk (m. - *Maur.*), calce aerea. 92 ~ kanal (m. - *Giess.*), tirata d'aria. 93 ~ kessel (Bremsluftbehälter) (m. - *Fahrz.*), serbatoio dell'aria. 94 ~ kissen (n. - *Masch.* - *etc.*), cuscino d'aria. 95 ~ kissen (Luftsack, passives Sicherheitssystem für Pkw) (*Aut.*), cuscino d'aria, pallone autogonfiabile. 96 ~ kissenfahrzeug (durch einen Luftstrom über der Erd- oder Wasseroberfläche gehobenes Fahrzeug) (n. - *Farhz.*), aeroscivolante, autoveicolo a cuscino d'aria, veicolo ad effetto di

Luft

suolo, veicolo a locomozione librata. 97 ~ **kissenförderer** (*m. - ind. Transp.*), trasportatore a cuscino d'aria. 98 ~ **kissen-Spurfahrzeug** (schienengeführtes Fahrzeug) (*n. - Fahrz.*), aeroscivolante su rotaia. 99 ~ **klappe** (*f. - Heizung*), valvola (di registro) dell'aria, registro dell'aria, serranda dell'aria. 100 ~ **klappe** (für Lüftung) (*Aut.*), presa d'aria (per ventilazione). 101 ~ **klappe** (eines Vergasers) (*Mot. - Aut.*), valvola di chiusura dell'aria. 102 ~ **kompressor** (*m. - Masch.*), compressore d'aria. 103 ~ **kondensator** (*m. - Elekt.*), condensatore ad aria. 104 ~ **korrekturdüse** (eines Vergasers) (*f. - Mot.*), (getto) calibratore dell'aria, correttore dell'aria. 105 ~ **korridor** (*m. - milit. - Flugw.*), corridoio aereo. 106 ~ **kraft** (*f. - Aerodyn.*), forza aerodinamica. 107 ~ **kraftangriffspunkt** (*m. - Aerodyn.*), centro di pressione. 108 ~ **kraftlastvielfaches** (*n. - Flugw.*), coefficiente di carico di manovra. 109 ~ **krankheit** (*f. - Flugw.*), mal d'aria. 110 ~ **kreuzung** (*f. - elekt. Fahrz.*), crociamento aereo. 111 ~ **kühlung** (*f. - Mot. - etc.*), raffreddamento ad aria. 112 ~ **lager** (*n. - Mech.*), cuscinetto pneumostatico, cuscinetto a sostentamento pneumatico. 113 ~ **landetruppen** (*f. - pl. - milit.*), paracadutisti. 114 ~ **leere** (*f. - Phys.*), vuoto. 115 ~ **leeremesser** (*m. - Instr.*), vacuometro, vuotometro. 116 ~ **leistung** (Luftwechselzahl) (*f. - Lüftung*), indice di ricambio d'aria. 117 ~ **leiter** (*m. - Elekt.*), conduttore aereo. 118 ~ **leitung** (*f. - Leit. - Bauw.*), tubo dell'aria. 119 ~ **linie** (kürzeste Entfernung zwischen zwei Punkten) (*f. - Geogr. - etc.*), distanza in linea d'aria. 120 ~ **loch** (Blase) (*n. - Giess.fehler*), soffiatura. 121 ~ **loch** (*Flugw.*), vuoto d'aria. 122 ~ **loch** (kleines Loch in einem Stempel, zum Entlüften) (*mech. Technol.*), foro di sfiato. 123 ~ **lot** (Luftschallot) (*n. - Instr.*), altimetro acustico. 124 ~ **mangel** (*m. - Verbr.*), difetto d'aria. 125 ~ **massen** (*f. - pl. - Meteor.*), masse d'aria. 126 ~ **meissel** (*m. - Werkz.*), scalpello pneumatico. 127 ~ **messbild** (*n. - Flugw. - Phot.*), fotogramma aereo. 128 ~ **messer** (Egalisiervorrichtung an Beschichtungsmaschinen) (*n. - Kunststofftechnik*), lama d'aria. 129 ~ **moment** (Giermoment z. B.) (*n. - Aut. - Flugw.*), momento dovuto al vento. 130 ~ **mörtel** (*m. - Maur.*), malta aerea. 131 ~ **navigation** (*f. - Flugw. - Navig.*), navigazione aerea. 132 ~ **niethammer** (*m. - Ger.*), chiodatrice pneumatica. 133 ~ **patentieren** (*n. - Wärmebeh.*), patentamento in aria. 134 ~ **perspektive** (*f. - Zeichn.*), prospettiva aerea. 135 ~ **photogrammetrie** (*f. - Photogr.*), fotogrammetria aerea, aerofotogrammetria. 136 ~ **pinsel** (Farbspritzapparat) (*m. - Anstr. - App.*), aerografo, pistola per verniciatura a spruzzo. 137 ~ **polster** (*n. - Masch.*), cuscino d'aria. 138 ~ **porenbeton** (*m. - Bauw.*), calcestruzzo poroso. 139 ~ **porenbildner** (Zusatz für Beton) (*m. - Bauw.*), additivo aerante, sostanza aerante. 140 ~ **post** (*f. - Post - Flugw.*), posta aerea. 141 ~ **presser** (einer Druckluftbremsanlage) (*m. - Fahrz.*), compressore d'aria. 142 ~ **puffer** (*m. - Fahrz. - etc.*), smorzatore pneumatico. 143 ~ **pumpe** (*f. - Masch.*), siehe Luftpumpe. 144 ~ **rausch** (*m. - elekt. Mot. - etc.*), ronzìo. 145 ~ **recht** (*n. - Flugw.*), diritto aeronautico. 146 ~ **reibung** (*f. - Aerodyn.*), attrito dell'aria. 147 ~ **reifen** (*m. - Fahrz.*), siehe Luftreifen. 148 ~ **reiniger** (*m. - Ger.*), depuratore dell'aria, filtro dell'aria. 149 ~ **riss** (Holzfehler, durch schnelle Trocknung) (*m. - Holz*), fessura da rapida essiccazione. 150 ~ **sack** (eines Luftschiffes) (*m. - Flugw.*), camera di compensazione, camera d'aria, palloncino. 151 ~ **sack** (in Druckleitungen von Kreiselpumpen z. B.) (*Hydr. - Fehler*), sacca d'aria. 152 ~ **sack** (Luftkissen, zum Schutz der Insassen) (*Aut. - Sicherheit*), pallone autogonfiabile, cuscino d'aria. 153 ~ **sack** (*Giess.*), siehe Luftbohne. 154 ~ **sack** *Luftw. - Flak*), manica (rimorchiata). 155 ~ **sauerstoff** (*m. - Meteor.*), ossigeno atmosferico. 156 ~ **säule** (einer Tankstelle) (*f. - Aut.*), colonnina dell'aria compressa, distributore di aria compressa. 157 ~ **schacht** (*m. - Bergbau*), pozzo di ventilazione. 158 ~ **schall** (in Luft sich ausbreitender Schall) (*m. - Akus.*), suono in aria, suono propagantesi attraverso l'aria. 159 ~ **schallot** (*n. - Flugw. - Instr.*), altimetro acustico. 160 ~ **schalter** (*m. - Elekt.*), interruttore in aria. 161 ~ **schieber** (*m. - Verbr.*), valvola (di registro) dell'aria, registro dell'aria, serranda dell'aria. 162 ~ **schiff** (*n. - Flugw.*), siehe Luftschiff. 163 ~ **schlauch** (*m. - Leit.*), tubo flessibile per aria, manichetta per aria. 164 ~ **schlauch** (eines Reifens) (*Aut. - etc.*), camera d'aria. 165 ~ **schleifen** (zwischen Zustellung und Berührung des Werkstückes) (*n. - Werkz.masch. bearb.*), taglio in aria. 166 ~ **schlitz** (*m. - Fahrz. - etc.*), feritoia di ventilazione. 167 ~ **schraube** (*f. - Flugw.*), siehe Luftschraube. 168 ~ **schutz** (*m. - Flugw.*), protezione antiaerea. 169 ~ **schütz** (*m. - Elekt.*), contattore in aria. 170 ~ **seilbahn** (*f. - Transp.*), funivia. 171 ~ **seite** (die talabwärts gerichtete Fläche eines Stauwerks) (*f. - Wass.b.*), lato a valle. 172 ~ **-Sicherheitskissen** (Luftsack) (*n. - Aut.*), pallone (autogonfiabile) di sicurezza, cuscino d'aria di sicurezza. 173 ~ **spalt** (Luftstrecke) (*m. - elekt. Masch.*), traferro, intraferro. 174 ~ **speicher** (Druckluftspeicher) (*m. - Ind.*), serbatoio dell'aria compressa. 175 ~ **speicher-Kraftwerk** (*n. - Ind.*), centrale ad accumulo di aria (compressa). 176 ~ **speicherprinzip** (Einspritzungsart, Lanova-Prinzip) (*n. - Mot.*), principio (d'iniezione) ad accumulo d'aria, principio Lanova. 177 ~ **spiegelung** (*f. - Meteor.*), miraggio. 178 ~ **spiess** (*m. - Giess.*), ago, spillo, tirata d'aria. 179 ~ **spule** (*f. - Elekt.*), bobina in aria. 180 ~ **stewardess** (*f. - Flugw.*), assistente di volo, « hostess ». 181 ~ **stoss** (*m. - Aerodyn. - etc.*), colpo d'aria. 182 ~ **strecke** (Luftspalt) (*f. - elekt. Masch.*), traferro, intraferro. 183 ~ **strecke** (einer Klemme z. B.) (*Elekt.*), distanza di scarica, distanza in aria. 184 ~ **strom** (*m. - allg.*), corrente d'aria. 185 ~ **tanken** (Auftanken eines Flugzeugs im Flug) (*n. - Flugw.*), rifornimento in volo. 186 ~ **tanker** (*m. - Flugw.*), aerocisterna. 187 ~ **tasche** (in einer Leitung) (*f. - Leit.*), sacca d'aria. 188 ~ **taxi** (*n. - Flugw.*), aerotaxi.

189 ~ tisch (bei Papierschneidmaschinen mit Luftdruckanlage zum Anheben des Stapels) (*m. - Masch.*), tavola pneumatica, tavola a getti d'aria. 190 ~ torpedo (*m. - Luftw.*), aerosiluro. 191 ~ tragtrockner (*m. - Papierind.*), seccheria con trasporto su cuscino di aria. 192 ~ transformator (luftgekühlter Transformator) (*m. - Elekt.*), trasformatore (a raffreddamento) in aria. 193 ~ trichter (eines Vergasers) (*m. - Mot.*), diffusore. 194 ~ tüchtigkeit (*f. - Flugw.*), navigabilità. 195 ~ tüchtigkeitszeugnis (*n. - Flugw.*), certificato di navigabilità. 196 ~ überschuss (*m. - Verbr.*), eccesso d'aria. 197 ~ überschusszahl (*f. - Verbr.*), siehe Luftverhältnis. 198 ~ umlauf (Luftzirkulation) (*m. - allg.*), circolazione d'aria. 199 ~ umwälzofen (*m. - Ofen*), forno a circolazione d'aria. 200 ~ - und Raumfahrtindustrie (*f. - Ind.*), industria aerospaziale. 201 ~ -Unterwasser-Flugkörper (*m. - milit.*), missile antisommergibile lanciato da aerei. 202 ~ verdichter (Kompressor) (*m. - Masch.*), compressore d'aria. 203 ~ verdrängung (*f. - Expl. - etc.*), spostamento d'aria. 204 ~ verdünnung (*f. - Phys.*), rarefazione dell'aria. 205 ~ verflüssigung (*f. - Phys.*), liquefazione dell'aria. 206 ~ vergüten (Vergüten bei dem das Härten in Luft stattfindet) (*n. - Wärmebeh.*), bonifica in aria. 207 ~ verhältnis (Verhältnis zwischen zugeführter Luftmenge und erforderlicher Mindestluftmenge) (*n. - Mot.*), indice di eccesso d'aria, rapporto fra peso di aria effettivo e peso minimo occorrente (per la combustione completa). 208 ~ verkehr (*m. - Flugw. - Navig.*), traffico aereo. 209 ~ verkehrslinie (*f. - Flugw.*), linea aerea. 210 ~ vermessung (*f. - Top. - Geogr.*), rilevamento aereo. 211 ~ vorreiniger (*m. - Mot. - etc.*), prefiltro dell'aria. 212 ~ verunreinigung (*f. - Ind. - Ökologie*), inquinamento atmosferico. 213 ~ vorwärmer (*m. - Kessel - etc.*), preriscaldatore d'aria. 214 ~ vorwärmung (*f. - Ofen - etc.*), preriscaldamento dell'aria. 215 ~ waffe (*f. - Luftw.*), aeronautica militare. 216 ~ wechsel (*m. - Lüftung*), ricambio d'aria. 217 ~ wechselzahl (*f. - Lüftung*), siehe Luftleistung. 218 ~ weiche (*f. - elekt. Fahrz.*), scambio aereo. 219 ~ werterechner (*m. - Flugw. - Rechner*), calcolatore dei dati di volo. 220 ~ widerstand (*m. - Flugw.*), resistenza dell'aria. 221 ~ widerstandsbeiwert (eines Pkw z. B. Cw-Wert) (*m. - Aut. - Aerodyn.*), coefficiente di resistenza aerodinamica, coefficiente di resistenza all'avanzamento, coefficiente di resistenza dell'aria. 222 ~ widerstandsfläche (eines Pkw z. B.) (*f. - Aut. - etc.*), superficie frontale. 223 ~ widerstandsleistung (*f. - Fahrz.*), potenza assorbita dalla resistenza dell'aria. 224 ~ widerstandswert (Cw-Wert) (*m. - Aerodyn.*), coefficiente di resistenza aerodinamica. 225 ~ wirbel (atmosphärischer Wirbel) (*m. - Meteor.*), tromba d'aria. 226 ~ zahl (λ) (*f. - Mot.*), siehe Luftverhältnis. 227 ~ zug (*m. - Ofen - Verbr. - etc.*), tiraggio. 228 ~ zylinder (pneumatischer Arbeitszylinder) (*m. - Ger.*), cilindro pneumatico. 229 Ab ~ (*Lüftung*), aria estratta, uscita d'aria. 230 an der ~ erhärten (von Zement) (*Maur.*), far presa all'aria. 231 an der ~ härten (Stahl) (*Wärmebeh.*), temprare in aria. 232 Axial ~ (Axialspiel) (*Mech.*), gioco assiale. 233 faule ~ (*Lüftung*), aria viziata. 234 flüssige ~ (*Phys.*), aria liquida. 235 forcierter ~ zug (*Verbr. - Ofen*), tiraggio forzato. 236 Haupt ~ (Primärluft) (*Verbr.*), aria primaria. 237 induzierter ~ widerstand (*Flugw.*), resistenza indotta. 238 offene ~ blase (*Giess. fehler*), vaiolatura. 239 Primär ~ (Hauptluft) (*Verbr.*), aria primaria. 240 Radial ~ (Radialspiel, eines Lagers) (*Mech.*), gioco radiale. 241 schädlicher ~ widerstand (*Flugw.*), resistenza parassita, resistenza nociva. 242 schwerer als ~ (*Flugw.*), più pesante dell'aria. 243 Spül ~ (*Dieselmot.*), aria di lavaggio. 244 verdünnte ~ (*Phys. - etc.*), aria rarefatta. 245 Zu ~ (*Lüftung*), aria immessa, entrata aria.

luftbereift (*Fahrz.*), a ruote pneumatiche.
luftbespült (Fläche) (*allg.*), lambito dall'aria.
luftdicht (*allg.*), ermetico, a tenuta d'aria.
lüften (auslüften, frische Luft einführen) (*Bauw. - Bergbau*), ventilare. 2 ~ (lockern) (*allg.*), allentare. 3 ~ (anheben) (*allg.*), alzare, sollevare, scostare. 4 die Bremse ~ (*Fahrz. - Masch.*), mollare il freno, allentare il freno, rilasciare il freno.
Lüfter (Ventilator) (*m. - Lüftung - Vorr.*), ventilatore. 2 ~ flügel (*m. - Vorr.*), pala del ventilatore. 3 ~ kopf (*m. - naut.*), manica a vento. 4 ~ motor (Bauart, Ausführung) (*m. - Elektromotor*), motore ventilato. 5 ~ motor (eines Ventilators) (*Lüftung - Ger.*), motore di ventilatore. 6 ~ Fliehkraft ~ (*Lüftung - Vorr.*), ventilatore centrifugo. 7 Schrauben ~ (*Lüftung - Vorr.*), ventilatore elicoidale, ventilatore assiale. 8 Viskose ~ (temperaturabhängig geregelt) (*Aut.*), ventilatore regolabile.
luftförmig (*Phys.*), aeriforme.
luftgekühlt (*Mot. - etc.*), raffreddato ad aria.
luftgelagert (Palette z. B.) (*ind. Transp. - etc.*), a sostentamento pneumatico, a cuscino d'aria.
luftgesteuert (*Mech. - etc.*), a comando pneumatico.
luftgetrocknet (*Ind.*), essiccato all'aria.
lufthärten (*Wärmebeh.*), temprare in aria.
lufthydraulisch (Antrieb z. B.) (*Masch.*), idropneumatico.
luftkühlen (*allg.*), raffreddare in aria.
luftlos (Einspritzung, eines Dieselmotors) (*Mot.*), diretto. 2 ~ e Einspritzung (eines Dieselmotors) (*Mot.*), iniezione diretta.
luftpatentieren (*Wärmebeh.*), patentare in aria.
Luftpumpe (Vorr. zur Erzeugung eines Vakuums) (*f. - Masch.*), pompa pneumatica. 2 ~ (für Fahrzeugreifen) (*Fahrz.*), pompa (per pneumatici). 3 ~ n·glocke (*f. - Phys. - Ger.*), campana per pompa pneumatica. 4 Kapsel ~ (*Masch.*), pompa pneumatica (rotativa) a capsula. 5 Kolben ~ (*Masch.*), pompa pneumatica a stantuffo. 6 Molekular ~ (*Masch.*), pompa pneumatica molecolare. 7 Quecksilber ~ (von Gaede) (*Masch.*), pompa pneumatica rotativa a mercurio.

Luftreifen (*m.* - *Fahrz.*), pneumatico, «gomma». 2 ~ (*Fahrz.*), *siehe auch* Reifen. 3 ~ **mit Schlauch** (*Fahrz.*), pneumatico con camera d'aria. 4 ~ **ohne Schlauch** (*Fahrz.*), pneumatico senza camera d'aria. 5 ~ **schlepper** (*m.* - *Fahrz.*), trattore a ruote pneumatiche. 6 **Ballon** ~ (Ballonreifen) (*Fahrz.*), pneumatico a bassa pressione. 7 **Hochdruck** ~ (*Fahrz.*), pneumatico ad alta pressione. 8 **luftleerer** ~ (*Aut.*), pneumatico a terra, gomma a terra. 9 **schlaffer** ~ (weicher Luftreifen) (*Aut.*), pneumatico sgonfio.

Luftschiff (*n.* - *Flugw.*), dirigibile. 2 ~ **halle** (*f.* - *Flugw.*), hangar per dirigibili, rimessa per dirigibili. 3 ~ **s·gerippe** (*n.* - *Flugw.*), scafo (di dirigibile), ossatura di forza (del dirigibile). 4 **halbstarres** ~ (*Flugw.*), dirigibile semirigido. 5 **Prall** ~ (unstarres Luftschiff) (*Flugw.*), dirigibile floscio. 6 **Starr** ~ (*Flugw.*), dirigibile rigido.

Luftschraube (Propeller) (*f.* - *Flugw.*), elica (aerea). 2 ~ **auf Segelstellung fahren** (*Flugw.*), mettere l'elica in bandiera. 3 ~ **gleichbleibender Drehzahl** (*Flugw.*), elica a giri costanti. 4 ~ **mit umkehrbarer Steigung** (*Flugw.*), elica a passo reversibile, elica frenante. 5 ~ **n·blatt** (Luftschraubenflügel) (*n.* - *Flugw.*), pala dell'elica. 6 ~ **n·enteisung** (*f.* - *Flugw.*), antighiaccio per l'elica. 7 ~ **n·haube** (Luftschraubennabenhaube) (*f.* - *Flugw.*), ogiva dell'elica. 8 ~ **n·kreis·scheibe** (*f.* - *Flugw.*), disco dell'elica. 9 ~ **n·nabe** (*f.* - *Flugw.*), mozzo dell'elica. 10 ~ **n·nabenhaube** (*f.* - *Flugw.*), ogiva dell'elica. 11 ~ **n·regler** (*m.* - *Flugw.*), regolatore di giri dell'elica. 12 ~ **n·schlupf** (*m.* - *Flugw.*), regresso dell'elica. 13 ~ **n·schub** (*m.* - *Flugw.*), spinta dell'elica. 14 ~ **n·schublager** (*n.* - *Flugw.*), cuscinetto reggispinta dell'elica. 15 ~ **n·segelstellung** (*f.* - *Flugw.*), posizione in bandiera dell'elica. 16 ~ **n·steigung** (*f.* - *Flugw.*), passo dell'elica. 17 ~ **n·strahl** (*m.* - *Flugw.*), flusso dell'elica. 18 ~ **n·turbine** (*f.* - *Flugw.* - *Mot.*), turboelica, motore a turboelica. 19 ~ **n·untersetzungsgetriebe** (*n.* - *Flugw.*), riduttore dell'elica. 20 ~ **n·welle** (*f.* - *Flugmotor*), albero portaelica. 21 **auf Segelstellung gefahrene** ~ (*Flugw.*), elica in bandiera. 22 **dreiflügelige** ~ (*Flugw.*), elica tripala. 23 **gegenläufige** ~ (*pl.* - *Flugw.*), eliche controrotanti. 24 **Holz** ~ (*Flugw.*), elica in legno. 25 **Metall-** ~ (*Flugw.*), elica metallica. 26 **Verstellluftschraube** (*Flugw.*), elica a passo variabile (in volo). 27 **vierflügelige** ~ (*Flugw.*), elica quadripala.

luftseitig (Fläche eines Dammes) (*Wass.b.*), a valle.

lufttr. (lufttrocknend) (*Anstr.*), essiccante all'aria.

lufttrocknen (*Ind.*), essiccare in aria. 2 ~ (*Holz*), stagionare.

lufttüchtig (*Flugw.*), idoneo alla navigazione aerea.

Lüftung (*f.* - *Bauw.* - *Bergbau*), ventilazione. 2 ~ (Heben, eines Werkz.) (*Masch.*), sollevamento. 3 ~ **s·anlage** (*f.* - *Lüftung*), impianto di ventilazione. 4 ~ **s·becken** (Belebungsbecken, für Abwasser) (*n.* - *Bauw.*), bacino d'aerazione, bacino a fango attivato. 5 ~ **s·gitter** (*n.* - *Lüftung*), griglia di ventilazione. 6 ~ **s·kanal** (*m.* - *Lüftung*), condotta di ventilazione. 7 ~ **s·schacht** (*m.* - *Bergbau*), pozzo di ventilazione. 8 ~ **s·schlitze** (*f.* - *Lüftung*), feritoia di ventilazione. 9 ~ **s·spiel** (zwischen Bremsbacken und Bremstrommel) (*n.* - *Aut.*), gioco tra ceppi e tamburo. 10 **Be** ~ (Drucklüftung) (*Bauw.* - *Bergbau*), ventilazione a pressione. 11 **Ent** ~ (Sauglüftung) (*Bauw.* - *Bergbau*), ventilazione a depressione, ventilazione aspirante, ventilazione ad aspirazione. 12 **Selbst** ~ (*Bauw.*), ventilazione naturale. 13 **Zwangs** ~ (*Bauw.*), ventilazione artificiale.

Lügendetektor (*m.* - *Masch.* - *recht.*), macchina per la prova della verità.

Luk (*n.* - *Bauw.* - *etc.*), *siehe* Luke.

Luke (Dachfenster) (*f.* - *Bauw.*), abbaino, finestra sul tetto. 2 ~ (*naut.*), boccaporto. 3 ~ **n·deckel** (*m.* - *naut.*), portello di boccaporto. 4 ~ **n·kappe** (*f.* - *naut.*), cappa di boccaporto. 5 ~ **n·ziegel** (*m.* - *Bauw.*), *siehe* Firstziegel. 6 **Lade** ~ (*naut.*), boccaporto di carico, boccaporto di stiva.

Lumen (Einheit des Lichtstroms) (*n.* - *Opt.*), lumen. 2 ~ **messer** (Lichtstrommesser) (*m.* - *Ger.*), lumenometro. 3 ~ **stunde** (*f.* - *Beleucht.*), lumenora.

Lumineszenz (*f.* - *Opt.*), luminescenza.

Luminophor (Phosphor, lumineszenzfähige Substanz) (*m.* - *Opt.*), fosforo, sostanza luminescente, luminoforo.

Lumpen (Lappen) (*m.* - *allg.*), straccio. 2 ~ **kocher** (Hadernkocher) (*m.* - *Papierind.*), bollitore per stracci, lisciviatore per stracci. 3 ~ **reisser** (*m.* - *Papierind.* - *Masch.*), sfilacciatrice per stracci. 4 ~ **stoff** (*m.* - *Papierind.*), pasta di stracci. 5 ~ **wolle** (*f.* - *Text.*), lana rigenerata.

Lunation (*f.* - *Astr.*), lunazione.

Lünette (einer Drehbank) (*f.* - *Werkz.masch.*), lunetta. 2 ~ (über Fenstern z. B.) (*Arch.*), lunetta. 3 ~ **n·ständer** (Bohrstangenständer, eines Horizontalbohrwerks) (*m.* - *Werkz.masch.*), montante lunetta. 4 **feste** ~ (*Werkz.masch.*), lunetta fissa. 5 **mitgehende** ~ (einer Drehbank z. B.) (*Werkz.masch.*), lunetta mobile.

Lunge (*f.* - *Med.*), polmone. 2 **eiserne** ~ (*Med.* - *Ger.*), polmone di acciaio.

Lunisolarpräzession (*f.* - *Astr.*), precessione lunisolare.

Lunker (Hohlraum der sich beim Erstarren in Guss·stücken bildet) (*m.* - *Giess.fehler*), cavità da ritiro. 2 ~ (im Blockkopf) (*Metall.* - *Fehler*), cono di ritiro, cavità da ritiro, risucchio. 3 ~ **pulver** (wärmeabgebendes Pulver) (*n.* - *Giess.*), polvere esotermica. 4 **abgeschöpfter** ~ **kopf** (eines Blocks) (*Metall.*), spuntatura (di lingotto).

lunkerfrei (*Giess.*), senza cavità da ritiro.

lunkern (*Giess.*), formarsi di cavità di ritiro.

Lunkerung (Lunker, eines Blockkopfes) (*f.* - *Metall.*), cono di ritiro, cavità da ritiro, risucchio.

Lunte (Zündschnur) (*f.* - *Expl.*), miccia. 2 ~ (Vorgarn) (*Textilind.*), stoppino, lucignolo. 3 ~ (Anzünder für Pulverzündschnüre) (*Bergbau* - *Expl.*), accenditore.

Lupe (Vergrösserungsglas) (*f. - Opt.*), lente di ingrandimento. 2 ~ n·beleuchtung (zur Ablesung von Nonien z. B.) (*f. - Instr.*), illuminazione lenti. 3 ~ n·vergrössung (*f. - Opt.*), ingrandimento visuale, ingrandimento in angolo visuale. 4 **achromatische** ~ (*Opt.*), lente acromatica. 5 **anastigmatische** ~ (*Opt.*), lente anastigmatica. 6 **aplanatische** ~ (*Opt.*), lente aplanatica. 7 **elektronische** ~ (*Elektronik*), lente elettronica.
Luppe (roher Stahlklumpen bei der Schweissstahlherstellung) (*f. - Metall.*), massello di ferro saldato, lingotto di ferro saldato. 2 ~ (Schlacke) (*Giess. - Metall.*), loppa. 3 ~ n·eisenpaket (*n. - Metall.*), pacchetto di ferro saldato. 4 ~ n·feuer (*n. - Ofen*), forno catalano, basso fuoco, forno contese, forno bergamasco. 5 ~ n·frischfeuer (Rennfeuer) (*n. - Metall. - Ofen*), bassofuoco, forno catalano. 6 ~ n·walze (Vorwalze) (*f. - Walzw.*), cilindro sbozzatore, cilindro sgrossatore.
lusec (Einheit = 10^{-3} Torr. l/s) (*Vakuumtechnik*), lusec.
Lüster (Kronleuchter) (*m. - Elekt. - Beleucht.*), lampadario. 2 ~ (Glasur) (*Keramik*), vetrina. 3 ~ klemme (*f. - Elekt.*), morsetto da lampadario.
Lutetium (*Lu - n. - Chem.*), lutezio.
Lutte (Wasserleitung) (*f. - Bergbau*), condotta d'acqua. 2 ~ (Röhre, für Wetter und Wasser) (*Bergbau*), condotto. 3 ~ n·bewetterung (*f. - Bergbau*), ventilazione separata (con condotta). 4 ~ n·ventilator (*m. - Lüftung*), ventilatore intubato.
Luv (Luvseite, dem Wind zugekehrte Seite des Schiffes) (*f. - naut.*), lato sopravento. 2 ~ **baum** (*m. - naut.*), buttafuori. 3 ~ **winkel** (Vorhalte-Winkel) (*m. - Navig.*), angolo di deriva.
luv! (*naut.*), orza!
luven (anluven, gegen den Wind drehen) (*naut.*), orzare. 2 **auf** ~ (Verkleinern des Winkels zwischen Kurs und Windrichtung) (*naut.*), stringere il vento.
luvgierig (*naut.*), orziero.

Luvo (Luftvorwärmer) (*m. - Kessel - etc.*), preriscaldatore dell'aria.
Lux (Einheit der Beleuchtungsstärke, lx) (*n. - Masseinheit*), lux. 2 ~ **meter** (*n. - Instr.*), luxmetro.
Luxemburg-Effekt (*m. - Funk.*), effetto Lussemburgo.
Luxmasse (Eisenhydroxid, zur Gasreinigung verwendet) (*f. - Ind.*), miscela di Lux, idrossido ferrico.
Luxus (bei Klimatisierung) (*m. - Bauw. - etc.*), benessere, condizioni ottime.
Luxusartikel (*m. - komm.*), articolo di lusso.
Luxusausgabe (*f. - Druck.*), edizione di lusso.
Luxuskabine (*f. - naut.*), cabina di lusso.
Luxussteuer (*f. - finanz.*), tassa sugli articoli non di prima necessità.
LV (Laboratoriums-Vorschriften, für Brennstoffe) (*Chem.*), prescrizioni di laboratorio.
LW (Langwellen) (*Funk.*), onde lunghe. 2 ~ (Leitungswähler) (*Fernspr.*), selettore di gruppo.
l. W (lichte Weite) (*Mass*), luce.
L-Welle (Leitungswelle, TEM-Welle) (*f. - Elektronik*), onda L, onda TEM.
LWR (Leichtwasserreaktor) (*Kernphys.*), reattore ad acqua leggera.
LWS-Verfahren (Loire-Wendel-Sidelor-Prozess, mit von unten geblasenem Sauerstoff) (*n. - Metall.*), processo LWS.
lx (Lux) (*Masseinheit*), lux.
ly (langley = cal/cm²) (*Masseinheit*), ly, langley.
lyophil (*Chem.*), liofilo.
Lyophilization (*f. - Chem. - etc.*), liofilizzazione.
Lyra-Bogen (Lyra-Kompensator, Lyra-Dehnungsausgleicher) (*m. - Leit.*), compensatore ad Ω, compensatore a lira.
Lysimeter (Regenmesser, zur Bestimmung des durch den Boden durchdringenden Wasser) (*n. - Ger.*), lisimetro.
Lysoform (Lysol, Desinfektionsmittel) (*n. - Chem.*), lysoformio.
LZB (lackisoliert mit zwei Lagen Baumwolle, Draht) (*Elekt.*), (filo) smaltato e con due strati di cotone.

M

M (römisches Zahlzeichen für 1000) (*Math.*), M, mille. 2 ~ (Mega, 10⁶) (*Mass*), M, mega. 3 ~ (Maxwell, Masseinheit für den magnetischen Flux) (*Elekt.*), maxwell, Mx. 4 ~ (Gegeninduktivität) (*Elekt.*), induttanza mutua. 5 ~ (Molekulargewicht) (*Chem.*), peso molecolare. 6 ~ (Mach-Zahl, Verhältnis der Strömungsgeschwindigkeit zur Schallgeschwindigkeit) (*Flugw.*), M, numero di Mach. 7 ~ (Moment) (*Baukonstr.lehre - etc.*), M, momento. 8 ~ (Mass·stab) (*Zeichn. - etc.*), scala. 9 ~ (Metazentrum) (*Schiffbau*), M, metacentro. 10 ~ (metrisches Gewinde) (*Mech.*), filettatura metrica. 11 ~ (Martensit) (*Wärmebeh.*), M, martensite. 12 ~ (Siemens-Martin Stahl) (*Metall.*), acciaio Siemens-Martin. 13 ~ (Siemens-Martin-Verfahren) (*Metall.*), processo Martin-Siemens. 14 ~ (spezifische Lichtausstrahlung) (*Beleucht.*), M, radianza luminosa, emittenza luminosa.

m (Meter) (*Masseinheit*), m, metro. 2 ~ (mittel) (*Mech. - etc.*), medio. 3 ~ (hochgestellt, Minute, 9ᵐ z. B.) (*Masseinheit*), min., minuto. 4 ~ (mittel, technische Fläche) (*Mech.*), media. 5 ~ (Milli, 1/1000) (*Masseinheit*), m, milli. 6 ~ (magnetisches Moment) (*Elekt.*), momento magnetico. 7 ~ A (Milliampere) (*Masseinheit*), milliampere.

Ma (Masurium) (*Chem.*), Ma, masurio.

Mäander (Zierband, rechtwinklig gebrochene Linie) (*m. - Arch.*), greca. 2 ~ (Flusswindung) (*Geol.*), meandro.

Maar (vulkanische Eintiefung der Erdoberfläche, von einem See erfüllt) (*n. - Geol.*), maar, lago craterico.

Machart (*f. - allg.*), (tipo di) lavorazione, tipo. 2 ~ (*Seile*), siehe Schlag.

Mache-Einheit (ME, veraltete Masseinheit der Konzentration von Radon in Luft oder Lösungen) (*f. - Radioakt.*), Mache, emanazione di radio.

Macherlohn (Arbeitslohn) (*m. - Arb. - Organ.*), mano d'opera.

Machmeter (*n. - Flugw. - Instr.*), machmetro.

Machne Bronze (aus 50% Cu, 25% Sn und 25% Ni) (*f. - Legierung*), bronzo « Machne ».

Machscher Kegel (*Aerodyn.*), cono di Mach.

Machscher Winkel (*Aerodyn.*), angolo di Mach.

Machsche Zahl (*Flugw.*), siehe Machzahl.

mächtig (dick, Schicht) (*Bergbau*), di grande potenza, di grande spessore.

Mächtigkeit (Dicke, einer Gesteinschicht) (*f. - Bergbau*), potenza, spessore.

Machzahl (Machsche Zahl, Verhältnis zwischen Geschwindigkeit und Schallgeschwindigkeit) (*f. - Flugw.*), numero di Mach.

Madenschraube (*f. - Mech.*), (vite di fermo) senza testa, grano filettato, grano di arresto.

Magazin (Warenlager) (*n. - Ind. - Bauw.*), magazzino. 2 ~ (für die selbsttätige Zuführung von Teilen) (*Werkz.masch.*), caricatore. 3 ~ (Werkzeugausgabe) (*Ind.*), dispensa, magazzino distribuzione utensili. 4 ~ (Zeitschrift) (*Zeitg.*), rivista. 5 ~ (in Schusswaffen) (*Feuerwaffe*), caricatore. 6 ~ (*Phot.*), caricatore. 7 ~ **abbau** (Abbauort) (*m. - Bergbau*), cantiere a magazzino. 8 ~ **bau** (Verfahren) (*m. - Bergbau*), coltivazione a magazzino. 9 ~ **bestände** (*m. - pl. - Ind.*), scorte (di magazzino), giacenze (di magazzino). 10 ~ **lader** (Gewehr) (*m. - Feuerwaffe*), fucile a ripetizione. 11 ~ **verwalter** (*m. - Arb.*), magazziniere. 12 ~ **zuführung** (der Werkstücke) (*f. - Werkz.masch.bearb.*), alimentazione a caricatore.

Magaziner (Lagerwart) (*m. - Arb.*), magazziniere.

Magazineur (Lagerverwalter) (*m. - Arb.*) (*österr.*), magazziniere.

magazinieren (*Ind.*), mettere a magazzino.

mager (*allg.*), magro. 2 ~ (erzarm) (*Bergbau*), sterile. 3 ~ (Gemisch, eines Verbrennungsmotors) (*Mot.*), magro, povero. 4 ~ (Boden) (*Ack.b.*), sterile, magro. 5 ~ (Schriftstärke) (*Druck.*), chiaro. 6 ~ (Milch, entrahmt) (*Ind.*), scremato, magro. 7 ~ **er Kalk** (*Maur.*), calce magra. 8 ~ **machen** (Ton z. B.) (*allg.*), smagrire.

Magerbeton (*m. - Bauw.*), calcestruzzo magro.

Magergas (*n. - Chem.*), gas povero.

Magerkohle (*f. - Brennst.*), carbone magro.

Magermilch (entrahmte Milch) (*f. - Ind.*), latte magro, latte scremato.

Magersand (*m. - Giess.*), terra magra.

Magerungsmittel (zur Verbesserung von Sanden z. B.) (*m. - Giess. - etc.*), materiale smagrante, smagrante (s.).

magisches Auge (Abstimmanzeigeröhre, magischer Fächer, magische Waage) (*Funk.*), occhio magico, indicatore di sintonia.

Magister (Apotheker) (*m. - Pharm.*) (*österr. - schweiz.*), farmacista, laureato in farmacia.

Magma (glutflüssiges Erdinnere) (*n. - Geol.*), magma.

Magnafluxgerät (für Rissprüfung) (*n. - Ger.*), incrinoscopio Magnaflux.

Magnalium (Aluminiumlegierung mit 2÷30% Magnesium) (*n. - Legierung*), magnalio.

Magnesia (MgO) (Bittererde) (*f. - ind. Chem.*), magnesia, ossido di magnesio. 2 ~ **mörtel** (Sorelmörtel) (*m.-Bauw.*), malta di magnesia, malta Sorel. 3 ~ **stein** (mit über 80% MgO) (*m. - Min. - Metall.*), mattone magnesiaco.

Magnesioferrit (MgO.Fe₂O₃) (*m. - Min.*), magnesioferrite.

Magnesit (MgCO₃) (Bitterspat) (*m. - Min.*), magnesite. 2 ~ **bindung** (für Schleifscheiben) (*f. - Werkz.*), agglomerante di magnesite.

Magnesium (Mg - *n. - Chem.*), magnesio. 2 ~ **karbonat** (MgCO₃) (*n. - Chem. - Min.*), carbonato di magnesio. 3 ~ **licht** (*n. - Phot.*), luce al magnesio. 4 ~ **oxyd** (MgO) (*n. - Chem.*), magnesia, ossido di magnesio. 5 ~ **-Stampfmasse** (*f. - Metall.*), pigiata di magnesite. 6 ~ **stein** (*m. - Metall.*), mattone di magnesite.

Magnesyn (magnetischer Wechselstrom-Drehmelder) (*n. - Elekt.*), magnesyn, sincro magnetico, sincroripetitore magnetico.

Magnet (*m. - Phys.*), magnete, calamita. 2 ~ (magnetelektrische Maschine) (*Elekt.*), magnete, macchina magnetoelettrica. 3 ~ (Magnetzündanlage) (*Mot. - Elekt.*), magnete di accensione, magnete. 4 ~ **abscheider** (*m. - Ger.*), separatore magnetico. 5 ~ **anker** (die zwei Pole verbindendes Eisenstück) (*m. - Elekt.*), armatura. 6 ~ **anker** (einer Magnetzündanlage) (*Elekt. - Mot.*), indotto del magnete. 7 ~ **antrieb** (*m. - Elekt.*), comando elettromagnetico, azionamento elettromagnetico. 8 ~ **apparat** (Magnetzündanlage) (*m. - Mot. - Elekt.*), magnete di accensione, magnete. 9 ~ **band** (Tonband, Magnettonband) (*n. - Elektroakus.*), nastro magnetico. 10 ~ **bildverfahren** (*n. - Fernseh. - etc.*), (procedimento di) registrazione magnetica delle immagini. 11 ~ **bremse** (*f. - Elektromech.*), freno elettromagnetico. 12 ~ **drahtspeicher** (*m. - Rechner*), memoria a filo magnetico. 13 ~ **eisenstein** ([Fe₃O₄] Magnetit) (*m. - Min.*), magnetite. 14 ~ **-Endschalter** (für berührungslose Endschaltung) (*m. - Masch. - Elekt.*), finecorsa magnetico, interruttore di finecorsa magnetico. 15 ~ **feld** (*n. - Elekt.*), campo magnetico. 16 ~ **feldregler** (*m. - Elekt.*), reostato di campo. 17 ~ **feldröhre** (*f. - Elektronik*), siehe Magnetron. 18 ~ **film** (Magnettonfilm) (*m. - Filmtech.*), pellicola con colonna di registrazione magnetica del suono, pellicola con colonna sonora. 19 ~ **filter** (*m. - Ger.*), filtro magnetico. 20 ~ **fleck** (eines Dünnschichtspeichers z. B.) (*m. - Rechner*), punto magnetico. 21 ~ **fluss** (*m. - Elekt.*), flusso magnetico. 22 ~ **futter** (*n. - Elektromech.*), mandrino magnetico. 23 ~ **halter** (*m. - Mech. - etc.*), supporto magnetico. 24 ~ **hammer** (bis 2000 kp, für Stanz- etc. Arbeiten) (*m. - Masch.*), maglio magnetico. 25 ~ **hammermaschine** (*f. - Schmiedemasch.*), martellatrice elettromagnetica. 26 ~ **induktion** (*f. - Elekt.*), induzione magnetica. 27 ~ **karte** (Datenträger) (*f. - Rechner*), scheda magnetica. 28 ~ **kartenspeicher** (*m. - Datenverarb.*), memoria a schede magnetiche. 29 ~ **kern** (*m. - Elekt.*), nucleo magnetico. 30 ~ **kernspeicher** (*m. - Rechner*), memoria a nuclei magnetici. 31 ~ **kies** (*m. - Min.*), pirite magnetica. 32 ~ **kompass** (*m. - Instr.*), bussola magnetica. 33 ~ **kopf** (Tonkopf) (*m. - Elektroakus.*), testa di registrazione magnetica, testina (magnetica). 34 ~ **kupplung** (*f. - Elektromech.*), innesto elettromagnetico. 35 ~ **lager** (*n. - Mech.*), supporto magnetico. 36 ~ **lautsprecher** (elektromagnetischer Lautsprecher) (*m. - Funk.*), altoparlante elettromagnetico. 37 ~ **mine** (*f. - Expl.*), mina magnetica. 38 ~ **motorzähler** (*m. - elekt. - Ger.*), contatore elettromagnetico a collettore. 39 ~ **nadel** (*f. - Instr.*), ago magnetico. 40 ~ **o·hydrodynamik** (Lehre des Verhaltens eines Plasmas im Magnetfeld) (*f. - Phys.*), magnetoidrodinamica. 41 ~ **o·optik** (*f. - Elekt. - Opt.*), magnetoottica. 42 ~ **o·rotation** (magnetische Drehung der Polarisationsebene des Lichtes, Faraday-Effekt) (*f. - Opt.*), rotazione magnetica, potere rotatorio magnetico, effetto Faraday. 43 ~ **o·striktion** (*f. - Elekt.*), magnetostrizione. 44 ~ **plattenspeicher** (*m. - Rechner*), memoria a dischi magnetici. 45 ~ **pol** (*m. - Geophys.*), polo magnetico. 46 ~ **pulverprüfung** (*f. - mech. Technol.*), incrinoscopia magnetica. 47 ~ **pulververfahren** (zur Prüfung von Werkstücken) (*n. - mech. Technol.*), incrinoscopio magnetico, metalloscopio (a limatura di ferro). 48 ~ **regler** (Feldregler) (*m. - Elekt.*), reostato di campo. 49 ~ **rüttler** (Magnetvibrator, für Beton) (*m. - Bauw. - Ger.*), vibratore elettromagnetico. 50 ~ **schalter** (*m. - Elekt.*), interruttore elettromagnetico. 51 ~ **scheider** (Ger. zur Trennung magnetischer Teile von unmagnetischen) (*m. - Elekt.*), separatore magnetico. 52 ~ **schwebetechnik** (für Schnelltransportsystemen) (*f. - Transp.*), tecnica di sostentamento magnetico, tecnica di levitazione magnetica. 53 ~ **spannfutter** (einer Drehbank z. B.) (*n. - Werkz.masch.*), mandrino magnetico. 54 ~ **spannplatte** (*f. - Werkz. masch.*), piattaforma magnetica. 55 ~ **speicher** (*m. - Rechenmasch.*), memoria magnetica. 56 ~ **spule** (*f. - Elekt.*), bobina di campo. 57 ~ ~ **stahl** (*m. - Metall.*), acciaio per magneti. 58 ~ **tonaufzeichnung** (*f. - Elektroakus.*), registrazione magnetica del suono. 59 ~ **tonband** (*n. - Elektroakus.*), nastro magnetico, nastro per registrazione magnetica. 60 ~ **tondraht** (*m. - Elektroakus.*), filo magnetico, filo per registrazione magnetica. 61 ~ **tongerät** (*n. - Elektroakus. - Ger.*), registratore magnetico, magnetofono. 62 ~ **tonkamera** (zur elektromagnetischen Tonaufnahme) (*f. - Filmtech.*), macchina per ripresa sonora. 63 ~ **tonverfahren** (*n. - Elektroakus.*), registrazione magnetica (del suono), registrazione magnetoacustica. 64 ~ **trommelspeicher** (*m. - Rechner*), memoria a tamburo magnetico. 65 ~ **umformung** (Werkstoffsumformung durch hohe elektromotorische Kräfte) (*f. - Technol.*), deformazione magnetica. 66 ~ **ventil** (*n. - Elektromech.*), valvola elettromagnetica. 67 ~ **verstärker** (*m. - Funk. - etc.*), amplificatore magnetico. 68 ~ **vibrator** (*m. - Bauw. - Ger.*), siehe Magnetrüttler. 69 ~ **werkstoff** (magnetisierbarer Werkstoff) (*m. - Elekt.*), materiale magnetico. 70 ~ **zünder** (*m. - Mot. - Elekt.*), siehe Magnetzünder. 71 ~ **zündung** (*f. - Mot. - Elekt.*), accensione a magnete. 72 **Blas** ~ (*Elekt.*), magnete spegniarco. 73 **Dauer** ~ (Permanentmagnet) (*Elekt.*), magnete permanente. 74 **Kran** ~ (Hebemagnet) (*Masch.*), magnete di sollevamento. 75 **natürlicher** ~ (*Phys.*), magnete naturale. 76 **Permanent** ~ (Dauermagnet) (*Elekt.*), magnete permanente.

magnetakustisch (*Elektroakus.*), magnetoacustico. 2 ~ **es Verfahren** (zur Prüfung von Werkstücken) (*mech. Technol.*), procedimento magnetoacustico.

magnetbandgesteuert (*Werkz.masch.*), co-

magnetelektrisch

mandato da nastro magnetico, con comando a nastro magnetico.
magnetelektrisch (*Elekt.*), magnetoelettrico.
magnetisch (*Elekt.*), magnetico. 2 ~ e **Aufhängung** (von Eisenb.-Fahrzeugen, Magnetschwebetechnik) (*Eisenb.*), levitazione magnetica, sospensione magnetica. 3 ~ e **Aufnahme** (*Elektroakus.*), registrazione magnetica. 4 ~ e **Deklination** (*Geophys.*), declinazione magnetica. 5 ~ e **Doppelbrechung** (*Opt.*), birifrangenza magnetica. 6 ~ e **Durchlässigkeit** (*Phys.*), permeabilità magnetica. 7 ~ e **Empfindlichkeit** (magnetische Suszeptivität) (*Elekt.*), suscettività magnetica. 8 ~ e **Hysteresis** (*Elekt.*), isteresi magnetica. 9 ~ e **Induktion** (*Elekt.*), induzione magnetica. 10 ~ e **Linse** (magnetische Elektronenlinse) (*Fernseh.*), lente magnetica, lente elettronica magnetica. 11 ~ er **Anrisssucher** (*Mech. - Metall. - Ger.*), incrinoscopio magnetico, metalloscopio magnetico, magnetoscopio. 12 ~ e **Remanenz** (*Elekt.*), magnetizzazione residua. 13 ~ er **Erzscheider** (*Bergbau - App.*), separatore magnetico per minerali. 14 ~ er **Fluss** (*Elekt.*), flusso magnetico. 15 ~ er **Meridian** (*Geogr.*), meridiano magnetico. 16 ~ er **Speicher** (*Rechenmasch.*), memoria magnetica. 17 ~ es **Drehfeld** (*Elekt.*), campo magnetico rotante. 18 ~ es **Erdfeld** (*Geophys.*), campo magnetico terrestre. 19 ~ es **Feld** (*Elekt.*), campo magnetico. 20 ~ es **Moment** (*Elekt.*), momento magnetico. 21 ~ e **Stürme** (magnetische Gewitter, magnetische Störungen) (*Geophys.*), tempeste magnetiche. 22 ~ e **Wiedergabe** (*Elektroakus.*), riproduzione magnetica. 23 dia ~ (*Elekt.*), diamagnetico. 24 ferro ~ (*Elekt.*), ferromagnetico. 25 para ~ (*Elekt.*), paramagnetico.
magnetisieren (*Elekt.*), magnetizzare.
Magnetisierung (*f. - Elekt.*), magnetizzazione. 2 ~ s·kennlinie (Magnetisierungskurve) (*f. - Elekt.*), curva di magnetizzazione, caratteristica di magnetizzazione. 3 ~ s·koeffizient (magnetische Suszeptibilität) (*m. - Elekt.*), coefficiente di magnetizzazione, suscettività magnetica. 4 ~ s·konstante (magnetische Durchlässigkeit) (*f. - Elekt.*), permeabilità magnetica. 5 ~ s·kurve (*f. - Elekt.*), curva di magnetizzazione. 6 ~ s·schleife (*f. - Elekt.*), ciclo di magnetizzazione. 7 kreisförmige ~ (*Elekt.*), magnetizzazione circolare. 8 zurückbleibende ~ (remanente Magnetisierung) (*Elekt.*), magnetizzazione residua.
Magnetismus (*m. - Elekt.*), magnetismo. 2 Dia ~ (*Elekt.*), diamagnetismo. 3 Erd ~ (*Geophys.*), magnetismo terrestre. 4 Ferro ~ (*Elekt.*), ferromagnetismo. 5 freier ~ (*Elekt.*), magnetismo libero. 6 Para ~ (*Elekt.*), paramagnetismo. 7 remanenter ~ (Restmagnetismus) (*Elekt.*), magnetismo residuo.
Magnetit (Fe_3O_4) (Magneteisenstein) (*m. - Min.*), magnetite.
Magnetochemie (*f. - Chem. - Phys.*), magnetochimica.
Magnetogramm (*n. - Geophys.*), magnetogramma.
Magnetograph (zur Aufzeichnung der zeitlichen Veränderungen des erdmagnetischen Feldes) (*m. - Geophys. - Ger.*), magnetografo.

544

magnetohydrodynamisch (*Elekt. - etc.*), magnetoidrodinamico.
magneto-kalorisch (Effekt) (*Phys.*), magnetocalorico.
Magnetometer (zur Messung kleiner Feldstärkenänderungen) (*n. - Geophys.*), magnetometro.
magnetomotorisch (*Elekt.*), magnetomotore, magnetomotrice.
Magneton (Elementarquantum des magnetischen Moments) (*n. - Elekt.*), magnetone.
magnetooptisch (*Opt.*), magneto-ottico.
Magnetophon (Magnettongerät) (*n. - Elektroakus.*), magnetofono, registratore magnetico.
Magnetopyrit (Magnetkies, Pyrrhotin, Leberkies) (*m. - Min.*), magnetopirite, pirrotina, pirite magnetica.
Magnetoskop (*n. - Werkstoffprüfung - App.*), magnetoscopio, incrinoscopio magnetico.
Magnetostatik (*f. - Phys.*), magnetostatica.
Magnetostriktion (*f. - Phys.*), magnetostrizione.
Magnetron (Magnetfeldröhre, Hochvakuum - Elektronenröhre) (*n. - Elektronik*), magnetron. 2 Vielschlitz- ~ (*Elektronik*), magnetron multicavità.
Magnetzünder (Magnetapparat, Zündmagnet) (*m. - Mot. - Elekt.*), magnete di accensione, magnete. 2 ~ mit selbsttätiger Zündverstellung (*Mot. - Elekt.*), magnete ad anticipo automatico. 3 Anlass ~ (Summer) (*Mot. - Elekt.*), magnetino di avviamento.
Magnus-Effekt (*m. - Aerodyn. - Hydr.*), fenomeno di Magnus, effetto Magnus.
MAG-Schweissen (Metal-Aktive-Gas-Schweissen, mehratomige-Gase-Schweissen, CO_2-Schweissen z. B.) (*n. - mech. Technol.*), saldatura MAG, saldatura sotto gas attivo.
Mahagoni (*n. - Holz*), mogano.
Mähbinder (*m. - Landw. - Masch.*), mietitrice--legatrice, mietilegatrice.
Mähdrescher (*m. - Landw. - Masch.*), mietitrebbia, mietitrebbiatrice.
mähen (*Landw.*), falciare.
Mäher (Mähmaschine) (*m. - Landw. - Masch.*), falciatrice. 2 ~ (Schnitter, mit der Sense) (*Arb.*), falciatore. 3 Rasen ~ (*Landw. - Masch.*), falciatrice per prati.
Mahlanlage (*f. - Masch.*), impianto di macinazione.
Mahlbarkeit (*f. - Ind.*), macinabilità.
Mahlen (einer Luftschraube) (*n. - Flugw.*), autorotazione. 2 ~ (*Landw. - etc.*), siehe Mahlung.
mahlen (*Landw. - etc.*), macinare.
Mahlfeinheit (*f. - Bauw. - etc.*), finezza di macinazione.
Mahlgang (*m. - Masch.*), macina, palmento.
Mahlgrad (Mahlfeinheit) (*m. - Landw. - etc.*), finezza di macinazione.
Mahlholländer (*m. - Papierind. - Masch.*), raffinatore.
Mahlmühle (*f. - Ind.*), mulino.
Mahlpeil (zum Regeln des Pumpbetriebes) (*m. - Hydr.*), livello di pompaggio.
Mahlstein (Mühlstein) (*m. - Masch.*), mola.
Mahlung (*f. - Ind.*), macinazione. 2 Fein ~ (*Ind.*), macinazione. 3 Feinst ~ (*Ind.*), polverizzazione. 4 Grob ~ (*Ind.*), frantumazione. 5 Ver ~ (von Getreide) (*Ind.*), macinazione.

Mähmaschine (Mäher) (*f. - Landw. - Masch.*), falciatrice.
Mahnbrief (*m. - Büro*), sollecito.
mahnen (*Büro*), sollecitare.
Mahnung (*f. - komm. - Büro*), sollecito.
Maie (Weissbirke) (*f. - Holz*), betulla.
Mailänder Andruckpresse (Flachoffsetmaschine) (*f. - Druckmasch.*), macchina offset con forma in piano.
Maintainer (Strassenhobelart) (*m. - Fahrz.*), (tipo di) motolivellatore.
Mais (Welschkorn, türkischer Weizen) (*m. - Landw.*), mais, granoturco.
Majolika (*f. - Keramik*), maiolica. 2 ∼ **platte** (*f. - Bauw.*), piastrella di maiolica.
Majorität (*f. - allg.*), maggioranza. 2 ∼ s· **träger** (Mehrheitsträger) (*m. - Elektronik*), portatore maggioritario, supporto maggioritario.
Majuskel (Versalbuchstabe, Versal, Grossbuchstabe) (*f. - Druck.*), maiuscola (*s.*).
MAK (*Arb.*), siehe MAK-Wert.
Makadam· (Makadamdecke, Strassenbelag) (*m. - Strass.b.*), macadam, pavimentazione in macadam. 2 **Asphaltmisch** ∼ (mit Bitumen als Bindemittel) (*Strass.b.*), macadam al bitume. 3 **Teermisch** ∼ (mit Teer oder Teer - Bitumen - Gemisch als Bindemittel) (*Strass.b.*), macadam al catrame.
makadamisieren (*Strass.b.*), macadamizzare, pavimentare a macadam.
Makkaronirohr (aus Spezialstahl und mit kleinem Durchmesser) (*n. - Bergbau*), tubo di piccolo diametro (per impieghi speciali).
Makler (*m. - komm.*), mediatore. 2 ∼ **kammer** (*f. - finanz.*), sindacato degli agenti di cambio. 3 **freier** ∼ (*finanz.*), mediatore privato.
Mako (Baumwolle) (*m. - Text.*), makò.
Makrochemie (*f. - Chem.*), macrochimica.
Makrographie (*f. - Metall.*), macrografia.
Makroinstruktion (*f. - Rechner*), macroistruzione.
Makromolekül (*n. - Chem.*), macromolecola.
Makrophotographie (Lupenphotographie, Nahaufnahme) (*f. - Phot.*), macrofotografia.
Makroschliff (Probe) (*m. - Metall.*), provino lucidato per esame macrostrutturale.
makroskopisch (*Opt.*), macroscopico.
Makrostruktur (*f. - Metall.*), macrostruttura.
Makrotisch (Makrodiatisch, für Makrophotographie) (*m. - Phot.*), tavolo per macrofotografie.
Makulatur (Altpapier) (*f. - Ind. - etc.*), carta da macero.
makulieren (einstampfen) (*Ind. - etc.*), mandare al macero.
MAK-Wert (maximale Arbeitsplatzkonzentration, von schädlichen Stoffen in der Atemluft) (*m. - Ind. - Arb. - Med.*), concentrazione massima (di tossici industriali) nel posto di lavoro.
Malachit (Kupferspat) (*m. - Min.*), malachite. 2 ∼ **grün** (*n. - Farbe*), verde malachite.
Maleinsäure (*f. - Chem.*), acido maleico.
Malen (Anstreichen, Tünchen z. B.) (*n. - Bauw.*), tinteggiatura, verniciatura, « pitturazione », « imbiancatura ».
malen (*Kunst*), dipingere, pitturare.

Maler (Anstreicher) (*m. - Arb. - Bauw.*), verniciatore, « imbianchino », « pittore ». 2 ∼ (Kunstmaler) (*Kunst*), pittore. 3 ∼ **meister** (*m. - Arb. - Bauw.*), maestro di pennello, imbianchino, verniciatore.
Malerei (*f. - Kunst*), pittura.
Mall (Modell für Schiffbaustücke) (*n. - Schiffbau*), disegno in vera grandezza. 2 ∼ **boden** (*m. - Schiffbau*), sala a tracciare, sala di tracciatura.
Mallen (*n. - Schiffbau*), tracciatura.
mallen (nach dem Modell arbeiten) (*Schiffbau*) tracciare.
Malm (oberste Abteilung des Jura, weisser Jura) (*m. - Geol.*), malm, giura bianco, giura superiore.
Maltase (Enzym) (*f. - Chem.*), maltasi.
Malteserkreuz (Schaltgetriebe) (*n. - Mech. - Filmtech.*), croce di Malta. 2 ∼ **bewegung** (*f. - Mech.*), movimento a croce di Malta.
Malthene (*n. - pl. - Chem.*), malteni.
Maltose ([$C_{12}H_{22}O_{11} \cdot H_2O$], Malzzucker) (*f. - Chem.*), maltosio.
Malz (*n. - chem. - Ind.*), malto.
Mälzerei (Malzfabrik) (*f. - chem. Ind.*), malteria.
Malzzucker (*m. - Chem.*), siehe Maltose.
Mammutbronze (Deltametall) (*f. - Legierung*), metallo delta.
Mammutpumpe (Druckluftgerät zum Heben von warmen Flüssigkeiten, etc.) (*f. - Masch. - Hydr.*), pompa mammut.
m. A. n. (meiner Ansicht nach) (*allg.*), secondo il mio parere, secondo il mio punto di vista.
Manchon (Filzschlauch, Filzärmel, Walzenüberzug der Gautschpresse) (*m. - Papierind - etc.*), rivestimento di feltro tubolare.
Mandat (Auftrag) (*n. - recht.*), mandato. 2 **Vertretungs** ∼ (*komm. - etc.*), mandato di rappresentanza. 3 **Zahlungs** ∼ (*Adm.*), mandato di pagamento.
Mandelöl (*n. - Ind.*), olio di mandorle.
Mangan (Mn - *n. - Chem.*), manganese. 2 ∼ **bronze** (*f. - Legierung*), bronzo al manganese. 3 ∼ **dioxyd** (MnO_2) (*n. - Min.*), biossido di manganese, pirolusite. 4 ∼ **eisen** (*n. - Legierung*), ferro-manganese. 5 ∼ **stahl** (*m. - Metall.*), acciaio al manganese. 6 **Ferro** ∼ (*Legierung*), ferro-manganese.
Manganin (für elekt. Widerstände, Bronze mit 12% Mn und 4% Ni) (*n. - Metall. - Elekt.*), manganina.
Mange (Mangel) (*f. - Masch.*), mangano.
Mangel (Fehlen) (*m. - allg.*), mancanza, deficienza, carenza. 2 ∼ (Fehler) (*allg.*), difetto, inconveniente. 3 ∼, *siehe auch* Mangel (*f.*). 4 ∼ **elektron** (Defektelektron) (*n. - Elektronik*), buco elettronico, lacuna elettronica. 5 ∼ **halbleiter** (*m. - Elektronik*), semiconduttore per difetto. 6 **Gas** ∼ **ventil** (einer Gasheizungsanlage z. B.) (*n. - Wärme - etc.*), valvola mancanza gas. 7 **Luft** ∼ (*Verbr.*), difetto di aria.
Mangel (Mange) (*f. - Masch.*), mangano. 2 ∼, *siehe auch* Mangel (*m.*).
mangelhaft (unvollkommen) (*allg.*), incompleto. 2 ∼ (fehlerhaft) (*allg.*), difettoso.
Mängelrüge (Klage über schlechte Ware) (*f. - komm.*), reclamo per difetti.
Manifest (Ladungsmanifest Verzeichnis der

Manilahanf

Güter) (*n. - naut. - Transp.*), manifesto. 2 **Ladungs** ~ (*naut. - Transp.*), manifesto di carico.

Manilahanf (*m. - Text. - Ind.*), manilla, canapa di Manilla.

Manipulator (Ger. zur Übertragung von Bewegungen) (*m. - Atomphys. - etc.*), manipolatore. 2 ~ **für Schmiedestücke** (*Ger.*), manipolatore per fucinati. 3 **hydraulischer** ~ (*Atomphys. - Ger.*), manipolatore idraulico.

Mannesmannrohr (nahtloses Rohr) (*n. - Metall.*), tubo Mannesmann, tubo senza saldatura.

Mannit (Mannazucker) (*m. - Chem.*), mannite.

Mannloch (Einsteigeöffnung, für Reparatur z. B.) (*n. - Kessel - etc.*), passo d'uomo.

Mannschaft (Besatzung) (*f. - naut. - Flugw.*), equipaggio. 2 ~ **s·lampe** (Bergmannslampe) (*f. - Ger.*), lampada da minatore.

Manntau (*n. - naut.*), cima di sicurezza.

Manograph (*m. - Ger.*), manografo.

Manometer (Druckmesser) (*n. - Instr.*), manometro. 2 ~ **dose** (*f. - Instr.*), capsula manometrica. 3 ~ **schalter** (*m. - Ger.*), selettore manometrico. 4 **Differential** ~ (*Instr.*), manometro differenziale. 5 **Flüssigkeits** ~ (*Instr.*), manometro a liquido, manometro a colonna di liquido. 6 **Membran** ~ (*Instr.*), manometro a membrana. 7 **Metall** ~ (*Instr.*), manometro metallico. 8 **Quecksilber** ~ (*Instr.*), manometro a mercurio. 9 **Widerstands** ~ (*Elekt. - Instr.*), manometro a resistenza.

manometrisch (*Phys.*), manometrico. 2 ~ **e Druckhöhe** (Überdruck in m Wasser gemessen, einer Feuerlöschkreiselpumpe z. B.) (*Hydr.*), altezza manometrica di mandata. 3 ~ **e Förderhöhe** (Druckdifferenz bestehend aus Druckdifferenz zwischen Druck- und Saugwasserspiegel, geodätischer Förderhöhe, Strömungswiderstand und Geschwindgkeitsenergie) (*Hydr.*), altezza manometrica totale, altezza idraulica. 4 ~ **e Gesamtförderhöhe** (Unterschied zwischen manometrische Druckhöhe und manometrischer Saughöhe) (*Hydr.*), prevalenza manometrica. 5 ~ **e Saughöhe** (*Hydr.*), altezza manometrica di aspirazione.

Manostat (*m. - Instr. - Ger.*), manostato, pressostato.

Manöverbrücke (Hütte) (*f. - naut.*), ponte di manovra.

Manövertelegraph (*m. - naut.*), telegrafo di manovra, telegrafo di macchina.

Manövrierfähigkeit (*f. - Flugw. - naut.*), manovrabilità.

Mansarde (bewohnbares Dachgeschoss) (*f. - Bauw.*), mansarda. 2 ~ **n·binder** (*m. - Bauw.*), incavallatura a mansarda. 3 ~ **n·dach** (*n. - Bauw.*), tetto a mansarda. 4 ~ **n·dach in Pultdachform** (*Bauw.*), tetto a mansarda ad una falda. 5 ~ **n·dach mit stehendem Stuhl und Versenkung** (*Bauw.*), tetto a mansarda a doppia alzata con colonnetta.

Manschette (Dichtungsring, aus Gummi etc., für Kolben z. B.) (*f. - Mech.*), guarnizione anulare, anello di tenuta. 2 ~ (äussere Umhüllung, zum Schutz gegen Wärme- und Kälteverlust, von Leitungen z. B.) (*Kessel -*

546

etc.), rivestimento isolante. 3 ~ (Oberarmmanschette, eines Blutdruckmessers) (*Ger. - Med.*), bracciale. 4 **Lippenring** ~ (*Mech.*), guarnizione anulare a labbro, guarnizione anulare con tenuta a spigolo. 5 **Nutring** ~ (*Mech.*), guarnizione anulare con gola. 6 **Topf** ~ (*Mech.*), guarnizione anulare a tazza.

Mantel (Umhüllung) (*m. - Mech. - etc.*), rivestimento. 2 ~ (eines Kabels) (*Elekt.*), guaina. 3 ~ (Umhüllung zum Schutz gegen Wärme- oder Kälteverlust) (*Kessel - Leit. - etc.*), rivestimento isolante. 4 ~ (Oberfläche, eines Zylinders z. B.) (*Geom.*), superficie curva, mantello. 5 ~ (eines Ofens) (*Metall. - Giess.*), carcassa, mantello, fasciame. 6 ~ (Rechtsform, einer Gesellschaft) (*komm. - finanz.*), forma (di società). 7 ~ (Decke, eines Reifens) (*Fahrz.*), copertone, copertura. 8 ~ (eines Kupolofens) (*Metall.*), mantello, involucro metallico. 9 ~ (Gerippe) (*Bauw.*), manto. 10 ~ (eines Drehkolbenmotors, trochoidenförmiges Gehäuse) (*Verbr. - Mot.*), statore. 11 ~ (Schaft, eines Kolbens) (*Mot.*), mantello. 12 ~ (Aktie) (*finanz.*), azione. 13 ~ (Bühnenrahmen, Portal) (*Theater*), boccascena. 14 ~ (eines Angestellters z. B.) (*Arb.*), camice. 15 ~ **dichtung** (eines Wankelmotors) (*f. - Mot.*), guarnizione (dello) statore. 16 ~ **draht** (*m. - Ind.*), filo (metallico) fasciato. 17 ~ **draht** (Mantelelektrode) (*mech. Technol.*), elettrodo rivestito. 18 ~ **elektrode** (zum Schweissen) (*f. - Elekt. - mech. Technol.*), elettrodo rivestito. 19 ~ **laufbahn** (eines Wankelmotors) (*f. - Mot.*), pista scorrimento rotore. 20 ~ **linie** (des Teilzylinders eines Zahnrades z. B.) (*f. - Mech.*), generatrice. 21 ~ **ring** (eines Rohres) (*m. - Leit. - etc.*), cerchiatura. 22 ~ **rohr** (Brunnenrohr) (*n. - Wass.b.*), tubo da pozzo. 23 ~ **rohr** (*Leit. - Mech.*), manicotto. 24 ~ **rohr** (der Lenkung) (*Aut.*), tubo esterno (del piantone di guida). 25 ~ **rohr** (eines Liebig-Kühlers) (*App.*), mantello. 26 ~ **schraube** (*f. - naut. - etc.*), elica intubata, elica con mantello. 27 ~ **schutzfaktor** (Kabelreduktionsfaktor) (*m. - Fernspr. - etc.*), fattore di riduzione (di un cavo). 28 ~ **tarifvertrag** (*m. - Arb. - Organ.*), contratto collettivo di lavoro. 29 ~ **transformator** (*m. - Elekt.*), trasformatore a mantello, trasformatore corazzato. 30 ~ **wand** (*f. - Maur.*), mantellata, parete di rivestimento. 31 ~ **zähne** (eines Fräsers, Mantelschneiden) (*m. - pl. - Werkz.*), denti periferici, taglienti periferici.

Mantisse (eines Logarithmus, hinter dem Komma stehende Ziffern) (*f. - Math.*), mantissa.

manuell (*allg.*), manuale.

Manufaktur (Handarbeit) (*f. - Arb.*), lavorazione a mano.

Manuskript (eines Buches, in Hand- oder Maschinenschrift) (*n. - Druck.*), manoscritto.

Mappe (zum Aufbewahren loser Blätter z. B.) (*f. - Top - Bauw.*), cartella. 2 ~ (Landkarte) (*Top - Bauw.*), mappa. 3 ~ **n·blatt** (*n. - Top. - Bauw.*), foglio di mappa. 4 ~ **n·zahl** (*f. - Top. - Bauw.*), numero mappale. 5 **Zeichen** ~ (*Zeichn.*), cartella per disegni.

Mappeur (Landkartenzeichner) (*m. - Top. - Bauw.*), mappatore, disegnatore di mappe.

mappieren (Landkarten zeichnen) (*Top. - Bauw.*), mappare, disegnare mappe.
Maraging-Stahl (martensitaushärtbarer Stahl) (*m. - Metall.*), acciaio maraging.
Margarine (Kunstbutter) (*f. - Ind.*), margarina, burro artificiale.
Marienglas (kristallinischer Gips) (*n. - Bauw.*), gesso cristallino.
Marine (*f. - naut. - Kriegsmar.*), marina. 2 ~ **bronze** (Zinnbronze mit 2% Sn, Fe und Pb) (*f. - Legierung*), bronzo da marina, bronzo allo stagno (col 2% Sn, Fe e Pb). 3 ~ **ingenieur** (*m. - naut.*), ingegnere navale. 4 ~ **kopf** (Schubstangenkopf, geteilt) (*Mech.*), testa (di biella) divisa. 5 ~ **leim** (*m. - naut.*), colla da marina. 6 **Handels** ~ (*naut.*), marina mercantile. 7 ~ **werkstatt** (*f. - naut.*), officina navale. 8 **Kriegs** ~ (*Kriegsmar.*), marina militare.
Marinieren (Verfahren zur Konservierung von Fischprodukten) (*n. - Ind.*), marinatura.
Marinoputz (Edelputz mit Marmorstaubzusatz) (*m. - Bauw.*), intonaco da rifinitura con polvere di marmo.
Mark (*n. - Holz*), midollo.
Markasit (Fe S_2) (*m. - Min.*), marcassite, pirite bianca.
Marke (Zeichen, an einer Ware) (*f. - recht. - komm.*), marchio. 2 ~ (Schutzmarke) (*recht.*), marchio di impresa, marchio di fabbrica. 3 ~ (einer Versicherungskarte) (*Arb.*), marca. 4 ~ **n·geber** (Briefmarkenautomat) (*m. - Post*), distributore automatico di francobolli. 5 ~ **n·meisterschaft** (*f. - Aut. - Sport*), campionato marche. 6 ~ **n·schild** (*n. - Ind.*), stemma. 7 **Brief** ~ (*Post*), francobollo. 8 **Tieflade** ~ (*Schiffbau*), marca di immersione.
Marketing (*komm.*), mercatistica, marketing. 2 ~ **-Leiter** (*m. - Ind.*), direttore del marketing.
Markieren (Markierung) (*n. - Fernspr.*), marcaggio, marcatura.
markieren (kennzeichnen) (*allg.*), marcare, contrassegnare.
Markierer (*m. - Fernspr.*), marcatore.
Markierkreise (*m. - pl. - Radar*), cerchi di distanza.
Markierrelais (*n. - Fernspr.*), relè marcatore.
Markierschritt (*m. - Fernspr.*), passo di marcaggio.
Markierstab (Merkstab) (*m. - Bauw.*), picchetto.
markiert (Atom) (*Atomphys.*), marcato.
Markierung (*f. - allg.*), contrassegno. 2 ~ (*Fernspr.*), marcaggio, marcatura. 3 ~ **s·bake** (Markierungssender, Markierungsfeuer) (*f. - Radar*), radiofaro marcatore, radiomeda. 4 ~ **s·generator** (*m. - Radar*), generatore di marche di distanza, generatore marcatore. 5 ~ **s·stoff** (*m. - Radioakt.*), materiale marcante. 6 ~ **s·vorrichtung** (*f. - Vorr.*), marcatore, dispositivo marcatore.
Markierwähler (*m. - Fernspr.*), selettore marcatore.
Markise (aufrollbares Sonnenschutzdach) (*f. - Bauw. - Text.*), tenda (avvolgibile).
Markscheide (Grenzlinie des Grubenfeldes) (*f. - Bergbau*), confine. 2 ~ **kunde** (*f. - Geophys. - Bergbau*), prospezione, rilevamento geofisico, rilevamento minerario.
Markscheider (*m. - Bergbau*), prospettore, addetto ai rilevamenti minerari.
Markstein (Grenzstein) (*m. - Top.*), pietra di confine, pietra confinaria, meta, termine.
Markt (*m. - komm.*), mercato. 2 ~ **analyse** (*f. - komm.*), analisi di mercato. 3 ~ **fahrer** (Wanderhändler) (*m. - komm.*) (*österr.*), venditore ambulante. 4 ~ **forschung** (*f. - komm.*), ricerche di mercato. 5 ~ **halle** (*f. - Bauw.*), mercato coperto. 6 ~ **preis** (Tagespreis) (*m. - komm.*), prezzo corrente. 7 ~ **sättigung** (*f. - komm.*), saturazione del mercato. 8 ~ **vorhersage** (*f. - komm.*), previsione di mercato. 9 **Binnen** ~ (*komm.*), mercato interno.
marktfähig (*komm.*), commerciabile.
marktgerecht (*komm.*), adatto al mercato.
marlen (das Segel an den Mast reihen) (*naut.*), inferire.
Marlleine (Seil zum Festmachen des Segels) (*f. - naut.*), merlino.
Marlpfriem (Marlspieker, zum Spleissen) (*m. - naut.*), caviglia per impiombare.
Marlschlag (Marlstich, Knoten) (*m. - naut.*), strafilatura.
Marlspieker (*m. - naut.*), siehe Marlpfriem.
Marlstich (*m. - naut.*), siehe Marlschlag.
Marmor (*m. - Min.*), marmo. 2 ~ **gips** (doppelt gebrannter und mit Alaun getränkter Gips) (*m. - Bauw.*), gesso allumato, falso alabastro. 3 ~ **papier** (*n. - Papierind.*), carta marmorizzata. 4 ~ **platte** (*f. - Bauw. - etc.*), lastra di marmo. 5 **künstlicher** ~ (*Bauw.*), marmo artificiale.
marmorieren (*Anstr.*), marmorizzare.
marmorn (*Min.*), marmoreo.
Maroquin (*m. - Lederind.*), marocchino.
Mars (Mastkorb) (*m. - naut.*), coffa, gabbia. 2 ~ **laterne** (*f. - naut.*), fanale di gabbia. 3 ~ **segel** (*n. - naut.*), vela di gabbia. 4 ~ **stenge** (*f. - naut.*), albero di gabbia.
Marschboden (*m. - Geol.*), terreno paludoso.
Marschgeschwindigkeit (Reisegeschwindigkeit) (*f. - naut.*), velocità di crociera.
Marschleistung (Dauerleistung, eines Schiffsmotor) (*f. - Mot. - naut.*), potenza di crociera, potenza continuativa.
Martensit (*m. - Metall.*), martensite. 2 ~ **aushärtung** («Maraging») (*f. - Wärmebeh.*), invecchiamento della martensite, «maraging». 3 ~ **gefüge** (*n. - Metall.*), struttura martensitica. 4 ~ **- Interverenzverfahren** (*n. - Metall.*), interferometria su martensite. 5 ~ **punkt** (*m. - Metall.*), siehe Martensit-Temperatur. 6 ~ **temperatur** (Ms-Punkt, Ar''-Temperatur, Temperatur bei der die Martensitstufe beginnt) (*f. - Metall.*), temperatura inizio formazione martensite, punto Ms, temperatura Ar''.
martensitaushärtbar («maraging», Stahl) (*Metall.*), «maraging».
martensitisch (*Metall.*), martensitico.
Martinofen (*m. - Metall.*), forno Martin.
Martinprozess (*m. - Metall.*), processo Martin.
Martinstahl (*m. - Metall.*), acciaio Martin.
Masche (*f. - Textilind.*), maglia. 2 ~ (eines Siebes) (*Ind.*), maglia. 3 ~ (bei Strumpf-

Maschine

herstellung) (*Textilind.*), maglia. 4 ~ n·anode (*f. - Elektronik*), anodo a maglia. 5 ~ n·drahtgewebe (*n. - metall. Ind.*), rete metallica. 6 ~ n·netz (vermaschte Netz) (*n. - Elekt.*), rete a maglie, rete magliata. 7 ~ n·regel (Kirchhoffsches Gesetz) (*f. - Elekt. - Phys.*), regola delle maglie. 8 ~ n·schaltung (*f. - Elekt.*), circuito a maglie.

Maschine (*f. - Masch.*), macchina. 2 ~ für spanlose Metallbearbeitung (*Masch.*), macchina a deformazione, macchina per la lavorazione dei metalli senza asportazione di truciolo. 3 ~ mit ausgeprägten Polen (*elekt. Masch.*), macchina (elettrica) a poli salienti. 4 ~ mit Berührungsschutz (*Elekt.*), macchina protetta contro il contatto. 5 ~ mit Einzelantrieb (*Werkz.masch.*), macchina con motore incorporato. 6 ~ mit Elektromagnet (*Elekt.*), macchina dinamoelettrica. 7 ~ mit Fremdkühlung (*Elekt.*), macchina a ventilazione separata. 8 ~ mit Selbstkühlung (*Elekt.*), macchina autoventilata, macchina a raffreddamento naturale. 9 ~ mit Umlaufkühlung (*elekt Masch.*), macchina ventilata in circuito chiuso. 10 ~ n·anker (*m. - Masch.*), bullone di fondazione (per macchine). 11 ~ n·antrieb (*m. - Mech.*), comando meccanico, azionamento meccanico. 12 ~ n·arbeiter (*m. - Arb. - Werkz.masch.*), meccanico, operatore di macchina utensile. 13 ~ n·adresse (*f. - Rechner*), indirizzo di macchina. 14 ~ n·auslastung (*f. - Arb. - Organ.*), utilizzazione macchine. 15 ~ n·bau (*m. - Masch.*), costruzione di macchine. 16 ~ n·bau (Maschinenwesen) (*Schule*), ingegneria meccanica. 17 ~ n·bau (Maschinenindustrie) (*Ind.*), industria meccanica. 18 ~ bauanstalt (*f. - Ind.*), officina meccanica. 19 ~ n·bauingenieur (*m. - Schule - Ind*), ingegnere meccanico. 20 ~ bauschule (*f. - Schule*), scuola di ingegneria, politecnico. 21 ~ n·bauwesen (*n. - Schule - etc.*), ingegneria meccanica. 22 ~ n·befehl (*m. - Datenverarb.*), istruzione di macchina. 23 ~ n·belastung (*f. - Werkz.masch.bearb. - Arb. - Organ.*), carico macchine. 24 ~ n·belastungsplan (*m. - Arb. - Organ. - Werkz.masch.bearb.*), grafico carico macchine. 25 ~ n·druck (*m. - Druck.*), stampa a macchina. 26 ~ n·elemente (*n. - pl. - Masch.*), elementi di macchine, organi di macchine. 27 ~ n·feilen (*n. - Mech.*), limatura meccanica, limatura a macchina. 28 ~ n·formerei (*f. - Giess.*), formatura meccanica. 29 ~ n·geschütz (Maschinenkanone, kleinkalibriges [20-40 mm] Schnellfeuergeschütz) (*n. - Feuerwaffe*), mitragliera. 30 ~ n·gestell (*n. - Masch.*), incastellatura (della macchina). 31 ~ n·gestell (eines Elektroaggregates z. B.) (*Elekt. - Masch.*), base comune, basamento comune. 32 ~ n·gewehr (MG) (*n. - Feuerwaffe*), mitragliatrice. 33 ~ n·gewindebohrer (*m. - Werkz.*), maschio per macchina. 34 ~ n·gondel (*f. - Flugw.*), gondola motore. 35 ~ n·guss (Bauguss) (*m. - Giess.*), ghisa meccanica. 36 ~ n·halle (Maschinenhaus) (*f. - Ind.*), sala macchine. 37 ~ n·hammer (*m. - Schmieden - Masch.*), maglio meccanico. 38 ~ n·haus (*n. - Ind.*), sala macchine. 39 ~ n·hefter (*m. - Masch.*), cucitrice meccanica. 40 ~ n·hobler (*m. - Arb.*), piallatore. 41 ~ n·industrie (*f. - Ind.*), industria meccanica. 42 ~ n·ingenieur (*m. - Schule - Ind.*), ingegnere meccanico. 43 ~ n·kabel (zwischen Generator und Umspanner) (*n. - Elekt.*), cavo tra generatore e trasformatore. 44 ~ n·kanone (*f. - Feuerwaffe*), siehe Maschinengeschütz. 45 ~ n·laufzeit (Maschinenzeit) (*f. - Werkz.masch.bearb.*), tempo macchina. 46 ~ n·meister (*m. - Arb.*), capomacchinista. 47 ~ n·meister (Maschinist) (*Theater - Arb.*), macchinista. 48 ~ n·nullpunkt (*m. - NC - Werkz.masch.*), punto zero di macchina. 49 ~ n·öl (*n. - Masch.*), olio per macchine. 50 ~ n·papier (*n. - Papierind.*), carta a macchina. 51 ~ n·personal (*n. - naut.*), personale di macchina. 52 ~ n·pistole (*f. - Feuerwaffe*), fucile mitragliatore, « mitra ». 53 ~ n·programm (*m. - Autom.*), programma di macchina. 54 ~ n·raum (*m. - Ind. - naut.*), sala macchine. 55 ~ n·reibahle (*f. - Werkz.*), alesatore per macchina. 56 ~ n·richtung (Laufrichtung, Längsrichtung, Richtung des Stofflusses auf der Papiermaschine) (*f. - Papierind.*), direzione di macchina. 57 ~ n·saal (*m. - Mech.*), officina meccanica. 58 ~ n·saal (*Druck.*), sala stampa. 59 ~ n·säge (*f. - Masch.*), sega, segatrice. 60 ~ n·satz (*m. - Druck.*), composizione a macchina. 61 ~ n·satz (Turbine und Generator z. B.) (*Masch.*), gruppo (di macchine). 62 ~ n·schere (*f. - Masch.*), cesoia meccanica. 63 ~ n·schild (*n. - Masch.*), targhetta caratteristiche della macchina. 64 ~ n·schlosser (*m. - Arb.*), meccanico aggiustatore. 65 ~ n·schreiber (*m. - Arb.*), dattilografo. 66 ~ n·schreiberin (*f. - Arb.*), dattilografa. 67 ~ n·schrift (*f. - Büro*), scrittura a macchina, dattilografia. 68 ~ n·schweissung (*f. - mech. Technol.*), saldatura automatica. 69 ~ n·sender (*m. - Telegr.*), trasmettitore automatico. 70 ~ n·spinnerei (*f. - Textilind.*), filatura meccanica. 71 ~ n·sprache (Programmiersprache) (*f. - Rechner - NC - Werkz. masch.*), linguaggio di macchina. 72 ~ n·strasse (Transferstrasse, Fördereinrichtung, bei der das Arbeitsteil von Masch. zu Masch. selbsttätig wandert, und an jeder Arbeitsstelle automatisch eingespannt, bearbeitet, ausgespannt und weiterbefördert wird) (*f. - ind. Masch.*), linea (di lavorazione) a trasferta. 73 ~ n·stuhl (*m. - Textilmasch.*), telaio meccanico. 74 ~ n·telegraph (*m. - naut.*), telegrafo di macchina. 75 ~ n·umformer (rotierender Umformer) (*m. - Elekt.*), convertitore rotante. 76 ~ n·waffe (*f. - Waffe*), arma automatica. 77 ~ n·waffe (der Flugabwehr, eines Kriegschiffes z. B.) (*milit.*), mitragliera. 78 ~ n·wagen (eines Ferntriebwagenzugs) (*m. - Eisenb.*), motrice. 79 ~ n·wärter (*m. - Werkz.masch. - Arb.*), operatore. 80 ~ n·wesen (*n. - Mech.*), ingegneria meccanica. 81 ~ n·werkstatt (*f. - Ind. - Mech.*), officina meccanica. 82 ~ n·zeichner (*m. - Arb.*), disegnatore meccanico. 83 ~ n·zeichnung (*f. - mech. Zeichn.*), disegno di macchine. 84 ~ n·zeit (*f. - Werkz.masch.bearb.*), tempo macchina. 85 ~ n·zentrale (Maschinenhaus) (*f. - Ind.*), sala macchine. 86 Abkant ~ (*Blechbearb. - Masch.*), piegatrice. 87 arbeitgebundene ~

(Gesenkschmiedehammer z. B.) (*Masch.*), macchina a pressione dinamica. **88 Arbeits** ~ (Werkz.masch., etc.) (*Masch.*), macchina operatrice. **89 asynchrone** ~ (*elekt. Masch.*), macchina asincrona. **90 atmosphärische** ~ (*Dampfmasch.*), macchina (a vapore) con scarico nell'atmosfera. **91 Auswucht** ~ (*Masch.*), equilibratrice. **92 Axialkolben-Mehrzellen** ~ (*Masch. - Hydr.*), macchina multicellulare a pistoni assiali. **93 Beschneide** ~ (Presse) (*Blechbearb.*) (*Masch.*), pressa per rifilatura. **94 Bördel** ~ (*Blechbearb. - Masch.*), bordatrice. **95 Dampf** ~ (*Masch.*), macchina a vapore. **96 datenverarbeitende** ~ (*Rechner*), elaboratore di dati. **97 Druck** ~ (*Druckmasch.*), macchina da stampa. **98 Eintouren** ~ (*Druckmasch.*), macchina grafica a giro continuo. **99 elektrische** ~ (*elekt. Masch.*), macchina elettrica. **100 explosionsgeschützte** ~ (*elekt. Masch.*), macchina antideflagrante, macchina in esecuzione antideflagrante, macchina in costruzione antideflagrante. **101 Flächenschleif** ~ (*Werkz.masch.*), rettificatrice in piano, rettificatrice per superfici piane. **102 Fräs** ~ (*Werkz.masch.*), fresatrice. **103 geschlossene** ~ (*elekt. Masch.*), macchina chiusa, macchina in esecuzione chiusa. **104 geschützte** ~ (*elekt. Masch.*), macchina protetta, macchina in esecuzione protetta. **105 Gesenk** ~ (Fräsmaschine) (*Werkz.masch.*), fresatrice per stampi. **106 Gewindebohr** ~ (*Werkz.masch.*), maschiatrice. **107 Gewindeschneid** ~ (*Werkz.masch.*), filettatrice. **108 Hebe** ~ (*Masch.*), apparecchio di sollevamento. **109 Hobel** ~ (*Werkz. masch.*), piallatrice. **110 Hochleistungs** ~ (*Masch.*), macchina per forti produzioni. **111 Hon** ~ (*Werkz.masch.*), levigatrice. **112 hydraulische** ~ (*Masch.*), macchina idraulica. **113 Kälte** ~ (*Masch.*), macchina frigorifera. **114 Kolben** ~ (*Masch.*), macchina alternativa. **115 Koordinatenbohr** ~ (*Werkz.masch.*), alesatrice a coordinate. **116 kraftgebundene** ~ (hydraulische Presse z. B.) (*Masch.*), macchina a pressione statica. **117 Kraft** ~ (Wasserrad, Verbrennungsmotor, Elektromotor, etc.) (*Mot.*), macchina motrice, motore. **118 Kreisteil** ~ (*Masch.*), macchina per dividere circolare. **119 Land** ~ (*Landw. - Masch.*), macchina agricola. **120 Längenteil** ~ (*Masch.*), macchina per dividere lineare. **121 Materialprüfungs** ~ (*Masch.*), macchina per prove dei materiali. **122 oberflächengekühlte** ~ (*elekt. Masch.*), macchina (chiusa) con ventilazione esterna, macchina con ventilazione a mantello. **123 offene** ~ (*elekt. Masch.*), macchina aperta, macchina in esecuzione aperta. **124 Offset** ~ (*Druckmasch.*), macchina offset. **125 schlagwettergeschützte** ~ (*elekt. Masch. - Bergbau*), macchina antideflagrante, macchina in esecuzione antideflagrante. **126 Schmiede**~ (*Masch.*), fucinatrice. **127 schwallwassergeschützte** ~ (*elekt. Masch.*), macchina protetta contro le onde d'acqua. **128 spritzwassergeschützte** ~ (*elekt. Masch.*), macchina protetta contro gli spruzzi d'acqua. **129 tropfwassergeschützte** ~ (*elekt. Masch.*), macchina protetta contro lo stillicidio. **130 weggebundene** ~ (Kurbel- und Exzenterpressen z. B.) (*Masch.*), macchina a corsa fissa. **131 Werk**zeug ~ (*Werkz.masch.*), macchina utensile **132 Widerstandschweiss** ~ (*Masch.*), saldatrice a resistenza. **133 Zweitouren** ~ (*Druckmasch.*), macchina grafica a doppio giro.

maschinell (*Mech.*), meccanico. **2** ~ (*adv. - Mech.*), meccanicamente. **3** ~ **bearbeiten** (*Mech.*), lavorare a macchina. **4** ~ **e Bearbeitung** (*Mech.*), lavorazione meccanica. **5** ~ **er Abbau** (*Bergbau*), coltivazione meccanica. **6** ~ **és Schweissen** (automatisches Schweissen) (*mech. Technol.*), saldatura automatica.

maschinenfertig (*Mech.*), finito di macchina.
maschinenglatt (*Papier*), liscio-macchina, liscio di macchina.
maschinenorientiert (Sprache) (*Rechner*), orientato alla macchina.
maschinenschreiben (*Büro*), scrivere a macchina, dattilografare.
maschinenschriftlich [maschinschriftlich (österr.)] (*Büro*), dattiloscritto (*a.*).
Maschinerie (*f. - Masch.*), macchinario.
Maschinist (*m. - Eisenb. - naut.*), macchinista.
Maser (microwave amplification by stimulated emission of radiation, Ukw-Verstärker) (*m. - Phys.*), maser.
masern (*Bauw.*), venare, marezzare.
Maserung (des Holzes z. B.) (*f. - Holz - etc.*), venatura. **2** ~ (*Anstr.*), macchiatura a finto legno.
Maske (*f. - allg.*), maschera. **2** ~ (in der Reproduktionstechnik z. B.) (*Druck. - Phot.*), maschera. **3** ~ (zur Aufbereitung von Daten) (*Rechner*), maschera. **4** ~ n·form (*f. - Giess.*), forma a guscio. **5** ~ n·formverfahren (*n. - Giess.*), formatura a guscio. **6** ~ n·kern (*m. - Giess.*), anima a guscio. **7** ~ n·röhre (Schattenmaskenröhre) (*f. - Farbfernseh.*), tubo a maschera metallica, cinescopio a maschera metallica, tubo « shadow mask ». **8 Kontrastdämpfungs** ~ (*Phot.*), maschera per ridurre il contrasto, mascherino per ridurre il contrasto. **9 Narkose** ~ (*Med. - Ger.*), maschera per anestesia.
maskieren (*allg.*), mascherare.
Maskierung (*f. - Druck. - Phot.*), mascheramento.
Mass (Abmessung) (*n. - allg.*), misura, dimensione. **2** ~ (Abmessung, Massangabe) (*mech. Zeichn.*), dimensione, quota. **3** ~ (Messung) (*Mech. - etc.*), misurazione. **4** ~ (Messmittel) (*Instr.*), strumento di misura. **5** ~ (Lehre) (*Werkz.*), calibro. **6** ~ (Menge) (*allg.*), quantità. **7** ~ **abweichung** (Abmass) (*f. - Mech.*), scostamento. **8** ~ **analyse** (Titrimetrie, Volumetrie) (*f. - Chem.*), analisi titrimetrica. **9** ~ **angabe** (*f. - Zeichn.*), dimensione, quota. **10** ~ **arbeit** (Einzelfertigung, von Kleidern z. B.) (*f. - Ind.*), lavorazione su misura. **11** ~ **band** (Bandmass) (*n. - Ger.*), metro a nastro (metallico). **12** ~ **bereich** (Toleranzmass) (*m. - Mech.*), campo di tolleranza. **13** ~ **beständigkeit** (*f. - Mech. - etc.*), stabilità dimensionale. **14** ~ **bild** (*n. - Zeichn.*), disegno quotato. **15** ~ **einheit** (*f. - Phys. - etc.*), unità di misura. **16** ~ **einheit** (für Hochbau) (*Bauw.*), modulo. **17** ~ **eintragung** (Bemassung) (*f. - Zeichn.*), indicazione delle quote. **18** ~ **fehler** (*m. - Mech. - etc.*), errore dimen-

Mass

sionale, errore di misura. 19 ~ gebung (*f. - Mech. - etc.*), dimensionamento. 20 ~ haltigkeit (*f. - Mech. - etc.*), precisione dimensionale. 21 ~ holder (Feldahorn) (*n. - Holz*), acero campestre. 22 ~ kleidung (*f. - Textilind.*), abbigliamento su misura, vestiti su misura, abiti su misura. 23 ~ läppen (Läppen, mit Läppwerkzeugen) (*n. - Mech.*), lappatura. 24 ~ latte (*f. - Maur. - Werkz.*), sagoma. 25 ~ linie (*f. - Zeichn.*), linea di quota. 26 ~ mit Toleranzangabe (*Zeichn.*), quota con tolleranza. 27 ~ nahme (*f. - allg.*), misura, provvedimento. 28 ~ nahmen treffen (Massnahmen ergreifen) (*allg.*), prendere provvedimenti, adottare delle misure. 29 ~ prägen (eines Schmiedestückes z. B., zur Erreichung genauer Masse) (*n. - Schmieden*), calibratura di assestamento. 30 ~ prüfung (*f. - Mech. - etc.*), controllo dimensionale. 31 ~ scheibe (*f. - Instr. - etc.*), quadrante. 32 ~ skala (*f. - Instr.*), scala, graduazione. 33 ~ skizze (*f. - Zeichn.*), schizzo quotato. 34 ~ stab (*m. - Instr.*), siehe Mass·stab. 35 ~ system (*n. - Phys. - etc.*), sistema di misure. 36 ~ toleranz (*f. - Mech.*), tolleranza dimensionale. 37 ~- und Gewichtsbüro (*Phys.*), ufficio pesi e misure. 38 ~ walzwerk (*n. - Walzw.*), laminatoio finitore. 39 ~ zahl (*f. - allg.*), misura. 40 ~ zahl (Abmessung) (*f. - Zeichn.*), quota. 41 ~ zeichnung (*f. - Zeichn.*), disegno quotato. 42 Ab ~ (*Mech.*), scostamento. 43 Arbeits ~ (Arbeitslehre) (*Werkz.*), calibro di lavorazione. 44 auf ~ fräsen (*Werkz.masch.bearb.*), fresare a misura. 45 Ausschuss ~ (einer Lehre z. B.) (*Mech.*), dimensione non passa. 46 Band ~ (*Ger.*), metro a nastro metallico. 47 Block ~ (*Werkz.*), siehe Endmass. 48 die ~ e einschreiben (*Zeichn.*), scrivere le quote, indicare le quote, indicare le dimensioni, quotare. 49 End ~ (Parallelendmass) (*Werkz.*), blocchetto piano-parallelo. 50 englisches ~ (*Phys. - etc.*), misura anglosassone. 51 Grenz ~ (Grösstmass oder Kleinstmass) (*Mech.*), limite di misura, limite, dimensione limite. 52 Grösst ~ (*Mech.*), misura massima, dimensione massima, limite superiore. 53 Grösstüber ~ (in Passungen) (*Mech.*), interferenza massima. 54 Gut ~ (einer Lehre z. B.) (*Mech.*), dimensione passa. 55 Istab ~ (*Mech.*), scostamento reale, scostamento effettivo. 56 Ist ~ (*Mech.*), misura reale, misura effettiva, dimensione reale, dimensione effettiva. 57 Kleinst ~ (*Mech.*), misura minima, dimensione minima, limite inferiore. 58 Kleinstüber ~ (in Passungen) (*Mech.*), interferenza minima. 59 metrisches ~ (*Phys. - etc.*), misura metrica. 60 Nenn ~ (*Mech.*), misura nominale, dimensione nominale. 61 Pass ~ (Nennmass, meistens für eine Paarung bestimmt) (*Mech.*), dimensione nominale (di accoppiamento). 62 Rollband ~ (*Ger.*), siehe Bandmass. 63 Soll ~ (*Mech.*), misura teorica, dimensione prescritta, dimensione nominale. 64 Toleranz ~ (*Mech.*), campo di tolleranza. 65 Über~ (eines Werkstückes) (*Mech.*), maggiorazione. 66 Über ~ (einer Passung) (*Mech.*), interferenza. 67 Unter ~ (eines Werkstückes) (*Mech.*), minorazione. 68 Voll ~ (*Bauw.*), misura vuoto per pieno. 69 Winkel ~ (*Mech.*), misura angolare.

massanalytisch (titrimetrisch) (*Chem.*), titrimetrico.

Masse (*f. - Phys.*), massa. 2 ~ (Formstoff) (*Giess.*), terra refrattaria (per forme a secco), terra grassa, « chamotte ». 3 ~ (Erde) (*Elekt.*), massa. 4 ~ band (*n. - Elekt.*), cavetto di massa, piattina di massa. 5 ~ band (Magnetband, in dem magnetisierbare Teilchen enthalten sind) (*Elektroakus.*), nastro magnetico ad elementi (magnetici) incorporati, nastro (di materiale non magnetico) con elementi magnetici incorporati. 6 ~ draht (Magnetdraht, in dem magnetisierbare Teilchen enthalten sind) (*m. - Elektroakus.*), filo magnetico ad elementi (magnetici) incorporati, filo (di materiale non magnetico) con elementi magnetici incorporati. 7 ~ elektrode (einer Zündkerze z. B.) (*f. - Elekt. - Aut.*), elettrodo a massa. 8 ~ elektrode (gesinterte Elektrode) (*Elekt.*), elettrodo sinterizzato. 9 ~ -Energie-Äquivalent (*m. - Phys.*), equivalente energetico della massa. 10 ~ - Feder - System (des Messwerkes eines Schreibers z. B.) (*n. - Instr.*), sistema massa - molla. 11 ~ feld (einer plastierten Platte, eines Akku) (*Elekt.*), pastiglia di massa attiva. 12 ~ form (Sandform) (*f. - Giess.*), forma di terra refrattaria, forma di terra grassa. 13 ~ formerei (*f. - Giess.*), formatura con terra grassa. 14 ~ kabel (Erder, Erdleitung) (*n. - Elekt.*), cavo di massa. 15 ~ kern (gepresste Mischung von Karbonyleisenpulver mit einem Bindemittel, für Pupinspulen verwendet z. B.) (*m. - Fernspr.*), nucleo (di polvere di ferro) sinterizzato. 16 ~ kernspule (*f. - Elekt. - Funk.*), bobina con nucleo sinterizzato. 17 ~ klemme (*f. - Elekt.*), morsetto a massa. 18 ~ kosten (Verwaltungskosten) (*f. - pl. - Adm.*), spese di amministrazione. 19 ~ n·absorptionskoeffizient (*m. - Phys.*), coefficiente di assorbimento massico, potenza massica. 20 ~ n·anziehung (*f. - Phys.*), gravitazione, attrazione reciproca tra le masse. 21 ~ n·artikel (*m. - Ind. - komm.*), articolo prodotto in serie, articolo di massa. 22 ~ n·ausgleich (*m. - Mech. - etc.*), equilibratura delle masse. 23 ~ n·beförderung (*f. - Erdbew.*), trasporto di terra, trasporto di masse. 24 ~ n·berechnung (Erdmassenberechnung) (*f. - Ing.b.*), computo dei movimenti di terra, computo delle masse. 25 ~ n·beton (für Talsperren, mit Zuschlagstoffe bis 100 mm Korngrösse und kleiner Zementgehalt) (*m. - Bauw.*), calcestruzzo di massa, calcestruzzo per grandi opere. 26 ~ n·bewegung (*f. - Ing.b.*), movimenti di terra, movimenti delle masse. 27 ~ n·bolzen (*m. - Elekt.*), picchetto di massa. 28 ~ n·defekt (Abweichung des Isotopengewichts von der ganzzahligen Massenzahl) (*m. - Atomphys.*), difetto di massa. 29 ~ n·durchsatz (Treibstoffverbrauch in kp/s) (*m. - Strahltriebw.*), consumo di combustibile, consumo di propellente. 30 ~ n·einheit (1/16 der Masse des Sauerstoffisotops ^{16}O) (*f. - Kernphys.*), unità di massa. 31 ~ n·entlassung (*f. - Arb.*), licenziamento in massa. 32 ~ n·entnahme (Erde) (*f. -*

Ing.b.), materiale di prestito. **33** ~ **n·erzeugnis** (*m. - Ind.*), prodotto di massa. **34** ~ **n·erzeugung** (Massenherstellung) (*f. - Ind.*), produzione di massa. **35** ~ **n·fertigung** (*f. - Ind.*), lavorazione di massa. **36** ~ **n·gestein** (Eruptivgestein) (*n. - Geol.*), roccia eruttiva. **37** ~ **n·gut** (in Massenfertigung hergestelltes Erzeugnis) (*n. - Ind.*), prodotto di massa. **38** ~ **n·güter** (Kohlen, Steine, etc.) (*n. pl. - komm. - Transp.*), merci alla rinfusa. **39** ~ **n·gutfrachter** (für Kohle, Erz., etc.) (*m. - naut. Transp.*), nave da carico per materiale sciolto, nave da carico per materiali alla rinfusa. **40** ~ **n·herstellung** (*f. - Ind.*), produzione di massa. **41** ~ **n·kopplung** (*f. - Phys.*), accoppiamento di masse, interazione di masse. **42** ~ **n·kraft** (*f. - Phys. - Mech.*), forza dovuta alla massa, forza di massa, forza di volume. **43** ~ **n·mittelpunkt** (Schwerpunkt) (*m. - Phys.*), centro di gravità, baricentro, centro delle masse. **44** ~ **n·plan** (Transportplan) (*m. - Ing.b.*), diagramma delle masse, curva delle aree, grafico dei movimenti (di terra). **45** ~ **n·punkt** (*m. - Phys. - Mech.*), massa puntiforme. **46** ~ **n·skale** (Tabelle der Nuklidmassen) (*f. - Atomphys.*), scala delle masse. **47** ~ **n·spektrograph** (*m. - Instr.*), spettrografo di massa. **48** ~ **n·spektrometer** (*n. - Instr.*), spettrometro di massa. **49** ~ **n·stahl** (unlegierter Stahl) (*m. - Metall.*), acciaio comune. **50** ~ **n·teil** (*m. - Ind.*), prodotto di massa. **51** ~ **n·trägheit** (*f. - Mech.*), inerzia (delle masse). **52** ~ **n·trägheitsmoment** (*n. - Mech.*), momento d'inerzia di massa. **53** ~ **n·verkehrsmittel** (*n. - Transp.*), mezzo di trasporto di massa. **54** ~ **n·verteilung** (*f. - Ing.b. - Strass.b.*), distribuzione delle masse. **55** ~ **n·verteilung** (zur Vorbereitung) (*Gesenkschmieden*), distribuzione del materiale. **56** ~ **n·verteilungsplan** (im Tagebau) (*m. - Bergbau*), piano di distribuzione delle masse. **57** ~ **n·werk** (*m. - Phys.*), indice di massa. **58** ~ **n·wirkungsgesetz** (*n. - Chem.*), legge di azione di massa. **59** ~ **n·zahl** (*f. - Atomphys.*), numero di massa. **60** ~ **-Papier** (für Isolierung z. B.) (*n. - Elekt.*), carta impregnata. **61** ~ **pfropfen** (Stopfen) (*m. - Giess.*), tampone, tappo. **62** ~ **platte** (pastierte Platte, eines Akkumulators) (*f. - Elekt.*), piastra a impasto, piastra ad ossidi riportati. **63** ~ **sand** (fetter Sand) (*m. - Giess.*), terra grassa. **64** ~ **schluss** (Masseverbindung) (*m. - Elekt.*), collegamento a massa. **65** ~ **schlussklemme** (*f. - Elekt.*), morsetto di massa. **66** ~ **verbindung** (Masseschluss) (*f. - Elekt. - Flugw. etc.*), collegamento a massa. **67** ~ **widerstand** (in Stabform z. B., für Ofen) (*m. - Elekt.*), resistore ad impasto. **68** aktive ~ (eines Akkumulators) (*Elekt.*), massa attiva. **69** ~ legen (*Elekt.*), mettere a massa. **70** Äquivalenz von ~ und Energie (E = mc² wobei c die Lichtgeschwindigkeit in cm/sec, E die Energie in erg und m die Masse in g ist) (*Phys.*), (principio dell') equivalenza tra massa ed energia. **71** bewegte ~ (*Phys.*), massa (inerziale) relativistica. **72** drehbarer ~ anschluss (beim Schweissen) (*Elekt.*), (col)legamento a) massa rotante. **73** federgelagerte ~ (gefederte Masse) (*Aut.*), massa sospesa. **74** Form ~ (*Giess.*), terra refrattaria (per forme a secco), terra grassa, « chamotte ». **75** Form ~ (für Kunststoff-Formteile) (*chem. Ind. - technol.*), materiale da stampaggio. **76** gefederte ~ (federgelagerte Masse) (*Aut.*), massa sospesa. **77** gegen ~ (*Elekt.*), a massa. **78** in der ~ gefärbt (*Papierind.*), colorato in pasta. **79** in ~ (*Transp. - etc.*), alla rinfusa. **80** in ~ n hergestellt (*Ind.*), prodotto di massa. **81** nach ~ durchschlagen (*Elekt.*), scaricare a massa. **82** Ruhe ~ (*Phys.*), massa di riposo. **83** schwere ~ (*Phys.*), massa gravitazionale, massa newtoniana. **84** träge ~ (*Phys.*), massa inerziale, massa inerte. **85** unabgefederte ~ (ungefederte Masse, Masse der Achse plus Masse der Räder) (*Fahrz.*), massa non sospesa. **86** wirksame ~ (aktive Masse, einer Batterie) (*Elekt.*), massa attiva.

masseinheitlich (Bauteil) (*Bauw.*), modulare.
Massel (Form des Roheisens) (*f. - Giess.*), pane. **2** ~ (Block) (*Metall.*), lingotto. **3** ~ **bett** (*n. - Giess.*), letto di colata per pani. **4** ~ **brecher** (*m. - Giess.*), berta spezza-ghisa. **5** ~ **eisen** (*n. - Giess.*), ghisa in pani, ghisa di prima fusione, ghisa grezza, ghisa d'altoforno. **6** ~ **form** (Kokille, für Blöcke) (*f. - Metall.*), lingottiera. **7** ~ **giessmaschine** (bestehend aus Eisenrinne, Kokillenband, Gusspfanne, etc.) (*f. - Giess.*), impianto per la colata dei pani. **8** ~ **graben** (*m. - Giess.*), canale di colata dei pani. **9** ~ **wagen** (*m. - Metall. - Fahrz.*), carro per lingotti. **10** Roheisen ~ (*Giess.*), pane di ghisa.
massgebend (*allg.*), determinante. **2** ~ e Steigung (*Fahrz.*), pendenza massima (superabile).
massgenau (massgerecht, masshaltig) (*Mech.*), a misura, preciso.
massgleich (Darstellung) (*Zeichn.*), isometrico.
masshaltig (massgenau) (*Mech. - etc.*), a misura.
Massicot (PbO) (*n. - Chem.*), massicot.
massig (eine grosse Masse bildend) (*allg.*), massiccio.
mässig (angemessen, Preis z. B.) (*komm. - etc.*), giusto, equo, ragionevole. **2** ~ (wenig befriedigend, nicht sehr gut) (*allg.*), mediocre. **3** ~ (erträglich, Wärme z. B.) (*allg.*), sopportabile.
mässigen (verringern, die Geschwindigkeit z. B.) (*allg.*), moderare.
Massiv (*n. - Geol.*), massiccio. **2** ~ (Betonblock, als Grundlage) (*Bauw.*), plinto. **3** ~ **buchse** (*f. - Mech.*), boccola massiccia, bussola massiccia. **4** ~ **decke** (*f. - Bauw.*), solaio pieno. **5** ~ **mauer** (*f. - Maur.*), muro pieno. **6** ~ **prägen** (Vollprägen, von Münzen) (*n. - Schmieden*), coniatura. **7** ~ **reifen** (*m. - Fahrz.*), gomma piena. **8** ~ **streifen** (*m. - Bauw.*), soletta piena.
massiv (zwischenraumfrei) (*allg.*), pieno. **2** ~ e Säule (*Arch.*), colonna piena.
mass·schleifen (*Werkz.masch.bearb.*), rettificare a misura, rettificare di precisione.
Mass·stab (zum Abmessen) (*m. - Instr.*), riga. **2** ~ (Grössenverhältnis, Mass·skala) (*Zeichn. - etc.*), scala. **3** ~ 1 : 1 (*Zeichn. - etc.*), scala 1 : 1, scala naturale. **4** ~ **zeichnung** (*f.*

mass·stabgerecht

Zeichn.), disegno in scala. **5 Arbeits** ~ (*Instr.*), riga (graduata) d'officina. **6 Glieder** ~ (*Instr.*), metro snodato. **7 in grossem** ~ (*allg.*), in grande scala, su grande scala. **8 Linear** ~ (*Instr.*), riga, righello. **9 natürlicher** ~ *Zeichn.*), scala al naturale, scala 1 : 1. **10 Prüf** ~ (*Instr.*), riga di controllo (graduata). **11 Strich** ~ (*Instr.*), riga graduata. **12 Ur** ~ (*Instr.*), riga campione. **13 Vergleichs** ~ (*Instr.*), riga di riscontro. **14 verjüngter** ~ (*Zeichn. - etc.*), scala ridotta.

mass·stabgerecht (Modell z. B.) (*allg.*), in scala.

mass·stabil (*allg.*), dimensionalmente stabile.

mass·stäblich (*Zeichn.*), in scala. **2 gross** ~ (*allg.*), in grande scala. **3 nicht** ~ (*Zeichn.*), non in scala.

Mast (auf Schiffen) (*m. - naut.*), albero. **2** ~ (für Leitungen z. B.) (*Elekt. - Telegr.*), palo, pilone. **3** ~ (Ankerturm, für Luftschiffe) (*Flugw.*), pilone di ormeggio. **4** ~ **antenne** (*f. - Funk.*), antenna a pilone. **5** ~ **beschläge** (Mastfittings) (*m. - pl. - naut.*), attrezzatura d'albero. **6** ~ **fuss** (*m. - naut.*), piede d'albero. **7** ~ **kopfbild** (Anordnung der Leiter am Mast) (*n. - Elekt.*), schema disposizione fili sul palo. **8** ~ **korb** (*m. - naut.*), *siehe* Mars. **9 ring** (*m. - naut.*), cappa d'albero. **10** ~ **schalter** (*m. - Elekt.*), interruttore da palo. **11** ~ **signal** (*n. - Eisenb.*), semaforo. **12** ~ **transformator** (*m. - Elekt.*), trasformatore da palo. **13 Achter** ~ (Besanmast) (*naut.*), albero di mezzana. **14 A-** ~ (*Elekt. - etc.*), palo ad A. **15 Antennen** ~ (*Funk.*), pilone di antenna. **16 Beleuchtungs** ~ (Lichtmast) (*Beleucht. - Elekt.*), palo della luce. **17 Besan** ~ (Achtermast) (*naut.*), albero di mezzana. **18 Eisengitter** ~ (*Elekt. - etc.*), palo a traliccio. **19 Fock** ~ (Vormast) (*naut.*), albero di trinchetto. **20 Gross** ~ (Mittelmast) (*naut.*), albero maestro. **21 Licht** ~ (*Elekt.*), palo della luce. **22 Mittel** ~ (Grossmast) (*naut.*), albero maestro. **23 Portal** ~ (*Elekt.*), portale, pali accoppiati. **24 Telegraphen** ~ (*Telegr.*), palo del telegrafo. **25 Vor** ~ (Fockmast) (*naut.*), albero di trinchetto.

Masten (*n. - Textilind.*), *siehe* Fitzen.

Masterlock (*n. - mech. Technol.*), *siehe* Metalock.

Mastix (Harz) (*m. - Chem.*), resina mastice, mastice. **2** ~ (Asphaltpulvergemisch, für Strassenbelag) (*Strass.b.*), mastice di asfalto.

mastizieren (*Gummiind.*), masticare.

Mastizierung (*f. - Gummiind.*), masticazione.

Masurium (*n. - Ma - Chem.*), masurio, Ma.

Masut (Rückstand aus der Destillation des russischen Erdöls) (*m. - Brennst.*), masut, mazut, olio combustibile.

Mater (Matrize, Metallform zum Guss von Lettern) (*f. - Druck.*), matrice. **2** ~ (Papierform aus mehreren Papierlagen) (*Druck.*), flano (di cartone). **3** ~ (einer Schallplatte) (*Elektroakus.*), madre, matrice. **4** ~ **n·trockner** (*m. - Druck.*), essiccatoio per flani.

Material (Werkstoff) (*n. - Ind. - etc.*), materiale. **2** ~ **abrechnung** (*f. - Ind.*), contabilità (dei) materiali. **3** ~ **aufbaubogen** (Materialliste) (*m. - Ind.*), distinta materiali. **4** ~ **aufzug** (*m. - Masch.*), montacarichi. **5** ~ **ausgeber** (Lagerarbeiter) (*m. - Arb.*), dispensiere. **6** ~ **bedarfsplanung** (*f. - Ind.*), programmazione fabbisogno materiali. **7** ~ **bereitstellung** (*f. - Ind.*), preparazione (dei) materiali. **8** ~ **beschaffung** (*f. - Ind.*), approvvigionamento dei materiali. **9** ~ **disposition** (Massnahmen zur termingerechten Materialbereitstellung) (*f. - Ind.*), disposizioni per la preparazione dei materiali. **10** ~ **ermüdung** (*f. - mech. Technol.*), fatica del materiale, affaticamento del materiale. **11** ~ **fehler** (*m. - Ind.*), difetto di materiale. **12** ~ **fluss** (in der Werkstätte) (*m. - Ind.*), flusso (dei) materiali. **13** ~ **lagerplatz** (*m. - Bauw.*), deposito materiali. **14** ~ **liste** (*f. - Ind.*), distinta materiali **15** ~ **prüfreaktor** (*m. - Atomphys.*), reattore per prova di materiali. **16** ~ **prüfung** (Werkstoffprüfung) (*f. - Prüfung*), prova dei materiali. **17** ~ **prüfungsanstalt** (*f. - Prüfung*), laboratorio prove materiali. **18** ~ **stückliste** (*f. - Ind.*), distinta base materiali. **19** ~ **transport** (innerbetrieblicher Transport) (*m. - Ind.*), trasporti interni. **20** ~ **verwaltung** (Materialtransport) (*f. - Ind.*), maneggio dei materiali. **21** ~ **widerstand** (*m. - Werkstoffprüfung*), resistenza dei materiali. **22** ~ **wirtschaft** (*f. - Ind.*), gestione (dei) materiali. **23 akustisches** ~ (schallschluckendes Material) (*Technol.*), materiale antiacustico, materiale fonoassorbente, materiale per isolamento acustico. **24 Auffüll** ~ (*n. - Bauw.*), materiale da ripiena. **25 Aushub** ~ (*Bauw.*), materiale di scavo. **26 feuersicheres** ~ (*Bauw.*), materiale refrattario, materiale resistente al fuoco. **27 in der Hitze aushärtendes** ~ (Kunststoff, Duroplast) (*chem. Ind.*), materiale termoindurente. **28 rollendes** ~ (*Eisenb.*), materiale rotabile. **29 thermoplastisches** ~ (Thermoplast) (*chem. Ind.*), materiale termoplastico.

Materie (Stoff, Masse) (*f. - Phys.*), materia. **2** ~ **welle** (*f. - Phys.*), onda materiale. **3 Erhaltung der** ~ (*Phys.*), conservazione della materia.

materiell (stofflich) (*allg.*), materiale.

Mathematik (*f. - Math.*), matematica. **2 angewandte** ~ (*Math.*), matematica applicata. **3 reine** ~ (*Math.*), matematica pura.

Mathematiker (*m. - Arb.*), matematico (*s.*).

mathematisch (*Math.*), matematico. **2** ~ **e Geräte** (Rechenmaschinen) (*Rechenmasch.*), calcolatori, calcolatrici. **3** ~ **e Logik** (*Rechner*), logica matematica.

Matic (Kurzbezeichnung für automatische Kennungswandler) (*Fahrz.*), convertitore di coppia automatico.

Matratze (Baggerrost) (*f. - Erdbew.masch.*), piattaforma (della draga). **2** ~ (Sinkmatte) (*Hydr. - Wass.b.*), materasso di pietre.

Matrix (*f. - Math.*), matrice. **2** ~ (eines Kernreaktors) (*Kernphys.*), matrice. **3** ~ (*Math.*), *siehe auch* Matrize. **4** ~ **röhre** (Charactron, Zeichenschreibröhre) (*f. - Elektronik - Radar*), charactron, tubo visualizzatore di caratteri alfanumerici, tubo (a raggi catodici) per riprodurre lettere e numeri (su schermo). **5** ~ **speicher** (Matrizenspeicher) (*m. - Rechner*), memoria matriciale, memoria a matrice. **6 Admittanz** ~ (*Elekt.*), matrice delle ammettenze.

7 Band ~ (*Math.*), matrice a bande. 8 Ketten ~ (bei Vierpolen) (*Funk. - etc.*), matrice iterativa. 9 Leitwert ~ (bei Vierpolen) (*Funk. - etc.*), matrice delle ammettenze. 10 quadratische, schiefsymmetriesche ~ (*Math.*), matrice quadrata antisimmetrica. 11 reziproke ~ (*Math.*), matrice reciproca. 12 Widerstands ~ (bei Vierpolen) (*Funk. - etc.*), matrice delle resistenze.

Matrize (Untergesenk, für Blechbearbeitung) (*f. - Werkz.*), matrice, stampo inferiore. 2 ~ (Untergesenk) (*Schmiedewerkz.*), stampo, matrice. 3 ~ (Schnittplatte, Schneidplatte, Unterteil des Abgratwerkzeuges) (*Schmiedewerkz.*), matrice di sbavatura. 4 ~ (Mater, Metallform zum Guss von Lettern) (*Druck.*), matrice. 5 ~ (Papierform aus mehreren Papierlagen, zum Guss von Druckplatten) (*Druck.*), flano, flan. 6 ~ (Folie, für Vervielfältigungen) (*Büro*), matrice (per duplicatori). 7 ~ (Negativform für die Herstellung von Schallplatten) (*Elektroakus.*), matrice. 8 ~ (Matrix) (*Math.*), matrice. 9 ~ (beim Fliesspressen) (*mech. Technol.*), matrice, filiera. 10 ~ (*Math.*), siehe auch Matrix. 11 ~ n (pl. von Matrix) (*Math.*), matrici. 12 ~ n·einsatz (*m. - Werkz.*), inserto dello stampo. 13 ~ n·kalkül (Matrizenrechnung) (*m. - Math.*), calcolo matriciale. 14 ~ n·modell (in der betrieblichen Planung) (*n. - Math.*), modello matriciale. 15 ~ n·rechnung (Matrizenkalkül) (*f. - Math.*), calcolo matriciale. 16 ~ n·speicher (Matrixspeicher) (*m. - Rechner*), memoria matriciale. 17 ~ n·stahl (*m. - Metall.*), acciaio per stampi. 18 Abgrat ~ (*Schmieden - Werkz.*), matrice di sbavatura, matrice per sbavare. 19 Kaltschlag ~ (*Werkz.*), stampo per ricalcatura a freddo. 20 Münzenpräge ~ (*Werkz.*), stampo per coniatura. 21 Pressguss ~ (Druckgussform) (*Giess. - Werkz.*), stampo per pressofusione. 22 Stanz ~ (*Blechbearb. - Werkz.*), stampo per lamiera. 23 Stauch ~ (*Schmiedewerkz.*), stampo per ricalcatura. 24 Zieh ~ (*Blechbearb. - Werkz.*), stampo per imbutitura.

matt (ohne Glanz) (*Anstr. - etc.*), matto, opaco. 2 ~ (verbraucht sauerstoffarm, Grubenluft) (*Bergbau*), viziato, povero di ossigeno.

Mattabzug (*m. - Phot.*), copia opaca.

Mattanstrich (*m. - Anstr.*), vernice opaca.

Mattbeize (Mattbrenne) (*f. - Chem.*), bagno di mordenzatura.

Mattblech (*n. - metall. Ind.*), lamiera piombata. 2 ~ (Weissblech) (*metall. Ind.*), latta matta.

Matte (zur Festigkeitsverbesserung von Harzen z. B., Glasmatte z. B.) (*f. - chem. Ind.*), feltro. 2 ~ (*Bauw. - etc.*), stuoia. 3 Glas ~ (*chem. Ind.*), feltro di vetro. 4 Schilf ~ (*Bauw. - etc.*), stuoia di cannette. 5 Stein ~ (Matratze) (*Wass.b.*), materasso di pietre.

Matteisen (Weisseisen) (*m. - Giess.*), ghisa bianca.

Mattfarbe (*f. - Anstr.*), pittura opaca.

Mattglanz (*m. - Opt.*), semilucido (*s.*) finitura semilucida.

Mattglas (*n. - Glasind.*), vetro smerigliato.

Mattheit (*f. - allg.*), opacità. 2 ~ (*Anstr.*), opacità.

mattieren (*allg.*), rendere opaco. 2 ~ (Glas) (*Glasind.*), smerigliare.

mattiert (Lampe) (*Elekt.*), smerigliato. 2 ~ e Lampe (*Beleucht.*), lampada smerigliata.

Mattlackierung (*f. - Anstr.*), verniciatura opaca.

Mattscheibe (einer phot. Kamera) (*f. - Phot.*), vetro smerigliato. 2 ~ (Bewusstlosigkeit bei hohen Flugbeschleunigungen) (*Flugw.*), visione nera, annebbiamento della vista.

Mattschlagen (von metall. Oberflächen mit Stahldrahtbürsten) (*n. - Mech.*), opacizzazione.

Matur (Reifeprüfung) (*n. - Schule*), esame di maturità.

Mauer (*f. - Maur.*), muro. 2 ~ absatz (*m. - Bauw.*), risega del muro. 3 ~ bohrmaschine (*f. - Ger.*), trapano per muri. 4 ~ drehkran (Konsolkran, Wandkran) (*m. - Masch.*), gru girevole da parete. 5 ~ dübelbohrer (*m. - Werkz.*), punta per forare muri. 6 ~ flucht (*f. - Maur.*), filo del muro, allineamento del muro. 7 ~ frass (Saltpeterfrass) (*m. - Maur.*), efflorescenza (di murature). 8 ~ fuge (*f. - Maur.*), giunto (di un muro), commessura (di un muro). 9 ~ haken (*m. - Maur.*), gancio da muro. 10 ~ kanal (*m. - Bauw.*), traccia nel muro, canalizzazione nel muro. 11 ~ krone (*f. - Maur.*), coronamento (di un muro). 12 ~ meister (Maurermeister) (*m. - Bauw. - Arb.*), capomastro. 13 ~ mörtel (Mörtel für Mauerwerk) (*m. - Maur.*), malta per murature. 14 ~ sand (*m. - Bauw.*), sabbia da costruzioni. 15 ~ sprung (*m. - Maur.*), crepa (di un muro). 16 ~ stärke (*f. - Maur.*), spessore del muro. 17 ~ steinmaschine (*f. - Bauw. - Masch.*), mattoniera. 18 ~ verband (*m. - Maur.*), legatura, disposizione (dei mattoni del muro). 19 ~ versetzung (*f. - Maur.*), risega del muro. 20 ~ werk (*n. - Maur.*), siehe Mauerwerk. 21 ~ ziegel (Ziegelstein) (*m. - Maur.*), mattone, laterizio. 22 aufgehende ~ (*Maur.*), muro di elevazione. 23 Aussen ~ (Umfassungsmauer) (*Bauw.*), muro esterno, muro di perimetro. 24 Böschungs ~ (*Ing.b.*), muro a scarpa. 25 Brand ~ (*Bauw.*), muro tagliafuoco. 26 Einfriedungs ~ (Einfriedigungsmauer) (*Bauw.*), muro di cinta. 27 ein Stein starke ~ (*Maur.*), muro di due teste. 28 Flügel ~ (*Maur.*), muro d'ala. 29 Futter ~ (*Ing.b.*), muro di rivestimento. 30 geböschte ~ (Böschungsmauer) (*Ing.b.*), muro a scarpa. 31 Grund ~ (Fundamentmauer) (*Maur.*), muro di fondazione. 32 ¹/₂ Stein starke ~ (*Maur.*), muro di una testa. 33 Haupt ~ (*Bauw.*), muro maestro, muro principale. 34 Hohl ~ (*Maur.*), muro a cassa vuota. 35 Scheide ~ (*Bauw.*), muro divisorio, muriccio. 36 Stütz ~ (*Ing.b.*), muro di sostegno. 37 unterfangene ~ (*Maur.*), sottomuratura.

Mauerung (Ausbauart für Schächte, etc.) (*f. - Bergbau*), (rivestimento di) muratura.

Mauerwerk (*n. - Maur.*), muratura. 2 ~ aus künstlichen Steinen (*Maur.*), muratura in pietra artificiale. 3 ~ aus natürlichen Steinen (*Maur.*), muratura in pietra naturale. 4 ~

Mauken

bogen (*m. - Bauw.*), arco di mattoni. 5 Backstein ~ (Ziegelmauerwerk) (*Maur.*), muratura di mattoni. 6 Füll ~ (*Maur.*), muratura di riempimento. 7 Kästel ~ (*Bauw.*), muratura a casse d'aria. 8 Kopf ~ (*Maur.*), muratura a faccia vista. 9 Misch ~ (Verblendmauerwerk) (*Maur.*), muratura mista. 10 Mörtel ~ (*Maur.*), muratura con malta. 11 Quader ~ (*Maur.*), muratura in pietra da taglio. 12 rohes Backstein ~ (unverputztes Backsteinmauerwerk) (*Maur.*), muratura in mattoni rustica. 13 rohes ~ (*Maur.*), muratura rustica. 14 Sicht ~ (*Bauw.*), muratura a faccia vista. 15 Trocken ~ (*Maur.*), muratura a secco. 16 verputztes ~ (*Maur.*), muratura in mattoni intonacata. 17 Werkstein ~ (*Maur.*), muratura in pietra da taglio.
Mauken (Lagern von feuchtem Ton, zur Verbesserung der Bildsamkeit) (*n. - Giess.*), stagionatura, macerazione, maturazione.
mauken (von Ton) (*Keramik - etc.*), maturare.
Maul (Öffnung, eines Schraubenschlüssels z. B.) (*n. - Mech. - Werkz.*), bocca, apertura. 2 ~ (einer Schere z. B.) (*Masch.*), gola. 3 ~ eseltransport (*m. - Transp.*), trasporto a dorso di mulo. 4 ~ schlüssel (Mutternschlüssel) (*m. - Werkz.*), chiave fissa, chiave (a bocca). 5 ~ weite (eines Schlüssels) (*f. - Werkz.*), apertura (di una chiave), bocca (di una chiave). 6 ~ weite (eines Felges) (*Fahrz.*), larghezza del canale.
Maurer (*m. - Arb.*), muratore. 2 ~ gips (*m. - Bauw.*), gesso da muratori. 3 ~ hammer (*m. - Maur. - Werkz.*), martello da muratore. 4 ~ kelle (*f. - Ger.*), cazzuola da muratori. 5 ~ meister (*m. - Bauw. - Arb.*), capomastro. 6 ~ waage (*f. - Instr.*), livella da muratore. 7 ~ weisspinsel (*m. - Maur. - Ger.*), pennello da imbianchino. 8 ~ schnur (*f. - Ger.*), funicella da muratori. 9 ~ winkel (*m. - Ger.*), squadra da muratori.
Maut (Gebühr für die Benützung von Autobahnen z. B.) (*f. - Strass.verk.*) (*österr.*), pedaggio. 2 ~ stelle (*f. - Aut.*) (*österr.*), casello (riscossione pedaggio). 3 ~ strasse (*f. - Aut. - etc.*) (*österr.*), strada a pedaggio.
m. a. W. (mit anderen Worten) (*allg.*), con altre parole, in altre parole, in altri termini.
Maxigraph (Höchstleistungsschreiber, Maximumschreiber) (*m. - elekt. - Ger.*), contatore con registrazione di massima.
maximal (höchst) (*allg.*), massimo.
Maximalrelais (*n. - Elekt.*), relè di massima (corrente).
Maximalschalter (*m. - Elekt.*), interruttore di massima.
Maximum (grösster Wert) (*n. - allg.*), massimo (*s.*). 2 ~ an Schwarz (*Fernseh.*), cresta del nero. 3 ~ - Minimum - Thermometer (*n. - Instr.*), termometro a massima e minima. 4 ~ - Thermometer (*n. - Instr.*), termometro a massima. 5 ~ verbrauchszähler (*m. - elekt. Ger.*), contatore a indicazione di massima. 6 ~ zähler (*m. - Elekt.*), contatore di massima.
Maxwell (Einheit des magnetischen Kraftflusses) (*Mx - n. - Masseinheit*), maxwell.
MAZ (Melderufzeichen) (*Funk.*), segnale di chiamata.

Mazeration (*f. - Textilind. - etc.*), macerazione.
mazerieren (*Textilind. - etc.*), macerare.
mb (Millibar) (*Masseinh.*), mb, millibar.
MBC-Ofen (Metallurgical Blast-Cupola, ein Heisswindkupolofen) (*m. - Ofen - Giess.*), cubilotto a vento caldo MBC.
Mbit/s (Megabit/s) (*Rechner*), Mbit/s, megabit al secondo.
MB-Öl (Mehrbereichsöl) (*n. - Mot.*), olio « multigrade ».
MBS (Martinstahl, basisch hergestellt) (*Metall.*), acciaio Martin basico.
M-B-V-Verfahren (modifiziertes Bauer-Vogel-Verfahren, zum Oberflächenschutz von Aluminium-Legierungen durch Oxydation (*n. - mech. Technol.*), processo M-B-V (di ossidazione protettiva).
MCA (Maximal Credible Accident, grösster glaubwürdiger Unfall) (*Kernphys.*), massimo incidente credibile.
McQuaid-Ehn-Korngrösse (*f. - Metall.*), grossezza del grano McQuaid-Ehn.
McQuaid-Ehn-Probe (*f. - Metall.*), provino McQuaid-Ehn.
MD (mittlere Dicke, von Fensterglas; 2,8-3 mm) (*Bauw.*), medio spessore (2,8-3 mm), semidoppio (*s.*).
Md (Drehmoment) (*Mech.*), momento torcente. 2 ~ (Drehmoment) (*Mot.*), momento torcente, coppia. 3 ~ (Mendelevium) (*Chem. - Radioackt.*), Md, mendelevio. 4 ~ (Mrd., Milliarde, Milliarden) (*Mat.*), miliardo, miliardi. 5 ~ -Messgerät (Drehmoment-Messgerät) (*n. - Ger.*), torsiometro.
ME (*Radioakt.*), siehe Mache-Einheit. 2 ~ (Masseneinheit = 1 kps²/m = 9,80665 kg) (*Einheit*), unità di massa.
m. E. (meine Erachtens) (*allg.*), a mio parere, a mio giudizio.
Mechanik (*f. - Wissens.*), meccanica. 2 ~ (Triebwerk) (*Mech.*), meccanismo. 3 ~ der Flüssigkeiten (*Mech. der Flüss.k.*), meccanica dei fluidi. 4 ~ der Massenpunkte (*Mech.*), meccanica dei punti materiali. 5 ~ der starren Körper (*Mech.*), meccanica dei corpi rigidi. 6 Hydro ~ (*Mech. - Hydr.*), idromeccanica. 7 Präzisions ~ (Feinmechanik) (*Mech.*), meccanica di precisione, meccanica fine.
Mechaniker (*m. - Arb.*), meccanico. 2 ~ drehbank (Werkzeugmacherdrehbank) (*f. - Werkz.masch.*), tornio da utensileria, tornio da attrezzista.
mechanisch (*Mech.*), meccanico. 2 ~ e Bodenverfestigung (*Ing.b.*), stabilizzazione meccanica del terreno. 3 ~ e Durchwirblung (eines metall. Bades) (*Giess. - Metall.*), agitazione meccanica. 4 ~ e Eigenschaften (*Werkstoffprüfung*), caratteristiche meccaniche. 5 ~ e Presse (*Masch.*), pressa meccanica. 6 ~ er Anschlag (*Mech.*), arresto meccanico. 7 ~ e Rostbeschickung (*Kessel - Verbr.*), alimentazione meccanica della griglia. 8 ~ es Äquivalent (*Phys.*), equivalente meccanico 9 ~ es Wärmeäquivalent (*Phys.*), equivalente meccanico del calore. 10 ~ e Technologie (*mech. Technol.*), tecnologia meccanica. 11 ~ e Verriegelung (*Mech.*), blocco mec-

canico. 12 ~ e Werkstatt (*Mech. - Ind.*), officina meccanica. 13 ~ -pneumatisch (*Masch.*), pneumomeccanico.
mechanisieren (*Mech.*), meccanizzare.
Mechanisierung (*f. - Mech.*), meccanizzazione.
Mechanismus (Triebwerk) (*m. - Mech.*), meccanismo.
Medial (*Astr. - Ger.*), siehe Spiegellinsenfernrohr.
Median (Zentralwert) (*n. - Stat.*), mediana.
Mediane (Mittellinie) (*f. - Geom. - etc.*), mediana.
Medien (Mehrzahl von Medium) (*n. - pl. - Phys.*), mezzi.
Medikament (Heilmittel) (*n. - Pharm. - Med.*), farmaco.
Medium (Mittel) (*n. - Phys.*), mezzo. 2 **brechendes** ~ (*Phys. - Opt.*), mezzo rifrangente.
Medizin (*f. - Wissens.*), medicina. 2 ~ **al·beamter** (*m. - Med.*), ufficiale sanitario. 3 **gerichtliche** ~ (*Med. - recht.*), medicina legale.
medizinisch (*Med.*), medico (*a.*). 2 gerichts ~ (*Med. - recht.*), medico-legale.
Meehanit - Gusseisen (mit Kalziumsilizid geimpftes Gusseisen) (*n. - Giess. - Metall.*), meehanite, ghisa meehanite.
Meer (*n. - Geogr.*), mare. 2 ~ **bauten** (*m. - pl. - Wass.b.*), costruzioni marittime. 3 ~ **enge** (Strasse, Kanal) (*f. - Geogr.*), stretto. 4 ~ **es·arm** (*m. - Geogr.*), braccio di mare. 5 ~ **es·echo** (*n. - Radar*), eco dal mare. 6 ~ **es·deich** (Seedeich) (*m. - Wass.b.*), diga marittima. 7 ~ **es·grund** (*m. - Geol.*), fondo del mare. 8 ~ **es·höhe** (*f. - Top.*), livello del mare. 9 ~ **es·kunde** (Ozeanographie) (*f. Geophys.*), oceanografia. 10 ~ **es·sand** (Seesand) (*m. - Bauw.*), sabbia di mare. 11 ~ **es·spiegel** (Seewasserspiegel) (*m. - Top.*), livello del mare. 12 ~ **es·strömung** (*f. - Geogr.*), corrente marina. 13 ~ **es·welle** (*f. - Geophys.*), onda marina. 14 ~ **schaum** (Magnesiumsilikat, Sepiolith) (*m. - Min.*), schiuma di mare, sepiolite. 15 **das offene** ~ (*naut.*), mare aperto.
meerwasserecht (*Technol.*), resistente all'acqua salata, resistente all'acqua di mare.
mega (10^6) (*Masseinheit*), mega, 10^6.
Megabar (Mbar) (*n. - Masseinh.*), megabar, Mbar.
Megaelekronenvolt (Me V) (*n. - Mass*), megavoltelettrone, Me V.
Megafarad (*n. - Elekt.*), megafarad.
Megahertz (*n. - Elektroakus.*), megaciclo.
Megaphon (Lautsprecher) (*n. - Ger.*), megafono. 2 ~ **effekt** (Erscheinung in schnelllaufenden Motoren, die von der Form des Auspuffrohres abhängt und besonders gute Zylinderfüllung bewirkt) (*m. - Mot.*), effetto di megafono.
Megatonne (*f. - Atomphys.*), megatone, megaton.
Megavolt (*n. - Elekt.*), megavolt.
Megawatt (MW) (*n. - Masseinh.*), megawatt.
Megohm (*n. - Elekt.*), megaohm. 2 ~ **meter** (*n. - Ger.*), megaohmmetro.
Mehl (*n. - Ind.*), farina.
Mehlen (Wässern mit Dextrinzusatz z. B.) (*n. - Lederind.*), « destrinatura ».

Mehrachs-Anhänger (Vollanhänger) (*m. - Fahrz.*), rimorchio a più assi.
Mehrachsantrieb (*m. - Fahrz.*), trazione su più assi.
Mehradressbefehl (*m. - Rechner*), istruzione a più indirizzi.
mehradrig (Kabel) (*Elekt.*), multipolare.
Mehranodenventil (*n. - Elektronik*), valvola a più anodi, valvola plurianodica.
Mehrarbeit (*f. - Arb. - Organ.*), lavoro straordinario.
mehrarmig (Treppe) (*Bauw.*), a più rampe.
mehratomig (*Chem.*), poliatomico.
Mehrausgabe (*f. - komm.*), spesa extra, spesa supplementare.
Mehrbandantenne (*f. - Funk.*), antenna multibanda, antenna universale.
Mehrbelastung (*f. - Mot. - etc.*), sovraccarico. 2 ~ **durch Wind** (*Bauw.*), sovraccarico dovuto al vento.
Mehrbereichsöl (*n. - Aut. - chem. Ind.*), olio « multigrade ».
Mehrdecker (Flugzeug mit mehr Tragflächen, ausgestorben) (*m. - Flugw.*), pluriplano.
Mehrdeckomnibus (*m. - Fahrz.*), autobus a più piani.
Mehreinflussversuch (*m. - Prüfung*), prova fattoriale.
Mehrelektrodenröhre (*f. - Elektronik*), poliodo.
Mehrfachausnützung (von Nachrichtenverbindungen) (*f. - Telegr. - etc.*), utilizzazione multipla.
Mehrfachbild (*n. - Fernsehfehler*), immagine multipla.
Mehrfachecho (*n. - Akus. - Radar*), eco multipla.
Mehrfachempfang (Diversity-Empfang) (*m. - Elektronik*), ricezione diversity, « diversity ».
Mehrfachgeber (*m. - Ger.*), trasduttore multiplo.
Mehrfachgesenk (Gesenk, das die gleiche Gravur mehrfach enthält) (*n. - Schmiedewerkz.*), stampo multiplo.
Mehrfachinstruktion (Makroinstruktion) (*f. - Rechner*), macroistruzione.
Mehrfachionisation (*f. - Phys.*), ionizzazione multipla.
Mehrfachstahlhalter (*m. - Werkz.masch.*), portautensile multiplo.
Mehrfachstanze (*f. - Blechbearb. - Werkz.*), stampo multiplo.
Mehrfachstecker (*m. - Elekt.*), spina multipolare.
Mehrfachstreuung (von Teilchen) (*f. - Atomphys.*), diffusione multipla.
Mehrfachtarifzähler (Mehrfachzähler) (*m. - Ger.*), contatore a tariffa multipla.
Mehrfachtelegraphie (*f. - Telegr.*), telegrafia multipla.
Mehrfachtelephonie (*f. - Fernspr.*), telefonia multipla.
Mehrfachwerkzeug (Werkz. mit mehreren Formhöhlungen, für Spritzgiessen von Kunststoffen) (*n. - Technol.*), stampo a più cavità (o impronte).
Mehrfachziehmaschine (*f. - Masch.*), trafilatrice continua.

Mehrfachzug

Mehrfachzug (*m. - mech. Technol.*), trafilatura continua.
Mehrfachzugriff-System (*n. - Elektronik*), sistema ad accesso multiplo.
Mehrfarbendruck (*m. - Druck.*), stampa policroma, stampa a più colori.
mehrfarbig (*Opt.*), policromo.
mehrgängig (Gewinde) (*Mech.*), a più principi. 2 ~ e Schnecke (*Mech.*), vite senza fine a più principi, vite motrice a più principi.
mehrgeschossig (*Bauw.*), a più piani.
Mehrgewicht (*n. - Transp. - etc.*), carico eccedente, sovraccarico. 2 ~ (*Bauw.*), sovraccarico.
Mehrgitterröhre (*f. - Elektronik*), tubo multigriglia.
mehrgleisig (*Eisenb.*), a più binari.
Mehrheitsträger (Majoritätsträger) (*m. - Elektronik*), supporto maggioritario.
Mehrholmtragfläche (*f. - Flugw.*), ala a longherone multiplo.
Mehrkammerklystron (*n. - Elektronik*), clistron pluricavità, clistron multicavità.
Mehrkanalfernsehen (*n. - Fernseh.*), televisione a più canali.
Mehrkantdreheinrichtung (*f. - Werkz.masch. bearb.*), accessorio per tornitura poligonale.
Mehrkantdrehen (*n. - Werkz.masch.bearb.*), tornitura poligonale.
Mehrkantensteuerung (beim hydraulisch gesteuerten Nachformdrehen z. B.) (*f. - Werkz.masch.berarb.*), pilotaggio a più spigoli.
Mehrklanghorn (*n. - Aut.*), avvisatore acustico a più toni.
Mehrkosten (*f. - pl. - komm. - etc.*), spese supplementari.
Mehrkraftstoffmotor (*m. - Mot.*), motore policarburante.
Mehrlader (Mehrladegewehr) (*m. - Gewehr*), fucile a ripetizione.
Mehrlagenraupe (*f. - Schweissung*), cordone multiplo.
Mehrlagenschweissung (*f. - mech. Technol.*), saldatura a più passate.
mehrlagig (*allg.*), a più strati.
mehrläufig (*Waffe*), a più canne.
Mehrleistung (Produktion) (*f. - Ind.*), sovraproduzione. 2 ~ z·zulage (Produktionsprämie) (*f. - Ind.*), premio di produzione.
Mehrleiterkabel (*n. - Elekt.*), cavo multipolare.
mehrlitzig (*Seil*), a più trefoli.
Mehrlochdüse (*f. - Verbr.*), getto a fori multipli. 2 ~ (einer Einspritzeinrichtung) (*Dieselmot.*), polverizzatore a più fori.
Mehrlochkanal (für Kabel) (*m. - Elekt.*), canalizzazione pluritubolare.
Mehrmengenhebel (einer Zumesspumpe, für die Einspritzung von Kraftstoff) (*m. - Aut. - Mot.*), leva di arricchimento.
Mehrmotorenflugzeug (*n. - Flugw.*), plurimotore (*s.*), aeroplano plurimotore.
Mehrphasensystem (*n. - Elekt.*), sistema polifase.
mehrphasig (*Elekt.*), polifase.
mehrpolig (*Elekt.*), multipolare. 2 ~ er Stecker (*Elekt.*), spina multipolare.
Mehrpreis (*m. - komm.*), sovrapprezzo.
Mehrreihensternmotor (*m. - Flugmotor*), motore pluristellare.

mehrreihig (*allg.*), a più file.
Mehrrillenscheibe (*f. - Mech.*), puleggia a (più) gole.
Mehrscheibenkupplung (*f. - Mech.*), frizione a dischi (multipli).
Mehrschichtarbeit (*f. - Arb. - Organ.*), lavoro su più turni.
Mehrschichtenglas (Verbundglas, Sicherheitsglas) (*n. - Glasind. - Aut.*), vetro stratificato, vetro laminato, vetro accoppiato.
mehrschichtig (mehrlagig) (*allg.*), a più strati.
mehrschiffig (*Bauw.*), a più campate.
Mehrspindelautomat (Drehbank) (*m. - Werkz.masch.*), tornio automatico a più fusi, tornio automatico a più mandrini.
Mehrspindelbohrmaschine (*f. - Werkz. masch.*), trapano plurimandrino, trapano a più fusi.
mehrspurig (Strasse) (*Strass.b.*), a più corsie.
Mehrspurmagnetkopf (*m. - Elektroakus.*), testina magnetica multipla.
Mehrstahlsupport (einer Drehbank) (*m. - Werkz.masch.*), portautensile multiplo.
Mehrstellarbeit (Mehrmaschinenbedienung) (*f. - Arb. - Ind.*), lavoro a più macchine.
Mehrstellenschweissapparat (*m. - Masch.*), saldatrice a più posti di lavoro.
Mehrstellenwähler (*m. - Ger.*), selettore a più posizioni.
mehrstellig (Zahl) (*Math.*), a più cifre.
Mehrstempelpresse (*f. - Masch.*), pressa multipla.
Mehrstempelpressen (Stufenziehpressen, bei dem mehrere Arbeitsgänge gleichzeitig auf einer Maschine ausgeführt werden) (*n. - Blechbearb.*), imbutitura progressiva.
Mehrstrahl-Flügelradzähler (für Wasser) (*m. - Ger.*), contatore a turbina a più getti.
Mehrstromgenerator (*m. - elekt. Masch.*), generatrice polimorfica.
Mehrstufen-Dauerschwingversuch (*m. - Baukonstr.lehre*), prova di fatica con aumento multiplo del carico.
Mehrstufengesenk (Gesenk, das mehrere nicht gleiche Gravuren für aufeinanderfolgende Arbeitsgänge enthält) (*n. - Schmiede - werkz.*), stampo progressivo.
Mehrstufenlader (*m. - Masch.*), compressore a più stadi.
Mehrstufenrakete (*f. - Astronautik*), razzo a più stadi.
mehrstufig (*Masch.*), a più stadi, pluristadio.
Mehrtarifzähler (Mehrfachtarifzähler) (*m. - elekt. - Ger.*), contatore a tariffa multipla.
mehrteilig (Träger z. B.) (*Bauw.*), composito.
Mehrtonübertragung (*f. - Akus.*), trasmissione audio multipla.
mehrwellig (*Funk.*), multionda.
Mehrwert (*m. - allg.*), plusvalore. 2 ~ (durch Bearbeitung) (*finanz. - etc.*), valore aggiunto. 3 ~ steuer (MWS, MW-Steuer) (*f. - finanz.*), imposta sul valore aggiunto, IVA.
mehrwertig (*Chem.*), polivalente.
Mehrzweckbagger (Universalbagger) (*m. - Erdbew.masch.*), escavatore universale.
Mehrzweckdrehbank (*f. - Werkz.masch.*), tornio universale.
Mehrzwecköl (für Zerspanung, Schmierung,

hydraulische Anlagen) (*n. - Masch. - etc.*), olio per più impieghi.
Mehrzweckreaktor (*m. - Kernphys.*), reattore a più impieghi.
Meile (Längenmass) (*f. - Mass*), miglio. 2 ~ n·stein (*m. - Strasse*), pietra miliare. 3 ~ n·stein (in Netzplantechnik) (*Planung*), pietra miliare. 4 See ~ (Internationale Seemeile = 1853 m) (*Mass*), miglio marino.
Meiler (Kohlenmeiler, zur Gewinnung von Holzkohle) (*m. - Verbr.*), carbonaia. 2 ~ (Atommeiler, Uranmeiler) (*Atomphys.*), reattore nucleare, pila atomica. 3 ~ verkohlung (*f. - Verbr.*), carbonizzazione.
Meinung (*f. - allg.*), opinione. 2 ~ s·bildner (*m. - Presse - etc.*), formatore di opinioni. 3 ~ s·untersuchung (Meinungsübersicht) (*f. - komm.*), ricerca opinioni.
Meissel (Handwerkzeug) (*m. - Werkz.*), scalpello. 2 ~ (Maschinenwerkzeug) (*Werkz.*), utensile. 3 ~ bohrer (*m. - Bergbauwerkz.*), scalpello, punta (da perforazione), trivella. 4 ~ fanghaken (*m. - Bergbau - Werkz.*), pescatore per scalpelli, ricuperatore per scalpelli. 5 ~ spitze (Schneidenecke) (*f. - Werkz.*), punta dell'utensile. 6 Abbau ~ (*Bergbau - Werkz.*), scalpello da roccia. 7 Dreh ~ (*Werkz.*), utensile da tornio. 8 Druckluft ~ (*Werkz.*), scalpello pneumatico. 9 Flach ~ (*Werkz.*), scalpello piatto. 10 Hobel ~ (*Werkz.*), utensile per piallatrice, utensile piallatore. 11 Kaltschrot ~ (*Schmiedewerkz.*), tagliolo a freddo. 12 Kreuz ~ (*Bergbau - Werkz.*), scalpello a croce. 13 Schrot ~ (*Schmiedewerkz.*), tagliolo. 14 Stein ~ (*Maur. - Werkz.*), scalpello da muratore. 15 Warmschrot ~ (*Schmiedewerkz.*), tagliolo a caldo.
Meisseln (*n. - Mech. - etc.*), scalpellatura.
meisseln (mit Handmeissel bearbeiten) (*Mech.*), scalpellare. 2 ~ (mit dem Meissel bohren) (*Bergbau*), perforare.
Meisselung (Schlagbohren) (*f. - Bergbau*), trivellazione a percussione, perforazione a percussione.
Meistbietender (*m. - komm.*), il maggior offerente.
Meister (*m. - Ind. - Pers.*), capo. 2 ~ (Abteilungsführer) (*Arb. - Organ.*), capo reparto. 3 ~ (Werkführer) (*Arb.*), capo-officina. 4 ~ (Einsenkstempel) (*Schmieden*), punzone d'improntatura. 5 ~ nocken (*m. - Werkz.masch. - etc.*), camma campione. 6 ~ schalter (*m. - Elekt.*), combinatore pilota. 7 ~ stück (Probearbeit, eines Gesellen) (*n. - Arb. - Organ.*), capolavoro. 8 ~ stück (Modell) (*Werkz. masch.bearb.*), copia. 9 ~ stück (Bezugswerkstück höchster Genauigkeit, beim Nachformdrehen) (*Werkz.masch.bearb.*), pezzo campione. 10 ~ werk (*n. - Kunst*), capolavoro, opera d'arte. 11 Hafen ~ (*naut.*), capitano di porto.
Meisterschaft (*f. - Sport*), campionato. 2 ~ für Marken (Marken-Meisterschaft) (*Aut. - Sport*), campionato marche. 3 Marken-Welt ~ (*Aut. - Sport*), campionato mondiale marche.
mel (Einheit der subjektiven Tonhöheempfindung) (*n. - Akus. - Einheit*), mel, unità di picco.

Melaminharze (*n. - pl. - chem. Ind.*), resine melamminiche.
Melaphyr (dunkles Ergussgestein) (*m. - Geol.*), melafiro. 2 ~ porphyr (*m. - Bauw. - Min.*), porfido melafirico.
Melasse (Rückstand bei der Zuckergewinnung) (*f. - chem. Ind. - Ack.b.*), melassa, melasso.
Melchior (Kupfer-Nickel mit 18-20% Ni) (*n. - Legierung*) (tipo di) cupronichel.
Meldeabwurf (*m. - Flugw.*), lancio di messaggi.
Meldeamt (öffentliches Amt, Einwohnermeldeamt) (*n. - Büro*), anagrafe, ufficio anagrafe. 2 ~ (*Fernspr.*), ufficio prenotazioni.
Meldeanschluss (*m. - Fernspr.*), apparecchio d'operatrice.
Meldebeamtin (*f. - Fernspr.*), operatrice prenotazioni.
Meldebrief (*m. - allg.*), lettera di avviso, notifica.
Meldedienst (*m. - Flugw. - Navig.*), servizio informazioni (aeronautiche).
Meldegänger (*m. - milit.*), portaordini.
Meldelampe (Kontrolleuchte) (*f. - Elekt.*), lampada spia.
Meldeleitung (*f. - Fernspr.*), linea di prenotazione.
melden (*allg.*), avvisare, avvertire. 2 ~ (melden lassen) (*recht.*), notificare. 3 ~ (*Fernspr.*), chiamare. 4 ~ (den Empfang eines Briefes) (*komm. - Büro*), accusare (ricevuta). 5 ~ (anzeigen) (*allg.*), indicare. 6 sich ~ (zu einer Prüfung) (*allg.*), iscriversi. 7 sich ~ (als Arbeitsuchender z. B.) (*Arb.*), iscriversi. 8 sich ~ (sich vorstellen) (*allg.*), presentarsi. 9 sich ~ (einen Dienst übernehmen) (*allg.*), presentarsi (per assumere un servizio), offrirsi. 10 sich an ~ (sich in die Einwohnerliste aufnehmen lassen) (*allg.*), iscriversi (all'anagrafe). 11 sich freiwillig ~ (*milit.*), arruolarsi.
Meldepflicht (der Arbeitslosen) (*f. - Arb.*), presentazione obbligatoria.
Melder (*m. - Ger.*), avvisatore. 2 Feuer ~ (*Ger.*), avvisatore d'incendio.
Melderelais (*n. - Elekt.*), relè di segnalazione.
Meldetafel (*f. - Ger.*), quadro indicatore.
Meldung (Nachricht) (*f. - allg.*), avviso. 2 ~ (offizielle Nachricht) (*recht.*), notifica. 3 ~ (Mitteilung) (*komm.*), comunicazione.
meliert (Gusseisen) (*Giess.*), trotato. 2 ~ (Papier z. B.) (*Papierind. - etc.*), marezzato.
Melioration (*f. - allg.*), miglioria. 2 ~ (Urbarmachung) (*Landw.*), bonifica.
Melkanlage (*f. - Agrik. - Masch.*), mungitrice, macchina mungitrice.
Melton (reinwollenes Gewebe) (*m. - Textilind.*), melton.
Membran (Membrane) (*f. - allg.*), membrana. 2 ~ dose (eines Vergasers z. B.) (*f. - Mot. - etc.*), capsula a membrana. 3 ~ kraft (*f. - Baukonstr.lehre*), sforzo di membrana. 4 ~ lautsprecher (*m. - Akus.*), altoparlante a membrana. 5 ~ pumpe (*f. - Aut. - etc.*), pompa a membrana. 6 ~ schalter (Druckschalter) (*m. - elekt. - Ger.*), pressostato a membrana.
Memomatik (Vorwahleinrichtung, von Frequenzen) (*f. - Funk. - Fernseh.*), preselettore (di frequenze).

Mendelejevit

Mendelejevit (*m.* - *Min.* - *Radioakt.*), mendelevite.
Mendelevium (radioakt. Element) (*Mv* - *n.* - *Chem.* - *Radioakt.*), mendelevio.
mengbar (mischbar) (*allg.*), miscibile.
Menge (Anzahl) (*f.* - *allg.*), quantità. 2 ~ (*Math.*), insieme. 3 ~ n·abrechnung (eines Lagers) (*f.* - *Ind.*), contabilità di magazzino. 4 ~ n·auswerter (*m.* - *Ger.*), quantificatore. 5 ~ n·fluss (geförderte Stoffmenge, in Rohrleitungen z. B.) (*m.* - *Leit.* - *etc.*), portata. 6 ~ n·lehre (*f.* - *Math.*), teoria degli insiemi. 7 ~ n·leistung (Produktion in bestimmter Zeit) (*f.* - *Ind.*), produzione oraria. 8 ~ n·messer (*m.* - *Ger.*), misuratore di portata, flussometro, contatore. 9 ~ n·meter (*n.* - *Ger.*), flussometro, misuratore di portata, contatore. 10 ~ n·prämie (für Zeitlöhner) (*f.* - *Arb.*), premio di operosità. 11 ~ n·regler (*m.* - *Ger.*), regolatore di portata. 12 ~ n·studie (Werkstoffstudie zur Ermittlung des Werkstoffbedarfs) (*f.* - *Ind.* - *Arbeitsstudie*), studio dei quantitativi (di materiali). 13 ~ n·teiler (einer Einspritzungsanlage) (*m.* - *Mot.*), distributore di portata, ripartitore di portata. 14 ~ n·teilung (Arbeitsteilung bei der die Arbeitsstücke auf mehrere Leute aufgeteilt werden) (*f.* - *Ind.* - *Arbeitsstudie*), suddivisione (del lavoro) per quantità (di pezzi). 15 ~ n·zähler (für Flüssigkeits- und Gasmengen) (*m.* - *Ger.*), contatore. 16 leere ~ (*Math.*), insieme vuoto. 17 Potenz ~ (*Math.*), insieme dei sottoinsiemi. 18 Teil ~ (Untermenge) (*Math.*), sottoinsieme. 19 teilweise geordnete ~ (*Math.*), insieme parzialmente ordinato.
mengen (mischen) (*allg.*), mescolare.
mengenmässig (quantitativ) (*allg.*), quantitativo.
Mengungsverhältnis (von Beton z. B.) (*n.* - *Bauw.* - *etc.*), dosatura, dosaggio.
Meniskus (Linse) (*m.* - *Opt.*), menisco. 2 ~ (gekrümmte Flüssigkeitsoberfläche in einer Röhre) (*Phys.*), menisco.
Mennige ([Pb_3O_4] Mennig [*m.*]) (*f.* - *Anstr.*), minio.
Mensur (Messglas) (*f.* - *chem. Ger.*), cilindro graduato.
Mento-Factor-Verfahren (zur Analyse und Messung von geistigen Tätigkeiten in Industrie) (*n.* - *Ind.*), sistema « Mento Factor ».
Mercast-Verfahren (Feinguss, Präzisionsguss) (*n.* - *Giess.*), microfusione.
Mercatorprojektion (*f.* - *Geogr.*), proiezione di Mercatore.
Mercerisieren (*n.* - *Textilind.*), mercerizzazione.
mercerisieren (*Textilind.*), mercerizzare.
Mercomaticgetriebe (Trilokgetriebe+Dreigang-Nachschaltgetriebe) (*n.* - *Fahrz.*), convertitore Trilok+cambio a tre marce.
Mergel (Gestein) (*m.* - *Min.*), marna. 2 ~ ton (*m.* - *Ing.b.* - *Geol.*), argilla marnosa.
Meridian (Längenkreis) (*m.* - *Geogr.*), meridiano. 2 ~ komponente (Geschwindigkeitskomponente senkrecht zum Schaufelkranz, bei Turbinen z. B.) (*f.* - *Masch.*), velocità meridiana. 3 ~ kreis (Beobachtungsinstrument) (*m.* - *Astr.* - *Instr.*), meridiano, cerchio meridiano. 4 magnetischer ~ (*Geogr.*), meridiano magnetico.
Merino (Wolle) (*m.* - *Textilind.*), lana merino.
merkantil (*komm.*), mercantile, commerciale.
Merkaptan (*n.* - *Chem.*), mercaptano.
Merkblatt (*n.* - *Druck.*), bollettino. 2 ~ (Prospekt) (*Druck.*), prospetto.
Merklampe (Kontrolleuchte) (*f.* - *Elekt.*), lampada spia.
Merkmal (Eigenschaft) (*n.* - *allg.*), proprietà, caratteristica. 2 ~ (Eigenschaft, die zur Unterscheidung von Einheiten dienen kann) (*Stat.*), caratteristica. 3 ~ (symbolische Adresse) (*Rechner*), indirizzo simbolico. 4 Attribut ~ (Qualitätsmerkmal) (*Stat.* - *mech. Technol.*), attributo. 5 Bau ~ (*pl.* - *Mot.* - *etc.*), caratteristiche di costruzione, caratteristiche costruttive. 6 entscheidendes ~ (bei Qualitätskontrolle) (*mech. Technol.*), caratteristica critica. 7 Qualitäts ~ (bei Qualitätskontrolle) (*Stat.* - *mech. Technol.*), caratteristica di qualità. 8 Variablen ~ (Qualitätsmerkmal, bei Qualitätskontrolle) (*Stat.* - *mech. Technol.*), variabile.
Merkurblende (HgS) (Zinnober, Korallenerz) (*f.* - *Min.*), cinabro.
Merkzeichen (*n.* - *allg.*), contrassegno.
Merkzeiger (*m.* - *Instr.*), indice di riferimento, indice regolabile.
Meroeder (*n.* - *Kristallographie*), meroedro.
meromorph (Funktion) (*Math.*), meromorfo.
Meru (milli-earth rate unit = $\frac{1}{1000}$ der Erddrehgeschwindigkeit = 0,015°/h) (*Geophys.*), meru.
Merzerisierechtheit (*f.* - *Textilind.*), solidità alla mercerizzazione.
merzerisieren (*Textilind.*), siehe mercerisieren.
M E S (magnetischer Eigenschutz) (*Kriegsmar.* - *naut.*), impianto di smagnetizzazione.
Mesatransistor (für höchste Frequenzen) (*m.* - *Elektronik*), mesatransistore.
Mesnager-Probe (Kerbschlagbiegeprobe) (*f.* - *Werkstoffprüfung*), provino Mesnager.
Meso-Kolloid (*n.* - *Chem.*), mesocolloide.
Mesomerie (*f.* - *Chem.*), mesomeria.
mesomorph (*Chem.*), mesomorfico, mesomorfo.
Meson (Elementarteilchen) (*n.* - *Atomphys.*), mesone, mesotone, elettrone pesante. 2 ~ en·feld (*n.* - *Atomphys.*), campo mesonico. 3 π- ~ (Piòn) (*Atomphys.*), mesone π, mesone pesante.
mesonisch (*Atomphys.*), mesonico.
mesopisch (*Opt.*), mesopico. 2 ~ es Sehen (Übergangssehen) (*Opt.*), visione mesopica.
Mesosaprobien (*f.* - *pl.* - *Biol.*), mesosaprobi, organismi mesosaprobici.
Mesosphäre (Erdatmosphäre) (*f.* - *Geophys.*), mesosfera.
Mesothorium ([$Ms-Th_1$] [$Ms-Th_2$]) (*n.* - *Chem.* - *Radioakt.*), mesotorio.
Mesotron (Meson) (*n.* - *Atomphys.*), mesone.
Mesozoikum (*n.* - *Geol.*), mesozoico.
Messachse (eines Kreiselgerätes, zur Laufachse senkrecht Achse) (*f.* - *Ger.*), asse di entrata, asse di ingresso.
Messamt (*n.* - *recht.*), ufficio pesi e misure.

Messapparat (m. - App.), apparecchio di misura.
Messaufnehmer (Geber, für die Umformung von Kräfte, Drücke, etc., in elekt. Signale) (m. - Ger.), trasduttore.
Messband (Bandmass) (n. - Instr.), metro a nastro (metallico).
Messbeamte (m. - Arb.), addetto alle misure.
Messbereich (m. - Instr. - etc.), campo di misura.
Messbildverfahren (Lichtbildmessung, Phothogrammetrie) (n. - Photogr.), fotogrammetria.
Messblende (Blende, für Durchflussmessungen) (f. - Hydr. - Ger.), diaframma.
Messbolzen (zur Bezeichnung wichtiger Vermessungspunkte) (m. - Top.), picchetto trigonometrico.
Messbrief (Urkunde über die amtliche Vermessung eines Schiffes) (m. - naut.), certificato di stazza.
Messbrille (Probierbrille) (f. - Opt.), occhiali da prova.
Messbrücke (Wheatstone - Brücke z. B., zum Messen von elekt. Widerständen) (f. - Instr. - Elekt.), ponte, circuito di misura a ponte, ponte di misura. 2 Trägerfrequenz ~ (Instr.), ponte (di misura) a frequenza portante.
Messbuchse (f. - Elekt.), presa di misura.
Messbunker (Messtasche) (m. - Bergbau), siehe Fülltasche.
Messdorn (Lehrdorn) (m. - Werkz.), calibro a tampone.
Messdose (zur Eichung von Werkstoffprüfmaschinen z. B.) (f. - Instr.), capsula dinamometrica.
Messdraht (einer Brücke) (m. - elekt. - Ger.), reocordo, filo di misura.
Messe (Handelsmesse) (f. - komm.), fiera, esposizione, mostra. 2 ~ (Kriegsmar.), mensa ufficiali. 3 ~ gebäude (Ausstellungsgebäude) (n. - Bauw.), palazzo per esposizioni. 4 ~ gelände (Ausstellungsgelände) (n. - komm.), area (scoperta) per esposizioni. 5 Muster ~ (komm.), fiera campionaria.
Messebene (für opt. Messungen) (f. - Opt.), piano utile.
Messeinrichtung (f. - Ger.), apparecchio di misura, dispositivo di misurazione.
Messen (n. - allg.), misurazione. 2 Nach ~ (Mech.), controllo dimensionale.
messen (allg.), misurare.
Messendwert (m. - Instr.), portata, valore di fondo scala.
Messer (Messgerät) (m. - Instr.), strumento di misura. 2 ~ (Zähler) (Instr.), contatore. 3 ~ (Vermesser) (Top.), geometra. 4 Dehnungs ~ (Instr.), estensimetro. 5 Dichtigkeits ~ (Pyknometer) (chem. Ger.), picnometro. 6 Drehzahl ~ (Instr.), contagiri. 7 Druck ~ (Instr.), manometro. 8 Feuchtigkeits ~ (Hygrometer) (Ger.), igrometro. 9 Gas ~ (Instr.), contatore del gas. 10 Geschwindigkeits ~ (Tachometer) (Instr.), tachimetro. 11 Heizwert ~ (Kalorimeter) (Ger.), calorimetro. 12 Hitze ~ (Pyrometer) (Ger.), pirometro. 13 Neigungs ~ (Gefällmesser) (Instr.), clinometro. 14 Säure ~ (Aräometer) (Instr.), areometro, densimetro. 15 Wasser ~ (Ger.), contatore dell'acqua. 16 Wind ~ (Ger.), anemometro. 17 Winkel ~ (Instr.), goniometro.

Messer (Schneidewerkzeug) (n. - Werkz.), coltello. 2 ~ (Klinge, einer Schere z. B.) (Werkz. masch.), lama. 3 ~ (Meissel, Stahl, Drehmeissel z. B.) (Werkz.), utensile. 4 ~ (eines Fräsers z. B.) (Werkz.), dente riportato. 5 ~ (eines Hobels) (Werkz.), ferro. 6 ~ (Furniermessermaschine) (Masch.), sfogliatrice in piano. 7 ~ (Sichel, Mähmaschine) (Masch.), falciatrice. 8 ~ feile (f. - Werkz.), lima a coltello. 9 ~ fräser (m. - Werkz.), fresa a denti riportati. 10 ~ haus (einer Drehbank) (n. - Werkz.masch.), portautensile. 11 ~ klinge (f. - Werkz.), lama di coltello. 12 ~ kontakt (m. - Elekt.), contatto a coltello. 13 ~ kopf (Fräser mit eingesetzten Messern) (m. - Werkz.), fresa a denti riportati. 14 ~ schalter (m. - Elekt.), interruttore a coltello. 15 ~ schere (f. - Masch.), cesoia a lame. 16 ~ schmiedewaren (f. - pl. - Ind.), coltelleria. 17 ~ schneide (f. - Werkz.), filo, taglio (del coltello). 18 ~ stahl (trapezförmiges Walzstahlprofil) (m. - Metall.), profilato di acciaio di sezione trapezia. 19 ~ walze (f. - Papierind. - Masch.), cilindro a coltelli. 20 ~ welle (bei Holz- und Kunststoffzerspanung) (f.-Masch.), albero portalame. 21 ~ zeiger (m. - Ger.), indice a coltello. 22 Rasier ~ (Werkz.), rasoio. 23 Schabe ~ (Werkz.), coltello a petto. 24 Taschen ~ (Werkz.), temperino.
messern (schräg fugen) (Zimm.), connettere a smusso, unire a smusso.
Messfeder (f. - Mech. - Instr.), molla dinamometrica.
Messfehler (m. - allg.), errore di misura.
Messfierant (m. - komm.), espositore.
Messfläche (einer Lehre) (f. - Mech.), superficie attiva, superficie di lavoro.
Messflügel (hydrometrischer Flügel, zum Messen der Geschwindigkeit des fliessenden Wassers) (m. - Hydr. - Ger.), molinello idrometrico, mulinello idrometrico, mulinello.
Messfühler (Sensor) (m. - Ger.), sensore. 2 ~ (m. - Ger.), siehe auch Taster.
Messfunkenstrecke (f.-Elekt.), spinterometro.
Messgefäss (n. - Chem. - etc. - Ger.), recipiente graduato.
Messgenauigkeit (f. - Messtechnik - etc.), precisione di misurazione.
Messgerät (n. - Ger.), apparecchio di misura, strumento di misura. 2 integrierendes ~ (zuzählendes Messgerät) (Ger.), strumento di misura integrator. 3 Koordinaten ~ (Werkz.), apparecchio di misura a coordinate. 4 optisches ~ (Opt. - Ger.), strumento di misura ottico.
Messglas (Mensur) (n. - chem. - Ger.), cilindro graduato.
Messgleichrichter (m. - elekt. Ger.), raddrizzatore di misura.
Messglied (einer Regelstrecke) (n. - Regler), misuratore (delle variazioni) della grandezza regolata.
Messgrösse (die zu messende Grösse) (f. - Messtechnik), grandezza fisica, grandezza (misurabile). 2 ~ n·umformer (Transduktor, Geber) (m. - Ger.), trasduttore.

messhaltig

messhaltig (genau) (*allg.*), preciso.
Messheber (Messpipette) (*m. - chem. Ger.*), pipetta tarata, pipetta graduata.
Messing (Gelbkupfer) (*n. - Legierung*), ottone. 2 ~ **blech** (*n. - metall. Ind.*), lamiera di ottone. 3 ~ **buchse** (*f. - Mech.*), bussola di ottone, « bronzina ». 4 ~ **draht** (*m. - metall. Ind.*), filo di ottone. 5 ~ **fieber** (Metalldampffieber, Giessfieber) (*n. - Ind. - Mech.*), febbre dei fonditori. 6 ~ **giesserei** (Gelbgiesserei) (*f. - Giess.*), fonderia di ottone. 7 ~ **guss** (Guss·stück) (*m. - Giess.*), getto di ottone. 8 ~ **guss** (Giessverfahren) (*Giess.*), fusione dell'ottone, colata dell'ottone. 9 ~ **guss** (*Legierung*), siehe Gelbguss. 10 ~ **linie** (*f. - Druck. - Werkz.*), filetto. 11 ~ **lot** (Hartlot) (*n. - mech. Technol.*), ottone per brasature. 12 ~ **lötung** (Hartlötung) (*f. - mech. Technol.*), brasatura a ottone. 13 ~ **pressguss** (Giessverfahren) (*m. - Giess.*), pressofusione dell'ottone. 14 ~ **pressguss** (Guss·stück) (*Giess.*), pressogetto di ottone. 15 ~ **rohr** (*n. - metall. Ind.*), tubo di ottone. 16 Automaten ~ (*Metall.*), ottone automatico, ottone per lavorazione su macchine automatiche. 17 Hart ~ (*Metall.*), ottone crudo. 18 Schmiede ~ (*Metall.*), ottone per lavorazioni a caldo.
Messinstrument (*n. - Instr.*), strumento di misura. 2 **innenbeleuchtetes** ~ (*Instr.*), strumento con quadrante illuminato.
Messkammer (Photokammer, für photogrammetrische Vermessungs- und Kartierungsarbeiten) (*f. - Photogr. - Masch.*), camera da presa.
Messkante (zur Aufnahme von Werkstücken z. B.) (*f. - Mech. - Werkz.*), coltello.
Messkappe (zur Einstellung von Bohrern) (*f. - Werkz.masch.bearb.*), calotta di messa a punto.
Messkelch (*m. - chem. Ger.*), bicchiere graduato.
Messkerze (Temperatur-Messkerze, zur Ermittlung der erforderlichen Wärmewertzahl) (*f. - Mot.*), candela termometrica.
Messkette (Feldkette) (*f. - Top. - Ger.*), catena da geometra.
Messklötzchen (Endmass) (*n. - Werkz.*), blocchetto piano-parallelo.
Messkolben (*m. - chem. Ger.*), matraccio graduato.
Messkondensator (Kapazitätsnormal) (*m. - Messtechnik*), condensatore di precisione, campione di capacità, condensatore campione.
Messkraft (zwischen Messfühler und Prüfling) (*f. - Messtechnik*), forza di misura, forza tra stilo e pezzo, forza di contatto.
Messkreis (*m. - Elekt.*), circuito di misura.
Messkunde (*f. - Technol.*), metrologia.
Messkurve (*f. - Instr.*), curva di taratura.
Messlänge (einer Probe) (*f. - Werkstoffprüfung*), tratto utile, base di misura.
Messlatte (Mess·stange, Mess·stab, Messrute) (*f. - Top. - Ger.*), pertica, triplometro. 2 ~ **mit Ableseschieber** (*Top. - Ger.*), mira a scopo.
Messleitung (Mess·schaltung) (*f. - Elekt.*), circuito di misura.
Messlineal (zur Aufnahme von Werkstücken für Prüfungszwecke z. B.) (*n. - Mech. - Werkz.*), coltello.

Messling (Messgrösse) (*m. - Messtechnik*), grandezze misurata.
Messmaschine (*f. - Masch.*), banco di misura.
Messmethode (*f. - Messkunde*), metodo di misura. 2 **punktweise** ~ (statische Messmethode) (*Messkunde*), metodo di misura punto a punto.
Messmoment (eines Messgerätes) (*n. - Ger.*), coppia attiva.
Messnabe (*f. - Mech.*), mozzo torsiometrico.
Messpipette (*f. - chem. Ger.*), pipetta graduata.
Messplatte (*f. - Mech. - Ger.*), piano di riscontro.
Messplatz (*m. - Mech. - etc.*), posto di misura.
Messpunkt (bei Prüfungen) (*m. - Technol.*), rilievo, dato rilevato.
Messquelle (*f. - Elekt. - etc.*), sorgente di misura.
Messrad (zum Messen von Entfernungen auf Karten) (*n. - Top. - Ger.*), odometro a rotella.
Messrahmen (*m. - Eisenb.*), sagoma di carico.
Messraum (*m. - Messtechnik - Ind.*), sala metrologica.
Messrohr (*n. - chem. Ger.*), tubo graduato.
Messröhre (Burette) (*f. - chem. Ger.*), buretta.
Messrolle (Integrierrolle, eines Planimeters) (*f. - App.*), rotella integrante.
Messrute (*f. - Top. - Instr.*), siehe Messlatte.
Mess·satellit (Raumsonde) (*m. - Astronautik*), satellite sonda.
Mess·schaltung (*f. - Elekt.*), circuito di misura.
Mess·schnabel (Ger. zum Messen von Innenmassen) (*m. - Werkz.*), becco (di calibro).
Mess·schraube (Mikrometerschraube) (*f. - Werkz.*), micrometro, « palmer ».
Mess·sender (*m. - Elekt.*), generatore di misura, generatore di segnali per misure.
Mess·spannung (*f. - Elekt.*), tensione di misura.
Mess·stab (für Schmieröl z. B.) (*m. - Mot.*), asta di livello.
Mess·ständer (Mess·stativ, Haltevorrichtung für Messgeräte) (*m. - Ger.*), supporto per strumenti di misura.
Mess·stange (Mess·stab) (*f. - Top. - Ger.*), siehe Messlatte.
Mess·stelle (*f. - Messtechnik*), punto di misura, posizione di misura. 2 ~ (eines Thermopaars) (*Messtechnik*), giunto caldo.
Mess·steuerung (Steuerung der Werkstückabmessungen im Herstellungsprozess) (*f. - Technol.*), autocalibratura.
Mess·strecke (einer Lehre) (*f. - Werkz.*), tratto di misura.
Mess·streifen (Dehnmess·streifen) (*m. - Instr.*) estensimetro (elettrico).
Mess·stück (*n. - Mech.*), blocchetto di misura.
Mess·system (elektromagnetisches z. B.) (*n. - Messtechnik*), sistema di misurazione. 2 **Lage** ~ (*NC - Werkz.masch.bearb.*), sistema di misura della posizione, trasduttore della posizione. 3 **Winkel** ~ (*NC - Werkz.masch.bearb.*), sistema di misura angolare, trasduttore angolare.
Messtasche (Messbunker) (*f. - Bergbau*), siehe Fülltasche.
Messtechnik (Messwesen, Messkunde) (*f. - Messtechnik*), metrologia. 2 ~ (Methode)

(*Messtechnik*), metodo di misura, tecnica di misura. 3 **Koordinaten** ~ (*Messtechnik*), metrologia a coordinate.
Messtechniker (*m. - Arb.*), metrologo.
messtechnisch (*Mech. - etc.*), metrologico.
Messtisch (zur Geländeaufnahme) (*m. - Top.*), tavoletta pretoriana. 2 ~ **blatt** (topographische Karte 1 : 25.000) (*n. - Top.*), tavoletta, carta al 25.000.
Messtransformator (Messwandler) (*m. - Elekt.*), trasformatore di misura.
Messtrupp (*m. - Arb.*), squadra per misure.
Messüberfall (Messwehr) (*m. - Hydr.*), stramazzo di misura.
Messuhr (*f. - Instr.*), comparatore, comparimetro, « orologio ». 2 ~ **ständer** (*m. - Werkz.*), supporto per comparatore.
Messumformer (*m. - Ger.*), convertitore di misura.
Messung (*f. - allg.*), misurazione. 2 ~ (des Druckes z. B. bei Versuchen) (*Messtechnik*), rilevamento, misurazione. 3 ~ s·**fehler** (*m. - Mech. - etc.*), errore di misura. 4 **Fein** ~ (*Mech. - etc.*), misura di precisione. 5 **Härte** ~ (*mech. Technol.*), misurazione della durezza, prova della durezza. 6 **punktweise** ~ (*Messtechnik*), misurazione punto a punto.
Messunsicherheit (*f. - Mech.*), incertezza della misurazione.
Messverstärker (*m. - Elekt. - Ger.*), amplificatore di misura.
Messwagen (Eisenbahnwagen mit Messeinrichtungen für Zugkraft, etc.) (*m. - Eisenb.*), carrozza dinamometrica, carro dinamometrico. 2 **Kabel** ~ (*Fahrz.*), veicolo provacavi, veicolo per misure su cavi, veicolo per la prova di cavi.
Messwandler (Messtransformator) (*m. - Elekt.*), trasformatore di misura.
Messwart (*m. - Elekt. - Arb.*), quadrista, addetto ai quadri.
Messwarte (Messraum) (*f. - Ind.*), sala metrologica.
Messwehr (Messüberfall) (*n. - Hydr.*), stramazzo di misura.
Messwerk (eines Anzeigegerätes) (*n. - Ger.*), equipaggio di misura.
Messwerkzeug (Messinstrument) (*n. - Werkz.*), strumento di misura.
Messwert (*m. - Mech. - etc.*), valore misurato. 2 ~ **erfassung** (*f. - NC - Werkz.masch.bearb.*), rilevamento posizione, misurazione. 3 ~ **geber** (*m. - Ger.*), trasduttore di misura, trasmettitore del valore misurato. 4 ~ **schreiber** (*m. - Ger.*), registratore di misura. 5 **analoger** ~ **geber** (*NC - Werkz.masch. - etc.*), trasduttore analogico.
Messwesen (Metrologie, Messkunde, Messtechnik) (*n. - Messtechnik*), metrologia.
Messwiderstand (mit hoher Konstanz und geringer Temperaturabhängigkeit) (*m. - Elekt.*), resistore di precisione, resistore campione.
Messzapfen (*m. - Werkz.*), calibro a tampone con innesto conico.
Messzimmer (Messraum) (*n. - Messtechnik*), sala metrologica.
Metadyne (Zwischenbürstenmaschine) (*f. - elekt. Masch.*), metadinamo. 2 ~ - **Generator** (*m. - elekt. Masch.*), metageneratrice. 3 ~ - **Motor** (*m. - elekt. Masch.*), metamotore. 4 - **Umformer** (*m. - elekt. Masch.*), metatrasformatrice.
Metageschäft (Geschäft unter gleichem Anteil an Gewinn und Verlust) (*n. - komm.*), affare in partecipazione.
Metaldehyd ($C_2H_4O)_3$ (*n. - Chem. - Brennst.*), metaldeide, meta.
Metall (*n. - Metall.*), metallo. 2 ~ **abfall** (*m. - metall. Ind.*), rottame metallico. 3 ~ **abschirmung** (*f. - Elekt. - etc.*), schermatura metallica. 4 ~ **arbeiter** (*m. - Arb.*), operaio metalmeccanico. 5 ~ **auflage** (*f. - Metall.*), placcatura. 6 ~ **auftragung** (*f. - mech. Technol.*), riporto di metallo. 7 ~ **barometer** (*n. - Instr.*), barometro metallico. 8 ~ **bedampfung** (bei der Metalldampf auf dem Werkstück kondensiert) (*f. - mech. Technol.*), metallizzazione a vapore, metallizzazione in fase gassosa. 9 ~ **beschlag** (einer hölzernen Luftschraube z. B.) (*m. - allg.*), blindatura metallica. 10 ~ **bindung** (für Diamanten) (*f. - Werkz.*), agglomerante metallico. 11 ~ **dampffieber** (Giessfieber) (*n. - Ind. - Med.*), febbre dei fonditori. 12 ~ **dampflampe** (*f. - Beleucht.*), lampada a vapori metallici. 13 ~ **dose** (eines Aneroidbarometers z. B.) (*f. - Instr.*), capsula metallica. 14 ~ **drahtlampe** (*f. - Elekt.*), lampada a filamento metallico. 15 ~ **effekt** (*m. - Anstr.*), effetto metallizzato. 16 ~ **effekt-Pigment** (*n. - Anstr.*), pigmento per effetto metallico. 17 ~ **faden** (*m. - Elekt.*), filamento metallico. 18 ~ **form** (*f. - Giess.*), forma metallica, conchiglia. 19 ~ **gewebe** (*n. - metall. Ind.*), tessuto metallico. 20 ~ **giesser** (*m. - Giess. - Arb.*), fonditore di metalli non ferrosi. 21 ~ **giesserei** (Sammelbegriff für alle Nicht-Eisen-Metall-Giessereien) (*f. - Giess.*), fonderia di metalli non ferrosi. 22 ~ **glanz** (*m. - Metall.*), lucentezza metallica. 23 ~ **gummi** (Schwingmetall, Gummimetallverbindung) (*n. - Mech.*), gomma-metallo, « metalgomma ». 24 ~ **guss** (*m. - Giess.*), getto di metallo non ferroso. 25 ~ **halbzeug** (aus Aluminium, Leichtmetall, etc.) (*n. - Metall.*), materiale indefinito non ferroso, semilavorato non ferroso. 26 ~ **heftung** (*f. - Büro - etc.*), cucitura a punti metallici. 27 ~ **hüttenkunde** (*f. - Metall.*), metallurgia dei metalli non ferrosi. 28 ~ **hüttenschlacke** (*f. - Metall. - Bauw.*), scoria metallurgica. 29 ~ **industrie** (*f. - Metall. - Mech.*), industria metalmeccanica. 30 ~ **kapillarkathode** (MK-Kathode) (*f. - Elektronik*), catodo capillare metallico. 31 ~ **karbid** (*n. - Metall. - Werkz.*), carburo metallico. 32 ~ **keramik** (keramische Metallurgie, Pulvermetallurgie) (*f. - Metall.*), metalloceramica, metallurgia delle polveri. 33 ~ **kleber** (Phenolharz z. B.) (*m. - Metall. - Chem.*), adesivo per metalli. 34 ~ **kohle** (für Schleifbürsten, aus Graphit, Kupfer und Bleibronze oder Zinnbronze) (*f. - Elekt.*), metalgrafite. 35 ~ **kreissäge** (*f. - Masch.*), sega circolare per metalli. 36 ~ **kunde** (*f. - Metall.*), metallografia. 37 ~ - **Lichtbogenschweissen** (mit einem Schweissdraht als metallische Elektrode) (*n. - mech.*

Metallace

Technol.), saldatura ad arco con elettrodo metallico. 38 ~ **mikroskopie** (*f. - Metall.*), metallografia al microscopio. 39 ~ **papier** (*n. - Papierind.*), carta metallizzata. 40 ~ **pulver** (*n. - Pulvermetallurgie*) polvere metallica. 41 ~ **putzmittel** (*n. - chem. Ind.*), lucido per metalli. 42 ~ **reinigung** (*f. - mech. Technol.*), pulitura dei metalli. 43 ~ **säge** (*f. - Werkz.*), sega per metalli. 44 ~ **salz** (*n. - Chem.*), sale metallico. 45 ~ **sand** (*m. - mech. Technol.*), graniglia metallica. 46 ~ **schirm** (Bleischirm z. B.) (*m. - Radioakt.*), schermo metallico. 47 ~ **schläger** (Blechhämmerer) (*m. - Arb.*), lattoniere, battilastra, lamierista. 48 ~ **schlauch** (*m. - Leit.*), tubo metallico flessibile, flessibile metallico. 49 ~ **seele** (*f. - Seil.*), anima metallica. 50 ~ **seife** (für Schmierung) (*f. - Mech.*), sapone organometallico. 51 ~ **späne** (*m. - pl. - Mech.*), trucioli metallici. 52 ~ **spritzen** (*n. - mech. Technol.*), metallizzazione a spruzzo. 53 ~ **spritzpistole** (*f. - Ger.*), pistola per metallizzazione (a spruzzo). 54 ~ **spritzverfahren** (*n. - Metall. - mech. Technol.*), metallizzazione a spruzzo. 55 ~ **streifen** (für Radarstörung) (*m. - Flugw. - etc.*), striscia metallica. 56 ~ **tuch** (*n. - Metall.*), tessuto metallico. 57 ~ **ummantelung** (eines Zündkabels) (*f. - Elekt.*), guaina metallica. 58 ~ **umspinnung** (eines Zündkabels) (*f. - (Elekt. - Mot.*), calza metallica. 59 ~ **verdampfung** (*f. - mech. Technol.*), vaporizzazione del metallo. 60 ~ **verklebung** (*f. - Technol.*), incollamento di metalli. 61 ~ **waren** (*f. - pl. - Ind.*), ferramenta. 62 ~ **widerstand** (*m. - Elekt.*), resistore a strato metallico. 63 **edles** ~ (Gold, etc.) (*Metall.*), metallo nobile. 64 **Guss** ~ (*Metall.*), metallo fuso. 65 **Hart** ~ (Metallkarbid, für Werkzeugplättchen z. B.) (*mech. Technol.*), carburo metallico. 66 **irisierender** ~ **effekt** (*Anstr.*), effetto metallizzato policromo. 67 **Leicht** ~ (Magnesium, Aluminium, Titan) (*Metall.*), metallo leggero. 68 **Nichteisen** ~ (*Metall.*), metallo non ferroso. 69 **Sinter** ~ (*Metall.*), metallo sinterato, metallo sinterizzato. 70 **unedles** ~ (*Metall.*), metallo comune, metallo vile. 71 **Weiss** ~ (für Lager) (*Metall.*), metallo bianco, metallo antifrizione.
Metallace (*n. - mech. Technol.*), siehe Metalock.
metallhaltig (*Min.*), metallifero.
Metallic-Lackierung (einer Karosserie z. B.) (*f. - Aut. - etc.*), verniciatura metallica.
metallisch (*Metall.*), metallico.
metallisieren (*mech. Technol.*), metallizzare.
metallisiert (*mech. Technol.*), metallizzato.
metallkeramisch (*Metall.*), metalceramico.
metallkundlich (Prüfung z. B.) (*Metall.*), metallurgico.
Metallographie (Lehre der metallmikroskopischen Untersuchungen) (*f. - Metall.*), micrografia.
metallographisch (*Metall.*), micrografico. 2 ~ **er Schliff** (*Metall.*), campione lucidato (per esame micrografico).
Metalloid (*n. - Metall.*), metalloide.
Metallurge (*m. - Metall.*), metallurgista.
Metallurgie (Hüttenkunde) (*f. - Metall.*), metallurgia.
metallurgisch (*Metall.*), metallurgico.

Metalock (Kaltnietverfahren, zur Reparatur verwendet) (*n. - mech. Technol.*), « metalock », cucitura di riparazione a freddo.
Metamathematik (*f. - Math.*), metamatematica.
metamere Farben (bedingt gleiche Farben) (*Opt.*), colori metameri.
Metamerie (*f. - Chem.*), metameria.
Metamic (Cermet aus Chrom und AlO₃) (*n. - Metall.*), cermet a base di ossido refrattario, « metamic ».
Metamorphismus (*m. - Geol.*), metamorfismo.
Metarechnung (*f. - Adm.*), conto congiunto.
Metasomatose (Austausch von Gesteinsstoff durch chem. Reaktionen) (*f. - Geol.*), metasomatismo.
metastabil (*Phys. - Wärme*), metastabile.
metazentrisch (*naut.*), metacentrico. 2 ~ **e Höhe** (*naut.*), altezza metacentrica.
Metazentrum (*n. - naut.*), metacentro.
Meteor (sehr kleiner Himmelskörper) (*n. - Astr. - Geophys.*), meteorite. 2 ~ **echo** (*n. - Radar*), eco meteorica. 3 ~ **eisen** (*n. - Metall.*), ferro meteorico.
Meteorit (Meteorstein) (*m. - Astr.*), meteorite.
Meteorograph (Baro - Thermo - Hygrograph) (*m. - App. - Geophys.*), meteorografo.
Meteorologe (*m. - Meteor.*), meteorologo.
Meteorologie (*f. - Meteor.*), meteorologia.
meteorologisch (*Meteor.*), meteorologico.
Meteorstein (Meteorit) (*m. - Astr.*), meteorite.
Meter (Längeneinheit) (*m. - n. - Masseinheit*), metro. 2 ~ **gewicht** (*n. - Mass*), peso per metro lineare. 3 ~ **kilogramm** (mkg, Kilogrammeter) (*n. - Masseinheit*), chilogrammetro. 4 ~ **kilopond** (mkp, Meterkilogramm) (*n. - Masseinheit*), chilogrammetro. 5 ~ **spur** (1000 mm, in Südamerika, Afrika, etc.) (*f. - Eisenb.*), scartamento di 1000 mm. 6 ~ **tonne** (*f. - Mass*), tonnellata metrica. 7 ~ **wellen** (*f. - pl. - Funk.*), onde metriche.
Methan ([CH₄], Sumpfgas) (*n. - Chem.*), metano.
Methanol ([CH₃ · OH], Methylalkohol) (*n. - Chem.*), metanolo, alcool metilico.
Methen (*n. - Chem.*), siehe Methylen.
Methode (*f. - allg.*), metodo. 2 ~ **der finiten Elemente** (*Math.*), metodo degli elementi finiti. 3 ~ **der kleinsten Quadrate** (*Math.*), metodo dei minimi quadrati. 4 ~ **des kritischen Weges** (« Critical Path Method ») (*Planung*), metodo del percorso critico. 5 **Rittersche** ~ (Rittersches Schnittverfahren) (*Baukonstr.lehre*), metodo di Ritter, metodo delle sezioni.
Methol (*n. - Chem. - Phot.*), siehe Metol.
Methyl (*n. - Chem.*), metile. 2 ~ **alkohol** ([CH₃ · OH], Holzalkohol, Methanol) (*n. - Chem.*), alcool metilico. 3 ~ **amin** (NH₂ · · CH₃) (*n. - Chem.*), metilammina. 4 ~ **äther** (*m. - Chem.*), etere metilico. 5 ~ **chlorid** ([CH₃Cl], Chlormethyl) (*n. - Chem. - Kälte*), cloruro di metile. 6 ~ **orange** (*n. - Chem.*), metilarancio. 7 ~ **violett** (zur Herstellung von Farbbändern für Schreibmaschinen, etc.) (*n. - Chem.*), metilvioletto.
Methylen (Methen) (*n. - Chem.*), metilene. 2 ~ **blau** (*m. - Chem.*), blu di metilene.

Methylolgruppe (*f. - Chem.*), gruppo metilolico.
Metol ([(C$_6$H$_4$ NHC H$_3$OH)$_2$ H$_2$SO$_4$], Methol) (*n. - Chem. - Phot.*), metolo.
Metope (rechteckiges Feld mit einem Relief) (*f. - Arch.*), metopa.
metrisch (*allg.*), metrico. 2 ~ es Gewinde (*Mech.*), filettatura metrica. 3 ~ es ISO-Gewinde (*Mech.*), filettatura metrica ISO. 4 ~ es System (Meter-Kilogramm-Sekunde-System, MKS-System) (*Mass*), sistema metrico.
Metrologie (Messkunde) (*f. - Wissens.*), metrologia.
Metron (Bezeichnung für die astronomische Längeneinheit parsec = 3,0837 . 10^{13} km) (*n. - Astron. - Einheit*), parsec.
Metronom (Taktmesser) (*n. - Instr.*), metronomo.
Metteur (Setzer, der den Schriftsatz zu Seiten ordnet) (*m. - Druck. - Arb.*), impaginatore.
MeV (Mega - Elektronenvolt, 10^6 Elektronenvolt) (*Masseinheit*), MeV, megavoltelettrone.
Mezzanin (Zwischengeschoss, zwischen Erdgeschoss und 1. Stock) (*n. - Bauw.*), mezzanino, ammezzato.
MF (Mittelfrequenz, von 300 bis 3000 Hz) (*Funk.*), MF, media frequenza. 2 ~ (Melaminharz) (*Chem.*), MF, melammina-formaldeide.
M-Funktion (Zusatzfunktion) (*f. - Rechner*), funzione M, funzione ausiliaria.
Mg (Magnesium) (*Chem.*), Mg, magnesio.
mg (Milligramm) (*Masseinheit*), milligrammo. 2 ~ (mittelgrob) (*Mech.*), semigrossolano. 3 ~ (hochgesetzt, Milligon, 10^{-3} Neugrad) (*Einheit*), millesimo di grado centesimale.
M.G. (Maschinengewehr) (*Feuerwaffe*), mitragliatrice. 2 ~ -Kamera (*f. - Luftw. - Phot.*), fotomitragliatrice.
MGD (Magneto-Gasdynamik) (*Phys.*), magnetogasdinamica.
M. Gew. Bo. (Maschinengewindebohrer) (*Werkz.*), maschio a macchina.
MGZ (mittlere Greenwicher Zeit) (*Astron.*), ora media di Greenwich.
MH (Mohs'sche Härte) (*Technol. - Min.*), durezza Mohs.
mH (Millihenry) (*Masseinh.*), mh, millihenry.
MHD-System (magnetohydrodynamisches System, zur direkten Umwandlung von Wärme in elekt. Energie) (*n. - Elekt.*), sistema magnetoidrodinamico.
Mho (Leitfähigkeitsmass) (*Elekt. - Mass*), mho, 1/ohm.
MHQ (mittleres Hochwasser) (*Hydr. - Wass.b.*) piena media.
MHz (Megahertz) (*Mass*), MHz, megahertz.
mHz (Millihertz) (*Phys.*), mHz, milliperiodi al secondo, millihertz.
Mi (Mikrophon) (*Funk.*), microfono.
mi (Meile) (*Einheit*), miglio.
Mia (Milliarde, 10^9) (*Math. - etc.*), miliardo.
Micelle (Aggregationskolloide) (*f. - Chem.*), micella.
Michell-Lager (*n. - Mech.*), cuscinetto Michell.
Micke (Bremsklotz) (*f. - Fahrz.*), ceppo.
Micro - Plasma - Lichtbogenschweissverfahren (für die Verbindung sehr dünner Bleche) (*n. - mech. Technol.*), microsaldatura ad arcoplasma.
Mie-Streuung (Streuung optischer Strahlung) (*f. - Opt.*), dispersione di Mie.
Miete (*f. - Bauw. - komm.*), affitto.
mieten (*Bauw. - komm.*), prendere in affitto. 2 ein Schiff ~ (*Transp. - naut.*), noleggiare una nave. 3 unter ~ (*komm.*), subaffittare.
Mietentschädigung (*f. - Arb. - Pers.*), indennità di alloggio.
Mieter (*m. - komm. - Bauw.*), locatario.
Mietflugzeug (*n. - Flugw.*), aerotaxi.
Mietpreis (*m. - komm. - Bauw.*), canone di affitto, pigione.
Mietshaus (*n. - Bauw.*), casa d'affitto.
Mietszins (Mietspreis) (*komm.*), canone, affitto, pigione.
Mietvertrag (Mietsvertrag) (*m. - komm. - recht.*), contratto di affitto, locazione.
Mietwagen (*m. - Aut.*), auto da noleggio.
Mietwohnung (*f. - Bauw.*), appartamento d'affitto.
Migmatit (Mischgestein) (*m. - Geol.*), migmatite.
Mignonfassung (*f. - Elekt.*), portalampade Mignon.
Mignonschrift (Kolonel, von 7 typographischen Punkten) (*f. - Druck.*), corpo 7.
Migrationslänge (*f. - Phys.*), lunghezza di migrazione.
MIG-Verfahren (Schweissverfahren, Metall-Inert-Gas Schweissen) (*n. - mech. Technol.*), saldatura MIG, saldatura ad arco con elettrodo metallico sotto gas inerte.
Mika (*f. - Min.*), siehe Glimmer.
MIK (Maximale Immissions-Konzentration, durch Gesetze zur Reinhaltung der Luft festgelegt) (*Ökologie*), concentrazione massima di impurità.
Mikalex (elekt. Isolierstoff) (*n. - Elekt.*), micalex.
Mikanit (Isolierstoff) (*n. - Elekt. - etc.*), micanite.
Mikrinit (Gefügebestandteil der Steinkohle) (*m. - Min.*), micrinite.
mikro- (μ, vor Masseinheiten, 10^{-6}) (*Mass*), micro-.
Mikroampere (*n. - Elekt. - Mass*), microampere.
Mikroanalyse (*f. - Chem.*), microanalisi.
mikroanalytisch (*Technol. - Metall.*), microanalitico.
Mikrobefehl (*m. - Rechner*), microistruzione.
Mikrobild (*n. - Metall.*), micrografia.
Mikrochemie (*f. - Chem.*), microchimica.
Mikro-Endschalter (*m. - Elektromech.*), microinterruttore di fine corsa.
Mikrofarad (*n. - Elekt. - Mass*), microfarad.
Mikrofilm (*m. - Filmtech. - etc.*), microfilm.
mikrogeometrisch (*Mech. - etc.*), microgeometrico. 2 ~ es Profil (Formprofil) (*Mech.*), profilo microgeometrico.
Mikrogefüge (*n. - Metall. - etc.*), microstrutture.
Mikrogestalt (Mikrogefüge) (*f. - Metall.*), microstruttura.
Mikrohärte (Härte kleinster Bereiche, dünner Schichten, etc.) (*f. - mech. Technol.*), microdurezza.

Mikroklima

Mikroklima (Kleinklima, für Nutzpflanzen wichtiges Klima der bodennächsten Luftschichten) (*n. - Meteor.*), microclima.
Mikroklin (ein Kalifeldspat) (*n. - Min.*), microclino.
mikrokristallin (*Min.*), microcristallino.
Mikrolunker (*m. - Giess.fehler*), microcavità (da ritiro).
Mikromanipulator (eines Mikroskopes) (*m. - Opt. - Instr.*), micromanipolatore.
Mikromanometer (*n. - Ger.*), micromanometro.
Mikrometer (μm, 10^{-6} m) (*m. - Mass*), micron.
Mikrometer (*n. - Werkz. - Mech.*), micrometro (tecnico). 2 **Faden** ~ (Metallrahmen mit Fadenkreuz, beim Fernrohr oder Mikroskop) (*Opt.*), micrometro ottico (con fili diastimometrici). 3 **Schrauben** ~ (*Mech. - Werkz.*), micrometro a vite, palmer.
mikrometrisch (*Mech. - etc.*), micrometrico.
Mikromikrofarad (μμF, Picofarad) (*n. - Mass*), micromicrofarad, picofarad.
Mikron (Mikrometer, 10^{-6} m) (μm - *n. - Masseinheit*), micron.
Mikronetz (*n. - Elekt.*), siehe Netzmodell (*n.*).
Mikroohm (*n. - Elekt. - Mass*), microohm.
Mikrophon (*n. - Funk.*), microfono. 2 ~ **becher** (*m. - Elektroakus.*), imboccatura del microfono. 3 ~ **effekt** (Störeffekt) (*m. - Funk.*), effetto microfonico. 4 ~ **galgen** (*m. - Fernseh. - Funk.*), giraffa portamicrofono. 5 ~ **geräusch** (*n. - Funk. - Fernspr.*), rumore microfonico, effetto microfonico. 6 ~ **hörer** (*m. - Fernspr.*), cornetta. 7 ~ **strom** (*m. - Fernspr.*), corrente microfonica. 8 ~ **zeile** (*f. - Akus.*), microfono a linea. 9 **Bändchen** ~ (elektrodynamisches Mikrophon) (*Elektroakus.*), microfono elettrodinamico. 10 **dynamisches** ~ (*Elektroakus.*), microfono dinamico. 11 **Kohle** ~ (*Funk. - Fernspr.*), microfono a carbone. 12 **Kohlenkörner** ~ (*Elektroakus.*), microfono a granuli di carbone. 13 **Kondensator** ~ (*Funk.*), microfono elettrostatico, microfono a condensatore. 14 **Kristall** ~ (*Elektroakus.*), microno a cristallo. 15 **magnetisches** ~ (*Elektroakus.*), microfono elettromagnetico.
Mikrophonie (Störung) (*f. - Funk.*), effetto microfonico, microfonicità.
Mikrophotographie (phot. Aufnahme durch Kamera und Mikroskop) (*f. - Phot. - Opt.*), microfotografia.
Mikroporen (feuerfester Steinen z. B.) (*f. - pl. - Min.*), micropori.
Mikroprogramm (*n. - Rechner*), microprogramma.
Mikrorille (einer Schallplatte mit langer Spieldauer) (*f. - Elektroakus.*), microsolco. 2 ~ **n·schallplatte** (*f. - Elektroakus.*), disco microsolco.
Mikroriss (*m. - Metall.*), microcricca.
Mikroschalter (*m. - Elekt.*), microinterruttore.
Mikroschweissen (für feinste Drähte etc.) (*n. - mech. Technol. - Elektronik*), microsaldatura.
mikroseismisch (*Geol.*), microsismico.
Mikrosekunde (*f. - Mass*), microsecondo.
Mikroskop (*n. - Opt. - Instr.*), microscopio. 2 **Elektronen** ~ (*Opt. - Instr.*), microscopio elettronico. 3 **Interferenz** ~ (*Opt. - Instr.*), microscopio interferenziale. 4 **Phasenkontrast** ~ (*Opt. - Instr.*), microscopio a contrasto di fase. 5 **Polarisations** ~ (*Opt. - Instr.*), microscopio di polarizzazione. 6 **Ultra** ~ (*Opt. - Instr.*), ultramicroscopio, supermicroscopio. 7 **Ziehstein** ~ (für die Untersuchung von Drahtziehmatrizen z. B.) (*Instr.*), microscopio per trafile.
Mikroskopie (*f. - Opt.*), microscopia.
mikroskopieren (*Opt.*), osservare al microscopio.
Mikroskopierlampe (*f. - Opt. Ger.*), lampada per microscopio.
mikroskopisch (*Opt.*), microscopico.
Mikrosonde (zur Analyse von Stahl z. B.) (*f. - Metall.*), microsonda.
Mikrostruktur (*f. - Metall.*), microstruttura.
Mikrotelephon (Handapparat) (*n. - Fernspr.*), microtelefono.
Mikrotom (hobelartige Schneidemaschine zur Herstellung von Schnitten genau bestimmter Dicke für mikroskopische Analyse) (*n. - Opt. - Instr.*), microtomo.
Mikrovolt (*n. - Elekt. - Mass*), microvolt.
Mikrowaage (sehr empfindliche chem. Waage) (*f. - Chem. - Instr.*), microbilancia.
Mikrowelle (*f. - Funk.*), microonda.
Mikrozoll (= 0,0254 μ) (μin - *m. - Mass*), micropollice.
Milch (*f. - Ind.*), latte. 2 ~ **glas** (*n. - Glasind.*), vetro opalino. 3 ~ **messer** (*m. - Instr.*), lattoscopio. 4 ~ **pulver** (*n. - Ind.*), latte in polvere. 5 ~ **säure** (α-Oxypropionsäure) (*f. - Chem.*), acido lattico. 6 ~ **schleuder** (*m. - Masch.*), scrematrice. 7 ~ **strasse** (galaktisches System) (*f. - Astr.*), via lattea. 8 ~ **zucker** ([$C_{12}H_{22}O_{11}$], Laktose, Laktobiose) (*m. - Chem.*), lattosio, zucchero di latte.
mildern (*allg.*), attenuare. 2 ~ (eine Farbe z. B.) (*Opt.*), ammorbidire.
mildwirkend (Schmieröl) (*Mot. - etc.*), poco additivato.
militärisch (*milit.*), militare.
milli- (m, vor einer Masseinheit = 10^{-3}) (*Mass*), milli-.
Milliamperemeter (*n. - Instr.*), milliamperometro.
Milliarde (tausend Millionen) (*f. - Math.*), miliardo.
Millibar (mbar, Masseinheit des Druckes) (*n. - Masseinheit*), millibar.
Millicurie (*f. - Masseinheit*), millicurie.
Milligramm (mg) (*n. - Masseinheit*), milligrammo.
Milliliter (ml) (*n. - Masseinheit*), millilitro.
Millimeter (mm) (*m. - Masseinheit*), millimetro. 2 ~ **papier** (*n. - Zeichn.*), carta millimetrata. 3 ~ **welle** (mit einer Länge von 1 bis 10 mm) (*f. - Funk. - Fernseh.*), onda millimetrica.
Millimikron (mμ, 10^{-6} mm) (*n. - Masseinheit*), millimicron.
Million (10^6) (*f. - Math.*), milione.
Millisekunde (*f. - Masseinheit*), millesimo di secondo, millisecondo.
millitex (mtex = $\dfrac{1 \text{ mg}}{1000 \text{ m}}$ Feinheitsangabe für textile Fasern) (*Textilind. - Mass*), millitex.

Millivoltmeter (n. - Elekt. - Instr.), millivoltmetro.
Millizoll (= 0,0254 mm) (m. - Mass), millesimo di pollice.
Millmotor (für Walzwerke) (m. - Metall.), motore mill.
Mimesis (f. - Kristallographie - etc.), mimesi.
mimetisch (Kristallographie - etc.), mimetico.
min (Minute) (Mass), minuto primo, minuto.
minderhaltig (Bergbau), scadente.
Minderheit (Minorität) (f. - allg.), minoranza. 2 ~ s·anteil (m. - finanz.), partecipazione di minoranza.
minderjährig (Arb. - etc.), minorenne (a.).
Minderjähriger (m. - Arb. - etc.), minore (s.).
Minderleistung (f. - Arbeitsstudie), prestazione inferiore alla normale (calcolata).
mindern (den Preis z. B.) (komm.), ridurre.
Minderung (des Preises) (f. - komm.), riduzione.
Minderwert (m. - Adm.), deprezzamento.
minderwertig (allg.), scadente, di qualità scadente.
Mindestauftriebsgeschwindigkeit (f. - Flugw.), velocità di stallo.
Mindestbestand (Lagerbestand) (m. - Ind. - Adm.), scorta minima, giacenza minima.
Mindestfestigkeit (f. - Baukonstr.lehre), resistenza minima.
Mindestfluggeschwindigkeit (f. - Flugw.), velocità minima di volo.
Mindestflughöhe (f. - Flugw.), quota minima di volo.
Mindestlager (Mindestbestand) (n. - Ind. - Adm.), scorta minima, giacenza minima.
Mindestlohn (m. - Arb. - Organ.), salario minimo, minimo di paga.
Mindestsichtweite (f. - Opt. - etc.), visibilità minima.
Mindestspiel (n. - Mech.), gioco minimo.
Mindeststau (Absenkziel) (m. - Wass.b. - Hydr.), livello minimo di svaso.
Mindestzahl (f. - allg.), minimo (s.). 2 ~ zur Beschlussfähigkeit (finanz. - etc.), quorum.
Mine (Bergwerk, Grube) (f. - Bergbau), miniera. 2 ~ (Sprengladung) (Expl.), mina. 3 ~ (Bleistiftmine) (Büro), mina. 4 ~ (einer Kugelschreiber) (Büro - etc.), refill. 5 ~ n·auge (n. - Bergbau), foro da mina. 6 ~ n·feld (n. - milit.), campo minato. 7 ~ leger (m. - Kriegsmar.), posamine, nave posamine. 8 ~ n·räumer (Minenräumboot) (m. - Kriegsmar.), dragamine. 9 ~ n·schutzvorrichtung (f. - Kriegsmar.), paramine. 10 ~ n·suchgerät (n. - milit. - Ger.), cercamine, apparecchio cercamine. 11 ~ n·werfer (m. - Expl.), lanciamine. 12 Land ~ (Expl.), mina terrestre. 13 See ~ (Expl.), mina subacquea. 14 Spreng ~ (Expl.), mina.
Mineral (m. - Min.), minerale. 2 ~ feile (f. - Werkz.), stecca abrasiva. 3 ~ öl (n. - chem. Ind.), olio minerale. 4 ~ quelle (f. - Geol.), sorgente di acqua minerale. 5 ~ reich (n. - Min.), regno minerale. 6 ~ wasser (n. - Geol.), acqua minerale. 7 ~ wolle (f. - Min.), lana minerale.
mineralisch (Min.), minerale.
Mineralog (m. - Min.), mineralogo.
Mineralogie (f. - Min.), mineralogia.

Minette (oolithisches Erz) (m. - Min.), minette.
Mineur (m. - Arb.), siehe Minierer.
Miniaturisierung (f. - Elektronik - etc.), miniaturizzazione.
Miniaturröhre (f. - Funk.), valvola miniatura.
Miniatursockel (m. - Elekt.), zoccolo miniatura, zoccolo mignon.
Miniaturtraktor (Miniaturschlepper) (m. - Fahrz.), microtrattore.
minieren (graben) (Bergbau), scavare.
Minierer (Bergarbeiter, Mineur) (m. - Arb.), minatore.
Minimalausschalter (m. - Elekt.), interruttore di minima.
Minimalautomat (Unterstromausschalter) (m. - Elekt.), interruttore di minima.
Minimalgeschwindigkeit (f. - Flugw.), velocità minima. 2 ~ mit ausgefahrenen Landeklappen (Flugw.), velocità minima con flap abbassati.
Minimalrelais (n. - Elekt.), relè di minima.
Minimalspannungsrelais (n. - Elekt.), relè di minima tensione.
Minimax (m. - Math.), minimax, mini-massimo. 2 ~ -Theorem (bei der Theorie der Spiele) (n. - Planung), teorema minimax.
minimieren (allg.), minimizzare.
Minimum (Kleinstwert) (n. - Math. - etc.), minimo. 2 ~ thermometer (n. - Instr.), termometro a minima.
Minipolrelais (n. - Elekt.), microrelè polarizzato.
Minister (m. - Adm.), ministro. 2 ~ ohne Geschäftsbereich (Adm.), ministro senza portafogli.
Ministerium (n.), ministero. 2 ~ für öffentliche Arbeiten (Ing.b.), Ministero dei Lavori Pubblici.
Min-Öl (Mineral-Öl) (n. - Chem.), olio minerale.
Minoritätsträger (Minderheitsträger) (m. - Elektronik), supporto minoritario.
Minuend (die Zahl, von der abgezogen wird) (m. - Math.), minuendo.
Minus (Fehlbetrag) (n. - Buchhaltung), deficit. 2 ~ ader (Minusdraht) (f. - Elekt.), filo negativo. 3 ~ druck (bei Drosselgeräten) (m. - Hydr.), pressione a valle, pressione nella presa a valle. 4 ~ elektrizität (negative Elektrizität) (f. - Elekt.), elettricità negativa. 5 ~ klemme (f. - Elekt.), morsetto negativo. 6 ~ platte (eines Akkumulators) (f. - Elekt.), piastra negativa. 7 ~ pol (negativer Pol) (m. - Elekt.), polo negativo. 8 ~ toleranz (f. - Mech.), tolleranza negativa. 9 ~ zeichen (n. - Math.), meno, segno meno.
minus (Math.), meno. 2 ~ (Elekt.), negativo.
Minuskel (kleiner Buchstabe) (m. - Druck.), minuscola.
Minute (60. Teil einer Stunde) (f. - Zeiteinheit), minuto primo, minuto. 2 ~ (60. Teil eines Grades) (Geom.), minuto primo, minuto. 3 ~ n·ring (Kolbenring mit Neigungswinkel von 25 Minuten) (m. - Mech. - Masch.), anello elastico (di tenuta) con smusso (di 25'). 4 Bogen ~ (Geom.), minuto di arco.
Mio (Million, 10^6) (Math. - etc.), milione.
Miozän (eine Stufe des Tertiärs) (n. - Geol.), miocene.

Mirage

Mirage (Luftspiegelung) (f. - *Meteor.*), miraggio.
MIS (Metal-Insulator-Semiconductor) (*Elektronik*), semiconduttore ad isolatore metallico.
Mischapparat (Mischer) (m. - *App.*), mescolatore.
mischbar (*allg.*), miscibile.
Mischbauweise (f. - *Bauw.*), costruzione mista.
Mischbinder (hydraulische Bindemittel) (m. - *Bauw.*), legante misto (idraulico).
mischen (*allg.*), mescolare.
Mischer (m. - *App.*), mescolatore. 2 ~ (*Funk.*), mescolatore, miscelatore. 3 ~ (für Kunststoffe) (*App.*), mescolatore. 4 ~ pfanne (f. - *Giess.*), mescolatore, siviera per mescolamento. 5 Beton ~ (*Bauw. - Masch.*), betoniera. 6 Transport- ~ (Betonmischer) (*Bauw.*), autobetoniera.
Mischfeuerofen (Ofen in dem Brenngut und Brennstoff gemischt sind) (m. - *Ofen*), forno a combustione mista.
Mischfliesspressen (bei dem der Werkstoff mit und gegen die Stempelbewegung fliesst) (n. - *mech. Technol.*), estrusione mista.
Mischfrequenz (f. - *Elektronik*), siehe Kombinationsfrequenz.
Mischgarn (n. - *Text.*), filato misto.
Mischgas (Kohlengas mit 10-40 % Wassergas) (n. - *Chem.*), gas misto, gas Dowson.
Mischgestein (Migmatit) (n. - *Geol.*), migmatite.
Mischkristall (m. - *Metall.*), cristallo misto.
Mischlichtlampe (Glüh- und Lumineszenzlampe z. B.) (f. - *Beleucht.*), lampada a luce miscelata.
Mischlichtleuchte (f. - *Beleucht.*), sorgente luminosa a luce mista.
Mischmaschine (Betonmischmaschine, Betonmischer) (f. - *Bauw.*), betoniera.
Mischoxyd (zink- und bleihaltiger Staub) (n. - *Metall.*), ossido misto.
Mischphase (f. - *Metall.*), fase mista.
Mischpolymerisat (Kopolymerisat) (n. - *chem. Ind.*), copolimerizzato.
Mischpult (n. - *Filmtech. - Funk.*), tavolo di missaggio.
Mischreibung (f. - *Mech.*), attrito misto, attrito semisecco, attrito semifluido.
Mischrohr (eines Vergasers) (n. - *Mot.*), emulsionatore.
Mischröhre (Frequenzumwandler) (f. - *Elektronik*), tubo convertitore (di frequenza), tubo mescolatore.
Mischschaltung (f. - *Elektronik*), circuito convertitore (di frequenza), circuito mescolatore.
Mischspannung (eine Gleichspannung der eine Wechselspannung überlagert ist) (f. - *Elekt.*), tensione mista.
Mischsteilheit (Konversionssteilheit, Überlagerungssteilheit) (f. - *Elektronik*), transconduttanza di conversione.
Mischstrom (ein Gleichstrom dem ein Wechselstrom überlagert ist) (m. - *Elekt.*), corrente mista.
Mischstufe (f. - *Elektronik*), stadio convertitore (di frequenza), stadio mescolatore.
Mischtonmeister (m. - *Filmtech.*), tecnico del missaggio.
Mischtransistor (m. - *Elektronik*), transistore convertitore (di frequenza).
Mischturm (Betonierturm) (m. - *Bauw.*), torre di betonaggio.
Mischung (f. - *allg.*), mescolanza, miscuglio, miscela. 2 ~ (um die Niederfrequenzausgangssignale mehrerer Mikrophone in der gewünschten Proportion auf den Eingang eines Niederfrequenzverstärkers zu geben) (*Funk. - Fernseh.*), missaggio, mischiatura. 3 ~ (Frequenzumformung) (*Elektronik*), conversione di frequenza. 4 ~ (*Fernspr.*), multiplazione. 5 ~ (*Gummiind.*), mescola. 6 ~ s·kalorimeter (n. - *App.*), calorimetro ad acqua. 7 ~ s·schmierung (für Zweitaktmotoren) (f. - *Mot.*), lubrificazione a miscela. 8 ~ s·verhältnis (n. - *Mot.*), titolo della miscela. 9 Kreisel ~ (Drehmischung, Farbmischung) (*Opt.*), miscela giroscopica. 10 Licht ~ (Farbmischung) (*Opt.*), miscela delle luci. 11 Pigment ~ (*Opt.*), miscela dei pigmenti. 12 ~ s·zusatz (m. - *Gummiind.*), ingrediente di mescola. 13 additive ~ (*Elektronik*), conversione additiva (di frequenza).
Mischvalenzstoff (chem. Verbindung) (m. - *Chem.*), sostanza (con ioni) a valenza mista.
Mischwähler (m. - *Fernspr.*), selettore mischiatore.
Mischwolf (m. - *Textilmasch.*), siehe Krempelwolf (m.).
Mischwolle (f. - *Text.*), lana mista.
missbrauchen (eine Masch. z. B.) (*allg.*), maltrattare.
Missdeutung (f. - *allg.*), errata interpretazione.
missfarbig (*allg.*), scolorito.
missgriffsicher (Ger. - *Mech. - etc.*), non manomissibile, sicuro contro false manovre.
Mission (Personengruppe) (f. - *komm. - milit.*), missione.
Missklang (m. - *Akus.*), dissonanza.
Misspickel ([FeAsS] Arsenkies) (m. - *Min.*), arsenopirite.
Missverhältnis (n. - *allg.*), sproporzione.
Missweisung (Abweichung der Magnetnadel, Deklination) (f. - *Geophys.*), declinazione.
Mist (Dünger, Stalldünger) (m. - *Ack.b.*), letame, stallatico, concime. 2 ~ grube (f. - *Landw. - Bauw.*), concimaia. 3 ~ streumaschine (f. - *Ack.b.masch.*), spandiconcime.
Mist (leichter Nebel) (m. - *naut.*), foschìa.
Mitarbeit (f. - *allg.*), collaborazione.
mitarbeiten (*allg.*), collaborare.
Mitarbeiter (m. - *allg.*), collaboratore. 2 ~ (in einer Werkstatt z. B.) (m. - *Arb.*), compagno di lavoro. 3 ~ (an Buch) (*Druck.*), coautore.
Mitarbeitschaft (f. - *allg.*), collaborazione.
Mitbenutzung (f. - *allg.*), utilizzazione in comune.
Mitbesitz (Miteigentum) (m. - *komm.*), comproprietà.
Mitbesitzer (m. - *finanz.*), comproprietario. 2 ~ (eines Schiffes) (*naut.*), caratista.
Mitbestimmung (f. - *Ind.*), cogestione.
Mitbewerb (m. - *komm.*), concorrenza.
Mitdirektor (m. - *Adm. - etc.*), condirettore.
Miteigentum (n. - *recht.*), comproprietà. 2 ~ (*Bauw.*), condominio. 3 ~ (*Arb. - Ind.*), compartecipazione.
mitgehend (Lünette z. B.) (*Mech. - etc.*), mobile.

mitgeliefert (*komm.*), compreso nella fornitura.
Mitglied (einer Gesellschaft) (*n. - finanz.*), socio. 2 ~ s·beitrag (eines Verbands) (*m. - allg.*), quota di associazione. 3 ~ s·firma (*f. - finanz.*), società affiliata, consociata. 4 Direktions ~ (*komm. - finanz.*), consigliere di amministrazione. 5 Ehren ~ (*finanz. - etc.*), socio onorario. 6 Gründungs ~ (*komm. - finanz.*), socio fondatore.
mithören (*Fernspr.*), intercettare, controllare.
Mithörrelais (*n. - Fernspr.*), relè d'ascolto.
Mithörstöpsel (*m. - Fernspr.*), spina d'ascolto.
Mitinhaberin (Mitteilhaber) (*f. - finanz.*), consociata (*s.*).
mitklingen (*Akus.*), risonare.
Mitkomponente (*f. - Elekt.*), componente diretta.
Mitkopplung (positive Rückkopplung, eines Verstärkers z. B.) (*f. - Elekt.*), retroazione positiva. 2 ~ (eines Transduktors) (*Elekt.*), autoeccitazione.
Mitlaufen (einer Luftschraube) (*n. - Flugw.*), autorotazione.
mitlaufend (*Mech.*), mobile.
Mitlaufwähler (Mitlaufwerk) (*m. - Fernspr.*), selettore discriminatore.
Mitleistung (eines Dreiphasensystems) (*f. - Elekt.*), potenza diretta.
Mitnahme (*f. - Mech. - etc.*), trascinamento. 2 ~ (eines Oszillators) (*Elektronik*), trascinamento. 3 ~ fläche (des Schaftes eines Räumwerkzeuges) (*f. - Werkz.*), superficie di trascinamento.
mitnehmen (*Mech.*), trascinare.
Mitnehmer (*m. - Mech.*), trascinatore. 2 ~ (Vorr. zum Mitnehmen des Arbeitsstücks) (*Werkz.masch.bearb.*), brida, briglia. 3 ~ (Nase) (*Mech.*), dente, nottolino (di trascinamento). 4 ~ (am Schaft von Werkz.) (*Werkz.*), dente (di trascinamento). 5 ~ (Mitnehmerschaufel, eines Förderers) (*ind. Masch.*), paletta raschiante. 6 ~ bolzen (Mitnehmerstift) (*m. - Mech.*), spina di trascinamento. 7 ~ förderer (*m. - ind. Masch.*), trasportatore a raschiamento. 8 ~ hebel (*m. - Mech.*), leva di accoppiamento, leva di trascinamento. 9 ~ hülse (*f. - Mech.*), manicotto di trascinamento. 10 ~ klaue (*f. - Mech.*), griffa di trascinamento, innesto a denti di trascinamento. 11 ~ lappen (eines Wendelbohrers) (*m. - Mech.*), linguetta (di trascinamento), aletta (di trascinamento), dente (di trascinamento). 12 ~ platte (*f. - Mech.*), piastra di accoppiamento. 13 ~ scheibe (*f. - Werkz.masch.*), (disco) menabrida, menabriglia. 14 ~ scheibe (einer Kupplung) (*Aut.*), disco condotto. 15 ~ stange (Vierkantstange, beim Rotary-Verfahren) (*f. - Bergbau*), asta (quadra) di trascinamento.
Mitpeilen (*n. - Funk.*), radiogoniometria simultanea.
mitreissen (mit sich übertragen, bei chem. Verfahren z. B.) (*allg.*), trascinare. 2 ~ (einer Teilsumme) (*Buchhaltung*), riportare.
Mitschwingen (Resonanz) (*n. - Phys.*), risonanza.
mitschwingend (*Phys.*), risonante.
Mitspannung (eines mehrphasigen Systems) (*f. - Elekt.*), componente diretta della tensione.
Mitsprechen (*n. - Fernspr.*), diafonia.
Mitstrom (*m. - Flugw.*), siehe Nachstrom.
Mitsystem (*n. - Elekt.*), sistema diretto.
Mittagspause (*f. - Arb.*), intervallo di mezzogiorno.
Mittagsschicht (*f. - Arb.*), turno pomeridiano.
Mitte (was in der Hälfte liegt) (*f. - allg.*), parte mediana, parte di mezzo, parte centrale. 2 ~ (Mittelpunkt) (*allg.*), centro. 3 ~ n·abstand (Abstand von der Mittellinie) (*m. - Zeichn.*), distanza dalla mezzeria. 4 ~ n·abstand (Achsenabstand) (*Mech.*), interasse. 5 ~ n·rauhwert (Ra, arithmetischer Mittelwert der absoluten Beträge der Abstände des Istprofils vom mittleren Profil) (*m. - Mech.*), rugosità media, valore medio della rugosità. 6 ~ n·versatz (Mittenversetzung, Aussermittigkeit) (*m. - Mech. - etc.*), eccentricità.
mitteilen (*allg.*), comunicare, informare.
Mitteilhaber (*m. - finanz.*), consocio, consociato (*s.*). 2 ~ (Gesellschaft) (*finanz.*), consociata (*s.*).
Mitteilung (*f. - allg.*), comunicazione, informazione. 2 interne ~ (*Ind.*), comunicazione interna.
Mittel (Weg) (*n. - allg.*), mezzo. 2 ~ (Mittelwert, Durchschnitt) (*Math. - etc.*), media, valore medio. 3 ~ (Medium) (*Phys.*), mezzo. 4 ~ (Schriftgrad, 14 Punkte) (*Druck.*), corpo 14. 5 ~ (Geld) (*pl. - finanz.*), mezzi. 6 ~ (eingeschlossene Ablagerung von Mineralien in einer Lagerstätte) (*Bergbau*), intrusione. 7 ~ achse (Mittellinie) (*f. - Geom. - etc.*), asse. 8 ~ betrieb (*m. - Ind.*), media industria. 9 ~ blech (*n. - metall. Ind.*), lamiera media. 10 ~ deck (*n. - naut.*), interponte. 11 ~ decker (*m. - Flugw.*), aeroplano ad ala media, monoplano ad ala media. 12 ~ deich (*Wass.b.*), siehe Schlafdeich. 13 ~ druck (*m. - Mot. - etc.*), pressione media. 14 ~ einstieg (eines Strassenbahnwagens) (*m. - Fahrz.*), salita centrale, entrata centrale. 15 ~ elektrode (einer Zündkerze) (*f. - Mot. - Elekt.*), elettrodo centrale. 16 ~ entzapfung (*f. - Elekt.*), presa centrale. 17 ~ feldspieler (beim Fussballspiel) (*m. - Sport*), centrocampista. 18 ~ frequenz (*f. - Elektroakus.*), media frequenza. 19 ~ gang (zwischen Masch. z. B.) (*m. - allg.*), corridoio centrale, passaggio centrale. 20 ~ gang (eines Personenwagens) (*Eisenb. - etc.*), corridoio centrale. 21 ~ gebirge (*n. - Geogr.*), media montagna. 22 ~ hieb (Bastardhieb, einer Feile) (*m. - Werkz.*), taglio bastardo. 23 ~ lage (von Sperrholz oder Tischlerplatte) (*f. - Tischl.*), anima. 24 ~ lastkraftwerk (*n. - Elekt.*), centrale modulante. 25 ~ leiter (*m. - Elekt.*), neutro, filo del neutro. 26 ~ leitersystem (Dreidrahtsystem) (*n. - Elekt.*), sistema a tre fili. 27 ~ linie (Mittelachse) (*f. - Geom. - etc.*), asse. 28 ~ linie (Symmetrielinie) (*Zeichn.*), mezzeria. 29 ~ linie (eines Dreiecks) (*Geom.*), mediana. 30 ~ motor (eines Personenkraftwagens) (*m. - Aut.*), motore centrale. 31 ~ punkt (Zentrum) (*m. - Geom. - etc.*), centro. 32 ~ punktkörner (*m. - Werkz.*),

mittel

punzone da centri, bulino da centri. 33 ~ **punktsvalenz** (Mittelpunktsfarbart) (f. - Opt.), stimolo fondamentale. 34 ~ **rohrrahmen** (m. - Aut.), telaio a tubo centrale. 35 ~ **sand** (mit Korndurchmesser von 0,2-0,6 mm) (m. - Bauw. - etc.), sabbia di media grossezza (0,2-0,6 mm). 36 ~ **schalthebel** (m. - Aut.), leva del cambio centrale, leva a cloche. 37 ~ **schaltung** (eines Wechselgetriebes) (f. - Aut.), cambio a « cloche », cambio a leva centrale. 38 ~ **schiff** (n. - Arch.), navata centrale. 39 ~ **schneider** (Gewindebohrer) (m. - Werkz.), maschio intermedio. 40 ~ **spannung** (zwischen 5 und 45 kV) (f. - Elekt.), tensione compresa tra i 5000 e 45.000 V. 41 ~ **spannung** (Hälfte der Summe aus Ober- und Unterspannung, bei Dauerschwingversuche) (Baukonstr.lehre), sollecitazione media precarico. 42 ~ **spant** (m. - Schiffbau), ordinata maestra. 43 ~ **strasse** (f. - Walzw.), treno medio. 44 ~ **strasse** (Blechwalzwerk) (Walzw.), treno per lamiere medie. 45 ~ **streifen** (Trennstreifen) (m. - Strass.b.), spartitraffico. 46 ~ **stück** (einer Wellenleitung) (n. - Mech. - naut.), albero intermedio. 47 ~ **support** (einer Drehbank) (m. - Werkz.masch.), supporto centrale. 48 ~ **träger** (m. - Schiffbau), paramezzale. 49 ~ **trieb** (eines Feldstechers) (m. - Opt. - Instr.), rotella di messa a fuoco. 50 ~ **wand** (Innenwand) (f. - Bauw.), parete interna, muro interno. 51 ~ **wasser** (Gezeiten) (n. - See), mezza marea. 52 ~ **wasser** (arithmetisches Mittel der Abflüsse) (Hydr.), deflusso medio. 53 ~ **welle** (f. - Funk.), onda media. 54 ~ **wert** (Mittel) (m. - Math. - etc.), valore medio, media. 55 ~ **zug** (beim Drahtziehen) (m. - mech. Technol.), trafilatura intermedia. 56 arithmetisches ~ (Math.), media aritmetica. 57 brechendes ~ (Opt.), mezzo rifrangente. 58 effektiver ~ druck (eines Verbrennungsmotors) (Mot.), pressione media effettiva. 59 geometrisches ~ (zweier Grössen a und b ist gleich $\sqrt{ab}$) (Math.), media geometrica. 60 gewogenes arithmetisches ~ (Summe der Produkte aus Messwerten und ihren Gewichten geteilt durch die Summe dieser Gewichte) (Statistik), media ponderata. 61 harmonisches ~ (zweier Grössen a und b ist gleich $\frac{2ab}{a+b}$) (Math.), media armonica. 62 Lebens ~ (Ind.), prodotto alimentare. 63 quadratisches ~ (Effektivwert) (Elekt.), valore efficace, radice quadrata dei valori medi al quadrato. 64 Transport ~ (Beförderungsmittel) (Transp.), mezzo di trasporto. 65 Zahlungs ~ (komm.), mezzo di pagamento.

mittel (allg.), medio. 2 ~ (m, bearbeitete Fläche) (Mech.), media. 3 ~ **abgezapft** (Elekt.), a presa centrale. 4 ~ **bar** (indirekt) (allg.), indiretto. 5 ~ **grob** (mg, Bearbeitung, Oberfläche, z. B.) (Mech.), semigrossolano. 6 ~ **körnig** (eine Schleifscheibe z. B.) (Technol.), a grana media. 7 ~ **körnig** (von Kies, etc.) (Bauw.), di media grossezza. 8 ~ **träg** (Sicherung) (Elekt.), semiritardato.

Mittelung (Mittelwertbildung) (f. - Math.), esecuzione della media, mediatura.

Mittenabstand (Achsenabstand) (m. - Mech.), interasse. 2 ~ (Abstand von der Mittellinie) (Zeichn.), distanza dalla mezzeria.

mittenlastig (Fahrzeug mit 50% Belastung der Vorderachse) (Aut.), con carico uniformemente distribuito (sui due assali).

Mittenrauhwert (Ra, arithmetischer Mittelwert der absoluten Beträge der Abstände des Istprofils vom mittleren Profil) (m. - Mech.), valore medio della rugosità, rugosità media.

mittig (axial) (allg.), assiale. 2 ~ (zentriert) (Mech.), centrato. 3 ~ (zentral) (allg.), centrale. 4 ~ **einstellen** (zentrieren, ein Rad z. B.) (Mech. - etc.), centrare.

Mittigkeit (f. - Mech.), concentricità. 2 ~**s-abweichung** (f. - Mech.), eccentricità.

mittlere (Grösse z. B.) (allg.), media (a). 2 ~ **hemisphärische Lichtstärke** (Beleucht.), intensità luminosa media emisferica. 3 ~ **horizontale Lichtstärke** (Beleucht.), intensità orizzontale media. 4 ~ r **Fehler** (allg.), errore medio. 5 ~ r **Fehleranteil** (bei Qualitätskontrolle) (mech. Technol.), qualità media risultante. 6 ~ r **indizierter Druck** (Mot.), pressione media indicata. 7 ~ r **Niedrigwasserstand** (MNW) (Hydr.), livello medio di magra. 8 ~ **räumliche Lichtstärke** (Beleucht.), intensità sferica media. 9 ~ **sphärische Lichtstärke** (Beleucht.), intensità luminosa media sferica. 10 ~ **Temperatur** (allg.), temperatura media.

Mittönen (Resonanz) (n. - Akus.), risonanza.

mittragend (Beplankung) (f. - Flugw. - etc.), portante, resistente. 2 ~ e **Karosserie** (Aut.), carrozzeria semiportante.

mittschiffs (naut.), a mezza nave.

Mittschiffsebene (f. - Schiffbau), piano di simmetria longitudinale.

Mitveränderlichkeit (f. - Math. - etc.), covarianza.

Mitwind (Rückenwind) (m. - Flugw.), vento di coda.

mitwirken (allg.), cooperare, agire insieme.

Mitwirkung (der Arbeitnehmer im Betrieb) (f. - Ind.), partecipazione.

Mitzieheffekt (m. - Elektronik), trascinamento.

Mitziehen (von Sendern, Synchronisierung) (n. - Funk.), sincronizzazione.

mitziehen (allg.), trascinare.

Mivometer (Millivoltmeter) (n. - Ger.), millivoltmetro.

MK (Marinekabel) (Elekt.), cavo per marina.

mkg (Meterkilogramm) (Masseinheit), kgm, chilogrammetro.

MK-Kathode (Metallkapillarkathode) (f. - Elektronik), catodo capillare metallico.

MKL-Kondensator (Kondensator mit metallisiertem Kunststoff, Typ L) (m. - Elekt.), condensatore a plastica metallizzata (tipo L).

mkp (Meterkilopond, mkg, Meterkilogramm (Masseinheit), kpm, chilogrammetro.

MKS-System (Meter- Kilogramm- Sekunde-System, metrisches System) (n. - Mass), sistema metrico, sistema MKS, sistema metrochilogrammo - secondo.

MKT-Kondensator (Kondensator mit metallisiertem Kunststoff, Typ T) (m. - Elekt.), condensatore a plastica metallizzata (tipo T).

MKW (Mehrwalzen-Kalt-Walzwerk) (Metall.), laminatoio a freddo con cilindri a gruppo.

ml (Milliliter) (*Masseinheit*), millilitro.
MM (megamega, Tera = 10^{12}) (*Mass*), megamega, tera, 10^{12}.
mm (Millimeter) (*Masseinh.*), mm, millimetro. **2** ~ **Hg** (Millimeter Quecksilbersäule) (*Meteor. - etc.*), mm Hg, millimetri di mercurio. **3** ~ **WS** (Millimeter Wassersäule, Druckmass) (*Mass*), millimetri di colonna d'acqua, mm H_2O.
MMK (magnetomotorische Kraft) (*Elekt.*), forza magnetomotrice.
mmol (millimol) (*Chem.*), mmol, millimole.
mMp (m · 1000 kp) (*Mass*), t · m, tonn · m, tonnellata · metro.
MM-Stück (Doppelmuffe) (*n. - Leit.*), manicotto doppio.
Mn (Mangan) (*Chem.*), Mn, manganese.
M-n-Diagramm (Mach-Zahl-Lastvielfacher-Diagramm) (*n. - Flugw.*), diagramma numero di Mach-fattore di carico.
MNW (mittlerer Niedrigwasserstand) (*Hydr.*), livello medio di magra.
Mo (Molybdän) (*Chem.*), Mo, molibdeno.
MΩ (Megohm) (*Elekt. - Mass*), MΩ, megaohm.
Möbel (*n. - Bauw.*), mobile. **2** ~ **blech** (*n. - metall. Ind.*), lamiera per mobili (metallici). **3** ~ **politur** (Schellackpolitur) (*f. - Anstr.*), lacca a tampone. **4** ~ **tischler** (*m. - Arb. - Tischl.*), mobiliere. **5** ~ **wagen** (*m. - Fahrz.*), furgone per (trasporto di) mobili, furgone per traslochi. **6 Büro** ~ (*Büro*), mobile da ufficio.
MO-Beton (Beton mit Magnesiumoxydzement) (*m. - Bauw.*), calcestruzzo con cemento di magnesia.
mobil (beweglich) (*allg.*), mobile.
Mobilien (*n. - pl. - finanz.*), beni mobili.
mobilisieren (*milit.*), mobilitare.
Mobilisierung (Mobilmachung) (*f. - milit.*), mobilitazione.
Mobilkran (*m. - ind. Masch.*), autogru.
Mobilmachung (Mobilisierung) (*f. - milit.*), mobilitazione.
möblieren (ausmöblieren) (*Bauw.*), ammobigliare.
Modalität (*f. - allg.*), modalità.
Modell (Muster, Vorbild) (*n. - allg.*), modello. **2** ~ (Bezugsformstück, dessen Form auf das Werkstück übertragen wird, durch Nachformfräsen z. B.) (*Werkz.masch.bearb.*), modello, copia. **3** ~ (Aussehensmuster) (*Mot. etc.*), manichino. **4** ~ (Gussmodell) (*Giess.*), modello. **5** ~ (Vorbild für Gebrauchsgegenstände) (*recht.*), modello. **6** ~ (Kleidungsstück) (*Textilind.*), modello. **7** ~ **abdruck** (einer Form) (*m. - Giess.*), impronta del modello. **8** ~ **abhebung** (Modellaushub) (*f. - Formerei - Giess.*), estrazione del modello. **9** ~ **bauer** (*m. - Giess. - Arb.*), modellista. **10** ~ **des Anschnittsystems** (*Giess.*), modello del dispositivo di colata. **11** ~ **einrichtung** (*f. - Giess.*), modello con colate. **12** ~ **flugwesen** (*n. - Flugw. - Sport*), aeromodellismo. **13** ~ **flugzeug** (*n. - Flugw. - Sport*), aeromodello. **14** ~ **lack** (*m. - Giess.*), vernice per modelli. **15** ~ **·lager** (*n. - Giess.*), magazzino modelli. **16** ~ **platte** (*f. - Formerei - Giess.*), placca modello. **17** ~ **sand** (Formsand) (*m. - Giess.*), terra (da) modello. **18** ~ **schleppstation** (*f. - naut.*), vasca per prove su modelli (rimorchiati), vasca navale. **19** ~ **schreiner** (Modelltischler) (*m. - Giess. - Arb.*), modellista. **20** ~ **tischler** (Modellschreiner) (*m. - Giess. - Arb.*), modellista. **21** ~ **versuch** (*m. - Flugw. - naut.*), prova su modello. **22 Atom** ~ (*Phys.*), modello atomico. **23 Ausschmelz** ~ (*Giess.*), modello a cera persa. **24 düsengetriebenes** ~ (*Flugw. - Sport*), aeromodello a getto, modello a getto. **25 dynamisches** ~ (*Planungsforschung*), modello dinamico. **26 einseitige** ~ **platte** (*Giess.*), placca modello unilaterale. **27 Enten** ~ (Flugmodell) (*Flugw. - Sport*), aeromodello canard, modello canard. **28 ferngesteuertes** ~ (*Flugw. - Sport*), aeromodello telecomandato, modello telecomandato. **29 Fesselflug** ~ (*Flugw. - Sport*), aeromodello controllato, modello controllato. **30 geteiltes** ~ (*Giess.*), modello scomponibile. **31 Giesserei** ~ (Gussmodell) (*Giess.*), modello da fonderia. **32 Gummimotor** ~ (*Flugw. - Sport*) aeromodello con motore ad elastico, modello con motore ad elastico. **33 Kopier** ~ (*Werkz.masch. bearb.*), modello, copia. **34 Metall** ~ (*Giess.*), modello metallico. **35 Motor** ~ (Flugmodell) (*Flugw. - Sport*), aeromodello con motore, modello con motore. **36 Mutter** ~ (*Giess.*), modello a doppio ritiro. **37 Natur** ~ (*Giess.*), modello al naturale. **38 Raketen** ~ (Flugmodell) (*Flugw. - Sport*), aeromodello a razzo, modello a razzo. **39 Segelflug** ~ (*Flugw. - Sport*), aeromodello veleggiatore, modello veleggiatore. **40 Skelett** ~ (Rippenmodell) (*Giess.*), modello a carcassa, modello a scheletro. **41 stochastisches** ~ (*Planungsforschung*), modello stocastico. **42 zufallbedingtes** ~ (aleatorisches Modell) (*Planungsforschung*), modello aleatorio.
Modelleur (für Karosserien z. B., Modellierer) (*m. - Arb. - Aut. - etc.*), modellatore.
Modellierer (Modelleur, für Karosserien z. B.) (*m. - Arb. - Aut. - etc.*), modellatore.
Modelliertisch (*m. - Ger.*), tavolo da modellatore.
Modellierton (*m. - Kunst - etc.*), argilla da modellatore.
Modellierung (*f. - Ind.*), modellatura. **2** ~ (Simulation) (*allg.*), simulazione.
modeln (modulieren) (*Funk.*), modulare.
Modelung (Modulation) (*f. - Funk.*), modulazione.
Modem (Modulator-Demodulator) (*m. - Funk. - Datenübertragung - etc.*), modem, modulatore-demodulatore.
Moderator (Bremssubstanz, eines Kernreaktors) (*m. - Atomphys.*), moderatore. **2** ~ **trimmung** (eines Reaktors) (*f. - Atomphys.*), regolazione con il moderatore.
moderieren (*Atomphys.*), moderare.
modern (zeitgemäss) (*allg.*), moderno.
modernisieren (*allg.*), modernizzare, ammodernare.
Modifikation (Abänderung) (*f. - allg.*), modifica. **2 allotropische** ~ (*Chem.*), modificazione allotropica.
modifizieren (*allg.*), modificare.
Modler (Modulator) (*m. - Funk.*), modulatore.
Modul (halber unterer Säulendurchmesser)

modular (*m.* - *Arch.*), modulo. **2** ~ (von Zahnrädern, das Verhältnis des Teilkreisdurchmessers zur Zähnezahl) (*Mech.*), modulo. **3** ~ (kleine Einheit zur Zusammenstellung kompletter Anlagen jeder gewünschten Grösse) (*Ind.* - *Masch.* - *etc.*), modulo. **4** ~ (Dimensionseinheit für Bauteilen) (*Bauw.* - *etc.*), modulo. **5** ~ (Spannungswert, des Gummis) (*Gummiind.*), modulo. **6** ~ der kubischen Ausdehnung (Kompressionsmodul) (*Baukonstr.lehre*), modulo di elasticità cubica. **7** ~ fräser (*m.* - *Werkz.*), fresa a modulo, fresa modulare. **8** ~ konstruktion (*f.* - *Bauw.*), costruzione modulare. **9** ~ system (für die Herstellung gegebener Produkte) (*n.* - *Ind.*), sistema modulare. **10** ~ theorie (*f.* - *Bauw.* - *etc.*), teoria modulare. **11 Druck** ~ (*Baukonstr.lehre*), modulo di elasticità a compressione. **12 Elastizitäts** ~ (E-Modul) (*Baukonstr.lehre*), modulo di elasticità (a tensione normale), modulo di elasticità normale, modulo di Young, modulo E. **13 Gleit** ~ (Schubelastizitätsmodul) (*Baukonstr.lehre*), modulo di elasticità tangenziale, modulo di elasticità a tensione tangenziale. **14 Schub** ~ (*Baukonstr.lehre*), *siehe* Gleitmodul. **15 statischer** ~ (des Gummis) (*Gummiind.*), modulo statico.

modular (Aufbau nach dem Baukastenprinzip) (*Masch.* - *etc.*), modulare. **2** ~ e Bauweise (*Bauw.* - *etc.*), costruzione modulare. **3** ~ rer Raster (*Bauw.*), reticolo modulare, costruzione a maglie modulari.

Modulation (*f.* - *Funk.*), modulazione. **2** ~ s·grad (Modulationstiefe, Modulationsindex, bei der Frequenzmodulation) (*m.* - *Funk.*), grado di modulazione, indice di modulazione, profondità di modulazione. **3** ~ s·hüllkurve (*f.* - *Funk.*), inviluppo della modulazione. **4** ~ s·messgerät (*n.* - *Funk.*), modulometro. **5** ~ s·röhre (*f.* - *Funk.*), valvola modulatrice. **6** ~ s·schaltung (*f.* - *Funk.*), circuito modulatore. **7** ~ s·übertragung (*f.* - *Funk.*), rimodulazione. **8 Amplituden** ~ (AM) (*Funk.*), modulazione di ampiezza. **9 De** ~ (*Funk.*), demodulazione. **10 Einseitenband** ~ (*Funk.*), modulazione a banda laterale unica. **11 Frequenz** ~ (FM) (*Funk.*), modulazione di frequenza. **12 gegenseitige** ~ (*Funk.*), intermodulazione. **13 Impuls-Amplituden** ~ (PAM) (*Funk.*), modulazione di ampiezza degli impulsi. **14 Impuls-Code** ~ (PCM) (*Funk.*), modulazione a codice degli impulsi. **15 Impuls-Frequenz** ~ (PFM) (*Funk.*), modulazione di frequenza degli impulsi. **16 Impuls-Längen** ~ (PWM) (*Funk.*), modulazione di durata degli impulsi. **17 Impuls** ~ (Pulsemodulation) (*Funk.*), modulazione degli impulsi. **18 Impuls-Phasen** ~ (Impuls-Lagen-Modulation, PPM) (*Funk.*), modulazione di fase degli impulsi. **19 lineare** ~ (*Funk.*), modulazione lineare. **20 negative** ~ (*Funk.*), modulazione negativa. **21 Phasen** ~ (*Funk.*), modulazione di fase. **22 Pulse** ~ (*Funk.*), *siehe* Impulsmodulation. **23 Pulsdauer** ~ (PDM) (*Funk.*), modulazione di durata degli impulsi.

modulationsfähig (*Funk.*), modulabile.
Modulator (*m.* - *Funk.*), modulatore.
modulieren (*Funk.*), modulare.

moduliert (*Funk.*), modulato. **2** ~ (Bau) *Bauw.*), modulare.
Modus (*m.* - *Elektronik* - *etc.*), modo.
Mohair (Mohär, Gewebe) (*m.* - *Textilind.*), « mohair », tessuto mohair. **2** ~ (Mohär, lange Haare der Angoraziege) (*Text.*), « mohair », pelo della capra d'Angora.
Mohrscher Spannungskreis (*m.* - *Baukonstr.lehre*), cerchio di Mohr, cerchio delle tensioni.
Mohssche Skala (für die Härte der Mineralien) (*Min.*), scala di Mohs.
Moiré (Gewebe) (*n.* - *m.* - *Textilind.*), moerro, marezzo, stoffa marezzata, « moiré ». **2** ~ (störendes Muster) (*Fernseh.*), « moirè ». **3** ~ -Verfahren (zur Ermittlung der Linien gleicher Dehnung z. B.) (*n.* - *Materialprüfung* - *etc.*), moiré, procedimento moiré.
Moirieren (*n.* - *Text.*), marezzatura.
moiriert (*Text.*), marezzato.
Mokassin (Schuh) (*m.* - *Schuhind.*), mocassino.
Mokett (Mokette (*f.*), Moquette, Gewebe) (*m. Text.*), mocchetta.
Mokicks (Kleinkraftrad mit einer Höchstgeschwindigkeit von nicht mehr als 40 km/h) (*Fahrz.*), motoleggera (con velocità non superiore ai 40 km/h).
Mol (Grammolekül) (*n.* - *Chem.*), grammomolecola. **2** ~ en·bruch (*m.* - *Atomphys.*), frazione molare. **3** ~ gewicht (*n.* - *Chem.*), peso molecolare. **4** ~ verhältnis (der Mole im Abgas und Gas vor der Verbrennung z. B.) (*n.* - *Mot.* - *etc.*), rapporto molare. **5** ~ volumen (Molekularvolumen, Molarvolumen) (*n.* - *Chem.*), volume molecolare. **6** ~ wärme (Molekularwärme, Molarwärme) (*f.* - *Chem.*), calore molecolare.
molar (*Chem.*), molare.
Molarität (*f.* - *Chem.*), molarità, concentrazione molare.
Molarvolumen (*n.* - *Chem.*), *siehe* Molvolumen.
Molarwärme (*f.* - *Chem.*), *siehe* Molwärme.
Molasse (tertiärzeitliche Ablagerung im Alpenvorland) (*f.* - *Geol.*), molassa.
Molch (Schaber zur Paraffinbekämpfung in Ölfeldleitungen z. B.) (*m.* - *Bergbau* - *etc.*), raschiatore (per tubi). **2** ~ (radioakt. Pfropf zur Feststellung des Verstopfungsortes in einer Leitung) (*Ger.*), tappo radioattivo (segnalatore).
Mole (Molo (*n.*), Hafendamm) (*f.* - *Seebau*) molo. **2 Landungs** ~ (Anlegeplatz für Schiffe) (*Wass.b.*), banchina.
Molekül (Molekel) (*n.* - *Chem.* - *Phys.*), molecola. **2** ~ bau (*m.* - *Phys.* - *Chem.*), struttura molecolare. **3 Linear** ~ (Fadenmolekül) (*Chem.*), molecola lineare.
molekular (*Chem.*), molecolare. **2 hoch** ~ (*Chem.*), macromolecolare.
Molekularanziehung (*f.* - *Chem.*), attrazione molecolare.
Molekulargewicht (*n.* - *Chem.*), peso molecolare.
Molekularpumpe (Vakuumpumpe) (*f.* - *Masch.*), pompa molecolare.
Molekularstrom (im Innern von Mikrokristallen) (*m.* - *Elekt.*), corrente molecolare.
Molekularvolumen (*n.* - *Chem.*), *siehe* Molvolumen.

Molekularwärme (*f. - Chem.*), siehe Molwärme.
Molenbruch (*m. - Atomphys.*), frazione molare.
Molettieren (Prägewalzen) (*n. - Blechbearb.*), goffratura.
Molke (Molken (*m.*) Käsewasser, Milchserum) (*f. - Ind.*), siero di latte.
Molkerei (Meierei, Sennerei) (*f. - Ind.*), caseificio.
Möller (Erzgemisch und Zuschlagstoffe) (*m. - Metall.*), carica, letto di fusione. 2 ~ berechnung (Beschickungsberechnung) (*f. - Metall.*), calcolo del letto di fusione.
möllern (*Metall.*), preparare la carica.
Möllerung (*f. - Metall. - Ofen*), preparazione della carica.
Mollier-Diagramm (*n. - Phys.*), diagramma di Mollier.
Molybdän (*Mo - n. - Chem.*), molibdeno. 2 ~ glanz ([MoS_2], Molibdänit) (*m. - Min.*), molibdenite. 3 ~ disulfid (fester Schmierstoff, MoS_2) (*n. - Schmierung*), bisolfuro di molibdeno. 4 ~ stahl (*m. - Metall.*), acciaio al molibdeno.
Molybdänit ([MoS_2], Molybdänglanz) (*m. - Min.*), molibdenite.
« Molykote » (Molybdändisulfid, Schmiermittel) (*chem. Ind.*), « molykote ».
Moment (Augenblick) (*m. - allg.*), momento. 2 ~ an·achse (*f. - Mech.*), asse di rotazione istantaneo. 3 ~ an·pol (Momentanzentrum, Drehpol) (*m. - Mech.*), centro di rotazione istantaneo. 4 ~ an·pol (Momentanzentrum) (*Aut.*), centro istantaneo, centro di rotazione istantaneo. 5 ~ an·wert (*m. - Phys.*), valore istantaneo, valore transitorio. 6 ~ an·zentrum (theoretischer Punkt, um den sich der Wagenaufbau beim Einwirken von Querkräften verstellt) (*n. - Aut.*), centro istantaneo. 7 ~ aufnahme (*f. - Phot.*), istantanea. 8 ~ ausrücker (*m. - Elektromech.*), disinnesto istantaneo. 9 ~ ausschalter (*m. - Elekt.*), interruttore a scatto rapido. 10 ~ photo (Momentaufnahme) (*n. - Phot.*), istantanea. 11 ~ relais (*n. - Elekt.*), relè istantaneo. 12 ~ verschluss (*m. - Mech.*), bloccaggio rapido. 13 ~ wert (Momentanwert) (*m. - Phys.*), valore istantaneo.
Moment (Kraftwirkung) (*n. - Baukonstr.lehre - etc.*), momento. 2 ~ ausgleich (*m. - Mech. - etc.*), equilibratura dei momenti. 3 ~ beim Anlauf (*Mot.*), coppia di spunto, coppia di avviamento. 4 ~ en·beiwert (*m. - Flugw.*), coefficiente di momento. 5 ~ en·fläche (*f. - Baukonstr.lehre*), diagramma dei momenti. 6 ~ en·gleichung (*f. - Baukonstr.lehre*), equazione dei momenti. 7 ~ en·linie (*f. - Baukonstr.lehre*), curva dei momenti. 8 ~ en·schaubild (Momentendiagramm, Momentenfläche) (*n. - Baukonstr.lehre*), diagramma dei momenti. 9 ~ en·schlüssel (Drehmomentenschlüssel) (*m. - Mech. - Werkz.*), chiave dinamometrica, chiave torsiometrica, chiave tarata. 10 ~ en·vektor (*m. - Phys. - Math.*), vettore momento. 11 ~ en·wandler (Drehmomentwandler) (*m. - Fahrz.*), convertitore di coppia, variatore di coppia. 12 aufrichtendes ~ (*Flugw.*), momento stabilizzante. 13 Biege ~ (*Baukonstr.lehre*), momento flettente. 14 Dreh ~ (*Mech.*), momento torcente. 15 Dreh ~ (*Mot.*), momento torcente, coppia. 16 elektrisches ~ (*Phys.*), momento elettrico. 17 Flächen ~ 2. Ordnung (Trägheitsmoment) (*Baukonstr.lehre*), momento di second'ordine, momento di 2° ordine, momento d'inerzia. 18 ideelles ~ (*Baukonstr.lehre*), momento flettente ideale. 19 Kipp ~ (*naut. - Flugw.*), momento di rovesciamento, coppia di rovesciamento. 20 Kraft ~ (*Mech.*), momento di una forza. 21 magnetisches ~ (*Phys.*), momento magnetico. 22 polares Trägheits ~ (*Baukonstr.lehre*), momento di inerzia polare. 23 Schwung ~ (GD^2) (*Masch.*), momento d'inerzia. 24 statisches ~ (*Mech.*), momento statico, momento di primo ordine. 25 Trägheits ~ (*Baukonstr.lehre*), momento d'inerzia. 26 Widerstands ~ (*Baukonstr.lehre*), momento resistente. 27 Zentrifugal ~ (Fliehmoment) (*Baukonstr.lehre*), momento centrifugo.
momentan (*allg.*), istantaneo.
Monat (*m. - allg.*), mese. 2 ~ s·geld (Monatslohn) (*n. - Arb.*), mensile (*s.*). 3 ~ s·schrift (*f. - Druck.*), rivista mensile, periodico mensile, mensile (*s.*). 4 ~ s·speicher (*m. - Hydr.*), serbatoio di regolazione mensile.
Monazit [Ce, La, Pr, Nd] [PO_4] (monoklines Mineral) (*m. - Min.*), monazite.
Mönch (Hohlziegel) (*m. - Bauw.*), tegola a canale, coppo, tegola curva. 2 ~ (Abzugsvorrichtung von geklärtem Wasser aus Absetzbecken) (*Bergbau*), sfioratore (di bacini decantatori).
Mond (*m. - Astr.*), luna. 2 ~ auto (*n. - Fahrz. - Astronautik*), automobile lunare. 3 ~ echo (*n. - Radar*), eco lunare. 4 ~ fähre (« LEM », Mondlandeeinheit) (*f. - Raumfahrt*), modulo lunare, « LEM ». 5 ~ finsternis (*f. - Astr.*), eclissi lunare. 6 ~ gas (Mischgasart) (*n. - Chem.*), gas Mond. 7 ~ krater (*m. - Astr.*), cratere lunare. 8 ~ landeeinheit (« LEM ») (*f. - Raumfahrt*), modulo lunare. 9 ~ landung (*f. - Astronautik*), allunaggio. 10 ~ ringe (*m. - pl. - Holzfehler*), lunatura, doppio alburno. 11 ~ sonde (*f. - Astronautik*), sonda lunare. 12 ~ staub (*m. - Astr.*), polvere lunare. 13 ~ umlauf (*m. - Astr.*), lunazione. 14 partielle ~ finsternis (*Astr.*), eclissi lunare parziale. 15 totale ~ finsternis (*Astr.*), eclissi lunare totale.
Monde (Trabanten, Satelliten) (*m. pl. Astr.*), satelliti.
Monelmetall (67 % Ni, 28 % Co, 5 % Mn, Si, etc. Legierung) (*n. - Metall.*), metallo monel.
Monergol (Kraftstoff+Oxydator, für Rakete) (*n. - Treibstoff*), monergolo, monoergolo.
Monierdeckel (Stahlbetondeckel) (*m.-Bauw.*), coperchio in cemento armato.
Moniereisen (besonderer Stahl für Stahlbeton) (*n. - Metall. - Bauw.*), armatura (per calcestruzzo).
Monierstahl (Moniereisen) (*n. - Bauw.*), armatura (per cemento armato).
Monitor (Kontrollbildapparat, zur Beobachtung des aufgenommenen Fernsehbildes) (*m. - Fernseh.*), monitor. 2 ~ (registrierendes Messgerät) (*Ger.*), monitore, visore, apparecchio di controllo, segnalatore. 3 ~ (Kriegs-

monoatomar

schiff) (*Kriegsmar.*), monitore, pontone armato corazzato. 4 ~ (zur Gewinnung von Lockergesteinen durch Druckwasserspülung) (*Bergbau - Ger.*), monitore. 5 ~ (Ger. zur Messung radioaktiver Strahlung) (*Radioakt.*), monitore.
monoatomar (*Chem.*), monoatomico.
Monoblockausführung (*f. - Masch.*), esecuzione manoblocco.
Monochromasie (*f. - Opt.*), monocromatismo.
monochromatisch (monochrom) (*Opt.*), monocromatico.
Monochromator (Spektroskop) (*m. - Opt.*), monocromatore.
Monochromübertragung (Schwarz-Weiss-Übertragung) (*f. - Fernseh.*), trasmissione in bianco e nero.
Monodynempfang (Homodynempfang) (*m. - Funk.*), ricezione ad omodina.
monoenergetisch (monochromatisch) (*Phys.*), monocromatico.
Monofil (Chemiedraht, Draht aus thermoplastischen Kunststoffen) (*n. - chem. - Ind.*), monofil, filo di plastica.
monofil (monofädig, einfädig) (*allg.*), ad un filo, monofilo.
Monographie (Schrift) (*f. - Druck. - Technol. - etc.*), monografia.
monoklin (von Kristallen) (*Min.*), monoclino.
Monolith (*m. - Arch.*), monolito.
monolithisch (integrierter Schaltkreise Herstelltechnik) (*Elektronik*), monolitico.
Monom (*n. - Math.*), monomio.
Monomer (*n. - Chem.*), monomero.
monomer (*Chem.*), monomero.
Monometall (für Monotype - Giessmaschinen) (*n. - Metall. - Druck.*), lega per « monotype ».
monomisch (*Math.*), monomiale.
monomolekular (*Chem.*), monomolecolare.
Monopol (Marktform) (*n. - finanz.*), monopolio.
monopolisieren (*finanz.*), monopolizzare.
Mono-Pumpe (Drehkolben-Pumpe, deren Rotor eine eingängige Schnecke ist die sich exzentrisch in einem zweigängigen Schnekkengehäuse bewegt) (*f. - Masch.*), pompa monovite.
Monoskop (zur Prüfung von Fernsehanlagen) (*n. - Fernseh.*), monoscopio.
monostabil (Kippschaltung) (*Elektronik*), monostabile.
monoton (Funktion, Regler, z. B.) (*Math. etc.*), monotono.
Monotonie (Einförmigkeit) (*f. - Arb. - etc.*), monotonia.
« Monotype » (Monotypsetzmaschine) (*f. - Druckmasch.*), « monotype ».
Monotypsetzer (*m. - Druck. - Arb.*), monotipista.
Monoxyd (*n. - Chem.*), monossido.
Monsun (Wind, des Indischen Ozeans) (*m. - Meteor. - Geogr.*), monsone.
Montage (Aufbau, einer Maschine z. B.) (*f. - Mech.*), montaggio. 2 ~ (Zusammenbau, Fliessbandmontage z. B.) (*Ind.*), assemblaggio. 3 ~ (Installation) (*Masch. - etc.*), installazione. 4 ~ (*Phot. - Filmtech.*), montaggio. 5 ~ **anleitung** (*f. - Masch.*), istruzioni di montaggio. 6 ~ **bahn** (für Bergseilbahnen) (*f. - Transp.*), funivia ausiliaria.

7 ~ **band** (*n. - Ind.*), linea di montaggio, catena di montaggio. 8 ~ **bau** (Bauweise bei der die grösseren Bauteile im Werk gefertigt werden) (*m. - Bauw.*), costruzione ad elementi prefabbricati, costruzione prefabbricata. 9 ~ **bauweise** (Errichtung von Bauten aus Fertigteilen) (*f. - Bauw.*), costruzione con prefabbricati (montati). 10 ~ **bock** (für Verbrennungsmotoren z. B.) (*m. - Ger.*), cavalletto di montaggio. 11 ~ **gerüst** (*n. - Ger.*), impalcatura di montaggio, incastellatura di montaggio. 12 ~ **gruppe** (Untergruppe) (*f. - Mech. - Masch.*), sottogruppo. 13 ~ **halle** (*f. - Ind.*), capannone di montaggio. 14 ~ **maschine** (*f. - Masch.*), montatrice, macchina per montaggio. 15 ~ **platz** (am Fliessband) (*m. - Ind.*), stazione di montaggio. 16 ~ **schaltbild** (Montageschema) (*n. - Elekt.*), schema di montaggio. 17 ~ **strasse** (*f. - Ind.*), linea di montaggio. 18 ~ **zeichnung** (*f. - Zeichn.*), disegno di montaggio. 19 **Band** ~ (Montage am laufenden Band) (*Ind.*), montaggio a catena. 20 **Vor** ~ (*Ind.*), montaggio preliminare, premontaggio.
montan (bergbaulich) (*Bergbau*), minerario. 2 ~ (Bergbau und Hüttenwesen betreffend) (*Bergbau - Metall.*), minero-metallurgico.
Montanindustrie (Bergbau) (*f. - Bergbau*), industria estrattiva. 2 ~ (Bergbau und Hüttenwerke) (*Ind.*), industria minero-metallurgica.
Montanprodukt (*n. - Bergbau*), prodotto estrattivo.
Montanunion (Europäische Gemeinschaft für Kohle und Stahl, EGKS) (*f. - finanz.*), Comunità Europea Carbone e Acciaio, CECA.
Montanwachs (*n. - Min.*), cera minerale.
Monte-Carlo-Technik (Monte-Carlo-Methode für eine wahrscheinlichkeitstheoretische Annäherung an die Lösung eines Problems) (*f. - Rechner*), metodo Montecarlo.
Monteur (Facharbeiter) (*m. - Arb.*), montatore. 2 ~ **kasten** (*m. - Werkz.*), cassetta attrezzi di montaggio. 3 **Bord** ~ (Wärter der Masch. eines Flugzeuges) (*Flugw.*), motorista di bordo. 4 **Elektro** ~ (*Arb.*), elettroinstallatore.
Monteurin (*f. - Arb.*), montatrice.
Monticellit (CaO·MgO . SiO$_2$) (*m. - Min.*), monticellite.
montieren (zusammenbauen) (*Mech. - Masch.*), montare.
montiert (*Mech.*), montato. 2 ~ e **Achse** (Radsatz) (*Eisenb.*), sala montata.
Montmorillonit ([(Ca Mg) O · Al$_2$O$_3$ · H$_2$O · · 4 SiO$_2$]) (*m. - Min.*), montmorillonite.
Mooney (Einheit der Plastizität eines Kunstkautschuks z. B.) (*n. - chem. Ind.*), Mooney. 2 ~ -**Anvulkanisation** (*f. - chem. - Ind.*), scottabilità Mooney.
Moor (*n. - Landw.*), palude. 2 ~ **boden** (*m. - Landw. - Bauw.*), terreno paludoso. 3 ~ **niederung** (*f. - Geol.*), depressione paludosa.
Moosgummi (*m. - Gummiind.*), gomma spugnosa, spuma di gomma.
Moped (Motorfahrrad) (*n. - Fahrz.*), ciclomotore, bicicletta a motore. 2 ~ **weg** (Radweg) (*n. - Strass.ver.*), banchina per ciclisti.
Möppel (kurzer Stempel) (*m. - Bergbau*),

mezza gamba. 2 ~ bau (*m. - Bergbau*), siehe Stutztürstock.
Moräne (Gletschermoräne) (*f. - Geol.*), morena. 2 Grund ~ (*Geol.*), morena profonda. 3 Mittel ~ (*Geol.*), morena mediana. 4 Seiten ~ (*Geol.*), morena laterale.
Morast (Schlammboden) (*m. - Landw.*), terreno fangoso.
Moratorium (zeitweilige Stundung) (*n. - komm. - finanz.*), moratoria.
Morgenschicht (*f. - Arb. - Organ.*), turno antimeridiano.
Morphium (Morphin) (*n. - Chem. - Pharm.*), morfina.
Morsealphabet (Morseschrift) (*n. - Telegr. etc.*), alfabeto Morse.
Morseempfänger (Morseschreiber) (*m. - Telegr.*), ricevitore Morse.
Morsekonus (Morsekegel) (*m. - Mech.*), cono Morse.
Mörser (Gefäss zum Zerreiben harter Stoffe) (*m. - Ger.*), mortaio. 2 ~ (Geschütz, Granatwerfer) (*Feuerwaffe*), mortaio.
Mörtel (Mauerspeise, Bindemittel für Bausteine) (*m. - Maur.*), malta. 2 ~ bett (*n. - Maur.*), letto di malta. 3 ~ einpressung (*f. - Bauw.*), iniezione di malta. 4 ~ gips (*m. - Bauw.*), gesso da malta. 5 ~ mulde (Speispfanne) (*f. - Maur. - Ger.*), conca (per malta). 6 ~ pfanne (Speispfanne) (*f. - Maur. - Ger.*), conca (per malta). 7 ~ putz (Putzmörtel) (*m. - Maur.*), intonaco di malta. 8 ~ schutt (*m. - Bauw.*), calcinaccio. 9 ~ trog (*m. - Maur. - Ger.*), vassoio (per malta), sparviero, mensola. 10 chemischer ~ (*Maur.*), malta chimica. 11 der ~ bindet ab (*Maur.*), la malta fa presa. 12 dünner ~ (*Maur.*), malta liquida. 13 feuerfester ~ (*Maur.*), malta refrattaria. 14 hydraulischer ~ (Wassermörtel) (*Maur.*), malta idraulica, malta di calce idraulica. 15 Kalk ~ (*Maur.*), malta di calce. 16 Luft ~ (*Maur.*), malta aerea. 17 mechanischer ~ (*Maur.*), malta meccanica. 18 schnellbindender ~ (*Maur.*), malta a presa rapida. 19 verlängerter ~ (*Maur.*), malta bastarda. 20 Zement ~ (*Maur.*), malta di cemento, malta cementizia.
MOS (metal oxide semiconductor, Metalloxyd-Halbleiter) (*Elektronik*), MOS.
Mosaik (*n. - Arch. - Bauw.*), mosaico. 2 ~ (*Photogr.*), mosaico. 3 ~ (*Elektronik*), mosaico, fotomosaico. 4 ~ elektrode (*f. - Elektronik*), elettrodo a mosaico. 5 ~ pflaster (*n. - Arch.*), pavimento a mosaico. 6 ~ tafel (im Warteraum z. B.) (*f. - Elekt.*), quadro a mosaico. 7 piezoelektrisches ~ (*Elektronik*), mosaico piezoelettrico, piezomosaico.
Mosatil (zur Behandlung der Bleierkrankung) (*n. - Pharm. - Arb.*), «mosatil».
Moschee (*f. - Arch.*), moschea.
MOSFET (metal oxide semiconductor field effect transistor) (*Elektronik*), MOSFET.
MOS-Schaltung (Metal-Oxide-Semiconductor -Schaltung) (*f. - Elektronik*), circuito MOS, circuito con semiconduttori ad ossido metallico.
Most (Saft der Trauben) (*m. - Chem.*), mosto.
MOS-Transistor (Metall-Oxide-Semiconductor-Transistor) (*m. - Elektronik*), transistore MOS, transistore con semiconduttore ad ossido metallico.
Motivation (*f. - komm. - etc.*), motivazione.
Motor (*m. - Elektromot.*), motore. 2 ~ (Verbrennungsmotor) (*Mot.*), motore. 3 ~ antrieb (*m. - Mot.*), azionamento a motore, comando a motore. 4 ~ anwärmegerät (*n. - Mot.*), preriscaldatore del motore. 5 ~ aufhängung (eines Verbrennungsmotors) (*f. - Mot.*), sospensione del motore. 6 ~ benzin (*n. - Brennst.*), benzina auto. 7 ~ betriebstunden (*f. - pl. - Mot.*), ore di funzionamento del motore. 8 ~ block (Zylinderblock und Kurbelgehäuse eines Kraftwagenmotors aus einem Stück gegossen) (*m. - Mot.*), basamento (con monoblocco incorporato). 9 ~ boot (*n. - naut.*), motoscafo. 10 ~ bremse (Auspuffbremse, durch Druckluft betätigte Drosselklappe z. B.) (*f. - Mot. - Aut.*), freno motore. 11 ~ dreirad (*n. - Fahrz.*), mototriciclo, triciclo a motore. 12 ~ elastizität (eines Fahrzeugmotors) (*f. - Mot. - Aut.*), elasticità del motore. 13 ~ en·benzin (*n. - Aut. - Mot.*), benzina auto. 14 ~ en·öl (Schmieröl) (*n. - Mot.*), olio per motori, olio motore. 15 ~ en·raum (Maschinenraum) (*m. - Ind. - naut.*), sala macchine. 16 ~ en·tester (*m. - Arb.*), collaudatore di motori. 17 ~ fähre (*f. - naut.*), mototraghetto. 18 ~ fahrzeug (*n. - Fahrz.*), autoveicolo. 19 ~ fischerboot (*n. - naut.*), motopeschereccio. 20 ~ frachtschiff (*n. - naut.*), motonave da carico. 21 ~ für Mehrstoffbetrieb (Verbrennungsmotor) (*Mot.*), motore policarburante. 22 ~ gehäuse (Kurbelgehäuse und Zylinderblock, eines Verbrennungsmotors) (*n. - Mot.*), basamento, incastellatura. 23 ~ gehäuse (*Elektromot.*), carcassa del motore. 24 ~ generator (rotierender Umformer) (*m. - Elekt.*), convertitore rotante. 25 ~ - Generator (eines Pumpenturbinensatzes) (*Elekt. - Hydr.*), moto-generatore. 26 ~ getriebeblock (*m. - Mot. - Aut.*), blocco motore-cambio, gruppo motore-cambio, motore-cambio. 27 ~ gondel (*f. - Flugw. - Mot.*), gondola motore. 28 ~ haube (*f. - Aut.*), cofano (del) motore. 29 ~ haube (*Flugw. - Mot.*), cappottatura (del) motore. 30 ~ - Isolator (Vollkernisolator) (*m. - Elekt.*), isolatore a nucleo massiccio. 31 ~ jacht (*f. - naut.*), panfilo, motoscafo da crociera. 32 ~ kipper (*m. - Fahrz.*), autocarro (con cassone) ribaltabile, ribaltabile. 33 ~ kondensator (*m. - Elekt.*), condensatore per motori. 34 ~ leistung nach DIN (Leistung des Motors mit Ventilator, Lichtmaschine, Abgasanlage und anderen für Motorbetrieb notwendigen Hilfsenrichtungen) (*Mot. - Aut.*), potenza DIN del motore. 35 ~ leistung nach SAE (Leistung des Motors ohne Ventilator, Lichtmaschine, Abgasanlage) (*Mot. - Aut.*), potenza SAE del motore. 36 ~ lokomotive (mit Dieselmotor und hydraulischem Getriebe) (*f. - Eisenb.*), locomotore Diesel. 37 ~ mit gegenläufigen Kolben (*Mot.*), motore a cilindri contrapposti, motore a stantuffi opposti. 38 ~ mit hängenden Ventilen (Motor mit obengesteuerten Ventilen) (*Mot.*), motore a valvole in testa. 39 ~ mit obengesteuerten Ventilen (Motor mit hängen-

Motor

den Ventilen) (*Mot.*), motore a valvole in testa. **40 ~ mit stehenden Ventilen** (*Mot.*), motore a valvole laterali. **41 ~ nummer** (Kennzeichnung) (*f. - Mot.*), numero di costruzione del motore, numero di identificazione del motore, numero del motore. **42 ~ prüfstand** (*m. - Mot.*), banco prova motori. **43 ~ pumpe** (mit Verbrennungsmotor) (*f. - Masch.*), motopompa. **44 ~ pumpe** (mit elekt. Motor) (*Masch.*), elettropompa. **45 ~ rad** (Kraftrad, Krad) (*n. - Fahrz.*), motociclo, motocicletta. **46 ~ radfahrer** (*m. - Fahrz.*), motociclista. **47 ~ raum** (*m. - Aut.*), vano motore. **48 ~ raumtrennwand** (Spritzwand) (*f. - Aut.*), cruscotto. **49 ~ roller** (*m. - Fahrz.*), motoretta, « motoscooter », « motor-scooter ». **50 ~ schiff** (durch Dieselmotoren oder Gasturbinen angetriebenes Schiff) (*n. - naut.*), motonave. **51 ~ schutzschalter** (*m. - Elekt.*), salvamotore. **52 ~ spritze** (Motorfeuerspritze) (*f. - Masch.*), motopompa antincendio. **53 ~ starter** (*m. - Elekt.*), avviatore. **54 ~ staudruckbremse** (Motorbremse) (*f. - Mot. - Aut.*), freno motore. **55 ~ träger** (*m. - Mot.*), supporto (del) motore. **56 ~ triebwagen** (*m. - Eisenb.*), automotrice. **57 ~ verkleidung** (*f. - Flugmotor*), cappottatura del motore. **58 ~ vollschutz** (mit Transistor-Temperaturfühlern) (*m. - Elekt.*), protezione totale del motore. **59 ~ wagen** (Personenkraftwagen) (*m. - Aut.*), autovettura. **60 ~ wagen** (Motortriebwagen) (*Eisenb.*), automotrice. **61 ~ zähler** (Gleichstromrotorzähler, Wattstundenzähler z. B.) (*m. - elekt. Ger.*), contatore dinamometrico, contatore di Thompson, contatore elettrodinamico per corrente continua. **62 Aluminium ~** (mit Aluminium-Zylinderkurbelgehäuse) (*Mot. - Aut.*), motore (con basamento) in alluminio. **63 Anbau ~** (*Elektromot.*), motore flangiato. **64 Asynchron ~** (*Elektromot.*), motore asincrono. **65 Aussenbord ~** (*naut. - Mot.*), motore fuoribordo. **66 belebter ~** (*Mot.*), motore animale. **67 Boxer ~** (Motor mit gegenläufigen Kolben) (*Mot.*), motore a cilindri contrapposti, motore a stantuffi opposti. **68 Brems ~** (für Pressen z. B.) (*Elekt.*), motore di frenatura. **69 Diesel ~** (*Mot.*), motore Diesel, motore a ciclo Diesel. **70 Diesel ~** (*Mot.*), *siehe auch* Dieselmotor. **71 Doppelstern ~** (*Mot.*), motore a doppia stella. **72 doppeltwirkender ~** (*Mot.*), motore a doppio effetto. **73 Drehkolben ~** (Wankelmotor, Rotationskolbenmotor)(*Mot.*) motore a stantuffo rotante, motore a rotore eccentrico, motore Wankel. **74 Drehstrom ~** (*Elektromot.*), motore trifase. **75 einfachwirkender ~** (*Mot.*), motore a semplice effetto. **76 Einspritz-Otto ~** (*Mot.*), motore a ciclo Otto ad iniezione, motore ad iniezione di benzina. **77 elastische ~ aufhängung** (eines Verbrennungsmotors) (*Mot.*), sospensione elastica del motore. **78 Elektro ~** (*Elektromot.*), motore elettrico. **79 explosionsgeschützter ~** (*Elektromot.*), motore (di costruzione) antideflagrante, motore (in esecuzione) antideflagrante. **80 Fahr ~** (*Elektromot.*), motore di trazione. **81 Flansch ~** (Anbaumotor) (*Elektromot.*), motore flangiato. **82 Flug ~** (*Mot. - Flugw.*), motore d'aviazione. **83 Freikolben ~** (*Mot.*), motore a pistoni liberi. **84 Fuss ~** (*Elektromot.*), motore con piedi, motore non flangiato. **85 Gas ~** (Verbrennungsmotor) (*Mot.*), motore a gas. **86 Gas-Otto ~** (*Mot.*), motore a ciclo Otto a gas. **87 Gebläse ~** (Verbrennungsmotor) (*Mot.*), motore sovralimentato, motore con compressore. **88 Gegenkolben ~** (*Mot.*), motore a stantuffi contrapposti. **89 gekapselter ~** (*Elektromot.*), motore di costruzione chiusa, motore chiuso, motore in esecuzione chiusa. **90 gekapselter ~ mit Eigenlüftung** (*Elekt.*), motore chiuso autoventilato, motore in esecuzione chiusa ventilata. **91 Gleichstrom ~** (*Elektromot.*), motore a corrente continua. **92 Glühkopf ~** (Dieselmotor) (*Mot.*), motore a testa calda, motore semidiesel. **93 hängender ~** (*Mot.*), motore rovesciato. **94 Hilfs ~** (einer Segeljacht z. B.) (*naut. - etc.*), motore ausiliario. **95 Hilfs ~** (Steuerungsmotor) (*Mot.*), servomotore. **96 H- ~** (Verbrennungsmotor) (*Mot.*), motore ad H. **97 Konstant ~** (mit konstantem Verdrängungsvolumen) (*Ölhydr. - Mot.*), motore a cilindrata costante. **98 Kreiskolben ~** (*Mot.*), motore a pistoni rotanti. **99 langsamlaufender Diesel ~** (*Mot.*), motore Diesel lento. **100 Leichtmetall ~** (mit Leichtmetall-Zylinderkurbelgehäuse) (*Aut. - Mot.*), motore (con basamento) in lega leggera. **101 liegender ~** (*Mot.*), motore orizzontale, motore a cilindri orizzontali. **102 luftgekühlter ~** (Verbrennungsmotor) (*Mot.*), motore raffreddato ad aria. **103 obengesteuerter ~** (Motor mit hängenden Ventilen) (*Mot.*), motore a valvole in testa. **104 offener ~** (*Elektromot.*), motore di costruzione aperta, motore aperto, motore in esecuzione aperta. **105 ortsfester ~** (*Mot.*), motore fisso, motore per impianti fissi. **106 Otto ~** (*Mot.*), motore a ciclo Otto, motore a scoppio, motore a benzina. **107 rauchender ~** (Verbrennungsmotor, wenn überlastet z. B.) (*Mot.*), motore che fuma. **108 Reihen ~** (Verbrennungsmotor) (*Mot.*), motore in linea, motore a cilindri in linea. **109 Rotationskolben ~** (Wankelmotor) (*Mot.*), motore a stantuffo rotante, motore Wankel, motore a rotore eccentrico. **110 Saug ~** (Verbrennungsmotor) (*Mot.*), motore aspirato. **111 Schiffsantriebs ~** (*Mot. - naut.*), motore marino di propulsione. **112 Schiffsdiesel ~** (*Mot.*), motore Diesel marino. **113 Schiffshilfs ~** (*Mot. - naut.*), motore marino ausiliario. **114 schnellaufender Diesel ~** (*Mot.*), motore Diesel veloce. **115 selbstansaugender ~** (Verbrennungsmotor) (*Mot.*), motore aspirato. **116 spritzwassergeschützter ~** (*Elektromot.*), motore protetto contro gli spruzzi d'acqua. **117 stehender ~** (*Mot.*), motore verticale, motore ritto, motore a cilindri verticali. **118 Stell ~** (einer Regelstrecke z. B.) (*Mot. - Masch.*), servomotore. **119 Stern ~** (Flugmotor) (*Mot.*), motore stellare. **120 Stirling- ~** (*Verbr. - Mot.*), motore Stirling. **121 tropfwassergeschützter ~** (*Elektromot.*), motore protetto contro lo stillicidio. **122 Umbau-Wechsel ~** (Verbrennungsmotor) (*Mot.*), motore trasformabile mediante ricostruzione. **123 umkehrbarer ~**

(*Mot.*), motore reversibile. **124 umsteuerbarer** ∼ (*Mot.*), motore reversibile. **125 untengesteuerter** ∼ (Motor mit stehenden Ventilen) (*Mot.*), motore a valvole laterali. **126 Unterwasser** ∼ **pumpe** (mit elekt. Motor) (*Masch.*), elettropompa sommersa. **127 Verbrennungs** ∼ (*Mot.*), motore a combustione interna. **128 Verbund** ∼ (*Mot.*), motore composito, motore compound. **129 Vergaser-Otto** ∼ (*Mot.*), motore a ciclo Otto a carburatore. **130 Verstell** ∼ (mit verstellbarem Verdrängungsvolumen) (*Ölhydr. - Mot.*), motore a cilindrata variabile. **131 V-Form** ∼ (V-Motor, Verbrennungsmotor) (*Mot.*), motore con cilindri a V, motore a V. **132 Viertakt** ∼ (Verbrennungsmotor) (*Mot.*), motore a quattro tempi. **133 V-** ∼ (V-Formmotor, Verbrennungsmotor) (*Mot.*), motore a V, motore con cilindri a V. **134 Vorkammer** ∼ (*Dieselmot.*), motore a precamera. **135 Wankel** ∼ (Rotationskolbenmotor, Drehkolbenmotor) (*Mot.*), siehe Drehkolbenmotor. **136 wassergekühlter** ∼ (Verbrennungsmotor) (*Mot.*), motore raffreddato ad acqua. **137 Wechselbetrieb** ∼ (*Mot.*), motore a due cicli, motore a ciclo Diesel ed a ciclo Otto. **138 Wirbelkammer** ∼ (*Dieselmot.*), motore con camera di turbolenza. **139 Zweitakt** ∼ (Verbrennungsmotor) (*Mot.*), motore a due tempi.

motorisch (Bewegung) (*Masch. - etc.*), a motore, motorizzato.

motorisieren (*Mot.*), motorizzare.

Motorisierung (*f. - Mot.*), motorizzazione.

Moulinégarn (*n. - Textil.*), filato mouliné.

Möwen-Tragfläche (*f. - Flugw.*), ala a gabbiano.

MOZ (Motor-Oktanzahl) (*Mot. - Kraftstoff*), NO-MM, NO motore, numero di ottano (determinato col metodo) motore.

MP (Mischpolymer) (*Chem.*), polimero misto. 2 ∼ (Metallpapier) (*Papierind.*), carta metallizzata. 3 ∼ ko (Metallpapierkondensator) (*Elekt.*), condensatore a carta metallizzata. 4 ∼ -Masse (Mischpolymerisat zur Isolierung von elekt. Zündmitteln) (*f. - Expl. - Bergbau*), materiale (isolante) MP.

Mp (1000 kp) (*Masseinheit*), tonnellata peso. 2 ∼ (Mittelpunkt) (*allg.*), centro. 3 ∼ (Mittelpunkt, Nullpunkt) (*Elekt.*), centro neutro. 4 ∼ -leiter (Mittelpunktsleiter) (*m. - Elekt.*), neutro, filo neutro.

mp (1000 kp) (*Masseinheit*), tonnellata peso.

MQ (Mittelwasserabfluss) (*Hydr.*), deflusso medio.

MR (Morse-Kode) (*Telegr.*), codice Morse.

Mrd (Milliarde, 10^9) (*Math.*), miliardo.

MRSt (Martin-Stahl, ruhig) (*Metall.*), acciaio Martin calmato.

MS (Martin-Stahl) (*Metall.*), acciaio Martin. 2 ∼ (Motorschiff) (*naut.*), motonave.

M.S. (Mitte Schiff, Mittelängs- und Symmetrieebene) (*Schiffbau*), piano di simmetria longitudinale.

Ms (Messing) (*Legierung*), ottone.

ms (Millisekunde) (*Masseinh.*), ms, millisecondo, millesimo di secondo.

MSK (Mehrspindelkopf) (*Werkz.masch.*), testa a più mandrini, testa plurimandrino.

Ms-Punkt (Ar″ Punkt; Punkt bei dem die Martensitstufe beginnt) (*m. - Metall.*), punto Ms, punto Ar″, punto inizio formazione martensite.

MSR-Technik (Mess- Steuer- und Regelungstechnik) (*f. - Technik*), tecnica di misura, comando e regolazione.

M.S.-Standardgerät (Minerals Separation Standardgerät, Flotationszelle) (*n. - Bergbau*), cella (di flottazione) standard M.S.

M-System (bei Oberflächenprüfung) (*n. - mech. Technol.*), sistema a retta media, sistema M.

MT (Motortanker) (*naut.*), motocisterna.

MTBF (mittlere ausfallfreie Betriebsdauer, *mean time between failures*) (*Masch. - etc.*), durata media di esercizio senza guasti.

mtex (*Text. - Mass*), siehe millitex.

MTG (Magnettongerät) (*Elektroakus.*), magnetofono, registratore magnetico.

MThw (mittleres Tidehochwasser) (*See*), alta marea media.

mtl. (monatlich) (*allg.*), mensile.

MTnw (mittleres Tideniedrigwasser) (*See*), media bassa marea.

MTR (Material-Prüf-Reaktor) (*Atomphys.*), reattore per prova di materiali.

« **Mü** » (My, μ, griechischer Buchstabe) (*Druck. - Mass. - etc.*), mu, μ.

M.V.Dr. (MVDr, Doktor der gesamten Medizin) (*Med.*) (*österr.*), dottore in medicina, laureato in medicina.

Muffe (Verbindungsstück zweier Röhren) (*f. - Leit.*), manicotto. 2 ∼ (Kabelmuffe, Schutzgehäuse für die Verbindungsstellen von Kabeln) (*Elekt.*), muffola. 3 ∼ (*Mech.*), manicotto. 4 ∼ (am Ende eines Seiles z. B.) (*Seil*), attacco a manicotto. 5 ∼ (glockenartige Erweiterung am Ende eines Rohres) (*Leit.*), bicchiere. 6 ∼ n·absperrschieber (*m. - Leit.*), saracinesca (con attacchi) a bicchiere. 7 ∼ n·bogen (*m. - Leit.*), curva a bicchiere. 8 ∼ n·ende (eines Rohres) (*n. - Leit.*), estremità a bicchiere. 9 ∼ n·kitt (*m. - Leit.*), mastice per giunti a bicchiere, materiale di tenuta per giunti a bicchiere. 10 ∼ n·kupplung (*f. - Leit.*), giunzione a bicchiere. 11 ∼ n·rohr (Muffendruckrohr) (*n. - metall. Ind.*), tubo a bicchiere. 12 ∼ n·stück (*n. - Leit.*), raccordo a bicchiere. 13 ∼ n·stück mit Muffenabzweig (C) (*Leit.*), raccordo a bicchiere con diramazione a bicchiere a 45°. 14 ∼ n·stück mit Muffenstutzen (B) (*Leit.*), raccordo a bicchiere con diramazione a bicchiere a 90°. 15 ∼ n·verbindung (*f. - Leit.*), giunto a bicchiere. 16 Abzweig ∼ (Kabelmuffe) (*Elekt.*), muffola di derivazione. 17 Ausrück ∼ (einer Kupplung z. B.) (*Aut.*), manicotto di disinnesto, manicotto distacco (frizione). 18 Gewinde ∼ (*Mech.*), manicotto filettato, bussola filettata. 19 Gewinderohr ∼ (*Leit.*), manicotto filettato per tubi. 20 Kugel ∼ (Rohrende) (*Leit.*), bicchiere sferico. 21 Kupplungs ∼ (*Mech.*), manicotto di accoppiamento. 22 Schiebe ∼ (*Mech.*), manicotto scorrevole. 23 Schraub ∼ (mit Schraubring) (*Leit.*), bicchiere filettato. 24 Schweiss ∼ (*Leit.*), bicchiere da saldare. 25 T- ∼ (*Leit.*), manicotto a T. 26 Überschieb-Schweiss ∼ (*Leit.*), manicotto da saldare. 27 Verbindungs ∼ (Kabelmuffe) (*Elekt.*), muffola di giunzione.

Muffel

Muffel (Schutzgefäss für Öfen) (*f. - Ofen - Chem.*), muffola. 2 ~ **ofen** (*m. - Keramik - etc. - Ofen*), forno a muffola.
Mufflerie (Abteilung einer Zinkhütte) (*f. - Metall.*), reparto fabbricazione muffole.
Mühle (Anlage zum Mahlen) (*f. - Ind.*), mulino, molino. 2 ~ (Kaffeemühle z. B.) (*Ger.*), macinino. 3 ~ n·bauindustrie (*f. - Ind.*), industria molitoria. 4 Fliehkraft ~ (*Masch.*), mulino centrifugo. 5 Getreide ~ (*Masch.*), mulino da grano. 6 Kaffee ~ (*Ger.*), macinino da caffè. 7 Kugel ~ (*Masch.*), mulino a palle. 8 Öl ~ (*Ind.*), frantoio (per olio). 9 Pendel ~ (*Masch.*), mulino a pendolo. 10 Schneide ~ (Sägemühle) (*Masch. - Ind.*), segheria. 11 Walzen ~ (*Bergbaumasch.*), mulino a cilindri, cilindraia. 12 Wasser ~ (*Masch.*), mulino ad acqua. 13 Wind ~ (*Masch.*), mulino a vento.
Mühlgraben (*m. - Hydr.*), gora.
Mühlstein (Mahlstein) (*m. - Masch.*), macina, mola, molazza. 2 ~ (für Getreide) (*Masch.*), macina, palmento.
Muhre (*f. - Geol.*), siehe Mure.
Muldbrett (Erdschaufel, zum Ebnen von Bodenflächen, durch Räummaschinen ersetzt) (*n. - Erdbew. - Ger.*), ruspa (a trazione animale), raschiatore, benna strisciante.
Mulde (Gefäss) (*f. - allg.*), conca, truogolo. 2 ~ (Talsenkung) (*Geogr.*), conca. 3 ~ (beim Schweissen) (*mech. Technol.*), cratere. 4 ~ (Mörtelmulde) (*Maur. - Ger.*), conca. 5 ~ (auf dem Kolben eines Wankelmotors) (*Mot.*), camera. 6 ~ (Beschickungsgefäss) (*Ofen - Metall.*), cassetta (di carica). 7 ~ (Synklinale) (*Geol.*), sinclinale. 8 ~ n·bank (*f. - Ofen - Metall.*), banco delle cassette (di carica). 9 ~ n·bremse (an der Webmaschine) (*f. - Textilmasch.*), freno a conchiglia. 10 ~ n·gewölbe (*n. - Arch.*), volta a botte con testa a padiglione. 11 ~ n·gurtförderer (*m. - ind. Transp.*), trasportatore a nastro a conca. 12 ~ n·kipper (Baufahrzeug) (*m. - Aut.*), autocarro a cassone ribaltabile, ribaltabile. 13 ~ n·kipper (kleiner Schienenwagen) (*Fahrz.*), vagonetto a conca ribaltabile. 14 ~ n·kolben (mit muldenförmigem Boden) (*m. - Mot.*), pistone a cielo concavo.
muldig (*allg.*), concavo.
Mulemaschine (Selfaktor) (*f. - Textilmasch.*), filatoio automatico intermittente.
Mulespinnmaschine (Mulemaschine, Selfaktor) (*f. - Textilmasch.*), filatoio automatico intermittente.
Mull (leichtes Baumwollgewebe) (*m. - Text.*), mussolina.
Müll (Haushaltabfälle) (*m. - allg.*), immondizia, rifiuti. 2 ~ kraftwerk (Elektrizitätswerk mit Müllverbrennung) (*n. - Elekt.*), centrale (termoelettrica) ad immondizie. 3 ~ verbrennung (*f. - Verbr.*), combustione delle immondizie, incenerimento dei rifiuti. 4 ~ verbrennungsanlage (*f. - Verbr. - Ofen*), inceneritore di rifiuti, impianto incenerimento rifiuti. 5 ~ wagen (*m. - Fahrz.*), autocarro per trasporto immondizie. 6 ~ zerkleinerer (*m. - elekt. Ger.*), tritarifiuti.
Müllerei (Gewinnung von Mehl aus Getreidekörnern) (*f. - Ind.*), macinazione, molitura.

Mullit ($3Al_6O_3 . 2SiO_2$, feuerfester Stoff) (*m. - Metall. - etc.*), mullite.
mulmig (Erz) (*Bergbau*), friabile.
multifil (*allg.*), a più fili.
Multiklon (Multizyklon) (*m. - Ger.*), ciclone multiplo, multiciclone.
Multimeter (*n. - elekt. Ger.*), multimetro. 2 Digital ~ (*elekt. Ger.*), multimetro digitale.
Multimode (*f. - Phys. - etc.*), multimodo.
multipel (mehrfach) (*Math.*), multiplo.
Multiplett (Linienkomplex, eines Spektrums) (*n. - Opt.*), multipletto.
Multiplexplatte (*f. - Tischl.*), siehe Vielschichtsperrholz.
Multiplextelegraphie (*f. - Telegr.*), telegrafia multipla.
Multiplikand (*m. - Math.*), moltiplicando.
Multiplikation (*f. - Math.*), moltiplicazione. 2 logische ~ (UND, Konjunktion) (*Rechner*), prodotto logico, AND.
Multiplikator (*m. - Math.*), moltiplicatore.
multiplizieren (*Math.*), moltiplicare.
Multirotation (*f. - Opt.*), siehe Mutarotation.
Multivibrator (*m. - Funk.*), multivibratore. 2 astabiler ~ (*Funk.*), multivibratore astabile. 3 bistabiler ~ (*Funk.*), multivibratore bistabile. 4 monostabiler ~ (*Funk.*), multivibratore monostabile, univibratore, multivibratore ad un colpo. 5 unsymmetrischer ~ (*Funk.*), multivibratore asimmetrico.
Multizyklon (Fliehkraftabscheider) (*m. - Ger.*), multiciclone.
Mu-Metall (Legierung mit 75% Ni, 18% Fe, 5% Cu, 2% Cr) (*n. - Metall. - Elekt.*), mu-metal.
mündig (grossjährig) (*Arb. - etc.*), maggiorenne.
mündlich (*allg.*), verbale, orale. 2 ~ es Abkommen (mündliche Abmachung) (*komm.*), accordi verbali.
Mundstück (*n. - allg.*), bocchello. 2 ~ (eines Brenners) (*Verbr.*), ugello. 3 ~ (eines Rohres oder Schlauches) (*Leit.*), boccaglio.
Mündung (eines Flusses) (*f. - Geogr.*), foce. 2 ~ (eines Geschützes) (*milit.*), volata. 3 ~ (einer Strasse) (*Strasse*), sbocco. 4 ~ (eines Rohres) (*Leit.*), bocca di efflusso, sbocco. 5 ~ s·feuerdämpfer (einer Kanone) (*m. - milit.*), paravampa. 6 ~ s·geschwindigkeit (*f. - Geschoss*), velocità iniziale. 7 ~ s·guss (Giessverfahren bei dem das Metall seitlich gegossen wird) (*m. - Giess.*), colata laterale.
Munilager (Munitionslager) (*n. - Expl.*), deposito di munizioni.
Munition (*f. - milit. - Expl.*), munizioni. 2 ~ s·lager (*n. - milit.*), deposito di munizioni.
Muntzmetall (Kupfer- (59-63%) und Zinklegierung) (*n. - Metall.*), metallo muntz.
Münzautomat (Automat) (*m. - Masch.*), distributore a gettoni, distributore a moneta.
Münze (Metallgeldstück) (*f. - komm. - finanz.*), moneta. 2 ~ (Denkmünze z. B.) (*allg.*), medaglia. 3 ~ (Münzstätte) (*finanz.*), zecca. 4 (Einwurfsmünze eines Münzautomats) (*allg.*), gettone.
Münzeinwurf (*m. - Fernspr. - etc.*), bocchetta per introdurre il gettone, fessura per introdurre il gettone.
Münzer (Münzfernsprecher) (*m. - Fernspr.*), apparecchio a gettone.

Münzfernsehen (n. - Fernseh.), televisione a gettone.
Münzfernsprecher (Telephonautomat) (m. - Fernspr.), telefono a gettone, apparecchio telefonico a gettone.
Münzgaszähler (m. - Ger.), contatore del gas a moneta, contatore del gas a gettone.
Münzprägmaschine (f. - Masch.), pressa per coniare (monete).
Münzprägung (f. - mech. Technol.), coniatura (di monete).
Münzstätte (Münze) (f. - finanz.), zecca.
Münzsystem (Münzwesen) (n. - finanz.), sistema monetario.
Münzzähler (m. - Instr.), contatore a moneta, contatore a gettone.
Muonen (μ - Mesonen) (pl. - Atomphys.), mesoni μ.
Mure (Muhre, Murgang, Schlamm- oder Gesteinsstrom im Gebirge) (f. - Geol.), frana di disgregazione.
Murgang (m. - Geol.), siehe Mure.
Murverbauung (zum Aufhalten der Mure) (f. - Wass.b.), briglie, imbrigliatura.
MUSA-Antenne (Multiple Unit Steerable Antenne) (f. - Funk.), antenna MUSA, antenna direzionale ad unità multiple.
Muschel (Hörer) (f. - Fernsprech - etc.), auricolare. 2 ~ **diagramm** (Kennfeld, in dem z. B. die effektive Leistung, der Brennstoffverbrauch und die Abgastemperatur, etc. abzulesen sind) (n. - Mot. - etc.), diagramma a curve ovoidali. 3 ~ **graphit** (Retortenkohle mit muscheligem Bruch) (m. - Min.), grafite a frattura concoide, carbone di storta a frattura concoide. 4 ~ **linie** (f. - Geom.), concoide. 5 ~ **seide** (Seeseide, Byssusseide) (f. - Textil.), bisso.
muschelig (Min.), concoide. 2 ~ **er Bruch** (Min. - etc.), frattura concoide.
Museum (n. - Bauw.), museo.
Musik (f. - Kunst), musica. 2 ~ **automat** (Musikbox) (m. - Elektroakus. - App.), giradischi automatico a gettone. 3 ~ **bei der Arbeit** (Arb. - Organ.), musica sul lavoro. 4 ~ **box** (f. - Elektroakus.), siehe Musikautomat.
Musikaliendraht (m. - metall. Ind.), filo armonico.
Musivgold (SnS_2, Zinnsulfid) (n. - Chem. - Metall.), oro musivo, solfuro stannico.
Muskelarbeit (f. - Arb.), lavoro muscolare.
Muskowit ($KAl_3 Si_3 O_{10}(OH, F)_2$, Spaltglimmer (m. - Min.), muscovite.
Musselin (leichtes Woll- oder Baumwollgewebe) (m. - Text.), mussolina.
Muster (Vorbild, Modell) (n. - allg.), modello. 2 ~ (Probe, Ansichtsstück, die Beschaffenheit der zu liefernden Waren festlegend) (Ind. - komm.), campione. 3 ~ (Schaumuster) (komm. - etc.), manichino. 4 ~ **blech** (gemustertes Blech, Riffelblech z. B.) (n. - metall. Ind.), lamiera figurata. 5 ~ **flugzeug** (n. - Flugw.), velivolo prototipo. 6 ~ **karte** (f. - Textilmasch.), cartone per il disegno. 7 ~ **messe** (f. - komm.), fiera campionaria. 8 ~ **nehmen** (Probenentnahme) (n. - Technol.), prelevamento di campioni, campionatura. 9 ~ **ohne Wert** (Post), campione senza valore. 10 ~ **prüfung** (f. - Technol.), prova di omologazione. 11 ~ **prüfungsschein** (m. - Technol.), certificato di omologazione. 12 ~ **rolle** (f. - naut.), elenco dell'equipaggio. 13 ~ **sammlung** (f. - komm.), campionario. 14 ~ **schutz** (m. - recht.), protezione del modello. 15 ~ **stelle** (Musterlager) (f. - komm.), magazzino di modelli (da esposizione). 16 ~ **stück** (n. - komm. - etc.), campione. 17 ~ **stück** (Modell, für Kopierfräsen z. B.) (Werkz. masch.bearb.), modello, copia. 18 **Ausfall** ~ (eines Kaufvertrages) (komm.), campione (per l'omologazione). 19 **eingetragenes** ~ (recht.), modello depositato. 20 **Gebrauchs** ~ (recht.), modello di utilità. 21 **Geschmacks** ~ (recht.), modello ornamentale.
mustergemäss (probegemäss, einer Lieferung) (komm.), a campione, conforme campione.
mustergleich (mustermässig) (komm.), conforme, uguale al campione.
Mutarotation (Multirotation, Veränderung des Drehungsvermögens) (f. - Opt.), multirotazione, mutarotazione.
Mutation (f. - Biol.), mutazione.
muten (Abbaugenehmigung beantragen) (Bergbau), chiedere una concessione.
Mutter (Schraubenmutter) (f. - Mech.), dado. 2 ~ (Innengewinde, einer Bolzen-Mutter-Passung) (Mech.), madrevite. 3 ~ (Mutterplatte) (f. - Elektroakus.), madre. 4 ~ **-Aussendurchmesser** (m. - Mech.), diametro esterno della madrevite. 5 ~ **backe** (eines Mutterschlosses, Mutterschlosshälfte, einer Drehbank) (f. - Werkz.masch.), semichiocciola, guscio. 6 ~ **boden** (m. - Geol.), terriccio, terra vegetale. 7 ~ **erz** (n. - Bergbau), ganga. 8 ~ **frequenz** (f. - Fernseh.), frequenza base. 9 ~ **gesellschaft** (f. - finanz. - komm.), casa madre. 10 ~ **gewinde** (Innengewinde) (n. - Mech.), madrevite. 11 ~ **kern** (radiokt. Kern) (m. - Kernphys.), nucleo progenitore. 12 ~ **-Kerndurchmesser** (m. - Mech.), diametro di nocciolo della madrevite. 13 ~ **n-auflage** (auf einem Guss-stück) (f. - Mech. - Giess.), formaggella per dado. 14 ~ **n-schlüssel** (Maulschlüssel) (m. - Werkz.), chiave fissa. 15 ~ **presse** (f. - Masch.), ricalcatrice per dadi. 16 ~ **schiff** (Flugzeugmutterschiff) (n. - Flugw. - Kriegsmar.), nave portaerei, portaerei. 17 ~ **schiff** (zur Versorgung von U-Booten, etc.) (Kriegsmar.), nave appoggio. 18 ~ **schloss** (einer Leitspindel, Schlossmutter, einer Drehbank) (n. - Werkz.masch.), madrevite, chiocciola. 19 ~ **schraube** (Schraubenbolzen mit Kopf und Schraubenmutter) (f. - Mech.), bullone. 20 ~ **werkstoff** (Grundmetall, beim Schweissen) (m. - mech. Technol.), metallo base. 21 **Anker** ~ (Mech.), dado (quadro) d'ancoraggio. 22 **Anniet** ~ (Mech.), dado inchiodabile, dado da applicare mediante chiodi. 23 **Bund** ~ (Mech.), dado con spallamento. 24 **Daumen** ~ (gerändelte Mutter) (Mech.), dado zigrinato. 25 **eine** ~ **versplinten** (Mech.), incoppigliare un dado. 26 **flache Rändel** ~ (Mech.), dado zigrinato basso. 27 **flache Sechskant** ~ (Mech.), dado esagonale basso. 28 **Flügel** ~ (Mech.), dado ad alette, galletto. 29 **Gegen** ~ (Mech.), controdado. 30 **gerändelte** ~ (Mech.), dado zigrinato (con

zigrinatura parallela). **31 Hut** ~ (*Mech.*), dado cieco, dado a cappello. **32 Hut** ~ **hoher Form** (*Mech.*), dado cieco con calotta sferica. **33 Hut** ~ **niedriger Form** (*Mech.*), dado cieco basso. **34 Kordel** ~ (*Mech.*), dado zigrinato. **35 Kreuzloch** ~ (*Mech.*), dado cilindrico con fori radiali. **36 Kronen** ~ (*Mech.*), dado ad intagli, dado a corona. **37 Nut** ~ (*Mech.*), ghiera, dado cilindrico con intagli radiali. **38 Rändel** ~ (gerändelte Mutter) (*Mech.*), dado zigrinato (con zigrinatura parallela). **39 Ring** ~ (zum Anheben von Maschinen, in Verbindung mit Schrauben) (*Mech.*), golfare con foro (di fissaggio) filettato, dado a golfare. **40 Schlitz** ~ (*Mech.*), dado cilindrico con intagli radiali. **41 Schrauben** ~ (Mutter) (*Mech.*), dado. **42 Sechskant** ~ (*Mech.*), dado esagonale. **43 selbstsichernde** ~ (*Mech.*), dado autobloccante. **44 selbstsichernde Sechskant** ~ (*Mech.*), dado esagonale autobloccante. **45 Überwurf** ~ (für Rohrverbindungen) (*Mech.*), dado a risvolto (per raccordi). **46 Zweiloch** ~ (*Mech.*), dado (cilindrico) con fori frontali.

Mutung (*f. - Bergbau*), domanda di concessione. 2 ~ s·riss (*m. - Bergbau*), pianta della concessione.

MV (Megavolt) (*Mass*), MV, megavolt.

mV (millivolt) (*Mass*), mV, millivolt.

MVA (Müllverbrennungsanlage) (*Ind. - etc.*), inceneritore di rifiuti.

mval (Milliäquivalent; 1 mval . = 1 mmol/ Wertigkeit) (*Chem.*), milliequivalente.

MW (Mittelwellen) (*Funk.*), onde medie. 2 ~ (Megawatt) (*elekt. Mass*), MW, megawatt.

mW (Milliwatt) (*Masseinh.*), mW, milliwatt.

MWd (Megawatt-Tag, Energiemass) (*Kernphys.*), megawatt-giorno, MW-giorno.

MWd/t (Megawatt-Tag/Tonne (*Kernphys.*), megawatt-giorno/t, MW-giorno/t.

MWe (Megawatt-elektrisch, elektrische Kraftwerks-Nettoleistung, bei Kernkraftwerken) (*Kernphys.*), MWe, MW-elettrico, megawatt-elettrico.

m-Wert (Steilheit der Viskositätsgerade im Viskositäts-Temperatur-Blatt) (*m. - Viskosimetrie*), indice di viscosità. 2 ~ (Methylorange-Alkalität) (*Chem.*), alcalinità determinata con metilarancio.

MWG (Massenwirkungsgesetz) (*Chem.*), legge dell'azione di massa.

MWSt (Mehrwertsteuer) (*finanz.*), imposta sul valore aggiunto, IVA.

MW-Steuer (Mehrwertsteuer) (*f. - finanz.*), imposta sul valore aggiunto, IVA.

MWt (Megawatt-thermisch, thermische Leistung, bei Kernkraftwerken) (*Kernphys.*), MWt, MW-termico, megawatt-termico.

Mx (Maxwell) (*Einh.*), mx, maxwell.

My (Mikrometer, µm, 0,001 mm) (*Masseinheit*), µ, micron. 2 ~ (µ, griechischer Buchstabe) (*Druck. - Mass - etc.*), µ, mu.

MZK (maximal zulässige Konzentration) (*Chem. - etc.*), concentrazione massima permessa.

N

N (Newton, Krafteinheit im SI-System = $= 10^5$ dyn $\approx 0{,}1$ kp) (*Masseinheit*), N, newton. 2 ~ (Stickstoff, Nitrogen) (*Chem.*), N, azoto. 3 ~ (nano = 10^{-9}, vor Masseinheiten) (*Mass*), n, nano. 4 ~ (Drehzahl, n) (*Masch. - etc.*), N, n, numero di giri. 5 ~ (Neper) (*Phys. - Einheit*), N, neper. 6 ~ (Brechungswert) (*Opt.*), N, n, indice di rifrazione. 7 ~ (elektrische Leistung) (*Elekt.*), potenza elettrica. 8 ~ (Norm) (*Technol.*), norma. 9 ~ (normalgeglüht) (*Wärmebeh*), normalizzato.

n (Nano- = 10^{-9}) (*Masseinh.*), n, nano-. 2 ~ (normal) (*Chem.*), n, normale. 3 ~ (Brechswert) (*Opt.*), N, n, indice di rifrazione. 4 ~ (Drehzahl, N) (*Mot. - etc.*), n, N, numero di giri. 5 ~ (negativ, Transistor z. B.) (*Elektronik*), n, di tipo n. 6 ~ F (Nanofarad, 10^{-9} Farad) (*Mass - Elekt.*), nF, nanofarad.

NA (Normader, eines Kabels) (*Elekt.*), conduttore normalizzato, filo normalizzato. 2 ~ (Notausgang) (*Bauw.*), uscita di sicurezza.

Na (Natrium) (*Chem.*), Na, sodio.

NABE (Aluminium-Nulleiter mit Bleimantel für Erdverlegung) (*Elekt.*), neutro di alluminio sottopiombo per posa sotterranea.

Nabe (eines Rades) (*f. - Fahrz.*), mozzo. 2 ~ (einer Luftschraube) (*Flugw.*), mozzo. 3 ~ (Keilnabe, einer Keilwelle) (*Mech.*), scanalato femmina. 4 ~ n·antrieb (mit elekt. Antriebsmotor in die Radnabe verlegt) (*m. - Fahrz. - Elekt.*), trazione (con motori montati) sul mozzo ruota. 5 ~ n·deckel (Nabenkappe) (*m. - Aut.*), coppa coprimozzo. 6 ~ n·haube (einer Luftschraube) (*f. - Flugw.*), ogiva (coprimozzo). 7 ~ n·kappe (Nabendeckel, Radkappe) (*f. - Aut.*), coppa coprimozzo. 8 ~ n·nut-Räumwerkzeug (n. - Werkz.*), broccia per scanalati femmina. 9 ~ n·senken (*n. - Mech.*), lamatura. 10 ~ n·senker (*m. - Werkz.*), utensile per lamare. 11 Freilauf ~ (eines Fahrrades) (*Fahrz. - Mech.*), mozzo a ruota libera. 12 Kegel ~ (*Mech.*), mozzo conico. 13 Keil ~ (*Mech.*), mozzo scanalato. 14 Kerbzahn ~ (*Mech.*), mozzo striato, mozzo rigato, mozzo Whitworth. 14 Kugellager ~ (*Fahrz.*), mozzo su cuscinetti a sfere. 16 Zahn ~ mit Evolventenflanken (*Mech.*), mozzo dentato con profilo ad evolvente.

Nabla (Vektor-Operator, Nabla-Operator) (*n. - Math.*), nabla.

NACA (National Advisory Committee for Aeronautics = Staatlicher beratender Luftfahrt-Auss·schuss) (*Flugw.*), NACA.

nachahmen (*allg.*), imitare. 2 ~ (fälschen) (*komm.*), contraffare.

Nachahmung (*f. - allg.*), imitazione. 2 ~ (Fälschung) (*komm.*), contraffazione. 3 ~ (Simulation) (*allg.*), simulazione. 4 ~ s·programm (*n. - Rechenmasch.*), programma simulato.

Nacharbeit (Reparatur, Ausbesserung) (*f. - Bauw.*), riparazione. 2 ~ (eines Werkstückes z. B.) (*Mech.*), ripassatura. 3 ~ s·kosten (für die Beseitigung von Fertigungs- oder Materialfehlern) (*f. - pl. - Ind.*), spese di ripassatura.

nacharbeiten (ein Werkstück z. B.) (*Mech.*), ripassare. 2 ~ (länger arbeiten) (*Arb.*), lavorare oltre l'orario. 3 ~ (reparieren, die Form z. B.) (*Giess. - etc.*), riparare.

Nachbargrundstück (*n. - Bauw.*), fondo finitimo, terreno finitimo, immobile finitimo.

Nachbarkanal (*m. - Fernseh.*), canale adiacente.

Nachbarschaft (Umgebung) (*f. - Math.*), intorno.

Nachbau (*m. - komm.*), costruzione sotto licenza.

Nachbearbeitung (Entgraten, etc., von Kunststoff-Formteilen z. B.) (*f. - Technol.*), rifinitura.

Nachbeschleunigung (*f. - Elektronik*), postaccelerazione. 2 ~ anode (einer Kathodenstrahlröhre) (*f. - Elektronik*), anodo acceleratore ausiliario.

nachbessern (*allg.*), ripassare.

Nachbestellung (*f. - komm.*), ordinazione ripetuta.

nachbiegen (*allg.*), ripiegare. 2 die Elektroden ~ (einer Zündkerze) (*Mot.*), avvicinare gli elettrodi.

Nachbild (bei Farbenversuchen z. B.) (*n. - Opt.*), immagine susseguente. 2 ~ fehlerdämpfung (*f. - Fernspr.*), attenuazione di bilanciamento.

Nachbilder (Simulator) (*m. - Ger. - etc.*), simulatore.

Nachbildung (*f. - allg.*), imitazione. 2 ~ (Fälschung) (*komm.*), contraffazione. 3 ~ (Simulieren von Bedingungen z. B.) (*Technol. - etc.*), simulazione. 4 ~ (Rechner), simulazione. 5 ~ (Nachformen) (*Mech.*), riproduzione. 6 ~ (Zweipol-Netzwerk) (*Fernspr.*), equilibratore. 7 ~ s·fehler (*m. - Fernspr.*), difetto di equilibramento. 8 ~ s·messer (*m. - Fernspr.*), misuratore di equilibramento, equilibrometro.

Nachblasen (beim Bessemerverfahren) (*n. - Metall.*), protrazione del soffiaggio, protrazione dell'immissione d'aria.

nachbleiben (nacheilen) (*Elekt. - etc.*), ritardare.

nachbleibend (*allg.*), residuo.

nachbohren (mit Bohrstahl) (*Mech.*), rialesare. 2 ~ (mit Gewindebohrer) (*Mech.*), filettare col maschio intermedio, passare con il secondo maschio.

Nachbohrer (Gewindebohrer) (*m. - Werkz.*), maschio intermedio, secondo maschio filettatore.

Nachbrennen (eines Verbrennungsmotors) (*n. - Mot.*), combustione ritardata. 2 ~

Nachbrenner

(eines Strahltriebwerkes) (*Mot.*), postcombustione.
Nachbrenner (Staustrahlrohr, eines Turbinenstrahltriebwerkes) (*m. - Flugw. - Mot.*), postcombustore. 2 ~ - Turbinenstrahltriebwerk (*n. - Flugw. - Mot.*), turbogetto con postcombustore.
nachdatieren (*finanz. - etc.*), postdatare.
Nachdauer (*f. - allg.*), persistenza.
Nachdicken (*n. - Anstr.fehler*), ispessimento.
nachdrehen (*Werkz.masch.bearb.*), ripassare al tornio.
Nachdrehvorrichtung (*f. - Werkz.masch.bearb.*), dispositivo di ripassatura al tornio.
Nachdruck (unveränderter Abdruck) (*m. - Druck.*), ristampa. 2 ~ (Verringerung des Spritzdruckes zum Schwundausgleich, beim Spritzgiessen von Kunststoffen) (*Technol.*), caduta di pressione.
nachdrucken (*Druck.*), ristampare.
nacheichen (*Instr.*), ritarare.
Nacheichung (*f. - Instr.*), ritaratura.
nacheilen (*Elekt.*), ritardare, essere in ritardo. 2 ~ um 30° (*Elekt.*), ritardare di 30°, essere in ritardo di 30°.
nacheilend (*Elekt.*), in ritardo. 2 ~ e Phasenverschiebung (*Elekt.*), ritardo di fase. 3 ~ er Leistungsfaktor (*Elekt.*), fattore di potenza in ritardo, cosfì in ritardo. 4 ~ um 90° (*Elekt.*), in quadratura, reattivo.
Nacheilung (Nacheilen) (*f. - Mot. - etc.*), ritardo. 2 ~ s·winkel (*m. - Elekt.*), angolo di ritardo.
Nachen (Boot) (*m. - naut.*), imbarcazione, barca.
Nachfassbrief (*m. - komm. - Büro*), lettera di sollecito, sollecito.
Nachflanke (eines bewegenden Teiles) (*f. - allg.*), fianco posteriore.
Nachfleischen (*n. - Lederind.*), scarnatura.
Nachflotation (Repetition) (*f. - Bergbau*), riflottazione.
Nachfolge (in der Präsidentschaft z. B.) (*f. - allg.*), successione.
nachfolgen (jemandem) (*allg.*), succedere (a qualcuno).
Nachfolger (*m. - allg.*), successore. 2 ~ schaft (*f. - recht.*), diritto di successione.
Nachformdrehen (*n. - Werkz.masch.bearb.*), riproduzione al tornio, tornitura a riproduzione, tornitura a copiare. 2 hydraulisch gesteuertes ~ (*Werkz.masch.bearb.*), riproduzione al tornio con pilotaggio idraulico.
nachformen (kopieren, bei der spanenden Formung) (*Werkz.masch.bearb.*), riprodurre, copiare.
Nachformfräsen (*n. - Werkz.masch.bearb.*), fresatura a riproduzione, fresatura a copiare.
Nachformfräsmaschine (Kopierfräsmaschine) (*f. - Werkz.masch.*), fresatrice per riproduzioni, fresatrice a copiare.
Nachformhobeln (*n. - Werkz.masch.bearb.*), piallatura a riproduzione.
Nachformschleifen (bei Nockenschleifmaschinen, z. B.) (*n. - Werkz.masch.bearb.*), rettifica a riproduzione.
Nachformung (Kopieren) (*f. - Werkz.masch.bearb.*), riproduzione, copiatura.

Nachfrage (Bedarf) (*f. - komm.*), domanda. 2 ~ monopol (*n. - komm.*), monopolio del compratore, monopsonio. 3 Angebot und ~ (*komm.*), domanda ed offerta. 4 das Gesetz von Angebot und ~ (*komm.*), legge della domanda ed offerta.
nachfräsen (*Werkz.masch.bearb.*), ripassare alla fresatrice.
Nachfüllanlage (*f. - chem. Ind. - etc.*), impianto di rabbocco.
nachfüllen (*allg.*), riempire. 2 ~ (die Batterie z. B.) (*Aut. - Elekt.*), rabboccare. 3 ~ (mit Kraftstoff) (*Aut.*), riempire, fare il pieno.
Nachfüllmenge (Ölmenge die durch die beiden Markierungen am Ölmess·stab bestimmt wird) (*f. - Mot.*), quantità di rabbocco.
Nachfüllung (*f. - allg.*), riempimento. 2 ~ (einer Batterie) (*Aut. - Elekt.*), rabbocco, riempimento.
nachgeben (*allg.*), cedere. 2 ~ (*Bauw.*), cedere.
nachgehen (Uhr) (*Mech.*), ritardare.
nachgeschaltet (*Elekt.*), collegato in serie. 2 ~ (Getriebe z. B.) (*Mech.*), inserito a valle.
nachgiebig (unfest, Boden z. B.) (*allg.*), cedevole. 2 ~ (elastisch) (*allg.*), elastico. 3 ~ e Kupplung (elastische Kupplung) (*Mech.*), giunto elastico.
Nachgiebigkeit (*f. - allg.*), cedevolezza.
Nachgiessen (von Steigern) (*n. - Giess.*), alimentazione.
Nachglühen (*n. - Opt.*), bagliore residuo.
nachglühen (anlassen) (*Wärmebeh.*), rinvenire.
Nachgravieren (Nachsetzen, von Gesenken) (*n. - Schmiedewerkz.*), reincisione.
nachgravieren (nachsetzen, Gesenke) (*Schmiedewerkz.*), reincidere.
Nachhall (anfeinanderfolgende, mehrfache Echos) (*m. - Akus.*), riverberazione. 2 ~ raum (*m. - Akus.*), camera riverberante. 3 ~ zeit (Zeit, in der die mittlere Schallenergiedichte in einem Raum auf den millionsten Teil abfällt) (*f. - Akus.*), tempo di riverberazione, tempo di circonsonanza, tempo di risonanza, tempo di coda sonora, tempo di sonorità susseguente.
nachhallen (*Akus.*), riverberare.
Nachhaltezeit (beim Schweissen, die Zeitspanne vom Abschalten des Stromes bis zum Ende der Presszeit) (*f. - mech. Technol.*), tempo (di applicazione della forza) di compressione (agli elettrodi) a corrente tolta.
nachhaltig (dauernd) (*allg.*), persistente, durevole, duraturo.
Nachhärtung (*f. - Wärmebeh.*), tempra ripetuta. 2 ~ (von Kunstharzteilen, durch thermische Behandlung) (*Technol.*), indurimento ripetuto.
Nachkalkulation (Gegensatz zur Vorkalkulation) (*f. - Buchhaltung*), consuntivo.
Nachkleben (*n. - Anstr.fehler*), appiccicosità.
nachkommen (Anordnungen z. B.) (*allg.*), soddisfare.
Nachkühler (*m. - App.*), postrefrigeratore.
Nachlade (eines Verbr.mot.) (*f. - Mot.*), carica susseguente.
nachladen (*allg.*), ricaricare.
Nachlass (Herabsetzung, der Preise) (*m. - komm.*), ribasso.

nachlassen (lockern) (*Mech.*), allentare. 2 ~ (sich lockern) (*Mech.*), allentarsi. 3 ~ (von Gas) (*Chem.*), espandersi. 4 ~ (Druck) (*Ind.*), scaricare. 5 ~ (*Wärmebeh.*), ricuocere. 6 ~ (verringern, den Preis) (*komm.*), ridurre. 7 ~ (ein Seil) (*naut. - etc.*), filare. 8 ~ (aufhören) (*allg.*), cessare.
Nachlässigkeit (*f. - Arb. - etc.*), trascuratezza.
Nachlauf (der Vorderräder eines Kraftwagens) (*m. - Aut.*), incidenza. 2 ~ (bei der Destillation) (*Chem.*), prodotto di coda. 3 ~ (Strömung) (*naut.*), scia. 4 ~ regler (Folgeregler, Regler mit veränderlichen Sollwert) (*m. - Regelung*), servosistema, sistema asservito. 5 ~ steuerung (*f. - Regelung*), servosistema ad anello aperto. 6 ~ verstärker (Servoverstärker) (*m. - Elektronik*), servoamplificatore. 7 ~ vorrichtung (Frequenzselbststeuerung) (*f. - Elekt.*), regolatore automatico di frequenza.
nachlaufen (anlassen) (*Wärmebeh.*), rinvenire.
Nachläufer (Anhänger) (*m. - Fahrz.*), rimorchio.
Nachleuchten (*n. - Phys.*), luminescenza residua.
Nachleuchtschirm (*m. - Elektronik*), schermo a luminescenza persistente.
Nachlinks-Schweissen (beim Gasschmelzschweissen mit Schweissflamme hinter dem Zusatzdraht) (*n. - mech. Technol.*), saldatura a sinistra, saldatura in avanti.
nachmachen (*komm. - recht.*), contraffare.
nachmessen (*Mech. - etc.*), controllare le misure, verificare le dimensioni.
Nachnahme (*f. - komm.*), pagamento alla consegna. 2 gegen ~ (*komm.*), contro assegno.
Nachprägen (Kalibrieren) (*n. - Schmieden*), calibratura.
Nachprodukt (*n. - Ind.*), sottoprodotto.
nachprüfen (*allg.*), verificare.
Nachrechnung (*f. - Math. - etc.*), calcolo di verifica.
Nachrechts-Schweissen (beim Gasschmelzschweissen, mit Schweissflamme vor dem Zusatzdraht) (*n. - mech. Technol.*), saldatura a destra, saldatura indietro.
nachreiben (*Mech.*), rialesare (a mano), ripassare con alesatore (a mano).
Nachreinigung (*f. - allg.*), ripulitura.
nachrennen (frischen) (*Metall.*), affinare.
Nachricht (*f. - allg.*), notizia, informazione. 2 ~ (Information) (*Rechner*), informazione. 3 ~ en·büro (Nachrichtendienst, zur Vermittlung von aktuellen Nachrichten an Zeitungen etc.) (*n. - Presse - etc.*), agenzia d'informazioni. 4 ~ en·büro (Telegraphenbüro) (*Telegr.*), ufficio telegrafico. 5 ~ en·Fernsehübertragung (*f. - Fernseh.*), telegiornale. 6 ~ en·kabel (*n. - Telegr. - etc.*), cavo per telecomunicazioni. 7 ~ en·mittel (*n. - Telegr. - etc.*), mezzo di comunicazione. 8 ~ en·satellit (*m. - Fernseh. - etc.*), satellite per comunicazioni. 9 ~ en·technik (elektrische Nachrichtentechnik) (*f. - Funk.*), tecnica delle telecomunicazioni. 10 ~ en·übertragung (*f. - Funk. - etc.*), telecomunicazione. 11 ~ en·verarbeitung (*f. - Datenverarb.*), elaborazione delle informazioni.
nachrichten (nachstellen) (*Mech.*), aggiustare, ritoccare, regolare.
Nachsacken (*n. - Anstr.fehler*), calo.
Nachsackung (Nachgeben von Dämmen) (*f. - Hydr.*), cedimento successivo.
Nachschaltgetriebe (Zusatzgetriebe, für Zahnrad-Wechselgetrieben um dessen Gängenzahl zu vervielfachen) (*n. - Fahrz.*), moltiplicatore di marce, cambio ausiliario. 2 ~ (manchmal einem Kennungswandler nachgeschaltet) (*Fahrz.*), cambio sussidiario.
nachschärfen (*Mech.*), riaffilare.
Nachschlag (Nachprägung, von Münzen, (*m. - finanz.*), riconiatura.
Nachschlagen (von Blechteilen, zur Erzeugung einer Masshaltigkeit, die durch vorangegangene Arbeitsverfahren nicht erreicht wurde) (*n. - Blechbearb.*), assestamento. 2 ~ (unerwarteter Stempelniedergang ausserhalb des Arbeitstaktes einer Presse) (*Masch.*), ripetizione (involontaria) di colpo.
nachschlagen (Blechteile) (*Blechbearb.*), assestare.
Nachschlagsicherung (an einer Presse) (*f. - Masch.*), sicurezza contro (l'involontaria) ripetizione della corsa.
Nachschlagwerkzeug (Nachschlagstanze, für Blechbearbeitung) (*n. - Werkz.*), stampo assestatore.
nachschleifbar (*Werkz.*), riaffilabile.
Nachschleifen (Nachschärfen) (*n. - Werkz.*), riaffilatura. 2 ~ (zur Instandsetzung von Werkstücken) (*Werkz.masch.bearb.*), rettifica di ripassatura.
nachschleifen (Kreissäge z. B.) (*Mech. - Werkz.*), riaffilare.
Nachschleiflänge (eines Spiralbohrers z. B.) (*f. - Werkz.*), lunghezza di riaffilatura.
Nachschliff (von Werkz.) (*m. - Mech.*), riaffilatura. 2 ~ winkel (an Wälzfräsern) (*m. - Werkz.*), angolo di affilatura.
Nachschlüssel (Dietrich) (*m. - Werkz.*), grimaldello.
Nachschneiden (Repassieren, Schaben) (*n. - Blechbearb.*), rifilatura, rifinitura.
nachschneiden (Blechteile) (*Blechbearb.*), rifilare, rifinire. 2 ~ (Gewinde z. B.) (*Mech.*), ripassare.
Nachschneider (Fertigschneider, Gewindebohrer) (*m. - Werkz.*), maschio finitore. 2 ~ (Nachschneidezahn, einer Säge, Fertigschneider) (*Werkz.*), dente finitore.
Nachschrumpfung (von feuerfesten Werkstoffen) (*f. - Technol.*), contrazione successiva.
Nachschweissung (Ausbesserung) (*f. - mech. Technol.*), ripresa della saldatura.
Nachschwindung (*f. - Technol.*), contrazione successiva, contrazione susseguente.
nachsehen (überholen) (*Mech.*), revisionare. 2 ~ (nachprüfen, Motoren z. B.) (*Mech. - etc.*), controllare, verificare.
Nachsetzen (Nachgravieren, von Gesenken) (*n. - Schmieden*), reincisione. 2 ~ (Erlahmung, einer Feder z. B., beim Überschreiten der Fliessgrenze) (*Mech. - Metall.*), perdita di elasticità, snervamento.
nachsetzen (ein Werkzeug) (*Werkz.*), riaffilare. 2 ~ (nachgravieren, Gesenke) (*Schmieden*), reincidere.

Nachsetzstein

Nachsetzstein (eines Ofens z. B.) (*m. - Bauw.*), mattone di riempimento.
nachspannen (eine Schraube z. B.) (*Mech.*), stringere a fondo, «ripassare». 2 ~ (eine Kette z. B.) (*Mech.*), tendere.
Nachspeisen (*n. - Giess.*), rabbocco.
nachspeisen (*Giess.*), rabboccare.
Nachspur (der Räder) (*f. - Aut.*), divergenza.
nachstellbar (einstellbar) (*Mech. - etc.*), regolabile, registrabile.
Nachstellbewegung (Korrekturbewegung zwischen Werkstück und Werkzeug zum Ausgleichen des Werkzeugverschleisses z. B.) (*f. - Werkz.masch.bearb.*), correzione (della profondità di taglio), regolazione (della profondità di taglio).
Nachstelleiste (*f. - Masch.*), lardone di registro.
nachstellen (einstellen) (*Mech. - etc.*), regolare, registrare.
Nachstellkeil (*m. - Mech.*), chiavetta di registro.
Nachstellschraube (*f. - Mech.*), vite di registro, vite di regolazione.
Nachstellung (Einstellung) (*f. - Mech. - etc.*), regolazione, registrazione.
Nachstellzeit (Integrationszeit, bei PI-Verhalten) (*f. - Regler*), tempo d'azione, tempo dell'azione integratrice.
nachstemmen (Niete) (*Technol.*), ribadire.
Nachstimm-Element (eines Oszillators, zur Veränderung der Frequenz) (*n. - Ger.*), sintonizzatore, correttore di frequenza.
nachstimmen (*Funk.*), sintonizzare con precisione.
Nachstimmung (*f. - Funk.*), sintonia fine.
Nachstrom (einer Luftschraube) (*m. - Flugw.*), flusso, scia. 2 ~ (nach dem Erlöschen eines Lichtbogens z. B.) (*Elekt.*), corrente susseguente.
Nachsynchronisierung (*f. - Filmtech.*), postsincronizzazione, doppiaggio.
Nacht (*f. - allg.*), notte. 2 ~ **arbeit** (zwischen 20 und 6 Uhr) (*f. - Arb.*), lavoro notturno. 3 ~ **blindheit** (Hemeralopie) (*f. - Opt.*), emeralopia, cecità scotopica. 4 ~ **bomber** (*m. - Luftw.*), bombardiere notturno. 5 ~ **effekt** (Dämmerungseffekt) (*m. - Phys. - Peilung*), effetto notte. 6 ~ **fahrgerät** (*n. - Opt. - Ger.*), siehe Nachtfernrohr. 7 ~ **fernrohr** (Nachtzielfernrohr, Nachtfahrgerät) (*n. - Opt. - Ger.*), nottovisore. 8 ~ **flug** (*m. - Flugw.*), volo notturno. 9 ~ **jäger** (*m. - Luftw.*), caccia notturno. 10 ~ **schicht** (*f. - Arb. Organ.*), turno di notte. 11 ~ **sehen** (*n. - Opt.*), visione scotopica. 12 ~ **sichtgerät** (*n. - Ger.*), nottovisore. 13 ~ **strom** (während der Nacht abgegebener elekt. Strom) (*m. - Elekt.*), corrente notturna, energia elettrica (a tariffa) notturna. 14 ~ **tarif** (*m. - Elekt. - etc.*), tariffa notturna. 15 ~ **wächter** (*m. - Arb.*), guardiano notturno. 16 ~ **zielfernrohr** (*n. - Opt. - Ger.*), siehe Nachtfernrohr.
Nachteil (*m. - allg.*), svantaggio.
Nachtrag (Ergänzung) (*m. - allg.*), supplemento. 2 ~ **s·haushaltsplan** (*m. - finanz.*), bilancio suppletivo.
Nachtropfen (*n. - allg.*), sgocciolatura, sgocciolamento.

nachtropfen (*allg.*), sgocciolare.
Nachübertrager (einer Leistungsverstärkerröhre) (*m. - Elekt.*), trasformatore di uscita.
Nachverbrennung (eines Strahltriebwerkes) (*f. - Mot.*), postcombustione. 2 ~ (eines Verbrennungsmotors) (*Mot.*), ritardo di combustione.
nachversetzt (Verzögert) (*Mot. - etc.*), ritardato.
Nachverstärker (*m. - Funk.*), postamplificatore.
Nachwalzen (Dressieren) (*n. - Walzw.*), finitura a freddo.
Nachwalzwerk (Fertigwalzwerk) (*n. - Walzw.*), laminatoio finitore.
Nachwärme (nach dem Abschalten eines Kernreaktors produzierte Wärme) (*f. - Kernphys.*), calore residuo.
nachwärmen (*Metall.*), riscaldare.
Nachwärmofen (*m. - Metall.*), forno di riscaldo.
Nachwärmung (*f. - Metall.*), riscaldo.
Nachwärmzeit (beim Schweissen) (*f. - mech. Technol.*), tempo di postriscaldo.
Nachweis (Beweis) (*m. - allg.*), prova, dimostrazione. 2 ~ (schriftliche Urkunde) (*allg.*), certificato.
Nachwind (Rückenwind) (*m. - Flugw.*), vento di coda.
Nachwirkung (*f. - allg.*), effetto secondario. 2 ~ (Hystereseerscheinung z. B.) (*f. - Elekt. - etc.*), azione susseguente. 3 **dielektrische** ~ (*Elekt.*), viscosità dielettrica. 4 **elastische** ~ (*Baukonstr.lehre*), elasticità susseguente. 5 **magnetische** ~ (*Elekt.*), viscosità magnetica.
Nachwuchs (die jungen Kräfte) (*m. - Arb. - etc.*), le nuove leve.
nachwuchten (eine Schleifscheibe z. B.) (*Mech. - etc.*), riequilibrare.
Nachziehen (der Bremse) (*n. - Aut.*), registrazione. 2 ~ (*n. - Fernsehfehler*), trascinamento.
nachziehen (eine Schraube z. B.) (*Mech.*), stringere, serrare. 2 ~ (die Bremse) (*Aut.*), registrare.
Nachzug (*m. - Eisenb.*), treno bis. 2 ~ (*m. - Blechbearb.*), siehe Zwischenziehen.
Nachzündung (*f. - Mot.*), accensione ritardata, ritardo di accensione. 2 ~ **s·zeit** (eines Ölbrenners, Zeitspanne zwischen erstmaligem Erscheinen der Flamme und Abschalten der Zündeinrichtung) (*f. - Verbr.*), tempo di accensione.
Nachzwirnerei (*f. - Textilind.*), ritorcitura.
nackt (*Elekt. - etc.*), nudo. 2 ~ **e Elektrode** (*Elekt.*), elettrodo nudo. 3 ~ **er Schweissdraht** (*m. - mech. Technol.*), filo d'apporto nudo, elettrodo nudo.
Nadel (Nähnadel) (*f. - Textilind.*), ago. 2 ~ (Stecknadel) (*Büro - Text.*), spillo. 3 ~ (Anreissnadel) (*Mech.*), punta a tracciare. 4 ~ (einer Düse) (*Dieselmot. - etc.*), ago. 5 ~ (Grammophonnadel) (*Elektroakus.*), puntina. 6 ~ (eines Nadelwehrs) (*Wass.b.*), panconcello. 7 ~ (Räumnadel) (*Werkz.*), broccia. 8 ~ (der Düse einer Freistrahlturbine) (*Turb.*) spina. 9 ~ **ausreissversuch** (zur Prüfung von Gummi) (*m. - Technol.*), prova di estrazione dell'ago. 10 ~ **barren** (einer Strickmaschine)

(m. - Textilmasch.), barra porta-aghi. 11 ~ baum (m. - Holz), conifera, aghifoglia. 12 ~ boden (eines Konrverters) (m. - Metall.), fondo forato. 13 ~ brett (einer Jacquardmaschine) (n. - Textilmasch.), tavoletta degli aghi. 14 ~ eindringgerät (Nadelpenetrometer, für Mörtelprüfung z. B.) (n. - Bauw. - Ger.), penetratore ad ago. 15 ~ eisenerz ([Fe_2O_3-nH_2O], Brauneisenstein, Limonit) (n. - Min.), limonite. 16 ~ feile (f. - Werkz.), lima ad ago. 17 ~ funktion (Dirac-Funktion, Delta-Funktion, Einheitsimpulsfunktion) (f. - Phys.), funzione di Dirac, funzione delta, funzione impulsiva. 18 ~ galvanometer (n. - Instr.), galvanometro ad ago mobile. 19 ~ holz (n. - Holz), legno di conifera, legno di aghifoglie. 20 ~ hub (eines Vergasers oder einer Einspritzdüse) (m. - Mech.), corsa dell'ago. 21 ~ käfig (m. - Mech.), gabbia a rullini. 22 ~ lager (n. - Mech.), cuscinetto a rullini. 23 ~ lehne (f. - Wass.b.), traversa d'appoggio dei panconcelli. 24 ~ penetrometer (n. - Bauw. - Ger.), siehe Nadeleindringgerät. 25 ~ positioniereinrichtung (einer Nähmaschine) (f. - Masch.), posizionatore dell'ago. 26 ~ schaft (m. - allg.), gambo dell'ago. 27 ~ scheibe (Schleifscheibe) (f. - Werkz.), mola ad ago. 28 ~ sitz (einer Einspritzdüse) (m. - Mot.), sede dell'ago. 29 ~ span (beim Walzenfräsen (m. - Werkz.masch.bearb.), truciolo aghiforme. 30 ~ stange (einer Nähmaschine) (f. - Textilmasch.), asta (verticale) porta-ago. 31 ~ stichporosität (f. - Giess. fehler), punte di spillo. 32 ~ stuhl (m. - Textilmasch.), telaio ad aghi. 33 ~ ventil (eines Vergasers z. B.) (n. - Mot. - etc.), valvola ad ago, valvola a spillo. 34 ~ walzen-Nitschelstrecke (Frotteur) (f. - Textilmasch.), frottatoio. 35 ~ wehr (n. - Wass.b.), diga a panconcelli, traversa a panconcelli. 36 Abtast ~ (Elektroakus.), puntina. 37 Anreiss ~ (nadel) (Mech.), punta a tracciare. 38 Ansteck ~ (Feststecknadel) (allg.), spillo. 39 Düsen ~ (Dieselmot.), ago del polverizzatore. 40 Grammophon ~ (Elektroakus.), puntina da grammofono. 41 Häkel ~ (Text. - Werkz.), uncinetto. 42 Leder ~ (Werkz.), ago per cuoio, ago da sellaio. 43 Maschinen ~ (Nähnadel) (Textilind.), ago da macchina (per cucire). 44 Näh ~ (Textilind.), ago per cucire. 45 Sattler ~ (Werkz.), ago da sellaio. 46 Sicherheits ~ (allg.), spillo di sicurezza. 47 Steck ~ (Büro - Text.), spillo. 48 Zungen ~ (einer Strickmaschine) (Textilmasch.), ago a linguetta.

nadelförmig (nadelartig) (allg.), aciculare. 2 ~ es Gefüge (Metall.), struttura aciculare.

nadelig (azikular, Gusseisen) (Giess.), aciculare.

Nadir (Fusspunkt) (m. - Astr.), nadir. 2 ~ abstand (m. - Astr.), distanza nadirale.

NAE (Aluminium-Nulleiter für Erdverlegung) (Elekt.), neutro di alluminio per posa sotterranea.

NAG (Norm-Gummi-Ader, Gummiaderleitung) (Elekt.), filo normalizzato sotto gomma.

Nagel (m. - Zimm.), chiodo, punta. 2 ~ bohrer (m. - Tischl.werkz.), succhiello. 3 ~ fluh (f. - Geol.), puddinga. 4 ~ kanone (f. - Ger.), pistola sparachiodi. 5 ~ zange (Kneifzange) (f. - Tischl.werkz.), tenaglia. 6 ~ zange (Werkz.), pinzetta per le unghie. 7 ~ zieher (m. - Werkz.), tirachiodi, estrattore per chiodi, piede di cervo. 8 Halbrundkerb ~ (Mech.), chiodo a testa tonda con gambo intagliato. 9 hölzerner ~ (Zimm. - Tischl.), cavicchio, caviglia. 10 Holz ~ (Tischl.), chiodo da legno. 11 Huf ~ (metall. Ind.), chiodo da maniscalco. 12 Kerb ~ (Mech.), chiodo (con gambo) intagliato. 13 Papp ~ (Bauw.), chiodo per cartone catramato. 14 Polster ~ (Polsterer), siehe Ziernagel. 15 Schienen ~ (Eisenb.), arpione. 16 Senkkerb ~ (Mech.), chiodo a testa svasata piana con gambo intagliato. 17 Zier ~ (metall. Ind.), borchia, chiodo da tappezziere.

nagelhart (Anstr.), resistente alla scalfittura da chiodo.

nageln (eine Kiste, mit Drahtstiften z. B.) (Tischl. - etc.), chiodare. 2 ~ (mit hölzernen Nägeln) (Tischl.), incavigliare.

« nageln » (klopfen, beim Verbrennungsmotor) (Mot.), picchiare.

Nagelung (einer Kiste z. B.) (f. - Tischl.), chiodatura. 2 ~ (der Schienen) (Eisenb.), arpionatura.

Nagemaschine (Aushauschere, zum Ausschneiden von Formstücken aus Blechen, mit Handbewegung des Bleches) (f. - Masch.), roditrice, macchina per ritagliare profili (con movimento a mano della lamiera).

NAGRA (Normenausschuss für das graphische Gewerbe) (Druck.), Comitato di Normalizzazione per l'Industria Grafica.

Näharbeit (f. - Arb.), cucito.

Nahaufnahme (f. - Filmtech. - Phot.), primo piano.

Nähdraht (m. - metall. Ind.), filo per cuciture a punti metallici.

Nahdrehzahlmesser (m. - Instr.), contagiri a lettura diretta.

Nähen (n. - Textilind.), cucitura.

nähen (Textilind. - etc.), cucire.

Näherin (f. - Arb.), cucitrice.

nähern (allg.), avvicinare. 2 an ~ (ein Segel festmachen) (naut.), serrare. 3 sich ~ (allg.), avvicinarsi.

Näherung (Approximation) (f. - Math.), approssimazione. 2 ~ s·formel (f. - Math. - etc.), formula approssimata. 3 ~ s·initiator (Näherungssensor) (m. - Ger.), sensore di prossimità. 4 ~ s·rechnung (f. - Math.), calcolo approssimato. 5 ~ s·wert (m. - Math. - etc.), valore approssimato. 6 ~ s·zünder (m. - Expl.), radiospoletta, spoletta di prossimità.

Nahewirkung (f. - Elekt. - etc.), effetto di prossimità.

Nähfaden (Nähgarn) (m. - Textilind.), filo cucirino.

Nahfeld (einer Antenne) (n. - Funk.), campo vicino.

Nähfuss (Stoffdrückerfuss, einer Nähmaschine) (m. - Masch.), piedino premistoffa.

Nahgüterzug (m. - Eisenb.), treno merci locale.

Nähgutvorschub (in einer Nähmaschine, Nähguttransport) (m. - Textilmasch.), avanzamento del tessuto.

Nähmaschine (f. - Masch.), macchina per cucire.

Nahnebensprechen

Nahnebensprechen (n. - Fernspr.), diafonia vicina, paradiafonia.
Nahrungsmittel (Lebensmittel) (n. - Ind.), genere alimentare, prodotto alimentare. 2 ~ **industrie** (f. - Ind.), industria alimentare.
Nährwert (von Lebensmitteln) (m. - Ind.), valore nutritivo.
Nahschwund (m. - Funk.), affievolimento locale.
Naht (genähte Linie) (f. - allg.), cucitura. 2 ~ (Schweissnaht) (mech. Technol.), cordone. 3 ~ (Metall. - Fehler), paglia. 4 ~ (Gussnaht) (Giess.), bava, cresta. 5 ~ **oberseite** (Nahtkrone, beim Schweissen) (f. - mech. Technol.), diritto della saldatura. 6 ~ **schweissen** (n. - mech. Technol.), saldatura continua, saldatura a rulli. 7 ~ **schweissmaschine** (f. - Masch.), saldatrice continua, saldatrice a rulli. 8 ~ **stellenanordnung** (Kopplungseinrichtung zwischen Rechenanlage und Übertragungssystem) (f. - Rechner), interfaccia. 9 ~ **unterseite** (Wurzelseite, beim Schweissen) (f. - mech. Technol.), rovescio della saldatura. 10 ~ **wurzel** (Wurzel, beim Schweissen) (f. - mech. Technol.), vertice, fondo dello smusso (della saldatura). 11 **Doppelrollen-** ~ **schweissmaschine** (f. - Masch.), saldatrice a due rulli. 12 **Dreirollen-** ~ **schweissmaschine** (f. - Masch.), saldatrice a tre rulli. 13 **Flach** ~ (Kehlnahtart, beim Schweissen) (mech. Technol.), saldatura d'angolo piana. 14 **Flankenkehl** ~ (bei der die Kraftrichtung parallel zur Nahtlänge ist) (mech. Technol.), saldatura d'angolo per giunti a sovrapposizione. 15 **Hohl** ~ (beim Schweissen, Kehlnahtart) (mech. Technol.), saldatura d'angolo concava. 16 **Löt** ~ (mech. Technol.), cordone di brasatura. 17 **Planken** ~ (eines Bootes) (naut.), comento. 18 **Schweiss** ~ (mech. Technol.), cordone di saldatura. 19 **Stirnkehl** ~ (bei der die Kraftrichtung senkrecht zur Nahtlänge ist) (mech. Technol.), saldatura d'angolo per giunti a T. 20 **Voll** ~ (Kehlnahtart, beim Schweissen) (mech. Technol.), saldatura di angolo convessa.
nahtlos (allg.), senza cucitura. 2 ~ **es Rohr** (nach Mannesmann - Verfahren hergestellt) (mech. Technol.), tubo senza saldatura, tubo Mannesmann.
Nähtransferstrasse (zur Herztellung von Näherzeugnissen) (f. - Textilind.), linea (automatica) per prodotti cuciti.
nahtschweissen (mech. Technol.), saldare a cordone, saldare a rulli.
Nahverkehr (m. - Eisenb. - etc.), traffico locale.
Nahzünder (m. - Expl.), spoletta di prossimità, radiospoletta.
Nähzwirn (m. - Textilind.), filo cucirino.
Name (m. - allg.), nome. 2 ~ **n·aktie** (f. - finanz.), azione nominativa. 3 ~ **n·schild** (m. - Ind. - Masch.), targa con il nome del fabbricante, targhetta nominativa. 4 ~ **ns·einwebung** (auf einem Handtuch z. B.) (f. - Textilind.), nominativo intessuto, intessitura del nome. 5 ~ **ns·schutz** (m. - recht. - Ind.), protezione del nome. 6 ~ **ns·zug** (m. - allg.), sigla. 7 ~ **n·verzeichnis** (n. - allg.), nomenclatore, indice.

584

NAND (Nicht-Und-Gatter, logische Schaltung) (Autom.), NAND.
nano- (vor Masseinheiten, $= 10^{-9}$) (Mass), nano-, 10^{-9}.
nanometer (10^{-9} m) (m. - Mass), nanometro, millimicron.
Napalm-Bombe (Brandbombe) (f. - Expl. - milit.), bomba al Napalm.
Napf (kleines Gefäss) (m. - allg.), coppa. 2 ~ (Probestück für Napfziehversuche) (mech. Technol.), provino di imbutitura. 3 ~ **boden** (eines Napfziehversuchsstückes) (m. - mech. Technol.), fondello del provino di imbutitura. 4 ~ **-Fliesspressen** (n. - mech. Technol.), estrusione a coppa. 5 ~ **zarge** (eines Napfziehversuchsstückes) (f. - mech. Technol.), orlo del provino di imbutitura. 6 ~ **ziehversuch** (m. - mech. Technol.), prova di imbutitura.
Näpfchenprobe (zum Messen der Tiefziehfähigkeit von Blechen) (f. - mech. Technol.), prova di imbutitura.
Näpfchenziehprüfverfahren (Napfziehversuch, Blechbearbeitung) (n. - mech. Technol.), prova di imbutitura.
Naphtha (Erdöl) (f. - n. - Chem.), nafta.
Naphthalin ($C_{10}H_2$) (n. - Chem.), naftalene, naftalina.
Naphthen (n. - Chem.), naftene.
Naphthol (n. - Chem.), naftolo.
Nappaleder (n. - Lederind.), pelle nappa.
Narbe (Grübchen) (f. - Metallfehler), alveolo. 2 ~ **n·leder** (n. - Lederind.), cuoio granulato. 3 ~ **n·schicht** (f. - Lederind.), grana.
Narben (Pressen und Prägen) (n. - Textilind.), goffratura.
Narkose (f. - Med.), narcosi.
Narkotiseur (Anästhesist) (m. - Med.), anestesista.
NA-Rohr (Normal-Abflussrohr, zur Entwässerung) (n. - Leit.), tubo di scarico normale.
narrensicher (Vorrichtung z. B.) (Mech. - etc.), non manomissibile, sicuro contro false manovre.
NASA (National Aeronautics and Space Administration = Staatliche Verwaltung für Luft- und Weltraumfahrt) (Flugw. - Raumfahrt), NASA.
Nase (Vorsprung) (f. - Mech.), sporgenza. 2 ~ (eines Keiles z. B.) (Mech.), nasetto, nasello. 3 ~ (eines Nockens) (Mech.), lobo. 4 ~ (Handgriff, eines Hobels) (Werkz.), impugnatura. 5 ~ (eines Ziegels) (Bauw.), nasello. 6 ~ (Ansatz) (Mech.), orecchia, orecchietta. 7 ~ (Felsvorsprung) (Geogr.), promontorio. 8 ~ (Halbinsel) (Geogr.), penisola. 9 ~ **n·gurt** (einer Flügelrippe) (m. - Flugw.), rinforzo del becco. 10 ~ **n·holm** (eines Flügels) (m. - Flugw.), longheroncino frontale. 11 ~ **n·keil** (m. - Mech.), chiavetta con nasetto, chiavetta con nasello. 12 ~ **n·kolben** (eines Verbrennungsmotors) (m. - Mot.), stantuffo con deflettore. 13 ~ **n·rippe** (eines Flügels) (f. - Flugw.), falsa centina.
nass (allg.), bagnato, umido. 2 ~ **auf nass** (Anstr.), bagnato su bagnato. 3 ~ **e Baugrube** (Bauw.), scavo di fondazione con (affioramento di) acqua. 4 ~ **e Laufbüchse** (Mot.), canna (cilindro) a umido, camicia a

umido. 5 ~ er Gasmesser (nasse Gasuhr) (*Instr.*), contatore del gas a liquido. 6 ~ es Verfahren (*Technol.*), processo ad umido, processo per via umida.
Nassaufbereitung (von Erzen) (*f. - Bergbau*) preparazione per via umida.
Nassbagger (*m. - Erdbew.masch.*), draga, escavatore subacqueo.
Nassbaggerung (*f. - Erdbew.*), escavazione subacquea.
Nassblankzug (Drahtziehverfahren) (*m. - mech. Technol. - metall. Ind.*), trafilatura ad umido.
Nassdampf (*m. - Kessel*), vapore umido.
Nassdrahtzug (*m. - mech. Technol. - metall. Ind.*), trafilatura ad umido.
Nasselektrofilter (zur Reinigung von Gas) (*m. - chem. Ind.*), elettrofiltro ad umido.
Nasselement (*n. - Elekt.*), pila a liquido.
nässen (*allg.*), bagnare, inumidire.
Nassfestigkeit (eines Formsandes, Nasszugfestigkeit) (*f. - Giess.*), resistenza a verde.
Nassfilz (einer Papiermaschine) (*m. - Papierind.*), feltro umido.
Nassformen (*n. - Giess.*), formatura a verde.
Nassgas (nasses Erdgas) (*n. - Bergbau*), gas naturale umido.
Nassguss (Grünguss) (*m. - Giess.*), colata a verde, colata in forma verde. 2 ~ formen (*n. - Giess.*), formatura a verde. 3 ~ formerei (*f. - Giess.*), formatura a verde.
Nassjahr (Jahr mit dem höchsten Abfluss) (*n. - Hydr.*), anno di deflusso massimo.
Nassmetallurgie (Hydrometallurgie) (*f. - Metall.*), idrometallurgia.
Nasspartie (einer Langsiebmaschine) (*f. - Papierind. - Masch.*), parte umida.
Nasspresse (*f. - Papierind. - Masch.*), pressa umida.
Nassprobe (*f. - Chem. - etc.*), prova per via umida.
Nassreinigung (von Gasen) (*f. - chem. Ind.*), depurazione a umido.
Nass-sand (Nassguss-sand) (*m. - Giess.*), terra verde. 2 ~ strahlen (*n. - mech. Technol.*), siehe Nass-strahlreinigung.
Nass-schleifen (*n. - Werkz.masch.bearb.*), rettifica a umido.
Nass-Strahlreinigung (Oberflächenbehandlung durch wässrige Suspension eines feinen Schleifmittels) (*f. - mech. Technol.*), idrofinitura.
Nass-sumpf-Schmierung (*f. - Verb. - Mot.*), lubrificazione con coppa serbatoio.
Nasswärmegrad (*m. - Meteor.*), temperatura al bulbo bagnato.
Nasswirbler (für Gase) (*m. - chem. Ind. - App.*), ciclone a umido.
naszierend (*Chem.*), nascente. 2 ~ er Wasserstoff (*Chem.*), idrogeno atomico, idrogeno nascente.
Nationalfeiertag (*m. - Arb.*), festa nazionale.
nationalisieren (*Ind.*), nazionalizzare.
Nationalisierung (*f. - Ind.*), nazionalizzazione.
Nationalitätskennzeichen (Nationalitätszeichen, für Kraft- und Luftfahrzeuge) (*n. - Aut. - Flugw.*), sigla di nazionalità.
Nationalstrasse (wichtige Fernstrasse) (*f. - Strasse - [schweiz.]*), strada nazionale.

Natrium (Alkalimetall) (*Na - n. - Chem.*), sodio. 2 ~ bikarbonat ([$NaHCO_3$], doppeltkohlensaures Natron) (*n. - Chem.*), bicarbonato di sodio. 3 ~ chlorid ([Na Cl], Kochsalz) (*n. - Chem.*), cloruro di sodio, cloruro sodico. 4 ~ dampflampe (*f. - Beleucht.*), lampada a vapori di sodio. 5 ~ -Graphit-Reaktor (*m. - Atomphys.*), reattore al sodio moderato a grafite. 6 ~ hydroxyd (NaOH) (*n. - Chem.*), soda caustica, idrossido di sodio. 7 ~ karbonat (Na_2CO_3) (*n. - Chem.*), carbonato di sodio. 8 ~ metall (*n. - Chem.*), sodio metallico. 9 ~ nitrat ([$NaNO_3$], Natronsalpeter) (*n. - Chem.*), nitrato di sodio. 10 ~ -Photonenzähler (*m. - Atomphys. - Instr.*), contatore di fotoni al sodio. 11 ~ silikat (Wasserglas) (*n. - Chem.*), silicato di sodio, vetro solubile. 12 ~ sulfat [(Na_2SO_4), Glaubersalz] (*n. - Chem.*), solfato di sodio.
natriumgekühlt (Anlassventil z. B.) (*Mot. - etc.*), raffreddato al sodio. 2 ~ er Reaktor (*Atomphys.*), reattore raffreddato al sodio.
Natron ([Na_2O], Natriumoxyd) (*n. - Chem.*), ossido di sodio. 2 ~ (doppeltkohlensaures Natron) (*Chem. - Pharm.*), bicarbonato di sodio. 3 ~ ([NaOH], Natriumhydroxyd, Ätznatron) (*Chem.*), soda caustica. 4 ~ lauge (*f. - Chem.*), soda caustica. 5 ~ salpeter ([$NaNO_3$], Natriumnitrat) (*m. - Chem.*), nitrato di sodio, salnitro. 6 ~ wasserglas (*n. - Glasind.*), vetro solubile, silicato di sodio. 7 ~ zahl (Alkalitäts-Index des Kesselwassers) (*f. - Kessel - Chem.*), indice di alcalinità, indice di basicità. 8 Ätz ~ (NaOH) (*Chem.*), soda caustica. 9 doppeltkohlensaures ~ ([$NaHCO_3$], Natriumbikarbonat) (*Chem.*), bicarbonato di sodio.
natronverseift (bei der Prüfung eines Schmiermittels) (*chem. Ind.*), saponificato con soda, saponificato con idrato di sodio.
Naturasphalt (*m. - Min. - Strass.b.*), asfalto naturale.
Naturbims (*m. - Min. - Bauw.*), pomice naturale.
Naturfasern (*f. - pl. - Textilind. - etc.*), fibre naturali.
Naturforscher (*m. - Wissens.*), naturalista.
Naturgas (Erdgas) (*n. - Geol.*), gas naturale.
Naturhafen (*m. - naut. - Geogr.*), porto naturale.
naturhart (martensitisch, Stahl) (*Metall.*), martensitico, autotemprante.
Naturkunde (*f. - Wissens.*), scienze naturali.
natürlich (*allg.*), naturale. 2 ~ e Alterung (*Wärmebeh.*), invecchiamento naturale. 3 ~ e Belüftung (*Bauw.*), ventilazione naturale. 4 ~ er Böschungswinkel (Ruhewinkel) (*m. - Ing.b.*), angolo di natural declivio. 5 ~ er Logarithmus (*Math.*), logaritmo naturale. 6 ~ er Mass-stab (*Zeichn. - etc.*), scala naturale, scala 1 : 1. 7 ~ er Zug (*Wärme*), tiraggio naturale. 8 in ~ er Grösse (*allg.*), in grandezza naturale, in scala 1 : 1.
Naturmodell (vergrösserte Nachbildung) (*n. - Giess.*), modello maggiorato.
Naturschutzgebiet (*n. - Geogr.*), parco nazionale.
Naturseide (*f. - Textilind.*), seta naturale.

Naturstein (Naturwerkstein) (*m. - Bauw.*), pietra naturale.
Naturumlaufkessel (*m. - Kessel*), caldaia a circolazione naturale.
Naturwerkstein (Naturstein) (*m. - Bauw.*), pietra naturale.
Naturwissenschaft (*f. - Wissens.*), scienze naturali.
Naturzug (*m. - Wärme - etc.*), tiraggio naturale.
Nautik (Schiffahrtskunde) (*f. - naut.*), nautica.
nautisch (*naut.*), navale. 2 ~ **er Strich** (8ter Teil eines rechten Winkel) (*naut. Mass*), quarta.
Navigation (*f. - Navig.*), navigazione. 2 ~ **s·raum** (*m. - naut.*), sala nautica. 3 **astronomische** ~ (*Navig.*), navigazione astronomica. 4 **Flugfunk** ~ (*Flugw. - Navig.*), navigazione aerea radioassistita. 5 **loxodromische** ~ (*Navig.*), navigazione lossodromica. 6 **orthodromische** ~ (*Navig.*), navigazione ortodromica. 7 **terrestrische** ~ (*Navig.*), navigazione osservata.
Na-Wasserglas (*n. - Chem.*), silicato di sodio, vetro solubile.
NB (Normalbedingungen) (*Chem.*), condizioni normali.
Nb (Niob) (*Chem.*), Nb, niobio, columbio.
NBR (Acrylnitril-Kautschuk) (*chem. Ind.*), NBR, gomma acrilo-nitrilica, butadiene-acrilonitrile.
NC (numerische Steuerung) (*Werkz.masch. bearb.*), comando numerico, controllo numerico. 2 ~ (numerisch gesteuert) (*adj. - Werkz. masch.bearb.*), a comando numerico. 3 ~ (*Chem.*), siehe Nitrozellulose. 4 ~ **-Fräsmaschine** (*f. - Werkz.masch.*), fresatrice a comando numerico. 5 ~ **-Maschine** (numerisch gesteuerte Maschine) (*f. - Werkz.masch. - etc.*), macchina a comando numerico. 6 ~ **- Programm** (numerisch gesteuertes Programm) (*n. - Werkz.masch.bearb.*), programma a comando numerico. 7 ~ **-Steuerung** (*Werkz. masch.bearb.*), comando numerico. 8 ~ **-Steuerung für Absolutbetrieb** (*Werkz.masch. bearb.*), comando numerico assoluto. 9 ~ **-Steuerung für Inkrementalbetrieb** (*Werkz. masch.bearb.*), comando numerico incrementale. 10 ~ **-Steuerung ohne Rückführung** (offener Steuerkreis) (*Werkz.masch.bearb.*), comando numerico ad anello aperto, comando ad anello aperto. 11 **halbinkrementale** ~ **Steuerung** (absolut zyklische Steuerung) (*Werkz.masch.bearb.*), comando numerico semincrementale, comando assoluto ciclico. 12 ~ **-Werkzeugmaschine** (numerisch gesteuerte Werkzeugmaschine) (*f. - Werkz. masch.*), macchina utensile a comando numerico.
ND (Nenndruck) (*Phys.*), pressione nominale. 2 ~ (Niederdruck) (*Phys.*), bassa pressione.
Nd (Neodym) (*Chem.*), Nd, neodimio.
n-Dotierung (negativ-Dotierung, eines Halbleiters) (*f. - Elektronik*), drogatura n, drogatura negativa.
NE (Nichteisen...) (*Metall.*), non ferroso. 2 ~ (Nichteisenmetalle) (*Metall.*), (metalli) non ferrosi.
Ne (Neon) (*Chem.*), Ne, neon, neo. 2 ~ (Newton-Zahl, bezogene Trägheitskraft) (*Mech.*), Ne, numero di Newton.
Nebel (*m. - Meteor.*), nebbia. 2 ~ (*Astr.*), nebulosa. 3 ~ **düse** (zur Staubbekämpfung) (*f. - Bergbau*), ugello nebulizzatore. 4 ~ **echos** (*n. - pl. - Radar*), echi da banchi di nebbia. 5 ~ **horn** (*n. - naut. - Ger.*), sirena da nebbia. 6 ~ **isolator** (*m. - Elekt.*), isolatore da nebbia. 7 ~ **kammer** (Wilsonsche Nebelkammer) (*f. - Phys.*), camera di Wilson. 8 ~ **kerze** (*f. - milit. - etc.*), candela fumogena. 9 ~ **lampe** (*f. - Aut.*), proiettore fendinebbia, faro fendinebbia, fendinebbia. 10 ~ **schiessen** (zur Staubbekämpfung) (*n. - Bergbau*), brillamento con nebbia artificiale (antipolvere). 11 ~ **schlussleuchte** (*f. - Aut.*), luce antinebbia posteriore. 12 ~ **schmierung** (*f. - Masch.*), lubrificazione a nebbia d'olio.
nebelig (*Meteor.*), nebbioso.
Nebenabtrieb (für den Antrieb eines Zubehörs z. B.) (*m. - Mech. - Fahrz.*), presa di moto, presa di forza.
Nebenachse (*f. - Math.*), asse secondario.
Nebenamt (*n. - Fernspr.*), centrale secondaria, centrale satellite.
Nebenanschluss (Nebenstelle) (*m. - Fernspr.*), apparecchio derivato.
Nebenantrieb (*m. - Mech.*), presa di forza, presa di moto.
Nebenapparat (Hilfsapparat) (*m. - App.*), accessorio, ausiliario.
Nebenbahn (Verkehrslinie von geringerer Bedeutung) (*f. - Eisenb.*), ferrovia secondaria.
Nebenbetrieb (Betrieb, der Hilfsstoffe für den Hauptbetrieb erzeugt oder Nebenprodukte des Hauptbetriebes verarbeitet) (*m. - Ind.*), stabilimento sussidiario.
Nebendienste (*m. - pl. - Fernspr.*), servizi speciali.
nebeneinander (*allg.*), adiacente, contiguo. 2 ~ (*Elekt.*), in parallelo. 3 ~ **schalten** (*Elekt.*), collegare in parallelo.
Nebeneinanderschaltung (*f. - Elekt.*), collegamento in parallelo.
Nebeneinrichtungen (*f. - pl. - Ind.*), impianti ausiliari.
Nebenerzeugnis (Nebenprodukt) (*n. - Chem. - Ind.*), sottoprodotto.
Nebenfehler (bei Qualitätskontrolle) (*m. - mech. Technol.*), difetto secondario.
Nebenfluss (*m. - Geogr.*), affluente.
Nebenforderung (*f. - Adm.*), credito accessorio.
Nebenfreifläche (eines Drehmeissels) (*f. - Werkz.*), fianco secondario.
Nebengang (*m. - allg.*), passaggio laterale.
Nebengebäude (*n. - Bauw.*), fabbricato annesso.
Nebengeräusch (Störung) (*n. - Elektroakus. - Funk.*), interferenza.
Nebengestein (Gangart) (*n. - Bergbau*), ganga.
Nebengleis (*n. - Eisenb.*), binario secondario.
Nebenkeule (eines Strahlungsdiagramms) (*f. - Funk.*), lobo laterale, lobo secondario.
Nebenkopplungsschwingung (*f. - Phys.*), oscillazione spuria.
Nebenleistungen (*f. - pl. - Bauw. - etc.*), lavori accessori.

Nebenlicht (eines Scheinwerfers) (n. - Aut.), luce secondaria.
Nebenlinie (Zweiglinie) (f. - Eisenb.), linea secondaria.
Nebenluft (f. - Verbr.), aria secondaria.
Nebenmetalle (n. - pl. - Metall.), siehe Begleitmetalle.
Nebenpleuel (Nebenpleuelstange eines Sternmotors) (n. - Flugmotor), bielletta. 2 ~ **zapfen** (eines Sternmotors) (m. - Flugzeugmot.), perno di bielletta.
Nebenprodukt (n. - Ind.), sottoprodotto.
Nebenresonanz (f. - Elektronik), risonanza spuria.
Nebenrippe (f. - Bauw.), nervatura secondaria.
Nebenschluss (Zweig) (m. - Elekt.), derivazione. 2 ~ (Gerät) (Elekt.), derivatore, «shunt». 3 ~ (Fehler) (Elekt.), disperdenza, dispersione. 4 ~ **erregung** (f. - Elekt.), eccitazione in derivazione. 5 ~ **feder** (der Nummernscheibe) (f. - Fernspr.), molla di corto circuito. 6 ~ **leitung** (f. - Leit.), by-pass, bipasso. 7 ~ **maschine** (f. - elekt. Masch.), macchina eccitata in parallelo. 8 ~ **schaltung** (f. - Elekt.), collegamento in parallelo, collegamento in derivazione. 9 ~ **strom** (m. - Elekt.), corrente derivata. 10 ~ **wicklung** (f. - Elekt.), avvolgimento in derivazione. 11 **im** ~ (Elekt.), in parallelo. 12 **induktiver** ~ (Elekt. - Ger.), derivatore induttivo.
Nebenschneide (eines Drehstahles) (f. - Werkz.), tagliente secondario.
Nebenschnittfläche (eines Werkstückes) (f. - Werkz.masch.bearb.), superficie lavorata dal tagliente secondario.
Nebensender (Relaisstelle) (m. - Funk.), trasmettitore ripetitore.
Nebensprechausgleich (m. - Fernspr.), compensazione di diafonia.
Nebensprechdämpfung (f. - Fernspr.), attenuazione di diafonia. 2 ~ **s·messer** (m. - Fernsp.), diafonometro.
Nebensprechen (n. - Fernspr.), diafonia.
Nebenstelle (Nebenanschluss) (f. - Fernspr.), apparecchio derivato, (apparecchio interno). 2 ~ **n·anlage** (f. - Fernspr.), impianto (telefonico) interno.
Nebenstrasse (f. - Strasse), strada secondaria.
Nebenstromfilter (Ölfilter) (m. - Mot.), filtro a portata parziale.
Nebenstromkreis (m. - Elekt.), circuito derivato.
Nebenteilung (Nonius) (f. - Instr.), nonio.
Nebentreppe (f. - Bauw.), scala di servizio.
Nebentür (f. - Bauw.), ingresso di servizio.
Nebenuhr (elektrische Nebenuhr) (f. - Instr.), orologio satellite.
Nebenvalenz (elektrischer Natur) (f. - Chem.), valenza secondaria.
Nebenvereinbarung (f. - recht.), fatto accessorio.
Nebenvorrichtung (f. - Masch.), accessorio.
Nebenvorschubbewegung (Quervorschub)(f. Werkz.masch.bearb.), (moto di) avanzamento trasversale.
Nebenweg (Nebenschluss) (m. - Elekt.), derivazione, shunt. 2 ~ (bei Rohrenanlagen z. B.) (Leit.), by-pass, bipasso.

Nebenwelle (f. - Mech.), albero di rinvio, contralbero. 2 ~ (Funk.), onda spuria.
Nebenwiderstand (Shunt) (m. - Elekt.), resistenza in parallelo, shunt, derivatore.
Nebenwinkel (m. - Geom.), angolo adiacente. 2 ~ (Supplementwinkel) (Geom.), angolo supplementare.
Nebenwirkung (f. - allg.), effetto collaterale.
Nebenzeit (f. - Werkz.masch.bearb.), tempo passivo.
neblig (Meteor.), nebbioso.
n-Eck (n. - Geom.), poligono a n lati.
Negation (f. - Rechner), negazione.
Negativ (Bild) (n. - Phot.), negativa. 2 ~ **druck** (bei dem das Bild oder die Schrift in der Farbe des Papiers erscheint) (m. - Druck.), stampa negativa. 3 ~ **film** (m. - Filmtech.), film negativo. 4 ~ **kordel** (f. - Mech.), zigrinatura spinata incrociata, zigrinatura obliqua incrociata. 5 ~ **modulation** (f. - Fernseh.), modulazione negativa. 6 ~ **schaukasten** (m. - Ger.), negatoscopio. 7 ~ **-Wasserbad-Blaupause** (f. - Zeichn.), cianografia, copia cianografica.
negativ (allg.), negativo. 2 ~ **e Beschleunigung** (Verzögerung) (Mech.), decelerazione. 3 ~ **er Spanwinkel** (bei Schneidwerkzeugen) (Werkz.) angolo di spoglia negativo. 4 ~ **e Rückkopplung** (Gegenkopplung) (Funk.), controreazione, retroazione negativa.
Negator (Maschinenelement, als Zugfeder wirkend, mit negativer Charakteristik) (m. - Mech.), molla a forza costante. 2 ~ (Inverter) (m. - Rechner), negatore, invertitore.
Negatron (n. - Funk.), negatrone.
Negentropie (bei der Informationstheorie) (f. - Elektronik), siehe Entropie.
nehmen (allg.), prendere. 2 **auf** ~ (den Kurs vom Kompass ablesen) (naut.), rilevare la rotta (dalla bussola).
neigbar (allg.), inclinabile. 2 ~ **e Presse** (Masch.), pressa inclinabile.
neigen (allg.), inclinare.
Neigung (Schrägheit) (f. - allg.), inclinazione. 2 ~ (Steigung, einer Strasse z. B.) (Strasse-Eisenb.), pendenza. 3 ~ (Inklination) (Astr.), inclinazione. 4 ~ (eines Gesenkes z. B.) (Schmieden-Giess.), spoglia, angolo di spoglia, angolo di sformo. 5 ~ (eines Kegels) (Mech.), inclinazione. 6 ~ (Tendenz) (Stat. - etc.), tendenza. 7 ~ (Empfindlichkeit) (allg.), suscettibilità. 8 ~ **s·kompass** (m. - Instr.), bussola d'inclinazione. 9 ~ **s·messer** (m. - Instr.), clinometro. 10 ~ **s·messer** (eines Flugzeuges) (Flugw. - Instr.), sbandometro. 11 ~ **s·winkel** (m. - Geom.), angolo d'inclinazione. 12 ~ **s·winkel** (eines Drehstahles) (Werkz.), angolo d'inclinazione. 13 ~ **s·winkel am Kegel** (Neigung einer Mantellinie gegen die Kegelachse) (Mech.), semiapertura angolare del cono. 14 ~ **s·winkelschreiber** (m. - Ger.), clinometro registratore. 15 ~ **zur Rissbildung** (Metall.), tendenza ad incrinarsi, suscettibilità alle incrinature. 16 **Härtungs** ~ (Wärmebeh.), temprabilità.
NE-Legierung (Nichteisen-Legierung) (f. - Legierung), lega non ferrosa.

nematisch (flüssiger Kristall) (*Chem. - Min.*), nematico.
NE-Metall (Nichteisen-Metall) (*n. - Metall.*), metallo non ferroso.
Nennabmass (festgelegter Unterschied zwischen einem Grenzmass und dem Nennmass) (*n. - Mech.*), scostamento nominale.
Nenndrehzahl (*f. - Mot. - etc.*), numero di giri nominale, velocità (angolare) nominale.
Nenndurchmesser (*m. - Mech.*), diametro nominale.
Nenner (*m. - Math.*), denominatore. 2 kleinster gemeinsamer ~ (*Math.*), minimo denominatore comune.
Nennförderhöhe (einer Pumpe) (*f. - Hydr. - Masch.*), prevalenza nominale.
Nennförderstrom (einer Pumpe) (*m. - Hydr. - Masch.*), portata nominale.
Nennfrequenz (*f. - Elekt.*), frequenza nominale.
Nennlast (*f. - Mech. - etc.*), carico nominale.
Nennleistung (*f. - Mot.*), potenza nominale. 2 ~ (eines Elektromotors z. B.) (*Elekt.*), potenza nominale, potenza di targa.
Nennmass (*n. - Mech.*), dimensione nominale.
Nennmoment (*n. - Mot.*), momento torcente nominale, coppia nominale.
Nenn-Nutzlast (eines Lastwagens) (*f. - Aut.*), portata nominale.
Nennschub (*m. - Strahltriebw.*), spinta nominale.
Nennspannung (*f. - Elekt.*), tensione nominale.
Nennstrom (*m. - Elekt.*), corrente nominale.
Nennweite (Sollmass der lichten Breite eines Raumes) (*f. - Bauw.*), larghezza nominale. 2 ~ (eines Rohres) (*Leit.*), diametro nominale.
Nennwert (Nominalwert) (*m. - allg.*), valore nominale.
Neodym (*Nd - n. - Chem.*), neodimio.
Neogen (Neusilber aus 58% Cu, 12% Ni, 27% Zn, 2% Sn, Al, Bi) (*n. - Legierung*), neogeno.
Neolithikum (*n. - Geol.*), periodo neolitico.
neolitisch (*Geol.*), neolitico.
Neon (*Ne - n. - Chem.*), neon. 2 ~ **röhre** (*f. - Beleucht.*), tubo al neon, lampada al neon.
Neopren (Kunstkautschuk) (*n. - Chem.*), neoprene.
Neozoikum (Känozoikum) (*n. - Geol.*), neozoico, quaternario.
NEP (niederes Elementarpaar) (*Mech.*), coppia cinematica inferiore.
Neper (N, Masseinheit der Dämpfung in elekt. Leitungen) (*n. - Mass*), neper. 2 ~ **meter** (*n. - Elekt. - Ger.*), nepermetro. 3 Dezi ~ (*Mass*), decineper.
Nephelometer (zur Trübungsmessung und Konzentrationsbestimmung) (*n. - Phys. - Instr.*), nefelometro.
Neptunium (*Np - n. - Chem.*), nettunio.
Nernstlampe (Nernstbrenner, elekt. weisse Lichtquelle) (*f. - Phys.*), lampada di Nernst.
Nervenaktionstrom (*m. - Elekt.*), corrente neuroelettrica.
Nesselfaser (*f. - Textil.*), fibra di ortica.
Nest (kleines Erzlager) (*n. - Geol. - Min.*), tasca. 2 ~ (Krähennest) (*naut.*), coffa. 3 ~ (Höhlung) (*allg.*), cavità. 4 ~ (Stellung eines Maschinengewehrs) (*milit.*), nido, postazione. 5 ~ **er·bildung** (in Beton) (*f. - Maur. - Fehler*), formazione di cavità.
netto (rein) (*komm. - Transp.*), netto.
Nettogewicht (Reingewicht) (*n. - komm.*), peso netto.
Nettoleistung (*f. - Mot.*), siehe Nutzleistung.
Nettolohn (*m. - Arb.*), salario netto.
Nettopreis (*m. - komm.*), prezzo netto.
Nettoraumgehalt (in Nettoregistertonnen ausgedrückt) (*m. - Schiffbau*), stazza netta.
Nettoregistertonne (= 2,8316 m³) (*f. - Schiffbau*), tonnellata di registro, tonnellata di stazza, tonnellata di volume.
Netz (*n. - allg.*), rete. 2 ~ (Netzanschluss) (*Elekt.*), rete. 3 ~ (Liniennetz, regelmässiges Linienwerk) (*allg.*), reticolo. 4 ~ (die in eine Ebene ausgebreitete Oberfläche eines Körpers) (*Geom.*), sviluppo. 5 ~ **abweiser** (eines U-Bootes) (*m. - Kriegsmar.*), tagliareti. 6 ~ **adern** (Netzaderbildung) (*f. - pl. - Anstr.fehler*), screpolatura capillare superficiale. 7 ~ **anschluss** (*m. - Elekt.*), allacciamento alla rete. 8 ~ **anschlussgerät** (*n. - elekt. Ger.*), apparecchio alimentato dalla rete. 9 ~ **ätzung** (Autotypie) (*f. - Druck.*), autotipia, fotozincotipia. 10 ~ **ausläufer** (*m. - Fernspr.*), linea di allacciamento alla rete. 11 ~ **bewehrung** (Stahlgewebeeinlage, für Beton) (*f. - Maur.*), armatura a rete. 12 ~ **brummen** (Brummen, Störungen) (*f. - pl. - Fernseh.*), ondulazioni. 13 ~ **drossel** (Netzanschlussgerät, Siebdrossel) (*f. - Elekt.*), bobina d'induttanza filtro (della tensione) di rete. 14 ~ **flimmern** (*n. - Elekt.*), fluttuazioni della rete. 15 ~ **flüssigkeit** (Benetzungsmittel, für Staubfilter z. B.) (*f. - Chem.*), umettante. 16 ~ **frequenz** (*f. - Elekt.*), frequenza della rete, frequenza di rete. 17 ~ **führung** (*f. - Elekt.*), conduzione della rete, gestione della rete. 18 ~ **gerät** (*n. - Elekt.*), siehe Netzanschlussgerät. 19 ~ **haut** (eines Auges) (*f. - Opt.*), retina. 20 ~ **hautgrube** (eines Auges) (*f. - Opt.*), fovea. 21 ~ **karte** (*f. - Eisenb.*), abbonamento per la rete. 22 ~ **länge** (Summe der Stromkreislängen eines Netzes) (*f. - Elekt.*), lunghezza della rete. 23 ~ **linientest** (*m. - chem. Ind.*), prova al reticolo salino. 24 ~ **masche** (*f. - allg.*), maglia. 25 ~ **mittel** (zur Verbesserung der Benetzungsfähigkeit, für Schneidölen z. B.) (*Chem.*), umettante. 26 ~ **mittel** (Vernetzungsmittel) (*Chem.*), reticolante (*s.*). 27 ~ **modell** (Mikronetz, zur Ermittlung von Stromverteilungen, etc.) (*n. - Elekt.*), modello di rete. 28 ~ **pinsel** (Annässpinsel) (*m. - Maur.werkz.*), pennellessa. 29 ~ **plan** (*m. - Progr.*), siehe Netzplan. 30 ~ **punkt** (*m. - allg.*), punto nodale, nodo. 31 ~ **regler** (Netzspannungsregler) (*m. - Elekt.*), regolatore della tensione di rete. 32 ~ **schalter** (*m. - Elekt.*), interruttore principale, interruttore generale. 33 ~ **spannung** (*f. - Elekt.*), tensione della rete, tensione di rete. 34 ~ **spannungsumschalter** (Spannungswähler, in Bildwerfern) (*m. - Elekt.*), cambiatensione. 35 ~ **sperre** (*f. - Kriegsmar.*), sbarramento a reti. 36 ~ **station** (Umspannstation) (*f. - Elekt.*), stazione (di trasformazione) di rete. 37 ~ **strom** (*m. - Elekt.*), corrente della rete, cor-

rente di rete. 38 ~ **struktur** (*f. - allg.*), struttura reticolare. 39 ~ **tafel** (nomographische Rechentafel) (*f. - Math.*), nomogramma. 40 ~ **transformator** (Verteilungstransformator, transformiert die Spannung des Mittelspannungsnetzes zu Verbraucherspannung) (*m. - Elekt.*), trasformatore di rete, trasformatore di distribuzione. 41 ~ **transformator** (Netzanschlusstransformator, Kleintransformator für die Versorgung elekt. Geräte) (*Elekt.*), trasformatore di allacciamento alla rete. 42 ~ **versorgung** (*f. - Elekt.*), alimentazione dalla rete. 43 ~ **warte** (*f. - Elekt.*), sala quadri della rete. 44 ~ **werk** (Netz) (*n. - Elekt.*), rete. 45 ~ **werk** (*Bauw.*), traliccio. 46 ~ **werkplanung** (*f. - Ind. - etc.*), programmazione reticolare. 47 ~ **winde** (*f. - Fischerei - Ger.*), verricello salpareti, salpareti. 48 **Draht** ~ (*metall. Ind.*), rete metallica. 49 **Eisenbahn** ~ (*Eisenb.*), rete ferroviaria. 50 **Fisch** ~ (Fischernetz) (*Fischerei*), rete da pesca. 51 **Grad** ~ (der Erde) (*Geogr.*), reticolo dei gradi. 52 **Hochspannungs** ~ (100 - 200 kV) (*Elekt.*), rete ad alta tensione (100 - 200 kV). 53 **Höchstspannungs** ~ (300 - 400 kV) (*Elekt.*), rete ad altissima tensione (300 - 400 kV). 54 **Linien** ~ (*allg.*), reticolo. 55 **Mittelspannungs** ~ (6 - 60 kV) (*Elekt.*), rete a media tensione (6 - 60 kV). 56 **Niederspannungs** ~ (0,4 kV) (*Elekt.*), rete a bassa tensione (400 V). 57 **Ring** ~ (Versorgungsnetz) (*Elekt.*), rete ad anello, rete chiusa. 58 **Schlepp** ~ (Trawl) (*Fischerei*), rete a strascico. 59 **Strahl** ~ (Versorgungsnetz) (*Elekt.*), rete aperta. 60 **Treib** ~ (*Fischerei*), rete da posta. 61 **trigonometrisches** ~ (*Top.*), rete di triangolazione. 62 **Versorgungs** ~ (*Elekt.*), rete di distribuzione. 63 **4-Leiter-** ~ (*Elekt.*), rete a 4 fili. 64 **Wasserrohr** ~ (*Hydr.*), acquedotto, rete di distribuzione di acqua.
netzartig (*allg.*), reticolare. 2 ~ **e Rissbildung** (*Anstr. - etc.*), screpolatura reticolare.
netzbetrieben (*Elekt.*), alimentato dalla rete.
Netze (Feuchtigkeit) (*f. - allg.*), umidità.
netzen (nass machen) (*allg.*), bagnare, umettare.
Netzer (Netzmittel) (*m. - chem. Ind.*), umettante.
netzgeführt (*Elekt.*), condotto dalla rete.
netzgespeist (*Elekt.*), alimentato dalla rete.
Netzplan (NP, für die Projektdurchführung) (*m. - Planung - Progr. - Ind.*), reticolo, diagramma reticolare, grafico reticolare. 2 ~ **technik** (für die Produktionsplanung z. B.) (*f. - Progr. - Planung*), tecnica reticolare, programmazione reticolare. 3 **ereignisorientierter** ~ (in dem der Arbeitslauf durch erreichte Ergebnisse dargestellt wird) (*Progr. - Planung*), reticolo orientato verso gli eventi. 4 **knotenorientierter** ~ (*Progr. - Planung*), reticolo orientato verso i nodi. 5 **pfeilorientierter** ~ (*Progr. - Planung*), reticolo orientato verso le frecce. 6 **vorgangsorientierter** ~ (in dem der Arbeitslauf durch die Vorgänge dargestellt wird) (*Progr. - Planung*), reticolo orientato verso le operazioni.
Neuauflage (Neuausgabe) (*f. - Druck.*), nuova edizione.

Neu-Ausmauerung (Neuzustellung, eines Ofens) (*f. - Metall. - Bauw.*), rifacimento del rivestimento, ripristino del rivestimento.
Neubau (Haus im Bau) (*m. - Bauw.*), nuova costruzione. 2 ~ (Wiederherstellung) (*Bauw.*), ricostruzione.
Neubestellung (*f. - komm.*), riordinazione.
Neubildung (Erneuerung) (*f. - allg.*), rinnovamento.
Neubronze (Sondermessing aus 86% Cu, 8,5% Sn, 5,5% Zn, 0,5 % P, Knetlegierung) (*f. - Legierung*), (tipo di) ottone speciale per lavorazione plastica.
Neudruck (unveränderter Nachdruck) (*m. - Druck.*), ristampa.
neueinstellen (*Mech.*), regolare nuovamente.
Neue Kerze (NK, Candela, Einheit der Lichtstärke) (*Masseinheit*), candela, candela nuova.
Neuerung (*f. - allg.*), innovazione. 2 ~ (*Zeichn. - etc.*), aggiornamento.
Neue Sterne (Novae) (*Astr.*), stelle nuove.
Neufassung (einer Norm z. B.) (*f. - Technol.*), rielaborazione, edizione riveduta.
Neugrad (100ster Teil eines rechten Winkels) (*m. - Geom.*), grado centesimale.
Neuheit (Produkt z. B.) (*f. - komm.*), novità.
Neuigkeit (Nachricht) (*f. - Zeitg.*), novità.
Neukonstruktion (*f. - Ind.*), riprogettazione.
Neukurve (jungfräuliche Kurve einer Hystereseschleife) (*f. - Elekt.*), curva vergine.
Neuling (Unerfahrener) (*m. - Arb.*), principiante (*s.*).
Neumessing (mit 59,5-62% Cu, und 0,3-3,0 Pb) (*n. - Legierung*), (tipo di) ottone al piombo.
Neuminute (100ster Teil eines Neugrades) (*f. - Winkeleinheit*), minuto centesimale.
Neunpunktkreis (Feuerbachscher Kreis) (*m. - Ger.*), circonferenza dei nove punti, circonferenza di Feuerbach.
Neusand (ungebrauchter Formsand) (*m. - Giess.*), terra nuova, terra naturale, terra vergine.
Neusekunde (100ster Teil einer Neuminute) (*f. - Winkeleinheit*), secondo centesimale.
Neusilber (Argentan, Alpakka) (*n. - Legierung*), alpacca, argentone.
neutral (*allg.*), neutro. 2 ~ (Wagen, bei Kurven) (*Aut.*), neutro. 3 ~ (Relais) (*Elekt.*), non polarizzato. 4 ~ **e Achse** (Nulllinie) (*Baukonstr.lehre*), asse neutro. 5 ~ **e Faser** (neutrale Achse) (*Baukonstr.lehre*), asse neutro, fibra neutra. 6 ~ **er Punkt** (*Elekt.*), punto neutro, centro neutro. 7 ~ **er Strahler** (*Phys.*), radiatore non selettivo. 8 ~ **e Schlacke** (*Metall.*), scoria neutra. 9 ~ **es kurvenverhalten** (*Aut.*), comportamento in curva neutro. 10 ~ **e Stellung** (eines Wechselgetriebes) (*Aut.*), posizione di folle.
Neutralfiber (Neutralachse) (*f. - Baukonstr. lehre*), asse neutro, fibra neutra.
Neutralfilter (*m. - Opt.*), filtro neutro.
Neutralglas (Grauglas, Lichtfilter) (*n. - Phot.*), filtro neutro, filtro grigio.
Neutralisation (Absättigung) (*f. - Chem.*), neutralizzazione. 2 ~ **s·wärme** (*f. - Chem.*), calore di neutralizzazione. 3 ~ **s·zahl** (Säu-

rezahl, Anzahl mg KOH, die zum Neutralisieren der in 1 g des Schmierfettes enthaltenen freien Säuren erforderlich ist) (*f. - Chem.*), numero di neutralizzazione.
neutralisieren (*Chem.*), neutralizzare.
Neutralpunkt (einer Tragfläche) (*m. - Flugw. - Aerodyn.*), fuoco aerodinamico.
Neutralstellung (eines Wechselgetriebes) (*f. - Aut.*), posizione di folle.
Neutrino (masseloses Elementarteilchen) (*n. - Phys.*), neutrino. 2 **Anti ~** (*Phys.*), antineutrino.
Neutrodynschaltung (Neutralisierungsschaltung) (*f. - Funk.*), neutrodina.
Neutrokondensator (*m. - Funk.*), neutrocondensatore.
Neutron (Elementarteilchen) (*n. - Phys.*), neutrone. 2 **~ en·ausbente** (*f. - Kernphys.*), resa neutronica. 3 **~ en·einfang** (*m. - Atomphys.*), cattura di neutroni. 4 **~ en·erzeuger** (Neutronengenerator, Reaktor) (*m. - Atomphys.*), generatore di neutroni. 5 **~ en·fänger** (Schild) (*m. - Atomphys.*), schermo per neutroni. 6 **~ en·fluss** (*m. - Phys.*), flusso neutronico. 7 **~ en·gas** (*n. - Phys.*), gas neutronico. 8 **~ en·spektrometer** (*n. - Atomphys. - Instr.*), spettrometro neutronico. 9 **~ en·thermosäule** (zur Messung des Neutronenflusses) (*f. - Ger.*), termopila neutronica. 10 **~ en·zählrohr** (*n. - Ger.*), tubo contatore di neutroni. 11 **~ en·zerfall** (*m. - Atomphys.*), disintegrazione dei neutroni. 12 **Epicadmium- ~** (*Kernphys.*), neutrone epicadmico. 13 **jungfräuliches ~** (*Atomphys.*), neutrone vergine. 14 **langsames ~** (*Atomphys.*), neutrone lento. 15 **promptes ~** (*Atomphys.*), neutrone immediato. 16 **schnelles ~** (*Atomphys.*), neutrone veloce. 17 **verzögertes ~** (*Atomphys.*), neutrone ritardato.
Neutrotransformator (*m. - Funk.*), neutrotrasformatore.
neuwickeln (*allg.*), riavvolgere.
Neuwicklung (*f. - allg.*), riavvolgimento.
neuzeitlich (*allg.*), moderno, aggiornato.
Neuzulassungen (*f. - pl. - Aut.*), nuove immatricolazioni.
Newton (N, Masseinheit der Kraft = 100.000 dyn) (*n. - Phys.*), newton, N. 2 **~ -Metall** (Bleilegierung, als Schnellot verwendet) (*n. - Metall.*), metallo di Newton. 3 **~ sche Axiome** (die drei Bewegungsgesetze der Mechanik) (*Phys.*), leggi di Newton, principi fondamentali. 4 **~ sche Flüssigkeit** (*Chem. - Phys.*), liquido newtoniano. 5 **~ sches Gravitationsgesetz** (*Phys.*), legge della gravitazione universale.
NF (Niederfrequenz) (*Elekt. - Funk.*), bassa frequenza. 2 **~** (Normalformat, für Mauersteine) (*Bauw.*), formato normale.
NF-F (Niederfrequenz-Fernsprechen) (*Fernspr.*), telefonia a basse frequenza.
Ng (Nahgüterzug) (*Eisenb.*), treno merci locale.
n-Ge (Transistor) (*Elektronik*), germanio tipo n.
NH (Normalhöhenpunkt (*Top.*), altitudine normale, quota normale.
n-Halbleiter (Halbleiter mit Elektronenleitung) (*m. - Phys.*), semiconduttore per eccesso, semiconduttore di tipo «n», semiconduttore donatore.

NH-Sicherung (Niederspannungs- Hochleistungssicherung) (*f. - Elekt.*), fusibile per bassa tensione.
NHU (Normleitung mit hitzebeständiger Umhüllung) (*Elekt.*), filo normale con rivestimento resistente al calore.
Ni (Nickel) (*Chem.*), Ni, nichel, 2 **~ -Fe-Alkalisammler** (*m. - Elekt.*), accumulatore al ferronichel, accumulatore Edison.
Nibbelmaschine (Nagemaschine, Aushauschere) (*f. - Blechbearb.masch.*), roditrice.
Nibbeln (Knabbern) (*n. - Blechbearb.*), roditura.
Niblink-Test (zur Untersuchung der Sprödbruchanfälligkeit des Schweissgutes) (*m. - Prüfung*), prova Niblink.
Nicalloy (Nickelsonderlegierung mit 40-50% Ni und 60-50% Fe) (*n. - Legierung*), nicalloy.
Ni-Carb-Einsatzhärtung (Karbonitrieren, gleichzeitiges Aufkohlen und Aufsticken in Kohlungsgasen und Ammoniak, gefolgt von Abschrecken in Öl oder Wasser) (*f. - Wärmebeh.*), carbonitrurazione, nitrurazione carburante.
Nichrome (Nickelsonderlegierung für Heizleiter, aus 60-95% Ni, 5-32,5% Cr, 0-24% Fe, Mn, Si) (*n. - Legierung*), nicromo.
nichtabgestimmt (*Funk. - etc.*), non sintonizzato.
nichtangetrieben (Seite der Welle eines Elektromotors z. B.) (*Masch. - etc.*), opposto al lato comando, opposto al lato accoppiamento.
Nichtantriebsseite (eines Motors) (*f. - Mot. - elekt. Mot.*), lato opposto al lato comando, lato opposto al lato accoppiamento.
nichtbewehrt (*allg.*), non armato.
nichtbindig (inkohärent, rollig, Boden z. B.) (*Bauw. - etc.*), incoerente.
nichtbrennbar (nichtentflammbar) (*Verbr.*), ininfiammabile.
Nichteinhaltung (Nichterfüllung, der Bedingungen z. B.) (*f. - komm. - etc.*), inadempienza.
Nichteintritt (Nichterfüllung, einer Bedingung z. B.) (*m. - komm.*), inadempienza.
Nichteisenmetall (NE-Metall) (*n. - Metall.*), metallo non ferroso.
nichtelektrisch (*Elekt.*), anelettrico.
nichtentflammbar (*allg.*), ininfiammabile.
nichtentzündbar (Film) (*allg.*), ininfiammabile.
Nichterfüllung (der Bedingungen) (*f. - komm. - etc.*), inadempienza.
nichtfluchtend (*Mech. - etc.*), disallineato, fuori allineamento. 2 **~** (Welle z. B.) (*Mech.*), disassato.
nichtgeerdet (elekt. Anlage) (*Elekt.*), isolato, non a massa. 2 **~ er Nulleiter** (*Elekt.*), neutro non a massa.
NICHT-Glied (*n. - Elektronik*), circuito NOT, circuito di negazione logica.
nichtholonom (Bindung) (*Mech.*), anolonomo.
Nichtigerklärung (*f. - allg.*), invalidazione.
Nichtigkeitsklage (eines Patentes z. B.) (*f. - recht.*), azione di annullamento.
nichtkanalisiert (*Bauw.*), senza fognatura.
Nichtleiter (Isolator) (*m. - Elekt.*), non conduttore, isolante.
nichtlinear (*Math. - etc.*), non lineare.

Nichtlinearität (f. - Math. - etc.), non-linearità.
Nichtmetall (Metalloid) (n. - Chem.), metalloide.
nichtmetallisch (Einschlüsse) (Metall.), non metallico. 2 ~ e **Einschlüsse** (pl. - Metall.), inclusioni non metalliche.
Nichtraucherabteil (Nichtraucher) (n. - Eisenb.), scompartimento per non fumatori.
nichtrostend (rostfrei) (Metall.), inossidabile.
nichtschwindend (Legierung), senza ritiro.
nichttragend (Bauw.), non portante.
Nichtübereinstimmung (f. - Math.), incongruenza.
Nichtumkehrbarkeit (f. - allg.), irreversibilità.
nichtzuölend (Lager) (Mech.), da non lubrificare, lubrificato a vita.
Nickachse (f. - Flugw.), asse di beccheggio.
Nickbewegung (Nicken) (f. - Fahrz.), beccheggio.
Nickel (Ni - n. - Chem.), nichel, nichelio. 2 ~ **chromstahl** (m. - Metall.), acciaio al nichel-cromo. 3 ~ **damm** (Schicht eines Lagers z. B.) (m. - Mech.), strato di sbarramento. 4 ~ **eisenbatterie** (f. - Elekt.), batteria al ferro-nichel. 5 ~ **-Kadmium-Akkumulator** (m. - Elekt.), accumulatore al cadmio-nichel. 6 ~ **plattieren** (n. - mech. Technol.), nichelatura. 7 ~ **spritzen** (n. - mech. Technol.), nichelatura a spruzzo. 8 ~ **stahl** (m. - Metall.), acciaio al nichel. 9 ~ **vitriol** (NiSO$_4$. 7H$_2$O) (n. - Metall.), vetriolo di nichel, morenosite.
Nickelin (Legierung aus 55-68% Cu, 33-19% Ni, 18% Zn, mit hohem elekt. Widerstand) (n. - Metall. - Elekt.), nichelina, lega di nichel (per resistenze elettriche).
nickelplattiert (Technol.), nichelato.
Nicken (Stampfen, Galoppieren, der Lokomotive) (n. - Eisenb.), beccheggio. 2 ~ (Schwingung eines Kraftfahrzeugs z. B.) (Aut. - naut.), beccheggio. 3 **Beschleunigungs** ~ (Aut.), beccheggio da accelerazione.
Nickmoment (n. - Fahrz.), momento di beccheggio.
Nickschwingung (von Strassenfahrzeugen, durch Unebenheiten der Strasse, Bremsen und Beschleunigen) (f. - Fahrz.), oscillazione di beccheggio.
Nickwinkel (m. - naut. - Fahrz.), angolo di beccheggio.
Nicol (Nicolsches Prisma) (n. - Opt.), prisma di Nicol.
niederblasen (einen Hochofen z. B.) (Ofen), spegnere.
niederbringen (einen Schacht ausgraben) (Bergbau), scavare, perforare, trivellare.
Niederdruck (m. - Phys.), bassa pressione. 2 ~ **einpressung** (von Zement) (f. - Bauw.), iniezione a bassa pressione. 3 ~ **gebiet** (n. - Meteor.), zona di bassa pressione. 4 ~ **gussverfahren** (n. - Giess.), colata a bassa pressione. 5 ~ **-Kokillengiessverfahren** (n. - Giess.), colata in conchiglia a bassa pressione. 6 ~ **pressverfahren** (zur Herstellung von Formkörpern mit Holz- oder Leichtmetallform) (n. - mech. Technol.), stampaggio a bassa pressione. 7 ~ **reifen** (m. - Aut.), pneumatico a bassa pressione.
niederdrücken (Mech. - etc.), premere.
Niederflug (m. - Flugw.), volo a bassa quota.
Niederflurpritschenanhänger (m. - Fahrz.), rimorchio a pianale ribassato.
Niederflurwagen (m. - Eisenb.), carro a piano ribassato.
Niederfrequenz (NF) (f. - Funk. - Elekt.), bassa frequenza. 2 ~ (Tonfrequenz) (Funk.), frequenza acustica, audiofrequenza.
Niederführung (f. - Funk.), discesa (di antenna), coda (di antenna).
Niedergang (m. - naut.), scaletta di boccaporto. 2 ~ (eines Pressenstempels z. B.) (Masch.), corsa discendente. 3 ~ **s·kappe** (f. - naut.), cappa di boccaporto.
Niederhalter (einer Presse) (m. - Blechbearb.), premilamiera, serralamiera, premilastra. 2 ~ (einer Knüppelschere) (Masch.), premibarra, pressore.
niederholen (naut.), alare giù.
Niederhubwagen (m. - ind. Transp.), carrello ad alzata bassa.
Niederlage (Ablage, Aufbewahrungsort) (f. - Ind.), deposito.
Niederlassung (Wohnsitz) (f. - allg.), domicilio. 2 ~ (ständiger Wohnsitz, ständige Wohnung) (recht.), residenza. 3 ~ **s·gebühr** (f. - finanz.), tassa di soggiorno. 4 **Handels** ~ (komm.), ditta commerciale. 5 **Haupt** ~ (Ind. - komm.), sede, casa madre. 6 **Zweig** ~ (Filiale) (Ind. - komm.), filiale.
niederlegbar (allg.), abbassabile.
niederlegen (allg.), depositare. 2 **die Arbeit** ~ (allg.), cessare il lavoro.
niederohmig (Elekt.), a bassa resistenza.
Niederplattformwagen (Lastwagen) (m. - Fahrz.), autocarro a pianale ribassato.
Niederrahmenfahrgestell (n. - Aut.), autotelaio ribassato.
niederreissen (allg.), demolire.
Niederschachtofen (m. - Ofen. - Metall.), bassoforno, forno a tino basso.
Niederschlag (m. - Chem.), precipitato. 2 ~ (atmosphärischer Niederschlag) (Meteor.), precipitazione. 3 ~ (Elektrochem.), deposizione, deposito. 4 ~ **s·gebiet** (Zuflussgebiet) (n. - Geogr.), bacino imbrifero, bacino idrografico. 5 ~ **s·menge** (f. - Meteor.), precipitazione, quantità precipitata. 6 ~ **s·messer** (Regenmesser) (m. - Meteor. - Ger.), pluviometro. 7 ~ **s·messer** (für Regen und Schnee) (Ger. - Meteor.), pluvionivometro. 8 ~ **s·mittel** (n. - Chem.), precipitante. 9 ~ **s·wasser** (Regenwasser) (n. - Meteor.), acqua piovana, acqua meteorica. 10 ~ **s·wasser** (Kessel), acqua di condensazione, condensa. 11 **galvanischer** ~ (Elektrochem.), elettrodeposizione. 12 **radioaktiver** ~ (Atomphys.), deposito radioattivo.
niederschlagen (Chem.), precipitare. 2 ~ (Dampf) (Kessel), condensare.
Niederschrift (Protokoll, einer Versammlung) (f. - Adm.), verbale.
Niederspannung (unter 250 V) (f. - Elekt.), bassa tensione (inferiore ai 250 V). 2 ~ (unter 1000 V, für elekt. Anlagen nach VDE) (Elekt.), tensione inferiore ai 1000 V.

niedertourig

3 ~ s·schalter (für Spannungen von 250 V - 380 V) (*m. - Elekt.*), interruttore per basse tensioni (250 - 380 V). 4 ~ s·versorgungsnetz (*n. - Elekt.*), rete di distribuzione secondaria. 5 ~ s·zündung (*f. - Mot.*), accensione a bassa tensione.
niedertourig (*Mot. - etc.*), a basso numero di giri, lento.
Niederung (*f. - Geogr.*), depressione.
Niedervakuumröhre (*f. - Elektronik*), tubo a basso vuoto.
niedrig (*allg.*), basso. 2 ~ gekohlt (Stahl z. B.) (*Metall.*), a basso tenore di carbonio. 3 ~ legiert (Stahl z. B.) (*Metall.*), poco legato, a basso tenore di alligante, bassolegato. 4 ~ schmelzend (*Chem.*), a basso punto di fusione, bassofondente. 5 ~ tourig (*Mot. - etc.*), a basso numero di giri, lento. 6 ~ zeilig (*Fernseh.*), a bassa definizione.
Niedrigwasserabfluss (*m. - Hydr.*), portata di magra, deflusso di magra.
Niedrigwasserstand (*m. - Hydr.*), livello di magra.
Niello (Schwarzschmelzverzierung auf Metallen) (*f. - Metall.*), niello.
Nierencharakteristik (*f. - Akus.*), caratteristica a cardioide.
Nieseln (*n. - Meteor.*), piovigine, pioggerella, pioggia fine.
nieseln (*Meteor.*), piovvigginare.
Niessbraucher (*m. - recht.*), usufruttuario.
Niet (Niete [*f.*]) (*m. - n. - mech.Technol.*), chiodo, rivetto, ribattino. 2 ~ abstand (Nietteilung) (*m. - mech. Technol.*), passo dei chiodi. 3 ~ automat (*m. - Masch.*), chiodatrice automatica. 4 ~ en·döpper (*m. - Werkz.*), stampo per chiodatura. 5 ~ kopf (*m. - Mech.*), testa del chiodo. 6 ~ kopfanstauchmaschine (*f. - Masch.*), ribaditrice per chiodi. 7 ~ maschine (*f. - Masch.*), chiodatrice. 8 ~ mit Rundkopf (*Mech.*), chiodo a testa tonda. 9 ~ mit versenktem Kopf (*Mech.*), chiodo a testa svasata piana. 10 ~ reihe (*f. - Mech.*), fila di chiodi. 11 ~ schaft (*m. - Mech.*), gambo del chiodo. 12 ~ stempel (*m. - Werkz.*), controstampo per chiodi. 13 ~ stock (Gegenhalter) (*m. - Werkz.*), controstampo per chiodi. 14 ~ teilung (*f. - Mech.*), passo dei chiodi. 15 ~ verbindung (Nietung) (*f. - Mech.*), chiodatura, giunto chiodato. 16 Flach ~ (*Mech.*), chiodo a testa cilindrica, ribattino a testa cilindrica. 17 Hohl ~ (*Mech.*), chiodo tubolare. 18 Kegel ~ (*Mech.*), chiodo a testa troncoconica, ribattino a testa troncoconica. 19 Kniehebel ~ maschine (*f. - Masch.*), chiodatrice a ginocchiera. 20 Kontakt ~ (für Schaltgeräte) (*Elekt.*), contatto, puntina. 21 Linsen-Senk ~ (*Mech.*), chiodo a testa svasata a calotta. 22 Senk ~ (*Mech.*), chiodo a testa svasata piana. 23 Spreng ~ (*mech. Technol.*), chiodo esplosivo, rivetto esplosivo. 24 Waffel ~ (*Mech.*), chiodo a testa cilindrica zigrinata, ribattino a testa cilindrica zigrinata. 25 Zweispitz ~ (*Mech.*), ribattino a gambo spaccato. 26 zweiteiliger ~ (*Mech.*), ribattino (tubolare) in due pezzi.
Niete (*f. - mech. Technol.*), siehe Niet.

nieten (vernieten) (*mech. Technol.*), chiodare. 2 ent ~ (*Mech.*), schiodare.
Nieter (Nietmaschine) (*m. - Masch.*), chiodatrice.
Nietung (Vernietung, Nietverbindung) (*f. - mech. Technol.*), chiodatura. 2 Doppellaschen ~ (*Mech.*), chiodatura a doppio coprigiunto. 3 dreireihige ~ (*mech. Technol.*), chiodatura a tre file (di chiodi). 4 einreihige ~ (*Mech.*), chiodatura ad una fila (di chiodi). 5 einseitige Laschen ~ (*Mech.*), chiodatura a coprigiunto semplice. 6 Flach ~ (*mech. Technol.*), chiodatura con ribattini a testa cilindrica. 7 Halbrund ~ (*mech. Technol.*), chiodatura con ribattini a testa tonda. 8 Hohl ~ (*mech. Technol.*), chiodatura con ribattini a gambo cavo. 9 Kalt ~ (*Mech.*), chiodatura a freddo. 10 Ketten ~ (Parallelnietung) (*Mech.*), chiodatura parallela. 11 Laschen ~ (*Mech.*), chiodatura a coprigiunto. 12 Parallel ~ (Kettennietung) (*Mech.*), chiodatura parallela. 13 Senk ~ (*mech. Technol.*), chiodatura con ribattini a testa svasata. 14 Spreng ~ (*mech. Technol.*), chiodatura con ribattini esplosivi. 15 Überlappungs ~ (*Mech.*), chiodatura a sovrapposizione. 16 verjüngte ~ (*Mech.*), chiodatura a losanga. 17 Versatz ~ (Zickzacknietung) (*Mech.*), chiodatura a zig-zag. 18 Waffel ~ (*mech. Technol.*), chiodatura con ribattini a testa cilindrica zigrinata. 19 Warm ~ (*Mech.*), chiodatura a caldo. 20 Zickzack ~ (Versatznietung) (*Mech.*), chiodatura a zig-zag.
Nihard-Gusseisen (Hartguss mit 3,5% Ni, 1,5% Cr und 0-0,5% Mo) (*n. - Giess.*), ghisa nihard.
Nikotin ([$C_{10} H_{14} N_2$], Pyridyl - N - Methylpyrrolidin) (*n. - Chem.*), nicotina.
« Nikotrieren » (bei 570 °C mit 50% Endogas und 50% Ammoniak-Mischung) (*n. - Wärmebeh.*), « nicotruraro ».
nilpotent (*Math.*), nilpotente.
Nimbostratus (*m. - Meteor.*), nembo-strato.
Nimbus (Regenwolke) (*m. - Meteor.*), nembo.
Nimol (Niresist, austenitischer Sonderguss) (*n. - Giess.*), nimol, niresist.
Nimonic (Nickelsonderlegierung aus 62-80% Ni, 20% Cr, bis 18% Co) (*n. - Metall.*), (acciaio) nimonic.
Niobium (Niob, Columbium) (*Nb - n. - Chem.*), niobio, columbio.
Nipagin (Konservierungsmittel, für Lebensmitteln) (*n. - Chem.*), nipagina.
Nipkowscheibe (*f. - Fernseh.*), disco di Nipkow.
Nippel (Gewindestück mit Bohrung) (*m. - Mech.*), raccordo filettato, nipplo, nippel. 2 Speichen ~ (eines Rades) (*Fahrz.*), manicottino a vite tendiraggi, tiraraggi.
Nippflut (flache Flut) (*f. - See*), bassa marea.
Niresist (Nimol, austenitischer Sonderguss) (*n. - Giess.*), niresist, nimol.
NIRO-Stahl (nichtrostender Stahl) (*m. - Metall.*), acciaio inossidabile.
Nische (Vertiefung in einer Mauer) (*f. - Arch.*), nicchia. 2 ~ (eines Tunnels) (*Ing.b.*), nicchia.
Nit (Masseinheit für die Leuchtdichte, 1 Nit = 1 cd/m²) (*n. - Einheit*), nit.

Niton (Radium-Emanation) (*n. - Chem. - Radioakt.*), niton, radon.
Nitrat ([KNO], salpetersaures Salz) (*n. - Chem.*), nitrato.
Nitrid (*n. - Chem.*), nitruro.
Nitrieren (Aufsticken, Nitrierhärtung) (*n. - Wärmebeh.*), nitrurazione. 2 ∼ (Nitrierung) (*Chem.*), nitrazione. 3 **Gas** ∼ (Nitrieren in Stickstoff abgebenden Gasen) (*Wärmebeh.*), nitrurazione a gas.
nitrieren (mit Salpetersäure behandeln) (*Chem.*), nitrare. 2 ∼ (*Wärmebeh.*), nitrurare.
Nitrierhärtung (Nitrierung, Aufsticken) (*f. - Wärmebeh.*), nitrurazione.
Nitrierofen (*m. - Wärmebeh.*), forno di nitrurazione.
Nitriersalzbad (*n. - Wärmebeh.*), bagno salino per nitrurazione.
Nitrierstahl (*m. - Metall.*), acciaio da nitrurazione.
Nitrierung (Nitrierhärtung, Aufsticken) (*f. - Wärmebeh.*), nitrurazione. 2 ∼ (*Chem.*), nitrazione.
Nitrifikation (*f. - Landw.*), nitrificazione.
Nitril (*n. - Chem.*), nitrile.
Nitrit (*n. - Chem.*), nitrito.
Nitrobenzol ([$C_6H_5 \cdot NO_2$], Mirbanöl) (*n. - Chem.*), nitrobenzolo, nitrobenzene, essenza di mirbana, essenza di mandorle amare.
Nitro-Decklack (*m. - Anstr.*), smalto alla nitro.
Nitrofilm (Film dessen Unterlage aus Nitrozellulose ist) (*m. - Phot.*), pellicola alla nitrocellulosa.
Nitrogen (Stickstoff) (*N - n. - Chem.*), azoto.
Nitroglyzerin ([$C_3H_5(NO_3)_3$], Sprengöl) (*n. - Expl.*), nitroglicerina.
Nitrolack (Nitrozelluloselack) (*m. - Anstr.*), vernice alla nitro.
Nitrometer (*n. - chem. Ger.*), nitrometro.
nitros (*Chem.*), nitroso. 2 ∼ **es Gas** (*Chem.*), gas nitroso.
Nitrose (Stickoxyd, N_2O_3) (*f. - Chem.*), anidride nitrosa. 2 ∼ (Nx, NO, NO_2, etc., Stickstoffoxyde) (*n. - pl. - Chem.*), nitrossidi.
Nitrotoluol (*n. - Expl.*), nitrotoluolo.
Nitrozellulose (Nitrozellstoff) (*f. - Chem.*), nitrocellulosa. 2 ∼ **lack** (*m. - Anstr.*), vernice alla nitrocellulosa, vernice alla nitro.
Nitscheln (*n. - Textilind.*), siehe Würgeln.
Nitschelwerk (Würgelapparat, Frottierzeug) (*n. - Textilmasch.*), frottatoio.
Niveau (waagerechte Ebene) (*n. - allg.*), piano orizzontale. 2 ∼ (Wasserwaage) (*Ger.*), livella. - 3 ∼ (Höhengrad) (*allg.*), livello. 4 ∼ **fläche** (*f. - Elekt.*), superficie equipotenziale. 5 ∼ **kreuzung** (Niveauübergang) (*f. - Eisenb. - Strasse*), passaggio a livello. 6 ∼ **linie** (*f. - Top. - Geogr.*), curva di livello. 7 ∼ **linie** (Äquipotentiallinie) (*Elekt.*), linea equipotenziale. 8 ∼ **regelung** (der Karosserie, zur Erzeugung gleichen Bodenabstandes unabhängig von der Belastung) (*f. - Aut.*), regolazione (automatica) della distanza dal suolo. 9 ∼ **regler** (*m. - Hydr.*), regolatore di livello. 10 **Fermi-** ∼ (Energieniveau) (*Atomphys.*), livello di Fermi. 11 **technisch gesicherte** ∼ **kreuzung** (mit Schranken oder Halbschranken und Warnlichtern) (*Eisenb.*), passaggio a livello protetto.

Nivellement (Nivellieren) (*n. - Top.*), livellazione. 2 ∼ **netz** (*n. - Top.*), rete di rilevamenti.
Nievellierbohle (Abgleichbohle, einer Strassenbaumaschine) (*f. - Strass.b.masch.*), trave battente, trave livellatrice.
Nivellieren (*n. - Top.*), livellazione. 2 ∼ (Methode der Leistungsgradschätzung) (*Arb. - Organ. - Zeitstudium*), livellamento.
nivellieren (*Top. - etc.*), livellare.
Nivellierinstrument (*n. - Top. - Instr.*), livello.
Nivellierlatte (*f. - Top. - Ger.*), stadia.
Nivellierschraube (*f. - Top. - Instr.*), vite calante.
n. J. (nächstes Jahr) (*allg.*), anno prossimo.
NK (Neue Kerze, Lichtstärkemass) (*Masseinheit*), candela, candela nuova. 2 ∼ (Naturkautschuk) (*Ind.*), gomma naturale.
NL (Nulleiter) (*Elekt.*), filo neutro, neutro.
Nl (*Mass*), siehe Normliter.
NLA (Aluminium-Nulleiter) (*Elekt.*), neutro di alluminio.
NLC (Kupfer-Nulleiter) (*Elekt.*), neutro di rame.
n-Leitung (*f. - Elektronik*), conduttività di tipo n, conduttività per eccesso.
NLGI-Nummer (National Lubricating Grease Institute-Nummer) (*f. - Schmierung*), indice NLGI.
NLT-Verstärker (*m. - Elekt.*), amplificatore ad impedenza negativa.
N · m (Newton · Meter, SI-Einheit für Momente) (*Masseinheit*), N · m, newton · metro.
n. M. (nach Muster) (*komm.*), secondo campione.
Nm³ (Normkubikmeter, Kubikmeter bei 0° C und 760 mm Hg) (*Masseinheit*), metro cubo normale (a 0° C e 760 mm Hg).
NN (Normalnull) (*Top.*), quota zero, livello del mare.
NNO (Nordnordosten) (*Geogr.*), N-N-E, nord-nord-est.
NNTnw (niedrigstes Tideniedrigwasser) (*See*), minima bassa marea.
NNW (Nordnordwesten) (*Geogr.*), N-N-O, nord-nord-ovest. 2 ∼ (niedrigster Niedrigwasserstand) (*Hydr.*), livello minimo di magra.
NO (Nordosten) (*Geogr.*), N-E, nord-est.
Nobelium (*No - n. - Chem. - Radioakt.*), nobelio.
Nock (äusserstes Ende einer Rahe, Gaffel, etc.) (*n. - naut.*), penna.
Nocken (*m. - Mech.*), eccentrico, camma. 2 ∼ **buckel** (*m. - Mech.*), lobo della camma, lobo dell'eccentrico. 3 ∼ **drehbank** (*f. - Werkz.masch.*), tornio per eccentrici, tornio per camme. 4 ∼ **erhebung** (Nockenhub) (*f. - Mech.*), alzata della camma. 5 ∼ **fahrschalter** (*m. - elekt. Eisenb.*), combinatore a camme. 6 ∼ **form** (Nockenprofil) (*f. - Mech.*), profilo della camma. 7 ∼ **fräsmaschine** (*f. - Werkz. masch.*), fresatrice per eccentrici, fresatrice per camme. 8 ∼ **hub** (*m. - Mech.*), alzata della camma. 9 ∼ **leiste** (*f. - Mech.*), dentiera, asta a camme. 10 ∼ **profil** (Nockenform) (*n. - Mech.*), profilo della camma. 11 ∼ **ratsche** (Überlastkupplung) (*f. - Mech.*), giunto a saltarelli. 12 ∼ **schalter** (Fahrschalter, eines

Nomenklatur

Strassenbahnwagens) (*m. - Elekt.*), combinatore, controller. 13 ~ **scheibe** (für Werkz. masch.bearb. z. B.) (*f. - Mech.*), camma a disco. 14 ~ **scheibe** (Nockentrommel, eines Sternmotors z. B.) (*Mech.*), tamburo a camme. 15 ~ **schleifmaschine** (*f. - Werkz.masch.*), rettificatrice per eccentrici, rettificatrice per camme. 16 ~ **stössel** (*m. - Mech.*), punteria. 17 ~ **trieb** (*m. - Mech.*), (meccanismo a) camma. 18 ~ **trommel** (eines Sternmotors) (*f. - Mech. - Mot.*), tamburo a camme. 19 ~ **welle** (*f. - Mech. - Mot.*), albero a camme. 20 ~ **wellenrad** (Zahnrad) (*n. - Mot.*), ingranaggio della distribuzione. 21 ~ **wellensteuerung** (*f. - Mot. - Aut.*), distribuzione ad albero a camme. 22 **Auslass** ~ (eines Verbrennungsmotors) (*Mot.*), camma di scarico. 23 **Dekompressions** ~ (eines Verbrennungsmotors) (*Mot.*), camma di decompressione. 24 **Einlass** ~ (eines Verbrennungsmotors) (*Mot.*), camma di ammissione, camma di aspirazione. 25 **harmonischer** ~ (*Mot. - Mech.*) camma armonica. 26 **Kreisbogen** ~ (*Mot.*), camma ad archi di cerchio. 27 **obenliegende** ~ **welle** (*Mot.*), albero a camme in testa. 28 **Raum** ~ (*Mech.*), camma spaziale. 29 **ruckfreier** ~ (eines Verbrennungsmotors) (*Mot.*), camma ad accelerazione costante, camma con profilo per accelerazione costante. 30 **Sperr** ~ (*Mech.*), saltarello. 31 **Tangenten** ~ (Tangentialnocken) (*Mech.*), camma tangenziale.

Nomenklatur (*f. - allg.*), nomenclatura.
nominal (*allg.*), nominale.
Nominallohn (*m. - Arb.*), salario nominale.
Nominalwert (Nennwert) (*m. - allg.*), valore nominale.
Nomogramm (Rechentafel) (*n. - Math.*), nomogramma.
Nomographie (*f. - Math.*), nomografia.
Non-el-stat-Riemen (elektrisch nicht aufladender Riemen) (*m. - Mech. - Elekt.*), cinghia antistatica.
Nonius (*m. - Instr.*), nonio. 2 ~ **schublehre** (*f. - Werkz.*), calibro a corsoio con nonio.
Nonne (Hohlziegel) (*f. - Bauw.*), tegola curva, tegola a canale, coppo.
Nonpareille (Sechspunktschrift) (*f. - Druck.*), nompariglia, nonpariglia, corpo 6.
Nonstopflug (Langstreckenflug) (*m. - Flugw. - Navig.*), volo senza scalo.
Noppe (Noppen (*m.*), Knoten im Gewebe) (*f. - Text.*), nodo, nodulo, grumello.
NOR (Nicht-Oder-Gatter, logische Schaltung) (*Autom.*), NOR.
Nordlicht (Polarlicht) (*n. - Geophys.*), aurora boreale.
Nordpol (*m. - Geogr.*), polo nord.
Nordpolargebiet (*n. - Geogr.*), regione artica.
Nordstern (Polarstern) (*m.- Astr. - Navig.*), stella polare.
Norm (Vorschrift) (*f. - Technol. - etc.*), norma. 2 ~ **atmosphäre** (*f. - Meteor. - Phys. - Flugw.*), atmosfera tipo. 3 ~ **blatt** (*n. - Technol. - Druck.*), norma, tabella (di unificazione). 4 ~ **blatt-Entwurf** (*m. - Technol. - Druck.*), progetto di norma, tabella-progetto. 5 ~ **druck** (*m. - Meteor. - Phys.*), pressione normale. 6 ~ **en-abteilung** (*f. - Ind.*), siehe Normenstelle. 7 ~ **en-ausschuss** (*m. - Technol.*), ente di unificazione, istituto di unificazione, istituto di normalizzazione. 8 ~ **en-sand** (für die Prüfung des Zementes) (*m. - Bauw.*), sabbia normale. 9 ~ **en-stelle** (eines Unternehmens) (*f. - Ind.*), servizio normalizzazione. 10 ~ **-Entwurf** (*m. - mech. Technol. - etc.*), progetto di norma. 11 ~ **en-vorschrift** (*f. - recht. - etc.*), disposizione normativa. 12 ~ **en-zement** (Zement der den Normen entspricht) (*m. - Bauw.*), cemento normale. 13 ~ **format** (von Papiererzeugnissen) (*n. - Papierind.*), formato normale. 14 ~ **gewicht** (*n. - Phys.*), siehe Normalgewicht. 15 ~ **-Klassifikation** (Dezimalklassifikation, Folge von Begriffen) (*f. - Technol.*), classificazione decimale, classificazione unificata. 16 ~ **klima** (mit 65% ± 2% relative Luftfeuchtigkeit bei 20 °C ± 2° Temperatur) (*n. - Meteor. - Textilprüfung - etc.*), clima normale. 17 ~ **kubikmeter** (Nm³, Kubikmeter bei 0 °C und 760 mm Hg) (*m. - Masseinheit*), metro cubo normale (a 0 °C e 760 mm Hg). 18 ~ **liter** (Nl, Volumen von 1 Liter bei 0 °C und 760 mm Hg) (*n. - Masseinheit*), litro normale. 19 ~ **mass** (*n. - Technol.*), dimensione unificata. 20 ~ **schrift** (*f. - Druck. - Zeichn.*), carattere normale. 21 ~ **teil** (*m. - n. - Mech. - etc.*), pezzo unificato, particolare normalizzato, normale (*s.*), 22 ~ **temperatur** (für physikalische Messungen: 0 °C) (*f. - Meteor. - Phys.*), temperatura normale. 23 ~ **temperatur** (in der Technik: 20 °C) (*Phys.*), temperatura normale (tecnica). 24 ~ **verbrauch** (nach DIN $= 1{,}1 \cdot \frac{k}{w} \cdot 100$ Liter/100 km, wobei k die verbrauchte Kraftstoffmenge und w die Fahrstrecke in km ist) (*m. - Aut.*), consumo (secondo le norme) DIN. 25 ~ **vorschlag** (Vornorm) (*m. - Technol.*), norma provvisoria. 26 ~ **zahl** (Normungszahl, NZ, Grundlage für die Wahl von Grössen, für die Abmessungen mech. Stücke z. B.) (*f. - Mech. - etc.*), numero normale. 27 ~ **zustand** (*m. - Phys.*), siehe Normalzustand. 28 **Voll** ~ (*Technol.*), norma definitiva. 29 **Vor** ~ (*Technol.*), norma provvisoria. 30 **Vor** ~ **blatt** (mit zeitlich begrenzter Gültigkeit) (*Technol. - Druck.*), norma provvisoria, tabella provvisoria. 31 **Werk** ~ (*Technol.*), norma interna.
Normal (*Mass*), siehe Normalmass.
normal (gewöhnlich) (*allg.*), normale. 2 ~ (genormt) (*Technol.*), unificato, normale, normalizzato.
Normalabweichung (einer Messreihe, quadratischer Mittelwert der Abweichungen der einzelnen Messwerte von arithmetischen Mittelwert) (*f. - Messtechnik*), scostamento normale.
Normalarbeitsintensität (eines Arbeiters) (*f. - Arb.*), prestazione normale.
Normalarbeitswirksamkeit (eines Arbeiters) (*f. - Arb.*), rendimento normale.
Normalatmosphäre (Normatmosphäre) (*f. - Flugw. - Meteor.*), atmosfera tipo.
Normalausführung (*f. - Ind.*), esecuzione normale, esecuzione corrente

Normalbedingungen (Wärme und Druck) (*f. - pl. - Phys. - Meteor.*), condizioni normali.
Normalbenzin (*n. - Aut.*), benzina normale.
Normalbeobachter (*m. - Opt.*), osservatore normale, occhio normale. 2 **farbmesstechnischer** ~ (CIE) (*Opt.*), osservatore normale, occhio colorimetrico normale.
Normalbinder (*m. - Bauw.*), cemento normale.
Normalbohrer (Fertigbohrer, Gewindebohrer) (*m. - Werkz.*), maschio finitore, terzo maschio filettatore.
Normale (Senkrechte) (*f. - Geom.*), normale, perpendicolare.
Normalelektrode (*f. - Elektrochem.*), elettrodo normale.
Normalelement (galvanisches Element, Weston - Element z. B.) (*n. - Elekt.*), pila campione normale.
Normal-Fallbeschleunigung (980,665 cm/sec^2) (*f. - Phys.*), accelerazione normale.
Normalfilm (*m. - Filmtech.*), pellicola a passo normale. 2 ~ **kamera** (*f. - Filmtech.*), cinepresa da 35 mm, cinepresa a pellicola normale.
Normalformat (für Mauersteine) (*m. - Bauw.*), formato normale.
Normalfrequenz (*f. - Elekt.*), frequenza campione, frequenza di riferimento.
normalgeglüht (*Wärmebeh.*), normalizzato.
Normalgenerator (Normalpegel-Sender) (*m. - Elekt.*), generatore campione.
Normalgewicht (Normgewicht, das Gewicht eines Kilogramms bei Normal-Fallbeschleunigung) (*n. - Phys.*), peso normale.
Normalgleichung (*f. - Math.*), equazione normale.
Normalglühen (*n. - Wärmebeh.*), normalizzazione.
normalglühen (*Wärmebeh.*), normalizzare.
Normalhöhe (Normalschrifthöhe) (*f. - Druck.*), altezza normale.
Normal-Höhenpunkt (NH, in seiner Höhenlage gegenüber Normal-Null vermessener Punkt) (*m. - Geodäsie*), punto quotato, quota.
Normalhorizont (die Ausgangsfläche für Höhenmessungen) (*m. - Top.*), superficie media del mare, superficie di riferimento equipotenziale.
Normalklima (*n. - Meteor. - Textil. - etc.*), siehe Normklima.
Normalklimate (in Laboratorien) (*n. - pl. - Prüfung.*), condizioni climatiche normali.
Normalkondensator (*m. - Elekt.*), condensatore campione.
Normalkraftstoff (Normalbenzin) (*m. - Aut.*), benzina normale.
Normalkühlung (mit Kühlschmiermittel auf 20 ºC gehalten) (*f. - Werkz.masch.bearb.*), raffreddamento normale, raffreddamento con lubrorefrigerante mantenuto a temperatura normale.
Normallehre (zum Prüfen der Gutseite) (*f. - Messinstr.*), calibro passa.
Normalleistung (Nennleistung) (*f. - Mot.*), potenza nominale. 2 ~ (menschliche Leistung) (*Arbeitsstudium*), prestazione normale.
Normallösung (*f. - Chem.*), soluzione normale.
Normalmass (Mustermass, Normal) (*n. - Mass*), misura campione. 2 ~ (Nennmass) (*Mech.*), dimensione nominale.
Normalmischung (von Beton) (*f. - Bauw.*), impasto normale.
Normal - Null (NN, für Höhenangaben) (*f. - Top.*), quota zero, livello del mare.
Normalnullpunkt (Normal-Null für Höhenangaben) (*m. - Top. - etc.*), quota zero, livello del mare.
Normalprobe (*f. - mech. Technol.*), provino normale, provetta normale.
Normalprofil (*n. - Walzw.*), profilato normale. 2 ~ (der Verzahnung von Schrägstirnrädern) (*Mech.*), profilo normale.
Normal-Schmiedestück (*n. - Schmieden*), fucinato corrente.
Normalspannung (*f. - Baukonstr.lehre*), tensione normale.
Normalspur (1435 mm) (*f. - Eisenb.*), scartamento normale. 2 ~ **bahn** (*f. - Eisenb.*), ferrovia a scartamento normale.
normalspurig (*Eisenb.*), a scartamento normale.
Normalstab (*m. - Werkstoffprüfung*), provino normale, provetta normale.
Normalverteilung (*f. - Stat. - Math.*), distribuzione normale.
Normalwiderstand (*m. - Elekt.*), resistenza campione.
Normalzeit (Standardzeit) (*f. - Geophys.*), siehe Zonenzeit. 2 ~ (Zeitaufwand bei normaler Wirksamkeit und normaler Intensität) (*f. - Zeitstudium*), tempo normale, tempo (impiegato) in condizioni di rendimento e prestazione normali.
Normalzelle (*f. - Elekt.*), pila campione.
Normalzubehör (*n. - Masch.*), equipaggiamento normale.
Normalzustand (physikalischer, bei 0 ºC und 760 mm Hg) (*m. - Phys.*), condizione normale fisica. 2 ~ (Grundzustand, eines Kernes) (*m. - Elektronik*), livello energetico normale, stato normale. 3 **technischer** ~ (bei 20 ºC und 1 kp/cm² = 735,56 mm Hg) (*Phys.*), condizione normale (tecnica).
Normen - Flachpalette (*f. - Transp.*), paletta piana unificata.
normieren (*Technol.*), unificare, normalizzare.
normiert (*Technol.*), unificato, normalizzato.
Normung (*f. - Technol. - etc.*), unificazione, normalizzazione, normazione. 2 ~ **s·zahl** (Normzahl) (*f. - Mech.*), siehe Normzahl.
Nortongetriebe (Nortonkasten) (*n. - Werkz. masch.*), cambio Norton, scatola Norton.
n OT (nach oberem Totpunkte) (*Mot.*), dopo il PMS, dopo il punto morto superiore.
Notabschaltung (einer Anlage) (*f. - allg.*), arresto di emergenza.
Notabstellung (Notabschaltung) (*f. - Mot.*), arresto di emergenza.
Notaggregat (in Kraftstromanlagen) (*n. - Elekt.*), gruppo (elettrogeno) di emergenza, gruppo di riserva.
Notanker (*m. - naut.*), àncora di speranza, àncora di rispetto.
Notar (*m. - Amtsperson*), notaio.
Notariat (*n. - recht.*), notariato. 2 ~ **s·akt** (*m. - recht.*), atto notarile. 3 ~ **s·kanzlei** (*f. - recht.*), studio notarile.

notariell (*recht.*), notarile.
NOT AUS (bei Gefahr) (*Mot. - etc.*), arresto di emergenza.
Notausbesserung (*f. - allg.*), riparazione di fortuna.
Notausgang (*m. - Bauw.*), uscita di sicurezza, uscita di emergenza.
Notausschalter (*m. - Elekt.*), interruttore di arresto d'emergenza.
Not-Aus-Schalter (*m. - Elekt. - Masch.*), interruttore di arresto d'emergenza.
Notbehelf (*m. - allg.*), espediente.
Notbeleuchtung (*f. - Beleucht.*), illuminazione di emergenza.
Notbremse (*f. - Aut.*), freno di soccorso, freno a mano. 2 ~ (Druckluftbremse) (*Eisenb.*), segnale di allarme.
Notbrücke (*f. - Brück.b.*), ponte temporaneo, ponte provvisorio.
Note (*f. - allg.*), nota. 2 ~ (Banknote) (*finanz.*), banconota. 3 ~ n·bank (*f. - finanz.*), istituto di emissione (di banconote). 4 ~ n·metall (für Musiknoten, Bleilegierung) (*n. - Metall.*), lega per note (musicali). 5 ~ n·schreibmaschine (zum Zusammensetzen der Musiknotenschrift) (*f. - Masch.*), macchina per composizioni musicali.
Notendschalter (eines Aufzugs) (*m. - Elekt.*), interruttore di extracorsa, finecorsa di emergenza.
Notfahrt (Notleiter, eines Schachtes z. B.) (*f. - Bergbau - etc.*), scala di emergenza.
Notform (*f. - Ofen - Metall.*), tubiera ausiliaria.
Notglied (einer Kette, offenes aber verschliessbares Glied) (*n. - Mech.*), maglia di giunzione.
Nothafen (*m. - naut.*), porto di rifugio.
Nothalt (*m. - Masch. - etc.*), arresto di emergenza.
Notiz (*f. - allg.*), nota. 2 Börsen ~ (*finanz.*), quotazione di borsa. 3 Presse ~ (*Zeitg.*), notizia stampa.
Notlandeplatz (*m. - Flugw.*), aeroporto di fortuna.
Notlandung (*f. - Flugw.*), atterraggio forzato.
Notlaufeigenschaften (eines Schmierungsmittels z. B.) (*f. - pl. - Chem. - Masch. - etc.*), proprietà di emergenza, caratteristiche di emergenza.
Notleiter (*f. - Bergbau - etc.*), siehe Notfahrt.
Notmast (*m. - naut.*), albero di fortuna.
Not-Reissleine (*f. - Elekt. - etc.*), fune di strappo d'emergenza.
Notruder (*n. - naut.*), timone di fortuna.
Notruf (*m. - Funk. - etc.*), chiamata di soccorso.
Notschalter (*m. - Elekt.*), interruttore d'emergenza.
Notsignal (Gefahrzeichen, SOS) (*n. - Signal*), segnale di pericolo, SOS.
Notsitz (eines Sportzweisitzers) (*m. - Aut.*), sedile posteriore.
Notstand (*m. - allg.*), situazione di emergenza.
Notstromaggregat (*n. - Elekt.*), gruppo elettrogeno di emergenza.
Notstromschalter (*m. - Elekt.*), interruttore di emergenza.
Notstromversorgung (*f. - Elekt.*), alimentazione d'emergenza (di energia elettrica), alimentazione di riserva (di energia elettrica).
Nottreppe (Feuertreppe) (*f. - Bauw.*), scala di emergenza, scala di sicurezza.
Notwasserung (*f. - Flugw.*), ammaraggio forzato.
Notweg (*m. - recht.*), servitù.
Novalröhre (mit 9 Steckerstiften) (*f. - Elektronik*), tubo a 9 spinotti.
Novolak (Phenolformaldehydharz) (*n. - Chem.*), novolacca, bachelite A.
Noxe (schädlicher Stoff) (*f. - Chem. - etc.*), sostanza nociva.
NP (Netzplan) (*Planung*), reticolo, diagramma reticolare.
N.P. (Normal Profil nach DIN) (*metall. Ind.*), profilato normale (DIN).
Np (Neptunium) (*Chem.*), Np, nettunio. 2 ~ (Neper) (*Masseinheit*), Np, neper.
npn-Transistor (negativ-positiv-negativ-Transistor) (*m. - Elektronik*), transistore npn, transistore con un semiconduttore di tipo p tra due di tipo n.
n-p-Sonnenzelle (für Erdsatelliten z. B.) (*f. - Elektronik*), pila solare n-p.
NPT (Netzplantechnik) (*Planung*), tecnica reticolare, programmazione reticolare.
NQ (Niedrigwasserabfluss) (*Hydr.*), portata di magra, deflusso di magra.
NR (Naturkautschuk) (*Chem.*), NR, gomma naturale, 1,4 cis poliisoprene naturale.
NRT (Nettoregistertonne) (*Schiffbau*), tonnellata di stazza netta.
NS (Nachschrift) (*Büro - etc.*), P.S., post scriptum, poscritto. 2 ~ (Nummernschalter) (*Fernspr.*), combinatore, disco combinatore.
N.S. (nach Sicht, auf Wechseln) (*finanz.*), a vista.
ns (Nanosekunde, 10^{-9} s, nsek) (*Mass*), nsec, nanosecondo, 10^{-9} sec.
nsi (Nummernschalter-Impulskontakt) (*Fernspr.*), contatto degli impulsi del disco combinatore.
nsl (Nummernschalter-Leerkontakt) (*Fernspr.*), contatto libero di disco combinatore.
N-S-Quotient (Quotient aus der Niederschlagshöhe und dem absoluten Sättigungsfehlbetrag) (*m. - Meteor.*), rapporto tra precipitazione e deficit di saturazione.
nsr (Nummernschalter-Ruhekontakt) (*Fernspr.*), contatto di riposo di disco combinatore.
n-strahlig (*allg.*), a n raggi.
NT (nitriert) (*Wärmebeh.*), nitrurato.
Nt (Niton) (*Chem. - Radioakt.*), Nt, nito, niton.
nt (*Einheit*), siehe Nit.
NTC-Widerstand (Heissleiter, Thermistor) (*m. - Elekt.*), termistore.
nto (netto) (*komm.*), netto.
NT-Strom (Niedertarif-Strom) (*Elekt.*), energia a bassa tariffa.
n-Tupel (*n. - Math.*), ennuplo.
n-Typ-Halbleiter (n-Halbleiter) (*m. - Elektronik*), semiconduttore di tipo n, semiconduttore per eccesso.
NT-Zeit (Niedertarif-Zeit) (*f. - Elekt.*), tempo a bassa tariffa.
Nu (Nusselt-Zahl) (*Phys. - Wärme*), Nu, numero di Nusselt.
nuklear (*Kernphys.*), nucleare.

Nuklear-Luftstrahltriebwerk (Atomstrahltriebwerk, Kernenergie-Luftstrahltriebwerk) (*n. - Strahltriebw.*), propulsore atomico.
Nuklearphysik (Kernphysik) (*f. - Kernphys.*), fisica nucleare.
Nukleon (Baustein der Atomkerne) (*n. - Atomphys.*), nucleone.
Nuklid (Atomkern) (*n. - Atomphys.*), nuclide.
Null (*f. - Math. - Instr.*), zero. 2 ∼ **abgleich** (*m. - Instr.*), taratura a zero. 3 ∼ **achsabstand** (Summe von Mittenkreishalbmesser der Schnecke und Teilkreishalbmesser des Schneckenrades) (*m. - Mech.*), interasse medio, interasse primitivo. 4 ∼ **achse** (neutrale Achse) (*f. - Baukonstr.lehre*), asse neutro. 5 ∼ **achse** (Koordinatenachse) (*Math.*), asse delle coordinate. 6 ∼ **auftrieb** (*m. - Flugw.*), portanza nulla. 7 ∼ **auftriebswinkel** (*m. - Flugw.*), angolo di portanza nulla. 8 ∼ **durchgang** (einer Wechselspannung z. B.) (*m. - Elekt. - etc.*), passaggio per lo zero. 9 ∼ **ebene** (*f. - Baukonstr.lehre*), piano neutro. 10 ∼ **einstellung** (*f. - Instr.*), azzeramento, rimessa a zero. 11 ∼ **en·zirkel** (Nullzirkel) (*m. - Zeichn. - Ger.*), balaustrino a pompa. 12 ∼ **getriebe** (durch die Paarung zweier Nullräder entstehendes Getriebe) (*n. - Mech.*), ingranaggio con spostamento zero, ingranaggio X-zero. 13 ∼ **impedanz** (*f. - Elekt.*), impedenza omopolare. 14 ∼ **indikator** (*m. - Instr.*), indicatore di zero. 15 ∼ **instrument** (*n. - Instr.*), strumento di azzeramento. 16 ∼ **klemme** (Nulleiterklemme) (*f. - Elekt.*), morsetto del neutro. 17 ∼ **kontrolle** (*f. - Datenverarb.*), saldo a zero. 18 ∼ **kopie** (erste Filmkopie) (*f. - Filmtech.*), prima copia. 19 **Nullage** (*f. - Instr.*), posizione zero. 20 **Nullast** (Leerlauf) (*f. - Mot. - etc.*), (funzionamento) a vuoto. 21 **Nulleiter** (*m. - Elekt.*), neutro, conduttore neutro. 22 **Nullinie** (der Toleranzfelder, dem Abmass 0 und dem Nennmass entsprechende Bezugslinie) (*f. - Mech.*), linea dello zero. 23 ∼ **messung** (*f. - Instr.*), misurazione col metodo di azzeramento. 24 ∼ **methode** (Nullverfahren) (*f. - Messung - Instr.*), metodo di riduzione a zero, metodo di azzeramento. 25 ∼ **moment** (Nickmoment bei Nullauftrieb) (*n. - Flugw.*), momento nullo, momento di beccheggio con portanza nulla. 26 ∼ **motor** (Hilfsraketenmotor der für das Anlassen des Haupttriebwerks dient) (*m. - Raumfahrt*), motore ausiliario. 27 ∼ **motor** (Numo, kleiner Servo-Motor, in Reglern z. B. benutzt für Wheatstone-Brücken) (*Mot.*), servomotore equilibratore. 28 ∼ **ode** (in Funkmessgeräten benutzt, gasgefülltes Gefäss ohne Elektroden) (*f. - Elektronik*), tubo senza elettrodi. 29 ∼ **phasenwinkel** (*m. - Elekt.*), angolo di fase zero. 30 ∼ **phasenwinkelmodulation** (*f. - Funk.*), modulazione di fase zero. 31 ∼ **potential** (*n. - Elekt.*), potenziale zero. 32 ∼ **punkt** (von Koordinaten) (*m. - Math.*), origine. 33 ∼ **punkt** (*Elekt.*), centro neutro, punto neutro. 34 ∼ **punkt** (Anfangspunkt einer Skala) (*Instr.*), zero. 35 ∼ **punkt** (Eispunkt) (*Phys.*), punto di congelamento, zero. 36 ∼ **punkteinstellung** (*f. - Instr.*), azzeramento. 37 ∼ **punkterdung** (Nullung) (*f. - Elekt.*), messa a terra del neutro. 38 ∼ **punktfehler** (eines Messgerätes, Nullpunktabweichung) (*m. - Ger. - Instr.*), deviazione residua. 39 ∼ **punktrücker** (*m. - Instr.*), azzeratore. 40 ∼ **punktskorrektur** (*f. - Instr.*), correzione dello zero. 41 ∼ **punktspannung** (*f. - Elekt.*), tensione di fase, tensione stellata. 42 ∼ **punktverschiebung** (*f. - NC - Werkz.masch.*), spostamento dell'origine, spostamento dello zero, zero flottante. 43 ∼ **rad** (Zahnrad dessen Profilverschiebung gleich Null ist) (*n. - Mech.*), ruota X-zero, ruota dentata con spostamento zero (del profilo), ruota dentata senza spostamento di profilo. 44 ∼ **reaktanz** (*f. - Elekt.*), reattanza omopolare. 45 ∼ **spannung** (*f. - Elekt.*), tensione zero. 46 ∼ **spannungsauslösung** (*f. - Elekt.*), interruttore di minima tensione. 47 ∼ **spant** (Hauptspant) (*m. - naut.*), ordinata maestra. 48 ∼ **steller** (für Tageskilometerzähler z. B.) (*m. - Instr.*), azzeratore. 49 ∼ **stellung** (*f. - Instr.*), azzeramento. 50 ∼ **stellzeit** (*f. - Ger.*), tempo di azzeramento. 51 ∼ **system** (*n. - Elekt.*), sistema omopolare. 52 ∼ **systemschutz** (*m. - Elekt.*), protezione omopolare. 53 ∼ **wertigkeit** (*f. - Chem.*), valenza zero. 54 ∼ **widerstand** (Widerstand eines Profils beim Nullauftrieb) (*m. - Flugw.*), resistenza di portanza nulla. 55 ∼ **zirkel** (*m. - Zeichn. - Ger.*), balaustrino a pompa. 56 **auf** ∼ **stellen** (*Instr.*), azzerare. 57 **herausgeführter** ∼ **punkt** (*Elekt.*), neutro portato fuori.
Nullage (*f. - Instr.*), posizione zero.
Nullast (Leerlauf) (*f. - Mot. - etc.*), (funzionamento) a vuoto.
Nulleiter (*m. - Elekt.*), neutro, conduttore neutro. 2 **geerdeter** ∼ (*Elekt.*), neutro a massa.
nullen (*Rechner*), azzerare, ripristinare.
Null-Getriebe (entstehend durch die Paarung zweier Nullräder) (*n. - Mech.*), ingranaggio X-zero.
Nullinie (der Toleranzfelder, dem Abmass 0 und dem Nennmass entsprechende Bezugslinie) (*f. - Mech.*), linea dello zero.
Nullode (gasgefülltes Gefäss ohne Elektroden, in Funkmessgeräten benutzt) (*f. - Elektronik*), tubo senza elettrodi.
Nullung (Nullpunkterdung) (*f. - Elekt.*), messa a terra del neutro.
nullwertig (*Chem.*), zerovalente.
Numerier-Prägewerkzeug (Nummern-Prägewerkz.) (*n. - Werkz.*), punzone numeratore.
Numerierung (der Feinheit von Garnen z. B.) (*f. - Textil. - etc.*), numerazione.
«Numerik» (numerische Steuerung) (*f. - NC - Werkz.masch. - etc.*), comando numerico, controllo numerico.
numerisch (*allg.*), numerico. 2 ∼ **e Apertur** (*Opt.*), apertura numerica. 3 ∼ **gesteuert** (*Elektromech.*), a comando numerico.
Numerus (eines Logarithmus z. B.) (*m. - Math.*), numero.
Nummer (Zahl) (*f. - Math.*), numero. 2 ∼ (Mass für Faser- und Garnfeinheit) (*Textil.*), titolo. 3 ∼ **n·schalter** (*m. - Fernspr.*), combinatore. 4 ∼ **n·scheibe** (Wählscheibe) (*f. - Fernspr.*), disco combinatore. 5 ∼ **n·**

nummernschild (*n. - Aut.*), targa. 6 ~ n·stelle (Ort einer Ziffer, etc., in einer Nummer) (*f. - Math.*), posizione nel numero. 7 ~ wählen (*Fernspr.*), fare il numero. 8 alphanumerische ~) Folge von Buchstaben und Ziffern) (*Math.*), numero alfanumerico. 9 Alpha ~ (Folge von Buchstaben) (*Math.*), alfanumerico, numero formato di lettere. 10 Gewichts ~ (von Garnen, Titer, Verhältnis von Masse zu Länge) (*Textil.*), titolo. 11 metrische ~ (Längen-Nummer, von Garnen, Verhältnis von Länge zu Masse) (*Textil.*), titolo metrico. 12 numerische ~ (Folge von Ziffern) (*Math.*), numero numerico. 13 Ordnungs ~ (*Math. - etc.*), numero d'ordine. 14 vordere ~ n·tafel (*Aut.*), targa anteriore.

nummern (*allg.*), numerare.

Nummerung (*Math. - etc.*), numerazione. 2 ~ (für die Teilklassifikation im Fertigungsbetrieb) (*Organ.*), numerazione.

Numo (*m. - Mot.*), siehe Nullmotor.

Nurflügelflugzeug (*n. - Flugw.*), apparecchio tuttala, ala volante.

Nuss (*f. - allg.*), noce. 2 ~ (*Tischl.*), cerniera. 3 ~ (für Ankerwinde z. B.) (*Hebevorr. - (naut.*), ruota ad impronte. 4 ~ (zum Anziehen einer Mutter oder eines Schraubenkopfes mittels Drehmomentschlüssel; kann ausgewechselt werden je nach Schraubengrösse) (*Werkz. - Mech.*), adattatore (per chiave torsiometrica). 5 ~ isolator (*m. - Elekt.*), isolatore a noce. 6 ~ kohle (*f. - Brennst.*), carbone di pezzatura noce.

n UT (nach unterem Totpunkte) (*Mot.*), dopo il PMI, dopo il punto morto inferiore.

Nut (Nute, längliche Vertiefung) (*f. - Mech. - etc.*), scanalatura. 2 ~ (einer Spundung) (*Tischl.*), scanalatura. 3 ~ (Keilnut) (*Mech.*), sede (di chiavetta), cava (per chiavetta). 4 ~ (des Ankers) (*elekt. Masch.*), cava. 5 ~ (Spanbrechernut) (*Werkz.*), (scanalatura) rompitruciolo. 6 ~ (im Kopf einer Holzschraube) (*Mech.*), intaglio. 7 ~ (eines Spiralbohrers, Wälzfräsers, etc.) (*Mech. - Werkz.*), intaglio, scanalatura. 8 ~ en·fräsen (*n. - Mech.*), fresatura di sedi (per chiavette), fresatura di cave (per chiavette). 9 ~ en·fräser (*m. - Werkz.*), fresa per scanalature. 10 ~ en·scheibe (*f. - Mech.*), puleggia a gole. 11 ~ en·schritt (*m. - Elekt.*), passo delle cave. 12 ~ en·stanzautomat (für Ankerbleche z. B.) (*m. - Masch.*), pressa intagliatrice. 13 ~ en·stanzmaschine (für Blechbearbeitung) (*f. - Masch.*), pressa intagliatrice. 14 ~ en·stein (Mutter) (*m. - Mech.*), chiocciola. 15 ~ enstein (zum Ausgleichen der Unwucht einer Schleifscheibe) (*Werkz.*), massa scorrevole (nell'apposita cava), tassello scorrevole. 16 ~ en·stossmaschine (*f. - Masch.*), stozzatrice per scanalature. 17 ~ en·welle (Keilwelle) (*f. - Mech.*), albero scanalato. 18 ~ hobel (*m. - Tischl. - Werkz.*), pialla per scanalature, incorsatoio, scorniciatore. 19 ~ mutter (*f. - Mech.*), ghiera, dado cilindrico ad intagli radiali. 20 ~ ring (Manschette) (*m. - Mech.*), guarnizione ad anello con scanalatura. 21 ~ rolle (*f. - Mech.*), carrucola. 22 ~ stein siehe Nutenstein. 23 ~ und Feder (einer Holzverbindung) (*Tischl.*), scanalatura e linguetta, maschio e femmina. 24 ~ welle (Keilwelle) (*f. - Mech.*), albero scanalato. 25 Anker ~ (*elekt. Masch.*), cava dell'indotto. 26 Aufspann ~ (Aufnahmenut) (*Mech.*) scanalatura di ancoraggio, cava a T. 27 Führungs ~ (*Mech.*), scanalatura di guida. 28 Keil ~ (*Mech.*) sede per chiavetta, cava per chiavetta. 29 Kerb ~ (*Mech.*), scanalatura a V. 30 Scheibenfeder ~ (*Mech.*), sede per linguetta americana, sede per linguetta a disco, sede per linguetta Woodruff, cava per linguetta americana. 31 Schmier ~ (*Mech.*), scanalatura per lubrificazione. 32 Schwalbenschwanz ~ (*Mech.*), scanalatura a coda di rondine. 33 Spanbrecher ~ (*Werkz.*), (scanalatura) rompitruciolo. 34 Spann ~ (*Mech.*), cava a T, scanalatura di ancoraggio. 35 Spiral ~ (eines Wendelbohrers) (*Werkz.*), scanalatura elicoidale. 36 T- ~ (*Mech.*), cava a T, scanalatura a T.

Nutation (*f. - Astr.*), nutazione.

nuten (*Holzbearb.*), scanalare. 2 ~ (*Mech.*), scanalare. 3 ~ (Keilnuten bearbeiten) (*Mech.*), eseguire sedi (per chiavette), eseguire cave (per chiavette).

Nutsche (Nutschenfilter, Saugfilter) (*f. - Chem. - Ger.*), filtro aspirante.

Nutschen (*n. - Chem.*), filtraggio a vuoto.

nutschen (*Chem.*), filtrare a vuoto.

Nutung (*f. - elekt. Masch.*), complesso delle cave.

Nutzanwendung (*f. - allg.*), applicazione pratica.

Nutzarbeit (*f. - allg.*), lavoro utile.

nutzbar (*allg.*), utile. 2 ~ e Pferdestärke (effektive Pferdestärke) (*Mot.*), potenza effettiva.

Nutzbarmachung (*f. - allg.*), utilizzazione.

Nutzbremsung (*f. - elekt. Fahrz.*), frenatura elettrica a ricupero.

Nutzen (Ertrag, Gewinn) (*m. - komm.*), utile, guadagno. 2 ~ (Benutzung) (*allg.*), uso, impiego. 3 ~ (Nützlichkeit) (*allg.*), utilità. 4 ~ -Kosten-Analyse (*f. - komm. - etc.*), analisi di utilità e costi.

Nutzfahrzeug (*n. - Fahrz.*), veicolo commerciale, veicolo industriale.

Nutzfläche (nutzbare Bodenfläche) (*f.-Bauw.*), superficie utile.

Nutzgarten (*m. - Bauw. - Landw.*), orto.

Nutzholz (Bauholz) (*n. - Holz*), legname (da costruzione).

Nutzhub (des Schlittens einer Schmiedemasch. z. B.) (*m. - Masch.*), corsa di lavoro, corsa utile.

Nutzkoeffizient (Wirkungsgrad) (*m. - Phys.*), rendimento.

Nutzladung (zahlende Fracht, eines Schiffes), (*f. - naut.*), carico pagante.

Nutzlänge (*f. - Mech. - etc.*), lunghezza utile.

Nutzlast (bewegliche Verkehrsbelastung von Bauwerken) (*f. - Baukonstr.lehre*), carico mobile. 2 ~ (eines Lastwagens, z. B.) (*Aut.*), carico utile. 3 ~ (Gewicht des Transportgutes) (*Flugw.*), carico pagante. 4 ~ -Reichweiten Diagramm (*n. - Flugw.*), grafico carico pagante-autonomia. 5 ~ verhältnis (Verhältnis zwischen Nutzlast und Leergewicht) (*n. -*

Fahrz.), rapporto di carico, rapporto tra carico utile e peso a vuoto.

Nutzleistung (Nutzpferdestärke, eines Verbrennungsmotors) (*f. - Mot.*), potenza effettiva. 2 ~ (Schubleistung) (*naut.*), potenza di spinta.

Nutzniesser (*m. - recht.*), usufruttuario, beneficiario.

Nutzniessung (*f. - recht.*), usufrutto.

Nutzrecht (Nutzweg) (*n. - recht.*), servitù.

Nutzschub (*m. - Strahltriebw.*), spinta netta.

Nutzschwelle (*f. - Adm.*), soglia di utilità.

Nutzung (*f. - allg.*), utilizzazione. 2 ~ (Benützung) (*f. - allg.*), uso, impiego. 3 ~ s·grad (Ausnutzungsgrad, eines Betriebsmittels) (*m. - Ind.*), grado di utilizzazione. 4 ~ s·prämie (Vergütung für gute Nutzung von Betriebsmitteln) (*f. - Arb.*), premio per buona utilizzazione. 5 ~ s·recht (*n. - recht.*), servitù. 6 ~ s·schreiber (von Arbeitsdaten etc.) (*m. - Ger. - Werkz.masch.*), registratore di utilizzo. 7 ~ s·vermögen (Lebensdauer, Summe aller Standzeiten) (*n. - Werkz.*), durata totale. 8 ~ s·zeit (eines Arbeits- oder Betriebsmittels) (*f. - Arb.*), tempo di utilizzazione.

Nutzwasser (*n. - Ind.*), acqua per uso industriale.

Nutzwert (Wirkungsgrad) (*m. - Phys.*), rendimento.

Nuvistor (Empfängerröhre) (*m. - Funk.*), «nuvistore».

NV (Niedervolt) (*Elekt.*), bassa tensione. 2 ~ (Nichtverfügbarkeit) (*allg.*), indisponibilità. 3 ~ (Nachverbrennung) (*Verbr.*), postcombustione. 4 ~ (Niederfrequenz-Verstärker) (*Funk.*), amplificatore a bassa frequenza, amplificatore audio. 5 ~ (nicht verwendungsfähig (*allg.*), non impiegabile.

NW (Nennweite, bei Rohrleitungen) (*Leit.*), diametro nominale. 2 ~ (Niedrigwasserstand) (*Hydr.*), livello di magra.

n-Wert (Verfestigungs-Exponent) (*m. - mech. Technol.*), esponente d'incrudimento.

Ny (griechischer Buchstabe, ν) (*Druck.*), nu, ν.

NYA (Norm-Kunststoff-Ader) (*Elekt.*), filo isolato con plastica normalizzato.

Nylon (*n. - Chem. - Textilind.*), nailon.

nylonisiert (mit Nylon-Überzug) (*Textil - etc.*), rivestito di nailon.

Nyquist-Flanke (*f. - Fernseh.*), fianco (del filtro) di Nyquist.

Nystagmus (Augenzittern) (*m. - Med. - Arb.*), nistagmo.

NZ (Normzahl) (*Math.*), numero normale. 2 ~ (Neutralisationszahl) (*Chem.*), numero di neutralizzazione.

O

O (Sauerstoff) (*Chem.*), O, ossigeno. 2 ~ (Oberfläche) (*allg.*), superficie. 3 ~ (Osten) (*Geogr.*), E, est. 4 ~ (Oktave) (*Phys.*), ottava. 5 ~ (Ortsgespräch) (*Fernspr.*), conversazione locale. 6 ~ (Oszillator) (*Ger.*), oscillatore.
Ö (öffentliche Sprechstelle) (*Fernspr.*), posto telefonico pubblico.
ö (ölbeständig, Leitung) (*Elekt.*), resistente all'olio.
OA (Ortsamt) (*Fernspr.*), centralino locale.
o. ä. (oder ähnliches) (*allg.*), o simile.
ÖAAB (Österreichischer Arbeiter- und Angestelltenbund) (*Arb.*), Associazione Austriaca Operai ed Impiegati.
ÖAL (Österreichischer Arbeitsring für Lärmbekämpfung) (*Akus.*) (*österr.*), Comitato Austriaco per la Lotta contro i Rumori.
Oase (*f. - Geogr.*), oasi.
OB (Ortsbatterie) (*Fernspr.*), batteria locale. 2 ~ - Apparat (*m. - Fernspr.*), telefono a batteria locale.
o. B. (ohne Bericht) (*finanz.*), senza avviso.
Obelisk (vierkantige Spitzsäule) (*m. - Arch.*), obelisco.
Obendestillat (*n. - chem. Ind.*), prodotto di testa.
obengesteuert (Ventil) (*Mot.*), in testa. 2 ~ er Motor (*Mot.*), motore a valvole in testa.
obenliegend (Nockenwelle) (*Mot.*), in testa.
Obenschmiermittel (Schmiermittel das dem Kraftstoff zugesetzt wird um die Schmierung der Ventilschäfte etc. zu verbessern) (*n. - Mot.*), olio per miscela.
Ober (Oberkellner) (*m. - Arb.*), cameriere.
ober (*allg.*), superiore. 2 ~ er halbräumlicher Lichtstrom (*Beleucht.*), flusso emisferico superiore. 3 ~ er Heizwert (*Wärme*), potere calorifico superiore. 4 ~ er Totpunkt (*Mot.*), punto morto superiore. 5 ~ es Abmass (Grösstmass minus Nennmass) (*Mech.*), scostamento superiore. 6 ~ es Deck (*naut.*), ponte superiore. 7 ~ e Umwandlungstemperatur (*Metall.*), temperatura critica superiore.
Oberantrieb (*m. - Mech.*), azionamento dall'alto, comando dall'alto.
Oberappellationsgericht (Kassationsgericht) (*n. - recht.*), corte di cassazione.
Oberarmmanschette (Riva-Rocci Blutdurchmesser) (*f. - Ger.*), sfigmomanometro di Riva Rocci.
Oberaufseher (*m. - Arb.*), sovrintendente.
Oberaufseherin (Oberaufsichtbeamtin) (*f. - Fernspr. - etc.*), capo-turno.
Oberbau (die Gleisanlage und die Bettung) (*m. - Eisenb.*), sovrastruttura, armamento e ballast, armamento e massicciata. 2 ~ (zwischen Planum und Decke) (*Strass.b.*), sovrastruttura, strati di fondazione e di base. 3 ~ (einer Brücke z. B.) (*Bauw.*), sovrastruttura. 4 ~ kleinmaterial (*n. - Eisenb.*), materiale metallico minuto di armamento. 5 ~ material (*n. - Eisenb.*), materiale d'armamento.
Oberbauer (*m. - Eisenb. - Arb.*), armamentista.
Oberbecken (*n. - Hydr. - Elekt.*), bacino superiore.
Oberbeton (*m. - Strass.b.*), manto di calcestruzzo, strato superiore di calcestruzzo.
Oberdeck (*n. - naut.*), ponte superiore. 2 ~ omnibus (Doppeldeckomnibus) (*m. - Aut.*), autobus a due piani.
Oberdruckhammer (*m. - Masch.*), maglio a doppio effetto.
Oberfeld (in einem Elektromotor, dem Grundfeld überlagertes störendes Drehfeld) (*n. - Elekt.*), campo (rotante) armonico. 2 ~ (Oberwellenfeld) (*n. - Phys. - Elekt.*), campo di armoniche.
Oberfläche (*f. - allg.*), superficie. 2 ~ n·ableitung (*f. - Elekt.*), dispersione superficiale, fuga superficiale. 3 ~ n·behandlung (*f. - Technol.*), trattamento superficiale. 4 ~ n·beschaffenheit (*f. - Mech.*), finitura superficiale, aspetto superficiale. 5 ~ n·eindruck (beim Kaltwalzen) (*m. - Walzw.*), impronta superficiale. 6 ~ n·entladung (*f. - Elekt.*), scarica superficiale. 7 ~ n·erdung (*f. - Elekt.*), messa a terra poco profonda. 8 ~ n·fehler (*m. - Metall.*), difetto superficiale. 9 ~ n·-Feinwalzen (Prägepolieren, Kaltumformung der Oberfläche durch den Druck von hochgehärteten Walzrollen) (*n. - mech. Technol.*), finitura superficiale a rulli. 10 ~ n·geschwindigkeit (Geschwindigkeit auf dem Wasserspiegel) (*f. - Hydr. - Wass.b.*), velocità alla superficie. 11 ~ n·gewässer (*n. - pl. - Hydr.*), acque superficiali. 12 ~ n·güte (*f. - Mech.*), finitura superficiale. 13 ~ n·härtung (*f. - Metall.*), indurimento superficiale. 14 ~ n·integral (Hüllenintegral) (*n. - Math.*), integrale di superficie. 15 ~ n·kondensator (*m. - Kessel*), condensatore a superficie. 16 ~ n·leimung (*f. - Papierind.*), collatura in superficie, collatura alla gelatina, collatura superficiale. 17 ~ n·normal (zum Vergleich mit Oberflächenmessgeräten oder Werkstückoberflächen) (*n. - mech. Technol.*), campione di superficie. 18 ~ n·prüfgerät (für Rauheitsmessungen) (*n. - Ger.*), strumento per il controllo delle superfici, rugosimetro, scabrosimetro. 19 ~ n·punkt (Epizentrum, eines Erdbebens) (*m. - Geol.*), epicentro. 20 ~ n·rauhigkeit (Rauheit) (*f. - Mech.*), rugosità superficiale. 21 ~ n·reibung (*f. - Aerodyn. - Flugw.*), attrito di superficie. 22 ~ n·riss (*m. - Metall. - etc.*), incrinatura superficiale, cricca superficiale. 23 ~ n·schutz (*m. - Technol.*), protezione superficiale. 24 ~ n·spannung (Grenzflächenspannung, bei Flüssigkeiten) (*f. -*

Phys.), tensione superficiale. **25** ~ **n·struktur** (*f. - Metall.*), struttura superficiale. **26** ~ **n·verdichtung** (von Boden) (*f. - Strass.b. - etc.*), costipamento superficiale. **27** ~ **n·vorwärmer** (*m. - Kessel*), preriscaldatore a superficie. **28** ~ **n·wasser** (*n. - Geol.*), acqua superficiale. **29** ~ **n·welle** (bei Erdbeben) (*f. - Geol.*), onda superficiale. **30** ~ **n·widerstand** (*m. - Elekt.*), resistenza superficiale. **31** ~ **n·zeichen** (Bearbeitungszeichen, des Endzustandes einer technischen Oberfläche) (*n. - Mech.*), segno di lavorazione, segno del grado di finitura. **32** ~ **n·zündung** (von heissen Punkten des Verbrennungsraumes verursachte Zündung) (*f. - Mot. - Fehler*), accensione a superficie. **33** ~ **n·zustand** (*m. - Mech.*), finitura superficiale. **34 fertigungstechnisches** ~ **n·normal** (zum Vergleich mit Werkstückoberflächen) (*Metall. - Mech.*), campione di superficie tecnica. **35 geometrische** ~ (bei Rauheitsmessungen) (*Mech.*), superficie media, superficie geometrica. **36 Gesamt** ~ (*Geom. - etc.*), superficie totale. **37 glatte** ~ (*Mech. - etc.*), superficie liscia. **38 ideal geometrische** ~ (bei Rauheitsmessungen) (*Mech.*), superficie geometrica ideale. **39 Ist** ~ (*Mech.*), superficie reale. **40 makrogeometrische** ~ (Grobgestalt, bei Rauheitsmessungen) (*Mech.*), superficie macrometrica. **41 mikrogeometrische** ~ (Feingestalt, bei Rauheitsmessungen) (*Mech.*), superficie microgeometrica. **42 Soll** ~ (vorgeschriebene Oberfläche) (*Mech.*), superficie nominale, superficie prescritta. **43 spiegelnde** ~ (*Mech.*), superficie speculare. **44 technische** ~ (bearbeitete Oberfläche) (*Mech.*), superficie tecnica.
oberflächenaktiv (*Phys. - Chem.*), tensioattivo.
oberflächenbehandelt (*mech. Technol.*), trattato superficialmente.
oberflächengekühlt (*elekt. Masch.*), a ventilazione esterna, con ventilazione a mantello.
oberflächlich (*allg.*), superficiale.
Oberflurkran (*m. - ind. Masch.*), gru a carroponte.
Oberform (eines Formkastens) (*f. - Giess.*), coperchio, staffa superiore.
Oberfräse (Oberfräsmaschine, Senkrecht-Fräsmaschine) (*f. - Holzbearb.masch.*), fresatrice verticale.
Oberführung (eines Ausbohrspindels z. B.) (*f. - Werkz.masch.bearb.*), guida superiore.
Obergerinne (einer elekt. Zentrale z. B.) (*n. - Wass.b.*), canale a monte.
Obergeschoss (*n. - Bauw.*), ultimo piano.
Obergesellschaft (Muttergesellschaft) (*f. - finanz.*), casa madre.
Obergesenk (*n. - Schmiedewerkz.*), controstampo, stampo superiore.
Obergestein (*n. - Bergbau*), copertura.
Obergurt (eines Fachwerkbinders oder einer Fachwerkbrücke z. B.) (*m. - Bauw.*), corrente superiore.
oberhalb (stromaufwärts) (*allg.*), a monte.
Oberhieb (einer Kreuzhieb- oder Doppelhiebfeile) (*m. - Werkz.*), secondo taglio, taglio superiore, tratto eseguito per secondo.
Oberingenieur (*m. - Ind.*), ingegnere capo.

oberirdisch (Leitung z. B.) (*Elekt. - etc.*), aereo. **2** ~ (Speicher z. B.) (*allg.*), non interrato, sopra terra.
Oberholm (einer hydraulischen Presse) (*m. - Masch.*), traversa fissa, traversa superiore.
Oberkasten (Oberform) (*m. - Giess.*), coperchio, staffa superiore.
Oberkellner (Ober) (*m. - Arb.*), cameriere.
Oberlagerschale (*f. - Mech.*), semicuscinetto superiore.
Oberland (höher gelegener Landesteil) (*n. - Geogr.*), zona alta, parte alta. **2** ~ **es·gericht** (*n. - recht.*), pretura.
oberlastig (topplastig, Schiff, dessen Schwerpunkt zu hoch liegt) (*naut.*), instabile.
Oberlauf (eines Flusses) (*m. - Geogr.*), corso superiore. **2** ~ **Kettentransporteur** (*m. - ind. Masch.*), trasportatore a catena aereo.
Oberleder (eines Schuhes) (*n. - Lederind.*), tomaia.
Oberleitung (*f. - elekt. Fahrz.*), linea (di contatto) aerea. **2** ~ (eines Unternehmens) (*Ind.*), direzione generale. **3** ~ **s·fahrzeug** (*n. - elekt. Fahrz.*), veicolo alimentato da linea aerea. **4** ~ **s·kreuzung** (*f. - elekt. Fahrz.*), crociamento aereo. **5** ~ **s·mast** (*m. - elekt. Fahrz.*), palo per linea aerea. **6** ~ **s·omnibus** (Obus, Trolleybus) (*m. - elekt. Fahrz.*), filobus. **7** ~ **s·weiche** (*f. - elekt. Fahrz.*), scambio aereo.
Oberlicht (Lichtöffnung) (*n. - Bauw.*), lucernario. **2** ~ (*naut.*), osteriggio, spiraglio. **3** ~ **band** (eines Sheddaches) (*n. - Bauw.*), finestra dello shed. **4** ~ **fenster** (*n. - Bauw.*), finestra del lucernario.
Obermeister (*m. - Mech.*), capoofficina. **2** ~ (*Bauw. - Arb.*), capomastro.
Oberputz (*m. - Maur.*), ultima mano di intonaco, intonaco civile, stabilitura.
Oberrohr. (eines Fahrrades) (*n. - Fahrz.*), tubo orizzontale, « canna ».
Oberschicht (*f. - allg.*), strato superiore.
oberschlächtig (Wasserrad, mit Oberwasser betrieben) (*Hydr.*), per di sopra.
Oberschwingung (Oberwelle, Harmonische, einer periodischen Schwingung) (*f. - Math. - Phys.*), armonica. **2** ~ (*Phys.*), siehe auch Oberwelle (*f.*). **3** ~ **s·erzeuger** (Oberschwingungsgenerator) (*m. - Ger.*), generatore di armoniche. **4** ~ **s·frequenz** (*f. - Phys.*), frequenza di armonica. **5** ~ **s·gehalt** (*m. - Phys.*), siehe Klirrfaktor. **6** ~ **s·quarz** (Obertonquarz, Oberwellenquarz) (*m. - Phys. - Ger.*), quarzo armonico, generatore armonico a quarzo, quarzo eccitato da armonica. **7 geradzahlige** ~ (*Phys.*), armonica d'ordine pari.
Oberseite (eines Papiers, die der Siebseite gegenüberliegende Seite) (*f. - Papierind.*), lato superiore, lato opposto al lato nastro.
Oberspannung (eines Transformators) (*f. - Elekt.*), alta tensione. **2** ~ (grösster Wert der Spannung je Lastspiel, bei Dauerschwingversuche) (*f. - Baukonstr.lehre*), sollecitazione superiore. **3** ~ **s·wicklung** (eines Transformators) (*f. - Elekt.*), avvolgimento per l'alta tensione.
Oberstanze (Stempel) (*f. - Blechbearb. - Werkz.*), punzone.

Oberstein

Oberstein (Läuferstein, einer Mühle) (*m. - Masch.*), mola superiore.
Oberstempel (Prägestempel, bei Münzprägung) (*m. - Werkz.*), contrastampo, stampo superiore. 2 ~ (*Blechbearb.-Werkz.*), punzone. 3 ~ (eines Stollens) (*Bergbau*), puntello superiore.
Oberstenge (*f. - naut.*), alberetto.
obersteuernd (*Aut. - Fehler*), sovrasterzante.
Oberstrichwert (*m. - Fernspr.*), valore di cresta.
oberstromig (*Hydr.*), a monte.
Obertonquarz (*m. - Phys.*), siehe Oberschwingungsquarz.
Oberwalze (*f. - Walzw.*), cilindro superiore.
Oberwasser (*n. - Hydr.*), acqua a monte. 2 ~ (eines Kraftwerkes) (*Hydr.*), acqua di alimentazione. 3 ~ (Wasser oberhalb der Staustufe eines fliessenden Gewässer) (*Hydr.*), acqua invasata.
Oberwelle (Oberschwingung, Harmonische, einer periodischen Welle) (*f. - Phys.*), armonica. 2 ~ (*Phys.*), siehe auch Oberschwingung (*f*). 3 ~ n·analysator (*m. - Phys. - Ger.*), analizzatore di armoniche. 4 ~ n·erzeuger (*m. - Phys.*), generatore di armoniche. 5 ~ n·filter (Oberwellensieb) (*m. - Phys.*), filtro di armonica. 6 ~ n·spannung (*f. - Elekt. - Funk.*), tensione di ondulazione. 7 ~ n·sperrfilter (*m. - Ger.*), filtro soppressore di armoniche. 8 ~ n·störung (*f. - Phys.*), interferenza di armonica. 9 ~ n·verminderung (*f. - Phys.*), soppressione di armonica.
oberwellenreich (*Phys.*), con molte armoniche, ricco di armoniche.
Oberzündung (in Feuerungen, Zündungsmethode) (*f.-Ofen. - etc.*), accensione dall'alto.
Objekt (Gegenstand) (*n. - allg.*), oggetto. 2 ~ (Gebände) (*Bauw.*) (*österr.*), edificio. 3 ~ gleittisch (eines Mikroskops) (*m. - Opt.*), tavola portaoggetto. 4 ~ programm (*m. - Rechner*), programma oggetto. 5 Wohn ~ (*Bauw.*) (*österr.*), casa di abitazione.
Objektiv (*n. - Opt.*), obiettivo. 2 ~ halter (Objektivträger) (*m. - Opt. - Ger.*), portaobiettivo. 3 ~ revolver (*m. - Opt.*), torretta portaobiettivi. 4 ~ träger (Objektivhalter) (*m. - Opt.*), portaobiettivo. 5 Bifokal ~ (*Opt.*), obiettivo bifocale. 6 Fernrohr ~ (*Opt.*), obiettivo da cannocchiale. 7 Kino ~ (*Filmtech.*), obiettivo cinematografico. 8 Mikroskop ~ (*Opt.*), obiettivo da microscopio. 9 pankratisches ~ (Gummilinse, mit veränderlicher Brennweite) (*Opt.*), obiettivo « zoom », obiettivo a focale variabile. 10 photographisches ~ (*Phot.*), obiettivo fotografico. 11 Standard ~ (*Phot.*), obiettivo normale. 12 Tele ~ (*Phot.*), teleobiettivo. 13 Wechsel ~ (*Phot.*), obiettivo di cambio. 14 Weitwinkel ~ (*Phot.*), obiettivo grandangolare.
Objektträger (eines Mikroskops) (*m. - Opt.*), portaoggetti.
Obligation (*f. - finanz.*), obbligazione.
Obmann (*m. - allg.*), capo. 2 ~ (Schiedsobmann) (*recht.*), terzo arbitro. 3 Geschworenen ~ (*recht.*), presidente della giuria, capo dei giurati.
OBM - Verfahren (Oxygen - Blasverfahren, Maxhütte) (*n. - Metall.*), processo OBM.

Observatorium (*n. - Astr.*), osservatorio. 2 astronomisches ~ (*Astr.*), osservatorio astronomico. 3 umlaufendes ~ (Erdsatellit) (*Raumfahrt*), osservatorio orbitante.
Obsidian (glasige Ausbildungsform von Ergussgesteinen) (*m. - Geol.*), ossidiana.
Obus (Oberleitungs-Omnibus, Trolleybus) (*m. elekt. Fahrz.*), filobus. 2 ~ stromabnehmer (*m. - elekt. Fahrz.*), presa di corrente per filobus. 3 Gelenk ~ (Gelenkoberleitungsomnibus) (*elekt. Fahrz.*), filobus articolato.
O-Ce-Verfahren (ohne Cementation Verfahren, Tauchhärten) (*n. - Wärmebeh.*), tipo di tempra ad immersione.
Ochsenauge (Fensteröffnung) (*n. - naut.*), portellino (di murata), oblò. 2 ~ (rundes Fenster) (*Bauw.*), finestra rotonda.
Ocker (gelbes bis rotes Mineralgemenge) (*m. - Min. - Farbe*), ocra. 2 gelber ~ (*Farbe*), ocra gialla.
Ocrat-Beton (mit SiF_4 behandelter Beton, sehr fest und gegen chem. Angriffe widerstandsfähig) (*m. - Bauw.*), calcestruzzo « ocrat ».
Octanzahl (*f. - Kraftstoff*), siehe Oktanzahl.
ODER (inklusives ODER, Disjunktion) (*Rechner*), disgiunzione, OR inclusivo. 2 ~ -Schaltung (*f. - Rechner*), circuito OR. 3 ausschliessliches ~ (Antivalenz) (*Rechner*), OR esclusivo, antivalenza. 4 einschliessliches ~ (inklusives ODER, Disjunktion) (*Rechner*), OR inclusivo, disgiunzione. 5 invertiertes ~ (NOR-Funktion) (*Rechner*), NOR.
OD-Kühlung (eines Trafo z. B.) (*f. - Elekt.*), raffreddamento forzato.
Ödland (unbebautes Land) (*n. - Geol.*), terreno incolto.
Odometer (Hodometer) (*m. - Ger.*), odometro.
Ödometer (Kompressionsgerät, zur Messung der Zusammendrückbarkeit des Bodens) (*n. - Ger.*), misuratore di comprimibilità.
Odontograph (*m. - Instr.*), odontografo.
Odorant (*m. - Chem.*), odorante (*s.*).
Odoriermittel (*n. - Chem.*), odorizzante (*s.*).
Odorierung (von Gasen) (*f. - Chem. - etc.*), odorizzazione.
Oe (Oersted) (*Masseinheit*), oersted.
OECD (Organisation for Economic Cooperation and Development) (*Wirtschaft*), OECD, Organizzazione per la Collaborazione e Sviluppo Economici.
OECE (Organisation Europeenne de Cooperation Economique, Europäische Organisation der Wirtschaftlichen Zusammenarbeit) (*Wirtschaft*), OECE, Organizzazione Europea di Cooperazione Economica.
Oersted (Masseinheit) (*n. - Elekt.*), oersted.
OEZ (osteuropäische Zeit) (*Astr.*), ora dell'Europa orientale.
Ofen (zum Schmelzen z. B.) (*m. - Ind. - Ofen*), forno. 2 ~ (zum Heizen oder Kochen) (*Ofen - Bauw.*), stufa. 3 ~ (Brennofen, für Ziegel z. B.) (*Ofen*), fornace. 4 ~ ansätze (auf dem Futter) (*m. - pl. - Metall.*), incrostazioni, depositi interni (sul rivestimento). 5 ~ ausmauerung (*f. - Ofen*), rivestimento in muratura del forno. 6 ~ betrieb (Ofengang) (*m. - Metall. - Ofen*), marcia del forno. 7 ~ bruch (*m. - Ofen - Metall.*), incrostazioni di

forno. 8 ~ egge (zur Entleerung des Kupolofens z. B.) (f. - Giess.), rastrello (per sfornare). 9 ~ einsatz (m. - Metall.), carica del forno. 10 ~ form (f. - Metall. - Ofen), ugello del forno. 11 ~ futter (n. - Ofen), rivestimento refrattario (del forno). 12 ~ gang (Ofenbetrieb) (m. - Metall. - Ofen), marcia del forno. 13 ~ guss (Ofenplatte aus Gusseisen, 3-6 mm Wanddicke) (m. - Ofen - Giess.), piastra di ghisa per forni. 14 ~ hut (eines Hochofens, Abblaseventil) (m. - Metall.), valvola (di sfogo) del forno. 15 ~ lack (ofentrockender Lack) (m. - Anstr.), vernice essiccante in forno. 16 ~ mann (m. - Arb.), fornista. 17 ~ mantel (m. - Ofen - Metall.), fasciame del forno, carcassa del forno, involucro del forno, mantello del forno. 18 ~ panzer (m. - Hochofen), corazza del forno. 19 ~ reise (Dauer des ununterbrochenen Betriebes eines Ofens) (f. - Metall. - Ofen), campagna di un forno. 20 ~ sau (Sau, erstarrte, metallische Abscheidungen) (f. - Metall.), salamandra, segregazioni solide metalliche (nel forno). 21 ~ sohle (f. - Ofen), suola del forno. 22 ~ zug (Luftzug) (m. - Ofen), tiraggio. 23 ~ zug (Heizkanal) (Bauw.), canna fumaria, condotto del fumo. 24 Anlass ~ (Ofen - Wärmebeh.), forno per rinvenimento. 25 Anwärm ~ (Ofen), forno di preriscaldo. 26 Back ~ (Ofen), forno (di cottura). 27 Direkt-Lichtbogen ~ (Metall. - Ofen), forno ad arco diretto. 28 Direkt-Widerstands ~ (Metall. - Ofen), forno a resistenza diretta. 29 Drehherd ~ (Ofen - Metall.), forno a suola rotante. 30 Drehrohr ~ (Ofen), forno rotativo (tubolare). 31 Durchschub ~ (Stossofen) (Ofen), forno a spingitoio. 32 Einsatz ~ (Wärmebeh. - Ofen), forno per cementazione. 33 elektrischer ~ (Elektroofen) (Ofen - Metall.), forno elettrico. 34 elektrischer Warmhalte ~ (Ofen - Metall.) forno elettrico di attesa. 35 Elektro ~ (elektrischer Ofen) (Metall. - Ofen), forno elettrico. 36 Flamm ~ (Metall. - Ofen), forno a rivebero. 37 Gas ~ (Ofen), forno a gas. 38 Gaszementier ~ (Wärmebeh. - Ofen), forno per cementazione (in fase) gassosa. 39 Glüh ~ (Ofen - Wärmebeh.), forno per ricottura. 40 Härte ~ (Ofen - Wärmebeh.), forno per tempra. 41 Heissluft ~ (Ofen), stufa a circolazione di aria calda. 42 Hochfrequenz-Induktions ~ (Metall. - Ofen), forno a induzione ad alta frequenza. 43 Hoch ~ (Metall.), altoforno. 44 Indirekt-Lichtbogen ~ (Metall. - Ofen), forno ad arco indiretto. 45 Indirekt-Widerstands ~ (Metall. - Ofen), forno a resistenza indiretta. 46 Induktions ~ (Ofen), forno a induzione. 47 Industrie ~ (Ofen), forno industriale. 48 Kammer ~ (Metall. - Ofen), forno discontinuo. 49 Kanonen ~ (eiserner Ofen) (Ofen), stufa in ghisa. 50 Kipp ~ (Metall. - Ofen), forno rovesciabile. 51 Kohlenstaub ~ (Ofen), forno a polverizzato di carbone. 52 kombinierter Lichtbogen-Widerstands ~ (Ofen), forno ad arco e resistenza. 53 Kupol ~ (Metall. - Giess.), cubilotto. 54 Lichtbogen ~ (Metall. - Ofen), forno ad arco. 55 Muffel ~ (Ofen), forno a muffola. 56 Niederfrequenz-Induktions ~ (Metall. - Ofen), forno a induzione a bassa frequenza. 57 Nitrier ~ (Ofen - Wärmebeh.), forno per nitrurazione. 58 Öl ~ (Ofen), forno a nafta. 59 Rollenherd ~ (Ofen), forno con suola a rulli. 60 Schacht ~ (Metall. - Ofen), forno a tino, forno a manica. 61 Schmelz ~ (Metall. - Ofen), forno fusorio. 62 Siemens-Martin- ~ (Metall.), forno Martin-Siemens. 63 Stoss ~ (Metall. - Ofen), forno a spingitoio. 64 Tief ~ (Metall. - Ofen), forno a pozzo. 65 Tiegel ~ (Metall. - Ofen), forno a crogiuolo. 66 Trocken ~ (Ofen), forno di essiccazione. 67 Tunnel ~ (Kanalofen) (Metall.), forno a tunnel. 68 Warmbehandlungs ~ (Ofen), forno per trattamenti termici. 69 Widerstands ~ (Metall. - Ofen.), forno a resistenza.

ofengetrocknet (Ind.), essiccato in forno, essiccato all'essiccatoio.

ofentrocken (Ind.), essiccato in forno, essiccato all'essiccatoio.

offen (allg.), aperto. 2 ~ (Gefüge) (Metall. - etc.), aperto. 3 ~ (ungeschützt) (Elekt.), aperto. 4 ~ e Handelsgesellschaft (OHG, Kollektivgesellschaft) (finanz. - komm.), società in nome collettivo. 5 ~ e Jonisationskamera (Phys.), camera di ionizzazione libera. 6 ~ er Brief (in einer Zeitung) (Zeitg.), lettera aperta. 7 ~ er Funkspruch (Funk. - milit. - etc.), radiomessaggio in chiaro, radiomessaggio non in codice. 8 ~ er Güterwagen (Eisenb.), carro (merci) aperto. 9 ~ er Kreislauf (Technol. - etc.), ciclo aperto. 10 ~ er Motor (Elektromot.), motore in esecuzione aperta, motore di costruzione aperta. 11 ~ er Windkanal (Aerodyn.), galleria del vento a vena aperta. 12 ~ e Sprache (allg.), linguaggio non in codice, linguaggio in chiaro. 13 ~ es Schaltkreissystem (ohne Rückführung) (Regelung - etc.), sistema ad anello aperto, sistema senza retroazione.

Offenbarung (einer Erfindung) (f. - recht.), divulgazione.

Offenhaltezeit (beim Schweissen, die Zeitdauer vom Abschalten des Druckes bis zum Ende der Arbeitspielzeit) (f. - mech. Technol.), tempo finale ad elettrodo staccato (dal pezzo).

Offensive (Angriff) (f. - milit.), offensiva.

Offensivwerk (Werk das die Strömung beeinflusst) (n. - Wass.b.), protezione attiva.

öffentlich (allg.), pubblico. 2 ~ e Anstalt (Bibliothek z. B.) (Bauw.), luogo pubblico, istituzione pubblica. 3 ~ e Arbeiten (Bauw.), lavori pubblici. 4 ~ e Fernsprechstelle (Fernspr.), telefono pubblico. 5 ~ e Hand (recht.), poteri pubblici. 6 ~ e Klage (recht.), pubblica accusa. 7 ~ e Meinung (komm. - etc.), pubblica opinione, opinione pubblica. 8 ~ er Dienst (Ing.b. - etc.), servizio pubblico. 9 ~ er Massenverkehr (Transp.), trasporto pubblico. 10 ~ e Schule (Schule), scuola pubblica. 11 ~ es Grün (im Städtebau) (Bauw.), verde pubblico. 12 ~ e Versorgungsbetriebe (f. - pl. - Ing.b. - etc.), servizi pubblici.

Öffentlichkeitsarbeit (zwischen einem Unternehmen und der Öffentlichkeit, Presse, etc.) (f. - Ind.), relazioni pubbliche.

offiziell (amtlich) (allg.), ufficiale (a.).

Offizier (m. - milit.), ufficiale (s.). 2 ~ auf

Offizin

Zeit (*milit.*), ufficiale di complemento. 3 **Berufs** ~ (*milit.*), ufficiale effettivo. 4 **Miliz** ~ (*milit.* [*schweiz.*]), ufficiale di complemento.
Offizin (Buchdruckerei) (*f. - Druck.*), tipografia.
offiziös (halbamtlich) (*allg.*), ufficioso.
Off-line-Betrieb (Off-line-Verarbeitung) (*m. - Rechner*), elaborazione off-line, elaborazione indiretta.
Öffnen (eines Schalters) (*n. - Elekt.*), apertura.
öffnen (*allg.*), aprire. 2 ~ (einen Kreis) (*Elekt.*), aprire, interrompere. 3 **den Fallschirm** ~ (*Flugw.*), aprire il paracadute.
Öffner (*m. - Textilmasch.*), apritoio. 2 ~ (Ausschaltglied) (*Elekt.*), contatto chiuso a riposo. 3 ~ (Ruhekontakt, eines Relais) (*Elekt.*), contatto di riposo.
Öffnung (*f. - allg.*), apertura. 2 ~ (Spannweite, eines Bogens z. B.) (*Bauw.*), luce. 3 ~ **s·extrastrom** (*m. - Elekt.*), extracorrente di apertura. 4 ~ **s·fehler** (sphärische Aberration) (*m. - Opt.*), aberrazione sferica. 5 ~ **s·funke** (*m. - Elekt.*), scintilla di apertura. 6 ~ **s·verhältnis** (relative Öffnung) (*n. - Opt.*), apertura relativa. 7 ~ **s·verspätung** (von Ventilen) (*f. - Mot. - etc.*), ritardo di apertura. 8 ~ **s·weite** (Öffnungswinkel, eines Zündverteilers) (*f. - Elekt. - Mot.*), angolo di apertura, ampiezza di apertura. 9 ~ **s·winkel** (Aperturwinkel, bei opt. Systemen) (*m. - Opt.*), angolo di apertura. 10 ~ **s·zahl** (*f. - Opt.*), siehe Blendenzahl. 11 ~ **s·zeit** (eines Fallschirmes) (*f. - Flugw.*), tempo di spiegamento. 12 **Deck** ~ (*naut.*), apertura sul ponte. 13 **gleichwertige** ~ (Vergleichswert für den Wetterwiderstand bei der Bewetterungsberechnung von Gruben) (*Bergbau*), apertura equivalente. 14 **relative** ~ (Öffnungsverhältnis) (*Opt.*), apertura relativa. 15 **Schieber** ~ (*Masch.*), luce del cassetto.
Offsetdruck (*m. - Druck.*), stampa offset. 2 ~ **papier** (*n. - Druck. - Papierind.*), carta per stampa offset. 3 ~ **platte** (*f. - Druck.*), lastra per stampa offset.
Offsetgummituch (*n. - Druck.*), tela gommata per stampa offset.
Offsetmaschine (*f. - Druckmasch.*), macchina offset.
Offsetrotationsdruckmaschine (*f. - Druckmasch.*), rotativa offset.
Offset-Schnelläufer (*m. - Druckmasch.*), macchina offset ad alta velocità.
Offshore-Bohrung (*f. - Bergbau*), trivellazione sottomarina.
OFHC-Kupfer (oxygenfree high conductivity copper) (*n. - Metall.*), rame ad alta conduttività esente da ossigeno.
OFLW (Ortsfernleitungswähler) (*Fernspr.*), selettore urbano-interurbano.
OFN (Ortsfernsprechnetz) (*Fernspr.*), rete telefonica locale.
OFT (Oberflächen-Feldeffekt-Transistor) (*Elektronik*), transistor ad effetto di campo di superficie.
OF-Transformator (zwangsbelüfteter Öltransformator) (*m. - Elekt.*), trasformatore in olio a ventilazione forzata.
OG (Obergeschoss) (*Bauw.*), ultimo piano.

ÖGB (Österreichischer Gewerkschaftsbund) (*Arb.*), Unione Sindacati Austriaci.
ÖGDB (Österreichische Gesellschaft für Dokumentation und Bibliographie) (*Dokum.*) (*österr.*), Società Austriaca per Documentazione e Bibliografie.
OHG (offene Handelsgesellschaft) (*komm. - finanz.*), società in nome collettivo.
Ohm (Winderstandsmasseinheit) (*n. - Elekt.*), ohm. 2 ~ **meter** (*n. - elekt. Ger.*), ohmmetro. 3 ~ **scher Spannungsabfall** (*Elekt.*), caduta ohmica. 4 ~ **scher Verlust** (*Elekt.*), perdita ohmica. 5 ~ **sches Gesetz** (*Elekt.*), legge di Ohm. 6 **absolutes** ~ (*elekt. Masseinheit*), ohm assoluto. 7 **akustisches** ~ (*akus. Masseinheit*), ohm acustico. 8 **internationales** ~ (= 1,00049 abs. Ohm) (*elekt. Masseinheit*), ohm internazionale. 9 **mechanisches** ~ (= $1 \frac{dyn}{cm/s} = 1 g/s = 10^{-3} \frac{Ns}{m}$) (*Akus. - Einheit*), ohm meccanico.
ohne (*allg.*), senza. 2 ~ **Bericht** (o. B.) (*finanz.*), senza avviso. 3 ~ **Datum** (*Büro*), senza data.
Ohnehaltflug (Nonstopflug) (*m. - Flugw.*), volo senza scalo.
Ohr (*n. - allg.*), orecchio. 2 ~ **muschel** (*f. - Fernspr.*), auricolare. 3 ~ **stück** (*n. - Fernspr.*), auricolare. 4 **äusseres** ~ (*Akus.*), orecchio esterno. 5 **inneres** ~ (*Akus.*), orecchio interno. 6 **Mittel** ~ (*Akus.*), orecchio medio.
Öhr (Öse) (*n. - allg.*), occhiello. 2 ~ (Reiter, einer Ringspinnmaschine) (*Textilmasch.*), siehe Läufer. 3 ~ (einer Nadel) (*Textilind.*), cruna. 4 ~ (eines Hammers, einer Axt) (*Werkz.*), foro (per il manico), asola.
OHZ (*Chem.*), siehe Hydroxylzahl.
ÖIG (Österreichische-Industrie-Verwaltungsgesellschaft) (*finanz.*), Organizzazione per la Gestione della Industria Austriaca Nazionalizzata.
OK (Oberkante) (*allg.*), filo superiore, spigolo superiore.
Ok (Ortskabel) (*Fernspr.*), cavo locale.
Okklusion (Einschliessung) (*f. - Phys.*), occlusione.
Ökologie (*f. - Ökologie*), ecologia.
Ökonom (Gutsverwalter) (*m. - Arb.*), economo.
Ökonometrie (Planungsforschung) (*f. - Arb. - Organ. - etc.*), ricerca operativa.
Ökonomie (Wirtschaft, Wirtschaftslehre) (*f. - finanz.*), economia.
Oktaeder (*n. - Geom.*), ottaedro.
oktal (Zahlensystem z. B.) (*Rechner*), octal.
Oktalschreibweise (Oktaldarstellung, von Zahlen) (*f. - Math.*), numerazione ottale, notazione ottale.
Oktalsockel (für Elektronenröhre) (*m. - elekt. App.*), zoccolo octal.
Oktalziffer (*f. - Math.*), cifra ottale.
Oktan (*n. - Chem.*), ottano. 2 ~ **zahl** (*f. - Kraftstoff - Mot.*), numero di ottano.
Oktant (*m. - Math.*), ottante. 2 ~ (Winkelmessinstrument) (*naut. Instr.*), ottante.
Oktavanalyse (*f. - Akus.*), analisi di ottave.
Oktavband (*n. - Akus.*), banda di ottave.
Oktave (*f. - Phys.*), ottava.
Oktavfilter (*m. - Akus.*), filtro di ottave.
Oktavschritt (*m. - Akus.*), banda di ottave.

Oktavsieb-Analyse (Zerlegung eines Geräusches durch Filter in Frequenzgebiete von der Breite einer Oktave) (*f. - Akus.*), scomposizione in ottave.
Oktode (Elektronenröhre) (*f. - Funk.*), ottodo.
Oktroi (Binnenzoll) (*m. - n. - finanz.*), dazio.
Okular (*n. - Opt.*), oculare. 2 ~ **mikrometer** (*n. - Ger.*), micrometro oculare.
Öl (*n. - Chem.*), olio. 2 ~ **abdichtung** (*f. - Mech. - Masch.*), paraolio. 3 ~ **ablass-schraube** (*f. - Mot. - etc.*), tappo di scarico dell'olio. 4 ~ **absaugpumpe** (Ölsaugpumpe) (*f. - Mot.*), pompa di ricupero dell'olio. 5 ~ **abscheider** (*m. - Kessel*), separatore di olio. 6 ~ **abschreckung** (*f. - Wärmebeh.*), spegnimento in olio, tempra in olio. 7 ~ **abstreifring** (Ölabstreifer) (*m. - Mech.*), anello raschiaolio, segmento raschiaolio. 8 ~ **abziehstein** (*m. - Mech.*), pietra per affilare (con olio). 9 ~ **akne** (Berufskrankheit) (*f. - Med. - Mech. - Werkz.masch. bearb.*), acne da olio (minerale). 10 ~ **anlasser** (*m. - Elekt.*), avviatore in olio. 11 ~ **ausdehnungsgefäss** (eines Transformators, Ölkonservator) (*n. - Elekt.*), conservatore dell'olio, serbatoio di livello dell'olio. 12 ~ **bad** (*n. - Mech.*), bagno d'olio. 13 ~ **badluftfilter** (*m. - Mot.*), filtro dell'aria a bagno d'olio. 14 ~ **badschmierung** (*f. - Mech.*), lubrificazione a bagno d'olio. 15 ~ **baum** (Olivenbaum) (*m. - Ind.*), ulivo. 16 ~ **behälter** (*m. - Mot. - etc.*), serbatoio dell'olio. 17 ~ **beize** (*f. - Textilind.*), mordente ad olio. 18 ~ **belüfter** (Ölentlüfter) (*m. - Mot. - Masch.*), sfiato per l'olio. 19 ~ **bohrer** (*m. - Masch.*), sonda petrolifera. 20 ~ **bohrloch** (Ölbohrung) (*n. - Bergbau*), pozzo petrolifero. 21 ~ **bohrplattform auf See** (*chem. Ind.*), piattaforma per trivellazione sottomarina. 22 ~ **bohrturm** (*m. - Masch.*), torre di trivellazione (petrolifera). 23 ~ **bohrung** (*f. - Masch.*), foro dell'olio, foro per l'olio. 24 ~ **bohrung** (*Bergbau*), pozzo petrolifero. 25 ~ **bremse** (Öldämpfer) (*f. - Masch.*), ammortizzatore idraulico. 26 ~ **brenner** (*m. - Verbr.*), bruciatore di nafta. 27 ~ **brunnen** (*m. - Bergbau*), pozzo petrolifero. 28 ~ **dämpfe** (für Schmierung) (*m. pl. - Masch.*), vapori di olio. 29 ~ **dichtungsring** (*m. - Mot.*), anello paraolio. 30 ~ **druckanzeiger** (*m. - Instr.*), manometro dell'olio. 31 ~ **druckbremse** (hydraulische Bremse) (*f. - Fahrz.*), freno idraulico. 32 ~ **druckkontrollampe** (*f. - Mot. - Masch.*), spia (luminosa) della pressione dell'olio. 33 ~ **druckleitung** (*f. - Mot.*), tubo di mandata dell'olio. 34 ~ **druckmesser** (*m. - Mot. - etc.*), manometro dell'olio. 35 ~ **druckminderventil** (*n. - Mot.*), valvola limitatrice della pressione dell'olio. 36 ~ **druckpumpe** (*f. - Mot.*), pompa di mandata dell'olio. 37 ~ **druckschalter** (im Schmierölkreislauf, bei dem das Anlassen des Mot. erst freigegeben wird wenn der Mindestöldruck erreicht ist) (*m. - Mot.*), interruttore azionato dalla pressione dell'olio. 38 ~ **druckschmierung** (*f. - Mot.*), lubrificazione forzata. 39 ~ **drucksicherheitsabsteller** (*m. - Mot.*), arresto di emergenza in caso di bassa pressione dell'olio. 40 ~ **dunst** (*m. - Mech.*), vapori di olio. 41 ~ **entziehanlage** (Ölextraktionsanlage) (*f. - Ack.b. - Ind.*), oleificio. 42 ~ **entziehanlage** (Ölextraktionsanlage, von Spänen z. B.) (*mech. Ind.*), impianto estrazione olio. 43 ~ **extraktionsanlage** (Ölentziehanlage) (*f. - Ack.b. - Ind.*), oleificio. 44 ~ **extraktionsanlage** (Ölentziehanlage, von Spänen z. B.) (*mech. Ind.*), impianto estrazione olio. 45 ~ **fänger** (*m. - Ger. - Masch.*), raccoglitore di olio. 46 ~ **farbe** (*f. - Anstr.*), pittura ad olio. 47 ~ **feld** (*n. - Bergbau*), campo petrolifero. 48 ~ **fernthermometer** (*m. - Instr.*), teletermometro dell'olio. 49 ~ **feuerung** (*f. - Kessel*), combustione a nafta. 50 ~ **film** (*m. - Mech.*), velubro, velo di olio. 51 ~ **filter** (*m. - Mot. Aut.*), filtro dell'olio. 52 ~ **filter im Hauptstrom** (*Mot. - Aut.*), filtro dell'olio a portata totale. 53 ~ **firnis** (*m. - Anstr.*), vernice ad olio. 54 ~ **gebiet** (*n. - Bergbau*), distretto petrolifero. 55 ~ **härten** (*n. - Wärmebeh.*), tempra in olio. 56 ~ **harz** (*n. - chem. Ind.*), oleoresina. 57 ~ **härter** (Ölhärtestahl) (*m. - Metall.*), acciaio temprabile in olio. 58 ~ **harzlack** (*m. - Anstr.*), vernice oleoresinosa. 59 ~ **heizung** (*f. - Heizung - Bauw.*), riscaldamento a nafta. 60 ~ **holz** (mit Öl getränktes Holz) (*n. - Holz*), legno impregnato di olio. 61 ~ **horizont** (*m. - Bergbau*), siehe Ölträger. 62 ~ **hydraulik** (industrielle Hydraulik) (*f. - Ölhydr.*), oleoidraulica. 63 ~ **isolator** (*m. - Elekt.*), isolatore in olio. 64 ~ **kabel** (*n. - Elekt.*), cavo con riempimento di olio. 65 ~ **kammer** (*f. - Masch.*), bagno d'olio. 66 ~ **kanalbohrer** (*m. - Werkz.*), punta da trapano con canali di lubrificazione. 67 ~ **kanne** (*f. - Ger.*), oliatore a mano. 68 ~ **kautschuk** (*m. - Gummiind.*), siehe Faktis. 69 ~ **kern** (Ölsandkern) (*m. - Giess.*), anima con olio, anima con legante olio. 70 ~ **kessel** (*m. - Kessel*), caldaia a nafta. 71 ~ **kessel** (bei Kühlung von Transformatoren, Transformatorkessel, Transformatorkasten) (*Elekt.*), cassa d'olio, cassone d'olio, cassa del trasformatore, cassone del trasformatore. 72 ~ **konservator** (Ölausdehnungsgefäss, bei Transformatoren) (*m. - Elekt.*), conservatore d'olio. 73 ~ **kühler** (eines Dieselmotors z. B.) (*m. - Mot.*), refrigeratore dell'olio. 74 ~ **kühler** (eines Sternmotors z. B.) (*Flugw.*), radiatore dell'olio. 75 ~ **lack** (*m. - Anstr.*), vernice ad olio. 76 ~ **lagerung** (*f. - chem. Ind.*), stoccaggio dell'olio (combustibile). 77 ~ **länge** (*f. - Anstr. - Chem.*), lunghezza d'olio. 78 ~ **lagerstätte** (*f. - Bergbau*), giacimento di petrolio, deposito di petrolio. 79 ~ **leder** (*n. - Lederind.*), pelle scamosciata. 80 ~ **leitung** (Fernleitung für Erdöl) (*f. - chem. Ind.*), oleodotto. 81 ~ **leitung** (Ölrohr) (*Mot. - Masch.*), tubo dell'olio. 82 ~ **loslager** (*n. - Masch.*), cuscinetto non richiedente lubrificazione. 83 ~ **luftpumpe** (Vakuumpumpe) (*f. - Masch.*), pompa pneumatica ad olio. 84 ~ **- Luft - Stossfänger** (*m. - Mech.*), ammortizzatore oleopneumatico. 85 ~ **mess-stab** (*m. - Mot.*), astina di livello (dell'olio), astina indicatrice del livello dell'olio. 86 ~ **motor** (Verbrennungsmotor) (*m. - Mot.*), motore a nafta, motore a gasolio, motore Diesel. 87 ~ **mühle** (*f. - Masch.*), frantoio per olio. 88 ~ **nebel** (für Schmierzwecke) (*m. - Mot. -*

Öl

Masch.), nebbia d'olio, vapori di olio. **89 ~ nebel** (*Brennst.*), nafta polverizzata. **90 ~ nebel-Schmierung** (*f. - Mech.*), lubrificazione a vapori di olio, lubrificazione a nebbia d'olio. **91 ~ nut** (zum Schmieren) (*f. - Mech.*), scanalatura per l'olio. **92 ~ ofen** (Ölheizofen) (*m. - Ofen*), forno a nafta. **93 ~ ohne Zusätze** (*Mot. - chem. Ind.*), olio senza additivi, olio non additivato. **94 ~ papier** (Pauspapier) (*n. - Zeichn.*), carta da lucidi. **95 ~ papier** (zum Packen) (*Papierind.*), carta oleata. **96 ~ papier** (für elekt. Isolierung) (*Elekt.*), carta impregnata d'olio. **97 ~ papierkondensator** (*m. - Elekt.*), condensatore a carta impregnata d'olio. **98 ~ pest** (Verschmutzung der Küsten durch Tankschifföl) (*f. - Ökologie*), imbrattamento da petrolio. **99 ~ presse** (für Olivenöl) (*f. - Masch.*), frantoio per olio, torchio per olio. **100 ~ pumpe** (*f. - Mot.*), *Masch.*), pompa dell'olio. **101 ~ raffinerie** (Erdölraffinerie) (*f. - chem. Ind.*), raffineria di petrolio. **102 ~ reaktivität** (von Kunstharzen) (*f. - Chem.*), reattività con olio, capacità di formare composti chimici con oli (grassi saturi). **103 ~ refraktometer** (*n. - Instr.*), oleorifrattometro. **104 ~ rückführpumpe** (*f. - Mot.*), pompa di ricupero dell'olio. **105 ~ sand** (für Kerne) (*m. - Giess.*), sabbia con olio. **106 ~ saugpumpe** (*f. - Mot.*), pompa di ricupero dell'olio. **107 ~ säure** ([$C_{18}H_{34}O_2$], Oleinsäure, Elainsäure) (*f. - Chem.*), acido oleico. **108 ~ schalter** (*m. - Elekt.*), interruttore in olio. **109 ~ schiefer** (*m. - Min.*), scisto bituminoso. **110 ~ schieferzement** (*m. - Bauw.*), cemento di scisti bituminosi. **111 ~ schlamm** (*m. - Mot.*), morchia (dell'olio). **112 ~ schleuderring** (für Schmierung) (*m. - Masch.*), anello per lubrificazione centrifuga, anello centrifugatore. **113 ~ schrumpfung** (Volumenänderung von Erdöl zwischen Lagerstätte und Rohöltank) (*f. - Bergbau*), calo del grezzo. **114 ~ spritze** (*f. - Ger.*), siringa per lubrificazione. **115 ~ spritzschmierung** (*f. - Mot.*), lubrificazione a sbattimento. **116 ~ stab** (*m. - Mot.*), siehe Ölmessstab. **117 ~ standglas** (Schauglas) (*n. - Masch.*), tubo (di vetro) di livello dell'olio, livello dell'olio. **118 ~ standsmelder** (*m. - Ger.*), segnalatore del livello dell'olio. **119 ~ standschraube** (*f. - Mech.*), tappo di livello dell'olio. **120 ~ stein** (*m. - Mech.*), pietra ad olio. **121 ~ stossdämpfer** (*m. - Mech. - Aut.*), ammortizzatore idraulico. **122 ~ strahlschalter** (*m. - Elekt.*), interruttore a getto d'olio. **123 ~ strebe** (eines Fahrgestells) (*f. - Flugw.*), gamba elastica (con ammortizzatore oleopneumatico). **124 ~ stromschalter** (Ölstrahlschalter) (*m. - Elekt.*), interruttore a getto d'olio. **125 ~ stutzen** (Ölfüllstutzen) (*m. - Mot.*), bocchettone di riempimento dell'olio. **126 ~ sumpf** (Ölwanne) (*m. - Mot. - Aut.*), coppa dell'olio. **127 ~ süss** (Glyzerin) (*n. - Chem.*), glicerina. **128 ~ thermometer** (*n. - Mot. - etc. - Instr.*), termometro dell'olio. **129 ~ thermostat** (*m. - Mot.*), termostato dell'olio. **130 ~ träger** (*m. - Bergbau*), giacimento petrolifero. **131 ~ transformator** (Ölwandler) (*m. - Elekt.*), trasformatore in olio. **132 ~ trennungsschalter** (*m. - Elekt.*), sezionatore in olio. **133 ~ trester** (*m. - pl. - Ind.*), sanse dell'olio. **134 ~ umlauf** (*m. - Mot.*), circolazione dell'olio. **135 ~ umlaufkühlung** (von Transformatoren) (*f. - Elekt.*), raffreddamento a circolazione d'olio. **136 ~ verdünnung** (für Kaltstarten) (*f. - Mot.*), diluizione dell'olio. **137 ~ vergasung** (Umwandlung von Mineralölen in Gase) (*f. - Bergbau*), gasificazione di oli minerali. **138 ~ vergüten** (Vergüten bei dem das Härten in Öl stattfindet) (*n. - Wärmebeh.*), bonifica in olio. **139 ~ vorwärmschlange** (*f. - Mot.*), preriscaldatore dell'olio. **140 ~ wandler** (Öltransformator) (*m. - Elekt.*), trasformatore in olio. **141 ~ wanne** (*f. - Mot.*), coppa dell'olio. **142 ~ wärmemesser** (Ölthermometer) (*m. - Mot. - etc. - Instr.*), termometro dell'olio. **143 ~ wechsel** (*m. - Mot. - Aut.*), cambio dell'olio. **144 ~ zeug** (*n. - naut.*), tela cerata. **145 ~ zuführung** (*f. - Masch.*), adduzione dell'olio. **146 Apiezon ~** (*Vakuumtechnik - chem. Ind.*), olio apiezon. **147 ätherisches ~** (flüchtiges Öl) (*Chem.*), olio essenziale. **148 dickflüssiges ~** (*Aut.*), olio denso. **149 Diesel ~** (*Brennst. - Kraftstoff*), gasolio. **150 Dispersions ~** (detergenthaltiges Öl) (*Schmierung - Mot.*), olio disperdente, olio detergente. **151 Erd ~** (*chem. Ind.*), petrolio. **152 flüchtiges ~** (*Chem.*), olio essenziale. **153 Fusel ~** (*Chem.*), olio di flemma, olio di fusel. **154 geblasenes ~** (*Chem.*), olio soffiato. **155 gehärtetes ~** (*Chem.*), olio idrogenato. **156 Graphit ~** (für Schmierung) (*Mech.*), olio grafitato. **157 Härte ~** (*chem. Ind.*), olio per tempra. **158 kältebeständiges Schmier ~** (*Mot. - chem. Ind.*), olio lubrificante per basse temperature. **159 lebendiges ~** (mit Erdölgas, bei Erdölförderung) (*Bergbau*), petrolio non degassato. **160 legiertes ~** (Öl mit Additiven) (*chem. Ind.*), olio (lubrificante) con additivi, olio additivato. **161 Mehrbereichs ~** (Mehrzwecköl) (*chem. Ind. - Mot.*), olio universale, olio a viscosità costante, olio « multigrade », olio ognitempo. **162 Mineral ~** (*Chem.*), olio minerale. **163 Oliven ~** (*Ind.*), olio di oliva. **164 Pflanzen ~** (vegetabiles Öl) (*Chem.*), olio vegetale. **165 Rizinus ~** (*chem. Ind.*), olio di ricino. **166 rotierende ~ luftpumpe** (*Masch.*), pompa pneumatica rotativa (ad olio). **167 Schmier ~** (*chem. Ind.*), olio lubrificante. **168 Schneid ~** (*Werkz.masch.bearb.*), olio da taglio. **169 schwerflüssiges ~** (dickflüssiges Öl) (*Chem. - Mot.*), olio denso. **170 Solar ~** (*Chem.*), olio solare. **171 Spindel ~** (*Textilind. - chem. Ind.*), olio per fusi. **172 Teer ~** (*Chem.*), olio di catrame. **173 totes ~** (entgastes Öl, bei Erdölförderung) (*Bergbau*), petrolio degassato. **174 trocknendes ~** (*Chem.*), olio siccativo. **175 Umlauf ~** (*Mot.*), olio in circolazione. **176 wasserlösliches ~** (*chem. Ind.*), olio solubile, olio emulsionabile.

ölabstossend (ölabweisend) (*Chem.*), oleorepellente.

Oldham-Kupplung (*f. - Mech.*), giunto Oldham.

öldicht (*Mech.*), a tenuta d'olio.

Olefin (Alkylene, Alkene) (*n. - Chem.*), olefina.

Olein (*n. - Chem.*), oleina.
ölen (schmieren) (*Mech.*), oliare.
Oleomargarin (*n. - Chem.*), oleomargarina.
Öler (*m. - Masch.*), oliatore. **2 Docht** ~ (*Mech.*), oliatore a stoppino. **3 Druck** ~ (*Masch.*), oliatore a pressione. **4 Helm** ~ (*Mech.*), oliatore a tazza, oliatore a coppa. **5 Tropfen** ~ (*Masch.*), oliatore a gocce.
Oleum (rauchende Schwefelsäure) (*n. Chem.*), oleum, acido solforico fumante.
ölfest (*Chem.*), insolubile in olio.
ölführend (*Bergbau*), petrolifero.
OLG (Oberlandesgericht) (*recht.*), pretura.
ölgefeuert (*Ofen*), a nafta.
ölgekapselt (Transformator) (*Elekt.*), immerso in olio.
ölharzig (*Anstr.*), oleoresinoso.
oligodynamisch (zellzerstörende Eigenschaft des Silbers z. B., wenn in geringsten Mengen in Wasser gelöst) (*Metall.*), oligodinamico. **2** ~ **e Wirkung** (zur Wasseraufbereitung) (*Metall.*), effetto oligodinamico.
Oligoklas (ein Plagioklas) (*m. - Min.*), oligoclasio.
oligomer (aus wenigen Monomeren) (*Chem.*), oligomero.
Oligopol (*n. - komm.*), oligopolio.
Oligozän (Stufe des Tertiärs) (*n. - Geol.*), oligocene.
Olive (Drehgriff, an Fenster z. B.) (*f. - Bauw. - Zimm.*), oliva. **2** ~ (*Ack.b.*), oliva. **3** ~ **n·öl** (*n. - Ind.*), olio di oliva.
Olivin ([Mg, Fe]₂ SiO₄) (*m. - Min.*), olivina, peridoto.
öllöslich (*Chem.*), solubile in olio.
OLW (Leitungswähler für Ortsverkehr) (*Fernspr.*), selettore di linea per traffico locale.
OM (Kurzwellen-Amateur) (*Funk.*), radioamatore.
Ombrograph (selbstschreibender Niederschlagsmesser) (*m. - Ger.*), pluviografo.
Omega-Mulde (im Kolbenboden eines Verbrennungsmotors) (*f. - Mot.*), toroide, cavità a toroide.
OMG (Österreichische Mineralogische Gesellschaft) (*Min.*) (*österr.*), Associazione Austriaca di Mineralogia.
Omnibus (Autobus, Bus) (*m. - Aut.*), autobus. **2** ~ **anhänger** (*m. - Aut.*), rimorchio per autobus. **3** ~ **bahnhof** (Busbahnhof) (*m. - Aut.*), autostazione. **4** ~ **haltebucht** (*f. - Strass.verk.*), piazzola per fermata di autobus. **5** ~ **mit Oberdeck** (Doppeldeckomnibus) (*Aut.*), autobus a due piani. **6** ~ **zug** (*m. - Aut.*), autobus con rimorchio. **7 Dieselheck** ~ (*Aut.*), autobus con motore Diesel posteriore. **8 Doppeldeck** ~ (*Aut.*), autobus a due piani. **9 Einmann** ~ (*Transp.*), autobus senza bigliettario. **10 Gelenk** ~ (*Aut.*), autosnodato. **11 Hotel** ~ (Kleinomnibus) (*Aut.*), autobus per alberghi. **12 Klein** ~ (Kleinbus) (*Aut.*), minibus, autobus tipo alberghi. **13 Linien** ~ (Stadtomnibus) (*Transp.*) - *Aut.*), autobus urbano. **14 Reise** ~ (Überlandomnibus) (*Fahrz.*), autobus interurbano. **15 Stadt** ~ (*Fahrz.*), autobus urbano. **16 Überland** ~ (*Aut.*), autobus interurbano.
OMR (organisch moderierter Reaktor) (*Kernphys.*), reattore con moderatore organico.

ON (Ortsnetz) (*Fernspr.*), rete (telefonica) locale. **2** ~ (Österreichisches Normeninstitut) (*Normung*), Istituto Austriaco di Normalizzazione.
ÖNA (Österreichischer Normenausschuss) (*Technol.-etc.*), Ente Austriaco di Unificazione.
ONB (Österreichische Nationalbibliothek) (*Dokum.*) (*österr.*), Biblioteca Nazionale Austriaca.
Ondégarn (*n. - Textil.*), filato ondé.
Ondograph (Wellenschreiber) (*m. - Ger.*), ondografo.
ON-Kühlung (eines Trafo z. B.) (*f. - Elekt.*), raffreddamento naturale.
On-line-Betrieb (On-line-Verarbeitung) (*m. - Rechner*), elaborazione in linea, elaborazione on-line, elaborazione diretta.
ONO (Ostnordosten) (*Geogr.*), ENE, est-nord-est.
Önorm (österreichische Norm) (*f. - Technol.*), norma austriaca.
ONS (Oberste Nationale Sportkommission, für den Automobilsport in Deutschland) (*Aut. - Sport*), Commissione Sportiva Nazionale.
ONU (Organization der Vereinten Nationen) (*Politik*), ONU, Organizzazione delle Nazioni Unite.
Onyx (*m. - Min.*), onice.
Oolith (*m. - Min.*), oolite.
OP (Oberputz-) (*a. - Elekt.*), sopra intonaco, non incassato.
opak (undurchsichtig) (*allg.*), opaco.
Opal (*m. - Min.*), opale. **2** ~ **glas** (*n. - Glasind. - Beleucht.*), vetro opalino. **3** ~ **lampe** (*f. - Beleucht.*), lampada opalina.
Opaleszenz (*f. - Phys.*), opalescenza.
opaleszieren (Glas z. B.) (*allg.*), opalizzare.
Opazität (*f. - Phot.*), opacità.
Operand (Inhalt eines Speicherplatzes z. B.) (*m. - Math. - Rechner - etc.*), operando (*s.*).
Operateur (*m. - Filmtech. - Arb.*), operatore.
Operation (*f. - Math. - etc.*), operazione. **2** ~ (am Arbeitsplatz) (*Werkz.masch.bearb.*), operazione. **3** ~ **s-Code** (*m. - Rechner*), codice operativo. **4** ~ **s·Research** (*Planung - etc.*), ricerca operativa. **5** ~ **s·teil** (eines Befehlwortes) (*m. - Rechner*), componente operativa. **6** ~ **s·verstärker** (*m. - Elekt.*), amplificatore operazionale. **7 binäre** ~ (*Math.*), operazione binaria.
operativ (*milit.*), strategico. **2** ~ (*allg.*), operativo.
Operator (Rechenvorschrift) (*m. - Math.*), operatore. **2** ~ (Person die die Programme auf einem Computer laufen läst) (*Rechner*), operatore. **3** ~ **en·rechnung** (*f. - Math.*), calcolo operatorio, calcolo operatorio funzionale. **4 Differential** ~ (*Math.*), operatore differenziale.
Operment ([As₂S₃], gelbes Arsenikglas) (*n. - Chem. - Min.*), orpimento.
Opernglas (handliches Doppelfernrohr) (*n. - Opt.*), binocolo da teatro.
OPET (Optimale Planungs- und Entscheidungstechnik) (*Prog.*), tecnica ottimale di programmazione e decisione.
Opferanoden (Zinkschutz, gegen Korrosion) (*f. - pl. - Mot. - etc.*), anodi anticorrosione (galvanica), zinchi.

Ophthalmometer

Ophthalmometer (Keratometer) (*n. - Opt. - Ger.*), oftalmometro, astigmometro.
Opium (*n. - Pharm.*), oppio.
optieren (*allg.*), optare.
Optik (Lehre) (*f. - Phys.*), ottica. 2 ~ (optisches System, aus Linsen oder Spiegeln oder bei den) (*Opt.*), ottica. 3 ~ **faser** (*f. - Opt.*), fibra ottica, guida di luce, conduttore di luce. 4 ~**fläche** (Spiegel, Prismen, hochwertige Mass·stäbe, etc.) (*f. - Opt.*), superficie ottica. 5 **Elektronen** ~ (*Opt.*), ottica elettronica. 6 **geometrische** ~ (Strahlen-Optik) (*Opt.*), ottica geometrica. 7 **physiologische** ~ (*Opt.*), ottica fisiologica. 8 **Quanten** ~ (*Phys.*), ottica dei quanti, ottica quantica. 9 **Wellen** ~ (*Opt.*), ottica ondulatoria.
Optiker (*m. - Arb.*), ottico.
optimal (*Organ. - allg.*), ottimale. 2 ~ **e Losgrösse** (*Lager - etc.*), lotto ottimale. 3 ~ **er Bestand** (*Lager*), giacenza ottimale.
Optimalisierung (*f. - Organ. - Planung*), ottimizzazione.
Optimeter (Fühlhebel) (*n. - Messgerät*), ottimetro.
optimieren (*Organ. - Progr.*), ottimizzare.
Optimierung (*f. - Organ. - Progr.*), ottimizzazione.
Option (*f. - finanz. - komm.*), opzione. 2 ~ **s·recht** (*n. - finanz. - komm.*), diritto di opzione.
optisch (*Opt.*), ottico. 2 ~ **e Achse** (*Opt.*), asse ottico. 3 ~ **e Bank** (*Opt.*), banco ottico. 4 ~ **e Bearbeitung** (Bearbeitung von Optikteilen, mit Diamantwerkzeugen etc.) (*Opt.*), lavorazione ottica, lavorazione di particolari d'ottica. 5 ~ **e Koordinaten-Bohrmaschine** (*Werkz.masch.*), alesatrice a coordinate ottica. 6 ~ **e Koordinaten-Messmaschine** (*Masch.*), banco ottico di misura a coordinate. 7 ~ **e Messung** (*Mech. - etc.*), misurazione ottica. 8 ~ **e Planfläche** (*Opt.*), piano ottico. 9 ~ **er Teilkopf** (*Werkz.masch.*), divisore ottico, testa a dividere ottica. 10 ~ **er Telegraph** (*Telegr.*), telegrafo ottico. 11 ~ **er Werkstoff** (Glas, Quarzglas, etc., zur Herstellung von Linsen etc.) (*Opt.*), materiale ottico. 12 ~ **er Winkelmesser** (*Instr.*), goniometro ottico. 13 ~ **es Glas** (*Opt. - Glasind.*), vetro d'ottica. 14 ~ **es Profilschleifen** (*Werkz.masch.bearb.*), rettifica ottica di profili. 15 ~ **es Pyrometer** (*Instr.*), pirometro ottico. 16 ~ **es Radar** (Laser-Entfernungsmesser) (*Ger.*), radar ottico, telemetro a laser. 17 ~ **e Strahlung** (*Phys.*), radiazione visibile. 18 ~ **e Täuschung** (Sehtäuschung) (*Opt.*), illusione ottica.
Optoelektronik (Elektronenoptik) (*f. - Opt. - Elektronik*), optoelettronica, ottica elettronica.
optoelektronisch (*Opt.*), optoelettronico.
Optometer (*n. - Opt. - Ger.*), optometro.
Optotype (projizierte Sehproben) (*m. - pl. - Opt.*), ottotipi, tavole ottotipiche.
Optron (Lichtspeicher zur Steuerung von Schaltvorgängen) (*n. - Elektronik*), optron, accumulatore di luce.
ÖPZ (Österreichisches Produktivitäts-Zentrum) (*Ind.*) (*österr.*), Centro Austriaco della Produttività.
OR (Operations Research) (*Planung - etc.*), ricerca operativa. 2 ~ **-Untersuchung** (Operations Research-Untersuchung, eines Problems) (*f. - Planung - etc.*), analisi mediante ricerca operativa.
Orangeneffekt (*m. - Anstr.*), buccia d'arancia.
Orangenschale (*f. - Anstr.fehler*), buccia d'arancia.
Orbitalbewegung (der Wasserteilchen von Oberflächenwellen) (*f. - See - naut. - etc.*), movimento orbitale.
ordentlich (*Phys.*), ordinario. 2 ~ **er Strahl** (*Opt.*), raggio ordinario.
Order (Befehl, etc.) (*f. - allg*), ordine.
Ordinalzahl (Ordnungszahl) (*f. - Math.*), siehe Ordnungszahl.
Ordinate (zur y-Achse parallele Koordinate) (*f. - Math.*), ordinata. 2 ~ **n·achse** (y-Achse) (*f. - Math.*), asse delle ordinate.
ordnen (*allg.*), ordinare, mettere in ordine.
Ordner (Briefordner) (*m. - Büro*), raccoglitore.
Ordnung (*f. - allg.*), ordine. 2 ~ (Vorschrift) (*recht. - etc.*), prescrizione, regolamento. 3 ~ (Aufbau) (*allg.*), struttura. 4 ~ (Reihenfolge) (*allg.*), ordine, successione. 5 ~ (*Arch.*), ordine. 6 ~ **s·zahl** (Ordinalzahl) (*f. - Math.*), numero ordinale. 7 ~ **s·zahl** (Atomnummer) (*Chem.*), numero atomico. 8 **Betriebs** ~ (*Ind.*), regolamento di fabbrica. 9 **Gerichts** ~ (*recht.*), ordinamento giuridico. 10 **öffentliche** ~ (*recht. - etc.*), ordine pubblico. 11 **Seestrassen** ~ (Seeverkehrsordnug) (*naut.*), regolamento per evitare abbordi in mare.
ÖRF (Österreichischer Rundfunk-Fernsehen) (*Funk. - Fernseh.*), radiotelevisione austriaca.
Organ (Körperteil) (*n. - Med.*), organo. 2 ~ (Teil, Einrichtung) (*Mech.*), organo, elemento. 3 ~ (Person oder Personenmehrheit) (*recht.*), organo. 4 ~ (Zeitung oder Zeitschrift) (*Zeitg.*), organo. 5 ~ **gesellschaft** (Organschaft, Tochtergesellschaft) (*finanz.*), affiliata, società affiliata. 6 **ausführendes** ~ (*recht.*), organo esecutivo. 7 **beratendes** ~ (*recht.*), organo consultivo. 8 **Beschluss-** ~ (*recht.*), organo deliberativo. 9 **bewegliches** ~ (*Messtechnik*), elemento mobile.
Organdy (Organdin) (*n. - Text.*), organdi.
Organigramm (Organisationsschaubild) (*n. - Organ.*), organigramma.
Organiker (*m. - Chem. - Arb.*), chimico organico.
Organisation (*f. - allg.*), organizzazione. 2 ~ **s·plan** (*m. - Organ.*), organigramma. 3 ~ **s·schaubild** (Organigramm, Organisationsplan) (*n. - Organ.*), organigramma. 4 ~ **s·struktur** (*f. - Organ.*), struttura organizzativa. 5 **Absatz** ~ (*komm.*), organizzazione di vendita. 6 **Arbeiter** ~ (*Arb. - Organ.*), sindacato dei lavoratori. 7 **Arbeitgeber** ~ (*Arb. - Organ.*), associazione dei datori di lavoro. 8 **Fabrik** ~ (*Ind.*), organizzazione di fabbrica. 9 **funktionale** ~ (*Organ.*), organizzazione funzionale. 10 **industrielle** ~ (*ind. Org.*), organizzazione industriale.
organisatorisch (*allg.*), organizzativo.
organisch (*Chem. - etc.*), organico. 2 ~ **e Chemie** (*Chem.*), chimica organica. 3 ~ **er Farbstoff** (*chem. Ind.*), colorante organico. 4 ~ **er Moderator** (eines Reaktors) (*Kernsphys.*), moderatore organico. 5 ~ **e Verbindung** (*Chem.*), composto organico.

Organismus (*m. - allg.*), organismo.
organogen (Gestein, aus Organismen gebildet) (*Geol.*), organogeno.
organoleptisch (*Phys.*), organolettico.
Organosol (*n. - Chem.*), organosol.
Organsin (*n. - Text.*), organzino.
Orgel (*f. - Instr.*), organo. 2 ~ **pfeife** (*f. - Instr.*), canna d'organo. 3 ~ **stuhl** (Orgelprospekt, Orgelgesicht) (*m. - Instr.*), mostra d'organo.
orientieren (*allg.*), orientare. 2 ~ (eine Karte z. B.) (*Top. - etc.*), orientare.
orientiert (*Progr. - etc.*), orientato.
Orientierung (*f. - allg.*), orientamento. 2 ~ (von Molekeln, in einem Spritzgussteil z. B.) (*Technol.*), orientamento.
Original (Urbild, Urschrift) (*n. - allg.*), originale. 2 ~ (*Zeichn.*), originale, disegno originale. 3 ~ **ausgabe** (*f. - Druck.*), prima edizione. 4 ~ **-Ersatzteil** (*m. - Masch. - etc.*), parte di ricambio originale. 5 ~ **preis** (Originalverkaufspreis) (*m. - komm.*), prezzo di fabbrica.
original (ursprünglich) (*allg.*), originale.
O-Ring (Rundschnurring, Dichtring) (*m. - Mech.*), O-ring, anello torico, guarnizione OR, guarnizione ad anello toroidale pieno.
Orizykel (Grenzkreis) (*m. - Geom.*), oriciclo.
Orkan (*m. - Meteor.*), uragano.
Orlon (syntetische Faser) (*n. - Textil.*), orlon.
Ornament (*n. - Arch. - etc.*), ornamento. 2 ~ **glas** (*n. - Bauw.*), vetro ornamentale.
Ornamentik (*f. - Kunst*), arte decorativa.
Orogenese (*f. - Geol.*), orogenesi.
Orographie (Gebirgsbeschreibung) (*f. - Geogr.*), orografia.
Orsat-Apparat (zur Gasanalyse) (*m. - Chem. - Ger.*), apparecchio di Orsat.
Ort (Stelle) (*m. - allg.*), luogo, posto. 2 ~ (Position)(*naut. - Navig.*), posizione, punto. 3 ~ (Abbauort) (*Bergbau*), cantiere. 4 ~ (*Geom.*), luogo. 5 ~ (Örtlichkeit) (*Geogr.*), località. 6 ~ (Ahle) (*Schuhmacherwerkz.*), lesina. 7 ~ **beton** (*m. - Bauw.*), calcestruzzo gettato in opera. 8 ~ **betonpfahl** (Ortpfahl) (*m. - Bauw.*), palo gettato in opera. 9 ~ **der Punkte** (*Geom.*), luogo dei punti. 10 ~ **pfahl** (Ortbetonpfahl) (*m. - Bauw.*), palo gettato in opera. 11 ~ **s·amt** (*n. - Fernspr.*), centralino locale. 12 ~ **s·anruf** (*m. - Fernspr.*), chiamata urbana. 13 ~ **s·batterie** (*f. - Fernspr.*), batteria locale. 14 ~ **s·bauplan** (Bebauungsplan) (*m. - Bauw.*), piano regolatore. 15 ~ **s·beamtin** (*f. - Fernspr.*), operatrice urbana. 16 ~ **s·behörde** (*f. - allg.*), autorità locale. 17 ~ **s·belegschaft** (*f. - Bergbau*), squadra di attacco. 18 ~ **s·bestimmung** (*f. - Navig.*), determinazione della posizione. 19 ~ **s·brust** (*f. - Bergbau*), fronte di avanzamento. 20 ~ **schaft** (*f. - Bauw. - Strass.ver.*), abitato (*s.*), luogo abitato. 21 ~ **s·ende** (Zeichen) (*n. - Strass.ver. - Aut.*), fine dell'abitato. 22 ~ **s·fernleitungswähler** (OFLW) (*m. - Fernspr.*), selettore urbano-interurbano. 23 ~ **s·gespräch** (*n. - Fernspr.*), comunicazione urbana, conversazione urbana. 24 ~ **s·kabel** (*n. - Fernspr.*), cavo d'abbonato. 25 ~ **s·kennzahl** (*f. - Fernspr.*), prefisso urbano. 26 ~ **s·kurve** (*f. - Math. - Regelung*), curva-luogo, diagramma. 27 ~ **s·kurve** (Kreis-Diagramm) (*Elekt.*), diagramma polare. 28 ~ **s·kurve der Übertragungsfunktion** (*Regelung*), diagramma della funzione di trasferimento. 29 ~ **s·kurve des offenen Regelkreises** (*Regelung*), diagramma di Nyquist, diagramma polare della funzione di trasferimento dell'anello di regolazione aperto. 30 ~ **s·netz** (*n. - Fernspr.*), rete locale. 31 ~ **s·stoss** (*m. - Bergbau*), fronte di abbattimento. 32 ~ **stein** (starker Baustein) (*m. - Bauw.*), concio d'angolo. 33 ~ **s·verkehr** (*m. - Verkehr*), traffico locale. 34 ~ **s·vermittlungsstelle** (*f. - Fernspr.*), centrale telefonica urbana. 35 ~ **s·zeit** (*f. - Astr.*), ora locale. 36 **Abbau** ~ (*Bergbau*), cantiere. 37 **Ablieferungs** ~ (*komm.*), resa. 38 **an** ~ **und Stelle montierte Anlage** (*Masch. etc.*), impianto montato in opera. 39 **Bestimmungs** ~ (*Transp.*), destinazione. 40 **geometrischer** ~ (*Geom.*), luogo geometrico.
orten (*allg.*), localizzare. 2 ~ (*naut.*), determinare la posizione, fare il punto.
Orter (*m. - Flugw.*), « navigatore », ufficiale di rotta.
Örterbau (*m. - Bergbau*), coltivazione a pilastri sistematici.
örtern (sich treffen, von zwei Strecken z. B.) (*Bergbau*), incontrarsi. 2 **durch** ~ (durchsuchen) (*Bergbau*), fare ricerche.
Örtersäge (Gestellsäge) (*f. - Werkz.*), sega a telaio.
Orthikon (elektronischer Bildzerleger) (*n. - Fernseh.*), orticon. 2 **Image** ~ (Superorthikon, Orthikon mit Vorabbildung, Bildorthikon, Zwischenbildorthikon) (*Fernseh.*), image-orticon, orticon ad immagine.
orthochromatisch (farbrichtig) (*Opt. - Phot.*), ortocromatico.
Orthodrome (*f. - Navig. - naut.*), ortodromia.
orthodromisch (*Navig.*), ortodromico.
orthogonal (rechtwinklig) (*Geom.*), ortogonale.
Orthogonalität (*f. - Geom.*), ortogonalità.
Orthogonalprojektion (*f. - Zeichn.*), proiezione ortogonale.
Orthographie (Rechtschreibung) (*f. - Druck.*), ortografia.
orthographisch (schreibrichtig) (*Druck.*), ortografico.
Orthoklas (*m. - Min.*), ortoclasio, ortosio.
orthorombisch (*Min.*), ortorombico.
orthoskopisch (verzerrungsfrei) (*Opt.*), ortoscopico, aplanatico.
örtlich (*allg.*), locale. 2 ~ (Härtung z. B.) (*Wärmebeh.*), locale, parziale. 3 ~ **e Spannungen** (*pl. - Metall.*), tensioni localizzate, tensioni locali.
ortsbesetzt (*Fernspr.*), occupato da conversazione urbana.
ortsbeweglich (*Masch.-etc.*), mobile, portatile.
ortsfest (stationär) (*Mot. - etc.*), fisso. 2 ~ **er Motor** (*Mot.*), motore fisso.
ortsveränderlich (ortsbeweglich, fahrbar) (*allg.*), mobile, traportabile.
Ortung (*f. - Navig. - Flugw. - naut.*), determinazione della posizione, determinazione del punto. 2 ~ (eines Fehlers z. B.) (*Elekt. etc.*), localizzazione. 3 ~ **s·funkdienst** (*m. - Navig.*), servizio di radiolocalizzazione.

Os (Osmium) (*Chem.*), Os, osmio.
Öse (Metallring) (*f. - allg.*), occhiello. 2 ~ (Zugöse, eines Anhängers z. B.) (*Fahrz.*), occhione (di traino). 3 ~ (einer Axt, eines Hammers) (*Werkz.*), foro (per il manico), asola. 4 ~ n·einsetzmaschine (*f. - Masch.*), occhiellatrice. 5 ~ n·maschine (Öseneinsetzmaschine) (*f. - Masch.*), occhiellatrice. 6 ~ n·schraube (*f. - Masch.*), bullone ad occhio, golfare. 7 Anhänger ~ (Zugöse) (*Fahrz.*), occhione di traino.
« Oskar humanus » (Testpuppe) (*Aut.*), manichino.
Oskulation (*f. - Geom.*), osculazione. 2 ~ s·kreis (*m. - Geom.*), cerchio osculatore.
oskulierend (*Geom.*), osculatore.
Osmium (Os - *n. - Chem.*), osmio.
Osmometer (*n. - Chem. - Ger.*), osmometro.
Osmose (*f. - Phys.*), osmosi. 2 End ~ (*Phys.*), endosmosi. 3 Ex ~ (*Phys.*), esosmosi.
osmotisch (*Phys.*), osmotico. 2 ~ er Druck (*Phys.*), pressione osmotica.
OSO (Ostsudosten) (*Geogr.*), ESE, est-sud-est.
O-Stellung (nach aussen gestürzte Räder, der Hinterräder z. B.) (*f. - Aut.*), inclinazione (positiva).
OS-Transformator (selbstbelüfteter Öltransformator) (*m. - Elekt.*), trasformatore in olio autoventilato.
Oszillation (Schwingung) (*f. - Phys.*), oscillazione.
Oszillator (*m. - Funk.*), oscillatore. 2 ~ abgleich (*m. - Elektronik*), allineamento di oscillatore. 3 ~ in Dynatronschaltung (*Funk.*), oscillatore dynatron. 4 ~ quarz (Steuerquarz, zur Frequenzstabilisierung) (*m. - Elektronik*), quarzo stabilizzatore (dell'oscillatore). 5 ~ röhre (*f. - Elektronik*), tubo oscillatore. 6 elektronengekoppelter ~ (*Funk.*), oscillatore ad accoppiamento elettronico. 7 quarzgesteuerter ~ (*Elektronik*), oscillatore a quarzo.
oszillieren (*Phys.*), oscillare.
oszillierend (*Phys.*), oscillatorio. 2 ~ er Hebel (*Mech.*), leva oscillante. 3 ~ e Welle (*Mech.*), albero oscillante.
Oszillogramm (*n. - Phys.*), oscillogramma.
Oszillograph (*m. - Elekt.*), oscillografo. 2 ~ en·bild (Oszillogramm) (*n. - Elektronik*), oscillogramma. 3 ~ en·schleife (*f. - Elektronik*), doppino d'oscillografo. 4 Kathodenstrahl- ~ (*Elektronik*), oscillografo a raggi catodici. 5 Schleifen ~ (*elekt. Ger.*), oscillografo bifilare, oscillografo di Duddel.
oszillographieren (eine Spannung z. B.) (*Elekt. - etc.*), oscillografare.
Oszilloskop (*n. - Elekt.*), oscilloscopio.
OT (oberer Totpunkt) (*Mot.*), punto morto superiore, PMS.
Ottokraftstoff (Benzin) (*m. - Kraftstoff*), benzina.
Ottomotor (Verbrennungsmotor) (*m. - Mot.*), motore a ciclo Otto, motore a scoppio. 2 Einspritz ~ (*Mot.*), motore a ciclo Otto ad iniezione, motore ad iniezione di benzina. 3 Gas ~ (*Mot.*), motore a ciclo Otto a gas. 4 Vergaser ~ (*Mot.*), motore a ciclo Otto a carburazione.
Ottoverfahren (*n. - Mot.*), ciclo Otto.
o. U. (oberer Umkehrpunkt, oberer Totpunkt) (*Mot. - Masch.*), PMS, punto morto superiore.
OV (Operationsverstärker) (*Elektronik*), amplificatore operazionale.
oval (eiförmig) (*allg.*), ovale. 2 ~ er Flansch (*Mech. - Leit.*), flangia ovale. 3 ~ werden (unrundwerden) (*Mech. - etc.*), ovalizzarsi.
Ovaldrehen (*n. - Werkz.masch.bearb.*), tornitura ovale, tornitura ellittica.
Ovaldrücken (*n. - Mech.*), imbutitura ovale al tornio.
Ovalfeile (*f. - Werkz.*), lima ovale.
Ovalkaliber (*n. - Walzw.*), calibro ovale.
Ovalradzähler (Wasserzähler) (*m. - Ger.*), contatore a ruote ovali.
Oval-Relais (*n. - Elekt.*), relè a nucleo ovale.
Ovalschleifmaschine (*f. - Werkz.masch.*), rettificatrice per superfici ovali.
ÖVE (Österreichischer Verein der Elektrotechniker) (*Elekt.*), Associazione Elettrotecnica Austriaca.
OVST (Ortsvermittlungsstelle) (*Fernspr.*), centralino locale.
OW (Oberwasser) (*Hydr.*), acqua a monte.
O-Wagen (*m. - Eisenb.*), carro (merci) aperto.
OW-E (Öl-in-Wasser-Emulsion) (*Chem.*), emulsione di olio in acqua.
OWS (Ozeanwetterstation) (*Meteor.*), stazione meteorologica oceanica.
Oxalat (Oxalsalz) (*n. - Chem.*), ossalato. 2 ~ schicht (bei rostfreien Stählen) (*f. - Metall.*), strato di ossalato, rivestimento di ossalato.
oxalieren (einen Stahl mit oxalsäurehaltigen Lösungen behandeln) (*Metall.*), ossalare, trattare con soluzione di acido ossalico.
Oxalsäure ([COOH - COOH], Kleesäure) (*f. - Chem.*), acido ossalico.
Oxonium (*n. - Chem.*), ossonio.
Oxyarcschneidverfahren (bei dem Sauerstoff durch die Hohlelektrode auf die Schneidstelle geblasen wird) (*n. - mech. Technol.*), taglio all'arco con getto di ossigeno.
oxyazetylenisch (*Technol. - Chem.*), ossiacetilenico. 2 ~ es Schneidbrennen (*mech. Technol.*), taglio ossiacetilenico.
Oxyd (*n. - Chem.*), ossido. 2 ~ faden (*m. - Elektronik*), filamento a ossidi. 3 ~ flotation (Flotation oxydischer Erze) (*f. - Bergbau*), flottazione di minerali contenenti ossidi. 4 ~ haut (*f. - Chem. - Metall.*), pellicola di ossido. 5 ~ kathode (Glühkathode derer Grundmetall, meist aus Nickel, mit einer Oxydschicht überzogen ist) (*f. - Elektronik*), catodo ad ossidi. 6 ~ keramik (Sintern von Oxyden für die Herstellung von hochfeuerfesten keramischen Werkstoffen) (*f. - Technol.*), ossiceramica. 7 ~ kondensator (Kondensator dessen Dielektrikum eine Oxydschicht ist) (*m. - Elekt.*), condensatore a ossido. 8 ~ schicht (anodisch z. B., Schutzüberzug) (*f. - Technol. - etc.*), rivestimento di ossido, strato d'ossido. 9 ~ -Schneidplatte (Keramik-Schneidplatte) (*f. - Werkz.*), placchetta ceramica, placchetta ossiceramica. 10 ~ überzug (schützende Schicht) (*m. - mech. Technol.*), rivestimento (protettivo) di ossido.

Oxydation (*f.* - *Chem.*), ossidazione. 2 ~ s-flamme (*f.* - *Chem.*), fiamma ossidante. 3 ~ s-mittel (*n.* - *Chem.*), ossidante (*s.*).
Oxydator (für Raketenmotoren) (*m.* - *Raumfahrt*), ossidante (*s.*). 2 ~ **pumpe** (*f.* - *Raumfahrt*), pompa dell'ossidante.
oxydierbar (*Chem.*), ossidabile.
oxydieren (*Chem.*), ossidare.
oxydierend (*Chem.*), ossidante (*a.*). 2 ~ e Flamme (Oxydierungsflamme) (*Chem.*), fiamma ossidante.
Oxydierungsflamme (oxydierende Flamme) (*f.* - *Chem.*), fiamma ossidante.
oxydisch (*Chem.* - *etc.*), contenente ossido. 2 ~ e gläser (*Glasind.*), vetri ossidici.
oxydkeramisch (Schneidstoff z. B, für Werkz.) (*Metall.*), ossiceramico.
Oxydul (*n.* - *Chem.*), ossidulo.
Oxygen (Sauerstoff) (*m.* - *Chem.*), ossigeno.
Oxyliquit (Sprengmittel) (*n.* - *Expl.*), ossiliquite.
Oxyzellulose (*f.* - *Chem.*), ossicellulosa.
OZ (Oktan-Zahl) (*Brennst.* - *Aut.*), NO, numero di ottano. 2 ~ (Ordnungszahl) (*Math.*), numero ordinale. 3 Motor ~ (MOZ) (*Kraftstoff* - *Mot.*), NO-MM, NO motore, numero di ottano (determinato con il metodo) motore. 4 Research ~ (ROZ) (*Kraftstoff* - *Mot.*), NO-RM, NO-Research Method.
Ozalidpapier (Lichtpauspapier) (*n.* - *Zeichn.* - *etc.*), carta ozalid.
Ozean (*m.* - *Geogr.*), oceano. 2 ~ **flug** (*m.* - *Flugw.*), volo transoceanico. 3 ~ **liner** (*m.* - *naut.*), transatlantico.
Ozeanographie (*f.* - *Geophys.*), oceanografia.
Ozokerit (Erdwachs) (*m.* - *Min.*), ozocerite, cera minerale.
Ozon (O_3) (*n.* - *Chem.*), ozono. 2 ~ **beständigkeit** (von Gummi z. B.) (*f.* - *Gummiind.* - *Aut.* - *etc.*), resistenza all'ozono. 3 ~ **bildung** (*f.* - *Elekt.*), formazione di ozono. 4 ~ **sauerstoff** (*m.* - *Chem.*), ossigeno ozonizzato.
ozonfest (Gummiteil z. B.) (*Aut.* - *etc.*), resistente all'ozono.
Ozonisator (*m.* - *Chem.* - *App.*), ozonizzatore.
Ozonisieren (*n.* - *Chem.*), ozonizzazione.
ozonisieren (*Chem.*), ozonizzare.

P

P (Poise, dynamische Viskositäts-Einheit) (*Masseinheit*), poise, unità di viscosità dinamica. 2 ~ (Phosphor) (*Chem.*), P, fosforo. 3 ~ (Druck) (*Phys.*), P, p, pressione. 4 ~ (Kraft) (*Phys.*), F, forza. 5 ~ (Leistung) (*Elekt.*), P, potenza (elettrica). 6 ~ (Schutzart elekt. Maschinen, P12 z. B.) (*Elekt.*), (simbolo) protezione elettrica. 7 ~ (Panzer, eines Kabels) (*Elekt.*), armatura. 8 ~ (Schalleistung) (*Akus.*), P, potenza acustica. 9 ~ (Parkplatz) (*Verkehrzeichen*), P, parcheggio. 10 ~ (elektrisches Dipolmoment) (*Elekt.*), p, momento di dipolo elettrico.

p (typographischer Punkt = 0,376065 mm) (*Druck.*), punto tipografico. 2 ~ (Pond, Gewicht der Masseinheit, 1 g am Ort der Normalfallbeschleunigung p = 0,01 N) (*Masseinheit*), grammo-peso, gp. 3 ~ (Piko- = 10^{-12}) (*Masseinh.*), p, pico-. 4 ~ (Druck) (*Phys.*), p, pressione. 5 ~ (Schalldruck) (*Akus.*), p, pressione acustica. 6 ~ (Impuls) (*Phys.*), impulso. 7 ~ (positiv, Transistor z. B.) (*Elektronik*), p, di tipo p.

p. (protestiert, auf Wechseln) (*finanz.*), protestato.

PA (Polyamid) (*Chem.*), PA, poliammide.

Pa (Protaktinium) (*Chem.*), Pa, protoattinio. 2 ~ (Pascal, Druckeinheit; 1 bar = 10^5 Pa; 1 Pa = N/m^2) (*Einh.*), Pa, pascal.

p. a. (per annum) (*allg.*), annuo, per anno.

Paar (Schuhe z. B.) (*n. - allg.*), paio. 2 ~ **bildung** (Bildung eines Elektrons und eines Positrons durch Verwandlung eines Lichtquants) (*f. - Kernphys.*), formazione di coppie. 3 ~ **erzeugung** (Paarbildung, Verwandlung eines Lichtquants in ein Elektron-Positron-Paar) (*f. - Kernphys.*), formazione di coppie. 4 ~ **vernichtung** (Vernichtung) (*f. - Kernphys.*), annichilazione, conversione di coppie. 5 ~ **verseilung** (der Adern von Fernsprechkabeln) (*f. - Fernspr.*), cordatura a coppie.

paaren (*allg.*), appaiare, accoppiare, abbinare.

Paarung (*f. - allg.*), appaiamento, accoppiamento, abbinamento. 2 ~ (Passung einer Welle mit einer bestimmten Bohrung) (*Mech.*), accoppiamento selettivo. 3 ~ s·ab**mass** (Paarungsmass minus Nennmass) (*n. - Mech.*), scostamento di accoppiabilità. 4 ~ s·**mass** (Mass des formfehlerfreien Gegenstückes, mit dem das nicht formfehlerfreie Werkstück ohne merklichen Kraftaufwand noch gepaart werden kann) (*n. - Mech.*), dimensione limite di accoppiabilità. 5 ~ s· **messen** (gleichzeitige Vermessung von zylindrischen Teilen die zueinander passen sollen) (*n. - Messtechnik*), misurazione (contemporanea) di accoppiamento. 6 ~ s·**schleifen** (Aussenrundschleifen, von Kolben z. B. zur Einhaltung bestimmter Paarungstoleranzen) (*n. - Werkz.masch.bearb.*), rettifica di particolari da accoppiare (con determinate tolleranze.) 7 **Aussuch** ~ (*Mech.*), accoppiamento selettivo. 8 **Räder** ~ (Zahnräderpaarung) (*Mech.*), ingranaggio, coppia di ruote dentate.

P-Abweichung (Proportional-Abweichung) (*f. Regelung*), deviazione proporzionale, scostamento proporzionale.

Paccoschalter (Paketschalter) (*m. - Elekt.*), commutatore a pacco.

Pacemaker (*m. - Ger.*), siehe Schrittmacher.

Pacht (*f. - Ack.b. - etc.*), affittanza, affitto. 2 ~ **vertrag** (bei dem eine Gesellschaft den Betrieb ihres Unternehmens einem anderen Unternehmen verpachtet) (*m. - Ind.*), contratto di affitto.

Pachter (*m. - komm.*), conduttore, affittuario.

Pack (Packen [*m.*]) (*n. - Post - etc.*), pacco. 2 ~ **eis** (*n. - Geogr.*), banchisa, « pack ». 3 ~ **faschinenbau** (zum Schutz des Ufers) (*m. - Wass.b.*), fascinata, mantellatura, incorniciata. 4 ~ **feile** (*f. - Werkz.*), lima a mazzo, lima a pacco. 5 ~ **kiste** (*f. - Transp.*), cassa da imballaggio. 6 ~ **lack** (brauner Siegellack) (*m. - Post - Transp.*), ceralacca per pacchi. 7 ~ **lage** (Schicht aus grossen Steinen als Grundlage) (*f. - Strass.b.*), fondazione. 8 ~ **lage** (Gestück, eines Fundamentes) (*Bauw.*), vespaio. 9 ~ **leinwand** (*f. - Transp.*), tela da imballo. 10 ~ **maschine** (*f. - Masch.*), macchina per imballaggi. 11 ~ **papier** (*n. - Papierind.*), carta da pacchi, carta da imballaggio. 12 ~ **ring** (Gummiring) (*m. - komm. - etc.*), elastico (ad anello). 13 ~ **sattel** (Tragsattel) (*m. - Transp.*), sella da soma. 14 ~ **schachtel** (*f. - komm.*), scatola per confezioni. 15 ~ **strasse** (Verpackungslinie) (*f. - Packung*), linea d'imballaggio. 16 ~ **träger** (Dienstmann) (*m. - Arb.*), fattorino. 17 ~ **wagen** (Reisezuggepäckwagen, Gepäckwagen) (*m. - Eisenb.*), bagagliaio. 18 ~ **wagen** (kleiner Lastwagen) (*Fahrz.*), furgoncino. 19 ~ **werk** (Schichten von Faschinen) (*n. - Wass.b.*), fascinata. 20 ~ **werk** (Steinschicht zum Schutz des Ufers) (*Wass.b.*), mantellata in pietrame, opera di difesa in pietrame.

Packen (des Walzgutes durch die Walze) (*n. - Walzw.*), presa.

packen (zur Beförderung z. B.) (*allg.*), imballare. 2 ~ (ergreifen) (*allg.*), afferrare.

Packer (Transportarbeiter) (*m. - Arb.*), imballatore. 2 ~ (Manschette, bei Tiefbohrungen) (*chem. Ind.*), guarnizione.

Packerei (*f. - Ind.*), servizio imballaggi.

Packung (Umhüllung) (*f. - komm.*), confezione. 2 ~ (Dichtung) (*Mech.*), guarnizione. 3 ~ (Steinschicht, als Böschungsschutz) (*Bauw. - Ing.b.*), mantellata in pietrame, opera di difesa in pietrame, rivestimento di pietrame. 4 ~ s·**anteil** (relative Abweichung des Isotopengewichts von der ganzzahligen

Massenzahl) (*m. - Atomphys.*), rapporto di addensamento, rapporto tra difetto di masse e numero di massa. 5 ~ s·art (eines Kristallgitters z. B.) (*f. - Min. - etc.*), (tipo di) struttura. 6 ~ s·ring (Dichtungsring) (*m. - Mech. - etc.*), guarnizione ad anello. 7 Asbest ~ (*Mech. - etc.*), guarnizione di amianto. 8 Einweg ~ (Flasche, Kanne, etc.) (*Transp.*), confezione non da rendere. 9 Knet ~ (formlose Dichtmasse oder formloser Ring) (*Mech. - Leit.*), guarnizione plastica. 10 Metall-Weichstoff- ~ (*Mech. - Leit.*), guarnizione mista. 11 Weichmetall ~ (*Mech. - Leit.*), guarnizione metallica. 12 Weichstoff ~ (aus nichtmetallischen Werkstoffen) (*Mech. - Leit.*), guarnizione non metallica.

Paddelrad (*n. - naut.*), ruota a pale.
Padderkondensator (*m. - Funk.*), condensatore compensatore (in serie).
«**Padding**» (Färbungsverfahren) (*Textilind.*), «padding». 2 ~ (Padding-Kondensator) (*m. - Elekt.*), padding, condensatore attenuatore di capacità.
pag. (pagina, Seite) (*allg.*), pagina.
Paginierapparat (*m. - Druck. - App.*), apparecchio per numerare (le pagine).
paginieren (mit Seitenzahlen versehen) (*Druck.*), numerare (le pagine).
Paginiermaschine (*f. - Masch.*), numeratrice, macchinetta per numerare (le pagine).
Pagode (*f. - Arch.*), pagoda.
Paillette (Paillettine, Kleiderstoff aus Seide, Halbseide und Kunstseide) (*f. - Text.*), «paillette», tessuto di seta naturale, mista ed artificiale.
Pailletten (Metallplättchen für Kleiderstoffe) (*pl. - Textilind.*), lustrini.
Pak (Panzerabwehrkanone, Pakgeschütz) (*f. - milit.*), cannone anticarro.
Paket (verschnürter Packen) (*n. - Post - etc.*), pacco, pacchetto. 2 ~ (von Aktien) (*finanz.*), pacchetto. 3 ~ (*Metall.*), pacchetto. 4 ~ (von Programmen oder Daten z. B.) (*Datenverarb.*), pacchetto. 5 ~ annhame (*f. - Post*), accettazione pacchi. 6 ~ bildung (Ballung von Elektronen, Phasenfokussierung bei Klystron z. B.) (*f. - Elektronik*), focalizzazione di fase. 7 ~ binder (für Abfälle z. B.) (*m. - Metall.*), (im)pacchettatrice. 8 ~ boot (Postdampfer) (*n. - naut.*), piroscafo postale. 9 ~ glühen (Sturzenglühen von Feinblech) (*n. - Wärmebeh.*), ricottura in pacco. 10 ~ presse (Paketierpresse, für Abfälle z. B.) (*f. - Metall. - Masch.*), (im)pacchettatrice. 11 ~ schalter (Paccoschalter) (*m. - Elekt.*), commutatore a pacco. 12 ~ schneiden (von Blechen) (*n. - mech. Technol.*), taglio in pacchetti. 13 ~ stahl (Paketierschweiss·stahl) (*m. - Metall.*), acciaio saldato a pacchetto. 14 Feder ~ (aus Gummischeiben z. B.) *Mech. - etc.*), pacco elastico. 15 Post ~ (*Post*), pacco postale. 16 Ringfeder ~ (*Mech.*), pacco di molle ad anello. 17 Stator ~ (*Elekt.*), pacco statorico.
Paketieren (des Abfalles) (*n. - Blechbearb. - etc.*), (im)pacchettatura.
paketieren (*Metall. - etc.*), (im)pacchettare. 2 ~ (Werkstücke) (*Werkz.masch.bearb.*), impilare.

Paketierpresse (Paketpresse, für Abfälle z. B.) (*f. - Metall. - Masch.*), (im)pacchettatrice.
Paketierschweiss·stahl (Paketstahl) (*m. - Metall.*), acciaio saldato a pacchetto.
paketweise (*mech. Technol.*), a pacco. 2 ~ spanende Bearbeitung (*Mech.*), lavorazione meccanica a pacco.
PAL (Phase Alternating Line, Phasenwechsel auf der Übertragungsstrecke, deutsches Farbfernseh-Verfahren) (*Fernseh.*), PAL.
Paläolithikum (*n. - Geol.*), paleolitico.
Paläontologie (*f. - Geol.*), paleontologia.
Paläozän (*n. - Geol.*), Paleocene, Eocene inferiore.
Paläozoikum (*n. - Geol.*), paleozoico.
Palast (Bauwerk) (*m. - Arch.*), palazzo.
Palette (Tafel auf der die Farben gemischt werden) (*f. - Malerei*), tavolozza.
Palette (Stapelplatte, Ladepritsche) (*f. - ind. Transp.*), paletta. 2 ~ (zum Fördern des Werkstücks in einem Bearbeitungszentrum z. B.) (*Werkz.masch.bearb.*), attrezzo di trasporto. 3 ~ n·regal (*n. - Ind.*), scaffalatura per palette. 4 Box ~ (Kastenpalette) (*ind. Transp.*), cassa-paletta. 5 Flach ~ (Stapelplatte) (*ind. Transp.*), paletta piana. 6 Kasten ~ (*ind. Transp.*), cassa-paletta.
Palettierautomat (*m. - ind. Transp.*), palettizzatrice automatica.
Palettieren (Laden oder Entladen von Gut auf Paletten) (*n. - Ind.*), palettizzazione.
Palettiermaschine (programmgesteuerte z. B.) (*f. - ind. Transp.*), palettizzatrice.
Palisade (Pfahlreihe) (*f. - Bauw.*), palizzata.
Palisanderholz (Palisander) (*n. - Holz*), legno di palissandro, palissandro.
Pall (Sperrklinke, einer Winde z. B.) (*m. - naut.*), scontro, castagna.
Palladium (Pd - *n. - Chem.*), palladio.
Pallet (Palette, Ladepritsche) (*f. - ind. Transp.*) paletta.
Palloid (evolventenartige Kurve, Flankenlinie bei Spiralzahn-Kegelräder) (*f. - Mech.*), palloide, epicicloide allungata. 2 ~ verzahnung (Klingelnberg-Palloid-Verzahnung für Kegelräder mit Spiralzähnen) (*f. - Mech.*), dentatura palloide, dentatura Klingelnberg. 3 ~ -Spiralzahn-Kegelräder (mit schneidenden Achsen) (*n. - pl. - Mech.*), coppia conica palloide.
Palmöl (Palmfett, Palmbutter) (*n. - Ind.*), olio di palma.
Palmutter (Sicherungsmutter) (*f. - Mech.*), «palmutter», controdado di sicurezza «palmutter».
PAM (Impuls·· Amplituden - Modulation) (*Funk.*), modulazione di ampiezza degli impulsi.
panchromatisch (*Phot. - Opt.*), pancromatico.
Paneel (Holzverkleidung z. B., Wandbekleidung) (*n. - Tischl. - Bauw.*), pannellatura, rivestimento. 2 ~ platte (zweiseitig furnierte Mittellage) (*f. - Tischl.*), paniforte.
paneeliert (*Tischl. - Bauw.*), rivestito di legno.
Panfilm (panchromatischer Film) (*m. - Phot.*), pellicola pancromatica.
Panhardstab (starre Verbindung zwischen Achse und Fahrz.) (*m. - Aut.*), barra Panhard.

Panikbeleuchtung (Notbeleuchtung) (*f.* - *Beleucht.*), illuminazione di emergenza.
Paniklampe (*f.* - *Elekt.* - *etc.*), spia luminosa di emergenza, luce di emergenza.
pankratisch (*Opt.*), pancratico.
Panne (Schaden, Störung) (*f.* - *Fahrz.*), guasto, avaria. 2 ~ n·dreieck (Warndreieck) (*n.* - *Aut.* - *Strass.verk.*), triangolo.
Panorama (Rundsicht) (*n.* - *allg.*), panorama. 2 ~ **aufnahme** (*f.* - *Phot.* - *etc.*), ripresa panoramica, panoramica. 3 ~ **bildschirm** (kreisbogenförmige Bildwand) (*m.* - *Filmtech.*), schermo panoramico. 4 ~ **empfänger** (Radargerät) (*m.* - *Radar*), radar panoramico, radar topografico. 5 ~ **film** (*m.* - *Filmtech.*), film panoramico. 6 ~ **gerät** (Radargerät) (*n.* - *Radar*), radar panoramico, radar topografico. 7 ~ -**Omnibus** (*m.* - *Fahrz.*), autobus panoramico. 8 ~ **strasse** (Aussichtstrasse) (*f.* - *Strasse*), strada panoramica, panoramica (*s.*).
Panoramierung (Panoramaaufnahme) (*f.* - *Phot.* - *Filmtech.*), ripresa panoramica, panoramica.
panschen (verfälschen) (*recht.* - *komm.*), adulterare. 2 ~ (patschen) (*allg.*), sbattere.
Panschverlust (bei bewegten Flüssigkeiten z. B.) (*m.* - *allg.*), perdita per sbattimento.
Pantal (Aluminium - Knetlegierung) (*n.* - *Metall.*), pantal.
Pantograph (Storchschnabel) (*m.* - *Zeichn.* - *Ger.*), pantografo. 2 ~ (Stromabnehmer) (*elekt. Fahrz.*), presa a pantografo. 3 ~ **gesenkfräsmaschine** (*f.* - *Werkz.masch.*), fresatrice a pantografo per stampi.
Pantry (kleiner Raum auf Schiffen) (*f.* - *naut.*), cambusa.
Panzer (Schutzhülle) (*m.* - *allg.*), corazza. 2 ~ (Schiffbau - Kriegsmar.), corazza. 3 ~ (Panzerwagen) (*milit.*), carro armato. 4 ~ **abstreichblech** (Streichblech, Abstreichblech, eines Pfluges) (*n.* - *Landw.masch.*), versoio, orecchio. 5 ~ **abwehrgeschütz** (Pak) (*n.* - *milit.*), cannone anticarro. 6 ~ **aderkabel** (*n.* - *Elekt.*), cavo armato. 7 ~ **biegemaschine** (*f.* - *Masch.*), piegatrice per corazze. 8 ~ **biegepresse** (*f.* - *Masch.*), pressa per piegare corazze. 9 ~ **blech** (*n.* - *metall. Ind.*), lamiera per corazze. 10 ~ **deck** (*n.* - *Kriegsmar.*), ponte corazzato. 11 ~ **förderer** (Doppelkettenförderer) (*m.* - *ind. Transp.*), trasportatore a doppia catena. 12 ~ **geschoss** (*n.* - *milit.* - *Expl.*), granata perforante, granata anticarro. 13 ~ **glas** (schuss·sicheres Verbundglas) (*n.* - *Glasind.*), vetro blindato, cristallo blindato. 14 ~ **graben** (*m.* - *milit.*), fossato anticarro. 15 ~ **holz** (Furnierplatte dessen Deckschichten aus Aluminium- oder Stahlblech bestehen) (*n.* - *Holz* - *etc.*), paniforte blindato. 16 ~ **kabel** (*n.* - *Elekt.*), cavo armato. 17 ~ **kreuzer** (*m.* - *Kriegsmar.*), incrociatore corazzato. 18 ~ **platte** (Pz, positive Platte eines Akkumulators) (*f.* - *Elekt.*), piastra corazzata. 19 ~ **platte** (Panzerblech) (*metall. Ind.*), lamiera per corazze, lamiera per blindature. 20 ~ **schlauch** (*m.* - *Leit.*), tubo (flessibile) armato. 21 ~ **stahl** (*m.* - *Metall.*), acciaio per corazze. 22 ~ **turm** (*m.* - *Kriegsmar.* - *milit.*), torre corazzata. 23 ~ **wagen** (Panzer) (*m.* - *milit.*), carro armato. 24 **biologischer** ~ (Betonpanzer) (*Kernphys.* - *Radioakt.*), schermo biologico.
panzerbrechend (*milit.*), perforante (corazza), anticarro.
panzern (*allg.*), corazzare. 2 ~ (Kabel, Schläuche) (*Elekt.*), armare.
Panzerung (*f.* - *allg.*), corazzatura.
Papier (*n.* - *Papierind.*), carta. 2 ~ (Urkunde, (*allg.*), documento. 3 ~ (Wechsel) (*finanz.*), cambiale. 4 ~ (Wertpapier) (*finanz.*), titolo. 5 ~ **abfall** (*m.* - *Ind.*), carta straccia, cartaccia. 6 ~ **bahn** (*f.* - *Papierherstellung*), nastro di carta. 7 ~ **baumwollkabel** (*n.* - *Elekt.*), cavo isolato in carta e cotone. 8 ~ **bleikabel** (*n.* - *Elekt.*), cavo isolato in carta sottopiombo. 9 ~ **bogen** (*m.* - *Papierind.*), foglio di carta. 10 ~ **chromatographie** (*f.* - *Chem.*), cromatografia su carta. 11 ~ **einwerfer** (einer Schreibmaschine) (*m.* - *Büromasch.*), mettifoglio. 12 ~ **fabrik** (*f.* - *Ind.*), cartiera. 13 ~ **filter** (*m.* - *n.* - *Chem.*), filtro a carta. 14 ~ **holz** (*n.* - *Papierind.*), pasta di legno. 15 ~ **isolation** (*f.* - *Elekt.*), isolamento in carta. 16 ~ **kabel** (mit Papierisolation) (*n.* - *Elekt.*), cavo isolato in carta. 17 ~ **kondensator** (*m.* - *Elekt.*), condensatore in carta. 18 ~ **löser** (einer Schreibmaschine) (*m.* - *Büromasch.*), liberacarta, leva liberacarta. 19 ~ **maché** (*n.* - *Ind.*), cartapesta. 20 ~ **maschine** (Langsiebmaschine) (*f.* - *Masch.*), macchina continua. 21 ~ **masse** (*f.* - *Papierherstellung*), pasta di legno, pastalegno. 22 ~ **pergament** (*n.* - *Papierind.*), carta pergamena, pergamena vegetale, pergamina. 23 ~ **rolle** (*f.* - *Papierind.*), bobina di carta. 24 ~ **schneidmaschine** (*f.* - *Masch.*), tagliacarta, taglierina per carta. 25 ~ **stoff** (Ganzstoff) (*m.* - *Papierind.*), pasta di legno. 26 ~ **vorschub** (bei Registrierinstrumenten z. B.) (*m.* - *Instr.*), avanzamento della carta. 27 ~ **zeichen** (Wasserzeichen) (*n.* - *Papierind.*), filigrana. 28 ~ **zeug** (Stoff) (*n.* - *Papierind.*), pasta. 29 **abziehbares** ~ (*Papierind.* - *Zeichn.*), carta per copie riproducibili. 30 **Abzug** ~ (*Papierind.*), carta per duplicatori. 31 **Asbest** ~ (*Papierind.*), carta di amianto. 32 **Banknoten** ~ (*Papierind.*), carta moneta, carta per banconote, carta per biglietti di banca. 33 **Beklebe** ~ (Tapete) (*Papierind.*), carta da parati, carta da tappezzeria. 34 **Bibeldruck** ~ (*Papierind.*), carta bibbia. 35 **Bitumen** ~ (*Bauw.*), carta bitumata. 36 **Brief** ~ (Büro - *Papierind.*), carta da lettere. 37 **Bunt** ~ (gefärbtes Papier) (*Papierind.*), carta colorata. 38 **Bütten** ~ (handgeschöpftes Papier) (*Papierind.*), carta a mano. 39 **Carbon** ~ (Büro), siehe Kohlepapier. 40 **Druck** ~ (*Papierind.* - *Druck.*), carta da stampa. 41 **Durchschlag** ~ (Kohlepapier) (*Büro*), carta carbone, carta copiativa. 42 **echtes Pergament** ~ (vegetabilisches Pergament) (*Papierind.*), pergamena vegetale, carta pergamenata, carta pergamena. 43 **fettdichtes** ~ (*Papierind.*), carta oleata, carta impermeabile ai grassi. 44 **feuchtgeglättetes** ~ (*Papierind.*), carta lisciata a umido. 45 **Filtrier** ~ (*Papierind.*), carta da filtro. 46 **Filz** ~ (*Papierind.*), carta feltro. 47 **Fotoroh** ~ (*Phot.*), carta

greggia per fotografia. **48** geleimtes ~ (*Papierind.*), carta con colla. **49** geripptes ~ (Papier mit Wasserlinien) (*Papierind.*), carta vergata. **50 Glas** ~ (*Tischl. - etc.*), carta vetrata. **51 gummiertes** ~ (*Ind.*), carta gommata. **52 Hadern** ~ (aus Lumpenhalbstoff hergestellt) (*Papierind.*), carta di stracci. **53 handgeschöpftes** ~ (*Papierind.*), carta a mano. **54 hochsatiniertes** ~ (scharfsatiniertes Papier) (*Papierind.*), carta calandrata, carta lucidata. **55 holzfreies Druck** ~ (*Papierind.*), carta da stampa senza pasta di legno. **56 imprägniertes** ~ (*Papierind.*), carta impregnata, carta imbevuta. **57 Isolier** ~ (*Papierind.*), carta isolante. **58 Kohle** ~ (Carbonpapier, Durchschlagpapier) (*Büro*), carta carbone, carta copiativa. **59 Kraft** ~ (*Papierind.*), carta «Kraft». **60 Krep** ~ (*Papierind.*), carta crespata. **61 Kunstdruck** ~ (*Papierind.*), carta patinata. **62 Kupferdruck** ~ (*Druck. - Papierind.*), carta per calcografia. **63 Landkarten** ~ (*Papierind.*), carta per cartografia. **64 lichtempfindliches** ~ (*Phot. - etc.*), carta sensibile (alla luce). **65 Lichtpausroh** ~ (*Papierind.*), carta greggia eliografica. **66 liniertes** ~ (*Ind.*), carta rigata. **67 Lösch** ~ (*Büro*), carta assorbente, carta asciugante. **68 Luftpost** ~ (*Papierind.*), carta per posta aerea. **69 maschinenglattes** ~ (*Papierind.*), carta liscia di macchina, carta liscio-macchina. **70 Metall** ~ (*Papierind.*), carta metallizzata. **71 metallisertes** ~ (*Ind.*), carta metallizzata. **72 Motten** ~ (*Papierind.*), carta antitarme. **73 paraffiniertes** ~ (Paraffinpapier, Wachspapier) (*Papierind.*), carta paraffinata. **74 Pergament** ~ (*Papierind.*), carta pergamena, carta pergamenata, pergamena vegetale, pergamina. **75 Photo** ~ (*Phot. - Papierind.*), carta fotografica. **76 Pigment** ~ (*Papierind.*), carta al pigmento. **77 Reagenz** ~ (*Chem.*), carta di tornasole. **78 Reis** ~ (*Papierind.*), carta di riso. **79 Roh** ~ (*Papierind.*), carta greggia, carta cruda. **80 Rollen** ~ (*Papierind.*), carta in bobina. **81 satiniertes** ~ (*Papierind.*), carta satinata. **82 Schleifmittel** ~ (*Papierind.*), carta per supporto abrasivi, carta per carte abrasive. **83 Schreib** ~ (*Papierind.*), carta da scrivere. **84 Schreibmaschinen** ~ (*Papierind.*), carta da macchina per scrivere. **85 Seiden** ~ (*Papierind.*), carta seta. **86 selbstklebendes** ~ (*Büro - etc.*), carta autoadesiva. **87 Sicherheits** ~ (*Papierind.*), carta per titoli. **88 Stroh** ~ (*Papierind.*), carta di paglia. **89 Teer** ~ (*Bauw. - etc.*), carta catramata. **90 textilverstärktes** ~ (*Papierind.*), carta tela, carta telata. **91 Tiefdruck** ~ (*Papierind.*), carta per rotocalco. **92 ungeglättetes** ~ (*Papierind.*), carta non calandrata, carta non lisciata. **93 ungeleimtes** ~ (*Papierind.*), carta senza colla. **94 Wachs** ~ (Paraffinpapier) (*Papierind.*), carta paraffinata. **95 warmklebendes** ~ (*Papierind.*), carta termocollante. **96 Wasserzeichen** ~ (*Papierind.*), carta filigranata. **97 Wert** ~ (*Papierind.*), carta valori. **98 Zeichen** ~ (*Zeich.*), carta da disegno. **99 Zeitungsdruck** ~ (*Papierind. - Zeitg.*), carta per giornali.
papierisoliert (*Elekt.*), isolato in carta.
Pappbecher (*m. - Ger.*), bicchiere di carta.
Pappdach (*n. - Bauw.*), copertura in cartone catramato.
Pappdeckel (Graupappe) (*m. - Papierind.*), cartone grigio.
Pappe (*f. - Papierind.*), cartone. **2** ~ n·gussbehälter (für Eiverpackung z. B.) (*n. - Pakkung*), contenitore in cellulosa colata, contenitore in pasta di legno colata. **3 Asbest** ~ (*Papierind.*), cartone di amianto. **4 Dach** ~ (*Papierind. - Bauw.*), cartone per coperture. **5 einseitig glatte** ~ (*Papierind.*), cartone monolucido. **6 Filz** ~ (*Papierind.*), cartonfeltro. **7 geklebte** ~ (*Papierind.*), cartone accoppiato, cartone incollato. **8 Grau** ~ (*Papierind.*), cartone grigio. **9 Hand** ~ (*Papierind.*), cartone a mano. **10 Isolier** ~ (*Elekt. - Papierind.*), cartone isolante. **11 kalibrierte** ~ (mit gleichmässiger Dicke) (*Papierind.*), cartone calibrato. **12 Maschinenholz** ~ (*Papierind.*), cartone con pasta di legno. **13 Matrizen** ~ (*Druck. - Papierind.*), cartone per flani. **14 Multiplex -** ~ (*Papierind.*), cartone multiplex. **15 Streichholz** ~ (*Papierind.*), cartone per flammiferi. **16 Stroh** ~ (*Papierind.*), cartone di paglia. **17 talkumierte Bitumen** ~ (*Bauw.*), cartone bitumato talcato. **18 Voll** ~ (massive Pappe, im Gegensatz zu Wellpappe) (*Papierind.*), cartone non ondulato. **19 Well** ~ (*Papierind.*), cartone ondulato.
Pappel (*f. - Holz*), pioppo. **2 kanadische** ~ (*Holz*), pioppo canadese.
pappig (klebrig) (*allg.*), appiccicoso.
Pappkarton (*m. - Ind.*), scatola di cartone.
Pappnagel (*m. - Bauw.*), chiodo per coperture (di cartone).
Pappschachtel (*f. - Transp.*), scatola di cartone.
Parabel (*f. - Geom.*), parabola. **2** ~ bewegung (*f. - Mech.*), movimento parabolico. **3** ~ bogen (*m. - Geom.*), arco parabolico. **4** ~ gleichung (*f. - Geom.*), equazione della parabola.
parabelförmig (parabolisch) (*Geom. - etc.*), parabolico.
Parabolantenne (*f. - Funk. - Radar*), antenna parabolica.
parabolisch (*Geom.*), parabolico.
Paraboloid (*n. - Geom.*), paraboloide.
Parabolspiegel (*m. - Opt. - etc.*), specchio parabolico.
Parachor (π, Beziehung zwischen Oberflächenspannungen, Molekulargewicht und Dichte) (*Chem. - Phys.*), paracoro.
Parade (*f. - milit.*), rivista.
Paradoxon (hydrostatisches) (*n. - Hydr.*), paradosso.
Paraffin ([C_nH_{2n+2}], Methankohlenwasserstoff, Grenzkohlenwasserstoff) (*n. - Chem.*), paraffina. **2** ~ gatsch (Rohparaffin, bei Erdöl-Entparaffinierung anfallend) (*m. - chem. Ind.*), paraffina grezza. **3** ~ öl (*n. - Chem.*), olio di paraffina. **4** ~ papier (Wachspapier) (*n. - Papierind.*), carta paraffinata.
Paraffinieren (*n. - Papierind. - etc.*), paraffinaggio.
paraffinieren (*Chem.*), paraffinare. **2** ~ (*Papierind. - etc.*), paraffinare.
paraffinisch (*Chem.*), paraffinico.

Paragenese (*f.* - *Min.* - *Geol.*), paragenesi.
Paragraph (Abschnitt) (*m.* - *Druck.*), paragrafo. 2 ~ **zeichen** (§) (*n.* - *Druck.*), segno di paragrafo.
Paragummi (*m.* - *chem. Ind.*), para, gomma para.
Paraldehyd ([CH_3CHO]$_3$) (*n.* - *Chem.*), paraldeide.
parallaktisch (*Astr.*), parallattico.
Parallaxe (*f.* - *Astr.* - *Opt.*), parallasse. 2 ~ **n·ausgleich** (*m.* - *Opt.*), antiparallasse. 3 ~ **n·fehler** (*m.* - *Astr.*), errore parallattico. 4 **Fixstern** ~ (*Astr.*), parallasse delle stelle fisse. 5 **Höhen** ~ (*Astr.*), parallasse di altezza. 6 **stereoskopische** ~ (*Astr.*), parallasse stereoscopica.
parallaxenfrei (*Opt.*), esente da parallasse.
parallel (*Geom.* - *etc.*), parallelo. 2 ~ **geschaltet** (*Elekt.*), collegato in parallelo, inserito in parallelo, messo in parallelo. 3 ~ **laufen mit**... (*Elekt.*), funzionare in parallelo con... 4 ~ **schalten** (nebeneinanderschalten) (*Elekt.*), collegare in parallelo, mettere in parallelo, inserire in parallelo.
Parallelbetrieb (*m.* - *Elekt.*), funzionamento in parallelo, marcia in parallelo.
Parallelbohrer (Löffelbohrer) (*m.* - *Werkz.*), sgorbia.
Paralleldrahtleitung (Lecher-Leitung) (*f.* - *Elektronik*), linea di Lecher, linea a fili paralleli.
Parallele (*f.* - *Geom.*), parallela. 2 ~ **n·postulat** (*n.* - *Geom.*), postulato delle parallele, 5° postulato di Euclide.
Parallelendmass (*n.* - *Mech.*), blocchetto pianoparallelo, blocchetto pianparallelo. 2 **dünnes** ~ (*Mech.*), blocchetto (pianparallelo) sottile. 3 **langes** ~ (*Mech.*), blocchetto (pianparallelo) lungo.
Parallelepiped (Parallelflach) (*n.* - *Geom.*), parallelepipedo.
Parallelismus (*m.* - *Geom.*), parallelismo.
Parallelität (*f.* - *Mech.*), parallelismo.
Parallelkondensator (*m.* - *Elekt.*), siehe Speicherkondensator.
Parallelkoordinaten (rechtwinklige oder schiefwinklige Koordinaten, affine Koordinaten) (*f.* - *pl.* - *Math.*), coordinate cartesiane.
Parallelkreis (Breitenkreis) (*m.* - *Geogr.*), parallelo.
Parallellauf (*m.* - *Elekt.*), funzionamento in parallelo.
Parallelmass (Reissmass, Streichmass) (*n.* - *Werkz.*), truschino, graffietto.
Parallelogramm (*n.* - *Geom.*), parallelogramma. 2 ~ **der Kräfte** (*Baukonstr.lehre*), parallelogramma delle forze. 3 ~ **stromabnehmer** (Pantograph) (*m.* - *elekt. Fahrz.*), presa a pantografo.
Parallelperspektive (*f.* - *Geom.*), prospettiva parallela.
Parallelprojektion (*f.* - *Geom.*), proiezione parallela.
Parallelreisser (Reissmass) (*m.* - *Mech.* - *Werkz.*), graffietto, truschino. 2 ~ **mit Nonius** (*Mech.* - *Werkz.*), graffietto con nonio, truschino con nonio.

Parallelresonanz (Spannungsresonanz bei Parallelschaltung) (*f.* - *Elekt.*), risonanza in parallelo, antirisonanza, risonanza di tensione. 2 ~ **kreis** (*m.* - *Elektronik*), circuito di risonanza in parallelo, circuito antirisonante.
Parallelschaltung (Nebeneinanderschaltung) (*f.* - *Elekt.*), collegamento in parallelo, messa in parallelo, inserzione in parallelo.
Parallelschere (*f.* - *Masch.*), cesoia a ghigliottina.
Parallelschlagseil (*n.* - *Seile*), fune ad avvolgimento parallelo.
Parallelschraubstock (*m.* - *Werkz.*), morsa parallela.
Parallelschwingkreis (*m.* - *Elektronik*), circuito antirisonante.
Parallel-Serien-Betrieb (*m.* - *Elekt.*), funzionamento serie-parallelo.
Parallel-Serien-Konverter (Parallel-Serienumsetzer) (*m.* - *Datenverarb.*), serializzatore.
paramagnetisch (*Elekt.*), paramagnetico.
Paramagnetismus (*m.* - *Elekt.*), paramagnetismo.
Parameter (*m.* - *Math.*), parametro. 2 ~ (bei Qualitätskontrolle z. B.) (*Stat.* - *mech. Technol.*), parametro.
parametrisch (*Math.* - *etc.*), parametrico. 2 ~ **er Transformator** (SW-Trafo, zur störungsfreien Speisung von elektronischen Geräten) (*Elekt.*), trasformatore parametrico.
Parametron (elekt. Schaltung zum Verstärken und für Schaltkreise) (*n.* - *Elektronik*), parametron.
Paramorphose (*f.* - *Min.*), paramorfosi.
Paraschiefer (*m.* - *Min.*), parascisto.
parasitisch (*allg.*), parassita.
Parasol (*m.* - *Flugw.*), velivolo (con ala) parasole.
paraxial (*Opt.*), parassiale.
Pardun (Pardune, Hanf oder Drahttau) (*n.* - *naut.*), sartia.
Parfüm (Riechmittel) (*n.* - *Ind.*), profumo.
PAR-Gerät (*n.* - *Radar* - *Navig.*), radar di avvicinamento di precisione.
Parian (Weichporzellan mit 40-66% Feldspat) (*n.* - *Keramik*), porcellana tenera (con 40-66% di feldspato).
Parität (*f.* - *finanz.*), parità. 2 ~ **s·bit** (Prüfbit, eines Lochstreifens) (*n.* - *Datenverarb.*), bit di controllo. 3 ~ **s·prüfung** (eines Lochstreifens, Paritätskontrolle) (*f.* - *Datenverarb.*), controllo di parità. 4 **Gold** ~ (*finanz.*), parità aurea.
paritätisch (Kommission z. B.) (*Arb.* - *etc.*), paritetico.
Park (grosser Garten) (*m.* - *Bauw.*), parco. 2 ~ **bahn** (eines Raumflugkörpers) (*f.* - *Raumfahrt*), orbita di parcheggio. 3 ~ **fläche** (*f.* - *Aut.*), area di parcheggio. 4 ~ **licht** (*n.* - *Aut.*), luce di posizione. 5 ~ **platz** (*m.* - *Aut.*), posteggio, parcheggio. 6 ~ **scheibe** (*f.* - *Strass.ver.*), disco orario. 7 ~ **scheibe** (*Aut.*) (*schweiz.*), siehe Parkometer. 8 ~ **stand** (Parkplatz) (*m.* - *Aut.*), posteggio. 9 ~ **streifen** (Randstreifen) (*m.* - *Strass.ver.*), corsia di sosta. 10 ~ **uhr** (Parkometer) (*f.* - *Aut.* - *Strass.ver.* - *Ger.*), siehe Parkzeituhr, Parkometer. 11 ~ **verbot** (*n.* - *Strass.ver.*),

divieto di sosta, sosta vietata. 12 ~ **verbotschild** (*n. - Strass.ver.*), cartello di divieto di sosta, cartello di sosta vietata. 13 ~ **zeituhr** (Parkuhr, Parkometer) (*f. - Aut. - Strass.ver. - Ger.*), parcometro, tassametro di parcheggio, tassametro di sosta.
parken (*Aut.*), parcheggiare.
Parkerisieren (Parkern, Schutzverfahren) (*n. - Metall.*), parcherizzazione.
parkerisieren (parkern) (*Metall.*), parcherizzare.
Parkern (Parkerisieren, Schutzverfahren) (*n. - Metall.*), parcherizzazione.
parkern (parkerisieren) (*Metall.*), parcherizzare.
Parkerverfahren (Parkerisieren, Parkern, für Stahloberflächen) (*n. - mech. Technol.*), parcherizzazione.
Parkes-Verfahren (zum Entsilbern von Blei mit Zink) (*n. - Metall.*), processo Parkes.
Parkett (Fussboden mit Täfelung, Stabfussboden) (*n. - Bauw.*), pavimento a parchetti, pavimento a palchetti, pavimento in legno, pavimento senza sottofondo, « parquet ». 2 ~ (Parterre, eines Theaters) (*Arch.*), platea. 3 ~ **hobelmaschine** (*f. - Masch.*), lamatrice per palchetti. 4 ~ **stab** (*m. - Tischl. - Bauw.*), palchetto, parchetto.
Parkette (Einzelbrette des Parkettbodens) (*f. - Bauw.*) (österr.), parchetto, palchetto.
parkettieren (*Bauw.*), palchettare, parchettare, pavimentare a palchetti.
Parkingmeter (Parkuhr, Parkometer) (*m. - Aut. - Strass.ver. - Ger.*), parcometro, tassametro di parcheggio, tassametro di sosta.
Parkometer (Parkzeituhr) (*m. - n. - Aut. - Strass.ver. - Ger.*), parcometro, tassametro di parcheggio, tassametro di sosta.
Parrotkohle (*f. - Brennst.*), siehe Kannelkohle.
parsec (Parallaxe-Sekunde = $3,9 \cdot 10^{12}$ km) (*Astr. - Mass*), parsec.
Parsonsturbine (*f. - Turb.*), turbina Parsons.
Parterre (Erdgeschoss) (*n. - Bauw.*), pianterreno. 2 ~ (Parkett, eines Theaters) (*Arch.*), platea.
Partie (Menge) (*f. - allg.*), lotto, partita. 2 ~ **führer** (Vorarbeiter) (*m. - Arb.*) (österr.), caposquadra. 3 ~ **verkauf** (*m. - komm.*), vendita a lotti.
partiell (partial, teilweise) (*allg.*), parziale.
Partikel (Teilchen) (*f. - allg.*), particella.
Partikularlösung (Einzellösung einer inhomogenen Differentialgleichung) (*f. - Math.*), soluzione particolare.
Partizellierung (von Grundstücken, Zerlegung in Parzellen, Parzellierung) (*f. - Bauw.*), suddivisione in particelle.
parzellar (*Bauw.*), particellare.
Parzelle (Flurstück z. B.) (*f. - Bauw. - etc.*), particella, parcella. 2 ~ **n·karte** (*f. - Top. - Bauw.*), mappa particellare. 3 ~ **n·kataster** (*n. - recht. - Bauw.*), catasto particellare.
parzellieren (in Parzellen zerlegen) (*Bauw. - recht.*), suddividere in particelle. 2 ~ (in Parzellen zerlegen, zum Verkauf) (*Bauw. - komm.*), lottizzare. 3 ~ (parzellenweise verkaufen) (*Bauw. - komm.*), vendere a lotti.
Parzellierung (Zerlegung in Parzellen) (*f. - Bauw. - recht.*), suddivisione in particelle. 2

~ (Zerlegung in Parzellen, zum Verkauf) (*Bauw. - komm.*), lottizzazione. 3 ~ (Verkauf in Parzellen, Partieverkauf) (*Bauw. - komm.*), vendita a lotti.
PAS (Para - Aminosalizylsäure) (*Pharm. - Med.*), PAS.
Pascal (Pa, Druckeinheit; 1 bar = 10^5 Pascals, 1 Pa = 1 N/m²) (*n. - Einh.*), pascal.
Pass (Erlaubnisschein) (*m. - allg.*), permesso. 2 ~ (für den Grenzübertritt) (*recht.*), passaporto. 3 ~ (Durchlass zwischen Bergen) (*Geogr.*), passo. 4 ~ (Bogen im Masswerk) (*Arch.*), lobo. 5 ~ (richtige Lage) (*allg.*), giusta posizione, posizione precisa. 6 ~ (richtige Lage, eines Schiffes) (*naut.*), giusto assetto. 7 ~ **arbeit** (*f. - Mech.*), aggiustaggio. 8 ~ **bolzen** (Pass·schraube) (*m. - Mech.*), vite calibrata, bullone calibrato. 9 ~ **dorn** (Lehrdorn) (*m. - Werkz.*), riscontro a tampone per registrazione, calibro di riscontro a tampone per registrazione. 10 ~ **feder** (*f. - Mech.*), linguetta. 11 ~ **fehler** (an Optikteilen) (*m. - Opt.*), difetto (di lavorazione. 12 ~ **fläche** (*f. - Mech.*), superficie di accoppiamento. 13 ~ **glas** (*n. - Opt.*), siehe Probeglas. 14 ~ **karte** (Kennkarte) (*f. - recht.*), carta d'identità. 15 ~ **karte** (Passierschein) (*allg.*), lasciapassare, permesso. 16 ~ **lager** (Bundlager) (*n. - Mech.*), cuscinetto flangiato. 17 ~ **lehre** (*f. - Mech.*), calibro di riscontro per registrazione, riscontro per registrazione. 18 ~ **loch** (*n. - Mech.*), foro calibrato. 19 ~ **marke** (*f. - Masch.*), segno di riferimento. 20 ~ **mass** (bei ISA-Passungen, durch Kurzzeichen toleriert z. B.) (*n. - Mech.*), dimensione di accoppiamento, dimensione nominale con limiti di tolleranza dell'accoppiamento. 21 ~ **meter** (Feinmessgerät mit Fühlhebel und Zeiger) (*m. - n. - Mech. - Ger.*), comparimetro, minimetro. 22 ~ **punkt** (*m.-Mech.*), punto di riferimento. 23 ~ **schraube** (*f. - Mech.*), bullone calibrato, vite calibrata. 24 ~ **scheibe** (*f. - Mech.*), rasamento, spessore di rasamento. 25 ~ **sitz** (*m. - Mech.*), accoppiamento preciso. 26 ~ **stift** (*m. - Mech.*), spina di registro. 27 ~ **stück** (*n. - Mech. - etc.*), (pezzo di) adattamento, adattatore. 28 ~ **system** (*n. - Mech.*), sistema di accoppiamento. 29 ~ **teil** (für eine Passung bestimmter Teil) (*m. - Mech.*), pezzo da accoppiamento. 30 ~ **toleranz** (Schwankung des Spieles oder Übermasses) (*f. - Mech.*), tolleranza di accoppiamento. 31 ~ **wort** (eines Schlosses) (*n. - Mech.*), parola chiave. 32 Drei ~ (einer Fensterfüllung) (*Arch.*), trilobo.
Passage (Durchgang) (*f. - allg.*), passaggio. 2 ~ (Arbeitsgang) (*Mech.*), operazione.
Passagier (Fahrgast) (*m. - Transp.*), passeggero. 2 ~ **flugzeug** (*n. - Flugw.*), velivolo passeggeri. 3 ~ **raum** (eines Flugzeuges) (*m. - Flugw.*), cabina passeggeri.
Passameter (Feinmessgerät für Aussenmessungen) (*m. - n. - Mech. - Ger.*), comparimetro per esterni.
Passant (Fussgänger, Strassenpassant) (*m. - Strass.ver.*), passante, pedone.
Passat (Passatströmung, Ostwind) (*m. - Meteor.*), aliseo.

passen (*allg.*), adattare. 2 ~ (*Mech.*), aggiustare.
Passieren (Einziehen) (*n. - Textilind.*), rimettaggio.
Passiergewicht (Mindestgewicht umlaufender Münzen) (*n. - finanz.*), peso minimo.
passig (oval) (*Mech.*), ovale. 2 ~ **drehen** (*Mech.*), tornire ovale, tornire eccentrico.
Passigdrehbank (*f. - Werkz.masch.*), tornio per profili ovali.
Passigdrehen (*n. - Werkz.masch.bearb.*), tornitura eccentrica.
Passimeter (Feinmessgerät für Innenmessungen) (*n. - Mech. - Ger.*), comparimetro per interni, passimetro.
passiv (*allg.*), passivo. 2 ~ (*Buchhaltung - finanz.*), passivo.
Passiva (Passiven) (*n. - pl. - Adm.*), passivo (*s.*). 2 **antizipative** ~ (in einer Bilanz, passive Abgrenzungsposten) (*Adm.*), risconti passivi.
passivieren (*Elektrochem. - mech. Technol.*), passivare.
passiviert (*Elektrochem. - mech. Technol.*), passivato.
Passivierung (Erzeugung eines Schutzüberzuges auf unedlen Metallen gegen elektrochemische Korrosion) (*f. - mech. Technol. - Elektrochem.*), passivazione.
Passivität (*f. - Elektrochem.*), passività.
Passivkraft (Schaftkraft, Rückkraft Projektion der Zerspankraft auf eine Senkrechte zur Arbeitsebene) (*f. - Mech. - Werkz.*), forza passiva, reazione.
Passung (*f. - Mech.*), accoppiamento. 2 ~ s·rost (Bluten, rotes Eisenoxyd, bei der Reiboxydation gebildet) (*m. - Mech. - Fehler*), tabacco, ossido di ferro da ossidazione per attrito (o da corrosione di tormento). 3 **Dehn** ~ (Presspassung) (*Mech.*), accoppiamento stabile bloccato sottozero. 4 **Dicht** ~ (*Mech.*), accoppiamento bloccato a tenuta. 5 **DIN-** ~ (*Mech.*), accoppiamento DIN. 6 **Edel** ~ (für feinmech. Geräte) (*Mech.*), accoppiamento extrapreciso. 7 **Einheitsbohrung-** ~ **s·system** (*Mech.*), sistema di accoppiamento a foro base. 8 **Einheitswelle-** ~ **s·system** (*Mech.*), sistema di accoppiamento ad albero base. 9 **Fein** ~ (für Maschinen- und Motorbau) (*Mech.*), accoppiamento preciso. 10 **Flach** ~ (Passung zwischen ebenen Passflächen) (*Mech.*), accoppiamento piano, accoppiamento di superfici piane. 11 **Grob** ~ (mit grösster Toleranz) (*Mech.*), accoppiamento grossolano. 12 **ISA-** ~ (International Standard Association-Passung) (*Mech.*), accoppiamento ISA. 13 **ISO-** ~ (International Standardization Organization-Passung) (*Mech.*), accoppiamento ISO. 14 **Kegel** ~ (Passung zwischen kreiskegeligen Passflächen) (*Mech.*), accoppiamento conico, accoppiamento di superfici coniche. 15 **Lauf** ~ (Spielpassung) (*Mech.*), accoppiamento mobile, accoppiamento con gioco, accoppiamento libero. 16 **Press** ~ (*Mech.*), accoppiamento bloccato alla pressa, accoppiamento stabile. 17 **Querpress** ~ (Presspassung, Schrumpf- oder Dehnpassung) (*Mech.*), accoppiamento stabile bloccato (a caldo o sottozero). 18 **Ruhe** ~ (Übergangspassung) (*Mech.*), accoppiamento incerto. 19 **Rund** ~ (Passung zwischen kreiszylindrischen Passflächen) (*Mech.*), accoppiamento cilindrico, accoppiamento di superfici cilindriche. 20 **Schlicht** ~ (für Kraftwagen- und Lokomotivbau) (*Mech.*), accoppiamento medio. 21 **Schrumpf** ~ (Presspassung) (*Mech.*), accoppiamento stabile bloccato a caldo. 22 **Spiel** ~ (*Mech.*), accoppiamento mobile, accoppiamento con gioco, accoppiamento libero. 23 **Übergangs** ~ (Ruhepassung, zwischen Spiel- und Presspassung) (*Mech.*), accoppiamento incerto. 24 **Verzahn** ~ (*Mech.*), accoppiamento di dentature.
Paste (Pasta) (*f. - Lebensmittelind.*), pasta. 2 **Läpp** ~ (*Mech.*), pasta abrasiva (per lappare). 3 **Löt** ~ (*mech. Technol.*), pasta per brasare. 4 **Schleif** ~ (*mech. Technol.*), pasta abrasiva.
Pastell (mit Pastellfarben gemaltes Bild) (*n. - Farbe - Kunst*), pastello, dipinto a pastelli. 2 ~ **farbe** (*f. - Farbe*), pastello. 3 ~ **grün** (*n. - Farbe*), verde pastello. 4 ~ **ton** (*m. - Farbe*), tonalità pastello.
pasten (pastieren, Akkuplatten) (*Elekt.*), pastigliare, impastare.
pasteurisieren (*chem. Ind.*), pastorizzare.
Pastille (Plätzchen, Täfelchen) (*f. - Pharm.*), pastiglia. 2 ~ (Halbleiterstück, eines Thyristors z. B.) (*Elektronik*), pastiglia.
Patent (*n. - recht.*), brevetto. 2 ~ **amt** (*n. - recht.*), ufficio brevetti centrale, ufficio brevetti statale. 3 ~ **anker** (*m. - naut.*), àncora senza ceppi. 4 ~ **anmeldung** (*f. - recht.*), domanda di brevetto. 5 ~ **anspruch** (*m. - recht.*), rivendicazione di brevetto. 6 ~ **anwalt** (Büro) (*m. - recht.*), ufficio brevetti. 7 ~ **beschreibung** (*f. - recht.*), descrizione di brevetto. 8 ~ **fähigkeit** (*f. - recht.*), brevettabilità. 9 ~ **inhaber** (*m. - recht.*), titolare del brevetto. 10 ~ **jahresgebühr** (*f. - recht.*), annualità per (il mantenimento in vigore del) brevetto. 11 ~ **log** (*n. - naut.*), solcometro. 12 ~ **nickel** (Nickel-Kupfer mit 25% Ni) (*n. - Legierung*), lega rame-nichel. 13 ~ **recht** (*n. - recht.*), diritto brevettuale, legge sulle privative industriali. 14 ~ **schlüssel** (einstellbarer Schlüssel) (*m. - Werkz.*), chiave registrabile. 15 ~ **schrift** (Patentbeschreibung) (*f. - recht.*), descrizione di brevetto. 16 ~ **verletzung** (*f. - recht.*), violazione di brevetto. 17 ~ **zeichnung** (für Patentanmeldung) (*f. - recht. - Zeichn.*), disegno di brevetto. 18 **Ablauf eines** ~ **es** (*recht.*), scadenza di un brevetto. 19 **Ausland** ~ (*recht.*), brevetto estero. 20 **Ausschliessungs** ~ (deren Benutzung nur dem Inhaber zusteht) (*recht.*), brevetto esclusivo. 21 **ein** ~ **anmelden** (*recht.*), presentare domanda di brevetto. 22 **Erfindungs** ~ (*recht.*), brevetto d'invenzione. 23 **nebeneinander bestehende Patente** (*recht.*), brevetti cumulati.
patentamlich (patentiert) (*recht.*), brevettato.
patentfähig (patentierbar) (*recht.*), brevettabile.
patentierbar (*recht.*), brevettabile.
Patentieren (Erwärmung und folgende Kühlung in einem Bleibad, Salzbad oder Luftbad) (*n. - Wärmebeh.*), patentamento. 2 **Bad** ~ (Patentieren, in einem Bad aus Blei oder

Salz) (*Wärmebeh.*), patentamento in bagno (di piombo o di sale). 3 **Blei** ~ (*Wärmebeh.*), patentamento in piombo. 4 **Durchlauf** ~ (im Durchlaufofen) (*Wärmebeh.*), patentamento continuo. 5 **Luft** ~ (*Wärmebeh.*), patentamento in aria. 6 **Tauch** ~ (*Wärmebeh.*), patentamento ad immersione (in bagno di piombo o di sale). 7 **Widerstands** ~ (nach elektrischer Widerstandserhitzung) (*Wärmebeh.*), patentamento (con riscaldamento) a resistenza.

patentieren (Stahldrähte z. B.) (*Wärmebeh.*), patentare. 2 ~ (*recht.*), brevettare. 3 **blei** ~ (*Wärmebeh.*), patentare in piombo. 4 **luft** ~ (*Wärmebeh.*), patentare in aria.

patentiert (*recht.*), brevettato. 2 ~ (*Wärmebeh.*), patentato.

paternalistisch (*allg.*), paternalistico. 2 ~ e **Betriebsführung** (*Ind.*), paternalismo.

Paternosteraufzug (*m. - Bauw.*), (ascensore) paternoster.

Paternoster - Kerntrocken - Durchlaufofen (*m. - Giess.*), essiccatoio continuo a paternoster per anime.

Paternosterwerk (Eimerkette) (*n. - Erdbew. masch.*), catena di tazze, elevatore a noria, elevatore a tazze.

PatG (Patentgesetz) (*recht.*), legge sui brevetti.
pathologisch (*Med.*), patologico.
Patient (*m. - Med.*), paziente (*s.*).
Patina (Edelrost) (*f. - Metall.*), patina.
Patrize (Stempel mit positivem Bild) (*f. - mech. Technol.*), punzone, controstampo.
Patrone (einer Drehbank, Schraubenpatrone) (*f. - Werkz.masch.*), patrona, vite conduttrice, vite madre. 2 ~ (Spannzange, Spannbüchse) (*Werkz.masch.bearb.*), bussola di serraggio. 3 ~ (Ladung einer Handfeuerwaffe) (*Feuerwaffe*), cartuccia. 4 ~ (Bindungspatrone) (*Textilind.*), disegno, modello. 5 ~ (Sprengpatrone) (*Bergbau - Expl.*), tubo. 6 ~ (Rollfilm und Behälter für Kleinbildkameras) (*Phot.*), caricatore. 7 ~ n·messing (mit 69,5-73,% Cu) (*n. - Legierung*), ottone per bossoli. 8 ~ n·papier (Musterpapier, Tupfpapier, Linienpapier) (*n. - Textilind.*), carta tecnica, carta quadrettata. 9 ~ n·sicherung (*f. - Elekt.*), valvola a patrona. 10 ~ n·spannfutter (*n. - Werkz.masch.*), bussola di serraggio. 11 **Spreng** ~ (*Expl. - Bergbau*), tubo di esplosivo, cartuccia da mina.
Patroneur (Musteraussetzer) (*m. - Textilind. - Arb.*), disegnatore.
Patronieren (*n. - Textilind.*), mess'in carta.
Patsche (Plätsche, Werkzeug zum Schlagen) (*f. - Ger. - Bauw.*), battola.
Patschen (Zurückschlagen des Zündgemisches in die Ansaugleitung) (*n. - Mot. - Arb.*), ritorno di fiamma.
Pattinsonieren (*n. - Metall.*), pattinsonaggio.
pauschal (*komm. - finanz.*), a forfait, forfettario. 2 ~ e **Zahlung** (Pauschalzahlung) (*komm.*), pagamento forfettario.
Pauschalakkord (Pensumlohn) (*m. - Arb.*), remunerazione forfettaria.
Pauschalbetrag (Pauschalsumme) (*m. - komm.*), somma forfettaria.
Pauschale (Pauschalsumme) (*f. - komm.*), somma forfettaria. 2 ~ (Pauschaltarif) (*Elekt.*), tariffa « a forfait ».
Pauschalierung (*f. - komm.*), forfetizzazione.
Pauschalpreis (*m. - komm.*), prezzo a forfait, prezzo forfettario.
Pauschaltarif (*m. - Elekt. - etc.*), tariffa a forfait.
Pauschen (*n. - Metall.*), siehe Seigerung.
Pause (*f. - allg.*), pausa. 2 ~ (Lichtpause z. B., nach dem Lichtpausverfahren hergestellte Kopie z. B.) (*Zeichn.*), copia, riproduzione. 3 ~ (Arbeitsunterbrechung z. B.) (*Arb. etc.*), pausa, sosta. 4 ~ (Zeitraum) (*allg.*), intervallo. 5 ~ n·zeichen (*n. - Funk.*), segnale d'intervallo. 6 ~ n·zeichenmaschine (*f. - Funk.*), trasmettitore del segnale d'intervallo. 7 ~ n·zeit (Strompause, stromloser Zeitabschnitt beim Schweissen) (*f. - mech. Technol.*), tempo freddo, tempo di interruzione della corrente. 8 **Blau** ~ (mit blauen Strichen auf weissen Grund) (*Zeichn.*), copia eliografica blu, eliografia blu. 9 **Blau** ~ (Negativ-Wasserbad-Blaupause, mit weissen Strichen auf blauem Grund) (*Zeichn.*), copia cianografica. 10 **Licht** ~ (nach dem Lichtpausverfahren hergestellte Kopie) (*Zeichn.*), copia, riproduzione. 11 **Negativ-Wasserbad-Blau** ~ (nach dem Eisensalzverfahren hergestellt) (*Zeichn.*), copia cianografica. 12 **Schwarz** ~ (mit schwarzen Strichen auf weissem Grund) (*Zeichn.*), copia eliografica nera.
pausen (durchzeichnen) (*Zeichn.*), riprodurre.
pausfähig (*Zeichn.*), riproducibile.
Pausleinwand (Lichtpausgewebe) (*f. - Zeichn.*), tela per copie, tela sensibile.
Pauspapier (nicht transparentes Papier, mit einer lichtempfindlichen Lichtpausschicht) (*n. - Zeichn.*), carta per copie, carta sensibile. 2 ~ (Kohlepapier) (*Büro*), carta copiativa, carta carbone.
Pausraum (Abteilung einer Fabrik, in der Lichtpausen hergestellt werden) (*m. - Zeichn.*), reparto riproduzioni, « cianografia ».
Pausverfahren (*n. - Zeichn.*), (procedimento di) riproduzione.
PB (Patentieren-Bad) (*Wärmebeh.*), patentamento in bagno.
Pb (Blei) (*Chem.*), Pb, piombo.
P-Band (Frequenzband von 225 bis 390 MHz) (*n. - Radar*), banda P.
PC (Polycarbonat) (*Chem.*), PC, policarbonato.
pc (parsec) (*Einheit*), parsec.
PCB (polychloriertes Biphenyl, Isolierungsstoff) (*Chem. - Elekt.*), difenile policlorurato.
PCM (Puls-Code-Modulation) (*Funk.*), modulazione a codice degli impulsi, modulazione ad impulsi codificati.
PCTFE (Polychlortrifluoräthylen, Fluorpolymerisat, Kunststoff) (*chem. Ind.*), PCTFE, policlorotrifluoroetilene.
PD (Pupillendistanz) (*Opt.*), distanza interpupillare.
Pd (Palladium) (*Chem.*), Pd, palladio.
PDM (Pulsdauermodulation) (*Funk.*), PDM, modulazione di durata degli impulsi.
PD - Regler (*m. - Elektromech.*), regolatore proporzionale ad azione derivata.

P3 (ohne Rückstände in Wasser lösliches Waschmittel) (*Chem.*), P3.
PDV (Prozessdatenverarbeitung) (*Rechner*), elaborazione dati di processo.
PE (Polyäthylen) (*Kunststoff*), PE, polietilene.
Pe (Péclet-Zahl, Verhältnis zwischen konvektiv transportierten und geleiteten Wärmemenge) (*Wärme*), Pe, numero di Péclet.
PeCe (nachchlorierter Polyvinylchlorid-Faserstoff) (*Kunststoff*), PeCe, fibra sintetica a base di cloruro polivinilico.
Pech (*n. - chem. Ind.*), pece. 2 ~ **blende** (Uranpecherz) (*f. - Min.*), pechblenda, uraninite. 3 ~ **kiefer** (Pechtanne) (*f. - Holz*), « pitchpine », legno duro americano. 4 ~ **kohle** (*f. - Brennst.*), carbone bituminoso.
Pedal (Fusshebel) (*n. - allg.*), pedale. 2 ~ **schalter** (*m. - Elekt.*), interruttore a pedale. 3 ~ **steuerung** (*f. - Flugw.*), pedaliera. 4 ~ **tritt** (*m. - Fahrrad*), pedalata. 5 **Brems** ~ (*Aut.*), pedale del freno. 6 **Fahr** ~ (für Kraftstoffzufuhr) (*Aut.*), pedale dell'acceleratore. 7 **Gas** ~ (Gashebel, Gasfusshebel) (*Aut.*), pedale dell'acceleratore. 8 **Hänge** ~ (der Kupplung z. B.) (*Aut.*), pedale articolato, pedale a cerniera. 9 **Kupplungs** ~ (*Aut.*), pedale della frizione.
Pedalerie (*f. - Fahrz. - etc.*), pedaleria.
Pedion (im Kristallographie) (*n. - Min.*), pedio.
Pedometer (*n. - Messtechnik-Instr.*), pedometro.
Pegel (Grösse) (*m. - Phys.*), livello. 2 ~ (Niveau) (*allg.*), livello. 3 ~ (Schreibpegel, Wasserstandsmesser) (*See - Ger.*), mareografo. 4 ~ (für Flüsse z. B.) (*Instr.*), idrometro. 5 ~ **bildgerät** (Messgerät für die Nachrichtentechnik z. B.) (*n. - Elektronik - Ger.*), livelloscopio (a raggi catodici), visualizzatore di livello. 6 ~ **diagramm** (einer Nachrichtenverbindung) (*n. - Funk. - etc.*), diagramma del livello, ipsogramma. 7 ~ **schreiber** (*m. - Elekt. - Fernspr. - Ger.*), ipsografo. 8 ~ **stab** (zum Messen der Ölmenge z. B.) (*m. - Ger.*), asta (indicatrice) di livello. 9 ~ **zeiger** (für das Nachrichtengebiet) (*m. - Messtechnik - Elekt.*), indicatore di livello, ipsometro. 10 **Geräusch** ~ (*Akus.*), livello del rumore. 11 **Schall** ~ (*Akus.*), livello sonoro. 12 **Schreib** ~ (Wasserstandsmesser) (*See - Ger.*), mareografo.
Pegmatit (Ganggestein) (*m. - Min.*), pegmatite.
PEHLA (Prüfung elektrischer Hochleistungs-Apparate) (*Elekt.*), collaudo di apparecchi elettrici di elevata potenza.
Peigneur (Filet, einer Krempel) (*m. - Textilmasch.*), siehe Abnehmer.
Peil (Pegel) (*m. - Wass.b.*), indicatore di livello. 2 ~ **anlage** (Peilfunkgerät) (*f. - Navig.*), radiogoniometro. 3 ~ **antenne** (Funkpeilerrahmenantenne) (*f. - Funk. - Navig.*), antenna radiogoniometrica. 4 ~ **aufsatz** (*m. - naut. Instr.*), grafometro. 5 ~ **empfänger** (*m. - Funk.*), radiogoniometro. 6 ~ **fehler** (*m. - Funk.*), errore di rilevamento. 7 ~ **funk** (*m. - Funk.*), radiogoniometria. 8 ~ **funker** (*m. - Funk.*), radiogoniometrista. 9 ~ **funkgerät** (*n. - Navig.*), radiogoniometro. 10 ~ **kompass** (*m. - Instr.*), radiobussola. 11 ~ **lot** (zum Messen der Wassertiefe) (*n. - Ger.*), scandaglio. 12 ~ **richtung** (Peilwinkel) (*f. - naut. - etc.*), rilevamento. 13 ~ **stab** (Pegelstab, für Tankanlagen) (*m. - Ger.*), asta di livello. 14 ~ **winkel** (Peilrichtung) (*m. - naut. - Flug.w.*), rilevamento.
peilen (die Richtung bestimmen) (*naut.*), eseguire un rilevamento, rilevare (la direzione). 2 ~ (den Wasserstand bestimmen) (*Hydr. - Wass.b. - etc.*), misurare la profondità. 3 ~ **an** ~ (als Richtpunkt nehmen) (*naut. - etc.*), puntare. 4 **funk** ~ (*naut. - etc.*), radiogoniometrare.
Peiler (Peilfunkgerät) (*m. - Navig.*), radiogoniometro.
Peilung (Funkpeilung) (*f. - Flugw. - naut. - Funk.*), radiogoniometraggio, radiorilevamento. 2 **Kreuz** ~ (*naut. - etc.*), rilevamento incrociato. 3 **optische** ~ (*Navig.*), rilevamento ottico.
Peinerträger (P-Träger, Breitflanschträger) (*m. - Bauw.*), trave a doppio T.
Peitsche (*f. - allg.*), frusta.
Peka-Glas (Verbundsicherheitsglasart) (*n. - Glasind.*), (tipo di) vetro di sicurezza laminato.
Pelite (pelitische Gesteine) (*m. - pl. - Geol.*), rocce pelitiche.
Pellet (Bezeichnung für verschiedene Arten von Stoffen für Sinterzwecke wie Kügelchen, Späne, etc.) (*n. - Metall.*), pellet.
Pelletieren (*n. - Metall. - etc.*), siehe Pelletisieren.
Pelletisieren (Stückigmachen von Feinerzen) (*n. - Bergbau*), pelletizzazione, agglomerazione, sinterizzazione, sinterazione.
pelletisieren (Erz) (*Bergbau*), pellettizzare, sinterizzare, agglomerare, sinterare.
Peltiereffekt (*m. - Phys. - Elekt.*), effetto Peltier.
Peltonrad (Peltonturbine) (*n. - Hydr. - Turb.*), turbina Pelton.
Pelz (Tierfell) (*m. - Textilind.*), pelo, vello. 2 ~ (Pelzbekleidungsstück) (*Textilind.*), pelliccia.
PEM-Effekt (photoelektromagnetischer Effekt) (*m. - Phys.*), effetto fotoelettromagnetico.
Pendel (*n. - Phys.*), pendolo. 2 ~ **achse** (*f. - Aut.*), assale oscillante, assale pendolare. 3 ~ **antrieb** (*m. - Mech.*), comando oscillante. 4 ~ **audion** (*n. - Elektronik*), rivelatore a superreazione. 5 ~ **aufhängung** (eines Seismographen z. B.) (*f. - Instr. - etc.*), sospensione oscillante. 6 ~ **ausschalg** (*m. - Phys.*), escursione del pendolo, ampiezza di oscillazione (del pendolo). 7 ~ **bahn** (Zweiseilbahn z. B., für Personen) (*f. - Bergbahn*), funivia a va e vieni. 8 ~ **becherwerk** (*n. - ind. Transp.*), trasportatore a bilancini. 9 ~ **betrieb** (*m. - Transp.*), servizio di navetta, servizio di spola. 10 ~ **bewegung** (*f. - Phys.*), moto oscillatorio, moto pendolare. 11 ~ **dorn** (*m. - Werkz.mach.*), mandrino ad autoallineamento. 12 ~ **drahtseilbahn** (für Güter) (*f. - Transp.*), teleferica a va e vieni. 13 ~ **fräsen** (für krumme Oberflächen z. B.) (*n. - Werkz.masch.bearb.*), fresatura a va e vieni, fresatura pendolare, fresatura a spazzolamento. 14 ~

frequenz (einer Schaltung, Zahl der Unterbrechungen der Schwingungen) (*f.* - *Elektronik*), frequenza di interruzione (delle oscillazioni). 15 ~ futter (Pendelhalter, für Reibahlen) (*n.* - *Werkz.masch.*), mandrino oscillante. 16 ~ generator (Drehstromgenerator, bei Turbinenregelung) (*m.* - *Elekt.* - *Turb.*), generatore di comando del regolatore a pendolo. 17 ~ glühen (Weichglühen durch pendelnden Wechsel von Temperatur) (*n.* - *Wärmebeh.*), ricottura (di lavorabilità) a temperatura oscillante. 18 ~ halter (*m.* - *Werkz.*), attacco autoallineante, attacco flottante. 19 ~ hammer (für Schlagversuche) (*m.* - *mech. Technol.* - *Masch.*), pendolo (di Charpy). 20 ~ härte (Rockerhärte, Schaukelhärte, eines Lackes) (*f.* - *Anstr.*), durezza «rocker», durezza determinata con apparecchio a pendolo. 21 ~ kugellager (*n.* - *Mech.*), cuscinetto a sfere oscillante. 22 ~ lager (*n.* - *Mech.*), cuscinetto oscillante. 23 ~ leuchte (*f.* - *Beleucht.*), apparecchio di illuminazione a sospensione, lume a sospensione. 24 ~ maschine (zur Messung von Drehmomenten) (*f.* - *Masch.*), cuplometro. 25 ~ reibahle (*f.* - *Werkz.*), alesatore oscillante. 26 ~ rückkopplung (*f.* - *Elektronik*), superreazione. 27 ~ schere (*f.* - *Masch.*), cesoia a lama oscillante. 28 ~ schlagwerk (Pendelhammer) (*n.* - *mech. Technol.* - *Masch.*), pendolo (di Charpy). 29 ~ schleifen (für Gewinde, mit Einprofilscheibe z. B.) (*n.* - *Werkz.masch.bearb.*), rettifica pendolare. 30 ~ schleifmaschine (für Guss·stücke) (*f.* - *Giess.* - *Masch.*), sbavatrice a pendolo. 31 ~ schleuder (*m.* - *Masch.*), siehe Pendelzentrifuge. 32 ~ schwingung (*f.* - *Phys.*), oscillazione del pendolo. 33 ~ station (zur Bedienung einer Masch.) (*f.* - *Masch.*), quadretto pensile (di comando). 34 ~ stütze (für Druckrohrleitungen) (*f.* - *Hydr.*), supporto oscillante. 35 ~ tür (*f.* - *Bauw.* *etc.*), porta apribile nei due sensi, porta a vento, porta «a calci». 36 ~ tür (Gummitür z. B. vom Fahrzeug geöffnet) (*Ind.* - *etc.*), porta elastica. 37 ~ uhr (*f.* - *Uhr*), orologio a pendolo. 38 ~ verkehr (*m.* - *Eisenb.* - *etc.*), traffico a navetta. 39 ~ wagen (Wagen dessen Kasten pendeln kann) (*m.* - *Eisenb.*), veicolo a cassa oscillante, veicolo ad assetto variabile. 40 ~ wanderung (der Arbeiter zwischen Wohn- und Arbeitsstätte) (*f.* - *Arb.* - *Transp.*), traffico pendolare. 41 ~ werchselrichter (mechanischer Wechselrichter) (*m.* - *Elekt.*), invertitore a vibratore. 42 ~ werkzeug (*n.* - *Werkz.masch.bearb.*), utensile flottante. 43 ~ winker (Winker, Fahrtrichtungsanzeiger) (*m.* - *Aut.*), indicatore di direzione a braccio oscillante, freccia. 44 ~ zentrifuge (zur Gewebeentwässerung z. B.) (*f.* - *Masch.*), centrifuga oscillante, idroestrattore (centrifugo) oscillante. 45 ~ zug (*m.* - *Eisenb.*), treno ad assetto variabile, «pendolino». 46 Kegel ~ (*Phys.*), pendolo conico. 47 mathematisches ~ (*Phys.*), pendolo matematico. 48 physikalisches ~ (*Phys.*), pendolo fisico, pendolo composto. 49 Reversions ~ (*Phys.*), pendolo reversibile, pendolo invertibile.

pendelartig (*allg.*), pendolare.
Pendeln (*n.* - *allg.*), pendolamento.

pendeln (schwingen) (*allg.*), pendolare, oscillare.
pendelnd (schwingend) (*Mech.* - *etc.*), oscillante.
Pendelung (Pendelschwingung) (*f.* - *Phys.*), oscillazione del pendolo. 2 ~ (Pendeln) (*allg.*), pendolamento. 3 ~ (bei parallelgeschalteten Elektro-Aggregaten z. B.) (*Elekt.*), pendolamento. 4 ~ (eines Lagers) (*Mech.*), autoallineamento.
Pendentif (Gewölbeteil in der Form eines sphärischen Dreiecks) (*n.* - *Arch.*), pennacchio. 2 ~ kuppel (*f.* - *Arch.*), cupola su pennacchi.
Pendler (*m.* - *Arb.*), pendolare (*s.*). 2 Wochenend ~ (*m.* - *Arb.*), pendolare di fine settimana.
Penetrameter (bei Durchstrahlungsprüfung) (*n.* - *Ger.*), penetrametro.
Penetration (Verformbarkeit eines Schmierfettes) (*f.* - *Chem.*), penetrazione. 2 Ruh ~ (bei der Prüfung eines Schmiermittels) (*chem. Ind.*), penetrazione su provino non manipolato. 3 Walk ~ (bei der Prüfung eines Schmiermittels) (*chem. Ind.*), penetrazione su provino manipolato.
Penetrometer (Eindringungsmesser) (*n.* - *Werkstoffprüfung* - *Bauw.*), penetrometro.
Penicillin (*n.* - *Pharm.*), penicillina.
Pension (*f.* - *Arb.* - *Pers.*), pensione. 2 ~ s·alter (*n.* - *Arb.* - *Pers.*), limite di età, età di pensionamento. 3 ~ s·beitrag (*m.* - *Arb.* - *Pers.*), contributo per la pensione. 4 Alters ~ (*Arb.* - *Pers.*), pensione di vecchiaia. 5 Invaliden ~ (*Arb.* - *Pers.*), pensione d'invalidità. 6 Kriegs ~ (*finanz.* - *milit.*), pensione di guerra.
Pensionär (Beamter im Ruhestand) (*m.* - *Arb.* - *Pers.*), pensionato.
pensionieren (*Arb.* - *Pers.*), mettere in pensione, collocare a riposo.
Pensionist (Pensionär) (*m.* - *Arb.* - *Pers.*) (*österr.* - *schweiz.*), pensionato (*s.*).
Pensumarbeit (bei der Lohn für die Gesamtarbeit vereinbart wird). (*f.* - *Arb.*), lavoro a forfait.
Pensumlohn (Pauschalakkord) (*m.* - *Arb.*), remunerazione forfettaria.
Pentaeder (*n.* - *Geom.*), pentaedro.
Pentaerythrit ($C[CH_2OH]_4$) (*m.* - *Chem.*), pentaeritritolo.
Pentagon (Fünfeck) (*n.* - *Geom.*), pentagono.
Pentagridkonverter (*m.* - *Fernseh.*), convertitore pentagriglia.
Pentagridröhre (*f.* - *Funk.*), pentagriglia (*s.*), tubo pentagriglia.
Pentan (C_5H_{12}) (*n.* - *Chem.*), pentano.
Pentode (Elektronenröhre) (*f.* - *Funk.*), pentodo.
Pentolit (*n.* - *Expl.*), pentolite.
Peptisation (*f.* - *Chem.*), peptizzazione.
Peptisiermittel (Peptisator) (*n.* - *Chem.*), peptizzatore.
PE-Pumpe (Einspritzpumpe mit Eigenantrieb) (*f.* - *Verbr.* - *Mot.*), pompa (d'iniezione) autonoma.
Peraluman (Aluminium-Knetlegierung) (*n.* - *Legierung*), peraluman.
Perborat (*n.* - *Chem.*), perborato.

Perbunan

Perbunan (ölfester Kunstkautschuk) (n. - Gummiind.), perbuna, buna N.
Perchlorat (n. - Chem.), perclorato.
Perchloräthylen (Trichloräthylen, Entfettungsmittel) (n. - chem. Ind. - Mech.), tricloroetilene.
perfektionieren (ein Geschäft) (komm.), perfezionare.
Perfektionierung (eines Geschäftes) (f. - finanz. - komm.), perfezionamento.
Perforator (für Lochband) (m. - Ger.), perforatore.
perforieren allg.), perforare.
Perforierlinie (f. - Druck. - Ger.), filetto perforatore.
Perforiermaschine (f. - Masch.), perforatrice.
perforiert (Mech.), perforato. 2 ~ es Blech (Blechbearb.), lamiera perforata.
Pergament (n. - Druck.), pergamena. 2 ~ papier (n. - Papierind.), carta pergamenata, pergamena vegetale, carta pergamena, pergamina.
Pergamentieren (n. - Papierind.), pergamenatura.
Peridotit (Tiefengestein) (m.-Min.), peridotite.
Perigäum (Erdnähe) (n. - Astr.), perigeo.
Perihel (Sonnennähe) (n. - Astr.), perielio.
Periklas (MgO) (m. - Min.), periclasio.
Perimeter (Umfang) (m. - Geom.), perimetro. 2 ~ (Gerät zur Bestimmung der Grösse des Sichtfeldes) (Opt. - Ger.), perimetro.
Periode (f. - allg.), periodo. 2 ~ (Elekt.), periodo. 3 ~ (beim Schweissen, 1 Periode = 1/50 s) (mech. Technol.), periodo. 4 ~ n·dauer (der Impulse z. B.) (f. - Elektronik - etc.), periodo. 5 ~ n·system (der Elemente) (Chem.), sistema periodico. 6 ~ n·umformer (Frequenzumformer) (m. - elekt. Ger.), convertitore di frequenza. 7 ~ n·zahl (Frequenz) (f. - Phys.), frequenza.
periodisch (allg.), periodico. 2 ~ e Blattverstellung (eines Hubschraubers) (Flugw.), variazione ciclica (del passo) della pala. 3 ~ er Ofen (Ofen), forno intermittente. 4 ~ es System (der Elemente, Mendelijeffs System) (Chem.), sistema periodico. 5 ~ e Steuerung (des Blatteinstellwinkels eines Hubschraubers, zyklische Steuerung) (Flugw.), variazione periodica.
Periodizität (f. - allg.), periodicità.
Peripherie (Umfangslinie) (f. - Geom.), periferia. 2 ~ (Ein- und Ausgabeeinheiten und Sekundärspeicher) (f. - Rechner), unità periferica. 3 ~ (Geräte die für die Funktion eines Aggregates notwendig sind) (Masch. - etc.), ausiliari. 4 ~ gerät (n. - Rechner), unità periferica.
periferisch (peripher) (allg.), periferico. 2 ~ (Rechner), periferico.
Periskop (Sehrohr des Unterseebootes) (n. - Kriegsmar.), periscopio.
Perisphäre (Erdzone in der Tiefe von 60 bis 1200 km) (f. - Geol.), perisfera.
Peristyl (von Säulen umgebener Raum) (n. - Arch.), peristilio.
Peritektikum (bei Legierungen) (n. - Chem. - Metall.), peritettico.
Perkal (Baumwollgewebe) (m. - Text.), percalle.

Perkussion (f. - allg.), percussione. 2 ~ s·zünder (m. - Expl.), spoletta a percussione.
Perl (Fünfpunktschrift) (f. - Druck.), corpo 5.
Perlasche (Pottasche, Kaliumkarbonat) (f. - Chem.), potassa, carbonato potassico.
Perlmutter (Perlmutt) (f. - Ind.), madreperla.
Perle (f. - Chem. - etc.), perla.
perlgrau (Farbe), grigio perla.
Perlit (Gefügeform des Eisens) (m. - Metall.), perlite. 2 ~ guss (Gusseisen) (n. - Giess.), ghisa perlitica. 3 ~ insel (f. - Metall.), zona perlitica. 4 körniger ~ (Metall.), perlite globulare, perlite sferoidale. 5 streifiger ~ (Metall.), perlite lamellare.
Perlite (Zuschlagstoff für Beton) (m. - Min.), perlite.
Perlitisieren (n. - Wärmebeh.), ricottura isotermica.
Perlleim (Pflanzenleim) (m. - Chem.), colla vegetale.
Perlon (syntetische Faser) (n. - Chem.), perlon.
Perlstab (Astragalus, an der ionischen Säule) (m. - Arch.), astragalo.
Perm (Abschnitt des Paläozoikums) (n. - Geol.), permiano. 2 ~ (Pm, Einheit für die Gasdurchlässigkeit) (Phys. - Einheit), perm.
Permagas (unter Hochdruck gespeichertes Treibgas) (n. - Brennst. - Fahrz.), gas per motori.
« Permalloy » (Legierung mit hoher Anfangspermeabilität) (Metall. - Elekt.), « permalloy ».
permanent (dauernd) (allg.), permanente. 2 ~ er Magnet (Elekt.), magnete permanente.
Permanganat (übermangansaures Salz) (n. - Chem.), permanganato.
Permatron (Elektronröhre) (n. - Elektronik), permatron.
permeabel (durchlässig) (allg.), permeabile.
Permeabilität (Durchlässigkeit) (f. - Chem. - Phys.), permeabilità. 2 ~ s·messgerät (n. - Ger.), permeametro. 3 differentielle ~ (Phys.), permeabilità differenziale.
Permeameter (n. - Ger. - Elekt.), permeametro.
Permeanz (f. - Elekt.), permeanza.
Permeat (n. - Chem.), permeato (s.), materiale permeato.
Permenorm (Legierung aus 50% Ni und 50% Fe) (n. - Metall. - Elekt.), permenorm.
Perminvar (Magnetlegierung aus 30% Eisen, 45% Nickel und 25% Kobalt) (n. - Elekt. - Fernspr.), perminvar.
permissiver Block (Eisenb.), blocco permissivo.
permoporös (Kunststoff) (chem. Ind.), permoporoso, permeabile.
Permutation (Vertauschung) (f. - Math.), permutazione.
permutieren (Math.), permutare.
Permutit (Ionenaustauscher für Wasserreinigung) (m. - chem. Ind.), permutite. 2 ~ enthärter (m. - Chem.), addolcitore a permutite.
PE - Rohr (Polyäthylen - Rohr) (n. - chem. Ind.), tubo di polietilene.
Peroxyd (n. - Chem.), perossido.
Perpendikel (Lot) (n. - m. - Schiffbau), per-

pendicolare (*s.*). 2 ~ (Pendel) (*Uhr*), pendolo. 3 Länge zwischen den ~ n (*Schiffbau*), lunghezza tra le perpendicolari.
perpendikular (lotrecht) (*allg.*), perpendicolare.
« Perpetuum mobile » (*n. - Mech.*), moto perpetuo.
Perron (Bahnsteig) (*m. - Eisenb.*) (*schweiz.*), marciapiede. 2 ~ dach (*n. - Eisenb.*) (*schweiz.*), pensilina.
Persenning (Presenning, Segeltuch) (*f. - naut.*), tela olona.
Person (*f. - allg.*), persona. 2 ~ en·aufzug (*m. - Bauw.*), ascensore. 3 ~ en·indexzahl (eines Personenwagens) (*f. - Aut.*), indice di abitabilità. 4 ~ en·kilometer (*m. - Transp.*), passeggero-chilometro. 5 ~ en·konto (*n. - Buchführung*), conto personale. 6 ~ en·kraftwagen (Pkw) (*m. - Aut.*), autovettura. 7 ~ en·name (Vorname) (*f. - Büro - etc.*), nome. 8 ~ en·rufanlage (Personensuchanlage) (*f. - Akus.*), impianto cercapersone. 9 ~ en·schutz (*m. - Elekt. - etc.*), protezione delle persone. 10 ~ en·seilbahn (*f. - Transp.*), funivia. 11 ~ en·transport (Personenverkehr) (*m. - Transp.*), trasporto passeggeri. 12 ~ n·waage (*f. - Masch.*), pesapersone, pesa per persone. 13 ~ en·wagen (Personenkraftwagen) (*m. - Aut.*), autovettura. 14 ~ en·wagen (*Eisenb.*), carrozza, vettura. 15 ~ en·zug (Reisezug) (*m. - Eisenb.*), treno viaggiatori. 16 ~ n·zug (gewöhnlicher Personenzug) (*Eisenb.*), accelerato, treno accelerato. 17 dritte ~ (*allg.*), terza persona. 18 **juristische** ~ (*recht.*), persona giuridica.
Personal (Angestellten- und Arbeiterschaft) (*n. - Ind.*), personale. 2 ~ abbau (*m. - Pers.*), riduzione del personale. 3 ~ abteilung (*f. - Ind.*), direzione del personale, servizio del personale. 4 ~ abwerbung (*f. - Pers. - Ind.*), sottrazione di personale. 5 ~ akte (*f. - Pers.*), matricola del personale. 6 ~ anwerbung (Personalwerbung) (*f. - Pers.*), reclutamento del personale. 7 ~ aufwand (*m. - Pers.*), fabbisogno di personale, richiesta di personale. 8 ~ auswahl (Personalauslese) (*f. - Pers. Arb.*), selezione del personale. 9 ~ ausweis (Ausweiskarte) (*m. - recht.*), carta d'identità. 10 ~ bestand (*m. - Pers. - Ind.*), personale in forza. 11 ~ chef (*m. - Arb. - Pers.*), direttore del personale, capo del personale. 12 ~ ersatzplan (*m. - Pers.*), piano di sostituzione del personale. 13 ~ führung (Personalverwaltung, Personalwirtschaft) (*f. - Ind.*), direzione del personale. 14 ~ kosten (*f. - pl. - Pers.*), spese per il personale. 15 ~ planung (*f. - Pers.*), organico. 16 ~ vertretung (*f. - Arb. - Organ.*), rappresentanza del personale. 17 ~ wechsel (*m. - Pers.*), avvicendamento del personale, rotazione del personale. 18 ~ werbung (Personalannahme) (*f. - Pers.*), reclutamento del personale.
Perspektive (*f. - Geom.*), prospettiva. 2 **Parallel** ~ (*Geom.*), prospettiva parallela. 3 **Zentral** ~ (*Geom.*), prospettiva centrale.
perspektivisch (*Geom.*), prospettico.
Perspektograph (Ger. zum Zeichnen des perspektivischen Bildes eines Gegenstandes) (*m. - Opt. - Ger.*), prospettografo.

PERT (Program Evaluation and Review Technique; Technik der Bewertung und kritischen Prüfung von Projektprogrammen) (*Ind. - Planung*), PERT.
Perthit (Kali-Natron-Feldspat) (*m. - Min.*) pertite.
Perturbation (Störung) (*f. - Astr. - etc.*), perturbazione.
Perveanz (eines Röhrensystems) (*f. - Elektronik*), perveanza.
Perzent (Prozent) (*n. - allg.*) (*österr.*), percento. 2 ~ ausbringen (für Betriebsauswertung) (*n. - Ind.*), resa percentuale.
Peschelrohr (Stahlrohr ohne isolierende Einlage, zum Schutz von elekt. Leitungen) (*n. - Elekt.*), tubo Peschel, tubo di protezione, guaina protettiva.
Petarde (Sprengladung) (*f. - Expl. - Eisenb.*), petardo.
Petersverrippung (zur Versteifung von Drehbankbetten) (*f. - Werkz.masch.*), nervatura di rinforzo a zigzag.
Petit (Schrift aus 8 Punkten) (*f. - Druck.*), corpo 8.
PETP (Polyäthylen-Terephtalat, Kunststoff) (*chem. Ind.*), PETP, polietilene tereftalato.
Petrefakt (Fossil) (*m. - Geol.*), petrefatto.
Petrochemie (Petrolchemie) (*f. - Chem.*), petrolchimica.
Petrographie (Gesteinslehre) (*f. - Min.*), petrografia.
Petrolatum (*n. - chem. Ind.*), petrolatum.
Petroleum (Erdöl) (*n. - chem. Ind.*), petrolio (greggio). 2 ~ (Leuchtpetrol) (*Chem.*), petrolio (da illuminazione). 3 ~ lampe (*f. - Beleucht.*), lampada a petrolio.
Petrolkoks (*m. - Brennst.*), coke di petrolio.
Petrolsand (*m. - chem. Ind.*), sabbia petrolifera.
Petzval-Bedingung (Petzval-Summe) (*f. - Opt.*), condizione di Petzval.
PF (Phenolharz) (*Chim.*), PF, fenolformaldeide.
pF (Pikofarad, 10^{-12} Farad) (*Mass*), pF, picofarad.
Pfacht (*f. - allg.*), siehe Eichung.
pfächten (*allg.*), siehe eichen.
Pfad (schmaler Weg) (*m. - Strasse*), sentiero.
Pfaff (Stempel) (*m. - Werkz.*), punzone.
Pfaffe (Einsenkstempel, Meister, Leisten) (*m. - Schmiedewerkz.*), punzone d'improntatura.
Pfahl (*m. - Bauw.*), palo. 2 ~ bauten (Wohnstätten) (*m. - pl. - Geol.*), palafitte. 3 ~ bewehrung nach Zublin (*Bauw.*), armatura Zublin (per pali). 4 ~ bündel (*n. - Bauw. - etc.*), siehe Dalbe. 5 ~ eintreiben (*n. - Bauw.*), infissione di pali, palificazione. 6 ~ gründung (*f. - Bauw.*), fondazione su pali. 7 ~ kopf (*m. - Bauw.*), testa del palo. 8 ~ probe (*f. - naut.*), prova alla bitta. 9 ~ ramme (*f. - Masch.*), battipalo. 10 ~ rost (*m. - Bauw.*), palafitta. 11 ~ schuh (*m. - Bauw.*), puntazza del palo. 12 ~ stärke (Pfahldicke) (*f. - Bauw.*), spessore del palo. 13 ~ verankerung (*f. - Bauw.*), ancoraggio del palo. 14 ~ wand (*f. - Bauw.*), palizzata, palancata. 15 ~ zieher (Pfahlauszieher) (*m. - Masch.*), estrattore per pali. 16 ~ zug (*n. - naut.*), trazione alla bitta. 17 **den** ~ **einrammen** (*Bauw.*), infiggere il palo, battere il palo.

pfählen

18 eiserner ~ (*Bauw.*), palo di ferro. 19 Fertigbeton ~ (*Bauw.*), palo prefabbricato di cemento armato. 20 Franki- ~ (*Bauw.*), palo Franki. 21 Grund ~ (*Bauw.*), palo da fondazione. 22 Hohl ~ (*Bauw.*), palo cavo, palo tubolare. 23 hölzerner ~ (*Bauw.*), palo di legno. 24 Orts ~ (*Bauw.*), palo gettato in opera. 25 Ramm ~ (*Bauw.*), palo costruito fuori opera, palo prefabbricato. 26 Rost ~ (*Bauw.*), palo da fondazione. 27 Scheiben ~ (*Bauw.*), palo a disco, palo a soletta. 28 Schrauben ~ (*Bauw.*), palo a vite. 29 Spitz ~ (*Bauw.*), palo a punta. 30 Stahlbeton ~ (*Bauw.*), palo in cemento armato. 31 Stahl ~ (*Bauw.*), palo di acciaio. 32 tiefer ~ rost (*Bauw.*), palafitta profonda. 33 Zaun ~ (*Bauw.*), palo per palizzate.
pfählen (abpfählen) (*Bauw.*), palificare. 2 aus ~ (mit Pfählen stützen) (*Bergbau*), puntellare (con pali).
Pfänd (Stützholz hinter der Verzimmerung) (*n. - Bergbau*), rinforzo (di armamento).
Pfandgeld (*n. - Adm.*), deposito cauzionale.
Pfanne (Giesspfanne) (*f. - Giess.*), siviera, secchia di colata, caldaia. 2 ~ (einer Waageschneide z. B.) (*Instr.*), sede (per coltello), appoggio (per coltello). 3 ~ (Dachziegel) (*Bauw.*), tegola. 4 ~ (Kochgeschirr) (*Ger.*), padella. 5 ~ (eines Hebels) (*Mech.*), fulcro. 6 ~ mit Schlackenabscheider (*Giess.*), siviera con fermascorie. 7 ~ n·analyse (Giesspfannenanalyse) (*f. - Giess.*), analisi di colata. 8 ~ n·bär (*m. - Giess.*), incrostazione della siviera. 9 ~ n·bügel (*m. - Giess.*), staffa per siviera, bilanciere per siviera. 10 ~ n·führer (*m. - Giess.*), addetto alle siviere. 11 ~ n·ofen (Tiegelofen) (*m. - Ofen*), forno a crogiolo. 12 ~ n·stein (Giesspfannenziegel) (*m. - Giess.*), mattone (refrattario) per siviera. 13 ~ n·zusätze (*m. - pl. - Giess.*), aggiunte in secchia. 14 Bügel ~ (Kranpfanne) (*Giess.*), siviera a bilanciere. 15 Druck ~ (*f. - Mech.*), ralla. 16 Giess ~ (*Giess.*), siviera, secchia di colata, caldaia. 17 Hand ~ (*Giess.*), sivierina, siviera a mano, tazza di colata, tazzina, cassina. 18 Kipp ~ (*Giess.*), siviera rovesciabile. 19 Kran ~ (*Giess.*), siviera a bilanciere. 20 Kugel ~ (Kugelschale) (*Mech.*), sede di perno sferico, sede di snodo sferico. 21 Mischer ~ (*Giess.*), siviera di mescolamento, mescolatore. 22 Scheren ~ (*Giess.*), siviera a mano con manico a forchettone, sivierina con manico a forchettone, siviera con manico doppio. 23 Siphon ~ (*Giess.*), siviera a sifone, siviera a teiera. 24 Spur ~ (Spurplatte) (*Mech.*), ralla. 25 Stahlguss ~ (durch den Boden entleert) (*Giess.*), siviera a tampone. 26 Stopfen ~ (*Giess.*), siviera a tampone. 27 Teekannen ~ (*Giess.*), siviera a sifone, siviera a teiera. 28 Trommel ~ (*Giess.*), siviera a botte, siviera cilindrica, siviera a tamburo.
Pfeife (Blasinstrument) (*f. - Signal*), fischietto. 2 ~ (einer Form) (*Giess.*), tirata d'aria, respiro, sfiato. 3 ~ (Rauchgerät) (*Ger.*), pipa. 4 ~ (Glasbläserpfeife) (*Ger.*), tubo da soffiatore. 5 ~ n·ton (feuerfester Ton) (*m. - Bauw.*), argilla refrattaria.
Pfeifen (*n. - Funk.fehler*), sibilo, fischio. 2 ~ (Schwebungsfrequenz, Störung durch Interferenz) (*Funk.fehler*), frequenza di battimento.
Pfeifpunkt (Pfeifgrenze, beim Leitungsverstärker) (*m. - Funk. - etc.*), punto d'innesco del fischio.
Pfeil (Ferngeschoss, etc.) (*m. - allg.*), freccia. 2 ~ (zur Festlegung der Bewegungsrichtung) (*Mech.*), freccia. 3 ~ (eines Netzplanes) (*Planung*), freccia, attività. 4 ~ **fallversuch** (für Sicherheitsgläser) (*m. - Glasind. - Fahrz.*), prova di resistenza all'urto con caduta di dardo. 5 ~ **flügel** (*m. - Flugw.*), ala a freccia. 6 ~ **flugzeug** (*n. - Flugw.*), velivolo con ala a freccia. 7 ~ **höhe** (Bogenstich, Stich) (*f. - Bauw.*), freccia, monta. 8 ~ **rad** (*n. - Mech.*), ruota dentata a cuspide, ruota dentata a spina di pesce, ruota dentata a freccia, ruota dentata a « chevron ». 9 ~ **radmotor** (Druckluftmotor mit Pfeilräder) (*m. - Mot.*), motore con ingranaggi a freccia. 10 ~ **verband** (eines Fachwerkträgers) (*m. - Bauw.*), controventatura a triangolo. 11 ~ **verhältnis** (eines Bogens) (*n. - Bauw.*), rapporto tra freccia e luce. 12 ~ **verzahnung** (*f. - Mech.*), dentatura a freccia, dentatura a spina di pesce, dentatura a cuspide. 13 ~ **winkel** (eines Flügels) (*m. - Flugw.*), angolo di freccia. 14 ~ **zahn** (*m. - Mech.*), dente a cuspide, dente a freccia. 15 ~ **zahnrad** (*n. - Mech.*), ruota dentata a cuspide, ruota dentata con denti a cuspide, ruota dentata a freccia. 16 ~ **zeichnung** (*f. - Masch.*), schema funzionale.
pfeilenorientiert (bei Netzplantechnik) (*Planung*), orientato da attività.
Pfeiler (Stütze für Decken, etc.) (*m. - Bauw.*), pilastro. 2 ~ (einer Brücke) (*Brück.b.*), pila. 3 ~ (*Bergbau*), pilastro. 4 ~ **abbau** (*m. - Bergbau*), coltivazione a pilastri. 5 ~ **anzahl** (Pfeilerreihe) (*f. - Bauw.*), pilastrata. 6 ~ **bruchverfahren** (*n. - Bergbau*), coltivazione per franamento a blocchi. 7 ~ **gewölbestaumauer** (Gewölbereihenstaumauer) (*f. - Wass.b.*), diga ad archi multipli. 8 ~ **kraftwerk** (*n. - Elekt.*), centrale in contrafforti. 9 ~ **kuppelstaumauer** (*f. - Wass.b.*), diga a cupole. 10 ~ **mauer** (*f. - Maur.*), muro a pilastri, muro a contrafforti. 11 ~ **reihe** (*f. - Bauw.*), pilastrata. 12 ~ **staumauer** (*f. - Wass.b.*), diga a contrafforti. 13 ~ **vorlage** (Lisene, Wandpfeiler) (*f. - Arch.*), lesena, parasta. 14 Brücken ~ (*Brück.b.*), pila. 15 End ~ (*Brück.b.*), pilone, pila spalla. 16 Gitter ~ (*Brück.b.*), pila reticolare. 17 gruppierter ~ (*Arch.*), pilastro polistilo, piliere. 18 kreisrunder ~ (*Bauw.*), pilastro cilindrico, pilastro a sezione circolare. 19 Land ~ (*Brück.b.*), pila in golena. 20 Mittel ~ (*Brück.b.*), pila di centro. 21 quadratischer ~ (*Bauw.*), pilastro quadrato. 22 Stahl ~ (*Bauw.*), pilastro in ferro. 23 Strebe ~ (*Bauw.*), pilastro. 24 Strom ~ (*Brück.b.*), pila in corrente. 25 Turm ~ (*Brück.b.*), pila a torre. 26 Wand ~ (Lisene, aus einer Wand hervorspringender Pfleiler) (*Arch.*), lesena, parasta. 27 Zwischen ~ (einer Mauer) (*Maur.*), pilastro intermedio.
Pfeilung (der Flügeln eines Flugzeuges) (*f. - Flugw.*), angolo di freccia, freccia.
PFEP (Plyfluoräthylenpropylen) (*Chem.*), PFEP, tetrafluoretilene-perfluoropropilene.

Pferch (für Tiere) (*m. - Bauw.*), chiuso, recinto.
Pferdehaar (*n. - Textilind.*), crine (di cavallo).
Pferdkopf (beim Tiefpumpenantrieb) (*m. - Bergbau - chem. Ind.*), testa di cavallo.
Pferdekraft (*f. - Mot.*), siehe Pferdestärke.
Pferdestärke (Leistung) (*f. - Mot. - Phys.*), potenza (in cavalli). 2 ~ (Leistungseinheit, PS = 75 mkp/s = 735,5 W) (*Masseinheit*), cavallo. 3 ~ **stunde** (PS-Stunde, PSh) (*f. - Phys.*), cavallo ora. 4 **effektive** ~ (*Mot.*), potenza effettiva (in cavalli). 5 **indizierte** ~ (*Mot.*), potenza indicata (in cavalli). 6 **nominelle** ~ (*Mot.*), potenza nominale (in cavalli). 7 **Steuer** ~ (*Mot. - Aut.*), potenza fiscale (in cavalli).
Pfette (Fette, Dachstuhlbalken) (*f. - Bauw.*), arcareccio, terzere. 2 ~ **n·dach** (Fettendach) (*n. - Bauw.*), tetto ad arcarecci.
Pfiff (*m. - Akus.*), sibilo, fischio.
Pflanze (*f. - allg.*) pianta, vegetale. 2 ~ **n·butter** (*f. - chem. Ind.*), burro vegetale. 3 ~ **n·farbstoff** (*m. - Chem.*), colorante vegetale. 4 ~ **n·faser** (*f. - Textilind.*), fibra vegetale. 5 ~ **n·kunde** (Botanik) (*f. - Wissens.*), botanica. 6 ~ **n·leim** (*m. - Chem.*), colla vegetale. 7 ~ **n·öl** (*n. - chem. Ind.*), olio vegetale. 8 ~ **n·reich** (*n. - Geol.*), regno vegetale. 9 ~ **n·seide** (*f. - Text.*), seta vegetale.
pflanzlich (*allg.*), vegetale.
Pflanzung (*f. - Landw.*), piantagione.
Pflaster (Steinpflaster, Strassendecke) (*n. - Strass.b.*), pavimentazione in pietra, lastricato, selciato. 2 ~ (Heftpflaster) (*Pharm.*), cerotto. 3 ~ (zum Abdichten eines Lecks) (*naut.*), turafalle, paglietto. 4 ~ **aufrauhgerät** (für Strassendecken) (*n. - Strass.b. masch.*), macchina per irruvidire pavimentazioni stradali, macchina per irruvidire manti stradali. 5 ~ **hammer** (Steinsetzhammer) (*m. - Werkz.*), martello da selciatore. 6 ~ **rinne** (*f. - Bauw.*), fossetto di scolo. 7 ~ **stein** (*m. - Strass.b.*), pietra da pavimentazioni. 8 **Holz** ~ (*Strass.b.*), pavimentazione a blocchetti di legno. 9 **Kiesel** ~ (*Strass.b.*), acciottolato. 10 **Kopfstein** ~ (*Strass.b.*), acciottolato. 11 **Ziegelstein** ~ (*Strass.b.*), pavimentazione a mattoni.
Pflasterer (Steinsetzer, Strassenbauer) (*m. - Strass.b. - Arb.*), selciatore.
pflastern (*Strass.b.*), pavimentare con pietre, lastricare, selciare.
Pflasterung (*f. - Strass.b.*), pavimentazione in pietra, lastricato, selciato.
Pflege (*f. - allg.*), cura. 2 ~ (eines Wagens) (*Aut.*), manutenzione. 3 ~ (einer Werkz. masch.) (*Masch.*), piccola manutenzione. 4 ~ **dienst** (Wartungsdienst) (*m. - Ind. - etc.*), servizio manutenzione. 5 **Schönheits** ~ (eines Wagens, Waschen, etc.) (*Aut.*), toeletta.
pflegen (warten) (*Masch.*), eseguire la manutenzione.
Pflegschaft (Kuratel) (*f. - recht.*), curatela.
Pflicht (*f. - recht. - etc.*), dovere. 2 ~ **en·heft** (*n. - komm.*), capitolato d'oneri, capitolato (di fornitura). 3 ~ **landung** (*f. - Flugw.*) atterraggio forzato. 4 ~ **versicherung** (Zwangsversicherung, obligatorische Versicherung) (*f. - recht. - Aut.*), assicurazione obbligatoria. 5 ~ **wert** (Vertragswert) (*m. - komm.*), valore contrattuale.
Pflock (Zapfen) (*m. - allg.*), cavicchio. 2 ~ (schmaler Pfahl) (*Bauw.*), paletto. 3 ~ (Pfahl) (*allg.*), palo.
pflöcken (*allg.*), fissare con cavicchi, incavicchiare.
pflücken (Früchte z. B.) (*allg.*), cogliere, spiccare.
Pflug (*m. - Ack.b.masch.*), aratro. 2 ~ **balken** (*m. - Ack.b.masch.*), bure. 3 ~ **eisen** (Pflugmesser, Sech) (*n. - Ack.b.masch.*), coltro. 4 ~ **messer** (Sech) (*n. - Ack.b.masch.*), coltro. 5 ~ **schar** (*f. - n. - Ack.b.masch.*), vomere. 6 ~ **streichblech** (*n. - Ack.b.masch.*), versoio, orecchio. 7 **Kehr** ~ (*Ack.b.masch.*), aratro doppio. 8 **Mehrschar** ~ (*Ack.b.masch.*), aratro polivomere. 9 **Scheiben** ~ (*Ack.b.masch.*), aratro a dischi.
pflügen (*Ack.b.*), arare.
PFM (Impuls - Frequenz - Modulation) (*Funk.*), modulazione di frequenza degli impulsi.
Pforte (kleine Tür) (*f. - Bauw. - etc.*), portello.
Pförtner (einer Fabrik z. B.) (*m. - Arb.*), portiere, guardiano. 2 ~ **haus** (einer Fabrik) (*n. - Ind.*), portineria.
Pfosten (Ständer) (*m. - Bauw.*), montante.
PF-Pumpe (fremdangetriebene Einspritzpumpe) (*f. - Verbr. - Mot.*), pompa (d'iniezione) ad azionamento separato.
Pfriem (Pfriemen, Ahle) (*m. - Werkz.*), lesina.
Pfriemengras (Spartgras) (*n. - Ack.b.*), erba medica, trifoglio.
Pfropfen (Stöpsel) (*m. - allg.*), tappo. 2 ~ **zieher** (*m. - Werkz.*), cavatappi. 3 ~ **förderung** (pneumatische Förderung mit sehr hoher Beladung, von Feinpulver) (*f. - ind. Transp.*), trasporto (pneumatico) masse concentrate. 4 **Schmelz** ~ (*Kessel*), tappo fusibile.
pfropfen (eine Flasche z. B.) (*allg.*), tappare, turare. 2 ~ (anpfropfen, verlängern, einen Balken) (*Bauw.*), allungare.
Pfropfpolymerisat (*n. - Chem.*), polimerizzato ad innesto.
Pfropfung (Aufpfropfen, Verbindung) (*f. - Tischl.*), giunto ad incastro. 2 **stumpfe** ~ **mit Schienen** (Verbindung) (*Tischl.*), giunto di testa con bandelle.
PFS (Peilfunkstelle) (*Funk.*), stazione radiogonometrica.
Pfühl (Wulst, am Säulenfuss) (*m. - Arch.*), toro.
Pfund (Gewichtsmass) (*n. - Masseinheit*), libbra.
Pfütze (*f. - Strass. - etc.*), pozzanghera. 2 ~ **n·empfindlichkeit** (eines Reifens) (*f. - Aut.*), sensibilità alle pozzanghere.
pH (pH-Wert) (*Chem.*), (valore di) pH. 2 ~ - **Papier** (*n. - Chem.*), cartina indicatrice.
ph (*Akus.*), siehe Phon.
Phaethon (Phaeton, Tourenwagen) (*m. - Aut.*), torpedo, vettura aperta.
Phako (Phasenkontrast) (*m. - Opt.*), contrasto di fase.
p-Halbleiter (Halbleiter mit Defektelektronenleitung) (*m. - Phys.*), semiconduttore per difetto, semiconduttore di tipo « p », semiconduttore accettore.
phanerokristallin (*Min.*), fanerocristallino.

Phänomen (Erscheinung) (*n. - allg.*), fenomeno.
Phanotron (Elektronröhre) (*n. - Elektronik*), fanotron.
Phantasie (*f. - allg.*), fantasia. 2 ~ **papier** (Buntpapier) (*n. - Papierind.*), carta fantasia. 3 ~ **zwirn** (*m. - Text.*), filato fantasia.
Phantomantenne (*f. - Funk.*), antenna artificiale.
Phantombild (*n. - Zeichn.*), vista in trasparenza, trasparenza.
Phantombildung (*f. - Fernspr.*), formazione di circuiti virtuali, virtualizzazione.
Phantomkreis (*m. - Fernspr.*), circuito virtuale.
Phantomspule (Pupinspule) (*f. - Fernspr.*), bobina per circuito virtuale.
Pharmazeut (*m. - Fachmann*), farmacista.
pharmazeutisch (*Pharm.*), farmaceutico. 2 ~ **e Industrie** (*Pharm.*), industria farmaceutica.
Pharmazie (Pharmazeutik) (*f. - Wissens.*), farmacia, farmaceutica, farmacologia.
Phase (*f. - Elekt. - etc.*), fase. 2 ~ (Leiter) (*Elekt.*), filo di fase, filo di linea. 3 ~ **n·abschnittsteuerung** (*f. - Elektronik*), comando anticipo di fase, regolazione anticipo di fase. 4 ~ **n·anschnitt** (eines Thyratrons z. B., Phasennacheilung) (*m. - Elektronik*), ritardo di fase, taglio di fase. 5 ~ **n·anschnittsteuerung** (für Glühlampen z. B.) (*f. - Elektronik*), comando a ritardo di fase, comando a taglio di fase. 6 ~ **n·ausfallschutz** (*m. - Elekt.*), protezione contro mancanza di fase. 7 ~ **n·ausgleich** (*m. - Elekt.*), rifasamento. 8 ~ **n·aussortierung** (das Ausscheiden von Elektronen) (*f. - Elektronik*), selezione di fase (degli elettroni). 9 ~ **n·belag** (*m. - Elekt.*), sfasamento unitario, indice di sfasamento. 10 ~ **n·brücke** (Toulon-Brücke) (*f. - Elektronik*), ponte di fase. 11 ~ **n·defokussierung** (*f. - Elektronik*), defocalizzazione di fase. 12 ~ **n·detektor** (Phasendiskriminator) (*m.-Funk.*), discriminatore di fase. 13 ~ **diagramm** (Zustandsdiagramm) (*n. - Metall. - Chem.*), diagramma di stato. 14 ~ **n·differenz** (Phasenverschiebung) (*f. - Elekt.*), sfasamento, differenza di fase. 15 ~ **n·diskriminator** (*m. - Elektronik*), discriminatore di fase. 16 ~ **n·dreher** (Phasentransformator) (*m. - Elekt.*), trasformatore di fase. 17 ~ **n·einsortierung** (Anhäufung von Elektronen) (*f. - Elektronik*), accumulo di fase. 18 ~ **n·einstellung** (*f. - Elekt.*), messa in fase. 19 ~ **n·entzerrer** (Phasenkompensator) (*m. - Elekt.*), rifasatore. 20 ~ **n·entzerunug** (Phasenausgleich) (*f. - Elekt.*), rifasamento. 21 ~ **n·fokussierung** (Ballung) (*f. - Elektronik*), focalizzazione di fase. 22 ~ **n·folge** (*f. - Elekt. - etc.*), sequenza delle fasi. 23 ~ **n·folgesteuerung** (unsymmetrische Gittersteuerung) (*f. - Elekt.*), comando a sequenza di fase. 24 ~ **n·gang** (bei Vierpolen z. B., Abhängigkeit der Phasenverschiebung zwischen Eingangs- und Ausgangsspannung von der Frequenz) (*m. - Elekt. - etc.*), risposta di fase, caratteristica di fase in funzione della frequenza. 25 ~ **n·geschwindigkeit** (einer Sinuswelle) (*f. - Elektronik*), velocità di fase. 26 ~ **n·gleichgewicht** (*n. - Metall.*), equilibrio delle fasi. 27 ~ **n·hub** (bei Phasenmodulation) (*m. - Elektronik*), deviazione di fase. 28 ~ **n·kompensator** (*m. - Elekt.*), correttore di fase, rifasatore. 29 ~ **n·konstante** (Phasenverschiebungswinkel) (*f. - Phys.*), angolo di sfasamento. 30 ~ **n·kontrast-Mikroskop** (*n. - Opt.*), microscopio a contrasto di fase. 31 ~ **n·lage** (*f. - Elekt.*), posizione di fase. 32 ~ **n·lampe** (*f. - Elekt.*), lampada di sincronismo, lampada per parallelo. 33 ~ **n·laufzeit** (*f. - Elekt.*), ritardo di fase. 34 ~ **n·messer** (*m. - elekt. Instr.*), fasometro, cosfimetro. 35 ~ **n·modulation** (*f. - Funk.*), modulazione di fase. 36 ~ **n·nacheilung** (Phasenverzögerung) (*f. - Elekt.*), ritardo di fase. 37 ~ **n·platte** (zur Änderung des polarisierten Lichts) (*f. - Opt.*), piastra (per la variazione della differenza) di fase. 38 ~ **n·quadratur** (90°-Phasenverschiebung zweier Ströme z. B.) (*f. - Elekt.*), quadratura. 39 ~ **n·regel** (*f. - Phys.*), regola delle fasi. 40 ~ **n·schieber** (*m. - Elekt.*), variatore di fase. 41 ~ **n·schieber** (Kondensator z. B.) (*Elekt.*), rifasatore. 42 ~ **n·schieberkondensator** (*m. - Elekt.*), condensatore di rifasamento. 43 ~ **n·spannung** (Sternspannung) (*f. - Elekt.*), tensione di fase, tensione stellata. 44 ~ **n·synchronisierung** (*f. - Fernseh.*), sincronizzazione di fase. 45 ~ **n·transformator** (*m. - Elekt.*), trasformatore di fase. 46 ~ **n·umformer** (*m. - Elekt.*), convertitore di fase. 47 ~ **n·umkehrstufe** (*f. - Elektronik*), stadio invertitore di fase. 48 ~ **n·ungleichheit** (Phasenunterschied) (*f. - Elekt.*), sfasamento. 49 ~ **n·unsymmetrie** (*f. - Elekt.*), squilibrio di fase. 50 ~ **n·verbesserung** (*f. - Elekt.*), rifasamento. 51 ~ **n·vergleicher** (Phasenindikator, Synchronoskop) (*m. - Elekt.*), comparatore di fase, sincronoscopio. 52 ~ **n·vergleichsschaltung** (*f. - Fernseh.*), circuito comparatore di fase. 53 ~ **n·vergleichsschutz** (*m. - Elekt.*), protezione differenziale di fase. 54 ~ **n·verschiebung** (*f. - Elekt.*), sfasamento, differenza di fase. 55 ~ **n·verzerrung** (*f. - Elekt. - etc.*), distorsione di fase. 56 ~ **n·verzögerung** (*f. - Elekt.*), ritardo di fase. 57 ~ **n·voreilung** (*f. - Elekt.*), anticipo di fase. 58 ~ **n·winkel** (*m. - Elekt.*), angolo di sfasamento. 59 ~ **n·zahl** (*f. - Elekt.*), numero delle fasi. 60 **disperse** ~ (*Phys. - Chem.*), fase dispersa. 61 **in entgegengesetzter** ~ (*Elekt.*), in opposizione di fase. 62 **in gleicher** ~ (*Elekt.*), in fase. 63 **in** ~ **bringen** (*Elekt.*), mettere in fase, fasare.
phasenfrei (*Elekt.*), non reattivo.
phasengleich (*Elekt.*), in fase, equilibrato, fasato.
phasenmoduliert (*radio - etc.*), modulato in fase.
phasenrichtig (phasengleich) (*Elekt.*), in fase.
phasenverschoben (*Elekt.*), sfasato.
PHB-Ester (Ester der p-Hydroxybenzoesäure, zur Konservierung) (*m. - Chem.*), estere dell'acido p-idrossibenzoico.
Phellandren ($C_{10}H_{16}$, Riechstoff für Seifen) (*n. - Chem.*), fellandrene.
Phenanthren ($C_{14}H_{10}$) (*n. - Chem.*), fenantrene.
Phenat (*m. - Chem.*), fenato.
Phenazetin ($[C_6H_4(NH \cdot CH_3CO)OC_2H_5]_2$) (*n. - Pharm.*), fenacetina.
Phenol ($[C_6H_5 \cdot OH]$, Karbolsäure, Monooxyd-

benzol) (*n. - Chem.*), fenolo (ordinario), acido carbolico, acido fenico. 2 ~ (Oxybenzol) (*Chem.*), fenolo (propriamente detto), ossibenzolo. 3 ~ **äther** (*m. - Chem.*), etere fenolico. 4 ~ **farbstoff** (*m. - chem. Ind.*), colorante fenolico. 5 ~ **harz** (Phenoplast) (*n. - Chem.*), resina fenolica, fenoplasto, bakelite. 6 ~ **harzpulver** (für Formmaskenverfahren) (*n. - Giess.*), resina fenolica in polvere.
Phenolphtalein (*n. - Chem.*), fenolftaleina.
Phenoplast (Phenolharz) (*n. - Chem.*), fenoplasto, bakelite, resina fenolica.
Phenyl (*n. - Chem.*), fenile. 2 ~ **amin** (Anilin) (*n. - Chem.*), fenilammina, anilina. 3 ~ **hydrazin** (C_6H_5-NH-NH_2) (*n. - Chem.*), fenilidrazina.
Philatelia (Briefmarkenkunde) (*f.*), filatelia.
Philatelist (Briefmarkensammler) (*m.*), filatelico.
Phiole (Gefäss) (*f. - Glasind.*), fiala.
Phlegma (Rückstand beim Destillieren des Alkohols) (*n. - Chem.*), flemma, flegma.
pH-Meter (*n. - Ger.*), pH-metro.
Phon (Einheit der Lautstärke) (*n. - Akus.*), fon, phon. 2 ~ **gabeminderer** (Geräuschdämpfer, eines Motorrades) (*m. - Fahrz.*), silenziatore. 3 ~ **meter** (*m. - n. - Instr.*), fonometro.
Phonograph (Schallaufzeichnungsgerät) (*m. - Akus.*), fonografo.
Phonographie (Schallaufzeichnung) (*f. - Akus.*), registrazione del suono, incisione del suono.
Phonokoffer (*m. - Elektroakus.*), fonovaligia.
Phonolith (Klingstein, Ergussgestein) (*m. - Geol. - Min.*), fonolite.
Phonon (Schallquantum) (*n. - Phys.*), fonone.
Phonostecher (*m. - Akus.*), fonoincisore.
Phosgen ([$COCl_2$], [sehr giftige Flüssigkeit]) (*n. - Chem.*), fosgene, cloruro di carbonile, ossicloruro di carbonio.
Phosphat (*n. - Chem.*), fosfato.
Phosphatieren (Erzeugung von Schutzschichten auf Metallen) (*n. - Metall.*), fosfatazione, fosfatizzazione.
phosphatieren (Schutzschichten auf Metallen erzeugen) (*Metall.*), fosfatare, fosfatizzare.
phosphatisch (*Chem.*), fosfatico.
Phosphid (*n. - Chem.*), fosfuro. 2 ~ **netz** (Phosphidnetzwerk) (*n. - Metall.*), reticolo di fosfuri. 3 ~ **netzwerk** (um die Perlitkorngrenzen in Gusseisen) (*n. - Metall.*), reticolo di fosfuri. 4 ~ **perlen** (Spritzkugeln) (*f. pl. - Giess.fehler*), gocce fredde.
Phosphin (*n. - Chem.*), fosfina.
Phosphor (Element) (*P - m. - Chem.*), fosforo. 2 ~ (phosphoreszierender Stoff) (*Opt.*), fosfòro. 3 ~ **bronze** (*f. - Metall.*), bronzo fosforoso. 4 ~ **-Erkränkung** (Berufskrankheit) (*f. - Med. - Arb.*), fosforismo. 5 ~ **kupferlot** (*n. - mech. Technol.*), lega brasante al rame fosforoso. 6 ~ **-Roheisen** (*n. - Giess.*), ghisa fosforosa. 7 ~ **salz** ($NaNH_4HPO_4$ . . $4H_2O$) (Natriumammoniumhydrophosphat) (*n. - Chem.*), sale di fosforo, sale microcosmico. 8 ~ **salzperle** (*f. - Chem.*), perla al sale di fosforo. 9 ~ **säure** (*f. - Chem.*), acido fosforico. 10 ~ **stahl** (*m. - Metall.*), acciaio al fosforo. 11 ~ **streichholz** (*n. - Verbr.*), fiammifero al fosforo. 12 **Meta** ~ **säure** (HPO_3) (*f. - Chem.*), acido metafosforico. 13 **Ortho** ~ **säure** (H_3PO_4) (*f. - Chem.*), acido ortofosforico. 14 **Pyro** ~ **säure** ($H_4P_2O_7$) (*f. - Chem.*), acido pirofosforico. 15 **roter** ~ (*Chem.*), fosforo rosso. 16 **weisser** ~ (*Chem.*), fosforo comune, fosforo giallo, fosforo bianco.
Phosphoreszenz (*f. - Opt.*), fosforescenza.
phosphorhaltig (*Chem. - etc.*), fosforoso.
Phosphorit (*m. - Min. - Geol.*), fosforite.
Phosphoroskop (*n. - Opt. - Ger.*), fosforoscopio.
Phosphorylierung (*f. - Chem.*), fosforilazione.
Phot (Einheit der spezifischen Lichtausstrahlung = 10^4 Lux) (*n. - Opt.*), phot, fot.
Photoabzug (*m. - Phot.*), fotografia, copia.
Photoapparat (*m. - Phot.*), macchina fotografica.
Photoaufnahme (*f. - Phot.*), fotografia.
Photoblitz (*m. - Phot.*), fotolampo.
Photochemie (*f. - Chem. - Phys.*), fotochimica.
photochemisch (*Phys.*), fotochimico.
Photodiode (*f. - Elektronik*), fotodiodo, diodo foto-elettronico. 2 **Silizium-Planar-** ~ (*Elektronik*), fotodiodo planare al silicio.
Photodissoziation (eines Kernes) (*f. - Atomphys.*), fotodisintegrazione, fotodissociazione, effetto fotoelettrico nucleare.
Photoeffekt (*m. - Phys.*), effetto fotoelettrico. 2 **äusserer** ~ (*Phys.*), effetto fotoelettrico esterno. 3 **innerer** ~ (*Phys.*), effetto fotoelettrico interno.
photoelastisch (*Baukonstr.lehre*), fotoelastico.
Photoelastizität (*f. - Baukonstr.lehre*), fotoelasticità.
photoelektrisch (*Phys.*), fotoelettrico.
Photoelektrizität (*f. - Phys.*), fotoelettricità.
Photoelektron (*n. - Phys.*), fotoelettrone.
Photoelement (Sperrschichtzelle) (*n. - Phys.*), fotopila.
Photoemission (*f. - Phys.*), fotoemissione.
photogen (*Phot. - Filmtech.*), fotogenico.
Photogrammetrie (Messbildverfahren, Bildvermessung) (*f. - Photogr.*), fotogrammetria. 2 **Aero** ~ (*Photogr.*), siehe Luftphotogrammetrie. 3 **Erd** ~ (Erdbildmessung, terrestrische Photogrammetrie) (*Photogr.*), fotogrammetria terrestre. 4 **Luft** ~ (Luftbildmessung, Aerophotogrammetrie) (*Photogr.*), fotogrammetria aerea, aerofotogrammetria. 5 **Stereo** ~ (Raumbildmessung) (*Photogr.*), stereofotogrammetria, fotogrammetria stereoscopica.
photogrammetrisch (*Photogr.*), fotogrammetrico. 2 ~ **es Auswertgerät** (*Photogr.*), restitutore fotogrammetrico.
Photograph (Lichtbildner) (*m. - Arb.*), fotografo.
Photographie (*f. - Phot.*), fotografia. 2 **Farb** ~ (*Phot.*), fotografia a colori.
photographieren (*Phot.*), fotografare.
photographisch (*Phot.*), fotografico.
Photogravüre (*f. - Phot. - Druck.*), fotoincisione.
Photokartograph (*m. - Phot.*), fotocartografo.
Photokathode (*f. - Phys.*), fotocàtodo.

Photokopie (*f.* - *Phot.*), fotocopia.
photokopieren (*Phot.* - *etc.*), fotocopiare.
Photoleiter (Photowiderstand) (*m.* - *Phys.*), fotoconduttore.
Photoleitfähigkeit (*f.* - *Elekt.*), fotoconduttività.
Photoleitzelle (*f.* - *Phys.*), cellula fotoconduttrice.
Photolithographie (Lichtsteindruck) (*f.* - *Druck.*), fotolitografia, fotolito.
Photolumineszenz (*f.* - *Opt.*), fotoluminescenza.
Photolyse (*f.* - *Chem.*), fotolisi.
photomechanisch (*Druck.*), fotomeccanico.
Photometer (Lichtmesser) (*n.* - *Opt.* - *Ger.*), fotometro. 2 ~ **bank** (*f.* - *Opt.* - *Ger.*), banco fotometrico. 3 ~ **kopf** (*m.* - *Opt.* - *Ger.*), testa fotometrica. 4 **Bunsen** ~ (*Opt. Ger.*), fotometro di Bunsen. 5 **Fettfleck** ~ (*Opt. - Ger.*), fotometro a macchia d'olio. 6 **Flimmer** ~ (*Opt. - Ger.*), fotometro a sfarfallamento. 7 **physikalisches** ~ (*Opt. - Ger.*), fotometro fisico. 8 **Ulbrichtsches** ~ (*Opt. - Ger.*), fotometro di Ulbricht.
Photometrie (*f.* - *Opt.*), fotometria. 2 **heterochrome** ~ (*Opt.*), fotometria eterocromatica.
photometrisch (*Opt.*), fotometrico.
Photomontage (*f.* - *Phot.*), fotomontaggio.
Photon (Lichtquant) (*n.* - *Phys.*), fotone, quanto di luce. 2 ~ (Troland, Einheit der relativen Beleuchtungsstärke) (*Opt. - Med.*), troland, unità dell'intensità luminosa relativa. 3 ~ **rakete** (*f.* - *Mot.*), razzo a fotoni.
Photoneutron (*n.* - *Atomphys.*), fotoneutrone.
Photopapier (photographisches Papier) (*n.* - *Phot.*), carta fotografica.
Photophorese (*f.* - *Phys.*), fotoforesi.
Photoreporter (Bildberichter) (*m.* - *Phot.* - *Zeitg.*), fotocronista, « fotoreporter ».
Photoröhre (*f.* - *Elektronik*), fototubo.
Photosetzmaschine (*f.* - *Druckmasch.*), fotocompositrice.
Photospaltung (*f.* - *Atomphys.*), fotofissione.
Photosphäre (äussere Schicht der Sonne) (*f.* - *Astr.*), fotosfera.
Photostrom (*m.* - *Phys.*), corrente fotoelettronica.
Photosynthese (*f.* - *Chem.*), fotosintesi.
Phototheodolit (*m.* - *Photogr.* - *Instr.*), fototeodolite.
Phototransistor (*m.* - *Elektronik*), fototransistore.
Phototropie (bei Kristallen, Farbänderung durch Absorption von Licht) (*f.* - *Opt.*), fototropia.
phototropisch (*Opt.*), fototropico. 2 ~ **es Glas** (*Glasind.* - *Aut.*), vetro fototropico.
Photovervielfacher (*m.* - *Elektronik*), fotomoltiplicatore, moltiplicatore fotoelettronico.
Photowiderstand (Photoleiter) (*m.* - *Phys.*), fotoconduttore, cellula fotoconduttiva.
Photozelle (lichtelektrische Zelle) (*f.* - *Phys.*), fotocellula, cellula fotoelettrica.
Phthalsäure ([$C_6H_4(COOH)_2$]) (*f.* - *Chem.*), acido ftalico.
pH-Wert (*m.* - *Chem.*), (valore di) pH.
Phygoidschwingung (Bahnschwingung) (*f.* - *Flugw.*), oscillazione fugoide.

Physik (*f.* - *Phys.*), fisica. 2 **Atom** ~ (*Atomphys.*), fisica atomica. 3 **Experimental** ~ (*Phys.*), fisica sperimentale. 4 **Kern** ~ (*Kernphys.*), fisica nucleare. 5 **theoretische** ~ (*Phys.*), fisica matematica, fisica teorica.
physikalisch (*Phys.*), fisico (*a.*). 2 ~ **e Atmosphäre** (atm, 760 mm Hg = 1,033227 at, Druckeinheit) (*Masseinheit*), atmosfera fisica. 3 ~ **e Chemie** (*Phys.* - *Chem.*), chimica-fisica. 4 ~ **es Laboratorium** (*Phys.*), laboratorio di fisica.
Physiker (*m.* - *Phys.*), fisico (*s.*).
physikochemisch (*Phys.* - *Chem.*), fisico-chimico.
P.I. (Produktivitätsindex, bei Ölgewinnung) (*Bergbau* - *chem. Ind.*), indice di produttività.
pi (π, die Zahl 3,1415926536) (*Math.*), pi greca, π.
Piassave (Piassaba, Picaba, Picuba, Blattfaser zur Herstellung von Besen und Bürsten) (*f.* - *Ind.*), piassava.
PIB (Polyisobutylen) (*Kunststoff*), PIB, poliisobutilene.
pichen (mit Pech überziehen) (*naut.* - *etc.*), impeciare.
Pick (Klebestoff) (*m.* - *Chem.*) (*österr.*), adesivo (*s.*).
Picke (Spitzhacke) (*f.* - *Werkz.*), piccone, gravina.
Pickel (Eispickel) (*m.* - *Bergsteigen*), piccozza. 2 ~ (kleine Erhebung) (*allg.*), piccola sporgenza. 3 ~ **bildung** (auf der Oberfläche verzinkter Bleche) (*f.* - *mech. Technol.* - *Fehler*), formazione di puntine.
Pickeln (bei Gerbung) (*n.* - *Lederind.*), picklage.
Picker (eines automatischen Webstuhls) (*m.* - *Textilmasch.*), lanciacavetta.
Pickhammer (*m.* - *Werkz.*), martellina (per disincrostare).
Pickings (Baumwollabfall von Ballen) (*Textilind.*), cascame di cotone.
Pick-up (elekt. Tonabnehmer) (*m.* - *Elektroakus.*), fonorivelatore, « pickup ».
Picofarad (10^{-12} farad) (*n.* - *Masseinheit*), picofarad, micro-micro-farad.
PID - Regler (*m.* - *Elektromech.* - *etc.*), regolatore proporzionale-integrale ad azione derivativa.
Piedestal (Sockel, Fussgestell) (*n.* - *Bauw.* - *Arch.*), piedistallo.
Piek (enger Raum vorn und hinten im Schiff) (*f.* - *naut.*), gavone. 2 ~ (Spitze, Ende) (*naut.*), punta, estremità. 3 ~ (Schräglage der Gaffel) (*naut.*), angolo di penna.
Pier (Anlegestelle für Schiffe, senkrecht zur Uferlinie) (*m.* - *naut.*), molo.
Piezoeffekt (*m.* - *Elekt.*), effetto piezoelettrico.
piezoelektrisch (*Elekt.*), piezoelettrico. 2 ~ **er Kristall** (*Elekt.*), cristallo piezoelettrico. 3 ~ **er Quarz** (*Phys.*), quarzo piezoelettrico.
Piezoelektrizität (*f.* - *Elekt.*), piezoelettricità.
Piezometer (zur Messung der Kompressibilität von Flüssigkeiten) (*n.* - *Phys.* - *Ger.*), piezometro.
piezometrisch (*Hydr.*), piezometrico. 2 ~ **e Druckhöhe** (*Hydr.*), altezza piezometrica.

Piezoquarz (piezoelektrischer Quarz) (*m.* - *Elekt.*), quarzo piezoelettrico.
Piezozündung (*f.* - *Verbr. mot.*), accensione piezoelettrica.
Pi-Filter (*m.* - *Elekt.*), filtro a pi greco.
Pigment (farbgebender Stoff) (*n.* - *Anstr.*), pigmento. 2 ~ **-Binder-Verhältnis** (*n.* - *Anstr.*), rapporto pigmento-legante. 3 ~ **druck** (zum Bedrucken von Geweben) (*m.* - *Textilind.*), stampa a pigmento.
pigmentieren (*Anstr.*), pigmentare.
Pikee (Piqué, Gewebe mit Reliefmuster) (*n.* - *Textilind.*), piccato, picché, « piqué ».
Pikett (Truppenabteilung) (*n.* - *milit.*), picchetto.
Piko- (p, Vorsatz, 10⁻¹²) (*Mass*), pico-, p.
Pikrat (*n.* - *Chem.*), picrato.
Pikrinsäure ([$C_6H_2(NO_2)_3OH$], Trinitrophenol) (*f.* - *Chem.*), acido picrico.
Pilaster (mit der Wand verbundener und nur teilweise hervortretender Pfeiler) (*m.* - *Bauw.*), pilastro (sporgente dal muro). 2 ~ (Ständer) (*Werkz.masch.*), montante.
Pile (Reaktor) (*f.* - *Atomphys.*), pila atomica.
Pilgerdorn (*m.* - *Walzw.*), spina per laminatoio pellegrino.
Pilgern (Pilgerschrittverfahren) (*n.* - *Walzw.*), laminazione a passo di pellegrino.
Pilgerrohr (*n.* - *Walzw.*), tubo fabbricato a passo del pellegrino.
Pilgerschrittschweissen (*n.* - *mech. Technol.*), saldatura a passo di pellegrino.
Pilgerschrittverfahren (zur Herstellung nahtloser Rohre z. B.) (*n.* - *Walzw.*), laminazione a passo di pellegrino.
Pilgerwalze (*f.* - *Walzw.*), cilindro per laminatoio pellegrino.
Pilgerwalzwerk (*n.* - *Walzw.*), laminatoio a passo di pellegrino, laminatoio pellegrino.
Pilierfeile (*f.* - *Werkz.*), lima piatta rastremata (verso la punta).
Pilot (*m.* - *naut.* - *Flugw.*), pilota. 2 ~ **ballon** (*m.* - *Meteor.*), pallone sonda. 3 ~ **en·raum** (*m.* - *Flugw.*), cabina piloti. 4 ~ **frequenz** (*f.* - *Funk.* - etc.), frequenza pilota. 5 ~ **generator** (Pilotfrequenzgenerator) (*m.* - *Funk.*), generatore della frequenza pilota. 6 **automatischer** ~ (*Flugw.*), autopilota, pilota automatico.
Pilote (Pfahl) (*f.* - *Bauw.*), palo. 2 ~ **n** (Pfähle aus Beton, zwischen Boden und Gebäude) (*pl.* - *Arch.* - *Bauw.*), pilotis.
Pilz (*m.* - *Pflanze*), fungo. 2 ~ (*Atomphys.*), fungo. 3 ~ **bildung** (*f.* - *Technol.* - *Elekt.*), formazione di funghi. 4 ~ **decke** (*f.* - *Bauw.*), solaio a fungo, solaio su pilastri a fungo. 5 ~ **isolator** (*m.* - *Elekt.*), isolatore a fungo. 6 ~ **schiene** (*f.* - *Eisenb.*), rotaia a fungo. 7 ~ **ventil** (*n.* - *Mot.* - etc.), valvola a fungo.
pilzförmig (*allg.*), fungiforme, a fungo.
pilzwuchshemmend (*Technol.*), antifungo.
Pimelinsäure ($HOOC(CH_2)_5COOH$) (*f.* - *Chem.* - *Kunststoffe*), acido pimelico.
Pi-Meson (*n.* - *Kernphys.*), mesone π, pione.
Pinakothek (*f.* - *Arch.*), pinacoteca.
Pinch - Effekt (Quetscheffekt, Schnüreffekt) (*m.* - *Elekt.*), reostrizione.
Pinen ([$C_{10}H_{16}$], zur Herstellung des Kampfers) (*n.* - *Chem.*), pinene.
Pingenbau (Tagebau) (*m.* - *Bergbau*), coltivazione a giorno.
Pinie (*f.* - *Holz*), pino.
Pink (altes dreimastiges Segelschiff) (*f.* - *naut.*), trealberi, veliero a tre alberi.
Pinke (*f.* - *Schmieden*), siehe Schmiede. 2 ~ (Zinnsalzlösung zur Seidenbeschwerung) (*Textilind.*), carica al cloruro di stagno.
Pinken (Beschwerung der Seide mit Zinnchlorid) (*n.* - *Textilind.*), carica al cloruro di stagno.
Pinne (Teil des Hammers) (*f.* - *Werkz.*), penna. 2 ~ (kleiner Nagel) (*allg.*), chiodino. 3 ~ (Hebel des Steuerruders) (*naut.*), barra. 4 ~ (Stift des Kompasses) (*Instr.*), perno (dell'ago).
Pinole (Reitstockpinole, einer Drehbank) (*f.* - *Werkz.masch.*), cannotto, bussola. 2 ~ (Büchse) (*Mech.*), bussola. 3 ~ (Frässpindelhülse) (*Werkz.masch.*), cannotto. 4 ~ **n·fräsereinheit** (einer Transferstrasse z. B.) (*f.* - *Werkz.masch.*), unità con portafrese a cannotti. 5 ~ **n·schlitten** (einer Schleifmaschine z. B.) (*m.* - *Werkz.masch.*), slitta della contropunta. 6 ~ **n·verstellrad** (*n.* - *Werkz.masch.*), volantino di traslazione della contropunta.
Pinsel (*m.* - *Werkz.*), pennello. 2 ~ **anstrich** (*m.* - *Anstr.*), verniciatura a pennello. 3 ~ **furche** (*f.* - *Anstr.fehler*), cordonatura. 4 ~ **putz** (*m.* - *Maur.*), intonaco a pennello. 5 ~ **spachtel** (*m.* - *Anstr.*), stucco a pennello. 6 Flach ~ (*Werkz.*), pennellessa. 7 Marderhaar ~ (*Werkz.*), pennello con pelo di martora (per scrivere).
pinseln (*Anstr.*), verniciare a pennello.
Pinzette (Federzange) (*f.* - *Ger.*), pinzetta.
Pion (π - Meson, Elementarteilchen) (*n.* - *Atomphys.*), mesone π, mesone pesante.
Pionierbohrung (Aufschlussbohrung, Suchbohrung, für Erdöl) (*f.* - *Bergbau*), pozzo esplorativo.
Pionierdienst (*m.* - *milit.*), genio.
Pionierramme (Handramme) (*f.* - *Ing.b.* - *Ger.*), battipalo a mano.
Pipeline (Rohrleitung für Erdöl) (*f.* - *Leit.*), oleodotto.
Piperazin (Vulkanisationsbeschleuniger, etc.) (*n.* - *Chem.*), piperazina.
Pipette (Stechheber) (*f.* - *Ger.*), pipetta.
Piqué (*n.* - *Textilind.*), siehe Pikee.
PI-Regler (proportional-integral wirkender Regler) (*m.* - *Elektromech.* - etc.), regolatore proporzionale-integrale.
Piroge (Plankenboot) (*f.* - *naut.*), piroga.
Pisébau (Bauweise, durch Einstampfen von Beton z. B.) (*m.* - *Bauw.*), costruzione a pigiata.
Pisémauerwerk (Stampfmauerwerk) (*n.* - *Bauw.*), muratura a pigiata.
Piste (*f.* - *Strasse* - *Sport*), pista. 2 ~ (Start- und Landebahn) (*Flugw.*), pista.
Pistill (Mörserkeule) (*n.* - *Ger.*), pestello.
Pistole (Pistol [n.]) (*f.* - *Feuerwaffe*), pistola. 2 ~ **n·schiessen** (*n.* - *Sport*), tiro con la pistola. 3 ~ **n·tasche** (*f.* - *Feuerwaffe*), fondina. 4 Selbstlade ~ (*Feuerwaffe*), pistola automatica.

Pitchpine (Pechkiefer) (*n. - Holz*), larice d'America, « pitchpine ».
Pitotrohr (Pitotsches Rohr) (*n. - Mech. der Flüss.k.*), tubo di Pitot.
Pittingbildung (*f. - Mech.*), siehe Grübchenbildung.
Pius (ungeladenes Mittelloch, beim Kegeleinbruch) (*m. - Bergbau*), foro (da mina) centrale scarico.
PIV-Getriebe (stufenloses Getriebe mit verstellbaren Kegelscheiben) (*n. - Masch.*), cambio continuo PIV, variatore di velocità continuo PIV.
Pivot (Drehzapfen) (*m. - n. - Mech.*), perno. 2 ~ **lager** (eines Geschützes) (*n. - milit.*), orecchioniera. 3 ~ **zapfen** (eines Geschützes) (*m. - milit.*), orecchione.
Pko (Papierkondensator) (*Elekt.*), condensatore a carta.
Pkt (Punkt) (*allg.*), punto.
Pkw (Personenkraftwagen) (*Aut.*), autovettura. 2 ~ **-Fahrer** (*m. - Arb.*), autista, conducente di autovetture.
PL (Patentieren-Luft) (*Wärmebeh.*), patentamento in aria. 2 ~ **-Verfahren** (Phönix-Lanzen-Verfahren, zur Stahlerzeugung) (*n. - Metall.*), processo PL.
Pl., pl. (Plural, Mehrzahl) (*allg.*), plurale.
Plafond (Zimmerdecke) (*m. - Bauw.*), soffitto. 2 ~ (Höchstbetrag) (*finanz.*), cifra massima.
Plagioklas (Feldspat) (*m. - Min.*), plagioclasio.
Plaid (Reisedecke) (*n. - Textilind.*), coperta da viaggio, « plaid ».
Plakat (*n. - komm.*), cartello, cartellone. 2 ~ **werbung** (*f. - komm.*), affissione. 3 **Reklame** ~ (*komm.*), cartello pubblicitario, affisso.
Plan (Entwurf) (*m. - allg.*), piano, progetto. 2 ~ (Grundriss) (*Zeichn. - etc.*), pianta. 3 ~ (Zeichnung) (*Zeichn.*), disegno. 4 ~ **arbeit** (*f. - Werkz.masch.bearb.*), lavorazione di sfacciatura, spianatura. 5 ~ **arbeit** (auf der Drehbank) (*Werkz.masch.bearb.*), tornitura in piano. 6 ~ **bewegung** (eines Schlittens z. B.) (*f. - Werkz.masch.*), movimento trasversale. 7 ~ **drehbank** (*f. - Werkz.masch.*), tornio per spianare, tornio frontale, tornio per sfacciare. 8 ~ **dreheinrichtung** (*f. - Werkz.masch.*), accessorio per sfacciare, accessorio per spianare (al tornio). 9 ~ **drehen** (*n. - Werkz.masch.bearb.*), tornitura in piano, sfacciatura al tornio, spianatura al tornio. 10 ~ **drehstahl** (Plandrehwerkzeug) (*m. - Werkz.*), utensile per sfacciare. 11 ~ **drehsupport** (*m. - Werkz.masch.*), slitta dell'utensile per sfacciare (al tornio). 12 ~ **ebenheit** (Ebenheit) (*f. - Geom. - etc.*), planarità. 13 ~ **film** (in einem Rahmen plan gehaltener Film) (*m. - Phot.*), pellicola in foglio. 14 ~ **fläche** (*f. - Mech.*), superficie piana. 15 ~ **fräser** (*m. - Werkz.*), fresa per spianare. 16 ~ **fräsmaschine** (*f. - Werkz.masch.*), fresatrice per spianare, fresatrice per superfici piane. 17 ~ **futter** (Planscheibe) (*n. - Werkz.masch.*), piattaforma, « plateau ». 18 ~ **gang** (Planzug) (*m. - Werkz.masch.bearb.*), corsa trasversale, movimento trasversale. 19 ~ **gewinde** (für die Planscheibe einer Drehbank z. B.) (*n. - Mech.*), filettatura a spirale. 20 ~ **konkavlinse** (*f. - Opt.*), lente pianoconcava. 21 ~ **konvexlinse** (*f. - Opt.*), lente pianoconvessa. 22 ~ **kopierdrehen** (*n. - Werkz.masch. bearb.*), tornitura a riproduzione frontale. 23 ~ **kosten** (Sollkosten) (*f. - pl. - Ind.*), costo standard. 24 ~ **kostenrechnung** (Rechnung zur Überwachung der Wirtschaftlichkeit eines Betriebes) (*f. - Adm.*), controllo dei costi. 25 ~ **kostenrechnung** (Budgetierung, Vorausschätzung) (*Adm.*), previsione dei costi. 26 ~ **kurve** (beim Formdrehen z. B.) (*f. - Werkz.masch.*), camma frontale. 27 ~ **laufabweichung** (Axialschlag, einer rotierenden Scheibe z. B.) (*f. - Mech. - Fehler*), errore di oscillazione assiale. 28 ~ **optik** (opt. System mit Planflächen) (*f. - Opt.*), ottica piana. 29 ~ **parallelität** (*f. - Mech. - Geom.*), pianparallelismo, parallelismo planare. 30 ~ **rad** (Kegelrad mit 0° Teilkegelwinkel) (*n. - Mech.*), ruota piano-conica, ruota a dentatura frontale. 31 ~ **revolverkopf** (*m. - Werkz. masch.*), torretta trasversale. 32 ~ **richter** (Richtapparat) (*m. - Blechbearb. - App.*), raddrizzatrice. 33 ~ **richtung** (*f. - Werkz. masch.bearb.*), direzione trasversale. 34 ~ **rost** (*m. - Kessel - etc.*), griglia piana, griglia orizzontale. 35 ~ **scheibe** (einer Drehbank, zum Aufspannen grosser Arbeitsstücke) (*f. - Werkz.masch.*), piattaforma, « plateau ». 36 ~ **scheibe** (einer Karussel-Drehbank oder Schleifmaschine) (*Werkz.masch.*), tavola circolare. 37 ~ **scheibenkloben** (*m. - Werkz.masch.*), griffa per piattaforma, morsetto per piattaforma. 38 ~ **schlag** (*m. - Mech.*), siehe Axialschlag. 39 ~ **schleifmaschine** (*f. - Werkz.masch.*), rettificatrice in piano. 40 ~ **schlichten** (*n. - Werkz.masch.bearb.*), spianatura di finitura, sfacciatura di finitura. 41 ~ **schlitten** (Querschlitten, einer Drehbank) (*m. - Werkz. masch.*), carrello trasversale. 42 ~ **schnitt** (*m. - Werkz.masch.bearb.*), sfacciatura, spianatura. 43 ~ **schruppen** (*n. - Mech.*), spianatura di sgrosso. 44 ~ **senken** (*n. - Mech.*), lamatura. 45 ~ **spiel** (Simulation des Entscheidungsprozesses an Wirtschaftsmodellen) (*n. - Ind. - Führung*), simulazione di processo decisionale. 46 ~ **spindel** (*f. - Werkz.masch.*), vite per l'avanzamento trasversale. 47 ~ **support** (Planschlitten, Querschlitten) (*m. - Werkz.masch.*), carrello trasversale. 48 ~ **trieb** (einer Drehbank) (*m. - Werkz.masch.*), meccanismo per l'avanzamento trasversale. 49 ~ **übergang** (Niveauübergang) (*m. - Strass.b. - Eisenb.*), passaggio a livello. 50 ~ **unterlage** (für städtische Versorgungsnetze z. B.) (*f. - Bauw. - etc.*), documentazione con piante. 51 ~ **verzahnung** (Verzahnung einer Zahnstange) (*f. - Mech.*), dentatura a cremagliera. 52 ~ **vorschub** (Planzug) (*m. - Werkz. masch.bearb.*), avanzamento trasversale. 53 ~ **wirtschaft** (*f. - Adm. - finanz.*), economia pianificata. 54 ~ **zug** (*m. - Werkz.masch.bearb.*), movimento trasversale, corsa trasversale 55. **Amortisations** ~ (Tilgungsplan) (*finanz.*), piano di ammortamento. 56 **Bau** ~ (*Bauw.*), progetto di costruzione. 57 **Fahr** ~ (*Transp.*), orario. 58 **Fünfjahres** ~ (*finanz.*), piano quinquennale. 59 **Kataster** ~ (*Top.*), mappa

catastale. 60 **Lage** ~ (*Bauw.*), planimetria, pianta. 61 **Produktions** ~ (*Ind.*), programma di produzione. 62 **Stadtbebauungs** ~ (*Stadtplanung*) (*Bauw.*), piano regolatore. 63 **Wirtschafts** ~ (*finanz.*), piano economico. 64 **Zeit** ~ (*allg.*), orario.

plan (eben) (*allg.*), piano. 2 ~ (glatt) (*allg.*), liscio. 3 ~ (einfach) (*allg.*), semplice. 4 ~ (klar, deutlich) (*allg.*), chiaro. 5 ~ (quer) (*Werkz.masch.*), trasversale. 6 ~ **drehen** (*Werkz.masch.bearb.*), tornire in piano, sfacciare al tornio, spianare al tornio. 7 ~ **gemäss** (*allg.*), secondo i piani, come previsto, regolarmente. 8 ~ **gleich** (Kreuzung) (*Strass.b. - Eisenb.*), a livello. 9 ~ **konkav** (*Geom. - etc.*), pianoconcavo. 10 ~ **konvex** (*Geom. - etc.*), pianoconvesso. 11 ~ **mässig** (*allg.*), programmato, pianificato. 12 ~ **parallel** (*Geom.*), pianparallelo. 13 ~ **schleifen** (*Werkz.masch.bearb.*), rettificare in piano. 14 ~ **schruppen** (*Mech.*), spianare di sgrosso. 15 ~ **-vor** (*Werkz.masch.bearb.*), (corsa di) andata trasversale. 16 ~ **zeichnen** (*allg.*), tracciare. 17 ~ **-zurück** (*Werkz.masch.bearb.*), (corsa di) ritorno trasversale. 18 ~ **zylindrisch** (*Geom.*), pianocilindrico.

Plancksche Konstante (*Phys.*), costante di Planck.

Plancksches Gesetz (*Phys.*), legge di Planck.

Plane (dichtes Segeltuch zur Überdeckung von Wagenladungen z. B.) (*f. - Text. - Fahrz. - etc.*), copertone (impermeabile). 2 ~ **mit Zollverschluss** (*Fahrz.*), copertone TIR. 3 ~ **n·gestell** (*n. - Fahrz.*), centinatura per teloni.

Pläne (Ebene) (*f. - Geogr.*), pianura.

planen (entwerfen) (*allg.*), progettare. 2 ~ (die Produktion) (*Arb. - Organ.*), programmare. 3 ~ (*Adm. - etc.*), pianificare. 4 ~ (eine Oberfläche) (*Mech.*), spianare, sfacciare.

Planetarium (*n. - Astr.*), planetario.

Planeten (Wandelsterne) (*m. - pl. - Astr.*), pianeti. 2 ~ **achse** (*f. - Fahrz.*), assale epicicloidale. 3 ~ **bewegung** (*f. - Mech.*), movimento planetario, moto planetario. 4 ~ **getriebe** (Umlaufrädergetriebe) (*n. - Mech.*), rotismo epicicloidale. 5 ~ **gewindefräsmaschine** (*f. - Werkz.masch.*), fresatrice planetaria per filettature. 6 ~ **rad** (Zahnrad, Umlaufrad eines Planetengetriebes) (*n. - Mech.*), ruota dentata satellite, satellite. 7 ~ **-Schleifmaschine** (zum Ausschleifen von Zylindern z. B., wobei die Schleifscheibe auch eine kreisende Bewegung ausführt) (*f. - Werkz.masch.*), rettificatrice planetaria. 8 ~ **starrachse** (*f. - Aut.*), assale rigido epicicloidale. 9 ~ **träger** (eines Planetengetriebes) (*m. - Mech.*), portasatelliti. 10 ~ **trieb** (einer Hinterachse) (*m. - Fahrz.*), gruppo epicicloidale. 11 ~ **untersetzungsgetriebe** (eines Flugmotors z. B.) (*n. - Mech.*), riduttore epicicloidale. 12 ~ **walzwerk** (*n. - Walzw.*), laminatoio planetario.

Planetoid (Asteroid, kleiner Planet) (*m. - Astr.*), pianetoide, asteroide.

Plani (Platten-Nickel) (*Metall.*), nichel in piastre.

Planie (Planum) (*f. - Strass.b. - etc.*), siehe Planum.

Planierbagger (*m. - Erdbew.masch.*), livellatore a cucchiaia.

Planierbank (für Blechbearbeitung, einer Drückbank ähnlich) (*f. - Werkz.masch.*), imbutitrice in lastra, tornio in lastra.

Planieren (*n. - Strass.b. - Erdbew.*), livellamento. 2 ~ (Flachstanzen) (*Blechbearb.*), spianatura.

planieren (ebnen) (*allg.*), spianare. 2 ~ (*Erdbew. - Strass.b.*), livellare. 3 ~ (glätten) (*allg.*), lisciare.

Planierraupe (*f. - Erdbew.masch.*), apripista, « bulldozer ». 2 ~ **mit Winkelschild** (*Erdbew.masch.*), apripista a lama angolabile, « angledozer ».

Planimeter (Ger. zum Messen des Flächeninhalts) (*n. - Ger.*), planimetro. 2 **Kompensations** ~ (*Ger.*), planimetro compensato. 3 **Linear** ~ (*Ger.*), planimetro lineare, planimetro a carrello. 4 **Polar** ~ (*Ger.*), planimetro polare.

Planimetrie (ebene Geometrie) (*f. - Geom.*), planimetria, geometria piana.

Planimetrieren (Ausmittlung der von einer Kurve begrenzten Oberfläche) (*n. - Math.*), integrazione.

planimetrieren (*Math.*), integrare.

Planisphär (Erdkarte) (*m. - Kartographie*), planisfero.

Planke (Brett) (*f. - Zimm. - Tischl.*), tavola, tavolone. 2 ~ (Bretterwand) (*Bauw.*), staccionata, steccato. 3 ~ **n·gang** (*m. - Schiffbau*), corso. 4 ~ **n·gerüst** (*n. - Bauw.*), ponteggio in legno. 5 ~ **n·naht** (*f. - Schiffbau*), comento. 6 ~ **n·stoss** (*m. - Schiffbau*), intestatura (dei corsi del fasciame).

planken (abplanken, ein Leck) (*naut. - etc.*), turare. 2 **ein** ~ (mit einer Bretterwand umfrieden) (*Bauw.*), staccionare.

Plankton (*n. - Fischerei*), plancton.

Plankung (*f. - Bauw.*), assito.

Planschschmierung (*f. - Mech.*), lubrificazione per sbattimento.

Plansichter (*m. - Müllerei*), buratto piano, « plansichter ».

Plantage (*f. - Landw.*), piantagione.

Planum (vorbereitete Strecke einer Bahnlinie z. B.) (*n. - Ing.b.*), piano di regolamento. 2 ~ (*Strass.b.*), piattaforma stradale, piano di regolamento, piano di formazione. 3 ~ **s·modul** (Bettungsziffer, Drucksetzungsquotient, Bodenziffer) (*m. - Bauw.*), quoziente di assestamento, modulo di reazione del terreno.

Planung (*f. - allg.*), pianificazione. 2 ~ (von Arbeiten) (*Ind.*), programmazione. 3 ~ **s·abteilung** (*f. - Ind.*), servizio programmazione. 4 ~ **s·forschung** (*f. - Ind. - etc.*), ricerca operativa. 5 **dynamische** ~ (*Planung*), programmazione dinamica. 6 **lineare** ~ (lineare Programmierung) (*Planung*), programmazione lineare. 7 **Stadt** ~ (Stadtbebauungsplan) (*Bauw.*), piano regolatore.

Plasma (*n. - Phys. - Elektronik - etc.*), plasma. 2 ~ **- Auftragsschweissung** (*f. - mech. Technol.*), saldatura di riporto a (getto di) plasma. 3 ~ **brenner** (zum Schweissen) (*m. - mech.*

Plasmotron

Technol.), cannello ad arcoplasma. 4 ~ **düse** (zum Schweissen z. B.) (*f. - Ger.*), torcia a plasma. 5 ~ **flamme** (zum Schweissen z. B.) (*f. - mech. Technol.*), fiamma a plasma. 6 ~ **frequenz** (effektive Plasmakreisfrequenz) (*f. - Elektronik*), pulsazione di plasma. 7 ~ **ofen** (*m. - Metall.*), forno a plasma. 8 ~ **-Schweissen** (*n. - mech. Technol.*), saldatura a plasma. 9 ~ **-Spaltungsreaktor** (Kernreaktor) (*m. - Kernphys.*), reattore a fissione con plasma. 10 ~ **strahl** (zum Trennen von Werkstoffen) (*m. - mech. Technol.*), torcia a plasma. 11 ~ **-Verbindungsschweissen** (*n. - mech. Technol.*), saldatura di giunzione a (getto di) plasma.
Plasmotron (Ger. zum Schneiden von Metallen, etc.) (*n. - Ger.*), plasmotron.
Plaste (Kunststoffe) (*f. - pl. - chem. Ind.*), materie plastiche.
Plastformteil (*m. - Technol.*), pezzo stampato di plastica.
Plastifizieren (bei Gummi- oder Kunststoffbearbeitung) (*n. - Technol.*), plastificazione.
plastifizieren (bildsam machen) (*Chem.*), plastificare, plasticizzare.
Plastifizierleistung (einer Spritzgussmaschine) (*f. - Masch.*), capacità di plastificazione.
Plastifiziermittel (Plastikator) (*n. - Chem.*), plastificante (*s.*).
Plastifizierzeit (beim Spritzgiessen von Kunststoffen) (*f. - Technol.*), tempo di plastificazione.
Plastigel (*n. - Chem.*), plastigel.
Plastik (Kunst der Gestaltung dreidimensionaler Bildwerke) (*f. - Arch. - etc.*), plastica. 2 ~ (Bildwerk) (*Arch.*), plastico. 3 ~ (Plaste, Kunstharz) (*chem. Ind.*), materia plastica, plastica. 4 ~ (Bildverzerrung bei der das Fernsehbild reliefartiges Aussehen erhält) (*Fernsehfehler*), effetto plastico, effetto di rilievo. 5 ~ **effekt** (*m. - Anstr.*), effetto a rilievo, effetto plastico. 6 ~ **farbe** (*f. - Anstr.*), pittura plastica.
Plastikator (zur Erhöhung der plastischen Eigenschaften von Gummimischungen z. B.) (*m. - chem. Ind.*), plastificante (*s.*).
Plastilina (Plastilin (*n.*), Knetmasse) (*f. - Chem.*), plastilina.
plastisch (bildsam) (*allg.*), plastico. 2 ~ (Boden) (*Bauw.*), plastico. 3 ~ e Chirurgie (*Med.*), chirurgia plastica. 4 ~ e Formänderung (*Metall.- etc.*), deformazione plastica. 5 ~ e Schiebung (plastische Abscherung) (*Metall.*), scorrimento plastico. 6 ~ es Film (stereoskopisches Film, Stereofilm) (*Filmtech.*), film stereoscopico. 7 ~ es Fliessen (plastische Verformung) (*Metall.*), deformazione plastica. 8 ~ e Verformung (*Metall. etc.*), deformazione plastica. 9 ~ hörbar (stereophonisch) (*Akus.*), sterefonico.
Plastisol (*n. - Chem. - Anstr.*), plastisol.
Plastiziereinheit (für Kunststoffe, einer Spritzgiessmaschine) (*f. - Masch.*), plastificatore.
plastizieren (einen glatten Überzug auf Papier z. B. erzeugen) (*Druck. - etc.*), plastificare, plasticare.
Plastizierung (Erzeugung eines glatten Überzuges auf Papier z. B.) (*f. - Druck. - etc.*), plastificazione, plasticazione. 2 ~ (von Kunststoffen) (*Technol.*), plastificazione.
Plastizierzylinder (einer Spritzgiessmaschine, für Kunststoffe) (*m. - Masch.*), cilindro plastificatore.
Plastizität (Geschmeidigkeit) (*f. - Metall. etc.*), plasticità. 2 ~ **s·grad** (eines Baugrundes) (*m. - Bauw.*), indice di plasticità. 3 ~ **s·grenze** (eines Bodens) (*f. - Bauw.*), limite di plasticità. 4 ~ **s·spanne** (von bituminösen Stoffen, Temperaturunterschied zwischen Erweichungs- und Brechpunkt) (*f. - Chem.*), indice di plasticità.
Plastkabel (*n. - Elekt.*), cavo isolato con plastica.
Plastograph (*m. - Ger.*), plastografo.
Plastometer (*n. - Ger.*), plastometro.
Plastosphäre (plastische Zone, Fliesszone, der Erde) (*f. - Geol.*), zona plastica.
Plastwerkstoff (Kunststoff) (*m. - chem. Ind.*), materia plastica, plastica (*s.*). 2 **Aufbau aus** ~ (*Aut.*), carrozzeria in plastica.
Platane (*f. - Holz*), platano.
Plateau (Hochebene) (*n. - Geogr.*), altipiano. 2 ~ (eines Zählrohres) (*Elektronik*), plateau. 3 ~ **wagen** (*m. - ind. Transp.*), carrello piano.
«Platforming» (Reformieren-Verfahren) (*n. - chem. Ind.*), «platforming», polimerizzazione catalitica.
Platin (Pt - *n. - Chem.*), platino. 2 ~ **draht** (*m. - Chem. - Ger.*), filo di platino. 3 ~ **iridium** (*n. - Metall.*), platino-iridio. 4 ~ **kontakt** (*m. - Elekt.*), contatto di platino. 5 ~ **kontakt** (eines Unterbrechers) (*Elekt. - Mot.*), puntina platinata. 6 ~ **mohr** (Platinschwamm, Katalysator) (*m. - Chem.*), spugna di platino. 7 ~ **schwamm** (Katalysator) (*m. - Chem.*), spugna di platino. 8 ~ **zyanid** (*n. - Chem.*), platinocianuro.
Platindruck (Platinotypie) (*m. - Druck.*), stampa a platina.
Platine (Halbzeug) (*f. - Walzw. - Metall.*), bidone. 2 ~ (Schnitt, Ausgangswerkstück) (*Blechbearb.*), sviluppo. 3 ~ (*Textilind.*), platina, piastrina. 4 ~ **n·boden** (einer Jacquardmaschine) (*m. - Textilind.*), tavoletta dei colletti. 5 ~ **n·schnitt** (*m. - Blechbearb.werkz.*), stampo per tranciatura (dello sviluppo). 6 ~ **n·strasse** (*f. - Walzw.*), treno per bidoni. 7 ~ **n·walzwerk** (*n. - Walzw.*), laminatoio per bidoni. 8 **runde** ~ (Ronde) (*Blechbearb.*), sviluppo circolare.
platinhaltig (*Metall.*), platinifero.
platinieren (*Chem. - Metall.*), platinare.
Platinierung (*f. - Metall.*), platinatura.
Platinit (Fe (54-58%) und Ni (46-42%) Legierung) (*n. - Metall. - Elekt.*), platinite.
Platinoid (Cu 61%, Zn 24%, Ni 14% und W 1-2% Legierung) (*n. - Metall. - Elekt. - etc.*), platinoide.
Platinor (Legierung aus 57% Cu, 18% Pt, 9% Ag, 9% Ni, 7% Zn) (*n. - Metall.*), platinor.
Platinotypie (Platindruck) (*f. - Druck.*), stampa a platina.
Plätsche (für Beton z. B. Ger. zum Schlagen) (*f. - Ger.*), battola.
platt (flach) (*allg.*), piatto. 2 ~ **drücken**

(abplatten) (*allg.*), appiattire. 3 ~ **hämmern** (*mech. Technol.*), spianare con il martello. 4 ~ **machen** (abplatten) (*allg.*), appiattire.
Plätt (flachgewalzter Draht) (*m. - metall. Ind.*), piattina, filo piatto. 2 ~ **eisen** (Bügeleisen) (*n. - Ger.*), ferro da stiro. 3 ~ **hammer** (*m. - Schmiedewerkz.*), martello per spianare. 4 ~ **mühle** (für Drähte) (*f. - Masch.*), banco per piattina. 5 ~ **walze** (Streckwalze) (*f. - Walzw.*), cilindro di stiro.
Plättchen (*n. - allg.*), piastrina. 2 ~ (eines Werkzeuges) (*Werkz.*), placchetta. 3 **Aufschweiss** ~ (*Werkz.*), placchetta saldata.
Platte (*f. - Mech.*), piastra, placca. 2 ~ (eines Akkumulators) (*Elekt.*), piastra. 3 ~ (einer Decke z. B.) (*Bauw.*), soletta. 4 ~ (zur Bedeckung von Fussböden z. B.) (*Bauw.*), piastrella. 5 ~ (Glasscheibe) (*Bauw. - etc.*), lastra. 6 ~ (Druckplatte) (*Druckmasch.*), platina. 7 ~ (einer Presse) (*Masch.*), tavola. 8 ~ (Schneidplatte) (*Werkz.*), placchetta. 9 ~ (*Schiffbau*), lamiera. 10 ~ (aus Kunststoff, Polystyrol z. B.) (*chem. Ind.*), lastra. 11 ~ (einer Spritzpresse, für Kunststoffe, Arbeitsplatte) (*Masch.*), piano (di lavoro). 12 ~ (Grammophonplatte) (*Elektroakus.*), disco. 13 ~ (eines Tafelberges) (*Geogr.*), pianoro. 14 ~ (*Phot.*), lastra. 15 ~ n·**abdeckung** (*f. - Bauw.*), copertura a lastre. 16 ~ n·**anlage** (zur Herstellung von Kunststoff-Platten) (*f. - Masch.*), macchina per la produzione di lastre. 17 ~ n·**apparat** (zum Gefrieren von Lebensmitteln zwischen tiefgekühlten Platten) (*m. - Ind. - App.*), congelatore a compressione, congelatore a placche. 18 ~ n·**archiv** (*n. - Elektroakus.*), discoteca. 19 ~ n·**balken** (*m. - Bauw.*), soletta nervata. 20 ~ n·**band** (Förderer) (*n. - ind. Masch.*), trasportatore a piastre. 21 ~ n·**belag** (*m. - Bauw.*), rivestimento a piastrelle. 22 ~ n·**dach** (*n. - Bauw.*), tetto con embrici. 23 ~ **elektrometer** (*n. - Elekt.*), elettrometro a foglie. 24 ~ n·**erder** (*m. - Elekt.*), piastra di massa. 25 ~ n·**funkenstrecke** (*f. - Elekt.*), spinterometro a disco. 26 ~ n·**fussboden** (*m. - Bauw.*), pavimento a piastrelle. 27 ~ n·**geräusch** (*n. - Elektroakus.*), fruscìo della puntina. 28 ~ n·**kondensator** (*m. - Elekt.*), condensatore a piastre. 29 ~ n·**kupfer** (*n. - metall. Ind.*), rame in lastre. 30 ~ n·**paket** (*n. - metall. Ind.*), pacchetto di lamiere, pacco di lamiere. 31 ~ n·**presse** (*f. - Bauw. - Masch.*), pressa per piastrelle. 32 ~ n·**sammler** (zur Verwandlung von Sonnenstrahlung in Wärme) (*m. - Vorr.*), fornace solare. 33 ~ n·**speicher** (*m. - Rechner*), memoria a dischi. 34 ~ n·**sperre** (Pfeilerplattenstaumauer) (*f. - Wass.b.*), diga a contrafforti. 35 ~ n·**spieler** (*m. - Elektroakus.*). 36 ~ n·**spielerradio** (*n. - Funk. - Elektroakus.*), radiogrammofono. 37 ~ n·**spritzkopf** (für Kunststoffe) (*m. - Masch.*), testa di estrusione lastre. 38 ~ n·**strecker** (*m. - Masch.*), stiro-snervatrice per lamiere grosse. 39 ~ n·**teller** (*m. - Elektroakus.*), piatto del giradischi. 40 ~ n·**turm** (*m. - chem. Ind.*), colonna a piatti. 41 ~ n·**ventil** (*n. - Leit.*), valvola a sede piana, valvola a disco. 42 ~ n·**wagen** (Flachwagen) (*m. - Eisenb.*), carro piatto, pianale. 43 ~ n·**wechsler** (*m. - Elektroakus.*), cambiadischi. 44 ~ n·**werk** (eines Fussbodens) (*n. - Bauw.*), pavimentazione a piastrelle. 45 **Abricht** ~ (Anreissplatte) (*mech. Werkz.*), piano di riscontro. 46 **anisotrope** ~ (*Schiffbau - etc.*), lamiera anisotropa. 47 **bewegliche** ~ (einer Spritzgiessmaschine, für Kunststoffen) (*Masch.*), piano mobile. 48 **eingespannte** ~ (*Bauw.*), soletta incastrata. 49 **frei aufliegende** ~ (einer Decke z. B.) (*Bauw.*), soletta semplicemente appoggiata. 50 **geerdete** ~ (*Elekt.*), piastra di terra, piastra di massa. 51 **Gesenk** ~ (Lochplatte) (*Schmiedewerkz.*), dama, chiodaia. 52 **Grund** ~ (*Mech.*), piastra di base. 53 **isotrope** ~ (*Schiffbau - etc.*), lamiera isotropa. 54 **Krag** ~ (*Bauw.*), soletta a sbalzo. 55 **Mitnehmer** ~ (*Mech.*), piastra di trascinamento. 56 **orthotrope** ~ (*Schiffbau - etc.*), lamiera ortotropa. 57 **pastierte** ~ (eines Akkumulators) (*Elekt.*), piastra a ossidi riportati. 58 **photographische** ~ (*Phot.*), lastra fotografica. 59 **Planglas** ~ (*Mech.*), piano ottico. 60 **Spur** ~ (Spurpfanne, eines Drucklagers) (*Mech.*), ralla. 61 **Stringer** ~ (*Schiffbau*), lamiera di trincarino. 62 **Unterleg** ~ (*Mech. - etc.*), spessore.
platten (plätteln) (*Bauw.*), rivestire con piastrelle, « piastrellare ».
plätten (Draht) (*mech. Technol.*), appiattire. 2 ~ (mit Bügeleisen) (*Text.*), stirare.
Plätterin (*f. - Arb.*), stiratrice.
Plattform (Vorbau an Bahnwagen z. B.) (*f. - Fahrz.*), piattaforma. 2 ~ **anhänger** (*m. - Aut.*), rimorchio a pianale. 3 ~ **auflieger** (Plattform-Sattelschlepperanhänger) (*m. - Aut.*), semirimorchio a pianale. 4 ~ **aufzug** (*m. - Hebevorr.*), montacarichi a piattaforma. 5 ~ **dach** (*n. - Bauw.*), pensilina. 6 ~ **hubkarren** (*m. - ind. Transp.*), carello a piattaforma sollevabile. 7 ~ **karren** (*m. - ind. Transp.*), piattina, carrello a pianale. 8 ~ **kipper** (Wagenkipper) (*m. - Eisenb.*), rovesciatore a piattaforma. 9 ~ - **Sattelschlepperanhänger** (Plattformauflieger) (*m. - Aut.*), semirimorchio a pianale. 10 ~ -**Stellmotor** (eines Kreiselgerätes) (*m. - Ger.*), servomotore della piattaforma (giroscopica). 11 ~ **waage** (Brückenwaage) (*f. - Masch.*), pesa, pesa a ponte, pesatrice a ponte. 12 ~ **wagen** (*m. - Eisenb.*), pianale, carro senza sponde. 13 **Hinter** ~ (*Fahrz.*), piattaforma posteriore. 14 **Kreisel-** ~ (eines Kreiselgerätes) (*Ger.*), piattaforma giroscopica.
plattieren (dublieren, mit edlerem Metall überziehen) (*mech. Technol.*), placcare. 2 **elektro** ~ (*Elektrochem.*), elettrodepositare, elettroplaccare.
Plattierstrangguss (Verfahren bei dem das flüssige Metall zwischen Plattierbleche gegossen wird) (*m. - Metall.*), colata continua tra lamiere placcatrici.
plattiert (Stahl z. B.) (*Technol.*), placcato.
Plattierung (*f. - mech. Technol.*), placcatura. 2 **elektrophoretische** ~ (*Elektrochem.*), placcatura elettroforetica, deposizione elettroforetica. 3 **Elektro** ~ (*Elektrochem.*), elettrodeposizione, elettroplaccatura.
Platting (Tauwerk aus Kabelgarn) (*f. - naut.*), cavo vegetale.

Plättmaschine

Plättmaschine (f. - Masch.), stiratrice.
Plattnagel (m. - Bauw. - etc.), chiodo a testa piatta.
Plattschicht (f. - Maur.), corso (di mattoni messi in opera) per piano.
Plattschiene (f. - Eisenb.), rotaia a testa piatta.
Plattstampfer (m. - Giess. - Werkz.), piletta, calcatoio, pigiatoio, pestello.
Plattstich (m. - naut.), nodo del vaccaro.
Platz (Stelle, Ort) (m. - allg.), posto. 2 ~ (freier Raum inmitten der Häuser) (Bauw.), piazza. 3 ~ (Sitzplatz) (Fahrz. - etc.), posto. 4 ~ (Stellung) (Arb. - Pers.), posto. 5 ~ (Fernspr.), posto, posto d'operatrice. 6 ~ agent (m. - komm.), rappresentante locale. 7 ~ anweiser (eines Theaters z. B.) (m. - Arb.), maschera (m.). 8 ~ anweiserin (eines Theaters z. B.) (f. - Arb.), maschera (f.). 9 ~ arbeiter (m. - Arb. - Min. - etc.), manovale. 10 ~ bedarf (für Masch. etc.) (m. - Ind.), ingombro in pianta. 11 ~ belegung (Platzvorbestellung) (f. - Fahrz. - etc.), prenotazione (di) posti. 12 ~ belegung (Platzbesetzung) (allg.), occupazione di posto. 13 ~ beleuchtung (Arbeitsplatzbeleuchtung) (f. - Beleucht.), illuminazione del posto di lavoro. 14 ~ buchungsanlage (f. - Rechner - Transp.), impianto prenotazione posti. 15 ~ druck (eines Rohres) (m. - Leit.), pressione di scoppio. 16 ~ fernwahl (f. - Fernspr.), teleselezione di operatrice. 17 ~ feuer (Flugplatzfeuer) (n. - Flugw.), luce di aeroporto. 18 ~ karte (f. - Eisenb.), biglietto di prenotazione del posto. 19 ~ kosten (f. - pl. - Bauw.), costo dell'area (fabbricabile). 20 ~ kosten (von elektronischen Geräten z. B.) (Elektronik - etc.), costo dello spazio. 21 ~ lampe (f. - Fernspr.), lampadina del posto (d'operatrice). 22 ~ patrone (Übungspatrone) (f. - milit.), cartuccia da esercitazione. 23 ~ randfeuerung (f. - Flugw.), luci di delimitazione del campo. 24 ~ regen (m. - Meteor.), acquazzone. 25 ~ reisender (Stadtreisender) (m. - komm.), piazzista. 26 ~ relais (n. - Fernspr.), relè del posto (d'operatrice). 27 ~ schalter (Platzumschalter) (m. - Fernspr.), chiave di commutazione dei posti (d'operatrice). 28 ~ verkehr (m. - komm.), commercio locale. 29 ~ wechsel (Arbeitswechsel) (m. - Arb.), cambio di impiego, cambio di lavoro. 30 ~ wechsel (Fernspr.), trasposizione. 31 ~ zähler (m. - Fernspr.), contatore (delle comunicazioni) nel posto (d'operatrice). 32 Anker ~ (naut.), ancoraggio, posto d'ancoraggio. 33 Arbeits ~ (Arb.), posto di lavoro. 34 Bau ~ (Bauw.), area fabbricabile. 35 einen ~ belegen (einen Platz vorbestellen) (Fahrz. - Transp. - etc.), prenotare un posto. 36 einen ~ belegen (einen Platz besetzen) (Fahrz. - Transp. - etc.), occupare un posto. 37 Flug ~ (Flugw.), aeroporto, campo. 38 Lager ~ (Ind.), deposito. 39 Sitz ~ (Fahrz.), posto a sedere. 40 Steh ~ (Fahrz.), posto in piedi.
platzen (explodieren) (Expl.), esplodere. 2 ~ (ein Behälter oder Rohr, wegen Überdruckes z. B.) (Technol.), scoppiare. 3 ~ (Luftreifen) (Aut.), scoppiare. 4 ~ (aufplatzen, reissen) (allg.), fendersi, spaccarsi.
Plaug (m. - Ack.b.masch.), siehe Pflug.
Playback-Verfahren (Rückspiel-Verfahren) (n. - Elektroakus.), «playback».
« Pleinpouvoir » (freie Hand) (n. - recht.), pieni poteri.
Pleistozän (Diluvium) (n. - Geol.), pleistocene, plistocene, diluviale.
p-Leitung (f. - Elektronik), conduttività di tipo p, conduttività per difetto.
Plenarsitzung (Plenarversammlung) (f. - finanz.), assemblea generale.
Plenarversammlung (Plenarsitzung) (f. - finanz. - etc.), assemblea generale.
Pleochroismus (m. - Opt.), pleocroismo.
pleochroitisch (Kristallographie), pleocroico.
Pleonast [$Mg(Al, Fe_2)O_4$] (m. - Min.), pleonasto, ceylonite.
Plethysmograph (m. - Med. - Ger.), pletismografo.
Pleuel (Pleuelstange, Kurbelstange) (n. - Mot.), biella. 2 ~ auge (Pleuelstangenauge) (n. - Mot.), occhio di biella. 3 ~ buchse (f. - Mot.), bussola del piede di biella. 4 ~ deckel (m. - Mot.), cappello di biella. 5 ~ fuss (zur Befestigung des Pleuellagerdeckels) (m. - Mot.), semitesta di biella. 6 ~ kopf (mit Kolbenbolzenlager) (m. - Mot.), piede di biella. 7 ~ lager (Kurbelzapfenlager) (n. - Mot.), cuscinetto di biella. 8 ~ lagerdeckel (m. - Mot.), cappello di biella. 9 ~ lagerhälfte (f. - Mot.), semicuscinetto (di testa) di biella. 10 ~ lagerschale (f. - Mot.), semicuscinetto di biella. 11 ~ mutter (f. - Mot.), dado (del bullone) di biella. 12 ~ schaft (m. - Mot.), fusto della biella, corpo della biella. 13 ~ schrauben (f. - pl. - Mot.), bulloni di biella. 14 ~ stange (f. - Mot. - Mech.), fusto della biella, corpo della biella. 15 ~ stangenauge (n. - Mot.), occhio di biella. 16 ~ stangenbüchse (f. - Mot.), bussola del piede di biella, boccola del piede di biella. 17 ~ stangenschraube (f. - Mot.), bullone di biella. 18 ~ stangenverhältnis (n. - Mot.), siehe Kurbelverhältnis. 19 ~ werk (n. - Mot.), biellismo. 20 ~ zapfen (Kurbelzapfen) (m. - Mot.), perno di biella, perno di manovella. 21 Angriff der ~ stangen (an einem Kurbelzapfen) (Mot.), imbiellaggio. 22 Anlenk ~ stange (Nebenpleuel) (f. - Mot.), bielletta. 23 Haupt ~ (eines Sternmotors) (Mot.), biella madre. 24 Haupt ~ kopfbüchse (eines Sternmotors) (f. - Mot.), bussola del piede della biella madre. 25 Haupt ~ kopflager (eines Sternmotors) (n. - Mot.), cuscinetto di biella madre, cuscinetto di testa di biella madre. 26 Neben ~ (eines Sternmotors) (Mot.), bielletta. 27 Neben ~ büchse (eines Sternmotors) (f. - Mot.), bussola della testa della bielletta. 28 Neben ~ kopfbüchse (eines Sternmotors) (Mot.), bussola del piede della bielletta.
Plexiglas ([$CH_2 = C(CH_3) - COOCH_3$]n) (n. - chem. Ind.), plexiglas.
Plexigum (Kunststoff) (n. - chem. Ind.), plexigum.
Plicht (Cockpit, Sitzraum im Segelboot oder Motorboot) (f. - naut.), pozzo. 2 ~ anker

(Notanker) (*m. - naut.*), àncora di speranza, àncora di rispetto.
Pliessen (*n. - Werkz.masch.bearb.*), siehe Pliessten.
pliessen (*Werkz.masch.bearb.*), siehe pliessten.
Pliessten (Schleifen mit Leder- Filz- oder Webstoffscheiben) (*n. - Werkz.masch.bearb.*), lucidatura.
pliessten (schleifen mit Leder- Filz- oder Webstoffscheiben) (*Werkz.masch.bearb.*), lucidare.
Pliesstscheibe (*f. - Werkz.*), disco per lucidatura.
Plinthe (*f. - Bauw.*), plinto.
Pliozän (*n. - Geol.*), pliocene.
Plissee (Faltenstoff) (*n. - Text.*), tessuto pieghettato, « plissé ».
plissieren (*Textilind.*), plissettare, pieghettare.
PLM (Puls-Längenmodulation) (*Funk. - etc.*), modulazione d'impulsi in durata, modulazione a durata degli impulsi.
Plombe (Bleisiegel) (*f. - Transp.*), piombino, sigillo di piombo. 2 ~ (Zahnfüllung) (*Med.*), otturazione.
plombieren (*Transp.*), mettere i piombini, sigillare con piombino, piombare. 2 ~ (einen Zahn) (*Med.*), otturare.
plombiert (*Transp.*), sigillato (con piombino), piombato. 2 ~ (Kreislauf, für Wasserkühlung) (*Aut.*), sigillato. 3 ~ (Zahn) (*Med.*), otturato.
Plombierung (*f. - Transp.*), piombatura. 2 ~ (Zahnfüllung) (*Med.*), otturazione.
Plombierzange (*f. - Werkz.*), pinza per sigillare, pinza per piombare.
Plotter (Koordinatenzeichner zur Ausgabe von Linien und Kurven) (*m. - Rechner*), diagrammatore.
plötzlich (*allg.*), improvviso. 2 ~ e Änderung (*allg.*), variazione brusca. 3 ~ e Temperaturänderung (*Technol.*), variazione brusca di temperatura, colpo termico.
Plunger (langer Kolben einer Pumpe) (*m. - Masch.*), stantuffo tuffante. 2 ~ (einer Einspritzpumpe) (*Dieselmot.*), stantuffino. 3 ~ pumpe (*f. - Masch.*), pompa a stantuffo tuffante.
plus (Zeichen) (*Math.*), più. 2 ~ (positiv) (*Math. - etc.*), positivo. 3 ~ minus 5 % (± 5 %) (*Zeichn. - etc.*), più o meno il 5 %, ± 5 %.
Plusabmass (*n. - Mech.*), scostamento positivo.
Plusbestand (Lagerbestand) (*m. - Ind.*), eccedenza di magazzino.
Plüsch (Gewebe) (*m. - Text.*), felpa.
Plusdruck (bei Drosselgeräten) (*m. - Hydr.*), pressione a monte, pressione nella presa a monte.
Plusklemme (*f. - Elekt.*), morsetto positivo.
Pluslehre (Lehrring) (*f. - Messtechnik*), calibro passa. 2 ~ (Lehrdorn) (*Messtechnik*), calibro non passa.
Plusplatte (eines Sammlers) (*f. - Elekt.*), piastra positiva.
Pluspol (*m. - Elekt.*), polo positivo.
Plusseite (eines Lehrrings) (*f. - Werkz.*), lato passa. 2 ~ (eines Lehrdorns) (*Werkz.*), lato non passa.

Pluszeichen (*n. - Math.*), segno più.
Plutonismus (Tiefenvulkanismus) (*m. - Geol.*), processo plutonico, plutonismo.
Plutonit (plutonisches Gestein, Tiefengestein) (*m. - Geol.*), roccia plutonica.
Plutonium (radioakt. Element) (*Pn - n. - Chem.*), plutonio. 2 ~ brenner (Plutoniumreaktor) (*m. - Atomphys.*), reattore a plutonio. 3 ~ reaktor (*m. - Atomphys.*), reattore a plutonio.
Pluviograph (selbstschreibender Niederschlagsmesser) (*m. - Meteor. - Ger.*), pluviografo.
PLZ (Postleitzahl) (*Post*), (numero del) codice postale.
PM (Pulsemodulation) (*Funk.*), modulazione a impulsi. 2 ~ (Phasenmodulation) (*Funk.*), modulazione di fase. 3 ~ (Permanentmagnet) (*Elekt.*), magnete permanente. 4 ~ -Binder (Putz- und Mauermörtelbinder) (*m. - Maur.*), legante per intonaco e malta.
Pm (Promethium) (*Chem.*), Pm, prometeo. 2 ~ (Perm, Einheit für die Gasdurchlässikgeit) (*Phys. - Einh.*), perm.
p.m. (post meridiem, nachmittags) (*allg.*), pomeridiano. 2 ~ (pro mille, auf das Tausend) (*allg.*), per mille. 3 ~ (pro memoria, zum Andenken) (*allg.*), promemoria. 4 ~ (pro Minute) (*Mass*), al minuto primo.
PMMA (Polymethylmethacrylat, Kunststoff) (*chem. Ind.*), PMMA, polimetilmetacrilato.
PMZ (Porenziegel) (*Maur.*), mattone poroso.
Pneu (Pneumatik, Luftreifen) (*m. - Fahrz.*), pneumatico (*s.*), « gomma ». 2 ~ bagger (Autobagger, gummibereifter Bagger) (*m. - Erdbew.masch.*), escavatore (montato) su ruote gommate. 3 ~ rad (gummibereiftes Rad) (*n. - Fahrz.*), ruota con pneumatico, ruota gommata.
Pneumatik (Luftreifen) (*m. - [f. - österr.] - Fahrz.*), pneumatico (*s.*), « gomma ». 2 ~ plan (pneumatischer Schaltplan, einer Anlage) (*m. - Masch. - etc.*), schema pneumatico.
pneumatisch (*allg.*), pneumatico (*a.*). 2 ~ e Gründung (Drukluftgründung) (*Bauw. - Wass.b.*), fondazione pneumatica. 3 ~ e Lehre (*Werkz.*), calibro pneumatico. 4 ~ e Nietmaschine (*Masch.*), chiodatrice pneumatica. 5 ~ er Anlasser (*Mot.*), avviatore ad aria compressa. 6 ~ er Förderer (*ind. Transp.*), trasportatore pneumatico. 7 ~ er Hammer (*Werkz.*), martello pneumatico. 8 ~ - hydraulisch (*allg.*), idropneumatico.
Pneumatolyse (Endstadium der magmatischen Kristallisation) (*f. - Geol.*), pneumatolisi.
Pneumokoniose (Berufskrankheit) (*f. - Med. - Arb.*), pneumoconiosi.
Pneumometer (*n. - Mech.der Flüss.k. - Ger.*), pneumometro.
Pneumonie (*f. - Med.*), polmonite.
pnp- Transistor (positiv-negativ-positiv Transistor) (*m. - Elektronik*), transistore pnp.
PN-Stahl (phosphor- und stickstoffarmer Thomasstahl) (*m. - Metall.*), acciaio PN.
pn-Übergang (bei Transistoren) (*m. - Elektronik*), giunzione pn.
Po (Polonium) (*Chem.*), Po, polonio.
Pochblech (*n. - Min.*), crivello.

Pochen

Pochen (von Erz) (*n. - Min.*), frantumazione.
pochen (klopfen) (*allg.*), picchiare, bussare. 2 ~ (klopfen) (*Mot. - Fehler*), picchiare, battere. 3 ~ (Erz zerkleinern) (*Bergbau*), frantumare.
Pocher (Pochwerk, Stampfmühle) (*m. - Bergbau - Masch.*), frantoio.
Pocherz (unedles Erz) (*n. - Bergbau*), ganga.
Pochmehl (*n. - Bergbau*), minerale polverizzato.
Pochschlamm (*m. - Bergbau*), melma, fanghiglia.
Pochwerk (Stampfmühle, zum Zerkleinern von Erzen) (*n. - Bergbaumasch.*), frantoio.
Pockholz (*n. - naut. - Mech.*), legno santo, legno ferro.
Podest (Treppenabsatz) (*m. - n. - Bauw.*), pianerottolo. 2 ~ (Bühne) (*allg.*), palco, cattedra. 3 ~ **treppe** (*f. - Bauw.*), scala a rampe.
Podium (Bühne) (*n. - Arch.*), podio.
Poise (dynamische Viskositätseinheit) (*f. - Masseinheit*), poise, unità di viscosità dinamica.
Poissonsche Konstante (Querzahl) (*Baukonstr.lehre*), coefficiente di Poisson.
Poisson-Verteilung (*f. - Stat.*), distribuzione di Poisson.
Pokal (*m. - Sport*), trofeo, coppa.
Pökel (Salzbrühe, Sole) (*m. - Chem. Ind. - etc.*), salamoia.
Pol (*m. - Elekt. - Math.*), polo. 2 ~ (*Geogr.*), polo. 3 ~ **anker** (*m. - Elekt.*), indotto a poli salienti. 4 ~ **bahn** (Kardankreis z. B., in Kurbelgetrieben) (*f. - Geom. - etc.*), polare. 5 ~ **bahn** (Kurve) (*Math. - Astr.*), polodia, poloide. 6 ~ **bogen** (*m. - Elekt.*), arco polare. 7 ~ **brücke** (zur Verbindung der Platten, eines Sammlers) (*f. - Elekt.*), ponticello, regolo. 8 ~ **des Mohrschen Spannungskreises** (*mech. Technol.*), polo del cerchio di Mohr. 9 ~ **distanz** (Polardistanz, Winkelabstand eines Gestirns vom Nordpol des Himmels) (*f. - Astr.*), distanza polare. 10 ~ **dreieck** (*n. - Astr. - Math.*), triangolo polare. 11 ~ **höhe** (Breite) (*f. - Astr. - Geogr.*), latitudine. 12 ~ **horn** (*n. - Elekt.*), corno polare. 13 ~ **material** (*n. - Text.*), materiale peloso, tessuto peloso. 14 ~ **paket** (*n. - elekt. Masch.*), polo di lamierini. 15 ~ **prüfer** (Polsucher) (*m. - elekt. Instr.*), cercapoli. 16 ~ **rad** (einer Innenpolmaschine) (*n. - Elekt.*), ruota polare. 17 ~ **reagenspapier** (*n. - Elekt.*), carta cercapoli. 18 ~ **schenkel** (Polkern, Teil eines ausgeprägten Pols der eine Wicklung trägt) (*m. - Elekt.*), nucleo del polo. 19 ~ **schiene** (eines Akkumulators) (*f. - Elekt.*), connettore, sbarra. 20 ~ **schuh** (*m. - Elekt.*), espansione polare, scarpa polare. 21 ~ **stärke** (bei permanenten Magneten) (*f. - Elekt.*), intensità del polo. 22 ~ **strahl** (*m. - Math. - etc.*), raggio vettore. 23 ~ **sucher** (*m. - Elekt. - Ger.*), cercapoli. 24 ~ **teilung** (*f. - Elekt.*), passo polare. 25 ~ **umschalter** (*m. - Elekt.*), commutatore di polarità. 26 ~ **umschaltung** (*f. - Elekt.*), commutazione dei poli. 27 ~ **wechsler** (*m. - Elekt.*), invertitore di polarità. 28 ~ **weite** (Abstand des Pols von der Lastlinie im Kräfteplan) (*f. - Mech. - etc.*), distanza polare. 29 ~ **wender** (*m. - Elekt.*), inversore di corrente. 30 **ausgeprägter** ~ (*Elekt.*), polo saliente. 31 **Erd** ~ (*Geogr.*), polo terrestre. 32 **geographischer** ~ (*Geogr.*), polo geografico. 33 **Himmels** ~ (*Astr.*), polo celeste. 34 **magnetischer** ~ (*Geophys.*), polo magnetico. 35 **Schenkel** ~ (ausgeprägter Pol) (*Elekt.*), polo saliente.
polar (*allg.*), polare (*a.*). 2 ~ (Molekül) (*a. - Chem.*), polare. 3 ~ **es Molekül** (*Chem.*), molecola polare. 4 ~ **es Trägheitsmoment** (*Baukonstr.lehre*), momento d'inerzia polare. 5 ~ **-unpolar** (Molekül) (*Chem.*), polare-non polare.
Polarachse (Umdrehungsachse der Erde) (*f. - Geogr.*), asse polare.
Polararm (eines Polarplanimeters) (*m. - Ger.*), asta polare.
Polardiagramm (*n. - Math.*), diagramma polare.
Polardistanz (*f. - Astr.*), siehe Poldistanz.
Polare (*f. - Geom.*), polare (*s.*). 2 ~ (Kurve, eines Flugzeuges) (*Flugw.*), polare (*s.*), polare aerodinamica.
Polarimeter (Ger. zum Messen der Drehung der Polarisationsebene von Licht) (*n. - Opt. - Ger.*), polarimetro.
Polarisation (*f. - Elekt. - Opt. - Elektrochem.*), polarizzazione. 2 ~ **s·ebene** (des Lichtes) (*f. - Opt.*), piano di polarizzazione. 3 ~ **s· fading** (Polarisationsschwund, auf dem Radarschirm) (*n. - Radar*), fading da polarizzazione. 4 ~ **s·filter** (Polaroidfilter) (*m. - Opt.*), polaroide. 5 ~ **s·mikroskop** (zur Untersuchung von Mineralien im polarisierten Licht) (*n. - Opt.*), microscopio di polarizzazione. 6 ~ **s·mikroskopie** (*f. - Opt.*), microscopia a polarizzazione. 7 ~ **s·prisma** (*n. - Opt.*), prisma polarizzatore. 8 ~ **s·spannung** (*f. - Elekt.*), tensione di polarizzazione. 9 **dielektrische** ~ (*Phys.*), polarizzazione dielettrica. 10 **elektrische** ~ (*Phys.*), polarizzazione elettrica. 11 **elektrochemische** ~ (*Elektrochem.*), polarizzazione elettrolitica. 12 **elliptische** ~ (*Phys.*), polarizzazione ellittica. 13 **lineare** ~ (von elektromagnetischen Wellen) (*Phys.*), polarizzazione lineare. 14 **zirkulare** ~ (*Phys.*), polarizzazione circolare.
Polarisator (*m. - Opt. - Ger.*), polarizzatore.
polarisieren (*Elekt. - Opt.*), polarizzare.
polarisiert (*Opt. - etc.*), polarizzato. 2 ~ **er Strahl** (*Radioakt. - etc.*), fascio polarizzato. 3 ~ **es Licht** (*Opt.*), luce polarizzata. 4 **linear** ~ (*Phys.*), a polarizzazione lineare.
Polariskop (*n. - Opt. - Ger.*), polariscopio.
Polarität (*f. - Math.*), polarità.
Polarkoordinaten (*f. - pl. - Math.*), coordinate polari. 2 ~ **netz** (*n. - Math.*), diagramma polare.
Polarkreis (*m. - Geogr.*), circolo polare.
Polarkurve (*f. - Geom.*), curva polare.
Polarlicht (Nordlicht oder Südlicht) (*n. - Geophys.*), aurora boreale.
Polarogramm (*n. - Elekt. - Messtechn.*), polarogramma.
Polarograph (für die chem. Analyse gelöster Stoffe) (*m. - Chem. - Ger.*), polarografo.
Polaroid (Material mit Polarisationseigenschaften) (*n. - Opt.*), polaroide. 2 ~ (Pola-

roidfilter, polarisierender Filter für die Polarisationsmikroskopie) (*n. - Opt. - Ger.*), polaroide. 3 ~ -Photographie (Sofortbild-Photographie) (*f. - Phot.*), fotografia polaroid.
Polarstern (Nordpolarstern, Nordstern) (*m. - Astr. - Navig.*), stella polare.
Polarwinkel (von Evolventen - Verzahnungen) (*m. - Mech.*), angolo polare.
Polder (Binnenland) (*m. - Wass.b.*), campagna. 2 ~ (eingedeichte Fläche) (*Wass.b.*), « polder ». 3 ~ (Poller) (*naut.*), bitta.
Polen (zum Frischen von Kupfer z. B.) (*n. - Metall.*), trattamento al legno verde, riduzione con pali di legno verde, « perchage ».
polen (*Metall.*), ridurre con legno verde, trattare con pali di legno verde. 2 ~ (die Pole eines Akkumulators feststellen) (*Elekt.*), determinare la polarità, individuare la polarità.
Police (Versicherungurkunde) (*f. - Versicherung*), polizza.
Polier (Aufseher, überwachender Bauhandwerker) (*m. - Bauw. - Arb.*), capomastro. 2 ~ (Obergeselle) (*Arb. - Organ.*), capo.
Polierautomat (*m. - Werkz.masch.*), lucidatrice automatica.
Polierdrücken (*n. - mech. Technol.*), brunitura.
polierdrücken (*mech. Technol.*), brunire.
Poliereisen (Polierstahl) (*n. - Werkz.*), brunitoio.
Polieren (*n. - mech. Technol.*), lucidatura. 2 ~ (von Holz) (*Tischl.*), lucidatura. 3 ~ (von Blech) (*Walzw.*), finitura (a freddo). 4 Auf ~ (*Anstr.*), lucidatura. 5 chemisches ~ (für Aluminium z. B.) (*mech. Technol.*), lucidatura chimica. 6 elektrolytisches ~ (*mech. Technol.*), lucidatura elettrolitica. 7 Flamm ~ (von Kunstoffen) (*Technol.*), lucidatura alla fiamma. 8 Hochglanz ~ (*Mech.*), lucidatura a specchio. 9 Kugel ~ (Kugelstrahlen) (*mech. Technol.*), pallinatura. 10 mechanisches ~ (bei Trommeln z. B.) (*mech. Technol.*), lucidatura meccanica. 11 Präge ~ (Druckpolieren, Glattwalzen, zur Verdichtung und zum Glätten der Oberfläche) (*Mech.*), brunitura.
polieren (*mech. Technol.*), lucidare. 2 ~ (Holz) (*Tischl.*), lucidare. 3 ~ (Blech) (*Walzw.*), finire (a freddo).
Poliergerüst (für Bleche) (*n. - Walzw.*), gabbia finitrice (a freddo).
Poliergrün (beim Läppen) (*n. - mech. Bearb.*), ossido di cromo.
Poliermaschine (*f. - Werkz.masch.*), lucidatrice.
Poliermittel (*n. - chem. Ind.*), lucido (*s.*), lucidante (*s.*).
Polierring (*m. - Werkz.*), disco per lucidatrice, disco lucidatore. 2 luftgekühlter ~ (*Werkz.*), disco lucidatore ventilato.
Polierrollen (*n. - mech. Technol.*), brunitura a rullo.
Polierrot (Englischrot) (*n. - mech. Bearb.*), rossetto.
Polierschaufel (zur Herstellung glatter Oberflächen an Gussformen) (*f. - Giess. - Werkz.*), lisciatoio.
Polierscheibe (*f. - Werkz.*), disco lucidatore, disco per lucidatrice.

Polierstahl (*m. - Werkz.*), brunitoio.
Polierstich (für Bleche oder Bänder) (*m - Walzw.*), passaggio di finitura (a freddo), laminazione finale a freddo.
Poliertrommel (*f. - Masch.*), barilatrice, bottale.
Polital (Aluminium-Knetlegierung) (*n. - Legierung*), polital.
Politik (*f. - Politik*), politica. 2 Innen ~ (*Politik*), politica interna. 3 Lohn ~ (*Arb.*), politica dei salari. 4 Preis ~ (*komm.*), politica dei prezzi.
Politur (Glanz durch Polieren) (*f. - Technol.*), lucido, lucentezza, brillantezza. 2 ~ (Poliermittel für Holz) (*Tischl.*), lacca a tampone. 3 ~ (Poliermittel) (*Technol. - chem. Ind.*), lucido (*s.*), lucidante (*s.*). 4 Ballen ~ (*Anstr.*), verniciatura a tampone.
Polizei (*f. - recht.*), polizia. 2 ~ behörde (*f. - recht.*), autorità di pubblica sicurezza. 3 ~ gewahrsam (*n. - recht.*), camera di sicurezza. 4 ~ präsident (*m. - recht.*), questore. 5 ~ präsidium (*n. - recht.*), questura. 6 ~ revier (*n. - recht.*), commissariato di pubblica sicurezza. 7 Bahn ~ (*Eisenb.*), polizia ferroviaria. 8 gerichtliche ~ (*recht.*), polizia giudiziaria. 9 sich der ~ stellen (*recht.*), costituirsi alla polizia. 10 Strassen ~ (*Strass.ver.*), polizia della strada, polizia stradale.
Polizist (*m. - Strass.ver. - etc.*), vigile. 2 Verkehrs ~ (*Arb.*), vigile del traffico.
Polizze (Police) (*f. - Versicherung*) (*österr.*), polizza.
Poller (*m. - naut.*), bitta. 2 um den ~ winden (*naut.*), abbittare.
Polonium (radioakt. Element) (*Po - n. - Chem.*), polonio.
Pol. Präs. (Polizeipräsidium) (*recht.*), questura.
Polster (Kissen) (*n. - allg.*), cuscino. 2 ~ (der Schliesseinheit einer Spritzgussmaschine) (*Masch.*), cuscinetto. 3 ~ nagel (*m. - Tischl.*), chiodo da tappezziere. 4 ~ stoffe (*m. - pl. - Ind. - Packung*), materiali d'imbottitura. 5 ~ tür (*f. - Bauw.*), porta imbottita.
Polsterer (Tapezierer, Sattler) (*m. - Arb.*), tappezziere, sellaio.
polstern (Möbel) (*allg.*), tappezzare, imbottire.
Polsterung (*f. - allg.*), tappezzeria. 2 ~ (Wattierung) (*allg.*), imbottitura. 3 ~ (eines Armaturenbrettes z. B.) (*Aut.*), imbottitura. 4 geformte ~ (*Verpaskung*), imbottitura sagomata.
Polter (Lärm) (*m. - allg.*), frastuono, fracasso. 2 ~ anlage (zum Abschlagen von Zunder nach der Beizung von Drahtringen) (*f. - Metall.*), impianto di battitura, impianto di descagliatura a percussione.
Poltern (beim Drahtziehen) (*n. - mech. Technol.*), battitura (del filo). 2 ~ (*Blechbearb.*), siehe Kümpeln.
polumschaltbar (*Elekt.*), a poli commutabili.
Polung (*f. - Elekt.*), polarizzazione (elettrica).
Polyaddition (*f. - Chem.*), poliaddizione.
Polyaddukt (Produkt durch Polyaddition enstanden) (*m. - Chem.*), prodotto di poliaddizione.
Polyamid (Nylon z. B.) (*n. - Chem.*), poliam-

Polyäthylen

mide. 2 ~ -**Faserstoff** (*m. - Chem.*), fibra poliammidica.
Polyäthylen (Kunststoff) (*n. - chem. Ind.*), polietilene, politene. 2 ~ -**Monofil** (*n. - chem. Ind.*), monofil di polietilene. 3 **Hochdruck-** ~ (durch Hochdruckverfahren hergestellt, mit einer Dichte von etwa 0,92 kg/dm³) (*chem. Ind.*), polietilene a bassa densità. 4 **Niederdruck-** ~ (durch Niederdruckverfahren hergestellt, mit einer Dichte von 0,94 bis 0,955 kg/dm³) (*chem. Ind.*), polietilene ad alta denstià.
polychrom (vielfarbig) (*allg.*), policromo.
Polyeder (Vielflach) (*n. - Geom.*), poliedro.
polyedrisch (*Geom.*), poliedrico.
Polyester (*m. - Chem.*), poliestere. 2 ~ **kunstharz** (*n. - Chem.*), resina poliestere.
Polygon (Vieleck) (*n. - Geom.*), poligono. 2 ~ **aufnahme** (Polygonieren) (*f. - Top.*), poligonazione. 3 ~ **profil-Herstellung** (Mehrkanten-Herstellung) (*f. - Werkz.masch.bearb.*), lavorazione di profili poligonali. 4 ~ **punkt** (*m. - Top.*), punto trigonometrico, stazione trigonometrica, stazione di poligonazione. 5 ~ -**Schleifmaschine** (Mehrkanten-Schleifmaschine) (*f. - Werkz.masch.*), rettificatrice per profili poligonali. 6 ~ **zug** (*m. - Top.*), poligonale. 7 **Kräfte** ~ (*Baukonstr.lehre*), poligono delle forze. 8 **Seil** ~ (*Baukonstr. lehre*), poligono funicolare.
polygonal (*Geom. - etc.*), poligonale.
Polygonieren (*n. - Top.*), poligonazione.
Polykondensat (*n. - Chem.*), policondensato, prodotto di policondensazione.
Polykondensation (*f. - Chem.*), policondensazione, reazione di policondensazione.
polykonisch (Projektion) (*Kartographie*), policonico.
Polymer (*n. - Chem.*), polimero. 2 **isotaktisches** ~ (*chem. Ind.*), polimero isotattico.
Polymerie (*f. - Chem.*), polimeria.
Polymerisat (*n. - chem. Ind.*), polimerizzato (*s.*), composto polimerizzato. 2 **Block-** ~ (*chem. Ind.*), polimerizzato di massa. 3 **Emulsions-** ~ (*chem. Ind.*), polimerizzato in emulsione. 4 **Lösungs-** ~ (*chem. Ind.*), polimerizzato in soluzione. 5 **Misch-** ~ (*chem. Ind.*), copolimerizzato (*s.*), eteropolimerizzato (*s.*). 6 **Pfropf** ~ (*chem. Ind.*), polimerizzato ad innesto. 7 **Suspensions-** ~ (*chem. Ind.*), polimerizzato in sospensione.
Polymerisation (*f. - Chem.*), polimerizzazione. 2 ~ -**Grad** (*m. - chem. Ind.*), grado di polimerizzazione. 3 **Block-** ~ (*chem. Ind.*), polimerizzazione di massa. 4 **Emulsions-** ~ (*chem. Ind.*), polimerizzazione in emulsione. 5 **Lösungs-** ~ (*chem. Ind.*), polimerizzazione in soluzione. 6 **Misch-** ~ (mit ungleichartigen Monomeren) (*chem. Ind.*), copolimerizzazione, eteropolimerizzazione. 7 **Perl-** ~ (*chem. Ind.*) siehe Suspensionspolymerisation. 8 **Pfropf** ~ (*chem. Ind.*), polimerizzazione ad innesto. 9 **stereospezifische** ~ (*Chem.*), polimerizzazione stereospecifica. 10 **Suspensions-** ~ (*chem. Ind.*), polimerizzazione in sospensione.
polymerisieren (*Chem.*), polimerizzare.
Polymeter (Vielfachmessgerät) (*n. - Elekt. - Ger.*), multimetro, tester, analizzatore, polimetro.

polymorph (*Min. - Chem.*), polimorfo.
Polymorphie (Dimorphie) (*f. - Min. - Chem.*), polimorfismo.
Polynom (*n. - Math.*), polinomio.
polynomial (*Math.*), polinomiale.
Polypgreifer (*m. - Erbew. - Ger.*), benna a polipo.
Polyphonie (*f. - Akus.*), polifonia.
Polyplast (*n. - chem. Ind.*), siehe Kunststoff.
Polypropylen (PP) (*n. - Kunststoff*), polipropilene, PP.
Polysaccharid (*n. - Chem.*), polisaccaride.
Polystyrol (*n. - Chem.*), polistirolo. 2 ~ -**Hartschaumplatte** (*f. - chem. Ind.*), piastra rigida di polistirolo espanso. 3 ~ **schaum** (Schaumpolystyrol) (*m. - chem. Ind.*), polistirolo espanso.
Polytechnikum (*n. - Schule*), politecnico.
Polytetrafluoräthylen (CF₂ = CF₂, PTFE) (*n. - Chem.*), politetrafluoretilene, PTFE.
Polytrope (*f. - Phys. - Thermodyn.*), curva politropica, politropica.
polytropisch (*Phys.*), politropico. 2 ~ **e Verdichtung** (*Thermodyn.*), compressione politropica.
Polyurethan (*n. - Chem.*), poliuretano.
Polyvinyl (*n. - Chem.*), polivinile. 2 ~ **acetal** (als Lackrohstoff verwendet) (*n. - Chem. Ind.*), acetale di polivinile, acetale polivinilico. 3 ~ **azetat** (*n. - Chem.*), poliacetato di vinile. 4 ~ **chlorid** (PVC) (*n. - Chem.*), cloruro di polivinile, polivinilcloruro.
pölzen (stützen) (*Bauw.*), sostenere.
Pölzung (Stützung) (*f. - Bauw.*), sostegno.
POM (Polyacetal) (*Chem.*), POM, poliossimetilene, poliacetale.
Pönale (bei Überschreitung der Ausführungsfristen) (*f. - komm.*), penalità.
Pond (p, Gewicht der Masseneinheit, 1 g am Ort der Normalfallbeschleunigung) (*n. - Masseinheit*), grammo-peso, gp, grammo-forza, gf.
Ponsardlegierung (Gussmanganbronze) (*f. - Legierung*), lega « ponsard », tipo di bronzo al manganese per getti.
Ponton (Brückenschiff) (*m. - naut.*), pontone. 2 ~ **brücke** (*f. - naut. - Brück.b.*), ponte di barche, ponte galleggiante. 3 ~ **form** (abgesetztes Heck) (*f. - Aut. - Aufbau*), forma a sbalzo. 4 ~ **kran** (*m. - ind. Masch.*), gru galleggiante.
Poolpalette (europäisch genormte Flachpalette) (*f. - ind. Transp.*), paletta unificata europea.
Popeline (Papeline, Poplin-Gewebe) (*f. - Text.*), « popeline ».
Pore (*f. - allg.*), poro. 2 ~ **n·beton** (*m. - Maur.*), calcestruzzo cellulare. 3 ~ **n·füller** (*m. - Anstr.*), turapori. 4 ~ **n·gefüge** (*n. - Technol.*), struttura porosa. 5 ~ **n·gehalt** (des Bodens) (*m. - Bauw.*), percentuale dei pori. 6 ~ **n·gips** (*m. - Bauw.*), gesso cellulare. 7 ~ **n·index** (Porenziffer, eines Gesteins z. B.) (*m. - Bauw. - Geol.*), coefficiente di porosità. 8 ~ **n·leitfähigkeit** (bei Halbleiter) (*f. - Elektronik*), conduttività di pori, conduttività di semiconduttori porosi. 9 ~ **n·prüfung** (eines Lackes) (*f. - Anstr.*), prova di porosità. 10 ~ **n·raum** (Porenvolumen, eines Gesteins

z. B.) (*m. - Bauw.*), volume dei vuoti. 11 ~ n·saugmesser (Kapillarimeter, für Böden) (*m. - Bauw. - Ger.*), capillarimetro. 12 ~ n·saugwirkung (Kapillarität, eines Bodens) (*f. - Bauw.*), capillarità. 13 ~ n·wasser (eines Bodens) (*n. - Bauw.*), acqua contenuta nei pori. 14 ~ n·ziegel (Mauerziegel, PMZ) (*m. - Maur.*), mattone poroso. 15 ~ n·ziffer (*f. - Bauw. - Geol.*), siehe Porenindex.

porig (porös) (*allg.*), poroso. 2 ~ e Textur (poriger Aufbau) (*Giess.*), struttura porosa.

Porigkeit (Porosität) (*f. - allg.*), porosità.

porös (*allg.*), poroso. 2 ~ er Guss (*Giess.fehler*), getto poroso.

Porosität (*f. - allg.*), porosità.

Porphyr (*m. - Min.*), porfido.

Porrosches Umkehrsystem (*Opt.*), invertitore (a prismi) di Porro.

Port (Hafen) (*m. - naut.*), porto.

Portal (*n. - Bauw. - Arch.*), portale. 2 ~ (eines Tunnels) (*Ing.b.*), ingresso. 3 ~ achse (*f. - Fahrz.*), assale a portale. 4 ~ automat (Drehbank, die unter den Arbeitsstellen frei ist, so dass die Späne ungehindert abfliessen können) (*m. - Werkz.masch.*), tornio automatico a collo d'oca, tornio automatico a doppio banco. 5 ~ fräsmaschine (Fräs- und Hobelmaschine) (*f. - Werkz.masch.*), fresatrice a pialla. 6 ~ hobelmaschine (*f. - Werkz.masch.*), piallatrice a due montanti, piallatrice a portale. 7 ~ hubwagen (Hubwagen, der seine Last um- und überfahren kann) (*m. - Transp. - Fahrz.*), veicolo a portale. 8 ~ kran (*m. - ind. Masch.*), gru a cavalletto, gru a portale.

Portfolio (*n. - finanz.*), portafoglio. 2 ~ investitionen (*f. - pl. - finanz.*), investimenti di portafoglio.

Portier (Pförtner) (*m. - Arb.*), portiere.

Portikus (Säulenhalle) (*m. - Arch.*), portico.

Portlandzement (*m. - Maur.*), cemento Portland.

Porto (Porti, Portotarif) (*n. - Post*), tariffa postale. 2 ~ freiheit (Postfreiheit) (*f. - Post*), franchigia postale. 3 ~ gebühren (*f. - pl. - Transp.*), spese di trasporto. 4 ~ kasse (*f. - Adm.*), cassa francobolli. 5 ~ spesen (*f. - pl. - Post*), spese postali. 6 Drucksachen ~ (*Post*), tariffa per stampe, tariffa per stampati. 7 Nach ~ (Strafporto, Zuschlagsporto) (*Post*), sovrattassa postale.

portofrei (*Transp.*), franco di porto. 2 ~ (postfrei) (*Post*), in franchigia postale.

Porzellan (*n. - Keramik*), porcellana. 2 ~ erde (Kaolin) (*f. - Min.*), caolino. 3 ~ isolator (*m. - Elekt.*), isolatore di porcellana. 4 Bisquit ~ (*Keramik*), biscotto. 5 englisches ~ (Weichporzellan) (*Keramik*), porcellana inglese, porcellana tenera, semiporcellana. 6 hartes ~ (Hartporzellan) (*Keramik*), porcellana dura, porcellana naturale. 7 Weich ~ (*Keramik*), porcellana tenera, semiporcellana, porcellana inglese.

Posamenten (Passamenten) (*n. - pl. - Text.*), passamanerie.

Posaunenfederung (Teleskopfederung) (*f. - Mech.*), ammortizzatore telescopico.

Position (Stellung) (*f. - allg.*), posizione. 2 ~ (Posten, einer Liste z. B.) (*allg.*) voce, posizione. 3 ~ s·laternen (Positionslampen, Positionslichter) (*f. - pl. - naut. - Navig.*), luci di posizione, fanali di via, luci di via, luci di navigazione, fanali di posizione. 4 ~ s·lichter (Positionslampen, Positionslaternen) (*n. - pl. - naut. - Navig.*), luci di posizione, luci di navigazione, luci di via, fanali di posizione, fanali di via.

Positioniergenauigkeit (bei numerisch gesteuerten Werkz.masch.) (*f. - Werkz.masch.*), precisione di posizionamento.

Positionierung (eines Werkstückes z. B.) (*n. - mech. Technol.*), posizionamento. 2 ~ s· Steuerung (numerische Steuerung, Punktsteuerung) (*f. - Werkz.masch.bearb.*), comando (numerico) punto a punto.

Positiv (fertiges Lichtbild) (*n. - Phot.*), positiva, copia. 2 ~ film (*m. - Filmtech.*), film positivo vergine. 3 ~ modulation (des Bildsignals) (*f. - Fernseh.*), modulazione positiva.

positiv (*Math.*), positivo.

Positron (positives Elektron) (*n. - Phys.*), positrone.

Possekel (grosser Hammer) (*m. - Masch.*), mazza.

Post (*f. - Post*), posta. 2 ~ (Postamt) (*Post*), ufficio postale. 3 ~ adresse (*f. - komm.*), indirizzo postale. 4 ~ anweisung (*f. - Post*), vaglia postale. 5 ~ auftrag (Postmandat) (*m. - Post*), mandato di incasso contro assegno, mandato postale di riscossione (dell'importo della merce e del trasporto). 6 ~ bezirksnummer (Postleitzahl) (*f. - Post*), codice postale. 7 ~ bote (*m. - Arb.*), portalettere, postino. 8 ~ dampfer (*m. - naut.*), postale (s.), piroscafo postale. 9 ~ fach (*n. - Post*), casella postale. 10 ~ flugzeug (*n. - Flugw.*), aeroplano postale. 11 ~ freight (*f. - Post*), franchigia postale. 12 ~ gebäude (*n. - Bauw.*), palazzo della posta, posta. 13 ~ karte (*f. - Post*), cartolina postale. 14 ~ karte mit Rückantwort (Antwortpostkarte) (*Post*), cartolina postale con risposta pagata. 15 ~ kraftwagen (*m. - Aut.*), autofurgone postale. 16 ~ leitzahl (PLZ) (*f. - Post*), (numero del) codice postale. 17 ~ liste (*f. - komm.*), elenco di indirizzi. indirizzario. 18 ~ paket (*n. - Post*), pacco postale. 19 ~ scheckkonto (*n. - Post - finanz.*), conto corrente postale. 20 ~ scheckkontoinhaber (*m. - Post*), correntista postale. 21 ~ scheckverkehr (*m. - Post - finanz.*), postagiro. 22 ~ spesen (*f. - pl. - Post*), spese postali. 23 ~ stempelmaschine (*f. - Post - Masch.*), timbratrice postale. 24 ~ wagen (*m. - Eisenb.*), carrozza postale. 25 Eil ~ (*Post*), posta espresso. 26 Einschreibe ~ (*Post*), posta raccomandata. 27 Luft ~ (*Post*), posta aerea. 28 mit umgehender ~ (*Büro - Post*), a giro di posta, a volta di corriere. 29 Rohr ~ (*Post*), posta pneumatica. 30 telegraphische ~ anweisung (*Post*), vaglia telegrafico.

Postament (Untergestell) (*n. - Bauw. - etc.*), basamento.

Posten (Amt, Stellung) (*m. - Arb. - Pers.*), posto. 2 ~ (Position, einer Liste) (*allg.*), voce, posizione. 3 ~ (Warenmenge) (*komm.*), partita. 4 ~ (einer Rechnung) (*Math.*), espressione. 5 ~ destillation (*f. - chem. Ind.*),

postfrei

distillazione discontinua. **6** Ausgabe ~ (*Buchhaltung*), voce di spesa.
postfrei (*Post*), in franchigia postale.
postlagernd (*Post*), fermo posta.
Post-Mortem-Programm (*n. - Rechner*), programma post-mortem.
Postprozessor (Anpassungsprogramm für spezielle Werkz.masch.) (*m. - Rechner - NC - Werkz.masch.*), postprocessor.
Postskript (Nachschrift, Postscriptum, P. S.. (*n. - Büro*), poscritto, postscriptum, P.S)
Postulat (*n. - allg.*), postulato.
postwendend (*Post - Büro*), a giro di posta, a volta di corriere.
Potential (*n. - Elekt. - Phys.*), potenziale. **2** ~ differenz (Spannungsunterschied) (*f. - Elekt.*), differenza di potenziale. **3** ~ gefälle (Spannungsgefälle) (*n. - Elekt.*), caduta di potenziale. **4** ~ schwelle (*f. - Funk.*), potenziale minimo. **5** elektrisches ~ (*Phys. - Elekt.*), potenziale elettrico. **6** ~ funktion (*f. - Math.*), funzione potenziale. **7** Erd ~ (*Elekt.*), potenziale terrestre. **8** Geschwindigkeits ~ (*Phys.*), potenziale di velocità. **9** Gravitations ~ (*Phys.*), potenziale di gravitazione, potenziale newtoniano. **10** Produktions ~ (*Ind.*), potenzialità produttiva, capacità di produzione. **11** thermodynamisches ~ (*Phys.*), potenziale termodinamico. **12** Vektor ~ (*Phys.*), potenziale vettore.
potential (potentiell) (*Phys.*), potenziale. **2** ~ frei (*Elekt.*), a potenziale zero.
potentiell (potential) (*Phys.*), potenziale. **2** ~ e Energie (*Phys.*), energia potenziale.
Potentiometer (Spannungsteiler, regelbarer elekt. Widerstand zur Lautstärkeregelung z. B.) (*n. - Funk.*), potenziometro. **2** ~ regler (*m. - Elekt.*), reostato potenziometrico, « potenziometro ». **3** Draht ~ (*Elekt.*), potenziometro a filo. **4** Linear ~ (*Elekt.*), potenziometro lineare.
Potentiometrie (Titration) (*f. - Chem.*), titolazione potenziometrica.
Potenz (*f. - Math.*), potenza. **2** ~ exponent (*n. - Math.*), esponente della potenza. **3** ~ flaschenzug (*m. - Hebevorr.*), paranco semplice. **4** ~ funktion (Exponentialfunktion) (*f. - Math.*), funzione esponenziale. **5** ~ gesetz (*n. - Math.*), legge esponenziale. **6** ~ reihe (*f. - Math.*), serie esponenziale, serie di potenze. **7** in die dritte ~ erheben (*Math.*), elevare alla terza potenza, elevare al cubo.
Potenzieren (*n. - Math.*), elevazione a potenza.
potenzieren (*Math.*), elevare a potenza.
Poti (Potentiometer) (*Elekt.*), potenziometro.
Pottasche ([K₂CO₃], Kaliumkarbonat) (*f. - Chem.*), carbonato potassico, potassa.
Potten (Potting) (*n. - Textilind.*) « potting », decatissaggio forte.
« Potting » (Potten) (*n. - Textilind.*), « potting », decatissaggio forte. **2** ~ echtheit (Widerstandsfähigkeit der Farbe) (*f. - Textilind.*), solidità al « potting ».
pottingecht (*Textilind.*), solido al « potting », resistente al « potting ».
Poulsenlichtbogen (*m. - Elekt.*), arco Poulsen.
PP (Polypropylen) (*Kunststoff*), PP, polipropilene.

P.P., p.p. (Porto bezahlt) (*komm.*), porto pagato.
ppa. (*recht.*), per procura.
PPM (Puls - Phasen - Modulation, Puls - Lagen - Modulation) (*Funk.*), modulazione di fase degli impulsi.
ppm (10^{-4} %, parts per million, Gehalt) (*Phys. - Chem.*), ppm, parti per milione.
pp-Übertragung (positiv - positiv - Übertragung) (*f. - Elektronik*), giunzione pp.
PR (Primärradar) (*Radar*), radar primario.
Pr (Praseodym) (*Chem.*), Pr, praseodimio. **2** ~ (Prandtl-Zahl, Verhältnis der durch Reibung erzeugten zur fortgeleiteten Wärmemenge) (*Phys. - Wärme*), Pr, numero di Prandtl.
Prachtausgabe (eines Buches) (*f. - Druck. - Buchbinderei*), edizione di lusso.
prädeterminiert (vorausentschieden) (*allg.*), predeterminato.
Präfektur (*f. - Adm.*), prefettura.
Präge (Münzanstalt) (*f. - finanz.*), zecca.
Prägedruck (Reliefdruck, reliefartiger Druck, für Buchdecken z. B.) (*m. - Druck.*), stampa in rilievo. **2** ~ (Prägen, auf Baumwollgewebe z. B.) (*Textilind.*), goffratura. **3** ~ (beim Prägen von Schmiedestücken) (*Schmieden*), pressione di calibratura.
Prägefläche (beim Massivprägen) (*f. - Schmieden*), superficie coniata. **2** ~ (beim Hohlprägen) (*Blechbearb.*), superficie sbalzata. **3** ~ (kalibrierte Fläche, beim Flachprägen) (*Schmieden*), superficie calibrata.
Prägegerät (*n. - Ger.*), apparecchio per stampa a rilievo. **2** ~ für Klebeband (*Ger.*), apparecchio per stampa a rilievo su nastro adesivo.
Präge-Kalander (Gaufrier-Kalander) (*m. - Textilmasch.*), calandra per goffrare, calandra « a gaufrer ».
Prägen (Prägung, von Münzen z. B., Kalt- oder Warmverfahren) (*n. - Schmieden*) coniatura. **2** ~ (Pressen von Mustern auf Gewebe mit erhitzten Walzen) (*Textilind.*), goffratura. **3** ~ (Kalibrieren, von Schmiedestücken) (*Schmieden*), calibratura. **4** ~ (von Kennzeichen auf Erzeugnisse, vertieft) (*mech. Technol.*), punzonatura, « incisione ». **5** ~ (Kalibrieren, von Stanzteilen in Gesenken zur Erzeugung bestimmter Toleranzen) (*Blechbearb.*), assestamento. **6** Flach ~ (Kalibrieren von unbearbeiteten Werkstücken) (*mech. Technol.*), calibratura. **7** Glatt ~ (bei dem hohe Oberflächengüten verlangt werden) (*mech. Technol.*), calibratura di finitura (superficiale). **8** Hohl ~ (Formstanzen, für eine äusserst feine Ausprägung bestimmter Formen oder Figuren, reliefartige Bilder z. B.) (*Blechbearb.*), stampaggio, sbalzatura. **9** Mass ~ (bei dem ein genaues Mass verlangt wird) (*mech. Technol.*), calibratura di assestamento. **10** Massiv ~ (Vollprägen) (*Schmieden*), coniatura. **11** Voll ~ (Massivprägen) (*Schmieden*), coniatura.
prägen (massivprägen, Münzen z. B., beim Kalt- oder Warmverfahren) (*Schmieden*), coniare. **2** ~ (Muster auf Gewebe pressen) (*Textilind.*), goffrare. **3** ~ (kalibrieren, Schmiedestücke) (*Schmieden*), calibrare. **4** ~ (kalibrieren, Stanzteile) (*Blechbearb.*), assestare.

Prägeplatte (Flachprägewerkzeug) (f. - Schmiedewerkz.), matrice per calibratura.
prägepolieren (druckpolieren) (mech. Technol.), brunire.
Prägepresse (für Münzen) (f. - Masch.), pressa per coniare. 2 ~ (für Prägedruck) (Druckmasch.), pressa per stampa in rilievo. 3 ~ (Buchbinderei - Masch.), pressa per goffrare.
Prägerichten (Richten zwischen Stempel und Gegenstempel) (m. - Blechbearb.), spianatura a stampo.
Prägestanze (für Münzen z. B.) (f. - Masch.), macchina per coniare.
Prägestempel (für Münzen z. B.) (m. - Werkz.), controstampo per coniare, punzone per coniare.
Prägewalze (f. - Druck.), cilindro per stampa in rilievo.
Prägewalzen (Molettieren) (n. - Blechbearb.), goffratura.
Prägewerkzeug (für Münzen z. B.) (n. - Werkz.), utensile per coniare.
Prägezeichen (n. - allg.), segno in rilievo.
Prahm (Leichter) (m. - naut.), chiatta, maona. 2 ~ (Seilfähre) (naut.), traghetto a fune. 3 ~ (Ponton, Brückenschiff) (naut. - Brück.b.) pontone. 4 ~ brücke (Schiffbrücke) (f. - Brück.b.), ponte su barche, ponte su chiatte.
«Prahme» (Prahne, Lotblei) (f. - Bergbau), filo a piombo.
Praker (Schlagbrett) (m. - Maur. - Werkz.), battola.
Praktik (Ausübung) (f. - allg.), pratica.
Praktikant (lernender Beamter) (m. - Arb.), praticante.
Praktiker (m. - Arb.), esperto (s.), addestrato (s.).
Praktikum (praktische Ausbildung) (n. - Pers. - etc.), formazione pratica.
praktisch (allg.), pratico. 2 ~ **ausführen** (allg.), mettere in pratica. 3 ~ **e Anwendung** (allg.), applicazione pratica.
praktizieren (einen Beruf ausüben) (Arb.), esercitare.
Prall (Stoss) (m. - allg.), urto. 2 ~ **anode** (Dynode, Elektrode deren Sekundärelektronenemission zum Betrieb des Röhre notwendig ist) (f. - Elektronik), dinodo, elettrodo d'emissione secondaria. 3 ~ **blech** (Abweisungsblech) (n. - Masch. - etc.), deflettore in lamiera, lamiera deflettrice. 4 ~ **fläche** (f. - Radioakt.), superficie diffondente. 5 ~ **fläche** (Prallblech) (Masch. - etc.), deflettore. 6 ~ **kissen** («Air-bag», für die innere Sicherheit von Fahrer und Fahrgästen) (n. - Aut.), pallone autogonfiabile, cuscino d'aria. 7 ~ **kraft** (Elastizität) (f. - Mech.), elasticità. 8 **Pralluftschiff** (unstarres Luftschiff) (n. - Flugw.), dirigibile floscio, dirigibile non rigido. 9 ~ **mühle** (zur Feinzerkleinerung durch Schleudern des Mahlgutes gegen Prallplatten) (f. - Masch.), molino a proiezione. 10 ~ **platte** (einer Prallmühle z. B.) (f. - Masch. - etc.), piastra d'urto. 11 ~ **platte** (Schutzvorrichtung) (allg.), piastra di protezione. 12 ~ **platte** (Auftreffplatte) (Elektronik), elettrodo bombardato. 13 ~ **platte** (eines hydr. Servoventils z. B.) (Hydr.), diaframma. 14 ~ **schirm** (Prallplatte, Schutzvorrichtung) (m. - allg.), schermo di protezione. 15 ~ **topf** (Stossdämpfer, eines Sicherheits-Lenkrades) (m. - Aut.), ammortizzatore. 16 ~ **winkel** (m. - allg.), angolo di rimbalzo.
prall (straffgespannt, Segel z. B.) (allg.), teso, tirato a fondo, in forza.
prallen (anprallen, aufprallen) (allg.), urtare. 2 **ab** ~ (zurückprallen) (allg.), rimbalzare. 3 **an** ~ (aufprallen, heftig dagegen stossen) (allg.), collidere, scontrarsi.
Prämie (f. - Versicherung - etc.), premio. 2 ~ **n·lohnsystem** (n. - Arb. - Organ.), sistema di salario a premio. 3 ~ **n·system** (Lohnungssystem) (n. - Arb. - Organ.), sistema a premio. 4 **Ausfuhr** ~ (Exportprämie) (komm.), premio di esportazione. 5 **Leistungs** ~ (Arb.), premio sul rendimento. 6 **Produktions** ~ (Arb.), premio di produzione. 7 **Treue** ~ (Dienstalterszulage) (Arb. - Pers.), premio di anzianità.
Prandtl-Rohr (Prandtlsches Staurohr, zur Messung des Gesamtdrucks und des statischen Drucks einer Strömung) (n. - Instr.), tubo pressostatico di Prandtl.
prangen (naut.), siehe pressen.
Präparat (n. - Chem.), preparato. 2 ~ **en·glas** (für Prüfungen mit dem Mikroskop) (n. - Opt.), vetrino, preparato.
Präparierwalze (Vorwalze) (f. - Walzw.), cilindro sbozzatore.
Präsentation (f. - allg.), presentazione. 2 ~ **zur Zahlung** (finanz.), presentazione per l'incasso.
präsentieren (allg.), presentare. 2 **zur Zahlung** ~ (finanz.), presentare per l'incasso.
Praseodym (Pr - n. - Chem.), praseodimio.
Präsident (Vorsitzender) (m. - finanz. - Ind.), presidente.
präsidieren (den Vorsitz führen) (finanz. - etc.), presiedere.
Prasseln (n. - Funk. - Fehler), friggìo, crepitìo.
Pratze (zum Einspannen von Werkstücken) (f. - Mech.), staffa. 2 **Stufen** ~ (Mech.), staffa a gradini. 3 ~ (Mech.), siehe auch **Klaue**.
Praxis (Ausübung) (f. - allg.), pratica.
Präzession (f. - Phys. - Astr.), precessione. 2 ~ **s·flattern** (von Luftschrauben) (n. - Flugw.), vibrazione aeroelastica di precessione, «whirl flutter». 3 ~ **s·moment** (n. - Aut.), momento di precessione.
Präzipitat (Fällung) (n. - Chem.), precipitato.
Präzision (Genauigkeit) (f. - allg.), precisione. 2 ~ **s·giessverfahren** (n. - Giess.), microfusione, fusione di precisione. 3 ~ **s·guss** (Genauguss, Guss·stück) (m. - Giess.), microfuso, getto microfuso. 4 ~ **s·instrument** (n. - Instr.), strumento di precisione. 5 ~ **s·messung** (f. - Mech. - etc.), misura di precisione. 6 ~ **s·radaranfluggerät** (n. - Flugw. - Radar), radar di avvicinamento di precisione. 7 ~ **s·radargerät** (n. - Radar), radar di precisione. 8 ~ **s·schmieden** (n. - Schmieden), fucinatura di precisione. 9 ~ **s·waage** (f. - Instr.), bilancia di precisione.
Preemphasis (bei der Frequenzmodulation

von UKW-Sendern) (*f. - Elektronik*), preenfasi.
Prefokus-Lampe (*f. - Beleucht.*), lampada a filamento centrato.
Prefokus-Sockel (einer Lampe) (*m. - Beleucht.*), zoccolo a precentratura.
P-Regler (proportional wirkender Regler) (*m. - Elektromech. - etc.*), regolatore proporzionale, regolatore ad azione proporzionale.
Preis (*m. - komm.*), prezzo. 2 ~ **abschlag** (*m. - komm.*), riduzione di prezzo. 3 ~ **angebot** (*n. - komm.*), offerta. 4 ~ **aufschlag** (*m. - komm.*), extraprezzo. 5 ~ **ausschuss** (*m. - komm.*), comitato dei prezzi. 6 ~ **gleitklausel** (für Lieferungen) (*f. - komm.*), formula di correzione del prezzo. 7 ~ **index** (*m. - finanz.*), indice dei prezzi. 8 ~ **kurant** (*m. - komm.*), siehe Preisliste. 9 ~ **liste** (Preiskurant) (*f. - komm.*), listino prezzi. 10 ~ **politik** (*f. - komm.*), politica dei prezzi. 11 ~ **voranschlag** (*m. - komm.*), preventivo (di prezzo). 12 **abgemachter** ~ (*komm.*), prezzo concordato. 13 **Bar** ~ (Barzahlungspreis) (*komm.*), prezzo per contanti. 14 **einen** ~ **aussetzen** (*komm.*), esporsi con un prezzo. 15 **Einzelhandels** ~ (Kleinhandelspreis, Ladenpreis, Detailpreis) (*komm.*), prezzo al dettaglio, prezzo al minuto. 16 **Engros** ~ (Grosshandelspreis) (*komm.*), prezzo all'ingrosso. 17 **Erzeuger** ~ (*komm.*), prezzo di fabbrica. 18 **Fakturen** ~ (*komm.*), prezzo fatturato. 19 **Fest** ~ (*komm.*), prezzo fisso. 20 **Fest** ~ (eines Angebots) (*komm.*), prezzo bloccato. 21 **Grosser** ~ (*Aut. - Sport*), Gran Premio. 22 **Indizes der Gross- und Kleinhandelspreise** (*komm.*), indici dei prezzi all'ingrosso ed al minuto. 23 **Konkurrenz** ~ (freier Preis) (*komm.*), prezzo libero. 24 **Kosten** ~ (*komm.*), prezzo di costo. 25 **Liebhaber** ~ (*komm.*), prezzo d'affezione. 26 **Listen** ~ (*komm.*), prezzo di listino. 27 **Markt** ~ (*komm.*), prezzo di mercato. 28 **Monopol** ~ (*komm.*), prezzo di monopolio. 29 **Netto** ~ (*komm.*), prezzo netto. 30 **Ratenzahlungs** ~ (*komm.*), prezzo per pagamento rateale. 31 **Reklame** ~ (*komm.*), prezzo reclamistico, prezzo di propaganda. 32 **Stabilität der** ~ **e** (*komm.*), stabilità dei prezzi. 33 **Stopp** ~ (*komm.*), prezzo controllato, prezzo di calmiere. 34 **unverbindlicher Richt** ~ (*komm.*), prezzo indicativo non impegnativo, prezzo orientativo. 35 **Verkaufs** ~ (*komm.*), prezzo di vendita. 36 **Vertrags** ~ (*komm.*), prezzo contrattuale.
Prellbock (Sicherung am Ende toter Geleise) (*m. - Eisenb.*), respingente fisso.
Prelldraht (Auffangdraht, unter Hochspannungsleitungen) (*m. - Elekt.*), filo di protezione.
Prellen (der Kontakte z. B.) (*n. - Elekt. - Fehler*), saltellamento, rimbalzo.
prellfrei (Kontakt, prellsicher) (*Elekt.*), esente da rimbalzo, esente da saltellamenti.
Prell·lichtbogen (der Kontakte) (*m. - Elekt.*), arco di rimbalzo (di contatti).
Prellschlag (eines Hammers, wenn das Obergesenk unmittelbar auf das Untergesenk aufschlägt) (*m. - Schmieden*), colpo a vuoto.
prellsicher (Kontakt z. B., prellfrei) (*Elekt.*), esente da saltellamenti, esente da rimbalzo.
Prellstein (Abweiser an Hausecken z. B. gegen das Anstossen durch Fahrz.) (*m. - Bauw.*), paracarro (di porta carraia), paracarro a muro.
Prellvorrichtung (*f. - allg.*), paraurti, paracolpi.
Prellzeit (eines Relais z. B.) (*f. - Elekt.*), tempo di vibrazione, tempo di saltellamento.
Prepreg (Harzmatte, preimpregnated material, harzgetränkte Glasfasermatte) (*n. - chem. Ind.*), prepreg, preimpregnato (*s.*).
Presbyterium (einer Kirche) (*n. - Arch.*), presbiterio.
Presenning (*f. - naut.*), siehe Persenning.
Pressarbeit (*f. - mech. Technol.*), lavorazione alla pressa.
Pressautomat (zur Kunststoffverarbeitung) (*m. - Masch.*), pressa automatica.
Pressbacken (Stauchbacken) (*f. - pl. - Werkz.*), stampi per ricalcatura.
Pressbarkeit (*f. - Phys.*), compressibilità.
Pressbeton (*m. - Bauw.*), calcestruzzo iniettato.
Pressblech (*n. - metall. Ind.*), lamiera per stampaggio (alla pressa).
Pressbolzen (Ausgangsmaterial beim Fliesspressen) (*m. - mech. Technol.*), spezzone (da estrudere), massello.
Pressbüchse (Teil des Gesamtwerkzeugs beim Fliesspressen) (*f. - mech. Technol.*), contenitore e matrice (combinati).
Pressdeckel (*m. - Druck.*), foglio di maestra.
Pressdruck (Kapazität, einer Presse) (*m. - Masch.*), potenza, capacità. 2 ~ **schmierung** (Druckschmierung) (*f. - Mech.*), lubrificazione forzata.
Presse (*f. - Masch.*), pressa. 2 ~ (das Zeitungswesen) (*Druck. - Zeitg.*), (la) stampa. 3 ~ **agentur** (*f. - Zeitg.*), agenzia di stampa. 4 ~ **besprechung** (*f. - Zeitg. - komm.*), conferenza stampa. 5 ~ **kolloquium** (Pressekonferenz) (*n. - Presse - komm.*), conferenza stampa. 6 ~ **konferenz** (*f. - Presse - komm.*), conferenza stampa. 7 ~ **mit beweglichem Tisch** (*Masch.*), pressa a tavola mobile. 8 ~ **mit C-förmigem Gestell** (ausladende Presse) (*Masch.*), pressa a collo di cigno, pressa frontale, pressa monomontante. 9 ~ **mit Magazin-Zuführungsvorrichtung** (*Masch.*), pressa con alimentazione a caricatore. 10 ~ **mitteilung** (*f. - Presse*), comunicato per la stampa. 11 ~ **mit verstellbarem Tisch** (*Masch.*), pressa a tavola regolabile. 12 ~ **nachrichten** (*f. - pl. - Zeitg.*), notizie stampa. 13 ~ **n·oberteil** (Presskopf) (*m. - Masch.*), cappello della pressa. 14 ~ **n·partie** (einer Papiermaschine) (*Masch.*), parte presse. 15 ~ **n·tisch** (*m. - Masch.*), tavola della pressa. 16 ~ **n·werkzeug** (Gesenk z. B.) (*n. - Werkz.*), utensile da pressa. 17 ~ **stelle** (eines Unternehmens) (*f. - Ind.*), ufficio stampa. 18 **Abgrat** ~ (*Masch.*), pressa per sbavare, pressa sbavatrice. 19 **ausladende** ~ (Presse mit C-förmigem Gestell) (*Masch.*), pressa frontale, pressa a collo di cigno, pressa monomontante. 20 **Balancier** ~ (*Masch.*), pressa a bilanciere, pressa a vite, pressa a frizione. 21 **Biege** ~ (*Masch.*), pressa piega-

trice, pressa per piegatura. **22 C-Gestell** ∼ (einhüftige Presse) (*Masch.*), pressa monomontante, pressa a collo di cigno. **23 (die) Fach-** ∼ (*Druck. - Zeitg.*), (la) stampa tecnica. **24 Doppelständer-Exzenter** ∼ (*Masch.*), pressa eccentrica a due montanti. **25 doppelwirkende** ∼ (*Masch.*), pressa a doppio effetto. **26 Dorn** ∼ (Handpresse) (*Masch.*), pressa a mano. **27 dreifachwirkende** ∼ (mit zwei nach unten bewegenden Stösseln und einem nach oben) (*Masch.*), pressa a triplo effetto. **28 einhüftige** ∼ (Ständerpresse) (*Masch.*), pressa monomontante, pressa frontale, pressa a collo di cigno. **29 Einsenk** ∼ (*Masch.*), pressa per improntatura. **30 Einständer-Exzenter** ∼ (*Masch.*), pressa eccentrica monomontante, pressa eccentrica ad un montante. **31 Exzenter** ∼ (*Masch.*), pressa eccentrica. **32 Friktions-** ∼ (*Masch.*), pressa a frizione, bilanciere a frizione, pressa a vite. **33 Furnier** ∼ (*Holzbearb. - Masch.*), pressa per impiallacciature. **34 hydraulische** ∼ (*Masch.*), pressa idraulica. **35 Kniegelenk** ∼ (Kniehebelpresse) (*Masch.*), pressa a ginocchiera. **36 Kniehebel** ∼ (Kniegelenkpresse) (*Masch.*), pressa a ginocchiera. **37 Kurbel** ∼ (*Masch.*), pressa a manovella. **38 Luft** ∼ (*Masch.*), pressa ad aria compressa, pressa pneumatica. **39 mechanische** ∼ (*Masch.*), pressa meccanica. **40 Mehrstempel** ∼ (*Masch.*), siehe Mehrstufenpresse. **41 Mehrstufen** ∼ (in der das Blechteil durch Greiferarme zur nächsten Arbeitsstufe fortbewegt wird) (*Masch.*), pressa a transfer, pressa a trasferimento. **42 neigbare Exzenter** ∼ (*Masch.*), pressa eccentrica inclinabile. **43 Reibspindel** ∼ (*Masch.*), pressa a frizione, bilanciere a frizione, pressa a vite. **44 Richt** ∼ (*Masch.*), pressa raddrizzatrice. **45 Richt- und Biege** ∼ (*Masch.*), pressa raddrizzatrice e piegatrice. **46 Schmiede** ∼ (*Masch.*), pressa per fucinatura. **47 Schwungradspindel** ∼ (Reibspindelpresse) (*Masch.*), pressa a frizione a vite, bilanciere. **48 Spindel** ∼ (*Masch.*), pressa a vite. **49 Spritz** ∼ (*Masch.*), pressa per estrudere. **50 Stirnkurbel** ∼ (Einständer-Exzenterpresse) (*Masch.*), pressa eccentrica ad un montante. **51 Strang** ∼ (*Masch.*), pressa per estrusione. **52 Stufen** ∼ (*Masch.*), siehe Mehrstufenpresse. **53 Tor-Gestell-** ∼ (O-Gestell-Presse) (*Masch.*), pressa a due montanti. **54 Vakuum** ∼ (zum Fliesspressen) (*Masch.*), estrusore a depressione. **55 Vincent** ∼ (Schwungradspindelpressenart, deren Stössel nach oben gezogen wird) (*Masch.*), pressa a frizione Vincent, bilanciere a frizione Vincent. **56 Zieh** ∼ (*Masch.*), pressa per imbutitura.

Presselektrode (Mantelelektrode, in der Strangpresse hergestellt) (*f. - mech. Technol.*), elettrodo estruso.

Pressen (zwischen Ober- und Untergesenk) (*n. - Blechbearb.*), stampaggio alla pressa. **2** ∼ (von Kunststoffen) (*Technol.*), stampaggio per compressione. **3 Fliess** ∼ (*mech. Technol.*), estrusione. **4 Gegenfliess** ∼ (*mech. Technol.*), estrusione indiretta, estrusione inversa, estrusione a rimonta. **5 Gleichfliess** ∼ (*mech. Technol.*), estrusione diretta, estrusione in avanti. **6 Schlag** ∼ (*mech. Technol.*), stampaggio ad urto. **7 Spritz** ∼ (Transferpressen, von Kunststoffen) (*Technol.*), stampaggio per trasferimento. **8 Spritz** ∼ (Gegenfliesspressen) (*mech. Technol.*), estrusione indiretta, estrusione inversa, estrusione a rimonta.

pressen (drücken) (*allg.*), premere. **2** ∼ (*Blechbearb.*), stampare alla pressa. **3** ∼ (Kunststoffe) (*Technol.*), stampare per compressione. **4** ∼ (prägen, gaufrieren) (*Text. - Lederind.*), goffrare. **5** ∼ (zusammendrücken) (*allg.*), schiacciare. **6** ∼ (prangen, mehr Segel führen) (*naut.*), aumentare l'invelatura. **7 aus** ∼ (*allg.*), spremere. **8 fliess** ∼ (*mech. Technol.*), estrudere. **9 gegenfliess** ∼ (spritzpressen) (*mech. Technol.*), estrudere a rimonta, sottoporre ad estrusione indiretta (o inversa). **10 spritz** ∼ (transferpressen, Kunststoffe) (*Technol.*), stampare per trasferimento. **11 strang** ∼ (gleichfliesspressen) (*mech. Technol.*), estrudere in avanti, sottoporre ad estrusione diretta.

Presser (Presshebel) (*m. - Mech.*), pressoio. **2** ∼ (Verdichter) (*Masch.*), compressore.

Presserei (*f. - Blechbearb. - Ind.*), officina di stampaggio, reparto presse.

Pressfilter (Ölfilter z. B.) (*m. - Mot.*), filtro sulla mandata.

Pressfilz (*m. - Textilind.*), feltro pressato.

Pressform (für Kunstharze) (*f. - Werkz.*), stampo. **2** ∼ (für Strangpressen z. B.) (*Werkz.*), matrice per estrusione.

Pressformmaschine (*f. - Giess. - Masch.*), formatrice a compressione. **2** ∼ **mit Stiftenabhebung** (*Giess.masch.*), formatrice a compressione con sollevamento a candele. **3** ∼ **mit Wendeplatte** (*Giess.masch.*), formatrice a compressione con ribaltamento della tavola.

Pressgas (Hochdruckgas) (*n. - Ind.*), gas ad alta pressione. **2** ∼ **-Kondensator** (*m. - Elekt.*), condensatore a gas compresso.

Pressgeschwindigkeit (Arbeitshubgeschwindigkeit, beim Fliesspressen) (*f. - mech. Technol.*), velocità di estrusione, velocità di lavoro.

Pressgestell (*n. - Masch.*), incastellatura di pressa.

Pressgiessmaschine (Druckgiessmaschine) (*f. - Giess.masch.*), macchina per pressofusione.

Pressglänzen (*n. - mech. Technol.*), brunire.

Pressglas (*n. - Glasind.*), vetro stampato.

Pressgrat (*m. - mech. Technol.*), bava (di stampaggio), bavatura (di stampaggio).

Pressguss (Druckguss, Guss-stück mit 100% Dichtigkeit) (*m. - Giess.*), pressogetto. **2** ∼ (Druckguss, Verfahren) (*Giess.*), pressofusione. **3** ∼ **rippenrohr** (Druckgussrippenrohr) (*n. - Leit.*), tubo nervato pressofuso.

Pressholz (mit Kunstharz imprägniertes und durch hohen Druck verdichtetes Lagenholz) (*n. - Holz*), compensato impregnato (di resine) e pressato.

Presshub (*m. - Masch.*), corsa della pressa.

Presskohle (Kohlenbrikett) (*f. - Brennst.*), brichetto di carbone, mattonella di carbone.

Presskopf (*m. - Masch.*), cappello della pressa.

Presskraft (bei mech. Pressen: max. von der Presse ertragbare Kraft) (*f. - Masch.*), forza

Pressling

massima (sopportabile). **2** ~ (bei hydr. Pressen max. aufzubringende Kraft, ergibt sich aus der Kolbenfläche und dem max. hydr. Druck) (*Masch.*), forza massima (applicabile. **3** ~ (Fliesspresskraft, Pressdruck) (*mech. Technol.*), forza di estrusione.
Pressling (Pressteil) (*m. - mech. Technol.*), stampato, pezzo stampato. **2** ~ (Brikett) (*Ind.*), bricchetto, mattonella. **3** ~ (ausgestanzter Teil) (*Blechbearb.*), sviluppo (tranciato).
Pressluft (Druckluft) (*f. - Phys. - etc.*), aria compressa. **2** ~ (*Phys. - etc.*), siehe auch Druckluft. **3** ~ **abbauhammer** (*m. - Bergbau - Ger.*), perforatrice pneumatica, martello pneumatico. **4** ~ **anlage** (*f. - Ind.*), impianto dell'aria compressa. **5** ~ **anlasser** (eines Verbrennungsmotors) (*m. - Mot.*), avviatore ad aria compressa. **6** ~ **antrieb** (*m. - Mech.*), azionamento ad aria compressa, azionamento pneumatico. **7** ~ **bohrhammer** (*m. - Werkz.*), martello perforatore (pneumatico). **8** ~ **druckanzeiger** (*m. - Instr.*), manometro dell'aria compressa. **9** ~ **flasche** (*f. - Ind. - etc.*), bombola per aria compressa. **10** ~ **futter** (*n. - Mech.*), mandrino pneumatico. **11** ~ **gründung** (*f. - Bauw.*), fondazione pneumatica. **12** ~ **hammer** (*m. - Ger. - Bergbau*), martello pneumatico. **13** ~ **kupplung** (einer Presse z. B.) (*f. - Masch.*), frizione pneumatica. **14** ~ **kupplung** (von Rohren) (*Leit.*), raccordo per aria compressa. **15** ~ **meissel** (*m. - Ger.*), scalpello pneumatico. **16** ~ **sandstreuer** (*m. - Eisenb.*), lanciasabbia pneumatico. **17** ~ **schlauch** (*m. - Leit.*), tubo flessibile dell'aria compressa. **18** ~ **schrauber** (*m. - Ger.*), avvitatrice pneumatica. **19** ~ **speicher** (*m. - Ind.*), recipiente per aria compressa, serbatoio dell'aria compressa. **20** ~ **stampfer** (*m. - Ger.*), costipatore pneumatico.
Pressmassen (*f. - pl. - chem. Ind.*), materiali da stampaggio per compressione.
Pressmatrize (beim Strangpressen) (*f. - Werkz.*), matrice per estrudere.
Pressmaul (einer ausladenden Presse) (*n. - Masch.*), luce, spazio di lavoro.
Pressöler (*m. - Masch.*), oliatore a pressione.
Pressostat (Druckschalter) (*m. - Ger.*), pressostato.
presspassen (*Mech.*), accoppiare alla pressa.
Presspassung (*f. - Mech.*), accoppiamento stabile, accoppiamento bloccato alla pressa. **2** Quer ~ (*Mech.*), accoppiamento bloccato a caldo (o sottozero).
Pressprofil (durch Strangpressen erzeugt z. B.) (*n. - mech. Technol.*), estruso, profilato estruso.
Presspumpe (*f. - Mech.*), pompa di mandata.
Pressrest (beim Fliesspressen) (*m. - mech. Technol.*), sfrido (di estrusione). **2** ~ (Tablette, beim Druckgiessen) (*Giess.*), biscotto, residuo di colata.
Pressriefen (Fliesspressenfehler) (*f. - pl. - mech. Technol.*), rigature di estrusione.
Press·schmierung (Druckschmierung) (*f. - Mot. - Mech.*), lubrificazione forzata.
Press·schnecke (Spindelpresse) (*f. - Masch.*), pressa a vite.
Press·schraube (*f. - Mech.*), vite di pressione.
Press·schweissung (*f. - mech. Technol.*), saldatura a pressione.
Press·sitz (P) (*m. - Mech.*), siehe Presspassung.
Press·span (Glanzpappe) (*m. - Papierind.*), cartone presspan.
Press·spritzen (von Kunststoffen) (*n. - Technol.*), stampaggio ad iniezione.
Press·stange (*f. - mech. Technol.*), barra estrusa.
Press·stempel (einer Presse oder Fliessdruckpresse) (*m. - Masch.*), punzone.
Press·stoff (*m. - chem. Ind.*), materiale stampato (per compressione). **2 geschichteter** ~ (geschichteter Kunstharzpress·stoff) (*chem. Ind.*), laminato plastico, stratificato plastico.
Press·stumpfschweissen (*n. - mech. Technol.*), saldatura di testa per pressione.
Pressteil (*m. - Blechbearb.*), stampato, pezzo stampato. **2** ~ (Schmiedestück) (*Schmieden*) fucinato a stampo, pezzo fucinato a stampo (alla pressa), pezzo stampato (alla pressa). **3** ~ (Pressling, Brikett) (*Ind.*), bricchetto, mattonella. **4** ~ (Kunststoff-Formteil) (*chem. Ind.*), stampato a compressione, pezzo stampato a compressione.
Presstisch (*m. - Masch.*), tavola della pressa.
Presstopf (Hebebock) (*m. - Mech.*), martinetto (idraulico).
Pressung (Druck) (*f. - Phys. - etc.*), pressione. **2** ~ (Schmiedestück) (*Schmieden*), pezzo stampato (alla pressa), pezzo fucinato a stampo (alla pressa). **3** ~ (Formerei) (*Giess.*), formatura a compressione. **4** ~ (Fugendruck, Radialspannung durch Übermass verursacht) (*mech. Technol.*), sollecitazione (radiale) da interferenza. **5** ~ **s·umwandlung** (*f. - Geol.*), siehe Dynamometamorphose. **6** ~ **s·winkel** (Anschlusswinkel, von Zahnrädern) (*m. - Mech.*), angolo di pressione. **7 Boden** ~ (Bodendruck, in kg/cm² gemessen) (*Bauw.*), carico sul terreno (di fondazione). **8 Hertzsche** ~ (*Metall.*), pressione di contatto, pressione di Hertz.
Pressverbindung (*f. - Technol.*), connessione a pressione.
Presswasser (*n. - Hydr.*), acqua in pressione. **2** ~ **hebebock** (hydraulischer Hebebock) (*m. - Masch.*), martinetto idraulico.
Presswerk (*n. - Blechbearb. - etc.*), officina presse.
Presswerkzeug (für die Kunststoffverarbeitung) (*n. - Werkz.*), stampo a compressione.
Presszeit (Zeitdauer vom Beginn bis zum Ende der Wirkung der Elektrodenkraft) (*f. - Schweissen*), tempo totale (di applicazione della forza) di compressione (agli elettrodi).
Preventer (Hochdruckabsperrorgan an Bohranlagen) (*m. - Bergbau*), « preventer », dispositivo di chiusura.
Prick (Punkt) (*m. - allg.*), punto.
prick (genau) (*allg.*), preciso. **2** ~ (scharf) (*allg.*), acuto.
Pricke (Seezeichen in flachem Wasser) (*f. - naut.*), segnale di secca, (tipo di) segnale di acqua bassa.
« Pril » (ohne Rückstände in Wasser lösliches Waschmittel) (*Chem.*), « Pril ».
primär (*Chem.*), primario.

Primararzt (Primar, Primarius, Chefarzt, eines Krankenhauses) (*m. - Med.*) (*österr.*), primario (*s.*).
Primärauslöser (*m. - Elekt.*), disgiuntore primario.
Primärelement (*n. - Elekt.*), pila primaria, elemento primario.
Primärenergie (des Erdöls, der Kohle, des Wasser, etc.) (*f. - Phys.*), energia primaria.
Primärgefüge (von Stahl z. B.) (*n. - Metall.*), struttura primaria.
Primärkorn (von Stahl z. B.) (*n. - Metall.*), grano primario.
Primärkreis (*m. - Elekt.*), circuito primario.
Primär-Leerlaufspannung (beim Schweissen z. B.) (*f. - Elekt.*), tensione primaria a vuoto.
Primärlichtquelle (*f. - Opt. - Beleucht.*), sorgente luminosa primaria.
Primärluft (*f. - Verbr.*), aria primaria.
Primärnormal (Lichtquelle) (*n. - Opt. - Beleucht.*), sorgente campione, campione primario.
Primärradar (*n. - Radar*), radar primario.
Primärspannung (*f. - Elekt.*), tensione primaria. 2 ~ **unter Last** (beim Schweissen) (*Elekt.*), tensione primaria a carico.
Primärspule (Primärwicklung, eines Transformators)(*f. - Elekt.*), primario, avvolgimento primario.
Primärstrahlung (*f. - Funk. - Radar*), emissione primaria.
Primärstrom (beim Schweissen z. B.) (*m. - Elekt.*), corrente primaria.
Primärwicklung (*f. - Elekt.*), avvolgimento primario.
Primzahl (*f. - Math.*), numero primo.
Printometer (Zählerstanddrucker) (*m. - Ger.*), dispositivo stampante (la lettura del contatore).
« Printplatte » (Print, gedruckte Schaltung) (*f. - Elektronik*), circuito stampato.
Prinzip (Grundsatz) (*n. - Phys. - etc.*), principio. 2 ~ **der kleinsten Wirkung** (*Phys.*), principio della minima azione. 3 ~ **der virtuellen Verrückungen** (Prinzip der virtuellen Verschiebungen) (*Baukonstr.lehre*), principio dei lavori virtuali. 4 ~ **entwurf** (einer Masch. z. B.) (*m. - Masch. - Zeichn. - etc.*), progetto di massima. 5 ~ **schaltbild** (*n. - Funk. - etc.*), schema elementare.
Prinzipal (Inhaber eines komm. Unternehmens) (*m. - komm.*), principale (*s.*).
Priorität (Vorrang) (*f. - allg.*), precedenza. 2 ~ (Vorzug) (*allg.*), preferenza. 3 ~ (einer Erfindung oder Patentanmeldung) (*recht.*), priorità. 4 ~ **s·aktie** (*f. - finanz.*), azione privilegiata. 5 ~ **s·recht** (Dienstalter) (*n. - Pers.*), anzianità. 6 ~ **·s·recht** (bei Patentanmeldungen) (*recht.*), diritto di priorità.
Prisma (*n. - Geom.*), prisma. 2 ~ (*Opt.*), prisma. 3 ~ (Auflegeblock, für mech. Bearbeitung) (*mech. Werkz.*), prisma. 4 ~ **konstanter Ablenkung** (*Opt.*), prisma a deviazione costante. 5 **achromatisches** ~ (*Opt.*), prisma acromatico. 6 **Anreiss** ~ (für mech. Bearb.) (*mech. Werkz.*), prisma. 7 **Dispersions** ~ (*Opt.*), prisma dispersivo. 8 **doppelbrechendes** ~ (*Opt.*), prisma birifrangente. 9 **gerardsichtiges** ~ (*Opt.*), prisma a visione diretta. 10 **Nicolsches** ~ (*Opt.*), prisma di Nicol. 11 **stark fächerndes** ~ (*Opt.*), prisma dispersivo.
prismatisch (*Geom.*), prismatico.
Prismenfräser (*m. - Werkz.*), fresa biconica.
Prismenführung (*f. - Mech.*), guida prismatica.
Prisonstift (*m. - Mech.*), grano, spina di registro.
Pritschbleuel (Schlagbrett) (*m. - Maur. - Werkz.*), battola.
Pritsche (eines Lastwagens) (*f. - Aut.*), cassone. 2 ~ (Ladepritsche, Palette) (*ind. Transp.*), paletta. 3 ~ (Brettlager) (*allg.*), tavolato. 4 ~ **n·länge** (*f. - Fahrz.*), lunghezza del pianale. 5 ~ **n·wagen** (*m. - Aut.*), autocarro a cassone.
pritschen (*Blechbearb.*), spianare.
Privatanschluss (*m. - Elekt.*), allacciamento privato. 2 ~ **gleis** (*n. - Eisenb.*), raccordo privato.
Privatbahn (*f. - Eisenb.*), ferrovia privata.
Privatbesitz (Privateigentum) (*m. - recht.*), proprietà privata.
Privatfernsprechanlage (*f. - Fernspr.*), impianto telefonico privato.
Privatindustrie (*f. - Ind.*), industria privata.
Privatinitiative (*f. - Ind.*), iniziativa privata.
Privatist (Schüler) (*m. - Schule*) (*österr.*), privatista.
Privatkapital (*n. - finanz.*), capitale privato.
Privatstelle (*f. - Fernspr.*), apparecchio telefonico privato.
Privatweg (*m. - Strasse*), strada priaata.
Probe (Versuch, Prüfung) (*f. - allg.*), prova. 2 ~ (Probestück, für Werkstoffprüfungen) (*mech. Technol.*), provino, provetta. 3 ~ (Warenprobe) (*komm.*), campione. 4 ~ **abzug** (Probedruck, Druckprobe, Korrekturabzug) (*m. - Druck.*), bozza di stampa. 5 ~ **aufnahme** (*f. - Fernseh. - Filmtech.*), provino. 6 ~ **bei Vollast** (*Mot.*), prova a pieno carico. 7 ~ **druck** (für die Prüfung der Einzelteile der Leitung) (*m. - Leit.*), pressione di prova (dei particolari). 8 ~ **druck** (*Druck.*), siehe Probeabzug. 9 ~ **einheit** (bei Qualitätskontrolle) (*f. - mech. Technol.*), elemento. 10 ~ **entnehmer** (Probenahmeapparat) (*m. - App.*), campionatore. 11 ~ **fahrt** (*f. - Aut.*), prova su strada. 12 ~ **fahrt** (eines Schiffes) (*Schiffbau*), collaudo in mare, prova in mare. 13 ~ **flug** (*m. - Flugw.*), volo di prova. 14 ~ **gespräch** (*n. - Fernspr.*), conversazione di prova. 15 ~ **glas** (Passglas, zur Flächenkontrolle auf interferometrischer Grundlage) (*n. - Opt. - Mech.*), vetrino interferometrico, vetrino per prove interferometriche. 16 ~ **grube** (*f. - Bauw.*), scavo di assaggio. 17 ~ **heft** (Probenummer, einer Zeitschrift z. B.) (*n. - Druck.*), numero di saggio. 18 ~ **kern** (Bohrkern) (*m. - Bergbau*), carota. 19 ~ **kern** (aus Boden z. B.) (*Ing.b.*), carota, campione di terreno. 20 ~ **körper** (Prüfkörper) (*m. - Metall. - mech. Technol.*), provino, provetta. 21 ~ **last** (*f. - Fahrz. - etc.*), carico di prova. 22 ~ **last** (Probebelastung) (*Bauw. - etc.*), carico di prova. 23 ~ **lauf** (eines Mo-

probegemäss

tors auf dem Prüfstand unter Last) (*m. - Mot.*), prova a carico al banco. 24 ~ **nahme** (Probeentnahme) (*f. - Technol.*), campionatura. 25 ~ **nahmeapparat** (*m. - App.*), (apparecchio) campionatore. 26 ~ **nahmeplan** (*m. - Technol.*), piano di campionamento. 27 ~ **n·stecher** (Sackstecher, Getreidestecher, Ger. zur Entnahme von Proben aus Schüttgütern) (*m. - Ger.*), sonda, sonda campionatrice. 28 ~ **papier** (*n. - Chem.*), carta reattiva. 29 ~ **seite** (eines Buches) (*f. - Druck. - komm.*), pagina campione. «specimen». 30 ~ **stab** (*m. - mech. Technol.*), provetta, provino. 31 ~ **stück** (Teil einer Werkstofflieferung der zur Entnahme einer Probe bestimmt ist) (*n. - Technol.*), saggio. 32 ~ **zeit** (*f. - Arb.*), periodo di prova. 33 **Brems** ~ (*Mot.*), prova al freno. 34 **Dauer** ~ (Dauerprüfung) (*Werkstoffprüfung*), prova di fatica. 35 **Dauer** ~ (eines Verbrennungsmotors) (*Mot.*), prova di durata. 36 **Druck** ~ (*Mech. - Baukonstr. lehre*), prova di compressione. 37 **Druck** ~ (eines Rohres z. B.) (*Leit. - etc.*), prova a pressione. 38 **Druck** ~ (*Druck.*), siehe Probeabzug. 39 **Entnahme von** ~ **n** (*komm.*), campionatura, prelevamento di campioni. 40 **gekerbte** ~ (*mech. Technol.*), provino intagliato. 41 **geschichtete Zufallsstich** ~ (bei Qualitätskontrolle) (*mech. Technol.*), campione stratificato. 42 **glatte** ~ (*mech. Technol.*), provino liscio. 43 **Kauf nach** ~ (*komm.*), vendita secondo campione, vendita su campione. 44 **letzte** ~ **aufnahme** (*Fernseh. - Filmtech.*), ultima prova. 45 **Norm** ~ **körper** (*m. - mech. - Technol.*), provino normale, provetta normale. 46 **Platz** ~ (eines Rohres z. B.) (*Technol.*), prova di scoppio. 47 **Reiss** ~ (*Technol.*), prova di resistenza allo strappo. 48 **Standard** ~ (Probestück) (*Technol.*), provino campione. 49 **Stich** ~ (bei Qualitätskontrolle) (*mech. Technol.*), campione. 50 **Stich** ~ **n·umfang** (bei Qualitätskontrolle) (*m. - mech. Technol.*), grandezza del campione. 51 **Stromtriebfluss** ~ (für Kabel) (*Elekt.*), prova a impulso. 52 **systematische Stich** ~ (bei Qualitätskontrolle) (*mech. Technol.*), campione periodico. 53 **trainierte** ~ (bei Dauerschwingversuchen) (*Metall.*), provino già parzialmente affaticato. 54 **Wasserdruck** ~ (*Kessel - etc.*), prova idraulica. 55 **Zerplatz** ~ (eines Rohres z. B.) (*Technol.*), prova di scoppio. 56 **Zufallsstich** ~ (bei Qualitätskontrolle) (*mech. Technol.*), campione casualizzato.

probegemäss (mustergemäss) (*komm.*), secondo campione.

proben (*allg.*), provare.

Probierbock (Bremsbock) (*m. - Mot.*), banco prova.

probieren (*allg.*), provare.

Probierglas (Probeglas) (*n. - Chem.*), provetta.

Probierkunde (*f. - Technol.*), campionatura.

Probierkunst (Dokimasie, zur Bestimmung der Bestandteile in Erzen, etc.) (*f. - Metall. - Min.*), docimasia.

Probierpapier (Reagenzpapier) (*n. - Chem.*), carta reattiva.

Probierstation (Bremsstation) (*f. - Mot.*), sala prove.

Problem (*n. - allg.*), problema.

problemlos (*allg.*), non problematico.

problemorientiert (Sprache) (*Rechner*), orientato al problema.

Proctor-Versuch (*m. - Bauw.*), prova Proctor.

Produkt (Erzeugnis) (*n. - Ind.*), prodotto. 2 ~ (Ergebnis) (*Math.*), prodotto. 3 ~ **betreuer** («Product-Manager», eines Unternehmens, koordiniert alle Tätigkeiten die das von ihm betreute Produkt oder die Produktgruppe betreffen) (*m. - Ind.*), «product manager», responsabile di un prodotto (o di più prodotti). 4 ~ **-Manager** (*m. - Ind.*), siehe Produktbetreuer. 5 ~ **messer** (elektrodynamisches Messgerät zur Messung von Leistung z. B.) (*m. - Elekt. - Ger.*), prodottimetro, moltiplicatore-indicatore del prodotto (di due grandezze). 6 **äusseres** ~ (Vektorprodukt) (*Math.*), prodotto vettoriale. 7 **einmal zu fertigendes** ~ (*Ind.*), prodotto singolo, prodotto da costruire in un solo esemplare. 8 **Gewerbe** ~ (Industrieprodukt) (*Ind.*), prodotto industriale. 9 **inneres** ~ (skalares Produkt) (*Math.*), prodotto scalare. 10 **Neben** ~ (*Ind.*), sottoprodotto. 11 **skalares** ~ (inneres Produkt) (*Math.*), prodotto scalare. 12 **vektorielles** ~ (äusseres Produkt) (*Math.*), prodotto vettoriale.

Produktion (Erzeugung) (*f. - Ind.*), produzione. 2 ~ **s·drehbank** (*f. - Werkz.masch.*), tornio di produzione. 3 ~ **s·engpass** (*m. - Ind.*), strettoia nella produzione, strozzatura nella produzione. 4 ~ **s·faktoren** (*m. - pl. - Ind.*), fattori della produzione. 5 ~ **s·kapazität** (*f. - Ind.*), potenzialità produttiva, capacità produttiva. 6 ~ **s·kontrolle** (*f. - Ind.*), controllo della produzione. 7 ~ **s·kosten** (*f. - pl. - Buchhaltung - Ind.*), costo di fabbricazione. 8 ~ **s·kreuz** (Ölleitungssystem in Form eines Kreuzstückes) (*n. - Bergbau*), raccordo a croce. 9 ~ **s·leistung** (*f. - Ind.*), produzione, quantità prodotta. 10 ~ **s·leiter** (*m. - Ind.*), direttore di produzione. 11 ~ **s·leiter** (*Filmtech.*), direttore di produzione. 12 ~ **s·mittel** (*n. - pl. - Ind.*), mezzi di produzione. 13 ~ **s·planung** (*f. - Ind.*), programmazione della produzione. 14 ~ **s·programm** (Produktionsplan) (*n. - Ind.*), programma di produzione. 15 ~ **s·stätten** (*f. - pl. - Ind.*), sedi di produzione, officine di produzione. 16 ~ **s·überschuss** (*m. - Ind.*), eccedenza di produzione, sovrapproduzione. 17 **Massen** ~ (*Ind.*), produzione di massa.

produktiv (*Arb.*), produttivo.

Produktivität (*f. - Ind.*), produttività. 2 ~ **s·index** (P.I., Verhältnis zwischen in 24 h geförderte Ölmenge und verursachte Druckabfall) (*m. - Bergbau*), indice di produttività. 3 ~ **s·prämie** (*f. - Arb.*), premio di produttività.

Produktographanlage (eines Betriebes) (*f. - Ind.*), quadro grafico avanzamento produzione, impianto di segnalazione dei grafici di produzione.

Produzent (Hersteller) (*m. - Ind.*), fabbricante.

produzieren (herstellen) (*Ind.*), produrre.

Profil (Seitenansicht) (n. - allg.), profilo. 2 ~ (Schnittumriss, einer Strasse z. B.) (Ing.b.), profilo. 3 ~ (Profileisen) (Walzw.), profilato. 4 ~ (einer Tragfläche) (Flugw.), profilo aerodinamico. 5 ~ **ausschnitt** (Rauheit einer Oberfläche) (m. - mech. Technol.), profilo altimetrico (di rugosità), profilo microgeometrico. 6 ~ **dichtung** (an Scheiben z. B.) (f. - Technol.), profilato di tenuta. 7 ~ **draht** (m. - metall. Ind.), filo profilato. 8 ~ **drehen** (n. - Werkz.masch.bearb.), tornitura a sagoma, tornitura di profili. 9 ~ **dreieck** (eines Gewindes) (n. - Mech.), triangolo generatore. 10 ~ **echograph** (m. - Ger.), profilografo ad eco. 11 ~ **eisen** (n. - Walzw.), profilato di ferro. 12 ~ **fräser** (Formfräser) (m. - Werkz.), fresa sagomata. 13 ~ **gummi** (m. - Gummiind.), profilato di gomma. 14 ~ **höhe** (eines Reifens) (f. - Aut.), altezza scolpitura. 15 ~ **material** (gewalzte Halbzeuge) (n. - metall. Ind.), profilati. 16 ~ **messer** (m. - Ger.), profilometro. 17 ~ **projektor** (Prüfgerät für Lehren, etc.) (m. - mech. Technol. - Ger.), proiettore di profili. 18 ~ **radius** (hydraulischer Radius, Verhältnis zwischen Abflussquerschnitt und benetztem Umfang) (m. - Hydr.), raggio medio, raggio idraulico. 19 ~ **scheibe** (Schleifscheibe) (f. - Werkz.), mola profilata (a rullo), mola sagomata (con rullo). 20 ~ **schleifmaschine** (f. - Werkz.masch.), rettificatrice di profili. 21 ~ **stahl** (m. - Walzw. - metall. Ind.), profilato di acciaio. 22 ~ **stahl** (Arbeitsstahl) (Werkz.), utensile sagomato. 23 ~ **stahlrahmen** (m. - Mech.), telaio in profilati di acciaio. 24 ~ **stein** (m. - Maur.), mattone sagomato. 25 ~ **tiefe** (eines Reifens) (f. - Aut.), altezza rilievi, profondità scolpitura. 26 ~ **tragantell** (bei Rauheitsmessungen) (n. - Mech.), frazione portante del profilo. 27 ~ **überdeckung** (Überdeckungsgrad, Verhältnis zwischen Eingriffslänge und Zahnteilung) (f. - Mech.), rapporto d'azione. 28 ~ **umströmung** (Tragflügelumströmung) (f. - Aerodyn. - Flugw.), circuitazione attorno al profilo alare, circolazione attorno al profilo alare. 29 ~ **verlust** (in einem Schaufelgitter) (m. - Mech. der Fluss.k.), perdita di profilo. 30 ~ **verschiebung** (von Zahnrädern) (f. - Mech.), spostamento del profilo. 31 ~ **verschiebungsfaktor** (von Zahnrädern) (m. - Mech.), coefficiente di spostamento. 32 ~ **walze** (f. - Walzw.), cilindro per profilati. 33 ~ **walzen** (n. - Blechbearb.), profilatura a rulli. 34 ~ **walzmaschine** (f. - Blechbearb.masch.), profilatrice a rulli. 35 ~ **walzwerk** (n. - Walzw.), laminatoio per profilati. 36 ~ **widerstand** (m. - Flugw. - Aerodyn.), resistenza di profilo. 37 ~ **ziegel** (m. - Maur.), laterizio sagomato. 38 **Bezugs** ~ (von Verzahnwerkzeugen) (Mech.), profilo di riferimento. 39 **Form** ~ (mikrogeometrisches Profil) (Mech.), profilo microgeometrico. 40 **Gegen** ~ (eines Radpaars) (Mech.), profilo coniugato. 41 **gepresstes** ~ (Metall.), profilato estruso. 42 **Grund** ~ (bei Rauheitsmessungen) (Mech.), profilo di fondo. 43 **Hüll** ~ (makrogeometrisches Profil, bei Rauheitsmessungen) (Mech.), profilo macrogeometrico. 44 **Keilnaben** ~ (Mech.), profilo per mozzi scanalati. 45 **Keilwellen** ~ (Mech.), profilo per alberi scanalati. 46 **Kerbzahnnaben** ~ (Mech.), profilo per mozzi striati. 47 **Kerbzahnwellen** ~ (Mech.), profilo per alberi striati. 48 **Längen** ~ (Längsprofil, Längsschnitt) (Ing.b.), profilo longitudinale. 49 **makrogeometrisches** ~ (Hüllprofil, bei Rauheitsmessungen) (Mech.), profilo macrogeometrico. 50 **mikrogeometrisches** ~ (bei Rauheitsmessungen) (Mech.), profilo microgeometrico. 51 **wiksames** ~ (Grifflänge, eines Zahnes) (Mech.), fianco attivo, profilo attivo. 52 **Zahn** ~ (Mech.), profilo del dente. 53 **Zahnnaben** ~ (Mech.), profilo per mozzi dentati. 54 **Zahnwellen** ~ (Mech.), profilo per alberi dentati.

profildrehen (Werkz.masch.bearb.), tornire a sagoma, tornire profili.

Profilieren (von Schleifscheiben, Einrollen) (n. - Mech.), profilatura (a rullo).

Profiliergerät (zum Einrollen von Profilen an Schleifscheiben) (n. - Ger.), profilatore a rulli.

Profilierrolle (für Schleifscheiben) (f. - Werkz.), rullo profilatore.

profiliert (ein besonderes Profil aufweisend) (Bauw. - etc.), sagomato.

Profilierung (der Reifen) (f. - Aut.), scolpitura.

Profilograph (Ger. zur Messung der Ebenheit von Oberflächen) (m. - Ger.), profilografo.

Profit (Gewinn) (m. - komm.), utile.

Prognose (f. - allg.), prognosi, previsione. 2 **Absatz** ~ (komm.), previsioni di vendita.

Programm (n. - allg.), programma. 2 ~ (eine Reihe von Befehlen und Daten) (Rechner), programma. 3 ~ (hergestellte Produkte einer Firma) (Ind. - komm.), produzione, articoli prodotti. 4 ~ **bibliothek** (f. - Rechner), biblioteca programmi, libreria programmi. 5 ~ **blatt** (Formblatt) (n. - Rechner), foglio di codifica. 6 ~ **durchlauf** (m. - Datenverarb.), fase di elaborazione, elaborazione. 7 ~ **liste** (Programm-Manuskript, Manuskript, schriftliche Darstellung eines Programmes) (f. - Rechner), manoscritto. 8 ~ **prüfen** (bei numerische Steuerung) (n. - Werkz.masch.bearb.), prova del programma. 9 ~ -**Pulser** (Dauerschwingprüfmaschine) (m. - Masch.), pulsatore a programma. 10 ~ **rede** (f. - finanz. - etc.), discorso programmatico. 11 ~ **regler** (m. - Ger.), regolatore a programma. 12 ~ **schalter** (m. - Elekt.), commutatore a programma. 13 ~ **speicherung** (f. - Rechner), memorizzazione del programma. 14 ~ **stecker** (bei numerische Steuerung z. B.) (m. - Rechner), spina (di) programma. 15 ~ **steuerung** (von Werkz.masch. z. B.) (f. - Masch. - etc.), comando a programma. 16 ~ **übersetzer** (m. - Rechner), traduttore di linguaggio. 17 ~ **- und Folgesteuerung** (Technol. - etc.), comando sequenziale a programma. 18 ~ **wähler** (m. - Autom. - Funk. - Fernseh.), selettore di programma. 19 ~ **zeitschalter** (m. - Ger.), temporizzatore a programma. 20 **Anwendungs** ~ (Standardprogramm) (Datenverarb.), programma standard. 21 **Arbeits** ~ (Arb. - Organ.), programma di lavoro. 22 **ausführendes** ~ (Rechner), programma supervisore. 23 **Ausgabe** ~ (Rechner), program-

programmgesteuert

ma di uscita. **24 Ausgangs** ~ (Quellenprogramm) (*Rechner*), programma di origine. **25 Bestzeit** ~ (*Datenverarb.*), programma con ottimizzazione dei tempi. **26 Betriebs** ~ (Dienstprogram) (*Rechner*), programma di servizio. **27 Bibliotheks** ~ (*Rechner*), programma di biblioteca, programma di libreria. **28 Bibliotheksunter** ~ (*Rechner*), sottoprogramma di biblioteca, sottoprogramma di libreria. **29 Diagnose** ~ (Fehlersuchprogramm) (*Rechner*), programma diagnostico. **30 Dienst** ~ (Betriebsprogramm) (*Datenverarb.*), programma di servizio. **31 Eingabe** ~ (*Rechner*), programma di entrata. **32 erzeugendes** ~ (*Rechner*), programma generatore, generatore. **33 Fehlersuch** ~ (Diagnoseprogramm) (*Rechner*), programma diagnostico. **34 Fertigungs** ~ (Erzeugungsprogramm) (*Ind.*), piano di produzione, programma di produzione. **35 Fest** ~ (*NC - Werkz.masch.bearb.*), ciclo fisso. **36 gespeichertes** ~ (*Rechner*), programma memorizzato. **37 Gleitkomma** ~ (*Rechner*), programma a virgola mobile. **38 Haupt** ~ (*Rechner*), programma principale. **39 interpretatives** ~ (*Rechner*), programma interpretativo. **40 kompilierendes** ~ (*Rechner*), programma compilatore. **41 Lade** ~ (*Rechner*), programma di caricamento. **42 Maschinen** ~ (*Rechner*), programma di macchina. **43 Post-Mortem-** ~ (für die Suche nach Fehlern) (*Rechner*), programma post-mortem. **44 Prüf** ~ (*Rechner*), programma di prova. **45 Übersetzungs** ~ (*Rechner*), programma traduttore.

programmgesteuert (*Werkz.masch.*), comandato a programma.

programmierbar (*Progr. - etc.*), programmabile.

Programmiereinheit (einer Spritzgiessmaschine, für Kunststoffe z. B.) (*f. - Masch.*), programmatore.

Programmierer (*m. - Rechner. - Pers.*), programmatore.

Programmierlogik (*f. - Progr.*), logica di programmazione.

Programmierplatz (beim manuellen Programmieren, für numerische Steuerung) (*m. Werkz.masch. - etc.*), posto di programmazione.

Programmiersprache (Fortran z. B.) (*f. - Progr. - Rechner*), linguaggio di programmazione.

Programmierung (*f. - Progr. - Rechner*), programmazione. **2 Kettenmass** ~ (*NC - Werkz. masch.bearb.*), programmazione incrementale.

Programmothek (Programmbibliothek) (*f. - Rechner*), biblioteca programmi, libreria programmi.

Progression (Reihe) (*f. - Math. - etc.*), progressione.

Projekt (Plan, Entwurf) (*n. - allg.*), progetto, piano. **2** ~ (Kostenanschlag) (*komm.*), preventivo di costo. **3** ~ **- Zeichnung** (Angebots-Zeichnung) (*f. - komm.*), disegno-progetto.

Projektil (Geschoss) (*n. - milit. - etc.*), proiettile, proietto.

Projektion (*f. - Zeichn. - Geogr.*), proiezione. **2** ~ (Wurfbild) (*Opt.*), proiezione. **3** ~ (Planungsforschung - *etc.*), proiezione. **4** ~ **s·apparat** (Bildwerfer) (*m. - Opt. - App.*), proiettore. **5** ~ **s·empfänger** (Empfänger, der durch eine Kombination von Linsen mit einem Spiegel ein vergrössertes Bild auf einen Schirm wirft) (*m. - Fernseh.*), televisore con schermo separato (per la proiezione dell'immagine sullo stesso). **6** ~ **s·fläche** (*f. - allg.*), superficie proiettata. **7** ~ **s·optik** (*f. - Opt. - Fernseh.*), ottica da proiezione. **8** ~ **s·wand** (Bildwand) (*f. - Filmtech. - etc.*), schermo. **9 amerikanische** ~ **s·methode** (amerikanische Projektion) (*Zeichn.*), proiezione all'americana. **10 axonometrische** ~ (*Zeichn.*), proiezione assonometrica. **11 europäische** ~ (*Zeichn.*), proiezione europea, proiezione ortogonale normale. **12 Fernseh** ~ (*Fernsch.*), televisione su schermo separato. **13 Horizontal** ~ (Grundriss) (*Zeichn.*), proiezione orizzontale, pianta. **14 isometrische** ~ (*Zeichn.*), proiezione isometrica, assonometria a sistema monometrico. **15 Mercatorsche** ~ (*Geogr.*), proiezione di Mercatore. **16 Parallel** ~ (*Math.*), proiezione parallela. **17 rechtwinklige** ~ (*Zeichn.*), proiezione ortogonale. **18 Zentral** ~ (*Math.*), proiezione centrale.

projektiv (*Math.*), proiettivo. **2** ~ **e Abbildung** (Projektivität) (*Math.*), proiettività. **3** ~ **e Geometrie** (*Geom.*), geometria proiettiva.

Projektivität (projektive Abbildung) (*f. - Math.*), proiettività.

Projektor (Projektionsgerät) (*m. - Opt. - Ger.*), proiettore.

projezieren (*Zeichn.*), proiettare. **2** ~ (Lichtbilder z. B.) (*Opt.*), proiettare.

projeziert (*Geom.*), proiettato. **2** ~ **e Schraubenfläche** (*naut. - Flugw.*), superficie proiettata dell'elica.

Prokura (Vollmacht) (*f. - recht.*), procura.

Prokurator (Bevollmächtigter) (*m. - recht.*), procuratore.

Prokurist (einer Gesellschaft, einer Firma) (*m. - Ind.*), procuratore.

Prolongation (Prolongierung) (*f. - allg.*), proroga. **2** ~ (eines Wechsels) (*finanz.*), rinnovo.

prolongieren (einen Wechsel) (*finanz.*), rinnovare.

Promemoria (Denkschrift) (*n. - allg.*), promemoria.

Promenadendeck (*n. - naut.*), ponte di passeggiata.

Promethium (metallisches chem. Element) (*Pm - n. - Chem.*), promezio.

Promille (p. m., ‰, je Tausend) (*n. - Math. - etc.*), per mille.

Promoter (für Katalysatoren) (*m. - Chem.*), promotore.

Promotion (*f. - Hochschule*), laurea.

promovieren (*v. t. - Hochschule*), laureare. **2** ~ (*v. i. - Hochschule*), laurearsi.

prompt (*Atomphys.*), immediato. **2** ~ **e Neutronen** (*Atomphys.*), neutroni immediati.

Pronyscher Zaum (Dynamometer) (*m. - Mot. - Masch.*), freno Prony.

Propaganda (*f. - komm.*), propaganda, pubblicità. **2** ~ **abteilung** (*f. - Ind.*), servizio propaganda. **3** ~ **feldzug** (*m. - komm.*), campagna pubblicitaria.

Propagandistin (*f. - komm. - Arb.*), propagandista.

Propan ([C₂ H₈], Gas) (*n. - Chem.*), propano.
Propeller (Luftschraube, Schiffsschraube) (*m. - Flugw. - naut.*), elica. 2 ~ **blatt** (*n. - Flugw. - naut.*), pala (d'elica). 3 ~ **brunnen** (*m. - naut.*), pozzo dell'elica. 4 ~ **diskfläche** (*f. - naut.*), disco dell'elica, superficie del disco dell'elica. 5 ~ **flattern** (*n. - Flugw.*), vibrazione aeroelastica dell'elica. 6 ~ **flügel** (*m. - naut. - Flugw.*), pala dell'elica. 7 ~ **gebläse** (*n. - App.*), ventilatore elicoidale. 8 ~ **haube** (*f. - Flugw.*), ogiva (dell'elica). 9 ~ **motor** (Elektromotor der den Propeller antreibt bei dieselelektrischen Antriebsanlagen) (*m. - naut.*), motore (di azionamento) dell'elica. 10 ~ **nachstrom** (*m. - Flugw.*), flusso dell'elica. 11 ~ **pumpe** (*f. - Masch.*), pompa ad elica. 12 ~ **rührer** (*m. - Ger.*), agitatore ad elica. 13 ~ **schub** (Schraubenschub) (*m. - naut. - Flugw.*), spinta dell'elica. 14 ~ **strahl** (*m. - Flugw. - naut.*), flusso dell'elica. 15 ~ **triebwerk** (*n. - Flugw.*), propulsore ad elica. 16 ~ **turbine** (Gasturbine, Propeller - Turbinen - Luftstrahltriebwerk) (*f. - Flugw.*), turboelica, motore a turboelica. 17 ~ **turbine** (Wasserturbine) (*Hydr. - Masch.*), turbina ad elica. 18 ~ **Turbinen - Luftstrahltriebwerk** (PTL - Triebwerk) (*n. - Flugw.*), motore a turboelica, turboelica. 19 ~ **welle** (*f. - Flugw. - naut.*), albero portaelica. 20 ~ **wellenlager** (*n. - naut. - Flugw.*), cuscinetto dell'albero portaelica. 21 ~ **Düsen** ~ (*naut.*), elica con mantello, elica intubata. 22 **feststehender** ~ (*Flugw.*), elica a passo fisso. 23 **gegenläufiger** ~ (*Flugw.*), elica controrotante. 24 **Meissner** ~ (Drehflügelschraube) (*naut.*), elica a passo reversibile, elica a passo variabile. 25 **Verstell** ~ (*Flugw.*), elica a passo variabile. 26 **vollkavitierender** ~ (für sehr schnellaufende Schiffe) (*naut.*), elica supercavitante.
Propionat (zur Konservierung von Lebensmitteln) (*n. - Chem. - Ind.*), propionato.
Propionsäure (*f. - Chem.*), acido propionico.
Proportion (Verhältnis) (*f. - allg.*), proporzione. 2 ~ (Gleichheit von Verhältnissen) (*Math.*), proporzione.
proportional (verhältnismässig) (*allg.*), proporzionale. 2 **direkt** ~ **zu** (*Math.*), direttamente proporzionale a. 3 **umgekehrt** ~ (*Math.*), inversamente proporzionale.
Proportional-Integralregler (*m. - Ger.*), siehe PI-Regler.
Proportionalität (*f. - allg.*), proporzionalità. 2 ~ **s·grenze** (*f. - Baukonstr.lehre*), limite di proporzionalità.
Proportionalstab (*m. - mech. Technol.*), provetta proporzionale.
Proportional-Ventil (*n. - Ölhydr. - etc.*), valvola proporzionale.
Propyläen (Säulenhalle, als Eingang) (*f. - Arch.*), propileo.
Propylen (CH₃·CH = CH₂) (*n. - Chem.*), propilene.
prosodisch (*Druck.*), prosodico.
Prospekt (Druckschrift) (*m. - komm.*), prospetto.
Prospektion (Aufschluss) (*f. - Min.*), prospezione.

Proszenium (Vorderbühne, eines Theaters) (*n. - Bauw.*), proscenio.
Protaktinium (radioakt. Element) (*Pa - n. - Chem.*), protoattinio.
Protein (*n. - Chem.*), proteina.
Protektion (*f. - allg.*), protezione. 2 ~ **s·system** (Schutzzollsystem) (*n. - komm.*), sistema protettivo.
Protektionismus (*m. - finanz. - komm.*), protezionismo.
Protektor (profilierte Gummiauflage der Reifendecke) (*m. - Aut.*), battistrada. 2 ~ (Motorschutzschalter) (*Elekt.*), salvamotore.
Protest (*m. - allg.*), protesta. 2 ~ (eines Wechsels) (*finanz.*), protesto. 3 ~ **anzeige** (*f. - finanz.*), avviso di protesto. 4 ~ **kosten** (*f. - pl. - finanz.*), spese di protesto. 5 ~ **streik** (*m. - Arb.*), sciopero di protesta. 6 ~ **wechsel** (*m. - finanz.*), cambiale in protesto.
protestieren (*allg.*), protestare. 2 ~ (einen Wechsel) (*finanz.*), protestare. 3 **einen Wechsel** ~ **lassen** (*finanz.*), lasciare andare in protesto una cambiale.
Prothese (*f. - Med.*), protesi.
Protium (Isotop des Wasserstoffs mit Massenzahl 1) (*n. - Chem.*), pròzio.
Protokoll (von Prüfungen z. B.) (*n. - Technol.*), certificato, bollettino, protocollo. 2 ~ (einer Sitzung oder Versammlung) (*finanz. - etc.*), verbale. 3 ~ **führer** (*m. - Ind.*), segretario. 4 **Brems** ~ (Prüfungsschein) (*Mot.*), verbale della prova al freno, certificato della prova al freno, bollettino della prova al freno. 5 **Versammlungs** ~ (*Ind. - etc.*), verbale di (una) riunione.
protokollieren (*Ind. - etc.*), stendere il verbale, verbalizzare.
Protokollierung (von Daten) (*f. - allg.*), registrazione.
Proton (*n. - Chem. - Phys.*), protone.
Prototyp (Urbild) (*m. - n. - allg.*), prototipo. 2 ~ (Erstabdruck) (*Druck.*), prima copia. 3 ~ **flugzeug** (*n. - Flugw.*), velivolo prototipo.
Protuberanz (der Sonne z. B.) (*f. - Astr. - etc.*), protuberanza. 2 ~ **werkzeug** (für Schaben von Zahnrädern) (*n. - Werkz.*), utensile con protuberanza.
Protze (Vorderwagen, einer Kanone z. B.) (*f. - milit.*), avantreno.
Protzhaken (einer Kanone) (*m. - Artillerie*), gancio di traino.
Protzöse (einer Kanone) (*f. - Artillerie*), occhione di traino.
Provinzialstrasse (*f. - Strasse*), strada provinciale.
Provision (*f. - komm.*), provvigione. 2 ~ **s·rechnung** (Provisionskonto) (*f. - komm.*), conto provvigioni. 3 ~ **s·vertreter** (*m. - komm.*), commissionario. 4 **Verkaufs** ~ (*komm.*), provvigione sulla vendita.
Proximity-Effekt (*m. - Elekt.*), effetto di prossimità.
Prozent (Proz., %, Hundertteil) (*n. - allg.*), percento. 2 ~ **gehalt** (Gehalt in Prozenten) (*m. - Arb. - komm.*), percentuale (*s.*). 3 ~ **rechnung** (*f.-Rechner-etc.*), calcolo di percento. 4 ~ **relais** (stabilisiertes Differentialrelais) (*n. - Elekt.*), relè differenziale stabilizzato.
prozentual (*allg.*), percentuale (*a.*).

Prozess

Prozess (Vorgang) (*m. - Chem. - etc.*), processo. 2 ~ (Gerichtsverfahren) (*recht.*), processo. 3 ~ **bevollmächtigter** (*m. - recht.*), rappresentante legale. 4 ~ **grösse** (*f. - Regelung*), variabile di processo. 5 ~ **rechner** (Echtzeitprozessor, mit enger Kopplung an einen technischen Prozess) (*m. - Rechner*), calcolatore di processo. 6 ~ **vertretung** (*f. - recht.*), rappresentanza processuale. 7 **Herstellungs** ~ (*Ind.*), processo di fabbricazione.

Prozessor (Funktionseinheit eines digitalen Rechensystems, die Rechenwerk und Leitwerk umfasst) (*m. - Rechner*), unità di elaborazione.

prozesstechnisch (*Datenverarb. - etc.*), relativo alla tecnica dei processi.

Prüfangaben (*f. - pl. - Technol.*), dati di prova, prescrizioni di prova.

Prüfanweisung (*f. - Technol.*), istruzioni di prova, prescrizioni di prova.

Prüfattest (*n. - Technol.*), certificato di prova.

Prüfbefund (*m. - Technol.*), risultato di prova, reperto.

Prüfbelastung (*f. - Technol. - etc.*), carico di prova, carico di collaudo.

Prüfbericht (*m. - Technol.*), certificato di prova, certificato di collaudo, verbale di prova.

Prüfbestimmung (Prüfungsvorschrift) (*f. - Technol.*), prescrizione di prova, prescrizione di collaudo.

Prüfbit (*n. - Rechner*), bit di controllo.

Prüfbund (*m. - Mech.*), collarino di riscontro.

Prüfdorn (Lehre) (*m. - Werkz.*), calibro a tampone di riferimento. 2 ~ (zur Ausrichtung der Körnerspitzen einer Drehbank) (*Werkz. masch.*), calibro di verifica.

Prüfdruck (für Rohre z. B.) (*m. - Technol.*), pressione di prova, pressione di collaudo.

prüfen (untersuchen, probieren) (*Technol.*), provare, collaudare. 2 ~ (examinieren) (*Pers. - Schule*), esaminare. 3 ~ (nachprüfen, kontrollieren) (*allg.*), controllare, verificare.

Prüfer (*m. - Werkstoffprüfung - Ger.*), apparecchio per prove (di materiali). 2 ~ (*Adm.*), revisore. 3 **Dauerbiege** ~ (*Werkstoffprüfung - Ger.*), apparecchio per prove di fatica a flessione. 4 **Wahl** ~ (Stimmenzähler) (*Politik - Ind.*), scrutatore.

Prüferfolg (*m. - Technol.*), esito della prova.

Prüfergebnis (*n. - Prüfung*), risultato della prova.

Prüffeld (*n. - Ind.*), stazione di prova. 2 ~ (für Fahrzeuge) (*n. - Aut.*), pista di prova.

Prüfglas (Reagenzglas) (*n. - chem. Ger.*), provetta.

Prüfhalle (*f. - Ind.*), sala prove.

Prüfklemme (*f. - Elekt.*), morsetto di prova.

Prüfkörper (Probe) (*m. - Technol.*), provino.

Prüflast (*f. - mech. Technol. - etc.*), carico di prova, carico di collaudo.

Prüflehre (*f. - Werkz.*), calibro di riscontro, riscontro.

Prüfling (*m. - Schule - etc.*), candidato. 2 ~ (Prüfstück) (*mech. Technol.*), pezzo in prova.

Prüfliste (*f. - komm. - etc.*), elenco per la spunta.

Prüflos (Los, bei Qualitätskontrolle) (*n. - mech. Technol.*), lotto.

Prüfmaschine (*f. - Werkstoffprüfung - Masch.*), macchina per prove (dei materiali). 2 ~ **für Biegeschwingungen** (*Werkstoffprüfung - Masch.*), macchina per prove a flessione alternata. 3 ~ **für Drehschwingungen** (*Werkstoffprüfung - Masch.*), macchina per prove a torsione alternata. 4 **Biege** ~ (*Werkstoffprüfung - Masch.*), macchina per prove a flessione. 5 **Dauer** ~ (*Werkstoffprüfung - Masch.*), macchina per prove di fatica. 6 **Druck** ~ (*Werkstoffprüfung - Masch.*), macchina per prove a compressione. 7 **Falt** ~ (*Werkstoffprüfung - Masch.*), macchina per prove di piegatura. 8 **Zug** ~ (*Werkstoffprüfung - Masch.*), macchina per prove a trazione.

Prüfmotor (zur Bestimmung der Klopffestigkeit z. B.) (*m. - Verbr.mot. - Kraftstoff*), motore per prove.

Prüfplatz (*m. - Prüfung*), posto di prova.

Prüfprogramm (Testprogramm) (*m. - Rechner*), programma di controllo, programma diagnostico, programma di prova.

Prüfrelais (*n. - Elekt.*), relè di prova.

Prüfröhrchen (*n. - chem. Ger.*), pipetta aspirante graduata.

Prüfspannung (*f. - Elekt.*), tensione di prova.

Prüfstab (*m. - mech. Technol.*), provino, provetta.

Prüfstand (für Masch. oder Geräte) (*m. - Prüfung*), banco prova. 2 ~ (für Verbrennungsmotoren) (*Mot.*), banco prova. 3 ~ **-Motorentester** (*m. - Arb.*), collaudatore di motori al banco. 4 ~ **versuch** (*m. - Mot. etc.*), prova al banco. 5 **Bremsen** ~ (*Aut.*), banco prova per freni. 6 **Einspritzpumpen** ~ (*Mot.*), banco prova per pompe d'iniezione.

Prüfstätte (*f. - Prüfung*), officina per prove.

Prüfstelle (für Geräte z. B.) (*f. - Elekt. - etc.*), stazione di prova, stazione strumentale. 2 ~ (amtliche technische Anstalt z. B.) (*Prüfung*), ente di sorveglianza tecnica.

Prüfstrecke (Erprobungsstrasse, Teststrecke) (*f. - Aut. - etc.*), percorso di prova, percorso per prove.

Prüfstück (Prüfling) (*n. - mech. Technol.*), pezzo in prova.

Prüfung (von Werkstoffen z. B.) (*f. - Technol.*), prova. 2 ~ (Kontrolle, von Werkstücken) (*Mech.*), controllo, collaudo. 3 ~ (Examen) (*Schule - etc.*), esame. 4 ~ (Test) (*Psychotech.*), saggio reattivo, reattivo psicologico, « test ». 5 ~ (Nachprüfung, Kontrolle) (*allg.*), controllo, verifica. 6 ~ (*Technol.*), siehe auch Versuch. 7 ~ **auf Durchgang** (*Elekt.*), prova di continuità. 8 ~ **auf Isolation** (*Elekt.*), prova d'isolamento. 9 ~ **mit Prüflingszerstörung** (*mech. Technol.*), prova distruttiva. 10 ~ **s·bericht** (*m. - Ind.*), certificato di collaudo, bollettino di collaudo, verbale di collaudo. 11 ~ **s·bericht** (*finanz.*), relazione dei revisori, relazione sulla verifica. 12 ~ **s·fahrt** (von Kraftfahrzeugen) (*f. - Aut.*), prova su strada. 13 ~ **s·kommission** (*f. - Schule*), commissione d'esame. 14 **Abnahme** ~ (*Technol. - komm.*), prova di accettazione. 15 **Attribut** ~ (bei Qualitätskontrolle) (*mech. Technol.*), controllo per attributi. 16 **Befähigungs** ~ (*Technol.*), prova di qualificazione. 17

Biege ~ (*mech. Technol.*), prova di flessione. **18 Brems** ~ (*Mot.*), prova al freno. **19 Buch** ~ (*Buchhaltung*), esame dei libri, verifica dei libri. **20 Dauer** ~ (*mech. Technol.*), prova di fatica. **21 doppelte Stichproben** ~ (bei Qualitätskontrolle) (*mech. Technol.*), campionamento doppio. **22 Druck** ~ (*mech. Technol.*), prova di compressione. **23 dynamische** ~ (*mech. Technol.*), prova dinamica. **24 Eignungs** ~ (*Psychotech. - Pers.*), reattivo attitudinale, test attitudinale. **25 einfache Stichproben** ~ (bei Qualitätskontrolle) (*mech. Technol.*), campionamento semplice. **26 1-min-Spannungs** ~ (*Elekt.*), prova di tensione di 1′. **27 Falt** ~ (*mech. Technol.*), prova di piegatura. **28 Folgestichproben** ~ (bei Qualitätskontrolle) (*mech. Technol.*), campionamento sequenziale. **29 Güte** ~ (bei Qualitätskontrolle) (*mech. Technol.*), collaudo. **30 100-%-** ~ (bei Qualitätskontrolle) (*mech. Technol.*), collaudo al 100%. **31 Intelligenz** ~ (*Psychotech. - Pers.*), reattivo intelligenza. **32 Isotopen** ~ (*mech. Technol.*), prova con isotopi. **33 klimatische** ~ (*Technol.*), prova climatica. **34 Knick** ~ (*mech. Technol.*), prova a pressoflessione. **35 Korrosions** ~ (*mech. Technol.*), prova di corrosione. **36 Leerlauf** ~ (*Mot.*), prova a vuoto. **37 mehrfache Stichproben** ~ (bei Qualitätskontrolle) (*mech. Technol.*), campionamento multiplo. **38 motorische** ~ (eines Kraftstoffes auf Klopffestigkeit) (*Mot. - Kraftstoff*), prova (su) motore. **39 mündliche** ~ (*Schule*), esame orale. **40 Nach-** ~ (*allg.*), controllo, verifica. **41 normale** ~ (bei Qualitätskontrolle) (*mech. Technol.*), collaudo ordinario. **42 Rechnungs** ~ (*Buchhaltung*), verifica contabile. **43 reduzierte** ~ (bei Qualitätskontrolle) (*mech. Technol.*), collaudo ridotto. **44 Reife** ~ (*Schule*), esame di maturità. **45 Röntgen** ~ (*mech. Technol.*), prova radiografica, prova con raggi X. **46 schriftliche** ~ (*Schule*), esame scritto. **47 Schüttel** ~ (zur Prüfung von mech. Verbindungen z. B.) (*mech. Technol.*), prova di scuotimento. **48 Staats** ~ (*Schule*), esame di Stato. **49 Stand** ~ (*Technol. - etc.*), prova al banco. **50 statische** ~ (*mech. Technol.*), prova statica. **51 Stichproben** ~ (*mech. Technol.*), collaudo per campionamento, collaudo con prove di campionamento. **52 technologische** ~ (*mech. Technol.*), prova tecnologica. **53 Torsionswechsel** ~ (*mech. Technol.*), prova alla torsione alternata. **54 Typen** ~ (*Aut. - etc.*), prova di omologazione. **55 Ultraschall** ~ (*mech. Technol.*), prova con ultrasuoni. **56 Umlaufbiege-Dauer** ~ (*mech. Technol.*), prova di fatica alla flessione rotante. **57 Variablen** ~ (bei Qualitätskontrolle) (*mech. Technol.*), controllo per variabili. **58 Vergleichs** ~ (*allg.*), prova comparativa. **59 verschärfte** ~ (bei Qualitätskontrolle) (*mech. Technol.*), collaudo rinforzato. **60 Verschleiss** ~ (*mech. Technol.*), prova di usura. **61 Vor** ~ (*Technol.*), prova preliminare. **62 Wahl** ~ (*Politik - Ind.*), scrutinio. **63 Wasserdruck** ~ (*mech. Technol.*), prova idraulica. **64 Werkstoff** ~ (*mech. Technol.*), prova dei materiali. **65 Zerreiss** ~ (Zugversuch) (*Baukonstr.lehre*), prova di trazione. **66 zerstörungsfreie** ~ (*mech. Technol.*), prova non distruttiva. **67 Zug** ~ (*mech. Technol.*), prova di trazione.

Prüfzeichen (*n. - Ind.*), punzonatura.
Prüfzeugnis (*n. - Technol.*), certificato di prova.
PR-Zahl (Ply Rating-Zahl, eines Reifens, Kennzahl für die Beanspruchungsfähigkeit) (*f. - Gummiind. - Aut.*), « ply rating », numero delle tele, indice di resistenza del pneumatico.
Pr-Zahl (Prandtl-Zahl) (*f. - Phys.*), numero di Prandtl.
PS (Pferdestärke, Leistungsmasseinheit, 1 PS = = 75 mkp/s) (*Masseinheit*), CV, cavallo, cavallo vapore. **2** ~ (Pferdestärke, Leistung) (*Mot. - etc.*), potenza. **3** ~ (Polystyrol) (*Kunststoff*), PS, polistirolo. **4** ~ (*Mot.*), siehe auch Leistung. **5** ~ **- Stunde** (*f. - Masseinheit*), cavallo-ora, CV/ora, CV/h. **6 Steuer-** ~ (Steuerleistung) (*Aut.*), potenza fiscale.
P.S. (Postskript, Nachschrift) (*Büro*), P.S., postscriptum, poscritto.
PSAN (Polystyrol-Acrylnitril) (*chem. Ind.*), PSAN, polistirolo-acrilonitrile.
Pseudoadresse (symbolische Adresse) (*f. - Datenverarb.*), indirizzo simbolico, pseudoindirizzo.
Pseudomorphose (stoffliche Umwandlung eines Min.) (*f. - Min.*), pseudomorfosi.
Pseudosättigung (bei Röhren) (*f. - Elektronik*), pseudosaturazione.
Pseudoskalar (*m. - Math.*), grandezza pseudoscalare.
Pseudosymmetrie (*f. - Kristallographie*), pseudosimmetria.
Pseudovektor (*m. - Math.*), pseudovettore.
pseudozufällig (*Stat.*), pseudocasuale.
Psophometer (Ger. zum Messen der psophometrischen Spannung) (*n. - Elektroteleph. - Ger.*), psofometro.
psophometrisch (*Teleph.*), psofometrico. **2** ~ **e Spannung** (Störspannung) (*Teleph.*), tensione psofometrica, tensione di disturbo.
PSV (Pumpspeicherwerk) (*Elekt.*), centrale ad accumulo con pompaggio.
Psychologie (*f. - Psychol.*), psicologia. **2 Betriebs** ~ (*Psychol.*), psicologia industriale.
Psychotechnik (*f. - Psychotech. - Ind.*), psicotecnica.
psychotechnisch (*Psychotech.*), psicotecnico. **2** ~ **e Eignungsprüfungen** (*Psychotech. - Pers.*), esami psicotecnici.
Psychrometer (Ger. zum Messen der Luftfeuchtigkeit) (*n. - m. - Ger.*), psicrometro.
Pt (Platin) (*Chem.*), Pt, platino.
PTB (Physikalisch-Technische Bundesanstalt) (*Phys.*), Istituto Federale di Fisica Tecnica.
P,t-Diagramm (Druck - Temperatur - Diagramm) (*n. - Thermodyn.*), diagramma p,t.
PTFCE (Polytrifluorchlor-äthylen) (*Kunststoff*), PTFCE, politrifluorocloretilene.
PTFE (Polytetrafluoräthylen, Kunststoff) (*n. - chem. Ind.*), PTFE, politetrafluoroetilene.
PTL-Triebwerk (Propeller-Turbinen-Luftstrahltriebwerk) (*n. - Flugw.*), motore a turboelica, turboelica.
ptolemäisches System (*Astr.*), sistema tolemaico.

P-Träger (Peinerträger, Breitflanschträger) (*m. - Bauw.*), trave a doppio T.
PTT (Eidgenössische Post-, Telegraphen- und Telephonverwaltung) (*Post - etc.*) (*schweiz.*), Amministrazione Poste, Telegrafi e Telefoni.
p-Typ-Halbleiter (*m. - Elektronik*), semiconduttore di tipo p.
PTZ (Posttechnisches Zentralamt) (*Post*), Ufficio Posta Centrale.
Pu (Plutonium (*Chem.*), Pu, plutonio.
Publikation (*f. - allg.*), pubblicazione.
Puddeleisen (*n. - Metall.*), ferro puddellato.
Puddeln (*n. - Metall.*), puddellaggio.
puddeln (Eisen im Flammofen frischen) (*Metall.*), puddellare.
Puddelofen (*m. - Metall. - Ofen*), forno di puddellaggio.
Puddelverfahren (Puddeln) (*n. - Metall.*), puddellaggio.
Puddelwalzwerk (Vorwalzwerk) (*n. - Walzw.*), laminatoio sbozzatore.
Puder (Pulver) (*m. - allg.*), polvere.
Puffer (Stossfänger) (*m. - Eisenb.*), respingente. 2 ~ (Speicherungselement, Pufferspeicher, Zwischenspeicher) (*Rechner*), memoria di transito. 3 ~ (in einem Kreisförderer) (*ind. Transp.*), tampone. 4 ~ **batterie** (*f. - Elekt.*), batteria tampone. 5 ~ **behälter** (*m. - Vakuumtechnik*), serbatoio di prevuoto. 6 ~ **betrieb** (von Akku) (*m. - Elekt.*), funzionamento in tampone. 7 ~ **dynamo** (*f. - Elekt.*), dinamo per carica in tampone. 8 ~ **feder** (*f. - Mech. - etc.*), ammortizzatore a molla, molla ammortizzatrice. 9 ~ **gehäuse** (*n. - Eisenb.*), custodia del respingente. 10 ~ **hülse** (Puffergehäuse) (*f. - Eisenb.*), custodia del respingente. 11 ~ **ladung** (*f. - Elekt.*), carica tampone. 12 ~ **lösung** (*f. - Chem.*), soluzione tampone. 13 ~ **platte** (Stosspufferplatte) (*f. - Eisenb.*), piatto del respingente, piastra del respingente. 14 ~ **stange** (*f. - Eisenb.*), asta del respingente. 15 ~ **strecke** (*f. - elekt. Eisenb.*), tratto tampone. 16 ~ **topf** (Stossfänger) (*m. - Masch.*), ammortizzatore. 17 ~ **verstärker** (*m. - Fernspr. - etc.*), amplificatore di separazione. 18 ~ **weg** (Pufferhub) (*m. - Eisenb.*), corsa del respingente. 19 ~ **zeit** (Verschiebungsspielraum) (*f. - Planung*), tempo tampone. 20 ~ **zone** (eines Reaktors) (*f. - Kernphys.*), zona di regime transitorio. 21 Stoss ~ (*Eisenb.*), respingente. 22 Stoss ~ **platte** (*f. - Eisenb.*), piatto del respingente, piastra del respingente.
Puffern (*n. - Bergbau*), *siehe* Knäpperschiessen.
puffern (dämpfen, Schwingungen z. B.) (*allg.*), smorzare, ammortizzare. 2 ~ (*Chem.*), tamponare. 3 ~ (eine Batterie) (*Elekt.*), caricare in tampone.
Pufferung (*f. - Masch. - etc.*), azione ammortizzatrice, smorzamento.
Pullmanwagen (*m. - Eisenb.*), carrozza Pullman.
Pulmotor (Wiederbelebungsgerät) (*m. - Mot.*), motore di rianimazione.
Puls (*m. - Elekt.*), impulso. 2 ~ **amplitude** (*f. - Funk.*), ampiezza degli impulsi. 3 ~ **amplitudenmodulation** (PAM) (*f. - Funk.*), modulazione d'impulsi in ampiezza. 4 ~ **breite** (*f. - Elektronik*), larghezza degli impulsi, durata degli impulsi. 5 ~ **breitenmodulation** (Puls-Längenmodulation) (*f. - Funk.*), modulazione della durata degli impulsi. 6 ~ **Code-Modulation** (PCM) (*f. - Funk.*), modulazione a codice d'impulsi. 7 ~ **folgefrequenz** (*f. - Funk. - etc.*), frequenza di ripetizione degli impulsi. 8 ~ **frequenz** (des Herzens) (*f. - Arb. - Med.*), frequenza di pulsazione, « polso ». 9 ~ **generator** (*m. - Elekt.*), generatore di impulsi. 10 ~ **Längen-Modulation** (PLM) (*f. - Funk.*), modulazione d'impulsi in durata. 11 ~ **modulation** (*f. - Funk. - etc.*), modulazione d'impulsi. 12 ~ **Phasen-Modulation** (PPM) (*f. - Funk.*), modulazione di fase degli impulsi. 13 ~ **schlag** (Pulsation) (*m. - allg.*), pulsazione. 14 ~ **steller** (*m. - Ger.*), regolatore ad impulsi. 15 ~ **steuerung** (*f. - Elekt.*), comando ad impulsi. 16 ~ **wandler** (*m. - Ger.*), convertitore d'impulsi. 17 ~ **zahl** (der Gleichrichtung) (*f. - Elekt.*), numero d'impulsi, indice di ondulazione.
Pulsar (pulsierende Neutronensterne) (*m. - Astr.*), pulsar, radiosorgente pulsante.
Pulsator (ölhydraulisch betriebene Dauerschwingprüfmaschine) (*m. - Masch.*), pulsatore, macchina per prove con carico pulsante. 2 ~ **sichter** (*m. - Bergbau - Ger.*), classificatore pulsante. 3 ~ **versuch** (Dauerversuch nach dem Resonanzgrundsatz) (*m. - mech. Technol.*), prova al pulsatore, prova di fatica dinamica a risonanza. 4 Kipp- ~ (für Prüfungen einer Gelenkwelle z. B.) (*Ger.*), pulsatore oscillante. 5 Sinus ~ (*Masch.*), pulsatore sinusoidale.
Pulser (Masch. für Dauerschwingversuche, mit Massenkraftantrieb) (*m. - Masch.*), pulsatore. 2 Horizontal ~ (*Masch.*), pulsatore orizzontale.
pulsierend (*allg.*), pulsante. 2 ~ e Belastung (*Baukonstr.lehre*), carico pulsante. 3 ~ er Strom (*Elekt.*), corrente pulsante.
Pulsometer (Dampfdruckpumpe) (*n. - Masch.*), pulsometro.
Pulsotriebwerk (Schmidtrohr, Strahltriebwerk) (*n. - Flugw.*), pulsoreattore.
Pult (*n. - Büro - etc.*), scrivania a leggío. 2 ~ (Bedienungspult) (*Elekt. - etc.*), banco di manovra, banco di comando. 3 ~ **dach** (*n. - Bauw.*), tetto ad una falda.
Pulver (*n. - allg.*), polvere. 2 ~ **aufkohlen** (durch pulverförmige Mittel) (*n. - Wärmebeh.*), carburazione con cementante in polvere. 3 ~ **bekohlen** (durch pulverförmige Mittel) (*n. - Wärmebeh.*), carburazione con cementante in polvere. 4 ~ **beschichtung** (von Metall, mit Kunststoffpulver, Lackiertechnik) (*f. - Anstr.*), rivestimento con polveri, verniciatura con polveri. 5 ~ **brennschneiden** (bei dem ein hocheisenhaltiges Spezialpulver mit Pressluft dem Schneidstrahl zugeführt wird) (*n. - mech. Technol.*), taglio all'arco con getto di polverino (di ferro). 6 ~ **kern** (*m. - Elekt.*), nucleo di polvere compressa. 7 ~ **metallurgie** (Metallkeramik, Sintermetallurgie) (*f. - Metall.*), metallurgia delle polveri, metalceramica, ceramica delle polveri. 8 ~**schmelzschneidverfahren** (thermisches Trennen von Beton

mit in das Sauerstoffgebläse projezierten metallischen Pulvern) (n. - Bauw.), taglio termico con polveri (metalliche). **9 ~ schmieden** (Schmieden vorgesinterter Ausgangsformen durch Formpressen ohne Grat) (n. - mech. Technol.), fucinatura delle polveri, fucinatura di pezzi sinterati. **10 ~ verzinkung** (Sherardisieren) (f. - Metall.), sherardizzazione. **11 Härte ~** (Wärmebeh.), cementante in polvere. **12 rauchloses ~** (Expl.), polvere senza fumo. **13 Schiess ~** (Expl.), polvere da sparo.

pulverisieren (allg.), polverizzare.
Pulverisierung (f. - allg.), polverizzazione.
Pumpanlage (f. - Hydr.), impianto di pompaggio, stazione di pompaggio.
Pumpbeton (flüssiger Beton) (m. - Bauw.), calcestruzzo pompato.
Pumpe (f. - Masch.), pompa. **2 ~ -Motor** (Hydrogerät das sowohl als Pumpe als auch als Motor arbeiten kann) (Ölhydr.), pompa-motore. **3 ~ n·aggregat** (n. - Masch.), gruppo motopompa. **4 ~ n·bagger** (Saugbagger) (m. - Erdbew.masch.), draga succhiante. **5 ~ n·element** (einer Dieseleinspritzpumpe) (n. - Mot.), pompante. **6 ~ n·gestänge** (n. - Bergbau), aste della pompa. **7 ~ n·haus** (n. - Hydr.), sala pompe. **8 ~ n·rad** (n. - Masch.), girante della pompa. **9 ~ n·rad** (eines Wandlers) (Masch. - Fahrz.), girante-pompa. **10 ~ n·saughöhe** (f. - Hydr.), altezza di aspirazione della pompa. **11 ~ n·stempel** (einer Einspritzpumpe, Pumpenelement) (m. - Mot.), pompante. **12 ~ n·turbine** (hydraulische Maschine die sowohl als Pumpe als auch als Turbine verwendet werden kann) (f. - Masch.), pompa-turbina. **13 Axial ~** (Masch.), pompa assiale. **14 Brennstoff ~** (Mot. - etc.), pompa del combustibile. **15 Dampfdruck ~** (Pulsometer) (Masch.), pompa a pressione di vapore, pulsometro. **16 Dampfstrahl ~** (Luftpumpe) (Masch.), pompa a getto di vapore. **17 Dia ~** (Diaphragmapumpe, Membranpumpe) (Masch.), pompa a membrana. **18 Dickstoff ~** (Masch.), pompa per liquidi densi. **19 Differential ~** (Kolbenpumpe) (Masch.), pompa differenziale. **20 Diffusions ~** (für Hochvakuum) (Masch.), pompa a diffusione. **21 Druck ~** (Masch.), pompa premente. **22 Einspritz ~** (Dieselmot.), pompa d'iniezione. **23 einstufige ~** (Masch.), pompa ad uno stadio, pompa monostadio. **24 Elektro ~** (Masch.), elettropompa. **25 Elektro-Tauch ~** (Masch.), elettropompa sommersa. **26 Feuerlösch-Kreisel ~** (Masch.), pompa centrifuga antincendi. **27 Flügel ~** (Flügelzellenpumpe, Zellenpumpe) (Masch.), pompa rotativa a palette. **28 Hand ~** (Masch.), pompa a mano. **29 Hochvakuum ~** (Masch.), pompa per alto vuoto. **30 Hydro ~** (Ölhydr.), pompa idraulica. **31 Kapsel ~** (Masch.), pompa rotativa, pompa a capsulismo, capsulismo. **32 Kesselspeise ~** (Kessel), pompa di alimento della caldaia, cavallino. **33 Kolben ~** (Masch.), pompa a stantuffo. **34 Konstant ~** (mit konstantem Verdrängungsvolumen) (Ölhydr. - Masch.), pompa a cilindrata costante. **35 Kraftstoff-Förder ~** (Mot.), pompa di alimentazione del combustibile. **36 Kreisel ~** (Masch.), pompa centrifuga. **37 Kühlwasser ~** (Mot.), pompa dell'acqua di raffreddamento. **38 Lenz ~** (naut.), pompa di sentina. **39 Luft ~** (Masch.), pompa pneumatica. **40 Membran ~** (Mech.), pompa a membrana. **41 Not ~** (Masch.), pompa ausiliaria, pompa di emergenza. **42 Öl ~** (Mot. - Masch.), pompa dell'olio. **43 Propeller ~** (Masch.), pompa ad elica. **44 Saug ~** (Masch.), pompa aspirante. **45 Saug- und Druck ~** (Masch.), pompa aspirante-premente. **46 Säurekreisel~**(Masch.), pompa centrifuga per acidi. **47 Säure ~** (chem. Ind. - Masch.), pompa per acidi. **48 Schlamm ~** (Masch.), pompa per fanghi. **49 Schleuder ~** (Kreiselpumpe) (Masch.), pompa centrifuga. **50 Schmier ~** (Ölpumpe) (Mot. - etc.), pompa dell'olio, pompa del lubrificante. **51 Schraubenkolben ~** (Masch.), pompa a viti. **52 selbstsaugende ~** (Masch.), pompa autoadescante. **53 Speicher ~** (Masch.), pompa di accumulo. **54 Speise ~** (Kessel), pompa di alimento, cavallino. **55 Tauch ~** (Unterwasserpumpe) (Hydr. - Masch.), pompa sommersa. **56 Umfüll ~** (Masch.), pompa di travaso. **57 Unterwasser ~** (Tauchpumpe) (Hydr. - Masch.), pompa sommersa. **58 Vakuum ~** (Masch.), pompa per vuoto, depressore. **59 Verstell ~** (mit verstellbarem Verdrängungsvolumen) (Ölhydr. - Masch.), pompa a cilindrata variabile. **60 Wasserdruck ~** (Masch.), pompa a pressione d'acqua. **61 Wasserstrahl ~** (Masch.), pompa a getto d'acqua. **62 Zahnrad ~** (Mech.), pompa ad ingranaggi. **63 Zellen ~** (Masch.), siehe Flügelzellenpumpe. **64 Zentrifugal ~** (Schleuderpumpe, Kreiselpumpe) (Masch.), pompa centrifuga. **65 Zweispindel - Hyperboloid - Schnecken ~** (Masch.), pompa a due viti con profilo iperboloidico.

Pumpen (n. - Hydr.), pompaggio. **2 ~** (Aufladerfehler) (Mot.), pompaggio. **3 ~** (eines Steigers, Rühren) (Giess.), pompatura. **4 ~** (Evakuieren, von Elektronenröhren) (Elektronik), produzione di vuoto con pompa. **5 ~** (Geräusch, eines Empfängers z. B.) (Funk. - Fehler), ronzio.

pumpen (Hydr.), pompare. **2 ~** (Aufladerfehler) (Mot.), pompare.
Pumpgrenze (eines Kreiselverdichters, zwischen stabilen und instabilen Gebiet) (f. - Masch.), limite di pompaggio.
Pumphöhe (Förderhöhe) (f. - Hydr.), prevalenza (geodetica).
Pumpkosten (f. - pl. - komm.), spese di pompaggio.
Pumprohr (Pumpstengel, zur Evakuierung einer Lampe z. B.) (n. - Beleucht.), coda.
Pumpspeicher (m. - Hydr. - Wass.b.), serbatoio alimentato da pompe. **2 ~ kraftwerk** (n. - Hydr. - Elekt.), centrale a ripompaggio, centrale ad accumulo con pompaggio.
Pumpspeicherung (Pumpen von Wasser in einen hochgelegten Speicher bei Pumpspeicherwerken) (f. - Elekt.), ripompaggio.
Pumpspitze (bei Röhren) (f. - Elektronik), codetta.
Pumpstation (f. - Hydr.), stazione di pompaggio.
Pumpstengel (m. - Beleucht.), siehe Pumprohr.

Pumpwerk

Pumpwerk (Pumpstation) (*n. - Hydr.*), stazione di pompaggio, centrale di pompaggio.
Pumpwirkung (*f. - Mech. - Masch.*), effetto pompante.
Punkt (*m. - allg.*), punto. 2 ~ (*Geom. - Math.*), punto. 3 ~ (Masseinheit für die Schriftgrösse) (*Druck.*), punto, punto tipografico. 4 ~ berührung (*f. - Mech. - etc.*), contatto puntiforme. 5 ~ blende (*f. - Opt.*), diaframma puntiforme. 6 ~ drucker (elektronisches Instr. zur Messung und Registrierung von verschiedenen Messgrössen) (*m. - Instr.*), registratore a punti. 7 ~ folgeverfahren (im Farbfernsehen) (*n. - Fernseh.*), sistema a sequenza di punti. 8 ~ frequenz (*f. - Fernseh.*), frequenza dei punti. 9 ~ haus (Hochhaus mit zentralen Treppenanlagen und Aufzügen) (*n. - Bauw.*), edificio a scala centrale. 10 ~ heften (*n. - mech. Technol.*), puntatura, imbastitura a punti. 11 ~ Kontakt (Spitzen-Kontakt, eines Halbleiters) (*m. - Elektronik*), contatto puntiforme. 12 ~ koordinaten (kartesische Koordinaten) (*f. - pl. - Math.*), coordinate cartesiane. 13 ~ landung (*f. - Flugw.*), atterraggio preciso. 14 ~ lichtabtaster (*m. - Fernseh.*), punto esplorante, punto analizzatore. 15 ~ linie (*f. - Zeichn.*), punteggiata. 16 ~ naht (*f. - mech. Technol.*), giunto saldato a punti. 17 ~ schreiber (*m. - Ger.*), registratore per punti. 18 ~ schweissfarbe (für Korrosionsschutz) (*f. - mech. Technol.*), vernice protettiva per saldature a punti. 19 ~ schweissmaschine (*f. - Masch.*), saldatrice a punti. 20 ~ schweissung (*f. - mech. Technol.*), saldatura a punti. 21 ~ steuerung (Einzelpunktsteuerung, numerische Steuerung z. B.) (*f. - Werkz.masch.bearb.*) - *etc.*), comando punto a punto. 22 ~ - und Streckensteuerung (NC - *Werkz.masch.bearb.*), comando numerico punto a punto e parassiale. 23 ~ verzahnung (einseitige Zykloidenverzahnung) (*f. - Mech.*), dentatura a punto. 24 ~ vorschub (ruckartiger Vorschub) (*m. - Werkz.masch.bearb.*), avanzamento intermittente. 25 ~ zahl (Konzentration eines Phosphat- oder Oxalatbades z. B.) (*f. - Chem.*), titolo. 26 Brech ~ (eines bituminösen Bindemittels, untere Begrenzung des Plastizitätsbereichs) (*Bauw.*), punto di rottura. 27 Druck ~ (des Abzugs einer Handfeuerwaffe z. B.; Stellung in die der Abzug zunächst zurückgezogen wird vor dem Schiessen) (*Mech.*), punto di pressione. 28 Gesichts ~ (Sehpunkt) (*allg.*), punto di vista. 29 kritischer ~ (*Adm.*), punto di pareggio. 30 materieller ~ (*Phys. - Math.*), punto materiale. 31 neutraler ~ (*Elekt.*), punto neutro. 32 toter ~ (*Mot. - etc.*), punto morto. 33 trigonometrischer ~ (*Top.*), punto trigonometrico. 34 typographischer ~ (p = 0,376065 mm) (*Druck.*), punto tipografico.
punktförmig (*allg.*), puntiforme.
punktgeschweisst (*mech. Technol.*), saldato a punti.
punktheften (beim Schweissen) (*mech. Technol.*), puntare, imbastire.
punktieren (eine Punktlinie ziehen) (*Zeichn.*), punteggiare, tracciare una punteggiata. 2 ~ (die wichtigsten Punkte zur Übertragung vom Modell festlegen) (*Bildhauerkunst*), tracciare (i punti base).
Punktierfeder (*f. - Zeichn.*), tiralinee per punteggiate.
punktiert (*Zeichn.*), punteggiato. 2 ~ e Linie (*Zeichn.*), linea punteggiata, punteggiata.
punktschweissen (*mech. Technol.*), saldare a punti.
Punze (Punzen (*m.*), Stahlstift) (*f. - Werkz.*), bulino. 2 ~ (einer Letter) (*Druck.*), occhio
punzen (punzieren) (*Mech. - etc.*), bulinare.
Punzierung (*f. - Mech. - etc.*), bulinatura.
pupillar (*Opt.*), pupillare.
Pupille (des Auges) (*f. - Opt.*), pupilla. 2 ~ (einer Blende) (*Opt.*), pupilla. 3 ~ n·abstand (*m. - Opt.*), distanza interpupillare.
Pupillometer (*n. - Opt. - Ger.*), pupillometro.
pupinisieren (*Fernspr.*), pupinizzare.
Pupinkabel (*n. - Fernspr.*), cavo pupinizzato.
Pupinspule (*f. - Fernspr.*), bobina Pupin.
Puppe (für Prüfungen) (*f. - Aut. - etc.*), manichino. 2 ~ (beim Fliesspressen, Pressbolzen) (*mech. Technol.*), billetta, massello. 3 ~ (aufgerollte Kautschuk-Fell, bei Kautschukverarbeitung) (*Gummiind.*), rotolo. 4 ~ (gepresste Mischung aus Brannstein MnO$_2$ und Kohlepulver, einer Leclanché-Trockenzelle) (*Elekt.*), miscela depolarizzante. 5 ~ (Harnisch-Puppe, in der Jacquardmaschine, Schnurbündel, Zopf) (*Weberei*), fascio di arcate.
PUR (Polyurethan, Kunststoff) (*chem. Ind.*), PUR, poliuretano. 2 ~ -Schaum (*chem. Ind.*), espanso poliuretanico.
purgieren (Seide) (*Textilind.*), purgare, cuocere, « sgommare ».
Purin (C$_5$H$_4$N$_4$, Purinkörper) (*n. - Chem.*), purina.
Purkinje-Phänomen (*n. - Opt.*), effetto Purkinĕ.
Purpur (Rotfarbstoff) (*m. - Farbe*), porpora. 2 ~ erz (*n. - Chem.*), ceneri di pirite. 3 ~ gerade (Purpurlinie, eines Farbdiagramms) (*f. - Opt.*), linea delle porpore.
PUT (Programmierbarer Unijunktion-Transistor) (*Elektronik*), transistore unigiunzione programmabile.
Pütt (Schacht) (*m. - Bergbau*), pozzo.
Putz (Überzug auf Mauerwerk) (*m. - Maur.*), intonaco. 2 ~ fass (Putztrommel) (*n. - Mech. - Ger.*), barilatrice, bottale (per barilatura). 3 ~ gips (*m. - Maur.*), gesso da intonaco, scagliola. 4 ~ grund (*m. - Maur.*), prima mano di intonaco. 5 ~ haus (für das Sandstrahlen von Guss·stücken z. B.) (*N. - Giess. - etc.*), cabina per sabbiatura. 6 ~ hobel (Doppelhobel, mit zwei Eisen, um das Einreissen zu verhindern) (*m. - Tischl. - Werkz.*), pialla a doppio ferro, pialla con ferro e controferro. 7 ~ hobelmaschine (zur Herstellung von Fussbodenriemen) (*f. - Werkz.masch.*), piallatrice per palchetti. 8 ~ isolierung (*f. - Anstr.*), appretto murale. 9 ~ lage (Anwurf) (*f. - Maur.*), rinzaffo. 10 ~ maschine (zum Sandstrahlen) (*f. - Giess. - Masch.*), sabbiatrice. 11 ~ meissel (zur Rissbeseitigung an Blöcken, etc.) (*m. - Werkz.*), scalpello per scriccare. 12 ~ mörtel (*m. - Maur.*), malta da intonaco. 13 ~ öffnung (*f. - Kessel - etc.*),

foro di pulizia. 14 ~ stein (*m. - Maur.*), mattone da paramano. 15 ~ strahlen (Sandstrahlen) (*n. - Giess.*), sabbiatura. 16 ~ träger (Rohrung) (*m. - Maur.*), incannicciata. 17 ~ trommel (*f. - mech. Technol.*), barilatrice, bottale (per barilatura). 18 ~ werfer (Putz-Spritz-Apparat, Verputzmaschine) (*m. - Maur. - Masch.*), intonacatrice. 19 ~ wolle (zum Maschinenreinigen z. B.) (*f. - Masch. - etc.*), filaccia, bambagia. 20 auf ~ (*Elekt.*), a giorno. 21 Aussen ~ (*Maur.*), intonaco per esterni. 22 Edel ~ (aus Trockenmörtelmischung mit Naturstein) (*Maur.*), intonaco a malta variegata. 23 fein verriebener ~ (*Maur.*), intonaco liscio. 24 Gips ~ (*Maur.*), intonaco a gesso. 25 Innen ~ (*Maur.*), intonaco per interni. 26 Kamm ~ (*Maur.*), intonaco a spazzola, intonaco pettinato. 27 Kellen ~ (Kellenwurf) (*Maur.*), intonaco a cazzuola. 28 Kellenspritz ~ (Kellenwurf) (*Maur.*), intonaco a cazzuola. 29 Kratz ~ (*Maur.*), intonaco granuloso raschiato. 30 Ober ~ (der zweilagigen Schicht) (*Maur.*), secondo strato, strato di rifinitura, stabilitura, civilizzazione, allisciatura. 31 Rauh ~ (Rapputz) (*Maur.*), intonaco rustico. 32 Spritz ~ (*Maur.*), intonaco a spruzzo. 33 Stein ~ (*Maur.*), intonaco a finta pietra. 34 Stipp ~ (Besenputz) (*Maur.*), intonaco picchiettato. 35 Unter ~ (*Maur.*), rinzaffo, intonaco di fondo, primo strato di intonaco. 36 unter ~ (*Elekt.*), sotto intonaco, incassato. 37 Zement ~ (*Maur.*), intonaco di cemento.

Pütze (Pütz) (*f. - naut.*), siehe Eimer.
Putzen (*n. - Maur.*), intonacatura. 2 ~ (Rissbeseitigung) (*Metall. - Schmieden*), scriccatura. 3 ~ (Entgraten) (*Giess.*), sbavatura. 4 Warm ~ (zur Rissbeseitigung) (*Metall.*), scriccatura a caldo.
putzen (*Maur.*), intonacare. 2 ~ (reinigen) (*allg.*), pulire. 3 ~ (oberflächliche Risse beseitigen) (*Metall. - Schmieden*), scriccare. 4 ~ (entgraten) (*Giess.*), sbavare. 5 ~ (polieren) (*mech. Technol.*), lucidare. 6 glatt ~ (*Maur.*), talocciare, frattazzare, piallettare. 7 rauh ~ (*Maur.*), rinzaffare. 8 warm ~ (zur Rissbeseitigung) (*Metall. - Schmieden*), scriccare a caldo.
Putzer (*m. - Giess. - Arb.*), sbavatore.
Putzerei (zum Entgraten von Guss-stücken) (*f. - Giess.*), reparto sbavatura. 2 ~ (zur Rissbeseitigung an Blöcken, etc.) (*Metall. - Schmieden*), reparto scriccatura.
Puzzolanerde (Bröckeltuff) (*f. - Geol.*), pozzolana.
Puzzolanmörtel (*m. - Bauw.*), malta pozzolanica.
PVAC (Polyvinyl-Acetat) (*Kunststoff*), PVAC, poliacetato di vinile.
PVC (Polyvinylchlorid) (*Chem.*), PVC, cloruro di polivinile. 2 ~ -hart (Polyvinylchlorid -hart) (*Chem.*), PVC rigido, cloruro di polivinile rigido. 3 ~ -weich (Polyvinylchlorid -weich) (*Chem.*), PVC plastico, cloruro di polivinile plastico.
p,v- Diagramm (Druck-Volum-Diagramm) (*n. - Phys.*), diagramma di Clapeyron, diagramma del lavoro.
p,w-Diagramm (Druck-Geschwindigkeit-Diagramm, bei Triebwerken) (*n. - Strahltriebw.*), diagramma pressione-velocità.
p-Wert (Phenolphthalein-Alkalität) (*m. - Chem.*), alcalinità determinata con fenolftaleina.
PWM (Impuls-Längen-Modulation) (*Funk.*) modulazione di durata degli impulsi.
Pyknometer (zur Bestimmung des spezifischen Gewichtes von Flüssigkeiten) (*n. - Instr.*), picnometro.
Pylone (*f. - Bauw. - etc.*), pilone.
Pyramidalfehler (*m. - Opt.*), errore piramidale.
Pyramide (*f. - Geom.*), piramide. 2 ~ n·eindruckhärte (*f. - mech. Technol.*), durezza Vickers. 3 ~ n·Härteprüfung (Vickers-Härteprüfung z. B.) (*f. - mech. Technol.*), prova di durezza con piramide (di diamante), prova di durezza Vickers. 4 ~ n·stumpf (abgestumpfte Pyramide) (*m. - Geom.*), tronco di piramide.
Pyranometer (zur Messung der Sonnenstrahlung) (*n. - Ger.*), solarimetro, piranometro.
Pyrargyrit (Ag_3SbS_3) (*m. - Min.*), pirargirite.
Pyrexglas (*n. - Glasind.*), vetro pirex, pirex.
Pyrgeometer (*n. - Geophys. - Ger.*), pirgeometro.
Pyrheliometer (Ger. zur Messung der direkten Sonnenstrahlung) (*n. - Astr. - Phys. - Instr.*), pireliometro.
Pyridin (C_5H_5N) (*n. - Chem.*), piridina.
Pyrit ([FeS_2], Eisenkies) (*m. - Min.*), pirite.
Pyritoeder (*n. - Kristallographie*), piritoedro.
Pyrocellulose (Pyrozellulose) (*f. - Chem.*), pirocellulosa.
Pyroelektrizität (*f. - Elekt.*), piroelettricità.
Pyrogallol ([C_6H_3 $(OH)_3$], Pyrogallussäure) (*n. - Chem. - Phot.*), pirogallolo, orto-triossibenzene.
Pyrokatechin ([C_6H_4 $(OH)_2$], Katechol) (*n. - Chem. - Phot.*), pirocatechina, ortodiossibenzene.
Pyrolusit ([MnO_2], Braunstein, Polianit) (*m. - Min.*), pirolusite.
Pyrolyse (*f. - Chem.*), pirolisi.
Pyrometer (Hitzemesser) (*n. - Instr.*), pirometro. 2 Gesamtstrahlungs ~ (*Instr.*), pirometro a radiazione totale. 3 Strahlungs ~ (*Instr.*), pirometro a radiazione, pirometro ottico. 4 thermoelektrisches ~ (*Instr.*), pirometro termoelettrico. 5 Widerstands ~ (*Instr.*), pirometro a resistenza.
pyrophor (*Metall.*), piroforico.
Pyrophosphorsäure ($H_4P_2O_7$) (*f. - Chem.*), acido pirofosforico.
Pyrophyllit ($Al_2O_3 \cdot 4SiO_2 \cdot H_2O$) (*m. - Min.*), pirofillite.
Pyropissit (bitumreiche Braunkohle) (*m. - chem. Ind.*), piropissite.
Pyroschwefelsäure ($H_2S_2O_7$) (*f. - Chem.*), acido pirosolforico.
Pyrotechnik (Feuerwerktechnik) (*f. - Expl.*), pirotecnica.
Pyrotron (*n. - Kernphys. - Ger.*), siehe Spiegelmaschine.

Pyroxen

Pyroxen (*n. - Min.*), pirosseno.
Pyroxylin (*n. - Chem. - Expl.*), pirossilina. 2 ~ lack (*m. - Austr.*), vernice alla pirossilina.
Pyrrol (C_4H_5N) (*n. - Chem.*), pirrolo.
Pythagoreisch (*Math.*), pitagorico. 2 ~ er Lehrsatz (*Math.*), teorema di Pitagora.

PZ (Portlandzement) (*Bauw.*), cemento Portland.
Pz (Panzerplatte, eines Akkumulators) (*Elekt.*), piastra corazzata.
PZ-Regler (P-Regler mit Störgrössenabgleich) (*m. - Ger.*), regolatore proporzionale con compensazione di disturbo.

Q

Q (Wärmemenge) (*Phys.*), Q, quantità di calore. 2 ~ (Elektrizitätsmenge, Ladung) (*Elekt.*), Q, quantità di elettricità. 3 ~ (Blindleistung) (*Elekt.*), potenza reattiva. 4 ~ (Gütefaktor) (*Phys.*), Q, fattore di qualità, fattore di merito, fattore di bontà. 5 ~ (Flanschkrümmer) (*Leit.*), curva a flange. 6 ~ (Lichtmenge) (*Beleucht.*), Q, quantità di luce.
q (Quadrat) (*Mass*), q, quadrato. 2 ~ (Zentner, 100 kp) (*Masseinheit*) (*österr.*), q, quintale. 3 ~ (Ladung, des Elektrons) (*Phys.*), carica. 4 ~ (Schallfluss) (*Akus.*), flusso acustico. 5 ~ (S, Querschnitt) (*Geom. - etc.*), sezione.
Q-Antenne (*f. - Funk.*), antenna Q, antenna con adattatore.
Q-Band (Frequenzband, von 35.000 bis 45.000 MHz) (*n. - Radar*), banda Q.
qcm (Quadratzentimeter) (*Mass*), cm², centimetro quadrato.
qdm (Quadratdezimeter) (*Mass*), dm², decimetro quadrato.
Q-Faktor (Gütefaktor, Q) (*m. - Phys.*), Q, fattore Q, fattore di qualità, fattore di merito, fattore di bontà.
Q-H-Linie (Drosselkurve, einer Kreiselpumpe) (*f. - Masch.*), caratteristica QH, caratteristica prevalenza-portata.
qkm (Quadratkilometer) (*Mass*), km², chilometro quadrato.
Q-Kode (*Telegr.*), codice Q.
qm (Quadratmeter, m²) (*Mass*), m², metro quadrato.
Q-Meter (Gütemesser) (*n. - Funk.*), Q-metro.
QS (Quecksilbersäule) (*Phys.*), colonna di mercurio.
Q-Stück (Flanschenkrümmer 90°) (*n. - Leit.*), curva a 90° con due flange.
Quader (Mauerstein) (*m. - Bauw.*), concio, pietra squadrata. 2 ~ (Parallelotop, das von sechs Rechtecken begrenzt wird) (*Math.*), parallelepipedo. 3 ~ formation (Kreide) (*f. - Geol.*), cretaceo. 4 ~ mauerwerk (Werksteinmauerwerk) (*n. - Maur.*), muratura di conci, muratura in pietra da taglio. 5 ~ sandstein (*m. - Geol.*), arenaria del cretaceo superiore. 6 ~ verkleidung (*f. - Bauw.*), rivestimento con pietra da taglio. 7 Stirn ~ (*Bauw.*), concio frontale, concio per facciata.
Quadrant (Viertelkreis) (*m. - Math.*), quadrante. 2 ~ (*Astr. - naut. - Instr.*), quadrante solare, meridiana. 3 ~ al·ausschlag (*m. - naut. - etc.*), deviazione quadrantale. 4 ~ en·elektrometer (*n. - Elekt.*), elettrometro a quadrante, elettrometro di Kelvin.
Quadrat (ebenes Viereck) (*n. - Geom.*), quadrato. 2 ~ (zweite Potenz) (*Math.*), quadrato, seconda potenza. 3 ~ (*Druck.*), quadratone. 4 ~ eisen (*n. - metall. Ind.*), barra quadra di ferro. 5 ~ kaliber (*n. - Walzw.*), calibro quadro. 6 ~ karte (*f. - Top. - etc.*), carta con reticolo. 7 ~ meter (m²) (*m. - Masseinheit*), metro quadrato. 8 ~ seil (aus Litzen geflochten) (*n. - Seile*), fune a trefoli intrecciati. 9 ~ sieb (Quadratlochsieb, Maschensieb) (*n. - Ger.*), crivello a maglia quadrata, vaglio a maglia quadrata. 10 ~ spundung (*f. - Tischl.*), incastro a maschio e femmina a sezione quadrata. 11 ~ stahl (*m. - metall. Ind.*), barra quadrata di acciaio. 12 ~ wurzel (zweite Wurzel) (*f. - Math.*), radice quadrata. 13 ~ zahl (*f. - Math.*), quadrato, numero al quadrato. 14 fünf zum ~ (*Math.*), cinque al quadrato. 15 halbes ~ (*Druck.*), quadratino. 16 ins ~ erheben (quadratisch erhöhen) (*Math.*), elevare al quadrato. 17 Verfahren der kleinsten ~ e (*Math.*), metodo dei minimi quadrati.
quadratisch (*allg.*), quadrato (*a.*). 2 ~ (Gleichung z. B.) (*Math.*), quadratico. 3 ~ (Motor dessen Bohrung und Hub ungefähr gleich sind) (*Mot.*), quadro, ad alesaggio e corsa (circa) uguali. 4 ~ e Abhängigkeit (*Math. - etc.*), relazione quadratica. 5 ~ er Detektor (*Ger.*), rivelatore quadratico. 6 ~ erhöhen (ins Quadrat erheben) (*Math.*), elevare al quadrato. 7 ~ er Mittelwert (*Math. - Phys.*), valore efficace, valore medio al quadrato. 8 ~ zunehmen mit (*Math.*), aumentare con il quadrato di.
Quadratur (*f. - Math. - Geom.*), quadratura. 2 ~ des Zirkels (Quadratur des Kreises) (*Geom.*), quadratura del circolo.
quadrieren (in die zweite Potenz erheben) (*Math.*), elevare al quadrato, elevare alla seconda potenza. 2 ~ (*Maur.*), intonacare a finti conci.
Quadrik (algebraische Fläche zweiter Ordnung) (*f. - Math.*), quadrica.
Quadrillion (10^{24}) (*f. - Math.*), quadrilione.
quadrupel (quadruplex, vierfach) (*allg.*), quadruplo.
Quadruplett (Spektrumlinie) (*n. - Opt.*), quadrupletto.
Quadrupol (*m. - Elekt.*), quadripolo. 2 ~ moment (*n. - Phys.*), momento di quadripolo.
Qualifikation (Befähigung) (*f. - allg.*), qualificazione.
qualifizieren (*allg.*), qualificare.
Qualimetrie (Lehre der Messung der Qualität) (*f. - Lehre*), qualimetria.
Qualität (Güte) (*f. - allg.*), qualità. 2 ~ (Gütegrad einer bearbeiteten Oberfläche) (*Mech.*), grado di qualità, qualità. 3 ~ s·blech (*n. - metall. Ind.*), lamiera di alta qualità. 4 ~ s·erzeugnis (*n. - komm.*), prodotto di qualità. 5 ~ s·guss (Temperstahlguss) (*m. - Giess.*), ghisa acciaiosa. 6 ~ s·kontrolle (*f. - mech. Technol.*), controllo della qualità. 7 ~ s·stahl (mit nicht mehr als 0,045-0,05% Phosphor und Schwefel) (*m. - Metall.*), acciaio di qualità. 8 ~ s·zeichen (*n. - komm. - etc.*), marchio di qualità. 9 ~ s·marke (*f. -*

qualitativ

komm.), marchio di qualità. **10 statistische ~ s·kontrolle** (*mech. Technol.*), controllo statistico della qualità.

qualitativ (*allg.*), qualitativo.

Qualm (dicker Rauch) (*m. - Verbr.*), fumo denso. **2 ~** (Qualmwasser, hervorquellendes Wasser) (*Wass.b.*), fontanazzo. **3 ~ deich** (gegen Qualmwasser, mit Ableitungsmöglichkeit in den Polder) (*m. - Wass.b.*), coronella (con scarico in campagna). **4 ~ deich** (*Wass. b.*), *siehe auch* Schlossdeich. **5 ~ wasser** (Qualm) (*n. - Wass.b.*), fontanazzo. **6 Öl ~** (Ölrauch) (*Aut. - Mot.*), fumo d'olio.

Quant (Quantum) (*n. - Phys.*), quanto. **2 ~** (Lichtquant) (*Phys.*), quanto di luce, fotone. **3 ~ en·ausbeute** (*f. - Phys.*), rendimento quantico. **4 ~ en·elektrodynamik** (*f. - Phys.*), elettrodinamica quantistica. **5 ~ en·emission** (*f. - Phys.*), emissione quantica. **6 ~ en·mechanik** (*f. - Phys.*), meccanica quantistica. **7 ~ en·sprung** (*m. - Elektronik*), salto quantico. **8 ~ en·statistik** (*f. - Phys.*), statistica quantistica. **9 ~ en·theorie** (*f. - Phys.*), teoria quantistica. **10 ~ en·zahl** (*f. - Phys.*), numero quantico. **11 Azimutal- ~ en·zahl** (*Phys.*), numero quantico azimutale. **12 innere ~ en·zahl** (*Phys.*), numero quantico interno.

quanteln (*Phys.*), quantizzare.

Quantelung (Quantisierung) (*f. - Phys.*), quantizzazione. **2 ~** (*f. - Math. - etc.*), *siehe* Quantisierung.

quantisieren (*Phys.*), quantizzare.

Quantisierung (Quantelung) (*f. - Phys.*), quantizzazione. **2 ~** (Quantelung, ein Vorgang zum Zerlegen den Bereich einer veränderlichen Grösse in kleinere Einheiten) (*f. - Math. - etc.*), quantizzazione.

Quantität (Menge) (*f. - allg.*), quantità.

quantitativ (*allg.*), quantitativo. **2 ~ e Analyse** (*Chem.*), analisi quantitativa.

Quantometer (bei Spektralanalyse) (*n. - Ger.*), quantometro. **2 Emissions ~** (zum Messen der Konzentration chem. Elementen) (*Ger.*), quantometro ad emissione.

Quantor (*m. - Math.*), quantificatore.

Quantum (Menge, Anzahl) (*n. - allg.*), quantità. **2 ~** (unteilbare Menge) (*Phys.*), quanto. **3 Energie ~** (*Phys.*), quanto di energia. **4 Wirkungs ~** (*Phys.*), quanto di azione.

Quarantäne (*f. - naut.*), quarantena. **2 ~ flagge** (*f. - naut.*), bandiera di quarantena.

Quark (Schlamm) (*m. - allg.*), fango, morchia.

Quart (ein Viertel) (*n. - allg.*), un quarto. **2 ~** (Papiergrösse, 22,5 × 28,5 cm) (*Papierind.*), formato in quarto, foglio (di carta) da 22,5 × 28,5 cm. **3 ~** (Buchformat) (*Druck.*), formato in quarto.

Quartal (*n. - allg.*), trimestre. **2 ~ s·abonnement** (*n. - komm.*), abbonamento trimestrale. **3 ~ s·zahlung** (*f. - komm.*), pagamento trimestrale.

quartaliter (quartalsweise) (*adv. - allg.*), trimestralmente.

Quarterdeck (*n. - naut.*), cassero.

Quartier (Wohnung) (*n. - Bauw.*), quartiere. **2 ~** (Stadtquartier) (*Bauw.*), quartiere. **3 ~ stück** (Viertelstück, eines Ziegels) (*n. - Maur.*), quarto, boccone.

Quarto-Walzgerüst (Quartogerüst, mit vier Walzen) (*n. - Walzw.*), gabbia doppio duo, laminatoio doppio duo, gabbia quarto.

Quarz (*m. - Min.*), quarzo. **2 ~ fels** (Quarzit) (*m. - Min.*), quarzite. **3 ~ filter** (*m. - Phys.*), filtro a quarzo. **4 ~ generator** (*m. - Elektronik*), oscillatore a cristallo. **5 ~ glas** (für Geräte) (*n. - Phys. - Chem. - Opt.*), vetro di quarzo. **6 ~ lampe** (*f. - Ger.*), lampada di quarzo. **7 ~ plättchen** (*n. - Phys.*), lamina di quarzo. **8 ~ sand** (*m. - Bauw.*), sabbia quarzosa. **9 ~ schiefer** (*m. - Min.*), scisto quarzoso, schisto quarzoso. **10 ~ schwinger** (*m. - Phys.*), piezooscillatore. **11 ~ steuerung** (der Frequenz) (*f. - Elektronik*), controllo a quarzo. **12 Saphir ~** (*Min.*), zaffiro di quarzo.

quarzelektrisch (piezoelektrisch) (*Elekt.*), piezoelettrico.

Quarzit (Quarzfels) (*m. - Min.*), quarzite.

quarzstabilisiert (*Elektronik*), stabilizzato a quarzo.

quasielastisch (*Mech.*), quasi-elastico.

quasihomogen (Reaktor) (*Kernphys.*), quasi-omogeneo.

quasioptisch (*Opt.*), quasi-ottico.

quasiperiodisch (Funktion) (*Math.*), quasi-periodico.

quasistabil (*Phys.*), quasi-stabile.

quasistationär (*Phys.*), quasi-stazionario.

quasistatisch (*Phys.*), quasistatico.

Quast (Quaste, breiter Pinsel) (*m. - Ger.*), pennellessa.

quaternär (*Chem. - etc.*), quaternario.

Quaternärstahl (*m. - Metall.*), acciaio quaternario.

Quaternion (*n. - Math.*), quaternione.

Quebrachoholz (*n. - Holz*), quebracho.

Quecksilber (*Hg - n. - Chem.*), mercurio. **2 ~ amalgam** (*n. - Metall.*), amalgama di mercurio. **3 ~ barometer** (*n. - Instr.*), barometro a mercurio. **4 ~ bogenlampe** (Quecksilberdampfbogenlampe) (*f. - Beleucht.*), lampada a vapori di mercurio. **5 ~ chlorid** ([Hg Cl$_2$] Quecksilbersublimat) (*n. - Chem.*), sublimato corrosivo, bicloruro di mercurio. **6 ~ dampfgleichrichter** (*m. - Elekt.*), raddrizzatore a vapori di mercurio. **7 ~ dampflampe** (Gasentladungslampe) (*f. - Beleucht.*) lampada a vapori di mercurio. **8 ~ elektrode** (*f. - Elekt.*), elettrodo di mercurio. **9 ~ legierung** (Amalgam) (*f. - Chem.*), amalgama. **10 ~ manometer** (*n. - Instr.*), manometro a mercurio. **11 ~ säule** (eines Quecksilbermanometers) (*f. - Instr.*), colonna di mercurio. **12 ~ sublimat** (Quecksilberchlorid) (*n. - Chem.*), sublimato corrosivo. **13 ~ thermometer** (*n. - Instr.*), termometro a mercurio. **14 ~ vergiftung** (Merkurialismus, Berufskrankheit) (*f. - Med. - Ind.*), mercurialismo, avvelenamento cronico da mercurio, idrargirismo. **15 ~ wippe** (Quecksilberschalter) (*f. - Elekt.*), interruttore a mercurio.

Quelldeich (gegen Drängewasser, ohne Ableitungsmöglichkeit in den Polder) (*m. - Wass.b.*) coronella (con scarico in campagna).

Quelle (*f. - allg.*), sorgente, fonte. **2 ~** (von Erdöl) (*Bergbau*), pozzo. **3 ~ n·impedanz** (*f. - Elekt.*), impedenza sorgente. **4 ~ n·kraft** (eines elekt. Feldes, tritt an der Oberfläche aller geladenen Leiter auf) (*f. - Elekt.*), forza (meccanica) di campo (elettrico o magnetico). 5 ~ n·kritik (*f. - Druck.*), esegesi. 6 ~ n·programm (Quellprogramm) (*m. - Rechner*), programma di origine. 7 ~ n·sprache (*f. - Rechner*), linguaggio sorgente. 8 ~ n·steuer (Quellenabzug) (*f. - finanz.*), imposizione alla fonte. 9 Einkommens ~ (*finanz.*), fonte di reddito. 10 Elektrizitäts ~ (*Elekt.*), fonte di energia elettrica. 11 Geld ~ n (Finanzquellen) (*pl. - finanz.*), risorse finanziarie. 12 Heil ~ (Mineralquelle) (*Geol.*), sorgente minerale. 13 Licht ~ (*Beleucht.*), sorgente luminosa. 14 natürliche Hilfs ~ n (*Geol. - etc.*), risorse naturali.

Quellen (Feuchtigkeitsausdehnung) (*n. - Bauw.*), rigonfiamento. 2 ~ (von Holz) (*Prüfung*), ringofiamento.

quellen (von Wasser z. B., herausfliessen) (*allg.*), scaturire, sgorgare. 2 ~ (dick werden) (*allg.*), gonfiarsi. 3 ~ (mazerieren) (*allg.*), macerare. 4 ~ (schwellen) (*allg.*), gonfiarsi, ingrossare.

quellenfrei (sinusförmig, Feld) (*Elekt.*), sinusoidale.

quellenkritisch (*Druck.*), esegetico.

Quellgummi (*m. - Werkstoff*), ebanite espansibile.

Quellkade (Aufkadung auf der Binnenböschung oder am Böschungsfuss eines Deiches) (*f. - Wass.b.*), soprassoglio.

Quellmass (von wassergetränktem Holz) (*n. - Holz*), indice di rigonfiamento, misura percentuale del rigonfiamento.

Quellprogramm (Quellenprogramm) (*m. - Rechner*), programma di origine.

Quellpunkt (von Verkehr z. B.) (*m. - Strass.ver. - etc.*), punto di origine.

Quellschüttung (*f. - Geol.*), portata della sorgente.

quellsicher (Material) (*Technol.*), non rigonfiabile.

quellstofflich (kolloidal) (*Chem.*), colloidale.

Quellung (Volumenvergrösserung) (*f. - Anstr.fehler*), rigonfiamento.

Quellversuch (von Holz) (*m. - Holz*), prova di rigonfiamento, prova di assorbimento di acqua.

Quellwasser (*n. - Geol.*), acqua sorgiva, acqua di sorgente.

Quellwert (Wasserrückhaltevermögen) (*m. - Textil. - Technol.*), potere d'imbibizione.

Quellzement (bei der Erhärtung quellender Zement) (*m. - Bauw.*), cemento espansivo.

quer (kreuzend) (*allg.*), trasversale. 2 ~ zur Faserrichtung (*Metall. - etc.*), trasversalmente alle fibre. 3 ~ zur Walzrichtung (*Walzw.*), trasversalmente alla direzione di laminazione

Querachse (*f. - allg.*), asse trasversale.

Queranschlag (*m. - Werkz.masch.*), scontro dell'avanzamento trasversale, arresto dell'avanzamento trasversale, fine corsa dell'avanzamento trasversale.

Queraufrichtungsstabilität (Querstabilität) (*f. - Flugw.*), stabilità trasversale.

Queraufschleppe (geneigte Ebene zum Herausziehen von Schiffen aus dem Wasser) (*f. - naut.*), scalo di alaggio trasversale.

Querbahnsteig (eines Bahnhofs) (*m. - Eisenb.*), marciapiedi trasversale.

Querbalken (Querträger) (*m. - Bauw. - etc.*), trave trasversale. 2 ~ (einer Doppelständerhobelmaschine z. B.) (*Werkz.masch.*), traversa.

Querbelastung (*f. - Bauw.*), carico trasversale. 2 ~ (einer Welle z. B.) (*Mech.*), carico radiale.

Querbewegung (Querverschiebung, eines Schlittens z. B.) (*f. - Werkz.masch.*), movimento trasversale.

Querbewehrung (Querarmierung, von Beton) (*f. - Bauw.*), armatura trasversale.

Querbiegeversuch (*m. - Baukonstr.lehre*), prova a flessione.

Querblattfeder (*f. - Aut.*), balestra trasversale.

Querdamm (*m. - Wass.b.*), diga.

Querdeckskrümmung (*f. - Schiffbau*), bolzone.

Querdehnung (*f. - Phys.*), dilatazione trasversale. 2 ~ s·ziffer (Poissonsche Konstante) (*f. - Baukonstr.lehre*), coefficiente di Poisson, rapporto di deformazione trasversale.

Queren (*n. - Strass.ver. - etc.*), attraversamento.

queren (*allg.*), attraversare.

Querfaser (*f. - allg.*), fibra trasversale.

Querfeder (*f. - Aut.*), balestra trasversale.

Querfederung (Federung in Wagenquerrichtung) (*f. - Aut.*), molleggio trasversale.

Querfeld (*n. - Elekt.*), campo trasversale. 2 ~ -Wanderfeldröhre (*f. - Elektronik*), tubo ad onda progressiva a campo trasversale.

Querfeldeinwagen (Geländefahrzeug) (*m. - Fahrz.*), veicolo per fuori strada.

Querfestigkeit (Schubfestigkeit) (*f. - Baukonstr.lehre*), resistenza al taglio.

Querfeuer (*n. - milit.*), tiro d'infilata.

Querfuge (*f. - allg.*), giunto trasversale.

Quergang (Querschlag) (*m. - Bergbau*), galleria traversobanco.

Quergefälle (*n. - Ing.b.*), pendenza trasversale.

quergerippt (*Mech. - etc.*), con nervature trasversali.

Querglied (*n. - Elekt.*), derivazione, «shunt».

Querhaupt (Traverse) (*n. - allg.*), traversa. 2 ~ (einer Schmiedepresse oder Zweiständer-Hobelmaschine z. B.) (*Masch.*), traversa fissa.

Querholz (Hirnholz) (*n. - Tischl.*), legno tagliato trasversalmente alla fibra.

Querkeil (*m. - Mech.*), chiavetta trasversale.

Querkontraktion (Querkürzung) (*f. - Bauw.*), contrazione trasversale.

Quer- Kontrolle (*f. - Rechner*), controllo trasversale.

Querkraft (Scherkraft) (*f. - Baukonstr.lehre - Mech.*), forza di taglio. 2 ~ (des Windes z. B.) (*Aut. - etc.*), forza trasversale, forza laterale.

Querkreissäge (*f. - Werkz.*), sega circolare per tagli trasversali.

Querlager (Radiallager) (*n. - Mech.*), cuscinetto radiale.

Querlast (Radiallast, eines Lagers z. B.) (*f. - Mech.*), carico radiale.

Querleitwert (*m. - Elekt.*), conduttanza in derivazione.

Querlenker (einer Aufhängung) (*m. - Aut.*), braccio trasversale. **2 Doppel ~** (einer Aufhängung) (*Aut.*), quadrilatero laterale, quadrilatero trasversale. **3 oberer ~** (einer Aufhängung) (*Aut.*), braccio trasversale superiore. **4 Trapez ~** (einer Aufhängung) (*Aut.*), quadrilatero laterale, quadrilatero trasversale. **5 unterer ~** (einer Aufhängung) (*Aut.*), braccio trasversale inferiore.

Querlochbohreinrichtung (eines Drehautomats) (*f. - Werkz.masch.*), accessorio per fori trasversali.

Quermodulation (Kreuzmodulation) (*f. - Funk.*), intermodulazione.

Quermoment (*n. - Flugw. - naut.*), momento di rollio.

Quernachgiebigkeit (Querfederung in kleinen Grenzen) (*f. - Aut.*), molleggio trasversale.

Querneigung (*f. - Flugw.*), inclinazione trasversale. **2 ~ s·messer** (*m. - Flugw. - Instr.*), indicatore di sbandamento, sbandometro, indicatore dell'inclinazione trasversale. **3 ~ s- und Wendemesser** (*Flugw. - Instr.*), indicatore di virata e sbandamento.

Querprofil (Querschnitt, einer Strasse) (*n. - Ing.b.*), sezione trasversale.

Querreaktanz (*f. - Elekt.*), componente trasversale della reattanza.

Querrichtung (im rechten Winkel zur Maschinenrichtung, des Stoff·flusses auf der Papiermaschine) (*f. - Papierind.*), direzione trasversale (a quella di macchina).

Querrinne (Verkehrszeichen) (*f. - Strass.ver.*), cunetta.

Querruck (Radialbeschleunigungsänderung in der Zeiteinheit, in m/s³ gemessen) (*m. - Eisenb.*), variazione di accelerazione trasversale.

Querruder (Verwindungsklappen) (*n. - Flugw.*), alettone. **2 ~ ausgleichsfläche** (*f. - Flugw.*), superficie di compensazione dell'alettone. **3 ~ ausgleichsklappe** (*f. - Flugw.*), aletta di compensazione dell'alettone. **4 ~ trimmklappe** (*f. - Flugw.*), correttore dell'alettone, aletta correttrice dell'alettone. **5 ausgeglichenes ~** (*Flugw.*), alettone compensato.

Quersäge (*f. - Werkz.*), segone, sega per tagli trasversali, sega da tronchi.

Querschieber (Querschlitten, Planschlitten) (*m. - Werkz.masch.*), carrello trasversale.

Querschiff (Querhaus, einer Kirche) (*n. - Arch.*), transetto.

querschiffs (*naut.*), per il traverso.

Querschlag (Quergang) (*m. - Bergbau*), galleria traversobanco.

Querschlitten (*m. - Werkz.masch.*), slitta trasversale.

Querschneide (eines Spiralbohrers) (*f. - Werkz.*), tagliente trasversale.

querschneiden (Holz) (*Tischl.*), tagliare trasversalmente alla fibra.

Querschneider (*m. - Papierind. - Masch.*), taglierina per fogli stesi. **2 Gleichlauf-Rotations ~** (*Masch.*), troncatrice trasversale rotativa sincrona.

Querschneidwinkel (eines Spiralbohrers) (*m. - Werkz.*), angolo anteriore di penetrazione, angolo del tagliente trasversale.

Querschnitt (*m. - Zeichn. - etc.*), sezione (trasversale). **2 ~** (Schnitt quer zur Faser) (*Tischl.*), taglio trasversale alla fibra. **3 ~** (Querprofil, einer Strasse) (*Ing.b.*), sezione trasversale. **4 ~ s·ansicht** (*f. - Zeichn.*), vista in sezione. **5 ~ s·verhältnis** (Umformverhältnis, Formänderungsverhältnis, beim Fliesspressen) (*n. - mech. Technol.*), rapporto di estrusione, rapporto di deformazione. **6 ~ s·verminderung** (beim Ziehen z. B.) (*f. - mech. Technol.*), riduzione di sezione, **7 ~ s·verminderung** (Einschnürung) (*Baukonst.lehre*), strizione. **8 ~ s·zeichnung** (*f. - Zeichn.*), disegno in sezione. **9 Bruch ~ s·verminderung** (Brucheinschnürung) (*f. - Werkstoffprüfung*), strizione alla rottura. **10 kreisförmiger ~** (*allg.*), sezione circolare.

Querschott (*n. - Schiffbau*), paratia trasversale.

Querschwelle (*f. - Eisenb.*), traversina.

Querschwingung (*f. - Phys.*), vibrazione trasversale.

Quersiederohrkessel (*m. - Kessel*), caldaia a tubi incrociati.

Querspant (*m. - Schiffbau*), ordinata.

Querspiel (eines Lagers, Radialspiel) (*n. - Mech.*), gioco radiale.

Querspülung (bei der der Gasstrom quer zum Kolben ein- und ausgelassen wird) (*f. - Mot.*), lavaggio trasversale.

Querstabilität (*f. - Flugw.*), stabilità trasversale. **2 ~ s·achse** (Verbindung der beiden Momentanzentren von Vorder- und Hinterachse) (*f. - Aut.*), asse di stabilità trasversale.

Quersteuer (Querruder) (*n. - Flugw.*), alettone.

Querstollen (*m. - Bergbau*), galleria traversobanco.

Querstrahler (Querstrahlantenne) (*m. - Funk.*), antenna a radiazione trasversale.

Querstrasse (*f. - Strass.ver.*), strada trasversale.

Querstrich (*m. - Druck.*), lineetta.

Querstrommikrophon (*n. - Fernspr.*), microfono a corrente trasversale.

Querstromspülung (beim Zweitaktmotor, wenn Auslass·schlitz und Überströmungskanal-Öffnung sich gegenüberstehen) (*f. - Mot.*), lavaggio trasversale.

Querstromvergaser (Horizontalvergaser, Flachstromvergaser) (*m. - Aut. - Mot.*), carburatore orizzontale.

Quersupport (Querschlitten) (*m. - Werkz.masch.*), slitta trasversale.

Querteilung (einer Nietung) (*f. - Mech.*), passo trasversale.

Querträger (eines Rahmens) (*m. - Aut. - etc.*), traversa. **2 ~** (Querbalken) (*Bauw.*), trave trasversale. **3 ~** (einer Stange) (*Elekt. - etc.*), traversa. **4 ~ mit geschlossenem Blechrahmen** (*Aut. - etc.*), traversa scatolata.

Querverband (Bauglied, einer Stahlbrücke) (*m. - Bauw.*), traversa.

Querverbund (Vereinigung von Gas- und Elektrizitätsversorgung) (*m. - Elekt.*), azienda elettrica e del gas.

Querverschiebung (Querbewegung) (*f. - Werkz.masch.*), movimento trasversale.

Querverschleiss (eines Reifens, herrührend

von zu viel Vorspur z. B.) (*m. - Aut.*), usura laterale, usura trasversale.
Querversteifung (*f. - Bauw.*), irrigidimento trasversale.
Querverstrebung (*f. - Bauw.*), controventatura trasversale.
Quervorschub (*m. - Werkz.masch.*), avanzamento trasversale.
Querwalzen (*n. - Walzw.*), laminazione trasversale.
Querwelle (Transversalwelle) (*f. - Phys.*), onda trasversale. 2 ~ n·presse (mech. Presse in der die Antriebswelle von vorne nach hinten verläuft) (*f. - Masch.*), pressa (meccanica) ad albero trasversale.
Querwind (*m. - Flugw. - etc.*), vento trasversale.
Querwinkel (*m. - naut.*), angolo di rollìo.
Querzahl (Poissonsche Konstante) (*f. - Baukonstr.lehre*), coefficiente di Poisson, rapporto di deformazione trasversale.
Querzugfestigkeit (von Holzwerkstoffen, quer zu der Faserrichtung) (*f. - Technol.*), resistenza a trazione trasversalmente alle fibre.
Querzylinder (für hydraulische Querbewegungen) (*m. - Werkz.masch. - etc.*), cilindro per la traslazione trasversale.
Quetschanschluss (eines Leiters) (*m. - Elekt.*), attacco a pressione.
Quetsche (für Erze) (*f. - Bergbau*), impianto di frantumazione. 2 ~ (*Metall. - Walzw.*), siehe Zängewalzwerk (*n.*).
Quetscheffekt (Pinch-Effekt, Schnüreffekt) (*m. - Elekt.*), reostrizione.
Quetschen (Flachdrücken unter einer Presse von Teilen, die aus Rundmaterial hergestellt sind z. B.) (*n. - mech. Technol.*), appiattimento, schiacciamento. 2 ~ (des Schlauches) (*Aut. - Fehler*), pizzicatura.
quetschen (breitdrücken) (*allg.*), schiacciare. 2 ~ (pressen) (*allg.*), spremere, strizzare. 3 ~ (Erze) (*Bergbau*), frantumare. 4 ~ (*Metall.*), siehe zängen.
Quetscher (Quetsche [*f.*]) (*m. - Ger.*), spremitoio, apparecchio per spremere. 2 ~ (Münzpräger) (*Arb.*), coniatore.
Quetschgrenze (Grenzlast, bei der ein durch Druck belasteter Werkstoff zu fliessen beginnt) (*f. - Baukonstr.lehre*), limite di snervamento a compressione.
Quetschhahn (zur Regulierung des Durchgangs durch Schläuche) (*m. - chem. Ger.*), pinza (per tubi di gomma).
Quetschkondensator (*m. - Elekt.*), condensatore (variabile) a pressione.
Quetschkopf (Zylinderkopf mit keil- oder wannenförmigem Brennraum) (*m. - Mot.*), testa (cilindro per camera di combustione) cuneiforme.

Quetschmühle (*f. - Masch.*), mulino.
Quetschnahtschweissung (*f. - mech. Technol.*), saldatura plastica continua.
Quetschöl (zwischen den Zähnen eines Räderpaars z. B.) (*n. - Mech.*), olio intrappolato.
Quetschung (*f. - Med.*), contusione. 2 ~ (Teil einer Lampe neben dem Sockel) (*f. - Beleucht.*), pinzatura.
Quetschverbindung (*f. - Elekt.*), connessione a compressione, connessione a schiacciamento.
Quetschwalzwerk (*n. - Masch.*), frantoio a cilindri.
Quick (Quecksilber) (*m. - Chem.*), mercurio. 2 ~ arbeit (*f. - Chem. - Metall.*), amalgamazione. 3 ~ brei (Amalgam) (*m. - Chem.*), amalgama. 4 ~ sand (*m. - Geol.*), sabbie mobili.
«**Quicklock**» (selbstsichernde Mutter) (*Mech.*), «quicklock», dado autobloccante.
quicken (amalgamieren) (*Chem. - Metall.*), amalgamare.
Quietschen (Kreischen, der Bremsen) (*n. - Aut. - Fehler*), lo stridere.
quietschen (der Bremsen z. B.) (*Aut. - etc.*), stridere.
quinär (*allg.*), quinario.
Quintillion (10^{30}) (*f. - Math.*), quintilione.
Quirl (Rotor, Rotation, Wirbel) (*m. - Vektoranalysis*), rotazionale (*s.*), vorticale (*s.*).
Quirlantenne (*f. - Funk.*), antenna ad arganello, antenna a campo rotante.
quittieren (eine Rechnung) (*Adm. - komm.*), quietanzare. 2 ~ (die Stellung eines Schalters z. B. anzeigen) (*Elekt.*), confermare. 3 ~ (aufgeben, den Dienst z. B.) (*Arb. - etc.*), rinunciare.
Quittung (Empfangsschein) (*f. - Adm. - komm.*), quietanza, ricevuta. 2 ~ s·relais (*n. - Funk. - Elekt.*), relè di conferma. 3 ~ s·schalter (Drehschalter, zum Stellungsanzeigen von Schaltern, etc.) (*m. - Elekt.*), commutatore di conferma.
Quiz (*n. - Zeitg. - Fernseh. - etc.*), quiz.
Quorum (Anzahl von Mitgliedern, die für eine Beschlussfassung anwesend sein müssen) (*n. - finanz. - etc.*), quorum.
Quote (Anteil) (*f. - allg.*), quota. 2 ~ (Kontingent) (*finanz.*), quota. 3 Ausfuhr ~ (*komm.*), quota di esportazione.
Quotient (Teilzahl) (*m. - Math.*), quoziente. 2 ~ differentialrelais (*n. - Elekt.*), relè differenziale di quoziente. 3 ~ en·messer (elekt. Messgerät zur Messung der Quotienten zweier Ströme z. B.) (*m. - elekt. Instr.*), logometro. 4 Intelligenz- ~ (*Psychotechn.*), quoziente di intelligenza.
quotieren (einen Preis geben) (*komm.*), quotare.
Quotierung (Preisquotierung) (*f. - komm.*), quotazione, offerta.
Q-Wert (*Phys.*), siehe Q-Faktor.

R

R (Réaumur, Grad, bei Temperaturangaben) (*Phys.*), R, Réaumur. **2** ~ (rechter Winkel) (*Geom.*), angolo retto. **3** ~ (Rauhtiefe, Abstand des Grundprofils vom Hüllprofil) (*Mech.*), (valore massimo della) rugosità. **4** ~ (Einschreiben) (*Post*), raccomandata. **5** ~ (r, Radius) (*Geom.*), r, raggio. **6** ~ (Gaskonstante) (*Phys.*), R, costante dei gas. **7** ~ (Widerstand) (*Elekt.*), R, resistenza. **8** ~ (Relais) (*Elekt.*), relè. **9** ~ (Metall-Rohr-Mantel, eines Kabels) (*Elekt.*), (guaina di) tubo metallico. **10** ~ (Rohrgewinde) (*Leit. - Mech.*), filettatura gas. **11** ~ (beruhigt, Stahl) (*Metall.*), calmato. **12** ~ (Reinheit) (*Metall.*), purezza. **13** ~ (Schallisolationsmass) (*Akus.*), R, indice di riduzione acustica.

r (Radius, Halbmesser) (*Geom. - etc.*), raggio. **2** ~ (Röntgen, Dosiseinheit der Röntgenstrahlung) (*Masseinheit*), r, röntgen. **3** ~ (Ruhekontakt, eines Relais) (*Elekt.*), contatto di riposo.

r. (rund, etwa) (*allg.*), ca., circa. **2** ~ (recht) (*allg.*), destro.

Ra (Mittenrauhwert) (*Mech.*), rugosità media, valore medio della rugosità. **2** ~ (Radium) (*Chem.*), Ra, radio.

Raa (Rahe, Rah) (*f. - naut.*), pennone. **2 mit nackten ~ en** (segellos) (*naut.*), a secco di vele.

rabaissieren (den Preis herabsetzen) (*komm.*), ribassare.

Rabatt (Abzug vom Kaufpreis bei Barzahlung) (*m. - komm.*), sconto (per acquisto a contanti). **2** ~ (Preisabzug für Wiederverkäufer) (*komm.*), sconto provvigione. **3** ~ **marke** (*f. - komm.*), buono sconto.

Rabitzdecke (Drahtputzdecke mit Einlage von Drahtgewebe) (*f. - Maur.*), soffittatura Rabitz, soffittatura a rete metallica intonacata.

Rabitzgeflecht (Rabitzgewebe, Drahtgeflecht für dünne Wände oder Decken) (*n. - Maur.*), rete metallica per soffittature (o pareti divisorie).

Rabitzmörtel (*m. - Bauw.*), malta per intonaco Rabitz.

Rabitzwand (Drahtputzwand, dünne Gipswand mit Einlage von Drahtgeflecht) (*f. - Maur.*), parete divisoria Rabitz, parete a rete metallica intonacata.

Rachenlehre (*f. - Werkz.*), calibro a forcella, calibro a forchetta.

Rack (Gabel z. B., zur Befestigung der Rahe am Mast) (*m. - naut.*), trozza. **2** ~ (Stapelgestell, für Stabstahl, etc.) (*Ind.*), scaffalatura (per materiale accatastabile).

Racket (Tennisschläger) (*n. - Sport*), racchetta.

Rad (*n. - allg.*), ruota. **2** ~ (Zahnrad) (*Mech.*), ruota dentata. **3** ~ (Fahrrad) (*Fahrz.*), bicicletta. **4** ~ (Treibrad, für Schiffe) (*naut.*), ruota a pale. **5** ~ (*Math.*), siehe Radiant. **6** ~ **abweiser** (*m. - Bauw.*), siehe Prellstein. **7** ~ **abzieher** (*m. - Werkz. - Aut.*), estrattore per ruote. **8** ~ **achse** (*f. - Fahrz.*), asse, assale. **9** ~ **achse** (Achse eines Zahnrades) (*Mech.*), asse della ruota dentata. **10** ~ **achse** (*Eisenb.*), asse, assile, sala (sciolta). **11** ~ **aufhängung** (*f. - Aut.*), sospensione. **12** ~ **aufreisser** (*m. - Strass.b.masch.*), scarificatore su ruote. **13** ~ **aufstandfläche** (*f. - Fahrz.*), superficie di appoggio della ruota. **14** ~ **ausschlagbegrenzungsband** (einer Aufhängung, Raddurchschlagbegrenzungsband) (*n. - Aut.*), bandella arresto scuotimento. **15** ~ **befestigungsbolzen** (*m. - Aut.*), vite fissaggio ruota. **16** ~ **befestigungsmutter** (*f. - Aut.*), dado fissaggio ruota. **17** ~ **breite** (einer Stirnradverzahnung) (*f. - Mech.*), larghezza di dentatura. **18** ~ **bremse** (*f. - Fahrz.*), freno sulla ruota. **19** ~ **bremszylinder** (*m. - Aut.*), cilindretto del freno. **20** ~ **büchse** (Achsbüchse) (*f. - Eisenb.*), boccola. **21** ~ **dampfer** (*m. - naut.*), piroscafo con ruote a pale. **22** ~ **deckel** (Nabendeckel) (*m. - Aut.*), coprimozzo, copriruota. **23** ~ **druck** (Radlast) (*m. - Fahrz.*), carico sulla ruota. **24** ~ **durchschlag** (Mass, um welches das Rad bis zum Anschlag durchfedern kann) (*m. - Aut.*), scuotimento. **25** ~ **durchschlagbegrenzungsband** (einer Aufhängung) (*n. - Aut.*), bandella arresto scuotimento. **26** ~ **eingriff** (von Zahnrädern) (*m. - Mech.*), ingranamento della ruota dentata. **27** ~ **erhebungskurve** (Bahn des Radmittelpunkts beim Durchfedern des Rades) (*f. - Aut.*), traiettoria di molleggio. **28** ~ **fahrspur** (Radspur) (*f. - Strass.verk.*), siehe Radweg. **29** ~ **fahrweg** (*m. - Strasse*), siehe Radweg. **30** ~ **fahrwerk** (*n. - Flugw.*), carrello di atterraggio a ruote. **31** ~ **felge** (*f. - Fahrz.*), cerchione della ruota. **32** ~ **fenster** (Rosenfenster) (*n. - Arch.*), finestra rotonda, finestra circolare, rosone. **33** ~ **flansch** (*m. - Eisenb.*), bordino (della ruota). **34** ~ **flattern** (*n. - Fahrz.*), sfarfallamento della ruota. **35** ~ **freiheit** (*f. - Aut. - Aufbau*), luce del passaruota. **36** ~ **führung** (Radkasten) (*f. - Aut.*), passaruota, passaggio ruota. **37** ~ **führungskraft** (bei der Kurvenfahat) (*f. - Aut.*), forza laterale sulla ruota. **38** ~ **gestell** (Fahrgestell) (*n. - Eisenb.*), carrello. **39** ~ **getriebe** (Radumformer) (*n. - Mech.*), rotismo. **40** ~ **haus** (Radkasten) (*n. - Aut. - Aufbau*), passaruota, passaggio ruota. **41** ~ **kappe** (Nabenkappe) (*f. - Aut.*), coppa coprimozzo, coppa copriruota. **42** ~ **kappenklammer** (*f. - Aut.*), linguetta fissaggio coppa (copriruota). **43** ~ **kasten** (Radhaus) (*m. - Aut. - Aufbau*), passaruota, passaggio ruota. **44** ~ **körper** (eines Zahrades) (*m. - Mech.*), corpo di ruota dentata. **45** ~ **kranz** (Felge) (*m. - Fahrz.*), cerchione. **46** ~ **kurve** (Radlinie, Zykloide) (*f.*

- Geom.), cicloide. 47 ~ last (f. - Fahrz.), carico sulla ruota. 48 ~ lenker (Gegenschiene) (m. - Eisenb.), controrotaia. 49 ~ lichtmaschine (f. - Fahrrad), dinamo da bicicletta. 50 ~ linie (Zykloide) (f. - Geom.), cicloide. 51 ~ nabe (f. - Fahrz.), mozzo della ruota. 52 ~ prüfhammer (m. - Eisenb. - Werkz.), martello per la prova delle ruote. 53 ~ reifen (m. - Eisenb.), cerchione della ruota. 54 ~ reifenwalzwerk (n. - Walzw.), laminatoio per cerchioni. 55 ~ satz (m. - Eisenb.), sala montata. 56 ~ satzdrehbank (f. - Werkz.masch.), tornio per sale montate. 57 ~ schalter (rotierender Schalter) (m. - Elekt.), interruttore rotante. 58 ~ scheibe (f. - Fahrz.), disco della ruota. 59 ~ schlepper (m. - Fahrz.), trattore a ruote. 60 ~ speiche (f. - Fahrz. - etc.), razza (della ruota). 61 ~ spiel (Laufwerk, für Zähler z. B.) (n. - Mech.), rotismo, meccanismo (a ruote). 62 ~ sport (Fahrradsport) (m. - Sport), ciclismo. 63 ~ stand (Achsstand) (m. - Fahrz.), passo, interasse. 64 ~ stern (m. - Fahrz.), razze della ruota. 65 ~ steuerung (f. - Flugw.), comando a volante. 66 ~ sturz (Sturz) (m. - Aut.), inclinazione (ruota). 67 ~ träger (Radnabe) (m. - Fahrz.), mozzo della ruota. 68 ~ umformer (Radgetriebe) (m. - Mech.), rotismo. 69 ~ und Gegenrad (Zahnräder) (Mech.), coppia di ruote dentate, ingranaggio. 70 ~ verkleidung (eines Radfahrwerkes) (f. - Flugw. - etc.), carenatura della ruota. 71 ~ weg (Weg für Radfahrer) (m. - Strass.ver.), pista per ciclisti, banchina per ciclisti. 72 ~ zahn (m. - Mech.), dente di ingranaggio. 73 angetriebenes ~ (Mech.), ruota condotta. 74 angetriebenes ~ (Zahnrad) (Mech.), ruota (dentata) condotta. 75 Antriebs ~ (Mech.), ruota motrice. 76 Antriebs ~ (Zahnrad) (Mech.), ruota (dentata) motrice. 77 Aussen ~ (Zahnrad) (Mech.), ruota (a dentatura) esterna. 78 Aussen-Stirn ~ (Zahnrad) (Mech.), ruota cilindrica (a dentatura) esterna. 79 Drahtspeichen ~ (Fahrz.), ruota a raggi. 80 Evolventen ~ (Zahnrad) (Mech.), ruota (dentata) ad evolvente. 81 Flügel ~ (Laufrad, Schaufelrad, eines Ventilators) (Ger.), ventola. 82 geradverzahntes Aussen-Stirn ~ (Zahnrad) (Mech.), ruota cilindrica (a dentatura) esterna a denti diritti. 83 geradverzahntes Stirn ~ (Zahnrad) (Mech.), ruota cilindrica a denti diritti. 84 Geradzahn ~ (Mech.), ruota a denti diritti. 85 gestossenes ~ (Zahnrad) (Mech.), ruota stozzata. 86 getriebenes ~ (Zahnrad z. B.) (Mech.), ruota condotta. 87 Hypoidkegel ~ (Zahnrad) (Mech.), ruota (dentata) conica ipoide. 88 Innen ~ (Zahnrad) (Mech.), ruota (a dentatura) interna. 89 Kegel ~ (Zahnrad) (Mech.), ruota (dentata) conica. 90 Ketten ~ (Mech.), rocchetto per catena. 91 Kreisbogenzahn ~ (Mech.), ruota con dentatura ad arco di cerchio. 92 Lenk ~ (Steuerrad) (Aut.), volante. 93 Mühl ~ (Masch.), mola, macina. 94 Pfeil ~ (Zahnrad) (Mech.), ruota dentata a cuspide, ruota a freccia, ruota con denti a freccia. 95 Pfeilzahn ~ (Mech.), ruota dentata a cuspide, ruota con denti a freccia, ruota a freccia. 96 Planeten ~ (Umlaufrad, Zahnrad) (Mech.), ruota satellite, ruota dentata satellite. 97 Reibungs ~ (Mech.), ruota di frizione. 98 Rücklauf ~ (Umkehrrad, eines Wechselgetriebes) (Aut.), ruota dentata della retromarcia. 99 Scheiben ~ (Aut.), ruota a disco. 100 Schleif ~ (Werkz.), mola. 101 Schnecken ~ (Zahnrad) (Mech.), ruota a vite. 102 Schneid ~ (Fräser) (Werkz.), fresa a disco. 103 Schrägzahn ~ (Mech.), ruota (dentata) elicoidale. 104 Schwung ~ (Masch. - Mot.), volano. 105 Sperrad (Mech.), ruota di arpionismo, ruota a denti (di arresto). 106 Stern ~ (Planetenrad) (Mech.), ruota (dentata) satellite. 107 Steuer ~ (Lenkrad) (Aut.), volante. 108 Steuer ~ (naut.), ruota del timone. 109 Stirn ~ (Zahnrad) (Mech.), ruota dentata cilindrica. 110 treibendes ~ (Antriebsrad) (Mech.), ruota motrice. 111 Umlauf ~ (Planetenrad, Zahnrad) (Mech.), ruota (dentata) satellite. 112 Versuch bei freilaufendem ~ (eines Anlassers z. B.) (Mech.), prova a ruota libera. 113 Wechsel ~ (eines Wechselgetriebes) (Mech. - Aut.), ruota (dentata) del cambio. 114 Zahn ~ (Mech.), ruota dentata. 115 Zwillings ~ (Fahrz.), ruota gemellata.

rad (Einheit der Energiedosis = 100 $\frac{erg}{Gramm}$) (Masseinheit), rad. 2 ~ (Radiant) (Geom. - Math.), rad, radiante, rd. 3 ~ (Radius, r) (Geom. - etc.), r, raggio. 4 ~ (Masseinheit für die Strahlungsdosis) (Phys.), rad.

Radar (Radargerät) (m. - Radar), radar. 2 ~ anfluggerät (n. - Flugw. - Radar), radar di avvicinamento. 3 ~ antenne (f. - Radar), antenna radar. 4 ~ bild (n. - Navig. - Radar), schermo radar. 5 ~ blindlandeanlage (f. - Radar - Flugw.), radar per atterraggio strumentale. 6 ~ bug (Flugzeugrumpfbug) (m. - Flugw. - Radar), cupola radar, radomo. 7 ~ empfänger (m. - Radar), ricevitore radar. 8 ~ gerät (n. - Radar), radar. 9 ~ gerät für Küstenschutz (Radar), radar costiero. 10 ~ -Geschwindigkeitsmesser (m. - Strass.ver. - Ger.), radar tachimetrico. 11 ~ gürtel (m. - milit.), cortina radar. 12 ~ haube (Radarbug) (f. - Radar), radomo, cupola di ricetrasmissione. 13 ~ -Kuppel (f. - Radar - Flugw.), siehe Radarhaube. 14 ~ landegerät (n. - Flugw.), radar di avvicinamento. 15 ~ leuchtschirm (m. - Radar), schermo radar. 16 ~ mast (m. - Radar), pilone di antenna radar. 17 ~ nase (Radarhaube) (f. - Flugw. - etc.), radomo, cupola di ricetrasmissione. 18 ~ parabolspiegel (m. - Radar), specchio parabolico per antenna radar. 19 ~ richtgerät (n. - milit.), radar di puntamento. 20 ~ röhre (Elektronenstrahlröhre) (f. - Elektronik - Radar), tubo (a raggi catodici) per radar. 21 ~ sender (m. - Radar), trasmettitore radar. 22 ~ ziel (n. - Radar), bersaglio radar. 23 aktiver ~ (bei dem das Objekt mit Empfänger und Sender ausgestattet ist) (Radar), radar secondario, radar a risposta, radarfaro. 24 aktives ~ ziel (n. - Radar), bersaglio radar attivo. 25 Land ~ (Radar), radar terrestre. 26 passiver ~ (Radar), radar primario, radar diretto. 27 Sekundär ~ (Radar), siehe aktiver Radar.

radargezielt

radargezielt (*milit.*), con puntamento radar.
Rädchen (*n. - Mech. - etc.*), rotellina.
Räder (*n. - pl. - Fahrz. - etc.*), ruote. 2 ~ **aufziehpresse** (*f. - Masch. - Eisenb.*), pressa per montaggio (di) ruote. 3 ~ **fräsmaschine** (*f. - Werkz.masch.*), dentatrice, fresatrice per ingranaggi. 4 ~ **getriebe** (Radgetriebe, Radumläufer) (*n. - Mech.*), rotismo. 5 ~ **kasten** (*m. - Mech.*), scatola ingranaggi. 6 ~ **paar** (*n. - Mech.*), ingranaggio, coppia di ruote dentate. 7 ~ **platte** (*f. - Werkz.masch.*), grembiale. 8 ~ **raupenfahrzeug** (Halbkettenfahrzeug) (*n. - Fahrz.*), veicolo semicingolato. 9 ~ **vorgelege** (*n. - Mech.*), rinvio ad ingranaggi. 10 ~ **wendegetriebe** (*n. - Mech.*), invertitore ad ingranaggi. 11 ~ **werk** (Radgetriebe, Radumformer) (*n. - Mech.*), rotismo. 12 Kegel ~ **paar** (*n. - Mech.*), ingranaggio conico, coppia conica, coppia di ruote dentate coniche. 13 Stirn ~ **paar** (*n. - Mech.*), ingranaggio cilindrico, coppia di ruote dentate cilindriche, coppia cilindrica.
radial (*allg.*), radiale.
Radialbeschleunigung (*f. - Mech.*), accelerazione radiale.
Radialbohrmaschine (*f. - Werkz.masch.*), trapano radiale, trapanatrice radiale.
Radialdichtring (Wellendichtring) (*m. - Mech.*), guarnizione radiale ad anello.
Radialdruck (*m. - Mech.*), spinta radiale.
Radialfreiwinkel (Seitenfreiwinkel) (*f. - Werkz.*), angolo di spoglia inferiore laterale.
Radialgebläse (Turbogebläse mit Radial-Laufrad oder Laufräder) (*n. - Masch.*), turbosoffiante radiale.
Radialkolbenmotor (Hydromotor, mit in einem exzentrisch beweglichen Läufer sitzenden Arbeitskolben) (*m. - Mot.*), idromotore a pistoni radiali e rotore eccentrico, motore idraulico a pistoni radiali e rotore eccentrico.
Radialkolbenpumpe (mit exzentrisch laufendem Zylinderblock und sternförmigen Zylindern) (*f. - Masch.*), pompa a pistoni radiali e rotore eccentrico.
Radialkomponente (eines Vektors) (*f. - Math.*), componente radiale.
Radialkreiselpumpe (*f. - Masch.*), pompa centrifuga radiale.
Radialluft (Radialspiel, eines Lagers z. B.) (*f. - Mech.*), gioco radiale.
Radial-Reifen (*m. - Aut.*), pneumatico radiale.
Radialschlag (Rundlaufabweichung, einer rotierenden Scheibe z. B.) (*m. - Mech. - Fehler*), oscillazione radiale.
Radialspanwinkel (Seitenspanwinkel) (*m. - Werkz.*), angolo di spoglia superiore laterale.
Radialstrasse (einer Stadt) (*f. - Strasse*), strada radiale.
Radialtriangulation (*f. - Photogr.*), triangolazione radiale, aerotriangolazione radiale.
Radialtriangulator (*m. - Photogr. - Ger.*), triangolatore radiale.
Radialturbine (*f. - Turb.*), turbina radiale.
Radialverdichter (Turboverdichter mit Radial-Laufräder) (*m. - Masch.*), tubocompressore radiale.
Radial-Wellendichtring (*m. - Mech.*), guarnizione radiale per alberi.

Radiant (Rad) (*m. - Math. - Geom.*), radiante. 2 Ste ~ (*Math.*), steradiante.
Radiation (Strahlung) (*f. - Phys.*), radiazione.
Radiator (Heizkörper) (*m. - Heizung*), radiatore.
Radiaxlager (Radial-Rillen-Kugellager) (*n. - Masch.*), cuscinetto a sfere radiale a gola profonda.
Radienlehre (Radienschablone) (*f. - Ger.*), dima per raggi di curvatura.
Radierbarkeit (von Papier) (*f. - Papierprüfung*), cancellabilità.
Radieren (von Reifen) (*n. - Aut.*), usura.
radieren (mit Gummi oder Federmesser) (*Büro*), cancellare. 2 ~ (bei Kupferstechkunst) (*Druck.*), incidere. 3 ~ (eine Zeichnung in eine Metallplatte reissen) (*Kunst*), incidere.
Radierer (*m. - Künstler*), incisore.
Radierfestigkeit (von Papier) (*f. - Papierind.*), resistenza alle cancellature.
Radiergerät (mit Batterieantrieb z. B.) (*n. - Ger.*), apparecchio per cancellare.
Radiergummi (*m. - Büro*), gomma per cancellare.
Radiernadel (für Tiefdruckformen) (*f. - Druck. - Werkz.*), punta per incidere.
Radierprobe (*f. - Anstr.*), prova di rasatura.
Radierungsplatte (Tiefdruckform) (*f. - Druck.*), lastra incisa (meccanicamente).
Rädig (*m. - f. - Eisenb.*) (*schweiz.*), siehe Radsatz.
Radikal (*n. - Math. - Chem.*), radicale.
Radikand (einer Wurzel) (*m. - Math.*), radicando.
Radio (Rundfunk) (*n. - Funk.*), radio. 2 ~ (Radiogerät) (*Funk.*), radio, apparecchio radio, radioricevitore. 3 ~ **amateur** (*m. - Funk.*), radioamatore. 4 ~ **ansager** (*m. - Arb.*), annunciatore della radio. 5 ~ **apparat mit Plattenspieler** (*Funk.*), radiogrammofono. 6 ~ **astronom** (*m. - Astr.*), radioastronomo. 7 ~ **astronomie** (Hochfrequenzastronomie) (*f. - Astr. - Funk.*), radioastronomia. 8 ~ **entstöreinrichtung** (*f. - Funk.*), dispositivo antiradiodisturbi. 9 ~ **entstörung** (*f. - Funk.*), soppressione di radiodisturbi. 10 ~ **fernsprechen** (*n. - Funk. - Fernspr.*), radiotelefonia. 11 ~ **fon** (Radiofernsprecher) (*n. - Funk. - Fernspr.*), radiotelefono. 12 ~ **frequenz** (*f. - Funk.*), radiofrequenza. 13 ~ **goniometer** (*n. - Funk. - Navig.*), radiogoniometro. 14 ~ **höhenmesser** (*m. - Flugw. - Instr.*), radioaltimetro. 15 ~ **indicator** (*m. - Radioakt. - Biol. - Ind.*), siehe Leitisotop. 16 ~ **kanal** (*m. - Funk.*), radiocanale. 17 ~ **kompass** (*m. - Instr.*), radiobussola. 18 ~ **meldung** (*f. - Funk.*), radiocomunicazione. 19 ~ **metallographie** (*f. - Metall.*), radiometallografia. 20 ~ **meteorologie** (*f. - Meteor.*), radiometeorologia. 21 ~ **navigation** (*f. - Navig.*), radionavigazione. 22 ~ **phon** (Radiofernsprecher) (*n. - Funk. - Fernspr.*), radiotelefono. 23 ~ **sender** (Rundfunksender) (*m. - Funk.*), radiotrasmettitore. 24 ~ **sextant** (*m. - Navig. - Ger.*), radiosestante. 25 ~ **sonde** (*f. - Meteor. - Ger.*), radiosonda. 26 ~ **spektrograph**

(Radioteleskop zur Erforschung der Sonnenstrahlung) (*m. - Astr. - Ger.*), radiospettrografo. 27 ~ **sterne** (optisch nicht nachweisbare Sterne die Kurzwellenstrahlung aussenden) (*m. - pl. - Astr.*), radiostelle. 28 ~ **störung** (*f. - Funk.*), radiodisturbo. 29 ~ **technik** (*f. - Funk.*), radiotecnica. 30 ~ **techniker** (*m. - Arb.*), radiotecnico. 31 ~ **telegraphie** (*f. - Funk.*), radiotelegrafia. 32 ~ **teleskop** (*n. - Astr. - Instr.*), radiotelescopio. 33 ~ **verbindung** (*f. - Funk.*), radiocollegamento. 34 ~ **welle** (*f. - Funk.*), radioonda. 35 ~ **werbesendung** (*f. - Funk.*), trasmissione pubblicitaria, programma pubblicitario. 36 ~ **wetterdienst** (*m. - Funk.*), servizio radiometeorologico.
Radioaktinium (*n. - Chem. - Radioakt.*), radio-attinio.
radioaktiv (*Radioakt.*), radioattivo. 2 ~ e **Abfälle** (*Atomphys. - Radioakt.*), rifiuti radioattivi. 3 ~ e **Heilquelle** (*Geol.*), sorgente radioattiva. 4 ~ er **Niederschlag** (*Atomphys.*), pioggia radioattiva. 5 ~ er **Schlamm** (*Radioakt.*), fango radioattivo. 6 ~ er **Zerfall** (Atomzerfall) (*Radioakt.*), disintegrazione radioattiva. 7 ~ e **Verseuchung** (*Radioakt.*), contaminazione radioattiva.
Radioaktivität (*f. - Radioakt.*), radioattività. 2 **künstliche** ~ (*Radioakt.*), radioattività artificiale. 3 **natürliche** ~ (*Radioakt.*), radioattività naturale.
Radiochemie (Strahlungschemie, Chemie der radioaktiven Stoffe) (*f. - Chem.*), radiochimica, chimica delle sostanze radioattive.
Radioelement (radioaktives Element) (*n. - Radioakt.*), elemento radioattivo.
Radioindikator (*m. - Radioakt.*), radioindicatore.
Radioisotop (*n. - Radioakt.*), radioisotopo. 2 ~ **en·verfahren** (für Untersuchungen zum Verschleissverhalten von Gleitlagern z. B.) (*n. - Technol.*), procedimento (di controllo) con radioisotopi.
Radiologie (Lehre von den radioakt. und Röntgenstrahlen) (*f. - Wissensch.*), radiologia.
Radiolyse (*f. - Chem.*), radiolisi.
Radiometer (Ger. zum Messen von Strahlungen) (*n. - Phys. - Instr.*), radiometro.
radiometrisch (*Phys.*), radiometrico.
Radionuklid (*n. - Radioakt. - Atomphys.*), radionuclide.
Radiothorium (*n. - Chem.*), radio-torio.
Radium (Ra - *n. - Chem. - Radioakt.*), radio. 2 ~ **emanation** (*f. - Radioakt.*), emanazione di radio, radon. 3 ~ **therapie** (*f. - Med.*), radioterapia.
Radius (Halbmesser) (*m. - Geom.*), raggio. 2 ~ (Reichweite) (*Flugw. - etc.*), raggio d'azione. 3 ~ **feile** (Rundfeile) (*f. - Werkz.*), lima rotonda. 4 ~ **vektor** (Fahrstrahl, Leitstrahl) (*m. - Math.*), raggio vettore. 5 **Aktions** ~ (Fahrbereich) (*Fahrz.*), autonomia. 6 **hydraulischer** ~ (Profilradius, Abflussquerschnitt geteilt durch den benetzten Umfang) (*Hydr.*), raggio medio, raggio idraulico. 7 **kleinster Spurkreis** ~ (Radius des Kreises, den die Reifenmitte des äusseren Vorderrades beschreibt) (*Aut.*), raggio minimo di volta, raggio minimo di sterzata

(riferito alla mezzeria della ruota esterna). 8 **kleinster Wendekreis** ~ (Radius des Kreises den die am weitesten nach aussen vorstehenden Fahrzeugteile beschreiben) (*Aut.*), raggio minimo di volta (riferito all'ingombro massimo esterno del veicolo). 9 **Lenk** ~ (*Fahrz.*), raggio di sterzata.
Radizieren (*n. - Math.*), estrazione di radice.
radizieren (*Math.*), estrarre la radice.
Radom (Radar-Kuppel, Hülle für Radargeräte) (*Radar - Flugw.*), radomo.
Radon (Radiumemanation) (*Rn - n. - Chem. - Radioakt.*), radon.
Rafe (Rafen (*m.*)) (*f. - Bauw.*), siehe Dachsparren.
Raffel (Gitterreibe) (*f. - Ger.*), graticola. 2 ~ (Flachskamm, Eisenkamm zum Abstreifen der Leinsamenkapseln) (*Text. - Ger.*), pettine (per lino).
Raffgas (Raffinerieendgas) (*n. - chem. Ind.*), gas finale di raffineria.
Raffinade (gereinigter Zucker) (*f. - chem. Ind.*), zucchero raffinato. 2 ~ **kupfer** (*n. - Metall.*), rame affinato.
Raffinal (Reinstaluminium, Al 99,99) (*n. - Metall.*), raffinal.
Raffinat (beim Extraktionsverfahren) (*n. - Chem.*), raffinato (*s.*).
Raffination (*f. - chem. Ind.*), raffinazione.
Raffinement (Verfeinerung) (*n. - chem. Ind.*), raffinazione.
Raffinerie (für Zucker) (*f. - chem. Ind.*), raffineria. 2 ~ **endgas** (Raffgas) (*n. - chem. Ind.*), gas finale di raffineria. 3 ~ **gas** (*n. - chem. Ind.*), gas di raffineria.
Raffineur (*m. - Papierind. - Masch.*), raffinatore.
raffinieren (*chem. Ind.*), raffinare.
raffiniert (*chem. Ind.*), raffinato.
Raffinose ($C_{18}H_{32}O_{16} \cdot 5H_2O$) (Melitose,, Pluszucker) (*f. - chem. Ind.*), raffinosio.
Raglan (Schnittform von Ärmeln) (*n. - Textilind.*), «raglan».
Rahe (Raa, Rah) (*f. - naut.*), pennone. 2 **die** ~ **brassen** (*naut.*), bracciare il pennone.
Rahm (Sahne, Milchfett) (*m. - Ind.*), panna. 2 ~ **messer** (Sahnemesser) (*m. - Ger.*), butirometro.
Rahmen (Umfassung, eines Bildes) (*m. - allg.*), cornice. 2 ~ (Gestell) (*allg.*), telaio, intelaiatura. 3 ~ (Gestell, eines Kraftwagens) (*Aut.*), telaio. 4 ~ (einer Lokomotive z. B.) (*Eisenb.*), telaio. 5 ~ (*Druck.*), telaio. 6 ~ (*Bauw.*), intelaiatura. 7 ~ (eines Fensters z. B.) (*Bauw.*), telaio. 8 ~ (eines Kreiselgerätes) (*Ger.*), supporto cardanico, telaio su sospensione cardanica. 9 ~ **antenne** (*f. - Funk.*), antenna a telaio. 10 ~ **blechschere** (*f. - Masch.*), cesoia a ghigliottina. 11 ~ **gestell** (*n. - Masch.*), intelaiatura, incastellatura. 12 ~ **höhe** (*f. - Aut.*), altezza piano telaio. 13 ~ **länge** (für Aufbau, Abstand der Hinterkante Stirnwand bis zum hinteren Ende des Rahmens) (*f. - Aut.*), lunghezza telaio (dal filo posteriore cruscotto all'estremità posteriore). 14 ~ **maschine** (*f. - Textilmasch.*), macchina distenditrice. 15 ~ **peiler** (*m. - Funk.*), radiogoniometro a quadro. 16 ~ **presse** (zur Herstellung von Fahrzeugrahmen)

rahmen

(*f. - Masch. - Aut.*), pressa per telai. 17 ~ säge (*f. - Werkz.*), sega a telaio. 18 ~ sperre (in Kreiselgeräten) (*f. - Ger.*), bloccaggio del supporto. 19 ~ sucher (*m. - Phot.*), mirino a visione diretta. 20 ~ tarifvertrag (*m. - Arb. - Organ.*), siehe Manteltarifvertrag. 21 ~ tragwerk (*n. - Bauw.*), intelaiatura di sostegno, ossatura a telaio. 22 ~ unterbau (eines Behälters z. B.) (*m. - Bauw.*), intelaiatura di sostegno. 23 ~ vertrag (Rahmenabkommen) (*m. - komm.*), accordo di base, convenzione di base. 24 ~ werk (*n. - allg.*), intelaiatura, ossatura. 25 ~ zimmerung (*f. - Bergbau*), armatura a telai. 26 Aussen ~ (mit Längsträger ausserhalb der Räder) (*Aut.*), telaio esterno, telaio con longheroni esterni (alle ruote), telaio a ruote interne. 27 Blech ~ (*Aut.*), telaio in lamiera. 28 Breit ~ (mit Längsträger etwa in der Karosseriekontur verlaufend) (*Aut.*), telaio largo, telaio con longheroni a paro della carrozzeria. 29 Fenster ~ (*Bauw.*), telaio di finestra. 30 Fenster ~ (*Fahrz.*), telaino del cristallo. 31 Formeisen ~ (*Fahrz. - etc.*), telaio in profilati di acciaio. 32 Form ~ (einer Druckgiessform) (*Giess.*), portastampo. 33 Gitterrohr ~ (*Aut.*), telaio ad elementi tubolari. 34 im ~ von (*allg.*), nel quadro di. 35 Mittelrohr ~ (*Aut.*), telaio a tubo centrale. 36 Mittelträger ~ (Zentralrohrrahmen) (*Aut.*), telaio a trave centrale. 37 Nieder ~ (*Fahrz.*), telaio abbassato. 38 Normal ~ (mit Längsträger zwischen den Rädern) (*Aut.*), telaio normale, telaio a ruote esterne, telaio con longheroni interni (alle ruote). 39 nutzbare ~ länge (für Aufbau, Abstand der Hinterkante Rückwand des Fahrerhauses bis zum hinteren Ende des Rahmens) (*Aut.*), lunghezza utile telaio (dal filo posteriore cabina all'estremità posteriore). 40 Panzer ~ (muldenförmig gepresster Rahmen) (*Fahrz.*), telaio di lamiera stampata (in un sol pezzo). 41 Plattform-Breit ~ (*Aut.*), telaio largo a piattaforma. 42 Plattform ~ (Längs- und Querträger mit Bodenplatte aus Blech) (*Aut.*), telaio a piattaforma. 43 Rohr ~ (*Fahrz.*), telaio in tubi. 44 X- ~ (*Aut.*), telaio a crociera.

rahmen (umrahmen, einrahmen) (*allg.*), incorniciare. 2 ab ~ (Milch, entsahnen) (*Ind.*), scremare.

Rahsegel (*n. - naut.*), vela quadra.

Raiffeisenkasse (*f. - Landw. - finanz.*), cassa rurale.

Rakel (Abstreichmesser, Duktor) (*f. - m. - Druckmasch.*), racla. 2 ~ (Egalisiervorrichtung für Beschichtungsmassen, Rakelmesser) (*Kunststofftechnik*), lama, racla. 3 ~ schleifmaschine (*f. - Druck. - Werkz.masch.*), affilatrice per racle. 4 ~ tiefdruckplatte (*f. - Druck.*), lastra calcografica per racla. 5 ~ tiefdruckzylinder (*m. - Druck.*), cilindro calcografico per racla.

Rakete (Rückstosstriebwerk) (*f. - Mot. - Flugw.*), razzo, motore a razzo, propulsore a razzo. 2 ~ (Flugkörper) (*milit. - Astronautik*), razzo. 3 ~ (Steigfeuer) (*Expl.*), razzo. 4 ~ n·antrieb (*m. - Flugw. - etc.*), propulsione a razzo. 5 ~ n·flugzeug (*n. - Flugw.*), aviorazzo, aeroplano a razzo. 6 ~ n·geschoss (*n. - milit. - Astronautik*), missile a razzo, missile con motore a razzo. 7 ~ n·montageturm (*m. - Astronautik*), torre di lancio (di missili). 8 ~ n·motor (*m. - Mot.*), motore a razzo, razzo. 9 ~ n·ofen (Raketenbrennkammer) (*m. - Mot.*), camera di combustione del razzo. 10 ~ n·raumschiff (*n. - Astronautik*), nave spaziale con propulsione a razzi. 11 ~ n·schlitten (Gleitschlitten mit Raketenantrieb) (*m. - Forschungsgerät*), slitta a razzo. 12 ~ n·technik (*f. - milit. - Astronautik*), missilistica. 13 ~ n·treibstoff (*m. - Brennst.*), propellente per razzi. 14 ~ n·triebwerk (*n. - Astronautik*), propulsore a razzo, motore a razzo. 15 ~ n·werfer (*m. - milit.*), lanciarazzi. 16 Feststoff ~ (*milit. - Astronautik*), razzo a propellente solido. 17 Flüssigkeits ~ (*milit. - Astronautik*), razzo a propellente liquido. 18 Hybrid- ~ (Kombination von Feststoff- und Flüssigkeits-Rakete) (*Mot.*), razzo ibrido. 19 Interkontinental ~ (*milit.*), razzo intercontinentale. 20 Leucht ~ (*Luftw. - etc.*), razzo illuminante. 21 Luftabwehr ~ (*milit.*), razzo antiaereo. 22 mehrstufige ~ (Stufenrakete) (*milit. - Astronautik*), razzo a più stadii. 23 Photonen- ~ (*Mot.*), razzo a fotoni. 24 Signal ~ (*Navig. - etc.*), razzo da segnalamento. 25 Träger ~ (*Raumfahrt*), razzo vettore.

RAL (Reichsausschuss für Lieferbedingungen) (*komm.*), Comitato per i Capitolati di Fornitura. 2 ~ (Richtlinien für die Anlage von Landstrassen) (*Strass.b.*), prescrizioni per la costruzione delle strade principali. 3 ~ -Farbregister (Sammlung von Farbtönen) (*n. - Opt.*), registro RAL delle tinte, raccolta RAL di tonalità cromatiche.

Rallye (Sternfahrt) (*f. - Aut. - Sport*), rally.

Raman-Effekt (*m. - Opt.*), effetto Raman.

Raman-Linie (*f. - Opt.*), riga Raman.

Ramie (Bastfaser) (*f. - Textilind. - etc.*), ramia.

Rammarbeit (für Pfähle) (*f. - Bauw.*), battitura, infissione. 2 ~ (für Bodenverdichtung) (*Bauw.*), costipazione, costipamento.

Rammbär (einer Pfahlramme) (*m. - Masch.*), mazza battente.

Ramme (Pfahlramme) (*f. - Masch.*), battipalo. 2 Dampf ~ (*Masch.*), battipalo a vapore. 3 Diesel ~ (*Masch.*), battipalo a motore Diesel. 4 Hand ~ (Stampfer) (*Strass.b. - Ger.*), mazzaranga.

Rammeln (Reinigung von kleinen Werkstücken) (*n. - mech. Technol.*), barilatura, burattatura, bottalatura.

rammen (Pfähle tief einschlagen) (*Bauw.*), battere, infiggere. 2 ~ (den Boden verdichten) (*Bauw.*), costipare.

Ramming-Effekt (*m. - Aerodyn. - Flugw.*), effetto dinamico.

Rampe (schiefe Ebene) (*f. - allg.*), rampa. 2 ~ (Laderampe) (*Eisenb.*), piano di caricamento. 3 ~ (eines Theaters) (*Bauw.*), ribalta. 4 ~ n·beleuchtung (*f. - Theater*), luci della ribalta. 5 ~ n·garage (*f. - Aut. - Bauw.*), garage a rampe, autorimessa a rampe.

Ramsch (Warenreste) (*m. - komm. - etc.*), rimanenze.

Rand (*m. - allg.*), orlo, margine, bordo. 2 ~

(einer Seite) (*Druck.*), margine. 3 ~ (eines Gefässes) (*allg.*), orlo. 4 ~ (Ende) (*allg.*), fine, limite. 5 ~ **anmerkung** (Randbemerkung) (*f. - Büro - etc.*), nota a margine. 6 ~ **anschlag** (einer Schreibmaschine) (*m. - Büromasch.*), marginatore. 7 ~ **aufbruch** (Bildstörung, die die Bildränder heller erscheinen lässt) (*m. - Fernseh. - Fehler*), schiarimento del contorno (dell'immagine). 8 ~ **beschneidewerkzeug** (*n. - Blechbearb.werkz.*), attrezzo per la rifilatura (del contorno). 9 ~ **beschneidung** (Abtrennen eines Hohlkörperrandes) (*f. - Blechbearb.*), rifilatura (del contorno). 10 ~ **blasen** (*f. - pl. - Giess.fehler*), soffiature superficiali. 11 ~ **entkohlung** (*f. - Wärmebeh.*), decarburazione superficiale. 12 ~ **faser** (*f. - Metall.*), fibra superficiale. 13 ~ **härte** (*f. - Wärmebeh.*), tempra superficiale, durezza superficiale. 14 ~ **feuer** (*n. - Flugw.*), luce di perimetro. 15 ~ **härten** (*n. - Wärmebeh.*), tempra superficiale. 16 ~ **hochstellen** (bei Blechteilen) (*n. - Blechbearb.*), risvoltatura dell'orlo. 17 ~ **integral** (ein Linienintegral entlang einer in sich geschlossenen Linie) (*n. - Math.*), circuitazione, circolazione. 18 ~ **lochung** (eines Filmes) (*f. - Filmtech.*), perforazione marginale. 19 ~ **maschine** (Anschlussgerät) (*f. - Rechner*), unità periferica. 20 ~ **problem** (*n. - allg.*), problema marginale. 21 ~ **schärfe** (eines Fernsehbildes) (*f. - Fernseh.*), definizione del contorno (dell'immagine). 22 ~ **schicht** (beim Einsatzhärten) (*f. - Wärmebeh.*), strato superficiale, strato cementato. 23 ~ **schnittstempel** (*m. - Blechbearb.werkz.*), punzone per la rifilatura (del contorno). 24 ~ **stein** (Kerbstein) (*m. - Strass.b.*), *siehe* Kerbstein. 25 ~ **streifen** (Parkstreifen, einer Autobahn) (*n. - Aut.*), corsia di sosta (di emergenza). 26 ~ **winkel** (zwischen Gas und Flüssigkeit z. B., von Grenzflächenspannungen verursacht) (*m. - Phys.*), angolo di contatto, angolo di raccordo. 27 ~ **wirbel** (*m. - Aerodyn. - Flugw.*), vortice marginale. 28 ~ **zone** (von Stahl z. B.) (*f. - Wärmebeh. - etc.*), zona marginale.

Rändel (Stahlrädchen zum Prägen von Rillen) (*n. - Werkz.*), rotella per zigrinare. 2 ~ **eisen** (*n. - Werkz.*), utensile per zigrinare, utensile zigrinatore. 3 ~ **mutter** (*f. - Mech.*), dado zigrinato. 4 ~ **rädchen** (*n. - Werkz.*), rotella per zigrinare. 5 ~ **schraube** (*f. - Mech.*), vite a testa zigrinata. 6 ~ **werkzeug** (*n. - Werkz.*), zigrinatore, utensile per zigrinare.

rändeln (*Mech.*), zigrinare (con solchi paralleli). 2 **kreuz** ~ (kordieren) (*Mech.*), zigrinare con solchi paralleli incrociati. 3 **schräg** ~ (*Mech.*), zigrinare a spina.

Rändelung (*f. - Mech.*), zigrinatura parallela. 2 **Kreuz** ~ (Kordieren) (*Mech.*), zigrinatura con solchi paralleli incrociati. 3 **Schräg** ~ (*Mech.*), zigrinatura spinata.

randlos (illustrierte Seite) (*Druck.*), al vivo. 2 ~ (*Druckstock*) (*Druck.*), senza spalla.

«**Randrierapparat**» (Rändelwerkzeug) (*m. - Mech.*), zigrinatore.

«**Randrieren**» (Rändelung) (*n. - Mech.*), zigrinatura.

«**randrieren**» (rändeln) (*Mech.*), zigrinare.

randschneiden (Papier, etc.) (*Technol.*), rifilare.

Raney-Katalysator (Raney-Nickel) (*m. - chem. Ind.*), catalizzatore di Raney.

Rang (*m. - allg.*), rango. 2 ~ (Offiziersdienstgrad) (*milit.*), grado. 3 ~ **einer Matrix** (*Math.*), rango di una matrice, caratteristica di una matrice. 4 ~ **grösse** (*f. - Math.*), valore di rango.

Rangierbahnhof (Verschiebebahnhof) (*m. - Eisenb.*), stazione di smistamento.

Rangierdraht (*m. - Fernspr.*), filo di ripartizione.

Rangieren (Verschieben) (*n. - Eisenb.*), smistamento. 2 ~ (bei Arbeitsbewertung, Gruppierung den Anforderungshöhen entsprechend) (*n. - Arbeitsstudie*), classificazione (in base alla difficoltà del lavoro).

rangieren (verschieben) (*Eisenb.*), smistare.

Rangierer (*m. - Arb. - Eisenb.*), deviatore.

Rangierfunk (*m. - Funk. - Eisenb.*), radiocomunicazioni per (servizio di) smistamento ferroviario.

Rangiergleis (*n. - Eisenb.*), raccordo ferroviario, binario di raccordo.

Rangierheber (fahrbarer Autoheber) (*m. - Ger.*), cricco a carrello, sollevatore a carrello.

Rangierhügel (Eselsrücken) (*m. - Eisenb.*), *siehe* Ablaufberg.

Rangierlokomotive (Verschiebelokomotive) (*f. - Eisenb.*), locomotiva da manovra.

Rangierstellwerk (*n. - Eisenb.*), cabina di smistamento, torre di smistamento.

Rangierung (*f. - Eisenb.*), smistamento. 2 ~ (*Fernspr.*), ripartizione.

Rangierverteiler (Zwischenverteiler) (*m. - Fernspr.*), ripartitore intermedio.

Rangreihenverfahren (bei Arbeitsbewertung, Einordnung der Arbeitsschwierigkeiten in Prozentwerten) (*n. - Arbeitsstudie*), metodo di classificazione (della difficoltà del lavoro) in coefficienti percentuali.

Rangsburgverfahren (zum Lackspritzen im elektrostatischen Feld) (*n. - Anstr.*), spruzzatura elettrostatica, verniciatura a spruzzo elettrostatica.

Rank (Knick) (*m. - allg.*), piega. 2 ~ (Kurve, einer Strasse) (*Strasse*), curva.

rank (biegsam) (*allg.*), flessibile. 2 ~ (leicht sich neigend, Schiff) (*naut.*), instabile.

Rankine-Diagramm (*n. - Thermodyn.*), ciclo di Rankine.

Rankinescher Kreis (*Thermodyn.*), ciclo di Rankine.

Rankine-Skala *(eine absolute Temperaturskala) (*f. - Phys.*), scala di Rankine, scala assoluta.

Rapidstahl (Schnelldrehstahl) (*m. - Metall.*), acciaio rapido.

Rapidyne (Verstärkermaschine, Kaskade zweier Gleichstrommaschinen, in Regelkreisen verwendet z. B.) (*f. - Elekt.*), rapidina.

Rappel (Leinkamm) (*m. - Werkz.*), pettine. 2 ~ (Raspel) (*Holzbearb.werkz.*), raspa.

Rappeln (Klappern, Geräusch) (*n. - allg.*), sbattimento.

Rapport (*m. - allg.*), rapporto. 2 **Bindungs** ~ (*Textilind.*), rapporto d'armatura.

Rapputz (*m.* - *Maur.*), siehe Rauhputz.
rasant (flach, Flugbahn eines Geschosses) (*Feuerw.*), radente.
rasch (schnell) (*allg.*), rapido. 2 ~ **bindend** (Zement) (*Maur.*), a presa rapida.
Raschbinder (Erstarrungsbeschleuniger, für Zement) (*m.* - *Bauw.*), accelerante della presa.
Rascheln (von Papier) (*n.* - *Technol.*), sonorità.
Raschig-Ringe (ölbenetzte Blechzylinder zur Filterung und Entstaubung grosser Gas- und Luftmengen) (*n.* - *pl.* - *Masch.*), anelli Raschig.
Rasenerz (Raseneisenerz) (*n.* - *Min.* - *Metall.*), limonite.
Rasenläufer (oberflächlicher, kurzer Gang) (*m.* - *Bergbau*), corta galleria superficiale.
Rasenmäher (Rasenmähmaschine) (*m.* - *Masch.*), falciatrice per prati.
Rasensohle (*f.* - *Bergbau*), livello superficiale.
Rasenstreifen (Mittelstreifen, einer Autobahn) (*m.* - *Strass.b.*), spartitraffico, aiuola centrale.
Rasierapparat (*m.* - *Ger.*), rasoio. 2 **elektrischer** ~ (*Ger.*), rasoio elettrico.
rasieren (*allg.*), radere. 2 **weg** ~ (*allg.*), radere al suolo.
Rasierklinge (*f.* - *Ger.*), lametta per rasoio.
Rasiermesser (*n.* - *Ger.*), rasoio.
Rasierpinsel (*m.* - *Ger.*), pennello da barba.
Raspel (Rappel) (*f.* - *Holzbearb.werkz.*), raspa.
raspeln (*Holzbearb.*), raspare.
rasseln (*Akus.*), battere.
Rasselwecker (Summer) (*m.* - *Ger.*), cicalina.
RAST (Richtlinien für die Anlage von Stadtstrassen) (*Strass.verk.*), norme per gli impianti di strade urbane.
Rast (Ruhepause, auf einer Wanderung) (*allg.*), sosta, fermata. 2 ~ (Raste, Sicherung) (*f.* - *Mech.*), arresto. 3 ~ (Mittelteil eines Hochofens) (*Metall.*), sacca. 4 ~ (Wegabschnitt) (*allg.*), tappa. 5 ~ (Arbeitsunterbrechung) (*Arb.*), intervallo, pausa. 6 ~ **feder** (*f.* - *Mech.*), molla d'arresto. 7 ~ **getriebe** (Nokken und Abtriebglied z. B.) (*n.* - *Mech.*), cinematismo con arco di riposo, cinematismo con fase di riposo. 8 ~ **haus** (Gaststätte mit Parkplätzen, etc., an den Autobahnen) (*n.* - *Aut.*), motel. 9 ~ **klinke** (*f.* - *Mech.*), nottolino. 10 ~ **linien** (auf der Daueranrissfläche) (*f.* - *pl.* - *Metall.*), linee di riposo. 11 ~ **platz** (*m.* - *Aut.*), piazzola di sosta. 12 ~ **polbahn** (der Kardankreise) (*f.* - *Geom.*), polare fissa. 13 ~ **relais** (Verklinkrelais) (*n.* - *Elekt.*), relè a tenuta meccanica. 14 ~ **scheibe** (Teilscheibe) (*f.* - *Werkz.masch.bearb.*), disco divisore. 15 ~ **schritt** (bei Wählern) (*m.* - *Fernspr.*), passo d'arresto. 16 ~ **stätte** (an der Autobahn) (*f.* - *Aut.*), posto di ristoro. 17 ~ **tag** (*m.* - *Arb.*), giorno di riposo. 18 ~ **winkel** (*m.* - *Hochofen*), angolo della sacca. 19 ~ **zahn** (*m.* - *Mech.*), dente di arpionismo.
Raste (Vorrichtung zum Abstellen) (*f.* - *Vorr.*), dispositivo di arresto. 2 ~ (Lücke, einer Knarre z. B.) (*Mech.*), tacca, incavo. 3 ~ **n·schalter** (*m.* - *Elekt.* - *Ger.*), commutatore a scatti. 4 ~ **n·scheibe** (*f.* - *Mech.* - *etc.*), disco a tacche. 5 ~ **n·scheibe** (Teilscheibe) (*Werkz.masch.bearb.*), disco divisore. 6 **Fuss** ~ (eines Motorrades) (*Fahrz.*), cavalletto.
Raster (Glassplatte mit feinem Gitternetz)
(*m.* - *Druck.*), retino. 2 ~ (abgetasteter Anteil der Zeilen eines Bildes während einer Bewegung des Abtaststrahles von oben nach unten) (*Fernseh.*), disegno, quadro. 3 ~ (Liniennetz, für Entwürfe) (*Bauw.*), reticolo (di riferimento). 4 ~ (Lampenschirm) (*Beleucht.*), schermo, grigliato. 5 ~ **ätzung** (Autotypie) (*f.* - *Druck.*), autotipia. 6 ~ **decke** (*f.* - *Beleucht.*), soffitto a schermi (multicellulari). 7 ~ **elektronen-Aufnahme** (*f.* - *Metall.* - *etc.*), ripresa a scansione elettronica. 8 ~ **elektronenmikroskop** (REM) (*n.* - *Opt.* - *Instr.*), microscopio elettronico analitico, microscopio elettronico a scansione lineare. 9 ~ **frequenz** (*f.* - *Fernseh.*), frequenza di quadro. 10 ~ **mass** (einheitliche Gestaltung) (*n.* - *Bauw.*), misura modulare, modulo. 11 ~ **mikroskop** (Scanning-Mikroskop, Elektronenmikroskop) (*n.* - *Opt.* - *Elektronik*), microscopio a scansione elettronica. 12 ~ **verformung** (*f.* - *Fernseh.*), distorsione del quadro. 13 ~ **walze** (*f.* - *Druck.*), cilindro retinato. 14 ~ **weite** (Rasterfeinheit, Linienzahl/cm) (*f.* - *Druck.*), finezza del retino, numero di linee/cm (del retino). 15 **Film** ~ (*Druck.*), retino pellicolare. 16 **Fischgrät** ~ (*Druck.*), retino a spina di pesce. 17 **gekreuzter Strich** ~ (*Druck.*), retino a tratti incrociati. 18 **konstruktiver** ~ (*Bauw.*), modulo costruttivo, maglia. 19 **Kontakt** ~ (*Druck.*), retino a contatto. 20 **Korn** ~ (*Druck.*), retino granulare. 21 **Kristall** ~ (*Druck.*), retino in cristallo. 22 **Linien** ~ (Strichraster) (*Druck.*), retino a tratto. 23 **Punkt** ~ (*Druck.*), retino a punti. 24 **Strich** ~ (Linienraster) (*Druck.*), retino a tratto. 25 **Tiefdruck** ~ (*Druck.*), retino per rotocalco. 26 **Wellen** ~ (*Druck.*), retino ondulato.
Rastierung (*f.* - *Mech.*), arresto.
Rat (Ratsversammlung) (*m.* - *allg.*), consiglio. 2 ~ (Ratschlag) (*recht.* - *etc.*), consiglio. 3 ~ **für gegenseitige Wirtschafthilfe** (RGW) (*komm.*), Comecon, Consiglio di mutua assistenza economica. 4 ~ **haus** (*n.* - *Bauw.*), municipio. 5 **Aufsichts** ~ (*Adm.*), collegio dei sindaci, collegio sindacale. 6 **Betriebs** ~ (*Ind.*), commissione interna. 7 **Verwaltungs** ~ (*Ind.*), consiglio di amministrazione.
Rate (Anteil, bei Teilzahlung) (*f.* - *komm.*), rata. 2 ~ (Satz) (*allg.*), tasso. 3 **Monats** ~ (*komm.*), rata mensile. 4 **Zuwachs** ~ (*finanz.* - *etc.*), tasso d'incremento.
Ratemeter (Zählgerät zum Anzeigen der mittleren Zählrate eines Zählrohres z. B.) (*n.* - *Elektronik* - *Ger.*), contatore di frequenza media.
ratenweise (*komm.*), a rate.
Ratinieren (*n.* - *Textilind.*), ratinatura.
Ratiniermaschine (*f.* - *Textilmasch.*), ratinatrice.
Ratiodetektor (Verhältnisdetektor) (*m.* - *Funk.* - *Fernseh.*), discriminatore, rivelatore di rapporto.
Ratiometer (Verhältnismesser) (*n.* - *Ger.*), misuratore di rapporto.
rational (*Math.* - *etc.*), razionale. 2 ~ **e Zahl** (*Math.*), numero razionale.
Rationalisierung (*f.* - *Ind.*), razionalizzazione.

Ratsche (Zahnradkranz mit Sperrklinke) (f. - Mech.), arpionismo. 2 ~ (Bohrknarre) (Werkz.), trapano a cricco. 3 ~ n·kluppe (Ratschenschneidkluppe) (f. - Werkz.), filiera a cricco. 4 ~ n·schlüssel (m. - Werkz.), chiave a cricco.
« **Ratschen** » (Geräusch der Verzahnung eines Wechselgetriebes beim Schalten) (n. - Aut.), « grattata », grattamento.
Rattenschwanz (kleine, runde Feile) (m. - Werkz.), lima a coda di topo, lima tonda. 2 ~ (Giess.fehler), coda di topo.
rattensicher (naut. - etc.), antitopo.
Rätter (Rüttelsieb) (m. - Bergbau - etc.), vaglio a scossa.
Ratterndeck (leichtes Zwischendeck eines Schiffs) (n. - naut.), (tipo di) ponte intermedio.
Rattermarke (f. - Mech. - Fehler), segno da vibrazione (dell'utensile), segno da saltellamento, « trematura ».
Rattern (einer Maschine z. B.) (n. - Mech.), vibrazione, saltellamento.
rättern (sieben) (Bergbau - etc.), vagliare a scossa.
Ratterschwingung (f. - Werkz.masch.bearb.), trepidazioni, vibrazioni autoeccitate, « chatter ».
Raubbau (berggesetzlich unzulässige Abbauweise) (m. - Bergbau), coltivazione a rapina.
Rauben (Wiedergewinnung von Ausbaumaterial) (n. - Bergbau), ricupero di materiale d'armamento.
Raubgarn (Schlingzwirn) (n. - Textilind.), ritorto ad anellini.
Rauch (m. - Verbr.), fumo. 2~fahne (f. - Verbr.), pennacchio di fumo. 3 ~ fang (Schornstein) (m. - Bauw.), camino. 4 ~ fleisch (Dörrfleisch) (n. - Ind.), carne affumicata. 5 ~ gas (Abgas) (n. - Verbr.), gas combusto, gas (prodotto) della combustione. 6 ~ gasanalysator (Rauchgasprüfer) (m. - App.), analizzatore dei prodotti della combustione, analizzatore dei fumi. 7 ~ grenze (eines Dieselmotors z. B.) (f. - Mot.), limite del fumo, limite di fumosità. 8 ~ haube (einer Schmiedeesse z. B.) (f. - Verbr.), cappa di aspirazione del fumo. 9 ~ kammer (f. - Kessel), camera a fumo. 10 ~ patrone (f. - milit.), cartuccia fumogena. 11 ~ rohr (n. - Kessel), tubo di fumo. 12 ~ röhrenkessel (m. - Kessel), caldaia a tubi di fumo. 13 ~ schieber (eines Ofens) (m. - Verbr.), registro, serranda (del fumo). 14 ~ schleier (Rauchvorhang) (m. - milit.), cortina di fumo. 15 ~ schreiben (n. - Flugw. - komm.), scrittura (aerea) mediante fumo. 16 ~ schriftmasse (f. - Flugw. - komm.), sostanza fumogena per scrittura aerea. 17 ~ vorhang (Rauchschleier) (m. - milit.), cortina di fumo. 18 ~ zug (m. - Bauw.), condotto del fumo.
Raucherabteil (n. - Eisenb.), scompartimento per fumatori.
Räuchern (von Lebensmitteln) (n. - Ind.), affumicatura.
rauchfrei (allg.), senza fumo.
Räude (f. - Strasse - Fehler), sgretolamento.
Raufschalten (n. - Aut.), passaggio a marcia superiore, « cambio crescente ».
rauh (uneben) (allg.), ruvido. 2 ~ (grob, Bearbeitung z. B.) (Mech.), grossolano. 3 ~ (bearbeitete Fläche) (Mech.), rugoso. 4 ~ (unbearbeitet) (Mech. - etc.), grezzo, greggio. 5 ~ (Betrieb, Funktionieren) (Masch. - Mot.), duro. 6 ~ hacheln (vorhacheln) (Textilind.), pettinare in grosso. 7 ~ schleifen (Werkz.masch.bearb.), molare, sgrossare di rettifica, rettificare di sgrosso.
Rauhbank (langer Hobel) (f. - Tischl. - Werkz.), piallone.
Rauhbelag (m. - Strass.b.), pavimentazione antidrucciolevole.
Rauheit (einer bearbeiteten Fläche) (f. - Mech.), rugosità, scabrosità. 2 ~ s·prüfer (m. - Mech. - Instr.), rugosimetro, scabrosimetro, profilometro. 3 ~ s·wert (Rauheitsmessgrösse) (m. - Mech.), siehe Rauhwert. 4 Längs ~ (in Richtung des Rillenverlaufs) (Mech.), rugosità longitudinale. 5 Quer ~ (senkrecht zum Rillenverlauf) (Mech.), rugosità trasversale, rugosità trasversalmente ai solchi.
Rauhen (n. - Textilind.), garzatura.
rauhen (Textilind.), garzare. 2 ~ (schruppen) (Mech. - Tischl.), sgrossare.
Rauher (Rauhmaschine) (m. - Textilmasch.), garzatrice.
Rauhfrost (m. - Meteor.), calabrosa.
Rauhigkeit (eines Rohres) (f. - Hydr.), scabrezza, rugosità, scabrosità. 2 ~ s·beiwert (eines Rohres z. B.) (m. - Hydr.), coefficiente di scabrezza.
Rauhmaschine (Rauher) (f. - Textilmasch.), garzatrice.
Rauhputz (Rapputz) (m. - Maur.), intonaco rustico.
Rauhreif (m. - Meteor.), galaverna.
Rauhtiefe (R, einer Oberfläche, Abstand des Grundprofils vom Hüllprofil) (f. - Mech.), (valore massimo della) rugosità.
Rauhwert (Rauheitswert) (m. - Mech.), valore della rugosità. 2 arithmetischer Mitten ~ (« CLA ») (Mech.), rugosità media aritmetica, « CLA ». 3 quadratischer Mitten ~ (RMS) (Mech.), rugosità media quadratica, RMS.
Raum (m. - Phys. - etc.), spazio. 2 ~ (Rauminhalt, Volumen) (allg.), volume. 3 ~ (umbautes Stück, Zimmer, etc.) (Bauw.), ambiente, vano, locale. 4 ~ (Platz) (allg.), posto. 5 ~ (Schiffsraum, Laderaum) (naut.), stiva. 6 ~ akustik (f. - Arch. - Akus.), acustica architettonica. 7 ~ analyse (f. - Technol.), analisi volumetrica. 8 ~ anzug (m. - Raumfahrt), tuta spaziale. 9 ~ ausdehnungszahl (f. - Pyhs.), coefficiente di dilatazione cubica. 10 ~ bedarf (m. - allg.), ingombro, spazio occupato. 11 ~ beständigkeit (von Baustoffen, die nicht an Raum zunehmen müssen) (f. - Bauw.), stabilità di volume. 12 ~ bild (n. - Opt.), immagine tridimensionale, immagine stereoscopica. 13 ~ bildentfernungsmesser (m. - Instr.), telemetro stereoscopico. 14 ~ bildfotografie (f. - Phot.), fotografia stereoscopica. 15 ~ bildmessung (Stereophotogrammetrie) (f. - Photogr.), stereofotogrammetria. 16 ~ bildverfahren (n. - Filmtech.), procedimento stereoscopico. 17 ~ bildwesen (Stereoskopie) (n. - Opt.), stereoscopia. 18 ~ effekt (m. - Fernseh.), effetto

Raum

stereoscopico. 19 ~ **einheit** (Volumeneinheit) (*f. - Geom. - etc.*), unità di volume. 20 ~ **fähre** (*f. - Raumfahrt*), navetta spaziale, traghetto spaziale. 21 ~ **fahrer** (Astronaut, Weltraumflieger) (*m. - Astronautik*), astronauta. 22 ~ **fahrt** (Weltraumfahrt, Astronautik) (*f. - Astronautik*), astronautica. 23 ~ **fahrtforschung** (Raumforschung) (*f. - Astronautik*), ricerca spaziale. 24 ~ **fahrtzeitalter** (*n. - Astronautik*), era spaziale. 25 ~ **fahrzeug** (*n. - Astronautik*), veicolo spaziale. 26 ~ **fläche** (Flurfläche) (*f. - Ind.*), superficie d'ingombro. 27 ~ **fläche** (zylindrischer Mantel z. B.) (*Mech.*), superficie curva. 28 ~ **flug** (*m. - Astronautik*), volo spaziale. 29 ~ **forschung** (*f. - Astronautik*), ricerca spaziale. 30 ~ **fuge** (einer Fahrbahnbetondecke) (*f. - Strass.b.*), giunto completo, giunto esteso a tutta la superficie (della lastra). 31 ~ **gehalt** (eines Schiffes, in Registertonnen gemessen) (*m. - naut.*), stazza. 32 ~ **geräusch** (*n. - Fernspr.*), rumore di fondo. 33 ~ **gestaltung** (*f. - Arch.*), architettura interna, decorazione degli ambienti. 34 ~ **gewicht** (eines Gesteins) (*n. - Bauw.*), siehe Rohwichte. 35 ~ **gitter** (*n. - Min. - Metall.*), reticolo spaziale. 36 ~ **heizlüfter** (*m. - Heizung*), aerotermo. 37 ~ **heizung** (*f. - Bauw.*), riscaldamento degli ambienti. 38 ~ **-Index** (*m. - Beleucht.*), indice del locale. 39 ~ **inhalt** (Volumen) (*m. - Geom.*), volume. 40 ~ **inhaltsberechnung** (*f. - Bauw.*), cubatura. 41 ~ **kapsel** (*f. - Astronautik*), capsula spaziale. 42 ~ **koordinate** (*f. - Geom.*), coordinata spaziale. 43 ~ **krümmung** (*f. - Astr. - Phys.*), curvatura dello spazio. 44 ~ **kunst** (Innenarchitektur) (*f. - Arch.*), architettura interna, arredamento. 45 ~ **kurve** (*f. - Geom.*), curva sghemba, curva gobba. 46 ~ **kurve** (Raumnocken) (*Mech.*), camma tridimensionale. 47 ~ **ladegitter** (*n. - Elektronik*), griglia di carica spaziale. 48 ~ **ladung** (in einer Elektronenröhre) (*f. - Funk.*), carica spaziale. 49 ~ **ladungskapazität** (*f. - Elektronik*), capacità di carica spaziale. 50 ~ **ladungskonstante** (*f. - Elektronik*), costante di carica spaziale. 51 ~ **lehre** (Geometrie) (*f. - Geom.*), geometria. 52 ~ **lichtreflexion** (auf dem Glaskolben der Bildröhre) (*f. - Fernseh.*), riflessione di luce dell'ambiente, luce dell'ambiente riflessa. 53 ~ **mangel** (*m. - allg.*), mancanza di spazio. 54 ~ **mass** (*n. - allg.*), misura di volume. 55 ~ **meter** (Ster, geschichtetes Holz mit Zwischenräumen) (*m. - Holz*), stero. 56 ~ **nocken** (Raumkurve) (*n. - Mech.*), camma tridimensionale. 57 ~ **nutzungsgrad** (bei Lagern) (*m. - Ind.*), grado di utilizzazione dello spazio. 58 ~ **programm** (*n. - Astronautik*), programma spaziale. 59 ~ **prozent** (*n. - Mass*), percento in volume. 60 ~ **rakete** (*f. - Astronautik*), razzo spaziale. 61 ~ **schiff** (*n. - Astronautik*), nave spaziale. 62 ~ **schifffahrt** (Astronautik) (*f. - Astronautik*), astronautica. 63 ~ **schutzanlage** (Alarmanlage mit Unterbrechungskontakten an Türen, etc.) (*f. - Bauw.*), impianto protezione di ambienti. 64 ~ **simulator** (*m. - Astronautik*), simulatore spaziale. 65 ~ **sonde** (*f. - Astronautik*), sonda spaziale. 66 ~ **station** (*f. - Astronautik*), stazione spaziale. 67 ~ **stütze** (*f. - Schiffbau*), puntale di stiva. 68 ~ **teli** (einer Mischung) (*m. - allg.*), parte in volume, percentuale in volume. 69 ~ **temperatur** (*f. - allg.*), temperatura ambiente. 70 ~ **transporter** (*m. - Raumfahrt*), veicolo spaziale da trasporto. 71 ~ **welle** (*f. - Funk.*), onda indiretta. 72 ~ **wichte** (Verhältnis des Gewichts zum Volumen einschliesslich der Hohlräume) (*f. - Phys.*), peso specifico apparente. 73 ~ **winkel** (*m. - Geom.*), angolo solido. 74 ~ **wirkung** (*f. - Akus.*), effetto stereofonico. 75 ~ **zeiger** (Raumvektor) (*m. - Math.*), vettore spaziale. 76 ~ **-Zeit-Kontinuum** (*n. - Phys.*), tempo-spazio, cronòtopo. 77 **Brutto** ~ **gehalt** (*naut.*), stazza lorda. 78 **explosionsgefährdeter** ~ (*Ind.*), ambiente esplosivo. 79 **explosionsgefährlicher** ~ (*Ind.*), ambiente esplosivo. 80 **Form** ~ (eines Spritzgiesswerkzeuges für Kunststoffe) (*Technol.*), cavità (dello stampo), impronta (dello stampo). 81 **Kompressions** ~ (Verdichtungsraum, Kleinstwert des Verbrennungsraumes) (*Mot.*), spazio di compressione, volume di compressione. 82 **Licht** ~ (*allg.*), spazio libero, gioco. 83 **Netto** ~ **gehalt** (*naut.*), stazza netta. 84 **Riemannscher** ~ (*Phys.*), spazio riemaniano. 85 **schädlicher** ~ (eines Gasbehälters bei Azetylen-Erzeugungsanlagen) (*chem. Ind.*), spazio nocivo. 86 **schalltoter** ~ (*Akus.*), camera anecoica. 87 **Verbrennungs** ~ (*Mot.*), camera di combustione.

raum (Wind, schräg vom hinten) (*naut.*), largo. 2 ~ **e See** (hohe See) (*naut.*), mare aperto, alto mare. 3 ~ **zentriert** (Kristalle) (*Min. - Metall.*), corpo-centrato.

Räumahle (Räumnadel) (*f. - Werkz.*), broccia, spina.

Räumarbeit (Räumen) (*f. - Werkz.masch.bearb.*), brocciatura, spinatura.

Räumbarkeit (*f. - Werkz.masch.bearb.*), brocciabilità.

Räumboot (*n. - Kriegsmar.*), dragamine.

Räumde (*f. - naut.*), siehe Räumte.

Räumeisen (*n. - Metall. - Giess.*), ferro per spillatura.

Räumen (*n. - Werkz.masch.bearb.*), brocciatura, spinatura. 2 **Aussen** ~ (*Werkz.masch.bearb.*), brocciatura esterna. 3 **Drall** ~ (Spiralräumen, von Drallnuten) (*Werkz.masch.bearb.*), brocciatura elicoidale. 4 **Innen** ~ (*Werkz.masch.bearb.*), brocciatura interna. 5 **Ketten** ~ (*Werkz.masch.bearb.*), brocciatura a catena. 6 **Schub** ~ (Stossräumen, Räumpressen) (*Werkz.masch.bearb.*), brocciatura a spinta. 7 **Topf** ~ (*Werkz.masch.bearb.*), siehe Umfangsräumen. 8 **Tubus** ~ (*Werkz.masch.bearb.*), siehe Umfangsräumen. 9 **Umfangs** ~ (Tubusräumen, Topfräumen) (*Werkz.masch.bearb.*), brocciatura periferica, brocciatura tubolare. 10 **Zieh** ~ (*Werkz.masch.bearb.*), brocciatura a trazione.

räumen (leer machen) (*allg.*), vuotare. 2 ~ (mit Räumnadel) (*Mech.*), brocciare. 3 ~ (herausziehen) (*allg.*), sgombrare. 4 ~ (aushöhlen) (*allg.*), scavare. 5 ~ (ordnen, in Ordnung bringen) (*allg.*), ordinare, mettere in ordine. 6 **ab** ~ (weg nehmen) (*allg.*), togliere, sgomberare. 7 **auf** ~ (in Ordnung bringen) (*allg.*), mettere in ordine. 8 **aus**

(reinigen) (*allg.*), ripulire. **9 eine Stadt** ~ (*milit. - etc.*), sgomberare una città. **10 schub** ~ (*Werkz.masch.bearb.*), brocciare a spinta. **11 zieh** ~ (*Werkz.masch.bearb.*), brocciare a trazione.
Räumer (Räumwerkzeug, Räumnadel) (*m. - Werkz.*), broccia, spina. **2** ~ (Reibahle) (*Werkz.*), alesatoio, allargatore. **3** ~ (gerader Zahn der zwei geschränkte Zähne folgt und zur Ausbringung der Späne dient, eines Bandsägeblattes) (*Werkz.*), dente diritto scaricatore.
Räumhobeln (Hobeln mit mehreren Werkzeugen im Eingriff) (*n. - Werkz.masch.bearb.*), piallatura con utensili multipli.
Räumhub (*m. - Werkz.masch.bearb.*), corsa di brocciatura.
raumisomer (*Chem.*), stereoisomerico.
räumlich (*Phys.*), spaziale. **2** ~ (stereoskopisch) (*Opt.*), stereoscopico. **3** ~ (in drei Abmessungen) (*allg.*), tridimensionale, cubico. **4** ~ **e Ausdehnung** (*Phys.*), dilatazione cubica.
Räumlichkeit (*f. - Bauw.*), spaziosità. **2** ~ (Raum) (*Buaw.*), vano, locale, ambiente.
Räummaschine (*f. - Werkz.masch.*), brocciatrice, spinatrice. **2 Aussen** ~ (*Werkz.masch.*), brocciatrice per esterni. **3 hydraulische Waagerecht -** ~ (*Werkz.masch.*), brocciatrice orizzontale idraulica. **4 Innen** ~ (*Werkz.masch.*), brocciatrice per interni. **5 Kegelrad** ~ (für Revacycleverfahren von Gleason) (*Werkz. masch.*), brocciatrice per ingranaggi conici. **6 Senkrecht-Innen** ~ (*Werkz.masch.*), brocciatrice verticale per interni.
Räumnadel (Räumahle) (*f. - Werkz.*), broccia, spina. **2** ~ **ziehmaschine** (*f. - Werkz. masch.*), brocciatrice a trazione. **3** ~ **zum Stossen** (*Werkz.*), broccia a spinta. **4** ~ **zum Ziehen** (*Werkz.*), broccia a trazione.
Räumpflug (Bulldozer) (*m. - Erdbew.masch.*), apripista.
Räumpressen (Schubräumen, Stossräumen) (*n. - Werkz.masch.bearb.*), brocciatura a spinta.
Räumrad (zur Bearbeitung von Kegelrädern) (*n. - Werkz.*), broccia circolare.
Räumschnitt (*m. - Werkz.masch.bearb.*), brocciatura.
raumsparend (*allg.*), compatto, che occupa poco spazio.
Räumte (Räumde, freier Schiffsraum) (*f. - naut.*), (volume di stiva disponibile, volume residuo di stiva. **2** ~ (Räumde, hohe See) (*naut.*), alto mare.
Räumung (Entleeren) (*f. - allg.*), vuotamento. **2** ~ (Freigabe eines Raumes) (*recht.*), sfratto. **3** ~ **s·verkauf** (*m. - komm.*), svendita, liquidazione.
Räumvorgang (Räumen) (*m. - Werkz.masch. bearb.*), brocciatura, spinatura.
Räumvorrichtung (*f. - Vorr.*), attrezzo per brocciare.
Räumwerkzeug (Räumnadel) (*n. - Werkz.*), broccia, spina. **2** ~ **-Halter** (*m. - Werkz. masch.*), manicotto (di trascinamento) della broccia. **3 Evolventenzahnnaben-** ~ (*Werkz.*), broccia con profilo scanalato ad evolvente. **4 flaches** ~ (*Werkz.*), broccia piatta. **5 Keilnaben-** ~ (*Werkz.*), broccia per scanalati.

6 Plan- ~ (*Werkz.*), broccia a sezione rettangolare. **7 Schraub-** ~ (Drall-Räumwerkzeug, Spiral-Räumwerkzeug) (*Werkz.*), broccia elicoidale. **8 Spiral** ~ (Schraub-Räumwerkzeug, Drall-Räumwerkzeug) (*n. - Werkz.*), broccia elicoidale. **9 Umfangs-** ~ (Tubus-Räumwerkzeug, Topf-Räumwerkzeug) (*Werkz.*), broccia periferica, broccia tubolare.
raumzeitlich (Koordinaten z. B.) (*Astr. - Phys.*), spaziotemporale.
Raupe (Raupenkette, eines Schleppers z. B.) (*f. - Fahrz.*), cingolo. **2** ~ (Schweissen), cordone (di saldatura). **3** ~ (Larve) (*Ack.b. - Textilind.*), bruco. **4** ~ **n·antrieb** (*m. - Fahrz.*), trazione a cingoli. **5** ~ **n·bagger** (*m. - Erdbew.masch.*), escavatore a cingoli. **6** ~ **n·blech** (*n. - Metall.*), lamiera bugnata. **7** ~ **n·fahrwerk** (*n. - Flugw.*), carrello di atterraggio a cingoli. **8** ~ **n·fahrwerk** (für Baumaschinen) (*Fahrz.*), autotelaio cingolato. **9** ~ **n·fahrzeug** (Gleiskettenfahrzeug) (*n. - Fahrz.*), veicolo cingolato. **10** ~ **n·glied** (*n. - Fahrz.*), maglia di cingolo. **11** ~ **n·kette** (*f. - Fahrz.*), cingolo. **12** ~ **n·lader** (*m. - Erdbew.masch. - etc.*), caricatrice a cingoli. **13** ~ **n·schlepper** (*m. - Fahrz.*), trattore cingolato.
raupenfahrbar (*Fahrz.*), cingolato.
Rauschabstand (Geräuschabstand, Rauschanteil) (*m. - Akus. - Funk.*), rapporto segnaledisturbo, rapporto segnale-rumore.
Rauschanteil (*m. - Akus. - Funk.*), rapporto segnale/rumore.
Rauschen (Störeffekt) (*n. - Elektroakus. - Fehler*), rumore, fruscio, raschiamento. **2 farbiges** ~ (Rauschen, dessen Energie ungleichmässig verteilt ist) (*Elektroakus.*), rumore casuale. **3 Modulations** ~ (*Funk. - Akus.*), rumore di modulazione. **4 thermisches** ~ (*Funk.*), rumore di agitazione termica, effetto Johnson. **5 weisses** ~ (Rauschen, dessen Energie gleichmässig über den ganzen Frequenzbereich verteilt ist) (*Elektroakus.*), rumore bianco, suono bianco.
Rauschfaktor (*m. - Funk. - etc.*), fattore di rumore.
rauschfrei (*Akus.*), silenzioso.
Rauschfreiheit (*f. - Akus.*), silenziosità.
Rauschgenerator (*m. - Akus.*), generatore di rumore.
Rauschgold (Messingblech von 0,01 bis 0,03 mm Stärke) (*n. - Metall.*), lamina di ottone, « carta Spagna ».
Rauschpegel (*m. - Funk. - Fernseh.*), livello del rumore.
Rauschspannung (*f. - Elektroakus.*), tensione di disturbo, tensione psofometrica.
Rauschsperre (*f. - Funk. - etc.*), filtro soppressore di rumore.
Raute (Rhombus) (*f. - Geom. - etc.*), rombo, losanga. **2** ~ (Abziehstein) (*Werkz.*), cote, pietra abrasiva (rombica). **3** ~ (Anschlussstelle) (*Strass.b.*), allacciamento a rombo. **4** ~ **n·feile** (*f. - Werkz.*), lima a losanga. **5** ~ **n·kaliber** (*n. - Walzw.*), calibro rombico.
rautenförmig (*allg.*), rombico, a losanga.
Rautingfräsmaschine (für Druckplattenbearbeitung) (*f. - Werkz.masch.*), fresatrice per clisce.

Rayl

Rayl (Rayleigh, Einheit der Schallimpedanz) (*n. - Masseinheit*), Rayleigh.
Rayleigh-Scheibe (*f. - Akus.*), disco di Rayleigh.
Rayleighsche Konstante (*Mech. der Flüss.k.*), numero di Rayleigh.
Razemat (opt. aktive Verbindungen die die Polarisationsebene nicht drehen) (*Opt.*), composto inattivo per compensazione interna, composto di antipodi ottici.
Rb (Rubidium) (*Chem.*), Rb, rubidio.
R-Band (26,5-40 GHz) (*n. - Funk.*), banda R.
RBW (relative biologische Wirksamkeit) (*Radiobiologie*), EBR, effetto biologico relativo, efficacia biologica relativa.
RC-Beschaltung (*f. - Funk.*), siehe RC-Kopplung.
RC-Filter (Widerstand- Kapazität - Filter) (*m. - Funk.*), filtro RC.
RC-Generator (Widerstand - Kapazität - Generator) (*m. - Funk.*), generatore RC.
RC-Kopplung (*f. - Funk.*), accoppiamento resistenza-capacità, accoppiamento RC.
RC-Schaltung (Widerstand - Kapazität - Schaltung) (*f. - Funk.*), circuito RC, circuito resistenza-capacità.
RCTL-Schaltung (resistor-capacitor-transistor logic) (*Elektronik*), circuito logico resistenza-capacità-transistori.
RC-Verstärker (Widerstand - Kapazität - Verstärker) (*m. - Funk.*), amplificatore RC.
Rd (Rodium) (*Chem.*), Rd, rodio.
rd (Rutherford) (*Einheit*), rd, rutherford.
rd. (rund) (*allg.*), circa.
Rde (Runde) (*Aut. - Sport*), giro.
Re (Reynoldsche Zahl) (*Mech. der Flüss.k.*), numero di Reynolds. 2 ~ (Rhenium) (*Chem.*), Re, renio.
REA (Rationalisierungs - Gemeinschaft Elektrizitätsanwendung) (*Elekt.*), Associazione per la Razionalizzazione dell'Impiego dell'Elettricità.
Reagens (*n. - Chem.*), reagente (*s.*). 2 ~ glas (Prüfglas, Probierglas, Reagenzglas) (*n. - Chem. - Ger.*), provetta. 3 ~ glasgestell (*n. - Chem. - Ger.*), portaprovette. 4 ~ papier (Reagenzpapier) (*n. - Chem.*), carta reattiva.
reagieren (*Chem.*), reagire.
Reaktand (*m. - Chem.*), reagente (*s.*).
Reaktanz (Blindwiderstand) (*f. - Elekt.*), reattanza. 2 ~ relais (*n. - Elekt.*), relè di reattanza. 3 ~ röhre (*f. - Elektronik*), tubo di reattanza. 4 Anfangs ~ (subtransiente Reaktanz, von Synchronmaschinen) (*Elekt.*), reattanza subtransiente. 5 Anker- ~ (*elekt. Masch.*), reattanza sincrona, reattanza di indotto. 6 Gegen ~ (inverse Reaktanz) (*Elekt.*), reattanza inversa. 7 induktive ~ (*Elekt.*), reattanza induttiva. 8 kapazitive ~ (*Elekt.*), reattanza capacitiva, reattanza faradica, reattanza negativa, capacitanza. 9 mechanische ~ (*Elekt. - Mech.*), reattanza meccanica. 10 Null ~ (*Elekt.*), reattanza omopolare. 11 Quer ~ (*Elekt.*), componente trasversale della reattanza. 12 Synchron ~ (*Elekt.*), reattanza diretta. 13 Übergangs ~ (*Elekt.*), reattanza transiente.
Reaktion (*f. - Baukonstr.lehre - Mech.*), reazione. 2 ~ (*Chem. - etc.*), reazione. 3 ~ s·antrieb (*m. - Flugw.*), propulsione a reazione. 4 ~ s·apparat (chemischer Reaktor, Behälter) (*m. - chem. Ind.*), reattore (chimico). 5 ~ s·dauer (beim Bremsen) (*f. - Aut.*), siehe Reaktionszeit. 6 ~ s·dreieck (einer Aufhängung) (*n. - Aut.*), triangolo di reazione. 7 ~ s·fähigkeit (*f. - Chem.*), reattività. 8 ~ s·gefäss (*n. - chem. Ger.*), reattore. 9 ~ s·geschwindigkeit (*f. - Chem.*), velocità di reazione. 10 ~ s·haftgrund (Haftgrundmittel) (*m. - Anstr.*), « wash primer ». 11 ~ s·hemmung (*f. - Chem.*), catalisi negativa. 12 ~ s·kette (*f. - Chem.*), catena di reazioni. 13 ~ s·klebstoff (Zweikomponenten - Klebstoff) (*m. - chem. Ind.*), adesivo (indurente) per reazione (chimica). 14 ~ s·lack (kalthärtender Kunstharzlack, der auf Grund einer beschleunigten chem. Reaktion schnell trocknet) (*m. - Anstr.*), vernice reattiva. 15 ~ s·löten (von Leichtmetallen, mit Chlorzink) (*n. - mech. Technol.*), brasatura a reazione, brasatura a cloruro di zinco. 16 ~ s·primer (*m. - Anstr.*), siehe Haftgrundmittel. 17 ~ s·produkt (Wasser z. B.) (*m. - Chem.*), prodotto di reazione. 18 ~ s·turbine (*f. - Turb.*), turbina a reazione. 19 ~ s·vermögen (*n. - Chem.*), reattività. 20 ~ s·wärme (Wärmetönung) (*f. - Chem.*), calore di reazione. 21 ~ s·weg (beim Bremsen) (*m. - Aut.*), spazio percorso durante il tempo di reazione. 22 ~ s·zeit (zwischen Erkennen des Gefahrs und Bremsbetätigung) (*f. - Aut.*), tempo di reazione. 23 alkalische ~ (*Chem.*), reazione alcalina. 24 basische ~ (*Chem.*), reazione basica. 25 beherrschte ~ (*Atomphys.*), reazione controllata. 26 Kern ~ (*Kernphys.*), reazione nucleare. 27 Ketten ~ (*Chem.*), reazione a catena. 28 komplexe ~ (*Chem.*), reazione complessa, reazione composta. 29 reversible ~ (*Chem.*), reazione reversibile. 30 saure ~ (*Chem.*), reazione acida.
reaktionsfähig (*Chem. - Metall.*), reattivo (*a.*).
reaktionslos (*Chem.*), non reattivo.
reaktionsschnell (Antrieb z. B.) (*Mech. - etc.*), a reazione rapida, a rapida risposta.
reaktionsträge (*allg.*), inerte, insensibile, non reattivo.
reaktivieren (*Chem. - etc.*), riattivare.
Reaktivierung (*f. - Chem. - etc.*), riattivazione.
Reaktivität (Mass der Abweichung eines Reaktors von der Kritikalität) (*f. - Atomphys.*), reattività.
Reaktor (Kernreaktor, Atommeiler) (*m. - Atomphys.*), reattore nucleare. 2 ~ (Reaktionsapparat, chemischer Reaktor) (*chem. Ind.*), reattore (chimico). 3 ~ (Drosselspule) (*Elekt.*), bobina di reattanza, reattore. 4 ~ behälter (*m. - Kernphys.*), contenitore del reattore. 5 ~ für U-Boote (*Atomphys. - Kriegsmar.*), reattore per sommergibili. 6 ~ gift (Neutronengift) (*n. - Kernphys.*), veleno nucleare. 7 ~ kaskade (*f. - chem. Ind.*), cascata di reattori, reattori in cascata. 8 ~ mit langsamen Neutronen (*Atomphys.*), reattore a neutroni lenti. 9 ~ mit schnellen Neutronen (*Atomphys.*), reattore a neutroni veloci. 10 ~ schlacken (*n. - pl. - Kernphys.*), rifiuti radioattivi, scorie radioattive. 11 ~ simulator (*m. - Kernphys.*), simulatore di

reattore. 12 angereicherter ~ (*Atomphys.*), reattore arricchito. 13 Brut ~ (*Atomphys.*), reattore surrigeneratore, reattore autofertilizzante. 14 chemischer ~ (Reaktionsapparat) (*chem. Ind.*), reattore chimico. 15 diskontinuierlicher ~ (*chem. Ind.*), reattore discontinuo. 16 Druckwasser ~ (*Atomphys.*), reattore ad acqua pressurizzata. 17 durch schweres Wasser moderierter ~ (*Kernphys.*), reattore moderato ad acqua pesante. 18 Festbett ~ (*chem. Ind.*), reattore a letto fisso, reattore a letto statico. 19 Forschungs ~ (Versuchsreaktor) (*Atomphys.*), reattore da ricerca. 20 gasgekühlter Graphit ~ (*Atomphys.*), reattore a grafite raffreddato a gas, reattore moderato a grafite e raffreddato a gas. 21 gasgekühlter ~ (*Atomphys.*), reattore raffreddato a gas. 22 graphitmoderierter ~ (*Atomphys.*), reattore moderato a grafite. 23 heterogener ~ (*Atomphys.*), reattore eterogeneo. 24 homogener ~ (*Atomphys.*), reattore omogeneo. 25 Kraft ~ (*Atomphys. - Ind.*), reattore di potenza, reattore per forza motrice. 26 kritischer ~ (*Atomphys.*), reattore critico. 27 Material-Prüf- ~ (MTR) (*Atomphys.*), reattore per prove di materiali. 28 natriumgekühlter ~ (*Atomphys.*), reattore raffreddato a sodio. 29 Natrium-Graphit ~ (*Atomphys.*), reattore moderato a grafite e raffreddato a sodio. 30 Produktions ~ (zur Umwandlung von natürlichem Uran in Plutonium) (*Atomphys.*), reattore di produzione. 31 schneller ~ (*Atomphys.*), reattore veloce. 32 Schnell-Thermischer- ~ (STR) (*Atomphys.*), reattore termico veloce. 33 Schwimmbassin ~ (*Atomphys.*), reattore a piscina. 34 Siedewasser ~ (Verdampferreaktor) (*Atomphys.*), reattore ad acqua bollente. 35 Versuchs ~ (Forschungsreaktor) (*Atomphys.*), reattore da ricerca.
Realgar (AsS) (*m. - Min.*), realgar.
Realsteuer (Grund- und Gewerbesteuer, Objektsteuer) (*f. - finanz.*), tassa sugli immobili.
Realwert (einer Münze z. B.) (*m. - allg.*), valore reale.
Realzeit (Echtzeit) (*f. - Rechner*), tempo reale. 2 ~ rechner (Echtzeitrechner) (*m. - Rechner*), calcolatore in tempo reale.
Reaumur-Skala (Temperatur-Skala) (*f. - Phys.*), scala Réaumur.
Rebecca-System (Radar-Anflugsystem) (*n. - Radar - Navig.*), Rebecca.
Rebsäge (gekrümmte Handsteifsäge, Gärtnersäge) (*f. - Werkz.*), sega da giardinaggio.
Recaleszenz (*f. - Metall.*), recalescenza.
Rechen (Harke) (*m. - Landw.gerät*), rastrello. 2 ~ (Gitter) (*Wass.b.*), griglia. 3 ~ (Kleiderleiste) (*Ger.*), attaccapanni. 4 ~ gut (eines Kraftwerkes z. B.) (*n. - Elekt. - etc.*), materiale trattenuto dalle griglie. 5 ~ reiniger (*m. - Wass.b.*), sgrigliatore.
Rechenanlage (Rechner) (*f. - Rechenmasch.*), siehe Rechner.
Rechenautomat (*m. - Rechenmasch.*), calcolatore automatico.
Rechenbrett (Abakus) (*n. - Math.*), abaco.
Rechenfehler (*m. - Math. - etc.*), errore di calcolo.

Rechengerät (Rechner) (*n. - Ger.*), calcolatore.
Rechengetriebe (mechanische Analogrechner) (*n. - Rechenmasch.*), calcolatrice.
Rechenkopfsäule (Zapfsäule, Benzinpumpe) (*f. - Aut.*), distributore, colonnina del distributore.
Rechenmaschine (Büromaschine) (*f. - Rechenmasch.*), calcolatrice, macchina da calcolo. 2 Tasten ~ (*Rechenmasch.*), calcolatrice a tastiera.
Rechenmodell (*n. - Math.*), modello matematico.
Rechenoperation (*f. - Math.*), operazione aritmetica.
Rechenschieber (Rechenstab) (*m. - Ger.*), regolo calcolatore. 2 ~ läufer (*m. - Ger.*), cursore del regolo.
Rechenstab (Rechenschieber) (*m. - Ger.*), regolo calcolatore.
Rechentafel (*f. - Math.*), nomogramma.
Rechenweg (*m. - Math. - etc.*), procedimento di calcolo.
Rechenwerk (Subsystem eines Rechners in dem arithmetische und logische Operationen ausgeführt werden) (*Rechner*), unità di calcolo, unità aritmetica. 2 ~ speicher (innerer Speicher) (*m. - Rechner*), memoria interna.
Rechenzentrum (eines Unternehmens) (*n. - Ind. - etc.*), centro di calcolo.
rechnen (*Math.*), calcolare. 2 stab ~ (*Math. - etc.*), calcolare con il regolo.
Rechner (wer rechnet) (*m. - Arb.*), calcolatore. 2 ~ (Rechenanlage) (*Rechner*), calcolatore. 3 ~ direktsteuerung (von Werkz.masch.) (*f. - NC - Werkz.masch.*), comando numerico diretto, comando diretto da calcolatore. 4 ~ kern (*m. - Rechner*), siehe Prozessor. 5 ~ -Programm (*n. - Rechner*), programma di calcolatore. 6 ~ sprache (*f. - Rechner*), linguaggio del calcolatore. 7 Analog ~ (*Rechner*), calcolatore analogico. 8 Betriebs ~ (führt die Fertigungsplanung aus und überwacht den Datenfluss, an Hand der Kundenaufträge) (*Rechner*), calcolatore di gestione, calcolatore per la programmazione della produzione (ed il controllo del flusso dei dati). 9 Digital ~ (Ziffernrechner) (*Rechner*), calcolatore numerico. 10 elektronischer ~ (*Rechner*), calcolatore elettronico. 11 Flüssigkeits ~ (hydraulischer Rechner, Fluidik-Rechner) (*Rechner*), calcolatore fluidico, calcolatore a fluido. 12 hybrider ~ (Analog-Digital-Rechner, Hybridrechner) (*Rechner*), calcolatore ibrido. 13 Inkremental ~ (*Rechner*), calcolatore ad incrementi. 14 pneumatischer ~ (*Rechner*), calcolatore pneumatico. 15 programmgesteuerter ~ (*Rechner*), calcolatore a programma. 16 Prozess ~ (steuert den Fertigungsablauf so dass er automatisch lauft) (*Rechner*), calcolatore di processo. 17 Realzeit ~ (Echtzeitrechner) (*Rechner*), calcolatore in tempo reale. 18 Taschen ~ (*Rechner*), calcolatore tascabile, calcolatorino. 19 Ziffern ~ (*Rechner*), siehe Digitalrechner.
rechnergesteuert (*Werkz.masch. - etc.*), comandato da calcolatore.
rechnergestützt (*Rechner*), con l'ausilio di calcolatore.
rechnerkompatibel (rechnergerecht, Instru-

Rechnung

mentierung z. B.) (*Rechner*), compatibile col calcolatore.
Rechnung (*f. - Math.*), calcolo. 2 ∼ (Kostenforderung) (*komm. - Adm.*), conto. 3 ∼ (Faktura) (*komm. - Adm.*), fattura. 4 ∼ (*Buchhaltung*), conto. 5 ∼ s·abgrenzung (Vorauszahlungen z. B., einer Bilanz) (*f. - Buchhaltung - Adm.*), risconto. 6 ∼ s·abschluss (*m. - Adm.*), chiusura dei conti. 7 ∼ s·auszug (*m. - Adm.*), estratto conto. 8 ∼ s·betrag (*m. - komm.*), prezzo di fattura. 9 ∼ s·büro (*n. - Buchhaltung*), ufficio contabilità. 10 ∼ s·führer (*m. - Pers.*), contabile. 11 ∼ s·führung (*f. - Buchhaltung*), contabilità. 12 ∼ s·hof (Rechnungskammer) (*m. - finanz. - Adm.*), corte dei conti. 13 ∼ s·jahr (*n. - Adm.*), esercizio finanziario. 14 ∼ s·prüfer (Rechnungsrevisor) (*m. - Adm.*), revisore dei conti. 15 ∼ s·prüfung (*f. - Adm.*), controllo fatture. 16 ∼ s·schreiber (*m. - Pers.*), fatturista. 17 ∼ s·schreibmaschine (*f. - Masch.*), fatturatrice, macchina per fatture. 18 ∼ s·schreibung (*f. - Adm.*), fatturazione. 19 ∼ tragen (beachten) (*allg.*), tenere conto (di). 20 ∼ s·wesen (Abteilung eines Unternehmens) (*n. - Ind.*), contabilità. 21 aktive ∼ s·abgrenzung (*Buchhaltung - Adm.*), risconto attivo. 22 für Ihre ∼ und Gefahr (*allg.*), per vostro conto e rischio. 23 für ∼ Dritter (auf Kunden-Rechnung) (*Adm. - etc.*), per conto di terzi. 24 graphische ∼ (*Math.*), calcolo grafico. 25 logarithmische ∼ (*Math.*), calcolo logaritmico. 26 Proforma ∼ (*komm.*), fattura proforma. 27 Zoll ∼ (*komm.*), fattura doganale.
rechnungsmässig (*allg.*), secondo i calcoli.
Recht (Befugnis) (*n. - allg.*), diritto. 2 ∼ (Gesetze) (*recht.*), diritto. 3 ∼ (Stabstelle zur Beratung der Leitung, einer Gesellschaft) (*Ind.*), ufficio legale. 4 ∼ s·abteilung (einer Gesellschaft) (*f. - recht.*), servizio legale. 5 ∼ s·akt (*m. - recht.*), atto legale. 6 ∼ s·anwalt (Rechtsbeistand, Verteidiger) (*m. - recht.*), avvocato. 7 ∼ s·anwalt (Büro) (*recht.*), ufficio legale. 8 ∼ s·behelf (*m. - recht.*), ricorso legale. 9 ∼ s·beistand (*m. - recht.*), siehe Rechtsanwalt. 10 ∼ s·gelehrter (Jurist) (*m. - recht.*), giurista. 11 ∼ s·geschäft (*n. - recht.*), atto giuridico. 12 ∼ s·grundlage (*f. - recht.*), base giuridica. 13 ∼ s·gültigkeit (*f. - recht.*), validità giuridica. 14 ∼ s·lehre (Jurisprudenz) (*f. - recht.*), giurisprudenza, « legge ». 15 ∼ s·mangel (*m. - recht.*), vizio giuridico. 16 ∼ s·wissenschaft (Jurisprudenz) (*f. - recht.*), giurisprudenza. 17 ausschliessliches ∼ (*recht.*), diritto esclusivo. 18 ein ∼ verfahren einleiten (*recht.*), procedere per vie legali. 19 Handels ∼ (*komm. - recht.*), diritto commerciale. 20 Luft ∼ (*recht. - Flugw.*), diritto aeronautico. 21 Patent ∼ (*recht.*), diritto brevettuale, diritto dei brevetti, legge sulle privative industriali. 22 See ∼ (*recht. - naut.*), diritto marittimo. 23 Urheber ∼ (*recht.*), diritti di autore. 24 Zivil ∼ (*recht.*), diritto civile.
recht (richtig) (*allg.*), giusto. 2 ∼ (Winkel) (*Geom.*), retto. 3 im ∼ en Winkel (*Geom. - etc.*), ad angolo retto.
rechte (Seite) (*allg.*), destro.
Rechteck (Orthogon) (*n. - Geom.*), rettangolo. 2 ∼ belastung (gleichmässig verteilte Belastung) (*f. - Bauw.*), carico uniformemente distribuito. 3 ∼ erregung (von Schwingungen) (*Prüfung - etc.*), eccitazione rettangolare. 4 ∼ generator (*m. - Phys. - Elektronik*), generatore di impulsi rettangolari. 5 ∼ impuls (*m. - Elektronik*), impulso rettangolare. 6 ∼ ring (Kolbenring) (*m. - Mot. - Mech.*), segmento, anello elastico, fascia elastica. 7 ∼ signal (*n. - Funk. - etc.*), segnale rettangolare. 8 ∼ spannung (*f. - Funk.*), tensione rettangolare. 9 ∼ welle (*f. - Funk. - etc.*), onda rettangolare.
rechteckig (*Geom.*), rettangolare. 2 ∼ e Klammern ([ ]) (*Druck.*), parentesi quadre.
Rechter (rechter Winkel) (*m. - Geom.*), angolo retto.
rechtgängig (Schraube, etc.) (*Mech.*), destro, destrorso.
Rechtkant (rechtwinkliges Parallelepiped) (*n. - Geom.*), parallelepipedo rettangolare.
rechtmässig (*recht.*), legale.
rechts (*adv. - allg.*), a destra. 2 ∼ drehend (*allg.*), destrorso, destrogiro. 3 ∼ gängig (*Mech. - etc.*), destrorso, destrogiro. 4 ∼ läufig (*Mech. - etc.*), destrorso, destrogiro, destro. 5 ∼ überholen (*Strass.ver.*), sorpassare a destra. 6 ∼ weisend (Nord, Kurs, etc.) (*Navig.*), vero.
Rechtsausführung (Bauart einer Masch., wenn beim Blick auf die Steuerungsseite des Motors die Kraftabgabe auf der rechten Stirnseite ist) (*f. - Masch.*), esecuzione destra.
Rechtschreibung (Orthographie) (*f. - Druck. - Büro - etc.*), ortografia.
Rechtsdrall (*m. - Seile*), torsione destra.
Rechtsdrehung (*f. - Mech. - Mot.*), rotazione destrorsa, rotazione oraria.
Rechtseinschlag (*m. - Aut.*), sterzata a destra.
Rechtsflanke (eines Zahnes) (*f. - Mech.*), fianco destro.
Rechtsgewinde (*n. - Mech.*), filettatura destra, filettatura destrorsa.
Rechtslauf (eines Antriebsmotors, in der Drehrichtung des Uhrzeigers, auf die Kraftabgabeseite gesehen) (*m. - Mot.*), rotazione destrorsa, senso di rotazione destrorso. 2 ∼ (einer angetriebenen Masch., in der Drehrichtung des Uhrzeigers, auf das angetriebene Ende der Welle gesehen) (*Masch.*), rotazione destrorsa, senso di rotazione destrorso.
rechtsläufig (*Mech. - etc.*), orario, destrorso.
Rechtslenker (*m. - Aut.*), autoveicolo con guida a destra. 2 ∼ (Lastwagen) (*Aut.*), autocarro con guida a destra. 3 ∼ liegend (*Aut.*), autoveicolo con guida a destra di tipo orizzontale. 4 ∼ liegend (Lastwagen) (*Aut.*), autocarro con guida a destra di tipo orizzontale. 5 ∼ stehend (*Aut.*), autoveicolo con guida a destra di tipo verticale. 6 ∼ stehend (Lastwagen) (*Aut.*), autocarro con guida a destra di tipo verticale.
Rechtslenkung (*f. - Aut.*), guida a destra.
Rechtsschneide (Rechtsflanke, bei Wälzfräsern z. B.) (*f. - Mech.*), fianco destro.
Rechtsschnitt (*m. - Mech.*), taglio destro.
Rechtsschweissung (Gasschweissung bei der

die Brennerspitze in der Richtung auf die bereits gezogene Schweissraupe steht) (f. - mech. Technol.), saldatura a destra, saldatura indietro.

Rechtsstahl (m. - Werkz.), utensile destro.

Rechtsvortritt (m. - Strass.ver.), diritto di precedenza dalla destra, diritto di precedenza a chi proviene da destra.

rechtweisend (Kurs) (Navig.), vero.

rechtwinklig (Geom. - etc.), ad angolo retto, perpendicolare, ortogonale. 2 ~ e Koordinaten (Geom.), coordinate ortogonali. 3 ~ es Dreieck (Geom.), triangolo rettangolo.

Rechtwinkligkeit (f. - Mech.), ortogonalità.

rechtzeitig (allg.), tempestivo.

Reckalterung (f. - Metall.), invecchiamento da deformazione plastica.

Reckanlage (Reckwerk, für die Kunststoffbearbeitung) (f. - Masch.), stiratoio.

Reckarbeit (Recken) (f. - Schmieden), stiratura, stiro.

Reckbelastung (Zugbelastung) (f. - Mech.) sollecitazione di trazione.

Recken (n. - Schmieden - etc.), stiro, stiratura. 2 ~ (Handschmieden), stampaggio (a mano). 3 biaxiales ~ (von Kunststoffen) (Technol.), stiro biassiale. 4 Vor ~ (mit Reckwalze z. B.) (Schmieden), sbozzatura per lo stiro, preparazione allo stiro.

recken (strecken) (allg.), tirare. 2 ~ (Schmieden - etc.), stirare. 3 ~ (schleppen) (aut.), rimorchiare. 4 vor ~ (mit Reckwalze z. B.) (Schmieden), sbozzare per lo stiro, preparare allo stiro.

Reckgeschwindigkeit (von Kunststoffen) (f. - Technol.), velocità di stiro.

Reckgrad (von Kunststoffen) (m. - Technol.), grado di stiro.

Reckhammer (m. - Schmiedemasch.), maglio per stiratura, maglio per stiro.

Reckmaschine (für die Kunststoffbearbeitung) (f. - Masch.), stiratoio. 2 Breit ~ (Masch.), stiratoio in largo. 3 Längs ~ (Masch.), stiratoio in lungo. 4 Simultan ~ (bei der die Kunststoff-Folie gleichzeitig in Längs- und Querrichtung gereckt wird) (Masch.), stiratoio simultaneo.

Reckspannung (in Kunststoffteilen) (f. - Technol.), tensione (interna) da stiro.

Reckstreifen (Dehnungsmess·streifen) (m. - Instr.), estensimetro.

Reckung (von Kunststoffen) (f. - Technol.), stiro.

Reckverhältnis (Reckgrad, von Kunststoffen) (n. - Technol.), grado di stiro.

Reckversuch (von Ketten durch Belastung mit 1,5 facher Nutzlast) (m. - mech. Technol.), prova a trazione.

Reckwalze (zum Vorrecken von Gesenkschmiedestücken) (f. - Schmiedemasch.), laminatoio sbozzatore, sbozzatrice a rulli.

Reckwalzen (zum Vorrecken von Gesenkschmiedestücken) (n. - Schmieden), sbozzatura al laminatoio.

Reckwerk (bei Kunstoffbearbeitung) (n.- Masch.), siehe Reckanlage und Reckmaschine.

Reckziehen (Streckziehen, Streckformen) (n. - Blechbearb.), stiro-imbutitura.

Recycling (n. - Ind.), riciclaggio.

Redakteur (m. - Zeitg.), redattore. 2 verantwortlicher ~ (Zeitg.), redattore responsabile.

Redakteurin (f. - Zeitg.), redattrice.

Redaktion (f. - Zeitg.), redazione.

Redaktor (Redakteur) (m. - Zeitg.) (schweiz.), redattore.

Rede (Ansprache) (f. - allg.), discorso. 2 Antritts ~ (allg.), discorso d'inaugurazione.

Redestillation (f. - Chem.), ridistillazione.

redigieren (druckfertig machen) (allg.), redigere.

rediskontieren (einen Wechsel) (komm. - finanz.), riscontare.

Rediskontierung (eines Wechsels) (f. - komm. - finanz.), risconto.

Redler (Kratzkettenförderer) (m. - ind. Transp.), trasportatore a catena raschiante.

Redox (Reduktion-Oxydation) (Chem.), ossiriduzione. 2 ~ potential (n. - Chem.), potenziale di ossiriduzione.

Reduktion (Verminderung) (f. - allg.), riduzione. 2 ~ (Querschnittsverminderung an Stäben und Rohren) (Schmieden), strangolatura, strozzatura. 3 ~ (Entziehung von Sauerstoff) (Chem.), riduzione. 4 ~ s·flamme (f. - Chem.), fiamma riducente. 5 ~ s·getriebe (Drehzahluntersetzer) (n. - Mech.), riduttore (di giri). 6 ~ s·legierung (bei der Stahlerzeugung, Aluminium-Legierung, Reduktionsmittel) (f. - Metall.), lega riducente. 7 ~ s·mittel (n. - Chem.), riducente (s.). 8 ~ s·muffe (Reduzierhülse) (f. - Leit.), manicotto di riduzione. 9 ~ s·schlacke (f. - Metall.), scoria riducente.

redundant (Rechner - etc.), ridondante.

Redundanz (das Vorhandensein von ausreichenden, jederzeit einsatzbereiten Reserven) (f. - Elekt.), ridondanza. 2 ~ (Weitschweifigkeit) (f. - Rechner), ridondanza. 3 ~ (f. - Elektronik), ridondanza. 4 ~ schaltung (f. - Elektronik), circuito di ridondanza.

Reduzieren (von Bolzen auf Hammerrollmaschinen) (n. - Schmieden), strangolatura (alla martellatrice).

Reduzierhülse (f. - Leit.), manicotto di riduzione. 2 ~ (für Werkzeuge) (Werkz.), bussola di riduzione.

Reduzierkrümmer (m. - Leit.), curva con riduzione.

Reduzierstück (n. - Leit.), riduzione.

Reduziertransformator (Abspanner) (m. - Elekt.), trasformatore riduttore di tensione, trasformatore abbassatore di tensione.

Reduzierventil (Druckminderventil) (n. - Leit.), riduttore (di pressione), valvola riduttrice.

Reduzierwalzwerk (n. - Metall.), laminatoio riduttore.

Redwoodsekunden (Viskositätsmass) (f. - pl. - Chem.), viscosità Redwood.

Redwood-Viskosimeter (n. - Instr.), viscosimetro Redwood.

Reede (Ankerplatz) (f. - naut.), rada.

Reeder (Eigentümer eines Schiffs) (m. - naut.), armatore.

Reederei (Schiffahrtsunternehmen) (f. - naut.), compagnia di navigazione. 2 ~ flagge (Haus-

Reedrelais

flagge, Kontorflagge) (*f. - naut.*), bandiera armatoriale, insegna della compagnia di navigazione.
Reedrelais (*n. - Elekt.*), siehe Trockenzungenrelais.
Reef (*n. - naut.*), siehe Reff.
reefen (*naut.*), siehe reffen.
reell (*Math. - etc.*), reale. 2 ~ e Oberfläche (bei Rauheitsmessungen) (*Mech.*), superficie reale.
Reep (Tau) (*n. - naut.*), cima.
REFA (*Reichsausschuss für Arbeitsstudien, Verband für Arbeitsstudien*) (*Technol.*), Associazione per lo Studio del Lavoro.
Referat (Bericht) (*n. - allg.*), relazione. 2 ~ (Dienststelle) (*Büro*), ufficio.
Referenz (*f. - Arb. - Pers. - komm.*), referenza. 2 ~ punkt (*m. - NC - Werkz.masch.bearb.*), punto di riferimento. 3 gute ~ n haben (*Arb. - Pers. - etc.*), avere buone referenze.
Reff (Reef, Verkürzung des Segels) (*n. - naut.*), terzarolo.
reffen (reefen, die Segelfläche verkleinern) (*naut.*), terzarolare.
Refiner (bei Gewinnung von Holzzellstoff) (*m. - Masch.*), raffinatore.
Reflectal (Al-Mg-Legierung) (*n. - Metall.*), reflectal.
reflektieren (zurückstrahlen) (*Opt.*), riflettere.
reflektierend (zurückstrahlend) (*Phys. - Opt.*), riflettente.
Reflektor (*m. - Opt. - Beleucht. - Funk.*), riflettore. 2 ~ antenne (Radarantenne, eine Drehantenne) (*f. - Radar*), riflettore, antenna a riflettore.
Reflex (des Lichtes) (*m. - Opt.*), riflesso. 2 ~ (phot. Gerät) (*Phot.*), reflex. 3 ~ (Verstärker) (*Funk.*), reflex. 4 ~ empfänger (*m. - Funk.*), ricevitore reflex. 5 ~ galvanometer (Spiegelgalvanometer) (*n. - elekt. Ger.*), galvanometro a specchio. 6 ~ kamera (*f. - Phot.*), macchina (fotografica) reflex. 7 ~ -Klystron (*n. - Funk.*), clistron a riflessione. 8 ~ schaltung (*f. - Elektronik*), circuito reflex. 9 ~ schutzfilter (*m. - Fernseh.*), filtro antiriflessione. 10 ~ stoff (*m. - Opt.*), materiale catadiottrico.
Reflexion (des Lichtes z. B.) (*f. - Phys.*), riflessione. 2 ~ s·abtastung (*f. - Fernseh.*), analisi per riflessione. 3 ~ s·faktor (*m. - Phys.*), coefficiente di riflessione. 4 ~ s·grad (*m. - Opt.*), fattore di riflessione, riflettenza. 5 ~ s·klystron (Reflexklystron) (*n. - Elektronik*), clistron a riflessione. 6 ~ s·lack (reflektierender Lack, durch Einbetten von Glasprismen, etc.) (*m. - Anstr. - komm.*), vernice riflettente. 7 ~ s·messer (*m. - Opt.*), riflettometro. 8 ~ s·vermögen (*n. - Phys.*), potere riflettente. 9 ~ s·winkel (*m. - Phys.*), angolo di riflessione. 10 diffuse ~ (zerstreute Rückstrahlung) (*Phys.*), riflessione diffusa. 11 direkte ~ (gerichtete Rückstrahlung) (*Opt.*), riflessione diretta. 12 gestreute ~ (*Opt.*), riflessione diffusa. 13 ordentliche ~ (ohne Streuung) (*Opt.*), riflessione totale. 14 Total ~ (*Phys.*), riflessione totale.
Reformer (Reformieranlage) (*m. - chem. Ger.*), impianto di « reforming ».

Reformieranlage (*f. - chem. Ind.*), impianto di « reforming ».
Reformieren (*n. - chem. Ind.*), « reforming ».
refraktär (warmfest, hitzefest) (*Ind. - Metall.*), refrattario.
Refraktion (Strahlenbrechung) (*f. - Opt.*), rifrazione.
Refraktometer (*n. - Instr.*), rifrattometro. 2 Interferenz- ~ (*Instr.*), rifrattometro interferenziale.
Refraktor (astronomisches Fernrohr) (*m. - Astr. - Instr.*), telescopio a rifrazione, rifrattore.
Refrigerator (Abkühler) (*m. - Kältemasch.*), refrigeratore.
Regal (Gestell, für Waren, etc.) (*n. - Möbel*), scaffalatura. 2 ~ (für Bücher) (*Möbel*), libreria. 3 ~ bediengerät (Regalförderzeug, für Hochregallager z. B.) (*n. - ind. Masch.*), trasloelevatore, scaffalatore. 4 ~ förderzeug (Regalbediengerät für automatisierte Hochregalanlagen z. B.) (*n. - ind. Masch.*), trasloelevatore, scaffalatore. 5 ~ stapelanlage (für Hochregallager z. B.) (*f. - Ind.*), scaffalatore. 6 Durchlauf ~ (*Ind.*), scaffalatura di transito. 7 Fach ~ (für sperrige Güter) (*Ind.*), scaffalatura per materiali ingombranti. 8 Paletten ~ (*Ind.*), scaffalatura per palette. 9 Waben ~ (mit kleinen Fächen, für Stab- und Röhrenmaterial) (*Ind.*), scaffalatura a nido d'api.
Regel (*f. - allg.*), regola. 2 ~ abweichung (*f. - allg.*), deviazione dalla regola. 3 ~ abweichung (wegen einer Störgrösse, bei Regelungsvorgängen) (*Masch.*), irregolarità, scarto, scostamento regolato, variazione della grandezza da regolare. 4 ~ anlasser (Anlasswiderstand) (*m. - Elekt.*), reostato di avviamento. 5 ~ ausführung (Normalausführung) (*f. - Ind.*), esecuzione normale, tipo normale. 6 ~ ausführung (vorschriftsgemässe Ausführung) (*Ind.*), esecuzione regolamentare. 7 ~ bauart (Normalausführung) (*f. - Technol.*), esecuzione normale. 8 ~ belastung (*f. - allg.*), carico normale. 9 ~ bereich (eines Reglers) (*m. - Mot. - etc.*), campo di regolazione. 10 ~ bus (*m. - Fahrz.*), autobus unificato. 11 ~ dauer (Dauer des Regelvorgangs der Drehzahl) (*f. - Mot.*), durata della regolazione, tempo di ristabilimento. 12 ~ detri (Dreisatzrechnung) (*f. - Math.*), regola del tre. 13 ~ drosselspule (*f. - Elekt.*), bobina d'induttanza regolabile, induttore variabile. 14 ~ exponentialröhre (Regelröhre, Exponentialröhre) (*f. - Elektronik*), tubo a pendenza variabile. 15 ~ getriebe (stufenloses) (*n. - Mech.*), variatore (continuo). 16 ~ grösse (*f. - allg.*), grandezza normale. 17 ~ grösse (bei Regelungen) (*Masch.*), grandezza regolata, variabile regolata. 18 ~ güte (einer Regelgrösse) (*f. - Regelung*), statismo, staticità, grado di regolarità, grado di staticità. 19 ~ hebel (Steuerhebel) (*m. - Mech. - etc.*), leva di comando. 20 ~ kaskade (zur Drehzahlverstellung von Induktionsmotoren, mit Krämer- oder Scherbins-System) (*f. - Elekt.*), regolazione in cascata. 21 ~ kolben (mit Regelung der radialen Wärmeausdehnung) (*m. - Mot.*), pistone autotermico, pistone a dila-

tazione termica controllata. **22** ~ **kondensator** (einstellbarer Kondensator) (*m. - Elekt.*), condensatore variabile. **23** ~ **kondensator** (*Regelung*), condensatore di regolazione. **24** ~ **kraftwerk** (zur Regelung der Frequenz oder Übergabeleistung) (*n. - Elekt.*), centrale di regolazione. **25** ~ **kreis** (eines Reglers) (*m. - Mech. - etc.*), circuito di regolazione. **26** ~ **kreis** (in sich geschlossener Wirkungsweg, mit Rückführung von Istwerten) (*NC - Werkz.masch.*), comando ad anello chiuso, comando con retroazione. **27** ~ **motor** (Motor mit veränderlicher Geschwindigkeit) (*m. - Mot.*), motore a velocità variabile. **28** ~ **röhre** (für Regelungszwecke benutzte Röhre) (*f. - Elektronik*), tubo per regolazioni, valvola per regolazioni. **29** ~ **satz** (Maschinensatz, bei Frequenzumformung z. B.) (*m. - Elekt.*), gruppo di regolazione. **30** ~ **schalter** (für Lichtmaschine) (*m. - Elekt. - Mot.*), regolatore di tensione. **31** ~ **schaltung** (*f. - Elekt.*), circuito di regolazione. **32** ~ **scheibe** (Regulierscheibe, Vorschubscheibe, beim spitzenlosen Schleifen) (*f. - Werkz.*), mola alimentatrice. **33** ~ **spurgleis** (Normalspurgleis) (*n. - Eisenb.*), binario a scartamento normale. **34** ~ **stange** (der Einspritzpumpe eines Dieselmotors) (*f. - Mot.*), asta cremagliera, asta del regolatore, cremagliera. **35** ~ **stangenanschlag für Mehrmenge** (beim Anlassen, einer Einspritzpumpe) (*Mot.*), supererogatore per l'avviamento. **36** ~ **stärke** (Nennleistung) (*f. - Mot.*), potenza nominale. **37** ~ **strecke** (Anlage oder Prozess in der eine oder mehrere Regelgrössen sind; Turbine, Stromerzeuger, etc.) (*f. - Regelung*), sistema regolato. **38** ~ **strecke mit Ausgleich** (*Regelung*), sistema regolato compensato. **39** ~ **stufe** (bei Dampfturbinen z. B.) (*f. - Masch.*), stadio di regolazione. **40** ~ **transformator** (*m. - Elekt.*), trasformatore variabile. **41** ~ **unempfindlichkeit** (eines Reglers) (*f. - Mot.*), grado di insensibilità. **42** ~ **verstärker** (*m. - Regelung - Elektronik*), amplificatore di regolazione. **43** ~ **widerstand** (*m. - Elekt.*), reostato. **44** ~ **zug** (für Rauchgas) (*m. - Verbr.*), tiraggio regolato. **45** bleibende ~ **abweichung** (*Regelung*), scarto permanente. **46** empirische ~ (*allg.*), regola empirica. **47** stufenloses ~ **getriebe** (*Mech.*), variatore (progressivo) continuo (di velocità). **48** vorübergehende ~ **abweichung** (*Regelung*), scarto transitorio. **49** zulässige ~ **abweichung** (*Regelung*), scarto tollerato.
regelbar (regulierbar) (*allg.*), regolabile. **2** ~ e **Drehzahl** (*f. - Mot.*), velocità (angolare) regolabile, numero di giri regolabile. **3** ~ er **Kondensator** (*Elekt.*), condensatore variabile. **4** ~ er **Widerstand** (*Elekt.*), resistenza variabile, reostato.
regelhaft (*allg.*), regolamentare.
regelkühlen (bei Wärmebeh. z. B.) (*Metall.*), raffreddare con controllo della temperatura.
regelmässig (regulär) (*allg.*), regolare. **2** ~ er **Fehler** (*Math. - etc.*), errore sistematico. **3** ~ e **Strömung** (*Mech. der Flüss.k.*), corrente laminare. **4** ~ es **Vieleck** (*Geom.*), poligono regolare.

regeln (*allg.*), regolare.
Regelung (Regeln) (*f. - Mech. - etc.*), regolazione. **2** ~ (Flussregelung) (*Hydr.*), regolazione (fluviale). **3** ~ s·**strecke** (*f. - Regelung*), siehe Regelstrecke. **4** anpassende ~ (adaptierende Regelung) (*Regelung*), controllo adattativo. **5** Aussetzer ~ (*Masch.*), regolazione a tutto o niente. **6** Drehzahl ~ (*Mot.*), regolazione del numero di giri, regolazione della velocità (angolare). **7** gleitende ~ (*Regelung*), controllo astatico. **8** Hand ~ (*Mech. - etc.*), regolazione a mano. **9** Kaskaden- ~ (zweischleifiger Regelkreis, mit einem Haupt- und einem Hilfsregler) (*Regelung*), regolazione in cascata. **10** Proportional ~ (*Elektromech. - etc.*), regolazione proporzionale. **11** selbsttätige ~ (*Mech. - etc.*), regolazione automatica. **12** stufenlose ~ (*Masch.*), regolazione (progressiva) continua.
regelwidrig (*allg.*), irregolare, anormale.
Regen (*m. - Meteor.*), pioggia. **2** ~ (Bildstörung) (*Fernseh.fehler*), pioggia. **3** ~ **anlage** (*f. - Landw.*), impianto di irrigazione a pioggia. **4** ~ **bogen** (*m. - Meteor.*), arcobaleno. **5** ~ **gleiche** (Isohyete) (*f. - Meteor. - Geogr.*), linea isoieta, linea dei punti di uguale piovosità. **6** ~ **karte** (*f. - Geogr.*), carta pluviometrica. **7** ~ **messer** (Hyetometer, Pluviometer, Niederschlagsmesser) (*m. - Meteor. - Ger.*), pluviometro. **8** ~ **messung** (Niederschlagsmessung) (*f. - Meteor.*), pluviometria. **9** ~ **rinne** (Dachrinne) (*f. - Bauw.*), gronda, grondaia, canale di gronda, doccia. **10** ~ **rohr** (Regenfallrohr) (*n. - Bauw.*), pluviale. **11** ~ **schauer** (*m. - Meteor.*), acquazzone. **12** ~ **schreiber** (*m. - Meteor. - Instr.*), pluviografo. **13** ~ **schutz** (Spritzwasserschutz) (*m. - Elekt.*), protezione contro gli spruzzi di acqua. **14** ~ **streifen** (*m. - Filmtech.*), effetto pioggia. **15** ~ **wasser** (*n. - Meteor.*), acqua piovana. **16** ~ **wasserspeicherwerk** (*n. - Bauw.*), cisterna, serbatoio di acqua piovana. **17** ~ **zeit** (*f. - Meteor. - Geogr.*), stagione delle piogge.
Regenerat (Gummiartikel z. B.) (*n. - Ind.*), rigenerato (*s.*). **2** ~ (Schmierstoff) (*chem. Ind.*), lubrificante rigenerato. **3** ~ **gummi** (*m. - chem. Ind.*), gomma rigenerata.
Regeneration (*f. - Ind. - etc.*), rigenerazione. **2** ~ s·**speicher** (*m. - Rechner*), memoria volatile, memoria non permanente, memoria rigenerativa.
Regenerativgasfeuerung (Regenerativbeheizung, zum Vorwärmen von Gas und Luft bei Schmelzöfen) (*f. - Metall.*), ricuperatore.
Regenerativ-Winderhitzer (*m. - Metall.*), riscaldatore del vento, cowper.
Regenerator (Vorwärmer) (*m. - Ofen - Metall.*), ricuperatore.
regenerieren (*Ind. - etc.*), rigenerare.
Regenerierung (*f. - allg.*), rigenerazione.
Regie (Regiearbeit) (*f. - Bauw.*), lavoro a economia, lavoro in economia. **2** ~ (*Filmtech. - Fernseh.*), regìa. **3** ~ (Verwaltung) (*Adm.*), amministrazione. **4** ~ (Staatsmonopol) (*finanz.*), monopolio statale. **5** ~ (staatliche Verwaltung) (*finanz. - Ind.*), controllo dello Stato. **6** ~ **assistent** (*m. - Filmtech.*), aiuto-

Regierung

regista. 7 ~ **betrieb** (*m.* - *Ind.*), impresa statale. 8 ~ **buch** (*n.* - *Theater*), copione. 9 ~ **kosten** (Verwaltungskosten) (*f.* - *pl.* - *Adm.*), spese di amministrazione. 10 ~ **pult** (*n.* - *Fernseh.* - *Funk.*), tavolo di regìa, banco di regìa. 11 ~ **raum** (*m.* - *Funk.*), sala di regìa. 12 **in eigener** ~ (Arbeit, Bau, etc.) (*Arb.*), a economia, in economia.
Regierung (*f.* - *recht.* - *etc.*), governo. 2 ~ s·**amt** (*n.* - *Büro*), ufficio governativo. 3 ~ s·**beamter** (*m.* - *Pers.*), pubblico ufficiale. 4 ~ s·**mitglied** (*n.* - *Pers.*), membro del governo. 5 ~ s·**organ** (*n.* - *Druck.* - *etc.*), organo ufficiale. 6 ~ s·**sprecher** (*m.* - *Pers.*), portavoce del governo. 7 ~ s·**vorlage** (*f.* - *recht.*), progetto di legge, disegno di legge.
regierungsfeindlich (*recht.*), antigovernativo.
Regime (eines Flusses) (*n.* - *Geogr.*), regime.
Regiment (Truppeneinheit) (*n.* - *milit.*), reggimento.
Regisseur (Filmregisseur) (*m.* - *Filmtech.*), regista. 2 **Ton** ~ (*Funk.*), regista del suono.
Register (*n.* - *allg.*), registro. 2 ~ (beim Farbdruck z. B.) (*Druck.*), registro. 3 ~ (Schornsteinschieber) (*Verbr.* - *Ger.*), registro, serranda. 4 ~ (sehr schneller Speicher mit sehr beschränkter Kapazität) (*Rechner*), registro. 5 ~ **band** (eines Lexikons z. B.) (*m.* - *Druck.*), volume indice. 6 ~ **hafen** (Heimathafen) (*m.* - *naut.*), porto di registrazione, porto di immatricolazione. 7 ~ **kasse** (Registrierkasse) (*f.* - *Masch.* - *komm.*), registratore di cassa. 8 ~ **partie** (einer Papiermaschine, Teil der Siebpartie für eine schnelle Entwässerung) (*f.* - *Masch.*), parte di sgocciolamento. 9~**tonne** (R.T., Reg.-T., Raummass für Schiffe = 2,8316 m³) (*f.* - *Schiffbau* - *naut.*), tonnellata di stazza, tonnellata di volume. 10 ~ **vergaser** (Stufenvergaser, Doppelregistervergaser) (*m.* - *Aut.*), carburatore a due condotti. 11 **Adressen** ~ (*Rechner*), registro indirizzi. 12 **Akkumulator** ~ (*Rechner*), registro accumulatore. 13 **Befehls** ~ (*Rechner*), registro istruzioni. 14 **Befehlsfolge** ~ (*Rechner*), registro di sequenza delle istruzioni, registro indirizzo dell'istruzione. 15 **Brutto-** ~ **tonne** (Br.-Reg.-T., BRT) (*Schiffbau* - *naut.*), tonnellata di stazza lorda. 16 **dynamisches** ~ (*Rechner*), registro a linea di ritardo. 17 **Eingabe** ~ (*Rechner*), registro di entrata. 18 **Index** ~ (*Rechner*), registro indice. 19 **Instruktions** ~ (Befehlsregister) (*Rechner*), registro istruzioni. 20 **Multiplikator-** ~ (*Rechner*), registro moltiplicatore. 21 **Netto-** ~ **tonne** (N.-Reg.-T., NRT) (*Schiffbau* - *naut.*), tonnellata di stazza netta. 22 **Programm** ~ (*Rechner*), registro di programma. 23 **Schiebe** ~ (*Rechner*), registro a scorrimento. 24 **Speicher** ~ (*Rechner*), registro di memoria.
Registrator (buchführender Angestellter) (*m.* - *Pers.*), contabile. 2 ~ (Archivar) (*Büro* - *Arb.*), archivista.
Registratur (Geschäftsräume des Registrators) (*f.* - *Ind.*), ufficio contabilità. 2 ~ (Archiv, Akten) (*Büro*), archivio. 3 ~ **schrank** (*m.* - *Büro*), armadio per archivio.
Registrierapparat (Zähler z. B.) (*m.* - *Instr.*), registratore.

Registrierballon (*m.* - *Meteor.*), pallone sonda.
registrieren (buchen) (*allg.*), registrare.
Registriergerät (*n.* - *Messgerät*), registratore. 2 **analoges** ~ (Linienschreiber) (*Ger.*), registratore analogico.
Registrierinstrument (*n.* - *Instr.*), strumento registratore, registratore.
Registrierkamera (*f.* - *Phot.*), registratore fotografico.
Registrierkasse (Kontrollkasse) (*f.* - *Masch.* - *komm.*), registratore di cassa.
Registrierpapier (*n.* - *Instr.*), carta per diagrammi (di strumenti registratori).
Registrierstreifen (Papierstreifen) (*m.* - *Instr.*), nastro (di carta) per registratori.
Registrierung (Buchung) (*f.* - *allg.*), registrazione. 2 ~ (von Beobachtungen z. B.) (*Instr.* - *etc.*), registrazione. 3 ~ (von Akten) (*Büro*), archiviazione.
Reglage (Regulierung der Uhr) (*f.* - *Uhr*), regolazione.
Reglement (*n.* - *Ind.*), siehe General-Regulativ.
Regler (*m.* - *Mech.* - *etc.*), regolatore. 2 ~ **bügeleisen** (*n.* - *Ger.*), ferro da stiro con termostato. 3 ~ **feder** (*f.* - *Mech.*), molla del regolatore. 4 ~ **gewicht** (*n.* - *Mech.*), massa del regolatore. 5 **astatischer** ~ (Integralregler) (*Ger.*), regolatore astatico. 6 **Dichte** ~ (*Ger.*), regolatore di densità. 7 **D-** ~ (*Ger.*), regolatore ad azione derivativa. 8 **Druck** ~ (*App.*), regolatore di pressione. 9 **elektrischer** ~ (*App.*), regolatore elettrico. 10 **elektropneumatischer** ~ (*App.*), regolatore elettropneumatico. 11 **Feder** ~ (*App.*), regolatore a molla. 12 **Fliehkraft** ~ (*Mot.* - *etc.*), regolatore centrifugo. 13 **hydraulischer** ~ (*App.*), regolatore idraulico. 14 **ID-** ~ (integral wirkender Regler mit differenzierend wirkendem Einfluss) (*Ger.*), regolatore integrale ad azione derivativa. 15 **Integral** ~ (I-Regler, astatischer Regler) (*Ger.*), regolatore integrale. 16 **I-** ~ (integral wirkender Regler) (*Ger.*), regolatore integrale. 17 **isochroner** ~ (*Ger.*), regolatore isocrono. 18 **mechanischer** ~ (*App.*), regolatore meccanico. 19 **Mengen** ~ (*App.*), regolatore di portata. 20 **PD-** ~ (proportional wirkender Regler mit differenzierend wirkendem Einfluss) (*Ger.*), regolatore proporzionale ad azione derivativa. 21 **PID-** ~ (proportional-integral wirkender Regler mit differenzierend wirkendem Einfluss) (*Ger.*), regolatore proporzionale-integrale ad azione derivativa. 22 **PI-** ~ (proportional-integral wirkender Regler) (*Ger.*), regolatore proporzionale-integrale. 23 **P-** ~ (proportional wirkender Regler) (*Ger.*), regolatore proporzionale. 24 **Proportional** ~ (P-Regler, statischer Regler) (*Ger.*), regolatore proporzionale. 25 **Spannungs** ~ (*Elekt.*), regolatore di tensione. 26 **statischer** ~ (Proportionalregler) (*Elekt.*), regolatore statico. 27 **Strom** ~ (*Elekt.*), regolatore di corrente. 28 **Ton** ~ (*Funk.* - *Fernseh.*), regolatore del tono. 29 **Volum** ~ (*Funk.* - *Fernseh.*), regolatore del volume. 30 **Zug** ~ (*Verbr.*), regolatore di tiraggio.
Reglette (Zeilendurchschuss, Bleistreifen zur

Herstellung der Zwischenräume) (*f. - Druck.*), interlinea.
Regleusezange (*f. - Werkz.*), pinzette da orologiaio.
Reglung (*f. - Mech.*), regolazione. 2 ~, siehe auch Regelung. 3 Grob ~ (*Mech.*), regolazione grossolana.
regnen (*Meteor.*), piovere.
Regner (Bewässerungsapparat) (*m. - Landw. - App.*), irrigatore a pioggia.
regnerisch (*Meteor.*), piovoso.
Regress (eines Beamten) (*m. - Arb. - Pers. - etc.*), retrocessione (di grado).
Regression (Rückzug des Meeres) (*f. - Geol.*), regressione. 2 ~ (*Stat.*), regressione. 3 ~ s·kurve (*f. - Stat.*), curva di regressione.
Reg. T (Registertonne) (*Schiffbau*), tonnellata di stazza.
regulär (regelmässig) (*allg.*), regolare. 2 ~ (gesetzmässig) (*recht. - etc.*), regolamentare. 3 ~ er Flughafen (*Flugw. - Navig.*), aeroporto regolare.
Regulator (Regler) (*m. - App.*), regolatore. 2 ~ (Pendel einer Pendeluhr) (*Uhr*), pendolo. 3 ~ (Pendeluhr) (*Uhr*), orologio a pendolo.
Regulatrix (*f. - elekt. Masch.*), regolatrice.
regulieren (regeln) (*allg.*), regolare. 2 ~ (begradigen, einen Fluss z. B.) (*Wass.b.*), regolare, dragare.
Reguliermotor (Motor mit veränderlicher Geschwindigkeit) (*m. - Elekt.*), motore a velocità variabile.
Regulierscheibe (Vorschubscheibe beim spitzenlosen Schleifen) (*f. - Werkz.masch. bearb.*), mola alimentatrice.
Regulierstange (eines Dieselmotors) (*f. - Mot.*), asta del regolatore, cremagliera del regolatore.
Regulierung (*f. - Masch.*), regolazione. 2 isodrome ~ (*Masch.*), regolazione isodroma.
Regulierwiderstand (Rheostat) (*m. - Elekt.*), reostato.
Regulus (unter der Schlacke niederschlagendes reines Metall) (*m. - Metall.*), regolo. 2 ~ (Weissmetall) (*Metall.*), metallo bianco.
Rehlederlappen (*m. - Aut. - etc.*), pelle di daino.
RLI (Rat der Europäischen Industrieverbände) (*Ind.*), Consiglio delle Associazioni Industriali Europee.
Reibahle (*f. - Werkz.*), alesatore, alesatoio, allisciatoio. 2 ~ mit geraden Zähnen (Reibahle mit geraden Nuten) (*Werkz.*), alesatore a denti diritti, alesatore a scanalature diritte. 3 ~ mit schraubenförmig gewundenen Nuten (*Werkz.*), alesatore a scanalature elicoidali. 4 ~ n·wetzmaschine (zum Schärfen der Reibahlen) (*f. - Werkz.masch.*), affilatrice per alesatori. 5 Aufsteck ~ (*Werkz.*), alesatore a manicotto. 6 Fertig ~ (Nachreibahle) (*Werkz.*), alesatore finitore. 7 feste ~ (*Werkz.*), alesatore fisso. 8 Grund ~ (für Sacklöcher) (*Werkz.*), alesatore frontale. 9 Hand ~ (*Werkz.*), alesatore a mano. 10 Hülsen ~ (Aufsteckreibahle) (*Werkz.*), alesatore a manicotto. 11 Kegel ~ (*Werkz.*), alesatore conico. 12 Maschinen ~ (*Werkz.*), alesatore per macchina. 13 Maschinen ~ mit nachstellbaren Schneiden (*Werkz.*), alesatore per macchina a lame regolabili. 14 Nach ~ (Fertigreibahle) (*Werkz.*), alesatore finitore. 15 nachstellbare ~ (*Werkz.*), alesatore (a lame) registrabile, alesatore espansibile. 16 Nietloch ~ (*Werkz.*), alesatore per fori di chiodature. 17 Spreiz ~ (*Werkz.*), alesatore espansibile, alesatore registrabile. 18 Vor ~ (*Werkz.*), alesatore sgrossatore. 19 zylindrische ~ (*Werkz.*), alesatore cilindrico.
Reibbremse (Backenbremse z. B.) (*f. - Masch. - etc.*), freno ad attrito.
Reibe (*f. - Ger.*), siehe Reibeisen.
Reibebrett (*n. - Maur.werkz.*), fratazzo, taloccia, pialletto.
Reibechtheit (Festigkeit der Farbe von Textilien) (*f. - Textilind.*), resistenza allo sfregamento.
Reibeisen (Reibe) (*n. - Ger.*), grattugia.
Reiben (mit Reibahle) (*n. - Mech.*), alesatura (a mano).
reiben (*Mech.*), sfregare. 2 ~ (mit einem Lappen z. B.) (*allg.*), strofinare. 3 ~ (ausreiben, mit Reibahle) (*Mech.*), alesare (a mano). 4 ~ (Reibung erzeugen) (*Mech.*), fare attrito. 5 ~ (grob mahlen, zerkleinern, Farben z. B.) (*allg.*), macinare. 6 ~ (mit Reibeisen) (*allg.*), grattugiare. 7 ab ~ (entfernen) (*allg.*), asportare. 8 ab ~ (putzen) (*allg.*), pulire. 9 an ~ (Farben, gebrauchsfertig machen) (*allg.*), preparare. 10 auf ~ (ein Loch mit der Reibahle erweitern) (*Mech.*), allargare con alesatore. 11 aus ~ (mit Reibahle) (*Mech.*), alesare (a mano).
Reibepulver (*n. - Technol.*), polvere abrasiva.
Reiber (*m. - Druck. - Ger.*), inchiostratore a mano, rullo a mano.
Reibfähigkeit (*f. - Technol.*), potere abrasivo, abrasività.
Reibfestigkeit (*f. - Technol.*), resistenza all'abrasione. 2 ~ s·prüfer (*m. - Ger.*), abrasimetro.
Reibgetriebe (Reibradgetriebe z. B.) (*n. - Mech.*), trasmissione ad attrito.
Reibholz (Fender, am Schiff) (*n. - naut.*), parabordo (in legno).
Reibkegelgetriebe (*n. - Mech.*), trasmissione a coni di frizione.
Reibkeule (Mörserkeule) (*f. - Ger.*), pestello.
Reibkontakt (Reibungskontakt) (*m. - Elekt.*), contatto strisciante.
Reibkorrosion (*f. - Metall. - Mech.*), siehe Reiboxydation.
Reibkupplung (Reibungskupplung) (*f. - Aut. - Mech.*), innesto a frizione, frizione.
Reiblöten (*n. - mech. Technol.*), stagnatura.
Reibmoment (zwischen Rad und Fahrbahn) (*n. - Aut.*), momento di aderenza.
Reiboxydation (an Metallen, durch gleichzeitige Reib- und Korrosionsbeanspruchung an Passungen) (*f. - Mech.*), ossidazione per attrito, corrosione da attrito, corrosione da contatto, corrosione da sfregamento, corrosione di tormento.
Reibrad (Reibungsrad, Friktionsrad) (*n. - Mech.*), ruota di frizione. 2 ~ getriebe (*n. - Mech.*), meccanismo a ruote di frizione, rotismo a frizione.
Reibsäge (*f. - Werkz.*), sega ad attrito. 2 ~

Reibschale

maschine (Friktionssägemaschine) (*f. - Masch.*), segatrice ad attrito.
Reibschale (Mörser) (*f. - Ger.*), mortaio.
Reibscheibenantrieb (*m. - Mech.*), trasmissione a ruote di frizione.
reibschleifen (läppen) (*Mech.*), lappare.
Reibschlussverbindung (zur Befestigung von Naben an Wellen) (*f. - Mech.*), collegamento ad attrito, accoppiamento per attrito.
Reibschweissen (Reibungsschweissen) (*n. - mech. Technol.*), saldatura ad attrito.
Reibspindelpresse (*f. - Masch.*), bilanciere a frizione.
Reibstein (*m. - Werkz.*), pietra abrasiva.
Reibstellen (Fehler, bei anodischer Oxydation z. B.) (*f. - pl. - Technol.*), confricazioni.
Reibtrieb (*m. - Mech.*), siehe Reibradgetriebe.
Reibung (*f. - Phys. - Mech.*), attrito. 2 ∼ s·arbeit (*f. - Mech.*), lavoro di attrito. 3 ∼ s·bahn (*f. - Eisenb.*), ferrovia ad aderenza. 4 ∼ s·bremse (*f. - Mech.*), freno ad attrito. 5 ∼ s·dämpfer (*m. - Mech.*), ammortizzatore a frizione, ammortizzatore ad attrito. 6 ∼ s·druckverlust (*m. - Hydr.*), siehe Reibungshöhe (*f.*). 7 ∼ s·elektrizität (Triboelektrizität) (*f. - Elekt.*), elettricità di strofinìo, elettricità per strofinìo, triboelettricità. 8 ∼ s·fehler (von elekt. Messgeräten) (*m. - Messtechnik*), errore da attrito, errore dovuto all'attrito. 9 ∼ s·festigkeit (*f. - Technol.*), resistenza alla abrasione. 10 ∼ s·fläche (*f. - Mech.*), superficie di attrito. 11 ∼ s·gewicht (*n.-Eisenb.-Fahrz.*), peso aderente. 12 ∼ s·höhe (Reibungsdruckverlust, bei Wasserfortleitungen) (*f. - Hydr. - etc.*), caduta di pressione (per attrito), perdita di carico per attrito. 13 ∼ s·koeffizient (Reibungszahl) (*m. - Phys.*), coefficiente di attrito. 14 ∼ s·kontakt (Gleitkontakt) (*m. - Elekt.*), contatto strisciante. 15 ∼ s·kopplung (*f. - Phys.*), accoppiamento per attrito. 16 ∼ s·kraft (*f. - Mech.*), forza di attrito. 17 ∼ s·kupplung (*f. - Aut. - Mech.*), innesto a frizione, frizione. 18 ∼ s·leistung (*f. - Mot. - Masch.*), potenza assorbita dall'attrito. 19 ∼ s·lokomotive (*f. - Eisenb.*), locomotiva ad aderenza. 20 ∼ s·moment (*m. - Mech.*), momento di attrito. 21 ∼ s-PS (*Mech.*), potenza assorbita dall'attrito. 22 ∼ s·rad (Reibrad, Friktionsrad) (*n. - Mech.*), ruota di frizione. 23 ∼ s·schicht (Grenzschicht) (*f. - Mech. - etc.*), strato limite. 24 ∼ s·schweissen (Schweissverfahren, durch Reibungswärme (Schweisseverfahren, durch Reibungswärme und Druck) (*n. - Technol.*), saldatura ad attrito, saldatura a pressione con riscaldamento per attrito. 25 ∼ s·schwingung (Stotterbewegung, Stick-Slip-Reibung) (*f. - Mech.*), movimento a scatti, intermittenza (dello scorrimento) da variazione di attrito. 26 ∼ s·vakuummeter (*n. - Ger.*), vacuometro a decremento, vacuometro a viscosità. 27 ∼ s·verlust (*m. - Mech.*), perdita per attrito. 28 ∼ s·verlustfallhöhe (*f. - Hydr.*), perdita di carico per attrito. 29 ∼ s·wärme (*f. - Mech.*), calore (sviluppato) da attrito. 30 ∼ s·widerstand (zwischen Schiff und Wasser) (*m. - naut.*), resistenza di attrito. 31 ∼ s·winkel (*m. - Mech.*), angolo di attrito. 32 ∼ s·winkel (Böschungswinkel) (*Ing.b.*), angolo di naturale declivio, angolo massimo di naturale declivio. 33 ∼ s·zahl (Reibwert) (*f. - Mech.*), coefficiente di attrito. 34 ∼ s·zaum (Reibungsdynamometer) (*m. - Mot.*), freno Prony. 35 ∼ s·zugkraft (Kraftschlusszugkraft, Zugkraft bei welcher der Kraftschluss voll benutzt wird) (*f. - Eisenb. - Fahrz.*), sforzo di trazione massimo. 36 **Anlauf** ∼ (*Mech.*), attrito di primo distacco. 37 **äussere** ∼ (*Mech.*), attrito esterno. 38 **Bewegungs** ∼ (zwischen relativ zueinander bewegten Körpern) (*Mech.*), attrito dinamico, attrito tra corpi mobili. 39 **Festkörper** ∼ (*Mech.*), siehe Trockenreibung. 40 **Flüssigkeits** ∼ (mit tragender Zwischenschicht) (*Mech.*), attrito fluido, attrito tra corpi lubrificati, attrito viscoso. 41 **Gleit** ∼ (*Mech.*), attrito radente, attrito allo strisciamento. 42 **Grenz** ∼ (zwischen flüssiger und trockener Reibung) (*Mech.*), attrito limite. 43 **innere** ∼ (*Chem. - Phys. - etc.*), attrito interno. 44 **Misch** ∼ (bei der Trockenreibung und Flüssigkeitsreibung vorliegen) (*Mech.*), attrito misto, attrito semisecco, attrito semifluido. 45 **rollende** ∼ (Wälzreibung, wälzende Reibung) (*Mech.*), attrito volvente. 46 **Ruhe** ∼ (zwischen relativ zueinander ruhenden Körpern) (*Mech.*), attrito statico, aderenza. 47 **Trocken** ∼ (ohne tragende Zwischenschicht) (*Mech.*), attrito secco. 48 **Wälz** ∼ (*Mech.*), attrito volvente, attrito al rotolamento.
reibungslos (*Mech.*), senza attrito.
Reibwerkstoff (für Bremse, etc. Friktionswerkstoff, gesinterter Stoff) (*m. - Technol.*), materiale ad alto coefficiente di attrito, materiale di attrito (sinterizzato).
Reibwert (Reibungszahl) (*m. - Mech.*), coefficiente di attrito. 2 ∼ prüfer (*m. - App.*), apparecchio per la determinazione del coefficiente di attrito, attritometro.
Reibzündhölzchen (*n. - Ind.*), fiammifero a sfregamento.
reich (*allg.*), ricco. 2 ∼ (ergiebig, gehaltvoll, Erz z. B.) (*Bergbau - etc.*), ricco. 3 ∼ e Mischung (*Mot.*), miscela ricca, miscela grassa.
Reichgas (reines Methan, Brenngas) (*n. - Brennst.*), metano puro.
Reichhöhe (eines Baggers) (*f. - Erdbew. masch.*), altezza di scavo.
Reichsmetall (Deltametall) (*n. - Legierung*), metallo delta.
Reichtiefe (eines Baggers) (*f. - Erdbew. masch.*), profondità di scavo.
Reichweite (Aktionsradius) (*f. - allg.*), raggio di azione. 2 ∼ (eines Kranes z. B.) (*ind. Masch.*), sbraccio. 3 ∼ (eines Senders) (*Funk. - Radar*), portata. 4 ∼ (von Scheinwerfern) (*Aut.*), portata. 5 ∼ (*Flugw.*), autonomia (in km). 6 ∼ (eines Kraftfahrzeuges) (*Fahrz.*), autonomia. 7 ∼ (der Teilchen) (*Phys.*), percorso. 8 ∼ **bei Windstille** (*Flugw.*), autonomia in aria calma. 9 ∼ **eines Teilchens** (*Atomphys.*), portata massica. 10 **optische** ∼ (eines Senders) (*Fernseh.*), portata ottica.
Reid-Dampfdruck (von Otto-Kraftsoffen) (*m. - chem. Ind.*), tensione di vapore Reid.

Reif (aus dem Wasserdampf bei Kälte gebildet) (*m. - Meteor.*), brina. 2 **Rauh** ~ (*Meteor.*), galaverna.
Reif. (*Mech. - etc.*), siehe Reifen.
Reife (*f. - allg.*), maturità. 2 ~ **grad** (RG, Verhältnis zwischen erreichte und Normalzugfestigkeit, bei Gusseisenprüfungen) (*m. - Metall. - Giess.*), grado di maturità, grado di normalità. 3 ~ **prozess** (für Beton) (*m. - Bauw.*), maturazione. 4 ~ **prüfung** (Abitur, Matur) (*f. - Schule*), esame di maturità. 5 ~ **zeugnis** (*n. - Schule*), attestato di maturità.
Reifen (Band, eines Fasses z. B.) (*m. - Mech.*), cerchio. 2 ~ (Gummiteil, der ein Wagenrad umgibt) (*Fahrz.*), gomma. 3 ~ (Luftreifen) (*Aut.*), pneumatico. 4 ~ (Eisenband, das ein Wagenrad umgibt) (*Eisenb.*), cerchione. 5 ~ (*allg.*), siehe auch Reifen (*n.*). 6 ~ **abdrückgerät** (*n. - Aut. - Ger.*), apparecchio per il montaggio dei pneumatici. 7 ~ **aufziehpresse** (*f. - Masch.*), pressa per il montaggio di cerchioni, pressa per calzare cerchioni. 8 ~ **auswuchtmaschine** (*f. - Aut.*), equilibratrice per pneumatici. 9 ~ **bremse** (*f. - Fahrz.*), freno sul cerchione. 10 ~ **cord** (*m. - Aut. - Textilind.*), tortiglia per pneumatici. 11 ~ **druckprüfer** (Reifenfüllmesser) (*m. - Instr.*), manometro per pneumatici. 12 ~ **eindruck** (Reifenprofil) (*m. - Aut.*), impronta del pneumatico, scolpitura del pneumatico. 13 ~ **füllflasche** (*f. - Fahrz.*), bombola per gonfiaggio pneumatici. 14 ~ **füllmesser** (Reifendruckprüfer) (*m. - Aut. - Instr.*), manometro per pneumatici. 15 ~ **fuss** (Wulst) (*m. - Aut.*), tallone (da pneumatico). 16 ~ **griffigkeit** (*f. - Aut.*), aderenza del pneumatico, mordenza del pneumatico. 17 ~ **heber** (*m. - Aut. - Werkz.*), leva per pneumatici, levagomme. 18 ~ **lauffläche** (*f. - Aut.*), battistrada. 19 ~ **luftdruck** (*m. - Aut.*), pressione di gonfiaggio (del pneumatico). 20 ~ **mit auswechselbarem Laufband** (*Aut.*), pneumatico a battistrada sostituibile. 21 ~ **nachlauf** (*m. - Aut.*), incidenza del pneumatico. 22 ~ **panne** (*f. - Aut.*), foratura di pneumatico. 23 ~ **profil** (Reifeneindruck) (*n. - Aut.*), profilo del pneumatico, scolpitura del pneumatico. 24 ~ **pumpe** (Luftpumpe) (*f. - Ger.*), pompa per pneumatici. 25 ~ **schlauch** (*m. - Aut. - etc.*), camera d'aria. 26 ~ **schlepper** (*m. - Fahrz.*), trattore a ruote. 27 ~ **schlupf** (Relativbewegung zwischen Reifen und Boden bei Einwirken von Umfangskräften) (*m. - Aut.*), slittamento (del pneumatico). 28 ~ **schutzkette** (Gleitschutzkette) (*f. - Aut.*), catena antisdrucciolevole, catena. 29 ~ **wächter** (*m. - Aut. - Instr.*), spia pressione pneumatici. 30 ~ **wechsel** (von Zeit zu Zeit vorgenommen, um eine gleichmässige Abnützung der Laufflächen der einzelnen Räder zu erreichen) (*m. - Aut.*), permutazione dei pneumatici. 31 **AS-** ~ (Ackerschlepper-Reifen) (*Fahrz.*), pneumatico per trattori agricoli. 32 **AW-** ~ (Ackerwagen-Reifen) (*Fahrz.*), pneumatico per carri agricoli. 33 **Ballon** ~ (*Aut.*), pneumatico a bassa pressione. 34 **Bandagen-** ~ (Gürtelreifen) (*Aut.*), pneumatico cinturato. 35 **Eisen** ~ (eines hölzernen Wagenrades) (*Fahrz.*), cerchione di ferro. 36 **EM-** ~ (Erdbaumaschinenreifen) (*Fahrz.*), pneumatico per movimento terra, pneumatico per macchine per movimenti di terra. 37 **Gelände** ~ (Reifen mit Geländeprofil) (*Fahrz.*), pneumatico per fuori strada. 38 **Gummi** ~ (eines hölzernen Wagenrades) (*Fahrz.*), cerchione di gomma. 39 **Gürtel** ~ (Bandagenreifen) (*Aut.*), pneumatico cinturato. 40 **Hochdruck** ~ (*Fahrz.*), pneumatico ad alta pressione. 41 **Luft** ~ (*Aut.*), pneumatico. 42 **M-** ~ (Militärprofil-Reifen) (*Aut.*), pneumatico per veicoli militari. 43 **M+S-** ~ (Matsch und Schnee-Reifen, Winterreifen) (*Aut.*), pneumatico invernale. 44 **Radial** ~ (*Fahrz.*), pneumatico radiale. 45 **Renn-** ~ (*Aut.*), pneumatico (per vetture) da corsa. 46 **schlauchloser** ~ (*Aut. - Flugw.*), pneumatico senza camera d'aria. 47 **Schlauch** ~ (Rennreifen) (*Fahrrad*), tubolare, «palmer». 48 **Spike-** ~ (*Aut.*), pneumatico con chiodi. 49 **Superballon** ~ (*Aut.*), pneumatico a bassissima pressione. 50 **Vollgummi** ~ (*Fahrz.*), gomma piena. 51 **Weisswand** ~ (*Aut.*), pneumatico con fascia bianca.
Reifen (*n. - allg.*), maturazione. 2 ~ (von Lacken) (*Anstr.*), maturazione.
reifen (*allg.*), maturare.
Reifholz (*n. - Holz*), legno maturo.
Reihe (Linie hintereinanderstehender Gegenstände) (*f. - allg.*), fila. 2 ~ (Linie nebeneinanderstehender Gegenstände) (*allg.*), riga. 3 ~ (Anzahl gleicher Werkstücke z. B.) (*allg.*), serie. 4 ~ (von Zylindern, eines Verbrennungsmotors) (*Mot.*), linea. 5 ~ (von Maschinen, einer Werkstatt z. B.) (*Mech.*), linea. 6 ~ (*Math.*), progressione, serie. 7 ~ (Kolonne) (*Druck.*), colonna. 8 ~ (Schicht, Vermurungsart senkrecht zum Kai) (*naut.*), andana. 9 ~ **n·anlage** (*f. - Fernspr.*), impianto di apparecchi intercomunicanti. 10 ~ **n·apparat** (*m. - Fernspr.*), apparecchio in serie. 11 ~ **n·bohrmaschine** (mehrere Bohrmaschinen auf einem Gestell) (*f. - Werkz. masch.*), trapanatrice multipla. 12 ~ **n·entwicklung** (einer Funktion) (*f. - Math.*), sviluppo in serie. 13 ~ **n·erzeugnis** (*n. - Ind.*), prodotto di serie. 14 ~ **n·fertigung** (Serienfertigung) (*f. - Ind.*), lavorazione in serie. 15 ~ **n·folge** (*f. - allg.*), successione. 16 ~ **n·induktivität** (*f. - Elekt.*), induttanza in serie. 17 ~ **n·klemmen** (*f. - pl. - Elekt.*), morsettiera di raccordo. 18 ~ **n·kondensator** (*m. - Elekt.*), condensatore in serie. 19 ~ **n·motor** (Verbrennungsmotor) (*m. - Mot.*), motore in linea, motore a cilindri in linea. 20 ~ **n·motor** (Reihenschlussmotor) (*Elekt.*), motore eccitato in serie. 21 ~ **n·nummer** (*f. - Ind.*), numero di costruzione. 22 ~ **n·parallelschalter** (*m. - Elekt.*), commutatore serie-parallelo. 23 ~ **n·parallelschaltung** (*f. - Elekt.*), collegamento in serie-parallelo. 24 ~ **n·pflaster** (*n. - Strass.b.*), lastricato con pietre a filari. 25 ~ **n·resonanz** (von Oberwellen bei Gleichrichtern z. B.) (*f. - Elekt.*), risonanza in serie. 26 ~ **n·schaltung** (Hintereinanderschaltung) (*f. - Elekt.*), collegamento in serie. 27 ~ **n·schlussmaschine** (Dynamo) (*f. - elekt. Masch.*), dinamo eccitata in serie. 28 ~ **n·schlussmotor** (*m. - elekt. Mot.*), motore eccitato

Reihen

in serie. 29 ~ n·schweissmaschine (*f.-Masch.*), saldatrice continua, saldatrice a rulli. 30 ~ n·schweissung (*f. - mech. Technol.*), saldatura continua, saldatura a rulli. 31 ~ n·spannung (genormte Spannung für Isolationsmessungen) (*f. - Elekt.*), tensione di prova (dell'isolamento). 32 ~ n·zusammenstoss (Kolonnenzusammenstoss) (*m. - Strass. verk. - Aut.*), tamponamento multiplo. 33 arithmetische ~ (*Math.*), progressione aritmetica. 34 Fouriersche ~ (*Math.*), serie di Fourier. 35 geometrische ~ (*Math.*), progressione geometrica. 36 harmonische ~ (*Math.*), serie armonica. 37 in ~ schalten (*Elekt.*), collegare in serie.

Reihen (Blattstechen, Kammstechen, Vorbereitung für das Weben) (*n. - Textilind.*), impettinatura.

reihen (*allg.*), allineare.

Reihleine (Leine, mit der ein Gaffelsegel am Mast gehalten wird) (*f. - naut.*), mura.

rein (unvermischt, Wasser, etc.) (*allg.*), puro. 2 ~ (sauber) (*allg.*), pulito. 3 ~ e Biegung (*Baukonstr.lehre*), flessione semplice. 4 ~ e Mathematik (*Math.*), matematica pura. 5 ~ er Druck (*Baukonstr.lehre*), compressione semplice. 6 ~ wollen (*Textilind.*), di pura lana. 7 chemisch ~ (*chem. Ind.*), chimicamente puro.

Reinaluminium (*n. - Metall.*), alluminio puro.

Reinbenzin (*n. - Brennst.*), benzina non etilizzata, benzina bianca.

Reindichte (von porösen Stoffen z. B.) (*f. - Chem. - Phys.*), densità assoluta vera, massa specifica vera (riferita al corpo solido).

Reindruck (*m. - Druck.*), bozza corretta, bozza per la stampa, ultima bozza corretta.

Reinertrag (Reingewinn) (*m. - komm. - Buchhaltung*), utile netto.

Reingewicht (*n. - komm.*), peso netto.

Reingewinn (Reinertrag) (*m. - komm. - Buchhaltung*), utile netto.

Reinheit (*f. - allg.*), purezza. 2 ~ s·grad (*m. - Chem.*), grado di purezza.

Reinigen (*n. - allg.*), pulitura. 2 ~ (der Erze durch Waschen) (*Bergbau*), lavaggio. 3 ~ (Frischen, der Metalle) (*Metall.*), affinazione.

reinigen (säubern) (*allg.*), pulire. 2 ~ (von Kleidern, durch chem. Verfahren) (*Textilind.*), pulire, lavare a secco. 3 ~ (Flüssigkeiten) (*Ind.*), depurare. 4 ~ (frischen, Metalle) (*Metall.*), affinare.

Reinigung (*f. - allg.*), pulitura. 2 ~ (der Schneidflüssigkeiten durch magnetische Filter) (*Mech.*), depurazione, filtrazione. 3 ~ (der Metalle) (*Metall.*), pulitura. 4 ~ (Abtragung des Antifriktionsmetalls, eines Lagers) (*Mech.*), ablazione. 5 ~ s·apparat (für Flüssigkeiten z. B.) (*m. - chem. Ind.*), depuratore. 6 ~ s·arbeiter (*m. - Arb.*), addetto alla pulizia. 7 ~ s·bürste (für Geschütze) (*f. - Werkz.*), scovolo. 8 ~ s·frau (*f. - Arb.*), donna di pulizia. 9 ~ s·hahn (*m. - Leit.*), rubinetto di pulizia, rubinetto di pulitura. 10 ~ s·öffnung (*f. - Masch. - etc.*), foro di pulizia, foro di pulitura. 11 ~ s·schacht (Mannloch) (*m. - Bauw.*), pozzetto per pulizia, pozzetto di pulitura. 12 ~ s·walze (einer Karde) (*f. - Textilmasch.*), cilindro pulitore. 13 chemische ~ (*Ind.*), pulitura chimica. 14 chemische ~ (von Kleidern) (*Textilind.*), pulitura a secco, lavatura a secco. 15 Flammen ~ (*Anstr.*), sverniciatura alla fiamma.

Reinstaluminium (*n. - Metall.*), alluminio iperpuro.

Reinwasser (*n. - Ind.*), acqua pura.

Reinwichte (spezifisches Gewicht des Gesteins, ausschliesslich der Hohlräume) (*f. - Bauw.*), peso specifico vero.

Reis (*m. - Ack.b.*), riso. 2 ~ papier (*n. - Papierind.*), carta di riso.

Reise (*f. - allg.*), viaggio. 2 ~ auslagen (*f. - pl. - Pers. - Adm.*), spese di viaggio. 3 ~ büro (*n. - Transp.*), agenzia di viaggi. 4 ~ car (Reiseomnibus) (*m. - Fahrz.*) (*schweiz.*), autobus da turismo, « pullman ». 5 ~ dauerleistung (*f. - Flugw. - Mot.*), potenza di crociera. 6 ~ decke (Plaid) (*f. - Textilind.*), coperta da viaggio. 7 ~ empfänger (*m. - Funk.*), ricevitore portatile. 8 ~ entschädigung (Auslösung) (*f. - Adm. - Pers.*), indennità di trasferta. 9 ~ flughöhe (*f. - Flugw.*), quota di crociera. 10 ~ führer (Reisehandbuch, Baedeker z. B.) (*m. - Geogr. - Druck.*), guida. 11 ~ geschwindigkeit (*f. - Flugw. - naut.*), velocità di crociera. 12 ~ kosten (Reiseauslagen) (*f. - pl. - Adm. - Pers.*), spese di viaggio. 13 ~ kreditbrief (Reiseakkreditiv) (*m. - finanz.*), lettera di credito circolare. 14 ~ leistung (Reisedauerleistung) (*f. - Flugw.*), potenza di crociera. 15 ~ omnibus (*m. - Fahrz.*), autobus da turismo. 16 ~ pass (*m. - recht.*), passaporto. 17 ~ scheck (Zirkularscheck, Travellerscheck) (*m. - finanz.*), « traveler's cheque ». 18 ~ schreibmaschine (*f. - Büromasch.*), macchina per scrivere portatile, « portatile ». 19 ~ tasche (*f. - Ind.*), borsa da viaggio. 20 ~ wecker (*m. - Uhr*), sveglia da viaggio. 21 ~ wegschild (auf den Seitenwänden eines Personenwagens) (*n. - Eisenb.*), cartello della destinazione. 22 ~ zug (*m. - Eisenb.*), treno viaggiatori. 23 ~ zuggepäckwagen (Gepäckwagen, Packwagen) (*m. - Eisenb.*), bagagliaio. 24 wirtschaftlicher ~ flug (*Flugw.*), crociera economica.

Reisender (*m. - Transp. - komm.*), viaggiatore. 2 Handlungs ~ (*komm.*), viaggiatore di commercio, commesso viaggiatore.

Reisig (*n. - Holz*), arbusto. 2 ~ (*Wass.b.*), arbusti per fascine.

Reissarbeit (beim Zugversuch von Garnen) (*f. - Textilind.*), lavoro di rottura.

Reissbahn (eines Ballons oder Luftschiffes) (*f. - Flugw.*), tela da strappo, pannello da strappo.

Reissblei (Graphit) (*n. - Chem.*), grafite.

Reissbrett (Zeichenbrett) (*n. - Zeichn.*), tavola da disegno. 2 ~ stift (Reisszwecke, Reissnagel) (*m. - Zeichn.*), puntina da disegno.

Reissdehnung (bei der Prüfung von Kunststoffen) (*f. - Technol.*), allungamento a rottura.

Reiss-Diagramm (Schwingkennlinie) (*n. - Elektronik*), caratteristica di oscillazione.

Reissdreieck (*n. - Zeichn. - Ger.*), squadra.
Reisse (Reibeisen, Reibe) (*f. - Werkz.*), grattugia.
Reisseffekt (*m. - Anstr.fehler*), effetto screpolante.
Reissen (Hochbringen des Gewichts) (*n. - Hebevorr.*), alzata, sollevamento. 2 ~ (*Anstr. fehler*), screpolatura in profondità.
reissen (zerreissen, in Stücke z. B.) (*allg.*), strappare, rompere, stracciare. 2 ~ (zeichnen) (*Zeichn.*), disegnare. 3 ~ (von Holz) (*Bauw.*), fendersi, spaccarsi. 4 ab ~ (abbrechen) (*Bauw.*), abbattere, demolire. 5 ab ~ (abnützen, verschleissen) (*allg.*), consumare, usurare. 6 ab ~ (im Umriss zeichnen) (*Zeichn.*), tracciare il profilo, disegnare il contorno. 7 an ~ (Bearbeitungslinien z. B. auf ein Guss·stück ritzen) (*Mech.*), tracciare.
Reissfeder (Ziehfeder) (*f. - Zeichn. - Ger.*), tiralinee. 2 ~ **mit breiter Zunge** (*Zeichn. - Ger.*), tiralinee a punta larga. 3 **Doppel** ~ (*Zeichn. - Ger.*), tiralinee doppio. 4 **dreizüngige** ~ (*Zeichn. - Ger.*), tiralinee a tre punte. 5 **Punktier** ~ (*Zeichn. - Ger.*), tiralinee per punteggiate.
Reissfestigkeit (Trennfestigkeit, Bruchkraft geteilt durch die Bruchfläche) (*f. - mech. Technol.*), sollecitazione (massima) di rottura. 2 ~ (die auf den Anfangsquerschnitt bezogene Kraft im Augenblick des Reissens der Probe, bei der Prüfung von Kunststoffen) (*Technol.*), resistenza a trazione.
Reisskegelbildung (beim Drahtziehen) (*f. - mech. Technol.*), rottura a coppa.
Reisskraft (eines Baggers) (*f. - Erdbew.masch.*), forza mordente.
Reisskrempel (Vorkratze) (*m. - Textilmasch.*), carda in grosso, carda di rottura.
Reisslack (zur Prüfung von metall. Oberflächen z. B.) (*m. - Anstr. - Technol.*), tensiovernice.
Reisslänge (Zerreissfestigkeitsmass für Garne und Papier) (*f. - Technol.*), lunghezza di rottura.
Reisslast (von Gewebefäden) (*f. - Textilind.*), carico di rottura.
Reissleine (eines Ballons) (*f. - Flugw.*), fune di strappamento.
Reissmass (Parallelreisser, Parallelmass) (*n. - Werkz.*), truschino, graffietto.
Reiss-Mikrophon (verbessertes Kohle-Mikrophon) (*n. - Akus.*), microfono di Reiss.
Reissnadel (Reiss·spitze) (*f. - Werkz.*), punta per tracciare.
Reissnagel (Reisszwecke) (*m. - Zeichn.*), puntina da disegno.
Reisspflug (*m. - Erdbew. - Ger.*), scarificatore.
Reissplatte (Anreissplatte) (*f. - Mech. - Werkz.*), piano di riscontro.
Reissprüfung (von Papier) (*f. - Technol.*), prova di lacerazione allo strappo.
Reissrippe (in Gussformen eingelegte Metallstücke, zur Vermeidung von Rissen) (*f. - Giess.*), raffreddatore, dispersore di calore.
Reiss·schiene (Anschlaglineal) (*f. - Zeichn. - Ger.*), riga a T.
Reiss·schnur (Vorr. zum Öffnen des Fallschirmes) (*f. - Flugw.*), fune di strappo.
Reiss·span (*m. - Werkz.masch.bearb.*), truciolo strappato.
Reisstrommel (*f. - Textilmasch.*), apritoio.
Reissverschluss (*m. - Textilind. - etc.*), chiusura lampo.
Reissversuch (an Geweben) (*m. - Textilind.*), prova di strappo.
Reisswiderstand (von Geweben) (*m. - Textilind.*), resistenza allo strappo.
Reisswinkel (von dünnen Metallbändern beim Zugversuch) (*m. - mech. Technol.*), angolo di rottura.
Reisswolf (Öffner) (*m. - Textilmasch.*), lupo apritore.
Reisswolle (Altwolle) (*f. - Textilind.*), lana rigenerata.
Reisszeug (*n. - Zeichn.*), scatola di compassi, compassiera.
Reisszwecke (Reissnagel) (*f. - Zeichn.*), puntina da disegno.
Reiste (Holzrutsche) (*f. - Holz*), scivolo per legname.
reiten (tanzen, ein Schiff auf den Wellen) (*naut.*), ballare.
Reiter (verschiebbarer Maschinenteil, Schieber z. B.) (*m. - Mech.*), corsoio, scorrevole (*s.*). 2 ~ (Gleitkontakt) (*Elekt.*), contatto strisciante, cursore. 3 ~ (Traveller, einer Ringspinnmaschine) (*Textilmasch.*), *siehe* Läufer. 4 ~ (Bock, Gestell) (*allg.*), cavalletto. 5 ~ **gewicht** (Feingewicht aus Draht) (*n. - Mass*), peso (in fili). 6 ~ **libelle** (Röhrenlibelle) (*f. - Instr.*), livella a cavaliere, livella per (posa di) tubazioni. 7 ~ **sparren** (*m. - Bauw.*), puntone cavaliere.
Reitkunst (*f. - Sport*), equitazione.
Reitnagel (eines Reitstocks) (*m. - Werkz. masch.*), punta.
Reitstock (einer Drehbank) (*m. - Werkz. masch.*), « contropunta », contropunta e supporto, toppo mobile. 2 ~ **pinole** (einer Drehbank) (*f. - Werkz.masch.*), cannotto della contropunta, manicotto della contropunta. 3 ~ **spitze** (*f. - Werkz.masch.*), contropunta.
Reitwechsel (*m. - komm.*), cambiale di comodo.
Reizelektrode (*f. - Elekt.*), elettrodo di eccitazione.
reizen (erregen) (*allg.*), eccitare.
Reizgas (Tränengas) (*n. - Chem.*), gas lacrimogeno.
Reizschwelle (des Menschen, für Schwingungen z. B.) (*f. - Ind. - Fahrz. - etc.*), soglia di sensibilità.
Reizung (*f. - Chem. - etc.*), sensibilizzazione, stimolazione.
Reizventil (für Hochdruck-Rohrleitungen, zur periodischen Steuerung des Durchflusses) (*n. - Leit.*), valvola di regolazione periodica (della portata).
Rekaleszens (*f. - Metall.*), recalescenza.
Reklame (Werbung) (*f. - komm.*), pubblicità. 2 ~ **artikel** (Schrift) (*m. - Zeitg.*), articolo pubblicitario. 3 ~ **artikel** (*komm.*), oggetto pubblicitario. 4 ~ **film** (*m. - komm.*), pellicola pubblicitaria. 5 ~ **flug** (*m. - komm. - Flugw.*), volo pubblicitario. 6 ~ **schild** (*n. - komm.*), insegna pubblicitaria, affisso.

Rekombination (*f. - Elektronik*), ricombinazione.

rekommandiert (eingeschrieben) (*Post*), raccomandato.

rekonstruieren (wiederherstellen) (*allg.*), ricostruire.

Rekonstruktion (Wiederherstellung) (*f. - allg.*), ricostruzione.

Rekord (Höchstleistung) (*m. - Sport - etc.*), primato, record. 2 ~ **versuch** (*m. - Sport*), tentativo di primato (o di record).

Rekristallisation (*f. - Metall.*), ricristallizzazione. 2 ~ **s·glühen** (*n. - Wärmebeh.*), ricristallizzazione.

Rekrut (*m. - milit.*), recluta.

Rektangel (Rechteck) (*n. - Geom.*), rettangolo.

Rektaszension (gerade Aufsteigung) (*f. - Astr.*), ascensione retta.

Rektifikation (Rektifizieren) (*f. - chem. Ind.*), rettificazione. 2 ~ (*Math.*), rettificazione. 3 ~ **s·kolonne** (Rektifiziersäule) (*f. - chem. Ind.*), colonna di rettificazione. 4 **stetige** ~ (kontinuierliche Rektifikation) (*chem. Ind.*), rettificazione continua. 5 **unstetige** ~ (diskontinuierliche Rektifikation) (*chem. Ind.*), rettificazione discontinua.

Rektifikator (*m. - chem. Ind. - App.*), rettificatore.

Rektifizieren (Rektifikation) (*n. - chem. Ind.*), rettificazione. 2 **stetiges** ~ (kontinuierliches Rektifizieren) (*chem. Ind.*), rettificazione continua. 3 **unstetiges** ~ (diskontinuierliches Rektifizieren) (*chem. Ind.*), rettificazione discontinua.

rektifizieren (*chem. Ind.*), rettificare.

Rektifiziersäule (Austauschsäule, Trennsäule) (*f. - chem. Ind. - App.*), colonna di rettificazione.

Rektor (einer Hochschule) (*m. - Schule*), rettore.

Rekuperator (Wärmeaustauscher) (*m. - Metall. - etc.*), ricuperatore.

Rekursion (*f. - Math.*), ricorrenza.

rekursiv (*Math.*), ricorrente.

Relais (*n. - Elekt.*), relè, relais. 2 ~ **abfall** (*m. - Elekt.*), caduta del relè, diseccitazione del relè. 3 ~ **abfallzeit** (*f. - Elekt.*), tempo di caduta del relè. 4 ~ **anker** (*m. - Elekt.*), armatura del relè. 5 ~ **anrufsucher** (*m. - Fernspr.*), cercatore di chiamata a relè. 6 ~ **blech** (für die Herstellung von Wechselstromrelais) (*n. - Metall. - Elekt.*), lamierino per relè. 7 ~ **-Fernsehen** (*n. - Fernseh.*), ritrasmissione televisiva. 8 ~ **kontakt** (*m. - Elekt.*), contatto di relè. 9 ~ **koppelfeld** (*n. - Fernspr. - etc.*), campo d'accoppiamento a relè. 10 ~ **mit verzögerter Anziehung** (*Elekt.*), relè ad azione ritardata. 11 ~ **platte** (*f. - Elekt.*), piastra portarelè. 12 ~ **prüfgerät** (*n. - Elekt.*), prova-relè. 13 ~ **röhre** (Kaltkathoden-Thyratron) (*f. - Elekt.*), relè elettronico, tiratron a catodo freddo. 14 ~ **rufwiederholer** (*m. - Fernspr.*), ripetitore di chiamata a relè. 15 ~ **satz** (Teil einer Vermittlungseinrichtung) (*m. - Fernspr.*), gruppo di relè. 16 ~ **sender** (einer drahtlosen Übertragungskette) (*m. - Fernseh. - Funk.*), ripetitore, ritrasmettitore. 17 ~ **station** (*f. - Funk.*), stazione ripetitrice, stazione ritrasmittente. 18 ~ **steuerung** (*f. - Elektromech.*), comando a relè. 19 ~ **stromkreis** (*m. - Elekt.*), circuito di relè. 20 ~ **wähler** (*m. - Fernspr.*), selettore a relè. 21 **abfallverzögertes** ~ (langsam abfallendes Relais) (*Elekt.*), relè a caduta ritardata. 22 **anzugverkürztes** ~ (*Elekt.*), relè ad attrazione rapida. 23 **anzugverzögertes** ~ (*Elekt.*), relè ad attrazione ritardata. 24 **Arbeitsstrom** ~ (*Elekt.*), relè (a contatto) di lavoro. 25 **Differential** ~ (*Elekt.*), relè differenziale. 26 **Distanz** ~ (*Elekt.*), relè d'impedenza, relè di protezione a distanza. 27 **drahtlose** ~ **strecke** (*Funk. - Fernseh.*), ponte radio. 28 **elektromagnetisches** ~ (*Elekt.*), relè elettromagnetico, relè a solenoide, relè a bobina mobile. 29 **elektronisches** ~ (*Elekt.*), relè elettronico. 30 **Fernsprech** ~ (*Elekt.*), relè telefonico. 31 **Flach** ~ (mit flachem Anker und Spulenkern) (*Fernspr.*), relè piatto. 32 **gepoltes** ~ (polarisiertes Relais) (*Elekt.*), relè polarizzato. 33 **Haft** ~ (Selbsthalterelais) (*Elekt.*), relè ad autotenuta. 34 **Hilfs** ~ (*Elekt.*), relè ausiliario. 35 **Hilfsschütz** ~ (*Elekt.*), relè soccorritore. 36 **Höchststrom** ~ (*Elekt.*), relè di massima corrente. 37 **Induktions** ~ (*Elekt.*), relè ad induzione. 38 **Karten** ~ (*Elekt.*), relè su cartolina, « Kartenrelais ». 39 **Kipp** ~ (normaler Typ des Telegraphen-Relais) (*Telegr.*), relè telegrafico. 40 **Klappanker-** ~ (*Elekt.*), relè ad ancora incernierata. 41 **Melde** ~ (mit ein Schauzeichen) (*Elekt.*), relè di segnalazione. 42 **messendes** ~ (Messrelais) (*Elekt.*), relè metrico. 43 **Mess** ~ (messendes Relais) (*Elekt.*), relè metrico. 44 **neutrales** ~ (unpolarisiertes Relais) (*Elekt.*), relè non polarizzato. 45 **photoelektrisches** ~ (Photorelais) (*Elekt.*), relè fotoelettrico. 46 **Photo** ~ (*Elekt.*), relè fotoelettrico. 47 **pneumatisches** ~ (Schaltgerät) (*Ger.*), relè pneumatico. 48 **polarisiertes** ~ (gepoltes Relais) (*Elekt.*), relè polarizzato. 49 **Resonanz** ~ (*Elekt.*), relè a risonanza. 50 **Ruhestrom** ~ (*Elekt.*), relè (a contatto) di riposo. 51 **Schutz** ~ (*Elekt.*), relè di protezione. 52 **Selbsthalte** ~ (Haftrelais) (*Elekt.*), relè ad autotenuta. 53 **Spannungs** ~ (*Elekt.*), relè di tensione. 54 **Spannungs** ~ (Unterspannungsrelais) (*Elekt.*), relè di minima tensione. 55 **Stütz** ~ (aus zwei Klappanker-Relais mit verriegelten Ankern) (*Elekt.*), relè composito ad ancore interbloccate. 56 **Telegraphen** ~ (*Elekt.*), relè telegrafico. 57 **thermisches** ~ (*Elekt.*), relè termico. 58 **Trenn** ~ (*Elekt.*), relè di esclusione, relè disgiuntore. 59 **Überstrom** ~ (*Elekt.*), relè di massima (corrente). 60 **ungepoltes** ~ (*Elekt.*), relè non polarizzato. 61 **unmessendes** ~ (*Elekt.*), relè non metrico. 62 **Unterspannungs** ~ (*Elekt.*), relè di minima tensione. 63 **Unterstrom** ~ (*Elekt.*), relè di minima corrente. 64 **Verzögerungs** ~ (*Elekt.*), relè ad azione ritardata, relè di ritardo. 65 **Wähler** ~ (*Fernspr.*), relè selettore. 66 **Wechsel** ~ (ungepoltes elektromagnetisches Relais) (*Elekt.*), relè commutatore. 67 **Zeit** ~ (*Elekt.*), relè a tempo, cronorelè.

Relation (Beziehung) (*f. - allg.*), relazione.

relativ (*allg.*), relativo. 2 ~ **e Bewegung** (*Mech.*), moto relativo. 3 ~ **e Feuchtigkeit**

(*Meteor.*), umidità relativa. 4 ~ e **Höhe** (*Flugw. - etc.*), quota relativa, quota sul terreno. 5 ~ e **Öffnung** (das Verhältnis des Durchmessers der Eintrittspupille zur Brennweite des Objektivs) (*Opt. - Phot.*), apertura relativa.
Relativbewegung (Arbeitsbewegung, beim Zerspanen) (*f. - Werkz.masch.bearb.*), movimento relativo.
Relativgeschwindigkeit (*f. - Mech. - etc.*), velocità relativa.
relativistisch (*Phys.*), relativistico.
Relativität (*f. - allg.*), relatività. 2 ~ s·**theorie** (*f. - Phys.*), teoria della relatività. 3 **allgemeine** ~ s·**theorie** (*Phys.*), teoria della relatività generale. 4 **spezielle** ~ s·**theorie** (*Phys.*), teoria della relatività speciale.
Relaxation (rheologische Erscheinung z. B.) (*f. - Phys.*), rilassamento. 2 ~ (Entspannung) (*f. - mech. Technol. - Metall.*), rilassamento. 3 ~ (Entspannungsglühen) (*Wärmebeh.*), ricottura di rilassamento, distensione. 4 ~ s·**länge** (*f. - Radioakt.*), lunghezza di rilassamento. 5 ~ s··**Oszillator** (Kipposzillator) (*m. - Elektronik*), oscillatore a rilassamento. 6 ~ **schwingung** (*f. - Elektronik*), oscillazione di rilassamento. 7 ~ s·**zeit** (*f. - Elektronik*), tempo di rilassamento.
Relief (*n. - Arch.*), rilievo. 2 ~ (Höhengestaltung der Erdoberfläche) (*Geogr.*), orografia, andamento altimetrico. 3 ~ (Plastik, Nachbild der Erdoberfläche) (*Geogr.*), plastico. 4 ~ **druck** (*m. - Druck.*), siehe Prägedruck. 5 ~ **gewebe** (*n. - Textilind.*), tessuto in rilievo. 6 ~ **karte** (*f. - Geogr.*), carta in rilievo, carta rilievografica. 7 ~ **schweissung** (Buckelschweissung, Warzenschweissung) (*f. - mech. Technol.*), saldatura su risalti. 8 **Flach** ~ (*Arch.*), bassorilievo. 9 **Hoch** ~ (*Arch.*), altorilievo.
Reling (Reeling, Geländer, Handlauf) (*f. - n. - Bauw.*), corrimano, «mancorrente». 2 ~ (Deckbrüstung) (*naut.*), parapetto di murata. 3 ~ s·**stütze** (*f. - naut.*), candeliere di murata.
rel. Lf (relative Luftfeuchtigkeit) (*Meteor. - etc.*), umidità relativa dell'aria.
Reluktanz (*f. - Elekt.*), riluttanza. 2 ~ **motor** (selbständig hochlaufender Synchronmotor ohne Erregerwicklung und mit nur einem Anlaufkäfig) (*m. - Elekt.*), motore a riluttanza.
Reluktivität (*f. - Elekt.*), resistenza magnetica specifica, riluttività.
REM (Regeln für elektrische Maschinen) (*Elekt.*), norme per macchine elettriche. 2 ~ (Rasterelektronenmikroskop) (*Opt.*), microscopio elettronico analizzatore, microscopio elettronico a scansione lineare.
rem (roentgen equivalent man, Einheit der absorbierten Dosis, biologisches Röntgenäquivalent) (*Radioakt.*), rem, equivalente roentgen biologico.
remanent (zurückbleibend) (*Elekt. - etc.*), residuo.
Remanenz (*f. - Elekt.*), magnetizzazione residua, rimanenza. 2 ~ **relais** (Haftrelais) (*n. - Elekt.*), relè a tenuta per rimanenza.

Remiral (Hüttenaluminium mit ca. 99,9 % Reinheitsgrad) (*n. - Metall.*), remiral.
Remise (Wagenschuppen) (*f. - Bauw.*), rimessa.
Remisier (*m. - finanz.*), remissore, remisier.
Remissionsgrad (einer Reflexstoffprobe) (*f. - Opt.*), riflettenza, fattore di riflessione. 2 **spektraler** ~ (*Opt.*), riflettenza spettrale, fattore di riflessione spettrale.
Remontage (*f. - Masch. - etc.*), rimontaggio.
Remorqueur (Flussschleppdampfer) (*m. - naut. - österr.*), rimorchiatore fluviale.
Renaissance (*f. - Arch. - etc.*), rinascimento. 2 ~ -**Kreuzung** (Kleeblatt-Kreuzung) (*f. - Strass.ver.*), quadrifoglio, incrocio a quadrifoglio.
Rendement (Anteil an reiner Wollsubstanz) (*n. - Textilind.*), rendimento, percentuale di lana pulita.
Rendezvousmanöver (Rendezvous) (*n. - Astronautik*), manovra rendez-vous, rendez-vous.
Rendite (eines Unternehmens, Gewinn in % des Kapitals ausgedrückt) (*f. - Adm.*), rendita.
renken (*allg.*), torcere.
Renkfassung (*f. - Elekt.*), portalampade a baionetta.
Renkverschluss (Bajonettverschluss) (*m. - Leit.*), attacco a baionetta.
Rennbahn (*f. - Aut. - etc.*), pista.
Rennboot (*n. - naut.*), imbarcazione da corsa.
rennen (laufen) (*allg.*), correre. 2 ~ (Eisen im Frischfeuer schmelzen) (*Metall.*), affinare.
Rennfeuer (*n. - Metall.*), bassofuoco. 2 ~ **eisen** (*n. - Metall.*), ferro dolce.
Rennkerze (*f. - Aut. - Sport*), candela da competizione.
Rennleiter (einer Firma) (*m. - Aut. - Sport*), direttore corse.
Rennmaschine (*f. - Motorrad*), motocicletta da corsa.
Rennverfahren (Frischverfahren) (*n. - Metall.*), processo di affinazione al basso fuoco.
Rennwagen (*m. - Aut.*), vettura da corsa, macchina da corsa.
Rentabilität (*f. - Ind.*), redditività.
Rente (Einkommen) (*f. - finanz.*), rendita. 2 ~ (Pension, Ruhegehalt) (*Arb. - Pers.*), pensione. 3 ~ **n·alter** (*n. - Arb.*), età pensionabile. 4 ~ **n·anspruch** (*m. - Arb.*), diritto alla pensione. 5 ~ **n·empfänger** (*m. - Arb. - etc.*), pensionato. 6 ~ **n·heft** (*n. - finanz. - Arb.*), libretto della pensione. 7 ~ **n·versicherung** (*f. - Arb.*), assicurazione-pensione. 8 **Alters** ~ (*Pers. - Arb.*), pensione di vecchiaia. 9 **Hinterlassenen** ~ (*finanz.*), pensione ai superstiti. 10 **Invaliden** ~ (*Arb.*), pensione di invalidità. 11 **lebenslängliche** ~ (*finanz.*), vitalizio. 12 **Reversions** ~ (Hinterlassenenrente) (*finanz.*), pensione reversibile.
Rentner (Rentenempfänger) (*m. - Arb. - etc.*), pensionato.
Reorganisation (Neueinrichtung) (*f. - allg.*), riorganizzazione.
Reparateur (*m. - Aut. - Arb.*), meccanico.
Reparation (Ausbesserung, Instandsetzung, Reparatur) (*f. - Aut. - etc.*), riparazione.
Reparatur (Instandsetzung, Reparation, Aus-

reparieren

besserung) (*f. - Aut. - etc.*), riparazione. **2 ~ bock** (*m. - Mech.*), cavalletto per riparazioni. **3 ~ grube** (Arbeitsgrube) (*f. - Aut.*), fossa per riparazioni. **4 ~ kasten** (*m. - Mech. - Werkz.*), cassetta attrezzi per riparazioni. **5 ~ wagen** (Hilfswagen) (*m. - Aut.*), carro attrezzi. **6 ~ werkstatt** (Instandsetzungswerkstatt) (*f. - Mech. - Aut.*), officina riparazioni.

reparieren (instandsetzen) (*Aut. - etc.*), riparare.

Repassieren (Nachschneiden, Schaben) (*n. - Blechbearb.*), rifilatura, rifinitura.

Repetierbüchse (Repetiergewehr) (*f. - Feuerwaffe*), fucile a ripetizione.

Repetiergewehr (Repetierbüchse) (*n. - Feuerwaffe*), fucile a ripetizione.

Repetiersteuerung (*f. - Masch.*), dispositivo ripetitore.

Repetition (*Bergbau*), siehe Nachflotation.

Reportagefilm (*m. - Filmtech.*), cinegiornale, giornale cinematografico, attualità.

Reportagesendung (direkte Sendung) (*f. - Funk. - Fernseh.*), trasmissione diretta.

Reppe-Chemie (Chemie des Acetylens und Kohlenoxyds) (*f. - Chem.*), chimica di Reppe.

Repräsentationslimousine (*f. - Aut.*), vettura da rappresentanza.

Reprise (Feuchtigkeitszuschlag am Trockengewicht von Faserstoffen) (*f. - Textil.*), ripresa.

Reprivatisierung (*f. - Ind.*), snazionalizzazione.

Reproduktion (Wiedergabe, Abdruck, etc.) (*f. - allg.*), riproduzione. **2 ~ s·kamera** (*f. - Druck.*), macchina per riproduzioni. **3 ~ s· technik** (*f. - Druck.*), procedimenti fotomeccanici.

Reproduzierbarkeit (bei Prüfungen und Messungen) (*f. - Technol.*), riproducibilità.

reproduzieren (vervielfältigen) (*allg.*), riprodurre, duplicare.

Reprographie (Kopiertechnik, Phototechnik, etc.) (*f. - Zeichn. - etc.*), riprografia, reprografia.

Repulsionsmotor (*m. - Elekt.*), motore a repulsione.

requisieren (*milit. - etc.*), requisire.

Reservage (Reserve) (*f. - Textilind.*), riserva.

Reserve (*f. - allg.*), riserva. **2 ~** (Stoff zum Verhindern der Färbung von Geweben) (*Textilind.*), riserva. **3 ~ antrieb** (einer Seilbahn) (*m. - Transp.*), motore di riserva. **4 ~ auftrieb** (Reservedeplacement) (*m. - naut.*), riserva di galleggiamento. **5 ~ druck** (Schutzdruck) (*m. - Textilind.*), stampa a riserva. **6 ~ kanister** (*m. - Brennst.*), canistro di riserva. **7 ~ kraftstoffbehälter** (*m. - Mot.*), serbatoio di riserva del combustibile. **8 ~ leistung** (Reservefaktor) (*f. - Elekt. - etc.*), potenza di riserva. **9 ~ motor** (*m. - Mot.*), motore di riserva. **10 ~ nummer** (*f. - Fernspr.*), numero di riserva. **11 ~ pumpe** (*f. - Masch.*), pompa di emergenza. **12 ~ rad** (Ersatzrad) (*n. - Aut.*), ruota di scorta. **13 ~ sammelschiene** (*f. - Elekt.*), sbarra collettrice di emergenza. **14 ~ speisepumpe** (*f. - Masch.*), pompa di alimentazione di emergenza. **15 ~ teil** (Ersatzteil) (*m. - Mot. -* *etc.*), parte di ricambio. **16 ~ teil** (eines Räumwerkzeuges) (*Werkz.*), parte per la lisciatura, parte destinata alla lisciatura. **17 ~ verdrängung** (Restauftrieb) (*f. - naut.*), riserva di galleggiamento. **18 ~ zahn** (einer Räumnadel, zur Erhaltung der Masshaltikgeit des Werkzeuges nach dem Nachschleifen) (*m. - Werkz.*), dente di riserva. **19 mit ~ drucken** (reservieren) (*Textilind.*), stampare a riserva. **20 stille ~** (*finanz.*), riserva occulta.

reservieren (mit Reserve drucken) (*Textilind.*), stampare a riserva. **2 ~** (ein Zimmer in einem Hotel z. B.) (*komm.*), riservare, prenotare.

Reservoir (Behälter) (*n. - allg.*), serbatoio.

Residuum (Rückstand) (*n. - allg.*), residuo.

Resinat (*n. - chem. Ind.*), resinato.

Resist (Abdeckschicht, beim Fotodruckverfahren z. B., Reserve) (*Textil. - Druck. - etc.*), riserva.

Resistanz (*f. - Akus.*), resistenza. **2 ~ relais** (*n. - Elekt.*), relè di resistenza.

Resistin (Manganbronze) (*n. - Legierung*), resistin.

Resistivität (*f. - Elekt.*), resistività.

Resistometer (*n. - metall. Ger.*), resistometro.

Resistron (*n. - Fernseh.*), siehe Vidikon.

Resitol (Phenolformaldehydharz) (*n. - Chem.*), resitolo.

Resol (Phenolformaldehydharz) (*n. - Chem.*), resolo.

Resolver (Drehtransformator zur Koordinatenwandlung) (*m. - Ger.*), resolver, trasduttore di posizione angolare.

Resonanz (*f. - Phys.*), risonanza. **2 ~ brücke** (*f. - Elekt.*), ponte a risonanza. **3 ~ faktor** (*m. - Funk.*), coefficiente di risonanza. **4 ~ frequenz** (*f. - Funk. - Fernseh.*), frequenza di risonanza. **5 ~ hohlraum** (*m. - Phys.*), cavità risonante. **6 ~ kreis** (*m. - Funk.*), circuito risonante. **7 ~ kurve** (*f. - Phys.*), curva di risonanza. **8 ~ linie** (Spektrallinie) (*f. - Opt.*), riga di risonanza. **9 ~ relais** (*n. - Elekt.*), relè a risonanza. **10 ~ schwingung** (*f. - Phys. - etc.*), vibrazione risonante, vibrazione di risonanza. **11 ~ spule** (Abstimmspule) (*f. - Funk.*), bobina di sintonia. **12 ~ überhöhung** (von Schwingungen z. B.) (*f. - Phys.*), esaltazione di risonanza. **13 ~ überhöhung** (bei Verbrennungsmotoren) (*Mot.*), sovralimentazione a risonanza. **14 ~ verstärker** (*m. - Elektronik*), amplificatore a risonanza. **15 ~ widerstand** (*m. - Elekt.*), resistenza di risonanza.

resonanzgebend (*Phys.*), risonante.

Resonator (*m. - Phys. - App.*), risonatore. **2 piezoelektrischer ~** (*Elekt.*), risonatore piezoelettrico.

« Resopal » (*Kunststoff*), « Resopal », (tipo di) laminato plastico.

Resorzin [$C_6H_4(OH)_2$] (*n. - Chem.*), resorcina, metadiossibenzene.

Respekt (Rand auf Seiten) (*m. - Druck.*), margine. **2 ~ blatt** (leeres Blatt vorn im Buche) (*n. - Druck.*), occhietto.

Respirationsapparat (Respirator, Atmungsapparat) (*m. - App.*), respiratore.

Rest (*m. - Math.*), resto. **2 ~** (Rückstand)

(*allg.*), residuo. **3** ~ (Radikal) (*Chem.*), radicale. **4** ~ **auftrieb** (Reserveverdrängung) (*m. - naut.*), riserva di galleggiamento. **5** ~ **austenit** (*m. - Metall.*), austenite residua. **6** ~ **bestand** (*m. - Ind.*), rimanenza (di magazzino). **7** ~ **bruch** (Teil des Dauerschwingbruches, grobkörniger zerklüfteter Bruch) (*m. - Metall.*), rottura di schianto. **8** ~ **dämpfung** (*f. - Fernspr.*), attenuazione residua, equivalente (*s.*). **9** ~ **dämpfungsfaktor** (*m. - Fernspr.*), fattore di equivalenza. **10** ~ **dehnung** (von Garnen) (*f. - Textilind.*), allungamento permanente. **11** ~ **gas** (im Zylinder eines Verbrennungsmotors) (*n. - Mot.*), gas residuo. **12** ~ **härte** (bei Wasserenthärtung) (*f. - Ind.*), durezza residua. **13** ~ **ladung** (*f. - Elektr.*), carica residua. **14** ~ **magnetismus** (*m. - Elektr.*), magnetismo residuo. **15** ~ **reaktanz** (Sättigungsreaktanz) (*f. - Elekt.*), reattanza residua, reattanza di saturazione. **16** ~ **seitenband** (*n. - Funk.*), banda laterale residua. **17** ~ **spannung** (*f. - mech. Technol.*), tensione residua. **18** ~ **spannung** (*Elektr.*), tensione residua. **19** ~ **spannung** (Kniespannung, bei Transistoren) (*Elektronik*), tensione di saturazione. **20** ~ **strom** (*m. - Elektr.*), corrente residua. **21** ~ **strom** (durch Elektrolytkondensatoren fliessender Reststrom der zu Zerstörung führen kann) (*Elekt.*), corrente di fuga. **22** ~ **wärme** (*f. - Wärme*), calore residuo. **23 Abgas** ~ (*Mot.*), gas residuo.
Restaurant (Gaststätte) (*n. - Bauw.*), ristorante.
Resultante (Kraft) (*f. - Baukonstr.lehre*), risultante. **2** ~ (Resultierende, Summe zweier Vektoren) (*Phys.*), risultante.
Resultat (Ergebnis) (*n. - Math. - etc.*), risultato.
Resultierende (Resultante, Kraft) (*f. - Baukonstr.lehre*), risultante.
RET (Regeln für die Bewertung und Prüfung von Transformatoren) (*Elekt.*), norme per la prova dei trasformatori.
Ret (Reth, Ried, Schilf, Schilfrohr, zur Herstellung von Putzträgern z. B.) (*n. - Bauw. - etc.*), canna.
Retarder (Bremse, bei Abfahrt verwendet) (*m. - Fahrz.*), rallentatore, freno di rallentamento.
Rethdach (Rieddach) (*n. - Bauw.*), tetto di canne.
Retina (Netzhaut des Auges) (*f. - Opt.*), retina.
Retorte (*f. - Chem.*), storta. **2** ~ **n·kohle** (*f. - Chem.*), carbone di storta. **3** ~ **n·ofen** (*m. - Ofen*), forno a storta.
Retreadverfahren (Oberflächenerneuerungsverfahren, für Reifen) (*n. - Aut.*), rigenerazione, rinnovo del battistrada, ricostruzione del battistrada.
retrodatieren (*Büro - etc.*), retrodatare.
Retrorakete (*f. - Raumfahrt*), retrorazzo.
Rettung (*f. - naut. - Flugw.*), salvataggio. **2** ~ **s·boot** (*n. - naut.*), lancia di salvataggio, imbarcazione di salvataggio. **3** ~ **s·dienst** (*m. - Flugw.*), servizio di soccorso e salvataggio. **4** ~ **s·gerät** (*n. - naut.*), salvagente. **5** ~ **s·gürtel** (Schwimmweste) (*m. - naut.*), cintura di salvataggio. **6** ~ **s·leiter** (*f. - Bauw.*), scala di emergenza. **7** ~ **s·ring** (*m. - naut.*), salvagente (ad anello). **8** ~ **s·schacht** (*m. - Bergbau*), pozzo di emergenza. **9** ~ **s·turm** (für Startphase eines Raumtransporters) (*m. - Raumfahrt*), torre di salvataggio.
Retusche (*f. - Phot. - Anstr.*), ritocco.
retuschieren (*Phot. - Anstr.*), ritoccare.
Reugeld (Entschädigung bei Nichteinhaltung eines Vertrages z. B.) (*n. - komm.*), indennizzo.
Reusenantenne (*f. - Funk.*), antenna a nassa.
Reverberierofen (Flammenofen) (*m. - Ofen*), forno a riverbero.
Revers (schriftliche Garantieerklärung) (*m. - komm.*), lettera di garanzia.
reversibel (umkehrbar) (*allg.*), reversibile.
Reversibilität (*f. - Phys.*), reversibilità.
Reversierbarkeit (von Kleinmotoren) (*f. - Elekt.*), reversibilità.
Reversierblechstrasse (*f. - Walzw.*), treno reversibile per lamiere.
Reversierduo (Reversierduowalzwerk) (*n. - Walzw.*), duo reversibile.
Reversieren (Umkehr der Fahrrichtung) (*n. - Fahrz.*), inversione (di marcia).
Reversiergetriebe (*n. - Mech.*), invertitore.
Reversiermotor (*m. - Mot.*), motore reversibile.
Reversierstrasse (Reversierwalzwerk) (*f. - Walzw.*), laminatoio reversibile.
Reversierwalzwerk (*n. - Walzw.*), laminatoio reversibile.
revidieren (kontrollieren) (*allg.*), controllare.
Revier (Bezirk) (*n. - allg.*), distretto. **2** ~ (grösseres Abbaugebiet) (*Bergbau*), distretto minerario.
Revision (Nachprüfung) (*f. - allg.*), revisione, verifica. **2** ~ (des Rechnungswesens einer Unternehmung) (*Adm.*), revisione contabile. **3** ~ (des korrigierten Satzes) (*Druck.*), revisione. **4** ~ (Abteilung) (*mech. Ind.*), servizio controlli e collaudi. **5** ~ **s·buch** (Kesselpapier) (*n. - Kessel*), libretto delle revisioni. **6** ~ **s·lehre** (*f. - Werkz.*), calibro di controllo, calibro di riferimento. **7** ~ **s·zeichnung** (Abnahmezeichnung, mit Kennzeichnung der für die Abnahme wichtigen Masse, für Aufnahme von Bauwerken) (*f. - Zeichn. - Bauw.*), disegno di collaudo. **8 Bücher** ~ (*Adm.*), revisione contabile. **9 Innen** ~ (Revisionsabteilung, eines Unternehmens) (*Adm.*), revisione interna. **10 Kassen** ~ (*Adm.*), verifica di cassa. **11 Zoll** ~ (Inspektion) (*komm.*), visita doganale.
Revisor (Buchprüfer) (*m. - Buchhaltung*), revisore (dei conti).
Revolver (Trommelrevolver) (*m. - Feuerwaffe*), rivoltella, revolver, pistola a tamburo. **2** ~ (Revolverkopf, einer Drehbank) (*Werkz.masch.*), torretta. **3** ~ (Revolverdrehbank) (*Werkz.masch.*), tornio a torretta, tornio a revolver. **4** ~ **arbeit** (*f. - Werkz.masch.bearb.*), lavorazione su tornio a torretta. **5** ~ **automat** (Drehbank) (*m. - Werkz.masch.*), tornio a torretta automatico. **6** ~ **bank** (Revolverdrehbank, Revolverdrehmaschine) (*f. - Werkz.masch.*), tornio a torretta, tornio a revolver. **7** ~ **bohrkopf** (*m. - Werkz.masch.*), testa a torretta per trapano. **8** ~

Reyn

bohrmaschine (*f. - Werkz.masch.*), trapano a revolver. 9 ~ drehen (*n. - Werkz.masch. bearb.*), tornitura su tornio a torretta. 10 ~ drehmaschine (Revolverdrehbank) (*f. - Werkz.masch.*), tornio a torretta, tornio a revolver. 11 ~ kopf (einer Drehbank) (*m. - Werkz.masch.*), torretta. 12 ~ kopf (einer Kamera) (*Phot.*), torretta (portaobiettivi). 13 ~ okular (zum Prüfen von Profilen, der Gewinde z. B.) (*n. - Opt.*), oculare a revolver. 14 ~ presse (Drehtischpresse) (*f. - Masch.*), pressa a tavola rotante. 15 ~ stanze (*f. - Masch.*), punzonatrice a revolver. 16 ~ teller (tellerförmige Zuführeinrichtung) (*m. - Blechbearb.*), alimentatore rotativo, alimentatore a revolver. 17 ~ tisch (einer Presse) (*m. - Masch.*), tavola rotante.
Reyn (Einheit für die dynamische Viskosität) (*n. - Chem.*), reyn.
Reynoldsche Zahl (*Mech. der Flüss.k.*), numero di Reynolds.
Reyon (Kunstseide) (*n. - chem. Ind. - Text.*), raion, rayon.
Re-Zahl (Reynolds-Zahl) (*f. - Phys.*), numero di Reynolds.
Rezensent (*m. - Druck.*), recensore.
Rezept (*n. - Med.*), ricetta. 2 ~ wähler (Programmsteuerung, für Betonierturmen z. B.) (*m. - Bauw.*), selettore di programma.
Rezeptar (Aphothekerassistent) (*m. - Arb. - Pharm.*), assistente di farmacia.
Rezeption (Empfangsbüro eines Hotels) (*f. - Bauw.*), accettazione.
Rezession (*f. - finanz.*), recessione.
Rezipient (Gefäss, das auf einen Teller gesetzt und luftleer gepumpt werden kann) (*m. - Phys.*), recipiente per alto vuoto. 2 ~ (Abscheider, Behälter am Ende einer pneumatischen Förderleitung) (*Ind.*), separatore.
reziprok (*Math. - etc.*), reciproco (*a*).
Reziprokwert (Kehrwert) (*m. - Math.*), reciproco (*s.*), valore reciproco.
Reziprozität (*f. - Math. - etc.*), reciprocità.
Rezirkulation (Rückströmung) (*Hydr. - etc.*), ricircolazione.
R. F. (relative Feuchtigkeit) (*Meteor.*), U. R., umidità relativa.
Rf (Rundfunk) (*Funk.*), radio. 2 ~ (Rutherfordium) (*Radioakt.*), Rf, rutherfordio.
r. F. (relative Feuchtigkeit) (*Meteor.*), u.r., umidità relativa.
RFF (Richtfunkfeuer) (*Radar*), radiofaro direttivo.
Rfk (Rundfunkkabel) (*Funk.*), cavo radio.
RFT-Betriebe (Radio-Fernmelde-Technik-Betriebe) (*m. - pl. - Funk. - Fernspr.*), servizi di radiotelecomunicazioni.
RFZ (Regalförderzeug) (*ind. Transp. - Fahrz.*), scaffalatore, trasloelevatore.
RG (Reaktionsgeschwindigkeit) (*Chem.*), velocità di reazione. 2 ~ (*Metall.*), *siehe* Reifegrad.
Rg (*Giess.*), *siehe* Rotguss.
RGB (Rot-Grün-Blau, Ansteuerung beim Fernsehen) (*Fernseh.*), rosso-verde-blu.
R-Gespräch (*n. - Fernspr.*), conversazione pagabile dall'utente chiamato.
RGK (Reaktionsgeschwindigkeit-Konstante) (*Chem.*), costante di velocità di reazione.

R-Glied (Widerstand) (*n. - Funk.*), resistenza.
rglm (regelmässig) (*allg.*), regolare.
RGW (Rat für Gegenseitige Wirtschaftshilfe) (*Wirtschaft*), Comecon, Consiglio di mutua assistenza economica.
Rh (Rhodium) (*Chem.*), Rh, rodio.
rH (Redoxpotential, Mass für die Reduktionsfähigkeit einer Lösung) (*Chem.*), rH, potenziale di ossiriduzione.
rhe (CGS-Einheit der Fluidität, 1 rhe = 1 Poise^{-1}) (*Einheit*), rhe, unità della fluidità.
Rhede (Reede) (*f. - Geogr. - österr.*), rada.
Rhenium (Re - *n. - Chem.*), renio.
Rheobase (*f. - Elekt. - Biol.*), reobase.
Rheograph (*m. - Ger.*), reografo.
Rheologie (Fliesskunde) (*f. - Phys. - Chem.*), reologia.
Rheometrie (*f. - Phys. - Chem.*), reometria.
Rheopexie (*f. - Chem.*), *siehe* Dilatanz.
Rheostat (*m. - Elekt.*), reostato.
Rheostriktion (Pincheffekt, Schnüreffekt, Quetscheffekt) (*f. - Elekt.*), reostrizione.
Rheotan (Nickelbronze, mit 53-57% Cu, 61-33% Zn, 25-30% Ni und 4-5% Fe) (*n. - Legierung*), reotano.
Rheotron (*n. - Atomphys.*), reotrone.
Rhinschlot (binnenseitiger Randgraben längs eines Deiches zum Abfangen von Drängewasser) (*m. - Wass.b.*), canale di raccolta.
Rhodamine (Farbstoffe) (*n. - pl. - Chem.*), rodamine.
Rhodinierung (von Zahnrädern z. B., Aufbringen einer Rhodiumschicht) (*f. - mech. Technol.*), rodiatura.
Rhodium (*Rh - n. - Chem.*), rodio.
Rhombendodekaeder (*n. - Geom.*), rombododecaedro.
rhombisch (*Geom.*), rombico.
Rhomboeder (*n. - Geom.*), romboedro.
Rhomboid (*n. - Geom.*), romboide.
rhomboidisch (*Geom.*), romboidale.
Rhombus (Raute) (*m. - Geom.*), rombo. 2 ~ antenne (*f. - Funk.*), antenna rombica.
Rhumbatron (*n. - Elektronik*), rhumbatron.
r$_H$-Wert (für Redoxsystemen) (*m. - Chem.*), valore di r$_H$.
Richtamboss (*m. - Werkz.*), incudine per raddrizzare.
Richtantenne (*f. - Funk.*), antenna direzionale.
Richtapparat (Richtmaschine) (*m. - Masch.*), raddrizzatrice.
Richtbake (Richtfunkbake, Richtfunkfeuer) (*f. - Funk.*), radiofaro direttivo.
Richtbank (für Karosserie) (*f. - Aut. - Masch.*), raddrizzatrice.
Richtbarkeit (eines Schmiedestuckes z. B., nach die Wärmebeh.) (*f. - mech. Technol.*), raddrizzabilità, assestabilità.
Richtcharakteristik (*f. - Funk.*), caratteristica di direttività.
Richtdiagramm (einer Antenne) (*n. - Funk.*), caratteristica polare, diagramma.
Richtdorn (*m. - Masch.*), mandrino (per raddrizzare).
Richte (gerade Richtung) (*f. - allg.*), linea retta. 2 ~ (Reihe) (*allg.*), *siehe* Reihe.
Richten (von Geschützen auf ein Ziel) (*n. - Feuerwaffe*), puntamento. 2 ~ (von Drähten

oder Stangen) (*mech. Technol.*), raddrizzatura, raddrizzamento. 3 ~ (von Blechen) (*mech. Technol.*), spianatura, raddrizzamento. 4 ~ (im Gesenk, Nachschlagen des entgrateten Schmiedeteils, zum Ausbessern von Verbiegungen) (*Schmieden*), assestamento. 5 direktes ~ (*Feuerwaffe*), puntamento diretto. 6 indirektes ~ (*Feuerwaffe*), puntamento indiretto. 7 Walz ~ (*Blechbearb.*) raddrizzatura a rulli.

richten (einstellen, eine Uhr z. B.) (*allg.*), regolare. 2 ~ (gerade machen, Drähte oder Stangen z. B.) (*Mech.*), raddrizzare. 3 ~ (ausrichten, zwei Wellen z. B.) (*Mech.*), allineare. 4 ~ (im Gesenk, ein Schmiedestück) (*Schmieden*), assestare. 5 ~ (Bleche) (*Blechbearb.*), spianare, raddrizzare. 6 ~ (in die erforderliche Stellung bringen) (*allg.*), mettere a posto. 7 ~ (eine Waffe auf das Ziel z. B.) (*allg.*), puntare. 8 ~ (ein Segel nach dem Wind stellen) (*naut.*), orientare. 9 ~ (in Ordnung bringen) (*allg.*), mettere a posto. 10 ~ (*recht.*), emettere giudizio. 11 ~ (zubereiten) (*allg.*), preparare. 12 ~ (einstellen, ein Relais) (*Elekt.*), regolare. 13 auf ~ (errichten, bauen) (*Bauw. - etc.*), costruire, erigere. 14 aus ~ (fluchten, Maschinenteile, Gleise, etc.) (*Mech. - etc.*), allineare. 15 aus ~ (nivellieren) (*Mech. - etc.*), livellare. 16 aus ~ (bereiten, veranstalten) (*allg.*), allestire. 17 er ~ (aufrichten) (*allg.*), erigere.

Richter (*m. - recht.*), giudice. 2 ~ amt (*n. - recht.*), magistratura. 3 Ziel ~ (*Sport*), giudice d'arrivo.

richterlich (*recht.*), giudiziario.

Richtfähigkeit (einer Antenne z. B.) (*f. - Funk.*), direttività.

Richtfunk (*m. - Funk.*), trasmissione per ponte radio. 2 ~ feuer (Richtfunkbake) (*n. - Radar*), radiofaro direttivo. 3 ~ gerät (*n. - Funk.*), apparecchio per trasmissioni in ponte radio. 4 ~ strecke (Richtfunkverbindung) (*f. - Funk.*), ponte radio. 5 ~ verbindung (*f. - Funk.*), ponte radio.

Richtgerät (*n. - Feuerwaffe*), meccanismo di brandeggio.

Richthammer (*m. - Werkz.*), martello per spianare. 2 ~ (*Masch.*), maglio per spianare (o per raddrizzare).

Richtholz (Richtscheit) (*n. - Maur. - Werkz.*), regolo.

richtig (*allg.*), giusto. 2 ~ (*Math.*), giusto, esatto. 3 ~ gehend (*Uhr*), preciso.

Richtkanonier (*m. - milit.*), puntatore.

Richtkoppler (*m. - Fernspr. - etc.*), accoppiatore direzionale.

Richtkraft (*f. - Mech. - etc.*), forza stabilizzatrice.

Richtkreisel (*m. - Flugw. - Instr.*), giroscopio direzionale.

Richtlatte (Richtscheit) (*f. - Maur. - Werkz.*), regolo. 2 ~ (*Top. - Werkz.*), palina.

Richtleiter (Germaniumgleichrichter z. B.) (*m. - Elektronik - Ger.*), raddrizzatore (a semiconduttore).

Richtlineal (*n. - Werkz.*), riga, regolo.

Richtlinie (*f. - Zeichn. - etc.*), linea di guida.

Richtlinien (Anweisungen) (*f. - pl. - allg.*), norme, direttive.

Richtlot (Senkblei) (*n. - Maur. - Werkz.*), filo a piombo.

Richtmaschine (zum Geradewalzen von Blechen) (*f. - Masch.*), raddrizzatrice (a rulli), spianatrice (a rulli). 2 ~ (für Rohre, Wellen, etc.) (*Masch.*), raddrizzatrice. 3 ~ (am Geschütz) (*milit. - Artillerie*), congegno di punteria.

Richtmoment (*n. - Flugw. - naut.*), momento raddrizzante.

Richtplatte (*f. - Werkz.*), piano di riscontro.

Richtpreis (vorläufiger Preis) (*m. - komm.*), prezzo indicativo. 2 ~ (durch Behörden oder Verbände bestimmter Preis) (*komm.*), prezzo base ufficiale. 3 ~ (Grundpreis) (*komm.*), prezzo base. 4 ~ (Listenpreis) (*komm.*), prezzo di listino.

Richtpresse (für Rohre, Wellen, etc.) (*f. - Masch.*), pressa per raddrizzare.

Richtpunkt (Festpunkt) (*m. - Top.*), punto di riferimento, punto trigonometrico. 2 ~ (einer Feuerwaffe z. B.) (*milit. - etc.*), punto di mira.

Richtriss (eines Schmiedestückes z. B.) (*m. - mech. Technol.*), cricca da raddrizzamento, cricca da assestamento.

Richtrollensatz (*m. - Blechbearb.masch.*), spianatrice a rulli.

Richtschacht (Seigerschacht) (*m. - Bergbau*), pozzo verticale.

Richtscheit (Richtholz, Richtlatte) (*n. - Maur. - Werkz.*), regolo.

Richtschnur (Richtlinie) (*allg.*), direttiva.

Richtschraube (Verstellschraube) (*f. - Mech.*), vite di regolazione.

Richtspant (*m. - Schiffbau*), ordinata maestra.

Richtspule (Einstellspule) (*f. - Fernseh.*), bobina di regolazione.

Richtstollen (eines Tunnels) (*m. - Ing.b.*), attacco di direzione.

Richtstrahl (von UKW) (*m. - Elektronik*), fascio convogliato.

Richtstrahler (Kurzwellensender) (*m. - Funk.*), trasmettitore direzionale. 2 ~ (Antenne, Dipolantenne z. B.) (*Funk. - etc.*), antenna direttiva, antenna direzionale.

Richtstrecke (*f. - Bergbau*), livello, galleria di livello.

Richtstrom (*m. - Elekt.*), corrente raddrizzata.

Richtung (*f. - allg.*), direzione. 2 ~ (Neigung, einer Entwicklung) (*allg.*), tendenza. 3 ~ (eines Ganges) (*Bergbau*), direzione. 4 ~ (*Math. - Geom.*), direzione. 5 ~ (des Flugweges) (*Flugw.*), rotta. 6 ~ s·antenne (Richtantenne) (*f. - Funk.*), antenna direzionale. 7 ~ s·anzeiger (Winker, Fahrtrichtungsanzeiger) (*m. - Aut.*), indicatore di direzione. 8 ~ s·anzeiger (Radiogoniometer) (*Funk.*), radiogoniometro. 9 ~ s·fahrbahn (*f. - Strass. verk.*), carreggiata a senso unico. 10 ~ s· fokussierung (*f. - Elektronenoptik*), focalizzazione direzionale. 11 ~ s·gabel (*f. - Elektronik*), *siehe* Zirkulator (*m.*). 12 ~ s·gewinn (einer Antenne) (*m. - Funk.*), guadagno (di antenna). 13 ~ s·hörer (Horchapparat, für Flugzeuge z. B.) (*m. - Akus. - App.*), aerofono. 14 ~ s·koppler (Messgerät für die Höchstfrequenztechnik) (*m. - Elektronik*), accoppiatore direzionale. 15 ~ s·mass (*n. -*

Richtverbindung 690

Akus.), indice di direttività. **16** ~ **s·messung** (Winkelmessung) (*f. - Mech. - Instr.*), misurazione direzionale. **17** ~ **s·relais** (Richtungsglied) (*n. - Elekt.*), relè direzionale. **18** ~ **s·stabilität** (*f. - Flugw.*), stabilità di rotta, stabilità direzionale. **19** ~ **s·trennstreifen** (einer Autobahn) (*m. - Strass.verk.*), striscia di separazione dei due sensi di marcia. **20** ~ **s·verkehr** (*m. - Strass.ver.*), traffico in senso unico, circolazione in senso unico. **21** ~ **s·wahlstufe** (*f. - Fernspr.*), stadio di selezione direzionale. **22** ~ **s·wechsel** (*m. - allg.*), cambiamento di direzione. **23** ~ **s·wender** (Schalter) (*m. - Elektromech.*), invertitore di marcia. **24** ~ **s·winkel** (*m. - allg.*), angolo di direzione. **25 Dreh** ~ (*Mech. - etc.*), senso di rotazione. **26 in umgekehrter** ~ (*allg.*), in direzione opposta, in senso opposto.

Richtverbindung (Richtfunkverbindung) (*f. - Funk.*), ponte radio.

Richtverfahren (*n. - Feuerwaffe*), sistema di puntamento.

Richtvermögen (einer Antenne, Richtwirkung) (*n. - Funk.*), direttività.

Richtvorrichtung (eines Geschützes) (*f. - Feuerwaffe*), meccanismo di brandeggio. **2** ~ (für Betonstahl) (*Vorr. - Bauw.*), raddrizzatore.

Richtwaage (Libelle, Wasserwaage) (*f. - Instr.*), livella.

Richtwalzwerk (Richtmaschine) (*n. - Masch.*), raddrizzatrice a rulli.

Richtwert (*m. - allg.*), valore indicativo, valore orientativo. **2** ~ (Schusswert) (*Feuerwaffe*), dato di tiro.

Richtwiderstand (eines Gleichrichters) (*m. - Elekt.*), resistenza di carico.

Richtwirkung (einer Antenne z. B.) (*f. - Funk.*), direttività.

Richtzahl (Index) (*f. - Math. - etc.*), indice (numerico).

Richtzeit (Vorgabezeit, Sollzeit) (*f. - Zeitstudie*), tempo normale, tempo standard.

Richtzettel (Quittung) (*m. - komm. - schweiz.*), quietanza, ricevuta.

Riechstoff (Parfüm) (*m. - Ind.*), profumo. **2** ~ **herstellung** (*f. - Ind.*), profumeria.

Rieddach (Rethdach) (*n. - Bauw.*), tetto di canne.

Riefe (Auskehlung) (*f. - Mech. - etc.*), scanalatura. **2** ~ (von Gasblasen im Gussblock verursachter Oberflächenriss, beim Walzen oder Schmieden) (*Metall.*), paglia (di laminazione). **3** ~ (zufällige, grabenförmige Bearbeitungsspur, auf einer Oberfläche) (*Mech. - Fehler*), rigatura di lavorazione. **4** ~ (Riefelung) (*Arch.*), scanalatura. **5** ~ (Furche) (*allg.*), solco.

Riefelblech (Riffelblech) (*n. - metall. Ind.*), lamiera striata.

riefeln (riefen) (*allg.*), scanalare. **2** ~ (riefen) (*Arch.*), scanalare. **3** ~ (riefen, bei Werkz. masch.bearb. z. B.) (*Mech. - Fehler*), rigare.

Riefelung (einer Säule) (*f. - Arch.*), scanalatura.

riefen (*allg.*), *siehe* riefeln.

Riegel (Schliessvorrichtung an einer Tür, etc.) (*m. - Bauw.*), catenaccio, paletto, chiavistello. **2** ~ (Querholz beim Fachwerkbau) (*Bauw.*), trave. **3** ~ (Verriegelung) (*Eisenb.*), blocco. **4** ~ (Blockierung, Verriegelung, einer Steuerung, für Sicherheitszwecke z. B.) (*Elektromech. - etc.*), blocco, interdizione. **5** ~ (einer Holzwand) (*Bauw.*), traversa (di rinforzo). **6** ~ (eingeteilter Streifen, aus Seife z. B.) (*allg.*), stecca. **7** ~ (eines Kupolofens) (*Ofen*), puntello (di sicurezza). **8** ~ **hebel** (Weichenhebel z. B.) (*m. - Eisenb.*), leva di blocco. **9** ~ **holz** (Stollenholz) (*n. - Bergbau*), puntello. **10** ~ **magnet** (*m. - Elektromech.*), magnete di blocco. **11 Sturz** ~ (*Bauw.*), architrave.

riegeln (abriegeln, eine Tür z. B.) (*allg.*), chiudere (con catenaccio). **2** ~ (abriegeln, absperren, eine Strasse z. B.) (*allg.*), sbarrare. **3** ~ (verriegeln) (*Eisenb.*), bloccare. **4 auf** ~ (*allg.*), aprire (il catenaccio). **5 zu** ~ (verschliessen) (*allg.*), chiudere.

Riemannsche Geometrie (*Geom.*), geometria riemaniana.

Riemchen (Längsquartier, Spaltstück eines Ziegelsteins) (*n. - Maur.*), schienale, mezzo mattone (per il lungo).

Riemen (Treibriemen) (*m. - Mech.*), cinghia. **2** ~ (Ruder) (*naut.*), remo. **3** ~ (schmales Brett, eines Parkettes) (*Zimm. - Bauw.*), palchetto. **4** ~ **absteller** (Riemengabel, Riemenausrücker) (*m. - Mech.*), spostacinghia. **5** ~ **ahle** (Riemenpfriem) (*f. - Werkz.*), lesina. **6** ~ **antrieb** (Riementrieb) (*m. - Mech.*), trasmissione a cinghia. **7** ~ **auflage** (Dolle) (*f. - naut.*), scalmo. **8** ~ **ausrücker** (*m. - Mech.*), spostacinghia. **9** ~ **blatt** (*n. - naut.*), pala del remo. **10** ~ **boden** (*m. - Bauw.*), assito. **11** ~ **boot** (*n. - naut.*), barca a remi, imbarcazione a remi. **12** ~ **fallhammer** (*m. - Masch.*), berta a cinghia, maglio a cinghia. **13** ~ **führer** (*m. - Mech.*), guidacinghia. **14** ~ **gabel** (Riemenausrücker, Riemenabsteller) (*f. - Mech.*), spostacinghia. **15** ~ **konus** (gestufte Scheibe) (*m. - Mech.*), puleggia a gradini. **16** ~ **leitrolle** (*f. - Mech.*), rullo guidacinghia, galoppino. **17** ~ **scheibe** (*f. - Mech.*), puleggia. **18** ~ **schloss** (Riemenverbinder) (*n. - Mech.*), graffa per cinghie. **19** ~ **schlupf** (*m. - Mech.*), slittamento della cinghia. **20** ~ **schutz** (*m. - Mech.*), riparo (per) cinghia, custodia per cinghia, paracinghia. **21** ~ **spanner** (*m. - Mech.*), tendicinghia. **22** ~ **spannrolle** (*f. - Mech.*), rullo tendicinghia. **23** ~ **spannung** (*f. - Mech.*), tensione della cinghia. **24** ~ **stück** (Riemstück, Riemchen) (*n. - Maur.*), schienale, mezzo mattone. **25** ~ **trieb** (Bandtrieb) (*m. - Mech.*), trasmissione a cinghia. **26** ~ **verbinder** (Riemenschloss) (*m. - Mech.*), graffa per cinghie. **27 balliggedrehte** ~ **scheibe** (*Mech.*), puleggia a fascia bombata. **28 feste** ~ **scheibe** (*Mech.*), puleggia fissa. **29 Flach** ~ (*Mech.*), cinghia piana. **30 gekreuzter** ~ (*Mech.*), cinghia incrociata. **31 geradegedrehte** ~ **scheibe** (*Mech.*), puleggia a fascia piana. **32 geschlossener** ~ **trieb** (gekreuzter Riemenantrieb) (*Mech.*), trasmissione a cinghia incrociata. **33 geteilte** ~ **scheibe** (*Mech.*), puleggia in due pezzi. **34 Glieder** ~ (*Mech.*), cinghia articolata. **35 halbgeschrankter** ~ **trieb** (halbgekreuzter Riemenantrieb) (*Mech.*)

trasmissione a cinghia semi-incrociata. 36 Keil ~ (*Mech.*), cinghia trapezoidale. 37 lose ~ scheibe (*Mech.*), puleggia folle. 38 offener ~ (*Mech.*), cinghia aperta. 39 offener ~ trieb (*Mech.*), trasmissione a cinghia aperta. 40 Rund ~ (*Mech.*), cinghia a sezione circolare.
Riemstück (Riemchen) (*n. - Maur.*), schienale, mezzo mattone (per il lungo).
Ries (Papiermass) (*n. - Papierind.*), risma.
Rieselanlage (Berieselungsanlage, Bewässerungsanlage) (*f. - Landw.*), impianto di irrigazione a scorrimento.
Rieselfeld (mit Abwässern berieseltes Feld) (*n. - Landw.*), campo irrigato a scorrimento.
Rieselkühler (*m. - Ger.*), raffreddatore a pioggia, scambiatore di calore a pioggia, refrigeratore a pioggia.
rieseln (bewässern) (*Landw.*), irrigare a scorrimento.
Rieselreaktor (Rieselwolkenreaktor, in dem die Feststoffe im Gegenstrom durch das Gas rieseln) (*m. - chem. Ind.*), reattore a fluidizzazione, reattore a letto fluidizzato.
Rieselregen (feiner Regen) (*m. - Meteor.*), pioggerella.
Rieselrost (*m. - Verbr.*), griglia raffreddata ad acqua.
Rieselturm (*m. - chem. Ind.*), siehe Skrubber.
Rieselverfahren (Bewässerungsverfahren) (*n. - Landw.*), irrigazione a scorrimento.
Rieselwäscher (*m. - chem. Ger.*), siehe Skrubber.
Rieselwolkenreaktor (*m. - chem. Ind.*), siehe Rieselreaktor.
Riesen (oberer Teil der Fiale, in der gotischen Baukunst) (*m. - Arch.*), punta della guglia.
Riesenmolekül (*n. - Phys. - Chem.*), macromolecola.
Riesenslalom (*m. - Ski - Sport*), slalom gigante.
Riet (Rietkamm, eines Webstuhles) (*n. - Textilmasch.*), pettine.
Riff (*n. - See*), scogliera. 2 Ring ~ (Atoll) (*See*), atollo.
Riffel (wellenartige Vertiefung oder Erhöhung) (*f. - Mech.*), ondulazione. 2 ~ (Kamm) (*Textilmasch.*), pettine. 3 ~ (Schmitz, Kohlenvorkommen unter 5 cm) (*Bergbau*), vena. 4 ~ baum (*m. - Textilind.*), subbio scanalato. 5 ~ bildung (in Schienen) (*f. - Eisenb.*), ondulazione (da usura). 6 ~ blech (*n. - metall. Ind.*), lamiera striata. 7 ~ feile (für Gesenke z. B.) (*f. - Werkz.*), lima curva, «rifloir», lima per stampi. 8 ~ glas (Ornamentglas) (*n. - Bauw.*), vetro ornamentale. 9 ~ scheibe (*f. - Mech.*), rosetta ondulata. 10 ~ stahl (*m. - Werkz.*), utensile per scanalare. 11 ~ stift (zum Verstiften) (*m. - mech. Technol.*), vite autofilettante. 12 ~ verzahnung (*f. - Mech.*), striatura, rigatura, profilo rigato (di accoppiamento).
riffeln (riefeln) (*allg.*), scanalare, rigare. 2 ~ (Bleche) (*Mech.*), striare. 3 ~, siehe auch riefeln.
Rigger (Takler) (*m. - naut.*), allestitore.
Riggung (Takelung) (*f. - naut.*), attrezzatura.
Righeit (*f. - Geophys.*), siehe Schubmodul.
Rigole (Rinne, kleiner Entwässerungsgraben) (*f. - Ack.b.*), canaletto di drenaggio.
Rille (Nute) (*f. - Mech.*), scanalatura. 2 ~ (Werkzeugmarken auf einer bearbeiteten Oberfläche) (*Mech.*), solco, rigatura. 3 ~ (Fehler, einer Zylinderbüchse z. B.) (*Mot. - Mech.*), rigatura. 4 ~ (ringförmige Eindrehung) (*Mech.*), gola. 5 ~ (einer Schraube) (*Mech.*), gola. 6 ~ (für Seilführung, einer Treibscheibe z. B.) (*Transp. - etc.*), gola. 7 ~ (schmale Durchfahrt) (*naut.*), stretto. 8 ~ (Rillinie) (*Papierind. - Buchbindung*), cordonatura, linea di cordonatura. 9 ~ n·abstand (einer technischen Oberfläche) (*m. - Mech.*), passo della rugosità, passo dei solchi. 10 ~ n·hobel (*m. - Werkz.*), pialla per scanalature. 11 ~ n·kamm (bei Rauheitsmessungen) (*m. - Mech.*), picco del solco. 12 ~ n·kugellager (*n. - Mech.*), cuscinetto a sfere a gola profonda. 13 ~ n·profil (einer bearbeiteten Oberfläche) (*n. - Mech.*), profilo del solco. 14 ~ n·schar (Gesamtheit der Rillen einer bearbeiteten Oberfläche) (*f. - Mech.*), complesso dei solchi. 15 ~ n·scheibe (für Seiltriebe) (*f. - Mech.*), carrucola. 16 ~ n·scheibe (Riemenscheibe) (*Mech.*), puleggia a gole. 17 ~ n·schiene (Strassenbahnschiene) (*f. - Fahrz.*), rotaia a gola. 18 ~ n·tal (Rillengrund, bei Ranheitsmessungen) (*m. - Mech.*), valle del solco. 19 ~ n·verlauf (auf einer bearbeiteten Oberfläche, Weg der Werkzeugschneide) (*m. - Werkz.masch.bearb.*), orientamento dei solchi, direzione dei solchi. 20 Länges ~ n (einer Büchse) (*Mot. - Mech.*), rigatura longitudinale.
Rillen (von Pappe) (*n. - Papierind.*), cordonatura.
rillen (*Mech. - etc.*), scanalare. 2 ~ (Pappe), (*Papierind.*), cordonare.
Riller (für Pappe) (*m. - Papierind. - Werkz.*), (utensile) cordonatore.
Rillinie (Rille, Linie) (*f. - Papierind. - Buchbindung*), linea di cordonatura, cordonatura. 2 ~ (Riller) (*Werkz.*), filetto per cordonare.
Rinde (Holz), corteccia. 2 ~ (Kruste) (*allg.*), crosta. 3 ~ n·schälmaschine (*f. - Masch.*), scortecciatrice.
Ring (*m. - allg.*), anello. 2 ~ (Unterlegscheibe) (*Mech.*), rosetta. 3 ~ (Glied, einer Kette) (*Mech. - etc.*), anello, maglia. 4 ~ (Kreis) (*allg.*), cerchio, circolo. 5 ~ (Kolbenring) (*Mot. - Mech.*), anello di tenuta, anello elastico, fascia elastica, segmento. 6 ~ (algebraische Struktur) (*Math.*), anello. 7 ~ (Strasse, einer Stadt) (*Strasse*), circonvallazione. 8 ~ (beim Boxen) (*Sport*), quadrato, «ring». 9 ~ analyse (Konstitutionsanalyse, von Schmierölen z. B.) (*f. - Chem.*), analisi strutturale. 10 ~ anker (*m. - Elekt.*), indotto ad anello. 11 ~ ausbau (eines Schachtes) (*m. - Bergbau*), rivestimento stagno ad anelli, torre blindata, «tubbing». 12 ~ bahn (rings um die Stadt geführte Eisenb.) (*f. - Eisenb.*), ferrovia circolare urbana. 13 ~ bewehrung (*f. - Bauw.*), cerchiatura. 14 ~ bohrer (*m. - Bergbauwerkz.*), scalpello anulare, trivella tubolare. 15 ~ bolzen (Ringschraube) (*m. - Mech.*), vite ad anello, golfare. 16 ~ brennkammer (*f. - Strahltriebw.*), camera di com-

Ring

bustione anulare. 17 ~ **deich** (*m.* - *Wass.b.*), argine circondario. 18 ~ **dichtung** (*f.* - *Mech.*), guarnizione ad anello. 19 ~ **drossel** (Ringspinner) (*f.* - *Textilmasch.*), filatoio ad anelli. 20 ~ **feder** (*f.* - *Mech.*), molla anulare. 21 ~ **fläche** (Wulst, Torus) (*f.* - *Geom.*), toro. 22 ~ **flügel** (*m.* - *Flugw.*), ala anulare. 23 ~ **flügelflugzeug** (*n.* - *Flugw.*), velivolo ad ala anulare, aeroplano ad ala anulare. 24 ~ **haube** (eines Flugmotors) (*f.* - *Flugw.*), cappottatura anulare. 25 ~ **kern** (*m.* - *Elekt.*), nucleo toroidale. 26 ~ **kerntransformator** (*m.* - *Elekt.*), trasformatore a nucleo toroidale. 27 ~ **kolbenzähler** (*m.* - *Ger.*), contatore a pistone anulare. 28 ~ **lehre** (*f.* - *Werkz.*), calibro ad anello. 29 ~ **leitung** (*f.* - *Elekt.*), linea circolare, linea in circuito chiuso ad anello. 30 ~ **linse** (Gürtellinse, Fresnellinse) (*f.* - *Opt.*), lente di Fresnel. 31 ~ **manschette** (*f.* - *Mech.*), guarnizione (di tenuta) ad anello. 32 ~ **modulator** (Doppel-Gegentaktmodulator) (*m.* - *Elektronik*), modulatore ad anello. 33 ~ **mutter** (zum Anheben von Maschinen) (*f.* - *Masch.*), golfare con foro (di fissaggio) filettato. 34 ~ **netz** (*n.* - *Elekt.*), rete di distribuzione ad anello. 35 ~ **nut** (*f.* - *Mech.*), scanalatura anulare. 36 ~ **ofen** (*m.* - *Ofen*), forno ad anello. 37 ~ **pinsel** (Rundpinsel) (*m.* - *Werkz.*), pennello rotondo. 38 ~ **rohr** (elekt. Gerät der Mess-, Regelungs-und Signaltechnik, zum Messen von Winkeln z. B.) (*n.* - *Ger.*), potenziometro goniometrico. 39 ~ **sammelschiene** (*f.* - *Elekt.*), sbarra collettrice ad anello. 40 ~ **schäle** (Kernschäle) (*f.* - *Holzfehler*), cipollatura, girello. 41 ~ **schieber** (Walzenschieber) (*m.* - *Mech.*), cassetto cilindrico, valvola a cassetto cilindrica. 42 ~ **schieber** (Absperrorgan, zum Abschluss von Triebwasserleitungen) (*Hydr.*), valvola tipo Johnson. 43 ~ **schlüssel** (*m.* - *Werkz.*), chiave ad anello. 44 ~ **schmierlager** (*n.* - *Mech.*), supporto con lubrificazione ad anello. 45 ~ **schmierung** (*f.* - *Mech.*), lubrificazione ad anello. 46 ~ **schneide** (eines Schraubenendes) (*f.* - *Mech.*), corona tagliente. 47 ~ **schneidenende** (einer Schraube) (*n.* - *Mech.*), estremità a corona tagliente. 48 ~ **schraube** (*f.* - *Mech.*), vite ad anello, golfare. 49 ~ **schweissen** (Abart des Buckelschweissens) (*n.* - *mech. Technol.*), saldatura su risalto anulare. 50 ~ **spalt** (*m.* - *Mech.* *etc.*), fessura anulare. 51 ~ **spinner** (Ringspinnmaschine, Ringdrossel) (*m.* - *Textilmasch.*), filatoio ad anelli. 52 ~ **spule** (*f.* - *Elekt.*), bobina toroidale, bobina a toroide. 53 ~ **spurlager** (*n.* - *Mech.*), cuscinetto a collare. 54 ~ **stoss** (Kolbenringstoss) (*m.* - *Mot.*), luce dell'anello (elastico), taglio dell'anello (elastico). 55 ~ **transformator** (Ringkerntransformator) (*m.* - *Elekt.*), trasformatore (a nucleo) toroidale. 56 ~ - **und Kugel-Methode** (zur Bestimmung des Erweichungspunktes von bituminösen Massen) (*f.* - *Bauw.*), metodo a palla ed anello, metodo palla-anello. 57 ~ **verteilung** (*f.* - *Elekt.*), distribuzione ad anello. 58 ~ **waage** (Gerät zum messen niedriger Gasdrucke) (*f.* - *Ger.*), manometro (per basse pressioni). 59 ~ **waage** (für die Durchflussmessung von Niederdruckgas) (*Ger.*), contatore. 60 ~ **wade** (ringförmig ausgefahrenes Treibnetz) (*f.* - *Seefischerei*), rete di aggiramento, cianciolo. 61 ~ **walzmaschine** (zum Herstellen von nahtlosen Ringen) (*f.* - *Schmiedemasch.*), laminatrice per anelli, macchina per laminare anelli. 62 ~ **wicklung** (*f.* - *Elekt.*), avvolgimento ad anello, avvolgimento toroidale. 63 ~ **zähler** (*m.* - *Elektronik*), contatore ad anello. 64 ~ **zapfen** (ringförmiger Spurzapfen) (*m.* - *Mech.*), perno di spinta anulare. 65 **Abstands** ~ (*Mech.*), anello distanziatore. 66 **Beilage** ~ (*Mech.*), spessore ad anello, anello di spessore. 67 **Feder** ~ (Unterlegscheibe) (*Mech.*), rosetta elastica, rondella elastica. 68 in ~ en übereinanderlegen (*naut.*), abbisciare. 69 **Kolben** ~ (*Mot.*), anello elastico, fascia elastica, anello di tenuta, segmento. 70 **kommutativer** ~ (*Math.*), anello commutativo. 71 **Lehr** ~ (Ringlehre) (*Werkz.*), calibro ad anello. 72 **Sicherungs** ~ (*Mech.*), anello di arresto.

Ringel (kleiner Ring) (*m.* - *n.* - *allg.*), anellino.
Ringen (*n.* - *Sport*), lotta. 2 **griechisch-römisches** ~ (*Sport*), lotta greco-romana.
ringen (pressend drehen, um das Wasser auszupressen) (*allg.*), strizzare (torcendo), torcere. 2 ~ (*Sport*), lottare.
ringförmig (*allg.*), anulare. 2 ~ (*chem.*), ciclico, ad anello.
Rinne (*f.* - *allg.*), canaletto. 2 ~ (eines Förderers) (*ind. Transp.*), canale. 3 ~ **n·eisen** (Rinnenhaken) (*n.* - *Bauw.*), gancio della grondaia. 4 ~ **n·eisen** (das beim Abstich aus dem Kupolofen auslaufende Gusseisen) (*Giess.*), ghisa (defluente) nel canale di colata. 5 ~ **n·ofen** (Kanalofen, Tunnelofen) (*m.* - *Metall.*), forno a tunnel. 6 **Dach** ~ (*Bauw.*), grondaia, canale di gronda, doccia. 7 **Guss** ~ (*Giess.*), canale di colata.
rinnen (fliessen) (*allg.*), scorrere. 2 ~ (lecken) (*allg.*), perdere. 3 ~ (tropfen) (*allg.*), gocciolare. 4 aus ~ (leer laufen) (*allg.*), vuotarsi.
Rinnstein (*m.* - *Strass.b.*), pietra da tombino.
Rinnverlust (*m.* - *komm.*), siehe Leckage.
Rippe (*f.* - *allg.*), costola. 2 ~ (Verstärkung an Bauteilen) (*Bauw.* - *Mech.*), nervatura. 3 ~ (Kühlrippe) (*Masch.*), aletta, nervatura (per raffreddamento). 4 ~ (eines Rohres) (*Heizung*), aletta. 5 ~ (einer Tragfläche) (*Flugw.*), centina. 6 ~ **n·balken** (*m.* - *Bauw.*), trave nervata. 7 ~ **n·blech** (Riffelblech) (*n.* - *Metall.*), lamiera striata. 8 ~ **n·decke** (aus Beton) (*f.* - *Bauw.*), soletta nervata. 9 ~ **n·decke mit ebener Untersicht** (*Bauw.*), soletta nervata con travi nascoste. 10 ~ **n·decke mit offener Untersicht** (*Bauw.*), soletta nervata con travi in vista, soffitto con travi in vista. 11 ~ **n·eisen** (*n.* - *metall. Ind.*), barra piatta con nervatura centrale, cordonato semplice. 12 ~ **n·fellentzündung** (Brustfellentzündung, Pleuritis) (*f.* - *Med.*), pleurite. 13 ~ **n·gewölbe** (*n.* - *Arch.*), volta con nervature, volta costolata. 14 ~ **n·glas** (geripptes Tafelglas) (*n.* - *Glasind.*), vetro striato. 15 ~ **n·heizkörper** (*m.* - *Heizung*), radiatore alettato, radiatore ad alette. 16 ~ **n·heizrohr** (*n.* - *Heizung*), tubo alettato per riscaldamento, radiatore a tubo alettato. 17 ~ **n·**

kühler (*m. - Masch. - etc.*), refrigeratore ad alette, refrigeratore alettato. **18** ~ n·rohr (*n. - Heizung*), tubo alettato, tubo ad alette. **19** ~ n·streckmetall (*n. - metall. Ind.*), lamiera stirata. **20 Gewinde** ~ (*Mech.*), filetto.
rippen (*Mech. - Bauw.*), nervare.
Risiko (*n. - komm.*), rischio. **2 Besteller** ~ (*komm.*), rischio del committente. **3 Lieferanten** ~ (*komm.*), rischio del fornitore.
Rispelkamm (Lesekamm, Rispelblatt) (*m. - Textilind.*), pettine invergatore.
Riss (Spalt) (*m. - allg.*), fessura, incrinatura. **2** ~ (einer Mauer) (*Bauw.*), crepa, fessura. **3** ~ (eines Werkstückes) (*mech. Fehler*), incrinatura, cricca. **4** ~ (Blechbearbeitungsfehler, beim Tiefziehen z. B.) (*mech. Technol.*), strappo. **5** ~ (*Metall. - Schmieden*), cricca. **6** ~ (Holzriss) (*Holz*), fessurazione, fessura. cretto. **7** ~ (Ansicht, Entwurf) (*Zeichn.*), vista. **8** ~ (Projektion) (*Zeichn.*), proiezione. **9** ~ (Skizze) (*Zeichn.*), schizzo. **10** ~ (Leck) (*allg.*), perdita, fuga. **11** ~ **ausbreitungsgeschwindigkeit** (dynamische Phase eines spröden Bruches) (*f. - mech. Technol.*), velocità di propagazione delle cricche. **12** ~ **bildung** (*f. - Anstr.fehler*), (formazione di screpolature. **13** ~ **detektor** (für magnetische Prüfverfahren) (*m. - mech. Technol.*), microscopio. **14** ~ **ebene** (Risstafel) (*f. - Zeichn.*), piano di proiezione. **15** ~ **empfindlichkeit** (beim Schweissen z. B.) (*f. - mech. Technol.*), criccabilità. **16** ~ **linie** (*f. - Zeichn.*), linea di contorno. **17** ~ **linie** (eines Reisslackes, bei Untersuchungen) (*Technol.*), linea di crepa, linea di fessurazione, linea di strappo. **18** ~ **linie** (eines Zugstabes z. B., Bruchlinie) (*mech. Technol.*), linea di rottura. **19** ~ **prüfer** (*m. - Ger.*), incrinoscopio. **20** ~ **prüfung** (Rissuntersuchung) (*f. - mech. Technol.*), incronoscopia, rivelazione di incrinature. **21** ~ **untersuchung** (*f. - mech. Technol.*), incrinoscopia, rivelazione di incrinature. **22** ~ **verfahren** (*n. - Baukonstr.lehre*), metodo delle proiezioni. **23** ~ **werk** (bergmännisches Risswerk) (*n. - Bergbau*), piano di miniera. **24 Alterungs** ~ (von Lehrwerkzeugen) (*Mech.*), cricca da stagionatura. **25 Auf** ~ (*Zeichn.*), elevazione, alzata. **26 Flocken** ~ (bei Warmformgebung) (*Metall.*), fiocco. **27 Frost** ~ (*Holzfehler*), cretto del gelo. **28 Grund** ~ (*Zeichn.*), pianta. **29 Haar** ~ (*Metall. - Mech.*), incrinatura capillare, cricca capillare. **30 Härte** ~ (durch Warmbehandlung entstandener Riss) (*Wärmebeh.*), cricca da trattamento termico, incrinatura da trattamento termico. **31 Kälte** ~ (*Anstr.fehler*), screpolatura al gelo. **32 Kern** ~ e (*Holzfehler*), cretti centrali, malattia del quadrante, cuore stellato, zampe di gallo, radiatura, stellatura. **33 Linien** ~ (*Schiffbau*), piano di costruzione orizzontale. **34 Luft** ~ (*Holzfehler*), cretto periferico. **35 magnetische** ~ **prüfung** (*Mech.*), incrinoscopia magnetica, rivelazione magnetica di incrinature, rivelazione di incrinature con procedimento magnetico. **36 netzartige** ~ **bildung** (*Anstr.fehler*), screpolatura a pelle di coccodrillo. **37 Schleif** ~ (*Mech.*), incrinatura da rettifica. **38 Schmiede** ~ (*Schmieden*), cricca da fucinatura. **39 Schrumpfungs** ~ (eines Guss·stückes) (*Giess.fehler*), incrinatura da ritiro, cricca da ritiro. **40 Schwind** ~ (Schwundriss, Schrumpfungsriss) (*Metall. - etc.*), incrinatura da ritiro, cricca da ritiro. **41 Seiten** ~ (*Zeichn.*), vista laterale. **42 Spanten** ~ (*Schiffbau*), piano di costruzione trasversale. **43 Um** ~ (*Zeichn.*), prospetto, vista prospettica. **44 Vielhärtungs** ~ (durch wiederholte wechselnde Erhitzung und Abkühlung entstandener Riss) (*Metall.*), cricca da ripetuto riscaldamento (e raffreddamento). **45 Warm** ~ (*Metall.*), incrinatura a caldo, cricca a caldo. **46 Wärme** ~ (*Metall.*), cricca a caldo, incrinatura a caldo.
rissig (*allg.*), incrinato, fessurato.
Rissigkeit (*f. - Metall.*), criccabilità. **2 Schweiss** ~ (*mech. Technol.*), criccabilità di saldatura.
ristornieren (stornieren) (*allg.*), stornare, annullare.
Rittersches Schnittverfahren (Rittersche Methode) (*Baukonstr.lehre*), metodo di Ritter.
Ritz (Ritze (*f.*), sehr schmale Vertiefung, Schramme) (*m. - Mech.*), scalfittura, graffio. **2** ~ **härte** (Sklerometerhärte) (*f. - mech. Technol.*), durezza sclerometrica. **3** ~ **härteprüfer** (*m. - Ger.*), sclerometro.
Ritze (*f.*), siehe Ritz.
Ritzel (kleines Zahnrad) (*n. - Mech.*), pignone. **2** ~ **und Rad** (Zahnräder) (*Mech.*), pignone e ruota dentata.
ritzen (*allg.*), scalfire.
Rizinusalkydharz (*n. - Chem.*), resina alchidica all'olio di ricino.
Rizinusöl (Kastoröl) (*n. - Schmierung*), olio di ricino.
Rj (Rechnungsjahr) (*Adm.*), esercizio finanziario.
RJ-Brennstoff (Ram-Jet-Brennstoff, für Staustrahltriebwerke) (*m. - Flugw. - Brennst.*), propellente per autoreattori, combustibile per autoreattori.
Rk (Rohrkondensator) (*Elekt.*), condensatore tubolare.
RkL (Rufkontrollampe) (*Fernspr.*), spia di chiamata.
RkM (Rotationskolbenmotor) (*Mot.*), motore a pistone rotante.
RKW (Rationalisierung Kuratorium der Deutschen Wirtschaft) (*Organ.*), Centro di Produttività Tedesco.
R. L. (Ringlehre) (*Werkz.*), calibro ad anello.
rm (Raummeter, m³) (*Mass*), m³, metro cubo.
R-Motor (Reihenmotor) (*m. - Mot.*), motore in linea.
RMP (Registrier-Metallpapier) (*Registriergerät*), carta metallizzata per registrazioni.
RMS (quadratischer Mittenrauhwert) (*Mech.*), rugosità media quadratica.
Rn (Radon) (*Chem.*), Rn, radon.
Roadster (Sportwagen, Kraftwagenform, offener Zweisitzer) (*m. - Aut.*), spider.
Röbelstab (Ankerleiter von grossem Querschnitt) (*m. - Elekt.*), sbarra di rotore.
Robomation (*f. - Autom.*), robomazione.
Roboter (künstlicher Mensch) (*m. - Elektronik*), robot, automa. **2 Industrie-** ~ (*Ind. - Autom.*), robot industriale. **3 Spritz-** ~

robotieren

(bei Karosserie-Lackierung z. B.) (*Anstr.* - *Autom.*), robot spruzzatore.
robotieren (*Ind.* - *Autom.*), robotizzare.
Robotik (*f.* - *Autom.*), robotica.
Rochellesalz ($C_4H_4O_6KNa.4H_2O$) (*n.* - *Chem.*), sale della roccella, sale di Seignette, tartrato sodico potassico.
Rockerhärte (Schaukelhärte) (*f.* - *Anstr.*), durezza « rocker », durezza determinata con apparecchio a pendolo.
Rockwellhärte (HR) (*f.* - *Technol.*), durezza Rockwell.
Rodemaschine (*f.* - *Landw.masch.*), estirpatore.
Rodung (Wiesenland an Stelle von Wald) (*f.* - *Geogr.*), radura.
Rogenstein (Oolith) (*m.* - *Min.*), oolite.
roh (unbearbeitet) (*Mech.*), greggio, grezzo. 2 ~ (ungekocht) (*allg.*), crudo. 3 ~ (Stein z. B. nicht auf genaue Formen gebracht) (*Maur.*), sgrossato. 4 ~ (Seide z. B.) (*Text.*), grezzo. 5 ~ (Öl) (*chem. Ind.*), greggio.
Rohbau (unverputzter Bau) (*m.* - *Bauw.*), costruzione rustica, costruzione senza intonaco.
Rohbaumwolle (*f.* - *Text.*), cotone grezzo.
Rohbearbeitung (*f.* - *Mech.*), sgrossatura.
Rohbilanz (*f.* - *finanz.*), bilancio di prova (prima della chiusura).
Rohdiamant (*m.* - *Min.*), diamante grezzo, diamante non lavorato.
Rohdichte (von porösen Stoffen, Dichte auf das Volumen der ganzen Stoffmenge, einschliesslich der Poren, bezogen) (*f.* - *Phys.* - *Chem.*), peso specifico apparente, massa specifica apparente.
Roheisen (*n.* - *Giess.*), ghisa di prima fusione, ghisa d'alto forno. 2 ~ -**Erz-Verfahren** (*n.* - *Metall.*), processo al minerale. 3 ~ **massel** (*f.* - *Giess.*), pane di ghisa. 4 ~ **mischer** (*m.* - *Metall.*), mescolatore della ghisa. 5 ~ **mischerwagen** (Spezialwagen zum Transport von Roheisen vom Hochofen zum Stahlwerk) (*m.* - *Metall.*), siluro, carro siluro. 6 ~ **pfanne** (*f.* - *Metall.*), siviera della ghisa. 7 ~ -**Schrott-Verfahren** (*n.* - *Metall.*), processo al rottame. 8 ~ **wagen** (Spezialwagen zum Transport von Roheisenpfannen vom Hochofen zum Stahlwerk) (*m.* - *Metall.*), carro per la ghisa, carro trasporto siviere, carro portasecchie. 9 **Elektro-** ~ (*Giess.*), ghisa elettrica, ghisa affinata al forno elettrico. 10 **graues** ~ (*Giess.*), ghisa grigia. 11 **halbiertes** ~ (*Giess.*), ghisa trotata. 12 **Hämatit-** ~ (*Giess.*), ghisa ematite. 13 **Phosphor-** ~ (*Giess.*), ghisa fosforosa. 14 **weisses** ~ (*Giess.*), ghisa bianca.
Rohenergie (*f.*-*Phys.* - *Ind.*), energia primaria.
Rohentwurf (*m.* - *Zeichn.*), schizzo, progetto di massima.
Roherdöl (*n.* - *Bergbau*), petrolio greggio, greggio.
Rohertrag (Bruttoertrag) (*m.* - *komm.* - *Adm.*), utile lordo. 2 ~ (*Ind.*), resa lorda.
Roherz (*n.* - *Bergbau*), minerale greggio.
Roherzeugnisse (Zwischenprodukte) (*n.* - *pl.* - *Ind.*), materiali indefiniti.
Rohfallhöhe (Höhenunterschied des Wasserspiegels zwischen Anfang und Ende der Ausbaustrecke) (*f.* - *Hydr.*), salto utile lordo.
Rohfilm (*m.* - *Phot.*), pellicola vergine.

Rohfilzpappe (für Dachpappen) (*f.* - *Papierind.* - *Bauw.*), cartone feltro grezzo.
Rohfries (Brettchen zur Herstellung von Parkettstäben) (*m.* - *Bauw.* - *Tischl.*), assicella.
Rohfrischen (*n.* - *Metall.*), prima affinazione.
Rohgas (*n.* - *Hochofen*), gas grezzo.
Rohgewicht (Bruttogewicht) (*n.* - *Mass*), peso lordo.
Rohglas (gegossenes, gewalztes Flachglas) (*n.* - *Glasind.*), vetro in lastre (non lavorato).
Rohgummi (*m.* - *Gummiind.*), gomma greggia, gomma non vulcanizzata.
Rohhaut (*f.* - *Ind.*), pelle. 2 ~ **hammer** (*m.* - *Werkz.*), mazzuolo di cuoio.
Rohkarosse (*f.* - *Aut.*), carrozzeria non verniciata, carrozzeria « in bianco », scocca non verniciata, scocca « in bianco ».
Rohlaufstreifen (für die Erneuerung von Fahrzeugdecken) (*m.* - *Aut.*), battistrada greggio.
Rohling (Ausgangsform) (*m.* - *Schmieden*), spezzone. 2 ~ (beim Ziehen von Drähten z. B.) (*mech. Technol.*), spezzone. 3 ~ (Platine) (*Blechbearb.*), sviluppo. 4 ~ (Rohteil, gegossenes Werkstück) (*Giess.*), greggio (*s.*), getto grezzo. 5 ~ (ungebrannter Ziegel) (*Maur.*), mattone crudo. 6 ~ (unbearbeitetes Holz) (*Holzbearb.*), legname, pezzo di legno (da lavorare alla macchina utensile). 7 **Druckguss** ~ (*Giess.*), greggio pressofuso. 8 **Kokillenguss** ~ (*Giess.*), greggio conchigliato. 9 **vorgeformter** ~ (*Schmieden*), sbozzato. 10 **Zahnrad** ~ (*Mech.*), ruota dentata greggia, ruota dentata da tagliare.
Rohmaterial (Rohstoff) (*n.* - *Ind.*), materia prima. 2 ~ **lager** (*n.* - *Ind.*), magazzino materie prime.
Rohöl (Roherdöl) (*n.* - *Bergbau*), petrolio greggio, greggio.
Rohprodukte (Zwischenprodukte) (*n.* - *pl.* - *Ind.*), materiali indefiniti.
Rohputz (Berapp) (*m.* - *Maur.*), intonaco rustico.
Rohr (Röhre) (*n.* - *Leit.*), tubo. 2 ~ (eines Geschützes) (*Feuerwaffe*), canna. 3 ~ **abschneider** (*m.* - *Werkz.*), tagliatubi. 4 ~ **abzweigung** (Abzweigstück) (*f.* - *Leit.*), diramazione, raccordo a T. 5 ~ **aufweitedorn** (*m.* - *Werkz.*), mandrino allargatubi. 6 ~ **aufweitepresse** (*f.* - *Masch.*), pressa allargatubi. 7 ~ **biegemaschine** (*f.* - *Masch.*), piegatrice per tubi. 8 ~ **biegen** (*n.* - *mech. Technol.*), piegatura di tubi. 9 ~ **boden** (*m.* - *Kessel*), piastra tubiera. 10 ~ **bogen** (Rohrkrümmer) (*m.* - *Leit.*), curva. 11 ~ **brücke** (zur Überführung von Rohrsträngen) (*f.* - *Ing.b.*), ponte per tubi. 12 ~ **brunnen** (Artesischer Brunnen) (*m.* - *Hydr.*), pozzo artesiano. 13 ~ **bündel** (*n.* - *Kessel*), fascio tubiero. 14 ~ **bürste** (*f.* - *Ger.*), scovolo. 15 ~ **dach** (*n.* - *Bauw.*), tetto a cannicci, incannicciata (di copertura). 16 ~ **draht** (Kuhlodraht, elekt. Leit. mit Stahl-, Zink- oder Aluminiumband-Mantel) (*m.* - *Elekt.*), filo isolato e con guaina metallica. 17 ~ **einwalzapparat** (zum Einwalzen von Rohren in Rohrböden) (*m.* - *Ger.* - *Kessel*), allargatubi. 18 ~ **endmuffe** (*f.* - *Leit.*), giunto a bicchiere (di tubi). 19 ~ **erder** (*m.* - *Elekt.*), presa di

terra in tubo metallico, dispersore in tubo metallico. 20 ~ **erhöhung** (Gesamterhöhung, einer Waffe, Aufsatzwinkel plus Geländewinkel) (*f. - milit.*), angolo di tiro. 21 ~ **fänger** (Rohrfanghaken) (*m. - Bergbauwerkz.*), pescatore per tubi. 22 ~ **feder** (Bourdonrohr) (*f. - Instr.*), tubo di Bourdon. 23 ~ **federdruckmesser** (*m. - Instr.*), manometro a molla tubolare. 24 ~ **formstück** (Krümmer, T-Stück, etc.) (*n. - Leit.*), raccordo per tubi. 25 ~ **gang** (*m. - Leit.*), condotto tubolare. 26 ~ **gang** (einer Mauer) (*Bauw.*), traccia (per tubi). 27 ~ **gaskabel** (*n. - Elekt.*), cavo in tubo isolato con gas. 28 ~ **geflecht** (*n. - Bauw.*), incannicciata. 29 ~ **gerüst** (*n. - Bauw.*), ponteggio in tubi, ponteggio tubolare. 30 ~ **gestänge** (*n. - Bergbau*), asta cava, asta tubolare. 31 ~ **gewinde** (*n. - Mech.*), filettatura gas. 32 ~ **glätten** (nahtloser Rohre) (*n. - Walzw.*), allargatura-lisciatura (di tubi). 33 ~ **graben** (unter der Strasse z. B.) (*m. - Bauw.*), cunicolo per tubazioni. 34 ~ **graphit** (unreiner Graphit) (*m. - Min.*), piombaggine. 35 ~ **klemme** (*f. - Leit.*), morsetto per tubi. 36 ~ **knie** (*n. - Leit.*), curva, gomito. 37 ~ **knüppel** (zur Herstellung von Rohren) (*m. - Walzw.*), massello forato. 38 ~ **kolben** (Tauchkolben) (*m. - Mot.*), stantuffo tuffante. 39 ~ **kondensator** (*m. - Elekt.*), condensatore tubolare. 40 ~ **kopfgas** (Rohrkopfbenzin) (*n. - chem. Ind.*), prodotto di testa. 41 ~ **kreuzstück** (*n. - Leit.*), raccordo a quattro vie, raccordo a crociera. 42 ~ **krümmer** (*m. - Leit.*), curva. 43 ~ **länge** (*f. - Leit.*), spezzone di tubo. 44 ~ **leger** (*m. - Arb.*), installatore di tubi, tubista. 45 ~ **legung** (Rohrverlegung) (*f. - Leit.*), posa di tubi, messa in opera di tubi. 46 ~ **leiter** (*m. - Elekt.*), conduttore in tubo. 47 ~ **leitung** (*f. - Leit.*), tubazione, tubolatura. 48 ~ **leitung** (für Wasserkraftwerke z. B.) (*Wass.b. - Elekt.*), condotta. 49 ~ **leitung für Öltransport** (*Leit.*), oleodotto. 50 ~ **luppe** (zur Herstellung nahtloser Rohre) (*f. - Walzw.*), massello forato. 51 ~ **mast** (*m. - Bauw.*), palo tubolare. 52 ~ **muffe** (Rohrendmuffe) (*f. Leit.*), giunto a bicchiere. 53 ~ **mühle** (Kugelmühle, für Zement, Erze, etc.) (*f. - Masch.*), mulino (a corpo) cilindrico, mulino tubolare. 54 ~ **mündung** (eines Geschützes) (*f. - Feuerwaffe*), volata. 55 ~ **netz** (*n. - Leit.*), rete di tubazioni. 56 ~ **niet** (Hohlniet) (*m. - n. - Mech.*), chiodo tubolare, rivetto tubolare. 57 ~ **plan** (*m. - Leit. - Bauw.*), siehe Rohrverlegungsplan. 58 ~ **post** (*f. - Post*), posta pneumatica. 59 ~ **postbüchse** (*f. - Post*), cartuccia per posta pneumatica, astuccio per posta pneumatica. 60 ~ **presse** (Röhrenpresse, Rohrstrangpresse) (*f. - Masch.*), macchina per l'estrusione di tubi, estrusore per tubi. 61 ~ **prüfpresse** (mit Druckwasser) (*f. - Masch.*), (macchina) provatubi a pressione, macchina per la pressatura dei tubi, pressa per la prova dei tubi (a pressione). 62 ~ **pumpe** (Kolbenpumpe mit Rohrkolben, Plungerpumpe) (*f. - Masch.*), pompa a stantuffo tuffante. 63 ~ **quetscher** (*m. - Ger.*), schiacciatubi. 64 ~ **rahmen** (*m. - Fahrz. - etc.*), telaio tubolare. 65 ~ **reibung** (*f. - Leit.*), attrito nei tubi, perdita di carico (per attrito) nei tubi. 66 ~ **rumpf** (*m. - Flugw.*), fusoliera tubolare. 67 ~ **sattel** (Gleitlager einer Druckrohrleitung) (*m. - Wass.b.*), sella di appoggio. 68 ~ **schacht** (*m. - Bergbau*), pozzo intubato, pozzo rivestito da tubo. 69 ~ **schelle** (*f. - Leit.*), staffa per tubi. 70 ~ **schere** (*f. - Werkz.*), cesoie tagliatubi. 71 ~ **schlange** (*f. - App.*), serpentino. 72 ~ **schlosser** (Rohrleger) (*m. - Arb.*), tubista, installatore di tubi. 73 ~ **schlüssel** (Steckschlüssel) (*m. - Werkz.*), chiave a tubo. 74 ~ **schneider** (Rohrabschneider) (*m. - Werkz.*), tagliatubi. 75 ~ **schraubstock** (*m. - Werkz.*), morsa per tubi. 76 ~ **schuh** (*m. - Elekt.*), capocorda a tubetto. 77 ~ **schuss** (Rohrlänge) (*m. - Leit.*), spezzone di tubo. 78 ~ **schweissanlage** (*f. - Masch.*), impianto per la fabbricazione di tubi saldati, impianto per la saldatura di tubi. 79 ~ **sicherung** (Röhrensicherung) (*f. - Elekt.*), fusibile tubolare. 80 ~ **stollen** (Stollen in dem Rohre verlegt sind) (*m. - Wass.b.*), condotta a tubo in roccia. 81 ~ **stossbank** (*f. - Metall.*), banco a spinta per tubi. 82 ~ **strangpresse** (Rohrpresse) (*f. - Masch.*), macchina per l'estrusione di tubi, estrusore per tubi. 83 ~ **strasse** (parallele Druckrohrleitungen die zum Wasserkraftwerk führen) (*f. - Hydr. - Elekt.*), (gruppo di) condotte forzate affiancate. 84 ~ **streifen** (*m. - metall. Ind.*), nastro per (la costruzione di) tubi. 85 ~ **träger** (*m. - Bauw.*), trave tubolare. 86 ~ **turbine** (hydr. Turbine, Kaplan- oder Propellerturbine) (*f. - Turb.*), turbina a bulbo. 87 ~ **ventil** (Doppelsitzventil, für Dampfmaschinen z. B.) (*n. - Leit.*), valvola (a corpo) tubolare. 88 ~ **verbindung** (*f. Leit.*), giunto per tubi. 89 ~ **verlegung** (Rohrlegung) (*f. - Leit.*), posa di tubi, messa in opera di tubi. 90 ~ **verlegungsgraben** (*m. - Bauw.*), cunicolo per tubi. 91 ~ **verlegungsplan** (Rohrplan) (*m. - Leit. - Bauw.*), schema (di installazione) delle tubazioni. 92 ~ **verschraubung** (*f. - Leit.*), raccordo a vite per tubi, raccordo filettato per tubi. 93 ~ **verstopfung** (*f. - Leit.*), intasamento del tubo, ostruzione del tubo. 94 ~ **walzwerk** (*n. - Walzw.*), laminatoio per tubi. 95 ~ **wand** (Rohrkesselwand) (*f. - Kessel*), piastra tubiera. 96 ~ **weite** (Innendurchmesser) (*f. - Leit.*), diametro interno del tubo. 97 ~ **zange** (*f. - Werkz.*), pinze per tubi. 98 ~ **ziehen** (*n. - mech. Technol.*), trafilatura di tubi. 99 ~ **zucker** (*m. - Ind.*), zucchero di canna. **100 biegsames** ~ (*Leit.*), tubo flessibile. **101 Blas** ~ (*Glasind. - Werkz.*), tubo da soffio. **102 Bohr** ~ (*Bergbau*), tubo per trivellazioni. **103 Dampf** ~ (*Kessel*), tubo per vapore. **104 Druck** ~ **leitung** (*Wass.b. - Elekt.*), condotta forzata. **105 Flanschen** ~ (*Leit.*), tubo a flange. **106 Futter** ~ (für Schächte) (*Bergbau*), tubo di rivestimento. **107 geschweisstes** ~ (*Leit.*), tubo saldato. **108 gezogenes** ~ (*metall. Ind.*), tubo trafilato. **109 glattes** ~ (*metall. Ind.*), tubo liscio. **110 Kapillar** ~ (*Phys.*), tubo capillare. **111 Konstruktions** ~ (*metall. Ind.*), tubo per costruzioni metalliche. **112 Löt** ~ (*Ger.*), cannello (per saldatura). **113 Mantel** ~ (eines

Röhrchen

Schachtes) (*Bergbau*), tubo di rivestimento. **114 Muffen** ~ (*Leit.*), tubo a bicchiere, tubo con giunto a bicchiere. **115 nahtloses** ~ (*Leit.*), tubo senza saldatura, tubo Mannesmann. **116 Profil** ~ (*metall. Ind.*), tubo profilato. **117 Ramm** ~ (*metall. Ind.*), tubo per pali. **118 Siede** ~ (*Kessel*), tubo bollitore. **119 Stahlmuffen** ~ (*metall. Ind.*), tubo a bicchiere in acciaio. **120 Stern** ~ (Stevenrohr) (*naut.*), astuccio dell'albero portaelica. **121 Steven** ~ (Sternrohr) (*naut.*), astuccio dell'albero portaelica. **122 Überhitzer** ~ (*Kessel*), tubo per surriscaldatori. **123 Überlauf** ~ (*Hydr. - etc.*), tubo di troppopieno. **124 Well** ~ (*Leit.*), tubo ondulato.

Röhrchen (*n. - Leit. - etc.*), tubetto. **2** ~ **kühler** (*m. - Mot. - etc.*), radiatore a tubetti. **3** ~ **platte** (einer Akku) (*f. - Elekt.*), piastra a tubetti.

Röhre (Rohr) (*f. - Leit.*), tubo. **2** ~ (Rohrleitung) (*Leit.*), tubazione. **3** ~ (Rundfunkröhre, Elektronenröhre) (*Elektronik - Funk.*), tubo (elettronico), valvola (termoionica). **4** ~ **mit gekühlter Anode** (*Funk.*), valvola con anodo raffreddato. **5** ~ **n·brummen** (*n. - Elektronik*), rumore di fondo del tubo, ronzìo del tubo. **6** ~ **n·detektor** (*m. - Funk.*), rivelatore a valvole. **7** ~ **n·empfänger** (*m. - Funk.*), ricevitore a valvole. **8** ~ **n·fassung** (*f. - Elektronik*), portavalvola. **9** ~ **n·fuss** (Röhrensockel) (*m. - Elektronik*), zoccolo della valvola, base della valvola. **10** ~ **n·glättwalzwerk** (*n. - Walzw.*), laminatoio per la allargatura-lisciatura (di tubi). **11** ~ **n·gleichrichter** (*m. - Funk. - Elekt.*), raddrizzatore a valvole. **12** ~ **n·guss** (*m. - Giess.*), tubo di fusione, getto tubolare. **13** ~ **n·kessel** (Siederohrkessel) (*m. - Kessel*), caldaia a tubi bollitori, caldaia a tubi d'acqua. **14** ~ **n·klingen** (*n. - Elektronik*), microfonicità di tubo elettronico. **15** ~ **n·kühler** (*m. - Mot. - etc.*), radiatore a tubetti. **16** ~ **n·lampe** (*f. - Beleucht.*), lampada tubolare. **17** ~ **n·ofen** (*m. - Ofen*), forno tubolare. **18** ~ **n·oszillator** (*m. - Elektronik*), oscillatore a valvola. **19** ~ **n·photometer** (*n. - Elektronik*), fotometro elettronico. **20** ~ **n·presse** (Rohrpresse, Rohrstrangpresse) (*f. - Masch.*), macchina per l'estrusione di tubi. **21** ~ **n·rauschen** (Röhrengeräusch) (*n. - Elektronik*), rumore di fondo del tubo. **22** ~ **n·relais** (*n. - Elektronik*), relè elettronico. **23** ~ **n·schwebungsempfänger** (*m. - Funk.*), ricevitore ad eterodina. **24** ~ **n·sender** (*m. - Funk.*), trasmettitore a valvole. **25** ~ **n·sicherung** (Rohrsicherung) (*f. - Elekt.*), fusibile tubolare. **26** ~ **n·sockel** (*m. - Funk.*), zoccolo della valvola. **27** ~ **n·streifen** (*m. - Walzw.*), nastro per tubi. **28** ~ **n·träger** (*m. - Bauw.*), trave tubolare. **29** ~ **n·trockner** (*m. - Ger.*), essiccatoio tubolare. **30** ~ **n·verstärker** (*m. - Funk.*), amplificatore a valvole. **31** ~ **n·voltmeter** (RVM, Audionvoltmeter, von Frequenz unabhängiges elekt. Ger., das eine Röhre als Gleichrichter benutzt) (*n. - elekt. Ger.*), voltmetro termoelettronico, voltmetro a tubi elettronici. **32** ~ **n· walzwerk** (*n. - Walzw.*), laminatoio per tubi. **33** ~ **n·ziehbank** (*f. - Masch.*), trafilatrice per tubi, banco di trafila per tubi. **34** ~ **n·ziehring** (*m. - Werkz.*), trafila per tubi. **35 Bildaufnahme** ~ (Aufnahmeröhre, Kameraröhre) (*Fernseh.*), tubo per riprese televisive, tubo per telecamera. **36 Bildwiedergabe** ~ (Bildröhre) (*Fernseh.*), cinescopio, tubo per televisore. **37 direkt beheizte** ~ (*Funk.*), valvola a riscaldamento diretto, tubo a riscaldamento diretto. **38 Elektronen** ~ (*Elektronik*), tubo elettronico. **39 gasgefüllte** ~ (*Elektronik*), tubo a gas, tubo a riempimento gassoso. **40 luftleere** ~ (*Elektronik*), tubo a vuoto. **41 Verstärker** ~ (Rundfunkröhre) (*Funk.) - etc.*), valvola amplificatrice.

röhrenförmig (*allg.*), tubolare.

Rohrung (Putzträger, einer Decke) (*f. - Bauw.*), incannicciata.

Rohschleifen (*n. - Werkz.masch.bearb.*), rettifica di sgrosso.

Rohseide (mit Seidenleim noch behaftete Seide) (*f. - Text.*), seta grezza. **2** ~ (ungeglätteter, reinseidener, gelblicher Kleiderstoff) (*Text.*), seta cruda.

Rohstahl (*m. - Metall.*), acciaio grezzo.

Rohstein (bei Nickelgewinnung) (*m. - Metall.*), metallina grezza, prima metallina.

Rohstoff (Rohmaterial, Naturerzeugnis) (*m. - Ind.*), materia prima.

Rohteil (*m. - Ind.*), greggio, particolare greggio. **2** ~ (*Giess.*), greggio (*s.*). **3** ~ **von auswärts** (*Ind.*), greggio da esterno greggio acquistato all'esterno. **4** ~ **-Zeichnung** (eines Schmiedeteiles z. B., Zeichnung des spanlos geformten Teiles) (*f. - Zeichn.*), disegno del greggio.

Rohton (Kornfraktion mit dem grössten Durchmesser von 0,002 mm) (*m. - Bauw.*), argilla grossa, argilla con granuli da 0,002 mm max.

Rohunwucht (einer Schleifscheibe) (*f. - Werkz.*), squilibrio iniziale.

Rohwasser (*n. - Ing.b.*), acqua non potabile.

Rohwichte (Raumgewicht, des getrockneten Gesteins z. B., einschliesslich der Hohlräume) (*f. - Bauw. - etc.*), peso specifico apparente.

Rohziegel (ungebrannter Ziegel) (*m. - Maur.*), mattone crudo.

Rohzucker (*m. - Ind.*), zucchero non raffinato.

Rollachse (eines Fahrzeuges z. B.) (*f. - Aut. - etc.*), asse di rollìo.

Rolladen (Verschluss vor Fenstern und Türen) (*m. - Bauw.*), avvolgibile (*s.*), persiana avvolgibile, saracinesca avvolgibile. **2** ~ **schrank** (*m. - Möbel*), armadio con (chiusura) avvolgibile.

Rollbahn (Rollenförderer) (*f. - ind. Masch.*), trasportatore a rulli, linea a rulli. **2** ~ (eines Flughafens) (*Flugw.*), pista di rullaggio. **3** ~ (eines Kugellagers z. B.) (*Mech.*), pista. **4** ~ (Rollteppich) (*Transp.*), tappeto mobile.

Rollbandmass (*n. - Instr.*), rotella metrica.

Rollbewegung (*f. - naut.*), rollìo, movimento di rollìo.

Rollbiegen (Rollstanzen, Rollen) (*n. - Blechbearb.*), rullatura.

Rollbock (Rollschemel, kleiner Wagen zum Umsetzen von Wagen auf andere Spurweite) (*m. - Eisenb.*), carrello adattatore di scarta-

mento. 2 ~ (zum Umsetzen von Containern) (*Eisenb. - etc.*), carrello di trasbordo.
Rollbördeln (*n. - Blechbearb.*), bordatura a rulli.
Rollbrücke (Schiebebrücke) (*f. - Brück.b.*), ponte scorrevole, ponte a scorrimento orizzontale.
Röllchen (Schwenkrolle) (*n. - Mech. - etc.*), ruotina orientabile, rotina orientabile. 2 ~ **bahn** (Förderer, Scheiben-Röllchenbahn, mit einzelnen Röllchen) (*f. - ind. Transp.*), trasportatore a rotelle. 3 ~ **kondensator** (Rollkondensator) (*m. - Elekt.*), condensatore cilindrico.
Rolldach (*n. - Aut.*), tetto avvolgibile.
Rolle (um ihre Achse drehbare Walze) (*f. - Mech.*), rullo. 2 ~ (eines Rollenlagers) (*Mech.*), rullo. 3 ~ (drehbare Scheibe für Seilantrieb oder Flaschenzug z. B.) (*Hebevorr. - etc.*), carrucola. 4 ~ (zum Nahtschweissen) (*mech. Technol.*), rullo. 5 ~ (*Flugw.*), frullo orizzontale, vite orizzontale. 6 ~ (Mangel) (*Masch.*), mangano. 7 ~ (etwas Zusammengerolltes) (*allg.*), rotolo. 8 ~ (zugeteilte Arbeit) (*naut.*), ruolo. 9 ~ (Register, Buch) (*recht.*), registro. 10 ~ (Förderrolle) (*Bergbau*), siehe Rolloch. 11 ~ n·achslager (*n. - Eisenb.*), boccola con cuscinetti a rulli. 12 ~ n·antrieb (*m. - Mech. - etc.*), trasmissione a carrucole. 13 ~ n·auszug (*m. - recht.*), estratto del registro. 14 ~ n·bahn (Rollenförderer) (*f. - ind. Transp.*), trasportatore a rulli, linea a rulli. 15 ~ n·bohrer (Rollenmeissel) (*m. - Bergbau.werkz.*), scalpello a rulli. 16 ~ n·bremsprüfstand (*m. - Aut.*), banco a rulli per prova dei freni. 17 ~ n·elektrode (für Widerstandschweissung) (*f. - mech. Technol.*), elettrodo a rullo, elettrodo a disco. 18 ~ n·förderer (Rollenbahn) (*m. - ind. Transp.*), trasportatore a rulli. 19 ~ n·kette (*f. - Mech.*), catena a rulli. 20 ~ n·kühlbett (*n. - Metall.*), piano di raffreddamento a rulli. 21 ~ n·lager (*n. - Mech.*), cuscinetto a rulli. 22 ~ n·laufring (eines Rollenlagers) (*m. - Mech.*), pista (di rotolamento) dei rulli. 23 ~ n·meissel (*m. - Bergbau - Werkz.*), scalpello a rulli. 24 ~ n·nahtschweissen (Rollenschweissung) (*m. - mech. Technol.*), saldatura a rulli. 25 ~ n·nahtschweissmaschine (*f. - Masch.*), saldatrice continua a rulli, saldatrice lineare a rulli. 26 ~ n·papier (*n. - Papierind. - Druck.*), carta in bobina. 27 ~ n·punktschweissmaschine (*f. - Masch.*), saldatrice a punti a rulli. 28 ~ n·richtmaschine (*f. - Masch.*), raddrizzatrice a rulli. 29 ~ n·richtmaschine (für Bleche) (*Masch.*), spianatrice a rulli. 30 ~ n·schere (*f. - Masch.*), cesoia circolare, cesoia a dischi. 31 ~ n·schütz (*n. - Hydr.*), paratoia a rulli. 32 ~ n·schweissen (Nahtschweissen) (*n. - mech. Technol.*), saldatura a rulli. 33 ~ n·schweissnaht (*f. - mech. Technol*), cordone di saldatura a rulli. 34 ~ n·setzstock (Rollenlünette) (*m. - Werkz.masch.*), lunetta a rulli. 35 ~ n·ständer (*m. - Papierind.*), portabobina. 36 ~ n·stössel (*m. - Mech. - Mot.*), punteria a rullo. 37 ~ n·stromabnehmer (*m. - elekt. Fahrz.*), presa (di corrente) a rotella. 38 ~ n·zellenpumpe (aus einem zylindrischen Hohlraum in dem eine rotierende Läuferscheibe exzentrisch angebracht ist) (*f. - Masch.*), pompa a cilindro (con rotore eccentrico). 39 Bördel ~ (*Blechbearb.*), rullo per bordare. 40 Draht ~ (*metall. Ind.*), rotolo di filo. 41 Drei ~ n·Nahtschweissmaschine (*f. - Masch.*), saldatrice continua a tre rulli, saldatrice lineare a tre rulli. 42 Förder ~ (*Bergbau*), siehe Rolloch. 43 halbe ~ (*Flugw.*), mezzo frullo orizzontale. 44 konisches ~ n·lager (*Mech.*), cuscinetto a rulli conici. 45 Patent ~ (Patentregister) (*recht.*), registro dei brevetti. 46 Schlepp ~ (für Nahtschweissung) (*mech. Technol.*), rullo trascinato. 47 schnelle ~ (*Flugw.*), vite orizzontale rapida. 48 Seil ~ (*Transp.*), puleggia per funi, carrucola. 49 sphärisches ~ n·lager (*Mech.*), cuscinetto a rulli a botte, cuscinetto a rulli bombati. 50 Sturz ~ (*Bergbau*), siehe Rolloch. 51 Treib ~ (für Nahtschweissung) (*mech. Technol.*), rullo motore. 52 zylindrisches ~ n·lager (*Mech.*), cuscinetto a rulli cilindrici.
Rollen (Wälzen) (*n. - allg.*), rotolamento. 2 ~ (Drehen eines Rohlings z. B. zwischen den Gesenken) (*Schmieden*), rullatura. 3 ~ (Reckwalzen, Rundschmieden) (*Schmieden*), sbozzatura al laminatoio. 4 ~ (Rollbiegen, Rollstanzen, Biegen) (*Blechbearb.*), rullatura, rollatura, rotolatura. 5 ~ (Bördeln) (*Blechbearb.*), bordatura (a rulli). 6 ~ (Biegen, von Rohren) (*Leit. - mech. Technol.*), curvatura. 7 ~ (Trommelschleifen) (*mech. Technol.*), barilatura, bottalatura, burattatura. 8 ~ (zur Herstellung von Zahnrädern) (*Mech.*), rullatura. 9 ~ (eines Landflugzeuges) (*Flugw.*), rullaggio. 10 ~ (Schlingern, Rollbewegung) (*naut.*), rollio. 11 ~ (eines Flugbootes) (*Flugw.*), flottamento. 12 ~ (Schlängeln) (*Eisenb.*), serpeggiamento. 13 ~ (Mangeln) (*Textilind.*), manganatura. 14 ~ (Glätten) (*Technol.*), lisciatura (a rullo), rullatura, brunitura (a rullo). 15 Gewinde ~ (*mech. Technol.*), rullatura di filetti, filettatura a rulli. 16 Warm ~ (zur Herstellung von Zahnrädern) (*Mech.*), rullatura a caldo.
rollen (wälzen) (*allg.*), rotolare. 2 ~ (wickeln, in eine Rolle packen) (*allg.*), arrotolare. 3 ~ (glätten, auswalzen) (*Technol.*), lisciare. 4 ~ (biegen) (*Blechbearb.*), curvare (con rulli), rullare. 5 ~ (bördeln) (*Blechbearb.*), bordare. 6 ~ (einen Rohling z. B. zwischen den Gesenken drehen) (*Schmieden*), rullare. 7 ~ (Rohre biegen) (*Leit. - mech. Technol.*), curvare. 8 ~ (trommeln, trommelschleifen) (*mech. Technol.*), barilare, bottalare. 9 ~ (zur Herstellung von Zahnrädern) (*Mech.*), rullare. 10 ~ (*Flugw.*), rullare. 11 ~ (schlängeln) (*Eisenb.*), serpeggiare. 12 ~ (mangeln) (*Textilind.*), manganare.
rollend (*allg.*), rotolante. 2 ~ es Material (Rollmaterial, Gesamtheit der Fahrzeuge) (*Eisenb.*), materiale rotabile, materiale mobile. 3 ~ e Ware (auf Schiene oder Strasse beförderte Ware) (*Transp.*), merci (trasportate) per strada o ferrovia.
Roll-Lenken (*n. - Fahrz.*), effetto sterzante (causato) da rollio.
Roller (Motorroller) (*m. - Fahrz.*), motoretta,

Rollfass

« motoscooter ». 2 ~ (Flurfördergerät, zum Transport schwerer Güter) (*Ger.*), rullo (da trasporto). 3 ~ (Röllchen, für Möbel z. B.) (*Mech.*), ruotina orientabile, rotina orientabile. 4 ~ (Oberflächen-Wellen, seismische Wellen) (*Geophys.*), onde superficiali. 5 ~ mobil (3- oder 4-rädriger Kleinstwagen mit Motorrollerrädern) (*n.* - *Fahrz.*), « autoscooter ».

Rollfass (Scheuerfass) (*n.* - *mech. Technol.*), barilatrice, buratto, bottalatrice. 2 ~ entzunderung (Trommeln) (*f.* - *Schmieden*), barilatura, bottalatura, burattatura.

Rollfeder (Doppelfeder, bei der sich eine Feder auf die andere abwickelt; mit ungefähr konstantem Nutzmoment) (*f.* - *Mech.* - *Ger.*), molla (a lamina) svolgente (a coppia costante).

Rollfeld (Landeplatz) (*n.* - *Flugw.*), campo di atterraggio.

Rollfilm (*m.* - *Phot.*), rotolo di pellicola.

Rollgabelschlüssel (*m.* - *Werkz.*), chiave prussiana, chiave registrabile a rullino.

Rollgang (Blockstrasse z. B.) (*m.* - *Walzw.* - etc.), piano a rulli, linea a rulli.

Rollgeld (Transportkosten) (*n.* - *Transp.*), spese di trasporto.

Rollgesenk (*n.* - *Schmieden*), stampo per rullatura.

Rollgewicht (eines Flugzeuges, beim Rollen) (*n.* - *Flugw.*), peso di rullaggio.

Roll-Giermoment (Giermoment von Rollbewegung verursacht) (*n.* - *Flugw.*), momento d'imbardata da rollìo.

Rollgravur (Vorschmiedegravur) (*f.* - *Schmieden*), impronta di sbozzatura al laminatoio.

Rollhärteprüfung (mit rollender Kugel) (*f.* - *mech. Technol.*), prova di durezza con sfera rotolante.

Rollieren (Feinbearbeitungsverfahren) (*n.* - *mech. Technol.*), rullatura, brunitura. 2 ~ (Trommelpolieren) (*Mech.*), barilatura.

Rolliermaschine (zur Feinbearbeitung von Werkstücken) (*f.* - *Mech.*), rullatrice, brunitrice.

Rollinstabilität (*f.* - *Flugw.*), instabilità di rollìo.

Rollkanal (für Flugboote) (*m.* - *Flugw.*), canale di flottamento.

Rollkasten (Förderrolle) (*m.* - *Bergbau*), siehe Rolloch.

Rollkolben-Luftpresser (*m.* - *Masch.*), siehe Rollkolbenverdichter (*m.*).

Rollkolbenverdichter (Wälzkolbenverdichter mit in einem zylindrischen Hohlraum exzentrisch rotierendem Laüfer) (*m.* - *Masch.*), compressore ad eccentrico, compressore a rotore eccentrico.

Rollkondensator (Röllchenkondensator) (*m.* - *Elekt.*), condensatore cilindrico.

Rollkran (fahrbarer Kran) (*m.* - *ind. Masch.*), gru mobile.

Rollkreis (Wälzkreis, eines Zahnrades) (*m.* - *Mech.*), cerchio primitivo, circonferenza pritiva. 2 ~ (eines Nadelkäfigs: mit Innen- und Aussendurchmessern über die Wälzkörper gemessen) (*Mech.*), cerchio di rotolamento. 3 ~ durchmesser (*m.* - *Mech.*), diametro primitivo. 4 ~ schwingung (bei Magnetfeldröhren) (*f.* - *Elektronik*), oscillazione circolare.

Rollkugel (eines Kugelschreibers) (*f.* - *Büro*), sfera.

Rollkurve (*f.* - *Geom.* - *Mech.*), rolletta. 2 ~ (Zykloide) (*Geom.*), cicloide.

Rollmaschine (für Gewinde z. B.) (*f.* - *Masch.*), rullatrice. 2 ~ (Siederohrdichtungsmaschine z. B.) (*Masch.*), mandrinatrice. 3 Gewinde ~ (*Masch.*), filettatrice a rulli, rullatrice di filetti.

Rollmaterial (rollendes Material, Gesamtheit der Fahrzeuge) (*n.* - *Eisenb.*), materiale rotabile, materiale mobile.

Rollmembranzylinder (einer Luftbremse z. B.) (*m.* - *Fahrz.*), rotocamera.

Rollmischer (Roheisenmischer, zum Temperatur- und Zusammensetzungsausgleich) (*m.* - *Metall.*), mescolatore rotante.

Rollmoment (*n.* - *Flugw.*), momento di rollìo.

Rollmühle (*f.* - *Giess.masch.*), molazza.

Rollneigung (von Papier) (*f.* - *Technol.*), tendenza all'accartocciamento.

Rolloch (Förderrolle, Sturzrolle, Rollkasten, Grubenbau für die Abwärtsförderung der Mineralien oder die Zufuhr von Versatzbergen) (*n.* - *Bergbau*), fornello.

Rollofen (*m.* - *Metall.* - etc.), forno con suola a rulli.

Rollpalette (normale Palette mit Rolluntersatz) (*f.* - *ind. Transp.*), paletta (mobile) su rulli.

Rollprofilieren (Einrollen, von Schleifscheiben) (*n.* - *Mech.*), profilatura a rullo.

Rollprüfstand (für Personenkraftwagen) (*m.* - *Aut.*), banco prova a rulli.

Rollradius (wirksamer Halbmesser eines Reifens) (*m.* - *Aut.*), raggio effettivo sotto carico. 2 dynamischer ~ (dynamisch wirksamer Halbmesser, eines Reifens) (*Aut.*), raggio effettivo sotto carico dinamico. 3 statischer ~ (statisch wirksamer Halbmesser, eines Reifens) (*Aut.*), raggio effettivo sotto carico statico.

Rollschemel (*m.* - *Eisenb.*), siehe Rollbock.

Rollschicht (Rollage) (*f.* - *Maur.*), accoltellato, corso a coltello.

Rollschiene (*f.* - *Mech.* - *Tischl.*), guida di rotolamento.

Rollschuh (*m.* - *Sport* - *Ger.*), pattino a rotelle. 2 ~ laufen (*n.* - *Sport*), pattinaggio a rotelle.

Rollsicken (Eindrücken von Erhebungen im Mantel von Hohlkörpern z. B.) (*n.* - *mech. Technol.*), esecuzione di rilievo (con rullo). 2 ~ (Eindrücken von Vertiefungen im Mantel von Hohlkörpern z. B.) (*mech. Technol.*), esecuzione di scanalatura (con rullo).

Rollsitz (eines Rennbootes z. B.) (*m.* - *Fahrz.*), seggiolino scorrevole.

Rollstanze (zum Bördeln von Blechteilen) (*f.* - *Werkz.*), stampo per bordare.

Rollstanzen (Rollbiegen, Rollen) (*n.* - *Blechbearb.*), rullatura. 2 ~ (Bördeln) (*Blechbearb.*), bordatura.

Rollstein (*m.* - *Ing.b.*), ciottolo.

Rollstempel (*m.* - *Blechbearb.werkz.*), utensile arricciatore.

Rollstrasse (Rollstreifen) (*f. - Flugw.*), pista di rullaggio.
Rollteppich (*m. - Transp.*), tappeto mobile.
Rolltisch (*m. - Walzw.*), tavola a rulli.
Rolltor (*n. - Bauw.*), portone a serranda avvolgibile.
Rolltreppe (*f. - Bauw.*), scala mobile.
Rolltür (eines Rolladenschrankes z. B.) (*f. - Möbel*), serranda avvolgibile.
Rollung (Biegung, von Blechen z. B.) (*f. - mech. Technol.*), rullatura, rotolatura, curvatura (a rulli). 2 **kreisrunde** ~ (zur Erzeugung gebördelter Ränder) (*mech. Technol. - Kessel*), bordatura a rulli, rullatura di bordi.
Rollverschleiss (Verschleiss bei rollender Reibung) (*m. - mech. Technol.*), usura da attrito volvente.
Rollweg (*m. - Flugw.*), percorso di rullaggio.
Rollweiche (Schiebebühne) (*f. - Bergbau*), carrello trasbordatore.
Rollwerkzeug (*n. - Blechbearb.werkz.*), stampo per bordare.
Rollwiderstand (zwischen Reifen und Strassendecke z. B.) (*m. - Aut. - etc.*), resistenza al rotolamento. 2 ~ **beiwert** (*m. - Aut.*), coefficiente di resistenza al rotolamento. 3 ~ **s·leistung** (*f. - Fahrz.*), potenza assorbita dalla resistenza al rotolamento.
Romanik (romanischer Stil) (*f. - Arch.*), romanico.
romanisch (*Arch.*), romanico.
Romankalk (hochhydraulischer Baukalk) (*m. - Bauw.*), calce romana.
römisch (*allg.*), romano. 2 ~ **er Ziegel** (Verblender, Verblendstein) (*Maur.*), mattone da paramano. 3 ~ **e Ziffern** (*Math.*), numeri romani.
Rommelfass (Rollfass) (*n. - mech. Technol.*), barilatrice, bottalatrice, bottale.
Rommeln (Trommeln) (*n. - mech. Technol.*), barilatura, bottalatura, burattatura.
rommeln (Trommeln) (*mech. Technol.*), barilare, bottalare.
Ronde (runde Platine) (*f. - Blechbearb.*), sviluppo circolare. 2 ~ (aus optischem Glas, Ausgangsform für die Linsenfertigung) (*Opt.*), disco di partenza.
Rondelle (roher Uhrstein) (*f. - Uhr*), pietra dura greggia. 2 ~ (kleine Scheibe aus Nickel von 25 bis 28 mm Durchmesser und 15 mm Höhe) (*f. - Metall.*), dischetto (di nichel).
Röntgen (Dosiseinheit der Röntgen- und Gammastrahlen) (*n. - Phys.*), röntgen. 2 ~ **apparat** (*m. - App.*), apparecchio per raggi X. 3 ~ **aufnahme** (Röntgenphotographie) (*f. - Phys. - etc.*), radiografia. 4 ~ **behandlung** (*f. - Med.*), siehe Röntgentherapie. 5 ~ **bestrahlung** (*f. - Med.*), siehe Röntgentherapie. 6 ~ **beugung** (*f. - Opt.*), diffrazione dei raggi X. 7 ~ **bildwandler** (*m. - Ger.*), convertitore d'immagine. 8 ~ **dermatitis** (*f. - Med.*), radiodermite, röntgendermatite. 9 ~ **diagnostik** (*f. - Med.*), röntgendiagnostica. 10 ~ **durchleuchtung** (Röntgenoskopie) (*f. - Phys. - etc.*), radioscopia. 11 ~ **interferenzaufnahme** (*f. - Werkstoffprüfung*), radiografia ad interferenza. 12 ~ **interferenzlinie** (*f. - Opt.*), riga d'interferenza. 13 ~ **kinematographie** (*f. - Med.*), röntgencinematografia, radiocinematografia. 14 ~ **lehre** (Röntgenkunde, Röntgenologie) (*f. - Phys. - Med.*), radiologia. 15 ~ **metallographie** (*f. - Metall.*), metallografia a raggi X, radiometallografia. 16 ~ **prüfung** (*f. - Metall.*), esame radiografico, controllo radiografico. 17 ~ **röhre** (*f. - Phys.*), tubo per raggi Röntgen, ampolla per raggi Röntgen. 18 ~ **spektrometer** (*n. - Ger.*), spettrometro per raggi X. 19 ~ **spektroskop** (*n. - Ger.*), spettroscopio per raggi X. 20 ~ **strahlen** (X-Strahlen) (*m. - pl. - Phys. - etc.*), raggi Röntgen, raggi X. 21 ~ **therapie** (Röntgenbehandlung, Röntgenbestrahlung) (*f. - Med.*), radioterapia, röntgenterapia. 22 ~ **untersuchung** (*f. - Metall.*), esame radiografico, controllo radiografico. 23 ~ **untersuchung** (*Pers. - Med.*), esame schermografico, schermografia.
röntgen (eine Röntgenaufnahme machen) (*Phys. - etc.*), radiografare, fare una radiografia, eseguire una radiografia. 2 ~ (eine Röntgendurchleuchtung machen) (*Phys. - etc.*), fare una radioscopia, eseguire una radioscopia.
röntgenisieren (röntgen) (*Phys. - etc.*), radiografare.
Röntgenographie (Röntgenogramm) (*f. - Phys.*), radiografia.
röntgenographisch (*Phys.*), radiografico.
Röntgenologe (*m. - Arb. - Med.*), radiologo.
röntgenologisch (*Phys. - etc.*), radiologico.
Röntgenoskopie (Röntgendurchleuchtung) (*f. - Phys.*), radioscopia.
Rootsgebläse (*n. - Masch.*), compressore Roots.
Rösche (Stollen nahe der Oberfläche) (*f. - Bergbau*), galleria superficiale.
Rose (Windrose des Kompasses) (*f. - Instr.*), rosa. 2 ~ (einer gewölbten Decke z. B.) (*Bauw.*), rosone.
Rosette (Ankerplatte) (*f. - Mech.*), rosetta di fissaggio. 2 ~ (graphitisches Bild) (*Giess. - Metall.*), rosetta. 3 **DMS-** ~ (Dehnungsmess-streifen-Rosette, zur Messung in mehreren Richtungen) (*Instr.*), estensimetro a rosetta.
Rosshaar (Pferdehaar) (*n. - Textilind.*), crine. 2 ~ **matratze** (*f. - Textilind.*), materasso di crine. 3 **Kunst** ~ (*Textilind.*), crine artificiale, crine vegetale.
Rost (Feuerrost) (*m. - Kessel - Verbr.*), griglia. 2 ~ (Bratrost) (*Ger.*), graticola, griglia. 3 ~ (Eisenrost, Ferrihydroxyd) (*Metall.*), ruggine. 4 ~ (Sieb einer Zerkleinerungsanlage) (*Bauw.*), (tipo di) vaglio. 5 ~ **beschicker** (*m. - Kessel - Verbr.*), alimentatore (della griglia). 6 ~ **beschickung** (*f. - Kessel - Verbr.*), alimentazione della griglia. 7 ~ **bildung** (*f. - Verbr.*), arrugginimento. 8 ~ **durchfall** (Menge an Unverbrannten) (*m. - Verbr.*), incombusto sottogriglia. 9 ~ **entfernungsmittel** (*n. - Metall.*), antiruggine. 10 ~ **feuerung** (*f. - Verbr.*), focolare a griglia. 11 ~ **fläche** (senkrechte Projektion der Brennfläche) (*f. - Verbr.*), superficie di griglia. 12 ~ **fussboden** (*m. - Bauw.*), grigliato. 13 ~ **gründung** (*f. - Bauw.*), fondazione a griglia. 14 ~ **kitt** (Eisenkitt, zur Verbesserung fehlerhafter Guss·stücke) (*m. - Giess.*), ma-

RoSt.

stice metallico, mastice per metalli. 15 ~ **narbe** (f. - Metall. - Anstr.fehler), cavità da corrosione, camolatura. 16 ~ **papier** (Sandpapier) (n. - Mech. - etc.), carta abrasiva. 17 ~ **pendel** (Pendel mit Temperaturkompensation durch Stäbe aus verschiedenen Metallen) (n. - Uhr), pendolo compensato (ad aste polimetalliche). 18 ~ **pfahl** (m. - Bauw.), palo di palafitta. 19 ~ **putzer** (Rosteisen) (m. - Verbr. - Ofen), sgrigliatore, attizzatoio. 20 ~ **schutz** (m. - Metall.), protezione antiruggine. 21 ~ **schutzfarbe** (f. - Anstr.), pittura antiruggine. 22 ~ **schutzmittel** (n. - Metall.), antiruggine (s.). 23 ~ **schutzpapier** (n. - Technol.), carta antiruggine. 24 ~ **stab** (m. - Verbr.), barrotto di griglia. 25 ~ **verhältnis** (Verhältnis der freien Rostfläche zur Brennfläche) (n. - Verbr.), rapporto di griglia. 26 **beweglicher** ~ (Verbr.), griglia mobile. 27 **Dreh** ~ (Verbr.), griglia rotante, griglia rotativa. 28 **Etagen** ~ (Verbr.), griglia a gradini. 29 **Flug** ~ (erster Rost) (Metall.), velo di ruggine. 30 **Fremd** ~ (der von anderen Eisenteilen stammt) (Metall.), ruggine di apporto. 31 **Ketten** ~ (Kessel - Verbr.), griglia a catena. 32 **Pfahl** ~ (Bauw.), palafitta. 33 **Plan** ~ (Verbr.), griglia piana, griglia orizzontale. 34 **Riesel** ~ (Verbr.), griglia raffreddata a pioggia. 35 **Schiebe** ~ (Verbr.), griglia scorrevole. 36 **Schräg** ~ (Verbr.), griglia inclinata. 37 **Schürr-** ~ (mit beweglichen Roststäben) (Verbr.), griglia a sbarre mobili, griglia a barrotti mobili. 38 **Schüttel** ~ (Verbr.), griglia ad alimentazione automatica. 39 **Staffel** ~ (Etagenrost) (Verbr.), griglia a gradini. 40 **Treppen** ~ (Verbr.), griglia a gradini. 41 **Unterschub** ~ (Stoker) (Verbr.), griglia subalimentata. 42 **Wander** ~ (Verbr.), griglia mobile. 43 **weisser** ~ (Zinkrost, auf Zinkoberflächen) (Metall.), ruggine bianca, ruggine dello zinco. 44 **wirksame** ~ **fläche** (Verbr.), superficie utile di griglia.
RoSt. (Technische Vorschriften für den Rostschutz von Stahlbauwerken) (Metall.), prescrizioni sulla protezione antiruggine di costruzioni di acciaio.
Röstarbeit (f. - Metall.), arrostimento.
rostbeständig (Metall.), inossidabile.
Röstbett (n. - Metall.), letto di arrostimento, suola di arrostimento.
Rosten (Verrosten) (n. - Metall.), arrugginimento.
rosten (Metall.), arrugginire.
Rösten (Erhitzung von Erzen) (n. - Metall. - etc.), arrostimento. 2 ~ (Kalzinieren) (Chem.), calcinazione. 3 **oxydierendes** ~ (Metall.), arrostimento ossidante. 4 **Sinter** ~ (Metall.), arrostimento di sinterizzazione.
rösten (Erze erhitzen) (Metall. - etc.), arrostire. 2 ~ (kalzinieren) (Chem.), calcinare. 3 ~ (Brot, etc.) (Ind.), tostare.
Rösterz (n. - Metall.), minerali da arrostimento.
rostfrei (Metall.), inossidabile. 2 ~ er **Stahl** (metall. Ind.), acciaio inossidabile. 3 ~ es **Blech** (metall. Ind.), lamiera (di acciaio) inossidabile.
Röstgut (abgeröstetes Erz) (n. - Metall.), minerale arrostito, materiale arrostito.

rosthindernd (Metall.), antiruggine (a.).
rostig (verrostet) (Metall.), arrugginito.
Röstmaschine (für Kaffee) (f. - Masch.), torrefattrice.
Röstofen (für Erze) (m. - Bergbau - Metall.), forno di arrostimento.
Röstprobe (f. - Chem.), prova di calcinazione.
Röstrückstand (m. - Chem.), residuo di calcinazione.
rostsicher (Metall.), inossidabile.
Rot (n. - Farbe), rosso, colore rosso. 2 ~ (rot, Rotor) (Vektoranalysis), rotazionale (s.). 3 ~ **brüchigkeit** (f. - Metall.), fragilità al calor rosso. 4 ~ **filter** (m. - Phot.), filtro rosso. 5 ~ **glas** (Realgar) (n. - Min.), realgar. 6 ~ **glühhitze** (Rotglut) (f. - Metall.), calor rosso. 7 ~ **glut** (Rotglühhitze) (f. - Metall.), calor rosso. 8 ~ **gold** (aus 4 % Ag, 75 % Au, 21 % Cu) (n. - Metall.), oro rosso. 9 ~ **guss** (Guss-Mehrstoff-Zinnbronze, Gusslegierung aus Kupfer, Zinn, Zink und eventuell Blei) (m. - Metall.), bronzo per getti, bronzo allo stagno (e piombo). 10 ~ **kupfererz** (Cu_2O) (Kuprit) (n. - Min.), cuprite. 11 ~ **schmied** (Kupferschmied) (m. - Arb.), calderaio, ramaio, battirame. 12 ~ **tanne** (Fichte) (f. - Holz), abete rosso.
rot (Farbe), rosso. 2 ~ **brüchig** (Metall.), fragile al calor rosso. 3 ~ **glühend** (Metall.), al calor rosso.
Rotadurchflussmesser (Rotameter) (m. - Ger.), rotametro, flussimetro a variazione di sezione.
Rotameter (Ger. zur Messung von Gasströmen z. B.) (n. - Ger.), flussimetro a variazione di sezione, rotametro.
Rotaprint-Stapeldrucker (Kleinoffset-Stapeldrucker) (m. - Druckmasch.), «rotaprint».
Rotary-Bohranlage (Rotationsbohranlage, Drehbohrmaschine) (f. - Bergbau), rotary, impianto di perforazione rotativo, sonda a rotazione.
Rotary-Tisch (m. - Bergbau), tavola rotary, tavola di rotazione.
Rotation (Umdrehung) (f. - Mech. - etc.), rotazione. 2 ~ s·**achse** (f. - Math. - Geom.), asse di rotazione. 3 ~ s·**bewegung** (f. - Mech.), movimento rotatorio. 4 ~ s·**bohrung** (f. - Bergbau), perforazione a rotazione, trivellazione a rotazione. 5 ~ s·**druck** (m. - Druck.), stampa rotativa. 6 ~ s·**druckmaschine** (Rotationsmaschine) (f. - Druckmasch.), rotativa. 7 ~ s·**druckmaschine** für **Rollendruck** (Druckmasch.), macchina rotativa per la stampa da bobina. 8 ~ s·**druckplatte** (f. - Druck.), lastra per la stampa rotativa. 9 ~ s·**ellipsoid** (n. - Geom.), ellissoide di rotazione. 10 ~ s·**energie** (eines rotierenden Körpers) (f. - Mech.), energia cinetica angolare. 11 ~ s·**fläche** (f. - Geom.), superficie di rotazione. 12 ~ s·**gebläse** (n. - Masch.), compressore a capsulismo. 13 ~ s·**kolbenmotor** (Wankelmotor) (m. - Mot.), motore a stantuffo rotante, motore (di) Wankel. 14 ~ s·**körper** (m. - Geom.), solido di rotazione. 15 ~ s·**maschine** (f. - Druckmasch.), rotativa. 16 ~ s·**maschine** (Rotationsgiessmaschine, zur Herstellung von Hohlkörpern aus Kunststoff) (Masch.), for-

matrice a rotazione, rotoformatrice. 17 ~ s·presse (*f. - Druckmasch.*), rotativa. 18 ~ s·richtung (Drehrichtung) (*f. - Mech. - etc.*), senso di rotazione, direzione di rotazione. 19 ~ s·schere (*f. - Masch.*), cesoia circolare. 20 ~ s·spülbohren (*n. - Bergbau*), trivellazione rotativa con circolazione d'acqua in pressione. 21 ~ s·unterbrecher (Drehschalter) (*m. - Elekt.*), interruttore rotante.
rotationssymmetrisch (Körper, Teil) (*Technol. - Geom.*), di rotazione, di rivoluzione.
rotatorisch (drehend bewegt) (*Mech. - etc.*), rotatorio. 2 ~ (Masse z. B.) (*Mot. - etc.*), rotatorio.
rotieren (umlaufen) (*Mech. - etc.*), ruotare.
rotierend (*Mech. - etc.*), rotante. 2 ~ e Funkenstrecke (drehende Funkenstrecke) (*Elekt.*), spinterometro rotante. 3 ~ er Phasenschieber (*elekt. Ger.*), convertitore di fase rotante. 4 ~ er Umformer (umlaufender Umformer) (*elekt. Masch.*), convertitore rotante, commutatrice.
Rotierfeile (*f. - Werkz.*), lima rotante, limola.
Rotierfräser (Rotorfräser) (*m. - Werkz.*), fresa rotativa.
Rotierofen (Drehofen) (*m. - Ofen*), forno rotativo, forno rotante.
Rotor (Läufer, einer Turbine z. B.) (*m. - Masch.*), girante. 2 ~ (*elekt. Masch.*), rotore. 3 ~ (eines Hubschraubers) (*Flugw.*), elica di quota, rotore. 4 ~ (Anker) (*Elekt.*), indotto. 5 ~ (Quirl, Rotation, Wirbel) (*Vektoranalysis*), rotazionale (*s.*). 6 ~ flügel (*m. - Flugw.*), ala rotante. 7 ~ paket (eines Drehkondensators, Rotorplatten) (*n. - Elekt.*), lamelle mobili. 8 ~ schütteln (eines Hubschraubers, Bodenresonanz) (*n. - Flugw.*), risonanza al suolo, vibrazioni autoeccitate. 9 ~ spule (*f. - elekt. Masch.*), bobina rotorica. 10 ~ stern (*m. - elekt. Masch.*), lanterna del rotore. 11 ~ streuer (Sandwerfteller, eines Sandstreuwagens z. B.) (*m. - Ger.*), distributore rotante. 12 ~ wicklung (*f. - Elekt.*), avvolgimento rotorico. 13 Flettner ~ (*naut.*), rotore di Flettner.
Rototrol (rotierender Kontroller, Verstärkermaschine in Regelkreisen verwendet) (*m. - Elekt.*), « rototrol ».
Rotte (Arbeiterrotte) (*f. - Arb.*), squadra (di operai). 2 ~ n·führer (Rottenmeister) (*m. - Eisenb. - Arb.*), caposquadra.
rotten (*Textilind.*), macerare.
Rotunda (Rundgotisch, Druckschrift) (*Druck.*), gotico rotondo.
Rotunde (Rundbau) (*f. - Bauw.*), rotonda.
Roulierscheibe (*f. - Werkz.*), mola.
Routine (Folge von Instruktionen, Abschnitt eines Programms) (*f. - Rechner*), routine. 2 Eingabe ~ (*Rechner*), routine di entrata. 3 Fehlerkorrektur ~ (*Rechner*), routine (di) correzione errori.
Roving (*Textilind.*), stoppino.
ROZ (Researchoktanzahl, nach der Researchmethode festgelegte Oktanzahl) (*Kraftstoff - Aut.*), NO ricerca, numero di ottano research, numero di ottano (determinato cal metodo) ricerca.

RP (riss- und porenfrei, Blech z. B.) (*metall. - Ind.*), esente da cricche e da pori.
RP-Brennstoff (Rocket Propellant-Brennstoff, für Raketentriebwerke) (*m. - Brennst.*), propellente per razzi, combustibile per razzi.
RPG (riss- und porenfrei, glänzend, Walzstahl) (*Metall.*), esente da cricche, da pori e lucido.
RR (besonders beruhigt, Stahl) (*Metall.*), calmato speciale.
RRS-Verteilung (Rosin, Rammler und Sperling-Verteilung, der Korngrössen) (*f. - Phys. - Stat.*), distribuzione RRS.
Rs (Relais) (*Elekt.*), relè.
RSG (Rohstahlgewicht) (*Metall.*), peso dell'acciaio grezzo.
RSM (*Fernspr.*), siehe Ruf- und Signalmaschine.
RST (System für Lesbarkeit, bei Radioverbindungen) (*Funk.*), RST.
RT (Raumtemperatur) (*Phys. - etc.*), temperatura ambiente. 2 ~ (Rückstelltaste) (*Elektromech.*), tasto di ripristino. 3 ~ (Ruftaste) (*Fernspr.*), tasto di chiamata.
R. T. (Registertonne) (*naut. - Schiffbau*), tonnellata di stazza. 2 ~ (Raumteil) (*Chem.*), parte in volume.
RTI (Rundfunktechnisches Institut) (*Funk.*), Istituto Radiotecnico.
RTI-Porzellan-Isolator (Stützenisolator) (*m. - Elekt.*), isolatore rigido di porcellana.
RTL-Schaltung (resistor-transistor logic) (*f. - Elektronik*), circuito logico e resistore-transistore.
R-Träger (leichter Fachwerkträger für Dächer, aus durch eine Rundstahlschlange verbundenen Gurten) (*m. - Bauw.*), trave composita leggera.
RU (Relaisunterbrecher) (*Elekt.*), interruttore a relè.
Ru (Ruthenium) (*Chem.*), Ru, rutenio.
Rübe (*f. - Zuckerind.*), bietola (da zucchero). 2 ~ n·alkohol (*m. - chem. Ind.*), alcool di bietola. 3 ~ n·erntemaschine (*f. - Landw. masch.*), macchina per la raccolta delle bietole, estirpatore per bietole. 4 ~ n·rohzucker (*m. - chem. Ind.*), zucchero greggio da bietola. 5 ~ n·saft (Sirup) (*m. - chem. Ind.*), sugo di bietola. 6 ~ n·schnitzel (*n. - m. - chem. Ind.*), fettuccia di bietola. 7 ~ n·schnitzelmaschine (*f. - chem. Ind. - Masch.*), fettucciatrice, tagliatrice per bietole. 8 ~ n·zucker (*m. - chem. Ind.*), zucchero di bietola. 9 ~ n·zuckerfabrik (*f. - chem. Ind.*), zuccherificio da bietole.
Rübelbronze (korrosionsbeständige Bronze mit $18 \div 40\%$ Ni, $6 \div 8\%$ Al, $25 \div 35\%$ Fe und $28 \div 39\%$ Cu) (*f. - Legierung*), (tipo di) bronzo al nichel.
Rubidium (Rb - *n. - Chem.*), rubidio.
Rubin (Edelstein) (*m. - Min.*), rubino. 2 ~ (Uhr), rubino. 2 ~ laser (*m. - Opt. - Ger.*), laser a rubino.
RU bit 60 (Vorschriften für den Unterbau bituminöser Fahrbahndecken) (*Strass.b.*), prescrizioni sulla esecuzione del sottofondo di pavimentazioni in asfalto.
Rüböl (Kohlsaatöl) (*n. - Chem.*), olio di colza.
Rubrik (*f. - Druck.*), rubrica.
rubrizieren (*Druck. - etc.*), rubricare.
Ruck (*m. - allg.*), scossa, strappo. 2 ~ (zeitliche

Rückansicht

Rückansicht Änderung einer Beschleunigung, in m/s³ gemessen) (*Mech. - etc.*), variazione brusca di accelerazione.
Rückansicht (*f. - Zeichn. - etc.*), vista posteriore.
Rückantwort (vorausbezahlte Antwort) (*f. - Post*), risposta pagata. 2 **mit bezahlter** ~ (*Post*), con risposta pagata.
ruckartig (ruckweise) (*allg.*), ad intermittenza, a scatti.
Rückbewegung (*f. - Mech. - Werkz.masch.*), moto di ritorno, movimento di ritorno, ritorno.
Rückblick (beim Nivellieren) (*m. - Top.*), lettura altimetrica (all') indietro. 2 ~ **scheibe** (Rückblickfenster) (*f. - Aut.*), lunotto, luce posteriore. 3 ~ **spiegel** (Rückspiegel) (*m. - Aut.*), specchio retrovisore.
Rückblock (*m. - Eisenb.*), blocco a valle.
Rückbruch (eines Deiches, von der Landseite herkommender Bruch) (*m. - Wass.b.*), rottura lato terra.
rückdatieren (*finanz. - etc.*), retrodatare.
Rückdehnung (Kriecherholung, nach Entlastung im Standversuch, Zurückgehen eines kleinen Teiles der plastischen Formänderung) (*f. - Bankonstr.lehre*), ritorno plastico, accorciamento plastico.
Rückdiffusion (von Elektronen) (*f. - Phys.*), diffusione riflessa.
Rückdrehmoment (*n. - Flugw. - Aerodyn.*), momento stabilizzatore.
Rückdruck (auf das Werkz., vom Werkstück stammend) (*m. - Werkz.masch.bearb.*), reazione del pezzo. 2 ~ (Gegendruck) (*Phys.*), contropressione.
Rückeinstieg (eines Strassenbahntriebwagens) (*m. - Fahrz.*), salita posteriore.
rucken (sich ruckweise bewegen) (*allg.*), spostarsi a scatti, muoversi a scatti, muoversi ad intermittenza.
Rücken (eines Buches z. B.) (*m. - Druck. - etc.*), dorso. 2 ~ (Bergrücken) (*Geogr.*), crinale, dorsale, dosso. 3 ~ (eines Zahnradzahnes) (*Mech.*), fianco condotto, fianco trascinato. 4 ~ (beim Schwimmen) (*Sport*), dorso. 5 ~, *siehe auch* Rücken (*n.*). 6 ~ **durchmesser** (eines Spiralbohrers) (*m. - Werkz.*), diametro dello scarico. 7 ~ **flug** (*m. - Flugw.*), volo rovescio. 8 ~ **halbwertzeit** (eines Stoss·spannung) (*f. - Elekt.*), durata dell'onda fino all'emivalore. 9 ~ **kegel** (eines Kegelrades) (*m. - Mech.*), cono complementare. 10 ~ **kegelwinkel** (eines Kegelrades) (*m. - Mech.*), angolo del cono complementare. 11 ~ **lehne** (eines Sitzes) (*f. - Fahrz.*), schienale. 12 ~ **leimung** (*f. - Buchbinderei*), incollatura del dorso. 13 ~ **rundemaschine** (*f. - Buchbindereimasch.*), macchina per l'arrotondamento del dorso. 14 ~ **säge** (*f. - Werkz.*), saracco a dorso. 15 ~ **trudeln** (Kunstflug) (*n. - Flugw.*), vite rovescia. 16 ~ **wind** (*m. - Navig.*), vento in poppa. 17 ~ **wind** (*Flugw.*), vento di coda, vento in coda. 18 **durchhängender** ~ (*Aut.*), schienale avvolgente.
Rücken (unregelmässiger Abstieg der Gichten im Hochofen) (*n. - Metall.*), discesa irregolare.
rücken (ruckweise bewegen) (*allg.*), spostare a scatti, muovere a scatti, muovere ad intermittenza. 2 ~ (mit einem Rücken versehen, ein Buch z. B.) (*allg.*), applicare il dorso.
Rückerzeiger (*m. - Uhr*), racchetta.
Rückfahrkarte (*f. - Transp.*), biglietto di andata e ritorno.
Rückfahrscheinwerfer (*m. - Aut.*), proiettore di retromarcia.
Rückfallzeit (bei Relais) (*f. - Elekt.*), tempo di scatto.
Rückfederung (Ausdehnung eines gepressten Werkstückes nach der Öffnung der Gesenke) (*f. - mech. Technol. - Blechbearb.*), ritorno elastico.
Rückfenster (*n. - Aut.*), lunotto, luce posteriore.
Rückfluss (*m. - allg.*), riflusso. 2 ~ (Rücklauf, beim Rektifizieren) (*chem. Ind.*), riflusso. 3 ~ **kühler** (*m. - chem. Ind.*), condensatore a riflusso.
Rückförderpumpe (für Öl z. B.) (*f. - Mot. - Masch.*), pompa di ricupero.
Rückfrage (für Angebote z. B.) (*f. - komm.*), nuova richiesta, richiesta rinnovata. 2 ~ (*f. - Fernspr.*), richiamata. 3 ~ **relais** (*n. - Fernspr.*), relè di richiamata.
ruckfrei (*allg.*), senza scosse. 2 ~ (Funktionieren) (*Mech. - Masch.*), senza strappi. 3 ~ (Nocken) (*Mech. - Mot.*), ad accelerazione costante.
Rückfreiwinkel (Axialfreiwinkel) (*m.-Werkz.*), angolo di spoglia inferiore assiale.
Rückführfeder (Rückholfeder) (*f. - Mech.*), molla di richiamo.
Rückführgestänge (*n. - Mech.*), tiranteria di richiamo.
Rückführglied (*n. - Regelung - etc.*), organo di retroazione.
Rückführkraft (*f. - Mech. - etc.*), forza stabilizzatrice.
Rückführkreis (*m. - Regelung*), circuito di retroazione.
Rückführmoment (Rückholmoment) (*n. - Mech. - etc.*), momento stabilizzatore.
Rückführsignal (*n. - Regelung - etc.*), segnale di retroazione.
Rückführung (eines Werkstückes zur Weiterbearbeitung) (*f. - Ind.*), rimessa in ciclo, riciclo. 2 ~ (Rückkopplung) (*Rechner - NC - Werkz.masch.*), retroazione. 3 ~ (bei Regelungsanlagen z. B.) (*Masch.*), riflusso. 4 ~ **s·kraft** (die für die Rückbewegung der Elektrode erforderliche Kraft) (*f. - Schweissen*), forza di richiamo (sull'elettrodo).
Rückgabe (*f. - allg.*), restituzione.
Rückgang (Verminderung) (*m. - allg.*), riduzione, diminuzione. 2 ~ (Rückhub) (*Werkz.masch. - etc.*), ritorno, corsa di ritorno. 3 ~ (*Walzw.*), passata di ritorno. 4 ~ **s·wert** (eines Relais) (*m. - Elekt.*), valore di ripristino. 5 **schneller** ~ (*Werkz.masch.*), ritorno rapido.
rückgekoppelt (*Elekt. - Funk.*), a reazione.
rückgewinnen (*Ind.*), ricuperare. 2 ~ (*Gummind.*), rigenerare.
Rückgewinnung (Wiedergewinnung) (*f. - Ind.*), ricupero. 2 ~ (der Energie) (*Ind.*), riciclo.
Rückgriff (*m.*), *siehe* Regress.

Rückgut (n. - Ind.), materiale di ricupero, materiale di riciclo, ritorni.
Rückhalt (von Wasser, natürlich oder durch Bauwerke) (m. - Geophys. - Wass.b.), raccolta, ritenuta. 2 ~ e·becken (n. - Wass.b.), bacino di ritenuta, bacino di raccolta.
Rückhalter (Sperre) (m. - Mech.), arresto.
Rückholfeder (f. - Mech.), molla di richiamo.
Rückholmoment (n. - Flugw. - etc.), momento stabilizzatore.
Rückholpumpe (f. - Masch.), pompa di ricupero.
Rückhören (für Geräusche z. B.) (n.-Fernspr.), effetto locale.
Rückhub (Rückgang, Rücklaufhub) (m. - Werkz.masch. - etc.), corsa di ritorno.
rückkaufbar (finanz.), redimibile.
Rückkehradresse (in einen Maschinenprogramm z. B.) (f. - Datenverarb.), indirizzo di rientro.
Rückkohleisen (in Stahlherstellung) (n. - Metall.), ghisa per ricarburare.
Rückkohlung (f. - Wärmebeh.), ricarburazione.
Rückkopplung (f. - Funk.), reazione. 2 ~ (Rückführung) (Rechner - NC - Werkz. Masch.), retroazione. 3 ~ s·spule (f. - Elektronik), bobina a reazione, bobina di placca. 4 blinde ~ (mit 90° Phasenverschiebung) (Funk.), reazione sfasata di 90°, reazione in quadratura. 5 negative ~ (Funk.), retroazione negativa, controreazione.
Rückkraft (f. - Werkz.masch.bearb.), siehe Passivkraft.
Rückkreis (m. - Elekt.), circuito di ritorno.
Rückkühlanlage (f. - Anlage), impianto di raffreddamento.
Rückkühlung (f. - Technol. - etc.), raffreddamento.
Rücklage (Rücksprung) (f. - Bauw.), recesso, rientranza. 2 ~ (zurückgelegtes Geld) (finanz.), riserva. 3 ~ (Wasservorrat eines Gebietes) (Hydr.), riserva. 4 Gold ~ (finanz.), riserva aurea.
Rücklauf (Rückgang) (m. - Mech.), movimento di ritorno. 2 ~ (eines Propellers) (naut. - Flugw.), regresso. 3 ~ (Rückfluss, beim Rektifizieren) (chem. Ind.), riflusso. 4 ~ (eines Geschützes) (Feuerwaffe), rinculo. 5 ~ (Rückgang) (Werkz.masch.bearb.), corsa, corsa di ritorno. 6 ~ (Fahrz.), indietreggio. 7 ~ (Rücksprung, des Lichtpunktes) (Fernseh.), ritorno. 8 ~ (Rückprall) (f. - allg.), rimbalzo. 9 ~ bremse (eines Geschützes) (f. - Feuerwaffe), freno. 10 ~ gesperre (Rücklaufsperre) (n. - Fahrz.), arresto indietreggio. 11 ~ hemmung (eines elekt. Zählers z. B.) (f. - Instr. - etc.), bloccaggio della inversione del moto. 12 ~ kondensator (Dephlegmator) (m. - chem. Ind.), condensatore a riflusso. 13 ~ leitung (Rohrleitung) (f. - Leit.), tubazione di ritorno. 14 ~ öl (n. - Mot. - etc.), olio di ricupero. 15 ~ rad (Umkehrrad, Zahnrad) (n. - Fahrz. - naut.), ruota per la marcia indietro, ruota per la retromarcia. 16 ~ sperre (f. - Aut.), arresto indietreggio. 17 ~ welle (eines Wechselgetriebes) (f. - Aut.), albero della (ruota dentata della) retromarcia.

Rücklehne (eines Sitzes) (f. - Fahrz.), schienale.
Rückleistungsrelais (bei Turbogeneratoren, verhindert die Speisung vom Netz) (n. - Elekt.), relè di protezione contro l'inversione di corrente.
Rückleitung (f. - Elekt.), filo di ritorno, conduttore di ritorno. 2 ~ (Rohr) (Mot. - Masch.), tubo di ricupero.
Rücklicht (Rückfahrlicht) (n. - Aut.), proiettore di retromarcia. 2 ~ (Schlusslicht) (Aut.), luce di posizione posteriore. 3 ~ (Eisenb.), fanale di coda.
rücklöten (eine Sicherung) (Elekt.), rigenerare.
Rücklötsicherung (f. - Elekt.), fusibile rigenerabile.
Rückmaschine (Gleisrückmaschine, zur seitlichen Verschiebung der Gleise) (f. - Bergbau), (macchina) spostabinari.
Rückmelder (elektromagnetischer Stellungszeiger, zum Anzeigen des Schaltzustandes von Schaltern, etc.) (m. - Elekt. - Ger.), teleindicatore di posizione. 2 Stellungs ~ (Rückmelder) (Werkz.masch. - etc.), teleindicatore di posizione.
Rückmeldesignal (Rückmeldung) (n. - Telegr.), segnale di conferma.
Rückmeldung (f. - Telegr.), segnalazione di conferma, segnale di risposta. 2 ~ (bei Steuerung von Werkz. masch. z. B.) (f. - Masch.), retrosegnalazione.
Rückmessung (f. - Mech.), « misura complementare ».
rückmodeln (Funk.), demodulare.
Rückmodelung (f. - Funk.), demodulazione.
Rücknahmefeder (f. - Mech.), molla di richiamo.
Rücknahmetaste (f. - Telegr.), tasto di cancellazione.
Rückphosphorung (f. - Metall.), rifosforazione.
Rückprall (m. - allg.), rimbalzo. 2 ~ -Elastizität (des Gummis) (f. - Gummiind.), resa elastica, rimbalzo. 3 ~ härte (Shore-Härte) (f. - Technol.), durezza Shore. 4 ~ härteprüfgerät (für Gummi) (n. - Ger.), apparecchio per la prova della resa elastica. 5 ~ härteprüfung (von Stahl, Shore-Härteprüfung) (f. - mech. Technol.), prova (dinamica) di durezza Shore.
Rückruf (m. - Fernspr.), richiamata. 2 ~ taste (f. - Fernspr.), tasto di richiamo.
rückrufen (Fernspr.), richiamare.
Rucksack (m. - Sport), sacco da montagna.
Rückschaltung (von Strom) (f. - Elekt.), reinserzione 2 ~ (Zurückschaltung, eines Wechselgetriebes) (Aut.), cambio calante, passaggio a marcia inferiore.
Rückschein (m. - Post - Transp.), ricevuta di ritorno.
Rückschlag (m. - allg.), contraccolpo. 2 ~ (der Flamme) (Mot.), ritorno di fiamma. 3 ~ (Rückstoss) (Feuerwaffe), rinculo, contraccolpo. 4 ~ sicherung (eines Vergasers) (f. - Mot.), tagliafiamma, rompifiamma. 5 ~ ventil (n. - Leit.), valvola antiritorno, valvola di non ritorno.
rückschlagen (Mot.), dare ritorni di fiamma.
Rückschritt (m. - allg.), regresso.

Rückschub (*m. - allg.*), indietreggio, rinculo.
Rückseite (Rücken) (*f. - allg.*), parte posteriore, tergo, retro.
Rücksicht (*f. - allg.*), considerazione. 2 **auf etwas ~ nehmen** (*allg.*), prendere qualche cosa in considerazione. 3 **mit ~ auf** (*allg.*), in considerazione di, dato che, posto che.
Rücksitz (*m. - Fahrz. - Aut.*), sedile posteriore.
Rückspanwinkel (Axialspanwinkel) (*m. - Werkz.*), angolo di spoglia superiore assiale.
Rückspiegel (Rückblickspiegel) (*m. - Aut.*), specchio retrovisore. 2 **abblendbarer ~** (*Aut.*), specchio retrovisore antiabbagliante. 3 **ausklinkbarer ~** (*Aut. - Sicherheit*), (specchio) retrovisore sganciabile.
Rückspiel-Verfahren (Playback-Verfahren) (*n. - Elektroakus.*), « playback ».
Rücksprung (Rücklauf, des Lichtpunktes) (*m. - Fernseh.*), ritorno. 2 **~** (in der Stufung von Massen z. B.) (*Math. - etc.*), anomalia di progressione. 3 **~** (Rückfederung) (*Technol.*), ritorno elastico. 4 **~** (*m. - allg.*), rimbalzo.
Rücksprunghärte (Shorehärte) (*f. - mech. Technol.*), durezza Shore. 2 **~ prüfung** (Shorehärteprüfung) (*f. - mech. Technol.*), prova (dinamica) di durezza Shore.
Rückspulen (eines Bandes) (*n. - allg.*), riavvolgimento.
Rückspülung (*f. - Ind.*), lavaggio a controcorrente.
Rückstand (*m. - Chem.*), residuo. 2 **Trocken ~** (*Anstr.*), residuo secco.
Rückstände (*m. - pl. - komm. - finanz.*), arretrati. 2 **~** (*Chem.*), residui. 3 **~** (bei Erzaufbereitung) (*Bergbau*), sterile. 4 **Lohn ~** (*Arb.*), arretrati di salario.
rückständig (*allg.*), arretrato. 2 **~** (überfällig) (*allg.*), scaduto. 3 **~ es Gehalt** (*Pers.*), stipendio arretrato.
Rückstau (*m. - Hydr.*), ristagno. 2 **~** (eines Vergasers) (*Mot. - Fehler*), ingolfamento, invasamento. 3 **~ wasser** (*n. - Hydr.*), ristagno d'acqua.
Rücksteilheit (bei Transistoren) (*f. - Elektronik*), ammettenza inversa.
rückstellen (*allg.*), ripristinare, ristabilire. 2 **~** (auf Null stellen) (*Instr.*), azzerare.
Rückstellfeder (Rückzugfeder) (*f. - Mech.*), molla di richiamo.
Rückstellimpuls (*m. - Elektronik*), impulso di ripristino.
Rückstellkraft (*f. - Mech.*), forza antagonista.
Rückstellmoment (der Lenkung) (*n. - Aut.*), momento di ritorno.
Rückstellrelais (*n. - Elektronik*), relè di ripristino.
Rückstellung (*f. - allg.*), ripristino, ristabilimento. 2 **~** (der Lenkung) (*Aut.*), ritorno. 3 **~** (Nullstellung) (*Instr.*), azzeramento. 4 **~** (*finanz.*), accantonamento. 5 **~** (Rückstellungsbetrag) (*finanz.*), somma accantonata. 6 **~ für Ruhegeldverpflichtungen** (*Adm.*), accantonamento per fondo pensione dipendenti, riserva per fondo pensione dipendenti. 7 **~ für unforgesehene Risiken** (*Adm.*), riserva per contingenze.
Rückstoss (Rückwirkung, bei Feuerwaffen, Strahltriebw., etc.) (*m. - Phys.*), reazione. 2 **~** (Rückschlag) (*Feuerwaffe*), rinculo, contraccolpo. 3 **~** (*Mot.*), contraccolpo. 4 **~ antrieb** (Reaktionsantrieb) (*m. - Flugw.*), propulsione a reazione. 5 **~ antrieb** (Bootsantriebsart) (*m. - naut.*), propulsione ad idrogetto. 6 **~ düse** (eines Staustrahlrohres z. B.) (*f. - Strahltriebw.*), effusore del getto. 7 **~ kraft** (*f. - Flugw.*), reazione del getto. 8 **~ stift** (für Druckgiessformen z. B.) (*m. - Mech. - Giess.*), distanziatore, repulsore, perno repulsore, perno distanziatore. 9 **~ turbotriebwerk** (*n. - Strahltriebw.*), motore a turbogetto.
Rückstosser (Rückstoss·stift, für Druckgiessformen z. B.) (*m. - Mech.*), perno distanziatore, distanziatore, repulsore.
rückstrahlen (reflektieren) (*Opt. - etc.*), riflettere.
Rückstrahler (Katzenauge) (*m. - Aut. - Fahrz.*), catadiottro. 2 **~** (*Phys. - Opt.*), riflettore. 3 **~** (*Radar*), oggetto riflettente.
Rückstrahlortung (*f. - Radar*), localizzazione per riflessione.
Rückstrahlung (Reflexion) (*f. - Opt. - etc.*), riflessione. 2 **~ s·goniometer** (*n. - Ger.*), goniometro a riflessione.
Rückstreuung (von Elektronen) (*f. - Phys.*), diffusione all'indietro.
Rückstrom (eines Gleichrichters z. B.) (*m. - Elekt.*), corrente inversa. 2 **~ schalter** (einer Lichtmaschine, meist mit dem Spannungsregler kombiniert) (*m. - Mot. - Aut.*), interruttore di minima.
Rückströmung (Rezirkulation) (*Hydr. - etc.*), ricircolazione.
Rücktaste (einer Schreibmaschine) (*f. - Büromasch.*), tasto di ritorno.
rücktasten (*Datenverarb. - etc.*), arretrare di uno spazio.
Rück-Transformierte (*f. - Math.*), trasformata inversa.
Rücktritt (vom Vertrag) (*m. - komm.*), rescissione. 2 **~** (Amtsniederlegung) (*Arb. - etc.*), dimissioni. 3 **~ bremse** (Bremse im Fahrradfreilauf) (*f. - Fahrz.*), freno a contropedale.
Rückübertrag (*m. - Math. - Datenverarb.*), riporto circolare.
Rückvergütung (*f. - Adm.*), rimborso.
Rückverlegung (Verzögerung, des Zündzeitpunktes z. B.) (*f. - Mot.*), ritardo.
Ruckvorschub (*m. - Mech.*), avanzamento a gradi, avanzamento ad intermittenza, avanzamento discontinuo.
Rückwand (eines Lastwagens) (*f. - Aut.*), sponda posteriore. 2 **~ fenster** (Rückblickfenster) (*n. - Aut.*), lunotto, luce posteriore.
Rückwärtsbewegung (*f. - Mech.*), moto di ritorno, movimento di ritorno.
Rückwärtsfahrt (*f. - Aut.*), marcia indietro.
Rückwärtsgang (*m. - Aut.*), marcia indietro, retromarcia.
Rückwärtshub (*m. - Mech.*), corsa di ritorno.
Rückwärtskipper (Lastwagen) (*m. - Aut.*), ribaltabile a scarico posteriore.
Rückwärtspressen (Rückwärtsfliesspressen, Gegenfliesspressen) (*n. - mech. Technol.*),

estrusione inversa, estrusione indiretta, estrusione a rimonta.
Rückwärtsschweissung (Gasschweissung bei der die Brennspitze in Richtung der noch nicht verschweissten Blechränder gezogen wird) (*f. - mech. Technol.*), saldatura a destra, saldatura indietro.
Rückwärtsturbine (*f. - naut.*), turbina per la retromarcia.
Rückwärtswellenoszillator (*m. - Elektronik*), oscillatore ad onda regressiva.
Rückwärtswellenröhre (Carcinotron) (*f. - Elektronik*), oscillatore ad onda regressiva, carcinotron.
Rückwasser (Stauwasser) (*n. - Wass.b.*), ristagno d'acqua.
ruckweise (*allg.*), a scatti, a strappi. 2 ~ (intermittierend) (*Mech.*), intermittente.
Rückweisegrenze (Schlechtgrenze, bei Qualitätskontrolle) (*f. - mech. Technol.*), livello di rifiuto.
Rückweisewahrscheinlichkeit (bei Qualitätskontrolle) (*f. - mech. Technol.*), probabilità di rifiuto.
Rückweisezahl (Schlechtzahl, bei Qualitätskontrolle) (*f. - mech. Technol.*), numero di rifiuto.
rückwirkend (*allg.*), retroattivo. 2 ~ (*Elekt. - etc.*), reattivo.
Rückwirkung (Reaktion) (*f. - Mech. - etc.*), reazione. 2 ~ (*recht.*), effetto retroattivo. 3 ~ s·kapazität (*f. - Elekt.*), capacità di reazione.
rückwirkungsfrei (*allg.*), non reattivo. 2 ~ es Glied (*allg.*), elemento irreversibile.
Rückwurfgrad (*m. - Akus.*), grado di riflessione.
Rückzahlung (*f. - komm.*), rimborso.
rückziehbar (*allg.*), retrattile.
Rückzoll (Zollrückerstattung) (*m. - komm.*), restituzione di dazio, rimborso fiscale, « drawback ».
Rückzug (*m. - Werkz.masch.bearb.*), ritorno, corsa di ritorno. 2 ~ feder (einer Kupplung z. B.) (*f. - Mech.*), molla di richiamo.
Rückzündung (*f. - Elekt.*), arco di ritorno. 2 ~ (Rückschlag) (*Aut.*), ritorno di fiamma.
Ruder (Riemen) (*n. - naut.*), remo. 2 ~ (Steuerruder) (*naut.*), timone. 3 ~ (bewegliche Steuerfläche) (*Flugw.*), superficie di comando, superficie di governo. 4 ~ ausgleich (*m. - naut.*), compensazione del timone. 5 ~ ausgleich (*Flugw.*), compensazione di superficie di governo. 6 ~ blatt (Riemenblatt) (*n. - naut.*), pala del remo. 7 ~ blatt (des Steuerruders) (*naut.*), bandiera del timone, pala del timone, piano del timone. 8 ~ gabel (Dolle) (*f. - naut.*), scalmo. 9 ~ gast (Rudergänger) (*m. - naut.*), timoniere. 10 ~ hacke (*f. - naut.*), calcagnolo del timone. 11 ~ haken (*m. - naut.*), agugliotto del timone. 12 ~ haus (*n. - naut.*), timoneria. 13 ~ koker (*m. - naut.*), losca del timone. 14 ~ lage (*f. - naut.*), angolo di barra del timone. 15 ~ lagenzeiger (Ruderzeiger) (*m. - naut.*), assiometro. 16 ~ maschine (*f. - naut.*), macchina di governo. 17 ~ mit Gewichtsausgleich (*Flugw.*), superficie di governo compensata. 18 ~ moment (*n. -Flugw.*), momento di cerniera. 19 ~ öse (*f. - naut.*), femminella del timone. 20 ~ pinne (*f. - naut.*), barra del timone. 21 ~ reep (*n. - naut.*), frenello (del timone). 22 ~ schaft (Rudersteven) (*m. - naut.*), anima del timone, dritto del timone, asse del timone. 23 ~ stift (*m. - naut.*), agugliotto del timone. 24 ~ zeiger (*m. - naut.*), assiometro. 25 Balance- ~ (*naut.*), timone compensato. 26 dem ~ gehorchen (*naut.*), obbedire al timone. 27 Düsen ~ (Kort-Düsen-Ruder) (*naut.*), timone intubato. 28 Höhen ~ (*Flugw.*), timone di quota, timone di profondità, equilibratore. 29 Quer ~ (*Flugw.*), alettone. 30 Schwebe ~ (eines Kriegschiffes z. B.) (*naut.*), timone compensato. 31 Seiten ~ (*Flugw.*), timone di direzione. 32 Tiefen ~ (der U-Boote) (*Kriegsmar.*), timone di profondità, timone orizzontale.
rudern (*naut.*), remare.
Rufbeantworter (zur automatischen Beantwortung durch Tonband) (*m. - Fernspr. - Ger.*), « segreteria telefonica », dispositivo automatico per risposta ad abbonato assente.
Rufbefehl (*m. - Datenverarb.*), istruzione di richiamo.
Rufen (*n. - Funk. - etc.*), chiamata.
rufen (*Funk. - etc.*), chiamare.
Rufender (*m. - Fernspr.*), esecutore della chiamata.
Ruffel (*f. - Tischl.*), siehe Rauhbank.
Rufnummer (*f. - Fernspr.*), numero di abbonato.
Rufstrom (*m. - Fernspr.*), corrente di chiamata.
Ruf- und Signalmaschine (*f. - Fernspr.*), macchina per chiamata e segnali.
Rufzeichen (*n. - Fernspr.*), segnale di chiamata. 2 ~ (Erkennungsmerkmal) (*Funk.*), segnale d'identificazione. 3 ~ (Ausrufzeichen) (!) (*Druck.*), punto esclamativo.
Ruhe (Stilliegen, Unbeweglichkeit) (*f. - Mech.*), quiete. 2 ~ (Rast, Ruhestand) (*allg.*), riposo. 3 ~ (Rast, Raste) (*Mech.*), arresto, fermo. 4 ~ druck (*m. - Phys.*), pressione statica. 5 ~ druck (Erdruhedruck) (*Bauw.*), spinta statica. 6 ~ energie (Eigenenergie) (*f. - Phys.*), energia di posizione (o di riposo), energia propria, energia potenziale. 7 ~ gehalt (Pension, vom Staat) (*n. - Arb. Pers.*), pensione. 8 ~ gehaltsempfänger (*m. - Arb. Pers.*), pensionato. 9 ~ geld (Pension, vom Unternehmer) (*n. - Arb. - Pers.*), pensione. 10 ~ grad (bei Dauerschwingversuchen, Verhältnis der Mittelspannung zur Oberspannung) (*m. - Werkstoffprüfung*), grado di riposo. 11 ~ kontakt (eines Relais) (*m. - Elekt. - Fernspr.*), contatto di riposo. 12 ~ lage (*f. - Mech.*), stato di equilibrio. 13 ~ passung (Übergangspassung) (*f. - Mech.*), accoppiamento incerto, accoppiamento con gioco od interferenza entro i limiti di tolleranza. 14 ~ pause (Unterbrechung der Arbeit) (*f. - Arb. - Pers.*), intervallo, pausa. 15 ~ punkt (Totpunkt) (*m. - Mech. - Mot.*), punto morto. 16 ~ reibung (*f. - Mech.*), attrito statico, aderenza. 17 ~ sitz (Übergangspassung) (*m. - Mech.*), siehe Ruhepassung. 18 ~ spannung (*f. - Elekt.*), tensione di riposo. 19 ~ stand (Zeit, während der die Arbeiter Rente be-

ziehen) (*m. - Arb. - Pers.*), riposo. 20 ~ stellung (*f. - Mech.*), posizione di riposo. 21 ~ strom (schwacher Strom, der den Ruhekontakt eines Relais geöffnet hält) (*m. - Elekt.*), corrente di riposo. 22 ~ stromauslöser (Nullspannungsauslöser) (*m. - Elekt.*), interruttore per tensione zero. 23 ~ winkel (Böschungswinkel) (*m. - Ing.b.*), angolo massimo di natural declivio. 24 ~ zeit (Zeit zwischen zwei aufeinanderfolgenden Schweissspielen) (*f. - mech. Technol.*), tempo di riposo. 25 ~ zeit (in betrieblich und persönlich bedingte Zeit gegliedert) (*Arbeitsstudium*), tempo passivo, tempo d'inattività. 26 ~ zone (Schweigezone) (*f. - Strass.verk.*), zona del silenzio. 27 Alters ~ geld (*Arb. - Pers.*), pensione (di) vecchiaia. 28 Arbeits ~ (*Arb.*), riposo. 29 Raum ~ band (statisches Band, Tonband ohne Nutzaufzeichnung) (*Elektroakus.*), nastro con rumore di fondo (senza registrazione sonora). 30 zur ~ kommen (*Mech. - Mot.*), fermarsi, arrestarsi.
ruhen (*allg.*), riposare.
ruhend (unbewegt) (*allg.*), immobile, statico. 2 ~ (Kontakt) (*Elekt.*), in posizione di riposo. 3 ~ e Last (statische Last) (*Mech. - Baukonstr.lehre*), carico statico. 4 ~ e Last (*Bauw.*), carico fisso, carico permanente. 5 ~ e Reibung (Ruhereibung) (*mech.*), attrito statico, aderenza. 6 ~ er Transformator (*Elekt.*), trasformatore statico.
Ruhenergie (Energie-Äquivalent der Ruhmasse) (*f. - Phys.*), energia di quiete.
ruhig (unbewegt) (*allg.*), immobile, fermo. 2 ~ (geräuschlos) (*allg.*), silenzioso. 3 ~ e Luft (*Meteor.*), aria calma. 4 ~ er Lauf (einer Masch.) (*Mech.*), funzionamento regolare, funzionamento dolce. 5 ~ er Stahl (beruhigter Stahl) (*Metall.*), acciaio calmato. 6 ~ e See (*See*), mare calmo. 7 ~ laufen (*Mot.*), funzionare regolarmente.
Ruhmasse (*f. - Phys.*), massa di quiete, massa di riposo, massa statica.
Ruhmkorffinduktor (*m. - Elekt.*), rocchetto di Ruhmkorff.
Ruhpenetration (bei der Prüfung eines Schmiermittels) (*f. - chem. Ind.*), penetrazione su provino non manipolato.
Rührapparat (*m. - chem. Ind. - etc. - App.*), agitatore.
Rührarm (*m. - App.*), braccio agitatore.
Rühreisen (Rührstab) (*n. - Giess.*), agitatore.
Rühren (*n. - allg.*), agitazione. 2 ~ (Pumpen, eines Steigers) (*Giess.*), pompatura.
rühren (mischen) (*allg.*), agitare, mescolare.
Rührgefäss (*n. - App.*), miscelatore, recipiente di miscela, recipiente di mescola.
Rührhaken (Schüreisen, zum Reinigen eines Ofens z. B.) (*m. - Metall.*), barra, sbarra, asta, « mandriale ».
Rührung (*f. - chem. Ind. - etc.*), agitazione.
Rührwerk (für geschmolzene Metalle z. B.) (*n. - Metall. - etc.*), agitatore.
Ruhwasserdruck (hydrostatischer Druck) (*m. - Hydr.*), carico idrostatico, carico piezometrico.
Rumpelgeräusch (Summen) (*n. - Akus.*), ronzio.
Rumpf (eines Flugzeuges) (*m. - Flugw.*), fusoliera. 2 ~ (eines Schiffes) (*naut.*), scafo. 3 ~ (Kern, des Atoms) (*Phys.*), nucleo. 4 ~ bekleidung (*f. - Flugw.*), rivestimento della fusoliera. 5 ~ gerippe (*n. - Flugw.*), ordinata. 6 ~ lager (Stehlager) (*n. - Mech.*), supporto ritto. 7 Boots ~ (*naut.*), scafo dell'imbarcazione.
Rumpometer (Ger. zur Prüfung der Festigkeit von trockenen Lackfilmen) (*n. - Ger.*), apparecchio per prove di resistenza.
rund (kreisförmig) (*allg.*), rotondo, circolare. 2 ~ (kugelig) (*allg.*), sferico. 3 ~ (ungefähr) (*Math. - etc.*), circa. 4 ~ e Klammer (*Druck.*), parentesi tonda. 5 ~ erneuern (einen Reifen) (*Gummiind.*), rinnovare il battistrada, ricostruire il battistrada, « rigenerare ».
Rundantenne (*f. - Funk.*), antenna onnidirezionale.
Rundbau (*m. - Bauw.*), rotonda.
Rundbewegung (*f. - Mech.*), moto circolare.
Rundbiegemaschine (*f. - Blechbearb.masch.*), curvatrice, rotolatrice.
rundbiegen (*Blechbearb.*), curvare cilindrico, incurvare cilindrico.
Rundbild (*n. - Opt.*), immagine panoramica. 2 ~ aufnahme (*f. - Phot. - Filmtech.*), ripresa panoramica.
Rundblech (*n. - metall. Ind.*), lamiera circolare. 2 ~ (Ronde, Platine) (*Blechbearb.*), sviluppo circolare.
Rundblick (*m. - Fahrz. - etc.*), vista panoramica. 2 ~ fernrohr (an Geschützen) (*n. - Feuerwaffe*), cannocchiale panoramico.
Rundblock (*m. - metall. Ind.*), lingotto tondo.
Rundbogen (*m. - Arch.*), arco a tutto sesto. 2 ~ fenster (*n. - Arch.*), finestra semicircolare. 3 ~ stil (Romanik) (*m. - Arch.*), romanico, stile romanico.
Rundbrecher (Kegelbrecher, Kreiselbrecher) (*m. - Masch.*), frantoio rotante.
Rundbundverdrahtung (Leitungsverlegungsart) (*f. - Elekt.*), cablaggio a fascio cilindrico.
Runddichtring (O-Ring) (*m. - Mech.*), O-ring.
Runddose (*f. - Ind.*), barattolo.
Runddraht (*m. - Elekt.*), filo tondo.
Runde (beim Bahnrennen) (*f. - Aut. - etc. - Sport*), giro. 2 ~ (bei Boxkampf) (*Sport*), ripresa. 3 ~ (Wache) (*milit.*), ronda. 4 ~ n·zeit (*f. - Sport*), tempo sul giro. 5 schnellste ~ (*Aut. - Sport*), giro più veloce.
Rundeck (*n. - Mech. - etc.*), spigolo arrotondato.
Rundeisen (*n. - metall. Ind.*), tondo (di ferro), tondino. 2 ~ für Beton (*metall. Ind. - Bauw.*), tondo per cemento armato, tondino per cemento armato.
Runden (Umformen zwischen den Walzen von Rundmaschinen zur Herstellung von Rohren, etc.) (*n. - mech. Technol.*), curvatura, rullatura, rollatura.
runden (*allg.*), arrotondare. 2 ~ (umformen zwischen Walzen zur Herstellung von Rohren, etc.) (*mech. Technol.*), curvare, rullare, rollare. 3 ab ~ (Zahlen) (*Math. - etc.*), arrotondare. 4 nach oben ~ (aufrunden) (*Math. - etc.*), arrotondare in eccesso. 5 nach unten ~ (abrunden) (*Math. - etc.*), arrotondare in difetto.
runderneuert (Reifen) (*Aut.*), ricostruito, con battistrada rinnovato, « rigenerato ».

Runderneuerung (eines Reifens) (*f. - Aut.*), ricostruzione (del battistrada), « rigenerazione ».
Rundfahrtwagen (*m. - Aut.*), autobus per giri turistici.
Rundfeile (*f. - Werkz.*), lima tonda, lima rotonda.
Rundfenster (*n. - Arch.*), finestra circolare.
Rundformmeissel (Drehmeissel, Formscheibenmeissel) (*m. - Werkz.*), utensile circolare sagomato.
Rundfräsen (dem Drehen ähnlich, bei dem ein rotierender Fräser statt eines Drehstahles verwendet wird) (*n. - Werkz.masch. bearb.*), fresatura in tondo, fresatura di superfici cilindriche.
Rundfräsmaschine (für Kurbelwellen z. B.) (*f. - Werkz.masch.*), fresatrice in tondo, fresatrice per superfici cilindriche.
Rundfunk (*m. - Funk.*), radiodiffusione, radiotrasmissione. 2 ~ (Hörfunk und Fernsehen) (*Funk. - Fernseh.*), radiotelevisione. 3 ~ **ansager** (Rundfunksprecher) (*m. - Funk. - Arb.*), annunciatore della radio. 4 ~ **aufnahmeraum** (*m. - Funk.*), studio radiofonico. 5 ~ **bastler** (Radioamateur) (*m. - Funk.*), radioamatore. 6 ~ **dienst** (*m. - Funk.*), servizio radiofonico. 7 ~ **empfänger** (*m. - Funk.*), apparecchio radio, radioricevitore. 8 ~ **frequenz** (*f. - Funk.*), radiofrequenza. 9 ~ **gebühr** (*f. - Funk.*), canone per radio (utenza). 10 ~ **hörer** (Rundfunkteilnehmer) (*m. - Funk.*), radioascoltatore, radioabbonato. 11 ~ **kanal** (*m. - Funk.*), canale di radiodiffusione. 12 ~ **nachrichten** (*f. - pl. - Funk.*), giornale radio. 13 ~ **sender** (*m. - Funk.*), radiotrasmettitore. 14 ~ **senderaum** (Studio) (*m. - Funk.*), studio di radiotrasmissione. 15 ~ **station** (Rundfunksender) (*f. - Funk.*), stazione radiotrasmittente. 16 ~ **störschutz** (*m. - Funk.*), protezione antiradiodisturbi. 17 ~ **störung** (*f. - Funk.*), radiodisturbo. 18 ~ **technik** (*f. - Funk.*), tecnica delle radiotrasmissioni. 19 ~ **teilnehmer** (Runfunkhörer) (*m. - Funk.*), radioascoltatore, radioabbonato. 20 ~ **tochtersender** (*m. - Funk.*), stazione ritrasmittente, stazione ripetitrice. 21 ~ **welle** (*f. - Funk.*), onda radio, radioonda. 22 ~ **werbung** (*f. - Funk. - komm.*), pubblicità radiofonica. 23 **Draht** ~ (Drahtfunk) (*Funk. - Fernspr.*), filodiffusione.
rundfunken (*Funk.*), radiodiffondere, radiotrasmettere.
Rundgesenk (Vorschmiedegesenk) (*n. - Schmiedewerkz.*), stampo scapolatore.
Rundgewinde (*n. - Mech.*), filettatura tonda, filettatura ad arco di cerchio.
Rundgliederkette (*f. - Mech.*), catena a maglie tonde.
Rundgummidichtung (Rundschnurring) (*f. - Mech.*), anello torico, guarnizione OR, anello di guarnizione in gomma a sezione circolare, anello di tenuta di gomma a sezione circolare.
Rund-Hämmer-Maschine (Knetmaschine) (*f. - Schmiedemasch.*), martellatrice.
Rundhaus (für Lokomotiven) (*n. - Eisenb.*), deposito a rotonda, rotonda.
Rundheit (*f. - Mech. - etc.*), rotondità, circolarità. 2 ~ **s-messgerät** (*n. - Ger.*), misuratore di circolarità.
Rundhobeln (zur Herstellung von Keilwellen z. B.) (*n. - Werkz.masch.bearb.*), piallatura in tondo, piallatura di superfici cilindriche.
Rundholz (rohes rundes Holz) (*n. - Holz*), legno in tronchi, legno in fusti. 2 ~ (bearbeitetes rundes Holz) (*Holz*), palo di legno. 3 ~ (Mast, Baum, etc.) (*Schiffbau*), alberatura di legno.
Rundieren (Herstellung von Ronden) (*n. - opt. Ind.*), preparazione di dischi.
R. & K. (*Bauw.*), *siehe* Ring- und Kugel-Methode.
rundkantig (*Mech. - etc.*), a spigoli arrotondati. 2 ~ **es Formeisen** (*metall. Ind.*), profilato di ferro a spigoli arrotondati.
Rundkeil (für Dampflokomotiven) (*m. - Mech.*), chiavetta cava a sezione circolare (con filettatura interna parziale).
Rundkipper (Lastwagen) (*m. - Aut.*), ribaltabile a scarico multilaterale.
Rundkneten (*n. - Schmieden*), martellatura.
Rundknetmaschine (Hammerrollmaschine) (*f. - Schmiedemasch.*), martellatrice.
Rundkolben (*m. - chem. Ger.*), pallone a fondo sferico.
rundköpfig (Nagel z. B.) (*Mech.*), a testa tonda.
Rundkopfschiene (*f. - Transp.*), rotaia a fungo.
Rundkopfschraube (*f. - Mech. - Tischl.*), vite a testa tonda.
Rundkopfstift (*m. - metall. Ind. - Tischl.*) punta a testa bombata, chiodo a testa bombata.
rundkörnig (*Metall.*), globulare, sferoidale.
Rundkuppe (einer Schraube) (*f. - Mech.*), estremità tonda.
Rundlauf (eines rotierenden Maschinenteiles) (*m. - Mech.*), coassialità, concentricità, rotazione concentrica, « centratura ». 2 ~ (ruhiger Lauf) (*Mot.*), funzionamento dolce, funzionamento regolare. 3 ~ **abweichung** (Radialschlag, eines rotierenden Maschinenteiles) (*f. - Mech.*), oscillazione radiale. 4 ~ **fehler** (von Verzahnungen) (*m. - Mech.*), errore di oscillazione radiale. 5 ~ **prüfgerät** (*n. - Ger.*), apparecchio per misurare l'errore di oscillazione radiale.
Rundlaufen (*n. - Mech. - etc.*), rotazione coassiale, coassialità.
rundlaufen (*Mech. - etc.*), girare coassiale, girare centrato.
rundlaufend (*Mech.*), coassiale, concentrico, centrato. 2 **nicht** ~ (*Mech.*), non coassiale, eccentrico, scentrato, con oscillazione radiale.
Rundläufer-Presse (für Kunststoffe, Karussell-Presse) (*f. - Masch.*), pressa a giostra.
Rundlochblech (für Siebe z. B.) (*n. - metall. Ind.*), lamiera perforata.
Rundlochsieb (*n. - Ger.*), vaglio a fori rotondi, crivello a fori circolari.
Rundmaschine (zur Herstellung von röhrenähnlichen Teilen, wobei Blechtafeln oder Blechstreifen zwischen drei Walzen gerollt werden) (*f. - Masch.*), curvatrice, rotolatrice, rullatrice. 2 **Dreiwalzen** - ~ (*Blechbearb.masch.*), curvatrice a tre rulli.

Rundmeissel (Drehmeissel) (*m. - Werkz.*), utensile circolare.
Rundmesser (Formscheibenstahl, für Dreharbeiten auf Automaten) (*n. - Werkz.*), utensile circolare, coltello circolare. 2 ~ **maschine** (Kreismessermaschine, in der Bekleidungsfertigung verwendet) (*f. - Masch.*), tagliatrice a coltello circolare.
Rundmutter (*f. - Mech.*), dado cilindrico.
Rundnahtschweissmaschine (*f. - Masch.*), saldatrice continua in tondo.
Rundniet (Rundkopfniet) (*m. - metall. Ind.*), chiodo a testa tonda, ribattino a testa tonda.
Rundofen (*m. - Ofen*), forno circolare.
Rundpassung (Passung zwischen kreiszylindrischen Flächen) (*f. - Mech.*), accoppiamento cilindrico, accoppiamento tra superfici cilindriche.
Rundprobe (*f. - Baukonstr.lehre*), provetta cilindrica. 2 ~, siehe auch Rundscherprobe.
Rundriemen (*m. - Mech.*), cinghia a sezione circolare.
Rundscheibe (Unterlegscheibe) (*f. - Mech.*), rosetta rotonda, rosetta tonda.
Rundschere (Kreisschere) (*f. - Masch.*), cesoia circolare.
Rundscherprobe (für Holz) (*f. - Baukonstr. lehre*), provetta cilindrica per prove di taglio.
Rundschieber (*m. - Mech.*), valvola a cassetto cilindrico.
Rundschlag (Trossenschlag, Seil-Machart, mit Litzen in entgegengesetzter Drehrichtung um eine gemeinsame Achse schraubenförmig gebildet) (*m. - Seile*), avvolgimento triplo incrociato.
Rundschleifen (*n. - Werkz.masch.bearb.*), rettifica in tondo. 2 **Aussen** ~ (*Werkz.masch. bearb.*), rettifica in tondo esterna. 3 **Innen** ~ (*Werkz.masch.bearb.*), rettifica in tondo interna. 4 **spitzenloses** ~ (*Werkz.masch.bearb.*), rettifica senza centri, rettifica senza punte.
Rundschleifmaschine (*f. - Werkz.masch.*), rettificatrice in tondo. 2 **Aussen** ~ (*Werkz. masch.*), rettificatrice in tondo per esterni. 3 **Innen** ~ (*Werkz.masch.*), rettificatrice in tondo per interni. 4 **spitzenlose** ~ (*Werkz. masch.*), rettificatrice senza centri.
Rundschliff (*m. - Werkz.masch.bearb.*), rettifica in tondo.
Rundschmieden (Rollen) (*n. - Schmieden*), siehe Rollen.
Rundschnurring (O-Ring, Dichtring) (*m. - Mech.*), anello torico, guarnizione OR, anello di tenuta a sezione circolare, guarnizione ad anello a sezione circolare.
Rundschraube (Halbrundkopfschraube) (*f. - Mech.*), vite a testa tonda.
Rundschreiben (Schriftstück) (*n. - Bürokomm.*), circolare.
Rundseil (*n. - Seil*), fune tonda.
Rundsiebmaschine (*f. - Papierind. - Masch.*), macchina in tondo.
Rundskala (*f. - Instr.*), quadrante circolare.
Rundspitzfeder (*f. - Büro*), penna a sfera.
Rundspruch (*m. - Funk. - schweiz.*), siehe Rundfunk.
Rundstahl (*m. - metall. Ind.*), tondo di acciaio. 2 ~ (*Werkz.*), utensile a punta tonda.

Rundsteueranlage (Zentralsteuerungsanlage) (*f. - Elekt.*), impianto (di comando) centralizzato.
Rundsteuerung (Zentralsteuerung) (*f. - Elekt. - etc.*), comando centralizzato. 2 ~ **s·anlage** (bei Tonfrequenz z. B.) (*f. - Elekt. - Funk.*), impianto di comando centralizzato.
Rundstrahlantenne (Rundantenne) (*f. - Funk.*), antenna onnidirezionale.
Rundstrahlbake (*f. - Funk.*), radiofaro onnidirezionale.
Rundstrahler (Rundstrahlantenne) (*m. - Funk.*), antenna onnidirezionale.
Rundstrickmaschine (Rundstrickstuhl) (*f. - Textilmasch.*), macchina circolare per maglieria, telaio circolare per maglieria.
Rundtisch (*m. - Werkz.masch.*), tavola circolare.
Rundum - Kennleuchte (Verkehrswarngerät bei dem ein blaues oder gelbes, blinkendes Lichtbündel erzeugt wird) (*f. - Strass.ver.*), avvisatore ottico rotante, lampeggiatore di avvertimento (a luce rotante).
Rundung (*f. - allg.*), arrotondamento. 2 ~ (eines dreieckigen Gewindes z. B.) (*Mech.*), fondo (arrotondato). 3 ~ **s·fehler** (*m. - Math. - etc.*), errore dovuto ad arrotondamenti. 4 ~ **s·halbmesser** (*m. - Geom.*), raggio di curvatura.
Rundvorschmieden (Reckwalzen) (*n. - Schmieden*), sbozzatura al laminatoio.
Rundwalzdraht (mit Nenndurchmesser bis 13 mm) (*m. - metall. Ind.*), vergella, bordione.
Rundwalzen (Runden, Walzrunden, Biegewalzen) (*n. - Blechbearb.*), curvatura (a rulli).
Rundzange (*f. - Werkz.*), pinze a punta tonda.
Runge (Wagenrunge, Seitenstück) (*f. - Fahrz.*), stante, montante. 2 ~ **n·wagen** (offener Güterwagen mit senkrechten Rungen) (*m. Eisenb.*), carro piatto con stanti, pianale con stanti.
Runterschalten (*n. - Aut.*), passaggio a marcia inferiore, cambio calante.
Runzel (Schrumpel) (*f. - allg.*), ruga, grinza. 2 ~ **bildung** (*f. - Anstr.fehler*), raggrinzimento. 3 ~ **effekt** (*m. - Anstr.*), effetto raggrinzante. 4 ~ **membran** (*f. - Instr.*), membrana ondulata.
runzeln (*Anstr.fehler*), raggrinzirsi.
Rupfen (grobfädiges Jutegewebe) (*m. - Text.*), tela di iuta grossa, tela da sacchi.
Rupfen (der Kupplung) (*n. - Aut. - Fehler*), inceppamento, bloccaggio. 2 ~ (von Papier) (*Technol.*), strappamento superficiale.
Rupffestigkeit (von Papier) (*f. - Technol.*), resistenza al distacco superficiale.
Rush-Strom (Einschaltstrom) (*m. - Elekt.*), corrente d'inserzione, valore massimo istantaneo della corrente alla chiusura del circuito.
Russ (schwarzer Kohlenstoff) (*m. - Verbr.*), nerofumo, fuliggine. 2 ~ (Galmei, Glühspan) (*Giess.*), calamina. 3 ~ **bläser** (Russgebläse) (*m. - Kessel - Ger.*), soffiatore di fuliggine, spazzafuliggine, soffiafuliggine. 4 ~ **fänger** (*m. - Verbr. - App.*), separatore di fuliggine, fermafuliggine. 5 ~ **gebläse** (Russbläser)

(n. - Kessel), soffiatore di fuliggine, soffiafuliggine, spazzafuliggine.
Rüssel (Verbindungsstück zwischen Werkz. und Ultraschallerzeuger) (m. - mech. Bearb.), tromba (esponenziale). 2 ~ (mech. Verstärker) (Akus.), amplificatore meccanico. 3 ~ schweissen (Unterpulver-Schweissverfahren bei dem das Pulver durch einen Rüssel zugeführt wind) (m. - mech. Technol.), saldatura (ad arco sommerso) con alimentazione di (flusso in) polvere da serbatoio a becco.
russig (allg.), fuligginoso.
Rüst (Rust) (f.), siehe Rüste.
Rüstanker (schwerster Anker) (m. - naut.), àncora principale.
Rüstbaum (Hauptträger am Gerüst) (m. - Bauw.), montante principale, antenna, abetella.
Rüstbock (Trageböck) (m. - Ger.), cavalletto.
Rüste (Planke an der oberen Bordwand) (f. - naut.), landa, landra. 2 ~ (allg.), siehe auch Ruhe.
Rüsteisen (Rüste) (n. - naut.), landa, landra.
Rüsten (n. - Werkz.masch.bearb. - Zeitstudium), preparazione macchina.
rüsten (bereit machen) (allg.), preparare, allestire. 2 ~ (ein Gerüst bauen) (Bauw.), montare un ponteggio, montare l'impalcatura. 3 ~ (gebrauchsfertig machen) (Mech. - etc.), approntare, allestire, apparecchiare. 4 ~ (milit.), armare. 5 ab ~ (Bauw.), smontare il ponteggio, smontare l'impalcatura. 6 ab ~ (Eisenbeton) (Bauw.), disarmare. 7 aus ~ (mit allem Bedarf versehen) (allg.), allestire, approntare, apparecchiare, equipaggiare.
Rüster (Siebblech) (m. - metall. Ind.), lamiera per vagli.
Rüster (Ulme) (f. - Holz), olmo.
Rustika (Bossenwerk, Buckelsteinmauer) (f. - Bauw. - Arch.), bugnato. 2 ~ quader (Buckelstein) (m. - Arch.), bugna.
rustikal (Bauw.), rustico. 2 ~ bearbeiten (Bauw.), bugnare.
Rüstmann (m. - Arb.), montatore.
Rüstmeister (beim Flugzeugbau z. B.) (m. - Flugw. - etc.), capo reparto montaggio.
Rüst-Min. (Arb. - Organ. - Werkz.masch.bearb.), (tempo) preparazione (macchina) in minuti.
Rüstung (Vorbereitung) (f. - allg.), preparazione 2 ~ (Gerüst) (Bauw.), ponteggio, impalcatura. 3 ~ (Fertigmachen) (Mech. - etc.), approntamento, allestimento. 4 ~ (Bergbau), armamento leggero. 5 ~ (eines Bogens) (Bauw.), centinatura. 6 ~ (milit.), armamento. 7 ~ s·industrie (f. - milit. Ind.), industria degli armamenti.
Rüstzeit (f. - Werkz.masch.bearb.), tempo preparazione macchina.
Rüstzeug (Handwerkzeug) (n. - Werkz.), arnese.
Rute (langer, dünner Stab) (f. - allg.), bacchetta, asta. 2 ~ (Angelstock) (Fischerei), canna. 3 ~ (Rahe, des Lateinsegels) (naut.), pennone. 4 ~ (Wünschelrute) (Ger.), bacchetta da rabdomante. 5 ~ (Fensterraute, Scheibe) (Bauw.), vetro. 6 ~ n·gänger (m. - Geol. - etc.), rabdomante. 7 ~ n·gängerei (f. - Geol. - etc.), rabdomanzia. 8 ~ n·segel (Lateinsegel) (n. - naut.), vela latina.
Ruthenium (Ru - n. - Chem.), rutenio.
Rutherford (n. - Radioakt. - Einheit), rutherford.
Rutherfordium (Rf, Element) (Radiaakt.), rutherfordio.
Rutil (TiO$_2$) (m. - Min.), rutilo.
Rutsch (Sturz) (m. - Bergbau - Geol.), frana. 2 ~ bahn (Gleitbahn in den Wänden des Docks zum Herabsenden von Baustoffen) (f. - naut.), scivolo. 3 ~ bahn (Rutsche) (ind. Transp.), scivolo. 4 ~ eindruck (Rutschspur) (m. - Aut. - Strass.ver.), segno della slittata. 5 ~ festigkeit (f. - Aut. - Strasse), antisdrucciolevolezza. 6 ~ fläche (f. - allg.), superficie di scorrimento. 7 ~ fläche (Geol.), piano di faglia. 8 ~ gefahr! (Verkehrszeichen) (f. - Strass.ver. - Aut.), strada sdrucciolevole! 9 ~ kraft (einer Presspassung) (f. - Mech.), forza di scorrimento. 10 ~ kupplung (Sicherheitskupplung) (f. - Masch.), giunto a frizione. 11 ~ moment (der Kupplung) (n. - Mech. - Aut.), coppia di slittamento. 12 ~ pflaster (n. - Strass.ver.), pavimentazione sdrucciolevole.
Rutsche (einfache Fördereinrichtung) (f. - ind. Transp.), scivolo, piano inclinato. 2 ~ (Rinne) (Giess.), canale di colata. 3 Schüttel ~ (ind. Transp.), scivolo a bilico. 4 Wendel ~ (ind. Transp.), scivolo elicoidale, scivolo a chiocciola.
Rutschen (n. - allg.), slittamento, scivolamento. 2 ~ (Rutsch) (Geol. - Bergbau), frana. 3 ~ (der Kupplung) (Aut.), slittamento. 4 ~ (auf nassen Strassendecken z. B.) (Aut.), slittamento, sdrucciolamento. 5 ~ zuführung (f. - Masch.), alimentazione a gravità (con scivolo). 6 Ab ~ (Flugw.), scivolata d'ala.
rutschen (allg.), scivolare, slittare, sdrucciolare. 2 ~ (Geol. - Bergbau), franare. 3 ~ (der Kupplung) (Aut.), slittare. 4 ~ (auf nassen Strassendecken z. B.) (Aut.), slittare, sdrucciolare. 5 ab ~ (über einen Flügel gleiten) (Flugw.), scivolare d'ala.
Rutscher (Stein, zum Schleifen) (m. - Werkz.), pietra abrasiva. 2 ~ (Vibrationshandschleifmaschine) (m. - Masch.), vibrosmergliatrice.
rutschfest (Strasse, Reifen z. B.) (Aut.), antisdrucciolevole.
rutschig (Strasse) (Aut.), sdrucciolevole.
Rutschung (Solifluktion) (f. - Geol.), solifluzione.
Rustschweg (eines mit blockierten Räder Fahrz.) (m. - Fahrz.), slittata, lunghezza della slittata.
Rüttelbeton (m. - Bauw.), calcestruzzo vibrato.
Rüttelbohle (Vibrierbohle, für Beton) (f. - Bauw. - Masch.), tavola vibrante. 2 ~ n·fertiger (für Strassendecken) (m. - Strass.b. - Masch.), vibrofinitrice.
Rütteldruckverfahren (zum Stampfen des Grundes) (n. - Ing.b.), vibroflottazione.
Rüttelfertiger (Rüttelbohlenfertiger) (m. - Strass.b.masch.), vibrofinitrice.
Rüttelförderer (m. - ind. Transp.), trasportatore a scossa, vibrotrasportatore.

Rüttelformmaschine (*f.* - *Giess.masch.*), formatrice a scossa. 2 ~ **mit Handhebelmodellabhebung** (*Giess.masch.*), formatrice a scossa con estrazione manuale del modello. 3 ~ **mit Stiftenabhebung** (*Giess.masch.*), formatrice a scossa con sformatura a candele.
Rütteln (*n.* - *Flugw.*), scuotimento. 2 ~ (des Betons) (*Bauw.*), vibratura.
rütteln (schütteln) (*allg.*), scuotere. 2 ~ (Beton) (*Bauw.*), vibrare. 3 ~ (zum Ausziehen des Modells) (*Giess.*), scuotere, branare, scampanare. 4 ~ (mit Sieb) (*Bergbau - etc.*), vagliare a scossa.
Rüttelpressformmaschine (*f.* - *Giess.masch.*), formatrice a scossa e compressione. 2 ~ **mit Stiftenabhebung** (*Giess.masch.*), formatrice a scossa e compressione con sformatura a candele.
Rüttelsieb (*n.* - *Ger.*), vibrovaglio, vaglio a scossa.
Rüttelstampfer (*m.* - *Bauw.* - *Masch.*), costipatrice-vibratrice, vibrocostipatrice.
Rütteltisch (*m.* - *Bergbau* - *etc.*), tavola vibrante.
Rüttelverdichter (*m.* - *Bauw.masch.*), vibrocostipatrice.
Rüttelwendeformmaschine (*f.* - *Giess. masch.*), formatrice a scossa a ribaltamento, formatrice a scossa ribaltabile. 2 ~ **mit Abhebevorrichtung** (*Giess.masch.*), formatrice e sformatrice a scossa ribaltabile.
Rüttler (Vibrationsrüttler, Rüttelvorrichtung) (*m.* - *ind. Trasp.* - *etc.*), vibratore. 2 ~ (Rüttelformmaschine) (*Giess.masch.*), formatrice a scossa.
RVM (Röhrenvoltmeter) (*Elekt.*), voltmetro a tubi elettronici, voltmetro termoelettronico.
RVO (Reichsversicherungsordnung) (*finanz.*), regolamento sulle assicurazioni. 2 ~ (Reichsvereinigung der Ortskrankenkassen) (*Arb. - Med.*), Unione delle Casse Malattia locali.
RW (Regelwiderstand) (*Elekt.*), resistenza variabile, reostato.
R-Wagen (Rungenwagen) (*m.* - *Eisenb.*), carro piatto con stanti, pianale con stanti.
R-Wert (Rauhtiefe, einer Oberfläche) (*m.* - *Mech.*), indice di rugosità.
r-Wert (Formänderungsverhältnis, für Bleche; Mass für die Anisotropie) (*m.* - *mech.* - *Technol.*), indice di anisotropia.
rwN (rechtweisend Nord) (*Navig.*), nord vero.

S

S (Siemens) (*Phys.*), siemens. 2 ~ (Süden) (*Geogr.*), S, sud. 3 ~ (Schwefel) (*Chem.*), S, solfo. 4 ~ (Fläche) (*allg.*), S, superficie. 5 ~ (q, Querschnitt) (*Geom. - etc.*), S, sezione. 6 ~ (Spiel) (*Mech. - etc.*), gioco. 7 ~ (Sicherung) (*Elekt.*), fusibile. 8 ~ (Scheinleistung) (*Elekt.*), S, potenza apparente. 9 ~ (Stromdichte) (*Elekt.*), densità di corrente. 10 ~ (Schnur) (*Elekt.*), cordone. 11 ~ (Sender) (*Funk. - etc.*), trasmettitore. 12 ~ (Steilheit) (*Elektronik*), conduttanza mutua, pendenza. 13 ~ (Strahlungsdichte) (*Phys.*), densità di radiazione. 14 ~ (Entropie) (*Thermodyn.*), entropia.
S. (Seite) (*Druck. - etc.*), pagina.
s (Sekunde) (*Zeiteinheit*), s, sec, secondo. 2 ~ (Dicke) (*allg.*), spessore. 3 ~ (Weglänge) (*Mass*), distanza. 4 ~ (Schlupf) (*Elekt. - Mech.*), s, scorrimento. 5 ~ (Schlüsselweite) (*Mech. - Werkz.*), apertura di chiave.
s. (siehe) (*allg.*), vedi.
Sa., S^a (Summa, Summe, Endbetrag) (*Math.*), totale.
s. a. (siehe auch) (*allg.*), vedi anche.
Saal (*m. - Bauw.*), sala. 2 ~ geräusch (*n. - Fernspr. - etc.*), rumore di sala. 3 ~ meister (Spinnmeister z. B.) (*m. - Arb. - Textilind. - etc.*), caposala. 4 ~ tochter (Kellnerin) (*f. - arb. - schweiz.*), cameriera di sala. 5 ~ verdunkelungseinrichtung (für Kino) (*f. - Elekt.*), oscuratore di sala. 6 Operations ~ (eines Spitals) (*Med.*), sala operatoria. 7 Warte ~ (*Bauw.*), sala di attesa.
Sab. (Sabine) (*Akus. - Arch.*), sabine.
Säbel (*m. - Waffe*), sciabola.
Sabine (Einheit des Absorptionsvermögens) (*n. - Akus. - Arch.*), sabine.
Sabotage (*f. - milit. - recht.*), sabotaggio.
sabotieren (*milit. - recht.*), sabotare.
Saccharat (*n. - Chem.*), saccarato.
Saccharimeter (Polarimeter) (*n. - chem. Instr.*), saccarimetro.
Saccharimetrie (*f. - Chem.*), saccarimetria.
Saccharin ($C_6H_4.CO.SO_2.NH$) (künstlicher Süss-stoff) (*n. - Chem.*), saccarina.
Saccharometer (*n. - chem. Instr.*), saccarometro.
Saccharose ($C_{12}H_{22}O_{11}$) (*f. - Chem.*), saccarosio.
Sachanlagen (*f. - pl. - Adm.*), beni patrimoniali, beni materiali.
Sachbearbeiter (Angestellter dem eine bestimmte Aufgabe anvertraut ist) (*m. - Pers.*), incaricato (*s.*).
Sachbezüge (*m. - pl. - Arb.*), rimunerazione in natura.
Sache (Rechtssache) (*f. - recht.*), causa. 2 bewegliche ~ n (*Adm.*), beni mobili.
sachgemäss (*allg.*), adatto, appropriato, conforme. 2 ~ (*Mech. - etc.*), a regola d'arte.
sachgerecht, siehe sachgemäss.

Sachkenntnis (*f. - allg.*), cognizione di causa.
Sachkonten (*n. - pl. - Adm. - Ind.*), conti dei materiali.
Sachkosten (*f. - pl. - Ind.*), costi dei materiali.
Sachleistung (deren Höhe durch die technische Einrichtung bestimmt wird) (*f. - Arb.*), prestazione strumentale.
Sachmangel (*m. - recht.*), vizio della cosa.
Sach-Nr. (Sachnummer) (*Zeichn.*), numero categorico, numero di disegno.
Sachschaden (*m. - recht.*), danno materiale.
Sachverständiger (Fachmann) (*m. - allg.*), esperto, specialista, perito. 2 Bau ~ (*Bauw. - Arb.*), perito edile.
Sachwert (*m. - finanz.*), valore materiale.
Sachwerte (*m. - pl. - finanz.*), beni materiali.
Sack (*m. - allg.*), sacco. 2 ~ bahnhof (Kopfbahnhof) (*m. - Eisenb.*), stazione di testa. 3 ~ filter (*m. - Ger.*), siehe Tuchfilter. 4 ~ flug (Sackzustand) (*m. - Flugw.*), stallo, perdita di portanza. 5 ~ fluganzeiger (*m. - Flugw. - Instr.*), indicatore di stallo. 6 ~ förderer (*m. - ind. Transp.*), trasportatore per sacchi. 7 ~ füllmaschine (*f. - Masch.*), insaccatrice. 8 ~ gasse (Sackstrasse) (*f. - Strass.ver.*), via senza uscita, vicolo cieco. 9 ~ gasse (unvorgesehenes Ende eines Programms z. B.) (*Datenverarb.*), fine imprevista. 10 ~ geschwindigkeit (*f. - Flugw.*), velocità di stallo. 11 ~ gleis (totes Gleis) (*n. - Eisenb.*), binario morto. 12 ~ karre (*f. - Transp. - Fahrz.*), carrello per sacchi. 13 ~ loch (*n. - Mech. - etc.*), foro cieco. 14 ~ mass (*n. - Bauw.*), cedimento, misura del cedimento. 15 ~ packanlage (*f. - Ind.*), impianto d'insaccatura. 16 ~ rohr (*n. - Leit.*), tubo ad estremità chiusa. 17 ~ stich (*m. - naut.*), nodo di Savoia. 18 ~ strasse (*f. - Strass.ver.*), siehe Sackgasse. 19 ~ tuch (*n. - Textilind.*), tela da sacchi. 20 ~ waage (Sackfüllwaage) (*f. - Masch.*), insaccatrice-pesatrice. 21 ~ zange (*f. - Hebevorr.*), tenaglia per sacchi. 22 Durchfluss ~ (einer Druckgiessform) (*Giess.*), pozzetto di lavaggio.
Sacken (*n. - Transp.*), insaccatura. 2 Nach ~ (*Anstr.fehler*), calo.
sacken (in Säcke packen) (*Transp.*), insaccare. 2 ~ (sinken) (*naut.*), affondare. 3 sich ~ (*Bauw.*), assestarsi.
Sackung (Senkung) (*f. - Bauw.*), cedimento, assestamento.
SAEG (Statistisches Amt der Europäischen Gemeinschaften) (*Stat.*), Ufficio Statistico delle Comunità Europee.
Säemaschine (Sämaschine) (*f. - Ack.b. masch.*), seminatrice.
säen (*Ack.b.*), seminare.
SAE-Viskosität (für Motorenöle, Society of Automotive Engineers-Viskosität) (*f. - chem. Ind. - Aut.*), viscosità SAE.

Safe (Stahlbehälter für Geld, etc.) (*n. - finanz.*), cassaforte.

Saft (aus Früchten gepresste Flüssigkeit) (*m. - Ind.*), sugo di frutta, succo di frutta. 2 ~ (bei Herstellung von Zucker) (*Zuckerind.*), sugo.

Säge (Schneidgerät) (*f. - Ger.*), sega. 2 ~ (Sägemaschine) (*Masch.*), segatrice, sega. 3 ~ (Sägemühle) (*Ind.*), segheria. 4 ~ blatt (*n. - Ger.*), lama di sega. 5 ~ blattführung (einer Bandsäge) (*f. - Holzbearb.masch.*), guidalama. 6 ~ bock (*m. - Ger.*), cavalletto per segare. 7 ~ dach (Shed-Dach) (*n. - Bauw.*), tetto a shed, tetto a risega. 8 ~ feile (Dreikantfeile) (*f. - Werkz.*), lima triangolare. 9 ~ feile (*Werkz.*), lima per (affilare) seghe. 10 ~ furnieren (*n. - Holzbearb.*), sfogliatura alla segatrice. 11 ~ gatter (Sägegestell) (*n. - Ger.*), telaio di sega. 12 ~ gatter (Sägemaschine) (*Masch.*), segatrice, sega. 13 ~ grat (beim Ablängen von Walzstäben z. B.) (*m. - Metall.*), bava da (taglio alla) segatrice. 14 ~ kette (einer Motorkettensäge) (*f. - Holzbarb.masch.*), catena (tagliente) per segatrice. 15 ~ maschine (*f. - Masch.*), segatrice, sega. 16 ~ mehl (Sägespäne) (*n. - Tischl.*), segatura. 17 ~ mühle (Sägewerk, Schneidemühle) (*f. - Ind.*), segheria. 18 ~ n·gewinde (Sägezahngewinde) (*n. - Mech.*), filettatura a denti di sega. 19 ~ schränken (*v. - Mech.*), allicciare una sega, stradare una sega. 20 ~ n·setzen (Sägenschränken) (*n. - Tischl.*), allicciatura (di seghe), stradatura. 21 ~ n·setzer (*m. - Werkz.*), allicciatoio, stradaseghe. 22 ~ späne (Sägemehl) (*m. - pl. - Tischl.*), segatura. 23 ~ werk (Sägemühle, Schneidemühle) (*n. - Ind.*), segheria. 24 ~ werkarbeiter (*m. - Arb.*), segantino. 25 ~ zahn (*m. - Mech.*), dente di sega. 26 ~ zahngenerator (*m. - Funk. - Ger.*), generatore di tensioni a denti di sega. 27 ~ zahngewinde (*n. - Mech.*), filettatura a dente di sega. 28 ~ zahnspannung (*f. - Funk.*), tensione a denti di sega. 29 Abspranz ~ (Fuchsschwanz-Sägemaschine) (*Masch.*), segatrice alternativa a lama libera. 30 Band ~ (Sägemaschine) (*Masch.*), sega a nastro, segatrice a nastro. 31 Baum~(*Werkz.*), sega da tronchi. 32 Baustammquer~(*Masch.*), siehe Abspranzsäge. 33 Bügel ~ (*Werkz.*), sega ad archetto. 34 Bügel ~ (in einen Bügel eingespanntes, hin- und hergehendes Sägeblatt) (*Masch.*), seghetto alternativo, sega alternativa. 35 Einmann ~ (*Werkz.*), segaccio, saracco. 36 einseitiges ~ blatt (für Metall) (*Werkz. - Masch.*), lama da sega ad un taglio. 37 Fleischer ~ (*Werkz.*), sega da macellaio. 38 Furnier ~ (*Masch.*), sfogliatrice a sega, segatrice per sfogliare. 39 Gärtner ~ (*Werkz.*), sega da giardiniere. 40 Hand ~ (*Werkz.*), sega a mano. 41 Handspann ~ (*Werkz.*), sega a lama tesa. 42 Handsteif ~ (*Werkz.*), sega a lama libera. 43 Kalt ~ (*Werkz.*), sega a freddo. 44 Ketten ~ (*Masch.*), sega a catena, segatrice a catena. 45 Klotzstutz ~ (Kopfsäge) (*Masch.*), siehe Abspranzsäge. 46 Kreis ~ (Sägemaschine) (*Masch.*), sega circolare, segatrice circolare, segatrice a disco. 47 Kreis ~ (Sägeblatt) (*Werkz.*), lama circolare (per sega). 48 Loch ~ (Stichsäge) (*Werkz.*), foretto, gattuccio. 49 Metall ~ (*Werkz.*), sega per metalli, seghetto per metalli. 50 Motorketten ~ (*Holzbearb.masch.*), sega a catena, segatrice a catena. 51 Pendel ~ (Kreissäge deren Blatt an einem Pendelarm aufgehängt ist) (*Masch.*), sega a pendolo, segatrice a pendolo. 52 Rahmen ~ (Spannsäge) (*Ger.*), sega a telaio, sega a lama tesa. 53 Reib ~ (*Werkz.*), sega ad attrito. 54 Rücken ~ (*Werkz.*), saracco a dorso, segaccio a dorso, saracco a costola. 55 Schrot ~ (Waldsäge) (*Werkz.*), sega per rifendere. 56 Segment-Kreis ~ (*Werkz.*), sega circolare a settori riportati. 57 Spann ~ (Rahmensäge) (*Ger.*), sega a telaio, sega a lama tesa. 58 Stich ~ (Lochsäge) (*Werkz.*), foretto, gattuccio. 59 Stoss ~ (Handsteifsäge) (*Werkz.*), sega a lama libera. 60 Taumel ~ (*Masch.*), siehe Wanknut-Säge. 61 Wanknut ~ (Taumelsäge, Kreissäge mit schräg verstellbarem Sägeblatt) (*Masch.*), sega circolare a lama obliqua. 62 Warm ~ (*Werkz.*), sega a caldo.

sägeförmig (sägezahnförmig) (*Mech. - etc.*), a dente di sega, a denti di sega.

sägen (Holz oder Metall) (*Tischl. - etc.*), segare.

sägezahnförmig (sägeförmig) (*Mech. - etc.*), a dente di sega, a denti di sega.

Sägg (Sägengewinde) (*n. - Mech.*), filettatura a denti di sega.

sagittal (*a. - Anatomie*), sagittale.

Sagittalebene (des Menschen) (*f. - Anatomie*), piano sagittale, piano mediano longitudinale (del corpo umano).

saiger (senkrecht, bergmännisch) (*Bergbau*), perpendicolare, normale.

saigern (seigern) (*Metall.*), segregarsi.

Saigerung (Seigern) (*f. - Metall.*), segregazione, liquazione.

Saison (*f. - Meteor. - etc.*), stagione. 2 ~ arbeiter (*m. - Arb.*), lavoratore stagionale. 3 ~ schwankung (*f. - allg.*), variazione stagionale. 4 ~ speicher (für Spitzenkraftwerke) (*m. - Hydr. - Elekt.*), serbatoio di punta.

Saite (Schnur, eines Saiteninstrumentes z. B.) (*f. - metall. Ind. - etc.*), corda. 2 ~ (Antriebsaite, eines Kilometerzählers z. B.) (*Instr.*), flessibile, trasmissione flessibile. 3 ~ n·draht (*m. - metall. Ind.*), filo armonico. 4 ~ n·galvanometer (*n. - elekt. Instr.*), galvanometro a filo. 5 ~ n·instrument (*n. - Instr. - Akus.*), strumento a corda.

Säkulargleichung (*f. - Math.*), equazione secolare.

SAL (Sicherheitsauslass) (*Leit.*), valvola (di sicurezza) ad apertura automatica.

Salband (Salleiste, Webekante, Salkante, Selfkante) (*n. - Textilind.*), cimosa, cimossa, lisiera. 2 ~ (Grenzfläche eines Ganges) (*Bergbau*), salbanda, losima.

Salbei (*m. - Chem.*), siehe SV-Stoff.

Salbeik (*Chem.*), siehe S-Stoff.

saldieren (ein Konto) (*Adm.*), saldare.

Saldo (Ausgleich) (*m. - Adm.*), saldo. 2 ~ vortrag (*m. - Buchhaltung*), riporto a saldo. 3 Haben ~ (Aktivsaldo) (*Buchhaltung*), saldo attivo. 4 Soll ~ (Passivsaldo) (*Buchhaltung*), saldo passivo.

Saline (Salzsiederei, Salzwerk) (*f. - chem. Ind.*), salina.
Salinometer (Salzwaage) (*n. - Instr.*), salinometro.
Salizylat (*n. - Chem. - Pharm.*), salicilato.
Salizylsäure [$C_6H_4(OH)(COOH)$] (Orthooxybenzoesäure) (*f. - Chem. - Pharm.*), acido salicilico.
Salkante (Salleiste, Salband, Selfkante) (*f. - Textilind.*), cimosa, cimossa, lisiera.
Salleiste (Selfkante, Salband, Salkante) (*f. - Text.*), cimosa, cimossa, lisiera.
Salmiak (NH_4Cl) (Ammoniak-Salzsäure-Salz) (*m. - Chem.*), sale ammoniaco, cloruro di ammonio. 2 ~ **element** (Leclanchéelement) (*n. - Elekt.*), pila Leclanché. 3 ~ **geist** (*m. - Chem.*), ammoniaca liquida, soluzione ammoniacale. 4 ~ **kitt** (*m. - Giess.*), siehe Eisenkitt.
Salon (Empfangszimmer) (*m. - Bauw.*), sala. 2 ~ (Gesellschaftsraum) (*Ind.*), sala per riunioni. 3 ~ **wagen** (*m. - Eisenb.*), carrozza salone, vettura salone.
Salpeter ($NaNO_3$) (Natriumnitrat) (*m. - chem. Ind.*), nitrato del Cile, nitrato di sodio. 2 ~ (KNO_3) (Kaliumnitrat) (*chem. Ind.*), salnitro, nitrato di potassio. 3 ~ **frass** (*m. - Maur. - Fehler*), corrosione da efflorescenza. 4 ~ **säure** (HNO_3) (*f. - Chem.*), acido nitrico.
Salse (Schlammvulkan) (*m. - Geol.*), salsa.
Salve (gleichzeitiges Feuern) (*f. - milit. - Expl.*), salva. 2 ~ **n·geschütz** (Geschütz) (*n. - Feuerwaffe*), cannone a più canne. 3 ~ **n·geschütz** (Raketenwerfer) (*Waffe*), lanciarazzi multiplo.
Salz (Verbindung eines Metalls mit einer Säure) (*n. - Chem.*), sale. 2 ~ (Kochsalz, etc.) (*chem. Ind. - Geol.*), sale, sale comune, sale da cucina. 3 ~ **bad** (*n. - Technol.*), bagno di sale. 4 ~ **badhärtung** (Salzbadeinsatzhärten) (*f. - Wärmebeh.*), cementazione in bagno di sale. 5 ~ **badlötung** (*f. - mech. Technol.*), brasatura in bagno di sale. 6 ~ **bergwerk** (*n. - Bergbau*), miniera di sale. 7 ~ **dom** (*m. - Geol.*), domo salino, duomo salino. 8 ~ **effekt** (katalytischer Effekt) (*m. - Chem.*), effetto sale. 9 ~ **garten** (Becken, einer Meersaline) (*m. - chem. Ind.*), bacino di evaporazione. 10 ~ **haltigkeit** (*f. - Chem.*), salinità. 11 ~ **horst** (Diapir) (*m. - Geol.*), diapiro. 12 ~ **kohle** (Braunkohle mit mehr als 0,5 % Natriumoxyd) (*f. - Verbr.*), lignite salina. 13 ~ **lake** (Salzsole) (*f. - chem. Ind.*), salamoia. 14 ~ **lösung** (*f. - Chem.*), soluzione salina. 15 ~ **säure** (HCl) (Chlorwasserstoffsäure) (*f. - Chem.*), acido cloridrico. 16 ~ **siederei** (Saline, Salzwerk) (*f. - chem. Ind.*), salina. 17 ~ **sole** (Brackwasser) (*f. - Chem.*), salamoia. 18 ~ **sprühnebel** (*m. - Meteor. - Technol.*), nebbia salina. 19 ~ **sprühprobe** (Salzsprühnebelprüfung, einer Lackfarbe z. B.) (*f. - Technol.*), prova a nebbia salina. 20 ~ **stock** (Diapir) (*m. - Geol.*), diapiro. 21 ~ **vermörtelung** (Salzverfestigung, von Boden) (*f. - Ing.b.*), stabilizzazione con sale. 22 ~ **waage** (Salinometer) (*f. - Instr.*), salinometro. 23 ~ **werk** (Saline, Salzsiederei) (*n. - chem. Ind.*), salina. 24 **basisches** ~ (*Chem.*), sale basico. 25 **Koch** ~ (NaCl) (*Chem.*), sale da cucina, sale comune, cloruro di sodio. 26 **saures** ~ (*Chem.*), sale acido. 27 **See** ~ (*chem. Ind.*), sale marino. 28 **Sole** ~ (aus natürlichen Salzquellen erhalten) (*Geol.*), sale di sorgente. 29 **Stein** ~ (*Min.*), salgemma.
salzartig (*Chem.*), salino.
salzen (*chem. Ind.*), salare.
salzhaltig (*Chem.*), salino.
Samarium (chem. Element) (*Sm - n. - Chem.*), samario.
Sämaschine (Drillmaschine) (*f. - Ack.b. masch.*), seminatrice.
Same (Samen) (*m. - Ack.b.*), seme.
Sämischgerbung (Gerbung mit Feststoffen) (*f. - Lederind.*), scamosciatura, scamosceria.
Sammelantrieb (*m. - Fahrz.*), trazione su tutte le ruote.
Sammelbahnhof (Zentralbahnhof) (*m. - Eisenb.*), stazione centrale.
Sammelbecken (*n. - Wass.b.*), bacino di raccolta.
Sammelbrunnen (für das Rohwasser) (*m. - Wass.b.*), pozzo di raccolta, cisterna.
Sammelelektrode (Kollektor, im Ikonoskop z. B.) (*f. - Funk. - Fernseh.*), elettrodo collettore.
Sammelfehler (einer Verzahnung z. B.) (*m. - Mech.*), errore cumulativo.
Sammelgarage (*f. - Bauw. - Aut.*), autorimessa.
Sammelgespräch (*n. - Fernspr.*), comunicazione collettiva, comunicazione circolare. 2 ~ **einrichtung** (SGE) (*f. - Fernspr.*), impianto per conferenze.
Sammelgut (bei einem Spediteur gesammelte Stückgüter, die als Sammelladung versandt werden) (*n. - Transp.*), collettame.
Sammelheizung (Zentralheizung) (*f. - Heizung - Bauw.*), riscaldamento centrale.
Sammelkanal (*m.-Wass.b. - Ing.b.*), collettore.
Sammelkontakt (*m. - Fernspr.*), contatto ausiliario per (abbonati a) più linee.
Sammelladung (*f. - Transp.*), collettame.
Sammellinse (Konvexlinse) (*f. - Opt.*), lente convessa, lente convergente.
Sammelmeldung (*f. - Funk. - etc.*), messaggio collettivo.
Sammeln (*n. - Buchbinderei*), raccoglitura.
sammeln (zusammen bringen) (*allg.*), raccogliere. 2 ~ (konzentrieren) (*allg.*), concentrare. 3 **sich** ~ (*milit. - etc.*), adunarsi, raccogliersi, concentrarsi.
Sammel Nr. (*f. - Fernspr.*), centralino a più linee (con ricerca automatica della linea libera).
Sammelpass (*m. - recht.*), passaporto collettivo.
Sammelrohr (*n. - Kessel*), collettore.
Sammelröhre (*f. - Bauw.*), tubo collettore.
Sammelrollgang (*m. - Walzw.*), piano a rulli di raccolta.
Sammelruf (*m.-Fernspr.*), chiamata collettiva.
Sammelschalter (*m. - Fernspr.*), chiave di concentrazione.
Sammelschiene (*f. - Elekt.*), sbarra collettrice, sbarra omnibus. 2 ~ **n·kraftwerk** (Dampfkraftwerk bei dem jeder Kessel auf jede Turbine geschaltet werden kann) (*n. - Elekt.*),

Sammelschmierung

centrale elettrica con macchine collegate in parallelo, centrale elettrica con macchine ad alimentazione collettiva.
Sammelschmierung (Zentralschmierung) (*f. - Mot. - Masch.*), lubrificazione centralizzata.
Sammelspiegel (Konkavspiegel) (*m. - Opt.*), specchio concavo.
Sammelverkehr (*m. - Transp.*), trasporto a collettame.
Sammelwarmwasserbereitung (*f. - Bauw.*), produzione centralizzata di acqua calda.
Sammelzähler (*m. - Ger.*), contatore totalizzatore.
Sammet (*m. - Textilind.*), siehe Samt.
Sammler (Akkumulator) (*m. - Elett.*), accumulatore, pila secondaria. 2 ~ (Batterie) (*Elekt.*), batteria, batteria di accumulatori. 3 ~ (für Abwässer) (*Bauw. - Ing.b.*), collettore (di fognatura). 4 ~ (Drän) (*Wass.b.*), collettore. 5 ~ (Abgassammler, eines Verbrennungsmotors) (*Mot.*), collettore (di scarico). 6 ~ (Abnehmer, einer Krempel) (*Textilmasch.*), scaricatore, spogliatore, cilindro scaricatore, cilindro spogliatore. 7 ~ (Flotationsmittel) (*Bergbau*), agente collettore. 8 ~ **antrieb** (*m. - elekt. Fahrz.*), trazione ad accumulatori. 9 ~ **hartblei** (*n. - Elekt.*), piombo per accumulatori. 10 ~ **kraftwagen** (*m. - Fahrz.*), veicolo ad accumulatori. 11 ~ **ladegerät** (*n. - Elekt.*), carica-batterie, apparecchio per la carica di batterie. 12 ~ **ladung** (*f. - Elekt. - Aut.*), carica della batteria. 13 ~ **linse** (*f. - Opt.*), condensatore. 14 ~ **platte** (*f. - Elekt.*), piastra di accumulatore. 15 ~ **säure** (*f. - Elekt.*), acido (per accumulatori). 16 ~ **-Schäumer** (Flotationsmittel) (*m. - Bergbau*), agente collettore-schiumatore. 17 ~ **zelle** (*f. - Elekt.*), elemento (di batteria di accumulatori), accumulatore, pila secondaria. 18 ~ **zündung** (*f. - Mot.*), accensione a batteria. 19 **alkalischer** ~ (*Elekt.*), accumulatore alcalino. 20 **einen** ~ **laden** (*Elekt.*), caricare una batteria. 21 **einen** ~ **nachfüllen** (*Elekt.*), rabboccare una batteria.
Sammlung (*f. - allg.*), raccolta, collezione. 2 ~ **s-werkstatt** (*f. - Ind.*), officina di montaggio.
Samt (Sammet, Gewebe) (*m. - Textilind.*), velluto. 2 ~ **papier** (*n. - Papierind.*), carta vellutata. 3 **Kett-** ~ (*Textilind.*), velluto di ordito. 4 **Rippen-** ~ (gerippter Samt) (*Textilind.*), velluto cannellato, velluto a coste.
Sanatorium (*n. - Bauw. - Med.*), sanatorio.
Sand (*m. - Geol. - etc.*), sabbia. 2 ~ (Formsand) (*Giess.*), terra (da fonderia). 3 ~ **abreissen** (von Formen) (*n. - Giess.fehler*), caduta di terra, smangiatura. 4 ~ **aufbereitungsanlage** (*f. - Giess.*), impianto per la preparazione delle terre da fonderia. 5 ~ **ausdehnungsfehler** (*m. - Giess.*), difetto da dilatazione della terra. 6 ~ **bad** (*n. - Chem.*), bagno di sabbia. 7 ~ **bagger** (Nassbagger) (*m. - Erdbew.masch.*), draga per sabbia. 8 ~ **bank** (*f. - See*), banco di sabbia. 9 ~ **bett** (der Fundamente z. B.) (*n. - Bauw.*), strato di sabbia, letto di sabbia. 10 ~ **bettung** (Sandschüttung, Sandkoffer) (*f. - Ing.b.*), letto di sabbia. 11 ~ **blasen** (Sandstrahlen) (*n. - mech. Technol.*), sabbiatura. 12 ~ **blaserei** (Sandstrahlerei) (*f. - Ind.*), reparto sabbiatura. 13 ~ **boden** (*m. - Bauw. - Ing.b.*), terreno sabbioso. 14 ~ **düne** (*f. - Geol.*), duna di sabbia. 15 ~ **einschluss** (*m. - Giess.fehler*), inclusione di sabbia. 16 ~ **fang** (*m. - Wass.b. - etc.*), dissabbiatore, fermasabbia, separatore di sabbia, collettore di sabbia. 17 ~ **fang** (einer Papiermaschine) (*Papierind.*), sabbiera, separasabbia. 18 ~ **flöz** (Sandschicht) (*n. - Bergbau - Geol.*), strato di sabbia. 19 ~ **form** (*f. - Giess.*), forma in terra. 20 ~ **formerei** (*f. - Giess.*), formatura in terra. 21 ~ **funken** (Sandstrahlen, bei dem der Sand durch Zentrifugalkraft gegen die Oberfläche geschleudert wird) (*n. - mech. Technol.*), sabbiatura centrifuga. 22 ~ **funker** (Sandstrahlgebläse, zum Putzen der Guss-stücke) (*m. - Masch.*), sabbiatrice. 23 ~ **giessen** (*n. - Giess.*), colata in terra. 24 ~ **giesserei** (*f. - Giess.*), fonderia (per colate) in terra. 25 ~ **grube** (*f. - Bauw. - Ing.b.*), cava di sabbia. 26 ~ **guss** (Guss-stück) (*m. - Giess.*), getto in forma di terra. 27 ~ **haken** (*m. - Giess. - Werkz.*), cavasabbia, cavaterra. 28 ~ **hose** (*f. - Meteor.*), tromba di sabbia. 29 ~ **kasten** (*m. - Eisenb.*), sabbiera, cassa sabbiera. 30 ~ **loch** (*n. - Papier - Fehler*), forellino. 31 ~ **messrahmen** (*m. - Maur. - Ger.*), cassamisura, cassone per misurare la sabbia. 32 ~ **mischer** (*m. - Giess.masch.*), mescolatore per terre (da fonderia), molazza (per terre) da fonderia. 33 ~ **papier** (*n. - Tischl. - etc.*), carta vetrata. 34 ~ **papierschleifmaschine** (*f. - Masch.*), smerigliatrice a nastro. 35 ~ **putzerei** (*f. - mech. Technol.*), reparto (di) sabbiatura. 36 ~ **sack** (*m. - Flugw. - naut. - milit.*), sacchetto di sabbia. 37 ~ **sackabdämmung** (Sandsackabsperrung) (*f. - Wass.b.*), arginatura con sacchetti di sabbia. 38 ~ **schleudermaschine** (Formmaschine) (*f. - Giess.masch.*), lanciaterra. 39 ~ **stein** (*m. - Geol.*), arenaria. 40 ~ **stelle** (auf einem Guss-stück) (*f. - Giess.fehler*), taccone, sfoglia, « spoglia », « rappezzo ». 41 ~ **strahlen** (*n. - mech. Technol.*), sabbiatura. 42 ~ **strahlerei** (*f. - mech. Technol.*), reparto sabbiatura. 43 ~ **strahlgebläse** (*n. - Masch.*), sabbiatrice, macchina per sabbiatura. 44 ~ **strahlgebläsearbeiter** (*m. - Arb.*), sabbiatore. 45 ~ **strahlreinigung** (Sandstrahlen) (*f. - mech. Technol.*), sabbiatura. 46 ~ **streuer** (*m. - Eisenb.*), lanciasabbia, dispositivo di sabbiatura. 47 ~ **streuer** (*Strass.b.masch.*), spandisabbia, distributore di sabbia. 48 ~ **streuvorrichtung** (*f. - Eisenb.*), sabbiera. 49 ~ **sturm** (*m. - Meteor.*), tempesta di sabbia. 50 ~ **uhr** (Sandglas) (*f. - Uhr*), clessidra. 51 **Alt** ~ (*Giess.*), terra usata, terra del cumulo. 52 **fetter** ~ (*Giess.*), terra grassa. 53 **feuerfester** ~ (*Ind.*), terra refrattaria. 54 **Fluss** ~ (*Geol.*), sabbia di fiume. 55 **Form** ~ (*Giess.*), terra da fonderia. 56 **Füll** ~ (*Giess.*), terra da riempimento. 57 **Gebrauchs** ~ (*Giess.*), terra preparata. 58 **grober** ~ (*Bauw.*), sabbia grossa. 59 **grüner** ~ (nasser Sand) (*Giess.*), terra verde. 60 **Kern** ~ (*Giess.*), sabbia per anime. 61 **Kies** ~ (*Bauw.*), sabbia mista con ghiaia. 62 **magerer** ~ (*Giess.*), terra magra. 63 **mittelfetter** ~ (*Giess.*), terra semigrassa. 64

Modell ~ (*Giess.*), terra (da) modello, sabbia (da) modello. 65 Neu ~ (*Giess.*), terra nuova, terra naturale, terra vergine, terra fresca. 66 Quarz ~ (*Min.*), sabbia quarzifera. 67 See ~ (*Geol.*), sabbia di mare, sabbia marina. 68 Streu ~ (*Giess.*), sabbia isolante, sabbia di separazione. 69 **totgebrannter** ~ (*Giess.*), terra bruciata. 70 **trockener** ~ (*Giess.*), terra essiccata, terra secca.

Sandarak (Baumharz) (*m. - Chem.*), sandracca, sandaracca.

« Sandblomhammer » (zum Entrosten grosser Flächen, besteht aus einer biegsamen Welle, die Kettenenden trägt) (*m. - Ger.*), scrostatore (rotativo) a penzoli di catena.

Sandelholz (*n. - Holz*), legno di sandalo, sandalo.

sandig (*allg.*), sabbioso.

sandstrahlen (zur Reinigung von Güss-stücken z. B.) (*mech. Technol.*), sabbiare.

Sandwichboard (Sperrholz - Tischlerplatte) (*Tischl.*), paniforte.

Sandwichkonstruktion (Sandwichbauweise) (*f. - Flugw. - etc.*), struttura a sandwich.

Sanforisieren (*n. - Textilind.*), sanforizzatura.

Sanierung (der Finanzen) (*f. - finanz.*), risanamento. 2 ~ (*Med. - etc.*), sanazione. 3 ~ (Reparatur, von Feilen) (*allg.*), riparazione. 4 ~ (eines Flusses z. B.) (*Ökologie*), risanamento.

sanitär (*Med.*), sanitario. 2 ~ **e Anlagen** (*Bauw.*), impianti igienico-sanitari.

Sanitärer (Krankenpfleger) (*m. - Med. - Arb.*), infermiere.

Sanitätsauto (Ambulanz, Krankenauto) (*n. - Fahrz.*), autoambulanza.

Sanitätsdienst (*m. - Med.*), servizio sanitario.

Sanitätspackung (*f. - Med. - Ind. - etc.*), cassetta di pronto soccorso.

Sanitätsposten (*m. - Med. - etc.*), infermeria.

Sanitätswagen (Krankenwagen) (*m. - Aut.*), autoambulanza.

Sanitätszug (Krankenzug) (*m. - Eisenb.*), treno ospedale.

Sankey-Diagramm (graphische Darstellung der Wärmebilanz einer Masch., Wärmeflussbild) (*n. - Wärme - Masch.*), bilancio termico.

Sankt-Elms-Feuer (Elmsfeuer) (*n. - Meteor.*), fuoco di Sant'Elmo.

sanktionieren (*recht.*), sanzionare.

Santonin ($C_{15}H_{18}O_3$) (*n. - Pharm. - Chem.*), santonina.

SAP (Aluminiumsinterwerkstoff, für Kernreaktoren) (*Metall.*), SAP, polvere di alluminio sinterizzata.

Saphir (Edelstein) (*m. - Min.*), zaffiro.

Saponin (*n. - Chem.*), saponina.

Saprobiensystem (*n. - Hydrobiologie*), sistema saprobico.

Sapropel (Faulschlammkohle) (*m. - Geol.*), sapropele.

Sapropelite (Sapropel, Faulschlamm) (*n. - Geol.*), sapropelite, sapropel.

SAR (Such- und Rettungsdienst für Luftfahrt) (*Flugw.*), Servizio Ricerche e Salvataggi per l'Aeronautica.

Saran (Kunststoff) (*n. - chem. Ind.*), saran.

Sarag (Behälter zum Entfernen von radioaktiven Stoffen) (*m. - Atomphys.*), recipiente per materiale altoradioattivo.

Sassolin [B(OH)$_3$] (Borsäure) (*m. - Min.*), sassolino, acido borico (allo stato) minerale.

Satellit (*m. - Astr.*), satellite. 2 ~ (Zahnrad) (*Mech.*), satellite, pignone satellite. 3 ~ **en·rakete** (*f. - Astronautik*), razzo portasatellite. 4 ~ **en·stadt** (*f. - Bauw.*), città satellite. 5 ~ **en·träger** (*m. - Mech.*), portasatelliti. 6 ~ **en·verbindung** (*f. - Fernseh. - etc.*), collegamento via satellite. 7 **Ausgleichs** ~ (Zahnrad) (*Mech. - Aut.*), satellite del differenziale. 8 **Ballon** ~ (künstlicher Satellit) (*Astronautik*), satellite-pallone. 9 **Fernmelde** ~ (*Funk. - etc.*), satellite per telecomunicazioni. 10 **Huckepack** ~ (Forschungssatellit der von einem Hauptsatellit in Erdumlaufbahnen gebracht wird) (*Raumfahrt*), satellite trasportato, satellite messo in orbita da altro satellite. 11 **künstlicher** ~ (*Astronautik*), satellite artificiale.

Satin (glänzender Atlas) (*m. - Text.*), raso. 2 ~ **papier** (*n. - Papierind.*), carta satinata.

Satinieren (Glätten) (*n. - Papierind.*), satinatura, lisciatura, calandratura.

satinieren (glätten) (*Papierind.*), satinare, lisciare, calandrare.

Satinierflecken (*m. - pl. - Papier - Fehler*), segni di calandra.

Satinierkalander (*m. - Papierind. - Masch.*), satinatrice, liscia, calandra, satina.

Satiniermaschine (Satinierpresse, Satinierwalzwerk) (*f. - Papierind.masch.*), calandra, satina, satinatrice, liscia.

satiniert (*Papierind.*), satinato, lisciato, supercalandrato.

satt (gesättigt) (*Chem.*), saturo. 2 ~ (lebhaft, tief) (*Farbe*), vivo, ricco, intenso. 3 ~ (fluchtrecht) (*Mech. - etc.*), a raso, a filo, a paro.

Sattdampf (Nassdampf) (*m. - Kessel*), vapore saturo.

Sattel (eines Kraftrades z. B.) (*m. - Vorr.*), sella. 2 ~ (Einsenkung) (*Geogr. - etc.*), sella. 3 ~ (*Mech. - etc.*), sella (di appoggio). 4 ~ (einer Schmiedepresse) (*Masch.*), sella di appoggio. 5 ~ (einer Faltung, Antiklinale) (*Geol.*), anticlinale. 6 ~ (einer Scheibenbremse) (*Aut.*), pinza. 7 ~ **anhänger** (Auflieger, Sattelschleppanhänger) (*m. - Fahrz.*), semirimorchio. 8 ~ **aufliegerstütze** (Absattelstütze, Stützwinde) (*f. - Fahrz.*), zampa di sostegno del semirimorchio. 9 ~ **boden** (eines Wagens) (*m. - Eisenb.*), fondo apribile. 10 ~ **dach** (*n. - Bauw.*), tetto a due spioventi, tetto a due falde. 11 ~ **decke** (eines Fahrrades z. B.) (*f. - Fahrz.*), coprisella. 12 ~ **drehzahl** (eines Drehstrommotors, Drehzahl des kleinsten Momentes in Anlauf) (*f. - Elektromot.*), velocità di coppia minima d'avviamento. 13 ~ **hälfte** (einer Scheibenbremse) (*f. - Aut.*), semipinza. 14 ~ **keil** (*m. - Mech.*), chiavetta concava. 15 ~ **kraftfahrzeug** (*n. - Fahrz.*), siehe Sattelschlepper. 16 ~ **kran** (*m. - ind. Masch.*), gru su semirimorchio. 17 ~ **kupplung** (eines Sattelschleppers) (*f. - Fahrz.*), ralla (per semirimorchio). 18 ~ **lager** (*n. - Mech. - etc.*), sella di appoggio, supporto a sella. 19 ~ **moment** (Hochlaufmoment, kleinstes Moment im Anlauf), eines

sättigen

Drehstrommotors) (*n. - Elektromot.*), coppia minima all'avviamento, momento minimo all'avviamento. **20 ~ punkt** (in der Spieltheorie) (*m. - Math.*), punto di sella. **21 ~ schlepper** (*m. - Fahrz.*), motrice per semirimorchio. **22 ~ stütze** (eines Fahrrades) (*f. - Fahrz.*), tubo reggisella. **23 ~ tiefladeanhänger** (*m. - Fahrz.*), semirimorchio a pianale ribassato. **24 ~ wagen** (mit Sattelboden) (*m. - Eisenb.*), carro con fondo apribile. **25 ~ zug** (*m. - Fahrz.*), autoarticolato, motrice e semirimorchio, motrice con semirimorchio. **26 Beifahrer ~** (eines Kraftrades) (*Fahrz.*), seggiolino posteriore, seconda sella.
sättigen (*Chem.*), saturare.
Sättiger (*m. - Ger. - chem. Ind.*), saturatore.
Sättigung (*f. - Chem.*), saturazione. **2 ~** (einer Farbe) (*Opt.*), saturazione. **3 ~ s·druck** (Wasserdampfdruck) (*m. - Meteor.*), tensione di saturazione. **4 ~ s·fehlbetrag** (*m. - Meteor. - Phys.*), deficit di saturazione. **5 ~ s·grad** (*m. - Chem.*), grado di saturazione. **6 ~ s·grad** (relative Luftfeuchtigkeit) (*Meteor.*), umidità relativa. **7 ~ s·koeffizient** (*m. - Phys. - Chem.*), fattore di saturazione. **8 ~ s·kurve** (*f. - Phys. - Chem.*), curva di saturazione, linea di saturazione. **9 ~ s·punkt** (Temperatur) (*m. - Chem. - Phys.*), punto di saturazione. **10 ~ s·spannung** (Anodenspannung z. B., bei photoelektronischen Bauelementen) (*f. - Phys.*), tensione di saturazione. **11 ~ s·strom** (einer Elektronenröhre) (*m. - Elektronik*), corrente di saturazione. **12 ~ s·wert** (eines Gewässers) (*m. - Hydr. - Biochem.*), valore di saturazione. **13** magnetische **~** (*Elekt.*), saturazione magnetica.
Sattler (Handwerker der Lederverarbeitung) (*m. - Arb.*), sellaio.
Sattlerei (*f. - Ind.*), selleria.
Saturateur (bei Zuckerherstellung z. B.) (*m. - chem. Ind. - App.*), saturatore.
Saturation (*f. - Chem. - etc.*), siehe Sättigung.
saturieren, siehe sättigen.
Saturistor (sättigbarer Reaktor) (*m. - Kernphys.*), saturistore, reattore saturabile.
Saturnismus (Bleierkrankung) (*m. - Arb. - Med.*), saturnismo.
Satz (Grundsatz, Gezetz) (*m. - Phys.*), principio, legge. **2 ~** (Zusammenstellung der Lettern) (*Druck.*), composizione. **3 ~** (Serie) (*allg.*), serie. **4 ~** (von Werkz. z. B.) (*Mech.*), serie, corredo. **5 ~** (Diskontsatz z. B.) (*finanz. - komm.*), tasso, saggio. **6 ~** (von Stäben, Blechen, etc.) (*Metall.*), partita, lotto. **7 ~** (von Öfen z. B.) (*Ind.*), batteria. **8 ~** (Rückstand) (*allg.*), residuo, sedimento. **9 ~** (Beschickungsschicht, Menge, etc.) (*Metall.*), carica. **10 ~** (Datensatz, alle Wörter für einen Arbeitsgang z. B.) (*Datenverarb. - NC - Werkz.masch.*), blocco. **11 ~** (Maschinensatz z. B.) (*Masch.*), gruppo. **12 ~** (Niederschlag) (*Chem.*), precipitato. **13 ~** (Ablagerung) (*allg.*), sedimento. **14 ~ ende** (*n. - Datenverarb. - NC - Werkz.masch.bearb.*), fine del blocco. **15 ~ form** (*f. - Druck.*), forma. **16 ~ fräser** (*m. - Werkz.*), fresa multipla. **17 ~ gewindebohrer** (Handgewindebohrer) (*m. - Werkz.*), maschio a mano. **18 ~ koks** (Schmelzkoks) (*m. - Giess.*), coke di esercizio. **19 ~ lücke** (*f. - Datenverarb.*), interblocco. **20 ~ nummer** (Kennzahl eines Satzes) (*f. - Datenverarb. - NC - Werkz.masch.bearb.*), numero del blocco, numero di sequenza. **21 ~ rad** (Wechselrad) (*n. - Werkz.masch.*), ruota di cambio. **22 ~ schiff** (bei Handsetzerei z. B.) (*n. - Druck.*), vantaggio. **23 ~ verständlichkeit** (*f. - Akus.*), intelligibilità di frasi. **24 ~ vorwahl** (*Datenverarb. - NC - Werkz.masch.bearb.*), preselezione del blocco. **25 ~ werkzeug** (auf derselben Achse nebeneinander angeordnete Werkzeuge) (*n. - Werkz.masch.bearb. - Werkz.*), utensile multiplo, utensile composito. **26 ~ zeichen** (*n. - Druck.*), segno di punteggiatura. **27 ~ zum Ablegen** (*Druck.*), composizione da scomporre, composizione non più usabile. **28 Abschreibungs ~** (*finanz.*), tasso di ammortamento. **29 Diskont ~** (*finanz.*), tasso di sconto, saggio di sconto. **30 gespaltener ~** (*Druck.*), composizione in colonne. **31 Gleichrichter ~** (*Elekt.*), gruppo raddrizzatore. **32 Lombard ~** (*finanz.*), tasso per prestiti. **33 Rad ~** (*Eisenb.*), sala montata. **34 Turbo ~** (*Turb. - Elekt.*), gruppo turbogeneratore. **35 Umrechnungs ~** (Umrechnungskurs) (*finanz.*), corso del cambio, cambio. **36 ungedruckter ~** (*Druck.*), composizione viva, composizione non ancora utilizzata. **37 zweispaltiger ~** (*Druck.*), composizione su due colonne.
Satzung (Statut, Leitregeln, einer Gesellschaft) (*f. - komm. - recht.*), statuto.
satzungsgemäss (statutarisch) (*finanz.*), statutario.
satzungsmässig (statutarisch) (*finanz.*), statutario.
satzweise (intermittierend) (*Mech.*), intermittente. **2 ~ r Betrieb** (satzweise Fertigung) (*Ind.*), lavorazione a lotti, lavorazione a partite. **2 ~ r Verguss** (von Blöcken z. B.) (*Metall. - Giess.*), colata a gruppi.
Sau (Schlacke und Russ im Ofen z. B.) (*f. - Ofen*), depositi di scoria e fuliggine.
sauber (*allg.*), pulito. **2 ~ e Bombe** (H-Bombe) (*Atomphys. - Radioakt.*), bomba pulita.
Saubertank (einer Filteranlage) (*m. - Ger.*), serbatoio del pulito.
sauer (*Chem.*), acido (*a.*).
säuern (*Chem.*), acidificare.
Sauersalz (*n. - Chem.*), sale acido.
Sauerstoff (*O - m. - Chem.*), ossigeno. **2 ~ atmungsgerät** (*n. - Flugw. - etc.*), respiratore ad ossigeno. **3 ~ aufblas-Verfahren** (*n. - Metall.*), siehe Sauerstoffblasverfahren. **4 ~ aufnahme** (eines Gewässers) (*f. - Hydr. - Biochem.*) assorbimento di ossigeno, arricchimento di ossigeno, ossigenazione. **5 ~ -Azetylenschweissung** (*f. - mech. Technol.*), saldatura ossiacetilenica. **6 ~ bedarf** (eines Abwassers) (*m. - Biochem.*), fabbisogno di ossigeno, richiesta di ossigeno. **7 ~ blasverfahren** (für Stahlerzeugung) (*n. - Metall.*), processo ad (insufflazione di) ossigeno. **8 ~ entzug** (*m. - Biochem.*), deossigenazione. **9 ~ -Fehlbetrag** (Sauerstoffmangel, eines Wassers) (*m. - Biochem.*), mancanza di ossigeno, deficit di ossigeno, difetto di ossigeno. **10 ~ flasche** (*f. - chem. Ind. - Med.*), bombola di ossigeno. **11 ~ gebläse** (Knallgasgebläse) (*n.*

- *Ger.*), fiamma ossidrica, cannello ossidrico. 12 ~ gerät (Sauerstoffapparat) (*n. - Ger.*), respiratore ad ossigeno. 13 ~ haushalt (*m. - Biochem.*), bilancio di ossigeno. 14 ~ hobeln (Gashobeln, Verfahren bei dem eine Materialschicht auf einer breiten Fläche in geringer Tiefe abgetragen wird) (*n. - mech. Technol.*), sgorbiatura al cannello. 15 ~ lanze (bei Stahlerzeugung) (*f. - Metall.*), lancia per l'ossigeno. 16 ~ linie (*f. - Biochem.*), diagramma dell'ossigeno. 17 ~ säure (*f. - Chem.*), ossiacido. 18 ~ schneiden (*n. - mech. Technol.*), ossitaglio. 19 ~ schneidvorrichtung (*f. - Ger.*), cannello per ossitaglio, « fiamma ossidrica ». 20 ~ schuld (*f. - Arb.*), debito di ossigeno. 21 ~ schweissung (*f. - mech. Technol.*), saldatura ossidrica. 22 ~ träger (Verbrennungsmittel) (*m. - Verbr.*), comburente (*s.*). 23 ~ versprödung (*f. - Metall. - mech. Technol.*), fragilità da ossigeno, infragilimento da ossigeno. 24 ~ zehrung (eines Abwassers, Sauerstoffschwund) (*f. - Biochem.*), impoverimento di ossigeno. 25 biochemischer ~ -Bedarf (BSB) (*Wasserreinigung - Biochem.*), domanda di ossigeno biochimica, BOD.

Säuerung (*f. - Chem.*), acidificazione.
Sauganleger (*m. - Druckmasch.*), mettifoglio a depressione.
Sauganode (Voranode in einer Kathodenstrahlröhre) (*f. - Elektronik*), primo anodo.
Sauganschluss (einer Pumpe) (*m. - Masch.*), raccordo di aspirazione.
Saugapparat (*m. - Ind. - App.*), aspiratore, estrattore.
Saugbagger (Nassbagger) (*m. - Erdbew. masch.*), draga succhiante.
Saugbeton (*m. - Bauw.*), siehe), Vakuumbeton.
Saugbohner (*m. - Masch.*), lucidatrice aspirante.
Saugdrossel (Ausgleichdrossel) (*f. - Elekt.*), bobina d'assorbimento, bobina di compensazione.
Saugdruck (*m. - Hydr. - etc.*), pressione di aspirazione. 2 ~ schreiber (*m. - App.*), registratore a depressione.
Saugen (*n. - allg.*), aspirazione.
saugen (das Gasgemisch im Zylinder z. B.) (*Mot.*), aspirare. 2 ~ (Wasser, mit einer Pumpe) (*Hydr.*), aspirare.
saugend (*allg.*), aspirante. 2 ~ e Bewetterung (*Bergbau*), ventilazione aspirante, ventilazione per aspirazione, ventilazione aspirata.
Sauger (Saugkopf, Deflektor am Schornstein, zur Abführung der Rauchgase) (*m. - Bauw. - Verbr.*), cappello tirafumo.
saugfähig (*Papier - etc.*), assorbente.
Saugfähigkeit (*f. - Phys. - Chem.*), potere assorbente, fattore di assorbimento. 2 ~ (eines Papiers) (*f. - Papierprüfung*), assorbenza.
Saugfilter (Nutsche) (*m. - n. - Chem. - Ger.*), filtro a depressione.
Sauggitter (Raumladungsgitter) (*n. - Elektronik*), griglia di carica spaziale.
Saugheber (Siphon) (*m. - Ger.*), sifone. 2 ~ (Pipette) (*chem. Ger.*), pipetta.
Saughöhe (einer Pumpe) (*f. - Hydr.*), altezza di aspirazione.

Saughub (*m. - Mot. - Masch.*), corsa di aspirazione.
Saugkanal (einer Lüftungsanlage) (*m. - Bergbau*), condotta di ventilazione aspirante.
Saugkasten (*m. - Papiermasch.*), cassetta aspirante.
Saugkopf (Saugkorb) (*m. - Hydr.*), succhieruola. 2 ~ (Deflektor) (*Bauw. - Verbr.*), siehe Sauger. 3 ~ (für Papierblätter z. B.) (*Ger.*), ventosa.
Saugkorb (*m. - Hydr. - Leit.*), succhieruola.
Saugkraft (eines elekt. Anlassers z. B.) (*f. - Elektromech.*), forza succhiante.
Saugkreis (zur Unterdrückung bestimmter Frequenzen) (*m. - Funk. - Fernseh.*), circuito soppressore. 2 ~ (L-C-Kreis) (*Elekt.*), circuito LC, circuito impedenza-capacità.
Saugleistung (einer Pumpe, geförderte Gasmenge bei einem gegebenen Ansaugdruck) (*f. - Masch.*), portata.
Saugleitung (*f. - Hydr. - etc.*), tubo aspirante.
Saugluftbremse (*f. - Fahrz.*), freno a depressione.
Sauglüfter (Exhaustor) (*m. - App.*), aspiratore, estrattore.
Sauglüftförderer (*m. - ind. Transp.*), trasportatore a depressione.
Saugmassel (*m. - Giess.*), alimentatore, materozza.
Saugöffnung (*f. - Mot.*), luce di aspirazione.
Saugpapier (*n. - Büro - Papierind.*), carta assorbente.
Saugpostpapier (Abzugpapier) (*n. - Papierind.*), carta per duplicatori.
Saugpumpe (*f. - Masch.*), pompa aspirante.
Saugrohr (*n. - Leit.*), tubo aspirante. 2 ~ (Saugschlauch, einer Wasserturbine) (*Turb.*), diffusore, tubo di aspirazione.
Saugschlauch (einer Pumpe) (*m. - Leit.*), manichetta di aspirazione. 2 ~ (einer Wasserturbine, Saugrohr) (*Turb.*), diffusore, tubo di aspirazione.
Saugseite (einer Pumpe, etc.) (*f. - Masch. - Mot.*), lato aspirazione.
saugseitig (einer Pumpe z. B., Filter z. B.) (*Masch.*), sull'aspirazione, sul lato aspirazione.
Saugstutzen (*m. - Mot.*), tronchetto di aspirazione.
Saugtasche (Befestigungseinreichung) (*f. - Ger.*), ventosa.
Saugtransformator (*m. - Elekt.*), trasformatore di assorbimento, trasformatore di drenaggio.
Saugtrichter (*m. - Giess.fehler*), cono di ritiro, cavità da ritiro, risucchio.
Saugtrockner (*m. - App.*), essiccatoio a depressione.
Saug- und Druckpumpe (*f. - Masch.*), pompa aspirante e premente.
Saugventil (Ansaugventil, Einlassventil) (*n. - Mot.*), valvola di aspirazione, valvola di ammissione.
Saugventilator (*m. - Bergbau - Lüftung - Ger.*), ventilatore aspirante.
Saugvermögen (einer Vakuumpumpe, Sauggeschwindigkeit) (*n. - Masch.*), portata.
Saugzahl (bei Kreiselpumpen und Wasser-

Saugzuführung 718

turbinen, zur Berechnung der Saughöhe) (*f. - Masch.*), coefficiente di aspirazione.
Saugzuführung (von Blättern z. B.) (*f. - Druck.*), alimentazione a depressione.
Saugzug (*m. - Verbr.*), tiraggio aspirato, tiraggio per aspirazione.
Säule (*f. - Arch.*), colonna. 2 ~ (*Werkz.masch.*), colonna. 3 ~ (im Abbau) (*Bergbau*), pilastro. 4 ~ (Kolonne) (*milit.*), colonna. 5 ~ (von Gleichrichtern) (*Elektronik*), colonna. 6 ~ (Batterie) (*Elekt.*), pila. 7 ~ n·abstand (*m. - Arch.*), intercolunnio. 8 ~ n·basalt (*m. - Geol.*), basalto colonnare. 9 ~ n·bohrmaschine (*f. - Werkz.masch.*), trapano a colonna. 10 ~ n·drehkran (*m. - ind. - Masch.*), gru (girevole) a colonna. 11 ~ n·diagramm (Stabdiagramm) (*n. - Stat.*), istogramma, diagramma a barre, diagramma a colonne. 12 ~ n·führung (von Schnittwerkzeugen z. B.) (*f. - Blechbearb.werkz.*), guida a colonne, guidastampi a colonne. 13 ~ n·fuss (*m. - Arch.*), base (di colonna). 14 ~ n·gang (Kolonnade) (*m. - Arch.*), colonnato. 15 ~ n·halle (*f. - Arch.*), loggia. 16 ~ n·hals (*m. - Arch.*), collarino (di colonna). 17 ~ n·ionisation (Kolonnenionisation) (*f. - Elektronik*), ionizzazione colonnare. 18 ~ n·ordnung (dorische, etc.) (*f. - Arch.*), ordine (architettonico) di colonna. 19 ~ n·schaft (*m. - Arch.*), fusto (di colonna). 20 ~ n·struktur (*f. - Metall.*), struttura colonnare. 21 ~ n·stuhl (Stylobat) (*m. - Arch.*), stilobate. 22 ~ n·transformator (*m. - Elekt.*), trasformatore a colonne. 23 ~ n·waschtisch (*m. - Bauw.*), lavabo a colonna. 24 dorische ~ (*Arch.*), colonna dorica. 25 Führungs ~ (eines Gesenksatzes) (*Schmiedewerkz.*), colonna (di guida), colonna (guidastampi). 26 galvanische ~ (*Elekt.*), pila voltaica. 27 korinthische ~ (*Arch.*), colonna corinzia. 28 Rektifizier ~ (*chem. Ind.*), colonna di rettificazione. 29 thermoelektrische ~ (*Elekt.*), pila termoelettrica.
Saum (Rand, eines Gewebes z. B.) (*m. - Text. - etc.*), orlo. 2 ~ (Lacksaum) (*Anstr.fehler*), attaccatura, bordatura. 3 ~ (Traglast eines Tieres) (*Transp.*), soma. 4 ~ (Rand) (*allg.*), orlo, bordo. 5 ~ (Naht, eines Guss·stückes) (*Giess.*), linea di bava. 6 ~ (*Arch. - Bauw.*), collarino. 7 ~ bohle (zur Befestigung einer Baugrube gegen Abrutschen der Wände) (*Bauw.*), tavola di ritegno. 8 ~ schere (*f. - Blechbearb. - Masch.*), cesoia per rifilare. 9 ~ streifen (*m. - Blechbearb.*), sfrido di rifilatura.
Säumen (*n. - Text.*), orlatura.
säumen (*Text.*), orlare.
Säumer (*m. - Textilind.masch.*), orlatrice.
Säure (*f. - Chem.*), acido. 2 ~ behandlung (*f. - Technol.*), trattamento acido. 3 ~ bestimmung (*f. - Chem.*), acidimetria. 4 ~ farbstoffe (*m. - pl. - chem. Ind.*), coloranti acidi. 5 ~ gehalt (*m. - Chem.*), acidità. 6 ~ härtung (von Phenolresolen durch starken Säuren) (*f. - chem. Ind.*), indurimento con acidi (forti). 7 ~ konstante (Masszahl für die Stärke einer Säure) (*f. - Chem.*), costante di dissociazione (elettrolitica). 8 ~ messer (*m. - Instr.*), acidimetro. 9 ~ schutzfett (*n. - Chem.*), grasso antiacido. 10 ~ teer (bei Raffination von Mineralöl mit Schwefelsäure) (*m. - chem. Ind.*), catrame acido. 11 ~ wagen (*m. - Eisenb.*), carro a giare, carro per acidi. 12 ~ wert (Anzahl mg KOH die zur Neutralisation der in 100 ml der Probe enthaltenen freien sauren Anteile erforderlich ist) (*m. - Chem.*), indice di acidità. 13 ~ zahl (Neutralisationszahl, eines Schmieröls z. B.) (*f. - chem. Ind.*), numero di acidità. 14 Akkumulator ~ (*Elekt. - Chem.*), acido per accumulatori.
säurebeständig (säurefest) (*Metall. - etc.*), resistente agli acidi.
säurelöslich (*Chem.*), solubile in acido.
SAV (Sicherheitsabsperrventil) (*Leit.*), valvola (di sicurezza) a chiusura automatica.
SAW-Ableiter (Überspannungsableiter) (*m. - Elekt.*), scaricatore (di sovratensioni) SAW.
Saybolt-Universal-Sekunden (S.U.S., Viscositätseinheit) (*f. - pl. - Einheit.*), secondi universali Saybolt, S.U.S.
SB (Seitenband) (*Funk.*), banda laterale. 2 ~ (Selbstbedienung) (*komm.*), «self service», autoservizio. 3 ~ -Laden (Selbstbedienungsladen) (*m. - komm.*), supermercato.
Sb (Antimon) (*Chem.*), Sb, antimonio.
sb (Stilb) (*Masseinheit*), stilb.
S-Bahn (Stadtbahn) (*f. - Eisenb.*), ferrovia urbana. 2 ~ (*Eisenb.*), siehe auch Schnellbahn.
S-Band (1500-5200 MHz) (*Radar*), banda S.
SBA-Verfahren (Societé Belge de l'Azote - Verfahren, zur Acetylen und Äthylengewinnung) (*n. - Chem.*), processo SBA.
SBB (Schweizerische Bundesbahnen, Bern) (*Eisenb.*), ferrovie federali svizzere.
SBK (Schweizerische Beleuchtungs-Kommission) (*Beleucht.*), Commissione Svizzera dell'Illuminazione.
SB-Laden (Selbstbedienungsladen) (*m. - komm.*), supermercato.
SBR (Styrol-Butadien-Kautschuk) (*chem. Ind.*), SBR, gomma allo stirene-butadiene.
s. Br., s. B. (südliche Breite) (*Geogr. - Navig.*), latitudine Sud.
SBT (Schiffbautechnik) (*Schiffbau*), tecnica delle costruzioni navali.
Sc (Scandium) (*Chem.*), Sc, scandio.
Sch (Schlagwetterschutz-Zeichen) (*Elekt.*) (sigla di) protezione antideflagrante.
Schabegeräusch (Kratzen) (*n. - Elektroakus.*), raschio.
Schabehaken (Schaber) (*m. - Werkz.*), raschietto.
Schabeisen (Schaber) (*n. - Werkz.*), raschietto. 2 ~ (für Zahnräder) (*Werkz.*), coltello rasatore, coltello sbarbatore.
Schabemaschine (für Zahnräder) (*f. - Werkz. masch.*), rasatrice, sbarbatrice.
Schaben (von Zahnrädern) (*n. - Werkz.masch. bearb.*), rasatura, sbarbatura. 2 ~ (mit Handwerkz.) (*Mech.*), raschiettatura, raschinatura. 3 ~ (Nachschneiden, Repassieren) (*Blechbearb.*), rifilatura, ripassatura. 4 ~ (von Büchern) (*Buchbinderei*), raffilatura. 5 Diagonal ~ (*Werkz.masch.bearb.*), rasatura diagonale. 6 Parallel ~ (die relative Bewegung zwischen Schabrad und Werkstück ist

parallel zur Achse des Stückes) (*Werkz.masch. bearb.*), rasatura parallela. **7 Quer** ~ (Underpass-Schaben) (*Werkz.masch.bearb.*), rasatura trasversale.

schaben (Zahnräder) (*Werkz.masch.bearb.*), rasare, sbarbare. **2** ~ (abschaben) (*Mech.*), raschiettare, raschinare. **3** ~ (Blechteile schneiden, um einen Glattschnitt zu erreichen) (*Blechbearb.*), rifilare. **4** ~ (Bücher) (*Buchbinderei*), raffilare.

Schaber (Schabeisen) (*m. - Werkz.*), raschietto. **2** ~ (Radiermesser) (*Zeichn. - etc.*), raschietto. **3** ~ (für Zahnräder) (*Werkz.*), coltello rasatore, coltello sbarbatore. **4** ~ **streichmaschine** (*f. - Papierind. - Masch.*), patinatrice a racla. **5 Dreikant** ~ (*Werkz.*), raschietto triangolare, raschietto a sezione triangolare. **6 Hohl** ~ (Löffelschaber) (*Werkz.*), raschietto a cucchiaio, raschietto per superfici concave.

Schaberad (Schabewerkzeug, Schaber) (*n. - Werkz.*), coltello rasatore, coltello sbarbatore, rasatore.

Schabeschnitt (*m. - Blechbearb. - Werkz.*), stampo per rifilare.

Schabhobel (Ziehklinge) (*m. - Tischl.werkz.*), coltello a petto.

Schablone (Profilblechstück zum Auftragen eines Musters) (*f. - Mech. - etc. - Werkz.*), sagoma. **2** ~ (zum Formen) (*Giess.*), sagoma, ronda, sciablona. **3** ~ (Kopierschablone, Leitlineal, für Dreharbeit) (*Werkz.masch.bearb.*), sagoma. **4** ~ (Lehre) (*Werkz.*), sagoma, dima, calibro a sagoma. **5** ~ (*Schiffbau - Werkz.*), garbo. **6** ~ (für Reihenfertigung) (*Mech. - Werkz.*), maschera. **7** ~ (gestanztes Blechstück zum Beschriften hölzerner Packkisten z. B.) (*Werkz. - Transp. - etc.*), stampino. **8** ~ (für Deckungen) (*Bauw.*), lastra (di copertura). **9** ~ **n·arbeit** (*f. - Werkz.masch. bearb.*), lavorazione a sagoma, riproduzione a sagoma. **10** ~ **n·beschriftung** (Schablonierung, auf Packkisten z. B.) (*f. - Transp.*), stampinatura. **11** ~ **n·drehbank** (*f. - Werkz.masch.*), tornio a sagoma. **12** ~ **n·drehen** (*n. - Werkz. masch.bearb.*), tornitura a sagoma. **13** ~ **n· druck** (*m. - Druck.*), siehe Siebdruck. **14** ~ **n·formerei** (*f. - Giess.*), formatura a sagoma. **15** ~ **n·schrift** (*f. - Transp. - etc.*), stampinatura. **16** ~ **n-Spule** (*f. - Elekt.*), bobina preformata. **17 Anreiss** ~ (*Werkz.*), sagoma per tracciatura. **18 Dickten** ~ (Fühllehre) (*Werkz.*), spessimetro, sonda. **19 Gewinde** ~ (*Werkz.*), contafiletti. **20 Kopier** ~ (*Werkz.masch.bearb.*), sagoma. **21 Radien** ~ (*Werkz.*), calibro (a sagoma) per raggi di curvatura. **22 Signier** ~ (*Werkz.*), stampino.

Schablonieren (*n. - Giess.*), formatura a sagoma, formatura a bandiera. **2** ~ (Beschriften von Packkisten z. B.) (*Transp. - etc.*), stampinatura.

schablonieren (formen) (*Giess.*), formare a sagoma, formare a bandiera. **2** ~ (Packkisten beschriften, z. B.) (*Transp.*), stampinare.

Schablonierverfahren (*n. - Keramik*), modellatura a sagoma.

Schabmaschine (Schabemaschine) (*f. - Werkz. masch.*), rasatrice, sbarbatrice.

Schabotte (Teil eines Schmiedehammers, der das Untergesenk trägt) (*f. - Schmiedemasch.*), incudine, basamento (metallico). **2** ~ (eines Ambosses) (*Werkz.*), ceppo. **3** ~ **-Einsatz** (Gesenkhalter, eines Schmiedehammers) (*m. - Schmiedemasch.*), banchina portastampi, blocco portastampi.

Schabputz (*m. - Bauw. - Masch.*), siehe Kratzputz.

Schabrad (*n. - Werkz.*), siehe Schaberad.

Schabschnitt (Nachschnitt, Nachschneider) (*m. - Blechbearb.werkz.*), rifinitore, rifilatore.

Schabsel (Schabeabfall) (*n. - Mech.*), trucioli (di raschiettatura), frammenti (di raschiettatura).

Schabspäne (Schabsel) (*m. - pl. - Mech.*), trucioli (di raschiettatura).

Schacht (Bohrschacht) (*m. - Bergbau*), pozzo. **2** ~ (Gully, für Abwasser) (*Bauw.*), pozzetto. **3** ~ (eines Aufzuges) (*Bauw.*), vano, pozzo. **4** ~ (eines Ofens) (*Metall. - Ofen*), tino. **5** ~ (Mannloch) (*Bauw. - etc.*), passo d'uomo. **6** ~ **abdeckung** (*f. - Bauw.*), siehe Schachtdeckel. **7** ~ **abteufung** (*f. - Bergbau*), scavo di un pozzo. **8** ~ **ausbau** (*m. - Bergbau*), rivestimento di pozzo. **9** ~ **ausfutterung** (*f. - Bergbau*), rivestimento di pozzo. **10** ~ **deckel** (*m. - Bauw. - Strass.b.*), chiusino, tombino. **11** ~ **fördergestell** (*n. - Bergbau*), gabbia di estrazione. **12** ~ **geviert** (*n. - Bergbau*), quadro di armamento del pozzo. **13** ~ **grube** (eines Aufzugsfahrschachtes) (*f. - Bauw.*), fossa del vano di corsa. **14** ~ **kopf** (der unmittelbar unter der Erdoberfläche liegende Teil) (*m. - Bergbau*), testa del pozzo. **15** ~ **kopf** (eines Aufzugsfahrschachtes) (*Bauw.*), testata del vano di corsa. **16** ~ **ofen** (*m. - Ofen*), forno a tino. **17** ~ **öffnung** (Mannloch) (*f. - Bauw. - etc.*), passo d'uomo. **18** ~ **ring** (Tragring, eines Hochofens) (*m. - Metall.*), anello di supporto, corona di supporto. **19** ~ **sumpf** (tiefster Teil des Schachtes) (*m. - Bergbau*), fondo del pozzo. **20** ~ **teufe** (Schachttiefe) (*f. - Bergbau*), profondità del pozzo. **21** ~ **überfall** (Überlauf einer Hochwasserentlastungsanlage, bei Talsperren, meist kelchförmig) (*m. - Hydr. - Wass.b.*), sfioratore a pozzo, sfioratore a calice. **22 Blind** ~ (unter Tage beginnender Schacht) (*Bergbau*), pozzo interno, pozzo cieco. **23 Druck** ~ (Wasserschlossschacht) (*Hydr.*), pozzo piezometrico. **24 Förder** ~ (*Bergbau*), pozzo di estrazione. **25 gebrochener** ~ (seigerer und tonnlägiger Schacht) (*Bergbau*), pozzo verticale-inclinato. **26 Haupt** ~ (*Bergbau*), pozzo principale. **27 Licht** ~ (zur natürlichen Wetterführung, bei geringen Teufen) (*Bergbau*), pozzo di ventilazione naturale. **28 Material-** ~ (zur Förderung von Materialen, Maschinen, etc.) (*Bergbau*), pozzo per materiali. **29 Richt** ~ (*Bergbau*), siehe seigerer Schacht. **30 Schräg-** ~ (tonnlägiger Schacht) (*Bergbau*), pozzo inclinato. **31 seigerer** ~ (Richt-Schacht, senkrechter Schacht) (*Bergbau*), pozzo verticale. **32 Seilfahrt-** ~ (zur Personenbeförderung) (*Bergbau*), pozzo per persone. **33 Tages-** ~ (von der Tagesoberfläche ausgehender Schacht) (*Bergbau*), pozzo esterno. **34 tonnlägiger** ~ (geneigter Schacht) (*Bergbau*), pozzo inclinato. **35 Wasserhaltungs** ~ (*Bergbau*), pozzo di eduzione (del-

Schachtel

l'acqua). 36 Wetter ~ (*Bergbau*), pozzo di ventilazione.
Schachtel (*f. - allg.*), scatola. 2 ~ **gesellschaft** (an anderen mit mindestens 25 % beteiligte Gesellschaft) (*f. - finanz.*), società (finanziaria) di partecipazione. 3 ~ **konstruktion** (*f. - Mech.*), costruzione scatolata.
Schaden (Nachteil) (*m. - allg.*), danno. 2 ~ (Verlust, bei Verkauf z. B.) (*komm.*), perdita. 3 ~ (*Med.*), lesione, ferimento. 4 ~ **akkumulation-Hypothese** (bei Dauerschwingversuchen) (*f. - Werkstoffprüfung*), ipotesi di accumulo di rotture. 5 ~ **ersatz** (Entschädigung) (*m. - recht.*), risarcimento dei danni, indennizzo. 6 ~ **s·linie** (bei Dauerschwingversuchen) (*f. - mech. Technol. - Werkstoffprüfung*), curva di danno, linea di danneggiamento. 7 **Maschinen** ~ (*Masch.*), guasti alle macchine.
schaden (*allg.*), nuocere.
schadhaft (fehlerhaft) (*allg.*), difettoso.
schädigen (*allg.*), danneggiare.
Schädigung (durch Dauerschwingbeanspruchung z. B.) (*Metall. - etc.*), danneggiamento.
schädlich (*allg.*), nocivo. 2 ~ **e Gase** (*chem. Ind.*), gas nocivi. 3 ~ **er Raum** (einer Dampfmaschine) (*Masch.*), spazio nocivo. 4 ~ **er Widerstand** (*Flugw. - Aerodyn.*), resistenza parassita, resistenza nociva.
Schädlichkeitsgrenze (*f. - Biol.*), soglia di tossicità, soglia di nocività.
Schadstoffemission (*f. - Aut. - etc.*), emissione di sostanze nocive.
Schaf (*n. - Wollind.*), pecora. 2 ~ **fusswalze** (*f. - Ger.*), rullo (costipatore) a piè di pecora. 3 ~ **schweiss** (*m. - Wollind.*), sucido di lana. 4 ~ **wolle** (*f. - Wollind.*), lana di pecora.
Schäfchenwolke (*f. - Meteor.*), cirrocumulo.
Schäferplatte (vorgespannte Hohlplatte, aus Beton) (*f. - Bauw.*), lastra Schäfer, lastra forata precompressa.
Schaffner (*m. - Eisenb.*), conduttore. 2 ~ (*Strassenbahn*), bigliettario.
Schaffplatte (eines Ofens) (*f. - Ofen*), soglia.
Schaffusswalze (*f. - Strass.b.masch.*), rullo (costipatore) a piè di pecora.
Schaft (schlanker Teil eines Werkzeuges) (*m. - Werkz.*), gambo, codolo, fusto. 2 ~ (einer Säule) (*Arch.*), fusto. 3 ~ (einer Pleuelstange) (*Mot. - Mech.*), fusto, corpo. 4 ~ (eines Kolbens, Teil unterhalb der Ringpartie) (*Mot.*), mantello. 5 ~ (eines Ventils) (*Mech. - Mot.*), stelo. 6 ~ (einer Niete) (*Mech.*), gambo. 7 ~ (Teil ohne Gewinde, eines Gewindestiftes z. B.) (*Mech.*), gambo, parte liscia, parte non filettata. 8 ~ (eines Drehstahls) (*Werkz.*), stelo, corpo, fusto. 9 ~ (eines Schraubenschlüssels) (*Mech. - Werkz.*), gambo. 10 ~ (Rohr, eines Vollschlüssels) (*Mech. - Ger.*), stelo, fusto. 11 ~ (Rahmen mit ausgespannten Drähten) (*Textilind.*), quadro dei licci. 12 ~ (hölzerner Teil des Gewehrs) (*Feuerwaffe*), calcio. 13 ~ (eines Schuhes) (*Lederind.*), tomaia. 14 ~ **durchmesser** (einer Schraube) (*m. - Mech.*), diametro del gambo, diametro della parte non filettata. 15 ~ **fräser** (Fingerfräser) (*m. - Werkz.*), fresa a candela. 16 ~ **kraft** (Zerspankraft) (*f. - Werkz.masch.bearb.*), siehe Passivkraft. 17 ~ **maschine** (*f. - Textilmasch.*), siehe Schaftmaschine. 18 ~ **rad** (Zahnrad) (*n. - Mech.*), ruota dentata con gambo. 19 ~ **schraube** (*f. - Mech.*), vite senza testa con intaglio e gambo parzialmente filettato. 20 ~ **schraube mit Innensechskant und Kegelkuppe** (*Mech.*), vite senza testa con esagono cavo, estremità piana con smusso e gambo parzialmente filettato. 21 ~ **schraube mit Innensechskant und Ringschneide** (*Mech.*), vite senza testa con esagono cavo, estremità a corona tagliente e gambo parzialmente filettato. 22 ~ **schraube mit Innensechskant und Spitze** (*Mech.*), vite senza testa con esagono cavo, estremità a punta e gambo parzialmente filettato. 23 ~ **schraube mit Innensechskant und Zapfen** (*Mech.*), vite senza testa con esagono cavo, estremità a nocciolo sporgente e gambo parzialmente filettato. 24 **durchbohrter** ~ (*Werkz.*), gambo cavo. 25 **Kegel** ~ (*Werkz.*), codolo conico, gambo conico. 26 **Morsekegel** ~ (*Werkz.*), codolo conico Morse, gambo conico Morse. 27 **Niet** ~ (*Mech.*), gambo del chiodo. 28 **Ruder** ~ (Ruderspindel) (*naut.*), asse del timone, anima del timone. 29 **Stössel** ~ (*Mot. - Mech.*), asta della punteria, puntale. 30 **Ventil** ~ (Ventilspindel) (*Mech. - Mot.*), stelo della valvola. 31 **Zylinder** ~ (*Werkz.*), gambo cilindrico, codolo cilindrico.
Schäften (Holzverbindung) (*n. - Tischl.*), unione obliqua, giunzione obliqua.
Schaftmaschine (*f. - Textilmasch.*), ratiera. 2 **Schaufel-** ~ (Hodgson-Schaftmaschine) (*Textilmasch.*), ratiera Hodgson. 3 **Schaukel** ~ (Nuttall-Schaftmaschine) (*Textilmasch.*), ratiera oscillante, ratiera di Nuttall. 4 **Schemel-** ~ (Compton-Schaftmaschine) (*Textilmasch.*), ratiera Compton. 5 **Schwingtrommel-** ~ (Nuttall-Schaftmaschine, Schenkelschaftmaschine) (*Textilmasch.*), ratiera oscillante, ratiera di Nuttall.
Schäftung (Schaft eines Gewehres) (*f. - Feuerwaffe*), calcio.
Schake (Kettenglied) (*f. - naut.*), maglia, anello. 2 ~ **n·buchse** (*f. - Mech.*), spina (elastica) per anelli (di catena).
Schäkel (Verbindungsglied für Ketten) (*m. - naut.*), maniglia, maniglione.
schäkeln (mit Schäkeln verbinden) (*naut.*), ammanigliare.
Schälanschnitt (eines Gewindebohrers) (*m. - Werkz.*), imbocco corretto.
Schälbank (*f. - Werkz.masch.*), pelatrice, tornio pelabarre.
Schale (Hülle) (*f. - allg.*), guscio. 2 ~ (flaches Gefäss) (*allg.*), bacinella. 3 ~ (*chem. Ger.*), capsula. 4 ~ (Kokille) (*Giess.*), conchiglia. 5 ~ (Elektronengruppe) (*Atomphys.*), strato (elettronico). 6 ~ (eines Lagers) (*Mech.*), guscio. 7 ~ (dünne Schicht an der Oberfläche des Schmiedestückes, die nur unvollständig mit dem Stück verbunden ist) (*Schmiedefehler*), sovrapposizione. 8 ~ (der Waage) (*Instr.*), piatto. 9 ~ **n·anemometer** (*m. - Instr.*), anemometro a coppe, anemometro a coppelle. 10 ~ **n·bauweise** (Bauform der selbsttragenden Karosserie) (*f. - Aut.*), car-

rozzeria (a struttura) portante, monoscocca. **11** ~ **n·bauweise** (*Flugw.*), struttura monoguscio, struttura a rivestimento resistente (o portante). **12** ~ **n·guss** (Hartguss, Gussstück) (*m.* - *Giess.*), getto in conchiglia, getto conchigliato. **13** ~ **n·gusseisen** (mit weisser Aussenzone und grauem Kern) (*n.* - *Giess.*), ghisa conchigliata. **14** ~ **n·kern** (*m.* - *Elekt.*), nucleo a guscio. **15** ~ **n·kreuz** (eines Anemometers) (*n.* - *Instr.*), mulinello a coppe, mulinello a coppelle. **16** ~ **n·kupplung** (*f.* - *Mech.*), giunto a gusci, giunto a viti. **17** ~ **n·rumpf** (*m.* - *Flugw.*), fusoliera a struttura monoguscio, fusoliera a rivestimento resistente (o portante). **18** ~ **n·sitz** (eines Personenkraftwagens z. B.) (*m.* - *Aut.*), sedile avvolgente. **19 Orangen** ~ (*Anstr.fehler*), buccia d'arancia.
schalen (verkleiden) (*allg.*), incapsulare, rivestire.
Schälen (von Stangen) (*n.* - *Werkz.masch. bearb.*), pelatura, scortecciatura.
schälen (Bäume) (*Holz*), scortecciare. **2** ~ (auf der Drehbank) (*Werkz.masch.bearb*), pelare. **3** ~ (entbasten, die Seide) (*Textilind.*), sgommare, purgare.
schalenhart (*Giess.*), conchigliato.
Schälfestigkeit (*f.* - *Technol.*), resistenza alla pelatura.
Schälfräser (Einschneidfräser) (*m.* - *Werkz.*), fresa rasatrice ad un tagliente, fresa rasatrice monospira.
Schälfurnier (Furnierblatt) (*n.* - *Tischl.*), sfogliato, lamina.
Schalholz (*n.* - *Bauw.*), legname per casseforme, legname di armatura.
Schälholz (Rohholz das sich zum Schälen eignet) (*n.* - *Holz*), legno per sfogliati.
Schall (*m.* - *Akus.*), suono. **2** ~ **absorption** (Schallschluckung) (*f.* - *Akus.*), assorbimento acustico. **3** ~ **absorptionsgrad** (Schallschluckgrad, α) (*m.* - *Akus.*), fattore di assorbimento acustico, potere fonoassorbente. **4** ~ **analyse** (*f.* - *Akus.*), analisi dei suoni. **5** ~ **aufnahme** (*f.* - *Elektroakus.*), registrazione del suono. **6** ~ **aufzeichnung** (Phonographie) (*f.* - *Elektroakus.*), registrazione del suono. **7** ~ **ausbreitung** (*f.* - *Akus.*), propagazione del suono. **8** ~ **dämmer** (auf der Bodenblechfläche einer Karosserie) (*m.* - *Aut.*), antirombo (*s.*), pittura antirombo, rivestimento antirombo. **9** ~ **dammschicht** (auf der Bodenblechfläche einer Karosserie) (*f.* - *Aut.*), strato antirombo, mano antirombo, rivestimento antirombo. **10** ~ **dämmung** (*f.* - *Akus.*), silenziamento, insonorizzazione. **11** ~ **dämpfer** (*m.* - *Akus.*), silenziatore. **12** ~ **dämpfer** (Auspufftopf) (*Aut.* - *Mot.*), marmitta di scarico. **13** ~ **dämpfung** (Dissipation) (*f.* - *Akus.*), dissipazione acustica. **14** ~ **dissipationsgrad** (δ, Verwärmgrad) (*m.* - *Akus.*), fattore di dissipazione acustica. **15** ~ **dose** (Tonabnehmer, Pick-up) (*f.* - *Elektroakus.*), « pick-up », fonorivelatore. **16** ~ **druck** (auf einen festen Körper von Schallwellen ausgeübter Druck) (*m.* - *Akus.*), pressione acustica. **17** ~ **druckmikrophon** (*n.* - *Akus.*), microfono a pressione. **18** ~ **druckpegel** (*m.* - *Akus.*), livello di pressione acustica. **19** ~ **durchlässigkeit** (*f.* - *Akus.*), permeabilità acustica. **20** ~ **echo** (*n.* - *Akus.*), eco sonoro. **21 Schallehre** (Akustik) (*f.* - *Akus.*), acustica. **22 Schalleistung** (Quotient Schallenergie durch Zeit, in erg/sec gemessen) (*f.* - *Akus.*), potenza acustica, potenza sonora. **23** ~ **empfindung** (*f.* - *Akus.*), sensazione sonora. **24** ~ **empfindungsschwelle** (*f.* - *Akus.*), soglia di udibilità. **25** ~ **energie** (*f.* - *Akus.*), energia sonora. **26** ~ **energiedichte** (*f.* - *Akus.*), energia volumica acustica. **27** ~ **erzeuger** (Schallgeber) (*m.* - *Akus.*), generatore acustico. **28** ~ **feld** (*n.* - *Akus.*), campo sonoro, campo acustico. **29** ~ **feldmodulation** (beim Ultraschallreinigungsprozess z. B.) (*f.*-*Akus.*), modulazione del campo sonoro. **30** ~ **fluss** (Volumenschnelle, Produkt aus Schallschnelle und Querschnitt senkrecht zur Strömungsrichtung) (*m.* - *Akus.*), flusso di velocità acustica. **31** ~ **geschwindigkeit** (*f.* - *Akus.*), velocità del suono. **32** ~ **geschwindigkeitsmikrophon** (*n.* - *Akus.*), microfono a velocità. **33** ~ **grenze** (zwischen Unterschall- und Überschallgeschwindigkeit) (*f.* - *Flugw.*), limite della velocità subsonica. **34** ~ **grenze** (Schallmauer) (*Flugw.*), muro del suono, barriera del suono. **35** ~ **härte** (von Stoffen) (*f.* - *Akus.*), inerzia acustica. **36** ~ **härte** (Produkt aus Dichte und Geschwindigkeit von Kompressionswellen) (*Seismik*), inerzia acustica. **37** ~ **höhenmesser** (*m.* - *Instr.*), altimetro acustico. **38** ~ **impedanz** (Quotient Schalldruck durch Schallschnelle) (*f.* - *Akus.*), impedenza acustica. **39** ~ **ingenieur** (*m.* - *Akus.*), tecnico del suono. **40** ~ **intensität** (Schallstärke, Quotient Schalleistung durch Querschnitt, in erg/cm^2·s gemessen) (*f.* - *Akus.*), intensità acustica. **41** ~ **isolierplatte** (*f.* - *Bauw.* - *etc.*), pannello antifonico, pannello insonorizzante. **42** ~ **isolierung** (Schallschutz, Lärmschutz) (*f.* - *Akus.* - *Bauw.* - *etc.*), isolamento acustico. **43** ~ **kammer** (*f.* - *Akus.*), camera di riverberazione. **44** ~ **kopf** (beim Ultraschallbohren) (*m.* - *Werkz.masch.*), testa ultrasonora. **45** ~ **lehre** (Akustik) (*f.* - *Akus.*), acustica. **46** ~ **leistung** (*f.* - *Akus.*), potenza sonora. **47** ~ **leistungspegel** (*m.* - *Akus.*), livello di potenza sonora. **48** ~ **mauer** (Schallwand) (*f.* - *Flugw.*), muro del suono, barriera del suono. **49** ~ **messer** (*m.* - *Instr.*), fonometro. **50** ~ **messtechnik** (*f.* - *Messtechnik*), metrologia acustica. **51** ~ **messung** (*f.* - *Akus.*), fonometria. **52** ~ **ortung** (*f.* - *Akus.*), ecogoniometria. **53** ~ **pegel** (*m.* - *Akus.*), livello di pressione acustica. **54** ~ **platte** (Grammophonplatte) (*f.* - *Elektroakus.*), disco di grammofono. **55** ~ **plattenaufnahme** (*f.* - *Elektroakus.*), registrazione di dischi. **56** ~ **plattenwiedergabe** (*f.* - *Elektroakus.*), riproduzione di dischi. **57** ~ **quelle** (*f.* - *Akus.*), sorgente sonora. **58** ~ **reflexionsfaktor** (Verhältnis der Schalldrucke der reflektierten und auftreffenden Welle) (*m.* - *Akus.*), fattore di riflessione acustica. **59** ~ **reflexionsgrad** (Verhältnis der reflektierten zur auftreffenden Schallintensität) (*m.* - *Akus.*), coefficiente di riflessione acustica. **60** ~ **schatten** (*m.* - *Akus.*), ombra acustica.

Schall

61 ~ **scheinwerfer** (*m. - Akus.*), radiatore acustico. 62 ~ **schirm** (*m. - Akus.*), schermo acustico. 63 ~ **schlucker** (Schallschluckstoff, Schallschluck-Material, Schall-Absorptions-Material) (*m. - Akus.*), materiale fonoassorbente, isolante acustico. 64 ~ **schluckkoeffizient** (Schallschluckgrad, Schallabsorptionsgrad) (*m. - Akus.*), coefficiente di assorbimento acustico, potere fonoassorbente. 65 ~ **schluck-Überzugsmasse** (*f. - Anstr.*), materiale fonoassorbente, rivestimento fonoassorbente. 66 ~ **schluckung** (Schallabsorption) (*f. - Akus.*), assorbimento acustico. 67 ~ **schnelle** (Wechselgeschwindigkeit eines schwingenden Teilchens) (*f. - Akus.*), velocità acustica. 68 ~ **schutz** (*m. - Akus.*), siehe Schallisolierung. 69 ~ **schutz** (gegen Belästigung und Schädigung der Menschen durch Lärm) (*Ind. - Arb. - etc.*), protezione contro i rumori. 70 ~ **schutzmass** (im Hochbau, in dB gemessen) (*n. - Akus. - Bauw.*), indice di fonoassorbenza. 71 ~ **schwingung** (*f. - Akus.*), vibrazione sonora. 72 ~ **sender** (eines Echolots) (*m. - Ger.*), trasmettitore di (ultra)suoni, generatore di (ultra)suoni. 73 ~ **sendung** (*f. - Akus.*), emissione acustica. 74 ~ **sichtgerät** (Ultraschall-Bildwandler, Gerät zur Materialprüfung) (*n. - Ger. - Metall.*), riflettoscopio. 75 ~ **spektroskopie** (*f. - Akus.*), spettroscopia acustica, fonospettroscopia. 76 ~ **stärke** (Schallintensität) (*f. - Akus.*), siehe Schallintensität. 77 **stärkemesser** (Phonmeter) (*m. - Akus. - Ger.*), fonometro. 78 ~ **strahler** (*m. - Akus.*), radiatore acustico. 79 ~ **strahler** (Lautsprecher) (*Akus.*), altoparlante. 80 ~ **strahlungsdruck** (*m. - Akus.*), pressione della radiazione acustica. 81 ~ **technik** (mit den Problemen der Entstehung und Ausbreitung von Schwingungvorgängen sich befassende Technik) (*f. - Akus.*), fonotecnica, vibrotecnica. 82 ~ **transmissionsgrad** (Verhältnis der durchgelassenen zur auftreffenden Schallintensität, τ) (*m. - Akus.*), fattore di trasmissione acustica. 83 ~ **übertragung** (*f. - Bauw. - etc.*), trasmissione del suono. 84 ~ **wand** (eines Lautsprechers) (*f. - Akus.*), schermo acustico. 85 ~ **wand** (Schallmauer) (*Flugw.*), muro del suono, barriera del suono. 86 ~ **wandler** (*m. - Akus.*), trasduttore acustico. 87 ~ **welle** (*f. - Akus.*), onda sonora. 88 ~ **zahl** (Schallziffer, bei Verdichtern) (*f. - Masch.*), indice acustico. 89 ~ **zeichen** (akustisches Seezeichen, mit Sirenen, Glocken, etc.) (*n. - Navig.*), segnalamento acustico. 90 **Hör** ~ (*Akus.*), suono udibile. 91 **Infra** ~ (unterhalb des Hörbereichs von 20 Hz) (*Akus.*), sottosuono. 92 **Körper** ~ (in festen Stoffen sich ausbreitender Schall) (*Akus.*), suono sostantivo, suono intrinseco, suono (propagantesi) attraverso (corpi) solidi, suono via solido. 93 **Langspiel** ~ **platte** (*Elektroakus.*), disco a lunga durata. 94 **Luft** ~ (in Luft sich ausbreitender Schall) (*Akus.*), suono estrinseco, suono (propagantesi) attraverso l'aria, suono via aria. 95 **Mikro-Rillen-** ~ **platte** (*Elektroakus.*), disco microsolco. 96 **Stereo** ~ **platte** (stereophonische Schallplatte) (*Elektroakus.*), disco stereofonico. 97 **Tritt** ~ (ein Schall der als Körperschall entsteht und teilweise als Luftschall abgestrahlt wird) (*Akus. - Bauw.*), suono a propagazione mista (via solido e via aria). 98 **Ultra** ~ (oberhalb des Hörbereichs von 20.000 Hz) (*Akus.*), ultrasuono.

schalldämmend (*Akus.*), siehe schalldämpfend.

schalldämpfend (*Akus.*), insonorizzante, antiacustico.

schalldicht (*Akus.*), antiacustico, insonorizzato.

schallhart (Medium, mit grosser Schallimpedanz) (*Akus.*), ad elevata impedenza acustica.

schallisoliert (*Akus.*), isolato acusticamente.

schallschluckend (*Akus.*), fonoassorbente, insonorizzante.

schalltot (Raum, zur Geräuschmessung) (*Technol.*), insonorizzato, anecoico. 2 ~ **er Raum** (zur Geräuschmessung von laufenden Maschinen) (*Akus.*), camera anecoica. 3 ~ **es Studio** (*Fernseh.*), studio insonorizzato.

schallweich (Medium, mit kleinem Schallimpedanz) (*Akus.*), a bassa impedenza acustica.

Schälmaschine (für Furnier- und Sperrholz) (*f. - Holzbearb.masch.*), sfogliatrice. 2 ~ (für Stangen) (*Werkz.masch.*), pelatrice, pelabarre. 3 ~ (für Getreide z. B.) (*Ack.b. masch.*), sgusciatrice.

Schälmesser (Werkz. zum Schneiden von Schnecken z. B. im Tangentialverfahren auf einer Abwälzfräsmaschine z. B.) (*n. - Werkz.*), coltello stozzatore. 2 ~ (seitlich an Grabenbaggern gebracht) (*Erdbew.masch.*), lama laterale.

Schalplatte (vorgefertigtes Schalungsbrett) (*f. - Bauw.*), tavola per casseforme.

Schälrad (zahnradförmiges Werkzeug zum Wälzschälen von Schnecken z. B.) (*n. - Werkz.*), coltello circolare per dentature a rotolamento.

Schälreibahle (*f. - Werkz.*), alesatore elicoidale.

Schälschnitt (beim Fräsen von Schnecken z. B.) (*m. - Werkz.masch.bearb.*), stozzatura tangenziale.

Schaltachse (zum Erreichen die doppelte Zahl der Gänge) (*f. - Fahrz.*), riduttore.

Schaltafel (aus Schalungsbrettern) (*f. - Bauw.*), pannello per casseforme, tavolato per casseforme.

Schaltalgebra (Boolesche Algebra auf Probleme der Schaltkreistechnik verwendet) (*f. - Math. - Rechner*), algebra di commutazione, algebra booleana.

Schaltanlage (Verteilungsanlage) (*f. - Elekt.*), impianto di distribuzione.

Schaltanlasser (*m. - Elekt.*), interruttore di avviamento.

Schaltarm (eines Wählers) (*m. - Fernspr.*), braccio di contatto.

Schaltarmaturen (*f. - pl. - Elekt.*), apparecchiature elettriche di manovra.

Schaltautomat (*m. - Elekt.*), interruttore automatico.

Schaltautomatik (Schaltautomat) (*f. - Elekt.*), interruttore automatico.

Schaltbank (eines Wählers) (*f. - Fernspr.*), banco di contatti.

schaltbar (Kupplung) (*Masch.*), innestabile.
Schaltbaum (Riffelbaum) (*m. - Textilind.*), subbio scanalato.
Schaltbegrenzer (eines hydraulischen Wandlers z. B.) (*m. - Mech.*), limitatore di innesto.
Schaltbewegung (eines Revolverkopfes) (*f. - Werkz.masch.*), rotazione, indessaggio.
Schaltbild (Schaltplan, Schaltschema) (*n. - Elekt. - etc.*), siehe Schaltplan.
Schaltbrett (*n. - Elekt. - etc.*), quadro di comando.
Schaltdifferenz (eines Thermostats z. B.) (*f. - Elekt. - etc.*), campo d'intervento.
Schaltdose (*f. - Elekt.*), scatola di distribuzione.
Schaltdraht (für die Verdrahtung elekt. Geräte) (*m. - Elekt.*), filo per cablaggi. 2 ~ (*Fernspr.*), filo di collegamento.
Schaltdrossel (bei Stromrichtern) (*f. - Elekt.*), bobina di commutazione.
Schalten (Betätigen, Steuern) (*n. - allg.*), manovra, comando. 2 ~ (Unterbrechung) (*Elekt.*), interruzione. 3 ~ (des Wechselgetriebes) (*Aut. - Mech.*), cambio (di marcia). 4 Aus ~ (der Zündung z. B.) (*Aut. - Elekt.*), disinserzione, distacco, esclusione. 5 Aus ~ (der Kupplung) (*Mech. - Aut.*), disinnesto, distacco. 6 Ein ~ (der Zündung z. B.) (*Aut. - Elekt.*), inserzione. 7 Ein ~ (der Kupplung) (*Mech. - Aut.*), innesto. 8 Um ~ (von Fernlicht auf Abblendlicht z. B.) (*Elekt.*), commutazione. 9 Um ~ (Änderung der Drehrichtung) (*naut. - etc.*), inversione di marcia.
schalten (den Gang wechseln) (*Aut.*), cambiare (marcia). 2 ~ (steuern, Maschinen) (*Mech.*), comandare, manovrare. 3 ~ (eine elekt. Verbindung herstellen) (*Elekt.*), collegare. 4 ~ (anschliessen) (*Elekt.*), allacciare. 5 ~ (einen Hebel) (*Mech.*), azionare, spostare. 6 ~ (einen Revolverkopf z. B.) (*Werkz.masch. bearb.*), ruotare, indessare. 7 ab ~ (einen Stromkreis unterbrechen) (*Elekt.*), interrompere, aprire. 8 an ~ (in Gang setzen, eine Masch. z. B.) (*Masch.*), mettere in funzione, mettere in moto. 9 an ~ (kuppeln) (*Masch.*), accoppiare. 10 aus ~ (unterbrechen, den Stromkreis) (*Elekt.*), interrompere, aprire. 11 aus ~ (das Licht) (*Beleucht.*), spegnere. 12 aus ~ (eine Kupplung) (*Mech.*), disinnestare. 13 aus ~ (einen Mot., eine Masch.) (*Mot. - Masch.*), arrestare, disinserire. 14 den Riemen ~ (*Mech.*), spostare la cinghia. 15 ein ~ (dazwischen schieben) (*allg.*), inserire. 16 ein ~ (in Betrieb setzen) (*allg.*), mettere in funzione. 17 ein ~ (ein Gerät) (*Elekt.*), inserire. 18 ein ~ (eine Kupplung) (*Mech.*), innestare. 19 ein ~ (einen Stromkreis) (*Elekt.*), chiudere. 20 ein ~ (einen Motor oder eine Masch.) (*Mot. - Masch.*), mettere in funzione, avviare. 21 hintereinander ~ (*Elekt.*), collegare in serie. 22 in Reihe ~ (*Elekt.*), collegare in serie. 23 parallel ~ (nebeneinanderschalten) (*Elekt.*), collegare in parallelo. 24 um ~ (*Elekt.*), commutare. 25 um ~ (die Drehrichtung verändern) (*Masch.*), invertire (la marcia). 26 um ~ (die Übersetzung verändern) (*Masch.*), cambiare marcia, cambiare rapporto di trasmissione. 27 um ~ (einen Riemen) (*Mech.*), spostare. 28 um ~ (die Tischbewegung z. B.) (*Werkz.masch.*), invertire. 29 um ~ (umwandeln, von Zoll- zu Metriksystem z. B.) (*allg.*), convertire.
Schalter (Vorr. zum Unterbrechen eines elekt. Kreises) (*m. - Elekt.*), interruttore. 2 ~ (Umschalter) (*Elekt.*), commutatore. 3 ~ (Einschalter) (*Elekt.*), inseritore. 4 ~ (Fenster zur Kundenbedienung) (*Büro - etc.*), sportello. 5 ~ (Schiebefenster) (*Bauw.*), finestra scorrevole. 6 ~ (Schaltkupplung) (*Mech.*), innesto. 7 ~ **beamter** (*m. - Arb.*), addetto allo sportello. 8 ~ **beamter** (Fahrkartenverkäufer) (*Eisenb. - etc.*), bigliettario. 9 ~ **diode** (im Zeilenablenkgerät z. B., Booster-Diode) (*f. - Fernseh.*), diodo di guadagno, diodo amplificatore, diodo elevatore. 10 ~ **für Unterputzmontage** (*Elekt.*), interruttore per impianti nascosti, interruttore per impianti incassati. 11 ~ **halle** (*f. - Eisenb. - etc.*), biglietteria. 12 ~ **kessel** (*m. - Elekt.*), cassa dell'interruttore. 13 ~ **mit Sperrgehäuse** (*Elekt.*), interruttore con serratura. 14 ~ **mit Wiedereinschaltvorrichtung** (*Elekt.*), interruttore a richiusura automatica. 15 ~ **öl** (Isolieröl) (*n. - Elekt. - chem. Ind.*), olio per interruttori. 16 **Anlass** ~ (*Aut. - Mot.*), interruttore di avviamento. 17 **Aus** ~ (zum Aus- und Einschalten) (*Elekt.*), interruttore. 18 **Blink** ~ (Blinkerschalter) (*Elekt.*), interruttore per luci intermittenti, interruttore per lampeggiatori. 19 **Blinker** ~ (*Aut.*), interruttore per lampeggiatori. 20 **Fahr** ~ (*Elekt.*), interruttore a pulsante. 21 **Druckluft** ~ (*Elekt.*), interruttore ad aria compressa. 22 **eingelassener** ~ (*Elekt.*), interruttore di tipo incassato. 23 **Ein** ~ (*Elekt.*), inseritore. 24 **End** ~ (*Elekt. - Werkz.masch.*), interruttore di fine corsa, finecorsa. 25 **Fahr** ~ (Kontroller) (*elekt. Fahrz.*), combinatore di marcia. 26 **Fehlerspannungs-Schutz** ~ (*Elekt. - Ger.*), interruttore di protezione contro difetti d'isolamento. 27 **Fehlerstrom-Schutz** ~ (*Elekt. - Ger.*), interruttore automatico differenziale. 28 **fernbetätigter** ~ (*Elekt.*), teleruttore. 29 **Fern** ~ (fernbetätigter Schalter) (*Elekt.*), teleruttore. 30 **Fliehkraft** ~ (*Elekt.*), interruttore centrifugo. 31 **Freistrahl** ~ (*Elekt.*), interruttore a getto libero. 32 **Fussabblend** ~ (*Aut.*), interruttore a pedale per luci anabbaglianti, commutatore a pedale per luci anabbaglianti. 33 **Fuss** ~ (*Elekt.*), interruttore a pedale. 34 **geschlossener** ~ (*Elekt.*), interruttore chiuso. 35 **Gruppen** ~ (zum abwechselnden Schalten zweier Stromkreise) (*Elekt.*), commutatore. 36 **Haupt** ~ (*Elekt.*), interruttore principale. 37 **Hebel** ~ (*Elekt.*), interruttore a levetta. 38 **IS -** ~ (Installations - Selbstschalter) (*Elekt.*), interruttore automatico. 39 **Kassen** ~ (einer Bank z. B.) (*finanz.*), sportello cassa. 40 **Kipphebel** ~ (Tumblerschalter) (*Elekt.*), interruttore a bilico. 41 **Kombinations** ~ (Aus- und Umschalter) (*Elekt.*), interruttore-commutatore. 42 **Kreuz** ~ (zwischen zwei Wechselschaltern) (*Elekt. - Ger.*), invertitore. 43 **Leistungs** ~ (*Elekt. - Ger.*), interruttore di potenza. 44 **Leuchttast**

Schaltfehler

~ (*Elekt. - Ger.*), interruttore a pulsante luminoso. **45 Licht** ~ (*Elekt.*), interruttore (della) luce, interruttore per circuito di illuminazione. **46 Luft** ~ (*Elekt.*), interruttore in aria. **47 Magnet** ~ (*Elekt.*), interruttore elettromagnetico. **48 Miniatur** ~ (*Elekt.*), interruttore miniatura. **49 Motor** ~ (Motorschutzschalter) (*Elekt.*), salvamotore. **50 Motorschutz** ~ (*Elekt.*), salvamotore. **51 Öl** ~ (*Elekt.*), interruttore in olio. **52 Ölstrahl** ~ (*Elekt.*), disgiuntore a getto d'olio. **53 Quecksilber** ~ (*Elekt.*), interruttore a mercurio. **54 Relais** ~ (*Elekt.*), interruttore a relè. **55 Schutz** ~ (*Elekt. - Ger.*), interruttore di protezione, interruttore automatico. **56 Schwimmer** ~ (*Elekt.*), interruttore a galleggiante. **57 Selbstaus** ~ (*Elekt.*), interruttore ad apertura automatica, disgiuntore. **58 Selbstein** ~ (*Elekt.*), interruttore a chiusura automatica, congiuntore. **59 Selbst** ~ (*Elekt.*), interruttore automatico. **60 Serien** ~ (einpolig) (*Elekt. - Ger.*), commutatore unipolare a più posizioni, interruttore luce doppio. **61 Sperr** ~ (*Elekt.*), interruttore d'interdizione. **62 Tast** ~ (*Elekt. - Ger.*), interruttore a pulsante. **63 Trenn** ~ (*Elekt. - Ger.*), sezionatore. **64 Tret** ~ (*elekt. Ger.*), interruttore a pedale, interruttore da pavimento. **65 Tumbler** ~ (Kippehebelschalter) (*Elekt.*), interruttore a bilico. **66 Überstrom-Schutz** ~ (*Elekt. - Ger.*), interruttore di protezione contro sovracorrenti. **67 Um** ~ (*Elekt.*), commutatore. **68 Wechsel** ~ (*Elekt. - Ger.*), deviatore. **69 Wende** ~ (*elekt. - Ger.*), commutatore-invertitore. **70 Zeit** ~ (*Elekt.*), interruttore a tempo. **71 Zünd** ~ (*Aut. - Mot.*), interruttore di accensione.

Schaltfehler (bei Revolverdrehbankbearbeitung) (*m. - Werkz.masch.bearb.*), errore di indessaggio, errore di rotazione.

Schaltfeld (*n. - Elekt. - etc.*), pannello di manovra, pannello di comando.

Schaltfrequenz (eines Schalters, Schalthäufigkeit) (*f. - Elekt.*), frequenza delle interruzioni.

Schaltfunktion (*f. - Math.*), funzione di commutazione.

Schaltgabel (eines Wechselgetriebes) (*f. - Aut.*), forcella di comando, forcella del cambio.

Schaltgas (bei der Unterbrechung von Lichtbogen in Schaltgeräten) (*n. - Elekt.*), gas da interruzione.

Schaltgerät (*n. - Elekt. - Ger.*), apparecchiatura elettrica, apparecchio elettrico.

Schaltgeschwindigkeit (mittlere Geschwindigkeit der Kontakte eines Schalters) (*f. - Elekt.*), velocità (media) dei contatti.

Schaltgetriebe (Wechselgetriebe) (*n. - Mech. - Aut.*), cambio. **2** ~ (Schaltwerk, zur Erzeugung absatzweiser Bewegungen, Maltesekreuzgetriebe z. B.) (*Mech.*), meccanismo per moti intermittenti.

Schaltglied (Kontaktglied) (*n. - Elekt.*), organo di contatto.

Schaltgruppe (beim Parallelbetrieb von Transformatoren) (*f. - Elekt.*), gruppo di accoppiamento, gruppo di collegamento.

chalthäufigkeit (eines Steuerapparates) (*f. allg.*), numero delle manovre, frequenza delle manovre. **2** ~ (eines Wendegetriebes z. B.) (*Masch. - etc.*), frequenza delle inversioni, numero delle inversioni. **3** ~ (eines Wechselgetriebes) (*Aut. - Mech.*), numero dei cambi (di marcia), frequenza dei cambi (di marcia). **4** ~ (eines Relais) (*f. - Elekt.*), frequenza di operazioni, frequenza di commutazione.

Schalthaus (einer Kraftstation) (*n. - Elekt.*), sala quadri.

Schalthebel (*m. - Aut.*), leva del cambio. **2 Mittel** ~ (*Aut.*), leva del cambio centrale, leva del cambio a « cloche ».

Schalthilfe (*f. - Mech.*), servocomando.

Schaltinformationen (*f. - pl. - NC - Werkz. masch. - etc.*), informazioni logiche.

Schaltjahr (*n. - Geophys.*), anno bisestile.

Schaltkapazität (zusätzliche Kapazität durch die Verdrahtung eines Gerätes verursacht) (*f. - Elekt.*), capacità addizionale di connessione.

Schaltkasten (für Motoren) (*m. - Elektromot. - Ger.*), cassetta di manovra. **2** ~ (am Armaturenbrett) (*Aut.*), quadretto di distribuzione. **3** ~ **mit Schaltschlüssel** (*Aut.*), quadretto con chiave.

Schaltklinke (Sperrklinke) (*f. - Mech.*), arpione, nottolino.

Schaltkreis (zur logischen Verknüpfung und mit Speicher- und Verstärker-Eigenschaften) (*m. - Math. - Elektronik*), circuito logico, circuito di commutazione. **2 offenes** ~ **system** (*Regelung - etc.*), sistema ad anello aperto, sistema senza retroazione.

Schaltkupplung (*f. - Mech.*), innesto. **2** ~ **mit hydraulischer Betätigung** (*Mech.*), innesto a comando idraulico.

Schaltleistung (Schaltvermögen, eines Schalters) (*f. - Elekt.*), potere di rottura, potere di apertura.

Schaltleitung (überwachende Stelle zur Betriebsführung eines Netzes) (*f. - Elekt.*), direzione di rete.

Schaltlichtbogen (zwischen den Kontakten eines Schaltgerätes) (*m. - Elekt.*), arco tra i contatti.

Schaltmagnet (*m. - Elekt.*), elettromagnete di commutazione.

Schaltmesser (*n. - Elekt.*), coltello di sezionamento.

Schaltmuffe (der Kupplung) (*f. - Aut.*), manicotto di disinnesto (frizione), manicotto di distacco. **2** ~ (Schiebemuffe, der Synchronisiereinrichtung eines Wechselgetriebes) (*Aut.*), manicotto sincronizzatore.

Schaltplan (Schaltbild, Schaltschema) (*m. - Elekt. - etc.*), schema. **2 Druckluft** ~ (*ind. Anlage*), schema pneumatico. **3 Hydraulik** ~ (hydraulischer Schaltplan) (*Masch. - etc.*), schema idraulico. **4 Stromlauf** ~ (Darstellung der Schaltung mit Hilfsleitungen und Klemmenstellen) (*Elekt.*), schema di principio. **5 Übersichts** ~ (vereinfachte Darstellung einer Anlage) (*Elekt.*), schema (elettrico) completo. **6 Wärme** ~ (*Warme*), schema termico. **7 Wirk-** ~ (gibt ein klares Bild über die Funktion der Stromkreise) (*Elekt.*), schema funzionale.

Schaltpult (*n. - Elekt.*), quadro a leggio, quadro elettrico a leggio.
Schaltrad (zum Wechseln der Fortschaltung in Wechselradgetrieben) (*n. - Mech.*), ruota di cambio.
Schaltrelais (*n. - Elekt.*), relè di commutazione. 2 ~ (Schaltschütz) (*n. - Elekt.*), contattore a relè.
Schaltringkern (*m. - Elekt.*), nucleo di commutazione ad anello.
Schaltröhre (*f. - Elektronik*), tubo di commutazione, commutatore elettronico.
Schaltscheibe (eines Revolverkopfes z. B., Teilscheibe) (*f. - Werkz.masch.*), disco divisore.
Schaltschema (Schaltbild, Schaltplan) (*n. - Elekt. - etc.*), siehe Schaltplan.
Schaltschloss (eines Schaltgerätes) (*n. - Elekt.*), serratura di apparecchio elettrico.
Schaltschrank (*m. - Elekt.*), quadro elettrico ad armadio.
Schaltschütz (*m. - elekt. Ger.*), contattore. 2 ~ (z. B. um eine Schweissmaschine zeitlich zu schalten) (*Elekt.*), (relè) temporizzatore.
Schaltspanne (des Druckreglers, bei Druckluftbremse) (*f. - Fahrz.*), differenza tra pressione massima e minima.
Schaltstange (Betätigungsstange, zur Betätigung von Hand elekt. App. unter Spannung) (*f. - Elekt.*), fioretto. 2 ~ (eines Wechselgetriebes) (*Aut.*), asta di comando.
Schaltstation (*f. - Elekt. - etc.*), stazione di comando, stazione di manovra.
Schaltstück (Kontaktstück, eines elekt. Schaltgerätes) (*n. - Elekt.*), contatto, elemento di contatto. 2 Abreiss ~ (*Elekt.*), contatto di arco.
Schalttafel (*f. - Elekt.*), quadro elettrico. 2 ~ **instrument** (*n. - elekt. Instr.*), strumento da quadro.
Schalttransistor (*m. - Elektronik*), transistore di commutazione.
Schalttrommel (Steuertrommel) (*f. - Werkz. masch.*), tamburo di comando. 2 ~ (eines Drehautomat-Revolverkopfes z. B.) (*Werkz. masch.*), tamburo di indessaggio. 3 ~ **fräsmaschine** (*f. - Werkz.masch.*), fresatrice a tamburo.
Schaltuhr (*f. - elekt. Ger.*), interruttore orario, temporizzatore.
Schaltung (Betätigung, Steuerung) (*f. - allg.*), manovra, comando. 2 ~ (Dreieckschaltung z. B.) (*Elekt.*), collegamento. 3 ~ (Kreissystem) (*Elekt.*), circuito. 4 ~ (Betätigung des Wechselgetriebes) (*Aut.*), cambio (di marcia), azionamento del cambio, manovra del cambio. 5 ~ s·**algebra** (Boole'sche Algebra) (*f. - Datenverarb. - etc.*), algebra booleana. 6 **Brücken** ~ (*Elekt.*), circuito a ponte. 7 **Doppeldreieck** ~ (*Elekt.*), avvolgimento a doppio triangolo. 8 **Dreieck** ~ (*Elekt.*), collegamento a triangolo. 9 **geätzte** ~ (gedruckte Schaltung) (*Elekt.*), circuito stampato. 10 **gedruckte** ~ (gedruckter Stromkreis) (*Elekt.*), circuito stampato. 11 **Hintereinander** ~ (*Elekt.*), collegamento in serie. 12 **Knüppel** ~ (des Wechselgetriebes) (*Aut.*), cambio a « cloche », cambio a leva. 13 **Kugel** ~ (von Wechselgetrieben) (*Aut.*), cambio con leva a rotula, comando con leva a rotula. 14 **Kulissen** ~ (*Aut.*), cambio a settori. 15 **Lenkrad** ~ (*Aut.*), cambio sul volante, cambio sul piantone di guida. 16 **logische** ~ (*Elektronik*), circuito logico. 17 **Parallel** ~ (*Elekt.*), collegamento in parallelo. 18 **Polygon** ~ (n-Eck-Schaltung) (*Elekt.*), avvolgimento poligonale. 19 **Sechseck** ~ (*Elekt.*), avvolgimento esafase poligonale. 20 **Sechsfach-Stern** ~ (*Elekt.*), avvolgimento esafase a stella. 21 **Sterndreieck** ~ (*Elekt.*), collegamento stella-triangolo. 22 **Stern** ~ (*Elekt.*), collegamento a stella. 23 **Stern** ~ **mit herausgeführtem Nullpunkt** (*Elekt.*), collegamento a stella con centro neutro accessibile. 24 **Vorwähl** ~ (*Aut.*), cambio a preselettore.
Schaltvermögen (eines Schalters) (*n. - Elekt.*), potere di rottura, potere di apertura. 2 **Grenz** ~ (eines Schalters) (*Elekt.*), potere di rottura massimo.
Schaltverstärkerkarte (Platte, mit Verstärkern) (*f. - Autom.*), cartella amplificatori.
Schaltwarte (eines Kraftwerks) (*f. - Elekt.*), sala di comando, sala quadri.
Schaltwärter (*m. - Elekt.*), quadrista, addetto alla sala quadri.
Schaltwelle (eines Getriebes) (*f. - Fahrz.*), perno della leva del cambio. 2 ~ (eines Wählers) (*Fernspr.*), alberino commutatore.
Schaltwerk (zum Unterbrechen eines elekt. Kreises) (*n. - Elekt.*), meccanismo di interruzione. 2 ~ (eines Umschalters) (*Elekt.*), meccanismo di commutazione. 3 ~ (Teilvorrichtung) (*Werkz.masch.*), divisore. 4 ~ (*Mech.*), siehe auch Schaltgetriebe.
Schaltwinkal (eines Revolvers) (*m. - Werkz. masch.*), angolo d'indessaggio.
Schaltzahl (bei Schaltgeräten) (*f. - Elekt.*), numero di manovre, numero di azionamenti.
Schaltzeichen (auf einem Schaltbild) (*n. - pl. - Elekt. - etc.*), segni grafici dello schema.
Schaltzeit (eines Relais z. B.) (*f. - Elekt.*), tempo di commutazione. 2 ~ (einer Maschine) (*Masch.*), tempo di manovra.
Schalung (Holzverkleidung für Betonbauten) (*f. - Bauw.*), armatura, casseforme. 2 ~ s· **druck** (vom frischen Beton ausgeübt) (*m. - Bauw.*), pressione sulla cassaforma. 3 ~ s· **frist** (Ausschalungsfrist) (*f. - Bauw.*), termine per il disarmo. 4 ~ s·**mittel** (*n. - Bauw.*), siehe Entschalungsmittel. 5 ~ **s·öl** (*n. - Bauw.*), siehe Formöl.
Schälung (Abblätterung) (*f. - Metall. - Fehler*), sfogliatura. 2 ~ (Grübchenbildung, bei Wälzlagern) (*f. - Mech.*), vaiolatura.
Schaluppe (grosses Boot) (*f. - naut.*), lancia.
Schälversuch (von Papier z. B.) (*m. - Technol.*), prova di spelatura.
Schamotte (feuerfester Ton) (*f. - Keramik - Giess.*), « chamotte », argilla refrattaria. 2 ~ **stein** (*m. - Metall.*), mattone di chamotte.
Schandeckel (*m. - naut.*), capo di banda, frisata.
Schanze (*f. - naut.*), siehe Achterdeck.
Schanzkleid (*n. - naut.*), parapetto di murata.
Schappe (Schneckenbohrer) (*f. - Bergbauwerkz.*), trivella. 2 ~ (Rohseidenabfälle) (*Textilind.*), cascame di seta.
Schar (Pflugschar) (*f. - Ack.b. - Ger.*), vomere.

Schärbaum

2 ~ (Gruppe, von Kurven z. B.) (Geom.), famiglia. 3 ~ deich (m. - Wass.b.), argine in froldo, froldo.
Schärbaum (Kettbaum) (m. - Textilmasch.), subbio d'ordito.
schären (schweifen) (Textilind.), ordire.
scharf (schneidend) (Werkz.), affilato. 2 ~ (genau) (allg.), preciso, esatto. 3 ~ (klar) (allg.), chiaro, netto. 4 ~ (ausgeprägt) (allg.), acuto. 5 ~ (Bild) (Phot. - etc.), definito, nitido. 6 ~ abgestimmt (Sender z. B.) (Funk.), ad alta sintonia, a sintonia acuta. 7 ~ begrenzend (Filter z. B.) (Funk.), molto selettivo. 8 ~ eckig (Mech.), a spigoli vivi. 9 ~ einstellen (Opt.), focalizzare, mettere a fuoco. 10 ~ einstellen (Mech. - etc.), regolare con precisione, regolare esattamente. 11 ~ e Kante (Mech.), spigolo vivo. 12 ~ kantig (scharfeckig) (Mech.), a spigoli vivi. 13 ~ kantiges Messwehr (Hydr.), stramazzo in parete sottile. 14 ~ e Kurve (allg.), curva stretta. 15 ~ es Bild (Opt.), immagine definita, immagine nitida. 16 ~ e Zündung (Mot.), accensione in fase. 17 ~ gängig (Gewinde) (Mech.), con filetto triangolare. 18 ~ schleifen (Mech.), affilare. 19 ~ winklig (spitzwinklig) (Geom.), ad angolo acuto, acutangolo.
Scharfabstimmung (scharfe Abstimmung) (f. - Funk.), sintonia acuta.
Schärfe (Schneidefähigkeit) (f. - Werkz.), affilatezza. 2 ~ (Genauigkeit) (allg.), precisione. 3 ~ (eines Schiffes) (naut.), finezza. 4 ~ (des Bildes) (Phot.), definizione, nitidezza. 5 ~ (eines Filters) (Funk.), selettività. 6 ~ grad (prismatischer Völligkeitsgrad) (m. - naut.), coefficiente di finezza longitudinale di carena. 7 ~ n·tiefe (Tiefenschärfe) (f. - Opt.), profondità di campo.
Scharfeinstellung (f. - Opt.), messa a fuoco, focalizzazione. 2 Entfernungsmess ~ (Phot.), messa a fuoco telemetrica.
Schärfen (n. - Mech. - Werkz.), affilatura. 2 ~ (von Walzen, Herstellung von Erhöhungen oder Vertiefungen der Oberfläche, zwecks besseren Greifens des Walzgutes) (Walzw.), intaccatura. 3 ~ (Dünnermachen von Lederteilen) (Lederind.), assottigliamento.
schärfen (Mech. - Werkz.), affilare.
Schärfmaschine (f. - Werkz.masch.), affilatrice.
Scharfschleifen (n. - Mech.), affilatura.
Schärgarn (Kettengarn) (n. - Textilind.), filo di ordito.
Schärmaschine (Kettenmaschine) (f. - Textilmasch.), orditoio. 2 Sektions ~ (Textilmasch.), orditoio a sezioni.
Scharnier (Gelenkband) (n. - Mech. - etc.), cerniera. 2 ~ deckel (m. - allg.), coperchio a cerniera, coperchio incernierato. 3 ~ stift (m. - Mech.), perno di cerniera. 4 ~ ventil (Klappenventil) (n. - Leit.), valvola a cerniera.
Schärrahmen (m. - Textilmasch.), orditoio.
Schärrapport (m. - Textilind.), nota d'ordimento.
Scharre (Kratzeisen) (f. - Werkz.), raschiatoio.
Scharriereisen (Breiteisen) (n. - Werkz.), scalpello a punta larga.

Scharte (Schaden in der Schneide) (f. - Werkz. - Fehler), tacche, dentelli, frastagliatura. 2 ~ (schmaler Bergsattel) (Geogr.), forcella. 3 ~ (Schiess·scharte) (milit.), feritoia. 4 ~ (Mauerlücke, in Festungsmauern) (Arch. - milit.), intermerlo.
schartig (Werkz.), dentellato, frastagliato.
Schartigkeit (der Schneidkante) (f. - Werkz.), frastagliatura.
« Schatoll » (Schatulle [f.]) (allg.), astuccio.
Schatten (m. - Opt.), ombra. 2 ~ (Dunkelfläche eines Fernsehbildes) (Fernseh.fehler), ombra, oscuramento. 3 ~ (Radioakt.), ombra. 4 ~ bild (Schattenriss) (n. - Zeichn.), siluetta, « silhouette ». 5 ~ bild (bei Prüfung des Brechwertes durch Projektionsverfahren z. B.) (Opt.), ombra, immagine di ombra. 6 ~ bild (Echo) (Radar), eco. 7 ~ gebiet (n. - Radar), zona d'ombra. 8 ~ kantenverfahren (zur Gewindeprüfung, Schattenbildverfahren, mit Profilprojektor z. B.) (n. - Messtechnik), metodo ombroscopico. 9 ~ kegel (Radar), cono d'ombra. 10 ~ kompensationsignal (n. - Fernseh.), segnale di compensazione per le ombre. 11 ~ maskenröhre (f. - Farbfernseh.), tubo « shadow mask », cinescopio a maschera metallica. 12 ~ riss (m. - Zeichn.), siehe Schattenbild. 13 ~ streifen (Seigerungslinie) (m. - Metall. - Fehler), linea di segregazione. 14 ~ streifen (Oberflächenerscheinung, entstehend durch Seigerungsstreifen z. B.) (pl. - Metall.), ombreggiature. 15 Halb ~ (Opt.), penombra. 16 Kern ~ (Opt.), ombra portata.
Schattieren (n. - Druck. - Zeichn.), ombreggiatura.
schattieren (Druck. - Zeichn.), ombreggiare. 2 ~ (Zeichn.), ombreggiare.
Schattigkeit (Tiefe des Schattens) (f. - Opt. - Beleucht.), intensità dell'ombra.
Schatulle (f. - allg.), astuccio.
schätzen (den Wert veranschlagen) (allg.), stimare, valutare.
Schätzung (Veranschlagen des Wertes) (f. - allg.), stima, valutazione. 2 ~ (Statistik), previsione. 3 ~ (Ack.b.), estimo.
Schau (Standpunkt) (f. - allg.), punto di vista. 2 ~ (Ausstellung) (komm.), mostra, esposizione. 3 ~ bild (Diagramm) (n. - Technol.), diagramma. 4 ~ bild (perspektivische Zeichnung von Masch., etc.) (Zeichn.), prospettiva, disegno prospettico. 5 ~ bühne (Bühne) (f. - Theater), palcoscenico. 6 ~ deich (Hauptdeich) (m. - Wass.b.), argine maestro. 7 ~ fenster (n. - komm.), vetrina. 8 ~ fenster-Dekorateur (m. - Arb.), vetrinista. 9 ~ glas (zur Beobachtung des Ölstandes z. B.) (n. - Masch.), tubo di livello, livello. 10 ~ linientafel (Nomogramm) (f. - Math.), nomogramma. 11 ~ loch (n. - Masch. - etc.), foro di ispezione. 12 ~ spieler (m. - Theater), attore. 13 ~ spielerin (f. - Theater), attrice. 14 ~ tropföler (m. - Mech.), oliatore a goccia visibile. 15 ~ zeichen (kleine elektromagnetisch z. B., betätigte Kennzeichen) (n. - Fernspr.), indicatore ottico, segnalatore ottico, spia ottica. 16 bildmässiges ~ bild (Zeichn.), schema figurato.
Schauer (kurz dauernder Niederschlag) (m. -

Meteor.), precipitazione di breve durata, rovescio, acquazzone. 2 ~ (Teilchengruppe) (*Atomphys.*), sciame. 3 ~ **entladung** (von Ionen z. B.) (*f. - Elektronik*), scarica a valanga. 4 **Regen** ~ (*Meteor.*), acquazzone, rovescio.

Schaufel (*f. - Handwerkz.*), pala. 2 ~ (einer Dampfturbine z. B.) (*Turb.*), paletta. 3 ~ **gitter** (*n. - Turb. - etc.*), schiera di palette. 4 ~ **kranz** (*m. - Turb.*), corona di palette, palettatura. 5 ~ **lader** (*m. - Erdbew.masch.*), pala caricatrice. 6 ~ **nut** (*f. - Masch.*), cava per paletta. 7 ~ **rad** (*n. - naut.*), ruota a pale. 8 ~ **radbagger** (*m. - Erdbew.masch.*), escavatore a ruota di tazze, escavatore con ruota a tazze. 9 ~ **rad-Satellit** (*m. - Astronautik*), satellite a pale. 10 ~ **radstrommesser** (Dauerstrommesser) (*m. - Hydr. - Ger.*), correntometro con ruota a pale. 11 ~ **salat** (*m. - Turb. - Fehler*), rottura delle palette, « spalettatura ». 12 ~ **spiel** (zwischen Laufschaufelspitze und Gehäusewand) (*n. - Turb. - etc.*), gioco al vertice della paletta. 13 ~ **teilung** (*f. - Turb.*), passo della palettatura. 14 **Tannenbaumfuss** ~ (*Masch.*), paletta con codolo a pino.

schaufeln (mit einer Schaufel arbeiten) (*Arb.*), spalare. 2 ~ (eine Turbine) (*Turb.*), palettare.

Schaufelung (Beschaufelung) (*f. - Turb.*), palettatura.

Schaufler (*m. - Erdbew.masch.*), palatrice. 2 **Schwenk** ~ (*Erdbew.masch.*), palatrice orientabile.

schaufrei (ordnungsgemässiger Hauptdeich) (*Wass.b.*), ispezionato e trovato in regola.

Schaukelbecherwerk (Pendelbecherwerk) (*n. - ind. Transp.*), trasportatore a bilancini.

Schaukelbewegung (*f. - Mech.*), movimento oscillante.

Schaukelbrücke (*f. - Brück.b.*), ponte a bilico.

Schaukelförderer (mit pendelnden Gehängen als Tragorgan) (*m. - ind. Transp.*), trasportatore a bilancini.

Schaukelhärte (Rockerhärte) (*f. - Anstr.*), durezza « rocker », durezza determinata con apparecchio a pendolo.

schaukeln (schwingen) (*allg.*), oscillare.

Schaukelofen (*m. - Ofen*), forno inclinabile.

Schaukelwelle (*f. - Mech.*), albero oscillante.

Schaum (*m. - Phys. - Chem.*), schiuma. 2 ~ **aluminium** (leichter Baustoff durch Mischung von Metallhydriden mit flüssigem Aluminium hergestellt) (*n. - Metall.*), alluminio piuma. 3 ~ **becken** (*n. - Ind.*), bacino per la separazione della schiuma, bacino di schiumaggio. 4 ~ **beton** (*n. - Bauw.*), calcestruzzo poroso. 5 ~ **dämpfer** (Antischaummittel, Schaumverhütungsmittel) (*m. - chem. Ind.*), antischiuma. 6 ~ **feuerlöscher** (*m. - Ger.*), estintore a schiuma. 7 ~ **flotation** (*f. - Bergbau*), flottazione a schiuma. 8 ~ **gegenmittel** (*n. - chem. Ind.*), sostanza antischiuma. 9 ~ **glas** (für Wärme- und Schalldämmung) (*n. - Ind.*), lana di vetro. 10 ~ **gold** (*n. - Metall.*), similoro, tombacco, orpello. 11 ~ **gummi** (*m. - Gummiind.*), gomma spugnosa, spuma di gomma. 12 ~ **kalk** (*m. - Min.*), calcare spugnoso. 13 ~ **kelle** (*f. - Giess. - Werkz.*), schiumatore, schiumatoio. 14 ~ **kopf** (von Wellen) (*m. - See*), cresta, cima. 15 ~ **kraft** (*f. - Chem.*), potere schiumogeno. 16 ~ **kunststoff** (*m. - chem. Ind.*), materiale plastico espanso, espanso (*s.*). 17 ~ **löffel** (*m. - Giess.*), schiumatoio, schiumatore. 18 ~ **löscher** (Schaumfeuerlöscher) (*m. - Ger.*), estintore a schiuma. 19 ~ **mittel** (*n. - chem. Ind.*), sostanza schiumogena. 20 ~ **schlacke** (*f. - Metall.*), scoria porosa. 21 ~ **stoff** (Kunststoff) (*m. - chem. Ind.*), espanso (*s.*). 22 ~ **stoffpackung** (Kunststoffpackung) (*f. - Ind.*), imballaggio con materiale espanso. 23 **fester** ~ (Schaumgummi z. B.) (*Phys. - Ind.*), schiuma solida. 24 **'Hart** ~ **stoff** (Hartschaumkunststoff) (*m. - chem. Ind.*), espanso rigido. 25 **Polyurethan-** ~ **stoff** (*m. - chem. Ind.*), espanso poliuretanico.

Schäumen (*n. - allg.*), formazione di schiuma, schiumeggiamento. 2 ~ (von Kunststoffen) (*n. - Technol.*), espansione.

Schäumer (Flotationsmittel) (*m. - Bergbau*), agente schiumatore.

schaumerzeugend (*Ind.*), schiumogeno.

Schäumverfahren (für Gummi) (*n. - chem. Ind.*), procedimento di espansione.

Scheck (*m. - finanz.*), assegno. 2 ~ **ohne Deckung** (ungedeckter Scheck) (*finanz.*), assegno a vuoto, assegno scoperto. 3 ~ **zahlung** (*f. - finanz.*), pagamento con assegno. 4 **Blanko** ~ (*finanz.*), assegno in bianco. 5 **gekreuzter** ~ (gesperrter Scheck) (*finanz.*), assegno sbarrato. 6 **gesperrter** ~ (*finanz.*), assegno sbarrato.

Scheddach (Sägedach) (*n. - Bauw.*), tetto a shed, tetto a risega.

Scheibe (runde Platte) (*f. - Mech.*), disco. 2 ~ (Antriebsscheibe, Riemenscheibe z. B.) (*Mech.*), puleggia. 3 ~ (Schleifscheibe) (*Werkz.*), mola. 4 ~ (Unterlegscheibe) (*Mech.*), rosetta. 5 ~ (Zwischenlegscheibe) (*Mech.*), spessore, rasamento. 6 ~ (einer Kupplung) (*Mech.*), disco. 7 ~ (eines Axiallagers) (*Mech.*), ralla, anello. 8 ~ (Messer, einer Säge) (*Mech.*), lama a disco. 9 ~ (Planscheibe) (*Werkz.masch.*), piattaforma. 10 ~ (Wählscheibe) (*Fernspr.*), disco combinatore. 11 ~ (Lagerstättenabschnitt, Abbaueinheit) (*Bergbau*), banco. 12 ~ (Windschutzscheibe) (*Aut.*), parabrezza. 13 ~ (Glas, eines Fensters z. B.) (*Bauw. - etc.*), vetro, lastra di vetro. 14 ~ (für Mörtel) (*Maur. - Werkz.*), vassoio. 15 ~ (Schiess-scheibe, Ziel bei Schiessübungen) (*Feuerwaffe*), bersaglio. 16 ~ (Schnitte) (*allg.*), fetta. 17 ~ (Spiegel) (*allg.*), specchio. 18 ~ **n·abzieher** (Scheibenabdrehwerkzeug) (*m. - Werkz.masch.bearb.*), ravvivamola, ravvivatore, ripassatore. 19 ~ **n·arm** (einer Riemenscheibe) (*m. - Mech.*), razza. 20 ~ **n·bau** (*m. - Bergbau*), coltivazione a trance. 21 ~ **n·bremse** (*f. - Aut.*), freno a disco. 22 ~ **n·dusche** (Scheibenwascher) (*f. - Aut.*), lavavetro, lavacristallo. 23 ~ **n·egge** (*f. - Landw.masch.*), erpice a dischi. 24 ~ **n·fräser** (*m. - Werkz.*), fresa a disco. 25 ~ **n·glas** (*n. - Glasind.*), vetro in lastre. 26 ~ **n·hackmaschine** (*f. - Landw.masch.*), coltivatore a dischi. 27 ~ **n·haus** (Hochhaus mit rechteckigem Querschnitt) (*n. - Bauw.*), edificio a

Scheibe

sezione rettangolare. 28 ~ n·heber (Scheibendrehkurbel) (*m. - Aut.*), alzacristalli. 29 ~ n·keil (*m. - Mech.*), linguetta americana, linguetta Woodruff, linguetta a disco. 30 ~ n·kolben (*m. - Masch.*), stantuffo a disco. 31 ~ n·kondensator (*m. - Elekt.*), condensatore a disco. 32 ~ n·kupplung (Flanschkupplung) (*f. - Mech.*), giunto a flangia. 33 ~ n·kupplung (Mehrscheibenkupplung, Lamellenkupplung) (*Masch.*), frizione a dischi. 34 ~ n·kurve (*f. - Werkz.masch.*), camma discoidale, camma a disco. 35 ~ n·läufermotor (*m. - Elekt.*), motore con rotore a disco. 36 ~ n·lochwalzwerk (*n. - Walzw.*), laminatoio per dischi forati. 37 ~ n·rad (*n. - Fahrz.*), ruota a disco. 38 ~ n·rillenlager (Achsialrillenlager) (*n. - Mech.*), cuscinetto assiale a gola profonda. 39 ~ n·röhre (Elektronenröhre mit scheibenförmigen Elektroden) (*f. - Elektronik*), tubo con elettrodi a disco. 40 ~ n·schiessen (*n. - Feuerwaffe*), tiro a segno, tiro al bersaglio. 41 ~ n·schleifmaschine (*f. - Masch.*), siehe Tellerschleifmaschine. 42 ~ n·schlepper (*m. - Luftw.*), velivolo per il traino di sagome (da bersaglio), velivolo traina-sagome. 43 ~ n·schneidrad (Scheibenstossrad) (*n. - Werkz.masch.*), coltello a disco. 44 ~ n·schutzhaube (*f. - Werkz.masch.*), riparo per mola. 45 ~ n·signal (*n. - Eisenb.*), disco semaforico. 46 ~ n·spule (*f. - Elekt.*), bobina piatta. 47 « ~ n·transport » (Scheibendrehkurbel) (*m. - Aut.*), alzacristalli, manovella alzacristalli. 48 ~ n·trimmerkondensator (Striko) (*m. - Elekt.*), condensatore compensatore a disco. 49 ~ n·triode (mit scheibenförmiger Anordnung der Elektrodenanschlüsse) (*f. - Elektronik*), triodo a faro. 50 ~ n·wascher (*m. - Aut.*), lavavetro, lavacristallo. 51 ~ n·wicklung (eines Transformators) (*f. - Elekt.*), avvolgimento a dischi. 52 ~ n·wischer (*m. - Aut.*), tergicristallo. 53 ~ n·wisch-Intervallschalter (*m. - Aut.*), commutatore velocità tergicristallo. 54 ~ n·wölbung (Balligkeit, einer Riemenscheibe) (*f. - Mech.*), bombatura della puleggia. 55 Blech ~ (Platine) (*Blechbearb.*), sviluppo. 56 Diamant ~ (Schleifscheibe) (*Werkz.*), mola diamantata. 57 Dreh ~ (*Eisenb.*), piattaforma girevole. 58 Einrillen ~ (zur Kraftübertragung) (*Mech.*), puleggia ad una gola. 59 Ein ~ n·kupplung (*f. - Masch.*), frizione monodisco. 60 Einstell ~ (*Masch. - etc.*), quadrante. 61 elektrischer ~ n·wischer (*Aut.*), tergicristallo elettrico. 62 Fächer ~ (*Mech.*), rosetta (elastica) a ventaglio. 63 Feder ~ (Federring) (*Mech.*), rosetta elastica. 64 Fenster ~ (*Aut.*), vetro del finestrino. 65 Gehäuse ~ (eines Axiallagers) (*Mech.*), ralla esterna, anello esterno. 66 gerade Topf ~ (Schleifscheibe) (*Werkz.*), mola a tazza cilindrica. 67 gewellte Feder ~ (*Mech.*), rosetta elastica ondulata. 68 gewölbte Feder ~ (*Mech.*), rosetta elastica curva. 69 Glanz ~ (*Werkz.*), disco per pulitrice, disco per lucidatrice. 70 Glas ~ (*Bauw.*), lastra di vetro, vetro. 71 Heck ~ (*Aut.*), lunotto. 72 kegelige Topf ~ (Schleifscheibe) (*Werkz.*), mola a tazza conica. 73 Ketten ~ (zur Kraftübertragung) (*Mech.*), puleggia per catena. 74 Kurbel ~ (einer Kurbelwelle) (*Mot.*), manovella a disco. 75 Leerlauf ~ (*Mech.*), puleggia folle. 76 Los ~ (Leerlaufscheibe) (*Mech.*), puleggia folle. 77 Mehrrillen ~ (*Mech.*), puleggia a più gole. 78 Mutter ~ (Unterlegscheibe) (*Mech.*), rosetta. 79 Nocken ~ (eines Sternmotors) (*Mech. - Flugw.*), tamburo a camme. 80 Nummern ~ (*Fernspr.*), disco combinatore. 81 Plan ~ (einer Drehbank) (*Werkz.masch.*), piattaforma, « plateau », piattaforma (a morsetti) portapezzo. 82 Rasten ~ (*Mech.*), disco a tacche. 83 Rasten ~ (Teilscheibe) (*Werkz.masch.*), disco (per) divisore. 84 Riemen ~ (*Mech.*), puleggia per cinghia. 85 Rillen ~ (zur Kraftübertragung) (*Mech.*), puleggia a gole. 86 Schleif ~ (*Werkz.*), mola. 87 Schwabbel ~ (*Werkz.*), disco per lucidatrice, disco per pulitrice. 88 Seil ~ (zur Kraftübertragung) (*Mech.*), puleggia a fune. 89 Seil ~ (zur Richtungsänderung) (*Transp.*), carrucola. 90 Sicherungs ~ (*Mech.*), rosetta di sicurezza. 91 Skala ~ (*Masch. - etc.*), disco graduato. 92 Stufen ~ (*Mech.*), puleggia a gradini. 93 Teil ~ (*Werkz.masch.*), disco (per) divisore. 94 Teller ~ (Schleifscheibe) (*Werkz.*), mola a disco. 95 Topf ~ (*Werkz.*), mola a tazza. 96 Trenn ~ (*Werkz.*), mola per troncare. 97 Trieb ~ (*Mech.*), puleggia motrice. 98 Unterleg ~ (*Mech.*), rosetta. 99 versenkte Fächer ~ (*Mech.*), rosetta (elastica) svasata a ventaglio. 100 versenkte Zahn ~ (*Mech.*), rosetta (elastica) dentata svasata. 101 Vierkant ~ (Sicherungsscheibe) (*Mech.*), rosetta quadra. 102 Wellen ~ (eines Axiallagers) (*Mech.*), ralla centrale, anello centrale. 103 Windschutz ~ (*Aut.*), parabrezza. 104 Zahn ~ (*Mech.*), rosetta di sicurezza dentata, rosetta elastica dentata. 105 Zwischenleg ~ (*Mech.*), spessore, rasamento.

scheidbar (*allg.*), staccabile, separabile, divisibile. 2 ~ (zerlegbar) (*Chem.*), scomponibile.

Scheideanlage (*f. - Ind.*), impianto di separazione.

Scheidearbeiter (*m. - Bergbau*), classificatore.

Scheidefähigkeit (für Filtrierpapiere) (*f. - Chem.*), potere filtrante.

Scheidemauer (Scheidewand, Trennungswand) (*f. - Bauw.*), muro divisorio, muriccio.

Scheiden (Scheidung, der Erze) (*n. - Bergbau*), classifica.

scheiden (trennen) (*allg.*), separare. 2 ~ (zerlegen) (*allg.*), scomporre. 3 ~ (Erze) (*Bergbau*), classificare.

Scheidepresse (Fruchtpresse) (*f. - Masch.*), pressa spremifrutta.

Scheider (*m. - Ger.*), separatore.

Scheideschlamm (einer Zuckerfabrik) (*m. - chem. Ind.*), fango calcareo.

Scheidetrichter (*m. - chem. Ger.*), imbuto separatore.

Scheidewand (Trennungswand) (*f. - Bauw.*), muro divisorio. 2 ~ (*Elektrochem.*), diaframma. 3 ~ (*naut. - Flugw.*), siehe Schott.

Scheidewasser (HNO_3) (Salpetersäure) (*n. - Chem.*), acido nitrico.

Scheidung (*f. - Chem.*), separazione. 2 ~ (*recht.*), divorzio.

Schein (Licht) (*m. - Opt.*) luce. 2 ~ (Geldschein) (*finanz.*), banconota. 3 ~ (Versandschein z. B.) (*allg.*), bolla, buono, documento. 4 ~ (Trugbild, Blendwerk) (*allg.*), apparenza. 5 ~ **adresse** (*f. - Rechner*), indirizzo fittizio. 6 ~ **befehl** (*m. - Rechner*), istruzione fittizia. 7 ~ **fuge** (einer Fahrbahnbetondecke) (*f. - Strass.b.*), giunto parziale, giunto limitato alla parte superiore (delle lastre). 8 ~ **gewölbe** (*n. - Bauw.*), arco finto. 9 ~ **horizont** (scheinbarer Horizont) (*m. - Geogr.*), orizzonte apparente. 10 ~ **leistung** (scheinbare Leistung) (*f. - Elekt.*), potenza apparente. 11 ~ **leistungsmesser** (Voltamperemeter) (*m. - Ger.*), voltamperometro. 12 ~ **leistungszähler** (*m. - elekt. Instr.*), voltamperorametro, contatore di energia apparente. 13 ~ **leitwert** (*m. - Elekt.*), ammettenza, impedenza reciproca. 14 ~ **verbrauchszähler** (Scheinleistungszähler) (*m. - elekt. Ger.*), voltamperorametro, contatore d'energia apparente. 15 ~ **werfer** (*m. - Aut. - etc.*), siehe Scheinwerfer. 16 ~ **widerstand** (Impedanz) (*m. - Elekt.*), impedenza. 17 ~ **widerstandsanpassung** (*f. - Elekt.*), adattamento di impedenza. 18 ~ **widerstandsmesser** (*m. - Ger.*), misuratore d'impedenza. 19 **Abfertigungs** ~ (Versandschein) (*Transp.*), bolla di spedizione. 20 **Empfangs** ~ (*komm. - etc.*), ricevuta. 21 **Geburts** ~ (*recht.*), certificato di nascita. 22 **Lade** ~ (*Eisenb. - Transp.*), lettera di vettura. 23 **Lade** ~ (*naut. - Transp.*), polizza di carico. 24 **Liefer** ~ (*komm. - Transp.*), buono di consegna. 25 **Versand** ~ (*Transp.*), bolla di spedizione.

scheinbar (*allg.*), apparente. 2 ~ **e Grösse** (*Astr.*), grandezza apparente. 3 ~ **e Leistung** (*Elekt.*), potenza apparente. 4 ~ **er Horizont** (*Geogr.*), orizzonte apparente.

Scheinwerfer (*m. - Aut.*), proiettore. 2 ~ (*Beleucht. - etc.*), proiettore. 3 ~ (*Flugw. - Navig.*), proiettore. 4 ~ (*milit.*), proiettore fotoelettrico, fotoelettrica. 5 ~ **einstellung** (*f. - Aut.*), orientamento dei proiettori. 6 ~ **fassung** (Scheinwerferdeckelring) (*f. - Aut.*), cornice del proiettore. 7 ~ **scheibe** (*f. - Aut.*), vetro del proiettore, cristallo del proiettore. 8 ~ **zierring** (Scheinwerferdeckelring) (*m. - Aut.*), cornice del proiettore. 9 **Anbau** ~ (*Aut.*), proiettore staccato. 10 **drehbarer** ~ (schwenkbarer Scheinwerfer, in Verbindung mit der Lenkung) (*Aut.*), proiettore auto-orientabile, proiettore sterzante. 11 **Einbau** ~ (*Aut.*), proiettore incorporato (nella carrozzeria). 12 **Fernlicht** ~ (*Aut.*), proiettore abbagliante. 13 **Nebel** ~ (*Aut.*), proiettore fendinebbia, fendinebbia, antinebbia. 14 **Rückfahr** ~ (Rückwärtsgangscheinwerfer) (*Aut.*), proiettore per retromarcia. 15 **Rückwärtsgang** ~ (Rückfahrscheinwerfer) (*Aut.*), proiettore per retromarcia. 16 **Rundumkehr** ~ (mit gefärbtem Glas) (*Fahrz.*), proiettore rotante. 17 « **Sealed-Beam-** » ~ (*Aut.*), proiettore-lampada. 18 **Such** ~ (Sucher) (*Aut.*), proiettore battistrada, proiettore orientabile ausiliario. 19 **Teilfernlicht-** ~ (*Aut.*), proiettore (abbagliante) asimmetrico. 20 **Zusatz** ~ (Nebelscheinwerfer) (*Aut.*), proiettore antinebbia, fendinebbia.

Scheitel (höchster Punkt) (*m. - allg.*), vertice, culmine, sommità, cima. 2 ~ (eines Bogens) (*Arch.*), chiave. 3 ~ (eines Winkels, etc.) (*Geom.*), vertice. 4 ~ (einer Parabel z. B.) (*Geom.*), vertice. 5 ~ **faktor** (*m. - Elekt.*), fattore di cresta. 6 ~ **fuge** (*f. - Bauw.*), giunto in chiave. 7 ~ **gelenk** (*n. - Baukonstr. lehre*), cerniera in chiave. 8 ~ **kreis** (Vertikalkreis, Höhenkreis) (*m. - Astr. - etc.*), cerchio zenitale. 9 ~ **punkt** (höchster Punkt) (*m. - allg.*), vertice, culmine. 10 ~ **punkt** (Zenith) (*Astr.*), zenit. 11 ~ **spannung** (*f. - Elekt.*), tensione di cresta. 12 ~ **wert** (*m. - allg.*), valore massimo, valore di cresta, picco.

scheitelrecht (senkrecht) (*allg.*), verticale.

scheitrecht (geradlinig und waagerecht zugleich) (*Bauw.*), rettilineo ed orizzontale.

Schelfbohrung (Offshore-Bohrung) (*f. - Bergbau*), trivellazione in mare aperto.

Schellack (*m. - Anstr.*), gomma lacca. 2 ~ **bindung** (für Schleifscheiben) (*f. - Werkz.*), agglomerante elastico, agglomerante di gomma lacca, legante elastico. 3 ~ **politur** (*f. - Anstr.*), finitura a tampone.

Schelle (zur Befestigung von Rohren, Rohrschelle) (*f. - Leit.*), fascetta. 2 ~ (als abgreifbaren Widerstand) (*Elekt.*), presa scorrevole. 3 ~ **n·metall** (Zinnbronze mit 15-20 % Sn) (*n. - Legierung*), (tipo di) bronzo allo stagno.

Schelleisen (Rohrschelle) (*n. - Leit.*), fascetta.

Schellhammer (für Nieten) (*m. - Werkz.*), martello per ribadire.

Schema (Bild) (*n. - Elekt. - etc.*), schema. 2 ~ (Stofflussbild einer Anlage) (*Ind.*), diagramma di lavorazione.

schematisch (*allg.*), schematico. 2 ~ **e Darstellung** (*Zeichn. - etc.*), rappresentazione schematica.

Schemel (Hocker) (*m. - Möbel*), sgabello. 2 ~ (Hebel an Webmaschinen) (*Textilmasch.*), leva di comando. 3 ~ (Fusstritthebel, an Handwebstühlen) (*Textilmasch.*), pedale. 4 **Dreh** ~ (eines Drehgestells) (*Fahrz.*), ralla.

Schenkel (Ständer) (*m. - Bauw.*), montante. 2 ~ (eines Bogens) (*Bauw.*), fianco. 3 ~ (eines Winkels) (*Geom.*), lato. 4 ~ (eines Winkeleisens z. B.) (*metall. Ind.*), ala, lato. 5 ~ (eines Zirkels) (*Instr.*), gamba. 6 ~ (einer Schieblehre) (*Werkz.*), becco. 7 ~ (einer Falte) (*Geol.*), fianco, falda, ala, lembo. 8 ~ **feder** (Torsionsfeder, zylindrische Schraubenfeder mit gebogenen Enden) (*f. - Mech.*), molla di torsione. 9 ~ **pol** (ausgeprägter Pol) (*m. - Elekt.*), polo saliente. 10 ~ **polmaschine** (*f. - elekt. Masch.*), macchina a poli salienti. 11 ~ **rohr** (*n. - Leit.*), gomito, curva. 12 ~ **weite** (des Zirkels) (*f. - Instr.*), apertura. 13 **Achs** ~ (*Aut.*), fuso a snodo. 14 **verschiebbarer** ~ (beweglicher Schenkel, einer Schieblehre) (*Werkz.*), becco mobile.

Schenkung (*f. - recht. - finanz.*), donazione. 2 ~ **s·steuer** (*f. - finanz.*), tassa sulle donazioni.

Scherbiuskaskade (*f. - elekt. Masch.*), sistema Scherbius.

Scherbolzen (Scherstift) (*m. - Mech.*), spina di sicurezza (tranciabile).

Scherbrett (für das Schleppnetz) (*n. - Fischerei*), divergente.

Scherbruch (*m. - Baukonstr.lehre*), rottura da taglio.
Scherdegen (*m. - Lederind. - Werkz.*), coltello per scarnare, ferro per scarnare.
Schere (Handwerkz. zum Schneiden von Geweben z. B.) (*f. - Werkz.*), forbici. 2 ~ (Handwerkz. zum Schneiden von Blech z. B.) (*Werkz.*), cesoie. 3 ~ (Masch. zum Schneiden von Blech) (*Blechbearb.masch.*), cesoia. 4 ~ n·anschlag (Scherenverstoss, zum Schneiden der gewünschten Länge der Stangen z. B.) (*m. - Masch.*), battuta (per il taglio a lunghezza con cesoia, di barre p. es.). 5 ~ n·arm (eines Fernsprechers z. B.) (*m. - Fernspr. - etc.*), braccio articolato. 6 ~ n·messer (*n. - Masch.*), lama per cesoia. 7 ~ n·stromabnehmer (Pantograph) (*m. - elekt. Fahrz.*), presa a pantografo. 8 ~ n·trennschalter (*m. - Elekt. - Ger.*), sezionatore a coltelli mobili. 9 Blech ~ (*Werkz.*), cesoie per lamiera. 10 Draht ~ (*Werkz.*), forbici tagliafilo, tronchesina. 11 Elektro-Handblech ~ (*elekt. Werkz.*), cesoia elettrica per lamiere. 12 fliegende ~ (*Walzw. - Masch.*), cesoia volante. 13 Garten ~ (*Werkz.*), cesoie da giardiniere. 14 Hebel ~ (*Masch.*), cesoia a leva. 15 Knüppel ~ (*Masch.*), cesoia troncabillette, troncabillette. 16 Kreis ~ (*Blechbearb.masch.*), cesoia circolare. 17 Maschinen ~ (*Masch.*), cesoia. 18 Papier ~ (*Büro - Werkz.*), forbici per carta. 19 Profil ~ (für Stangen und Profilmaterial) (*Masch.*), cesoia per profilati. 20 Schlag ~ (Tafelschere) (*Blechbearb.masch.*), cesoia lineare, cesoia parallela, cesoia a ghigliottina. 21 Schneider ~ (Stoffschere) (*Werkz.*), forbici da sarto. 22 Schrott ~ (Abfallschere) (*Masch.*), cesoia tagliarottami. 23 Streifen ~ (mit umlaufenden Messern die auf einer oberen und unteren Welle sitzen) (*Blechbearb.masch.*), rifenditrice, cesoia per taglio a strisce. 24 Tafel ~ (Schlagschere) (*Blechbearb.masch.*), cesoia lineare, cesoia parallela, cesoia a ghigliottina. 25 Warm ~ (für Blöcke z. B.) (*Masch.*), cesoia a caldo.
Scheren (*n. - Blechbearb.*), taglio (con cesoia). 2 ~ (Abtrennen der Blöckchen z. B.) (*Schmieden*), troncatura. 3 ~ (Entfleischen) (*n. - Lederind.*), scarnatura. 4 Handhebel ~ (*Blechbearb.*), taglio con cesoie a mano.
scheren (abscheren) (*Wollind.*), tosare. 2 ~ (*Blechbearb.*), tagliare (con cesoia). 3 ~ (Abtrennen der Blöckchen z. B.) (*Schmieden*), troncare. 4 ~ (schären, die Kettenfäden ausspannen) (*Textilind.*), ordire. 5 an ~ (spannen) (*allg.*), tendere. 6 aus ~ (vom Kurs abweichen) (*naut.*), deviare. 7 ein ~ (im Kurs bringen) (*naut.*), riportare in rotta, rimettere in rotta.
Scherer (Schafscherer) (*m. - Arb.*), tosatore. 2 ~ (Kettenschärer) (*Arb.*), orditore.
Scherfeder (Ellipsenfeder) (*f. - Fahrz.*), molla a balestra ellittica.
Scherfestigkeit (Schubfestigkeit) (*f. - Baukonstr.lehre*), resistenza al taglio.
Scherfläche (*f. - Baukonstr.lehre*), sezione di taglio, sezione sollecitata a taglio.
Schergang (oberste Planke der Schiffshaut) (*m. - naut.*), corso di cinta.

Schergarn (Schärgarn, Kettengarn) (*n. - Textilind.*), filo di ordito.
Schering-Brücke (Messbrücke) (*f. - Elekt.*), ponte (di misura) di Schering.
Schermaschine (Kettenschermaschine) (*f. - Textilmasch.*), orditoio meccanico.
Schermoment (*n. - Baukonstr.lehre*), momento di taglio.
Scherrahmen (Schärrahmen) (*m. - Textilmasch.*), orditoio.
Scherring (*m. - Mech.*), anello di sicurezza.
Schersicherung (*f. - Mech.*), elemento di sicurezza (tranciabile).
Scherschneiden (*n. - mech. Technol.*), siehe Scheren.
Scherschnitt (*m. - allg.*), taglio, troncatura. 2 ~ (*m. - mech. Technol.*), troncatura. 3 ~ (tangentiale Kraft) (*Baukonstr.lehre*), sollecitazione tangenziale, tensione tangenziale.
Scherspan (*m. - Werkz.masch.bearb.*), truciolo continuo.
Scherspannung (Schubspannung) (*f. - Baukonstr.lehre*), sollecitazione di taglio.
Scherspant (*m. - Schiffbau*), ordinata maestra.
Scherstift (Scherbolzen) (*m. - Mech.*), spina di sicurezza (tranciabile).
Scherströmung (Couette-Strömung, mit parallelen Stromlinien und konstantem Geschwindigkeitsgefälle quer zur Strömungsrichtung) (*f. - Mech. der Fluss.k.*), moto di Couette, corrente di Couette.
Scherung (Gleitung, Schub, Verformung eines elastischen Körpers) (*f. - Baukonstr.lehre*), scorrimento elastico. 2 ~ s·faktor (bei Magnetisierung) (*m. - Elekt.*), fattore di permeabilità. 3 ~ s·modul (Schubmodul, Torsionsmodul) (*m. - Baukonstr.lehre*), modulo di elasticità a tensione tangenziale, modulo di elasticità tangenziale.
Scherverhältnis (einer Knüppelschere z. B., Länge des Abschnittes zu Kantenlänge oder Durchmesser des Schnittgutes) (*n. - Masch.*), rapporto di troncatura, rapporto tra lunghezza e lato (o diametro) dello spezzone.
Scherversuch (*m. - Werkstoffprüfung*), prova alla sollecitazione di taglio.
Scherwiderstand (von Nietverbindungen) (*m. - Mech.*), resistenza al taglio.
Scherzer-Rollklappbrücke (Wiegebrücke) (*f. - Brück.b.*), ponte Scherzer.
Scheuerbewegung (Kreisschiebung) (*f. - Mech.*), traslazione circolare.
Scheuerblattfeder (vorn festgelagerte und hinten gleitende Blattfeder) (*f. - Fahrz.*), molla a balestra monoancorata.
Scheuerfass (Scheuertrommel) (*n. - mech. Technol.*), barilatrice, bottale.
Scheuerfestigkeit (Abriebfestigkeit, von Papier z. B.) (*f. - Technol.*), resistenza all'abrasione. 2 ~ s·prüfer (für Papier) (*m. - Ger.*), abrasimetro.
Scheuerleiste (Fussleiste) (*f. - Bauw.*), battiscopa, zoccolino. 2 ~ (an Booten, Holzlage zum Schutz gegen Beschädigung beim Anlegen) (*naut.*), parabordo.
Scheuern (*n. - allg.*), sfregamento. 2 ~ (in einer Trommel) (*mech. Technol.*), barilatura, bottalatura. 3 ~ (zum Desoxydieren) (*mech. Technol.*), pulitura (meccanica a sfrega-

mento), decapaggio meccanico. 4 ~ (von Guss·stücken) (*Giess.*), pulitura (meccanica a sfregamento).
scheuern (in einer Trommel) (*mech. Technol.*), barilare, bottalare. 2 ~ (polieren, reiben) (*Mech.*), pulire (sfregando).
scheuernd (*Mech. - etc.*), abrasivo.
Scheuerpulver (*n. - Mech.*), polvere abrasiva.
Scheuer-Schreiber (zur automatischen Erfassung der Arbeitsablaufzeiten) (*m. - Arb. - Ger.*), registratore Scheuer.
Scheuerstelle (Schaden, eines Schlauches z. B.) (*f. - Mech.*), punto di sfregamento. 2 ~ n (Fehler bei anodischer Oxydation z. B.) (*pl. - Technol.*), grippature.
Scheuertrommel (zum Polieren von kleinen Werkstücken) (*f. - Masch.*), barilatrice, buratto, bottale.
Scheune (*f. - Landw. - Bauw.*), fienile. 2 ~ (Trockner) (*Ind.*), essiccatoio. 3 Ziegel ~ (*Ind.*), essiccatoio per laterizi.
Schi (Ski) (*m. - Sport*), sci. 2 ~ **bindung** (*f. - Sport*), attacco per sci. 3 ~ **fell** (Seehundfell, Steigfell) (*n. - Sport*), pelle di foca. 4 ~ **hose** (*f. - Sport - Textilind.*), pantaloni da sci. 5 ~ **lift** (*m. - Sport - Transp.*), skilift, sciovia. 6 ~ **stiefel** (*m. - Sport - Lederind.*), scarpone da sci. 7 ~ **stock** (*m. - Sport*), racchetta da sci, bastoncino da sci. 8 ~ **wachs** (*n. - Sport*), sciolina. 9 ~ -**Weltcuprennen** (*Sport*), coppa del mondo di sci. 10 **Abfahrt** ~ (*Sport*), sci per discesa libera. 11 **Langlauf** ~ (*Sport*), sci per fondo. 12 **Slalom** ~ (*Sport*), sci per slalom. 13 **Sprung** ~ (*Sport*), sci per salto.
Schicht (Lage) (*f. - allg.*), strato. 2 ~ (Lage, von Gestein) (*Geol.*), strato. 3 ~ (wasserführende Schicht z. B.) (*Geol.*), falda. 4 ~ (*Anstr.*), mano, strato. 5 ~ (von Öl) (*Schmierung*), velubro, pellicola, velo. 6 ~ (von Ziegelsteinen) (*Maur.*), corso. 7 ~ (Arbeitszeit) (*Arb. - Organ.*), turno. 8 ~ (Tagewerk) (*Arb.*), giornata lavorativa. 9 ~ (Klasse) (*allg.*), classe, rango. 10 ~ (Kolonne) (*Arb.*), squadra. 11 ~ (Niederschlag) (*Geol.*), sedimento. 12 ~ (Emulsion, eines Films) (*Phot.*), emulsione. 13 ~ (Reihe) (*naut.*), andana. 14 ~ **arbeit** (*f. - Arb. - Organ.*), lavoro a turni. 15 ~ **arbeit** (im Schichtlohn bezahlte Arbeit) (*Bergbau*), lavoro ad economia. 16 ~ **arbeiter** (*m. - Arb.*), turnista. 17 ~ **band** (Magnetband) (*n. - Elektroakus.*), nastro a strato magnetizzabile. 18 ~ **en·aufbau** (*m. - Geol.*), disposizione degli strati. 19 ~ **en·bildung** (Schichtung) (*f. - Geol.*), stratificazione. 20 ~ **en·kunde** (Stratigraphie) (*f. - Geol.*), stratigrafia. 21 ~ **en·störung** (*f. - Geol.*), dislocazione. 22 ~ **en·strömung** (*f. - Mech. der Flüss.k.*), corrente laminare. 23 ~ **en·wasser** (Schichtwasser) (*n. - Geol.*), acqua di falda. 24 ~ **fläche** (Unterlage für galvanische Deckschichten, etc.) (*f. - Technol.*), superficie di supporto. 25 ~ **gesteine** (Sedimentgesteine) (*n. - pl. - Geol.*), rocce sedimentarie. 26 ~ **haufenwolke** (*f. - Meteor.*), stratocumulo. 27 ~ **holz** (Sperrholz) (*n. - Tischl.*), legno compensato. 28 ~ **korrosion** (an gewalztem Metall z. B.) (*f. - Metall.*), corrosione stratificata. 29 ~ **ladung** (*f.*
- *Verbr. - Mot.*), carica stratificata. 30 ~ **linien** (Höhenlinien) (*f. - pl. - Geogr. - Top.*), curve di livello. 31 ~ **linienplan** (Höhenlinienplan) (*m. - Geogr. - Top.*), carta a curve di livello. 32 ~ **lohn** (Tageslohn) (*m. - Bergbau*), salario ad economia. 33 ~ **löhner** (*m. - Arb. - Bergbau*), lavoratore a giornata. 34 ~ **meister** (*m. - Bergbau*), caposquadra. 35 ~ **prämie** (Bergmannsprämie) (*f. - Bergbau*), indennità per lavoro sotterraneo. 36 ~ **press·stoffe** (*m. - pl. - Ind.*), stratificati, laminati. 37 ~ **regler** (eines Wanderrosts, zum Einstellen der Höhe der Brennstoffschicht) (*m. - Verbr. - Vorr.*), regolatore dell'altezza dello strato. 38 ~ **schaltung** (*f. - Elekt.*), circuito a strati. 39 ~ **seite** (eines Films) (*f. - Phot.*), lato emulsione. 40 ~ **spaltung** (Schichttrennung, von Pappe z. B.) (*f. - Technol.*), delaminazione. 41 ~ **stoff** (Sicherheitsglas, etc.) (*m. - Ind.*), laminato (*s.*), stratificato (*s.*). 42 ~ **träger** (eines Films) (*m. - Phot.*), supporto dell'emulsione. 43 ~ **transistor** (Flächentransistor) (*m. - Elektronik*), transistore a giunzione. 44 ~ **verchromung** (der Schneide eines Werkz., bei der eine dicke Schicht aufgetragen und dann auf das gewünschte Mass geschliffen wird) (*f. - Werkz.*), cromatura a spessore. 45 ~ **vorsteher** (*m. - Arb.*), capoturno. 46 ~ **vulkan** (Stratovulkan) (*m. - Geol.*), stratovulcano. 47 ~ **widerstand** (als Messwiderstand verwendet z. B., auf Porzellanstäbchen niedergeschlagen z. B.) (*m. - Elekt.*), resistore a pellicola superficiale. 48 ~ **wolke** (*f. - Meteor.*), strato di nubi. 49 **Abend** ~ (Nachtschicht) (*Arb.*), turno di notte. 50 **durchlässige** ~ (*Geol.*), strato permeabile. 51 **Feier** ~ (*Arb.*), giornata lavorativa non lavorata, turno non prestato. 52 **Früh** ~ (Morgenschicht) (*Arb.*), primo turno. 53 **hangende** ~ (*Bergbau*), tetto. 54 **Koks** ~ (im Kupolofen) (*Giess.*), strato di coke. 55 **Krankfeier** ~ (*Arb.*), giornata (lavorativa) non lavorata per malattia, turno non prestato per malattia. 56 **Lack** ~ (*Anstr.*), mano di vernice, strato di vernice. 57 **liegende** ~ (*Bergbau*), suola, piede. 58 **Mittag** ~ (Tagschicht) (*Arb.*), turno diurno. 59 **Morgen** ~ (Frühschicht) (*Arb.*), primo turno. 60 **Nacht** ~ (Abendschicht) (*Arb.*), turno di notte. 61 **Tag** ~ (Mittagsschicht) (*Arb.*), turno diurno. 62 **undurchlässige** ~ (*Geol.*), strato impermeabile. 63 **Urlaubs** ~ (*Arb.*), giornata di ferie, turno di ferie. 64 **wasserdurchlässige** ~ (*Geol.*), strato permeabile. 65 **wasserführende** ~ (*Geol.*), falda acquea, nappa acquea.
schichtbauend (*allg.*), stratogeno.
Schichte (Lage, von Gestein) (*f. - Geol.*) (*österr.*), strato.
schichten (übereinanderlegen, Holz z. B.) (*allg.*), impilare, accatastare. 2 ~ **kundlich** (stratigraphisch) (*Geol.*), stratigrafico. 3 ~ **weise** (schichtweise) (*allg.*), a strati.
schichtgeladen (Verbrennungsraum) (*Mot.*), a carica stratificata.
schichtig (*allg.*), stratificato.
Schichtung (*f. - Geol. - etc.*), stratificazione.
Schiebebarriere (*f. - Eisenb. - Strass.ver.*), barriera scorrevole.
Schiebebetrieb (bei Verzögerung des Fahr-

Schiebebildverfahren

zeuges wenn man während der Fahrt das Gas weggenommen wird und der Motor von den Antriebrädern getrieben wird) (*m. - Mot. - Aut.*), rilascio, fase di rilascio, condizioni di rilascio.
Schiebebildverfahren (*n. - Opt.*), trasporto, procedimento di trasporto.
Schiebebrücke (*f. - Brück.b.*), ponte scorrevole.
Schiebebühne (*f. - Eisenb.*), carrello trasbordatore, carrellone trasbordatore. 2 ~ (*allg.*), piattaforma mobile.
Schiebedach (*n. - Aut. - etc.*), tetto scorrevole, tetto apribile.
Schiebefenster (*n. - Bauw.*), finestra scorrevole. 2 ~ (*Fahrz.*), finestrino scorrevole.
Schiebefestigkeit (von Fäden, Widerstand im Gewebe sich gegeneinander verschieben zu lassen) (*f. - Textilind.*), resistenza allo scorrimento.
Schiebeflug (*m. - Flugw.*), derapata, deriva.
Schiebegeschwindigkeit (*f. - Flugw.*), velocità trasversale.
Schiebeimpuls (*m. - Rechner*), impulso di traslazione.
Schiebekammer (*f. - Dampfmasch.*), cassetto di distribuzione.
Schiebekarre (Schubkarre, einrädriges Fahrzeug) (*f. - Fahrz.*), carriola.
Schiebeknoten (Laufknoten) (*m. - naut. - etc.*), nodo scorsoio.
Schiebekontakt (*m. - Elekt.*), contatto strisciante.
Schiebekupplung (*f. - Mech.*), accoppiamento scorrevole, accoppiamento di scorrimento.
Schiebelager (Gleitlager) (*n. - Mech.*), cuscinetto a strisciamento.
Schiebelandung (*f. - Flugw.*), atterraggio con vento trasversale.
Schiebelehre (Schieblehre, Schublehre) (*f. - Werkz.*), calibro a corsoio.
Schiebeleiter (*f. - Feuerwehr - etc. - Ger.*), scala Porta, scala estensibile.
Schiebemuffe (Schaltmuffe, der Synchronisierung eines Wechselgetriebes) (*f. - Aut.*), manicotto sincronizzatore.
Schieben (eines Wagens in der Kurve) (*n. - Aut. - Fehler*), slittamento, sbandamento. 2 ~ (Bewegung des Fahrzeugs quer zur Fahrtrichtung, z. B. bei Seitenwind) (*Aut.*), deriva. 3 ~ (*Flugw.*), derapata, deriva.
schieben (*allg.*), spingere. 2 ~ (*Flugw. - Aut.*), derapare, derivare.
Schieber (Absperrorgan) (*m. - Leit. - Hydr.*), saracinesca. 2 ~ (Ventil) (*Mech.*), valvola a cassetto. 3 ~ (Stössel, einer Presse) (*Masch.*), slittone. 4 ~ (eines Absperrschiebers) (*Hydr.*), lente, otturatore. 5 ~ (*Dampfmasch.*), cassetto di distribuzione. 6 ~ (Läufer) (*Mech.*), scorrevole (*s.*). 7 ~ (einer Druckgussform, beweglich angeordnetes Formstück das zur Begrenzung von Aussenflächen des Guss·stücks nötig ist) (*Giess.*), tassello mobile. 8 ~ (zur Zuführung von vorgeformten Teilen oder Zuschnitten) (*Blechbearb.vorr.*), alimentatore a moto alternato. 9 ~ (Riegel) (*Zimm. - Bauw. - etc.*), catenaccio, paletto, chiavistello. 10 ~ buchse (von Dampfkolbenmaschinen) (*f. - Masch.*), fodero del cassetto. 11 ~ diagramm (einer Dampfmasch.) (*n. - Masch.*), diagramma della distribuzione. 12 ~ ellipse (bei Schiebersteuerungen, Darstellung des Zusammenhangs zwischen Kolben und Schieberbewegung) (*f. - Dampfmasch.*), ellisse della distribuzione. 13 ~ fläche (Schieberspiegel) (*f. - Dampfmasch.*), specchio del cassetto. 14 ~ gehäuse (Absperrschiebergehäuse) (*n. - Hydr.*), cassa della saracinesca, corpo della saracinesca. 15 ~ gehäuse (einer Dampfkolbenmaschine) (*Masch.*), sede del cassetto. 16 ~ geschäft (*n. - komm.*), affare illegale. 17 ~ haus (Schieberkammer) (*n. - Hydr.*), camera delle saracinesche. 18 ~ motor (Verbrennungsmotor) (*m. - Mot.*), motore con distribuzione a cassetto. 19 ~ schütz (*n. - Wass.b.*), saracinesca, chiusa, paratoia. 20 ~ spiegel (*m. - Dampfmasch.*), specchio del cassetto. 21 ~ stange (*f. - Dampfmasch.*), asta del cassetto. 22 ~ steuerung (*f. - Dampfmasch. - etc.*), distribuzione a cassetto. 23 ~ stock (Ventilstock, für Ölfeldleitungen; Vereinigung von getrennten Leitungen zur Feldstation) (*m. - Bergbau*), valvola collettrice. 24 ~ ventil (*n. - Wass.b.*), valvola a saracinesca. 25 Absperr ~ (*Hydr.*), saracinesca. 26 Dreh ~ (eines Verbrennungsmotors z. B.) (*Mot. - etc.*), cassetto rotante. 27 Flach ~ (*Masch.*), cassetto piano. 28 Gas ~ (eines Motorradvergasers z. B.) (*Mot.*), valvola del gas. 29 Kugel ~ (*Mot.*), cassetto sferico. 30 Pressen ~ (*Masch.*), slittone. 31 Regulier ~ in der Druckleitung (einer Pumpe) (*Hydr. - Leit.*), saracinesca sulla mandata. 32 Steuer ~ (eines elektrohydraulischen Servoventils z. B.) (*Hydr.*), cursore, distributore. 33 Walzen ~ (*Masch.*), valvola a cassetto cilindrico.
Schieberad (Zahnrad) (*n. - Mech.*), ruota dentata scorrevole.
Schieberädergetriebe (Wechselgetriebe) (*n. - Aut.*), cambio ad ingranaggi scorrevoli.
Schieberegister (*n. - Rechner*), registro di scalatura, registro a scorrimento.
Schiebeschachtel (*f. - Papierind.*), scatola a contenitore scorrevole.
Schiebeschalter (bei dem die Kontaktverbindung durch eine Schub-Bewegung erzielt wird) (*m. - elekt. Ger.*), interruttore a scorrimento.
Schiebesitz (S) (Passung) (*m. - Mech.*), accoppiamento preciso di spinta. 2 ~ (verschiebbarer Sitz) (*Aut.*), sedile scorrevole. 3 Edel ~ (*Mech.*), accoppiamento extrapreciso di spinta.
Schiebestück (einer Gelenkwelle) (*n. - Mech.*), scorrevole (*s.*), pezzo scorrevole.
Schiebetisch (beim Schweissen z. B.) (*m. - Masch.*), tavola scorrevole.
Schiebetor (*n. - Bauw.*), porta scorrevole.
Schiebewelle (*f. - Mech.*), albero scorrevole.
Schiebewiderstand (*m. - Mech.*), resistenza allo scorrimento, attrito radente. 2 ~ (Rheostat) (*Elekt.*), reostato a corsoio.
Schiebewinkel (*m. - Flugw. - Aut.*), angolo di derapata.
Schieblehre (Schiebelehre, Schublehre) (*f. - Werkz.*), calibro a corsoio. 2 Zahnmess ~

(für Zahnräder) (*Werkz.*), calibro a corsoio per (misurare) denti (di ingranaggi).
Schiebung (*f. - Baukonstr.lehre*), angolo di scorrimento. 2 ~ (*komm.*), commercio illegale. 3 ~ s·bruch (Scherbruch) (*m. - Baukonstr.lehre*), rottura da taglio. 4 **Devisen** ~ (*finanz.*), traffico di divise.
Schiedmauer (*f. - Bauw.*), muro divisorio.
Schiedsabkommen (*n. - recht.*), convenzione di arbitrato, compromesso.
Schiedsanalyse (besonders genaue chem. Analyse) (*f. - Metall. - etc.*), analisi arbitrale.
Schiedsausschuss (*m. - recht.*), commissione arbitrale, collegio arbitrale.
Schiedsgericht (*n. - recht.*), collegio arbitrale. 2 ~ s·hof (*m. - recht. - komm.*), corte di arbitrato.
schiedsgerichtlich (*recht.*), arbitrale.
Schiedskommission (*f. - Arb. - Organ.*), commissione paritetica.
Schiedsrichter (Friedensrichter) (*m. - recht.*), arbitro, giudice di pace. 2 ~ (beim Fussballspiel z. B.) (*Sport*), arbitro.
Schiedsspruch (Schiedsurteil) (*m. - recht.*), lodo, sentenza arbitrale.
Schiedsstelle (*f. - recht.*), ufficio d'arbitrato.
Schiedsvertrag (*m. - recht.*), convenzione di arbitrato.
schief (schräg) (*allg.*), obliquo, inclinato, sbieco. 2 ~ **e Ebene** (*Masch.*), piano inclinato. 3 ~ **symmetrisch** (*Math.*), antisimmetrico. 4 ~ **symmetrische Matrix** (*Math.*), matrice antisimmetrica. 5 ~ **ziehen** (beim Bremsen, einseitig greifen) (*Fahrz.*), tirare da un lato. 6 ~ **ziehend** (Bremse, einseitig greifend) (*Fahrz.*), che tira da un lato.
Schiefe (*f. - allg.*), obliquità, inclinazione. 2 ~ (*Math.*), coefficiente di asimmetria.
Schiefer (*m. - Min.*), scisto, schisto. 2 ~ (Fehler bei anodischer Oxydation z. B.) (*m. - Technol.*), paglia. 3 ~ **abdachung** (*f. - Bauw.*), copertura (a tegole) di ardesia. 4 ~ **decker** (Dachdecker) (*m. - Arb.*), conciatetti. 5 ~ **hammer** (*m. - Werkz.*), martello da conciatetti. 6 ~ **nagel** (*m. - Bauw.*), chiodo per (tegole) di ardesia. 7 ~ **öl** (*n. - Min. - chem. Ind.*), olio di scisto, olio di schisto. 8 ~ **platte** (*f. - Bauw.*), lastra di ardesia. 9 ~ **ton** (*m. - Geol.*), argilla schistosa. 10 **Kern** ~ (*Holz*), siehe Schilfer. 11 **kristalliner** ~ (kristallinisches Schiefergestein) (*Min.*), scisto cristallino, schisto cristallino. 12 **kristallinisches** ~ **gestein** (kristalliner Schiefer) (*Min.*), scisto cristallino, schisto cristallino.
schieferig (*Min.*), scistoso, schistoso.
Schieferung (*f. - Geol.*), fogliazione.
Schiefkörper (*m. - Math.*), corpo non commutativo.
Schieflast (unsymmetrische Belastung eines Drehstromgenerators) (*f. - Elekt.*), carico asimmetrico.
Schieflaufschalter (für Gurtbandförderern) (*m. - ind. Transp.*), interruttore automatico (di sicurezza) per corsa inclinata (del nastro).
Schiefspalter (Plagioklas) (*m. - Min.*), plagioclasio.
Schiefsymmetrie (*f. - Math.*), antisimmetria.
Schiefziehen (Schleudern, Auswirkung unterschiedlicher Abbremsung der Räder einer Achse) (*n. - Aut.*), imbardata.
Schiene (*f. - Eisenb. - etc.*), rotaia. 2 ~ (Sammelschiene z. B.) (*Elekt.*), sbarra, sbarra collettrice, sbarra omnibus. 3 ~ (einer Reissschiene) (*Zeichn. - Ger.*), riga. 4 ~ (Kreuzschiene, Kreuzstab, Leserute, Kreuzrute) (*Textilind.*), verga, bacchetta d'invergatura. 5 ~ (Führung, eines Aufzuges z. B.) (*Masch. - etc.*), guida. 6 ~ **n·bahn** (*f. - Eisenb. - etc.*), strada ferrata. 7 ~ **n·biegepresse** (*f. - Masch.*), pressa per curvare rotaie. 8 ~ **n·bieger** (*m. - Ger.*), piegarotaie, martinetto piegarotaie, «cagna». 9 ~ **n·bremse** (*f. - Eisenb.*), freno sulla rotaia. 10 ~ **n·bus** (*m. - Eisenb.*), siehe Schienenomnibus. 11 ~ **n·busanhänger** (*m. - Eisenb.*), rimorchiata (*s.*), carrozza rimorchiata. 12 ~ **n·effekt** (von Strassenbahnschienen auf Reifen) (*m. - Aut.*), effetto rotaia. 13 ~ **n·entwässerung** (für Strassenbahnschienen) (*f. - Strass.b.*), scolo acqua dalle rotaie. 14 ~ **n·fahrzeug** (*n. - Fahrz.*), veicolo (atto alla circolazione) su rotaie, veicolo ferrotranviario. 15 ~ **n·fuss** (*m. - Eisenb. - etc.*), base della rotaia, suola della rotaia. 16 ~ **n·hängebahn** (Schienenschwebebahn) (*f. - Eisenb.*), ferrovia pensile, ferrovia sospesa. 17 ~ **n·hängebahn** (zur Güterförderung) (*ind. Transp.*), trasportatore a monorotaia sospesa. 18 ~ **n·hobel** (*m. - Werkz.*), sponderuola. 19 ~ **n·kontakt** (*m. - Eisenb. - Verkehr - Elekt.*), contatto sulla rotaia, presa di corrente su rotaia. 20 ~ **n·kopf** (*m. - Eisenb.*), fungo della rotaia. 21 ~ **n·kraftrad** (Schienenrad) (*n. - Eisenb.*), carrello di servizio. 22 ~ **n·lasche** (*f. - Eisenb.*), stecca (per rotaie), ganascia (per rotaie). 23 ~ **n·legemaschine** (*f. - Eisenb. - Masch.*), macchina posabinario, macchina posarotaie. 24 ~ **n·lücke** (*f. - Eisenb.*), gioco di giunto (di rotaie). 25 ~ **n·nagel** (*m. - Eisenb.*), arpione (per rotaie). 26 ~ **n·netz** (*n. - Eisenb.*), rete ferroviaria. 27 ~ **n·oberkante** (Bezugskante für Eisenb. fahrzeuge) (*f. - Eisenb.*), piano del ferro. 28 ~ **n·omnibus** (leichter Triebwagen mit Verbrennungsmotor) (*m. - Eisenb.*), automotrice leggera. 29 ~ **n·paket** (*n. - Metall.*), pacchetto. 30 ~ **n·räumer** (Gleisräumer) (*m. - Eisenb.*), cacciapietre. 31 ~ **n·richtmaschine** (*f. - Masch.*), raddrizzatrice per rotaie. 32 ~ **n·rückleitung** (*f. - elekt. Eisenb.*), circuito di ritorno (attraverso la) rotaia. 33 ~ **n·schleifwagen** (zum Abschleifen der Unebenheiten der Schienenlauffläche) (*m. - Eisenb.*), carro per la ripassatura delle rotaie. 34 ~ **n·schneeräummaschine** (*f. - Eisenb.*), sgombraneve ferroviario. 35 ~ **n·schraube** (*f. - Eisenb.*), caviglia per rotaie. 36 ~ **n·seilbahn** (*f. - Eisenb.*), ferrovia funicolare. 37 ~ **n·steg** (*m. - Eisenb.*), anima della rotaia. 38 ~ **n·stoss** (*m. - Eisenb.*), giunto della rotaia. 39 ~ **n·strom** (*m. - elekt. Eisenb.*), corrente di rotaia. 40 ~ **n·stromwandler** (*m. - Elekt.*), trasformatore a barra. 41 ~ **n·übergang** (Niveaukreuzung) (*m. - Eisenb. - Strass.ver.*), passaggio a livello. 42 ~ **n·überhöhung** (bei Kurven) (*f. - Eisenb.*), sopraelevazione della rotaia (esterna). 43 ~ **n·verbinder** (*m. - Eisenb. - Elekt.*), cavetto di massa delle rotaie. 44 ~ **n.**

Schiessarbeit 734

verbindung (*f. - Eisenb. - Elekt.*), collegamento elettrico delle rotaie. 45 ~ n·walzwerk (*n. - Walzw.*), laminatoio per rotaie. 46 ~ n·wagen (Flachwagen) (*m. - Eisenb.*), pianale, carro piatto. 47 ~ n·wagen mit Stahlrungen (*Eisenb.*), carro piatto con stanti in ferro, pianale con stanti in ferro. 48 Breitfuss ~ (Vignoleschiene) (*Eisenb.*), rotaia a base larga, rotaia a suola, rotaia Vignole. 49 Doppelkopf ~ (Stuhlschiene) (*Eisenb.*), rotaia a doppio fungo. 50 Eisenbahn ~ (*Eisenb.*), rotaia ferroviaria. 51 Fang ~ (*Eisenb.*), siehe Leitschiene. 52 Kopier ~ (*Ger.*), sagoma. 53 Leit ~ (Schutzschiene, Fangschiene, Zwangsschiene) (*Eisenb.*), controrotaia. 54 Pass ~ (Schienenstück zum Ausfüllen von Gleislücken) (*Eisenb.*), spezzone di rotaia. 55 Rillen ~ (*Fahrz.*), rotaia a gola. 56 Sammel ~ (*Elekt.*), sbarra collettrice, sbarra omnibus. 57 Schutz ~ (*Eisenb.*), siehe Leitschiene. 58 Strassenbahn ~ (*Fahrz.*), rotaia tranviaria. 59 Stuhl ~ (Doppelkopfschiene) (*Eisenb.*), rotaia a doppio fungo. 60 Vignole ~ (Breitfuss·schiene) (*Eisenb.*), rotaia Vignole, rotaia a base larga, rotaia a suola. 61 Zahn ~ (*Eisenb.*), rotaia a dentiera, (rotaia a) cremagliera. 62 Zungen ~ (Weichenschiene) (*Eisenb.*), rotaia ad ago. 63 Zwangs ~ (*Eisenb.*), siehe Leitschiene.
Schiessarbeit (*f. - Bergbau*), lavoro di estrazione mediante esplosivi, coltivazione con esplosivi.
Schiessbaumwolle (Nitrozellulose) (*f. - Expl.*), nitrocotone, cotone fulminante.
Schiessberechtigter (*m. - Bergbau - Arb.*), fuochino, fochino, autorizzato ai brillamenti, brillatore di mine.
Schiessbuch (*n. - Bergbau*), giornale (per la registrazione) dell'esplosivo (impiegato).
Schiesselementerechner (*m. - Rechner - milit.*), calcolatore dei dati di tiro.
Schiessen (Sprengen) (*n. - Bergbau*), brillamento. 2 ~ (*Textilind.*), inserzione (della trama). 3 ~ (von Bolzen, mit einem pistolenähnlichen Gerät) (*mech. Technol.*), sparo. 4 ~ (*Feuerwaffe*), sparo. 5 ~ (*Artillerie*), tiro. 6 direktes ~ (*Artillerie*), tiro diretto. 7 indirektes ~ (*Artillerie*), tiro indiretto.
schiessen (sprengen) (*Bergbau*), far saltare, far brillare. 2 ~ (*Feuerwaffe*), sparare. 3 ~ (Bolzen, Nägel) (*mech. Technol.*), sparare. 4 ~ (die Schussfäden durch die Kettfäden führen) (*Textilind.*), inserire (la trama). 5 aus ~ (ein Guss·stück) (*Giess.*), scartare.
Schiessgrundlagen (*f. - pl. - milit.*), dati di tiro.
Schiesshauer (*m. - Bergbau - Arb.*), perforatore di fori da mina.
Schiesslehre (Ballistik) (*f. - milit.*), balistica.
Schiessleine (*f. - naut.*), sagola da lancio.
Schiessleitung (*f. - Elekt. - Bergbau*), conduttore per brillamenti, reoforo per brillamenti.
Schiessloch (Bohrloch) (*n. - Bergbau*), foro da mina.
Schiessmeister (Sprengmeister) (*m. - Arb. - Bergbau*), brillatore, fuochino.
Schiessplatz (*m. - milit. - etc.*), poligono di tiro.
Schiesspulver (*n. - Expl.*), polvere da sparo.

Schiess·scheibe (*f. - milit. - Sport*), bersaglio.
Schiess·schule (*f. - Artillerie*), scuola di tiro.
Schiess·stoff (Explosivstoff) (*m. - Expl.*), esplosivo.
Schiff (*n. - naut.*), nave. 2 ~ (eines Kirchenraums) (*Arch.*), navata. 3 ~ (Setzschiff) (*Druck.*), vantaggio, balestra. 4 ~ (eines ind. Gebäudes z. B.) (*Bauw.*), campata. 5 ~ bau (*m. - Schiffbau*), costruzione navale. 6 ~ baublech (*n. - metall. Ind. - Schiffbau*), lamiera per costruzioni navali. 7 ~ bauer (*m. - Schiffbau*), costruttore navale. 8 ~ bauhelling (*f. - Schiffbau*), scalo di costruzione. 9 ~ bauholz (*n. - Schiffbau*), legname per costruzioni navali. 10 ~ bauingenieur (*m. - Schiffbau*), ingegnere navale. 11 ~ bauwerft (*f. - Schiffbau*), cantiere navale. 12 ~ bauwulstwinkel (*m. - metall. Ind.*), angolare a bulbo per costruzioni navali. 13 ~ bruch (Verlust eines Schiffes) (*m. - naut.*), naufragio. 14 ~ brüchiger (*m. - naut.*), naufrago. 15 ~ fertig leer (S.f.l., vollständig fertiggestellt aber ohne Ladung) (*Schiffbau*), nave pronta senza carichi. 16 ~ s·anlegeplatz (*m. - naut.*), fonda. 17 ~ s·anstrich (*m. - naut. - Anstr.*), pittura antivegetativa, pittura sottomarina. 18 ~ s·antrieb (*m. - naut.*), propulsione navale. 19 ~ s·artillerie (*f. - Kriegsmar.*), artiglieria navale. 20 ~ s·aufzug (*m. - naut.*), scalo di alaggio. 21 ~ s·aussenhaut (*f. - Schiffbau*), fasciame esterno. 22 ~ s·bauten (*m. - pl. - Schiffbau*), costruzioni navali. 23 ~ s·bergung (*f. - naut.*), ricupero marittimo. 24 ~ s·besatzung (*f. - naut.*), equipaggio (della nave). 25 ~ s·blech (*n. - metall. Ind. - Schiffbau*), lamiera per costruzioni navali. 26 ~ s·boden (*m. - Schiffbau*), carena. 27 ~ s·bodenfarbe (Antifoulingfarbe) (*f. - Schiffbau*), pittura antivegetativa. 28 ~ s·brief (Urkunde über die Eintragung eines Schiffs in das Schiffsregister) (*m. - naut.*), certificato d'iscrizione (della nave). 29 ~ s·brücke (auf Pontons schwimmende Brücke) (*f. - naut. - Brück.b.*), ponte su barche. 30 ~ s·dampfkessel (Schiffskessel) (*m. - naut.*), caldaia marina. 31 ~ s·dieselmaschine (*f. - naut. - Mot.*), motore Diesel marino. 32 ~ s·eichung (amtliche Feststellung des Verhältnisses zwischen Ladungsmenge und Eintauchtiefe eines Schiffes) (*f. - naut.*), stazzatura. 33 ~ s·eigner (Eigentümer eines Binnenschiffes) (*m. - naut.*), armatore (navale). 34 ~ s·frachtbrief (*m. - naut.*), polizza di carico (marittima). 35 ~ s·frachtvertrag (*m. - naut.*), contratto di noleggio (della nave). 36 ~ s·hauptmaschine (*f. - naut.*), motore principale, motore di propulsione. 37 ~ s·haut (*f. - Schiffbau*), fasciame. 38 ~ s·hebewerk (Vorr. zum Heben und Senken eines Schiffes zur Überwindung des Höhenunterschiedes zwischen zwei Kanälen) (*n. - Schiffbau*), impianto di sollevamento per natanti (per superare dislivelli fra canali). 39 ~ s·ingenieur (*m. - naut.*), macchinista, ufficiale di macchina. 40 ~ s·journal (*n. - naut.*), giornale di bordo. 41 ~ s·junge (*m. - naut.*), mozzo. 42 ~ s·karte (*f. - naut.*), biglietto di viaggio (per nave). 43 ~ s·kessel (*m. - naut. - Kessel*), caldaia

marina. **44** ~ s·klassifikation (der Handelsschiffe) (*f. - naut.*), classificazione marittima. **45** ~ s·kompass (*m. - naut. - Instr.*), bussola marina. **46** ~ s·kontor (*n. - naut.*), agenzia marittima. **47** ~ s·kreisel (*m. - naut.*), stabilizzatore giroscopico per navi, girostabilizzatore per navi. **48** ~ s·küche (Kombüse) (*f. - naut.*), cambusa. **49** ~ s·ladung (*f. - naut.*), carico (di nave). **50** ~ s·last (Frachtgewicht) (*f. - naut.*), portata (della nave). **51** ~ s·leute (*pl. - naut.*), marinai, gente di mare. **52** ~ s·makler (Schiffsklarierer) (*m. - naut.*), agente marittimo. **53** ~ s·manifest (*n. - naut.*), manifesto. **54** ~ s·mannschaft (*f. - naut.*), equipaggio marittimo. **55** ~ s·mietsvertrag (*m. - naut.*), contratto di noleggio. **56** ~ s·motor (*n. - Mot.*), motore marino. **57** ~ s·mühle (von der Strömung des Flusses angetriebene Getreidemühle, die im Fluss verankert ist) (*f. - Masch.*), mulino fluviale (galleggiante). **58** ~ s·ort (*m. - Navig.*), punto nave. **59** ~ s·papiere (Schiffszertifikat, Messbrief, Schiffszettel, etc.) (*n. - pl. - naut.*), documenti di bordo. **60** ~ s·proviant (*m. - naut.*), provviste di bordo. **61** ~ s·raum (Laderaum) (*m. - naut.*), stiva. **62** ~ s·Reaktor (*m. - naut. - Mot.*), reattore marino. **63** ~ s·register (*n. - naut.*), registro di bordo. **64** ~ s·rumpf (*m. - naut.*), scafo. **65** ~ s·schraube (Schiffspropeller) (*f. - naut.*), elica marina. **66** ~ s·spant (*m. - Schiffbau*), ordinata. **67** ~ s·stabilität (*f. - Schiffbau*), stabilità della nave. **68** ~ s·tagebuch (Journal, Logbuch) (*n. - naut.*), giornale di bordo. **69** ~ s·telegraph (Maschinentelegraph, etc.) (*m. - naut.*), telegrafo di bordo. **70** ~ s·turbine (*f. - Turb. - naut.*), turbina marina. **71** ~ s·wendegetriebe (*n. - naut.*), invertitore marino. **72** ~ s·werft (Schiffbauwerft) (*f. - Schiffbau*), cantiere navale. **73** ~ s·widerstand (*m. - naut.*), resistenza al moto della nave. **74** ~ s·zettel (Lade-Order, Shipping-Order) (*m. - naut.*), ordine di carico. **75** ~ s·zimmermann (*m. - Schiffbau - Arb.*), carpentiere navale, maestro d'ascia. **76** Bergungs ~ (*naut.*), nave per ricuperi. **77** Binnen ~ (*naut.*), natante per navigazione interna. **78** Dampf ~ (*naut.*), piroscafo, nave a vapore. **79** Fahrgast ~ (Passagierschiff) (*naut.*), nave passeggeri. **80** Fähr ~ (*naut.*), nave traghetto, traghetto. **81** Feuer ~ (*naut.*), battello antincendi. **82** Fracht ~ (*naut.*), nave da carico. **83** Handels ~ (*naut.*), nave mercantile, nave commerciale. **84** Kombi ~ (Passagier- und Frachtschiff) (*naut.*), nave mista. **85** Komposit ~ (*Schiffbau*), nave a struttura mista. **86** Kriegs ~ (*Kriegsmar.*), nave da guerra. **87** Kühl ~ (*naut.*), nave frigorifera. **88** Küsten ~ (*naut.*), nave (per navigazione) costiera, nave da cabotaggio. **89** Lazarett ~ (*Kriegsmar.*), nave ospedale. **90** Leucht ~ (*naut. - Navig.*), battello faro. **91** manövrierunfähiges ~ (*naut.*), nave ingovernabile. **92** Mittel ~ (*Arch.*), navata centrale. **93** Motor-Fracht ~ (*naut.*), motonave da carico. **94** Motor ~ (*naut.*), motonave. **95** Passagier ~ (Fahrgastschiff) (*naut.*), nave passeggeri. **96** Passagier- und Fracht ~ (*naut.*), nave mista. **97** Quer ~ (*Arch.*), transetto. **98** Raum ~ (*Astronautik*), nave spaziale. **99** Schul ~ (*Kriegsmar.*), nave scuola. **100** Segel ~ (*naut.*), veliero. **101** Seiten ~ (*Arch.*), navata laterale. **102** Setz ~ (*Druck.*), vantaggio, balestra. **103** Spezial ~ (*naut.*), nave speciale. **104** Stahl ~ (*Schiffbau*), nave in acciaio. **105** Tank ~ (Tanker) (*naut.*), nave cisterna. **106** Turbinen-Fahrgast ~ (*naut.*), turbonave passeggeri. **107** Turbinen ~ (*naut.*), turbonave. **108** Turbinen-Tank ~ (*naut.*), turbocisterna. **109** Vor ~ (*naut.*), prua, prora. **110** Walfang ~ (*naut. - Fischerei*), nave baleniera, baleniera. **111** Wetter ~ (*Meteor. - naut.*), nave meteorologica.

Schiffahrt (Navigation) (*f. - naut. - Navig.*), navigazione. **2** ~ s·gesellschaft (*f. - naut.*), compagnia di navigazione. **3** ~ s·kanal (*m. - naut.*), canale navigabile. **4** ~ s·kunde (Nautik) (*f. - naut.*), nautica. **5** ~ s·linie (Wasserstrecke) (*f. - Navig.*), linea di navigazione. **6** ~ s·linie (Schiffahrtsgesellschaft) (*naut.*), compagnia di navigazione. **7** Binnen ~ (*naut. - Navig.*), navigazione interna. **8** Fluss ~ (*naut.*), navigazione fluviale. **9** Fracht ~ (*naut.*), marina da carico. **10** Handels ~ (zur Beförderung von Personen und Gütern) (*naut.*), marina mercantile. **11** Hochsee ~ (*naut.*), navigazione di lungo corso. **12** Kriegs ~ (*Kriegsmar.*), marina militare. **13** Küsten ~ (*naut. - Navig.*), navigazione costiera, cabotaggio. **14** Luft ~ (*naut.*), navigazione aerea. **15** Personen ~ (*naut.*), marina passeggeri. **16** See ~ (*Navig.*), navigazione marittima. **17** Segel ~ (*naut.*), navigazione a vela. **18** Vergnügungs ~ (*naut.*), navigazione da diporto.

schiffbar (für Schiffe befahrbar) (*naut.*), navigabile.

Schiffchen (einer Nähmaschine) (*n. - Textilmasch.*), navetta. **2** ~ (Schütze) (*Textilmasch.*), spola.

schiffen (zu Wasser oder in der Luft fahren) (*naut. - Flugw.*), navigare. **2** aus ~ (entladen) (*naut. - Transp.*), sbarcare, scaricare.

Schiffer (Schiffskapitän) (*m. - naut.*), comandante. **2** ~ (Arbeiter auf einem Flusskahn) (*naut. - Arb.*), chiattaiolo fluviale. **3** ~ knoten (Kreuzknoten) (*m. - naut.*), nodo piano.

Schifter (Schiftsparren, eines Daches) (*m. - Bauw.*), falso puntone.

Schiftsparren (Schifter) (*m. - Bauw.*), falso puntone.

Schikanen (Einbauten, eines Wärmeaustauschers) (*f. - pl. - Wärme*), diaframmi, deflettori.

Schild (*m. - a.lg.*), scudo. **2** ~ (Aushängeschild) (*n. - komm.*), insegna. **3** ~ (Neutronenfänger) (*m. - Atomphys.*), schermo. **4** ~ (*n. - Strass.ver. - etc.*), segnale. **5** ~ bauweise (mechanischer Tunnelvortrieb) (*f. - Ing.b.*), avanzamento a scudo. **6** ~ lager (einer elekt. Masch. z. B.) (*n. - Mech.*), supporto a scudo. **7** ~ mauer (Stirnmauer) (*f. - Bauw.*), muro frontale. **8** ~ vortrieb (Tunnelvortrieb) (*m. - Ing.b.*) avanzamento a scudo. **9** ~ zapfenlager (*n. - Mech.*), orecchioniera. **10** biologischer ~ (aus Beton, von Kernreaktoren) (*Atomphys.*), scudo biologico, schermo biologico. **11** Gebots ~ (*Strass.ver. - etc.*), segnale di obbligo. **12**

Schilfer

thermischer ~ (*Atomphys. - etc.*), scudo termico, schermo termico. 13 **Verbots** ~ (*Strass. ver. - etc.*), segnale di divieto. 14 **Warn** ~ (*Strass.ver. - etc.*), segnale di pericolo. 15 **Zusatz** ~ (*Strass.ver. - etc.*), segnale complementare.
Schilfer (Kernschiefer, Stammriss an Nadelholz) (*m. - Holz*), fessurazione interna.
Schilfrohr (Teichrohr) (*n. - Bauw. - etc.*), canna palustre.
schillernd (*allg.*), iridescente.
Schimmel (*m. - allg.*), muffa. 2 ~ **beständigkeit** (*f. - Technol.*), resistenza alle muffe.
Schimmer (Glanz) (*m. - Opt.*), bagliore.
schimmernd (*allg.*), scintillante.
Schindel (Brettstücke für Dachbedeckung) (*f. - Bauw.*), scidula, assicella di copertura.
Schippe (Schaufel) (*f. - Werkz.*), pala.
Schipper (Schüpper) (*m. - Arb.*), spalatore, badilante.
Schirbel (Luppe) (*m. - Metall.*), blumo.
Schirm (Schutz) (*m. - allg.*), schermo. 2 ~ (*Atomphys. - Radioakt.*), schermo. 3 ~ (Regenschirm) (*Ger.*), ombrello. 4 ~ (Projektionsschirm) (*Filmtech. - etc.*), schermo. 5 ~ (eines Ansaugventils z. B.) (*Mot.*), deflettore, schermo. 6 ~ (Schutzeinrichtung an Lampen, etc.) (*Opt. - etc.*), schermo. 7 ~ **bauform** (für elekt. Maschinen mit senkrechter Welle) (*f. - Elekt.*), costruzione ad ombrello. 8 ~ **bilduntersuchung** (Röntgenuntersuchung) (*f. - Med. - Pers.*), schermografia, esame schermografico. 9 ~ **dach** (*n. - Bauw.*), tettoia. 10 ~ **dach** (*naut.*), tenda, copertura di tela. 11 ~ **eindecker** (Parasol) (*m. - Flugw.*), velivolo parasole. 12 ~ **gitter** (*n. - Elektronik*), griglia schermo. 13 ~ **geflecht** (*n. - Elekt.*), calza schermante, treccia schermante. 14 ~ **gitterdurchgriff** (*m. - Elektronik*), coefficiente di penetrazione griglia-schermo. 15 ~ **gittermodulation** (*f. - Elektronik*), modulazione di griglia-schermo. 16 ~ **gitterpotential** (*n. - Elektronik*), polarizzazione di griglia-schermo. 17 ~ **gitterröhre** (*f. - Elektronik*), tubo con griglia-schermo. 18 ~ **gitterspannung** (*f. - Elektronik*), tensione di griglia-schermo. 19 ~ **helligkeit** (*f. - Fernseh.*), luminosità dello schermo. 20 ~ **käfig** (*m. - Elekt.*), gabbia schermante, gabbia di Faraday. 21 ~ **verspiegelung** (einer Kathodenstrahlröhre) (*f. - Fernseh.*), metallizzazione dello schermo. 22 ~ **wand** (*f. - allg.*), paratia. 23 **Bild** ~ (Leuchtschirm) (*Fernseh. - Radar - etc.*), schermo fluorescente. 24 **durchscheinender** ~ (transparenter Schirm) (*Fernseh.*), schermo trasparente. 25 **Leucht** ~ (zum Sichtbarmachen von Elektronenstrahlen z. B.) (*Opt.*), schermo fluorescente. 26 **Taschen** ~ (Regenschirm) (*Ger.*), ombrello tascabile.
schirmen (*allg.*), schermare. 2 ~ (abschirmen, durch ein geerdetes Blechgehäuse gegen elektromagnetische Felder schützen) (*Elekt. - Funk.*), schermare.
Schirmung (*f. - Elekt. - Funk.*), schermatura, schermaggio.
Schirokko (warmer Wind) (*m. - Meteor.*), scirocco.
Schirting (Shirting, grobes Baumwollgewebe) (*m. - Textilind.*), tela da fusto.

Schlabberrohr (Überlaufrohr) (*n. - Hydr. - Leit.*), tubo di troppo pieno, sfioratore.
Schlabberventil (Überströmventil) (*n. - Hydr. - Leit.*), valvola di troppo pieno.
Schlacht (*f. - milit.*), battaglia. 2 ~ **feld** (*n. - milit.*), campo di battaglia. 3 ~ **hof** (Schlachthaus) (*m. - Ind. - Bauw.*), mattatoio, macello. 4 ~ **kreuzer** (*m. - Kriegsmar.*), incrociatore da battaglia. 5 ~ **schiff** (*n. - Kriegsmar.*), nave da battaglia.
schlachten (töten) (*Fleischind.*), mattare, macellare. 2 **aus** ~ (bis zum letzten ausnützen, eine Masch. z. B.) (*Masch.*), sfruttare al massimo.
Schlacke (*f. - Metall. - Giess.*), scoria, loppa. 2 ~ (Schweissen), scoria. 3 ~ (vulkanische Lavabrocken) (*Geol.*), scoria. 4 ~ **n·abstich** (Schlackenloch) (*m. - Metall. - Giess.*), foro per lo scarico della scoria, foro di spurgo della scoria. 5 ~ **n·auge** (Öffnung, Schlackenloch) (*n. - Metall.*), foro per la scoria. 6 ~ **n·beton** (*m. - Bauw.*), calcestruzzo di scoria. 7 ~ **n·bett** (*n. - Metall.*), letto di scoria. 8 ~ **n·bildung** (*f. - Metall.*), formazione di scoria, scorificazione. 9 ~ **n·einschluss** (*m. - Metall. - Fehler*), inclusione di scoria. 10 ~ **n·fang** (*m. - Metall.*), deposito della scoria, camera della scoria. 11 ~ **n·form** (*f. - Hochofen*), tubiera della scoria. 12 ~ **n·fuchs** (Schlackenüberlauf, eines Hochofens) (*m. - Metall.*), fermascorie. 13 ~ **n·führung** (*f. - Metall.*), marcia a scoria. 14 ~ **n·granulierung** (*f. - Metall.*), granulazione delle scorie. 15 ~ **n·mehl** (Thomasmehl, Thomasphosphat) (*n. - Metall.*), scoria Thomas, scoria di defosforazione. 16 ~ **n·pfannenwagen** (*m. - Metall.*), carro per secchione della loppa. 17 ~ **n·rinne** (*f. - Metall. - Giess.*), canale per le scorie. 18 ~ **n·schaufel** (Schlackenzieher) (*f. - Giess.*), levascorie. 19 ~ **n·schütze** (*f. - Giess.*), fermascorie. 20 ~ **n·spiegel** (Schlackenstand) (*m. - Metall.*), livello della scoria. 21 ~ **n·stein** (*m. - Maur.*), mattone di scoria, mattone di loppa. 22 ~ **n·verblasen** (Entzinkung flüssiger Schlacke) (*n. - Metall.*), soffiaggio della scoria. 23 ~ **n·wolle** (*f. - Bauw.*), lana di scoria, lana minerale. 24 ~ **n·zahl** (CaO/SiO$_2$, Schlackenziffer, Basizitätsgrad) (*f. - Metall.*), indice di basicità della scoria. 25 ~ **n·zement** (*m. - Bauw.*), cemento di scoria. 26 **gekörnte** ~ (*Bauw.*), scoria granulata. 27 **glasige** ~ (*Metall.*), scoria vetrosa. 28 **Hochofen** ~ (*Metall.*), scoria d'altoforno. 29 **lange** ~ (SiO$_2$ oder Al$_2$O$_3$) (reiche Schlacke) (*Metall.*), scoria acida, scoria fusa. 30 **schmelzbare** ~ (*Metall.*), scoria fusibile.
Schlafdeich (*m. - Wass.b.*), argine abbandonato, argine dormiente.
schlaff (locker) (*Mech.*), lasco, allentato. 2 ~ (*naut.*), lasco, allentato. 3 ~ **e Bewehrung** (schlaffe Armierung, nichtgespannte Bewehrung) (*Bauw.*), armatura non precompressa. 4 ~ **er Luftreifen** (*Aut.*), pneumatico molle, pneumatico poco gonfio. 5 ~ **machen** (lockern) (*Mech. - etc.*), allentare. 6 ~ **werden** (*allg.*), allentarsi.
Schlaffseilschalter (eines Aufzugs) (*m. - Elekt. - Bauw.*), interruttore per allentamento funi, interruttore per funi allentate.

Schlaffwerden (*n. - Mech. - etc.*), allentamento.
Schlafkabine (*f. - Eisenb.*), cabina letto.
Schlafkoje (*f. - Fahrz. - etc.*), cuccetta.
Schlafwagen (*m. - Eisenb.*), vagone letto, carrozza letto. **2 ~ schaffner** (*m. - Arb.*), conduttore di carrozza letti.
Schlafzimmer (*n. - Bauw.*), camera da letto.
Schlag (*m. - allg.*), colpo, urto. **2 ~** (Stoss) (*Baukonstr.lehre*), urto. **3 ~** (Radialschlag) (*Mech.*), errore di coassialità, « eccentricità ». **4 ~** (doppelter Wert der Exzentrizität) (*Mech.*), valore doppio dell'eccentricità. **5 ~** (*Elekt.*), scossa, « shock ». **6 ~** (eines Hammers) (*Schmieden - etc.*), colpo. **7 ~** (Schuss) (*Textilmasch.*), colpo, battuta (d'inserzione). **8 ~** (Strecke zwischen zwei Wendungen beim Kreuzen) (*naut.*), bordata, bordo. **9 ~** (Gleich- oder Kreuzschlag z. B.) (*Seile*), avvolgimento. **10 ~ arbeit** (*f. - Baukonstr.lehre*), lavoro d'urto. **11 ~ arbeit** (kinetische Energie der Kolben eines Bohrhammers) (*Bergbau*), lavoro d'urto. **12 ~ arm** (Schlagstock, eines Webstuhles) (*m. - Textilmasch.*), spada. **13 ~ auslösung** (*f. - Textilmasch.*), siehe Schalgfallensteuerung. **14 ~ bär** (eines Gesenkhammers) (*m. - Masch.*), mazza (battente). **15 ~ baum** (herablassbare Schranke bei Eisenbahnübergängen z. B.) (*m. - Eisenb. - etc.*), sbarra a bilico. **16 ~ beanspruchung** (*f. - Baukonstr.lehre*), sollecitazione d'urto. **17 ~ bewegung** (des Rotors eines Hubschraubers) (*f. - Flugw.*), sbattimento. **18 ~ biegefestigkeit** (*f. - Baukonstr.lehre*), resistenza alla flessione per urto. **19 ~ biegeversuch** (*m. - Baukonstr.lehre*), prova di flessione ad urto, prova di flessione dinamica. **20 ~ bohren** (*n. - Bergbau*), perforazione a percussione, sondaggio a percussione. **21 ~ bohrer** (*m. - Bergbau*), trivella a percussione. **22 ~ bohrmaschine** (Elektro-Handbohrmaschine mit gleichzeitiger Zerspanung und Zerschlagung, zum Bohren von Stein, Beton, etc.) (*f. - Werkz.*), trapano (elettrico) a percussione, perforatrice ad impulsi. **23 ~ bolzen** (Schlagstift, eines Geschützes) (*m. - Feuerwaffe*), percussore. **24 ~ brett** (Tatsche, Praker, Patsche) (*n. - Maur. - Werkz.*), battola. **25 ~ drehversuch** (*m. - Baukonstr.lehre*), prova di torsione ad urto, prova di torsione dinamica. **26 ~ druckversuch** (*m. - Baukonstr.lehre*), prova di compressione ad urto, prova di compressione dinamica. **27 ~ eisen** (*n. - Maur. - Werkz.*), scalpello. **28 ~ energie** (kinetische Energie) (*f. - Baukonstr.lehre*), energia d'urto. **29 ~ fallensteuerung** (Schlagauslösung) (*f. - Textilmasch.*), comando della battuta. **30 ~ feder** (Schlagbolzenfeder, eines Gewehrs z. B.) (*f. - Feuerwaffe*), molla del percussore. **31 ~ festigkeit** (Kerbschlagfestigkeit) (*f. - Baukonstr.lehre*), resilienza. **32 ~ festigkeit** (von Naturgestein z. B.) (*Technol.*), resistenza all'urto. **33 ~ fliesspressen** (von Zahnrädern z. B.) (*n. - mech. Technol.*), estrusione a percussione, stampaggio a percussione, stampaggio a pressione dinamica. **34 ~ flügel** (*m. - Flugw.*), ala battente. **35 ~ flügelflugzeug** (Schwingenflugzeug) (*n. - Flugw.*), ornitottero, alibattente. **36 ~ folgezeit** (Zeitdauer zwischen zwei Schlägen eines Hammers) (*f. - Schmieden*), cadenza di colpi, intervallo tra due colpi successivi. **37 ~ fräsen** (Fräsen mit einem nur einzähnigen Werkzeug, zum Formen) (*n. - Werkz.masch. bearb.*), fresatura tangenziale (con creatore ad un dente). **38 ~ gelenk** (der Blätter eines Hubschrubersrotors) (*n. - Flugw.*), snodo verticale. **39 ~ geschwindigkeit** (Geschwindigkeit des Schlagwerkzeuges) (*f. - Baukonstr. lehre*), velocità d'urto. **40 ~ härte** (*f. - Baukonstr. lehre*), siehe Stosshärte. **41 ~ haube** (für Pfähle) (*f. - Bauw.*), cappello, cappuccio (per battitura). **42 ~ kerbzähigkeit** (Kerbschlagzähigkeit) (*f. - Baukonstr.lehre*), resilienza. **43 ~ knickversuch** (*m. - Baukonstr.lehre*), prova di pressoflessione dinamica. **44 ~ kolben** (eines Drucklufthammers) (*m. - Masch.*), stantuffo mazza battente. **45 ~ länge** (Drall-Länge eines Kabels) (*f. - Elekt.*), passo di cordatura. **46 ~ leistung** (Produkt aus Schlagarbeit und Schlagzahl, eines Bohrhammers) (*f. - Bergbau*), potenza d'urto. **47 ~ loch** (einer Strassendecke) (*n. - Strasse*), buca. **48 ~ lot** (Hartlot, aus Kupfer und Zink bestehendes Lot) (*n. - mech. Technol.*), lega per brasatura forte. **49 ~ maschine** (Batteur, zum Auflösen und Reinigen der Baumwolle) (*f. - Textilmasch.*), battitoio. **50 ~ maschine** (zum Zusammendrehen der Litzen) (*Seilerei - Vorr.*), macchina per la commettitura, macchina per l'intrecciatura. **51 ~ messer** (zum Tangentialfräsen von Schneckenrädern) (*n. - Werkz.*), utensile (creatore) ad un dente, mandrino con dente creatore. **52 ~ mühle** (Schleudermühle) (*f. - Masch.*), molino ad urto. **53 ~ nase** (für Eintragen des Schusses) (*f. - Textilmasch.*), nasello percussore. **54 ~ nieten** (*n. - mech. Technol.*), chiodatura a percussione. **55 ~ nietmaschine** (*f. - Masch.*), chiodatrice a percussione. **56 ~ panzer** (Hochofensschutz gegen die Förderung der Gicht) (*m. - Metall.*), blindaggio protettivo contro gli urti. **57 ~ presse** (Kombination einer Presse mit einem Fallhammer) (*f. - Masch.*), pressa a percussione. **58 ~ pressen** (von Kunststoffen) (*n. - Technol.*), stampaggio per compressione dinamica. **59 ~ probe** (Versuchsstück) (*f. - Baukonstr.lehre*), provino per prove di resilienza. **60 ~ prüfgerät** (Charpy-Schlagwerk z. B.) (*n. - Ger.*), macchina per prove d'urto, macchina per prove di resilienza. **61 ~ richtung** (*f. - Seile*), direzione dell'avvolgimento. **62 ~ schatz** (Prägeschatz, Unterschied zwischen Nenn- und Metallwert einer Münze, abzüglich der Prägekosten) (*m. - finanz.*), sopravvalore (di coniatura). **63 ~ schere** (Guillotineschere) (*f. - Masch.*), cesoia a ghigliottina. **64 ~ schraube** (*f. - Mech.*), vite autofilettante. **65 ~ schrauber** (Elektro-Handschrauber) (*m. - Ger.*), avvitatrice ad impulsi, giraviti ad impulsi. **66 ~ seite** (Überliegen eines Schiffes nach einer Seite) (*f. - naut.*), sbandamento. **67 ~ stauchversuch** (Schlagdruckversuch) (*m. - Baukonstr.lehre*), prova di compressione dinamica, prova di compressione ad urto, prova di ricalcatura ad urto. **68 ~ stempel**

Schlägel

(zum Einprägen von Zeichen etc.) (*m.* - *Werkz.*), punzone. 69 ~ **stock** (*m.* - *Textilmasch.*), siehe Schlagarm. 70 ~ **strangpresse** (*f.* - *Masch.*), pressa per estrusione dinamica, macchina per estrusione dinamica. 71 ~ **taste** (mit Knie oder Ellbogen zu betätigen z. B., zum Stillsetzen einer Maschine im Notfall z. B.) (*f.* - *Werkz.masch.* - *etc.*), pulsante ad urto, pulsante di emergenza. 72 ~ **tür** (Drehflügeltür) (*f.* - *Bauw.*), porta a battenti. 73 ~ **ventil** (*n.* - *Leit.*), valvola a cerniera. 74 ~ **versuch** (Kerbschlagversuch) (*m.* - *Baukonstr.lehre*), prova di resilienza. 75 ~ **wasser** (Bilgewasser) (*n.* - *naut.*), acqua di sentina. 76 ~ **weite** (einer Zündkerze z. B.) (*f.* - *Elekt.*), distanza esplosiva, distanza interelettrodica. 77 ~ **welle** (Triebwelle, Unterwelle, einer Webmaschine) (*f.* - *Textilmasch.*), albero secondario, albero dei cuori, albero lancianavetta. 78 ~ **werk** (*n.* - *Metall.* - *Masch.*), impianto (di frantumazione) ad urto. 79 ~ **wetter** (*n.* - *Bergbau*), gas di miniera, « grisou ». 80 ~ **wetteranzeiger** (*m.* - *Instr.* - *Bergbau*), indicatore di grisou. 81 ~ **wetterschutz** (Explosionsschutz) (*m.* - *Elekt.*), protezione antideflagrante. 82 ~ **widerstand** (*m.* - *Baukonstr.lehre*), resistenza all'urto. 83 ~ **winkel** (des Rotors eines Hubschraubers) (*m.* - *Flugw.*), angolo di sbattimento. 84 ~ **wirkungsgrad** (bei Gesenkschmiedehammern, Verhältnis zwischen Umformenergie und Schlagenergie) (*m.* - *Schmieden*), rendimento dinamico. 85 ~ **zähigkeit** (vom ungekerbten Probekörper verbrauchte Schlagarbeit) (*f.* - *Baukonstr.lehre*), resilienza. 86 ~ **zahnfräsen** (Einzelzahnfräsen) (*n.* - *Werkz.masch.bearb.*), fresatura con fresa monodente. 87 ~ **zeile** (Überschrift) (*f.* - *Druck.*), titolo. 88 ~ **zerreissversuch** (*m.* - *Baukonstr.lehre*), prova di trazione ad urto, prova di trazione dinamica. 89 ~ **zünder** (*m.* - *Expl.*), spoletta a percussione. 90 Axial ~ (Planlaufabweichung, einer rotierenden Scheibe z. B.) (*Mech.* - *Fehler*), oscillazione assiale. 91 Axial ~ (Flattern eines Rades z. B.) (*Mech.* - *Fehler* - *etc.*), sfarfallamento. 92 **elektrischer** ~ (*Med.* - *Elekt.*), « elettroshock », scossa elettrica. 93 **Gleich** ~ (Langschlag) (*Seile*), avvolgimento parallelo. 94 **Hammer** ~ (eines Gesenkhammers z. B.) (*Masch.*), colpo di maglio. 95 **Hammer** ~ (eines Handhammers) (*Werkz.*), colpo di martello. 96 **Hammer** ~ (Zunder) (*Technol.*), scoria di battitura, ossido di battitura, scoria secca. 97 **Kreuz** ~ (*Seile*), avvolgimento incrociato. 98 **Radial** ~ (Rundlaufabweichung, einer rotierenden Scheibe z. B.) (*Mech.* - *Fehler*), oscillazione radiale.

Schlägel (Klöpfel) (*m.* - *Werkz.*), mazzuolo. 2 ~ (Hammer des Bergmannes) (*Bergbau* - *Werkz.*), mazza. 3 ~, siehe auch Schlegel.

Schlagen (*n.* - *Seilerei*), commettitura. 2 ~ (*Flugw.* - *Fehler*), scuotimento. 3 ~ (Schlagbewegung, des Rotors eines Hubschraubers) (*Flugw.*), sbattimento.

schlagen (*allg.*), battere. 2 ~ (Pfähle) (*Bauw.*), piantare, infiggere, battere. 3 ~ (eine Brücke) (*Bauw.*), gettare. 4 ~ (nicht im Mittelpunkt sein) (*Mech.* - *etc.*), essere eccentrico. 5 ~ (von Rädern, wenn die Radebene von der Drehebene abweicht) (*Fahrz.* - *etc.* - *Fehler*), sfarfallare, girare fuori piano. 6 ~ (mit Handhammer) (*Mech.* - *etc.*), martellare. 7 ~ (mit Maschinenhammer) (*Schmieden*), fucinare al maglio. 8 ~ (prägen, Münzen) (*mech. Technol.*), coniare. 9 ~ (*Seil*), commettere. 10 ~ (von Segeln) (*naut.*), fileggiare, sbattere. 11 ~ (fällen) (*allg.*), abbattere. 12 ~ (legen) (*allg.*), mettere. 13 ~ (zulegen) (*allg.*), aggiungere. 14 **nieder** ~ (das Verfahren einstellen) (*recht.*), sospendere. 15 **nieder** ~ (ausfällen) (*Chem.*), precipitare.

Schläger (*Textilmasch.*), siehe Schlagarm.
schlagfest (*Metall.*), resistente agli urti.
schlagfliesspressen (*mech. Technol.*), estrudere a percussione.
schlagfrei (ohne Ausmittigkeit) (*Mech.*), centrato. 2 ~ (Rad z. B., wenn di Radebene von der Drehebene nicht abweicht) (*Mech.* - *etc.*), complanare, ortoplanare.
schlagwettergeschützt (*Elekt.*), antideflagrante.
schlagwettersicher (schlagwettergeschützt) (*Elekt.*), antideflagrante.

Schlamm (*m.* - *allg.*), fango. 2 ~ (Schmierölschlamm z. B.) (*Mot.*), morchia. 3 ~ (Kesselschlamm) (*Kessel*), fango. 4 ~ **ablasshahn** (*m.* - *Kessel*), rubinetto scarico fanghi. 5 ~ **bad** (*n.* - *Med.*), bagno di fango, « fango ». 6 ~ **belebung** (Abwasserreinigungsverfahren) (*f.* - *Ing.b.*), attivazione di fanghi. 7 ~ **boden** (*m.* - *Bauw.* - *etc.*), terreno fangoso. 8 ~ **eimer** (Schlammfang, Schmutzfänger) (*m.* - *Strass.b.*), pozzetto di raccolta (del fango). 9 ~ **eindicker** (*m.* - *chem. Ind.*), addensatore per fanghi. 10 ~ **faulbehälter** (*m.* - *Bauw.*), digestore di fanghi, vasca per digestione del fango. 11 ~ **faulung** (*f.* - *Bauw.*), digestione del fango. 12 ~ **pumpe** (*f.* - *Masch.*), pompa per fango. 13 ~ **sammler** (*m.* - *Kessel*), collettore del fango. 14 ~ **scheider** (*m.* - *App.*), separatore di fanghi. 15 ~ **sprudel** (Schlammvulkan, Salse) (*m.* - *Geol.*), salsa, vulcano di fango. 16 ~ **trocknung** (*f.* - *Bauw.*), essiccamento del fango. 17 ~ **ventil** (*n.* - *Kessel*), valvola per lo scarico dei fanghi, valvola scaricatrice dei fanghi. 18 ~ **verbrennung** (*f.* - *Bauw.*), incenerimento dei fanghi. 19 ~ **vulkan** (Schlammsprudel, Salse) (*m.* - *Geol.*), salsa, vulcano di fango. 20 **aktivierter** ~ (*chem. Ind.* - *Ing.b.*), fango attivo.

Schlämmanstrich (Kalkmilch) (*m.* - *Maur.*), bianco, bianco di calce.
Schlämmapparat (Entschlämmungsapparat) (*m.* - *App.*), sfangatoio.
Schlämme (Schlempe, Schlämpe) (*f.* - *Bauw.*), malta liquida.
Schlämmen (Schlämmung, Entschlämmen) (*n.* - *allg.*), sfangamento. 2 ~ (von Erzen) (*Bergbau*), sfangamento, lavaggio. 3 ~ (Tünchen, von Wänden) (*n.* - *Maur.*), imbiancatura (a calce).
schlämmen (abschlammen) (*allg.*), sfangare. 2 ~ (eine Schicht auf einen Träger z. B.) (*Chem.* - *etc.*), depositare. 3 ~ (tünchen, mit Kalkmilch streichen) (*Maur.*), imbiancare, dare il bianco (di calce). 4 **auf** ~ (ein Pulver

in Wasser z. B.) (*Chem.*), sospendere, disperdere.
schlammig (*allg.*), fangoso.
Schlämmputz (*m. - Maur.*), bianco, bianco di calce.
Schlämmstoff (eines Formsandes) (*m. - Giess.*), argilloide.
Schlämpe (*f. - Bauw.*), siehe Schlämme.
Schlange (Schlangenrohr) (*f. - Leit.*), serpentino. 2 ~ (Schwankung der Währung) (*finanz.*), serpente. 3 ~ n·bohrer (*m. - Werkz.*), trivella ad elica, trivella a tortiglione. 4 ~ n·kühler (*m. - Ger.*), radiatore a serpentino, refrigeratore a serpentino. 5 Dampf ~ (*Dampfmasch. - etc.*), serpentino per vapore. 6 Heiz ~ (*Heizung*), serpentino di riscaldamento. 7 Kühl ~ (*chem. Ind. - etc.*), serpentino di raffreddamento. 8 Warte ~ (*Progr.*), coda di attesa.
Schlängelgraben (Oxydationsgraben, Abwasserreinigungsanlage) (*m. - Bauw.*), fossa di ossidazione.
Schlängelversuch (Z-Manöver, Zick-Zack-Test, zur Untersuchung der Steuereigenschaften von Schiffen) (*f. - naut.*), prova di manovrabilità a zig-zag.
schlank (*allg.*), snello, slanciato.
Schlankheit (Schlankheitsgrad, eines Stabes) (*f. - Baukonstr.lehre*), rapporto di snellezza, grado di snellezza. 2 ~ (*Aerodyn.*), finezza. 3 ~ s·verhältnis (*n. - Flugw. - naut.*), rapporto di finezza.
schlapp (*allg.*), siehe schlaff.
Schlauch (biegsames Rohr) (*m. - Leit.*), tubo flessibile. 2 ~ (Luftschlauch, eines Reifens) (*Aut. - etc.*), camera d'aria. 3 ~ (*Feuerwehr*), manichetta, naspo. 4 ~ (aus Kunststoff, Packstoff) (*chem. Ind.*), tubolare (soffiato). 5 ~ **bandförderer** (*m. - ind. Transp.*), trasportatore a tubo flessibile (mobile). 6 ~ **beutelverpackungsmaschine** (*f. - Masch.*), confezionatrice in sacchetti di tubolare soffiato. 7 ~ **binder** (Schlauchschelle) (*m. - Chem. - etc.*), fascetta per tubi flessibili, fascetta per tubi di gomma. 8 ~ **boot** (*n. - naut.*), canotto pneumatico, «gommone». 9 ~ **filter** (bei Trockenreinigung) (*m. - Ger.*), filtro a manica, tubo filtrante. 10 ~ **flicken** (*m. - Aut. - etc.*), toppa, pezza (per camera d'aria), rappezzo. 11 ~ **folie** (aus Kunststoff) (*f. - chem. Ind.*), film tubolare (soffiato). 12 ~ **folienreckung** (*f. - chem. Ind.*), stiro del film tubolare. 13 ~ **gerät** (Tauchgerät) (*n. - naut. - Ger.*), scafandro per medie profondità. 14 ~ **klemme** (*f. - Chem. - etc.*), pinza per tubi flessibili, pinza per tubi di gomma. 15 ~ **kupplung** (*f. - Leit.*), giunto per tubi flessibili. 16 ~ **maschine** (*f. - Textilmasch.*), macchina circolare. 17 ~ **maschine** (Strangpresse) (*Masch.*), macchina per l'estrusione di tubi. 18 ~ **mündung** (Trichtermündung, eines Flusses) (*f. - Geogr.*), estuario. 19 ~ **salat** (Reifenschaden, völlige Zerstörung der Karkasse und des Schlauches) (*m. - Aut.*), distruzione completa della camera d'aria (e della carcassa). 20 ~ **schelle** (Schlauchbinder) (*f. - Leit.*), fascetta per tubi flessibili. 21 ~ **verpackungsmaschine** (*f. - Ind.*), confezionatrice in tubolare (soffiato). 22 ~ **waage** (Nivelliergerät, aus zwei Glaszylindern durch einen Schlauch verbunden) (*f. - Ger.*), livella a tubo. 23 ~ **wagen** (*m. - Feuerwehr*), carrello portanaspi. 24 ~ **ware** (*f. - Textilind.*), tessuto tubolare. 25 Gummi ~ (*Leit.*), tubo flessibile di gomma. 26 Metall ~ (*Leit.*), tubo flessibile metallico, flessibile metallico.
schlauchen (in Schlauchen fördern) (*Leit. - Transp.*), convogliare con tubi flessibili.
schlauchlos (Reifen) (*Aut. - etc.*), senza camera d'aria.
Schlauder (Maueranker) (*f. - Bauw.*), chiave (da muro), catena. 2 ~ **kopf** (*m. - Bauw.*), testa di chiave.
schlaudern (mit Schlaudern befestigen) (*Bauw.*), ancorare con chiavi, ancorare con catene.
Schlaufe (Ring) (*f. - allg.*), anello. 2 ~ (Schlinge) (*allg.*), cappio. 3 ~ (Schleife) (*allg.*), ansa. 4 ~ (Öse) (*allg.*), occhiello. 5 ~ n·haken (Zwischenglied) (*m. - Hebevorr.*), gancio ausiliario, gancio da braga. 6 ~ n·probe (zur Prüfung gegen Spannungskorrosion) (*f. - mech. Technol.*), provino (precaricato) per tensocorrosione.
Schlechte (Spaltfläche in Steinkohlenflözen) (*f. - Bergbau*), piano di clivaggio.
Schlechtgrenze (Rückweisegrenze, bei Qualitätskontrolle) (*f. - mech. Technol.*), livello di rifiuto.
Schlechtläufer (leerer G-Wagen, bei Ablaufanlagen) (*m. - Eisenb.*), carro (merci) vuoto.
Schlechtwetter (*n. - Meteor.*), maltempo.
Schlechtzahl (Rückweisezahl, bei Qualitätskontrolle) (*f. - mech. Technol.*), numero di rifiuto.
Schlegel (Gerät zum Schlagen) (*m. - Ger.*), mazzuolo. 2 ~, siehe auch Schlägel. 3 Holz ~ (*Werkz.*), mazzuolo di legno. 4 Rohhaut ~ (*Werkz.*), mazzuolo di cuoio.
Schleichdrehzahl (*f. - elekt. Masch.*), velocità d'impuntamento.
Schleichen (in Induktionsmaschinen) (*n. - elekt. Masch.*), impuntamento.
schleichend (Verbrennung) (*Verbr.*), lento.
Schleichgang (niedrige Vorschubgeschwindigkeit zum Einfahren einer Position) (*m. - Werkz.masch.bearb.*), movimento lento, velocità micrometrica.
Schleichhandel (Schwarzhandel) (*m. - komm.*), commercio illegale, «mercato nero».
Schleichschaltung (*f. - Elekt. - etc.*), comando (avanzamento) lento.
Schleichstrom (vagabundierender Strom) (*m. - Elekt.*), corrente vagante.
Schleier (Gewebe) (*m. - Textilind.*), velo. 2 ~ (Schwärzung die ohne Belichtung auftret) (*Phot. - Opt.*), velo. 3 ~ (*Fernseh. - Fehler*), velo, velatura. 4 ~ (*Anstr.fehler*), annebbiamento, «velatura». 5 ~ **wert** (Mass·stab für den seitlich zerstreuten Anteil des durch transparente Kunststoffe gestrahltes Lichtes) (*m. - Opt.*), valore della dispersione laterale. 6 äquivalente ~ **leuchtdichte** (*Opt.*), luminanza di velo equivalente.
Schleifantenne (Schleppantenne) (*f. - Funk - Flugw.*), aereo filato.

Schleifaufmass (*n. - Werkz.masch.bearb.*), sovrametallo per la rettifica.
Schleifauslaufrille (beim Schleifen eines Bundlagerrückens z. B.) (*f. - Werkz.masch.bearb.*), gola per lo scarico della mola.
Schleifautomat (*m. - Werkz.masch.*), rettificatrice automatica.
Schleifband (*n. - Mech.*), nastro abrasivo.
Schleifblech (Verschleissblech) (*n. - Mech. - etc.*), piastra di usura.
Schleifbock (Schleifkopf) (*m. - Werkz.masch.*), testa portamola. 2 ~ (Schrupp-Schleifmaschine) (*Werkz.masch.*), rettificatrice per sgrossare. 3 ~ **schlitten** (*m. - Werkz.masch.*), slitta portamola.
Schleifbügel (eines Bügelstromabnehmers) (*m. - elekt. Fahrz.*), archetto di presa.
Schleifbürste (*f. - Elekt.*), spazzola.
Schleifdorn (*m. - Werkz.masch.*), mandrino portamola.
Schleifdrahtbrücke (Wheatstonesche Brücke) (*f. - Elekt.*), reocordo, ponte a filo.
Schleifdrahtwiderstand (Potentiometer) (*m. - Elekt. - Ger.*), potenziometro.
Schleife (Kehre bei Flüssen) (*f. - Geogr.*), ansa. 2 ~ (Schlinge, aus Schnur z. B.) (*allg.*), cappio. 3 ~ (beim Kunstfliegen) (*Flugw.*), gran volta. 4 ~ (Schlitzkurve) (*Masch.*), glifo. 5 ~ (Rutsche, für Baumstämme z. B.) (*allg.*), scivolo. 6 ~ (Schleppe) (*allg.*), siehe Schleppe. 7 ~ (Schleppnetz) (*Fischerei*), rete a strascico. 8 ~ (zweidrähtige Schaltung) (*Fernspr.*), doppino. 9 ~ (Reihe von Instruktionen die wiederholt ausgeführt werden) (*Rechner*), ciclo iterativo, ciclo di programma, ciclo di istruzioni. 10 ~ **fahren** (einseitiges Einfahren aus der gleichen Richtung) (*n. - NC - Werkz.masch.bearb.*), posizionamento unidirezionale. 11 ~ n·antenne (*f. - Funk.*), antenna a telaio. 12 ~ n·dämpfung (*f. - Fernspr.*), attenuazione di doppino. 13 ~ n·diagramm (Dauerfestigkeits-Schaubild) (*n. - mech. Technol.*), diagramma di fatica. 14 ~ n·flug (Schleife) (*m. - Flugw.*), gran volta. 15 ~ n·galvanometer (*n. - Elekt.*), galvanometro a doppino. 16 ~ n·kreuzung (*f. - Fernspr.*), trasposizione di coppie. 17 ~ n·linie (Lemniskate) (*f. - Geom.*), lemniscata. 18 ~ n·oszillograph (*m. - elekt. - Ger.*), oscillografo bifilare, oscillografo di Duddel. 19 ~ n·strom (*m. - Elekt.*), corrente di circuito. 20 ~ n·system (*n. - Fernspr.*), sistema a doppino, sistema bifilare. 21 ~ n·wicklung (*f. - Elekt.*), avvolgimento embricato. 22 ~ n·widerstand (*m. - Fernspr.*), resistenza del doppino. 23 Acker ~ (Ger. zum Ebnen des gepflügten Bodens) (*Landw. - Ger.*), livellatore snodato a strascico.
Schleifen (mit Schleifscheibe) (*n. - Werkz.masch.bearb.*), rettifica. 2 ~ (von Holz) (*Holzbearb.*), carteggiatura. 3 ~ (Schärfen) (*Werkz.*), affilatura. 4 ~ (von Guss-stücken) (*Giess.*), sbavatura con mola, molatura. 5 ~ (Polieren) (*Mech.*), lucidatura. 6 ~ (eines Druckgusses z. B.) (*Giess.*), limolatura. 7 ~ (von Leder) (*Lederind.*), smerigliatura, vellutatura. 8 ~ (Zerfaserung) (*Papierind.*), sfibratura. 9 Ansatz ~ (*Mech.*), rettifica di spallamenti. 10 Aussen ~ (*Werkz.masch. bearb.*), rettifica esterna. 11 Band ~ (*Mech.*), smerigliatura a nastro. 12 Diamant ~ (*Werkz.masch.bearb.*), rettifica a diamante. 13 Einstech ~ (bei dem die Schleifscheibe auf der ganzen Breite angreift und nur radial zugestellt wird) (*Mech.*), rettifica a tuffo, rettifica radiale, rettifica ad avanzamento radiale. 14 Feinzieh ~ (*Mech.*), microfinitura. 15 Flach ~ (Planschleifen) (*Werkz.masch.bearb.*), rettifica in piano. 16 Form ~ (Profilschleifen) (*Werkz.masch.bearb.*), rettifica con mola sagomata, rettifica di profili. 17 Freihand ~ (Schleifen von Hand) (*Mech.*), molatura a mano. 18 Gewinde ~ (*Werkz.masch.bearb.*), rettifica di filettature. 19 Grob ~ (*Werkz.masch.bearb.*), sgrossatura alla rettificatrice, rettifica di sgrosso. 20 Hochgeschwindigkeit ~ (*Werkz.masch.bearb.*), rettifica ad alta velocità. 21 Hohl ~ (*Werkz.masch.bearb.*), rettifica di superfici concave. 22 Innen ~ (*Werkz.masch.bearb.*), rettifica interna. 23 Integral ~ (Kombination von Grob- mit Fertigschleifen auf einer Maschine, mit einer Aufspannung mit demselben Schleifwerkzeug) (*Werkz.masch.bearb.*), rettifica integrale. 24 Konisch ~ (*Mech.*), rettifica conica. 25 Kopier ~ (Nachformschleifen) (*Werkz.masch.bearb.*), rettifica a riproduzione, rettifica a copiare. 26 Nachform ~ (Kopierschleifen) (*Werkz.masch.bearb.*), rettifica a riproduzione, rettifica a copiare. 27 Plan ~ (*Werkz.masch.bearb.*), rettifica in piano. 28 Profil ~ (*Werkz.masch.bearb.*), rettifica di profili, rettifica con mola sagomata. 29 Rund ~ (*Werkz.masch.bearb.*), rettifica in tondo. 30 Scharf ~ (Werkzeugschleifen) (*Werkz.masch.bearb.*), affilatura. 31 Seiten ~ (Stirnschleifen) (*Werkz.masch.bearb.*), rettifica frontale. 32 spitzenloses ~ (*Werkz.masch.bearb.*), rettifica senza centri. 33 Trenn ~ (*Werkz.masch.bearb.*), troncatura alla mola. 34 Trocken ~ (*Werkz.masch.bearb.*), rettifica a secco. 35 Werkzeug ~ (Scharfschleifen) (*Werkz.masch.bearb.*), affilatura di utensili.
schleifen (auf Schleifmasch.) (*Werkz.masch.bearb.*), rettificare. 2 ~ (schärfen) (*Mech.*), affilare. 3 ~ (glätten durch Reiben) (*Mech.*), smerigliare. 4 ~ (Holz) (*Holzbearb.*), carteggiare. 5 ~ (kurzschliessen) (*Fernspr.*), mettere in corto circuito. 6 ~ (Glas) (*Glasind.*), molare. 7 ~ (polieren) (*Mech.*), lucidare. 8 ~ (eine Leitung) (*Fernspr.*), collegare a doppino. 9 ~ (schleppen) (*allg.*), trascinare. 10 ~ (abtragen) (*Bauw.*), demolire. 11 ~ (schlittern) (*allg.*), slittare, scivolare. 12 auf Mass ~ (*Mech.*), rettificare a misura. 13 aussen ~ (*Werkz.masch.bearb.*), rettificare esterni. 14 band ~ (*Mech.*), smerigliare a nastro. 15 drallfrei ~ (schleifen ohne Vorschub, ausfunken) (*Werkz.masch.bearb.*), lasciare morire la mola sul pezzo. 16 fein ~ (*Mech.*), levigare, lucidare. 17 flach ~ (*Werkz.masch.bearb.*), rettificare in piano, rettificare superfici piane. 18 form ~ (*Werkz.masch.bearb.*), rettificare a profilo. 19 genau ~ (*Mech.*), rettificare di precisione. 20 gewinde ~ (*Werkz.masch.bearb.*), rettificare filettature. 21 grob ~ (*Werkz.masch.bearb.*), sgrossare alla rettificatrice. 22 hinter ~ (*Mech.*), spogliare

alla mola, rettificare a spoglia. **23 hohl** ~ (*Werkz.masch.bearb.*), rettificare concavo, rettificare superfici concave. **24 innen** ~ (*Werkz. masch.bearb.*), rettificare interni. **25 kopier** ~ (nachformschleifen) (*Werkz.masch.bearb.*), rettificare a riproduzione. **26 plan** ~ (*Werkz. masch.bearb.*), rettificare in piano. **27 rund** ~ (*Werkz.masch.bearb.*), rettificare in tondo. **28 scharf** ~ (*Werkz.masch.bearb.*), affilare. **29 spitzenlos** ~ (*Werkz.masch.bearb.*), rettificare senza centri. **30 trenn** ~ (*Werkz. masch.bearb.*), troncare alla mola. **31 trocken** ~ (*Werkz.masch.bearb.*), rettificare a secco.

Schleifer (Metallschleifer) (*m. - Arb. - Werkz. masch.*), rettificatore. **2** ~ (Schärfer, von Messern) (*Arb.*), arrotino. **3** ~ (Läufer) (*Ger. - etc.*), cursore. **4** ~ **anschlag** (*m. - Ger.*), scontro del cursore, arresto del cursore. **5** Holz ~ (*Papierind. - Masch.*), sfibratore.

Schleiferei (*f. - Ind. - Mech.*), reparto rettificatrici.

Schleiffeder (der Schleifbürste) (*f. - Elekt.*), molla della spazzola.

Schleiffeile (*f. - Werkz.*), lima abrasiva.

schleiffest (durchgetrocknet, Lack) (*Anstr.*), indurito.

Schleiffläche (einer Schleifscheibe, arbeitende Fläche) (*f. - Werkz.*), superficie attiva (della mola).

Schleifflüssigkeit (*chem. Ind. - Werkz.masch. bearb.*), fluido per rettifica.

Schleiffunke (*f. - Mech.*), scintilla di rettifica.

Schleifgrund (Anstrichschicht) (*m. - Anstr.*), isolante, isolatore (carteggiabile a secco).

Schleifhaut (Schicht an Werkstückoberfläche mit verringerter Härte durch Schleifen) (*f. - Mech.*), strato superficiale stemprato della rettifica.

Schleifindustrie (Schleifmittelindustrie) (*f. - Ind.*), industria degli abrasivi.

Schleifkohle (*f. - Elekt.*), spazzola di carbone.

Schleifkontakt (*m. - Elekt.*), contatto strisciante.

Schleifkopf (*m. - Werkz.masch.*), testa portamola.

Schleifkorb (Trage für den Verletztentransport) (*m. - Bergbau*), tipo di barella.

Schleifkorn (*n. - Mech.*), grano abrasivo.

Schleifkörper (*m. - pl. - Mech.*), abrasivi.

Schleifkugel (*f. - Druck.*), sfera abrasiva.

Schleifkurve (Steuerkurve) (*f. - Werkz.masch.*), camma per la rettifica.

Schleiflack (*m. - Anstr.*), vernice carteggiabile, vernice a pulimento, vernice a lisciare. **2** ~ **ausführung** (*f. - Anstr.*), finitura a pelle d'ovo.

Schleifleinen (*n. - Mech. - etc.*), tela smeriglio, tela abrasiva.

Schleifleitung (*f. - Elekt.*), linea di contatto.

Schleifmarke (*f. - Mech. - Fehler*), segno di rettifica.

Schleifmaschine (für Metallbearbeitung) (*f. - Werkz.masch.*), rettificatrice. **2** ~ (Holzbearb.masch.), carteggiatrice, smerigliatrice. **3** ~ (für Leder) (*Lederind. - Masch.*), macchina per smerigliare, vellutatrice. **4** ~ **mit biegsamer Welle** (*Werkz.masch.*), molatrice con albero flessibile. **5 Aussen**- ~ (*Werkz.masch.*), rettificatrice in tondo per esterni. **6 Aussen** ~ (*Werkz. masch.*), rettificatrice per esterni. **7 Flächen** ~ (Planschleifmaschine, Flachschleifmaschine) (*Werkz.masch.*), rettificatrice in piano, rettificatrice per superfici piane. **8 Flach** ~ (Planschleifmaschine, Flächenschleifmaschine) (*Werkz.masch.*), rettificatrice in piano, rettificatrice per superfici piane. **9 Form** ~ (Profilschleifmaschine) (*Werkz.masch.*), rettificatrice per sagomare, rettificatrice a profilo. **10 Horizontal** ~ (Waagerechtschleifmaschine) (*Werkz.masch.*), rettificatrice orizzontale. **11 Innen-Rund-** ~ (*Werkz.masch.*), rettificatrice in tondo per interni. **12 Innen** ~ (*Werkz.masch.*), rettificatrice per interni. **13 Koordinaten** ~ (*Werkz.masch.*), rettificatrice a coordinate. **14 Kopier** ~ (Nachformschleifmaschine) (*Werkz.masch.*), rettificatrice a riproduzione. **15 Nachform** ~ (Kopierschleifmaschine) (*Werkz.masch.*), rettificatrice a riproduzione. **16 Plan** ~ (Flächenschleifmaschine, Flachschleifmaschine) (*Werkz. masch.*), rettificatrice in piano, rettificatrice per superfici piane. **17 Profil** ~ (*Werkz. masch.*), rettificatrice a profilo, rettificatrice per sagomare. **18 Rund** ~ (*Werkz.masch.*), rettificatrice in tondo. **19 Senkrecht** ~ (Vertikalschleifmaschine) (*Werkz.masch.*), rettificatrice verticale. **20 spitzenlose** ~ (*Werkz. masch.*), rettificatrice senza centri. **21 Ventilsitz** ~ (*Masch.*), smerigliatrice per sedi valvole. **22 Vertikal** ~ (Senkrechtschleifmaschine) (*Werkz.masch.*), rettificatrice verticale. **23 Waagerecht** ~ (*Werkz.masch.*), rettificatrice orizzontale. **24 Zahnflanken** ~ (*Werkz. masch.*), rettificatrice per ruote dentate, rettificatrice per ingranaggi.

Schleifmittel (*n. - Mech. - etc.*), abrasivo (*s.*).

Schleifpapier (*n. - Mech. - etc.*), carta abrasiva.

Schleifpaste (*f. - Mech.*), pasta abrasiva, spoltiglio.

Schleifpulver (*n. - Mech.*), polvere abrasiva.

Schleifputzen (Putzschleifen) (*n. - Mech.*), *siehe* Putzen.

Schleifriefe (*f. - Mech. - Fehler*), solco di rettifica, segno di rettifica, rigatura di rettifica.

Schleifring (Ring, auf dem die Bürsten schleifen) (*m. - elekt. Masch.*), anello collettore. **2** ~ (Schleifzylinder) (*Werkz.*), mola ad anello. **3** ~ **läufermotor** (*m. - Elektromot.*), motore a collettore.

Schleifriss (*m. - mech. Technol.*), incrinatura da rettifica.

Schleifrolle (*f. - Werkz.*), mola a rullo.

Schleifsalz (Kaliumchromat z. B. in Wasser) (*n. - Werkz.masch.bearb.*), sale per rettifica.

Schleifscheibe (*f. - Werkz.*), mola. **2** ~ (beim spitzenlosen Schleifen) (*n. - Werkz. masch.bearb.*), mola operatrice. **3** ~ (*Werkz.*), *siehe auch* Scheibe. **4** ~ **n·abrichtvorrichtung** (*f. - Mech.*), dispositivo per la ripassatura di mole, ravvivamole. **5** ~ **n·aufnahmekörper** (Schleifscheibenträger) (*m. - Werkz. masch.bearb.*), supporto dalla mola. **6** ~ **n·dorn** (zum Auswuchten) (*m. - Mech.*), mandrino per bilanciare mole. **7** ~ **n·profiliereinrichtung** (*f. - Mech.*), profilatore per mole,

Schleifschlitten

dispositivo per profilare mole. 8 ~ n-spindel (Schleifspindel) (*f. - Werkz.masch.*), mandrino portamola. 9 gerade ~ (*Werkz.*), mola piana a disco. 10 gerade Topf ~ (*Werkz.*), mola a tazza cilindrica. 11 kegelige Topf ~ (*Werkz.*), mola a tazza conica. 12 keramisch gebundene ~ (*Werkz.*), mola con agglomerante ceramico, mola con legante ceramico. 13 kunstharzgebundene ~ (*Werkz.*), mola con agglomerante resinoide, mola con legante resinoide. 14 Sägen ~ (*Werkz.*), mola per affilare seghe. 15 Teller ~ (*Werkz.*), mola a piatto. 16 Trenn ~ (*Werkz.*), mola per troncare.

Schleifschlitten (einer Schleifmaschine) (*m. - Werkz.masch.*), slitta portamola.

Schleifschnecke (Werkz. zum Schleifen von Zahnrädern) (*f. - Werkz.*), mola sagomata a vite.

Schleifschuh (*m. - Elekt.*), pattino.

Schleifschwamm (für hohle und gekrümmte Flächen) (*m. - Werkz.*), spugna abrasiva.

Schleifsegment (*n. - Mech. - Werkz.*), segmento abrasivo.

Schleifsel (Abfall beim Schleifen) (*n. - Werkz. masch.bearb.*), pulviscolo di rettifica.

Schleifspindel (Schleifscheibenspindel) (*f. - Mech.*), fuso portamola, mandrino portamola. 2 ~ stock (*m. - Werkz.masch.*), testa portamola.

Schleifstaub (Schleifsel) (*m. - Werkz.masch. bearb.*), pulviscolo di rettifica.

Schleifstein (Wetzstein) (*m. - Werkz.*), cote.

Schleiftasse (Topfscheibe) (*f. - Werkz.*), mola a tazza.

Schleiftopf (Topfschleifscheibe) (*m. - Werkz.*), mola a tazza.

Schleifversuch (*m. - mech. Technol. - etc.*), prova di abrasione.

Schleifweichhaut (durch Schleiferwärmung) (*f. - Werkz.masch.bearb.*), addolcimento superficiale da rettifica.

Schleifzugabe (*f. - Werkz.masch.bearb.*), sovrametallo per la rettifica.

Schleimbeutelentzündung (Berufskrankheit) (*f. - Med. - Arb.*), borsite.

Schleimhaut (*f. - Med.*), mucosa.

Schleimsäure ($C_6H_{10}O_8$) (eine Dikarbonsäure) (*f. - Chem.*), acido mucico.

Schleissblech (Verschleissblech) (*n. - Mech. - etc.*), piastra di usura.

Schleisse (*f. - allg.*), scheggia.

Schleisseinlage (Schleissplatte, in Fördermitteln) (*f. - Bergbau*), piastra di usura.

Schleisshärte (Bohrbarkeit eines Stoffes, Widerstand gegen das Eindringen einer Bohrschneide als Verschleiss der Schneide gemessen) (*f. - Bergbau*), trivellabilità.

schlemmen (mit Wasser sättigen) (*allg.*), impregnare, saturare (con acqua).

Schlempe (Rückstand der Alkoholdestillation) (*f. - chem. Ind.*), residuo (di distillazione). 2 ~ (*Bauw.*), siehe auch Schlämme.

Schleppachse (*f. - Fahrz.*), assale portante, assale non motore, assile.

Schleppanode (Schutz gegen Seewasserkorrosion) (*f. - naut.*), anodo rimorchiato, anodo a rimorchio.

Schleppantenne (*f. - Funk. - Flugw.*), aereo filato.

Schleppbahn (Rampe) (*f. - Transp.*), piano inclinato, rampa.

Schleppbehälter (für Schleppversuche an Modellen) (*m. - naut. - Flugw.*), vasca per prove a rimorchio.

Schleppdach (*n. - Bauw.*), siehe Pultdach.

Schleppdampfer (*m. - naut.*), rimorchiatore (a vapore).

Schleppe (Schlepp [*m.*]) (*f. - Fahrz. - naut.*), siehe Schlepper. 2 ~ (Gerät zum Zeichnen der Schleppkurve) (*Zeichn. - Ger.*), strumento per la tracciatura di trattrici, strumento per la tracciatura di curve equitangenti. 3 ~ (Gerät zum Glätten und Krümeln des Ackerbodens) (*Landw.ger.*), livellatore snodato a strascico.

Schleppeinrichtung (*f. - Fahrz.*), dispositivo di traino, gancio di traino. 2 ~ (*naut.*), dispositivo per rimorchiare.

Schleppen (*n. - naut.*), rimorchio. 2 ~ (*Fahrz.*), traino.

schleppen (*Fahrz.*), trainare, rimorchiare. 2 ~ (*naut.*), rimorchiare. 3 ~ (das Netz) (*Fischerei*), trainare. 4 ab ~ (ein beschädigtes Fahrz. z. B.) (*Fahrz.*), rimorchiare via. 5 aus ~ (*naut.*), rimorchiare fuori dal porto, rimorchiare in uscita. 6 ein ~ (*naut.*), rimorchiare in porto, rimorchiare in entrata.

schleppend (langsam) (*allg.*), lento. 2 ~ (Regler, empfindlicharm) (*Elektromech. etc.*), poco sensibile. 3 ~ (Absatz) (*komm.*), stentato. 4 ~ (Gang) (*allg.*), strascicato. 5 ~ (Redeweise) (*allg.*), strascicato.

Schlepper (Zugmaschine, Traktor) (*m. - Fahrz.*), trattore, trattrice. 2 ~ (*naut.*), rimorchiatore. 3 ~ (beim Walzen von Blechen z. B.) (*Walzw. - Metall.*), trasferitore. 4 ~ (Schleppnetz) (*Fischerei*), rete a strascico. 5 ~ (Pinsel) (*Werkz.*), pennellessa. 6 ~ führer (*m. - Arb.*), trattorista. 7 ~ pflug (*m. - Landw. masch.*), aratro da rimorchio. 8 ~ wagen (beim Drahtziehen) (*m. - mech. Technol.*), carrello di trazione. 9 ~ zugvorrichtung (*f. - Fahrz.*), gancio di traino, dispositivo di traino. 10 Acker ~ (*Fahrz.*), trattore agricolo, trattrice agricola. 11 Bergungs ~ (*naut.*), rimorchiatore per ricuperi. 12 Hafen ~ (*naut.*), rimorchiatore di porto. 13 Hochsee ~ (*naut.*), rimorchiatore d'alto mare. 14 Kanal ~ (*naut.*), rimorchiatore fluviale. 15 Rad ~ (*Fahrz.*), trattore a ruote. 16 Raupen ~ (*Fahrz.*), trattore a cingoli, trattore cingolato. 17 Sattel ~ (Aufsattler) (*Fahrz.*), motrice per semirimorchio. 18 Schub ~ (*naut.*), spintore, « rimorchiatore a spinta ».

Schleppfahrt (*f. - naut.*), navigazione a rimorchio. 2 ~ (eines Fischbootes) (*naut.*), navigazione con lo strascico.

Schleppfehler (bei Folgeregelkreisen, Nacheilen des Lage-Istwertes gegenüber dem Lage-Sollwert) (*m. - NC - Werkz.masch. bearb.*), ritardo di posizionamento.

Schleppflug (*m. - Flugw.*), volo rimorchiato.

Schlepphaken (*m. - naut.*), gancio per rimorchio.

Schleppkabel (*n. - Fahrz.*), cavo da rimorchio, cavo di traino.

Schleppkahn (*m. - naut.*), chiatta rimorchiata.
Schleppkanal (für Schleppversuche) (*m. - naut.*), canale per prove a rimorchio.
Schleppkette (Energieführungskette, für Leitungen, Kabel, etc.) (*f. - Leit.*), catena portacavi.
Schleppkontakt (eines Relais) (*m. - Elekt.*), contatto trascinato.
Schleppkraft (Schleppspannung, die eine Bewegung von Geschiebe verursacht z. B.) (*f. - Hydr. - etc.*), forza di trascinamento.
Schleppkurve (Traktrix) (*f. - Geom.*), trattrice, curva equitangente. 2 ~ (Traktrix, vom Hinterrad befahrene Bogenlinie) (*f. - Fahrz.*), trattrice.
Schlepplaterne (*f. - naut.*), fanale di rimorchio.
Schleppleine (*f. - naut.*), fune da rimorchio, cavo da rimorchio.
Schleppleitungen (für Antriebmotoren z. B., die auf den Tischen der Vorschubeinheiten einer Transferstrasse montiert sind) (*f. - pl. - Elekt. - Werkz.masch.*), cavo di accompagnamento.
Schlepplift (Skilift) (*m. - Transp.*), sciovia ad aggancio e trascinamento.
Schlepplohn (*m. - naut.*), spese di rimorchio.
Schleppnetz (*n. - Fischerei*), rete a strascico. 2 ~ fischerei (*f. - Fischerei*), pesca a strascico.
Schleppsack (für Flakfeuer) (*m. - Flugw.*), manica rimorchiata.
Schleppschaufel (*f. - Erdbew.masch.*), benna trascinata, benna a strascico. 2 ~ bagger (*m. - Erdbew.masch.*), escavatore a benna trascinata, escavatore con benna a strascico.
Schleppschiffahrt (*f. - naut.*), navigazione a rimorchio.
Schleppseil (*n. - Aut.*), cavo da rimorchio. 2 ~ (für Freiballon) (*Flugw.*), cavo guida, cavo moderatore. 3 ins ~ nehmen (*Fahrz.*), prendere a rimorchio, rimorchiare.
Schleppspannung (*f. - Hydr.*), siehe Schleppkraft.
Schlepptau (*n. - naut.*), cavo da rimorchio. 2 ~ (eines Luftschiffes) (*Flugw.*), cavo di guida, cavo moderatore.
Schlepptender (Tender) (*m. - Eisenb.*), carro scorta, « tender ». 2 ~ lokomotive (*f. - Eisenb.*), locomotiva con tender.
Schleppversuch (Modellversuch) (*m. - naut.*), prova a rimorchio. 2 ~ s·anstalt (für Modellversuche) (*f. - naut.*), vasca per prove a rimorchio.
Schleppwagen (für Wasserflugzeuge) (*m. - Flugw.*), carrello di alaggio. 2 ~ (beim Drahtziehen z. B.) (*mech. Technol.*), carrello di trazione. 3 ~ (zum Schleppen der Modelle bei Schleppversuchen) (*naut.*), carrello per il rimorchio, carrello rimorchiatore.
Schleppwalze (nicht angetriebene Walze) (*f. - Walzw.*), cilindro condotto, cilindro trascinato.
Schleppwiderstand (*m. - naut. - etc.*), resistenza al rimorchio.
Schleppzange (für Drahtziehen) (*f. - Werkz.*), tenaglia tirafilo, pinza di tiro, tenaglia a rana. 2 ~ n·ziehbank (*f. - mech. Technol.*), banco di trafilatura, trafilatrice (a pinza traente).
Schleppzug (*m. - Fahrz.*), convoglio stradale, treno stradale. 2 ~ (*naut.*), convoglio di imbarcazioni rimorchiate.
Schleuder (Zentrifuge) (*f. - Masch.*), centrifuga. 2 ~ (zum Trennen von Wasser durch Fliehkraft) (*Masch.*), idroestrattore (centrifugo). 3 ~ (Katapult) (*Flugw. - etc.*), catapulta. 4 ~ (Schneefräse) (*Masch.*), sgombraneve centrifuga. 5 ~ band (eines Förderers) (*n. - ind. Transp.*), nastro di lancio. 6 ~ beton (*m. - Bauw.*), calcestruzzo centrifugato. 7 ~ betonmast (Betonschleudermast) (*m. - Bauw.*) palo di cemento armato centrifugato. 8 ~ drehzahl (einer Turbine z. B.) (*f. - Masch.*), velocità di fuga, velocità di centrifugazione. 9 ~ gebläse (Zentrifugalgebläse) (*n. - Masch.*), compressore centrifugo. 10 ~ gefahr (Verkehrszeichen) (*n. - Strass.ver.*), strada sdrucciolevole. 11 ~ giesserei (*f. - Giess.*), colata centrifuga, fusione centrifuga. 12 ~ giessmaschine (*f. - Giess.masch.*), macchina per getti centrifugati, macchina per colata centrifuga. 13 ~ grube (für Schleuderversuche) (*f. - Mech.*), fossa per prove di centrifugazione, pozzo per prove di centrifugazione. 14 ~ guss (Zentrifugalguss, Gussverfahren) (*m. - Giess.*), colata centrifuga, fusione centrifuga. 15 ~ guss (Guss·stück) (*Giess.*), getto centrifugato, getto ottenuto per centrifugazione. 16 ~ gussrohr (*n. - Giess.*), tubo centrifugato, tubo colato per centrifugazione. 17 ~ kraft (Fliehkraft) (*f. - Mech.*), forza centrifuga. 18 ~ lackierung (*f. - Anstr.*), verniciatura a centrifugazione. 19 ~ lader (für Verbrennungsmotoren z. B.) (*m. - Masch.*), compressore centrifugo. 20 ~ luftfilter (Wirbelluftfilter) (*m. - Aut. - Mot.*), filtro dell'aria centrifugo. 21 ~ maschine (Schleuder, Wäscheschleuder z. B.) (*f. - Masch.*), centrifuga. 22 ~ maschine (Schleuderformmaschine, Sandslinger) (*Giess.masch.*), macchina lanciaterra (per formare), formatrice lanciaterra. 23 ~ mast (*m. - Bauw.*), palo centrifugato. 24 ~ mühle (*f. - Masch.*), mulino centrifugo. 25 ~ preis (*m. - komm.*), prezzo sotto costo. 26 ~ prüfstand (*m. - Ger.*), banco per prove di centrifugazione, banco di lancio. 27 ~ pumpe (Kreiselpumpe) (*f. - Masch.*), pompa centrifuga. 28 ~ ring (zur Schmierung) (*m. - Mech.*), anello per lubrificazione centrifuga. 29 ~ roder (*m. - Landw.masch.*), raccoglitore centrifugo. 30 ~ schmierung (*f. - Masch.*), lubrificazione a sbattimento, lubrificazione centrifuga. 31 ~ sichter (*m. - Ger.*), separatore centrifugo, ciclone separatore. 32 ~ sieb (*n. - Ger.*), vaglio centrifugo. 33 ~ sitz (*m. - Flugw.*), sedile eiettabile. 34 ~ stand (zur Prüfung der Schleuderdrehzahl) (*m. - Masch.*), banco per prove di centrifugazione, banco (per camera) di lancio. 35 ~ start (*m. - Flugw.*), decollo catapultato. 36 ~ strahlen (*n. - mech. Technol.*), granigliatura centrifuga. 37 ~ thermometer (zum Messen der relativen Luftfeuchtigkeit, Psychrometer) (*n. - Ger.*), psicrometro. 38 ~ trockner (*m. - Masch.*), idroe-

Schleuderer

strattore centrifugo. 39 ~ **trommel** (Zentrifugentrommel) (*f. - Masch.*), paniere di centrifuga. 40 ~ **versuch** (einer Turbinenscheibe z. B.) (*m. - Mech.*), prova di centrifugazione. 41 ~ **ware** (*f. - komm.*), merce venduta sotto costo. 42 **Milch** ~ (*Masch.*), scrematrice centrifuga. 43 **Wäsche** ~ (*Masch.*), centrifuga per biancheria.

Schleuderer (unordentlicher Arbeiter) (*m. - Arb.*), lavoratore irregolare.

schleuderfest (rutschfest, Strasse, Reifen, etc.) (*Aut.*), antisdrucciolevole.

Schleudern (Wurf) (*n. - allg.*), lancio, proiezione. 2 ~ (Zentrifugieren) (*Ind.*), centrifugazione. 3 ~ (Abgleiten mit den Hinterrädern seitlich) (*Aut.*), sbandata, slittamento. 4 ~ (Schwingung eines Kraftfahrzeuges um seine senkrechte Achse) (*Aut. - Fehler*), imbardata, oscillazione attorno all'asse baricentrico normale. 5 ~ (Rutschen der Antriebsräder auf den Schienen, wenn die Reibung zu gering ist) (*Eisenb.*), slittamento. 6 ~ (zur Herstellung von Rohren z. B.) (*Giess. - Bauw.*), centrifugazione, colata centrifuga, fusione centrifuga. 7 ~ (*komm.*), vendita sotto costo. 8 ~ (Wasserabscheidung) (*Ind.*), idroestrazione.

schleudern (werfen) (*allg.*), lanciare, proiettare. 2 ~ (zentrifugieren) (*Ind. - Giess.*), centrifugare. 3 ~ (mit den Hinterrädern seitlich abgleiten) (*Aut.*), sbandare, slittare. 4 ~ (ins Schlendern kommen, schwingen) (*Aut. - Fehler*), imbardare, oscillare attorno all'asse baricentrico normale. 5 ~ (rutschen, der Antriebsräder, wenn die Reibung zu gering ist) (*Eisenb.*), slittare. 6 ~ (katapultieren) (*Flugw. - etc.*), catapultare. 7 ~ (verschleudern) (*komm.*), vendere sotto costo.

Schleuse (zum Übergang von Schiffen zwischen Gewässerabschnitten verschiedener Höhe) (*f. - naut. - Navig.*), chiusa (di navigazione), conca. 2 ~ (zum Stauen eines Wasserstroms) (*Hydr.*), chiusa, paratoia, traversa, diga. 3 ~ (Gully) (*Bauw.*), fogna. 4 ~ n·deckel (*m. - Strass.b.*), chiusino, tombino. 5 ~ n·fall (Schleusenhöhe) (*m. - naut. - Navig.*), dislivello della chiusa. 6 ~ n·Füll- und Leervorgang (*m. - Navig.*), concata. 7 ~ n·füllzeit (*f. - Navig.*), tempo di riempimento della chiusa. 8 ~ n·gas (*n. - Bauw.*), gas di fogna. 9 ~ n·hafen (Dockhafen) (*m. - naut.*), porto chiuso, porto a livello quasi costante, porto con chiusa. 10 ~ n·häupter (*n. - pl. - Navig.*), muri di testata della conca. 11 ~ n·kammer (*f. - naut. - Navig.*), conca, bacino. 12 ~ n·leistung (in einem Jahr geschleuste Ladungstonnen) (*f. - Navig.*), tonnellaggio annuo transitato nella chiusa. 13 ~ n·schacht (*m. - Bauw. - Strass.b.*), pozzetto di scarico. 14 ~ **spannung** (der Kennlinie eines Gleichrichters) (*f. - Elektronik*), tensione di soglia. 15 ~ n·tor (*n. - naut. - Navig.*), porta della chiusa. 16 ~ n·treppe (*f. - naut. - Navig.*), catena di chiuse. 17 **Bewässerungs** ~ (*Hydr.*), chiusa di irrigazione, traversa per irrigazione. 18 **Dock** ~ (*naut.*), chiusa di bacino. 19 **Kammer** ~ (*naut. - Navig.*), chiusa di navigazione, chiusa a conche. 20 **Kuppel** ~ (*naut. - Navig.*), conche in serie. 21 **Luft** ~ (*Ger.*), serranda dell'aria. 22 **Schacht** ~ (*naut. - Navig.*), chiusa a pozzo, conca a pozzo. 23 **Schiffs** ~ (*naut. - Navig.*), conca. 24 **Schleppzugs** ~ (*naut. - Navig.*), chiusa per convogli. 25 **Spar** ~ (*naut. - Navig.*), conca con bacini di risparmio, chiusa con bacini di risparmio. 26 **Stau** ~ (*Hydr.*), chiusa, paratoia.

schleusen (durchschleusen, ein Schiff durch Schleusen bringen) (*naut. - Navig.*), far passare una chiusa. 2 ~ (einschleusen) (*naut. - Navig.*), introdurre in una chiusa, far entrare in una chiusa. 3 ~ (ausschleusen) (*naut. - Navig.*), far uscire da una chiusa.

Schlich (Schlamm) (*m. - allg.*), siehe Schlamm. 2 ~ (Erzeugnis der nassen Erzaufbereitung) (*Metall. - Bergbau*), fango, prodotto della concentrazione per via umida. 3 ~ (Erzschlich) (*Bergbau*), minerale minuto.

schlicht (glatt) (*allg.*), liscio, lucido. 2 ~ (einfach) (*allg.*), semplice. 3 ~ **drehen** (*Werkz.masch.bearb.*), finire al tornio, tornire fino. 4 ~ **e Funktion** (*Math.*), funzione semplice. 5 ~ **e Strömung** (*Mech. der Füss.k.*), corrente laminare. 6 ~ **hobeln** (*Holzbearb.*), lisciare con la pialla.

Schlichtarbeit (Fertigen) (*f. - Mech.*), finitura.

Schlichtbank (Drehbank) (*f. - Werkz.masch.*), tornio finitore.

Schlichtdrehstahl (*m. - Werkz.*), utensile da tornio finitore.

Schlichtdurchgang (*m. - Werkz.masch.bearb.*), passata di finitura.

Schlichte (Schwärze, für Formen) (*f. - Giess.*), nero di fonderia, vernice. 2 ~ (Feinputz) (*Maur.*), stabilitura, velo, intonaco civile. 3 ~ (wässrige Stärkelösung) (*Textilind.*), bozzima.

Schlichteisen (Schaber) (*n. - Werkz.*), raschietto.

Schlichtelektrode (bei Elektroerosion) (*f. - Technol.*), elettrodo finitore.

Schlichten (Läppen) (*n. - Werkz.masch.bearb.*), lappatura. 2 ~ (Fertigen) (*Werkz.masch.bearb.*), finitura. 3 ~ (von Formen) (*Giess.*), verniciatura. 4 ~ (Glätten) (*Textilind.*), imbozzimatura.

schlichten (läppen) (*Werkz.masch.bearb.*), lappare. 2 ~ (fertigen) (*Werkz.masch.bearb.*), finire. 3 ~ (glätten) (*Textilind.*), imbozzimare. 4 ~ (schwärzen) (*Giess.*), dare il nero, verniciare. 5 ~ (eben machen) (*allg.*), spianare. 6 ~ (beilegen) (*Arb. - recht.*), comporre, conciliare. 7 ~ (*Lederind.*), lisciare.

Schlichter (*m. - Arb.*), imbozzimatore.

Schlichterodieren (*n. - Mech.*), elettroerosione di finitura.

Schlichtfräser (*m. - Werkz.*), fresa finitrice. 2 ~ (Wälzfräser) (*Werkz.*), creatore finitore, creatore per finitura.

Schlichtgleitsitz (SG) (*m. - Mech.*), accoppiamento medio di scorrimento.

Schlichthammer (*m. - Werkz.*), martello per spianare.

Schlichthobel (zum sauberen Bearbeiten) (*m. - Tischl.werkz.*), pialletto per lisciare.

Schlichtkurve (*f. - Werkz.masch.*), camma per la finitura.

Schlichtlaufsitz (sL) (*m. - Mech.*), accoppia-

mento medio libero normale. 2 weiter ~ (sWL) (*Mech.*), accoppiamento medio libero amplissimo.
Schlichtmaschine (*f. - Textilmasch.*), imbozzimatrice.
Schlichtpassung (Mittelpassung) (*f. - Mech.*), accoppiamento medio.
Schlichtschleifen (*n. - Werkz.masch.bearb.*), rettifica di finitura.
Schlichtschmieden (Genauschmieden) (*n. - Schmieden*), fucinatura di precisione.
Schlichtstahl (*m. - Werkz.*), utensile finitore.
Schlichtstich (*m. - Walzw.*), passata di finitura.
Schlichtteil (eines Räumwerkzeugs) (*m. - Werkz.*), tratto finitore, tratto lisciatore.
Schlichtung (Beilegung eines Streites) (*f. - Arb. - recht.*), componimento. 2 ~ s·ausschuss (Schlichtungskommission, Schlichtungsamt) (*m. - Arb. - Organ.*), commissione paritetica. 3 ~ s·wesen (Massnahmen zur Beilegung von Arbeitskämpfen) (*n. - Arb. - recht.*), trattative (sindacali).
Schlichtwalze (*f. - Walzw.*), cilindro finitore.
Schlichtzahn (eines Räumwerkzeuges) (*m. - Werkz.*), dente per la lisciatura, dente lisciatore, dente finitore.
Schlick (Sediment von Flüssen, etc.) (*m. - Geol.*), limo. 2 ~ (*allg.*), *siehe auch* Schlamm.
schlicken (entschlammen, abschlicken) (*allg.*), sfangare.
Schlicker (schwefelhaltige Schlacke) (*m. - Metall.*), scoria solforosa. 2 ~ (feuchte Tonmasse) (*Keramik*), argilla umida, impasto umido.
Schliere (Gebilde in Gläsern, etc., das das Licht anders bricht als der übrige Körper) (*f. - Opt.*), banda a rifrazione variabile, banda eterorifrangente. 2 ~ (*allg.*), banda. 3 ~ (Gesteinsteil, der vom Hauptgestein abweicht, in Struktur z. B.) (*Min.*), stria. 4 ~ (Glasfehler), stria. 5 ~ (Oberflächenfehler von eloxiertem Aluminium z. B.) (*Technol.*), fiamma, banda. 6 ~ n·bildung (*f. - allg.*), striatura. 7 ~ n·system (zur Beobachtung im Windkanal bei aerodynamischen Versuchen) (*n. - Flugw.*), sistema delle strie. 8 Band ~ (lange, breite Schliere) (*Glasfehler*), stria a nastro, stria lunga e larga. 9 Faden ~ (lange, scharfe Schliere) (*Glasfehler*), stria lunga e marcata, filo. 10 Faser ~ (kurze, dünne Schliere) (*Glasfehler*), stria corta e sottile. 11 Knoten ~ (knollenförmige Schliere) (*Glasfehler*), stria nodulare.
schlierig (*allg.*), striato.
Schliessanker (Schlauder) (*m. - Bauw.*), chiave (da muro), catena.
Schlissbewegung (beim Einstechschleifen) (*f. - Werkz.masch.bearb.*), movimento finale.
Schliessblech (Schlüsselschild, einer Türe) (*n. - Bauw.*), bocchetta.
Schliessdruck (eines Druckgussmaschine) (*m. - Giess.*), forza di chiusura. 2 ~ (in Erdölsonden, Druck nach Schliessen der Bohrung) (*Bergbau*), pressione dopo chiusura.
Schliesse (*f. - Mech. - etc.*), chiusura.
Schliesseinheit (einer Spritzgussmaschine oder Druckgussmaschine) (*f. - Masch.*), gruppo (di) chiusura, unità di chiusura.

schliessen (*allg.*), chiudere. 2 ~ (zudrehen, einen Hahn) (*Leit.*), chiudere. 3 ~ (einen Kreis) (*Elekt.*), chiudere. 4 ~ (befestigen, den Letternsatz in der Maschine) (*Druck.*), serrare. 5 ~ (abschliessen, einen Vertrag) (*komm.*), concludere. 6 ab ~ (mit dem Schlüssel versperren) (*Mech.*), chiudere a chiave. 7 ab ~ (beenden, die Arbeit z. B.) (*allg.*), terminare. 8 auf ~ (öffnen) (*allg.*), aprire. 9 auf ~ (zugänglich machen) (*allg.*), rendere accessibile. 10 auf ~ (eine Lagerstätte, zugänglich und abbaufähig machen) (*Bergbau*), rendere coltivabile. 11 auf ~ (lösen) (*Chem.*), sciogliere. 12 doppelt ~ (ein Schloss) (*Mech.*), chiudere a doppia mandata. 13 luftdicht ~ (*allg.*), chiudere ermeticamente, chiudere a tenuta d'aria.
Schliesser (Pförtner) (*m. - Arb.*), portiere. 2 ~ (Arbeitskontakt, eines Relais) (*Elekt.*), contatto di lavoro, contatto di chiusura. 3 ~ (eines Kreises) (*elekt. Ger.*), dispositivo di chiusura, organo di chiusura. 4 ~ (Einschaltglied, Einschaltkontakt) (*Elekt.*), contatto aperto a riposo. 5 Zweiweg ~ mit drei Schaltstellungen (*Elekt.*), contatto di commutazione bidirezionale con posizione neutra.
Schliessfach (Safe, Privattresor, Schrankfach in der Stahlkammer einer Bank) (*n. - finanz.*), cassetta di sicurezza. 2 ~ (auf Bahnhöfen, verschliessbares Fach) (*Eisenb.*), deposito (bagagli) a cassette. 3 ~ (Postfach) (*Post*), casella postale.
Schliessgrat (beim Druckgiessen z. B.) (*m. - Giess.*), bava, cresta.
Schliesskasten (Schlossgehäuse) (*m. - Bauw. - Zimm.*), scatola della serratura, cassa della serratura.
Schliesskontakt (Schliesser, eines Relais, Arbeitskontakt) (*m. - Elekt.*), contatto di lavoro, contatto di chiusura.
Schliesskopf (einer Niete) (*m. - Mech.*), testa ribadita.
Schliesskraft (beim Schweissen z. B.) (*f. - mech. Technol.*), forza di chiusura.
Schliessmaschine (*f. - Packung*), chiuditrice.
Schliessrahmen (*m. - Druck.*), telaio.
Schliess·stellung (*f. - Mech. - etc.*), posizione di chiusura.
Schliessung (*f. - Elekt. - etc.*), chiusura. 2 ~ s·bogen (*m. - Elekt.*), arco di chiusura. 3 ~ s·extrastrom (*m. - Elekt.*), extracorrente di chiusura. 4 ~ s·strom (*m. - Elekt.*), corrente di chiusura.
Schliessweite (eines Zündverteilers) (*f. - Mot. - Elekt.*), arco di chiusura, angolo di chiusura.
Schliesswinkel (eines Zündsystems) (*m. - Mot. - Aut.*), angolo di chiusura.
Schliesszeit (eines Regelorgans) (*f. - Hydr.*), tempo di chiusura. 2 ~ (beim Verarbeiten von Pressmassen) (*Technol.*), tempo di chiusura (dello stampo).
Schliff (Schlifffläche, einer Probe z. B.) (*m. - mech. Technol. - Metall.*), superficie levigata, superficie lucidata, superficie rettificata. 2 ~ (Schleifen, mit Schleifscheibe) (*Werkz.masch. bearb.*), rettifica. 3 ~ (Schliffstück) (*mech. Technol. - Metall.*), provino lucidato, campione lucidato. 4 ~ (Schärfen) (*Werkz.masch.*

Schlifffläche

bearb.), affilatura. 5 ~ (Zustand einer Oberfläche) (*Mech.*), levigatezza. 6 ~ **bild** (*n.* - *Metall.*), micrografia. 7 ~ **güte** (Oberflächenzustand des Werkstückes) (*f.* - *Mech.*), grado di finitura superficiale. 8 ~ **stopfen** (*m.* - *Chem.* - *Ger.*), tappo smerigliato. 9 ~ **stück** (Probestück) (*n.* - *mech. Technol.* - *Metall.*), provino lucidato, campione lucidato. 10 **Fein** ~ (*Werkz.masch.bearb.*), rettifica di precisione. 11 **Flächen** ~ (*Werkz.masch.bearb.*), rettifica in piano. 12 **Hinter** ~ (Verfahren) (*Werkz.masch.bearb.*), rettifica a spoglia. 13 **Hinter** ~ (Erzeugnis) (*Werkz.masch.bearb.*), spoglia (ottenuta) di rettifica. 14 **Hohl** ~ (*Werkz.masch.bearb.*), rettifica concava, rettifica di superfici concave. 15 **Holz** ~ (*Papierind.*), pasta di legno (meccanica). 16 **Kreuz** ~ (von Zahnrädern z. B.) (*Mech.*), rettifica (di finitura) incrociata.
Schlifffläche (bearbeitete Fläche des Werkstückes) (*f.* - *Werkz.masch.bearb.*), superficie rettificata.
Schlinge (*f.* - *Seil*), cappio. 2 ~ (*Transp.* - *Hebevorr.*), imbragatura. 3 ~ n·**grube** (*f.* - *Walzw.*), fossa volano. 4 ~ n·**heber** (zur Regelung der Schlingenhöhe in Bandstrassen) (*m.* - *Walzw.*), solleva-anse. 5 ~ n·**kanal** (bei Drahtwalzen z. B.) (*m.* - *Walzw.*), canale volano. 6 ~ n·**probe** (von Draht) (*f.* - *mech. Technol.*), prova di piegatura ad ansa. 7 ~ n·**seil** (Schnatter) (*n.* - *Transp.* - *Hebevorr.*), braca, fune a cappio. 8 ~ n·**spanner** (*m.* - *Walzw.*), tendianse. 9 ~ n·**werfer** (Wimmler, Schlingenerzeuger, zwischen Walze und Bandstahlhaspel) (*m.* - *Walzw.*), lancia-anse.
schlingen (*Walzw.*), serpentare.
Schlingerbewegung (Schlingern) (*f.* - *naut.*), rollìo.
Schlingerflossen (*f.* - *pl.* - *naut.*), alette di rollìo, alette antirollìo.
Schlingerkiel (*m.* - *naut.*), chiglia di rollìo, chiglia antirollìo.
Schlingerkreisel (Ger. zur Dämpfung des Schlingerns eines Schiffes) (*m.* - *naut.*), girostabilizzatore antirollìo, stabilizzatore giroscopico antirollìo.
Schlingern (eines Schiffes) (*n.* - *naut.*), rollìo. 2 ~ (einer Lokomotive) (*Eisenb.*), serpeggio.
schlingern (um die Längsachse pendeln) (*naut.*), rollare. 2 ~ (sich um die senkrechte Achse drehen, eine Lokomotive) (*Eisenb.*), serpeggiare.
Schlingertank (*m.* - *naut.*), cassa antirollìo.
Schlingerwand (im Kraftstofftank) (*f.* - *Flugw.*), setto, deflettore, diaframma.
Schlingerwinkel (*m.* - *naut.*), angolo di rollata, angolo di rollìo.
Schlipf (Bergrutsch) (*m.* - *Geol.*), frana.
schlipfen (rutschen) (*Geol.*), franare.
Schlipp (Slip, Aufschleppe) (*n.* - *Schiffbau*), scalo di alaggio. 2 ~ (*Wass.b.*), siehe Deichrampe.
Schlippe (enges Gässchen) (*f.* - *Strasse*), viuzza. 2 ~ (Flügel) (*allg.*), ala.
schlippen (slippen, eine Leine z. B. werfen) (*naut.*), buttare (una cima).
Schlipper (Schlippermilch, Sauermilch) (*m.* - *Ind.*), latte acido.
Schlipphaken (Haken mit Vorr. zum Lösen ohne Aushaken) (*m.* - *Ger.*), gancio con dispositivo di distacco.
Schlitten (*m.* - *Fahrz.*), slitta. 2 ~ (Maschinenteil) (*Masch.*), slitta. 3 ~ (Support, einer Drehbank) (*Werkz.masch.*), carrello. 4 ~ (einer Schreibmaschine) (*Büromasch.*), carrello. 5 ~ (beim Stapellauf) (*Schiffbau*), invasatura. 6 ~ **bahn** (*f.* - *Sport* - *Transp.*), slittovia. 7 ~ **kufengestell** (*n.* - *Flugw.*), carrello di atterraggio a pattini. 8 ~ **objektivwechsler** (*m.* - *Opt.* - *Ger.*), cambia-obiettivi a slitta, dispositivo a slitta per il cambio degli obiettivi. 9 ~ **revolver** (Objektivrevolver) (*m.* - *Opt.* - *Ger.*), torretta (porta obiettivi), cambia-obiettivi a torretta. 10 ~ **säge** (*f.* - *Masch.* - *Walzw.*), sega a pattino. 11 **Bett** ~ (*Werkz.masch.*), slitta longitudinale. 12 **Plan** ~ (Querschlitten) (*Werkz.masch.*), slitta trasversale. 13 **Sattel** ~ (einer Drehbank) (*Werkz.masch.*), slitta portautensili (del carrello). 14 **Segel** ~ (*Sport*), slitta a vela. 15 **Seiten** ~ (Querschlitten) (*Werkz.masch.*), slitta trasversale.
Schlittschuh (*m.* - *Sport* - *Ger.*), pattino. 2 ~ **bahn** (Eisbahn) (*f.* - *Sport*), pista per pattinaggio. 3 **Kunstlauf** ~ (*Sport*), pattino per pattinaggio artistico.
Schlitz (Spalt) (*m.* - *allg.*), fessura. 2 ~ (einer Schraube) (*Mech.*), intaglio. 3 ~ (Knopfschlitz, an Kleidern z. B.) (*allg.*), asola. 4 ~ (für Wicklungen) (*elekt. Masch.*), cava. 5 ~ **anode** (*f.* - *Elektronik*), anodo spaccato, anodo diviso. 6 ~ **blende** (Spaltblende) (*f.* - *Phot.*), diaframma a fessura. 7 ~ **düse** (zur Entlüftung, bei Kernschiessmaschinen) (*f.* - *Giess.*), ugello a fessura. 8 ~ **flügel** (Spaltflügel) (*m.* - *Flugw.*), ala a fessura. 9 ~ **fräser** (*m.* - *Werkz.*), fresa per asole. 10 ~ **hilfsflügel** (Schlitzklappe) (*m.* - *Flugw.*), ipersostentatore a fessura. 11 ~ **kurve** (*f.* - *Mech.* - *Masch.*), glifo. 12 ~ **loch** (Langloch, bei der Blechbearbeitung z. B.) (*n.* - *allg.*), asola, finestra. 13 ~ **lochkarte** (*f.* - *Datenverarb.*), scheda (perforata) a fori allungati. 14 ~ **mantelkolben** (*m.* - *Mot.*), pistone con mantello a fessure. 15 ~ **mutter** (*f.* - *Mech.*), dado cilindrico con intagli radiali. 16 ~ **schraube** (Schlitzkopfschraube) (*f.* - *Mech.*), vite con testa ad intaglio, vite con intaglio. 17 ~ **spülung** (bei Zweitakt-Dieselmotoren) (*f.* - *Mot.*), lavaggio attraverso luci. 18 ~ **verschluss** (*m.* - *Phot.*), otturatore a fessura. 19 **Ansauge** ~ (im Zylinder) (*Mot.*), luce di aspirazione. 20 **Auspuff** ~ (*Mot.*), luce di scarico. 21 **Führungs** ~ (*Mech.*), fessura di guida. 22 **Kreuz** ~ (einer Schraube) (*Mech.*), intaglio a croce. 23 **Luft** ~ (der Motorhaube z. B.) (*Aut.* - *etc.*), fessura di ventilazione, feritoia di ventilazione. 24 **Spülungs** ~ (bei Zweitakt-Dieselmotoren z. B.) (*Mot.*), luce di lavaggio.
Schlitzen (Spurschneiden) (*n.* - *Blechbearb.*), taglio con (asportazione di) striscia. 2 ~ (telweises Auseinandertrennen kleiner Schmiedestücken) (*Schmieden*), separazione (parziale).
schlitzen (der Länge nach aufschlitzen) (*allg.*), tagliare per il lungo, spaccare. 2 ~ (eine Schraube z. B.) (*Mech.*), intagliare.
schlitzförmig (schlitzig) (*allg.*), a fessura.

Schloss (Vorr. zum Verschliessen) (*n.* - *Mech.* - *Bauw.*), serratura. 2 ~ (*Arch.*), castello. 3 ~ (Hauptteil des Verschlusses) (*Feuerwaffe*), otturatore. 4 ~ (Schlossmutter, einer Drehbank) (*Werkz.masch.*), madrevite. 5 ~ **deich** (Kuverdeich, ohne Ableitungsmöglichkeit in den Polder) (*m.* - *Wass.b.*), coronella (senza scarico in campagna). 6 ~ **drucktaster** (*m.* - *elekt. Ger.*), pulsante a bloccaggio automatico, pulsante con fermo. 7 ~ **kasten** (einer Drehbank) (*m.* - *Werkz.masch.*), grembiale. 8 ~ **mutter** (einer Drehbank) (*f.* - *Werkz.masch.*), madrevite. 9 ~ **platte** (*f.* - *Werkz.masch.*), grembiale. 10 ~ **schalter** (*m.* - *Elekt.*), interruttore con serratura. 11 ~ **schraube** (*f.* - *Tischl.*), vite da legno a testa quadra. 12 **Chubb** ~ (mit Zuhaltungsblechen) (*Mech.*), serratura a piastrine oscillanti. 13 **Drahtseil** ~ (*Seil*), serrafune. 14 **Einsteck** ~ (in Türen z. B.) (*Bauw.*), serratura incassata. 15 **eintouriges** ~ (*Bauw.* - *Mech.*), serratura ad una mandata. 16 **Hauben** ~ (*Aut.*), fermacofano. 17 **Kabel** ~ (*Seil*), serrafune. 18 **Kasten** ~ (zum Aufschrauben) (*Mech.*), serratura a scatola (per applicazione esterna). 19 **Kombinations** ~ (*Mech.*), serratura a combinazioni. 20 **Schnapp** ~ (*Bauw.* - *Mech.*), serratura a scatto. 21 **Sicherheits** ~ (*Mech.*), serratura di sicurezza. 22 **Spann** ~ (*Mech.*), tenditore (a vite). 23 **Spann** ~ (*naut.*), arridatoio. 24 **Vorhänge** ~ (*Mech.*), lucchetto. 25 **Wasser** ~ (*Wass.b.*), serbatoio piezometrico. 26 **zweitouriges** ~ (*Bauw.* - *Mech.*), serratura a doppia mandata. 27 **Zylinder** ~ (*Mech.*), serratura a cilindro.
Schlosser (*m.* - *Arb.*), fabbro. 2 ~ (Maschinenschlosser) (*Arb.*), meccanico. 3 ~ **geselle** (*m.* - *Arb.*), apprendista fabbro. 4 **Auto** ~ (*Arb.*), meccanico per automobili, autoriparatore. 5 **Bau** ~ (Handwerker der am Bau eines Hauses beteiligt ist) (*Arb.*), carpentiere in ferro. 6 **Flugmotoren** ~ (*Arb.*), motorista d'aviazione. 7 **Gesenk** ~ (*Arb.*), stampista. 8 **Konstruktions** ~ (*Arb.*), fabbro ferraio. 9 **Maschinen** ~ (*Arb.*), meccanico. 10 **Rohr** ~ (*Arb.*), tubista. 11 **Stahlbau** ~ (*Arb.*), carpentiere in ferro. 12 **Werkzeug** ~ (*Arb.*), attrezzista.
Schlosserei (*f.* - *Werkstatt*), officina da fabbro.
Schlot (Schornstein, Esse) (*m.* - *Bauw.*), camino. 2 ~ (*naut.* - *Eisenb.*), fumaiolo. 3 ~ (Entwässerungsgraben im Marschgebiet) (*Wass.b.*), fosso di drenaggio. 4 ~ (Esse, Durchschlagsröhre, eines Vulkans) (*Geol.*), camino. 5 ~ **brekzie** (eines erloschenen Vulkans) (*f.* - *Geol.*), tappo (di vulcano spento).
Schlotte (Auslaugungshöhle) (*f.* - *Geol.*), cavità, caverna. 2 ~ (Schlamm) (*Geol.*), fango denso.
schlotterig (schlaff) (*Mech.*), lento, lasco.
schlottern (schlaff hängen) (*Mech.*), ciondolare.
Schlucht (enges Tal) (*f.* - *Geogr.*), gola. 2 ~ (Loch) (*allg.*), buca.
Schluckbecken (zum Einlassen von Wasser ins Grundwasser) (*n.* - *Wass.b.*), bacino di drenaggio diretto.

Schluckbeiwerk (*m.* - *Akus.*), coefficiente di assorbimento acustico.
Schluckbohrung (zum Einlassen von Wasser ins Grundwasser) (*f.* - *Wass.b.*), pozzo di drenaggio diretto.
Schluckbrunnen (Sickerbrunnen) (*m.* - *Hydr.*), pozzo assorbente.
schlucken (*allg.*), assorbire, aspirare. 2 ~ (Schall) (*Akus.*), assorbire, smorzare. 3 ~ (Stösse, vom Reifen z. B.) (*Aut.* - *etc.*), assorbire.
Schlucker (Steinfilter z. B.) (*m.* - *Wass.b.*), filtro di drenaggio.
Schluckfähigkeit (einer Dampfturbine z. B., verbrauchter Dampf) (*f.* - *Masch.*), capacità di assorbimento, assorbimento.
Schluckgrad (*m.* - *Phys.* - *Akus.*), coefficiente di assorbimento, coefficiente di smorzamento.
Schluckleistung (einer Antenne, zugeführte aber nicht abgestrahlte Leistung) (*f.* - *Funk.*), potenza di attivazione.
Schluckmenge (eines Hydromotors) (*f.* - *Hydr.*), portata (assorbita).
Schluckschacht (zum Einlassen von Wasser ins Grundwasser) (*m.* - *Wass.b.*), pozzo di drenaggio diretto.
Schluckung (*f.* - *Phys.* - *Akus.*), assorbimento, smorzamento.
Schluckvermögen (eines Reifens) (*n.* - *Aut.*), capacità di assorbimento (degli ostacoli).
Schluckwiderstand (eingebauter Zusatzwiderstand, zur Erzeugung fortschreitender Wellen z. B.) (*m.* - *Funk.*), resistenza di adattamento.
Schluff (feinster Staubsand) (*m.* - *Geol.*), limo.
schluffig (*Geol.*), limaccioso.
Schlupf (Schlüpfung) (*m.* - *Mech.*), scorrimento, slittamento. 2 ~ (Schlüpfung eines elekt. Motors z. B.) (*Elekt.*), scorrimento. 3 ~ (einer Reibungskupplung z. B.) (*Aut.* - *etc.*), slittamento. 4 ~ (einer Schiffsschraube oder Luftschraube) (*naut.* - *Flugw.*), regresso. 5 ~ (Relativbewegung zwischen Reifen und Boden bei Einwirkung von Umfangskräften) (*Aut.*), slittamento, scorrimento. 6 ~ **kupplung** (*f.* - *Masch.*), giunto di sicurezza a slittamento. 7 ~ **läufer** (eines Kurzschlussmotors) (*m.* - *Elekt.* - *Masch.*), rotore soggetto a scorrimento. 8 ~ **widerstand** (zur Erhöhung des Schlupfes eines elekt. Motors) (*m.* - *Elekt.*), reostato di scorrimento. 9 **Brems** ~ (*Aut.*), scorrimento da frenata, strisciamento relativo da frenata.
schlüpfen (*allg.*), slittare.
schlüpfrig (Strasse) (*Aut.* - *etc.*), sdrucciolevole.
Schlüpfung (*f.* - *Mech.* - *etc.*), siehe Schlupf.
Schluppe (*f.* - *naut.*), siehe Schaluppe.
Schluss (Ende) (*m.* - *allg.*), fine. 2 ~ (Schliessen) (*allg.*), chiusura. 3 ~ (eines Wertpapiers an der Börse) (*finanz.*), chiusura. 4 ~ (Abschluss) (*allg.*), conclusione. 5 ~ **abnahme** (*f.* - *komm.*), accettazione finale. 6 ~ **anstrich** (Deckanstrich) (*m.* - *Anstr.*), mano finale, smalto a finire. 7 ~ **bilanz** (*f.* - *Adm.*), bilancio finale, bilancio definitivo. 8 ~ **bolzen** (*m.* - *Mech.*), perno di bloccaggio, perno di serraggio. 9 ~ **ergebnis** (*n.* - *allg.*), risultato finale. 10 ~ **formel** (eines Briefes) (*f.* - *Büro*), for-

Schlüssel

mula di chiusura, formula di saluto. **11 ~ glied** (einer Kette) (*n. - Mech.*), maglia terminale. **12 ~ kennzeichenleuchte** (*f. - Aut.*), luce targa (posteriore). **13 ~ leuchte** (Schlusslicht, Rücklicht) (*f. - Aut.*), luce di posizione posteriore. **14 ~ licht** (Schlussleuchte, Rücklicht) (*n. - Eisenb.*), fanale di coda. **15 ~ licht** (eines Flugzeugs) (*Flugw.*), luce posteriore. **16 ~ rechnung** (*f. - komm.*), conto finale. **17 ~ relais** (Schlusszeichenrelais) (*n. - Fernspr.*), relè di fine conversazione. **18 ~ schlag** (eines Ventils) (*m. - Verbr. mot.*), urto di chiusura. **19 ~ stein** (Keilstein, eines Bogens) (*m. - Arch.*), concio di chiave. **20 ~ steinverzerrung** (Trapezfehler) (*f. - Fernspr.*), distorsione trapezoidale. **21 ~ übergang** (*m. - Walzw.*), passata finale, passata di finitura. **22 ~ verspätung** (eines Ventils) (*f. - Verbr. mot.*), ritardo alla chiusura. **23 ~ ziegel** (eines Daches) (*m. - Bauw.*), embrice di gronda. **24 Körper ~** (*Elekt.*), chiusura a massa, contatto a massa. **25 Kurz ~** (*Elekt.*), corto circuito.

Schlüssel (für Schlösser) (*m. - Mech. - Ger.*), chiave. **2 ~** (Schraubenschlüssel, für Muttern z. B.) (*Werkz.*), chiave. **3 ~** (*f. - Funk. - milit.*), codice. **4 ~** (Code) (*Datenverarb. - Rechner*), codice. **5 ~ balken** (Wechselbalken, Trumpfbalken) (*m. - Bauw.*), trave incastrata in altra trave. **6 ~ bart** (*m. - Mech.*), ingegno della chiave. **7 ~ brett** (eines Hotels) (*n. - Ger.*), tabelliera chiavi, quadro portachiavi. **8 ~ feile** (*f. - Werkz.*), lima per chiavi. **9 ~ fräser** (zum Einfräsen der Maulweite bei Schlüsseln) (*m. - Werkz.*), fresa per chiavi. **10 ~ industrie** (*f. - Ind.*), industria chiave. **11 ~ kurve** (*f. - Hydr.*), siehe Abflusskurve. **12 ~ loch** (*n. - Mech.*), buco della serratura. **13 ~ lochsäge** (Stichsäge) (*f. - Tischl. - Werkz.*), foretto, gattuccio. **14 ~ schalter** (*m. - Elekt.*), interruttore azionato da chiave, interruttore a chiave. **15 ~ schild** (eines Schlosses) (*m. - Bauw. - Zimm.*), bocchetta. **16 ~ text** (*m. - Funk. - milit.*), testo in codice. **17 ~ weite** (eines festen Schraubenschlüssels z. B.) (*f. - Werkz.*), apertura di chiave. **18 ~ Aufsteck** (Schraubenschlüssel) (*Werkz.*), chiave a tubo. **19 Doppelmaul ~** (*Werkz.*), chiave a forchetta doppia, chiave (fissa) doppia. **20 Doppelring ~** (*Werkz.*), chiave poligonale doppia. **21 Drehmoment ~** (*Werkz.*), chiave dinamometrica. **22 Dreikant-Steck ~** (*Werkz.*), chiave (a tubo) a bocca triangolare. **23 Einmaul ~** (*Werkz.*), chiave a forchetta semplice, chiave fissa semplice. **24 Einstell ~** (*Werkz.*), chiave di regolazione. **25 gekröpfter Einring ~** (*Werkz.*), chiave poligonale semplice curva. **26 Gelenksteck ~** (*Werkz.*), chiave a bussola snodata. **27 gerader Einring ~** (*Werkz.*), chiave poligonale semplice. **28 Haken ~** (Schraubenschlüssel) (*Werkz.*), chiave a gancio, chiave a settore. **29 Haken ~ mit Nase** (*Werkz.*), chiave a settore con nasello quadro. **30 Haken ~ mit Zapfen** (*Werkz.*), chiave a settore con nasello tondo. **31 Inbus ~** (Einsteckschlüssel, für Schrauben mit Innensechskant) (*Werkz.*), chiave esagona, chiave per viti ad esagono cavo, chiave per viti (per viti) Allen, chiave per viti a cava esagonale. **32 Knarren ~** (*Werkz.*), chiave a cricchetto. **33 Kreuz-Steck ~** (*Werkz.*), chiave a croce, chiave a tubo a croce. **34 Maul-Ring ~** (*Werkz.*), chiave combinata a forchetta e poligonale. **35 Planeten ~** (mit Kraftübertragung im Verhältnis) (*Werkz.*), chiave con moltiplica (a planetario). **36 Ring ~** (*Werkz.*), chiave ad anello. **37 Rohr** (*Werkz.*), chiave a tubo. **38 Schlag-Maul ~** (*Werkz.*), chiave a forchetta a percussione. **39 Schlag-Ring ~** (*Werkz.*), chiave poligonale a percussione. **40 Sechskanteinsteck ~** (*Werkz.*), chiave esagona, chiave per viti Allen, chiave per viti ad esagono cavo, chiave per viti a cava esagonale. **41 Steck ~** (Aufsteckschlüssel) (*Werkz.*), chiave a tubo. **42 Stift ~** (für Schrauben mit Innensechskant) (*Werkz.*), chiave esagona, chiave per viti ad esagono cavo, chiave per viti Allen, chiave per viti e cava esagonale. **43 verstellbarer ~** (Schraubenschlüssel) (*Werkz.*), chiave (ad apertura) regolabile, chiave inglese. **44 verstellbarer Einmaul ~** (*Werkz.*), chiave regolabile a rullino. **45 verstellbarer Stirnloch ~** (*Werkz.*), chiave a compasso, chiave a pioli regolabile. **46 Vierkant-Aufsteck ~** (Schraubenschlüssel) (*Werkz.*), chiave a tubo quadra. **47 Vierkant-Einsteck ~** (*Werkz.*), chiave a maschio quadro. **48 Vierkant-Steck ~ mit Drehstift** (*Werkz.*), chiave a T a bocca quadra. **49 Zwölfkantring ~** (*Werkz.*), chiave poligonale, chiave ad anello con doppia impronta esagonale.

schlüsselfertig (Übergabe, eines Hauses) (*Bauw. - komm.*), chiavi in mano.

Schlüssler (Verchlüssler) (*m. - Rechner*), codificatore.

schmachten (schmarten) (*naut.*), fasciare.

schmal (eng) (*allg.*), stretto. **2 ~** (knapp) (*allg.*), scarso. **3 ~ er Bandstahl** (*metall. Ind.*), reggetta, moietta. **4 ~ fett** (Schrift) (*Druck.*), grassetto. **5 ~ spurig** (*Eisenb.*), a scartamento ridotto.

Schmalband (schmales Band) (*n. - Funk.*), banda stretta. **2 ~ magnetophon** (Bandaufnahmegerät) (*n. - Elektroakus. - Ger.*), registratore (magnetico) a nastro, magnetofono a nastro. **3 ~ strasse** (*f. - Walzw.*), laminatoio per nastri stretti.

Schmalfilm (*m. - Filmtech.*), pellicola a passo ridotto. **2 ~ geber** (*m. - Fernseh. - etc.*), trasmettitore per film a passo ridotto. **3 ~ kamera** (*f. - Filmtech.*), cinepresa a passo ridotto. **4 ~ theatermaschine** (*f. - Filmtech.*), proiettore da sala per passo ridotto.

Schmalspur (*f. - Eisenb.*), scartamento ridotto. **2 ~ bahn** (*f. - Eisenb.*), ferrovia a scartamento ridotto.

Schmalte (*f. - Chem.*), siehe Smalte.

Schmälzen (Abschmalzen, Spicken, von Wolle) (*n. - Textilind.*), oliatura.

schmälzen (spicken, abschmalzen, Wolle) (*Textilind.*), oliare.

Schmälzöl (*n. - Textilind.*), siehe Spicköl.

Schmand (Schmant, Schlamm) (*m. - Geol.*), fango.

schmarten (ein Drahtseil mit Segeltuch umwickeln) (*naut.*), fasciare.

Schmelz (Email, Glasfluss) (*m. - Ind.*), smalto. 2 ~ (Glasur, Überzug auf Tonwaren) (*Keramik*), vetrino, vetrina. 3 ~ **farbe** (Emailfarbe, Glasfluss) (*f. - Ind.*), colore a smalto.
Schmelzasphalt (*m. - Strass.b.*), asfalto fuso.
Schmalzausschuss (*m. - Metall.*), scarto di fusione.
Schmelzbad (zur Desoxydation z. B.) (*n. - Technol.*), bagno fuso.
schmelzbar (*Phys.*), fusibile (*a.*).
Schmelzbarkeit (*f. - Phys.*), fusibilità.
Schmelzbasalt (*m. - Geol.*), basalto fuso.
Schmelzdraht (*m. - Elekt.*), fusibile (*s.*), filo fusibile, filo per valvole.
Schmelze (unterkühlte Flüssigkeit) (*f. - Phys.*), liquido sottoraffreddato. 2 ~ (*Glasind.*), vetro fuso, metallo. 3 ~ (Charge) (*Giess.*), carica. 4 ~ (Hitze) (*Metall.*), colata, calda. 5 ~ (flüssiges Metall) (*Metall. - Giess.*), metallo liquido, metallo fuso. 6 ~ (flüssiger Kunststoff) (*Technol.*), massa fusa. 7 ~ **analyse** (*f. - Metall.*), analisi di colata.
Schmelzeinsatz (Schmelzdraht z. B.) (*m. - Elekt.*), fusibile (*s.*).
Schmelzen (*n. - Phys.*), fusione.
schmelzen (*Phys.*), fondere.
Schmelzer (*m. - Metall.*), fonditore.
Schmelzflammofen (*m. - Ofen.*), forno fusorio a riverbero.
Schmelzfluss (Magma) (*m. - Geol.*), magma.
schmelzflüssig (*Metall.*), fuso, fluido, colabile. 2 ~ **e Schlacke** (*Metall.*), scoria fusa.
Schmelzgut (*n. - Metall.*), carica.
Schmelzhitze (*f. - Phys.*), calore di fusione.
Schmelzhütte (*f. - Metall.*), impianto metallurgico.
Schmelzkegel (Segerkegel) (*m. - Wärme*), cono pirometrico, cono di Seger.
Schmelzleistung (eines Schmelzofens) (*f. - Metall.*), produzione oraria di materiale fuso.
Schmelzmittel (Fluss) (*n. - Metall.*), fondente, «flusso».
Schmelzofen (*m. - Ofen*), forno fusorio.
Schmelzperle (*f. - mech. Technol.*), goccia di fondente.
Schmelzpfropfen (Schmelzstöpsel) (*m. - Elekt. - etc.*), tappo fusibile.
Schmelzpunkt (Schmelztemperatur) (*m. - Phys.*), punto di fusione.
Schmelzreaktion (*f. - Kernphys.*), reazione di fusione.
Schmelzschnitt-Bandsägemaschine (durch Reibung erziehlte Schmelzwärme) (*f. - Masch.*), segatrice a nastro per attrito.
Schmelzschweissung (*f. - mech. Technol.*), saldatura per fusione.
Schmelzsicherung (*f. - Elekt.*), valvola fusibile.
Schmelztemperatur (Schmelzpunkt) (*f. - Phys.*), punto di fusione.
Schmelztiegel (*m. - Metall.*), crogiolo.
Schmelzung (Kernfusion, Kernverschmelzung) (*f. - Kernphys.*), fusione. 2 ~ (von Erz) (*Metall. - Bergbau*), fusione, riduzione.
Schmelzverlust (*m. - Metall.*), calo di fusione.
Schmelzwanne (Glasschmelzwanne) (*f. - Glasind. - Ofen*), forno a bacino.

Schmelzwärme (*f. - Phys.*), calore di fusione.
Schmelzzeit (einer Sicherung z. B.) (*f. - Elekt. - etc.*), tempo di fusione.
Schmelzzement (deren Ausgangsstoffe erschmolzen werden) (*m. - Bauw.*), cemento fuso, cemento alluminoso.
Schmelzzone (eines Kupolofens) (*f. - Giess.*), zona di fusione.
Schmerzgrenze (Schmerzschwelle) (*f. - Akus.*), soglia di dolore, soglia del dolore.
Schmetterlingsbrenner (*m. - Verbr.*), becco a farfalla, bruciatore a farfalla.
Schmetterlingsventil (*n. - Leit.*), valvola a farfalla.
Schmidtrohr (Pulsotriebwerk, Verpuffungs-Strahltriebwerk) (*n. - Strahltriebw.*), pulsoreattore, pulsogetto.
Schmied (Handwerker) (*m. - Arb.*), fabbro. 2 Blech ~ (*Arb.*), lattoniere. 3 Kessel ~ (*Arb.*), calderaio. 4 Kupfer ~ (*Arb.*), ramaio.
schmiedbar (Schmieden), fucinabile. 2 ~ **es Gusseisen** (Temperguss) (*Giess.*), ghisa malleabile.
Schmiedbarkeit (*f. - Schmieden*), fucinabilità.
Schmiede (Werkstatt des Schmiedes) (*f. - Schmieden*), fucina (di fabbro). 2 ~ **abteilung** (*f. - Ind.*), reparto fucina, reparto fucinatura. 3 ~ **amboss** (*m. - Schmiedeger.*), incudine da fabbro. 4 ~ **arbeit** (Schmiedestück) (*f. - Schmieden*), fucinato (*s.*). 5 ~ **bahn** (Fläche eines Schmiedesattels) (*f. - Schmieden*), bocca. 6 ~**block** (Ausgangsmaterial für das Freiformschmieden) (*m. - Schmieden*), lingotto da fucinare. 7 ~ **dorn** (zum Schmieden von Ringen z. B.) (*m. - Schmiedewerkz.*), spina, spinotto. 8 ~ **eisen** (ein Stahl) (*n. - Metall.*), ferro saldato. 9 ~ **esse** (Schmiedefeuer) (*f. - Schmiedeger.*), fucina, forgia. 10 ~ **falte** (*f. - Schmiedefehler*), piega di fucinatura. 11 ~ **feuer** (Schmiedeesse) (*n. - Schmiedeger.*), fucina, forgia. 12 ~ **geselle** (*m. - Arb.*), apprendista fabbro. 13 ~ **grat** (*m. - Schmieden*), bava (di fucinatura). 14 ~ **gravur** (*f. - Schmieden*), siehe Schmiedegravur. 15 ~ **hammer** (*m. - Werkz.*), martello da fucinatore. 16 ~ **hammer** (*Schmiedemasch.*) maglio per fucinatura. 17 ~ **koks** (*m. - Brennst.*), coke per fucina. 18 ~ **kran** (*m. - ind. Masch.*), gru per lingotti da fucinare. 19 ~ **manipulator** (*m. - Schmieden - Ger.*), manipolatore per fucinati. 20 ~ **maschine** (*f. - Schmiedemasch.*), siehe Schmiedemaschine. 21 ~ **meissel** (Schroteisen) (*m. - Schmiedewerkz.*), tagliolo. 22 ~ **nagel** (*m. - Zimm.*), brocca, chiodo a gambo quadro. 23 ~ **ofen** (*m. - Ofen.*), forno per fucinatura. 24 ~ **presse** (*f. - Schmiedemasch.*), pressa per fucinare. 25 ~ **probe** (Schmiedeprobestück) (*f. - Schmieden*), provino di fucinatura. 26 ~ **riss** (*m. - Schmieden*), cricca di fucinatura. 27 ~ **rohling** (Ausgangsform) (*m. - Schmieden*), spezzone. 28 ~ **sattel** (Werkz. zur Umformung Freiform-Schmiedestücke) (*m. - Werkz.*), attrezzo per fucinatura libera. 29 ~ **schlacke** (*f. - Schmieden*), scoria di fucinatura. 30 ~ **schraubstock** (*m. - Ger.*), morsa da fabbro. 31 ~ **sinter** (Schmiedeschlacke) (*m. - Schmieden*), scoria di fucinatura. 32 ~ **stahl**

Schmiedegravur

(*m. - Metall.*), acciaio saldato. 33 ~ **stück** (*n. - Schmieden*), *siehe* Schmiedestück. 34 ~ **teil** (Schmiedestück) (*m. - Schmieden*), fucinato (*s.*), pezzo fucinato. 35 ~ **temperatur** (*f. - Schmieden*), temperatura di fucinatura. 36 ~ **versuch** (*m. - Schmieden*), prova di fucinatura. 37 ~ **walze** (*f. - Schmiedemasch.*), laminatoio sbozzatore (per fucinati), laminatoio abbozzatore (per fucinati). 38 ~ **werkzeug** (*n. - Schmiedewerkz.*), attrezzo per fucinare. 39 ~ **zange** (*f. - Schmiedewerkz.*), tenaglie da fucinatore. 40 **Feld** ~ (*Schmiedeger.*), fucina da campo. 41 **Gesenk** ~ (*Werkstatt*) (*Ind.*), officina di stampaggio.

Schmiedegravur (*f. - Schmieden*), incisione, impronta. 2 **Fertig** ~ (*Schmieden*), incisione di finitura, impronta di finitura. 3 **Vor** ~ (*Schmieden*), incisione di abbozzatura, impronta di sbozzatura, incisione di sbozzatura.

Schmiedemaschine (*f. - Schmiedemasch.*), fucinatrice. 2 ~ (Waagerecht-Stauchmaschine) (*Schmiedemasch.*), fucinatrice orizzontale. 3 **waagerechte** ~ (*Masch.*), fucinatrice orizzontale.

Schmieden (*n. - Schmieden*), fucinatura. 2 **Fein** ~ (Genauschmieden) (*Schmieden*), fucinatura di precisione. 3 **Freiform** ~ (*Schmieden*), fucinatura libera. 4 **Gesenk** ~ (*Schmieden*), fucinatura a stampo, stampaggio, stampatura. 5 **Hand** ~ (*Schmieden*), fucinatura a mano. 6 **Längs** ~ (Umformen in Richtung der Walzfaser) (*Schmieden*), fucinatura parallela, fucinatura con l'asse del pezzo parallelo alla direzione del colpo. 7 **Maschinen** ~ (*Schmieden*), fucinatura meccanica. 8 **Mehrfach** ~ (bei dem mehrere gleiche Kleinteile gleichzeitig im Gesenk gepresst oder geschlagen werden) (*Schmieden*), fucinatura multipla. 9 **Quer** ~ (Umformen quer zur Walzfaser) (*Schmieden*), fucinatura trasversalmente alla fibra, fucinatura con l'asse del pezzo trasversale alla direzione del colpo. 10 **Reck** ~ (Recken) (*Schmieden*), stiratura. 11 **Rund** ~ (Rollen) (*Schmieden*), laminazione. 12 **Vor** ~ (Zwischenformung) (*Schmieden*), abbozzatura, sbozzatura.

schmieden (*Schmieden*), fucinare. 2 ~ **in einer Hitze** (*Schmieden*), fucinare in una calda. 3 ~ **von Hand** (*Schmieden*), fucinare a mano. 4 **fein** ~ (*Schmieden*), fucinare di precisione. 5 **freiform** ~ (*Schmieden*), fucinare senza stampo. 6 **gesenk** ~ (*Schmieden*), fucinare a stampo, stampare. 7 **hand** ~ (*Schmieden*), fucinare a mano. 8 **maschinen** ~ (*Schmieden*), fucinare alla macchina. 9 **vom Spaltstück** ~ (*Schmieden*), fucinare dallo spezzone troncato. 10 **vom Stück** ~ (*Schmieden*), fucinare dallo spezzone. 11 **von der Stange** ~ (*Schmieden*), fucinare dalla barra. 12 **vor** ~ (*Schmieden*), abbozzare, sbozzare.

Schmiedestück (*n. - Schmieden*), fucinato (*s.*), pezzo fucinato. 2 **Freiform** ~ (*Schmieden*), fucinato libero, pezzo fucinato senza stampo. 3 **Genau** ~ (*Schmieden*), fucinato di precisione, pezzo fucinato di precisione. 4 **Gesenk** ~ (*Schmieden*), fucinato a stampo, pezzo fucinato a stampo. 5 **handelsübliches** ~ (Normal-Schmiedestück) (*Schmieden*), fucinato corrente, fucinato con tolleranze correnti. 6 **Normal-** ~ (mit handelsüblicher Genauigkeit) (*Schmieden*), fucinato corrente, fucinato con tolleranze correnti.

Schmiedewalze (Reckwalze) (*f. - Schmiedemasch.*), laminatoio sbozzatore (per fucinati), fucinatrice a rulli, sbozzatrice a rulli.

Schmiege (Schrägmass, Schrägwinkel, Stellmass, Stellwinkel: ein Winkel-Messgerät für Metall- und Holzbearbeitung) (*f. - Ger.*), rapportatore. 2 ~ (einer Tür z. B.) (*Bauw.*), strombo. 3 ~ (*Maur. - Werkz.*), falsa squadra, calandrino. 4 ~ **maschine** (*f. - Masch.*), smussatrice, bisellatrice.

Schmiegebene (*f. - Geom.*), piano osculatore.

schmiegen (schrägen) (*Mech.*), smussare.

Schmiegkreis (Krümmungskreis) (*m. - Geom.*), cerchio osculatore.

Schmiegkugel (*f. - Geom.*), sfera osculatrice.

schmiegsam (bildsam) (*allg.*), plasmabile, plastico.

Schmiegungsebene (*f. - Geom.*), piano osculatore.

Schmieranweisung (*f. - Werkz.masch. - etc.*), prescrizioni di lubrificazione, istruzioni per la lubrificazione.

Schmierapparat (*m. - Masch.*), oliatore, ingrassatore.

Schmierbüchse (Staufferbüchse) (*f. - Masch.*), ingrassatore (Stauffer).

Schmiere (Schmierfett) (*f. - Mech. - chem. Ind.*), grasso (*s.*).

Schmiereigenschaften (*f. - pl. - Mech. - Chem.*), proprietà lubrificanti.

schmieren (mit Schmieröl) (*Mech. - Masch. - Mot.*), lubrificare. 2 ~ (einfetten) (*Mech.*), ingrassare. 3 ~ (etwas dick bestreichen) (*allg.*), spalmare. 4 **ab** ~ (abstürzen, von Flugzeugen) (*Flugw.*), picchiare.

Schmierer (*m. - Arb.*), ingrassatore.

Schmierfähigkeit (*f. - Mech. - Chem.*), potere lubrificante.

Schmierfett (*n. - Mech. - chem. Ind.*), grasso (per macchine), grasso lubrificante.

Schmierfilm (*m. - Mech.*), velubro, velo di lubrificante. 2 ~ (Strass.ver.), velo sdrucciolevole, patina scivolosa.

Schmiergefäss (für die Dochtschmierung von Schienenfahrzeugen, durch eine Feder verschlossen) (*n. - Mech.*), ingrassatore con coperchio a molla.

Schmiergrube (*f. - Aut.*), fossa per riparazioni, fossa per ingrassaggio, fossa di autoofficina.

schmierig (fettig) (*allg.*), untuoso, grasso (*a.*). 2 ~ (dunstig, von Luft) (*naut.*), caliginoso.

Schmierkanne (Ölkanne) (*f. - Ger.*), oliatore.

Schmierkopf (*m. - Mech.*), raccordo per lubrificazione, attacco per lubrificazione.

Schmiermittel (*n. - chem. Ind.*), lubrificante. 2 ~ (Mineralöl z. B.) (*Mot. - Masch. - Mech. - chem. Ind.*), olio lubrificante. 3 ~ (Schmierfett) (*Mech. - chem. Ind.*), grasso. 4 **Gesenk** ~ (*Schmieden*), lubrificante per stampi (di fucinatura).

Schmiernippel (*m. - Masch.*), ingrassatore, raccordo per lubrificazione.

Schmiernut (*f. - Mech.*), scanalatura per lubrificazione, scanalatura per l'olio.

Schmieröl (*n. - Mot. - Masch. - chem. Ind.*),

olio lubrificante. 2 ~ **ablasshahn** (*m. - Mot. - Masch.*), rubinetto di scarico dell'olio. 3 ~ **filter** (*m. - Mot. - Masch.*), filtro dell'olio lubrificante. 4 ~ **für Luftverdichter** (*chem. Ind.*), olio lubrificante per compressori. 5 ~ **pumpe** (*f. - Mot. - Masch.*), pompa dell'olio (lubrificante). 6 **Mineral** ~ (*chem. Ind.*), olio lubrificante minerale. 7 **synthetisches** ~ (*chem. Ind.*), olio lubrificante sintetico.
Schmierplan (Schmierschema) (*m. - Mot. - Masch.*), schema di lubrificazione.
Schmierpresse (*f. - Ger.*), pompa per ingrassaggio.
Schmierpumpe (Ölpumpe) (*f. - Masch.*), pompa del lubrificante, pompa dell'olio, pompa per lubrificazione.
Schmierrohr (*n. - Mot. - Masch.*), tubo del lubrificante, tubo dell'olio.
Schmierseife (*f. - Chem.*), sapone molle.
Schmierspalt (zwischen Welle und Lager z. B.) (*m. - Mech.*), meato.
Schmierstoff (*m. - chem. Ind.*), lubrificante. 2 ~ **abstreifring** (Ölabstreifring) (*m. - Mot.*), anello raschiaolio. 3 ~ **anlage** (*f. - Mech.*), impianto di lubrificazione. 4 ~ **behälter** (*m. - Mot. - Masch.*), serbatoio del lubrificante. 5 ~ **ingenieur** (*m. - Schmieren*), lubricista, specialista in lubrificazione, tecnico della lubrificazione. 6 ~ **messer** (Druckmesser) (*m. - Instr.*), manometro dell'olio (lubrificante). 7 ~ **verbrauch** (*m. - Mot. - etc.*), consumo di lubrificante. 8 **geschützter** ~ (Schmierstoff mit Inhibition, mit Antioxydations-Zusatz) (*chem. Ind.*), lubrificante con additivo antiossidante.
Schmiersystem (Schmierungssystem) (*n. - Mot. - etc.*), impianto di lubrificazione.
Schmierung (mit Schmieröl) (*f. - Mot. - Masch. - Mech.*), lubrificazione. 2 ~ (mit Schmierfett) (*Mech.*), ingrassaggio. 3 **Docht** ~ (*Masch.*), lubrificazione a stoppino. 4 **Druck** ~ (*Mot. - etc.*), lubrificazione forzata. 5 **Druck-Umlauf** ~ (*Masch.*), lubrificazione a circolazione forzata, lubrificazione forzata a circolazione. 6 **Frischöl** ~ (mit getrenntem Ölbehälter und Pumpe, für Zweitaktmotoren) (*Mot.*), lubrificazione a miscela con olio (attinto da serbatoio) separato. 7 **hydrodynamische** ~ (*Mech.*), lubrificazione idrodinamica. 8 **Mischungs** ~ (für Zweitaktmotoren) (*Mot.*), lubrificazione a miscela. 9 **Ring** ~ (*Mech.*), lubrificazione ad anello. 10 **Spritz** ~ (*Mot. - Masch.*), lubrificazione a sbattimento. 11 **Starr** ~ (mit starrem Fett) (*Mech.*), lubrificazione a grasso consistente. 12 **Tauch** ~ (*Mech. - Mot.*), lubrificazione a sbattimento 13 **Umlauf** ~ (*Mech. - etc.*), lubrificazione a circolazione (d'olio). 14 **Voll** ~ (bei der die Oberflächen durch Ölfilm ganz getrennt sind) (*Mech.*), lubrificazione idrodinamica, lubrificazione in velo spesso, lubrificazione viscosa, lubrificazione fluida, lubrificazione fluente. 15 **Zentral** ~ (*Masch. - Mot.*), lubrificazione centralizzata. 16 **zwangsläufige** ~ (*Mot. - etc.*), lubrificazione forzata.
Schmirgel (Smirgel, feinkörniges, sehr hartes Mineral, für Schleifzwecke) (*m. - Min. - Mech.*), smeriglio. 2 ~ **band** (*n. - Mech.*), nastro abrasivo. 3 ~ **block** (*m. - Zeichn. - Ger.*), grattino. 4 ~ **feile** (*f. - Werkz.*), stecca abrasiva, lima abrasiva. 5 ~ **leinwand** (Schmirgelleinen) (*f. - Mech.*), tela smeriglio. 6 ~ **maschine** (*f. - Masch.*), smerigliatrice. 7 ~ **papier** (*n. - Mech. - etc.*), carta abrasiva, carta smeriglio. 8 ~ **pulver** (*n. - Mech.*), polvere di smeriglio. 9 ~ **scheibe** (*f. - Werkz.*), mola a smeriglio. 10 ~ **tuch** (*n. - Mech.*), siehe Schmirgelleinwand.
Schmirgeln (*n. - Mech.*), lucidatura a smeriglio, smerigliatura.
schmirgeln (*Mech.*), smerigliare. 2 ~ (*Holz*), carteggiare.
Schmitt-Diskriminator (Schmitt-Trigger-Schaltung) (*m. - Elektronik*), circuito trigger di Schmitt, discriminatore di Schmitt.
Schmitz (Riffel, Kohlenvorkommen unter 5 cm) (*m. - Bergbau*), vena. 2 ~ (Fehler) (*allg.*), difetto. 3 ~ (Fleck) (*allg.*), macchia. 4 ~ (Streifen) (*allg.*), siehe Streifen. 5 ~ (Hieb, Schmiss) (*allg.*), taglio, solco. 6 ~ (einseitig unscharfer Typendruck) (*Druck.-fehler*), stampa sfumata.
Schmitze (*f. - Bergbau*), siehe Schmitz.
schmitzen (schlagen) (*allg.*), colpire. 2 ~ (färben) (*allg.*), tingere. 3 ~ (beflecken) (*allg.*), macchiare.
Schmok (Rauch) (*m. - Verbr.*), fumo. 2 ~ (Holz- und Sägespäne) (*Holzbearb.*), trucioli (di legno).
Schmolz (geschmolzenes Erz) (*m. - Metall.*), minerale (di ferro) fuso.
Schmoren (der Kontakte) (*n. - Elekt.*), carbonizzazione, fusione.
schmorfest (*allg.*), resistente ad alta temperatura.
Schmuck (*m. - allg.*), decorazione, ornamento. 2 ~ **beleuchtung** (*f. - Beleucht.*), illuminazione decorativa.
Schmuggel (*m. - recht.*), contrabbando.
Schmutz (*m. - allg.*), sporcizia, sudiciume. 2 ~ (Schlamm, im Motor z. B.) (*Mot. - etc.*), morchia. 3 ~ **blech** (*n. - Fahrz.*), parafango. 4 ~ **bogen** (*m. - Druck.*), foglio antiscartino. 5 ~ **buchstabe** (*m. - Druck.*), carattere sporco. 6 ~ **fänger** (in Rohrleitungen, Sieb) (*m. - Leit.*), filtro. 7 ~ **flosse** (*f. - Aut.*), parafango. 8 ~ **hahn** (*m. - Leit. - etc.*), rubinetto di scarico dei fanghi, rubinetto di spurgo dei fanghi. 9 ~ **tank** (einer Filteranlage) (*m. - Ger.*), serbatoio dello sporco. 10 ~ **titelblatt** (Blatt vor dem Titelblatt) (*n. - Druck.*), occhietto. 11 ~ **wasser** (Abwasser) (*n. - Bauw.*), acque luride, acque nere, liquame. 12 ~ **wasser** (Schlammwasser) (*allg.*), acqua fangosa. 13 ~ **wolle** (*f. - Textilind.*), lana sucida.
schmutzen (*allg.*), sporcare, sporcarsi.
schmutzig (*allg.*), sporco. 2 ~ **e Bombe** (*Atomphys. - Radioakt.*), bomba sporca.
Schnabel (*m. - allg.*), becco. 2 ~ (einer Giesspfanne z. B.) (*Giess. - etc.*), becco. 3 ~ (Schenkel einer Schieblehre) (*Werkz.*), becco fisso.
Schnadt-Probe (Kerbschlagprobe, Atopieprobe) (*f. - Werkstoffprüfung*), provino Schnatt.
Schnalle (Vorr. zum Schliessen, an Riemen) (*f. - allg.*), fibbia. 2 ~ (Türklinke) (*Bauw.*),

schnallen

chiavistello, saliscendi, catenaccio. 3 ~ (*Papier - Fehler*), bolla.
schnallen (*allg.*), affibbiare.
schnappen (sich schliessen, eines Deckels z. B.) (*allg.*), chiudersi a scatto. 2 ~ (eines Schlosses z. B.) (*Mech.*), scattare.
Schnapper (Riegel) (*m. - Mech. - Bauw.*), chiavistello.
Schnappmesser (*n. - Werkz.*), coltello a serramanico, coltello a molla.
Schnappriegel (*m. - Mech.*), chiavistello a molla, chiavistello a scatto.
Schnappschalter (*m. - Elekt.*), interruttore a scatto, interruttore rapido.
Schnappschloss (Schloss mit Schliessfeder) (*n. - Mech. - Bauw.*), serratura a molla, serratura a scatto.
Schnappschuss (Augenblicksaufnahme) (*m. - Phot.*), istantanea.
schnarchen (Luft mit Wasser ziehen, bei einer Pumpe) (*Masch. - Hydr.*), aspirare aria (con l'acqua).
Schnarre (*f. - Akus.*), rugghio.
schnarren (*allg.*), rugghiare. 2 ~ (einer Pumpe) (*Hydr.*), siehe schnarchen.
Schnarrer (Summer) (*m. - Elektroakus.*), vibratore a cicala, cicalino.
Schnarrfrequenz (*f. - Mech.*), frequenza di vibrazione, frequenza critica.
Schnatter (*m. - Transp. - Hebevorr.*), siehe Schlingenseil.
Schnattern (*n. - Akus.*), strepito. 2 Ventil ~ (eines Verbr.mot.) (*Mot.*), battito delle valvole.
Schnaue (kleines Segelschiff) (*f. - naut.*), barca a vela, piccolo veliero.
« **Schnauferl** » (Kraftrad) (*n. - Fahrz.*), motocicletta.
Schnauze (an Gefässen) (*f. - allg.*), becco. 2 ~ (eines Flugzeugs) (*Flugw.*), musone.
Schnecke (endlose Schraube) (*f. - Mech.*), vite senza fine, vite motrice. 2 ~ (Spirale, Volute) (*Arch.*), voluta. 3 ~ (Förderschnecke) (*ind. Transp.*), coclea, vite di Archimede. 4 ~ (Wendeltreppe) (*Bauw.*), scala a chiocciola. 5 ~ (Wagen mit Hinterrädern und Schlitten als Vordergestell) (*Fahrz. - schweiz.*), veicolo a ruote posteriori e pattini anteriori. 6 ~ (Schraubenlinie) (*Geom.*), elica. 7 ~ (Maschinenelement zur Verarbeitung thermoplastischer Massen) (*Masch.*), vite. 8 ~ n·antrieb (*m. - Mech.*), trasmissione a coppia vite-ruota, trasmissione a ruota elicoidale e vite senza fine. 9 ~ n·beschickung (*f. - ind. Transp.*), alimentazione a coclea. 10 ~ n·bohrer (*m. - Tischl. - Werkz.*), trivella ad elica, trivella a tortiglione. 11 ~ n·feder (flache Spiralfeder) (*f. - Mech.*), molla a spirale piana. 12 ~ n·förderer (*m. - ind. Transp.*), coclea. 13 ~ n·förderer mit Bandschnecke (*ind. Transp.*), coclea a nastro. 14 ~ n·förderer mit Schaufeln (*ind. Transp.*), coclea a palette. 15 ~ n·förderer mit Vollschnecke (*ind. Transp.*), coclea normale. 16 ~ n·fräser (Abwälzfräser) (*m. - Werkz.*), creatore per viti senza fine. 17 ~ n·getriebe (*n. - Mech.*), ingranaggio a vite, trasmissione a coppia vite-ruota, trasmissione a ruota elicoidale e vite senza fine. 18 ~ n·getriebe (Lenkgetriebe) (*Aut.*), comando sterzo a coppia vite-ruota. 19 ~ n·lenkung mit kugelgelagerter Mutter (Kugelumlauflenkung) (*Aut.*), guida a vite e madrevite con circolazione di sfere. 20 ~ n·linie (Spirale) (*f. - Geom.*), spirale. 21 ~ n·presse (für Kunststoffe) (*f. - Masch.*), estrusore a vite, macchina per estrudere a vite. 22 ~ n·pumpe (Globoidpumpe, aus einer Globoid-Schnecke und Schneckenrad) (*f. - Masch.*), pompa a vite globoidale e ruota a vite. 23 ~ n·rad (Zahnrad) (*n. - Mech.*), ruota a vite. 24 ~ n·radabwälzfräser (Schneckenradwälzfräser) (*m. - Werkz.*), creatore per ruote a vite. 25 ~ n·radabwälzfräsmaschine (Schneckenradwälzfräsmaschine) (*f. - Werkz.masch.*), dentatrice a creatore per ruote a vite. 26 ~ n·radbogen (Schneckenradsegment) (*m. - Aut.*), settore per vite senza fine. 27 ~ n·radbreite (*f. - Mech.*), larghezza di dentatura di (una) ruota a vite. 28 ~ n·radwälzfräser (*m. - Werkz.*), creatore per ruote a vite. 29 ~ n·rohrförderer (Förderrohr, mit am Innenumfang des Rohres befestigter Schnecke) (*m. - ind. Transp.*), tubo rotante, trasportatore a tubo rotante. 30 ~ n·schälen (Wälzschälen von Schnecken) (*n. - Werkz.masch.bearb.*), dentatura a rotolamento di viti senza fine con coltello circolare. 31 ~ n·schleifmaschine (*f. - Werkz.masch.*), rettificatrice per viti senza fine, rettificatrice per viti motrici. 32 ~ n·spritzmaschine (für Kunststoffe) (*f. - Masch.*), estrusore a vite, macchina per estrudere a vite. 33 ~ n·steigung (*f. - Mech.*), passo (della) vite senza fine. 34 ~ n·treppe (Wendeltreppe) (*f. - Bauw.*), scala a chiocciola. 35 ~ n·trieb (*m. - Mech.*), trasmissione a coppia vite-ruota (elicoidale). 36 ~ n·verzahnung (*f. - Mech.*), dentatura per viti senza fine. 37 ~ n·wälzfräser (*m. - Werkz.*), creatore per viti senza fine, creatore per viti motrici. 38 ~ n·welle (Zugspindel, Zugstange, einer Drehbank) (*f. - Werkz.masch.*), candela, barra di cilindratura. 39 ~ n·zug (Schneckenflaschenzug) (*m. - Hebevorr.*), paranco a vite senza fine. 40 eingängige ~ (*Mech.*), vite senza fine ad un principio. 41 Förder ~ (*ind. Transp.*), coclea, vite di Archimede. 42 Globoid ~ (*Mech.*), vite (senza fine) globoidale, vite motrice globoidale. 43 Lenk ~ (*Aut.*), vite senza fine dello sterzo. 44 mehrgängige ~ (vielgängige Schnecke) (*Mech.*), vite senza fine a più principi. 45 zweigängige ~ (*Mech.*), vite senza fine a due principi. 46 Zylinder ~ (*Mech.*), vite senza fine cilindrica, vite motrice cilindrica.
schneckig (spiralig) (*allg.*), a spirale. 2 ~ (langsam) (*allg.*), lento.
Schnee (*m. - Meteor.*), neve. 2 ~ (kleine Leuchtflecken auf dem Bild) (*Fernsehfehler*), neve, effetto neve. 3 ~ ballsystem (Verkaufssystem, bei dem vom Käufer ein verbilligter Preis bezahlt wird, wenn er dem Unternehmen neue Abnehmer zuführt) (*n. - komm.*), sistema di vendita a procacciamento. 4 ~ belastung (*f. - Bauw.*), carico dovuto alla neve. 5 ~ flocke (*f. - Meteor.*), fiocco di neve. 6 ~ fräse (Schneepflug) (*f. - Masch.*), spazzaneve a turbina, sgombraneve. 7 ~ glätte (festgefahrener Schnee) (*f. -*

Strass.verk.), neve battuta, neve pressata. **8 ~ grenze** (*f. - Meteor. - Geogr.*), limite delle nevi. **9 ~ kette** (*f. - Aut.*), catena da neve, catena antisdrucciolevole. **10 ~ kufenfahrwerk** (*n. - Flugw.*), carrello di atterraggio a sci. **11 ~ last** (*f. - Bauw.*), carico dovuto alla neve. **12 ~ pflug** (*m. - Eisenb. - Strasse - Masch.*), spartineve, spazzaneve. **13 ~ räumer** (*m. - Masch.*), sgombraneve. **14 ~ räumung** (*f. - Strasse - Eisenb.*), sgombero della neve. **15 ~ reifen** (Schneeteller) (*m. - Ger.*), racchetta da neve. **16 ~ schleuder** (*f. - Masch.*), sgombraneve centrifugo, spazzaneve centrifugo. **17 ~ schuh** (Ski) (*m. - Sport*), sci. **18 ~ sturm** (*m. - Meteor.*), tempesta di neve, tormenta. **19 ~ zement** (Salzmischung zur Erzeugung von Skipisten) (*m. - Sport*), miscela per il consolidamento della neve. **20 Pulver ~** (*Meteor.*), neve farinosa.
Schneidanker-Relais (*n. - Elekt.*), relè ad àncora su coltello.
Schneidapparat (Schneidbrenner, für Bleche z. B.) (*m. - Ger.*), cannello da taglio.
Schneidarbeit (*f. - Blechbearb.*), (operazione di) taglio.
Schneidbacke (zum Schraubenschneiden, Schneidkluppe) (*f. - Werkz.*), filiera regolabile.
Schneidbohrer (Gewindebohrer) (*m. - Werkz.*), maschio per filettare, maschio filettatore, maschio.
Schneidbrennen (*n. - mech. Technol.*), taglio al cannello, taglio alla fiamma.
schneidbrennen (*mech. Technol.*), tagliare alla fiamma, tagliare al cannello.
Schneidbrenner (für Bleche z. B.) (*m. - Ger.*), cannello da taglio. **2 Azetylensauerstoff ~** (*Ger.*), cannello da taglio ossiacetilenico.
Schneiddose (Schneidkopf) (*f. - Akus.*), testina d'incisione.
Schneiddruck (*m. - Werkz.masch.bearb.*), pressione di taglio.
Schneide (eines Drehmeissels z. B.) (*f. - Werkz.*), tagliente. **2 ~** (Schärfe, eines Messers) (*Werkz.*), filo. **3 ~** (einer Waage z. B.) (*Instr.*), coltello. **4 ~ kluppe** (Gewindekluppe) (*f. - Werkz.*), filiera regolabile. **5 ~ maschine** (*f. - Textilmasch. - etc.*), macchina per tagliare. **6 ~ maschine** (Papierind. - Masch.), taglierina. **7 ~ mühle** (Sägewerk) (*f. - Holzbearb.*), segheria. **8 ~ n·ansatz** (Aufbauschneide) (*m. - Mech.*), tagliente di riporto. **9 ~ n·aufhängung** (Schneidenlagerung) (*f. - Mech.*), sospensione su coltelli. **10 ~ n·ecke** (Meisselspitze) (*f. - Werkz.*), punta dell'utensile. **11 ~ n·höhe** (die Höhe von der Spitze des Stahles bis zur Auflage) (*f. - Werkz.*), altezza del tagliente. **12 ~ n·kopf** (eines Drehmeissels z. B.) (*m. - Werkz.*), nasello, testa. **13 ~ n·lagerung** (*f. - Mech.*), sospensione su coltelli. **14 ~ n·winkel** (Keilwinkel, eines Drehmeissels) (*m. - Werkz.*), angolo di taglio. **15 ~ zange** (*f. - Werkz.*), tronchese, tronchesina. **16 Anreiss ~** (*Werkz.*), punta per tracciare, punta a tracciare. **17 Haupt ~** (eines Drehstahles) (*Werkz.*), tagliente principale, fianco principale. **18 Neben ~** (eines Drehstahls) (*Werkz.*), tagliente secondario, fianco secondario. **19 scharfe ~** (*Werkz.*), tagliente affilato. **20 stumpfe ~** (*Werkz.*), tagliente consumato, tagliente poco affilato.
Schneideisen (Gewindeschneidwerkzeug) (*n. - Werkz.*), filiera. **2 ~ halter** (*m. - Werkz.*), portafiliera, girafiliera. **3 geschlossenes ~** (ungeteiltes Schneideisen) (*Werkz.*), filiera chiusa. **4 offenes ~** (geschlitztes Schneideisen) (*Werkz.*), filiera aperta, filiera regolabile. **5 verstellbares, rundes ~** (*Werkz.*), filiera tonda aperta, filiera tonda regolabile.
Schneiden (*n. - allg.*), taglio. **2 ~** (Blechbearb.), taglio, tranciatura. **3 ~** (von Gewinden) (*Mech.*), filettatura. **4 ~** (mit Gewindebohrer) (*Mech.*), maschiatura. **5 ~ auf Mass** (metall. Ind. - etc.), taglio a misura. **6 ~ im Flächenschluss** (stegloses Ausschneiden) (*Blechbearb.*), tranciatura senza sfrido. **7 ~ mit Schneidschablone** (Gummischneiden) (*Blechbearb.*), tranciatura con tampone di gomma. **8 Ab ~** (Trennen in einer nicht geschlossenen Linie) (*Blechbearb.*), troncatura, taglio. **9 Aus ~** (vollständiges Trennen der Aussenform des Blechteiles) (*Blechbearb.*), tranciatura dello sviluppo. **10 autogenes ~** (Schneidbrennen) (*mech. Technol.*), taglio al cannello, taglio alla fiamma. **11 Be ~** (Abtrennen von überflüssigem Material) (*Blechbearb.*), rifilatura. **12 Brenn ~** (*mech. Technol.*), taglio al cannello, taglio alla fiamma. **13 Ein ~** (teilweises Trennen, bei dem das angeschnittene Blechteil mit dem Gesamtblechstück noch in Verbindung bleibt) (*Blechbearb.*), intaglio. **14 elektrisches ~** (mit Lichtbogen) (*mech. Technol.*), taglio all'arco. **15 Nach ~** (zum Herstellen scharfer Kanten und grösserer Masshaltigkeit an Endformen) (*Blechbearb.*), rifilatura. **16 Schrauben ~** (*Mech.*), filettatura.
schneiden (*allg.*), tagliare. **2 ~** (*Blechbearb.*), tagliare, tranciare. **3 ~** (*Werkz.masch.bearb.*), tagliare. **4 ~** (Gewinde) (*Mech.*), filettare. **5 ~** (mit Gewindebohrer) (*Mech.*), maschiare. **6 ~** (den Weg kreuzen) (*Geom. - etc.*), tagliare, intersecare. **7 ~** (eine Kurve) (*Aut.*), tagliare. **8 ~** (verfälschen, Wein) (*Ind.*), tagliare. **9 ab ~** (abtrennen) (*allg.*), troncare, tagliare via, separare. **10 aus ~** (*Blechbearb.*), tranciare lo sviluppo. **11 be ~** (*Blechbearb.*), rifilare. **12 brenn ~** (*mech. Technol.*), tagliare al cannello, tagliare alla fiamma. **13 durch ~** (in zwei Teile zertrennen) (*allg.*), troncare, tagliare in due. **14 ein ~** (*Blechbearb.*), intagliare. **15 ein ~** (in Holz) (*Holzbearb.*) intagliare. **16 sich ~** (*Geom.*), intersecarsi.
Schneider (Kleidermacher) (*m. - Arb.*), sarto. **2 ~** (Messer) (*Werkz.*), coltello. **3 ~** (Schere) (*Ger.*), cesoie. **4 ~** (*Akus. - Ger.*), incisore. **5 ~ kreide** (*f. - Ger.*), gesso da sarti. **6 ~ werkzeuge** (*n. - pl. - Werkz.*), attrezzi da sarto. **7 Abfall ~** (einer Presse) (*Blechbearb.*), cesoia tagliasfridi. **8 Betoneisen ~** (*Werkz.*), tagliatondini. **9 Draht ~** (*Werkz.*), tagliafili.
Schneideraum (*m. - Filmtech.*), sala di montaggio.
Schneiderei (*f. - Ind.*), sartoria.
Schneide- und Rillmaschine (*f. - Masch.*), taglierina-cordonatrice.

Schneidflüssigkeit (*f. - Werkz.masch.bearb.*), fluido da taglio.
Schneidgeschwindigkeit (*f. - Werkz.masch. bearb.*), velocità di taglio.
Schneidgewinde (ein Gewinde welches das Mutterngewinde beim Einschrauben schneidet) (*n. - Mech.*), filettatura automaschiante. 2 Blech ~ (*Mech.*), filettatura automaschiante (per viti) da lamiera.
Schneidgut (Knüppel z. B., durch Schere) (*n. - mech. Technol.*), materiale da tagliare.
Schneidkamm (*m. - Werkz.*), pettine per filettare.
Schneidkante (Schneide) (*f. - Werkz.*), spigolo tagliente, tagliente.
Schneidkeil (*m. - Werkz.*), cuneo tagliente.
Schneidkeramik (*f. - Werkz.*), materiale ceramico da taglio.
Schneidkluppe (zum Schneiden von Gewinden) (*f. - Werkz.*), filiera regolabile.
Schneidmetall (zur Herstellung von Werkz.) (*n. - Metall.*), metallo per utensili da taglio.
Schneidöl (*n. - Werkz.masch.bearb.*), olio da taglio.
Schneidplättchen (aus Hartmetall, z. B.) (*n. - Werkz.*), placchetta.
Schneidplatte (Schneidplättchen, aus Hartmetall z. B.) (*f. - Werkz.*), placchetta. 2 ~ (*Schmiedewerkz. - Blechbearb.werkz.*), siehe Schnittplatte. 3 Wende ~ (Wendeplatte, Wegwerfschneidplatte) (*Walzw.*), placchetta ribaltabile, placchetta a perdere pluritagliente.
Schneidpresse (*f. - Masch.*), tranciatrice, pressa tranciatrice.
Schneidrad (zum Wälzstossen von Zahnrädern) (*n. - Werkz.*), coltello Fellows, coltello circolare (per ingranaggi). 2 ~ mit verkürztem Morsekegel (*Werkz.*), coltello (tipo) Fellows con cono Morse accorciato, coltello circolare con cono Morse accorciato. 3 ~ mit Zylinderschaft (*Werkz.*), coltello (tipo) Fellows a codolo cilindrico, coltello circolare a codolo cilindrico. 4 Schaft ~ (*Werkz.*), coltello (tipo) Fellows a codolo, coltello circolare a codolo.
Schneidscheibe (Trennscheibe) (*f. - Werkz.*), mola per troncare.
Schneidschraube (Gewindeschneidschraube) (*f. - Mech.*), vite maschiante.
Schneidschuh (bei Senkschachtverfahren) (*m. - Bergbau*), anello tagliente.
Schneidspalt (beim Scheren) (*m. - mech. Technol.*), gioco tra i taglienti.
Schneidstahl (*m. - Werkz.*), utensile da taglio. 2 ~ (Schneidlegierung) (*Metall.*), acciaio per utensili (da taglio). 3 ~ (*Werkz.*), siehe auch Stahl.
Schneidstempel (Schnittstempel) (*m. - Blechbearb.werkz.*), punzone per tranciatura. 2 ~ (*Schmiedewerkz.*), siehe Schnittstempel.
Schneidstoff (*m. - Werkz.masch.bearb.*), materiale da tagliare.
Schneidwaren (*f. - pl. - Ind. - Metall.*), coltelleria.
Schneidwerkzeug (*n. - Werkz.*), utensile da taglio. 2 ~ (Gewindeschneidwerkzeug) (*Werkz.*), utensile filettatore, utensile per filettare.
schneien (*Meteor.*), nevicare.
Schneise (*f. - Flugw. - Navig.*), corridoio di volo. 2 ~ (Waldschneise z. B., für elekt. Leitungen) (*Elekt.*), corridoio.
schnell (*allg.*), rapido, veloce. 2 ~ **bindend** (schnellabbindend) (*Maur.*), a presa rapida. 3 ~ **e Neutronen** (*Atomphys.*), neutroni veloci. 4 ~ **e Rolle** (*Flugw.*), frullo. 5 ~ **er Reaktor** (*Atomphys.*), reattore a neutroni veloci. 6 ~ **es Bruchstück** (*Atomphys.*), frammento veloce. 7 schnellaufend (*Mech. - etc.*), ad alta velocità. 8 schnellösend (*Mech. - etc.*), a sgancio rapido. 9 ~ **wirkend** (*allg.*), ad azione rapida, rapido.
Schnellablass (*m. - Flugw.*), scarico rapido.
Schnellabschaltung (eines Kernreaktors) (*f. - Kernphys.*), siehe Schnellschluss.
Schnellader (Geschütz) (*m. - Feuerwaffe*), cannone a tiro rapido.
Schnelladung (einer Batterie) (*f. - Elekt.*), carica rapida.
Schnellalterungsversuch (*m. - Technol.*), prova d'invecchiamento accelerata.
Schnellanalyse (*f. - Chem.*), analisi rapida, analisi accelerata.
Schnellanschluss (Rohrkupplung z. B.) (*m. - Leit.*), raccordo rapido.
Schnellanstellung (*f. - Werkz.masch.bearb.*), appostamento rapido.
Schnellarbeitsstahl (Schnellstahl) (*m. - Metall. - Werkz.*), acciaio rapido.
Schnelläufer (*m. - Mot.*), motore veloce. 2 ~ (Dieselmotor) (*m. - Mot.*), motore Diesel veloce. 3 ~ **maschine** (*f. - Masch.*), macchina veloce. 4 ~ **presse** (*f. - Masch.*), pressa ad alta velocità.
Schnelläufigkeit (Modelldrehzahl, Kennzahl für die mech. Beanspruchung von Verb. mot. $n_m = n\sqrt{Pe}$ wobei n die Drehzahl und Pe die Leistung darstellen) (*f. - Mot.*), numero di giri caratteristico.
Schnellauslöser (Schalter) (*m. - Elekt.*), interruttore a scatto, interruttore ad apertura rapida.
Schnellauslöserelais (*n. - Elekt.*), relè di scatto.
Schnellbahn (Hochbahn, U-Bahn, etc.) (*f. - Eisenb.*), metropolitana, ferrovia urbana.
Schnellbereitschafts-Aggregat (*n. - Elekt. - etc.*), gruppo ad intervento rapido.
Schnellbewitterung (*f. - Anstr.*), prova accelerata agli agenti atmosferici artificiali.
Schnellbinder (Zement) (*m. - Maur.*), cemento a presa rapida. 2 ~ (Erstarrungsbeschleuniger, für Zement) (*m. - Bauw.*), accelerante della presa.
Schnellbohrmaschine (*f. - Werkz.masch.*), trapano rapido, trapano ad alta velocità di taglio.
Schnellboot (S-Boot) (*n. - naut.*), motoscafo da corsa.
Schnellbremse (*f. - Mech.*), freno rapido.
Schnellbremsung (*f. - Mech.*), frenatura rapida.
Schnellbrüter (*m. - Atomphys.*), siehe Schnellbrutreaktor.
Schnellbrutreaktor (*m. - Atomphys.*), reat-

tore autofertilizzante veloce, reattore surrigeneratore veloce.
Schnelldrehbank (*f. - Werkz.masch.*), tornio per alte velocità (di taglio).
Schnelldrehstahl (Schnellarbeitsstahl) (*m. - Metall.*), acciaio rapido.
Schnelldrucker (*m. - Rechner*), stampatrice rapida, stampante rapida.
Schnelle (Geschwindigkeit) (*f. - allg.*), velocità. 2 ~ (Stromschnelle) (*Geogr.*), rapida (*s.*).
Schnellentladung (einer Batterie) (*f. - Elekt.*), scarica rapida. 2 Akkumulator für ~ (*Elekt. - Aut.*), accumulatore a scarica rapida.
Schnellentleerung (der Kraftstoffbehälter) (*f. - Flugw.*), scarico rapido.
Schnellentregung (*f. - elekt. Masch.*), diseccitazione rapida.
Schneller (*m. - Textilmasch.*), siehe Treiber.
Schnellfeuer (*n. - Feuerwaffe*), tiro rapido. 2 ~ geschütz (*n. - Feuerwaffe*), cannone a tiro rapido.
Schnellgang (Schongang) (*m. - Aut.*), marcia moltiplicata, quinta velocità, rapporto per autostrada. 2 ~ (*Werkz.masch.bearb.*), traslazione rapida, movimento rapido. 3 ~ (Rückgang) (*Werkz.masch.bearb.*), ritorno rapido. 4 ~ getriebe (*n. - Aut.*), moltiplicatore. 5 ~ rad (Zahnrad) (*n. - Aut.*), ruota del moltiplicatore, ruota della quinta (velocità).
Schnellhobler (Kurzhobler) (*m. - Werkz. masch.*), limatrice. 2 traversierender ~ (*Werkz.masch.*), limatrice a testa traslabile, limatrice a testa spostabile trasversalmente.
Schnelligkeit (Schnellheit, Geschwindigkeit) (*f. - allg.*), velocità. 2 ~ s·rekord (*m. - Sport*), primato di velocità, record di velocità.
Schnellklemme (*f. - Mech.*), morsetto rapido.
Schnellkochtopf (*m. - Ger.*), siehe Dampfkochtopf.
Schnellkopie (*f. - Druck.*), copia rapida.
Schnellkorrosionsprüfung (bei der die Korrosion durch andere Reaktionen beschleunigt wird) (*f. - mech. Technol.*), prova di corrosione accelerata.
Schnellkraft (Elastizität) (*f. - Mech. - etc.*), elasticità.
Schnellkühlung (Schnellabkühlung) (*f. - Kälte*), congelazione rapida.
Schnellpaket (*n. - Post - Eisenb.*), pacco a grande velocità.
Schnellphotographie (*f. - Phot.*), istantanea.
Schnellpresse (*f. - Druckmasch.*), macchina da stampa veloce.
Schnellprobe (*f. - Technol.*), prova accelerata, prova rapida.
Schnellregler (Spannungsregler) (*m. - Elekt.*), regolatore automatico (di tensione).
Schnellschalter (*m. - Elekt.*), interruttore a scatto, interruttore ad apertura rapida.
Schnellschluss (eines Reaktors) (*m. - Atomphys.*), interruzione di emergenza, spegnimento di emergenza. 2 ~ regler (bei Dampfturbosätzen z. B.) (*m. - Turb. - etc.*), regolatore per arresto rapido.
Schnellschnittstahl (Schnellarbeitsstahl) (*m. - Metall. - Werkz.*), acciaio rapido.
Schnellschrauber (*m. - Ger.*), avvitatrice rapida, giraviti rapido.
Schnellschreiber (*m. - Ger.*), registratore rapido.
Schnellschrift (*f. - Büro*), stenografia.
Schnellspaltung (*f. - Atomphys.*), fissione dovuta a neutroni veloci, fissione rapida.
Schnellspannfutter (*n. - Werkz.masch.*), pinza a chiusura rapida.
Schnellspanner (*m. - Vorr.*), dispositivo a serraggio rapido.
Schnellspannung (*f. - Werkz.masch.*), serraggio rapido, bloccaggio rapido.
Schnellspeicher (*m. - Rechner*), memoria rapida, memoria ad accesso rapido.
Schnellspur (einer Autobahn) (*f. - Aut. - Strasse*), corsia (per traffico) veloce, corsia di sorpasso.
Schnellstahl (Schnellarbeitsstahl) (*m. - Metall. - Werkz.*), acciaio rapido.
Schnellstarrer (schnell erstarrende Bindemittel) (*m. - Bauw.*), legante a presa rapida.
Schnellstrasse (Schnellverkehrsstrasse, Autobahn z. B.) (*f. - Strass.ver.*), superstrada, strada a scorrimento veloce.
Schnelltauchen (eines U-Bootes) (*n. - Kriegsmar.*), immersione rapida.
Schnelltemperguss (*m. - Metall. - Giess.*), siehe Halbstahl.
Schnelltriebwagen (*m. - Eisenb.*), automotrice rapida. 2 Fern ~ (*Eisenb.*), automotrice rapida per lunghi percorsi.
Schnellumschalter (*m. - Elekt.*), commutatore a scatto, commutatore rapido.
Schnellverbinder (*m. - Leit. - Mech.*), attacco rapido, raccordo rapido.
Schnellverbindung (*f. - Leit.*), attacco rapido.
Schnellverdampfer (Dampfkessel) (*m. - Kessel*), caldaia a rapida vaporizzazione, caldaia rapida. 2 ~ (*chem. Ger.*), evaporatore rapido.
Schnellverfahren (beschleunigtes Verfahren) (*n. - recht.*), procedura d'urgenza.
Schnellverkehr (mit Schnellzügen) (*m. - Eisenb.*), traffico ad alta velocità. 2 ~ s· strasse (Express-Strasse) (*f. - Strass.verk.*), strada per traffico veloce, strada a scorrimento veloce.
Schnellvorschub (*m. - Werkz.masch.bearb.*), avanzamento rapido.
Schnellwalzwerk (*n. - Walzw.*), laminatoio ad alta velocità, laminatoio rapido.
Schnellwechsel (*m. - Mech. - Werkz.masch.*), cambio rapido. 2 ~ einsatz (*m. - Mech.*), attacco a cambio rapido. 3 ~ futter (*n. - Werkz.masch.bearb.*), pinza a cambio rapido.
Schnellzug (*m. - Eisenb.*), treno direttissimo, direttissimo (*s.*). 2 ~ (mit Preisaufschlag) (*Eisenb.*), treno rapido, rapido (*s.*).
Schneppe (Schnabel) (*f. - allg.*), becco, boccaglio.
Schnitt (Tätigkeit des Schneidens) (*m. - allg.*), taglio. 2 ~ (Darstellung in einer Schnittebene) (*Zeichn.*), sezione. 3 ~ (Werkz. zum Spalten, Abgraten, etc.) (*Werkz.*), utensile, stampo. 4 ~ (Werkz. zum Ausschneiden, bei der Blechbearbeitung z. B.) (*Werkz.*), stampo per tranciare. 5 ~ (Durchdringen von Kurven, Flächen, etc.) (*Geom.*), intersezione. 6 ~ (beschnittener Rand, eines Buches) (*Buchbinderei*), taglio. 7 ~ (von Getreide) (*Landw.*),

Schnitt

mietitura. 8 ~ (eines Filmes) (*Filmtech.*), montaggio. 9 ~ (Schnittmuster) (*Textilind.*), modello. 10 ~ **ansicht** (*f. - Zeichn.*), vista in sezione. 11 ~ **bandkern** (eines Transformators) (*m. - Elekt.*), nucleo a nastro. 12 ~ **bewegung** (beim Zerspanen, Hauptbewegung der Maschine) (*f. - Werkz.masch.bearb.*), moto di lavoro, moto di taglio. 13 ~ **bildtelemeter** (*m. - n. - Instr.*), telemetro a coincidenza. 14 ~ **breite** (*f. - Werkz.masch.bearb.*), larghezza di taglio, larghezza della passata. 15 ~ **ebene** (*f. - Zeichn.*), piano di sezione. 16 ~ **fläche** (*f. - Zeichn. - etc.*), sezione. 17 ~ **fläche** (eines Werkstückes, die unter der Schneide entstehende Fläche) (*Werkz.masch. bearb.*), superficie lavorata. 18 ~ **geschwindigkeit** (*f. - Werkz. masch. bearb.*), velocità di taglio. 19 ~ **höhe** (Schnittiefe) (*f. - Werkz.masch.bearb.*), profondità di passata. 20 ~ **holz** (Bretter, Bohlen, etc.) (*n. - Holz*), legname tagliato. 21 ~ **kopie** (Arbeitskopie) (*f. - Filmtech.*), copia di lavorazione. 22 ~ **kraft** (*f. - Werkz.masch.bearb.*), sforzo di taglio. 23 ~ **linie** (*f. - Geom.*), linea d'intersezione. 24 ~ **matrize** (zur Blechbearbeitung) (*f. - Werkz.*), matrice per tranciatura. 25 ~ **öl** (*n. - Werkz.masch.bearb.*), olio da taglio. 26 ~ **platte** (Schneidplatte, Matrize, Teil des Abgratwerkzeugs) (*f. - Schmiedewerkz.*), matrice per sbavatura. 27 ~ **platte** (Schnittmatrize, für Blechbearbeitung) (*Werkz.*), matrice per tranciatura. 28 ~ **presse** (*f. - Masch.*), pressa per tranciare. 29 ~ **punkt** (*m. - Geom.*), punto d'intersezione. 30 ~ **spalt** (zwischen den Messern einer Schere) (*m. - Masch.*), gioco tra i taglienti. 31 ~ **stein** (Haustein, Quader) (*m. - Maur.*), pietra tagliata, concio, pietra squadrata. 32 ~ **stelle** (zwischen einem Rechner und ihrem Datenübertragungsgerät z. B.) (*f. - Rechner*), interfaccia. 33 ~ **stempel** (Schneidstempel, Teil des Abgratwerkzeugs) (*m. - Schmiedewerkz.*), punzone per sbavatura. 34 ~ **stempel** (*Blechbearb. - Werkz.*), punzone per tranciare. 35 ~ **tiefe** (Schnitthöhe) (*f. - Werkz.masch. bearb.*), profondità di passata, profondità di taglio. 36 ~ **verfahren** (Rittersches Verfahren) (*n. - Baukonstr.lehre*), metodo (delle sezioni) di Ritter. 37 ~ **verlust** (*m. - Technol.*), ritagli. 38 ~ **vorschub** (Vorschub) (*m. - Mech.*), avanzamento. 39 ~ **winkel** (*f. - Geom.*), angolo di intersezione. 40 ~ **winkel** (Winkel zwischen Schnitt- und Spanfläche, eines Drehmeissels z. B.) (*Werkz.*), angolo di taglio. 41 ~ **zeichnung** (*f. - Zeichn.*), disegno in sezione. 42 **Abgrat** ~ (Abgratwerkzeug) (*Werkz.*), sbavatore, utensile sbavatore, stampo sbavatore. 43 **Abgrat** ~ **platte** (Schnittmatrize) (*Schmieden*), matrice per sbavare, matrice per sbavatura. 44 **Achsen** ~ (*Mech. - Zeichn.*), sezione assiale. 45 **Einfach** ~ (*Blechbearb.*), tranciatura semplice. 46 **Folge** ~ (*Blechbearb.*), tranciatura progressiva. 47 **Frei** ~ (*Blechbearb.*), tranciatura libera, tranciatura senza guida. 48 **Frei** ~ (Werkzeug) (*Blechbearb.werkz.*), punzone libero, punzone non guidato. 49 **Führungs** ~ (*Blechbearb.*), tranciatura guidata, tranciatura con guidastampo. 50 **Halb** ~ (*Zeichn.*), semisezione. 51 **Haupt** ~ (eines Werkstückes) (*Werkz.masch.bearb.*), superficie lavorata dal tagliente principale. 52 **Kerb** ~ (*allg.*), intaglio. 53 **Längs** ~ (*Zeichn.*), sezione longitudinale. 54 **Meridian** ~ (*Mech. - Zeichn.*), sezione meridiana. 55 **Neben** ~ (eines Werkstückes) (*Werkz.masch.barb.*), superficie lavorata dal tagliente secondario. 56 **Plattenführungs** ~ (*Blechbearb.*), tranciatura con piastra di guida. 57 **Plattenführungs** ~ (Werkzeug) (*Blechbearb.werkz.*), punzone guidato da piastra. 58 **Quer** ~ (*Zeichn.*), sezione trasversale. 59 **Quer** ~ (eines Drahtes z. B.) (*allg.*), sezione. 60 **Säulenführungs** ~ (Verfahren) (*Blechbearb.*), tranciatura con guida a colonne. 61 **Säulenführungs** ~ (*Blechbearb. werkz.*), stampo di tranciatura a colonne di guida. 62 **Schräg** ~ (*Zeichn.*), sezione obliqua. 63 **Spalt** ~ (*Werkz.*), utensile separatore. 64 **Strassen** ~ (Strassenprofil) (*Strass.b.*), profilo della strada, spaccato della strada. 65 **Teil** ~ (*Zeichn.*), sezione parziale. 66 **Voll** ~ (*Zeichn.*), sezione intera. 67 **ziehender** ~ (*Blechbearb.*), tranciatura obliqua, taglio obliquo.

Schnitteil (Blechteil) (*m. - mech. Technol.*), pezzo tranciato, tranciato (*s.*).

Schnitter (Mäher) (*m. - Landw. - Arb.*), falciatore, mietitore.

Schnittiefe (*f. - Werkz.masch.bearb.*), profondità di taglio, profondità di passata.

Schnitzarbeit (in Holz oder Elfenbein) (*f. - Kunst*), intaglio.

Schnitzbank (Schneidbank, Hanselbank) (*f. - Ger.*), cavalletto da bottaio.

Schnitzel (ausgelaugtes Rübenstückchen) (*n. - Zuckerind.*), fettuccia esaurita, melassa, melasso.

schnitzeln (in kleine Stücke schneiden) (*allg.*), tagliuzzare, tritare.

schnitzen (Holz oder Elfenbein) (*Kunst*), intagliare.

Schnitzer (*m. - Arb.*), intagliatore.

Schnitzerei (Holzbildwerk) (*f. - Kunst*), lavoro d'intaglio. 2 ~ (Holzschneidekunst) (*Kunst*), arte dell'intaglio.

Schnorchel (für die Abgasleitung und Zuluftleitung des Motors eines U-Bootes) (*m. - Kriegsmar.*), « schnorchel », presa d'aria (per sommergibili).

Schnörkel (*m. - Arch.*), voluta.

Schnüffelloch (Ausgleichbohrung, eines Bremsenhauptzylinders) (*n. - Aut.*), foro di compensazione.

Schnüffelventil (*n. - Masch.*), valvola di scarico, valvola di sicurezza.

Schnur (Bindfaden) (*f. - Ind.*), spago. 2 ~ (*Elekt.*), cordoncino, cordone. 3 ~ **bündel** (*n. - Weberei*), siehe Puppe. 4 ~ **paar** (*n. - Fernspr.*), bicordo. 5 ~ **schalter** (*m. - Elekt.*), interruttore a strappo, interruttore a funicella. 6 ~ **schrift** (griechische Schrift für Formeln) (*f. - Druck.*), carattere filiforme. 7 **elektrische** ~ (*Elekt.*), cordone elettrico, cordoncino. 8 **Leitungs** ~ (*Elekt.*), cordoncino, cordone (elettrico).

Schnürboden (zur Konstruktionszeichnung in natürlicher Grösse) (*m. - Schiffbau*), sala di tracciatura, sala a tracciare.

Schnüreffekt (Pinch-Effekt, Quetscheffekt) (*m. - Elekt.*), reostrizione.
schnüren (*allg.*), legare (con spago). 2 ~ (drehen) (*allg.*), torcere. 3 ab ~ (in natürlicher Grösse zeichnen) (*Schiffbau*), tracciare. 4 ab ~ (gerade Linien bezeichnen) (*Bauw.*), tracciare con spago.
Schnürnadel (*f. - Werkz.*), punta per tracciare, punteruolo.
Schnürsenkel (Schuhband) (*m. - Textilind.*), stringa, laccio, spighetta.
Schober (Haufen, von Heu z. B.) (*m. - Landw.*), mucchio.
Schock (Stoss) (*m. - allg.*), urto. 2 ~ (*Med.*), «shock», scossa. 3 ~ **beton** (durch Stösse verdichteter Beton) (*m. - Bauw.*), calcestruzzo assestato ad urto. 4 ~ **tisch** (Stosstisch, Betonrüttler) (*m. - Masch.*), tavola vibrante. 5 Elektro ~ (*Med.*), «elettroshock».
Schokkerfischerei (Schockerfischerei, Aalfischerei in grossen Flüssen) (*f. - Fischerei*), pesca fluviale delle anguille.
Schokolade (*f. - Ind.*), cioccolata.
Scholle (*f. - Landw.*), zolla. 2 ~ **n·brecher** (*m. - Landw.masch.*), frangizolle.
Schonbezug (*m. - Aut.*), coprisedile.
Schöndruck (erste Seite eines Papierbogens) (*m. - Druck.*), bianca (*s.*). 2 ~ **und Widerdruck** (*Druck.*), bianca e volta.
schonen (gut behandeln) (*allg.*), trattare bene, usare bene. 2 ~ (einen Motor durch Schnellgang oder Schongang) (*Mot. - Aut.*), alleggerire, diminuire il numero di giri.
schönen (mit lebhaften Farben z. B.) (*allg.*), ravvivare.
Schoner (Zweimaster) (*m. - naut.*), goletta. 2 ~ (Schutzvorrichtung) (*allg.*), protezione.
Schongang (Schnellgang) (*m. - Aut.*), marcia moltiplicata, quinta velocità. 2 ~ **getriebe** (Zusatzgetriebe) (*n. - Aut.*), moltiplicatore.
Schönheitskrem (*f. - chem. Ind.*), crema di bellezza, crema cosmetica, cosmetico.
Schönheitsmittel (*n. - Ind.*), prodotto di bellezza, cosmetico.
Schönheitspflege (eines Wagens) (*f. - Aut.*), toelettatura.
Schönheitspflegerin (Kosmetikerin) (*f. - Arb.*), estetista.
Schönseite (eines Gewebes) (*f. - Textilind.*), diritto (*s.*).
Schonung (behutsame Behandlung) (*f. - allg.*), buon uso, buon trattamento. 2 ~ (eines Motors, durch Schongang) (*Mot. - Aut.*), alleggerimento, riduzione di giri. 3 ~ (Schutz) (*allg.*), protezione. 4 ~ (der Landschaft) (*Bauw. - etc.*), salvaguardia, tutela.
Schönwetter (*n. - Meteor.*), beltempo.
Schöpfbecherwerk (*n. - Masch.*), elevatore a tazze.
Schöpfbohrer (Löffelbohrer) (*m. - Werkz.*), succhiello.
Schopfen (Abschneiden fehlerhafter Enden) (*n. - Metall.*), spuntatura.
schopfen (*Metall.*), spuntare.
schöpfen (Wasser ausnehmen) (*allg.*), attingere.
Schopfende (einer Schiene z. B.) (*n. - Metall.*), spuntatura.

Schöpfer (*m. - Papierind. - Arb.*), cartaio a mano.
Schöpfform (*f. - Papierind. - Ger.*), forma per carta a mano.
Schöpflöffel (*m. - Ger.*), mestolo, cucchiaione.
Schöpfofen (Warmhalteofen) (*m. - Ofen*), forno di attesa.
Schöpfpapier (Büttenpapier) (*n. - Papierind.*), carta a mano.
Schöpfprobe (*f. - Metall.*), provino prelevato dal bagno.
Schopfsäge (zum Abschneiden fehlerhafter Enden) (*f. - Metall.*), sega per spuntare.
Schopfschere (zum Abschneiden fehlerhafter Enden) (*f. - Metall. - Masch.*), cesoia per spuntare, spuntatrice.
Schopfschnitt (eines Knüppels z. B., Schopfen) (*m. - Schmieden - etc.*), spuntatura.
Schöpfwerk (Pumpwerk, zum Heben von grossen Wassermengen mit geringen Förderhöhen) (*n. - Hydr.*), impianto idrovoro, centrale idrovora.
Schore (Stützstrebe eines Schiffes auf dem Stapel) (*f. - Schiffbau*), puntello. 2 ~ (Traverse, für Formkästen) (*Giess.*), traversa.
Schorf (*m. - Giess.*), crosta, incrostazione.
Schörl (schwarzer Turmalin) (*m. - Min.*), tormalina nera.
Schornstein (Esse, Schlot, Kamin) (*m. - Bauw.*), camino. 2 ~ (eines Ofens, Ind., etc.) (*Bauw.*), camino, ciminiera. 3 ~ (einer Lokomotive z. B.) (*Eisenb. - naut.*), fumaiolo. 4 ~ **aufsatz** (Schornsteinkappe) (*m. - Bauw.*), mitra. 5 ~ **feger** (Kaminkehrer, Schlotfeger) (*m. - Arb.*), spazzacamino. 6 ~ **kopf** (eines Hausschornsteins) (*m. - Bauw.*), comignolo, rocca del camino. 7 ~ **lüfter** (*m. - Verbr.*), ventilatore da camino. 8 ~ **mündung** (eines Fabrikschornsteins) (*f. - Bauw.*), bocca di ciminiera. 9 ~ **rohr** (*n. - Bauw.*), canna fumaria. 10 ~ **verlust** (Wärmeverlust, Kaminverlust) (*m. - Verbr.*), perdita al camino. 11 ~ **zug** (*m. - Phys. - Technol.*), tiraggio, effetto camino. 12 **besteigbarer** ~ (*Bauw.*), camino praticabile. 13 **Fabrik** ~ (*Bauw.*), ciminiera. 14 **Schiffs** ~ (*naut.*), fumaiolo.
Schoss (Steuer, Abgabe) (*m. - finanz.*), tassa. 2 ~ (Schiebefenster z. B.) (*Bauw.*), sportello. 3 ~ (Haufen) (*allg.*), mucchio.
Schot (Tau zum Segelspannen) (*m. - naut.*), scotta.
Schott (Schotte (*f.*), Querwand) (*n. - naut.*), paratia. 2 ~ (Feuerschott) (*Flugw.*), paratia parafiamma, paratia tagliafiamma. 3 ~ (Tür) (*naut.*), porta. 4 ~ **en·tiefgang** (grösster zulässiger Tiefgang für Fahrgastschiffe) (*m. - naut.*), immersione massima permessa. 5 ~ **luke** (*f. - Technol.*), sportello di visita. 6 **Feuer** ~ (*naut.*), paratia tagliafiamma. 7 **Kollisions** ~ (*naut.*), paratia di collisione. 8 **Quer** ~ (*naut.*), paratia trasversale. 9 **wasserdichtes** ~ (*naut.*), paratia stagna.
Schotter (zerklopfte Steine) (*m. - Strass.b.*), breccia, pietrisco. 2 ~ (Bettungsmaterial) (*Eisenb.*), ballast. 3 ~ **bett** (*n. - Eisenb. - etc.*), ballast. 4 ~ **decke** (Makadamdecke) (*f. - Strass.b.*), pavimentazione in macadam. 5 ~ **grube** (Kiesgrube) (*f. - Ing.b.*), cava di ghiaia. 6 ~ **kegel** (*m. - Geol.*), cono di

schottern

deiezione. 7 ~ **strasse** (Makadamstrasse) (*f. - Strass.b.*), strada in macadam. 8 ~ **verteiler** (*m. - Strass.b.masch.*), distributrice di pietrisco, spandipietrisco. 9 ~ **wagen** (*m. - Eisenb.*), carro per trasporto ballast. 10 **Strassenbau** ~ (Makadam) (*Strass.b.*), macadam.
schottern (*Eisenb.*), inghiaiare. 2 ~ (beschottern) (*Strass.b.*), macadamizzare. 3 ~ (rattern) (*Mech.*), vibrare.
schrad (*allg.*), siehe schräg.
Schraffe (*f. - Zeichn.*), siehe Schraffierung.
schraffieren (*Zeichn.*), tratteggiare.
schraffiert (*Zeichn.*), tratteggiato. 2 **doppelt** ~ (*Zeichn. - etc.*), a tratteggio incrociato.
Schraffierung (Schraffe, Schraffur) (*f. - Zeichn. - etc.*), tratteggio. 2 ~ (einer Karte) (*Geogr.*), ombreggiatura.
Schraffur (*f. - Zeichn. - etc.*), siehe Schraffierung.
schräg (geneigt) (*allg.*), inclinato, obliquo. 2 ~ **stellbar** (schrägverstellbar) (*Masch.*), orientabile, inclinabile. 3 ~ **stellen** (*allg.*), inclinare. 4 ~ **verstellbare Presse** (neigbare Presse) (*Masch.*), pressa inclinabile. 5 ~ **verstellbarer Tisch** (*Masch.*), tavola orientabile. 6 ~ **verzahnt** (*Mech.*), a dentatura elicoidale.
Schrägansicht (*f. - Zeichn.*), vista di tre quarti, vista obliqua.
Schrägaufnahme (*f. - Phot.*), presa di tre quarti.
Schrägaufzug (zur Beschickung von Hochöfen) (*m. - ind. Masch.*), elevatore inclinato.
Schrägbahn-Entlader (Portalkran mit geneigter Fahrbahn für die Laufkatze) (*m. - ind. Masch.*), gru a portale con vie di corsa inclinate.
Schrägbau (langfrontartige Bauweise) (*m. - Bergbau*), coltivazione a lunga fronte a gradini rovesci.
Schrägbildpapier (*n. - Zeichn.*), carta per disegno prospettico.
Schräge (Schrägheit) (*f. - allg.*), inclinazione, obliquità. 2 ~ (Schrägkante) (*allg.*), smusso. 3 ~ (eines Gesenkes z. B.) (*Giess. - Schmieden*), spoglia, conicità, sformo. 4 ~ (Diagonale, eines Gitterwerkes) (*Bauw.*), diagonale. 5 **Gegen** ~ (Gegendiagonale, eines Gitterwerkes) (*Bauw.*), controdiagonale. 6 **Gesenk** ~ (*Schmiedewerkz.*), spoglia dello stampo, sformo dello stampo, conicità dello stampo.
Schrägeingriff (von Zahnrädern) (*m. - Mech.*), ingranamento ad angolo.
Schrägeisen (im Beton, zur Schubsicherung) (*n. - Bauw.*), ferro inclinato.
Schrage-Motor (läufergespeister Drehstrom-Kommutatormotor) (*m. - elekt. Mot.*), motore (di) Schrage.
Schrägflug (eines Hubschraubers) (*m. - Flugw.*), volo obliquo.
Schrägführung (eines Glockengasspeichers z. B.) (*f. - Mech. - etc.*), guida elicoidale.
Schrägkante (Abschrägung) (*f. - Tischl. - Mech.*), smusso, smussatura.
Schrägkugellager (*n. - Mech.*), cuscinetto a sfere obliquo.
Schräglage (eines Flugzeugs) (*f. - Flugw.*), inclinazione trasversale.
Schräglager (für radialen und achsialen Druck) (*n. - Mech.*), cuscinetto obliquo, cuscinetto portante e di spinta, cuscinetto radiale ed assiale.
Schräglaufmoment (*n. - Aut.*), momento di deriva.
Schräglaufwinkel (Winkel um den die Radebene gegenüber der Fahrtrichtung verstellt werden muss um eine bestimmte Seitenkraft zu erzeugen) (*m. - Aut.*), angolo di deriva.
Schräglenker (Aufhängungsart einer Achse) (*m. - Aut.*), bracci inclinati, bracci longitudinali ad angolo.
Schrägmass (*n. - Ger.*), siehe Schmiege.
Schrägpresse (neigbare Presse) (*f. - Masch.*), pressa inclinabile.
Schrägrad (Zahnrad) (*n. - Mech.*), ruota elicoidale.
Schrägrohrkessel (*m. - Kessel*), caldaia a tubi inclinati.
Schrägrollgang (*m. - Walzw.*), tavola a rulli obliqui, piano a rulli obliqui.
Schrägschrift (Kursivschrift) (*f. - Druck.*), corsivo.
Schrägseil (Abspannseil) (*n. - Bauw. - etc.*), fune di sospensione.
Schrägsitzventil (*n. - Leit.*), valvola a sede obliqua.
Schrägstirnrad (*n. - Mech.*), ruota elicoidale cilindrica.
Schrägstrahler (*m. - Beleucht.*), apparecchio di illuminazione a ripartizione obliqua, apparecchio di illuminazione a ripartizione asimmetrica.
Schrägteilung (Diagonalteilung, einer Nietung) (*f. - Mech.*), passo diagonale.
Schrägung (*f. - Mech. - etc.*), inclinazione. 2 ~ (des Läufers von Induktionsmaschinen) (*Elekt.*), inclinazione. 3 ~ **s·winkel** (eines Wälzfräsers oder Zahnrades z. B.) (*m. - Mech. - Werkz.*), angolo d'elica. 4 ~ **s·winkel am Grundzylinder** (von Zahnrädern) (*Mech.*), angolo d'elica base. 5 ~ **s·winkel am Teilzylinder** (von Zahnrädern) (*Mech.*), angolo d'elica primitivo. 6 ~ **s·winkelfehler** (von Zahnrädern) (*m. - Mech.*), errore dell'angolo d'elica.
Schrägverzahnung (*f. - Mech.*), dentatura elicoidale. 2 **doppelte** ~ (*Mech.*), dentatura bielicoidale, dentatura a cuspide, dentatura a spina di pesce.
Schrägwalzung (zur Herstellung nahtloser Rohre) (*f. - Walzw.*), laminazione obliqua, laminazione al laminatoio perforatore.
Schrägwalzwerk (zur Herstellung nahtloser Rohre) (*n. - Walzw.*), laminatoio obliquo, laminatoio perforatore.
Schrägwinkel (*m. - Ger.*), siehe Schmiege.
Schrägzahnmotor (Druckluftmotor z. B.) (*m. - Mot. - Bergbau*), motore ad ingranaggi elicoidali.
Schrägzahnrad (Schrägrad) (*n. - Mech.*), ruota dentata elicoidale.
Schrägzug (*m. - mech. Technol. - etc.*), trazione obliqua. 2 ~ (eines Drahtseils) (*Seil*), trazione obliqua, tiro obliquo.
Schram (tiefer Einschnitt in die Abbauschicht) (*m. - Bergbau*), intaglio, sottoescavazione.
Schrämarbeit (Schram) (*f. - Bergbau*), intaglio, sottoescavazione.

schrämen (*Bergbau*), intagliare.
Schrämkabel (für Schrämmaschinen) (*n. - Elekt. - Bergbau*), cavo per intagliatrici.
Schrämkerbmaschine (kleine Schrämmaschine, mit schwenkbarem Schrämarm) (*f. - Bergbaumasch.*), (piccola) intagliatrice a braccio orientabile.
Schrämkette (einer Schrämmaschine) (*f. - Bergbaumasch.*), catena intagliatrice.
Schrämklein (*n. - Bergbau*), detriti.
Schrämlader (Masch. zum Laden des losgeschrämten Minerals unmittelbar auf ein Fördermittel) (*m. - Bergbau - Masch.*), intagliatrice-caricatrice.
Schrämmaschine (*f. - Bergbau - Masch.*), intagliatrice, tagliatrice, tracciatrice, sottoescavatrice. 2 Ketten ~ (*Bergbaumasch.*), intagliatrice a catena, tagliatrice a catena, tracciatrice a catena, sottoescavatrice a catena.
Schrammbord (erhöhtes Bankett gegenüber der Fahrbahn) (*m. - Bauw.*), banchina.
Schramme (oberflächlicher Riss) (*f. - allg.*), graffio.
schrammen (*allg.*), graffiare.
Schrämschnitt (*n. - Bergbau*), siehe Schram.
Schrank (*m. - allg.*), armadio. 2 ~ (einer Werkz.masch. z. B.) (*Masch.*), armadietto. 3 ~ (*Elekt.*), quadro ad armadio. 4 ~ (Ausbiegung der Zähne einer Säge) (*Mech.*), alliciatura, stradatura. 5 ~ (*Kälteapp.*), frigorifero. 6 ~ **batterie** (Ortsbatterie) (*f. - Fernspr.*), batteria locale. 7 ~ **beamter** (*m. - Fernspr.*), operatore di tavolo di commutazione. 8 ~ **brett** (*n. - Möbel*), scaffale, ripiano. 9 ~ **koffer** (*m. - Transp.*), baule armadio. 10 ~ **platz** (*m. - Fernspr.*), posto d'operatore. 11 Bücher ~ (*Möbel*), libreria. 12 Dielen ~ (*Möbel*), cassapanca. 13 Eck ~ (*Möbel*), angoliera. 14 eisener Werkzeug ~ (*Ger.*), armadio metallico per utensili. 15 Gläser ~ (*Möbel*), cristalliera. 16 Kleider ~ (*Möbel*), guardaroba. 17 Küchen ~ (*Möbel*), credenza. 18 Kühl ~ (*Kälteapp.*), frigorifero. 19 Labor ~ (für Geräte, App. und Chemikalien) (*Ger.*), armadio da laboratorio (chimico). 20 Schreib ~ (*Möbel*), ribaltina. 21 Speise ~ (Büffet) (*Möbel*), buffet. 22 Trocken ~ (*chem. Ind.*), essiccatoio. 23 Vermittlungs ~ (*Fernspr.*), centralino. 24 Wand ~ (*Bauw.*), armadio a muro. 25 Werkzeug ~ (*Werkz.*), armadietto per utensili, armadio per utensili.
Schränkchen (*n. - Möbel*), armadietto.
Schranke (Absperrung) (*f. - Eisenb. - etc.*), barriera, sbarra. 2 ~ (Grenze) (*Math.*), limite. 3 ~ **n·wärter** (*m. - Eisenb. - Arb.*), casellante, addetto al passaggio a livello. 4 Dreh ~ (*Eisenb.*), sbarra girevole. 5 Halb ~ (*Eisenb.*), semisbarra. 6 obere ~ (Grenzkraft, beim Umformen) (*mech. Technol.*), limite superiore. 7 Schiebe ~ (*Eisenb.*), barriera scorrevole. 8 Schlag ~ (*Eisenb.*), sbarra levatoia.
Schränkeisen (für Sägeblätter) (*n. - Ger.*), licciaiuola, stradatore.
Schränken (von Sägezähnen z. B.) (*n. - Mech.*), alliciatura, stradatura. 2 ~ (Einlesen, Kreuzgreifen) (*Textilind.*), invergatura.
schränken (die Zähne einer Säge) (*Mech.*), alliciare, stradare.

Schränkmaschine (für Sägezähne) (*f. - Masch.*), allicciatrice, stradatrice.
Schränkung (Schrank, der Zähne einer Säge) (*f. - Mech.*), allicciamento, allicciatura, stradatura.
Schränkzange (für Sägezähne) (*f. - Werkz.*), licciaiuola, stradatore, pinza stradatrice.
schräpen (*allg.*), siehe schaben.
Schraper (Kratzeisen) (*m. - Werkz.*), raschiatoio.
Schrapnell (Artilleriegeschoss) (*n. - Expl. - milit.*), granata a pallettoni, « schrapnell ».
schrappen (*allg.*), siehe schaben.
Schrapper (*m. - Erdbew.masch.*), escavatore a benna trascinata.
Schratsegel (Gaffelsegel) (*n. - naut.*), randa. 2 ~ (Stagsegel) (*naut.*), vela di straglio. 3 ~ (Dreiecksegel) (*naut.*), vela triangolare.
Schraubbolzen (*m. - Mech.*), colonnetta, perno ad estremità filettate (con gole). 2 ~ (Stiftschraube) (*Mech.*), vite prigioniera, prigioniero.
Schraubbuchse (*f. - Mech.*), bussola filettata, manicotto filettato.
Schraubdeckel (Schraubkappe) (*m. - Mech.*), coperchio a vite.
Schraube (ohne Mutter) (*f. - Mech.*), vite. 2 ~ (mit Mutter) (*Mech.*), bullone. 3 ~ (Luft- oder Schiffsschraube) (*Flugw. - naut.*), elica. 4 ~ für Höheneinstellung (*Instr. - Mech.*), vite di livello, vite calante. 5 ~ **mit Flachgewinde** (*Mech.*), vite a filetto quadro. 6 ~ **mit Innensechskant** (*Mech.*), vite con esagono incassato, vite Allen, vite con esagono cavo. 7 ~ **mit Rundgewinde** (*Mech.*), vite a filetto tondo. 8 ~ **mit scharfgängigem Gewinde** (*Mech.*), vite a filetto triangolare. 9 ~ **n·ausdreher** (zum Ausziehen von gebrochenen Schrauben) (*m. - Werkz.*), estrattore per viti (rotte). 10 ~ **n·automat** (Drehbank) (*m. - Werkz.masch.*), tornio automatico per viteria, tornio automatico per bulloneria. 11 ~ **n·befestigung** (*f. - Mech.*), collegamento a vite. 12 ~ **n·blattfläche** (*f. - naut. - Flugw.*), superficie della pala dell'elica. 13 ~ **n·bock** (Schraubenwinde) (*m. - Ger. - Aut.*), martinetto a vite, cricco, binda. 14 ~ **n·bohrer** (*m. - Tischl. - Werkz.*), trivella ad elica, trivella a tortiglione. 15 ~ **n·bolzen** (*m. - Mech.*), colonnetta, perno ad estremità filettate (con gole). 16 ~ **n·bolzen** (Stiftschraube) (*Mech.*), vite prigioniera, prigioniero. 17 ~ **n·brunnen** (*m. - naut.*), pozzo dell'elica. 18 ~ **n·dampfer** (*m. - naut.*), piroscafo ad elica. 19 ~ **n·drehbank** (*f. - Werkz.masch.*), tornio per viteria, tornio per bulloneria. 20 ~ **n·dreher** (Schraubenzieher) (*m. - Werkz.*), cacciavite. 21 ~ **n·ende** (*n. - Mech.*), siehe Schraubenende. 22 ~ **n·feder** (*f. - Mech.*), molla ad elica, molla elicoidale. 23 ~ **n·fläche** (einer Schnecke z. B.) (*f. - Geom. - Mech.*), elicoide. 24 ~ **n·flügel** (*m. - naut. - Flugw.*), pala d'elica. 25 ~ **n·gang** (*m. - Mech.*), filetto, spira. 26 ~ **n·gebläse** (Schraubenlüfter, Schraubenventilator) (*n. - Masch.*), ventilatore elicoidale. 27 ~ **n·gewinde** (*n. - Mech.*), filettatura. 28 ~ **n·hals** (*m. - Mech.*), colletto della vite. 29 ~ **n·kopf** (*m. - Mech.*), siehe Schraubenkopf und Kopf. 30 ~

Schraube

n·kupplung (*f. - Eisenb.*), aggancio a vite, attacco a vite. **31** ~ **n·länge** (entstehend aus Klemmlänge und Schraubenüberstand) (*f. - Mech.*), lunghezza del gambo della vite. **32** ~ **n·lenkung** (*f. - Aut.*), sterzo a vite e madrevite. **33** ~ **n·linie** (*f. - Geom.*), elica. **34** ~ **n·linienabtastung** (*f. - Radar*), esplorazione elicoidale. **35** ~ **n·loch** (*n. - Mech.*), foro filettato. **36** ~ **n·lüfter** (Schraubenventilator) (*m. - Ger.*), ventilatore elicoidale. **37** ~ **n·mikrometer** (*n. - Instr.*), micrometro a vite, « palmer ». **38** ~ **n·muffe** (*f. - Leit. - etc.*), manicotto a vite, manicotto filettato. **39** ~ **n·mutter** (*f. - Mech.*), dado. **40** ~ **n·nabe** (*f. - naut. - Flugw.*), mozzo dell'elica. **41** ~ **n·pfahl** (*m. - Bauw.*), palo (con puntazza) a vite. **42** ~ **n·presse** (*f. - Masch.*), pressa a vite. **43** ~ **n·propeller** (Schiffsschraube) (*m. - naut.*), elica marina. **44** ~ **n·pumpe** (schnellläufige Kreiselpumpe mit schräggestellter Austrittkante der Laufschaufel) (*f. - Masch.*), pompa semiassiale. **45** ~ **n·pumpe** (Spindelpumpe, Wendelpumpe) (*Masch.*), pompa a viti. **46** ~ **n·rad** (Hypoidrad) (*n. - Mech.*), ruota ipoide. **47** ~ **n·rahmen** (*m. - naut.*), pozzo dell'elica. **48** ~ **n·regelfläche** (entstehend beim Wälzen einer Gerade entlang einer Schraubenlinie) (*f. - Mech. - Geom.*), elicoide, superficie di contatto della spira. **49** ~ **n·schaft** (*m. - Mech.*), gambo della vite. **50** ~ **n·schaufler** (*m. - Masch.*), pompa a vite. **51** ~ **n·schlüssel** (*m. - Werkz.*), chiave. **52** ~ **n·schlüssel** (*Werkz.*), siehe auch Schlüssel. **53** ~ **n·schneiden** (*n. - Mech.*), taglio di filettature, filettatura. **54** ~ **n·schub** (*m. - naut. Flugw.*), spinta dell'elica. **55** ~ **n·schuh** (eines Pfahles) (*m. - Bauw.*), puntazza a vite. **56** ~ **n·sicherung** (*f. - Mech.*), fermo per vite. **57** ~ **n·spindelpumpe** (Schraubenkolbenpumpe, Spindelpumpe, Schraubenpumpe, Wendelpumpe) (*f. - Masch.*), pompa a viti. **58** ~ **n·steigung** (*f. - Mech.*), passo della vite. **59** ~ **n·steven** (*m. - naut.*), dritto dell'elica. **60** ~ **n·stift** (*m. - Mech.*), perno filettato completamente. **61** ~ **n·strahl** (*m. - Flugw.*), flusso dell'elica. **62** ~ **n·überstand** (Abstand von Unterkante Mutter bis Schraubenende) (*m. - Mech.*), sporgenza della vite (dall'appoggio del dado). **63** ~ **n·ventilator** (Schraubenlüfter) (*m. - Ger.*), ventilatore elicoidale. **64** ~ **n·verdichter** (*m. - Masch.*), compressore a viti. **65** ~ **n·Gasser** (Kielwasser) (*n. - naut.*), scia dell'elica. **66** ~ **n·welle** (*f. - naut.*), albero portaelica, asse portaelica. **67** ~ **n·wellenbock** (*m. - naut.*), braccio (dell'albero) portaelica. **68** ~ **n·wellentunnel** (*m. - naut.*), tunnel dell'albero portaelica. **69** ~ **n·winde** (*f. - Werkz.*), martinetto a vite. **70** ~ **n·windung** (Schraubengang) (*f. - Mech.*), filetto, spira. **71** ~ **n·zieher** (*m. - Werkz.*), cacciavite. **72** ~ **n·zieher für Elektrotechniker** (*Werkz. - Elekt.*), cacciavite da elettricista. **73** ~ **ohne Ende** (Schnecke) (*Mech.*), vite senza fine, vite motrice. **74 Anker** ~ (*Mech.*), bullone di ancoraggio. **75 Anschlag** ~ (*Mech.*), vite di battuta. **76 Arretier** ~ (*Mech.*), vite di fermo, vite di arresto. **77 Augen** ~ (*Mech.*), vite ad occhiello. **78 Blech** ~ (*Mech.*), vite per lamiere. **79 Bund** ~ (*Mech.*), vite con testa a spallamento, vite con spallamento. **80 Dehn** ~ (Dehnschaftschraube, deren Schaftdurchmesser gleich oder kleiner als 0,9 des Gewindekerndurchmesser ist) (*Mech.*), vite con gambo scaricato, vite con gambo liscio di diametro ridotto (rispetto a quello della parte filettata). **81 die** ~ **anziehen** (*Mech.*), stringere la vite. **82 Drehflügel** ~ (Umsteuerschraube) (*naut.*), elica a passo variabile. **83 dreiflügelige** ~ (*naut. - Flugw.*), elica tripala. **84 dreigängige** ~ (*Mech.*), vite a tre principi, vite con filettatura a tre principi. **85 Druck** ~ (*Mech.*), vite di pressione. **86 durchgehende** ~ (*Mech.*), bullone passante. **87 Einstell** ~ (*Mech. - etc.*), vite di registro. vite di regolazione. **88 feingängige** ~ (*Mech.*), vite a passo fine. **89 Feinstell** ~ (*Mech.*), vite micrometrica. **90 Flügel** ~ (*Mech.*), vite ad alette. **91 Fundament** ~ (*Bauw. - Masch.*), bullone di fondazione, chiavarda di fondazione. **92 Ganzgewinde** ~ (*Mech.*), vite a gambo interamente filettato (con testa). **93 gegenläufige** ~ (*Flugw.*), elica controrotante. **94 geschlagene** ~ (maschinengeschmiedete Schraube) (*Mech.*), vite (a testa) ricalcata. **95 gewalzte** ~ (*Mech.*), vite rullata. **96 Gewindefurchende** ~ (*Mech.*), vite automaschiante a deformazione. **97 Gewinde-Schneid** ~ (*Mech.*), vite maschiante. **98 Haken** ~ (Hammerschraube) (*Mech.*), vite con testa a martello. **99 Halbrund** ~ (*Mech.*), vite a testa tonda. **100 Hammer** ~ (*Mech.*), vite con testa a martello. **101 Hebe** ~ (Schraubenwinde) (*Ger.*), martinetto a vite. **102 Holz** ~ (*Mech.*), vite per legno. **103 Innensechskant** ~ (Inbusschraube) (*Mech.*), vite con esagono incassato, vite Allen, vite con esagono cavo. **104 Innenvielzahn** ~ (Schraube mit Zylinderkopf und Innen-Doppelsechskant) (*Mech.*), vite con cava a doppio esagono, vite con cava poligonale. **105 Klapp** ~ (Augenschraube) (*Mech.*), vite a occhiello. **106 Kopf** ~ (*Mech.*), vite con testa. **107 Kreuzschlitz** ~ (*Mech.*), vite con intaglio a croce. **108 Lappen** ~ (*Flugw.*), elica aerea. **110 linksgängige** ~ (*Mech.*), vite (con filettatura) sinistrorsa. **111 Linsen** ~ (Linsensenkschraube) (*Mech.*), vite a testa svasata con calotta. **112 Maden** ~ (*Mech.*), vite (di fermo) senza testa (con intaglio), grano filettato. **113 mehrgängige** ~ (*Mech.*), vite a più principi, vite con filettatura a più principi. **114 Mutter** ~ (Bolzen mit Mutter) (*Mech.*), bullone. **115 Nivellier** ~ (*Instr.*), vite di livello, vite calante. **116 Ohrmuschel** ~ (*naut.*), elica a conchiglia. **117 Ösen** ~ (*Mech.*), vite ad anello, golfare. **118 Pass** ~ (*Mech.*), vite calibrata. **119 Rändel** ~ (*Mech.*), vite a testa zigrinata. **120 rechtsgängige** ~ (*Mech.*), vite (con filettatura) destrorsa. **121 Ring** ~ (*Mech.*), golfare ad occhio circolare. **122 rohe** ~ (schwarze Schraube, mit einem Spiel von 0,5-2 mm eingebaut) (*Mech.*), vite nera, vite non calibrata. **123 Schaft** ~ (*Mech.*), vite senza testa con intaglio e gambo parzialmente filettato. **124 Schiffs** ~ (*naut.*), elica marina. **125 Schlitz** ~ (*Mech.*), vite ad intaglio. **126 schwarze** ~ (*Mech.*), siehe rohe

Schraube. **127 Sechskant** ~ (*Mech.*), vite a testa esagonale. **128 Sechskant-Pass** ~ (*Mech.*), vite a testa esagonale con centramento. **129 selbstschneidende** ~ (*Mech.*), vite automaschiante. **130 Senkkopf** ~ (Senkschraube) (*Mech.*), vite a testa svasata. **131 Senk** ~ (Senkkopfschraube) (*Mech.*), vite a testa svasata. **132 Starr** ~ (deren Schaftdurchmesser nahezu gleich dem Gewinde-Aussendurchmesser ist) (*Mech.*), vite con gambo liscio di diametro circa uguale a quello della parte filettata. **133 Stein** ~ (*Bauw.*), bullone da fondazione, chiavarda da fondazione. **134 Stift** ~ (*Mech.*), prigioniero, vite prigioniera. **135 Verschluss** ~ (*Mech.*), tappo filettato, tappo a vite. **136 vierflügelige** ~ (*naut. - Flugw.*), elica quadripala. **137 Vierkant** ~ (*Mech. - Zimm.*), vite a testa quadra. **138 Vierkant** ~ **mit Bund** (*Mech.*), vite a testa quadra con spallamento. **139 Wasser** ~ (Schiffsschraube) (*naut.*), elica marina. **140 zweigängige** ~ (*Mech.*), vite a due principi, vite con filettatura a due principi. **141 Zylinder** ~ (*Mech.*), vite a testa cilindrica. **142 Zylinder** ~ **mit Innensechskant** (*Mech.*), vite a testa cilindrica con esagono incassato, vite a testa cilindrica con esagono cavo, vite Allen.

Schraubeinsatz (Sicherungsstöpsel) (*m. - Elekt.*), valvola a tappo.

schrauben (die Schraube drehen) (*Mech.*), avvitare. **2** ~ (mit Schrauben befestigen, (*Mech.*), collegare a vite, fissare a vite, collegare con vite, fissare con vite. **3 ab** ~ (ausschrauben, losschrauben) (*Mech.*), svitare. **4 an** ~ (einschrauben, festschrauben) (*Mech.*), avvitare. **5 fest** ~ (*Mech.*), avvitare a fondo.

Schraubenende (*n. - Mech.*), estremità della vite, estremità del gambo della vite. **2** ~ **mit Kegelkuppe** (*Mech.*), estremità piana con smusso. **3** ~ **mit Kegelzapfen** (*Mech.*), estremità a nocciolo sporgente conico. **4** ~ **mit Kernansatz** (*Mech.*), estremità piana a colletto. **5** ~ **mit Linsenkuppe** (*Mech.*), estremità a calotta. **6** ~ **mit Ringschneide** (*Mech.*), estremità a corona tagliente. **7** ~ **mit Spitze** (*Mech.*), estremità a punta. **8** ~ **mit Splintloch** (*Mech.*), estremità con foro per copiglia. **9** ~ **mit Splintzapfen** (*Mech.*), estremità a nocciolo sporgente con foro per copiglia. **10** ~ **mit Zapfen** (*Mech.*), estremità a nocciolo sporgente. **11** ~ **ohne Kuppe** (*Mech.*), estremità piana.

schraubenförmig (*allg.*), elicoidale.

Schraubenkopf (*m. - Mech.*), testa della vite. **2** ~ **schlitzmaschine** (*f. - Werkz.masch.*), intagliatrice per teste di viti. **3 halbrunder** ~ (*Mech.*), testa tonda. **4 Rändel** ~ (*Mech.*), testa (cilindrica) zigrinata. **5 Sechskant** ~ (*Mech.*), testa esagonale. **6 versenkter** ~ (*Mech.*), testa svasata piana. **7 zylindrischer** ~ (*Mech.*), testa cilindrica.

Schrauber (*m. - Ger.*), avvitatrice, giraviti. **2 Dreh** ~ (*Ger.*), avvitatrice, giraviti. **3 elektrischer** ~ (*Ger.*), avvitatrice elettrica, giraviti elettrico. **4 Pressluft** ~ (*Ger.*), avvitatrice pneumatica, giraviti pneumatico. **5 Ratschen** ~ (*Ger.*), avvitatrice a cricchetto, giraviti a cricchetto. **6 Schlag** ~ **mit Drehmomenteinstellung** (*Ger.*), avvitatrice ad impulsi con regolazione della coppia di serraggio, giraviti a scatto con regolazione della coppia di serraggio. **7 Winkel** ~ (*Ger.*), giraviti a squadra, avvitatrice a squadra.

Schraubfutter (Schraubeneindrehgerät) (*n. - Werkz.*), pinza giraviti.

Schraubgetriebe (Hypoidgetriebe) (*n. - Mech.*), ingranaggio ipoide.

Schraubkappe (Schraubdeckel) (*f. - Mech.*), coperchio a vite.

Schraub-Kegelradgetriebe (Kegel-Schraubgetriebe, Hypoidgetriebe) (*n. - Mech.*), coppia ipoide, ingranaggio ipoide.

Schraubklemme (*f. - Elekt.*), morsetto a vite, serrafilo a vite.

Schraublehre (Bügelmess·schraube, Mikrometer) (*f. - Messwerkz.*), micrometro, palmer.

Schraubmuffe (*f. - Mech. - Leit.*), manicotto a vite.

Schraubpistole (*f. - Ger.*), (pistola) avvitatrice.

Schraubrad (Hypoidrad) (*n. - Mech.*), ruota ipoide.

Schraubsicherung (*f. - Elekt.*), fusibile a tappo (filettato).

Schraubsockel (Edisonsockel) (*m. - Elekt.*), attacco a vite, attacco Edison, zoccolo a vite, zoccolo Edison.

Schraubstahl (Gewindesträhler) (*m. - Werkz.*), pettine per filettare.

Schraubstock (*m. - Ger.*), morsa a vite. **2 Bank** ~ (*Ger.*), morsa da banco. **3 Hand** ~ (*Ger.*), morsetto a mano. **4 Maschinen** ~ (*Ger. - Werkz.masch.*), morsa da macchina (utensile). **5 Parallel** ~ (*Ger.*), morsa parallela. **6 Rohr** ~ (*Ger.*), morsa per tubi. **7 Schmiede** ~ (*Ger.*), morsa da fabbro. **8 Schnellspann** ~ (*Ger.*), morsa rapida.

Schraubstöpsel (*m. - Mech.*), tappo a vite. **2** ~ **sicherung** (*f. - Elekt.*), fusibile a tappo (filettato).

Schraubstutzen (*m. - Mech. - Leit.*), bocchettone filettato.

Schraubtriebanlasser (*m. - Mot. - Aut.*), motorino di avviamento con innesto a traslazione per inerzia del pignone, avviatore tipo Bendix.

Schraubung (Bewegung) (*f. - Mech.*), movimento elicoidale.

Schraubverbindung (*f. - Leit. - Mech.*), raccordo a vite, raccordo filettato.

Schraubverschluss (Schraubstöpsel) (*m. - Mech.*), tappo a vite. **2** ~ (eines Geschützes) (*Feuerwaffe*), otturatore a vitone.

Schraubwerkzeug (Schrauber) (*n. - Werkz.*), avvitatrice.

Schraubzieher (*m. - Werkz.*), cacciavite.

Schraubzwinge (Spannwerkzeug) (*f. - Ger.*) morsetto a C.

schrecken (*Metall.*), siehe abschrecken.

Schreckform (Kokille) (*f. - Giess.*), conchiglia.

Schreckplatte (*f. - Giess.*), raffreddatore, «conchiglia», dispersore di calore.

Schrecksekunde (Zeit zwischen Erkennen der Situation und Betätigung der Bremse z. B.) (*f. - Psychotech. - Aut.*), tempo di reazione.

Schrecktiefe

Schrecktiefe (Zone weisser Erstarrung von Walzenguss) (*f. - Giess.*), profondità di tempra.
Schrei (von Zinn) (*m. - Metall.*), pianto, grido.
Schreibanemometer (Anemograph) (*n. - Instr.*), anemografo.
Schreibautomat (streifengesteuert z. B.) (*m. - Masch.*), macchina per scrivere automatica.
Schreibblock (*m. - Papierind. - Büro*), blocco (per note).
Schreibdichte (*f. - Datenverarb.*), densità di registrazione.
Schreibdienst (zentraler, einer Firma) (*m. - Büro - Organ.*), centro dattilografico.
Schreibdose (*f. - Akus.*), testina di registrazione.
Schreibempfänger (Fernschreiber) (*m. - Büromasch.*), telescrivente.
Schreiben (die Übertragung von Informationen aus dem internen Speicher nach einen Ausgabegerät z. B.) (*n. - Rechner*), scrittura, registrazione.
schreiben (*allg.*), scrivere. 2 **ab** ~ (*allg.*), copiare, ricopiare. 3 **ein** ~ (*allg.*), registrare. 4 **ein** ~ (*Post*), raccomandare. 5 **gut** ~ (*Buchhaltung*), registrare a credito. 6 **mit der Maschine** ~ (*Büro*), scrivere a macchina, dattiloscrivere, dattilografare.
Schreib-Endverstärker (*m. - Datenverarb.*), amplificatore finale di registrazione.
Schreiber (Empfangsgerät für Fernmeldungen) (*m. - Funk. - Büro*), telescrivente. 2 ~ (Registrierapparat) (*Ger. - Instr. - App.*), registratore. 3 ~ (Angestellter) (*Pers.*), corrispondente. 4 ~ (Verfasser, eines Buches) (*Druck.*), scrittore, autore. 5 ~ (Abschreiber) (*Arb.*), copista.
Schreibfeder (Feder) (*f. - Büro*), pennino.
Schreibgebühren (*f. - pl. - recht. - ecc.*), diritti di segreteria, diritti di cancelleria.
Schreibhebel (eines Barographs z. B.) (*m. - Instr.*), penna, braccio scrivente.
Schreibkrampf (*m. - Med. - Arb.*), crampo dello scrivano.
Schreib-Lesekopf (*m. - Datenverarb.*), testina (di) registrazione/lettura.
Schreibmaschine (*f. - Büromasch.*), macchina per scrivere. 2 ~ **n·band** (*n. - Büro*), nastro per macchina da scrivere. 3 ~ **n·papier** (*n. - Papierind. - Büro*), carta per macchina da scrivere. 4 ~ **n·schrift** (*f. - Büro*), dattiloscritto. 5 **Büro** ~ (*Büromasch.*), macchina per scrivere tipo studio. 6 **elektrische** ~ (*Büromasch.*), macchina per scrivere elettrica. 7 **Flach** ~ (für Heim und Reise) (*Büromasch.*), macchina per scrivere portatile. 8 **Reise** ~ (*Masch.*), macchina per scrivere portatile. 9 **sprachgesteuerte** ~ (*Masch.*), macchina per scrivere fonetica. 10 **Standard** ~ (für Büroarbeiten) (*Büromasch.*), macchina per scrivere tipo studio, macchina per scrivere normale. 11 **Typenhebel-** ~ (*Büromasch.*), macchina per scrivere con leve portacaratteri. 12 **Typenkugel** ~ (*Büromasch.*), macchina per scrivere con sfera portacaratteri. 13 **Typenrad-** ~ (*Büromasch.*), macchina per scrivere con ruota portacaratteri. 14 **Typenstangen-** ~ (*Büromasch.*), macchina per scrivere con aste portacaratteri.

Schreibmaterialen (*n. - pl. - Büro*), cancelleria.
Schreibpapier (Briefpapier) (*n. - Papierind.*), carta da lettera.
Schreibpegel (zur Wasserstandsmessung) (*m. - Ger.*), mareografo.
Schreibspur (*f. - Datenverarb.*), pista di registrazione.
Schreibtisch (*m. - Büro*), scrivania.
Schreibwalze (einer Schreibmaschine) (*f. - Büromasch.*), rullo di macchina per scrivere.
Schreibweise (Darstellung) (*f. - Datenverarb.*), notazione. 2 **Gemischtbasis-** ~ (*Datenverarb.*), notazione a base mista. 3 **Radix-** ~ (*Datenverarb.*), notazione a base. 4 **Stellen** ~ (*Datenverarb.*), notazione posizionale.
Schreibwerk (eines Schreibers) (*n. - Instr.*), meccanismo di registrazione.
Schreien (von Zinn) (*n. - Metall.*), siehe Schrei.
schreien (von Draht) (*mech. Technol.*), stridere, gridare.
Schreiner (Tischler) (*m. - Arb.*), falegname.
Schreinerei (*f. - Holzbearb.*), falegnameria.
Schreitwerk (Fahrwerk, zum Umsetzen eines grossen Schleppschaufelbaggers) (*n. - Erdbew.masch.*), carro mobile.
Schrenzkarton (mindestwertiger Karton) (*m. - Papierind.*), cartoncino rigenerato.
Schrenzpapier (Packpapier) (*n. - Papierind.*), carta da pacchi.
Schrick (Schrickzeug, Ankerstange, zum Bremsen eines Flosses) (*m. - naut.*), freno. 2 ~ (Sägebock) (*Ger.*), cavalletto.
Schrieb (*m. - allg.*), scritto (*s.*). 2 ~ (*Instr.*), registrazione. 3 ~ (Bild, eines Schreibers) (*Instr.*), grafico, diagramma.
Schriebe (eines schreibenden Messgerätes) (*f. - Instr.*), grafico, traccia.
Schrift (Schriftstück) (*f. - Druck.*), scritto (*s.*). 2 ~ (Handschrift z. B.) (*Büro*), scrittura. 3 ~ (Text) (*Druck.*), testo. 4 ~ (Letter, Type) (*Druck.*), carattere. 5 ~ **feld** (einer Zeichnung) (*n. - Zeichn.*), riquadro per intestazioni e modifiche. 6 ~ **giesser** (*m. - Arb. - Giess. - Druck.*), fonditore di caratteri. 7 ~ **giesserei** (*f. - Giess. - Druck.*), fonderia di caratteri. 8 ~ **giessmaschine** (*f. - Giess. - Druck. - Masch.*), fonditrice di caratteri. 9 ~ **grad** (Grössenbezeichnung für Lettern) (*m. - Druck.*), corpo (del carattere). 10 ~ **gutablage** (Archiv) (*f. - Büro*), archivio. 11 ~ **höhe** (*f. - Druck.*), altezza del carattere. 12 ~ **höhenmesser** (*m. - Druck.*), tipometro. 13 ~ **kasten** (Setzkasten) (*m. - Druck.*), cassa tipografica. 14 ~ **leiter** (Redakteur) (*m. - Zeitg.*), redattore. 15 ~ **leitung** (Redaktion) (*f. - Zeitg.*), redazione. 16 ~ **metall** (*n. - Druck. - Metall.*), lega per caratteri da stampa. 17 ~ **satz** (Komposition) (*m. - Druck.*), composizione. 18 ~ **satz** (*recht.*), comparsa. 19 ~ **schablone** (*f. - Transp.*), stampino. 20 ~ **setzer** (Setzer) (*m. - Arb.*), compositore. 21 ~ **steller** (Verfasser von Büchern) (*m. - Druck.*), scrittore, autore. 22 ~ **stück** (*n. - Druck.*), scritto. 23 ~ **stück** (Unterlage) (*recht. - etc.*), documento, atto. 24 ~ **tum** (am Ende eines Buches z. B.) (*n. - Druck.*), bibliografia. 25 ~ **tumsnachweis** (*n. -*

Druck.), bibliografia. 26 ~ zeichen (Buchstabe) (n. - Druck.), lettera. 27 Block ~ (Büro - etc.), scrittura a stampatello. 28 Druck ~ (Druck.), scrittura a stampa. 29 fette ~ (Druck.), carattere grassetto. 30 gotische ~ (Druck.), carattere gotico. 31 Grotesk ~ (Druck.), carattere bastone, carattere grottesco, carattere etrusco. 32 Hand ~ (Büro - etc.), scrittura a mano. 33 Maschinen ~ (Büro), scrittura a macchina, dattilografia. 34 Patent ~ (recht.), descrizione di brevetto. 35 Schablonen ~ (mit Papp- oder Blechschablonen) (Verpackung), stampinatura.
schriftlich (allg.), scritto.
Schrifttum (Schrifttumsnachweis, am Ende eines Buches z. B.) (n. - Druck.), bibliografia. 2 ~ s·hinweis (m. - Druck. - etc.), citazione bibliografica.
schrill (Schall, scharf) (Akus.), acuto.
Schritt (m. - allg.), passo. 2 ~ (einer Wicklung) (Elekt.), passo. 3 ~ (Schrittlänge) (Telegr.), elemento di segnale, intervallo unitario, intervallo elementare. 4 ~ antrieb (Schrittmotor) (m. - Elekt.), motore a passi. 5 ~ erwärmung (bei induktiver Härtung von Zahnrädern, bei der ein Zahn nach dem andern erwärmt wird) (f. - mech. Technol.), riscaldamento passo per dente. 6 ~ extremalsystem (n. - Math.), sistema estremale a gradienti. 7 ~ frequenz (eines Schrittmotors) (f. - Elekt.), frequenza dei passi. 8 ~ frequenz (Schrittgeschwindigkeit) (Telegr.), frequenza del segnale elementare. 9 ~ funktion (f. - Math.), funzione a gradini. 10 ~ geber (m. - Ger.), trasduttore a passi. 11 ~ macher (Cardiostimulator, Pacemaker) (m. - Med. - Ger.), cardiostimolatore, ritmatore, pacemaker. 12 ~ macherofen (Balkenherdofen) (m. - Metod. - Ofen), forno a longheroni mobili. 13 ~ messer (m. - Ger.), podometro, contapassi. 14 ~ motor (m. - Elekt.), motore a passi, motore passo-passo. 15 ~ regler (m. - Ger.), regolatore a passi. 16 ~ relais (n. - Elekt.), relè a passi. 17 ~ schaltung (einer Bewegung) (f. - Masch.), comando intermittenza. 18 ~ schaltwerk (zur schrittweise Bewegung, Filmschaltwerk, Malteserkreuz z. B.) (m. - Mech.), dispositivo per moto intermittente. 19 ~ schaltwerk (elektromech. Gerät zum schrittweisen Schalten eines Eingangskanals auf eine vorgegebene Anzahl von Ausgangskanälen) (Ger.), commutatore a passi. 20 ~ spannung (Spannung bei stromdurchflossenem Erder, zwischen den Füssen eines Persons mit einem Schritt Abstand) (f. - Elekt.), tensione di passo. 21 ~ wähler (Schrittschalter) (m. - Elekt. - Fernspr.), selettore a passi. 22 ~ winkel (eines Schrittmotors) (m. - NC - Steuerung - etc.), angolo di passo. 23 aus dem ~ fallen (Elekt.), uscire di sincronismo, uscire di passo.
schritthaltend (on-line, ohne Zwischenspeicherung) (Datenverarb.), in linea, on-line.
schrittweise (allg.), gradualmente, passo passo.
Schrot (Bleikügelchen) (n. - m. - Metall.), pallino. 2 ~ (Schrott, Alteisen) (Metall.), rottame. 3 ~ effekt (Geräusch) (m. - Funk. - Fehler), effetto termico. 4 ~ hammer (m. - Werkz.), martello per scalpellare. 5 ~ keil (Steinspeidel) (m. - Maur. - Werkz.), cuneo da scalpellino. 6 ~ meissel (Kaltmeissel) (m. - Schmiedewerkz.), tagliolo a freddo, scalpello a freddo. 7 ~ schleudermaschine (f. - Masch. - mech. Technol.), pallinatrice centrifuga. 8 Gegen ~ (Schmiedewerkz.), controtagliolo.
Schrote (Winkel) (f. - allg. - schweiz.), angolo.
Schroten (Abtrennung, bei Freiformschmieden) (n. - Schmieden), taglio.
schroten (Alteisen zertrümmern) (Metall.), spaccare rottame.
Schrott (Alteisen) (m. - Metall.), rottame. 2 ~ (Abschnitt, etc.) (Mech.), sfrido. 3 ~ bündelmaschine (f. - Metall. - Masch.), pacchettatrice per rottami. 4 ~ -Kohle-Verfahren (n. - Metall.), processo al rottame e carbone. 5 ~ paketieren (n. - Metall.), pacchettatura di rottami. 6 ~ paketierpresse (f. - Masch.), pacchettatrice per rottami. 7 ~ platz (Schrottlager) (m. - Metall.), parco rottami. 8 ~ scherpresse (f. - Masch.), cesoia per rottami, cesoia tagliarottami. 9 ~ verhüttung (f. - Metall. - Giess.), rielaborazione metallurgica dei rottami, fusione dei rottami.
Schrotung (schraubenförmige Bewegung) (f. - Mech.), movimento elicoidale istantaneo.
Schrubbelmaschine (f. - Textilmasch.), carda in grosso, carda di rottura.
Schrubbeln (n. - Textilind.), cardatura in grosso.
schrubbeln (Textilind.), cardare in grosso.
Schrubber (m. - naut. - Ger.), radazza.
schrumpeln (allg.), raggrinzire.
Schrumpfband (Schrumpfring, eines Geschützes) (n. - Feuerwaffe), cerchiatura.
schrumpfbar (Gewebe z. B.) (Technol.), restringibile.
Schrumpfbau (m. - Bergbau), coltivazione a magazzino.
schrumpfecht (Gewebe z. B.) (Technol.), irrestringibile.
schrumpfen (allg.), contrarsi, ritirarsi.
Schrumpfhohlraum (m. - Technol. - Giess.), cavità da ritiro.
Schrumpfkraft (einer Passung z. B.) (f. - Metall. - Technol.), forza di calettamento (da ritiro), forza di accoppiamento (da contrazione).
Schrumpflack (m. - Anstr.), vernice raggrinzante.
Schrumpfmass (n. - Giess.), ritiro, entità del ritiro.
Schrumpfring (eines Geschützes) (m. - Feuerwaffe), cerchiatura.
Schrumpfriss (m. - Metall. - Giess.), cricca da ritiro, incrinatura da ritiro.
Schrumpfsitz (m. - Mech.), accoppiamento bloccato forzato a caldo.
Schrumpfspannung (f. - Metall. - Giess.), tensione da ritiro.
Schrumpfung (Raumverlust) (f. - Phys.), ritiro. 2 ~ (hohle Stelle) (allg.), cavità (da ritiro). 3 ~ s·theorie (Kontraktionstheorie) (f. - Geol.), teoria della contrazione.
Schrumpfverband (m. - mech. Technol.), calettamento a caldo.

Schrumpfverbindung

Schrumpfverbindung (von Rädern auf Wellen z. B.) (*f. - Technol.*), calettamento a caldo.
Schrund (Riss, Spalt) (*m. - allg.*), fessura, cricca, crepa. 2 ~ (Gletscherspalte) (*Geol. - Geogr.*), crepaccio.
Schrunde (*f.*), siehe Schrund.
Schruppdrehbank (*f. - Werkz.masch.*), tornio sgrossatore, tornio per sgrossare.
Schruppelektrode (bei Elektroerosion) (*f. - Technol.*), elettrodo sgrossatore.
Schruppen (*n. - Werkz.masch.bearb.*), sgrossatura.
schruppen (*Werkz.masch.bearb.*), sgrossare.
Schruppfeile (*f. - Werkz.*), lima bastarda.
Schruppfräser (*m. - Werkz.*), fresa per sgrossare.
Schruppkurve (*f. - Werkz.masch.*), camma per la sgrossatura.
Schruppschleifen (Schruppschliff) (*n. - Werkz.masch.bearb.*), rettifica di sgrosso.
Schruppstahl (Drehstahl) (*m. - Werkz.*), utensile sgrossatore.
Schub (Scherung, Gleitung) (*m. - Baukonstr.lehre*), taglio. 2 ~ (Vortriebskraft) (*Strahltriebw. - etc.*), spinta. 3 ~ **ablenkung** (*f. - Strahltriebw.*), deviazione della spinta, deviazione del getto. 4 ~ **ankeranlasser** (*m. - Aut. - Mot.*), motorino di avviamento con innesto ad indotto succhiato. 5 ~ **aufgeber** (Schubspeiser) (*m. - ind. Transp.*), alimentatore a moto alternativo. 6 ~ **ausgleichkolben** (*m. - Turb.*), stantuffo compensatore della spinta. 7 ~ **betrieb** (eines Motors) (*m. - Mot.*), siehe Schiebebetrieb. 8 ~ **bock** (beim Raketenprüfstand) (*m. - Strahltriebw.*), banco prova per la spinta. 9 ~ **diagramm** (Diagramm des Schubes über die Fluggeschwindigkeit) (*n. - Strahltriebw.*), diagramma della spinta. 10 ~ **düse** (einer Rakete z. B.) (*f. - Strahltriebw.*), effusore. 11 ~ **eisen** (im Beton, zur Schubsicherung, Schrägeisen) (*n. - Bauw.*), ferro inclinato (resistente a taglio). 12 ~ **elastizitätsgrenze** (*f. - Baukonstr.lehre*), limite di elasticità tangenziale. 13 ~ **erhöhung** (Schubverstärkung, durch Nachverbrennung, Wassereinspritzung, etc.) (*f. - Strahltriebw.*), aumento di spinta. 14 ~ **festigkeit** (*f. - Baukonstr.lehre*), resistenza al taglio. 15 ~ **fliessgrenze** (*f. - Baukonstr.lehre*), limite di snervamento tangenziale. 16 ~ **gabel** (Schaltgabel, eines Wechselgetriebes) (*f. - Aut.*), forcella del cambio. 17 ~ **gabelstapler** (*ind. Transp.*), carrello elevatore) e forca retrattile. 18 ~ **gelenk** (*n. - Mech.*), giunto cardanico scorrevole, giunto a snodo con forcella scorrevole. 19 ~ **gewicht** (Verhältnis des Trockengewichtes zu den max. zulässigen Schub) (*n. - Strahltriebw.*), peso per kp di spinta. 20 ~ **härte** (Kugelschubhärte, nach Waltzmann) (*f. - mech. Technol.*), durezza Waltzmann. 21 ~ **karren** (Schiebkarren) (*m. - Fahrz.*), carriola. 22 ~ **kegel** (Bruchform beim Zugversuch) (*m. - Werkstoffprüfung*), frattura a cono. 23 ~ **kraft** (eines Linearmotors) (*f. - Elekt.*), spinta. 24 ~ **kurbel** (Geradschubkurbel) (*f. - Mech.*), manovellismo (di spinta), meccanismo biella-manovella. 25 ~ **lade** (*f. - Möbel*), cassetto. 26 ~ **lager** (*n. - Mech.*), cuscinetto di spinta. 27 ~ **lehre** (Schieblehre, Schiebelehre) (*f. - Werkz.*), calibro a corsoio, calibro a nonio. 28 ~ **leistung** (*f. - naut.*), potenza di spinta. 29 ~ **messeinrichtung** (*f. - Strahltriebw.*), misuratore di spinta, spintometro, banco spintometrico. 30 ~ **modul** (Scherungsmodul, Torsionsmodul) (*m. - Baukonstr.lehre*), modulo di elasticità a tensione tangenziale, modulo di elasticità tangenziale. 31 ~ **radwechselgetriebe** (*n. - Aut.*), cambio ad ingranaggi scorrevoli. 32 ~ **rahmen** (einer Planierraupe) (*m. - Erdbew.masch.*), telaio portalama, telaio portapala. 33 ~ **rahmenstapler** (Schubmaststapler) (*m. - ind. Transp.*) carrello elevatore a montante retrattile. 34 ~ **räumen** (*n. - Werkz.masch.bearb.*), brocciatura a spinta. 35 ~ **riegel** (*m. - Mech.*), catenaccio. 36 ~ **rohr** (in dem die Gelenkwelle) liegt) (*n. - Mech. - Aut.*), manicotto scorrevole. 37 ~ **rohr** (*Strahltriebw.*), siehe Schmidtrohr. 38 ~ **schiff** (Schubboot) (*n. - naut.*), spintore. 39 ~ **schlepper** (*m. - naut.*), spintore, « rimorchiatore a spinta ». 40 ~ **schleuder** (*f. - Masch.*), centrifuga a spintore. 41 ~ **schraube** (*f. - Flugw.*), elica propulsiva. 42 ~ **schraubtriebanlasser** (*m. - Mot. - Aut.*), motorino di avviamento con innesto a comando elettromagnetico del pignone. 43 ~ **sicherung** (von Betonteilen) (*f. - Bauw.*), sicurezza al taglio. 44 ~ **spannung** (Elementarkraft an dem Flächenelement) (*f. - Baukonstr.lehre*), tensione tangenziale. 45 ~ **spannung** (Scherspannung) (*Baukonstr.lehre*), sollecitazione di taglio. 46 ~ **stange** (Lenkstange) (*f. - Aut.*), tirante longitudinale (comando sterzo), asta longitudinale. 47 ~ **stange** (Pleuelstange) (*Mot.*), biella. 48 ~ **steigerung** (*f. - Strahltriebw.*), siehe Schuberhöhung. 49 ~ **stellung** (der Düsen einer Strahlturbine für lotrecht startende und landende Flugzeuge) (*f. - Flugw.*), posizione di avanzamento, posizione di volo orizzontale, posizione di propulsione. 50 ~ **strebe** (einer Aufhängung) (*f. - Aut.*), puntone. 51 ~ **transformator** (Regeltransformator bei dem durch Verschieben eines Gleiters die Sekundärspannung geändert wird) (*m. - Elekt.*), trasformatore ad avvolgimenti scorrevoli. 52 ~ **triebanlasser** (*m. - Mot. - Aut.*), motorino di avviamento con innesto a traslazione assiale del pignone. 53 ~ **umkehrvorrichtung** (*f. - Strahltriebw.*), invertitore di spinta. 54 ~ **verstärkung** (*f. - Strahltriebw.*), siehe Schuberhöhung. 55 ~ **welle** (einer Gelenkwelle) (*f. - Mech. - Aut.*), albero scorrevole. 56 ~ **zahl** (Kehrwert des Scherungsmoduls) (*f. - Baukonstr.lehre*), coefficiente di scorrimento elastico. 57 ~ **ziffer** (*f. - Strahltriebw.*), coefficiente di spinta. 58 **dynamischer** ~ (*Flugw.*), spinta dinamica, spinta in volo. 59 **statischer** ~ (*Flugw.*), spinta statica, spinta a punto fisso.
Schuh (*m. - Lederind.*), scarpa. 2 ~ (Kabelschuh) (*Elekt.*), capocorda, terminale. 3 ~ (eiserne Schutzkappe am Ende eines Pfahles z. B.) (*Bauw.*), puntazza. 4 ~ (Hängeschuh) (*Seilbahn*), scarpa. 5 ~ **industrie** (*f. - Ind.*), industria calzaturiera. 6 ~ **krem** (Schuhkreme [*f.*] (*f. - chem. Ind.*), lucido per scarpe,

crema per scarpe. 7 ~ macher (Schuster) (*m. - Arb.*), calzolaio. 8 ~ sohle (*f. - Ind.*), suola di scarpa. 9 ~ täck (*m. - metall. Ind.*), bulletta da scarpe. 10 Gabel ~ (*Elekt.*), capocorda a forcella. 11 Gleit ~ (*Mech.*), pattino. 12 offener Kabel ~ (*Elekt.*), capocorda a forcella. 13 Ösenrohr ~ (*Elekt.*), capocorda tubolare con anello. 14 Ösen ~ (*Elekt.*), capocorda ad anello. 15 Pol ~ (*Elekt.*), espansione polare. 16 Über ~ (*Gummiind.*), soprascarpa.
Schuko (Schutzkontakt zur Erdung) (*Elekt.*), (contatto di) messa a terra. 2 ~ -Dose (Schutzkontaktdose) (*f. - Elekt.*), presa con contatto di terra. 3 ~ -Stecker (*m. - Elekt.*), spina con contatto di terra, spina con messa a terra.
Schuld (*f. - finanz.*), debito. 2 ~ schein (*m. - komm.*), pagherò.
Schuldner (Debitor) (*m. - finanz.*), debitore.
Schule (*f. - allg.*), scuola. 2 Berufs ~ (*Schule*), scuola professionale. 3 Fach ~ (*Schule*), scuola tecnica. 4 Fortbildungs ~ (*Schule*), scuola di perfezionamento. 5 Handels ~ (*Schule*), scuola commerciale. 6 Hoch ~ (*Schule*), università. 7 höhere ~ (*Schule*), scuola superiore. 8 Mittel ~ (*Schule*), scuola media.
Schüler (*m. - Schule*), studente, allievo, scolaro.
Schulfernsehen (*n. - Fernseh.*), telescuola.
Schulflug (*m. - Flugw.*), volo di addestramento.
Schulflugzeug (*n. - Flugw.*), apparecchio scuola, velivolo scuola, velivolo per addestramento.
Schulfunk (*m. - Funk.*), radioscuola.
Schülpe (*f. - Giess.fehler*), taccone, sfoglia.
Schulschiff (*n. - naut. - Kriegsmar.*), nave scuola.
Schulter (*f. - allg.*), spalla. 2 ~ (eines Reifens) (*Aut.*), spalla. 3 ~ breite (des Sitzes eines Pkw) (*f. - Aut.*), spazio per le spalle. 4 ~ drehstahl (*m. - Werkz.*), utensile per spallamenti. 5 ~ höhe (einer Letter) (*f. - Druck.*), altezza della spalla. 6 ~ gurt (Sicherheitsgurt) (*m. - Aut.*), cintura a bandoliera. 7 ~ kopf (einer Zugprobe) (*m. - Werkstoffprüfung*), estremità con spallamento, testa di afferraggio con spallamento. 8 ~ kugellager (kann nur in eine Richtung axiale Kräfte übertragen) (*n. - Mech.*), cuscinetto a sfere radiale monoassiale. 9 ~ mauer (*f. - Bauw. - Ing.*), muro di spalla. 10 hintere Schwarz ~ (hintere Schwarztreppe) (*Fernseh.*), cancellazione posteriore.
Schulung (*f. - Schule - Ind.*), addestramento. 2 ~ s·kurs (*m. - allg.*), corso di addestramento. 3 Anfangs ~ (*Flugw. - Luftw.*), addestramento primo periodo. 4 Fortgeschrittenen ~ (*Flugw. - Luftw.*), addestramento secondo periodo.
schummern (*Zeichn. - etc.*), tratteggiare, ombreggiare.
Schummerung (einer Karte) (*f. - Geogr.*), ombreggiatura.
Schuner (*m. - naut.*), siehe Schoner.
Schuppe (*f. - allg.*), squama, scaglia. 2 ~ (Überschachtung der Oberfläche) (*Metall. - Mech. - Fehler*), scaglia. 3 ~ (Oberflächenfehler eines Walzgutes) (*Schmiedefehler*), sovrapposizione.

4 ~ n·bildung (*f. - allg.*), sfaldatura, scagliatura. 5 ~ n·lochstreifen (*m. - Datenverarb.*), nastro a perforazione incompleta, banda a perforazione incompleta.
Schüppe (*f. - Werkz.*), siehe Schippe.
Schuppen (*m. - Bauw.*), capannone. 2 ~ (überdeckter Raum, für Wagen) (*Fahrz. - Bauw.*), rimessa. 3 ~ (*Flugw.*), aviorimessa, « hangar ». 4 ~ (für Geräte) (*Bauw.*), baracca. 5 ~ bildung (*f. - Anstr.fehler*), scagliatura.
schuppig (*allg.*), squamoso.
Schüreisen (Schürer) (*n. - Werkz. - Verbr.*), attizzatoio.
schüren (das Feuer) (*Verbr.*), attizzare.
Schürer (Schüreisen) (*m. - Werkz.*), attizzatoio.
Schurf (Schürfgrube, zur Erkundung der oberflächennahen Schichten) (*m. - Bauw.*), fossa esplorativa.
Schürfbohrer (*m. - Bergbau - Werkz.*), scalpello per prospezioni.
Schürfen (Prospektion) (*n. - Bergbau*), prospezione.
schürfen (nutzbare Mineralien suchen) (*Bergbau*), eseguire prospezioni. 2 ~ (den Boden aufgraben) (*Bauw.*), scavare.
Schürfer (*m. - Bergbau*), prospettore.
Schürfgrube (*f. - Bauw.*), siehe Schurf.
Schürfkübel (*m. - Erdbew. - Ger.*), ruspa. 2 ~ bagger (*m. - Erdbew.masch.*), escavatore a benna trascinata. 3 ~ wagen (von einem Schlepper gezogener Schürfkübel) (*m. - Erdbew.masch.*), ruspa a trazione meccanica.
Schürfloch (für Bodenuntersuchung) (*n. - Bauw.*), foro d'assaggio.
Schürfraupe (Planierraupe) (*f. - Erdbew. masch.*), apripista.
Schürfschacht (*m. - Bergbau*), pozzo per prospezione.
Schürfung (Prospektion) (*f. - Bergbau*), prospezione. 2 ~ (für Bodenuntersuchung) (*Bauw.*), assaggio.
Schürfwagen (*m. - Erdbew.masch.*), siehe Schürfkübelwagen.
Schurre (Gleitbahn) (*f. - ind. Transp.*), scivolo.
Schurwolle (Scherwolle) (*f. - Textilind.*), lana tosata.
Schürze (Überkleidungsstück) (*f. - Arb.*), grembiule.
Schurzholzwand (Bohlenwand) (*f. - Bauw.*), parete di tavoloni.
Schuss (*m. - Feuerwaffe*), sparo. 2 ~ (die Querfäden eines Gewebes) (*Textilind.*), trama. 3 ~ (Sprengung) (*Bergbau*), brillamento. 4 ~ (beim Druckgiessen) (*Giess.*), iniezione. 5 ~ (geladenes Sprengloch) (*Bergbau*), foro da mina carico. 6 ~ bild (Schuss·schema) (*n. - Bergbau*), schema dei fori da mina. 7 ~ boden (Sohle eines Tosbeckens) (*m. - Hydr.*), suola. 8 ~ faden (*m. - Textilind.*), filo di trama. 9 ~ gewicht (beim Druckgiessen, Gewicht des Teils einschliesslich Anguss und Überläufen) (*n. - Giess.*), peso iniettato, peso (di metallo) iniettato. 10 ~ gewicht (Spritzleistung beim Spritzgiessen von Kunststoffen) (*Technol.*), grammatura. 11 ~ loch (Schiessloch) (*n. - Bergbau*), foro da mina. 12 ~ maschine (für Kunststoffe, Spritzmaschine) (*f. - Masch.*), macchina ad iniezione. 13 ~

Schüssel

rapport (*m.* - *Textilind.*), rapporto di trama. 14 ~ rinne (Abflussrinne bei Staudämmen) (*f.* - *Wass.b.*), canale di scarico. 15 ~ -Schweissung (für rostfreie Stähle, Punktschweissverfahren mit sehr hoher Punktfolge) (*f.* - *mech. Technol.*), saldatura a punti rapida. 16 ~ strecke (eines Kanals) (*f.* - *Hydr.*), tratto a forte pendenza, tratto a corrente rapida. 17 ~ tafel (*f.* - *Artillerie*), tavola di tiro. 18 ~ volumen (beim Spritzgiessen von Kunststoffen) (*n.* - *Technol.*), volume iniettato. 19 ~ waffe (Feuerwaffe) (*f.* - *Feuerwaffe*), arma da fuoco. 20 ~ wechselautomat (*m.* - *Textilmasch.*), cambiaspole automatico, dispositivo per il cambio automatico della spola. 21 ~ weite (*f.* - *Feuerwaffe*), gittata. 22 ~ werte (*m.* - *pl.* - *Artillerie*), dati di tiro. 23 ~ zahl (beim Druckgiessen z. B.) (*f.* - *Giess.*), numero d'iniezioni. 24 ~ zähler (beim Spritzgiessen von Kunststoffen) (*m.* - *Technol.* - *Ger.*), contastampate, containiezioni.
Schüssel (*f.* - *allg.*), piatto. 2 ~ (Scheibe, eines Rades z. B.) (*Aut.* - *etc.*), disco. 3 ~ (Trog, eines Kollerganges) (*Masch.*), vasca.
Schuster (Schuhmacher) (*m.* - *Arb.*), calzolaio.
Schute (*f.* - *naut.*), betta.
Schutt (Abfall) (*m.* - *allg.*), rifiuti. 2 ~ (*Bauw.*), macerie. 3 ~ (Haufen) (*allg.*), mucchio, cumulo. 4 ~ halde (Schuttkegel) (*f.* - *Hydr.*), cono di deiezione. 5 ~ massen (*f.* - *pl.* - *Ing.b.*), materiale da riporto. 6 ~ material (Füllboden) (*n.* - *Ing.b.*), riporto.
Schütt (Sandbank) (*f.* - *Geol.*), banco di sabbia. 2 ~ (Schutt), siehe Schutt. 3 ~ beton (*m.* - *Maur.*), calcestruzzo gettato. 4 ~ dichte (Masse der Raumeinheit eines Schüttgutes bei loser Schüttung) (*f.* - *Phys.* - *Ind.*), massa volumica apparente (di materiale alla rinfusa). 5 ~ gewicht (Gewicht der Raumeinheit eines Schüttgutes bei loser Schüttung) (*n.* - *Phys.* - *Ind.*), peso volumico apparente, densità apparente (di materiali alla rinfusa). 6 ~ gut (*n.* - *komm.*), merce alla rinfusa, merce sfusa, materiale sfuso. 7 ~ gutförderer (für Sand, Kohle, etc.) (*m.* - *ind. Transp.*), trasportatore per materiale sfuso. 8 ~ höhe (einer Stampfmasse z. B.) (*f.* - *Bauw.* - *Wass.b.*), altezza della gettata. 9 ~ wichte (Rohwichte geschütteter Stoffe) (*f.* - *Phys.*), peso specifico apparente (d materiale alla rinfusa).
Schütt (Schleuse) (*n.* - *Hydr.*), siehe Schleuse. 2 ~ (Schott), siehe Schott.
Schüttelapparat (*m.* - *App.*), vibratore, apparecchio a scossa.
Schüttelförderer (*m.* - *ind. Masch.*), trasportatore a scossa.
Schüttelherd (zur Aufbereitung von Erzen) (*m.* - *Bergbau*), tavola (di arricchimento) a scossa.
Schütteln (Torsionsschwingungen, eines Personenkraftwagens) (*n.* - *Aut.*), oscillazioni torsionali. 2 ~ (des Leitwerkes z. B.) (*Flugw.*), scuotimento.
schütteln (*allg.*), scuotere. 2 ~ (Flüssigkeiten) (*allg.*), agitare.
Schüttelpfanne (*f.* - *Giess.*), siviera a scosse.
Schüttelprüfstand (*m.* - *Aut.* - *etc.*), banco prova vibrante.
Schüttelprüfung (*f.* - *Technol.*), prova alle vibrazioni.
Schüttelrätter (Schwingrätter) (*m.* - *Bergbau* - *Ger.*), vaglio a scossa, vibrovaglio.
Schüttelrost (*m.* - *Kessel* - *Verbr.*), griglia a scossa.
Schüttelrutsche (*f.* - *ind. Masch.*), convogliatore a scossa.
Schüttelsieb (*n.* - *Masch.*), vibrovaglio.
Schütteltisch (Schwingtisch) (*m.* - *Masch.*), tavola vibrante.
schütten (Giessen) (*allg.*), versare. 2 auf ~ (durch Erdmassen erhöhen z. B.) (*Bauw.*), alzare. 3 aus ~ (die Dividende z. B. verteilen) (*allg.*), distribuire.
Schutter (Haufwerk beim Tunnelbau im Gebirge) (*m.* - *Ing.b.*), pietrame sciolto.
Schutterung (Wegräumen des Schutters, beim Tunnelbau) (*f.* - *Ing.b.*), sgombero del pietrame sciolto.
Schüttung (Auftrag, aufgelegte Schicht, von Erde z. B.) (*f.* - *Bauw.* - *Ing.b.*), riporto. 2 ~ (Ergiebigkeit) (*allg.*), resa. 3 Beton ~ (*Bauw.*), gettata di calcestruzzo. 4 Sand ~ (Sandbettung) (*Bauw.* - *etc.*), letto di sabbia. 5 Stein ~ (*Wass.b.*), gettata di pietrame, scogliera.
Schutz (*m.* - *allg.*), protezione. 2 ~ (Deich) (*Wass.b.* - *Hydr.*), argine. 3 ~ anstrich (*m.* - *Anstr.*), vernice protettiva. 4 ~ anstrich (*naut.*), pittura antivegetativa, pittura sottomarina. 5 ~ anzug (*m.* - *Arb.*), vestito protettivo, indumento protettivo. 6 ~ art (einer elekt. Maschine) (*f.* - *Elekt.*), tipo di protezione. 7 ~ atmosphäre (*f.* - *Ofen* - *Metall.*), atmosfera protettiva, atmosfera inerte. 8 ~ bau (*m.* - *Bauw.* - *milit.*), rifugio. 9 ~ blech (*n.* - *Masch.*), riparo di lamiera, lamiera di protezione. 10 ~ bleiglas (*n.* - *Radioakt.*), vetro piombifero di protezione. 11 ~ blockstrecke (*f.* - *Eisenb.*), sezione tampone. 12 ~ brille (*f.* - *Ger.* - *Arb.*), occhiali di protezione. 13 ~ brücke (für Seilbahnen) (*f.* - *Transp.*), ponte di protezione. 14 ~ deck (Schelterdeck) (*n.* - *naut.*), ponte di riparo. 15 ~ draht (*m.* - *Elekt.*), filo di guardia. 16 ~ erdung (*f.* - *Elekt.*), collegamento a massa, collegamento a terra. 17 ~ frequenzband (zwischen zwei Kanälen frei gelassenes Band) (*n.* - *Funk.* - *Fernseh.*), banda di sicurezza. 18 ~ funkenstrecke (*f.* - *Elekt.*), spinterometro di protezione. 19 ~ gas (Inertgas) (*n.* - *Ofen*), gas inerte. 20 ~ gas (Schutzumgebung) (*Schmieden* - *etc.*), atmosfera protettiva, atmosfera controllata. 21 ~ gasglühung (*f.* - *Wärmebeh.*), ricottura sotto gas protettivo, ricottura in atmosfera protettiva. 22 ~ gasschweissung (*f.* - *mech. Technol.*), saldatura sotto gas inerte. 23 ~ gegen Druckwasser (*elekt. Masch.*), protezione contro l'acqua in pressione. 24 ~ gegen Eindringen von Fremdkörpern (*Elekt.*), protezione contro l'ingresso di corpi estranei. 25 ~ gegen Spritzwasser (*elekt. Masch.*), protezione contro gli spruzzi d'acqua. 26 ~ gegen Strahlwasser (*elekt. Masch.*), protezione contro il getto di manichetta. 27 ~ gegen Tropfwasser (*Elekt.*), protezione contro lo stillicidio. 28 ~ geländer (*n.* - *Bauw.*), ringhiera. 29 ~ gitter

(Schirmgitter, einer Tetrode z. B.) (*n. - Elektronik*), griglia di protezione, griglia-schermo. 30 ~ **güte** (*f. - Elekt.*), qualità protettiva. 31 ~ **hafen** (*m. - naut.*), porto di rifugio. 32 ~ **haube** (*f. - Masch.*), cofano di protezione. 33 ~ **häuschen** (des Handbremsstandes) (*n. - Eisenb.*), garitta. 34 ~ **helm** (*m. - Arb.*), casco di protezione. 35 ~ **hülle** (Schutzmantel, eines Kabels z. B.) (*f. - Elekt. - etc.*), guaina protettiva. 36 ~ **insel** (*f. - Strass.ver.*), isola, salvagente. 37 ~ **kleinspannung** (nicht höher als 42 V) (*f. - Elekt.*), tensione inferiore ai 42 V. 38 ~ **kolloid** (*n. - Chem.*), colloide protettore. 39 ~ **kontaktdose** (Schuko-Dose) (*f. - Elekt.*), presa con contatto di terra. 40 ~ **kontaktstecker** (Schuko-Stecker) (*m. - Elekt.*), spina con contatto di terra. 41 ~ **lack** (*m. - Anstr.*), vernice protettiva. 42 ~ **leiter** (*m. - Elekt.*), conduttore di protezione. 43 ~ **marke** (Warenzeichen) (*f. - komm.*), marchio depositato. 44 ~ **massnahmen** (*f. - pl. - allg.*), misure protettive. 45 ~ **mauer** (*f. - Bauw.*), parapetto. 46 ~ **netz** (für Seilbahnen z. B.) (*n. - Transp. - etc.*), rete di protezione. 47 ~ **pegel** (Spannungsgrenze, einer elekt. Anlage) (*m. - Elekt.*), livello di protezione. 48 ~ **raum** (gegen Fliegerbomben etc.) (*m. - Bauw.*), rifugio. 49 ~ **raum von Erdseilen** (*Elekt.*), zona protetta dalle corde di terra. 50 ~ **rechte** (*n. - pl. - komm. - recht.*), diritti protettivi. 51 ~ **relais** (*n. - Elekt.*), relè di protezione. 52 ~ **ringkondensator** (*m. - Elekt.*), condensatore con anello di guardia. 53 ~ **rohrkontakt** (*m. - Elekt.*), contatto in tubo di protezione. 54 ~ **schalter** (*m. - Elekt.*), interruttore automatico. 55 ~ **schaltung** (Erdung z. B.) (*f. - Elekt.*), collegamento di protezione. 56 ~ **scheibe** (Windschutzscheibe) (*f. - Aut.*), parabrezza. 57 ~ **schicht** (auf der Oberfläche eines Metalles) (*f. - mech. Technol.*), strato protettivo, rivestimento protettivo. 58 ~ **schiene** (Gegenschiene) (*f. - Eisenb.*), controrotaia. 59 ~ **schild** (an Geschützen) (*m. - Feuerwaffe*), scudo (di protezione). 60 ~ **seil** (*n. - Elekt.*), siehe Erdseil. 61 ~ **senkung** (eines Zentrierbohrers oder Senkers) (*f. - Werkz.*), smusso di protezione, salvacentro. 62 ~ **spannung** (Kleinspannung, Betriebsspannung bis zu 42 V) (*f. - Elekt.*), tensione inferiore ai 42 V. 63 ~ **strecke** (*f. - Eisenb.*), sezione tampone. 64 ~ **streifen** (Fussgängerstreifen) (*m. - Strass.ver.*), attraversamento pedonale, strisce zebrate. 65 ~ **transformator** (*m. - Elekt.*), trasformatore di protezione. 66 ~ **überzug** (auf der Oberfläche eines Metalls z. B.) (*m. - Technol.*), rivestimento protettivo. 67 ~ **umschlag** (eines Buches) (*m. - Buchbinderei*), sovracopertina, sopracopertina. 68 ~ **verkleidung** (*f. - Arb.*), indumento protettivo. 69 ~ **versager** (einer Schutzeinrichtung) (*m. - Elekt.*), mancato funzionamento di un dispositivo di protezione. 70 ~ **vorrichtung** (*f. - Ind. - Arb.*), dispositivo di protezione, dispositivo di sicurezza. 71 ~ **zahl** (Goldzahl, eines Schutzkolloids) (*f. - Chem.*), numero d'oro. 72 ~ **zoll** (*m. - komm.*), dazio protettivo. 73 **Explosions** ~ (*elekt. Masch.*), protezione antideflagrante. 74 **Fehlerstrom** ~ **schaltung** (*f. - Elekt.*), circuito di protezione contro le correnti di guasto. 75 **Frost** ~ **scheibe** (*f. - Aut.*), visiera termica. 76 **Ketten** ~ **kasten** (*m. - Fahrz.*), copricatena. 77 **Rost** ~ **mittel** (*n. - chem. Ind. - Mech.*), antiruggine. 78 **Schlagwetter** ~ (*elekt. Masch.*), protezione antideflagrante. 79 **Schwallwasser** ~ (*elekt. Masch.*), protezione contro le onde d'acqua. 80 **Spritzwasser** ~ (*elekt. Masch.*), protezione contro gli spruzzi d'acqua. 81 **Tropfwasser** ~ (*elekt. Masch.*), protezione contro lo stillicidio. 82 **Überlastungs** ~ (*Elekt.*), protezione contro i sovraccarichi.

Schütz (Relais) (*n. - Elekt.*), relè, relais. 2 ~ (Fernschalter) (*elekt. Ger.*), contattore, teleruttore. 3 ~ (Schütze) (*f.*), zum Absperren und Aufstauen von Wasser) (*Hydr.*), paratoia. 4 ~, siehe auch Schütze. 5 ~ **en-nut** (Führungsnut) (*f. - Hydr.*), gargamo. 6 ~ **en-steuerung** (*f. - elekt. Eisenb.*), equipaggiamento a contattori. 7 ~ **mit Arbeitskontakten** (*Elekt.*), contattore normalmente aperto. 8 ~ **mit Ruhekontakten** (*Elekt.*), contattore normalmente chiuso. 9 ~ **nadel** (Netznadel, Filetnadel) (*f. - Ger.*), ago da rete. 10 ~ **tafel** (*f. - Hydr.*), lente. 11 **Dreh** ~ (Klappschütz) (*Hydr.*), paratoia a ventola. 12 **Klapp** ~ (Drehschütz) (*Hydr.*), paratoia a ventola. 13 **Luft-** ~ (*elekt. Ger.*), contattore in aria. 14 **offenes** ~ (*elekt. Ger.*), contattore a giorno. 15 **Öl-** ~ (mit den beweglichen Teilen in einem Ölbad angeordnet) (*elekt. Ger.*), contattore in olio. 16 **Platten** ~ (*Hydr.*), paratoia piana. 17 **polarisiertes** ~ (polarisiertes Relais) (*Elekt.*), relè polarizzato. 18 **Segment** ~ (*Hydr.*), paratoia a segmento, paratoia a settore cilindrico. 19 **Steuer** ~ (*Elekt.*), contattore di comando, teleruttore di comando.

Schütze (Soldat) (*m. - milit.*), soldato di fanteria, fante. 2 ~ (Schiffchen) (*Textilmasch.*), navetta. 3 ~ **n-schieber** (*m. - Textilmasch.*), caccia-navette. 4 ~ **n-wurf** (*m. - Textilmasch.*), lancio della navetta.

schützen (*allg.*), proteggere. 2 ~ (*Wass.b. - Hydr.*), arginare.

Schwabbel (Schwabber) (*m. - naut.*), radazza. 2 ~ **arbeit** (Polieren) (*f. - Mech.*), pulitura (alla pulitrice), lucidatura. 3 ~ **maschine** (Poliermaschine) (*f. - Werkz.masch.*), pulitrice, lucidatrice. 4 ~ **scheibe** (Schwabbelrad) (*f. - Werkz.*), disco per pulitrice, disco per lucidatrice.

schwabbeln (polieren) (*Mech.*), pulire (alla pulitrice), lucidare.

Schwabber (Wischer) (*m. - naut.*), radazza.

schwabbern (das Deck wischen) (*naut.*), radazzare.

schwach (kraftlos) (*allg.*), debole. 2 ~ (gering, an Zahl oder Menge) (*allg.*), scarso. 3 ~ **e Kurve** (Strasse - etc.), curva a grande raggio. 4 ~ **e Zündung** (*Mot. - Fehler*), accensione debole. 5 ~ **gebrannt** (Stein z. B.) (*Ind.*), poco cotto. 6 ~ **wandig** (*Mech. - etc.*), a parete sottile.

Schwachbrand (feuerfester Stein mit erhöter Porosität) (*m. - Metall. - etc.*), refrattario poco cotto, refrattario poroso.

schwächen (*allg.*), indebolire. 2 ~ (*Opt. -*

Schwächerwerden

Akus.), attenuare. 3 ~ (eine Lösung) (*Chem.*), diluire.
Schwächerwerden (eines Signales) (*n. - Phys.*), affievolimento. 2 ~ (einer Mauer) (*Bauw.*), risega.
Schwachgas (*n. - Chem.*), gas povero.
Schwachlasttropfkörper (schwach belasteter Tropfkörper, zur Abwasserreinigung) (*m. - Bauw.*), letto percolatore a piccola dosatura, letto biologico a piccola dosatura.
Schwachstrom (mit Spannungen unter 24 V und 60 V) (*m. - Elekt. - Fernspr.*), corrente debole.
Schwächung (*f. - allg.*), indebolimento. 2 ~ (*Opt. - Funk.*), attenuazione, affievolimento. 3 ~ s·glied (*n. - Ger.*), attenuatore.
Schwaden (Schwadem) (*m. - allg.*), fumana.
schwalben (*Tischl.*), unire a coda di rondine.
Schwalbenschwanz (*m. - Tischl. - Mech.*), coda di rondine. 2 ~ führung (*f. - Mech.*), guida a coda di rondine. 3 ~ nute (*f. - Mech. - Tischl.*), scanalatura a coda di rondine. 4 ~ verbindung (*f. - Tischl. - Mech.*), giunto a coda di rondine, incastro a coda di rondine.
schwalbenschwanzförmig (*Tischl. - Mech.*), a coda di rondine.
Schwalch (Öffnung des Schmelzofens) (*m. - Metall. - Giess.*), apertura, bocca, porta.
Schwall (steile Welle) (*m. - See*), cavallone. 2 ~ (Hebung des Wasserspiegels, durch plötzliche Vermehrung der Zuflussmenge z. B.) (*Hydr.*), onda di piena, aumento rapido di livello. 3 ~ kammer (eines Kraftwerkes) (*f. - Hydr. - Elekt.*), camera di espansione. 4 ~ schacht (Wasserschloss·schacht) (*m. - Wass.b.*), pozzo piezometrico. 5 ~ wand (eines Tankwagens) (*f. - Fahrz.*), frangiflutti. 6 ~ wasserschutz (*m. - Elekt.*), protezione contro le onde d'acqua. 7 ~ widerstand (beim Befahren von nassen Strassen) (*m. - Aut.*), resistenza dell'acqua. 8 Absperr ~ (*Hydr.*), onda da chiusura, onda da colpo di ariete. 9 Füll ~ (*Hydr.*), onda di piena. 10 Öffnungs ~ (*Hydr.*), onda da apertura (a monte). 11 Stau ~ (*Hydr.*), onda da chiusura parziale.
schwallwasserdicht (*elekt. Masch.*), protetto contro le onde d'acqua.
Schwamm (*m. - Ger.*), spugna. 2 ~ gummi (Gummischwamm) (*m. - Gummiind.*), gomma spugnosa, spuma di gomma. 3 ~ kunststoff (Schaumkunststoff) (*m. - chem. Ind.*), espanso (*s.*), materiale plastico espanso.
schwammförmig (schwammig) (*allg.*), spugnoso.
schwammig (*allg.*), spugnoso.
Schwammigkeit (eines Guss·stückes z. B.) (*f. - Giess.fehler*), spugnosità.
schwammsicher (*Elekt. - etc.*), antifungo.
schwammverhindernd (*Elekt. - etc.*), antifungo.
Schwanenhals (Aufhängevorrichtung, etc.) (*m. - allg.*), collo di cigno. 2 ~ presse (*f. - Masch.*), pressa a collo di cigno, pressa frontale, pressa con incastellatura a C.
schwängern (imprägnieren, einen Stoff) (*allg.*), impregnare. 2 ~ (sättigen) (*Chem.*), saturare.
schwanken (der Preise z. B.) (*allg.*), oscillare, fluttuare.

schwankend (Drehzahl z. B.) (*Mot.*), fluttuante, oscillante. 2 ~ (Preise z. B.) (*komm.*), fluttuante, oscillante.
Schwankung (der Preise z. B.) (*f. - allg.*), fluttuazione, oscillazione. 2 ~ (der Motordrehzahl) (*Mot.*), variazione, fluttuazione. 3 Belastungs ~ von Vollast bis Leerlauf (*Mot.*), variazione di carico da pieno (carico) a vuoto. 4 Saison ~ (*komm.*), fluttuazione stagionale. 5 Temperatur ~ (*allg.*), variazione di temperatura.
Schwanz (*m. - allg.*), coda. 2 ~ (eines Flugzeuges) (*Flugw.*), coda. 3 ~ fläche (eines Flugzeuges) (*f. - Flugw.*), piano di coda. 4 ~ flosse (eines Flugzeuges) (*f. - Flugw.*), piano di deriva, deriva. 5 ~ landung (*f. - Flugw.*), atterraggio di coda, atterraggio appoppato. 6 ~ lastigkeit (*f. - naut. - Flugw.*), appoppamento. 7 ~ leitwerk (*n. - Flugw.*), impennaggio. 8 ~ rad (eines Flugzeuges) (*n. - Flugw.*), ruota di coda. 9 ~ sporn (eines Flugzeugs) (*m. - Flugw.*), pattino di coda. 10 ~ strom (*m. - Elektronik*), corrente di coda. 11 ~ stück (einer Welle z. B.) (*n. - Mech. - etc.*), codolo, appendice.
Schwänze (Aufkaufen zur Preissteigerung) (*f. - komm.*), accaparramento.
schwänzeln (des Schwanzrades eines Flugzeugs z. B.) (*Fahrz.*), sfarfallare.
schwänzen (*komm.*), accaparrare.
schwanzlastig (*Flugw.*), appoppato.
schwanzlos (Flugzeug) (*Flugw.*), senza coda, tuttala.
Schwark (Gewitterwolke) (*m. - Meteor.*), nube temporalesca, nembo.
Schwarte (Schwartling, rindenbesäumtes Brett) (*f. - Holz - Bauw.*), sciavero.
Schwartling (*m. - Holz - Bauw.*), siehe Schwarte.
Schwarz (Schwärze [*f.*]) (*n. - Farbe*), nero, colore nero. 2 ~ (Maximum an Schwarz) (*Fernsehfehler*), cresta del nero. 3 ~ abhebung (*f. - Fernseh.*), alzata del nero. 4 ~ automatik (*f. - Fernseh.*), regolatore automatico del livello del nero. 5 ~ belageinbaumaschine (Schwarzdeckenfertiger) (*f. - Strass.b.masch.*), pavimentatrice per asfalto. 6 ~ blech (*n. - metall. Ind.*), lamiera nera. 7 ~ brennen (Schwarzglühen) (*n. - Wärmebeh.*), ricottura nera. 8 ~ brennofen (*m. - mech. Technol. - Ofen*), forno per brunitura. 9 ~ bruch (von Stahl, durch Graphitbildung) (*m. - Metall. - Fehler*), frattura nera. 10 ~ chrom (*m. - Metall.*), cromo nero. 11 ~ decke (*f. - Strass.b.*), pavimentazione in asfalto. 12 ~ deckenfertiger (Schwarzbelageinbaumaschine) (*m. - Strass.b.masch.*), pavimentatrice per asfalto, finitrice per pavimentazioni di asfalto. 13 ~ deckenstrasse (*f. - Strasse*), strada asfaltata. 14 ~ fall (überkritischer Fall, beim Betrieb einer Anlage z. B.) (*m. - Ind.*), caso ipercritico. 15 ~ glaslampe (Lampe für Fluoreszenzanregung) (*f. - Opt.*), lampada a luce nera, lampada di Wood. 16 ~ glühen (*n. - Wärmebeh.*), ricottura nera. 17 ~ handel (Schwarzmarkt, Schleichhandel, schwarzer Markt) (*m. - komm.*), mercato nero. 18 ~ hörer (Rundfunkhörer) (*m. - Funk.*), radioascoltatore

clandestino. 19 ~ **impuls** (Austastimpuls, negative Impulsspannung) (*m. - Fernseh.*), impulso di cancellazione, impulso di soppres, sione. 20 ~ **kalk** (Dolomitkalk) (*m. - Bauw.*)- calce nera, calce dolomitica spenta. 21 ~ **kernguss** (Schwarzkerntempguss) (*m. - Giess.*), ghisa malleabile a cuore nero. 22 ~ **kerntemperguss** (Schwarzkernguss) (*m. - Giess.*), ghisa malleabile a cuore nero. 23 ~ **kompression** (Reduzierung der Signale die den schwarzen Bildzonen entsprechen) (*f. - Fernseh.*), compressione del nero. 24 ~ **körper** (schwarzer Körper) (*m. - Phys.*), corpo nero. 25 ~ **licht** (*n. - Opt.*), luce nera. 26 ~ **pegel** (Schwarzwert) (*m. - Fernseh.*), livello del nero. 27 ~ **pulver** (Schiesspulver) (*n. - Expl.*), polvere nera. 28 ~ **schulter** (vor und hinter dem Impuls am Ende der Zeile) (*f. - Fernseh.*), cancellazione. 29 ~ **sender** (Funksender, Person ohne Sende-Lizenz) (*m. - Funk.*), radiotrasmettitore clandestino. 30 ~ **signal** (Austastsignal) (*n. - Fernseh.*), segnale di cancellazione, segnale di soppressione. 31 ~ **steuerdiode** (zur Rückstellung der Gleichstromkomponente) (*f. - Fernseh.*), diodo rigeneratore, diodo reintegratore, diodo regolatore del livello del nero. 32 ~ **steuerschaltung** (zur Rückstellung der Gleichstromkomponente) (*f. - Fernseh.*), circuito reintegratore, circuito regolatore del livello del nero. 33 ~ **steuerung** (Rückstellung der Gleichstromkomponente) (*f. - Fernseh.*), reintegrazione, rigenerazione, ripristino della c.c., regolazione del livello del nero. 34 ~ **treppe** (*f. - Fernseh.*), siehe Schwarzschulter. 35 ~ **wasser** (Abwasser) (*n. - Bauw.*), acqua nera, acqua lurida, liquame. 36 ~ **weissbild** (*n. - Fernseh.*), immagine in bianco e nero. 37 ~ **wert** (Schwarzpegel) (*m. - Fernseh.*), livello del nero. 38 Alizarin ~ (*Chem.*), nero di alizarina. 39 Lampen ~ (*Chem.*), nero di lampada, nerofumo di lampada. 40 Maximum an ~ (*Fernseh.*), cresta del nero. 41 vordere ~ **schulter** (vordere Schwarztreppe) (*Fernseh.*), cancellazione anteriore.

schwarz (*Farbe*), nero. 2 ~ **blau** (*Farbe*), blu scuro. 3 ~ **brennen** (*mech. Technol.*), brunire. 4 ~ **er Glaskopf** (MnO$_2$) (Psilomelan) (*Min.*), psilomelano. 5 ~ **er Körper** (Planckscher Strahler) (*Phys.*), corpo nero. 6 ~ **er Markt** (*komm.*), siehe Schwarzhandel. 7 ~ **er Strahler** (schwarzer Körper) (*Phys.*), corpo nero. 8 ~ **e Temperatur** (*Beleucht. - Opt.*), temperatura di luminanza monocromatica. 9 ~ **er Temperguss** (Schwarzkernguss) (*Giess.*) ghisa malleabile a cuore nero.

Schwärze (Schwarz) (*f. - Farbe*), nero, colore nero. 2 ~ (Graphitschwarz) (*Ind.*), piombaggine, grafite. 3 ~ (Schlichte) (*Giess.*), nero di fonderia. 4 ~ (Druckerschwärze) (*Druck.*), nero da stampa.

schwärzen (*allg.*), annerire. 2 ~ (*Giess.*), dare il nero. 3 ~ (*Druck.*), inchiostrare.

Schwärzer-als-Schwarz (*n. - Fernseh.*), più nero del nero.

Schwärzrolle (*f. - Druck.*), rullo inchiostratore.

Schwärzung (*f. - allg.*), annerimento. 2 ~ (*Opt.*), densità ottica, annerimento. 3 ~ bei Reflexion (*Opt.*), densità ottica esterna. 4 ~ **s·belag** (einer Röhre) (*m. - Elektronik*), grafite colloidale. 5 ~ **s·kurve** (Dichtekurve, eines phot. Materials) (*f. - Opt.*), curva della densità ottica, curva dell'annerimento. 6 ~ **s·messer** (*m. - Phot. - Instr.*), densitometro. 7 ~ **s·messgerät** (Schwärzungsmesser) (*n. - Opt. - Ger.*), densitometro. 8 **innere** ~ (*Opt.*), densità ottica interna.

Schweb (Schwebstoff, vom Wasser mit der Strömung weitertransportierter Stoff) (*m. - Hydr.*), materiale (in sospensione) trascinato.

Schwebe (eine Art Bergfeste um in einen Abbauraum das Hereinkommen von Versatz zu verhindern) (*f. - Bergbau*), minerale lasciato in posto per impedire la ripiena, minerale antiripiena.

Schwebeachse (*f. - Mech.*), asse flottante. 2 ~ (*Aut.*), assale oscillante.

Schwebebahn (Schienenschwebebahn, Hängebahn) (*f. - Eisenb.*), ferrovia sospesa. 2 ~ (mit magnetischer Aufhängung z. B.) (*Eisenb.*), ferrovia a levitazione. 3 ~ (Seilschwebebahn, Drahtseilbahn) (*Transp.*), funivia.

Schwebebühne (Fassadenaufzug) (*f. - Hebevorr. - Bauw.*), impalcatura sospesa.

Schwebefähre (*f. - naut.*), traghetto aereo.

Schwebeflug (eines Segelflugzeuges) (*m. - Flugw.*), veleggio, volo a vela. 2 ~ (eines Hubschraubers) (*Flugw.*), volo a punto fisso, volo stazionario.

Schwebegipfelhöhe (eines Hubschraubers) (*f. - Flugw.*), tangenza a punto fisso.

Schwebekolben (Stufenkolben) (*m. - Masch.*), stantuffo multiplo a fodero.

Schwebekörper (*m. - allg.*), galleggiante (*s.*).

Schwebemotor (Tatzlagerantrieb) (*m. - elekt. Eisenb.*), siehe Tatzlagermotor.

schweben (frei hängen) (*allg.*), stare sospeso. 2 ~ (*Flugw.*), librarsi, volare a punto fisso.

schwebend (hängend) (*allg.*), sospeso. 2 ~ (im Wasser z. B.) (*allg.*), in sospensione. 3 ~ (flach steigend) (*Bergbau*), poco inclinato (meno di 45°).

Schweberöstung (*f. - Ind.*), arrostimento in sospensione, arrostimento in letto fluido (o fluidificato).

Schwebeschmelzen (*n. - Metall.*), fusione in letto fluido, fusione a levitazione.

Schwebevergasung (Vergasung fester Brennstoffe) (*f. - chem. Ind.*), gassificazione a letto fluido.

Schwebewinkel (eines Wankelmotors) (*m. - Mot.*), angolo di oscillazione.

Schwebezug (auf Luftkissen oder in magnetischer Aufhängung schwebender Zug) (*m. - Eisenb.*), aerotreno, treno a levitazione. 2 **Magnet** ~ (*Eisenb.*), treno a levitazione magnetica.

Schwebezustand (*m. - allg.*), stato di sospensione. 2 ~ (durch Luftkissen oder magnetische Aufhängung z. B.) (*Eisenb.*), levitazione.

Schwebstoff (suspendierter Stoff) (*m. - Chem.*), materiale in sospensione.

Schwebung (periodische Schwankung der Amplitude einer Schwingung) (*f. - Phys.*), fluttuazione. 2 ~ (Überlagerung) (*Phys. -*

Schwedendiagramm

Funk.), battimento. 3 ~ s·empfang (Heterodynempfang, Überlagerungsempfang) (*m.* - *Funk.*), ricezione ad eterodina. 4 ~ s·empfänger (Heterodynempfänger) (*m.* - *Funk.*), ricevitore ad eterodina. 5 ~ s·frequenz (*f.* - *Funk.*), frequenza di battimento. 6 ~ s·summer (als Tonfrequenzstromquelle für Messzwerke benützt z. B.) (*m.* - *Elektronik*), oscillatore eterodino, oscillatore a battimento.
Schwedendiagramm (zur Ermittlung des Nennerregerstromes, nach den schwedischen Maschinenregeln) (*n.* - *Elekt.*), diagramma svedese.
Schwedenfeder (*f.* - *Zeichn.* - *Ger.*), tiralinee a punte larghe.
Schwedenwalzen (für Rohrherstellung, Verfahren, bei dem der Innendurchmesser des Rohres bei den einzelnen Stichen konstant gehalten wird) (*n.* - *Walzw.*), laminazione a diametro interno costante (per tubi).
Schwefel (*S* - *m.* - *Chem.*), zolfo, solfo. 2 ~ **abdruckprobe** (Schwefelabdruckverfahren, Baumannsche Schwefelprobe) (*f.* - *Metall.*), prova presenza zolfo con reattivo d'impronta. 3 ~ **ammonium** [$(NH_4)_2S$])(*n.* - *Chem.*), solfuro ammonico. 4 ~ **blei** (*n.* - *Chem.*), solfuro di piombo. 5 ~ **blumen** (*f. pl.* - *Chem.*), fiori di zolfo, zolfo sublimato. 6 ~ **dioxyd** (SO_2, Schwefligsäureanhydrid) (*n.* - *Chem.*), anidride solforosa. 7 ~ **entziehung** (*f.* - *Metall.*), desolforazione. 8 ~ **farbstoff** (*m.* - *chem. Ind.*), colorante allo zolfo. 9 ~ **gehalt** (*m.* - *Metall.*), contenuto di zolfo. 10 ~ **grube** (*f.* - *Bergbau*), solfara. 11 ~ **kies** (Eisenkies, Pyrit) (*m.* - *Min.*), pirite. 12 ~ **kitt** (*m.* - *Giess.*), siehe Eisenkitt. 13 ~ **kohlenstoff** (CS_2) (*m.* - *Chem.*), solfuro di carbonio, carbonio solfuro. 14 ~ **natrium** (*n.* - *Chem.*), solfuro di sodio. 15 ~ **pocken** (örtliche Zunderauswüchse mit ungewöhnlich hohem Schwefelgehalt) (*f.* - *pl.* - *Metall.*), scorie solforose. 16 ~ **säure** (H_2SO_4) (*f.* - *Chem.*), acido solforico. 17 ~ **säureanhydrid** (Schwefeltrioxyd, SO_3) (*n.* - *Chem.*), anidride solforica. 18 ~ **trioxyd** (SO_3) (*n.* - *Chem.*), anidride solforica. 19 ~ **wasserstoff** (*m.* - *Chem.*), idrogeno solforato. 20 **kolloidaler** ~ (*Chem.* - *Pharm.*), zolfo colloidale, solfo colloidale. 21 **rauchende** ~ **säure** (Oleum) (*Chem.*), acido solforico fumante.
Schwefeln (*n.* - *chem. Ind.*), solforazione.
schwefeln (*chem. Ind.*), solforare.
schweflig (*Chem.*), solforoso.
Schwefligsäure (schweflige Säure, H_2SO_3) (*f.* - *Chem.*), acido solforoso.
schweiben (*allg.*), siehe schweifen.
Schweifen (*n.* - *Blechbearb.*), bordatura. 2 ~ (*Textilind.*), orditura.
schweifen (in Wasser spülen) (*allg.*), sciacquare. 2 ~ (den Rand eines Blechgefässes) (*Blechbearb.*), bordare. 3 ~ (die Kettfäden ausspannen) (*Textilind.*), ordire.
Schweifhammer (für Blechbearbeitung) (*m.* - *Werkz.*), martello per bordare.
Schweifsäge (Dekupiersäge) (*f.* - *Werkz.*), sega a volgere, voltino.
Schweifstock (*m.* - *Blechbearb.*), tassello per bordare.

Schweifwerkzeug (*n.* - *Blechbearb.werkz.*), utensile per bordare.
Schweigemaschinengewehr (*n.* - *Feuerwaffe*), mitragliatrice con silenziatore.
Schweigepflicht (*f.* - *Arb.*), segreto professionale.
Schweigezone (Zone des Schweigens) (*f.* - *Phys.* - *Akus.*), zona del silenzio.
Schweinsrückenführung (*f.* - *Werkz.masch.*), guida a V invertito.
Schweiss (*m.* - *Wollind.*), grasso naturale, sudicio. 2 ~ **dämpfen** (*m.* - *pl.* - *mech. Technol.*), vapori sviluppati durante la saldatura. 3 ~ **echtheit** (der Farbe von Textilien) (*f.* - *Textilind.*), resistenza al sudore. 4 ~ **eignung** (Schweissbarkeit) (*f.* - *mech. Technol.*), saldabilità.
Schweissaggregat (*n.* - *mech. Technol.* - *Masch.*), motosaldatrice.
Schweissausbesserung (*f.* - *Mech.*), riparazione mediante saldatura.
Schweissausrüstung (*f.* - *mech. Technol.*), equipaggiamento per saldatura.
Schweissautomat (*m.* - *Masch.*), saldatrice automatica.
Schweissbacke (*f.* - *mech. Technol.*), pinza per saldatura.
schweissbar (*mech. Technol.*), saldabile.
Schweissbarkeit (*f.* - *mech. Technol.*), saldabilità.
Schweissbau (*m.* - *mech. Technol.*), costruzione saldata.
Schweissbegrenzer (Zeitschalter) (*m.* - *Elekt.* - *mech. Technol.*), temporizzatore per saldatura.
Schweissbrenner (*m.* - *Ger.*), cannello per saldatura.
Schweissbrille (*f.* - *Ger.*), occhiali per saldatura, occhiali da saldatore.
Schweissdraht (*m.* - *mech. Technol.*), filo di apporto.
Schweissdrehtisch (*m.* - *Mech.* - *Technol.* - *Ger.*), tavolo posizionatore, posizionatore a tavola rotante (per saldatura).
Schweissdruck (*m.* - *mech. Technol.*), pressione di saldatura.
Schweisse (*f.* - *mech. Technol.*), saldatura, giunto saldato. 2 **Heft** ~ (*mech. Technol.*), giunto puntato, giunto imbastito.
Schweisseisen (*n.* - *Metall.*), ferro saldato.
Schweisselektrode (*f.* - *mech. Technol.*), elettrodo per saldatura. 2 ~ **n·umhüllungspresse** (*f.* - *Masch.*), pressa per rivestire elettrodi da saldatura. 3 **gefüllte** ~ (Seelenschweisselektrode) (*mech. Technol.*), elettrodo (per saldatura) con anima. 4 **getauchte** ~ (umhüllte Schweisselektrode) (*mech. Technol.*), elettrodo (per saldatura) rivestito. 5 **nackte** ~ (*mech. Technol.*), elettrodo (per saldatura) nudo. 6 **nichtumhüllte** ~ (*mech. Technol.*), elettrodo non rivestito. 7 **Seelen** ~ (*mech. Technol.* - *Elekt.*), elettrodo (per saldatura) con anima.
Schweissen (*n.* - *mech. Technol.*), saldatura. 2 ~ **mit Kondensatorentladung** (*mech. Technol.*), saldatura a scarica di condensatore. 3 ~ **mit Ultraschall** (*mech. Technol.*), saldatura ad ultrasuoni. 4 ~ **über Kopf** (*mech. Technol.*), saldatura sopra testa. 5 **Ab-**

schmelz ~ (Abbrennschweissen) (mech. Technol.), saldatura a scintillio. **6 Arcatom ~** (mech. Technol.), saldatura ad idrogeno atomico, saldatura «arcatom». **7 atomares Wasserstoff ~** (mech. Technol.), saldatura ad idrogeno atomico, saldatura ad idrogeno nascente. **8 Auftrag ~** (mech. Technol.), saldatura con riporto, ricarica. **9 Autogen ~** (Gasschmelzschweissen) (mech. Technol.), saldatura autogena. **10 Buckel ~** (mech. Technol.), saldatura su risalti. **11 CO_2 ~** (mech. Technol.), saldatura in CO_2, saldatura in atmosfera di CO_2. **12 Decken ~** (Überkopfschweissen) (mech. Technol.), saldatura sopra testa. **13 dielektrisches ~** (mech. Technol.), saldatura con riscaldamento dielettrico. **14 Diffusions ~** (mech. Technol.), saldatura a diffusione. **15 Einzelpunkt ~** (mech. Technol.), saldatura a punti singoli. **16 elektrisches Widerstands ~** (mech. Technol.), saldatura (elettrica) a resistenza. **17 Elektrogas ~** (CO_2-Schweissen mit zwangsweisem Nahtformen, gleicht dem Elektroschlackeschweissen, jedoch mit offenem Lichtbogen) (mech. Technol.), saldatura ad elettrogas. **18 Elektronenstrahl ~** (mech. Technol.), saldatura a fascio elettronico. **19 Elektro-Schlacke- ~** (mech. Technol.), saldatura ad elettroscoria, saldatura sotto scoria fusa. **20 Fallnaht ~** (mech. Technol.), saldatura in verticale discendente. **21 Federkraft ~** (bei dem umhüllte Elektroden selbsttätig unter dem Einfluss der Federkraft abschmelzen) (mech. Technol.), saldatura a (bacchetta spinta da) molla. **22 Feuer ~** (mech. Technol.), saldatura a fuoco, bollitura. **23 Gas-Pulver- ~** (mech. Technol.), saldatura con gas e polvere (metallica). **24 Gasschmelz ~** (Gasschweissen-Autogenschweissen) (mech. Technol.), saldatura autogena. **25 Gusseisen ~** (mech. Technol.), saldatura della ghisa. **26 Halbwarm ~** (für kleinere Gussstücke, die auf 100 bis 400 °C angewärmt werden) (mech. Technol.), saldatura a media temperatura. **27 Hammer ~** (mech. Technol.), saldatura a martello. **28 Heft ~** (mech. Technol.), puntatura, imbastitura. **29 Impulslichtbogen ~** (mech. Technol.), saldatura ad arco pulsante. **30 Impuls ~** (durch die Entladung einer grossen Kondensatorbatterie) (mech. Technol.), saldatura ad impulso, saldatura a scarica. **31 Induktions ~** (Schweissen mit induktiver Energieübertragung) (mech. Technol.), saldatura a induzione. **32 Kalt-Press ~** (mech. Technol.), saldatura a pressione a freddo. **33 Kaltpress-Stumpf ~** (mech. Technol.), saldatura a pressione a freddo (di testa), saldatura a freddo di testa. **34 Kalt ~** (Gusseisenschweissen, wobei das zu schweissende Gussstück nicht vorgewärmt wird) (mech. Technol.), saldatura a freddo (senza preriscaldo), saldatura su pezzo freddo. **35 Kammer ~** (zum Instandsetzen von Kabeln z. B. in einer röhrenförmige Keramikhülse z. B.) (mech. Technol.), saldatura incamerata. **36 Kanal ~** (Elektroschlackschweissen mit abschmelzender Drahtführung, zur Verbindung zweier oder mehrerer Teile in senkrechter Schweissposition) (mech. Technol.), saldatura a canale. **37 Kehl ~** (mech. Technol.), saldatura d'angolo. **38 Kohlelichtbogen ~** (mech. Technol.), saldatura ad arco con elettrodi di carbone. **39 Kurzlichtbogen ~** (mech. Technol.), saldatura ad arco corto. **40 Längsnaht ~** (von Rohren z. B.) (mech. Technol.), saldatura di giunti longitudinali. **41 Laser ~** (Lichtstrahlschweissen) (mech. Technol.), saldatura a laser. **42 Lichtbogen-Press ~** (mech. Technol.), saldatura ad arco a pressione. **43 Lichtbogen ~** (mech. Technol.), saldatura ad arco. **44 Lichtstrahl ~** (Laserschweissen) (mech. Technol.), saldatura a laser, saldatura a raggi di luce (focalizzati). **45 Links ~** (Nachlinksschweissen) (mech. Technol.), saldatura a sinistra. **46 MBL- ~** (Schweissen mit magnetisch bewegtem Lichtbogen) (mech. Technol.), saldatura ad arco rotante per effetto magnetico. **47 Metallichtbogen ~** (mech. Technol.), saldatura ad arco con elettrodi metallici. **48 MIG- ~** (Metall-Inert-Gas-Schweissen) (mech. Technol.), saldatura MIG, saldatura ad arco sotto gas inerte (con elettrodo metallico). **49 Nachlinks ~** (bei dem sich die Schweissflamme zwischen der geschweissten Naht und dem Zuzatzdraht befindet) (mech. Technol.), saldatura a sinistra, saldatura in avanti. **50 Nachrechts ~** (bei dem der Zusatzdraht zwischen der Schweissnaht und der Schweissflamme steht) (mech. Technol.), saldatura a destra, saldatura indietro. **51 Naht ~** (mech. Technol.), saldatura continua, saldatura a rulli. **52 numerisch gesteuertes ~** (mech. Technol.), saldatura a comando numerico. **53 offenes Lichtbogen ~** (mech. Technol.), saldatura ad arco scoperto. **54 Press ~** (mech. Technol.), saldatura a pressione. **55 Programm ~** (mech. Technol.), saldatura a programma. **56 Punkt ~** (mech. Technol.), saldatura a punti. **57 Rechts ~** (Nachrechtsschweissen) (mech. Technol.), saldatura a destra. **58 Reibauftrag ~** (mech. Technol.), riporto mediante saldatura ad attrito. **59 Reibungs ~** (durch Reibungswärme und Druck) (mech. Technol.), saldatura ad attrito. **60 Reparatur ~** (Mech.), saldatura di riparazione, riparazione mediante saldatura. **61 Ring ~** (mech. Technol.), saldatura anulare. **62 Rollennaht ~** (mech. Technol.), saldatura continua a rulli. **63 Rolltransformator- ~** (mech. Technol.), saldatura (a resistenza) con trasformatore rotante. **64 Schlag ~** (Stumpfschweissen mittels Kondensatorentladung, Stoss·schweissen) (mech. Technol.), saldatura a percussione. **65 Schmelz ~** (mech. Technol.), saldatura per fusione. **66 Schutzgas-Lichtbogen ~** (mech. Technol.), saldatura ad arco in gas inerte. **67 Schutz ~** (Lichtbogenschweissen) (mech. Technol.), saldatura ad arco protetto. **68 Schwerkraft ~** (bei dem umhüllte Elektroden selbsttätig unter dem Einfluss der Schwerkraft abschmelzen) (mech. Technol.), saldatura a (bacchetta spinta per) gravità. **69 Schwungradreib ~** (mech. Technol.), saldatura ad inerzia. **70 Serienpunkt ~** (mech. Technol.), saldatura a punti multipli. **71 Sigma- ~** (Shielded-Inert-Gas-Metal-Arc-Schweissen) (mech. Technol.), saldatura Sig-

schweissen

ma, saldatura ad arco con elettrodo metallico sotto gas inerte. 72 **Sprühlichtbogen** ~ (*mech. Technol.*), saldatura ad arco a spruzzo. 73 **Stumpf** ~ (*mech. Technol.*), saldatura di testa. 74 **Tandem** ~ (Zweidraht-UP-Schweissen bei dem die Drähte hintereinander angeordnet sind) (*mech. Technol.*), saldatura tandem. 75 **Thermitgiess** ~ (*mech. Technol.*), saldatura alluminotermica a colata. 76 **Thermitpress** ~ (*mech. Technol.*), saldatura alluminotermica a pressione, saldatura alla termite a pressione. 77 **Thermit** ~ (*mech. Technol.*), saldatura alla termite, saldatura alluminotermica. 78 **Überkopf** ~ (*mech. Technol.*), saldatura sopratesta. 79 **Unterschienen** ~ (mit dickumhüllte gerade Elektroden durch eine Abdeckschiene und Papierzwischenblatt in Lage gehalten) (*mech. Technol.*), saldatura Elin-Hafergut, saldatura con elettrodo appoggiato sotto barra di ridosso. 80 **Unterwasser** ~ (*mech. Technol.*), saldatura subacquea. 81 **UP-** ~ (Unterpulverschweissen, Lichtbogenschweissen) (*mech. Technol.*), saldatura ad arco sommerso. 82 **UP-Mehrdraht** ~ (*mech. Technol.*), saldatura ad arco sommerso con più fili in parallelo. 83 **Verschalungs** ~ (Elektroslagschweissen, vertikal aufsteigendes Stumpfschweissen) (*mech. Technol.*), saldatura di testa sotto elettroscoria. 84 **Warm** ~ (von Gusseisen, bei dem das zu schweissende Guss·stück vorgewärmt wird) (*mech. Technol.*), saldatura (su ghisa) con preriscaldo, saldatura su pezzo caldo. 85 **Warzen** ~ (*mech. Technol.*), siehe Buckelschweissen. 86 **Wechselstrom** ~ (*mech. Technol.*), saldatura a corrente alternata. 87 **Widerstands-Press** ~ (*mech. Technol.*), saldatura a resistenza a pressione. 88 **Widerstands-Stumpf** ~ (*mech. Technol.*), saldatura di testa a resistenza. 89 **WIG-** ~ (Wolfram-Inert-Gas-Schweissen) (*mech. Technol.*), saldatura TIG, saldatura ad arco sotto gas inerte con elettrodo di tungsteno. 90 **Wolframschutzgas** ~ (WIG-Schweissen) (*mech. Technol.*), saldatura TIG. 91 **Zwölf-Uhr -**~ (*mech. Technol.*), siehe Überkopfschweissen.

schweissen (*mech. Technol.*), saldare. 2 **abbrenn** ~ (*mech. Technol.*), saldare a scintillio. 3 **abwärts** ~ (*mech. Technol.*), saldare a discesa, saldare dall'alto verso il basso. 4 **buckel** ~ (*mech. Technol.*), saldare su risalti. 5 **elektrisch** ~ (*mech. Technol.*), saldare elettricamente. 6 **naht** ~ (*mech. Technol.*), saldare a rulli, saldare in continuo. 7 **punkt** ~ (*mech. Technol.*), saldare a punti. 8 **stumpf** ~ (*mech. Technol.*), saldare di testa. 9 **überkopf** ~ (*mech. Technol.*), saldare sopra testa. 10 **überlappt** ~ (*mech. Technol.*), saldare a sovrapposizione.

Schweisser (*m. - Arb.*), saldatore.
Schweisserei (*f. - mech. Technol.*), reparto saldatura.
Schweissfehler (*m. - mech. Technol.*), difetto di saldatura.
Schweissfolge (*f. - mech. Technol.*), sequenza di saldatura.
Schweissfuge (*f. - mech. Technol.*), giunto saldato. 2 ~ **n·flanke** (*f. - mech. Technol.*), lembo da saldare.
Schweissgang (*m. - mech. Technol.*), passata (di saldatura).
Schweissgrat (*m. - mech. Technol.*), cresta (di saldatura).
Schweissgut (Zusatzmaterial einer Schweissnaht, Elektrode oder Schweissdraht) (*n. - mech. Technol.*), materiale di apporto, deposito di saldatura.
Schweissgüte (*f. - mech. Technol.*), qualità della saldatura.
schweisshärten (durch Auftragsschweissen) (*mech. Technol.*), eseguire riporti duri.
Schweisshelm (*m. - mech. Technol.*), casco per saldatura.
Schweisskante (*f. - mech. Technol.*), lembo (di giunto saldato). 2 ~ **n·abschrägmaschine** (*f. - Masch.*), smussatrice per lembi (di giunti saldati).
Schweisskonstruktion (Entwerfen von geschweissten Bauteile) (*f. - Masch. - etc.*), progettazione di strutture saldate. 2 ~ (Bauteil) (*Masch. - etc.*), struttura saldata.
Schweisslappen (beim Schweissen von Blechstücken) (*m. - Schweissen*), linguetta per saldatura, piastrina per saldatura.
Schweisslinse (Schweisspunkt, linsenförmiger Werkstoffbereich innerhalb einer Schweissstelle) (*f. - mech. Technol.*), lente di saldatura.
Schweissmaschine (*f. - Masch.*), saldatrice. 2 **Abbrenn** ~ (*Masch.*), saldatrice a scintillio. 3 **bewegliche Punkt** ~ (*Masch.*), saldatrice a punti pensile. 4 **Blechstumpf** ~ (*Masch.*), saldatrice di testa per lamiere. 5 **Buckel** ~ (*Masch.*), saldatrice su risalti. 6 **Doppelrollen-Naht** ~ (*Masch.*), saldatrice continua a due coppie di rulli. 7 **Dreirollen-Naht** ~ (*Masch.*), saldatrice continua a tre coppie di rulli. 8 **Elektronenstrahl-** ~ (*Masch.*), saldatrice a fascio elettronico. 9 **Längsnaht** ~ (*Masch.*), saldatrice continua longitudinale. 10 **Lichtbogen** ~ (*Masch.*), saldatrice ad arco. 11 **Mehrfachrollen-Naht** ~ (bei der mehrere Rollenpaare hintereinander oder nebeneinander arbeiten) (*Masch.*), saldatrice continua a più coppie di rulli. 12 **Multipunkt** ~ (für Drahtgitterherstellung z. B.) (*Masch.*), saldatrice a punti multipla (per griglie). 13 **Naht** ~ (*Masch.*), saldatrice continua. 14 **ortsfeste Punkt** ~ (*Masch.*), saldatrice a punti fissa. 15 **Punkt** ~ (*Masch.*), saldatrice a punti. 16 **Rohr** ~ (Nahtschweissmaschine) (*Masch.*), saldatrice (continua) per tubi. 17 **Stumpf** ~ (*Masch.*), saldatrice di testa. 18 **Widerstands** ~ (*Masch.*), saldatrice a resistenza.
Schweissmittel (Schweisspulver z. B.) (*n. - mech. Technol.*), fondente per saldatura.
Schweissmundstück (eines Schweissbrenners) (*n. - Ger.*), lancia (del cannello).
Schweissmutter (bei zu dünner Blechstärke) (*f. - mech. Technol.*), dado saldato.
Schweissnaht (Verbindung der Teile am Schweiss·stoss) (*f. - mech. Technol.*), giunto saldato. 2 ~ (Schweissraupe) (*mech. Technol.*), cordone di saldatura.
Schweisspaste (*f. - mech. Technol.*), pasta saldante.
Schweissperle (*f. - mech. Technol.*), perla di saldatura.

Schweisspistole (mit Pressluftbetrieb z. B.) (*f. - mech. Technol. - Ger.*), pistola per saldatura. 2 ~ **Punkt** ~ (*mech. Technol. - Ger.*), pistola per saldatura a punti.

Schweisspresse (*f. - Masch.*), saldatrice a pressa.

Schweisspressen (Press·schweissen) (*n. - mech. Technol.*), saldatura a pressione.

Schweisspresskraft (*f. - mech. Technol.*), forza di (compressione applicata durante la) saldatura.

Schweisspresszeit (*f. - mech. Technol.*), tempo (di applicazione della forza di compressione durante la fase) di saldatura.

Schweissprobe (Verfahren) (*f. - mech. Technol.*), prova di saldatura. 2 ~ (Probestück) (*mech. Technol.*), provino di saldatura.

Schweisspulver (Flussmittel, Borax z. B.) (*n. - mech. Technol.*), polvere fondente (per saldare), flusso in polvere (per saldare). 2 **UP-** ~ (Schweisspulver für das Unterpulver-Schweissen) (*mech. Technol.*), fondente per saldatura ad arco sommerso, flusso per saldatura ad arco sommerso.

Schweisspunkt (*m. - mech. Technol.*), punto di saldatura.

Schweissraupe (*f. - mech. Technol.*), cordone di saldatura.

Schweissriss (*m. - Metall.*), cricca di saldatura. 2 ~ **empfindlichkeit** (*f. - mech. Technol.*), criccabilità della saldatura.

Schweiss·satz (Schweissaggregat) (*m. - Elekt. - Masch.*), motosaldatrice.

Schweiss·schirm (*m. - mech. Technol. - Ger.*), schermo per saldatura.

Schweiss·spiel (vollständiger Ablauf eines Schweissvorganges) (*n. - mech. Technol.*), ciclo di saldatura. 2 ~ **zeit** (*f. - mech. Technol.*), tempo ciclo (di saldatura).

Schweiss·stab (*m. - mech. Technol.*), bacchetta di apporto (per saldatura).

Schweiss·stahl (durch Frischen von Roheisen gewonnen) (*m. - Metall.*), acciaio saldato.

Schweiss·stelle (*f. - mech. Technol.*), saldatura, giunto saldato.

Schweiss·steuerung (zür Abstimmung der Stromstärken, Spannungen, Zeiten, etc.) (*f. - mech. Technol.*), apparecchiatura di regolazione per saldatrici.

Schweiss·stoss (*m. - mech. Technol.*), giunto saldato.

Schweiss·strom (*m. - mech. Technol.*), corrente di saldatura.

Schweisstakter (Kurzzeitschalter, Ignitron z. B.) (*m. - Elekt. - mech. Technol.*), temporizzatore per saldatura.

Schweisstrafo (Schweisstransformator) (*m. - elekt. Masch.*), trasformatore per saldatura.

Schweissträger (*n. - metall. Ind.*), trave saldata.

Schweiss-Transferstrasse (im Karosseriebau z. B.) (*f. - mech. Technol.*), linea di saldatura a trasferta.

Schweissumformer (Gleichstromgenerator, der durch einen Elektromotor angetrieben wird) (*m. - Elekt.*), convertitore per saldatura.

Schweissung (Schweiss·stelle) (*f. - mech. Technol.*), saldatura, giunto saldato. 2 ~ (*mech. Technol.*), siehe auch Schweissen.

Schweissverbindung (*f. - mech. Technol.*), giunto saldato.

Schweissvorbereitung (*f. - mech. Technol.*), preparazione dei lembi per la saldatura.

Schweissvorrichtung (Einrichtung) (*f. - mech. Technol.*), impianto di saldatura. 2 ~ (*mech. Technol.*), maschera per saldatura.

Schweisswasser (Kondenswasser) (*n. - Technol.*), acqua di condensa.

Schweisszange (*f. - mech. Technol.*), pinza per saldatura, pinza portaelettrodo.

Schweisszeit (*f. - mech. Technol.*), tempo di saldatura. 2 ~ **begrenzer** (*m. - mech. Technol. - Elekt.*), temporizzatore per saldatura.

Schweisszusatzwerkstoff (*m. - mech. Technol.*), metallo d'apporto per giunti saldati.

Schwelanlage (zur Erzeugung von Gas z. B.) (*f. - Verbr. - Chem.*), impianto di distillazione a bassa temperatura.

Schwelbenzin (von festen Brennstoffen gewonnenes Benzin) (*n. - chem. Ind.*), benzina da (idrogenazione di) combustibili solidi.

Schwelbrand (Brand bei Sauerstoffmangel) (*m. - Verbr.*), combustione in difetto di ossigeno.

Schwelen (*n. - Verbr. - Chem.*), distillazione a bassa temperatura.

schwelen (Brennstoffe unter Luftabschluss erhitzen) (*Verbr.*), bruciare (in atmosfera scarsa di ossigeno). 2 ~ (*Chem. - Ind.*), distillare a bassa temperatura.

Schwelerei (*f. - chem. Ind.*), impianto di distillazione a bassa temperatura.

Schwelgas (*n. - chem. Ind.*), gas distillato a bassa temperatura.

Schwelkoks (Halbkoks) (*m. - Brennst.*), semicoke.

Schwellast (bei Dauerfestigkeitsversuchen) (*f. - Baukonstr.lehre*), carico a ciclo dallo zero, carico pulsante.

schwellbeansprucht (*Werkstoffprüfung*), sollecitato a ciclo dallo zero, sollecitato da carico pulsante.

Schwellbeanspruchung (bei Dauerschwingfestigkeit) (*f. - Werkstoffprüfung*), sollecitazione a ciclo dallo zero, sollecitazione pulsante.

Schwellbecken (einer Kraftanlage) (*n. - Wass.b.*), vasca di oscillazione.

Schwellbereich (bei Dauerschwingversuchen) (*m. - Materialprüfung*), campo dei cicli pulsanti (o dallo zero). 2 **Druck-** ~ (*Materialprüfung*), campo dei cicli pulsanti (o dallo zero) di compressione. 3 **Zug-** ~ (*Materialprüfung*), campo dei cicli pulsanti (o dallo zero) di trazione.

Schwellbetrieb (einer Kraftwerkskette, zur Deckung eines Spitzenbedarfs) (*m. - Elekt.*), messa in funzione progressiva, inserzione progressiva.

Schwellboden (*m. - Geol. - Bauw.*), terreno rigonfiabile.

Schwelldauer (Zeitdauer vom Beginn der Erzeugung der Bremskraft bis zur Erreichung des Betriebswertes, schliesst an Ansprechdauer) (*f. - Fahrz.*), tempo di incremento,

Schwelle

tempo tra inizio applicazione forza frenante e raggiungimento del valore di esercizio.
Schwelle (*f. - allg.*), soglia. 2 ∼ (der Türe z. B.) (*Bauw.*), soglia. 3 ∼ (*Eisenb.*), traversina. 4 ∼ (waagerechter Balken) (*Bauw.*), trave orizzontale. 5 ∼ (ins Meer hinauslaufende Sandbank) (*See*), barra. 6 ∼ der Hörempfindung (*Akus.*), soglia di udibilità. 7 ∼ n·dosis (*f. - Radioakt.*), dose soglia. 8 ∼ n·feuer (*n. - Flugw.*), luce di delimitazione. 9 « ∼ n·gerade » (bei Elektronenröhren, etc.) (*f. - Elektronik*), retta di Hartree. 10 ∼ n·höhe (Höhe über Meer eines Bahnhofes) (*f. - Eisenb. - Top.*), altitudine della stazione (misurata sul piano superiore della traversina). 11 ∼ n·schraube (*f. - Eisenb.*), caviglia per traversine. 12 ∼ n·spannung (Hartree-Spannung, eines Magnetrons) (*f. - Elektronik*), tensione di soglia, tensione di Hartree. 13 ∼ n·stopfmaschine (Gleisstopfmaschine) (*f. - Eisenb. - Masch.*), macchina per l'assestamento del binario. 14 ∼ n·träger (Querschwellenträger) (*m. - Bauw.*), longone. 15 ∼ n·verlegemaschine (*f. - Eisenb. - Masch.*), macchina per la posa di traversine, macchina per posare traversine. 16 ∼ n·verlegung (*f. - Eisenb.*), posa di traversine. 17 ∼ n·wert (*m. - Phys.*), soglia, valore di soglia. 18 Eisen ∼ (*Eisenb.*), traversina metallica (di ferro). 19 Gefahr ∼ (*Elekt. - etc.*), soglia del pericolo. 20 Holz ∼ (*Eisenb.*), traversina di legno. 21 Lang ∼ (Längsschwelle) (*Eisenb.*), longarina, lungherina. 22 Längs ∼ (*Bauw.*), corrente, trave longitudinale. 23 Quer ∼ (Balken) (*Bauw.*), traversa. 24 Quer ∼ (Schwelle) (*Eisenb.*), traversina.
Schwellfestigkeit (Dauerfestigkeit für eine zwischen Null und einem Höchstwert an- und abschwellende Spannung) (*f. - Baukonstr. lehre*), limite di fatica a ciclo dallo zero.
Schwellrost (liegender Rost, bei einer Gründung) (*m. - Bauw.*), zatterone orizzontale. 2 ∼ unterbau (Schwellrostfundament) (*m. - Bauw.*), zatterone di fondazione.
Schwellung (*f. - allg.*), rigonfiamento. 2 ∼ (Aufquellung, von Boden z. B.) (*Geol. - Bauw.*), aumento di volume. 3 ∼ (einer Säule) (*Arch.*), entasi.
Schwellverdrehung (*f. - Werkstoffprüfung*), torsione a ciclo dallo zero (o pulsante).
Schwellwert (*m. - Phys.*), soglia, valore di soglia. 2 ∼ (*Akus.*), soglia di udibilità.
Schwellzeit (*f. - Aut.*), siehe Schwelldauer.
Schwelofen (*m. - Ofen*), forno per distillazione a bassa temperatura, forno per semicoke.
Schwelpunkt (eines festen Stoffes) (*m. - Verbr.*), punto di inizio della distillazione secca.
Schwelteer (Tieftemperaturteer, Urteer, bei Temperaturen unterhalb 700 °C schwelender Teer) (*m. - chem. Ind.*), catrame primario.
Schwelung (*f. - chem. Ind.*), distillazione a bassa temperatura. 2 ∼ (Tieftemperatur-Verkokung) (*Brennst.*), carbonizzazione a bassa temperatura.
Schwemmabbau (*m. - Bergbau*), escavazione a getto d'acqua, scavo a getto d'acqua.
Schwemmboden (*m. - Geol.*), terreno alluvionale.
schwemmen (mit viel Wasser spülen) (*Ind.*), sciacquare.
Schwemmkanalisation (*f. - Ing.b.*), fognatura.
Schwemmland (neugewonnenes Land) (*n. - Landw.*), terreno bonificato.
Schwemmsel (Schwimmstoffe, schwimmend transportierte leichter als Wasser Feststoffe, an der Oberfläche einer Strömung) (*n. - Hydr.*), materiali galleggianti (trasportati).
Schwemmstein (*m. - Min.*), pietra pomice.
Schwemmverfahren (Flotation) (*n. - Bergbau*), flottazione.
Schwengel (Bohrschwengel) (*m. - Bergbau*), bilanciere.
Schwenkanschluss (*m. - Leit.*), raccordo orientabile.
Schwenkarm (*m. - Mech. - etc.*), braccio orientabile. 2 ∼ kran (ortsfest angebrachter Drehkran) (*m. - ind. Masch.*), gru girevole fissa, gru fissa a braccio girevole.
Schwenkausleger (Schwenkarm, eines Kranes) (*m. - ind. Masch.*), braccio girevole.
schwenkbar (*Mech.*), orientabile, girevole. 2 ∼ (Kanone z. B.) (*milit. - etc.*), brandeggiabile. 3 ∼ er Rohranschluss (*Leit.*), raccordo orientabile.
Schwenkbaum (*m. - naut.*), buttafuori.
Schwenkbereich (eines Kranes z. B.) (*m. - ind. Masch.*), raggio d'azione.
Schwenkbiegen (*n. - Blechbearb.*), siehe Abbiegen.
Schwenkbohrmaschine (Radialbohrmaschine) (*f. - Werkz.masch.*), trapano radiale, trapanatrice radiale.
Schwenkbühne (*f. - Masch. - etc.*), piattaforma orientabile.
Schwenkdüse (bei Kurz- und Senkrechtstart-Triebwerken) (*f. - Strahltriebw.*), effusore orientabile.
schwenken (*Mech. - etc.*), orientare. 2 ∼ (einen Hebel) (*Mech.*), spostare. 3 ∼ (einen Revolverkopf) (*Werkz.masch.bearb.*), ruotare, indessare. 4 ∼ (Tücher oder Fahnen) (*v. t. - allg.*), sventolare. 5 ∼ (spülen, im Wasser) (*v. t. - allg.*), sciacquare.
Schwenkfenster (*n. - Aut.*), finestrino girevole, deflettore, voletto.
Schwenkflügel (Klappflügel) (*m. - Flugw.*), ala ripiegabile. 2 ∼ (um die Hochachse schwenkbare Flügel) (*Flugw.*), ala a freccia variabile.
Schwenkfrästisch (*m. - Werkz.masch.*), tavola orientabile per fresatrici.
Schwenkkran (Drehkran) (*m. - ind. Masch.*), gru girevole, gru a braccio girevole.
Schwenklader (*m. - Erdbew.masch.*), palatrice orientabile.
Schwenklager (*n. - Mech.*), supporto oscillante.
Schwenkmotor (Winkelmotor, Hydromotorart) (*m. - Mot.*), motore (idraulico) oscillante.
Schwenkprisma (*n. - Mech. - Vorr.*), prisma orientabile.
Schwenkpunkt (*m. - Mech.*), punto di articolazione, fulcro.

Schwenkrolle (*f. - Fahrz.*), ruotino orientabile, rotella orientabile.
Schwenkschild (Planierschild, Schrägschild) (*m. - Erdbew.masch.*), lama angolabile.
Schwenkschubdüse (Schwenkdüse) (*f. - Strahltriebw.*), effusore orientabile.
Schwenkspulkompensator (*m. - Messtechnik*), compensatore a bobina mobile.
Schwenkspul-Regler (Messwerk-Regler) (*m. - Regelung*), regolatore a bobina mobile.
Schwenkstahlhalter (*m. - Werkz.masch.*), portautensili orientabile.
Schwenktisch (*m. - Werkz.masch.*), tavola orientabile, tavola inclinabile.
Schwenktransformator (zur Erhöhung der Pulszahl) (*m. - Elekt.*), trasformatore sfasatore.
Schwenktür (*f. - Bauw.*), porta apribile nei due sensi, porta a vento, porta a « calci ».
Schwenkung (*f. - Mech. - Masch.*), orientamento, rotazione. 2 ~ (einer Antenne z. B.) (*Radar - etc.*), brandeggio.
Schwenkvorrichtung (für Fräsmaschinen z. B.) (*f. - Werkz.masch.bearb. - Vorr.*), attrezzo orientabile, maschera orientabile, attrezzo girevole, maschera girevole.
Schwenkwinkel (eines Kreiskolbenmotors, Winkel zwischen der Achse der Dichtleiste und der Senkrechte zum Trochoidenprofil) (*m. - Mot.*), angolo di oscillazione, angolo del segmento (di tenuta). 2 ~ (Voreilung oder Nacheilung) (*Elekt.*), angolo di sfasamento.
schwer (von grossem Gewicht) (*allg.*), pesante. 2 ~ (schwierig) (*allg.*), difficile. 3 ~ (*Masch.*), per lavori pesanti. 4 ~ **bearbeitbar** (*Mech.*), difficile da lavorare, di difficile lavorazione, poco lavorabile. 5 ~ **e Masse** (*Phys.*), massa gravitazionale. 6 ~ **er Wasserstoff** (Deuterium) (*Chem.*), idrogeno pesante, deuterio. 7 ~ **es Blech** (Grobblech) (*metall. Ind.*), lamiera grossa. 8 ~ **gängig** (schwer, Lenkung) (*Aut. - Fehler*), duro.
Schwerachse (*f. - Geom. - Mech.*), asse baricentrico.
Schwerarbeiter (*m. - Arb.*), operaio addetto a lavori pesanti.
Schwerathletik (*f. - Sport*), atletica pesante.
Schwerbenzin (zwischen 100 und 200 °C siedende Benzinfraktion) (*n. - chem. Ind.*), benzina solvente tipo 100÷200.
Schwerbeschädigter (*m. - Arb.*), invalido.
Schwerbeton (2300 kg/m³, im Mittel) (*m. - Bauw.*), calcestruzzo ordinario.
Schwerbetrieb (*m. - Masch. - Mot.*), servizio pesante.
Schwere (Schwerkraft) (*f. - Phys.*), gravità, forza di gravità. 2 ~ **beschleunigung** (*f. - Phys.*), accelerazione di gravità. 3 ~ **feld** (Gravitationsfeld) (*n. - Phys.*), campo gravitazionale, campo di gravitazione. 4 ~ **freiheit** (*f. - Phys. - Astronautik*), assenza di peso, assenza di gravità. 5 ~ **klassierung** (*f. - Bergbau*), classificazione a gravità. 6 ~ **losigkeit** (*f. - Raumfahrt*), siehe Schwerefreiheit. 7 ~ **messer** (Gravimeter) (*m. - Phys. - Ger.*), gravimetro. 8 ~ **messung** (Gravimetrie) (*f. - Phys.*), gravimetria. 9 ~ **potential** (Potential des Schwerefeldes) (*n. - Geophys.*), potenziale del campo gravitazionale.
schwerflüssig (Öl) (*Chem.*), denso, molto viscoso.
Schwergewichtsmauer (Staumauer) (*f. - Wass.b.*), diga a gravità.
Schwergut (Last mit mehr als 10 t Gewicht) (*n. - naut. - Transp.*), carico pesante.
Schwerindustrie (Grosseisenindustrie und Bergbau) (*f. - Ind.*), industria pesante.
Schwerkraft (Anziehungskraft) (*f. - Phys.*), forza di gravità. 2 ~ **feld** (*n. - Phys.*), campo gravitazionale, campo di gravitazione. 3 ~ **förderer** (*m. - ind. Masch.*), trasportatore a gravità. 4 ~ **seigerung** (*f. - Metall.*), segregazione per gravità. 5 ~ **zuführung** (*f. - Ind.*), alimentazione a gravità.
Schwerlaster (Schwerlastkraftwagen) (*m. - Fahrz.*), autocarro pesante.
Schwerlastfahrzeug (Tieflader oder Strassenroller z. B.) (*n. - Fahrz.*), veicolo per carichi pesantissimi, rimorchio per carichi pesantissimi.
Schwerlastwagen (Schwerlastkraftwagen) (*m. - Aut.*), autocarro pesante.
Schwerlinie (Schwerachse) (*f. - Geom. - Mech.*), asse baricentrico.
Schwermetall (Metall mit spezifischem Gewicht über 5) (*n. - Metall.*), metallo pesante. 2 ~ **rohr** (aus Kupfer, nahtlos gezogen für Stromschiene) (*n. - Elekt.*), tubo di rame trafilato.
Schweröl (*n. - chem. Ind. - Mot.*), olio pesante. 2 ~ **motor** (*m. - Mot.*), motore ad olio pesante.
Schwerpunkt (*m. - Phys.*), centro di gravità, baricentro. 2 ~ (Grundpunkt) (*allg.*), punto essenziale, punto fondamentale. 3 ~ **frequenz** (*f. - Elekt.*), frequenza principale. 4 ~ **rechner** (zur Ermittlung der Schwerpunktlage eines Flugzeuges z. B.) (*m. - Flugw. - etc.*), calcolatore del baricentro. 5 ~ **s·achse** (Schwerachse) (*f. - Mech.*), asse baricentrico. 6 ~ **station** (Transformatorenstation) (*f. - Elekt.*), sottostazione principale.
Schwerspat (BaSO₄) (Baryt) (*m. - Min.*), baritina.
Schwerstange (Teil der Bohrstange) (*f. - Bergbau*), asta pesante.
Schwerstbeton (mit 2800-5000 kg/m³ Rohdichte, für Reaktorbau) (*m. - Bauw. - Kernphys.*), calcestruzzo per impianti nucleari.
Schwerstrasse (*f. - Walzw.*), laminatoio pesante.
Schwert (*n. - Waffe*), spada. 2 ~ (schräge Verstrebung, Diagonale, am Gerüst) (*Bauw. - Zimm.*), controvento. 3 ~ (drehbares Schwert, zur Verhinderung des Abtreibens) (*naut.*), deriva mobile. 4 ~ **säge** (Steinsäge) (*f. - Werkz.*), sega da pietre.
Schwerwasser (*n. - Atomphys.*), acqua pesante.
Schwesterfirma (*f. - komm. - finanz.*), consorella, società affiliata.
Schwesterschiff (*n. - naut.*), nave gemella.
Schwibbe (Windrispe) (*f. - Bauw.*), controvento.
Schwibbogen (Strebebogen) (*m. - Bauw.*), arco rampante.

schwierig

schwierig (*allg.*), difficile.
Schwierigkeit (*f. - allg.*), difficoltà.
Schwimmachse (Verbindungslinie des Schwerpunktes eines schwimmenden Körpers mit dem Schwerpunkt der Verdrängung) (*f. - naut.*), linea di spinta, linea collegante il centro di carena ed il centro di gravità (della nave).
Schwimmapparat (*m. - naut.*), salvagente.
Schwimmaufbereitung (Flotation) (*f. - Bergbau*), flottazione.
Schwimmbad (Schwimmbecken) (*n. - Bauw. - Sport*), piscina. 2 ~ **reaktor** (*m. - Atomphys.*), reattore a piscina.
Schwimmbagger (*m. - Erdbew.masch.*), draga.
Schwimmbecken (Schwimmbad) (*n. - Bauw. - Sport*), piscina.
Schwimmbrücke (*f. - Brück.b.*), ponte galleggiante.
Schwimmdecke (Schwimmschlamm) (*f. - Bauw.*), cappellaccio, fango galleggiante.
Schwimmdock (*n. - naut.*), bacino galleggiante.
Schwimmdüse (Ziehdüse, Debiteuse, zur Herstellung von Fensterglas) (*f. - Glasind.*), debiteuse.
Schwimmebene (*f. - naut.*), piano di galleggiamento.
Schwimmen (*n. - Phys.*), galleggiamento. 2 ~ (Schwimmsport) (*Sport*), nuoto.
schwimmen (*Phys.*), galleggiare. 2 ~ (*Sport*), nuotare.
schwimmend (Lagerbüchse) (*Mech.*), flottante. 2 ~ (*Phys.*), galleggiante. 3 ~ **gelagert** (Kolbenbolzen z. B.) (*Mech.*), flottante.
Schwimmer (eines Wasserflugzeuges) (*m. - Flugw.*), galleggiante. 2 ~ (eines Vergasers) (*Mot. - Aut.*), galleggiante. 3 ~ (eines Spülkastens) (*Bauw.*), galleggiante. 4 ~ **flugzeug** (*n. - Flugw.*), idrovolante a galleggianti. 5 ~ **gehäuse** (eines Vergasers) (*n. - Mot. - Aut.*), vaschetta. 6 ~ **nadel** (eines Vergasers) (*f. - Mot.*), ago del galleggiante, (valvola ad) ago per entrata carburante. 7 ~ **schalter** (*m. - Elekt.*), interruttore a galleggiante. 8 ~ **ventil** (*n. - Hydr. - etc.*), valvola a galleggiante.
schwimmfähig (*naut.*), con buone caratteristiche di galleggiabilità.
Schwimmfähigkeit (*f. - naut.*), galleggiabilità, spinta di galleggiamento. 2 ~ (*Anstr.*), potere fogliante.
Schwimmflosse (Tauchflosse, zum Sporttauchen) (*f. - Sport*), pinna.
Schwimmgürtel (*m. - naut. - Flugw.*), salvagente, cintura di salvataggio.
Schwimmittel (Flotationsmittel) (*n. - Bergbau*), agente di flottazione. 2 **belebendes** ~ (aktivierendes Schwimmittel) (*Bergbau*), agente di flottazione attivante, agente di flottazione vivificante. 3 **drückendes** ~ (passivierendes Schwimmittel) (*Bergbau*), agente di flottazione deprimente. 4 **regelndes** ~ (Flotationsmittel) (*Bergbau*), agente di flottazione regolatore.
Schwimmkampfwagen (*m. - milit.*), carro armato anfibio.
Schwimmkasten (Senkkasten, Caisson) (*m. - Wass.b.*), cassone pneumatico.
Schwimmkran (*m. - ind. Masch.*), gru galleggiante.
Schwimmkreisel (Kreisel in dem die Kappe in Flüssigkeit schwimmend gelagert ist) (*m. - Ger.*), giroscopio flottante, « floated gyro ».
Schwimm-Sink-Scheider (*m. - Bergbau*), classificatore idraulico.
Schwimmsport (*m. - Sport*), nuoto.
Schwimmtisch (*m. - Werkz.masch.*), tavola flottante.
Schwimmverfahren (Flotation) (*n. - Bergbau*), flottazione.
Schwimmweste (*f. - naut.*), giacchetto di salvataggio, giubbetto di salvataggio.
Schwimmwinkel (*m. - Aut.*), siehe Schräglaufwinkel (*m.*).
Schwinden (Schwindung, Schrumpfen) (*n. - allg.*), ritiro, contrazione. 2 ~ (von Beton z. B.) (*Bauw.*), ritiro. 3 ~ (von Metall bei der Erstarrung) (*Metall.*), ritiro. 4 ~ (eines Schmiedeteils z. B.) (*Schmieden*), ritiro. 5 ~ (Schwunderscheinung, Fading) (*Funk.*), evanescenza, affievolimento, « fading ». 6 ~ (von Holz) (*Prüfung*), ritiro.
schwinden (schrumpfen) (*Metall. - etc.*), ritirarsi, contrarsi. 2 ~ (*Akus.*), affievolirsi. 3 ~ (von Farben) (*Farbe*), sbiadire.
Schwindmass (*n. - Metall. - etc.*), ritiro, misura del ritiro. 2 ~ (für Beton, Schwindzahl) (*Bauw.*), coefficiente di contrazione, ritiro. 3 ~ **stab** (*m. - Giess. - Werkz.*), regolo da formatore, regolo da modellista. 4 **End-** ~ (für Beton) (*Bauw.*), ritiro lineico.
Schwindring (Schrumpfring, eines Geschützes z. B.) (*m. - Metall.*), cerchiatura.
Schwindriss (*m. - Metall.*), cricca da ritiro, incrinatura da ritiro.
Schwindung (*f. - Metall. - etc.*), siehe Schwinden. 2 ~ (von Press-stoffteilen, Unterschied zwischen dem Mass des kalten Presswerkzeuges und dem Mass des erkaltetem Pressteiles 24 Stunden nach der Pressung, in % des Masses des kalten Presswerkzeuges gemessen) (*Technol.*), ritiro. 3 ~ **s-hohlraum** (*m. - Giess.fehler*), cavità da ritiro. 4 ~ **s-riss** (Schrumpfriss) (*m. - Giess.fehler*), cricca da ritiro, incrinatura da ritiro.
Schwindverkürzung (von Beton) (*f. - Bauw.*), siehe Schwindmass.
Schwindzahl (für Beton) (*f. - Bauw.*), siehe Schwindmass.
Schwindzugabe (Schwindmass) (*f. - Metall. - etc.*), (maggiorazione per) ritiro.
Schwingachse (Antriebachse, die nur das Drehmoment auf die Räder überträgt) (*f. - Fahrz.*), asse oscillante (non portante). 2 ~ (Einzelradaufhängung) (*Aut.*), sospensione indipendente.
Schwingarm (*m. - Mech.*), braccio oscillante.
Schwingaudion (*n. - Funk.*), autodina.
Schwingbalken (eines Ölbohrungsapparates) (*m. - Masch.*), bilanciere.
Schwingbreite (Differenz der Ober- und Unterspannung bei Dauerschwingversuchen) (*f. - Baukonstr.lehre*), campo di variazione della tensione, ampiezza totale di sollecitazione.

Schwingbruch (Dauerschwingbruch, Dauerbruch) (*m. - mech. Technol.*), rottura da fatica.
Schwingbühne (Förderkorbanschlussbühne) (*f. - Bergbau*), pianerottolo oscillante.
Schwingdrossel (*f. - Elekt.*), bobina di risonanza.
Schwinge (Schwingarm) (*f. - Mech.*), braccio oscillante. 2 ~ (eines Webstuhls) (*Textilmasch.*), spada. 3 ~ (eines Gelenkvierecks) (*f. - Mech.*), bilanciere. 4 ~ n·flugzeug (Schlagflügelflugzeug) (*n. - Flugw.*), ornitottero, alibattente. 5 ~ n·stein (*m. - Masch.*), glifo. 6 ~ n·steuerung (Kulissensteuerung) (*f. - Masch.*), distribuzione a glifo.
Schwingelektrode (Gerät für die Lichtbogenschweissung) (*f. - mech. Technol. - Ger.*), (tipo di) apparecchio per saldature ad arco.
schwingen (schwenken) (*allg.*), oscillare. 2 ~ (von Pendeln z. B.) (*Phys. - Mech.*), oscillare. 3 ~ (Holzteile entfernen, bei der Flachsgewinnung z. B.) (*Textilind.*), scotolare, gramolare, stigliare, maciullare. 4 ~ (Korn sieben) (*Ack.b.*), vagliare.
schwingend (oszillierend) (*allg.*), oscillante, vibrante. 2 ~ e **Dauerbeanspruchung** (Dauerschwingbeanspruchung) (*Baukonstr.lehre*), sollecitazione di fatica. 3 ~ e **Frässpindel** (*Werkz.masch.bearb.*), mandrino portafresa oscillante. 4 ~ **es Werkzeug** (zum Schneiden der Späne) (*Werkz.masch.bearb.*), utensile vibrante. 5 ~ e **Verbrennung** (im Schmidt-Rohr z. B.) (*Verbr.*), combustione pulsante.
Schwingentladung (schwingende Entladung) (*f. - Funk.*), scarica oscillatoria.
Schwinger (Oszillator) (*m. - Funk.*), oscillatore. 2 ~ (Resonator) (*m. - Elektronik*), risonatore. 3 ~ (System) (*Mech.*), sistema oscillante. 4 ~ (Element) (*Mech.*), elemento oscillante. 5 **piezoelektrischer** ~ (*Phys.*), risonatore piezoelettrico.
Schwingerreger (*m. - Ger.*), eccitatore di vibrazioni.
Schwingfestigkeit (Dauerschwingfestigkeit, Dauerfestigkeit) (*f. - Baukonstr.lehre*), limite di fatica.
Schwingfeuergerät (Schmidtrohr) (*n. - Strahltriebw.*), pulsogetto.
Schwingfeuerheizgerät (*n. - Heizung*), riscaldatore a pulsogetto.
Schwingförderer (Rüttelförderer) (*m. - ind. Transp.*), trasportatore a scossa, vibrotrasportatore.
Schwingförderrinne (*f. - ind. Transp.*), siehe Schwingrinne.
Schwingfundament (eines Hammers) (*n. - Masch.*), fondazione oscillante, fondazione elastica.
Schwinggüte (bei Masch. mit umlaufenden Massen) (*f. - Masch.*), qualità vibratoria.
Schwinghebel (*m. - Mech.*), leva oscillante.
Schwingkreis (*m. - Phys.*), circuito oscillante. 2 ~ (Resonanzkreis) (*m. - Funk.*), circuito risonante. 3 ~ **verfahren** (für elektroerosive Metallbearbeitung z. B.) (*n. - mech. Technol.*), processo a scintilla (per elettroerosione).
Schwingkristall (*m. - Funk.*), siehe Schwingquarz.

Schwingläppen (Spanen mit hochfrequent schwingendem flüssigem Schleifmittel z. B.) (*n. - Mech.*), lappatura ad ultrasuoni.
Schwingloch (*n. - Elektronik*), interruzione di oscillazione, punto di disinnesco.
Schwingmaschine (*f. - Textilmasch.*), scotolatrice, macchina per stigliare.
Schwingmasse (*f. - Mech.*), massa volanica.
Schwingmetall (Gummimetallverbindung, Gummi auf Metall vulkanisiert z. B.) (*n. - Technol.*), gomma-metallo, « metalgomma ».
Schwingquarz (Piezoquarz) (*m. - Funk.*), quarzo oscillatore, quarzo piezoelettrico.
Schwingreibverchleiss (Passungsverschleiss, « Fretting ») (*m. - Metall.*), usura da contatto, usura da sfregamento, « fretting ».
Schwingrinne (Schwingförderrinne) (*f. - ind. Transp.*), canale a scosse, canale oscillante.
Schwingrohr (*n. - Mech. der Flüss.k.*), tubo a pulsazione. 2 **Ansaug** ~ (*Mot.*), tubo di aspirazione a pulsazione.
Schwingröhre (*f. - Elektronik*), valvola oscillatrice, tubo oscillatore.
Schwingschleifen (Feinziehschleifen, Aushohnen) (*n. - Werkz.masch.bearb.*), microfinitura.
Schwingsieb (*n. - ind. Masch.*), vibrovaglio, vaglio a scossa.
Schwingspiel (bei Dauerschwingprüfungen) (*n. - mech. Technol.*), ciclo oscillante.
Schwingstahlhalter (*m. - Werkz.masch.*), portautensile vibrante.
Schwingstrom (*m. - Elektronik*), corrente oscillatoria.
Schwingstufe (*f. - Elektronik*), stadio oscillatore.
Schwingtisch (zur Erregung von Schwingungen) (*m. - Technol. - Ger.*), tavolo vibrante.
Schwingung (Oszillation) (*f. - Phys.*), oscillazione. 2 ~ (Vibration) (*Phys. - Mech.*), vibrazione. 3 ~ (Nebenbewegung eines Strassenfahrzeuges von 0,5...20 Hz, die durch Reifen, Federn, etc. entsteht) (*Aut.*), oscillazione. 4 ~ **erster Art** (*Phys.*), oscillazione di primo ordine. 5 ~ **s·amplitude** (Schwingungsweite) (*f. - Phys.*), ampiezza di oscillazione. 6 ~ **s·aufnehmer** (Messgrössenumformer) (*m. - Ger.*), trasduttore di oscillazioni. 7 ~ **s·ausschlag** (*m. - Phys.*), siehe Schwingungsweite. 8 ~ **s·bauch** (*m. - Phys.*), ventre di oscillazione, antinodo. 9 ~ **s·beanspruchung** (*f. - Werkstoffprüfung*), sollecitazione oscillatoria, sollecitazione vibratoria. 10 ~ **s·belastung** (der Menschen, durch mech. Schwingungen) (*f. - Arb. - etc.*), sollecitazione da vibrazioni, affaticamento da vibrazioni. 11 ~ **s·breite** (*f. - Phys.*), ampiezza totale d'oscillazione. 12 ~ **s·bruch** (*m. - Baukonstr.lehre*), siehe Dauerbruch. 13 ~ **s·dämpfer** (auf der Kurbelwelle) (*m. - Mot.*), antivibratore. 14 ~ **s·dämpfer** (*Ger.*), ammortizzatore, smorzatore. 15 ~ **s·dauer** (*f. - Phys.*), periodo di oscillazione. 16 ~ **s·energie** (*f. - Phys.*), energia oscillatoria, energia vibratoria. 17 ~ **s·erzeuger** (bei Elektroerosion) (*m. - Mech.*), generatore di vibrazioni. 18 ~ **s·festigkeit** (von Federn z. B.) (*f. - Mech.*), resistenza alle vibrazioni. 19 ~ **s·festigkeit** (Dauerschwingfestigkeit) (*Metall.*), limite di fatica. 20 ~

Schwingung

s·festigkeit (bei Dauerschwingversuchen, früherer Begriff für Wechselfestigkeit) (*f. - Werkstoffprüfung*), limite di fatica a ciclo alterno simmetrico. **21** ~ s·figuren (*f. - pl. - Akus.*), figure acustiche di Chladni. **22** ~ s·fliessgrenze (*f. - Baukonstr.lehre*), siehe Dauerschwingfliessgrenze. **23** ~ s·formänderung (*f. - Baukonstr.lehre*), deformazione da fatica. **24** ~ s·frequenz (*f. - Phys. - etc.*), frequenza di vibrazione. **25** ~ s·isolierung (*f. - Mech. - etc.*), isolamento delle vibrazioni. **26** ~ s·knoten (*m. - Phys.*), nodo di oscillazione. **27** ~ s·kreis (*m. - Elekt.*), circuito oscillante. **28** ~ s·lehre (*f. - Phys.*), teoria delle oscillazioni, teoria oscillatoria. **29** ~ s·messer (Schwingungsprüfer, an Masch., Bauwerken, etc.) (*m. - Ger.*), misuratore di vibrazioni, vibrometro. **30** ~ s·platte (für Bodenverdichtungen) (*f. - Ing.b. - Masch.*), piastra vibrante, costipatore a piastra vibrante. **31** ~ s·quantenzahl (*f. - Phys.*), fattore quantico di oscillazione. **32** ~ s·riss-Korrosion (Korrosion-Ermündung) (*f. - mech. Technol.*), corrosione per fatica. **33** ~ s·schleife (*f. - Phys.*), antinodo, ventre di oscillazione. **34** ~ s·schreiber (*m. - Ger.*), vibrografo. **35** ~ s·steifigkeit (dynamische Steifigkeit) (*f. - Mech.*), rigidezza dinamica. **36** ~ s·tilger (Schwingungsdämpfer) (*m. - Ger.*), antivibratore. **37** ~ s·typ (Modus) (*m. - Elektronik*), modo. **38** ~ s·überlagerer (math. Ger. zum Zusammensetzen von Teilschwingungen) (*m. - Math. - Ger.*), compositore di armoniche. **39** ~ s·vakuummeter (*n. - Ger.*), vacuometro a disco oscillante. **40** ~ s·verdichter (*m. - Ing.b. - Masch.*), costipatore a vibrazioni, vibrocostipatore. **41** ~ s·versuch (*m. - Mech.*), prova alle vibrazioni. **42** ~ s·weite (Amplitude) (*f. - Phys.*), ampiezza di oscillazione. **43** ~ s·welle (*f. - Phys.*), ondulazione. **44** ~ s·zahl (Frequenz) (*f. - Phys.*), frequenza di oscillazione. **45** ~ s·zeit (Schwingungsdauer, Schwingungsperiode) (*f. - Phys.*), periodo di oscillazione. **46** abklingende ~ (*Phys.*), oscillazione smorzata, oscillazione decrescente. **47** amplitudenmodulierte ~ (*Phys.*), oscillazione modulata in ampiezza. **48** anschwellende ~ (*Phys.*), oscillazione ad ampiezza crescente. **49** Dauer ~ (*Phys.*), oscillazione persistente. **50** elektrische ~ (*Phys.*), oscillazione elettrica. **51** erzwungene ~ (*Phys.*), oscillazione forzata. **52** freie ~ (*Phys.*), oscillazione libera. **53** frequenzmodulierte ~ (*Phys.*), oscillazione modulata in frequenza. **54** gedämpfte ~ (*Phys.*), oscillazione smorzata. **55** gedämpfte sinusförmige ~ (*Phys.*), vibrazione sinusoidale smorzata. **56** Grund ~ (Teilschwingung von der Grundfrequenz) (*Phys.*), armonica fondamentale. **57** harmonische ~ (Sinusschwingung) (*Phys.*), oscillazione armonica, oscillazione semplice, oscillazione sinusoidale. **58** induzierte ~ (*Phys.*), oscillazione indotta. **59** Kipp ~ (*Phys. - Elekt.*), oscillazione di rilassamento, oscillazione di rilasciamento. **60** lineare ~ (harmonische Schwingung) (*Phys.*), vibrazione armonica, vibrazione lineare. **61** mechanische ~ (*Phys.*), oscillazione meccanica. **62** nichtlineare ~ (*Phys.*), vibrazione non lineare, vibrazione pseudoarmonica. **63** Ober ~ (Teilschwingung) (*Phys.*), armonica superiore. **64** Pendel ~ (*Phys.*), oscillazione pendolare. **65** phasenmodulierte ~ (*Phys.*), oscillazione modulata in fase. **66** quasistationäre ~ (*Phys.*), oscillazione quasistazionaria. **67** schreibender s·messer (*m. - Ger.*), vibrografo. **68** selbsterregte ~ (*Phys.*), oscillazione autoeccitata, oscillazione autosostenuta. **69** Sinus ~ (harmonische Schwingung) (*Phys.*), oscillazione sinusoidale, oscillazione armonica, oscillazione semplice. **70** Teil ~ (Harmonische) (*Phys.*), armonica. **71** Torsions ~ (*Mech.*), vibrazione torsionale. **72** wilde ~ (*Phys.*), oscillazione spuria, oscillazione parassita. **73** zusammengesetzte ~ (*Phys.*), oscillazione complessa.

schwingungsdämpfend (*Mech. - etc.*), antivibrante.

schwingungsisoliert (*Masch. - etc.*), isolato dalle vibrazioni, antivibrante.

schwingungsmechanisch (*Phys.*), vibromeccanico.

schwingungsphysikalisch (*Phys.*), vibrofisico.

schwingungsstarr (*Mech. - etc.*), resistente alle vibrazioni.

schwingungstechnisch (*Phys.*), oscillatorio.

Schwingversuch (Dauerschwingversuch, Dauerversuch) (*m. - Baukonstr.lehre*), prova di fatica.

Schwingweg (*m. - Mech.*), ampiezza di oscillazione.

Schwingweite (Schwingungsweite, Amplitude) (*f. - Phys.*), ampiezza di oscillazione.

Schwingwiderstand ($\sqrt{L/C}$) (*m. - Phys. - Elekt.*), $\sqrt{L/C}$, radice quadrata del rapporto induttanza-capacità.

Schwingzahl (Schwingungszahl) (*f. - Phys.*), frequenza (di oscillazione).

Schwirren (*n. - Elektroakus.*), ronzio.

Schwitzen (Bluten, Ausschwitzen, von Schwarzdecken) (*n. - Strass.b.*), trasudamento.

schwitzen (*allg.*), sudare. **2** ~ (von Wänden z. B.) (*Bauw.*), trasudare.

Schwitzkasten (zur Prüfung der Lacke z. B.) (*m. - Anstr.*), camera di essudazione.

Schwitzperle (Schwitzkugel, an der Oberfläche von Guss·stücken) (*f. - Giess.*), perla di trasudazione, goccia di trasudazione.

Schwitzsystem (Ausbeutung der Arbeiter) (*n. - Arb.*), supersfruttamento.

Schwitzwasser (Kondenswasser) (*n. - Phys.*), acqua di condensa, condensa. **2** ~ korrosion (auf Metalloberflächen) (*f. - mech. Technol.*), corrosione da condensazione.

Schwitzwerkstoff (poröser Sinterwerkstoff in Überschallflugzeugen verwendet z. B., und durch welchen Kühlmittel gepresst wird) (*m. - Flugw.*), sinterato trasudante.

Schwödebrei (Schwefelnatriumpaste, zur Lockerung der Haare) (*m. - Lederind.*), pasta per depilazione (al solfuro di sodio).

schwöden (anstreichen mit Schwefelnatrium zur Lockerung der Haare) (*Lederind.*), depilare (con solfuro di sodio).

Schwoien (kreisförmige Bewegung um den

Anker, eines Schiffes) (*n.* - *naut.*), movimento a ruota (in ormeggio).
Schwund (Gewichtsverlust bei Waren, durch Lagerung z. B.) (*m.* - *komm.*), calo di peso. 2 ~ (Schwindung) (*Technol.*), ritiro. 3 ~ **ausgleich** (*m.* - *Technol.*), compensazione del ritiro. 4 ~ **ausgleicher** (*m.* - *Funk.*), dispositivo « antifading », dispositivo antiaffievolimento, dispositivo antievanescenza. 5 ~ **erscheinung** (Schwinden, Fading) (*f.* - *Funk.*), evanescenza, affievolimento, « fading ». 6 ~ **regler** (*m.* - *Funk.*), regolatore di volume. 7 ~ **risse** (Trockenrisse im bedeichten Kleiboden) (*m.* - *pl.* - *Wass.b.*), screpolature da ritiro. 8 ~ **verminderungsantenne** (*f.* - *Funk.*), antenna antievanescenza, antenna antiaffievolimento.
schwundmindernd (*Funk.*), antievanescenza, antiaffievolimento, « antifading ».
Schwunggewicht (eines Drehzahlreglers) (*n.* - *Mech.*), massa centrifuga.
Schwunghebel (*m.* - *Mech.*), leva oscillante. 2 ~ (einer Schraubenpresse) (*Masch.*), leva di lancio.
Schwungkraft (Zentrifugalkraft) (*f.* - *Mech.*), forza centrifuga. 2 ~ (Schwung, Kraft, die einem bewegten Körper innewohnt) (*Mech.*), inerzia, forza d'inerzia. 3 ~ (Tangentialkraft) (*Mech.*), forza tangenziale. 4 ~ **anlasser** (eines Verbrennungsmotors) (*m.* - *Mot.*), avviatore ad inerzia. 5 ~ **anlasser für elektrischen Betrieb** (eines Verbrennungsmotors) (*Mot.* - *Elekt.*), avviatore ad inerzia con motorino elettrico di lancio. 6 ~ **anlasser für Handbetrieb** (eines Verbrennungsmotors) (*Mot.*), avviatore ad inerzia a mano.
Schwungkranz (*m.* - *Mech.*), corona volanica, corona del volano.
Schwungkugel (eines Drehzahlreglers) (*f.* - *Mech.*), sfera, massa centrifuga.
Schwungmagnetzünder (einer Motorrollerzündungsanlage z. B.) (*m.* - *Mot.* - *Fahrz.*), magnete-volano.
Schwungmasse (*f.* - *Mot.* - *etc.*), massa volanica.
Schwungmoment (GD^2, einer elekt. Masch. z. B.) (*n.* - *Mech.*), momento d'inerzia, GD^2.
Schwungrad (eines Verbrennungsmotors z. B.) (*n.* - *Mech.* - *Mot.*), volano. 2 ~ (Uhr), bilanciere. 3 ~ **anlasser** (*m.* - *Mot.* - *Aut.*), motorino di avviamento sul volano. 4 ~ **drehmotor** (zum Drehen des Schwungrades von grossen Motoren) (*n.* - *Mot.*), viratore a motore. 5 ~ **gehäuse** (*n.* - *Mot.*), scatola coprivolano. 6 ~ **grube** (*f.* - *Mot.*), fossa del volano. 7 ~ **kranz** (*m.* - *Mot.*), corona del volano. 8 ~ **magnetzündung** (*f.* - *Mot.*), accensione a magnete-volano. 9 ~ **markierung** (zum Einstellen der Steuerung) (*f.* - *Mot.*), segno sul volano (per la messa in fase). 10 ~ **mit Anlasszahnkranz** (*Mot.*), volano con corona dentata di avviamento. 11 ~ **seite** (eines Verbrennungsmotors) (*f.* - *Mot.*), lato volano. 12 ~ **spindelpresse** (Reibspindelpresse) (*f.* - *Masch.*), pressa a frizione a vite, bilanciere.
Schwungscheibe (Schwungrad) (*f.* - *Mot.*), volano a disco.
schwunken (*allg.*), *siehe* schwenken.

Schwurgericht (*n.* - *recht.*), corte di assisi.
Scintillation (*f.* - *allg.*), scintillamento, scintillìo.
scintillieren (*allg.*), scintillare.
Scottsche Schaltung (für Transformatoren) (*Elekt.*), circuito Scott.
SCR (semiconductor controlled rectifier, Thyristor) (*Elektronik*), tiristore, raddrizzatore controllato.
Scraper (Schürfkübel) (*m.* - *Erdbew.masch.*), ruspa.
Script (Skript, Filmmanuskript, Filmdrehbuch) (*n.* - *Filmtech.*), copione. 2 ~ **girl** (Skriptgirl, Ateliersekretärin) (*f.* - *Arb.* - *Filmtech.*), segretaria di edizione.
S/C-Verhältnis (Verhältnis zwischen Steilheit und Elektrodenkapazität, bei Breitbandverstärkern) (*n.* - *Elektronik*), rapporto pendenza/capacità.
s. d. (siehe dies, siehe dort) (*allg.*), vedi.
Sdg (Sendung) (*Funk.*), trasmissione.
SE (Sekundärelektron) (*Phys.*), elettrone secondario. 2 ~ (Sekundäremission) (*Phys.*), emissione secondaria.
Se (Selen) (*Chem.*), Se, selenio.
SEA (Sichere Elektrizitätsanwendung, VDE-Ausschuss) (*Elekt.*), sicurezza nell'impiego dell'elettricità.
sec (s, Sekunde) (*Masseinheit*), s, sec, secondo. 2 ~ (Sekante) (*Geom.*), secante.
SECAM (séquentiel à mémoire, ein Farbfernsehsystem) (*Fernseh.*), SECAM.
Sech (Kolter, am Pflug) (*n.* - *Landw.masch.*), coltro.
sechsatomig (*Phys.* - *Chem.*), esaatomico.
sechseckig (sechswinkelig) (*Geom.* - *etc.*), esagonale.
Sechskant (*m.* - *Geom.* - *Mech.* - *etc.*), esagono. 2 ~ **eisen** (*n.* - *metall. Ind.*), barra (di ferro) esagonale. 3 ~ **-Inbusschraube** (Innensechskantschraube) (*f.* - *Mech.*), vite con esagono cavo, vite Allen. 4 ~ **mutter** (*f.* - *Mech.*), dado esagonale. 5 ~ **revolverkopf** (*m.* - *Werkz.masch.*), torretta esagonale. 6 ~ **schlüssel** (*m.* - *Werkz.*), chiave fissa (per dadi o teste esagonali). 7 ~ **schraube** (*f.* - *Mech.*), vite a testa esagonale. 8 ~ **stahl** (*m.* - *Walzw.* - *metall. Ind.*), barra esagonale (di acciaio). 9 ~ **steckschlüssel** (*m.* - *Werkz.*), chiave a tubo per dadi (o teste) esagonali. 10 ~ **stiftschlüssel** (für Innensechskantschrauben) (*m.* - *Werkz.*), chiave esagona, chiave per viti Allen, chiave per viti ad esagono cavo. 11 **Innen** ~ **schraube** (*f.* - *Mech.*), vite con esagono cavo, vite Allen.
Sechskomponentenmessung (im Windkanal) (*f.* - *Flugw.*), misurazione con bilancia a sei componenti.
Sechskomponentenwaage (zur Sechskomponentenmessung im Windkanal) (*f.* - *Flugw.* - *Ger.*), bilancia a sei componenti.
sechsmotorig (*Flugw.*), esamotore, a sei motori.
Sechsphasenschaltung (*f.* - *Elekt.*), collegamento esafase.
sechsphasig (*Elekt.*), esafase.
Sechspolröhre (Hexode) (*f.* - *Elektronik*), esodo.

Sechsradwagen (*m. - Fahrz.*), veicolo a tre assi.
Sechsspindler (Drehbank z. B.) (*m. - Werkz. masch.*), macchina a sei fusi, macchina a sei mandrini.
sechswertig (*Chem.*), esavalente.
sechswinklig (*Geom. - etc.*), esagonale.
Sechszylindermotor (*m. - Mot.*), motore a sei cilindri.
Sechzehnerleitung (*f. - Fernspr.*), circuito virtuale quadruplo.
Sediment (Ablagerung) (*n. - Geol. - etc.*), sedimento. 2 ~ **gesteine** (Sedimentite, Schichtgesteine) (*n. - pl. - Min.*), rocce sedimentarie.
Sedimentation (*f. - allg.*), sedimentazione. 2 ~ **s·analyse** (*f. - Bergbau - etc.*), analisi per sedimentazione.
sedimentieren (*Chem. - etc.*), sedimentare.
See (Binnengewässer) (*m. - Geogr.*), lago. 2 ~ **n·wasser** (zur Wasserversorgung) (*n. - Hydr.*), acqua di lago. 3 **Damm** ~ (Stausee) (*Wass.b.*), lago artificiale. 4 **Moränen** ~ (*Geol.*), lago morenico. 5 **Stau** ~ (Dammsee) (*Wass.b.*), lago artificiale. 6 **tektonischer** ~ (*Geol.*), lago di origine tettonica.
See (Meer) (*f. - Geogr.*), mare. 2 ~ **anker** (*m. - naut.*), àncora galleggiante. 3 ~ **bahnhof** (*m. - Eisenb.*), stazione ferroviaria marittima. 4 ~ **bau** (*m. - Bauw. - Wass.b.*), costruzione marittima. 5 ~ **beben** (*n. - Geol.*), maremoto. 6 ~ **bohrung** (Offshore-Bohrung) (*f. - Bergbau*), trivellazione in mare aperto. 7 ~ **deich** (*m. - Wass.b.*), diga marittima. 8 ~ **-Echo** (Seegangecho) (*n. - Radar*), eco dal mare. 9 ~ **eigenschaften** (*f. - pl. - naut.*), qualità nautiche. 10 ~ **-Erz** (Limonit) (*m. - Min.*), limonite. 11 ~ **fähigkeit** (Seetüchtigkeit) (*f. - naut.*), qualità nautiche. 12 ~ **flughafen** (*m. - Flugw.*), idroscalo. 13 ~ **flugzeug** (*n. - Flugw.*), idrovolante. 14 ~ **frachtbrief** (*m. - naut.*), polizza di carico. 15 ~ **gang** (Wellenschlag) (*m. - See*), moto ondoso. 16 ~ **hafen** (*m. - naut.*), porto di mare, porto marittimo. 17 ~ **handbuch** (Küstenhandbuch) (*n. - naut.*), portolano. 18 ~ **höhe** (Höhe über Normal-Null) (*f. - Top.*), altitudine sul livello del mare. 19 ~ **journal** (*n. - naut.*), giornale di bordo. 20 ~ **kabel** (*n. - Telegr.*), cavo sottomarino. 21 ~ **karte** (*f. - naut.*), carta nautica. 22 ~ **kompass** (*m. - Instr.*), bussola marina. 23 ~ **krankheit** (*f. - naut.*), mal di mare. 24 ~ **kunde** (Nautik) (*f. - naut.*), nautica. 25 ~ **macht** (*f. - Kriegsmar.*), potenza marinara. 26 ~ **mann** (*m. - naut.*), marinaio, marittimo. 27 ~ **meile** (1,853 km, nautische Meile) (*f. - Mass*), miglio marino. 28 ~ **mine** (*f. - Expl.*), mina subacquea. 29 ~ **notflugzeug** (*n. - Flugw.*), velivolo per salvataggi marittimi. 30 ~ **recht** (*n. - recht. - naut.*), diritto marittimo. 31 ~ **schaden** (*m. - recht. - naut.*), avaria. 32 ~ **schiffahrt** (*f. - Navig.*), navigazione marittima. 33 ~ **schlange** (See-Echo) (*f. - Radar*), eco dal mare. 34 ~ **seismik** (*f. - Geophys.*), sismologia marina. 35 ~ **strandkiefer** (*f. - Holz*), pino marittimo. 36 ~ **strassenordnung** (*f. - naut. - Navig.*), regolamento per evitare abbordi in mare. 37 ~ **tüchtigkeit** (Seefähigkeit) (*f. - naut.*), qualità nautiche. 38 ~ **uferbau** (*m. - Wass.b.*), opere di difesa delle coste. 39 ~ **ventil** (*n. - naut.*), valvola di mare, valvola Kingston. 40 ~ **verkehr** (*m. - naut.*), traffico marittimo. 41 ~ **verpackung** (*f. - naut. - komm.*), imballo marittimo. 42 ~ **versicherung** (Seeassekuranz) (*f. - naut.*), assicurazione marittima. 43 ~ **wasser** (*n. - See - etc.*), acqua di mare, acqua salata. 44 ~ **wasserkühlung** (*f. - Mot.*), raffreddamento ad acqua di mare. 45 ~ **wasserstrassenordnung** (SWO) (*f. - naut.*), regolamento sulle vie d'acqua. 46 ~ **weg** (*m. - naut. - Navig.*), rotta marittima. 47 ~ **wind** (*m. - Meteor.*), vento di mare. 48 ~ **wurf** (Überbordwerfen) (*m. - naut.*), scarico in mare (del carico). 49 ~ **zeichen** (*n. - naut.*), segnalamento marittimo. 50 **auf dem** ~ **wege** (*Transp.*), via mare. 51 **auf hoher** ~ (*naut.*), in alto mare. 52 **Brech** ~ (See), frangente, colpo di mare. 53 **normale** ~ **höhe** (*Top.*), livello medio del mare. 54 **schwere** ~ (starke See) (*See*), mare agitato, mare grosso.
Seebeck-Effekt (*m. - Elekt.*), effetto Seebeck, effetto termoelettrico.
seefähig (*naut.*), atto a tenere il mare.
Seeger-Greifring (für glatte Wellen ohne Nut) (*m. - Mech.*), anello Seeger mordente.
Seegerring (*m. - Mech.*), anello Seeger. 2 **ausgewuchteter** ~ **für Bohrungen** (*m. - Mech.*), anello Seeger equilibrato per fori.
Seeger-Schliessring (zwei einzuschnappende Halbringe) (*m. - Mech.*), anello Seeger in due metà da agganciare.
Seegersicherung (Sicherungsfeder, Seegerfeder, für Kolbenbolzen z. B.) (*f. - Mech. - Mot.*), anello elastico di arresto, anello Seeger.
Seeger-Sprengring (*m. - Mech.*), anello Seeger ad espansione.
Seele (*f. - allg.*), anima. 2 ~ (eines Geschützes) (*Feuerwaffe*), anima. 3 ~ (einer Elektrode) (*mech. Technol.*), anima. 4 ~ (Seil), anima. 5 ~ (eines Spiralbohrers) (*Werkz.*), nocciolo. 6 ~ (Kern) (*allg.*), nucleo. 7 ~ **n·elektrode** (Lichtbogenschweisselektrode) (*f. - Schweissen*), elettrodo con anima. 8 ~ **n·schweissdraht** (*m. - mech. Technol.*), filo animato (per saldatura ad arco). 9 ~ **n·stärke** (eines Wendelbohrers z. B.) (*f. - Werkz.*), diametro del nocciolo.
seelisch (psychisch) (*Psychol.*), psichico.
seemässige Verpackung (*Transp.*), imballo per trasporto marittimo.
seemässig verpackt (*Transp.*), imballato per trasporto marittimo.
seewasserbeständig (*Technol. - naut.*), resistente all'acqua di mare, resistente all'acqua salata.
SEF (Sekundäremissionsfaktor) (*Phys.*), fattore di emissione secondaria.
Segel (*n. - naut.*), vela. 2 ~ (Sonnensegel z. B., als Schutz) (*Bauw. - naut. - etc.*), tenda. 3 ~ **boot** (*n. - naut.*), barca a vela. 4 ~ **fläche** (*f. - naut.*), velatura. 5 ~ **flug** (*m. - Flugw.*), volo a vela. 6 ~ **flugzeug** (*n. - Flugw.*), veleggiatore, aliante. 7 ~ **jacht** (*f. - naut.*), panfilo a vela. 8 ~ **leinwand** (Segeltuch) (*f. - naut.*), tela da vele. 9 ~ **macher**

(*m. - naut.*), velaio. **10 ~ macherwerkstatt** (*f. - naut.*), veleria. **11 ~ schiff** (*n. - naut.*), veliero, nave a vela. **12 ~ schiff mit Hilfsmotor** (*naut.*), veliero con motore ausiliario. **13 ~ schlitten** (*m. - Transp. - Sport*), slitta a vela. **14 ~ stellung (der Luftschraube)** (*f. - Flugw.*), posizione in bandiera. **15 ~ stellungspumpe** (*f. - Flugw.*), pompa per la messa in bandiera. **16 ~ tuch** (*n. - naut.*), tela da vele. **17 ~ tuchverdeck (eines Lastwagens z. B.)** (*n. - Fahrz. - etc.*), copertone. **18 ~ werk** (*n. - naut.*), velatura. **19 auf ~ stellung gefahrene Luftschraube** (*Flugw.*), elica messa in bandiera. **20 Fock ~ (unterstes Segel am Fockmast)** (*naut.*), trinchetto, vela di trinchetto. **21 Gaffel ~** (*naut.*), randa, vela di randa. **22 Gross ~** (*naut.*), maestra, vela maestra. **23 Latein ~** (*naut.*), vela latina. **24 Rah ~** (*naut.*), vela quadra. **25 Vor-Oberbram ~** (*naut.*), controvelaccino. **26 Vor-Obermars ~** (*naut.*), parrocchetto volante. **27 Vor-Unterbram ~** (*naut.*), velaccino. **28 Vor-Untermars ~** (*naut.*), basso parrocchetto. **29 Vor-Royal ~** (*naut.*), succontrovelaccino.
segelfliegen (*Flugw.*), veleggiare, volare a vela.
segellos (vor Topp und Takel) (*naut.*), a secco di vele.
Segeln (*n. - Flugw.*), volo a vela. **2 Hang ~** (*Flugw.*), volo di pendio. **3 Thermik ~** (*Flugw.*), volo termico, volo con sfruttamento di correnti calde ascendenti.
segeln (*naut.*), navigare (a vela). **2 ~ (segelfliegen)** (*Flugw.*), veleggiare, volare a vela. **3 ab ~ (aussegeln)** (*naut.*), salpare.
Segerkegel (SK, pyrometrischer Kegel) (*m. - Wärme*), cono Seger.
Segler (Segelschiff) (*m. - naut.*), veliero. **2 ~ (Segelflugzeug)** (*Flugw.*), veleggiatore, aliante.
Segment (Kreisabschnitt) (*n. - Geom.*), segmento. **2 ~ (einer Schneckenlenkung)** (*Aut.*), settore. **3 ~ (eines Kollektors)** (*Elekt.*), lamella. **4 ~ bogen (Stichbogen, flacher Bogen)** (*m. - Bauw.*), arco ribassato. **5 ~ drucklager (Michell-Lager)** (*n. - Mech.*), supporto Michell, reggispinta Michell. **6 ~ eisen** (*n. - metall. Ind.*), semitondo (di ferro). **7 ~ -Kreissägeblatt** (*n. - Werkz.*), lama di sega circolare a settori riportati. **8 ~ lenkung** (*f. - Aut.*), comando sterzo a vite e settore, sterzo a vite e settore. **9 ~ spannung (Spannung zwischen benachbarten Kommutatorsegmenten)** (*f. - elekt. Masch.*), tensione tra due lamelle (adiacenti). **10 ~ verschluss (Wehrverschluss, Segmentschütz)** (*m. - Wass.b.*), paratoia a segmento, paratoia a settore cilindrico. **11 ~ wehr** (*n. - Wass.b.*), sbarramento a segmento. **12 ~ welle (einer Lenkung)** (*f. - Aut.*), albero con settore dentato. **13 gezahntes ~** (*Mech.*), settore dentato. **14 Kreis ~** (*Geom.*), segmento circolare. **15 Kugel ~** (*Geom.*), segmento sferico. **16 Schalt ~** (*Mech.*), settore del cambio (di velocità).
Sehachse (optische Achse) (*f. - Opt.*), asse ottico.
Sehen (*n. - Opt.*), visione, percezione visuale. **2 Dämmerungs ~ (Übergangssehen, mesopisches Sehen)** (*Opt.*), visione mesopica. **3 Nacht ~** (*Opt.*), visione scotopica. **4 Tages ~** (*Opt.*), visione fotopica. **5 Übergangs ~ (Dämmerungssehen, mesopisches Sehen)** (*Opt.*), visione mesopica.
Sehfeld (*n. - Opt.*), campo visivo.
Sehlinie (*f. - Opt.*), linea di mira.
Sehne (Gerade zwischen zwei Punkten einer krummen Linie) (*f. - Geom. - etc.*), corda. **2 ~ (eines Flügelprofils)** (*Flugw.*), corda. **3 ~ n·viereck** (*n. - Geom.*), quadrangolo inscritto in un cerchio. **4 ~ n·wicklung (Ankerwicklung mit Spulenweite kleiner als die Polteilung)** (*f. - Elekt.*), avvolgimento a passo accorciato. **5 Zahndicken ~** (*Mech.*), spessore cordale del dente.
sehnig (*Metall.*), fibroso. **2 ~ er Anbruch** (*Metall.*), frattura fibrosa. **3 ~ e Struktur** (*Metall.*), struttura fibrosa.
Sehnungsfaktor (einer Wicklung) (*m. - Elekt.*), fattore di accorciamento.
Sehprobe (Optotyp) (*f. - Opt.*), ottotipo, tavola ottotipica.
Sehrohr (Periskop, für U-Boote) (*n. - Kriegsmar.*), periscopio. **2 ~ (Fernrohr)** (*Opt. - Ger.*), cannocchiale.
Sehschärfe (*f. - Opt.*), acuità visiva.
Sehweite (Sichtweite) (*f. - Opt.*), distanza visiva.
Sehwinkel (*m. - Opt.*), angolo visivo.
seicht (Wasser) (*allg.*), poco profondo, basso.
Seichtwasserzone (*f. - naut.*), bassofondo, secca.
Seide (*f. - Textilind.*), seta. **2 ~ n·abfall** (*m. - Textilind.*), cascame di seta. **3 ~ n·bast (Serizin, Seidenleim)** (*m. - Textilind.*), sericina. **4 ~ n·bau (Seidenzucht)** (*m. - Textilind.*), sericoltura. **5 ~ n·baumwolldraht** (*m. - Elekt.*), filo rivestito di seta e cotone. **6 ~ n·beschwerung** (*f. - Textilind.*), carica della seta. **7 ~ n·doppler** (*m. - Textilmasch.*), torcitoio per seta. **8 ~ n·gewebe** (*n. - Text.*), tessuto di seta. **9 ~ n·glanz** (*m. - Opt.*), lucentezza serica. **10 ~ n·glanzkalander** (*m. - Papierind. - Masch.*), satinatrice, liscia, calandra. **11 ~ n·glanzpapier** (*n. - Papierind.*), carta pelle d'aglio. **12 ~ n·industrie** (*f. - Textilind.*), industria serica. **13 ~ n·kokon** (*m. - Textilind.*), bozzolo da seta. **14 ~ n·lackdraht** (*m. - Elekt.*), filo smaltato rivestito di seta. **15 ~ n·leim (Seidenbast, Serizin)** (*m. - Textilind.*), sericina. **16 ~ n·musselin** (*m. - Textilind.*), mussolina di seta. **17 ~ n·papier** (dünnes, leichtes Papier) (*n. - Papierind.*), carta velina. **18 ~ n·raupe (Seidenwurm)** (*f. - Textilind. - Ack.b.*), baco da seta. **19 ~ n·spinnerei (Verfahren)** (*f. - Textilind.*), filatura della seta. **20 ~ n·spinnerei (Fabrik)** (*Textilind.*), filanda. **21 ~ n·webstuhl** (*m. - Textilmasch.*), telaio per seta. **22 ~ n·wurm (Seidenraupe)** (*m. - Textilind. - Ack.b.*), baco da seta. **23 ~ n·zucht (Seidenbau)** (*f. - Textilind.*), sericoltura. **24 ~ n·züchter** (*m. - Ack.b. - Textilind.*), sericoltore, bachicoltore. **25 ~ n·zwirnmaschine** (*f. - Textilmasch.*), torcitoio (per seta). **26 beschwerte ~** (*Textilind.*), seta caricata. **27 echte ~** (Naturseide) (*Textilind.*), seta naturale. **28 gekochte ~**

seiden

(entbastete Seide, degummierte Seide) (*Textilind.*), seta sgommata, seta cotta, seta purgata. 29 künstliche ~ (Kunstseide) (*Textilind.*), seta artificiale. 30 Natur ~ (echte Seide) (*Textilind.*), seta naturale. 31 rohe ~ (Rohseide) (*Textilind.*), seta greggia, seta cruda. 32 Souple ~ (unvollständig entbastete Seide) (*Textilind.*), seta raddolcita. 33 wilde ~ (*Textilind.*), seta selvatica.
seiden (aus Seide) (*Text.*), di seta. 2 ~ (seidig, wie Seide aussehend) (*allg.*), serico, sericeo.
Sei-do (japanische Bronze, aus 80% Cu und 20% Pb) (*n. - Legierung*), (tipo di) bronzo al piombo, bronzo giapponese.
Seife (*f. - chem. Ind.*), sapone. 2 ~ (lockere Ablagerung) (*Bergbau*), giacimento alluvionale. 3 ~ (Gold- oder Edelsteinwäscherei) (*Bergbau*), laveria (per oro o pietre preziose). 4 ~ n·bildung (Verseifung) (*f. - Chem.*), saponificazione. 5 ~ n·erz (*n. - Bergbau*), minerale alluvionale. 6 ~ n·fabrik (*f. - Ind.*), saponificio. 7 ~ n·gold (*n. - Bergbau*), oro alluvionale. 8 ~ n·knoten (beim Drahtziehen) (*m. - pl. - mech. Technol.*), grumi di sapone. 9 ~ n·stein (*m. - Min.*), steatite. 10 ~ n·wasser (*n. - Werkz.masch.bearb.*), acqua saponata, refrigerante. 11 flüssige ~ (*chem. Ind.*), sapone liquido. 12 Kali ~ (*chem. Ind.*), sapone potassico. 13 Kern ~ (Natronseife) (*chem. Ind.*), sapone duro. 14 Leim ~ (*chem. Ind.*), sapone da impasto. 15 Natron ~ (*chem. Ind.*), sapone sodico. 16 neutrale ~ (*chem. Ind.*), sapone neutro. 17 Schmier ~ (Kaliseife) (*chem. Ind.*), sapone molle. 18 Toilette ~ (*chem. Ind.*), sapone da toeletta.
seifen (mit Seife reiben, einseifen) (*allg.*), insaponare. 2 ~ (Erze auswaschen) (*Bergbau*), lavare.
Seifer (Seifner, Seifert, Erzwäscher) (*m. - Bergbau*), operaio di laveria.
Seiger (Seigel, Pendel) (*m. - allg.*), pendolo. 2 ~ förderung (*f. - Bergbau*), estrazione verticale. 3 ~ riss (einer Grube) (*m. - Bergbau*), sezione verticale. 4 ~ schacht (*m. - Bergbau*), pozzo verticale. 5 ~ schnur (*f. - Ger.*), filo a piombo. 6 ~ teufe (senkrechter Abstand zweier Punkte) (*f. - Bergbau*), distanza verticale.
seiger (senkrecht) (*Bergbau*), verticale.
seigern (ausscheiden) (*Metall.*), segregare. 2 ~ (*Bergbau*), scavare. 3 ~ (frischen) (*Metall.*), affinare.
Seigerung (Ansammlung leicht schmelzender Verunreinigungen in Gussblöcken z. B.) (*f. - Metall.*), segregazione, liquazione. 2 ~ (bei der Erstarrung von Nichteisenmetallen) (*Metall. - Fehler*), liquazione. 3 ~ s·linie (Schattenstreifen) (*f. - Metall. - Fehler*), linea di segregazione. 4 ~ s·rückstand (*m. - Metall. - Fehler*), segregato (*s.*). 5 ~ s·rückstand (von Nichteisenmetallen) (*Metall. - Fehler*), liquato (*s.*). 6 ~ s·streifen (*m. - Metall. - Fehler*), banda di segregazione. 7 Block ~ (Makroseigerung) (*Metall.*), macrosegregazione. 8 Karbid ~ (*Metall. - Fehler*), segregazione di carburi. 9 Karbid ~ s·linie (Karbidseigerungsstreifen) (*f. - Metall. - Fehler*), allineamento di carburi. 10 Kohlenstoff ~ (*Metall. - Fehler*), segregazione del carbonio. 11 Kristall ~ (Mikroseigerung) (*Metall.*), microsegregazione. 12 Phosphor ~ (*Metall. - Fehler*), segregazione del fosforo. 13 umgekehrte ~ (umgekehrte Blockseigerung) (*Metall. - Fehler*), segregazione inversa.
Seignettesalz ($KNaC_4H_4O_6$) (Rochellesalz) (*n. - Min. - Chem.*), sale di Seignette.
Seihe (Seiher, Filter) (*f. - allg.*), filtro. 2 ~ (Rückstand) (*allg.*), residuo. 3 ~ tuch (*n. - Ger.*), filtro di tessuto.
seihen (filtrieren) (*allg.*), filtrare.
Seil (Drahtseil) (*n. - Transp. - Masch. - etc.*), fune (metallica). 2 ~ (Schnur) (*Seilerei*), fune, corda. 3 ~ (Segel) (*naut.*), vela. 4 ~ antrieb (Seiltrieb) (*m. - Mech.*), trasmissione a fune. 5 ~ bagger (*m. - Erdbew. masch.*), escavatore a benna strisciante. 6 ~ bahn (Kabelbahn, Seilschwebebahn, für Personen) (*f. - Transp.*), funivia. 7 ~ bahn (Seiltransportanlage, für Güter) (*Transp.*), teleferica. 8 ~ bahngondel (*f. - Transp.*) telecabina, « bidone ». 9 ~ bahnstütze (*f. - Transp.*), pilone di funivia. 10 ~ bahnwagen (für Personen) (*m. - Transp.*), cabina di funivia. 11 ~ bahnwagen (für Güter) (*Transp.*), carrello di teleferica. 12 ~ besen (Seilende mit aufgelösten Litzen) (*m. - Seil.*), estremità aperta della fune, estremità sciolta della fune. 13 ~ betriebslast (*f. - Mech.*), carico di esercizio della fune. 14 ~ block (Seilflasche, Seilkloben) (*m. - Hebevorr.*), bozzello per fune. 15 ~ bohranlage (Schlagbohranlage) (*f. - Bergbau*), impianto di trivellazione a percussione, impianto di perforazione a percussione. 16 ~ bohren (Seilschlagbohren) (*n. - Bergbau*), trivellazione a percussione, perforazione a percussione. 17 ~ bremse (*f. - Mech.*), freno a fune. 18 ~ bruchlast (*f. - Mech.*), carico di rottura della fune. 19 ~ brücke (Hängebrücke) (*f. - Brück.b.*), ponte sospeso. 20 ~ draht (*m. - metall. Ind.*), filo per funi metalliche. 21 ~ drehen (*n. - Seilerei*), siehe Seilen. 22 ~ eck (*n. - Baukonstr.lehre*), poligono funicolare. 23 ~ eckverfahren (Mohrsches Verfahren) (*n. - Baukonstr.lehre*) metodo di Mohr. 24 ~ fähre (*f. - Transp.*), traghetto a fune. 25 ~ flasche (Seilblock, Seilkloben) (*f. - Hebevorr.*), bozzello per fune. 26 ~ flechtmaschine (*f. - Masch.*), intrecciatrice per funi, macchina per intrecciare funi. 27 ~ förderung (*f. - Bergbau*), estrazione a fune. 28 ~ gondelbahn (*f. - Transp.*), «bidonvia». 29 ~ gurtförderer (*m. - ind. Masch.*), trasportatore a nastro con fune traente. 30 ~ haken (*m. - Hebevorr.*), gancio da fune. 31 ~ herz (Seilseele) (*n. - Seile*), anima della fune. 32 ~ kausche (am Ende eines Seiles) (*f. - Transp. - etc.*), occhio della fune. 33 ~ kloben (Seilflasche, Seilblock) (*m. - Hebevorr.*), bozzello per fune. 34 ~ kopf (*m. - Seil*), testa (fusa) della fune. 35 ~ kupplung (*f. - Mech.*), giunto per funi. 36 ~ leitrolle (*f. - Mech.*), carrucola per funi. 37 ~ linie (Kettenlinie) (*f. - Geom.*), catenaria. 38 ~ linie (Biegelinie, beim Mohrsches Verfahren z. B.) (*Baukonstr.lehre*), linea elastica, curva elastica. 39 ~ litzenspinnmaschine (*f. - Masch.*), macchina per fare trefoli.

40 ~ **maschine** (*f. - Masch.*), macchina per la fabbricazione delle funi. 41 ~ **muffe** (eines Seilkopfes) (*f. - Seil*), manicotto della (testa fusa della) fune. 42 ~ **polygon** (Seileck) (*n. - Baukonstr.lehre*), poligono funicolare. 43 ~ **ring** (*m. - naut.*), canestrello. 44 ~ **rollenaufzug** (*m. - Hebevorr.*), paranco a fune. 45 ~ **säge** (*f. - Bergbau*), siehe Seilschrämgerät. 46 ~ **schaft** (beim Bergsteigen) (*f. - Sport*), cordata. 47 ~ **scheibe** (*f. - Mech.*), puleggia per fune. 48 ~ **scheibe** (eines Fördergerüstes, Ablenkscheibe) (*Bergbau*), moletta. 49 ~ **schlag** (*m. - Seil*), avvolgimento (della fune). 50 ~ **schlagbohren** (*n. - Bergbau*), trivellazione a percussione, perforazione a percussione. 51 ~ **schlagen** (*n. - Seilerei*), siehe Seilen. 52 ~ **schlagmaschine** (*f. - Seilereimasch.*), committitrice, macchina per committitura. 53 ~ **schrämgerät** (*n. - Bergbau*), intagliatore a fune. 54 ~ **schwebebahn** (für Personen) (*f. - Transp.*), funivia. 55 ~ **schwebebahn** (für Güter) (*Transp.*), teleferica. 56 ~ **seele** (*f. - Seil*), anima della fune. 57 ~ **spleissung** (*f. - Seil*), impiombatura (della fune). 58 ~ **start** (beim Segelfliegen) (*m. - Flugw.*), lancio a rimorchio, partenza rimorchiata. 59 ~ **steuerung** (*f. - Mech.*), comando a fune. 60 ~ **strahl** (Tangente der Seillinie) (*m. - Baukonstr.lehre*), tangente alla curva elastica. 61 ~ **trieb** (*m. - Mech.*), trasmissione a fune. 62 ~ **verbindung** (*f. - Mech. - etc.*), giunzione per funi. 63 ~ **winde** (*f. - Hebevorr.*), verricello. 64 ~ **zug** (bei Krafträdern z. B., für Bremse, Gasdrehgriff, etc.) (*m. - Mech.*), comando a cavo flessibile. 65 ~ **zug** (Elektroseilzug) (*ind. Transp.*), paranco (elettrico) a fune. 66 ~ **zug** (Seilzugkraft) (*ind. Transp.*), forza di sollevamento della fune. 67 ~ **Band** ~ (Flachseil) (*Mech. - naut.*), fune piatta. 68 **Draht** ~ (*Transp. - Masch. - etc.*), fune metallica. 69 **Draht** ~ **bahn** (Seilschwebebahn) (*f.-Transp.*), funivia. 70 **drallarmes** ~ (drallfreies Seil, Tru-Lay-Seil) (*Mech.*), fune preformata, fune inerte, fune Tru-lay. 71 **Faser** ~ (aus Hanf, Manila, etc.) (*naut. - etc.*), fune vegetale. 72 **Flachlitzen** ~ (*Mech.*), fune a trefoli piatti, fune a trefoli antigirevoli. 73 **Flach** ~ (Bandseil) (*Mech. - naut.*), fune piatta. 74 **Gleichschlag** ~ (Längsschlagseil) (*Mech.*), fune parallela, fune a trefoli parallela. 75 **halbverschlossenes** ~ (*Mech.*), fune semichiusa. 76 **Hanf** ~ (*naut. - etc.*), fune di canapa. 77 **Hilfs** ~ (einer Seilschwebebahn) (*Transp.*), fune di sicurezza. 78 **Kletter** ~ (zum Bergsteigen) (*Sport*), corda. 79 **Kreuzschlag** ~ (*Mech.*), fune incrociata, fune a trefoli incrociata. 80 **Längsschlag** ~ (Gleichschlagseil) (*Mech.*), fune parallela, fune a trefoli parallela. 81 **Litzen** ~ (*Mech. - naut.*), fune a trefoli. 82 **Luft** ~ **bahn** (Seilschwebebahn, für Personen) (*f. - Transp.*), funivia. 83 **Quadrat** ~ (aus Litzen geflochten) (*Transp. - etc.*), fune (intrecciata a sezione) quadrata, corda (intrecciata a sezione) quadrata. 84 **Rundlitzen** ~ (*Mech.*), fune a trefoli tondi. 85 **Sicherheits** ~ (*Transp.*), fune di sicurezza. 86 **Spiral** ~ (*Mech.*), fune spiroidale. 87 **Stand-** ~ **bahn** (bei der die Wagen auf Schienen fahren) (*f. - Transp.*), funicolare, ferrovia funicolare. 88 **Trag** ~ (einer Seilschwebebahn) (*Transp.*), fune portante. 89 **verschlossenes** ~ (*Mech.*), fune chiusa. 90 **Zug** ~ (einer Seilförderanlage) (*ind. Transp.*), fune traente.

Seilen (bei der Hanfseilherstellung z. B.) (*n. - Ind.*), committitura.

seilen (bei der Hanfseilherstellung z. B.) (*Ind.*), commettere.

Seiler (Tauschläger, Reepschläger) (*m. - Seilerei - Arb.*), cordaio. 2 ~ **bahn** (Reepbahn) (*f. - Ind.*), corderia.

Seilerei (*f. - Ind.*), corderia. 2 ~ **erzeugnisse** (*n. - pl. - Ind.*), cordami.

Seilschaft (zum Bergsteigen) (*f. - Sport*), cordata.

Seim (eingedickte Flüssigkeit) (*m. - allg.*), liquido denso.

seimig (dickflüssig) (*allg.*), denso.

Seismik (Seismologie) (*f. - Geol.*), sismologia.

Seismogramm (*n. - Geol.*), sismogramma.

Seismograph (Seismometer, Erdbebenmesser) (*m. - Geol. - Instr.*), sismografo. 2 **Horizontal** ~ (*Geol. - Ger.*), sismografo orizzontale, sismografo per le componenti orizzontali.

Seismologie (Seismik) (*f. - Geol.*), sismologia.

Seismometer (*n. - Geol. - Instr.*), siehe Seismograph.

Seismophon (Geophon) (*n. - Geol. - Ger.*), geofono, sismostetoscopio.

Seite (*f. - allg.*), lato, fianco. 2 ~ (eines Dreiecks z. B.) (*Geom.*), lato. 3 ~ (Buchseite z. B.) (*Druck.*), pagina. 4 ~ (einer Gleichung) (*Math.*), membro. 5 ~ (Richtung, Gegensatz zur Höhe) (*opt. Ger.*), direzione. 6 ~ **n·abrutschanzeiger** (*m. - Flugw. - Instr.*), indicatore di scivolata. 7 ~ **n·ansicht** (*f. - Zeichen.*), vista laterale. 8 ~ **n·band** (*n. - Funk.*), banda laterale. 9 ~ **n·bestimmug** (Seitenkennung) (*f. - Peilung*), determinazione della direzione. 10 ~ **n·blech** (*n. - Mech.*), pannello laterale (in lamiera). 11 ~ **n·druck** (*m. - Mech. - etc.*), spinta laterale. 12 ~ **n·entleerer** (*m. - Eisenb. - Bergbau*), veicolo a scarico laterale, carro a scarico laterale. 13 ~ **n·fenster** (*n. - Fahrz.*), finestrino laterale. 14 ~ **n·festigkeit** (eines Personenkraftwagens, Seitensteifigkeit) (*f. - Aut.*), resistenza alla forza trasversale, rigidezza alla forza laterale. 15 ~ **n·freiwinkel** (Radialfreiwinkel) (*m. - Werkz.*), angolo di spoglia inferiore laterale. 16 ~ **n·führungskraft** (Querkraft die das Fahrzeug in der Kurve entgegen der auftretenden Fliehkraft halten muss) (*f. - Aut.*), reazione laterale. 17 ~ **n·gang** (eines Eisenbahnfahrzeugs) (*m. - Eisenb.*), corridoio laterale. 18 ~ **n·gebäude** (*n. - Bauw.*), ala. 19 ~ **n·geschwindigkeit** (*f. - Mech. - etc.*), componente trasversale della velocità. 20 ~ **n·gleis** (*n. - Eisenb.*), binario di raccordo, raccordo ferroviario. 21 ~ **n·gummi** (eines Reifens) (*m. - Aut.*), fianco. 22 ~ **n·guss** (mit Schlackenlauf im Oberkasten und Anschnitte im Unterkasten) (*m. - Giess.*), colata laterale. 23 ~ **n·höhe** (*f. - Schiffbau*), altezza di costruzione. 24 ~ **n·kanal** (neben einer natürlichen Fluss·strecke verlaufender Kanal) (*m. - Hydr. - Wass.b.*), canale laterale.

Seite

25 ~ n·kiel (*m. - naut.*), chiglia di rollio, aletta di rollio. 26 ~ n·kielschwein (*n. - naut.*), paramezzale laterale. 27 ~ n·kipper (*m. - Fahrz.*), ribaltabile a scarico laterale, autocarro ribaltabile a scarico laterale. 28 ~ kraft (Komponente) (*f. - Mech.*), componente, forza componente. 29 ~ n·kraft (auf den Reifen, bei Kurvenfahrt z. B.) (*Aut. - etc.*), componente laterale (di strisciamento). 30 ~ n·leitwerk (*n. - Flugw.*), timone di direzione. 31 ~ n·leuchte (Kotflügelleuchte) (*f. - Aut.*), fanalino anteriore (laterale), luce sui parafanghi. 32 ~ n·linie (Nebenlinie) (*f. - Eisenb.*), linea secondaria. 33 ~ n·luke (*f. - naut.*), oblò, portellino di murata. 34 ~ n·neigung (Seitenkippwinkel, eines Kraftwagens) (*f. - Aut.*), angolo di rollio. 35 ~ n·pforte (eines Schiffes) (*f. - naut.*), barcarizzo. 36 ~ n·richten (eines Geschützes) (*n. - Artillerie*), puntamento in direzione. 37 ~ n·richttrieb (eines Geschützes) (*m. - Feuerwaffe*), meccanismo di brandeggio. 38 ~ n·riss (*m. - Zeichn.*), alzata laterale. 39 ~ n·riss (*Schiffbau*), piano di costruzione longitudinale. 40 ~ n·ruder (*n. - Flugw.*), timone di direzione. 41 ~ n·ruderausgleich (*m. - Flugw.*), compensazione del timone di direzione. 42 ~ n·ruderausschlag (*m. - Flugw.*), angolo di barra del timone di direzione. 43 ~ n·rudertrimmklappe (*f. - Flugw.*), aletta compensatrice del timone di direzione, compensatore del timone di direzione. 44 ~ n·rutsch (*m. - Flugw.*), scivolata (d'ala). 45 ~ n·schiff (*n. - Arch.*), navata laterale. 46 ~ n·schleifen (bei dem die Arbeitsfläche der Scheibe senkrecht zur Drehachse ist) (*n. - Werkz.masch. bearb.*), rettifica (con mola ad azione) frontale. 47 ~ n·schlitten (*m. - Werkz.masch.*), slitta trasversale. 48 ~ n·schwimmer (eines Wasserflugzeugs) (*m. - Flugw.*), galleggiante alare. 49 ~ n·spanwinkel (Radialspanwinkel) (*m. - Werkz.*), angolo di spoglia superiore laterale. 50 ~ n·spiel (eines Lagers) (*n. - Mech.*), gioco radiale. 51 ~ n·stabilität (*f. - Flugw.*), stabilità laterale, stabilità trasversale. 52 ~ n·stahl (abgesetzter Seitendrehmeissel) (*m. - Werkz.*), utensile (da tornio) a doppia piega. 53 ~ n·stampfer (Seitenstössel) (*m. - Maur. Ger.*), pestello piatto. 54 ~ n·stapler (*m. - ind. Transp. - Fahrz.*), carrello elevatore a forche laterali. 55 ~ n·steifigkeit (eines Fahrz, gegen Seitenwind z. B.) (*f. - Aut.*), resistenza alla forza laterale, rigidezza alla forza trasversale. 56 ~ n·steuer (Seitenruder) (*n. - Flugw.*), timone di direzione. 57 ~ n·steuerfusshebel (Seitensteuerpedal) (*m. - Flugw.*), pedaliera del timone di direzione. 58 ~ n·teil (Gehäuse-Seitenteil, eines Wankelmotors) (*m. - Mot.*), coperchio laterale. 59 ~ n·verformung (des Reifens unter Einwirkung von quer zur Symmetrieachse des Fahrzeugs gerichteter Kräfte) (*f. - Aut.*), deformazione laterale. 60 ~ n·verhältnis (einer Tragfläche) (*n. - Flugw.*), allungamento. 61 ~ n·verhältnis (des Bildes) (*Fernseh.*), allungamento, rapporto tra lunghezza e larghezza (dell'immagine). 62 ~ n·wagen (Beiwagen, eines Kraftrades) (*m. - Fahrz.*), carrozzino, «sidecar». 63 ~ n·wagenmaschine (Beiwagenmaschine) (*f. - Fahrz.*), motocarrozzino, motocicletta con sidecar, motocicletta con carrozzino. 64 ~ n·wand (*f. - Aut.*), fiancata. 65 ~ n·wand (eines Lastwagens) (*Fahrz,*), sponda laterale, fiancata. 66 ~ n·wand zum Abklappen (eines Lastwagens) (*Fahrz.*), sponda ribaltabile. 67 ~ n·welle (Achswelle) (*f. - Aut.*), semiasse. 68 ~ n·wind (*m. - Flugw. - Aut.*), vento trasversale. 69 ~ n·windbö (*f. - Flugw.*), raffica trasversale, groppo trasvertale. 70 ~ n·windkonverter (*m. - Metall.*), convertitore con soffiaggio laterale. 71 ~ n·windlandung (*f. - Flugw.*), atterraggio con vento trasversale. 72 ~ n·winkel (Azimutwinkel, Gegensatz zum Höhenwinkel) (*m. - opt. Ger.*), angolo di direzione, azimut. 73 Abtriebs ~ (einer Welle z. B.) (*Mot. - Masch.*), lato di uscita. 74 Antriebs ~ (einer Welle z. B.) (*Mot. - Masch.*), lato di entrata. 75 Aufbau ~ n·wand (eines Busses z. B.) (*f. - Aut.*), fiancata della carrozzeria. 76 Ausschuss ~ (einer Lehre) (*Mech.*), lato non passa. 77 breite ~ (eines Hohlleiters) (*Elektronik*), dimensione critica, dimensione larga. 78 Gut ~ (einer Lehre) (*Mech.*), lato passa.

Seitenboe-Empfindlichkeit (*f. - Fahrz.*), sensibilità al vento trasversale.

seitlich (*allg.*), lateralmente. 2 ~ wegsetzen (*Aut. - Fehler*), tirare lateralmente.

Sekante (*f. - Geom.*), secante. 2 ~ n·modul (von Beton, Sekante der Spannungs-Dehnungskurve zwischen Nullpunkt und zulässigen Spannungen) (*m. - Bauw. - Prüfung*), modulo di elasticità definito dalla secante.

Sekretär (*m. - Arb.*), segretario.

Sekretärin (*f. - Arb.*), segretaria.

Sektion (Schiffsteil) (*f. - Schiffbau*), elemento prefabbricato. 2 ~ bauweise (Schiffbauverfahren) (*f. - Schiffbau*), costruzione ad elementi prefabbricati. 3 ~ s·turbine (Bohrturbine mit 200-300 Stufen, Kombination von 2-3 Einfachturbinen) (*f. - Masch. - Berbau*), turbina composita multistadio (per trivellazioni). 4 ~ s·wasserrohrkessel (Teilkammerwasserrohrkessel) (*m. - Kessel*), caldaia a tubi d'acqua a sezioni.

Sektor (*m. - Geom.*), settore. 2 ~ en·blende (einer Kamera) (*f. - Phot. - Filmtech.*), otturatore a iride. 3 ~ leiterkabel (*n. - Elekt.*), cavo con conduttori a settore. 4 ~ wehr (*n. - Wass.b.*), sbarramento a settore. 5 gezahnter ~ (*Mech.*), settore dentato.

sekundär (*allg.*), secondario.

Sekundärbahn (Nebenbahn) (*f. - Eisenb.*), ferrovia secondaria.

Sekundärelektron (*n. - Atomphys.*), elettrone secondario. 2 ~ en·Vervielfacher (SEV, Photovervielfacher, zur Vervielfachung von Photoelektronen durch Sekundärelektronen-Emission) (*m. - Phys.*), moltiplicatore ad elettroni secondari.

Sekundärelement (elektrischer Sammler) (*n. - Elekt.*), pila secondaria, accumulatore.

Sekundäremission (*f. - Phys.*), emissione secondaria.

Sekundärluft (*f. - Verbr.*), aria secondaria.

Sekundärspannung (*f. - Elekt.*), tensione secondaria, tensione indotta.

Sekundärspeicher (Hilfsspeicher für grosse

Datenmengen) (*m. - Rechner*), memoria ausiliaria, memoria secondaria.
Sekundärspule (*f. - Elekt.*), bobina secondaria.
Sekundärstrom (*m. - Elekt.*), corrente secondaria.
Sekundärträger (*m. - Bauw.*), trave secondaria. 2 ~ (*m. - Fernseh.*), portante secondaria, sottoportante.
Sekundärwicklung (*f. - Elekt.*), avvolgimento secondario.
Sekunde (Zeit-, Winkel- oder Bogenmass) (*f. - Masseinheit*), secondo. 2 ~ n·zeiger (*m. - Uhr*), lancetta dei secondi. 3 Alt ~ (60ster Teil einer Minute) (*Geom.*), secondo sessagesimale. 4 Bogen ~ (bei der Winkelmessung) (*Geom.*), secondo di arco. 5 Neu ~ (100ster Teil einer Minute) (*Geom.*), secondo centesimale.
sekundlich (bei Messungen z. B.) (*allg.*), al secondo.
Sekuritglas (Sicherheitsglas, durch Wärme- und Abschreckbehandlung mit inneren Spannungen erfülltes Glas) (*n. - Aut.*), vetro temprato.
SEL (Stahl-Eisen-Liste VDEh-Sammlung) (*Metall.*), elenco ghise e acciai.
selbstabdichtend (Kraftstoffbehälter z. B.) (*Flugw. - etc.*), autocicatrizzante. 2 ~ (Reifen) (*Aut.*), antiforo.
selbstabgleichend (selbstausgleichend) (*allg.*), autocompensato.
Selbstabsorption (von Strahlungen) (*f. - Radioakt.*), autoassorbimento.
selbständig (unabhängig) (*allg.*), indipendente. 2 ~ e Arbeit (*Arb.*), lavoro indipendente.
Selbstanlasser (*m. - Elekt. - Mot.*), avviatore automatico.
selbstanlaufend (*Elektromech.*), ad avviamento automatico.
selbstanpassend (*allg.*), autoadattante.
Selbstansaugen (eines Verbrennungsmotors) (*n. - Mot.*), aspirazione atmosferica.
selbstansaugend (Pumpe) (*Hydr. - Masch.*), autoadescante. 2 ~ e **Pumpe** (*Masch.*), pompa autoadescante.
Selbstanschluss (*m. - Fernspr.*), selezione automatica. 2 ~ amt (*n. - Fernspr.*), centrale automatica. 3 ~ wesen (*n. - Fernspr.*), telefonia automatica.
Selbstaufheizkathode (*f. - Elektronik*), catodo a riscaldamento ionico.
Selbstauflader (Lkw. mit hydraulisch betätigtem Ladegerät) (*m. - Fahrz.*), autocarro a caricamento automatico, autocarro dotato di proprio apparecchio caricatore.
Selbstaufzug (*m. - Uhr*), carica automatica.
Selbstausgleich (*m. - Mech. - etc.*), autocompensazione, compensazione automatica.
selbstausgleichend (*Mech. - etc.*), autocompensato.
selbstauslöschbar (Material) (*Technol.*), autoestinguentesi.
Selbstauslöser (*m. - Phot.*), autoscatto.
Selbstauslösung (*f. - Elektromech.*), disinserzione automatica, sgancio automatico.
Selbstausschalter (*m. - Elekt.*), interruttore automatico.
Selbstbedienung (*f. - komm.*), « self-service », autoservizio.

selbstbelüftet (eigenbelüftet) (*allg.*), autoventilato.
Selbstbinder (Mähmaschine) (*m. - Ack.b. masch.*), mietilegatrice.
selbstdichtend (Gewinde z. B.) (*Mech.*), ad autotenuta.
Selbstdiffusion (*f. - Phys. - Metall.*), autodiffusione.
Selbstdurchschreibepapier (*n. - Papierind.*), carta autocopiativa.
selbsteinschneidend (Schraube) (*Mech.*), automaschiante.
selbsteinstellend (*Mech. - etc.*), a regolazione automatica, autoregolato.
Selbstentlader (Selbstentladewagen) (*m. - Eisenb.*), carro autoscaricante, carro a scarico automatico.
Selbstentladung (eines Akkumulators) (*f. - Elekt.*), autoscarica.
Selbstentzündung (Selbstzündung) (*f. - Verbr.*), autoaccensione, accensione spontanea.
selbsterregend (*Elekt.*), ad autoeccitazione, autoeccitato.
selbsterregt (*Elekt.*), autoeccitato.
Selbsterregung (*f. - Elekt.*), autoeccitazione.
selbstfahrend (*allg.*), semovente.
Selbstfahrer (Güterschiff der Binnenschiffahrt) (*m. - naut.*), natante da carico motorizzato (per navigazione interna). 2 ~ (Mieter eines Wagens ohne Fahrer) (*m. - Aut. - komm.*), noleggiatore di autoveicolo senza autista. 3 ~ (Aufzug ohne Führer) (*ind. Transp.*), montacarichi automatico (senza conducente).
Selbstfahrlafette (*f. - Artillerie*), affusto semovente.
Selbstfernwahl (*f. - Fernspr.*), teleselezione.
Selbstfilmen (*n. - Filmtech.*), autoripresa.
Selbstfinanzierung (*f. - finanz. - Ind.*), autofinanziamento.
selbstgängig (Sinter z. B.) (*Metall. - Min.*), autofondente.
selbstgeführt (*Ind. - etc.*), autonomo.
selbstgehend (Erz z. B.) (*Metall.*), autofondente.
selbstgemacht (in der eigenen Fabrik erzeugt) (*Ind.*), costruito all'interno, costruito in proprio, di propria produzione.
selbstgesteuert (von Schaltungen, Ventilen, etc.) (*Elekt.*), autocontrollato, autopilotato.
Selbstgreifer (*m. - Erdbew.ger.*), benna automatica.
selbsthaftend (*Phys. - Chem.*), autoadesivo.
Selbsthaltekontakt (eines Relais) (*m. - Elekt.*), contatto ad autotenuta.
selbsthaltend (Kommando, etc.) (*allg.*), automantenentesi.
Selbsthalteschaltung (eines Relais) (*f. - Elekt.*), azionamento ad autotenuta.
Selbsthaltung (eines Relais) (*f. - Elekt.*), autotenuta. 2 ~ (am Ende einer Verstellung) (*f. - Masch.*), arresto automatico.
selbsthärtend (*Wärmebeh.*), autotemprante.
Selbsthärter (selbsthärtender Stahl) (*m. - Metall.*), acciaio autotemprante.
selbstheilend (*allg.*), autorigeneratore, autorigenerante.

Selbstheilung (eines Kondensators z. B.) (f. - Elekt. - etc.), autorigenerazione.
selbsthemmend (Mech. - etc.), a bloccaggio automatico, autobloccante.
Selbsthemmung (f. - Mech.), bloccaggio automatico.
Selbstinduktion (f. - Elekt.), autoinduzione. 2 ~ s·koeffizient (Eigeninduktivität) (m. - Elekt.), coefficiente di autoinduzione, induttanza propria.
Selbstinduktivität (Eigeninduktivität) (f. - Elekt.), induttanza propria, coefficiente di autoinduzione.
selbstinduziert (Elekt.), autoindotto.
selbstjustierend (Mech. - etc.), a regolazione automatica, autoregolato.
Selbstkipper (m. - Eisenb.), siehe Selbstentlader.
Selbstklebeband (n. - Büro - etc.), nastro autoadesivo.
selbstklebend (Papier z. B.) (Ind.), autoadesivo.
Selbstklebepapier (selbstklebendes Papier) (n. - Papierind.), carta autoadesiva.
Selbstkleber (Haftkleber, Klebstofftyp der nach Trocknung dauerklebrig bleibt) (m. - chem. Ind.), autoadesivo (s.).
selbstklemmend (selbstsperrend) (Mech. - etc.), a bloccaggio automatico, autobloccante.
Selbstkosten (f. - pl. - Ind.), costo aziendale, prezzo di costo. 2 ~ preis (m. - Ind.), prezzo di costo. 3 ~ rechnung (f. - Ind. - Buchführung), determinazione dei costi, analisi dei costi.
Selbstkühlung (f. - allg.), raffreddamento naturale.
Selbstladegewehr (Selbstlader) (n. - Feuerwaffe), fucile automatico.
Selbstladepistole (f. - Feuerwaffe), pistola automatica.
Selbstlenkung (von Flugkörpern) (f. - milit. - etc.), autoguida.
Selbstleuchter (m. - Opt. - Beleucht.), sorgente primaria.
Selbstlöschung (f. - Radioakt. - Atomphys.), autoestinzione.
selbstöffnend (allg.), ad apertura automatica.
Selbstprogrammierung (f. - Rechenmasch.), programmazione automatica.
selbstprüfend (Code) (Datenverarb.), autocontrollato.
Selbstprüfung (f. - Datenverarb.), controllo automatico, autocontrollo.
Selbstregelfaktor (Ausgleichsgrad, Verhältnis der Stellgrössenänderung zur Regelgrössenänderung) (m. - Regelung), grado di autoregolazione.
selbstregelnd (elekt. Masch.), autoregolato.
selbstregistrierend (selbstschreibend) (Instr. - etc.), a registrazione automatica, autoregistratore.
Selbstregler (Spannungsregler) (m. - Elekt.), regolatore automatico (di tensione).
Selbstregulierung (f. - Elekt. - etc.), regolazione automatica.
Selbstreinigung (einer Zündkerze) (f. - Mot.), autopulimento. 2 ~ (biologische) (f. - Hydr. - Biol.), autodepurazione. 3 ~ s·temperatur (einer Zündkerze) (f. - Mot.), temperatura di autopulimento.
Selbstretter (CO-Filter-Selbstretter, Gasschutzgerät) (m. - Bergbau - Ger.), filtro per CO.
selbstsaugend (Pumpe) (Hydr.), autoadescante.
Selbstschalter (m. - Elekt.), interruttore automatico.
Selbstschärfung (einer Schleifscheibe) (f. - Werkz.), autoaffilatura.
selbstschliessend (allg.), a chiusura automatica.
selbstschmierend (Mech.), autolubrificante.
Selbstschmierlager (n. - Mech.), cuscinetto autolubrificato.
Selbstschmierung (f. - Mech.), autolubrificazione.
selbstschneidend (Schraube) (Mech.), automaschiante.
selbstschreibend (Instr. - etc.), autoregistratore, a registrazione automatica.
selbstschuldnerisch (Bürgschaft) (komm.), senza beneficio di escussione.
selbstsperrend (Mech. - etc.), a bloccaggio automatico, autobloccante.
Selbstsperrung (f. - Mech.), bloccaggio automatico.
Selbstspinner (Selfaktor) (m. - Textilmasch.), filatoio automatico.
Selbststeuergerät (n. - Flugw.), autopilota, pilota automatico.
Selbststeuerung (auf Schiffen) (f. - naut.), autogoverno. 2 ~ (von Flugzeugen) (Flugw.), autogoverno, autopilotaggio.
Selbststreuung (Eigenstreuung) (f. - Radioakt.), autodiffusione.
selbstsynchronisierend (Elekt. - etc.), autosincronizzato, a sincronizzazione automatica.
selbsttätig (allg.), automatico. 2 ~ e Kupplung (Mot.), frizione automatica. 3 ~ e Räderfräsmaschine (Werkz.masch.), dentatrice automatica. 4 ~ er Schwundregler (Funk.), regolatore automatico di volume. 5 ~ er Vorschub (Werkz.masch.bearb.), avanzamento automatico. 6 ~ e Schraubenbank (Werkz.masch.), tornio automatico per viteria. 7 ~ e Steuerung (Mech. - etc.), comando automatico.
selbsttonend (Phot.), autovirante.
selbsttragend (Technol.), autoportante. 2 ~ (Abteilung eines Werkes z. B.) (allg.), autosufficiente. 3 ~ e Karosserie (Aut.), carrozzeria portante, carrozzeria a struttura portante, monoscocca. 4 ~ e Konstruktion (Flugw.), costruzione a rivestimento resistente, costruzione monoguscio.
Selbstüberlagerer (Autodynempfänger) (m. - Funk.), autodina.
Selbstumlaufkühlung (f. - Aut. - Mot.), raffreddamento a termosifone.
Selbstunterbrecher (Wagnerscher Hammer) (m. - Elekt.), interruttore a martelletto.
Selbstverbrauch (von Energieerzeugungsbetrieben) (m. - Elekt. - etc.), autoconsumo.
Selbstverbrennung (f. - Verbr.), autocombustione.
Selbstverkäufer (Automat) (m. - Masch.), distributore automatico.

selbstvermehrend (Kettenreaktion) (*Atomphys.*), automoltiplicante.
Selbstversteller (des Zündsystems) (*m. - Mot.*), anticipo automatico.
Selbstverwaltung (*f. - Adm.*), autonomia amministrativa.
selbstverzehrend (Elektrode z. B. beim Schmelzen im Lichtbogenofen) (*Technol.*), a consumo.
Selbstwählamt (*n. - Fernspr.*), centrale automatica.
Selbstwählanlage (*f. - Fernspr.*), selettore automatico.
Selbstwählfernverkehr (*m. - Fernspr.*), teleselezione automatica.
selbstzentrierend (*Werkz.masch.bearb.*), autocentrante.
Selbstzug (*m. - Wärme - etc.*), tiraggio automatico.
Selbstzündung (eines Treibstoffes) (*f. - Verbr.*), autoaccensione.
selektiv (*allg.*), selettivo. 2 ~ **streuender Körper** (*Opt. - Beleucht.*), diffusore selettivo.
Selektiv-Automatik (*f. - Aut.*), siehe halbautomatische Getriebe.
Selektivität (Trennschärfe) (*f. - Funk. - etc.*), selettività.
Selektivschutz (*m. - Elekt.*), protezione selettiva.
Selektivschütz (*m. - Elekt.*), relè selettivo.
Selektivschwund (*m. - Funk.*), affievolimento selettivo.
Selektivstrahler (*m. - Opt. - Beleucht.*), radiatore selettivo.
Selen (*Se - n. - Chem.*), selenio. 2 ~ **gleichrichter** (*m. - Elekt.*), raddrizzatore a selenio. 3 ~ **zelle** (Photozelle) (*f. - Elekt.*), cellula a selenio, fotocellula a selenio.
Selfaktor (*m. - Textilmasch.*), siehe Selbstspinner.
Selfkante (Egge, Salleiste, Leiste) (*f. - Text.*), cimosa.
Sellersgewinde (*n. - Mech.*), filettatura Sellers.
«Selsyn» (Drehmelder) (*n. - Ger.*), siehe Drehmelder. 2 ~ **motor** (in der elektrischen Welle verwendet) (*m. - Elekt.*), motore di autosincronizzatore, motore di ripetitore sincrono.
Seltene Erden (*f. - pl. - Chem.*), terre rare.
Selterwasser (Selterswasser, Mineralwasser) (*n. - Geol.*), acqua minerale.
Semantik (*f. - Math.*), semantica.
semantisch (*Math.*), semantico. 2 ~ **e Codierung** (*Datenverarb.*), codificazione semantica.
Semaphor (Signalmast) (*m. - Signal*), semaforo.
Semiapochromat (Halbapochromat, Mikroskopobjektiv) (*n. - Opt.*), obiettivo semiapocromatico.
Semiautomatik (*f. - Autom. - Masch.*), apparecchiatura semiautomatica.
Semi-Diesel (Halbdieselmaschine, Semidieselmotor, Glühkopfmotor) (*m. - Mot.*), motore semidiesel, motore a testa calda.
Semifusinit (Gefügebestandteil von Steinkohle) (*m. - Brennst. - Min.*), semifusinite.
Semikolon (*n. - Druck.*), punto e virgola.

Seminar (zur Weiterbildung, etc.) (*n. - Technol. - etc.*), seminario.
semipermeabel (halbdurchlässig) (*Phys. - Chem.*), semipermeabile.
Senat (Richterkollegium) (*m. - recht.*), Corte. 2 ~ (Revisionsinstanz) (*recht.*), Corte di Cassazione.
Sendeanlage (*f. - Funk. - etc.*), stazione trasmittente.
Sendeantenne (*f. - Funk.*), antenna trasmittente.
Sendebezugsdämpfung (*f. - Fernspr.*), equivalente di riferimento di trasmissione.
Sendedienst (*m. - Funk.*), servizio di radiodiffusione.
Sende-Empfänger (*m. - Funk.*), ricetrasmettitore, ricetrasmittente, apparecchio ricetrasmittente.
senden (schicken) (*allg.*), mandare, inviare. 2 ~ (*Telegr. - Funk. - etc.*), trasmettere.
Sendepegel (*m. - Funk. - etc.*), livello di trasmissione, livello di emissione.
Sender (*m. - Funk. - etc.*), trasmettitore. 2 ~ (*Post*), mittente. 3 ~ **bereich** (*m. - Funk.*), portata del trasmettitore. 4 ~ **verstärker** (die letzten Verstärkerstufen des Senders) (*m. - Funk.*), amplificatore finale del trasmettitore. 5 **amplitudenmodulierter** ~ (*Funk.*), trasmettitore a modulazione di ampiezza. 6 **frequenzmodulierter** ~ (*Funk.*), trasmettitore a modulazione di frequenza.
Senderaum (*m. - Funk.*), studio di trasmissione.
Senderöhre (*f. - Elektronik*), valvola trasmittente, tubo trasmittente.
Sendestation (*f. - Funk. - etc.*), stazione trasmittente.
Sendetastung (*f. - Telegr.*), manipolazione.
Sendung (*f. - Transp.*), spedizione. 2 ~ (*Funk. - Telegr.*), trasmissione. 3 **Eil** ~ (*Transp.*), spedizione a grande velocità. 4 **Fracht** ~ (*Transp.*), spedizione a piccola velocità. 5 **Nachnahme** ~ (*Transp.*), spedizione contro assegno.
Sendzimir-Walzwerk (*n. - Walzw.*), laminatoio Sendzimir.
Senfgas [$(C_2H_4Cl)_2S$] (Yperit) (*n. - Chem.*), iprite, solfuro di etile biclorurato.
sengen (die Oberfläche verbrennen) (*Textilind.*), bruciare.
Sengierit (*m. - Radioakt. - Min.*), sengierite.
Sengmaschine (*f. - Textilmasch.*), macchina bruciapelo. 2 **Gas** ~ (*Textilind.masch.*), macchina bruciapelo a gas. 3 **Platten** ~ (*Textilind.masch.*), macchina bruciapelo a piastre.
Senkbalken (*m. - Masch.*), trave mobile (verticalmente), traversa mobile.
senkbar (*allg.*), abbassabile.
Senkbewegung (eines Querbalkens z. B., Senkung) (*f. - Werkz.masch.bearb.*), abbassamento, moto discendente.
Senkblechschraube (*f. - Mech.*), vite per lamiera a testa svasata. 2 **Linsen** ~ (*Mech.*), vite per lamiera a testa svasata con calotta.
Senkblei (Lotblei) (*n. - Maur. - Ger.*), piombo, piombino.
Senkbolzen (*m. - Mech.*), perno a testa svasata.

Senkbrunnen (*m. - Bauw.*), pozzo affondato. 2 eiserner ~ (*Bauw.*), pozzo tubolare affondato. 3 gemauerter ~ (*Bauw.*), pozzo in muratura affondato.
Senkbühne (*f. - Theater*), palcoscenico abbassabile.
Senke (Vertiefung des Bodens) (*f. - Geol.*), depressione. 2 ~ (Wirbelsenke z. B., einer Strömung) (*Mech. der Flüss.k.*), pozzo. 3 ~ (zur Wärmeableitung) (*f. - Elektronik*), termodispersore, termodissipatore. 4 ~ (Schwingloch) (*Elektronik*), interruzione di oscillazione, punto di disinnesco. 5 ~ (bei hydraulischen Kopiersystemen z. B., zur Vermeidung der Schaumbildung) (*Werkz.masch.*), pozzetto antischiuma. 6 ~, *siehe auch* Gesenk.
Senkeisen (Gesenk) (*n. - Schmiedewerkz.*), stampo (per fucinatura a mano). 2 ~ (*Werkz.*), *siehe auch* Setzeisen.
Senkel (Senkblei) (*m. - Maur. - Ger.*), filo a piombo.
Senken (Aufbohren vorgebohrter oder vorgegossener Löcher) (*n. - Mech.*), allargatura, accecatura. 2 ~ (von Nabenflächen) (*Mech.*), lamatura. 3 ~ (eines Brunnens) (*Bauw.*), affondamento. 4 ~ (eines Schachtes) (*Bergbau*), escavazione, scavo. 5 ~ (der Litzen) (*Textilind.*), abbassata. 6 An ~ (von Nabenflächen) (*Mech.*), lamatura. 7 Auf ~ (zylindrisches Aufsenken) (*Mech.*), allargatura, accecatura. 8 Ein ~ (von Gesenken z. B., durch Eindrücken eines erhabenen Stempels) (*mech. Technol.*), improntatura. 9 Ein ~ (Bearbeitung von Vertiefungen in gebohrten Löchern) (*Mech.*), incameratura. 10 elektrochemisches ~ (*Technol.*), lavorazione per corrosione elettrochimica. 11 funkenerosives ~ (funkenerosive Bearbeitung) (*Mech. - Elekt.*), elettroerosione perforante. 12 Spitz ~ (eines Loches) (*Mech.*), svasatura.
senken (die Preise z. B.) (*allg.*), abbassare. 2 ~ (vorgebohrte oder vorgegossene Löcher aufbohren) (*Mech.*), allargare, accecare. 3 ~ (Nabenflächen) (*Mech.*), lamare. 4 ~ (einen Schacht z. B.) (*Bergbau*), scavare. 5 ~ (eine Last) (*Transp. - naut.*), calare. 6 an ~ (*Mech.*), lamare. 7 auf ~ (*Mech.*), allargare, accecare. 8 die Litzen ~ (*Textilind.*), abbassare i licci. 9 einen Brunnen ~ (*Bauw. - Ing.b.*), affondare un pozzo. 10 spitz ~ (*Mech.*), svasare.
Senker (Werkz. zum Aufbohren vorgebohrter oder vorgegossener Löcher) (*m. - Werkz.*), allargatore. 2 Anschneid ~ (Nabensenker) (*Werkz.*), utensile per lamare. 3 Aufsteck-Naben ~ (*Werkz.*), utensile a manicotto per lamare. 4 Aufsteck ~ (*Werkz.*), allargatore a manicotto. 5 Hals ~ (für zylindrische Aussenkungen) (*Werkz.*), allargatore cilindrico. 6 Kegel ~ (*Werkz.*), fresa per svasare. 7 Kopf ~ (*Werkz.*), *siehe* Halssenker. 8 Naben ~ (*Werkz.*), utensile per lamare. 9 Plan ~ (Nabensenker) (*Werkz.*), utensile per lamare. 10 Spiral ~ (*Werkz.*), allargatore elicoidale. 11 Spitz ~ (für kegelige Aussenkungen) (*Werkz.*), allargatore a punta, svasatore, fresa per svasare. 12 Stirn ~ (*Werkz.*), allargatore frontale. 13 Zapfen ~ (mit einem Zapfen zur Führung im Loch, zum Nabenschneiden) (*Werkz.*), utensile lamatore con pilota.
Senkgrube (Abortgrube, gemauerte unterirdische Grube, Schlammgrube) (*f. - Bauw.*), pozzo nero.
Senkholzschraube (*f. - Mech.*), vite per legno a testa svasata. 2 Linsen ~ (*Mech.*), vite per legno a testa svasata con calotta.
Senkkasten (Caisson) (*m. - Wass.b.*), cassone pneumatico.
Senkkerbnagel (*m. - Mech.*), chiodo ad intagli (longitudinali) a testa svasata.
Senkkopf (einer Schraube) (*m. - Mech.*), testa svasata.
Senkkörper (beim Senkschachtverfahren) (*m. - Bergbau*), torre discendente.
Senklot (Lot, Senkblei, Senkel) (*n. - Bauw. - Ger.*), filo a piombo.
Senknetz (*n. - Fischerei - Ger.*), bilancia.
Senkniet (*m. - Mech.*), ribattino a testa svasata, chiodo a testa svasata.
« **Senkpfaffe** » (*m. - Werkz.*), *siehe* Einsenkstempel.
senkrecht (*allg.*), verticale. 2 ~ zur Achse (rechtwinklig zur Achse) (*Geom. - etc.*), perpendicolare all'asse.
Senkrechtbild (*n. - Phot. - Flugw.*), fotografia (aerea) verticale.
Senkrechtdrehmaschine (Karusselldrehbank) (*f. - Werkz.masch.*), tornio a giostra.
Senkrechte (*f. - Geom.*), verticale (*s.*).
Senkrechtförderer (*m. - ind. Transp.*), trasportatore verticale, elevatore.
Senkrechtfräsmaschine (*f. - Werkz.masch.*), fresatrice verticale.
Senkrechtschweissung (*f. - mech. Technol.*), saldatura verticale.
Senkrechtstart (Lotrechtstart) (*m. - Flugw.*), decollo verticale.
Senkröhre (für Gründungen z. B.) (*f. - Bauw.*), tubo affondato.
Senkschachtverfahren (*n. - Bergbau*), scavo di pozzo a torre discendente.
Senkschraube (*f. - Mech.*), vite a testa svasata. 2 Linsen ~ (*Mech.*), vite a testa svasata con calotta.
Senkstift (*m. - Werkz.*), *siehe* Setzeisen.
Senkung (*f. - allg.*), abbassamento. 2 ~ (für Senkschrauben) (*Mech.*), svasatura. 3 ~ (für Zylinderschrauben) (*Mech.*), allargamento, incassatura, recesso. 4 ~ (der Preise z. B.) (*komm. - etc.*), riduzione. 5 ~ (Setzung) (*Bauw.*), cedimento, assestamento. 6 ~ (Absenkung, der Erdoberfläche durch Abbaueinwirkung) (*Bergbau*), abbassamento. 7 ~ s·strömung (*f. - Hydr.*), rigurgito di depressione. 8 ~ s·trichter (*m. - Hydr.*), imbuto di depressione. 9 Druck ~ (des Bodens) (*Bauw.*), cedimento per comprimibilità. 10 kegelige Aus ~ (durch Spitzsenker erzeugt) (*Mech.*), svasatura. 11 Stützen ~ (*Bauw.*), cedimento degli appoggi. 12 zylindrische Aus ~ (durch Halssenker erzeugt) (*Werkz.*), allargatura cilindrica, incassatura cilindrica, recesso cilindrico.
Senkwaage (Aräometer) (*f. - Instr.*), densimetro, areometro.

Senkwinkel (einer Senkschraube) (*m. - Mech.*), angolo di svasatura.
Sense (*f. - Ack.b.werkz.*), falce.
Sensibilisator (*m. - Chem.*), sensibilizzatore.
sensibilisieren (*Phot. - Chem.*), sensibilizzare.
Sensibilisierung (*f. - Phot. - Chem.*), sensibilizzazione.
Sensibilität (Empfindlichkeit) (*f. - allg.*), sensibilità.
Sensitometrie (*f. - Phot.*), sensitometria.
Sensor (Messfühler) (*m. - Ger.*), sensore. 2 Näherungs ~ (*Ger.*), sensore di prossimità.
Separatdruck (*m. - Druck.*), estratto, ristampa (da).
Separation (Absonderung, Trennung) (*f. - allg.*), separazione.
Separator (*m. - Ger.*), separatore.
Separatum (Separatdruck) (*n. - Druck.*) estratto, ristampa (da).
Sepia (*f. - Farbe*), seppia.
Sequentialtest (Folgestichprobenprüfung) (*m. - Prüfung*), campionamento sequenziale.
sequentiell (*Datenverarb. - etc.*), sequenziale.
Sequenz (*f. - allg.*), sequenza. 2 ~ giessen (vollkontinuierliches Stranggiessen, ununterbrochenes Stranggiessen) (*n. - Giess.*), colata continua permanente. 3 ~ -Spektrometer (*n. - Ger.*), spettrometro sequenziale.
Sequester (*m. - recht.*), sequestro.
Serge (Futterstoff) (*f. - Textilind.*), tessuto per fodere.
Sericit (*m. - Min.*), sericite.
Serie (Reihe) (*f. - allg.*), serie. 2 ~ n·bau (*m. - Ind.*), costruzione in serie. 3 ~ n·betrieb (*m. - Rechner*), funzionamento in serie, funzionamento in cascata. 4 ~ n·dynamo (*f. - elekt. Masch.*), dinamo eccitata in serie. 5 ~ n·fertigung (*f. - Ind.*), lavorazione in serie. 6 ~ n·heizung (von Röhren) (*f. - Elektronik*), riscaldamento in serie (dei filamenti). 7 ~ n·modell (*n. - komm. - Ind.*), modello di serie. 8 ~ n·motor (Produktionsmotor) (*m. - Mot. - Ind.*), motore di serie. 9 ~ n·motor (Hauptstrommotor) (*Elektromot.*), motore eccitato in serie. 10 ~ n·nummer (eines Motors, Rahmens, etc.) (*f. - Ind.*), numero di costruzione, numero di identificazione, numero di matricola. 11 ~ n·parallelschalter (*m. - Elekt.*), interruttore serie-parallelo. 12 ~ n·Parallelwandler (für Informationen) (*m. - Datenverarb.*), parallelizzatore. 13 ~ n·resonanzkreis (*m. - Funk.*), circuito risonante in serie. 14 ~ n·schaltung (Reihenschaltung) (*f. - Elekt.*), collegamento in serie. 15 ~ n·schlussmotor (*m. - elekt. - Mot.*), motore eccitato in serie. 16 ~ n·speicherung (*f. - Datenverarb.*), memorizzazione seriale. 17 ~ n·teil (*m. - Mech. - etc.*), pezzo costruito in serie. 18 ~ n·wagen (Reihenwagen) (*m. - Aut.*), vettura di serie, autovettura di serie. 19 Einführung in die ~ (eines Verfahrens z. B.) (*Ind.*), introduzione in serie. 20 Gross ~ (Herstellung) (*Ind.*), grande serie. 21 in ~ gehen (*Ind.*), entrare in (produzione di) serie. 22 in ~ schalten (*Elekt.*), collegare in serie. 23 Vor ~ (bei der Produktion eines neuen Modells) (*Ind.*), serie preliminare, preserie.
serienmässig (*Ind.*), di serie. 2 ~ hergestellt (*Ind.*), prodotto in serie. 3 ~ herstellen (*Ind.*), produrre in serie.
serienweise (Zugriff z. B.) (*Datenverarb.*), seriale.
Serif (Serife, kleiner Abschluss·strich am Fuss der Buchstaben) (*f. - Druck.*), grazia, terminazione.
Serigraphie (*f. - Druck.*), siehe Siebdruck.
Serimeter (Seidenmesser, zur Prüfung der Festigkeit und Dehnbarkeit von Seidenfäden) (*n. - Text. - Instr.*), serimetro.
Serizin (Seidenbast, Seidenleim) (*m. - Textilind.*), sericina.
Serpentin [$H_2Mg_3(SiO_4)_2 \cdot H_2O$] (Gestein) (*m. - Min.*), serpentino.
Sersche-Scheibe (zur Messung des statischen Drucks, Strömungssonde) (*Ger.*), disco di Sersche, (presa statica a) disco di Sersche.
Serviettenpapier (*n. - Papierind.*), carta per tovagliolini.
Servitut (Grunddienstbarkeit) (*n. - recht. - Bauw.*), servitù.
Servobetätigung (*f. - Mech.*), servocomando.
Servobremse (*f. - Aut.*), servofreno.
Servogerät (*n. - Mech.*), servomeccanismo.
Servolenkung (*f. - Aut.*), servosterzo.
Servomotor (Hilfsmotor, Stellmotor) (*m. - Mech.*), servomotore.
Servosteuerung (*f. - Mech.*), servocomando.
Servosystem (mit oder ohne Rückführung) (*n. - Regelung - etc.*), servosistema, sistema asservito.
Servoventil (zur Steuerung eines hydr. Durchflusses z. B.) (*n. - Elektrohydr.*), servovalvola.
Sessellift (*m. - Transp.*), seggiovia.
Sessel-Skilift (*m. - Transp.*), seggiosciovia.
Setzarbeit (*f. - Bergbau*), crivellatura idraulica.
Setzbord (*m. - naut.*), falca, battente di boccaporto.
Setzeisen (Senkeisen, Senkstift, zum Versenken von Nägeln in das Holz) (*n. - Werkz.*), punteruolo, punzone.
Setzen (*n. - Druck.*), composizione. 2 ~ (*Mech. - etc.*), assestamento. 3 ~ (des Mauerwerks z. B.) (*Bauw.*), cedimento, assestamento. 4 ~ (Gravieren, von Gesenken) (*Schmiedewerkz.*), incisione. 5 ~ (Kürzung von Druckfedern bei den ersten Zusammendrückungen) (*Mech.*), accorciamento iniziale, assestamento. 6 ~ (Setzarbeit) (*Bergbau*), crivellatura idraulica. 7 ~ (Gichten, eines Kupolofens z. B.) (*Giess.*), carica, caricamento. 8 ~ (Stauchen vor dem Fliesspressvorgang, in der Pressbüchse) (*mech. Technol.*), ricalcatura (nel contenitore). 9 Nach ~ (von Gesenken) (*Schmiedewerkz.*), reincisione.
setzen (*allg.*), mettere, collocare. 2 ~ (ein Gesenk) (*Schmiedewerkz.*), incidere. 3 ~ (*Druck.*), comporre. 4 ~ (*Bauw.*), assestarsi. 5 ~ (gichten, einen Kupolofen z. B.) (*Giess.*), caricare. 6 ausser Gebrauch ~ (*allg.*), mettere fuori uso. 7 in Betrieb ~ (*allg.*), mettere in funzione. 8 in Bewegung ~ (*allg.*), mettere in moto. 9 nach ~ (Gesenke) (*Schmiedewerkz.*), reincidere. 10 sich ~ (*Bauw.*), assestarsi.
Setzer (Schriftsetzer) (*m. - Druck. - Arb.*),

Setzerei

compositore. 2 **Hand** ~ (*Arb. - Druck.*), compositore a mano.
Setzerei (Raum) (*f. - Druck.*), sala di composizione. 2 ~ (Setzen) (*Druck.*), composizione. 3 **Hand** ~ (*Druck.*), composizione a mano.
Setzkasten (Schriftkasten) (*m. - Druck.*), cassa (tipografica).
Setzkopf (einer Niete, schon vorgefertigter Kopf) (*m. - mech. Technol.*), testa (preformata).
Setzlinie (*f. - Druck. - Werkz.*), cava-righe, interlinea alta.
Setzmaschine (*f. - Druckmasch.*), compositrice, macchina per composizione. 2 ~ (zum Trennen von Mineralkörnern durch pulsierenden Wasserstrom) (*Bergbau - Ger.*), crivello idraulico. 3 **Einzelbuchstaben** ~ (« Monotype ») (*Druckmasch.*), compositrice a caratteri singoli, « Monotype ». 4 **Photo** ~ (Lichtsetzmaschine) (*Druckmasch.*), fotocompositrice, compositrice a sistema fotografico, macchina per la composizione fotografica. 5 **Zeilen** ~ (Zeilengiessmaschine, « Linotype ») (*Druckmasch.*), compositrice a linee intere, « Linotype ».
Setzmass (bleibende Zusammendrückung von Federn) (*n. - Mech.*), deformazione permanente (da compressione).
Setzmeissel (Schrotmeissel) (*m. - Schmiedewerkz.*), tagliolo.
Setzschiff (*n. - Druck. - Ger.*), vantaggio, balestra.
Setzsieb (festes oder bewegtes Sieb, einer Setzmaschine) (*n. - Bergbau*), piano forato.
Setzstock (Lünette) (*m. - Werkz.masch.*), lunetta.
Setzstufe (senkrechter Teil einer Stufe) (*f. - Bauw.*), alzata.
Setztisch (*m. - Druck.*), tavolo per composizione.
Setz- und Giessmaschine (*f. - Druckmasch.*), compositrice-fonditrice.
Setzung (*f. - Bauw. - etc.*), siehe Senkung.
Setzwaage (Maurerwaage) (*f. - Maur. - Ger.*), livella (da muratore).
SEV (Sekundärelektronen-Vervielfacher, Photovervielfacher) (*Phys.*), moltiplicatore ad elettroni secondari, fotomoltiplicatore. 2 ~ (Sendereingangverstärker) (*Ger.*), amplificatore di entrata del trasmettitore. 3 ~ (Schweizerischer Elektrotechnischer Verein) (*Elekt.*), Associazione Elettrotecnica Svizzera.
Sextant (*m. - Ger.*), sestante.
SF (Signalfrequenz) (*Funk. - etc.*), frequenza di segnale. 2 ~ (Saugfähigkeit) (*Phys.*), fattore di assorbimento, potere assorbente.
Sf (Flankenspiel, bei Zahnrädern) (*Mech.*), gioco sui fianchi.
SFERT (Système Fondamental Européen de Référence pour la Transmission Téléphonique) (*Fernspr.*), SFERT, sistema fondamentale europeo di riferimento per la trasmissione telefonica.
S.f.l. (*Schiffbau*), siehe Schiff fertig leer.
SFW (Schweizerische Fachgruppe für Wärmebehandlung) (*Wärmebeh.*), Gruppo Tecnico Svizzero per i Trattamenti Termici.
Sg (Grösstspiel) (*Mech.*), gioco massimo.

sG (Schlichtgleitsitz) (*Mech.*), accoppiamento medio di scorrimento.
SGA (Schweizerische Gesellschaft für Automatik) (*Autom.*), Associazione Svizzera per la Automazione.
SGE (Sammelgesprächeinrichtung) (*Fernspr.*), impianto per conferenza.
S-Gerät (Sondiergerät, Suchgerät gegen U-Boote z. B., durch Ultraschallechos) (*n. - naut. - Ger.*), ecogoniometro.
Sgraffito (Art von Wandmalerei) (*m. - Kunst*), graffito.
Sh. A (Shore-A-Härte, Eindringkörper: Kegelstumpf) (*mech. Technol.*), (durezza) Shore A.
« Shampoonieren » (eines Wagens) (*n. - Aut.*), « shampoo », lavaggio con « shampoo ».
Shapingmaschine (Kurzhobler, Schnellhobler, Waagrecht-Stossmaschine) (*f. - Werkz.masch.*), limatrice.
Shaw-Verfahren (Genau-Giessverfahren) (*n. - Giess.*), processo Shaw.
Sh. D (Shore-D-Härte, Eindringkörper: abgerundeter Kegel) (*mech. Technol.*), (durezza) Shore D.
Sheddach (Sägedach) (*n. - Bauw.*), tetto a shed, tetto a risega.
Shelterdeck (Schutzdeck) (*n. - naut.*), ponte di riparo.
Sherardisieren (Erhitzen von Stahlstücken in Zinkstaub) (*n. - Metall.*), sherardizzazione, cementazione allo zinco.
sherardisieren (erhitzen von Stahlstücken in Zinkstaub) (*Metall.*), sherardizzare, cementare allo zinco.
SHF (superhohe Frequenz, 3000-30.000 MHz) (*Elekt.*), SHF, frequenza superelevata.
Shiften (Verschiebung des Fräsers in Richtung seiner Längsachse um die Abnutzung gleichmässig auf die ganze Fräserbreite zu verteilen) (*n. - Werkz.masch.bearb.*), spostamento (longitudinale).
Shirting (*m. - Textilind.*), siehe Schirting.
Shorehärte (*f. - Technol.*), durezza Shore.
Shredder (zum Zerreiben alter Personenwagen z. B.) (*m. - Masch.*), trituratore.
Shunt (Nebenwiderstand) (*n. - Elekt.*), derivatore, « shunt », resistenza in derivazione.
SHZ (*Bauw.*), siehe Sulfathüttenzement.
SI (Système International d'Unité, Internationales Einheitensystem) (*Messtechnik*), SI, sistema internazionale di unità. 2 ~ (Silikon) (*chem. Ind.*), SI, silicone. 3 ~ -Einheit (*f. - Einheit*), unità del sistema internazionale.
Si (Silizium) (*Chem.*), Si, silicio. 2 ~ (Sicherung) (*Elekt.*), fusibile. 3 ~ (Istspiel) (*Mech.*), gioco effettivo.
SIA (Schweizerischer Ingenieur- und Architekten-Verein) (*Arch.*), Associazione Svizzera degli Ingegneri ed Architetti.
Sial (Zone der Erdkruste, die durch Silizium- und Aluminiumgehalt gekennzeichnet wird) (*n. - Geol.*), sial.
Si-Automat (Sicherungsautomat) (*m. - elekt. Ger.*), interruttore automatico.
Sichel (kleines Mähwerkzeug mit Bogenklinge) (*f. - Ack.b. - Werkz.*), falcetto, falciola. 2 ~ (von zwei Bogen begrenzte Fläche) (*Geom.*), falce. 3 ~ flügel (*m. - Flugw.* -

etc.), ala a falce. **4 Mond** ~ (*Astr.*), falce di luna.
sichelförmig (*allg.*), falcato.
sicher (*allg.*), sicuro. **2** ~ **e Anlage** (*finanz.*), investimento sicuro. **3** ~ **e Last** (*Flugw.*), carico di sicurezza.
Sicherheit (*f. - allg.*), sicurezza. **2** ~ **s·absperrventil** (SAV) (*n. - Leit.*), valvola (di sicurezza) a chiusura automatica. **3** ~ **s·abstand** (*m. - allg.*), distanza di sicurezza, margine di sicurezza. **4** ~ **s·abteilung** (Sicherheitsdienst) (*f. - Ind.*), servizio di sicurezza. **5** ~ **s·auslass** (SAL), (*m. - Leit.*), valvola (di sicurezza) ad apertura automatica. **6** ~ **s·auto** (*n. - Aut.*), auto sicura, automobile sicura. **7** ~ **s·beanspruchung** (*f. - Baukonstr.lehre*), carico (specifico) di sicurezza. **8** ~ **s·bremse** (Notbremse) (*f. - Fahrz.*), freno di soccorso, freno di emergenza. **9** ~ **s·erdung** (*f. - Elekt.*), messa a terra di sicurezza, massa di sicurezza. **10** ~ **s·fahrschaltung** (Totmanneinrichtung, Totmannbremse) (*f. - Eisenb.*), dispositivo di uomo morto. **11** ~ **s·faktor** (Sicherheitszahl) (*m. - Baukonstr.lehre*), coefficiente di sicurezza, grado di sicurezza. **12** ~ **s·film** (*m. - Phot.*), pellicola ininfiammabile. **13** ~ **s·glas** (*n. - Glasind. - Aut. - etc.*), vetro di sicurezza. **14** ~ **s·grad** (*m. - Baukonstr.lehre*), siehe Sicherheitsfaktor. **15** ~ **s·gurt** (*m. - Aut. - Flugw.*), cintura di sicurezza. **16** ~ **s·höhe** (*f. - Flugw.*), quota di sicurezza. **17** ~ **s·ingenieur** (*m. - Ind.*), tecnico della sicurezza. **18** ~ **s·kupplung** (Rutschkupplung, Überlastungskupplung) (*f. - Mech.*), giunto di sicurezza, giunto limitatore di coppia. **19** ~ **s·lampe** (Grubenlampe, Benzinwetterlampe) (*f. - Bergbau*), lampada di sicurezza, lampada da minatore, lampada Davy. **20** ~ **s·massnahmen** (*f. pl. - Ind. - etc.*), misure di sicurezza. **21** ~ **s·mutter** (Sicherungsmutter) (*f. - Mech.*), controdado di sicurezza, « Palmutter ». **22** ~ **s·nadel** (*f. - Ind.*), spillo di sicurezza. **23** ~ **s·normen** (*f. - pl. - Arb. - Ind.*), norme di sicurezza. **24** ~ **s·papier** (*n. - Papierind.*), carta per titoli. **25** ~ **s·schiene** (Gegenschiene) (*f. - Eisenb.*), controrotaia. **26** ~ **s·schloss** (*n. - Mech.*), serratura di sicurezza. **27** ~ **s·seil** (einer Seilbahn z. B.) (*n. - Transp.*), fune di sicurezza. **28** ~ **s·spielraum** (*m. - allg.*), margine di sicurezza. **29** ~ **s·stopfen** (*m. - Kessel*), tappo di sicurezza. **30** ~ **s·streichholz** (Sicherheitszündholz) (*m. - Ind.*), fiammifero di sicurezza, svedese. **31** ~ **s·ventil** (*n. - Kessel - Leit. - etc.*), valvola di sicurezza. **32** ~ **s·verschluss** (*m. - Mech. - etc.*), chiusura di sicurezza. **33** ~ **s·vorrichtung** (*f. - Mech.*), dispositivo di sicurezza. **34** ~ **s·vorschriften** (*f. - pl. - Ind. - etc.*), norme di sicurezza. **35** ~ **s·wesen** (*n. - Ind.*), sicurezza. **36** ~ **s·zahl** (Sicherheitskoeffizient, Sicherheitsfaktor) (*f. - Baukonstr.lehre*), coefficiente di sicurezza, grado di sicurezza. **37** ~ **s·zündholz** (*n. - Ind.*), fiammifero di sicurezza, svedese. **38 aktive** ~ (durch Fahreigenschaften, Bremsen, Beschleunigung, etc. erzielt) (*Aut.*), sicurezza attiva. **39 Betriebs** ~ (*Masch.*), sicurezza di funzionamento. **40 Einschichten-** ~ **s·glas** (*n. - Fahrz. - Glasind.*), vetro di sicurezza temprato, vetro di sicurezza semplice. **41 erhöhte** ~ (*Elekt.*), sicurezza aumentata. **42 passive** ~ (durch Aufbau-Festigkeit, Haltesysteme, etc. erzielt) (*Aut.*), sicurezza passiva. **43 Verbund-** ~ **s·glas** (*n. - Fahrz. - Glasind.*), vetro di sicurezza stratificato, vetro di sicurezza laminato, vetro di sicurezza accoppiato. **44 Verkehrs-** ~ (*Strass.ver.*), sicurezza del traffico.
sichern (befestigen) (*Mech. - etc.*), fissare, assicurare. **2 mittels Draht** ~ (*Mech.*), assicurare con filo, frenare con filo, fermare con filo, fissare con filo.
Sicherung (Vorr. zum Abschalten eines Stromkreises bei Kurzschluss oder Überlastung) (*f. - Elekt.*), dispositivo di protezione. **2** ~ (Vorr. zur Verhinderung unbeabsichtigten Abfeuerns) (*Feuerwaffe*), sicura. **3** ~ (Schutz) (*allg.*), protezione. **4** ~ **s·anlage** (*f. - Eisenb.*), impianto di segnalamento. **5** ~ **s·automat** (*m. - Elekt.*), interruttore automatico. **6** ~ **s·blech** (*n. - Mech.*), rosetta di sicurezza. **7** ~ **s·blech mit Innennase** (*Mech.*), rosetta di sicurezza con linguetta interna. **8** ~ **s·blech mit Lappen** (*Mech.*), rosetta di sicurezza, con linguette. **9** ~ **s·blech mit zwei Lappen** (*Mech.*), rosetta di sicurezza con due linguette. **10** ~ **s·brett** (*n. - Elekt.*), quadro dei fusibili, valvoliera. **11** ~ **s·dose** (Sicherungskasten) (*f. - Elekt.*), valvoliera. **12** ~ **s·halter** (*m. - Elekt.*), portafusibili. **13** ~ **s·kasten** (*m. - Elekt.*), valvoliera. **14** ~ **s·mutter** (*f. - Mech.*), controdado di sicurezza, « Palmutter ». **15** ~ **s·patrone** (Patronensicherung) (*f. - Elekt.*), (valvola) fusibile a cartuccia. **16** ~ **s·scheibe** (*f. - Mech.*), rosetta di sicurezza. **17** ~ **s·sockel** (*m. - Elekt.*), portafusibili. **18** ~ **s·tafel** (*f. - Elekt.*), quadro dei fusibili. **19 flinke** ~ (sofort ansprechend auch auf kurzzeitige Stromstösse) (*Elekt.*), fusibile rapido. **20 Gas** ~ (*Ger.*), dispositivo di sicurezza contro le fughe di gas. **21 Patronen** ~ (*Elekt.*), (valvola) fusibile a cartuccia. **22 rücklötbare** ~ (*Elekt.*), fusibile rigenerabile. **23 Schmelz** ~ (*Elekt.*), valvola fusibile. **24 träge** ~ (*Elekt.*), fusibile lento, fusibile ritardato.
Sichet (*f. - Ack.b. - Ger.*), siehe Sichel.
Sicht (*f. - Opt.*), vista. **2** ~ (Sichtigkeit) (*naut. - Flugw. - Meteor.*), visibilità. **3** ~ **barkeit** (Sicht) (*f. - Opt.*), visibilità. **4** ~ **barmachung** (*f. - Opt.*), visualizzazione. **5** ~ **berührung** (von Relaisfernsehstellen z. B.) (*f. - allg.*), contatto a vista. **6** ~ **beton** (*n. - Bauw.*), calcestruzzo a vista. **7** ~ **feld** (*n. - Opt. - Aut.*), campo visivo. **8** ~ **flug** (*m. - Flugw.*), volo a vista. **9** ~ **gerät** (Anzeigegerät) (*n. - Ger.*), indicatore ottico. **10** ~ **gerät** (von Daten z. B.) (*Ger.*), visore. **11** ~ **gerät** (Bildschirm-Terminal, für Prozessrechner z. B., Sichtstation) (*Rechner*), videoterminale. **12** ~ **kontrolle** (*f. - Mech.*), controllo visivo, collaudo visivo. **13** ~ **lehre** (*f. - Ger.*), calibro visualizzatore. **14** ~ **linie** (*f. - Opt.*), linea di mira. **15** ~ **maschine** (*f. - Masch.*), siehe Sichter, Sichtmaschine. **16** ~ **mauerwerk** (*n. - Bauw.*), muratura a faccia vista. **17** ~ **melder** (*m. - Ger.*), avvisatore ottico, segnalatore ottico, indicatore ottico. **18**

sichtbar

~ **messer** (*m. - Ger.*), misuratore di visibilità. **19** ~ **Null** (*Meteor. - Navig.*), visibilità zero. **20** ~ **packung** (*f. - Ind.*), confezione trasparente. **21** ~ **peiler** (Sichtpunktpeiler) (*m. - Ger.*), radiogoniometro con indicazione ottica, radiogoniometro a raggi catodici. **22** ~ **prüfen** (Sichtkontrolle, von Werkstücken) (*n. - mech. Technol.*), controllo visivo, collaudo visivo. **23** ~ **schutzanstrich** (*m. - Flugw. - etc.*), verniciatura per mascheramento, verniciatura di mimetizzazione. **24** ~ **tratte** (*f. - komm. - finanz.*), tratta a vista. **25** ~ **vermerk** (Visum, auf dem Pass) (*m. - recht.*), visto. **26** ~ **wechsel** (*m. - finanz.*), tratta a vista. **27** ~ **weite** (*f. - Opt.*), distanza visiva, visibilità. **28** ~ **weite** (eines Scheinwerfers) (*Opt. - Beleucht.*), portata. **29** ~ **winkel** (*m. - Aut.*), diedro di visibilità. **30 auf** ~ **Wechsel z. B.**) (*finanz.*), a vista. **31 geographische** ~ **weite** (geodätische Sichtweite) (*Opt. - Beleucht.*), portata geografica. **32 Mindest** ~ **weite** (*f. - Opt.*), visibilità minima. **33 schlechte** ~ (*Meteor.*), scarsa visibilità.
sichtbar (*Opt. - etc.*), visibile. **2** ~ **er Horizont** (Kimme) (*Geogr.*), orizzonte visibile. **3** ~ **es Signal** (optisches Signal) (*Eisenb. - etc.*), segnale ottico. **4** ~ **machen** (*Opt. - etc.*), visualizzare.
Sichtbarmachung (*f. - Opt. - etc.*), visualizzazione.
Sichte (*f. - Ack.b. - Ger.*), siehe Sichel.
sichten (prüfen) (*allg.*), esaminare. **2** ~ (auswählen) (*Bergbau - etc.*), separare, classificare.
Sichter (Sichtmaschine, zum Trennen der Mehle) (*m. - Masch.*), buratto. **2** ~ (App. zur Klassierung eines Körnergemisches in Luftstrom) (*Masch. - Bergbau*), classificatore pneumatico, pneumoclassificatore.
sichtig (klar, Wetter) (*Meteor.*), chiaro, con buona visibilità.
Sichtmaschine (Sichter, zum Trennen der Mehle) (*m. - Masch.*), buratto.
Sicke (Vertiefung zum Versteifen von Blechen z. B.) (*f. - mech. Technol.*), nervatura. **2** ~ (Wulst an Rohren, für Schlauchverbindungen) (*Leit. - Blechbearb.*), rilievo. **3** ~ (ringförmige Vertiefung an zylindrischen Formen z. B.) (*Blechbearb. - Leit.*), scanalatura, gola. **4** ~ **n-dichtung** (*f. - Mech.*), guarnizione piana con rilievi (ai margini). **5** ~ **n-maschine** (zur Erzeugung von Vertiefungen für Versteifungszwecke) (*f. - Blechbearb.masch.*), nervatrice. **6** ~ **n-maschine** (zum Andrücken von ringförmigen Vertiefungen oder Erhöhungen an zylindrischen Formen z. B.) (*Blechbearb. - Masch.*), macchina per l'esecuzione di rilievi (o di scanalature o gole).
Sicken (Sieken, Erzeugung von Vertiefungen für Versteifungszwecke z. B.) (*n. - Blechbearb.*), nervatura. **2** ~ (Sieken, Erzeugung von ringförmigen Erhöhungen an zylindrischen Formen) (*Blechbearb. - Masch.*), esecuzione di rilievi. **3** ~ (Sieken, Erzeugung von ringförmigen Vertiefungen an zylindrischen Formen) (*Blechbearb.*), scanalatura, esecuzione di scanalature, esecuzione di gola. **4** ~ **rolle** (*f. - mech. Technol.*), rullo per (l'esecuzione di) rilievi (o gole).

sicken (sieken, Vertiefungen z. B. für Versteifungszwecke erzeugen) (*Blechbearb.*), nervare. **2** ~ (eine Erhöhung an zylindrischen Formen erzeugen) (*Blechbearb.*), eseguire un rilievo. **3** ~ (eine Vertiefung an zylindrischen Formen erzeugen) (*Blechbearb.*), eseguire una scanalatura (o gola).
Sickerbecken (*n. - Bauw.*), letto drenato.
Sickergrube (für Abwasser) (*f. - Bauw.*), fossa assorbente, fossa filtrante.
Sickerleitung (Dränleitung) (*f. - Bauw.*), conduttura di drenaggio.
sickern (*allg.*), filtrare, trafilare. **2** ~ (langsam, tropfenweise fliessen) (*allg.*), grondare, gocciolare.
Sickerrohr (*n. - Wass.b.*), tubo di drenaggio. **2** ~ (*Masch. - etc.*), tubo di spurgo.
Sickerschacht (*m. - Hydr.*), pozzo assorbente, pozzo filtrante.
Sickerung (laminare Bewegung des Wassers in einem festen porösen Körper) (*f. - Phys.*), infiltrazione capillare. **2** ~ (Durchsickerung) (*Bauw.*), infiltrazione, percolazione.
Sickerwasser (im Boden versickerndes Wasser) (*n. - Geol. - Hydr.*), acqua filtrante, acqua d'infiltrazione.
siderisch (sideral) (*Astr.*), siderale, sidereo. **2** ~ **es Jahr** (Sternenjahr) (*Astr.*), anno sidereo.
Siderit ($FeCO_3$) (Eisenspat) (*m. - Min.*), siderite.
Sieb (zum Scheiden von Gegenständen nach ihrer Grösse) (*n. - Ger.*), vaglio, crivello, setaccio. **2** ~ (*Bergbau - Maur. - Ger.*), crivello, vaglio. **3** ~ (*Funk.*), filtro. **4** ~ (einer Papiermaschine) (*Papierind. - Masch.*), tela metallica. **5** ~ (für Flüssigkeiten) (*Wass.b. - etc.*), filtro. **6** ~ **analyse** (*f. - Phys. - Ind.*), analisi granulometrica. **7** ~ **austrag** (Siebrückstand) (*m. - Ind.*), residuo di vagliatura. **8** ~ **belag** (Lochblech, Drahtgewebe, etc.) (*m. - Ger.*), telaio del vaglio, elemento separatore. **9** ~ **blech** (Loch-Siebbelag) (*n. - Ind.*), lamiera perforata. **10** ~ **deckel** (Funkensieb) (*m. - Eisenb.*), parascintille. **11** ~ **drossel** (*f. - Elekt.*), bobina di arresto filtro. **12** ~ **druck** (Schablonendruck, Serigraphie) (*m. - Druck.*), serigrafia. **13** ~ **druckmaschine** (*f. - Druckmasch.*), macchina per serigrafia. **14** ~ **durchlauf** (durch das Sieb fallendes Gut) (*m. - Ind.*), materiale che attraversa il vaglio, passante (*s.*). **15** ~ **durchlaufskurve** (*f. - Ind. - Phys.*), curva granulometrica (del materiale passante). **16** ~ **filter** (*m. - Mot.*), filtro a rete. **17** ~ **grösse** (*f. - Ind.*), maglia, fittezza. **18** ~ **gut** (Siebrückstand) (*n. - Ind.*), residuo di vagliatura. **19** ~ **kennlinie** (*f. - Ind.*), curva granulometrica. **20** ~ **kette** (zum Durchlassen oder Absperren eines vorbestimmten Frequenzbereiches) (*f. - Funk.*), filtro a catena. **21** ~ **klassierung** (*f. - Bergbau*), classificazione volumetrica, classificazione mediante vagliatura. **22** ~ **kopf** (einer Saugleitung, Saugkorb) (*m. - Hydr.*), succhieruola. **23** ~ **kreis** (*m. - Funk.*), circuito filtro. **24** ~ **kurve** (*f. - Ind.*), curva granulometrica. **25** ~ **linie** (Siebkurve) (*f. - Bauw. - etc.*), curva di granulazione, curva granulometrica. **26** ~ **markierung** (in Papier) (*f. - Papierind.*), segno della tela metallica. **27** ~ **nummer**

(Maschen je cm) (*f. - Technol.*), numero delle maglie (per cm lineare). **28** ~ **öffnung** (*f. - Bauw. - etc.*), maglia del vaglio. **29** ~ **partie** (einer Papiermaschine) (*f. - Papierind.*), parte umida. **30** ~ **probe** (*f. - Ind.*), prova di vagliatura. **31** ~ **radroder** (*m. - Landw. masch.*), raccoglitore a crivello rotante. **32** ~ **rückstand** (*m. - Ind.*), residuo di vagliatura. **33** ~ **rückstandskurve** (*f. - Phys. - Ind.*), curva di granulazione (del residuo di vagliatura). **34** ~ **seite** (eines Papiers, Seite die während der Herstellung mit dem Sieb in Berührung war) (*f. - Papierind.*), lato tela. **35** ~ **spannvorrichtung** (*f. - Papierind.*), tenditela. **36** ~ **spritzmaschine** (Strainer) (*f. - Gummiind. - Masch.*), trafila (con testa filtrante). **37** ~ **trommel** (zur Aufbereitung) (*f. - Bergbau - Ger.*), vaglio a tamburo, vaglio rotativo. **38 Flach** ~ (durch Kurbelantrieb in eine hin- und hergehende Bewegung versetzt) (*Bergbau - Ger.*), vaglio piano a scossa, vaglio piano oscillante. **39 Funken** ~ (Siebdeckel) (*Eisenb.*), parascintille. **40 Getreide** ~ (*Ger.*), setaccio per cereali. **41 Häcksel** ~ (*Ger.*), setaccio per foraggi. **42 Plan** ~ (eine kreisförmige Bewegung ausführendes, horizontal angeordnetes Sieb) (*Bergbau*), vaglio piano a rotazione. **43 Prüf** ~ (*Ger.*), vaglio per analisi granulometriche. **44 Sand** ~ (*Maur. - Ger.*), crivello per sabbia. **45 Staub** ~ (*Ger.*), filtro antipolvere. **46 Vibrations** ~ (Schwingsieb) (*Bergbau - Ger.*), vibrovaglio. **47 Zylinder** ~ (*Bergbau - Ger.*), vaglio a tamburo.
Sieben (*n. - Ind.*), vagliatura, crivellatura, setacciatura.
sieben (*Ind.*), vagliare, setacciare. **2** ~ (*Elektronik*), filtrare.
Sieberei (Siebanlage) (*f. - Ind.*), impianto di vagliatura.
Siedebeginn (*m. - Phys.*), punto iniziale di ebollizione. **2** ~ (eines Erdöls) (*chem. Ind.*), temperatura iniziale di distillazione.
Siedebereich (eines Kraftstoffes) (*m. - Chem.*), intervallo di distillazione.
Siedediagramm (*n. - Phys.*), diagramma di equilibrio liquido-vapore.
Siedeende (*n. - Phys.*), punto finale di ebollizione. **2** ~ (eines Erdöls) (*chem. Ind.*), temperatura finale di distillazione.
Siedegefäss (*n. - Ger.*), bollitore.
Siedegrenzbenzin (als Lösungsmittel verwendet) (*n. - chem. Ind.*), benzina solvente.
Siedegrenze (eines Kraftstoffes) (*f. - Chem.*), temperatura limite di distillazione.
Siedekennziffer (eines Kraftstoffes, Mittelwert aus den Siedepunkten) (*f. - Chem.*), punto medio di distillazione, temperatura media di distillazione.
Siedekurve (von Kraftstoffen) (*f. - Chem.*), curva di distillazione.
Sieden (Kochen) (*n. - Phys.*), ebollizione. **2** ~ (Destillieren) (*chem. Ind.*), distillazione.
sieden (kochen) (*Phys.*), bollire.
Siedepunkt (Kochpunkt) (*m. - Phys.*), punto di ebollizione, temperatura di ebollizione. **2** ~ (Siedetemperatur, eines Kraftstoffes z. B.) (*Chem.*), temperatura di distillazione. **3** ~ **messer** (*m. - Ger.*), ebulliometro. **4** ~ s·**erhöhung** (von Lösungen) (*f. - Chem. - Phys.*), innalzamento (molare) del punto di ebollizione, costante ebullioscopica.
Sieder (*m. - Ger.*), bollitore.
Siederohr (*n. - Kessel*), tubo bollitore. **2** ~ **kessel** (*m. - Kessel*), caldaia a tubi bollitori.
Siedeschwanz (Nachlauf) (*m. - chem. Ind.*), prodotto di coda.
Siedethermometer (Hypsometer) (*n. - Instr.*), ipsometro.
Siedeverlauf (eines Kraftstoffs) (*m. - Brennst. - Aut.*), andamento della distillazione, curva di distillazione.
Siedewasserreaktor (*m. - Atomphys.*), reattore ad acqua bollente.
Siedlung (Einsiedlung) (*f. - allg.*), insediamento. **2** ~ (Häuser mit Garten am Rand einer Stadt) (*Bauw.*), quartiere residenziale, centro residenziale.
Siegb. X-E (Siegbahn X-Einheit, in der Röntgenspektroskopie) (*Phys.*), unità X di Siegbahn.
Siegel (Abdruck eines Stempels) (*n. - recht. etc.*), sigillo. **2** ~ **lack** (*m. - Post - etc.*), ceralacca. **3** ~ **maschine** (*f. - Masch. - Packung*), sigillatrice.
siegeln (*recht. - etc.*), sigillare.
Sieke (*f. - Blechbearb.*), *siehe* Sicke. **2** ~ n-**maschine** (*Masch.*), *siehe* Sickenmaschine.
Sieken (*n. - Blechbearb.*), *siehe* Sicken.
sieken (*Blechbearb.*), *siehe* sicken.
Siel (Öffnung in Deichen zur Entwässerung) (*m. - n. - Wass.b.*), scarico di svaso. **2** ~ (Abwasserleitung) (*Bauw.*), canale di fogna, fogna. **3** ~ **haut** (in Abwasserkanälen) (*f. - Bauw.*), pellicola biologica.
Siemens (Einheit des elekt. Leitwertes) (*n. - Masseinheit*), siemens.
Siemens-Martin-Verfahren (*n. - Metall.*), processo Martin-Siemens.
Sienaerde (Siena) (*f. - Farbe*), terra di Siena. **2 gebrannte** ~ (*Farbe*), terra di Siena bruciata.
Sietland (niedrige Fläche) (*n. - Geol.*), depressione.
Sifa (Sicherheits - Fahrschaltung) (*elekt. Eisenb.*), combinatore di sicurezza.
Sigel (Siegle (*f.*), Wortkürzung) (*n. - allg.*), sigla.
Sigma-Phasen-Versprödung (*f. - Metall.*), infragilimento da fase sigma.
Sigma-Stahl (Betonstahl) (*m. - Bauw. - metall. Ind.*), (tipo di) acciaio per armature.
Sigma-Teilchen (Elementarteilchen) (*n. - Phys.*), particella sigma.
Sigma-Verfahren (Schielded-Inert-Gas-Metal-Arc-Verfahren, Schweissverfahren) (*n. - mech. Technol.*), saldatura Sigma, saldatura ad arco sotto gas inerte con elettrodo metallico.
« **Sigmazul** » (zulässige Spannung) (*Baukonstr.lehre*), carico di sicurezza, sollecitazione ammissibile.
Signal (*n. - allg.*), segnale. **2** ~ (*Eisenb. - Navig.*), segnale. **3** ~ (*Elekt. - Funk.*), segnale. **4** ~ **anlage** (*f. - Eisenb. - Funk.*), impianto di segnalamento. **5** ~ **buch** (*n. - naut. - etc.*), codice dei segnali. **6** ~ **flagge** (*f. - naut. - etc.*), bandiera di segnalazione. **7** ~ **gemisch** (Video-Signal) (*n. - Fernseh.*),

Signalisieren

videosegnale composito, segnale video composito. 8 ~ **glocke** (*f. - Eisenb.*), campanello di segnalazione. 9 ~ **horn** (*n. - Aut.*), avvisatore acustico. 10 **hupe** (*f. - Fahrz.*), avvisatore. 11 ~ **kreis** (Informationskreis) (*m. - Elekt. - etc.*), circuito d'informazione. 12 ~ **lampe** (Kontrolleuchte) (*f. - Masch. - etc.*), lampada spia. 13 ~ **mast** (Semaphor) (*m. - Signal*), semaforo. 14 ~ **pistole** (*f. - Navig. - milit.*), pistola da segnalazione, pistola Very. 15 ~ **platte** (einer kathodischen Röhre) (*f. - Fernseh.*), placca di segnale. 16 ~ **rakete** (*f. - milit. - etc.*), razzo da segnalazione. 17 ~ **relais** (*n. - Elekt.*), relè di segnale. 18 ~ **rückmelder** (*m. - Ger.*), indicatore di segnale. 19 ~ **scheibe** (*f. - Eisenb.*), disco. 20 ~ **scheinwerfer** (*m. - naut.*), proiettore per segnalazioni. 21 ~ **schwanz** (*m. - Radar*), coda di segnale, persistenza del segnale. 22 ~ **spannung** (*f. - Elekt. - etc.*), tensione di segnale. 23 ~ **speicherröhre** (*f. - Elektronik*), tubo a memoria di segnale. 24 ~ **tafel** (*f. - Elekt. - etc.*), quadro segnali. 25 ~ **umsetzer** (*m. - Ger.*), convertitore di segnale. 26 ~ **-zu-Rauschen-Verhältnis** (*n. - Funk. - Fernseh.*), rapporto segnale/rumore. 27 **akustisches** ~ (hörbares Signal) (*Eisenb. - etc.*), segnale acustico. 28 **BAS-** ~ (Bild-Austast-Synchronsignal, Video-Signal, Signalgemisch) (*Fernseh.*), videosegnale, segnale video. 29 **Block** ~ (*Eisenb.*), segnale di blocco. 30 **Eisenbahn** ~ (*Eisenb.*), segnale ferroviario. 31 **Flaggen** ~ (*naut. - etc.*), segnale con bandiere. 32 **Form** ~ (*Eisenb.*), segnale semaforico. 33 **Funk** ~ (*Navig. - etc.*), segnale radiofonico. 34 **Haupt** ~ (*Eisenb.*), segnale di 1ª categoria. 35 **hörbares** ~ (akustisches Signal) (*Eisenb. - etc.*), segnale acustico. 36 **Licht** ~ (*Eisenb.*), segnale luminoso. 37 **optisches** ~ (sichtbares Signal) (*Eisenb. - etc.*), segnale ottico. 38 **sichtbares** ~ (optisches Signal) (*Eisenb. - etc.*), segnale ottico. 39 **Video-** ~ (Signalgemisch) (*Fernseh.*), videosegnale, segnale video. 40 **Vor** ~ (*Eisenb.*), segnale di avviso. 41 **Weichen** ~ (*Eisenb.*), segnale da deviatoio. 42 **Winker** ~ (Flaggensignal) (*naut.*), segnale con bandiere. 43 **zusammengesetztes** ~ (*Fernseh.*), segnale composto, segnale composito.

Signalisieren (*n. - Eisenb. - etc.*), segnalamento, segnalazione.

signalisieren (*Eisenb. - etc.*), segnalare.

Signatar (*m. - allg.*), firmatario.

Signatur (Bogenzeichen) (*f. - Druck.*), segnatura. 2 ~ (Unterschrift) (*Büro*), firma. 3 ~ (Einschnitt oberhalb des Fusses der Lettern, um die richtige Lage beim Setzen zu sichern) (*Druck.*), tacca. 4 ~ (Zeichen auf einer Karte) (*Geogr.*), segno convenzionale. 5 ~ (Standortbezeichnung am Buchrücken) (*Druck.*), cartellino di collocamento. 6 ~ (Kennzeichen, Bezeichnung) (*allg.*), caratteristica, designazione.

Signet (Drucker- oder Verlagszeichen) (*n. Druck.*), insegna editoriale.

signieren (bezeichnen) (*allg.*), contrassegnare. 2 ~ (unterzeichnen) (*Büro - etc.*), firmare.

Signierfarbe (*f. - Transp.*), inchiostro per stampigliatura.

Signierschablone (*f. - Ger.*), stampino.

Signierung (*f. - Transp.*), stampigliatura. 2 ~ **s·maschine** (*f. - Masch.*), stampigliatrice.

« Signodeband » (Verpackungsbandeisen) (*n. - Transp. - metall. Ind.*), reggetta.

Sikkativ (Trockenmittel, für Ölfarben z. B.) (*n. - chem. Ind.*), siccativo (*s.*).

Silage (im Silo konserviertes Futter) (*f. - Ack.b.*), foraggio insilato.

Silan (Siliziumwasserstoff) (*n. - Chem.*), silano.

Silber (Ag - *n. - Chem.*), argento. 2 ~ **arbeiter** (*m. - Arb.*), argentiere. 3 ~ **ätzstein** (Höllenstein) (*m. - Min. - Med.*), nitrato d'argento, pietra lunare, pietra infernale. 4 ~ **bromid** (*n. - Phot.*), bromuro d'argento. 5 ~ **glanz** (Ag_2S) (Argentit, Akanthit) (*m. - Min.*), argentite. 6 ~ **glätte** (PbO, Bleioxyd) (*f. - Min.*), litargirio. 7 ~ **lot** (*n. - mech. Technol.*), lega per saldatura ad argento, saldante a base di argento. 8 ~ **nitrat** ($AgNO_3$) (*n. - Chem.*), nitrato d'argento. 9 ~ **plattierung** (*f. - Metall.*), argentatura. 10 ~ **schlaglot** (*n. - mech. Technol.*), lega per saldatura ad argento, saldante a base di argento. 11 ~ **schwärze** (Ag_2S, Silberglanz) (*f. - Min.*), argentite. 12 ~ **stahl** (*m. - Metall.*), acciaio argento. 13 ~ **waren** (*f. - pl. - Metall.*), argenteria.

silberhaltig (*Metall.*), argentifero.

Silberung (für Konservierung z. B.) (*f. - Ind.*), purificazione all'argento.

Silentblock (*m. - Mech.*), silentbloc.

Silical (Legierung mit 6-10% Al und 80-90% Si) (*n. - Legierung*), silical.

Silicoaluminium (Legierung mit 18-22% Al und 45-50% Si) (*n. - Legierung*), silicoalluminio.

Silicon (*n. - chem. Ind.*), siehe Silikon.

Silieren (*n. - Ack.b. - etc.*), insilamento.

silieren (*Ack.b. - etc.*), insilare.

Silikagel (*n. - Chem.*), silicagel, gelo di silice.

Silikamörtel (feuerfester Mörtel) (*m. - Bauw.*), malta (refrattaria) silicosa.

Silikastein (mit mehr als 90% SiO_2) (*m. - Metall.*), mattone di quarzite, mattone di silice.

Silikat (*n. - Chem.*), silicato. 2 ~ **bindung** (für Schleifscheiben) (*f. - Mech.*), agglomerante al silicato, legante al silicato. 3 ~ **gestein** (Granit z. B.) (*n. - Min.*), roccia silicea.

Silikon (Kunststoff) (*n. - chem. Ind.*), silicone. 2 ~ **harz** (*n. - Chem.*), resina siliconica. 3 ~ **kautschuk** (*m. - Chem.*), caucciù siliconico. 4 ~ **öl** (*n. - Chem.*), olio siliconico. 5 **festes** ~ (*Chem.*), silicone solido. 6 **flüssiges** ~ (*Chem.*), silicone liquido.

Silikose (Gesteinsstaubkrankheit) (*f. - Med. - Bergbau*), silicosi.

Silizid (*n. - Chem.*), siliciuro.

silizieren (*Wärmebeh. - Metall.*), silicizzare.

Silizierung (Behandlung von Eisen in der Glühhitze mit Siliziumchlorid z. B., um eine Schutzschicht zu erzeugen) (*f. - Wärmebeh.*), silicizzazione.

Silizium (Si - *n. - Chem.*), silicio. 2 ~ **bronze** (*f. - Metall.*), bronzo al silicio. 3 ~ **diode** (*f. - Elektronik*), diodo al silicio. 4 ~ **dioxyd**

(SIO₂) (*n. - Chem.*), silice, anidride silicica. 5 ~ **gleichrichter** (*m. - Elektronik*), raddrizzatore al silicio. 6 ~ **karbid** (SiC) (Schleifmittel) (*n. - Chem. - Mech.*), carburo di silicio, «carborundum». 7 ~ **scheibe** (eines Thyristors) (*f. - Elektronik*), pastiglia di silicio. 8 ~ **stahl** (*m. - Metall.*), acciaio al silicio. 9 ~ **thyristor** (*m. - Elektronik*), tiristore al silicio, raddrizzatore controllato al silicio.

Sillimanit (Al₂O₃.SiO₂) (Fibrolith) (*m. - Min.*), sillimanite.

Silmanganstahl (*m. - Metall.*), acciaio al silicio-manganese.

Silo (Speicher) (*m. - Bauw.*), silo. 2 ~ **fahrzeug** (Lastwagen) (*n. - Aut.*), autoveicolo silo, autosilo. 3 **Homogenisierungs** ~ (für Zement z. B.) (*Ind.*), silo di omogeneizzazione. 4 **Lager** ~ (*Ind.*), silo di stoccaggio.

Silumin (Aluminium-Silizium-Legierung mit etwa 13% Silizium) (*n. - Legierung*), silumina.

Silur (*n. - Geol.*), siluriano.

Silusint (Aluminium-Sinterwerkstoff mit hohem Siliziumgehalt, bis 30%) (*n. - Metall.*), silusint.

Silverin (binäres Cu-Ni mit 67-70% Ni) (*n. - Legierung*), silverin.

Silvore (Neusilber aus 60% Cu, 18% Ni, 20% Zn, 2% Fe) (*n. - Legierung*), silvore.

Sima (unterer Teil der Erdkruste) (*f. - Geophys.*), sima.

Similstein (*m. - chem. Ind.*), pietra dura artificiale.

Simmering (Wellendichtring, Radialdichtring) (*m. - Mech.*), guarnizione ad anello per alberi.

Simplex-Methode (*f. - Planung*), metodo del simplesso, criterio del simplesso.

simplizial (*Math.*), simpliciale.

Simrit (Werkstoff für Dichtungen, etc.) (*m. - chem. Ind.*), simrit.

Sims (Gesims) (*m. - Arch.*), modanatura.

Simulation (*f. - allg.*), simulazione. 2 ~ **s-programm** (*n. - Progr.*), programma di simulazione.

Simulator (App. zur Ausbildung von Flugzeugführern z. B.) (*m. - Flugw. - etc.*), simulatore.

Simultanantenne (für Empfang und Übertragung) (*f. - Funk.*), antenna ricetrasmittente.

Simultan-Dolmetscheranlage (*f. - Fernspr.*), impianto di traduzioni simultanee.

Simultanproduktion (Erzeugung mehrerer unabhängiger Produkte in einem Unternehmen) (*f. - Ind.*), produzione simultanea (di prodotti diversi).

Simultantelegraphie (*f. - Telegr.*), telegrafia simultanea.

Simultanverfahren (beim Farbfernsehen) (*n. - Fernseh.*), sistema additivo.

SIN (Schweizerisches Institut für Nuklearforschung) (*Kernphys.*), Istituto Svizzero per la Ricerca Nucleare.

sin (Sinus) (*Math.*), seno.

Singen (des Propellers eines Wasserfahrzeuges) (*n. - naut.*), canto.

singulär (*Math.*), singolare. 2 ~ **e Kurve** (*Math.*), curva singolare. 3 ~ **er Punkt** (einer Kurve oder einer analytischen Funktion) (*Math.*), punto singolare.

Singularität (*f. - Math. - etc.*), singolarità.

sinh. (Hyperbelsinus) (*Math.*), seno iperbolico.

Sinkbrunnen (*m. - Wass.b. - Bauw.*), pozzo perdente.

Sinken (*n. - allg.*), abbassamento. 2 ~ (*naut.*), affondamento. 3 ~ (*Bauw.*), cedimento. 4 ~ (der Preise) (*komm.*), flessione, diminuzione, caduta. 5 ~ (*Flugw.*), discesa.

sinken (von Schiffen) (*naut.*), affondare. 2 ~ (von Temperatur z. B.) (*Phys.*), abbassarsi, diminuire.

Sinkflug (Gleitflug) (*m. - Flugw.*), volo librato, volo planato, planata.

Sinkgeschwindigkeit (*f. - Flugw.*), velocità di discesa.

Sinkkasten (*m. - Bauw.*), siehe Gully.

Sinklage (Faschinenanlage) (*f. - Wass.b.*), fascinata.

Sinkstoffe (*m. - pl. - allg.*), sedimenti.

Sinkstück (Faschinenstück) (*n. - Wass.b.*), fascina. 2 ~ **matratze** (*f. - Wass.b.*), gettata di fascine.

Sinn (Richtung) (*m. - allg.*), senso, verso, direzione. 2 ~ **bild** (*n. - Zeichn.*), simbolo grafico. 3 ~ **verständlichkeit** (*f. - Fernspr.*), intelligibilità. 4 **im** ~ **des Uhrzeigers** (*Mech. - etc.*), in senso orario, in senso destrorso.

Sinter (Mineralabsatz) (*m. - Geol.*), sedimento geologico. 2 ~ (Schlacke) (*Metall.*), scoria. 3 ~ **automat** (*m. - Metall. - etc.*), impianto automatico di sinterazione. 4 ~ **bronze** (*f. - Legierung*), bronzo sinterato, bronzo sinterizzato. 5 ~ **karbid** (*n. - Metall.*), carburo sinterato, carburo sinterizzato. 6 ~ **lager** (*n. - Mech.*), cuscinetto sinterato, cuscinetto sinterizzato. 7 ~ **maschine** (*f. - Masch.*), impianto di sinterizzazione, impianto di sinterazione. 8 ~ **metall** (Widia z. B.) (*n. - Mech. - Metall.*), metallo sinterato, metallo sinterizzato. 9 ~ **punkt** (des Harzes) (*m. - Chem.*), punto iniziale di sinterazione. 10 ~ **röstung** (*f. - Metall.*), sinterizzazione su griglia, sinterazione su griglia. 11 ~ **stahl** (*m. - Metall.*), acciaio sinterato, acciaio sinterizzato. 12 ~ **technik** (Pulvermetallurgie) (*f. - Metall.*), metallurgia delle polveri, metalceramica. 13 ~ **teil** (*m. - Technol.*), sinterato (*s.*), sinterizzato (*s.*), particolare sinterato. 14 ~ **werkstoff** (*m. - Metall. - etc.*), sinterato (*s.*), sinterizzato (*s.*), materiale sinterato.

Sintern (Verwandlung von Formkörpern aus Metallpulvern zu festen Körpern durch Drücken bei höherer Temperatur) (*n. - Metall.*), sinterazione, sinterizzazione. 2 ~ (von Aschen) (*Verbr.*), sinterazione, agglomerazione. 3 **Wirbel** ~ (von Kunststoffen) (*Technol.*), sinterazione a letto fluido, sinterizzazione a letto fluido.

sintern (Mineralien absetzen) (*Geol.*), sedimentare. 2 ~ (*Metall.*), sinterare, sinterizzare.

Sinterung (Sintern) (*f. - Metall.*), sinterazione, sinterizzazione. 2 ~ (von Erz) (*Bergbau*), agglomerazione, pallottizzazione, sinterazione. 3 ~ (Mineralabsatz) (*Geol.*), sedimentazione geologica.

Sinus (sin, Winkelfunktion) (*m. - Math.*), seno. 2 ~ **aufspannplatte** (*f. - Mech. - Werkz. masch.bearb.*), piano seno. 3 ~ **galvanometer**

sinusförmig

(Sinusbussole) (*n. - Instr.*), bussola dei seni. 4 ~ **kurve** (Sinuslinie) (*f. - Math. - Phys.*), sinusoide. 5 ~ **lauf** (eines Radsatzes im Gleis) (*m. - Eisenb.*), serpeggiamento. 6 ~ **lineal** (*n. - Mech. - Werkz.masch.bearb.*), barra seno. 7 ~ **relief** (graphische Darstellung einer Sinusfunktion von einem komplexen Argument) (*n. - Math.*), grafico di funzione sinusoidale. 8 ~ **spannung** (*f. - Elekt.*), tensione sinusoidale. 9 ~ **-Tische** (zur Kontrolle und Bearbeitung) (*m. - pl. - Ger. - Mech.*), piani seno. 10 ~ **welle** (*f. - Phys.*), onda sinusoidale.

sinusförmig (*Math. - Phys.*), sinusoidale.

Siphon (*m. - Phys.*), sifone. 2 ~ (Geruchverschluss) (*Bauw.*), sifone (intercettatore), pozzetto intercettatore, chiusura idraulica.

SIP-Verfahren (Solvent in Pulp-Verfahren, flüssig-flüssig-Extraktionsverfahren, für Uran) (*n. - Metall.*), processo SIP.

SIR (Silikon-Kautschuk) (*chem. Ind.*), SIR, gomma siliconica.

Sirene (Signalgerät) (*f. - Ind. - naut. - etc.*), sirena. 2 ~ **n-ton** (Drehklang, bei Lüftern z. B.) (*m. - Akus.*), tono di sirena.

Siriometer (Längeneinheit = 10^6 astronomische Einheiten) (*m. - Astr.*), siriometro, astrometro.

Siruferkern (aus Eisenpulver) (*m. - Funk.*), nucleo di sirufer.

Sirup (Rübensaft) (*m. - chem. Ind.*), sugo (di barbabietola).

SIS (Staatliche Ingenieurschule) (*Schule*), Scuola d'Ingegneria Statale.

Sisal (Faser aus Agaveblättern) (*m. - Text. - etc.*), sisal.

Si-Stoff (hydraulischer Zusatz, für Beton) (*m. - Bauw.*), (tipo di) additivo per calcestruzzo.

Si-Transistor (Silizium-Transistor) (*m. - Elektronik*), transistore al silicio.

Sittenzeugnis (*n. - recht.*), certificato di buona condotta.

Situation (*f. - allg.*), situazione. 2 ~ **s-plan** (Lageplan) (*m. - Ind.*), planimetria.

Sitz (zum Sitzen, in einem Fahrz. z. B.) (*m. - Fahrz. - etc.*), sedile. 2 ~ (Passung) (*Mech.*), accoppiamento. 3 ~ (Sitzfläche, eines Ventils z. B.) (*Mot. - Mech. - etc.*), sede. 4 ~ (eines Rades auf der Welle) (*Mech. - etc.*), sede. 5 ~ (Hauptniederlassung, einer Gesellschaft) (*komm. - finanz.*), sede (sociale). 6 ~ (*Mech.*), siehe auch Passung. 7 ~ **bank** (eines Personenkraftwagens) (*f. - Aut.*), panchina. 8 ~ **lage** (*f. - Fahrz. - etc.*), posizione di seduta, posizione a sedere. 9 ~ **platz** (*m. - Fahrz. etc.*), posto a sedere. 10 ~ **position** (des Fahrers in einem Pkw) (*f. - Aut.*), assetto di guida. 11 ~ **streik** (*m. - Arb.*), sciopero con occupazione di fabbrica, sciopero al posto di lavoro. 12 ~ **wagen** (*m. - Eisenb.*), vettura passeggeri. 13 ~ **zahl** (*f. - Fahrz.*), (numero dei) posti a sedere. 14 **anatomischer** ~ (*Aut.*), sedile anatomico. 15 **Bewegungs** ~ (*Mech.*), accoppiamento mobile. 16 **Dicht** ~ (*Mech. - etc.*), sede di tenuta. 17 **Dreh** ~ (*Ger.*), sedile girevole. 18 **Edel** ~ (*Mech.*), accoppiamento extrapreciso. 19 **Edelfest** ~ (eF) (*Mech.*), accoppiamento extrapreciso bloccato serrato. 20 **Edelgleit** ~ (eG) (*Mech.*), accoppiamento extrapreciso di scorrimento. 21 **Edelhaft** ~ (eH) (*Mech.*), accoppiamento extrapreciso bloccato leggero. 22 **Edelschiebe** ~ (eS) (*Mech.*), accoppiamento extrapreciso di spinta. 23 **Edeltreib** ~ (eT) (*Mech.*), accoppiamento extrapreciso bloccato normale. 24 **Einzel** ~ **e** (*pl. - Aut.*), sedili separati. 25 **enger Lauf** ~ (EL) (*Mech.*), accoppiamento preciso libero stretto. 26 **Fest** ~ (F) (*Mech.*), accoppiamento preciso bloccato serrato. 27 **Gleit** ~ (G) (*Mech.*) accoppiamento preciso di scorrimento. 28 **Grob** ~ (*Mech.*), accoppiamento grossolano. 29 **Haft** ~ (H) (*Mech.*), accoppiamento preciso bloccato leggero. 30 **Klapp** ~ (*Fahrz. - etc.*), sedile ribaltabile. 31 **Lauf** ~ (*Mech.*), accoppiamento mobile. 32 **Lauf** ~ (L) (nach dem früheren DIN-Pass-system) (*Mech.*), accoppiamento preciso libero normale. 33 **leichter Lauf** ~ (LL) (*Mech.*), accoppiamento preciso libero largo. 34 **Press** ~ (P) (*Mech.*), accoppiamento bloccato alla pressa. 35 **Ruhe** ~ (Übergangssitz) (*Mech.*), accoppiamento incerto. 36 **Schiebe** ~ (S) (*Mech.*), accoppiamento preciso di spinta. 37 **Schlichtgleit** ~ (*Mech.*), accoppiamento medio di scorrimento. 38 **Schlichtlauf** ~ (sL) (*Mech.*), accoppiamento medio libero normale. 39 **Schrumpf** ~ (*Mech.*), accoppiamento stabile bloccato a caldo. 40 **Treib** ~ (T) (*Mech.*), accoppiamento preciso bloccato normale. 41 **Übergangs** ~ (Ruhesitz) (*Mech.*), accoppiamento incerto. 42 **weiter Lauf** ~ (wL) (*Mech.*), accoppiamento preciso libero amplissimo. 43 **weiter Schlichtlauf** ~ (SWL) (*Mech.*), accoppiamento medio libero amplissimo.

sitzen (passen) (*Mech.*), accoppiare. 2 **auf** ~ (stranden, von Schiffen) (*naut.*), incagliarsi, dare in secco.

Sitzung (Versammlung) (*f. - finanz. - etc.*), seduta. 2 ~ **s-berichte** (einer Gesellschaft) (*m. - pl. - finanz.*), rendiconti. 3 ~ **s-protokoll** (*n. - finanz. - komm.*), verbale di seduta.

SIUS (gut schweissbarer Sondertemperguss) (*Giess.*), (tipo di) ghisa malleabile.

SJS (schwedischer Normenausschuss) (*Technol.*), SJS, Istituto di Normalizzazione Svedese.

SK (Segerkegel) (*Wärme*), cono Seger. 2 ~ (Synthese-Kautschuk) (*Chem. Ind.*), SK, gomma sintetica, elastomero sintetico.

S_k (Kleinstspiel) (*Mech.*), gioco minimo. 2 ~ (Kopfspiel, bei Zahnrädern) (*Mech.*), gioco sul fondo.

Skala (Skale, bei Messgeräten z. B.) (*f. - Instr.*), scala. 2 **gleitende** ~ (der Löhne) Arb. - Pers.), scala mobile. 3 **logarithmische** ~ (*Math. - etc.*), scala logaritmica.

Skalar (Skalargrösse, geometrische Grösse) (*m. - Phys.*), grandezza scalare. 2 ~ **feld** (*n. - Math.*), campo scalare. 3 ~ **produkt** (*n. - Math.*), prodotto scalare.

skalar (*allg.*), scalare. 2 ~ **es Produkt** (*Math.*), prodotto scalare.

Skalenbogen (*m. - Instr. - etc.*), arco graduato.

Skalenendwert (*m. - Instr.*), valore di fondo scala.

Skalenlampe (Armaturenbrettlampe) (*f. - Ger.*), lampada per quadro.

Skalenring (*m. - Instr. - etc.*), anello graduato.

Skalenscheibe (*f. - Mech. - etc.*), disco graduato.
Skalenteilung (*f. - Instr.*), graduazione.
Skandium (*Sc - n. - Chem.*), scandio.
SKE (Steinkohle-Einheit, Vergleichsmass in der Energiewirtschaft, Heizwert eines kp einer bestimmten Steinkohlenart) (*Verbr.*), unità di carbone (fossile).
Skelett (*n. - allg.*), scheletro. 2 ∼ (*Bauw. - etc.*), ossatura, intelaiatura. 3 ∼ **bauweise** (*f. - Bauw.*), struttura a telai. 4 ∼ **linie** (eines Profils) (*f. - Aerodyn.*), linea media.
Ski (Schi) (*m. - Sport*), sci. 2 ∼ (*Sport*), siehe auch Schi. 3 ∼ **bindungen** (*f. - pl. - Sport*), attacchi per sci. 4 ∼ **lift** (Seilbahn) (*m. - Sport - Transp.*), sciovia, «skilift». 5 ∼ **sprung-Überlauf** (einer Staumauer) (*m. - Wass.b.*), sfioratore a trampolino da sci. 6 ∼ **träger** (auf dem Dach eines Pkw) (*m. - Aut.*), portasci. 7 ∼ **wachs** (*n. - Sport - chem. Ind.*), sciolina.
Skiatron (Farbschriftröhre, Kathodenstrahlröhre) (*n. - Elektronik*), «skiatron».
Skiff (schmales Ruderboot) (*n. - naut.*), «skiff».
Skimmen (Gummieren, von Geweben) (*n. - Textilind.*), gommatura.
Skineffekt (Hautwirkung) (*m. - Elekt.*), effetto pellicolare.
Skinverpackungsmaschine (*f. - Masch. - Packung*), siehe Hautverpackungsmaschine.
Skip (Fördergefäss) (*n. - Bergbau*), «skip». 2 ∼ **förderung** (*f. - Bergbau*), estrazione con «skip».
Skizze (Entwurf) (*f. - Zeichn.*), schizzo. 2 **Mass** ∼ (*Zeichn.*), schizzo quotato.
skizzieren (*Zeichn.*), schizzare.
Sklerometer (Ger. zum Messen der Härte eines Minerals) (*n. - Ger.*), sclerometro.
Skleroskop (Fallhärteprüfer) (*n. - Ger.*), scleroscopio, durometro a rimbalzo.
Skonto (Abzug) (*m. - komm.*), sconto.
Skontro (Nebenbuch, in dem Eingang und Ausgang von Waren, Wechseln, etc. verbucht werden) (*n. - Buchführung*), libro di carico e scarico. 2 **Lager** ∼ (Warenskontro) (*Buchführung*), libro magazzino. 3 **Wechsel** ∼ (*Buchführung*), scadenziario cambiali.
Skopolamin (Hyoszin) (*n. - Chem. - Pharm.*), scopolamina.
Skotie (*f. - Arch.*), scozia.
SKR-Brücke (Schaper-Krupp-Reichsbahn-Brücke, zerlegbares Brückengerät) (*f. - Brük.b.*), ponte SKR.
Skript (Script, Filmmanuskript) (*n. - Filmtech.*), copione. 2 ∼ **girl** (Scriptgirl, Ateliersekretärin) (*f. - Arb. - Filmtech.*), segretaria di edizione.
Skrubber (Rieselwäscher, zur Gasreinigung) (*m. - chem. Ger.*), gorgogliatore di lavaggio, «scrubber».
Skuller (Skullboot) (*m. - naut.*), sandolino.
S-Kurve (Zeit - Temperatur - Umwandlungsschaubild) (*f. - Metall.*), curva TTT, curva trasformazione-temperatura-tempo, curva di trasformazione isotermica. 2 ∼ (Gegenkrümmung, Wendelinie) (*Strass.b. - Eisenb.*), curva a S, controcurva.
SKW (schwerer Kohlenwasserstoff) (*Chem.*), idrocarburo pesante.

Sk-Zahl (Raffinationsgrad, bei Prüfung von Isolierölen) (*f. - Chem.*), indice di raffinazione, grado di raffinazione.
sL (Schlichtlaufsitz) (*Mech.*), accoppiamento medio libero normale.
Slalom (Personenkraftwagen-Test, Wedeln) (*m. - Aut. - Prüfung*), slalom, prova di maneggevolezza. 2 **Riesen** ∼ (*Ski - Sport*), slalom gigante.
«Slamming» (hydrodynamischer Stoss) (*n. - naut.*), urto idrodinamico.
S-Leder (Treibriemenleder) (*n. - Mech.*), cuoio S, cuoio per cinghie di trasmissione.
Slinger (Schleudermaschine) (*m. - Formerei*), lanciaterra.
Slip (einer Schiffsschraube) (*m. - naut.*), regresso. 2 ∼ (*naut.*), siehe auch Aufschleppe.
Slippen (eines Bootes) (*n. - naut.*), alaggio a secco, messa a secco.
slippen (eine Leine werfen z. B.) (*naut.*), siehe schlippen.
Slipstek (Schlippstek, Seemannsknoten) (*m. - naut.*), nodo parlato.
Slup (Sloop, Segeljacht) (*f. - naut.*), cutter con vela Marconi.
SLV (Schweisstechnische Lehr- und Versuchsanstalt) (*mech. Technol.*), Istituto Ricerche sulla Saldatura.
SLW (Schwerlastwagen der Klassen 60,45 und 30 t) (*Fahrz.*), veicolo pesante.
Sm (Samarium) (*Chem.*), Sm, samario.
sm (Seemeile, 1 sm = 1853,18 m) (*Masseinheit*), miglio marino.
Smalte (Schmalte, Schmelzblau) (*f. - Chem.*), smalto.
Smaltin ($CoAs_2$) (Speiskobalt, Skutterudit) (*m. - Min.*), smaltina.
Smaragd (grüner Edelstein) (*m. - Min.*), smeraldo.
smaragdgrün (*Farbe*), verde smeraldo.
smektisch (*Phys.*), smectico.
Smirgel (Schmirgel, Gemenge von Korund, Granat, Magnetit, etc.) (*m. - Min. - Mech.*), smeriglio.
SM-Ofen (*m. - Metall.*), forno Martin-Siemens.
Smog (smoke + fog, Rauch und Nebel) (*m. - Ökologie*), smog.
SM-Stahl (Siemens-Martin-Stahl) (*m. - Metall.*), acciaio Martin-Siemens.
SM-Verfahren (Siemens-Martin-Verfahren) (*n. - Metall.*), processo Martin-Siemens.
Sn (Zinn) (*Chem.*), Sn, stagno.
SnBz (Zinnbronze) (*Legierung*), bronzo allo stagno.
Snort-Ventil (zum schnellen Drosseln des Windes) (*n. - Hochofen*), valvola Snort.
S-Nr (Stoffnummer, zur Kennzeichnung von Stählen, etc.) (*Metall.*), numero del materiale.
SNV (Schweizerische Normenvereinigung) (*Technol. - etc.*), Istituto di Normalizzazione Svizzero.
SO (Schienenoberkante) (*Eisenb.*), filo superiore rotaie.
s. o. (siehe oben) (*allg.*), vedi sopra.
Sockel (vorspringender Unterteil einer Mauer) (*m. - Maur.*), zoccolo. 2 ∼ (Unterbau) (*Bauw. - Maur.*), base, basamento. 3 ∼ (einer Glühbirne) (*Elekt.*), zoccolo, virola, attacco. 4 ∼ (eines Standbildes) (*Arch.*),

piedistallo. 5 ~ (untere Hälfte der Zimmerwand) (*Maur.*), zoccolo. 6 ~ (Teil eines Kontinents unter Wasser) (*Geogr. Geol.*), zoccolo (sottomarino). 7 ~ **leiste** (*f. - Bauw.*), zoccolo. 8 ~ **täfelung** (*f. - Bauw.*), zoccolatura. 9 **Oktal** ~ (für Elektronenröhren) (*Elektronik*), zoccolo Oktal, zoccolatura Oktal. 10 **Röhren** ~ (*Elektronik*), zoccolo, attacco (di tubo elettronico).

Soda (Na_2CO_3) (kohlensaures Natron) (*f. - Chem.*), soda, carbonato di sodio. 2 ~ **kochechtheit** (*f. - Textilind.*), solidità alla soda bollente. 3 ~ **seife** (*f. - chem. Ind.*), sapone sodico. 4 **kaustische** ~ (NaOH) (*chem. Ind.*), soda caustica, sodio idrossido.

Söderberg-Elektrode (beim Lichtbogenofen) (*f. - Metall.*), elettrodo Söderberg.

SOD-Probe (Standard Oil Development-Probe bei Schweiss-sicherheitsprüfung) (*f. - mech. Technol.*), provino SOD.

Soffittenlampe (röhrenförmige Glühlampe) (*f. - Beleucht. - Elekt.*), lampada a filamento rettilineo, lampada tubolare a filamento rettilineo.

sofortbereit (eines Notstromaggregates z. B.) (*Elekt. - etc.*), ad intervento immediato.

Sofortbereitschaftsanlage (*f. - Masch.*), impianto ad intervento immediato.

sofortig (*allg.*), immediato. 2 ~ **e Entlassung** (*Arb. - Pers.*), licenziamento in tronco.

Sofortverkehr (*m. - Fernspr.*), comunicazione urgente.

Software (Sammelbezeichnung für Programme und Betriebssysteme) (*f. - Rechenanlage*), software. 2 ~ **paket** (*n. - Datenverarb.*), pacchetto di software. 3 **Applications** ~ (*Datenverarb.*), software applicativo.

Sog (hinter einem Schiff z. B.) (*m. - naut. - Flugw. - Aerodyn. - Hydr.*), scia. 2 ~ **kraft** (*f. - allg.*), forza aspirante. 3 ~ **pumpe** (für Selbststeuerungsgeräte z. B.) (*f. - Flugw. - etc.*), depressore. 4 ~ **regler** (*m. - Ger.*), regolatore a depressione. 5 ~ **seite** (*f. - allg.*), lato aspirazione. 6 ~ **wirkung** (*f. - allg.*), effetto aspirante. 7 ~ **ziffer** (*f. - naut.*), fattore di scia.

sog. (sogenannt) (*allg.*), cosiddetto.

Sohlbank (eines Fensters) (*f. - Bauw.*), davanzale.

Sohldruck (durch Bauwerk und Nutzlast auf den Baugrund ausgeübte Pressung) (*m. - Bauw.*), pressione di appoggio.

Sohle (*f. - allg.*), suola. 2 ~ (Stollen) (*Bergbau*), livello, galleria di livello. 3 ~ (einer Abbaustrecke) (*Bergbau*), letto, suola, piede. 4 ~ (eines Kanals) (*Hydr.*), fondo. 5 ~ (eines Docks) (*naut.*), suola. 6 ~ (von Tälern) (*Geol.*), fondovalle. 7 ~ (eines Tunnels) (*Ing.b.*), suola. 8 ~ (eines Flusses) (*Geogr.*), letto. 9 ~ (eines Schuhes) (*Lederind.*), suola. 10 ~ **n-gewölbe** (für Gründungen z. B.) (*n. - Bauw.*) volta rovescia. 11 ~**n-wasserdruck** (einer Staumauer, Unterdruck) (*m.*) - *Wass.b.*), sottopressione. 12 **Strom** ~ (Flussbett) (*Hydr.*), letto di fiume.

söhlig (waagerecht) (*Bergbau*), orizzontale.

Sohlplatte (*f. - Mech.*), base, piastra di base, basamento.

Sohlschwelle (Grundschwelle) (*f. - Wass.b.*), soglia di fondo.

Sohlstein (Bodenstein, Herd) (*m. - Ofen - Metall.*), suola, laboratorio.

Sohn (für Schallplatten) (*m. - Akus.*), matrice di stampaggio.

Sol (kolloidale Lösung) (*n. - Chem.*), sol.

Solarimeter (Ger. zum Messen der Sonnenstrahlung) (*n. - Ger.*), solarimetro, misuratore di radiazioni solari.

Solarisation (*f. - Phot.*), solarizzazione.

Solarkonstante (Sonnenstrahlung, die an der oberen Grenze der Erdatmosphäre einfällt) (*f. - Astr.*), costante (di radiazione) solare.

Solaröl (*n. - Chem.*), olio solare.

Solarzelle (*f. - Elekt.*), cella solare, pila solare.

Sold (*m. - milit.*), paga.

Soldat (*m. - milit.*), soldato.

Solder (Fussboden) (*m. - Bauw. - schweiz.*), pavimento.

Sole (Salzlösung aus natürlichen Salzquellen) (*f. - Geol. - Chem.*), acqua salata, soluzione salina naturale. 2 ~ (Lösung zur Übertragung der Kälte ber Kälteanlagen) (*Kälte*), salamoia.

Solenoid (Spule) (*n. - Elekt.*), solenoide. 2 ~ **bremse** (*f. - Elekt.*), freno a solenoide. 3 ~ **ventil** (*n. - Elektromech.*), valvola elettromagnetica, valvola a solenoide.

Solfatara (Schwefelwasserstoffausströmung) (*f. - Geol.*), solfatara.

solid (*finanz.*), solido, solvibile.

Solid-State-Technik (Festkörpertechnik) (*f. - Elektronik*), tecnica dello stato solido.

Soliduslinie (obere Grenze des nur festen Zustandes) (*f. - Metall.*), curva di solidificazione.

Solidustemperatur (*f. - Metall.*), temperatura di solidificazione.

Solifluktion (Erdfliessen) (*f. - Geol.*), solifluzione.

Soll (Gegensatz von Haben) (*n. - Buchhaltung*) il dare. 2 ~ (Menge die von einem Betrieb oder Arbeiter herzustellen ist) (*Arb. - Organ.*), produzione standard, norma di lavoro, norma di produzione. 3 ~ **drehzahl** (Nenndrehzahl) (*f. - Mot.*), numero di giri nominale, velocità nominale. 4 ~ **druck** (für Gas, eingestellter Regeldruck) (*m. - Druckregler*), pressione regolata, pressione di regolazione. 5 **Solleistung** (Nennleistung) (*f. - Mech.*), potenza nominale. 6 ~ **feinheit** (*f. - Textilind.*), finezza prescritta. 7 ~ **frequenz** (bei Funksendern, Mittelfrequenz des zugeteilten HF-Bandes) (*f. - Funk.*), frequenza nominale. 8 ~ **kosten** (im voraus ermittelte Kosten) (*f. - pl. - Ind.*), costo standard. 9 ~ **kurve** (Kurve der Werte der Mindest-Schalldämmung und des Maximal-Trittschallpegel, für Schallschutz) (*f. - Akus. - Bauw.*), curva dei valori limite (di dB) prescritti. 10 ~ **-Lage** (einer Fläche des Werkstückes) (*f. - Mech.*), posizione nominale. 11 ~ **mass** (*n. - Mech.*), *siehe* Sollmass. 12 ~ **oberfläche** (in der Zeichnung vorgeschriebene Oberfläche) (*f. - Mech.*), superficie prescritta. 13 ~ **produktion** (*f. - Ind.*), produzione programmata. 14 ~ **saldo** (*m. - Buchhaltung*), saldo a debito. 15 ~

seite (*f. - Buchhaltung*), colonna del dare. **16** ~ **wert** (*m. - allg.*), valore teorico, valore nominale. **17** ~ **wert w** (*Regelung*), siehe Führungsgrösse. **18** ~ **zeit** (*f. - Arb. - Organ.*), tempo normale. **19** ~ **zeit** (bei Trägheitsnavigation) (*Navig.*), tempo caratteristico.
Söller (Balkon) (*m. - Bauw.*), balcone, poggiuolo. **2** ~ (flaches Dach, eines Hauses) (*Bauw.*), tetto piano. **3** ~ (Dachboden) (*Bauw.*), sottotetto, soffitta.
Sollmass (vorgeschriebenes Mass) (*n. - Mech.*), dimensione prescritta. **2** ~ (Nennmass) (*Mech.*), dimensione nominale, dimensione teorica, misura teorica. **3 Lehren** ~ (Nennmass einer Lehre) (*Mech.*), dimensione nominale prescritta del calibro.
Solofahrzeug (Lastwagen) (*n. - Aut.*), motrice, autocarro senza rimorchio.
Soloflug (*m. - Flugw.*), volo isolato.
Solomaschine (*f. - Motorrad*), motocicletta (senza carrozzino).
Solstitium (Sonnenwende) (*n. - Astr.*), solstizio.
Solvat (Ionenhydrat)) (*n. - Chem.*), solvato.
Solvatation (*f. - Chem.*), solvatazione.
Solvayverfahren (*n. - chem. Ind.*), processo Solvay.
Solvent-Extraktion (Extraktion aus flüssiger Phase) (*f. - Chem.*), estrazione da liquido, estrazione liquido-liquido.
Solvenz (Zahlungsfähigkeit) (*f. - finanz. - komm.*), solvibilità, solvenza.
Sommerdeich (*m. - Wass.b.*), argine estivo.
Sommerpolder (Sommergroden, mit einem Sommerdeich ungebener Polder) (*m. - Wass.b.*), polder protetto da argine estivo.
Sommerferien (*f. - pl. - Arb.*), ferie estive.
Sommern (Querrillen in der Laufdecke von Luftreifen) (*n. - Aut.*), aderizzazione trasversale.
Sommerfeld-Zahl (in der hydrodynamischen Lagertheorie) (*f. - Mech.*), coefficiente di Sommerfeld.
Sommervorland (*n. - Wass.b.*), golena estiva.
SoMs (Sondermessing) (*Legierung*), ottone speciale.
Sonar (*n. - Akus.*), siehe S-Gerät.
Sonde (Suchgerät, Mess·sonde) (*f. - Ger.*), sonda. **2** ~ (produzierende Erdölbohrung) (*Bergbau*), pozzo produttivo. **3** ~ (Bohrung) (*Bergbau*), sondaggio. **4** ~ **n·röhre** (Farnsworth-Röhre, Bildzerleger) (*f. - Fernseh.*), tubo analizzatore, tubo di scansione. **5 Hitzdraht** ~ (Strömungssonde) (*Ger.*), sonda a filo caldo, esploratore a filo caldo. **6 Mond** ~ (*Astronautik*), sonda lunare.
Sonderanhänger (*m. - Fahrz.*), rimorchio speciale.
Sonderaufbau (*m. - Aut.*), carrozzeria fuori serie.
Sonderausführung (*f. - Ind. - komm.*), esecuzione speciale.
Sonderausgaben (*f. - pl. - Adm.*), spese extra.
Sonderausrüstung (Zubehör z. B.) (*f. - Aut. - etc.*), extra a richiesta, extra a pagamento.
Sonderberechnung (*f. - komm.*), spesa extra.
Sonderdruck (Sonderabzug, Sonderabdruck) (*m. - Druck.*), edizione speciale.

Sonderfahrzeug (*n. - Fahrz.*), veicolo speciale.
Sonderformstahl (*m. - metall. Ind.*), profilato (di acciaio) speciale.
Sondergewinde (*n. - Mech.*), filettatura speciale.
Sondergraguss (Grauguss mit bestimmten magnetischen Eigenschaften) (*m. - Giess.*), ghisa grigia speciale (con determinate proprietà magnetiche).
Sonderklasse (*f. - Arb. - etc.*), categoria speciale.
Sondermass (*n. - Mech. - etc.*), dimensione speciale, dimensione non unificata.
Sonderprofil (*n. - metall. Ind.*), profilato speciale.
Sonderrecht (Vorrecht einzelner) (*n. - recht.*), diritto esclusivo.
Sondertiefziehblech (*n. - metall. Ind.*), lamiera speciale per imbutitura.
Sonderwagen (*m. - Eisenb.*), carrozza speciale, vettura speciale. **2** ~ (*Aut.*), vettura fuori serie.
Sonderwalzwerk (*n. - Walzw.*), laminatoio per profilati speciali.
Sonderwunschausstattungen (*f. - pl. - Aut. - etc.*), accessori speciali a richiesta.
Sonderzubehör (*n. - Aut. - etc.*), accessorio speciale.
Sonderzug (*m. - Eisenb.*), treno speciale.
sondieren (*Bergbau - etc.*), sondare.
sone (Einheit für die Lautheit, physiologisch empfundene Lautheit) (*n. - Akus.*), sone, unità d'intensità sonora soggettiva.
Sonims (solid non metallic impurities, feste nichtmetallische Einschlüsse) (*pl. - Metall.*), sonims, inclusioni solide non metalliche.
Sonne (*f. - Astr.*), sole. **2** ~ **n·bad** (Sonnenlichtbestrahlung, Heliotherapie) (*n. - Med.*), elioterapia. **3** ~ **n·batterie** (für künstliche Satelliten z. B.) (*f. - Elekt.*), batteria solare. **4** ~ **n·bleichung** (*f. - Text.*), candeggio solare. **5** ~ **n·blende** (*f. - Aut.*), parasole, visiera parasole. **6** ~ **n·blende** (*Phot. - Filmtech.*), schermo parasole, parasole. **7** ~ **n·blumenöl** (*n. - Chem.*), olio di girasole. **8** ~ **n·brille** (*f. - Opt.*), occhiali da sole. **9** ~ **n·dach** (Schiebedach) (*n. - Aut.*), tetto apribile. **10** ~ **n·dach** (*Arch. - Bauw.*), tenda (da sole). **11** ~ **n·deck** (oberstes Deck) (*n. - naut.*), ponte del sole, ponte dei giochi. **12** ~ **n·einstrahlung** (auftretende und nutzbare Bestrahlungsstärke der Sonne) (*f. - Meteor. - etc.*), irradiamento (energetico) solare (utilizzabile). **13** ~ **n·energie** (*f. - Geophys.*), energia solare. **14** ~ **n·ferne** (Aphel) (*f. - Astr.*), afelio. **15** ~ **n·finsternis** (*f. - Astr.*), eclissi solare. **16** ~ **n·fleck** (*m. - Astr.*), macchia solare. **17** ~ **n·heizung** (von Gebäuden) (*f. - Heizung*), riscaldamento ad energia solare. **18** ~ **n·höhe** (*f. - Navig. - naut.*), altezza del sole. **19** ~ **n·jahr** (*n. - Astr.*), anno solare. **20** ~ **n·kraftwerk** (Sonnenkraftanlage) (*n. - Elekt.*), centrale ad energia solare. **21** ~ **n·lamellen** (Jalousie) (*f. - pl. - Bauw.*), tenda alla veneziana. **22** ~ **n·lichtbestrahlung** (*f. - Med.*), siehe Sonnenbad. **23** ~ **n·messer** (Heliometer) (*m. - Astr. - Instr.*), eliometro. **24** ~ **n·monat** (*m. - komm. - Astr.*), mese so-

Sonoboje

lare. 25 ~ n·nähe (Perihel) (*f. - Astr.*), perielio. 26 ~ n·ofen (*m. - Ofen.*), forno solare, fornace solare. 27 ~ n·rad (eines Planetengetriebes) (*n. - Mech.*), ruota planetaria. 28 ~ n·riss (im Holz, Luftriss) (*m. - Holz*), screpolatura naturale. 29 ~ n·scheindauer (*f. - Geogr. - Meteor.*), (durata di) soleggiamento, insolazione, eliofania. 30 ~ n·segel (*n. - naut.*), tenda (da sole). 31 ~ n·spektrum (*n. - Phys.*), spettro solare. 32 ~ n·stand (Höhe der Sonne) (*m. - Navig.*), altezza del sole. 33 ~ n·strahlung (*f. - Geophys.*), radiazione solare. 34 ~ n·system (*n. - Astr.*), sistema solare. 35 ~ n·tag (*m. - Geophys. - Astr.*), giorno solare. 36 ~ n·tätigkeit (*f. - Astr.*), attività solare. 37 ~ n·typmagnetron (*n. - Elektronik*), magnetron a sole nascente, magnetron a cavità risonanti alternate. 38 ~ n·uhr (*f. - Geogr.*), meridiana. 39 ~ n·weite (Erdweite, mittlerer Abstand Erde-Sonne, astronomische Einheit, 149.500.000 km) (*f. - Astr.*), unità astronomica. 40 ~ n·wende (Solstitie) (*f. - Astr.*), solstizio. 41 ~ n·wind (solarer Wind) (*m. - Astr.*), vento solare. 42 ~ n·zeit (wahre Zeit) (*f. - Astr.*), ora solare. 43 ~ n·zelle (*f. - Elekt.*), elemento (di batteria) solare, cella solare, pila solare. 44 partielle ~ n·finsternis (*Astr.*), eclissi solare parziale. 45 Sommer- ~ n·wende (*f. - Astr.*), solstizio di estate. 46 totale ~ n·finsternis (*Astr.*), eclissi solare totale. 47 Winter- ~ n·wende (*f. - Astr.*), solstizio d'inverno.
Sonoboje (*f. - Akus. - naut.*), boa sonora, boa acustica.
Sonometer (*n. - Akus. - Ger.*), sonometro.
Sonotrode (schwingende Elektrode, bei Ultraschallschweissen) (*f. - mech. Technol.*), sonotrodo, elettrodo vibrante, elettrodo ultrasonico.
sonstig (*allg.*), vario. 2 ~ e Aufwendungen (einer Bilanz z. B.) (*finanz.*), spese varie, uscite varie.
Sonstiges (*n. - komm. - etc.*), varie. 2 ~ (sonstige Ausgaben) (*Buchhaltug*), spese varie.
Sorbinsäure (für Konservierung z. B.) (*f. - Chem. - Ind.*), acido sorbico.
Sorbit (*m. - Metall.*), sorbite.
sorbitisch (*Metall.*), sorbitico. 2 ~ es Gefüge (*Metall.*), struttura sorbitica.
Sorelzement (Magnesiabindemittel) (*m. - Bauw.*), cemento sorel, cemento magnesiaco.
Sorgfalt (*f. - allg.*), accuratezza, cura. 2 ~ prämie (*f. - Arb.*), premio di operosità.
Sorption (Bindung von Gasmolekülen an feste oder flüssige Oberflächen) (*f. - Chem.*), assorbimento. 2 ~ s·kältemaschine (*f. - Masch.*), macchina frigorifera ad assorbimento.
Sorte (*f. - allg.*), specie, genere. 2 ~ n·fertigung (Fertigung verschiedener Sorten auf einer Masch. aus dem gleichen Rohstoff) (*f. - Ind.*), lavorazione di più prodotti (sulla stessa macchina).
Sortierapparat (*m. - Ger.*), selezionatore.
Sortieren (*n. - Bergbau*), classificazione. 2 ~ (100% - Prüfung, bei Qualitätskontrolle) (*mech. Technol.*), collaudo al 100%.
sortieren (*allg.*), classificare.
Sortiermaschine (*f. - Bergbau - Masch.*), classificatore. 2 ~ (für Lochkarten z. B.) (*Masch.*), selezionatrice.
Sortierung (*f. - Bergbau - etc.*), classificazione.
Sortiment (Auswahl von Waren) (*n. - komm.*), assortimento.
SOS (Hilferuf) (*Funk. - naut. - etc.*), SOS.
Soupleseide (unvollständig entbastete Seide) (*f. - Textilind.*), seta raddolcita.
Souterrain (Kellergeschoss) (*n. - Bauw.*), piano interrato, scantinato.
Soutirage (elektrischer Korrosionsschutz von in der Erde verlegten Kabeln) (*f. - Elekt.*), tipo di protezione contro le correnti vaganti.
Soxhlet-Apparat (zur Extraktion eines Stoffes) (*m. - Chem. - Ger.*), estrattore di Soxhlet.
SOZ (Strassen-Oktan-Zahl, im fahrenden Fahrzeug bestimmte Oktan-Zahl) (*Kraftstoff*), NOS, numero di ottano-strada.
Sozialabgaben (Beiträge, die vom Arbeitgeber abzuführen sind) (*f. - pl. - Ind.*), oneri sociali.
Sozialabteilung (*f. - Ind. - Arb.*), servizio relazioni sociali.
Sozialbeiträge (Soziallasten, soziale Belastung) (*m. - pl. - Ind.*), oneri e contributi sociali.
Sozialfürsorge (*f. - Arb. - Organ.*), assistenza sociale.
Sozialfürsorgerin (*f. - Arb. - Organ.*), assistente sociale.
Sozialgebäude (einer Fabrik z. B.) (*n. - Bauw.*), centro sociale.
sozialisieren (verstaatlichen) (*Ind.*), nazionalizzare.
Sozialisierung (Verstaatlichung) (*f. - Ind.*), nazionalizzazione.
Sozialkapital (*n. - finanz.*), capitale sociale.
Soziallasten (*f. - pl. - Ind.*), siehe Sozialbeiträge.
Soziallohn (Familienlohn) (*m. - Arb. - Pers.*), assegni familiari.
Sozialraum (für Arbeiter) (*m. - Ind.*), locale di soggiorno, locale sociale.
Sozialversicherung (*f. - Ind. - Arb.*), assicurazione sociale.
Sozietät (Gesellschaft) (*f. - allg.*), società, associazione.
Soziologie (Gesellschaftslehre) (*f. - Lehre*), sociologia.
Sozius (Soziusfahrer) (*m. - Kraftrad*), passeggero. 2 ~ (Teilhaber) (*allg.*), socio. 3 ~ sitz (*m. - Kraftrad*), sedile del passeggero, seconda sella.
SP (Siedepunkt) (*Phys.*), punto di ebollizione.
Spachtel (Spatel, Spachtelmesser, zum Auftragen von Farben z. B.) (*m. - Anstr. - Werkz.*), spatola. 2 ~ (Spachtelmasse, Spachtelkitt, Unterlage für Lackierung, von Karosserien z. B.) (*Anstr.*), stucco, fondo. 3 ~ kelle (Estrichkelle) (*f. - Maur. - Werkz.*), cazzuola quadra. 4 ~ kitt (Spachtelmasse, stark gefüllter Anstrichstoff zum Ausgleichen von Unebenheiten des Untergrundes) (*m. - Anstr.*), stucco, fondo. 5 ~ masse (Spachtelkitt) (*f. - Anstr.*), stucco, fondo. 6 Leim ~ (*Anstr.*), stucco a colla, fondo a colla. 7 Messer ~ (Ziehspachtel) (*Anstr.*), stucco a spatola, fondo a spatola. 8 Nitro ~ (*Anstr.*), stucco alla nitro, fondo alla nitro. 9 Spritz ~

(*Anstr.*), stucco a spruzzo, fondo a spruzzo. **10 Streich ~** (*Anstr.*), stucco a pennello, fondo a pennello. **11 Zieh ~** (*Messerspachtel*) (*Anstr.*), stucco a spatola, fondo a spatola.
Spachteln (einer Karosserie z. B.) (*n. - Anstr.*), stuccatura.
spachteln (eine Karosserie z. B.) (*Anstr.*), stuccare.
Spachtelung (*f. - Anstr.*), stuccatura.
Spacistor (in Sperrichtung vorgespannter p-n-Kristall) (*m. - Elektronik*), spacistore.
Spake (*f. - Ger.*), leva, palanchino.
Spallation (Absplitterung, Kernreaktionsart) (*f. - Atomphys.*), spallazione. **2 ~ s·bruchstück** (*n. - Atomphys.*), frammento di spallazione.
Spalling (Abplatzungen am Feuerfestmaterial in Öfen) (*n. - Metall.*), termofrattura.
Spalt (Riss) (*m. - allg.*), fessura, crepa, incrinatura. **2 ~** (Schlitz, Sehschlitz z. B.) (*Opt. - etc.*), fessura. **3 ~** (*Min.*), clivaggio, sfaldatura. **4 ~** (Luftspalt) (*Elektromot.*), traferro. **5 ~** (im Gletscher) (*Geol.*), crepaccio. **6 ~** (für das Schmiermittel zwischen Bohrung und Welle z. B., Schmierspalt) (*Mech.*), meato. **7 ~ anlage** (Krackanlage) (*f. - chem. Ind.*), impianto di piroscissione, impianto di cracking. **8 ~ ausbeute** (*f. - Kernphys.*), resa di fissione. **9 ~ barkeit** (*f. - Min.*), sfaldabilità. **10 ~ benzin** (*n. - chem. Ind.*), benzina da «cracking». **11 ~ blende** (Schlitzblende) (*f. - Opt.*), diaframma a fessura. **12 ~ breite** (am Magnettonträger) (*f. - Elektroakus.*), larghezza della fessura. **13 ~ blendenphotometer** (*n. - Opt. - Ger.*), fotometro con diaframma a fessura. **14 ~ bruch** (*m. - Mech.*), rottura da clivaggio, rottura da sfaldatura. **15 ~ destillation** (Spalten, Kracken) (*f. - chem. Ind.*), piroscissione, cracking. **16 ~ dichtung** (*f. - Mech. - etc.*), tenuta a labirinto. **17 ~ diode** (mit sehr kleinem Elektrodenabstand, 1 ÷ 10 μm) (*f. - Elektronik*), diodo a fessura, diodo a piccolissima distanza interelettrodica. **18 ~ druck** (statischer Druckunterschied vor und hinter den Laufschaufeln einer Turbine z. B.) (*m. - Masch.*), salto statico. **19 ~ fähigkeit** (*f. - Min.*), sfaldabilità. **20 ~ faktor** (einer Röhre) (*m. - Elektronik*), fattore di fessura. **21 ~ feld-Motor** (*m. - Elekt.*), motore a doppio campo. **22 ~ filter** (Ölfilter, von dünnen Stahllamellen gebildet) (*m. - Mot.*), filtro a lamelle, filtro lamellare, filtro autopulitore. **23 ~ fläche** (*f. - Min. - Geol.*), piano di clivaggio, piano di sfaldatura. **24 ~ flügel** (Schlitzflügel) (*m. - Flugw.*), ala a fessura. **25 ~ glimmer** (*m. - Elekt.*), mica bianca, muscovite. **26 ~ kammer** (Ionisationskammer z. B.) (*f. - Atomphys.*), camera di fissione. **27 ~ katalysator** (*m. - Chem.*), catalizzatore per cracking, catalizzatore per piroscissione. **28 ~ klappe** (*f. - Flugw.*), ipersostentatore a fessura. **29 ~ korrosion** (örtlich verstärkte Korrosion in Spalten) (*f. - Metall.*), corrosione in fessura (localizzata). **30 ~ länge** (am Magnettongerät) (*f. - Elektroakus.*), lunghezza della fessura. **31 ~ -Leder** (horizontal gespaltene Haut) (*n. - Lederind.*), pelle spaccata. **32 ~ lehre** (Spion) (*f. - Werkz.*), spessimetro, sonda, calibro a spessori. **33 ~ leitwert** (eines Schwingungskreises) (*m. - Elektronik*), ammettenza elettronica. **34 ~ löten** (*n. - mech. Technol.*), brasatura (ad infiltrazione). **35 ~ -Magnetron** (*n. - Elektronik*), magnetron a cavità con fessure radiali. **36 ~ material** (Spaltstoff, Brennst. für Kernreaktoren) (*n. - Atomphys.*), materiale fissile. **37 ~ neutron** (*n. - Kernphys.*), neutrone di fissione. **38 ~ niete** (*f. - Mech.*), chiodo ad espansione (della testa). **39 ~ platte** (*f. - Bauw.*), piastrella da rivestimento. **40 ~ pol** (*m. - Elekt.*), polo spaccato, polo neutralizzato. **41 ~ polmotor** (Einphasen-Induktionsmotor) (*m. - Elekt.*), motore a poli spaccati. **42 ~ produkt** (*n. - Atomphys.*), prodotto di fissione. **43 ~ produkt-Querschnitt** (Absorptions-Querschnitt) (*m. - Kernphys.*), sezione d'urto per assorbimento. **44 ~ querruder** (*n. - Flugw.*), alettone a fessura. **45 ~ rohr** (Kollimator, Teil eines Spektralapparats) (*n. - Opt.*), collimatore. **46 ~ säge** (Zweimannsäge für Längsschnitt) (*f. - Werkz.*), segone per tavole. **47 ~ stoff** (Brennst. für Kernreaktoren) (*m. - Atomphys.*), materiale fissile, combustibile nucleare). **48 ~ stoffstab** (*m. - Atomphys.*), barra di combustibile. **49 ~ stück** (abgeschnittener Rohling) (*n. - Schmieden*), spezzone troncato. **50 ~ versuch** (Trennung einer Schichtpresstofftafel mit Stahlschneide) (*m. - Holz - etc.*), prova di separazione forzata. **51 ~ zone** (aktive Zone, Zentrum eines Kernreaktors) (*f. - Kernphys.*), zona di fissione, zona attiva, nocciolo.
spaltbar (*Min.*), sfaldabile. **2 ~** (Uran oder Plutonium z. B.) (*Atomphys.*), fissile.
Spaltbarkeit (Spaltfähigkeit) (*f. - Min.*), sfaldabilità. **2 ~** (*Atomphys.*), fissionabilità.
Spalte (Streifen des Schriftsatzes) (*f. - Druck. - Zeitg.*), colonna. **2 ~** (einer Tabelle) (*allg.*), colonna. **3 ~** (Spalt, Riss) (*allg.*), fessura, crepa. **4 ~** (Spalt, im Gletscher) (*Geol.*), crepaccio. **5 ~ n·aufteilung** (in einer Lochkartenmaschine) (*f. - Datenverarb.*), divisione di colonna. **6 ~ n·linie** (*f. - Druck.*), filetto (tra le colonne). **7 ~ n·steller** (einer Schreibmaschine) (*m. - Büromasch.*), tabulatore.
Spalten (*n. - chem. Ind.*), *siehe* Kracken.
spalten (*allg.*), spaccare. **2 ~** (*Atomphys.*), fissionare. **3 ~** (Häuten, zerschneiden in mehrere Schichten) (*Lederind.*), spaccare. **4 sich ~** (*allg.*), spaccarsi. **5 sich ~** (*Min.*), sfaldarsi.
Spalter (Desemulgator, zur Aufspaltung von Emulsionen) (*m. - Chem.*), disemulsionatore.
Spaltfähigkeit (Spaltbarkeit) (*f. - Min.*), sfaldabilità.
Spaltung (von Atomen) (*f. - Kernphys.*), fissione. **2 ~** (*Min.*), clivaggio, sfaldatura. **3 ~ durch schnelle Neutronen** (Schnellspaltung) (*Atomphys.*), fissione a neutroni veloci. **4 ~ s·fläche** (*f. - Min.*), piano di clivaggio, piano di sfaldatura. **5 ~ s·kette** (*f. - Atomphys.*), catena di fissione.
Span (*m. - Werkz.masch.bearb.*), truciolo. **2 ~** (*Bergbau*), Kübel. **3 ~** (*Werkz.masch.bearb.*), *siehe auch* Späne. **4 ~** (Tuchmass = 22,86 cm) (*Mass*), spanna, misura di lunghezza pari a 22,86 cm. **5 ~ abhebung** (*f. -*

Span

Werkz.masch.bearb.), asportazione di trucioli. 6 ~ **brecher** (*m. - Werkz.masch.bearb.*), rompitruciolo. 7 ~ **brechernute** (*f. - Werkz.*), scanalatura rompitruciolo. 8 ~ **breite** (nach dem Schneiden, wirkliche Spanbreite) (*f. - Mech.*), larghezza del truciolo. 9 ~ **breitenstauchung** (Verhältnis zwischen Spanbreite und Spanungsbreite) (*f. - Mech.*), rapporto tra larghezza del truciolo e larghezza di taglio, rapporto tra larghezze effettiva e teorica del truciolo. 10 ~ **dicke** (*f. - Werkz.masch.bearb.*), spessore del truciolo. 11 ~ **dickenstauchung** (Verhältnis zwischen Spandicke und Spanungsdicke) (*f. - Mech.*), rapporto tra spessori reale e teorico del truciolo, rapporto tra spessore del truciolo ed avanzamento. 12 ~ **druck** (*m. - Werkz.masch.bearb.*), pressione del truciolo. 13 ~ **fläche** (eines Drehmeissels) (*f. - Werkz.*), petto, superficie di spoglia superiore. 14 ~ **geschwindigkeit** (Spanablaufgeschwindigkeit, unmittelbar nach seiner Abtrennung) (*f. - Mech.*), velocità del truciolo. 15 ~ **gewicht** (*n. - Werkz.masch.bearb.*), siehe Abspangewicht. 16 ~ **grössen** (Spanabmessungen) (*f. - pl. - Mech.*), dimensioni del truciolo. 17 ~ **hobelmaschine** (Furniermaschine) (*f. - Holzbearb.masch.*), sfogliatrice. 18 ~ **holz** (Spanplatte) (*n. - Bauw.*), pannello di masonite. 19 ~ **kammer** (Raum zwischen zwei Schneiden, eines Räumwerkzeuges) (*f. - Werkz.*), vano per trucioli. 20 ~ **korb** (*m. Werkz.masch.bearb.*), cestone raccoglitrucioli. 21 ~ **leistung** (Zerspanungsleistung) (*f. - Werkz.masch.bearb.*), truciolatura specifica, potenzialità di truciolatura. 22 ~ **leitstufe** (*f. - Werkz.*), gradino guidatruciolo. 23 ~ **loch** (Schneidzahnloch, eines Schneideisens) (*n. - Werkz.*), foro (di scarico) dei trucioli. 24 ~ **locke** (Lockenspan, Wendelspan) (*f. - Werkz.masch.bearb.*), truciolo elicoidale. 25 ~ **menge** (Abspanmenge, Zerspanmenge) (*f. - Mech.*), materiale asportato. 26 ~ **nutenschraube** (eines Wälzfräsers z. B.) (*f. - Werkz.*) elica degli intagli, elica delle gole. 27 ~ **nutensteigung** (eines Wälzfräsers z. B.) (*f. - Werkz.*), passo dell'elica (degli intagli). 28 ~ **nutenteilung** (eines Wälzfräsers z. B.) (*f. - Werkz.*), passo (divisione) degli intagli. 29 ~ **pfanne** (*f. - Werkz.masch.bearb.*), (recipiente) raccoglitrucioli. 30 ~ **platte** (Spanholz) (*f. - Bauw.*), pannello di masonite. 31 ~ **prüfung** (zur Beurteilung der Geschmeidigkeit von Anstrichen) (*f. - Anstr.*), prova di elasticità, prova di raschiatura. 32 ~ **querschnitt** (*m. - Werkz.masch.bearb.*), sezione del truciolo. 33 ~ **raumvolumen** (*n. - Werkz.masch.bearb.*), volume d'ingombro dei trucioli. 34 ~ **raumzahl** (Spanraumziffer, Auflockerungsfaktor, Verhältnis zwischen Spanraumvolumen und Abspanvolumen) (*f. - Mech.*), rapporto d'ingombro dei trucioli. 35 ~ **stauchung** (Verhältnis zwischen Spangrössen und Spanungsgrössen) (*f. - Mech.*), rapporto di compressione del truciolo. 36 ~ **stufe** (Spanleitstufe, Spantreppe, eines Drehwerkzeuges) (*f. - Werkz.*), gradino guidatruciolo. 37 ~ **tiefe** (*f. - Werkz.masch.bearb.*), profondità di passata. 38 ~ **volumen** (*n. - Werkz.masch.bearb.*), siehe Abspanvolumen. 39 ~ **winkel** (eines Drehstahls z. B.) (*m. - Werkz.*), angolo di spoglia superiore. 40 **Abfliess-** ~ (Fliess-span) (*Mech.*), truciolo continuo. 41 **Abreiss-** ~ (*Mech.*), truciolo discontinuo. **Abreiss-** ~ (*Mech.*), truciolo strappato. 42 **aufgrerollter** ~ (*Mech.*), truciolo arricciato. 43 **Band** ~ (*Mech.*), truciolo a nastro. 44 **Bröckel** ~ (Abreiss-span) (*Mech.*), truciolo discontinuo, truciolo strappato. 45 **Locken** ~ (Wendelspan) (*Mech.*), truciolo elicoidale. 46 **Nadel** ~ (*Mech.*), truciolo aciculare. 47 **Reiss** ~ (Abreiss-span) (*Mech.*), truciolo strappato, truciolo discontinuo. 48 **Scher** ~ (Fliess-span) (*Mech.*), truciolo continuo. 49 **Spiral** ~ (*Mech.*), truciolo a spirale. 50 **Wendel** ~ (*Mech.*), truciolo elicoidale.

spanabhebend (spangebend, spanend) (*Werkz.masch.bearb.*), ad asportazione di trucioli. 2 ~ **e Formung** (spanende Formung) (*Werkz.masch.bearb.*), lavorazione ad asportazione di trucioli.

Späne (*m. - pl. - Werkz.masch.bearb.*), trucioli. 2 ~ **abfluss** (*m. - Werkz.masch.bearb.*), evacuazione dei trucioli. 3 ~ **abscheider** (Späneabsauganlage) (*m. - Masch.*), aspiratore per trucioli. 4 ~ **fang** (*m. - Werkz.masch.bearb.*), raccoglitrucioli. 5 ~ **förderer** (*m. - ind. Transp. - Werkz.masch.bearb.*), trasportatore di trucioli. 6 ~ **presse** (*f. - Masch.*), pressa per trucioli. 7 ~ **schale** (*f. - Werkz.masch.bearb.*), raccoglitrucioli. 8 ~ **stau** (*n. - Werkz.masch.bearb.*), ristagno di trucioli. 9 **Guss** ~ (*Mech.*), trucioli di ghisa.

Spanen (zerspanende Bearbeitung) (*n. - Mech.*), lavorazione ad asportazione di truciolo.

spanend (spangebend, spanabhebend) (*Werkz.masch.bearb.*), ad asportazione di trucioli.

spangebend (spanend) (*Werkz.masch.bearb.*), ad asportazione di truciolo.

spanlos (*Giess. - Mech. - Schmieden*), senza asportazione di truciolo. 2 ~ **e Bearbeitung** (spanlose Formung) (*mech. Technol.*), foggiatura plastica, lavorazione a deformazione plastica.

Spannagel (Federnagel, für Schwellen) (*m. - Eisenb.*), arpione elastico.

Spannanker (Ankerschraube) (*m. - Bauw.*), bullone di ancoraggio.

Spannarbeiten (*n. - Werkz.masch.bearb.*), lavorazione su pinza.

Spannbacke (*f. - Mech.*), ganascia, griffa. 2 ~ **n-paar** (einer Stumpfschweissmaschine, Bauteil zum Festhalten des Werkstücks und zur Stromführung) (*n. - Schweissen*), morsa.

Spannbalken (Hauptbalken) (*m. - Bauw.*), trave principale. 2 ~ (mit Spannbewehrung) (*Bauw.*), trave precompressa.

Spannband (für Kolbenringen) (*n. - Mech. - Mot.*), espansore. 2 ~ **lagerung** (eines Dreheiseninstrumentes z. B.) (*f. - Instr.*), sospensione a nastro teso.

Spannbereich (eines Spannfutters) (*m. - Werkz.masch.*), capacità (del mandrino).

Spannbeton (*m. - Bauw.*), cemento armato precompresso, calcestruzzo precompresso.

Spannbett (für Beton) (*n. - Bauw.*), pista di precompressione.

Spannbewehrung (für Beton) (*f. - Bauw.*), armatura per cemento precompresso.

Spannbohle (Spreize, Spriesse) (*f. - Bauw.*), sbadacchio.
Spannbolzen (Spannhülse) (*m. - Mech.*), spina elastica.
Spannbüchse (*f. - Werkz.masch.*), bussola di serraggio.
Spanndorn (*m. - Werkz.*), mandrino.
Spanndraht (*m. - Mech. - etc.*), filo di ancoraggio. 2 ~ (*Bauw.*), vento, straglio.
Spanndruck (*m. - Mech.*), pressione di serraggio, pressione di bloccaggio.
Spanne (Unterschied) (*f. - allg.*), differenza. 2 ~ (Rand) (*finanz. - etc.*), margine. 3 ~ (*Mass*), spanna. 4 Gewinn ~ (*finanz.*), margine di utile, margine di guadagno.
Spanneinrichtung (*f. - Mech.*), dispositivo di serraggio, dispositivo di bloccaggio.
Spanneisen (einer Fräsvorrichtung z. B.) (*n. - Vorr.*), staffa di bloccaggio. 2 Haken ~ (*Vorr.*), staffa (di bloccaggio) a gancio.
Spannen (Einstecken eines Werkz. in den Einsatz z. B.) (*n. - Werkz. - etc.*), montaggio, serraggio. 2 ~ (Aufbringen der Vorspannung, von Beton) (*Bauw.*), tesatura.
spannen (einen Draht) (*Mech. - etc.*), tendere. 2 ~ (einen Riemen) (*Mech.*), tendere. 3 ~ (eine Feder) (*Mech.*), mettere in forza, mettere sotto carico. 4 ~ (beanspruchen) (*Mech.*), sollecitare. 5 ~ (im Futter befestigen) (*Werkz.*), serrare. 6 ~ (eine Schraube) (*Mech. - etc.*), stringere, serrare. 7 ~ (eine Spannweite haben, einer Brücke z. B.) (*Bauw. - etc.*), avere la luce di ... 8 ~ (den Dampf z. B.) (*Phys.*), mettere in pressione. 9 ~ (den Hahn eines Gewehrs z. B.) (*Feuerwaffe*), armare. 10 ab ~ (losmachen), siehe abspannen. 11 aus ~ (das Werkstück z. B.) (*Werkz.masch.bearb.*), smontare. 12 ent ~ (Federn z. B.) (*Mech.*), scaricare, rimuovere il carico. 13 ent ~ (Messwerkzeuge) (*Mech.*), stagionare.
Spanner (für Seile z. B.) (*m. - Vorr.*), tenditore. 2 ~ (Spannzeug) (*m. - Mech. - Werkz. masch.*), dispositivo di serraggio. 3 Ketten ~ (Fahrrad - etc.), tendicatena. 4 Wanten ~ (*naut.*), tendisartie. 5 Werkstück ~ (Werkstückaufspannvorrichtung) (*Werkz.masch.*), serrapezzo. 6 Werkzeug ~ (*Werkz.masch.*), mandrino per (serraggio di) utensili.
Spannfeder (*f. - Mech.*), molla di trazione.
Spannfeld (Spannweite) (*n. - Bauw. - Elekt. etc.*), campata, luce.
Spannfutter (Backenfutter) (*n. - Werkz. masch.*), piattaforma (a morsetti). 2 ~ (für Fräser oder Wendelbohrer z. B.) (*Werkz. masch.*), mandrino di serraggio. 3 ~ mit **Planspirale** (einer Drehbank) (*Werkz.masch.*), piattaforma con spirale piana. 4 Zangen ~ (*Werkz.masch.*), pinza (di serraggio), mandrino a pinza.
Spanngewicht (für Seilbahnen z. B.) (*n. - Transp.*), contrappeso. 2 ~ **schacht** (Spannschacht, einer Seilbahn) (*m. - Transp.*), pozzo del contrappeso.
Spanngitter (in Scheibentrioden z. B.) (*n. - Elektronik*), griglia a quadro.
Spannglied (für Beton) (*n. - Bauw.*), siehe Spannbewehrung.

Spannhebel (*m. - Werkz.masch. - Mech.*), leva di bloccaggio, leva di serraggio.
Spannhülse (Hohlzylinder aus Federstahl mit kegeligem Ende) (*f. - Mech.*), spina elastica. 2 ~ (eines Revolverkopfes, Spannbüchse) (*Werkz.masch.*), bussola di serraggio.
Spannkabel (*n. - Bauw.*), vento, straglio.
Spannkette (*f. - Bauw.*), catena di ancoraggio.
Spannklaue (*f. - Mech.*), staffa di serraggio.
Spannkloben (Backe, einer Planscheibe) (*m. - Werkz.masch.*), morsetto, griffa. 2 ~ (Spannkluppe, Holz- oder Leichtmetallbacken im Schraubstock eingesetzt zum Schutze des Werkstücks gegen Beschädigung) (*pl. - Mech.*), mordacce.
Spannkraft (*f. - Mech. - etc.*), tensione. 2 ~ (einer Spannvorrichtung, Schweissmaschine z. B.) (*Mech.*), forza di serraggio.
Spannlack (*m. - Anstr.*), vernice a tendere.
Spannmaschine (zum Richten von Blechen) (*f. - Masch.*), spianatrice (a trazione). 2 ~ (für Spannbeton) (*Masch.*), tesatrice.
Spannmotor (*m. - Werkz.masch.*), motore di serraggio, motore per l'azionamento del dispositivo di serraggio.
Spannmutter (eines Spannschlosses) (*f. - Mech.*), manicotto.
Spannpatrone (Spannbüchse) (*f. - Werkz. masch.*), bussola di serraggio.
Spannplatte (Magnetspannplatte) (*f. - Werkz. masch.*), piattaforma magnetica.
Spannpratze (*f. - Mech.*), staffa di serraggio.
Spannrahmen (einer Säge) (*m. - Werkz.*), telaio.
Spannriegel (eines Geviers) (*m. - Bergbau*), corrente di rinforzo, corrente di connessione (dei quadri).
Spannring (Sprengring) (*m. - Mech.*), anello elastico.
Spannrolle (für Riemenantriebe) (*f. - Mech.*), tenditore a rullo, rullo tendicinghia. 2 ~ (für Seiltriebe) (*Mech.*), tenditore a rullo, rullo tendifune.
Spannsäge (*f. - Werkz.*), sega a telaio.
Spannscheibe (Planscheibe, einer Drehbank) (*f. - Werkz.masch.*), piattaforma, « plateau ».
Spannschloss (*n. - Mech.*), tenditore a vite.
Spannschraube (*f. - Mech.*), tirante a vite. 2 ~ (für Untergesenk) (*Schmieden*), vite di serraggio, vite di ancoraggio.
Spannseil (*n. - Bauw.*), vento, straglio.
Spannstange (*f. - Mech.*), tirante. 2 ~ (Zugstange) (*Bauw.*), tirante.
Spannstift (*m. - Mech.*), siehe Spannhülse.
Spannstock (Hobelbankschlüssel) (*m. - Tischl.*), morsa.
Spanntisch (Werkstücktisch) (*m. - Werkz. masch.*), tavola portapezzo.
Spannung (Kraft je Flächeneinheit) (*f. - Baukonstr.lehre*), tensione elastica. 2 ~ (*Elekt.*), tensione. 3 ~ (von Gasen) (*Phys.*), tensione. 4 ~ (Spannweite) (*Bauw.*), luce. 5 ~ (eines Riemens z. B.) (*Mech.*), tensione. 6 ~ (Beanspruchung) (*Baukonstr.lehre*), sollecitazione. 7 ~ **gegen Erde** (*Elekt.*), tensione verso terra. 8 ~ **gegen Nulleiter** (Sternspannung) (*Elekt.*), tensione di fase, tensione stellata. 9 ~ **s·abfall** (*m. - Elekt.*), caduta di

Spannung

tensione. 10 ~ s·akustik (Verfahren zum Feststellen von mech. Spannungen durch Ultraschallwellen) (*f. - Baukonstr.lehre*), fonoelasticità. 11 ~ s·änderung (*f. - Elekt.*), variazione di tensione. 12 ~ s·armglühen (*n. - mech. Technol.*), siehe Spannungsfreiglühen. 13 ~ s·auslösung (eines Relais) (*f. - Elekt.*), sgancio (con bobina) in parallelo. 14 ~ s·ausschlag (Amplitude, bei Dauerschwingversuchen) (*m. - Baukonstr.lehre*), ampiezza di sollecitazione. 15 ~ s·beanspruchung (Beanspruchung eines Isoliermittels) (*f. - Elekt.*), sollecitazione da tensione (elettrica). 16 ~ s·breite (Differenz der Ober- und Unterspannung, bei Dauerversuchen) (*f. - Werkstoffprüfung*), campo di variazione della tensione, ampiezza totale di sollecitazione. 17 ~ s-Dehnungsdiagramm (*n. - Baukonstr. lehre*), diagramma carico-allungamento. 18 ~ s·erhöher (scharfe Einkerbung z. B.) (*m. - Mech.*), invito a rottura. 19 ~ s·feld (*n. - Math.*), campo tensoriale. 20 ~ s·festigkeit (Durchschlagsfestigkeit) (*f. - Elekt.*), rigidità dielettrica. 21 ~ s·freiglühen (Entspannung) (*n. - Wärmebeh.*), distensione, ricottura di distensione. 22 ~ s·fühler (*m. - Weberei*), indicatore di tensione (del filato). 23 ~ s·gefälle (*n. - Elekt.*), gradiente di tensione. 24 ~ s·gleichhalter (Spannungsstabilisator) (*m. - Elekt.*), stabilizzatore di tensione. 25 ~ s·häuschen (bei Dauerschwingversuchen, Schaubild nach Goodman) (*n. - Werkstoffprüfung*), diagramma di Goodman. 26 ~ s·koeffizient (Druckerhöhung von Gasen durch Temperaturerhöhung) (*m. - Phys. - Chem.*), coefficiente di tensione. 27 ~ s·konstante (eines Galvanometers) (*f. - Elekt.*), costante voltmetrica. 28 ~ s·konstanthalter (Spannungsstabilisator) (*m. - Elekt.*), stabilizzatore di tensione. 29 ~ s·konzentration (*f. - Baukonstr.lehre*), concentrazione delle sollecitazioni. 30 ~ s·korrosion (Spannungsrisskorrosion) (*f. - Metall.*), tensocorrosione. 31 ~ s·korrosionsversuch (*m. - mech. Technol.*), prova di tensocorrosione. 32 ~ s·kreis (eines Messgerätes) (*m. - Ger. - Elekt.*), circuito voltmetrico. 33 ~ s·kreis (Mohrscher Spannungskreis) (*Baukonstr.lehre*), cerchio delle tensioni, cerchio di Mohr. 34 ~ s·messer (Voltmeter) (*m. - Elekt. - Instr.*), voltmetro. 35 ~ s·optik (*f. - Baukonstr.lehre*), fotoelasticità. 36 ~ s·probe (*f. - Elekt.*), prova a tensione di collaudo. 37 ~ s·querschnitt (*m. - Mech.*), sezione resistente. 38 ~ s·regelröhre (Stabilisator) (*f. - Elektr.*), stabilizzatore di tensione (a valvola). 39 ~ s·regelung (*f. - Elekt.*), regolazione della tensione. 40 ~ s·regler (*m. - Elekt. - Ger.*), regolatore di tensione. 41 ~ s·regler (zum Regeln der Kettspannung) (*Textilind. masch.*), regolatore di tensione. 42 ~ s·reihe (Ordnung der Elemente) (*f. - Elektrochemie*), serie dei potenziali. 43 ~ s·resonanz (Parallelresonanz, bei Parallelschaltung) (*f. - Elekt.*), risonanza in parallelo, antirisonanza, risonanza di tensione. 44 ~ s·resonanzkreis (*m. - Elekt.*), circuito risonante in parallelo, circuito antirisonante. 45 ~ s·riss (*m. - Mech.*), incrinatura da tensioni interne. 46 ~ s·risskorrosion (Spannungskorrosion) (*f. - Metall.*), tensocorrosione. 47 ~ s·schlagfestigkeit (eines Isolators) (*f. - Elekt.*), rigidità dielettrica, resistenza alla perforazione. 48 ~ s·schutz (Spannungsbegrenzer) (*m. - Elekt.*), limitatore di tensione. 49 ~ s·schwankung (*f. - Elekt.*), variazione di tensione, fluttuazione della tensione. 50 ~ s·spitze (*f. - Elekt.*), picco di tensione. 51 ~ s·spule (des Reglers einer Lichtmaschine) (*f. - Elekt. - Aut.*), bobina voltmetrica. 52 ~ s·stoss (*m. - Elekt.*), colpo di tensione, sovratensione momentanea, transitorio di sovratensione. 53 ~ s·teiler (*m. - Elekt. - Ger.*), divisore di tensione. 54 ~ s·tensor (*m. - Baukonstr.lehre*), tensore degli sforzi. 55 ~ s·übertragungsfaktor (eines elektroakustischen Gebers) (*m. - Akus.*), risposta di tensione. 56 ~ s·vektor (*m. - Baukonstr.lehre*), vettore degli sforzi. 57 ~ s·verstärker (*m. - Elekt.*), survoltore. 58 ~ s·verteilung (*f. - Baukonstr.lehre*), distribuzione delle sollecitazioni. 59 ~ s·vervielfacher (*m. - Elekt. - Ger.*), moltiplicatore di tensione. 60 ~ s·wähler (Schalter) (*m. - Elekt. - Ger.*), selettore di tensione, cambiatensione. 61 ~ s·wandler (Messwandler) (*m. - Elekt.*), trasformatore di misura voltmetrico. 62 ~ s·welle (*f. - Elekt.*), onda di tensione. 63 ~ s·wert (Modul, Merkmal für den Vulkanisationsablauf) (*m. - Gummiind.*), modulo. 64 ~ s·zustand (in dem Volumenelement, bei der Elastizitätstheorie) (*m. - Baukonstr. lehre*), stato di tensione. 65 Abscher ~ (*Baukonstr.lehre*), sollecitazione di taglio. 66 amplitudenmodulierte ~ (*Elekt.*), tensione modulata in ampiezza. 67 Anoden ~ (*Elekt.*), tensione anodica, tensione di placca. 68 Anschluss ~ (*Elekt.*), tensione di alimentazione. 69 Anschluss ~ (eines Anlassers) (*Elektromech.*), tensione di attacco. 70 Auslöse ~ (eines elekt. Anlassers z. B) (*Elektromech.*), tensione di distacco. 71 Betriebs ~ (*Elekt.*), tensione di esercizio. 72 Biege ~ (*Baukonstr.lehre*), sollecitazione di flessione. 73 Blockier ~ (Sperrspannung) (*Elektronik*), tensione di blocco, tensione di interdizione. 74 Dreieck ~ (Leiterspannung beim Dreiphasensystem) (*Elekt.*), tensione concatenata. 75 Druck ~ (*Baukonstr.lehre*), sollecitazione di compressione. 76 Durchschlags ~ (eines Isolators) (*Elekt.*), tensione di perforazione. 77 effektive ~ (*Elekt.*), tensione efficace. 78 eingeprägte ~ (angelegte Spannung) (*Elekt.*), tensione impressa, tensione applicata. 79 Entlade ~ (*Elekt.*), tensione di scarica. 80 Ent ~ (*Wärmebeh.*), siehe Spannungsfreiglühen. 81 erdsymmetrische ~ (*Elekt.*), tensione equilibrata (verso terra). 82 frequenzmodulierte ~ (*Elekt.*), tensione modulata in frequenza. 83 Gleich ~ (*Elekt.*), tensione continua. 84 grösste verkettete ~ (eines Mehrphasensystems) (*Elekt.*), tensione diametrale. 85 Guss ~ (*Giess.*), tensione interna del getto. 86 Haupt ~ en (*Baukonstr.lehre*), tensioni principali. 87 hohe ~ (Hochspannung) (*Elekt.*), alta tensione. 88 innere ~ (*Metall. - Giess.*), tensione interna. 89 kleinste verkettete ~ (eines Mehrphasensystems) (*Elekt.*), tensione poligonale. **90 Klemmen** ~ (*Elekt.*), tensione ai morsetti. **91 Knie** ~ (bei Transistoren) (*Elektronik*), tensione di saturazione, tensione di ginocchio. **92 Leerlauf** ~ (*Elekt.*), tensione a vuoto. **93 Leitererd** ~ (Leiter-Sternpunkt-Spannung, Sternspannung) (*Elekt.*), tensione di fase, tensione stellata. **94 Leiter-Knotenpunkt-** ~ (Leitererdspannung, Leiter-Sternpunkt-Spannung, Sternspannung)(*Elekt.*), tensione di fase, tensione stellata. **95 Leiter** ~ (verkettete Spannung) (*Elekt.*), tensione concatenata. **96 Leiter-Sternpunkt-** ~ (Leitererdspannung, Sternspannung) (*Elekt.*), tensione di fase, tensione stellata. **97 lichtelektrische** ~ (an Grenzschichten) (*Elekt.*), forza fotoelettromotrice. **98 Misch** ~ (eine Gleichspannung, der eine Wechselspannung überlagert ist) (*Elekt.*), tensione mista. **99 modulierte** ~ (*Elekt.*), tensione modulata. **100 Nenn** ~ (*Elekt.*), tensione nominale. **101 Netz** ~ (*Elekt.*), tensione di rete. **102 Normal** ~ (*Baukonstr.lehre*), tensione normale. **103 Oberflächen** ~ (*Phys.*), tensione superficiale. **104 offene** ~ (Leerlaufspannung) (*Elekt.*), tensione a vuoto. **105 phasenmodulierte** ~ (*Elekt.*), tensione modulata in fase. **106 Phasen** ~ (Sternleitung, Leitererdspannung) (*Elekt.*), tensione di fase, tensione stellata. **107 Primär** ~ (bei Transformatoren) (*Elekt.*), tensione primaria. **108 Rest** ~ (verbleibende Spannung) (*Baukonstr.lehre*), tensione residua, sollecitazione residua. **109 Sättigungs-** ~ (*Elektr.*), tensione di saturazione. **110 Schub** ~ (Elementarkraft an dem Flächenelement) (*Baukonstr.lehre*), tensione tangenziale. **111 Schub** ~ (Beanspruchung) (*Baukonstr.lehre*), sollecitazione di taglio. **112 Sekundär** ~ (bei Transformatoren) (*Elekt.*), tensione secondaria. **113 Sinus** ~ (*Elekt.*), tensione sinusoidale. **114 Sternpunkterd** ~ (Leitererdspannung, Sternspannung) (*Elekt.*), tensione di fase, tensione stellata. **115 Stern** ~ (Leitererdspannung, Leiter-Sternpunkt-Spannung, Sternpunkterdspannung) (*Elekt.*), tensione di fase, tensione stellata. **116 Stoss** ~ (Spannungsstoss) (*Elekt.*), colpo di tensione, sovratensione momentanea. **117 Träger** ~ (*Elekt. - Funk.*), tensione portante. **118 Umlauf-** ~ (Spannung längs einer geschlossenen Linie und Randintegral der Feldstärke) (*Elekt.*), circuitazione di campo (elettrico). **119 Verdreh** ~ (*Baukonstr.lehre*), sollecitazione di torsione. **120 verkettete** ~ (Leiterspannung) (*Elekt.*), tensione concatenata. **121 Vollast** ~ (*Elekt.*), tensione a pieno carico. **122 Vor** ~ (*Mech.*), precarico. **123 wechselnde** ~ (*Mech.*), sollecitazione alternata. **124 Wechsel** ~ (*Elekt.*), tensione alternata. **125 wiederkehrende** ~ (nach der Unterbrechung des Kurzschlussstroms z. B.) (*Elekt.*), tensione di ristabilimento, tensione di ripristino. **126 Zug** ~ (*Baukonstr.lehre*), sollecitazione di trazione. **127 Zünd** ~ (*Elekt.*), tensione di accensione.

spannungsakustisch (*Metall.*), fonoelastico.
spannungsfreigeglüht (*Wärmebeh.*), sottoposto a distensione, sottoposto a ricottura di distensione.
spannungsführend (*Elekt.*), sotto tensione.
spannungsoptisch (*Baukonstr.lehre*), fotoelastico.
Spannute (eines Wendelbohrers z. B.) (*f. - Werkz.*), scanalatura per i trucioli. 2 ~ (*Werkz.*), siehe auch unter Span.
Spannvorrichtung (zum Einspannen von Werkstücken) (*f. - Werkz.masch.bearb. - Vorr.*), attrezzo. 2 ~ (zum Anspannen von Drahtseilen oder Vorspannbewehrung) (*Vorr.*), tenditore.
Spannweite (einer Brücke z. B.) (*f. - Bauw.*), luce. 2 ~ (Abstand zwischen den äussersten Tragflügelenden eines Flugzeugs) (*Flugw.*), apertura d'ali. 3 ~ (Differenz zwischen dem grössten und kleinsten Wert einer Veränderlichen) (*Stat.*), escursione. 4 ~ (eines Parallelschraubstocks z. B.) (*Mech.*), capacità, apertura. 5 ~ (einer Freileitung z. B.) (*Elekt.*), campata.
Spannzange (Zangenfutter) (*f. - Werkz. masch.*), pinza.
Spannzeit (Aufspannzeit, Rüstzeit) (*f. - Werkz.masch.bearb.*), tempo preparazione macchina.
Spannzeug (Vorrichtung, Werkstückspanner z. B.) (*n. - Mech. - Werkz.masch.bearb.*), organo di serraggio, dispositivo di serraggio.
Spant (Rippe, eines Schiffes) (*m. - Schiffbau*), ordinata. 2 ~ (eines Flugzeugs) (*Flugw.*), ordinata. 3 ~ **en·riss** (*m. - Schiffbau*), piano di costruzione (verticale). 4 ~ **en·werk** (eines Schiffs) (*n. - naut.*), ossatura. 5 ~ **flächenkurve** (Arealkurve, Kurve der Verdrängungsverteilung nach der Länge) (*f. - naut.*), curva dei dislocamenti, scala di solidità. 6 **Gegen** ~ (eines Schiffes) (*Schiffbau*), controordinata. 7 **Haupt** ~ (eines Schiffes) (*Schiffbau*), ordinata maestra.
Spanung (Zerspanung) (*f. - Mech.*), truciolatura. 2 ~ **s·breite** (Breite des abzunehmendes Spanes, theoretische Spanbreite) (*f. - Mech.*), larghezza di taglio, larghezza teorica del truciolo, larghezza teorica di truciolatura. 3 ~ **s·dicke** (theoretische Spandicke, Dicke des abzunehmenden Spanes) (*f. - Mech.*), spessore teorico del truciolo, spessore teorico di truciolatura. 4 ~ **s·grössen** (*f. - pl. - Mech.*), dimensioni teoriche del truciolo, dimensioni di truciolatura.
Spar (*f. - Bauw.*), siehe Sparren.
Sparbecken (einer Schleuse z. B.) (*n. - Wass.b. - Navig.*), bacino di risparmio.
Sparbeize (Zusatz für Beizbäder, um das Lösen des blanken Metalls zu verhindern) (*f. - Chem. · mech. Technol.*), moderatore.
Sparbrett (Handbrett, für Mörtel) (*n. - Maur. - Werkz.*), mensola, sparviero, sparviere.
Sparbuch (*n. - finanz.*), libretto di risparmio.
« Sparcatron » (elektroerosive Metallbearbeitung) (*n. - Mech. - Elekt.*), elettroerosione.
Spardeck (eines Schiffes) (*n. - naut.*), controcoperta.
Spardiode (*f. - Elektronik*), diodo di guadagno, diodo elevatore, diodo di ricupero. 2 **Serien** ~ (*f. - Fernseh.*), diodo di ricupero della tensione. 3 **Shunt** ~ (*f. - Fernseh.*), diodo di ricupero della corrente.

Sparen

Sparen (n. - *finanz.*), risparmio.
Sparer (Sparvorrichtung) (m. - *Kessel - etc.*), economizzatore. 2 ~ (*finanz.*), risparmiatore. 3 die kleinen ~ (*finanz.*), i piccoli risparmiatori.
Spargang (Schnellgang, Schongang) (m. - *Aut.*), marcia moltiplicata.
Spargemisch (mageres Gemisch für normalen Betrieb bei mittleren Belastungen) (n. - *Aut. - Mot.*), miscela magra, miscela economica. 2 ~ (*Flugw. - Mot.*), miscela economica.
Sparkammer (einer Schleuse) (f. - *Wass.b. - Navig.*), conca di risparmio.
Sparkasse (Sparbank) (f. - *finanz.*), cassa di risparmio.
Sparkathode (f. - *Elektronik*), catodo a consumo ridotto.
Sparkühlung (für Ignitron-Röhren z. B.) (f. - *Wärme*), raffreddamento intermittente.
Sparlegierung (Sparstahl z. B., die im Kriege eingeführt werden mussten z. B.) (f. - *Metall.*), lega autarchica.
Sparreiseflug (m. - *Flugw.*), crociera economica.
Sparren (Sparre, Dachbalken) (m. - *Bauw.*), falso puntone, travetto inclinato (del tetto). 2 ~ **dach** (n. - *Bauw.*), tetto a capriata semplice. 3 ~ **kopf** (eines Daches) (m. - *Bauw.*), passafuori.
sparsam (*allg.*), economico.
Sparschaltung (Spartransformator) (f. - *Elekt.*), autotrasformatore. 2 ~ (Schaltung) (*Elekt.*), schema di risparmio.
Spartgras (n. - *Ack.b.*), sparto.
Spartransduktor (m. - *Elektronik*), autotrasduttore.
Spartransformator (SpT) (m. - *Elekt.*), autotrasformatore.
Sparumformer (m. - *Elekt.*), convertitore (con avvolgimento) differenziale.
Sparwandler (Spartransformator) (m. - *Elekt.*), autotrasformatore.
Spat (m. - *Min.*), spato. 2 ~ **eisenstein** (m. - *Min.*), siehe Eisenspat. 3 ~ **produkt** (n. - *Math.*), prodotto misto.
Spatel (Spachtel) (m. - *Werkz.*), spatola.
Spaten (Grabschaufel) (m. - *Ack.b. - Werkz.*), vanga.
Spatiographie (Beschreibung des Raumes ausserhalb der Erde) (f. - *Astr.*), spaziografia.
spationieren (*Druck.*), spaziare, spazieggiare.
Spatium (zum Sperren von Wörtern) (n. - *Druck.*), spazio.
Spätlieferung (f. - *komm.*), consegna ritardata.
Spätzünder (m. - *Expl.*), spoletta ad azione ritardata.
Spätzündung (f. - *Mot. - Aut.*), accensione ritardata.
Sp.Bo. (Spiralbohrer) (*Werkz.*), punta elicoidale.
Specköl (n. - *chem. Ind.*), olio di lardo.
Speckstein (Steatit) (m. - *Min.*), steatite.
Speculum (Zinnbronze, für astronomische Instr.) (n. - *Legierung*), (tipo di) bronzo allo stagno.
spedieren (*Transp.*), spedire.
Spediteur (Beförderer von Gütern) (m. - *Transp.*), spedizioniere.
Spedition (Güterbeförderung) (f. - *Transp.*), spedizione. 2 ~ (Versandabteilung, Expedition, einer Fabrik) (f. - *Transp. - Ind.*), servizio spedizioni.
Speiche (eines Rades) (f. - *Fahrz.*), raggio. 2 ~ **n·draht** (m. - *metall. Ind.*), filo per raggi. 3 ~ **n·griff** (m. - *Masch.*), crociera (di manovra). 4 ~ **n·hobel** (m. - *Tischl. - Werkz.*), coltello a petto. 5 ~ **n·rad** (Drahtspeichenrad) (n. - *Fahrz.*), ruota a raggi. 6 ~ **n·spanner** (m. - *Mech. - Fahrz.*), tendiraggi, tiraraggi. 7 ~ **n·stern** (m. - *Fahrz. - etc.*), raggiera, stella delle razze.
Speicher (Lagerhaus) (m. - *Bauw.*), magazzino. 2 ~ (Silo) (*Bauw.*), silo. 3 ~ (Wasserbecken) (*Wass.b. - Hydr.*), serbatoio, bacino. 4 ~ (Speicherwerk) (*Rechenanlage*), memoria. 5 ~ (Ansammlung einer verfügbaren Kraft, Akkumulator) (*Ger.*), accumulatore. 6 ~ (Dachboden) (*Bauw.*), soffitta, sottotetto. 7 ~ (für Werkstücke, einer Transferstrasse z. B.) (*Werkz.masch.*), deposito, magazzino. 8 ~ (*Fernspr.*), registratore, registro. 9 ~ **abzug** (m. - *Rechner*), riversamento di memoria. 10 ~ **antrieb** (m. - *Fahrz.*), trazione ad accumulatori. 11 ~ **batterie** (Sammler) (f. - *Elekt.*), batteria di accumulatori. 12 ~ **becken** (n. - *Hydr.*), bacino di raccolta, serbatoio. 13 ~ **becken** (Sparbecken, einer Schleuse) (*Wass.b. - Navig.*), bacino di risparmio. 14 ~ **block** (m. - *Rechner*), blocco di memoria. 15 ~ **bremsung** (f. - *elekt. Eisenb.*), frenatura ad accumulazione di energia. 16 ~ **dauer** (f. - *Elektronik*), durata (massima) di memorizzazione. 17 ~ **energieschweissen** (n. - *mech. Technol.*), saldatura ad accumulazione di energia. 18 ~ **förderer** (m. - *ind. Transp.*), alimentatore. 19 ~ **glied** (Speicherzelle) (n. - *Rechner*), cella di memoria. 20 ~ **heizkessel** (m. - *Heizung*), caldaia per riscaldamento ad accumulo. 21 ~ **heizungssystem** (n. - *Bauw. - Heizung*), sistema di riscaldamento ad accumulo. 22 ~ **inhalt** (in GWh gemessen) (m. - *Elekt.*), energia accumulabile in serbatoio. 23 ~ **kapazität** (f. - *Rechner*), capacità di memoria. 24 ~ **kern** (m. - *Rechner*), nucleo di memoria. 25 ~ **·kondensator** (Parallelkondensator) (m. - *Elekt.*), condensatore in derivazione. 26 ~ **kraftwerk** (Wasserkraftwerk, nur bei Spitzenbedarf ausgenutzt) (n. - *Elekt.*), centrale (idroelettrica) per punte di carico, centrale di punta. 27 ~ **kraftwerk** (Wasserkraftwerk dem das Triebwasser von einem aufgepumpten Ausgleichsspeicher gefördert wird) (*Elekt.*) centrale ad accumulo, centrale a ripompaggio. 28 ~ **massen** (in Regeneratoren, Wärmespeicher) (f. - *pl. - Wärme*), accumulatori termici. 29 ~ **mit direktem Zugriff** (*Rechner*), memoria ad accesso diretto. 30 ~ **mit kurzer Zugriffszeit** (*Rechner*), memoria ad accesso immediato. 31 ~ **mit wahlfreiem Zugriff** (*Rechner*), memoria ad accesso casuale. 32 ~ **nutzung** (f. - *Wass.b.*), capacità utile d'invaso. 33 ~ **platte** (Mosaikplatte) (f. - *Opt.*), placca a mosaico. 34 ~ **pumpe** (zur Förderung von Wasser von einem tieferen Niveau zu einen Oberwasserbecken) (f. - *Hydr. - Elekt.*), pompa di accumulo, pompa per ripompaggio. 35 ~

raum (für Verbrennungsluft z. B.) (*m.* - *Mot.* - *etc.*), polmone. 36 ~ relais (*n.* - *Elekt.*), relè registratore. 37 ~ röhre (Ikonoskop) (*f.* - *Fernseh.*), iconoscopio. 38 ~ sender (Fernschreibsender) (*m.* - *Ger.*), trasmettitore a registro. 39 ~ stoff (*m.* - *Wärme* - *etc.*), materiale accumulatore. 40 ~ verteilung (*f.* - *Rechner*), allocazione di memoria. 41 ~ wähler (*m.* - *Fernspr.*), selettore di registro. 42 ~ werk (*n.* - *Rechenanlage*), memoria. 43 ~ werk (Zählwerk, in Registrierkassen) (*Ger.*), registratore. 44 ~ zeit (Heizungszeit) (*f.* - *Metall.* - *Ofen*), periodo di riscaldo. 45 ~ zeit (*Rechner*), tempo di memorizzazione. 46 ~ zelle (Speicherplatz, Speicher für eine Dateneinheit, ein Wort z. B.) (*f.* - *Rechner*), cella di memoria. 47 ~ zugriff (*m.* - *Rechner*), accesso di memoria. 48 adressierter ~ (*Rechner*), memoria indirizzata. 49 akustischer ~ (*Rechner*), memoria acustica. 50 Arbeits ~ (zur Speicherung von Zahlen, alphanumerischen Begriffen und Befehlen) (*Datenverarb.* - *NC* - *Werkz.masch.bearb.*), memoria di lavoro. 51 assoziativer ~ (*Rechner*), memoria associativa. 52 Druckwasser ~ (*Ger.*), accumulatore idraulico. 53 Dünnschicht ~ (Filmspeicher) (*Rechner*), memoria a film sottile, memoria a strato sottile. 54 Ergänzungs ~ (*Rechner*), memoria ausiliaria. 55 externer ~ (*Rechner*), memoria esterna. 56 Ferritkern ~ (*Rechner*), memoria a nuclei di ferrite. 57 Festwert ~ (Totspeicher, Permanentspeicher) (*Rechner*), memoria permanente, memoria a sola lettura. 58 Film ~ (Dünnschichtspeicher) (*Rechner*), memoria a film sottile, memoria a strato sottile. 59 Heisswasser ~ (Boiler) (*Heizung*), « boiler ». 60 interner ~ (*Rechner*), memoria interna. 61 Jahres ~ (*Hydr.* - *Wass. b.*), serbatoio di regolazione annuale. 62 Lang ~ (*Wass.b.*), grande serbatoio, serbatoio di regolazione annuale. 63 Laufzeit ~ (Verzögerungsspeicher) (*Rechner*), memoria a linea di ritardo. 64 Magnetband ~ (*Rechner*), memoria a nastro magnetico. 65 Magnetkern ~ (*Rechner*), memoria a nuclei magnetici. 66 oberes ~ becken (bei hydr. Kraftwerken mit Pumpspeicherwerk) (*Elekt.*), bacino di accumulo superiore, bacino di ripompaggio superiore. 67 permanenter ~ (*Rechner*), memoria permanente. 68 regenerativer ~ (*Rechner*), memoria rigenerativa. 69 Stunden ~ (*Wass.b.*), serbatoio di regolazione oraria. 70 Supraleitungs ~ (cryogenischer Speicher) (*Rechner*), memoria criogenica. 71 Tages ~ (*Wass.b.*), serbatoio di regolazione giornaliera. 72 Tot ~ (*Rechner*), siehe Festwertspeicher. 73 Verzögerungs ~ (*Rechner*), memoria a linea di ritardo. 74 Wochen ~ (*Wass. b.*), serbatoio di regolazione settimanale. 75 wort-organisierter ~ (*Rechner*), memoria orientata a parola.

speichern (aufspeichern) (*allg.*), accumulare. 2 ~ (*Rechenmasch.*), memorizzare.

speicherprogrammiert (*Rechner* - *etc.*), a programma memorizzato.

Speicherung (*f.* - *allg.*), accumulo. 2 ~ (Speicherwerk) (*Rechenmasch.*), memoria. 3 ~ (Vorgang) (*Rechenmasch.* - *etc.*), memorizzazione. 4 ~ (von Signalen) (*Elekt.*), registrazione.

Speigatt (Öffnung in der Aussenhaut eines Schiffes über der Wasserlinie, zum Abfluss des eingedrungenes Wassers) (*n.* - *naut.*), ombrinale.

Speise (Mörtel) (*f.* - *Bauw.*), malta. 2 ~ (flüssiges Metall für den Glockenguss) (*Giess.*), bronzo fuso. 3 ~ (Gemisch von Arseniden und Antimoniden, und Arsen- und Antimonlegierungen) (*f.* - *Metall.*), speiss. 4 ~ apparat (*m.* - *App.*), alimentatore. 5 ~ automat (*m.* - *Masch.*), distributore automatico di generi alimentari. 6 ~ becken (*n.* - *Hydr.*), serbatoio di carico, bacino di carico. 7 ~ eis (Eiskrem) (*n.* - *Ind.*), gelato. 8 ~ fette (*n.* - *pl.* - *Ind.*), grassi alimentari. 9 ~ gerät (*n.* - *Elekt.*), alimentatore. 10 ~ kabel (*n.* - *Elekt.*), cavo di alimentazione. 11 ~ kanal (*m.* - *Hydr.* - *Wass.b.*), canale di alimentazione. 12 ~ leitung (*f.* - *Elekt.*), linea di alimentazione, alimentatore. 13 ~ leitung (Feeder) (*Elekt.* - *Funk.*), alimentatore, « feeder ». 14 ~ n· aufzug (*m.* - *Bauw.*), calavivande, montavivande, calapranzi. 15 ~ pumpe (*f.* - *Kessel*), pompa di alimentazione, cavallino. 16 ~ punkt (*m.* - *Elekt.*), punto di distribuzione. 17 ~ rohr (*n.* - *Kessel*), tubo di alimentazione. 18 ~ saal (*m.* - *Bauw.*), sala da pranzo. 19 ~ saal (für die Belegschaft) (*Bauw.* - *Ind.*), mensa. 20 ~ sammelschiene (*f.* - *Elekt.*), sbarra collettrice di distribuzione. 21 ~ schiene (*f.* - *Elekt.*), sbarra omnibus, sbarra di alimentazione. 22 ~ schnecke (*f.* - *ind.* - *Transp.*), alimentatore a coclea. 23 ~ spannung (*f.* - *Elekt.*), tensione di alimentazione. 24 ~ trichter (*m.* - *Ind.*), tramoggia di alimentazione. 25 ~ wagen (*m.* - *Eisenb.*), carrozza ristorante, vagone ristorante. 26 ~ walze (Zubringerwalze) (*f.* - *Masch.*), cilindro alimentatore. 27 ~ wasser (*n.* - *Kessel*), acqua di alimentazione, acqua di alimento. 28 ~ wasserpumpe (*f.* - *Kessel*), pompa di alimentazione dell'acqua, pompa di alimento dell'acqua. 29 ~ wasservorwärmer (*m.* - *Kessel*), preriscaldatore dell'acqua di alimentazione, preriscaldatore dell'acqua di alimento. 30 ~ zimmer (Speisesaal) (*n.* - *Bauw.*), sala da pranzo. 31 ~ zylinder (Einzugwalze, Einzugzylinder, einer Karde) (*m.* - *Textilmasch.*), cilindro alimentatore.

Speisen (*n.* - *allg.*), alimentazione. 2 ~ (*Giess.*), alimentazione.

speisen (mit etwas versorgen) (*Kessel* - *etc.*), alimentare. 2 ~ (nachgiessen) (*Giess.*), alimentare.

Speiser (mech. Vorr. für Fördermitteln z. B.) (*m.* - *Vorr.*), alimentatore-dosatore. 2 ~ (Steiger) (*Giess.*), materozza. 3 ~ (*Glasind.*), alimentatore. 4 ~ (*Giess.*), siehe auch Steiger. 5 ~ system (Anordnung der Speiser und verlorene Köpfe) (*n.* - *Geiss.*), materozzatura. 6 Abschlagen der ~ (Entfernen der Speiser) (*Giess.*), smaterozzatura. 7 Anordnung der ~ (Speisersystem) (*Giess.*), materozzatura. 8 die ~ abschlagen (die Speiser entfernen) (*Giess.*), smaterozzare. 9 offener ~ (*Giess.*), materozza aperta.

Speiskobalt (CoAs$_3$) (CoAs$_2$) (Smaltin, Skutterudit) (*m.* - *Min.*), smaltina.

Speisung (*f. - Elekt. - etc.*), alimentazione.
spektral (*Opt.*), spettrale. 2 ~ **analytisch** (spektroskopisch) (*Opt.*), spettroscopico. 3 ~ **e Dichte** (*Opt.*), densità spettrale. 4 ~ **e Farbdichte** (*Opt.*), fattore di purezza colorimetrica. 5 ~ **er Absorptionsgrad** (*Opt.*), fattore spettrale di assorbimento. 6 ~ **er Durchlassgrad** (*Opt.*), fattore spettrale di trasmissione. 7 ~ **er Emissionsgrad** (*Opt.*), potere emissivo spettrale. 8 ~ **er Farbanteil** (*Opt.*), fattore di purezza di eccitazione. 9 ~ **er Leuchtdichteanteil** (früher spektrale Farbdichte) (*Opt.*), purezza colorimetrica. 10 ~ **er Reflexionsgrad** (*Opt.*), fattore spettrale di riflessione. 11 ~ **er Remissionsgrad** (*Opt.*), fattore spettrale di riflettenza. 12 ~ **photometrisch** (Analyse z. B.) (*Opt.*), spettrofotometrico.
Spektralanalyse (*f. - Opt.*), analisi spettroscopica, analisi spettrale. 2 **qualitative** ~ (*Opt.*), analisi spettrale qualitativa. 3 **quantitative** ~ (*Opt.*), analisi spettrale quantitativa.
Spektralaufnahme (Spektrogramm) (*f. - Opt.*), spettrogramma.
Spektralfarbenzug (eines X-Y-Z Dreiecks) (*m. - Opt.*), linea dei colori spettrali.
Spektrallampe (*f. - Opt.*), lampada spettroscopica.
Spektrallinie (*f. - Opt.*), riga dello spettro.
Spektralmaskenverfahren (Verfahren der Photometrie und Farbmessung) (*n. - Opt.*), metodo del diaframma spettrale.
Spektralphotometer (Spektrophotometer) (*n. - Opt.*), spettrofotometro.
Spektralwerte (*m. - pl. - Opt.*), componenti tricromatiche delle radiazioni monocromatiche, componenti tricromatiche spettrali.
spektrochemisch (Analyse z. B.) (*Opt. - Phys.*), spettrochimico.
Spektrogramm (*n. - Opt.*), spettrogramma.
Spektrograph (*m. - Opt. - Ger.*), spettrografo. 2 **Massen** ~ (*Opt. - Ger.*), spettrografo di massa.
Spektrometer (*n. - Opt. - Ger.*), spettrometro. 2 **Interferenz** ~ (*Opt. - Ger.*), spettrometro ad interferenza.
spektrometrisch (*Opt.*), spettrometrico.
Spektrophotometer (*n. - Opt.*), spettrofotometro.
Spektroskop (*n. - Opt. - Ger.*), spettroscopio.
Spektroskopie (*f. - Opt.*), spettroscopia.
spektroskopisch (*Opt.*), spettroscopico.
Spektrum (*n. - Opt.*), spettro. 2 **Absorptions** ~ (*Opt.*), spettro di assorbimento. 3 **Banden** ~ (*Opt.*), spettro a bande. 4 **Bogen** ~ (*Opt.*), spettro di arco. 5 **diskontinuierliches** ~ (*Opt.*), spettro discontinuo. 6 **Emissions** ~ (*Opt.*), spettro di emissione. 7 **Flammen** ~ (*Opt.*), spettro di fiamma. 8 **Funken** ~ (*Opt.*), spettro di scintilla. 9 **Klang** ~ (*Akus.*), spettro acustico. 10 **kontinuierliches** ~ (*Opt.*), spettro continuo. 11 **Linien** ~ (*Opt.*), spettro a righe. 12 **Massen** ~ (*Phys.*), spettro di massa. 13 **sichtbares** ~ (*Opt.*), spettro visibile. 14 **Ultrarot** ~ (*Opt.*), spettro ultrarosso. 15 **Ultraviolett** ~ (*Opt.*), spettro ultravioletto.

Spekulation (*f. - komm. - finanz.*), speculazione.
Spelz (Spelt, Getreidegras) (*m. - Ack.b.*), farro.
Spendegerät (für Klebeband z. B.) (*n. - Ger.*), distributore.
Spengler (Klempner) (*m. - Arb.*), « idraulico ». 2 ~ (Blechschmied) (*Arb.*), lattoniere. 3 ~ **amboss** (*m. - Werkz.*), incudine da lattoniere.
Spenglerei (einer Reparaturwerkstatt) (*f. - Aut. - Ind.*), reparto carrozzeria.
Sperrad (*n. - Mech.*), ruota di arresto (a denti).
Sperrausgleichgetriebe (Sperrdifferential) (*n. - Aut.*), differenziale bloccabile. 2 **selbsttätiges** ~ (*Aut.*), differenziale autobloccante.
Sperrballon (*m. - milit.*), pallone di sbarramento.
sperrbar (Differential z. B.) (*Fahrz. - etc.*), bloccabile.
Sperrbereich (der Kennlinie einer Silicium-Diode z. B.) (*m. - Elektronik*), campo d'interdizione. 2 ~ (eines Filters) (*Elekt.*), banda non passante, banda di soppressione.
Sperrbeton (gegen Bodenfeuchtigkeit) (*m. - Bauw.*), calcestruzzo isolante.
Sperrbolzen (*m. - Mech.*), perno di bloccaggio, spina di bloccaggio.
Sperrdamm (Staudamm) (*m. - Wass.b.*), sbarramento, diga.
Sperrdepot (*n. - finanz.*), deposito vincolato.
Sperrdifferential (Sperrausgleichgetriebe) (*n. - Aut.*), differenziale bloccabile.
Sperrdiode (*f. - Elektronik*), diodo di blocco.
Sperrdrossel (*f. - Elekt.*), bobina di sbarramento.
Sperrdruck (*m. - Druck.*), stampa spaziata, stampa spazieggiata.
Sperre (Verhinderung des Zuganges) (*f. - allg.*), sbarramento. 2 ~ (Klemme) (*Mech.*), morsetto. 3 ~ (Riegel) (*Mech.*), catenaccio. 4 ~ (Panzergraben, etc.) (*milit.*), sbarramento. 5 ~ (bei Wildbachverbauungen) (*Wass.b.*), briglia, traversa, serra. 6 ~ (bei Thyristoren z. B.) (*Elektronik*), interdizione, blocco. 7 ~ (Negation, NICHT) (*Datenverarb.*), NOT, inversione. 8 ~ (eines Ausgleichgetriebes z. B.) (*Vorr. - Aut.*), dispositivo di blocco. 9 ~ (*Bauw.*), barriera. 10 ~ (bei Stetigförderern, Vorrichtung zum Anhalten des Gutes) (*ind. Transp.*), dispositivo di arresto. 11 ~ **fliegen** (Sperrflug) (*n. - Luftw.*), volo di intercettazione. 12 **Netz** ~ (für U-Boote) (*Kriegsmar.*), rete di sbarramento. 13 **selbsttätige Ausgleich** ~ (des Differentials) (*Aut.*), blocco automatico del differenziale.
Sperrelais (*n. - Elektromech.*), relè di blocco.
Sperren (*n. - Druck.*), spazieggiatura, spaziatura. 2 ~ (bei Thyristoren z. B.) (*Elektronik*), interdizione, blocco.
sperren (schliessen) (*allg.*), chiudere, sbarrare. 2 ~ (festmachen) (*Mech. - etc.*), fissare, bloccare. 3 ~ (mit Abstand zwischen den Buchstaben drucken, oder schreiben) (*Druck.*), spazieggiare, spaziare. 4 ~ (eine Strasse) (*Strass.ver.*), sbarrare. 5 ~ (eine Strecke) (*Eisenb.*), bloccare. 6 ~ (einen Wähler) (*Fernspr.*), tenere occupato. 7 **ab** ~ (abschliessen) (*allg.*), chiudere. 8 **ab** ~ (ab-

scheiden) (*allg.*), separare. **9** auf ∼ (öffnen) (*allg.*), aprire.
Sperrfeuer (*n. - Artillerie*), tiro di sbarramento, fuoco di sbarramento.
Sperrfilter (*m. - n. - Funk.*), filtro eliminatore di banda.
Sperrflug (*m. - Luftw.*), volo di intercettazione.
Sperrgetriebe (*n. - Mech.*), arpionismo, dispositivo di arresto.
Sperrgut (grossen Raum einnehmendes Gut) (*n. - Transp.*), merce ingombrante.
Sperrholz (aus mehreren aufeinandergeleimten Holzlagen hergestellte Platte) (*n. - Tischl.*), pannello di legno compensato, compensato.
Sperrhorn (*n. - Schmiedewerkz.*), bicornia.
Sperrichtung (bei Thyristoren z. B.) (*f. - Elektronik*), senso inverso, senso di non conduzione, senso d'interdizione. **2** ∼ (eines Schalters) (*Elekt.*), senso di sbarramento, senso di non conduzione.
sperrig (Stoff) (*allg.*), ingombrante. **2** ∼ es **Arbeitstück** (*Mech.*), pezzo ingombrante, pezzo di forma complessa e voluminosa.
Sperrimpuls (*m. - Elektronik*), impulso di blocco, impulso d'interdizione.
Sperrkennlinie (eines Gleichrichters) (*f. - Elektronik*), caratteristica della corrente inversa, caratteristica della corrente d'interdizione.
Sperrkette (*f. - Funk.*), filtro a catena. **2** ∼ (*Strass.ver.*), catenella (di sbarramento).
Sperrklinke (*f. - Mech.*), nottolino di arresto, arpione.
Sperrklinkrelais (*n. - Elekt.*), relè ad aggancio.
Sperrkreis (Schwingungskreis, zur Unterdrückung einer bestimmten Frequenz) (*m. - Funk.*), circuito soppressore (di banda).
Sperrleitwert (*m. - Elektronik*), conduttanza inversa.
Sperrlinie (Trennlinie, Begrenzungslinie, Fahrbahnmarkierung) (*f. - Strass.verk.*), striscia (continua di mezzeria) non valicabile.
Sperrmauer (Staumauer) (*f. - Wass.b.*), diga. **2** ∼ (*Wass.b.*), *siehe auch* Staumauer.
Sperrmittel (für Beton z. B., Abdichtungsmittel) (*n. - Bauw.*), impermeabilizzante.
Sperrmörtel (*m. - Bauw.*), malta isolante, malta impermeabile.
Sperröhre (Hochfrequenz-Gasentladungsröhre) (*f. - Radar*), tubo di blocco, tubo di interdizione.
Sperröl (Drucköl zur Erzeugung einer Dichtung gegen Lecke z. B.) (*n. - Mot. - etc.*), olio (in pressione con funzioni) di tenuta.
Sperrplatte (aus drei oder einer anderen ungeraden Anzahl von kreuzweise verleimten Furnieren bestehende Platte) (*f. - Tischl.*), pannello di compensato, pannello di legno compensato.
Sperrschicht (einer Photozelle) (*f. - Elektronik*), strato di sbarramento. **2** ∼ **gleichrichter** (*m. - Elekt.*), raddrizzatore a strato di sbarramento. **3** ∼ **photozelle** (Photoelement, Lichtelement) (*f. - Elektronik*), cellula fotoelettrica a strato di sbarramento, fotopila. **4** ∼ **zelle** (*f. - Opt.*), fotopila.
Sperrschrifteinsteller (einer Schreibmaschine) (*m. - Büromasch.*), spazieggiatore.

Sperrschritt (Stop-Schritt, bei Fernschreibern, Endsignal) (*m. - Telegr.*), segnale di arresto, stop.
Sperrschwinger (Röhrenschaltung mit sehr starker Rückkopplung) (*m. - Elektronik*), oscillatore di rilassamento a bloccaggio.
Sperrsee (*m. - Geogr. - Elekt.*), lago artificiale.
Sperrsignal (*n. - Eisenb.*), segnale di arresto.
Sperrspannung (Blockierspannung) (*f. - Elektronik*), tensione di blocco, tensione di interdizione.
Sperrstelle (*f. - Strass.verk.*), interruzione stradale.
Sperrstoff (gegen Feuchtigkeit, etc., schützender Stoff: Teer, Kunstharze, etc.) (*m. - Bauw.*), materiale protettivo, isolante, materiale isolante.
Sperrstrom (bei Thyristoren z. B.) (*m. - Elektronik*), corrente d'interdizione, corrente di blocco, corrente inversa. **2** ∼ **kreis** (Blockstromkreis) (*m. - Rechner*), circuito di blocco.
Sperrsynchronisierung (bei der die Schaltmuffe so lange gesperrt wird bis Gleichlauf vorhanden ist, bei Wechselgetrieben) (*f. - Aut.*), sincronizzatore (a manicotto) bloccato.
Sperrsystem (Blocksystem) (*n. - Eisenb.*), sistema di blocco.
Sperrung (Zuhalten) (*f. - allg.*), sbarramento. **2** ∼ (Bremse) (*Mech.*), fermo, blocco. **3** ∼ (Sperrdruck) (*Druck.*), stampa spaziata, stampa spazieggiata.
Sperrventil (*n. - Leit.*), valvola di intercettazione.
Sperrvorrichtung (*f. - Mech.*), arpionismo.
Sperrwasser (Druckwasser zur Erzeugung einer Dichtung) (*n. - Masch. - etc.*), acqua di tenuta, acqua (in pressione con funzioni) di tenuta.
Sperrwerk (zur Flussregelung z. B.) (*n. - Wass.b.*), opera di sbarramento. **2** ∼ (*Mech.*), *siehe auch* Gesperre.
Sperrwiderstand (*m. - Elektronik*), resistenza inversa.
Sperrzahn (*m. - Mech.*), nottolino di arresto, dente di arresto, arpione.
Sperrzeit (*f. - Elektronik*), durata d'interdizione.
Sperrzusatz (Betondichtungsmittel) (*m. - Bauw.*), additivo isolante.
Sperrzustand (bei Thyristoren z. B.) (*m. - Elektronik*), interdizione.
Spesen (*f. - pl. - finanz.*), spese. **2** ∼ **anschlag** (*m. - Adm.*), preventivo di spesa. **3** ∼ **konto** (*n. - Adm.*), conto spese. **4** ∼ **nachnahme** (*f. - Adm.*), rimborso spese. **5** ∼ **rechnung** (Spesennote) (*f. - Adm.*), nota spese. **6** ∼ **vorschuss** (*m. - Adm.*), anticipo sulle spese. **7** Bank ∼ (*finanz.*), spese bancarie. **8** Betriebs ∼ (*Adm.*), spese di esercizio. **9** die ∼ decken (*komm.*), coprire le spese. **10** Gründungs ∼ (*finanz.*), spese di fondazione, spese di costituzione. **11** Inkasso ∼ (*Adm.*), spese di esazione. **12** Reise ∼ (*Adm.*), spese di viaggio. **13** Transport ∼ (*Adm.*), spese di trasporto. **14** Verkaufs ∼ (*Adm.*), spese di vendita, spese commerciali. **15** Versand ∼ (*Adm.*), spese di spedizione. **16** Verwaltungs ∼ (*Adm.*), spese amministrative.
spesenfrei (*Adm.*), franco di spesa.

spezial (*allg.*), speciale.
Spezialarbeiter (Facharbeiter) (*m. - Arb.*), operaio specializzato.
Spezialarzt (Facharzt) (*m. - Med.*), specialista.
Spezialausführung (Sonderausführung) (*f. - Ind.*), esecuzione speciale.
Spezialfahrzeug (Sonderfahrzeug) (*n. - Fahrz.*), autoveicolo speciale.
spezialisieren (genau bestimmen) (*allg.*), precisare, specificare. 2 sich ~ (*Arb.*), specializzarsi.
Spezialisierung (*f. - Arb.*), specializzazione.
Spezialist (Fachmann) (*m. - Arb.*), tecnico specializzato. 2 ~ (Facharzt) (*Med.*), specialista.
Spezialität (*f. - allg.*), specialità.
Spezialkraftwagen (Krankenkraftwagen, etc.) (*m. - Fahrz.*), autoveicolo speciale.
Spezialprofil (Sonderprofil) (*n. - metall. Ind.*), profilato speciale.
Spezialvollmacht (*f. - recht.*), procura speciale.
Spezialwagen (*m. - Aut.*), autovettura speciale.
Spezies (Art) (*f. - allg.*), specie. 2 ~ (Grundrechnungsart) (*Math.*), operazione.
Spezifikation (Aufzählung) (*f. - allg.*), specifica. 2 ~ (einer Lieferung) (*Ind. - komm.*), capitolato. 3 ~ s·kauf (*m. - komm.*), acquisto in base a capitolato.
spezifisch (*allg.*), specifico. 2 ~ e Ausstrahlung (*Phys.*), radiazione specifica. 3 ~ e Ionisation (*Atomphys.*), ionizzazione specifica. 4 ~ e Ladung (Verhältnis der Ladung zur Masse atomarer Teilchen) (*Atomphys.*), carica specifica. 5 ~ es Gewicht (Reinwichte) (*Chem.*), peso specifico. 6 ~ e Wärme (*Phys.*), calore specifico.
spezifiziert (*allg.*), dettagliato. 2 ~ e Rechnung (*Adm.*), fattura dettagliata.
Sphalerit (*m. - Min.*), sfalerite, blenda.
Sphäre (*f. - allg.*), sfera.
sphärisch (kugelig) (*Geom.*), sferico. 2 ~ e Aberration (*Opt.*), aberrazione sferica. 3 ~ es Dreieck (*Geom.*), triangolo sferico. 4 ~ e Trigonometrie (*Math.*), trigonometria sferica.
Sphäroguss (Stoff) (*m. - Giess.*), ghisa sferoidale, ghisa a grafite sferoidale. 2 ~ (Guss·stück) (*Giess.*), getto di ghisa sferoidale.
Sphäroid (*n. - Geom.*), sferoide. 2 ~ -Zahnflankenform (*f. - Mech.*), forma di dente a sferoide, fianco del dente a sferoide.
sphäroidisch (*Geom.*), sferoidale.
Sphärolit (*m. - Min.*), sferolite. 2 ~ (Sphäroid) (*Giess.*), sferoide. 3 ~ en·flotation (*f. - Giess.*), flottazione di sferoidi.
Sphärometer (Ger. zum Messen der Krümmung von Linsen z. B.) (*n. - Opt. - Ger.*), sferometro.
Sphärosiderit ($FeCO_3$) (*m. - Min.*), sferosiderite.
Sphen (Titanit) (*m. - Min.*), titanite, sfeno.
Sphygmomanometer (Blutdruckmessapparat) (*n. - Med. - App.*), sfigmomanometro.
Spi.Bo. (Spiralbohrer) (*Werkz.*), punta elicoidale, punta ad elica.
Spickelement (Saatelement, ein Brennelement eines Reaktors) (*n. - Kernphys.*), seme.

Spicken (Schmälzen, Abschmalzen, von Wolle) (*n. - Textilind.*), oliatura.
spicken (schmälzen, abschmalzen, Wolle) (*Textilind.*), oliare.
Spicköl (Spinnöl, Schmälzöl) (*n. - Textilind.*), olio per filatura.
Spiegel (*m. - Opt.*), specchio. 2 ~ (Innengrat, eines Schmiedestückes) (*Schmieden*), cartella. 3 ~ (Heckstück einer Jacht) (*naut.*), specchio (di poppa). 4 ~ (einer Tür) (*Tischl.*), pannello. 5 ~ (Flüssigkeitsspiegel) (*Hydr.*), specchio. 6 ~ (Fläche) (*Arch.*), specchio. 7 ~ (einer Radscheibe) (*Aut.*), disco centrale. 8 ~ (Mitte der Schiess·scheibe) (*Feuerwaffe*), centro. 9 ~ achse (Symmetrieachse, eines Querschnittes) (*f. - Zeichn.*), mezzeria. 10 ~ bild (*n. - Opt.*), immagine riflessa, immagine speculare, immagine simmetrica. 11 ~ bogenlampe (*f. - Beleucht. - Filmtech.*), lampada ad arco a specchio. 12 ~ eisen (*n. - Metall.*), ghisa speculare, « spiegeleisen », « spiegel ». 13 ~ erhebung (*f. - Hydr. - Wass.b.*), siehe Anstauung. 14 ~ fernrohr (Spiegelteleskop, Reflektor) (*n. - Opt. - Ger.*), telescopio riflettore, telescopio catottrico. 15 ~ frequenz (im Superhet) (*f. - Funk.*), frequenza immagine. 16 ~ galvanometer (*n. - Elekt. - Instr.*), galvanometro a specchi. 17 ~ gewölbe (*n. - Arch.*), volta a schifo. 18 ~ glas (*n. - Opt. - Glasind.*), vetro per specchi. 19 ~ glätte (von Blechen z. B.) (*f. - Mech.*), finitura a specchio. 20 ~ heck (*n. - naut.*), poppa quadra. 21 ~ holz (Spiegelfläche, mit senkrecht zur Brettbreite stehenden Jahresringen und nicht verziehendes Brett) (*n. - Holz*), tavola (di legno) radiale. 22 ~ kluft (Herzriss, eines Baumes) (*f. - Holz*), screpolatura centrale. 23 ~ kompass (*m. - Instr.*), bussola con specchio. 24 ~ maschine (zur Erzeugung von Kernfusionen) (*f. - Kernphys. - Ger.*), apparecchio a specchi (magnetici). 25 ~ metall (*n. - Legierung*), siehe Speculum. 26 ~ mikroskop (*n. - Opt. - Ger.*), microscopio catottrico, microscopio a riflessione, microscopio con obiettivo catottrico, microscopio con obiettivo a riflessione. 27 ~ politur (*f. - Metall.*), lucidatura a specchio, finitura a specchio. 28 ~ rad (*n. - Fernseh.*), ruota a specchi. 29 ~ scheibe (*f. - Glasind.*), cristallo. 30 ~ schliff (*m. - Mech.*), finitura speculare. 31 ~ schnitt (Radialschnitt, eines Rundholzes) (*m. - Holz*), taglio radiale. 32 ~ skala (mit einem Spiegelbogen zur Vermeidung der Parallaxe) (*f. - Instr.*), scala a specchio (antiparallasse). 33 ~ teleskop (Spiegelfernrohr, Reflektor) (*n. - Opt.*), telescopio riflettore, telescopio catottrico. 34 ~ triftröhre (*f. - Elektronik*), siehe Reflexklystron. 35 Ellipsen ~ (*Opt.*), specchio ellissoidico. 36 Glas ~ (*Opt.*), specchio di vetro. 37 Hohl ~ (Konkavspiegel) (*Opt.*), specchio concavo. 38 Konkav ~ (Hohlspiegel) (*Opt.*), specchio concavo. 39 Konvex ~ (*Opt.*), specchio convesso. 40 Metall ~ (*Opt.*), specchio metallico, specchio di metallo. 41 Parabel ~ (*Opt.*), specchio parabolico. 42 Plan ~ (*Opt.*), specchio piano. 43 Radarparabol ~ (*Radar*), riflettore parabolico radar. 44 sphärischer Hohl ~ (*Opt.*), specchio sferico-concavo. 45

sphärischer Konvex ~ (*Opt.*), specchio sferico-convesso.
spiegelbildlich (*allg.*), speculare, simmetrico.
spiegelblank (*Mech. - etc.*), lucidato a specchio, speculare.
spiegelgleich (*allg.*), simmetrico. 2 ~ **er Motor** (für Zweischraubenboote) (*Mot. - naut.*), motore simmetrico.
spiegeln (*Opt.*), riflettere.
spiegelnd (*Opt. - Metall.*), speculare.
Spiegelung (Reflexion) (*f. - Opt.*), riflessione.
Spieker (grosser Nagel) (*m. - naut.*), grosso chiodo. 2 ~ (Speicher), siehe Speicher.
spiekern (fest nageln) (*naut.*), inchiodare.
Spiel (Massunterschied, zwischen Welle und Bohrung z. B.) (*n. - Mech.*), gioco, giuoco. 2 ~ (einer Steuerung z. B.) (*Mech. - etc.*), gioco, giuoco. 3 ~ (Arbeitsspiel, einer Masch. z. B.) (*Technol.*), ciclo. 4 ~ (Anzahl von Gegenständen) (*allg.*), gioco, corredo, serie. 5 ~ **art** (Abart) (*f. - allg.*), specie. 6 ~ **ausgleich** (*m. - Mech.*), compensazione del gioco. 7 ~ **dauer** (beim Aussetzbetrieb) (*f. - Elekt. - Masch.*), durata del ciclo. 8 ~ **dose** (Spieluhr) (*f. - Mech. - Akus. - Ger.*), cariglione, « carillon ». 9 ~ **film** (*m. - Filmtech.*), lungometraggio. 10 ~ **filmatelier** (*n. - Filmtech.*), studio di ripresa. 11 ~ **freiheit** (*f. - Mech.*), assenza di gioco. 12 ~ **leiter** (Regisseur) (*m. - Theater*), regista. 13 ~ **passung** (Laufpassung) (*f. - Mech.*), accoppiamento mobile. 14 ~ **platz** (Spielfläche, für Kinder) (*m. - Bauw.*), area per giochi. 15 ~ **raum** (Toleranz) (*m. - Mech. - etc.*), tolleranza. 16 ~ **raum** (Spiel) (*Mech. - etc.*), gioco. 17 ~ **sitz** (Spielpassung) (*m. - Mech.*), accoppiamento mobile. 18 ~ **theorie** (Theorie der Spiele) (*f. - Math.*), teoria dei giochi. 19 ~ **uhr** (*f. - Mech. - Akus. - Ger.*), siehe Spieldose. 20 ~ **verringerung** (*f. - Mech.*), riduzione del gioco, registrazione del gioco. 21 ~ **zahl** (bei Prüfungen z. B.) (*f. - Technol.*), numero dei cicli. 22 ~ **zeug** (*n. - Ind.*), giocattolo. 23 **Arbeits** ~ (*allg.*), ciclo (di lavoro). 24 **axiales** ~ (*Mech.*), gioco assiale. 25 **Betriebs** ~ (einer Passung) (*Mech.*), gioco in esercizio. 26 **bezogenes** ~ (einer Spielpassung, Verhältnis des Spieles zum Nenndurchmesser) (*Mech.*), gioco relativo, rapporto tra gioco e diametro nominale. 27 **Börsen** ~ (*finanz.*), gioco in borsa. 28 **Einbau** ~ (einer Passung) (*Mech.*), gioco di montaggio. 29 **Eingriffsflanken** ~ (von Zahnrädern) (*Mech.*), gioco sulla linea d'azione. 30 **Feinst** ~ (*Mech.*), gioco minimo. 31 **Grösst** ~ (einer Passung, Grösstmass der Bohrung minus Kleinstmass der Welle) (*Mech.*), gioco massimo. 32 **Ist** ~ (einer Passung) (*Mech.*), gioco effettivo, gioco reale. 33 **Kalt** ~ (einer Passung) (*Mech.*), gioco a freddo. 34 **Kleinst** ~ (einer Passung, Kleinstmass der Bohrung minus Grösstmass der Welle) (*Mech.*), gioco minimo. 35 **Radial** ~ (eines Lagers) (*Mech.*), gioco radiale. 36 **Warm** ~ (einer Passung) (*Mech.*), gioco a caldo.
spielen (eine Schallplatte) (*Akus.*), suonare, « far girare ». 2 ~ (Spiel haben) (*Mech.*), aver gioco.

spielfrei (*Mech.*), senza gioco.
Spiere (Rippe) (*f. - Flugw.*), centina. 2 ~ (*naut.*), albero. 3 ~ **n·tonne** (in Form einer Stange) (*f. - naut.*), boa ad asta.
Spiess (schwarze Stelle) (*m. - Druck.fehler*), spazio rialzato, spazio da abbassare. 2 ~ (Luftspiess) (*Giess. - Werkz.*), ago, spillo. 3 ~ **kantkaliber** (*n. - Walzw.*), calibro a losanga. 4 ~ **kantenwalzen** (mit Reckwalze z. B.) (*n. - Metall.*), laminazione in calibro a losanga. 5 ~ **stellung** (eines Fahrzeuges im Gleis) (*f. - Eisenb.*), posizione sbieca.
Spike-Gürtelreifen (*m. - Aut.*), pneumatico cinturato con chiodi.
Spikereifen (*m. - Aut.*), pneumatico con chiodi.
Spill (Winde) (*n. - naut.*), verricello. 2 **Anker** ~ (*naut.*), (verricello) salpa-àncora.
Spillage (Verluste infolge unrichtiger Verpackung) (*f. - komm.*), perdita, calo, dispersione.
Spin (der Elementarteilchen) (*m. - Atomphys.*), spin, rotazione. 2 ~ **quantenzahl** (*f. - Atomphys.*), numero quantico di spin.
Spind (Spinde [*f.*]) (*n. - m. - Tischl. - etc.*), siehe Schrank. 2 ~ (für Umkleideräume) (*Ind. - Ger.*), armadietto.
Spindel (Welle, die das Werkzeug oder Werkstück dreht) (*f. - Werkz.masch.*), mandrino, fuso (operatore). 2 ~ (zum Aufwickeln des Fadens) (*Textilmasch.*), fuso. 3 ~ (Achse), siehe Achse. 4 ~ (Schnecke) (*Mech.*), vite motrice. 5 ~ (Schraubenspindel) (*Mech.*), asta filettata. 6 ~ (Hydrometer) (*Ger.*), aerometro. 7 ~ (einer Uhr) (*Mech.*), asse (del bilanciere). 8 ~ (Mittelsäule einer Wendeltreppe) (*Bauw.*), colonna (centrale). 9 ~ (Befestigungsspindel, Einspannzapfen, eines Stempels z. B., für Blechbearbeitung) (*Werkz.*), codolo. 10 ~ **bank** (*f. - Textilmasch.*), banco a fusi. 11 ~ **bremse** (*f. - Mech.*), freno a vite. 12 ~ **einheit** (Ausbohreinheit, bei Baukastensystemen) (*f. - Werkz.masch.*), unità foratrice. 13 ~ **führung** (Ventilführung) (*f. - Mot.*), guidavalvola. 14 ~ **kasten** (Spindelstock, Spindelkopf) (*m. - Werkz.masch.*), testa motrice, testa portamandrino. 15 ~ **kopf** (einer Drehmaschine) (*m. - Werkz.masch.*), testa motrice, testa portamandrino. 16 ~ **lenkung** (*f. - Aut.*), sterzo a vite e madrevite. 17 ~ **messgerät** (Rundheitsmessgerät, zur Messung von Rundlauffehlern) (*n. - Ger.*), misuratore di oscillazione radiale. 18 ~ **mutter** (Lenkspindelmutter) (*f. - Aut.*), madrevite dello sterzo. 19 ~ **öl** (*n. - Textilmasch.*), olio per fusi. 20 ~ **presse** (Schraubenpresse) (*f. - Masch.*), pressa a vite, bilanciere. 21 ~ **pumpe** (Wendelpumpe, Schraubenpumpe) (*f. - Masch.*), pompa a viti. 22 ~ **rahmen** (Spindelbank) (*m. - Textilmasch.*), banco a fusi. 23 ~ **stock** (*m. - Werkz.masch.*), siehe Spindelkasten. 24 ~ **träger** (einer Mehrspindel-Bohrmaschine) (*m. - Werkz.masch.*), portafusi, portamandrini. 25 ~ **treppe** (Wendeltreppe) (*f. - Bauw.*), scala a chiocciola. 26 ~ **trommel** (eines Mehrhrspindel-Drehautomats) (*f. - Werkz.masch.*), tamburo portafusi, tamburo portamandrini. 27 **Arbeits** ~ (Hauptspindel) (*Werkz.masch.*), man-

spindelförmig

drino, fuso (operatore). **28** Flügel ~ (*Textilind.*), fuso ad aletta. **29** Fräs ~ (*Werkz. masch.*), fuso portafresa, mandrino portafresa. **30** Hand ~ presse (*f. - Masch.*), bilanciere a mano, pressa a vite a mano. **31** Haupt ~ (Arbeitspindel) (*Werkz.masch.*), mandrino, fuso (operatore). **32** Leit ~ (einer Drehbank, zum Gewindeschneiden) (*Werkz. masch.*), vite madre, vite conduttrice. **33** Lenk ~ (*Aut.*), albero dello sterzo. **34** Reibtrieb ~ presse (*f. - Masch.*), bilanciere a frizione, pressa a vite a frizione. **35** Rollenlager ~ (*Textilmasch.*), fuso su cuscinetti a rulli. **36** Ruder ~ (*naut.*), asse del timone. **37** Schieber ~ (*Dampfmasch.*), asta del cassetto. **38** Schleif ~ (*Werkz.masch.*), mandrino portamola, fuso portamola. **39** Ventil ~ (Ventilschaft) (*Mot. - Mech.*), stelo della valvola. **40** Zug ~ (einer Drehbank, zur Vorschubbewegung des Supportes) (*Werkz.masch.*), barra, candela (di passata). **41** Zündverteiler ~ (*Elekt. - Aut.*), alberino del distributore.
spindelförmig (*allg.*), fusiforme.
Spinell (*m. - Min.*), spinello.
Spinnaker (Segel) (*m. - naut.*), fiocco a pallone, pallone, « spinnaker ».
spinnbar (spinnfähig) (*Textilind.*), filabile.
Spinnbrause (*f. - Textilind. - Ger.*), siehe Spinndüse.
Spinndrehung (*f. - Textilind.*), torsione di filatura.
Spinndüse (Spinnbrause, für Kunstseide z. B.) (*f. - Textilind. - Ger.*), filiera.
Spinnen (*n. - Textilind.*), filatura. **2** Fein ~ (*Textilind.*), filatura in fino. **3** Hand ~ (*Textilind.*), filatura a mano. **4** mechanisches ~ (*Textilind.*), filatura meccanica. **5** Nass ~ (*Textilind.*), filatura ad umido. **6** Ring ~ (*Textilind.*), filatura a anelli. **7** Trocken ~ (*Textilind.*), filatura a secco. **8** Vor ~ (*Textilind.*), filatura in grosso, filatura di preparazione.
spinnen (*Textilind.*), filare.
Spinner (*m. - Textilind. - Arb.*), filatore. **2** ~ (Ringspinnmaschine) (*Textilmasch.*), filatoio. **3** Absetz ~ (Selfaktor) (*Textilmasch.*), filatoio intermittente. **4** Ring ~ (*Textilmasch.*), filatoio ad anelli. **5** Stetig ~ (*Textilmasch.*), filatoio continuo. **6** Wagen ~ (Selfaktor) (*Textilmasch.*), filatoio intermittente.
Spinnerei (Fabrik) (*f. - Textilind.*), stabilimento di filatura, filanda. **2** ~ (Herstellungsverfahren) (*Textilind.*), filatura. **3** ~ maschine (Spinnmaschine) (*f. - Textilmasch.*), filatoio.
Spinnerin (*f. - Textilind. - Arb.*), filatrice.
spinnfähig (spinnbar) (*Textilind.*), filabile.
Spinnfaser (*f. - Textilind.*), fibra tessile.
Spinngewebebildung (*f. - Anstr.fehler*), formazione di filamenti.
Spinnkanne (*f. - Textilmasch.*), raccoglitore, « vaso ».
Spinnmaschine (*f. - Textilmasch.*), filatoio. **2** Kupra- ~ (*Textilmasch.*), macchina per la filatura del raion cuproammoniacale. **3** Nass ~ (für Kunstseide) (*Textilmasch.*), filatoio ad umido. **4** Ring ~ (*Textilmasch.*), filatoio ad anelli. **5** Wagen ~ (Selfaktor) (*Textilmasch.*), filatoio intermittente.

Spinnmeister (*m. - Arb.*), caposala di filatura.
Spinnöl (*n. - Textilind.*), siehe Spicköl.
Spinnpapier (zur Erzeugung von Papiergarn) (*n. - Papierind.*), carta da filare.
Spinnseide (verspinnbare Seidenfasern) (*f. - Textilind.*), seta filabile.
Spinnstuhl (*m. - Textilmasch.*), filatoio.
Spinnverfahren (für Kunstseide z. B.) (*n. - Textilind.*), filatura. **2** Nass ~ (für Kunstseide z. B.) (*Textilind.*), filatura a umido. **3** Trocken ~ (für Kunstseide z. B.) (*Textilind.*), filatura a secco.
Spion (Fühlerlehre) (*m. - Mech. - Werkz.*), spessimetro, sonda, calibro a spessori. **2** ~ (Rückspiegel) (*Ger.*), specchio retrovisore.
Spionage (*f. - milit. - etc.*), spionaggio. **2** ~ abwehr (Gegenspionage) (*f. - milit.*), controspionaggio. **3** Betriebs ~ (Industriespionage, Werkspionage) (*Ind. - recht.*), spionaggio industriale.
Spiralabtastung (*f. - Fernseh.*), scansione a spirale.
Spiralbewehrung (für Beton) (*f. - Bauw.*), armatura a spirale.
Spiralbindungsmaschine (*f. - Buchbinderei - Masch.*), macchina per legature a spirale.
Spiralbohrer (Wendelbohrer) (*m. - mech. Werkz.*), punta elicoidale, punta ad elica. **2** extra kurzer ~ (*Werkz.*), punta elicoidale extracorta.
Spiraldrahtseil (*n. - Seile*), fune spiroidale, fune a spirale.
Spirale (Spirallinie, Schneckenlinie) (*f. - Geom.*), spirale. **2** Archimedische ~ (*Geom.*), spirale di Archimede. **3** logarithmische ~ (*Math.*), spirale logaritmica.
Spiralfeder (Uhrfeder z. B.) (*f. - Mech.*), molla a spirale.
spiralförmig (*allg.*), spiraliforme.
Spiralgehäuse (einer Pumpe z. B.) (*n. - Masch.*), chiocciola.
spiralgenutet (*Werkz. - etc.*), con scanalatura ad elica.
Spiralgleitflug (*m. - Flugw.*), volo planato a spirale.
Spiralhinterdrehung (eines Fräsers, bei der durch die Bewegung des Drehstahles eine Spirale erzeugt wird) (*f. - Mech.*), spogliatura a spirale.
Spiralkegelrad (Zahnrad) (*n. - Mech.*), ruota conica con denti a spirale.
Spirallänge (eines Spiralbohrers) (*f. - Werkz.*), lunghezza della parte scanalata.
Spiralnebel (*m. - Astr.*), nebulosa a spirale.
Spiralpumpe (Schneckenpumpe) (*f. - Masch.*), pompa a vite.
Spiralrillenlager (bestehend aus zwei kreisförmige Scheiben von denen eine mit flachen spiralförmigen Rillen versehen ist) (*n. - Mech.*), supporto di spinta (a sfere) con scanalature a spirale.
Spiralrohr (Schlangenrohr) (*n. - Ind. - Ger.*), serpentino.
Spiralseil (Spiraldrahtseil) (*n. - metall. Ind.*), fune spiroidale, fune a spirale.
Spiralsenker (Dreischneider) (*m. - Werkz.*), allargatore elicoidale.

Spiralspannstift (Spiralspannhülse) (*m.* - *Mech.*), spina elastica spiraliforme.
Spiraltest (zur Untersuchung der Kursstabilität von Schiffen) (*m.* - *naut.*), prova a spirale.
spiralverzahnt (*Mech.*), con denti a spirale.
Spiralverzahnung (*f.* - *Mech.*), dentatura (con denti) a spirale.
Spiralwelle (biegsame Welle) (*f.* - *Mech.*), albero flessibile, flessibile.
Spiralwinkel (von Zahnrädern) (*m.* - *Mech.*), angolo di spirale. 2 ~ (eines Spiralbohrers) (*Werkz.*), angolo dell'elica.
Spiralzahnrad (Spiralkegelrad) (*n.* - *Mech.*), ruota conica con denti a spirale.
Spiritus (Alkohol) (*m.* - *Chem.*), alcool, spirito. 2 ~ **beize** (*f.* - *Chem.*), mordente ad alcool. 3 ~ **kocher** (*m.* - *Ger.*), fornello a spirito. 4 ~ **lack** (*m.* - *Anstr.*), vernice a spirito. 5 **denaturierter** ~ (*Chem.*), alcool denaturato.
Spirochätose (Berufskrankheit) (*f.* - *Med.* - *Arb.*), spirochetosi.
Spittland (zum Abgraben von Deichboden für die Unterhaltung des Hauptdeiches) (*n.* - *Wass.b.*), zona di prestito.
spitz (*allg.*), a punta, aguzzo, appuntito. 2 ~ (Winkel) (*Geom.*), acuto.
Spitzbogen (*m.* - *Arch.*), arco gotico. 2 ~ **-Kaliber** (*n.* - *Walzw.*), calibro ad ogiva.
Spitze (*f.* - *allg.*), punta. 2 ~ (Drehbankspitze) (*Werkz.masch.*), punta. 3 ~ (eines Gewindes) (*Mech.*), cresta. 4 ~ (eines Schraubenendes) (*Mech.*), estremità a punta. 5 ~ (Gewebe) (*Text.*), pizzo. 6 ~ (eines Dreiecks z. B.) (*Geom.*), vertice. 7 ~ (eines Brenners) (*Ger.*), punta. 8 ~ (eines Drehstahles z. B.) (*mech. Werkz.*), punta. 9 ~ (der Weiche) (*Eisenb.*), punta. 10 ~ (höchster Wert) (*Elekt.* - *etc.*), picco, cresta, punta. 11 ~ (höchste Belastung einer Energieanlage) (*Elekt.*), punta. 12 ~ **n·abstand** (einer Drehbank) (*m.* - *Werkz.masch.*), distanza tra le punte. 13 ~ **n·abstand** (Entfernung der Teilkegelspitze von der Bezugsfläche, eines Kegelrades) (*Mech.*), distanza del vertice primitivo (dalla superficie di riferimento). 14 ~ **n·belastung** (eines Zählers z. B.) (*f.* - *Elekt.* - *etc.*), carico di punta, carico massimo. 15 ~ **n·diode** (Halbleiterdiode mit einem Spitzen- oder Punktkontakt) (*f.* - *Elektronik*), diodo a contatto puntiforme, diodo a contatto non a giunzione. 16 ~ **n·drehbank** (*f.* - *Werkz. masch.*), tornio parallelo. 17 ~ **n·durchmesser** (Aussendurchmesser, einer Schraube) (*m.* - *Mech.*), diametro esterno. 18 ~ **n·entferung** (Spitzenabstand, einer Drehbank) (*f.* - *Werkz.masch.*), distanza tra le punte. 19 ~ **n·entfernung** (einer Kegelverzahnung, Entfernung eines Profilpunktes von der Teilkegelspitze) (*Mech.*), distanza dal vertice primitivo. 20 ~ **n·entladung** (*f.* - *Elekt.*), scarica dalle punte. 21 ~ **n·facharbeiter** (*m.* - *Arb.*), incaricato tecnico. 22 ~ **n·faktor** (*m.* - *Elekt.*), fattore di cresta. 23 ~ **n·geschwindigkeit** (höchste Geschwindigkeit) (*f.* - *allg.*), velocità massima. 24 ~ **n·geschwindigkeit** (von Propellerflügelspitzen z. B.) (*Flugw.* - *etc.*), velocità periferica. 25 ~ **n·gleichrichtung** (*f.* - *Elektronik*), raddrizzamento a punta di contatto. 26 ~ **höhe** (Arbeitsvermögen einer Drehbank) (*f.* - *Werkz.masch.*), atlezza delle punte, diametro massimo eseguibile. 27 ~ **n-Kontakt** (Punkt-Kontakt, eines Halbleiters) (*m.* - *Elektronik*), contatto puntiforme. 28 ~ **n. kraftwerk** (*n.* - *Elekt.*), centrale di punta, centrale per punte di carico. 29 ~ **n·lagerung** (*f.* - *Mech.* - *etc.*), sospensione su punte. 30 ~ **n·last** (einer Masch. oder Anlage z. B.) (*f.* - *Masch.*), carico di punta. 31 ~ **n·lastkraftwerk** (*n.* - *Elekt.*), centrale di punta. 32 ~ **n·leistung** (Höchstleistung) (*f.* - *Mech.*), potenza massima (per breve durata). 33 ~ **n·papier** (*n.* - *Papierind.* - *Packung*), carta pizzo. 34 ~ **n·spannungsmesser** (*m.* - *Elekt.* - *Ger.*), voltmetro di cresta. 35 ~ **n·spiel** (eines Gewindes) (*n.* - *Mech.*), gioco in cresta, gioco alla sommità (del filetto). 36 ~ **n·strom** (*m.* - *Elekt.*), corrente di punta. 37 ~ **n·stunde** (*f.* - *Verkehr*), ora di punta. 38 ~ **n·transistor** (Punktkontakttransistor) (*m.* - *Elektronik*), transistore a punta di contatto. 39 ~ **n·verkehr** (*m.* - *Strass.ver.* - *etc.*), traffico di punta. 40 ~ **n·weite** (Spitzenabstand, einer Drehbank) (*f.* - *Werkz.masch.*), distanza tra le punte. 41 ~ **n·wert** (Spitze) (*m.* - *allg.*), picco, valore di cresta, valore di punta. 42 ~ **n·winkel** (*m.* - *Geom.*), angolo al vertice. 43 ~ **n·winkel** (eines Spiralbohrers) (*Werkz.*), angolo di affilatura, angolo fra i taglienti. 44 ~ **n·wirkung** (*f.* - *Elekt.*), effetto delle punte. 45 ~ **n·zähler** (Elektrizitätszähler) (*m.* - *Ger.*), contatore di eccedenza. 46 ~ **-Spitze** (von Spitze zu Spitze) (*f.* - *Elekt.*), da picco a picco. 47 **Anreiss** ~ (*Mech.* - *Werkz.*), punta per tracciare. 48 **Teilkegel** ~ (eines Kegelrades) (*Mech.*), vertice primitivo, vertice del cono primitivo.
Spitzeisen (zum Schlagen von Löchern in Stein) (*n.* - *Werkz.*), punta, scalpello a punta.
spitzen (spitz machen) (*allg.*), appuntire. 2 ~ (eine Spitze schneiden, an einem Bleistift z. B.) (*allg.*), fare la punta.
spitzenlos (eine Schleifmaschine z. B.) (*Werkz.masch.*), senza centri. 2 ~ **es Läppen** (*Werkz.masch.bearb.*), lappatura libera.
Spitzgewinde (einer Schraube) (*n.* - *Mech.*), filetto triangolare.
Spitzglas (Absetzglas, für Prüfungen) (*n.* - *Hydr.* - *Chem.*), bicchiere (di sedimentazione) a cono, cono di sedimentazione.
Spitzkasten (zum Klassieren sehr feinkörniger Erze) (*m.* - *Bergbau* - *Masch.*), cassa a punta.
Spitzkehre (*f.* - *Strass.b.*), tornante. 2 ~ (*Eisenb.*), regresso.
Spitzkerb (*m.* - *Mech.*), intaglio a V, tacca a V. 2 ~ **probe** (scharf gekerbte Kerbschlagbiegeprobe) (*f.* - *Werkstoffprüfung*), provino con intaglio a V.
Spitzlutte (*f.* - *Bergbau*), classificatore idraulico.
Spitzpfahl (*m.* - *Bauw.*), palo a punta.
Spitzsäge (Stichsäge) (*f.* - *Tischl.* - *Werkz.*), foretto, gattuccio.
Spitzsäule (Obelisk) (*f.* - *Arch.*), obelisco.
Spitzsenker (*m.* - *Werkz.*), fresa per svasare, fresa per svasature.

Spitztonne (in Form eines Kegels) (*f. - naut.*), boa conica, boa a cono.
spitzwinklig (*Geom.*), ad angolo acuto, acutangolo. 2 ~ **es Dreieck** (*Geom.*), triangolo acutangolo.
Spitzzirkel (Teilzirkel) (*m. - Instr.*), compasso a punte fisse.
Spleiss (Verbindung zweier Taue) (*m. - naut.*), impiombatura. 2 ~ (Verbindung zweier Drahtseile) (*Transp. - etc.*), impalmatura. 3 ~ **dorn** (*m. - naut. - Werkz.*), caviglia per impiombature. 4 **Ketten** ~ (*naut.*), impiombatura con catena. 5 **Kurz** ~ (*naut.*), impiombatura corta. 6 **Lang** ~ (*naut.*), impiombatura lunga.
spleissen (zwei Taue verbinden) (*naut. - etc.*), impiombare. 2 ~ (spalten, zerreissen) (*allg.*), strappare. 3 ~ (zwei Drahtseile verbinden) (*Transp. - etc.*), impalmare.
Splinen (Auftragen von pastenförmigen Harz-Härter-Gemisch, zum Aufbau von Modellen z. B.) (*n. - chem. Ind. - Technol.*), modellatura.
Splint (Sicherungselement) (*m. - Mech.*), copiglia. 2 ~ (Holzschicht unter der Rinde) (*Holz*), alburno. 3 ~ **loch** (einer Schraube z. B.) (*n. - Mech.*), foro per copiglia.
splinten (*Mech.*), incopigliare, copigliare.
Splinter (*m.*), *siehe* Splitter.
Spliss (*m.*), *siehe* Spleiss und Splitter.
Splitt (Gestein) (*m. - Strass.b.*), pietrisco. 2 ~ **streukarre** (Handsplittstreuer) (*f. - Strass.b. - Ger.*), carriola spandipietrisco. 3 ~ **streuer** (gegen Rutschen auf vereisten Strassen) (*m. - Fahrz.*), spandipietrisco.
Splitter (*m. - allg.*), scheggia. 2 ~ **bruch** (*m. - allg.*), frattura scheggiata. 3 **Granat** ~ (*Expl.*), scheggia di granata.
splitterfreies Glas (Sicherheitsglas, Verbundglas) (*Aut.*), vetro stratificato, vetro laminato.
splitterig (*allg.*), scheggiabile.
splittern (*allg.*), scheggiarsi.
splittersicher (Sicherheitsglas z. B.) (*Aut.*), infrangibile. 2 ~ (gegen Granatsplitter, etc.) (*milit.*), antischeggia.
Splitterung (*f. - mech. Fehler*), scheggiatura.
Spodumen (LiAlSi$_6$O$_6$) (*n. - Min.*), spodumene, trifane.
Spoiler (Vorr. um das Wind zu lenken) (*m. - Flugw.*), diruttore, intercettore. 2 ~ (geneigte Fläche, um den Auftrieb zu vermindern und als Abreissfläche verwendet) (*Aut. - Aufbau*), spoiler, superficie deportante.
Spoke (Störung in Form einer senkrechten dunklen Balken am linken Bildrand) (*Fernseh.*), banda verticale scura.
Spongiose (Graphitierung, Überwandlung von Grauguss zu einer weichen Masse) (*f. - Giess.*), grafitizzazione (della cementite).
spontan (*allg.*), spontaneo. 2 ~ (plötzlich) (*allg.*), brusco, improvviso. 3 ~ **e Kernreaktion** (*f. - Atomphys.*), reazione nucleare spontanea. 4 ~ **e Spaltung** (*Atomphys.*), fissione spontanea.
sporenbildend (*Biol.*), sporigeno.
Sporn (für Reiter) (*m. - Ger.*), sperone. 2 ~ (Schwanzstachel am Flugzeug) (*Flugw.*), pattino di coda. 3 ~ (*Wass.b.*), *siehe* Herdmauer. 4 ~ (spatenförmiger Ansatz am Schwanz der Geschütze) (*Feuerwaffe*), vomere. 5 ~ (zwischen zwei Tälern z. B.) (*Geogr.*), sperone. 6 ~ (an Schuhen) (*Ger.*), chiodo da ghiaccio. 7 ~ **rad** (*n. - Flugw.*), ruotino di coda.
Sport (*m. - Sport*), sport. 2 ~ **artikel** (*m. - komm. - Ind.*), articolo sportivo. 3 ~ **gerät** (*n. - Ind. - Sport*), articolo sportivo. 4 ~ **halle** (*f. - Bauw. - Sport*), palestra. 5 ~ **kommission** (*f. - Sport*), commissione sportiva. 6 ~ **platz** (*m. - Bauw. - Sport*), campo sportivo. 7 ~ **wagen** (*m. - Aut.*), vettura sportiva. 8 ~ **wagen** (Roadster) (*Aut.*), spider.
sportlich (*Sport*), sportivo. 2 ~ **e Fahrweise** (*Aut.*), guida sportiva.
Sprachband (*n. - Funk.*), banda di frequenze vocali.
Sprache (Fremdsprache z. B.) (*f. - Büro - etc.*), lingua, parlata. 2 ~ (Fachsprache z. B.) (*Büro - etc.*), linguaggio. 3 ~ (*Datenverarb. - Rechner*), linguaggio. 4 **Fach** ~ (*Ind.*), linguaggio tecnico. 5 **Fremd** ~ (*Büro - etc.*), lingua estera. 6 **Geschäfts** ~ (Handelssprache) (*komm. - Büro*), linguaggio commerciale. 7 **Maschinen** ~ (*Datenverarb.*), linguaggio macchina. 8 **Mutter** ~ (*Pers.*), madrelingua. 9 **problemorientierte** ~ (*Rechner*), linguaggio per la programmazione di problemi. 10 **Programmier** ~ (*Rechner*), linguaggio di programmazione.
Sprachfrequenz (*f. - Elekt. - etc.*), *siehe* Sprechfrequenz.
sprachmoduliert (*Akus.*), modulato dalla voce.
Sprachrohr (Schalltrichter, Megaphon) (*n. - Akus. - Ger.*), megafono.
Sprachsignal (*n. - Akus.*), segnale vocale.
Spratzfestigkeit (Beständigkeit gegen Hochspannung, einer Glühkathode) (*f. - Elektronik*), resistenza ad alta tensione.
Sprechapparat (*m. - Fernspr. - Ger.*), telefono, apparecchio telefonico.
sprechen (*allg.*), parlare. 2 **verständlich und klar** ~ (*allg.*), parlare con chiarezza.
Sprechfilm (Tonfilm) (*m. - Filmtech.*), film sonoro.
Sprechfrequenz (*f. - Elektroakus.*), frequenza vocale, frequenza telefonica, audiofrequenza.
Sprechkanal (*m. - Fernspr.*), canale telefonico.
Sprechkapsel (*f. - Fernspr.*), capsula microfonica.
Sprechkreis (Sprechstromkreis) (*m. - Fernspr.*), circuito telefonico.
Sprechmaschine (Grammophon) (*f. - Elektroakus. - Ger.*), grammofono.
Sprechschalter (Sprechschlüssel, Sprechumschalter) (*m. - Fernspr.*), chiave di conversazione.
Sprechzelle (*f. - Fernspr.*), cabina telefonica.
Sprechzimmer (Konsultationszimmer) (*n. - Med.*), ambulatorio.
Spreemetall (Sondermessing mit 55% Cu, 43% Zn, 1,5% Mn, 0,5% Pb) (*n. - Legierung*), (tipo) di ottone speciale al Mn, Pb.
Spreitlage (*f. - Wass.b.*), *siehe* Spreutlage.
Spreizband (inneres Bremsband) (*n. - Mech.*), nastro ad espansione.
Spreize (*f. - Bauw. - Bergbau*), sbadacchio. 2

~ n·rahmen (eines Gabelstaplers z. B.) (m. - ind. Transp.), telaio allargato.
spreizen (Bauw. - Bergbau), sbadacchiare.
Spreizer (zum Blockieren mech. Teile z. B.) (m. - Mech. - etc.), espansore.
Spreizgelenk (eines Zirkels) (n. - Instr.), articolazione di apertura.
Spreizglied (einer Backenbremse) (n. - Aut.), oliva, camma, chiave.
Spreizklappe (an Tragflügeln, zum Bremsen) (f. - Flugw.), ipersostentatore d'intradosso.
Spreizmagnet (mit drückender Kraftwirkung, zum Spreizen von Aussenbackenbremsen, von Aufzugen z. B.) (m. - Elekt.), magnete ad espansione.
Spreizniete (f. - Mech. - etc.), chiodo ad espansione.
Spreizreibahle (f. - Werkz.), alesatore espansibile.
Spreizringkupplung (f. - Mech.), innesto ad espansione.
Spreizung (Neigung der Achse des Achsschenkelbolzens gegenüber einer Senkrechten auf der Fahrebene in der Projektion auf eine senkrecht zur Fahrrichtung stehende Ebene) (f. - Aut.), inclinazione (del perno del fuso a snodo), angolo del perno del fuso a snodo con la verticale (visto di fronte). 2 ~ (Ing.b.), sbadacchiatura. 3 maximale ~ (Summe der grössten negativen und positiven Abweichungen vom Mittelwert in einer Reihe von Messwerten) (Messtechnik), ampiezza massima (dello scostamento).
Spreizvorrichtung (Nocken z. B., für Bremsen) (f. - Aut. - Mech.), oliva, organo di divaricamento.
Sprengapparat (m. - Ger.), annaffiatoio.
Sprengarbeit (f. - Bergbau), minamento.
Sprengauto (Sprengwagen) (n. - Strasse - Masch.), autoinnaffiatrice (stradale).
Sprengbohrung (f. - Bergbau - Expl.), foro da mina.
Sprengen (n. - Bergbau - Expl.), brillamento.
sprengen (schiessen) (Expl. - Bergbau), far saltare, brillare. 2 ~ (begiessen, Strassen mit Wasser z. B.) (Strasse), annaffiare.
Sprengfeder (f. - Mech.), siehe Sprengring.
Sprenggelatine (aus 93% Nitroglycerin, 7% Kollodiumwolle) (f. - Expl.), gelatina gomma, gomma.
Sprenggeschwindigkeit (einer Schleifscheibe) (f. - Werkz.), velocità di scoppio.
Sprenggranate (f. - Expl.), granata dirompente.
Sprengkapsel (f. - Expl.), detonatore.
Sprengkraft (f. - Expl.), forza esplosiva, forza dirompente. 2 ~ wagen (Sprengmaschine) (m. - Fahrz.), autoinnaffiatrice.
Sprengladung (f. - Expl. - Bergbau), carica esplosiva.
Sprengloch (n. - Bergbau), foro da mina.
Sprengmaschine (Sprengwagen) (f. - Fahrz.). autoinnaffiatrice.
Sprengmittel (n. - Expl. - Bergbau), esplosivo da mina. 2 brisantes Gesteins- ~ (n. - Bergbau), esplosivo da mina dirompente. 3 Pulver ~ (Expl. - Bergbau), polvere nera da mina.
Sprengniet (m. - Mech.), ribattino esplosivo, chiodo esplosivo.

Sprengöl (n. - Expl.), nitroglicerina.
Sprengpatrone (f. - Bergbau - Expl.), tubo di esplosivo, cartuccia da mina.
Sprengpinsel (m. - Maur. - Werkz.), pennellessa.
Sprengring (federnder Metallring, zur Verbindung zweier Teile) (m. - Mech.), anello elastico. 2 Draht ~ (für Kolbenbolzen bei Verbr. mot.) (Mech.), anello elastico di arresto.
Sprengsalpeter (m. - Expl. - Bergbau), esplosivo da mina al nitrato di ammonio.
Sprengschuss (m. - Bergbau), mina.
Sprengseismik (f. - Geol.), prospezione con metodo sismometrico.
Sprengstoff (Explosivstoff) (m. - Expl.), esplosivo.
Sprengung (f. - Expl.), esplosione. 2 ~ (Wölbung einer Blattfeder) (Fahrz.), freccia.
Sprengversuch (einer Schleifscheibe) (m. - Werkz.), prova di scoppio.
Sprengwagen (zum Begiessen der Strassen) (m. - Fahrz.), autoinnaffiatrice.
Sprengwerk (von unten abgestützte Tragkonstruktion) (n. - Bauw.), struttura appoggiata.
Sprengzünder (m. - Expl.), detonatore.
Spreutlage (Uferbelag) (f. - Wass.b.), mantellatura, incorniciata.
Spriegel (Bügel, der das Verdeck eines Planwagens trägt) (m. - Fahrz.), centina.
Spriesse (Spreize) (f. - Bauw.), sbadacchio. 2 ~, siehe auch Sprosse.
Spriessen (Abspriessen, Spreizung) (n. - Bauw.), sbadacchiatura.
Spriet (Sprett, einer Segel) (n. - naut.), asta diagonale. 2 ~ (Bugspriet) (naut.), bompresso.
Spring (Quelle) (m. - allg.), sorgente. 2 ~ brunnen (Fontäne) (m. - Arch. - Bauw.), fontana. 3 ~ feder (f. - Mech.), molla a scatto. 4 ~ licht-Warngerät (n. - Aut.), avvisatore a lampi di luce. 5 ~ schreiber (bei Fernschreibern) (m. - Telegr.), apparecchio (telescrivente) aritmico. 6 ~ sicherung (f. - Elekt.), «fusibile» a scatto. 7 ~ stab (Klopfstärke-Messgerät) (m. - Mot.), asta saltellante, detonometro di Midgley. 8 ~ walze (Oberwalze, Schleppwalze) (f. - Walzw.), cilindro condotto.
Springen (des Rades) (n. - Aut.), saltellamento. 2 ~ (gleitende Bewegung eines Kulissensteines während eines Arbeitsspiel) (Dampfmasch.), corsa (doppia).
springen (allg.), saltare. 2 ~ (sich lösen) (allg.), staccarsi. 3 ~ (rissig werden) (allg.), screpolarsi. 4 ab ~ (sich trennen) (allg.), separarsi, staccarsi. 5 an ~ (eines Motors) (Mot.), avviarsi, portarsi a regime.
Springer (Erdölschacht) (m. - Bergbau), pozzo ad erogazione spontanea.
Springring (Hakenspringring) (m. - Mech.), anello elastico a gancio.
Sprinkler (Sprinkleranlage) (m. - Feuerlöschen) impianto di nebulizzazione, «sprinkler».
Sprit (Alkohol) (m. - Chem.), alcool. 2 ~ (Treibstoff) (Fahrz.), carburante, benzina.
Spritzalitieren (gegen Verzunderung von Stahl bei hohen Temperaturen bis 800 °C) (n. - Wärmebeh.), calorizzazione a spruzzo, cementazione all'alluminio a spruzzo.

Spritzapparat

Spritzapparat (*m. - App.*), spruzzatore.
Spritzbeton (*m. - Bauw.*), calcestruzzo (per applicazioni) a proiezione.
Spritzbewurf (Rohputz) (*m. - Maur.*), rinzaffo.
Spritz- Blas- Reckverfahren (IBS-Verfahren, Injection-Blow-Stretch, für Kunststoffen) (*n. - Technol.*), processo di iniezione-soffiatura-stiro.
Spritzblasverfahren (Spritzblasen, zur Herstellung von Hohlkörpern aus thermoplastischen Kunststoffen) (*n. - Technol.*), soffio-estrusione, soffiatura di preformati ad iniezione.
Spritzblech (Spritzwand) (*n. - Aut. - Aufbau*), cruscotto. 2 ~ (einer Werkz.masch. z. B.) (*Masch. - etc.*), (lamiera) paraspruzzi.
Spritzbonderverfahren (*n. - Metall.*), bonderizzazione a spruzzo.
Spritzdüse (*f. - Ger.*), spruzzatore.
Spritze (*f. - Ger.*), siringa. 2 ~ n·boot (*n. - naut.*), battello antincendi. 3 ~ n·schlauch (*m. - Feuerlöschen*), manichetta antincendi.
Spritzeinheit (einer Spritzgussmaschine für Kunststoffe) (*f. - Masch.*), gruppo (d')iniezione, unità d'iniezione.
Spritzen (*n. - allg.*), spruzzatura. 2 ~ (mit der Spritzpistole) (*Anstr.*), verniciatura a spruzzo. 3 ~ (von thermoplastischen Massen) (*Technol.*), iniezione, stampaggio ad iniezione. 4 ~ (Aufbringen des Apprets mit Spritzmaschinen) (*Textilind.*), apprettatura a spruzzo. 5 ~ (von Metall, mittels Spritzpistole) (*mech. Technol.*), metallizzazione a spruzzo. 6 ~ (Spritzpressen, Gegenfliesspressen) (*mech. Technol.*), estrusione inversa, estrusione indiretta. 7 ausgussloses ~ (von Kunstharzen) (*Technol.*), stampaggio a canali caldi. 8 Flamm ~ (Metallspritzen) (*mech. Technol.*), metallizzazione a spruzzo. 9 Kalt ~ (Kaltpressen) (*mech. Technol.*), estrusione inversa a freddo. 10 Metall ~ (*mech. Technol.*), metallizzazione a spruzzo. 11 Nass-auf-Nass- ~ (*Anstr.*), verniciatura a spruzzo bagnato su bagnato.
spritzen (*allg.*), spruzzare. 2 ~ (mit der Spritzpistole) (*Anstr.*), verniciare a spruzzo. 3 ~ (spritzgiessen, thermoplastische Masse) (*Technol.*), stampare ad iniezione. 4 ~ (*Textilind.*), apprettare a spruzzo. 5 flamm ~ (metallspritzen) (*mech. Technol.*), metallizzare a spruzzo. 6 metall ~ (*mech. Technol.*), metallizzare a spruzzo.
Spritzer (beim Schweissen) (*m. - pl. - mech. Technol.*), spruzzi.
Spritzflasche (Laboratoriumsgerät) (*f. - chem. - Ger.*), spruzzetta.
Spritzform (Spritzgusswerkzeug, für Kunstharze) (*f. - mech. Technol.*), stampo (per iniezione).
spritzgiessbar (Kunststoff) (*Technol.*), stampabile ad iniezione.
Spritzgiessen (vorzugsweise bei nichthärtbaren Kunststoffen angewendet) (*n. - Technol.*), stampaggio ad iniezione.
Spritzgiessmaschine (für Kunststoffe) (*f. - Masch.*), macchina per lo stampaggio ad iniezione. 2 Schnecken ~ (für Kunststoffe) (*Masch.*), macchina per lo stampaggio a iniezione a vite.
Spritzgiessteil (aus Kunststoff) (*n. - Technol.*), pezzo stampato a iniezione.
Spritzguss (Spritzgiessen, thermoplastischer Massen) (*m. - Technol.*), iniezione, stampaggio ad iniezione. 2 ~ (Guss-stück, thermoplasticher Stoff) (*Technol.*), pezzo stampato (con procedimento) ad iniezione. 3 ~ form (für thermoplastische Massen) (*f. - Technol. - Werkz.*), stampo (per iniezione). 4 ~ legierung (aus Blei und Zinn, für sehr genaue Guss-stücke) (*f. - Giess.*), lega per microfusioni. 5 ~ maschine (für Kunstharze) (*f. - Masch.*), macchina ad iniezione. 6 ~ massen (Formmassen die sich spritzgiessen lassen) (*f. - pl. - Technol.*), materie per stampaggio ad iniezione. 7 ~ stoffe (durch Spritzgiessen hergestellte Formstoffe) (*m. - pl. - Technol.*), materiali ottenuti da stampaggio ad iniezione. 8 ~ teil (*m. - Technol.*), pezzo stampato ad iniezione. 9 ~ werkzeug (für Kunstharze) (*n. - Technol.*), stampo (per iniezione).
Spritzkabine (*f. - Anstr.*), cabina di spruzzatura, cabina di verniciatura a spruzzo. 2 ~ mit Wasserniederschlag (Spritzkabine mit wasserberieselten Wänden) (*Anstr. - App.*), cabina di verniciatura a velo d'acqua.
Spritzkugeln (*f. - pl. - Giess.fehler*), gocce fredde.
Spritzlackierautomat (*m. - Anstr. - Masch.*), verniciatrice automatica a spruzzo.
Spritzlackierung (*f. - Anstr.*), verniciatura a spruzzo. 2 elektrostatische ~ (*Anstr.*), verniciatura a spruzzo elettrostatica.
Spritzleistung (Schussgewicht beim Spritzgiessen von Kunststoffen) (*f. - Technol.*), grammatura.
Spritzling (Spritzteil, aus Kunststoff) (*m. - Technol.*), pezzo stampato ad iniezione.
Spritzmaschine (Spritzgussmaschine, für thermoplastische Massen) (*f. - Masch.*), macchina a iniezione. 2 ~ (für das Spritzpressen von Metallen) (*Masch.*), macchina per estrusione inversa. 3 ~ (für Bitumen und Teer) (*Strass.b. - Masch.*), spruzzatrice. 4 ~ (Extruder, Strangpresse, in der Kautschukverarbeitung) (*Masch.*), estrusore.
Spritzmasse (thermoplastische Masse) (*f. - chem. Ind.*), materia termoplastica per stampaggio ad iniezione.
Spritzmetallisieren (Metallspritzen) (*n. - mech. Technol.*), metallizzazione a spruzzo.
Spritzmetallüberzug (*m. - Metall.*), riporto (metallico) a spruzzo.
Spritzpistole (*f. - Ger.*), pistola (per spruzzatura), aerografo. 2 Flamm ~ (*mech. Technol. - Ger.*), pistola per metallizzazione.
Spritzphosphatieren (*n. - mech. Technol.*), fosfatazione a spruzzo.
Spritzprägen (von Kunststoffen) (*n. - Technol.*), stampaggio a iniezione a rilievo.
Spritzpresse (*f. - Masch.*), pressa per estrudere.
spritzpressbar (Kunststoff) (*Technol.*), stampabile a trasferimento.
Spritzpressen (Transferpressen, vorzugsweise bei härtbaren Kunststoffen angewendet) (*n. - mech. Technol.*), stampaggio per trasferimen-

to. 2 ~ (Gegenfliesspressen, Tubenpressverfahren, von Metallen) (*mech. Technol.*), estrusione inversa, estrusione indiretta.
Spritzring (für Schmierzwecke) (*m. - Mech. - Masch.*), anello lanciaolio.
Spritzschmierung (*f. - Mot. - etc.*), lubrificazione a sbattimento.
Spritzspachtel (*m. - Anstr.*), stucco a spruzzo.
Spritzteil (Spritzguss·stück aus thermoplastischem Stoff) (*m. - Technol.*), pezzo stampato (con procedimento) ad iniezione.
Spritzverfahren (für thermoplastische Massen) (*n. - Technol.*), iniezione, stampaggio ad iniezione. 2 ~ (Metallspritzen z. B.) (*mech. Technol.*), rivestimento a spruzzo.
Spritzversteller (eines Dieselmotors) (*m. - Mot.*), regolatore della fasatura di iniezione.
Spritzverstellung (*f. - Dieselmot.*), messa in fase dell'iniezione.
Spritzwand (*f. - Aut. - Aufbau*), cruscotto.
spritzwasserdicht (spritzwassergeschützt) (*Elekt. - Instr.*), protetto contro gli spruzzi d'acqua.
spritzwassergeschützt (*Elekt. - Instr.*), protetto contro gli spruzzi d'acqua.
Spritzwasserschutz (*m. - Elekt.*), protezione contro gli spruzzi d'acqua.
Spritzzündung (von Stromrichtern) (*f. - Elekt.*), accensione per arco.
sprock (spröde) (*Phys.*), fragile.
Sprödbruch (*m. - Metall.*), rottura fragile. 2 ~ **empfindlichkeit** (*f. - Metall.*), suscettibilità alla rottura fragile.
spröde (fest und brüchig) (*Phys.*), fragile. 2 ~r Bruch (*Metall.*), rottura fragile.
Sprödheit (Sprödigkeit) (*f. - Phys.*), fragilità.
Sprödigkeit (Sprödheit) (*f. - Phys.*), fragilità. 2 Beiz ~ (*Metall.*), fragilità caustica.
Sprosse (Querholz an einer Leiter) (*f. - Bauw. - Ger.*), piuolo. 2 ~ (eines Fensters) (*Bauw.*), traversa. 3 ~ n·schrift (Lichtton-Verfahren) (*f. - Elektroakus. - Filmtech.*), registrazione sonora a densità variabile.
SprThw (Springtidenhochwasser) (*See*), alta marea primaverile.
SprTnw (Springtidenniedrigwasser) (*See*), bassa marea primaverile.
Spruch (der Geschworenen) (*m. - recht.*), verdetto. 2 ~ (des Richters) (*recht.*), sentenza.
Sprühärten (durch Besprühen mit einer Flüssigkeit) (*n. - Wärmebeh.*), tempra a spruzzo.
Sprühdüse (Spritzdüse) (*f. - Ger.*), spruzzatore.
sprühen (*allg.*), sprizzare. 2 funken ~ (*Elekt.*), scintillare.
Sprühentladung (Koronaentladung) (*f. - Elekt.*), scarica ad effluvio, scarica per effetto corona.
Sprühpistole (Spritzpistole) (*f. - Ger.*), pistola a spruzzo.
Sprühregen (feiner Regen) (*m. - Meteor.*), pioggerella.
Sprühstrahl (Löschmittelstrahl in zweckdienlicher Form zerteilt) (*m. - Feuerlöschwesen*), getto polverizzato.
Sprühverfahren (*n. - Ind.*), nebulizzazione.
Sprühversuch (Korrosionsversuch) (*m. - mech. Technol.*), prova di corrosione a nebbia.
Sprung (*m. - allg.*), salto. 2 ~ (Spalt) (*Bauw.*

- *etc.*), fessura, crepa. 3 ~ (Produkt aus Zahnbreite und Tangente des Schrägungswinkels) (*Mech.*), lunghezza di ricoprimento. 4 ~ (Fach) (*Spinnerei*), passo, bocca d'ordito. 5 ~ (Bruch, Verwerfung) (*Geol.*), faglia. 6 ~ (eines Schiffes, Erhöhung des Deckes an den Enden) (*naut.*), insellatura, insellamento (del ponte visto di fianco). 7 ~ (in der Reihenfolge in der die Instruktionen ausgeführt werden) (*Rechner*), salto. 8 ~ (Einschwingvorgang) (*Elekt. - etc.*), transitorio (*s.*). 9 ~ **befehl** (*m. - Rechner*), istruzione di salto. 10 ~ **bildung** (Risse die sich bis auf den Untergrund estrecken) (*Anstr. - Fehler*), screpolatura in profondità. 11 ~ **brett** (*n. - Sport*), pedana. 12 ~ **charakteristik** (Einschwingverhalten) (*f. - Funk. - etc.*), risposta discontinua, caratteristica discontinua. 13 ~ **divergenz** (Flächendivergenz, bei Vektoranalysis) (*f. - Math.*), divergenza superficiale. 14 ~ **effekt** (bei Kurzwellenausbreitung) (*m. - Funk. - etc.*), silenzio. 15 ~ **entfernung** (tote Zone, bei Kurzwellenausbreitung, in der Nahe des Senders) (*f. - Funk.*), zona di silenzio. 16 ~ **feder** (für Polster z. B.) (*f. - Fahrz. - etc.*), molla. 17 ~ **fräsen** (programmiertes Fräsen einer diskontinuierlichen Oberfläche) (*n. - Werkz.masch.bearb.*), fresatura discontinua. 18 ~ **funktion** (Einheitssprung) (*f. - Math.*), funzione impulsiva unitaria. 19 ~ **gradient** (Flächengradient, bei Vektoranalysis) (*m. - Math.*), gradiente superficiale. 20 ~ **kennlinie** (Sprungcharakteristik) (*f. - Funk. - etc.*), risposta discontinua, caratteristica discontinua. 21 ~ **rotor** (Flächenrotor, bei Vektoranalysis) (*m. - Math.*), rotore di superficie. 22 ~ **schaltung** (*f. - Werkz.masch.*), (comando) avanzamento rapido. 23 ~ **schanze** (Anlage zur Energieverzehrung) (*f. - Wass.b.*), dissipatore a salto. 24 ~ **schanze** (*Sport*), trampolino. 25 ~ **schicht** (Metalimnion, biologische Wasserschicht) (*f. - Hydr. - Biol.*), metalimnio. 26 ~ **spannung** (bei Gasentladungsröhre) (*f. - Elekt.*), tensione inversa iniziale. 27 ~ **stelle** (bei Kurzwellenausbreitung) (*f. - Funk.*), punto di discontinuità. 28 ~ **temperatur** (eines Supraleiters, Temperatur bei der der elekt. Widerstand auf die Hälfte seines Wertes absinkt) (*f. - Elekt.*), temperatura critica, temperatura di transizione. 29 ~ **tischschaltung** (bei Fräsmaschinen, schnelles, automatisches Anfahren des Tisches bis kurz vor den Arbeitsbeginn) (*f. - Werkz.masch.bearb.*), (comando) avanzamento rapido della tavola. 30 ~ **tuch** (Rettungsgerät der Feuerwehr) (*n. - Feuerwehr*), telone. 31 ~ **überdeckung** (Verhältnis zwischen Zahnbreite und Achsteilung) (*f. - Mech.*), rapporto di ricoprimento. 32 ~ **verzerrung** (*f. - Phys.*), distorsione transitoria. 33 ~ **vorschub** (*m. - Werkz.masch.bearb.*), avanzamento rapido. 34 ~ **welle** (Bewegungsgrösse, Bore, Sturzwelle, Produkt aus Masse und Geschwindigkeit) (*f. - Hydr.*), quantità di moto. 35 ~ **wellenprobe** (bei Transformatoren) (*f. - Elekt.*), prova ad impulsi. 36 ~ **werk** (*n. - Mech.*), meccanismo a scatto. 37 ~ **zeit** (von Elektronen, in einem

sprunghaft

Transistor) (*f. - Elektronik*), tempo di transito. **38 bedingter** ~ (*Rechner*), salto condizionato.
sprunghaft (Änderung oder Bewegung z. B.) (*allg.*), brusco.
SpT (Spartransformator) (*Elekt.*), autotrasformatore.
Spucken (eines Kessels, Mitnehmen von Wasser durch Daumpf) (*n. - Leit. - Kessel*), trascinamento di acqua.
Spulden (Abteufen der ersten Bohrmeter) (*n. - Bergbau*), scavo iniziale (del pozzo).
Spülbehälter (beim Beizen z. B.) (*m. - Technol.*), vasca di lavaggio.
Spülbohrung (*f. - Bergbau*), sondaggio con circolazione d'acqua.
Spüldruck (*m. - Verbr. mot.*), pressione di lavaggio.
Spule (*f. - Elekt.*), bobina. **2** ~ (Hülse, für Garn) (*Textilind.*), rocchetto, tubetto, bobina. **3** ~ (*Filmtech.*), bobina. **4** ~ **n·abstand** (*m. - Fernspr.*), passo di pupinizzazione. **5** ~ **n·belastung** (Bespulung) (*f. - Fernspr.*), pupinizzazione. **6** ~ **n·feld** (*n. - Fernspr.*), sezione di pupinizzazione. **7** ~ **n·kabel** (*n. - Fernspr.*), cavo pupinizzato. **8** ~ **n·kapazität** (*f. - Elekt.*), capacità (propria) della bobina. **9** ~ **n·kapsel** (einer Nähmaschine) (*f. - Masch.*), capsula portabobina. **10** ~ **n·kette** (Tiefpassfilter) (*f. - Funk.*), filtro passa basso. **11** ~ **n·kopf** (Stirnverbindung, einer Ankerspule) (*m. - elekt. Masch.*), testa di bobina. **12** ~ **n·leitung** (*f. - Fernspr.*), circuito pupinizzato. **13** ~ **n·leitung** (Spulenkette) (*Fernspr.*), filtro passa-basso. **14** ~ **n·magnetisierung** (bei Magnetpulverprüfung) (*f. - mech. Technol.*), magnetizzazione a bobina. **15** ~ **n·schwinger** (schnellschwingendes Drehspulgalvanometer) (*m. - Ger.*), galvanometro (a bobina mobile) per oscillografi. **16** ~ **n·tisch** (*m. - Textilmasch.*), carro, carrello portabobine. **17** ~ **n·wechsel** (*m. - Textilmasch.*), cambio delle bobine. **18** ~ **n·weite** (*f. - elekt. Masch.*), passo della bobina. **19** ~ **n·wickelmaschine** (*f. - Masch.*), bobinatrice. **20** ~ **n·zündung** (Batteriezündung) (*f. - Mot. - Aut.*), accensione a batteria. **21 blinde** ~ (*Elekt.*), bobina inattiva. **22 Doppelkegel** ~ (*Textilind.*), bobina ad estremità coniche, bobina biconica. **23 Feld** ~ (*Elekt.*), bobina di campo. **24 Induktions** ~ (*Elekt.*), rocchetto d'induzione. **25 kernlose** ~ (*Elekt.*), bobina in aria. **26 mit Spulen belasten** (bespulen) (*Fernspr.*), pupinizzare. **27 Zünd** ~ (*Aut.*), bobina di accensione.
Spulen (Winden) (*n. - Textilind.*), incannatura.
spulen (winden) (*Textilind.*), incannare. **2** ~ (aufspulen) (*Elekt. - etc.*), avvolgere.
Spülen (eines Dieselmotorzylinders) (*n. - Mot.*), lavaggio.
spülen (mit Wasser reinigen) (*allg.*), sciacquare. **2** ~ (einen Dieselmotorzylinder) (*Mot.*), lavare. **3** ~ (wegspülen, mit Wasser) (*Geol.*), dilavare.
Spuler (Weber) (*m. - Arb.*), tessitore.
Spüler (*naut.*), *siehe* Spülschiff.
Spulerei (*f. - Textilind.*), reparto incannatura.

Spülgebläse (*n. - Dieselmotor*), compressore di lavaggio.
Spülgrad (eines Verbrennungsmotors, Verhältnis von Frischladung zur Summe aus Restgas und Frischladung) (*m. - Mot.*), grado di lavaggio.
Spülkasten (Teil des Wasserklosetts) (*m. - Bauw.*), cassetta di cacciata.
Spülkopf (beim Spülbohren) (*m. - Bergbau*), testa d'iniezione.
Spülluft (*f. - Mot.*), aria di lavaggio. **2** ~ **pumpe** (eines Dieselmotors) (*f. - Mot.*), pompa di lavaggio.
Spulmaschine (*f. - Textilmasch.*), incannatoio. **2** ~ (Spulenwickelmaschine) (*f. - Masch.*) bobinatrice.
Spülmaschine (für Flaschen) (*f. - Masch.*), macchina lavabottiglie.
Spülöl (für die Ölwanne beim Ölwechsel) (*n. - Aut. - Mot.*), olio di lavaggio.
Spülpumpe (eines Dieselmotors) (*f. - Mot.*), pompa di lavaggio. **2** ~ (beim Spülbohren) (*Bergbau*), pompa di circolazione dell'acqua.
Spülschiff (Spüler, Pumpenschiff) (*n. - naut.*), draga aspirante.
Spülschild (Kanalspüler, durch einen Kanal getrieben) (*n. - Hydr.*), scudo di lavaggio.
Spülschlitz (eines Dieselmotorzylinders z. B.) (*m. - Mot.*), luce di lavaggio.
Spültropfkörper (hochbelasteter Tropfkörper) (*m. - Bauw.*), letto biologico intensivo, percolatore intensivo.
Spültür (zum Spülen von Leitungen durch ein plötzliches Freigeben des Stromes) (*f. - Hydr.*), porta di lavaggio.
Spülung (eines Dieselmotors) (*f. - Mot.*), lavaggio. **2** ~ (Reinigung, im Wasser) (*allg.*), risciacquamento, risciacquatura. **3** ~ (*Geol.*), dilavamento. **4** ~ (*Atomphys.*), spazzamento. **5** ~ (beim Spülbohren) (*Bergbau*), circolazione d'acqua. **6 Druckwellen** ~ (*Mot.*), lavaggio a pressione pulsante. **7 Gegenstrom** ~ (bei Zweitaktmotoren) (*Mot.*), lavaggio a contro-corrente. **8 Gleichstrom** ~ (bei Zweitaktmotoren) (*Mot.*), lavaggio a corrente unidirezionale. **9 Querstrom** ~ (bei Zweitaktmotoren) (*Mot.*), lavaggio ad incrocio di corrente.
Spülverschleiss (durch Sand z. B. in einer Flüssigkeitsströmung verursacht) (*m. - Mech. - etc.*), usura da erosione.
Spülversatz (*m. - Bergbau*), ripiena idraulica.
Spülwasser (*n. - Ind.*), acqua di lavaggio.
Spülwirkungsgrad (*m. - Mot.*), *siehe* Spülgrad.
Spund (Holzzapfen, am Fass) (*m. - Ind.*), cocchiume. **2** ~ (Feder, bei Holzverbindungen) (*Tischl.*), linguetta. **3** ~ **belag** (*m. - Zimm. - Bauw.*), perlinaggio, perlinatura. **4** ~ **bohle** (Spundwandbohle) (*f. - Wass.b.*), palancola di legno, assepalo, palopiano. **5** ~ **brett** (ein mit Spund und Nut versehenes Brett) (*n. - Tischl.*), perlina. **6** ~ **hobel** (*m. - Tischl. - Werkz.*), pialla per perlinaggi. **7** ~ **loch** (am Fass) (*n. - Ind.*), cocchiume. **8** ~ **maschine** (*f. - Zimm. - Masch.*), macchina per perlinaggi, macchina per perlinatura. **9** ~ **pfahl** (für Spundwände) (*m. - Wass.b.*), assepalo, palopiano. **10** ~ **wand** (*f. - Wass.b.*), palancolata. **11** ~ **wandbohle**

(*f.* - *Wass.b.*), palancola di legno. **12** ~ **wandeisen** (*n.* - *Wass.b.*), palancola di ferro. **13** ~ **wandkasten** (*m.* - *Wass.b.*), cassero, cassone (a palancole). **14** ~ **wandprofil** (*n.* - *metall. Ind.* - *Wass.b.*), profilato per palancolate, palancola metallica. **15** Holz ~ **wand** (*f.* - *Wass.b.*), palancolata di legno. **16** Stahlbohlen ~ **wand** (*f.* - *Wass.b.*), palancolata di acciaio. **17** Stahl ~ bohle (*f.* - *Wass.b.*), palancola di acciaio.
spunden (*allg.*), tappare, turare. **2** ~ (Feder und Nut auf ein Brett erzeugen) (*Tischl.*), perlinare. **3** ~ (mit Nut und Feder verbinden) (*Tischl.*), commettere a maschio e femmina. **4** aus ~ (Lücken im Bauholz füllen) (*Zimm.*), turare, stuccare.
Spundung (Nut- und Federverbindung) (*f.* - *Tischl.*), incastro a maschio e femmina, commettitura a maschio e femmina.
Spur (Spurweite, Abstand zwischen den Schienen eines Gleises) (*f.* - *Eisenb.*), scartamento. **2** ~ (Spurweite, Abstand der Reifenmitten einer Achse) (*Aut.*), carreggiata. **3** ~ (Vorspur, der Vorderräder) (*Aut.*), convergenza. **4** ~ (Vertiefung eines Schmelzofens) (*Ofen* - *Metall.*), crogiolo. **5** ~ (kleinste Menge) (*Chem.*), traccia. **6** ~ (Fahrspur) (*Strass.verk.*), corsia. **7** ~ (Längsreihe in einen Lochstreifen) (*Datenverarb.*), pista. **8** ~ (eines Tonbandes z. B.) (*Elektroakus.*), pista, traccia. **9** ~ (Abdruck) (*allg.*), orma. **10** ~ anpassung-Effekt (Koinzidenz-Effekt, akustische Erscheinung beim schrägen Einfallen vom Schallwellen auf dünne Wände) (*m.* - *Akus.* - *Bauw.*), effetto di coincidenza. **11** ~ breite (eines Tonbandes z. B.) (*f.* - *Elektroakus.*), larghezza della pista, larghezza della traccia. **12** ~ en·element (Spurenstoff, chem. Element, das für das Leben trotz seiner äusserst geringen Menge unentbehrlich ist) (*n.* - *Chem.* - *Biol.*), oligoelemento. **13** ~ en·kammer (Nebelkammer z. B.) (*f.* - *Phys.*), rivelatore di particelle (a camera). **14** ~ haltung (eines Rades) (*f.* - *Fahrz.*), tenuta della direzione. **15** ~ hebel (einer Lenkung, zwischen Spurstange und Achsschenkel) (*m.* - *Aut.*), braccio di accoppiamento tra asta longitudinale e fuso a snodo. **16** ~ kranz (Radkranz) (*m.* - *Eisenb.*), bordino. **17** ~ lager (*n.* - *Mech.*), cuscinetto assiale. **18** ~ lehre (*f.* - *Eisenb.* - *Ger.*), calibro di scartamento. **19** ~ messer (Vorspurmesser) (*m.* - *Aut.* - *Ger.*), calibro controllo convergenza. **20** ~ platte (*f.* - *Mech.* - *Fahrz.* - *etc.*), piastra di appoggio, ralla. **21** ~ platte (zur Einstellung der Vorspur) (*Aut.*), piastra controllo convergenza. **22** ~ prüfeinrichtung (*f.* - *Aut.* - *Ger.*), apparecchio per controllare la convergenza. **23** ~ schneiden (Schlitzen) (*n.* - *Blechbearb.*), taglio con (asportazione di) striscia. **24** ~ stange (der Lenkung) (*f.* - *Aut.*), asta trasversale, tirante trasversale. **25** ~ topologie (induzierte Topologie) (*f.* - *Math.*), topologia indotta. **26** ~ vorrichtung (*f.* - *Radar* - *etc.*), dispositivo di puntamento. **27** ~ wechselfahrzeug (*n.* - *Eisenb.*), veicolo a carreggiata variabile. **28** ~ weite (*f.* - *Eisenb.* - *Aut.*), siehe Spur. **29** ~ zapfen (Stützzapfen) (*m.* - *Mech.*), perno di spinta. **30** Breit ~ (*Eisenb.*), scartamento largo. **31** enge ~ weite (Schmalspur) (*Eisenb.*), scartamento ridotto. **32** in ~ bleiben (beim Bremsen z. B.) (*Aut.*), rimanere in carreggiata. **33** in ~ en (spurenweise) (*Chem.*), in tracce. **34** Kap ~ (1067 mm, in Südafrika, Sudan und Indonesien) (*Eisenb.*), scartamento da 1067 mm. **35** kleinster ~ kreisdurchmesser (*Aut.*), diametro minimo di volta (riferito alla mezzeria del pneumatico esterno). **36** Meter ~ (1000 mm, für Kleinbahnen) (*Eisenb.*), scartamento da 1 m. **37** normale ~ weite (Normalspur, Regelspur, 1435 mm) (*Eisenb.*), scartamento normale. **38** Normal ~ (normale Spurweite, Regelspur, 1435 mm) (*Eisenb.*), scartamento normale. **39** Regel ~ (Normalspur, 1435 mm) (*Eisenb.*), scartamento normale. **40** Schmal ~ (enge Spurweite) (*Eisenb.*), scartamento ridotto. **41** Takt ~ (eines magnetischen Streifens) (*Datenverarb.*), pista di sincronizzazione. **42** Vor ~ (Spur, der Vorderräder) (*Aut.*), convergenza. **43** weite ~ weite (Weitspur) (*Eisenb.*), scartamento largo.
Spürelement (*n.* - *Radioakt.*), elemento indicatore.
Spürgas (*n.* - *Chem.*), gas indicatore, gas rivelatore.
spurgebunden (*Fahrz.* - *Verk.*), su rotaia.
spurenweise (in Spuren) (*Chem.*), in tracce.
SQ, SQK (statistische Qualitätskontrolle) (*Technol.*), controllo statistico della qualità CSQ.
SR (Stromrichter) (*Elekt.*), convertitore statico (di corrente). **2** ~ (Sekundärradar) (*Radar*), radar secondario. **3** ~ (Schiedsrichter) (*recht.*), arbitro, giudice di pace.
Sr (Strontium) (*Chem.*), Sr, stronzio.
sr (Steradiant) (*Geom.*), steradiante.
SRG (Schweizerische Radio- und Fernsehgesellschaft) (*Funk.*), Società Svizzera Radio-Televisione.
SRK (Schutzrohrkontakt) (*Elekt.*), contatto in tubo di protezione.
S-Rohr (S-Stück) (*n.* - *Leit.*), tubo ad S.
SR-Schaltung (*f.* - *Elekt.*), circuito risonante in serie.
SS (Schnellstahl) (*Metall.*), acciaio rapido.
S-Signale (*n.* - *pl.* - *Fernseh.*), segnali di sincronizzazione.
SSO (Südsüdost) (*Geol.*), sudsudest.
S-Stoff (Salbeik, Saltpetersäure mit 4% Eisenchlorid) (*m.* - *Chem.*), acido nitrico col 4% di cloruro ferrico.
SSVO (Strahlenschutzverordnung) (*Radioakt.*), regolamento sulla protezione contro le radiazioni.
SSW (Südsüdwest) (*Geogr.*), sudsudovest.
ST (Schubtransformator) (*Elekt.*), trasformatore ad avvolgimenti scorrevoli.
St (Stokes, kinematische Viskositäts-Einheit) (*Masseinheit*), stokes, unità di viscosità cinematica. **2** ~ (Stahl) (*Metall.*), acciaio. **3** ~ (Stöpsel, Sicherung) (*Elekt.*), tappo. **4** ~ (Steuerleitung) (*Elekt.*), filo di comando. **5** ~ (Gewicht der Stahlkonstruktion eines Schiffes) (*Schiffbau*), peso della struttura di acciaio. **6** ~ (Stanton-Zahl) (*Phys.* - *Wärme*),

numero di Stanton. 7 ~ (*Radioakt. - Einheit*), siehe Stat. 8 ~ (Station) (*allg.*), stazione.
st (Stunde) (*allg.*), ora, h. 2 ~ (Stecker) (*Elekt.*), spina.
st. (Ster) (*Holzmass*), stero.
Staat (politisches Gemeinwesen) (*m.*), Stato. 2 ~ s·amt (*n. - Adm.*), ufficio pubblico. 3 ~ s·anwalt (*m. - recht.*), pubblico ministero. 4 ~ s·anzeiger (Amtsblatt) (*m. - Zeitg. - Druck.*), gazzetta ufficiale. 5 ~ s·ausgaben (*f. - pl. - finanz.*), spese pubbliche. 6 ~ s·bahn (*f. - Eisenb.*), ferrovia dello Stato. 7 ~ s·beamter (*m. - Arb. - Pers.*), impiegato statale. 8 ~ s·beihilfe (*f. - finanz.*), sussidio dello Stato, sussidio statale. 9 ~ s·besitz (*m. - finanz.*), proprietà demaniale. 10 ~ s·betrieb (Staatsunternehmen) (*m. - Ind. - etc.*), impresa statale, azienda statale. 11 ~ s·bürgerrecht (*n. - recht.*), cittadinanza. 12 ~ s·bürgerrecht (Nationalität) (*recht.*), nazionalità. 13 ~ s·domäne (*f. - finanz.*), demanio pubblico. 14 ~ s·eisenbahn (*f. - Eisenb.*), ferrovia dello Stato. 15 ~ s·examen (*n. - Schule*), esame di Stato. 16 ~ s·feiertag (Nationalfeiertag) (*m. - Arb.*), festa nazionale. 17 ~ s·gewässer (*n. - Geogr. - recht.*), acque territoriali. 18 ~ s·gut (Domäne) (*n. - Adm.*), bene demaniale, proprietà demaniale. 19 ~ s·haushalt (*m. - finanz.*), bilancio preventivo dello Stato. 20 ~ s·kasse (*f. - finanz.*), tesoreria. 21 ~ s·lieferant (*m. - Ind.*), fornitore dello Stato. 22 ~ s·prüfung (Staatsexamen) (*f. - Schule - Arb.*), esame di Stato. 23 ~ s·schuld (*f. - finanz.*), debito pubblico. 24 ~ s·strasse (*f. - Strasse*), strada statale. 25 ~ s·subvention (Staatsunterstützung) (*f. - finanz.*), sovvenzione statale. 26 ~ s·telegramm (*n. - Telegr.*), telegramma di Stato. 27 ~ s·unternehmen (Staatsbetrieb) (*n. - Ind.*), impresa statale, azienda statale.
staatlich (*allg.*), statale. 2 ~ betrieben (*Adm.*), ad esercizio statale, esercito dallo Stato. 3 ~ e Aufsicht (*Ind. - etc.*), controllo statale. 4 ~ e Instanz (*Adm.*), ente statale. 5 ~ er-Allunion-Standard (GOST, nationale Norm der UdSSR) (*Technol.*), norma nazionale russa. 6 ~ e Schule (*Schule*), scuola pubblica, scuola statale. 7 ~ e Unterstützung (*Ind. - etc.*), sovvenzione statale.
Stab (*m. - Mech. - etc.*), asta. 2 ~ (*metall. Ind.*), barra. 3 ~ (eines Fachwerkes) (*Bauw.*), asta. 4 ~ (zum Schweissen, Schweiss-stab) (*mech. Technol.*), bacchetta. 5 ~ (Glied) (*Arch.*), modanatura, ornamento. 6 ~ (*milit.*), stato maggiore. 7 ~ (Betriebsstab) (*Pers.*), quadri direttivi. 8 ~ (eines Läufers) (*Elekt.*), barra, sbarra. 9 ~ (beim Stafettenlauf) (*Sport*), testimonio. 10 ~ anker (*m. - elekt. Masch.*), rotore a barre. 11 ~ batterie (*f. - Elekt.*), pila cilindrica. 12 ~ diagramm (Säulendiagramm) (*n. - Stat.*), istogramma, diagramma a barre, diagramma a colonne. 13 ~ drucker (*m. - Rechner*), stampante a barra. 14 ~ eisen (*n. - metall. Ind.*), barra di ferro, barra di materiale ferroso. 15 ~ erder (*m. - Elekt.*), picchetto di massa. 16 ~ feder (Drehstabfeder, Torsionsstab) (*f. - Aut.*), barra di torsione. 17 ~ federung (Drehstabfederung) (*f. - Aut.*), sospensione a barra di torsione. 18 ~ fussboden (*m. - Bauw.*), pavimento a palchetti. 19 ~ gitter (*n. - Bauw.*), inferriata. 20 ~ hochsprung (*m. - Sport*), salto con l'asta. 21 ~ isolator (*m. - Elekt.*), isolatore cilindrico. 22 ~ knickung (Durchbiegung) (*f. - Baukonstr.lehre*), inflessione laterale dell'asta. 23 ~ konstante (Längenänderung des Stabes durch Einheitzug- oder Druckkraft belastet) (*f. - Baukonstr.lehre*), costante elastica di asta. 24 ~ lampe (Taschenlampe) (*f. - Beleucht. - Ger.*), torcia, lampada a torcia. 25 ~ läufer (*m. - Elekt.*), rotore a barre, rotore a sbarre. 26 ~ -Linien-Organisation (*f. - Organ.*), organizzazione gerarchica-funzionale. 27 ~ s·arbeit (*f. - Ind.*), lavoro di squadra, lavoro di «èquipe». 28 ~ s·chef (*m. - milit.*), capo di stato maggiore. 29 ~ sichtigkeit (Astigmatismus des Auges) (*f. - Med. - Opt.*), astigmatismo. 30 ~ s·quartier (*n. - milit.*), quartier generale. 31 ~ stahl (*m. - metall. Ind.*), acciaio in barre. 32 ~ stahlwalzwerk (Profilstahlwalzwerk) (*n. - Walzw.*), laminatoio per profilati di acciaio. 33 ~ stelle (*f. - Organ.*), posizione funzionale. 34 ~ strahler (*m. - Funk.*), antenna ad asta. 35 ~ system (*n. - Organ.*), sistema funzionale, organizzazione funzionale. 36 ~ walzwerk (Profilstahlwalzwerk) (*n. - Walzw.*), laminatoio per profilati. 37 ~ wandler (Messwandler) (*m. - Elekt.*), trasformatore (di misura) a barra. 38 ~ werk (Fachwerk das auch gekrümmte Stäbe enthält und dessen Stäbe grosse Biegefestigkeit haben) (*n. - Bauw.*), (tipo di) travatura reticolare, (tipo di) struttura reticolare. 39 ~ wicklung (*f. - Elekt.*), avvolgimento a barre. 40 ~ ziehen (*n. - mech. Technol.*), trafilatura di barre. 41 Absorber ~ (eines Kernreaktors) (*Atomphys.*), barra assorbitrice, sbarra assorbitrice. 42 Blind ~ (eines Fachwerkes, spannungsloser Stab) (*Bauw.*), asta scarica. 43 Druck ~ (*Bauw.*), puntone. 44 Eier ~ (*Arch.*), ornamento a ovuli. 45 Führungs ~ (*Mech. - etc.*), asta di guida. 46 Rost ~ (*Verbr.*), barrotto. 47 Schweiss ~ (*mech. Technol.*), bacchetta per saldatura. 48 Torsions ~ (*Fahrz. - etc.*), barra di torsione. 49 Trimm ~ (Kompensationsstab, eines Kernreaktors) (*Atomphys.*), barra di controllo, sbarra di controllo, barra di regolazione, sbarra di regolazione. 50 Zug ~ (*Mech. - etc.*), tirante.
Stäbchen (im Auge) (*n. - Opt.*), bastoncino.
stäben (profilieren) (*Bauw.*), profilare, sagomare.
stabil (*allg.*), stabile. 2 ~ e Luft (*Meteor.*), aria calma. 3 ~ es Isotop (*Atomphys.*), isotopo stabile.
Stabilglühen (*n. - Wärmebeh.*), ricottura di stabilizzazione.
Stabilisator (Glimmentladungsröhre) (*m. - Elekt.*), stabilizzatore (di tensione). 2 ~ (Torsionsstab, einer Aufhängung) (*Aut.*), stabilizzatore, barra stabilizzatrice. 3 ~ (Zusatzstoff) (*Chem.*), stabilizzatore. 4 ~ (*Flugw. - etc.*), stabilizzatore. 5 Drehstab- ~ (einer Aufhängung) (*Aut.*), stabilizzatore a barra di torsione.
stabilisieren (*allg.*), stabilizzare.

stabilisiert (*allg.*), stabilizzato.
Stabilisierung (*f. - allg.*), stabilizzazione. 2 ~ s·anlage (bei der Rohölverarbeitung z. B.) (*f. - chem. Ind.*), impianto di stabilizzazione. 3 ~ s·behandlung (von rostfreien Stählen) (*f. - Metall.*), stabilizzazione. 4 ~ s·fläche (des Leitwerkes eines Luftschiffes oder einer Rakete z. B.) (*f. - Flugw.*), piano stabilizzatore. 5 ~ s·flosse (eines Rennbootes z. B.) (*f. - naut.*), pinna stabilizzatrice.
Stabilität (*f. - Chem. - etc.*), stabilità. 2 ~ (*Mech. - Kernphys.*), stabilità. 3 ~ s·grad (*m. - Phys.*), grado di stabilità. 4 ~ s·kriterium (*n. - Phys.*), condizione di stabilità. 5 ~ s·moment (aufrichtendes Moment, eines Schiffes) (*naut.*), momento stabilizzatore. 6 dynamische ~ (*naut.*), stabilità dinamica. 7 Längs ~ (longitudinale Stabilität) (*Flugw.*), stabilità longitudinale. 8 Seiten ~ (transversale Stabilität) (*Flugw.*), stabilità trasversale. 9 statische ~ (*naut.*), stabilità statica.
Stabilovoltröhre (StV) (*f. - Elektronik*), tubo stabilovolt.
Stachel (*m. - Werkz.*), punteruolo. 2 ~ draht (*m. - metall. Ind.*), filo spinato.
Stadion (*n. - Arch. - Sport*), stadio.
Stadium (Stufe) (*n. - allg.*), stadio.
Stadt (*f. - Geogr.*), città. 2 ~ **automobil** (*n. - Aut.*), automobile da città. 3 ~ **bahn** (Eisenbahn einer Grossstadt) (*f. - Eisenb.*), metropolitana. 4 ~ **bauplan** (*m. - Bauw.*), piano regolatore. 5 ~ **bauplanung** (*f. - Bauw.*), urbanistica. 6 ~ **druckregler** (eines Gaswerkes) (*m. - chem. Ind. - Ger.*), regolatore di pressione principale (per gas di città). 7 ~ **entwässerung** (Kanalisation) (*f. - Ing.b.*), impianto di fognatura cittadino, impianto urbano di fognatura. 8 ~ **fahrt** (*f. - Aut.*), marcia in città. 9 ~ **gas** (Leuchtgas) (*n. - chem. Ind.*), gas illuminante, gas di città. 10 ~ **gebiet** (*n. - Top.*), conurbazione. 11 ~ **gespräch** (Ortsgespräch) (*n. - Fernspr.*), conversazione urbana. 12 ~ **grenze** (*f. - Bauw.*), cinta della città. 13 ~ **haus** (*n. - Bauw.*), municipio. 14 ~ **kanalisierung** (*f. - Ing.b.*), fognatura urbana. 15 ~ **kern** (Stadtmitte) (*m. - Bauw.*), centro (cittadino). 16 ~ **linienomnibus** (Stadtomnibus) (*m. - Aut. - Transp.*), autobus urbano. 17 ~ **omnibus** (*m. - Aut.*), autobus urbano. 18 ~ **park** (*n. - Bauw.*), parco comunale, giardini pubblici. 19 ~ **plan** (*m. - Top. - Druck.*), pianta della città. 20 ~ **rand** (Peripherie) (*m. - Bauw.*), periferia. 21 ~ **randsiedlung** (*f. - Bauw.*), sobborgo, suburbio. 22 ~ **reisender** (Platzreisender) (*m. - komm.*), piazzista. 23 ~ **schnellbahn** (in Hoch-, Tief- oder Niveaulage Bahn) (*f. - Eisenb.*), metropolitana. 24 ~ **strasse** (*f. - Strasse*), strada di città, strada urbana. 25 ~ **teil** (*m. - Bauw.*), quartiere. 26 ~ **tor** (*n. - Bauw.*), porta (di città). 27 ~ **verkehr** (*m. - Strass.ver.*), traffico cittadino, traffico urbano. 28 ~ **verwaltung** (*f. - Adm.*), amministrazione comunale. 29 ~ **viertel** (*n. - Bauw.*), quartiere, rione. 30 ~ **wasserversorgung** (*f. - Ing.b.*), approvvigionamento idrico di città, approvvigionamento idrico urbano. 31 ~ **zentrum** (*n. - Bauw.*), centro (cittadino). 32 ~ **zoll** (*m. - finanz. - komm.*), dazio.
Städtebau (*m. - Bauw.*), urbanistica.
städtisch (*Adm.*), municipale, comunale. 2 ~ e **Einrichtungen** (*Ing.b. - etc.*), servizi municipali. 3 ~ er **Beamter** (*Arb. - Pers.*), impiegato del Comune, impiegato comunale. 4 ~ e **Wasserleitung** (*Ing.b.*), acquedotto municipale, acquedotto comunale.
Staffel (Stufe) (*f. - allg.*), stadio, gradino. 2 ~ (*Sport*), staffetta. 3 ~ (*Luftw.*), squadriglia. 4 ~ **besteuerung** (*f. - finanz.*), tassazione progressiva. 5 ~ **betrieb** (*m. - Telegr.*), servizio scaglionato. 6 ~ **bruch** (treppenartige Verwerfungen) (*m. - Geol.*), faglia a gradini. 7 ~ **dach** (*n. - Bauw.*), tetto a gradinata. 8 ~ **form** (für eine Rechnung z. B.) (*f. -finanz.*) forma scalare. 9 ~ **mass** (Höhenunterschied der beiden Richtungsfahrbahnen, einer Autobahn) (*n. - Strass.b.*), differenza di quota. 10 ~ **rost** (*m. - Verbr.*), griglia a gradinata, griglia multipla. 11 ~ **tarif** (*m. - komm.*), tariffa differenziale. 12 ~ **walze** (*f. - Walzw.*), cilindro a gradini.
Staffelei (Holzgestell, für Kunstmaler) (*f. - Ger.*), cavalletto.
staffeln (*allg.*), scaglionare.
Staffelung (der Bürsten z. B.) (*f. - Elekt. - etc.*), scaglionamento. 2 ~ (Art der Anordnung der Zähne eines Räumwerkzeuges in Vorschubrichtung) (*Werkz.*), progressione. 3 ~ s· **winkel** (*m. - Turb. - etc.*), angolo tra corda (della pala) e piano trasversale (della turbina). 4 Keil ~ (symmetrische Seitenstaffelung, eines Räumwerkzeuges) (*Werkz.*), progressione a cuneo. 5 Seiten ~ (eines Räumwerkzeuges) (*Werkz.*), progressione laterale. 6 Tiefen ~ (eines Räumwerkzeuges, Staffelung senkrecht zur bearbeiteten Fläche) (*Werkz.*), progressione normale.
staffelweise (*allg.*), a scaglioni.
Stag (Tau) (*n. - naut.*), straglio.
stagnierend (Gewässer) (*Hydr. - Geol.*), stagnante.
Stahl (Werkstoff) (*m. - Metall.*), acciaio. 2 ~ (Drehstahl z. B.) (*Werkz.*), utensile. 3 ~ (Anreissnadel) (*Werkz.*), punta per tracciare. 4 ~ **akkumulator** (Nickel-Eisen-Akkumulator z. B.) (*m. - Elekt.*), accumulatore alcalino. 5 ~ **anordnung** (*f. - Werkz.masch.bearb.*), disposizione degli utensili. 6 ~ **band** (*n. - metall. Ind.*), nastro di acciaio. 7 ~ **bandage** (Stahlreifen) (*f. - Eisenb.*), cerchione di acciaio. 8 ~ **band-Durchlaufofen** (*m. - Metall. - Ofen*), forno continuo (con trasportatore) a nastro di acciaio. 9 ~ **bandmass** (*n. - Ger.*), metro a nastro di acciaio. 10 ~ **bau** (*m. - Bauw.*), costruzione in acciaio, carpenteria metallica. 11 ~ **bauhalle** (*f. - Bauw.*), capannone in acciaio. 12 ~ **begleiter** (Schwefel, Phosfor, etc.) (*m. - Metall.*), elemento accompagnatore dell'acciaio. 13 ~ **beton** (bewehrter Beton) (*m. - Bauw.*), cemento armato, calcestruzzo armato. 14 ~ **betonbau** (*m. - Bauw.*), costruzione in cemento armato. 15 ~ **betonbohle** (für Spundwände) (*f. - Wass.b.*), palancola di cemento armato. 16 ~ **betondecke** (*f. - Bauw.*), solaio in cemento armato, soletta. 17 ~ **betonfertigbau** (*m. - Bauw.*),

Stahl

costruzione ad elementi prefabbricati di cemento armato. 18 ~ **betonplatte** (*f. - Bauw.*), soletta di cemento armato. 19 ~ **betonrippendecke** (*f. - Bauw.*), solaio nervato in cemento armato. 20 ~ **betonrohr** (*n. - Bauw.*), tubo di cemento armato. 21 ~ **betonskelett** (*n. - Bauw.*), ossatura in cemento armato. 22 ~ **betonsturz** (*m. - Bauw.*), architrave in cemento armato. 23 ~ **bildung** (*f. - Metall.*), acciaiatura. 24 ~ **blech** (*n. - metall. Ind.*), lamiera di acciaio. 25 ~ **block** (*m. - Metall.*), lingotto di acciaio. 26 ~ **bohle** (für Spundwände) (*f. - Wass.b.*), palancola di acciao. 27 ~ **bronze** (Sondermessing G-SoMs 57, Guss-Zinnbronze) (*f. - Legierung*), (tipo di) bronzo allo stagno per getti. 28 ~ **brücke** (*f. - Brück.b.*), ponte in ferro. 29 ~ **bürste** (*f. - Ger.*), spazzola di ferro. 30 ~ **cordfaden** (eines Reifens) (*m. - Aut.*), tortiglia di acciaio. 31 ~ **draht** (*m. - metall. Ind.*), filo di acciaio. 32 ~ **drahtgeflecht** (Stahldrahtgewebe) (*n. - Bauw. - etc.*), tessuto di acciaio. 33 ~ **drahtseil** (*n. - metall. - Ind.*), fune di acciaio. 34 ~ **druck** (*m. - Werkz.masch.bearb.*), pressione dell'utensile. 35 ~ **einschlüsse** (meist nichtmetallische Verunreinigungen) (*m. - pl. - Metall.*), inclusioni dell'acciaio. 36 ~ **eisen** (Sonderroheisen) (*n. - Giess.*), ghisa acciaiosa. 37 ~ **ersatz** (Halbstahl) (*m. - Metall.*), ghisa malleabile. 38 ~ **fach** (*n. - finanz.*), cassaforte (di acciaio). 39 ~ **fenster** (*n. - Bauw.*), finestra metallica. 40 ~ **flasche** (für stark verdichtete Gase) (*f. - chem. Ind. - etc.*), bombola di acciaio 41 ~ **formguss** (Guss-stück) (*m. - Giess.*), getto di acciaio. 42 ~ **gerippe** (Stahlskelett) (*n. - Bauw.*), ossatura di acciaio. 43 ~ **giesserei** (*f. - Giess.*), fonderia di acciaio. 44 ~ **gittermast** (*m. - Bauw. - etc.*), pilone a traliccio di acciaio. 45 ~ **grubenstempel** (*m. - Bergbau*), puntello di acciaio da miniera. 46 ~ **guss** (Werkstoff, in Formen gegossener Stahl) (*m. - Metall.*), acciaio fuso, acciaio colato. 47 ~ **guss** (Guss-stück) (*Giess.*), getto di acciaio. 48 ~ **gussform** (*f. - Giess.*), forma per getti di acciaio. 49 ~ **guss-schrot** (*m. - Technol.*), pallini di acciaio. 50 ~ **halter** (Werkzeughalter) (*m. - Werkz.masch.*), portautensili. 51 ~ **hütte** (*f. - Metall.*), acciaieria. 52 ~ **kammer** (Tresor) (*f. - finanz.*), camera blindata. 53 ~ **kante** (*f. - allg.*), blindatura (del bordo) di acciaio. 54 ~ **kante** (Skibewehrung) (*Sport*), laminatura. 55 ~ **kies** (*m. - mech. Technol.*), graniglia di acciaio. 56 ~ **korn** (Schleifstoff) (*n. - metall. Ind. - mech. Technol.*), graniglia di acciaio. 57 ~ **kornstrahlen** (Stahlsanden) (*n. - mech. Technol.*), graniglatura con graniglia di acciaio. 58 ~ **kornstrahlen** (Kugelstrahlen, Stahlkugelstrahlen) (*mech. Technol.*), pallinatura. 59 ~ **lineal** (*n. - Werkz.*), riga di acciaio. 60 ~ **möbel** (*n. - pl. - Ind.*), mobili di acciaio. 61 ~ **profil** (*n. - metall. Ind.*), profilato di acciaio. 62 ~ **quelle** (*f. - Geol.*), acqua ferruginosa. 63 ~ **röhre** (*f. - Elektronik*), tubo ad ampolla metallica. 64 ~ **rohrgerüst** (*n. - Bauw.*), ponteggio in tubi di acciaio. 65 ~ **rot** (Poliermittel) (*n. - Metall.*), rossetto. 66 ~ **saitenbeton** (vorgespannter Beton) (*m. - Bauw.*), cemento armato precompresso. 67 ~ **sand** (*m. - metall. Ind. - mech. Technol.*), graniglia di acciaio. 68 ~ **sanden** (Stahlkornstrahlen) (*n. - mech. Technol.*), graniglatura con graniglia di acciaio. 69 ~ **schlauch** (biegsames Stahlrohr) (*m. - Leit.*), tubo flessibile di acciaio. 70 ~ **schwelle** (*f. - Eisenb.*), traversina di acciaio. 71 ~ **spundbohle** (Spundwandeisen) (*f. - Wass.b.*), palancola di acciaio. 72 ~ **steindecke** (mit Stahl bewehrte Decke) (*f. - Bauw.*), solaio in laterizio armato. 73 ~ **stempel** (*m. - metall. Ind. - Bergbau*), puntello di acciaio. 74 ~ **stich** (graphisches Verfahren) (*m. - Druck.*), calcografia su (lastra di) acciaio. 75 ~ **stichplatte** (*f. - Druck.*), lastra calcografica di acciaio. 76 ~ **wandzelle** (*f. - Wass.b.*), cassero di acciaio. 77 ~ **werk** (*n. - Metall. - Ind.*), acciaieria. 78 ~ **werksgebläse** (*n. - Metall.*), soffiante per acciaieria. 79 ~ **winkel** (Messwerkzeug zur Prüfung der Ebenheit z. B. nach dem Lichtspaltverfahren) (*m. - Werkz.*), squadra guardapiano. 80 ~ **wolle** (*f. - Metall.*), lana di acciaio. 81 **abgeschreckter** ~ (*Metall.*), acciaio temprato. 82 **Abstech** ~ (Drehstahl) (*Werkz.*), utensile per troncare. 83 **Alt** ~ (*metall. Ind.*), rottame di acciaio. 84 **alterungsfreier** ~ (alterungsbeständiger Stahl) (*Metall.*), acciaio antinvecchiante. 85 **Ausbohr** ~ (*Werkz.*), utensile per alesare. 86 **ausgeglühter** ~ (*Metall.*), acciaio ricotto. 87 **austenitischer** ~ (*Metall.*), acciaio austenitico. 88 **Automaten** ~ (*Metall.*), acciaio automatico, acciaio per (lavorazioni su) macchine automatiche. 89 **Band** ~ (*metall. Ind.*) acciaio in nastri. 90 **basischer Siemens-Martin-** ~ (*Metall.*), acciaio Martin-Siemens basico. 91 **basischer** ~ (*Metall.*), acciaio basico. 92 **Bau** ~ (*Metall.*), acciaio da costruzione. 93 **beruhigter** ~ (*Metall.*), acciaio calmato. 94 **Bessemer** ~ (*Metall.*), acciaio Bessemer. 95 **Chromnickel** ~ (*Metall.*), acciaio al nichel-cromo. 96 **Chrom** ~ (*Metall.*), acciaio al cromo. 97 **Diamant** ~ **sand** (*mech. Technol.*), graniglia di acciaio angolosa. 98 **Dreh** ~ (*Werkz.*), utensile da tornio. 99 **Einsatz** ~ (*Metall.*), acciaio da cementazione. 100 **Elektro** ~ (*Metall.*), acciaio al forno elettrico, acciaio elettrico. 101 **eutektischer** ~ (*Metall.*), acciaio eutettico. 102 **Fasson** ~ (Drehstahl) (*Werkz.*), utensile sagomato. 103 **Feder** ~ (*Metall.*), acciaio per molle. 104 **Flach** ~ (*metall. Ind.*), piatto di acciaio, barra piatta di acciaio. 105 **Fluss** ~ (*Metall.*), acciaio fuso. 106 **Frischfeuer** ~ (*Metall.*), acciaio al basso fuoco. 107 **gebogener** ~ (Drehstahl, Drehmeissel) (*Werkz.*), utensile (da tornio) piegato. 108 **gedeckelter** ~ (durch Abdecken oder Zusatz von Aluminium z. B.) (*Metall.*), acciaio ad effervescenza bloccata. 109 **gehärteter** ~ (*Metall.*), acciaio temprato. 110 **gerader** ~ (Drehstahl, Drehmeissel) (*Werkz.*), utensile (da tornio) diritto. 111 **Gesenk** ~ (*Metall.*), acciaio per stampi. 112 **gewalzter** ~ (*Metall.*), acciaio laminato. 113 **Gewinde** ~ (Gewindesträhler) (*Werkz.*), pettine per filettare. 114 **Glas** ~ **beton** (*m. - Bauw.*), vetrocemento armato. 115 **gleichschenkliger Winkel** ~ (Baustahl) (*me-*

tall. Ind.), angolare d'acciaio a lati uguali, angolare d'acciaio ad ali uguali. **116 Guss** ~ (Stahlguss) (*Metall.*), acciaio per getti. **117 halbberuhigter** ~ (*Metall.*), acciaio semicalmato. **118 Halbrund** ~ (Baustahl) (*metall. Ind.*), mezzotondo di acciaio, barra mezzotonda di acciaio. **119 Hochleistungsschnell** ~ (HSS) (*Metall.*), acciaio superrapido. **120 kalorisierter** ~ (*Metall.*), acciaio calorizzato. **121 Kohlenstoff** ~ (*Metall.*), acciaio al carbonio. **122 Konverter** ~ (*Metall.*), acciaio al convertitore. **123 legierter** ~ (*Metall.*), acciaio legato, acciaio alligato. **124 lufthärtender** ~ (*Metall.*), acciaio autotemprante. **125 Magnet** ~ (*Metall.*), acciaio per magneti. **126 Mangan** ~ (*Metall.*), acciaio al manganese. **127 Molybdän** ~ (*Metall.*), acciaio al molibdeno. **128 nichtrostender** ~ (rostfreier Stahl) (*Metall.*), acciaio inossidabile. **129 Nickel** ~ (*Metall.*), acciaio al nichel. **130 Nitrier** ~ (*Metall.*), acciaio da nitrurazione. **131 Plandreh** ~ (*Werkz.*), utensile per sfacciare. **132 Puddel** ~ (*Metall.*), acciaio puddellato. **133 rostfreier** ~ (nichtrostender Stahl) (*Metall.*), acciaio inossidabile. **134 Rund** ~ (Baustahl) (*metall. Ind.*), barra tonda di acciaio, tondo di acciaio. **135 säurebeständiger** ~ (*Metall.*), acciaio resistente agli acidi. **136 saurer Siemens-Martin-** ~ (*Metall.*), acciaio Martin-Siemens acido. **137 saurer** ~ (*Metall.*), acciaio acido. **138 Schlicht** ~ (Drehstahl) (*Werkz.*), utensile finitore, utensile per finire. **139 Schnellarbeits** ~ (Schnelldrehstahl) (*Metall.*), acciaio rapido. **140 Schnelldreh** ~ (Schnellarbeitsstahl) (*Metall.*), acciaio rapido. **141 Schrupp** ~ (Drehstahl) (*Werkz.*), utensile per sgrossare, utensile sgrossatore. **142 Schweiss** ~ (*Metall.*), acciaio saldato. **143 Sechskant** ~ (Baustahl) (*metall. Ind.*), barra esagonale di acciaio. **144 Silizium** ~ (*Metall.*), acciaio al silicio. **145 Sonder** ~ (*Metall.*), acciaio speciale. **146 Thomas** ~ (*Metall.*), acciaio Thomas. **147 Tiefzieh** ~ (*Metall.*), acciaio per imbutitura. **148 Tiegel** ~ (*Metall.*), acciaio al crogiolo. **149 Titan** ~ (*Metall.*), acciaio al titanio. **150 T-** ~ (Baustahl) (*metall. Ind.*), trave a T di acciaio. **151 übereutektoider** ~ (*Metall.*), acciaio ipereutettoide. **152 unberuhigter** ~ (*Metall.*), acciaio effervescente, acciaio non calmato. **153 unkochender** ~ (*Metall.*), acciaio non effervescente. **154 unlegierter** ~ (*Metall.*), acciaio non legato, acciaio non alligato, acciaio al carbonio. **155 unmagnetischer** ~ (*Metall.*), acciaio amagnetico. **156 Vanadin** ~ (*Metall.*), acciaio al vanadio. **157 Vergütungs** ~ (*Metall.*), acciaio da bonifica. **158 Vierkant** ~ (Baustahl) (*metall. Ind.*), barra quadra di acciaio, quadro di acciaio. **159 Walz** ~ (*Metall.*), acciaio laminato. **160 warmfester** ~ (*Metall.*), acciaio resistente a caldo, acciaio refrattario. **161 weicher** ~ (*Metall.*), acciaio dolce. **162 Werkzeug** ~ (*Metall.*), acciaio per utensili. **163 wetterbeständiger** ~ (wetterfester Stahl) (*Metall.*), acciaio atmosferico. **164 Winkel** ~ (Baustahl) (*metall. Ind.*), angolare di acciaio, cantonale di acciaio. **165 Wolfram** ~ (*Metall.*), acciaio al tungsteno. **166 Wulstflach** ~ (*metall. Ind.*), piatto a bulbo (di acciaio), barra piatta a bulbo (di acciaio). **167 Wulstwinkel** ~ (*metall. Ind.*), angolare a bulbo (di acciaio). **168 Zement** ~ (*Metall.*), acciaio di cementazione.

Stählen (*n. - Metall.*), acciaiatura.
stählen (*Metall.*), acciaiare.
stählern (*Metall.*), di acciaio.
Staken (Pfahl) (*m. - Bauw. - etc.*), palo. **2** ~ (Flechtzaun) (*Bauw. - etc.*), siepe.
Staket (Lattenzaun) (*n. - Bauw.*), steccato.
Stakholz (*n. - Bauw.*), assicella.
« Staku » (mit Kupfer überzogener Stahl) (*Metall.*), acciaio ramato. **2** ~ **-Draht** (Stahl-Kupfer-Draht) (*m. - Elekt.*), filo (con anima) di acciaio e (rivestimento di) rame.
Stakung (Versteifung der Deckenbalken) (*f. - Bauw.*), puntellamento.
Stal (Stalen, Muster) (*m. - allg.*), modello, campione.
Stalagmit (stehender Säulentropfstein) (*m. - Geol.*), stalagmite.
Stalagmometer (Tropfenmesser) (*n. - Instr.*), stalagmometro.
Stalaktit (hängender Zapfentropfstein) (*m. - Geol.*), stalattite.
Stall (Stallung) (*m. - Landw. - Bauw.*), stalla. **2 Renn** ~ (Rennpferde) (*Sport*), scuderia.
Stalling (Abreissen der Strömung) (*n. - Aerodyn. - etc.*), stallo.
Stalloy (Eisen-Aluminium-Silizium-Legierung) (*n. - Metall.*), lega di Fe, Al, Si.
Stalo (stabilisierter Oszillator) (*m. - Radar*), oscillatore stabilizzato.
Stamm (eines Baumes) (*m. - Holz*), tronco. **2** ~ (von zwei diametral gegenüberliegenden Leitern in einem Vierer gebildet) (*Fernspr. - Elekt.*), circuito reale. **3** ~ **aktie** (*f. - finanz.*), azione ordinaria. **4** ~ **arbeiter** (*m. - Ind. - Arb.*), anziano (s.). **5** ~ **band** (*n. - Datenverarb.*), nastro originale. **6** ~ **daten** (Daten die konstant sind über längere Zeiträume) (*n. - pl. - allg.*), dati caratteristici fondamentali. **7** ~ **es-geschichte** (*f. - Biol.*), filogenesi. **8** ~ **gleis** (*n. - Eisenb.*), binario principale, binario di corsa. **9** ~ **güterzug** (Güterzug der regelmässig verkehren muss auch bei schwachem Verkehrsbedarf) (*m. - Eisenb.*), treno merci regolare. **10** ~ **haus** (*n. - Ind.*), casa madre. **11** ~ **holz** (*n. - Holz*), legname in tronchi. **12** ~ **kapital** (*n. - finanz.*), capitale sociale. **13** ~ **leitung** (*f. - Elekt.*), linea principale. **14** ~ **oszillator** (Steuersender) (*m. - Elektronik*), oscillatore pilota. **15** ~ **patent** (*n. - recht.*), brevetto principale. **16** ~ **personal** (Stammbelegschaft) (*n. - Pers. - Ind.*), personale fisso. **17** ~ **personal** (*milit.*), personale effettivo. **18** ~ **rolleneintrag** (*m. - recht.*), iscrizione nei ruoli. **19** ~ **schälmaschine** (Furnierschälmaschine) (*f. - Masch.*), sfogliatrice in tondo.
stammesgeschichtlich (*Biol.*), filogenetico.
Stampf (Stampfer) (*m. - Giess. - Ger.*), pestello, piletta, pigiatoio. **2** ~ (Stampfer) (*Strass.b. - Ger.*), mazzaranga. **3** ~ **asphalt** (*m. - Strass.b.*), asfalto compresso. **4** ~ **beton** (*m. - Bauw.*), calcestruzzo battuto, calcestruzzo costipato. **5** ~ **bewegung** (Stampfen) (*f. - Flugw. - naut. - etc.*), beccheggio. **6**

Stampfe

~ **bewegung** (eines Flugbootes) (*Flugw.*), delfinamento. 7 ~ **boden** (*m. - Ing.b.*), terreno costipato. 8 ~ **erde** (Stampfmasse) (*f. - Giess. - Ofen*), pigiata. 9 ~ **fertiger** (*m. - Strass.b. masch.*), costipatrice (stradale). 10 ~ **fuss** (eines Presslufthammers z. B.) (*m. - Masch.*), piede costipatore. 11 ~ **maschine** (*f. - Ing.b. - Masch.*), costipatore. 12 ~ **maschine** (für Öfen) (*Metall.*), pigiatrice, macchina per pigiate. 13 ~ **masse** (Stampferde) (*f. - Giess. - Ofen*), pigiata. 14 ~ **moment** (*n. - naut. - Flugw. - Fahrz.*), momento di beccheggio. 15 ~ **winkel** (Nickwinkel) (*m. - naut. - Flugw. - Fahrz.*), angolo di beccheggio.

Stampfe (Stampf) (*f. - Ger.*), siehe Stampfer.
Stampfen (Nicken) (*n. - naut. - Flugw. - Fahrz.*), beccheggio. 2 ~ (Nicken, einer Lokomotive) (*Eisenb.*), beccheggio, galoppo. 3 ~ (des Bodens) (*Ing.b.*), costipazione, consolidamento.

stampfen (rammen) (*allg.*), pigiare. 2 ~ (um die Querachse pendeln) (*naut. - Flugw. - Fahrz.*), beccheggiare. 3 ~ (den Boden) (*Strass.b.*), costipare. 4 ~ (den Sand) (*Giess.*), pigiare, costipare. 5 ~ (einen Ofen z. B.) (*Giess. - Ofen*), pigiare. 6 ~ (ein Bohrloch z. B.) (*Bergbau*), intasare.

Stampfer (*m. - Strass.b. - Ger.*), mazzaranga. 2 ~ (*Giess. - Ger.*), piletta, pestello, pigiatoio. 3 ~ (Pistill, des Mörsers) (*chem. Ger.*), pestello.

Stampfung (*f. - Metall. - etc.*), pigiatura.
Stand (Lage, Zustand) (*m. - allg.*), stato. 2 ~ (Ausstellungs·stand) (*komm.*), posteggio, « stand ». 3 ~ (Pegel, von Öl z. B.) (*Masch. - etc.*), livello. 4 ~ (Ort, Stellung) (*allg.*), posizione, ubicazione. 5 ~ (Höhe, des Wassers z. B.) (*allg.*), altezza. 6 ~ (Beruf) (*Arb.*), professione. 7 ~ (soziale Stellung) (*recht. - finanz.*), condizione sociale. 8 ~ (Prüfstand z. B.) (*Mot. - etc.*), banco. 9 ~ **anzeiger** (*m. - Ger.*), indicatore di livello. 10 ~ **beanspruchung** (ruhende Beanspruchung) (*f. - Baukonstr.lehre*), sollecitazione statica. 11 ~ **bremse** (für Flurförderzeuge, bei Handhebel) (*f. - Fahrz.*), freno a mano, freno di stazionamento. 12 ~ **der Technik** (bei Patentanmeldungen z. B.) (*recht. - etc.*), stato della tecnica. 13 ~ **ebene** (Bezugsebene) (*f. - allg.*), piano di riferimento. 14 ~ **es·amt** (*n. - Büro*), ufficio dello stato civile. 15 ~ **es·beamter** (*m. - recht.*), ufficiale di stato civile. 16 ~ **es·pflicht** (*f. - Arb.*), dovere professionale. 17 ~ **festigkeit** (Stabilität) (*f. - Mech.*), stabilità. 18 ~ **fläche** (*f. - Mech.*), superficie di appoggio. 19 ~ **geld** (*n. - komm. - naut.*), controstallia. 20 ~ **glas** (Absetzglas) (*n. - Hydr.*), bicchiere di sedimentazione. 21 ~ **glas** (Pegelrohr, Schauglas) (*Ger.*), tubo di livello di vetro. 22 ~ **härtung** (Induktionshärtung z. B. bei der die gesamte Oberfläche auf Härtetemperatur gebracht und abgeschreckt wird) (*f. - Wärmebeh.*), indurimento (contemporaneo) dell'intera superficie. 23 ~ **kennlinie** (*f. - elekt. Masch.*), caratteristica statica. 24 ~ **länge** (Gesamtbohrtiefe bis zum Erliegen des Werkzeugs) (*f. - Werkz.*), profondità forata (tra due affilature consecutive). 25 ~ **licht** (*n. - Aut.*), luce di posizione. 26 ~ **linie** (Grundlage für Ortsbestimmungen) (*f. - naut. - Flugw. - Navig.*), base (di rilevamento). 27 ~ **linie** (Basis) (*Top.*), base. 28 ~ **mass** (*n. - Mech. - Werkz.*), asta millimetrata verticale. 29 ~ **menge** (Standzeit, Anzahl der bis zum Nachsetzen der Gravur geschmiedeten Stücke) (*f. - Schmieden*), durata dell'incisione, durata dell'impronta. 30 ~ **messung** (vom Behälterinhalt) (*f. - Ind.*), misurazione del contenuto. 31 ~ **moment** (eines Gabelstaplers z. B.) (*n. - Fahrz. - etc.*), momento stabilizzatore. 32 ~ **motor** (*m. - Mot.*), motore fisso. 33 ~ **öl** (ein ausschliesslich durch Erhitzen eingedicktes, trocknendes Öl) (*n. - Chem. - Anstr.*), standolio. 34 ~ **ort** (*m. - allg.*), posizione, ubicazione, sito. 35 ~ **ort** (*naut.*), posizione. 36 ~ **ort** (eines Unternehmens) (*finanz. - komm.*), sede legale. 37 ~ **ortanzeiger** (bei Aufzügen z. B.) (*m. - Ger.*), indicatore di posizione. 38 ~ **ortbestimmung** (*f. - naut.*), determinazione della posizione. 39 ~ **probe** (Pfahlprobe) (*f. - naut.*), prova alla bitta. 40 ~ **prüfung** (*f. - Mot.*), prova al banco. 41 ~ **punkt** (Ansicht) (*m. - allg.*), punto di vista. 42 ~ **rohr** (*n. - Hydr.*), tubo piezometrico. 43 ~ **rohr** (Pegelrohr) (*Ger.*), tubo di livello. 44 ~ **rohr** (Kerze, zur Verbrennung von Hochofengas) (*Hochofen*), candela. 45 ~ **ruhe** (des Angriffpunktes einer Kraft z. B.) (*f. - Mech.*), stabilità della posizione. 46 ~ **ruhe** (*Bauw. - etc.*), stabilità. 47 ~ **schub** (*m. - Flugw.*), spinta a punto fisso, spinta statica. 48 ~ **schwingungsversuch** (eines Flugzeugs) (*m. - Flugw.*), prova alle vibrazioni al banco. 49 ~ **sicherheit** (gegen Umkippen, eines Kranes z. B.) (*f. - Phys. - ind. Masch.*), stabilità contro il rovesciamento. 50 ~ **sicherheit** (*Masch. - etc.*), stabilità. 51 ~ **sicherheit** (eines Deiches z. B.) *Ing.b.*), stabilità. 52 ~ **sicherheit** (eines Fahrzeuges, bei Seitenkräften z. B.) (*Fahrz.*), stabilità. 53 ~ **spur** (Randstreifen) (*f. - Strasse*), banchina. 54 ~ **versuch** (bei ruhender Beanspruchung) (*m. - Baukonstr.lehre*), prova statica. 55 ~ **versuch** (Dauerstandversuch, bei erhöhten Temperaturen in ruhend beanspruchten Bauteilen) (*Werkstoffprüfung*), prova di scorrimento ad elevata temperatura e con carico statico. 56 ~ **versuch** (Standprüfung) (*Mot. - etc.*), prova al banco. 57 ~ **weg** (von der Meisselspitze zurückgelegten Drehwegs bis zum Erliegen) (*m. - Werkz.masch.bearb.*), lunghezza di taglio, distanza percorsa (tra due affilature consecutive). 58 ~ **wegversuch** (Messung des von der Meisselspitze auf dem Werkstoff zurückgelegten Drehwegs bis zum Erliegen) (*m. - Werkz.masch.bearb.*), prova della lunghezza di taglio, prova della distanza percorsa (tra due affilature consecutive). 59 ~ **zahl** (Zahl der Werkstücke die zwischen zwei Schleifvorgängen gefertigt werden kann) (*f. - Werkz.masch.bearb.*), pezzi prodotti tra due affilature consecutive. 60 ~ **zeit** (eines Schneidewerkzeuges) (*f. - Werkz.*), durata tra due affilature (successive), durata utile. 61 ~ **zeit** (eines Schmiedegesenkes) (*Schmieden*),

siehe Standmenge. **62** ~ **zeit** (der Bürsten) (*elekt. Masch.*), durata. **63** ~ **zeit** (im Ofen, von Blöcken z. B.) (*Metall.*), tempo di permanenza. **64** ~ **zeit** (von Isolatoren) (*Elekt.*), durata tra due puliture (consecutive). **65** ~ **zeit** (eines Verbr. mot. z. B.) (*Mot. - Masch. - etc.*), periodo tra le revisioni. **66** ~ **zeitversuch** (Verschleiss-Standzeitversuch) (*m. Werkz.*), prova della durata tra due affilature (consecutive). **67 Ausstellungs** ~ (*komm.*) posteggio, «stand». **68 Benzin** ~ (*Aut. - etc.*), livello della benzina. **69 Km-** ~ (eines Kraftwagens z. B.) (*Aut.*), chilometri percorsi. **70 Leit** ~ (Dispositionsstand, in einer Fabrik) (*Ind.*), centro disposizioni. **71 Rollprüf** ~ (*m. - Aut.*), banco prova a rulli. **72 Wasser** ~ (*allg.*), livello dell'acqua.

Standard (Richtmass) (*m. - allg.*), norma. **2** ~ (Feingehalt der Münzen) (*finanz.*), titolo. **3** ~ **abweichung** (bei Qualitätskontrolle, mittlere quadratische Abweichung) (*f. - mech. Technol.*), scarto tipo. **4** ~ **ausführung** (*f. - Technol.*), esecuzione normale, tipo unificato. **5** ~ **element** (Bewegungselement) (*n. - Arbeitsstudium*), elemento standard. **6** ~ **fehler** (bei Qualitätskontrolle) (*m. - mech. Technol.*), errore tipo. **7** ~ **-Gold** (Schmucklegierung aus 55% Cu, 42% Au und 3% Ag) (*n. - Legierung*), (tipo di) lega ternaria di oro. **8** ~ **kosten** (Richtkosten) (*f. - pl. - Adm. Ind.*), costo standard. **9** ~ **legierung** (Aluminium-Legierung zweiter Schmelzung) (*f. - Metall.*), lega d'alluminio di seconda fusione. **10** ~ **lösung** (*f. - Chem.*), soluzione normale. **11 Lebens** ~ (*finanz.*), tenore di vita. **12 Weiss-** ~ (*Farbe*), campione di bianco.

standardisieren (*Technol.*), normalizzare, unificare.

Standardisierung (*f. - Technol.*), normalizzazione, unificazione.

Ständer (einer Presse z. B.) (*m. - Masch.*), montante. **2** ~ (Teil einer elekt. Masch.) (*Elekt.*), statore. **3** ~ (*Walzw.*), gabbia. **4** ~ (Säule) (*Bauw.*), colonna **5** ~ (Pfeiler) (*Bauw.*), pilastro. **6** ~ (einer Tür) (*Bauw.*), stipite. **7** ~ **bohrmaschine** (Säulenbohrmaschine) (*f. - Werkz.masch.*), trapano a colonna. **8** ~ **dehnung** (durch Walzensprung verursacht) (*f. - Walzw.*), allungamento della gabbia. **9** ~ **gehäuse** (*n. - Elekt. - Masch.*), carcassa statorica. **10** ~ **kopf** (*m. - Walzw.*), cappello della gabbia, testa della gabbia. **11** ~ **mikrophon** (*n. - Funk. - etc.*), microfono a colonna. **12** ~ **presse** (einhüftige Presse) (*f. - Masch.*), pressa monomontante, pressa frontale, pressa a collo di cigno. **13** ~ **strom** (*m. - Elekt.*) - *Masch.*), corrente statorica. **14** ~ **wicklung** (*f. - Elekt. - Masch.*), avvolgimento statorico.

ständergespeist (Motor mit an das speisende Netz angeschlossenem Ständer) (*Elekt.*), con statore collegato alla rete.

standfest (stabil) (*allg.*), stabile. **2** ~ (ortsfest) (*Masch. - etc.*), fisso.

ständig (*allg.*), permanente, continuo, continuato.

standsicher (bei Seitenkräften z. B.) (*Fahrz.*), stabile.

Stange (Stab) (*f. - allg.*), asta, barra. **2** ~ (*Mech. - metall. Ind.*), barra. **3** ~ (*Walzw. - Schmieden*), barra. **4** ~ (*Bergbau*), asta. **5** ~ (Pfahl) (*Bauw.*), palo. **6** ~ **n·abschnitt** (Blöckchen, Knüppelabschnitt, Ausgangsform für ein Schmiedestück) (*m. - Schmieden*), spezzone (di billetta o di barra). **7** ~ (Stick, Korrosionsschutzmittel) (*Bergbau*), anticorrosivo (in bacchette). **8** ~ **n·anfasmaschine** (*f. - Werkz.masch.*), appuntatrice per barre. **9** ~ **n·automat** (Drehbank) (*m. - Werkz. masch.*), tornio automatico per lavorazione dalla barra. **10** ~ **n·führung** (*f. - Werkz. masch.*), guida (della) (barra. **11** ~ **n·führungsrohr** (eines Drehautomates) (*n. - Werkz. masch.*), tubo guidabarra, tubo (silenzioso) di guida della barra. **12** ~ **n·gold** (*n. - Metall.*), oro in lingotti. **13** ~ **n·magazin** (*n. - Werkz. masch.*), caricatore barre. **14** ~ **n·material** (*n. - Mech.*), materiale in barra. **15** ~ **n· presse** (Strangpresse) (*f. - Masch.*), pressa per estrudere. **16** ~ **n·schlepper** (zum Fördern das Walzgut von Gerüst zu Gerüst) (*m. - Walzw.*), trasferitore di barre. **17** ~ **n·steuerung** (*f. - Flugw.*), comando a «cloche». **18** ~ **n·stromabnehmer** (*m. - Elekt.*), presa di corrente ad asta, «trolley». **19** ~ **n·vorschub** (*m. - Werkz.masch.bearb.*), avanzamento (della) barra. **20** ~ **n·zirkel** (*m. - Mech. - Ger.*), compasso a verga. **21 Bohr** ~ (*Werkz.*), barra alesatrice, bareno. **22 Brech** ~ (*Werkz.*), palanchino, piè di porco. **23 Kolben** ~ (Pleuelstange) (*Mech. - Mot.*), biella. **24 Pleuel** ~ (*Mot. - Mech.*), biella. **25 Schieber** ~ (*Dampfmasch.*), asta del cassetto. **26 Schub** ~ (Pleuelstange) (*Mot. - Mech.*), biella. **27 Sturm** ~ (eines Verdeckes) (*Aut.*), compasso. **28 Zahn** ~ (*Mech.*), cremagliera, dentiera.

Stannat (*n. - Chem.*), stannato.

Stannichlorid (Zinnchlorid) (*n. - Chem.*), cloruro stannico.

Stanniol (Zinnfolie) (*n. - Metall.*), stagnola.

Stanniolieren (Aluminium-Packung z. B.) (*n. - Packung*), avvolgimento in (carta) stagnola.

Stannioxyd (*n. - Chem.*), ossido stannico.

Stanniverbindung (*f. - Chem.*), composto stannico.

Stannochlorid (*n. - Chem.*), cloruro stannoso.

Stannoverbindung (*f. - Chem.*), composto stannoso.

Stanzartikel (*m. - Blechbearb.*), articolo di lamiera stampata.

Stanzautomat (für Pappe etc.) (*m. - Masch.*), fustellatrice automatica.

Stanzbördeln (bei Blechbearbeitung) (*n. - mech. Technol.*), bordatura (a stampo).

Stanzbutzen (*m. - Blechbearb.*), sfrido di punzonatura.

Stanze (Walzenlager, eines Streckwerkes) (*f. - Textilmasch.*), supporto dei cilindri. **2** ~ (Werkz. zur plastischen Verformung eines Zuschnitts) (*Blechbearb.werkz.*), stampo (per lavorazione plastica della lamiera). **3** ~ (Lochstanze) (*Blechbearb.masch.*), punzonatrice. **4** ~ (Lochstanze) (*Blechbearb.werkz.*), stampo per punzonare. **5** ~ (Stanzpresse, für Pappe, etc.) (*Masch.*), fustellatrice. **6 Abbiege** ~ (zum Winkligstellen durch Schwenken um eine Biegeachse) (*Blechbearb.werkz.*), stampo

Stanzemaillack

per piegare (a rotazione). **7 Bördel** ~ (*Blechbearb.werkz.*), stampo per bordare. **8 Flach** ~ (*Blechbearb.werkz.*), stampo per spianare. **9 Form** ~ (*Blechbearb.werkz.*), stampo per formatura, stampo per foggiatura. **10 Hebel** ~ (Lochstanze) (*Blechbearb.masch.*), punzonatrice a leva. **11 Hochbiege** ~ (*Blechbearb.werkz.*), stampo per piega libera. **12 Kerb** ~ (*Blechbearb.werkz.*), stampo per improntare. **13 Loch** ~ (*Blechbearb.masch.*), punzonatrice. **14 Loch** ~ (*Blechbearb.werkz.*), stampo per punzonare. **15 Niet** ~ (*Werkz.*), stampo per chiodare, stampo per ribadire. **16 Präge** ~ (*Blechbearb.werkz.*), stampo per coniare. **17 Roll** ~ (*Blechbearb.werkz.*), stampo per arricciare, stampo per arrotolare (gli orli). **18 Sicken** ~ (*Blechbearb.werkz.*), stampo per nervature continue (su corpi cavi cilindrici). **19 Stauch** ~ (*Blechbearb.werkz.*), stampo per ricalcare. **20 Winkelbiege** ~ (zum Winkligstellen durch Eindrücken eines Stempels in einen Gegenstempel) (*Blechbearb.werkz.*), stampo per piegare (a compressione).

Stanzemaillack (*m. - Anstr.*), siehe Stanzlack.

Stanzen (Umformen durch Stempel und Gegenstempel) (*n. - Blechbearb.*), lavorazione a stampo (della lamiera). **2** ~ (Schneiden) (*Blechbearb.*), tranciatura. **3** ~ (Lochen, von Lochkarten) (*Datenverarb.*), perforazione. **4** ~ (Pappe, etc.) (*Technol.*), fustellatura. **5 Elastik** ~ (durch Formstempel und elastischen Gegenstempel) (*mech. Technol.*), lavorazione con controstampo elastico, lavorazione con controstampo di materiale elastico. **6 Flach** ~ (Planieren) (*Blechbearb.*), spianatura. **7 Form** ~ (*Blechbearb.*), stampaggio, formatura a stampo, foggiatura a stampo.

stanzen (*Blechbearb.*), lavorare a stampo (lamiera). **2** ~ (schneiden) (*Blechbearb.*), tranciare. **3** ~ (lochen, Lochkarten) (*Datenverarb.*), perforare. **4** ~ (Pappe, etc.) (*Technol.*), fustellare.

Stanzerei (Blechbearbeitungswerkstatt) (*f. - mech. Technol.*), officina di stampaggio, reparto di stampaggio. **2** ~ **maschine** (*f. - Blechbearb.masch.*), macchina per la lavorazione della lamiera (a stampo). **3** ~ **technik** (spanlose Blechbearbeitung) (*f. - mech. Technol.*), lavorazione a stampo della lamiera (senza asportazione di truciolo). **4** ~ **teil** (*m. - Blechbearb.*), pezzo stampato, pezzo lavorato a stampo. **5** ~ **werkzeug** (*n. - Blechbearb.werkz.*), stampo.

Stanzform (für Pappe, etc., Stanzwerkzeug) (*f. - Werkz.*), fustella.

Stanzgeschwindigkeit (von Lochkarten) (*f. - Datenverarb.*), velocità di perforazione.

Stanzkerben (durch Eindrücken von Stempeln in Blechteile) (*n. - mech. Technol.*), improntatura (a stampo).

Stanzlack (Lack der ohne zu reissen auf einem Blech sich stanzen lässt) (*m. - Anstr.*), vernice resistente alla tranciatura.

Stanzloch (*n. - Blechbearb.*), foro punzonato.

Stanzmaschine (Lochstanze) (*f. - Blechbearb.masch.*), fustellatrice, punzonatrice.

Stanznieten (*n. - mech. Technol.*), chiodatura, ribaditura.

Stanzpappe (als Unterlage beim Stanzen von Papier z. B. verwendet, zum Verhindern von Beschädigungen der Stanze) (*f. - Technol.*), cartone per fustellatura.

Stanzpresse (Stanze, für Pappe, etc.) (*f. - Masch.*), fustellatrice.

Stanzrippe (Sicke) (*f. - Blechbearb.*), nervatura, rilievo.

Stanzsicken (*n. - mech. Technol.*), nervatura (continua), esecuzione di nervature (a stampo).

Stanzstation (*f. - Datenverarb.*), stazione di perforazione.

Stanzstauchen (*n. - mech. Technol.*), ricalcatura.

Stanztiegel (Stanztiegeldruckpresse) (*m. - Druck.*), platina fustellatrice.

Stanzwerk (für Lochkarten) (*n. - Datenverarb.*) meccanismo di perforazione.

Stanzwerkzeug (für Bleche) (*n. - Werkz.*), stampo, utensile per stampaggio.

Stapa-Rohr (Stahlpanzerrohr, für Leitungen, Stahlrohr mit Papierauskleidung) (*n. - Elekt.*), tubo di acciaio blindato, tubo di acciaio con rivestimento interno di carta.

Stapel (Haufe) (*m. - allg.*), catasta, pila. **2** ~ (Unterlage aus übereinandergeschichteten Holz- oder Eisenklötzen) (*Schiffbau*), taccata. **3** ~ (Platz auf dem ein Schiff gebaut wird) (*Schiffbau*), scalo di costruzione. **4** ~ (Wollbüschel) (*Text.*), fiocco. **5** ~ (Länge der Baumwollfaser) (*Text.*), (lunghezza della) fibra. **6** ~ (Stapelplatz, Warenniederlage) (*Ind.*), deposito. **7** ~ **brennschneiden** (*n. - mech. Technol.*), taglio a pacco. **8** ~ **drucker** (Offset-Stapeldrucker) (*m. - Druckmasch.*), «rotaprint», riproduttore offset. **9** ~ **faser** (Chemiefaser) (*f. - chem. Ind. - Text.*), fiocco. **10** ~ **förderer** (*m. - ind. Transp.*), impilatore, accatastatore. **11** ~ **gestell** (*n. - Ind.*), siehe Rack. **12** ~ **höhe** (*f. - ind. Transp.*), altezza d'impilamento. **13** ~ **karren** (Gabelstapler, Stapelroller) (*m. - ind. Transp.*), carrello (elevatore) a forca. **14** ~ **katze** (eines Stapelkranes) (*f. - ind. Transp.*), carrello trasloelevatore aereo, carrello (di gru), d'impilaggio. **15** ~ **klotz** (Stapelblock) (*m. - Schiffbau*), tacco. **16** ~ **kondensator** (*m. - Elekt.*), condensatore a più strati. **17** ~ **kran** (Kranbrücke mit Stapelkatze, für Hochregallager) (*m. - ind. Transp.*), gru impilatrice, gru d'impilaggio, gru a ponte con carrello trasloelevatore. **18** ~ **lauf** (*m. - naut.*), varo. **19** ~ **lift** (Hochlager-Bedienungsgerät) (*m. - ind. Ger.*), elevatore-scaffalatore. **20** ~ **platte** (Palette) (*f. - ind. Transp.*), paletta. **21** ~ **platz** (Stapel, Warenniederlage) (*m. - Ind.*), deposito. **22** ~ **strecke** (eines Förderers) (*f. - ind. Transp.*), tratto di accumulo. **23 auf** ~ **legen** (den Bau eines Schiffes beginnen) (*Schiffbau*), mettere in cantiere, impostare la chiglia. **24 Blumenkohl** ~ (*Wollind.*), fiocco a cavolfiore. **25 Brett** ~ (*Wollind.*), fiocco feltrato. **26 Gabel** ~ **förderer** (*m. - ind. Transp.*), carrello (elevatore) a forca. **27 hängender** ~ (*Wollind.*), fiocco curvato. **28 Kiel** ~ (Dockstapel, eines Schwimmdocks z. B.) (*Schiffbau*), taccata di bacino, tacco di bacino. **29 Krepp** ~ (*Wollind.*), fiocco cresposo. **30 Quader ~** (Panzerstapel) (*Wollind.*), fiocco a punte quadre. **31 vom ~ laufen lassen** (*naut.*), varare. **32 Zwirn ~** (*Wollind.*), fiocco torto.

stapelbar (*Transp.*), impilabile, accatastabile.
stapeln (aufstapeln) (*Transp. - Ind.*), impilare, accatastare. **2 ~** (anhäufen) (*allg.*), ammucchiare. **3 ~** (sammeln) (*allg.*), raccogliere.
Stapelung (Stapellauf) (*f. - naut.*), varo.
Stapler (Förderzeug) (*m. - ind. Masch.*), impilatore, accatastatore. **2 Elektro-Gabel ~** (*ind. Transp. - Fahrz.*), carrello (elevatore) a forca elettrico. **3 Gabel ~** (*ind. Transp. - Fahrz.*), carrello (elevatore) a forca. **4 Quergabel ~** (*ind. Transp. - Fahrz.*), carrello (elevatore) a forca laterale. **5 Schubmast ~** (Schubrahmenstapler) (*ind. Transp.*), carrello (elevatore) a montante retrattile. **6 Schubgabel ~** (*ind. - Transp.*), carrello (elevatore) a forca retrattile. **7 Schwenkgabel ~** (*ind. Transp. - Fahrz.*), carrello (elevatore) a forca orientabile.
Star-Contra-Ruder (zur Rückgewinnung von Energie aus dem Schraubenstrom) (*n. - naut.*), timone « Star-Contra ».
stark (*allg.*), forte. **2 ~** (*Druck.*), grassetto.
Stärke (Kraft) (*f. - allg.*), forza, intensità. **2 ~** (Dicke, eines Bleches z. B.) (*Mech. etc.*), spessore. **3 ~** (einer Lösung) (*Chem.*), titolo. **4 ~** (Amylum) (*Chem.*), amido. **5 ~** (eines Säurebades) (*Chem. - etc.*), forza. **6 ~** (Leistung, eines Motors) (*Mot.*), potenza. **7 ~** (Durchmesser, einer Welle z. B.) (*Mech. - etc.*), diametro. **8 ~** (Länge, eines Zuges) (*Eisenb.*), lunghezza. **9 ~ klebstoff** (*m. - chem. Ind.*), colla d'amido. **10 ~ kleister** (Stärkeklebstoff) (*m. - Chem.*), colla d'amido. **11 ~ mehl** (*n. - Chem.*), amido (per insaldare). **12 Kartoffel ~** (*chem. Ind.*), amido di patate. **13 Ladestrom ~** (*Elekt.*), intensità della corrente di carica. **14 Schall ~** (*Akus.*), intensità del suono, livello sonoro. **15 Strom ~** (*Elekt.*), intensità di corrente. **16 Zahn ~** (*Mech.*), spessore del dente.
Starkeffekt (*m. - Opt.*), effetto Stark.
stärken (mit Stärkemehl steifen) (*Textilind.*), insaldare, inamidare.
Starkgas (*n. - Chem.*), gas ricco.
Starkregen (mit einer Mindesthöhe von $h_N = \sqrt{5t - (t/24)^2}$ mm wo t die Dauer des Regens in min. ist) (*m. - Meteor.*), pioggia forte.
Starkstrom (mit Spannungen von mehr als 24 V) (*m. - Elekt.*), corrente forte. **2 ~ leitung** (*f. - Elekt.*), linea per correnti forti, elettrodotto. **3 ~ entladung** (eines Akkumulators, Stossentladung) (*f. - Elekt.*), scarica rapida. **4 ~ -Hausanschlusskasten** (*m. - Elekt.*), cassetta di allacciamento per distribuzione domestica. **5 ~ wegegesetz** (*n. - Elekt.*), legge sulla servitù di elettrodotto.
Starktonhorn (*n. - Aut.*), tromba.
starkwandig (*Mech.*), a parete spessa.
starr (steif) (*allg.*), rigido. **2 ~** (eine Werkz. masch. während der Bearbeitung von Werkstücken z. B.) (*Masch.*), stabile. **3 ~** (Regel, Gesetz, etc.) (*Math. - etc.*), rigoroso. **4 ~ e Aufhängung** (*Masch. - etc.*), sospensione rigida. **5 ~ e Grundlage** (*Bauw. - Masch.*), fondazione rigida. **6 ~ e Kupplung** (*Mech.*), accoppiamento rigido. **7 ~ er Körper** (*Phys.*), corpo solido. **8 ~ kuppeln** (*Mech.*), accoppiare rigidamente.
Starrachse (*f. - Mech. - Fahrz.*), assale rigido. **2 ~ mit dreiviertelfliegender Achswelle** (*Aut.*), assale rigido ad asse semiportante. **3 ~ mit fliegender Achswelle** (*Aut.*), assale rigido ad asse non portante. **4 ~ mit halbfliegender Achswelle** (*Aut.*), assale rigido ad asse portante. **5 hintere ~** (*Aut.*), ponte posteriore rigido. **6 hintere ~ mit Steckachsen** (*Aut.*), ponte posteriore rigido a semiassi non portanti. **7 Planeten ~** (für schwere Transportfahrzeuge) (*Fahrz.*), assale rigido con trasmissione planetaria (esterna).
Starrachspersonenwagen (*m. - Aut.*), autovettura ad assale rigido.
Starrflügel (*m. - Flugw.*), ala fissa.
Starrheit (Steifigkeit) (*f. - allg.*), rigidità.
Starrkupplung (*f. - Masch.*), accoppiamento rigido.
Starrluftschiff (*n. - Flugw.*), dirigibile rigido.
Starrschmierung (durch starres Fett) (*f. - Mech.*), lubrificazione a grasso consistente.
Starrschraube (*f. - Flugw. - naut.*), elica a passo fisso.
Start (Anlauf) (*m. - Mot. - etc.*), avviamento. **2 ~** (Abflug) (*Flugw.*), decollo. **3 ~** (eines Reaktors) (*Atomphys.*), avviamento. **4 ~ automatik** (automatische Startvorrichtung, eines Vergasers) (*f. - Aut.*), dispositivo di avviamento automatico. **5 ~ bahn** (*f. - Flugw.*), pista di decollo. **6 ~ gerüst** (für Raketen) (*n. - milit. - etc.*), incastellatura di lancio. **7 ~ gewicht** (eines Flugkörpers) (*n. - Raummfahrt - etc.*), peso al lancio. **8 ~ hilfe** (Rakete) (*f. - Flugw.*), razzo ausiliario di decollo. **9 ~ katapult** (*n. - Flugw. - etc.*), catapulta di lancio. **10 ~ klappe** (Luftklappe) (*f. - Mot. - Aut.*), valvola di chiusura dell'aria, farfalla dello starter. **11 ~ kontrolle** (*f. - Flugw.*), controllo alla partenza. **12 ~ ladedruck** (eines Kolbenmotors) (*m. - Flugw.*), pressione di alimentazione di decollo. **13 ~ länge** (Startstrecke) (*f. - Flugw.*), percorso di decollo. **14 ~ leistung** (*f. - Flugw.*), potenza di decollo. **15 ~ luft** (eines Vergasers) (*f. - Mot.*), aria di avviamento. **16 ~ mit Rückenwind** (*Flugw.*), decollo con vento in coda. **17 ~ mit Seitenwind** (*Flugw.*), decollo con vento trasversale. **18 ~ mit Starthilfe** (mit Rakete) (*Flugw.*), decollo con razzi ausiliari. **19 ~ piste** (Startstrecke) (*f. - Flugw.*), pista di decollo. **20 ~ rakete** (*f. - Flugw.*), razzo ausiliario di decollo. **21 ~ rakete** (eines Flugkörpers) (*Raumfahrt - etc.*), razzo di lancio. **22 ~ reaktion** (bei Polymerisation) (*f. - Chem.*), reazione iniziale. **23 ~ schleuder** (Flugzeugschleuder, Rakete z. B.) (*f. - Flugw.*), mezzo ausiliario di decollo. **24 ~ schritt** (Anlaufschritt, Beginnsignal, bei Fernschreibern z. B.) (*m. - Telegr.*), segnale iniziale. **25 ~ schub** (eines Strahltriebwerks) (*m. - Flugw.*), spinta di decollo. **26 ~ -Stop-Automatik** (bei Notstromaggregaten, beim Ausfall und Wiederkommen des Netzstromes

starten

tätig) (*f. - Elekt.*), (dispositivo di) avviamento ed arresto automatici. **27 ~ -Stop-System** (bei Fernschreibern z. B.) (*n. - Telegr. - etc.*), sistema start-stop. **28 ~ strecke** (*f. - Flugw.*), percorso di decollo, spazio di decollo. **29 ~ stufe** (einer Stufenrakete) (*f. - Mot. - etc.*), stadio di lancio. **30 ~ unwilligkeit bei Kälte** (*Mot. - Aut.*), difficoltà di avviamento a freddo. **31 ~ vergaser** (*m. - Aut.*), carburatore di avviamento. **32 ~ vorrichtung** (eines Vergasers) (*f. - Mot.*), starter, dispositivo di avviamento. **33 ~ weg** (eines Magnetbandes) (*m. - Rechner*), percorso di avviamento. **34 fliegender ~** (*Aut. - etc.*), partenza lanciata. **35 Kalt ~** (*Aut.*), avviamento a freddo. **36 kurzer ~** (*Flugw.*), decollo corto. **37 mit fliegendem ~** (bei Geschwindigkeitsversuchen, eines Kraftfahrzeuges z. B.) (*Aut. - etc.*), con partenza lanciata. **38 mit stehendem ~** (bei Beschleunigungsversuchen, eines Kraftfahrzeuges z. B.) (*Aut. - Prüfung*), con partenza da fermo. **39 nasser ~** (mit Wassereinspritzung) (*Strahltriebw.*), avviamento con iniezione d'acqua. **40 trockener ~** (ohne Wassereinspritzung) (*Strahltriebw.*), avviamento senza iniezione d'acqua.

starten (anlaufen lassen) (*Mot. - etc.*), avviare. **2 ~** (abfliegen) (*Flugw.*), decollare. **3 gegen den Wind ~** (*Flugw.*), decollare contro vento.

Starter (Anlasser) (*m. - Mot.*), avviatore. **2 ~** (zur Heizung der Elektroden, für Leuchtstofflampen) (*Beleucht.*), starter, relè d'accensione, avviatore. **3 ~** (Starterknopf) (*Aut.*), bottone di avviamento. **4 ~** (eines Vergasers) (*Mot.*), starter, dispositivo di avviamento. **5 ~ batterie** (*f. - Elekt. - Fahrz.*), batteria di avviamento. **6 ~ klappe** (eines Vergasers) (*f. - Mot.*), farfalla dello starter, valvola di chiusura dell'aria. **7 ~ klappenhebel** (eines Vergasers) (*m. - Mot.*), leva dello starter, leva di chiusura dell'aria. **8 ~ knopf** (*m. - Aut.*), bottone di avviamento. **9 Kick ~** (*Motorrad*), avviatore a pedale, pedale di avviamento.

Stat (radioaktive Mengeneinheit, = 3,64 · 10⁻⁷ Curie) (*n. - Radioakt. - Einheit*), stat.

Statik (*f. - Baukonstr.lehre*), statica. **2 ~** (*Phys.*), statica. **3 ~ -Zeichnung** (Zeichnung für statische Berechnungen) (*f. - Zeichn.*), disegno per calcolo statico. **4 graphische ~** (*Baukonstr.lehre*), statica grafica.

Statiker (*m. - Baukonstr.lehre - Ingenieur*), ingegnere calcolatore.

Station (*f. - Werkz.masch.bearb.*), stazione. **2 ~** (Bahnhof) (*Eisenb.*), stazione. **3 ~** (für Beobachtungen) (*Top. - Geol.*), stazione. **4 ~ s·dichte** (eines Netzes, Verhältnis zwischen Anzahl der Umspannstellen und Fläche des versorgten Gebietes) (*f. - Elekt.*), densità delle sottostazioni (di trasformazione). **5 ~ s·kennzeichen** (*n. - Funk.*), sigla della stazione. **6 ~ s·vorstand** (Stationsvorsteher) (*m. - Eisenb.*), capostazione. **7 ~ s·vorsteher** (*m. - Eisenb.*), capostazione. **8 Sende ~** (*Funk.*), stazione trasmittente. **9 Umspann ~** (*Elekt.*), sottostazione di trasformazione.

stationär (ortsfest) (*Masch. - etc.*), fisso. **2 ~** (im Gegensatz zu dynamisch) (*Mech.*), stazionario. **3 ~** (beständig, Bewegung z. B.) (*allg.*), costante.

statisch (*allg.*), statico. **2 ~ auswuchten** (*Mech.*), equilibrare staticamente. **3 ~ berechnen** (*Baukonstr.lehre*), determinare staticamente. **4 ~ bestimmbar** (*Baukonstr.lehre*), staticamente determinabile. **5 ~ bestimmt** (*Baukonstr.lehre*), staticamente determinato. **6 ~ e Beanspruchung** (*Mech.*), sollecitazione statica. **7 ~ e Belastung** (statische Last) (*Baukonstr.lehre*), carico statico. **8 ~ e Berechnung** (*Baukonstr.lehre*), calcolo statico. **9 ~ e Elektrizität** (*Elekt.*), elettricità statica. **10 ~ e Festigkeit** (*Baukonstr.lehre*), resistenza statica. **11 ~ er Auftrieb** (*Flugw.*), spinta statica, forza ascensionale statica. **12 ~ er Druck** (*Phys.*), pressione statica. **13 ~ er Stromkreis** (*Elekt.*), circuito statico. **14 ~ er Versuch** (*Prüfung*), prova statica. **15 ~ es Auswuchten** (*Mech.*), equilibratura statica. **16 ~ es Gleichgewicht** (*Mech.*), equilibrio statico. **17 ~ e Störungen** (*Funk.*), scariche, disturbi atmosferici. **18 ~ überbestimmt** (*Baukonstr.lehre*), iperstatico. **19 ~ unbestimmt** (*Baukonstr.lehre*), staticamente indeterminato.

Statistik (*f. - Stat. - Phys.*), statistica. **2 ~ nach Bose und Einstein** (*Phys.*), statistica di Bose ed Einstein. **3 ~ nach Fermi und Dirac** (*Phys.*), statistica di Fermi e Dirac. **4 Boltzmann- ~** (klassische Statistik) (*Stat.*), statistica di Boltzmann. **5 Quanten ~** (*Phys.*), statistica quantistica.

statistisch (*Stat. - Phys.*), statistico. **2 ~ e Angaben** (*pl. - Stat.*), dati statistici. **3 ~ e Mechanik** (*Mech.*), meccanica statistica.

Stativ (Gestell, eines Geräts) (*n. - Ger.*), supporto. **2 ~** (eines Mikroskops) (*opt. Ger.*), stativo. **3 Dreibein ~** (*Ger.*), treppiedi. **4 Magnetfuss- ~** (für Messuhren z. B.) (*Mech.*), supporto a base magnetica.

Statometer (*n. - Opt. - Ger.*), statometro.

Stator (Ständer) (*m. - elekt. Masch.*), statore. **2 ~ anker** (*m. - Elekt.*), indotto fisso. **3 ~ blech** (*n. - Elekt.*), lamierino statorico.

Statoskop (hochempfindlicher Höhenmesser) (*n. - Instr. - Flugw.*), statoscopio.

stattfinden (*allg.*), aver luogo.

Statue (Standbild) (*f. - Arch. - Kunst*), statua.

Status (Zustand) (*m. - allg.*), stato.

statutarisch (*recht.*), statutario.

Statuten (Gesellschaftsvertrag) (*n. - pl. - finanz.*), statuto.

Stau (Erhöhung des Wasserspiegels durch ein Abflusshindernis) (*n. - Hydr.*), rigurgito. **2 ~** (*Strass.ver.*), congestione, ingorgo. **3 ~ anlage** (Staubauwerk) (*f. - Wass.b. - Hydr.*), impianto di sbarramento. **4 ~ aufladung** (Abgasturboaufladung, bei der die kinetische Auslassenergie der Abgase in der Turbine nicht mehr verwendet wird) (*f. - Mot.*), sovralimentazione statica. **5 ~ balkenwehr** (Stauwehr) (*n. - Wass.b.*), traversa di sbarramento. **6 ~ becken** (*n. - Wass.b.*), bacino artificiale, bacino d'invaso. **7 ~ berieselung** (Bewässerungsverfahren) (*f. - Hydr. - Ack.b.*), irrigazione per scorrimento, irrigazione per ruscellamento. **8 ~ betrieb** (mit Stauaufladung) (*m. - Mot.*), funzionamento con sovralimentazione statica. 9 ~ **damm** (Sperrdamm, Erd- oder Steindamm) (*m. - Wass.b.*), diga (in terra o pietrame). 10 ~ **druck** (dynamischer Druck) (*m. - Mech. der Flüss. k.*), pressione dinamica. 11 ~ **druck** (auf der Masse in dem Zylinder einer Spritzgussmaschine) (*Technol.*), pressione di stivaggio, pressione sul materiale. 12 ~ **druckmesser** (Prandtlsches Staurohr) (*m. - Flugw. Instr.*), tubo pressostatico, tubo di Pitot-Prandtl. 13 ~ **düse** (zum Messen der Luftgeschwindigkeit) (*f. - Flugw. - Ger.*), tubo pressostatico. 14 ~ **grenze** (Stauwurzel, eines Flusses oberhalb einer Stuanlage) (*f. - Hydr.*), limite d'invaso. 15 ~ **höhe** (*f. - Hydr.*), altezza d'invaso. 16 ~ **hutze** (Luftfänger) (*f. - Mot.*), presa d'aria dinamica. 17 ~ **koeffizient** (eines Frachtschiffes, Verhältnis zwischen Netto-Laderauminhalt in m³ und gesamter Nutzladung) (*m. - naut.*), coefficiente di stivaggio. 18 ~ **kopf** (Akkukopf, zwischen Extruder und Hohlkörperblaskopf, aus Stauzylinder und Staukolben bestehend) (*m. - Kunststoffbearbeitung*), testa di stivaggio. 19 ~ **kurve** (*f. - Hydr.*), siehe Staulinie. 20 ~ **lader** (Staudrucklader) (*m. - Mot. - Aut. etc.*), presa d'aria dinamica. 21 ~ **linie** (Spiegellinie im Rückstaubereich, zwischen Staugrenze und Stauanlage) (*f. - Hydr.*), linea di invaso, curva d'invaso. 22 ~ **mass** (*n. - naut.*), siehe Staukoeffizient. 23 ~ **mauer** (Sperrmauer, aus Beton erbaute Talsperre) (*f. - Wass.b.*), diga in cemento armato. 24 ~ **pegel** (*m. - Hydr.*), livello d'invaso. 25 ~ **punkt** (*m. - Mech. der Flüss.k.*), punto di ristagno. 26 ~ **punkt** (bei Rektifiziersäulen, Punkt bei dem die Flussigkeitsoberfläche in Ruhe ist, untere Grenzgeschwindigkeit) (*chem. Ind.*), velocità limite inferiore. 27 ~ **rand** (Blende, Drosselscheibe, zum Messen der Wassermenge z. B.) (*m. - Hydr. - Ger.*), diaframma, apparecchio di strozzamento. 28 ~ **raum** (eines Staubeckens) (*m. - Hydr.*), capacità d'invaso, invaso. 29 ~ **rille** (Vertiefung in der Gratbahn eines Gesenkes) (*f. - Schmiedewerkz.*), arresto (del metallo). 30 ~ **rohr** (*n. - Instr.*), siehe Staudruckmesser. 31 ~ **scheibe** (Blende, zum Messen der Wassermenge) (*f. - Hydr.*), diaframma. 32 ~ **see** (*m. - Hydr.*), lago artificiale, bacino d'invaso. 33 ~ **spiegel** (Stauziel) (*m. - Hydr. - Wass.b.*), livello d'invaso. 34 ~ **stoff** (*m. - Atomphys.*), moderatore. 35 ~ **strahltriebwerk** (*n. - Strahltriebw.*), autoreattore, statoreattore, atodite. 36 ~ **strahlrohr** (*n. - Strahltriebw.*), siehe Staustrahltriebwerk. 37 ~ **stufe** (Wehranlagen und Schleusen) (*f. - Wass.b. - Hydr.*), impianti di sbarramento. 38 ~ **wasser** (Stillwasser) (*n. - Hydr.*), acqua stagnante. 39 ~ **wehr** (*n. - Wass.b.*), sbarramento. 40 ~ **weite** (Rückstaubereich einer Stauanlage, Entfernung der Staugrenze von der Stauanlage) (*f. - Hydr.*), distanza d'invaso. 41 ~ **werk** (*n. - Wass.b.*), opera di sbarramento. 42 ~ **werkkrone** (*f. - Wass.b.*), coronamento della diga. 43 ~ **wirkung** (Ramming-Effekt) (*f. - Flugw.*), effetto dinamico. 44 ~ **wurzel** (*f. - Hydr.*), siehe Staugrenze. 45 ~ **ziel** (Höchststau) (*n. - Wass.b. - Hydr.*), livello di massimo invaso. 46 **Höchst** ~ (Stauziel) (*Wass.b. - Hydr.*), livello di massimo invaso. 47 **Mindest** ~ (Absenkziel) (*Hydr. - Wass.b.*), livello di massimo svaso. 48 **nutzbarer raum** (*Hydr.*), capacità utile (d'invaso). 49 **Rück** ~ **damm** (zur Verhinderung der Überflutung) (*m. - Wass.b.*), diga di protezione.

Staub (*m. - allg.*), polvere. 2 ~ (Kohle) (*Brennst.*), polvere. 3 ~ **abscheider** (*m. - Ger.*), separatore di polveri, depolveratore. 4 ~ **abscheidung** (*f. - Ind.*), abbattimento delle polveri. 5 ~ **behälterwagen** (*m. - Eisenb.*), carro per materiale in polvere. 6 ~ **bekämpfungsmittel** (*n. - Strasse*), antipolvere (*s.*). 7 ~ **beutel** (*m. - Giess. - Ger.*), sacchetto di spolvero. 8 ~ **deckel** (*m. - Ger.*), parapolvere, coperchio parapolvere. 9 ~ **eindrücke** (Fehler, bei anodischer Oxydation z. B.) (*m. - pl. - Technol.*), punti neri. 10 ~ **fang** (Staubabscheider) (*m. - Ger.*), separatore di polveri, depolveratore. 11 ~ **fänger** (*m. - Ger.*), captatore di polvere. 12 ~ **farbe** (*f. - Farbe*), colore in polvere. 13 ~ **feuerung** (*f. - Verbr.*), focolare a (carbone) polverizzato. 14 ~ **inhalationskrankheit** (*f. - Ind. - Med.*), malattia da inalazione di polveri. 15 ~ **kammer** (*f. - Metall.*), camera a polvere. 16 ~ **kappe** (*f. - Mech.*), coperchio parapolvere. 17 ~ **kohle** (*f. - Brennst.*), polverino di carbone. 18 ~ **korn** (*n. - allg.*), granello di polvere. 19 ~ **lunge** (*f. - Arb. Med.*), pneumoconiosi. 20 ~ **monitor** (*m. - Ger.*), segnalatore di polvere. 21 ~ **sack** (zur Grobreinigung bei der Gichtgasreinigung) (*m. - Metall.*), collettore di polvere, captatore di polvere. 22 ~ **sauger** (*m. - Elekt. - Ger.*), aspirapolvere. 23 ~ **schleifen** (Läppen) (*n. - Mech.*), lappatura. 24 ~ **schutz** (*m. - Ger. - etc.*), protezione antipolvere, protezione contro la polvere. 25 ~ **verlust** (eines Hochofens) (*m. - Ofen - Metall.*), perdita per polveri. 26 ~ **zucker** (*m. - chem. Ind.*), zucchero in polvere. 27 **Öl** ~ (*Mech.*), nebbia d'olio. 28 **radioaktiver** ~ (*Radioakt. Atomphys.*), pulviscolo radioattivo.

staubbekämpfend (*Strasse*), antipolvere (*a.*).
Stäubchen (*n. - allg.*), pulviscolo.
staubdicht (*Ger. - etc.*), a tenuta di polvere, ermetico alla polvere, stagno alla polvere.
stauben (verstauben) (*allg.*), impolverare. 2 ~ (abstauben, ausstauben) (*allg.*), spolverare.
stäuben (Flüssigkeiten) (*allg.*), polverizzare. 2 **ab** ~ (ausstäuben) (*allg.*), spolverare.
staubfrei (*allg.*), senza polvere, esente da polvere. 2 ~ **es Trocknen** (klebfreies Trocknen) (*Anstr.*), essiccamento fuori polvere. 3 ~ **trocken** (klebfrei trocken) (*Anstr.*), asciutto fuori polvere.
staubgeschützt (*Ger. - etc.*), protetto contro la polvere.
Stauchalterung (Reckalterung) (*f. - Metall.*), invecchiamento da deformazioni plastiche.
Stauchbohrer (*m. - Bergbau*), sonda a percussione.
Stauchdruck (*m. - Schmieden*), pressione di ricalcatura. 2 ~ (beim Stumpfschweissen) (*mech. Technol.*), pressione di ricalcatura.
Stauchen (*n. - Schmieden*), ricalcatura, rifollatura. 2 ~ (*Walzw.*), rifinitura dei bordi,

stauchen

rifilatura. 3 Kalt ~ (Kaltschlagen) (*Schmieden*), ricalcatura a freddo.
stauchen (*Schmieden*), ricalcare, rifollare. 2 ~ (*Walzw.*), rifinire i bordi, rifilare. 3 kalt ~ (*Schmieden*), ricalcare a freddo.
Stauchgerüst (*n. - Walzw.*), gabbia rifinitrice dei bordi, gabbia a cilindri verticali, gabbia per rifilatura.
Stauchgeschwindgkeit (beim Stumpfschweissen) (*f. - mech. Technol.*), velocità di ricalcatura.
Stauchgrad (*m. - Schmieden - etc.*), grado di ricalcatura.
Stauchgrenze (bei Druckversuchen) (*f. - Baukonstr.lehre*), limite di snervamento a compressione. 2 0,2- ~ (entsprechend einer bleibenden Stauchung = 0,2%) (*Baukonstr. lehre*), limite di snervamento convenzionale a compressione, limite di snervamento a compressione con accorciamento permanente del 0,2%.
Stauchkaliber (*n. - Walzw.*), calibro per rifilatura.
Stauchkraft (von Stumpfschweissmaschinen) (*f. - mech. Technol.*), forza di ricalcatura.
Stauchmaschine (*f. - Masch.*), ricalcatrice. 2 ~ (Waagerecht - Schmiedemaschine) (*Schmiedemasch.*), fucinatrice orizzontale. 3 Waagerecht- ~ (Schmiedemaschine) (*Schmiedemasch.*), fucinatrice orizzontale.
Stauchmatrize (*f. - Schmiedewerkz.*), stampo per ricalcatura.
Stauchpresse (*f. - Schmiedemasch.*), (pressa) ricalcatrice.
Stauchprobe (*f. - mech. Technol.*), prova di compressione, prova di ricalcatura.
Stauchschlitten (einer Schmiedemaschine) (*m. - Masch.*), slitta di ricalcatura.
Stauchstempel (Stösselgesenk) (*m. - Schmiedewerkz.*), punzone.
Stauchstich (*m. - Walzw.*), passata sugli spigoli.
Stauchstumpfschweissmaschine (*f. - Masch.*), saldatrice di testa a ricalco.
Stauchung (Formänderung) (*f. - Technol. - Schmieden*), deformazione da compressione, schiacciamento. 2 ~ (Kompression) (*Baukonstr.lehre*), compressione. 3 ~ (beim Druckversuch an Holz) (*mech. Technol.*), accorciamento percentuale. 4 Bruch ~ (beim Druckversuch an Holz) (*mech. Technol.*), carico di rottura (a compressione).
Stauchversuch (*m. - Schmieden*), prova di ricalcatura.
Stauchwiderstand (*m. - Schmieden*), resistenza effettiva alla (deformazione di) ricalcatura.
Stauchzeit (beim Press-Stumpfschweissen) (*f. - mech. Technol.*), tempo di ricalcatura.
Stauchzugabe (beim Abschmelz - Stumpfschweissen von Schaftwerkzeugen mit Schnellarbeitsstahl-Schneiden z. B.) (*f. - mech. Technol.*), sovrametallo per (compensare la) ricalcatura.
Stauen (*n. - naut.*), stivatura, stivaggio. 2 ~ (von Wasser) (*Hydr.*), ristagno.
stauen (*naut.*), stivare. 2 ~ (ein Becken) (*Hydr.*), invasare.
Stauer (*m. - naut. - Arb.*), stivatore. 2 ~ **palette** (Hafenpalette, Abmessungen 1200 × 1800 mm) (*f. - naut. Transp.*), paletta (portuale) da 1200 × 1800 mm.
Staufferbuchse (verstellbare Fettbüchse) (*f. - Mech.*), «Stauffer», ingrassatore con coperchio a vite.
Stauroskop (Gerät zur Bestimmung der Hauptschwingungsrichtungen in Kristallen) (*n. - opt. Ger.*), stauroscopio.
Stauung (eines Beckens) (*f. - Hydr.*), invaso. 2 ~ (Stauen) (*naut.*), stivatura, stivaggio. 3 ~ (*f. - Strass.ver. - etc.*), ingorgo.
STAZ-Schaubild (Spitzentemperatur - Abkühlzeit-Schaubild, beim Schweissen z. B.) (*n. - mech. Technol. - Metall.*), diagramma temperatura massima-tempo di raffreddamento.
STB (Sicherheits-Temperaturbegrenzer) (*Ger.*), termostato.
Std. (Stunde) (*allg.*), ora, h.
Steadit (ternäres Eutektikum im Gusseisen) (*m. - Metall.*), steadite.
Stearat (*n. - Chem.*), stearato.
Stearin (*n. - Chem.*), stearina. 2 ~ **säure** [$CH_3(CH_2)_{15}COOH$] (*f. - Chem.*), acido stearico.
Steatit (*m. - Min.*), steatite.
Stechbeitel (Holzmeissel) (*m. - Werkz.*), scalpello da legno.
Stechdrehmeissel (*m. - Werkz.*), utensile troncatore, utensile per troncare. 2 **Innen** ~ (*Werkz.*), utensile per torniture interne, utensile da tornio per gole interne.
Stechen (Abstechen) (*n. - Metall. - Giess.*), spillatura. 2 ~ (Graben) (*Metall. - etc.*), incisione. 3 ~ (in Stechuhr) (*Arb.*), timbratura. 4 ~ (Aufreissen und Umformen in Stanzereiteile) (*Blechbearb.*), foratura-slabbratura, foratura senza sfrido. 5 **Ab** ~ (Abtrennen, von einer Metallstange z. B.) (*Mech. - Metall.*), troncatura.
stechen (bohren) (*allg.*), bucare, perforare. 2 ~ (das flüssige Metall ablassen) (*Metall. - Giess.*), spillare. 3 ~ (herausholen, in Stahl z. B.) (*Metall.*), incidere. 4 ~ (in der Stechuhr, den Beginn oder das Ende der Arbeitszeit stempeln) (*Arb.*), timbrare. 5 ~ (knoten) (*naut.*), annodare. 6 **ab** ~ (abtrennen, von einer Metallstange z. B.) (*Mech. - Metall.*), troncare. 7 **ab** ~ (*Metall. - Giess.*), spillare. 8 **in See** ~ (ausfahren) (*naut.*), salpare.
Stecher (Kupferstecher z. B.) (*m. - Arb.*), incisore. 2 ~ (Drücker, am Gewehr) (*Feuerwaffe*), grilletto.
Stechheber (Pipette, zum Heben von Flüssigkeiten aus Behältern) (*m. - Ger.*), pipetta.
Stechkarre (Sackkarre z. B.) (*f. - ind. Transp.*), carrello a due ruote.
Stechkarte (zum Stempeln von Beginn und Ende der Arbeitszeit) (*f. - Arb.*), cartellino (di presenza), cartolina (di presenza).
Stechstahl (Drehstahl) (*m. - Werkz.*), utensile per troncare.
Stechuhr (Kontrolluhr, Stempeluhr) (*f. - Arb. - Ind.*), orologio marcatempo.
Stechwalze (eines Universalgerüstes, Vertikalwalze) (*f. - Walzw.*), cilindro verticale.

Stechwerkzeug (*n. - Blechbearb.werkz.*), punzone slabbratore.
Stechzirkel (Teilzirkel) (*m. - Zeichn. - Ger.*), balaustrino a punte fisse.
Steckachse (fliegende Achswelle) (*f. - Fahrz.*), semiasse (non portante), asse non portante.
Steckanschluss (*m. - Elekt.*), collegamento a spina, allacciamento a spina.
steckbar (Ausführung eines elekt. Ger. z. B.) (*Elekt.*), a spina, ad innesto, di tipo a spina, di tipo ad innesto, innestabile.
Steckbrett (Stecktafel) (*n. - Elekt.*), pannello di prese, pannello di connessione. 2 ~ (Kreuzschienenverteiler) (*NC - Werkz.masch.*) pannello distributore a spine.
Steckbuchse (*f. - Elekt. - Funk.*), boccola di presa. 2 ~ (beim Bohren) (*Werkz.masch. bearb.*), bussola riportata.
Steckdose (*f. - Elekt.*), presa (di corrente). 2 **abschaltbare** ~ (*Elekt.*), presa con interruttore incorporato. 3 **Antennen** ~ (*Funk.*), presa d'antenna. 4 **Fernmelde** ~ (*Elekt. etc.*), presa per telecomunicazioni. 5 **Schuko-** ~ (Schutzkontakt - Steckdose) (*Elekt.*), presa (di corrente) con contatto di terra, presa controllata. 6 **Unterputz** ~ (*Elekt.*), presa (di corrente) da incasso. 7 **verriegelte** ~ (*Elekt.*), presa bloccabile. 8 **Wand** ~ (*Elekt.*), presa da parete, presa da muro.
Steckeinheit (elekt. App., der mittels Steckstiften angeschlossen wird) (*f. - Elekt.*), apparecchio da innesto.
Steckelwalzwerk (zum Walzen von Blechen und Bändern) (*n. - Walzw.*), laminatoio Steckel.
Stecken (Stock) (*m. - allg.*), asta, bastone.
stecken (haften) (*v. i. - Mech.*), incepparsi. 2 ~ (einen Steckstift) (*Elekt.*), innestare. 3 **ab** ~ (die Grenzen auf dem Platz bezeichnen) (*Bauw.*), tracciare i confini. 4 **an** ~ (ein Fass anzapfen) (*allg.*), spillare. 5 **hinein** ~ (Geld in ein Unternehmen legen) (*finanz.*), investire.
Stecker (*m. - Elekt.*), spina. 2 ~ (einer Zündkerze) (*Elekt. - Mot.*), cappuccio. 3 ~ **buchse** (*f. - Elekt.*), presa. 4 ~ **leiste** (*f. - Elekt.*), striscia di prese ad innesto, striscia di prese a spina. 5 ~ **stift** (*m. - Elekt.*), polo della spina, spinotto. 6 **Bananen** ~ (*Elekt.*), banana, spina unipolare. 7 **berührungssicherer** ~ (*Elekt.*), spina protetta, spina di sicurezza. 8 **Entstör** ~ (einer Zündkerze z. B.) (*Elekt. - Funk. - Mot.*), soppressore a cappuccio, cappuccio antiradiodisturbi. 9 **mehrpoliger** ~ (*Elekt.*), spina multipolare, spina pluripolare. 10 **Schuko-** ~ (Schutzkontakt-Stecker, zweipoliger Stecker für schutzisolierte Geräte) (*Elekt.*), spina con contatto di terra, spina controllata. 11 **unverwechselbarer** ~ (*Elekt.*), spina irreversibile. 12 **Wand** ~ (*Elekt.*), spina da parete.
Steckkerbstift (*m. - Mech.*), spina cilindro-conica con intagli (sulla parte conica).
Steckklemme (*f. - Elekt.*), morsetto ad innesto.
Steckkontakt (*m. - Elekt.*), contatto ad innesto, presa di corrente a spina.
Stecknadel (*f. - Ind. - Büro*), spillo.
Steckpatrone (*f. - Elekt.*), fusibile a tappo.

Steckrelais (*n. - Elekt.*), relè a spina, relè da innesto.
Steckschlüssel (Schraubenschlüssel) (*m. - Werkz.*), chiave a tubo.
Stecksockel (*m. - Elekt.*), zoccolo da innesto.
Steckspule (*f. - Elekt.*), bobina da innesto.
Stecktafel (*f. - Elekt.*), siehe Steckbrett.
Stecktechnik (für die Zusammensetzung von modular steckbaren Bauelementen) (*f. - Elekt. etc.*), tecnica (di struttura) ad elementi componibili innestabili.
Steckverbinder (Druckverbinder) (*m. - Elekt.*) connettore a pressione, connettore a spina.
Steckverbindung (*f. - Elekt.*), collegamento a spina, allacciamento a spina.
Steckvorrichtung (*f. - Elekt.*), connettore ad innesto, presa ad innesto.
Steckwelle (*f. - Mech.*), albero scorrevole.
Steg (Fussweg) (*m. - allg.*), passerella. 2 ~ (eines Kolbens, Teil zwischen den Kolbenringen) (*Mot. - Mech.*), costola, pieno (tra le fasce elastiche). 3 ~ (Rippe, eines Pleuelschaftes z. B.) (*Mech. - etc.*), nervatura. 4 ~ (kleine Brücke) (*Bauw.*), ponticello, ponte pedonale. 5 ~ (einer Brille) (*Opt.*), ponticello. 6 ~ (einer Kette) (*Mech. - naut.*), traversino. 7 ~ (einer Schiene) (*Eisenb.*), anima. 8 ~ (eines T-Eisens) (*metall. Ind.*), anima. 9 ~ (Bootssteg) (*naut.*), pontile. 10 ~ (Unterlegeschiene für Druckplatten) (*Druck.*), tacco. 11 ~ (rechteckige Schiene aus Metall, etc., zum Ausfüllen nicht zu druckender Zwischenräume) (*Druck.*), marginatura. 12 ~ (eines Wendelbohrers) (*Werkz.*), fascia elicoidale. 13 ~ (einer Schachtel) (*Packung*), tramezza, divisorio. 14 ~ **breite** (eines Wendelbohrers) (*f. - Werkz.*), larghezza della fascia elicoidale. 15 ~ **breite** (Stollenbreite, eines Gewindebohrers) (*Werkz.*), larghezza dei denti. 16 ~ **dielenplatte** (*f. - Bauw.*), soletta nervata. 17 ~ **kette** (*f. - Mech. - naut.*), catena con traversini. 18 ~ **isolierung** (*f. - Elekt.*), isolamento a piattina. 19 ~ **klemme** (Hängerklemme, für Fahrdrähte) (*f. - elekt. Fahrz.*), pendino. 20 **Lande** ~ (Bootssteg, Anlegesteg) (*naut.*), pontile, imbarcadero. 21 ~ **leitung** (*f. - Elekt.*), piattina. 22 ~ **rohr** (aus PVC z. B.) (*n. - Leit.*), tubo costolato (circonferenzialmente). 23 **Verbindungs** ~ (zwischen Gebäude z. B.) (*Bauw. - Ind.*), passerella.
Stehbild (*n. - Opt.*), immagine fissa. 2 ~ **werfer** (*m. - Opt.*), proiettore di immagini fisse.
Stehbolzen (Schraubenbolzen) (*m. - Kessel*), tirante a vite. 2 ~ **schraube** (*f. - Mech.*), vite di scartamento.
stehend (Ausführung z. B.) (*Mech. - etc.*), di tipo verticale. 2 ~ (Satz) (*Druck.*), in piedi. 3 ~ (echt, Farbe z. B.) (*allg.*), resistente. 4 ~ (Ventil, eines Verbrennungsmotors) (*Mot.*), laterale. 5 ~ **e Maschine** (*Elekt. - etc.*), macchina verticale. 6 ~ **er Dampfkessel** (*Kessel*), caldaia verticale. 7 ~ **er Start** (*Aut.*), partenza da fermo. 8 ~ **es Gut** (*naut.*), manovra fissa, manovra dormiente. 9 ~ **es Wasser** (*Wass.b.*), acqua stagnante. 10 ~ **e Welle** (*Funk.*), onda stazionaria. 11 ~ **e Winde** (*Hebemasch.*), argano. 12 ~ **giessen** (*Giess.*), colare verticale.

Stehkolben (Erlenmeyerflasche) (*m. - chem. Ger.*), bevuta, matraccio Erlenmeyer.
Stehlager (*n. - Mech.*), supporto ritto.
Stehlampe (*f. - Beleucht.*), lume da pavimento.
Stehplatz (*m. - Fahrz.*), posto in piedi.
Stehsatz (*m. - Druck.*), composizione in piedi, composizione da conservare.
Stehspannung (Haltespannung, höchste Spannung, für Isolatoren) (*f. - Elekt.*), tensione massima (sopportata).
Stehstosspannung (eines Isolators) (*f. - Elekt.*), tensione impulsiva sopportata, tensione impulsiva massima.
Stehwechselspannung (bei Isolatoren) (*f. - Elekt.*), tensione alternata massima sopportata.
Stehzeit (des Blockes in der Kokille z. B.) (*f. - Metall.*), tempo di permanenza.
steif (starr) (*allg.*), rigido. 2 ~ (dickflüssig) (*allg.*), denso. 3 ~ (Schiff) (*naut.*), stabile. 4 ~ **plastisch** (eines Bodens, halbfest) (*Bauw.*), semisolido.
Steife (Steifheit, Steifigkeit) (*f. - Mech. - etc.*), rigidità. 2 ~ (Stütze) (*Bauw.*), puntello. 3 ~ (Konsistenz, von Beton z. B.) (*Bauw.*), consistenza. 4 ~ (Spreize) (*Bauw.*), sbadacchio, puntello. 5 ~ (Imprägnierungsmittel) (*allg.*), impregnante (*s.*). 6 ~ **prüfung** (für Beton) (*f. - Maur.*), prova di consistenza.
steifen (*Mech. - etc.*), irrigidire. 2 ~ (stärken) (*Text.*), inamidare. 3 **ab** ~ (stützen) (*Bauw.*), puntellare.
Steifheit (*f. - Mech. - etc.*), siehe Steifigkeit.
Steifigkeit (Steifheit, Steife) (*f. - Mech. - etc.*), rigidità, rigidezza.
Steifknoten (biegefester Knoten eines Stabwerks) (*m. - Bauw.*), nodo resistente a flessione.
Steifleinen (*n. - Text.*), tela da rinforzo, tela canapina.
Steifsäge (Handsteifsäge) (*f. - Werkz.*), sega a lama libera.
Steigbö (*f. - Flugw. - Meteor.*), raffica ascendente.
Steigbügel (*m. - Reiten*), staffa.
Steige (*f. - Bauw.*), siehe Stiege. 2 ~ (Packung), vassoio.
Steigeisen (Klettereisen) (*n. - Ger.*), grappa. 2 ~ (eingemauerter Bügel zum Aufsteigen, an Schornsteinen z. B.) (*Bauw.*), gradino in ferro (murato nella parete). 3 ~ (für Bergsteiger) (*Sport*), rampone.
Steigeleiter (*f. - Bauw.*), scala alla marinara.
Steigen (Bewegung des Metalls in das obere Gesenk) (*n. - Schmieden*), rimonta, salita (del metallo).
steigen (*allg.*), salire. 2 ~ (der Temperatur z. B.) (*allg.*), salire, aumentare. 3 **ab** ~ (vom Fahrzeug z. B.) (*allg.*), scendere. 4 **auf** ~ (das Fahrzeug besteigen) (*allg.*), salire, montare. 5 **aus** ~ (*allg.*), scendere. 6 **ein** ~ (in den Wagen z. B.) (*allg.*), salire.
steigend (*allg.*), ascendente. 2 ~ (unberuhigt, Stahl) (*Metall.*), effervescente, non calmato. 3 ~ **e Tendenz** (*Stat.*), tendenza al rialzo. 4 ~ **er Guss** (*Giess.*), colata a sorgente. 5 ~ **es Wasser** (*See*), marea crescente. 6 ~ **gegossen** (*Giess.*), colato a sorgente. 7 ~ **giessen** (*Giess.*), colare a sorgente.
Steiger (*m. - Giess.*), montante, materozza. 2 ~ (Aufsichtsbeamter) (*Bergbau - Arb.*), capo. 3 ~ (*Giess.*), siehe auch Speiser. 4 **abgedeckter** ~ (*Giess.*), materozza cieca. 5 **Druck** ~ (Gasdrucksteiger) (*Giess.*), materozza a pressione. 6 **Maschinen** ~ (*Bergbau - Arb.*), capo macchinista. 7 **offener** ~ (*Giess.*), materozza libera, materozza aperta. 8 **Schiess** ~ (*Bergbau - Arb.*), capo brillatore.
steigern (erhöhen, einen Preis z. B.) (*allg.*), aumentare.
Steigerung (Erhöhung, der Preise) (*f. - allg.*), aumento. 2 **Lohn** ~ (*Pers. - Arb.*), aumento salariale.
Steigetrichter (*m. - Giess.*), siehe Steiger.
Steigfähigkeit (Steigvermögen) (*f. - Aut.*), pendenza superabile.
Steigflug (*m. - Flugw.*), volo in salita, salita. 2 ~ **leistung** (*f. - Flugw.*), potenza di salita.
Steiggeschwindigkeit (*f. - Flugw.*), velocità ascensionale. 2 ~ **s·messer** (Variometer) (*m. - Flugw. - Instr.*), variometro.
Steighöhe (*f. - Flugw.*), tangenza. 2 **kapillare** ~ (Wassersäule von einem Erdstoff gehebt infolge seiner Kapillarität) (*Bauw.*), ascensione capillare.
Steigkasten (einer Webmaschine) (*m. - Textilmasch.*), cassa mobile verticalmente.
Steigleitung (Steigrohr, für Gas, Wasser, Elektrizität) (*f. - Leit. - Bauw.*), colonna montante, tubo montante.
Steigrad (*n. - Uhr*), scappamento.
Steigrohr (Steigleitung) (*n. - Bauw. - Leit.*), tubo montante, colonna montante. 2 ~ (einer Pumpe) (*Hydr.*), tubo di mandata.
Steigschub (*m. - Flugw. - Strahltriebw.*), spinta di salita.
Steigstromvergaser (*m. - Mot. - Aut.*), carburatore normale.
Steig- und Sinkgeschwindigkeitsmesser (Variometer) (*n. - Flugw. - Ger.*), variometro.
Steigung (*f. - Strasse*), pendenza. 2 ~ (eines Gewindes z. B.) (*Mech.*), passo (effettivo), passo dell'elica. 3 ~ (eines Wälzfräsers z. B.) (*Mech.*), passo dell'elica. 4 ~ (je Zahn, eines Räumwerkzeuges) (*Werkz.*), incremento. 5 ~ (*Eisenb.*), pendenza. 6 ~ (einer Feder) (*Mech.*), passo. 7 ~ (eines Kegels) (*Mech. - etc.*), conicità. 8 ~ (einer Stufe) (*Bauw.*), alzata. 9 ~ (einer Luftschraube) (*Flugw.*), passo. 10 ~ (einer Schnecke z. B.) (*Mech.*), passo dell'elica. 11 ~ **s·anzeiger** (einer verstellbaren Schraube) (*m. - Instr. - naut.*), indicatore del passo. 12 ~ **s·fehler** (einer Schraube) (*m. - Mech.*), errore di passo. 13 ~ **s·geschwindigkeit** (*f. - Flugw.*), velocità ascensionale. 14 ~ **s·messer** (Neigungsmesser) (*m. - Ger.*), clinometro. 15 ~ **s·messer** (Steiggeschwindigkeitsmesser) (*Flugw. - Instr.*), variometro. 16 ~ **s·strecke** (*f. - Eisenb.*), livelletta. 17 ~ **s·verhältnis** (einer Propeller, Verhältnis zwischen Steigung und Durchmesser) (*n. - naut.*), rapporto passo/diametro. 18 ~ **s·widerstand** (*m. - Fahrz.*), resistenza dovuta alla pendenza. 19 ~ **s·winkel** (von Gewinden) (*m. - Mech.*), angolo

di spira, angolo dell'elica. **20** ~ **s·winkel** (eines Schrägzahn-Stirnrades) (*Mech.*), inclinazione. **21** ~ **s·winkel** (eines Wälzfräsers z. B.) (*Werkz.*), angolo di spira, angolo dell'elica. **22 Grund** ~ **s·winkel** (eines Wälzfräsers z. B.) (*Mech. - Werkz.*), angolo di base della spira. **23 hohe** ~ (eines Gewindes) (*Mech.*), passo grosso. **24 Kegel** ~ (*Mech.*), conicità. **25 massgebende** ~ (bei Höchstlast) (*Fahrz.*), pendenza massima (superabile) a pieno carico. **26 Soll** ~ **s·fehler** (*m. - Mech.*), errore di passo nominale. **27 zulässige** ~ (*Eisenb.*), pendenza massima, pendenza limite.

Steigvermögen (Steigfähigkeit) (*n. - Fahrz.*), pendenza superabile.

Steigwinkel (*m. - Flugw.*), angolo di salita.

Steigzeit (Anstiegszeit, eines Strom- oder Spannungssprunges) (*f. - Elekt.*), tempo di salita.

steil (*allg.*), ripido, a forte pendenza, molto inclinato. **2** ~ **er Wendeflug** (*Flugw.*), virata stretta.

Steilabfall (*m. - allg.*), caduta brusca.

Steilaufnahme (*f. - Phot. - Filmtech.*), ripresa obliqua.

Steilbahn (*f. - Feuerwaffe*), traiettoria curva.

Steilfeuer (durch Haubitzen z. B.) (*n. - Feuerwaffe*), tiro curvo. **2** ~ **geschütz** (*n. - Feuerwaffe*), cannone a tiro curvo.

Steilflanke (einer Kennlinie z. B., Steilheit) (*f. - Elekt. - etc.*), ripidità.

Steilflug (*m. - Flugw.*), volo verticale.

steilgängig (Gewinde) (*Mech.*), a passo grosso.

Steilheit (eines Kurvenabschnittes z. B.) (*f. - allg.*), ripidezza. **2** ~ (einer Elektronenröhre) (*Funk.*), conduttanza mutua, transconduttanza, pendenza. **3** ~ **s·konstante** (*f. - Elektronik*), fattore di pendenza, fattore di transconduttanza. **4** ~ **s·messer** (Neigungsmesser) (*m. - Ger.*), clinometro.

Steilküste (*f. - Geol.*), costa a picco.

Steilrohrkessel (*m. - Kessel*), caldaia a tubi verticali.

Steil-Start- und Landesystem (*n. - Flugw.*), decollo ed atterraggio corto.

Steilvorschub (*m. - Mech.*), avanzamento grossolano.

Stein (Mineral) (*m. - Min.*), minerale. **2** ~ (Gestein, Mineralgemenge) (*Geol.*), roccia. **3** ~ (Baustein) (*Bauw.*), pietra. **4** ~ (Ziegelstein) (*Maur.*), mattone, laterizio. **5** ~ (Edelstein) (*Uhr*), rubino, pietra dura. **6** ~ (Schmelzprodukt in der Hüttentechnik, Gemisch von Metallsulfiden) (*Metall.*), metallina. **7** ~ (Kern) (*allg.*), nòcciolo. **8** ~ (Klinke z. B.) (*Mech.*), nottolino. **9** ~ **abdruck** (*m. - Druck.*), copia litografata. **10** ~ **bekleidung** (Steinverkleidung) (*f. - Bauw.*), rivestimento in pietra. **11** ~ **beschreibung** (*f. - Min.*), petrografia. **12** ~ **bettung** (*f. - Wass.b.*), gettata a scogliera. **13** ~ **block** (*m. - Geol.*), masso. **14** ~ **bohrer** (*m. - Werkz.*), punta da roccia. **15** ~ **bohrmaschine** (*f. - Bergbaumasch.*), perforatrice da roccia. **16** ~ **brecher** (Brecher) (*m. - Masch.*), frantoio (per pietre). **17** ~ **bruch** (Gewinnungsanlage im Tagbau) (*m. - Bergbau*), cava, scavo a giorno. **18** ~ **brucharbeiter** (*m. - Bergbau - Arb.*), cavatore. **19** ~ **brücke** (*f. - Brück.b.*), ponte in pietra. **20** ~ **damm** (*m. - Wass.b.*), argine in pietrame. **21** ~ **druck** (Lithographie) (*m. - Druck.*), litografia. **22** ~ **drucker** (*m. - Druck. - Arb.*), litografo. **23** ~ **druckfarbe** (*f. - Druck.*), inchiostro per litografia. **24** ~ **druckpapier** (*n. - Papierind.*), carta da stampa litografica. **25** ~ **druckpresse** (*f. - Druckmasch.*), pressa litografica. **26** ~ **faser** (*f. - Wärme*), fibra minerale. **27** ~ **fertiger** (Steinformmaschine) (*m. - Bauw.masch.*), blocchiera, macchina per la fabbricazione di blocchi. **28** ~ **fussboden** (*m. - Bauw.*), pavimento in pietra. **29** ~ **gut** (Tonware mit nichtverglastem Scherben) (*n. - Keramik*), terraglia. **30** ~ **hammer** (*m. - Werkz.*), martello da selciatore. **31** ~ **holz** (Fussbodenbelag) (*n. - Bauw.*), xilolite, legno artificiale. **32** ~ **kerze** (mit keramischem Isolierkörper) (*f. - Mot. Aut.*), candela ad isolante ceramico. **33** ~ **klammer** (Steinklemmgabel) (*f. - Hebevorr.*), tenaglie per massi. **34** ~ **knack** (*m. - Bauw.*), pietrisco. **35** ~ **kohle** (*f. - Geol. - Bergbau*), carbone fossile. **36** ~ **kohlenbecken** (*n. - Geol.*), bacino carbonifero. **37** ~ **kohlenbenzin** (*n. - chem. Ind.*), benzina sintetica. **38** ~ **kohlenbergwerk** (Steinkohlengrube) (*n. - Bergbau*), miniera di carbone. **39** ~ **kohleneinheit** (SKE) (*f. - Verbr.*), unità di carbone fossile. **40** ~ **kohlenformation** (Karbon) (*f. - Geol.*), carbonifero (s.). **41** ~ **kohlengas** (*n. - chem. Ind.*), gas illuminante. **42** ~ **kohlenteer** (*m. - chem. Ind.*), catrame di carbon fossile. **43** ~ **kunde** (Mineralogie) (*f. - Min.*), mineralogia. **44** ~ **lager** (*n. - Instr. - Mech.*), supporto in pietra dura. **45** ~ **leistung** (beim Drahtziehen z. B.) (*f. - mech. Technol.*), produzione per filiera. **46** ~ **mauer** (*f. - Maur.*), muro in pietra. **47** ~ **meissel** (*m. - Werkz.*), scalpello da pietra. **48** ~ **metz** (*m. - Arb.*), scalpellino. **49** ~ **öl** (*n. - Geol.*), olio minerale. **50** ~ **packung** (*f. - Bauw.*), rivestimento di pietre. **51** ~ **pflaster** (*n. - Strass.b.*), pavimentazione in pietra. **52** ~ **platte** (*f. - Bauw.*), lastra di pietra. **53** ~ **poliermaschine** (*f. - Bauw.masch.*), lucidatrice per (pavimenti in) pietra. **54** ~ **porzellan** (Hartporzellan) (*n. - Keramik*), porcellana dura. **55** ~ **presse** (*f. - Masch.*), pressa per mattoni. **56** ~ **pumpe** (zum Fördern von Wasser mit Sand, Kies, etc., im Hafenbau verwendet) (*f. - Masch.*), pompa per dragaggi. **57** ~ **säge** (*f. - Werkz.*), sega per pietre. **58** ~ **salz** (Natriumchlorid) (*n. - Min.*), salgemma. **59** ~ **schicht** (*f. - Maur.*), corso di mattoni. **60** ~ **schlag** (Verkehrszeichen) (*m. - Strass.ver.*), caduta di sassi, caduta di massi. **61** ~ **schlag** (Schotter) (*Bauw. - Ing.b.*), siehe Schotter. **62** ~ **schleifmaschine** (für Treppenstufen z. B.) (*f. - Bauw. - Masch.*), molatrice per pietre. **63** ~ **schraube** (Ankerschraube, etc., zum Verankern von Masch., etc.) (*f. - Bauw.*), bullone da fondazione, chiavarda. **64** ~ **schüttdamm** (*m. - Wass.b.*), diga a scogliera. **65** ~ **schüttung** (*f. - Eisenb.*), massicciata, ballast. **66** ~ **schüttung** (*Wass.b.*), gettata di pietre. **67** ~ **schutzgitter** (*n. - Fahrz.*), griglia (parasassi). **68** ~ **setzer** (*m. - Arb. - Strass.b.*), selciatore. **69** ~ **speidel** (Schrotkeil) (*m. - Maur. - Werkz.*), cuneo da scalpellino.

70 ~ wolle (*f. - Wärme - Bauw.*), lana minerale. 71 ~ wurf (*m. - Wass.b.*), siehe Steinschüttung. 72 ~ zeit (*f. - Geol.*), età della pietra. 73 ~ zeug (Tonzeug, Tonware mit verglastem dichterem Scherben) (*n. - Keramik*), grès. 74 ~ zeugrohr (Tonrohr) (*n. - Bauw.*), tubo in grès. 75 Bau ~ (*Bauw.*), pietra da costruzione. 76 **bearbeitungsfähiger** ~ (*Bauw.*), pietra da taglio. 77 **behauener** ~ (Quader, Haustein) (*Bauw.*), pietra squadrata, concio. 78 **Blend** ~ (Verblendstein) (*Maur.*), mattone da paramano, mattone da rivestimento. 79 **Edel** ~ (*Min.*), pietra preziosa, pietra dura. 80 **ein** ~ **starke Mauer** (*Bauw.*), muro di due teste. 81 **ganzer** ~ (*Maur.*), mattone intero. 82 **gebrannter** ~ (*Maur.*), cotto (s.). 83 **Glasur** ~ (*Bauw.*), mattone vetrificato. 84 **halb** ~ **starke Mauer** (*Bauw.*), muro di una testa. 85 **Halt** ~ (Pass-stück für Gesenke) (*Schmieden*), tassello, perno di centraggio. 86 **Hartbrand** ~ (Klinker) (*Maur.*), clinker. 87 **Hau** ~ (Quader) (*Bauw.*), concio, pietra tagliata, pietra squadrata. 88 **Kunst** ~ (*Bauw.*), pietra artificiale. 89 **Loch** ~ (*Maur.*), mattone forato. 90 **Mühl** ~ (*Masch.*), macina, mola. 91 **natürlicher** ~ (Naturstein) (*Bauw.*), pietra naturale. 92 **Schleif** ~ (*mech. Technol. - Min.*), pietra abrasiva. 93 **Schnitt** ~ (Quader, Haustein) (*Bauw.*), concio, pietra tagliata, pietra squadrata. 94 **Verblend** ~ (Blendstein) (*Maur.*), mattone da paramano, mattone da rivestimento. 95 **Voll** ~ (*Maur.*), mattone pieno. 96 **Werk** ~ (Quader, Haustein) (*Bauw.*), concio, pietra tagliata, pietra squadrata.

Steinerscher Satz (*Geom.*), teorema di Steiner.
Stellage (Gestell) (*f. - allg.*), siehe Gestell. 2 ~ (zur Lagerung von Gegenständen) (*Ind.*), scaffalatura. 3 ~ (Stelling, hängende Bohle für Arbeiten an der Aussenhaut eines Schiffes) (*naut.*), ponte.
Stellantrieb (Trieb) (*m. - Ger.*), azionatore.
Stellarator (Versuchsgerät zur Erzeugung von Kernverschmelzungen) (*m. - Phys.*), stellarator.
stellbar (einstellbar) (*Mech. - etc.*), regolabile, registrabile.
Sellbereich (eines Ventils z. B.) (*m. - Regelung*), campo di regolazione.
Stellbewegung (eines Werkstückes z. B.) (*f. - Mech.*), moto di appostamento. 2 ~ (*Regelung*), moto di regolazione.
Stelldruck (eines pneumatischen Regelgerätes z. B.) (*m. - Regelung*), pressione di regolazione.
Stelle (Ort) (*f. - allg.*), posto, luogo. 2 ~ (Posten) (*Arb.*), posto, impiego. 3 ~ (Dienststelle) (*Büro*), ufficio. 4 ~ (Platz einer Zahl im Zehner-System) (*Math.*), posizione, posto. 5 ~ hoher Spannungsanhäufung (scharfe Kanten z. B.) (*Mech.*), invito a rottura, concentrazione locale di sollecitazioni. 6 ~ n-angebot (*n. - Arb. - Pers.*), offerta d'impiego. 7 ~ n-bewerber (*m. - Arb. - Pers.*), candidato (ad un impiego). 8 ~ n-bewerbung (*f. - Arb. - Pers.*), candidatura (ad un posto). 9 ~ n-gesuch (*n. - Arb. - Pers.*), domanda d'impiego. 10 ~ n-nachweis (*m. - Arb.*), ufficio di collocamento. 11 ~ n-schreibweise (*f. - Datenverarb.*), notazione posizionale, notazione a posizione determinante. 12 ~ n-zahl (*f. - Math.*), indice. 13 **Ausfuhr** ~ (*komm.*), ufficio esportazione. 14 **Dezimal** ~ (*Math.*), posto decimale. 15 **eine** ~ **suchen** (*Arb.*), cercare un impiego. 16 **Einspannungs** ~ (*Baukonstr.lehre*), incastro, punto di incastro. 17 **freie** ~ (*Arb.*), posto vacante. 18 **harte** ~ **n** (*Giess.fehler*), ghiaccioli. 19 **offene** ~ (freie Stelle) (*Arb. - Pers.*), posto vacante. 20 **Schweiss** ~ (*Giess.fehler*), saldatura fredda, ripresa, giunto freddo. 21 **seine** ~ **verlieren** (*Arb.*), perdere il posto. 22 **überhitzte** ~ (einer Verbrennungskammer) (*Mot.*), punto caldo. 23 **Zoll** ~ (*finanz.*), dogana. 24 **zuständige** ~ (*Büro*), ufficio competente.
Stelleiste (*f. - Mech.*), lardone.
stellen (*allg.*), mettere. 2 ~ (die Uhr z. B.) (*allg.*), regolare. 3 **aus** ~ (*komm.*), esporre. 4 **ein** ~ (genau richten) (*Mech. - etc.*), regolare, registrare.
stellenlos (arbeitslos) (*Arb.*), disoccupato.
Steller (Regler, Stromsteller z. B.) (*m. - Ger.*), regolatore, dispositivo di regolazione. 2 ~ (Stellmotor, Servomotor) (*m. - Elektromech.*), servomotore.
Stellfaktor (Verhältnis zwischen Stellgrösse und Stellbereich) (*m. - Regelung*), fattore di regolazione.
Stellgeschwindigkeit (bei Regelung) (*f. - Mech. - etc.*), velocità di regolazione.
Stellgewicht (einer Handweiche z. B.) (*n. - Eisenb. - etc.*), contrappeso.
Stellglied (Einstellglied, Ventil z. B., einer Regelstrecke) (*n. - Elektromech.*), organo (finale) di regolazione.
Stellgrösse (einer Regelstrecke) (*f. - Elektromech.*), grandezza regolante, grandezza regolatrice.
Stellhülse (zur Aufnahme von Bohrwerkzeugen in Mehrspindelbohrmaschinen) (*f. - Werkz.*), bussola portautensile.
.... stellig (ganze Zahl) (*Math.*), a .... cifra, a .... cifre. 2 ~ (Dezimalzahl) (*Math.*), a .... decimale, a... decimali. 3 **fünf** ~ (ganze Zahl) (*Math.*), a cinque cifre. 4 **fünf** ~ (Dezimalzahl) (*Math.*), a cinque decimali.
Stelling (Stellage, hängende Bohle zum Arbeiten an der Aussenhaut eines Schiffes) (*f. - naut.*), ponte. 2 ~ (Verbindungssteg zwischen Land und Schiff z. B.) (*naut.*), passerella. 3 ~ (Baugerüst) (*Bauw. - etc.*), impalcatura, ponteggio.
Stellit (*n. - Metall.*), stellite.
stellitiert (*Metall. - Technol.*), stellitato.
Stellmacher (Wagner) (*m. - Arb.*), carradore.
Stellmass (*n. - Ger.*), siehe Schmiege.
Stellmotor (Servomotor) (*m. - Elektromech.*), servomotore. 2 ~ (Antriebsmotor des Stellgliedes einer Regelstrecke) (*m. - Regelung*), servomotore, motore di regolazione. 3 **hydraulischer** ~ (*Mech. - etc.*), servomotore idraulico.
Stellmutter (Gegenmutter) (*f. - Mech.*), controdado.
Stellring (auf einer Welle z. B.) (*m. - Mech.*), collare (di spallamento).

Stellsäge (Gestellsäge) (*f. - Werkz.*), sega a telaio.
Stellschalter (Schalter ohne Rückzugkraft, Hebelschalter z. B.) (*m. - Elekt.*), interruttore a ritenuta, interruttore senza richiamo.
Stellschraube (Einstellschraube) (*f. - Mech. - etc.*), vite di registro, vite di regolazione. 2 ~ (Nivellierschraube) (*Instr.*), vite calante. 3 ~ (Klemmschraube) (*Mech.*), vite di arresto, vite di fermo.
Stellstange (einer Handweiche) (*f. - Eisenb.*), asta di comando.
Stellstift (einer Winde)(*m. - Vorr.*), barra, spina.
Stellstrom (*m. - Regelung*), corrente di regolazione.
Stelltisch (*m. - Eisenb.*), banco di manovra.
Stelltransformator (mit verstellbaren Windungszahl und Übersetzungsverhältnis) (*m. - Elekt.*), trasformatore a regolazione di tensione, trasformatore a rapporto variabile.
Stellung (Lage) (*f. - allg.*), posizione. 2 ~ (Rang, Amt) (*allg.*), posizione. 3 ~ (Vorr. zum Richten) (*Uhr - etc.*), dispositivo di regolazione. 4 ~ (Einstellung, Regulierung) (*Mech. - etc.*), regolazione. 5 ~ (Geländeteil) (*milit.*), posizione. 6 ~ nahme (Rückäusserung) (*f. - allg.*), presa di posizione. 7 ~ nahme (Äusserung) (*allg.*), osservazione. 8 ~ s·geber (*m. - Ger.*), trasduttore di posizione. 9 ~ s·krieg (*m. - milit.*), guerra di posizione. 10 ~ s·regler (Stellwerk) (*m. - Ger.*), posizionatore. 11 **Arbeits** ~ (*Mech.*), posizione di lavoro. 12 **Aufgaben** ~ (*allg.*), impostazione di un problema. 13 **Ausschalt** ~ (*Elekt.*), posizione di apertura, posizione di interruzione. 14 **befestigte** ~ (*milit.*), posizione fortificata. 15 **Fahrt** ~ (*Elekt. - etc.*), posizione di marcia. 16 **gestreckte** ~ (der Räder, ohne Sturz) (*Aut.*), posizione neutra. 17 **in ungekündigter** ~ (*Pers. - Arb.*), tuttora occupato, tuttora in servizio. 18 **Null** ~ (*Elekt. - etc.*), posizione di riposo. 19 **O-** ~ (nach aussen gestürzte Räder, der Vorderräder z. B.) (*Aut.*), inclinazione (positiva). 20 **soziale** ~ (*allg.*), posizione sociale. 21 **X-** ~ (nach innen gestürzte Räder, negativer Sturz, der Hinterräder z. B.) (*Aut.*), inclinazione negativa.
Stellverhältnis (von Stellventilen, gibt die mögliche Änderung des Durchflusses bei konstantem Druckabfall) (*n. - Hydr. - etc.*), rapporto di regolazione.
Stellvertreter (*m. - Arb.*), sostituto, supplente. 2 ~ (Vertreter) (*recht.*), rappresentante legale, procuratore.
Stellwagen (Pferdeomnibus) (*m. - altes Fahrz.*), tram a cavalli.
Stellwand (bewegliche Wand) (*f. - Bauw.*), parte mobile, schermo mobile.
Stellwerk (zum Bedienen der Signale und Weichen) (*n. - Eisenb.*), cabina di blocco. 2 ~ (Stellungsregler, zum Schweissen z. B.) (*Ger.*), posizionatore. 3 ~ (eines Theaters z. B.) (*Elektromech.*), apparato di manovra. 4 **Gleisbild** ~ (*Eisenb.*), apparato centrale (di manovra).
Stellwinkel (*m. - Ger.*), siehe Schmiege.
Stellzeit (*f. - Regelung*), tempo di regolazione.

Stelze (Spange, Mauerstärke) (*f. - Bauw. - Maur.*), assicella di spessore (del muro).
Stemmarbeit (*f. - Holzbearb.*), mortasatura. 2 ~ (Stemmen von Blechkanten z. B.) (*mech. Technol.*), presellatura, cianfrinatura. 3 ~ (Erzeugen eines Loches in einer Wand) (*Maur. - etc.*), foratura, scalpellatura (di un foro).
Stemmaschine (*f. - Holzbearb.masch.*), mortasatrice.
Stemmeisen (*n. - Holzbearb.werkz.*), scalpello.
Stemmeissel (zum Stemmen der Blechkanten und Nietköpfe) (*m. - Werkz.*), presella, cianfrino.
Stemmen (von Blechkanten z. B.) (*n. - mech. Technol.*), presellatura, cianfrinatura. 2 ~ (Holzbearb.), mortasatura. 3 ~ (*allg.*), impuntamento, impuntatura. 4 **Hand** ~ (*mech. Technol.*), presellatura a mano. 5 **pneumatisches** ~ (*mech. Technol.*), presellatura pneumatica. 6 **Ver** ~ (Stemmen) (*mech. Technol.*), presellatura.
stemmen (Blechkanten z. B.) (*mech. Technol.*), presellare, cianfrinare. 2 ~ (*Holzbearb.*), mortasare. 3 ~ (ein Loch in die Wand machen, mit einem Stemmeisen z. B.) (*Maur. - etc.*), forare, scalpellare (un foro). 4 **ver** ~ (*mech. Technol.*), presellare.
Stemmloch (*n. - Tischl.*), mortasa, mortisa.
Stemmnaht (*f. - mech. Technol.*), linea di presellatura.
Stemmsetze (Stemmeissel) (*f. - Werkz.*), presella, cianfrino.
Stemmuffen-Verbindung (*f. - Leit.*), giunto a bicchiere.
Stempel (einer Presse) (*m. - Masch.*), punzone. 2 ~ (Presswerkzeug für Formmassen) (*Werkz.*), punzone. 3 ~ (Stanzstempel z. B.) (*Blechbearb.werkz.*), punzone. 4 ~ (beim Gesenkschmieden) (*Schmieden*), stampo superiore. 5 ~ (beim Fliesspressen) (*mech. Technol.*), punzone, mandrino pressatore. 6 ~ (Druckgerät mit Gummitypen z. B.) (*Büro*), timbro. 7 ~ (Stützholz) (*Bergbau*), puntello. 8 ~ (eines Geviers) (*Bergbau*), gamba. 9 ~ (Kolben, einer Pumpe z. B.) (*Mech.*), pistone, stantuffo. 10 ~ (Pumpenelement, einer Einspritzpumpe) (*Mot.*), pompante. 11 ~ (*Post*), timbro. 12 ~ (Stempelung, Abdruck) (*allg.*), timbro, marchio. 13 ~ **farbe** (für Stempelkissen) (*f. - Büro - chem. Ind.*), inchiostro per timbri. 14 ~ **hobler** (Kombination zwischen Hobel- und Stossmaschine, für Werkzeugmachereien) (*m. - Werkz.masch.*), stozzatrice per attrezzeria. 15 ~ **kissen** (*n. - Büro*), cuscinetto (inchiostratore) per timbri, tampone (per timbri). 16 ~ **maschine** (Briefstempelmaschine) (*f. - Post - Masch.*), annullatrice (postale). 17 ~ **papier** (*n. - finanz.*), carta da bollo. 18 ~ **pumpe** (Einspritzpumpe) (*f. - Mot.*), pompa a pompanti. 19 ~ **richtpresse** (zum Richten von Rohren) (*f. - Masch.*), pressa per raddrizzare. 20 ~ **rundung** (beim Tiefziehen) (*f. - Blechbearb.*), arrotondatura del punzone. 21 ~ **schneider** (*m. - Arb.*), incisore di timbri. 22 ~ **ständer** (*m. - Büro*), portatimbri. 23 ~ **stelle** (an Messgeräten) (*f. - Eichwesen*), posto di punzonatura. 24 ~ **steuer** (*f. - finanz.*), bollo. 25

stempelfrei

~ uhr (Stechuhr, Kontrolluhr) (f. - Arb. - Ind.), orologio marcatempo. 26 abgesetzter ~ (Werkz.), punzone a più stadi, punzone a gradini. 27 Ausschneide ~ (Ausschnittstempel) (Blechbearb.werkz.), punzone per tranciatura del contorno, punzone contornatore, punzone per tranciatura dello sviluppo. 28 Ausschnitt ~ (Ausschneidestempel) (Blechbearb.werkz.), punzone per tranciatura del contorno, punzone contornatore, punzone per tranciatura dello sviluppo. 29 Biege ~ (Blechbearb.werkz.), punzone per piegatura. 30 Brief ~ (Post), timbro postale. 31 Datum ~ (Büro - Ger.), datario. 32 Loch ~ (Blechbearb.werkz.), punzone per forare, punzone per la tranciatura di fori. 33 Paginier ~ (Büromasch.), numeratrice. 34 Schlag ~ (mit Stahltypen versehen) (Ger.), punzone. 35 Schnitt ~ (Schneidstempel) (Schmiedewerkz.), punzone sbavatore. 36 Stauch ~ (Stösselgesenk) (Schmiedewerkz.), punzone. 37 trockene ~ (allg.), bollo a secco. 38 Zeit ~ (Uhr), marcatempo.
stempelfrei (finanz.), esente da bollo.
Stempeln (von Zeichen auf Werkstücke) (n. - Technol.), stampigliatura, punzonatura.
stempeln (Büro - etc.), timbrare. 2 ~ (Werkstücke mit Zeichen versehen) (Technol.), stampigliare, punzonare, marcare.
stempelpflichtig (finanz.), soggetto a bollo.
Stempelung (f. - Post - etc.), timbratura.
Stenge (f. - naut.), albero di gabbia.
stengelig (Struktur) (Metall.), colonnare.
Stengelkorn (n. - Metall.), grano colonnare.
Stengelkristall (m. - Metall.), cristallo colonnare.
Stenodaktylo (Stenotypistin) (f. - Büro - Arb. - schweiz.), stenodattilografa.
Stenogramm (Niederschrift in Kurzschrift) (n. - Büro), testo stenografato, stenoscritto.
Stenographie (Kurzschrift) (f. - Büro), stenografia.
stenographieren (Büro), stenografare.
stenographisch (Büro - etc.), stenografico.
Stenotypie (f. - Büro), stenodattilografia.
stenotypieren (Büro), stenodattilografare.
Stenotypist (m. - Arb.), stenodattilografo.
Stenotypistin (f. - Arb.), stenodattilografa.
Steppe (f. - Geogr.), steppa.
Steppen (n. - Technol.), cucitura. 2 Blech ~ (wobei Drahtklammern durch dünne Bleche durchgestossen und auf der andern Seite umgelegt werden) (mech. Technol.), cucitura (di lamiere).
Stepper (Schrittschaltwerk, bei Warenautomaten) (m. - Ger.), (meccanismo di) comando ad intermittenza.
Steppstich (Vorstich) (m. - Text.), punto di imbastitura.
Ster (Raummass für Holz) (m. - Holz), stero.
Steradiant (Sterad, sr, räumlicher Winkel, für den das Verhältnis zwischen Kugelfläche und Quadrat des Kugelradius 1. ist) (m. - Geom.), steradiante.
Stereoakustik (f. - Elektroakus.), stereofonia.
stereoakustisch (Akus.), stereofonico.
Stereoaufnahme (f. - Filmtech. - Phot.), ripresa stereoscopica.

Stereoauswertgerät (Doppelbild-Auswertgerät) (n. - Photogr.), stereorestitutore.
Stereobild (n. - Opt.), immagine stereoscopica.
Stereochemie (f. - Chem.), stereochimica.
Stereofernsehen (n. - Fernseh.), televisione stereoscopica.
Stereofilm (plastischer Film) (m. - Filmtech.), film stereoscopico, film tridimensionale.
Stereographie (f. - Geom.), stereografia.
Stereoisomerie (f. - Chem.), stereoisomeria, stereoisomerismo.
Stereokamera (f. - Phot.), stereocamera.
Stereokartograph (m. - Ger.), stereocartografo.
Stereokomparator (m. - Top. - Instr.), stereocomparatore.
Stereometall (Bleilegierung für Stereoplatten) (n. - Druck. - Metall.), lega per stereotipie.
Stereometer (n. - Ger.), siehe Volumenometer.
Stereometrie (f. - Geom.), stereometria, geometria solida.
Stereophonie (f. - Elektroakus.), stereofonia.
stereophonisch (Elektroakus.), stereofonico. 2 ~ e Schallplatte (Elektroakus.), disco stereofonico.
Stereophotogrammetrie (Raumbildmessung) (f. - Photogr.), stereofotogrammetria.
Stereoplanigraph (m. - opt. Instr.), stereoplanigrafo.
Stereoskop (n. - opt. Ger.), stereoscopio.
stereoskopisch (Opt.), stereoscopico.
Stereotelemeter (m. - n. - Ger.), stereotelemetro, telemetro stereoscopico.
Stereoton (m. - Elektroakus.), suono stereofonico.
Stereotop (n. - Photogr. - Ger.), stereostopografo, stereotopometro.
Stereotypdruck (Stereotypie) (m. - Druck.), stereotipia.
Stereotypeur (m. - Arb.), stereotipista.
Stereotypie (f. - Druck.), stereotipia. 2 ~ pappe (Matrizenpappe) (f. - Druck.), cartone per flani.
steril (allg.), sterile.
Sterilisation (f. - Chem. - etc.), sterilizzazione.
Sterilisator (m. - Ger.), sterilizzatore.
sterilisieren (entkeimen) (allg.), sterilizzare.
Sterin (n. - Chem.), sterina, sterolo.
sterisch (Chem.), sterico. 2 ~ e Hinderung (Chem.), impedimento sterico.
Sterlingsilber (92,5% Ag und 7,5% Cu) (n. - Metall.), argento «Sterling».
Stern (m. - Astr.), stella. 2 ~ (Strasse), nodo stradale. 3 ~ (Schauspielerin) (Filmtech.), stella. 4 ~ (Schaltung) (Elekt.), stella. 5 ~ (einer elekt. Masch.) (elekt. Masch.), lanterna. 6 ~ (Funke) (allg.), scintilla. 7 ~ (Heck) (naut.), poppa. 8 ~ anker (m. - Elekt.), indotto a stella. 9 ~ dreieckschalter (Sterndreieckanlasser) (m. - Elekt.), avviatore stella-triangolo. 10 ~ dreieckschaltung (f. - Elekt.), collegamento stella-triangolo. 11 ~ fahrt (Rallye) (f. - Aut. - Sport), raduno, «rallye». 12 ~ gewölbe (n. - Arch.), volta stellata. 13 ~ griff (m. - Masch.), manopola a crociera. 14 ~ holz (eine Art Sperrholz) (n. - Holz), compensato raggiato. 15 ~ kabel (n. - Elekt.), cavo cordato a stella. 16 ~ keilwelle

(Keilwelle) (*f. - Mech.*), albero scanalato. 17 ~ **kolbenlader** (Sternkolbenkompressor, Flügellader, Flügelkompressor) (*m. - Mot. - Masch.*), compressore rotativo a palette, capsulismo Demag. 18 ~ **kunde** (Astronomie) (*f. - Astr.*), astronomia. 19 ~ **motor** (*m. - Mot.*), motore stellare. 20 ~ **punkt** (Nullpunkt) (*m. - Elekt.*), centro neutro, centro stella. 21 ~ **punkterdung** (*f. - Elekt.*), messa a terra del neutro. 22 ~ **punktleiter** (*m. - Elekt.*), conduttore neutro. 23 ~ **ratsche** (*f. - Mech.*), giunto di sicurezza a stella. 24 ~ **revolverkopf** (mit 6-8 Werkzeugaufnahmen) (*m. - Werkz.masch.*), torretta esagonale (oppure ottagonale). 25 ~ **riss** (*m. - Holz - etc.*), screpolatura raggiata. 26 ~ **schaltung** (*f. - Elekt.*), collegamento a stella. 27 ~ **schaltung mit herausgeführtem Nullpunkt** (*Elekt.*), collegamento a stella con centro neutro accessibile. 28 ~ **spannung** (*f. - Elekt.*), tensione di fase, tensione stellata. 29 ~ **system** (von Gebäuden) (*n. - Bauw.*), sistema (di costruzione) a stella, disposizione a stella. 30 ~ **systeme** (Galaxien) (*n. - pl. - Astr.*), galassie, sistemi stellari. 31 ~ **tag** (*m. - Astr.*), giorno siderale. 32 ~ **verseilung** (*f. - Fernspr.*), cordatura a stella. 33 ~ **vierer** (Kabel) (*m. - Fernspr. - Elekt.*), bicoppia a stella, quadripolo a stella. 34 ~ **warte** (*f. - Astr.*), osservatorio astronomico. 35 ~ **zeichen** (Sternchen) (*n. - Druck.*), asterisco. 36 ~ **zeit** (*f. - Astr.*), ora siderale.

Sternchen (Sternzeichen) (*n. - Druck.*), asterisco. 2 **mit einem ~ versehen** (*Druck. - etc.*), segnare con asterisco, « asteriscare ».

sterngeschaltet (*Elekt.*), collegato a stella.

Steroid (*n. - Chem.*), steroide.

Sterol (*n. - Chem.*), sterolo.

Sterrometall (Eichmetall, Messingart mit etwa 60% Cu, 38% Zn und 2% Eisen) (*n. - Metall.*), (tipo di) ottone con il 2% di ferro.

Sterz (Sterze (*f.*), am Pflug) (*m. - Ack.b.*), stegola.

Stethoskop (Hörrohr) (*n. - Med. - Ger.*), stetoscopio.

stetig (stet, nicht schwankend) (*allg.*), stabile. 2 ~ (gleichmässig dauernd) (*allg.*), costante. 3 ~ (kontinuierlich) (*allg.*), continuo. 4 ~ **e Destillation** (*chem. Ind.*), distillazione continua. 5 ~ **e Last** (kontinuierliche Last) (*Bauw.*), carico continuo. 6 ~ **es Wägen** (*Ind.*), pesatura continua. 7 ~ **e Teilung** (*Math.*), sezione aurea. 8 ~ **regelbar** (*Instr. - Mech.*), a regolazione continua. 9 ~ **veränderlich** (*Masch.*), a variazione continua, a variazione progressiva continua.

Stetigbahnsteuerung (Bahnsteuerung, numerische Steuerung z. B.) (*f. - Werkz.masch. bearb. - etc.*), comando continuo, controllo continuo, comando di contornatura, controllo di contornatura.

Stetigförderer (Massenförderer, Dauerförderer, Fliessförderer) (*m. - ind. Masch.*), trasportatore continuo.

Stetigkeit (*f. - allg.*), stabilità. 2 ~ (*f. - Math.*), continuità. 3 ~ **s·grenze** (Proportionalitätsgrenze) (*f. - Baukonstr.lehre*), limite di proporzionalità.

Stetigmischanlage (für Beton z. B.) (*f. - Bauw.*), impianto di miscelazione continuo.

Steuer (Ruder) (*n. - naut. - Flugw.*), timone. 2 ~ (Steuerrad) (*Aut.*), volante. 3 ~ (*n.*), siehe auch Steuer (*f.*). 4 ~ **apparat** (*m. - naut.*), apparecchio di governo. 5 ~ **apparat** (*Mech.*), comando, meccanismo di comando. 6 ~ **ausbeute** (einer Elektronenröhre, Steuerfaktor) (*f. - Elektronik*), fattore di comando. 7 ~ **barkeit** (*f. - Flugw.*), manovrabilità. 8 ~ **befehl** (Steuerimpuls) (*m. - Mech. - etc.*), impulso di comando. 9 ~ **bord** (die rechte Seite eines Schiffes) (*n. - m. - naut.*), dritta. 10 ~ **bordmotor** (*m. - naut.*), motore destro, motore di dritta. 11 ~ **bord - Seitenlaterne** (grünes Licht, rechts in Fahrtrichtung) (*f. - naut.*), fanale di dritta, luce verde. 12 ~ **daumen** (*m. - elekt. Fahrz.*), camma del combinatore. 13 ~ **diagramm** (*n. - Mot.*), diagramma della distribuzione. 14 ~ **einheit** (*f. - Rechner*), siehe Leitwerk, Steuerwerk. 15 ~ **elektrode** (eines Thyristors z. B.) (*f. - Elektronik*), elettrodo di comando. 16 ~ **fähigkeit** (*f. - Flugw.*), manovrabilità. 17 ~ **fehler** (*m. - Flugw.*), errore di pilotaggio. 18 ~ **fläche** (*f. - Flugw.*), superficie di governo. 19 ~ **fluss** (eines Relais) (*m. - Elekt.*), flusso di eccitazione. 20 ~ **frequenz** (*f. - Elekt. etc.*), frequenza pilota. 21 ~ **gehäuse** (Lenkgehäuse) (*n. - Aut.*), scatola guida. 22 ~ **gehäusedeckel** (*m. - Mot.*), coperchio distribuzione. 23 ~ **generator** (Gleichstromgenerator der zur Speisung des Motors dient bei Leonard-Antrieben z. B.) (*m. - Elekt.*), generatore di alimentazione. 24 ~ **gerät** (*n. - Ger.*), apparecchio di comando. 25 ~ **gestänge** (*n. - Mech.*), tiranteria di comando. 26 ~ **getriebe** (Lenkgetriebe) (*n. - Aut.*), sterzo. 27 ~ **gitter** (einer Elektronenstrahlröhre) (*n. - Elektronik*), griglia pilota, griglia di comando. 28 ~ **gittereinsatzspannung** (einer Elektronenröhre) (*f. - Elektronik*), tensione d'interdizione (di griglia). 29 ~ **gitterverlustleistung** (*f. - Elektronik*), potenza dissipata dalla griglia di comando. 30 ~ **grenzkennlinie** (*f. - Elektronik*), retta limite di utilizzazione. 31 ~ **haus** (*n. - naut.*), plancia, ponte di comando. 32 ~ **hebel** (*m. - Mech.*), leva di comando. 33 ~ **hebel** (*Flugw.*), barra di comando, « cloche ». 34 ~ **impuls** (*m. - Elekt.*), impulso di comando. 35 ~ **kabel** (zur Übermittlung von Steuerbefehlen) (*n. - Elekt.*), cavo per comandi. 36 ~ **kante** (bei hydraulischer Steuerung) (*f. - Werkz.masch. - etc.*), spigolo pilota. 37 ~ **kette** (*f. - Aut.*), catena della distribuzione. 38 ~ **kette** (Steuerung, offener Wirkungsweg ohne Rückführung von Istwerten) (*NC - Werkz.masch. - etc.*), comando senza retroazione, servosistema aperto. 39 ~ **knüppel** (*m. - Flugw.*), barra di comando, « cloche ». 40 ~ **kolben** (Steuerschieber, eines elektrohydraulischen Servoventils) (*m. - Hydr.*), cursore. 41 ~ **kontakt** (eines Thyristors z. B.) (*m. - Elektronik*), contatto di comando. 42 ~ **kreis** (*m. - Elektronik - etc.*), circuito di comando. 43 ~ **kurs** (*m. - Navig.*), angolo di rotta. 44 ~ **kurve** (Steuernocken) (*f. - Mech.*), camma. 45 ~ **leistung** (zur Steuerung einer Röhre benötigte Wirkleistung) (*f. - Funk.*), potenza assorbita, potenza nominale. 46 ~ **leitung**

Steuer

(*f. - Elekt.*), filo per comandi. **47 ~ mann** (*m. - naut.*), timoniere. **48 ~ marke** (Hilfsziel) (*f. - Top. - etc.*), falso scopo. **49 ~ motor** (*m. - NC - Steuerung*), motore pilota. **50 ~ nocken** (Steuerkurve) (*m. - Mech.*), camma. **51 ~ oszillator** (*m. - Elekt.*), oscillatore pilota. **52 ~ pedal** (*n. - Flugw.*), pedaliera. **53 ~ pendel** (*n. - Werkz.masch. - etc.*), quadro di comando pensile. **54 ~ pult** (*n. - Elekt.*), quadro di comando a leggìo. **55 ~ quarz** (Oszillatorquarz, zur Frequenzstabilisierung) (*m. - Elektronik*), quarzo stabilizzatore. **56 ~ quittungsschalter** (Vereinigung eines Quittungs- und Steuerschalter) (*m. - Elekt.*), commutatore di conferma d'un comando. **57 ~ rad** (Lenkrad) (*n. - Aut.*), volante. **58 ~ rad** (*naut.*), ruota del timone. **59 ~ rakete** (zur Lagekontrolle etc., mit Schüben zwischen 1 und 500 kp) (*f. - Raumfahrt - etc.*), razzo di manovra. **60 ~ relais** (*n. - Elektromech.*), relè di comando. **61 ~ röhre** (*f. - Elektronik*), tubo di comando, tubo pilota. **62 ~ satz** (*m. - Ger.*), gruppo di comando. **63 ~ säule** (*f. - Aut.*), piantone di guida. **64 ~ säule** (*Masch. - naut.*), colonnina di comando, torretta di comando. **65 ~ schalter** (Betätigungsschalter) (*m. - Elekt.*), comando, apparecchio di comando. **66 ~ schalter** (Folgeschalter) (*Elekt.*), commutatore sequenziale. **67 ~ schalttafel** (Steuertafel) (*f. - Elekt.*), quadro di comando. **68 ~ scheibe** (Kurve) (*f. - Mech.*), camma a disco. **69 ~ schenkel** (Lenkschenkel) (*m. - Aut.*), fuso a snodo dello sterzo. **70 ~ schieber** (*m. - Dampfmasch.*), cassetto di distribuzione. **71 ~ schieber** (Steuerkolben, eines elektrohydraulischen Servoventils) (*Hydr.*), cursore. **72 ~ schlitz** (bei hydraulischen Kopiereinrichtungen) (*m. - Werkz.masch. - etc.*), luce pilota. **73 ~ schnecke** (*f. - Aut.*), vite senza fine dello sterzo. **74 ~ schrank** (*n. - Elekt. etc.*), quadro di comando ad armadio. **75 ~ schütz** (*n. - Elekt.*), contattore, teleruttore. **76 ~ spannung** (Betätigungsspannung) (*f. - Elekt.*), tensione pilota, tensione di comando. **77 ~ stand** (*m. - Ind.*), banco di comando. **78 ~ strecke** (Regelstrecke) (*f. - Regelung*), sistema regolato. **79 ~ strich** (eines Kompasses) (*m. - naut. - Instr.*), linea di fede. **80 ~ strom** (eines Relais) (*m. - Elekt.*), corrente di eccitazione, corrente di comando. **81 ~ strom** (*Elektronik*), corrente di comando. **82 ~ stromkreis** (*m. - Elekt.*), circuito di comando. **83 ~ stufe** (*f. - Elekt.*), stadio pilota, stadio di comando. **84 ~ tafel** (Steuerschalttafel) (*f. - Elekt. - etc.*), quadro di comando. **85 ~ trommel** (Fahrschaltertrommel) (*f. - elekt. Fahrz.*), combinatore di marcia. **86 ~ umrichter** (*m. - Elektronik*), convertitore (statico) di comando. **87 ~ ventil** (für Luftbremsanlagen z. B.) (*n. - Fahrz. - etc.*), valvola di comando. **88 ~ wagen** (Schienenfahrzeug ohne Fahrmotoren, von dem aus Triebfahrzeuge gesteuert werden) (*m. - elekt. Eisenb.*), rimorchio pilota, rimorchiata pilota. **89 ~ walze** (*f. - Elekt.*), combinatore. **90 ~ welle** (Nockenwelle) (*f. - Aut. - Mot.*), albero a camme. **91 ~ welle** (StW, einer Drehmaschine) (*Werkz.masch.*), albero a camme. **92 ~ werk** (*n. - Flugw.*), comandi di volo. **93 ~ werk** (Leitwerk) (*Datenverarb.*), unità di comando. **94 ~ wort** (*n. - Rechner*), parola di comando, parola di controllo. **95 ~ zeichen** (*n. - Elekt.*), segnale pilota, segnale di comando. **96 ~ zeiten** (von Ventilen) (*f. - pl. - Aut. - Mot.*), fasatura. **97 ~ zeitendiagramm** (eines Verbrennungsmotors) (*n. - Mot. Aut.*), diagramma della distribuzione.

Steuer (Abgabe) (*f. - finanz.*), tassa, imposta. **2 ~** (*f.*), siehe auch Steuer (*n.*). **3 ~ abzug** (Einhaltung, bei Lohnsteuer z. B.) (*m. finanz.*), trattenuta fiscale. **4 ~ aufkommen** (*n. - finanz.*), gettito delle imposte. **5 ~ belastung** (Steuerdruck) (*f. - finanz.*), pressione fiscale. **6 ~ berater** (*m. - finanz. - recht.*), consulente fiscale. **7 ~ beratung** (*f. - recht. - finanz.*), consulenza fiscale. **8 ~ erklärung** (Deklaration) (*f. - finanz.*), dichiarazione dei redditi. **9 ~ flucht** (*f. - finanz.*), evasione fiscale. **10 ~ formel** (*f. - Aut.*), formula per la (determinazione della) potenza fiscale. **11 ~ freiheit** (*f. - finanz.*), esenzione dalle tasse. **12 ~ leistung** (*f. - Aut.*), potenza fiscale. **13 ~ marke** (*f. - finanz.*), bollo, marca da bollo. **14 ~ nachlass** (*m. - finanz.*), sgravio fiscale. **15 ~ pflichtiger** (Steuerzahler) (*finanz.*), contribuente. **16 ~ -PS** (Steuerleistung) (*f. - Aut.*), potenza fiscale. **17 ~ schuldner** (Steuersubjekt, Steuerpflichtiger) (*m. - finanz.*), contribuente. **18 ~ wesen** (*n. - finanz.*), fiscalità. **19 ~ zuschlag** (*m. - finanz.*), sovrattassa. **20** Benzin **~** (*finanz. - Aut.*), imposta sulla benzina. **21** Einkommen **~** (*finanz.*), imposta sul reddito. **22** Einkommen- für natürliche Personen (*finanz.*), imposta sul reddito delle persone fisiche. **23** Erbschafts **~** (*recht.*), imposta di successione. **24** Gebäude **~** (*finanz.*), imposta sui fabbricati. **25** Grund **~** (*finanz.*), imposta fondiaria. **26** Kapitalertrag **~** (von Dividenden einbehalten) (*finanz.*), imposta cedolare, cedolare. **27** Kirchen **~** (*Arb. - Pers. - finanz.*), tassa ecclesiastica. **28** Konsum **~** (*finanz.*), imposta di consumo, dazio. **29** Körperschaft **~** (*finanz.*), imposta sulle società. **30** Kraftfahrzeugzulassungs **~** (*Aut. - finanz.*), tassa di immatricolazione dell'autoveicolo. **31** Mehrwert **~** (MWS) (*finanz.*), imposta sul valore aggiunto, IVA. **32** progressive **~** (*finanz.*), imposta progressiva. **33** Übergewinn **~** (*finanz.*), imposta sui sovraprofitti. **34** Umsatz **~** (*finanz.*), imposta sull'entrata. **35** Vermögen **~** (*finanz.*), imposta patrimoniale, imposta sul patrimonio.

steuerbar (steuerpflichtig) (*finanz.*), tassabile, imponibile. **2 ~** (Thyristor z. B.) (*Elektronik*), pilotabile, comandabile.

steuerlastig (*naut.*), appoppato.

Steuern (*n. - Aut.*), sterzatura. **2 ~** (*finanz.*), pagamento delle tasse.

steuern (lenken) (*Aut.*), sterzare. **2 ~** (eine Maschine) (*Masch.*), comandare. **3 ~** (*naut.*), governare. **4 ~** (Steuern zahlen) (*finanz.*), pagare le tasse. **5** um **~** (*naut. - Fahrz.*), invertire la marcia.

steuerpflichtig (*finanz.*), tassabile, imponibile.

Steuer-PS (Steuerleistung) (*n. - Aut.*), potenza fiscale.

Steuerung (*f. - Mech. - etc.*), comando. **2 ~**

(Lenkung) (*Aut.*), guida, sterzo. 3 ~ (Ventilssteuerung, eines Verbrennungsmotors) (*Mot.*), distribuzione. 4 ~ (*naut. - Flugw.*), governo, pilotaggio. 5 ~ (*Dampfmasch.*), distribuzione. 6 ~ (offene Funktionskette, ohne Zurückwirkung) (*Mech. - etc.*), servosistema ad anello aperto, servosistema a catena aperta, servosistema senza retroazione. 7 ~ (Einstellung) (*Masch. - etc.*), regolazione. 8 ~ (eines Reaktors) (*Kernphys.*), regolazione. 9 ~ s·diagramm (*n. - Mot.*), diagramma della distribuzione. 10 ~ s·getriebe (*n. - Mot.*), meccanismo della distribuzione. 11 ~ s· umkehr (*f. - Flugw.*), inversione del comando. 12 adaptive ~ (*Werkz.masch.*), comando adattativo, comando autoregolante, controllo adattativo, controllo autoregolante. 13 Fern ~ (*Mech. - Elekt.*), telecomando, comando a distanza. 14 Folge ~ (*Masch. - etc.*), comando sequenziale. 15 hydraulische ~ (*Masch. - etc.*), comando idraulico, azionamento idraulico. 16 integrierte numerische ~ (*NC - Werkz.masch.bearb.*), controllo numerico integrato, controllo numerico integrato. 17 Kreisbahn ~ (*NC - Werkz.masch.*), comando contornatura circolare, controllo contornatura circolare. 18 Linearbahn ~ (*NC - Werkz.masch.*), comando contornatura lineare, controllo contornatura lineare. 19 numerische ~ (durch Lochkarten z. B.) (*Werkz. masch.bearb. - etc.*), comando numerico. 20 Schieber ~ (*Dampfmasch.*), distribuzione a cassetto. 21 Ventil ~ (*Dampfmasch. - Mot.*), distribuzione a valvole. 22 Vorwähl ~ *Masch. - etc.*), comando a preselezione. 23 Widerstandsschweiss ~ (*mech. Technol.*), apparecchiatura di regolazione per saldatrici a resistenza. 24 Zeitplan ~ (*Autom.*), comando a programma temporizzato. 25 Zentral ~ (*Masch. - etc.*), comando centralizzato.

Stevedorpalette (Hafenpalette) (*f. - naut. - Transp.*), paletta portuale.

Steven (*m. - naut.*), dritto. 2 ~ rohr (Sternrohr) (*n. - naut.*), astuccio dell'asse portaelica, astuccio dell'albero portaelica. 3 ausfallender ~ (überhängender Steven) (*naut.*), prua slanciata, prua a sbalzo. 4 Binnenvorder ~ (*naut.*), controruota interna di prua. 5 Hinter ~ (Achtersteven) (*naut.*), dritto di poppa. 6 Vor ~ (Vordersteven) (*naut.*), ruota di prua.

Stewardess (Hostess) (*f. - naut. - Flugw.*), assistente di bordo.

Stg (Stahlguss) (*Giess.*), acciaio colato.

StGB (Strafgesetzbuch) (*recht.*), codice penale.

Sthen (Krafteinheit = 10^2 N) (*n. - Einheit*), sthen.

sthène (sn, in Frankreich verwendete Krafteinheit; 1 sn = 10^3 N) (*n. - Einheit.*), sthène, sn.

Stibitz-Code (*m. - Rechner*), siehe Drei-Exzess-Code.

Stich (beim Nähen) (*m. - Textilind.*), punto. 2 ~ (Höhe eines Bogens z. B.) (*Bauw.*), freccia. 3 ~ (Kupfer- oder Stahlstich z. B.) (*Druck.*), incisione. 4 ~ (Stufenhöhe) (*Bauw.*), alzata. 5 ~ (durch Zusammenstossen von Werkstoff während der Umformung in verschiedenen Richtungen) (*Schmiedefehler*), ripiegatura. 6 ~ (Rille der Walze) (*Walzw.*), calibro. 7 ~ (einmaliger Durchgang des Walzgutes durch die Walzen) (*Walz.*), passata. 8 ~ (Arbeitsgang in der Schmiedewalze) (*Schmieden*), passaggio. 9 ~ (Knotenart) (*naut.*), nodo. 10 ~ abnahme (*f. - Walzw.*), riduzione per passata. 11 ~ bahn (abzweigende Bahnlinie) (*f. - Eisenb.*), linea secondaria. 12 ~ balken (ein Balken, der an einem Ende eingezapft ist und am anderen Ende auf Mauerwerk aufliegt) (*m. - Bauw.*), trave semincastrata, trave ad un incastro. 13 ~ boden (*m. - Bauw.*), terreno paleggiabile. 14 ~ bogen (*m. - Bauw.*), arco ribassato. 15 ~ faden (*m. - Textilind.*), filo di trama. 16 ~ flamme (lange, spitze Flamme) (*f. - Verbr.*), dardo. 17 ~ fräsmaschine (*f. - Werkz.masch.*), fresatrice per scanalature. 18 ~ kanal (abzweigender, kurzer Seitenkanal) (*m. - Hydr.*), canale derivato. 19 ~ kappe (Gewölbekappe) (*f. - Arch.*), lunetta. 20 ~ kuppel (Kugelgewölbe) (*f. - Arch.*), volta sferica. 21 ~ leitung (von einem Netz einseitig ausgehende gespeiste Leitung) (*f. - Elekt.*), linea secondaria, linea di diramazione, linea derivata. 22 ~ loch (bei Schmelzöfen) (*n. - Giess. - Ofen*), foro di spillatura. 23 ~ lochstampfmasse (eines Hochofens) (*f. - Metall. - Ofen*), pigiata per foro di spillatura. 24 ~ lochstopfmaschine (*f. - Metall. - Ofen*), tappatrice per fori di spillatura. 25 ~ mass (Mikrometerschraube zum Messen von Innenmassen) (*n. - Instr.*), micrometro per interni. 26 ~ mass (Endmass deren Endflächen verschiedenen Zylindern oder Kugeln angehören) (*Messzeug*), barretta ad estremità policilindrica (o polisferica). 27 ~ probe (*f. - mech. Technol.*), siehe Stichprobe. 28 ~ säge (Lochsäge) (*f. - Tischl. - Werkz.*), foretto, gattuccio. 29 ~ strasse (Sackstrasse) (*f. - Strasse*), strada senza uscita. 30 ~ tabelle (*f. - Walzw.*), tabella (della sequenza) delle passate. 31 ~ wort (eines Wörterbuches z. B.) (*n. - Druck.*), lemma. 32 ~ wortverzeichnis (eines Fachbuches z. B.) (*n. - Druck.*), indice analitico.

Stichel (*m. - Werkz.*), bulino. 2 ~ haus (Werkzeughalter) (*n. - Werkz.masch.*), portautensili. 3 ~ schlitten (Werkzeugschlitten) (*m. - Werkz.masch.*), slitta portautensile. 4 Fräs ~ (Einschneidefräser) (*Werkz.*), fresa ad un tagliente.

stichfest (*allg.*), compatto. 2 ~ (Boden) (*Bauw.*), paleggiabile.

stichig (*allg.*), tendente. 2 blau ~ (*Farbe*), tendente al blu.

Stichprobe (Menge von Einheiten die aus einer Gesamtheit entnommen wird: bei Qualitätskontrolle) (*f. - Technol.*), campione. 2 ~ n·entnahme (*f. - Technol. - komm.*), prelevamento di campioni. 3 ~ n·prüfplan (bei Qualitätskontrolle) (*m. - mech. Technol.*), piano di campionamento. 4 ~ n·prüfung (bei Qualitätskontrolle) (*f. - mech. Technol.*), collaudo per campionamento, collaudo con prove di campionamento. 5 ~ n·umfang (Anzahl der Einheiten in der Stichprobe, bei Qualitätskontrolle) (*m. - mech. Technol.*), grandezza del campione. 6 doppelte ~ n·

stichprobenweise

prüfung (bei Qualitätskontrolle) (*mech. Technol.*), campionamento doppio. **7 einfache ~ n·prüfung** (bei Qualitätskontrolle) (*mech. Technol.*), campionamento semplice. **8 Folge ~ n·prüfung** (bei Qualitätskontrolle) (*mech. Technol.*), campionamento sequenziale. **9 mehrfache ~ n·prüfung** (bei Qualitätskontrolle) (*mech. Technol.*), campionamento multiplo. **10 Zufalls ~** (bei Qualitätskontrolle) (*mech. Technol.*), campione casualizzato.
stichprobenweise (bei Qualitätskontrolle) (*mech. Technol.*), col metodo del campionamento, per campionamento.
Stick (Stange, Korrosionsschutzmittel in Stangenform) (*Bergbau*), anticorrosivo (in barre).
sticken (*Textilind.*), ricamare.
Stickerei (*f. - Textilind.*), ricamo.
Stickerin (*f. - Arb.*), ricamatrice.
Stickgarn (*n. - Textilind.*), filo per ricamo.
Stickgas (Kohlensäuregas) (*n. - Chem. - Ind.*), biossido di carbonio, anidride carbonica, acido carbonico. **2 ~** (Stickstoff) (*Chem.*), azoto.
Stickmaschine (*f. - Textilmasch.*), macchina da ricamo.
Sticknadel (*f. - Ger.*), ago da ricamo.
Stickoxyd (Stickstoff-Monoxyd, NO) (*n. - Chem.*), ossido di azoto.
Stickoxydul (Stickstoffoxydul, Lachgas, N_2O) (*n. - Chem.*), ossidulo di azoto, protossido di azoto, gas esilarante.
Sticks (Stangen, Korrosionsschutzmittel in Stangenform) (*pl. - Bergbau*), anticorrosivi (in barre).
« Stick-Slip » (ruckendes Gleiten von Schlitten) (*Werkz.masch.*), « stick-slip ». **2 ~ -Effekt** (eines Schlittens z. B.) (*m. - Masch.*), effetto « stick-slip ».
Stickstoff (*N - m. - Chem.*), azoto. **2 ~ charakteristik** (eines Brennstoffes, Verhältnis zwischen Stickstoff und Kohlenstoff) (*f. - Verbr.*), rapporto azoto/carbonio. **3 ~ -Dioxyd** (NO_2) (*n. - Chem.*), biossido d'azoto. **4 ~ dünger** (*m. - Chem. - Ack.b.*), concime azotato. **5 ~ gewinnung** (*f. - Chem.*), fissazione dell'azoto. **6 ~ härten** (Nitrieren) (*n. - Wärmebeh.*), nitrurazione. **7 ~ messer** (*m. - Ger.*), azotometro, nitrometro. **8 ~ monoxyd** (NO) (*n. - Chem.*), ossido di azoto. **9 ~ oxydul** (N_2O, Stickoxydul, Lachgas) (*n. - Chem.*), ossidulo di azoto, protossido di azoto, gas esilarante. **10 ~ pentoxyd** (N_2O_5) (*n. - Chem.*), anidride nitrica. **11 ~ tetroxyd** (N_2O_4, guter Oxydator) (*Chem.*), tetrossido d'azoto, ipoazotide. **12 ~ trioxyd** (N_2O_3, Nitrose) (*n. - Chem.*), anidride nitrosa. **13 ~ verbindungen** (*f. - pl. - Chem.*), azocomposti.
stickstoffhaltig (*Chem.*), azotato.
Stiefelwalzwerk (Stopfenwalzwerk mit Scheiben- oder Kegelwalzen) (*n. - Walzw.*), laminatoio Stiefel.
Stiege (Steige) (*f. - Bauw.*), scalinata.
Stiel (Griff, eines Gerätes) (*m. - allg.*), manico. **2 ~** (eines Hammers, einer Schaufel, etc.) (*Werkz.*), manico. **3 ~ pfanne** (Handpfanne) (*f. - Giess.*), siviera a mano. **4 ~ strahler** (dielektrische Antenne) (*m. - Funk.*), antenna dielettrica.

Stift (*m. - Mech.*), spina. **2 ~** (Drahtstift) (*Tischl.*), punta, chiodo. **3 ~** (einer Formmaschine) (*Giess.masch.*), candela (di estrazione). **4 ~** (Bleistift) (*Zeichn. - Büro*), matita. **5 ~** (Dampfkessel), perno di Nelson. **6 ~ abhebemaschine** (*f. - Giessmasch.*), sformatrice a candele. **7 ~ bolzen** (Stiftschraube) (*m. - Mech.*), prigioniero, vite prigioniera. **8 ~ kupplung** (bei der Schaltstifte (ähnlich wie Klauen) in einer Muffe geführt und in Löcher der Zahnräder eingeschoben werden) (*f. - Aut. - Mech.*), innesto a espansione di piuoli. **9 ~ nietung** (*f. - Mech.*), chiodatura con chiodi senza testa. **10 ~ schlüssel** (Gabelschlüssel) (*m. - Werkz.*), chiave a forchetta. **11 ~ schraube** (*f. - Mech.*), vite prigioniera, prigioniero. **12 ~ schraube mit Rille** (*Mech.*), vite prigioniera con gola. **13 ~ schraube zum Einschrauben in Grauguss** (*Mech.*), vite prigioniera per ghisa. **14 ~ schraube zum Einschrauben in Stahl** (*Mech.*), vite prigioniera per acciaio. **15 ~ schweissen** (*n. - mech. Technol.*), puntatura, imbastitura. **16 Abscher ~** (*Mech.*), spina (tranciabile) di sicurezza. **17 Dachpappen ~** (*Bauw. - Zimm.*), punta a testa larga. **18 Former ~** (*Giess.*), chiodo da formatore. **19 Gewinde ~** (Schraube) (*Mech.*), vite senza testa interamente filettata. **20 Gewinde ~** (Stellschraube) (*Mech.*), grano filettato, vite di arresto, vite di fermo. **21 Kegelkerb ~** (*Mech.*), spina conica con intagli. **22 Kegel ~** (*Mech.*), spina conica. **23 Kerb ~** (*Mech.*), spina con intagli. **24 Knebelkerb ~** (*Mech.*), spina cilindrica con intagli (longitudinali) centrali. **25 Passkerb ~** (*Mech.*), spina di riferimento con intagli. **26 Pass ~** (*Mech.*), spina di riferimento. **27 Scher ~** (*Mech.*), spina di sicurezza, spina (tranciabile) di sicurezza. **28 Steckkerb ~** (*Mech.*), spina cilindro-conica con intagli (sulla parte conica). **29 Tast ~** (Fühlersteuerung) (*Mech.*), stilo, tastatore. **30 Zylinderkerb ~** (*Mech.*), spina cilindrica con intagli. **31 Zylinder ~** (*Mech.*), spina cilindrica.
Stiftung (Anstalt zur Förderung von Forschungen z. B.) (*f. - Forschung - etc.*), fondazione.
Stil (*m. - Arch. - etc.*), stile. **2 gotischer ~** (*Arch.*), stile gotico.
Stilb (sb, cd/cm^2, Einheit der Leuchtdichte) (*n. - Opt. - Mass*), stilb. **2 Apo ~** ($asb = \frac{1}{10^4 \cdot \pi}$ sb) (*Opt. - Mass*), apostilb.
Stilist (Entwerfer von Karosserien, Stylist) (*m. - Aut.*), stilista.
still (bewegungslos) (*allg.*), fermo. **2 ~** (Wasser) (*allg.*), calmo. **3 ~** (geräuschlos) (*Akus.*), silenzioso. **4 ~ legen** (einen Mot. z. B.) (*Mot. - etc.*), arrestare, fermare. **5 ~ legen** (eine Grube) (*Bergbau*), abbandonare. **6 ~ setzen** (einen Mot. z. B.) (*Mot. - etc.*), arrestare, fermare.
Stillegung (einer Grube) (*f. - Bergbau*), chiusura, abbandono. **2 ~** (eines Betriebes z. B.) (*Ind.*), cessazione, chiusura.
Stillen (*f. - pl. - naut.*), calme.
Stillsetzen (eines Reaktors) (*n. - Atomphys.*), spegnimento.

Stillsetzkurve (*f. - Werkz.masch.*), camma per l'arresto.
Stillsetzung (eines Motors z. B.) (*f. - Mot. - etc.*), messa fuori servizio, arresto. 2 ~ (*Vorr.*), dispositivo di arresto.
Stillsetzzeit (*f. - Technol.*), tempo passivo.
Stillstand (Ruhelage) (*m. - Mech.*), stato di quiete. 2 ~ (einer Anlage) (*Ind.*), inattività. 3 ~ **korrosion** (von Wälzlagern durch Reiboxydation verursacht) (*f. - Metall.*), corrosione da sfregamento, ossidazione per attrito, « fretting corrosion ». 4 ~ **korrosion** (von Dampferzeugern) (*Technol.*), corrosione da inattività. 5 ~ **kosten** (*f. - pl. - Ind.*), spese di inattività. 6 ~ **zeit** (Ausserbetriebzeit, einer Masch. etc.) (*f. - Masch. - etc.*), tempo di inattività.
Stillzone (*f. - Funk.*), zona di silenzio.
Stimme (*f. - Akus.*), voce. 2 ~ **n·wägung** (*f. - finanz.*), ponderazione dei voti. 3 ~ **n·zähler** (*m. - Politik - Ind.*), scrutatore.
stimmen (*Elektroakus.*), sintonizzare.
Stimmer (*m. - Akus. - Arb.*), accordatore.
Stimmgabel (*f. - Akus. - Ger.*), diapason, corista. 2 ~ **generator** (Stimmgabeloszillator) (*m. - Elektronik*), oscillatore a diapason.
Stimmzettel (*m. - Politik - etc.*), scheda elettorale.
Stipendium (Studienbeihilfe) (*n. - Schule*), borsa di studio.
Stippenbildung (*f. - Anstr.fehler*), puntinatura.
Stipputz (Besenputz) (*m. - Maur.*), intonaco picchiettato.
Stirlingmotor (früher Heissluftmotor genannt; mit Kompression bei niedriger Temperatur und Expansion bei hoher Temperatur einer bestimmten Gasmenge) (*m. - Mot.*), motore Stirling.
Stirlingmetall (Messingsart mit 66-72% Cu, 28-33% Zn und 0,7% Eisen) (*n. - Metall.*), (tipo di) ottone per lamiere.
Stirn (Vorderteil) (*f. - allg.*), parte anteriore. 2 ~ (Vorderfläche) (*allg.*), superficie anteriore, superficie frontale. 3 ~ (*Bauw.*), facciata, fronte. 4 ~ **abschreckhärtbarkeit** (für Stähle, nach Jominy) (*f. - Metall.*), temprabilità Jominy. 5 ~ **abschreckprobe** (Härtbarkeitsversuch nach Jominy) (*f. - Metall.*), prova di temprabilità Jominy. 6 ~ **ansicht** (*f. - Zeichn.*), vista frontale, vista anteriore 7 ~ **bogen** (*m. - Bauw.*), arco frontale. 8 ~ **drehmaschine** (Plandrehmaschine) (*f. - Werkz.masch.*), tornio frontale. 9 ~ **drehmeissel** (*m. - Werkz.*), utensile frontale (da tornio). 10 ~ **flächenleistung** (eines Propellerturbotriebwerks z. B., in PS/m² gemessen) (*f. - Mot.*), potenza (specifica) riferita alla superficie frontale. 11 ~ **fräsen** (*n. - Werkz.masch.bearb.*), fresatura frontale. 12 ~ **fräser** (*m. - Werkz.*), fresa frontale. 13 ~ **kante** (Vorderkante, eines Flügels z. B.) (*f. - Flugw.*), orlo di entrata. 14 ~ **keil** (Rundkeil) (*m. - Mech.*), chiavetta rotonda. 15 ~ **kipper** (*m. - Eisenb.*), rovesciatore a scarico di testa, rovesciatore a scarico frontale. 16 ~ **klappe** (eines offenen Waggons) (*Eisenb.*), sponda frontale a cerniera. 17 ~ **kurbel** (einer Kurbelwelle) (*f. - Mot.*), manovella di estremità. 18 ~ **lauffehler** (Planlaufabweichung, Axialschlag) (*m. - Mech.*), errore di oscillazione assiale. 19 ~ **lauffehler** (Flattern, einer rotierenden Scheibe z. B.) (*Mech.*), sfarfallamento. 20 ~ **profil** (Schnitt eines Zahnes mit einer zur Radachse senkrechten Ebene) (*n. - Mech.*), profilo trasversale. 21 ~ **rad** (Zahnrad) (*n. - Mech.*), ruota dentata cilindrica. 22 ~ **rad-Differential** (*n. - Mech.*), differenziale ad ingranaggi cilindrici. 23 ~ **rad mit geraden Zähnen** (*Mech.*), ruota dentata cilindrica a denti diritti. 24 ~ **schliff** (*m. - Werkz.masch. bearb.*), rettifica con mola ad azione frontale. 25 ~ **spiel** (*n. - Mech.*), gioco assiale. 26 ~ **streufeld** (*n. - elekt. Masch.*), campo frontale di fuga. 27 ~ **streuung** (*f. - elekt. Masch.*), dispersione frontale. 28 ~ **teilung** (Teilkreisteilung, eines Zahnrades) (*f. - Mech.*), passo. 29 ~ **teilung** (eines Schrägstirnrades) (*Mech.*), passo frontale. 30 ~ **verbindung** (Spulenkopf, einer Ankerspule) (*f. - elekt. Masch.*), connessione frontale. 31 ~ **verzahnung** (*f. - Mech.*), dentatura frontale. 32 ~ **wand** (*f. - Aut. - Aufbau*), cruscotto. 33 ~ **widerstand** (*m. - Flugw. - etc.*), resistenza frontale. 34 ~ **wind** (*m. - Flugw. - etc.*), vento contrario. 35 ~ **winkel** (von Kegelrädern) (*m. - Mech.*), angolo frontale. 36 ~ **zeit** (einer Stoss·spannung) (*f. - Elekt.*), tempo di salita. 37 **Aussen-** ~ **rad** (Zahnrad) (*Mech.*), ruota cilindrica a dentatura esterna, ruota dentata cilindrica a dentatura esterna.
Stirnen (Stirnfräsen) (*n. - Werkz.masch.bearb.*), fresatura frontale.
stirnseitig (*allg.*), frontalmente.
stochastisch (*Stat. - Math. - etc.*), stocastico. 2 ~ **-korrelativ** (*Messtechnik - etc.*), a correlazione stocastica.
Stocheisen (*n. - Ger. - Verbr.*), attizzatoio.
stochen (*Verbr.*), attizzare.
Stocher (Stocheisen) (*n. - Ger.*), attizzatoio.
Stöchiometrie (Lehre der Gewichtsverhältnisse) (*f. - Chem.*), stechiometria.
stöchiometrisch (*Chem.*), stechiometrico.
Stock (*m. - allg.*), bastone. 2 ~ (Grundlage) (*allg.*), base. 3 ~ (des Ambosses) (*Ger.*), ceppo. 4 ~ (Bergmasse, Massiv) (*Geol.*), massiccio. 5 ~ (Gesteinsmasse) (*Geol.*), masso. 6 ~ (Stockwerk, Geschoss) (*Bauw.*), piano. 7 ~ (Druckstock, Klischee) (*Druck. - etc.*), cliché. 8 ~ **anker** (*m. - naut.*), àncora con ceppo. 9 ~ **flansch** (unmittelbar an einem Gehäuse z. B. angeschlossen oder angeschweisst) (*m. - Mech.*), flangia incorporata. 10 ~ **geleise** (totes Gleis) (*n. - Eisenb.*), binario morto. 11 ~ **handbremse** (*f. - Aut.*), freno a mano a leva. 12 ~ **pflug** (Räderpflug) (*m. - Ack.b.masch.*), aratro su ruote. 13 ~ **punkt** (eines Schmieröles z. B.) (*m. - chem. Ind.*), punto di scorrimento. 14 ~ **schaltung** (Knüppelschaltung) (*f. - Aut.*), cambio a cloche. 15 ~ **schiene** (der Weiche) (*f. - Eisenb.*), contro-ago. 16 ~ **werk** (Stock, Geschoss, Etage) (*n. - Bauw.*), piano. 17 ~ **werkanzeiger** (Standortanzeiger, bei Aufzügen) (*m. - Transp. - Ger.*), indicatore di piano. 18 ~ **werkgarage** (*f. - Aut. - Bauw.*), autorimessa a più piani. 19 ~ **winde** (Bauschraubenwinde) (*f. - Bauw. - Masch.*), martinetto a vite per edilizia. 20 ~ **zange** (*f. - Schmie-*

Stocken

dewerkz.), tenaglia da fucinatore. **21 erstes ~ werk** (*Bauw.*), primo piano. **22 Granit ~** (*Geol. - Min.*), masso di granito. **23 Reit ~** (einer Drehbank) (*Werkz.masch.*), contropunta.
Stocken (Anhalten) (*n. - Mech.*), arresto. **2 ~** (Krönein) (*Maur.*), bocciardatura.
stocken (nicht weiter kommen, Verkehr z. B.) (*allg.*), bloccarsi, incagliarsi. **2 ~** (von Flüssigkeiten) (*Hydr.*), stagnare. **3 ~** (kröneln) (*Maur.*), bocciardare. **4 ~** (dick werden, von Lacken z. B.) (*allg.*), addensarsi. **5 ~** (eines Öls, steif werden) (*Chem.*), solidificarsi.
Stockung (*f. - komm. - finanz.*), ristagno. **2 Verkehrs ~** (*Strass.ver.*), congestione del traffico, ingorgo del traffico.
Stoff (ungeformter Bestandteil) (*m. - allg.*), materiale. **2 ~** (Materie) (*Phys.*), materia, sostanza. **3 ~** (*Papierind.*), pasta. **4 ~** (Werkstoff) (*Ind.*), materiale. **5 ~** (Gegenstand, Thema) (*allg.*), argomento, oggetto. **6 ~** (Gewebe) (*Text.*), tessuto. **7 ~ abtragung** (*f. - Mech.*), asportazione di materiale. **8 ~ baum** (*m. - Textilmasch.*), subbio avvolgitore, subbio del tessuto. **9 ~ fluss** (*m. - Ind.*), flusso dei materiali. **10 ~ kennzahl** (Stoffwert) (*f. - Chem. - etc.*), caratteristica di un materiale. **11 ~ mangel** (Blockfehler) (*m. - Metall.*), (cavità da) mancanza di materiale. **12 ~ normen** (*f. - pl. - Technol.*), norme sui materiali. **13 ~ nummer** (S-N₂, zur Kennzeichnung von Stählen, etc.) (*f. - Metall.*), numero del materiale. **14 ~ pumpe** (Dickstoffpumpe, Kreiselpumpe für Medien mit hohen Feststoffgehalten) (*f. - Masch.*), pompa per (fluidi con) particelle solide. **15 ~ rest** (*m. - Text.*), scampolo. **16 ~ rücker** (Transporteur, einer Nähmachine) (*m. - Masch.*), (congegno) trasportatore. **17 ~ spannung** (innere Spannung) (*f. - Metall.*), tensione interna. **18 ~ überschuss** (Blockfehler) (*m. - Metall.*), eccesso di materiale. **19 ~ umsetzung** (Stoffwechsel) (*f. - Ind. - etc.*), trasformazione di materiali. **20 ~ verdeck** (eines Cabriolets) (*n. - Aut.*), capote in tessuto. **21 ~ wärme** (spezifische Wärme) (*f. - Wärme*), calore specifico. **22 ~ wechsel** (Stoffumsatz, Metabolismus) (*m. - Biol.*), metabolismo. **23 ~ wechselkrankheit** (*f. - Med.*), malattia del ricambio. **24 ~ wert** (Stoffkennzahl) (*m. - Chem. - etc.*), caratteristica di un materiale. **25 fluoreszierender ~** (*Opt.*), sostanza fluorescente.
Stoffehler (*m. - Technol.*), difetto di materiale.
Stoffilter (Feinstaubabscheider, aus Gewebe) (*m. - Ger.*), filtro di tessuto.
Stofffluss (bei der Verformung) (*m. - Schmieden*), flusso del materiale. **2 ~ bild** (*n. - Ind.*), diagramma di lavorazione.
Stoker (Unterschubrost) (*m. - Verbr.*), griglia subalimentata.
Stokes (St, kinematische Viskositäts-Einheit) (*Masseinheit*), stokes, unità di viscosità cinematica.
STOL-Flugzeug (Kurzstartflugzeug, Short take-off and landing) (*n. - Flugw.*), velivolo STOL, velivolo a decollo ed atterraggio corti.

Stollen (waagerechter Bau) (*m. - Bergbau*), galleria di miniera, livello. **2 ~** (im Tunnelbau) (*Ing.b.*), galleria. **3 ~** (bei Wasserkraftanlagen) (*Wass.b.*), condotta in roccia. **4 ~** (Nute, eines Gewindebohrers z. B.) (*Werkz.*), intaglio, scanalatura. **5 ~** (Lockern der Lederfasern) (*Lederind.*), palissonatura. **6 ~** (Feld, Schiff, eines Industriegebäudes z. B.) (*Bauw.*), campata. **7 ~ arbeit** (*f. - Bergbau*), lavoro in galleria. **8 ~ breite** (eines Gewindebohrers, Zahnstollenbreite) (*f. - Werkz.*), larghezza dei denti. **9 ~ lokomotive** (*f. - Bergbau*), locomotiva da miniera. **10 ~ mund** (*m. - Bergbau - etc.*), imbocco della galleria. **11 ~ wagen** (*m. - Bergbau*), siehe Hund. **12 Druck ~** (Druckwasserstollen) (*Hydr. - Wass.b.*), condotta forzata in roccia. **13 Erb ~** (*Bergbau*), galleria principale. **14 Hilfs ~** (*Bergbau*), galleria ausiliaria.
Stollmaschine (*f. - Lederind. - Masch.*), palissonatrice.
Stop (*n. - Masch. - etc.*), arresto. **2 ~** (Punkt) (*Telegr.*), stop. **3 ~ schritt** (Sperrschritt, Endsignal, bei Fernschreibern) (*m. - Telegr.*), segnale di arresto, stop. **4 ~ weg** (eines Magnetbandes z. B.) (*m. - Rechner - etc.*), percorso di arresto. **5 ~ zeit** (eines Magnetbandes z. B.) (*f. - Rechner - etc.*), tempo di arresto. **6 Not ~ taste** (*Masch. - etc.*), tasto di arresto di emergenza. **7 programmierter ~** (*Rechner - etc.*), arresto programmato.
Stopfbüchse (*f. - Mech.*), tenuta a premistoppa, «premistoppa». **2 ~** (zwischen Schraubenwelle und Wellenhose) (*naut.*), premitreccia, «stella morta». **3 ~ n·brille** (*f. - Mech.*), premistoppa, premitreccia, premibaderna, pressatreccia.
Stopfdichte (von Pressmassen, Masse eines bestimmten Volumens) (*f. - Phys. - Technol.*), massa specifica del materiale compresso.
Stopfen (eines Bohrloches) (*n. - Bergbau*), intasamento. **2 ~** (eines Lecks) (*naut. - etc.*), otturazione, tamponamento. **3 ~**, *siehe auch* Stopfen (*m.*). **4 ~ stange** (*f. - Giess. - Ger.*), asta di tamponatura.
Stopfen (Stöpsel) (*m. - allg.*), tappo. **2 ~** (für die Herstellung von Rohren) (*Walzw.*), spina. **3 ~**, *siehe auch* Stopfen (*n.*). **4 ~ pfanne** (für Blöcke) (*f. - Metall. - Giess.*), secchia di colata a tampone, siviera a tampone. **5 ~ walzen** (für Rohrherstellung, Verfahren bei dem der Aussendurchmesser des Rohres bei den einzelnen Stichen konstant gehalten wird) (*n. - Walzw.*), laminazione a diametro esterno costante (per tubi). **6 ~ walzwerk** (zur Herstellung nahtloser Rohre) (*n. - Walzw.*), laminatoio a spina (per tubi). **7 ~ zug** (Kaltziehen von Rohren) (*m. - mech. Technol.*), trafilatura a spina (di tubi). **8 Glas ~** (*chem. Ger.*), tappo di vetro. **9 Gummi ~** (*chem. Ger.*), tappo di gomma. **10 Magnet ~** (*Mech.*), tappo magnetico.
stopfen (ein Leck) (*naut. - etc.*), tamponare. **2 ~** (Bohrlöcher) (*Bergbau*), intasare.
Stopfer (zum Feststampfen) (*m. - Ger.*), calcatoio.
Stopfmaterial (für Bohrlöcher) (*n. - Bergbau*), materiale di intasamento.
Stoppbad (*n. - Phot.*), bagno di arresto.

Stoppbahn (am Ende einer Start- und Landebahn, im Fall eines abgebrochenen Start verwendet) (*f. - Flugw.*), pista di arresto (di sicurezza).
Stoppel (Stöpsel, Flaschenverschluss) (*m. - Ger.*), tappo.
stoppen (abstoppen) (*Fahrz.*), fermarsi, arrestarsi. 2 ~ (mit Stoppuhr messen) (*Arb. - Organ. - etc.*), cronometrare. 3 ~ (*allg.*), siehe auch stopfen.
Stopper (Vorr. zum Festmachen einer Kette z. B.) (*m. - naut.*), strozzatoio. 2 ~ (Substanz die eine Polymerisationsreaktion beendet durch Inaktivierung des Katalysators) (*Chem.*), anticatalizzatore, catalizzatore negativo.
Stopplicht (am bremsenden Kraftwagen) (*n. - Aut.*), luce di arresto.
Stoppreis (*m. - komm.*), prezzo bloccato.
Stoppsignal (*n. - Verkehr - etc.*), segnale di arresto.
Stopp-Strasse (*f. - Strass.verkehr - Aut.*), strada con stop.
Stoppuhr (*f. - Ger.*), cronometro.
Stöpsel (Stoppel, Flaschenverschluss) (*m. - Ger.*), tappo. 2 ~ (Stecker) (*Elekt.*), spina. 3 ~ (*Fernspr.*), spina telefonica. 4 ~ **kontakt** (*m. - Elekt.*), contatto a spina. 5 ~ **sicherung** (*f. - Elekt.*), valvola fusibile a tappo, fusibile a tappo. 6 ~ **umschalter** (*m. - Elekt.*), commutatore a spine. 7 ~ **widerstand** (*m. - Elekt.*), cassetta di resistenza a spine.
stöpseln (*allg.*), tappare. 2 ~ (*Elekt.*), innestare la spina.
Stör (im Hause der Kunden durchgeführte Arbeit) (*f. - Arb.*) (*österr. - schweiz.*), lavoro eseguito presso il cliente.
Störabstand (Geräuschabstand) (*m. - Funk. - etc.*), rapporto segnale/disturbo.
Störanfälligkeit (*f. - Masch. - etc.*), sensibilità ai guasti. 2 ~ (*f. - Elekt. - etc.*), incidenza di disturbo, sensibilità ai disturbi.
Störbegrenzung (im Bildkanal z. B.) (*f. - Fernseh. - etc.*), limitazione del disturbo.
Störbereich (*m. - Regelung*), campo (di variazione) della grandezza perturbatrice.
Störbeseitigung (*f. - Rechner*), eliminazione di errori.
Störbreite (*f. - Funk. - etc.*), larghezza banda (di frequenze) di disturbo.
Storchschnabel (Pantograph) (*m. - Zeichn. - Ger.*), pantografo.
Store (Gardine, Fenstervorhang) (*m. - Bauw.*), tenda. 2 ~ (Kaufladen) (*Bauw. - komm.*), negozio. 3 ~ (Warenlager) (*Bauw.*), magazzino. 4 **Lamellen** ~ (Jalousie) (*Bauw.*), tenda alla veneziana.
stören (*allg.*), disturbare. 2 ~ (*Funk.*), disturbare.
Störer (*m. - Funk. - milit.*), siehe Störsender.
Störfaktor (*m. - Funk. - etc.*), fattore di disturbo.
Störfeld (*n. - Funk. - etc.*), campo perturbatore, campo di disturbo.
Störfilter (*m. - Funk. - etc.*), filtro soppressore di disturbi.
Störfrequenz (*f. - Funk.*), frequenza di disturbo.

Störfunkstelle (*f. - Funk.*), stazione radio disturbatrice.
Störgeräusche (Störungen) (*n. - pl. - Funk.*), disturbi.
Störgrösse (eines Reglers) (*f. - Elektromech.*), grandezza perturbatrice. 2 ~ **n·aufschaltung** (*f. - Regelung*), introduzione di grandezza perturbatrice.
Störhalbleiter (*m. - Elektronik*), semiconduttore estrinseco.
Störklappe (eines Flügels) (*f. - Flugw.*), diruttore, intercettore.
Störkraft (*f. - allg.*), forza perturbatrice.
Störleitung (*f. - Elektronik*), conduzione estrinseca.
Störmodulation (*f. - Funk.*), modulazione parassita.
Störmoment (*n. - Fahrz. - etc.*), momento perturbante.
stornieren (*Adm.*), stornare.
Storno (die Aufhebung einer Buchung durch eine Gegenbuchung) (*m. - Buchhaltung*), storno.
Störpegel (*m. - Funk.*), livello del disturbo. 2 ~ **abstand** (*m. - Funk. - etc.*), siehe Störabstand.
Störquelle (*f. - Funk.*), sorgente di disturbo.
Störreichweite (*f. - Funk.*), raggio d'azione del disturbo.
Störschallunterdrücken (am Mikrophon) (*n. - Funk.*), soppressione del rumore.
Störschutz (*m. - Funk.*), protezione antidisturbi, protezione antiradiodisturbi. 2 ~ **einrichtung** (*f. - Funk.*), dispositivo antiradiodisturbi.
Störschwingung (*f. - Phys.*), oscillazione parassita.
Störsender (*m. - Funk. - milit.*), trasmettitore di disturbi.
störsicher (*Funk.*), sicuro da disturbi.
Störsicherheit (*f. - Funk.*), sicurezza contro i disturbi.
Störspannung (*f. - Funk.*), tensione di disturbo.
Störsperre (*f. - Ger.*), soppressore di disturbi.
Störstelle (eines Halbleiterkristalls) (*f. - Phys.*), impurità, punto di disturbo.
Störstoff (bei Transistoren) (*m. - Elektronik*), impurità.
Störstrahlung (*f. - Phys.*), radiazione perturbatrice. 2 ~ **s·energie** (*f. - Phys.*), energia radiante perturbatrice.
Störte (*f. - Bauw. - Fahrz.*), siehe Wüppe.
Störung (*f. - Funk.*), disturbo. 2 ~ (Perturbation) (*Astr.*), perturbazione. 3 ~ (*Mech.*), inconveniente, guasto, anomalia, disfunzione. 4 ~ (Verwerfung) (*Bergbau*), faglia. 5 ~ (Radar), echi di disturbo. 6 ~ **s·dienst** (*m. - Fernspr. - etc.*), servizio guasti. 7 ~ **s·feuer** (*n. - Artillerie*), tiro di disturbo. 8 ~ **s·meldung** (*f. - allg.*), segnalazione guasti. 9 ~ **s·personal** (Störungstrupp) (*n. - Fernspr. etc.*), personale addetto ai guasti, squadra riparatori. 10 ~ **s·schreiber** (*m. - Ger.*), registratore di guasti. 11 ~ **s·suche** (*f. - allg.*), ricerca guasti. 12 ~ **s·sucher** (*m. - Elekt.*), cercaguasti, apparecchio per la ricerca dei guasti. 13 ~ **s·sucher** (*Arb.*), riparatore, ad-

Störwert

detto al servizio guasti. **14** ~ **s·vorhersage** (*f. - allg.*), previsione di guasti. **15 atmosphärische** ~ (*Funk.*), disturbo atmosferico. **16 Betriebs** ~ (*Masch. - etc.*), anomalia di funzionamento, inconveniente di funzionamento. **17 Fernsprech** ~ (*Fernspr.*), disturbo telefonico. **18 Funken** ~ (*Funk.*), radiodisturbo.

Störwert (*m. - Regelung*), valore della grandezza perturbatrice.

Stoss (Zusammenprall) (*m. - allg.*), urto. **2** ~ (Verbindungsstelle, zweier Bauteile z. B.) (*Mech. - etc.*), giunto. **3** ~ (Verbindungsstelle, der Bahnschienen) (*Eisenb.*), giunto. **4** ~ (Spiel, des Kolbenringes) (*Mot. - Mech.*), luce, fenditura, taglio. **5** ~ (Spannungsstoss z. B.) (*Elekt.*), colpo, punta. **6** ~ (Wand eines Schachtes) (*Bergbau*), parete. **7** ~ (Abbaustoss, Bauort) (*Bergbau*), cantiere, fronte di abbattimento. **8** ~ (Stapel, aus Papier) (*Papierind.*), pila. **9** ~ (Schub) (*allg.*), spinta. **10** ~ (Schlag) (*allg.*), colpo. **11** ~ (Haufen) (*allg.*), mucchio. **12** ~ **anlassen** (kurzzeitiges Anlassen bei hoher Temperatur) (*n. - Wärmebeh.*), rinvenimento accelerato, rinvenimento di breve durata ad elevata temperatura. **13** ~ **anregung** (*f. - Atomphys.*), eccitazione per urto. **14** ~ **apparat** (einer Universal-Werkzeugmaschine) (*m. - Werkz. masch.*), accessorio per stozzare. **15** ~ **arbeit** (bei Stossmaschinen) (*f. - Werkz.masch.bearb.*) stozzatura. **16** ~ **auf Gehrung** (*Tischl.*), giunto ad angolo. **17** ~ **aufladung** (Abgasturboaufladung, bei der die kinetische Energie der aus dem Zylinder ausgestossenen Gase verwertet wird) (*f. - Mot.*), sovralimentazione dinamica. **18** ~ **bandverfahren** (für Rohrherstellung, Erhardtsches Verfahren) (*n. - mech. Technol.*), sistema (Erhardt) per la produzione di tubi dal nastro. **19** ~ **bank** (Stossmaschine) (*f. - Werkz.masch.*), stozzatrice. **20** ~ **bank** (mech. Presse zur Herstellung von Rohren) (*Masch.*), banco a spina. **21** ~ **beanspruchung** (*f. - Baukonstr. lehre*), sollecitazione d'urto. **22** ~ **belastung** (*f. - Masch. - Elekt.*), carico impulsivo, applicazione brusca del carico. **23** ~ **betrieb** (Betrieb mit Stossaufladung, eines Verbr.mot.) (*m. - Mot.*), funzionamento con sovralimentazione dinamica. **24** ~ **bohren** (*n. - Bergbau*), trivellazione a percussione, perforazione a percussione, sondaggio a percussione. **25** ~ **bohrer** (*m. - Bergbau*), trivella a percussione, sonda a percussione. **26** ~ **bremse** (Stossdämpfer) (*f. - Masch.*), ammortizzatore. **27** ~ **dämpfer** (*Ger.*), siehe Stossdämpfer. **28** ~ **dichte** (von Neutronen) (*f. - Atomphys.*), densità di collisioni. **29** ~ **drehmoment** (beim Walzen z. B.) (*n. - Masch.*), momento torcente impulsivo. **30** ~ **druck** (Stosskraft) (*m. - Mech.*), forza d'urto. **31** ~ **druckpresse** (*f. - Ger.*), siehe Stosspresse. **32** ~ **elastizität** (stosselastischer Wirkungsgrad, zur Beurteilung des elastischen Verhaltens von Weichgummi z. B.) (*f. - Gummiind.*), elasticità di urto. **33** ~ **empfindlichkeit** (*f. - Masch.*), sensibilità agli urti. **34** ~ **entladung** (eines Akkumulators) (*f. - Elekt.*), scarica rapida. **35** ~ **entladungsprüfung** (eines Akkumulators) (*f. - Elekt.*), prova di scarica rapida. **36** ~ **erregung** (in Sägezahngeneratoren bewirkt) (*f. - Funk.*), eccitazione ad impulso. **37** ~ **erregung** (schnelle Erhöhung der Erregerspannung) (*Elekt.*), eccitazione impulsiva. **38** ~ **erregung** (Erregung von Schwingungen) (*Prüfung - etc.*), eccitazione impulsiva. **39** ~ **faktor** (Stossverhältnis, Stossziffer, Verhältnis zwischen Stehstosspannung und Stehwechselspannung) (*m. - Elekt.*), rapporto tra tensione massima impulsiva e tensione alternata massima sopportate. **40** ~ **faktor** (zusätzliche Belastung für Eisenb.fahrz.) (*Eisenb.*), coefficiente d'urto, fattore d'urto. **41** ~ **fänger** (Stossstange) (*m. - Aut.*), paraurti. **42** ~ **fänger** (*Mech. - Aut.*), siehe auch Stossdämpfer. **43** ~ **feder** (zur Verringerung der Stosskräfte) (*f. - Mech.*), ammortizzatore a molla. **44** ~ **festigkeit** (*f. - Baukonstr.lehre*), resistenza all'urto. **45** ~ **fläche** (*f. - Mech.*), superficie di attestamento. **46** ~ **fluoreszenz** (*f. - Atomphys.*), fluorescenza d'urto. **47** ~ **fuge** (*f. - Mech.*), giunto di testa. **48** ~ **galvanometer** (*n. - Instr.*), galvanometro balistico. **49** ~ **generator** (Pulsgenerator) (*m. - Elektronik*), generatore d'impulsi. **50** ~ **härte** (Schlaghärte, Zeitdauer des Schlagimpulses) (*f. - Baukonstr.lehre*), durata dell'impulso d'urto. **51** ~ **heber** (hydraulischer Widder) (*m. - Hydr. - Masch.*), ariete idraulico. **52** ~ **integral** (*n. - Elektronik*), integrale di collisione. **53** ~ **ionisation** (*f. - Atomphys.*), ionizzazione per urto. **54** ~ **ionisierung** (bei Gasentladung) (*f. - Elektronik*), ionizzazione per urto. **55** ~ **kennlinie** (dynamische Charakteristik, bei Stossspannungen) (*f. - Elekt.*), caratteristica dinamica, caratteristica di sovratensione impulsiva. **56** ~ **kraft** (*f. - Phys.*), forza d'urto. **57** ~ **kurzschluss·strom** (*m. - Elekt.*), corrente impulsiva di corto circuito. **58** ~ **läppen** (Ultraschall-Bearbeitung) (*Mech.*), lappatura ad ultrasuoni. **59** ~ **läppmaschine** (Ultraschall-Läppmaschine) (*f. - Werkz.masch.*), lappatrice ad ultrasuoni. **60** ~ **lasche** (*f. - Mech.*), coprigiunto. **61** ~ **lasche** (für Schienen) (*Eisenb.*), stecca, ganascia. **62** ~ **maschine** (*f. - Werkz.masch.*), stozzatrice. **63** ~ **meissel** (Stosswerkzeug) (*m. - Werkz.*), utensile stozzatore. **64** ~ **messermaschine** (Vertikalmessermaschine, für die Bekleidungsfertigung) (*f. - Masch.*), tagliatrice a lama verticale. **65** ~ **ofen** (*m. - Ofen*), forno a spinta. **66** ~ **parameter** (*m. - Atomphys.*), parametro d'urto. **67** ~ **platte** (auf den Schwellen) (*f. - Eisenb.*), piastra del giunto. **68** ~ **presse** (Stossdruckpresse, Schmiergerät) (*f. - Ger.*), ingrassatore a spinta. **69** ~ **prüfung** (Stoss·spannungsprüfung) (*f. - Elekt.*), prova (con tensione) ad impulso. **70** ~ **puffer** (*m. - Eisenb.*), respingente. **71** ~ **pufferplatte** (*f. - Eisenb.*), piatto del respingente. **72** ~ **querschnitt** (*m. - Chem.*), sezione d'urto. **73** ~ **räumen** (*n. - Werkz.masch.bearb.*), brocciatura a spinta. **74** ~ **ring** (*m. - Mech.*), anello di spinta. **75** ~ **scheibe** (*f. - Mech.*), rosetta di spinta. **76** ~ **schweissung** (*f. - mech. Technol.*), saldatura a percussione. **77** ~ **spannung** (*f. - Elekt.*), tensione impulsiva. **78** ~ **spannungs-**

generator (*m. - elekt. Masch.*), generatore di tensione impulsiva. **79 ~ spiel** (eines Kolbenringes) (*n. - Mot. - Mech.*), luce, fenditura. **80 ~ stange** (für Ventilstössel) (*f. - Mot.*), asta di spinta, asta di punteria. **81 ~ stange** (Stossfänger) (*Aut.*), paraurti. **82 ~ stange** (einer Aufhängung) (*Aut.*), barra ammortizzatrice. **83 ~ stangenhorn** (*n. - Aut.*), rostro del paraurti. **84 ~ stahl** (*m. - Werkz.*), utensile stozzatore. **85 ~ stelle** (*f. - Mech. - etc.*), giunto. **86 ~ steuerung** (*f. - Elektronik*), comando ad impulsi. **87 ~ strom** (*m. - Elekt.*), corrente impulsiva. **88 ~ stromerzeuger** (*m. - elekt. Masch.*), generatore di corrente impulsiva. **89 ~ stufe** (Setzstufe, Futterstufe) (*f. - Bauw.*), alzata. **90 ~ truppen** (*f. - pl. - milit.*), truppe d'assalto. **91 ~ verbindung** (*f. - Mech. - etc.*), giunto di testa. **92 ~ verhältnis** (*n. - Elekt.*), siehe Stossfaktor. **93 ~ verkehr** (*m. - Strass.ver. - etc.*), traffico di punta. **94 ~ verlust** (bei Strömungsmaschinen) (*m. - Masch.*), perdite per urto. **95 ~ verschleiss** (von Ventilen und Ventilsitzen z. B.) (*m. - Mech.*), usura da martellamento. **96 ~ versuch** (*m. - Baukonstr.lehre*), prova ad urto. **97 ~ vorrichtung** (Puffer) (*f. - Eisenb. - etc.*), respingente. **98 ~ vorrichtung** (eines Stossofens) (*Ofen*), spingitoio. **99 ~ vorrichtung** (*Werkz.masch.*), attrezzo per stozzatura. **100 ~ wahrscheinlichkeit** (*f. - Atomphys.*), probabilità di urto. **101 ~ welle** (*f. - Aerodyn.*), onda d'urto. **102 ~ widerstand** (Stossfestigkeit) (*m. mech. Technol.*), resistenza all'urto. **103 ~ wind** (*m. - Meteor.*), raffica. **104 ~ wirkung** (*f. - Phys.*), effetto pulsante. **105 ~ zahl** (eines Ions) (*f. - Atomphys.*), numero di collisioni. **106 ~ zeit** (Spitzenzeit) (*f. - Verk.*) (*schweiz.*), ora di punta. **107 ~ ziffer** (*f. - Elekt.*), siehe Stossfaktor. **108 ~ ziffer** (gibt die Erhöhung der statischen Last eines Rades durch die Unebenheiten der Fahrbahn) (*Fahrz.*), indice d'urto. **109 ~ zünder** (Aufschlagzünder) (*m. - Expl.*), spoletta a percussione. **110 ~ zweiter Art** (eines Atoms mit einem langsamen Teilchen) (*Atomphys.*), collisione di secondo ordine, urto di secondo ordine. **111 Arbeits ~** (*Bergbau*), fronte di avanzamento. **112 aufliegender ~** (der Bahnschienen) (*Eisenb.*), giunto appoggiato. **113 Carnotscher ~** (*Mech. der Flüss.k.*), urto di Carnot. **114 Eck ~** (einer Schweissung) (*mech. Technol.*), giunto di spigolo. **115 elastischer ~** (*Atomphys.*), urto elastico, collisione elastica. **116 exzentrischer ~** (*Mech.*), urto eccentrico. **117 federnder ~** (elastischer Stoss) (*Phys.*), urto elastico. **118 fester ~** (aufliegender Stoss, der Bahnschienen) (*Eisenb.*), giunto appoggiato. **119 freitragender ~** (schwebender Stoss, der Bahnschienen) (*Eisenb.*), giunto sospeso. **120 gelaschter ~** (*mech. Technol.*), giunto di testa con copri-giunto. **121 gerader ~** (*Phys.*), urto diretto. **122 hydrodynamischer ~** (Slamming, eines Schiffs) (*naut.*), urto idrodinamico. **123 schiefer ~** (*Mech.*), urto obliquo. **124 schwebender ~** (freitragender Stoss, der Bahnschienen) (*Eisenb.*), giunto sospeso. **125 Schweiss ~** (*mech. Technol.*), giunto saldato. **126 Senkrecht- ~ maschine** (*Werkz.masch.*), stozzatrice verticale. **127 stumpfer ~** (Stumpfstoss) (*Technol.*), giunto di testa. **128 Stumpf ~** (einer Schweissung) (*mech. Technol.*), giunto di testa. **129 T- ~** (einer Schweissung) (*mech. Technol.*), giunto a T. **130 überlappter ~** (Überlappstoss) (*mech. Technol.*), giunto a sovrapposizione. **131 Überlapp ~** (einer Schweissung z. B.) (*mech. Technol.*), giunto a sovrapposizione. **132 vollkommen elastischer ~** (*Mech.*), urto elastico puro. **133 vollkommen unelastischer ~** (*Mech.*), urto plastico puro. **134 zentraler ~** (*Mech.*), urto centrato, urto centrale.

stossbohren (schlagbohren) (*Bergbau*), perforare a percussione, trivellare a percussione.

Stossdämpfer (*m. - Aut. - etc.*), ammortizzatore. **2 direkt wirkender ~** (*Aut. - Mech.*), ammortizzatore ad azione diretta. **3 doppelseitig wirkender ~** (*Mech. - Aut.*), ammortizzatore a doppio effetto. **4 einseitig wirkender ~** (*Mech. - Aut.*), ammortizzatore a semplice effetto. **5 Hebel ~** (*Aut.*), ammortizzatore a leva. **6 hydraulischer ~** (*Mech.*), ammortizzatore idraulico. **7 indirekt wirkender ~** (*Mech. - Aut.*), ammortizzatore ad azione indiretta. **8 Kolben ~** (hydraulischer Stossdämpfer) (*Aut.*), ammortizzatore idraulico (a stantuffo). **9 Reibungs ~** (*Mech. - Aut.*), ammortizzatore a frizione, ammortizzatore ad attrito. **10 Teleskop ~** (*Aut.*), ammortizzatore telescopico.

Stössel (einer Presse) (*m. - Masch.*), slittone, mazza, spintore. **2 ~** (Ventilstössel) (*Mot. - Mech.*), punteria. **3 ~** (Mörserkeule) (*Ger.*), pestello. **4 ~** (einer Räummaschine) (*Werkz.masch.*), stantuffo, spintore. **5 ~ einstellschraube** (*f. - Mot.*), vite registrazione punterie. **6 ~ einstellung** (*f. - Mot.*), registrazione delle punterie. **7 ~ führung** (einer Presse) (*f. - Masch.*), guide dello slittone. **8 ~ -Führungsleisten** (einer Presse) (*f. pl. - Masch.*), lardoni guidamazza, lardoni guidaslittone. **9 ~ gesenk** (Stauchstempel) (*n. - Schmiedewerkz.*), punzone. **10 ~ hub** (einer Presse) (*m. - Masch.*), corsa dello slittone. **11 ~ rolle** (bei Steuerungen) (*f. - Mot. Mech.*), rullo (della) punteria. **12 Gleit ~** (*Mech. - Mot.*), punteria a strisciamento. **13 Rollen ~** (*Mech. - Mot.*), punteria a rullo.

Stossen (*n. - Werkz.masch.bearb.*), stozzatura. **2 ~** (Ausrecken) (*Lederind.*), palissonatura. **3 Abwälz ~** (Wälzstossen, von Zahnrädern) (*Werkz.masch.bearb.*), dentatura con coltello circolare (tipo Fellows). **4 Nuten ~** (*Werkz.masch.bearb.*), stozzatura di scanalature. **5 Zahnrad ~** (*Werkz.masch.bearb.*), stozzatura di ingranaggi.

stossen (*allg.*), spingere. **2 ~** (*Werkz.masch.bearb.*), stozzare. **3 ~** (aneinanderfügen) (*Mech.*), congiungere, accostare. **4 ab ~** (*naut.*), salpare. **5 aneinander ~** (*allg.*), scontrarsi, collidere. **6 an ~** (*allg.*), urtare, investire. **7 ein ~** (zerpulvern) (*allg.*), polverizzare. **8 stumpf ~** (*Tischl. - etc.*), unire di testa, unire testa a testa. **9 wälz ~** (*Werkz.masch.bearb.*), dentare con coltello circolare (tipo Fellows).

Stösser (Mörserkeule) (*m. - Ger.*), pestello. 2 ~ (*Ger.*), siehe auch Stampfer.
stossfest (*allg.*), antiurto, resistente agli urti.
stossfrei (gleichmässig) (*Masch. - Mech.*), regolare, uniforme. 2 ~ (gleitend) (*allg.*), scorrevole.
stossweise (ruckartig) (*allg.*), ad intermittenza. 2 ~ (*allg.*), a strappi. 3 ~ **Beanspruchung** (pulsierende Beanspruchung) (*Baukonstr.lehre*), sollecitazione pulsante. 4 ~ **Belastung** (*Baukonstr.lehre*), carico pulsante.
Stotterbewegung (eines Schlittens z. B.) (*f. - Werkz.masch.*), movimento a scatti.
Stottern (eines Verbrennungsmotors) (*n. - Mot. - Fehler*), galoppo.
stottern (Verbrennungsmotor) (*Mot. - Fehler*), galoppare.
StPO (Strafprozessordnung) (*recht.*), codice di procedura penale.
St-Profil (Schweissträgerprofil, geschweisster Breitflanschträger) (*n. - metall. Ind.*), trave ad ali larghe saldata.
STR (Schnell-Thermischer Reaktor) (*Atomphys.*), reattore termico veloce.
Straak (Strak, Verlauf der Kurven des Linienrisses) (*f. - Schiffbau*), forma, finezza.
Strafanstalt (*f. - Bauw.*), penitenziario, casa di pena.
Straferkenntnis (*f. - recht.*), sentenza.
straff (gespannt) (*allg.*), teso, in forza.
Strafgeld (*n. - allg.*), multa. 2 ~ (Strafsumme) (*komm.*), penalità.
Strafgerichtshof (*m. - recht.*), tribunale penale.
Strafgesetzbuch (StGB) (*n. - recht.*), codice penale.
Strafmandat (*n. - Aut.*), avviso di contravvenzione.
Strafporto (Nachgebühr) (*n. - Transp.*), sovrattassa.
Strafprozess (Strafverfahren, peinlicher Prozess, Kriminalprozess) (*m. - recht.*), processo penale. 2 ~ **ordnung** (StPO) (*f. - recht.*), codice di procedura penale.
Strafpunkte (bei Rennen) (*m. - pl. - Aut. - Sport*), penalità. 2 ~ **null** (*Aut. - Sport*), penalità zero.
Strafrecht (Kriminalrecht, peinliches Recht) (*n. - recht.*), diritto penale.
Strafregister (*n. - recht.*), casellario giudiziario. 2 ~ **blatt** (*n. - recht.*), certificato penale.
Strafsteuer (*f. - komm. - etc.*), penalità.
Strahl (*m. - Phys. - Opt.*), raggio. 2 ~ (Blitz) (*Opt.*), lampo. 3 ~ (durch einen Punkt begrenzte Gerade) (*Geom.*), raggio, semiretta. 4 ~ (von Wasser, Gas, etc.) (*Phys.*), getto. 5 ~ (Vektor) (*Math.*), vettore. 6 ~ **ablenker** (bei Wasserturbinen) (*m. - Hydr.*), deviatore del getto. 7 ~ **ablenkung** (*f. - Strahltriebw.*), deviazione del getto. 8 ~ **ablenkvorrichtung** (*f. - Strahltriebw.*), deviatore del getto. 9 ~ **abtastung** (*f. - Elektronik*), scansione con fascio elettronico. 10 ~ **antrieb** (Düsenantrieb) (*m. - Flugw.*), propulsione a getto, propulsione a reazione. 11 ~ **ausrichtung** (beim Orthikon) (*f. - Elektronik*), allineamento del fascio. 12 ~ **austastung** (*f. - Fernseh.*), soppressione del fascio (elettronico). 13 ~ **bremse** (*f. - Strahltriebw.*), effusore riduttore di spinta. 14 ~ **dichte** (die Dichte des durch eine Fläche in einer bestimmten Richtung durchtretenden Strahlungsflusses in $W \cdot cm^{-2} \cdot sr^{-1}$ gemessen) (*f. - Phys.*), densità di flusso di energia, radianza energetica. 15 ~ **dichte** (Leuchtdichte, L) (*Beleucht.*), luminanza. 16 ~ **düse** (*f. - Strahltriebw.*), effusore. 17 ~ **einrichtung** (Justierung des Kathodenstrahls einer Bildröhre) (*f. - Fernseh.*), regolazione del raggio (catodico). 18 ~ **einspritzung** (direkte Einspritzung) (*f. - Mot.*), iniezione diretta. 19 ~ **en·abschirmung** (*f. - Radioakt.*), schermo biologico, schermatura contro le radiazioni. 20 ~ **en·behandlung** (*f. - Med.*), radioterapia. 21 ~ **en·brechung** (*f. - Phys.*), rifrazione. 22 ~ **en·brechungsmesser** (Refraktometer) (*m. - Phys. - Ger.*), rifrattometro. 23 ~ **en·bündel** (*n. - Phys.*), fascio di raggi. 24 ~ **en·büschel** (*m. - n. - Phys.*), pennello. 25 ~ **en·büschel** (*Math. - Geom.*), fascio. 26 ~ **en·dosis** (*f. - Radioakt.*), dose di radiazioni. 27 ~ **en·erder** (*m. - Elekt.*), presa di terra a stella, dispersore a stella. 28 ~ **en·gang** (in opt. Ger. z. B.) (*m.· - Opt.*), percorso del raggio. 29 ~ **en·gang** (von Scheinwerfern z. B.) (*Aut.*), orientamento del fascio di luce. 30 ~ **en·härte** (*f. - Phys.*), durezza di radiazione. 31 ~ **en·härtemesser** (*m. - Ger.*), misuratore della durezza di radiazioni. 32 ~ **en·kranz** (*m. - allg.*), raggiera. 33 ~ **en·messer** (Aktinometer) (*m. - Phys. - Ger.*), attinometro. 34 ~ **en·schutz** (*m. - Radioakt.*), protezione contro le radiazioni. 35 ~ **en·schutzmessgerät** (*n. - Radioakt. - Ger.*), contatore di radiazioni. 36 ~ **en·schutzröhre** (Röntgenröhre) (*f. - Phys.*), tubo autoprotettore (contro le radiazioni). 37 ~ **en·schutzwand** (*f. - Radioakt.*), schermo biologico. 38 ~ **erzeuger** (Kanone) (*m. - Elektronik*), cannone elettronico. 39 ~ **flugzeug** (*n. - Flugw.*), aviogetto. 40 ~ **gut** (Kies, für Guss·stücke z. B.) (*n. - mech. Technol.*), graniglia. 41 ~ **hinlauf** (Bewegung eines Abtaststrahls zur Bildzerlegung z. B.) (*m. - Fernseh.*), (movimento di) analisi, movimento del raggio analizzatore. 42 ~ **höhe** (einer Antenne) (*f. - Funk.*), altezza di radiazione. 43 ~ **intensität** (beim Kugelstrahlen) (*f. - mech. Technol.*), intensità di pallinatura. 44 ~ **intensität** (beim Sandstrahlen) (*mech. Technol.*), intensità di sabbiatura. 45 ~ **jäger** (*m. - Luftw.*), caccia a reazione. 46 ~ **kies** (Markasit) (*m. - Min.*), marcassite, pirite bianca. 47 ~ **körper** (Strahler) (*m. - Phys.*), radiatore. 48 ~ **läppen** (*n. - mech. Technol.*), idrofinitura. 49 ~ **lärm** (Strahlgeräusch) (*m. - Strahltriebw.*), rumore del getto. 50 ~ **nomogramm** (*n. - Math.*), nomogramma radiale. 51 ~ **pentode** (bei der die Sekundärelektronenunterdrückung durch Bündelung des Elektronenstromes mit einer zusätzlichen Hilfselektrode verbessert wird) (*f. - Elektronik*), pentodo a fascio elettronico. 52 ~ **pumpe** (Wasserstrahlpumpe) (*f. - Masch.*), pompa a getto d'acqua, iniettore idraulico. 53 ~ **rohr** (*n. - Hydr.*), boccaglio. 54 ~ **rohr** (beim Sauerstoff-Verfahren zur Stahlerzeugung) (*Metall.*), lancia. 55 ~ **rohr** (Hei-

zung), tubo radiante. **56** ~ **rohrheizung** (*f. - Heizung*), riscaldamento a tubi radianti. **57** ~ **schub** (*m. - Strahltriebw.*), spinta del getto. **58** ~ **spannung** (Beschleunigungsspannung, die von den Elektronen durchlaufene Gleichspannung) (*f. - Phys.*), tensione di accelerazione. **59** ~ **sperrung** (Strahlunterdrückung, Unterdrückung des Abtaststrahls während der Zeit des Rücklaufs z. B.) (*f. - Fernseh.*), soppressione del raggio. **60** ~ **stärke** (Dichte des abgestrahlten Strahlungsflusses in einer bestimmten Richtung, in W/sr gemessen) (*f. - Phys. - Beleuchtung*), intensità energetica, intensità di emissione. **61** ~ **stein** (Aktinolith) (*m. - Min.*), attinolite. **62** ~ **steuerung** (bei hydraulisch gasteuertem Nachformdrehen) (*f. - Werkz.masch.bearb.*), comando a getto. **63** ~ **strom** (*m. - Elektronik*), corrente del fascio, corrente catodica. **64** ~ **tetrode** (bei der die Sekundärelektronen unterdrückt sind) (*f. - Elektronik*), tetrodo a fascio, tetrodo ad emissione secondaria soppressa. **65** ~ **triebwerk** (Düsentriebwerk) (*Mot.*), siehe Strahltriebwerk. **66** ~ **turbine** (Peltonturbine) (*f. - Turb.*), turbina Pelton. **67** ~ **turbine** (Strahltriebwerk) (*Turb. - Flugw.*), motore a turbogetto, turbogetto. **68** ~ **turbinenantrieb** (*m. - Flugw.*), propulsione a turbogetto. **69** ~ **unterdrückung** (*f. - Fernseh.*), siehe Strahlsperrung. **70** ~ **verschleiss** (durch einen mit Festteilchen beladenen Gasstrom verursacht) (*m. - Mech.*), usura da getto. **71** ~ **verkehrsflugzeug** (*n. - Flugw.*), aviogetto di linea. **72** ~ **wasserschutz** (*m. - elekt. Masch.*), protezione contro il getto di manichetta. **73** ~ **werfer** (Antenne, Richtstrahler) (*m. - Funk.*), antenna direttiva. **74** ~ **wobblung** (schwingende Bewegung des Elektronenstrahls) (*f. - Fernseh.*), vobulazione del fascio, movimento oscillante del raggio. **75** ~ **zerstäubungsmotor** (*m. - Dieselmotor*), motore Diesel ad iniezione diretta. **76** Abtast ~ (*Fernseh.*), raggio esploratore, raggio analizzatore. **77** auftreffender ~ (einfallender Strahl) (*Phys.*), raggio incidente. **78** ausfallender ~ (*Phys. - Opt.*), raggio emergente. **79** ausserordentlicher ~ (*Opt.*), raggio straordinario. **80** einfallender ~ (*Opt.*), raggio incidente. **81** Elektronen ~ (*Elektronik*), raggio elettronico. **82** Gamma ~ (*Phys. - Radioakt.*), raggio gamma. **83** Haupt ~ (*Opt.*), raggio principale. **84** infraroter ~ (*Phys.*), raggio infrarosso. **85** Kathoden ~ (*Elektronik*), raggio catodico. **86** konvergenter ~ (Kathodenstrahl z. B.) (*Phys.*), raggio convergente. **87** Licht ~ (*Opt. - Beleucht.*), raggio di luce. **88** Photonen ~ antrieb (*m. - Strahltriebw.*), propulsione (a getto) a fotoni. **89** reflektierter ~ (*Phys.*), raggio riflesso. **90** ultraroter ~ (*Phys. - Opt.*), raggio ultrarosso. **91** ultravioletter ~ (*Opt.*), raggio ultravioletto. **92** Wasser ~ (*Hydr.*), getto d'acqua.

strahlangetrieben (*Flugw.*), a propulsione a getto.
Strahlen (*n. - Phys.*), irraggiamento. **2** Kugel ~ (*mech. Technol.*), pallinatura. **3** Sand ~ (*mech. Technol.*), sabbiatura.
strahlen (*Phys.*), irradiare, irraggiare. **2** kugel ~ (*mech. Technol.*), pallinare. **3** sand ~ (*mech. Technol.*), sabbiare.
strählen (strehlen) (*Werkz.masch.bearb.*), filettare col pettine.
strahlend (*Phys.*), radiante. **2** ~ e Energie (*Phys.*), energia radiante. **3** ~ e Wärme (*Wärme*), calore radiante.
strahlenförmig (*allg.*), a raggiera.
Strahler (*m. - Phys.*), radiatore. **2** ~ gruppe (Antenne) (*f. - Funk. - etc.*), antenna multipla. **3** ~ lampe (*f. - Beleucht.*), lampada a riflettore (per irradiazione). **4** aktiver ~ (einer Antenne) (*Funk.*), radiatore attivo, eccitatore. **5** Dunkel ~ ((zur Lacktrocknung, z. B., Lampe mit geringer Fadentemperatur und bei der die Wellenlänge mehr nach Infrarot verschoben ist) (*Ind. - Phys.*), generatore di radiazioni infrarosse, lampada a raggi infrarossi. **6** grauer ~ (*Phys.*), radiatore grigio, radiatore non selettivo. **7** Hell ~ (*Phys.*), radiatore ottico, generatore di radiazioni ottiche. **8** schwarzer ~ (Planckscher Strahler, Temperatur-Strahler) (*Phys.*), radiatore termico ideale, radiatore integrale, radiatore nero, corpo nero, radiatore di Planck. **9** Selektiv ~ (*Opt. - Beleucht.*), radiatore selettivo.
Strähler (Gewindestrehler) (*m. - Werkz.*), pettine per filettare.
Strahltriebwerk (Düsentriebwerk) (*n. - Mot.*), motore a getto, reattore. **2** Propeller-Turbinen-Luft ~ (PTL-Triebwerk, Turbo-Prop) (*Mot.*), turboelica, motore a turboelica. **3** Stau ~ (*Mot.*), autoreattore, statoreattore, atodite. **4** Turbinen-Luft ~ (TL-Triebwerk, Turbo-Jet) (*Mot.*), turbogetto, motore a turbogetto. **5** Verpuffungs ~ (Argus-Schmidt-Rohr z. B.) (*Mot.*), pulsogetto, pulsoreattore.
Strahlung (*f. - Phys.*), radiazione. **2** ~ (Wärme), irraggiamento. **3** ~ s·ausbeute (Verhältnis zwischen abgegebenem Strahlungsfluss und der zu seiner Erzeugung benötigten Leistung) (*f. - Phys.*), rendimento di radiazione, rendimento energetico. **4** ~ s·charakteristik (Strahlungsdiagramm) (*f. - Funk.*), caratteristica di radiazione. **5** ~ s·chemie (Radiochemie) (*f. - Chem. - Radioakt.*), radiochimica. **6** ~ s·deckenheizung (*f. - Heizung - Bauw.*), riscaldamento a pannelli radianti dal soffitto. **7** ~ s·diagramm (*n. - Funk.*), siehe Strahlungscharakteristik. **8** ~ s·dichte (*f. - Phys.*), densità di radiazione. **9** ~ s·dichte (einer Antenne) (*Funk. - etc.*), densità di potenza irradiata. **10** ~ s·dosis (*f. - Radioakt.*), dose di radiazioni. **11** ~ s·druck (Repulsivkraft) (*m. - Phys.*), pressione di radiazione. **12** ~ s·element (einer Antenne) (*n. - Funk.*), elemento radiante. **13** ~ s·energie (*f. - Phys.*), energia radiante. **14** ~ s·fläche (*f. - Phys.*), superficie radiante. **15** ~ s·fluss (*m. - Phys.*), flusso energetico, potenza radiante. **16** ~ s·funktion (relative spektrale Verteilung einer Strahlungsgrösse) (*f. - Opt.*), distribuzione spettrale relativa di energia (di una radiazione). **17** ~ s·gürtel (Van-Allen-Gürtel, der Erde) (*m. - Geophys. - Radioakt.*), fascia di Van Allen. **18** ~ s·härtegrad (*m. - Phys.*), (grado di) durezza della radiazione. **19** ~ s·heizung (*f. - Heizung*),

riscaldamento a radiazione, riscaldamento a pannelli radianti. 20 ~ s·hitzemesser (*m. - Instr.*), pirometro a radiazione. 21 ~ s·höhe (einer Antenne) (*f. - Funk.*), altezza di radiazione. 22 ~ s·intensität (*f. - Phys.*), intensità di radiazione. 23 ~ s·keule (Teil des Strahlungsdiagramms einer Antenne) (*f. - Funk.*), lobo di radiazione. 24 ~ s·konstante (*f. - Phys.*), siehe Strahlungszahl. 25 ~ s·körperblock (*m. - Heizungsanlage*), pacco radiante. 26 ~ s·kraft (*f. - Phys.*), emissività. 27 ~ s·kühlung (*f. - Phys.*), raffreddamento a radiazione. 28 ~ s·leistung (einer Antenne) (*f. - Funk.*), potenza irradiata. 29 ~ s·menge (*f. - Phys.*), (quantità di) energia radiante. 30 ~ s·messgerät (*n. - Radioakt. - Ger.*), contatore di radiazioni. 31 ~ s·messung (*f. - Phys.*), radiometria. 32 ~ s·monitor (*m. - Radioakt. - Ger.*), monitore di radiazioni. 33 ~ s·strom (in der Atmosphäre) (*m. - Geophys.*), corrente di radiazioni. 34 ~ s·thermometer (Pyrometer) (*n. - Instr.*), pirometro a radiazione. 35 ~ s·trocknen (*n. - Technol.*), essiccamento a radiazione. 36 ~ s·überhitzer (*m. - Kessel*), surriscaldatore a radiazione. 37 ~ s·vektor (Poyntingscher Vektor) (*m. - Elekt.*), vettore di Poynting, vettore radiante. 38 ~ s·vermögen (*n. - Phys.*), potere radiante, potere emissivo. 39 ~ s·wärme (*f. - Wärme*), calore radiante. 40 ~ s·widerstand (einer Antenne) (*m. - Funk.*), resistenza di radiazione. 41 ~ s·zahl (eines schwarzen Körpers = 4,96 kcal/m²h · grad⁻⁴) (*f. - Phys.*), costante di emissione, costante di Stefan-Boltzmann. 42 ~ s·zählrohr (*n. - Radioakt. - Ger.*), (tubo) contatore di radiazioni. 43 harte ~ (*Phys.*), radiazione dura, radiazione penetrante. 44 Infrarot- ~ s·heizung (*Heizung*), riscaldamento a raggi infrarossi. 45 kosmische ~ (*Geophys.*), radiazione cosmica. 46 Teilchen ~ (*Phys.*), radiazione corpuscolare. 47 weiche ~ (*Phys.*), radiazione molle, radiazione poco penetrante. 48 Wellen ~ (*Phys.*), radiazione ondulatoria. 49 wilde ~ (*Phys.*), radiazione spuria, radiazione parassita. 50 zusammengesetze ~ (*Phys. - Opt.*), radiazione complessa.

strahlwassergeschützt (*elekt. Masch.*), protetto contro il getto di manichetta.

Strählwerkzeug (Strehler, Strähler) (*n. - Werkz.*), pettine per filettare.

Strähn (*m.*), **Strähne** (*f. - Text.*), matassa.

Strähngarn (*n. - Text.*), filo in matasse.

Strainer (Siebspritzmaschine) (*m. - Gummiind. - Masch.*), trafila (con testa filtrante).

Strak (*f. - Schiffbau*), siehe Straak.

stralzieren (auflösen, eine Firma) (*Adm. - komm. - österr.*), sciogliere, liquidare.

Stralzio (Liquidation, einer Firma) (*m. - Adm. - komm. - österr.*), liquidazione, scioglimento.

Stramin (Gewebe, zur Leinwand-Bindung z. B.) (*m. - Text.*), canovaccio.

Strammheit (von Polymerisaten, hoher Spannungswert) (*f. - chem. Ind.*), modulo elevato.

Strand (Küstenteil) (*m. - Geogr.*), riva. 2 ~ gut (*n. - naut.*), relitto. 3 ~ kieferholz (*n. - Holz*), (legno di) pino marittimo. 4 ~ linie (*f. - Geogr.*), litorale. 5 ~ see (Lagune) (*m. - Geogr.*), laguna. 6 Sand ~ (*Geogr.*), spiaggia, lido.

stranden (*naut.*), arrenarsi, incagliarsi.

Strandung (*f. - naut.*), arrenamento, incagliamento.

Strang (Strange (*f.*), Strähn, Garnmass) (*m. - Text.*), matassa. 2 ~ (beim Stranggiessen) (*Giess.*), barra, « linea ». 3 ~ (Strecke) (*allg.*), tratto. 4 ~ (eines Gleises z. B.) (*Eisenb. - etc.*), tronco, tratto. 5 ~ (Schienenstrang) (*Eisenb.*), tronco di binario. 6 ~ (eines Netzes) (*Elekt. - etc.*), lato. 7 ~ (Phase) (*Elekt.*), fase. 8 ~ (Strick) (*allg.*), siehe Strick. 9 ~ färbeapparat (*m. - Textilind. - App.*), apparecchio per tintura in matasse. 10 ~ fehler (*m. - Giess.*), difetto nella colata continua. 11 ~ förderrolle (beim Stranggiessen) (*f. - Giess.*), rullo trasporto barra. 12 ~ führung (beim Stranggiessen) (*f. - Giess.*), guida della barra. 13 ~ giessanlage (*f. - Giess.*), impianto di colata continua. 14 ~ giessmaschine (*f. - Giess. - Masch.*), macchina per colata continua. 15 ~ guss (ununterbrochenes Giessen flüssiger Metalle) (*m. - Giess.*), colata continua. 16 ~ guss mit beschränkter Stranglänge (*Giess.*), colata semicontinua. 17 ~ klemme (Phasenklemme) (*f. - Elekt.*), morsetto di fase. 18 ~ presse (*f. - Masch.*), pressa per estrudere. 19 ~ presse (für Kunststoffe) (*Technol. - Mach.*), estrusore, macchina per estrudere. 20 ~ presse mit Schnecke (*Masch.*), pressa per estrudere a vitone. 21 ~ pressen (Fliesspressen, Verfahren, bei dem das Metall mittels Kolbendruck durch eine Arbeitsöffnung gepresst wird zur Erzeugung von langen Stükken) (*n. - mech. Technol.*), estrusione diretta lunga, estrusione diretta di pezzi lunghi. 22 ~ pressen (von Kunststoffen) (*Technol.*), estrusione. 23 ~ pressprofil (*n. - mech. Technol.*), profilato estruso. 24 ~ presswerkzeug (für Kunststoffe) (*n. - Werkz.*), trafila. 25 ~ spannung (Sternspannung) (*f. - Elekt.*), tensione di fase, tensione stellata. 26 Schienen ~ (*Eisenb.*), tronco di binario. 27 Wellen ~ (Wellenleitung) (*Mech.*), linea d'alberi, linea d'assi.

Strangeness (Fremdheitsquantenzahl, zur Klassifikation der seltsamen Elementarteilchen) (*f. - Phys.*), estraneità, « strangeness ».

stranggepresst (*mech. Technol.*), estruso in avanti.

strangpressen (*mech. Technol.*), estrudere in avanti.

strapazieren (überarbeiten, beanspruchen) (*Mech.*), maltrattare, sollecitare eccessivamente.

Strass (Glaspaste, Glasfluss) (*m. - chem. Ind.*), strass, brillante chimico, brillante artificiale.

Strasse (Verkehrsweg) (*f. - Strasse - Ing.b.*), strada. 2 ~ (*Walzw.*), treno, laminatoio. 3 ~ (Bearbeitungsstrasse) (*Mech. - etc.*), linea (di lavorazione). 4 ~ (Meeresstrasse) (*Geogr.*), stretto. 5 ~ im Bau (*Strasse*), strada in costruzione. 6 ~ mit staubfreiem Belag (*Strasse*), strada con rivestimento antipolvere. 7 ~ mit drei Spuren (*Strasse*), strada a tre corsie, carreggiata a tre corsie. 8 ~ mit Verkehrsregelung bezw.-verbot (*Strasse - Aut.*), strada a transito limitato o vietato. **9 ~ mit Vorfahrtsrecht** (*Strasse - Aut.*), strada con diritto di precedenza. **10 ~ n·ablauf** (Strasseneinlauf) (*m. - Strass.b.*), pozzetto stradale. **11 ~ n·arbeiten** (*f. - pl. - Strass.b.*), lavori stradali. **12 ~ n·arbeiten** (Verkehrszeichen) (*Strass.ver. - Aut.*), lavori in corso. **13 ~ n·arbeiter** (*m. - Arb.*), stradino. **14 ~ n·aufreisser** (*m. - Strass.masch.*), scarificatore stradale. **15 ~ n·aufschüttung** (*f. - Strass.b.*), massicciata stradale. **16 ~ n·ausbesserung** (*f. - Strass.b.*), riparazione stradale. **17 ~ n·bahn** (*f. - Transp.*), tranvia. **18 ~ n·bahnbeiwagen** (Strassenbahnanhänger, Strassenbahnanhängewagen) (*m. - Fahrz.*), carrozza (tranviaria) rimorchiata, rimorchio. **19 ~ n·bahndepot** (*n. - Fahrz. - Bauw.*), deposito tranviario, rimessa tranviaria. **20 ~ n·bahnführer** (*m. - Arb.*), manovratore del tram. **21 ~ n·bahngleis** (*n. - Fahrz.*), binario del tram. **22 ~ n·bahnhaltstelle** (*f. - Transp.*), fermata del tram. **23 ~ n·bahninsel** (*f. - Strasse*), salvagente (di fermata) del tram. **24 ~ n·bahnnetz** (*n. - Transp.*), rete tranviaria. **25 ~ n·bahnschaffner** (*m. - Arb.*), bigliettario del tram. **26 ~ n·bahnschiene** (Rillenschiene) (*f. - elekt. Fahrz.*), rotaia a canale, rotaia per tranvie. **27 ~ n·bahntriebwagen** (*m. - elekt. Fahrz.*), motrice tranviaria. **28 ~ n·bahnwagen** (*m. - Fahrz.*), carrozza tranviaria, vettura tranviaria, tram. **29 ~ n·bau** (*m. - Strass.b.*), costruzione stradale. **30 ~ n·bauer** (*m. - Ing.b.*), costruttore stradale. **31 ~ n·baumaschine** (*f. - Strass.b.masch.*), macchina per costruzioni stradali. **32 ~ n·baustelle** (*f. - Strass.b.*), cantiere stradale. **33 ~ n·beleuchtung** (*f. - Strasse - Beleucht.*), illuminazione stradale. **34 ~ n·betoniermaschine** (*f. - Strass.b.masch.*), pavimentatrice per strade in calcestruzzo. **35 ~ n·biegung** (*f. - Strasse*), curva stradale. **36 ~ n·brücke** (*f. - Brück.b.*), ponte stradale. **37 ~ n·damm** (*m. - Strass.b.*), terrapieno stradale. **38 ~ n·decke** (*f. - Strass.b.*), manto stradale, pavimentazione stradale. **39 ~ n·einlauf** (Gully, Senkkasten) (*m. - Strass.b.*), pozzetto stradale (di raccolta). **40 ~ n·einschnitt** (*m. - Strass.b.*), trincea stradale, strada in trincea. **41 ~ n·fahrversuch** (*m. - Aut.*), prova su strada. **42 ~ n·fahrzeug** (*n. - Fahrz.*), veicolo stradale. **43 ~ n·fertiger** (*f. - Strass.b.masch.*), pavimentatrice stradale. **44 ~ n·front** (Strassenseite, Vorderseite, eines Gebäudes) (*f. - Bauw.*), facciata. **45 ~ n·gelenkwagen** (*m. - Fahrz.*), vettura tranviaria articolata. **46 ~ n·graben** (*m. - Strass.b.*), fossato laterale (della strada). **47 ~ n·handel** (*m. - komm.*), commercio ambulante. **48 ~ n·händler** (*m. - Arb. - komm.*), venditore ambulante. **49 ~ n·hobel** (Erdhobel) (*m. - Strass.b.masch.*), motolivellatore (stradale). **50 ~ n·instandsetzung** (*f. - Strasse*), manutenzione stradale. **51 ~ n·karte** (*f. - Aut.*), carta stradale. **52 ~ n·kehrer** (*m. - Arb.*), spazzino. **53 ~ n·kehrmaschine** (*f. - Strasse - Masch.*), spazzatrice stradale. **54 ~ n·kreuzung** (*f. - Strasse*), incrocio stradale. **55 ~ n·lage** (*f. - Fahrz. - Aut.*), tenuta di strada. **56 ~ n·lampe** (*f. - Strasse*), fanale di illuminazione stradale. **57 ~ n·markierung** (Bodenmarkierung) (*f. - Strass.ver.*), segnaletica orizzontale (stradale). **58 ~ n·markierungsfarbe** (*f. - chem. Ind. - Anstr.*), pittura per segnaletica orizzontale. **59 ~ n·netz** (*n. - Strasse*), rete stradale. **60 ~ n·oberbau** (*m. - Strass.b.*), manto stradale. **61 ~ n·oberfläche** (*f. - Strasse*), superficie stradale. **62 ~ n·-Oktan-Zahl** (*f. - Kraftstoff*), siehe SOZ. **63 ~ n·polizei** (*f. - recht. - Aut.*), polizia stradale. **64 ~ n·rennen** (*n. - Aut. - Sport*), corsa su strada. **65 ~ n·roller** (Culemeyer-Fahrzeug, mit 16-32 lenkbaren Rädern und bis 130 T Tragfähigkeit, zur Beförderung von Eisenbahnwagen auf der Strasse) (*m. - Fahrz.*), rimorchio per trasporto di carri ferroviari. **66 ~ n·schild** (*n. - Strass.ver.*), (cartello) indicatore stradale. **67 ~ n·schlepper** (*m. - Fahrz.*), trattore stradale, trattore gommato. **68 ~ n·senkkasten** (*m. - Strass.b.*), siehe Strasseneinlauf. **69 ~ n·signierfarbe** (Strassenmarkierungsfarbe) (*f. - Anstr. - Strass.ver.*), pittura per segnaletica orizzontale. **70 ~ n·sperrung** (*f. - Strass.ver.*), blocco stradale. **71 ~ n·teermaschine** (*f. - Strass.b.masch.*), bitumatrice stradale, asfaltatrice stradale. **72 ~ n·tunnel** (*m. - Ing.b.*), galleria stradale, tunnel stradale. **73 ~ n·überführung** (*f. - Strasse*), soprapassaggio (stradale), cavalcavia. **74 ~ n·übergang** (für Fussgänger) (*m. - Strass.ver.*), attraversamento stradale. **75 ~ n·umleitung** (*f. - Strass.ver.*), deviazione stradale. **76 ~ n·unebenheitsmesser** (*m. - Strass.b. - Ger.*), rugosimetro stradale, apparecchio per misurare le irregolarità della superficie stradale. **77 ~ n·unterführung** (*f. - Strass.ver.*), sottopassaggio stradale. **78 ~ n·verengung** (Verkehrszeichen) (*f. - Strasse - Aut.*), strettoia. **79 ~ n·verkehr** (*m. - Strass.ver.*), traffico stradale. **80 ~ n·verkehrsordnung** (*f. - Strass.ver. - recht. - Aut.*), codice della strada. **81 ~ n·verkehrsunfall** (*m. - Aut.*), incidente stradale. **82 ~ n·versuch** (*m. - Aut.*), prova su strada. **83 ~ n·walze** (*f. - Strass.b.masch.*), compressore stradale. **84 ~ n·zugmaschine** (*f. - Fahrz.*), trattore stradale. **85 ~ ohne Richtungstrennstreifen** (*Strasse*), strada a carreggiata unica. **86 ~ ohne staubfreien Belag** (*Strasse*), strada senza rivestimento antipolvere. **87 ~ von touristischem Interesse** (*Strasse - Aut.*), strada di interesse turistico. **88 ~ von unbestimmter Befahrbarkeit** (*Strasse - Aut.*), strada d'incerta percorribilità, strada percorribile con difficoltà, strada non sempre percorribile. **89 abfallende ~** (*Strasse - Aut.*), strada in discesa. **90 ansteigende ~** (*Strasse - Aut.*), strada in salita. **91 Auto ~** (Autobahn) (*Strasse*), autostrada (a doppia carreggiata). **92 betonierte ~** (*Strass.b.*), strada in calcestruzzo. **93 dreistöckige ~ n·überführung** (*Strass.b.*), cavalcavia a tre piani, cavalcavia a tre livelli. **94 Einbahn ~** (*Strass.ver.*), strada a senso unico. **95 Fernverkehrs ~** (*Strasse*), strada di grande comunicazione. **96 Land ~** (*Strasse*), strada provinciale. **97 Meeres ~** (*Geogr.*), stretto. **98 Quer ~** (*Strass.ver.*), strada trasversale. **99

Stratameter

schlüpfrige ~ (*Aut. - Strass.ver.*), strada sdrucciolevole. **100 Tandem-** ~ **n·walze** (*f. - Strass.b.masch.*), compressore a due rulli, tandem. **101 vorgespannte** ~ (aus Spannbeton) (*Strass.b.*), strada in cemento precompresso.
Stratameter (zur Emittlung von Einfallen und Streichen) (*n. - Geol. - Ger.*), stratimetro.
Strategie (*f. - milit. - etc.*), strategia. **2** ~ (bei der Theorie der Spiele) (*Math. - Planung*), strategia. **3 gemischte** ~ (*Planung*), strategia mista. **4 reine** ~ (*Planung*), strategia pura.
strategisch (*milit.*), strategico.
Stratigraphie (Schichtenkunde, Formationskunde) (*f. - Geol.*), stratigrafia.
stratigraphisch (*Geol.*), stratigrafico. **2** ~ **es Alter** (*Geol.*), età stratigrafica.
Stratokumulus (*m. - Meteor.*), stratocumulo.
Stratoradar (*n. - Radar*), radar stratosferico.
Stratosphäre (*f. - Geophys.*), stratosfera. **2** ~ **n·flugzeug** (*n. - Flugw.*), velivolo stratosferico.
Stratovision (Übertragung von Fernsehsendungen durch hochfliegende Flugzeuge als Relaisstationen) (*f. - Fernseh.*), stratovisione.
Stratovulkan (Schichtvulkan) (*m. - Geol.*), strato-vulcano.
Stratus (Schichtwolke) (*m. - Meteor.*), strato (di nubi).
Strauss-Probe (zur Untersuchung der Werkstoffempfindlichkeit gegenüber interkristalliner Korrosion) (*f. - Metall.*), prova Strauss.
Strazze (*f. - allg.*), scartafaccio. **2** ~ (Kladde, Buch zur Eintragung der Rechnungen) (*Buchhaltung*), primanota. **3** ~ **n·buchhalter** (*m. - Buchhaltung*), primanotista.
Streb (*n. - Bergbau*), fronte di avanzamento. **2** ~ **bau** (*m. - Bergbau*), coltivazione a lunga fronte avanzante in direzione. **3** ~ **kappe** (*f. - Bergbau*), armamento del tetto.
Strebe (schräge Stütze) (*f. - Bauw.*), saettone, (puntone) diagonale. **2** ~ **band** (*n. - Bauw.*), puntone. **3** ~ **bogen** (*m. - Arch.*), arco rampante. **4** ~ **kraft** (Zentripetalkraft) (*f. - Mech.*), forza centripeta. **5** ~ **mauer** (*f. - Bauw.*), muro a contrafforti. **6** ~ **n·fachwerk** (*n. - Bauw.*), travatura a triangoli isosceli, travatura senza montanti. **7** ~ **pfeiler** (*m. - Bauw.*), contrafforte. **8** ~ **schwarte** (Windrispe) (*f. - Bauw.*), controvento (*s.*). **9 Feder** ~ (*Fahrz.*), puntone elastico.
Streckband (*n. - Textilind.*), nastro di stiratoio.
Streckbank (Streckwerk) (*f. - Masch.*), stiratoio.
streckbar (*Metall.*), malleabile. **2** ~ (dehnbar) (*Technol.*), allungabile. **3** ~ (hämmerbar) (*mech. Technol.*), malleabile.
Streckbarkeit (*f. - Metall.*), malleabilità.
Streckbiegemaschine (Blechbearbeitung) (*f. - Masch.*), stiro-curvatrice, curvatrice a stiro, macchina per stirare e curvare.
Streckdraht (*m. - Metall.*), filo stirato.
Streckdrücken (Streckplanieren, Blechformgebung zwischen Rollen mit Dickenabnahme) (*n. - Mech.*), fluotornitura.

Streckdrückmaschine (*f. - Werkz.masch.*), fluotornitrice.
Strecke (Entfernung) (*f. - allg.*), distanza. **2** ~ (Länge) (*allg.*), lunghezza. **3** ~ (Zeit) (*allg.*), periodo. **4** ~ (begrenzte gerade Linie) (*Geom.*), segmento rettilineo. **5** ~ (Masch. zum Strecken) (*Textilmasch.*), stiratoio. **6** ~ (waagerechter Grubenbau) (*Bergbau*), livello. **7** ~ (Strasse) (*Walzw.*), treno. **8** ~ (Gleisabschnitt) (*Eisenb.*), sezione, tratto. **9** ~ (Weg) (*allg.*), percorso. **10** ~ **n·abgang** (Streckenabfall) (*m. - Textilind.*), cascame di stiratura. **11** ~ **n·abschnitt** (*m. - Eisenb.*), sezione, tratto. **12** ~ **n·ausschalter** (*m. - Elekt. - Eisenb.*), interruttore di sezione. **13** ~ **n·block** (*m. - Eisenb.*), blocco di sezione. **14** ~ **n·dämpfung** (bei Richtfunk) (*f. - Funk.*), attenuazione di linea. **15** ~ **n·entblockung** (*f. - Eisenb.*), consenso di sezione. **16** ~ **n·feuer** (*n. - Navig. - Funk.*), radiofaro di rotta. **17** ~ **n·flugzeug** (Linienflugzeug) (*n. - Flugw.*), aeroplano di linea, velivolo di linea. **18** ~ **n·geräte** (eines Fernsprechsystems z. B.) (*n. - pl. - Fernspr.*), equipaggiamento di linea. **19** ~ **n·länge** (einer Freileitung z. B.) (*f. - Elekt.*), siehe Trassenlänge. **20** ~ **n·last** (*f. - Bauw.*), carico parziale. **21** ~ **n·lokomotive** (*f. - Eisenb.*), locomotiva di linea. **22** ~ **n·netz** (Eisenbahnnetz) (*n. - Eisenb.*), rete ferroviaria. **23** ~ **n·schalter** (*m. - elekt. Eisenb.*), interruttore di sezione. **24** ~ **n·schutz** (Relais) (*m. - Elekt.*), protezione con pilota. **25** ~ **n·steuerung** (NC-Steuerung für Bewegungen entlang Geraden parallel zu den Koordinatenachsen) (*NC - Werkz.masch. bearb.*), comando numerico parassiale. **26** ~ **n·trennung** (*f. - Eisenb. - etc.*), sezionamento. **27** ~ **n·verlauf** (Trasse) (*m. - Eisenb.*), tracciato. **28** ~ **n·wärter** (Gleisaufseher) (*m. - Eisenb. - Arb.*), guardalinee. **29 Brems** ~ (Bremsweg) (*Fahrz.*), spazio di frenatura. **30 durchlaufene** ~ (*allg.*), distanza percorsa. **31 freie** ~ (*Eisenb.*), sezione libera. **32 Funken** ~ (einer Zündkerze z. B.) (*Mot.*), distanza esplosiva, distanza interelettrodica. **33 Mess** ~ (einer Probe z. B.) (*Mech.*), lunghezza base. **34 Rund** ~ (*Sport*), circuito.
Strecken (*n. - Schmieden*), stiratura (longitudinale). **2** ~ (*Textilind.*), stiro. **3 biaxiales** ~ (von Kunststoffen) (*Technol.*), stiro biassiale.
strecken (*Schmieden*), stirare. **2** ~ (*Textilind.*), stirare. **3 die Arbeit** ~ (die Arbeit in die Länge ziehen) (*Arb.*), tirare in lungo il lavoro.
Strecker (Binder, senkrecht zur Mauer liegender Ziegelstein) (*m. - Maur.*), mattone messo di punta. **2** ~ (Streckmaschine) (*Textilmasch.*), stiratoio.
Streckformen (Streckziehen) (*n. - Blechbearb.*), stiro-imbutitura.
Streckglas (*n. - Glasind.*), vetro stirato.
Streckgrad (beim Schmieden z. B.) (*m. - mech. Technol.*), grado di allungamento, grado di stiro.
Streckgrenze (Fliessgrenze) (*f. - Baukonstr. lehre*), limite di snervamento. **2** ~ **n·verhältnis** (Verhältnis von Fliessgrenze zu Zugfestigkeit) (*n. - Baukonstr.lehre*), rapporto di snervamento, rapporto tra limite di snervamento

(a trazione) e resistenza a trazione. **3 obere** ~ (entsprechend dem ersten Knick der Kraft-Längenänderungs-Kurve) (*Baukonstr.lehre*), limite di snervamento superiore. **4 untere** ~ (*Baukonstr.lehre*), limite di snervamento inferiore.
Streckmaschine (Strecker) (*f. - Textilmasch.*), stiratoio. **2** ~ (zum Richten krummer und verdrallter Stäbe) (*Masch.*), raddrizzatrice a stiro (e torsione).
Streckmetall (*n. - metall. Ind.*), lamiera stirata.
Streckplanieren (*n. - Mech.*), siehe Streckdrücken.
Streckrichten (Umformen durch Zugkraft zur Herstellung ebenen Halbzeuges) (*n. - mech. Technol.*), spianatura a trazione.
Streckstein (Binder) (*m. - Maur.*), siehe Strecker.
Streckstich (*m. - Walzw.*), passata di allungamento.
Streckung (eines Flügels z. B.) (*f. - Flugw.*), allungamento.
Streckwalzen (*n. - Walzw.*), sbozzatura al laminatoio.
streckwalzen (*Walzw.*), sbozzare al laminatoio.
Streckwerk (Streckmaschine) (*n. - Textilmasch.*), stiratoio. **2 Nadelstab** ~ (*Textilmasch.*), stiratoio a barrette di pettini, stiratoio a gillbox.
Streckziehen (*Blechbearb.*), stiro-imbutitura.
Streckziehform (*f. - Werkz.*), stampo per stiro-imbutitura.
Streckziehmaschine (*f. - Masch.*), stiroimbutitrice.
Streckziehteil (*m. - mech. Technol.*), (pezzo) stiro-imbutito.
Strehlbacken-Gewindeschneider (*m. - Werkz.*), filiera a pettini.
Strehlen (*n. - Mech.*), filettatura col pettine.
strehlen (*Mech.*), filettare col pettine.
Strehler (Strähler, zur Gewindeherstellung) (*m. - Werkz.*), pettine per filettature. **2 Aussen** ~ (*Werkz.*), pettine per filettature esterne, pettine per viti. **3 Innen** ~ (*Werkz.*), pettine per madreviti, pettine per filettature interne.
Streichbalken (Streifbalken) (*m. - Bauw.*), dormiente.
Streichbank (Masch. zum Streichen von Gummigemisch auf Gewebe) (*f. - chem. Ind. - Masch.*), spalmatrice.
Streichblech (am Pflug) (*n. - Ack.b.masch.*), versoio, orecchio.
Streichbrett (*n. - Formerei - Giess.*), sagoma, bandiera. **2** ~ (*Maur.*), fratazzo, taloccia, pialletto.
Streichbürste (zum Tünchen) (*f. - Maur. werkz.*), pennello (da imbianchino).
Streichen (Streichrichtung, einer Ader z. B.) (*n. - Geol.*), direzione. **2** ~ (Papier, mit Streichmasse) (*Papierind.*), patinatura. **3** ~ (Gummieren feiner Gewebe) (*Textilind.*), gommatura. **4** ~ **und Fallen** (S. u. F.) (*Geol.*), direzione ed immersione.
streichen (anstreichen) (*Anstr.*), verniciare. **2** ~ (Papier mit Streichmasse) (*Papierind.*), patinare. **3** ~ (schmieren) (*allg.*), spalmare.
4 ~ (herunterholen, die Segel z. B.) (*naut. - etc.*), ammainare. **5** ~ (dagegen rudern) (*naut.*), scontrare (il timone). **6 ab** ~ (abziehen) (*allg.*), detrarre, sottrarre. **7 ab** ~ (abstreifen) (*allg.*), togliere. **8 an** ~ (*Anstr.*), verniciare. **9 aus** ~ (*allg.*), annullare, cancellare. **10 einen Auftrag** ~ (einen Auftrag annullieren) (*komm.*), annullare un ordine.
Streichgarn (Garn aus kurzen Fasern) (*n. - Text.*), filato di lana cardata.
Streichholz (*n. - Maur. - Werkz.*), regolo. **2** ~ (Zündholz) (*Ind.*), fiammifero (a sfregamento).
Streichhölzchen (Zündhölzchen) (*n. - Ind.*), fiammifero (a sfregamento).
Streichlack (*m. - Anstr.*), vernice a pennello.
Streichlinie (horizontal verlaufende Linie auf der geneigten Fläche einer Lagerstätte) (*f. - Geol.*), isoipsa.
Streichmaschine (Krempel) (*f. - Textilmasch.*), carda. **2** ~ (*Papierind. - Masch.*), patinatrice. **3** ~ (zum Gummieren von Geweben) (*f. - Masch.*), gommatrice.
Streichmass (Mass-stab mit Reiss-stift zum Anreissen) (*n. - Werkz.*), truschino, graffietto. **2** ~ (eines Formstahles z. B.) (*Metall.*), quota di tracciatura.
Streichmasse (Mischung zum Aufbringen auf Papieroberflächen) (*f. - Papierind.*), patina, miscela per patinatura.
Streichofen (*m. - Ofen*), forno a riverbero.
Streichpapier (*n. - Papierind.*), carta da patinare.
Streichspachtel (Unterlage) (*m. - Anstr.*), stucco a pennello.
Streichtrommel (*f. - Textilmasch.*), cilindro spogliatore.
Streichung (einer Gesprächsanmeldung) (*f. - Fernspr. - etc.*), annullamento. **2** ~ (Annullierung, eines Auftrags) (*komm.*), annullamento.
Streichwehr (parallel zur Fliessrichtung verlaufendes Überfallwehr) (*n. - Wass.b.*), sfioratore laterale.
Streichwinkel (der Winkel zwischen der magnetischen Nordrichtung und der Streichlinie einer Lagerstätte) (*m. - Geol.*), direzione.
Streichwolle (*f. - Text.*), lana cardata.
Streifbalken (Streichbalken) (*m. - Bauw.*), dormiente.
Streifband (Papierstreifen zum Versand von Drucksachen) (*n. - Post*), fascetta.
Streifen (*m. - allg.*), striscia. **2** ~ (Band) (*allg.*), nastro. **3** ~ (zur Rohrherstellung) (*mech. Technol.*), nastro. **4** ~ (eines Dehnungsmessers) (*Instr.*), striscia (estensimetrica), piastrina (estensimetrica). **5** ~ (Striemen) (*Glas - Fehler*), stria. **6** ~ (bei Lochkartentechnik) (*Datenverarb.*), nastro. **7** ~ (zur Abdichtung des Kolbens eines Wankelmotors) (*Mot.*), segmento (laterale). **8** ~ (Papierstreifen) (*Telegr.*), zona. **9** ~ **abtaster** (*m. - Datenverarb.*), lettore di nastro. **10** ~ **bibliothek** (*f. - Datenverarb.*), nastroteca. **11** ~ **lochung** (*f. - Technol.*), perforazione di nastri. **12** ~ **schere** (*f. - Masch.*), cesoia per taglio a strisce. **13** ~ **sender** (*m. - Ger.*), trasmettitore a nastro (perforato). **14** ~

Streifung

spektrum (*n. - Opt.*), spettro a bande. **15 ~ stanzmaschine** (*f. - Masch.*), perforatrice per nastri. **16 ~ transport** (Streifenvorschub) (*m. - Datenverarb.*), alimentazione del nastro. **17 ~ walzwerk** (*n. - Walzw.*), laminatoio per nastri. **18 Bild ~** (*Phot.*), nastro di pellicola. **19 Lauf ~** (eines Reifens) (*Aut.*), battistrada. **20 Papier ~** (*Telegr.*), zona. **21 Schuppenloch ~** (*Datenverarb.*), nastro a perforazione incompleta. **22 Ton ~** (Tonband) (*Elektroakus.*), nastro magnetico.
Streifung (*f. - allg.*), striatura.
streifig (*allg.*), a strisce, striato. **2 ~** (blätterig, Perlit z. B.) (*Metall.*), lamellare.
Streik (*m. - Arb.*), sciopero. **2 ~ brecher** (*m. - Arb.*), non partecipante a sciopero. **3 ~ posten** (Streikwache) (*m. - Arb.*), picchetto. **4 ~ wache** (Streikposten) (*f. - Arb.*), picchetto. **5 ~ wachenhalten** (Streikpostenhalten) (*Arb.*), picchettaggio. **6 General ~** (*Arb.*), sciopero generale. **7 in ~ treten** (*Arb.*), entrare in sciopero. **8 nicht genehmigter ~** (wilder Streik) (*Arb.*), sciopero selvaggio, sciopero non promosso da sindacati. **9 organisierter ~** (*Arb.*), sciopero organizzato (da sindacati), sciopero sindacale. **10 plötzlicher ~** (meist ohne Zustimmung der Gewerkschaft) (*Arb.*), sciopero improvviso. **11 politischer ~** (*Arb.*), sciopero politico. **12 Protest ~** (*Arb.*), sciopero di protesta. **13 Sitz ~** (*Arb.*), sciopero al posto di lavoro. **14 sozialer ~** (wirtschaftlicher Streik) (*Arb.*), sciopero economico, sciopero per rivendicazioni economiche. **15 Sympathie ~** (*Arb.*), sciopero per solidarietà. **16 Teil ~** (der nur einen Teil der Betriebe ergreift) (*Arb.*), sciopero parziale. **17 wilder ~** (nicht von einer Gewerkschaft beschlossen) (*Arb.*), sciopero selvaggio, sciopero non promosso da sindacati. **18 wirtschaftlicher ~** (sozialer Streik) (*Arb.*), sciopero economico, sciopero per rivendicazioni economiche.
streiken (*Arb.*), scioperare.
Streikender (Streiker) (*m. - Arb.*), scioperante (*s.*).
Streiker (Streikender) (*m. - Arb.*), scioperante.
Streit (*m. - recht.*), controversia.
Streitigkeit (*f. - recht.*), contestabilità.
streng (genau) (*allg.*), rigoroso, preciso, esatto. **2 ~** (*Math.*), rigoroso. **3 ~** (scharf) (*allg.*), acuto. **4 ~** (strengflüssig, schwer schmelzbar, Erz z. B.) (*allg.*), refrattario, di difficile fusione. **5 ~ e Wissenschaft** (*Wissens.*), scienza esatta. **6 ~ flüssig** (zähflüssig) (*Phys.*), viscoso. **7 ~ flüssig** (Erz) (*Bergbau - etc.*), refrattario. **8 ~ genommen** (*allg.*), strettamente parlando.
Strenge (Genauigkeit) (*f. - allg.*), esattezza.
Strengflüssigkeit (Zähflüssigkeit) (*f. - Phys.*), viscosità. **2 ~** (von Erzen) (*Bergbau*), refrattarietà.
Streptodermie (Berufskrankheit) (*f. - Med. - Arb.*), streptodermia.
Streptomycin (*n. - Med. - Pharm.*), streptomicina.
Streuband (von Versuchswerten z. B.) (*n. - Stat. - Technol.*), banda di dispersione.
Streubereich (von Versuchswerten z. B.) (*m. - Stat. - Technol.*), campo di dispersione.
Streubeutel (*m. - Giess. - Ger.*), sacchetto di spolvero.
Streuemission (*f. - Elektronik*), emissione dispersa.
streuen (*Phys.*), disperdersi.
Streuer (*m. - Ger.*), spruzzatore.
Streufaktor (Streuziffer) (*m. - Phys. - Elekt.*), fattore di dispersione.
Streufeld (*n. - Elekt.*), campo di dispersione.
Streuflugzeug (für Insektenbekämpfung z. B.) (*n. - Flugw. - Ack.b. - etc.*), velivolo per irrorazioni.
Streufluss (*m. - Elekt.*), flusso disperso. **2 ~ -Verfahren** (*n. - Prüfung*), controllo a flusso disperso.
Streugebiet (von Versuchswerten z. B.) (*n. - Stat. - Technol.*), campo di dispersione.
Streugrad (*m. - Phys.*), siehe Streuziffer.
Streugrenze (bei Werkstoffprüfung z. B.) (*f. - Technol. - Stat.*), limite di dispersione.
Streuindikatrix (*f. - Beleucht.*) indicatrice di diffusione.
Streuinduktivität (*f. - Elekt.*), induttanza di dispersione.
Streukapazität (*f. - Elekt.*), capacità parassita.
Streukoeffizient (*m. - Phys.*), siehe Streuziffer.
Streukopplung (*f. - Elekt.*), accoppiamento per dispersione.
Streulicht (*n. - Opt.*), luce diffusa. **2 ~ filter** (transparenter Rahmen um den Bildröhrenschirm, zur Verhinderung der Lichtreflexion vom Kolbenboden) (*m. - Fernseh.*), filtro antiriflesso di fondo.
Streuneutron (*n. - Atomphys.*), neutrone diffuso.
Streuquerschnitt (*m. - Kernphys.*), sezione d'urto per diffusione.
Streureaktanz (*f. - Elekt.*), reattanza di dispersione.
Streusand (*m. - Giess.*), sabbia isolante, sabbia di separazione.
Streuscheibe (eines Hauptscheinwerfers z. B.) (*f. - Aut.*), cristallo, vetro.
Streuschirm (*m. - Opt. - Beleucht.*), schermo diffusore (traslucido).
Streuspanne (bei Werkstoffprüfung z. B.) (*f. - Technol.*), campo di dispersione.
Streustrahlung (*f. - Phys.*), radiazione diffusa.
Streustrom (vagabundierender Strom) (*m. - Elekt.*), corrente vagante. **2 ~ korrosion** (*f. - Elektrochem.*), corrosione elettrolitica, corrosione galvanica.
Streuung (*f. - Elekt.*), dispersione. **2 ~** (*Phys.*), dispersione. **3 ~** (eines Teilchens oder Photons) (*Atomphys.*), diffusione. **4 ~** (*Beleucht.*), diffusione. **5 ~** (von Versuchswerten z. B.) (*Phys. - etc.*), dispersione. **6 ~** (*Stat.*), dispersione. **7 ~ s·koeffizient** (*m. - Stat.*), coefficiente di dispersione. **8 ~ s·winkel** (des Elektronenbündels) (*m. - Fernseh.*), angolo di divergenza. **9 Wesens ~** (*Stat.*), dispersione intrinseca. **10 Zufalls ~** (*Stat.*), dispersione casuale.
Streuverhältnis (von Versuchswerten z. B.)

(*n. - Technol. - Stat.*), rapporto di dispersione.
Streuvermögen (*n. - Beleucht.*), fattore di diffusione.
Streuwinkel (eines Scheinwerfers) (*m. - Aut. - Beleucht.*), angolo di diffusione. 2 Halb ~ (eines Scheinwerfers, Winkel innerhalb dessen die Lichtstärke auf die Hälfte ihres Maximalwertes abfällt) (*Beleucht.*), angolo di diffusione con densità ½ della massima.
Streuziffer (Streufaktor, Streugrad, Streukoeffizient) (*f. - Phys. - Elekt.*), fattore di dispersione.
Stribeck-Kurve (Kurve der Reibungsbeiwerte über der Gleitgeschwindigkeit, für ölgeschmierte Lager) (*f. - Mech. - Schmierung*), diagramma (degli attriti) di Stribeck.
Strich (Linie) (*m. - allg.*), linea, riga. 2 ~ (Bindestrich) (*Druck.*), lineetta. 3 ~ (Morsestrich) (*Telegr.*), linea. 4 ~ (ein Zweiunddreissigstel des Kompassumfanges) (*naut.*), quarta. 5 ~ (Farbe des Pulvers eines Minerals beim Streichen auf einer rauhen weissen Oberfläche) (*Min.*), striscio. 6 ~ ätzung (*f. - Druck.*), incisione a tratto. 7 ~ fokus (*m. - Opt.*), fuoco lineare. 8 ~ kreuz (Fadenkreuz) (*n. - Instr.*), reticolo. 9 ~ linie (für verdeckte Kanten etc.) (*f. - Zeichn.*), linea a trattini, tratteggiata. 10 ~ mass (Parallelreisser) (*n. - Werkz.*), truschino, graffietto. 11 ~ mass·stab (*m. - Instr.*), riga graduata. 12 ~ punkt (Semikolon) (*m. - Druck.*), punto e virgola. 13 ~ punktlinie (*f. - Zeichn.*), linea a tratto e punto. 14 ~ -Punkt-Punkt-Linie (— · · —) (*f. - Zeichn.*), linea a tratto e doppio punto. 15 ~ teilung (*f. - Instr.*), graduazione. 16 dicke ~ punktlinie (*Zeichn.*), linea a tratto e punto spessa. 17 dünne ~ punktlinie (*Zeichn.*), linea a tratto e punto sottile. 18 Feil ~ (*Mech.*), segno di lima. 19 magischer ~ (Abstimmanzeigerröhre, magisches Auge) (*Funk.*), occhio magico. 20 Teil ~ (*Instr. - etc.*), graduazione.
stricheln (strichpunktieren) (*Zeichn.*), tracciare linee a tratto e punto.
strichpunktieren (stricheln) (*Zeichn.*), tracciare linee a tratto e punto.
strichpunktiert (*Zeichn.*), a tratto e punto.
Strick (Schnur) (*m. - Seil*), spago. 2 ~ arbeit (*f. - Textilind.*), lavoro a maglia. 3 ~ gewebe (*n. - Textilind.*), tessuto a maglia. 4 ~ leiter (*f. - Ger.*), scala di corda. 5 ~ maschine (*f. - Textilmasch.*), macchina per maglieria, telaio per maglieria. 6 ~ nadel (*f. - Ger.*), ago da maglia. 7 ~ wolle (*f. - Text.*), lana per maglieria, lana per lavorazione a maglia. 8 Flach ~ maschine (*f. - Textilmasch.*), macchina rettilinea per maglieria. 9 Rund ~ maschine (*f. - Textilmasch.*), macchina circolare per maglieria.
Stricken (*n. - Textilind.*), lavorazione a maglia.
stricken (*Textilind.*), lavorare a maglia.
Stricker (*m. - Textilind. - Arb.*), magliaio.
Strickerei (Fabrik) (*f. - Ind.*), maglificio.
Strickerin (*f. - Textilind. - Arb.*), magliaia.
Striemen (Strieme, Streifen) (*m. - Glasfehler*), stria.
STriKo (Scheibentrimmerkondensator) (*Elekt.*), condensatore compensatore a disco.

strikt (genau) (*allg.*), preciso. 2 ~ (*allg.*) siehe auch streng.
Stringer (Längsversteifung) (*m. - naut. - Flugw.*), corrente. 2 ~ platte (*f. - naut.*), lamiera di trincarino. 3 Deck ~ (*naut.*), trincarino di coperta. 4 Kimm ~ (Kimmweger) (*naut.*), corrente di stiva. 5 Seiten ~ (*naut.*), corrente laterale.
strippen (*Giess.*), distaffare. 2 ~ (Stahlblöcke abstreifen) (*Metall.*), slingottare.
Stripper (Seitenkolonne, bei Destillation) (*m. chem. Ind.*), colonna di strippaggio.
Stripperhalle (eines Stahlwerks) (*f. - Metall.*), capannone di slingottatura.
Stripperkran (*m. - Metall. - Masch.*), gru di strippaggio, gru slingottatrice.
Stripperzange (Abstreifzange, zum Abstreifen der Kokillen von den Stahlblöcken) (*f. - Metall. - Werkz.*), slingottatore a tenaglia.
Stroboskop (*n. - Ger. - Opt.*), stroboscopio. 2 ~ pistole (Zündlichtpistole, zur Phaseneinstellung des Verteilers) (*f. - Aut. - Ger.*), pistola stroboscopica.
stroboskopisch (*Phys.*), stroboscopico.
Stroh (*n. - Ack.b. - etc.*), paglia. 2 ~ feile (Schruppfeile) (*f. - Werkz.*), lima a taglio grosso. 3 ~ lehm (*m. - Bauw.*), malta d'argilla e paglia. 4 ~ papier (*n. - Papierind.*), carta di paglia. 5 ~ pappe (*f. - Papierind.*), cartone di paglia. 6 ~ presse (*f. - Masch.*), pressa per paglia. 7 ~ röhrchen (*n. - Ger.*), cannuccia di paglia. 8 ~ schneidemaschine (*f. - Masch.*), trinciapaglia. 9 ~ stoff (Strohzellstoff) (*m. - Papierind.*), pasta di paglia. 10 ~ zellulose (*f. - Papierind.*), cellulosa di paglia.
Strom (*m. - Elekt.*), corrente. 2 ~ (fliessende Bewegung) (*Mech. der Flüss.k.*), corrente. 3 ~ (grosser Fluss) (*Geogr.*), (grande) fiume. 4 ~ abnehmer (*m. - Elekt. - Fahrz.*), presa di corrente. 5 ~ abnehmer (Bürste) (*Elekt.*), spazzola. 6 ~ abnehmer (Verbraucher) (*komm.*), utente di energia elettrica. 7 ~ abnehmerbügel (*m. - Elekt. - Fahrz.*), archetto per presa di corrente. 8 ~ abnehmerrolle (*f. - Elekt. - Fahrz.*), rotella per presa di corrente. 9 ~ abnehmerstange (*f. - Elekt. - Fahrz.*), asta per presa di corrente. 10 ~ abweiser (*m. - Hydr. - Wass.b.*), deviatore di corrente. 11 ~ aggregat (Elektroaggregat) (*n. - Elekt.*), gruppo elettrogeno. 12 ~ anker (*m. - naut.*), àncora di corrente. 13 ~ apparat (zur Erzaufbereitung) (*m. - Bergbaumasch.*), siehe Setzmaschine. 14 ~ aufnahme (*f. - Elekt.*), corrente assorbita, assorbimento di corrente. 15 ~ ausbeute (in elektrolytischen Prozessen) (*f. - Elektrochem.*), rendimento amperometrico. 16 ~ auslöser (*m. - Elekt.*), interruttore automatico. 17 ~ aussteuerung (bei Senderverstärkern) (*f. - Elektronik*), profondità di modulazione. 18 ~ bahn (Strompfad) (*f. - Elekt.*), percorso della corrente. 19 ~ bedarf (*m. - Elekt.*), fabbisogno di energia elettrica, assorbimento di corrente. 20 ~ begrenzer (*m. - Elekt.*), limitatore di corrente. 21 ~ belag (Strom pro Längeneinheit quer zur Stromrichtung, beim Skineffekt z. B., für sehr hohe Frequenzen) (*m. - elekt. Masch.*), corrente (elettrica) lineica. 22 ~

Strom

belastung (der Kontakte eines elekt. Gerätes z. B.) (*f. - Elekt.*), amperaggio, carico di corrente. **23** ~ **bett** (Flussbett) (*m. - Hydr.*), letto del fiume. **24** ~ **dichte** (*f. - Elekt.*), densità di corrente. **25** ~ **-Druck-Umformer** (zur Umformung des elekt. Stromes in einen Druck; bei Regelung z. B.) (*m. - Ger.*), convertitore di corrente (elettrica) in pressione. **26** ~ **durchfluss** (*m. - Elekt.*), passaggio di corrente. **27** ~ **durchlassprüfung** (*f. - Elekt.*), prova di continuità elettrica. **28** ~ **entnahme** (*f. - Elekt.*), assorbimento di corrente. **29** ~ **erzeuger** (*m. - elekt. Masch.*), generatore di corrente. **30** ~ **erzeuger** (Generatoraggregat) (*Elekt.*), gruppo elettrogeno. **31** ~ **faden** (*m. - Mech. der Flüss.k.*), filetto fluido. **32** ~ **fähre** (Flussfähre) (*f. - naut.*), traghetto a fune sospesa, porto natante. **33** ~ **festigkeit** (eines Leiters) (*f. - Elekt.*), portata, amperaggio convogliabile. **34** ~ **flusswinkel** (bei Gasentladungsröhren) (*m. - Elektronik*), tempo di conduzione, angolo di conduzione. **35** ~ **glätter** (*m. - Elekt.*), filtro livellatore di corrente. **36** ~ **gleichbleibender Richtung** (*Elekt.*), corrente unidirezionale. **37** ~ **hafen** (Flusshafen) (*m. - naut.*), porto fluviale. **38** ~ **impuls** (*m. - Elekt.*), impulso di corrente. **39** ~ **in Durchlassrichtung** (Durchlass-strom) (*Elektronik*), corrente diretta. **40** ~ **in Sperrichtung** (Rückstrom) (*Elekt.*), corrente inversa. **41** ~ **kippgerät** (*n. - Elektronik*), generatore di corrente a denti di sega. **42** ~ **konstante** (eines Galvanometers) (*f. - Elekt.*), costante amperometrica. **43** ~ **kraft** (elektrodynamische Kraft, magnetische Wirbelkraft, Lorentz-Kraft) (*f. - Elekt.*), forza elettrodinamica, forza di Lorentz. **44** ~ **kreis** (*m. - Elekt.*), siehe Stromkreis, Kreis. **45** ~ **laufbild** (Schaltplan) (*n. - Elekt.*), schema elettrico. **46** ~ **leiter** (*m. - Elekt.*), conduttore (di corrente). **47** ~ **lieferungsvortrag** (*m. - Elekt.*), contratto di fornitura d'energia elettrica. **48** ~ **linie** (*f. - Mech. der Flüss.k.*), linea di flusso. **49** ~ **linienaufbau** (*m. - Aut.*), carrozzeria aerodinamica. **50** ~ **linienbild** (*n. - Aerodyn. - etc.*), andamento dei filetti fluidi. **51** ~ **linienform** (*f. - Fahrz. - Aerodyn.*), forma aerodinamica. **52** ~ **linienform** (abfallendes Heck) (*f. - Aut. - Aufbau*), «fastback». **53** ~ **linienverkleidung** (*f. - Flugw. - etc.*), carenatura aerodinamica. **54** ~ **messer** (Amperemeter) (*m. - Instr.*), amperometro. **55** ~ **netz** (*n. - Elekt.*), rete elettrica. **56** ~ **nulldurchgangsschalter** (*m. - elekt. Ger.*), interruttore a corrente zero. **57** ~ **pause** (beim Schweissen) (*f. - mech. Technol.*), siehe Pausezeit. **58** ~ **pfad** (Strombahn) (*m. - Elekt.*), percorso della corrente. **59** ~ **pfeiler** (*m. - Brück.b.*), pila in corrente, pilone in corrente. **60** ~ **regler** (*m. - Elekt.*), regolatore di corrente. **61** ~ **regulierung** (*f. - Elekt.*), regolazione di corrente. **62** ~ **reiniger** (Tiefpass, zur Unterdrückung der Oberschwingungen) (*m. - Elekt.*), filtro passa-basso. **63** ~ **resonanz** (Reihen-Resonanz beim Reihenschwingkreis) (*f. - Elekt.*), risonanza di corrente, risonanza in serie. **64** ~ **resonanzkreis** (*m. - Elekt.*), circuito risonante in serie. **65** ~ **richter** (SR, ruhender Umformer) (*m. - Elekt.*), convertitore statico (di corrente). **66** ~ **richtermotor** (Synchronmotor mit elektronisch gesteuertem Umschalter) (*m. - Elektronik*), motore a conversione, motore-convertitore. **67** ~ **richtersteuerung** (zum Verstellen der Gleichspannung) (*f. - Elekt.*), convertitore-regolatore. **68** ~ **richtertransformator** (*m. - Elektronik*), trasformatore del convertitore (statico). **69** ~ **richterventil** (*n. - Elektronik*), valvola del convertitore (statico). **70** ~ **richtrelais** (Zerhacker) (*n. - Elekt.*), vibratore. **71** ~ **richtung** (*f. - Elekt.*), direzione della corrente, senso della corrente. **72** ~ **richtungsanzeiger** (*m. - elekt. Ger.*), indicatore di polarità, indicatore della direzione della corrente. **73** ~ **ruhezeit** (beim Schweissen) (*f. - mech. Technol.*), tempo di riposo. **74** ~ **sammler** (Batterie) (*m. - Elekt.*), batteria (di accumulatori). **75** ~ **schicht** (*f. - Maur.*), corso obliquo. **76** ~ **schiene** (Sammelschiene) (*f. - Elekt.*), sbarra (collettrice). **77** ~ **schiene** (dritte Schiene) (*elekt. Eisenb.*), terza rotaia. **78** ~ **schiffahrt** (*f. - naut.*), navigazione fluviale. **79** ~ **schliessungsstoss** (*m. - Elekt.*), impulso di chiusura. **80** ~ **schnelle** (eines Flusses) (*f. - Geogr.*), rapida. **81** ~ **schritt** (*m. - Telegr. - etc.*), impulso di corrente. **82** ~ **spannungskennlinie** (*f. - Elekt.*), caratteristica corrente-tensione. **83** ~ **spule** (des Reglers einer Lichtmaschine) (*f. - Elekt. Aut.*), bobina amperometrica. **84** ~ **stärke** (in Ampere gemessen) (*f. - Elekt.*), intensità di corrente, amperaggio. **85** ~ **steilheit** (bei Thyristoren z. B.) (*Elektronik*), pendenza della corrente, velocità di salita della corrente. **86** ~ **stoss** (Puls) (*m. - Elekt. - Fernspr.*), impulso di corrente. **87** ~ **stoss** (Überstrom) (*Elekt.*), colpo di corrente. **88** ~ **stossflügel** (des Nummernschalters) (*m. - Fernspr.*), camma degli impulsi (di corrente). **89** ~ **stossgeber** (Stromstossender) (*m. - Elekt.*), emettitore d'impulsi di corrente. **90** ~ **stosskontakt** (des Nummernschalters) (*m. - Fernspr.*), contatto degli impulsi (di corrente). **91** ~ **stoss-schalter** (*m. - Elekt. - Ger.*), interruttore per corrente ad impulsi. **92** ~ **teiler** (bei Stromrichtern) (*m. - Elekt.*), ripartitore di corrente. **93** ~ **tor** (Thyratron) (*n. - Elektronik*), tiratron. **94** ~ **umkehrung** (*f. - Elekt.*), inversione di corrente. **95** ~ **umschaltung** (*f. - Elektr.*), commutazione di corrente. **96** ~ **unterbrechung** (*f. - Elekt.*), interruzione di corrente. **97** ~ **verbrauch** (*m. - Elekt.*), consumo di corrente. **98** ~ **verbraucher** (Firma, Person z. B.) (*m. - Elekt.*), utente. **99** ~ **verbraucher** (*App. - Ger.*), utilizzatore, utenza. **100** ~ **verbrauchszähler** (Stromzähler) (*m. - elekt. Instr.*), contatore elettrico. **101** ~**verdrängung** (Skineffeckt) (*f. - Elekt.*), effetto pellicolare. **102** ~ **verdrängungsmotor** (dreiphasiger Induktionsmotor mit einem Kurzschlussläufer) (*m. - Elekt.*), motore con rotore in corto circuito. **103** ~ **verlust** (*m. - Elekt.*), dispersione di corrente. **104** ~ **versetzung** (Einfluss des Stromes auf den Weg eines Schiffes) (*f. - Navig. - naut.*), deriva. **105** ~ **versorgung** (Elektrizitätsversorgung) (*f. - Elekt.*), fornitura di energia elettrica. **106** ~ **versorgungsnetz** (*n. - Elekt.*), rete elettrica, rete. **107** ~ **verstärkung** (*f. - Elekt.*), amplificazione di corrente. **108** ~ **verstimmung** (bei Oszillatoren) (*f. - Elektronik*), slittamento di frequenza (in funzione della corrente anodica). **109** ~ **verteilung** (*f. - Elekt.*), distribuzione di energia elettrica. **110** ~ **waage** (elektrodynamische Waage) (*f. - Ger.*), bilancia elettrodinamica. **111** ~ **wandler** (Messwandler) (*m. - Elekt. - App.*), trasformatore (di misura) amperometrico, trasformatore di corrente. **112** ~ **wärme** (*f. - Elekt.*), effetto Joule. **113** ~ **wärmeverlust** (*m. - Elekt.*), perdita per effetto Joule. **114** ~ **weg** (Strompfad) (*m. - Elekt.*), percorso della corrente. **115** ~ **wender** (Ger. zur Umkehrung der elekt. Stromrichtung) (*m. - Elekt. - Ger.*), commutatore inversore di corrente. **116** ~ **wendung** (*f. - Elekt.*), inversione di corrente. **117** ~ **zähler** (Stromverbrauchszähler) (*m. - elekt. Instr.*), contatore elettrico. **118** ~ **zeiger** (*m. - Instr.*), indicatore di corrente. **119** ~ **zeit** (beim Schweissen) (*f. - mech. Technol.*), tempo caldo. **120** ~ **zuführung** (Zuführungsleitung) (*f. - Elekt.*), filo di alimentazione. **121** ~ **zuführung** (durch Leitungen) (*Elekt.*), alimentazione (di corrente). **122 Abgangs** ~ (*Elekt.*), corrente di uscita. **123 abgehender** ~ (*Elekt.*), corrente di uscita. **124 ankommender** ~ (*Elekt.*), corrente di entrata. **125 Anlass·spitzen** ~ (*Elekt.*), corrente di spunto all'avviamento. **126 Ausräum** ~ (Rückwärtsstrom) (*Elektronik*), corrente inversa. **127 Blind** ~ (*Elekt.*), corrente reattiva. **128 Bügel** ~ **abnehmer** (*m. - elekt. Fahrz.*), presa di corrente ad archetto. **129 den** ~ **ausschalten** (*Elekt. - Ind.*), togliere la corrente. **130 Dreh** ~ (*Elekt.*), corrente trifase. **131 Durchlass** ~ (Strom in Durchlassrichtung) (*Elekt.*), corrente diretta. **132 eingeschwungener** ~ (*Elekt.*), corrente di regime, corrente stabile. **133 Einphasen** ~ (*Elekt.*), corrente monofase. **134 einwelliger** ~ (sinusförmiger Strom) (*Elekt.*), corrente sinusoidale. **135 Extra** ~ (*Elekt.*), extracorrente. **136 galvanischer** ~ (*Elekt.*), corrente galvanica. **137 gemodelter** ~ (*Elekt.*), corrente modulata. **138 Gleich** ~ (*Elekt.*), corrente continua. **139 Konvektions** ~ (*Elekt.*), corrente di convezione. **140 Kurzschluss** ~ (*Elekt.*), corrente di corto circuito. **141 Lade** ~ (eines Sammlers) (*Elekt.*), corrente di carica. **142 Leitungs** ~ (*Elekt.*), corrente di conduzione. **143 Luft** ~ (*allg.*), corrente d'aria. **144 Mehrphasen** ~ (*Elekt.*), corrente polifase. **145 Primär** ~ (bei Transformatoren) (*Elekt.*), corrente primaria. **146 pulsierender** ~ (*Elekt.*), corrente pulsante. **147 Rollen** ~ **abnehmer** (*Elekt. - Fahrz.*), presa di corrente a rotella. **148 Rück** ~ (gegen die Durchlassrichtung fliessender Strom) (*Elektronik*), corrente inversa. **149 schiffbarer** ~ (*naut. - Geogr.*), fiume navigabile. **150 Schwach** ~ (*Elekt.*), corrente debole. **151 Schweiss** ~ (*Elekt.*), corrente di saldatura. **152 Sekundär** ~ (bei Transformatoren) (*Elekt.*), corrente secondaria. **153 Sinus** ~ (*Elekt.*), corrente sinusoidale. **154 Stark** ~ (*Elekt.*), corrente forte. **155 Umkehr** ~ **richter** (UKR) (*elekt. Ger.*), raddrizzatore-ondulatore. **156 vagabundierender** ~ (*Elekt.*),

corrente vagante. **157 wattloser** ~ (*Elekt.*), corrente swattata. **158 Watt** ~ (Wirkstrom) (*Elekt.*), corrente attiva. **159 Wechsel** ~ (*Elekt.*), corrente alternata. **160 Wirk** ~ (*Elekt.*), corrente attiva.

stromab (stromabwärts) (*allg.*), a valle.
stromabwärts (*allg.*), a valle.
stromauf (stromaufwärts) (*allg.*), a monte.
stromaufwärts (*allg.*), a monte.
stromdurchflossen (*Elekt.*), percorso da corrente.
strömend (Luft) (*Meteor.*), mosso.
stromführend (*Elekt.*), sotto corrente.
stromintensiv (mit hohem Stromverbrauch, Prozess) (*Elekt.*), ad alto consumo di corrente.
stromkompensiert (*Elekt.*), a compensazione di corrente.
Stromkreis (*m. - Elekt.*), circuito elettrico. **2** ~ **des Schienenstromschliessers** (*Eisenb. - Elekt.*), circuito di pedale. **3 den** ~ **öffnen** (*Elekt.*), aprire il circuito, interrompere il circuito. **4 den** ~ **schliessen** (*Elekt.*), chiudere il circuito. **5 primärer** ~ (der Zündung eines Verbrennungsmotors z. B.) (*Elekt.*), circuito primario. **6 sekundärer** ~ (*Elekt.*), circuito secondario.
stromlinienförmig (*Fahrz. - Aerodyn.*), aerodinamico.
stromlos (*Elekt.*), senza corrente. **2** ~ **machen** (*Elekt. - etc.*), diseccitare.
Stromlosigkeit (*f. - Elekt.*), mancanza di corrente.
stromstossgesteuert (*Elekt.*), comandato da impulsi di corrente.
Strömung (*f. - Mech. der Flüss.k.*), corrente. **2** ~ **s·bild** (*n. - Aerodyn. - etc.*), andamento dei filetti fluidi. **3** ~ **s·getriebe** (Drehmomentwandler, Föttinger-Wandler, Strömungswandler, hydraulisches Getriebe) (*n. - Aut.*), cambio idraulico, convertitore di coppia idraulico. **4** ~ **s·kupplung** (hydraulische Kupplung, Föttinger-Kupplung) (*f. - Masch.*), giunto idrodinamico. **5** ~ **s·lehre** (Wissenschaft der Bewegungen von Flüssigkeiten und Gasen bei der Umströmung von Körpern, in Röhren, etc.) (*f. - Lehre*), fluidodinamica. **6** ~ **s·maschine** (mit umgeströmtem Laufrad; Kreiselpumpe, Turbine z. B.) (*f. - Masch.*), macchina fluidodinamica. **7** ~ **s·mechanik** (Mechanik der Flüssigkeiten) (*f. - Mech. der Flüss.k.*), meccanica dei fluidi. **8** ~ **s·messer** (*m. - Ger.*), correntometro. **9** ~ **s·messer** (Gasmengenmesser, Durchflussmesser) (*Ger.*), contatore (del gas). **10** ~ **s·schalter** (Ölströmungsschalter) (*m. - elekt. Ger.*), interruttore a getto d'olio. **11** ~ **s·sonde** (*f. - Ger.*), sonda di corrente, esploratore di corrente. **12** ~ **s·verhältnis** (eines Bootes) (*n. - naut.*), effetto di scia. **13** ~ **s·verhältnisse** (einer Anlage, etc.) (*pl. - Hydr. - etc.*), condizioni fluidodinamiche. **14** ~ **s·verlust** (in mm WS gemessen z. B.) (*m. - Mech. der Flüss.k.*), perdita di carico. **15** ~ **s·verschleiss** (*m. - Mech.*), erosione da fluido. **16** ~ **s·wächter** (*m. - Ger.*), regolatore di portata. **17 laminare** ~ (*Mech. der Flüss.k.*), corrente laminare. **18 stehende** ~ (*Mech. der Flüss.k.*), corrente stazionaria. **19 Tide** ~ (*See*), corrente di marea. **20 turbulente** ~

Strontianit

(Wirbelströmung) (*Mech. der Flüss.k.*), corrente turbolenta. 21 Überschall ~ (*Aerodyn.*), corrente supersonica, corrente ipersonica, corrente ipersonora. 22 wirbelfreie ~ (Potentialströmung) (*Mech. der Flüss.k.*), corrente irrotazionale, corrente non turbolenta. 23 Wirbel ~ (*Mech. der Flüss.k.*), corrente turbolenta, corrente vorticosa.
Strontianit (S_2CO_3) (Strontium-Karbonat) (*m. - Min.*), stronzianite.
Strontium (*Sr - n. - Chem. - Radioakt.*), stronzio. 2 ~ -Karbonat (S_2CO_3) (Strontianit) (*n. - Min.*), stronzianite, carbonato di stronzio.
Stropp (*m. - naut.*), stroppo.
Strosse (Sohle, im Berg- und Tunnelbau) (*f. - Bergbau - Ing.b.*), strozzo. 2 ~ n·bau (*m. - Bergbau*), coltivazione a strozzo. 3 ~ n·stoss (*m. - Bergbau*), gradino.
Strudel (Wirbel) (*m. - Mech. der Flüss.k.*), vortice.
STRUDL (*S*tructural *D*esign *L*anguage, Programmier-Sprache für die Baukonstruktionen) (*Rechner*), STRUDL, linguaggio per la programmazione di costruzioni.
Struktur (Gefüge) (*f. - allg.*), struttura. 2 ~ (Gefüge, einer Schleifscheibe, meist mit Zahlen bezeichnet) (*Werkz.*), grana. 3 ~ analyse (von Kristallen) (*f. - Min.*), analisi strutturale. 4 ~ bild (*n. - allg.*), schema strutturale. 5 ~ chemie (*f. - Chem.*), chimica strutturale, stereochimica. 6 ~ dämpfung (von Schwingungen) (*f. - Flugw.*), smorzamento strutturale. 7 ~ ermüdung (*f. - Metall.*), fatica strutturale. 8 ~ formel (*f. - Chem.*), formula di struttura, formula di costituzione. 9 ~ isomerie (*f. - Chem.*), isomeria strutturale. 10 ~ veränderung (*f. - Metall. etc.*), modificazione strutturale, cambiamento strutturale. 11 hierarchische ~ (« Line ») (*Ind. - Organ. - Führung*), struttura gerarchica, « line ». 12 Neben ~ (« Staff ») (*Ind. - Organ. - Führung*), struttura funzionale, « staff ».
strukturell (*allg.*), strutturale. 2 ~ e Teile (*allg.*), elementi strutturali.
Strukturierung (*f. - allg.*), strutturazione.
Strumpf (*m. - Textilind.*), calza. 2 ~ (Glühkörper für Gasbeleuchtung) (*Beleucht.*), reticella. 3 ~ maschine (*f. - Textilmasch.*), macchina per calze. 4 ~ stuhl (*m. - Textilmasch.*), telaio per calze. 5 Damen ~ (*Textilind.*), calza da donna. 6 nahtloser ~ (*Textilind.*), calza senza cucitura.
Strychnin (*n. - Chem. - Pharm.*), stricnina.
STS (schwedische Normkennzeichnung) (*Normung*), STS, sigla di norma svedese.
StSchAnw (Starkstrom-Schutzanweisung) (*Elektr.*), istruzioni sulla protezione contro le correnti forti.
Stubben (Stubbe (*f.*), Baumstumpf) (*m. - Holz*), ceppo. 2 ~ (Hochofenfundament) (*Metall.*), fondazione.
Stube (Zimmer) (*f. - Bauw.*), camera, stanza. 2 ~ n·ofen (*m. - Heizung - Ger.*), stufa.
Stuck (*m. - Maur.*), stucco. 2 ~ arbeiter (*m. - Maur. - Arb.*), stuccatore. 3 ~ decke (*f. - Maur.*), soffitto (decorato) a stucco. 4 ~ gips (bei Brenntemperaturen bis 300 °C erhalten) (*m. - Maur.*), gesso da stucchi, scagliola. 5 Gips ~ (Stuck) (*Maur.*), stucco.
Stück (*n. - allg.*), pezzo. 2 ~ (Werkstück) (*Mech. - Werkz.masch.bearb.*), pezzo. 3 ~ arbeit (Akkordarbeit) (*f. - Arb. - Organ.*), lavoro a cottimo. 4 ~ arbeiter (*m. - Arb.*), cottimista, lavoratore a cottimo. 5 ~ blech (am Kopfende des Bleches) (*m. - Walzw.*), spuntatura di lamiera. 6 ~ e·schiessen (*n. - Bergbau*), siehe Knäpperschiessen. 7 ~ färberei (*f. - Textilind.*), tintura in pezza, coloritura in pezza. 8 ~ güter (*m. - pl. - Transp.*), collettame. 9 ~ gutsammelsendung (*f. - Transp.*), spedizione di merce a collettame. 10 ~ gutschnellverkehrswagen (*m. - Eisenb. - Transp.*), carro per collettame a grande velocità. 11 ~ kohle (*f. - Brennst.*), carbone grigliato, carbone crivellato. 12 ~ kosten (*f. - pl. - Adm.*), costo unitario. 13 ~ leistung (*f. - Werkz.masch.bearb.*), produzione, pezzi prodotti (nell'unità di tempo). 14 ~ liste (*f. - Ind. - Arb. - Organ.*), distinta base. 15 ~ lohn (*m. - Arb. - Organ.*), salario a cottimo. 16 ~ prüfung (von Schaltern, mech. Prüfung, bei der jedes Stück untersucht wird) (*f. - Elekt.*), prova al 100 %. 17 ~ schlacke (erkaltete und kristallisierte Hochofenschlacke) (*f. - Metall.*), scoria (solida), loppa (solida). 18 ~ teil (Maschinenteil) (*m. - Mech.*), particolare. 19 ~ zähler (*m. - Ger.*), contapezzi. 20 ~ zeichnung (*f. - Zeichn.*), disegno di particolare. 21 ~ zeit (*f. - Werkz.masch.bearb.*), tempo pezzo, tempo ciclo, tempo per pezzo. 22 aus einem ~ mit (einteilig mit) (*Mech. - etc.*), solidale con, formante pezzo unico con. 23 Geld ~ (Münze) (*finanz.*), moneta. 24 Gepäck ~ (*Transp.*), collo. 25 Grund ~ (*Bauw.*), terreno, fondo, lotto. 26 Guss ~ (*Giess.*), getto. 27 Inventar ~ (*Adm.*), articolo d'inventario. 28 Prüf ~ (Probe) (*Mech.*), provino, provetta. 29 Schmiede ~ (*Schmieden*), fucinato (*s.*), pezzo fucinato.
stuckatieren (*Maur.*), stuccare, decorare a stucco.
Stücke (*n. - pl. - finanz.*), titoli.
stücken (stückeln) (*allg.*), spezzettare. 2 an ~ (anstückeln) (*allg.*), adattare, accomodare.
Stückigkeit (*f. - allg.*), pezzatura.
Studie (*f. - allg.*), studio. 2 ~ n·beihilfe (*f. - Schule*), borsa di studio. 3 ~ n·reise (*f. - Pers. - etc.*), viaggio di studio. 4 Markt ~ (*komm.*), studio di mercato, analisi di mercato.
Studierzimmer (*n. - Bauw.*), studio.
Studio (Senderaum) (*n. - Funk. - Fernseh.*), studio. 2 ~ (Arbeitszimmer) (*Bauw.*), studio. 3 ~ aufnahme (*f. - Filmtech. - Fernseh.*), ripresa interna. 4 schalltotes ~ (*Funk. - Akus.*), studio anecoico.
StUe (Stromstossübertragung) (*Elekt.*), trasmissione di impulsi di corrente.
Stufe (einer Treppe) (*f. - Bauw.*), gradino. 2 ~ (einer Turbine z. B.) (*Masch. - Thermodyn.*), stadio. 3 ~ (Probe, aus Erz) (*Bergbau*), campione. 4 ~ (Unterabteilung der Formation) (*Geol.*), sottoperiodo. 5 ~ (des Rumpfes eines Flugbootes) (*Flugw.*), gradino, redan. 6 ~ (*Funk. - Elektronik*), stadio. 7 ~ (*Math.*),

ordine. 8 ~ n·bau (Strossenbau) (m. - Bergbau), coltivazione a gradini. 9 ~ n·bohrer (abgesetzter Bohrer) (m. - Werkz.), punta a più diametri. 10 ~ n·boot (n. - naut.), scafo con gradino, scafo con redan. 11 ~ n·drehschalter (m. - Elekt.), commutatore rotativo a scatti. 12 ~ n·feder (f. - Fahrz. - etc.), molla ad azione progressiva. 13 ~ n·fräsen (Absatzfräsen) (n. - Werkz.masch.bearb.), fresatura (di superfici) a diversi livelli. 14 ~ n·getriebe (Zahnradgetriebe) (n. - Mech. - Fahrz.), cambio a ingranaggi. 15 ~ n·härtung (f. - Wärmebeh.), tempra in due tempi, tempra scalare, tempra termale. 16 ~ n·heck (gebrochene Hecklinie, einer Pontonkarosserie) (n. - Aut. - Aufbau), coda a sbalzo. 17 ~ n·kolben (m. - Masch.), stantuffo a gradino. 18 ~ n·kompensator (zur Eichung von Präzisionsmessgeräten, Gleichstromkompensator bei dem nur die Hauptpunkte der Skala nachgeprüft werden) (m. - Elekt. - Ger.), potenziometro a deviazione. 19 ~ n·lehre (zur Prüfung der Mittigkeit) (f. - Werkz.), calibro a doppio diametro. 20 ~ n·presse (f. - Masch.), pressa a trasferta, pressa progressiva. 21 ~ n·rad (Zahnrad) (n. - Mech.), ingranaggio a gradini. 22 ~ n·rakete (f. - Mot.), razzo a più stadi, razzo pluristadio. 23 ~ n·rost (Treppenrost) (m. - Verbr.), griglia a gradini. 24 ~ n·schalter (m. - Elekt.), commutatore multiplo, commutatore a gradini. 25 ~ n·schaltung (Kaskadenschaltung) (f. - Elekt.), collegamento in cascata. 26 ~ n·scheibe (f. - Mech.), puleggia a gradini. 27 ~ n·sprung (Verhältnis des Gliedes einer Reihe zu dem ihm vorangehenden Gliede) (m. - Math.), ragione. 28 ~ n·steller (m. - Elekt.), regolatore a passi, regolatore a gradini. 29 ~ n·tarif (m. - finanz.), tariffa differenziale. 30 ~ n·transformator (zur Verstellung der Spannung) (m. - Elekt.), trasformatore (di regolazione) a commutatore. 31 ~ n·trennung (einer Rakete) (f. - Raketenflug), distacco degli stadi. 32 ~ n·turbine (f. - Turb.), turbina a più stadi. 33 ~ n·verdichter (m. - Masch.), compressore a più stadi, compressore pluristadio. 34 ~ n·versuch (Dauerschwingversuch) (m. - Werkstoffprüfung), prova a carico progressivo. 35 ~ n·werkzeug (bei dem mehrere Arbeitsgänge nacheinander ausgeführt werden) (n. - Blechbearb.werkz.), stampo progressivo. 36 ~ n·werkzeug (beim Fliesspressen, zur Herstellung von Muttern z. B.) (Werkz.), stampo progressivo. 37 ~ n·widerstand (m. - Elekt.), resistenza a gradini. 38 ~ n·ziehpresse (Mehrstempelpresse, zur Ausführung mehrerer gleichzeitiger Arbeitsgänge auf einer Maschine) (f. - Masch.), pressa a trasferta per imbutitura. 39 ~ n·ziehpressen (Mehrstempelpressen, bei dem mehrere Arbeitsgänge auf der selben Maschine gleichzeitig ausgeführt werden) (n. - Blechbearb.), imbutitura progressiva. 40 ~ n·ziehverfahren (durch Stufenziehwerkzeug) (n. - Blechbearb.), imbutitura progressiva. 41 ~ n·ziehwerkzeug (n. - Blechbearb.werkz.), stampo progressivo per imbutitura. 42 Antritts ~ (erste unterste Stufe, eines Treppenlaufes) (Bauw.), gradino d'invito, primo scalino. 43 Austritts ~ (letzte oberste Stufe) (Bauw.), ultimo gradino, gradino di pianerottolo. 44 Block ~ (Klotzstufe) (Bauw.), gradino massiccio, scalino massiccio. 45 Drei ~ n·bohrer (dreifach abgesetzter Bohrer) (m. - Werkz.), punta a tre diametri. 46 Leistungs ~ (Elektronik), stadio di potenza. 47 Lohn ~ (Arb.), categoria salariale. 48 Setz ~ (Stoss·stufe, Futterstufe, aufrechter Stufenteil) (Bauw.), alzata. 49 Trenn ~ (Funk.), stadio separatore. 50 Tritt ~ (Tritt, waagerechter Stufenteil) (Bauw.), pedata.

stufenförmig (stufenartig) (allg.), a gradini.

stufenlos (allg.), continuo. 2 ~ e Drehzahlregelung (Mot.), variazione continua del numero di giri. 3 ~ e Regelung (der Drehzahl z. B.) (Mech.), variazione continua. 4 ~ es Getriebe (Wechselgetriebe) (Masch.), variatore continuo. 5 ~ regelbar (Masch.), a variazione continua.

« Stufferz » (n. - Bergbau), minerale pregiato.

Stufung (eines Getriebes) (f. - Aut.), serie dei rapporti. 2 ~ (Abstufung) (allg.), graduazione, scalamento.

Stuhl (Sitz) (m. - Möbel), sedia. 2 ~ (Dachstuhl) (Bauw.), capriata. 3 ~ (Webstuhl) (Textilmasch.), telaio (tessile). 4 ~ bohrer (Maschinen-Langlochbohrer, mit einer geraden Nut oder mit zwei geraden Nuten ausgeführt) (m. - Werkz.), punta cannone. 5 ~ schiene (Doppelkopfschiene) (f. - Eisenb.), rotaia a doppio fungo.

Stukkateur (Stukkator, Gipser) (m. - Arb.), stuccatore, decoratore a stucco. 2 ~ kelle (f. - Maur. - Werkz.), cazzuola da stuccatore.

Stukkatieren (n. - Maur.), stuccatura, decorazione a stucco.

Stulp (eines Pfahles z. B.) (m. - Bauw.), manicotto, ghiera. 2 ~ (Stulpdichtung) (Mech.), siehe Manschette. 3 ~ dichtung (f. - Mech.), siehe Manschette.

Stulpe (Stulpdichtung) (f. - Mech.), siehe Manschette.

Stülpen (n. - Blechbearb.), siehe Stülpziehen.

Stülpschachtel (f. - Packung), scatola telescopica.

Stülpwand (f. - Bauw.), parete di tavole embricate, parete di tavole a lembi sovrapposti.

Stülpziehen (Zwischenziehen in entgegengesetzter Richtung zum vorhergehenden Ziehen) (n. - Blechbearb.), imbutitura inversa, controimbutitura.

Stülpzug (m. - Blechbearb.werkz.), stampo per imbutitura inversa, stampo per controimbutitura.

Stummabstimmung (der Rundfunkempfänger, durch magisches Auge) (f. - Funk.), sintonizzazione (automatica) silenziosa.

Stummaufnahme (f. - Filmtech.), ripresa muta.

Stummel (Ende, einer Spindel z. B.) (m. - Mech. - etc.), codolo, estremità. 2 ~ (Stumpf) (Mech. - etc.), siehe Stumpf. 3 Achs ~ (Fahrz. - Aut.), estremità dell'asse, fuso dell'asse.

Stummfilm (m. - Filmtech.), film muto.

Stumpf (Kegelstumpf z. B.) (m. - Geom.), tronco di cono. 2 ~ (einer Welle) (Mech.), codolo. 3 ~ gleis (totes Gleis) (n. - Eisenb.),

stumpf

binario morto. 4 ~ **nahtschweissung** (f. - mech. Technol.), saldatura di testa continua. 5 ~ **schweissen** (n. - mech. Technol.), saldatura di testa. 6 ~ **schweissmaschine** (f. - Masch.), saldatrice di testa. 7 ~ **stoss** (m. - mech. Technol.), giunto di testa. 8 ~ **verzahnung** (f. - Mech.), dentatura ribassata. 9 ~ **zahn** (eines Zahnrades) (m. - Mech.), dente ribassato. 10 ~ **zieher** (Wurzelzieher) (m. - Masch. - Ack.b.), estirpatore (di ceppi).

stumpf (Winkel) (Geom.), ottuso. 2 ~ (Werkz.), consumato, che ha perso il filo. 3 ~ **es Heck** (eines Pkw) (Aut.), coda tronca. 4 ~ **geschweisst** (mech. Technol.), saldato di testa. 5 ~ **schweissen** (mecch. Technol.), saldare di testa. 6 ~ **werden** (abstumpfen) (Werkz.), perdere il filo. 7 ~ **winklig** (Geom.), ottusangolo.

Stunde (f. - allg.), ora. 2 ~ (Wegmass: 4,81 km) (Mass - schweiz.), percorso di 4,81 km. 3 ~ (Richtungsangabe) (Bergbau), direzione. 4 ~ **n·achse** (f. - Phys.), asse polare. 5 ~ **n·drehzahl** (f. - Mot.), velocità unioraria, numero di giri unioraria. 6 ~ **n·geschwindigkeit** (f. - Fahrz. - etc.), velocità oraria. 7 ~ **n·glas** (Sanduhr) (n. - Ger.), clessidra. 8 ~ **n·kilometer** (km/h, Geschwindigkeitsmass) (m. - Mass), chilometri/ora, km/h. 9 ~ **n·kosten** (f. - pl. - Arb.), costo orario. 10 ~ **n·kreis** (m. - Astr.), circolo orario. 11 ~ **n·leistung** (stündliche Leistung) (f. - Mot.), potenza oraria. 12 ~ **n·leistung** (für 60 Minuten brauchbare Leistung) (Mot.), potenza unioraria. 13 ~ **n·leistung** (hergestellte Stücke je Stunde) (Ind.), produzione oraria. 14 ~ **n·lohn** (m. - Arb.), paga oraria. 15 ~ **n·lohnarbeit** (f. - Arb.), lavoro ad economia. 16 ~ **n·plan** (m. - Schule - etc.), orario (s.). 17 ~ **n·satz** (die für eine Stunde festgelegte Vergütung) (m. - Arb.), tariffa oraria. 18 ~ **n·winkel** (m. - Astr.), fuso orario. 19 ~ **n·zähler** (m. - Mot. - Ger.), contaore. 20 ~ **n·zeiger** (m. - Uhr), lancetta delle ore. 21 **Arbeits** ~ (Arb. - Pers.), ora di lavoro. 22 **Büro** ~ (Arb. - etc.), ora di ufficio. 23 **Über** ~ (Arb.), ora di straordinario.

stunden (finanz.), prorogare, concedere una proroga.

stundenweise (Arb. - etc.), a ore. 2 ~ **entlohnen** (Arb.), pagare a ore.

stündlich (allg.), orario (a.).

Stundung (f. - finanz. - etc.), proroga. 2 ~ **s·gesuch** (n. - finanz. - etc.), domanda di proroga.

Stupp (Flugstaub und Verunreinigungen die sich bei Kondensation der Hg-Dämpfe scheiden) (f. - Metall.), pulviscolo.

Sturm (Wind) (m. - Meteor.), burrasca forte. 2 ~ **abteilung** (f. - milit.), reparto d'assalto. 3 ~ **flut** (f. - See), mareggiata. 4 ~ **gewehr** (automatisches Gewehr) (n. - Feuerw.), fucile automatico. 5 ~ **haken** (zum Arretieren eines Fensters z. B.) (m. - Bauw. - etc.), ferma-ante. 6 ~ **latte** (Windrispe) (f. - Bauw.), controvento. 7 ~ **stange** (eines Verdeckes) (f. - Fahrz.), compasso. 8 ~ **zentrum** (n. - Meteor.), occhio dell'uragano. 9 **magnetischer** ~ (Geophys.), tempesta magnetica. 10 **orkanartiger** ~ (Meteor.), fortunale. 11 **schwerer** ~ (Meteor.), burrasca fortissima.

Sturz (der Vorderräder eines Kraftwagens) (m. - Aut.), inclinazione (ruota). 2 ~ (Rutsch) (Geol.), frana. 3 ~ (waagerechter, oberer Abschluss einer Fensteröffnung z. B.) (Bauw.), architrave. 4 ~ (Ausladeplatz) (Bergbau), discarica. 5 ~ (starkes Fallen, der Preise z. B.) (komm. - etc.), crollo. 6 ~ (von dünnen Blechen) (metall. Ind.), pacco. 7 ~ (Neigung der Frässpindel) (Werkz.masch. bearb.), inclinazione. 8 ~ (der Beschickung eines Ofens) (Metall.), caduta, calata (della carica). 9 ~ **bach** (m. - Geogr.), torrente. 10 ~ **bad** (Dusche) (n. - Bauw.), doccia. 11 ~ **bett** (eines Wehres) (n. - Wass.b.), platea. 12 ~ **blech** (Feinblech) (n. - metall. Ind.), lamiera sottile. 13 ~ **bogen** (scheitrechter, waagerechter Bogen) (m. - Arch.), piattabanda. 14 ~ **bomber** (m. - Luftw.), bombardiere in picchiata. 15 ~ **en·glühung** (von Blechen) (f. - Wärmebeh.), ricottura a pacco. 16 ~ **en·walzung** (von Feinblechen) (f. - Walzw.), laminazione a pacco. 17 ~ **flug** (m. - Flugw.), picchiata. 18 ~ **flugbremse** (f. - Flugw.), freno di picchiata. 19 ~ **flugklappe** (f. - Flugw.), deflettore di picchiata. 20 ~ **guss** (m. - Giess.), fusione in conchiglia (per gravità) a rovesciamento, colata in conchiglia (per gravità) a rovesciamento. 21 ~ **helm** (Fliegerhelm z. B.) (m. - Flugw. - etc.), casco. 22 ~ **karre** (f. - Bauw. - Fahrz.), siehe Wüppe. 23 ~ **messer** (m. - Aut. - Ger.), calibro controllo inclinazione (ruote). 24 ~ **see** (Brecher) (f. - See), frangente. 25 ~ **seitenkraft** (der Vorderräder) (f. - Aut.), componente trasversale dell'inclinazione (delle ruote anteriori). 26 ~ **versatz** (m. - Bergbau), ripiena per frana. 27 ~ **welle** (Brecher) (f. - See), frangente. 28 ~ **welle** (Hydr.), siehe Sprungwelle. 29 ~ **winkel** (der Vorderräder) (m. - Aut.), siehe Sturz.

Stürzen (der Gicht) (n. - Metall.), calata, caduta. 2 ~ (Flug.), picchiata.

stürzen (Flugw.), picchiare.

Stürzner (Klempner) (m. - Arb. - schweiz.), siehe Klempner.

Stützbalken (m. - Bauw.), puntone.

Stützbock (m. - allg.), cavalletto.

Stütze (Tragsäule) (f. - Bauw. - etc.), puntello, colonna. 2 ~ (Mech.), sostegno. 3 ~ (Pfosten, einer Maschine) (Masch.), montante. 4 ~ (Stützpunkt) (Baukonstr.lehre), appoggio. 5 ~ (für Seilbahnen) (Transp.), pilone. 6 ~ (des Sonnensegels) (naut.), candeliere. 7 ~ **n·druck** (Auflagedruck, Stützwiderstand) (m. - Baukonstr.lehre), reazione dell'appoggio. 8 ~ **n·isolator** (Stützer) (m. - Elekt.), isolatore rigido, isolatore a perno rigido, isolatore a perno portante. 9 ~ **n·moment** (n. - Baukonstr.lehre), momento all'appoggio. 10 ~ **n·senkung** (f. - Baukonstr.lehre), cedimento dell'appoggio. 11 ~ **n·widerstand** (Stützendruck) (m. - Baukonstr.lehre), reazione dell'appoggio. 12 **Deck** ~ (naut.), puntale di coperta. 13 **Sattel** ~ (Fahrrad), reggisella.

Stutzen (kurzes Gewehr) (m. - Feuerw.), carabina. 2 ~ (kurze Umhüllung) (*Leit.*), manicotto. 3 ~ (kurzer Anschlussteil) (*Leit.*), tronchetto. 4 **Auspuff** ~ (*Mot.*), tronchetto di scarico. 5 **Einfüll** ~ (eines Behälters) (*Fahrz.*), bocchettone di riempimento. 6 **Verbindungs** ~ (*Leit.*), raccordo intermedio. 7 **Winkel** ~ (*Leit.*), raccordo a gomito.

Stützen (bei Kreiselgeräten, Ausgleich der Störmomente) (*n. - Navig.*), asservimento.

stützen (*Bauw.*), puntellare. 2 ~ (den Markt oder die Preise z. B.) (*komm.*), sostenere.

Stützer (Stützenisolator) (*m. - Elekt.*), isolatore rigido, isolatore a perno rigido, isolatore a perno portante.

Stützfläche (*f. - Baukonstr.lehre*), superficie di appoggio.

Stützgerüst (*n. - Bauw.*), intelaiatura di sostegno, struttura di sostegno.

Stützinsel (für Fussgängerüberweg) (*f. - Strass.ver.*), isola, salvagente.

Stützisolator (*m. - Elekt.*), isolatore rigido.

Stützkettenaufzug (*m. - Bauw.*), ascensore con catene di appoggio.

Stützkraft (Senkrecht zur Fahrbahn gerichtete Radkraft) (*f. - Aut.*), carico verticale (sulla ruota).

Stutzkuppel (Kugelgewölbe) (*f. - Bauw.*), volta sferica.

Stützlager (für Achsialbelastung in einer Richtung) (*n. - Mech.*), cuscinetto di spinta unidirezionale, cuscinetto di spinta unilaterale. 2 ~ (Radialzylinderrollenlager mit zwei Borden am einen Ring und ein Bord am anderen Ring) (*n. - Mech.*), cuscinetto radiale rigido semichiuso (con due bordi su un anello ed un bordo sull'altro).

Stützlast (Deichsellast, vom einachsigen Anhänger auf das Wagenheck des Schleppwagens geübte Last) (*f. - Fahrz.*), carico del timone.

Stützlinie (Drucklinie, eines Bogens) (*f. - Baukonstr.lehre*), linea dei centri di pressione.

Stützmauer (den Seitendruck auffangende Mauer) (*f. - Bauw.*), muro di spalla.

Stützmoment (*n. - Baukonstr.lehre*), momento all'appoggio.

Stützmotor (Servomotor) (*m. - Mot.*), servomotore. 2 ~ (Drehmomenterzeuger zum Stützen, bei Kreiselgeräten) (*m. - Navig.*), motore di asservimento.

Stützpunkt (*m. - Bauw. - etc.*), punto di appoggio, appoggio. 2 ~ (eines Kundendienstes) (*Aut. - etc.*), punto di appoggio. 3 ~ (*milit.*), base. 4 **Flotten** ~ (*naut. - Kriegsmar.*), base navale. 5 **Flug** ~ (*Flugw.*), base aerea.

Stützquellenlagerung (eines Schlittens) (*f. - Werkz.masch.*), montaggio (su velo d'olio) dinamizzato.

Stützrahmen (*m. - Bauw. - etc.*), intelaiatura di sostegno.

Stützrelais (zwei verriegelte Relais) (*n. - pl. - Elekt.*), relè asserviti.

Stützrippe (*f. - Mech.*), nervatura di rinforzo.

Stützrohr (*n. - Mech. - etc.*), tubo di sostegno, tubo di supporto.

Stützrolle (*f. - Transp. - etc.*), rullo di appoggio. 2 ~ (Stützwalze, beim Stranggiessen) (*Giess.*), cilindro di appoggio.

Stützschaufel (zur Versteifung verwendet) (*f. - Turb. - etc.*), paletta d'irrigidimento.

Stützschwimmer (eines Flugbootes) (*m. - Flugw.*), galleggiante laterale.

Stützträger (eines Daches) (*m. - Bauw.*), monaco.

Stütztürstock (Möppelbau, mit kurzen Holzstempeln) (*m. - Bergbau*), quadro mozzo, quadro a mezze gambe.

Stützwalze (*f. - Walzw.*), cilindro di appoggio.

Stützweite (Spannweite) (*f. - Baukonstr. lehre*), distanza tra gli appoggi.

Stützwinde (*f. - Fahrz.*), *siehe* Sattelaufliegerstütze.

Stützzapfen (*m. - Mech.*), perno di spinta.

STV (Schweizerischer Techniker-Verband) (*Technol.*), Associazione Tecnica Svizzera.

StVG (Strassenverkehrs-Gesetz) (*Strass.ver. - recht. - Aut.*), codice della strada.

StVO (Strassenverkehrs-Ordnung) (*Strass.ver. - recht. - Aut.*), regolamento per la circolazione stradale.

StVZO (Strassenverkehrs - Zulassungs - Ordnung) (*Strass.ver. - recht. - Aut.*), regolamento per l'immatricolazione.

Stw (Steuerwelle, einer Drehmaschine) (*Werkz. masch.*), albero a camme. 2 ~ (Stellwerk) (*Eisenb.*), cabina di blocco.

Styling (*n. - Aut. - etc.*), stile. 2 ~ **abteilung** (*f. - Aut.*), ufficio stile.

Stylist (Stilist) (*m. - Aut.*), stilista.

Stylobat (*m. - Arch.*), stilobate.

Styrol ($C_6H_5CH-CH_2$) (für die Herstellung von Polystyrol, Bunas, etc.) (*n. - Chem.*), stirolo. 2 **Poly** ~ (*Chem.*), polistirolo.

Suberin (Korksubstanz) (*n. - Chem. - etc.*), suberina.

subjektiv (*allg.*), soggettivo.

Sublimat (*n. - Chem.*), sublimato. 2 ~ (Quecksilberchlorid) (*Chem.*), sublimato corrosivo.

Sublimation (*f. - Chem. - Phys.*), sublimazione.

sublimieren (*Chem. - Phys.*), sublimare.

Subminiaturröhre (*f. - Elektronik*), tubo subminiatura.

Submission (Ausschreibung öffentlicher Arbeiten) (*f. - komm.*), concorso di appalto. 2 ~ **s·bedingungen** (*f. - pl. - komm.*), capitolato di appalto, condizioni di appalto, «specifica». 3 ~ **s·bewerber** (*m. - komm.*), concorrente (ad appalto), partecipante (a concorso di appalto). 4 ~ **s·termin** (Angebotseröffnungstermin) (*m. - komm.*), scadenza della presentazione delle offerte, data di apertura (delle offerte presentate). 5 ~ **s·vergebung** (einer Lieferung) (*f. - komm.*), aggiudicazione per concorso. 6 **für eine** ~ **ausschreiben** (*komm.*), indire un concorso di appalto. 7 **in** ~ **vergeben** (*komm.*), dare in appalto.

Submittent (einer Lieferung) (*m. - komm.*), offerente, concorrente.

Submodul (Bruchteil des Moduls, für Wanddicken z. B.) (*m. - Bauw.*), submodulo.

Subroutine (Unterprogramm) (*f. - Rechner*), sottoprogramma. 2 **offene** ~ (*Rechner*), sottoprogramma aperto.

subsonisch (*Akus. - etc.*), subsonico.

substantiv (Farbe) (*Chem.*), sostantivo (*a.*).

Substanz

Substanz (Stoff) (*f. - allg.*), sostanza. 2 ~ (Vermögen, Kapital) (*finanz.*), capitale. 3 ~ **wert** (einer Gesellschaft) (*finanz.*), valore reale del capitale.
Substitution (*f. - Math.*), sostituzione. 2 ~ (Austausch von Atomen) (*Chem.*), scambio.
Substrat (bei Halbleitern z. B.) (*n. - Elektronik - etc.*), substrato.
Subtangente (*f. - Math.*), sottotangente.
Subtrahend (*m. - Math.*), sottraendo (*s.*).
subtrahieren (abziehen) (*Math. - etc.*), sottrarre.
Subtraktion (*f. - Math.*), sottrazione. 2 ~, s·zähler (Überverbrauchzähler) (*m. - Elekt.*) contatore di eccedenza, contatore di sovraconsumo.
subtraktiv (*Phot. - Opt.*), sottrattivo.
Subtraktivfilter (*m. - n. - Phot.*), filtro sottrattivo.
Subtraktivverfahren (Siebverfahren, Farbfilmverfahren) (*n. - Phot.*), sistema sottrattivo.
Subtropen (Klimazonen, die den Übergang von den Tropen zu den gemässigten Zonen bilden) (*pl. - Geogr.*), subtropici.
subtropisch (*Meteor.*), subtropicale.
Subunternehmer (*m. - komm.*), subappaltatore.
Subvention (*f. - finanz.*), sovvenzione.
Subverteiler (*m. - Elekt.*), sottodistributore.
Subvulkan (*m. - Geol.*), subvulcano.
Suchanker (*m. - naut.*), ancorotto, ferro.
Suchanlage (*f. - Funk.*), impianto cercapersone.
Suchbohrung (*f. - Bergbau*), sondaggio esplorativo.
Sucher (einer Kamera) (*m. - Phot. - Filmtech.*), mirino. 2 ~ (kleines Fernrohr mit paralleler Achse an einem grossen Fernrohr angebracht) (*Opt. - Ger.*), cercatore. 3 ~ (Suchscheinwerfer) (*Aut.*), proiettore battistrada, proiettore ausiliario orientabile. 4 ~ (*Fernspr.*), selettore. 5 ~ **objektiv** (Sucherausblick) (*n. - Phot.*), mirino a obiettivo. 6 **Rahmen** ~ (*Filmtech. - Phot.*), mirino a riquadro. 7 **Reflex** ~ (einer Kamera) (*Phot. - Filmtech.*), mirino reflex.
Suchleitstelle (*f. - Funk. - Navig.*), centro ricerche e soccorsi.
Suchscheinwerfer (Sucher) (*m. - Aut.*), proiettore battistrada, proiettore ausiliario orientabile.
Suchstift (eines Stempels) (*m. - Blechbearb. werkz.*), perno di guida, pilota.
Suchtaste (*f. - NC - Werkz.masch.bearb.*), tasto di ricerca.
Suchwähler (*m. - Fernspr.*), selettore cercatore.
Suchzeit (*f. - Rechner*), tempo di ricerca.
Sud (Beize) (*m. - Chem.*), mordente. 2 ~ **vergoldung** (*f. - Chem.*), doratura per immersione. 3 ~ **verzinnung** (durch heisse Lösungen von Zinn-Chlorür) (*f. - mech. Technol.*), stagnatura chimica per immersione.
Süd (Süden) (*m. - Geogr.*), sud. 2 ~ (Südwind) (*Meteor.*), vento del Sud. 3 ~ **licht** (*n. - Geophys.*), aurora australe. 4 ~ **pol** (*m. - Geogr.*), polo sud. 5 ~ **west** (*m. - Geogr.*), sud-ovest. 6 ~ **wester** (Seemannskappe) (*m. - naut.*), cappello d'incerato.
S. u. F. (Streichen und Fallen) (*Geol.*), direzione ed immersione.
SUL (Seidenlackdraht) (*Elekt.*), filo smaltato rivestito di seta.
Sulfat (*n. - Chem.*), solfato. 2 ~ **härte** (Nichtkarbonathärte) (*f. - Chem.*), durezza permanente. 3 ~ **hüttenzement** (SHZ, aus 75% Hochofenschlacke und sulfatischem Anreger) (*m. - Bauw.*), cemento d'altoforno (con attivatore) solfatico.
Sulfatation (Sulfatieren, Bildung von Bleisulfat beim Bleisammler) (*f. - Elekt.*), solfatazione.
sulfatieren (*chem.*), solfatizzare.
Sulfid (*n. - Chem.*), solfuro. 2 ~ **weiss** (Lithopone) (*n. - chem. Ind.*), litopone.
Sulf - Inuz - Verfahren (Bad - Nitrieren mit Schwefeleinlagerung am Rand der Verbindungschicht) (*n. - Warmebeh.*), trattamento Sulfinuz, « Sulfinizzazione ».
Sulfit (*n. - Chem.*), solfito. 2 ~ **lauge** (*f. - Papierind.*), lisciva al solfito.
Sulfobase (*f. - Chem.*), solfobase.
Sulfogruppe (*f. - Chem.*), gruppo solfonico.
Sulfonal [$(CH_3)_2C(SO_2C_2H_5)_2$] (*n. - Pharm. - Chem.*), sulfonale.
sulfonieren (*Chem.*), solfonare.
Sulfonierung (Reaktion zwischen konzentrierter Schwefelsäure und Kohlenwasserstoffen) (*f. - Chem.*), solfonazione. 2 ~ s· zahl (Volumenteil an Kohlenwasserstoffen in Benzinen z. B.) (*f. - Chem.*), indice di solfonazione.
Sulfonitrieren (*n. - Wärmebeh.*), solfonitrurazione.
Sulfonsäure (*f. - Chem.*), acido solfonico.
Sulfophenidsäure (Phenyloxydschwefelsäure) (*f. - Chem.*), acido solfofenico, acido fenolsolfonico.
Sulfoxyd (*n. - Chem.*), solfossido.
Sulfoxylsäure (*f. - Chem.*), acido sulfossilico.
Sulfozyanid (Thiozyanat) (*n. - Chem.*), solfocianuro.
Sulfozyankalium (*n. - Chem.*), solfocianuro di potassio.
Süll (*m. - naut.*), mastra di boccaporto.
Sülze (Sulze, Salzlauge) (*f. - Chem. - etc.*), salamoia.
Summand (*m. - Math.*), addendo.
Summation (*f. - Math.*), sommatoria.
Summe (*f. - Math.*), somma. 2 ~ (Geldbetrag) (*finanz. - komm.*), somma, importo. 3 ~ n·**abweichung** (Radial- und Axialschlag z. B.) (*f. - Mech.*), errore cumulativo. 4 ~ n·**getriebe** (*n. - Masch.*), siehe Überlagerungsgetriebe. 5 ~ n·**häufigkeit** (*f. - Stat.*), frequenza cumulativa. 6 ~ n·**karte** (*f. - Datenverarb.*), scheda riepilogativa. 7 ~ n·**kurve** (*f. - Stat.*), curva della frequenza cumulativa. 8 ~ n·**lochung** (*f. - Datenverarb.*), perforazione riepilogativa. 9 ~ n·**steigungsfehler** (eines Schneckenzahnes z. B.) (*m. - Mech.*), errore di passo cumulativo. 10 ~ n·**teilungsfehler** (eines Zahnrades) (*m. - Mech.*), errore di passo cumulativo (su un certo settore). 11 ~ n·**übertragung** (*f. - Datenverarb.*), trasferimento di totali. 12 ~ n·**werk** (*n. - Rechen-*

masch.), totalizzatore. **13** ~ **n·wert** (*m. - allg.*), valore cumulativo. **14 algebraische** ~ (*Math.*), somma algebrica. **15 Bau** ~ (*Bauw.*), costo totale di una costruzione.
Summen (*n. - Akus.*), ronzìo.
summen (*Akus.*), ronzare.
Summer (Signalgerät) (*m. - Elekt.*), cicalina, ronzatore, cicala. **2** ~ (des Zündsystems) (*Aut. - Mot.*), vibratore. **3** ~ **anlasser** (*m. - Elekt.*), vibratore di avviamento.
summieren (*Math. - etc.*), sommare.
summierend (*Instr.*), integratore (*a.*). **2** ~ **es Wattmeter** (*Instr.*), wattmetro integratore.
Summierung (*f. - Math.*), sommatoria. **2** ~ **s·gerät** (*n. - Ger.*), integratore (*s.*).
Sumpf (*m. - Geol.*), palude. **2** ~ (Ölwanne) (*Mot.*), coppa (dell'olio). **3** ~ (eines Ofens) (*Metall. - Ofen*), crogiuolo. **4** ~ (Schachtsumpf, Sumpfstrecke, Grubenwasser) (*Bergbau*), bacino di pompaggio. **5** ~ (Dickschlamm) (*chem. Ind.*), fango. **6** ~ **erz** (Limonit, Brauneisen) (*n. - Min.*), limonite. **7** ~ **gas** (Methan) (*n. - Chem.*), metano. **8** ~ **produkt** (die schwerer siedende Fraktion, bei Rektifikation) (*n. - chem. Ind.*), coda, prodotto di coda.
Sümpfen (Entwässerung) (*n. - Bergbau*), eduzione, prosciugamento.
sümpfen (entwässern) (*Bergbau*), prosciugare, drenare.
Sunk (bei Zuleitungs- und Ableitungskanälen von Wasserkraftwerken) (*Hydr.*), livello inferiore.
Sunn (*m. - Textil.*), siehe Sonnenhanf.
Super (*Funk.*), siehe Superhet.
Superballonreifen (*m. - Aut.*), pneumatico a bassissima pressione.
Superfinisch (Feinhonen, Feinziehschleifen) (*n. - Werkz.masch.bearb.*), superfinitura. **2** ~ **-Maschine** (*f. - Werkz.masch.*), superfinitrice.
superflink (Sicherung) (*Elekt.*), ultrarapido.
superflüssig (superfluid) (*Phys.*), siehe supraflüssig.
Superhet (Superheterodynempfänger) (*m. - Funk.*), ricevitore a supereterodina.
Super-Ikonoskop (Bildaufnahmeröhre) (*n. - Fernseh.*), supericonoscopio.
superkavitierend (*naut.*), siehe vollkavitierend.
Superkraftstoff (*m. - Aut.*), benzina super.
Superlegierung (Höchstleistungslegierung, Nickelsonderlegierung) (*f. - Metall.*), superlega.
Supermarket (*m. - komm. - Bauw.*), supermercato, « supermarket ».
Super-Niederquerschnitt-Reifen (Pkw-Reifen mit Höhen-Breiten-Verhältnis von 0,83) (*m. - Aut.*), pneumatico a bassissima pressione ribassato.
Super-Orthikon (Bildaufnahmeröhre) (*n. - Fernseh.*), superorticonoscopio.
Superoxyd (Hyperoxyd, Peroxyd) (*n. - Chem.*), perossido.
Superphantomschaltung (*f. - Fernspr.*), circuito supervirtuale.
Superphosphat (*n. - Chem. - Ack.b.*), superfosfato.
Superpolymer (*n. - chem. Ind.*), superpolimero.
Superponierung (Übereinanderlegen zweier Bilder z. B.) (*f. - Fernsehfehler*), sovrapposizione.
Superposition (Überlagerung zweier phys. Wirkungen z. B.) (*f. - Phys.*), sovrapposizione (degli effetti).
Superregenerativempfänger (*m. - Funk.*), ricevitore a superreazione.
Superscope (Breitwandfilmverfahren) (*n. - Filmtech.*), « superscope ».
supersonisch (*Akus. - etc.*), supersonico.
Superstruktur (Überbau) (*f. - allg.*), sovrastruttura.
Supplement (Ergänzung) (*n. - Druck. - etc.*), supplemento. **2** ~ **band** (*m. - Druck.*), supplemento, volume di supplemento. **3** ~ **winkel** (Winkel, der einen anderen Winkel auf 180° ergänzt) (*m. - Geom.*), angolo supplementare.
Supplent (Aushilfslehrer) (*m. - Schule*), supplente.
Support (Schlitten, Werkzeugträger an Drehbank z. B.) (*m. - Werkz.masch.*), carrello. **2** ~ **schleifmaschine** (Elektrohandschleifmaschine für die Verwendung auf dem Support einer Werkzmasch.) (*f. - Werkz.masch.*), molatrice da carrello. **3 Höhen** ~ (einer Hobelmaschine z. B.) (*Werkz.masch.*), carrello verticale, carrello di traversa. **4 Seiten** ~ (einer Zweiständer-Hobelmaschine z. B.) (*Werkz.masch.*), carrello orizzontale, carrello di montante.
supraflüssig (superflüssig, suprafluid, superfluid: Eigenschaft des flüssigen Heliums bei Temperaturen von 1 und 2 °K) (*Phys.*), superfluido (*a.*).
Supraleiter (*m. - Phys. - Elekt.*), superconduttore.
Supraleitung (nahe dem absoluten Nullpunkt praktisch unendlich grosse elekt. Leitfähigkeit, eines Metalles z. B.) (*f. - Metall. - Elekt.*), superconduttività, superconducibilità.
suspendieren (einen Beamten z. B.) (*Pers. - Arb.*), sospendere.
suspendiert (*Chem.*), in sospensione.
Suspension (Aufschwemmung) (*f. - Chem.*), sospensione. **2** ~ (Dienstenthebung) (*Arb. - Pers.*), sospensione.
Süssen (Entferung der Merkaptane in Kraftstoffen) (*n. - chem. Ind.*), addolcimento.
Süsskraft (eines Süss·stoffes) (*f. - Chem.*), potere edulcorante.
Süss·stoff (Saccharin z. B.) (*m. - Chem.*), dolcificante.
Süsswasser (*n. - Chem. - etc.*), acqua dolce. **2** ~ **kühlung** (eines Verbrennungsmotors) (*f. - naut. - Mot.*), raffreddamento ad acqua dolce.
Suszeptanz (Kehrwert der Reaktanz) (*f. - Elekt.*), suscettanza.
Suszeptibilität (*f. - Elekt.*), suscettività. **2 elektrische** ~ (*Elekt.*), suscettività dielettrica. **3 magnetische** ~ (*Elekt.*), suscettività magnetica.
SVD (Schweizerische Vereinigung für Dokumentation) (*Dokum.*), Associazione Svizzera per la Documentazione.
SVDB (Schweizer Verein der Dampfkessel-

SVL 862

Besitzer) (*Dampfkessel*), Associazione Svizzera Proprietari di Caldaie a Vapore.
SVL (Schweisstechnische Versuchs- und Lehranstalt) (*Technol.*), Istituto Accademico di Ricerca sulla Saldatura.
SVMT (Schweizerischer Verband für die Materialprüfungen der Technik) (*Materialprüfung*), Associazione Svizzera Prove Materiali.
SVS (Schweizerischer Verein für Schweisstechnik) (*mech. Technol.*), Associazione Svizzera di Saldatura.
SV-Stoff (Salbei, Gemisch aus 90-98% rauchender Salpetersäure und 2-10% Schwefelsäure) (*m. - Chem.*), miscela solfonitrica.
svw (soviel wie) (*allg.*), tanto quanto.
SW (Südwest) (*Geogr.*), sudovest. 2 ~ (Schlüsselweite) (*Werkz.*), apertura di chiave. 3 ~ (Salzwasser) (*Wärmebeh. - etc.*), acqua salata.
sw (schwarz) (*Farbe*), nero.
Swanfassung (*f. - Elekt.*), attacco a baionetta.
SWFD (Selbstwähl-Ferndienst) (*Fernspr.*), teleselezione.
SWFV (Selbstwähl-Fernverkehr) (*Fernspr.*) teleselezione.
SWL (weiter Schlichtlaufsitz) (*Mech.*), accoppiamento medio libero amplissimo.
SWO (Seewasserstrassenordnung) (*naut.*), regolamento sulle vie d'acqua.
SWR (Siedewasserreaktor) (*Kernphys.*), reattore ad acqua bollente.
SW-Trafo (*m. - Elekt.*), *siehe* parametrischer Transformator.
SX (Simplex, Einfachdienst) (*Telegr.*), simplex.
SY (Seidenkunststoffdraht) (*Elekt.*), filo rivestito con plastica e seta.
Sy (Synchronisierung) (*Phys.*), sincronizzazione.
Syenit (granitähnliches Gestein) (*m. - Min.*), sienite.
SYMAP (Programmiersprache) (*Rechner*), SYMAP.
Symbol (*n. - Zeichn. - etc.*), simbolo. 2 ~ **schild** (einer Tafel) (*m. - Elekt. - etc.*), targa con simboli.
symbolisch (*allg.*), simbolico. 2 ~ **e Adresse** (Pseudoadresse) (*Datenverarb.*), indirizzo simbolico. 3 ~ **e Sprache** (*Datenverarb.*), linguaggio simbolico. 4 ~ **es Programm** (adressenfreies Programm) (*Datenverarb.*), programma simbolico.
Symistor (Zweirichtungs-Thyristortriode) (*m. - Elektronik*), simistore.
Symmetrie (*f. - Geom. - etc.*), simmetria. 2 ~ **achse** (*f. - Geom.*), asse di simmetria. 3 ~ **dämpfung** (*f. - Funk. - etc.*), attenuazione di simmetria. 4 ~ **ebene** (*f. - Geom. - etc.*), piano di simmetria. 5 ~ **schaltung** (*f. - Elekt.*), circuito simmetrico, circuito bilanciato. 6 ~ **übertrager** (Symmetrierer) (*m. - Elekt. - Ger.*), simmetrizzatore.
Symmetrieren (*n. - Elekt.*), simmetrizzazione.
symmetrieren (*Elekt. - etc.*), simmetrizzare.
Symmetrierer (*m. - elekt. Ger.*), simmetrizzatore.
Symmetrierglied (Symmetrierer) (*n. - Elekt. - etc.*), simmetrizzatore.
Symmetrierkondensator (*m. - elekt. Ger.*), condensatore simmetrizzatore.

symmetriert (*Elekt.*), simmetrizzato.
Symmetriertopf (*m. - Fernseh.*), trasformatore simmetrico-dissimmetrico.
Symmetrierung (*f. - Elekt. - etc.*), simmetrizzazione. 2 ~ **s·einrichtung** (*f. - Elekt.*), simmetrizzatore.
symmetrisch (*Geom. - etc.*), simmetrico.
Synärese (Umkehrung der Quellung von Gelen) (*f. - Chem.*), sineresi.
Synchro (Synchrongerät, bestehend aus Generator und Motor zur Erzeugung einer Gleichlaufbewegung) (*n. - Elekt.*), sincro, sincronizzatore, « albero elettrico ».
Synchrodetektor (*m. - Fernseh.*), demodulatore sincrono.
synchron (*allg.*), sincrono.
Synchronabtastung (bei der Bildzerlegung und Bildsynthese gleichzeitig erfolgen) (*f. - Fernseh.*), scansione sincrona.
Synchrongenerator (*m. - Elekt. - Masch.*), generatore sincrono.
Synchrongeschwindigkeit (*f. - Mech.*), velocità di sincronismo.
Synchrongetriebe (Wechselgetriebe) (*n. - Aut.*), cambio sincronizzato.
Synchronisation (*f. - Phys. - Fernseh.*), sincronizzazione. 2 ~ (Nachsynchronisierung) (*Filmtech.*), doppiaggio, postsincronizzazione. 3 ~ **s·impuls** (*m. - Fernseh.*), *siehe* Synchronpuls. 4 ~ **s·pegel** (*m. - Fernseh.*), livello di sincronizzazione. 5 ~ **s·potential** (*m. - Fernseh.*), potenziale di sincronizzazione. 6 ~ **s·signal** (*n. - Fernseh.*), segnale di sincronizzazione. 7 ~ **s·signalamplitude** (*f. - Fernseh.*), ampiezza del segnale di sincronizzazione. 8 **Bild** ~ (*Fernseh.*), sincronizzazione dell'immagine.
Synchronisiereinrichtung (eines Getriebes) (*f. - Aut.*), sincronizzatore.
Synchronisieren (*n. - Fernseh. - Filmtech. - etc.*), sincronizzazione.
synchronisieren (*Fernseh. - Filmtech. - etc.*), sincronizzare.
Synchronisiergemisch (*n. - Fernseh.*), segnale composito di sincronizzazione.
Synchronisierlampe (*f. - Elekt.*), lampada di sincronismo.
Synchronisierschalter (*m. - Elekt.*), interruttore di parallelo.
Synchronisierung (Synchronisieren) (*f. - Fernseh. - Filmtech. - etc.*), doppiaggio, sincronizzazione. 2 ~ (Einrichtung, eines Wechselgetriebes) (*Aut.*), sincronizzatore. 3 ~ **s·atelier** (*n. - Filmtech.*), studio di doppiaggio, studio di sincronizzazione. 4 ~ **s·schalter** (*m. - Elekt.*), interruttore di parallelo. 5 **Nach** ~ (*Filmtech.*), doppiaggio, postsincronizzazione.
Synchronisiervoltmeter (*n. - Elekt. - Ger.*), voltmetro di sincronizzazione, zerovoltmetro.
Synchronismus (*m. - allg.*), sincronismo. 2 ~ **anzeiger** (Synchronoskop) (*m. - Ger.*), sincronoscopio.
Synchronklappe (*f. - Filmtech.*), ciak.
Synchronkörper (eines Wechselgetriebes) (*m. - Aut.*), mozzo sincronizzatore.
Synchronmaschine (elekt. Wechselstrommaschine) (*f. - elekt. Masch.*), macchina sincrona.

Synchronmotor (*m. - elekt. Mot.*), motore sincrono.
Synchronoskop (*n. - Ger. - Elekt.*), sincronoscopio.
Synchronpuls (Synchronimpuls, zum Synchronisieren der Ablenkung) (*m. - Fernseh.*), impulso di sincronismo. 2 **Horizontal** ~ (*Fernseh.*), impulso di sincronismo orizzontale. 3 **Vertikal** ~ (*Fernseh.*), impulso di sincronismo verticale.
Synchronring (eines Wechselgetriebes) (*m. - Aut.*), anello sincronizzatore.
Synchronschiebehülse (Schiebemuffe, eines Wechselgetriebes) (*f. - Aut.*), manicotto sincronizzatore.
Synchronsignal (*n. - Fernseh.*), segnale di sincronismo.
Synchronsprecher (*m. - Film ech.*), doppiatore.
Synchron-Telegraph (Gleichlauf-Telegraph) (*m. - Telegr.*), apparato telegrafico sincrono.
Synchronwert (*m. - Fernseh.*), valore di sincronismo.
Synchrotron (*n. - Phys.*), sincrotrone.
Synchro-Zyklotron (*n. - Phys.*), sincrociclotrone.
Syndikalismus (*m. - Arb. - Organ.*), sindacalismo.
Syndikalist (*m. - Arb. - Organ.*), sindacalista.
Syndikat (Gesellschaft) (*n. - komm. - finanz.*), sindacato. 2 ~ (Kartell mit gemeinsamer Absatz- oder Einkaufsorganisation) (*finanz.*), consorzio. 3 **Arbeiter** ~ (*Arb. - Organ.*), sindacato dei lavoratori.
syndiotaktisch (*Chem.*), sindiotattico.
Synergismus (Lehre von Zusammenwirken verschiedener Kräfte und Faktoren) (*m. - Lehre*), sinergismo.
Synklinale (Mulde einer geologischen Falte) (*f. - Geol.*), sinclinale.
synoptisch (*Meteor.*), sinottico. 2 ~ **e Wetterkarte** (*Meteor.*), carta meteorologica sinottica.
Synovitis (Berufskrankheit z. B.) (*f. - Med. - Arb.*), sinovite.
Syntan (synthetischer Gerbstoff) (*n. - Lederind.*), materiale conciante sintetico.
Synthese (Synthesis, Aufbau von Verbindungen) (*f. - Chem.*), sintesi.
synthetisch (*Chem. - etc.*), sintetico. 2 ~ **e Prüfung** (Prüfung nach dem Zweikreisverfahren, von Schaltern) (*Elekt.*), prova con due circuiti.
Synthoporit (für Leichtbeton) (*m. - Bauw.*), sintoporite, pomice artificiale.

Syphon (bei dem Eisenablauf von Kupolöfen, zur Trennung von Eisen und Schlacke) (*m. - Metall.*), sifone.
System (*n. - allg.*), sistema. 2 ~ **analytiker** (*m. - Organ. - Pers.*), analista di sistemi. 3 ~ **entwurf** (*m. - Organ.*), progetto di sistemi, progetto di procedure. 4 ~ **planer** (*m. - Organ. - Pers.*), programmatore di sistemi. 5 ~ **planung** (*f. - Organ.*), organizzazione dei sistemi, programmazione dei sistemi. 6 ~ **punkt** (Knotenpunkt) (*m. - allg.*), nodo, punto nodale. 7 ~ **technik** (*f. - Organ.*), tecnica dei sistemi. 8 ~ **studie** (*f. - Organ.*), studio dei sistemi. 9 **Abzahlungs** ~ (Ratenzahlungssystem) (*komm.*), sistema di pagamento rateale. 10 **Akkordlohn** ~ (*Arb.*), sistema di cottimo. 11 **Dreileiter** ~ (*Elekt.*), sistema a tre fili. 12 **Funktions** ~ (*Organ.*), sistema funzionale. 13 **Karwel** ~ (*Schiffbau*), sistema a paro, sistema a comenti appaiati. 14 **Klinker** ~ (*Schiffbau*), sistema a fasciame cucito, sistema a fasciame sovrapposto, sistema a semplice ricoprimento. 15 **Koordinaten** ~ (*Math.*), sistema di coordinate. 16 **Kühl** ~ (*Mot. - etc.*), sistema di raffreddamento. 17 **Linien** ~ (*Organ.*), sistema gerarchico. 18 **metrisches** ~ (*Mass*), sistema metrico. 19 **optisches** ~ (*Opt.*), sistema ottico. 20 **Pass** ~ (*Mech.*), sistema di accoppiamenti. 21 **periodisches** ~ **der Elemente** (Mendelejeffsystem) (*Chem.*), sistema periodico degli elementi, sistema di Mendelejeff. 22 **Stab-Linien** ~ (*Organ.*), sistema gerarchico-funzionale. 23 **Stab** ~ (*Organ.*), sistema funzionale. 24 **Toleranz** ~ (*Mech.*), sistema di tolleranza. 25 **Zweileiter** ~ (*Elekt.*), sistema a due fili.
systematisch (*allg.*), sistematico.
systembedingt (systematisch) (*allg.*), sistematico.
SZ (Silizium-Zenerdiode) (*Elektronik*), diodo Zener al silicio. 2 ~ (Synchronisierungszeichen) (*Phys.*), segnale di sincronizzazione. 3 ~ (Säurezahl) (*Chem.*), numero di acidità.
Szene (*f. - Theater*), scena.
Szintigraph (zur Registrierung der Verteilung radioakt. Substanzen im Organismus) (*m. - Ger.*), registratore a scintillazione.
Szintillation (Funkeln) (*f. - Elekt. - etc.*), scintillamento, scintillazione. 2 ~ **s-spektrometer** (*n. - Opt. - Ger.*), spettrometro a scintillazione. 3 ~ **s-zähler** (Detektor z. B.) (*m. - Instr.*), contatore a scintillazione, contatore a scintillìo.
szintillieren (*Elekt.*), scintillare.

T

T (Tara) (*Transp.*), tara. **2** ~ (Tera, 10¹²) (*Mass*), T, tera, 10^{12}. **3** ~ (Tritium) (*Chem.*), T, trizio. **4** ~ (Kelvin-Temperatur) (*Phys.*), T, temperatura assoluta. **5** ~ (Periodendauer) (*Phys.*), T, periodo. **6** ~ (Tesla, Einheit der magnetischen Flussdichte) (*Masseinh.*), T, tesla. **7** ~ (Zeitkonstante) (*Elekt.*), costante di tempo. **8** ~ (T-Stück) (*Leit.*), T, raccordo a T. **9** ~ (Thomas-Verfahren) (*Metall.*), processo Thomas. **10** ~ (Thomasstahl) (*Metall.*), acciaio Thomas. **11** ~ (Nachhallzeit) (*Akus.*), tempo di riverberazione. **12** ~ (Drehmoment) (*Mech.*), momento torcente. **13** (Transistor) (*Elektronik*), transistore. **14** ~ (Triode) (*Elektronik*), triodo. **15** ~ (Tonband) (*Elektroakus.*), nastro magnetico. **16** ~ (Trimmer) (*Elekt.*), condensatore compensatore. **17** ~ (Titer) (*Chem. - etc.*), titolo.

t (Tonne) (*Masseinheit*), tonnellata. **2** ~ (Celsius-Temperatur) (*Phys.*), t, temperatura centigrada. **3** ~ (Zeit, Dauer) (*Phys. - etc.*), t, tempo. **4** ~ (Teilung, bei Zahnrädern) (*Mech.*), passo.

TA (Technischer Ausschuss) (*Normung - etc.*), comitato tecnico. **2** ~ (Telegraphenamt) (*Telegr.*), ufficio telegrafico. **3** ~ (Ta, zulässige Planlaufabweichung) (*Mech.*), tolleranza di oscillazione assiale.

Ta (Tantal) (*Chem.*), Ta, tantalio.

ta (teilausgehärtet, Aluminium-Gusslegierung) (*Giess. - Wärmebeh.*), invecchiato parzialmente.

Tabak (*m. - Ind. - Landw.*), tabacco. **2** ~ steuer (*f. - finanz.*), imposta sui tabacchi.

tabellarisch (*allg.*), tabulare (*a.*), tabellare. **2** ~ anordnen (*Math. - etc.*), disporre in tabella, tabulare (*v.*).

Tabelle (*f. - allg.*), tabella.

Tabellierer (bei Datenverarbeitung z. B.) (*m. - Arb. - Pers.*), tabulatore.

Tabelliermaschine (*f. - Rechenmasch.*), tabulatrice. **2** ~ (für Lochkarten z. B.) (*Masch.*), tabulatrice.

Tabellisierung (*f. - allg.*), disposizione in tabella, tabulazione.

Tableau (Darstellung eines Vorgangs) (*n. - Technol.*) (österr.), schema.

Tablett (*n. - Packung - Papierind.*), vassoio. **2** ~ (Platte) (*n. - allg.*), piastra. **3** ~ bandanlage (Förderer) (*f. - ind. Masch.*), nastro a piastre.

Tablette (Tablett [*n.*]) (*f. - Pharm.*), pastiglia, compressa. **2** ~ (eines Thyristors z. B.) (*Elektronik*), pastiglia. **3** ~ (beim Strangpressen) (*mech. Technol.*), pastiglia. **4** ~ (Pressrest, beim Druckgiessen) (*Giess.*), pastiglia, biscotto, residuo di colata. **5** ~ (Vorformling) (*Kunstharz*), pastiglia. **6** ~ n·gleichrichter (*m. - Elektronik*), raddrizzatore a pastiglie. **7** ~ n·maschine (Tablettenpresse) (*f. - chem. Ind. Masch.*), pastigliatrice. **8** ~ n·presse Vorformpresse. für Kunststoffe) (*f. - Masch.*), pastigliatrice. **9** ~ n·zucker (*m. - chem. Ind.*), zucchero in zollette.

Tabulator (*m. - Rechenmasch. - Schreibmasch.*), tabulatore.

TACAN (tactical air navigation, Funkfeuer) (*Funk. - Navig.*), TACAN.

Tachimedion (Gerät, das dem Fahrer die Durchschnittsgeschwindigkeit zeigt) (*n. - Aut. - Ger.*), mediametro, indicatore di velocità media.

Tachinierer (Faulenzer) (*m. - Arb.*) (österr.), fannullone.

Tachistoskop (bei psychol. Prüfungen der Aufmerksamkeit z. B. verwendetes Gerät) (*n. - Psychol. - Ger.*), tachistoscopio.

Tacho (Tachometer, Geschwindigkeitsmesser) (*m. - n. - Aut. - Ger.*), tachimetro. **2** ~ -Dynamo (*m. - Elekt.*), dinamo tachimetrica. **3** ~ generator (Tachodynamo) (*m. - Elekt.*), dinamo tachimetrica. **4** ~ meter (Tacho) (*m. - n. - Aut. - Ger.*), siehe Tachometer.

Tachometer (Tacho) (*m. - Aut. - Ger.*), tachimetro. **2** ~ abweichung (*f. - Aut. - Instr.*), scarto al tachimetro, scarto d'indicazione del tachimetro, errore d'indicazione del tachimetro. **3** ~ welle (*f. - Instr.*), flessibile del tachimetro. **4 Band** (*Aut. - Ger.*), tachimetro a nastro. **5 elektrisches** ~ (*Ger.*), tachimetro elettrico. **6 Fliehkraft** ~ (*Ger.*), tachimetro a forza centrifuga. **7 Flüssigkeits** ~ (*Ger.*), tachimetro a liquido. **8 Wirbelstrom** ~ (*Ger.*), tachimetro magnetico.

Tachymeter (Tacheometer, Tachymetertheodolit) (*n. - Top. - Instr.*), tacheometro. **2** ~ zug (*m. - Top.*), itinerario tacheometrico, poligonale tacheometrica. **3 selbstreduzierendes** ~ (*Instr.*), tacheometro autoriduttore.

Tachymetrie (*f. - Top.*), tacheometria, celerimensura.

tachymetrisch (*Top.*), tacheometrico, celerimetrico.

Tack (*Phys. - Chem.*), siehe Klebrigkeit.

Täck (Schuhmachernagel) (*m. - metall. Ind.*), bulletta.

Tacks (kleiner Nagel) (*m. - metall. Ind.*) (österr.), chiodino (per scarpe).

Tafel (Platte) (*f. - allg.*), piastra. **2** ~ (aus Glas) (*Glasind.*), lastra. **3** ~ (Schalttafel) (*Elekt.*), quadro. **4** ~ (Blechbearb.), foglio, lamiera. **5** ~ (Schultafel) (*Schule - Ger.*), lavagna. **6** ~ (flaches Brett) (*Bauw.*), pannello. **7** ~ (Tabelle) (*Druck. - etc.*), tavola, tabella. **8** ~ bild (*n. - Malerei*), tavola. **9** ~ glas (*n. - Glasind.*), vetro in lastre. **10** ~ land (Flachland) (*n. - Geol. - Geogr.*), tavolato. **11** ~ malerei (*f. - Malerei*), pittura su tavola. **12** ~ schere (Guillotineschere) (*f. - Masch.*), cesoia a ghigliottina. **13** ~ schere (Schlagschere) (*Masch.*), taglierina, cesoia a leva. 14 ~ **waage** (*f. - Masch.*), pesa a ponte. 15 ~ **werk** (*n. - Tischl.*), siehe Täfelung. 16 **Holz** ~ (*Bauw. - etc.*), pannello di legno. 17 **Logarithmen** ~ (*Math.*), tavola logaritmica, tavola dei logaritmi. 18 **vertiefte** ~ (*Bauw.*), pannello incassato.

täfeln (*Tischl. - Bauw.*), pannellare.
Täfelung (Tafelwerk, Wandbekleidung) (*f. - Tischl. - Bauw.*), pannellatura.
Taffet (*m. - Text.*), siehe Taft.
Taft (Taffet, Seidengewebe) (*m. - Text.*), taffetà.
Tag (*m. - Astr.*), giorno. 2 ~ (Erdoberfläche) (*Bergbau*), superficie. 3 ~ (Versammlung) (*allg.*), congresso. 4 ~ **e·arbeit** (*f. - Bergbau*), scavo a giorno. 5 ~ **e·arbeiter** (*m. - Arb.*), cavatore. 6 ~ **e·bau** (*m. - Bergbau*), coltivazione a giorno. 7 ~ **e·buch** (*n. - Druck. - etc.*), diario. 8 ~ **e·buch** (*Buchhaltung*), giornale. 9 ~ **e·buch** (*Navig. - naut. - Flugw.*), giornale di bordo. 10 ~ **e·geld** (Reisegeld) (*n. - Arb.*), indennità di trasferta, diaria, trasferta. 11 ~ **e·gelder** (Diäten, Vergütung) (*n. - pl. - Arb. - Pers.*), diaria, trasferta, indennità di trasferta. 12 ~ **e·licht** (kleines Fenster im Dach z. B.) (*n. - Bauw.*), luce. 13 ~ **e·lohn** (*m. - Arb.*), salario a giornata, salario ad economia. 14 ~ **e·lohnarbeit** (*f. - Arb.*), lavoro a giornata, lavoro ad economia. 15 ~ **e·löhner** (Tagner) (*m. - Arb.*), lavoratore a giornata, «giornaliero». 16 ~ **es·anlage** (*f. - Bergbau*), impianto a giorno. 17 ~ **es·kilometerzähler** (*m. - Aut. - Ger.*), contachilometri parziale. 18 ~ **es·leistung** (*f. - Ind.*), produzione giornaliera. 19 ~ **es·licht** (*n. - Beleucht.*), luce diurna. 20 ~ **es·lichtlampe** (*f. - Elekt.*), lampada per luce solare. 21 ~ **es·lichtquotient** (*m. - Beleucht.*), fattore di luce diurna. 22 ~ **es·ordnung** (einer Sitzung) (*f. - allg.*), ordine del giorno. 23 ~ **es·preis** (Marktpreis) (*m. - komm.*), prezzo corrente. 24 ~ **es·raum** (Aufenthaltsraum) (*m. - Bauw.*), soggiorno. 25 ~ **es·sätze** (*m. - pl. - Arb.*), siehe Tagesgelder. 26 ~ **es·schau** (*f. - Fernseh.*), telegiornale. 27 ~ **es·sehen** (*n. - Opt.*), visione fotopica. 28 ~ **es·sichtbarkeit** (*f. - Meteor.*), visibilità diurna. 29 ~ **es·stollen** (Zugangsstollen) (*m. - Bergbau*), galleria di accesso. 30 ~ **es·tarif** (*m. - allg.*), tariffa diurna. 31 ~ **es·wasser** (Oberflächenwasser) (*n. - Geol.*), acqua superficiale. 32 ~ **es·wert** (Kurswert) (*m. - finanz.*), cambio del giorno. 33 ~ **es·zeitung** (*f. - Zeitg.*), quotidiano (*s.*). 34 ~ **fahrt** (Ausfahrt aus dem Bergwerk) (*f. - Bergbau*), uscita (dalla miniera), risalita (delle persone). 35 ~ **festigmachen** (*n. - allg.*), aggiornamento. 36 ~ **flug** (*m. - Flugw.*), volo diurno. 37 ~ **lohn** (*m. - Arb.*) (*österr.*), siehe Tagelohn. 38 ~ **satzung** (Gerichtstermin im Zivilprozess) (*f. - recht.*), udienza. 39 ~ **schicht** (*f. - Arb.*), turno diurno. 40 ~- **und Nachtbetrieb** (*m. - Mot.*), funzionamento continuo, servizio continuo (di 24 ore su 24). 41 ~ **undnachtgleiche** (Äquinoktium) (*f. - Astr.*), equinozio. 42 ~ **wasser** (*n. - Hydr. - etc.*), acqua superficiale. 43 **Ablaufs** ~ (Fälligkeitstag, Verfalltag) (*komm. - etc.*), data di scadenza. 44 **Ablieferungs** ~ (*komm. - etc.*), data di consegna. 45 **Abschluss** ~ (*Adm.*), giorno di chiusura. 46 **Achtstunden** ~ (*Arb.*) giornata di otto ore. 47 **am heutigen** ~ **e** (*Büro - etc.*), in data odierna. 48 **Arbeits** ~ (*Arb.*), giornata lavorativa. 49 **astronomischer** ~ (*Astr.*), giorno astronomico. 50 **Feier** ~ (Festtag) (*Arb.*), giorno festivo. 51 **im** ~ **e·bau graben** (*Ing.b. - etc.*), scavare a giorno. 52 **Kalender** ~ (*komm. - etc.*), giorno solare. 53 **mittlerer Sonnen** ~ (*Astr.*), giorno solare medio. 54 **Sonnen** ~ (*Astr.*), giorno solare. 55 **Stern** ~ (*Astr.*), giorno sidereo. 56 **über** ~ **e** (*Bergbau - Ing.b.*), a giorno. 57 **unter** ~ **e** (*Bergbau*), in galleria. 58 **unter** ~ **e** (*Ing.b.*), sotto terra, sotterraneo. 59 **Unter** ~ **e·bau** (*Bergbau*), coltivazione in galleria. 60 **wahrer Sonnen** ~ (*Astr.*), giorno solare vero.

tagfertig (*allg.*), aggiornato.
täglich (*allg.*), giornaliero.
Tagung (Sitzung) (*f. - allg.*), riunione, seduta. 2 **Arbeits** ~ (Arbeitssitzung) (*Ind.*), seduta di lavoro. 3 **Voll** ~ (*finanz. - etc.*), riunione plenaria, seduta plenaria.
Taillenfeder (Doppelkegelstumpf-Schraubenfeder, Matratzenfeder) (*f. - Mech.*), molla biconica.
Taillenschraube (*f. - Leit. - Mech.*), siehe Dehnschraube.
Takel (Flaschenzug) (*n. - naut.*), paranco. 2 ~ **werk** (*n. - naut.*), siehe Takelung.
Takelage (*f. - naut.*), siehe Takelung.
takeln (*naut.*), attrezzare. 2 **ab** ~ (das Mastwerk entfernen) (*naut.*), disalberare. 3 **ab** ~ (ausser Dienst stellen) (*naut.*), disarmare. 4 **auf** ~ (*naut.*), alberare.
Takelung (Takelage, Takelwerk, Gesamtheit der Segeleinrichtung) (*f. - naut.*), manovre.
Takt (Arbeitsspiel, eines Verbrennungsmotors) (*m. - Mot.*), ciclo. 2 ~ (Stufe des Arbeitsspiels, Hub, eines Verbr.mot.) (*Mot.*), fase. 3 ~ (Arbeitsabschnitt in der Fliessbandfertigung) (*Autom. - Ind.*), tratto. 4 ~ (*Akus.*), tempo, cadenza. 5 ~ **anlage** (für Lackieren z. B.) (*f. - Ind.*), impianto ciclico. 6 ~ **anlage** (diskontinuierliche Anlage) (*Ind.*), impianto discontinuo. 7 ~ **arbeit** (*f. - Arb. - Organ.*), lavorazione a cadenza. 8 ~ **feuer** (*n. - Navig. - naut.*), fuoco ritmato. 9 ~ **frequenz** (*f. - Fernspr.*), frequenza di ripetizione (d'impulsi). 10 ~ **geber** (Impulserzeuger, bei der Fernsehübertragung) (*m. - Fernseh.*), generatore di impulsi (di sincronizzazione). 11 ~ **geber** (Impulserzeuger in periodischen Abständen zur Synchronisierung der Arbeit des Rechners) (*Rechner*), temporizzatore. 12 ~ **geber** (Ger. zur Steuerung des Arbeitslaufes von Schaltkreisen, bei numerischer Steuerung z. B.) (*Werkz.masch.bearb. - etc.*), temporizzatore a cadenza. 13 ~ **geber** (Zeitgeber, beim Schweissen z. B.) (*Ger.*), temporizzatore. 14 ~ **geber** (Metronom) (*Ger.*), metronomo. 15 ~ **gebung** (*f. - Telegr.*), cadenza. 16 ~ **gebung** (beim Schweissen z. B.) (*mech. Technol.*), temporizzazione. 17 ~ **impuls** (*m. - Elektronik*), impulso di temporizzazione. 18 ~ **impuls** (*Fernseh.*), impulso di sincronizzazione. 19 ~ **impulsfolge** (*f. - Datenverarb.*), cadenza di temporizzazione. 20 ~ **impulsgeber** (Taktimpulsgenerator) (*m. - Daten-*

Takter

verarb.), generatore d'impulsi temporizzatori. 21 ~ **inspektion** (eines Wagens z. B.) (*f. - Aut.*), controllo a cadenza. 22 ~ **messer** (Metronom) (*m. - Ger.*), metronomo. 23 ~ **ofen** (langer Stossofen, für Blöckchen) (*m. - Metall.*), forno a cadenza. 24 ~ **richtung** (in einer Transferstrasse z. B.) (*f. - Werkz.masch. bearb.*), direzione del ciclo. 25 ~ **spur** (auf einer Magnettrommel z. B.) (*f. - Datenverarb.*), pista di sincronizzazione, pista (degli impulsi) di temporizzazione. 26 ~ **stand** (zur Inspektion der Wagen) (*m. - Aut.*), banco di servizio a cadenza. 27 ~ **stange** (einer Transferstrasse z. B., Transportstange von der Ladestation durch die Bearbeitungsstationen bis zur Entladestation) (*f. - Werkz.masch.*), asta di trasporto a cadenza. 28 ~ **strasse** (*f. - Arb. - Organ.*), linea di lavorazione a cadenza. 29 ~ **vorrichtung** (*f. - Vorr.*), dispositivo di cadenza. 30 ~ **zähler** (*m. - Werkz. masch.bearb. - Ger.*), contacicli. 31 ~ **zeichen** (*n. - Telegr.*), segnale di cadenza. 32 ~ **zeit** (bei Fliessarbeit, Sollzeit zur Fertigung einer Mengeneinheit der Erzeugnisse) (*Arb. - Organ.*), tempo ciclo (nominale).

Takter (Taktgeber, Zeitgeber, bei Schweissung z. B.) (*m. - elekt. Ger.*), temporizzatore. 2 **Stromstoss** ~ (*Elekt.*), temporizzatore d'impulsi di corrente.

taktgesteuert (*Datenverarb.*), comandato da temporizzatore.

Taktierung (von Maschinen) (*f. - Masch.*), fasatura. 2 ~ (von Arbeitsvorgängen) (*Ind.*), ciclaggio. 3 ~ (Indexierung) (*Werkz.masch. bearb.*), indessaggio.

Taktik (*f. - milit.*), tattica.

Taktung (*f. - Elekt. - etc.*), comando a cadenza, comando ad impulsi cadenzati.

taktweise (*Ind.*), ciclico.

Tal (*n. - Geogr.*), valle. 2 ~ (in der Leistungskurve z. B., im Gegensatz zur Spitze) (*Elekt. - etc.*), valle, avvallamento. 3 ~ **bremse** (Gleisbremse am Fusse der Ablauframpe) (*f. - Eisenb.*), freno su rotaia (di sella di lancio). 4 ~ **brücke** (Viadukt) (*f. - Brück.b.*), viadotto. 5 ~ **fahrt** (*f. - Fahrz.*), discesa. 6 ~ **sperre** (Staumauer, Stauwerk) (*f. - Wass.b.*), diga. 7 ~ **sperrenbecken** (Sammelbecken, Stausee) (*n. - Wass.b.*), lago artificiale. 8 ~ **sperrendamm** (Staudamm) (*m. - Wass.b.*), diga. 9 ~ **station** (einer Seilbahn) (*f. - Transp.*), stazione a valle. 10 ~ **steurautomatik** (bei Ablauframpen z. B.) (*f. - Eisenb.*), automatismo di comando delle selle di lancio. 11 ~ **wert** (*m. - allg.*), valore minimo. 12 **Erosion** ~ (*Geol.*), valle erosiva, valle di erosione. 13 **tektonisches** ~ (*Geol.*), valle tettonica.

Talg (Unschlitt) (*m. - Chem.*), sego.

Talje (Flaschenzug) (*f. - naut.*), taglia, paranco.

Talk [$Mg_3Si_4O_{10}(OH)_2$] (Talkum) (*m. - Min.*), talco. 2 ~ **schiefer** (*m. - Min.*), talcoscisto.

Talkum (Specksteinmehl) (*n. - Min.*), polvere di talco.

talkumiert (Bitumenpappe z. B.) (*Bauw.*), talcato.

Talmigold (Messing aus 90% Cu und 3% Pb) (*n. - Legierung*), similoro.

Tambour (Tambur, Unterbau der Kuppel) (*m. - Arch.*), tamburo. 2 ~ (der Krempel) (*Textilmasch.*), tamburo.

Tamper (Reflektor aus Beryllium, einer Atombombe) (*m. - Atomphys.*), riflettore.

Tampon (*m. - allg.*), tampone.

TAN (technischbegründete Arbeitsnorm, Leistungsmass·stab der zur Leistungslohnberechnung dient) (*Arb.*), norma tecnica di lavoro. 2 ~ (total acid number, mg KOH benötigt um die in 1 g Öl vorhandenen Säuren zu neutralisieren) (*Chem.*), acidità organica.

tan (tg, Tangens) (*Math.*), tangente, tang, tg.

tanδ (dielektrischer Verlustfaktor) (*Elekt.*), tg δ, angolo di perdita del dielettrico.

Tandem (*n. - Fahrrad*), tandem. 2 ~ **achse** (*f. - Aut.*), assale in tandem. 3 ~ **amt** (*n. - Fernspr.*), centrale tandem, centrale di transito. 4 ~ **anordung** (*f. - Fahrz. - etc.*), disposizione in tandem. 5 ~ **betrieb** (*m. - Fernspr.*), servizio in tandem. 6 ~ **luftschrauben** (*f. - pl. - Flugw.*), eliche in tandem. 7 ~ **strasse** (*f. - Walzw.*), laminatoio tandem. 8 ~ **walze** (*f. - Strass.b.masch.*), compressore a due rulli, tandem. 9 **gegenläufige** ~ **luftschrauben** (*Flugw.*), eliche in tandem controrotanti.

Tang (*m. - See*), alga.

Tangens (tang., Winkelfunktion) (*m. - Math.*), tangente.

Tangente (gerade Linie) (*f. - Geom.*), tangente. 2 ~ **n·bussole** (*f. - Elekt. - Instr.*), bussola delle tangenti. 3 ~ **n·nocken** (*m. - Mot. - Mech.*), camma per tangenti. 4 ~ **n·schirm** (*m. - Opt. - Ger.*), siehe Kampimeter. 5 ~ **n· vorschub** (Tangentialvorschub) (*m. - Werkz. masch.bearb.*), avanzamento tangenziale. 6 **Sub** ~ (*Math.*), sottotangente.

tangential (*Geom.*), tangenziale.

Tangentialbeschleunigung (*f. - Mech.*), accelerazione tangenziale.

Tangentialdrehmeissel (Tangentialstahl) (*m. - Werkz.*), utensile da tornio tangenziale.

Tangentialebene (*f. - Geom.*), piano tangente.

Tangentialeingusskanal (*m. - Giess.*), attacco di colata tangenziale.

Tangentialkreis (Tangentialbeschleunigungskreis) (*m. - Mech.*), cerchio delle accelerazioni tangenziali.

Tangentialverfahren (für die Herstellung von Schneckenrädern auf Wälzfräsmaschinen) (*n. - Werkz.masch.bearb.*), lavorazione tangenziale.

Tangentkeil (*m. - Mech.*), chiavetta tangenziale.

Tank (grosser Behälter) (*m. - Ind.*), serbatoio. 2 ~ (Kampfwagen) (*milit.*), carro armato. 3 ~ (Benzinbehälter) (*Aut.*), serbatoio della benzina. 4 ~ **anhänger** (*m. - Fahrz.*), rimorchio cisterna. 5 ~ **auflieger** (*m. - Fahrz.*), semirimorchio cisterna. 6 ~ **boot** (Bunkerboot) (*n. - naut.*), bettolina per nafta. 7 ~ **deckel** (*m. - Fahrz.*), tappo del serbatoio. 8 ~ **einfüllstutzen** (*m. - Fahrz.*), bocchettone di riempimento del serbatoio. 9 ~ **entlüftung** (*f. - Flugw. - etc.*), sfiato del serbatoio. 10 ~ **entlüftungsrohr** (*n. - Mot.*), tubo di sfiato del serbatoio. 11 ~ **kraftwagen** (*m. - Aut.*), autobotte, autocisterna. 12 ~ **kreis** (ein Parallel-Resonanzkreis) (*m. - Funk.*), risonatore a cavità coassiale. 13 ~ löschfahrzeug (*n. - Fahrz.*), autobotte antincendio. 14 ~ motorschiff (*n. - naut.*), motocisterna. 15 ~ pumpe (eines Brennstoffsystems) (*f. - Mot.*), pompa nel serbatoio. 16 ~ reifen (rollender Behälter zum Transport von Kraftstoffen) (*m. - Gummiind.*), contenitore anulare (di gomma) rotolante. 17 ~ säule (*f. - Fahrz.*), distributore (di benzina). 18 ~ schiff (*n. - naut.*), nave cisterna. 19 ~ schiff (Petroleumschiff) (*naut.*), petroliera. 20 ~ schloss (*n. - Aut.*), serratura serbatoio (benzina). 21 ~ spritzmaschine (Bitumen-Sprengwagen) (*f. - Strass.b.masch.*), bitumatrice a spruzzo, asfaltatrice a spruzzo. 22 ~ stelle (*f. - Aut.*), stazione di servizio, posto di rifornimento. 23 ~ verschluss (*m. - Fahrz.*), tappo del serbatoio. 24 ~ wagen (*m. - Aut.*), autobotte, autocisterna. 25 ~ wagen (*Eisenb.*), carro cisterna. 26 ~ wart (*m. - Aut. - Arb.*), benzinaio, addetto al distributore. 27 Betriebs ~ (*Mot.*), serbatoio di servizio. 28 Brennstoff ~ (*Mot.*), serbatoio del combustibile.

Tanken (*n. - Fahrz.*), rifornimento (di combustibile).

tanken (*Fahrz. - etc.*), rifornire (di combustibile).

Tanker (Tankdampfer, Tankschiff) (*m. - naut.*), nave cisterna. 2 ~ (zum Transport von Mineralölen) (*naut.*), petroliera. 3 ~ brücke (*f. - naut.*), passerella (di petroliera). 4 ~ flotte (*f. - naut.*), flotta cisterniera. 5 LNG- ~ (Methan-Tanker) (*Schiffbau*), (nave) metaniera. 6 LPG- ~ (Propantanker) (*Schiffbau*), (nave) propaniera. 7 Öl ~ (*Schiffbau*), petroliera.

Tanne (Tannenbaum) (*f. - Holz*), abete. 2 ~ n·baumkristall (Dendrit) (*m. - Metall. - Min.*), dendrite. 3 ~ n·baumprofil (der Wurzel einer Schaufel z. B.) (*n. - Mech.*), profilo ad abete. 4 ~ n·baumschaufelwurzel (*f. - Turb.*), radice di paletta ad abete. 5 Edel ~ (Weisstanne) (*Holz*), abete bianco. 6 Rot ~ (Fichte) ((*Holz*), abete rosso. 7 Weiss ~ (Edeltanne) (*Holz*), abete bianco.

tannen (aus Tannenholz) (*adj. - Holz*), di abete.

tannieren (gerben) (*Lederind.*), conciare (al tannino).

Tannin (Gerbsäure, Gallus-Gerbsäure) (*n. - Lederind.*), tannino.

Tantal (Metall) (*Ta - n. - Chem.*), tantalio.

Tantieme (Anteil am Jahresgewinnung einer Gesellschaft für die Vorstands- und Aufssichtsratsmitglieder) (*f. - Adm.*), tantième.

Tanzeffekt (des Bildes) (*m. - Fernseh. - Fehler*), instabilità verticale.

Tanzmeisterzirkel (*m. - Werkz.*), compasso ballerino, compasso per interni.

Tapete (Wandbekleidung) (*f. - Bauw.*), tappezzeria. 2 ~ (aus Papier) (*Bauw. - Papierind.*), carta da parati. 3 ~ n·tür (*f. - Bauw.*), porta a muro. 4 abwaschbare ~ (*Papierind.*), carta da parati lavabile, tappezzeria lavabile.

tapezieren (mit Tapeten bekleben) (*Bauw.*), tappezzare.

Tapezierer (*m. - Arb.*), tappezziere.

Tapeziernagel (*m. - metall. Ind.*), chiodo da tappezziere, borchia da tappezziere.

Tara (T, Gewicht der Verpackung) (*f. - Transp.*), tara. 2 ~ (Leergewicht) (*komm.*), peso a vuoto.

Taraudieren (Gewindebohren) (*n. - Mech.*) (*schweiz.*), maschiatura.

Taraudiervorrichtung (für Drehbänke) (*f. - Werkz.masch.*) (*schweiz.*), accessorio per maschiare.

Tarbit (Teerölkomposition zur Staubbekämpfung) (*n. - Strass.b.*), composto antipolvere.

Target (Auffänger, eines Teilchenbeschleunigers z. B.) (*m. - Kernphys.*), bersaglio.

tarieren (die Verpackung wägen) (*Transp.*), tarare, fare la tara.

Tarif (festgelegter Preis) (*m. - komm. - etc.*), tariffa. 2 ~ lohn (*m. - Arb.*), minimo salariale. 3 ~ lohntabelle (*f. - Arb.*), tabella dei minimi salariali, tabella salariale. 4 ~ vertrag (*m. - Arb.*), contratto salariale, contratto collettivo delle retribuzioni. 5 Ausfuhr ~ (*komm. - finanz.*), tariffa di esportazione. 6 Energie ~ (*Elekt.*), tariffa per la fornitura di energia. 7 Eisenbahn ~ (*Eisenb.*), tariffa ferroviaria. 8 Pauschal- ~ (*Elekt.*), tariffa a forfait. 9 Zähler ~ (*Elekt.*), tariffa a contatore. 10 Zoll ~ (*finanz.*), tariffa doganale.

Tarnanstrich (*m. - Anstr.*), verniciatura mimetica.

Tarnung (*f. - Radar - etc.*), camuffamento.

Tarnzone (nicht aufgehellte Zone auf der Fahrbahn) (*f. - Strass.verk.*), zona oscura.

Tartane (Fischerfahrzeug) (*f. - naut.*), tartana.

Tartrat (*n. - Chem.*), tartrato.

TAS (Tetra-Arylsilikat, Wärmeübertragungsmittel) (*Chem.*), tetra-arilsilicato.

Tasche (*f. - allg.*), tasca. 2 ~ (eines Ger., etc., aus Leder z. B.) (*Ger. - Instr. - Lederind.*), astuccio, borsa. 3 ~ (an Türen von Personenkraftwagen) (*Aut.*), tasca. 4 ~ (Hohlraum) (*Mech.*), cavità. 5 ~ n·ausgabe (eines Buches) (*f. - Druck.*), edizione tascabile. 6 ~ n·buch (*n. - Druck.*), manuale. 7 ~ n·dosimeter (*n. - Radioakt. - Ger.*), dosimetro tascabile. 8 ~ n·format (*n. - Druck.*), formato tascabile. 9 ~ n·lampe (*f. - Elekt.*), lampada tascabile, « pila ». 10 ~ n·luftvorwärmer (Stahlblech-Luftvorwärmer) (*m. - Verbr.*), preriscaldatore dell'aria a compartimenti (di lamiera). 11 ~ n·platte (Akkumulatorplatte für alkalischen Akkumulatoren) (*f. - Elekt.*), piastra ad alveoli. 12 ~ n·rechner (*m. - Rechner*), calcolatore tascabile, calcolatorino. 13 Werkzeug ~ (*Werkz.*), borsa attrezzi.

Tasse (*f. - allg.*), tazza. 2 ~ (Matrizenhalter) (*Mech.*), portamatrice. 3 ~ n·pegel (*m. - Hydr. - Ger.*), idrometro a tazze. 4 ~ n·scheibe (Topfscheibe) (*f. - Werkz.*), mola a tazza.

Tastatur (Tastenwerk) (*f. - App. - Masch. - Rechenmasch.*), tastiera. 2 Voll ~ (mit einem Satz Zifferntasten für jede Stelle des Einstellwerkes) (*Rechenmasch.*), tastiera distesa. 3 Wähl ~ (*Fernspr.*), tastiera di selezione.

Tastbetrieb 4 Zehner ~ (mit nur einem Satz Zifferntasten) (*Rechenmasch.*), tastiera ridotta, tastiera a dieci tasti.
Tastbetrieb (eines Elektromagnets z. B.) (*m. - Elekt.*), azionamento ad impulsi.
Tastdrossel (für Sendertastung) (*f. - Telegr.*), modulatore magnetico.
Taste (einer Schreibmaschine z. B.) (*f. - Masch. Elektromech.*), tasto. 2 ~ **mit Rastung** (*Ger. - etc.*), tasto con blocco. 3 ~ **mit selbsttätiger Auslösung** (*Elekt.*), tasto a ritorno automatico. 4 ~ **n·brett** (Tastensatz, Tastenfeld) (*n. - allg.*), tastiera. 5 ~ **n·geber** (*m. - Telegr.*), manipolatore. 6 ~ **n·rechenmaschine** (*f. - Rechemasch.*), calcolatrice numerica, calcolatrice a tastiera. 7 ~ **n·sperre** (*f. - Mech. - etc.*), bloccaggio dei tasti. 8 ~ **n·steuerung** (*f. - Elektromech.*), comando a tasti. 9 ~ **n·wahl** (*f. - Fernspr.*), selezione a tasti. 10 **selbstarretierende** ~ (*Masch. - etc.*), tasto ad autotenuta.
tasten (*Telegr.*), manipolare.
Taster (zum Messen von Werkstücken) (*m. - Mech. - Werkz.*), compasso, compasso a punte. 2 ~ (Fühlbolzen) (*Werkz.masch. - Mech.*), stilo, tastatore, palpatore. 3 ~ (Messelement, eines pneumatischen Messgerätes z. B.) (*m. - Messgerät*), tastatore. 4 ~ (Taste) (*Elektromech. - etc.*), tasto. 5 ~ **sender** (*Mech. - Telegr.*), manipolatore. 6 **Aussen** ~ (*Mech. - Werkz.*), compasso per spessori, compasso per esterni. 7 **Doppel** ~ (*Mech. - Werkz.*), compasso doppio. 8 **einseitiger** ~ (*Werkz.*), compasso a becco. 9 **Feder** ~ (*Mech. - Werkz.*), compasso a vite. 10 **Innen** ~ (*Mech. - Werkz.*), compasso per interni.
Tastfinger (*m. - Mech. - Instr.*), siehe Taststift.
Tastfrequenz (*f. - Elekt.*), frequenza di ripetizione degli impulsi.
Tastfuss (einer Messuhr) (*m. - Instr.*), astina, punta (del minimetro).
Tastgeräusch (*n. - Telegr.*), rumore di manipolazione.
Tastkörper (einer Kopiermaschine z. B.) (*m. - Mech.*), stilo, tastatore, palpatore.
Tastnullstellung (*f. - Masch. - etc.*), azzeramento a tasto.
Tastrelais (*n. - Telegr.*), relè di manipolazione.
Tastschalter (Schalter mit Rückzugkraft) (*m. - Elekt.*), interruttore con richiamo.
Tastschnittgerät (bei Rauheitsmessungen) (*n. Ger.*), strumento a stilo.
Taststift (*m. - Mech. - Instr.*), stilo, tastatore, palpatore.
Tastung (*f. - Telegr.*), manipolazione.
Tastverhältnis (Verhältnis von Impulsdauer zu Impuls- plus Pausendauer, eines Pulsstellers z. B.) (*n. - Elektronik*), tasso di pulsazione.
Tastwahl (*f. - Fernspr. - etc.*), selezione a tasti, selezione a tastiera.
Tatbestandsaufnahme (*f. - recht.*), accertamento dei fatti.
Tätigkeit (*f. - allg.*), attività. 2 ~ (in Netzplantechnik) (*Programmierung*), attività. 3 ~ (Beruf, eines Arbeiters oder Angestellters) (*Arb. - Pers.*), mansione. 4 ~ **s·beschreibung** (*f. - Arb. - Organ.*), descrizione del lavoro. 5 **Produktions** ~ (*Pers. - Arb.*), mansione produttiva.
tatsächlich (wirklich) (*allg.*), effettivo.
Tatsche (Schlagbrett) (*f. - Maur. - Werkz.*), battola.
Tatzlagermotor (Tatzenlagermotor, eines Strassenbahnwagens) (*m. - elekt. Eisenb. - Fahrz.*), motore sospeso «per il naso», motore a sospensione «per il naso», motore appeso.
Tau (Seil) (*n. - naut.*), cavo. 2 ~ **klappe** (*f. - Wass.b.*), paratoia. 3 ~ **kloben** (*m. - Hebevorr.*), bozzello. 4 ~ **ring** (Grummetstropp, Hanfstropp) (*naut.*), canestrello. 5 ~ **werk** (*n. - naut.*), manovre. 6 ~ **werkfender** (*m. - naut.*), fasciatura di protezione. 7 **laufendes** ~ **werk** (*naut.*), manovre correnti. 8 **stehendes** ~ **werk** (*naut.*), manovre fisse, manovre dormienti.
Tau (Tauwasser) (*m. - Meteor.*), rugiada. 2 ~ **punkt** (*m. - Meteor.*), punto di rugiada. 3 ~ **punkthygrometer** (*n. - Ger.*), igrometro a condensazione. 4 ~ **wasser** (*n. - Meteor.*), rugiada.
taub (*Akus.*), sordo. 2 ~ **e Flut** (*See*), siehe Nippflut. 3 ~ **es Gestein** (*Berg*) (*Geol.*), ganga.
Tauchalitieren (*n. - Wärmebeh.*), calorizzazione ad immersione.
Tauchbadschmierung (*f. - Mot.*), lubrificazione a sbattimento.
Tauchbahn (eines Elektrons) (*f. - Phys.*), orbita eccentrica.
Tauchbeschichtung (*f. - Papierind.*), patinatura per immersione.
Tauchbewegung (eines Flugbootes) (*f. - Flugw.*), delfinamento, delfinaggio.
Tauchboot (Unterseeboot) (*n. - Kriegsmar.*), sommergibile. 2 ~ (*Geophys. - App.*), batiscafo.
Tauchdauer (*f. - Wärmebeh. - etc.*), periodo di immersione.
Tauchdruckschmierung (*f. - Mot. - Aut.*), lubrificazione mista (forzata ed a sbattimento).
Tauchelektrode (durch Tauchverfahren umhüllte Elektrode) (*f. - Elekt. - Technol.*), elettrodo rivestito ad immersione.
Tauchen (eines Unterseebootes z. B.) (*n. - allg.*), immersione. 2 ~ (zur Herstellung dünnwandiger Gummiartikel) (*Gummiind.*), formatura ad immersione. 3 ~ (Nickwinkel) (*naut. - Fahrz.*), angolo di beccheggio.
tauchen (*allg.*), immergere, immergersi.
Taucher (*m. - naut.*), palombaro. 2 ~ **anzug** (Tauchgerät) (*m. - naut.*), scafandro. 3 ~ **glocke** (zum Arbeiten unter Wasser) (*f. - Wass.b.*), campana pneumatica. 4 ~ **helm** (*m. - naut.*), casco da palombaro. 5 **Nackt** ~ (*Arb. - Sport*), sommozzatore in apnea, «sub». 6 **schlauchloser Sauerstoff-** ~ (*Arb. - Sport*), sommozzatore, subacqueo (*s.*), sub.
Tauchfärbung (*f. - Färberei*), tintura ad immersione.
Tauchflasche (Probenahmeflasche) (*f. - Prüfung*), bottiglia (sonda).
Tauchfräsen (bei dem der Fräser senkrecht in das Arbeitsstück eingetaucht wird) (*n. - Werkz.masch.bearb.*), fresatura a tuffo.

Tauchgabel (*f. - Fahrz.*), *siehe* Teleskopgabel.
Tauchgerät (*n. - Ger. - naut.*), scafandro. 2 ~ **mit Luftzuführungsschlauch** (*naut. - Ger.*), scafandro con tubo di adduzione dell'aria. 3 **schlauchloses Klein-** ~ (*naut. - Ger.*), scafandro autonomo per piccole profondità.
Tauchgewicht (Gewicht vermindert um den Betrag des Auftriebs eines Körpers, der sich in einer Flüssigkeit oder in einem Gas befindet) (*n. - Phys.*), peso (di corpo) immerso, peso diminuito della spinta idrostatica.
Tauchhärten (Härten der Oberfläche eines Werkstückes nach Erwärmen der Randschicht durch kurzzeitiges Eintauchen in hocherhitzte Metall- oder Salzbäder) (*n. - Wärmebeh.*), tempra superficiale, tempra differenziale.
Tauchkern (einer Spule) (*m. - Elekt.*), nucleo mobile. 2 ~ **spule** (*f. - Elekt.*), bobina a nucleo mobile.
Tauchkolben (*m. - Masch. - Hydr.*), stantuffo tuffante, tuffante.
Tauchkondensator (*m. - Elekt.*), condensatore variabile tubolare.
Tauchkugel (*f. - Geophys. - App.*), batisfera.
Tauchlack (*m. - Anstr.*), vernice ad immersione.
Tauchlackieren (*n. - Anstr.*), verniciatura ad immersione.
tauchlackieren (*Anstr.*), verniciare ad immersione.
Tauchlängsfräsen (von Zahnrädern, Tauchfräsen mit dem Längsfräsen kombiniert, bei dem man zunächst den Fräser eintaucht und dann auf dem Grund längs verfährt) (*n. - Werkz.masch.bearb.*), fresatura a tuffo e longitudinale.
Tauchläppen (bei dem das Werkstück in ein strömendes Läppgemisch eingetaucht wird) (*n. - Mech.*), lappatura ad immersione.
Tauchlöten (*n. - mech. Technol.*), brasatura ad immersione.
Tauchmotor (Unterwassermotor) (*m. - elekt. Masch.*), motore sommerso.
Tauchpanzer (*m. - naut. - Ger.*), scafandro per grandi profondità.
Tauchpatentieren (durch Abkühlung in einem Bad aus Blei oder Salz) (*n. - Wärmebeh.*), patentamento in bagno (di piombo o sale).
Tauchprozess (Tauchvorgang) (*m. - Technol.*), immersione, procedimento di immersione.
Tauchpumpe (Unterwasserpumpe) (*f. - Masch. - Hydr.*), pompa sommersa.
Tauchrelais (Tauchkernrelais) (*n. - Elekt.*), relè a tuffante.
Tauchschleifen (Einstechschleifen) (*n. - Werkz. masch.bearb.*), rettifica a tuffo. 2 ~ (Polierverfahren, bei dem das zu polierende Stück in eine mit Sand gefüllte, sich drehende Trommel gehängt wird) (*mech. Technol.*), lucidatura ad immersione.
Tauchschleifmaschine (zur Bearb. mit Schleifscheiben) (*f. - Werkz.masch.*), rettificatrice a tuffo.
Tauchschmierung (*f. - Mot. - etc.*), lubrificazione a sbattimento.
Tauchschwingung (*f. - naut.*), beccheggio.
Tauchsieder (elekt. Gerät zum Erwärmen von Flüssigkeiten) (*m. - Ger.*), riscaldatore ad immersione.
Tauchspule (*f. - Elekt.*), bobina mobile.
Tauchspulmikrophon (*n. - Funk.*), microfono a bobina mobile.
Tauchstampfen (eines Flugbootes) (*n. - Flugw.*), delfinamento, delfinaggio.
tauchstampfen (*Flugw.*), delfinare.
Tauchverzinken (*n. - mech. Technol.*), zincatura ad immersione, zincatura a caldo.
tauchverzinnen (*Metall.*), stagnare ad immersione, stagnare a caldo.
Tauchverzinnung (*f. - Metall.*), stagnatura ad immersione, stagnatura a caldo.
Tauchzelle (eines U-Bootes) (*f. - Kriegsmar.*), serbatoio di zavorra, cassa per zavorra d'acqua, cisterna per zavorra d'acqua.
Tauchzündung (von Quecksilberdampf-Stromrichtern) (*f. - Elekt.*), accensione ad immersione, accensione a contatto liquido, innesco ad ignitore sommerso.
tauen (schleppen) (*Fahrz.*), rimorchiare. 2 ~ (einen Kühlschrank abtauen) (*Kältemasch.*), sbrinare. 3 ~ (schmelzen, von Schnee) (*Meteor.*), fondere.
Tauerei (Seilschiffahrt, Kettenschleppschiffahrt, auf Flüssen) (*f. - naut.*), navigazione fluviale a rimorchio.
tauglich (*allg.*), adatto, appropriato. 2 ~ (*milit.*), abile, idoneo (al servizio).
Tauglichkeit (*f. - milit. - Flugw.*), idoneità. 2 ~ **s-prüfung** (*f. - milit. - Flugw. - etc.*), prova attitudinale.
Taumelbewegung (*f. - Mech.*), rotazione fuori piano. 2 ~ (Flattern eines Rades z. B.) (*Mech.*), sfarfallamento.
Taumelfehler (Axialschlag, Planlaufabweichung) (*m. - Mech.*), (errore di) oscillazione assiale. 2 ~ (eines Gewindes) (*Mech.*), errore periodico.
taumeln (schwankend drehen, einer Scheibe z. B.) (*Mech.*), girare fuori piano.
taumelnd (Scheibe z. B.) (*Mech.*), fuori piano, «scentrato», sfarfallante.
Taumelsäge (Wanknutsäge, mit flatterndem Sägeblatt, zum Schneiden von Nuten) (*f. - Masch.*), sega a disco obliquo, sega circolare a lama obliqua.
Taumelscheibe (einer Taumelscheibenpumpe) (*f. - Mech.*), disco obliquo, girante a disco obliquo. 2 ~ **n-pumpe** (*f. - Masch.*), pompa a disco obliquo.
Taumelschlag (Planlaufabweichung) (*m. - Mech.*), (errore di) oscillazione assiale.
Taumelschwingung (Flattern, eines Rades z. B.) (*f. - Fahrz.*), sfarfallamento, «shimmy».
Tausch (*m. - komm.*), scambio. 2 ~ **aggregat** (*n. - Masch. - etc.*), gruppo di giro.
tauschen (*komm.*), scambiare.
tauschieren (in Metall einlegen) (*Metall.*), damaschinare, damascare.
Tauschierung (Oberflächenverzierung von Metallgegenständen durch Einlage edler Metalle) (*f. - Metall.*), damascatura, damaschinatura.
Tauschverfahren (eines Verbr.mot., etc. nach der Überholungsfahrleistung) (*n. - Mot. - etc.*), rotazione, procedimento a rotazione, sostituzione di giro, sostituzione con unità di giro.

Tausendstel (*m. - Mass*), millesimo (*s.*). 2 ~ -**Millimeter** (*Mass*), millesimo di millimetro.
tautomer (*Chem.*), tautomero. 2 ~ **er Übergang** (*Chem. - Phys.*), trasformazione tautomera.
Tautomerie (*f. - Chem.*), tautomerismo.
Taxameter (Fahrpreisanzeiger) (*m. - Ger.*), tassametro. 2 ~ (Kraftdroschke) (*Fahrz. - Transp.*), autopubblica, tassì.
Taxation (Schätzung) (*f. - komm. - etc.*), perizia, stima. 2 ~ (Bodenschätzung) (*Landw.*), estimo.
Taxator (wer taxiert) (*m. - Arb.*), perito.
Taxe (Taxierung, Schätzung) (*f. - allg.*). perizia, stima. 2 ~ (Gebühr) (*finanz.*), tassa. 3 ~ (Kraftdroschke) (*Aut.*), autopubblica, tassì.
Taxeinheit (*f. - Fernspr.*), unità di conversazione (interurbana), unità di tariffa (3 minuti).
Taxi (Taxameter, Kraftdroschke) (*n. - Aut. - Transp.*), autopubblica, tassì. 2 ~ **stand** (*m. - Strass.ver. - Aut.*), posteggio per autopubbliche.
taxieren (einschätzen) (*allg.*), stimare.
Taylorsystem (Taylorismus, Betriebssystem) (*n. - Arb. - Organ.*), taylorismo.
Tb (Terbium) (*Chem.*), Tb, terbio.
T-Bau (Einstempelbau) (*m. - Bergbau*), coltivazione con puntelli a T.
T-Blech (Terne-Blech) (*n. - metall. Ind.*), lamiera piombata.
TBP (Tributylphosphat, Lösungsmittel, etc.) (*Chem.*), TBP, tributilfosfato.
Tc (Technetium) (*Chem.*), Tc, tecnezio.
TD (Tunneldiode) (*Elektronik*), diodo a tunnel. 2 ~ (Telegraphendienst) (*Telegr.*), servizio telegrafico.
TDL-Schaltung (tunnel-diode logic) (*f. - Elektronik*), circuito logico a diodi tunnel.
tdw (Tonnendeadweight, Gewicht der Zuladung eines Schiffes in Tonnen) (*naut.*), tonnellate di portata lorda.
TE (Trägerfrequenzerzeuger) (*Funk.*), generatore di frequenza portante. 2 ~ (Ebenheitstoleranz) (*Mech.*), tolleranza di planarità.
Te (Tellur) (*Chem.*), Te, tellurio.
Teakbaum (Tiekbaum) (*m. - Holz*), teck.
Teakholz (Tiekholz) (*n. - Holz*), legno di teck.
Teamarbeit (*f. - Arb. - Organ.*), lavoro di squadra.
Teamführung (*f. - Organ.*), direzione collegiale.
Teamwork (Gemeinschaftsarbeit, Teamarbeit) (*Arb. - Organ.*), lavoro di squadra.
Technetium (Eka-Mangan, Masurium) (*Tc - n. - Chem.*), tecnezio.
Technik (Ausführungsart) (*f. - Technol.*), tecnica. 2 ~ (Lehre), tecnica. 3 ~ (technische Hochschule) (*Schule*) (*österr.*), scuola tecnica superiore. 4 **Bearbeitungs** ~ (*Mech.*), tecnica di lavorazione, tecnologia, procedimento tecnologico. 5 **Mess** ~ (*Mech. - etc.*), metrologia.
Techniker (*m. - Arb.*), tecnico (*s.*).
Technikum (*n. - Schule*), scuola tecnica. 2 ~ **s anlage** (*f. - Ind.*), impianto sperimentale, impianto pilota.
technisch (*Technol.*), tecnico (*a.*). 2 ~ **e Abteilung** (*Ind.*), servizio tecnico, centro tecnico. 3 ~ **e Angaben** (*Ind.*), dati tecnici. 4 ~ **e Atmosphäre** (at = 1 kp/cm²) (*Masseinheit*), atmosfera tecnica. 5 ~ **e Einzelheit** (*Mech. - etc.*), particolare tecnico. 6 ~ **e Frequenz** (*Ind. - Elekt.*), frequenza industriale. 7 ~ **e Hochschule** (*Schule*), scuola tecnica superiore. 8 ~ **e Leitung** (*Ind.*), direzione tecnica. 9 ~ **e Oberfläche** (bearbeitete Oberfläche) (*Mech.*), superficie tecnica. 10 ~ **er Ausdruck** (*Technol.*), termine tecnico. 11 ~ **er Berater** (*Ind.*), consulente tecnico. 12 ~ **er Leiter** (*Pers.*), direttore tecnico. 13 ~ **er Zeichner** (*Arb.*), disegnatore tecnico. 14 ~ **es Büro** (*Ind.*), ufficio tecnico. 15 ~ **es Gas** (*Heizung - etc.*), gas tecnico, gas industriale. 16 ~ **es Glas** (*Ger. - Opt.*), vetro tecnico. 17 ~ **es Zeichnen** (*Zeichn.*), disegno di macchine, disegno tecnico. 18 ~ **e Zeitschrift** (*Zeitg.*), rivista tecnica.
Technisierung (*f. - Ind.*), tecnicizzazione.
Technolog (*m. - Arb. - Technol.*), tecnologo.
Technologie (Herstellungs- und Verarbeitungskunde) (*f. - Technol.*), tecnologia. 2 **chemische** ~ (*chem. Technol.*), tecnologia chimica. 3 **mechanische** ~ (*mech. Technol.*), tecnologia meccanica.
technologisch (*Technol.*), tecnologico. 2 ~ **e Prüfung** (*mech. Technol.*), prova tecnologica.
Technoskop (Innensehrohr, Endoskop) (*n. - Ger.*), endoscopio.
Teckel (Wagen für den Transport von langem oder sperrigem Material) (*m. - Bergbau - Fahrz.*), vagoncino senza sponde.
Tecnetron (Feldeffekt-Transistor) (*n. - Elektronik*), tecnetron.
TEE (Trans-Europ-Express) (*Eisenb.*), TEE, Trans-Europ-Express.
Tee-Aufgussbeutel-Maschine (*f. - Masch.*), confezionatrice di tè in bustine-filtro.
TEEM (Trans-Europ-Express-Güterzug) (*Eisenb.*), TEEM.
Teer (*m. - chem. Ind.*), catrame. 2 ~ **arbeiter** (*m. - Bauw. - Arb.*), incatramista, catramatore. 3 ~ **beton** (Gemisch von Splitt, Brechsand und Füller mit Teer als Bindemittel) (*m. - Strass.b.*), calcestruzzo al catrame. 4 ~ **binder** (*m. - Strass.b.*), legante (a base) di catrame. 5 ~ **derivat** (*n. - chem. Ind.*), derivato del catrame. 6 ~ **emulsion** (*f. - Strass.b.*), emulsione di catrame. 7 ~ **farbstoff** (*m. - chem. Ind.*), colorante al catrame. 8 ~ **makadam** (*m. - Strass.b.*), macadam al catrame. 9 ~ **maschine** (*f. - Strass.b.masch.*), catramatrice. 10 ~ **öl** (*n. - chem. Ind.*), olio di catrame. 11 ~ **papier** (*n. - Papierind.*), carta catramata. 12 ~ **pappe** (*f. - Papierind.*), cartone catramato. 13 ~ **scheider** (Entteerer) (*m. - chem. Ind. - Ger.*), separatore di catrame, decatramatore. 14 ~ **scheidung** (Entteerung) (*f. - chem. Ind.*), separazione di catrame, decatramatura. 15 ~ **spritzmaschine** (*f. - Strass.b.masch.*), catramatrice a spruzzo. 16 ~ **zahl** (bei Schmierölprüfung) (*f. - Prüfung*), numero di catrame. 17 **Braunkohlen** ~ (*chem. Ind.*), catrame di lignite. 18 **destillierter** ~ (*chem. Ind.*), catrame di distillazione. 19 **Hochtemperatur** ~ (Kokereiteer, Gaswerkteer, zwischen 900 und

1300 °C entstehender Teer) (*chem. Ind.*), catrame ordinario. **20** Holz ~ (*chem. Ind.*), catrame di legno. **21** Kalt ~ (kalt verarbeitbarer Teer) (*Strass.b.*), catrame (per applicazione) a freddo. **22** präparierter ~ (durch Lösen von Steinkohlenteerpech in Steinkohlenteerölen hergestellt) (*chem. Ind.*), catrame di soluzione. **23** Steinkohlen ~ (*chem. Ind.*), catrame di carbon fossile. **24** Torf ~ (*chem. Ind.*), catrame di torba.

Teeren (*n. - Strass.b.*), catramatura.

teeren (mit Teer tränken) (*Ind.*), catramare.

Teerung (*f. - Strass.b.*), catramatura.

TEG (Tonerdegel, Gummifüllstoff) (*Gummiind.*), TEG.

Teich (Becken) (*m. - Bauw.*), vasca.

Teichrohr (Schilfrohr) (*n. - Bauw. - etc.*), canna palustre.

teigartig (teigig, Zustand des Kittes z. B.) (*allg.*), pastoso.

teigig (teigartig) (*allg.*), pastoso.

Teigknetmaschine (*f. - Masch.*), impastatrice.

Teigware (Nahrungsmittel) (*f. - Ind.*), pasta alimentare. **2** Eier ~ (*Ind.*), pasta all'uovo.

Teil (*m. - n. - allg.*), parte. **2** ~ (Stück) (*Mech.*), particolare. **3** ~ amt (*n. - Fernspr.*), centrale satellite. **4** ~ angebot (*n. - komm.*), offerta parziale. **5** ~ ansicht (*f. - Zeichn.*), vista parziale. **6** ~ apparat (Teilmaschine, sehr genau arbeitende Werkz.masch.) (*m. - Masch.*), macchina a dividere. **7** ~ arbeit (durch Teilscheibe z. B.) (*f. - Werkz.masch.bearb.*), divisione. **8** ~ ausschnitt (Teilschnitt, Ausbruch) (*m. - Zeichn.*), sezione parziale. **9** ~ bahn (eines Zahnrades) (*f. - Mech.*), linea primitiva. **10** ~ bild (halbe Zeilenzahl) (*n. - Fernseh.*), quadro. **11** ~ bildablenkung (*f. - Fernseh.*), deviazione del quadro. **12** ~ bildaustastung (*f. - Fernseh.*), soppressione del quadro. **13** ~ bild-Austastperiode (*f. - Fernseh.*), periodo di soppressione del quadro. **14** ~ bilddauer (*f. - Fernseh.*), durata del quadro. **15** ~ bildfrequenz (*f. - Fernseh.*), frequenza di quadro, frequenza di scansione verticale. **16** ~ bild-Gleichlaufimpuls (*m. - Fernseh.*), impulso di sincronizzazione del quadro, impulso di sincronizzazione verticale. **17** ~ bild-Synchronsignal (*n. - Fernseh.*), segnale di sincronizzazione verticale. **18** ~ bildverzerrung (*f. - Fernseh.*), distorsione del quadro. **19** ~ demontage (*f. - Masch.*), smontaggio parziale. **20** ~ durchprüfung (*f. - Rechner*), prova ridotta del salto della rana. **21** ~ ellipse (eines elliptischen Zahnrades) (*f. - Mech.*), ellisse primitiva. **22** ~ entladung (TE) (*f. - Elekt.*), scarica parziale. **23** ~ e-programm (Anweisungen zur Lösung einer Aufgabe) (*n. - NC - Werkz.masch.bearb. - Datenverarb.*), programma del pezzo. **24** ~ flankenwinkel (halber Flankenwinkel, eines Gewindes) (*m. - Mech.*), semiangolo del filetto. **25** ~ fuge (Trennfläche zwischen dem Gesenkpaar) (*f. - Schmiedewerkz.*), piano di separazione (stampi). **26** ~ gesamtheit (*f. - Stat.*), sottopopolazione. **27** ~ geschwindigkeit (*f. - Mech. - etc.*), componente della velocità. **28** ~ gleiten (eines Rades, bei Bremsung z. B.) (*n. - Fahrz.*), slittamento parziale. **29** ~ gruppe (von Apparaten z. B.) (*f. - Fernspr.*), sottogruppo. **30** ~ haber (einer Personalgesellschaft) (*m. - komm.*), siehe Teilhaber. **31** ~ härtung (*f. - Wärmebeh.*), tempra localizzata. **32** ~ invalidität (*f. - Arb. - Organ.*), invalidità parziale. **33** ~ kammer (*f. - Kessel*), sezione. **34** ~ kammerwasserrohrkessel (Sektionswasserrohrkessel) (*m. - Kessel*), caldaia a tubi d'acqua a sezioni. **35** ~ kapazität (einer mehradrigen Leitung) (*f. - Elekt.*), capacità parziale. **36** ~ kegel (eines Kegelrades) (*m. - Mech.*), cono primitivo. **37** ~ kegelscheitel (eines Kegelrades) (*m. - Mech.*), vertice primitivo. **38** ~ kegelwinkel (eines Kegelrades) (*m. - Mech.*), angolo del cono primitivo. **39** ~ kopf (Vorr., an Werkz.masch.) (*m. - Werkz.masch.*), testa a dividere, divisore. **40** ~ körper (*m. - Math.*), sottocorpo. **41** ~ kraft (Komponente) (*f. - Mech.*), componente. **42** ~ kraft des Windes (Windkomponente) (*Bauw.*), componente del vento. **43** ~ kreis (eines Zahnrades) (*m. - Mech.*), primitiva, circonferenza primitiva. **44** ~ kreis (eines Messgerätes) (*Messtechnik*), cerchio graduato. **45** ~ kreisdruckmesser (eines Zahnrades) (*m. - Mech.*), diametro primitivo. **46** ~ kreiskontakt (von Zahnrädern) (*m. - Mech.*), contatto primitivo. **47** ~ kreisteilungsfehler (von Zahnrädern) (*m. - Mech.*), errore del passo (sul cerchio) primitivo. **48** ~ last (*f. - Mot. - Masch.*), carico parziale. **49** ~ lastdüse (eines Vergasers) (*f. - Mot.*), getto per carichi parziali. **50** ~ leiter (je Phase z. B., oder einer Wicklung) (*m. - Elekt.*), conduttore elementare. **51** ~ maschine (Teilapparat) (*f. - Masch.*), macchina a dividere. **52** ~ menge (*f. - Math.*), sotto-insieme. **53** ~ montagestrasse (*f. - Flugw. - etc.*), linea montaggio gruppi. **54** ~ montagezeichnung (*f. - Zeichn.*), disegno particolari smontati. **55** ~ motor (*m. - Werkz.masch.bearb.*), motore per la divisione. **56** ~ nehmer (*m. - Fernspr.*), abbonato. **57** ~ nehmerapparat (*m. - Fernspr.*), apparecchio di abbonato. **58** ~ nehmerbesetztzeichen (*m. - Fernspr.*), segnale di occupazione di abbonato. **59** ~ nehmer-Fernwahl (*f. - Fernspr.*), teleselezione d'abbonato, teleselezione d'utente. **60** ~ nehmerschaltung (*f. - Fernspr.*), circuito d'abbonato. **61** ~ nehmerverzeichnis (*n. - Fernspr.*), guida del telefono, elenco degli abbonati al telefono. **62** ~ nehmerwahlstufe (*f. - Fernspr.*), stadio di selezione d'utente. **63** ~ nummer (*f. - Mech. - etc.*), numero categorico. **64** ~ punkt (von Zahnrädern) (*m. - Mech.*), punto primitivo, punto di contatto dei due cerchi primitivi (sulla retta dei centri). **65** ~ ring (*m. - Mech. - etc.*), anello graduato. **66** ~ scheibe (*f. - Werkz.masch.*), disco divisore. **67** ~ schmierung (quasi-hydrodynamische Schmierung) (*f. - Mech.*), lubrificazione pseudo-idrodinamica, lubrificazione parzialmente idrodinamica, lubrificazione a velo sottile. **68** ~ schnitt (Teilausschnitt, Ausbruch) (*m. - Zeichn.*), sezione parziale. **69** ~ schwingung (*f. - Phys.*), (componente) armonica. **70** ~ stab (*m. - Textilmasch.*), siehe Kreuzschiene. **71** ~ strich (einer Skale) (*m. - Instr.*), graduazione. **72** ~ strom (*m. - Elekt.*), corrente

teilbar

parziale. 73 ~ **tabelle** (Teiltafel) (*f. - Werkz. masch.bearb.*), tabella per la divisione. 74 ~ **überholung** (*f. - Flugw. - etc.*), revisione parziale. 75 ~ **verfahren** (zum Fräsen von Zahnrädern z. B.) (*n. - Werkz.masch.bearb.*), fresatura a divisione. 76 ~ **wälzfräsverfahren** (*n. - Werkz.masch.bearb.*), dentatura a creatore con divisore. 77 ~ **wechselrad** (*n. - Werkz.masch.*), ruota di cambio per la divisione. 78 ~ **welle** (*f. - Werkz.masch.bearb.*), albero per la divisione. 79 ~ **zeichnung** (*f. - Zeichn.*), disegno di particolare. 80 ~ **zeitarbeit** (*f. - Arb.*), lavoro a tempo parziale. 81 ~ **zusammenbau** (*m. - Ind.*), montaggio gruppi. 82 ~ **zylinder** (eines Zahnrades) (*m. - Mech.*), cilindro primitivo. 83 **Aussen** ~ (einer Passung) (*Mech.*), pezzo esterno. 84 **Ersatz** ~ (*Mech. - etc.*), parte di ricambio, ricambio. 85 **gewindeloser** ~ (einer Schraube) (*Mech.*), parte liscia, porzione non filettata. 86 **Gewichts** ~ e (einer Mischung) (*pl. - Chem. - etc.*), parti in peso. 87 **Gewinde** ~ (einer Schraube) (*Mech.*), porzione filettata. 88 **Innen** ~ (einer Passung) (*Mech.*), pezzo interno. 89 **Kreis** ~ **maschine** (Teilkreisapparat) (*f. - Masch.*), macchina a dividere circolare. 90 **Längen** ~ **maschine** (Längenteilapparat) (*f. - Masch.*), macchina a dividere lineare. 91 **Maschinen** ~ (*Mech.*), parte di macchina, organo meccanico. 92 **optischer** ~ **kopf** (*Werkz.masch.bearb.*), testa a dividere ottica, divisore ottico. 93 **Press** ~ (*mech. Technol.*), pezzo stampato.

teilbar (*Math.*), divisibile.

Teilbarkeit (*f. - Math.*), divisibilità.

Teilchen (Korpuskel, Partikel, kleinster Bestandteil der Materie) (*n. - Phys.*), particella. 2 ~ **beschleuniger** (Beschleunigungsanlage) (*m. - Atomphys. - Ger.*), acceleratore di particelle. 3 ~ **wolke** (*f. - Atomphys.*), sciame di particelle. 4 **einfallendes** ~ (*Atomphys.*), particella incidente. 5 **Elementar** ~ (*Atomphys.*), particella elementare. 6 **getroffenes** ~ (*Atomphys.*), particella bombardata. 7 **relativistisches** ~ (*Atomphys.*), particella relativistica. 8 **Streu** ~ (gestreutes Teilchen) (*Atomphys.*), particella diffusa. 9 **subatomisches** ~ (*Atomphys.*), particella subatomica.

Teilen (mit Teilscheibe) (*n. - Werkz.masch. bearb.*), divisione. 2 **Differential** ~ (*Werkz. masch.bearb.*), divisione differenziale. 3 **unmittelbares** ~ (direktes Teilen) (*Werkz.masch. bearb.*), divisione diretta.

teilen (dividieren) (*Math.*), dividere. 2 ~ (trennen) (*allg.*), separare. 3 ~ **durch** (*Math.*), dividere per. 4 **aus** ~ (*allg.*), distribuire.

Teiler (*m. - Math.*), divisore. 2 ~ (Spannungsteiler z. B.) (*Elekt.*), partitore. 3 **gemeinschaftlicher** ~ (*Math.*), divisore comune. 4 **grösster gemeinsamer** ~ (*Math.*), massimo comun divisore.

Teilhaber (einer Gesellschaft) (*m. - komm. finanz.*), socio. 2 **aktiver** ~ (*finanz.*), socio attivo. 3 **beschränkt haftender** ~ (*finanz.*), socio accomandante. 4 **passiver** ~ (stiller Teilhaber) (*finanz.*), socio occulto. 5 **persönlich haftender** ~ (unbeschränkt haftender Teilhaber) (*finanz.*), socio accomandatario. 6

872

stiller ~ (passiver Teilhaber) (*finanz.*), socio occulto.

Teilhaberschaft (*f. - finanz.*), compartecipazione.

teilnehmen (*allg.*), partecipare.

Teilung (Division) (*Math.*), divisione. 2 ~ (eines Zahnrades) (*f. - Mech.*), passo. 3 ~ (einer Schraube) (*Mech.*), passo apparente. 4 ~ (Modul, eines Zahnrades) (*Mech.*), modulo. 5 ~ (mit Teilscheibe) (*Werkz.masch.bearb.*), divisione. 6 ~ **s·fehler** (an Zahnrädern z. B.) (*m. - Mech.*), errore di passo. 7 ~ **s·sprung** (Unterschied zweier am Zahnrad anfeinanderfolgenden Teilungen) (*m. - Mech.*), salto del passo. 8 **Achs** ~ (*Mech.*), passo assiale. 9 **Eingriffs** ~ (eines Wälzfräsers z. B.) (*Mech. - Werkz.*), passo d'ingranamento. 10 **Kreis** ~ (eines Zahnrades) (*Mech.*), passo, passo sul cerchio primitivo. 11 **Normal** ~ (*Mech.*), passo normale. 12 **Nuten** ~ **s·fehler** (an Wälzfräsern) (*Werkz.*), errore di passo dell'intaglio ad elica, errore di passo della gola elicoidale. 13 **stetige** ~ (Goldener Schnitt, einer Strecke) (*Math.*), sezione aurea. 14 **Stirn** ~ (eines Wälzfräsers z. B.) (*Mech. - Werkz.*), passo frontale. 15 **Teilkreis** ~ (eines Zahnrades z. B.) (*Mech.*), passo, passo sul cerchio primitivo.

teilweise (partiell) (*allg.*), parziale. 2 ~ **Erwerbsunfähigkeit** (*Arb. - etc.*), invalidità parziale.

T-Einschraubstutzen (*m. - Leit.*), raccordo a T filettato.

T-Eisen (*n. - metall. Ind. - Walzw.*), ferro a T. 2 **breitfüssiges** ~ (*metall. Ind.*), ferro a T ad ala larga. 3 **Doppel-** ~ (*metall. Ind.*), ferro a doppio T.

Tektonik (Gestaltung eines Bauwerks, die allen Teilen eine ihrer Funktion entsprechende Form gibt) (*f. - Arch.*), funzionalità strutturale. 2 ~ (Geotektonik) (*Geol.*), tettonica, geologia strutturale.

tektonisch (*Geol.*), tettonico.

Tektor (Betonspritzmaschine) (*m. - Bauw. - Masch.*), macchina per iniezioni di calcestruzzo.

Teleantrieb (*m. - Elektromech. - etc.*), telecomando.

Teleautograph (*m. - Telegr.*), telautografo.

Telefon (*n. - Fernspr.*), siehe Telephon, Fernsprecher.

Telefonistin (*f. - Arb. - Fernspr.*), telefonista, centralinista.

Telegabel (eines Motorrades z. B.) (*f. - Fahrz.*), forcella telescopica.

Telegasgerät (zur Bestimmung des Gasgehaltes einer Metallschmelze) (*n. - Ger.*), misuratore del contenuto di gas.

telegen (für das Fernsehen geeignet) (*Fernseh.*), telegenico.

Telegramm (*n. - Telegr.*), telegramma. 2 ~ **adresse** (*f. - komm.*), indirizzo telegrafico. 3 **Brief** ~ (*Telegr.*), telegramma lettera. 4 **Staats** ~ (*Telegr.*), telegramma di Stato.

Telegraph (Telegraf) (*m. - Telegr.*), telegrafo. 2 ~ **en·amt** (*n. - Telegr.*), ufficio telegrafico, ufficio del telegrafo. 3 ~ **en·apparat** (*m. - Telegr. - App.*), apparecchio telegrafico. 4 ~ **en·beamter** (Telegraphist) (*m. - Telegr. -*

Arb.), telegrafista. **5 ~ en·draht** (*m. - Telegr.*), filo del telegrafo. **6 ~ en·gleichung** (partielle Differentialgleichung die den zeitlichen und örtlichen Zusammenhang der Spannung oder des Stromes auf einer Leitung beschreibt) (*f. - Telegr.*), equazione dei telegrafisti. **7 ~ en·kabel** (*n. - Telegr.*), cavo telegrafico. **8 ~ en·mast** (*m. - Telegr.*), palo del telegrafo. **9 ~ en·modler** (Ringmodulator in der Wechselstromtelegraphie benutzt) (*m. - Telegr.*), modulatore (ad anello) per telegrafia.
Telegraphie (*f. - Telegr.*), telegrafia. **2 ~ sender** (*m. - Telegr. - App.*), trasmettitore telegrafico. **3 drahtlose ~** (Funkentelegraphie) (*Funk.*), radiotelegrafia.
telegraphieren (*Telegr.*), telegrafare.
Telegraphierfrequenz (*f. - Telegr. - etc.*), frequenza telegrafica.
Telegraphiergeschwindigkeit (*f. - Telegr.*), velocità telegrafica, velocità di trasmissione telegrafica.
Telegraphierverzerrung (*f. - Telegr.*), distorsione telegrafica.
telegraphisch (*Telegr.*), telegrafico.
Telegraphist (Telegraphenbeamter) (*m. - Telegr. - Arb.*), telegrafista. **2 ~ en·krampf** (Berufskrankheit) (*m. - Med. - Arb.*), crampo del telegrafista.
Telemeter (Entfernungsmesser) (*m. - Opt. - Ger.*), telemetro.
Telemotor (hydraulisches Steuerungselement zur Fernsteuerung von Masch. und App.) (*m. - Masch.*), telecomando idraulico.
Teleobjektiv (*n. - Phot.*), teleobiettivo.
Telephon (Telefon, Fernsprecher) (*n. - Fernspr.*), telefono. **2 ~** (*Fernspr.*), siehe auch Fernsprecher. **3 ~ anlage** (*f. - Fernspr.*), impianto telefonico. **4 ~ anruf** (*m. - Fernspr.*), chiamata telefonica. **5 ~ automat** (*m. - Fernspr.*), apparecchio telefonico automatico, telefono automatico. **6 ~ beamter** (Telephonist) (*m. - Fernspr. - Arb.*), telefonista. **7 ~ buch** (Fernsprechverzeichnis) (*n. - Fernspr.*), guida del telefono, elenco telefonico (degli abbonati). **8 ~ gespräch** (Ferngespräch) (*n. - Fernspr.*), conversazione telefonica. **9 ~ hörer** (*m. - Fernspr.*), ricevitore del telefono. **10 ~ kabel** (*n. - Fernspr.*), cavo telefonico. **11 ~ monteur** (*m. - Arb.*), apparecchiatore telefonico, montatore di apparecchi telefonici. **12 ~ nebenanschluss** (*m. - Fernspr.*), derivazione telefonica. **13 ~ relais** (*n. - Fernspr.*), relè telefonico. **14 ~ schnur** (*f. - Fernspr.*), cordone del telefono. **15 ~ verstärker** (*m. - Fernspr.*), ripetitore telefonico. **16 ~ zelle** (*f. - Fernspr.*), cabina telefonica.
Telephonie (*f. - Fernspr.*), telefonia. **2 drahtlose ~** (*Funk.*), radiotelefonia.
telephonisch (*Fernspr.*), telefonico.
Teleran-Navigationsverfahren (Television Radar Navigation) (*n. - Flugw. - Navig.*), radar televisivo.
Teleskop (Fernrohr) (*n. - Opt. - Instr.*), telescopio. **2 ~ antenne** (*f. - Funk. - Fahrz.*), antenna telescopica. **3 ~ ausleger** (*m. - ind. Masch.*), braccio telescopico. **4 ~ bein** (*n. - Ger.*), gamba telescopica. **5 ~ feder** (*f. - Mech.*), molla telescopica. **6 ~ federung** (*f. - Fahrz. - etc.*), molleggio telescopico. **7 ~ gabel** (für Motorräder) (*f. - Fahrz.*), forcella telescopica. **8 ~ rohr** (*n. - Ger.*), tubo telescopico. **9 ~ stossdämpfer** (*m. - Fahrz.*), ammortizzatore telescopico.
teleskopisch (*Instr. - etc.*), telescopico. **2 ~ e Antenne** (*Funk. - Aut.*), antenna telescopica.
Telestereoskop (Helmholtz-Stereoskop) (*n. - Ger.*), telestereoscopio, stereoscopio di Helmholtz.
Telex (Fernschreiberdienst) (*n. - Telegr.*), telex. **2 ~ betrieb** (Telexdienst) (*m. - Telegr.*), servizio telex.
Teller (*m. - allg.*), piatto, disco. **2 ~ aufgeber** (eines Förderers) (*m. - ind. Transp.*), alimentatore a disco. **3 ~ feder** (Belleville-Feder) (*f. - Mech.*), molla a tazza, molla Belleville. **4 ~ ofen** (Schachtofen mit mehreren übereinander liegenden Herden) (*m. - Ofen*), forno a più suole sovrapposte. **5 ~ rad** (Zahnrad, des Differentials z. B.) (*n. - (Mech. - Aut.*), corona conica, ruota planetaria. **6 ~ schleifer** (*m. - Masch.*), siehe Tellerschleifmaschine. **7 ~ schleifmaschine** (Scheibenschleifmaschine, mit runden Sandpapierblättern auf Scheiben befestigt) (*f. - Masch.*), molatrice a disco. **8 ~ schraube** (zur Befestigung von Bauteilen an Gurten z. B.) (*f. - Mech.*), vite a piattello. **9 ~ ventil** (Scheibenventil) (*n. - Mech.*), valvola a disco. **10 ~ waschmaschine** (*f. - Masch.*), macchina lavapiatti. **11 Feder ~** (einer Ventilfeder) (*Mot.*), piattello della molla, scodellino della molla. **12 Ventil ~** (eines Verbr.mot.) (*Mot. - Mech.*), fungo della valvola, testa della valvola.
Tellur (*Te - n. - Chem.*), tellurio.
Tellurium (Ger. zum Darstellen der Bewegung des Mondes um die Erde und der Erde um die Sonne) (*n. - Astr. - Ger.*), simulatore di moti orbitali.
Tellurometer (Entfernungsmesser) (*n. - Radar - Ger.*), tellurometro.
TEM-Modus (*m. - Elektronik*), modo TEM.
TEmn-Modus (*m. - Elektronik*), modo TEmn.
Tempel (*m. - Textilmasch.*), tempiale. **2 ~** (*Arch.*), tempio. **3 selbstwirkender ~** (*Textilmasch.*), tempiale automatico.
Tempera (Farbe mit wässrigen und nichtwässrigen Bindemitteln) (*f. - Anstr.*), tempera, colore a tempera. **2 ~ farbe** (*f. - Anstr.*), tempera, colore a tempera. **3 ~ malerei** (*f. - Arch.*), pittura a tempera. **4 Ei- ~** (*Anstr.*), tempera al bianco d'uovo.
Temperatur (*f. - Phys. - Chem.*), temperatura. **2 ~ abfall** (*m. - Meteor. - etc.*), diminuzione di temperatura. **3 ~ änderung** (Temperaturwechsel) (*f. - Wärme*), variazione di temperatura, cambio di temperatura. **4 ~ blitz** (starke örtliche Temperatursteigerung, durch fehlerhafte Schmierung) (*m. - Mech.*), colpo di calore, forte aumento di temperatura. **5 ~ der Umgebung** (*Meteor. - etc.*), temperatura ambiente. **6 ~ drift** (einer Spannung z. B.) (*f. - Elektronik*), deriva termica. **7 ~ erhöhung** (*f. - Meteor. - etc.*), aumento di temperatura. **8 ~ fühler** (*m. - Ger.*), elemento termosensibile, sonda termica. **9 ~ gebiet** (*n. - Metall.*), intervallo termico. **10 ~ gleichgewicht** (ther-

temperaturbeständig

misches Gleichgewicht) (n. - Wärme), equilibrio termico. 11 ~ **gradient** (m. - Meteor. - etc.), gradiente termico. 12 ~ **jahr** (Verlauf der mittleren Tagesaussentemperatur eines Ortes) (n. - Metereol.), andamento annuale della temperatura media giornaliera. 13 ~ **koeffizient** (TK, von Widerstandsmaterial z. B., Änderung des Widerstands z. B. je Grad Temperatursteigerung) (n. - Elekt.), coefficiente di temperatura. 14 ~ **leitzahl** (Wärmeleitzahl, Temperaturleitfähigkeit) (f. - Wärme), coefficiente di conduzione termica, conduttività termica. 15 ~ **mess-stift** (m. - Ger.), matita termometrica. 16 ~ **messung** (f. - Phys.), termometria. 17 ~ **regelung** (f. - Masch. - etc.), termoregolazione, regolazione della temperatura. 18 ~ **regler** (m. - Ger.), regolatore di temperatura, termoregolatore. 19 ~ **schalter** (m. - Elekt.), interruttore termico. 20 ~ **schreiber** (m. - Ger.), termografo. 21 ~ **schwankung** (f. - Wärme), variazione di temperatura. 22 ~ **skala** (f. - Instr.), scala termometrica. 23 ~ **spannungen** (f. - pl. - Metall.), tensioni termiche. 24 ~ **strahler** (m. - Phys.), radiatore termico, corpo termoradiante. 25 ~ **strahlung** (f. - Phys.), termoradianza. 26 ~ **sturz** (m. - Wärme), caduta brusca di temperatura. 27 ~ **wächter** (Thermostat) (m. - Ger.), termostato. 28 ~ **wechsel** (Temperaturänderung) (m. - Wärme), cambio di temperatura, variazione di temperatura. 29 ~ **wechselbeständigkeit** (f. - Metall.), resistenza alle variazioni di temperatura, resistenza ad urto termico. 30 ~ **-Zeit-Folge** (f. - Wärmebeh.), ciclo termico. 31 **Abgas** ~ (Mot.), temperatura dei gas di scarico. 32 **absolute** ~ (Kelvintemperatur, °K) (Phys. - Chem.), temperatura assoluta. 33 **Auspuff** ~ (Abgastemperatur) (Mot.), temperatura dello scarico, temperatura dei gas di scarico. 34 **Austritts** ~ (des Wassers eines Kühlungssystems, z. B.) (Mot. - etc.), temperatura di uscita. 35 **Celsius** ~ (Phys.), temperatura centigrada, temperatura Celsius. 36 **die ~ um 20° erhöhen** (Wärme), elevare la temperatura di 20°. 37 **Eintritts** ~ (des Wassers eines Kühlungssystems z. B.) (Mot. - etc.), temperatura di entrata. 38 **Kelvin** ~ (absolute Temperatur, °K) (Phys.), temperatura Kelvin, temperatura assoluta. 39 **kritische** ~ (Metall. - etc.), temperatura critica. 40 **schwarze** ~ (Phys.), temperatura di radianza monocromatica.

temperaturbeständig (Metall. - etc.), termostabile.

temperaturfest (Metall. - etc.), resistente al calore, refrattario.

temperaturfrei (temperaturkompensiert, Schaltung z. B.) (Elekt.), compensato termicamente.

temperaturwechselbeständig (Metall. - etc.), resistente alle variazioni di temperatura.

Tempererz (Eisenerz das zum Tempern von weissem Temperguss verwendet wird) (n. - Metall.), minerale malleabilizzante.

Temperguss (m. - Giess.), ghisa malleabile. 2 **entkohlend geglühter** ~ (GTW) (Giess.), siehe weisser Temperguss. 3 **nicht entkohlend geglühter** ~ (GTS) (Giess.), siehe schwarzer Temperguss. 4 **schwarzer** ~ (Giess.), ghisa malleabile a cuore nero, ghisa malleabile nera. 5 **weisser** ~ (Giess.), ghisa malleabile a cuore bianco, ghisa malleabile bianca.

temperieren (eine Probe z. B.) (Wärme), portare a temperatura di regime, portare a regime.

Temperiergerät (Wärmeregler) (n. - Ger.), regolatore di temperatura.

Temperierung (f. - Bauw. - etc.), condizionamento.

Temperierzeit (f. - Wärme), tempo per portare a regime.

Temperit (Sorbit) (m. - Metall.), sorbite.

Temperkohle (beim Glühen von Temperguss sich ausscheidende graphitische Kohle) (f. - Metall.), carbonio grafitico, carbonio di malleabilizzazione.

Tempern (n. - Wärmebeh.), malleabilizzazione.

tempern (Stahl) (Metall. - Wärmebeh.), malleabilizzare. 2 ~ (Glasind.), temperare.

Temperofen (Glühofen) (m. - Giess.), forno di ricottura.

Temperrohguss (weisser Rohguss aus dem Temperguss erzeugt wird) (m. - Giess.), ghisa bianca da malleabilizzazione.

Temperstahlguss (m. - Giess.), ghisa acciaiosa.

TEM-Welle (transversale elektromagnetische Welle) (f. - Elektronik), onda TEM.

Tenazität (Zähigkeit) (f. - Metall.), tenacità.

Tendenz (Neigung) (f. - allg.), tendenza.

Tender (Kohlenwagen) (m. - Eisenb.), carro scorta, tender. 2 ~ (Versorgungsschiff) (Kriegsmar.), nave appoggio. 3 ~ **lok(omotive)** (f. - Eisenb.), locomotiva-tender.

TENIFER-Verfahren (Badnitrieren bei dem die belüftete Salzschmelze in einem mit Titanblech ausgekleideten Tiegel eingeschmolzen ist) (n. - Wärmebeh.), nitrurazione morbida, processo Tenifer, nitrurazione Tenifer.

Tennis (n. - Sport), tennis.

Tensid (Waschmittel, etc.) (m. - Chem. - etc.), tensioattivo (s.), agente tensioattivo. 2 **anionisches** ~ (Chem.), tensioattivo anionico, agente tensioattivo anionico.

Tension (Spannkraft, von Gasen) (f. - Phys.), tensione.

Tensometer (Dehnungsmesser) (n. - Ger.), estensimetro.

Tensor (m. - Math.), tensore. 2 ~ **rechnung** (f. - Math.), calcolo tensoriale. 3 **symmetrischer** ~ (Math.), tensore simmetrico.

Teppich (m. - Bauw.), tappeto. 2 ~ (Strass.b.), manto. 3 ~ **bombenwurf** (m. - Luftw.), bombardamento a tappeto. 4 ~ **stuhl** (m. - Textilmasch.), telaio per tappeti.

Tera- (T = 10^{12}) (Masseinh.), tera, T.

Terbium (Tb - n. - Chem.), terbio.

Term (Glied, einer Summe z. B.) (m. - Math.), termine. 2 ~ **schema** (Energieschema, der Teilchen) (n. - Atomphys.), diagramma energetico.

Termin (Frist) (m. - komm. - etc.), termine. 2 ~ **plan** (m. - Ind.), programma dei tempi, scadenzario. 3 ~ **planung** (f. - Ind.), programmazione delle scadenze. 4 ~ **verfolger** (m. - Büro - etc.), sollecitatore. 5 ~ **zur Einreichung des Angebotes** (komm.), termine di presentazione dell'offerta.

Terminal (n. - Datenverarb. - etc.), terminale. **2 Bildschirm** ~ (Sichtstation, für Prozessrechner z. B.) (Datenverarb.), videoterminale, terminale video.
ternär (dreistoffig) (Chem. - Metall.), ternario.
Ternärflattern (durch Flügel-, Haupt- und Hilfsruder verursacht) (n. - Flugw.), vibrazione aeroelastica ternaria.
Ternärstahl (m. - Metall.), acciaio ternario.
Terneblech (n. - metall. Ind.), lamiera piombata.
Ternstettverfahren (Lackspritzverfahren im elektrostatischen Feld) (n. - Anstr.), (processo di) verniciatura a spruzzo in campo elettrostatico, (sistema di) verniciatura elettrostatica.
Terotechnologie (Aufstellung, Inbetriebsetzung, Wartung, Instandsetzung von Anlagen, Masch., etc.) (f. - Ind. - etc.), terotecnologia.
Terpen ($C_{10}H_{16}$) (n. - Chem.), terpene.
Terpentin (n. - Chem.), (m. - österr.), trementina. **2** ~ **öl** (n. - Chem.), essenza di trementina, olio essenziale di trementina.
Terpineol ($C_{10}H_{18}O$) (n. - Chem.), terpineolo.
Terrain (Gelände) (n. - Top. - etc.), terreno. **2** ~ **aufnahme** (f. - Top.), rilevamento del terreno. **3** ~ **skizze** (f. - Top.), schizzo topografico.
Terrakotta (f. - Keramik), terracotta (ornamentale).
Terrasse (f. - Bauw. - Arch.), terrazzo. **2** ~ (Felsterrasse) (Geol.), terrazzo. **3** ~ **n·bau** (m. - Bergbau), coltivazione a gradini. **4** ~ **n·dach** (n. - Bauw. - Arch.), tetto a terrazzo. **5 Fluss** ~ (Geol.), terrazzo fluviale, terrazzo orografico.
terrestrisch (irdisch) (allg.), terrestre.
Territorialgewässer (n. - recht.), acque territoriali.
Territorialität (f. - allg.), territorialità.
Tertia (Buchschrift von 16 Punkten) (f. - Druck.), corpo 16.
Tertiär (Braunkohlenzeit) (n. - Geol.), terziario.
Tertiärwicklung (eines Transformators) (f. - Elekt.), avvolgimento terziario.
Terz (f. - Akus.), terza, terzo di ottava. **2** ~ **band** (Oktave in drei gleiche Stufen geteilt) (n. - Akus.), banda d'un terzo di ottava. **3** ~ **bandgeräusch** (n. - Akus. - Arb.), rumore d'un terzo di ottava. **4** ~ **sieb** (Terzfilter) (n. - Akus.), filtro di terza, filtro per terzi di ottava. **5** ~ **sieb-Analyse** (Zerlegung eines Geräusches durch Filter in Frequenzgebiete von der Breite einer Dritteloktave) (f. - Akus.), scomposizione in terzi di ottava.
TES (Turbinen-Elektroschiff) (naut.), nave turboelettrica.
Tesa-Film (m. - chem. Ind.), nastro autoadesivo.
Tesla (T, Einheit der magnetischen Flussdichte 1 T = 1 Wb/m² = 1 kg/s²A) (n. - Masseinh.), tesla, T.
Tesla-Transformator (m. - Elekt.), trasformatore di Tesla.
Test (m. - ind. Psychol.), saggio reattivo, « test » **2** ~ (Prüfung, Versuch) (Technol.), prova. **3** ~ **benzin** (als Lösungsmittel verwendet) (n. - chem. Ind.), benzina solvente.

4 ~ **bild** (zur Prüfung der Bildauflösung) (n. - Fernseh.), monoscopio. **5** ~ **gerät** (n. - Ger.), apparecchio di prova. **6** ~ **halle** (eines Autodienstbetriebes) (f. - Aut. - etc.), officina di controllo. **7** ~ **hilfe** (Programm der das Testen von Programmen erleichtert) (f. - Datenverarb.), programma di prova ausiliario. **8** ~ **programm** (Prüfprogramm) (n. - Rechner), programma di prova. **9** ~ **protokoll** (n. - Technol.), verbale di prova, certificato di prova. **10** ~ **puppe** (Versuchspuppe) (f. - Aut. - etc.), manichino per prove. **11** ~ **strecke** (f. - Aut.), percorso di prova. **12 Doktor** ~ (für Benzin) (chem. Ind.), prova doctor.
Tester (m. - Ger.), apparecchio per prove. **2 Labor** ~ (Ger.), apparecchio per prove di laboratorio.
Tetartoeder (n. - Kristallographie), tetartoedro.
tête-à-queue (n. - Aut.), testa-coda.
Tetra (Chem.), siehe Tetrachlorkohlenstoff (m.).
Tetraäthylblei (Bleitetraäthyl) (n. - chem. Ind. - Kraftstoff), piombo tetraetile.
Tetrachlorkohlenstoff (CCl_4) (Tetra, Kohlenstofftetrachlorid, Tetrachlormethan; Entfettungsmittel) (m. - Chem.), tetracloruro di carbonio.
Tetrade (Vierergruppe) (f. - allg.), tetrade. **2** ~ (Math. - etc.), tetrade. **3** ~ (Gruppe von 4 Binärzeichen) (Rechner), tetrade.
Tetraeder (n. - Geom.), tetraedro.
Tetrapode (Betonkörper, zur Verdämmung und für Wellenbrecher) (f. - Wass.b.), tetrapode.
Tetrode (Röhre) (f. - Elektronik), tetrodo.
Tetryl (Tetranitromethylanilin) (n. - Expl.), tetril.
teuer (komm.), caro, costoso.
Teuerungszulage (f. - Arb.), indennità di contingenza, caro-vita.
Teufe (Tiefe) (f. - Bergbau), profondità. **2** ~ **n·anzeiger** (Gichtsonde, eines Hochofens) (m. - Metall.), indicatore di livello (della carica). **3** ~ **n·schreiber** (eines Hochofens) (m. - Metall.), registratore del livello (della carica).
Teufelsklaue (Haken für Anschlagkette) (f. - Hebevorr.), (tipo di) gancio semplice.
teufen (einen Schacht) (Bergbau), scavare.
TE-Welle (H-Welle, transversale elektrische Welle) (f. - Elektronik), onda TE.
tex (Einheit zur Feinheitsbezeichnung von Textilen = $\frac{1 \text{ g}}{1000 \text{ m}}$) (n. - Textilind.), tex.).
Text (m. - Druck. - etc.), testo. **2** ~ **diapositiv** (mit nur Schriftsatz) (n. - Druck.), diapositiva con (solo) testo.
Text (Schriftgrad von 20 Punkten) (f. - Druck.), corpo 20.
Textilarbeiter (m. - Textilind. - Arb.), operaio tessile.
Textilarbeiterin (f. - Textilind. - Arb.), operaia tessile.
Textildruck (m. - Text.), stampa dei tessuti. **2** ~ **maschine** (f. - Masch.), macchina per la stampa di tessuti, stampatrice di tessuti.
Textilfabrik (f. - Ind.), stabilimento tessile.
Textilfaser (f. - Textilind.), fibra tessile.

Textilgewebe

Textilgewebe (n. - *Textilind.*), tessuto di fibre vegetali.
Textilien (Textilwaren) (pl. - *Textilind.*), tessili.
Textilindustrie (f. - *Textilind.*), industria tessile.
Textilsieb (n. - *Ger.*), filtro di tessuto.
Textur (Gefüge) (f. - *allg.*), struttura. 2 **blättrige** ~ (*Min.*), struttura lamellare. 3 **faserige** ~ (*Min.*), struttura fibrosa.
TF (Trägerfrequenz) (*Funk.*), frequenza portante. 2 ~ (Formtoleranz) (*Mech.*), tolleranza di forma. 3 ~ **-Boot** (Tragflügelboot, Tragflächenboot) (n. - *naut.*), aliscafo. 4 ~ **-F** (Trägerfrequenz-Fernsprechen) (*Fernspr.*), telefonia a frequenza portante. 5 ~ **-Fernsprechnetz** (n. - *Fernspr.*), rete telefonica a frequenze portanti.
Tf (Transformator) (*Elekt.*), trasformatore. 2 ~ (Trägerfrequenz) (*Funk.*), frequenza portante. 3 ~ (Formtoleranz) (*Mech.*), tolleranza di forma.
TFH (Trägerfrequenz-Hochspannung) (*Elekt.*), alta tensione a frequenza portante.
T-Form (f. - *Technol.*), forma a T.
TFR (Trägerfrequenz-Richtstrahl) (*Funk.*), fascio direttivo a frequenza portante.
TFx (Telegramm durch Fernsprecher zugestellt) (*Telegr.*), fonogramma.
TG (Treibgas) (*Kraftstoff*), carburante gassoso. 2 ~ (Tonfrequenzgenerator) (*Funk.*), generatore di frequenza vocale. 3 ~ (Taktgeber) (*Fernseh.*), sincronizzatore. 4 ~ (Geradheitstoleranz) (*Mech.*), tolleranza di rettilineità.
Tg (Tag, Tage) (*Einh.*), giorno, giorni. 2 ~ (TG, Geradheitstoleranz) (*Mech.*), tolleranza di rettilineità.
tg (Tangens) (*Math.*), tg, tangente.
TGA (Thermogravimetrische Analyse) (*Chem.*), ATG, analisi termogravimetrica.
tgh (Hyperbel-Tangens) (*Math.*), tgh, tangh, tangente iperbolica.
TGL (Technische Güte- und Lieferbedingungen, Normkennzeichnung der DDR-Standards) (*Technol. - Normung*), capitolato tecnico di qualità e fornitura, norma di qualità e fornitura.
T-Glied (Vierpol in Siebschaltungen) (n. - *Funk.*), cellula a T.
Th (Thorium) (*Chem.*), Th, torio.
th (thermie = 10^6 cal) (*Wärmeinh.*), th, thermie, termìa.
Thallium (Metall) (Tl - n. - *Chem.*), tallio. 2 ~ **-Flintglas** (durch ein sehr grosses Brechungsvermögen ausgezeichnet) (n. - *Glasind.*), vetro al tallio.
Thalpotasimeter (Dampfdruckthermometer) (*t. - Instr.*), talpotasimetro, termometro a tensione di vapore.
Theater (n. - *Theater*), teatro. 2 ~ **bau** (Theatergebäude) (m. - *Arch.*), teatro. 3 ~ **kopie** (Verleihkopie, Massenkopie) (f. - *Filmtech.*), copia positiva di noleggio. 4 ~ **maschine** (f. - *Masch.*), macchina (da palcoscenico). 5 **Film** ~ (Lichtspieltheater) (*Filmtech.* - *Bauw.*), cinematografo.
Theobromin ($C_7H_8N_4O_2$) (n. - *Pharm.*), teobromina.
Theodolit (m. - *Top. - Ger.*), teodolite. 2 **Repetitions** ~ (*Top. - Ger.*), teodolite ripetitore.
Theorem (Lehrsatz) (n. - *Geom. - etc.*), teorema.
theoretisch (*allg.*), teorico. 2 ~ **e Ladung** (eines Verbrennungsmotors) (*Mot.*), carica teorica.
Theorie (f. - *allg.*), teoria. 2 ~ **der Spiele** (*Math.*), teoria dei giochi.
Therblig (Grundelement zur Analyse der Arbeitsmethoden) (n. - *Arb.*), therblig.
therm (kalorische Energieeinheit = 25207,5 kcal) (*Wärmeeinh.*), therm.
Thermalisierung (f. - *Kernphys.*), termalizzazione.
Thermalkur (f. - *Med.*), cura termale.
Thermalquelle (Therme, heisse Quelle) (f. - *Geol.*), sorgente termale.
Therme (heisse Quelle, Thermalquelle) (f. - *Geol.*), sorgente termale.
thermie (th = 10^3 kcal) (f. - *Wärmeeinheit*), termìa, thermie, th.
Thermik (thermischer Aufwind) (f. - *Meteor. - Flugw.*), termica, corrente ascendente di aria calda. 2 ~ **segelflug** (m. - *Flugw.*), volo a vela termico.
Thermion (n. - *Phys.*), termione. 2 ~ **röhre** (Elektronenröhre) (f. - *Elektronik*), tubo elettronico.
thermisch (*Phys.*), termico. 2 ~ **behandeln** (*Wärmebeh.*), trattare termicamente. 3 ~ **e Beanspruchung** (*Mech.*), sollecitazione termica. 4 ~ **e Bewegung** (*Chem.*), agitazione termica. 5 ~ **e Ermüdung** (mech. *Technol.*), fatica termica. 6 ~ **er Durchmesser** (*Phys.*), diametro equivalente termico. 7 ~ **er Kreisprozess** (*Thermodyn.*), ciclo termico. 8 ~ **er Reaktor** (Reaktor mit langsamen Neutronen) (*Atomphys.*), reattore termico, reattore a neutroni lenti. 9 ~ **er Wirkungsgrad** (*Thermodyn.*), rendimento termico. 10 ~ **es Kraftwerk** (*Elekt.*), centrale termoelettrica. 11 ~ **vergütbar** (*Wärmebeh.*), trattabile termicamente.
Thermistor (Halbleiter, dessen Widerstand sehr stark mit der Temperatur ändert) (m. - *Phys.*), termistore.
Thermit (Mischung aus Aluminiumpulver und Eisenoxyd zur Erzeugung von Temperaturen bis 2400 °C) (n. - *Schweissen*), termite. 2 ~ **schweissung** (f. - mech. *Technol.*), saldatura alluminotermica, saldatura alla termite. 3 ~ **verfahren** (Aluminothermie) (n. - mech. *Technol.*), alluminotermia.
Thermoamperemeter (n. - *elekt. Ger.*), amperometro termico, termoamperometro.
Thermobank (Abtaumethode bei der ein Teil der Verflüssigungswärme in einem Gefäss gespeichert wird) (f. - *Kältemasch.*), metodo di sbrinamento ad accumulo di calore.
Thermobatterie (Thermosäule) (f. - *Elekt.*), termopila, pila termoelettrica.
Thermochemie (f. - *Chem.*), termochimica.
Thermochrom (Nickelsonderlegierung für Heizleiter, 60-65% Ni, 15-18% Cr, 1% Si, 1,5% Mn, Rest Fe) (n. - *Legierung*), thermochrom. 2 ~ (Temperaturmessfarbe) (*Phys.*), termocolore, colore termometrico.

Thermochronix (Nickelsonderlegierung, 87-89% Ni, 9-12% Cr, <0,5 Fe, 0,5-2 Mn, <0,5 Si) (*n. - Legierung*), thermochronix.

Thermochrose (Wärmefärbung, Eigenschaft mancher Körper, einige ultrarote Strahlen zu absorbieren) (*f. - Phys.*), termocrosi.

Thermodiffusion (teilweise Entmischung zweier Gase bei Temperaturunterschieden, zur Isotopentrennung) (*f. - Chem.*), termodiffusione, diffusione termica.

Thermodraht (in Thermoelementen verwendeter runder Draht) (*m. - Elekt.*), filo per termocoppie.

Thermodynamik (*f. - Thermodyn.*), termodinamica.

thermodynamisch (*Thermodyn.*), termodinamico. 2 ~ er Wirkungsgrad (*Thermodyn.*), rendimento termodinamico. 3 ~ es Potential (*Thermodyn.*), potenziale termodinamico.

thermoelektrisch (*Phys.*), termoelettrico. 2 ~ es Galvanometer (*Elekt. - Instr.*), termogalvanometro.

Thermoelektrizität (*f. - Elekt.*), termoelettricità.

Thermoelement (*n. - Elekt.*), coppia termoelettrica, termocoppia, termoelemento. 2 ~ (Geber, eines elekt. Temperaturmessers z. B.) (*Instr.*), elemento termosensibile, termosonda. 3 ~ aus Konstantan-Kupfer (*Elekt.*), termocoppia in rame-costantana.

Thermofarbe (Temperaturmessfarbe) (*f. - Phys.*), termocolore, colore termometrico.

Thermoformen (von Kunststoffen) (*n. - Technol.*), termoformatura.

Thermogalvanometer (*n. - Elekt. - Instr.*), termogalvanometro.

Thermograph (*m. - Instr.*), termografo, termometro registratore.

Thermographie (phot. Abbildung von Objekten durch Wärmestrahlen auf Ultrarotplatten) (*f. - Phot.*), fotografia a raggi ultrarossi.

Thermoisoplethe (Chronoisotherme, Linie gleicher Temperatur) (*f. - Meteor.*), cronoisoterma.

Thermokauter (chirurgisches Brenneisen) (*m. - Med. - Ger.*), termocauterio.

Thermokette (*f. - Elekt.*), siehe Thermosäule.

Thermokolor (Temperaturmessfarbe) (*n. - Phys.*), colore termometrico, termocolore.

Thermokontakt (*m. - Elekt.*), termocontatto.

Thermokraft (thermoelektrische Kraft) (*f. - Elekt.*), forza elettromotrice termoelettrica, f.e.m. termoelettrica.

Thermokreuz (eines Thermoelements) (*n. - Elekt. - Ger.*), termogiunzione, termocroce.

Thermolux (für günstige Lichtverteilung) (*n. - Glasind. - Bauw.*), thermolux.

Thermolyse (thermische Dissoziation) (*f. - Chem.*), dissociazione termica.

thermomagnetisch (*Elekt.*), termomagnetico. 2 ~ e Erscheinung (*Elekt.*), effetto termomagnetico.

Thermometer (*n. - Instr.*), termometro. 2 ~ kugel (*f. - Instr.*), bulbo del termometro, bulbo termometrico. 3 ~ mit feucht gehaltener Kugel (feuchtes Thermometer) (*Meteor. - Ger.*), termometro a bulbo bagnato, termometro a bulbo umido. 4 ~ säule (*f. - Instr.*), colonna del termometro, colonnina termometrica. 5 Ausdehnungs- ~ (*Instr.*), termometro a dilatazione. 6 Bimetall- ~ (*Instr.*), termometro a coppia termoelettrica. 7 elektrisches ~ (*Instr.*), termometro elettrico. 8 Fieber ~ (*Instr. - Med.*), termometro clinico. 9 Flüssigkeits ~ (*Instr.*), termometro a liquido. 10 Gas- ~ (*Instr.*), termometro a gas. 11 Maximum-Minimum- ~ (*Instr.*), termometro a massima e minima. 12 Maximum- ~ (*Instr.*), termometro a massima. 13 Metall ~ (*Instr.*), termometro metallico. 14 Minimum- ~ (*Instr.*), termometro a minima. 15 Quecksilber- ~ (*Instr.*), termometro a mercurio. 16 registrierendes ~ (Thermograph) (*Instr.*), termografo, termometro registratore. 17 Tensions- ~ (*Instr.*), termometro a pressione di vapore. 18 Widerstands- ~ (*Instr.*), termometro a resistenza (elettrica).

thermonuklear (*Phys.*), termonucleare.

Thermo-Osmose (*f. - Chem.*), termoosmosi.

Thermopaar (*n. - Messger.*), termocoppia.

Thermopane (Isolierglaswand) (*n. - Glasind. - Bauw.*), thermopane.

Thermopatrone (Thermometerkugel) (*f. - Instr.*), bulbo termometrico.

Thermoplast (Kunststoff, der sich bei Erwärmung plastisch verformen lässt) (*n. - Chem.*), termoplasto, materiale termoplastico, resina termoplastica.

thermoplastisch (*Chem.*), termoplastico.

Thermoreaktor (Fusionsreaktor) (*m. - Atomphys.*), reattore a fusione.

Thermoregulator (eines Thermostats) (*m. - Ger.*), termoregolatore.

Thermorelais (*n. - Elekt.*), relè termico, termorelè.

Thermosanhänger (*m. - Fahrz.*), rimorchio isotermico.

Thermosäule (mehrere hintereinandergeschaltete Thermoelemente) (*f. - Elekt.*), pila termoelettrica, termopila.

Thermoschalter (*m. - Elekt.*), interruttore termico.

Thermoschock (Wärmeschock) (*m. - Wärme*), urto termico.

Thermosflasche (*f. - Ger.*), « termos », bottiglia termostatica.

Thermosiphonkühlung (*f. - Mot. - Aut.*), raffreddamento a termosifone.

Thermosit (geschäumte Hochofenschlacke) (*n. - Bauw.*), thermosit.

Thermoskop (*n. - Instr.*), termoscopio.

Thermosphäre (Ionosphäre, in Höhen über etwa 60 km) (*f. - Geophys.*), ionosfera.

Thermospannung (bei Thermoelementen) (*f. - Elekt.*), forza elettromotrice termoelettrica. 2 ~ (Wärmespannung, durch ungleichförmige Erwärmung verursacht, eines Fluggerätes z. B.) (*Metall. - etc.*), tensione termica, sollecitazione termica.

thermostabil (wärmebeständig) (*Phys.*), resistente al calore, termostabile.

Thermostat (Temperaturregler) (*m. - Ger.*), termostato.

thermostatisch (*Phys.*), termostatico.

Thermostrom (*m. - Elekt.*), corrente termoelettrica.

Thermoumformer (Ger. zum Messen elekt. Ströme mit Thermoelement und Drehspulinstrument) (*m. - Ger.*), trasduttore termoelettrico.

Thermoxydverfahren (zur Erzeugung von Schutzüberzügen) (*n. - mech. Technol.*), (trattamento di) ossidazione protettiva.

Thermozeitschalter (*m. - elekt. Ger.*), termointerruttore a tempo, interruttore termico a tempo.

Thernewid (*thermisch negativer Widerstand*, Thermistor, Heissleiter) (*Elekt.*), termistore.

Thetafunktion (Θ-Funktion) (*f. - Math.*), funzione theta, funzione teta, funzione Θ.

Thiele-Modul (Katalysatorkennzahl) (*m. - Chem.*), modulo di Thiele.

Thioharnstoff (CH_4N_2S) (*m. - Chem.*), tiourea.

Thiophen (C_4H_4S) (*n. - Chem.*), tiofene.

Thioplast (Kunststoff) (*n. - chem. Ind.*), tioplasto.

thixotrop (*Phys. - Chem.*), tixotropico, tissotropico.

Thixotropie (Erscheinung, bei der bestimmte Stoffe durch Schütteln verflüssigt werden und nach gewisser Ruhezeit wieder in den Gelzustand übergehen) (*f. - Phys. - Chem. - Anstr.*), tixotropia, tissotropia.

Thomasbirne (*f. - Metall.*), convertitore Thomas.

Thomasmehl (Thomasphosphat, Schlackenmehl) (*n. - Metall.*), scoria Thomas, scoria di defosforazione.

Thomasschlacke (*f. - Metall.*), scoria Thomas.

Thomasstahl (*m. - Metall.*), acciaio Thomas. 2 ~ werk (*n. - Metall.*), acciaieria Thomas.

Thomasverfahren (*n. - Metall.*), processo Thomas.

Thomson-Brücke (Doppelmessbrücke) (*f. - Elekt.*), ponte di Thompson, ponte doppio.

Thomsoneffekt (*m. - Elekt.*), effetto Thomson.

Thorex-Prozess (*Thorium - Extraktion - Prozess*) (*m. - Chem.*), processo Thorex.

Thorianit ($ThO_2.UO_2$) (*m. - Chem.*), torianite.

thoriert (*Technol.*), toriato.

Thorium (*Th - n. - Chem.*), torio. 2 ~ dioxyd (ThO_2) (*n. - Chem.*), ossido di torio, torina. 3 ~ emanation (Thoron) (*ThEm - f. - Radioakt.*), emanazione di torio. 4 ~ reaktor (*m. - Atomphys.*), reattore a torio.

Thoron (Thoriumemanation) (*Tn - n. - Radioakt.*), emanazione di torio.

THTR (Thorium - Hochtemperatur - Reaktor) (*Kernphys.*), reattore al torio ad alta temperatura.

Thulium (*Tm - n. - Chem.*), tulio.

Thw (Tidehochwasser) (*See*), alta marea.

Thyratron (Stromtor, Quecksilberdampf-Gleichrichter z. B.) (*n. - Funk.*), tiratron, tiratrone. 2 Kaltkathoden ~ (Röhre) (*Elektronik*), tiratron a catodo freddo.

Thyristor (*m. - Elektronik*), tiristore. 2 ~ zündung (*f. - Aut.*), accensione a tiristori. 3 schneller ~ (*Elektronik*), tiristore veloce.

THz (10^{12} Hz) (*Elekt.*), THz, teraherz, 10^{12} Hz, teraperiodi al secondo.

Tl (Tiegelstahl) (*Metall.*), acciaio al crogiolo.

Ti (Titan) (*Chem.*), Ti, titanio.

Ticker (Schwingungshammer) (*m. - Elekt.*), vibratore.

Tide (Tid, Tie, Zeit) (*f. - allg.*), tempo. 2 ~ (Tid, Tie, Gezeit) (*See*), marea. 3 ~ hafen (Fluthafen) (*m. - naut.*), porto di marea.

Tief (Tiefdruckgebiet, Zyklone, barometrisches Minimum) (*n. - Meteor.*), depressione, minimo barometrico, ciclone.

tief (*allg.*), profondo. 2 ~ (nicht hoch) (*allg.*), basso. 3 ~ (von Tönen) (*Akus.*), basso. 4 ~ (von Farben, dunkel) (*Opt.*), cupo, scuro. 5 ~ bohren (*Bergbau*), perforare. 6 ~ gezogen (*Blechbearb.*), imbutito.

Tiefätzung (*f. - Druck.*), incisione profonda. 2 ~ (*Metall.*), attacco acido profondo.

Tiefbagger (Grabenbagger) (*m. - Erdbew. masch.*), affossatore, affossatrice.

Tiefbau (*m. - Bergbau - etc.*), scavo profondo. 2 ~ (Bauarbeiten zu ebener Erde, in und unter der Erde, wie Strassenbau, etc.) (*Bauw.*), costruzioni al (o sotto il) livello del suolo.

Tiefbehälter (*m. - Ind.*), serbatoio interrato.

Tiefbettfelge (*f. - Aut.*), cerchione a canale.

Tiefbohranlage (*f. - Bergbau*), impianto di perforazione.

Tiefbohrgerät (Tiefbohrer) (*n. - Bergbau*), sonda per pozzi profondi, sonda di perforazione.

Tiefbohrung (bis zu 5000 m Teufe) (*f. - Bergbau*), trivellazione profonda, perforazione.

Tiefdecker (*m. - Flugw.*), monoplano ad ala bassa.

Tiefdruck (*m. - Phys. - Meteor.*), bassa pressione. 2 ~ (Druckverfahren) (*Druck.*), stampa calcografica. 3 ~ bogenmaschine (*f. - Druckmasch.*), macchina da stampa calcografica alimentata dal foglio, macchina rotocalco dal foglio. 4 ~ gebiet (Tief, Zyklone, barometrisches Minimum) (*n. - Meteor.*), depressione, minimo barometrico, ciclone. 5 ~ hilfsmaschinen (*f. - pl. - Druckmasch.*), macchine ausiliarie per la stampa a rotocalco. 6 ~ maschine (*f. - Druckmasch.*), macchina da stampa calcografica. 7 ~ -Retuscheur (*m. - Arb.*), ritoccatore calcografo. 8 ~ -Rollenrotationsmaschine (*f. - Druckmasch.*), rotativa calcografica alimentata dalla bobina. 9 ~ Rotationer (*m. - Arb.*), rotocalcografo. 10 ~ rotationsmaschine (*f. - Druckmasch.*), rotativa calcografica, macchina per rotocalco. 11 ~ walze (*f. - Druckmasch.*), cilindro per rotocalco. 12 autotypischer ~ (*Druck.*), calcografia autotipica, procedimento autotipico. 13 Mehrfarben- ~ rotationsmaschine (*f. - Druckmasch.*), rotativa calcografica a più colori, macchina per rotocalco a più colori.

Tiefe (*f. - allg.*), profondità. 2 ~ n·anhebung (*f. - Akus.*), esaltazione dei toni bassi. 3 ~ n·gestein (*n. - Geol.*), roccia plutonica. 4 ~ n·karte (*f. - Geophys.*), carta batimetrica. 5 ~ n·kurve (*f. - Geogr.*), linea batimetrica, linea isobata. 6 ~ n·lehre (*f. - Messinstr.*), calibro di profondità. 7 ~ n·linie (*f. - Geogr.*), linea isobata. 8 ~ n·lot (*n. - naut.*), scandaglio. 9 ~ n·mass (Lehre) (*n. - Werkz.*), calibro di profondità. 10 ~ n·messung (Bathymetrie) (*f. - See*), batimetria. 11 ~ n·mikrometer

(*n. - Instr.*), micrometro di profondità. **12** ~ **n·ruder** (eines U-Bootes) (*n. - Kriegsmar.*), timone di profondità. **13** ~ **n·schleifen** (Tauchschleifen) (*n. - Werkz.masch.bearb.*), rettifica a tuffo. **14** ~ **n·schrift** (von Schallplatten) (*f. - Akus.*), registrazione verticale. **15** ~ **n·stufe** (*f. - Geophys.*), gradiente geotermico. **16** ~ **n·versuch** (nach Erichsen) (*m. - Blechbearb.*), prova di imbutitura. **17** ~ **n·vorschub** (beim Zerspanen) (*m. - Werkz.masch.bearb.*), avanzamento in profondità. **18** ~ **n·vulkanismus** (Plutonismus) (*m. - Geol.*), plutonismo. **19** ~ **n·winkel** (Depressionswinkel) (*m. - Opt.*), angolo di depressione, angolo di sito negativo. **20** ~ **n·wirkung** (*f. - Fernseh.*), effetto stereoscopico. **21 Block** ~ (eines Wärmeübertragers) (*Wärme*), profondità d'elemento. **22 Gewinde** ~ (Abstand, senkrecht zur Schraubenachse, der äussersten und innersten Punkte des Gewindes) (*Mech.*), altezza di filettatura. **23 Span** ~ (*Werkz.masch.bearb.*), profondità di taglio. **24 Trag** ~ (einer Schraube, die senkrecht zur Schraubenachse gemessene Flankenüberdeckung) (*Mech.*), altezza utile (del filetto), ricoprimento.
Tiefebene (Tiefland) (*f. - Geogr.*), depressione.
Tiefflug (*m. - Flugw.*), volo radente. **2** ~ (Niederflug) (*Flugw.*), volo a bassa quota.
Tieffundation (Tiefgründung) (*f. - Bauw.*), fondazione profonda.
Tiefgang (*m. - Schiffbau*), immersione, pescaggio. **2** ~ **beladen** (*Schiffbau*), immersione a pieno carico, pescaggio a pieno carico. **3** ~ **marke** (Ahming) (*f. - naut.*), marca d'immersione. **4 hinterer** ~ (*naut.*), immersione a poppa, pescaggio a poppa. **5 Mindest** ~ (*naut.*), pescaggio minimo. **6 vorderer** ~ (*naut.*), immersione a prua, pescaggio a prua.
Tiefgarage (unterirdische Garage) (*f. - Aut. - Bauw.*), autorimessa sotterranea.
Tiefgefrierverfahren (*n. - Bergbau - Ing.b.*), metodo del congelamento.
tiefgehend (*Schiffbau*), di forte pescaggio, molto pescante.
Tiefgründung (Tieffundation) (*f. - Bauw.*), fondazione profonda.
Tiefkühlaufbau (*m. - Fahrz.*), carrozzeria per trasporto di prodotti congelati.
Tiefkühlen (bei tiefen Temperaturen zur Verringerung des Gehaltes an Restaustenit) (*n. - Wärmebeh.*), trattamento sotto zero.
Tiefkühlung (schnelles Gefrieren von Lebensmitteln) (*f. - Ind.*), congelazione rapida.
Tiefladelinie (*f. - naut.*), linea di galleggiamento a carico.
Tieflademarke (*f. - Schiffbau*), marca di immersione.
Tieflader (*m. - Aut.*), autocarro cabinato a pianale ribassato, autocarro per collettame.
Tiefladewagen (*m. - Eisenb.*), carro a piano ribassato.
Tiefland (Tiefebene) (*n. - Geogr.*), depressione.
Tiefliegererfassung (von Flugzeugen) (*f. - Radar - Flugw.*), rilevamento di velivoli a bassa quota.
Tieflochbohrer (Einlippenbohrer, « Kanone », Bohrwerkzeug) (*m. - Werkz.*), punta a cannone.
Tieflochbohrmaschine (bei der der Bohrer stillsteht, während sich das Werkstück dreht) (*f. - Werkz.masch.*), alesatrice per fori profondi.
Tieflöffel (eines Löffelbaggers) (*m. - Erdbew.masch.*), cucchiaia rovescia.
Tiefofen (in dem die Stahlblöcke vor dem Walzen gleichmässig temperiert werden) (*m. - Ofen - Metall.*), forno a pozzo.
Tiefpassfilter (Tiefpass) (*m. - Funk.*), filtro passabasso, passabasso (*s.*).
Tiefpumpe (*f. - Masch.*), pompa per pozzi profondi.
Tiefschwund (*m. - Funk.*), affievolimento forte.
Tiefsperre (Hochpassfilter) (*f. - Funk.*), filtro passa-alto.
Tiefste (einer Grube) (*n. - Bergbau*), fondo.
Tiefstfrequenz (unter 30 Hz) (*f. - Phys.*), frequenza subaudio.
Tiefstrahler (Leuchte) (*m. - Beleucht.*), apparecchio d'illuminazione con ripartizione intensiva.
Tiefstwert (Kleinstwert) (*m. - allg.*), valore minimo.
Tieftemperaturbehandlung (Tiefkühlen) (*f. - Wärmebeh.*), trattamento sotto zero.
Tieftemperaturfett (Kältefett) (*n. - Mot. - chem. Ind.*), grasso per basse temperature.
Tieftemperaturhärtung (*f. - Wärmebeh.*), siehe, Tiefkühlen.
Tieftemperaturkautschuk (ein Kunstkautschuk, der bei tiefer Temperatur und mit Katalysatoren polymerisiert ist) (*m. - (Gummiind.*), gomma fredda.
Tieftemperaturlampe (*f. - Beleucht.*), lampada (fluorescente) per basse temperature.
Tieftemperaturteer (*m. - chem. Ind.*), siehe Schwelteer.
Tieftonlautsprecher (*m. - Ger.*), altoparlante per toni bassi, altoparlante per frequenze basse.
Tiefung (zur Prüfung der Lacke) (*f. - Anstr.*), affondamento. **2** ~ (Tiefziehfähigkeit) (*Blechbearb.*), imbutibilità. **3** ~ **s·probe** (Tiefziehprobe) (*f. - Blechbearb.*), provino per imbutitura. **4** ~ **s·versuch** (Tiefziehversuch) (*m. - Blechbearb.*), prova di imbutitura.
Tiefverkokung (*f. - chem. Ind.*), cokefazione a bassa temperatura.
Tiefziebarkeit (*f. - Blechbearb.*), imbutibilità.
Tiefziehblech (ein Qualitätsblech aus gewalztem Fluss·stahl) (*n. - Blechbearb. - metall. Ind.*), lamiera per imbutitura.
Tiefziehfähigkeit (von Blechen) (*f. - mech. Technol.*), imbutibilità.
Tiefziehen (Umformen eines ebenen Bleches in einen Hohlkörper ohne gewollte Veränderung der Wanddicke) (*n. - Blechbearb.*), imbutitura. **2** ~ (*Blechbearb.*), siehe auch Ziehen. **3** ~ **im Anschlag** (übliches Tiefziehen in einem Zug und mit Niederhalter) (*Blechbearb.*), imbutitura con premilamiera. **4** ~ **im Stülpzug** (*Blechbearb.*), controimbutitura, imbutitura inversa. **5** ~ **im Weiterschlag** (Tiefziehen bei mehrheren Ziehstufen) (*Blechbearb.*), imbutitura in più passaggi. **6** ~ **ohne Blechhalter** (*Blechbearb.*), imbutitura

tiefziehen

senza premilamiera. **7 hydromechanisches ~** (*Blechbearb.*), imbutitura idromeccanica. **8 hydrostatisches ~** (bei dem das Blech unter hydrostatischen Druck in eine Matrize gepresst wird) (*Blechbearb.*), imbutitura idrostatica.
tiefziehen (*Blechbearb.*), imbutire.
Tiefziehgüte (eines Bleches) (*f. - metall. Ind.*), imbutibilità profonda, idoneità allo stampaggio profondo.
Tiefziehpresse (*f. - Masch.*), pressa per imbutitura.
Tiefziehprobe (*f. - Blechbearb.*), provino per imbutitura.
Tiefziehstahl (*m. - metall. Ind. - Blechbearb.*), acciaio per imbutitura.
Tiefziehteil (*m. - Blechbearb.*), imbutito (*s.*), pezzo imbutito.
Tiefziehversuch (*m. - Blechbearb.*), prova di imbutitura.
Tiefziehwerkzeug (*n. - Blechbearb.werkz.*), stampo per imbutitura.
Tiegel (Schmelztiegel) (*m. - Metall. - etc.*), crogiolo. **2 ~** (*Druckmasch.*), platina. **3 ~ druck** (*m. - Druck.*), stampa con platina. **4 ~ automat** (*m. - Druckmasch.*), autoplatina. **5 ~ druckpresse** (*f. - Druckmasch.*), macchina (da stampa) a platina, pedalina. **6 ~ ofen** (Tiegelschmelzofen) (*m. - Ofen - Metall.*), forno a crogiolo. **7 ~ stahl** (*m. - Metall.*), acciaio al crogiolo. **8 ~ zange** (*f. - Metall. - Werkz.*), tenaglie per crogioli. **9 Elektro-~ ofen** (*m. - Ofen - Metall.*), forno a crogiolo elettrico. **10 Gas- ~ ofen** (*m. - Ofen - Metall.*), forno a crogiolo a gas. **11 Koks-~ ofen** (*m. - Ofen - Metall.*), forno a crogiolo a coke. **12 Öl- ~ ofen** (*m. - Ofen - Metall.*), forno a crogiolo a nafta. **13 Schmelz ~** (*Giess. - Metall.*), crogiolo.
Tiekholz (*n. - Holz*), *siehe* Teakholz.
Tierkohle (*f. - Chem.*), carbone animale, carbone d'ossa.
Tierleim (*m. - chem. Ind.*), colla animale.
Tierschwarz (tierische Kohle) (*n. - chem. Ind.*), nero animale, carbone animale, nero d'ossa, spodio.
Tilde (~, Zeichen auf dem *n*) (*f. - Druck.*), tilde. **2 ~** (~, Wiederholungszeichen in Wörterbüchern z. B.) (*Druck.*), serpolino.
tilgbar (*finanz.*), ammortizzabile.
tilgen (auslöschen, eine Schuld z. B.) (*allg.*), estinguere.
Tilger (*m. - Vorr.*), compensatore. **2 Masse ~** (*Vorr.*), compensatore di massa.
Tilgung (von Schulden) (*f. - finanz.*), pagamento. **2 ~** (einer Anlage, Masch., etc.) (*finanz. - amm.*), ammortamento. **3 ~ s· darlehen** (*n. - finanz.*), prestito redimibile. **4 ~ s·fonds** (Tilgungsstock) (*m. -finanz.*), fondo di ammortamento. **5 ~ s·plan** (*m. - finanz.*), piano di ammortamento. **6 ~ s·rate** (*f. - finanz.*), tasso di ammortamento annuo.
Timbre (Klangfarbe) (*n. - m. - Akus.*), timbro.
Time-sharing (optimale Auslastung einer Rechenanlage in der mehrere Programme gefahren werden) (*Rechner*), time-sharing.
Tinkal (*m. - Min.*), *siehe* Borax.
Tinn (Zinn) (*n. - Metall.*), stagno. **2 ~** (Zink) (*Metall.*), zinco.

Tinte (*f. - Büro - Druck.*), inchiostro. **2 ~ n· stift** (*m. - Büro - etc.*), matita copiativa. **3 sympathetische ~** (Geheimtinte) (*chem. Ind.*), inchiostro simpatico. **4 unauslöschliche ~** (*chem. Ind.*), inchiostro indelebile.
Tippbetrieb (Aussetzbetrieb, Bewegung eines Schlittens z. B.) (*m. - Masch.*), intermittenza. **2 ~** (Tastbetrieb) (*Elekt.*), comando ad impulsi.
Tippen (Bewegung, eines Schlittens z. B., ruckartige Bewegung) (*n. - Masch.*), intermittenza.
tippen (*allg.*), ticchettare. **2 ~** (auf der Schreibmaschine schreiben) (*Büro*), scrivere a macchina, dattilografare. **3 ~** (einen Vergaser, zur Anreicherung des Gemisches) (*Mot. - Aut.*), titillare. **4 ~** (ruckartig bewegen, einen Schlitten z. B.) (*Werkz.masch.bearb. - etc.*), spostare ad impulsi, spostare a scatti, muovere ad impulsi, muovere a scatti (o ad intermittenza).
Tipper (am Vergaser) (*m. - Mot. - Aut.*), titillatore.
Tipper-Probe (gekerbte Flachzugprobe zur Schweiss-sicherheitsprüfung) (*f. - mech. Technol.*), provino Tipper.
Tippfehler (*m. - Büro*), errore di battuta.
Tippfräulein (Tipse, Maschinenschreiberin) (*n. - Arb.*), dattilografa.
Tippschaltung (*f. - Elektromech.*), manovra ad impulsi.
Tipse (*f. - Arb.*), *siehe* Tippfräulein.
TIR (Transport International Routier, Internationaler Güterpass) (*Transp.*), TIR.
Tirillregler (Spannungsregler) (*m. - Elekt.*), regolatore di tensione Tirill.
Tisch (*m. - Möbel*), tavola, tavolo. **2 ~** (einer Werkz.masch. z. B.) (*Masch.*), tavola. **3 ~** (einer Presse) (*Masch.*), tavola. **4 ~** (einer Mikroskops) (*Opt. - Ger.*), piatto, tavolino. **5 ~ anschlag** (*m. - Werkz.masch.*), arresto della tavola. **6 ~ bewegung** (*f. - Werkz.masch. bearb.*), movimento della tavola, traslazione della tavola. **7 ~ bohrmaschine** (*f. - Werkz. masch.*), trapano da banco. **8 ~ drehbank** (*f. - Werkz.masch.*), tornietto da banco. **9 ~ fernsprecher** (*m. - Fernspr.*), telefono da tavolo. **10 ~ feststellschraube** (Tischklemmschraube) (*f. - Werkz.masch.*), vite bloccaggio (della) tavola. **11 ~ hub** (einer Hobelmaschine z. B.) (*m. - Werkz.masch.bearb.*), corsa della tavola. **12 ~ rechner** (*m. - Rechner*), calcolatore da tavolo. **13 ~ rücklauf** (*m. - Werkz.masch.bearb.*), ritorno della tavola. **14 ~ tennis** (Ping-Pong) (*n. - Spiel*), tennis da tavolo, ping-pong. **15 ~ vorschub** (*m. - Werkz.masch.bearb.*), avanzamento della tavola. **16 Arbeits ~** (*Ind.*), tavolo da lavoro. **17 Aufspann ~** (*Werkz. masch.*), tavola portapezzo. **18 fester ~** (*Masch.*), tavola fissa. **19 Kipp ~** (*Masch.*), tavola orientabile, tavola inclinabile. **20 Pressen ~** (*Masch.*), tavola della pressa. **21 Zeichen ~** (*Zeichn.*), tavolo da disegno.
Tischler (Schreiner) (*m. - Arb.*), falegname. **2 ~ arbeit** (*f. - Tischl.*), lavoro di falegnameria. **3 ~ leim** (*m. - Tischl.*), colla da falegname. **4 ~ platte** (Sperrholz aus Mittellage und Furnierlage auf jeder Seite) (*f. - Tischl.*), paniforte.

Tischlerei (*f. - Tischl.*), falegnameria.
Tit. (Titel) (*allg.*), titolo.
Titan (*T - n. - Chem.*), titanio. 2 ~ **dioxyd** (TiO₂) (Titan-Weiss) (*n. - Chem. - Anstr.*), biossido di titanio, bianco di titanio. 3 ~ **eisenherz** (Ilmenit) (*n. - Min.*), ilmenite. 4 ~ **getterpumpe** (*f. - Masch.*), pompa con getter di titanio, pompa con assorbitore di titanio. 5 ~ **karbid** (TiC) (Katalysator) (*n. - Chem.*), carburo di titanio. 6 ~ **tetrachlorid** (TiCl₄) (*n. - Chem.*), tetracloruro di titanio.
Titanit (Sphen) (*m. - Min.*), titanite, sfeno.
Titel (*m. - allg.*), titolo. 2 ~ **blatt** (eines Buches) (*n. - Druck.*), frontispizio. 3 akademischer ~ (Schule), titolo universitario.
Titer (Titre, einer Lösung z. B.) (*m. - Chem. - Metall. - Text.*), titolo. 2 ~ (der Feinheit von Fasern) (*Textil.*), siehe Nummer.
Titration (*f. - Chem.*), titolazione. 2 Leitfähigkeits ~ (*Chem.*), titolazione conduttometrica. 3 potentiometrische ~ (*Chem.*), titolazione potenziometrica.
Titrierapparat (*m. - Chem. - App.*), apparecchio per titolazioni.
titrieren (*Chem.*), titolare.
Titrierlösung (*f. - Chem.*), soluzione normale.
Titrimetrie (*f. - Chem.*), titrimetria.
titrimetrisch (*Chem.*), titrimetrico.
TK, Tk (Temperaturkoeffizient) (*Elekt.*), coefficiente di temperatura. 2 ~ (Rundheitstoleranz) (*Mech.*), tolleranza di circolarità.
tkm (Tonnenkilometer) (*Transp.*), tonnellate-chilometro.
TKP (Trikresylphosphat) (*Chem.*), tricresilfosfato.
Tkst. (Tankstelle) (*Aut.*), posto di rifornimento, stazione di servizio.
TL (technische Lieferbedingungen) (*komm. - etc.*), capitolato tecnico. 2 ~ (zulässige Fluchtabweichung) (*Mech.*), tolleranza di allineamento.
Tl (Thalium) (*Chem.*), Tl, tallio. 2 ~ (zulässige Fluchtabweichung) (*Mech.*), tolleranza di allineamento.
TLA (Technische Lieferbedingungen für Anstrichstoffe, für Fahrzeuge) (*Anstr.*), capitolato tecnico di fornitura di vernici (per veicoli).
T-Leitwerk (mit oben angesetztem Höhenleitwerk) (*n. - Flugw.*), impennaggio a T.
Tln (Teilnehmer) (*Fernspr.*), abbonato.
TL-Triebwerk (*n. - Strahltriebw.*), siehe Turbinen-Luftstrahltriebwerk.
TM (zulässige Mittikgeitsabweichung) (*Mech.*), tolleranza di eccentricità.
Tm (Thulium) (*Chem.*), Tm, tullio. 2 ~ (zulässige Mittigkeitsabweichung) (*Mech.*), tolleranza di eccentricità.
TME (Tausendstel Masseneinheit, 1/1000 der Atomgewichtseinheit: 1 TME = $1,6604 \cdot 10^{-27}$ g) (*Kernphys.*), 1/1000 di unità di massa atomica, unità di massa uguale a $1,6604 \cdot 10^{-27}$ g.
TM-Modus (*m. - Elektronik*), modo TM.
TMU (time measurement unit, Zeiteinheit, 1 TMU = 0,00001 h oder 0,036 s; 1 s = 27,8 TMU) (*Zeitstudium*), TMU.
T-Muffe (*f. - Leit.*), raccordo a T.
Tmw (Tidemittelwasser) (*See*), marea media.
TM-Welle (E-Welle, transversale magnetische Welle) (*f. - Elektronik*), onda TM.
Tn (Thoron) (*Chem.*), Tn, toron.
T-Netzwerk (*n. - Elekt.*), rete a T.
TNL (Technische Norm der Luftfahrtindustrie) (*Flugw.*), norma tecnica per l'industria aeronautica.
TNT (*Expl.*), siehe Trinitrotoluol.
T-Nut (*f. - Masch.*), scanalatura a T, cava a T.
Tnw (Tideniedrigwasser) (*See*), bassa marea.
TO (Tarifordnung) (*komm.*), regolamento sulle tariffe. 2 ~ (Telegraphenordnung) (*Telegr.*), regolamento telegrafico.
Tochtergesellschaft (*f. - finanz.*), affiliata, società affiliata.
Tochterhaus (Filiale) (*n. - komm.*), filiale.
Tochterkompass (*m. - Instr.*), bussola ripetitrice.
Tochtersender (*m. - Funk.*), stazione ripetitrice, stazione ricetrasmittente.
Todd-AO-Verfahren (*n. - Filmtech.*), procedimento Todd-AO.
Tödlichkeitsprodukt (*n. - Chem. - milit.*), prodotto di mortalità, indice di tossicità.
Toilettenpapier (*n. - Papierind.*), carta igienica.
Toleranz (eines Maschinenteils: Unterschied zwischen dem oberen und unteren Abmass) (*f. - Mech.*), tolleranza. 2 ~ **dosis** (*f. - Radioakt.*), dose massima tollerata. 3 ~ **einheit** (*f. - Mech.*), unità di tolleranza. 4 ~ **en·reihe** (*f. - Mech.*), (serie di) qualità di lavorazione, qualità. 5 ~ **feld** (*n. - Mech.*), campo di tolleranza. 6 ~ **gebiet** (Toleranzfeld) (*n. - Mech.*), campo di tolleranza, tolleranza. 7 ~ **in einem Sinne** (*Mech.*), tolleranza unilaterale. 8 ~ **lage** (im ISA-System durch Buchstaben bezeichnet) (*f. - Mech.*), posizione della tolleranza. 9 ~ **messbrücke** (zum Messen von kleinen Abweichungen der Widerstände von einen Sollwert) (*f. - Elekt.*), microponte (di misura). 10 ~ **raum** (einem vorgeschriebenen Toleranzfeld entsprechender Raum, innerhalb dessen die Oberfläche eines Werkstückes liegen muss) (*m. - Mech.*), spazio della tolleranza. 11 ~ **system** (*n. - Mech.*), sistema di tolleranze. 12 Fein ~ (für Bauteile) (*Bauw.*), tolleranza precisa. 13 Form ~ (zulässige Formabweichung) (*Mech.*), tolleranza di forma, errore di forma tollerabile. 14 Grob ~ (für Bauteile) (*Bauw.*), tolleranza grossolana. 15 Grund ~ (*Mech.*), tolleranza fondamentale. 16 ISA- ~ **en·reihe** (mit IT 1 bis IT 16 bezeichnet) (*Mech.*), (serie di) qualità IT. 17 Lage ~ (zulässige Lageabweichung) (*Mech.*), tolleranza di posizione, errore di posizione tollerabile. 18 Mass ~ (Unterschied zwischen Grösstmass und Kleinstmass) (*Mech.*), tolleranza dimensionale. 19 Mittel ~ (für Bauteile) (*Bauw.*), tolleranza media.
tolerieren (Masse) (*Mech. - Zeichn.*), indicare le tolleranze.
Tolerierung (*f. - Mech.*), indicazione delle tolleranze.
Tolit (TNT, Tolita) (*Expl.*), siehe Trinitrotoluol.
Toluidin [$C_6H_4(CH_3)(NH_2)$] (Aminotoluol) (*n. - Chem.*), toluidina.

Toluol

Toluol [$C_6H_5(CH_3)$] (Methylbenzol) (*n. - Chem.*), toluolo, toluene, metilbenzene.
Tombak (Legierung aus Kupfer und Zink) (*m. - Metall.*), tombacco.
Ton (Schall von sinusförmigem Verlauf) (*m. - Akus.*), suono puro, suono semplice. 2 ~ (Pelit, plastisches Sedimentgestein) (*Geol.*), argilla. 3 ~ (Klangart) (*Akus. - Funk. - Fernseh.*), tono, timbro. 4 ~ (Betonung) (*Druck.*), accento. 5 ~ (Farbton) (*Farbe*), tonalità. 6 ~ **abnehmer** (eines Plattenspielers) *m.*) - *Elektroakus.*), fonorivelatore, « pick-up ». 7 ~ **arm** (*m. - Akus.*), braccio del pick-up. 8 ~ **aufnahme** (*f. - Elektroakus.*), registrazione del suono. 9 ~ **bad** (*n. - Phot.*), bagno di viraggio. 10 ~ **band** (Magnetband) (*n. - Elektroakus.*), nastro magnetico. 11 ~ **band** (Tonspur, eines Filmes) (*Filmtech.*), colonna sonora. 12 ~ **bandbreite** (*f. - Funk.*), larghezza di banda per il suono. 13 ~ **bandgerät** (*n. - Elektroakus.*), registratore a nastro, magnetofono a nastro. 14 ~ **bildprojektor** (*m. - Filmtech. - Ger.*), proiettore sonoro. 15 ~ **blende** (Klangfarberegler) (*f. - Funk. - Fernseh.*), regolatore di tono. 16 ~ **boden** (*m. - Geol.*), suolo argilloso. 17 ~ **dämpfer** (*m. - Akus. - Ger.*), sordina. 18 ~ **draht** (Magnetdraht) (*m. - Elektroakus.*), filo magnetico. 19 ~ **erde** (Aluminiumoxyd) (*f. - Geol. - Chem.*), allumina. 20 ~ **erdegel** (als Gummifüllstoff verwendet) (*n. - Chem.*), gel di allumina. 21 ~ **erdehydrat** (*n. - Chem.*), allumina idrata. 22 ~ **erdeschmelzzement** (Zement aus Kalk und Bauxit, Tonerdezement) (*m. - Bauw.*), cemento alluminoso. 23 ~ **falle** (*f. - Fernseh.*), trappola del suono. 24 ~ **farbe** (Timbre) (*f. - Akus.*), timbro. 25 ~ **film** (*m. - Filmtech.*), film sonoro. 26 ~ **folge-Selektivruf** (*m. - Funk.*), chiamata selettiva a sequenza di toni. 27 ~ **frequenz** (Audiofrequenz, von 16 bis 20.000 Hz) (*f. - Akus.*), frequenza acustica, audiofrequenza. 28 ~ **frequenzgenerator** (Tongenerator) (*m. - Akus.*), generatore di frequenze vocali, generatore di audiofrequenza. 29 ~ **generator** (Tonfrequenzgenerator) (*m. - Akus.*), generatore di frequenze vocali, generatore di audiofrequenze. 30 ~ **höhe** (*f. - Akus.*), altezza del suono, acutezza del suono. 31 ~ **hohlplatte** (Hourdi) (*m. - Bauw.*), tavellone. 32 ~ **ingenieur** (*m. - Funk. - Fernseh.*), tecnico del suono. 33 ~ **kamera** (*f. - Filmtech. - Masch.*), macchina da presa sonora, cinepresa sonora. 34 ~ **kanal** (*m. - Fernseh.*), canale del suono. 35 ~ **lage** (*f. - Akus.*), tonalità. 36 ~ **meister** (*m. - Funk. - Filmetech. - Arb.*), tecnico dei suoni. 37 ~ **mischpult** (*n. - Funk. - Fernseh.*), tavolo di missaggio del suono. 38 ~ **quelle** (*f. - Akus.*), sorgente sonora. 39 ~ **rad** (Mess- und Signalmaschine, etc.) (*n. - Akus.*), ruota fonica. 40 ~ **schiefer** (*m. - Geol.*), argilloschisto. 41 ~ **signal** (*n. - Fernseh. - etc.*), segnale audio. 42 ~ **spur** (*f. - Elektroakus. - Filmtech.*), colonna sonora. 43 ~ **stärke** (*f. - Akus.*), intensità del suono. 44 ~ **streifen** (Tonspur, eines Filmes) (*m. - Filmtech.*), colonna sonora. 45 ~ **studio** (*n. - Funk.*), studio audio. 46 ~ **träger** (*m. - Fernseh.*), portante audio. 47 ~ **unterdruck** (*m. - Druck.*), sottostampa di fondo. 48 ~ **verstärker** (*m. - Akus.*), amplificatore del suono. 49 ~ **waren** (*f. - pl. - Keramik*), terraglie. 50 ~ **wiedergabe** (*f. - Elektroakus.*), riproduzione del suono. 51 ~ **zeichen** (*n. - Akus.*), segnale acustico. 52 **Farb** ~ (*Opt.*), tonalità cromatica, tinta. 53 **fetter** ~ (*Geol.*), argilla grassa. 54 **feuerfester** ~ (*Ind.*), argilla refrattaria. 55 **gebrannter** ~ (*Keramik*), terracotta. 56 **magerer** ~ (*Geol.*), argilla magra.
tonartig (tonig) (*Geol.*), argilloso.
tonen (*Phot.*), virare.
tonfrequent (*Elektroakus.*), a (o di) frequenza vocale, ad (o di) audiofrequenza, audio.
tonig (tonhaltig) (*Geol.*), argilloso.
Tonnage (Tonnengehalt, Rauminhalt des Schiffes) (*f. - Schiffbau*), stazza, tonnellaggio. 2 **aufgelegte** ~ (*Schiffbau*), tonnellaggio impostato.
Tonne (t, Gewicht) (*f. - Masseinh.*), tonnellata. 2 ~ (Boje, schwimmendes Seezeichen) (*naut. - Navig.*), boa. 3 ~ **n·blech** (*n. - metall. Ind.*), lamiera bombata. 4 ~ **n·dach** (*n. - Bauw.*), tetto a botte. 5 ~ **n·feder** (gebauchte Schraubenfeder) (*f. - Mech.*), molla (elicoidale) convessa. 6 ~ **n·gehalt** (Tonnage) (*m. - Schiffbau*), stazza, tonnellaggio. 7 ~ **n·geld** (Hafengebühr, nach der Tonnage berechnet) (*n. - naut.*), diritti portuali per stazza. 8 ~ **n·gewölbe** (*n. - Arch.*), volta a botte. 9 ~ **n·kilometer** (*m. - Transp.*), tonnellata-chilometro. 10 ~ **n·lager** (Tonnenrollenlager) (*n. - Mech.*), cuscinetto a rulli a botte. 11 ~ **n·rollenlager** (*n. - Mech.*), cuscinetto a rulli a botte. 12 ~ **n·verzeichnung** (*f. - Fernsehfehler*), distorsione a barilotto. 13 **Bruttoregister** ~ (BRT) (*naut.*), tonnellata di stazza lorda. 14 **Leucht** ~ (*naut.*), boa luminosa. 15 **Nettoregister** ~ (NRT) (*naut.*), tonnellata di stazza netta. 16 **Register** ~ (2,8316 m³, RT) (*Schiffbau*), tonnellata di stazza, tonnellata di volume.
Tonung (Verfahren zur Veränderung des Farbtons) (*f. - Phot.*), intonazione, viraggio. 2 **Schwefel-** ~ (*Phot.*), intonazione per solfurazione.
Topas ($Al_2SiO_4F_2$) (gelbes Mineral) (*m. - Min.*) topazio.
Topf (Kochgeschirr) (*m. - Ger.*), pentola. 2 ~ **anode** (*f. - Elektronik*), anodo cilindrico. 3 ~ **fräser** (*m. - Werkz.*), fresa a tazza. 4 ~ **gewölbe** (*n. - Arch.*), volta a timpani. 5 ~ **glühen** (*n. - Wärmebeh.*), ricottura in cassetta. 6 ~ **kreis** (Resonanzkreis) (*m. - Elekt.*), cavità (risonante) coassiale. 7 ~ **scheibe** (Schleifscheibe) (*f. - Werkz.*), mola a tazza. 8 ~ **signal** (*n. - Eisenb.*), segnale basso, marmotta. 9 ~ **zeit** (eines Klebstoffes) (*f. - chem. Ind.*), tempo di passivazione. 10 ~ **zeit** (eines Epoxydharzes z. B. bei der Mischung mit einem Härter) (*chem. Ind.*), tempo di impiegabilità, tempo di passivazione.
Töpfer (Hersteller von Tonwaren) (*m. - Arb.*), vasaio. 2 ~ **scheibe** (Drehscheibe) (*f. - Ger.*), tornio da vasaio.
Topograph (*m. - Top.*), topografo.

Topographie (*f.* - *Top.*), topografia.
topographisch (*Top.*), topografico. 2 ~ e Geländeaufnahme (*Top.*), rilevamento topografico.
Topologie (*f.* - *Geom.*), topologia, analysis situs.
Topotaxie (dreidimensional orientierte Verwachsung von Kristallen mit ihren kristallinen Reaktionsprodukten) (*f.* - *Metall.*), topotassia.
Topp (oberer Teil des Mastes) (*m.* - *naut.*), testa d'albero, colombiere. 2 ~ laterne (*f.* - *naut.*), fanale di testa d'albero. 3 ~ werk (*naut.*), siehe Wippwerk. 4 vor ~ und Takel (segellos) (*naut.*), a secco di vele.
Toppen (Destillation von Erdöl bei Atmosphärendruck) (*n.* - *chem. Ind.*), distillazione a pressione atmosferica.
Tor (Tür) (*n.* - *Arch.* - *Bauw.*), porta, portone. 2 ~ (Stadttor) (*Strasse - etc.*), porta. 3 ~ (eines Thyristors z. B.) (*Elektronik*), porta, commutatore elettronico. 4 ~ (Gatter, logisches Schaltelement) (*Datenverarb.*), porta, elemento logico, circuito logico. 5 ~ (*Datenverarb.*), siehe auch Gatter. 6 ~ (beim Fussball, Ski, etc.) (*Sport*), porta. 7 ~ anschluss (Steueranschluss) (*m.* - *Elektronik*), terminale di comando, terminale di porta. 8 ~ gestell (einer Presse) (*n.* - *Masch.*), incastellatura a due montanti. 9 ~ impuls (*m.* - *Elektronik*), impulso di comando, impulso di porta. 10 ~ kran (Portalkran) (*m.* - *ind. Masch.*), gru a portale. 11 ~ lauf (Slalom) (*m.* - *Ski*), slalom. 12 ~ schaltung (*f.* - *Elektronik*), circuito porta, circuito di sblocco periodico. 13 ~ spannung (eines Thyristors z. B.) (*f.* - *Elektronik*), tensione di comando, tensione di porta. 14 ~ sprechstelle (*f.* - *Fernspr.*), citofono da portineria. 15 ~ stahl (verdrillter Betonstahl) (*m.* - *Bauw.*), tondo ritorto (a nervatura elicoidale). 16 ~ wart (*m.* - *Sport*), portiere.
tordierend (*Mech.* - *etc.*), torcente.
Torf (*m.* - *Geol.* - *Brennst.*), torba. 2 ~ brikett (*n.* - *chem. Ind.*), mattonella di torba, bricchetto di torba. 3 ~ gas (*n.* - *chem. Ind.*), gas di torba. 4 ~ koks (*m.* - *chem. Ind.*), coke di torba, semicoke di torba. 5 ~ moor (*n.* - *Geol.*), deposito di torba, torbiera. 6 ~ mull (Verpackungsmaterial z. B.) (*n.* - *chem. Ind.*), farina di torba. 7 ~ platte (Dämmplatte) (*f.* - *Akus.*), pannello di torba. 8 ~ teer (*m.* - *chem. Ind.*), catrame di torba. 9 ~ vergasung (*f.* - *chem. Ind.*), gasificazione della torba.
torisch (*Geom.*), torico. 2 ~ e Linse (*Opt.*), lente torica.
Torkretbeton (Spritzbeton) (*m.* - *Bauw.*), calcestruzzo da proiezione.
Torkretieren (*n.* - *Ing.b.*), proiezione di calcestruzzo.
torkretieren (*Bauw.*), proiettare calcestruzzo.
Torkretmaschine (*f.* - *Ing.b.* - *Masch.*), macchina per proiezione di calcestruzzo. 2 ~ (Ofen - *Metall.*), macchina lanciapigiata.
Torkretpumpe (*f.* - *Ing.b.* - *Masch.*), pompa per proiezione di calcestruzzo.
Torkretverfahren (Verfahren, bei dem der Beton auf die Verwendungsstelle gespritzt wird) (*n.* - *Bauw.*), (processo di) proiezione del calcestruzzo.
törnen (drehen, eine Dampfturbine z. B.) (*Masch.*), virare.
Tornisterempfänger (*m.* - *Funk.*), ricevitore portatile.
Toroid (*n.* - *Geom.*), toroide. 2 ~ spule (*f.* - *Elekt.*), bobina toroidale.
toroidförmig (*Geom.*), toroidale.
torpedieren (*Expl.* - *Kriegsmar.*), silurare.
Torpedo (*m.* - *Kriegsmar.* - *Expl.*), siluro. 2 « ~ » (*n.* - *Aut.* - *Aufbau*), capote rigida, « hard top ». 3 ~ (der Kolbenplastifiziereinheit z. B. einer Spritzgussmaschine, für Kunststoffen) (*Masch.*), torpedo. 4 ~ boot (*n.* - *Kriegsmar.*), silurante. 5 ~ flugzeug (*n.* - *Luftw.*), aerosilurante. 6 ~ pfanne (*f.* - *Metall.*), siluro, siviera a siluro. 7 ~ roheisenwagen (für flüssiges Roheisen) (*m.* - *Metall.*), carro siluro. 8 ~ rohr (eines U-Bootes z. B.) (*n.* - *Kriegsmar.*), tubo lanciasiluri.
Torquer (Drehmomenterzeuger) (*m.* - *Ger.*), generatore di coppia.
Torr (Masseinheit des Druckes, 1 mm Quecksilber, 1 mm Hg, der 760. Teil einer atm) (*n.* - *Masseinh.*), tor, torr, 1 mm Hg.
Tors (Hanfwerg) (*Textil.*), stoppa di canapa.
Torsator (Prüfungsmaschine für Verdrehschwingbeanspruchung) (*m.* - *Masch.*), macchina per prove di fatica a torsione.
Torsiogramm (Diagramm der Torsion) (*n.* - *Baukonstr.lehre*), grafico della torsione, diagramma della torsione.
Torsiograph (Verdrehungsschreiber) (*m.* - *Ger.*), torsiografo.
Torsion (Drehung) (*f.* - *Mech.*), torsione. 2 ~ (*Math.*), torsione, seconda curvatura. 3 ~ s· analyse (*f.* - *Mech.* - *etc.*), analisi torsionale. 4 ~ s·aufhängung (Drehstabaufhängung) (*f. Fahrz.*), sospensione a barra di torsione. 5 ~ s·beanspruchung (*f.* - *Baukonstr.lehre*), sollecitazione di torsione. 6 ~ s·bewehrung (*f.* - *Bauw.*), armatura resistente a torsione. 7 ~ s·dämpfer (Kupplung) (*m.* - *Mech.*), giunto elastico torsionale, giunto per l'assorbimento delle vibrazioni torsionali. 8 ~ s·dauerversuch (Dauerschwingversuch mit Verdrehbeanspruchung) (*m.* - *Werkstoffprüfung*), prova di fatica per torsione. 9 ~ s· feder (*f.* - *Mech.*), molla di torsione. 10 ~ s·festigkeit (*f.* - *Baukonstr.lehre*), resistenza a torsione. 11 ~ s·knicken (Drehknicken, von geraden Stäben durch eine Druckkraft und ein Drehmoment verursacht) (*n.* - *Baukonstr. lehre*), pressoflessione torcente. 12 ~ s·kraft (bei Schrauben) (*f.* - *Mech.*), coppia di serraggio. 13 ~ s·maschine (*f.* - *Masch.*), siehe Torsionsprüfmaschine. 14 ~ s·modul (*m.* - *Baukonst.lehre*), siehe Gleitmodul. 15 ~ s· moment (Drehmoment) (*n.* - *Baukonstr. lehre*), momento torcente. 16 ~ s·prüfmaschine (*f.* - *Masch.*), macchina per prove di torsione. 17 ~ s·schwingung (Drehschwingung, bei Maschinenwellen z. B.) (*f.* - *Mech.*), vibrazione torsionale. 18 ~ s·schwingversuch (*m.* - *Baukonstr.lehre*), prova di fatica per torsione. 19 ~ s·spannung (*f.* - *Baukonstr. lehre*), sollecitazione di torsione. 20 ~ s·stab (Drehstab) (*m.* - *Aut.*), barra di torsione.

Torus

21 ~ s·stabilisator (*m. - Aut.*), barra stabilizzatrice. 22 ~ s·versuch (*m. - Baukonstr. lehre*), prova torsionale. 23 ~ s·waage (*f. - Ger.*), bilancia di torsione. 24 ~ s·wechselfestigkeit (*f. - Baukonstr.lehre*), limite di fatica per torsione a ciclo alterno simmetrico. 25 reine ~ (Saint-Venantsche Torsion) (*Baukonstr.lehre*), torsione semplice. 26 Wölbkraft- ~ (Zwängungsdrillung, durch veränderliches Drehmoment über der Länge des Trägers verursacht) (*Baukonstr.lehre*), torsione da inarcamento.

Torus (Teil einer Säulenbasis) (*m. - Arch.*), toro. 2 ~ (Ringfläche) (*Geom.*), toro.

Tosbecken (Beruhigungsbecken) (*n. - Hydr.*), bacino di smorzamento, dissipatore.

tot (*Bergbau*), sterile. 2 ~ (Wasser) (*Wass.b.*), stagnante. 3 ~ er Gang (eine unwirksame Bewegung, die durch das Spiel zwischen zwei Maschinenteilen entsteht) (*Mech.*), lasco, gioco, movimento perduto. 4 ~ er Gang (des Lenkrades) (*Aut.*), gioco. 5 ~ er Mann (abgebauter Grubenbau) (*Bergbau*), miniera esaurita. 6 ~ er Mann (nichtgeschmolzene Beschickungssäule im Kern eines Ofens) (*Metall.*), ponte centrale, colonna centrale di carica non fusa. 7 ~ er Punkt (*finanz.*), punto di pareggio. 8 ~ er Punkt (*Mot.*), siehe Totpunkt. 9 ~ er Winkel (*Artillerie*), angolo morto. 10 ~ e Saison (*komm.*), stagione morta. 11 ~ es Gewicht (Eigengewicht) (*Fahrz.*), peso proprio. 12 ~ es Gleis (*Eisenb.*), binario morto. 13 ~ es Kapital (*finanz.*), capitale morto. 14 ~ es Konto (Bankkonto) (*finanz.*), conto infruttifero. 15 ~ e Windungen (*Elekt.*), spire morte, spire inattive. 16 ~ e Zone (*Funk.*), zona di silenzio. 17 ~ weich (*Metall.*), extradolce.

tot. (total) (*allg.*), totale.

total (*allg.*), totale. 2 ~ e Finsternis (*Astr.*), eclissi totale.

Totalausverkauf (*m. - komm.*), liquidazione.

Totalisator (*m. - Pferderennen*), totalizzatore. 2 ~ (Niederschlagssammler) (*Ger. - Meteor.*), pluvionivometro totalizzatore.

Totalmass (*n. - Zeichn. - etc.*), dimensione d'ingombro.

Totalreflexion (*f. - Opt.*), riflessione totale.

Totalrevision (Grundüberholung, vollständige Überholung) (*f. - Mot. - etc.*), revisione generale.

Totgang (*m. - Mech.*), lasco, gioco, movimento perduto.

Totgerbung (Gerbungsstillstand wegen Überkonzentration) (*f. - Lederind.*), arresto della concia.

Totgewicht (Eigengewicht) (*n. - Bauw.*), peso proprio.

Totholz (*n. - Schiffbau*), massiccio di poppa.

Totkaliber (bei Triowalzwerken z. B.) (*n. - Walzw.*), calibro falso.

Totlage (toter Punkt) (*f. - Masch. - Mech.*), punto morto.

Totlast (Gewicht der Lastaufnahmemittel) (*f. - Hebevorr.*), carico morto.

Totlauf (*m. - Mech.*), siehe toter Gang.

Totlaufen (der Detonation, Abreissen der Detonation) (*n. - Bergbau*), arresto della detonazione.

Totmannbremse (Totmanneinrichtung, Sicherheitsfahrschaltung) (*f. - Eisenb.*), dispositivo di uomo morto.

Totmanneinrichtung (Totmannbremse, Sicherheitsfahrschaltung) (*f. - Eisenb.*), dispositivo di uomo morto.

Totmannkurbel (Sicherheitsfahrschaltung) (*f. - Eisenb.*), manovella di uomo morto.

Toto (Totalisator) (*m. - Sport - finanz.*), totalizzatore. 2 **Fussball** ~ (*Sport - finanz.*), totocalcio.

Totöl (totes Erdöl, entgasstes Öl) (*n. - Bergbau - chem. Ind.*), petrolio degassato.

totpumpen (ein Borloch) (*Bergbau - chem. Ind.*), domare, soffocare.

Totpunkt (toter Punkt, bei Verbrennungsmotoren z. B.) (*m. - Mot. - Mech.*), punto morto. 2 ~ anzeiger (*m. - Ger.*), indicatore del punto morto. 3 ~ marke (auf dem Schwungrad z. B.) (*f. - Mot.*), segno di fasatura. 4 deckelseitiger ~ (oberer Totpunkt) (*Mot.*), punto morto superiore, punto morto esterno. 5 kurbelseitiger ~ (unterer Totpunkt) (*Mot.*), punto morto inferiore, punto morto interno. 6 oberer ~ (OT, äusserer Totpunkt) (*Mot.*), punto morto superiore. 7 unterer ~ (UT, innerer Totpunkt) (*Mot.*), punto morto inferiore.

Totraum (eines Speichers, Raum der für Betriebszwecke nicht in Anspruch genommen werden kann) (*m. - Hydr.*), volume non utilizzabile. 2 ~ (*Dampfmasch.*), spazio nocivo.

Totrösten (vollständige Entfernung des Schwefels) (*n. - Metall.*), arrostimento a desolforazione completa.

Totwasser (*n. - Hydr.*), acqua stagnante.

Totzeit (Leerzeit, Nebenzeit) (*f. - Werkz. masch.bearb.*), tempo passivo. 2 ~ (Verzug zwischen Signalbeginn und der ersten Signalwirkung, bei numerischer Steuerung z. B.) (*f. - Werkz.masch.bearb. - etc.*), tempo morto.

Toulon-Brücke (Phasenbrücke) (*f. - Elekt.*), ponte di fase.

Touren (*f. - pl. - Mot. - Masch.*), numero di giri, giri. 2 ~ wagen (*m. - Aut.*), vettura da turismo. 3 ~ wagen (*Aut.*), *siehe auch* Phaeton. 4 ~ zähler (Drehzahlmesser, Umdrehungszähler) (*m. - Ger.*), contagiri. 5 auf ~ kommen (*Mot. - Aut.*), accelerare, aumentare di giri.

Touristenklasse (*f. - Flugw. - Transp.*), classe turistica.

Tournamatic-Differential (bei Einachsschleppern von Skrapern) (*n. - Fahrz.*), differenziale « tournamatic ».

touschieren (*Mech.*), *siehe* tuschieren.

Towgarn (Werggarn, Hedegarn) (*n. - Textilind.*), filo di stoppa.

TP (Tiefpass) (*Funk.*), passabasso.

T.P. (trigonometrischer Punkt) (*Top.*), punto trigonometrico.

T-Profil (*n. - metall. Ind.*), profilato a T.

TP-Triebwerk (Turbinenpropeller-Triebwerk) (*n. - Mot. - Flugw.*), motore a turboelica, turboelica.

TR (Transistor) (*Elektronik*), transistore. 2 ~

(zulässige Rundlaufabweichung) (Mech.), tolleranza di oscillazione radiale.
Tr (Transformator) (Elekt.), trasformatore. 2 ~ (TR, zulässige Rundlaufbweichung) (Mech.), tolleranza di oscillazione radiale.
Trabakel (zweimastiges Segelschiff) (m. - naut.), trabaccolo.
Trabant (Mond, etc.) (m. - Astr.), satellite. 2 ~ (Ausgleichimpuls während der Zeit des Bildrücklaufs) (Fernseh.), impulso sincronizzatore. 3 ~ (Nebenlinie eines Spektrums) (Opt.), riga secondaria. 4 ~ (eines Ausgleichgetriebes, Planetenrad) (Aut.), satellite. 5 ~ en·achsen (eines Ausgleichgetriebes) (f. - pl. - Aut.), assi portasatelliti. 6 ~ en·stadt (f. - Bauw.), città satellite. 7 ~ rad (eines Ausgleichgetriebes, Planetenrad) (Mech.), satellite, pignone satellite.
Tracer (Indikator) (m. - Atomphys. - Chem.), indicatore, «tracciatore». 2 ~ chemie (Indikatorchemie) (f. - Atomphys. - Chem.), chimica degli elementi indicatori, chimica degli elementi «tracciatori».
Tracht (von Kristallen) (f. - Min.), forma, geometria, morfologia.
trächtig (Bergbau), metallifero.
Trachyt (Ergussgestein) (m. - Min.), trachite.
Track (Weg eines Schiffes) (m. - naut. - Navig.), rotta. 2 ~ (Getriebeglied, das nur Zugkräften Widerstand leisten kann, Seile z. B.) (Mech. - etc.), vincolo monolaterale, vincolo unidirezionale.
traditionell (allg.), tradizionale.
Trafik (Handel) (f. - komm.) (österr.), commercio.
Trafo (Elekt.), siehe Transformator.
Trafokasten (Trafokessel, Transformatorkasten) (m. - Elekt.), cassa del trasformatore.
Trafoperm (Magnetstoff, mit hohem spezifischen Widerstand) (n. - Elekt.), trafoperm.
träg (träge) (allg.), inerte. 2 ~ (verzögert) (Elekt. - etc.), ritardato, in ritardo. 3 ~ e Masse (Phys.), massa inerziale. 4 ~ e Sicherung (Elekt.), valvola ad azione ritardata, fusibile ad azione ritardata.
Tragachse (f. - Fahrz.), asse portante.
Traganteil (Flächentraganteil, Verhältnis der tragenden Fläche zum Bezugsbereich, zur Ermittlung der Feingestalt einer Oberfläche) (m. - Mech.), fattore di portanza, frazione portante.
Tragant(h) (m. - Chem.), gomma adragante.
Tragbahre (f. - Med. - milit.), barella.
Tragbalken (m. - Bauw.), trave.
tragbar (allg.), portatile, trasportabile. 2 ~ es Fernsehgerät (Fernseh.), televisore portatile. 3 ~ es Funkgerät (Funk.), radio portatile.
Tragbild (von zwei Zahnrädern z. B., zur Kontrolle der Abstützung der Zähne) (n. - (Mech.), portanza, superficie di lavoro, figura di contatto. 2 ~ am Zahnkopf (eines Zahnrades, Kopftragbild) (Mech.), portata alta, contatto alto. 3 ~ am Zahnfuss (eines Zahnrades, Fusstragbild) (Mech.), portata bassa, contatto basso. 4 ~ aussen am Zahn (eines Zahnrades) (Mech.), portata all'estremità esterna del dente, contatto all'estremità esterna del dente. 5 ~ innen am Zahn (eines Zahnrades) (Mech.), portata all'estremità interna del dente, contatto alla estremità interna del dente. 6 ~ kontrolle (f. - Mech.), controllo della portanza, controllo della superficie di lavoro. 7 ~ versuch (m. - Mech.), prova di portanza, prova delle superfici di lavoro. 8 Ecken ~ (eines Zahnrades) (Mech.), portata all'estremità (del dente), contatto all'estremità (del dente). 9 Fuss ~ (Mech.), portata bassa, contatto basso. 10 Kopf ~ (eines Zahnrades) (Mech.), portata alta, contatto alto.
Tragbügel (m. - Mech.), staffa di supporto.
Trage (f. - Maur. - Ger.), carriola.
tragecht (Farbe), resistente all'usura.
Tragelement (n. - Bauw. - etc.), elemento portante.
tragen (allg.), portare. 2 ~ (Ertrag bringen) (allg.), rendere. 3 ~ (stützen) (Bauw.), portare. 4 ab ~ (einreissen, Gebäude) (allg.), demolire. 5 ab ~ (verbrauchen) (allg.), usare, consumare. 6 ab ~ (eine Strecke zeichnen) (Zeichn.), riportare. 7 ein ~ (Gewinn bringen) (allg.), rendere. 8 vor ~ (Buchhaltung), riportare.
tragend (Bauw. - etc.), portante. 2 ~ e Aussenhaut (Flugw. - etc.), rivestimento portante.
Tragepackung (f. - Packung), confezione da asporto.
Träger (tragender Bauteil) (m. - Bauw.), trave. 2 ~ (Flugzeugträger) (Flugw. - Kriegsmar.), nave portaerei, portaerei. 3 ~ (Atomphys. - Radioakt.), portatore. 4 ~ (Frequenz, etc.) (Funk. - Fernseh.), portante (s.). 5 ~ (von Daten, Informationen, etc.) (Datenverarb.), supporto. 6 ~ (Gepäckträger) (Arb.), facchino. 7 ~ (Chem.), veicolo. 8 ~ (finanz.), portatore. 9 ~ (Bauw.), siehe auch Balken. 10 ~ auf zwei Stützen (Baukonstr. lehre), trave su due appoggi. 11 ~ dichte (bei Halbleitern) (f. - Elektronik), densità dei portatori di carica. 12 ~ flugzeug (n. - Luftw.), aeroplano per (o di) portaerei. 13 ~ frequenz (f. - Funk.), frequenza portante. 14 ~ frequenzfernsprechen (n. - Fernspr.), telefonia a frequenze portanti. 15 ~ frequenzrichtstrahl (TFR) (m. - Elektronik), fascio direttivo a frequenza portante. 16 ~ frequenztelephonie über Hochspannungsleitungen) (Fernspr.), telefonia ad onde convogliate su elettrodotti. 17 ~ gas (n. - Heizung - etc.), gas-veicolo. 18 ~ konzentration (in Halbleitern) (f. - Elektronik), concentrazione di portatori (di carica). 19 ~ körper (m. - Expl.), stabilizzatore. 20 ~ lawine (in Halbleitern) (f. - Elektronik), valanga di portatori di carica. 21 ~ leistung (eines Funksenders, die Leistung auf der Trägerfrequenz) (f. - Funk.), potenza sulla frequenza portante. 22 ~ lohn (Traglohn) (m. - komm.), facchinaggio. 23 ~ mit fester und beweglicher Auflagerung (Bauw.), trave con un appoggio fisso ed uno scorrevole. 24 ~ mit oben liegender Fahrbahn (einer Brücke) (Brück.b.), travatura a via superiore. 25 ~ mit unten liegender Fahrbahn (einer Brücke) (Brück.b.), travatura a via inferiore. 26 ~ platte (einer gedruckten Schaltung) (f. - Elektronik), cartella. 27 ~ rakete (f. - Raumfahrt), razzo vettore. 28 ~ rost (Kreuzwerk, im Brücken- und Hochbau)

trägergesteuert

(*m. - Bauw.*), traliccio di travi. 29 ~ **signal** (*n. - Elektronik*), segnale portante. 30 ~ **spannung** (*f. - Elekt.*), tensione portante. 31 ~ **speichereffekt** (TSE, in Thyristoren) (*m. - Elektronik*), effetto di accumulo di portatori (di carica). 32 ~ **speicherung** (*f. - Elektronik*), accumulo di portatori di carica. 33 ~ **staueffekt** (*m. - Elektronik*), siehe Trägerspeichereffekt. 34 ~ **strom** (*m. - Funk.*), corrente portante. 35 ~ **telephonie** (*f. - Fernspr.*), telefonia portante, telefonia a onde convogliate, telefonia a frequenze vettrici. 36 ~ ~ **welle** (*f. - Funk.*), onda portante. 37 **Ausleger** ~ (*Bauw.*), trave a sbalzo, trave a mensola, trave a cantilever. 38 **beiderseitig eingespannter** ~ (*Bauw.*), trave incastrata. 39 **Bogen** ~ (*Bauw.*), arco. 40 **Doppel-T-** ~ (*Bauw. - metall. Ind.*), trave a doppio T. 41 **durchgehender** ~ (kontinuierlicher Träger) (*Bauw.*), trave continua. 42 **Düsen** ~ (eines Vergasers) (*Mot.*), portagetto. 43 **eingespannter** ~ (*Bauw.*), trave incastrata. 44 **einseitig eingespannter** ~ (halb eingespannter Träger) (*Bauw.*), trave semi-incastrata. 45 **Fachwerk** ~ (*Bauw.*), trave reticolare, travatura reticolare. 46 **frei aufliegender** ~ (*Bauw.*), trave semplicemente appoggiata, trave liberamente appoggiata. 47 **Gelenk** ~ (Gerberträger) (*Bauw.*), trave Gerber. 48 **gerader** ~ (*Bauw.*), trave rettilinea. 49 **Gerber** ~ (Gelenkträger) (*Bauw.*), trave Gerber. 50 **geschweisster** ~ (eines Rahmens) (*Aut.*), traversa saldata. 51 **Gitter** ~ (*Bauw.*), trave a traliccio. 52 **Halbparabel** ~ (*Bauw.*), travatura semiparabolica. 53 **Haupt** ~ (*Bauw.*), trave maestra, trave principale. 54 **Kastenlängs** ~ (*Fahrz. - etc.*), longherone a scatola. 55 **Kasten** ~ (*Bauw.*), trave a scatola, trave scatolata. 56 **kontinuierlicher** ~ (durchgehender Träger) (*Bauw.*), trave continua. 57 **Krag** ~ (mit über die Stützpunkte hinausragenden Enden) (*Bauw.*), trave con estremità a sbalzo. 58 **Längs** ~ (*Bauw.*), trave longitudinale. 59 **Längs** ~ (eines Rahmens z. B.) (*Aut. - etc.*), longherone. 60 **magnetischer** ~ (zur Speicherung z. B.) (*Datenverarb. - etc.*), supporto magnetico. 61 **Parabel** ~ (*Bauw.*), travatura parabolica. 62 **Schienen** ~ (*Eisenb.*), longarina. 63 **sichtbarer** ~ (*Bauw.*), trave in vista. 64 **Trapez** ~ (*Bauw.*), trave trapezoidale, travatura trapezoidale. 65 **U-Längs** ~ (*Fahrz. - etc.*), longherone a C. 66 **U-** ~ (*Bauw. - metall. Ind.*), trave a C. 67 **Vollwand** ~ (*Bauw.*), trave a parete piena. 68 **wandartiger** ~ (dessen Höhe fast gleich der Spannweite ist) (*Bauw.*), trave a parete. 69 **Luckstück** ~ (beim spitzenlosen Schleifen) (*Werkz. masch.bearb.*), lama d'appoggio (del pezzo).

trägergesteuert (*Funk. - etc.*), comandato da portante.

tragfähig (Boden) (*Bauw.*), solido, stabile.

Tragfähigkeit (*f. - Bauw. - etc.*), portata. 2 ~ (deadweight) (*Schiffbau*), portata. 3 ~ (des Baugrundes) (*Bauw.*), resistenza. 4 ~ (des Kranes) (*ind. Masch.*), portata.

Tragfeder (Blattfeder, etc., für Aufhängungen) (*f. - Fahrz.*), molla di sospensione.

Tragfläche (Flügelfläche, eines Flugzeugs) (*f. - Flugw.*), superficie alare, superficie portante. 2 ~ (der Zahnflanke) (*Mech.*), superficie di contatto, portata. 3 ~ **n·belastung** (*f. - Flugw.*), carico alare. 4 ~ **n·boot** (Motorboot für hohe Geschwindigkeiten) (*n. - naut.*), aliscafo, scafo ad ala portante, motoscafo a tre punti. 5 ~ **n·inhalt** (*m. - Flugw.*), superficie alare. 6 ~ **n·kühler** (*m. - Flugw.*), radiatore alare. 7 ~ **n·profil** (*n. - Flugw.*), profilo aerodinamico. 8 ~ **n·sehne** (*f. - Flugw.*), corda alare.

Tragflügel (Tragdeck) (*m. - Flugw.*), ala. 2 ~ **boot** (*n. - naut.*), siehe Tragflächenboot. 3 ~ **profil** (*n. - Flugw.*), profilo alare, profilo aerodinamico. 4 ~ **umströmung** (Profilumströmung) (*f. - Aerodyn. - Flugw.*), circuitazione attorno al profilo alare, circolazione attorno al profilo alare.

Traggabel (einer Tragpfanne) (*f. - Giess.*), forchettone.

Traggerüst (*n. - Bauw.*), struttura portante, intelaiatura portante.

Traggestell (*n. - Masch.*), incastellatura.

Traghaken (für Leiterseile z. B.) (*m. - Elekt.*), gancio di sospensione.

Trägheit (Beharrungsvermögen) (*f. - Phys.*), inerzia. 2 ~ **s·ellipse** (*f. - Baukonstr.lehre*), ellisse d'inerzia. 3 ~ **s·halbmesser** (*m. - Mech.*), raggio giratorio, raggio d'inerzia. 4 ~ **s·Hauptachsen** (in der Elastizitätstheorie) (*f. - pl. - Baukonstr.lehre*), assi principali d'inerzia. 5 ~ **s·kraft** (*f. - Mech.*), forza di inerzia. 6 ~ **s·lenkung** (*f. - Navig.*), guida inerziale. 7 ~ **s·moment** (*n. - Mech.*), momento di inerzia. 8 ~ **s·navigation** (Inertial-Navigation) (*f. - Navig.*), navigazione inerziale. 9 ~ **s·plattform** (dreiachsig stabilisierte Kreiselplattform) (*f. - Ger.*), piattaforma inerziale. 10 ~ **s·radius** (*m. - Mech.*), siehe Trägheitshalbmesser. 11 ~ **s·starter** (*m. - Mot.*), avviatore ad inerzia. 12 **achsiales** ~ **s·moment** (*Baukonstr.lehre*), momento d'inerzia assiale. 13 **Flächen** ~ **s·moment** (*Baukonstr. lehre*), momento d'inerzia (di una superficie). 14 **Massen** ~ **s·moment** (*Baukonstr.lehre - Mech.*), momento d'inerzia (delle masse). 15 **polares** ~ **s·moment** (*Mech.*), momento di inerzia polare.

trägheitsfrei (*Instr. - etc.*), privo di inerzia.

Traghülse (einer Bohrspindel) (*f. - Werkz. masch.*), cannotto reggimandrino, bussola reggimandrino.

Trag.k. (Tragkraft) (*Transp. - etc.*), portata.

Tragkabel (Tragseil, einer Hängebrücke) (*n. - Brück.b.*), fune di sospensione. 2 ~ **verankerung** (*f. - Brück.b.*), ancoraggio della fune di sospensione.

Tragkette (*f. - Bauw. - Brück.b.*), catena di sospensione. 2 ~ (für Tragkettenförderer) (*ind. Transp.*), catena (portante) per trasportatori. 3 ~ **n·förderer** (Stetigförderer für Stückgut) (*m. - ind. Transp.*), trasportatore (continuo) a catena portante. 4 ~ **n·verankerung** (*f. - Brück.b.*), ancoraggio della catena di sospensione.

Tragklemme (eines Leiterseiles z. B.) (*f. - Elekt.*), morsetto di sospensione.

Tragkonstruktion (Tragwerk) (*f. - Bauw.*), struttura portante.

Tragkorb (*m.* - *Ger.*), gerla.
Tragkraft (eines elekt. Anlassers) (*f.* - *Elektromech.*), forza portante. 2 ~ (Tragfähigheit, eines Kranes) (*ind. Masch.*), portata. 3 ~ **spritze** (*f.* - *Masch.*), motopompa antincendio portatile.
Traglager (*n.* - *Mech.*), cuscinetto portante.
Traglänge (bei Rauheitsmessungen) (*f.* - *Mech.*), lunghezza portante.
Traglast (bei Elektrozügen, höchstzulässiges Gewicht der am Lasthaken angehängte Last) (*f.* - *Hebevorr.*), carico massimo (agganciabile). 2 ~ (Bruchlast eines Tragwerkes z. B. kleiner als die Bruchlast des Baustoffs) (*Bauw.*), carico di rottura strutturale.
Traglufthalle (aus Kunststoff) (*f.* - *Bauw.*), capannone (di plastica) a sostentamento pneumatico.
Tragmagnet (*m.* - *Hebevorr.*), magnete di sollevamento.
Tragpfanne (Handpfanne) (*f.* - *Giess.*), sivierina, tazzina.
Trägregler (I-Regler) (*m.* - *Ger.*), regolatore integrale.
Tragrohr (eines Turboladers z. B.) (*n.* - *Mech.*), mozzo.
Tragrolle (für Förderbandanlagen z. B.) (*f.* - *ind. Masch.*), rullo portante. 2 ~ **n-kettenförderer** (mit auf Rollen laufender Kette) (*m.* - *ind. Transp.*), trasportatore a catena portante su rulli.
Tragschicht (einer Strassendecke) (*f.* - *Strass.b.*), strato portante. 2 **Rundkorn** ~ (*Strass.b.*), strato portante a grani rotondi.
Tragschiff (einer Pontonbrücke) (*n.* - *Brück.b.*), barca da ponti.
Tragschlepper (mit Arbeitsgeräten zwischen den Achsen) (*m.* - *Fahrz.*), trattore con attrezzi portati (montati) tra gli assi.
Tragschraube (eines Hubschraubers) (*f.* - *Flugw.*), elica di quota, rotore principale.
Tragschrauber (Autogiro) (*m.* - *Flugw.*), autogiro.
Tragseil (einer Seilbahn z. B.) (*n.* - *Transp.* - *etc.*), fune portante. 2 ~ **bremse** (einer Seilbahn) (*f.* - *Transp.*), freno della fune portante. 3 ~ **schuh** (einer Seilbahn) (*m.* - *Transp.*), scarpa della fune portante. 4 ~ **spanngewicht** (einer Seilbahn) (*n.* - *Transp.*), peso di tensione della fune portante, contrappeso della fune portante.
Tragtiefe (einer Schraube, die senkrecht zur Schraubenachse gemessene Flankenüberdeckung) (*f.* - *Mech.*), altezza utile (del filetto), ricoprimento.
Trag- und Zugseil (einer Seilbahn) (*n.* - *Transp.*), fune portante e traente.
Tragvermögen (*n.* - *naut.* - *Hydr.*), galleggiabilità.
Tragwalze (*f.* - *Walzw.*), cilindro portante.
Tragweite (Schussweite) (*f.* - *Feuerwaffe*), gittata. 2 ~ (*allg.*), portata. 3 ~ (eines Scheinwerfers) (*Opt.*), portata.
Tragwerk (*n.* - *Bauw.* - *etc.*), struttura portante. 2 ~ (eines Flugzeugs) (*Flugw.*), cellula.
Tragwinkel (*m.* - *Mech.*), squadra di supporto, mensola.
Tragzahl (von Wälzlagern) (*f.* - *Mech.*), fattore di carico, capacità di carico. 2 **dynamische** ~ (von Wälzlagern) (*Mech.*), fattore di carico dinamico, capacità di carico dinamica.
Tragzapfen (*m.* - *Mech.*), perno portante.
Trailor (Erdtransportwagen) (*m.* - *Erdbew.* - *Fahrz.*), veicolo per trasporto terra.
Trainer (*m.* - *Arb.* - *Sport*), allenatore.
Trainiereffekt (*m.* - *Werkstoffprüfung*), siehe Trainieren.
Trainieren (Trainiereffekt, bei Dauerschwingversuchen, Erhöhung der Dauerschwingfestigkeit durch kurzzeitige schwingende Vorbeanspruchung) (*n.* - *mech. Technol.* - *Werkstoffprüfung*), allenamento.
trainieren (*Sport*), allenare.
Trainierfähigkeit (eines Werkstoffes, bei Dauerschwingversuchen) (*f.* - *mech. Technol.* - *Werkstoffprüfung*), allenabilità.
Training (*n.* - *Sport*), allenamento.
Trajekt (Fährschiff) (*m.* - *n.* - *naut.*), nave traghetto.
Trajektorie (*f.* - *Math.* - *Geom.*), traiettoria.
Traktion (Eisenbahnantrieb) (*f.* - *Eisenb.*) (*schweiz.*), trazione ferroviaria. 2 **gleislose** ~ (*Transp.* - *etc.*), trazione non su rotaia. 3 **schienengebundene** ~ (*Eisenb.* - *etc.*), trazione su rotaia.
Traktor (Zugmaschine, Schlepper) (*m.* - *Fahrz.*), trattore. 2 ~ **anhängevorrichtung** (*f.* - *Fahrz.*), gancio di traino.
Traktorie (Kurve) (*f.* - *Geom.*), siehe Traktrix.
Traktrix (Kurve) (*f.* - *Geom.*), trattrice.
Tram (Tramen, Träme, Balken) (*m.* - *Zimm.*), trave. 2 ~ **bahn** (Strassenbahn) (*f.* - *Fahrz.*), tranvia. 3 ~ **balken** (Hauptbalken) (*m.* - *Bauw.*), trave principale. 4 ~ **bus** (Linienomnibus) (*m.* - *Fahrz.* - *Transp.*), autobus (per servizio) urbano. 5 ~ **dampfer** (*m.* - *naut.* - *Transp.*), carretta.
Trampeln (Drehschwingungen starrer Achsen um eine Drehachse parallel zur Längsachse) (*n.* - *Aut.* - *Fehler*), rollio, vibrazioni torsionali (attorno ad asse longitudinale).
Trampschiff (*n.* - *naut.*), tramp, carretta.
Tran (Tranöl) (*m.* - *Chem.*), olio di pesce.
Träne (*f.* - *Glasfehler*), goccia, gocciolina. 2 ~ **n-gas** (Bromazeton) (*n.* - *Chem.*), gas lacrimogeno.
Tränkdecke (*f.* - *Strass.b.*), siehe Makadam.
tränken (Holz z. B.) (*allg.*), impregnare.
Tränkholz (*n.* - *Holz*), siehe Tränkvollholz.
Tränkmasse (*f.* - *Chem.*), impregnante (*s.*).
Tränkung (des Holzes z. B.) (*f.* - *allg.*), impregnazione.
Tränkvollholz (getränktes Vollholz) (*n.* - *Holz*), legname impregnato.
Tranquillans (Tranquillantien [*pl.*]) (*n.* - *Pharm.*), tranquillante.
Transaxialgetriebe (Schaltgetriebe und Ausgleichgetriebe in einem Aggregat) (*n.* - *Aut.*), gruppo cambio-differenziale.
Transaktion (*f.* - *finanz.* - *komm.*), transazione.
Transduktor (*m.* - *Phys.* - *Ger.*), trasduttore. 2 ~ **-Regler** (*m.* - *Elekt.*), regolatore a trasduttore.
Transfer (Übertragung von Zahlungen) (*m.* - *finanz.*), trasferimento. 2 ~ **bearbeitung** (*f.* -

Transfluxor

Werkz.masch.bearb.), lavorazione su (macchina) transfer. 3 ~ **maschine** (*f. - Werkz. masch.*), macchina a trasferimento, macchina a trasferta, « transfer ». 4 ~ **pressen** (Spritzpressen, von Kunststoffen) (*n. - mech. Technol.*), stampaggio per trasferimento. 5 ~ **strasse** (*f. - Werkz.masch.*), linea a trasferimento.
Transfluxor (magnetisches Steuerungsglied) (*m. - Elektronik*), trasflussore, trasduttore magnetico.
Transformation (Umformung) (*f. - allg.*), trasformazione. 2 **Laplace-** ~ (*Math.*), trasformazione di Laplace. 3 **lineare** ~ (*Math.*), trasformazione lineare.
Transformator (Trafo, Wandler, Umspanner) (*m. - Elekt.*), trasformatore. 2 ~ **en·blech** (*n. - Elekt.*), lamierino per trasformatori. 3 ~ **en·haus** (*n. - Elekt.*), stazione di trasformazione. 4 ~ **en·öl** (*n. - Elekt.*), olio per trasformatori. 5 ~ **für Kraftzwecke** (*Elekt.*), trasformatore di potenza. 6 ~ **joch** (*n. - Elekt.*), giogo del trasformatore. 7 ~ **kasten** (Transformatorkessel, Trafokasten, Trafokessel) (*m. - Elekt.*), cassa del trasformatore. 8 ~ **kessel** (Transformatorkasten) (*m. - Elekt.*), cassa del trasformatore. 9 ~ **mit Anblaskühlung** (*Elekt.*), trasformatore a ventilazione forzata. 10 ~ **mit Ölschutz** (ölgeschützter Transformator) (*Elekt.*), trasformatore in olio. 11 **Drehstrom** ~ (*Elekt.*), trasformatore trifase. 12 **Einphasen** ~ (*Elekt.*), trasformatore monofase. 13 **Gross** ~ (*Elekt.*), trasformatore di grande potenza. 14 **Impuls** ~ (*Elekt.*), trasformatore generatore di impulsi. 15 **Kern** ~ (*Elekt.*), trasformatore a colonne. 16 **Klein** ~ (mit weniger als 1 W Leistung) (*Elekt.*), trasformatore di piccola potenza (inferiore ad 1 W). 17 **Klingel** ~ (*Elekt.*), trasformatore per suonerie. 18 **Leistungs** ~ (*Elekt.*), trasformatore di potenza. 19 **Mantel** ~ (*Elekt.*), trasformatore a mantello. 20 **Mess** ~ (*Elekt.*), trasformatore di misura. 21 **Netz** ~ (*Elekt.*), trasformatore di rete. 22 **Ofen** ~ (*Elekt. - Metall.*), trasformatore per forni. 23 **Öl** ~ (mit Ölkühlung) (*Elekt.*), trasformatore in olio, trasformatore raffreddato in olio. 24 **Schub** ~ (ST, zur stufenlosen Regelung) (*Elekt.*), trasformatore ad avvolgimenti scorrevoli, trasformatore regolatore di tensione, « trasformatore variabile continuo ». 25 **Schweiss** ~ (*Elekt. - mech. Technol.*), trasformatore per saldatura. 26 **Sonder** ~ (*Elekt.*), trasformatore speciale. 27 **Spar** ~ (*Elekt.*), autotrasformatore. 28 **Trocken** ~ (mit Luftkühlung) (*Elekt.*), trasformatore in aria, trasformatore raffreddato in aria. 29 **Verteiler** ~ (*Elekt.*), trasformatore partitore. 30 **Voll** ~ (gewöhnlicher Zweiwicklungen-Transformator) (*Elekt.*), trasformatore. 31 **Wander** ~ (Nottransformator) (*Elekt.*), trasformatore mobile (di emergenza). 32 **Zusatz** ~ (ZT) (*Elekt.*), trasformatore regolatore ad induzione.
Transfusion (Blutübertragung) (*f. - Med.*), trasfusione.
Transgression (Vordringen eines Meeres über das Festland) (*f. - Geol.*), trasgressione.
Transistor (*m. - Elektronik*), transistore, « transistor ». 2 ~ **-Zündung** (*f. - Aut. - Elekt.*), accensione a transistori. 3 **Diffusions** ~ (*Elektronik*), transistore a diffusione. 4 **Drift-** ~ (Abart des Legierungs-Transistor) (*Elektronik*), transistore « drift », transistore a deriva. 5 **Epitaxial** ~ (*Elektronik*), transistore epitassiale. 6 **Feldeffekt** ~ (FET) (*Elektronik*), transistore ad effetto di campo. 7 **Flächen** ~ (Junktiontransistor) (*Elektronik*), transistore a giunzione. 8 **Junktion** ~ (Flächentransistor) (*Elektronik*), transistore a giunzione. 9 **Legierungs** ~ (*Elektronik*), transistore legato. 10 **Oberflächen-Feldeffekt-** ~ (OFT) (*Elektronik*), transistore ad effetto di campo di superficie. 11 **Photo** ~ (*Elektronik*), fototransistore. 12 **Planar** ~ (*Elektronik*), transistore planare. 13 **PNP-Silizium-Epitaxial** ~ (*Elektronik*), transistore planare al silicio PNP epitassiale. 14 **Spitzen** ~ (*Elektronik*), transistore a punta di contatto. 15 **Unijunktion-** ~ (*Elektronik*), transistore unigiunzione. 16 **Unipolar** ~ (*Elektronik*), transistore unipolare.
transistorisieren (*Elektronik*), transistorizzare.
Transit (Durchfuhr) (*m. - Transp.*), transito. 2 ~ **güter** (*n. - pl. - komm.*), merci in transito. 3 ~ **handel** (*m. - komm.*), commercio di transito. 4 ~ **profil** (Lichtprofil, Durchgangsprofil) (*n. - Eisenb.*), sagoma limite. 5 ~ **wagen** (für internationalen Verkehr) (*m. - Eisenb.*), veicolo per traffico internazionale.
Transition (Übergang) (*f. - allg.*), transizione. 2 ~ **s·flug** (zwischen strahlgestütztem und aerodynamischem Flug) (*m. - Flugw.*) volo di transizione.
transitorisch (vorübergehend) (*allg.*), transitorio. 2 ~ **e Abgrenzung** (*finanz.*), risconto. 3 ~ **es Aktivum** (vorausbezahlte Miete, Steuern, Versicherungsprämien, etc.) (*finanz.*), risconto attivo. 4 ~ **es Passivum** (*finanz.*), risconto passivo.
Transitron (*n. - Elektronik*), transitron.
transkristallin (interkristallin) (*Metall.*), intercristallino. 2 ~ **e Korrosion** (interkristalline Korrosion) (*Metall.*), corrosione intercristallina. 3 ~ **er Riss** (*Metall.*), cricca intercristallina.
Translation (geradlinige Bewegung) (*f. - Mech. - etc.*), traslazione. 2 ~ (Übersetzung) (*Druck. - etc.*), traduzione.
translatorisch (geradlinig bewegt) (*Mech.*), traslatorio.
Transmission (Antrieb mehrerer Arbeitsmaschinen) (*f. - Mech.*), trasmissione. 2 ~ **s·grad** (Durchlassgrad) (*m. - Opt.*), fattore di trasmissione. 3 ~ **s·riemen** (*m. - Mech.*), cinghia di trasmissione. 4 ~ **s·welle** (*f. - Mech.*), albero di trasmissione.
Transmitter (Messwertgeber) (*m. - Instr.*), trasmettitore.
Transmutation (*f. - Atomphys.*), trasmutazione.
Transozeandampfer (*m. - naut.*), transatlantico.
Transparent (Transparentbild, Transparentschild) (*n. - Opt.*), diapositivo, diapositiva. 2 ~ **folien** (*f. - pl. - chem. Ind.*), fogli di plastica trasparente. 3 ~ **lack** (*m. - Anstr.*),

vernice trasparente. 4 ~ **papier** (*n. - Zeichn.*), carta da lucidi. 5 ~ **pause** (*f. - Zeichn.*), lucido, copia riproducibile.
transparent (durchscheinend) (*allg.*), trasparente.
Transponder (Sekundärradar) (*m. - Radar*), radar a risposta, radar secondario.
Transport (Beförderung) (*m. - Transp.*), trasporto. 2 ~ (der Elektrizität) (*Elekt.*), trasporto. 3 ~ **abteilung** (eines Betriebes) (*f. - Ind.*), servizio trasporti. 4 ~ **agent** (*m. - Transp.*), spedizioniere. 5 ~ **ausweis** (Begleitschein) (*m. - Transp.*), bolla di spedizione. 6 ~ **band** (Förderband) (*n. - ind. Transp.*), nastro trasportatore. 7 ~ **beton** (fahrzeuggemischter oder werkgemischter Beton, zur Baustelle einbaufertig gelieferter Beton) (*m. - Bauw.*), calcestruzzo preconfezionato, calcestruzzo pronto fornito al cantiere. 8 ~ **der Auftragmassen** (Beförderung der Auftragmassen) (*Ing.b.*), trasporto del materiale di scavo. 9 ~ **firma** (Fuhrgewerbe) (*f. - Transp.*), ditta di trasporti. 10 ~ **flugwesen** (*n. - Flugw.*) aviazione da trasporto. 11 ~ **flugzeug** (*n. - Flugw.*), aeroplano da trasporto, velivolo da trasporto. 12 ~ **gesellschaft** (*f. - Transp.*), società di trasporti. 13 ~ **kasten** (*m. - ind. Transp.*), cassa (per) trasporto materiali, cestone (per) trasporto materiali. 14 ~ **kosten** (*f. - pl. - Transp.*), spese di trasporto. 15 ~ **loch** (des Lochstreifens) (*Datenverarb.*), foro di trascinamento. 16 ~ **mischer** (Fahrmischer, zum Mischen während der Fahrt) (*m. - Bauw. - Fahrz.*), autobetoniera. 17 ~ **mittel** (Fördermittel) (*n. - Transp.*), mezzo di trasporto. 18 ~ **mutter** (Rundmutter) (*f. - Mech.*), dado cilindrico. 19 ~ **ökonomik** (*f. - Transp.*), economia dei trasporti. 20 ~ **öse** (Ringschraube) (*f. - Masch.*), golfare. 21 ~ **querschnitt** (*m. - Kernphys.*), sezione d'urto di trasporto. 22 ~ **rad** (Vorschubrad, für Tischvorschub) (*n. - Werkz.masch.*), ruota dell'avanzamento. 23 ~ **-Reifen** (kleiner Nutzfahrzeugreifen) (*m. - Fahr.*), pneumatico per autocarri leggeri. 24 ~ **schaden** (*m. - Transp.*), danno dovuto al trasporto. 25 ~ **schnecke** (Förderschnecke) (*f. - Ind. - Masch.*), trasportatore a coclea, coclea. 26 ~ **unternehmen** (*m. - Transp.*), impresa di trasporti, ditta di trasporti. 27 ~ **welle** (Zugspindel, Zugstange, Schneckenwelle, einer Drehbank) (*f. - Werkz.masch.*), candela, barra di cilindratura. 28 ~ **wesen** (innerbetrieblicher Transport) (*n. - Ind.*), trasporti interni, movimentazione dei materiali. 29 ~ **zeit** (*f. - Werkz.masch.bearb.*), tempo di trasporto.
transportabel (tragbar, beweglich) (*allg.*), mobile, portatile.
Transporter (Lastwagen) (*m. - Fahrz.*), furgone. 2 ~ (Transportschiff) (*Kriegsmar.*), trasporto, nave da trasporto. 3 **Klein ~** (*Fahrz.*), furgoncino. 4 **Truppen ~** (*Kriegsmar.*), trasporto di truppe, nave trasporto truppe.
Transporteur (Winkelmesser) (*m. - Ger.*), rapportatore. 2 ~ (Fördereinrichtung) (*ind. Transp.*), trasportatore. 3 ~ (Stoffrücker, einer Nähmaschine) (*m. - Masch.*), (congegno) trasportatore.

transportieren (befördern) (*allg.*), trasportare.
Transportierring (einer elekt. Masch. z. B.) (*m. - Masch. - etc.*), golfare.
transsonisch (*Akus.*), transonico.
Transuran (*n. - Chem.*), elemento transuranico.
transversal (quergerichtet) (*allg.*), trasversale.
Transversalwelle (*f. - Phys.*), onda trasversale.
transzendent (Kurve) (*Geom.*), trascendente.
Trant (Kredit) (*m. - komm.*), credito.
Trap (Haftstelle, Fangstelle, Störstelle die einen Ladungsträger binden kann) (*f. - Phys.*), trappola, punto di cattura.
Trapez (*n. - Geom.*), trapezio. 2 ~ **feder** (*f. - Mech.*), molla (a lamina) trapezoidale. 3 ~ **fehler** (*m. - Fernsehfehler*), distorsione trapezoidale. 4 ~ **flügel** (*m. - Flugw.*), ala trapezia. 5 ~ **gewinde** (*n. - Mech.*), filettatura trapezia. 6 ~ **querlenker** (einer Aufhängung) (*m. - Aut.*), quadrilatero trasversale. 7 ~ **rutsche** (*f. - ind. Transp.*), scivolo a sezione trapezia. 8 ~ **seil** (*n. - Seil*), fune trapezoidale. 9 ~ **träger** (*m. - Bauw.*), travatura trapezia. 10 **Lenk ~** (*Aut.*), quadrilatero articolato dello sterzo.
Trapezoid (*n. - Geom.*), trapezoide.
Trapg. (Trapezgewinde) (*Mech.*), filettatura trapezia.
Trapptuff (Basalttuff) (*m. - Min.*), tufo basaltico.
Traser (Messwandler, durch Lichtimpulse) (*m. - Ger.*), trasformatore (di misura) ad impulsi luminosi.
Trass (Tuffstein, Duckstein) (*m. - Min. - Geol.*), « trass ». 2 ~ **kalk** (*m. - Bauw.*), calce (di) trass. 3 ~ **zement** (*m. - Bauw.*), « trass-cemento ».
Trassant (Aussteller eines Wechsels) (*m. - finanz. - komm.*), traente.
Trassat (eines Wechsels) (*m. - finanz. - komm.*), trattario, « trassato ».
Trasse (Linienführung, einer Strasse z. B.) (*f. - Top. - Ing.b. - Eisenb. - Strass.b.*), tracciato. 2 ~ (Gang, Führung, Steigkanal z. B. für Leitungen etc.) (*Bauw.*), traccia. 3 ~ **n-länge** (Streckenlänge, einer Freileitung, Summe der Spannfelder) (*f. - Elekt.*), somma delle campate. 4 ~ **n-länge** (Streckenlänge, eines Kabels, Länge zwischen seinen Endverschlüssen) (*Elekt.*), lunghezza tra i terminali. 5 ~ **n-vermessung** (*f. - Ing.b.*), rilevamento del tracciato.
trassieren (eine Strasse z. B.) (*Ing.b.*), tracciare. 2 ~ (einen Wechsel ausstellen) (*komm. - finanz.*), emettere una tratta.
Trassierung (einer Strasse z. B.) (*f. - Ing.b.*), tracciamento.
Tratte (gezogener Wechsel) (*f. - komm. - finanz.*), tratta. 2 **eine ~ ausstellen** (*finanz. - komm.*), emettere una tratta. 3 **nicht eingelöste ~** (*finanz. - komm.*), tratta non accettata. 4 **Sicht ~** (*finanz. - komm.*), tratta a vista.
Traubenzucker (D-Glukose, Dextrose) (*m. - Chem.*), glucosio, zucchero d'uva, destrosio, zucchero d'amido, zucchero di fecola.

Traufe

Traufe (eines Daches) (f. - *Bauw.*), gronda.
Traufel (f. - *Maur.* - *Werkz.*), attrezzo per lisciare.
Träufelimpregnieren (mit Kunststoffen z. B.) (n. - *Technol.*), impregnazione per instillazione.
Traufhöhe (Bauhöhe, eines Gebäudes, Höhe von Geländeoberkante bis zum Schnittpunkt der Dachschräge mit der Gebäudeaussenwand) (f. - *Bauw.*), altezza di parete.
Traufrinne (Dachrinne) (f. - *Bauw.*), doccia, grondaia.
Trauring (Stropp) (n. - *naut.*), stroppo.
Traveller (Reiter, einer Ringspinnmaschine) (m. - *Textilmasch.*), siehe Läufer.
Traverse (Querträger, eines Mastes z. B.) (f. - *Bauw.* - *Telegr.*), traversa. 2 ~ (*Masch.*), traversa. 3 ~ (*Flussbau*), pontile.
Travertin (m. - *Min.*), travertino.
Trawler (Fischerfahrzeug) (m. - *Fischerei* - *naut.*), peschereccio per pesca a strascico.
Trawlnetz (Grundschleppnetz) (n. - *Fischerei*), rete a strascico.
TRD (Technische Richtlinien für Dampfkessel) (*Kessel*), norme tecniche per caldaie a vapore.
Treck (Zug) (m. - *Fahrz.*), trazione. 2 ~ (Netz) (*Fischerei*), rete a strascico.
Trecker (Trekker, Motorschlepper) (m. - *Fahrz.*), trattore.
treffen (mit einem Schlag erreichen) (*allg.*), colpire. 2 ~ (begegnen) (*allg.*), incontrare.
Treffentfernung (beim Flakfeuer) (f. - *Artillerie*), distanza futura.
Trefferblatt (eines Walzenkuppelzapfens) (n. - *Walzw.*), lobo del trefolo.
Treffhöhe (bei der Fliegerabwehr) (f. - *Artillerie*), quota futura. 2 ~ n-winkel (beim Flakfeuer) (m. - *Artillerie*), (angolo di) sito futuro.
Treffort (Treffpunkt, bei der Fliegerabwehr) (m. - *Artillerie*), punto futuro.
Treffplatte (f. - *Atomphys.* - *Radioakt.*), bersaglio.
Treffpunkt (m. - *Artillerie*), punto d'impatto.
Treffseitenwinkel (beim Flakfeuer) (m. - *Artillerie*), angolo di direzione futuro.
Treffsicherheit (f. - *Artillerie*), precisione di tiro.
Treffwahrscheinlichkeit (f. - *Atomphys.*), probabilità di collisione.
Treibachse (f. - *Fahrz.*), asse motore.
Treibapparat (Betriebsflüssigkeiten, Dampf, Druckluft, etc., benutzende App. zum unmittelbaren Antrieb einer hydraulischen Presse z. B.) (m. - *Masch.*), azionatore, servoazionatore, servocomando.
Treibarbeit (getriebene Arbeit) (f. - *Metall.*), lavoro a sbalzo.
Treibbake (Bober, Holzkörper, Holztonne) (f. - *naut.*), boa di legno.
Treibdruck (beim Verkoken von Kohle) (m. - *chem. Ind.*), pressione di cokefazione.
Treibeis (Trifteis, Drifteis) (n. - *See*), ghiaccio galleggiante.
Treiben (Volumenzunahme beim Abbinden von Klebstoffen) (n. - *Phys.*), dilatazione. 2 ~ (der Form) (*Giess.fehler*), sforzatura, forzatura, rigonfiamento. 3 ~ (*Blechbearb.*), sbalzo, lavorazione a sbalzo.

treiben (mit Hammer und Punze in kaltem Zustande Blechteile formen) (*Metall.*), sbalzare, lavorare a sbalzo. 2 **ab** ~ (Silber reinigen) (*Metall.*), estrarre a secco. 3 **ab** ~ (vom Kurs ablenken) (*naut.*), deviare (dalla rotta). 4 **an** ~ (in Bewegung bringen) (*Masch.*), azionare. 5 **an** ~ (befestigen) (*allg.*), fissare. 6 **auf** ~ (aufpumpen) (*Phys.*), espandere. 7 **auf** ~ (einen Gang aufwärts bauen) (*Bergbau*), scavare verso l'alto.
Treiber (des Webstuhls) (m. - *Textilmasch.*), lancianavetta. 2 ~ (zum Eindrehen der Stiftschrauben) (*Werkz.*), avvitaprigionieri, « padreterno ». 3 ~ (elektronischer Kreis) (*Elektronik*), eccitatore. 4 ~ (*Mech.* - *Werkz.*), punzone, punteruolo. 5 ~ **röhre** (Verstärkerröhre in Niederfrequenzverstärkern) (f. - *Elektronik*), tubo eccitatore.
Treibgas (zum Antrieb von Fahrzeugmotoren) (n. - *Mot.*), carburante gassoso.
Treibhaus (n. - *Ack.b.*), serra. 2 ~ **effekt** (Glashauseffekt; durch die verschiedene Durchlässigkeit des Glases für Sonnenlicht und Ultrarotstrahlung) (m. - *Wärme* - *Bauw.*), effetto serra.
Treibkeil (geradstirniger Keil) (m. - *Mech.*), chiavetta diritta.
Treibkette (f. - *Mech.*), catena di trasmissione.
Treibmine (f. - *Expl.*), mina galleggiante.
Treibmittel (n. - *Mot.*), propellente. 2 ~ (zum Lösen der Schmiedestücke bei tiefen Gravuren) (n. - *Schmieden*), (agente) distaccante.
Treibnetz (Schwebenetz) (n. - *Fischerei*), rete a imbrocco.
Treibofen (kleiner Herdflammofen zum Abtreiben des Reichbleies) (m. - *Ofen*), forno di affinazione.
Treiböl (Dieselöl) (n. - *Kraftstoff*), gasolio.
Treibrad (n. - *Mech.*), ruota motrice. 2 ~ **satz** (m. - *Eisenb.*), sala motrice.
Treibriemen (m. - *Mech.*), cinghia per trasmissioni.
Treibriss (m. - *Technol.*), cricca da espansione.
Treibschacht (Förderschacht) (m. - *Bergbau*), pozzo di estrazione.
Treibscheibe (f. - *Mech.*), puleggia motrice.
Treibseil (einer Seilbahn) (n. - *Seil* - *Transp.*), fune traente.
Treibsitz (T) (m. - *Mech.*), accoppiamento preciso bloccato normale. 2 **Edel** ~ (*Mech.*), accoppiamento extrapreciso bloccato normale.
Treibstange (Kuppelstange, einer Lokomotive) (f. - *Eisenb.*), biella di accoppiamento. 2 ~ (Pleuelstange) (*Mot.* - *Mech.*), biella.
Treibstelle (f. - *Giess.fehler*), sforzatura (locale), prominenza, forzatura.
Treibstoff (Brennstoff zum Antrieb von Verbrennungsmotoren) (m. - *Brennst.*), carburante, combustibile. 2 ~ (einer Rakete) (*Strahltriebw.*), propellente. 3 **gasförmiger** ~ (für Verbr.mot.) (*Brennst.*), combustibile gassoso. 4 **Raketen** ~ (*Brennst.*), propellente per razzi. 5 **Turbinen** ~ (*Brennst.*), combustibile per turbine (a gas).
Treibstrahl (m. - *Strahltriebw.*), getto propulsivo.

Treibverfahren (Frischen) (*n. - Metall.*), processo di affinazione. 2 ~ (beim Schäumen von Kunststoffen) (*Technol.*), espansione. 3 **chemisches** ~ (von Kunststoffen) (*Technol.*), espansione chimica. 4 **physikalisches** ~ (von Kunststoffen) (*Technol.*), espansione fisica.
Treibwalze (einer Strassenwalze) (*f. - Strass.b. masch.*), rullo motore.
Treideln (Treidelung) (*n. - naut.*), alaggio.
treideln (*naut.*), alare.
Treidelweg (Treidelpfad, Leinpfad, Weg längs eines Flusses von dem aus früher die Schiffe getreidelt wurden) (*m. - Navig.*), alzaia, strada alzaia.
Trekker (*m. - Fahrz.*), *siehe* Trecker.
Tremolit (*m. - Min.*), tremolite.
Trend (*m. - Stat. - etc.*), tendenza.
Trennanlage (*f. - Chem.*), impianto di separazione.
trennbar (*allg.*), separabile.
Trennbruch (Trennungsbruch, senkrecht zur Zugspannung) (*m. - Werkstoffprüfung*), rottura da trazione.
Trennbuchse (*f. - Elekt.*), presa di sezionamento.
Trenndüse (Ger. zur Trennung von Isotopen) (*f. - Phys. - Ger.*), separatore (di isotopi).
Trennen (mit Drehstahl, Schleifscheibe, etc.) (*n. - Mech. - Werkz.masch.bearb.*), troncatura. 2 ~ (mit Brenngas z. B.) (*mech. Technol.*), taglio. 3 ~ (von Blechen) (*Blechbearb.*), taglio, tranciatura. 4 ~ **durch Schleifen** (*Mech. - Werkz.masch.bearb.*), troncatura alla mola. 5 ~ **mit Brenngas** (*mech. Technol.*), taglio al cannello, ossitaglio. 6 ~ **mit Lichtbogen** (*mech. Technol.*), taglio con l'arco.
trennen (*allg.*), separare, dividere, staccare. 2 ~ (unterbrechen) (*Elekt.*), interrompere, staccare. 3 ~ (*Mech.*), troncare. 4 **auf** ~ (die Nähte lösen) (*Text.*), scucire.
Trenner (Trennschalter) (*m. - Elekt. - Ger.*), sezionatore.
Trennfestigkeit (Reissfestigkeit, Bruchkraft geteilt durch die Bruchfläche) (*f. - mech. Technol.*), resistenza alla rottura da trazione.
Trennfrequenz (*f. - Funk.*), frequenza di taglio.
Trennfuge (von Formen z. B.) (*f. - Giess. - etc.*), linea di separazione. 2 ~ (zwischen Motorgehäuse und Zylinderkopf z. B.) (*Mech.*), superficie di separazione.
Trennisolator (*m. - Elekt.*), isolatore di sezionamento.
Trennkanalisation (*f. - Bauw.*), fognatura separata.
Trennkaskade (zur Trennung von Isotopen z. B.) (*f. - Chem.*), cascata di celle di separazione, stadi di separazione in cascata.
Trennkasten (*m. - elekt. Ger.*), cassetta di sezionamento.
Trennkreis (*m. - Elekt.*), circuito di separazione, circuito di disaccoppiamento.
Trennkugeln (in zweireihigen Schräg-Kugellagern; ersetzen den Käfig) (*f. - pl. - Mech.*), sfere di separazione.
Trennkupplung (zum Trennen des Motors von den Antriebswellen bei Stillstand) (*f. - Fahrz.*), frizione, innesto a frizione.

Trennlinie (Fahrbahnmarkierung) (*f. - Strass. verk.*), *siehe* Sperrlinie.
Trennmaschine (*f. - Werkz.masch.*), troncatrice, macchina per troncare.
Trennmauer (*f. - Bauw.*), muro divisorio.
Trennmittel (in der Kunststoffverarbeitung, zum Lösen der Formteile nach dem Aushärten in der Form) (*n. - Technol.*), (agente) distaccante.
Trennpapier (*n. - Papierind.*), carta antiadesiva.
Trennpuder (Formpuder) (*m. - Giess.*), spolvero.
Trennrelais (*n. - Elekt.*), relè disgiuntore, relè di esclusione.
Trennrohr (Ger. zur Trennung von Gasen) (*n. - Chem. - Ger.*), separatore.
Trennröhre (*f. - Funk.*), valvola separatrice.
Trennsäule (Rektifiziersäule, Austauschsäule) (*f. - chem. Ind. - App.*), colonna di rettificazione.
Trennschalter (*m. - elekt. Ger.*), sezionatore. 2 **Messer-** ~ (*elekt. Ger.*), sezionatore a coltelli.
trennscharf (*Funk.*), selettivo, ad alta selettività.
Trennschärfe (Selektivität) (*f. - Funk.*), selettività.
Trennscheibe (Schleifscheibe) (*f. - Werkz.*), mola per troncare. 2 ~ (Glasscheibe) (*Bauw. - Büro*), vetro divisorio.
trennschleifen (*Mech.*), troncare alla mola.
Trennschleifmaschine (*f. - Werkz.masch.*), troncatrice alla mola.
Trennschleuder (Zentrifuge) (*f. - Masch.*), separatore centrifugo, centrifuga.
Trennschutzschalter (*m. - Elekt.*), sezionatore di protezione.
Trennschwelle (einer Strasse) (*f. - Strass. verk.*), soglia di separazione.
Trennspant (*m. - Flugw.*), paratia.
Trennstab (Kreuzschiene, Kreuzstab, Leserute) (*m. - Textilmasch.*), verga, bacchetta d'invergatura.
Trennstahl (*m. - Werkz.*), utensile troncatore, utensile per troncare.
Trennstelle (einer Anlage z. B.) (*f. - Elekt.*), punto di sezionamento.
Trennstift (*m. - Druck.*), quadrato.
Trennstrecke (Unterbrechung eines Strompfades durch eine freie Luftstrecke) (*f. - Elekt.*), interruzione.
Trennstreifen (einer Strasse) (*m. - Strass. verk.*), striscia di separazione.
Trennstufe (*f. - Fernseh.*), stadio separatore, circuito separatore.
Trenntransformator (zur galvanischen Trennung zweier Stromkreise) (*m. - Elekt.*), trasformatore di separazione, trasformatore di disaccoppiamento.
Trennübertrager (Trenntransformator) (*m. - Elekt.*), trasformatore di separazione, trasformatore di disaccoppiamento.
Trennung (*f. - allg.*), separazione. 2 ~ (*Chem.*), separazione. 3 ~ (eines Kreises) (*Elekt.*), apertura, interruzione. 4 ~ (eines elekt. Gerätes) (*Elekt.*), disinserzione, esclusione. 5 ~ **s·bruch** (*m. - Werkstoffprüfung*), *siehe*

Trennverstärker

Trennbruch. 6 ~ s·fläche (*f. - allg.*), superficie di separazione. 7 ~ s·linie (*f. - Druck.*), linea di separazione, segno di separazione. 8 elektrolytische ~ (*Chem.*), separazione elettrolitica. 9 Isotopen ~ (*Chem.*), separazione degli isotopi.
Trennverstärker (*m. - Elektronik*), (stadio) amplificatore tampone.
Trennversuch (für Klebungen) (*m. - Technol.*), prova di separazione.
Trennwand (*f. - Maur.*), muro divisorio. 2 ~ (*allg.*), parete di separazione, parete divisoria. 3 Motor ~ (*Aut.*), cruscotto.
Trennwerkzeug (*n. - Werkz.*), utensile troncatore, utensile per troncare.
Trennwiderstand (Kohäsionswiderstand, der atomaren Bindung) (*m. - Phys.*), coesione. 2 ~ (*Werkstoffprüfung*), siehe Trennfestigkeit.
Trennwirkung (Trennschärfe, Selektivität) (*f. - Funk.*), selettività.
Treppe (*f. - Bauw.*), scala. 2 ~ (Stufe) (*allg.*), gradino. 3 ~ (Terrasse) (*Bauw. - etc.*), terrazzo. 4 ~ (stufenförmiger Bau) (*allg.*), gradinata. 5 ~ n·absatz (Treppenpodest) (*m. - Bauw.*), pianerottolo. 6 ~ n·arm (*m. - Bauw.*), rampa di scala. 7 ~ n·beleuchtung (*f. - Bauw. - Beleucht.*), illuminazione della scala. 8 ~ n·brüstung (*f. - Bauw.*), ringhiera di scala. 9 ~ n·flucht (Treppenarm) (*f. - Bauw.*), rampa di scala. 10 ~ n·geländer (*n. - Bauw.*), ringhiera di scala. 11 ~ n·haus (*n. - Bauw.*), tromba delle scale, pozzo delle scale, vano scale. 12 ~ n·hausautomat (*m. - Elekt. - Ger.*), interruttore automatico luci scale. 13 ~ n·lauf (Treppenarm) (*m. - Bauw.*), rampa di scala. 14 ~ n·lichtzeitschalter (*m. - Elekt. - Ger.*), interruttore a tempo luci scale. 15 ~ n·podest (*m. - Bauw.*), pianerottolo. 16 ~ n·rost (*m. - Verbr.*), griglia a gradini. 17 ~ n·schliff (eines Schälrades z. B.) (*m. - Werkz.*), affilatura a gradinata. 18 ~ n·steigung (*f. - Bauw.*), alzata (del gradino). 19 ~ n·stufe (*f. - Bauw.*), gradino, scalino. 20 ~ n·wange (*f. - Bauw.*), zoccolo della scala, fianco della scala. 21 ~ n·wicklung (*f. - Elekt.*), avvolgimento a passo incrociato. 22 Aussen ~ (*Bauw.*), scala esterna. 23 Dienst ~ (*Bauw.*), scala di servizio. 24 einläufige gerade ~ (*Bauw.*), scala rettilinea ad una rampa. 25 freitragende ~ (*Bauw.*), scala a sbalzo. 26 Frei ~ (Aussentreppe) (*Bauw.*), scala esterna. 27 gewundene ~ (Wendeltreppe) (*Bauw.*), scala a chiocciola. 28 Haupt ~ (*Bauw.*), scala comune, scala principale. 29 Innen ~ (innere Treppe) (*Bauw.*), scala interna. 30 Neben ~ (*Bauw.*), scala di servizio, scala secondaria. 31 Not ~ (*Bauw.*), scala di emergenza, scala di sicurezza. 32 Spindel ~ (Wendeltreppe) (*Bauw.*), scala a chiocciola. 33 vierarmige ~ (*Bauw.*), scala a quattro rampe (rettilinee ad angolo retto). 34 Wendel ~ (*Bauw.*), scala a chiocciola. 35 Wendel ~ mit offener Spindel (*Bauw.*), scala a chiocciola ad anima cava. 36 Wendel ~ mit voller Spindel (*Bauw.*), scala a chiocciola ad anima piena. 37 zweiläufige Winkel ~ (*Bauw.*), scala a due rampe ad angolo.
treppenförmig (*allg.*), a gradinata.
Tresor (Geldschrank) (*m. - finanz.*), cassa-

forte. 2 ~ (Stahlkammer) (*finanz.*), camera blindata, camera di sicurezza.
Tretanlasser (Kickstarter) (*m. - Motorrad*), pedale di avviamento.
Tretantrieb (eines Mopeds z. B.) (*m. - Fahrz. - etc.*), azionamento a pedale.
Tretauto (*n. - Kinderspielzeug*), automobilina a pedali.
treten (mit dem Fuss stossen) (*allg.*), calcare (col piede), premere col piede, calpestare. 2 ~ (beim Radfahren) (*Fahrrad*), pedalare. 3 ab ~ (fort gehen) (*allg.*), lasciare, allontanarsi, andarsene. 4 an ~ (beginnen) (*allg.*), iniziare. 5 aus ~ (Feuer) (*allg.*), spegnere (calpestando).
Tretgebläse (*n. - Ger.*), soffietto a pedale, mantice a pedale.
Tretgestell (einer Nähmaschine z. B.) (*n. - Masch.*), (meccanismo a) pedale.
Tretkontakt (*m. - Elekt.*), contatto a pedale. 2 ~ brett (zum Einschalten der Kabinenbeleuchtung) (*n. - Fernspr. - Elekt.*), pedana di contatto, interruttore a pedana.
Tretkurbel (*f. - Fahrrad*), pedivella.
Tretmine (*f. - Expl.*), mina a contatto, mina a pressione.
Tretschalter (*m. - Elekt.*), interruttore a pedale, interruttore da pavimento.
Treue (eines Signals, etc.) (*f. - allg.*), fedeltà. 2 ~ prämie (*f. - Arb.*), premio di fedeltà.
Treuhandbuchführung (*f. - finanz.*), amministrazione fiduciaria.
treuhänderisch (*finanz.*), fiduciario.
Treuhandguthaben (*n. - finanz.*), deposito fiduciario.
Treuhandverbindlichkeit (*f. - finanz.*), rapporto fiduciario.
Trfg. (Tragfähigkeit) (*Transp. - etc.*), portata.
Tri (Trichloräthylen) (*Chem.*), tricloroetilene. 2 ~ (TNT) (*Expl.*), siehe Trinitrotuluol.
Triac (aus zwei antiparallel geschalteten Thyristoren) (*m. - Elektronik*), triac, tiristore bidirezionale.
Triade (*f. - Chem.*), triade.
Triangel (Dreieck) (*m. - Geom.*), triangolo.
Triangulation (Triangulierung, Dreiecksaufnahme, Dreieckvermessung) (*f. - Top.*), triangolazione.
Trias (Triasformation) (*f. - Geol.*), trias, triassico.
Triboforschung (*f. - Mech. - etc.*), ricerca tribologica.
Tribologie (Schmierung- und Reibung-Wissenschaft) (*f. - Mech.*), tribologia.
Triboluminészenz (*f. - Opt.*), triboluminescenza.
Tribometer (Reibungsmesser) (*n. - Ger.*), tribometro.
Tribotechnik (Schmierung- und Reibung-Technik) (*f. - Mech.*), tribotecnica.
Tribunal (*n. - recht.*), tribunale.
Tribüne (*f. - Bauw.*), tribuna.
Tributylphosphat (TBP) (*n. - Chem.*), ributilfosfato, TBP.
Trichloräthylen ($HClC = CCl_2$) (Tri, Entfettungsmittel) (*n. - Chem. - mech. Technol.*), tricloroetilene, trielina.
trichromatisch (*Druck.*), tricromatico.

Trichter (*m. - Ger.*), imbuto. 2 ~ (Mühltrichter z. B.) (*Ind. - etc.*), tramoggia. 3 ~ (eines Vulkans) (*Geol.*), cratere. 4 ~ (Bandtrichter, einer Krempel) (*Textilmasch.*), imbuto. 5 ~ (Steigetrichter) (*Giess.*), siehe Steiger. 6 ~ **bildung** (Hohlraumbildung beim Voll-Fliesspressen) (*f. - mech. Technol. - Fehler*), cavità conica centrale. 7 ~ **einlauf** (Einguss, Einguss-stengel) (*m. - Giess.*), canale di colata. 8 ~ **lautsprecher** (*m. - Funk.*), altoparlante a tromba. 9 ~ **lunker** (*m. - Metall.*), cono di ritiro. 10 ~ **mündung** (Schlauchmündung, eines Flusses) (*f. - Ger.*), estuario. 11 ~ **mündung** (Trichterkopf, Einguss-sumpf, Eingussmulde) (*Giess.*), bacino di colata, imbocco di colata. 12 ~ **nippel** (*m. - Mech.*), ingrassatore a testa svasata. 13 ~ **plus Lauf** (Angüsse) (*Giess.*), boccame. 14 ~ **wagen** (*m. - Eisenb.*), carro a tramoggia. 15 ~ **zulauf** (Anschnitt) (*m. - Giess.*), attacco di colata. 16 **Scheide** ~ (*chem. Ger.*), imbuto separatore.
trichterförmig (*allg.*), imbutiforme.
Trickfilm (*m. - Filmtech.*), disegno animato, cartone animato.
Trickzeichner (*m. - Filmtech.*), cartonista, disegnatore di cartoni animati.
Tridymit (SiO_2) (*m. - Min.*), tridimite.
Trieb (Antrieb) (*m. - Mech.*), azionamento. 2 ~ (für hydraulische Steuerungen z. B.) (*Vorr. - Mech. - etc.*), attuatore, azionatore. 3 ~ (Zahnrad) (*Mech.*), pignone. 4 ~, siehe auch Treib... 5 ~ **achse** (*f. - Fahrz.*), asse motore. 6 ~ **drehgestell** (*n. - Eisenb.*), carrello motore. 7 ~ **fahrzeug** (Triebwagen oder Lokomotive) (*n. - Fahrz.*), motrice, mezzo di trazione. 8 ~ **feder** (eines Uhrwerks z. B.) (*f. - Mech.*), molla motrice. 9 ~ **flügelflugzeug** (Drehflügelflugzeug) (*n. - Flugw.*), aeroplano ad ala rotante, velivolo ad ala rotante. 10 ~ **kette** (Antriebskette) (*f. - Mech.*), catena di trasmissione. 11 ~ **kraft** (*f. - Mech.*), forza motrice. 12 ~ **ling** (Zahnrad, Triebrad) (*m. - Mech.*), pignone. 13 ~ **rad** (*n. - Mech. - etc.*), ruota motrice. 14 ~ **rad** (Zahnrad, Trieb, Triebling) (*Mech.*), pignone. 15 ~ **röhre** (beim Giessen von Betonpfählen) (*f. - Bauw.*), tubo (di acciaio) per pali Simplex (di cemento armato). 16 ~ **sand** (Flugsand) (*m. - Geol.*), sabbia finissima. 17 ~ **stange** (*f. - Mech.*), biella (di accoppiamento). 18 ~ **strom** (*m. - Elekt.*), corrente di trazione. 19 ~ **stockverzahnung** (bei der zylindrische Bolzen die Zähne ersetzen, Zapfenverzahnung) (*f. - Mech.*), dentatura a pioli. 20 ~ **wagen** (*m. - Eisenb.*), siehe Triebwagen. 21 ~ **wasser** (*n. - Wass.b.*), acqua motrice. 22 ~ **wasserleitung** (*f. - Wass.b.*), condotta forzata. 23 ~ **wasserrohrleitung** (*f. - Wass.b.*), condotta forzata in tubo. 24 ~ **wasserstollen** (Druckwasserstollen, Betriebswasserstollen) (*m. - Wass.b.*), condotta forzata in roccia. 25 ~ **welle** (*f. - Mech.*), albero motore. 26 ~ **welle** (Luftschraubenwelle) (*Flugw.*), albero portaelica. 27 ~ **welle** (Schlagwelle, Unterwelle, einer Webmaschine) (*Textilmasch.*), albero secondario, albero dei cuori, albero lancianavetta. 28 ~ **werk** (*n. - Mech. - Mot.*), siehe Triebwerk. 29 **Riemen** ~ (*Mech.*), trasmissione a cinghia.
Triebel (Griff, am Ruder) (*m. - naut.*), impugnatura.
Triebling (Triebrad, Zahnrad) (*m. - Mech.*), pignone.
Triebwagen (Personenwagen mit eigenem Antrieb) (*m. - Eisenb.*), automotrice. 2 ~ (Zugwagen) (*Strassenbahn*), motrice tranviaria. 3 ~ **motor** (*m. - Mot.*), motore per automotrice. 4 ~ **-Zug** (aus Triebwagen bestehender Zug) (*m. - Eisenb.*), treno formato da automotrici. 5 **Dampf** ~ (*Eisenb.*), automotrice a vapore. 6 **diesel-elektrischer** ~ (*Eisenb.*), automotrice diesel-elettrica. 7 **Diesel-** ~ (*Eisenb.*), automotrice Diesel. 8 **elektrischer** ~ (Elektrotriebwagen) (*Eisenb.*), elettromotrice. 9 **Speicher** ~ (mit mitgeführter Akkumulatorenbatterie) (*Eisenb.*), elettromotrice ad accumulatori.
Triebwerk (*n. - Mech.*), meccanismo motore. 2 ~ (Motor) (*Mot.*), motore, propulsore. 3 ~ (*Flugw.*), gruppo motopropulsore. 4 ~ (*Uhr*), movimento. 5 **Bypass-** ~ (Strahltriebw.), siehe Zweistrom-Turboluftstrahltriebwerk. 6 **Nachbrenner-Turbinenstrahl** ~ (*Flugw.*), propulsore a turbogetto con postcombustore. 7 **Propeller** ~ (*Flugw.*), propulsore ad elica. 8 **Turbinenstrahl** ~ (*Flugw.*), propulsore a turbogetto. 9 **Turbinen** ~ (*Flugw.*), propulsore a turbina (a gas).
Trieder (*n. - Geom.*), triedro.
triefen (*allg.*), sgocciolare.
Trieur (Getreidereinigungsmaschine) (*m. - Ack.b. - Masch.*), svecciatoio. 2 ~ (*Masch.*), siehe auch Auslesemaschine.
Trift (Holztrift, Triftung) (*f. - Hydr. - Transp.*), fluitazione. 2 ~ (*Wass.b.*), siehe Deichrampe. 3 ~ **rinne** (Triftkanal) (*f. - Hydr. - Transp.*), canale fluitabile.
triften (*Hydr. - Transp.*), fluitare.
Triftraum (Laufraum) (*m. - Elektronik*), spazio di scorrimento.
Triftröhre (Laufzeitröhre, eines Klystrons z. B.) (*f. - Elektronik*), tubo a modulazione di velocità.
Triftung (Trift) (*f. - Hydr. - Transp.*), fluitazione.
Triftwinkel (*m. - Elektronik*), angolo di deriva.
Trigger (elekt. oder elektronischer Schaltkreis) (*m. - Elekt.*), circuito di scatto, circuito di sgancio. 2 ~ (Schaltkreis zum Anstossen eines Vorgangs) (*Elektronik*), eccitatore, multivibratore. 3 ~ **-Impuls** (Auslöse-Impuls) (*m. - Elektronik - etc.*), impulso di sgancio, impulso di sblocco.
Triggern (Anstossen, eines Vorgangs) (*n. - Elektronik*), eccitazione.
triggern (anstossen, einen Vorgang) (*Elektronik*), eccitare. 2 ~ (auslösen) (*Elektronik - etc.*), sbloccare.
Triggerung (Auslösung, einer Diode z. B.) (*f. - Elektronik*), sblocco.
Triglyph (Triglyphe [*f.*]) (*m. - Arch.*), triglifo.
Trigonometrie (*f. - Geom. - Math.*), trigonometria. 2 **sphärische** ~ (*Math.*), trigonometria sferica.
trigonometrisch (*Math. - etc.*), trigonometrico. 2 ~ **e Absteckung** (*Top.*), traccia-

triklin   **894**

mento trigonometrico. 3 ~ **er Punkt** (*Top.*), punto trigonometrico.
triklin (Kristallsystem) (*Min.*), triclino.
Trikotgewebe (*n. - Textilind.*), tessuto a maglia.
Trikresylphosphat (TKP) (*n. - Chem.*), tricresilfosfato.
Trilit (TNT) (*Expl.*), siehe Trinitrotoluol.
Trilliarde (10^{21}) (*f. - Math.*), triliardo.
Trillion (10^{18}) (*f. - Math.*) trilione.
Trilok-Getriebe (Flüssigkeitsgetriebe) (*n. - Masch.*), cambio (idraulico) Trilok.
Trimaran (Dreirumpffahrzeug) (*n. - naut.*), trimarano.
Trim - Automat (automatisch arbeitende Schneidmaschine, für Zeitschriften) (*m. - Masch.*), taglierina automatica.
Trimer (aus drei Monomeren) (*n. - Chem.*), trimero.
Trimm (Schwimmlage eines Schiffes) (*m. - naut. - Flugw.*), assetto. 2 ~ **änderung** (*f. - naut. - Flugw.*), variazione di assetto. 3 ~ **ballast** (*m. - naut. - Flugw.*), zavorra di assetto. 4 ~ **element** (*n. - Kernphys.*), elemento compensatore. 5 ~ **fläche** (*f. - Flugw.*), correttore di assetto. 6 ~ **klappe** (eines Flugzeuges) (*f. - Flugw.*), correttore di assetto. 7 ~ **klappe** (einer Rakete) (*Flugw.*), stabilizzatore di assetto. 8 ~ **kondensator** (Trimmerkondensator) (*m. - Elekt.*), condensatore compensatore (in parallelo). 9 ~ **lage** (eines Bootes z. B.) (*f. - naut. - Flugw.*), assetto. 10 ~ **plan** (zur Verteilung von Passagieren und Fracht im Flugzeug) (*m. - Flugw.*), piano di stivaggio. 11 ~ **ruder** (verstellt das Hauptruder ohne Betätigung der Steuervorrichtung seitens des Pilots) (*n. - Flugw.*), timone automatico, correttore di assetto automatico. 12 ~ **tank** (*m. - naut.*), bottazzo, controcarena. 13 ~ **zelle** (eines U-Bootes) (*f. - Kriegsmar.*), cassa d'acqua d'assetto.
Trimmen (spanendes Bearbeiten der Öffnung an geblasenen Kunststoffhohlkörpern) (*n. - Technol.*), calibratura.
trimmen (*naut.*), assettare. 2 ~ (durch Trimmerkondensator) (*Funk.*), compensare. 3 ~ (einen Reaktor) (*Atomphys.*), compensare. 4 ~ (Kohle aus den Bunkern zu den Kesseln schaffen) (*naut.*), alimentare (carbone). 5 ~ (stauen, die Ladung) (*naut.*), stivare.
Trimmer (Trimmerkondensator) (*m. - Elekt.*), condensatore compensatore.
Trimmung (Trimm) (*f. - naut. - Flugw.*), assetto. 2 ~ **s·anzeiger** (*m. - Flugw. - Ger.*), indicatore di assetto.
Trinitron (Farbbildröhre) (*n. - Fernseh.*), trinitron.
Trinitrotoluol [(CH_2) (CH_3) (NO_2)$_3$] (TNT, Tolit, Tolita, Trilit, Tri, Trotyl, Tutol) (*n. - Expl.*), trinitrotoluolo, trinitrotoluene, tritolo.
trinkbar (*Chem.*), potabile.
Trinkbrunnen (Trinkbecken) (*m. - Bauw.*), beverino, fontanella a spillo, zampillo.
Trinkgeld (*n. - Ark.*), mancia.
Trinkwasser (*n. - Chem.*), acqua potabile. 2 ~ **leitung** (*f. - Leit.*), tubazione dell'acqua potabile, conduttura dell'acqua potabile.
Triode (Elektronenröhre) (*f. - Funk.*), triodo.

2 **gasgefüllte** ~ (*Elektronik*), triodo a gas.
Triogerüst (*n. - Walzw.*), gabbia trio, trio, gabbia a tre cilindri.
Trioreversierwalzwerk (*n. - Walzw.*), trio reversibile, laminatoio reversibile trio.
Triovorblockwalze (*f. - Walzw.*), trio preparatore.
Triowalzwerk (*n. - Walzw.*), laminatoio trio, treno trio, trio.
Trioxyd (*n. - Chem.*), triossido.
Tripel (Trippel, Tripelerde, Kieselgur) (*m. - Geol.*), tripoli, farina fossile, farina d'infusori. 2 ~ **punkt** (Temperatur) (*m. - Chem. - Metall.*), punto triplo.
Triplett (Spektrumlinie) (*n. - Opt.*), tripletto.
Triplextelegraphie (*f. - Telegr.*), telegrafia triplex.
Triptyk (Triptik, Grenzdurchlass·schein) (*n. - Aut.*), trittico.
Tritium (*T - n. - Chem.*), trizio.
Triton (der instabile Kern des Tritiums) (*n. - Radioakt.*), triton.
Tritt (Stufe) (*m. - Fahrz. - etc.*), gradino. 2 ~ (Auftritt, einer Treppe) (*Bauw.*), pedata. 3 ~ (Trethebel, am Webstuhl z. B.) (*Mech.*), pedale. 4 ~ (einer Nähmaschine) (*Masch.*), pedale. 5 ~ (Fusstritt) (*Fahrz.*), predellino. 6 ~ (Fuss·spur) (*allg.*), orma. 7 ~ (kleine Leiter) (*Ger.*), scaletta. 8 ~ (Art des Schrittes) (*allg.*), passo, andatura. 9 ~ **brett** (*n. - Fahrz.*), pedana. 10 ~ **brett** (Stufe am Wagen) (*Eisenb. - etc.*), predellino. 11 ~ **brettlampe** (*f. - Aut.*), luce illuminazione porta, luce porta. 12 ~ **gebläse** (*n. - Ger.*), mantice a pedale. 13 ~ **platte** (einer Luftbremse) (*f. - Fahrz.*), pedana. 14 ~ **plattenbremsventil** (einer Druckluft-Bremsanlage) (*n. - Fahrz.*), valvola di frenatura a pedana. 15 ~ **schall** (ein Schall der als Körperschall entsteht und teilweise als Luftschall abgestrahlt wird) (*m. - Bauw. - Akus.*), suono a propagazione mista (via solido e via aria). 16 ~ **schall** (Geräusch durch Treten verursacht) (*Bauw.*), rumore da calpestio. 17 ~ **schall-Dämmschicht** (*f. - Bauw.*), strato anti-calpestio. 18 ~ **schemel** (*m. - Ger.*), pedale. 19 ~ **stufe** (*f. - Bauw.*), pedata. 20 ~ **umschalter** (*m. - Elekt. - etc.*), commutatore a pedale. 21 ~ **webstuhl** (*m. - Textilmasch.*), telaio a pedale. 22 **ausser** ~ **fallen** (*Elekt.*), uscire di sincronismo, andare fuori passo. 23 **Brems** ~ (Bremspedal) (*Fahrz.*), pedale del freno.
trivial (*Math.*), triviale, ovvio, banale. 2 ~ e **Lösung** (*Math.*), soluzione triviale, soluzione banale, soluzione ovvia.
TRL-Schaltung (transistor-resistor logic) (*f. - Elektronik*), circuito logico a transistore-resistore.
Trochoide (*f. - Geom.*), trocoide.
Trochotron (Schaltröhre) (*n. - Elektronik*), trocotron.
trocken (*allg.*), asciutto, secco. 2 ~ (*Meteor.*), asciutto. 3 ~ (ausgetrocknet) (*Ind.*), essiccato. 4 ~ (ausgetrocknet) (*Holz*), essiccato, stagionato. 5 ~ (*Ack.b.*), arido. 6 ~ (Wein) (*Ind.*), secco. 7 ~ (Erdgas) (*Bergbau*), secco. 8 ~ e **Destillation** (*Chem.*), distillazione a secco. 9 ~ e **Gashur** (*Ger.*), contatore del gas

a secco. 10 ~ er **Formsand** (*Giess.*), terra di separazione. 11 ~ er **Wechsel** (*finanz. - komm.*), pagherò. 12 ~ es **Thermometer** (*Instr.*), termometro a bulbo asciutto. 13 ~ **legen** (*allg.*), prosciugare. 14 ~ **polieren** (*Technol.*), lucidare a secco. 15 ~ **pressen** (*Ind.*), essiccare a pressione.
Trockenanlage (Trocknerei) (*f. - Ind.*), impianto di essiccazione.
Trockenapparat (Trockner) (*m. - App.*), essiccatore.
Trockenaufbereitung (*f. - Bergbau*), preparazione per via secca.
Trockenausschuss (Papierabfälle) (*m. - Papierind.*), scarto secco, scarto nella parte secca.
Trockenbagger (*m. - Erdbew.masch.*), escavatore.
Trockenbatterie (*f. - Elekt.*), batteria a secco.
Trockendampf (*m. - Kessel*), vapore surriscaldato, vapore secco.
Trockendock (*n. - naut.*), bacino di carenaggio.
Trockendrahtzug (*m. - Metall.*), trafilatura a secco.
Trockenei (Eipulver) (*n. - Ind.*), polvere d'uovo.
Trockeneis (Kältemittel) (*n. - Ind. - Phys. - Chem.*), ghiaccio secco.
Trockenelektrolytkondensator (*m. - Elekt.*), condensatore elettrolitico a secco.
Trockenelement (*n. - Elekt.*), pila a secco.
Trockenfarbe (Farbpulver) (*f. - Farbe*), colore in polvere. 2 ~ (Sikkativ) (*Anstr.*), siccativo.
Trockenfirnis (*m. - Anstr.*), vernice siccativa.
Trockengehalt (*m. - Chem.*), contenuto secco.
Trockengerüst (für Ziegelsteine z. B.) (*n. - Maur. - App. - etc.*), essiccatoio.
Trockengewicht (*n. - Mot. - Aut.*), peso a secco.
Trockenglättwerk (einer Papiermaschine) (*n. - Papierind. - Masch.*), calandra a secco, liscia a secco.
Trockengleichrichter (*m. - Elekt. - Ger.*), raddrizzatore a secco.
Trockengleitfläche (ohne Schmiermittel) (*f. - Mech.*), superficie (di scorrimento) a secco.
Trocken-Gleit-Verschleiss (*m. - Mech.*), usura da attrito secco radente.
Trockengrad (einer Lackfarbe) (*m. - Anstr.*), grado di secchezza.
Trockengussform (*f. - Giess.*), forma a secco.
Trockenhaube (eines Damenfrisiersalons) (*f. - elekt. Ger.*), casco asciugacapelli.
Trockenheit (*f. - allg.*), secchezza. 2 ~ s·**grad** (des Holzes) (*m. - Holzind.*), grado di secchezza.
Trockenjahr (Jahr mit dem geringsten Abfluss) (*n. - Hydr.*), anno di deflusso minimo.
Trockenkammer (*f. - Ind.*), camera di essiccazione.
Trockenkondensator (*m. - Elekt.*), condensatore a secco.
Trockenkraft (*f. - Anstr.*), essiccabilità.
Trockenkupplung (*f. - Mech.*), frizione a secco. 2 **Einscheiben** ~ (*Mech.*), frizione monodisco a secco.
Trockenlauf (eines Lagers z. B.) (*m. - Mech.*), funzionamento a secco, funzionamento senza lubrificazione.
Trockenlegung (*f. - Ing.b.*), prosciugamento.
Trockenlöscher (Handfeuerlöscher) (*m. - Ger.*), estintore a secco.
Trockenmahlung (*f. - Ind.*), macinazione a secco.
Trockenmaschine (Gewebetrockenmaschine) (*f. - Textilmasch.*), macchina per asciugare.
Trockenmass (*n. - Messtechnik*), misura per aridi, misura a secco.
Trockenmauer (*f. - Maur.*), muro a secco.
Trockenmauerwerk (*n. - Maur.*), muratura a secco.
Trockenmilch (Milchpulver) (*f. - Ind.*), latte in polvere.
Trockenmittel (Sikkativ) (*n. - Anstr. - Chem.*), siccativo.
Trockenmörtel (trocken gelieferter Mörtel) (*m. - Bauw.*), malta asciutta (preconfezionata).
Trockenofen (*m. - Ind.*), forno di essiccazione.
Trockenöl (*n. - Anstr. - Chem.*), olio siccativo.
Trockenpartie (einer Papiermaschine) (*f. - Papierind. - Masch.*), seccheria, parte secca.
Trockenpresse (für Papier, Karton und Zellulose) (*f. - Masch.*), pressa a riscaldamento conduttivo.
Trockenprobe (*f. - Chem. - etc.*), prova per via secca.
Trockenrasierer (elektrischer Rasierapparat) (*m. - Ger.*), rasoio elettrico.
Trockenraumgewicht (des Bodens, Trockengewicht geteilt durch den Bodenraum) (*n. - Bauw.*), massa specifica vera.
Trockenreibung (ohne Schmiermittel) (*f. - Mech.*), attrito a secco.
Trockenreinigung (*f. - Ind.*), pulitura a secco, lavaggio a secco.
Trocken-Roll-Verschleiss (*m. - Mech.*), usura da attrito secco volvente.
Trockenrückstand (*m. - Chem.*), residuo secco.
Trockenscheibenkupplung (*f. - Aut.*), frizione a disco a secco.
Trockenschleifen (*n. - Werkz.masch.bearb.*), rettifica a secco.
Trockenschleuder (Zentrifuge) (*f. - Masch.*), idroestrattore. 2 ~ **-Luftfilter** (*m. - Mot. - Aut.*), filtro dell'aria centrifugo a secco.
Trockenschliff (von Holz) (*m. - Holzbearb.*), pulimento a secco, carteggiatura a secco. 2 ~ **papier** (*n. - Mech.*), carta abrasiva a secco.
Trockenschrank (*m. - Ger.*), essiccatoio ad armadio.
Trockenstempel (*m. - Büro - etc.*), timbro a secco.
Trockenstoff (Sikkativ) (*m. - Chem. - Anstr.*), siccativo.
Trockensumpfschmierung (*f. - Mot.*), lubrificazione a coppa secca.
Trockental (Wadi) (*n. - Geol.*), uadi.
Trockentransformator (Lufttransformator) (*m. - Elekt. - Masch.*), trasformatore in aria.
Trockentunnel (*m. - Ind.*), essiccatoio a galleria, essiccatoio a tunnel.
Trockenverfahren (*n. - Ind. - Chem.*), processo a secco, processo per via secca. 2 ~

Trockenvorgang

(Lichtpausverfahren) (*Zeichn.*), riproduzione a secco.
Trockenvorgang (*m. - Ind. - etc.*), processo per via secca.
Trockenzeit (bei Verklebung, Zeit die eingehalten werden muss zwischen Klebstoffauftrag und Verbindung) (*f. - chem. Ind.*), tempo di essiccazione.
Trockenzungenrelais (*n. - Elekt.*), relè a contatti protetti.
Trocknen (Austrocknen) (*n. - Ind.*), essiccazione, essiccamento. 2 ~ (*Anstr.*), essiccazione, essiccamento.
trocknen (*allg.*), asciugare. 2 ~ (austrocknen) (*Ind.*), essiccare. 3 ~ (*Holz*), essiccare, stagionare.
Trockner (*m. - Ger.*), essiccatoio. 2 Band ~ (*App.*), essiccatoio a nastro. 3 Konvektions ~ (*App.*), essiccatoio a (riscaldamento per) convezione. 4 **Trommel** ~ (*Textilapp.*), essiccatoio a tamburo. 5 **Tunnel** ~ (*App.*), essiccatoio a galleria, essiccatoio a tunnel. 6 **Vakuum** ~ (*App.*), essiccatoio sotto vuoto.
Trocknerei (Trockenanlage) (*f. - Ind.*), impianto di essiccazione.
Trocknung (*f. - Ind.*), essiccazione, essiccamento. 2 ~ s·mittel (*n. - Chem. ind.*), essiccante (*s.*). 3 ~ s·schrumpfung (Erhärtungsschwindung, von Beton) (*f. - Maur.*), ritiro durante la presa. 4 **induktive** ~ (*Ind.*), essiccamento ad induzione. 5 **Infrarot** ~ (*Anstr.*), essiccazione a raggi infrarossi. 6 **Kontakt** ~ (auf beheizten Metallflächen) (*Ind.*), essiccazione per contatto, essiccazione per conduzione. 7 **Konvektions** ~ (mit Warmluft z. B.) (*Ind.*), essiccazione per convezione. 8 **Luft** ~ (*Ind.*), essiccazione naturale. 9 **Ofen** ~ (*Ind.*), essiccazione in forno. 10 **Ultraschall** ~ (*Ind.*), essiccazione ad ultrasuoni.
Trödel (Altwaren) (*m. - komm.*), rigatteria. 2 ~ **handel** (Altwarenhandel) (*m. - komm.*), commercio di rigatteria.
Trödler (*m. - komm.*), rigattiere, ferrovecchio.
Trog (Gefäss) (*m. - allg.*), trogolo. 2 ~ (für Mörtel z. B.) (*Maur. - Ger.*), conca. 3 ~ **bandförderer** (*m. - ind. Masch.*), trasportatore a piastre. 4 ~ **brücke** (*f. - Brück.b.*), ponte a travata metallica aperto (superiormente). 5 ~ **förderband** (*n. - ind. Transp.*), nastro trasportatore a piastre. 6 ~ **kettenförderer** (*m. - ind. Masch.*), trasportatore a catena raschiante intubata. 7 ~ **tal** (U-Tal) (*f. - Geol.*), valle a conca, conca. 8 **elektrolytischer** ~ (zum Ausmessen eines elektrischen Feldes) (*Elekt.*), vasca elettrolitica.
T-Röhre (*f. - Leit.*), tubo a T, T.
Trol (Troland, Einheit der Pupillenlichtstärke des Auges) (*n. - Opt.*), trol.
Troland (Einheit der Pupillenlichtstärke des Auges) (*n. - Opt.*), troland.
Trolleybus (Obus, Oberleitungsomnibus) (*m. - Fahrz.*), filobus.
Trombe (heftiger lokaler Wirbelstrom) (*f. - Meteor.*), tromba.
Trommel (*f. - allg.*), tamburo, cilindro. 2 ~ (einer Bremse) (*Aut.*), tamburo. 3 ~ (Scheuerfass) (*mech. Technol.*), barilatrice, bottale. 4 ~ (Unterbau einer Kuppel) (*Arch.*), tamburo. 5 ~ (einer Zentrifuge) (*Masch.*), paniere. 6 ~ (Tambour, Hauptwalze einer Karde) (*Textilmasch.*), tamburo. 7 ~ (eines Kessels) (*Kessel*), corpo (cilindrico). 8 ~ **abfall** (*m. - Textilind.*), cascame del tamburo. 9 ~ **anker** (*m. - Elekt.*), indotto a tamburo. 10 ~ **boden** (*m. - Kessel*), fondo (di caldaia). 11 ~ **bremse** (*f. - Mech. - Aut.*), freno a tamburo. 12 ~ **einstellehre** (für die Werkzeuge einer Transferstrasse z. B.) (*f. - Ger.*), calibro di messa a punto a tamburo. 13 ~ **fell** (eines Ohres) (*n. - Akous.*), timpano. 14 ~ **fräsmaschine** (Rundtischfräsautomat dessen Werkstückaufspannvorrichtung aus einer drehenden Trommel besteht) (*f. - Werkz.masch.*), fresatrice continua (con portapezzi) a tamburo. 15 ~ **kessel** (*m. - Kessel*), caldaia a corpi cilindrici. 16 ~ **kurve** (*f. - Mech.*), camma a tamburo. 17 ~ **-Lackieren** (*n. - Anstr.*), verniciatura a tamburo, verniciatura a buratto. 18 ~ **läufer** (eines Axialverdichters) (*m. - Masch.*), rotore a tamburo. 19 ~ **magazin** (zur Zuführung der Werkstücke) (*n. - Werkz.masch.*), caricatore a tamburo. 20 ~ **mühle** (Kugelmühle, zur Nassaufbereitung des Rohstoffgemenges bei Porzellanherstellung) (*f. - Masch.*), mulino a palle. 21 ~ **pfanne** (Giesstrommel) (*f. - Giess. - Metall.*), siviera cilindrica, siviera a tamburo, siviera a botte. 22 ~ **-Polieren** (Trommeln) (*n. - mech. Technol.*), barilatura, bottalatura. 23 ~ **putzwalze** (Schnellwalze, Anstrebewalze, einer Krempel) (*f. - Textilmasch.*), volante. 24 ~ **revolver** (Trommelrevolverkopf) (*m. - Werkz.masch.*), torretta cilindrica. 25 ~ **sandfunker** (zum Sandfunken von Oberflächen) (*m. - App. - mech. Technol.*), sabbiatrice centrifuga. 26 ~ **schleifen** (Trommeln, Scheuern) (*n. - mech. Technol.*), barilatura (con abrasivi), bottalatura (con abrasivi). 27 ~ **schleuse** (*f. - Wass.b.*), paratoia cilindrica. 28 ~ **schwimmer** (eines Vergasers) (*m. - Aut. - Mot.*), galleggiante a tamburo. 29 ~ **sieb** (*n. - Bergbau - Masch.*), vaglio a tamburo. 30 ~ **wicklung** (*f. - Elekt.*), avvolgimento a tamburo. 31 **Brems** ~ (*Aut.*), tamburo (del) freno. 32 **grosse** ~ (Trommel, einer Krempel) (*Textilmasch.*), gran tamburo, tamburo. 33 **Kabel** ~ (*Elekt.*), tamburo per cavi.
trommelbar (Kabel z. B.) (*Elekt. - etc.*), avvolgibile su tamburo.
Trommelbarkeit (von Kabeln) (*f. - Elekt. - etc.*), avvolgibilità su tamburo.
trommellackieren (*Anstr.*), verniciare a tamburo, verniciare a buratto.
Trommeln (Polieren von Kleinteilen) (*n. - mech. Technol.*), barilatura, bottalatura.
trommeln (*mech. Technol.*), barilare, bottalare.
Trompe (*f. - Arch.*), pennacchio.
Trompetenachse (Flanschachse, Hinterachse) (*f. - Aut.*), assale flangiato.
Troostit (*m. - Metall.*), troostite.
Tropen (*pl. - Geogr.*), tropici. 2 ~ **fahrzeug** (*n. - Fahrz.*), veicolo adatto per climi tropicali. 3 ~ **isolation** (*f. - Elekt.*), isolamento tropicale. 4 ~ **isolierung** (*f. - Elekt.*), isolamento tropicale. 5 ~ **klima** (*n. - Meteor.*), clima tropicale. 6 ~ **krankheit** (*f. - Med.*),

malattia tropicale. 7 ~ **kühler** (*m. - Mot.*), radiatore per climi tropicali. 8 ~ **prüfung** (*f. - Elekt. - etc.*), prova tropicale. 9 ~ **schutz** (*m. - Elekt. - etc.*), tropicalizzazione.
tropenfest (*Elekt. - Instr.*), tropicalizzato.
tropengeeignet (Ausführung) (*Masch. - etc.*), adatto per climi tropicali, tropicalizzato.
tropengeschützt (tropenfest) (*Elekt. - Instr.*), tropicalizzato.
tropensicher (tropenfest) (*Elekt.*), tropicalizzato.
tropentauglich (*Instr. - etc.*), adatto per servizio tropicale.
tropfdicht (*Elekt.*), protetto contro lo stillicidio.
Tropfdüse (Tropfenzähler) (*f. - Ger.*), contagocce.
tröpfeln (tropfen) (*allg.*), gocciolare.
Tropfen (*m. - Phys. - etc.*), goccia. 2 ~ **schmierung** (*f. - Mech.*), lubrificazione a goccia. 3 ~ **zähler** (*m. - Ger.*), contagocce.
Tropfflasche (Bürette) (*f. - chem. Ger.*), buretta.
Tropfkörperanlage (zur Reinigung von Abwasser) (*f. - Bauw.*), letto percolatore, letto di scolamento percolatore, biofiltro.
Tropfkörperbehandlung (von Abwasser) (*f. - Bauw.*), percolazione, biofiltrazione.
Tropfloch (*n. - Bauw.*), foro di scolo.
Tropföler (*m. - Ger.*), oliatore a goccia.
Tropfpunkt (eines Fettes) (*m. - Chem.*), punto di sgocciolamento.
Tropfrinne (*f. - Aut. - Aufbau*), gocciolatoio, grondaia.
Tropfschale (Ölfänger z. B.) (*f. - Ger.*), raccoglitore, sgocciolatoio.
Tropfschmierung (*f. - Mech.*), lubrificazione a goccia.
Tropfstein (Stalaktit oder Stalagmit) (*m. - Min.*), concrezione calcarea da gocciolamento.
tropfwassergeschützt (*Elekt.*), protetto contro lo stillicidio.
Tropfwasserschutz (*m. - Elekt.*), protezione contro lo stillicidio.
tropisch (*Meteor. - Geogr.*), tropicale.
Tropopause (*f. - Geophys.*), tropopausa.
Troposphäre (die unterste Schicht der Atmosphäre) (*f. - Geophys.*), troposfera.
Trosse (starkes Tau) (*f. - naut.*), gomena, gherlino, cavo torticcio. 2 ~ **n·schlag** (Rundschlag) (*m. - Seile*), avvolgimento triplo incrociato.
Trossel (Ringspinnmaschine) (*f. - Textilmasch.*), filatoio ad anelli.
Trottoir (Bürgersteig) (*n. - Strasse*), marciapiedi.
Trotyl (TNT) (*Expl.*), siehe Trinitrotoluol.
Trübe (Wasserstrom mit kleinen Erzteilen) (*f. - Bergbau*), torbida. 2 ~ **-Dichte** (*f. - Hydr.*), coefficiente di torbida.
trübe (trüb, unklar, Wasser z. B.) (*allg.*), torbido. 2 ~ (glanzlos, matt) (*allg.*), opaco. 3 ~ (neblig) (*Meteor.*), nebbioso. 4 ~ (wolkenverhüllt) (*Meteor.*), coperto. 5 ~ (Farbe) (*Opt.*), cupo.
Trübeis (*n. - Phys.*), ghiaccio opaco.
Trübglas (Opalglas, Milchglas) (*n. - Glasind.*), vetro opalino, vetro opaco.

Trübung (*f. - allg.*), torbidità, torbidezza. 2 ~ (*Anstr.fehler*), opalescenza. 3 ~ **s·analyse** (*f. - Chem.*), analisi nefelometrica. 4 ~ **s·messer** (*m. - Ger.*), siehe Turbidimeter. 5 ~ **s·mittel** (*n. - Chem. - etc.*), opacizzante (*s.*). 6 ~ **s·punkt** (Temperatur, eines Mineralöls, Schmieröls, etc.) (*m. - Chem.*), punto di intorbidamento. 7 ~ **s·zahl** (von durchsichtigen Kunststoff-Schichten) (*f. - Chem.*), indice di intorbidamento.
Trudelkanal (Windkanal) (*m. - Flugw.*), galleria del vento verticale.
Trudeln (*n. - Flugw.*), avvitamento, vite. 2 ins ~ **bringen** (*Flugw.*), mettere in vite. 3 ins ~ **kommen** (*Flugw.*), cadere in vite, entrare in vite, avvitarsi.
trudeln (*Flugw.*), cadere in vite, avvitarsi, entrare in vite.
Trudler (Senkrechtförderer, antriebslos) (*m. - Transp.*), scivolo a chiocciola.
Truhe (*f. - Möbel*), cassapanca. 2 ~ (Schubkarre) (*Fahrz.*) (*schweiz.*), carriola.
Tru-Lay-Seil (*n. - Seile*), fune preformata, fune tru-lay, fune inerte.
Trum (Teil, einer Kette z. B.) (*m. - Mech.*), tratto, ramo. 2 ~ (Schachtabteilung) (*Bergbau*), tratto.
Trumm (Ende, eines Seiles z. B.) (*n. - m. - allg.*), capo, estremità. 2 ~ (eines Riemens) (*Mech.*), tratto. 3 **schlaffes** ~ (eines Riemens z. B.) (*Mech.*), tratto lento, ramo lento. 4 **straffes** ~ (eines Riemens z. B.) (*Mech.*), tratto teso, ramo teso.
Trümmer (Bruchstücke) (*n. - pl. - allg.*), frammenti. 2 ~ (Überrest) (*Bauw. - etc.*), macerie. 3 ~ **gestein** (Konglomerat) (*n. - Bauw.*), conglomerato.
Trumpfbalken (Schlüsselbalken) (*m. - Bauw.*), trave secondaria.
Trupp (Arbeitstrupp) (*m. - Arb.*), squadra.
Truppen (*f. - pl. - milit.*), truppe. 2 ~ **schau** (Parade) (*f. - milit.*), rivista, parata. 3 ~ **transporter** (*m. - naut. - Flugw.*), trasporto, trasporto truppe. 4 ~ **übungen** (*f. - pl. - milit.*), manovre.
Trust (*m. - finanz.*), « trust ».
TS (Trennschalter) (*Elekt.*), sezionatore. 2 ~ (Turbinenschiff) (*naut.*), turbonave. 3 ~ (Teilnehmerschaltung) (*Fernspr.*), circuito di abbonato.
T-Schaltung (Scottsche Schaltung) (*f. - Elekt.*), avvolgimento trifase con collegamento a T.
T-Schraube (für Reisszeuge) (*f. - Mech. - Zeichn.*), vite con testa a T.
T,s-Diagramm (Wärmediagramm) (*n. - Thermodyn.*), diagramma entropico.
TSE (Trägerspeichereffekt, in Thyristoren) (*Elektronik*), effetto d'accumulo di portatori (di carica).
TSt (Thomas-Stahl) (*Metall.*), acciaio Thomas. 2 ~ (Telegraphenstelle) (*Telegr.*), posto telegrafico.
T-Stück (*n. - Leit.*), T, raccordo a T.
TT (Tonträger) (*Fernseh.*), portante audio. 2 ~ (Turbinentanker) (*naut.*), turbocisterna.
TTL-Schaltung (transistor-transistor logic) (*f. - Elektronik*), circuito logico a transistore-transistor.
TT-Stück (*n. - Leit.*), siehe Kreuzstück.

TTT-Kurve (TTT-Diagramm) (*f. - Metall.*), siehe ZTU-Schaubild.
TU (Tu, zulässige Unparallelität) (*Mech.*), tolleranza di parallelismo.
Tu (TU, zulässige Unparallelität) (*Mech.*), tolleranza di parallelismo.
TÜ (Technische Überwachung) (*Technol. - etc.*), sorveglianza tecnica.
TÜA (Technisches Überwachungsamt) (*Technol. - etc.*), Ufficio di Sorveglianza Tecnica.
Tübbingausbau (Gussringausbau, Schachtausbau aus gusseisernen Ringen) (*m. - Bergbau*), rivestimento stagno metallico (ad anelli di ghisa), torre blindata, « tubbing ».
Tube (zylindrischer Behälter mit Schraubverschluss, aus Aluminium z. B., für pastenartige Stoffe) (*f. - mech. Technol. - Pharm. - etc.*), tubetto. 2 ~ n·füll- und Schliessmaschine (*f. - Masch.*), macchina per riempire e chiudere tubetti. 3 ~ n·spritzen (*n. - mech. Technol.*), siehe Spritzpressen.
Tuberkulose (*f. - Med.*), tubercolosi.
Tubus (eines Fernrohrs oder Mikroskops) (*m. - Opt.*), tubo. 2 ~ (Kegelhülse, Kegelhals, Rohrstück an Glasgeräten) (*chem. Ger.*), tubo.
Tuch (Gewebe) (*n. - Textilind.*), tessuto. 2 ~ (Zeug) (*Text.*), panno. 3 ~ (Stoff) (*Text.*), stoffa. 4 ~ filter (*m. - n. - Ger.*), filtro di tessuto. 5 ~ klemme (chirurgisches Instr.) (*f. - Med.*), punto metallico. 6 ~ lutte (zur Bewetterung z. B.) (*f. - Bergbau - etc.*), manichetta di panno. 7 ~ scheibe (*f. - Mech. - Werkz.*), disco di stoffa (per lucidatrice). 8 ~ zeichen (*n. - Flugw.*), telo da segnalazione. 9 Flaggen ~ (Fahnentuch) (*Textilind.*), tessuto per bandiere.
tüchtig (*allg.*), idoneo, abile, atto. 2 luft ~ (*Flugw.*), atto alla navigazione aerea. 3 see ~ (*naut.*), atto a tenere il mare.
Tüchtigkeit (*f. - allg.*), attitudine, abilità. 2 Luft ~ (*Flugw.*), navigabilità. 3 See ~ (*naut.*), qualità nautiche.
Tuff (Tuffstein) (*m. - Geol.*), tufo. 2 Basalt ~ (*Min.*), tufo basaltico. 3 Kalk ~ (*Min.*), tufo calcareo.
Tüll (Gewebe) (*m. - Text.*), tulle.
Tülle (Hülse) (*allg.*), bussola, boccola. 2 ~ (Hülse aus Isoliermaterial) (*f. - Elekt.*), isolatore passante. 3 ~ (Mundstück) (*Leit.*), imboccatura, bocchino, bocchetta. 4 Ausguss ~ (eines Gefässes) (*allg.*), bocchello (di efflusso). 5 Kegel ~ (*Elekt.*), isolatore passante conico. 6 Schlauch ~ (*Elekt.*), isolatore passante flessibile.
Tumblerschalter (Kipphebelschalter) (*m. - Elekt.*), interruttore a bilico.
Tümpel (*m. - Giess.*), bacino (di colata).
Tünche (Wandanstrich aus dünnflüssigem, weissem Kalk) (*f. - Maur.*), tinta a calce.
Tünchen (*n. - Maur.*), tinteggiatura a calce. 2 ~ (Anweissen) (*Maur.*), imbiancatura.
tünchen (*Maur.*), tinteggiare a calce. 2 ~ (anweissen) (*Maur.*), imbiancare.
Tüncher (Weissner) (*m. - Maur. - Arb.*), imbianchino.
Tungöl (Holzöl) (*n. - Anstr.*), olio di legno.
tunken (eintauchen) (*allg.*), intingere.
tunlich (*allg.*), eseguibile, effettuabile, realizzabile.

Tunlichkeit (*f. - allg.*), eseguibilità, effettuabilità, realizzabilità.
Tunnel (*m. - Ing.b.*), galleria. 2 ~ (einer Karosserie) (*Aut.*), tegolo coprittrasmissione, tunnel. 3 ~ auskleidung (*f. - Ing.b.*), rivestimento di galleria. 4 ~ bau (*m. - Ing.b.*), costruzione di gallerie. 5 ~ boden (einer Karosserie) (*m. - Aut.*), tegolo coprittrasmissione. 6 ~ diode (für Verstärker z. B.) (*f. - Elektronik*), diodo tunnel. 7 ~ effekt (*m. - Phys.*), effetto di tunnel. 8 ~ eingang (*m. - Ing.b.*), imbocco di galleria. 9 ~ fräser (*m. - Erdbew.masch.*), fresa per (lo scavo di) gallerie. 10 ~ konsole (*f. - Aut.*), portaoggetti sul tunnel (trasmissioni). 11 ~ ofen (*m. - Ofen*), forno a galleria, forno a tunnel. 12 ~ rahmen (*m. - Ing.b.*), armatura di galleria. 13 ~ schild (*m. - Ing.b.*), scudo di avanzamento. 14 ~ sohle (*f. - Ing.b.*), pavimento della galleria. 15 ~ welle (Zwischenwelle) (*f. - naut.*), albero intermedio. 16 ~ zimmerung (*f. - Ing.b.*), armamento di galleria. 17 Schiffs ~ (*Ing.b.*), galleria canale. 18 Schrauben ~ (*naut.*), tunnel dell'elica. 19 Strassen ~ (*Strass.b.*), galleria stradale. 20 Unterwasser ~ (*Ing. b.*), galleria subacquea. 21 Zwillings ~ (Doppeltunnel) (*Ing.b.*), galleria doppia, galleria gemella.
Tüpfelreaktion (*f. - Chem.*), reazione alla tocca.
Tüpfeltest (*m. - Chem.*), prova alla tocca.
Tupfen (*n. - Anstr.*), battitura, tamponatura.
Tupfer (Tipper, eines Vergasers) (*m. - Mot.*), titillatore.
Tupfpapier (Patronenpapier, Musterpapier, Linienpapier) (*n. - Textilind.*), carta tecnica, carta quadrettata.
Tür (*f. - Bauw. - etc.*), porta. 2 ~ (*Aut.*), porta, portiera. 3 ~ anschlag (Türkeil, Türnase) (*m. - Aut. - etc.*), riscontro per porta. 4 ~ dichtung (*f. - Fahrz. - etc.*), guarnizione della porta. 5 ~ drücker (*m. - Zimm.*), maniglia della porta. 6 ~ feststeller (*m. - Aut. - etc.*), fermaporta. 7 ~ flügel (*m. - Bauw.*), battente (di porta). 8 ~ griff (*m. - Aut. - etc.*), maniglia della portiera. 9 ~ keil (Türnase, Türanschlag) (*m. - Aut. - etc.*), riscontro per porta. 10 ~ kontakt (*m. - Elekt. - Aut.*), contatto sulla porta. 11 ~ lichtschalter (*m. - Fahrz. - Aut.*), interruttore luce azionato dall'apertura della portiera. 12 ~ luftbehälter (*m. - Fahrz. - etc.*), serbatoio d'aria per azionamento porte. 13 ~ nase (Türkeil, Türanschlag) (*f. - Aut. - etc.*), riscontro per porta. 14 ~ oberlicht (*n. - Bauw.*), lunetta, rosta a lunetta. 15 ~ öffner (*m. - Ger.*), apriporte. 16 ~ öffnung (*f. - Bauw.*), porta, vano porta. 17 ~ pfosten (*m. - Bauw.*), stipite della porta. 18 ~ rahmen (*m. - Bauw.*), telaio della porta. 19 ~ schliesser (*m. - Vorr.*), chiudiporta. 20 ~ schwelle (*f. - Bauw. - etc.*), soglia della porta. 21 ~ schwelle (Einstiegleiste, eines Pkw) (*Aut.*), batticalcagno. 22 ~ steher (Pförtner) (*m. - Arb.*), portiere. 23 ~ stock (Türzarge) (*m. - Bauw.*), chiassile della porta, telaio della porta. 24 ~ stock (*Bergbau*), quadro. 25 ~ sturz (*m. - Bauw.*), architrave (di porta). 26 ~ tasche (*f. - Aut.*), tasca sulla portiera. 27 ~ zarge (Türstock) (*f. - Bauw.*), chiassile della porta, telaio della porta. 28 blinde

~ (*Bauw.*), porta cieca. **29 Doppel** ~ (*Bauw.*), porta doppia. **30 Dreh** ~ (*Bauw.*), porta girevole. **31 Druckluft** ~ **schliesser** (*Vorr.*), chiudiporta pneumatico. **32 einflügelige** ~ (*Bauw. - Zimm.*), porta ad un battente. **33 elektromagnetischer** ~ **öffner** (*Bauw. - Ger.*), apriporte elettromagnetico. **34 Fahrer** ~ (*Aut.*), portiera anteriore. **35 Fall** ~ (*Bauw.*), saracinesca, serranda. **36 feuersichere** ~ (*Bauw.*), porta antincendio. **37 Flügel** ~ (zweiflügelige Tür) (*Bauw.*), porta a due battenti. **38 Fond** ~ (*Aut.*), portiera posteriore. **39 Harmonika** ~ (Scherengittertür) (*Bauw.*), porta a fisarmonica. **40 Klapp** ~ (*Bauw.*), botola. **41 Öldruck** ~ **schliesser** (*Vorr.*), chiudiporta idraulico. **42 Pendel** ~ (*Bauw.*), porta a vento, porta a calci, porta a battenti apribili nei due sensi. **43 pneumatischer** ~ **öffner** (*Fahrz. - Ger.*), apriporta pneumatico. **44 Polster** ~ (*Bauw.*), porta imbottita. **45 Scherengitter** ~ (Harmonikatür) (*Bauw.*), porta a fisarmonica. **46 Schiebe** ~ (*Bauw.*), porta scorrevole, porta a battenti scorrevoli. **47 verglaste** ~ (*Bauw. - Zimm.*), porta a vetri. **48 vorn angeschlagene** ~ (*Aut.*), portiera incernierata posteriormente. **49 Wendeflügel-** ~ (Drehtür) (*Bauw.*), porta girevole. **50 Zimmer-** ~ (in Wohnungen, Büro-Häusern, etc.) (*Bauw.*), porta interna. **51 zweiflügelige** ~ (*Bauw.*), porta a due battenti. **52 Zweifüllungs** ~ (*Bauw.*), porta a due pannelli, porta a due specchiature.

Turas (Kettenrad) (*m. - Mech.*), rocchetto (per catena).

Turbator (Einkreis-Magnetfeldröhre) (*m. - Elektronik*), turbator.

Turbidimeter (*m. - n. - Ger.*), torbidimetro, nefelometro.

Turbine (*f. - Turb.*), turbina. **2** ~ **mit radialer Strömung** (*Turb.*), turbina a flusso radiale. **3** ~ **n·anlasser** (eines Turbinenstrahltriebwerkes) (*m. - Strahltriebw.*), avviatore della turbina. **4** ~ **n·beschaufelung** (*f. - Turb.*), palettatura della turbina. **5** ~ **n·Elektroschiff** (*n. - naut.*), nave turboelettrica. **6** ~ **n·gehäuse** (*n. - Turb.*), carcassa (di turbina, cassa turbina. **7** ~ **n·grube** (eines Kraftwerks z. B.) (*f. - Bauw.*), fossa (per) turbina. **8** ~ **n·halle** (*f. - Bauw. - Wass.b.*), sala turbine. **9** ~ **n·läufer** (*m. - Turb.*), girante della turbina. **10** ~ **n·leistung** (an der Turbinenkupplung) (*f. - Turb.*), potenza (di uscita) della turbina, potenza al giunto di accoppiamento (della turbina). **11** ~ **n·leitung** (*f. - Hydr.*), condotta forzata (della turbina). **12** ~ **n·lokomotive** (Turbolokomotive) (*f. - Eisenb.*), locomotiva a turbina (a gas), turbolocomotiva. **13** ~ **n·luftstrahltriebwerk** (TL-Triebwerk) (*n. - Strahltriebw.*), turbogetto, motore a turbogetto. **14** ~ **n·propellertriebwerk** (TP-Triebwerk) (*n. - Flugw.*), turboelica, motore a turboelica. **15** ~ **n·pumpe** (*f. - Turb. - Masch.*), turbopompa. **16** ~ **n·pumpenaggregat** (*n. - Masch.*), gruppo turbopompa, turbopompa. **17** ~ **n·rad** (eines hydraulischen Wandlers z. B.) (*n. - Masch. - Fahrz.*), girante turbina. **18** ~ **n·schaufel** (*f. - Turb.*), paletta (di) turbina. **19** ~ **n·scheibe** (*f. - Turb.*), disco girante turbina. **20** ~ **n·schiff** (*n. - naut.*), turbonave. **21** ~ **n·strahltriebwerk** (*n. - Strahltriebw.*), turbogetto, motore a turbogetto. **22** ~ **n·wassermesser** (*m. - Hydr. - Ger.*), mulinello idrometrico. **23 Aktions** ~ (*Turb.*), turbina ad azione. **24 Axial** ~ (*Turb.*), turbina assiale. **25 Dampf** ~ (*Turb.*), turbina a vapore. **26 Entnahme** ~ (*Turb.*), turbina a presa intermedia, turbina a spillamento. **27 Fahrzeug** ~ (Gasturbine) (*Turb. - Fahrz.*), turbina per autoveicoli. **28 freifahrende** ~ (ohne Ummantelung) (*Turb.*), turbina a vento. **29 Gas** ~ (*Turb. - Mot.*), turbina a gas. **30 Gegendruck** ~ (*Turb.*), turbina a contropressione. **31 mehrstufige** ~ (*Turb.*), turbina a più stadi. **32 Wasser** ~ (*Turb.*), turbina idraulica. **33 Zweikreis-Hubstrahl-** ~ (*Turb. - Flugw.*), turbina per gettosostentazione a due circuiti.

Turboabscheider (Zyklon) (*m. - Ger.*), ciclone separatore, separatore a ciclone, separatore centrifugo.

Turboalternator (*m. - elekt. Masch.*), turboalternatore.

Turbo-Bremse (für Lastwagen) (*f. - Fahrz.*), turbofreno.

Turbodynamo (*f. - Elekt.*), turbodinamo.

turboelektrisch (*naut.*), turboelettrico. **2** ~ **er Antrieb** (*naut. - Eisenb.*), propulsione turboelettrica.

Turbofantriebwerk (Turbofan) (*n. - Strahltriebw.*), turbofan, motore turbofan.

Turbofilter (Fliehkraftentstauber) (*m. - Ger.*), turbofiltro.

Turbogebläse (*n. - Masch.*), turbocompressore.

Turbogenerator (*m. - Elekt.*), turbogeneratore.

Turbogetriebe (Getriebeturbine) (*n. - Fahrz. - etc.*), turboriduttore.

Turboheizer (*m. - App. - Heizung*), aerotermo a turbina.

Turbokompressor (*m. - Masch.*), turbocompressore.

Turbolader (Abgasturbolader) (*m. - Mot.*), turbocompressore. **2 Abgas** ~ (*Mot.*), turbocompressore a gas di scarico.

Turboluftstrahltriebwerk (Turbojettriebwerk) (*n. - Strahltriebw.*), turbogetto, motore a turbogetto. **2 Zweistrom-** ~ (ZTL, Bypass-Triebwerk, Zweikreis-TL) (*Strahltriebw.*), turbogetto a due flussi, turbogetto a bypass.

Turbo-Propellertriebwerk (Turbo-Prop) (*n. - Flugw. - Mot.*), turboelica, motore a turboelica.

Turborührer (Schaufelrührer) (*m. - Ger.*), agitatore a pale.

Turbosatz (*m. - Masch.*), turboalternatore.

Turbostrahltriebwerk (TL-Triebwerk, Turbo-Jet) (*n. - Strahltriebw.*), turbogetto, motore a turbogetto.

Turboverdichter (von Luftstrahltriebwerken) (*m. - Strahltriebw.*), compressore.

Turbowendegetriebe (*n. - Fahrz.*), turboinvertitore.

turbulent (*Mech. der Flüss.k.*), turbolento. **2** ~ **e Bewegung** (*Mech. der Flüss.k.*), moto turbolento.

Turbulenz (*f. - Mech. der Flüss.k.*), turbolenza. **2 freie** ~ (*Mech. der Flüss.k.*), turbolenza libera. **3 Wand** ~ (*Mech. der Flüss.k.*), turbolenza vincolata.

Turm (*m. - Bauw. - etc.*), torre. **2** ~ (Kontroll-

Turmalin

turm) (*Flugw.*), torre di controllo. 3 ~ (eines U-Bootes) (*Kriegsmar.*), torretta. 4 ~ **beton-Zentrale** (Betonmischturm) (*f. - Bauw.*), torre di miscelazione del calcestruzzo. 5 ~ **dach** (Pyramidendach) (*n. - Bauw.*), tetto a guglia, tetto piramidale. 6 ~ **deck** (*n. - naut.*), ponte a torre. 7 ~ **drehkran** (Turmkran) (*m. - ind. Masch.*), gru a torre. 8 ~ **garage** (Autosilo) (*f. - Aut.*), autorimessa a torre. 9 ~ **glühofen** (eine Durchlaufanlage) (*m. - Metall.*), forno di ricottura a torre. 10 ~ **haus** (*n. - Bauw.*), grattacielo. 11 ~ **-Intensiv-Verfahren** (für Schwefelsäure, bei dem Reaktionstürme statt der Bleikammern verwendet werden) (*n. - chem. Ind.*), sistema a torri. 12 ~ **kabelkran** (*m. - ind. Masch.*), blondin a torre. 13 ~ **mast** (eines Feuerschiffes) (*m. - naut.*), albero a torre. 14 ~ **uhr** (*f. - Uhr*), orologio da torre. 15 ~ **tropfkörper** (für Abwasser) (*m. - Bauw.*), letto percolatore a torre. 16 ~ **wagen** (für Oberleitungen z. B.) (*m. - Fahrz.*), veicolo a torre. 17 Bohr ~ (*Bergbau*), torre di perforazione, torre di trivellazione. 18 Kontroll ~ (*Flugw.*), torre di controllo. 19 Leucht ~ (*Navig.*), faro.
Turmalin (*m. - Min.*), tormalina. 2 schwarzer ~ (Schörl) (*Min.*), tormalina nera.
Turnen (*n. - Sport*), ginnastica.
Turnhalle (*f. - Bauw. - Sport*), palestra.
Turnus (Abwechslung, Schicht) (*m. - allg.*), turno, rotazione. 2 ~ **prüfung** (*f. - Technol.*), prova ciclica.
turnusmässig (*allg.*), a turno, a rotazione.
Tusche (Farblösung) (*f. - chem. Ind.*), colore all'acquerello. 2 ~ (chinesische Tusche) (*Zeichn.*), inchiostro di china. 3 ~ **-Skizze** (*f. - Zeichn.*), schizzo ripassato in china, schizzo ripassato con inchiostro di china. 4 ~ **-Zeichnung** (Original) (*f. - Zeichn.*), disegno lucidato in china. 5 chinesische ~ (schwarze Tusche) (*Farbe*), inchiostro di china.
Tuscheinsatz (eines Zirkels) (*m. - Zeichn. - Ger.*), punta per inchiostro.
tuschen (*Kunst*), acquerellare, dipingere all'acquerello.
Tuschierätzen (eines Gesenkes z. B.) (*n. - mech. Technol.*), ritoccatura chimica, ritocco chimico.
Tuschierdorn (*m. - Mech.*), perno di riscontro.
Tuschieren (Prüfung der Ebenheit einer Oberfläche z. B. mit Tuschierfarbe) (*n. - Mech.*), rilevamento impronte di contatto, controllo con colore, coloritura, procedimento del colore.
tuschieren (die Ebenheit einer Oberfläche z. B. mit Tuschierfarbe prüfen) (*Mech.*), rilevare impronte di contatto, controllare con colore.
Tuschierfarbe (zur Prüfung der Ebenheit einer Oberfläche z. B.) (*f. - Mech.*), rilevatore di impronte di contatto, colore per rilevare impronte di contatto, colore di controllo.
Tuschierpaste (zur Prüfung der Ebenheit einer bearbeiteten Oberfläche z. B.) (*f. - Mech.*), pasta (colorata) per rilevare impronte di contatto.
Tuschierplastik (zur Prüfung von Oberflächen z. B.) (*f. - Technol.*), riscontro in plastica.
Tuschierplatte (zur Prüfung der Ebenheit einer Oberfläche z. B.) (*f. - Mech. - Ger.*), piano di riscontro (per il controllo della planarità), piastra di controllo.
Tuschierpresse (zur Prüfung der Gesenke) (*f. - Blechbearb.masch.*), pressa per prova stampi.
TUSt (Thomas-Stahl, unberuhigt) (*Metall.*), acciaio Thomas non calmato.
Tute (Allonge, Ballon, Düte, bei Zinkgewinnung) (*f. - Metall.*), allunga.
Tüte (Papierbeutel) (*f. - Papierind.*), sacchetto di carta. 2 ~ **n·bildung** (*f. - Metall.*), formazione del cono di ritiro. 3 ~ **n·guss** (Blockguss-Verfahren in eine langsam im Wasserbad abgesenkte Blechkokille) (*m. - Metall.*), colata (di lingotti) con raffreddamento graduale (in lingottiera). 4 ~ **n·papier** (*n. - Papierind.*), carta per sacchetti.
Tutol (TNT) (*Expl.*), siehe Trinitrotoluol.
TÜV (Technischer Überwachungsverein) (*Ind. - etc.*), ufficio di sorveglianza tecnica.
TV (technische Vorschrift) (*Normung - etc.*), norma tecnica, prescrizione tecnica. 2 ~ (Tarifvertrag) (*Arb.*), contratto collettivo. 3 ~ **-Beton** (*Strass.b.*), prescrizioni tecniche per pavimentazioni di cemento. 4 ~ **bit** (*Strass.b.*), prescrizioni tecniche per pavimentazioni di asfalto.
TVA (Technische Versuchs-Anstalt) (*Technol. - etc.*), Istituto Tecnico di Ricerca.
T-Verbindungsstutzen (*m. - Leit.*), raccordo a T.
T-Verschraubung (*f. - Leit.*), raccordo filettato a T.
t-Verteilung (*f. - Stat.*), distribuzione (di probabilità) t.
TVH (Tränkvollholz) (*Holz*), legname impregnato.
TVO (Tiefbohrverordnung) (*Bergbau*), regolamento sulle perforazioni.
TVRGas (*Bauw.*), norme per impianti di distribuzione dell'acqua e del gas.
TVU (*Strass.b.*), prescrizioni tecniche per l'esecuzione di sottofondi stradali.
TW (Tw, zülassige Ungleichwinkligkeit) (*Mech.*), tolleranza di angolarità.
Tw (TW, zulässige Ungleichwinkligkeit) (*Mech.*), tolleranza di angolarità.
TWB (Temperaturwechsel-Beständigkeit) (*Metall.*), resistenza alle variazioni di temperatura.
Tweed (Wollgewebe) (*m. - Textilind.*), «tweed».
Tweidel (Lappenbündel zum Auftrocknen des Schiffsdecks) (*n. - naut.*), radazza.
T-Wert (Mass·stab für die Güte des Isolierkörpers, einer Zündkerze z. B.: die Temperatur, bei der der Isolationswert auf 1 Meg-Ohm gesunken ist) (*m. - Elekt. - Aut.*), (temperatura) indice di isolamento.
Twistor (magnetischer Speicher) (*m. - Elektronik*), twistor.
Tyndalleffekt (bei der Streuung des Lichtes an suspendierten Teilchen) (*m. - Opt.*), effetto Tyndall.
Tyndallisieren (Sterilisierungsmethod) (*n. - Chem. - Ind.*), tindallizzazione.
Tyndallometer (Ger. zum Messen des Staubgehaltes der Luft) (*n. - Ger.*), misuratore del contenuto di polvere (nell'aria).

Typ (Grundform, Muster) (*m. - allg.*), tipo. **2** ~ **schild** (zur Kennzeichnung von Kraftwagen) (*n. - Fahrz.*), targhetta.
Type (Druckletter) (*f. - Druck.*), carattere. **2** ~ (Lichtbild) (*Phot.*), fotografia. **3** ~ n·**druck** (Buchdruck) (*m. - Druck.*), tipografia, stampa tipografica. **4** ~ n·**drucker** (Typendrucktelegraph) (*m. - Telegr.*), telegrafo stampante. **5** ~ n·**giessmaschine** (*f. - Druck. - Giess.masch.*), fonditrice di caratteri. **6** ~ n·**hebel** (einer Schreibmaschine) (*m. - Büromasch.*), martelletto, leva portacaratteri. **7** ~ n·**leistung** (*f. - Mot. - etc.*), potenza omologata. **8** ~ n·**metall** (*n. - Metall. - Druck.*), lega per caratteri. **9** ~ n·**prüfung** (*f. - Mot. - Masch.*), prova di omologazione. **10** ~ n·**prüfung** (*Elekt.*), prova di tipo. **11** ~ n·**synthese** (*f. - Mech.*), sintesi strutturale.
typgeprüft (*Mot. - Masch.*), omologato.
Typhus (*m. - Med.*), tifo.
Typie (Grad der Verschiedenheit der Kristallgitter) (*f. - Min.*), grado di diversificazione.
Typisierung (Typnormung, Typung, von Produktionsmitteln und Konsumgütern) (*f. - Ind.*), tipizzazione.
Typnormung (*f. - Ind.*), *siehe* Typisierung (*f.*).
Typograph (Buchdrucker) (*m. - Arb.*), tipografo.
Typographie (Buchdruckerkunst) (*f. - Druck.*), tipografia.
typographisch (*Druck.*), tipografico. **2** ~ **er Punkt** (= 0,376 mm) (*Druck.*), punto tipografico. **3** ~ **e Säge** (*Werkz.*), seghetto per tipografia. **4** ~ **es Zeilenmass** (*Druck. - Ger.*), tipometro.
Typprüfung (*f. - Fahrz. - etc.*), prova di omologazione.
Typung (*f. - Ind.*), *siehe* Typisierung (*f.*).
TZ (Tz, zulässige Abweichung vom Kreiszylinder) (*Mech.*), tolleranza di cilindricità.
Tz (TZ, zulässige Abweichung vom Kreiszylinder) (*Mech.*), tolleranza di cilindricità.
T_2O (doppelschweres Wasser, mit dem Wasserstoff-Isotop Tritium) (*Chem.*), T_2O, acqua pesante al trizio.

U

U (Umdrehung) (*Mech.*), giro. 2 ~ (Unterseeboot) (*Kriegsmar.*), sommergibile. 3 ~ (Uran) (*Chem.*), U, uranio. 4 ~ (innere Energie) (*Thermodyn.*), U, energia interna. 5 ~ (Mikro... = 10^{-6}) (*Mass*), micro... 6 ~ (elekt. Spannung, Potentialdifferenz) (*Elekt.*), tensione (elettrica). 7 ~ (Übermass, negatives Spiel, einer Passung) (*Mech.*), interferenza. 8 ~ (unberuhigt, Stahl) (*Metall.*), effervescente, non calmato. 9 ~ (Umflechtung, Umhüllung, eines Kabels) (*Elekt.*), calza.

U_a (Anodenspannung) (*Elektronik*), tensione anodica. 2 ~ (Ausgangsspannung) (*Elekt.*), tensione di uscita.

U_b (Betriebsspannung) (*Elekt.*), tensione di esercizio.

U_c (Kollektorspannung) (*Elektronik*), tensione di collettore.

U_f (Heizspannung) (*Elektronik*), tensione di filamento.

U_g (Grösstübermass) (*Mech.*), interferenza massima. 2 ~ (Gittervorspannung) (*Elektronik*), tensione di polarizzazione di griglia.

U_i (Istübermass) (*Mech.*), interferenza effettiva.

U_k (Kleinstübermass) (*Mech.*), interferenza minima. 2 ~ (Kurzschluss-spannung) (*Elekt.*), tensione di corto circuito.

U_l (Leerlaufspannung) (*Elekt.*), tensione a vuoto.

u (Geschwindigkeit) (*Mech.*), v, velocità.

ü (Übersetzungsverhältnis, eines Transformators z. B.) (*Elekt. - Mech.*), rapporto di trasformazione, rapporto di trasmissione.

u. (und) (*allg.*), e.

UA (Unterausschuss) (*Normung - etc.*), sottocomitato. 2 ~ (Mikroampere) (*Elekt.*), µA, microampere.

u. a. (und andere) (*allg.*), ed altro. 2 ~ (unter anderern) (*allg.*), tra l'altro.

u. ä. (und ähnliche) (*allg.*), e simili.

u-Achse (Momentandrehachse, eines Radsatzes) (*f. - Eisenb.*), asse istantaneo di rotazione.

u. a. m. (und anderes mehr) (*allg.*), ed altro ancora.

u. A. w. g. (um Antwort wird gebeten) (*allg.*), si prega di rispondere.

UB (Ununterbrochener Betrieb) (*Elekt.*), servizio continuo.

U-Bahn (Untergrundbahn) (*f. - Eisenb.*), ferrovia sotterranea, sotterranea (*s.*), metropolitana (sotterranea).

über (*allg.*), sopra, su. 2 ~ (gegen, in Abhängigkeit von, in einem Schaubild z. B.) (*Math. - etc.*), in funzione di. 3 ~ S.O. (Höhe über Schienenoberkante) (*Eisenb.*), (altezza) dal piano del ferro.

Überalterung (*f. - Wärmebeh.*), sovrainvecchiamento.

Überanpassung (eines Lautsprechers z. B.) (*f. - Funk.*), sovra-adattamento.

Überanstrengung (*f. - Arb. - Med.*), strapazzo, surmenage.

Überarbeit (Überstunden) (*f. - Arb.*), lavoro straordinario, straordinario (*s.*).

überarbeiten (verbessern) (*Mech. - etc.*), ripassare.

Überballonreifen (*m. - Aut.*), pneumatico a bassissima pressione.

Überbau (einer Brücke z .B.) (*m. - Bauw.*), sovrastruttura.

Überbeanspruchung (*f. - Mech. - etc.*), sovrasollecitazione.

Überbearbeitung (*f. - allg.*), rielaborazione.

überbelasten (*Mot. - etc.*), sovraccaricare.

Überbelegung (des Arbeitsraumes z. B.) (*f. - Arb. - etc.*), sovraffollamento.

überbelichtet (*Phot.*), sovraesposto.

Überbelichtung (*f. - Phot.*), sovraesposizione.

Überbestand (*m. - Ind. - Adm.*), eccedenza di magazzino.

Überbesteuerung (*f. - finanz.*), sovraimposta.

überbieten (einer Rekord) (*Sport*), abbassare, battere.

überblasener Stahl (*Metall.*), acciaio (al convertitore) eccessivamente decarburato, acciaio sottoposto ad eccessivo soffiaggio.

Überblattung (Holzverbindung) (*f. - Zimm.*), giunto a mezzo legno.

Überbleibsel (*n. - allg.*), residuo.

überblenden (auflösen, eines Fernsehbildes z. B.) (*Filmtech. - Fernseh. - Opt.*), dissolversi.

Überblender (*m. - Fernseh.*), « fader », potenziometro di dissolvenza, attenuatore variabile.

Überblendung (*f. - Phot. - Filmtech. - Fernseh.*), dissolvenza.

überborden (eines Flusses) (*Wass.b. - Hydr.*), straripare, uscire dalle sponde, tracimare.

Überbringer (*m. - finanz. - etc.*), portatore.

überbrücken (*Elekt.*), fare ponte. 2 ~ (eine Brücke schlagen) (*Brück.b. - etc.*), gettare un ponte. 3 ~ (zweier Klemmen z. B.) (*Elekt.*), cavallottare. 4 ~ (ausschliessen, eines Gerätes z. B. aus einem Stromkreis z. B.) (*Elekt.*), escludere.

überbrückt (Klemme) (*Elekt.*), cavallottato.

Überbrückung (*f. - Bauw.*), collegamento con ponte. 2 ~ (Verbindung zweier Klemmen z. B.) (*Elekt.*), cavallottamento, connessione con ponticello. 3 ~ (Ausschliessung, eines Gerätes z. B., aus einem Stromkreis z. B.) (*Elekt.*), esclusione. 4 ~ **klemme** (*f. - Elekt.*), ponticello.

überdachen (*Bauw.*), coprire, mettere la copertura.

überdampfen (destillieren) (*allg.*), distillare.

Überdampfung (Destillation) (*f. - allg.*), distillazione.

überdecken (bedecken) (*allg.*), coprire. 2 ~ (übereinander fügen) (*Mech.*), sovrapporre.
Überdeckung (*f. - allg.*), copertura. 2 ~ (von Zahnrädern) (*Mech.*), ricoprimento. 3 ~ (Überschneidung, Ventilüberschneidung, bei Steuerung) (*Mot.*), angolo di ricoprimento, ricoprimento. 4 ~ (*Radar*), zona localizzata, zona esplorata. 5 ~ s·grad (Eingriffsdauer, von Zahnrädern, Verhältnis zwischen Eingriffslänge und Zahnteilung) (*m. - Mech.*), rapporto d'azione. 6 Axial ~ s·grad (Sprungüberdeckung, von Zahnrädern) (*m. - Mech.*), rapporto di ricoprimento. 7 Profil ~ (eines Stirnradgetriebes, Verhältnis der Eingriffslänge zur Stirnteilung) (*Mech.*), rapporto di ricoprimento. 8 Sprung ~ (eines Stirnradgetriebes, Verhältnis von Sprung zu Stirnteilung) (*Mech.*), rapporto di ricoprimento.
Überdicke (*f. - allg.*), sovraspessore.
überdimensional (*allg.*), sovradimensionato, surdimensionato.
überdimensioniert (*Mech.*), maggiorato.
überdrehen (die höchstzulässige Motordrehzahl überschreiten) (*Mot.*), imballare, superare la velocità limite. 2 ~ (ein Gewinde) (*Mech.*), strappare, serrare eccessivamente. 3 ~ (aussendrehen) (*Werkz.masch.bearb.*), tornire esterno.
Überdrehzahl (*f. - Mot.*), survelocità. 2 ~ (bei Fahrversuchen von Personenkraftwagen z. B.) (*Mot. - Aut.*), « fuori giri ».
Überdruck (übermässiger Druck) (*m. - Phys. - Masch.*), sovrappressione 2 ~ (in atü gemessen) (*Phys. - Meteor.*), pressione relativa. 3 ~ (nachträglicher Aufdruck) (*Druck.*), stampa sovrapposta, sovrastampa. 4 ~ anzug (*m. - Flugw.*), tuta pressurizzata, tuta stagna, combinazione stagna. 5 ~ bremse (Druckluftbremse) (*f. - Masch.*), freno ad aria compressa. 6 ~ förderung (Kraftstoff-Förderung) (*f. - Mot. - Aut.*), alimentazione sotto pressione. 7 ~ kabine (druckdichter Rumpf eines hochfliegenden Flugzeuges) (*f. - Flugw.*), cabina stagna, cabina pressurizzata. 8 ~ kühlung (eines Verbr.mot.) (*f. - Mot. - Aut.*), raffreddamento a pressione. 9 ~ turbine (Reaktionsturbine) (*f. - Turb.*), turbina a reazione. 10 ~ turbine mit Radialdampfströmung (*Turb.*), turbina a reazione a flusso radiale. 11 ~ ventil (*n. - Masch.*), valvola limitatrice (di pressione), valvola di sicurezza contro sovrapressioni. 12 Öl ~ ventil (*Mot.*), valvola limitatrice della pressione dell'olio, valvola regolatrice della pressione dell'olio.
übereck (*allg.*), diagonalmente.
übereignen (*komm.*), trasferire la proprietà.
Übereignung (*f. - recht.*), trapasso di proprietà, voltura.
übereinandergeschichtet (Kunststoff) (*chem. Ind.*), stratificato.
Übereinanderlagerung (*f. - allg.*), sovrapposizione.
übereinanderliegend (*allg.*), sovrapposto.
Übereinkommen (*n. - allg.*), accordo, convenzione.
übereinkommen (*allg.*), essere d'accordo, convenire.

übereinstimmen (*allg.*), corrispondere, coincidere.
Übereinstimmung (*f. - allg.*), concordanza, coincidenza.
überelastisch (*Mech.*), iperelastico.
überentwickelt (*Phot. - etc.*), sovrasviluppato.
Überernährung (*f. - Med.*), sovranutrizione, ipernutrizione.
übererregt (*Elekt.*), sovraeccitato.
Übererregung (*f. - Elekt.*), sovraeccitazione. 2 ~ s·verfahren (*n. - elekt. Masch.*), metodo della sovraeccitazione.
übereutektisch (*Metall.*), ipereutettico.
übereutektoid (*Metall.*), ipereutettoide.
überfahren (kreuzen) (*Bergbau*), attraversare. 2 ~ (*Aut.*), investire. 3 ~ (eine Grenze) (*allg.*), oltrepassare, superare.
Überfahrt (über das Meer z. B.) (*f. - naut. - etc.*), traversata. 2 ~ (Kreuzung) (*Strasse - etc.*), attraversamento.
Überfahrweg (eines Aufzugs z. B.) (*m. - Bauw. - etc.*), extracorsa.
Überfall (Überlauf) (*m. - Hydr.*), sfioratore. 2 ~ (Überfallwehr) (*Wass.b.*), stramazzo libero. 3 ~ höhe (*f. - Hydr.*), spessore (della vena) sulla soglia dello stramazzo. 4 ~ krone (*f. - Wass.b.*), soglia dello stramazzo. 5 ~ messung (zur Messung von Abflussmengen) (*f. - Hydr.*), misurazione (della portata) a stramazzo. 6 ~ rohr (Überlaufrohr) (*n. - Hydr.*), tubo di troppo pieno. 7 ~ wehr (*n. - Wass.b.*), stramazzo libero. 8 dreieckiger ~ (*Wass.b.*), stramazzo triangolare. 9 Mess ~ (zur Messung von Abflussmengen) (*Hydr.*), stramazzo per misure di portata. 10 scharfe ~ kante (*Wass.b.*), soglia a spigolo vivo dello stramazzo. 11 Senkung des ~ s (*Hydr.*), chiamata allo sbocco (dello stramazzo). 12 unvollkommener ~ (Grundwehr) (*Wass.b.*), stramazzo rigurgitato. 13 Versuchs ~ (*Wass.b.*), stramazzo tipo. 14 vollkommener ~ (Überfallwehr) (*Wass.b.*), stramazzo libero.
überfangen (mit einer dünnen Schicht farbigen Glases überziehen) (*Glasind.*), placcare, rivestire (con strato di vetro colorato).
Überfangglas (Zweischichtglas) (*n. - Glasind.*), vetro placcato.
Überfärbeechtheit (*f. - Textil.*), solidità della sovratintura.
überfärben (nochmals färben) (*Anstr.*), applicare un'altra mano (dello stesso colore).
Überfetten (des Kraftstoff-Luft-Gemisches) (*n. - Mot. - Aut.*), arricchimento.
überfetten (das Kraftstoff-Luft-Gemisch) (*Mot. - Aut.*), arricchire.
überfettet (Gemisch) (*Mot. - Aut.*), ricco, grasso.
Überfettung (des Gemisches eines Verbr. mot.) (*f. - Mot.*), arricchimento.
überfliegen (*Flugw.*), sorvolare.
Überflurbelüftung (eines elekt. Mot. z. B.) (*f. - Elekt. - etc.*), ventilazione da sopra il pavimento.
Überflurbewässerung (*f. - Ack.b.*), irrigazione con acque superficiali.
Überflurhydrant (*n. - Hydr.*), idrante a colonnina.

Überflur-Taktstand

Überflur-Taktstand (*m. - Aut.*), banco di servizio a cadenza di tipo rialzato, banco rialzato per servizio a cadenza.
überfluten (*Hydr.*), inondare. 2 ~ (einen Vergaser) (*Mot. - Aut.*), ingolfare, invasare.
Überflutung (*f. - Hydr.*), inondazione. 2 ~ (eines Vergasers) (*Mot. - Aut.*), ingolfamento, invasamento.
Überfrischen (von Stahlschmelzen) (*n. - Metall.*), sovra-affinazione.
Überfuhr (Fähre) (*f. - naut.*) (*österr.*), traghetto.
überführen (den Markt, überfüllen) (*komm.*), sovra-approvvigionare, sovraccaricare. 2 ~ (reduzieren) (*Chem.*), ridurre. 3 ~ (eine Brücke bauen) (*Strasse - etc.*), gettare un ponte. 4 ~ (belegen, eine Strasse z. B.) (*allg.*), ricoprire. 5 ~ (umwandeln, Roheisen in Stahl z. B.) (*Metall.*), convertire.
Überführung (*f. - Strasse - Eisenb.*), soprappassaggio. 2 ~ s·**draht** (*m. - Fernspr.*), filo di connessione volante. 3 ~ s·**kasten** (*m. - Fernspr.*), cassetta di raccordo. 4 ~ s·**zahl** (der Ionen in einem Elektrolyt) (*f. - Elektrochem.*), numero di trasporto.
überfüllen (*allg.*), riempire troppo.
Übergabe (*f. - milit.*), resa. 2 ~ (Übertragung des Besitzes) (*recht.*), trasferimento, trapasso, voltura. 3 ~ (einer Anlage an dem Betreiber z. B.) (*komm.*), consegna. 4 ~ **leistung** (in Verbundnetzen, Austauschleistung) (*f. - Elekt.*), potenza trasferita. 5 ~ **stelle** (in Verbundnetzen, Stelle an der die Menge und Leistung der von einem Netz an ein anderes abgegebene Energie gemessen wird) (*f. - Elekt.*), punto di misurazione della potenza trasferita. 6 ~ -**Walzwerk** (Überhebe-Walzwerk) (*n. - Walzw.*), treno duo irreversibile. 7 ~ **zeit** (des Blockes vom Stahlwerk zum Walzwerk z. B.) (*f. - Metall. - etc.*), tempo di trasferimento. 8 **schlüsselfertige** ~ (eines Hauses) (*Bauw. - komm.*), consegna chiavi in mano.
Übergang (Wechsel) (*m. - allg.*), trapasso. 2 ~ (Umwandlung) (*Chem.*), trasformazione. 3 ~ (Kreuzung, eines Flusses z. B.) (*allg.*), traversata. 4 ~ (Kreuzung) (*Eisenb.*), crociamento. 5 ~ (Kreuzung) (*Strasse*), incrocio. 6 ~ (für Fussgänger) (*Strass.ver.*), attraversamento (pedonale). 7 ~ (bei Halbleitern) (*Elektronik*), giunzione. 8 ~ s·**antwort** (*f. - Regelung*), risposta transitoria. 9 ~ s·**bahnhof** (*m. - Eisenb.*), stazione di transito. 10 ~ s·**bestimmung** (*f. - allg.*), disposizione transitoria. 11 ~ s·**bogen** (*m. - allg.*), arco di raccordo. 12 ~ s·**buchse** (*f. - Leit.*), manicotto di riduzione. 13 ~ s·**funktion** (*f. - Math. - etc.*), funzione di trasferimento. 14 ~ s·**kurve** (*f. - Eisenb. - Strass.b.*), curva di transito, curva di raccordo, curva di transizione. 15 ~ s·**metall** (Metalloid) (*n. - Metall.*), metalloide. 16 ~ s·**passung** (*f. - Mech.*), accoppiamento incerto. 17 ~ s·**periode** (*f. - allg.*), periodo transitorio. 18 ~ s·**radius** (Radius) (*m. - Mech.*), raggio di raccordo. 19 ~ s·**radius** (Kurve zwischen Kopf und Schaft einer Schraube z. B.) (*Mech.*), raccordo. 20 ~ s·**reaktanz** (*f. - elekt. Masch.*), reattanza transitoria. 21 ~ s·**sehen** (*n. - Opt.*), visione mesopica. 22 ~ s·**verhalten** (*n. - Elekt. - etc.*), comportamento transitorio. 23 ~ s·**widerstand** (Kontaktwiderstand) (*m. - Elekt.*), resistenza di contatto. 24 ~ s·**zustand** (*m. - allg.*), stato transitorio. 25 **Faltenbalg** ~ (*Fahrz.*), intercomunicante, mantice intercomunicante.
übergar (*allg.*), troppo cotto. 2 ~ (Stahl) (*Metall.*), bruciato.
übergeordnet (*allg.*), subordinante.
Übergewicht (*n. - allg.*), eccesso di peso.
übergiessen (*Giess. - etc.*), applicare mediante colata.
Übergrösse (*f. - Mech. - etc.*), maggiorazione. 2 ~ (von Kolben z. B., für ausgebohrte Zylinder) (*Mot.*), maggiorazione.
Übergruppe (*f. - Fernspr.*), supergruppo.
Überhang (Vorsprung) (*m. - Bauw. - etc.*), sporgenza, sbalzo, aggetto. 2 ~ (Vorsprung einer Bergwand z. B.) (*Geol. - etc.*), strapiombo. 3 ~ (von Fensterbehängen) (*Bauw.*), mantovana. 4 **hintere** ~ **länge** (*Fahrz. - Aut.*), sbalzo posteriore. 5 **hinterer** ~**winkel** (*Fahrz. - Aut.*), angolo di sbalzo posteriore. 6 **vordere** ~ **länge** (*Fahrz. - Aut.*), sbalzo anteriore. 7 **vorderer** ~ **winkel** (*Fahrz. - Aut.*), angolo di sbalzo anteriore.
überhängen (*allg.*), sporgere, aggettare.
Überhebe-Walzwerk (Übergabe-Walzwerk) (*n. - Walz.*), treno duo irreversibile.
überheizen (überhitzen) (*allg.*), surriscaldare.
überhitzen (*allg.*), surriscaldare.
Überhitzer (bei Dampfkesseln) (*m. - Kessel*), surriscaldatore.
Überhitzung (*f. - allg.*), surriscaldamento. 2 ~ s·**empfindlichkeit** (*f. - Wärmebeh.*), sensibilità al surriscaldamento.
überhöhen (eine Kurve) (*Strass.b. - Eisenb.*), sopraelevare. 2 ~ (*Bauw.*), sopraelevare, alzare, sopralzare. 3 ~ (eine Karte) (*Geogr.*), far risaltare le altezze.
überhöht (Kurve) (*Strass.b. - Eisenb.*), sopraelevato.
Überhöhung (einer Kurve) (*f. - Eisenb. - Strass.b.*), sopraelevazione. 2 ~ (*Bauw.*), sopralzo. 3 ~ (eines Nockens z. B.) (*Mech.*), alzata. 4 ~ (der Zahnfolge eines Räumers) (*Werkz.*), incremento. 5 ~ (der Resonanz oder der Schwingungen z. B.) (*Phys.*), esaltazione. 6 ~ s·**faktor** (eines Reaktors) (*m. - Kernphys.*), fattore di vantaggio.
Überholdrehmoment (eines Anlassers) (*n. - Elektromech.*), coppia di sorpasso.
Überholen (*n. - Aut. - Strass.ver.*), sorpasso. 2 ~ **mit Beschleunigung** (*Aut. - Strass.ver.*), sorpasso con accelerazione. 3 **zügiges** ~ (ohne wesentliche Geschwindigkeitsänderung) (*Aut. - Strass.ver.*), sorpasso senza accelerazione.
überholen (ausbessern) (*Mot. - Aut. - Mech.*), revisionare. 2 ~ (vorbeifahren) (*Fahrz. - Strass.ver.*), sorpassare. 3 **general** ~ (*Mot. - etc.*), sottoporre a revisione generale.
Überholkupplung (Freilaufkupplung, bei der in einer Bewegungsrichtung eine Mitnahme und in der anderen Freilauf entsteht) (*f. - Masch.*), (giunto a) ruota libera, giunto unidirezionale.

Überholsichtweite (*f. - Aut. - Strass.b.*), visibilità di sicurezza nei sorpassi.
Überholspur (*f. - Strass.ver.*), corsia di sorpasso.
Überholung (Ausbesserung) (*f. - Mot. - Aut. - Mech.*), revisione. 2 ~ (*Fahrz. - Strass.ver.*), sorpasso. 3 ~ s·gleis (*n. - Eisenb.*), binario di sorpasso. 4 ~ s·zeit (eines Flugmotors z. B.) (*f. - Mot.*), periodo di revisione, periodo tra le revisioni. 5 vollständige ~ (*Mot. - etc.*), revisione generale.
Überholverbot (Verkehrszeichen) (*n. - Strass.ver.*), divieto di sorpasso.
Überholvorgang (*m. - Aut. - Strass.ver.*), (fase di) sorpasso.
Überhörfrequenz (*f. - Akus.*), frequenza superacustica.
Überkämmung (*f. - Tischl.*), siehe Verkämmung.
Überkippung (einer Falte) (*f. - Geol.*), coricamento.
Überkleid (Anzug) (*n. - Arb. - etc.*), tuta.
Überkohlung (*f. - Wärmebeh.*), carbocementazione eccessiva.
Überkommutierung (beschleunigte Kommutierung, beschleunigte Stromwendung) (*f. - Elekt.*), sovracommutazione.
Überkompensation (eines Drehstromnetzes z. B.) (*f. - Elekt. - etc.*), sovracompensazione.
Überkompoundierung (*f. - Elekt.*), eccitazione ipercompound.
Überkopfarbeit (Schweissen z. B.) (*f. - mech. Technol.*), lavoro sopratesta.
Überkopfdrehen (bei dem die Spanfläche des Werkz. nach unten gerichtet ist) (*n. - Werkz.masch.bearb.*), tornitura inversa.
Überkopf-Kettenförderer (*m. - ind. Transp.*) trasportatore a catena aerea.
Überkopf-Schleppkettenförderer (Kreisförderer zum ziehen von auf Flur fahrenden Wagen) (*m. - ind. Transp.*), trasportatore a catena aerea trainante.
Überkopfschweissen (*n. - mech. Technol.*), saldatura sopratesta.
überkopfschweissen (*mech. Technol.*), saldare sopratesta.
Überkorn (Siebrückstand) (*n. - Ind.*), residuo di vagliatura.
Überkragung (*f. - allg.*), sporgenza.
überkreuzt (*allg.*), incrociato
überkritisch (*Atomphys.*), ipercritico.
überladen (zu stark belasten) (*mech. Technol. - etc.*), sovraccaricare. 2 ~ (einen Akkumulator) (*Elekt.*), caricare eccessivamente.
überlagern (*allg.*), sovrapporre. 2 ~ (in Schichten übereinanderlegen) (*allg.*), sovrapporre a strati.
Überlagerung (*f. - allg.*), sovrapposizione a strati. 2 ~ (Interferenz) (*Funk.*), interferenza. 3 ~ (*Fernseh.fehler*), sovrapposizione (di immagini). 4 ~ s·empfang (*m. - Funk.*), ricezione ad eterodina. 5 ~ s·empfänger (*m. - Funk.*), ricevitore ad eterodina. 6 ~ s·getriebe (Summengetriebe, Umlaufgetriebe bei dem die Drehzahl des 3. Gliedes durch die Überlagerung der beiden Antriebsdrehzahlen entsteht) (*n. - Mech.*), rotismo epicicloidale a sovrapposizione (di giri, o di coppia). 7 ~ s·pfeifen (*n. - Funk.*), fischio d'interferenza.

8 ~ s·telegraphie (*f. - Telegr.*), telegrafia superacustica. 9 ~ s·ton (*m. - Akus.*), suono di battimento. 10 ~ s·wellenmesser (*m. - Elekt.*), ondametro eterodina.
Überlandbahn (*f. - Strasse*), strada di grande comunicazione.
Überlandomnibus (*m. - Aut.*), autobus di linea, autobus interurbano.
Überlandverkehr (*m. - Strass.ver.*), traffico interurbano.
Überlandzentrale (Überlandkraftwerk, Überlandwerk) (*f. - Elekt.*), centrale interregionale.
überlappen (*Technol.*), sovrapporre.
Überlappstoss (beim Schweissen z. B.) (*m. - mech. Technol.*), giunto a sovrapposizione.
überlappt (*Technol.*), sovrapposto. 2 ~ schweissen (*mech. Technol.*), saldare a sovrapposizione.
Überlappung (*f. - Technol.*), sovrapposizione. 2 ~ (*Walzw. - Fehler*), sovrapposizione. 3 ~ (Oberflächenfehler, durch Faltenbildung verursacht) (*Schmiedefehler*), sovrapposizione. 4 ~ (Überlappungswinkel) (*Elekt.*), angolo di commutazione. 5 ~ s·nietung (*f. - mech. Technol.*), chiodatura a sovrapposizione. 6 ~ s·schweissung (*f. - mech. Technol.*), saldatura a sovrapposizione.
überlaschen (*mech. Technol.*), montare un coprigiunto.
Überlaschung (*f. - Mech.*), giunzione a coprigiunto, unione a coprigiunto.
Überlast (*f. - Mot. - Elekt. - etc.*), sovraccarico (*s.*). 2 ~ auslöser (*m. - Elekt.*), interruttore di sovraccarico. 3 ~ barkeit (*f. - Mot. - Elekt. - etc.*), sovraccaricabilità, sovraccarico ammissibile. 4 ~ drehzahl (eines Verbrennungsmotors) (*f. - Mot.*), numero di giri di sovraccarico, velocità di sovraccarico. 5 ~ kupplung (Drehmomentbegrenzer) (*f. - Masch.*), giunto limitatore di coppia.
überlastbar (*Elekt. - etc.*), sovraccaricabile.
Überlastbarkeit (*f. - Elekt. - etc.*), sovraccaricabilità, sovraccarico ammissibile.
überlasten (*Mot. - Elekt. - etc.*), sovraccaricare.
überlastet (*Mot. - Elekt. - etc.*), sovraccaricato.
Überlastung (*f. - Technol.*), sovraccarico (*s.*). 2 ~ s·kupplung (Sicherheitskupplung) (*f. - Mech.*), innesto di sicurezza, giunto di sicurezza, giunto limitatore. 3 ~ s·probe (*f. - Technol.*), prova di sovraccarico. 4 ~ s·schutz (*m. - Mech. - Elekt. - etc.*), protezione contro i sovraccarichi.
Überlauf (Abfluss) (*m. - Hydr.*), sfioratore, troppo-pieno, tracimatore. 2 ~ (Überfahren einer Position) (*Werkz.masch.bearb.*), supero, sorpasso. 3 ~ (übergefahrener Weg, des Werkzeugshubes bis zum Umkehrpunkt) (*Werkz.masch.bearb.*), sovracorsa, extracorsa. 4 ~ (beim Flachschleifen z. B., Weg bei dem die Schleifscheibe nicht voll im Eingriff ist) (*Werkz.masch.bearb.*), oltrecorsa. 5 ~ (Erzeugung einer Menge die ausserhalb der Kapazität eines Speichers, etc. ist) (*Rechner*), supero di capacità. 6 ~ bohrer (Maschinengewindebohrer) (*m. - Werkz.*), maschio per macchina. 7 ~ form (Abquetschform, zweiteilige Pressform für Kunststoffe) (*f. - Technol.*), stampo con canale di bava. 8 ~ gefäss

überlaufen (einer Heizanlage) (n. - Heizung), vaso di espansione, serbatoio di espansione. 9 ~ **länge** (eines Spiralbohrers) (f. - Werkz.), altezza (triangolo dei) taglienti, altezza estremità conica. 10 ~ **rohr** (des Kühlers z. B.) (n. - Leit. - Aut.), tubo di troppopieno. 11 ~ **verkehr** (m. - Fernspr.), traffico di trabocco. 12 ~ **wehr** (n. - Wass.b.), sfioratore a stramazzo.
überlaufen (einer Flüssigkeit) (allg.), traboccare, tracimare.
Überleben (n. - allg.), sopravvivenza. 2 ~ s-**wahrscheinlichkeit** (f. - allg.), probabilità di sopravvivenza.
Überlegung (Berücksichtigung) (f. - allg.), considerazione.
Überleistung (grösste Nutzleistung während einer Stunde, oder mit Unterbrechungen in 6 Stunden) (f. - Mot.), potenza unioraria, sovrapotenza.
überlesen (nicht beachten, einen Satz auf einem Lochstreifen z. B.) (Datenverarb.), saltare, ignorare.
Überlichtgeschwindigkeit (Geschwindigkeit grösser als die Lichtgeschwindigkeit) (f. - Phys.), velocità superiore a quella della luce.
Überliegen (Schrägliegen, eines Schiffes) (n. - naut.), sbandamento, sbandata.
Überliegezeit (f. - naut.), controstallìa.
Überlochzone (f. - Datenverarb.), siehe X Lochung.
Übermass (negatives Spiel, einer Passung) (n. - Mech.), interferenza. 2 ~ (eines Werkstückes) (Mech.), maggiorazione. 3 ~ (Bearbeitungszugabe) (Mech.), sovrametallo. 4 ~ **verlust** (einer Presspassung, durch Glättung der Oberflächen entstandener Verlust des Übermasses) (m. - Mech.), calo di interferenza. 5 **Grösst** ~ (einer Passung, Unterschied zwischen dem Grösstmass der Welle und dem Kleinstmass der Bohrung) (Mech.), interferenza massima. 6 **Ist** ~ (einer Passung) (Mech.), interferenza reale, interferenza effettiva. 7 **Kleinst** ~ (einer Passung, Unterschied zwischen dem Kleinstmass der Welle und dem Grösstmass der Bohrung) (Mech.), interferenza minima.
übermässig (Anstrengungsgrad) (Arb. - Zeitstudium), elevatissimo.
übermitteln (schicken) (allg.), trasmettere, inoltrare.
übermoderiert (Reaktor) (Kernphys.), sovramoderato.
Übermodulierung (f. - Funk.), sovramodulazione.
Übermolekül (Riesenmolekül) (n. - Chem.), macromolecola.
Übermöllerung (eines Ofens) (f. - Metall.), caricamento eccessivo.
Übermüdung (f. - Arb.), iperaffaticamento.
Übernahme (eines Amtes, Schuld, etc. z. B.) (allg.), assunzione. 2 ~ (einer Gesellschaft) (finanz.), rilievo, assorbimento. 3 ~ (Erfassung, eines Messwertes z. B.) (f. - Technol.), rilevamento. 4 ~ (einer Erbschaft) (finanz.), adizione. 5 **Informations** ~ (allg.), assunzione di informazioni.
übernehmen (einen Messwert z. B.) (Technol.), rilevare. 2 ~ (jemandes Schulden z. B.) (finanz. - etc.), accollarsi, assumersi. 3 ~ (an Bord nehmen, Güter, etc.) (Transp. - etc.), caricare, prendere a bordo. 4 ~ (die Last, eines Mot.) (Elekt. - etc.), assorbire.
Überoxydation (f. - Metall.), sovraossidazione.
überpolt (zu stark gepolt) (Metall.), sottoposto ad eccessivo trattamento al legno verde.
Überproduktion (f. - Ind.), sovraproduzione.
überprüfen (kontrollieren) (allg.), controllare, verificare.
Überprüfung (f. - allg.), verifica, controllo. 2 ~ **der Vorderachse** (Aut.), verifica dell'avantreno.
Überputz-Verlegung (f. - Elekt. - Leit.), installazione esterna.
überquadratisch (Verbr. mot.), superquadro.
Überquerung (Kreuzung, von Leitungen z. B.) (f. - Elekt. - etc.), crociamento.
überragen (allg.), sporgere.
Überreckung (Schmiedefehler z. B.) (f. - mech. Technol.), stiro eccessivo, stiramento eccessivo.
Überreichweite (eines Senders jenseits der optischen Sicht) (f. - Radar), portata oltre orizzonte ottico.
Überreissen (des Wassers) (n. - Dampfkessel), trascinamento.
Überrollbügel («roll bar», eines Rennwagens) (m. - Aut. - Sport), «roll bar», barra di sicurezza.
Überrollung (eines Gewindes) (f. - Mech. - Fehler), sovrarullatura.
übersättigt (Phys. - Chem.), soprassaturo.
Übersättigung (f. - Chem. - Phys.), soprassaturazione.
Überschallflug (m. - Flugw.), volo supersonico.
Überschallgeschwindigkeit (f. - Flugw.), velocità supersonica.
Überschallknall (m. - Flugw.), tuono sonico.
Überschall-Turbinenluftstrahltriebwerk (n. - Strahltriebw.), turbogetto per volo supersonico.
Überschall-Verkehrsflugzeug (n. - Flugw.), velivolo di linea supersonico.
Überschallwindkanal (m. - Flugw.), galleria del vento ultrasonora, galleria del vento supersonica.
Überschaltdrossel (f. - elekt. Eisenb.), induttanza di commutazione.
Überschaltwiderstand (m. - Elekt.), resistenza di commutazione.
Überschiebung (Störung der Erdkruste, bei der ein Stück über ein anderes geschoben ist) (f. - Geol.), carreggiamento.
Überschlag (ungefähre Berechnung) (m. - komm.), preventivo di massima. 2 ~ (Überschlagrechnung) (Math. - etc.), calcolo di massima, calcolo approssimato. 3 ~ (Umschlag) (allg.), coperchio, copertura. 4 ~ (Elekt.), scarica. 5 ~ (Kunstflug) (Flugw.), gran volta. 6 ~ **festigkeit** (von Isolatoren) (f. - Elekt.), resistenza alle scariche disruptive. 7 ~ **funke** (m. - Elekt.), scintilla disruptiva. 8 ~ **rechnung** (f. - allg.), calcolo di massima. 9 ~ **spannung** (f. - Elekt.), tensione di scarica. 10 ~ **strecke** (f. - Elekt.), distanza

esplosiva. 11 ~ s·summe (Kontrollsumme) (*f. - Math. - etc.*), totale di quadratura.
überschlagen (ungefähr berechnen) (*Math. - etc.*), fare un calcolo approssimato, fare un calcolo di massima. 2 ~ (*Elekt.*), scaricarsi, dare una scarica (di scintille). 3 ~ (*komm.*), fare un preventivo di massima. 4 sich ~ (*Fahrz. - Flugw.*), capovolgersi, cappottare.
überschläglich (*allg.*), approssimato, approssimativo.
überschmiedete Naht (*Schmiedefehler*), sovrapposizione.
überschneiden (sich überschneiden) (*Geom.*), intersecarsi.
Überschneidung (zweier Linien z. B.) (*f. - Geom.*), intersezione. 2 ~ (bei Steuerung, Ventilüberschneidung) (*Mot.*), angolo di ricoprimento, ricoprimento. 3 ~ s·gebiet (*n. - Radar*), zona equifase. 4 ~ s-OT (Überschneidungs-oberer Totpunkt, eines Wankelmotors) (*m. - Mot.*), p.m.s. d'incrocio, punto morto superiore d'incrocio. 5 ~ s·winkel (der Honspuren, aus der Überlagerung von Axial- und Umfangsgeschwindigkeit) (*m. - Werkz. masch.bearb.*), angolo di intersezione.
überschreiben (auf einem Speicher) (*Datenverarb.*), ricoprire.
Überschreien (eines Mikrophons) (*n. - Funk.*), sovraccarico.
überschreiten (eine Grenze) (*allg.*), oltrepassare, superare. 2 ~ (einen Kostenanschlag) (*Adm.*), superare.
Überschrift (Titel) (*f. - Druck.*), titolo.
überschruppen (*Werkz.masch.bearb.*), eseguire la prima passata di sgrosso.
Überschub (Notschub) (*m. - Strahltriebw.*), spinta d'emergenza.
Überschuss (*m. - allg.*), eccesso, eccedenza. 2 ~ (eines Vorderbugs) (*naut.*), slancio. 3 ~ (einer Rechnung) (*Math.*), resto. 4 ~ (einer Bilanz) (*finanz.*), eccedenza, utile di esercizio. 5 ~ -3-Code (*m. - Rechner*), codice ad eccesso tre. 6 ~ energie (eines Kraftwerkes, über den Nutzbedarf hinaus verfügbare Energie) (*f. - Wass.b.*), energia di sùpero, eccesso di energia disponibile. 7 ~ leitung (bei Halbleitern) (*f. - Elektronik*), conduzione per eccesso (di elettroni). 8 Luft ~ (eines Verbr. mot.) (*Mot.*), eccesso d'aria. 9 ~ reaktivität (eingebaute Reaktivität, Reaktivitätsreserve eines Reaktors) (*f. - Kernphys.*), riserva di reattività. 10 Rechnungs ~ (*Buchhaltung*), eccedenza contabile.
überschüssig (*allg.*), eccedente.
Überschüttung (*f. - Ing.b.*), inghiaiamento.
überschwemmen (*Hydr.*), inondare. 2 ~ (einen Vergaser) (*Mot. - Aut.*), invasare, ingolfare.
Überschwemmung (Überflutung) (*f. - Hydr.*), inondazione. 2 ~ (eines Vergasers) (*Mot. - Aut.*), ingolfamento, invasamento.
Überschwingdiode (*f. - Elektronik*), diodo di sovramodulazione.
Überschwingen (*n. - Phys.*), sovraoscillazione. 2 ~ (Übermodulation) (*Phys.*), sovramodulazione. 3 ~ (*Fernseh. - Fehler*), sovramodulazione, sovraelongazione.
Überschwingfaktor (*m. - Fernseh.*), rapporto

di sovramodulazione, rapporto di sovraelongazione. 2 ~ (beim Ausschalten, Verhältnis zwischen dem höchsten Wert der Einschwingspannung und dem Scheitel der Wiederkehrspannung) (*Elekt.*), fattore di smorzamento.
Überschwingung (eines elekt. Messgerätes) (*f. - Instr.*), fattore balistico, sovraelongazione.
Überschwingweite (*f. - Regelung*), sovraelongazione.
Überseekabel (*n. - Telegr.*), cavo sottomarino.
Überseeverpackung (*f. - Transp. - komm.*), imballaggio per trasporto marittimo.
übersetzen (von Getrieben) (*Mech.*), moltiplicare. 2 ~ (in eine andere Sprache übertragen) (*Druck. - etc.*), tradurre. 3 ~ (einen Ofen) (*Metall. - etc.*), caricare eccessivamente. 4 ~ (metrische Einheit in die Zollenheit z. B.) (*Mech.*), convertire, tradurre.
Übersetzer (Getriebe) (*m. - Mech.*), siehe Übersetzungsgetriebe. 2 ~ (*Arb. - Pers.*), traduttore. 3 ~ (*Rechner*), siehe Übersetzungsprogramm.
Übersetzung (Verhältnis der Drehzahlen der treibenden zur getriebenen Welle) (*f. - Mech.*), rapporto di trasmissione, trasmissione. 2 ~ (mit Übersetzungsverhältnis <1, Übersetzung ins Schnelle) (*Mech.*), moltiplicazione. 3 ~ (mit Übersetzungsverhältnis >1, Untersetzung) (*Mech.*), riduzione, demoltiplicazione. 4 ~ (eines Textes) (*Druck. - etc.*), traduzione. 5 ~ (Übersetzungsverhältnis, Verhältnis der Drehzähle eines Radpaars) (*Mech.*), rapporto di trasmissione. 6 ~ s·getriebe (mit Übersetzungsverhältnis <1) (*n. - Mech.*), moltiplicatore. 7 ~ s·getriebe (mit Übersetzungsverhältnis >1, Untersetzungsgetriebe) (*Mech.*), riduttore. 8 ~ s·maschine (elektronische Masch. zur Übertragung in eine andere Sprache) (*f. - Masch.*), traduttrice (elettronica). 9 ~ s·programm (Übersetzer) (*n. - Rechner - NC - Werkz.masch.*), traduttore, programma traduttore. 10 ~ s·verhältnis (eines Getriebes) (*n. - Mech.*), rapporto di trasmissione. 11 ~ s·verhältnis (eines Transformators) (*Elekt.*), rapporto di trasformazione. 12 gleichförmige ~ (*Mech.*), trasmissione a rapporto costante. 13 ungleichförmige ~ (*Mech.*), trasmissione a rapporto variabile.
Übersicht (Überblick) (*f. - allg.*), panoramica (*s.*). 2 ~ s·bild (*n. - allg.*), quadro, prospetto. 3 ~ s·tabelle (*f. - allg.*), tavola sinottica. 4 ~ s·zeichnung (Gesamt-Zeichnung, Zusammenstellungszeichnung, Zeichnung, die eine Masch. z. B., in zusammengebautem Zustand zeigt) (*f. - Zeichn.*), disegno complessivo generale.
übersichtlich (eine Rechnung, ein Ergebnis, etc.) (*allg.*), evidente, chiaro, perpiscuo.
übersiedeln (*recht. - etc.*), cambiare residenza.
überspannen (überlasten) (*Baukonstr.lehre - mech. Technol.*), sovraccaricare.
Überspannung (*f. - Elekt.*), sovratensione. 2 ~ (bei Elektrolyse) (*Elektrochem.*), sovratensione. 3 ~ s·ableiter (*m. - Elekt. - Ger.*), scaricatore di sovratensioni. 4 ~ s·relais (*n. - Elekt. - Ger.*), relè di massima tensione. 5

Übersprechen

~ s·schutz (*m. - Elekt.*), protezione contro le sovratensioni.
Übersprechen (*n. - Fernspr.*), diafonia.
Übersprechstörung (Übersprechen) (*f. - Fernspr.*), diafonia.
Überstand (Vorsprung) (*m. - allg.*), sporgenza.
Überstau (eines Staudammes) (*n. - Hydr.*), invaso superiore al massimo normale.
Überstauung (Bewässerungsverfahren) (*f. - Landw.*), irrigazione a sommersione.
überstehen (auskragen) (*allg.*), sporgere.
überstehend (Wellenende z. B., einer elekt. Masch.) (*Mech.*), sporgente.
Übersteuern (der Lenkung) (*n. - Aut. - Fehler*), sovrasterzatura.
übersteuern (eine Lenkung) (*Aut. - Fehler*), sovrasterzare, stringere (in curva). 2 ~ (Elektronenröhre) (*Elektronik*), saturare.
übersteuernd (Lenkung) (*Aut. - Fehler*), sovrasterzante.
Übersteuerung (Übererregung) (*f. - Elekt.*), sovraeccitazione. 2 ~ (Überlastung) (*Elekt.*), sovraccarico. 3 ~ (Anlegung zu hoher Spannung an das Gitter einer Elektronenröhre) (*Elektronik*), saturazione. 4 ~ (Verzerrung durch zu hoher Spannung an einer Elektronenröhre) (*Fernseh.*), distorsione da saturazione. 5 ~ (Übermodulierung, bei Elektronenröhren) (*Elektronik*), sovramodulazione. 6 ~ s·strom (bei Transistoren) (*Elektronik*), corrente di saturazione.
Überstrahlung (Übersteuerung, Verzerrung durch zu hoher Spannung an einer Elektronenröhre) (*f. - Fernseh.*), distorsione da sovramodulazione.
Überstrom (*m. - Elekt.*), sovracorrente. 2 ~ **auslöser** (eines Motors, Motorschutzschalter) (*m. - Elekt.*), salvamotore. 3 ~ **auslösung** (*f. - Elekt.*), interruzione per sovraccarico, interruzione di massima corrente. 4 ~ **ausschalter** (*m. - Elekt. - Ger.*), interruttore automatico (contro sovraccarichi), interruttore di massima corrente. 5 ~ **fernschalter** (*m. - Elekt.*), teleruttore di sovraccarico. 6 ~ **relais** (*n. - Elekt. - Ger.*), relè di massima corrente. 7 ~ **-Unterspannungsausschalter** (*m. - Elekt.*) - *Ger.*), interruttore di massima corrente e minima tensione. 8 ~ **ventil** (bei Druckluftbremsen) (*n. - Fahrz.*), valvola limitatrice (della pressione).
überströmen (*allg.*), traboccare.
Überströmkanal (eines Schiebers) (*m. - Dampfmasch.*), condotto di compensazione. 2 ~ (bei Zweitaktmotoren) (*m. - Verbr. Mot.*), luce di travaso, condotto dal basamento al cilindro.
Überströmrohr (*n. - Leit.*), tubo di troppopieno.
Überströmung (*f. - Hydr.*), tracimazione. 2 ~ **s·höhe** (eines Überfallwehrs) (*f. - Hydr.*), carico dello stramazzo.
Überströmventil (*n. - Hydr.*), valvola di troppo pieno.
Überstunden (*f. - pl. - Arb.*), ore di straordinario, lavoro straordinario.
übersynchron (Drehzahlbereich) (*elekt. Mot.*), a velocità superiore a quella di sincronismo, ipersincrono.

über Tage (*Bergbau - Ing.b.*), a giorno.
Übertemperatur (*f. - Elekt. - etc.*), sovratemperatura. 2 ~ **schalter** (*m. - elekt. Ger.*), termostato di massima.
Übertourengrube (Schleudergrube, zur Prüfung der Schleuderdrehzahl) (*f. - Masch.*), pozzo per prove di centrifugazione, pozzo di lancio, fossa per prove di centrifugazione.
Übertourenstand (Schleuderstand zur Prüfung der Schleuderdrehzahl) (*m. - Masch.*), banco per prove di centrifugazione, banco di lancio.
Übertrag (*m. - Buchhaltung*), riporto. 2 **negativer** ~ (*Math.*), riporto negativo.
übertragen (*allg.*), trasferire. 2 ~ (*Buchhaltung*), riportare. 3 ~ (eine Kraft) (*Mech.*), trasmettere. 4 ~ (Energie) (*Elekt.*), trasmettere. 5 ~ (*Funk. - Fernseh.*), trasmettere.
Übertrager (Transformator für Zwecke der Nachrichtentechnik) (*m. - Fernspr. - etc.*), traslatore. 2 ~ (Transformator) (*Elekt.*), trasformatore. 3 ~ **blech** (für die Transformatoren der Nachrichtentechnik) (*n. - Metall.*), lamiera per traslatori. 4 ~ **kopplung** (Transformatorkopplung) (*f. - Elekt.*), accoppiamento per trasformatori. 5 **Differential** ~ (*Elekt. - Ger.*), trasformatore differenziale.
Übertragung (*f. - allg.*), trasferimento. 2 ~ (der Energie) (*Elekt.*), trasmissione. 3 ~ (*Funk. - Fernseh.*), trasmissione. 4 ~ **s·belag** (*m. - Funk. - etc.*), costante di propagazione. 5 ~ **s·bereich** (Frequenzband) (*m. - Funk.*), banda di trasmissione. 6 ~ **s·faktor** (*m. - Fernseh. - etc.*), fattore di trasmissione. 7 ~ **s·faktor** (eines Mikrophons) (*Akus.*), sensibilità. 8 ~ **s·funktion** (*f. - Funk. - etc.*), funzione di trasmissione, funzione di trasferimento. 9 ~ **s·gerät** (*n. - Ger.*), trasmettitore. 10 ~ **s·güte** (*f. - Elektroakus.*), fedeltà. 11 ~ **s·kammer** (Beschleunigungskammer, einer Druckluftbremse) (*f. - Eisenb.*), camera acceleratrice. 12 ~ **s·linie** (*f. - Elekt.*), linea di trasmissione. 13 ~ **s·stange** (*f. - Mech.*), biella, bielletta. 14 ~ **s·verlust** (*m. - Elektroakus.*), perdita di trasmissione. 15 ~ **s·wagen** (für Rundfunk- und Fernsehübertragungen) (*m. - Fahrz. - Funk. - Fernseh.*), stazione mobile trasmittente (su autoveicolo). 16 **Druck-** ~ **s·faktor** (eines Mikrophons) (*m. - Akus.*), sensibilità in camera di pressione. 17 **Feld-** ~ **s·faktor** (eines Mikrophons) (*m. - Akus.*), sensibilità in campo libero. 18 **hydrostatische** ~ (hydrostatisches Übertragungsgetriebe) (*Hudr.*), trasmissione idrostatica. 19 **öldynamisches** ~ **s·gerät** (*Ger.*), trasmettitore oleodinamico.
übertreffen (*allg.*), superare.
Übertreiben (der Förderkörbe im Schacht z. B., über die äussersten Stellungen) (*n. - Bergbau - etc.*), extracorsa.
Übertretung (Missachten eines Gesetzes) (*f. - recht.*), violazione, infrazione.
Überverbrauchzähler (*m. - Ger.*), contatore di sovraconsumo.
Überverbunderregung (*f. - Elekt.*), eccitazione sovracompensata, eccitazione ipercompound.
Überverdienst (Gewinn über den festgesetz-

ten Satz, bei Akkordarbeit z. B.) (*m. - Arb.*), premio.
übervulkanisiert (*Chem.*), sovravulcanizzato.
überwachen (*allg.*), sorvegliare.
Überwacher (Wächter) (*m. - Arb.*), sorvegliante. 2 ~ für Signalflügel (Flügelsignalmelder) (*Eisenb.*), ripetitore di segnale semaforico.
Überwachung (*f. - allg.*), sorveglianza. 2 ~ s·einheit (*f. - Elekt. - etc.*), unità di controllo. 3 ~ s·gerät (*n. - Ger.*), apparecchio di controllo. 4 ~ s·lampe (Kontrolleuchte) (*f. - Technol.*), spia luminosa. 5 ~ s·programm (*n. - Datenverarb.*), programma supervisore. 6 Selbst ~ (*Masch. - etc.*), autocontrollo.
Überwallung (Oberflächenfehler) (*f. - Metall.*), doppia pelle.
überwälzen (die Steuer nicht akzeptieren) (*finanz.*), non accettare.
überwalzte Falte (*Walzw.fehler*), ripiegatura di laminazione.
Überwalzung (Oberflächenfehler) (*f. - Walzw. fehler*), sovrapposizione di laminazione.
Überwasserfahrt (eines U-bootes) (*f. - Kriegsmar.*), navigazione in emersione.
Überwasserfahrzeug (*n. - Kriegsmar.*), unità di superficie.
Überwasserform (totes Werk, eines Schiffes) (*f. - naut.*), opera morta.
Überwassergeschwindigkeit (eines U-Bootes) (*f. - Kriegsmar.*), velocità in superficie, velocità in emersione.
Überwasserverdrängung (eines U-Bootes) (*f. - Kriegsmar.*), dislocamento in emersione.
Überwurf (Bewurf) (*m. - Maur.*), rinzaffo. 2 ~ mutter (*f. - Mech.*), dado a risvolto, dado per raccordi. 3 ~ schraube (*f. - Mech.*), vite a risvolto (per raccordi).
Überzeiten (Erwärmen mit einer unerwünschten Kornvergröberung) (*n. - Wärmebeh.*), ingrossamento del grano (dovuto ad eccessiva durata del riscaldamento). 2 ~ (Überhitzen) (*n. - Wärmebeh.*), surriscaldo.
Überziehen (Abreissen der Strömung am Tragflügel, wobei ein Auftriebabfall eintritt) (*n. - Flugw.*), stallo. 2 ~ (Drahtzugfehler) (*mech. Technol.*), tiro eccessivo. 3 ~ (Elektrochem.), placcatura, (elettro)deposizione.
überziehen (bedecken) (*allg.*), rivestire. 2 ~ (*mech. Technol.*), rivestire. 3 ~ (*Flugw.*), stallare.
Überziehgeschwindigkeit (*f. - Flugw.*), velocità di stallo.
Überziehsicherung (*f. - Flugw.*), dispositivo antistallo.
Überziehung (eines Bankkontos) (*f. -finanz.*), scoperto (*a.*).
überzogen (*allg.*), rivestito. 2 ~ (Konto) (*finanz.*), scoperto.
Überzug (*m. - mech. Technol.*), rivestimento. 2 ~ (Deckanstrich) (*Anstr.*), smalto, mano a finire. 3 ~ (Aussehen einer Fläche) (*Anstr.*), finitura. 4 ~ lack (*m. - Anstr.*), smalto. 5 ~ s·emaille (einer Karosserie z. B.) (*f. - Anstr.*), smalto. 6 galvanischer ~ (*Elektrochem.*), rivestimento galvanico. 7 metallischer ~ (*mech. Technol.*), rivestimento metallico. 8 Schutz ~ (*mech. Technol.*), rivestimento protettivo.

U-Bolzen (*m. - Mech. - Fahrz.*), cavallotto, staffa a U.
U-Boot (Unterseeboot) (*n. - Kriegsmar.*), sommergibile.
Übung (*f. - allg.*), esercizio. 2 ~ s·flug (*m. - Flugw. - Luftw.*), volo di addestramento. 3 ~ s·flugzeug (*n. - Flugw. - Luftw.*), velivolo da addestramento. 4 ~ s·granate (*f. - Expl. - milit.*), granata da esercitazione. 5 ~ schiessen (*n. - Artillerie*), esercitazione di tiro, tiro di esercitazione.
U.C.P.T.E (Union pour la Coordination de la Production et du Transport d'Electricité, Vereinigung für die Koordination der Erzeugung und des Transports von Elektrizität) (*Elekt.*), U.C.P.T.E.
u. dgl. (und dergleichen) (*allg.*), e simile.
u. d. M. (unter dem Meeresspiegel) (*Geophys.*), sotto il livello del mare.
ü. d. M. (über dem Meeresspiegel) (*Geophys.*), sopra il livello del mare.
u. E (unseres Erachtens) (*allg.*), a nostro avviso.
U-Eisen (*n. - metall. Ind.*), ferro a C.
UF (Harnstoffharz) (*Chem.*), UF, urea formaldeide.
Ufer (eines Flusses) (*n. - Geogr.*), sponda, riva. 2 ~ abbruch (eines Flusses) (*m. - Wass.b.*), cedimento della sponda. 3 ~ land (*n. - Geogr.*), litorale. 4 ~ schutz (*m. - Wass.b.*), difesa delle sponde.
UFET (unipolar field-effect transistor) (*Elektronik*), transistore unipolare ad effetto di campo.
u. ff. (und folgende, Seiten) (*allg.*), e seguenti.
UGO (Unabhängige Gewerkschaftsorganisation) (*Arb.*), sindacato indipendente, sindacato libero.
UHF (Ultrahochfrequenz, 300÷3000 MHz) (*Funk. - Fernseh.*), frequenza ultraelevata.
UH-Leitung (Ultra-Hochspannungsleitung, $\geqq$ 420 kV) (*f. - Elekt.*), linea a tensione ultraelevata.
Uhr (Zeitmesser) (*f. - Uhr*), orologio. 2 ~ (Messwerk) (*Instr.*), indicatore (a quadrante). 3 ~ armband (*n. - Uhr*), cinturino dell'orologio. 4 ~ en·öl (*n. - Schmieröl*), olio per orologeria. 5 ~ glas (*n. - Glasind.*), vetro da orologio. 6 ~ macher (*m. - Arb.*), orologiaio. 7 ~ macherdrehstuhl (*m. - Werkz.masch.*), tornio da orologiaio. 8 ~ stein (*m. - Mech.*), rubino. 9 ~ werk (*n. - Uhr*), movimento ad orologeria. 10 ~ werkzünder (*m. - Expl.*), spoletta ad orologeria. 11 Armband ~ (*Uhr*), orologio da polso. 12 gegen den ~ zeigersinn (Drehung) (*Mech. - etc.*), antiorario, sinistrorso. 13 im ~ zeigersinn (Drehung) (*Mech. - etc.*), orario, destrorso. 14 Kalender- ~ (*Uhr*), orologio calendario. 15 Pendel ~ (*Uhr*), orologio a pendolo, pendola. 16 Sand ~ (*Uhr*), clessidra. 17 selbstaufziehende ~ (*Uhr*), orologio a carica automatica. 18 Sonnen ~ (*Uhr*), meridiana. 19 Taschen ~ (*Uhr*), orologio da tasca.
UHV (Ultrahochvakuum) (*Phys.*), ultravuoto.
UIC (Union International des Chemins de Fer, Internationaler Eisenbahnverband) (*Eisenb.*), UIC.
UI-Kern (von Spulen, Blechkernart) (*m. - Elekt.*), nucleo a U.

UJT

UJT (Unijunktion-Transistor) (*Elektronik*), transistore unigiunzione.
UK (Unterkante) (*allg.*), filo inferiore, spigolo inferiore.
UKR (Umkehr-Stromrichter) (*elekt. Ger.*), raddrizzatore-ondulatore.
UKW (Ultrakurzwellen) (*Funk.*), onde ultracorte.
ÜL (Überwachungslampe) (*Elekt.*), spia luminosa.
U-Leitung (unbespulte Leitung) (*f. - Fernspr.*), filo non pupinizzato.
Ulme (*f. Holz*), olmo.
ultraakustisch (*Akus.*), superacustico.
Ultradynempfänger (*m. - Funk.*), radioricevitore ultradina.
ultrafest (ultrahochfest, hochfester Edelbaustahl z. B.) (*Metall.*), ultraresistente, ad altissima resistenza.
Ultrafilter (*m. - Chem. - Ger.*), ultrafiltro.
Ultrafiltration (*f. - Chem.*), ultrafiltrazione.
ultrahochfest (Stahl) (*Metall.*), ad altissima resistenza, ultraresistente.
Ultrahochfrequenz (*f. - Funk. - Fernseh.*), frequenza ultraelevata.
Ultrakurzwelle (*f. - Funk. - Fernseh.*), onda ultracorta. 2 ~ n·sender (*m. - Funk.*), trasmettitore ad onde ultracorte.
Ultramikroskop (*n. - Opt.*), ultramicroscopio.
ultrarot (infrarot) (*Opt.*), ultrarosso, infrarosso.
Ultrarotabsorptionsschreiber (Uras, zur Messung der CH_4-, CO_2- und CO-Gehalt in den Grubenwettern) (*m. - Bergbau - Ger.*), registratore ad assorbimento a raggi ultrarossi.
Ultraschall (Schall mit Frequenzen oberhalb 16-20 kHz) (*m. - Akus.*), ultrasuono. 2 ~ **bearbeitung** (Elektroerosion) (*f. - Mech.*), elettroerosione. 3 ~ **-Bildspeicher-Verfahren** (*n. - Materialprüfung*), controllo ultrasonoro con registrazione delle immagini. 4 ~ **bildwandler** (*m. - Materialprüfung*), siehe Schallsichtgerät. 5 ~ **bohren** (*n. - mech. Technol.*), foratura ad ultrasuoni. 6 ~ **-Entfetter** (*m. - Ger.*), sgrassatore ad ultrasuoni. 7 ~ **generator** (*m. - Akus.*), generatore di ultrasuoni. 8 ~ **-Impuls-Reflexionsgerät** (zur zerstörungsfreien Werkstoffprüfung) (*n. - Ger.*), riflettoscopio ad ultrasuoni. 9 ~ **-Kavitation** (an Unterwasserschall-Sendern) (*f. - Ger.*), cavitazione da ultrasuoni. 10 ~ **prüfung** (*f. - Metall.*), controllo con ultrasuoni. 11 ~ **reinigung** (*f. - Mech.*), pulitura con ultrasuoni. 12 ~ **-Schweissen** (von Kunststoffen) (*n. - mech. Technol.*), saldatura ad ultrasuoni.
Ultraschwarzzone (Schwärzer-als-Schwarz-Zone) (*f. - Fernseh.*), zona infranera, zona più nera del nero.
ultraviolett (*Opt.*), ultravioletto.
Ultraviolettlampe (*f. - Opt.*), lampada (a radiazione) ultravioletta.
Ultraweissgebiet (*n: - Fernseh.*), zona dell'ultrabianco.
Ultrazentrifuge (Ger. zur Erzeugung von Fliehkräften, die 1000- bis 1.000.000-fach grösser sind als die Erdschwere) (*f. - Masch.*), ultracentrifuga.

U/m (Umdrehungen pro minute) (*Mech.*), giri al 1′, giri/1′.
u. M. (unter dem Meeresspiegel) (*Top. - Geophys.*), sotto il livello del mare.
ü. M. (über dem Meeresspiegel) (*Top. - Geogr.*), sopra il livello del mare.
umarbeiten (*allg.*), modificare.
Umband (aus Papier z. B.) (*n. - allg.*), fascetta.
umbandelt (Kabel z. B.) (*Elekt. - etc.*), fasciato.
Umbandelung (eines Kabels z. B.) (*f. - Elekt. - etc.*), fasciatura.
Umbau (Wiederaufbau) (*m. - Bauw.*), ricostruzione. 2 ~ (alter Gebäude) (*Bauw.*), restauro. 3 ~ (einer Leitung z. B.) (*Elekt. - etc.*), rifacimento. 4 ~ (Schutz) (*allg.*), riparo. 5 ~ **motor** (bei dem bestimmte Teile ausgewechselt werden können) (*m. - Verbr. mot.*), motore trasformabile.
umbauen (wiederbauen) (*Bauw.*), ricostruire. 2 ~ (alte Gebäude) (*Bauw.*), restaurare. 3 ~ (mit Mauern umschliessen) (*Bauw.*), cintare (con mura).
Umbehandlung (Weiterabfertigung) (*f. - Transp. - Eisenb.*), ricarteggio. 2 ~ **s·bahnhof** (*m. - Eisenb. - Transp.*), stazione di ricarteggio.
Umber (Umbra) (*m. - Farbe*), terra d'ombra. 2 gebrannter ~ (*Farbe*), terra d'ombra bruciata.
umbeschrieben (*Geom.*), circoscritto.
umbewerten (*allg.*), rivalorizzare.
Umbewertung (*f. - allg.*), rivalorizzazione.
umbiegen (*allg.*), ripiegare.
Umbiegeversuch (Hin- und Herbiegeversuch) (*m. - Werkstoffprüfung*), prova di piegatura alternata.
Umbildgerät (*n. - Photogr.*), inversore.
Umbildung (eines Gefüges) (*f. - Metall. - etc.*), trasformazione.
umbinden (*Packung - etc.*), fascettare.
Umblasen (Rückführung, bei Regelung eines Verdichters z. B.) (*n. - Masch.*), riflusso.
Umblaseregelung (eines Verdichters) (*f. - Masch.*), regolazione a riflusso.
umbrechen (zu Seiten zusammensetzen) (*Druck.*), impaginare.
umbrochen (*Druck.*), impaginato (*a.*).
Umbruch (umbrochener Satz) (*m. - Druck.*), impaginato. (*s.*). 2 ~ (Umbruchstrecke, um einen Schacht z. B., zum Wagenumlauf z. B.) (*Bergbau*), livello di servizio.
Umbuchung (*f. - Buchführung*), riporto.
Umbug (*m. - allg.*), rivestimento avvolgente.
Umbuggen (*n. - Lederind.*), siehe Einschlagen.
Umbuggmaschine (*f. - Lederind. - Masch.*) siehe Einschlagmaschine.
umdecken (ein Dach) (*Bauw.*), ricoprire.
umdrehen (*allg.*), ruotare, girare.
Umdrehung (*f. - allg.*), rotazione. 2 ~ (eine ganze Umdrehung, einer Welle z. B.) (*Mech.*), giro. 3 ~ **en je Minute** (Upm, U/min.) (*Mot. - Masch.*), giri al minuto, giri/1′, giri/min. 4 ~ **s·achse** (*f. - Mech.*), asse di rotazione. 5 ~ **s·bewegung** (*f. - Mech.*), moto rotatorio. 6 ~ **s·ellipsoid** (Rotationsellipsoid) (*n. - Geom.*), ellissoide di rivoluzione. 7 ~ **s·fläche** (Rotationsfläche) (*f. - Geom.*), superficie di rivoluzione. 8 ~ **s·hyperboloid** (Rota-

tionshyperboloid) (*n. - Geom.*), iperboloide di rivoluzione. **9** ~ **s·körper** (Rotationskörper) (*m. - Geom.*), solido di rivoluzione. **10** ~ **s·paraboloid** (Rotationsparaboloid) (*n. - Geom.*), paraboloide di rivoluzione. **11** ~ **s·zahl** (Tourenzahl) (*f. - Mot. - Masch.*), numero di giri. **12** ~ **s·zähler** (Tourenzähler) (*m. - Ger.*), contagiri.
Umdruck (Übertragung auf den Stein) (*m. - Druck.*), trasporto (litografico).
Umesterung (*f. - Chem.*), transesterificazione.
Umfahrungsstrasse (einer Stadt) (*f. - Strass.*), circonvallazione.
umfallen (der Stange beim Walzen) (*Walzw.*), abbattersi.
Umfang (*m. - Geom. - etc.*), perimetro. **2** ~ **s·fräsen** (*n. - Werkz.masch.bearb.*), fresatura periferica, fresatura tangenziale. **3** ~ **s·geschwindigkeit** (*f. - Mech.*), velocità periferica. **4** ~ **s·kraft** (auf den Reifen) (*f. - Aut.*), forza tangenziale, forza periferica. **5** ~ **s·räumen** (Tubusräumen, Topfräumen, eines vorbearbeiteten Werkstückes durch ganzseitig umschlossenes Werkzeug) (*n. - Werkz.masch.bearb.*), brocciatura periferica, brocciatura tubolare. **6** ~ **s·schliff** (*m. - Werkz.masch.bearb.*), rettifica (con mola ad azione) periferica, rettifica tangenziale. **7** ~ **s·schneiden** (Mantelschneiden) (*n. - Werkz.masch.bearb.*), taglio periferico.
Umfassungsmauer (*f. - Bauw.*), muro di cinta.
Umfeld (eines Photometers) (*n. - Opt. - Beleucht.*), campo periferico. **2** ~ **blendung** (indirekte Blendung) (*f. - Beleucht.*), abbagliamento indiretto.
umflechten (*allg.*), intrecciare.
Umflechtmaschine (Umklöppelmaschine) (*f. - Masch.*), trecciatrice.
Umflechtung (Umhüllung, eines Kabels, Umklöppelung) (*f. - Elekt.*), calza.
umflochten (Draft, umklöppelt) (*Elekt.*), con rivestimento a treccia.
Umfluter (Flutkanal, zur Ableitung eines Teiles des Hochwassers) (*m. - Wass.b.*), diversivo.
Umformarbeit (Formänderungsarbeit) (*f. - Schmieden*), lavoro di deformazione.
Umformbarkeit (*f. - Technol.*), deformabilità, plasticità.
Umformen (plastische Verformung, von Blech z. B.) (*n. - mech. Technol.*), deformazione plastica. **2** ~ (Fertigungsverfahren) (*Schmieden*), foggiatura, formatura.
umformen (*mech. Technol.*), deformare plasticamente, foggiare. **2** ~ (*Elekt.*), convertire.
Umformer (*m. - Elekt. - Masch.*), convertitore. **2** ~ (Einrichtung zum Umformen von Energien, Signalen, Messwerten, etc.) (*Ger.*), trasduttore. **3** ~ **metadyne** (Metadynumformer) (*f. - Elekt.*), metadinamo trasformatrice, metatrasformatrice. **4** ~ **röhre** (*f. - Elekt.*), tubo convertitore. **5** ~ **satz** (rotierender Umformer) (*m. - Elekt. - Masch.*), convertitore rotante. **6** ~ **-Triebwagen** (*m. - elekt. Eisenb.*), automotrice a convertitore. **7 Frequenz** ~ (*Elekt. - Masch.*), convertitore di frequenza. **8 Kaskaden** ~ (*Elekt. - Masch.*), convertitore in cascata. **9 Phasen** ~ (*Elekt. - Masch.*), convertitore di fase. **10 rotierender** ~ (*Elekt., Masch.*), convertitore rotante. **11 ruhender** ~ (statischer Umformer) (*Elekt.*), convertitore statico.
Umformfestigkeit (Formänderungsfestigkeit, bei reibungsfrei gedachter Umformung) (*f. - Schmieden*), resistenza alla deformazione libera (senza attrito).
Umformkraft (*f. - Schmieden*), forza di deformazione.
Umformmaschine (Hammer oder Presse z. B.) (*f. - Masch.*), macchina a deformazione.
Umformtechnik (*f. - Schmieden - etc.*), tecnica della trasformazione plastica, tecnica della foggiatura.
Umformung (von Messgrössen z. B.) (*f. - Elekt. - etc.*), trasduzione.
Umformverhältnis (Formänderungsverhältnis, Verhältnis der Endabmessung zur Anfangsabmessung) (*n. - Schmieden*), tasso di deformazione, rapporto di deformazione. **2 logarithmiertes** ~ (natürlicher Logarithmus des Formänderungsverhältnisses) (*Schmieden*), rapporto logaritmico di deformazione.
Umformwiderstand (Formänderungswiderstand, Quotient aus Umformkraft und Projektion der Berührfläche zwischen Werkz. und Werkstück) (*m. - Schmieden*), resistenza alla deformazione (con attrito).
Umformwirkungsgrad (Formänderungswirkungsgrad, Verhältnis der reibungsfrei gedachten Umformarbeit zur tatsächlichen Arbeit) (*m. - Schmieden*), rendimento di deformazione.
Umfrage (bei der Meinungsforschung) (*f. - komm.*), intervista, inchiesta.
Umfriedigung (Umfriedung, Zaun, Mauer, etc.) (*f. - Bauw.*), cinta, recinzione, recinto. **2** ~ **s·mauer** (*f. - Bauw.*), muro di cinta.
Umführung (Vorr. zur Umlenkung des Walzgutes um 180° nach Austritt aus einem Kaliber und zur dem nächsten Kaliber Zuführung) (*Vorr. - Walzw.*), deviatore.
umfüllen (*allg.*), travasare.
Umfüllpumpe (*f. - Masch. - etc.*), pompa di travaso.
Umgang (*m. - komm.*), relazione, rapporto.
umgeben (*allg.*), circondare.
umgebend (*Phys.*), ambientale.
Umgebung (*f. - Meteor. - etc.*), ambiente. **2** ~ **s·belastung** (*f. - Ökologie*), inquinamento dell'ambiente. **3** ~ **s·druck** (*m. - Mot. - etc.*), pressione ambiente. **4** ~ **s·luft** (*f. - allg.*), aria ambiente. **5** ~ **s·temperatur** (*f. - Meteor. - etc.*), temperatura ambiente.
umgehen (*Strasse*), deviare, tagliare fuori.
Umgehung (*f. - Strasse*), deviazione, diversione. **2** ~ (*f. - allg.*), bipasso. **3** ~ (Hinterziehung) (*f. - recht.*), evasione. **4** ~ **s·anmeldung** (*f. - recht.*), domanda (di brevetto) di aggiramento. **5** ~ **s·leitung** (*f. - Leit.*), tubo di cortocircuito, tubo di sorpasso. **6** ~ **s·schaltung** (*f. - Fernspr.*), aggiratore. **7** ~ **s·strasse** (*f. - Strasse*), circonvallazione.
umgekehrt (*allg.*), inverso. **2** ~ (reziprok) (*Math.*), reciproco. **3** ~ **e Osmose** (Umkehr-Osmose) (*Chem.*), osmosi inversa. **4** ~ **er Hartguss** (mangelhaftes Gusseisen mit Zementit) (*Giess.*), ghisa da tempra inversa. **5**

umgestalten

~ **proportional** (*Math.*), inversamente proporzionale. 6 **mit ~ en Vorzeichen** (*Math.*), con segno contrario.

umgestalten (*allg.*), trasformare, convertire. 2 ~ (neuorganisieren) (*allg.*), riorganizzare, ridimensionare, rielaborare.

Umgestaltung (*f. - allg.*), trasformazione, conversione. 2 ~ (Neuorganisierung) (*allg.*), riorganizzazione, ridimensionamento, rielaborazione.

Umgiessen (Umfüllung) (*n. - Ind. - etc.*), travaso.

umgiessen (*Giess.*), ricolare.

Umgriff (Eindringungsvermögen eines Lackes) (*m. - Anstr.*), potere di penetrazione, attitudine al rivestimento di superfici poco accessibili.

Umgrenzung (*f. - allg.*), circoscrizione. 2 ~ (Lichtprofil) (*Eisenb.*), sagoma limite. 3 ~ **s·schnitt** (Ausschneidwerkzeug) (*m. - Blechbearb.werkz.*), stampo per tranciatura dello sviluppo.

Umhaspelmaschine (für Draht oder Band) (*f. - Walzw. - Masch.*), riavvolgitrice.

umhaspeln (*Textilind.*), riannaspare.

umhüllen (*allg.*), avviluppare, avvolgere. 2 ~ (*Geom.*), inviluppare. 3 ~ (Elektroden z. B.) (*Technol.*), rivestire. 4 ~ (*Mech. - Masch.*), incamiciare.

Umhüllende (*f. - Geom.*), inviluppante (*s.*).

umhüllt (Elektrode z. B.) (*Technol.*), rivestito.

Umhüllung (*f. - allg.*), involucro. 2 ~ (einer Elektrode z. B.) (*Technol.*), rivestimento. 3 ~ (*Mech. - Masch.*), camicia, incamiciatura. 4 ~ **s·linie** (*f. - Geom.*), inviluppante (*s.*).

UMI (Universal-Messinstrument, Vielfachmessgerät) (*Elekt. - Instr.*), multimetro.

U/min (Umdrehungen je Minute) (*Mech. - etc.*), giri/1′, giri al minuto.

umkanten (Blech z. B.) (*Technol.*), ripiegare l'orlo.

Umkehr (*f. - allg.*), ritorno. 2 ~ (der Drehrichtung) (*Mech.*), inversione. 3 ~ (*milit.*), ritirata. 4 ~ **anlasser** (*m. - Elekt.*), avviatore-invertitore. 5 ~ **bandwalzwerk** (*n. - Walzw.*), laminatoio reversibile per nastri. 6 ~ **bild** (Negativbild) (*n. - Phot. - etc.*), immagine negativa. 7 ~ **dampfmaschine** (*f. - Masch.*), macchina a vapore ad inversione di marcia. 8 ~ **duo** (*n. - Walzw.*), duo reversibile. 9 ~ **funktion** (inverse Funktion) (*f. - Math.*), funzione inversa. 10 ~ **getriebe** (Wendegetriebe) (*n. - Mech.*), invertitore. 11 ~ **halbspanne** (*f. - Messtechnik*), semivalore di inversione. 12 ~ **haspelbandwalzwerk** (*n. - Walzw.*), laminatoio reversibile per nastri. 13 ~ **hubmagnet** (*m. - Elekt.*), magnete d'inversione della corsa. 14 ~ **integrator** (*m. - Rechner*), integratore-inversore. 15 ~ **kammer** (Wendekammer) (*f. - Kessel*), camera di ritorno. 16 ~ **lage** (eines Gelenkvierecks) (*f. - Mech.*), punto di regresso. 17 ~ **luftschraube** (*f. - Flugw.*), elica a passo reversibile, elica frenante. 18 ~ **maschine** (Pumpturbine z. B.) (*f. - Masch.*), macchina reversibile. 19 ~ **motor** (*m. - Mot.*), motore reversibile. 20 ~ **-Osmose** (ungekehrte Osmose) (*f. - Chem.*), osmosi inversa. 21 ~ **punkt** (einer Kurve) (*m. - Geom.*), flesso. 22 ~ **rad** (eines Wechselrädergetriebes) (*n. - Werkz.masch.*), ruota d'inversione. 23 ~ **röhre** (Phasenumkehrröhre) (*f. - Elektronik*), tubo invertitore di fase. 24 ~ **schalter** (*m. - Elekt. - Ger.*), commutatore-invertitore. 25 ~ **spanne** (eines Messgerätes) (*f. - Messtechnik*), errore di inversione. 26 ~ **spannung** (*f. - Elekt.*), tensione d'inversione. 27 ~ **strasse** (*f. - Walzw.*), treno reversibile. 28 ~ **-Stromrichter** (UKR, ruhender Umformer, der einen Wechselstrom in Gleichstrom und umgekehrt umformt) (*m. - Elekt. - Ger.*), raddrizzatore-ondulatore. 29 ~ **turbine** (Umsteuerungsturbine, Reversierturbine) (*f. - naut.*), turbina per la retromarcia. 30 ~ **verstärker** (Polumschalter) (*m. - Elekt.*), amplificatore-invertitore, invertitore (di polarità). 31 ~ **walzwerk** (*n. - Walzw.*), laminatoio reversibile.

umkehrbar (reversibel) (*Phys. - Chem. - etc.*), reversibile. 2 **nicht ~** (*Phys. - Chem. - etc.*), irreversibile.

umkehren (*v. i. - allg.*), ritornare, tornare indietro. 2 ~ (umdrehen, die Taschen z. B.) (*v. t. - allg.*), rovesciare. 3 ~ (um etwas zu suchen z. B.) (*v. t. - allg.*), mettere sottosopra.

Umkehrung (Umkehr) (*f. - allg.*), inversione. 2 ~ **s·gang** (*m. - Datenverarb. - etc.*), ciclo di conversione. 3 ~ **s·satz** (der Vierpoltheorie) (*m. - Funk. - etc.*), principio di reciprocità.

Umkippen (Kippen) (*n. - allg.*), rovesciamento, ribaltamento. 2 ~ (eines Multivibrators) (*Elektronik*), inversione.

umkippen (*allg.*), rovesciare, ribaltare.

Umkleideraum (für Arbeitnehmer) (*m. - Ind.*), spogliatoio.

Umklemmen (*n. - Elekt.*), inversione dei collegamenti.

Umklöppelmaschine (für die Umhüllung von Kabeln z. B.) (*f. - Masch.*), macchina per calze metalliche, trecciatrice per guaine, macchina per guaine metalliche intrecciate.

umklöppeln (umflechten) (*allg.*), intrecciare, trecciare.

Umklöppelung (eines Kabels z. B.) (*f. - Elekt.*), calza metallica, guaina metallica intrecciata.

umklöppelt (Draht) (*Elekt.*), con rivestimento a treccia.

Umkordierer (Code-Konverter, Code-Umsetzer) (*m. - Rechner*), convertitore di codice.

Umkörnen (*n. - Wärmebeh.*), affinazione strutturale, ricottura di rigenerazione.

Umkreis (Umfang eines Kreises) (*m. - Geom.*), circonferenza. 2 ~ (umbeschriebener Kreis) (*Geom.*), cerchio circoscritto. 3 ~, siehe auch Umgebung.

Umkristallisieren (*n. - Wärmebeh.*), ricristallizzazione.

Umladung (*f. - Transp.*), trasbordo. 2 ~ (*f. - Elekt. - etc.*), trasferimento del carico.

Umlauf (Kreislauf) (*m. - allg.*), circuito. 2 ~ (Zirkulation, von Öl z. B.) (*Mot. - Masch.*), circolazione. 3 ~, siehe auch Kreislauf. 4 ~ **aufzug** (Paternoster) (*m. - Bauw.*), paternoster, ascensore a paternoster. 5 ~ **bahn** (eines Teilchens z. B.) (*f. - Atomphys. - etc.*), orbita. 6 ~ **bewegung** (*f. - Mech.*), moto

orbitale, moto circolare. 7 ~ biegemaschine (Dauerschwingbiegemaschine) (*f. - Masch.*), macchina per prove di flessione rotante. 8 ~ biegeversuch (*m. - Baukonstr.lehre*), prova a flessione rotante. 9 ~ biegewechselfestigkeit (*f. - Baukonstr.lehre*), resistenza alla fatica per flessione rotante. 10 ~ dauer (Zeitraum, der zum Beregnen einer Fläche erforderlich ist) (*f. - Landw.*), tempo di irrigazione (a pioggia). 11 ~ durchmesser über Bett von 500 mm (einer Drehmaschine) (*Werkz.masch.*), capacità (di lavorazione) sul bancale (di pezzi del diametro di) 500 mm, diametro massimo di 500 mm lavorabile sul bancale. 12 ~ flügel (*m. - Flugw.*), ala rotante. 13 ~ förderer (für senkrechte Förderung) (*m. - ind. Masch.*), elevatore a bilancini. 14 ~ geschwindigkeit (Drehgeschwindigkeit) (*f. - Mech. - etc.*), velocità di rotazione. 15 ~ getriebe (Umlaufrädergetriebe) (*n. - Mech.*), siehe Planetengetriebe. 16 ~ härten (bei dem das Stück drehend erwärmt und drehend abgeschreckt wird) (*n. - Wärmebeh.*), tempra a rotazione. 17 ~ härten (von Zahnrädern, im Gegensatz zu Einzelzahnhärtung) (*Wärmebeh.*), tempra circolare. 18 ~ integral (eines Vektors) (*n. - Math.*), circuitazione, integrale di linea chiusa. 19 ~ kühlung (*f. - naut. - Mot. - etc.*), raffreddamento in circuito chiuso. 20 ~ lager (umlaufendes Lager, Schaukelförderer z. B., in einer Automobilfabrik) (*n. - Ind.*), magazzino aereo, trasportatore-magazzino sospeso. 21 ~ magnetzünder (Schwungmagnetzünder) (*m. - Mot.*), magnete-volano. 22 ~ motor (mit umlaufenden Zylindern und ruhender Kurbelwelle) (*m. - Verbr.mot.*), motore a cilindri rotanti. 23 ~ pumpe (*f. - Mach.*), pompa di circolazione. 24 ~ rad (eines Planetengetriebes) (*n. - Mech.*), ruota dentata satellite, satellite. 25 ~ regler (*m. - Ger.*), regolatore a riflusso. 26 ~ schmierung (*f. - Mech.*), lubrificazione a circolazione. 27 ~ schrott (beim Giessverfahren entstehende Abfälle) (*m. - Giess.*), scarti di fonderia. 28 ~ sinn (Drehsinn) (*m. - Mech. - etc.*), senso di rotazione. 29 ~ s·kapital (*n. - finanz.*), capitale circolante. 30 ~ spannung (die längs einer geschlossenen Linie gebildete Spannung, Randintegral der Feldstärke) (*f. - Elektr.*), circuitazione di campo elettrico. 31 ~ steg (eines Planetengetriebes) (*m. - Mech.*), portasatelliti, portatreno. 32 ~ strömung (Drallströmung, Wirbelströmung) (*f. - Mech. der Flüss.k.*), corrente vorticosa. 33 ~ verdichter (*m. - Masch.*), compressore rotativo. 34 ~ -Wechselgetriebe (*n. - Masch.*), cambio epicicloidale. 35 ~ zahl (Umdrehungszahl) (*f. - Mech. - etc.*), numero di giri. 36 ~ zeit (*f. - allg.*), tempo di rotazione. 37 ~ zeit (*Astronautik*), periodo orbitale. 38 Erd ~ bahn (*Astronautik*), orbita circumterrestre, orbita attorno alla Terra. 39 Kugel ~ lenkung (Kugelumlauf-Lenkgetriebe) (*f. - Aut.*), (comando) sterzo a circolazione di sfere.
umlaufen (drehen) (*allg.*), ruotare. 2 ~ (zirkulieren) (*allg.*), circolare.
umlaufend (drehend, rotierend) (*allg.*), rotante. 2 ~ (Wind) (*Meteor.*), variabile. 3 ~ er Anker (*Elekt. - Masch.*), indotto rotante. 4 ~ es Lager (aus Kreisförderern mit angehängten Schaukeln bestehend) (*Ind.*), magazzino aereo mobile, trasportatore-magazzino sospeso.
Umläufigkeit (seitliches Durchtreten von Wasser durch eine Staumauer) (*f. - Wass.b.*), infiltrazione laterale.
Umlautzeichen (*n. - Druck.*), dieresi.
umlegen (verschieben, einen Riemen z. B.), (*Mech. - etc.*), spostare. 2 ~ (niederreissen, eine Mauer z. B.) (*allg.*), demolire. 3 ~ (schalten, einen Hebel z. B.) (*allg.*), azionare, manovrare, commutare.
Umlegung (Verteilung, des Ackerlandes) (*f. - Landw.*), distribuzione.
Umleimer (Holzleiste an Hirnholzseiten angebracht) (*m. - Tischl.*), listello incollato (lateralmente).
Umleitung (*f. - allg.*), deviazione. 2 ~ (*Flugw. - Navig.*), diversione. 3 ~ s·bauten (*m. - pl. - Wass.b.*), opere di deviazione.
Umlenkblech (*n. - allg.*), deflettore di lamiera.
Umlenkgetriebe (*n. - Fahrz.*), trasmissione ad angolo.
Umlenkrad (eines Stetigförderers, bei Kurven) (*n. - ind. Transp.*), ruota di rinvio.
Umlenkrolle (*f. - Mech.*), galoppino. 2 ~ (eines Aufzugs) (*Bauw.*), carrucola di rinvio.
Umlenkscheibe (*f. - Mech.*), puleggia di rinvio.
Umlöten (der Kontakte) (*n. - Elekt.*), cambio delle connessioni saldate.
Umluft (einer Lüftungsanlage) (*f. - Bauw. - etc.*), aria ricircolata. 2 ~ heizung (Luftumlaufheizung) (*f. - Heizung*), riscaldamento a circolazione d'aria.
UMM (Universalmessmikroskop) (*Opt.*), microscopio universale per misure.
ummagnetisieren (*Elekt.*), invertire la magnetizzazione.
Ummagnetisierung (*f. - Elekt.*), inversione di magnetizzazione. 2 ~ s·verluste (*m. - pl. - Elekt.*), perdite per isteresi magnetica.
ummanteln (*Technol.*), rivestire.
Ummantelung (Hülse, metallische Kapsel des Brennstoffes eines Kernreaktors) (*f. - Kernphys.*), incamiciatura. 2 ~ (*Elekt.*), guaina, rivestimento.
ummauern (*Maur.*), cintare con muro.
umnummern (*allg.*), cambiare il numero.
Umorganisation (*f. - Organ.*), riorganizzazione.
umpolbar (*Elekt.*), a polarità invertibile.
umpolen (*Elekt.*), invertire la polarità.
Umpoler (*m. - Elekt.*), siehe Polumschalter.
Umpolung (*f. - Elekt.*), inversione di polarità.
Umprägung (Umwandlung, Metamorphose) (*f. - Geol.*), metamorfismo.
Umpressung (Umhüllungsart für isolierte Drähte) (*f. - Elekt.*), rivestimento pressato. 2 ~ (*Technol.*), incapsulatura a pressione.
Umpumpanlage (Förderanlage) (*f. - ind. Transp.*), pompa per la movimentazione (di materiali).
Umrandungsfeuer (eines Flugplatzes) (*n. - Flugw.*), luce di perimetro.

Umrechnungsfaktor

Umrechnungsfaktor (für die Leistung eines Verbr.mot.) (*m. - Mot.*), fattore di correzione.
Umrechnungskurs (*m. - finanz.*), tasso di scambio.
Umrechnungstabelle (*f. - Technol.*), tabella di conversione.
umreifen (*Mech. - etc.*), cerchiare. 2 ~ (*Packung*), reggiare.
Umreifung (*f. - Packung*), reggiatura. 2 ~ s·band (*n. - Packung*), reggetta. 3 ~ s·maschine (*f. - Packung*), reggiatrice.
umreissen (*Zeichn. - etc.*), tracciare il contorno. 2 ~ (skizzieren) (*Zeichn.*), schizzare.
umrichten (umrüsten) (*Werkz.masch.bearb.*), ripreparare.
Umrichter (UR, ruhender Umformer, der einen Wechselstrom einer Frequenz in Wechselstrom anderer Frequenz umformt) (*m. - Elekt.*), convertitore (statico) di frequenza. 2 ~ maschine (*f. - Elekt.*), macchina alimentata da convertitore.
Umringen (der Walze, durch fehlerhaft austretenden Walzstab) (*n. - Walzw.fehler*), cordonatura.
Umriss (Kontur) (*m. - allg.*), contorno, profilo. 2 ~ fräsen (eines Gesenkes) (*n. - Werkz.masch.bearb. - Schmiedewerkz.*), fresatura del contorno. 3 ~ versteilerung (Schaltung, die die Umrisse eines Bildgegenstandes betont) (*f. - Fernseh.*), circuito di accentuazione del contorno.
umrühren (das Bad) (*Giess.*), rimescolare, agitare.
umrüsten (*Werkz.masch.bearb.*), ripreparare.
Umrüstzeit (Umstellungszeit) (*f. - Werkz.masch.bearb.*), tempo ripreparazione (macchina).
Umsatz (Umschlag) (*m. - komm.*), giro di affari, fatturato (*s.*). 2 ~ (Verkauf) (*komm.*), vendita. 3 ~ (Umwandlung) (*Chem. - etc.*), trasformazione. 4 ~ geschwindigkeit (von Lagerbeständen, Umschlaggeschwindigkeit) (*f. - Ind.*), tasso di rotazione. 5 ~ steuer (*f. - finanz.*), imposta sull'entrata.
Umschaltekasten (*m. - Elekt. - etc.*), cassetta di commutazione.
Umschaltekontakt (Wechselkontakt) (*m. - Elekt.*), contatto di commutazione, contatto di scambio.
umschalten (*Elekt.*), commutare. 2 ~ (*Aut.*), cambiare marcia. 3 ~ (umkehren) (*Mech.*), invertire la marcia.
Umschalter (*m. - Elekt. - Ger.*), commutatore. 2 ~ (in Schreibmaschinen, zur Umschaltung zu Grossbuchstaben z. B.) (*Masch.*), trasportatore.
Umschalthebel (*m. - Elekt.*), leva di commutazione. 2 ~ (*Mech.*), leva di inversione.
Umschaltrelais (Umschalterelais) (*n. - Elekt.*), relè di commutazione.
Umschaltung (*f. - Elekt.*), commutazione. 2 ~ (in Schreibmaschinen, zu Grossbuchstaben z. B.) (*Masch.*), trasporto.
Umschlag (Hülle) (*m. - allg.*), involucro, copertura. 2 ~ (Papierumschlag, Briefumschlag) (*Post - etc.*), busta. 3 ~ (für Bücher) (*Druck. - etc.*), copertina. 4 ~ (Umladen der Waren) (*Transp.*), trasbordo. 5 ~ (*naut.*), trasbordo. 6 ~ (plötzliches Wechsel, Wetterumschlag z. B.) (*Meteor. - etc.*), variazione brusca. 7 ~ (Kippen, des Werkstückes) (*Werkz.masch.bearb.*), ribaltamento. 8 ~ (der Arbeitskräfte) (*Arb. - Pers.*), rotazione. 9 ~ (bei Relais, Umschaltung) (*Elekt. - etc.*), commutazione. 10 ~ (Übergang von der laminaren zur turbulenten Strömungsform) (*Mech. der Flüss.k.*), transizione. 11 ~ (abgedrehter Rand) (*allg.*), risvolto. 12 ~ (innerbetrieblicher Transport) (*ind. Transp.*), movimentazione. 13 ~ anlage (eines Lagers) (*f. - Ind.*), impianto di trasbordo. 14 ~ bohren (mit Drehtisch der um 180° geschwenkt wird nach Fertigstellung der ersten Bohrung) (*n. - Werkz.masch.bearb.*), foratura a ribaltamento. 15 ~ gerät (*n. - Werkz.masch.bearb.*), spostatore. 16 ~ geschwindigkeit (Umsatzgeschwindigkeit) (*f. - Arb. - Pers.*), tasso di rotazione. 17 ~ geschwindigkeit (Umsatzgeschwindigkeit, von Lagerbeständen) (*Ind.*), tasso di rotazione. 18 ~ hafen (zum Umschlag von Handelsgütern) (*m. - naut. komm.*), porto di trasbordo. 19 ~ leistung (eines Gabelstaplers z. B.) (*f. - ind. Transp.*), capacità di movimentazione. 20 ~ verhältnis (*n. - ind. Transp.*), rapporto di movimentazione. 21 ~ zeit (eines Relais) (*f. - Elekt. - etc.*), tempo di commutazione.
Umschlagen (bei Relais) (*n. - Elekt. - etc.*), commutazione.
umschlagen (kentern) (*v. i. - allg.*), capovolgersi. 2 ~ (kentern, ein Boot) (*v. i. - naut.*), capovolgersi, fare scuffia. 3 ~ (sich verändern, das Wetter) (*v. i. - Meteor.*), cambiare. 4 ~ (ein Buch z. B. mit einem Umschlag versehen) (*v. t. - allg.*), ricoprire. 5 ~ (umladen, Waren) (*v. t. - Transp.*), trasbordare. 6 ~ (umwenden, eine Seite z. B.) (*v. t. - allg.*), voltare.
Umschleifen (*n. - Werkz.masch.bearb.*), rettifica planetaria.
Umschlingung (des Seiles auf einem Trommel) (*f. - Transp. - etc.*), avvolgimento. 2 **doppelte** ~ (für Aufzüge z. B.) (*Transp.*), doppio avvolgimento.
Umschmelzblei (*n. - Metall.*), piombo rifuso, piombo di rifusione.
Umschmelzen (*n. - Metall.*), rifusione.
umschmelzen (*Metall. - etc.*), rifondere.
Umschmelzofen (*m. - Ofen - Metall.*), forno di rifusione.
Umschmelzzink (durch Umschmelzen von Altzink gewonnen) (*n. - Metall.*), zinco rifuso, zinco di rifusione.
Umschnürung (*f. - Packung*), legatura con spago. 2 ~ s·maschine (Umschnürmaschine) (*f. - Packung*), (macchina) legatrice.
umschreiben (*Geom.*), circoscrivere. 2 ~ (*recht.*), trascrivere.
Umschreibung (des Eigentums z. B.) (*f. - recht.*), trascrizione, voltura.
umschrieben (umbeschrieben) (*Geom.*), circoscritto.
Umschrift (*f. - allg.*), trascrizione.
Umschulung (von Arbeitskräften) (*f. - Arb. - etc.*), riaddestramento. 2 ~ s·kurs (*m. - Arb.*), corso di riaddestramento.
Umschwingdiode (Überschwingdiode) (*f. - Elektronik*), diodo di sovramodulazione.

Umschwingkreis (Überschwingkreis) (*m. - Elektronik*), circuito di sovramodulazione.
Umschwung (Drehung) (*m. - allg.*), rotazione. 2 ~ (grundlegende Veränderung) (*m. - allg.*), cambiamento radicale.
umsetzen (umwandeln) (*allg.*), trasformare, convertire. 2 ~ (umtauschen) (*komm.*), permutare. 3 ~ (verkaufen) (*komm.*), vendere, smerciare. 4 ~ (*Druck.*), ricomporre, rimaneggiare. 5 ~ (umpflanzen) (*Landw.*), trapiantare. 6 den Lauf ~ (*naut.*), cambiare rotta.
Umsetzer (Frequenzumsetzer) (*m. - Fernspr.*), traspositore (di frequenza). 2 ~ (Einheit zum Ändern der Darstellung von Daten) (*Datenverarb.*), convertitore. 3 ~ frequenz (*f. - Fernspr.*), frequenza di trasposizione, frequenza di modulazione. 4 Analog-Digital ~ (*Rechner*), convertitore analogico/numerico. 5 Code- ~ (Umkodierer) (*Rechner*), convertitore di codice. 6 Digital-Analog- ~ (*Rechner*), convertitore numerico/analogico. 7 Fernseh ~ (Fernsehrelaisstation) (*Fernseh.*), ripetitore per televisione. 8 Lochkarten-Band- ~ (*Datenverarb.*), convertitore scheda/nastro.
Umsetzung (*f. - allg.*), cambiamento di luogo. 2 ~ (Frequenzumsetzung) (*f. - Fernspr.*), trasposizione (di frequenza). 3 chemische ~ (*Chem.*), trasformazione chimica. 4 Stoff ~ (*allg.*), trasformazione della materia.
Umsetzwagen (Wagen mit auswechselbaren Achsen) (*m. - Eisenb.*), carro ad assi intercambiabili.
Umsiedlung (*f. - Bauw.*), spostamento d'insediamento, trasferimento d'insediamento.
umspannen (ein Werkstück) (*Werkz.masch. bearb.*), smontare. 2 ~ (*Elekt.*), trasformare (la tensione).
Umspanner (Leistungs-Transformator) (*m. - Elekt.*), trasformatore.
Umspannstation (Umspannwerk) (*f. - Elekt.*), stazione di trasformazione.
Umspannwerk (*n. - Elekt.*), sottostazione di trasformazione primaria.
Umspeicherung (*f. - Rechner*), riversamento di memoria.
umsponnen (Draht) (*Elekt.*), con rivestimento a spirale.
umspritzen (*Technol.*), rivestire ad estrusione.
umspulen (*allg.*), riavvolgere. 2 ~ (*Elekt.*), riavvolgere, ribobinare.
Umspülen (*n. - chem. Ind.*), lavaggio gassoso.
Umspurachse (Spurwechselradsatz) (*f. - Eisenb.*), sala a scartamento variabile, asse a scartamento variabile.
Umstand (*m. - allg.*), circostanza. 2 ~ höherer Gewalt (*komm. - recht.*), caso di forza maggiore.
Umsteckbarkeit (von Zahnrädern z. B., Austauschbarkeit) (*f. - Mech.*), intercambiabilità.
Umsteckwalzwerk (*n. - Walzw.*), laminatoio serpentaggio, treno serpentaggio.
umsteigen (*Eisenb. - Transp.*), cambiare (treno).
umstellen (umrüsten) (*Werkz.masch.bearb.*), ripreparare. 2 ~ (umschalten) (*Elekt.*), commutare.

Umstellhebel (*m. - Eisenb.*), leva del deviatoio.
Umstellung (eines Ofens z. B.) (*f. - allg.*), conversione, trasformazione. 2 ~ (*allg.*), trasposizione. 3 ~ s·zeit (*f. - Werkz.masch.bearb.*), tempo di ripreparazione.
umsteuerbar (*Mot. - etc.*), reversibile.
Umsteuerbarkeit (*f. - allg.*), reversibilità.
Umsteuermotor (*m. - Mot.*), motore reversibile.
umsteuern (*Masch.*), invertire (la marcia).
Umsteuerung (Umkehrung der Bewegungsrichtung von Masch., etc.) (*f. - Masch. - Mot.*), inversione (di marcia). 2 ~ (der Tischbewegung) (*Werkz.masch.*), inversione, comando d'inversione. 3 ~ s·sektor (*m. - Dampfmasch.*), settore d'inversione. 4 ~ s·welle (*f. - Mech.*), albero della retromarcia. 5 ~ Anschlag für Tisch ~ (*Werkz.masch.*), scontro per comando inversione tavola.
Umstrukturierung (*f. - allg.*), ristrutturazione.
Umsturzmoment (Kippmoment) (*n. - ind. Masch. - etc.*), momento di rovesciamento.
umtauschen (*komm.*), permutare.
Umverteilung (der Einkommen) (*finanz.*), ridistribuzione.
Umwalzen (*n. - Walzw.*), laminazione al treno semicontinuo.
umwälzen (*allg.*), sconvolgere. 2 ~ (umlaufen lassen, eine Flüssigkeit z. B.) (*allg.*), far circolare.
Umwalzer (Umsteckwalzwerk) (*m. - Walzw.*), laminatoio a serpentaggio.
Umwälzpumpe (Umlaufpumpe) (*f. - Masch.*), pompa di circolazione.
Umwälzung (Umlauf, von Kühlmitteln) (*f. - Mot. - etc.*), circolazione.
Umwälzzahl (Verhältnis zwischen stündlich umgewälzter Menge und Füllmenge, bei Umlaufschmierung) (*f. - Mot. - Masch.*), rapporto di circolazione.
umwandelbar (*allg.*), convertibile.
umwandeln (*allg.*), trasformare.
Umwandler (Umsetzer) (*m. - Rechner*), convertitore.
Umwandlung (*f. - allg.*), trasformazione. 2 ~ (der Energie) (*Phys.*), trasformazione. 3 ~ (Übersetzung eines Programms in die Maschinensprache z. B.) (*Rechner*), traduzione. 4 ~ s·bereich (*m. - Metall.*), intervallo di trasformazione. 5 ~ s·faktor (*m. - Atomphys.*), rapporto di autogenerazione. 6 ~ s·linie (eines Eisen-Kohlenstoff-Schaubildes z. B.) (*f. - Metall.*), linea di trasformazione. 7 ~ s·punkt (*m. - Metall.*), punto critico. 8 ~ s·temperatur (*f. - Metall. - etc.*), temperatura critica. 9 ~ s·wärme (*f. - Phys.*), calore latente di trasformazione. 10 innere ~ (innere Konversion) (*Phys.*), conversione interna. 11 radioaktive ~ (spontane Kernumwandlung) (*Kernphys.*), decadimento radioattivo.
Umwegecho (*n. - Akus. - etc.*), eco indiretta.
Umwelt (*f. - allg.*), ambiente. 2 ~ belastung (durch Emissionen von Kernkraftwerken z. B.) (*f. - Ökologie*), inquinamento dell'ambiente. 3 ~ einflüsse (am Arbeitsplatz z. B., Umweltbedingungen) (*m. - pl. - Arb. - etc.*) condizioni ambientali.

umweltfreundlich

umweltfreundlich (*Ökologie*), non inquinante.
umweltneutral (*allg.*), non reagente all'ambiente.
umwenden (*allg.*), capovolgere. 2 ~ (den Strom) (*Elekt.*), invertire.
umwerten (Messdaten z. B.) (*allg.*), tradurre.
Umwerter (von Daten z. B.) (*m. - Ger.*), traduttore.
umwickeln (*allg.*), avvolgere. 2 ~ (ein Seil) (*naut. - etc.*), fasciare.
umziehen (die Wohnung wechseln) (*komm. - etc.*), traslocare, trasferirsi.
Umzug (Wohnungswechsel) (*m. - komm. - etc.*), trasloco, trasferimento. 2 ~ s·entschädigung (*f. - Arb. - etc.*), indennità di trasloco.
Un (Unterbrecher) (*Elekt.*), interruttore.
unabgeglichen (*Elekt.*), squilibrato. 2 ~ (*Mech. - etc.*), sbilanciato.
unabhängig (*allg.*), indipendente. 2 ~ (Anlage, etc.) (*Masch. - etc.*), autonomo. 3 ~ e Anlage (*Masch. - etc.*), impianto autonomo. 4 ~ e Veränderliche (*Math.*), variabile indipendente.
unabtretbar (*allg.*), non cedibile.
U-Naht (Schweissnaht) (*f. - mech. Technol.*), saldatura a U.
unausgewuchtet (*Mech.*), sbilanciato.
Unbalanz (*f. - Mech. - etc.*), squilibrio.
unbauwürdig (*Bergbau*), non coltivabile.
unbeabsichtigt (*allg.*), involontario. 2 ~ (*recht.*), preterintenzionale.
unbeanstandet (ohne Mängeln, fehlerfrei) (*Masch. - etc.*), senza difetti, in condizioni perfette.
unbearbeitet (*Mech.*), non lavorato.
unbebaut (Boden z. B.) (*Bauw.*), scoperto, non fabbricato.
Unbedenklichkeitsbescheinigung (*f. - recht.*) certificato di non opposizione.
Unbedenklichkeitserklärung (*f. - allg.*), nullaosta.
unbedient (unbemannt) (*allg.*), non presidiato, senza personale.
unbedingt (Signal, absolut) (*Eisenb.*), assoluto, non permissivo.
unbefahrbar (*Strasse*), impraticabile.
unbefristet (*allg.*), a tempo indeterminato.
unbegrenzt (*allg.*), illimitato.
unbeherrscht (Kernumwandlung z. B.) (*Phys. - Chem.*), non controllato.
Unbekannte (*f. - Math. - etc.*), incognita (s.). 2 statisch überbestimmte ~ (statisch unbestimmte Unbekannte) (*Baukonstr.lehre*), incognita iperstatica, iperstatica.
unbelastet (*allg.*), scarico. 2 ~ (Eigentum z. B.) (*recht.*), non gravato.
unbemannt (*naut. - Flugw.*), senza equipaggio. 2 ~ e Station (*Elekt. - etc.*), centrale non presidiata, centrale senza personale.
unberuhigt (Stahl) (*Metall.*), effervescente, non calmato.
unbespult (*Fernspr.*), non pupinizzato.
unbesteigbar (Schornstein z. B.) (*Bauw.*), non praticabile, impraticabile.
unbestimmt (*allg.*), indeterminato. 2 statisch ~ (*Baukonstr.lehre*), staticamente indeterminato.
Unbestimmtheit (*f. - allg.*), indeterminatezza. 2 ~ s·relation (Unschärfebeziehung) (*f. - Phys.*), principio di indeterminazione.
unbewacht (Bahnübergang) (*Eisenb.*), non custodito.
unbewusst (Wahrnehmung) (*Filmtech. - komm.*), agente sul subcosciente.
unbiegsam (*Mech.*), rigido.
Unbiegsamkeit (*f. - Mech.*), rigidità.
Unbilden (der Witterung) (*pl. - f. - Meteor.*), inclemenza.
unbrennbar (*allg.*), incombustibile.
unbunt (*Opt.*), acromatico.
UND-Gatter (UND-Schaltung) (*n. - Rechner*), elemento AND, porta AND, circuito (logico) AND.
undicht (*allg.*), anermetico, non ermetico, non stagno, perdente. 2 ~ er Guss (*Giess.*), getto poroso.
Undichtheit (Undichtigkeit) (*f. - Mech. - etc.*), anermeticità, mancanza di tenuta, mancanza di ermeticità. 2 ~ (Leckage) (*allg.*), perdita, fuga.
Undichtigkeit (Undichtheit) (*f. - allg.*), anermeticità, mancanza di tenuta, mancanza di ermeticità.
UND-Schaltung (UND-Gatter) (*f. - Rechner*), elemento AND, porta AND, circuito (logico) AND.
Undulationstheorie (*f. - Phys.*), teoria ondulatoria.
undurchlässig (*allg.*), impermeabile.
Undurchlässigkeit (*f. - allg.*), impermeabilità.
undurchsichtig (*allg.*), opaco, non trasparente.
Undurchsichtigkeit (*f. - allg.*), opacità.
uneben (*Mech.*), non piano.
Unebenheit (*f. - Mech. - etc.*), aplanarità. 2 ~ (Abweichung von der Ebene, einer technischen Oberfläche) (*Mech. - Messtechnik*), errore di planarità.
unecht (Farbe) (*Chem.*), non resistente. 2 ~ (*Math.*), improprio.
uneigentlich (Ebene oder Gerade z. B., unendlichfern) (*Math.*), all'infinito. 2 ~ es Integral (*Math.*), integrale improprio.
Uneinigkeit (*f. - allg.*), disaccordo, mancanza di unanimità.
unelastisch (*Mech.*), anelastico.
Unempfindlichkeit (*f. - allg.*), insensibilità.
unendlich (*Math.*), infinito (a.).
Unendlichkeit (*f. - Math.*), infinito (s.).
unentgeltlich (*allg.*), gratuito.
Unentgeltlichkeit (*f. - allg.*), gratuità.
unentzündlich (*Verbr.*), infiammabile.
unergiebig (*komm.*), non redditizio.
unerledigt (Büro - etc.), non sbrigato, inevaso.
unerregt (*Elekt.*), diseccitato.
unersetzlich (*allg.*), insostituibile.
UNESCO (Organisation der Vereinten Nationen für Erziehung, Wissenschaft und Kultur) (*Politik*), UNESCO, Organizzazione delle Nazioni Unite per l'Istruzione, le Scienze e la Cultura.
Unfall (*m. - allg.*), incidente, infortunio. 2 ~ kamera (zum Photographieren des Instrumentenbrettes eines Flugzeuges) (*f. - Phot. - Leiftw.*), fotocamera automatica (per registrare i dati del quadro di bordo all'atto) del-

l'incidente. 3 ~ **kran** (Bergungskran) (*m. - Fahrz.*), carro attrezzi. 4 ~ **schreiber** (automatisches Registriergerät von Messwerten) (*m. - Flugw.*), scatola nera. 5 ~ **schutzmassnahme** (*f. - Arb.*), misura di sicurezza, misura antinfortunistica. 6 ~ **station** (*f. - Med.*), (posto di) pronto soccorso. 7 ~ **verhütung** (*f. - Arb. - etc.*), prevenzione degli infortuni, antinfortunistica. 8 ~ **verhütungsschalter** (*m. - Elekt.*), interruttore di sicurezza, interruttore antinfortunio. 9 ~ **verhütungsvorschrift** (*f. - Arb. - Ind.*), norma antinfortunistica, norma di sicurezza. 10 ~ **versicherung** (*f. - Arb. - etc.*), assicurazione contro gli infortuni. 11 ~ **wache** (*f. - Med.*), guardia medica, pronto soccorso. 12 ~ **wagen** (Krankenauto, Ambulanzwagen) (*m. - Fahrz.*), autoambulanza. 13 **maximal glaubhafter** ~ (grösster anzunehmender Unfall, maximal hypotetischer Unfall, bei Kernreaktoren) (*Kernphys.*), massimo incidente credibile.
unfallsicher (*allg.*), sicuro, non pericoloso.
unfrankiert (*Transp.*), contro assegno, a carico del destinatario.
unfrei (Fracht in Überweisung, nicht frankiert) (*Post - Transp.*), in porto assegnato.
unfreiwillig (*allg.*), involontario.
Ungänze (*f. - Giess.*), getto incompleto.
Unganzheit (*f. - Giess.*), incompletezza, mancanza (di materiale).
ungebacken (Kern z. B.) (*Giess.*), verde.
ungebleit (*allg.*), senza piombo.
ungebrannt (Ziegelstein) (*Maur. - etc.*), crudo.
ungebunden (*Chem. - Metall.*), non combinato, libero. 2 ~ (*Buchbinderei*), non rilegato. 3 ~ (Arbeit) (*Arb.*), indipendente.
ungedämpft (Schwingung) (*Phys.*), persistente, non smorzato. 2 ~ (*Mech.*), non smorzato.
ungeeicht (*Instr. - etc.*), «starato».
ungeeignet (*allg.*), inadatto, improprio, non idoneo.
ungeerdet (*Elekt.*), non a massa, non a terra. 2 ~ **e elektrische Anlage** (*Elekt.*), impianto elettrico isolato.
ungefedert (*Fahrz. - etc.*), non sospeso, non molleggiato. 2 ~ (*Mech. - etc.*), rigido.
ungeglüht (*Wärmebeh.*), non ricotto.
ungehärtet (Stahl) (*Wärmebeh.*), non temprato.
ungeladen (*allg.*), scarico (*a.*). 2 ~ (Teilchen) (*Phys.*), neutro.
ungelernt (*Arb.*), non specializzato.
Ungenauigkeit (*f. - Mech. - etc.*), imprecisione.
ungepolt (Kondensator z. B.) (*Elektronik*), non polarizzato.
ungerade (*Geom.*), non rettilineo. 2 ~ (Zahl) (*Math.*), dispari. 2 ~ **Paritätskontrolle** (*Datenverarb.*), controllo di disparità.
Ungerade-Gerade-Kontrolle (*f. - Datenverarb.*), controllo di parità/disparità.
Ungeradheit (*f. - Mech. - etc.*), non-rettilineità. 2 ~ (Abweichung von der Geraden) (*Mech. - Messtechnik*), errore di rettilineità.
ungerechtfertigt (Entlassung z. B.) (*allg.*), ingiustificato, senza motivo.
ungerichtet (*Funk. - etc.*), non direzionale.

ungespannt (Feder z. B.) (*Mech. - etc.*), senza carico.
ungestaut (Wasserspiegel) (*Hydr.*), non rigurgitato.
ungesund (*Med. - etc.*), insalubre, malsano.
ungeteilt (Strasse, ohne Richtungstrennstreifen) (*Strass.ver.*), senza spartitraffico.
Ungleichförmigkeitsgrad (des Schwungrades eines Verbrennungsmotors z. B.) (*m. - Mot.*), grado di irregolarità. 2 ~ (Ungleichförmigkeit, der Drehzahlregelung) (*Mot.*), scarto (di giri). 3 **bleibender** ~ (*Mot.*), scarto permanente, statismo. 4 **vorübergehender** ~ (*Mot.*), scarto transitorio.
Ungleichheit (*allg.*), disparità, ineguaglianza.
ungleichmässig (*allg.*), non uniforme, disuniforme, irregolare.
Ungleichmässigkeitsfaktor (*m. - Beleucht.*), coefficiente di disuniformità.
Ungleichung (*f. - Math.*), disuguaglianza.
Ungleichwinkligkeit (*f. - Mech.*), discordanza angolare, etero-angolarità. 2 ~ (Abweichung von der Gleichwinkligkeit) (*Mech. - Messtechnik*), errore di equiangolarità.
unhaltig (*Min. - Bergbau*), sterile.
unheilbar (*Med.*), incurabile.
UNI (Ente Nazionale per l'Unificazione, Vereinigung für Vereinheitlichung in der italienischen Industrie) (*Normung*), UNI.
Uni (umgeschmolzenes granuliertes Nickel) (*Metall.*), nichel rifuso granulato.
Unidal (Aluminium-Knetlegierung, AlMgZn) (*n. - Legierung*), unidal.
Unifilaraufhängung (*f. - Elekt.*), sospensione unifilare.
Unifont 2 (Aluminium-Gusselgierung, G-AlMgZn) (*n. - Legierung*), unifont 2.
Uniform (*f. - milit.*), uniforme (*s.*).
Unigarn (einfarbiges Garn) (*n. - Textil.*), filato monocolore.
Unimog (Geländefahrzeug) (*m. - Fahrz.*), autocarro per fuori strada.
Union - Melt - Schweissen (Unterpulver - Schweissen) (*n. - mech. Technol.*), saldatura ad arco sommerso.
unipolar (einpolig) (*Elekt.*), unipolare.
Unipolardynamo (*m. - elekt. Masch.*), dinamo unipolare.
Unipolarmaschine (Gleichstrommaschine) (*f. - elekt. Masch.*), generatrice omopolare, generatrice aciclica.
Unipolar-Transistor (*m. - Elektronik*), transistore unipolare.
Universalbagger (*m. - Erdbew.masch.*), escavatore universale.
Universaldrehbank (*f. - Werkz.masch.*), tornio universale.
Universal-Elektrowerkzeug (*n. - Elektromech.*), utensile elettrico universale.
Universal-Fräsmaschine (*f. - Werkz.masch.*), fresatrice universale.
Universalgelenk (*n. - Mech.*), giunto universale.
Universalgerüst (*n. - Walzw.*), gabbia di treno universale.
Universalinstrument (*n. - Top. - Opt. - Instr.*), universale (*s.*), strumento geodetico universale.

Universalmessgerät

Universalmessgerät (Vielfachmessgerät) (*n. - elekt. Ger.*), multimetro.
Universalmotor (Allstrommotor, mit Gleichstrom wie mit Wechselstrom betrieben) (*m. - Elektromot.*), motore universale.
Universalstrasse (*f. - Walzw.*), treno universale.
Universalteilkopf (*m. - Werkz.masch.bearb.*), divisore universale, testa a dividere universale.
universell (*allg.*), universale.
Universität (*f. - Schule*), università.
Univibrator (in der Impulstechnik verwendeter monostabiler Multivibrator) (*m. - Elekt.*), univibratore, multivibratore monostabile.
Unkosten (*f. - pl. - Adm.*), spese. 2 ~ **beitrag** (*m. - finanz.*), contributo spese. 3 **Betriebs** ~ (*Adm.*), spese di esercizio. 4 **Büro** ~ (*Adm.*), spese di ufficio. 5 **General** ~ (allgemeine Unkosten) (*Adm.*), spese generali. 6 **Verwaltungs** ~ (*Adm.*), spese amministrative.
Unkrautvertilgung (*f. - Eisenb. - etc.*), diserbamento, diserbo. 2 ~ **s·maschine** (*f. - Masch.*), diserbatrice. 3 ~ **s·mittel** (*n. - Eisenb. - etc.*), erbicida, diserbante (*s.*).
unlösbar (unlöslich) (*Chem. - etc.*), insolubile. 2 ~ (Problem z. B.) (*Math. - etc.*), insolubile.
unlöslich (unlösbar) (*Chem.*), insolubile.
unmagnetisch (Stahl) (*Metall.*), antimagnetico.
unmittelbar (*allg.*), diretto, immediato. 2 ~ **gekuppelt** (*Masch.*), accoppiato direttamente.
Unmittigkeit (*f. - Mech. - Fehler*), eccentricità.
Unparallelität (*f. - Mech.*), aparallelismo, non-parallelismo. 2 ~ (Abweichung von der parallelen Lage) (*Mech. - Messtechnik*), errore di parallelismo.
unperiodisch (*Mech. - etc.*), aperiodico.
unpolar (Molekül, mit zusammenfallenden Ladungs-Schwerpunkten) (*Chem.*), non polare.
unproduktiv (*Arb.*), non produttivo.
unregelmässig (*allg.*), irregolare.
Unregelmässigkeit (*f. - allg.*), irregolarità.
Unreinigkeiten (*f. - pl. - allg.*), impurità, corpi estranei.
Unruh(e) (*f. - Uhr*), bilanciere. 2 ~ **feder** (*f. - Uhr*), molla del bilanciere.
unrund (*Mech.*), non circolare. 2 ~ (Zylinder, eines Verbr.mot.) (*Mot. - Mech.*), ovalizzato. 3 ~ **laufen** (*Mech.*), girare eccentrico. 4 ~ **werden** (eines Zylinders) (*Mot.*), ovalizzarsi.
Unrundheit (*f. - Mech.*), acircolarità, non-circolarità. 2 ~ (Abweichung vom Kreis) (*Mech. - Messtechnik*), errore di circolarità.
Unrundlauf (*m. - Mech.*), rotazione non circolare.
Unrundwerden (eines Zylinders) (*n. - Mot.*), ovalizzazione.
unsachgemäss (*Mech. - etc.*), non appropriato, improprio.
unschädlich (*allg.*), innocuo.
unscharf (stumpf) (*Werkz.*), che ha perduto il filo, non affilato. 2 ~ (Abstimmung z. B.) (*Funk.*), piatto. 3 ~ (Bild) (*Opt.*), poco nitido. 4 ~ **abgestimmt** (*Funk.*), a sintonia piatta.
Unschärfe (eines Bildes) (*f. - Opt.*), mancanza di definizione. 2 ~ **beziehung** (Unbestimmtheitsrelation) (*f. - Phys.*), principio di indeterminazione.
unschmelzbar (*Chem. - Phys.*), infusibile, non fusibile.
Unsicherheit (*f. - allg.*), incertezza. 2 ~ **s·faktor** (*m. - allg.*), fattore d'incertezza. 3 **Mess** ~ (*Messtechnik*), incertezza di misura.
unständig (unstetig) (*allg.*), instabile.
unstarr (Luftschiff) (*Flugw.*), floscio.
unstetig (*allg.*), instabile.
Unstetigkeit (*f. - allg.*), instabilità.
Unsymmetrie (Asymmetrie) (*f. - Geom. - etc.*), asimmetria. 2 ~ **last** (unsymmetrische Belastung) (*f. - Elekt.*), carico squilibrato. 3 ~ **spannung** (unsymmetrische Spannung) (*f. - Elekt.*), tensione disimmetrica. 4 ~ **strom** (unsymmetrischer Strom) (*m. - Elekt.*), corrente squilibrata.
unsymmetrisch (asymmetrisch) (*allg.*), asimmetrico. 2 ~ **e Belastung** (Unsymmetrielast) (*Elekt.*), carico squilibrato. 3 ~ **er Strom** (Unsymmetriestrom) (*Elekt.*), corrente squilibrata. 4 ~ **e Spannung** (*Elekt.*), tensione disimmetrica.
untengesteuert (*Mech.*), comandato dal basso.
Unterachse (Achsschenkelsturz) (*f. - Aut.*), inclinazione dei fusi a snodo.
Unteragent (*m. - komm.*), subagente.
Unteragentur (*f. - komm.*), subagenzia.
Unteramboss (Schabotte, einer Schmiedepresse) (*m. - Masch.*), basamento metallico.
Unteramt (Unterknotenamt, Unterzentrale) (*n. - Fernspr.*), sottocentrale, centrale secondaria.
Unteranlage (*f. - Elekt. - etc.*), subimpianto.
Unteranpassung (*f. - Elekt. - Funk.*), sottoadattamento.
Unteransicht (*f. - Zeichn.*), vista dal basso.
Unterantriebs-Presse (*f. - Masch.*), pressa azionata dal basso.
Unterausschuss (*m. - allg.*), sottocomitato, sottocommissione.
Unterbandförderung (stetige Förderung im Untertrumm des Gurtbandes) (*f. - Transp.*), trasporto sul ramo inferiore del nastro.
Unterbau (Gründung) (*m. - Bauw.*), fondazione. 2 ~ (Eisenb. - Strass.b.), corpo stradale, piattaforma stradale, piano di regolamento. 3 ~ (einer Strassendecke) (*Strass.b.*), sottofondo. 4 ~ **körper** (*m. - Bauw.*), blocco di fondazione. 5 ~ **sohle** (*f. - Bauw.*), base di fondazione, solettone di fondazione. 6 **abgetreppter** ~ (*Bauw.*), fondazione a riseghe.
unterbauen (untermauern) (*Bauw.*), sottomurare.
unterbelastet (*Mot. - etc.*), a carico ridotto.
Unterbelastung (*f. - Mot. - etc.*), carico ridotto, carico parziale.
Unterbelichtung (*f. - Phot.*), sottoesposizione.
Unterbelieferung (Stücke, die von einer Lieferung fehlen) (*f. - komm. - Transp.*), mancanti (*s. pl.*).
Unterbeschäftigung (*f. - Arb. - Ind.*), sottoccupazione.

Unterbeton (*m. - Bauw.*), base in calcestruzzo. 2 ~ (*Strass.b.*), sottofondo in calcestruzzo.
Unterbewusstsein (*n. - Psychol.*), subcosciente.
Unterbilanz (*f. - finanz.*), bilancio passivo.
unterbinden (verhindern) (*allg.*), impedire, ostacolare.
Unterboden (*m. - Geol.*), sottosuolo.
unterbrechen (den Strom z. B.) (*Elekt. - etc.*), interrompere. 2 ~ (den Betrieb z. B.) (*Ind.*), sospendere.
Unterbrecher (der Zündung eines Verbr. mot.) (*m. - Mot.*), ruttore di accensione. 2 ~ funke (Unterbrechungsfunke) (*m. - Elekt.*), scintilla d'apertura. 3 ~ hammerkontakt (eines Zündsystems) (*m. - Elekt. - Mot.*), puntina mobile del ruttore. 4 ~ hebel (eines Zündsystems) (*m. - Mot. - Elekt.*), martelletto del ruttore. 5 ~ kontakt (*m. - Mot. - Elekt.*), puntina del ruttore. 6 ~ nocken (eines Zündsystems) (*m. - Elekt. - Mot.*), camma del ruttore.
Unterbrechung (*f. - Elekt. - etc.*), interruzione. 2 ~ s·bad (*n. - Phot.*), bagno di arresto. 3 ~ s·extrastrom (*m. - Elekt.*), extracorrente di apertura. 4 ~ s·melder (an Sicherungen, Kennmelder) (*m. - Elekt. - Vorr.*), indicatore di rottura.
unterbrechungslos (unterbrechungsfrei, Stromversorgung z. B.) (*Elekt. - etc.*), continuo, senza interruzione.
unterbringen (in einer Arbeitsstelle z. B., stellen) (*allg.*), mettere, sistemare.
unterchlorig (Säure) (*Chem.*), ipocloroso.
Unterdeck (*n. - naut.*), sottocoperta.
Unterdruck (*m. - allg.*), depressione. 2 ~ (beim Walzen)(*Walzw.*), pressione dal disotto. 3 ~ bremse (*f. - Fahrz.*), freno a depressione. 4 ~ dose (eines Vergasers z. B.) (*f. - Mot. - etc.*), capsula pneumatica, capsula manometrica, camera a depressione. 5 ~ kammer (zur Untersuchung von Flugzeugpersonal z. B.) (*f. - Flugw.*), camera alta quota. 6 ~ leitung (*f. - Leit.*), tubo di aspirazione. 7 ~ messer (*m. - Ger.*), vuotometro, vacuometro. 8 ~ messer (zum Messen des Zuges bei Verbr.) (*Verbr. - Ger.*), deprimometro. 9 ~ schalter (Unterdruckwächter) (*m. - elekt. Eisenb.*), interruttore di minima pressione. 10 ~ scheibenwischer (*m. - Aut.*), tergicristallo a depressione. 11 ~ verdampfer (*m. - Ger.*), evaporatore sotto vuoto. 12 ~ versteller (der Zündvorverstellung) (*m. - Mot. - etc.*), correttore (di anticipo) a depressione. 13 ~ verstellung (der Zündung eines Verbr.mot.) (*f. - Mot.*), anticipo con correttore a depressione.
unterdrücken (Oberwellen z. B.) (*Phys.*), sopprimere.
Unterdrückung (von Oberwellen z. B.) (*f. - Phys.*), soppressione.
unterer Heizwert (*Wärme*), potere calorifico inferiore.
untererregen (*Elekt.*), sottoeccitare.
untereutektisch (*Metall.*), ipoeutettico.
untereutektoidisch (*Metall.*), ipoeutettoide.
Unterfangen (*n. - Bauw.*), sottomurazione.

unterfangen (untermauern) (*Maur.*), sottomurare.
Unterfangungsbauweise (belgische Bauweise, eines Tunnels) (*f. - Ing.b.*), metodo di attacco belga.
Unterflurantrieb (einer Presse z. B.) (*m. - Mech.*), comando da sottopavimento, azionamento da sottopavimento.
Unterflurbau (*m. - Masch.*), costruzione sotto pavimento. 2 ~ (eines Verbr.mot.) (*Mot. - Fahrz.*), costruzione piatta, costruzione a sogliola.
Unterflurmotor (eines Lastwagens z. B.) (*m. - Aut.*), motore piatto, motore a sogliola.
Unterflur-Presse (Freiform-Schmiedepresse mit Unterflur-Presszylinder) (*f. - Masch.*), pressa (per fucinatura libera con cilindro) sottopavimento.
Unterflur-Taktstand (*m. - Aut.*), banco incassato per servizio a cadenza.
Unterflurwaage (*f. - Masch.*), pesa a ponte.
Unterform (beim Pressen von Kunststoffen) (*f. - Werkz.*), stampo inferiore.
Unterfrequenzschutz (*m. - Elekt.*), protezione a minimo di frequenza.
Unterführung (*f. - Ing.b.*), sottopassaggio. 2 ~ (eines Ausbohrspindels z. B.) (*Werkz. masch.bearb.*), guida inferiore.
Unterfunktion (Laplace-Transformation) (*f. - Math.*), trasformazione di Laplace.
Untergang (*m. - naut.*), affondamento.
untergehen (*naut.*), affondare, colare a fondo, colare a picco.
Untergericht (Gericht erster Instanz) (*n. - recht.*), tribunale di prima istanza.
Untergeschoss (*n. - Bauw.*), pianterreno.
Untergesenk (*n. - Schmiedewerkz.*), stampo inferiore.
Untergestänge (Schwerstangen) (*f. - pl. - Bergbau*), aste pesanti.
Untergestell (*n. - Masch.*), basamento, incastellatura di base. 2 ~ (Fahrgestell) (*Fahrz.*), carrello. 3 ~ (einer Drehbank z. B.) (*Werkz. masch.*), bancale. 4 ~ (Rahmen, eines Guterzugwagens z. B.) (*Eisenb. - Fahrz.*), telaio.
Untergrund (Unterboden) (*m. - Geol.*), sottosuolo. 2 ~ (*Anstr.*), fondo. 3 ~ (*Strass.b.*), sottofondo. 4 ~ bahn (U-Bahn) (*f. - Eisenb.*), ferrovia sotterranea, metropolitana. 5 ~ packer (Walze zur tieferen Verdichtung) (*m. - Ack.b.masch.*), rullo sottocompressore.
Untergruppe (*f. - Mech.*), sottogruppo.
Untergurt (eines Fachwerkes) (*m. - Bauw.*), corrente inferiore. 2 ~ förderer (Gurtbandförderer) (*m. - ind. Transp.*), trasportatore a nastro a tratto inferiore portante.
Unterhalt (*m. - Masch. - etc.*), manutenzione. 2 ~ (von Personen) (*allg.*), mantenimento. 3 ~ s·kosten (*f. - pl. - Masch. - etc.*), spese di manutenzione. 4 ~ s·mittel (*n. - allg.*), mezzo di sostentamento. 5 ~ s·pflichtiger (einer Familie) (*m. - recht.*), sostegno.
unterhaltsberechtigt (Persone) (*recht.*), a carico.
unterhalten (*Masch. - etc.*), eseguire la manutenzione.
Unterharmonische (in Drehstromnetzen z. B., Frequenz kleiner als die Betriebsfrequenz) (*f. - Elekt.*), subarmonica.

Unterhieb

Unterhieb (einer Feile) (*m. - Werkz.*), primo taglio.
unterholen (Drehzahl vermindern) (*Mech.*), decelerare.
unterhörfrequent (*Akus.*), subaudio.
unterirdisch (*allg.*), sotterraneo. 2 ~ (Kabel z. B.) (*Elekt.*), interrato.
Unterkasten (*m. - Giess.*), staffa inferiore, fondo.
unterkellert (*Bauw.*), con scantinato, con cantina.
Unterkonstruktion (eines Daches) (*f. - Bauw.*), sottostruttura.
Unterkorn (Siebdurchlauf) (*n. - Ind.*), materiale passante, passante (*s.*).
unterkritisch (*Atomphys.*), subcritico.
unterkühlen (*Phys. - Chem.*), soprafondere.
Unterkühlung (Abkühlung von Flüssigkeiten unter die zugeordnete Erstarrungstemperatur ohne Erstarrung) (*f. - Phys. - Chem.*), soprafusione.
Unterlage (*f. - allg.*), base. 2 ~ (Unterlegblech) (*Mech.*), spessore, rasamento. 3 ~ (Urkunde) (*allg.*), documento, documentazione. 4 ~ platte (einer Schiene) (*f. - Eisenb.*), piastra di appoggio.
Unterlagerungsfrequenz (*f. - Akus.*), frequenza subaudio.
Unterlagerungstelegraphie (UT) (*f. - Telegr.*), telegrafia infracustica.
Unterlagsplatte (*f. - Eisenb.*), piastra di appoggio.
Unterlänge (von Schienen, etc.) (*f. - metall. Ind.*), spezzone, lunghezza inferiore alla normale, sottomisura.
Unterlast (*f. - Mot. - etc.*), carico ridotto, carico parziale.
Unterlauf (eines Flusses) (*m. - Geogr.*), corso inferiore. 2 ~ (Zustand bei dem die Berechnung ein Resultat ergibt das kleines ist als das System sie darzustellen vermag) (*Rechner*), supero negativo di capacità.
Unterläufigkeit (Durchsickern von Wasser unter einer Staumauer z. B.) (*f. - Wass.b.*), sottoinfiltrazione, infiltrazione di fondo.
Unterlegscheibe (*f. - Mech.*), rosetta, rondella.
Unterleitung (*f. - elekt. Eisenb.*), terza rotaia in cunicolo.
Unterlieferant (*m. - komm. - Ind.*), subfornitore.
unterliegen (einer Gesetzgebung) (*allg.*), essere soggetti (a).
unterlinear (Kennlinie die unter ihrer Nullpunktstangente verläuft) (*Masch. - etc.*), convessa (rispetto all'ascissa).
untermauern (unterfangen) (*Maur.*), sottomurare.
Untermauerung (Unterfangen) (*f. - Maur.*), sottomurazione.
untermieten (untervermieten) (*komm.*), subaffittare.
untermoderiert (Reaktor) (*Kernphys.*), submoderato.
Untermodulation (*f. - Funk.*), sottomodulazione.
Unternahtriss (*m. - Schweissen*), cricca sotto (il) cordone.
Unternehmen (*n. - Ind. - komm.*), impresa, azienda. 2 ~ s·führer (*m. - Ind.*), dirigente di azienda. 3 ~ s·planung (*f. - Ind.*), pianificazione aziendale. 4 ~ s·spiel (*n. - Ind. - Pers.*), simulazione di gestione, gioco d'impresa. 5 **Dienstleistungs** ~ (*komm. - etc.*), azienda terziaria, azienda per la prestazione di servizi. 6 **Transport** ~ (*Transp.*), impresa di trasporti. 7 **verbundenes** ~ (Mitinhaberin) (*finanz.*), consociata.
Unternehmer (*m. - Ind. - komm.*), imprenditore.
unternehmerisch (*Ind.*), imprenditoriale.
unterperlitisch (untereutektoid) (*Metall.*), ipoeutettoide.
Unterpflasterbahn (Strassenbahnstrecke) (*f. - Transp.*), tramvia sotterranea.
Unterpflug (*m. - Ack.b.masch.*), aratro talpa, aratro ripuntatore.
Unterprogramm (*n. - Rechner*), sottoprogramma. 2 ~ **bibliotek** (*f. - Datenverarb.*), biblioteca di sottoprogrammi. 3 **ausführendes** ~ (*Rechner*), sottoprogramma supervisore. 4 **dynamisches** ~ (*Datenverarb.*), sottoprogramma parametrico. 5 **geschlossenes** ~ (*Rechner*), sottoprogramma chiuso, routine chiusa. 6 **interpretatives** ~ (*Rechner*), sottoprogramma interpretativo. 7 **offenes** ~ (*Rechner*), sottoprogramma aperto, routine aperta, sottoprogramma in linea. 8 **statisches** ~ (*Datenverarb.*), sottoprogramma non parametrico. 9 **zugeschaltetes** ~ (*Datenverarb.*), sottoprogramma rientrante.
Unterpulver-Auftragschweissung (*f. - mech. Technol.*), saldatura di riporto ad arco sommerso.
Unterpulver-Schweissung (UP - Schweissung) (*f. - mech. Technol.*), saldatura ad arco sommerso.
Unterputzschalter (*m. - Elekt. - Maur.*), interruttore incassato.
Unterricht (*m. - Schule*), insegnamento, istruzione.
unterrichten (jemandem in einer Sache) (*allg.*), istruire. 2 ~ (bekanntmachen) (*allg.*), informare.
Unterrostung (unter dem Anstrich sich fortpflanzender Rost) (*f. - Anstr.*), ruggine d'infiltrazione (sotto la vernice), ruggine subsuperficiale.
Untersatz (*m. - allg.*), base. 2 ~ (*Bauw.*), piedestallo. 3 **Amboss** ~ (*Schmiedewerkz.*), ceppo dell'incudine.
Unterschale (eines Lagers) (*f. - Mech.*), semicuscinetto inferiore.
Unterschallgeschwindigkeit (*f. - Akus. - Flugw.*), velocità subsonica.
Unterschallverbrennung (bei Staustrahltriebwerken) (*f. - Strahltriebw.*), combustione con aria a velocità subsonica.
Unterscheidung (*f. - allg.*), differenziazione.
Unterschiebling (*m. - Bauw. - Zimm.*), rinforzo interno.
Unterschied (Differenz) (*m. - Math. - etc.*), differenza. 2 ~ s·empfindlichkeit (*f. - Opt. - Phys.*), sensibilità differenziale. 3 ~ empfindungsgeschwindigkeit (*f. - Opt.*), velocità di percezione dei contrasti. 4 ~ s·schwelle (*f. - Opt. - Beleucht.*), soglia differenziale (di luminanza).
Unterschiedlichkeit (*f. - allg.*), disparità.

Unterschienen - Schweissen (Lichtbogenschweissen mit einer dicken Abdeckschiene die die bis zu 2m lange gerade Elektroden abdeckt) (*n. - mech. Technol.*), saldatura (ad arco) sotto barra.
unterschlächtig (Wasserrad) (*Hydr.*), per disotto.
unterschneiden (*Mech. - etc.*), eseguire un sottosquadro.
Unterschneidung (der Zähne z. B.) (*f. - Mech.*), scarico. 2 ~ (einer Fensterbank z. B.) (*Bauw.*), gocciolatoio.
Unterschnitt (eines Gesenkes z. B.) (*m. - Mech.*), sottosquadro.
unterschnitten (Zahn z. B.) (*Mech.*), con scarico. 2 ~ (Gesenk z. B.) (*Schmiedewerkz. - etc.*), con sottosquadro.
unterschreiten (*allg.*), essere in difetto, andare al disotto di..., essere inferiore a...
Unterschubrost (mechanischer Rost) (*m. - Kessel*), griglia subalimentata a spinta.
Unterschwingen (bei der Impulstechnik) (*n. - Elekt.*), sottoelongazione. 2 ~ (*Fernseh. - Fehler*), (distorsione da) sottomodulazione.
Unterseeboot (U-Boot) (*n. - Kriegsmar.*), sommergibile.
Unterseemine (*f. - Expl.*), mina subacquea.
Untersender (Relaisstation) (*m. - Funk.*), stazione intermedia, stazione ripetitrice.
untersetzen (*Mech.*), ridurre, demoltiplicare.
untersetzt (*Mech.*), demoltiplicato. 2 ~ **er Motor** (*Elekt.*), motoriduttore.
Untersetzung (*f. - Mech.*), riduzione, demoltiplicazione. 2 ~ s·getriebe (*n. - Mech.*), riduttore, demoltiplicatore. 3 ~ s·verhältnis (*n. - Mech.*), rapporto di riduzione, rapporto di demoltiplicazione. 4 Achs ~ (*Aut.*), rapporto di riduzione al ponte.
Untersicht (Leibung) (*f. - Bauw.*), intradosso.
Unterspannung (*f. - Elekt.*), sottotensione, tensione al disotto del valore normale. 2 ~ (kleinster Wert der Spannung je Lastspiel, bei Dauerschwingversuchen) (*Baukonstr. lehre*), sollecitazione inferiore. 3 ~ (eines Transformators) (*Elekt.*), bassa tensione. 4 ~ s·relais (*n. - Elekt.*), relè di minima tensione. 5 ~ s·wicklung (eines Transformators) (*f. - Elekt.*), avvolgimento di bassa tensione.
Unterspülung (Auskolkung) (*f. - Geol.*), scalzamento, erosione sotterranea.
Unterstation (Umformerstation) (*f. - Elekt.*), sottostazione.
Unterstelle (Unterstation) (*f. - Elekt.*), sottostazione.
unterstellen (unterordnen) (*allg.*), subordinare, sottoporre. 2 ~ (annehmen) (*allg.*), supporre, assumere. 3 ~ (bezichtigen) (*allg.*), attribuire, imputare.
Unterstempel (eines Stollens) (*m. - Bergbau*), puntello inferiore.
unterstempeln (*Bergbau*), puntellare.
Untersteuern (*n. - Aut. - Fehler*), sottosterzatura.
Untersteuerung (Untermodulation) (*f. - Funk.*), sottomodulazione.
untersteuern (*Aut. - Fehler*), sottosterzare, allargare (in curva).
untersteuernd (*Aut. - Fehler*), sottosterzante.
unterstreichen (*allg.*), sottolineare.

Unterstrom (*m. - Elekt.*), corrente al disotto del valore normale. 2 ~ **relais** (*n. - Elekt.*), relè di minima corrente.
unterstützt (Steuerung z. B.) (*Masch. - etc.*), servoassistito.
Unterstützung (*f. - Mech. - etc.*), sostegno, appoggio. 2 ~ s·ebene (*f. - Mech. - etc.*), piano di appoggio. 3 ~ s·feuer (*n. - Artillerie*), tiro di appoggio. 4 ~ s·fond (*m. - Arb. - etc.*), fondo di assistenza. 5 hydraulische ~ (bei Hydrolenkungen z. B.) (*Aut. - etc.*), servoassistenza idraulica.
untersuchen (*Technol.*), esaminare, analizzare.
Untersuchung (Forschung) (*f. - Technol.*), ricerca. 2 ~ (Versuch) (*Technol.*), prova, esame. 3 ~ (*recht.*), inchiesta. 4 ~ des Baugrundes (*Bauw.*), analisi del terreno di fondazione. 5 ~ s·anstalt (*f. - Ind. - etc.*), istituto di ricerche. 6 ~ s·bohrung (*f. - Bergbau*), trivellazione esplorativa, perforazione esplorativa, trivellazione di assaggio. 7 ~ s·grube (*f. - Eisenb.*), fossa per controlli. 8 ~ s·kasten (*m. - Fernspr.*), cassetta di sezionamento. 9 ~ s·klemme (*f. - Elekt.*), morsetto di prova. 10 ~ s·kommission (*f. - recht. - etc.*), commissione d'inchiesta. 11 ~ s·probe (*f. - Prüfung*), campione per analisi. 12 ~ s·stange (*f. - Fernspr.*), palo di prova, palo di sezionamento. 13 ärztliche ~ (*Med.*), esame medico. 14 makroskopische ~ (*Metall.*), esame macroscopico.
untersynchron (Drehzahlbereich) (*elekt. Mot.*), iposincrono, subsincrono, a velocità inferiore a quella di sincronismo.
unter Tage (*Bergbau - Ing.b.*), in sotterraneo.
Untertagebau (*m. - Bergbau*), coltivazione in sotterraneo.
Untertasse (fliegende Untertasse) (*f. - Flugw.*), disco volante.
Unterteilung (*f. - allg.*), suddivisione.
Untertemperatur (ungenügende Temperatur) (*f. - Wärme*), temperatura insufficiente.
Untertitel (*m. - Filmtech.*), didascalia, sottotitolo.
Unterton (*m. - Anstr.*), sottotono.
untertonfrequent (*Akus.*), infrasonico.
Unterträger (*m. - Fernseh.*), subportante (*s.*).
Untertrum (Untergurt, eines endlos umlaufenden Fördergurtes) (*ind. Transp.*), tratto inferiore, ramo inferiore.
unterwandern (einer Flüssigkeit unter eine andere z. B.) (*allg.*), insinuarsi.
Unterwanderung (*f. - allg.*), infiltrazione.
Unterwaschung (Auskolkung) (*f. - Geol.*), erosione sotterranea, scalzamento.
Unterwasser (*n. - Hydr.*), acqua a valle. 2 ~ **anstrich** (*m. - naut. - Anstr.*), pittura sottomarina, pittura antivegetativa. 3 ~ **bau** (*m. - Wass.b.*), costruzione subacquea. 4 ~ **bombe** (*f. - Expl.*), carica di profondità. 5 ~ **brenner** (*m. - Ger.*), cannello per taglio subacqueo. 6 ~ **fahrt** (eines Unterseebootes) (*f. - Kriegsmar.*), navigazione in immersione. 7 ~ **-Fernprese** subacquee. 8 ~ **gründung** (*f. - Bauw.*), sehkamera (*f. - Fernseh.*), telecamera per rifondazione subacquea. 9 ~ **horchgerät** (*n. - Ger.*), idrofono. 10 ~ **kanal** (einer Turbine z. B.) (*m. - Hydr.*), canale di scarico. 11 ~ **pumpe** (*f. - Masch. - Hydr.*), pompa sommer-

unterwasserhärtend

sa. 12 ~ schallanlage (f. - Ger. - naut.), scandaglio acustico, ecoscandaglio. 13 ~ -Schallortung (f. - Akus.), ecogoniometria.
unterwasserhärtend (Mörtel) (Maur.), idraulico.
Unterwegsumschlag (Umschlag) (m. - Transp.), trasbordo.
Unterwelle (Schlagwelle, in Webmaschinen) (f. - Textilmasch.), albero secondario, albero dei cuori, albero (di) comando (della) navetta.
Unterwerk (Unterstation) (n. - Elekt.), sottostazione.
Unterwind (m. - Ofen - Metall.), soffiaggio dal disotto. 2 ~ seite (Leeseite) (f. - naut. - etc.), lato sottovento.
Unterzentrale (f. - Fernspr.), siehe Unteramt.
Unterzug (Balken) (m. - Bauw.), trave.
Untiefe (seichte Stelle) (f. - naut. - Navig.), bassofondo. 2 ~ (tiefe Stelle) (See), fossa marina.
untrennbar (allg.), inseparabile.
unveränderlich (allg.), invariabile.
unverarbeitet (Mech. - etc.), non lavorato, greggio.
unverbindlich (komm.), non impegnativo, senza impegno.
unverbrannt (Phys.), incombusto.
unverbrennbar (allg.), incombustibile.
Unverbrennbarkeit (f. - Phys.), incombustibilità.
unverdichtbar (Phys.), incomprimibile.
unverpackt (komm. - Transp.), senza imballo.
unverritzt (Bergbau), vergine, inesplorato.
unversenkbar (naut.), inaffondabile.
Unverträglichkeit (f. - Chem.), incompatibilità.
unverzollt (komm.), non sdoganato, schiavo di dogana.
unvollendet (allg.), incompleto, incompiuto.
unvollkommen (Verbrennung z. B.) (allg.), incompleto.
unwägbar (allg.), imponderabile.
Unwetter (n. - Meteor.), intemperie, cattivo tempo, maltempo. 2 ~ versicherung (f. - Landw.), assicurazione contro i danni del maltempo.
unwiderruflich (Kredit) (komm.), irrevocabile.
unwirksam (allg.), inefficace. 2 ~ (untätig) (allg.), inattivo.
Unwirksamkeit (f. - allg.), inefficacia. 2 ~ (Untätigkeit) (allg.), inattività.
Unwucht (f. - Mech. - etc.), squilibrio. 2 ~ motor (zur Erzeugung mechanischer Schwingungen, für Siebe z. B.) (m. - Mot.), vibrodina. 3 ~ schwingrinne (Wuchtförderer) (f. - ind. Transp.), canale oscillante. 4 dynamische ~ (Mech. - etc.), squilibrio dinamico. 5 statische ~ (Mech. - etc.), squilibrio statico.
unwuchtig (Mech.), squilibrato.
Unze (beim Troy-System = 31,1035 g) (f. - Masseinh.), oncia.
unzerbrechlich (allg.), infrangibile.
unzugänglich (allg.), inaccessibile.
unzulänglich (nicht ausreichend) (allg.), inadeguato.
unzusammenhängend (allg.), incoerente.
UOP-Faktor (Watson-Faktor, Charakterisierungsfaktor, eines Erdöls) (m. - Bergbau), fattore di Watson.
UP (ungesättigter Polyester, Kunststoff) (chem. Ind.), UP, poliestere non saturo.
UP-Ausführung (Unterputz-Ausführung) (f. - Elekt.), installazione incassata, installazione sotto intonaco.
UP-Bandschweissen (n. - mech. Technol.), saldatura ad arco sommerso con elettrodo a nastro.
Uperisieren (Entkeimungsverfahren z. B. für Milch durch Ultra-Hoch-Erhitzung, zwischen 135 und 150 ºC für einige Sekunden) (n. - Ind.), sterilizzazione a temperatura ultra-elevata.
Upm (Umdrehungen je Minute) (Mot. - etc.), giri al minuto, giri/1', giri/min.
U-Profil (n. - metall. Ind.), profilato a C.
UP-Schweissdrähte (Schweissdrähte für das Unterpulverschweissen) (m. - pl. - Schweissen), fili per saldatura ad arco sommerso.
UP-Schweisspulver (für das Unterpulver-Schweissen, Mineralmischung die die Aufgabe hat, eine Schlacke zu bilden, die das Schweissgut überdeckt) (n. - mech. Technol.), polvere per saldatura ad arco sommerso.
UP-Schweissung (Unter-Pulver-Schweissung) (f. - mech. Technol.), saldatura ad arco sommerso.
UPS-Netz (Universal-Polar-Stereographisches Netz) (n. - Kartographie), reticolo stereografico polare universale.
UR (Ultrarot) (Phys.), ultrarosso. 2 ~ (Umrichter, ruhender Umformer) (Elekt.), convertitore (statico) di frequenza.
Uran (U - n. - Chem. - Radioakt.), uranio. 2 ~ erz (n. - Min.), minerale di uranio. 3 ~ pecherz (Pechblende) (n. - Min.), uraninite, uranio piceo, blenda picea, pechblenda. 4 ~ reaktor (m. - Atomphys.), reattore ad uranio. 5 angereichertes ~ (Atomphys.), uranio arricchito.
Uras (Bergbau - Ger.), siehe Ultrarotabsorptionsschreiber.
U-Raum (Raum unter einer Strasse mit den Versorgungsanlagen, Wasserleitungen, Elektrizitätsleitungen, etc.) (m. - Bauw.), cunicolo.
Urbanisation (f. - Bauw. - etc.), urbanizzazione.
urbarmachen (Landw.), bonificare.
Urbarmachung (Melioration) (f. - Landw.), bonifica.
Ureichkreis (SFERT, système fondamental européen de référence pour la transmission téléphonique) (Fernspr.), SFERT, sistema fondamentale di riferimento per la trasmissione telefonica.
Ureingabe (f. - Datenverarb.), lancio iniziale.
Urform (Schablone, Muster) (f. - Werkz. masch.bearb.), modello, «copia».
Urheberrecht (copyright) (n. - recht.), copyright.
Urkoks (m. - Brennst.), semicoke.
Urkunde (Dokument) (f. - recht. - etc.), documento, atto. 2 ~ n·rolle (Urkundenregister) (f. - recht.), registro degli atti. 3 Beweis ~ (Beweisstück) (recht.), giustificativo. 4 Geburts ~ (recht.), certificato di nascita, atto

di nascita. **5 Gründungs** ~ (Gründungsakt) (*recht.*), atto costitutivo. **6 notarielle** ~ (*recht.*), rogito, atto notarile. **7 Privat** ~ (privatschriftliche Urkunde, Privatvertrag) (*recht.*), scrittura privata. **8 Verkaufs** ~ (*komm. - recht.*), atto di vendita.
Urkundsbeamter (Gerichtsschreiber) (*m. - recht.*), cancelliere.
Urlader (Eingabeprogramm) (*m. - Datenverarb.*), programma di caricamento.
Urlaub (*m. - Arb.*), permesso. **2** ~ (*milit.*), licenza. **3** ~ s·schein (*m. - Arb.*), permesso. **4 Betriebs** ~ (Betriebsferien) (*Ind.*), ferie collettive. **5 bezahlter** ~ (*Arb.*), ferie retribuite. **6 Krankheits** ~ (*Arb.*), permesso per malattia.
Urlehre (*f. - Werkz. - Mech.*), calibro campione.
Urmass (*n. - Mass*), campione di misura, misura campione.
Urmeter (*m. - Mass*), metro campione.
Urmodell (Holzmodell für den Abguss von Metallmodellen) (*n. - Giess.*), modello originale.
U-Rohr (*n. - Leit.*), tubo ad U.
Urotropin (Hexamethylentetramin) (*n. - Chem. - Ind.*), urotropina.
ursächlich (*allg.*), casuale.
Urschablone (zur Herstellung von Bohrschablonen) (*f. - Vorr.*), maschera campione.
Urschrift (Original) (*f. - Druck. - etc.*), originale. **2** ~ (eines Buches z. B.) (*Druck.*), manoscritto.
Urspannung (eingeprägte elektrische Spannung einer Stromquelle) (*f. - Elekt.*), forza elettromotrice primaria.
Ursprung (eines Koordinatensystems) (*m. - Zeichn.*), origine. **2** ~ s·beanspruchung (bei Dauerschwingversuchen) (*f. - Werkstoffprüfung*), siehe Schwellbeanspruchung. **3** ~ s·festigkeit (bei Dauerschwingversuchen) (*f. - Werkstoffprüfung*), siehe Schwellfestigkeit. ~ s·zeugnis (eines Wagens z. B.) (*n. - Ind. - komm.*), certificato di origine.
Urstoff (Rohstoff) (*m. - Ind. - etc.*), materia prima. **2** ~ (Grundstoff, Element) (*Chem.*), elemento.
Urstück (Modell, beim Kopieren) (*n. - Werkz. masch.bearb.*), copia.
Urteer (*m. - chem. Ind.*), siehe Schwelteer.
Urteil (*n. - recht.*), sentenza.
Urverkokung (*f. - chem. Ind.*), cokefazione a bassa temperatura.

US (Ultraschall) (*Akus.*), ultrasuono. **2** ~ (Umsetzer) (*Datenverarb.*), convertitore.
U-Scheibe (Unterlegscheibe) (*f. - Mech.*), rosetta.
Usit-Ring (*m. - Mech.*), rosetta.
U-Spant (*m. - Schiffbau*), ordinata ad U.
US-Prüfung (Ultraschallprüfung) (*f. - mech. Technol.*), prova con ultrasuoni, controllo con ultrasuoni.
US-Schweissen (*n. - mech. Technol.*), siehe Unterschienen-Schweissen (*n.*).
U-Stahl (Walzprofil) (*m. - Metall.*), profilato a C di acciaio, ferro a C, ferro a canale.
U-Strab (U-Strassenbahn, unter dem Pflaster geführte Strassenbahn, unabhängig vom übrigen Verkehr) (*f. - Transp.*), tramvia sotterranea.
UT (unterer Totpunkt) (*Mot.*), punto morto inferiore, PMI. **2** ~ (Unterlagerungstelegraphie) (*Telegr.*), telegrafia infracustica.
ÜT (Überlagerungstelegraphie) (*Telegr.*), telegrafia superacustica.
Utensilien (*pl. - Werkz. - Ger.*), utensili.
UTM (Universale Transverse Mercator-Projektion) (*Kartographie*), proiezione universale di Mercatore.
Ütze (Klemme, zum Transport von Blechen) (*f. - Vorr.*), attrezzo prensile (per trasporto lamiere).
u.U. (unter Umständen) (*allg.*), in determinate circostanze, in certi casi, circostanze permettendo, a volte. **2** ~ (unterer Umkehrpunkt, UT, unterer Totpunkt) (*Mot. - Masch.*), PMI, punto morto inferiore.
UV (Ultraviolett) (*Opt.*), ultravioletto. **2** ~ -Glas (für Ultraviolettstrahlung durchlässiges Glas) (*n. - Opt.*), vetro uviol.
UV-Fluxgerät (für Rissprüfung) (*n. - mech. Technol.*), incrinoscopio a radiazioni ultraviolette.
Uviolglas (Strahlungsdurchlässiges Glas, UV-Glas) (*n. - Glasind.*), vetro uviol.
UV-Schalter (Unfallverhütungsschalter) (*m. - Elekt.*), interruttore di sicurezza.
UVV (Unfallverhütungsvorschriften) (*Sicherheit*), norme antinfortunistiche, prescrizioni antinfortunistiche.
UW (Umspannwerk) (*Elekt.*), sottostazione di trasformazione. **2** ~ (Unterwasser) (*Hydr.*), acqua a valle.
u. W. (unseres Wissens) (*allg.*), a nostro avviso, per quanto ci consta.

V

V (Vanadium) (*Chem.*), vanadio. 2 ∼ (Volt) (*Elekt.*), volt. 3 ∼ (Verschiebung, Profilverschiebung als Korrektionsart für Verzahnungen) (*Mech.*), spostamento. 4 ∼ (Volumen, Rauminhalt) (*Phys.*), V, volume. 5 ∼ (Vakuum) (*Phys.*), vuoto. 6 ∼ (vergütet) (*Wärmebeh.*), bonificato. 7 ∼ (Voltmeter) (*Elekt.*), voltmetro. 8 ∼ (Verstärker) (*Elekt. - etc.*), amplificatore. 9 ∼ (Verlustfaktor) (*Elekt.*), fattore di perdita. 10 ∼ (Vorlegierung) (*Metall.*), lega madre. 11 ∼ — (Gleichspannung) (*Elekt.*), tensione continua. 12 ∼ ∽ (Wechselspannung) (*Elekt.*), tensione alternata. 13 ∼ ∽ (Gleich- oder Wechselspannung) (*Elekt.*), tensione continua o alternata.
v (Geschwindigkeit) (*Phys.*), v, velocità. 2 ∼ (Schnittgeschwindigkeit)(*Werkz.masch.bearb.*) velocità di taglio. 3 ∼ (spezifisches Volum) (*Phys.*), volume specifico.
VA (Voltampere) (*Elekt.*), VA, voltampere. 2 ∼ (Vinylacetat) (*Chem.*), VA, acetato di vinile. 3 ∼ (Vertikal-Austastung) (*Fernseh.*), scansione verticale.
Vacublitz (Blitzkolben) (*m. - Phot.*), lampada per lampi di luce.
vados (Wasser) (*Geol.*), vadoso.
Vadosewasser (vadoses Wasser) (*n. - Geol.*), acqua vadosa.
VAF (Vorschriften für Apparate der Fernmeldetechnik) (*Funk. - etc.*) (*schweiz.*), norme sugli apparecchi per le telecomunicazioni.
vagabundierend (Strom) (*Elekt.*), vagante. 2 ∼ er Strom (Streustrom) (*Elekt.*), corrente vagante.
vakant (unbesetzt) (*Arb.*), vacante.
Vakanz (unbesetzte Stelle) (*f. - Arb.*), vacanza. 2 ∼ (Ferien) (*Arb.*), ferie.
Vakuskop (*n. - Ger.*), vacuoscopio.
Vakuum (*n. - Phys.*), vuoto. 2 ∼ ausdampfen (Vakuumbedampfen, Vakuum-Metallisierung) (*n. - Technol.*), metallizzazione sotto vuoto. 3 ∼ beton (Saugbeton, weicher Beton dem man das überschüssige Wasser und Luft nach der Einschalung entzieht) (*m. - Bauw.*), calcestruzzo aspirato. 4 ∼ bremse (Unterdruckbremse) (*f. - Fahrz.*), freno a depressione. 5 ∼ destillation (*f. - Chem.*), distillazione sotto vuoto. 6 ∼ faktor (einer Elektronenröhre) (*m. - Elektronik*), fattore di vuoto. 7 ∼ guss (*m. - Giess.*), colata a depressione. 8 ∼ meter (Unterdruckmesser) (*n. - Instr.*), vacuometro, vuotometro. 9 ∼ presse (eine Strangpresse, zur Porzellanherstellung) (*f. - Masch.*), estrusore a depressione, macchina per estrudere a depressione. 10 ∼ pressguss (*m. - Giess.*), pressofusione sotto vuoto. 11 ∼ pumpe (*f. - Ger.*), pompa per vuoto, depressore. 12 ∼ röhre (*f. - Funk.*), tubo a vuoto. 13 ∼ schlauch (Gummischlauch für Laboratoriumsgeräte) (*m. - Chem. - etc.*), tubo di gomma per vuoto. 14 ∼ schmelzen (*n. - Metall.*), fusione sotto vuoto. 15 ∼ -Servo-Bremse (Unterdruckservobremse) (*f. - Fahrz.*), servofreno a depressione. 16 ∼ -Stahl (*m. - Metall.*), acciaio fuso sotto vuoto. 17 ∼ thermoumformer (*m. - Ger.*), termocoppia sotto vuoto. 18 ∼ -Verpackung (*f. - Packung*), confezione sotto vuoto. 19 Fein ∼ (Drücke zwischen 1 und 10^{-3} Torr) (*Phys.*), vuoto tra 1 e 10^{-3} mm Hg. 20 Grob ∼ (Drücke zwischen 760 und 1 Torr) (*Phys.*), vuoto grossolano, vuoto tra 760 ed 1 mm Hg. 21 Hoch ∼ (Drücke zwischen 10^{-3} und 10^{-6} Torr) (*Phys.*), alto vuoto, vuoto spinto, vuoto tra 10^{-3} e 10^{-6} mm Hg. 22 Höchst ∼ (Drücke unterhalb 10^{-6} Torr) (*Phys.*), vuoto ultraspinto, ultravuoto, vuoto inferiore a 10^{-6} mm Hg. 23 Philips ∼ meter (*n. - Ger.*), vacuometro a scarica, vacuometro di Philips. 24 Radiometer ∼ meter (Knudsen-Vakuummeter) (*n. - Ger.*), vacuometro ad effetto radiometrico, vacuometro di Knudsen.
vakuumdicht (*Phys.*), a tenuta di vuoto.
vakuumentgast (Stahl) (*Metall.*), degassato sotto vuoto.
Val (Masseinheit einer Konzentrationsangabe = soviel Grammen eines chem. Stoffes, wie sein Äquivalentgewicht angibt) (*n. - Chem.*), Val, grammo equivalente.
Valenz (Wertigkeit) (*f. - Chem.*), valenza. 2 ∼ (*Chem.*), siehe auch Wertigkeit. 3 ∼ band (eines Halbleiters) (*m. - Elektronik*), banda di valenza. 4 ∼ elektron (äusseres Elektron des Atoms) (*n. - Chem.*), elettrone di valenza. 5 ∼ schwingung (bei infrarotspektroskopischen Untersuchungen z. B.) (*f. - Opt.*), vibrazione di valenza.
Valuta (Währung) (*f. - finanz.*), valuta.
Vanadin (Vanadium) (*V - n. - Chem.*), vanadio. 2 ∼ bleierz (Vanadinit) (*n. - Min.*), vanadite. 3 ∼ eisen (*n. - Metall.*), ferrovanadio.
Vanadium (*V - n. - Chem.*), vanadio. 2 ∼ stahl (*m. - Metall.*), acciaio al vanadio.
Van-Allen-Gürtel (Strahlungsgürtel, ringförmiger Bereich hoher Strahlungsintensität) (*m. - Astr. - Geophys.*), fascia di Van-Allen.
Vaporimeter (Ger. zur Bestimmung des Alkoholgehaltes in Flüssigkeiten) (*n. - Ger.*), alcoolometro a tensione di vapore.
var (volt-ampère-réactif) (*Elekt.*), var, voltampere reattivi.
Varaktor (veränderliche Kapazität) (*m. - Elekt.*), varactor, condensatore variabile.
variabel (veränderlich) (*allg.*), variabile (*a.*).
Variable (Veränderliche) (*f. - allg.*), variabile (*s.*). 2 ∼ n·merkmal (*n. - Stat.*), variabile (*s.*). 3 ∼ n·prüfung (bei Qualitätskontrolle) (*f. - mech. Technol.*), collaudo per variabili.
«Variac» (Marke, Spartransformatorart) (*m. - Elekt.*), variac.

variable Kosten (*Adm.*), spese variabili.
Varianten (einer Industrieplanung) (*f. - pl. - Ind. - Planung*), varianti.
Varianz (*f. - Stat.*), varianza. 2 ~ **analyse** (*f. - Stat.*), analisi della varianza.
Variation (*f. - allg.*), variazione. 2 ~ (*Math. - Astr.*), variazione. 3 ~ s·**koeffizient** (*m. - Stat.*), coefficiente di variazione.
Variator (*m. - Ger.*), variatore.
Varicap (veränderliche Kapazität) (*Elekt.*), varicap, condensatore variabile.
Varioden-Regler (einer Lichtmaschine, durch Halbleiter) (*m. - Aut.*), regolatore a variodo.
Variokoppler (*m. - Funk.*), accoppiatore ad induttanza mutua variabile.
Variometer (Ger. zur Bemessung der Änderungen eines Messwertes) (*n. - Phys. - Instr.*), variometro. 2 ~ (zur Anzeige der Steiggeschwindigkeit) (*Flugw. - Instr.*), variometro. 3 **erdmagnetisches Lokal** ~ (*Phys. - Ger.*), variometro magnetico locale.
Vario-Objektiv (*n. - Opt.*) siehe Gummilinse.
Varioptik (eine Optik mit kontinuierlich veränderbarer Brennweite) (*f. - Opt.*), ottica a focale variabile.
Vario-System (Varioptik) (*n. - Opt.*), ottica a focale variabile.
Varistor (Halbleiter, dient zum Löschen von Funken in elekt. Kontakten) (*m. - Elekt.*), varistore.
variszisch (variskisch, varistisch, Faltungsphase) (*Geol.*), varisco, variscico.
Varmeter (*n. - elekt. Ger.*), varmetro.
Vase (*f. - Keramik*), vaso.
Vaseline (Schmiermittel) (*f. - chem. Ind.*), vaselina.
Vater (Schallplatte) (*m. - Akus.*), padre.
VB (Valenzband) (*Elektronik*), banda di valenza. 2 ~ (Beiwagen) (*Eisenb.*), carrozza rimorchiata.
V-Bahn (*f. - Mech.*), guida a V, guida prismatica.
V-Band (Frequenzband von 45.000-55.000 MHz) (*Radar*), banda V.
Vbd (Verband) (*komm. - etc.*), associazione. 2 (Vielband) (*Funk.*), multibanda.
Vbdg (Verbindung) (*allg.*), siehe Verbindung.
VBG (Verband Berufsgenossenschaften) (*Arb.*), Istituto di Assicurazione contro gli Infortuni sul lavoro.
VBI (Verband Beratender Ingenieure) (*Ind. etc.*), Associazione Ingegneri Consulenti.
VCM (Vinylchlorid-Monomer) (*chem. Ind.*), CVM, cloruro di vinile monomero.
VD (Verdunstungszahl) (*Phys. - Chem.*), indice di evaporazione.
VDA (Verband der Automobil-Industrie) (*Aut.*), Associazione Industrie Automobilistiche. 2 ~ (Verband Deutscher Arbeitnehmer) (*Arb.*), Associazione dei Lavoratori Tedeschi.
VDB (Verein Deutscher Bibliothekare) (*Documentation*), Associazione Bibliotecari Tedeschi.
VDD (Verein Deutscher Dokumentare) (*Dokum.*), Associazione Documentalisti Tedeschi.
VDE (Verband Deutscher Elektrotechniker) (*Elekt.*), VDE, Associazione elettrotecnica tedesca.

VDEW (Vereinigung Deutscher Elektrizitätswerke) (*Elekt.*), Associazione delle Centrali Elettriche Tedesche.
VDG (Verein Deutscher Giessereifachleute) (*Giess.*), Associazione Tedesca Tecnici di Fonderia.
VDH-Isolator (Delta-Isolator, Stützen-Isolator für Hochspannungsfreileitungen) (*m. - Elekt.*), isolatore a campana.
VDI (Verein Deutscher Ingenieure) (*Technol.*), VDI, Associazione tedesca degli Ingegneri.
VDID (Verband Deutscher Industrial Designers) (*Ind.*), Associazione Tedesca degli Industrial Designers.
VDLU (Verband Deutscher Luftfahrt-Unternehmen) (*Flugw.*), Associazione Tedesca Imprese Aeronautiche.
VDMA (Verein Deutscher Maschinenbau-Anstalten) (*Masch.*), Associazione Tedesca Industrie Meccaniche.
Vdöl (Verein deutsch-österreichischer Ingenieure) (*Ind.*), Associazione Austrotedesca degli Ingegneri.
VDP (Verband Deutscher Presse) (*Zeitg.*), Associazione Stampa Tedesca.
Vdr (Vierdraht) (*Elekt.*), a quattro fili.
VDR-Widerstand (Varistor) (*m. - Elekt.*), varistore.
VDSI (Verein Deutscher Sicherheitsingenieure) (*Ind.*), Associazione Tedesca degli Ingegneri della Sicurezza.
VdTÜV (Vereinigung der Technischen Überwachungsvereine) (*recht. - etc.*), Associazione Uffici Tecnici di Sorveglianza.
VDW (Verband Deutscher Werkzeugmaschinenfabriken) (*Werkz.masch.*), Associazione Tedesca Fabbricanti Macchine Utensili.
VE (Verkehrseinheit) (*Verkehr*), UT, unità di traffico.
Vedar (visible energy detection and ranging, Unterwasser-Laser-Radarsystem) (*n. - Ger.*), Vedar.
Veff (Effektivspannung) (*Elekt.*), Veff, tensione efficace.
Vektor (*m. - Math. - Mech.*), vettore. 2 ~ **analysis** (*f. - Mech.*), analisi vettoriale. 3 ~ **diagramm** (Vektorbild) (*n. - Math.*), diagramma vettoriale. 4 ~ **en·rechnung** (*f. - Mech.*), calcolo vettoriale. 5 ~ **feld** (*n. - Math.*), campo vettoriale. 6 ~ **funktion** (*f. - Mech.*), funzione vettoriale. 7 ~ **produkt** (*m. - Math.*), prodotto vettoriale. 8 ~ **raum der Farben** (*Opt.*), spazio cromatico. 9 ~ -**Rechnung** (*f. - Math.*), calcolo vettoriale. 10 ~ **zug** (Vektordiagramm, Vektorbild) (*m. - Mech.*), diagramma vettoriale. 11 **Raum** ~ (*Math.*), vettore spaziale.
vektoriell (*Mech.*), vettoriale.
Velin (*n. - Papierind.*), pergamena.
Velo (Veloziped, Fahrrad) (*n. - Fahrz.*) (*schweiz.*), bicicletta.
Velodal (Aluminium-Knetlegierung der Gattung AlZnMg) (*n. - Legierung*), Velodal.
Velodur (Aluminium-Knetlegierung) (*Legierung*), Velodur.
Velourpapier (*n. - Papierind.*), carta vellutata.
Velox-Kessel (*m. - Kessel*), caldaia Velox.

Velozipedkran (Einschienendrehkran) (*m. - ind. Masch.*), gru a velocipede.
Velvet (Baumwollsamt) (*m. - n. - Text.*), velluto di cotone.
Ventil (*n. - Masch. - Mot. - etc.*), valvola. 2 ~ **ableiter** (Überspannungsableiter) (*m. - Elekt.*), scaricatore a resistenza variabile. 3 ~ **anhubstange** (*f. - Mot.*), asta del bilanciere. 4 ~ **becher** (*m. - Mot.*), bicchierino per valvole. 5 ~ **diagramm** (*n. - Mot. - Aut.*), diagramma della distribuzione. 6 ~ **einschleifer** (*m. - Werkz. - Mot.*), smerigliatore per valvole. 7 ~ **einstellung** (*f. - Mot.*), registrazione delle valvole. 8 ~ **feder** (*f. - Mot. - Mech.*), molla per valvola. 9 ~ **federplatte** (Ventilfederteller) (*f. - Mot. - Mech.*), scodellino molla valvola, piattello molla valvola. 10 ~ **federteller** (eines Verbr.mot.) (*m. - Mot.*), scodellino molla valvola, piattello molla valvola. 11 ~ **federzange** (*f. - Werkz. - Mot.*), alzavalvole. 12 ~ **flattern** (*n. - Mot.*), sfarfallamento della valvola, saltellamento della valvola. 13 ~ **führung** (*f. - Mot.*), guidavalvola. 14 ~ **hebel** (Ventilschwinghebel) (*m. - Mot.*), bilanciere (comando valvole). 15 ~ **hub** (*m. - Mot.*), alzata della valvola. 16 ~ **kammerdeckel** (Zylinderkopfhaube, eines Verbr.mot.) (*m. - Mot.*), coperchio della testata. 17 ~ **kappe** (eines Schlauchventils) (*f. - Fahrz.*), cappelletto (della valvola). 18 ~ **kegelschleifmaschine** (*f. - Masch.*), rettificatrice per sedi valvola. 19 ~ **kegelstück** (eines Verbr.mot.) (*n. - Mot.*), semicono valvola. 20 ~ **klappe** (*f. - Mot. - Mech.*), valvola a farfalla. 21 ~ **körper** (*m. - Mech. - Leit.*), corpo della valvola. 22 ~ **magnet** (Steuermagnet) (*m. - Elekt.*), elettrovalvola. 23 ~ **nachstellung** (*f. - Aut. - Mot.*), registrazione della valvole. 24 ~ **öffnungsdiagramm** (Ventildiagramm) (*n. - Mot.*), diagramma della distribuzione. 25 ~ **schaft** (Ventilspindel) (*m. - Mot. - Mech.*), stelo della valvola. 26 ~ **schleifmaschine** (*f. - Masch. - Mot.*), smerigliatrice per valvole. 27 ~ **schleifpaste** (*f. - Mech.*), spoltiglio per smerigliatura valvole. 28 ~ **schwinghebel** (*m. - Mot. - Mech.*), bilanciere (comando valvole). 29 ~ **sitz** (*m. - Mot. - etc.*), sede di valvola. 30 ~ **sitzfräser** (*m. - Werkz. - Mot.*), fresa per (ripassatura) sedi valvole. 31 ~ **sitzring** (*m. - Mot.*), sede di valvola riportata. 32 ~ **sitzschleifmaschine** (*f. - Masch.*), rettificatrice per sedi valvole. 33 ~ **spiel** (*n. - Mot.*), gioco della valvola. 34 ~ **spiel warm** (bei Verbrennungsmotoren) (*Mot.*), gioco della valvola a caldo. 35 ~ **spindel** (Ventilschaft) (*f. - Mot. - Mech.*), stelo della valvola. 36 ~ **steuerung** (*f. - Mot.*), distribuzione. 37 ~ **stössel** (*m. - Mot.*), punteria (della valvola). 38 ~ **teller** (*m. - Mot.*), testa della valvola, fungo della valvola. 39 ~ **überdeckung** (Ventilüberschneidung, eines Verbr.mot.) (*f. - Mot.*), ricoprimento, angolo di ricoprimento. 40 ~ **überschneidung** (Ventilüberdeckung, eines Verbr. mot.) (*f. - Mot.*), ricoprimento, angolo di ricoprimento. 41 ~ **verschraubung** (*f. - Mot.*), puntalino della valvola. 42 ~ **wirkung** (eines Gleichrichters oder Stromrichters) (*f. - Elekt.*), effetto valvolare. 43 **Absperr** ~ (*Leit.*), valvola di intercettazione. 44 **Auslass** ~ (eines Verbr. mot.) (*Mot.*), valvola di scarico. 45 **die ~ e einschleifen** (*Mech. - Mot.*), smerigliare le valvole. 46 **Doppelsitz** ~ (für Dampfturbinen z. B.) (*Leit.*), valvola a doppia sede, valvola equilibrata. 47 **Drosselrückschlag** ~ (*Ölhydr.*), valvola di non ritorno con strozzamento, valvola antiritorno con strozzamento. 48 **Druckgefälle** ~ (*Ölhydr.*), regolatore differenziale di pressione. 49 **Druckstufen** ~ (*Ölhydr.*), limitatore proporzionale di pressione. 50 **Druck** ~ (*Ölhydr.*), valvola regolatrice di pressione. 51 **Druckverhältnis** ~ (*Ölhydr.*), regolatore proporzionale di pressione. 52 **echtes** ~ (Stromrichter-Ventil das den Strom nur in einer Richtung durchlässt) (*Elekt.*), convertitore unidirezionale. 53 **eingeschlagenes** ~ (eines Verbrennungsmotors) (*Mot. - Fehler*), valvola martellata. 54 **Einlass** ~ (eines Verbr.mot.) (*Mot.*), valvola di aspirazione, valvola di ammissione. 55 **gesteuertes** ~ (*Mech.*), valvola motorizzata. 56 **hängendes** ~ (*Mot.*), valvola in testa. 57 **hängendes ~ schräg angeordnet** (*Mot.*), valvola in testa inclinata. 58 **Hydraulik** ~ (*Ger.*), valvola idraulica. 59 **Kugel** ~ (*Mech. - etc.*), valvola a sfera. 60 **Nadel** ~ (*Mech.*), valvola ad ago. 61 **natriumgefülltes** ~ (Auslassventil) (*Mot.*), valvola raffreddata al sodio. 62 **Platten** ~ (*Leit. - etc.*), valvola a disco. 63 **Reduzier** ~ (*Leit. - etc.*), valvola di riduzione. 64 **Rückschlag** ~ (*Mech. - etc.*), valvola antiritorno, valvola di non ritorno. 65 **Schlauch** ~ (*Fahrz.*), valvola della camera d'aria. 66 **Sicherheits** ~ (*Mech. - etc.*), valvola di sicurezza. 67 **Sperr** ~ (*Ölhydr.*), valvola unidirezionale. 68 **stehendes** ~ (*Mot.*), valvola laterale. 69 **Stromregel** ~ (*Ölhydr.*), valvola regolatrice di portata. 70 **Strom** ~ (zur Regelung eines Druckmittelstroms, Stromregelventil z. B.) (*Ölhydr.*), valvola regolatrice. 71 **Strom** ~ (Mengenventil) (*Ölhydr.*), regolatore di portata, valvola regolatrice di portata. 72 **Stromteiler** ~ (*Ölhydr.*), divisore di portata. 73 **Stufen** ~ (*Mech. - Leit.*), valvola a sede multipla. 74 **unechtes** ~ (Stromrichter-Ventil das den Strom in beiden Richtungen durchlässt) (*Elekt.*), convertitore bidirezionale. 75 **vorgesteuertes Rückschlag** ~ (*Ölhydr.*), valvola antiritorno comandata da pilota, valvola di non ritorno pilotata. 76 **Wechsel** ~ (*Ölhydr.*), valvola selettiva di circuito. 77 **Wege** ~ (*Ölhydr.*), distributore. 78 **Wege ~ mit festgelegten Schaltstellungen** (*Ölhydr.*), distributore con posizioni fisse. 79 **Wege ~ mit einer Steuerkante** (*Hydr.*), distributore ad uno spigolo pilota. 80 **Wege ~ ohne festgelegte Schaltstellungen** (*Ölhydr.*), distributore senza posizioni fisse. 81 **Zuschalt** ~ (*Ölhydr.*), valvola di sequenza.
Ventilation (Lüftung) (*f. - Bauw. - etc.*), ventilazione. 2 ~ **s·stollen** (*m. - Bergbau*), galleria di ventilazione.
Ventilator (Lüfter) (*m. - Ger. - Mot.*), ventilatore. 2 ~ **flügel** (*m. - Lüftung - Mot.*), pala del ventilatore. 3 ~ **riemen** (*m. - Mot. - Aut.*), cinghia del ventilatore. 4 ~ **riemen-**

scheibe (*f. - Mot. - Aut.*), puleggia comando ventilatore. **5 blasender ~** (*Ger.*), ventilatore soffiante. **6 Gruben ~** (*Bergbau - Ger.*), ventilatore da miniera. **7 saugender ~** (*Ger.*), ventilatore aspirante. **8 Tisch ~** (*Ger.*), ventilatore da tavolo.

ventilieren (*Lüftung*), ventilare.

ventiliert (*Lüftung*), ventilato.

ventillos (*Mech. - etc.*), avalve, senza valvole.

Venturimesser (Venturirohr, Saugdüse) (*m. - Hydr. - Ger.*), venturimetro.

Venturirohr (Saugdüse) (*n. - Hydr. - Ger.*), tubo di Venturi, venturimetro.

verabredungsgemäss (*allg.*), come da accordi.

verabreichen (ärztliche Behandlung z. B.) (*allg.*), somministrare.

verallgemeinert (*allg.*), generalizzato.

veraltet (*allg.*), antiquato, superato.

Veraluminieren (*n. - mech. Technol.*), alluminiatura.

Veranda (*f. - Bauw.*), veranda.

veränderlich (*allg.*), variabile. **2 ~ e Drehzahl** (*Mot.*), velocità variabile. **3 ~ er Kondensator** (*Elekt.*), condensatore variabile. **4 ~ e Sterne** (Sterne deren Helligkeit, Temperatur, etc., schwanken) (*Astr.*), stelle variabili.

Veränderliche (Variable) (*f. - Math.*), variabile (*s.*).

verändern (*allg.*), variare.

Veränderung (*f. - allg.*), variazione. **2 ~ s·zeit** (des Werkstoffs, Einwirkungszeit plus Förderzeit) (*f. - Zeitstudium*), tempo di lavorazione più tempo di trasporto.

verankern (*allg.*), ancorare. **2 ~** (*Bauw.*), ancorare. **3 ~** (*naut.*), ancorare.

Verankerung (*f. - Bauw.*), ancoraggio. **2 ~** (*naut.*), ancoraggio. **3 ~ s·leuchte** (*f. - naut.*), fanale di fonda. **4 ~ s·mast** (für Luftschiffe) (*m. - Flugw.*), pilone di ormeggio. **5 ~ s·schraube** (*f. - Mech. - etc.*), bullone di ancoraggio.

veranlagen (Steuerbetrag festsetzen) (*finanz.*), tassare, stabilire l'imponibile.

Veranlagung (*f. - finanz.*), tassazione, imposizione. **2 ~ durch amtliche Schätzung** (*finanz.*), tassazione d'ufficio. **3 ~ s·grundlage** (*f. - finanz.*), base di tassazione. **4 ~ s·jahr** (*n. - finanz.*), anno di tassazione. **5 ~ s·wert** (*m. - finanz.*), valore imponibile, imponibile (*s.*). **6 ~ zeitraum** (*m. - finanz.*), periodo di tassazione. **7 Zusatz ~** (*finanz.*), tassazione addizionale.

veranschaulichen (*Zeichn.*), rappresentare graficamente.

veranschlagen (*komm.*), preventivare.

veranstalten (vorbereiten) (*allg.*), disporre, preparare. **2 ~** (organisieren, eine Ausstellung z. B.) (*komm. - etc.*), organizzare.

Veranstaltung (*f. - allg.*), disposizione, preparativo. **2 ~** (einer Ausstellung z. B.) (*komm. - etc.*), organizzazione.

verantworten (*allg.*), rispondere, essere responsabile.

Verarbeitbarkeit (*f. - Ind. - etc.*), lavorabilità.

verarbeiten (herstellen) (*Ind.*), fabbricare. **2 ~** (bearbeiten) (*Mech. - etc.*), lavorare. **3 ~** (Daten z. B.) (*Math. - etc.*), elaborare.

Verarbeiter (Computer, EDV-Einrichtung, Rechner) (*m. - Rechner*), elaboratore elettronico.

Verarbeitung (Bearbeitung) (*f. - mech. - etc.*), lavorazione. **2 ~** (Herstellung) (*Ind.*), fabbricazione. **3 ~** (von Daten z. B.) (*Math. etc.*), elaborazione. **4 ~ s·industrie** (*f. - Ind.*), industria manifatturiera, industria trasformatrice. **5 ~ s·kosten** (*f. - pl. - Ind.*), costo di lavoro. **6 ~ s·stufe** (*f. - Ind.*), fase di lavorazione, operazione. **7 ~ s·zeit** (*f. - Zeitstudium*), siehe Werkstoffzeit. **8 Echtzeit ~** (*Rechner*), elaborazione in tempo reale. **9 Off-Line- ~** (*Rechner*), elaborazione off-line. **10 On-Line- ~** (*Rechner*), elaborazione on-line, elaborazione in linea. **11 Stapel ~** (stapelweise Datenverarbeitung bei der der Datenstapel wird in einzelnen nacheinander Arbeitsgängen, etc. bearbeitet) (*Rechner*), elaborazione a lotti. **12 Vorrang- ~** (*Rechner*), elaborazione a priorità.

verarmen (die Mischung) (*Mot.*), smagrire.

verarmt (Mischung) (*Mot.*), smagrito.

Verarmung (des Gemisches) (*f. - Mot.*), smagrimento.

Veraschung (*f. - Verbr.*), incenerimento. **2 ~ s·anlage** (Verbrennungsofen) (*f. - Verbr.*), inceneritore, forno d'incenerimento, impianto di incenerimento.

verauktionieren (*recht. - finanz.*), vendere all'asta, mettere all'asta.

Verauktionierung (Auktion, Versteigerung) (*f. - recht. - finanz.*), vendita all'asta.

veräussern (verkaufen) (*komm.*) vendere, smerciare.

Verband (Bund) (*m. - komm. - etc.*), associazione. **2 ~** (Anordnung der Steine in einer Mauer) (*Maur.*), legatura, disposizione, apparecchio, commettitura. **3 ~** (Holzverbindung) (*Tischl.*), giunzione, giunto, unione, commettitura. **4 ~** (Verbindung, von mech. Stücken) (*Mech.*), calettamento, accoppiamento. **5 ~** (Gewerkschaft) (*Arb. - Organ. - Ind.*), sindacato. **6 ~** (Bedeckung einer Wunde z. B.) (*Med.*), fasciatura. **7 ~** (*Luftw. - Flugw.*), formazione. **8 ~** (eines Tragwerkes) (*Bauw.*), struttura, configurazione strutturale. **9 ~** (*Math.*), reticolo, struttura. **10 ~ kasten** (*m. - Med. - Arb. - etc.*), cassetta per primo soccorso. **11 ~ s·flug** (Formationsflug) (*m. - Flugw. - Luftw.*), volo in formazione. **12 ~ s·homomorphismus** (*m. - Math.*), omomorfismo tra reticoli. **13 ~ stein** (*m. - Ofen*), mattone di collegamento. **14 ~ watte** (*f. - Med. - Pharm.*), cotone idrofilo. **15 Arbeitgeber ~** (*Ind.*), associazione dei datori di lavoro. **16 Binder ~** (Streckerverband, für 1 Stein dicke Mauern) (*Maur.*), legatura a due teste. **17 Block ~** (*Maur.*), legatura a blocco. **18 Dedekindscher-~** (*Math.*), reticolo di Dedekind. **19 Dehn ~** (durch Unterkühlen von Stücken) (*Mech.*), calettamento (forzato) sottozero, accoppiamento (forzato) sottozero, calettamento ad espansione. **20 götischer ~** (*Maur.*), legatura gotica, legatura a 3 teste. **21 Kreuz ~** (*Maur.*), legatura a croce. **22 Läufer ~** (Schornsteinverband, für ½ Stein dicke Mauern) (*Maur.*), disposizione ad una testa. **23 Mengen ~** (*Math.*), reticolo d'insiemi. **24 modularer ~** (*Math.*), reticolo modulare. **25**

Verbau

Press ~ (*Mech.*), accoppiamento (forzato) alla pressa, calettamento (forzato) alla pressa. **26 Schornstein** ~ (*Maur.*), siehe Läuferverband. **27 Schrumpf** ~ (durch Erhitzen von Stücken) (*Mech.*), calettamento (forzato) a caldo, accoppiamento (forzato) a caldo, calettamento a contrazione. **28 Strecker** ~ (*Maur.*), siehe Binderverband.

Verbau (von Baugruben, Stützkonstruktion gegen Abrutschen) (*m. - Bauw.*), struttura di sostegno, costruzione di sostegno. **2** ~ (Verzimmerung) (*Bauw.*), armatura. **3 Bohlen** ~ (Verbohlung) (*Bauw.*), struttura di sostegno di tavole. **4 Lebend** ~ (biologischer Uferschutz, von Schiffahrtkanälen z. B.) (*Wass. b.*), protezione mediante vegetazione.

verbauen (falsch bauen) (*Bauw. - etc.*), costruire male.

Verbauung (Schutzbau) (*Bauw.*), struttura protettiva. **2** ~ (falscher Bau) (*Bauw.*), costruzione sbagliata. **3 Lawinen** ~ (*Ing.b.*), paravalanghe, struttura antivalanghe.

verbessern (*allg.*), migliorare, perfezionare. **2** ~ (berichtigen) (*allg.*), correggere.

Verbesserung (*f. - allg.*), miglioramento, perfezionamento. **2** ~ (*naut.*), correzione. **3** ~ s·mittel (des Bodens) (*n. - Chem. - etc.*), correttivo. **4** ~ s·patent (*n. - recht.*), brevetto di perfezionamento. **5** ~ s·vorschlag (eines Arbeitnehmers) (*m. - Ind.*), proposta di miglioria. **6** ~ s·wert (*m. - naut. - etc.*), fattore di correzione.

Verbeulung (*f. - allg.*), ammaccatura.

Verbiegung (eines Schmiedestücks z. B.) (*f. - Technol. - Fehler*), distorsione, deformazione.

verbindbar (*Chem.*), combinabile.

verbinden (*allg.*), congiungere, collegare. **2** ~ (*Mech.*), collegare, accoppiare. **3** ~ (*Chem.*), combinare. **4** ~ (*Tischl.*), unire, congiungere. **5** ~ (*Fernspr.*), mettere in comunicazione. **6** ~ (ein Buch) (*Buchbinderei*), rilegare male, trasporre i fogli.

Verbinder (Erdung) (*m. - Elekt.*), collegamento·di massa. **2** ~ (Drahtklemme) (*Elekt.*), serrafili. **3** ~ (kleine Brücke) (*allg.*), ponticello, passerella. **4** ~ presse (Vulkanisierpresse) (*f. - Masch.*), pressa per vulcanizzare. **5 Druck** ~ (Steckverbinder) (*Elekt.*), connettore a pressione. **6 Flachsteck** ~ (*Elekt.*), connettore a spina piatta. **7 Kabel** ~ (*Elekt.*), connettore per cavi.

verbindlich (Angebot z. B.) (*komm. - etc.*), impegnativo. **2** ~ (verpflichtend, Norm, Gesetz, etc.) (*recht. - etc.*), obbligatorio.

Verbindlichkeit (die Schulden eines Unternehmens) (*f. - finanz. - Adm.*), impegni. **2** ~ (einer Norm, etc.) (*recht. - etc.*), obbligatorietà. **3 ohne** ~ (*allg.*), senza impegno.

Verbindung (*f. - allg.*), unione, collegamento, giunto. **2** ~ (*Chem.*), composto (*s.*). **3** ~ (*Mech.*), collegamento, accoppiamento. **4** ~ (Verkehr) (*Fernspr.*), comunicazione. **5** ~ (Legierung) (*Metall.*), lega. **6** ~ (*komm.*), relazione. **7** ~ s·dose (*f. - Elekt.*), scatola di connessione. **8** ~ s·kabel (zwischen Fahrz.) (*n. - Fahrz.*), cavo di accoppiamento. **9** ~ s·kasten (*m. - Elekt.*), cassetta di connessione. **10** ~ s·klemme (*f. - Elekt.*), morsetto. **11** ~ s·kurve (*f. - Eisenb.*), curva di raccordo. **12** ~ s·lasche (*f. - Elekt.*), piastrina di giunzione. **13** ~ s·muffe (*f. - Leit.*), manicotto, giunto a manicotto. **14** ~ s·offizier (*m. - milit.*), ufficiale di collegamento. **15** ~ s·schema (Leitungsplan) (*n. - Leit.*), schema degli allacciamenti. **16** ~ s·schicht (beim Nitrieren, dünne Schicht aus Nitriden und Karbonitriden an der Oberfläche) (*f. - Wärmebeh.*), coltre bianca, strato bianco. **17** ~ s·schlauch (Kupplungschlauch, zwischen Fahrz., für Druckluft z. B.) (*m. - Eisenb. - Fahrz.*), accoppiatore flessibile. **18** ~ s·schweissen (*n. - mech. Technol.*), saldatura di giunzione. **19** ~ s·stelle (*f. - allg.*), giunto, punto di giunzione. **20** ~ s·stelle (*Büro*), ufficio di collegamento. **21** ~ s·stück (Teil einer Rohrverschraubung) (*n. - Leit.*), raccordo. **22** ~ s·tür (*f. - Bauw. - etc.*), porta d'intercomunicazione. **23** ~ s·wärme (*f. - Chem.*), calore di combinazione. **24 aromatische** ~ (*Chem.*), composto aromatico. **25 Dehn** ~ (durch Unterkühlen von Stücken) (*Mech.*), calettamento (forzato) sottozero, accoppiamento (forzato) sottozero, calettamento ad espansione. **26 die** ~ **trennen** (*Fernspr.*), togliere la comunicazione. **27 Einsteck** ~ (*Mech.*), accoppiamento scorrevole. **28 Flansch** ~ (*Mech. - Leit.*), accoppiamento a flangia. **29 geschäftliche** ~ (*komm.*), relazione di affari. **30 in** ~ **setzen** (*Fernspr. - etc.*), mettere in comunicazione. **31 Keil** ~ (*Mech.*), accoppiamento con chiavetta. **32 Niet** ~ (*mech. Technol.*), chiodatura. **33 organische** ~ (*Chem.*), composto organico. **34 Press** ~ (*Mech.*), calettamento alla pressa, accoppiamento alla pressa. **35 Schrumpf** ~ (durch Erhitzen von Stücken) (*Mech.*), calettamento forzato a caldo, accoppiamento forzato a caldo, calettamento a contrazione. **36 Schweiss** ~ (*mech. Technol.*), giunto saldato. **37 Seil** ~ (*Seile*), giunzione di funi.

Verblasen (Einblasen von Luft in das Metallbad eines Konverters) (*n. - Metall.*), soffiaggio.

Verblattung (Überblattung) (*f. - Tischl.*), giunzione a mezzo legno.

verbleibend (*allg.*), residuo (*a.*).

verbleien (mit einem dünnen Bleiüberzug versehen) (*mech. Technol.*), piombare.

verbleit (*Metall.*), piombato. **2** ~ (Benzin) (*Mot. - Aut.*), etilizzato. **3** ~ **es Blech** (*metall. Ind.*), lamiera piombata. **4** ~ **e Zündkerze** (*Mot. - Aut.*), candela con depositi di piombo.

verblenden (verkleiden mit besserem Material) (*Bauw. - Maur.*), rivestire.

Verblender (Stein) (*m. - Maur.*), mattone da rivestimento, mattone da paramano.

Verblendmauerwerk (*n. - Maur.*), muratura rivestita.

Verblendstein (Verblender) (*m. - Maur.*), mattone da paramano, mattone da rivestimento.

Verblitzbarkeit (Neigung eines phot. Films sich elektrostatisch aufzuladen) (*f. - Phot. - Elekt.*), elettrizzabilità statica.

Verblitzen (Blendung) (*n. - Opt.*), abbagliamento.

verblocken (*Elektromech.*), interbloccare. **2** ~

(blockieren, ein Werkstück) (*Mech.*), bloccare, serrare.
Verblockung (*f. - Elektromech.*), asservimento d'interdizione.
verbogen (Schmiedestück z. B.) (*mech. Technol. - Fehler*), distorto, deformato.
Verbohlung (Bohlenverbau) (*f. - Bauw.*), struttura di sostegno di tavole.
Verbohren (*n. - Werkz.masch.bearb. - Fehler*), foratura fuori centro, foratura scentrata.
verbohren (*Mech. - Fehler*), forare fuori centro, forare scentrato.
verbolzen (*Mech. - etc.*), imbullonare, fissare con viti.
Verbolzung (*f. - Mech.*), collegamento a vite, imbullonatura.
verborgen (Mangel) (*Mech. - etc.*), nascosto, occulto.
Verbot (*n. - allg.*), divieto. 2 ~ **einer Fahrtrichtung** (*Verkehrszeichen*), senso vietato. 3 ~ **s·schild** (*n. - Strass.ver. - etc.*), segnale di divieto. 4 **Durchfahrts** ~ (*Strass.ver.*), divieto di transito. 5 **Halte** ~ (Verkehrszeichen) (*Strass.ver.*), divieto di sosta, sosta vietata. 6 **Park** ~ (Verkehrszeichen) (*Strass.ver.*), divieto di parcheggio. 7 **Überhol** ~ (Verkehrszeichen) (*Strass.ver.*), divieto di sorpasso.
verbrannt (*allg.*), bruciato.
Verbrauch (*m. - allg.*), consumo. 2 ~ **s·gegenstand** (Verbrauchsartikel) (*m. - komm.*), articolo di consumo. 3 ~ **s·güter** (für die Produktion) (*n. - pl. - Ind.*), materiali di consumo. 4 ~ **s·güter** (*komm.*), beni di consumo. 5 ~ **s·prüfung** (*f. - Mot. - Aut. - etc.*), prova di consumo. 6 ~ **s·steuer** (Verbrauchsabgabe) (*f. - finanz.*), imposta di consumo. 7 ~ **s·stoffe** (*m. - pl. - Ind. - Adm.*), materiali di consumo. 8 **Energie** ~ (*Elekt. - etc.*), consumo d'energia. 9 **Kraftstoff** ~ (*Mot. - Aut.*), consumo di combustibile. 10 **spezifischer Kraftstoff** ~ (*Mot.*), consumo specifico di combustibile. 11 **Strecken** ~ (Kraftstoffverbrauch) (*Aut.*), consumo su strada, consumo su lunghi percorsi.
Verbraucher (Person, die Waren erwirbt, Letztverbraucher) (*m. - komm.*), consumatore. 2 ~ (eines Dienstes, Person oder Firma) (*komm. - Elekt.*), utente. 3 ~ (Apparat, Gerät, z. B.) (*Elekt.*), utilizzo, utenza. 4 ~ **anschluss** (*m. - Elekt.*), allacciamento dell'utenza. 5 ~ **kreis** (*m. - Elekt.*), circuito di utenza. 6 ~ **schutz** (*m. - komm.*), protezione del consumatore. 7 ~ **schutz** (*Elekt.*), protezione di utenza.
verbrauchsnah (Kraftwerk) (*Elekt.*), vicino all'utenza, vicino al punto di consumo.
verbraucht (*allg.*), usato, consumato. 2 ~ **e Luft** (Abluft) (*Lüftung*), aria viziata.
verbrechen (abfasen, Kanten schrägen) (*allg.*), smussare.
verbreitern (*allg.*), allargare.
Verbreiterung (*f. - allg.*), allargamento.
Verbreitung (einer Flamme z. B.) (*f. - allg.*), propagazione. 2 ~ (*Zeitg.*), diffusione.
Verbrennbarkeit (*f. - Verbr.*), combustibilità.
Verbrennen (zu hohes Erwärmen) (*n. - Metall. - Fehler*), bruciatura. 2 ~ (*Wärmebeh. - Fehler*), bruciatura.
verbrennen (*Verbr.*), bruciare.

Verbrennung (*f. - Verbr.*), combustione. 2 ~ (Brandfleck, Brandstelle, beim Schleifen z. B.) (*Werkz.masch.bearb.*), bruciatura. 3 ~ **-Produkte** (Abgase) (*n. - pl. - Verbr.*), prodotti della combustione. 4 ~ **s·antrieb** (bei Flurförderzeugen, mit Diesel- oder Ottomotoren) (*m. - ind. Transp.*), trazione con motori endotermici. 5 ~ **s·gase** (*n. - pl. - Verbr.*), prodotti della combustione, gas combusti, fumi. 6 ~ **s·geschwindigkeit** (*f. - Verbr.*), velocità di combustione. 7 ~ **s·hub** (*m. - Mot.*), fase di combustione. 8 ~ **s·kammer** (Verbrennungsraum) (*f. - Mot.*), camera di combustione. 9 ~ **s·kraftmaschine** (bei der die Wärme-Energie der Verbrennungsgase unmittelbar in mech. Arbeit umgesetzt wird) (*f. - Mot.*), motore a combustione interna. 10 ~ **s·luft** (*f. - Verbr. - Mot.*), aria per la combustione. 11 ~ **s·luftverhältnis** (Verhältnis der im Zylinder eingeschlossenen Luftmenge zu der zur Verbrennung der Kraftstoffmenge erforderlichen Luftmenge) (*n. - Mot.*), indice di eccesso d'aria, rapporto tra (peso di) aria (effettivamente) esistente e quello occorrente (per la combustione). 12 ~ **s·mittel** (Sauerstoffträger) (*n. - Verbr.*), comburente (*s.*). 13 ~ **s·motor** (Kolbenwärmekraftmaschine, Dieselmotor oder Ottomotor) (*m. - Mot.*), motore alternativo a combustione interna. 14 ~ **s·ofen** (Verbrennungsanlage, Veraschungsanlage) (*m. - Verbr.*), inceneritore, forno d'incenerimento. 15 ~ **s·raum** (*m. - Mot.*), camera di combustione. 16 ~ **s·temperatur** (*f. - Verbr.*), temperatura (teorica) di combustione. 17 ~ **s·triebwagen** (VT, Triebwagen mit Verbrennungsmotor) (*m. - Eisenb.*), automotrice con motore endotermico. 18 ~ **s·turbine** (Gasturbine) (*f. - Turb.*), turbina a gas. 19 ~ **s·wärme** (oberer Heizwert) (*f. - Verbr.*), potere calorifico superiore. 20 ~ **s·zone** (eines Ofens) (*f. - Ofen - Metall.*), zona di combustione. 21 **Gleichdruck** ~ (bei Dieselmotoren) (*Mot.*), combustione a pressione costante. 22 **Gleichraum** ~ (Verpuffung, bei Ottomotoren) (*Mot.*), combustione a volume costante. 23 **halbkugeliger** ~ **s·raum** (*Mot.*), camera di combustione emisferica. 24 **vollkommene** ~ (*Verbr.*), combustione completa.
verbrühen (*allg.*), scottare.
verbuchen (*Buchhaltung*), registrare. 2 ~ (*Adm.*), mettere in conto, contabilizzare, imputare.
Verbundantrieb (dieselelektrischer Antrieb) (*m. - Fahrz.*), propulsione dieselelettrica.
Verbundbauweise (*f. - Bauw.*), struttura composita. 2 ~ (*chem. Ind.*), struttura stratificata.
Verbundbetrieb (elektrischer Netze) (*m. - Elekt.*), esercizio in connessione.
Verbunddampfmaschine (Verbundmaschine) (*f. - Dampfmasch.*), macchina a vapore compound.
Verbunddrehen (gleichzeitiges Drehen mit zwei Drehmeisseln) (*n. - Werkz.masch.bearb.*), tornitura composita, tornitura con due utensili.
Verbunddynamo (Kompounddynamo, Doppelschlussdynamo) (*m. - elekt. Masch.*), dinamo compound.

Verbunderregung (*f.* - *elekt. Masch.*), eccitazione compound.
verbündet (*allg.*), confederato.
Verbundfederung (bei der die Federn der Vorder- und Hinterachse miteinander verbunden sind) (*f.* - *Fahrz.*), sospensione interconnessa, sospensione ad elementi interconnessi.
Verbundfenster (*n.* - *Bauw.*), finestra stratificata.
Verbundglas (Mehrschichtenglas, Sicherheitsglas) (*n.* - *Glasind.* - *Aut.*), vetro stratificato, vetro accoppiato, vetro laminato.
Verbundguss (Walzenguss mit Mantel und Kern unterschiedlicher Eigenschaften) (*m.* - *Giess.*), ghisa composita.
Verbundlampe (Mischlichtlampe) (*f.* - *Beleucht.*), lampada a luce miscelata.
Verbundmaschine (Form-Füll- und Schliessmaschine) (*f.* - *Verpackung*), macchina composita.
Verbundmotor (*m.* - *Elekt.*), motore compound, motore ad eccitazione composta.
Verbundnetz (*n.* - *Elekt.*), rete d'interconnessione.
Verbundplatte (*f.* - *chem. Ind.* - *etc.*), pannello stratificato, laminato. 2 ~ (*Bauw.*), pannello composto.
Verbundröhre (die zwei oder mehr Röhrensysteme enthält) (*f.* - *Elektronik*), tubo multiplo.
Verbundschleifen (bei Gewinden, Einstechschleifen und Längsschleifen verbunden) (*n.* - *Werkz.masch.bearb.*), rettifica combinata.
Verbundseil (für Luftleitungen, z. B. aus Aluminium und Stahl) (*n.* - *Elekt.*), corda composta.
Verbundstrahltriebwerk (Kombinationsstrahltriebwerk, Mischstrahltriebwerk, Compound-Strahltriebwerk, Hybrid-Strahltriebwerk) (*n.* - *Strahltriebw.*), propulsore a getto composito.
Verbundteilen (mit zwei verschiedenen Lochkreisen) (*n.* - *Werkz.masch.bearb.*), indessaggio combinata, divisione combinata.
Verbundträger (*m.* - *Bauw.*), trave composita.
Verbundwerkstoff (Fiberglas z. B.) (*m.* - *Technol.*), materiale composito, composito (*s.*).
Verbundwerkzeug (Stanzereiwerkzeug, zur Ausführung verschiedener Arbeitsverfahren, Ziehen und Schneiden z. B. in einer Arbeitsstufe) (*n.* - *Werkz.*), stampo combinato.
verchartern (*naut.*), noleggiare.
verchromen (*mech. Technol.* - *Elektrochem.*), cromare.
Verchromung (*f.* - *mech. Technol.* - *Elektrochem.*), cromatura. 2 Glanz ~ (*mech. Technol.* - *Elektrochem.*), cromatura lucida. 3 Hart ~ (*mech. Technol.* - *Elektrochem.*), cromatura dura, cromatura a spessore. 4 Schwarz ~ (*Elektrochem.*),
verdämmen (einen Wassereinbruch sperren) (*Bergbau* - *Wass.b.*), arginare.
verdampfen (in Dampf übergehen) (*Phys.*), evaporare.
Verdampfer (*m.* - *App.*), evaporatore. 2 ~ (für Flüssiggas) (*Ger.*), vaporizzatore. 3 Dünn-schicht- ~ (Film-Verdampfer) (*Ger.*), evaporatore a film sottile.
Verdampfschale (*f.* - *Chem.* - *Ger.*), capsula.
Verdampfung (*f.* - *Phys.*), evaporazione. 2 ~ s·kondensator (Verdunstungskondensator) (*m.* - *Kessel*), condensatore ad evaporazione. 3 ~ s·kühlung (*f.* - *Phys.*), raffreddamento per evaporazione, raffreddamento ad evaporazione. 4 ~ s·messer (*m.* - *Ger.*), evaporimetro. 5 ~ s·verlust (von Schmierölen bei Temperaturen bis zu 350 °C) (*m.* - *Mot.*), perdita per evaporazione. 6 ~ s·wärme (*f.* - *Phys.*), calore latente di ebollizione.
Verdeck (Wagendeck) (*n.* - *Aut.*), capote. 2 ~ (für Lastkraftwagen, Plane) (*Fahrz.*), copertura. 3 ~ (oberstes Schiffsdeck) (*naut.*), coperta, ponte superiore. 4 ~ tür (eines Rennwagens) (*f.* - *Aut.*), portiera sollevabile. 5 festes ~ (Hardtop) (*Aut.*), « hard-top », cupoletta rigida.
verdeckt (*Zeichn.*), nascosto. 2 ~ e Lichtbogenschweissung (UP-Schweissung) (*mech. Technol.*), saldatura ad arco sommerso.
Verdeckung (eines akustischen Signals) (*f.* - *Akus.*), mascheramento.
verderblich (Ware) (*komm.* - *Ind.*), deperibile.
Verdichtbarkeit (*f.* - *Phys.*), compressibilità.
Verdichten (Komprimieren) (*n.* - *allg.*), compressione. 2 ~ (von Boden) (*Bauw.*), costipazione. 3 ~ (von Blöcken) (*Metall.*), omogeneizzazione.
verdichten (komprimieren) (*allg.*), comprimere. 2 ~ (dicht machen) (*allg.*), addensare. 3 ~ (*Bauw.* - *Strass.b.*), costipare. 4 ~ (Dampf) (*Phys.*), condensare.
Verdichter (Kompressor) (*f.* - *Masch.*), compressore. 2 ~ (Kondensator) (*App.*), condensatore. 3 ~ (für Boden) (*Ger.*), costipatore. 4 ~ gehäuse (*n.* - *Masch.*), carcassa del compressore. 5 ~ spirale (*f.* - *Masch.*), chiocciola del compressore, cassa a spirale del compressore. 6 Freikolben ~ (*Masch.*), compressore a pistoni liberi. 7 Kapsel ~ (*Masch.*), compressore rotativo, compressore a capsulismo. 8 Kolben ~ (*Masch.*), compressore a stantuffi, compressore alternativo. 9 Kreisel ~ (*Masch.*), compressore centrifugo. 10 Verdränger ~ (*Masch.*), compressore volumetrico.
Verdichtung (Kompression) (*f.* - *Phys.* - *Mot.*), compressione. 2 ~ (Kondensation) (*Phys.*), condensazione. 3 ~ (Verdichtungsverhältnis, eines Verbr.mot.) (*Mot.* - *Aut.*), rapporto di compressione. 4 ~ (des Bodens) (*Bauw.*), costipazione, costipamento. 5 ~ s·bohle (eines Fertigers) (*f.* - *Strass.bau* - *Masch.*), trave battitrice. 6 ~ s·druck (Verdichtungsenddruck) (*m.* - *Mot.*), pressione di compressione, pressione di fine compressione. 7 ~ s·grad (Verdichtungsverhältnis, eines Verbrennungsmotors) (*m.* - *Mot.*), rapporto di compressione. 8 ~ s·hub (Verdichtungstakt) (*m.* - *Mot.*), fase di compressione, corsa di compressione. 9 ~ s·pfähle (Verdrängungspfähle) (*m.* - *pl.* - *Bauw.*), pali costipatori. 10 ~ s·raum (Kleinstwert des Verbrennungsraumes) (*m.* - *Mot.*), volume di compressione, spazio di compressione. 11 ~ s·ring (Kolbenring) (*m.* - *Mot.*), anello di te-

nuta, segmento di tenuta, fascia elastica di tenuta. **12** ~ s·setzung (*f. - Bauw.*), assestamento da costipazione. **13** ~ s·stoss (Unstetigkeitfront, Stosswelle) (*m. - Aerodyn.*), onda d'urto, onda di pressione. **14** ~ s·verhältnis (Verdichtungsgrad) (*n. - Mot.*), rapporto di compressione. **15** ~ s·walze (*f. - Strass.b. - etc. - Masch.*), rullo costipatore. **16** ~ s·welle (*f. - Akus.*), onda di compressione. **17** ~ s·zündung (*f. - Dieselmot.*), accensione a compressione. **18 adiabatische** ~ (*Thermodyn.*), compressione adiabatica. **19 effektives** ~ s·verhältnis (*Mot.*), rapporto di compressione effettivo. **20 Gesamt** ~ s·verhältnis (*n. - Mot.*), rapporto di compressione totale.
verdicken (*Anstr. - etc.*), rendere più denso, ispessire.
Verdickung (*f. - Anstr. - etc.*), ispessimento.
Verdienst (Erwerb) (*m. - finanz.*), reddito. **2** ~ (gesamter Lohnbetrag) (*Arb.*), retribuzione. **3** ~ (Gewinn) (*komm.*), utile. **4** ~ **bescheinigung** (*f. - finanz.*), dichiarazione dei redditi. **5** ~ **spanne** (*f. - komm.*), margine di utile. **6 Arbeits** ~ (Lohn) (*Arb.*), rimunerazione, salario. **7 Netto** ~ (*Adm. - komm.*), utile netto.
Verdieselung (*f. - Mot. - etc.*), dieselizzazione.
verdingen (öffentliche Arbeiten z. B. vergeben) (*komm.*), dare in appalto, appaltare. **2** ~ (vermieten) (*komm.*), dare a nolo.
Verdingung (Submission, Vergebung von öffentlichen Arbeiten z. B. durch Ausschreibung) (*f. - komm.*), appalto. **2** ~ (Vermietung) (*komm.*), noleggio. **3** ~ s·grundlagen (Verdingungsunterlagen) (*f. - pl. - komm.*), capitolato d'appalto. **4** ~ s·ordnung (für Bauleistungen) (*f. - komm.*), capitolato di appalto per prestazioni edilizie.
verdoppeln (*allg.*), raddoppiare.
Verdrahten (Befestigungsverfahren) (*n. - Mech.*), collegamento a filo metallico, unione a filo metallico.
verdrahten (*Elekt.*), cablare.
Verdrahtung (*f. - Elekt.*), cablaggio. **2** ~ s·plan (*m. - Elekt.*), schema di cablaggio.
verdrallen (*allg.*), torcere.
Verdrallung (*f. - allg.*), torcitura.
verdrängen (*Schiffbau*), dislocare.
Verdrängerpumpe (*f. - Masch.*), pompa volumetrica.
Verdrängerverdichter (*m. - Masch.*), compressore volumetrico.
Verdrängung (Deplacement) (*f. - naut.*), dislocamento. **2** ~ (eines Schienenfahrzeugs, scharfe Ablenkung) (*Eisenb.*), deviazione brusca. **3** ~ s·lagerstätte (*f. - Geol.*), giacimento di dislocazione. **4** ~ s·mittelpunkt (Verdrängungsschwerpunkt) (*m. - naut.*), centro di carena, centro di spinta. **5** ~ s·pfähle (Verdrängungspfähle) (*m. - pl. - Bauw.*), pali costipatori. **6** ~ s·schwerpunkt (*m. - naut.*), centro di carena, centro di spinta. **7** ~ s·strom (*m. - Elekt.*), corrente di spostamento. **8** ~ s·widerstand (Formwiderstand) (*m. - naut.*), resistenza d'onda.
Verdrehen (Verschränken, der Kröpfungen von Kurbelwellen, beim Schmieden) (*m. - Schmieden*), torcitura.

Verdrehflankenspiel (von Zahnrädern) (*n. - Mech.*), giuoco primitivo.
Verdrehgrenze (Fliessgrenze bei Verdrehung) (*f. - Baukonstr.lehre*), limite di snervamento a torsione.
Verdrehschwellfestigkeit (*f. - Werkstoffprüfung*), limite di fatica a torsione a ciclo dello zero.
Verdrehschwingung (*f. - Mech.*), vibrazione torsionale. **2** ~ s·schreiber (*m. - Ger.*), torsiografo.
Verdrehschwingversuch (von Achswellen z. B.) (*m. - Werkstoffprüfung*), prova di fatica a torsione.
Verdrehsteifigkeit (*f. - Baukonstr.lehre*), rigidezza a torsione.
Verdrehung (*f. - Baukonstr.lehre*), torsione. **2** ~ s·feder (*f. - Mech.*), molla di torsione. **3** ~ s·moment (*n. - Mech.*), momento torcente. **4** ~ s·schreiber (*m. - Ger.*), torsiografo. **5** ~ s·schwingung (*f. - Mech.*), vibrazione torsionale. **6** ~ s·versuch (*m. - Baukonstr.lehre*), prova di torsione.
Verdrehversuch (Verdrehungsversuch) (*m. - Baukonstr.lehre*), prova di torsione.
Verdrehwechselfestigkeit (*f. - Baukonstr.lehre*), resistenza alla torsione alternata.
Verdreifacher (*m. - Ger.*), triplicatore.
Verdrillung (Torsion) (*f. - Mech. - etc.*), torsione. **2** ~ (von Leitern) (*Fernspr.*), trasposizione.
Verdrosseln (Siebdrossel anbringen) (*Elekt.*), filtrare con bobine di arresto.
Verdrosselung (Abriegelung von Hochfrequenzspannungen und Strömen durch Drosseln) (*f. - Elekt.*), blocco (mediante bobine di arresto).
verdrucken (*Druck.*), stampare male, fare errori di stampa.
verdübeln (*Zimm.*), incavigliare.
Verdübelung (*f. - Mech.*), montaggio di spine, spinatura.
Verdunisierung (chemische Reinigung des Wassers) (*f. - Chem.*), verdunizzazione.
Verdunkelung (*f. - Beleucht.*), oscuramento. **2** ~ s·widerstand (*m. - Elekt.*), oscuratore reostatico.
Verdunkler (*m. - Ger.*), oscuratore.
verdünnbar (*Chem.*), diluibile.
verdünnen (Lösungen) (*Chem.*), diluire. **2** ~ (*Mech. - etc.*), assottigliare. **3** ~ (Gase) (*Phys.*), rarefare.
verdünnt (Gas) (*Phys.*), rarefatto. **2** ~ (Lösung) (*Chem.*), diluito.
Verdünnung (von Flüssigkeiten) (*f. - Chem.*), diluizione. **2** ~ (von Gasen) (*Phys.*), rarefazione. **3** ~ s·mittel (*n. - Chem.*), diluente (s.). **4** ~ s·verhältnis (*n. - Anstr.*), rapporto di diluizione. **5 NC-Wasch** ~ (zum Reinigen) (*Anstr.*), diluente nitrocellulosico (per pulitura).
verdunsten (verdampfen) (*Phys.*), evaporare.
Verdunstung (langsame Verdampfung) (*f. - Phys.*), evaporazione (lenta). **2** ~ s·kälte (*f. - Phys.*), calore latente di evaporazione. **3** ~ s·kühlung (*f. - Phys.*), raffreddamento ad evaporazione. **4** ~ **messer** (Evaporimeter, Verdunstungsmessgerät) (*m. - Ger.*), evaporimetro. **5** ~ s·waage (*f. - Ger.*), evaporimetro

Verdüppelung

a bilancia. 6 ~ s·zahl (VD) (*f. - Chem. - Phys.*), indice di evaporazione.
Verdüppelung (*f. - Radar*), perturbazione.
veredeln (Erz) (*Bergbau*), arricchire. 2 ~ (verarbeiten) (*Ind.*), lavorare, trasformare. 3 ~ (frischen) (*Metall.*), affinare. 4 ~ (Materialen, Textilien) (*Technol. - Textil.*), nobilitare.
Veredelung (Kunstalterung, des Leichtmetalls z. B.) (*f. - Wärmebeh.*), invecchiamento artificiale. 2 ~, *siehe auch* Veredlung.
Veredlung (Verarbeitung) (*f. - Ind.*), lavorazione. 2 ~ (von Textilien, Kunststoffen, etc.) (*Text. - etc.*), nobilitazione. 3 ~ s·industrie (*f. - Ind.*), industria di trasformazione. 4 ~ s·verkehr (*m. - Ind. - komm.*), importazione in conto lavorazione, traffico in conto lavorazione.
Verein (*m. - allg.*), associazione, unione. 2 Flotten ~ (*naut.*), lega navale. 3 Post ~ (*Post*), unione postale. 4 Versicherungs ~ (Versicherungsgesellschaft) (*finanz.*), compagnia di assicurazioni. 5 Zoll ~ (Zollunion) (*finanz. - komm.*), unione doganale.
vereinbar (*allg.*), concordabile. 2 ~ (verträglich) (*allg.*), compatibile. 3 ~ (kompatibel) (*Fernseh.*), compatibile.
vereinbaren (übereinkommen) (*komm.*), concordare, convenire, accordarsi.
Vereinbarkeit (*f. - allg.*), compatibilità.
vereinbart (*komm. - etc.*), concordato.
Vereinbarung (*f. - komm.*), convenzione, intesa, accordo.
vereinfachen (*Math. - etc.*), semplificare.
vereinheitlichen (*allg.*), unificare, uniformare.
vereinnahmen (einnehmen, Entgelten z. B.) (*Arb. - etc.*), percepire.
Vereinzeler (zur Förderung von einzelen Stücken an die Werkz.masch.) (*m. - Werkz. masch. - Vorr.*), singolarizzatore, distributore singolarizzatore.
Vereinzelungsvorrichtung (zur Vereinzelung von Werkstücken in einer Transferstrasse z. B.) (*f. - Mech.*), distributore singolarizzatore, singolarizzatore.
vereisen (*v. i. - allg.*), rivestirsi di ghiaccio.
vereist (*Meteor.*), ghiacciato, gelato.
Vereisung (Eisbildung) (*f. - Flugw. - etc.*), formazione di ghiaccio. 2 ~ s·schutz (*m. - Flugw. - etc.*), protezione antighiaccio. 3 ~ s·schutzflüssigkeit (*f. - Flugw. - etc.*), liquido antighiaccio. 4 ~ s·schutzgerät (*n. - Flugw. - etc.*), antighiaccio (*s.*), impianto antighiaccio.
Vererbung (bei wiederholtem Schmelzen z. B.) (*f. - Metall. - Giess.*), eredità.
Vererdung (Humifizierung, Zersetzung) (*f. - Geol. - Ack.b.*), umificazione.
Vererzen (Einbrennen des Metalls, in die Form) (*n. - Giess.fehler*), penetrazione del metallo (nella forma).
vererzen (*Min.*), mineralizzare.
Veresterung (*f. - Chem.*), esterificazione.
verfahrbar (elekt. Aggregat z. B.) (*Fahrz.*), carrellato.
Verfahren (*n. - Chem. - Metall. - etc.*), processo, procedimento. 2 ~ (Prozess) (*Technol.*), processo. 3 ~ (Methode) (*Technol.*), metodo.
4 ~ (Arbeitsweise) (*Technol.*), procedimento. 5 ~ (Behandlung) (*Technol.*), trattamento. 6 ~ (Arbeitsgang) (*Technol.*), operazione. 7 ~ (*recht.*), procedimento. 8 ~ s·forschung (*f. - Arb. - Organ.*), ricerca operativa. 9 ~ schema (*n. - Ind.*), schema di processo. 10 ~ s-orientierte-Sprache (*f. - Datenverarb.*), linguaggio procedurale. 11 Bearbeitungs ~ (*Technol.*), metodo di lavorazione, procedimento di lavorazione. 12 Culmannsches ~ (*Baukonstr.lehre*), metodo di Culmann. 13 Feucht ~ (Lichtpausverfahren) (*Zeichn.*), riproduzione a umido. 14 graphisches ~ (zeichnerisches Verfahren) (*Baukonstr.lehre*), metodo grafico, procedimento grafico. 15 iteratives ~ (*Technol.*), procedimento discontinuo. 16 Nass ~ (*Chem.*), processo per via umida. 17 Trocken ~ (*Chem.*), processo per via secca. 18 Trocken ~ (Lichtpausverfahren) (*Zeichn.*), riproduzione a secco. 19 Viertakt ~ (*Mot.*), ciclo a quattro tempi. 20 Wälz ~ (für Zahnräder) (*Mech.*), metodo a generazione. 21 Zweitakt ~ (*Mot.*), ciclo a due tempi.
verfahren (vorgehen, handeln) (*v. i. - allg.*), procedere. 2 ~ (auf einer Maschine fertigen, z. B.) (*v. i. - Ind. - Technol.*), lavorare, trattare, sottoporre ad un processo. 3 ~ (mit Schächten und Strecken öffnen) (*v. i. - Bergbau*), aprire. 4 ~ (verstellen, einen Schlitten) (*v. t. - allg.*), muovere, traslare.
Verfahrweg (durchlaufene Strecke) (*m. - allg.*), distanza percorsa.
Verfall (*m. - allg.*), decadimento. 2 ~ (*Chem. - etc.*), deterioramento. 3 ~ buch (*n. - Adm. - etc.*), scadenzario. 4 ~ tag (eines Wechsels) (*m. - finanz.*), data di scadenza.
Verfallen (Fälligwerden) (*n. - Adm. - etc.*), scadenza.
verfallen (*adj. - recht. - etc.*), scaduto.
verfälschen (*allg.*), alterare, falsare. 2 ~ (*Chem. - etc.*), sofisticare.
Verfälschung (*f. - Ind. - Chem.*), adulterazione, sofisticazione.
Verfalzung (Falzung) (*f. - Tischl.*), unione a mezzo legno, giunzione a mezzo legno.
verfärben (die Farbe wechseln) (*Anstr.*), cambiare colore, trascolorare.
Verfärbung (Farbverlust) (*f. - Anstr. - Fehler*), scolorimento, sbiadimento.
Verfasser (eines Buches z. B.) (*m. - Druck.*), autore. 2 ~ anteil (Verfasserlizenz, Verfassertantieme) (*m. - recht. - Druck.*), diritti di autore.
Verfassung (Schreiben) (*f. - Druck.*), redazione. 2 ~ s·recht (*n. - recht.*), diritto costituzionale.
verfaulen (*v. i. - allg.*), deteriorarsi.
verfedern (vernuten) (*Tischl.*), unire a linguetta e scanalatura, unire a maschio e femmina.
verfeinern (die Körnung) (*Metall.*), affinare.
Verfeinerung (der Körnung) (*f. - Metall.*), affinamento.
Verfestigen (*n. - Metall.*), incrudimento.
verfestigen (den Boden) (*Bauw.*), consolidare. 2 ~ (*Metall.*), incrudire.
Verfestigung (*f. - Metall.*), incrudimento. 2 ~ s-Exponent (Mass der Zunahme von Härte

und Festigkeit mit der Formänderung) (*m.* - *mech. Technol.*), esponente d'incrudimento. 3 ~ s·strahlen (Kugelstrahlen) (*n.* - *mech. Technol.*), pallinatura.
verfilmen (*Filmtech.*), filmare.
Verfilzbarkeit (*f.* - *Text.*), feltrabilità.
Verfilzen (*n.* - *Textilind.*), feltratura.
verfilzen (*Textilind.*), feltrare.
verflanscht (*Mech.*), flangiato.
verflechten (*Text.* - *etc.*), intrecciare.
Verflechtung (Vereinigung von Unternehmen zu Grossunternehmen oder Konzernen) (*f.* - *finanz.*), fusione. 2 ~ (zweier Fahrzeugströme) (*Strass.verk.*), confluenza. 3 ~ (wirtschaftliche Integration) (*f.* - *Wirtschaft*), integrazione economica.
Verflüchtigung (*f.* - *Phys.*), volatilizzazione. 2 ~ (Sublimation) (*Phys.*), sublimazione.
verflüssigen (*Phys.*), liquefare.
Verflüssiger (Kondensator, einer Kältemaschine) (*m.* - *Masch.*), condensatore. 2 Berieselung ~ (*Kältemasch.*), condensatore a pioggia. 3 Gegenstrom ~ (Doppelrohr-Gegenstrom-Verflüssiger) (*Kältemasch.*), condensatore a controcorrente, condensatore a tubi coassiali. 4 Rohrbündel- ~ (*Kältemasch.*), condensatore a fascio tubolare.
Verflüssigung (*f.* - *Phys.* - *Chem.*), liquefazione. 2 ~ (*finanz.* - *Adm.*), aumento delle disponibilità.
verfolgbar (*recht.*), perseguibile.
Verfolgung (*f.* - *allg.*), inseguimento. 2 ~ (*f.* - *Radar*), puntamento. 3 ~ s·aufnahme (*Filmtech.*), ripresa in movimento. 4 ~ s·radar (*m.* - *Radar*), radar di puntamento. 5 gerichtliche ~ (*recht.*), procedimento (per via) legale.
verformbar (*Technol.*), malleabile, plastico, foggiabile, modellabile, plasmabile.
Verformbarkeit (*f.* - *Metall.*), plasticità, malleabilità, foggiabilità.
verformen (*v. t.* - *Technol.*), deformare. 2 ~ (*v.i.* - *allg.*), deformarsi.
Verformung (plastische Formänderung von Metallen, durch Schmieden z. B.) (*f.* - *Technol.*), deformazione plastica. 2 ~ s·arbeit (*f.* - *Technol.*), lavoro di deformazione. 3 ~ s·bruch (bei dem die Bruchfläche aus einem glatten Wulst besteht) (*m.* - *Metall.*), rottura da deformazione. 4 bleibende ~ (*Technol.*), deformazione permanente. 5 Kalt ~ (*Technol.*), deformazione a freddo. 6 plastische ~ (Verformung) (*mech. Technol.*), deformazione plastica. 7 Warm ~ (*Technol.*), deformazione a caldo.
verfrachten (befördern) (*Transp.*), trasportare. 2 ~ (verchartern) (*naut.*), noleggiare. 3 ~ (verladen) (*Transp.*), caricare.
Verfrachtung (*f.* - *naut.*), noleggio. 2 ~ (Transport) (*Geol.*), trasporto. 3 ~ s·vertrag (*m.* - *Transp.* - *naut.*), contratto di noleggio.
verfranzen (*Flugw.* - *Navig.*), perdere la rotta.
verfrischen (*Metall.*), affinare.
verfügbar (*allg.*), disponibile. 2 ~ e Leistung (*Mot.*), potenza effettiva.
Verfügbarkeit (*f.* - *allg.*), disponibilità.
Verfugen (*n.* - *Maur.*), stuccatura dei giunti.
Verfügung (Disposition) (*f.* - *allg.*), disposizione. 2 ~ (*recht.*), atto legislativo, decreto. 3 für weitere Auskünfte zur ~ stehen (*komm.*

- *Büro*), rimanere a disposizione per ulteriori informazioni. 4 letztwillige ~ (*recht.*), disposizione testamentaria. 5 sich jemandem zur ~ stellen (*allg.*), mettersi a disposizione di qualcuno.
Verfüllboden (*m.* - *Bauw.* - *Erdbew.*), materiale di riempimento, materiale di colmata.
Verfüllen (Einschotterung, des Gleises) (*n.* - *Eisenb.*), inghiaiamento.
verfüllen (einfüllen) (*Erdbew.*), riempire, colmare.
Vergabe (Auftragserteilung) (*f.* - *komm.*), aggiudicazione, assegnazione.
vergällen (denaturieren) (*Chem.*), denaturare.
Vergänglichkeit (*f.* - *Phys.*), transitorietà.
vergären (*Chem.*), fermentare.
Vergärung (*f.* - *Chem.*), fermentazione.
vergasen (*Chem.*), gasificare. 2 ~ (*Mot.*), carburare.
Vergaser (eines Verbr.mot.) (*m.* - *Mot.* - *Aut.*), carburatore. 2 ~ (von Kohle z. B.) (*Ger.*), gasificatore. 3 ~ einstellung (*f.* - *Mot.*), messa a punto del carburatore. 4 ~ gehäuse (*n.* - *Mot.* - *Aut.*), corpo del carburatore. 5 ~ knallen (*n.* - *Mot.* - *Aut.*), ritorno di fiamma al carburatore. 6 ~ mit Schwimmer (*Mot.* - *Aut.*), carburatore a vaschetta, carburatore a galleggiante. 7 ~ motor (Ottomotor) (*m.* - *Mot.* - *Aut.*), motore a carburazione. 8 ~ nadel (*f.* - *Mot.* - *Aut.*), ago del carburatore, spina del carburatore. 9 ~ schwimmer (*m.* - *Mot.* - *Aut.*), galleggiante del carburatore. 10 Doppel ~ (*Mot.* - *Aut.*), carburatore a doppio condotto, carburatore a due condotti. 11 Doppelfallstrom ~ (Fallstrom-Doppelvergaser) (*Mot.* - *Aut.*), carburatore invertito a doppio condotto, carburatore invertito a due condotti. 12 Fallstrom-Doppel ~ (Doppelfallstromvergaser) (*Mot.* - *Aut.*), carburatore invertito a doppio condotto, carburatore invertito a due condotti. 13 Flachstrom ~ (Horizontalvergaser, Querstromvergaser) (*Mot.* - *Aut.*), carburatore orizzontale. 14 Halbfallstrom ~ (*Mot.* - *Aut.*), carburatore semi-invertito. 15 Querstrom ~ (Flachstromvergaser, Horizontalvergaser) (*Mot.* - *Aut.*), carburatore orizzontale. 16 Register- ~ (Stufenvergaser, mit zwei parallel liegenden Saugkanälen) (*Mot.* - *Aut.*), carburatore a due condotti. 17 Steigstrom ~ (Vertikalvergaser) (*Mot.* - *Aut.*), carburatore verticale. 18 Stufenflachstrom ~ (*Mot.* - *Aut.*), carburatore orizzontale a due condotti, carburatore orizzontale composito. 19 Stufen ~ (Registervergaser) (*Aut.*), carburatore a due condotti.
Vergasung (Gasbildung) (*f.* - *Chem.*), gasificazione. 2 ~ (*Mot.*), carburazione.
vergesellschaften (*recht.*), associarsi.
vergiessbar (*Giess.*), colabile.
Vergiessbarkeit (*f.* - *Giess.*), colabilità.
vergiessen (abstechen) (*Giess.* - *Metall.*), spillare. 2 ~ (Asphalt z. B.) (*Bauw.* - *etc.*), colare. 3 ~ (anschliessen, verbinden) (*Elekt.*), giuntare a testa fusa, collegare a tenuta (a testa fusa).
vergiften (*Chem.* - *etc.*), avvelenare.
Vergiftung (*f.* - *Chem.* - *Med.*), avvelenamento. 2 ~ s·erscheinung (*f.* - *Med.*), sin-

vergilben

tomo di avvelenamento, sintomo di intossicazione.
vergilben (*allg.*), ingiallire.
Vergilbung (*f. - Anstr.fehler*), ingiallimento.
vergittern (*allg.*), grigliare.
Vergitterung (*f. - Bauw.*), controventatura.
verglasen (mit Glas versehen) (*Bauw. - etc.*), applicare vetri, invetriare.
verglast (Tür z. B.) (*Bauw.*), a vetri, vetrato.
Verglasung (*f. - Bauw.*), vetratura.
Vergleich (*m. - allg.*), confronto. 2 ~ (*recht. - komm.*), transazione. 3 ~ s·feld (eines Photometers z. B.) (*n. - Beleucht. - etc.*), superficie di paragone. 4 ~ s·horizont (*m. - Flugw. - Instr.*), orizzonte di riferimento. 5 ~ s·lampe (*f. - Beleucht.*), lampada tarata. 6 ~ s·lehre (*f. - Werkz.*), calibro di riscontro, riscontro. 7 ~ s·moment (bei Berechnung von Wellen) (*n. - Mech.*), momento equivalente. 8 ~ s·prüfung (*f. - Technol.*), prova comparativa. 9 ~ s·schutz (Differentialschutz, als Kurzschluss-schutz) (*m. - Elekt.*), protezione differenziale. 10 ~ s·spannung (*f. - Baukonstr. lehre*), sollecitazione equivalente. 11 ~ s·spannung (*Elekt.*), tensione comparativa, tensione di paragone, tensione di confronto. 12 ~ s·stelle (bei elekt. Temperaturmessungen) (*f. - Instr.*), giunto freddo. 13 ~ s- und Schiedsordnung (*f. - komm. - recht.*), regolamento di conciliazione e di arbitrato. 14 ~ s·verhandlungen (*f. - pl. - recht.*), trattative per un accomodamento, trattative per una composizione, trattative di compromesso. 15 ~ s·versuch (*m. - Technol.*), prova comparativa. 16 ~ s·wert (*m. - allg.*), valore comparativo. 17 Phasen ~ s·gerät (*n. - Elekt.*), comparatore di fase.
vergleichbar (*allg.*), comparabile, paragonabile, confrontabile. 2 ~ (entsprechend) (*allg.*), analogo, corrispondente.
Vergleicher (von Signalen z. B.) (*m. - Ger.*), comparatore.
verglühen (zu brennen aufhören) (*Verbr.*), spegnersi. 2 ~ (*Wärmebeh. - Fehler*), sbagliare la ricottura.
Vergnügungsboot (*n. - naut.*), imbarcazione da diporto.
vergolden (mit Gold überziehen) (*Metall.*), dorare, placcare con oro. 2 ~ (*Anstr.*), dorare.
Vergoldepresse (*f. - Masch.*), pressa per dorare.
Vergoldfirnis (*m. - Anstr.*), vernice per dorare.
Vergoldung (*f. - Anstr.*), doratura. 2 ~ (Überziehen, mit Gold) (*Technol.*), doratura, placcatura con oro.
Vergrauen (der Poren) (*n. - Anstr. - Fehler*), imbiancatura (dei pori).
Vergriessung (Schnee) (*f. - Fernseh.fehler*), effetto neve.
vergriffen (ausverkauft, Buch, Auflage) (*komm.*), esaurito.
Vergrösserer (Vergrösserungsapparat) (*m. - Phot. - Opt.*), ingranditore, apparecchio per ingrandimenti.
vergrössern (*Opt. - etc.*), ingrandire.
Vergrösserung (*f. - Opt. - Phot. - etc.*), ingrandimento. 2 ~ s·apparat (*m. - Phot.*), ingranditore, apparecchio per ingrandimenti. 3 ~ s·glas (Lupe) (*n. - Opt.*), lente d'ingrandimento. 4 Lupen ~ (*Opt.*), ingrandimento visuale, ingrandimento in angolo visuale.
Vergünstigung (*f. - Transp.*), concessione.
Verguss (Seilverbindung) (*m. - Seile*), giunzione a testa fusa. 2 ~ (von Zement) (*Bauw.*), colata. 3 ~ harz (*n. - Technol.*), resina da colata. 4 ~ masse (Dichtungsmasse) (*f. - Bauw.*), materiale di tenuta, ermetizzante. 5 ~ mörtel (*m. - Bauw.*), malta per iniezione. 6 ~ muffe (Seilverbindung) (*f. - Seile*), manicotto per giunzione a testa fusa. 7 Bitumen ~ (*Bauw.*), colata di bitume.
vergütbar (Stahl) (*Wärmebeh.*), bonificabile. 2 ~ (aushärtbar, Aluminium) (*Wärmebeh.*), invecchiabile.
vergüten (*Wärmebeh.*), bonificare. 2 ~ (aushärten, auslagern, Aluminium-Legierungen) (*Wärmebeh.*), invecchiare artificialmente. 3 ~ (eine Linse mit einer dünnen Schicht von Magnesiumfluorid z. B. überziehen, zur Verminderung der Reflexionsverluste) (*Opt.*), sottoporre a trattamento antiriflessione. 4 ~ (*Adm.*), bonificare.
Vergüteofen (*m. - Ofen - Metall.*), forno per bonifica.
vergütet (*Wärmebeh.*), bonificato. 2 ~ (Linse) (*Opt.*), antiriflettente.
Vergütung (*f. - Wärmebeh.*), bonifica. 2 ~ (Aushärten, Auslagern, von Aluminium-Legierungen) (*Metall.*), invecchiamento artificiale. 3 ~ (einer Linse) (*Opt.*), trattamento antiriflessione. 4 ~ (Skonto) (*komm.*), abbuono, sconto. 5 ~ (*Adm.*), bonifico. 6 ~ (Schadenersatz) (*komm. - finanz.*), indennizzo. 7 ~ s·festigkeit (*f. - Metall.*), resistenza (risultante) da bonifica. 8 ~ s·stahl (*m. - Metall.*), acciaio da bonifica. 9 ~ s·zähler (*m. - Elekt. - Ger.*), contatore a due tariffe (di cui una ridotta). 10 Export ~ (*komm.*), rimborso fiscale (per esportazione). 11 Extra ~ (*allg.*), gratifica. 12 Isotherm ~ (*Wärmebeh.*), siehe Zwischenstufenvergütung. 13 Rück ~ (*Adm. - komm.*), rimborso. 14 Wagentag- ~ (*Eisenb.*), nolo giornaliero per carro. 15 Zwischenstufen ~ (Zwischenstufenumwandeln, Bainithärtung, Isothermhärtung) (*Wärmebeh.*), bonifica isotermica, bonifica intermedia, tempra bainitica isotermica.
verhallen (*Akus.*), smorzarsi, attenuarsi.
Verhalten (Benehmen) (*n. - allg.*), comportamento.
Verhältnis (*n. - Math. - etc.*), rapporto. 2 ~ (Umstand, Lage) (*allg.*), condizione, situazione. 3 ~ (Proportion) (*Arch. - etc.*), proporzione. 4 ~ (Verhalten) (*allg.*), comportamento. 5 ~ detektor (Radiodetektor) (*m. - Fernseh.*), rivelatore di rapporto, discriminatore. 6 ~ 1 : 2 (eins zu zwei) (*Math.*), rapporto 1 : 2. 7 ~ gleichheit (Proportionalität) (*f. - allg.*), proporzionalità. 8 ~ -Gleichrichter (Verhältnis-Detektor) (*m. - Funk.*), rivelatore a rapporto. 9 ~ gleichung (Proportion) (*f. - Math.*), proporzione. 10 ~ grösse (*f. - Einheit*), siehe Bogenmass. 11 ~ prüfung (*f. - elekt. Masch.*), prova di rapporto. 12 Betriebs ~ se (*pl. - Ind.*), condizioni di esercizio. 13 im umgekehrten ~ (*allg.*), in rapporto inverso. 14 Luftdichte ~ (eines Laders) (*Mot.*), rapporto di sovralimentazione, rap-

porto di compressione dell'aria. **15** richtiges ~ (gerades Verhältnis) (*Math. - etc.*), rapporto diretto. **16** Übersetzungs ~ (*Mech.*), rapporto di trasmissione. **17** umgekehrtes ~ (*Math. - etc.*), rapporto inverso.
verhältnisgleich (proportional) (*allg.*), proporzionale.
verhältnismässig (verhältnisgleich) (*Math. - etc.*), in rapporto diretto, proporzionale.
Verhandlung (Unterhandlung) (*f. - komm.*), trattativa. **2** ~ (Gerichtsverhandlung) (*recht.*), udienza. **3** ~ s·gebühr (*f. - recht.*), diritti di udienza.
verharren (bleiben) (*allg.*), persistere.
Verharrzeit (*f. - allg.*), tempo di permanenza.
verharzen (*Chem.*), resinificare.
verharzt (*Chem.*), resinificato. **2** ~ (mit Ölkrusten z. B.) (*Masch. - etc.*), incrostato.
Verharzung (*f. - Chem.*), resinificazione. **2** ~ (Ölkrusten z. B.) (*Masch. - etc.*), incrostazione.
Verhau (Verhieb, Abbau) (*m. - Bergbau*), abbattimento.
verhauen (*Bergbau*), abbattere.
Verhieb (Abbau) (*m. - Bergbau*), abbattimento.
verhindern (*allg.*), impedire.
Verhinderung (*f. - allg.*), impedimento, ostacolo.
verholen (ein Schiff) (*naut.*), alare alla fonda.
Verholspill (*n. - naut.*), verricello di alaggio.
Verhör (Vernehmung) (*n. - recht.*), interrogatorio.
verhütten (Erze zu Metallen verarbeiten) (*Metall.*), ridurre.
Verhüttung (Verarbeitung der Erze zu Metallen) (*f. - Metall.*), riduzione. **2** ~ s·ofen (Reduktionsofen) (*m. - Metall.*), forno di riduzione.
Verhütung (von Sachschäden z. B.) (*f. - allg.*), prevenzione. **2** ~ s·massnahme (*f. - allg.*), misura preventiva.
Verjährung (*f. - recht.*), prescrizione.
verjüngen (in kleinerem Mass·stab darstellen) (*Zeichn.*), ridurre in scala. **2** ~ (in einer Richtung dünner machen) (*allg.*), rastremare.
verjüngend (*allg.*), decrescente, degradante.
verjüngt (Flügel z. B.) (*allg.*), rastremato.
Verjüngung (Verminderung) (*f. - allg.*), diminuzione. **2** ~ (*allg.*), rastremazione. **3** ~ (Kegel) (*Mech.*), conicità (totale). **4** ~ (*Zeichn.*), riduzione (in scala). **5** ~ s·verhältnis (Schlankheitsverhältnis) (*n. - Baukonstr.lehre*), rapporto di snellezza.
verkabeln (*Elekt.*), cablare.
Verkabelung (*f. - Elekt.*), cablaggio.
verkadmen (kadmieren) (*mech. Technol.*), cadmiare.
verkalken (kalzinieren) (*Chem. - etc.*), calcinare.
verkämmen (*Tischl.*), congiungere a code, immorsare.
Verkämmung (Holzverbindung) (*f. - Tischl.*), immorsatura, giunzione a code, unione a code. **2 gerade** ~ (Holzverbindung) (*Tischl.*), immorsatura diritta, giunzione a code diritte, unione a code diritte. **3 schwalbenschwanzförmige** ~ (Holzverbindung) (*Tischl.*), immorsatura a code di rondine, giunzione a code di rondine, unione a code di rondine.
Verkanten (von Zahnrädern) (*n. - Mech.*), portanza angolare.
verkanten (*allg.*), inclinare, angolare.
verkantet (*allg.*), inclinato, angolato. **2** ~ **e Aufnahme** (*Filmtech. - Fernseh.*), ripresa angolata.
Verkarstung (*f. - Geol.*), carsismo.
Verkauf (*m. - komm.*), vendita. **2** ~ **in Bausch und Bogen** (*komm.*), vendita in blocco. **3** ~ s·automat (*m. - Masch.*), distributore automatico. **4** ~ s·büro (*n. - komm.*), ufficio vendite. **5** ~ s·dienst (*m. - komm.*), servizio vendite. **6** ~ s·ingenieur (für den Verkauf von technischen Produkten) (*m. - komm.*), venditore tecnico. **7** ~ s·karree (eines Warenhauses z. B.) (*n. - komm.*), banco di vendita. **8** ~ s·kommissionär (*m. - komm.*), commissionario. **9** ~ s·kosten (*f. - pl. - komm.*), spese commerciali. **10** ~ s·leiter (*m. - komm.*), direttore delle vendite. **11** ~ s·organisation (*f. - komm.*), organizzazione di vendita, organizzazione commerciale. **12** ~ s·preis (*m. - komm.*), prezzo di vendita. **13** ~ s·stab (*m. - komm.*), organico di vendita. **14** ~ s·wagen (*m. - Fahrz.*), auto-negozio. **15 Bar** ~ (*komm.*), vendita a contanti. **16 Einzel** ~ (Detailverkauf) (*komm.*), vendita al minuto, vendita al dettaglio. **17 Gross** ~ (Engrosverkauf) (*komm.*), vendita all'ingrosso.
Verkäufer (*m. - Arb. - komm.*), commesso.
Verkäuferin (*f. - Arb. - komm.*), commessa.
verkaufsfähig (*komm.*), commerciabile.
Verkehr (*m. - Strass.ver. - etc.*), traffico. **2** ~ (Handelsverkehr) (*komm.*), commercio. **3** ~ s·ader (*f. - Strass.ver.*), arteria di traffico. **4** ~ s·ampel (*f. - Signal - Strass.ver.*), semaforo. **5** ~ s·andrang (*m. - Strass.ver. - etc.*), punta di traffico. **6** ~ s·boot (Motorboot zur Personenbeförderung im Hafen z. B.) (*n. - naut.*), battello (per servizio pubblico). **7** ~ s·dichte (*f. - Strass.ver. - etc.*), densità del traffico. **8** ~ s·einheit (*f. - Fernspr.*), unità di traffico. **9** ~ s·farbe (Verkehrsmarkierungsfarbe) (*f. - Anstr.*), pittura per segnaletica orizzontale. **10** ~ s·flughafen (*m. - Flugw.*), aeroporto civile. **11** ~ s·flugwesen (*n. - Flugw.*), aviazione civile. **12** ~ s·flugzeug (*n. - Flugw.*), velivolo di linea, aeroplano per aviolinee. **13** ~ s·gang (*m. - Verkehr*), corridoio di traffico. **14** ~ s·grössen-Abtasteinrichtung (*f. - Ger.*), misuratore dell'intensità di traffico. **15** ~ s·insel (*f. - Strass.ver.*), salvagente. **16** ~ s·last (die veränderliche oder bewegliche Belastung des Bauteiles) (*f. - Bauw.*), carico mobile, carico accidentale. **17** ~ s·linie (Verkehrsstrich) (*f. - Strass.ver.*), linea di traffico. **18** ~ s·menge (Verkehrsvolumen) (*f. - Strass.ver. - etc.*), volume del traffico. **19** ~ s·mittel (Beförderungsmittel) (*n. - Transp.*), mezzo di trasporto. **20** ~ s·nagel (Markierungsknopf) (*m. - Strass.ver.*), chiodo da segnalazione, borchia da segnalazione. **21** ~ s·pilot (*m. - Flugw.*), pilota civile. **22** ~ s·polizei (*f. - Strass.ver.*), polizia della strada, polizia stradale. **23** ~ s·postenstand (*m. - Strass.ver.*), torretta per la direzione del traffico. **24** ~ s·radargerät (zur Geschwindigkeitsüberwa-

verkehrlich

chung verwendet) (*n. - Strass.verk. - Ger.*), radar di sorveglianza del traffico. 25 ~ s·**regelung** (*f. - Strass.ver. - etc.*), regolazione del traffico. 26 ~ s·**rundfunksystem** (*n. - Aut. - Verk.*), sistema di radiodiffusione per il controllo del traffico. 27 ~ s·**schutzmann** (*m. - Arb. - Strass.ver.*), vigile del traffico. 28 ~ s·**spur** (**Fahrspur**) (*f.-Strass.ver.*), corsia di traffico. 29 ~ s·**stockung** (Verkehrsstau) (*f. - Strass.ver.*), congestione del traffico, ingorgo del traffico. 30 ~ s·**störung** (*f. - Strass.ver. - etc.*), intralcio del traffico. 31 ~ s·**strom** (*m. - Strass.ver.*), corrente di traffico. 32 ~ s·**träger** (*m. - Transp.*), vettore (del traffico). 33 ~ s·**unternehmen** (Transportunternehmen) (*n. - Transp.*), impresa trasporti. 34 ~ s·**verbot** (*n. - Verkehrszeichen*), divieto di transito. 35 ~ s·**volumen** (*n. - Transp.*), volume del traffico. 36 ~ s·**vorschriften** (*f. pl. - Verkehr*), norme di circolazione. 37 ~ s·**wert** (*m. - komm.*), valore corrente. 38 ~ s·**zeichen** (*n. - Strass.ver. - etc.*), segnalazione stradale. 39 **abgehender** ~ (*Transp.*), traffico in partenza, traffico effluente. 40 **abgelenkter** ~ (*Strass.verk.*), traffico deviato. 41 **ankommender** ~ (*Transp.*), traffico in arrivo, traffico affluente. 42 **Berufs** ~ (*Eisenb.*), traffico pendolare. 43 **Durchgangs** ~ (*Strass.verk.*), traffico di transito. 44 **Einbahn** ~ (*Strass.ver.*), circolazione in senso unico, senso unico. 45 **einstrahlender** ~ (*Strass.verk.*), traffico convergente. 46 **Güter** ~ (*Eisenb. - Transp.*), traffico merci. 47 **Kreis** ~ (*Strass.ver.*), circolazione rotatoria. 48 **Luft** ~ (*Flugw.*), traffico aereo. 49 **Personen** ~ (*Eisenb. - Transp.*), traffico viaggiatori. 50 **ruhender** ~ (Halten, Parken, etc.) (*Strass.verk.*), traffico in sosta. 51 **Sammelgut** ~ (*Eisenb.*), traffico di groupage, groupage. 52 **Strassen** ~ (*Strass.ver.*), traffico stradale.
verkehrlich (*Eisenb. - etc.*), di traffico.
verkehrsreiche Zeit (*Strass.ver. - etc.*), ora di punta (del traffico).
verkehrt (*allg.*), invertito. 2 ~ **konischer Block** (*Metall.*), lingotto invertito, lingotto a conicità inversa.
verkeilen (*Mech.*), inchiavettare, calettare con chiavetta. 2 ~ (*Tischl.*), rinzeppare, fissare con zeppe.
Verkeilung (*f. - Mech.*), inchiavettamento, calettamento con chiavetta.
verkettet (*allg.*), concatenato.
Verkettung (*f. - allg.*), concatenamento. 2 ~ (einer Transferstrasse) (*Werkz.masch.*), concatenamento.
Verkieselung (Silizifikation) (*f. - Min.*), silicizzazione.
Verkiesung (*f. - Ing.b.*), inghiaiamento.
verkippen (kippen) (*Bergbau*), scaricare.
verkitten (*Technol.*), applicare mastice, « masticare ».
verklammern (*Zimm.*), fissare con ramponi, assicurare con ramponi, fissare con grappe.
Verklappung (Ausladung) (*f. - Erdbew.*), discarica.
verkleben (*Technol.*), incollare.
verkleiden (decken) (*allg.*), rivestire, coprire. 2 ~ (ein Mot.aggregat z. B., mit Blechgehäuse) (*Masch.*), cappottare. 3 ~ (für aerodyn. Zwecke) (*Aerodyn.*), carenare.
Verkleidung (*f. - allg.*), rivestimento, copertura. 2 ~ (Innenausstattung) (*Aut.*), abbigliamento, finitura interna, sellatura. 3 ~ (Blechgehäuse, eines Mot.aggregates z. B.) (*Masch.*), cappottatura. 4 ~ (für aerodynamische Zwecke) (*Flugw.*), carenatura.
verkleinern (*Zeichn. - etc.*), ridurre.
verkleinert (*allg.*), ridotto. 2 ~ **er Mass·stab** (*Zeichn.*), scala ridotta.
Verkleinerung (*f. - Zeichn. - etc.*), riduzione. 2 **zehnfache** ~ (*allg.*), riduzione ad un decimo. 3 **zehnfache** ~ (*Zeichn.*), scala 1 : 10.
Verklemmen (eines Ventils) (*n. - Mech. - Mot. - Fehler.*), incollamento. 2 ~ (Blockieren) (*n. - Mech.*), bloccaggio.
Verklinkrelais (Rastrelais) (*n. - Elekt.*), relè a tenuta meccanica.
Verklirrer (Verzerrungsnormal) (*n. - Elektroakus.*), campione di distorsione.
verklören (*Anstr.*), siehe verfärben.
verklotzen (ein Fahrz. auf einem Eisenb. wagen befestigen) (*Eisenb. - Aut.*), fissare con calzatoie, assicurare con calzatoie.
Verknappung (*f. - allg.*), mancanza, carenza, scarsità.
verknoten (*allg.*), annodare.
Verknüpfung (*f. - Chem.*), combinazione. 2 ~ (*f. - allg.*), correlazione. 3 ~ (*Datenverarb. - Rechner*), operazione logica. 4 ~ (von Strom- und Wärmeerzeugung z. B.) (*Ind.*), combinazione. 5 ~ s·**element** (logisches Element) (*n. - Datenverarb.*), elemento logico. 6 ~ s·**glied** (Verknüpfungselement) (*n. - Rechner - etc.*), elemento logico. 7 ~ s·**schaltung** (logische Schaltung) (*f. - Datenverarb.*), circuito logico. 8 ~ s- und **Ablaufsteuerung** (*Rechner*), comando a logica combinatoria e sequenziale. 9 **logische** ~ (*allg.*), confronto logico.
verkochen (*Chem.*), concentrare.
verkohlen (*Verbr.*), carbonizzare.
Verkohlung (*f. - Verbr.*), carbonizzazione.
verkoken (*chem. Ind.*), cokificare, cokefare.
verkokt (*Verbr.*), cokificato. 2 ~ (Ventil z. B.) (*Verbr.mot.*) incrostato.
Verkokung (*f. - chem. Ind.*), cokificazione, cokefazione. 2 ~ s·**anlage** (*f. - chem. Ind.*), cokeria. 3 ~ s·**ofen** (*m. - chem. Ind. - Ofen*), forno da coke. 4 ~ s·**rückstand** (bei Conradsonsversuchen) (*m. - Chem.*), residuo.
verkorken (*allg.*), tappare.
Verkörperung (*f. - allg.*), materializzazione.
Verkrackung (Kracken) (*f. - Chem.*), « cracking », piroscissione.
verkratzen (*allg.*), graffiare, scalfire. 2 ~ (eine Oberfläche) (*mech. Bearb. - Fehler*), graffiare, rigare.
Verkrätzungstest (Tiegelprobe, zur Bestimmung der Oxydationsneigung von Blei) (*m. - Metall.*), prova al crogiolo.
Verkrautung (von Wasserläufen z. B.) (*f. - Wass.b.*), inerbamento.
verkröpfen (*Mch. - etc.*), piegare a manovella, piegare a doppio gomito.
Verkröpfung (*f. - Mech.*), piegatura a manovella, piegatura a doppio gomito. 2 ~ (Vorsprung) (*Arch.*), aggetto, sporgenza.

verkrümmen (*allg.*), piegare, deformare, storcere.
verkrusten (*alg.*), incrostare.
Verkrustung (*f. - allg.*), incrostazione.
Verkündigung (eines Spruches) (*f. - recht.*), pronuncia.
verkupfern (*mech. Technol.*), ramare.
verkupfert (*mech. Technol.*), ramato.
Verkupferung (*f. - mech. Technol.*), ramatura.
verkürzen (*allg.*), accorciare.
Verkürzung (*f. - allg.*), accorciamento. 2 ~ (bei perspektivischer Aufsicht) (*Arch. - Geom.*), scorcio.
Verladeanlage (*f. - Transp.*), impianto di caricamento.
Verladebahnhof (*m. - Transp.*), stazione di carico.
Verladebrücke (eines Kranes) (*f. - ind. Masch.*), cavalletto (mobile). 2 ~ **mit Drehlaufkran** (*ind. Masch.*), cavalletto mobile con sovrastante gru girevole.
Verladebühne (*f - Transp. - etc.*), piattaforma di carico.
Verladekai (*m. - naut.*), banchina di caricamento.
verladen (*Transp.*), caricare.
Verlader (*m. - Transp.*), spedizioniere.
Verladerampe (*f. - Transp.*), rampa di caricamento.
Verladungsschein (*m. - Transp.*), polizza di carico.
Verlag (Verlagsbuchhandel) (*m. - komm. - Druck.*), editoria. 2 ~ (Verlagshaus) (*Druck.*), casa editrice. 3 ~ **s·buchhändler** (Verleger) (*m. - komm. - Druck.*), editore. 4 ~ **s·firma** (Verlagshaus) (*f. - Druck.*), casa editrice. 5 ~ **s·recht** (*n. - Druck. - recht.*), proprietà letteraria. 6 ~ **s·rechtsschutz** (*m. - Druck. - recht.*), proprietà letteraria. 7 ~ **s·signet** (Signet, Verlagszeichen, Verlegerzeichen) (*n. - Druck.*), insegna editoriale. 8 ~ **s·wesen** (*n. - Druck.*), editoria.
verlagern (*allg.*), spostare.
Verlagerung (eines Frequenzbandes z. B.) (*f. - Fernspr. - etc.*), trasposizione. 2 ~ (Umzug, eines Unternehmens) (*Ind.*), trasferimento. 3 ~ (Verschiebung) (*allg.*), spostamento.
verlanden (*Geol.*), interrarsi.
Verlandung (*f. - Geol.*), interramento.
Verlangen (Antrag) (*n. - allg.*), domanda, richiesta. 2 **auf** ~ (*allg.*), a richiesta, su domanda.
verlängerbar (Frist) (*komm. - etc.*), prorogabile.
verlängern (ausdehnen, räumlich) (*allg.*), allungare. 2 ~ (eine Gerade z. B.) (*Geom. - etc.*), prolungare. 3 ~ (eine Frist) (*komm. - etc.*), prorogare.
Verlängerung (*f. - Mech. - etc.*), allungamento. 2 ~ (einer Linie z. B.) (*Geom. - etc.*), prolungamento. 3 ~ (einer Frist) (*komm. - etc.*), proroga. 4 ~ (Stange z. B.) (*Mech. - etc.*), prolunga. 5 ~ **s·schnur** (für elekt. Ger.) (*f. - Elekt.*), cordone. 6 ~ **s·stück** (*n. - Mech. - etc.*), prolunga.
verlangsamen (*Mech. - etc.*), rallentare, decelerare.
Verlangsamer (*m. - Atomphys.*), moderatore.
verlappen (Blechteile befestigen) (*Mech.*), collegare a linguette (ripiegate), collegare a innesto (di sporgenze di un pezzo nei corrispondenti fori dell'altro) e ripiegamento (a 90° delle sporgenze).
Verlappung (Befestigungsverfahren, für Blechteile) (*f. - Mech. - etc.*), collegamento a linguette ripiegate, collegamento a innesto (di sporgenze di un pezzo nei corrispondenti fori dell'altro) e ripiegamento (a 90° delle sporgenze).
verlaschen (*Mech.*), unire a coprigiunto. 2 ~ (*Eisenb.*), applicare le ganasce, applicare le stecche, « steccare ».
verlascht (*Mech.*), unito a coprigiunto. 2 ~ (Schienenstoss) (*Eisenb.*), a ganasce, a stecche, « steccato ».
Verlaschung (*f. - Mech.*), unione a coprigiunto. 2 ~ (*Eisenb.*), applicazione delle stecche, applicazione delle ganasce, « steccatura ».
verlässig (verlässlich) (*allg.*), sicuro, affidabile, che dà affidamento.
Verlässlichkeit (Zuverlässlichkeit) (*f. - Prüfung. - etc.*), affidabilità.
verlasten (*allg.*), caricare.
Verlauf (Ablauf) (*m. - allg.*), corso, decorso. 2 ~ (der Fasern) (*Schmieden - etc.*), andamento.
Verlaufen (die Fähigkeit eines Lackes die Unebenheiten selbst auszugleichen) (*n. - Anstr.*), dilatazione, distensione. 2 ~ (fehlerhaftes Laufen, eines Stempels z. B.) (*Technol.*) corsa scentrata, corsa irregolare.
verlaufen (von Zeit) (*allg.*), passare, trascorrere. 2 ~ (unrund laufen) (*Mech. - Fehler*), girare scentrato.
verlegen (umlegen) (*allg.*), spostare, trasferire. 2 ~ (legen) (*allg.*), mettere. 3 ~ (installieren, Leitungen, Rohre) (*Elekt. - Leit.*), installare, posare. 4 ~ (ein Buch) (*Druck.*), pubblicare. 5 ~ (den Wohnsitz) (*recht. - etc.*), trasferire.
Verleger (Verlagsbuchhändler) (*m. - Druck. - komm.*), editore. 2 ~ **zeichen** (Signet, Verlagssignet, Verlagszeichen) (*n. - Druck.*), insegna editoriale.
Verlegung (von Leitungen) (*f. - Elekt. - Leit.*), installazione, posa. 2 ~ (der Bewehrung) (*Bauw.*), posa. 3 ~ **s·schiff** (*n. - naut.*), nave posacavi. 4 ~ **unter Putz** (*Elekt.*), installazione incassata, impianto incassato.
verleihen (*allg.*), impartire, conferire.
Verleihung (einer Grube) (*f. - Bergbau*), concessione. 2 **Patent** ~ (*recht.*), concessione di brevetto.
verleimen (*Technol.*), incollare.
verletzen (ein Werkstück) (*Mech. - Fehler*), danneggiare. 2 ~ (ein Patent z. B.) (*recht.*), violare.
verletzt (*Med.*), ferito (s.).
Verletzter (*m. - Med.*), ferito (s.).
Verletzung (eines Werkstückes z. B.) (*f. - Mech.*), danneggiamento. 2 ~ (eines Patentes z. B.) (*recht.*), violazione. 3 ~ (*Med.*), ferita, 4 ~ (eines Arbeiters an der Presse z. B.) (*Arb.*), lesione. 5 **tödliche** ~ (*Med.*), ferita mortale.
Verleumdung (*f. - recht.*), diffamazione.
verlieren (*allg.*), perdere.
verlitzen (Seile), formare trefoli.

Verlitzmaschine

Verlitzmaschine (*f. - Seile*), trefolatrice, macchina per fare trefoli.
verloren (*allg.*), perduto. 2 ~ e Palette (Einwegpalette) (*Transp.*), paletta a perdere. 3 ~ er Kopf (eines Blockes) (*Metall.*), materozza, massellotta.
verlöten (*mech. Technol.*), brasare, collegare mediante brasatura.
Verlust (*m. - allg.*), perdita. 2 ~ (*Elekt.*), dispersione. 3 ~ (von Gas z. B.) (*allg.*), fuga. 4 ~ (*Metall.*), perdita. 5 ~ (*finanz. - Adm.*), perdita, passivo. 6 ~ des Arbeitsplatzes (*Arb.*), perdita del posto (di lavoro). 7 ~ diagramm (Wärmebilanz) (*n. - Verbr. - Mot. - etc.*), bilancio termico. 8 ~ faktor (*m. - Akus.*), coefficiente di assorbimento. 9 ~ faktor (eines Dielektrikums, tg δ, tan δ) (*Elekt.*), angolo di perdita, tan δ, tg δ. 10 ~ höhe (*f. - Hydr.*), perdita di carico. 11 ~ leistung (*f. - Elekt.*), dissipazione, potenza dissipata. 12 ~ saldo (*m. - finanz.*), eccedenza passiva. 13 ~ übernahmevertrag (*m. - finanz.*), contratto comportante accollo di perdite. 14 ~ verkauf (*m. - komm.*), vendita sottocosto. 15 ~ wärme (*f. - Wärme*), calore dissipato. 16 ~ winkel (Fehlwinkel, eines Dielektrikums) (*m. - Elekt.*), angolo di perdita. 17 ~ zeit (*f. - Arb. - Organ.*), tempo passivo. 18 ~ ziffer (*f. - Elekt.*), cifra di perdita. 19 Aufbereitungs ~ (Bergbau), perdita di preparazione. 20 dielektrischer ~ faktor (eines Dielektrikums) (*Elekt.*), fattore di perdita (del dielettrico). 21 einen ~ erleiden (*allg.*), subire una perdita. 22 Kamin ~ (*Verbr.*), perdita al camino. 23 Lässigkeits ~ (eines Verbrennungsmotors z. B.) (*Mot.*), perdita per inerzia. 24 Reibungs ~ zahl (*f. - Hydr.*), perdita di carico per resistenze continue. 25 Verdichtungs ~ (Kompressionsverlust) (*Mot. - Fehler*), perdita di compressione.
vermachen (vererben) (*recht.*), legare, lasciare in eredità.
vermahlen (*Ind.*), macinare.
Vermahlung (*f. - Anstr. - etc.*), macinazione.
Vermarkung (von Punkten) (*f. - Bauw.*), marcatura.
Vermaschung (von Netzen z. B.) (*f. - Elekt.*), interconnessione. 2 ~ (eines Netzplanes, Gesamtheit der Verbindungen zwischen den Knoten) (*Progr.*), interconnessione. 3 ~ s·grad (eines Netzplanes) (*m. - Progr.*), grado d'interconnessione.
Vermassung (Eintragung der Masse, Bemassung) (*f. - Zeichn.*), quotatura, applicazione delle quote.
vermauern (*Maur.*), murare.
vermeiden (*allg.*), evitare.
Vermeil (vergoldetes Silber) (*n. - Metall.*), vermeil.
vermengen (vermischen) (*allg.*), miscelare, mischiare.
Vermerk (*m. - allg.*), nota, osservazione. 2 Rechts ~ (Urheberrechtsvermerk) (*Druck.*), dichiarazione della riserva dei diritti d'autore, « copyright ».
vermessen (ausmessen) (*allg.*), misurare. 2 ~ (*Top.*), rilevare, eseguire rilevamenti. 3 ~ (*naut.*), stazzare.
Vermesser (*m. - Arb.*), geometra, agrimensore.

vermessingen (*mech. Technol. - Elektrochem.*), ottonare.
Vermessingung (*f. - Metall. - Elektrochem.*), ottonatura.
Vermessung (Ausmessung) (*f. - allg.*), misurazione. 2 ~ (Aufnahme) (*Top.*), rilevamento. 3 ~ (*naut.*), stazzatura. 4 ~ s·deck (*n. - naut.*), ponte di stazza. 5 ~ s·ingenieur (Geometer) (*m. - Arb.*), geometra. 6 ~ s·kunde (Geodäsie) (*f. - Geod.*), geodesia. 7 ~ s·schiff (*n. - naut. - Geophys.*), nave per rilevamenti idrografici. 8 ~ s·trupp (*m. - Top.*), squadra di rilevatori, squadra per rilevamenti topografici. 9 Erd- und Landes ~ (höhere Geodäsie) (*Top.*), geodesia superiore. 10 Feld ~ (niedere Geodäsie) (*Top.*), geodesia inferiore.
Vermiculit (Feuerfeststoff) (*n. - Min. - Bauw.*), vermiculite.
vermieten (*komm.*), affittare, dare in affitto.
Vermieter (*m. - komm. - Bauw.*), locatore.
Vermietung (*f. - Aut. - komm.*), noleggio.
vermilchen (*Chem.*), emulsionare.
vermindern (verringern) (*allg.*), diminuire, ridurre.
Verminderung (*f. - allg.*), diminuzione, riduzione.
verminen (*Milit.*), minare.
vermischen (*allg.*), mischiare, miscelare.
Vermittler (Makler) (*m. - allg.*), mediatore.
Vermittlung (Herstellen von Verbindungen zwischen Fernsprechteilnehmern) (*f. - Fernspr.*), commutazione. 2 ~ (*komm.*), mediazione. 3 ~ s·apparat (*m. - Fernspr.*), apparecchio di operatore. 4 ~ s·beamter (*m. - Fernspr.*), centralinista. 5 ~ s·beamtin (*f. - Fernspr.*), centralinista. 6 ~ s·funkstelle (*f. - Funk.*), stazione ripetitrice. 7 ~ s·schrank (*m. - Fernspr. - Ger.*), centralino. 8 ~ s·stelle (*f. - Fernspr.*), centralino. 9 ~ s·technik (*f. - Fernspr.*), tecnica della commutazione. 10 Fernsprech- ~ (*Fernspr.*), commutazione telefonica. 11 Hand ~ (*Fernspr.*), commutazione manuale. 12 Wähl ~ (bei Selbstwählanlagen) (*Fernspr.*), commutazione automatica.
Vermögen (Fähigkeit) (*n. - allg.*), capacità, potere. 2 ~ (*finanz.*), disponibilità finanziaria, capitale, sostanza, patrimonio. 3 ~ s·abgabe (*f. - finanz.*), imposta sul patrimonio. 4 ~ s·bilanz (*f. - Adm.*), bilancio del patrimonio. 5 Absorptions ~ (Absorptionsgrad) (*Phys.*), potere assorbente, fattore di assorbimento. 6 Adhäsions ~ (*Mech. - etc.*), potere aderente. 7 Anlage ~ (*finanz.*), capitale fisso, beni patrimoniali. 8 Bar ~ (*finanz. - Adm.*), capitale liquido, liquidi. 9 Betriebs ~ (Umlaufsvermögen) (*finanz. - Adm.*), capitale circolante. 10 gebundenes ~ (*finanz. - Adm.*), capitale fisso. 11 Gesellschafts ~ (*finanz.*), capitale sociale. 12 Sachanlage ~ (*finanz.*), capitale immobilizzato. 13 Schalt ~ (Schaltleistung, eines Schalters) (*Elekt.*), potere di apertura, potere di rottura. 14 Umlaufs ~ (*finanz. - Adm.*), capitale circolante.
vermögenslos (*finanz.*), nullatenente.
vermörteln (*Strass.b.*), stabilizzare.
Vermörtelung (Verfestigung, von Boden) (*f. - Ing.b.*), stabilizzazione.

Vermuffung (f. - Elekt. - etc.), giunzione a manicotto.
vermuren (befestigen) (allg.), fissare, assicurare. 2 ~ (vermooren, ein Schiff) (naut.), ormeggiare.
vernageln (mit Nägeln schliessen z. B.) (Tischl. - etc.), inchiodare.
vernebeln (Flüssigkeiten) (allg.), nebulizzare. 2 ~ (milit.), stendere cortine di fumo.
Vernebelung (f. - allg.), nebulizzazione.
Vernehmbarkeit (Hörbarkeit) (f. - Akus.), udibilità, percettibilità.
Vernehmung (Verhör) (f. - recht.), interrogatorio. 2 ~ (eines Zeugen) (recht.), escussione.
Verneinung (Negation) (f. - Rechner), negazione.
vernetzt (Kunststoff z. B.) (chem. Ind.), reticolato (a.). 2 ~ es Polyäthylen (Chem.), polietilene reticolato.
Vernetzung (von Kunststoffen z. B.) (f. - Chem.), reticolazione. 2 ~ s·mittel (n. - chem. Ind.), reticolante (s.).
vernichten (völlig zerstören) (allg.), annientare, distruggere completamente. 2 ~ (Energie) (allg.), dissipare.
vernickeln (mech. Technol. - Elektrochem.), nichelare.
Vernickelung (f. - mech. Technol. - Elektrochem.), nichelatura
vernieten (mech. Technol.), chiodare.
Vernietung (Nietung) (f. - mech. Technol.), chiodatura.
vernuten (verfedern) (Tischl.), unire a cava e linguetta, unire a maschio e femmina.
Verockerung (Inkrustation, an Brunnen z. B.) (f. - Bauw. - etc.), incrostazione.
veröffentlichen (Druck. - etc.), pubblicare.
Veröffentlichung (f. - Druck. - etc.), pubblicazione.
Verölen (von Zündkerzen) (n. - Mot. - Aut.), imbrattamento.
verölen (bei Zündkerzen) (Mot. - Aut.), imbrattarsi.
Verordnung (f. - allg.), ordine, disposizione. 2 ~ s·blatt (Staatsanzeiger, Amtsblatt) (n. - recht.), gazzetta ufficiale.
verpachtet (Bahn) (Eisenb.), in concessione.
verpacken (Transp.), imballare. 2 in Kisten ~ (Transp.), imballare in casse, incassare. 3 in Verschläge ~ (Transp.), ingabbiare, imballare in gabbie.
Verpackung (f. - Transp.), imballaggio, imballo. 2 ~ s·bandeisen (n. - Transp.), reggetta. 3 ~ s·gewicht (Tara) (n. - Transp.), tara. 4 ~ s·glas (Konservenglas z. B.) (n. - Ind.), barattolo, vaso per confezioni. 5 ~ s·karton (m. - Ind.), scatola per confezioni, scatola d'imballaggio. 6 ~ s·linie (Verpakkungsstrasse) (f. - Masch.), linea di imballaggio, catena d'imballaggio. 7 ~ s·maschine (f. - Masch.), confezionatrice. 8 ~ s·technik (f. - Packung), tecnica dell'imballaggio. 9 Metall ~ (Transp.), imballaggio metallico. 10 seemässige ~ (Transp.), imballo marittimo, imballo per trasporto marittimo.
verpfählen (Bauw.), palificare.
Verpfändung (f. - recht.), costituzione di pegno.
Verpflegskosten (im Krankenhaus) (f. - pl. - Med.), retta (ospedaliera).
verpflichten (sich versprechen) (allg.), impegnarsi.
Verpflichtung (f. - recht.), obbligo, impegno. 2 eine ~ eingehen (eine Verpflichtung übernehmen) (allg.), assumersi un impegno, prendere un impegno. 3 ohne ~ (recht. - komm.), senza impegno. 4 Vertrags ~ (komm.), impegno contrattuale.
verpflöcken (Top. - Strass.b.), picchettare.
Verpflockung (Absteckung) (f. - Strass.b.), picchettatura.
verpichen (von Kolbenringen) (Mot. - Fehler), incollarsi.
verplatinieren (Metall.), platinare.
verplombt (allg.), sigillato, piombato. 2 ~ ~ es Flüssigkeitskühlsystem (Aut.), sistema di raffreddamento sigillato.
Verpolung (Umpolung) (f. - Elekt.), inversione di polarità.
Verpressung (Injektion) (f. - Bauw. - Ing.b.), iniezione.
verpuffend (Verbrennung) (Verbr.), a pulsogetto.
Verpuffung (Gleichraumverbrennung, bei Ottomotoren) (f. - Mot.), combustione a volume costante. 2 ~ (eines Schwingfeuers z. B.) (Verbr.), pulsazione. 3 ~ (schwache Explosion) (Verbr.), leggera esplosione, reazione esplosiva (non violenta). 4 ~ s·druck (eines Schwingfeuers z. B.) (m. - Phys.), pressione pulsante, pressione di pulsazione. 5 ~ s·strahltriebwerk (Pulsotriebwerk) (n. - Strahltriebw.), pulsoreattore.
Verputz (Putz) (m. - Maur.), intonaco. 2 ~ arbeit (Verputzen) (f. - Maur.), intonacatura. 3 ~ maschine (f. - Maur. - Masch.), intonacatrice.
Verputzen (Verputzarbeit) (n. - Maur.), intonacatura. 2 ~ (eines Druckgusses z. B.) (Giess.), pulitura.
verputzen (Maur.), intonacare. 2 ~ (putzen, einen Block z. B.) (Metall.), scriccare. 3 ~ (Guss·stücke) (Giess.), sbavare e sabbiare.
Verputzer (m. - Arb.), intonacatore, intonachista.
verquicken (binden) (allg.), amalgamare. 2 ~ (Metall.), amalgamare.
Verrastung (Blockieren) (f. - Mech.), bloccaggio. 2 ~ (Schaltwerk) (Vorr.), dispositivo di bloccaggio.
verräuchern (Ind.), affumicare.
Verrechnen (n. - Math. - etc.), errore di calcolo.
verrechnen (in Rechnung stellen) (Adm.), contabilizzare, mettere in conto. 2 ~ (aufrechnen) (Adm.), compensare. 3 sich ~ (Math. - etc.), commettere un errore di calcolo, sbagliare.
Verrechnung (Stellung in die Rechnung) (f. - Adm.), contabilizzazione, messa in conto. 2 ~ (Aufrechnung) (finanz. - Adm.), compensazione. 3 ~ s·scheck (m. - finanz.), assegno sbarrato. 4 ~ s·stelle (f. - Adm. - finanz.), stanza di compensazione. 5 interne ~ (Adm.), giroconto interno.
verreiben (allg.), strofinare. 2 ~ (zerreiben) (allg.), triturare.

verrichten (ausführen) (*allg.*), eseguire.
verriegeln (*allg.*), bloccare. 2 ~ (*Eisenb.*), bloccare.
Verriegelung (*f. - Mech.*), bloccaggio. 2 ~ (*Elektromech.*), asservimento d'interdizione. 3 ~ (*Eisenb.*), blocco. 4 ~ s·anlage (*f. - Eisenb.*), apparato centrale. 5 ~ s·bolzen (einer Anhängerkupplung z. B.) (*m. - Fahrz. - etc.*), perno di bloccaggio. 6 ~ s·einrichtung (*f. - Elektromech.*), dispositivo di interdizione. 7 ~ s·feder (einer Anhängerkupplung z. B.) (*f. - Fahrz. - etc.*)e molla di bloccaggio. 8 ~ s·kreis (Verriegelungsschaltung, Verriegelungsstromkreis) (*m. - Elektronik*), circuito di asservimento. 9 ~ s·mechanismus (*m. - Elektromech.*), meccanismo di interdizione. 10 ~ s·stromkreis (Verriegelungskreis, Verriegelungsschaltung) (*m. - Elekt.*), circuito di asservimento. 11 elektrische ~ (einer Bewegung z. B.) (*Masch.*), asservimento elettrico.
verrieseln (*Ack.b.*), irrigare.
verringern (vermindern) (*allg.*), diminuire, ridurre.
verrippen (*Mech. - etc.*), nervare.
Verrippung (einer Platte z. B.) (*f. - Mech.*), nervatura. 2 ~ (des Zylinders eines luftgekühlten Motors z. B.) (*Mot. - etc.*), alettatura.
verrohren (*allg.*), intubare.
Verrohrung (eines Schachtes z. B.) (*f. - Bergbau - etc.*), intubamento.
verrosten (*Metall.*), arrugginire.
verrücken (verschieben) (*allg.*), spostare.
Verrückung (Verschiebung) (*f. - allg.*), spostamento. 2 Prinzip der virtuellen ~ en (*Math.*), principio degli spostamenti virtuali.
Verrüssen (der Zündkerzen, Verschmutzung) (*n. - Mot.*), imbrattamento.
versacken (versenken) (*naut.*), affondare. 2 ~ (in Säcke einfüllen) (*Ind.*), insaccare.
Versagen (*n. - Mech. - etc.*), guasto. 2 ~ zeit (eines Bauteiles) (*f. - Masch.*), tempo di guasto.
versagen (*allg.*), fallire, mancare. 2 ~ (*Mech. - Masch.*), guastarsi, non funzionare.
Versager (*m. - Bergbau*), mina mancata, mina non esplosa. 2 ~ (*Expl.*), carica non esplosa, carica inesplosa. 3 ~ (einer Feuerwaffe) (*Expl.*), scatto a vuoto, colpo mancato, cilecca. 4 ~ (einer elekt. Schutzeinrichtung z. B.) (*Elekt. - etc.*), mancato funzionamento.
Versalien (grosse Anfangsbuchstaben) (*pl. - Druck.*), iniziali cubitali.
Versalzung (Salzablagerung, auf Rohren z. B.) (*f. - Kessel - etc.*), incrostazione di sali.
versammeln (*allg.*), raccogliere.
Versammlung (*f. - allg.*), riunione, assemblea, convegno, congresso, adunanza. 2 ~ s·raum (Theater, etc.) (*m. - Bauw. - Lüftung*), aula per riunioni, sala per riunioni, aula per convegni. 3 beschlussfähige ~ (*recht. - Adm.*), quorum. 4 eine ~ einberufen (*finanz.*), convocare un'assemblea. 5 General ~ (der Aktionäre z. B.) (*finanz.*), assemblea generale. 6 Gesellschafter ~ (*finanz.*), assemblea degli azionisti.
Versand (*m. - Ind. - Transp.*), spedizione. 2 ~ abteilung (einer Firma) (*f. - Ind.*), servizio spedizioni. 3 ~ anzeige (*f. - Transp.*), avviso di spedizione. 4 ~ dokumente (Versandpapiere) (*n. - pl. - komm. - Transp.*), documenti di spedizione. 5 ~ gegen Nachnahme (*Transp. - komm.*), spedizione contro assegno. 6 ~ haus (*n. - Transp.*), casa di spedizioni. 7 ~ inspektion (*f. - Ind.*), controllo spedizioni. 8 ~ papiere (Versanddokumente) (*n. - pl. - Transp.*), documenti di spedizione. 9 ~ schaden (*m. - Transp.*), danno dovuto al trasporto. 10 ~ schein (*m. - Transp.*), bolla di spedizione. 11 ~ tasche (*f. - Büro - etc.*), busta a sacchetto. 12 ~ zeichnung (*f. - Zeichn.*), disegno d'ingombro, disegno con le quote per la spedizione, disegno (con dati) di spedizione. 13 bar gegen ~ papiere (*komm.*), pagamento contro documenti di spedizione. 14 gegen ~ dokumente (Lieferungsbedingung) (*komm.*), contro documenti di spedizione.
versandfähig (versandfertig) (*Ind. - Transp.*), pronto per la spedizione.
versandfertig (versandfähig) (*Ind. - Transp.*), pronto per la spedizione.
Versandung (*f. - Geol.*), insabbiamento.
Versatz (Bergeversatz) (*m. - Bergbau*), ripiena. 2 ~ (der Gesenke) (*Schmiedefehler*), scentratura, spostamento. 3 ~ (Versatzung, Holzverbindung) (*Zimm.*), giunto (ad angolo) a dente. 4 ~ bauweise (italienische Bauweise, eines Tunnels) (*f. - Ing.b.*), metodo di attacco italiano. 5 ~ beleuchtung (Beleuchtung mit ortsveränderlichen Leuchten) (*f. - Beleucht.*), illuminazione mobile. 6 ~ berge (*m. - pl. - Bergbau*), materiale per ripiena, materiale da ripiena. 7 ~ gut (*n. - Bergbau*), siehe Versatzberge. 8 ~ nietung (*f. - mech. Technol.*), chiodatura a file sfalsate. 9 Blas ~ (*Bergbau*), ripiena pneumatica. 10 Doppel ~ (Holzverbindung) (*Zimm.*), giunto a doppio dente. 11 Spül ~ (*Bergbau*), ripiena idraulica.
Verschalbrett (*n. - Bauw. - Tischl.*), pannello.
verschalen (mit Brettern verkleidern) (*Bauw. - Tischl.*), pannellare. 2 ~ (*Elekt.*), chiudere, incapsulare.
verschalt (*Elekt.*), chiuso.
Verschaltung (*f. - Elekt.*), errato collegamento. 2 ~ (Verdrahtung) (*Elekt.*), cablaggio.
Verschalung (*f. - Bauw. - Tischl.*), pannellatura. 2 ~ s·mittel (*n. - Bauw.*), siehe Entschalungsmittel.
verschärft (*allg.*), aggravato. 2 ~ e Prüfung (bei Qualitätskontrolle) (*mech. Technol.*), collaudo rinforzato. 3 ~ e Vorschrift (*allg.*), prescrizione inasprita.
verschäumt (Gummi) (*chem. Ind.*), espanso. 2 form ~ (Gummi) (*chem. Ind.*), espanso in stampo.
verschicken (abfertigen, eine Ladung) (*Transp.*), licenziare.
verschiebbar (*allg.*), spostabile, mobile. 2 ~ es Zahnrad (*Mech.*), ruota dentata scorrevole.
Verschiebeankermotor (Verschiebeläufermotor, Konusläufermotor) (*m. - Elekt. - Mot.*), motore con rotore a spostamento assiale.
Verschiebebahnhof (Rangierbahnhof) (*m. -*

Eisenb.), stazione di smistamento, scalo di smistamento.
Verschiebebühne (*f. - Eisenb.*), carrello trasbordatore.
Verschiebedienst (*m. - Eisenb.*), smistamento, manovra.
Verschiebegelenk (*n. - Mech.*), giunto scorrevole.
Verschiebegleis (*n. - Eisenb.*), binario da manovra.
Verschiebeläufermotor (*m. - Elekt. - Mot.*), siehe Verschiebeankermotor.
Verschiebelokomotive (Rangierlokomotive) (*f. - Eisenb.*), locomotiva da manovra.
verschieben (*allg.*), spostare. 2 ~ (rangieren) (*Eisenb.*), smistare.
Verschiebestellwerk (Rangierstellwerk) (*n. - Eisenb.*), cabina di smistamento.
Verschiebe- und Kantvorrichtung (*f. - Walzw. - Ger.*), manipolatore.
Verschiebezahnrad (Schieberad) (*n. - Mech.*), ruota (dentata) scorrevole. 2 ~ (V-Rad) (*Mech.*), ruota spostata, ruota x.
Verschiebung (*f. - allg.*), spostamento. 2 ~ (der Phase) (*Elekt.*), spostamento. 3 ~ (elektrische Verschiebungsdichte) (*Elekt.*), spostamento. 4 ~ (des Profils, Korrektionsart für Verzahnungen) (*Mech.*), spostamento. 5 ~ (der Information bei einem Impuls, bei numerischer Steuerung z. B.) (*Rechner*), scalatura, spostamento, scorrimento. 6 ~ (*Geol.*), faglia. 7 ~ s·dichte (dielektrische Verschiebungsdichte) (*f. - Elekt.*), induzione dielettrica, spostamento dielettrico. 8 ~ s·faktor (*m. - Elekt.*), fattore di sfasamento. 9 ~ s·fluss (elektrischer Verschiebungsfluss, elektrischer Fluss) (*m. - Elekt.*), flusso di spostamento, flusso dielettrico. 10 ~ s·konstante (Influenzkonstante, elektrische Feldkonstante) (*f. - Elekt.*), costante di spostamento. 11 ~ s·strom (*m. - Elekt.*), corrente di spostamento. 12 ~ s·theorie (Theorie der Kontinentalverschiebung, Epeirophorese) (*f. - Geophys.*), (teoria della) deriva dei continenti. 13 ~ s·transformator (*m. - Elekt.*), trasformatore di fase. 14 ~ s·volumen (Produkt aus Schallausschlag und Querschnitt der bewegten Fläche) (*n. - Akus.*), volume di spostamento. 15 ~ s·zahl (*f. - Elekt.*), permettività. 16 Axial ~ (*Mech. - etc.*), spostamento assiale. 17 Phasen ~ (*Elekt.*), spostamento di fase. 18 logische ~ (*Datenverarb.*), traslazione logica. 19 Profil ~ (Korrektionsart für Verzahnungen) (*Mech.*), spostamento del profilo.
Verschiedenes (bei Tagesordnungen z. B.) (*n. - allg.*), varie, argomenti vari.
verschiedenfarbig (*Opt.*), eterocromo.
verschiessen (die Farbe verlieren) (*Farbe*), sbiadire, scolorire.
verschiffen (zu Schiff versenden) (*Transp. - naut.*), spedire per nave, spedire via mare.
Verschiffung (*f. - Transp. - naut.*), spedizione (via mare). 2 ~ s·konnossement (*n. - naut. - Transp.*), polizza di carico.
verschlacken (*Metall.*), scorificare.
Verschlackung (*f. - Metall.*), scorificazione. 2 ~ (Anlagerung von Schlacken auf Wandflächen) (*Metall. - etc.*), deposito di scorie.

3 ~ -Beständigkeit (eines feuerfesten Baustoffs) (*f. - Metall.*), resistenza alla scorificazione.
Verschlag (*m. - Verpackung*), gabbia.
Verschlammung (*f. - Geol. - etc.*), infangamento. 2 ~ (zur Brandbekämpfung) (*Bergbau*), immissione di fango.
Verschlechterung (von Lebensmitteln z. B.) (*f. - allg.*), deterioramento, deperimento.
Verschleierung (eines Filmes, Schwärzung ohne Belichtung) (*f. - Phot. - etc.*), velo, velatura. 2 ~ (Verdeckung) (*Akus.*), mascheramento. 3 ~ (eines Zählers z. B.) (*Elekt.*), manomissione, alterazione (delle misure).
Verschleiss (Abnutzung) (*m. - Mech. - etc.*), logorio, usura, consumo. 2 ~ (Detailhandel) (*komm.*), commercio al minuto. 3 ~ betrag (*m. - Mech.*), tasso di usura. 4 ~ drehbank (zur Verschleissprüfung) (*f. - Masch.*), tornio per prove di usura. 5 ~ durch Ermüdung (*Mech.*), usura da fatica. 6 ~ durch Korrosion (*Mech.*), usura da corrosione. 7 ~ festigkeit (Verschleisswiderstand) (*f. - Technol.*), resistenza all'usura. 8 ~ festigkeit (*Anstr.*), resistenza all'usuale maneggio. 9 ~ leiste (einer Schmiedemaschine z. B.) (*f. - Masch.*), lardone. 10 ~ muster (eines Reifens) (*n. - Aut.*), tipo di usura. 11 ~ platte (*f. - Masch.*), piastra di usura. 12 ~ prüfung (*f. - Technol.*), prova di usura. 13 ~ schicht (*f. - Strass.b.*), manto di usura. 14 ~ teil (*m. - Masch.*), particolare soggetto ad usura. 15 ~ teilliste (*f. - Mech. etc.*), elenco parti di ricambio soggette ad usura. 16 ~ widerstand (Verschleissfestigkeit) (*m. - Technol.*), resistenza all'usura. 17 ~ zahl (*f. - Mech.*), coefficiente di usura. 18 Einlauf ~ (*Mech.*), usura di assestamento. 19 Gleitstrahl ~ (durch einen mit Festteilchen beladenen streifenden Gasstrom) (*Mech.*), usura da getto lambente. 20 leichter ~ (*Mech.*) usura moderata. 21 mechanisch-chemischer ~ (*Mech. - Chem.*), usura meccano-chimica. 22 mechanisch-flüssiger ~ (*Mech.*), usura meccano-fluida. 23 normaler ~ (bei dem die vorstehenden Rauheitsspitzen abgetragen werden) (*Mech.*), usura normale. 24 Passungs ~ (*Mech.*), siehe Schwingreibverschleiss. 25 Prallstrahl ~ (durch einen mit Festteilchen beladenen senkrechten Gasstrom verursacht) (*Mech.*), usura da getto a 90°. 26 Schleif ~ (durch im Öl enthaltener Schleifstaub, etc.) (*Mech.*), usura da abrasione. 27 selbstverstärkender ~ (*Mech.*), usura autoesaltante. 28 starker ~ (*Mech.*), usura severa. 29 Stoss ~ (*Mech.*), usura da martellamento.
verschleissen (*Technol.*), logorarsi, consumarsi, usurarsi.
verschleissfest (*Technol.*), resistente all'usura.
Verschleiss·schmierend (Öl) (*chem. Ind.*), microusurante.
Verschleppen (des Zündzeitpunktes z. B.) (*n. - Mot. - etc.*), ritardo.
verschleppt (verzögert) (*allg.*), ritardato. 2 ~ e Zündung (*Aut. - Mot.*), accensione ritardata.
verschleudern (zu billig verkaufen) (*komm.*), svendere.
Verschlickung (von Häfen) (*f. - naut.*), infangamento.

verschliessen (zumachen) (*allg.*), chiudere. 2 ~ (einschliessen) (*allg.*), rinchiudere. 3 **luftdicht** ~ (*allg.*), chiudere ermeticamente.
verschlingen, sich (von Drähten) (*allg.*), aggrovigliarsi.
verschlissen (*Technol.*), consumato, logorato, usurato.
verschluckt (Energie z. B.) (*Masch.*), assorbito.
Verschluss (*m. - allg.*), chiusura. 2 ~ (einer mech. Vorr.) (*Vorr. - Werkz.masch.bearb.*), chiusura, bloccaggio. 3 ~ (*Phot.*), otturatore. 4 ~ (eines Geschützes) (*Feuerwaffe*), otturatore. 5 ~ (Verschlussvorrichtung) (*Mech. - etc.*), chiusura, dispositivo di chiusura. 6 ~ **deckel** (*m. - Mech.*), coperchio. 7 ~ **kappe** (eines Füllfederhalters z. B.) (*f. - Büro - etc.*), cappuccio. 8 ~ **kegel** (Gichtglocke, eines Hochofens) (*m. - Ofen*), campana. 9 ~ **lamelle** (*f. - Phot.*), lamella dell'otturatore. 10 ~ **maschine** (für Flaschen) (*f. - Masch.*), tappatrice, macchina per mettere i tappi. 11 ~ **mutter** (bei Tankanlagen z. B.) (*f. - Mech.*), coperchio a vite. 12 ~ **mutter** (Sicherungsmutter) (*Mech.*), controdado. 13 ~ **ponton** (Docktor, eines Trockendocks) (*m. - naut.*), pontone di chiusura. 14 ~ **schraube** (Stopfen) (*f. - Mech.*), tappo a vite. 15 ~ **zement** (zahnärztlicher Werkstoff) (*m. - Med.*), cemento per otturazioni. 16 **Dauer** ~ (einer Flasche) (*Ind.*), tappo non a perdere. 17 **Geruch** ~ (Siphon) (*Bauw. - Leit.*), sifone intercettatore. 18 **Jalousie-** ~ (*Phot.*), otturatore a tendina. 19 **Kugelschalen** ~ (*Phot.*), otturatore a calotte. 20 **M-** ~ **schraube** (Magnet-Verschlussschraube) (*f. - Mech.*), tappo a vite magnetico. 20 **Schlitz** ~ (*Phot.*), otturatore a tendina, otturatore a fessura. 21 **verlorener** ~ (einer Flasche) (*Ind.*), tappo a perdere. 22 **Zentral** ~ (*Phot.*), otturatore centrale.
verschlüsseln (*allg.*), codificare, scrivere in codice.
Verschlüsselung (Codierung) (*f. - Datenverarb.*), codificazione, codifica.
Verschlüssler (bei Rechenmaschinen) (*m. - Elektronik*), codificatore.
verschmelzen (*allg.*), fondersi.
Verschmelzung (*f. - allg.*), fusione. 2 ~ **s-frequenz** (von Bildern) (*f. - Opt.*), frequenza di fusione.
Verschmiedungsgrad (*m. - Schmieden*), rapporto (di deformazione) di fucinatura.
verschmieren (einer Schleifscheibe) (*v.i. - Werkz.*), impanarsi, intasarsi, impastarsi. 2 ~ (die Feile z. B.) (*v.t. - Mech.*), intasare, impastare. 3 ~ (einen Formkasten) (*Giess.*), lutare, sigillare.
verschmoren (von Kontakten z. B.) (*Elekt.*), bruciare, fondere.
verschmutzen (Zündkerzen) (*Mot. - Aut.*), imbrattarsi.
Verschmutzung (von Zündkerzen z. B.) (*f. - Mot. - etc.*), imbrattamento. 2 ~ (von Wasser z. B.) (*Hydr. - Lüftung*), inquinamento.
Verschneiden (*n. - allg.*), taglio. 2 ~ (Mischen, von Schmierölen) (*chem. Ind.*), miscelatura.
verschneiden (beschneiden) (*allg.*), tagliare. 2 ~ (Wein, etc.) (*Ind.*), tagliare.

Verschneidung (von Flächen) (*f. - Geom.*), intersezione. 2 ~ (Aufeinandertreffen zweier Bergwände) (*Geol.*), incontro.
Verschnitt (Abfall beim Schneiden) (*m. - Technol.*), ritaglio, sfrido. 2 ~ **abschlag** (Schnittverlust, bei Bruttorechnung) (*m. - Holzbearb.*), defalco per sfrido. 3 ~ **bitumen** (*n. - Strass.b.*), bitume diluito. 4 ~ **fähigkeit** (eines weissen Pigments) (*f. - Anstr.*), potere decolorante. 5 ~ **mittel** (für Lacke) (*n. - Anstr.*), riempitivo. 6 ~ **mittel** (Verdünnungsmittel) (*Chem.*), diluente. 7 ~ **zuschlag** (Schnittverlust, bei Nettorechnung) (*m. - Holzbearb.*), aggiunta per sfrido.
verschoben (*allg.*), spostato. 2 ~ (*Elekt.*), sfasato.
verschollen (als verloren betrachtet) (*a. - milit.*), disperso.
Verschönerung (*f. - allg.*), finitura, rifinitura.
verschränken (kreuzweise legen) (*allg.*), incrociare. 2 ~ (Riemen) (*Mech.*), incrociare. 3 ~ (verzahnen) (*Technol.*), immorsare, commettere a dente. 4 ~ (schränken, eine Säge) (*Mech.*), allicciare, stradare. 5 ~ (verflechten) (*allg.*), intrecciare.
Verschränkung (Holzverbindung) (*f. - Tischl.*), giunto a merli. 2 ~ (Verzahnung) (*Technol.*), immorsatura. 3 ~ (*Fernspr.*), interconnessione. 4 ~ **s-fähigkeit** (grösste Anhebungsfähigkeit eines Vorderrades) (*f. - Fahrz.*), altezza massima di sollevamento, spostamento massimo verticale.
verschrauben (*Mech.*), collegare a vite.
Verschraubung (Verbindung) (*f. - Mech.*), collegamento a vite. 2 ~ (Vorgang) (*Mech.*), avvitamento, avvitatura.
Verschreiben (*n. - Büro*), errore di battuta.
verschreiben (fehlerhaft schreiben) (*allg.*), scrivere sbagliato. 2 ~ (schriftlich verordnen) (*Med.*), prescrivere.
Verschreibung (ärztliche z.B.) (*f. - Med. - etc.*), prescrizione.
verschrotten (*Metall.*), rottamare.
Verschrottung (*f. - Metall. - ecc.*), messa a rottame.
verschrumpfen (schrumpfen) (*Mech. - etc.*), contrarsi, ritirarsi.
verschrumpft (*Mech.*), accoppiato a caldo, calettato a caldo (ad interferenza).
Verschub (*m. - allg.*), ritardo. 2 ~ **bahn** (*f. - ind. Masch.*), via di corsa.
Verschuldung (*f. - komm.*), indebitamento.
verschweissen (*allg.*), saldarsi. 2 **kalt** ~ (*Werkz.masch.bearb. - Fehler - etc.*), saldarsi a freddo.
Verschwelen (*n. - Chem.*), siehe Schwelen.
Verschwertung (*f. - Zimm.*), asta diagonale.
Verschwimmen (*n. - Phot. - Fehler*), sfocatura, « flou ». 2 ~ (Unschärfe) (*Fernsehfehler*), sfocatura, « flou ».
Verschwindepunkt (*m. - Zeichn.*), punto di fuga.
Verschwindfahrwerk (Einziehfahrwerk) (*n. - Flugw.*), carrello retrattile.
Verschwindung (*f. - allg.*), scomparsa. 2 ~ **s-laffette** (*f. - Artillerie*), affusto a scomparsa.
verschwommen (*Phot. - Fehler*), sfocato. 2 ~ (*Opt. - Fehler*), indistinto, sfocato, sfumato.

versehen (erfüllen) (*allg.*), adempiere. 2 ~ mit (ausrüsten) (*allg.*), dotare, munire, provvedere.
versehren (beschädigen) (*allg.*), danneggiare, ledere.
Versehrtenstuhl (*m. - Arb. - etc.*), sedia per invalidi.
verseifbar (*Chem.*), saponificabile.
verseifen (*Chem.*), saponificare.
Verseifung (*f. - Chem.*), saponificazione. 2 ~ s·wert (mg KOH die erforderlich sind, um die in 100 ml der Probe enthaltenen freien sauren Anteile zu neutralisieren) (*m. - Chem.*), valore di saponificazione. 3 ~ s·zahl (VZ, mg KOH die erforderlich sind, um die in 1 g des Öles enthaltenen freien Säuren zu neutralisieren) (*f. - Chem.*), numero di saponificazione.
Verseilen (*n. - Seilerei*), siehe Seilen.
verseilen (Kabeln) (*Elekt.*), cordare.
Verseilmaschine (für Kabeln) (*f. - Elekt.*), cordatrice.
verseilt (*Seile*), a trefoli.
Verseilung (Zusammendrehen von Litzen zum Leiter) (*f. - Elekt.*), cordatura.
Verseilverlust (Unterschied zwischen der ermittelten und der wirklichen Bruchlast, an Drahtseilen, in Prozent der ermittelten Bruchlast ausgedrückt) (*m. - Seile*), perdita di cordatura.
versenden (verfrachten) (*Transp.*), spedire.
versengen (verbrennen) (*Textilind.*), bruciare.
Versenkantenne (*f. - Funk.*), antenna a scomparsa.
versenkbar (Fenster z. B.) (*Aut. - etc.*), abbassabile.
Versenkbohrer (*m. - Werkz.*), siehe Senker.
Versenkbrunnen (Schluckbrunnen) (*m. - Bauw.*), pozzo assorbente.
versenken (*v.t. - allg.*), immergere. 2 ~ (ein Schiff) (*v.t. - naut. - Kriegsmar.*), affondare. 3 ~ (*Mech.*), siehe senken. 4 ~ (beim Gerben) (*Lederind.*), mettere in fossa.
Versenker (Krauskopf, Handbohrwerkzeug für Holz) (*m. - Werkz.*), utensile per svasare.
Versenkfenster (Senkrecht-Schiebe-Fenster, versenkbar) (*n. - Bauw.*), finestra a saliscendi a scomparsa (nel parapetto).
Versenkgrube (*f. - Lederind.*), fossa da concia.
Versenktor (*n. - Bauw.*), portone a scomparsa.
Versenkung (*f. - allg.*), immersione. 2 ~ (einer Bühne) (*Theater*), scomparsa. 3 ~ s·umprägung (Regionalmetamorphose) (*f. - Geol.*), metamorfismo regionale, metamorfismo di profondità, metamorfismo di carico, metamorfismo termico.
Versetzen (Verlegung) (*n. - Bauw. - etc.*), posa, messa in opera. 2 ~ (des Bohrlochs) (*Bergbau - Expl.*), intasamento.
versetzen (an eine andere Stelle setzen) (*allg.*), spostare, trasferire. 2 ~ (die Fugen einer Mauer verschieben) (*Maur.*), sfalsare. 3 ~ (mischen, Flüssigkeiten) (*allg.*), mischiare. 4 ~ (ein Bohrloch) (*Bergbau - Expl.*), intasare.
versetzt (*allg.*), spostato. 2 ~ (Fuge, einer Mauer) (*Maur.*), sfalsato. 3 ~ e Anordnung (*allg.*), disposizione sfalsata. 4 ~ er Guss (*Giess.fehler*), getto spostato, spostato, sdetto.
5 ~ er Kern (*Giess.fehler*), anima spostata. 6 ~ e Zähne (eines Fräsers) (*Werkz.*), denti sfalsati.
Versetzung (eines Angestellten) (*f. - Arb.*), trasferimento. 2 ~ (von Kristallen) (*Metall. - Fehler*), dislocazione. 3 ~ (*Giess.fehler*), spostamento. 4 Kurbel ~ (einer Kurbelwelle) (*Mot.*), angolo fra le manovelle.
verseucht (*Radioakt.*), contaminato.
Verseuchung (*f. - Radioakt.*), contaminazione.
versichern (*allg.*), assicurare.
Versicherung (Assekuranz) (*f. - finanz.*), assicurazione. 2 ~ s·beitrag (Prämie) (*m - finanz.*), premio di assicurazione. 3 ~ s·geber (Assekurateur, Assekurant) (*m. - finanz.*), assicuratore. 4 ~ s·karte (grüne Versicherungskarte, für Kraftfahrzeuge) (*f. Aut.*), modulo verde di assicurazione. 5 ~ s·makler (*m. - finanz.*), agente di assicurazioni. 6 ~ s·marke (für Arbeiter und Angestellte) (*f. - Arb.*), marca assicurativa. 7 ~ s·mathematik (*f. - Math. - finanz.*), matematica assicurativa. 8 ~ s·nehmer (*m. finanz.*), assicurato (s.). 9 ~ s·pflicht (*f. - Arb. - etc.*), obbligo di assicurazione. 10 ~ s·schein (Police, Polizze) (*m. - finanz.*), polizza di assicurazione. 11 ~ s·vertrag (*m. - finanz.*), contratto di assicurazione. 12 Alters ~ (*Arb.*), assicurazione vecchiaia. 13 Arbeitslosen ~ (*Arb.*), assicurazione contro la disoccupazione. 14 Arbeitsunfall ~ (*Arb.*), assicurazione contro gli infortuni sul lavoro. 15 Brand ~ (Feuerversicherung) (*finanz.*), assicurazione contro gli incendi. 16 Diebstahl ~ (*finanz.*), assicurazione contro i furti. 17 Feuer ~ (Brandversicherung) (*finanz.*), assicurazione contro gli incendi. 18 Haftpflicht ~ (*finanz.*), assicurazione per responsabilità civile, RC. 19 Haftpflicht ~ (*Aut.*), assicurazione contro i rischi di responsabilità civile. 20 Invaliditäts ~ (*Arb.*), assicurazione di invalidità. 21 Kraftfahrzeug ~ (*Aut.*), assicurazione automobilistica. 22 Lebens ~ (*finanz.*), assicurazione sulla vita. 23 Pflicht ~ (Zwangsversicherung) (*Arb.*), assicurazione obbligatoria. 24 Rück ~ (*finanz.*), riassicurazione. 25 See ~ (*finanz. - naut.*), assicurazione marittima. 26 Sozial ~ (*finanz.*), assicurazione sociale. 27 Unfall ~ (*finanz.*), assicurazione contro gli infortuni. 28 Vollkasko ~ (*finanz.*), assicurazione contro tutti i rischi. 29 Zwangs ~ (*finanz. - Arb.*), assicurazione obbligatoria.
versickern (*allg.*), siehe sickern.
Versickerung (Sickerung) (*f. - Geol.*), infiltrazione. 2 ~ s·becken (Anreicherungsbekken) (*n. - Hydr.*), bacino di ravvenamento.
versiegeln (*allg.*), sigillare.
Versiegelung (Imprägnieren, saugfähiger Untergründe z. B.) (*f. - Technol. - Bauw.*), impregnazione.
versilbern (*Metall. - Elektrochem.*), argentare. 2 ~ (*finanz. - Adm.*), realizzare, convertire in contante.
Versilberung (*f. - Metall. - Elektrochem.*), argentatura. 2 Feuer ~ (*Metall.*), argentatura a fuoco. 3 galvanische ~ (*Metall. - Elektrochem.*), argentatura galvanica, argentatura elettrochimica.

versinken

versinken (*v.i. - allg.*), immergersi. 2 ~ (*v.i. - naut.*), affondare.
Versinkungsgrenze (eines Gründungspfahles) (*f. - Bauw.*), carico di rottura.
Versitzgrube (*f. - Ind.*), vasca di sedimentazione.
versoffen (Grube z. B.) (*Bergbau*), allagato.
Versor (*m. - Math.*), versore.
versorgen (*allg.*), approvvigionare. 2 ~ (befördern) (*Mot. - etc.*), alimentare.
Versorgung (*f. - Ind. - etc.*), approvvigionamento. 2 ~ (Altersfürsorge z. B.) (*Arb. - etc.*), assistenza. 3 ~ (*Elekt.*), alimentazione. 4 ~ aus dem Netz (*Elekt.*), alimentazione dalla rete. 5 ~ s·dienst (öffentlicher Dienst) (*m. - Transp. - etc.*), servizio pubblico. 6 ~ s·fonds (*m. - Arb.*), fondo di previdenza. 7 ~ s·gebiet (*n. - Elekt.*), zona servita. 8 ~ s·gleis (*n. - Eisenb.*), binario di servizio. 9 ~ s·haus (*n. - Arb.*), casa di riposo. 10 ~ s·netz (*n. - Elekt.*), rete (di alimentazione). 11 ~ s·speicher (zum Ausgleich der Schwankungen des Wasserzuflusses) (*m. - Hydr.*), serbatoio di compensazione. 12 einschienige ~ (Versorgung mit Elektrizität, eines Verbrauchers) (*Elekt.*), alimentazione di energia elettrica. 13 Rohstoff ~ (*Ind.*), approvvigionamento delle materie prime. 14 Wasser ~ (*Hydr.*), approvvigionamento idrico. 15 zweischienige ~ (Versorgung mit Elektrizität und Gas, eines Verbrauchers) (*Elekt. - etc.*), alimentazione di gas ed energia elettrica.
verspanen (zerspanen) (*Werkz.masch.bearb.*), truciolare, lavorare ad asportazione di truciolo.
verspannen (mit Versteifungsdrähten versehen) (*Bauw.*), ventare. 2 ~ (*Mech. - Fehler*), serrare difettosamente, serrare eccessivamente, deformare (per errato serraggio). 3 ~ (spannen, festspannen) (*Mech.*), serrare.
Verspannung (*f. - Bauw.*), ventatura, 2 ~ (*Mech. - Werkz.masch.bearb. - Fehler*), serraggio difettoso, serraggio eccessivo. 3 ~ (Verziehen, durch Wärmebeh. z. B.) (*Mech.*), deformazione, distorsione. 4 ~ s·bogen (Entspannungsbogen) (*m. - Bauw.*), arco di scarico. 5 ~ s·draht (*m. - Bauw. - etc.*), vento, straglio. 6 ~ -Schaubild (*n. - Baukonstr. lehre*), diagramma tensoriale.
Verspanung (Zerspanung) (*f. - Werkz.masch. bearb.*), truciolatura.
verspiegeln (Glas, mit Silber) (*Technol.*), argentare. 2 ~ (mit Metall) (*Technol.*), metallizzare.
verspiegelt (Lampe z. B.) (*Technol.*), metallizzato. 2 ~ er Kolben (*Beleucht.*), ampolla metallizzata.
Verspleissung (*f. - Seile*), impiombatura.
versplinten (*Mech.*), incoppigliare.
verspreizen (abspreizen) (*Ing.b.*), sbadacchiare.
Verspreizung (Abspreizung) (*f. - Ing.b.*), sbadacchiatura.
verspritzen (Kunstharze) (*Technol.*), stampare ad iniezione.
verspröden (*allg.*), infragilirsi.
Versprödung (*f. - Metall.*), infragilimento.
versprühen (*allg.*), spruzzare

verspunden (Wand z. B.) (*a. - Zimm. - Tischl.*), a perline.
verstaatlichen (*Ind. - etc.*), nazionalizzare.
Verstaatlichung (*f. - Ind. - etc.*), nazionalizzazione.
Verstädterung (*f. - Arb. - etc.*), urbanizzazione.
Verstählen (*n. - Metall.*), acciaiatura.
verstählen (*Metall.*), acciaiare. 2 ~ (schützen, mit Stahlblech z. B.) (*Technol.*), blindare.
Verständlichkeit (Mass für die Güte einer Fernsprechverbindung) (*f. - Elektroakus.*), intelligibilità. 2 Silben ~ (*Elektroakus.*), intelligibilità sillabica.
verstärken (*Mech. - etc.*), rinforzare, irrigidire. 2 ~ (*Funk. - Akus.*), amplificare. 3 ~ (eine Lösung) (*Chem.*), concentrare. 4 ~ (*Phot.*), rinforzare, intensificare. 5 ~ (den Strom) (*Elekt.*), aumentare, intensificare.
Verstärker (*m. - Funk.*), amplificatore. 2 ~ (phot. Bad) (*Phot.*), bagno di rinforzo. 3 ~ (*Fernspr.*), ripetitore, amplificatore. 4 ~ bau (*m. - Bergbau*), opera di rinforzo. 5 ~ röhre (Röhrenverstärker) (*f. - Funk.*), valvola amplificatrice, tubo amplificatore. amplificatore a valvola. 6 ~ säule (bei Destillation) (*f. - chem. Ind.*), sezione di arricchimento, tronco di arricchimento. 7 ~ station (*f. - Funk.*), stazione amplificatrice. 8 ~ stufe (*f. - Elektronik*), stadio amplificatore. 9 aperiodischer ~ (Breitbandverstärker) (*Elektronik*), amplificatore aperiodico, amplificatore a banda larga. 10 Flüssigkeits ~ (hydraulischer Verstärker, eines Servoventils) (*Ger.*), amplificatore idraulico. 11 Gegentakt- ~ (Phasenumkehrverstärker) (*Elektronik*), amplificatore sfasatore. 12 Operations ~ (OV) (*Elektronik*), amplificatore operazionale. 13 Röhren ~ (*Funk.*), amplificatore a valvola, valvola amplificatrice, tubo amplificatore. 14 Spannungs ~ (*Funk.*), amplificatore di tensione. 15 Transistor ~ (*Funk.*), amplificatore a transistor.
Verstärkung (*f. - Mech. - etc.*), rinforzo, irrigidimento. 2 ~ (*Funk.*), amplificazione, guadagno. 3 ~ (*Phot.*), rinforzo. 4 ~ s·blech (*n. - Mech. - etc.*), lamiera di rinforzo. 5 ~ s·grad (*m. - Funk.*), fattore di amplificazione. 6 ~ s·messer (*m. - Funk. - Ger.*), misuratore di guadagno. 7 ~ s·regelung (*f. - Funk. - etc.*), regolazione del guadagno, regolazione del volume. 8 ~ s·rippe (*f. - Mech. - Bauw.*), nervatura di rinforzo. 9 ~ s·verhältnis (bei Destillation) (*n. - chem. Ind.*), rapporto di arricchimento. 10 ~ s·zug (*m. - Eisenb.*), treno bis.
verstäuben (Flüssigkeiten) (*Technol.*), polverizzare.
Verstäuber (*m. - Ger.*), polverizzatore.
Verstäubung (*f. - allg.*), polverizzazione.
Verstauchung (*f. - Med. - Arb.*), distorsione, slogatura.
Verstauen (*n. - naut.*), stivatura.
verstauen (*naut.*), stivare.
versteifen (*Bauw. - etc.*), irrigidire.
versteift (*Bauw. - etc.*), irrigidito.
Versteifung (*f. - Bauw.*), irrigidimento. 2 ~ s·blech (*n. - Bauw. - etc.*), lamiera di rinforzo.

versteigern (*komm. - recht.*), vendere all'asta.
Versteigerung (Verkauf einer Ware an den Meistbietenden) (*f. - komm.*), vendita all'asta, asta. 2 ~ (Operations-Research-Modell zur Problemauslösung durch Matrizenverfahren und analytische Methoden) (*Forschung*), modello (matriciale-analitico) per la soluzione di problemi. 3 **gerichtliche** ~ (*recht.*), asta giudiziaria.
Versteilerung (*f. - Elektronik - etc.*), aumento di ripidità.
versteinern (*Geol.*), petrificare, fossilizzare.
Versteinerung (*f. - Geol.*), petrificazione, fossilizzazione. 2 ~ **s·gründung** (*f. - Ing.b.*), fondazione con iniezione di cemento.
Versteinung (Einpressen von Zement um Spalten zu schliessen im Gebirge) (*f. - Bergbau*), iniezione di cemento.
verstellbar (einstellbar) (*Mech. - etc.*), regolabile.
Verstellbereich (*m. - Mech. - Mot.*), campo di regolazione.
verstellen (einstellen) (*Mech. - etc.*), regolare. 2 ~ (versetzen) (*Mech. - etc.*), spostare.
Versteller (des Zündsystems) (*m. - Mot. Aut.*), anticipo automatico, regolatore dell'anticipo. 2 **Fliehkraft** ~ (*Mot. - Aut.*), anticipo centrifugo, regolatore centrifugo dell'anticipo. 3 **Unterdruck** ~ (*Mot. - Aut.*), correttore a depressione dell'anticipo.
Verstellflügel (*m. - Flugw.*), ala ad incidenza variabile.
Verstellhebel (der Zündung eines Verbr. mot.) (*m. - Mot. - Aut.*), leva dell'anticipo.
Verstellinie (eines Zündverteilers) (*f. - Mot. - Aut.*), curva dell'anticipo. 2 **Vollast** ~ (*Mot. - Aut.*), curva dell'anticipo a pieno carico.
Verstellmotor (eines Reglers z. B.) (*m. - Elekt.*), motore di regolazione, servomotore. 2 ~ (Hydromotor) (*Ölhydr. - Mot.*), motore a cilindrata variabile. 3 ~ (einer Werkz. masch.) (*Mot.*), motore per la passata.
Verstellpropeller (*m. - Flugw.*), elica a passo variabile.
Verstellpumpe (Hydropumpe) (*f. - Ölhydr.*), pompa a portata variabile.
Verstellpumpe-Motor (*m. - Ölydr.*), pompa-motore a cilindrata variabile.
Verstellschraube (*f. - Mech. - etc.*), vite di regolazione.
Verstellschubdüse (*f. - Strahltriebw.*), effusore regolabile.
Verstellspindel (zum Heben eines Querbalkens z. B.) (*f. - Werkz.masch.*), vite per lo spostamento.
Verstellung (Regelung) (*f. - Mech. - etc.*), regolazione. 2 ~ (Einstellvorrichtung) (*Mech. - etc.*), dispositivo di regolazione, regolatore. 3 ~ (der Zündung eines Verbr.mot.) (*Mot.*), anticipo all'accensione. 4 ~ (Verlagerung, Bewegung, eines Schlittens z. B.) (*Mech. - etc.*), spostamento. 5 **Fein** ~ (*Mech. - etc.*), regolazione fine, regolazione di precisione, microregolazione. 6 **Grob** ~ (*Mech. - etc.*), regolazione grossolana. 7 **Hand** ~ (*Mech. - etc.*), regolazione a mano. 8 **Hand** ~ (der Zündung eines Verbr.mot.) (*Mot.*), anticipo a mano. 9 **Schnell** ~ (eines Schlittens z. B.) (*Werkz.masch.bearb.*), traslazione rapida. 10 **Selbst** ~ (der Zündung eines Verbr. mot.) (*Mot.*), anticipo automatico.
Verstellwiderstand (Potentiometer) (*m. - Elekt.*), potenziometro.
Verstemmen (*n. - mech. Technol.*), presellatura.
Verstemmung (Kalfatern) (*f. - naut.*), calafataggio.
verstempeln (*Bergbau - etc.*), puntellare.
Versticken (Nitrierhärtung) (*n. - Wärmebeh.*), nitrurazione.
versticken (nitrierhärten) (*Wärmebeh.*), nitrurare.
verstiften (*Mech.*), spinare, collegare con spine.
verstimmt (*Akus.*), stonato. 2 ~ (*Funk.*), non sintonizzato, fuori sintonia.
Verstimmung (Frequenzänderung, eines Oszillators) (*f. - Elektronik*), variazione di frequenza. 2 ~ (*Funk.*), dissintonia, mancanza di sintonia.
verstopfen (stopfen) (*allg.*), tappare. 2 ~ (Bohrlöcher) (*Bergbau - Expl.*), intasare.
verstopft (*allg.*), ostruito, intasato. 2 ~ (Filter z. B.) (*Mech. - etc.*), ostruito, intasato.
Verstopfung (*f. - Wass.b. - etc.*), ostruzione, intasamento. 2 ~ **s·anzeiger** (eines Filters z. B.) (*m. - Leit.*), indicatore d'intasamento. 3 **thermische** ~ (Reduzierung des Durchsatzes bei Nachbrennung) (*Strahltriebw.*), riduzione termica di portata.
verstreben (durch Streben sichern) (*Bauw.*), controventare.
verstrebt (*Bauw.*), controventato.
Verstrebung (*f. - Bauw.*), controventatura.
Verstreckung (*f. - Textilind.*), stiratura. 2 ~ (von Kunststoffen) (*Technol.*), stiro, stiramento. 3 **biaxiale** ~ (von Kunststoffen) (*Technol.*), stiro biassiale.
Verstrickung (einer Rohrverbindung) (*f. - Leit.*), cordatura.
Verströmung (Erzeugung von Elektrizität, aus Steinkohle z. B.) (*f. - Elekt.*), produzione di energia elettrica.
Verstümmelung (*f. - Med.*), mutilazione.
Versuch (Prüfung) (*m. - Technol.*), prova. 2 ~ (chemische Bestimmung, Analyse) (*Chem.*), analisi. 3 ~ (Forschung) (*Ind.*), ricerca. 4 ~ (*Technol.*), siehe auch Prüfung. 5 ~ **s·anstalt** (Forschungsanstalt) (*f. - Ind. - etc.*), istituto sperimentale, istituto di ricerca. 6 ~ **s·bahn** (*f. - Fahrz.*), pista di collaudo. 7 ~ **s·ballon** (*m. - Meteor.*), pallone sonda. 8 ~ **s·bedingung** (*f. - Technol.*), condizione di prova. 9 ~ **s·feld** (Versuchsstelle) (*n. - Elekt. - etc.*), stazione sperimentale. 10 ~ **s·flug** (*m. - Flugw.*), volo sperimentale. 11 ~ **s·laboratorium** (*n. - Ind.*), laboratorio per ricerche, laboratorio sperimentale. 12 ~ **s·modell** (*n. - Ind.*), modello sperimentale. 13 ~ **s·motor** (*m. - Mot.*), motore sperimentale. 14 ~ **s·puppe** (Testpuppe) (*f. - Aut.*), manichino per prove. 15 ~ **s·reaktor** (*m. - Atomphys.*), reattore da ricerca, reattore sperimentale. 16 ~ **s·schnitt** (*m. - Mech.*), taglio di prova. 17 ~ **s·stab** (*m. - Technol.*), provino, provetta, barretta. 18 ~ **s·stand** (*m. - Technol.*), banco prova. 19 ~ **s·strecke** (*f. - Aut.*), percorso

versuchen

di prova. **20** ~ s·stück (n. - Metall.), saggio. **21 Abnahme** ~ (Prüfung), collaudo. **22 Aufweite** ~ (Aufdornversuch, für Rohre) (mech. Technol.), prova di allargatura. **23 Ausbreit** ~ (mech. Technol.), prova di stiratura. **24 Biege** ~ (mech. Technol.), prova di flessione. **25 Bördel** ~ (an Blechen) (mech. Technol.), prova di bordatura. **26 Bördel** ~ (für Rohre) (mech. Technol.), prova di slabbratura. **27 Dauer** ~ (mech. Technol.), prova di fatica. **28 Druck** ~ (mech. Technol.), prova di compressione. **29 Falt** ~ (mech. Technol.), prova di piegatura. **30 Härte** ~ (mech. Technol.), prova di durezza. **31 Hin- und Herbiege** ~ (für Drähte) (mech. Technol.), prova di piegatura alternata. **32 Innendruck** ~ (für Hohlkörper, Abdruckversuch) (mech. Technol.), prova idraulica, prova di pressatura. **33 Kerbschlag** ~ (mech. Technol.), prova di resilienza. **34 Klink** ~ (mit Drähten) (mech. Technol.), prova di piegatura viva. **35 Knick** ~ (mech. Technol.), prova di pressoflessione. **36 Scher** ~ (mech. Technol.), prova di taglio. **37 Schlagstauch** ~ (mech. Technol.), prova di compressione dinamica. **38 Schlag-Zerreiss** ~ (Metall.), prova di trazione ed urto. **39 statischer Druck** ~ (mech. Technol.), prova di compressione statica. **40 Stauch** ~ (mech. Technol.), prova di ricalcatura. **41 technologischer** ~ (Technol.), prova tecnologica. **42 Tiefungs** ~ (von Blechen, nach Erichsen) (mech. Technol.), prova di imbutitura. **43 Verdrehungs** ~ (mech. Technol.), prova di torsione. **44 Verwinde** ~ (mit Drähten) (mech. Technol.), prova di torcitura. **45 Vorlast-Härte** ~ (Rockwell-Härteversuch) (mech. Technol.), prova di durezza Rockwell. **46 Vorlast-Härte** ~ **mit Diamantkegel** (Rockwell-Härteversuch mit Diamantkegel) (mech. Technol.), prova di durezza Rockwell con cono di diamante. **47 Vorlast-Härte** ~ **mit Stahlkugel** (Rockwell-Härteversuch mit Stahlkugel) (mech. Technol.), prova di durezza Rockwell con sfera di acciaio. **48 Wickel** ~ (mit Drähten) (mech. Technol.), prova di avvolgimento. **49 Wöhler** ~ (Dauerversuch, mit umlaufender Biegemaschine) (mech. Technol.), prova Wöhler. **50 Zug** ~ (mech. Technol.), prova di trazione.

versuchen (Technol.), provare, sperimentare.
versuchsweise (Technol.), sperimentalmente, a titolo sperimentale.
Versumpfung (f. - Geol.), impaludamento.
vertäfeln (Tischl. - Bauw.), pannellare.
vertafelt (Wert. etc.) (allg.), tabulato.
Vertafelung (Tabellisierung) (f. - allg.), tabulazione.
Vertäfelung (f. - Tischl. - Bauw.), pannellatura.
vertagen (auf eine andere Zeit verschieben) (allg.), aggiornare, rinviare, rimandare.
Vertagung (einer Sitzung z. B.) (f. - komm. - etc.), aggiornamento.
Vertak-System (Vertikales Tauchen von Automobilkarossen) (n. - Aut. - Ind.), sistema Vertak, sistema d'immersione verticale (di carrozzerie d'automobile).
Vertäuboje (f. - naut.), boa di ormeggio.
Vertaubung (von Erz) (f. - Bergbau), esaurimento.
vertäuen (ein Schiff festlegen) (naut.), ormeggiare.
vertauschen (allg.), scambiare.
Vertauschung (f. - allg.), scambio.
Vertauung (f. - naut.), ormeggio. **2** ~ s·poller (m. - naut.), bitta di ormeggio.
verteeren (Bauw. - etc.), incatramare.
Verteerung (f. - Bauw. - etc.), incatramatura.
Verteidiger (Rechtsanwalt) (m. - recht.), avvocato difensore. **2 Offizial** ~ (recht.), difensore d'ufficio.
Verteidigung (f. - recht.), difesa. **2** ~ s·flugzeug (n. - Luftw.), velivolo intercettatore.
verteilen (allg.), ripartire, distribuire.
Verteiler (m. - allg.), distributore, ripartitore. **2** ~ (Zündverteiler) (Aut. - Elekt.), distributore (di accensione). **3** ~ (Lastverteiler) (Elekt.), ripartitore (del carico). **4** ~ (Sammler, eines Motors) (Mot.), collettore. **5** ~ **antriebsspindel** (f. - Mot. - Aut.), alberino del distributore. **6** ~ **bürste** (f. - Mot. - Aut.), contatto del distributore. **7** ~ **finger** (Verteilerläufer) (m. - Aut. - Mot. - Elekt.), spazzola del distributore. **8** ~ **getriebe** (für den Antrieb der Vorder- und Hinterachse) (n. - Aut.), ripartitore (di coppia), distributore (di coppia). **9** ~ **glocke** (eines Hochofens) (f. - Ofen - Metall.), campana. **10** ~ **läufer** (m. - Aut. - Mot.), spazzola del distributore. **11** ~ **nocken** (m. - Aut. - Mot.), camma del distributore. **12** ~ **programm** (n. - Datenverarb.), programma smistatore. **13** ~ **scheibe** (f. - Mot. Aut.), calotta del distributore. **14** ~ **schleifkontakt** (m. - Mot. - Aut.), contatto del distributore. **15** ~ **segment** (n. - Aut. - Mot.), settore del distributore. **16** ~ **stollen** (einer hydraulischen Kraftwerkanalge) (m. - Wass.b., Hydr.), collettore. **17** ~ **tafel** (Verteilungstafel) (f. - Elekt.), quadro di distribuzione. **18** ~ **welle** (des Zündsystems) (f. - Mot. - Aut.), alberino del distributore. **19 Unterdruckzünd** ~ (Aut. - Mot.), distributore con correttore di anticipo a depressione.
Verteilleitung (Verteilungsleitung) (f. - Elekt.) linea di distribuzione. **2** ~ (eines hydraulischen Kraftwerkes) (Hydr.), condotto di distribuzione, tubazione di distribuzione.
Verteilnetz (Verteilungsnetz) (n. - Elekt.), rete di distribuzione.
Verteilplatine (f. - Textilmasch.), platina divisitrice, platina con lisiera, platina di divisione.
verteilt (allg.), distribuito, ripartito. **2 fein** ~ (in einer Flüssigkeit z. B.) (Chem.), sospeso, in sospensione. **3 gleichmässig** ~ (allg.), uniformemente distribuito, uniformemente ripartito.
Verteilung (f. - allg.), distribuzione, ripartizione. **2** ~ (der Elektronen in einem Metall z. B.) (Atomphys.), distribuzione. **3** ~ (Elekt.), distribuzione. **4** ~ s·dose (f. - Elekt.), scatola di distribuzione. **5** ~ s·kasten (m. - Elekt.), cassetta di distribuzione. **6** ~ s·leitung (f. - Elekt.), linea di distribuzione. **7** ~ s·leitung (eines hydr. Kraftwerks) (Hydr.), condotto di distribuzione, tubazione di distribuzione. **8** ~ s·netz (n. - Elekt.), rete di distribuzione.

9 ~ s·schiene (*f. - Elekt.*), barra distributrice. 10 ~ s·tafel (*f. - Elekt.*), quadro di distribuzione. 11 ~ s·transformator (*m. - Elekt.*), siehe Netztransformator. 12 Binomial ~ (*Stat.*), distribuzione binomiale. 13 Dividenden ~ (*finanz.*), pagamento dei dividendi. 14 feine ~ (in einer Flüssigkeit) (*Chem.*), sospensione. 15 Gauss-sche Normal ~(*Stat.*), distribuzione gaussiana, distribuzione normale. 16 Licht ~ s·winkel (eines Scheinwerfers) (*m. - Aut.*), angolo di distribuzione della luce. 17 Poisson- ~ (*Stat.*), distribuzione di Poisson.

Verteilzeitzuschlag (Zuschlag zu Normalzeit zur Berücksichtigung von Ermüdung, persönlichen Bedürfnissen, etc.) (*m. - Zeitstudium*), tempi aggiuntivi, coefficiente di correzione (del tempo normale).

vertiefen (tiefer machen) (*allg.*), approfondire. 2 ~ (aushöhlen) (*allg.*), incavare.

Vertiefung (Aushöhlung) (*f. - allg.*), incavo, cavità. 2 ~ (*Giess.fehler*), avallamento. 3 ~ (Grübchen) (*Mech.*), alveolo.

vertikal (senkrecht) (*allg.*), verticale (*a.*). 2 ~ e Bildauflösung (*Fernseh.*), definizione verticale. 3 ~ er Eingusskanal (*m. - Giess.*), discesa di colata. 4 ~ er Synchronisationsimpuls (*Fernseh.*), impulso di sincronizzazione verticale.

Vertikalablenkung (*f. - Fernseh.*), deflessione verticale.

Vertikale (Senkrechte) (*f. - Geom. - etc.*), verticale (*s.*). 2 ~ (eines Fachwerkes) (*Bauw.*), asta verticale.

Vertikalkreis (*m. - Astr.*), cerchio verticale. 2 ~ (*m. - Top. - Instr.*), siehe Höhenkreis.

Vertikalmessermaschine (*f. - Masch.*), siehe Stossmessermaschine.

Vertikalstarter (Vertikalstartflugzeug) (*m. - Flugw.*), velivolo a decollo verticale.

Vertikalwinkel (*m. - Top.*), angolo verticale.

Vertrag (*m. - komm.*), contratto. 2 ~ s·ablauf (*m. - recht. - etc.*), scadenza del contratto. 3 ~ s·auflösung (*f. - komm. - etc.*), risoluzione del contratto. 4 ~ s·bedingungen (*f. - pl. - komm.*), termini contrattuali, condizioni contrattuali. 5 ~ s·entwurf (*m. - komm.*), bozza di contratto, schema di contratto. 6 ~ s·gebühren (*f. - pl. - komm.*), spese di contratto, spese contrattuali. 7 ~ s·karosseriewerkstatt (*f. - Aut.*), carrozzeria autorizzata. 8 ~ s·kündigung (*f. - komm.*), denuncia del contratto. 9 ~ s·muster (Kaufmuster) (*n. - komm.*), campione contrattuale. 10 ~ s·partei (*f. - komm.*), parte contraente. 11 ~ s·partner (*m. - komm. - recht.*), parte contraente. 12 ~ s·schliessender (*m. - komm.*), contraente. 13 ~ s·strafe (*f. - komm.*), penalità contrattuale. 14 ~ s·verpflichtung (*f. - komm. - recht.*), obbligo contrattuale. 15 ~ s·werkstatt (*f. - Aut.*), officina autorizzata. 16 Charter ~ (Frachtvertrag) (*Transp. - komm.*), contratto di noleggio. 17 einen ~ abschliessen (*komm.*), stipulare un contratto. 18 eines ~ kündigen (*komm. - etc.*), denunciare un contratto. 19 Kauf ~ (*komm.*), contratto di acquisto. 20 Kollektivarbeits ~ (*Arb.*), contratto collettivo di lavoro. 21 Liefer ~ (*komm.*), contratto di fornitura. 22 Miets ~ (*komm.*), contratto di affitto. 23 Strombezugs ~ (*Elekt.*), contratto di fornitura di energia elettrica. 24 Verkaufs ~ (*komm.*), contratto di vendita.

vertraglich (vertraglich verpflichtet) (*komm.*), contrattuale.

verträglich (kompatibel) (*Rechner*), compatibile.

Verträglichkeit (verschiedener Stoffe z. B.) (*f. - Chem. - etc.*), compatibilità. 2 ~ (eines Lackes auf anderen getrockneten Lackfilmen) (*Anstr.*), compatibilità. 3 ~ s·dosis (Toleranzdosis) (*f. - Radioakt.*), dose tollerata.

Vertrauen (*n. - allg.*), fiducia. 2 ~ s·intervall (*n. - Stat.*), intervallo di fiducia. 3 ~ s·mann (Personalvertreter) (*m. - Arb. - Pers.*), rappresentante del personale.

vertraulich (Schrift) (*Post*), personale.

Vertreter (*m. - komm.*), rappresentante.

Vertretung (Agentur) (*f. - komm.*), rappresentanza. 2 ~ s·befugnis (*f. - komm.*), diritto di rappresentanza. 3 Allein ~ (*komm.*), rappresentanza esclusiva.

Vertrieb (Verkauf) (*m. - komm.*), vendita. 2 ~ s·gesellschaft mbH (*komm. - finanz.*), società di vendita a responsabilità limitata. 3 ~ s·kosten (*f. - pl. - komm.*), spese di vendita, spese commerciali.

vertrimmt (*Flugw. - naut.*), fuori assetto.

Verunreinigung (*f. - allg.*), impurità. 2 ~ (der Luft z. B.) (*Hydr. - Lüftung*), inquinamento. 3 Luft ~ (*Ind. - etc.*), inquinamento atmosferico.

Verunsicherung (*f. - allg.*), perdita di sicurezza.

Veruntreuung (*f. - recht.*), malversazione. 2 ~ im Amte (*recht.*), peculato.

verursachen (*allg.*), causare, determinare.

Verurteilung (*f. - recht.*), condanna.

vervielfachen (multiplizieren) (*allg.*), moltiplicare.

Vervielfacher (*m. - Ger.*), moltiplicatore. 2 Elektronen ~ (*Ger.*), moltiplicatore di elettroni.

vervielfältigen (*Zeichn. - etc.*), tirare copie, fare più copie, riprodurre.

Vervielfältiger (Vervielfältigungsapparat) (*m. - App.*), riproduttore, « duplicatore ».

Vervielfältigung (*f. - Zeichn. - Büro*), riproduzione. 2 ~ s·apparat (*m. - App.*), riproduttore.

verwackelt (verschwommen) (*Phot. - etc.*), sfocato.

Verwahrer (*m. - recht.*), depositario. 2 ~ (Empfänger) (*m. - Transp.*), consegnatario.

Verwahrung (*f. - Ind.*), stoccaggio, immagazzinamento.

verwalten (*allg.*), amministrare.

Verwalter (*m. - finanz.*), amministratore.

Verwaltung (*f. - allg.*), amministrazione. 2 ~ s·bezirk (*m. - Adm.*), distretto amministrativo. 3 ~ s·delegierter (*m. - finanz.*), (*schweiz.*), consigliere delegato. 4 ~ s·gebäude (*n. - Ind. - Bauw.*), palazzo per uffici. 5 ~ s·kontrolle (*f. - Adm.*), controllo amministrativo. 6 ~ s·kosten (*f. - pl. - Adm.*), costi amministrativi. 7 ~ s·rat (*m. - finanz.*), consiglio di amministrazione. 8 Staats ~ (*Adm.*), amministrazione statale.

verwandeln (umformen) (*allg.*), trasformare.

Verwandlungsgrösse

Verwandlungsgrösse (Entropie) (*f. - Thermodyn.*), entropia.
Verwandlungshubschrauber (Hubschrauber, der während des Fluges in ein Starrflügelflugzeug verwandelt wird) (*m. - Flugw.*), convertiplano, convertoplano, eliplano.
verwandt (ähnlich) (*allg.*), affine, simile.
Verwandtschaft (Affinität) (*f. - Chem. - etc.*), affinità.
Verwärmgrad (Schall-Dissipationsgrad) (*m. - Akus.*), grado di dissipazione acustica.
verwaschen (*a. - allg.*), sbiadito, slavato.
verwässern (verdünnen, mit Wasser) (*allg.*), annacquare, diluire con acqua.
verwässert (Kapital) (*finanz.*), annacquato, rivalutato.
Verweiltank (*m. - Kernphys.*), vasca di decadimento.
Verweilzeit (*f. - Mech.*), tempo di sosta, sosta. 2 ~ (im Ofen z. B.) (*Technol.*), tempo di attesa, soggiorno. 3 ~ (eines Elektrons in seiner Bahn) (*Atomphys.*), periodo di permanenza. 4 ~ (*Metall.*), siehe auch Haltezeit.
Verweisung (Zeichen) (*f. - Druck. - etc.*), segno di riferimento, rimando.
Verwendbarkeit (Brauchbarkeit, eines Materials) (*f. - Technol. - etc.*), impiegabilità, utilizzabilità. 2 ~ (eines Verfahrens) (*Technol.*), applicabilità. 3 vielseitige ~ (*Technol. - etc.*), versatilità.
verwenden (*allg.*), usare, impiegare.
Verwendung (*f. - allg.*), uso, impiego, utilizzazione, applicazione. 2 ~ s·bereich (*m. - Technol.*), campo di impiego, campo di applicazione. 3 ~ s·stelle (*f. - Masch. - etc.*), luogo di impiego.
verwerfen (zurückweisen) (*komm. - etc.*), rifiutare, non accettare, respingere. 2 ~ (verziehen) (*v.i. - Mech. - etc.*), deformarsi, storcersi, « imbarcarsi ».
Verwerfung (Ablehnung) (*f. - komm. - etc.*), rifiuto. 2 ~ (Bruch, Sprung) (*Geol.*), faglia. 3 ~ (Verziehen, des Bleches, beim Schweissen z. B.) (*mech. Technol.*), distorsione, deformazione. 4 ~ s·linie (*f. - Geol.*), linea di faglia.
verwerten (*allg.*), valorizzare, utilizzare, sfruttare.
Verwertung (*f. - allg.*), valorizzazione, utilizzazione, sfruttamento. 2 ~, siehe auch Auswertung.
verwickelt (kompliziert) (*allg.*), complicato.
Verwiegeanlage (für Beton z. B.) (*f. - Masch.*), impianto di dosatura.
Verwieger (*m. - Arb.*), addetto alla pesa.
Verwindemaschine (für Stabstahl) (*f. - Masch.*), torcitrice.
Verwinden (Drehen des freien Endes eines flachen Teiles z. B.) (*n. - mech. Technol.*), torsione, torcitura, svergolatura.
verwinden (verdrehen, einen Draht z. B.) (*allg.*), torcere. 2 ~ (*Mech. - etc. - Fehler*), svergolare.
Verwindeversuch (zur Ermittlung der Verwindungsfähigkeit von Drähten) (*m. - mech. Technol.*), prova a torsione.
Verwindung (Torsion) (*f. - Mech. - etc.*), torsione. 2 ~ (eines Flügels z. B.) (*Flugw. - etc.*), svergolamento. 3 ~ (eine volle Umdrehung des drehbaren Einspannkopfes, bei Verwindeversuchen) (*mech. Technol.*), giro. 4 ~ s·klappe (*f. - Flugw.*), alettone. 5 ~ s·zahl (für Drähte) (*f. - mech. Technol.*, indice di torsione.
verwirbelt (*Mech. der Flüss.k.*), vorticoso, turbolento.
Verwirbelung (*f. - Mech. der Flüss.k.*), vorticosità, turbolenza.
Verwirbler (eines Brenners z. B.) (*Verbr.*), vorticatore, generatore di vortice.
verwirklichen (*allg.*), realizzare, attuare.
Verwirklichung (*f. - allg.*), realizzazione, attuazione.
Verwirkung (*f. - recht.*), decadenza.
Verwirrungszone (Störgebiet) (*f. - Funk.*), zona di disturbo.
verwittern (*Geol.*), disgregarsi, disaggregarsi.
verwittert (*Geol.*), disgregato, disaggregato. 2 ~ (*Meteor. - Technol.*), alterato da agenti atmosferici, danneggiato dagli agenti atmosferici.
Verwitterung (Zersetzung der Gesteine durch exogene Kräfte) (*f. - Geol.*), gliptogenesi, disaggregazione, disgregazione. 2 ~ (*Meteor. - Technol.*), alterazione da agenti atmosferici, danneggiamento da agenti atmosferici. 3 ~ s·prüfung (*f. - Technol.*), prova agli agenti atmosferici. 4 chemische ~ (*Geol.*), disaggregazione chimica. 5 mechanische ~ (*Geol.*), disaggregazione meccanica.
verwunden (*adj. - allg.*), torto. 2 ~ (*adj. - Mech. - etc. - Fehler*), svergolato. 3 ~ (*v.t. - milit. - etc.*), ferire.
Verwundung (*f. - milit. - etc.*), ferimento.
Verwurf (*m. - Geol.*), siehe Verwerfung.
Verzackung (der Kolbenringe z. B.) (*f. - Fehler - Mech. - Mot.*), sfrangiamento.
verzähen (*Metall.*), addolcire.
verzählen (*allg.*), sbagliare il conto.
verzahnen (*Mech.*), dentare.
Verzahnmaschine (Verzahnungsmaschine) (*f. Werkz.masch.*), dentatrice.
verzahnt (*Mech.*), dentato.
Verzahnung (*f. - Mech.*), dentatura. 2 ~ (einer Mauer) (*Bauw.*), immorsatura. 3 ~ s·maschine (*f. - Werkz.masch.*), dentatrice. 4 Aussen ~ (*Mech.*), dentatura esterna. 5 Evolventen ~ (*Mech.*), dentatura ad evolvente. 6 Fliess·span ~ (einer Säge, mit Schrupp- und Fertigzähnen) (*Mech.*), dentatura alternata. 7 Formate- ~ (für Spiral-Kegelzahnräder) (*Mech.*), dentatura Formate. 8 Grad ~ (Geradverzahnung) (*Mech.*), dentatura diritta, dentatura a denti diritti. 9 Hoch ~ (*Mech.*), dentatura rialzata. 10 Innen ~ (*Mech.*), dentatura interna. 11 Kegelrad ~ (*Mech.*), dentatura per ruote coniche. 12 Kerb ~ (*Mech.*), striatura, profilo Whitworth. 13 Kronen ~ (Stirn-Planverzahnung) (*Mech.*), dentatura piano-conica, dentatura a corona frontale. 14 Maag- ~ (*Mech.*), dentatura Maag. 15 Null ~ (Verzahnung ohne Profilverschiebung) (*Mech.*), dentatura x-zero, dentatura con spostamento zero (del profilo), dentatura con coefficiente di spostamento uguale a zero. 16 0,5 ~ (*Mech.*), dentatura 0,5, dentatura con coefficiente di spostamento uguale a 0,5.

17 Pfeil ~ (*Mech.*), dentatura a freccia, dentatura a cuspide, dentatura a « chevron », dentatura a spina di pesce. 18 Planrad ~ (*Mech.*), dentatura piano-conica. 19 Plan ~ (Verzahnung einer Zahnstange) (*Mech.*), dentatura per cremagliere, dentatura per dentiere. 20 Schräg ~ (*Mech.*), dentatura elicoidale. 21 Spiral ~ (*Mech.*), dentatura spiroidale. 22 Stirn-Plan ~ (Kronenverzahnung) (*Mech.*), dentatura piano-conica, dentatura a corona frontale. 23 Stirnrad ~ (*Mech.*), dentatura per ruote cilindriche. 24 Stumpf ~ (*Mech.*), dentatura ribassata. 25 Triebstock- ~ (*Mech.*), dentatura a perni. 26 V- ~ (Verzahnung, deren Profilverschiebungssumme grösser oder kleiner als Null ist) (*Mech.*), dentatura x, dentatura a cerchi spostati, dentatura con coefficiente di spostamento diverso da zero. 27 WN- ~ (Wildhaber-Novikov-Verzahnung, Kreisbogenverzahnung) (*Mech.*), dentatura Wildhaber-Novikov, dentatura ad arco di cerchio. 28 Zykloiden ~ (*Mech.*), dentatura cicloidale.
verzapfen (*Tischl.*), unire a tenone e mortisa.
Verzapfung (*f. - Tischl.*), giunto a tenone e mortisa, unione a tenone e mortisa.
Verzehrer (Energieverzehrer z. B.) (*m. - allg.*), dissipatore.
Verzehrung (von Energie z. B.) (*f. - allg.*), dissipazione.
verzeichnet (*Mech. - etc.*), non a disegno.
Verzeichnis (Liste) (*n. - allg.*), elenco, lista, « distinta ». 2 ~ (Sammlung von Firmennamen z. B.) (*Druck.*), repertorio.
Verzeichnung (tonnen- oder kissenförmige Verzerrung) (*f. - Opt. - Fernseh.*), distorsione. 2 kissenförmige ~ (*Opt. - Fernseh.*), distorsione a cuscinetto. 3 tonnenförmige ~ (*Opt. - Fernseh.*), distorsione a barilotto.
verzeichnungsfrei (*Opt.*), ortoscopico.
verzerren (*allg.*), distorcere, deformare.
Verzerrer (*m. - Messtechnik - Funke*), generatore di armoniche.
verzerrt (*allg.*), distorto, deformato. 2 ~ e Welle (*Elekt. - Phys.*), onda distorta, onda deformata.
Verzerrung (geometrische Abweichung eines Bildes) (*f. - Opt.*), distorsione. 2 ~ (*Funk. - Akus.*), distorsione. 3 ~ s·faktor (von Stromrichtern) (*m. - Elekt.*), fattore di distorsione. 4 ~ s·messer (*n. - Telegr. - Ger.*), distorsiometro. 5 ~ s·normal (*n. - Elektroakus.*), campione di distorsione. 6 ~ s·zustand (in der Elastizitätstheorie) (*m. - Baukonstr.lehre*), stato di deformazione. 7 lineare ~ (*Funk.*), distorsione lineare. 8 nichtlineare ~ (*Funk.*), distorsione non lineare.
verzerrungsfrei (*allg.*), indistorto.
Verziehen (Form- und Massänderung eines Werkstückes bei der Wärmebehandlung) (*n. - Wärmebeh.*), distorsione, deformazione. 2 ~ (Verkleiden) (*Bergbau*), rivestimento.
verziehen (*Mech. - etc.*), distorcere, svergolare, deformare.
Verziehungstrecke (Strecke einer Fahrbahnverbreiterung) (*f. - Strass.b.*), tratto di allargamento.

Verzierung (einer Karosserie) (*f. - Aut.*), fregio.
Verzimmerung (*f. - Bergbau*), armatura di legno.
verzinken (*mech. Technol.*), zincare.
Verzinkerei (*f. - Ind.*), reparto zincatura.
verzinkt (*mech. Technol.*), zincato. 2 ~ er Stahldraht (*Metall.*), filo zincato (di acciaio).
Verzinkung (*f. - mech. Technol.*), zincatura. 2 elektrolitische ~ (galvanische Verzinkung) (*Elektrochem.*), zincatura elettrolitica. 3 Feuer ~ (Heissverzinkung) (*mech. Technol.*), zincatura a caldo. 4 Spritz ~ (*mech. Technol.*), zincatura a spruzzo.
verzinnen (*mech. Technol.*), stagnare.
verzinnt (*Metall. - mech. Technol.*), stagnato.
Verzinnung (*f. - mech. Technol.*), stagnatura. 2 Feuer ~ (Heissverzinnung) (*mech. Technol.*), stagnatura a caldo.
Verzinsung (des investierten Kapitals z. B.) (*f. - Adm.*), interessi.
verzogen (*Technol.*), distorto, svergolato, deformato.
Verzögerer (Zusatz zu Mörtel und Beton) (*m. - Bauw.*) (agente) ritardante.
verzögern (*allg.*), ritardare.
verzögert (*allg.*), ritardato.
Verzögerung (*f. - allg.*), ritardo. 2 ~ (*Phys.*), decelerazione. 3 ~ (eines Fahrzeuges, über den Bremsweg z. B.) (*Aut.*), decelerazione. 4 ~ s·becken (*n. - Hydr. - Wass.b.*), bacino di calma. 5 ~ s·leitung (*f. - Elektronik*), linea di ritardo. 6 ~ s·messer (Bremsverzögerungsmesser) (*n. - Ger.*), decelerometro. 7 ~ s·mittel (Inhibitor) (*n. - Chem.*), inibitore. 8 ~ s·relais (*n. - Elekt. - Ger.*), relè ritardatore, relè di ritardo. 9 ~ s·schalter (*m. - Elekt. - Ger.*), interruttore ad azione ritardata. 10 ~ s·speicher (*m. - Rechner*), memoria a linea di ritardo. 11 ~ s·strafe (*f. - Ind. - komm.*), penalità per ritardo. 12 ~ s·winkel (*m. - Elekt.*), angolo di ritardo.
verzollen (*komm.*), sdoganare.
verzollt (*komm.*), sdoganato. 2 ~ geliefert (*komm.*), reso sdoganato.
Verzollung (*f. - komm.*), sdoganamento.
Verzonung (*f. - Telegr.*), zonizzazione. 2 ~ s·wähler (*m. - Telegr.*), selettore di zona.
verzuckern (*Chem.*), saccarificare.
Verzug (Verzögerung) (*m. - allg.*), ritardo. 2 ~ (*Textilind.*), stiro. 3 ~ (Verziehen) (*Mech. - etc.*), distorsione, deformazione. 4 ~ (Verziehen) (*Wärmebeh.*), distorsione, deformazione. 5 ~ (Wohnsitzwechsel) (*recht.*), cambio di domicilio, trasloco. 6 ~ (stützende Ausbauelemente zur Verkleidung des Gebirges) (*Bergbau*), rivestimento protettivo. 7 ~ strafe (*f. - komm.*), penalità per ritardata consegna.
verzugfrei (*Wärmebeh.*), indistorto, esente da distorsione.
verzundern (*Metall.*), ossidarsi.
Verzunderung (Erhöhungen auf der Oberfläche eines Stückes durch Oxydation) (*f. - Mech. - Fehler*), formazione di scoria, « calaminatura ».
Verzurren (für Verpackungen) (*n. - Transp.*), reggiatura.

Verzurrsystem (n. - Transp.), sistema di reggiatura.
Verzweiger (Abzweiger) (m. - Elekt.), scatola di derivazione.
Verzweigung (f. - allg.), biforcazione, ramificazione. 2 ~ (eines Programms) (Datenverarb.), ramo. 3 ~ s·befehl (Sprungbefehl) (m. - Rechner), istruzione di salto.
verzwirnen (Seide) (Textilind.), torcere.
Vestibül (Empfangsraum, Anmelderaum, eines Hotels) (n. - Bauw.), atrio, « hall ».
Veterane (die) (f. - Aut.), vettura d'epoca, veterana.
Vetternwirtschaft (f. - finanz. - etc.), nepotismo.
Vexierschloss (Kombinationsschloss) (n. - Mech.), serratura a combinazioni.
VF (Videofrequenz) (Fernseh.), VF, videofrequenza. 2 ~ -Verstärker (m. - Fernseh.), amplificatore video.
Vf (Vulkanfiber) (chem. Ind.), fibra vulcanizzata.
V-förmig (Mech. - etc.), (di forma) a V.
VFR (Visual Flight Rules, Sichtflugregeln) (Flugw.), norme per il volo a vista.
VG (Verbundglas) (Aut. - etc.), vetro stratificato, vetro laminato.
VGB (Vereinigung der Grosskesselbesitzer) (Kessel), Associazione degli Utenti di Grandi Caldaie.
V-Gespräch (n. - Fernspr.), telefonata con preavviso, conversazione con preavviso.
V-Getriebe (Verschiebung-Getriebe, V-Räderpaar) (n. - Mech.), ingranaggio spostato.
vgl. (vergleiche) (allg.), vedi, confronta, v., cfr.
VG-Norm (Verteidigungs-Geräte-Norm) (f. - Normung), norma sugli apparecchi di difesa.
v. Gr. (von Greenwich) (Geogr.), da Greenwich.
v.g.u. (vorgelesen, genehmigt, unterschrieben) (recht.), letto, approvato, sottoscritto.
v. H. (vom Hundert) (Math. - etc.), percento.
v. Hd. (von Hand) (allg.), a mano.
VHF (sehr hohe Frequenz, 30-300 MHz) (Funk. - etc.), VHF.
V-H-Prüfung (Kegelrad-Prüfung bei der die horizontalen und vertikalen Verstellungen bestimmt werden) (f. - Mech.), prova degli spostamenti orizzontale e verticale.
V.I. (Viskositätsindex) (Chem. - Phys.), indice di viscosità.
Viadukt (Talbrücke, Überführung) (m. - Brück.b.), viadotto.
Vialit (Asphaltemulsion) (m. - Strass.b.), (tipo di) emulsione di bitume.
Vibration (Schwingung) (f. - Mech. - etc.), vibrazione. 2 ~ s·dämpfer (Schwingungsdämpfer) (m. - Ger.), antivibratore. 3 ~ s·fertiger (m. - Strass.b.masch.), vibrofinitrice (stradale). 4 ~ s·galvanometer (n. - Ger.), galvanometro a vibrazione. 5 ~ s·regler (Tirrillregler, Spannungsregler) (m. - Elekt. - Ger.), regolatore Tirrill. 6 ~ s·rüttler (zum Zuführen der Einzelteile an die Montagestelle z. B.) (m. - ind. Masch.), vibrotrasportatore, trasportatore vibrante. 7 ~ s·schleifen (zum Entgraten von Guss·stücken z. B.) (n. - mech. Technol.), vibromolatura. 8 ~ s·sieb (n. - Masch.), vibrovaglio. 9 ~ s·stampfer (Rüttelstampfer) (m. - Ger.), vibrocostipatore. 10 ~ s·strassenwalze (f. - Strass.b.masch.), (rullo) compressore vibrante, vibrocompressore stradale. 11 ~ s·verdichtung (Rüttelverdichtung) (f. - Ing.b.), costipazione a scossa. 12 ~ s·verdichtungsmaschine (f. - Ing.b. - Masch.), vibrocostipatrice. 13 ~ s·viskosimeter (n. - Ger.), viscosimetro a vibrazione.
Vibrator (bei Elektroerosion) (m. - Ger.), vibratore. 2 ~ (Elekt.), siehe Zerhacker.
Vibrieren (zum Entgraten von Gussteilen z. B.) (n. - mech. Technol.), vibratura.
vibrieren (zittern) (Mech. - etc.), vibrare. 2 ~ (zum Entgraten von Gussteilen z. B.) (mech. Technol.), vibrare (v.t.), sottoporre a vibrazioni.
vibrierend (allg.), vibrante.
Vibriertisch (für Beton z. B.) (m. - Bauw. - Masch.), vibratore, tavola vibrante.
Vibrograph (Ger. zum Registrieren von Schwingungen an Masch., Schiffen, Brücken, etc.) (m. - Ger.), vibrografo.
Vickershärte (f. - mech. Technol.), durezza Vickers.
Video-Frequenz (f. - Fernseh.), videofrequenza. 2 ~ band (n. - Fernseh.), banda di videofrequenza.
Video-Gleichrichter (m. - Fernseh.), videoraddrizzatore, raddrizzatore video.
Video-Signal (Signalgemisch) (n. - Fernseh.), videosegnale, segnale video.
Video-Verstärker (m. - Fernseh.), amplificatore video, videoamplificatore.
Vidikon (Resistron, Bildzerleger zur Aufnahme von Fernsehbildern) (n. - Fernseh.), vidiconoscopio.
Viehsalz (n. - chem. Ind.), sale per usi industriali, sale industriale, sale pastorizio.
Viehtransporter (Viehtransportwagen) (m. - Aut.), autocarro per trasporto bestiame. 2 ~ (Spezialschiff) (naut.), nave per trasporto bestiame.
Viehwagen (m. - Eisenb.), carro bestiame.
vieladrig (Elekt.), a più fili.
vielbasisch (Chem.), polibasico.
Vieleck (Polygon) (n. - Geom.), poligono. 2 ~ ausbau (Polygonausbau) (m. - Bergbau), armatura poligonale. 3 ~ verstärkung (eines Türstockes) (f. - Bergbau), rinforzo poligonale.
vieleckig (Geom.), poligonale.
vielfach (allg.), multiplo.
Vielfachaufhängung (von elekt. Leitungen z. B.) (f. - Elekt. - etc.), sospensione catenaria.
Vielfachbohrmaschine (Mehrspindelbohrmaschine) (f. - Werkz.masch.), trapano plurimandrino.
Vielfachdose (Vielfachsteckdose) (f. - Elekt.), presa multipla.
Vielfachecho (n. - Akus.), eco multiplo.
Vielfachmessgerät (Multimeter) (n. - elekt. Ger.), multimetro, « tester ».
Vielfachsteckdose (Vielfachdose) (f. - Elekt.), presa multipla.
Vielfachtelegraphie (f. - Telegr.), telegrafia multipla.
vielfältig (allg.), molteplice.
Vielfarbendruck (Polychromie) (m. - Druck.), policromia.

Vielflach (Polyeder) (*n. - Geom.*), poliedro.
vielgängig (Gewinde) (*Mech.*), a più principi.
Vielhärtungsversuch (von Stahl, durch mehrfach wiederholtes Härten und Glühen) (*m. - Werkstoffprüfung*), prova a tempra e ricottura ripetute.
Vielkammer-Magnetron (*n. - Elektronik*), magnetron a cavità, magnetron multicavità.
Vielkeilwelle (Keilwelle) (*f. - Mech.*), albero scanalato.
Vielkristall (*m. - Min.*), policristallo.
Viellochstanze (zum Lochen von Trafo-Blechen) (*f. - Masch.*), punzonatrice multipla.
Vielmeisseldrehen (*n. - Werkz.masch.bearb.*), tornitura multipla, tornitura ad utensili multipli.
vielmotorig (*Flugw. - etc.*), a più motori.
vielpaarig (*allg.*), multicoppia.
vielphasig (*Elekt.*), polifase.
Vielprobenmaschine (*f. - Materialprüfungsmasch.*), macchina per più provini.
Vielpunkter (Schweissmaschine) (*m. - Masch.*), puntatrice multipla.
Vielröhrenkessel (*m. - Kessel*), caldaia multitubolare.
vielschichtig (*allg.*), a più strati.
Vielschichtsperrholz (Multiplexplatte, aus 5 oder mehr Lagen von Furnieren) (*n. - Tischl.*), compensato multiplex, compensato a più di 4 strati.
Vielschlitz-Magnetron (*n. - Elektronik*), magnetron a cavità, magnetron multicavità.
Vielschnittdrehbank (mit mindestens zwei Schlitten, mit Vielstahlhaltern, und auf der zu gleicher Zeit längs- und plangedreht werden kann) (*f. - Werkz.masch.*), tornio per cilindratura e sfacciatura.
Vielschwinger (Multivibrator) (*m. - Elektronik*), multivibratore.
vielseitig (*allg.*), versatile.
Vielseitigkeit (vielseitige Verwendbarkeit) (*f. allg.*), versatilità.
Vielspindelbohrmaschine (Mehrspindelbohrmaschine) (*f. - Werkz.masch.*), trapano plurimandrino.
vielspurig (*Strasse*), a più corsie.
vielstaatlich (Firma, Gruppe) (*finanz.*), multinazionale.
Vielstahlautomat (Drehautomat) (*m. - Werkz.masch.*), tornio automatico ad utensili multipli.
Vielstahleinrichtung (Vielstahlhalter) (*f. - Werkz.masch.*), portautensile multiplo.
Vielstahlhalter (*m. - Werkz.masch.bearb.*), portautensile multiplo.
Vielsternmotor (*m. - Flugmotor*), motore pluristellare.
vielstöckig (*Bauw.*), a più piani.
Vielstoffmotor (Verbrennungsmotor) (*m. - Mot.*), motore policarburante.
Vielstreifenschere (*f. - Masch.*), cesoia per taglio a strisce, cesoia circolare a più coltelli.
vielstufig (*Masch.*), pluristadio, a più stadi.
vielteilig (*Math.*), polinomiale.
Vielwegehahn (*m. - Leit.*), rubinetto a più vie.
vielwertig (*allg.*), polivalente.
vielzellig (*allg.*), multicellulare.
Vielzweckmaschine (*f. - Masch.*), macchina universale.
vierachsig (*Fahrz.*), a quattro assi.
Vierblattluftschraube (*f. - Flugw.*), elica quadripala.
Viereck (*n. - Geom.*), quadrangolo. 2 ~ **fräsen** (*n. - Werkz.masch.bearb.*), fresatura a quadrangolo.
viereckig (*Geom.*), quadrangolare.
Vierendeelträger (*m. - Bauw.*), trave Vierendeel.
Vierer (*m. - Fernspr.*), bicoppia. 2 ~ (Phantomleitung, Viererkreis) (*Fernspr.*), circuito virtuale. 3 ~ **abschlusswiderstand** (*m. - Fernspr.*), resistenza terminale per circuiti virtuali. 4 ~ **belastung** (*f. - Fernspr.*), carica del circuito virtuale. 5 ~ **bildung** (*f. - Fernspr.*), virtualizzazione, formazione di circuiti virtuali. 6 ~ **bündel** (*n. - Elekt.*), fascio quadrinato. 7 ~ **gruppe** (*f. - Math.*), gruppo quadrinomio, gruppo trirettangolo. 8 ~ **kabel** (*n. - Elekt.*), cavo quadripolare.
vierfach (*allg.*), quadruplo.
Vierfachexpansionsmaschine (*f. - Dampfmasch.*), macchina a quadrupla espansione.
Vierfachtelegraphie (*f. - Telegr.*), telegrafia quadrupla.
Vierfarbendruck (*m. - Druck.*), quadricromia.
Vierganggetriebe (*n. - Aut.*), cambio a quattro marce, cambio a quattro rapporti.
Viergelenkgetriebe (Gelenkviereck) (*n. - Mech.*), quadrilatero articolato.
Viergespann (Türstock mit Sohlenholz) (*n. - Bergbau*), quadro completo.
viergliedrig (*Math.*), quadrinomiale.
Vierkant (Quadrat) (*m. - Mech.*), quadrato. 2 ~ (viereckiger Kopf, eines Wasserhahnes z. B.) (*Leit.*), quadro (*s.*), testa quadra. 3 ~ **ansatz** (einer Schraube) (*m. - Mech.*), spallamento quadro. 4 ~ **aufsteckschlüssel** (*m. - Werkz.*), chiave a tubo a foro quadro. 5 ~ **block** (*m. - Metall.*), lingotto quadro, lingotto a sezione quadra. 6 ~ **drehen** (*n. - Werkz.masch.bearb.*), tornitura di quadri, tornitura di profili quadri. 7 ~ **einsteckschlüssel** (*m. - Werkz.*), chiave per fori quadri, chiave a maschio quadro. 8 ~ **eisen** (*n. - metall. Ind.*), barra quadra (di ferro). 9 ~ **feile** (*f. - Werkz.*), lima quadra. 10 ~ **kopf** (Schraube z. B.) (*m. - Mech.*), testa quadra. 11 ~ **loch** (*n. - allg.*), foro quadro. 12 ~ **mutter** (*f. - Mech.*), dado quadro. 13 ~ **räumen** (*n. - Werkz.masch.bearb.*), brocciatura di fori quadri. 14 ~ **revolver** (Vierkantrevolverkopf) (*m. - Werkz.masch.*), torretta quadra. 15 ~ **rohr** (*n. - Kessel - etc.*), tubo a sezione quadra. 16 ~ **schaft** (*m. - Mech. - etc.*), gambo quadro, stelo quadro. 17 ~ **scheibe** (für Stahl- und Holzbau) (*f. - Mech.*), rosetta quadra. 18 ~ **schlüssel** (*m. - Werkz.*), chiave per tappi a testa quadra, chiave a maschio quadro. 19 ~ **stahl** (*m. - metall. Ind.*), barra quadra di acciaio, quadro di acciaio. 20 **Spindel** ~ (*Mech.*), perno quadro.
vierkantig (*Mech. - etc.*), quadro (*a.*).
Vierklotzbremse (Vierbackenbremse) (*f. Fahrz.*), freno a quattro ceppi.
Vierkomponentenwaage (*f. - Flugw.*), bilancia a quattro componenti.

Vierleitersystem

Vierleitersystem (*n. - Elekt.*), sistema a quattro fili.
Vierlingslokomotive (*f. - Eisenb.*), locomotiva a quattro cilindri.
Viermaster (Segelschiff) (*m. - naut.*), veliero a quattro alberi.
viermonatlich (Zeitschrift z. B.) (*allg.*), quadrimestrale.
vierphasig (*Elekt.*), tetrapolare, a quattro fasi.
Vierpol (*m. - Elekt. - Funk.*), quadripolo, quadrupolo, trasduttore quadripolare. 2 ~ **dämpfung** (*f. - Elekt. - Funk.*), attenuazione di quadripolo. 3 ~ **gleichungen** (*f. - pl. - Elekt.*), equazioni del quadripolo. 4 ~ **röhre** (Tetrode) (*f. - Elektronik*), tetrodo.
vierpolig (*Elekt.*), quadripolare. 2 ~ **e Maschine** (*elekt. Masch.*), macchina a quattro poli.
Vierpunktpresse (bei der die Kräfte an vier Punkten in den Stössel angebracht werden) (*f. - Masch.*), pressa a quattro punti.
Vierquartier (ganzer Stein) (*n. - Maur.*), mattone intero.
Vierradantrieb (*m. - Aut.*), trazione su tutte le ruote, trasmissione su tutte le ruote.
Vierradlenkung (*f. - Fahrz.*), sterzo sulle quattro ruote.
Vierrollenlager (eines Trägers) (*n. - Bauw.*), appoggio a quattro rulli.
Vierschichtdiode (*f. - Elektronik*), diodo a quattro strati, diodo di Shockley.
Viersitzer (*m. - Fahrz.*), veicolo a quattro posti.
vierspaltig (*Druck. - Zeitg.*), su quattro colonne.
Vierspindler (*m. - Werkz.masch.*), macchina automatica a quattro mandrini.
Vierstoffstahl (*m. - Metall.*), acciaio quaternario.
vierstufig (*Bauw.*), a quattro gradini. 2 ~ (*Masch. - Thermodyn.*), a quattro stadi. 3 ~ (Getriebe) (*Mech.*), a quattro rapporti, a quattro marce.
Viertakter (Viertaktmotor) (*m. - Mot.*), motore a quattro tempi.
Viertaktmotor (*m. - Mot.*), motore a quattro tempi.
Viertaktverfahren (Arbeitsspiel) (*n. - Mot.*), ciclo a quattro tempi.
vierteilig (*Math.*), quadrinomiale.
Viertel (*n. - allg.*), quarta parte, quarto. 2 ~ (Stadtteil) (*Bauw.*), quartiere, rione. 3 ~ **dach** (*n. - Bauw.*), tetto con pendenza 1 : 4. 4 ~ **drehung** (*f. - Mech. - etc.*), quarto di giro. 5 ~ **feder** (einer Aufhängung) (¼ - Elliptik- Feder) (*f. - Fahrz.*), semibalestra, molla semicantilever. 6 ~ **fehler** (der Bussole) (*m. - naut.*), errore quadrantale. 7 ~ **kreisfläche** (*f. - Geom.*), quadrante. 8 ~ **kreisfräser** (nach innen gewölbt) (*m. - Werkz.*), fresa a raggio concava a quarto di cerchio. 9 ~ **silber** (aus etwa 60% Cu, Rest Ag) (*n. - Legierung*), argento al rame. 10 ~ **stab** (*m. - Arch.*), quartuccio. 11 ~ **stück** (Quartierstück) (*n. - Maur.*), boccone, quarto di mattone. 12 ~ **welle** (*f. - Funk.*), quarto d'onda. 13 ~ **wellenantenne** (*f. - Funk.*), antenna in quarto d'onda.

vierteljährlich (Zeitschrift z. B.) (*allg.*), trimestrale.
viertürig (*Aut.*), a quattro porte.
Vierung (Kreuzung von Quer- und Längsschiff der Kirche) (*f. - Arch.*), crociera.
Vierwalzenstrasse (*f. - Walzw.*), treno quarto.
Vierwalzwerk (*n. - Walzw.*), laminatoio a quattro cilindri.
Vierwegehahn (*m. - Leit.*), rubinetto a quattro vie.
vierwertig (*Chem.*), tetravalente.
Vierzylindermotor (*m. - Mot.*), motore a quattro cilindri.
Vignette (*f. - Buchdruck*), vignetta, illustrazione.
Vignettierung (Abschattung) (*f. - Opt. - Fehler*), sfumatura.
Vignolesschiene (Breitfuss-schiene) (*f. - Eisenb.*), rotaia Vignole, rotaia a base larga.
Vigogne (mit 70-80% Baumwolle und 30-20% Wolle gesponnenes Garn) (*f. - Textilind.*), vigogna.
Vigoureuxdrucken (*n. - Textilind.*), stampa « Vigoureux ».
Vikunjawolle (*f. - Textilind.*), vigogna.
Villard - Schaltung (Einweg - Gleichrichterschaltung) (*f. - Elekt.*), circuito (raddrizzatore) di Villard.
V-Impuls (Vertikal-Impuls) (*m. - Fernseh.*), impulso verticale, impulso di sincronizzazione verticale.
Vincentpresse (Schwungradspindelpresse, deren Stössel nach oben gezogen wird) (*f. - Masch.*), pressa Vincent, pressa a frizione a vite Vincent.
Vinyl (*n. - Chem.*), vinile. 2 ~ **azetat** (*n. - Chem.*), acetato di vinile, vinilacetato. 3 ~ **chlorid** (VC) (*n. - Chem.*), cloruro di vinile, VC. 4 ~ **harz** (*n. - Chem.*), resina vinilica.
Vinylierung (*f. - Chem.*), vinilizzazione.
violett (*Farbe*), violetto.
VIP (Vereinigung der Industriefilm-Produzenten) (*Filmtech.*), Associazione Produttori Film Industriali.
virial (*Phys.*), viriale.
virtuell (*Mech. - etc.*), virtuale. 2 ~ **e Arbeit** (*Mech. - Bauw.*), lavoro virtuale. 3 ~ **e Kathode** (*Funk.*), catodo virtuale. 4 ~ **es Bild** (*Opt.*), immagine virtuale. 5 ~ **e Verschiebung** (virtuelle Verrückung) (*Mech.*), spostamento virtuale.
Visier (hinterer Teil der Zielvorrichtung, am Gewehr) (*n. - Feuerwaffe*), tacca di mira. 2 ~ **einrichtung** (opt. Einrichtung, an Geschützen) (*f. - Feuerwaffe*), congegno di mira, congegno di puntamento. 3 ~ **linie** (*f. - Opt.*), linea di mira. 4 ~ **tafel** (Ausrichtetafel) (*f. - Top. - Ger.*), scopo. 5 ~ **winkel** (Aufsatzwinkel) (*m. - milit. - Top.*), angolo di elevazione.
visieren (*Opt. - etc.*), mirare, puntare.
Visioplastizität (Methode zur Lösung von Problemen des Werkstoffflusses) (*f. - mech. Technol.*), visioplasticità.
Visite (Besuch) (*f. - allg.*), visita. 2 ~ **n-karte** (Besuchskarte) (*f. - komm. - Post*), biglietto da visita.

viskoelastisch (Deformation) (*Metall.*), viscoelastico.

Viskogramm (zur Darstellung des Viskositäts-Temperatur-Verhaltens) (*n. - Chem.*), curva di viscosità, diagramma di viscosità.

viskos (*Phys. - Chem.*), viscoso. 2 ~ **e Reibung** (Flüssigkeitsreibung) (*Mech.*), attrito fluido, attrito viscoso. 3 ~ **e Strömung** (*Hydr.*), corrente viscosa.

Viskose (Kunstseide) (*f. - Textilind.*), viscosa (*s.*).

Viskosimeter (*n. - Ger.*), viscosimetro. 2 **Kapillar** ~ (*Ger.*), viscosimetro a capillare. 3 **Kugelfall** ~ (*Ger.*), viscosimetro a sfera, viscosimetro a caduta di sfera. 4 **Rotations** ~ (bei dem das durch die Flüssigkeit übertragenes Drehmoment gemessen wird) (*Ger.*), viscosimetro a rotazione.

Viskosität (Zähflüssigkeit, Zähigkeit) (*f. - Phys. - Chem.*), viscosità. 2 ~ **s·grenze** (*f. - Metall.*), limite di viscosità (a caldo). 3 ~ **s·index** (*m. - Chem.*), indice di viscosità. 4 ~ **s·verhältnis** (relative Viskosität, bei Lösungen) (*n. - Phys. - Chem.*), viscosità relativa. 5 **dynamische** ~ (durch Poisen gemessen) (*Phys. - Chem.*), viscosità dinamica. 6 **grundmolare** ~ (*Chem.*), viscosità intrinseca. 7 **kinematische** ~ (durch Stokes gemessen) (*Phys. - Chem.*), viscosità cinematica. 8 **relative** ~ (*Phys. - Chem.*), viscosità relativa.

Visiteur (Wagenmeister) (*m. - Eisenb. - Arb.*) (*schweiz.*), verificatore. 2 ~ **posten** (Wagenunterhaltsstelle) (*m. - Eisenb.*) (*schweiz.*), squadra rialzo.

Vistavision (Filmverfahren) (*f. - Filmtech.*), Vistavision.

visuell (*Opt.*), visuale.

Visum (Beglaubigung, Erlaubnis) (*n. - recht.*), visto.

Vitallium (korrosionsbeständige und hochwarmfeste Gusslegierung auf Kobaltbasis) (*n. - Legierung*), vitallium.

Vitamin (*n. - Med. - Pharm.*), vitamina.

Vitrier (Sandhaken) (*m. - Giess. - Werkz.*), battisabbia.

Vitrine (Schauschrank) (*f. - Möbel - komm.*), vetrina.

Vitrinit (Gefügebestandteil der Steinkohle) (*m. - Min.*), vitrinite.

Vitriol (*n. - m. - Chem.*), vetriolo. 2 ~ **bleierz** (Anglesit) (*n. - Min.*), anglesite. 3 ~ **öl** (rauchende Schwefelsäure) (*n. - Chem.*), olio di vetriolo, acido solforico fumante, oleum. 4 **blaues** ~ ($CuSO_4.5\ H_2O$) (Kupfersulfat) (*Chem.*), vetriolo azzurro, solfato di rame. 5 **grünes** ~ ($FeSO_4.7\ H_2O$) (Eisensulfat) (*Chem.*), vetriolo verde, solfato ferroso. 6 **weisser** ~ ($ZnSO_4.7\ H_2O$) (Zinksulfat) (*Chem.*), vetriolo bianco, solfato di zinco.

Vitrit (Glanzkohle) (*m. - Brennst.*), vitrite, carbone brillante.

Vivianit (Blaueisenerz) (*m. - Min.*), vivianite.

Vizepräsident (*m. - allg.*), vicepresidente.

Vizinalbahn (Nebenbahn) (*f. - Eisenb.*), ferrovia vicinale, ferrovia suburbana.

Vizinalfläche (*f. - Kristallographie*), faccia vicinale.

v. J. (vorigen Jahres) (*allg.*), scorso anno, anno scorso.

vk (verkupfert) (*Metall.*), ramato.

VKA - VD (Vier-Kugel-Apparat-Verschleiss-Durchmesser, bei Schmieröl-Prüfung) (*Mech.*) indice di usura determinato con apparecchio a quattro sfere.

VKE (Verband kunststofferzeugender Industrie) (*chem. Ind.*), Associazione Industrie Produttrici di Materie Plastiche.

V-Kerbe (*f. - allg.*), intaglio a V.

VK-Stahl (verbesserter Konverter-Stahl) (*m. - Metall.*), acciaio al convertitore di buona qualità.

V-Leitwerk (*n. - Flugw.*), impennaggio a V.

VLF (Verlustfaktor, tanδ, eines Dielektrikum) (*Elekt.*), fattore di perdita, tgδ. 2 ~ (sehr niedrige Frequenz, unter 30 kHz) (*Elekt.*), VLF, bassissima frequenza.

Vlies (Faserlage, auf der Krempel) (*n. - Textilind.*), velo. 2 ~ (Wolldecke des Schafs) (*Textilind.*), vello. 3 ~ **krempel** (*m. - Textilmasch.*), carda intermedia.

VM (Voltmeter) (*Elekt.*), voltmetro. 2 ~ (Mittelwagen) (*Eisenb.*), carrozza intermedia.

v. M. (vorigen Monats) (*allg.*), mese scorso, scorso mese.

VME (Verstärkungsmesseinrichtung) (*Ger.*), misuratore di guadagno.

V-meter (Voltmeter) (*n. - elekt. Instr.*), voltmetro.

V - Minus - Rad (Verschiebung - Minus - Rad, Zahnrad mit Verschiebung zur Radmitte) (*n. - Mech.*), ruota dentata con coefficiente di spostamento negativo, ruota dentata con spostamento negativo (del profilo).

V-Motor (*m. - Mot.*), motore a V, motore con cilindri a V.

VMPA (Verband der Materialprüfungsämter) (*Baukonstr.lehre*), Associazione Enti Prova Materiali.

vn (vernickelt) (*Metall.*), nichelato.

V-Naht (beim Schweissen) (*f. - mach. Technol.*), saldatura a V.

V-n-Diagramm (V-n-Schaubild, Geschwindigkeits - Lastvielfaches - Diagramm) (*n. - Flugw.*), diagramma velocità-coefficiente di carico.

V-Null-Getriebe (entstehend durch die Paarung zweier V-Räder) (*n. - Mech.*), ingranaggio x-zero, ingranaggio con coefficiente di spostamento zero.

V-Nut (*f. - Mech.*), scanalatura a V, cava a V.

VO (Verordung) (*recht.*), regolamento.

v. o. (von oben) (*allg.*), dall'alto.

VOB (Verdingungsordnung für Bauleistungen) (*komm.*), capitolato d'appalto per prestazioni edili.

Vocoder (voice-coder) (*m. - Akus.*), Vocoder.

Voder (voice operation demonstrator) (*m. - Akus.*), Voder.

V-O-Getriebe (*n. - Mech.*), siehe V-Null-Getriebe.

Vöi (Verband österreichischer Ingenieure) (*Ind.*) (*österr.*), Associazione Austriaca degli Ingegneri.

Voile (Schleierstoff) (*m. - Text.*), velo.

Voith-Schneider-Propeller (Schiffsantrieb,

Volant

der gleichzeitig zum Steuern dient) (*m. - naut.*), propulsore Voith-Schneider.
Volant (Lenkrad) (*m. - n. - Aut.*) (*österr. - schweiz.*), volante.
Volksdichte (*f. - Stat.*), densità di popolazione.
Volkseinkommen (*n. - finanz.*), reddito nazionale.
Volksfördermittel (*n. - Transp.*), mezzo di trasporto popolare.
Volksgesundheit (*f. - Med.*), salute pubblica.
Volksplage (*f. - Med.*), flagello sociale.
Volksschule (*f. - Schule*), scuola elementare.
Volkswirtschaft (*f. - Adm.*), economia nazionale.
Volkszählung (*f. - Stat. - etc.*), censimento.
voll (gefüllt) (*allg.*), pieno. 2 ~ (Welle z. B.) (*Mech.*), pieno. 3 ~ (ganz) (*allg.*), intero. 4 ~ (Mond) (*Astr.*), pieno. 5 ~ **automatisch** (*Elektromech.*), (completamente) automatico. 6 ~ **belastet** (unter Vollast) (*Mot. - etc.*), a pieno carico. 7 ~ **bereiten** (fertig) (*adj. - allg.*), finito, pronto. 8 ~ **brauwig** (vierkantig) (*allg.*), quadro. 9 ~ **bringen** (zu Ende bringen) (*allg.*), portare a termine, ultimare. 10 ~ **eingezahlt** (Kapital) (*finanz.*), interamente versato. 11 ~ **flächig** (*Kristallographie*), oloedrico. 12 ~ **getankt** (*Aut.*), con serbatoio pieno. 13 ~ **gummi-isoliert** (*Elekt.*), sottogomma. 14 ~ **jährig** (*Arb. etc.*), adulto (*a.*). 15 ~ **kommen** (*adj. - allg.*), siehe vollkommen. 16 ~ **kristallin** (*Min.*), olocristallino. 17 ~ **voraus** (*naut.*), avanti tutto. 18 ~ **wandig** (*Bauw. - etc.*), a parete piena. 19 ~ **zurück** (*naut.*), indietro tutto.
Vollagerung (der Kurbelwelle, siebenfache Lagerung eines 6-Zylinder-Motors) (*f. - Mot.*), (supporto su) sette cuscinetti di banco.
Vollamt (Zentralamt) (*n. - Fernspr.*), centrale principale.
Vollanhänger (*m. - Fahrz.*), rimorchio.
Vollanode (*f. - Elektronik*), anodo massiccio.
Vollanstalt (höhere Schule) (*f. - Schule*), scuola superiore.
Vollast (*f. - Mot. - Elekt.*), pieno carico. 2 ~ **drehzahl** (*f. - Mot.*), numero di giri a pieno carico, velocità (angolare) a pieno carico.
Vollaufarbeitung (Hauptrevision) (*f. - Eisenb.*), revisione generale.
Vollausbruchbauweise (österreichische Bauweise, eines Tunnels) (*f. - Ing.b.*), metodo di attacco a piena sezione, metodo di attacco austriaco.
Vollausschlag (eines Messgerätes) (*m. - Instr.*), fondo scala.
Vollautomat (Drehbank) (*m. - Werkz.masch.*), tornio automatico.
Vollbahn (Vollspurbahn) (*f. - Eisenb.*), ferrovia a scartamento normale.
Vollbauweise (einer Welle z. B.) (*f. - Mech.*), costruzione piena.
Vollbelastung (von Maschinen, Anlagen, etc.) (*f. - Werkz.masch. - etc.*), saturazione.
Vollbeschäftigung (*f. - Arb.*), piena occupazione.
Vollbildfrequenz (*f. - Fernseh.*), frequenza di immagine.

Vollbohren (*n. - Werkz.masch.bearb.*), trapanatura, foratura al trapano.
Vollbolzen (Bolzen ohne Kopf) (*m. - Mech.*), perno.
Vollbremsung (wenn das Fahrz. anhält) (*f. - Fahrz.*), frenatura di arresto.
Volldampf (*m. - Dampfmasch.*), tutto vapore.
Voll-Drehautomat (Dreh-Vollautomat, bei dem auch der Werkstoff oder die Einzelteile selbsttätig zugeführt werden) (*m. - Werkz.masch.*), tornio automatico autocaricato.
Volldruckanzug (Überdruckanzug) (*m. - Flugw.*), tuta pressurizzata.
Volldruckhöhe (eines aufgeladenen Kolbenmotors) (*f. - Flugmotor*), quota di ristabilimento.
Volle (*n. - allg.*), pieno. 2 aus dem ~ n **bearbeitet** (*Mech.*), lavorato dal pieno.
Volleistung (*f. - Mot. - etc.*), piena potenza. 2 ~ **s·höhe** (eines Kolbenmotors, Volldruckhöhe, Vollgashöhe) (*f. - Flugmotor*), quota di ristabilimento.
Vollendung (der Arbeit) (*f. - allg.*), ultimazione.
Vollentstörung (*f. - Funk.*), schermatura completa.
Vollfarbe (reinste Farbe) (*f. - Opt.*), colore puro.
Vollflächner (*m. - Kristallographie*), oloedro.
Vollfliesspressen (Fliesspressen von Vollkörpern) (*n. - mech. Technol.*), estrusione di pezzi pieni.
Vollförderung (*f. - allg.*), portata massima.
Vollfuge (*f. - Tischl. - etc.*), giunto a paro.
Vollgas (*n. - Mot.*), tutto gas, pieno gas. 2 ~ **höhe** (Volldruckhöhe) (*f. - Flugmotor*), quota di ristabilimento, quota di farfalla tutta aperta. 3 ~ **-Kennlinie** (Vollgas-Kennung) (*f. - Verbr. - Mot.*), caratteristica a pieno gas.
Vollgatter (Gattersäge) (*n. - Masch.*), sega alternativa multipla (per legno), segatrice alternativa multipla (per legno).
vollgekapselt (*elekt. Masch.*), stagno, completamente chiuso.
Vollgummireifen (*m. - Fahrz.*), gomma piena.
Vollhartguss (rein weiss erstarrter Hartguss) (*m. - Giess.*), getto di ghisa bianca.
Völligkeit (*f. - naut.*), finezza. 2 ~ **s·grad** (einer bearbeiten Oberfläche, bei Rauheitsmessungen) (*m. - Mech.*), fattore di pienezza. 3 ~ **s·grad** (Völligkeitszahl) (*naut.*), coefficiente di finezza. 4 ~ **s·grad** (von Kegelrädern, Verhältnis zwischen Zahnbreite und Mantellinie) (*Mech.*), rapporto tra larghezza di dentatura e generatrice. 5 ~ **s·zahl** (*f. - naut.*), coefficiente di finezza. 6 **Block** ~ **s·grad** (Völligkeitsgrad der Verdrängung) (*m. - naut.*), coefficiente di finezza totale di carena. 7 **prismatischer** ~ **s·grad** (Schärfegrad) (*naut.*), coefficiente di finezza longitudinale di carena.
Vollinie (*f. - Zeichn.*), linea continua. 2 **dünne** ~ (*Zeichn.*), linea continua sottile.
Vollinvalidität (*f. - Arb. - etc.*), invalidità totale.
Vollkaskoversicherung (*f. - finanz.*), assicurazione contro tutti i rischi.
vollkavitierend (Propeller, superkavitierend)

(*naut.*), supercavitante, a cavitazione completa.
Vollkettenfahrzeug (*n. - Fahrz.*), veicolo cingolato.
vollkommen (*allg.*), completo. 2 ~ (Gas z. B.) (*Phys. - Chem. - etc.*), perfetto. 3 ~ (genau) (*allg.*), preciso. 4 ~ e **Streuung** (*Beleucht.*), diffusione perfetta. 5 ~ e **Verbrennung** (*Verbr.*), combustione completa.
Voll-Leder (ungespaltenes Leder) (*n. - Lederind.*), cuoio non spaccato.
Vollmacht (*f. - recht.*), procura. 2 ~ **geber** (*m. - recht.*), mandante.
Vollmass (*n. - Bauw.*), misura vuoto per pieno.
Vollmond (*m. - Astr.*), luna piena.
Vollpolmaschine (*f. - elekt. Masch.*), macchina a poli non salienti.
Vollprüfung (100% Prüfung, bei Qualitätskontrolle) (*f. - mech. Technol.*), collaudo al 100%.
Vollrad (Scheibenrad) (*n. - Aut.*), ruota a disco. 2 ~ (Monobloc-Rad, für Gleisfahrzeuge, mit Lauffläche und Radkörper aus einem Stück) (*Eisenb.*), ruota monoblocco.
Vollreifen (Vollgummireifen) (*m. - Fahrz.*), gomma piena.
Vollsäule (*f. - Bauw.*), colonna piena.
Vollschmierung (bei der die Oberflächen durch Ölfilm ganz getrennt sind) (*f. - Mech.*), lubrificazione idrodinamica, lubrificazione in velo spesso, lubrificazione viscosa, lubrificazione fluente.
Vollschnitt (*m. - Zeichn.*), sezione intera.
Vollsicht-Limousine (geschlossener Personenkraftwagen ohne Mittelsäulen zwischen den Seitenfenstern) (*f. - Aut.*), berlina a piena visione.
Vollsichtpackung (*f. - Packung*), confezione trasparente.
Vollspur (Normalspur) (*f. - Eisenb.*), scartamento normale.
Vollstange (*f. - Metall.*), barra piena.
Vollstein (Vollziegel) (*m. - Maur.*), laterizio pieno, mattone pieno.
Vollstreckbarerklärung (eines Spruches) (*f. - recht.*), omologazione.
Vollstreckbarkeit (eines Spruches) (*f. - recht.*), carattere esecutorio.
Vollstrich (Vollinie) (*m. - Zeichn.*), linea continua.
Volltastatur (*f. - Rechner - etc.*), tastiera completa.
volltragend (Zahn) (*Mech.*), con portata sull'intera lunghezza, con contatto sull'intera lunghezza.
Volltransformator (gewöhnlicher Zweiwicklungen-Trafo) (*m. - Elekt.*), trasformatore (normale a due avvolgimenti).
Vollturbine (*f. - Turb.*), turbina ad ammissione totale.
Vollwandträger (*m. - Bauw.*), trave a parete piena.
Vollweggleichrichter (*m. - Elekt.*), raddrizzatore di onda intera.
Vollwelle (*f. - Mech.*), albero pieno.
Vollziegel (Vollstein) (*m. - Maur.*), laterizio pieno, mattone pieno.
vollziehen (ausführen) (*allg.*), eseguire. 2 ~ (geschehen) (*allg.*), accadere, avvenire, compiersi.
vollziehend (ausübend) (*allg.*), esecutivo.
Vollzug (*m. - Adm. - recht.*), esecuzione. 2 ~ **s·ausschuss** (*m. - allg.*), comitato esecutivo.
Volt (*n. - Elekt.*), volt. 2 ~ **ampere** (*n. - Elekt.*), voltampere, potenza apparente. 3 ~ **meter** (Spannungsmesser) (*n. - Elekt. - Instr.*), voltmetro. 4 ~ **sekunde** (Weber, Wb) (*f. - Elekt.*), weber, volt-secondo.
voltaisch (*Elekt.*), voltaico.
Voltameter (Coulombmeter) (*n. - elekt. Instr.*), voltametro.
Voltapaar (*n. - Elekt.*), coppia voltaica.
Volum (Volumen, Rauminhalt) (*n. - Geom.*), volume. 2 ~ (Band) (*Druck.*), volume. 3 ~ **en·durchfluss** (m³/h z. B.) (*m. - Hydr.*), portata in volume. 4 ~ **en·elastizität** (*f. - Baukonstr.lehre*), elasticità di volume. 5 ~ **en·index** (*m. - Stat. - etc.*), indice di quantità. 6 ~ **en·schnelle** (*f. - Akus.*), siehe Schallfluss. 7 ~ **gewicht** (spezifisches Gewicht) (*n. - Phys. - Chem.*), peso specifico. 8 ~ **prozent** (*n. - Chem.*), percentuale volumetrica, percento in volume.
Volumenometer (Stereometer, Ger. zur Bestimmung des Rauminhalts und des spezifischen Gewichts von Körpern) (*n. - Ger.*), volumenometro.
Volumetrie (volumetrische Analyse, Massanalyse) (*f. - Chem.*), analisi volumetrica.
volumetrisch (*allg.*), volumetrico. 2 ~ **er Wirkungsgrad** (eines Verbr.mot.) (*Mot.*), rendimento volumetrico.
Volute (*f. - Arch.*), voluta.
Vomhundert (*n. - Math. - etc.*), percento.
VOR (UKW-Drehfunkfeuer) (*Funk.*), VOR, radiofaro rotante ad onde ultracorte.
vor (Bewegung) (*Masch. - etc.*), avanti.
Voranmeldung (*f. - Fernspr.*), chiamata di preavviso.
Voranschlag (vorläufige Berechnung) (*m. - Ind. - komm.*), preventivo (di costo).
Voranstrich (*m. - Anstr.*), prima mano. 2 ~ **mittel** (dünnflüssiger, bituminöser Sperrstoff, gegen Bodenfeuchtigkeit) (*n. - Bauw.*), isolante idrofugo, isolante bituminoso.
Voranzeige (*f. - Filmtech.*), prossimamente (*s.*).
Vorarbeit (vorbereitende Arbeit) (*f. - allg.*), lavoro preliminare, lavoro preparatorio.
vorarbeiten (*Mech. - etc.*), sgrossare. 2 ~ (*Schmieden - etc.*), sbozzare.
Vorarbeiter (*m. - Arb.*), caposquadra.
vorausbestimmen (*allg.*), predeterminare.
Vorauslass (Vorauspuff, eines Verbr.mot.) (*m. - Mot.*), anticipo allo scarico.
Vorausrechnung (*f. - Math. - etc.*), calcolo di progetto.
Voraussetzung (*f. - allg.*), premessa, condizione preliminare, ipotesi.
voraussichtlich (*allg.*), prevedibile.
Vorauszahlung (*f. - komm.*), pagamento anticipato.
Vorbahn (*f. - Eisenb. - Verk.*), ferrovia cedente.
Vorband (Band ohne magnetisierbare Schicht) (*n. - Elektroakus.*), supporto per nastro magnetico.

Vorbau (eines Gebäudes) (*m. - Bauw.*), avancorpo. 2 ~ (Vorhalle) (*Bauw.*), portico. 3 ~ (Veranda) (*Bauw.*), veranda. 4 ~ geräte (an Schleppern z. B. angebrachte Arbeitsmaschinen) (*n. - pl. - Fahrz. - etc.*), attrezzi portati. 5 ~ kranwagen (*m. - Eisenb.*), carro gru per la posa di prefabbricati. 6 ~ pumpe (eines Kraftfahrzeuges) (*f. - Fahrz.*), pompa anteriore, pompa montata anteriormente. 7 ~ winde (eines Fahrzeuges) (*f. - Fahrz.*), verricello anteriore.
Vorbearbeitung (*f. - Mech. - etc.*), lavorazione preliminare. 2 ~ s-Zeichnung (Darstellung eines Teiles in einem Zwischenzustand der Fertigung) (*f. - Zeichn.*), disegno di particolare semilavorato.
Vorbehalt (*m. - recht.*), riserva.
vorbehalten (*allg.*), salvo. 2 höhere Gewalt ~ (*komm. - etc.*), salvo caso di forza maggiore. 3 Zwischenverkauf ~ (*komm.*), salvo il venduto.
Vorbehandlung (*f. - Technol.*), trattamento preliminare.
vorbeifahren (*Strass.ver.*), sorpassare.
vorbeistreichen (*allg.*), lambire.
vorbelasten (*Mech. - etc.*), precaricare. 2 ~ (*Elekt. - Funk.*), polarizzare.
Vorbelastung (*f. - Mech.*), precarico. 2 ~ (*Elekt. - Funk.*), polarizzazione.
vorbereitet (*allg.*), preparato. 2 ~ (Gerät oder Ausführung z. B.) (*allg.*), predisposto.
Vorbereitung (*f. - allg.*), preparazione. 2 ~ s·feuer (*n. - Artillerie*), tiro di preparazione.
vorbeschichtet (Stahl, Blech etc.) (*metall. Ind. - Bauw. - etc.*), prerivestito.
vorbestimmt (*allg.*), predeterminato, prestabilito.
vorbeugend (*allg.*), preventivo. 2 ~ e Instandhaltung (*allg.*), manutenzione preventiva.
Vorbeugung (*f. - allg.*), prevenzione. 2 ~ (*Med.*), profilassi. 3 ~ s·mass (*n. - allg.*), misura preventiva.
Vorbild (*n. - allg.*), prototipo.
vorbildlich (*allg.*), tipico, esemplare.
Vorblasen (*n. - Metall.*), presoffiaggio.
Vorblech (Platine) (*n. - Metall.*), bidone.
Vorblock (*m. - Walzw.*), blumo. 2 ~ (*m. - Eisenb.*), blocco a monte.
vorblocken (*Walzw.*), sbozzare.
vorbohren (*Werkz.masch.bearb.*), forare di sgrosso, sgrossare al trapano.
Vorbohrer (Gewindebohrer) (*m. - Werkz.*), maschio sbozzatore, primo maschio filettatore.
Vorbohrung (*f. - Bergbau*), perforazione esplorativa.
Vorbramme (etwa 600-2000 mm Breite und etwa 65-200 mm Dicke, vorgewalzte Bramme) (*f. - Metall.*), bramma sbozzata.
Vorbremszeit (Zeit für Reaktion und Bremsbetätigung) (*f. - Fahrz.*), tempo di reazione più tempo di azionamento.
Vorbühne (*f. - Theater*), ribalta.
Vordach (*n. - Bauw.*), pensilina.
vordatieren (*komm.*), antedatare.
Vordeich (*m. - Wass.b.*), argine esterno.
Vorderachsantrieb (Vorderradantrieb, Frontantrieb) (*m. - Aut.*), trazione anteriore, trasmissione anteriore.
Vorderachsaufhängung (*f. - Aut.*), sospensione anteriore.
Vorderachse (*f. - Aut.*), assale anteriore, avantreno, treno anteriore.
Vorderachsschenkel (Achsschenkel) (*m. - Aut.*), fuso a snodo.
Vorderachszapfen (Achszapfen) (*m. - Aut.*), perno del fuso a snodo.
Vorderansicht (*f. - Zeichn.*), vista anteriore.
Vorderdeck (*n. - naut.*), coperta di prua.
Vordergrund (*m. - Phot. - etc.*), primo piano.
Vorderkante (eines Flügels) (*f. - Flugw.*), orlo d'attacco.
Vorderkipper (*m. - Fahrz.*), scaricatore a scarico frontale. 2 ~ (*Eisenb.*), rovesciatore a scarico frontale.
Vorderlader (altes Geschütz) (*m. - Feuerwaffe*), cannone ad avancarica.
vorderlastig (*Flugw. - etc.*), appruato.
Vorderpendelachse (*f. - Aut.*), assale anteriore oscillante, assale anteriore pendolare.
Vorderplattform (*f. - Fahrz.*), piattaforma anteriore.
Vorderrad (*n. - Aut.*), ruota anteriore. 2 ~ antrieb (Frontantrieb, Vorderachsantrieb) (*m. - Aut.*), trazione anteriore, trasmissione anteriore.
Vorderseite (*f. - Bauw.*), facciata.
Vordersitz (*m. - Aut.*), sedile anteriore.
Vordersteven (Vorsteven) (*m. - naut.*), ruota di prua. 2 Binnen ~ (*naut.*), controruota di prua.
Vorderteil (*m. - naut.*), prua, parte prodiera.
Vorderwagen (Motorwagen, Strassenbahntriebwagen) (*m. - elekt. Fahrz.*), motrice.
Vordock (*n. - naut.*), darsena esterna, antibacino.
Vordrehen (Schruppen) (*n. - Werkz.masch. bearb.*), sgrossatura al tornio, tornitura di sgrosso.
Vordrehmass (*n. - Werkz.masch.bearb.*), sovrametallo di sgrossatura al tornio.
vordringlich (*allg.*), urgente, preminente.
Vordrossel (*f. - Telegr.*), reattore di entrata.
Vordruck (Formular) (*m. - Druck.*), formulario, modulo. 2 ~ (Gasdruck am Eingang des Hausdruckreglers) (*Heizung - etc.*), pressione all'entrata (del regolatore).
Vordrücker (Ausstosser) (*m. - Werkz.*), espulsore.
Vordruckwalze (*f. - Papiermasch.*), siehe Egoutteur.
Voreilen (Voreilung, in Phase z. B.) (*n. - Elekt. - etc.*), anticipo.
voreilen (in Phase z. B.) (*Elekt. - etc.*), essere in anticipo, anticipare.
voreilig (*Elekt. - etc.*), in anticipo.
Voreilung (*f. - Elekt.*), anticipo. 2 ~ (*Dampfmasch.*), precessione. 3 ~ s·winkel (*m. - Elekt.*), angolo di anticipo. 4 ~ s·winkel (*Dampfmasch.*), angolo di precessione.
Voreilwinkel (*m. - Elekt. - etc.*), angolo di anticipo, anticipo angolare. 2 ~ (bei Lenkung) (*Aut.*), differenza tra angolo di sterzo interno ed esterno.
Voreinlasswinkel (*m. - Mot.*), anticipo d'ammissione, angolo di anticipo d'ammissione.

voreinstellen (*Mech. - etc.*), preregolare, preimpostare.
Voreinstellung (*f. - Mech. - etc.*), preregolazione, preimpostazione.
Voreinstellwerk (*n. - Elektromech.*), predispositore.
Vorentladung (Leitblitz) (*f. - Elekt.*), scarica preliminare.
Vorentwurf (*m. - Ind.*), progetto preliminare.
Vorfabrikation (*f. - Bauw.*), prefabbricazione.
vorfabriziert (*Bauw.*), prefabbricato.
Vorfahrer (beim Ski-Rennen) (*m. - Sport*), apripista.
Vorfahrt (*f. - Strass.ver.*), precedenza. 2 (Vorwärtsgang) (*Aut.*), marcia avanti. 3 ~ achten! (Verkehrszeichen) (*Strass.ver.*), dare precedenza, incrocio con strada avente diritto di precedenza. 4 ~ s·recht (*n. - Strass.ver.*), diritto di precedenza. 5 ~ s·strasse (*f. - Strass.verk.*), strada con diritto di precedenza.
Vorfeile (*f. - Werkz.*), lima a taglio grosso.
Vorfeld (auf einem Flughafen) (*n. - Flugw.*), piazzale aeromobili. 2 ~ dienst (*m. - Flugw.*), servizio di piazzale. 3 ~ einrichtung (*f. - Fernspr.*), impianto derivato.
Vorfenster (*n. - Bauw.*), controfinestra.
vorfertigen (vorfabrizieren) (*Bauw. - etc.*), prefabbricare.
Vorfeuerung (*f. - Ofen*), avancrogiolo.
Vorfilter (*m. - n. - Ger.*), prefiltro.
Vorflanke (eines bewegenden Teiles) (*f. - allg.*), fianco anteriore.
Vorflügel (Flügel vor dem Tragflügel, zur Vermehrung des Auftriebes) (*m. - Flugw.*), aletta, alula.
Vorflut (Abführung von Wasser) (*f. - Wass.b.*), drenaggio. 2 ~ (erste Flutwelle) (*Wass.b.*), onda di piena.
Vorfluter (*m. - Wass.b.*), canale di raccolta, emuntore. 2 ~ (Entwässerungsgraben) (*Wass.b.*), fossa di scarico.
vorformen (*Technol.*), preformare, sbozzare, abbozzare.
Vorformling (Zwischenprodukt zur Herstellung von Hohlkörpern aus Kunststoff z. B.) (*m. - Technol.*), preformato.
Vorformpresse (*f. - Schmiedemasch.*), pressa per sbozzare, pressa sbozzatrice.
vorfräsen (*Werkz.masch.bearb.*), fresare di sgrosso, sgrossare di fresa.
Vorfräser (Schruppfräser) (*m. - Werkz.*), fresa per sgrossare.
Vorfrischen (*n. - Metall.*), preaffinazione.
Vorführapparat (Projektionsapparat) (*m. - Filmtech. - App.*), proiettore.
Vorführautomat (*m. - Filmtech.*), proiettore automatico.
vorführen (ein neues Produkt z. B.) (*komm.*), presentare. 2 ~ (*Filmtech. - etc.*), proiettare.
Vorführer (*m. - Arb. - komm.*), dimostratore.
Vorführgerät (*n. - Ger. - komm.*), apparecchio per dimostrazioni.
Vorführkabine (Filmvorführraum) (*f. - Filmtech.*), cabina di proiezione.
Vorführraum (Vorführkabine) (*m. - Filmtech.*), cabina di proiezione.
Vorführung (eines neuen Produktes z. B.) (*f. - Ind.*), presentazione.

Vorführwagen (*m. - Aut. - komm.*), vettura per dimostrazioni.
Vorfüll-Leitung (einer hydr. Anlage) (*f. - Hydr.*), tubo di preriempimento.
Vorgabe (vom Schuss zu lösender Gebirgsteil) (*f. - Bergbau*), materiale da far saltare. 2 ~ (Arbeitsstudium), siehe Vorgabearbeit und Vorgabezeit.
Vorgabearbeit (Akkordarbeit) (*f. - Arb.*), lavoro a cottimo.
Vorgabelohn (Akkordlohn) (*m. - Arb. - Organ.*), salario a cottimo.
Vorgabezeit (Normalarbeitszeit je Arbeitsvorgang; durch Zeitstudie ermittelt) (*f. - Arb. - Organ. - Zeitstudie*), tempo normale, tempo standard.
Vorgang (Erscheinung) (*m. - allg.*), fenomeno. 2 ~ (Prozess) (*Ind. - Technol.*), processo. 3 ~ (in der Netzplantechnik) (*Progr.*), attività. 4 ~ (Reaktion) (*Chem.*), reazione. 5 endothermer ~ (*Chem.*), processo endotermico. 6 exothermer ~ (*Chem.*), processo esotermico. 7 Schein- ~ (in der Netzplantechnik) (*Progr.*), attività fittizia.
Vorgarn (Vorgespinst) (*n. - Textilind.*), stoppino, lucignolo. 2 ~ krempel (*m. - Textilmasch.*), carda in fino.
vorgearbeitet (*Mech. - etc.*), semilavorato (*a.*).
Vorgebirge (vorgelagertes Gebirge) (*n. - Geogr.*), contrafforti. 2 ~ (ins Meer vorspringende Bergnase) (*Geogr.*), promontorio.
vorgedreht (Seide) (*Textilind.*), torto.
vorgefertigt (vorfabriziert) (*Bauw. - etc.*), prefabbricato.
Vorgelege (Vorr. zur Übertragung einer Bewegung auf ein Getriebe) (*n. - Mech.*), rinvio. 2 ~ (Welle eines Wechselgetriebes) (*Aut. - etc.*), albero secondario, contralbero. 3 ~ bremse (Getriebebremse) (*f. - Aut.*), freno sulla trasmissione. 4 ~ station (bei Seilbahnen) (*f. - Transp.*), stazione di rinvio. 5 ~ welle (*f. - Mech.*), contralbero, albero intermedio. 6 ~ welle (eines Wechselgetriebes) (*Aut.*), albero secondario. 7 Räder ~ (*Mech.*), rinvio ad ingranaggi.
vorgepresst (*Technol.*), sbozzato a stampo.
vorgereckt (mit Reckwalze z. B.) (*Schmieden*), preparato al laminatoio, sbozzato al laminatoio.
Vorgerüst (*n. - Walzw.*), treno sbozzatore, laminatoio sbozzatore.
vorgeschaltet (*Masch. - etc.*), inserito a monte.
vorgeschrieben (*allg.*), prescritto.
vorgesehen (*allg.*), previsto.
Vorgesenk (Vorschmiedegesenk) (*n. - Schmiedewerkz.*), stampo abbozzatore, stampo sbozzatore.
Vorgesetzter (*m. - Arb.*), capo intermedio. 2 direkter ~ (direkter Oberer) (*Pers. - etc.*), superiore diretto.
vorgespannt (*Mech. - etc.*), precaricato. 2 ~ (Beton) (*Bauw.*), precompresso. 3 ~ (*Elekt.*), polarizzato. 4 ~ es Glas (Sicherheitsglas) (*Aut. - Glasind.*), vetro temprato.
Vorgespinst (*n. - Textilind.*), stoppino, lucignolo.
vorgewalzt (*Walzw.*), sbozzato (al laminatoio).

Vorgreifer (*m. - Druckmasch.*), pinza oscillante.
Vorgruppe (*f. - Fernspr.*), pregruppo.
Vorhaben (*n. - allg.*), progetto, piano, impresa.
Vorhafen (*m. - naut.*), avamporto.
Vorhalle (Vorsaal) (*f. - Bauw.*), atrio, vestibolo.
Vorhalt (bei Regelung) (*m. - Elekt. - etc.*), azione derivativa.
Vorhalter (Nietstock) (*m. - Werkz.*), controstampo.
Vorhaltezeit (Zeit von Beginn des Schweissspiels bis zum Beginn des ersten Stromdurchganges) (*f. - Schweissen*), tempo freddo iniziale. 2 ~ (bei Regelung) (*Elekt. - etc.*), tempo d'azione derivativa.
Vorhang (vor Fenstern) (*m. - Bauw.*), tenda, tendina. 2 ~ (vor der Bühne) (*Theater*), sipario. 3 ~ **wand** (Aussenwandschirm aus Farbglas) (*f. - Bauw.*), parete di protezione.
Vorhängeschloss (*n. - Mech. - Bauw.*), lucchetto.
Vorhechel (für Hanf) (*f. - Textilind. - Ger.*), pettine in grosso.
Vorhecheln (*n. - Textilind.*), pettinatura in grosso.
Vorheizen (von Reisezugwagen im Winter) (*n. - Eisenb.*), preriscaldamento.
vorherbestimmen (vorausbestimmen) (*allg.*), prestabilire, predeterminare.
Vorherd (*m. - Ofen - Metall.*), avancrogiolo.
vorhobeln (*Werkz.masch.bearb.*), piallare di sgrosso, sgrossare alla pialla.
Vorholer (eines Geschützes) (*m. - Feuerwaffe*), ricuperatore. 2 ~ (*m. - Walzw.*), dispositivo di avanzamento.
Vorhub (gegenüber dem Arbeitshub vergrösserter Schweisselektrodenweg, durch die Form des Werkstückes bedingt) (*m. - mech. Technol.*), precorsa (elettrodi).
Vorkaliber (*n. - Walzw.*), calibro sbozzatore, calibro preparatore.
Vorkalkulation (*f. - Math.*), calcolo preliminare. 2 ~ (Kostenrechnung) (*Buchhaltung*) preventivo di costo, determinazione dei costi a preventivo.
Vorkammer (eines Dieselmotors) (*f. - Mot.*), precamera. 2 ~ **motor** (*m. - Mot.*), motore a precamera.
Vorkampf (*m. - Sport*), eliminatoria.
Vorkarde (*f. - Textilmasch.*), carda in grosso.
Vorkauf (*m. - recht.*), prelazione. 2 ~ s·recht (*n. - recht.*), diritto di prelazione.
Vorkommen (*n. - Bergbau*), giacimento.
Vorkontrolle (*f. - mech. Technol.*), controllo preliminare.
Vorkopf (eines Pfeilers) (*m. - Brück.b.*), rostro.
vorkörnen (*Mech. - etc.*), segnare col bulino.
Vorkragung (*f. - Bauw.*), aggetto, sporto, sporgenza.
Vorkrempel (Vorkarde) (*m. - Textilmasch.*), carda in grosso.
vorkühlen (*allg.*), preraffreddare.
Vorkühler (*m. - Ger.*), prerefrigeratore.
vorladen (*recht.*), citare.
Vorladung (gerichtliche Vorladung) (*recht.*), chiamata in giudizio, citazione.
Vorlage (Muster) (*f. - allg.*), modello, campione. 2 ~ (Vorlegen, eines Entwurfes z. B.) (*allg.*), presentazione. 3 ~ (eines Koksofens) (*chem. Ind.*), bariletto. 4 ~ (Destilliergefäss) (*Chem. - Ger.*), ricevitore, raccoglitore, recipiente di raccolta (del distillato). 5 ~ (Teervorlage) (*chem. Ind.*), bariletto. 6 ~ (bei Zinkgewinnung im Destillierofen) (*Metall.*), condensatore. 7 ~ (bei Räumen) (*Mech.*), siehe Werkstückvorlage. 8 **Ausgleich** ~ (*chem. Ind.*), bariletto compensatore. 9 **Werkstück** ~ (Räumvorrichtung, ringförmige Platte gegen die sich das Werkstück beim Räumen legt) (*Werkz.masch.bearb.*), attrezzo (di appoggio).
Vorland (Aussendeichland, Heller, ungeschützte Fläche vor einem Deich) (*n. - Wass.b.*), golena.
Vorlast (*f. - Mech. - etc.*), precarico. 2 ~ -Härte (Rockwell-Härte) (*f. - mech. Technol.*), durezza Rockwell.
vorlastig (*naut.*), siehe vorderlastig.
Vorlauf (der Vorderräder eines Kraftwagens) (*m. - Fahrz.*), incidenza (negativa). 2 ~ (*Werkz.masch.bearb.*), corsa di andata. 3 ~ (Vorprodukt, bei Destillation) (*Chem.*), prodotto di testa. 4 ~ (eines Geschützes) (*Feuerwaffe*), ritorno in batteria. 5 ~ (Anlauf) (*Mech.*), avviamento. 6 ~ (Leitung für Heizungsanlage) (*Leit.*), tubo di mandata. 7 ~ **fahrzeug** (Haubenwagen) (*n. - Fahrz.*), autoveicolo a cabina arretrata. 8 ~ **werk** (Selbstauslöser) (*n. - Phot.*), autoscatto. 9 ~ **zeit** (Durchlaufzeit plus Sicherheitszeit) (*f. - Zeitstudium*), tempo ciclo più margine di sicurezza, tempo totale.
vorläufig (einstweilen, nicht endgültig) (*allg.*), provvisorio. 2 ~ **e Invalidität** (vorübergehende Invalidität) (*Med. - Arb.*), invalidità temporanea.
vorlegen (einen Entwurf z. B.) (*allg.*), sottoporre. 2˙ **zur Genehmigung** ~ (*allg.*), sottoporre per l'approvazione.
Vorlegierung (V) (*f. - Giess. - Metall.*), lega madre.
Vormann (einer Arbeitsgruppe) (*m. - Bergbau - Arb.*), capogruppo.
Vormars (*m. - naut.*), coffa di trinchetto.
Vormerkung (auf Übertragung des Eigentums, vorläufige Eintragung) (*f. - recht.*), iscrizione preliminare.
vormischen (*allg.*), premiscelare.
Vormischung (von Zement z. B.) (*f. - Maur. - etc.*), premiscelatura, premiscelazione.
Vormontage (*f. - Mech. - etc.*), preassemblaggio.
Vormontieren (*Mech. - etc.*), preassemblare.
Vormund (*m. - recht.*), tutore.
Vormundschaft (*f. - recht.*), tutela.
vorn (*adv. - allg.*), davanti. 2 **von** ~ **gesehen** (*Mot. - etc.*), visto di fronte, visto dal lato anteriore.
VOR-Navigation (nach Drehfunkfeuer) (*f. - Flugw. - Navig.*), navigazione VOR, navigazione con radiofaro onnidirezionale.
vornehmen (*allg.*), intraprendere.
Vornorm (Norm, deren Festlegungen noch bestätigt werden sollen) (*f. - Technol.*), norma provvisoria, norma (in applicazione) sperimentale.
Vor-Ordner (*m. - Büro*), raccoglitore.

Vorort (äusserer Stadtteil) (*m. - Stadt*), sobborgo, suburbio. 2 ~ s·bahn (*f. - Eisenb.*), ferrovia locale, ferrovia suburbana. 3 ~ s·gleis (*n. - Eisenb.*), binario locale, linea suburbana. 4 ~ s·verkehr (*m. - Strass.ver.*), traffico suburbano.
Vorplanung (*f. - Adm. - finanz.*), controllo budgetario.
Vorplatz (Vorraum der Wohnung) (*m. - Bauw.*), ingresso, anticamera.
Vorposten (Feldposten) (*m. - pl. - milit.*), avanposti.
Vorprobe (*f. - Technol.*), prova preliminare.
Vorprodukt (Vorlauf, bei Destillation) (*n. - Chem.*), prodotto di testa.
Vorprogramm (*n. - Datenverarb.*), routine d'inizializzazione.
Vorprüfung (*f. - Chem. - etc.*), prova preliminare.
Vorpumpe (*f. - Vakuumtechnik*), pompa per prevuoto.
Vorrangstrassenkreuzung (Verkehrszeichen) (*f. - Strasse - Aut.*), incrocio con strada con diritto di precedenza.
Vorrat (*m. - allg.*), provvista, scorta. 2 ~ s·behälter (bei Drucklufbremsanlagen z. B.) (*m. - Fahrz. - etc.*), serbatoio polmone. 3 ~ s·kathode (Nachlieferungskathode) (*f. - Elektronik*), catodo compensato. 4 ~ s·schleuse (Vorratsbecken) (*f. - Wass.b.*), conca di risparmio. 5 ~ s·zeiger (eines Behälters z. B.) (*m. - Ger.*), indicatore di carico. 6 **Waren** ~ (Warenbestand) (*Ind.*), scorta, giacenza, esistenza (in magazzino).
Vorräte (*m. - pl. - Adm. - Ind.*), scorte, giacenza. 2 **Umschlaghäufigkeit der** ~ (*Adm. - Ind.*), rotazione delle scorte.
vorrätig (*Ind.*), a magazzino.
Vorraum (Vorplatz) (*m. - Bauw.*), ingresso, anticamera.
Vorrechnung (Preisvoranschlag) (*f. - komm.*), preventivo.
Vorreibahle (*f. - Werkz.*), alesatore per sgrossare.
Vorreiber (Fensterverschluss) (*m. - Bauw. - Zimm.*), fermo.
Vorreiniger (*m. - Ger.*), prefiltro.
vorreissen (anreissen) (*Mech.*), tracciare.
Vorreisser (*m. - Werkz.*), punta per tracciare. 2 ~ (einer Krempel) (*Textilmasch.*), introduttore, cilindro introduttore. 3 ~ (*Arb.*), tracciatore.
Vorrichtung (Einrichtung) (*f. - Mech. - etc.*), dispositivo. 2 ~ (Fertigungsmittel zur Bearbeitung von Werkstücken) (*Mech. - Vorr. - Werkz.masch.bearb.*), attrezzo, maschera. 3 ~ (einer Grube) (*Bergbau*), preparazione. 4 ~ s·arbeit (*f. - Bergbau*), lavoro preparatorio. 5 ~ s·bohrmaschine (*f. - Werkz.masch.*), alesatrice per maschere, tracciatrice. 6 **Abdreh** ~ (für Schleifscheiben) (*Werkz.*), ravvivatore, ripassatore. 7 **Aufspann** ~ (*Mech.*), dispositivo di serraggio. 8 **auslösende** ~ (*Mech. - etc.*), dispositivo di scatto, scatto. 9 **Ausrück** ~ (*Mech.*), dispositivo di disinnesto. 10 **Bohr** ~ (*Werkz.masch.bearb. - Vorr.*), attrezzo per foratura, maschera per foratura. 11 **Dreh** ~ (*Werkz.masch.bearb. - Vorr.*), attrezzo per tornitura. 12 **Fräs** ~ (*Werkz.masch.bearb. - Vorr.*), attrezzo per fresatura. 13 **Gewindeschneid** ~ (*Werkz.masch.bearb.*), accessorio per filettare. 14 **Kipp** ~ (*Werkz.masch.bearb. - Vorr.*), attrezzo orientabile. 15 **Schleif** ~ (*Werkz.masch.bearb. - Vorr.*), attrezzo per rettificare. 16 **Schwenk** ~ (*Werkz.masch.bearb. - Vorr.*), attrezzo orientabile. 17 **selbsttätig auslösende** ~ (*Mech. - etc.*), autoscatto, dispositivo automatico di scatto. 18 **Spann** ~ (Spannfutter z. B.) (*Mech.*), dispositivo di serraggio. 19 **Zusammenbau** ~ (*Mech. - Vorr.*), attrezzo per montaggio.
Vorrücken (Beförderung) (*n. - Pers. - Arb.*), promozione. 2 ~ **nach dem Dienstalter** (*Pers. - Arb.*), promozione per anzianità.
vorrücken (befördert werden) (*Pers. - Arb.*), essere promosso. 2 ~ (vorschieben, einen Schlitten z. B.) (*Mech.*), avanzare. 3 **die Uhr** ~ (*Uhr*), mettere l'orologio avanti.
Vorrücksignal (Fahrsignal) (*n. - Eisenb.*), segnale di via libera.
Vor-Rück-Verhältnis (einer Antenne; kennzeichnet ihre Richtwirkung) (*n. - Fernseh. - etc.*), rapporto fronte-retro.
Vorsaal (Vorhalle) (*m. - Bauw.*), atrio, vestibolo.
Vorsatz (erste weisse Seite eines Buches) (*m. - Druck.*), risguardo. 2 ~ (Deka, Mega, etc.) (*Mass. - etc.*), prefisso. 3 ~ (Kennsatz) (*m. - Rechner*), blocco di testa. 4 ~ **beton** (Deckschicht auf Kernbeton) (*m. - Bauw.*), calcestruzzo in vista. 5 ~ **gerät** (Anpassungsgerät) (*n. - Ger.*), adattatore. 6 ~ **linse** (*f. - Filmtech.*), lente ausiliaria.
vorsätzlich (absichtlich) (*allg.*), intenzionale.
Vorschäler (eines Pfluges) (*m. - Ack.b.masch.*), avanvomere.
Vorschaltdiode (*f. - Funk.*), diodo in serie.
Vorschaltdrossel (*f. - Elekt.*), induttore in serie, induttore addizionale. 2 ~ (*Beleucht.*), siehe Vorschaltgerät.
vorschalten (Lintereinanderschalten) (*Elekt.*), collegare in serie. 2 ~ (ein Zubehör, etc.) (*Elekt. - Masch. - etc.*), preinserire, inserire a monte.
Vorschaltgerät (zum Stabilisieren der Entladung bei Entladungslampen) (*n. - Beleucht.*), ballast, alimentatore, stabilizzatore.
Vorschaltlampe (*f. - Elekt.*), lampada di carico.
Vorschaltturbine (Vorturbine) (*f. - Turb.*), turbina ausiliaria.
Vorschaltverdichter (Booster, Verdichter der unteren Stufe bei mehrstufigen Kältemaschinen) (*m. - Kältemasch.*), compressore del primo stadio.
Vorschaltwiderstand (Vorwiderstand, eines Voltmeters z. B.) (*m. - Elekt. - Instr.*), resistenza addizionale, resistore addizionale.
Vorschau (*f. - Filmtech.*), anteprima.
vorschieben (*Werkz.masch.bearb.*), avanzare.
vorschiessen (einen Betrag anzahlen) (*komm. - recht.*), anticipare.
Vorschiff (*n. - naut.*), prua, parte prodiera.
Vorschlag (Anerbieten) (*m. - allg.*), proposta. 2 ~ (weisser Raum auf der Anfangsseite eines Buches) (*Druck.*), testata bianca, margine superiore di prima pagina. 3 ~ **hammer**

vorschleifen

(*m. - Werkz.*), mazza. 4 Gegen ~ (*allg.*), controproposta.
vorschleifen (*Werkz.masch.bearb.*), rettificare di sgrosso, sgrossare alla rettificatrice.
Vorschmiedegesenk (*n. - Schmiedewerkz.*), stampo per sbozzatura, stampo per abbozzatura.
Vorschmiedegravur (*f. - Schmieden*), incisione di abbozzatura.
Vorschmieden (Zwischenformung) (*n. - Schmieden*), abbozzatura, sbozzatura.
vorschmieden (*Schmieden*), sbozzare, abbozzare.
vorschneiden (*Werkz.masch.bearb.*), sgrossare.
Vorschneider (Gewindebohrer) (*m. - Werkz.*), maschio sbozzatore. 2 ~ (am Pflug) (*Ack.b. masch.*), coltro. 3 ~ (Vorschneidezahn, einer Säge) (*Werkz.*), dente sgrossatore, dente sbozzatore.
Vorschreibung (Vorschrift) (*f. - allg.*), prescrizione.
Vorschrift (*f. - allg.*), prescrizione. 2 ~ (Spezifikation) (*Technol.*), capitolato. 3 Arznei ~ (*Med. - etc.*), prescrizione medica, ricetta. 4 Bedienungs ~ (*Masch. - etc.*), istruzioni sull'uso.
Vorschub (Bewegung des Werkz. oder Werkstückes) (*m. - Werkz.masch.bearb.*), avanzamento, alimentazione. 2 ~ (Hilfe) (*Arb. - etc.*), assistenza. 3 ~ **apparat** (*m. - Blechbearb.*), alimentatore. 4 ~ **druck** (*m. - Werkz.masch.bearb.*), sforzo di avanzamento. 5 ~ **geschwindigkeit** (*f. - Werkz.masch.bearb.*), velocità di avanzamento. 6 ~ **härtung** (Induktionshärtung z. B. bei der nur ein kleiner Abschnitt der Gesamtzone aufgeheizt wird und sofort abgeschreckt wird) (*f. - Wärmebeh:*), tempra progressiva. 7 ~ **kraft** (Kraft auf das Bohrgestänge) (*f. - Bergbau*), forza di avanzamento. 8 ~ **kurve** (Vorschubnocken) (*f. - Werkz.masch.*), camma dell'avanzamento. 9 ~ **markierung** (beim Wälzfräsen z. B.) (*f. - Werkz.masch.bearb.*), segno da avanzamento. 10 ~ **motor** (*m. - Werkz.masch.*), motore dell'avanzamento. 11 ~ **patrone** (*f. - Werkz. masch.bearb.*), siehe Vorschubzange. 12 ~ **richtungswinkel** (Winkel zwischen Vorschubrichtung und Schnittrichtung) (*m. - Werkz. masch.bearb.*), angolo di avanzamento. 13 ~ **schaltung** (*f. - Werkz.masch.bearb.*), comando dell'avanzamento. 14 ~ **scheibe** (beim spitzenlosen Schleifen, Regulierscheibe) (*f. - Werkz.masch.bearb.*), mola alimentatrice. 15 ~ **spiralen** (Schleiffehler, Kratzer) (*f. - pl. - Werkz.masch.bearb.*), graffi a spirale. 16 ~ **steigungswinkel** (eines Spiralbohrers) (*m. - Werkz.*), angolo di avanzamento, angolo di inclinazione. 17 ~ **wechselrad** (*n. - Werkz. masch.*), ruota di cambio dell'avanzamento. 18 ~ **zahl** (*f. - NC - Werkz.masch.bearb.*), codice avanzamento. 19 ~ **zange** (zum Vorschub der Stangen an Drehautomaten) (*f. - Werkz. masch.*), pinza di avanzamento (della barra). 20 Dauer ~ (*Werkz.masch.bearb.*), avanzamento costante. 21 Fein ~ (*Werkz.masch. bearb.*), avanzamento fine. 22 Fliess ~ (*Werkz. masch.bearb.*), avanzamento continuo. 23 Hand ~ (*Werkz.masch.bearb.*), avanzamento a mano. 24 Längs ~ (beim Langdrehen) (*Werkz.masch.bearb.*), avanzamento di cilindratura. 25 Plan ~ (beim Plandrehen) (*Werkz.masch.bearb.*), avanzamento di sfacciatura. 26 Plan ~ (Quervorschub) (*Werkz. masch.bearb.*), avanzamento trasversale. 27 Quer ~ (*Werkz.masch.bearb.*), avanzamento trasversale. 28 Ruck ~ (*Werkz.masch.bearb.*), avanzamento intermittente. 29 Stangen ~ (*Werkz.masch.bearb.*), alimentazione della barra. 30 Tiefen ~ (*Werkz.masch.bearb.*), avanzamento in profondità. 31 Walzen ~ **apparat** (*Blechbearb.*), alimentatore a rulli.
Vorschuss (Zahlung) (*m. - komm.*), acconto, anticipo. 2 ~ -Miete (*f. - finanz.*), affitto-prestito. 3 Lohn ~ (*Arb.*), anticipo sul salario. 4 Spesen ~ (*Adm.*), anticipo sulle spese, acconto sulle spese.
Vorschweissbund (eines Flansches) (*m. - Mech.*), spallamento presaldato.
Vorschweissflansche (eines Rohres) (*f. - Mech. - etc.*), flangia (sciolta) da saldare.
Vorserie (bei der Produktion eines neuen Modells z. B.) (*f. - Ind.*), pre-serie, serie di avviamento.
Vorsicht! (Achtung!) (*f. - Signal*), attenzione! 2 ~ **s·massnahme** (*f. - allg.*), misura precauzionale, misura cautelativa. 3 ~ **s·wagen** (Eisenbahnfahrzeug das wegen ihres Ladegutes z. B. gefährlich ist) (*m. - Eisenb.*), carro (merci) pericoloso.
Vorsignal (*n. - Eisenb.*), segnale di avviso.
Vorsilbe (Präfix) (*f. - allg.*), prefisso.
Vorsintern (*n. - Metall.*), presinterazione, presinterizzazione.
Vorsitz (Leitung) (*m. - finanz. - Ind.*), presidenza.
Vorsitzer (Vorsitzender, Präsident) (*m. - finanz. - etc.*), presidente. 2 Aufsichtsrat ~ (Aufsichtsratvorsitzender) (*finanz. - Ind.*), presidente. 3 stellvertretender Aufsichtsrat ~ (*finanz. - Ind.*), vice-presidente.
Vorspann (des Films) (*m. - Filmtech.*), presentazione. 2 ~ (Anfang eines Lochstreifens z. B.) (*Rechner - etc.*), tratto iniziale. 3 ~ lokomotive (*f. - Eisenb.*), locomotiva di rinforzo. 4 Zugfahrt mit ~ (*Eisenb.*), marcia con doppia trazione.
vorspannen (*Mech.*), precaricare. 2 ~ (Beton) (*Bauw.*), precomprimere. 3 ~ (*Elekt.*), polarizzare.
Vorspannkraft (Schraubenkraft, die zur Erzeugung der Dichtung an Rohrleitungen erforderlich ist) (*f. - Leit.*), forza di serraggio.
Vorspannung (*f. - Mech.*), precarico. 2 ~ (von Beton) (*Bauw.*), precompressione. 3 ~ (an einer Elektronenröhre) (*Elektronik*), tensione di polarizzazione. 4 ~ **s·grenze** (von Verschraubungen z. B.) (*f. - Mech.*), limite di precaricamento. 5 Gitter ~ (*Funk.*), polarizzazione di griglia.
Vorspeicher (bei Talsperren, zur Vorklärung des Wassers) (*m. - Hydr.*), serbatoio (ausiliario di decantazione) a monte.
Vorspinnen (*n. - Textilind.*), filatura in grosso, filatura di preparazione.
Vorspinnkrempel (Feinkrempel) (*m. - Textilmasch.*), carda in fino.

Vorspinnmaschine (*f. - Textilmasch.*), filatoio in grosso.
vorspringen (*allg.*), sporgere, aggettare.
vorspringend (*allg.*), saliente. 2 ~ (überhängend) (*allg.*), sporgente.
Vorsprung (Vorkragung) (*m. - Bauw. - Arch.*), aggetto, sporto, sporgenza. 2 ~ (eines Nockens) (*Mech.*), lobo. 3 ~ **mass** (Zeitersparnis bei Autobahnfahrt im Vergleich zur Landstrassenfahrt) (*n. - Strass.verk.*), risparmio in tempo.
Vorspur (der Vorderräder eines Kraftwagens) (*f. - Aut.*), convergenza.
Vorstadt (äusserer Stadtteil) (*f. - Bauw.*), sobborgo, suburbio.
vorstädtisch (*Bauw.*), suburbano.
Vorstand (Direktion, Verwaltungsrat) (*m. - finanz. - Ind.*), consiglio di amministrazione. 2 ~ (Bahnhofvorsteher) (*Arb.*) (österr.), capostazione. 3 ~ **s·mitglied** (*n. - finanz. - etc.*), membro del consiglio di amministrazione, consigliere. 4 ~ **s·sitzung** (*f. - finanz. - etc.*), seduta del consiglio di amministrazione. 5 ~ **sprecher** (einer Bank) (*m. - finanz.*), amministratore delegato. 6 ~ **vorsitzender** (*m. - finanz. - Ind.*), amministratore delegato.
Vorstechen (*n. - Werkz.masch.bearb.*), pretroncatura.
Vorsteckbolzen (für Anhänger) (*m. - Fahrz.*), perno di agganciamento (per rimorchi).
Vorstecker (*m. - Mech.*), chiavetta trasversale. 2 ~ (Stift) (*Mech.*), spina.
Vorsteckscheibe (*f. - Mech.*), rosetta aperta.
vorstehen (vorragen) (*allg.*), sporgere.
vorstehend (*allg.*), sporgente. 2 ~ (weiter oben gesagt) (*allg.*), sopra citato, precedente. 3 ~ **e Wellenende** (*Mech.*), estremità d'albero sporgente, estremità sporgente dell'albero.
vorstellen (*allg.*), mettere davanti. 2 ~ (darstellen) (*allg.*), rappresentare. 3 ~ (eine Person) (*allg.*), presentare. 4 ~ (eine Uhr) (*Instr.*), mettere avanti.
Vorstellung (Darstellung) (*f. - allg.*), rappresentazione. 2 ~ (Begriff) (*allg.*), concetto, idea. 3 ~ (Bild) (*allg.*), immagine. 4 ~ (Einwendung) (*allg.*), osservazione, obbiezione.
Vorsteuergerät (bei hydr. Steuerungen z. B.) (*n. - Ger.*), dispositivo di pilotaggio.
Vorsteuern (*Ölhydr. - etc.*), pilotare.
Vorsteuerung (von Ventilen z. B.) (*f. - Ölhydr. - etc.*), pilotaggio.
Vorsteuerventil (für hydr. oder pneumatischen Einrichtungen z. B.) (*n. - Leit.*), valvola pilota.
Vorsteven (*m. - naut.*), ruota di prua.
Vorstich (*m. - Walzw.*), calibro di sbozzatura.
Vorstrasse (Vorwalzstrasse) (*f. - Walzw.*), treno preparatore, treno sbozzatore.
Vorstrecke (*f. - Textilmasch.*), stiratoio di preparazione.
Vorstrecken (*n. - Textilind.*), stiratura di preparazione.
Vorstromentladung (bei Gasentladungsröhren) (*f. - Elekt.*), scarica da corrente di preconduzione.

Vorstufe (Verstärker) (*f. - Funk.*), stadio preamplificatore.
Vorsturz-Walzwerk (*n. - Walzw.*), laminatoio rompiscaglie.
Vorsynchronisation (Vortonung) (*f. - Filmtech.*), presincronizzazione.
vortäuschen (*allg.*), simulare.
Vortäuschung (*f. - allg.*), simulazione.
Vorteil (*m. - allg.*), vantaggio. 2 ~ (Gewinn) (*komm.*), guadagno, profitto. 3 ~ (im Tennisspiel) (*Sport*), vantaggio. 4 ~ **ziehen aus** (*allg.*), trarre vantaggio da.
Vortonung (*f. - Filmtech.*), siehe Vorsynchronisation.
Vortopf (einer Auspuffanlage) (*m. - Aut.*), polmone, polmoncino.
Vortrabant (*m. - Fernseh.*), impulso presincronizzatore.
Vortrag (*m. - Buchhaltung - etc.*), riporto. 2 ~ (Rede) (*allg.*), conferenza. 3 ~ **s·raum** (*m. - Bauw.*), sala per conferenze. 4 **Gewinn** ~ (in Jahresbilanz z. B.) (*finanz.*), riporto utili.
vortragen (*Buchhaltung*), riportare. 2 **auf neue Rechnung** ~ (wieder an erster Stelle eintragen) (*Adm.*), passare a nuovo, riportare a nuovo.
vortreiben (*Bergbau*), avanzare.
Vortrieb (Kraft einer Schraube) (*m. - Flugw.*), trazione, spinta. 2 ~ (einer Zugluftschraube) (*Flugw.*), trazione. 3 ~ (einer Druckluftschraube) (*Flugw.*), spinta. 4 ~ (beim Tunnelbau) (*Ing.b.*), avanzamento. 5 ~ **s·kraft** (Schub) (*f. - Flugw.*), spinta. 6 ~ **s·leistung** (*f. - Flugw.*), rendimento propulsivo. 7 ~ **s·schild** (*n. - Bergbau - Ing.b.*), scudo di avanzamento. 8 ~ **s·stelle** (beim Tunnelbau) (*f. - Ing.b.*), fronte di avanzamento.
Vortritt (*m. - allg.*), precedenza. 2 ~ **geben** (Vorfahrt achten!) (*Strass.ver.*), dare precedenza.
vorübergehend (*allg.*), transitorio, temporaneo. 2 ~ **e Arbeitsunfähigkeit** (*Med. - Arb.*), inabilità temporanea. 3 ~ **e Invalidität** (*Med. - Arb.*), invalidità temporanea.
Vor- und Rücklauf (*m. - Masch.*), moto alternativo, moto di va e vieni.
Vor- und Zuschlaghammer (mit zwei Händen bedienter Schmiedehammer) (*m. - Werkz.*), mazza.
Vorvakuum (*n. - Vakuumtechnik*), prevuoto.
Vorverbrennung (*f. - Verbr.*), precombustione.
Vorverkauf (*m. - komm.*), prenotazione.
vorversetzt (vorgestellt, verstellt) (*Mot. - etc.*), anticipato.
Vorverstärker (*m. - Funk.*), preamplificatore.
Vorverstärkung (*f. - Funk.*), preamplificazione.
Vorversuch (*m. - Technol.*), prova preliminare.
Vorverzerrung (Preemphasis) (*f. - Funk.*), preenfasi.
Vorwahl (*f. - Fernspr. - etc.*), preselezione.
Vorwähler (*m. - Fernspr. - etc.*), preselettore. 2 ~ (bei Programmsteuerung) (*Technol.*), predispositore, preimpostatore.
Vorwählgetriebe (*n. - Aut.*), cambio a preselettore.
Vorwählung (*f. - Fernspr. - etc.*), preselezione.

Vorwalze (*f. - Walzw.*), cilindro sbozzatore.
vorwalzen (*Walzw.*), sbozzare.
Vorwälzfräser (Schruppwälzfräser) (*m. - Werkz.*), creatore sgrossatore.
Vorwalzgerüst (*n. - Walzw.*), gabbia per sbozzatura.
Vorwalzstrasse (*f. - Walzw.*), treno sbozzatore.
Vorwalzwerk (*n. - Walzw.*), laminatoio sbozzatore.
Vorwärmen (*n. - allg.*), preriscaldamento.
vorwärmen (*allg.*), preriscaldare.
Vorwärmer (Ekonomiser) (*m. - Kessel*), preriscaldatore, economizzatore.
Vorwärmung (*f. - allg.*), preriscaldamento.
Vorwärmzeit (beim Schweissen) (*f. - mech. Technol.*), tempo di preriscaldo.
Vorwarnung (*f. - milit. - Luftw.*), preallarme.
Vorwärtseinschneiden (*n. - Top.*), lettura avanti.
Vorwärtsfliesspressen (Gleichfliesspressen) (*n. - mech. Technol.*), estrusione diretta, estrusione in avanti.
Vorwärtsgang (*m. - Fahrz.*), marcia avanti.
Vorwärtsschweissung (*f. - mech. Technol.*), saldatura avanti, saldatura a sinistra.
Vorwärtsturbine (*f. - Turb. - naut.*), turbina della marcia avanti.
Vorwärtswelle (*f. - Elektronik*), onda diretta.
Vorweite (beim Reiben, kegelige Erweiterung am Anfang der Bohrung) (*f. - Mech. - Fehler*), scampanatura.
Vorwiderstand (Vorschaltwiderstand, eines Voltmeters z. B.) (*m. - Elekt. - Instr.*), resistore addizionale, resistenza addizionale.
Vorwort (*n. - Druck.*), prefazione.
Vorzeichen (+ und −) (*n. - Math.*), segno. 2 ~ (*Elekt.*), polarità. 3 **positives** ~ (*Math.*), segno positivo.
Vorzeichnen (*n. - allg.*), tracciamento.
vorzeichnen (*allg.*), tracciare.
vorzeitig (*allg.*), prematuro.
Vorzerstäuber (eines Vergasers) (*m. - Mot.*), emulsionatore.
Vorzimmer (Warteraum) (*n. - Bauw.*), anticamera.
Vorzug (*m. - Blechbearb.*), siehe Erstziehen. 2 ~ (Vorteil) (*allg.*), vantaggio. 3 ~ (Entlastungszug vor dem eigentlichen Zug) (*Eisenb.*), treno staffetta. 4 ~ **s·aktien** (Prioritätsaktien) (*f. - pl. - finanz.*), azioni privilegiate. 5 ~ **s·richtung** (der Kornorientierung in Blechen z. B.) (*f. - Metall.*), direzione preferenziale, orientamento preferenziale. 6 ~ **s·zoll** (Präferenzzoll) (*m. - finanz. - komm.*), tariffa preferenziale.
vorzüglich (bevorzugt) (*allg.*), preferenziale.
Vorzündung (Frühzündung) (*f. - Mot.*), accensione anticipata.
Vorzwirn (*m. - Textilind.*), ritorto semplice.
Vorzwirnen (Filieren, der Seide) (*n. - Textilind.*), torcitura.
vOT (vor oberem Totpunkte) (*Mot.*), prima del PMS, prima del punto morto superiore.
Votator (Ger. zur Homogenisierung von hochviskosen Massen) (*m. - Ger.*), omogeneizzatore.
Voute (Vergrösserung der Balkenhöhe an Auflagern) (*f. - Bauw.*), raccordo d'irrobustimento (all'appoggio). 2 ~ (hohlkehlenförmiges Profil, Gewölbe) (*Bauw.*), volta. 3 ~ **n·beleuchtung** (mit verdeckten Lampen die die Decke und den oberen Teil der Wand beleuchten) (*f. - Beleucht.*), illuminazione in cornice. 4 ~ **n·decke** (*f. - Bauw.*), soffitto a volte.
VPE (vernetztes Polyäthylen) (*chem. Ind.*), polietilene reticolato.
VPI-Verfahren (Vapor Phase Inhibitor-Verfahren, Rostschutzverfahren mit über die Dampfphase wirkendem Schutz) (*n. - Technol.*), protezione antiruggine in fase di vapore.
V-Plus-Rad (Verschiebung-Plus-Rad, Zahnrad mit Verschiebung von der Radmitte weg) (*n. - Mech.*), ruota dentata con coefficiente di spostamento positivo, ruota dentata con spostamento positivo (del profilo).
VPöA (Verordnung über die Preisbildung von öffentlichen Aufträgen) (*Bauw. - etc.*), disposizioni sulla formazione del prezzo di ordini pubblici.
Vr (Verstärker) (*Elekt. - etc.*), amplificatore.
V-Rad (Verschiebung-Rad, Zahnrad mit Verschiebung des Profiles) (*n. - Mech.*), ruota x, ruota spostata.
V-Ring (Sprengring) (*m. - Mech.*), anello elastico di arresto.
v.R.w. (von Rechts wegen) (*recht.*), ex jure.
VS (Vertikal-Synchronisierung) (*Fernseh.*), sincronizzazione verticale.
V-Schaltung (eines Transformators) (*f. - Elekt.*), connessione a V.
VSE (Verband Schweizerischer Elektrizitätswerke) (*Elekt.*), Associazione Svizzera Società Elettriche.
VSG (Verbundsicherheitsglas) (*Aut.*), vetro di sicurezza stratificato, vetro di sicurezza laminato.
VSHL (Verband Schweizerischer Heizungs- und Lüftungsfirmen) (*Heizung*) (*schweiz.*), Associazione Svizzera Ditte Riscaldamento e Ventilazione.
VSLF (Verband Schweizerischer Lack- und Farbenfabrikanten) (*Anstr.*) (*schweiz.*), Associazione Svizzera Fabbricanti di Vernici e Colori.
VSL-Triebwerk (Vertikal-Start-und-Lande-Triebwerk) (*n. - Mot.*), propulsore per decollo ed atterraggio verticali.
VSM (Verein Schweizerischer Maschinenindustrieller) (*Masch.*) (*schweiz.*), Associazione Svizzera Industriali Meccanici.
VSP (Voith-Schneider-Propeller, Flügelrad-Propellerart, Zykloiden-Propeller) (*naut.*), elica Voith-Schneider, elica a cicloide.
V-Spant (*m. - Schiffbau*), ordinata a V.
Vss (Volt Spitze-Spitze, doppelter Scheitelwert) (*Elekt.*), tensione picco-picco, tensione doppio picco, tensione da cresta a cresta.
VST (Vicat-Softening-Temperature, Vicat-Erweichungstemperatur, von nichthärtbaren Kunststoffen) (*Technol.*), VST, temperatura di plastificazione Vicat. 2 ~ (Verband Schweizerischer Transportanstalten) (*Transp. -schweiz.*), Associazione Svizzera Istituti di Trasporto.

VSt (Vermittlungsstelle) (*Fernspr.*), centralino. 2 ~ (Verbindungsstöpsel) (*Elekt.*), spina di connessione.
V/STOL-Flugzeug (*n. - Flugw.*), velivolo V-STOL, velivolo a decollo (ed atterraggio) corto.
V-Stoss (*m. - Schweissen*), saldatura a V, giunto saldato a V.
VStW (Vermittlungsstelle mit Wählbetrieb) (*Fernspr.*), centralino con selezione automatica.
VT (Triebwagen mit Verbrennungsmotor) (*Eisenb.*), automotrice con motore a combustione interna.
v.T (vom Tausend, ‰) (*Math. - etc.*), per mille, ‰.
VT-Blatt (Viskositäts-Temperatur-Verhalten, für Schmieröle) (*n. - Chem.*), curva di viscosità.
VTOL-Flugzeug (Senkrechtstarter) (*m. - Flugw.*), velivolo VTOL, velivolo a decollo (ed atterraggio) verticale.
VT-Verhalten (Viskositäts-Temperatur-Verhalten, für Schmieröle) (*n. - Chem.*), curva di viscosità.
VT-Zahl (Verteerungszahl, bei Prüfung von Isolierölen) (*f. - Chem. - Elekt.*), numero di catrame, indice del contenuto catramoso.
VÜ (Vorübertrager) (*Elekt.*), trasformatore di entrata.
v. u. (von unten) (*allg.*), dal basso.
Vulkameter (Gerät zur Untersuchung des Verlaufes der Vulkanisation) (*n. - Ger.*), vulcametro.
Vulkan (*m. - Geol.*), vulcano. 2 ~ **asche** (*f. - Geol.*), cenere vulcanica. 3 ~ **fiber** (*f. - Chem.*), fibra vulcanizzata. 4 ~ **krater** (*m. - Geol.*), cratere vulcanico. 5 **erloschener** ~ (*Geol.*), vulcano spento. 6 **Schicht** ~ (Stratovulkan) (*Geol.*), stratovulcano. 7 **tätiger** ~ (*Geol.*), vulcano attivo. 8 **untätiger** ~ (*Geol.*), vulcano quiescente.
Vulkanisat (*n. - chem. Ind.*), vulcanizzato (s.).
Vulkanisation (*f. - Gummiind.*), vulcanizzazione. 2 ~ **s·beschleuniger** (*m. - chem. Ind.*), accelerante per vulcanizzazione. 3 **Heiss** ~ (*Gummiind.*), vulcanizzazione a caldo. 4 **Kalt** ~ (*Gummiind.*), vulcanizzazione a freddo
Vulkanisator (*m. - Arb. - Ger.*), vulcanizzatore.
vulkanisch (*Geol.*), vulcanico. 2 ~ **er Tuff** (Feuerbergtuff) (*Min.*), tufo vulcanico.
vulkanisieren (*Gummiind.*), vulcanizzare.
Vulkanisierpresse (*f. - Masch.*), pressa per vulcanizzazione.
Vulkanisierung (*f. - Gummiind.*), vulcanizzazione.
Vulkanismus (*m. - Geol.*), vulcanismo.
Vulkanit (Ergussgestein) (*m. - Min.*), vulcanite.
vUT (vor unterem Totpunkte) (*Mot.*), prima del PMI, prima del punto morto inferiore.
V-Verzahnung (Verzahnung deren Profilverschiebungssumme grösser oder kleiner als Null ist) (*f. - Mech.*), dentatura x, dentatura a cerchi spostati, dentatura con spostamento diverso da zero.
VW (Vorwähler) (*Fernspr.*), preselettore.
V-Winkel (*m. - Geom. - Flugw.*), diedro.
VZ (Verseifungszahl) (*Chem.*), numero di saponificazione.
Vz (Zwischenverteiler) (*Fernspr.*), distributore intermedio.
VZ$_1$-Glied (Verzögerungsglied erster Ordnung) (*n. - Elekt. - etc.*), elemento di ritardo di 1° ordine.

W

W (Westen) (*Geogr.*), ovest. 2 ~ (Watt) (*elekt. Masseinh.*), W, watt. 3 ~ (Wolfram, Tungsten) (*Chem.*), W, volframio, tungsteno. 4 ~ (Energie) (*Phys.*), W, energia. 5 ~ (Widerstand) (*Elekt.*), R, resistenza. 6 ~ (Wattmeter) (*Ger.*), wattmetro. 7 ~ (wetterfest, Kabel) (*Elekt.*), resistente agli agenti atmosferici. 8 ~ (Wähler) (*Elekt. - etc.*), selettore. 9 ~ (Witworth-Gewinde) (*Mech.*), filettatura Witworth. 10 ~ (Werkzeug) (*Werkz.*), utensile. 11 ~ (Wirkungsgrad) (*Phys. - etc.*), rendimento. 12 ~ (spezifische Schallimpendanz) (*Akus.*), impedenza acustica specifica. 13 ~ (windgefrischter Sonderstahl) (*Metall.*), acciaio Bessemer basico di qualità. 14 ~ (Windfrisch-Sonderverfahren) (*Metall.*), processo Bessemer basico di qualità.
w (Wichte) (*Chem.*), peso specifico. 2 ~ (Lichtweite) (*Mass*), luce. 3 ~ (waagrecht) (*allg.*), orizzontale. 4 ~ (Geschwindigkeit) (*Mech.*), velocità. 5 ~ (Windungszahl) (*Elekt.*), numero di spire. 6 ~ (mechanische Impedanz))*Akus.*), impedenza meccanica.
WA (Wasseraufnahmevermögen, von Isolierstoffen) (*Elekt.*), igroscopicità.
wa (warmausgehärtet, Aluminium-Gusslegierung) (*Giess. - Wärmebeh.*), invecchiato artificialmente.
Waage (Ger. zur Gewichtsbestimmung) (*f. - Ger.*), bilancia. 2 ~ (Ger. zur Bestimmung der Waagerechten) (*Ger.*), livella. 3 ~ (eines Bremsdynamometers) (*Mot. - Prüfung*), bilancia. 4 ~ (zur Prüfung des Garns) (*Ger.*), bilancia. 5 ~ (*Astr.*), bilancia. 6 ~ balken (*m. - Ger.*), giogo (della bilancia). 7 ~ balken (Hebelarm, eines Bremsdynamometers) (*Mot. - Prüfung*), braccio del freno. 8 ~ häuschen (Wiegehäuschen) (*n. - Bauw.*), casello della pesa. 9 ~ schneide (*f. - Ger.*), coltello della bilancia. 10 analytische ~ (*Ger.*), bilancia analitica, bilancia di precisione per analisi. 11 Brief ~ (*Ger. - Büro*), pesalettere. 12 Brücken ~ (*Masch.*), stadera a ponte, ponte a bilico. 13 Feder ~ (*Ger.*), bilancia a molla. 14 Laufgewichts ~ (*Ger.*), stadera. 15 Personen ~ (*Ger.*), pesapersone. 16 Richt ~ (*Instr.*), livella. 17 Wasser ~ (*Instr.*), livella a bolla. 18 Zugfeder ~ (zur Messung von Kräften) (*Ger.*), dinamometro a molla, bilancia (dinamometrica) a molla.
waagerecht (waagrecht, horizontal) (*allg.*), orizzontale.
Waagerechtbohrmaschine (*f. - Werkz. masch.*), alesatrice orizzontale.
Waagerecht-Bohr- und Fräsmaschine (*f. - Werkz.masch.*), alesatrice-fresatrice orizzontale.
Waagerechte (Linie) (*f. - Geom. - etc.*), retta orizzontale.
Waagerechtebene (*f. - Geom. - etc.*), piano orizzontale.
Waagerechteinstellschraube (*f. - Instr. - etc.*), vite calante.
Waagerechtflug (*m. - Flugw.*), volo orizzontale.
Waagerechtfräsmaschine (*f. - Werkz.masch.*), fresatrice orizzontale.
Waagerechtschmiedemaschine (*f. - Schmiedemasch.*), fucinatrice orizzontale.
Waagerechtstossmaschine (Kurzhobler) (*f. - Werkz.masch.*), limatrice.
waagrecht (waagerecht, horizontal) (*allg.*), orizzontale.
Waagrecht-Stossmaschine (Kurzhobler) (*f. - Werkz.masch.*), limatrice.
Waagschale (*f. - Ger.*), piatto della bilancia.
Wabbelscheibe (*f. - Werkz.*), disco per lucidatrice, disco per pulitrice.
Wabengleichrichter (eines Windtunnels) (*m. - Flugw.*), raddrizzatore a nido d'api.
Wabenkühler (Bienenkorbkühler) (*m. - Aut. - etc.*), radiatore a nido d'api.
Wabensilo (*m. - Bauw.*), silo multicellulare.
Wabenspule (*f. - Elekt.*), bobina a nido d'api.
Wabenstein (*m. - Ofen - Metall.*), mattone per impilaggio.
Wachdienst (Wache) (*m. - milit.*), servizio di guardia.
Wache (kleine Truppenabteilung) (*f. - milit.*), guardia. 2 ~ (Wachdienst) (*milit.*), servizio di guardia.
Wachflamme (*f. - Verbr.*), spia, semprevivo (*s.*).
Wachhabender (wachhabender Offizier) (*m. - naut.*), ufficiale di guardia.
Wachs (*n. - chem. Ind.*), cera. 2 ~ abdruck (*m. - allg.*), calco in cera. 3 ~ ausschmelzverfahren (*n. - Giess.*), fusione a cera persa. 4 ~ kohle (bitumreiche Braunkohle, Pyropissit) (*f. - Min.*), piropissite. 5 ~ modell (*n. - Giess.*), modello di cera. 6 ~ papier (Paraffinpapier) (*n. - Papierind.*), carta paraffinata. 7 ~ platte (*f. - Elektroakus.*), disco di cera. 8 ~ schichtpapier (*n. - Papierind.*), carta paraffinata. 9 ~ schreiber (für elekt. Spannungen auf einem gewachsten Papierstreifen) (*m. - Ger.*), registratore (di tensione) su carta cerata. 10 ~ streichhölzchen (*n. - Ind.*), cerino. 11 ~ tuch (Wachsleinwand) (*n. - Textilind.*), tela cerata. 12 Bienen ~ (*Chem.*), cera d'api. 13 Erd ~ (Ozokerit) (*Min.*), cera minerale, ozocerite. 14 Karnauba- ~ (*Chem.*), cera carnauba. 15 verlorenes ~ verfahren (*Giess.*), procedimento a cera persa.
Wachsen (von Gusseisen, etc.) (*n. - Metall. - etc.*), ingrossamento.
wachsen (*allg.*), crescere. 2 ~ (von Gusseisen z. B.) (*Metall. - etc.*), ingrossare. 3 ~ (konservieren) (*Aut. - etc.*), cerare.
wächsern (*allg.*), di cera.

Wachstum (*n. - Giess.*), aumento di volume. 2 ~ (einer Industrie) (*Ind. - Planung*), sviluppo. 3 järliche ~ rate (*f. - allg.*), tasso di incremento annuale. 4 **Korn** ~ (Kornvergroberung) (*Wärmebeh.*), ingrossamento del grano.
Wachsung (Konservierung) (*f. - Aut. - etc.*), ceratura.
Wacht (Wache) (*f. - milit.*), guardia. 2 ~ (Wache, Wachdienst) (*milit.*), servizio di guardia.
Wächter (*m. - Arb.*), guardiano. 2 ~ (Steuerorgan) (*Elektromech.*), apparecchio di controllo automatico. 3 ~ (Grenzschalter) (*elekt. Ger.*), (interruttore) limitatore. 4 ~ **kontrolluhr** (*f. - Ger.*), orologio marcatempo (per guardiani). 5 **Drehzahl** ~ (*Ger.*), apparecchio di controllo (automatico) della velocità di rotazione. 6 **Faden** ~ (Vorr. zum Abstellen der Masch. bei Fadenbruch) (*Textilmasch.*), guardiatrama, arresto automatico per rottura del filo. 7 **Nacht** ~ (*Arb.*), guardiano notturno. 8 **Schuss** ~ (*Textilmasch.*), guardiatrama. 9 **Temperatur** ~ (*Elekt. - Ger.*), interruttore termico automatico, termostato.
Wackelkontakt (unsichere Verbindung in einem elekt. Stromkreis) (*m. - Elekt.*), contatto difettoso, contatto allentato, contatto labile.
Wadel (Wädel, Vollmond) (*m. - Astr.*) (*schweiz.*), luna piena.
Wadi (Trockental) (*m. - Geogr.*), uadi.
waf (wasser- und aschenfrei) (*Chem.*), senza acqua e ceneri.
Waffe (*f. - milit.*), arma. 2 ~ **n·schmied** (Handwerker) (*m. - Arb.*), armaiolo. 3 **Atom** ~ (*Atomphys.*), arma atomica. 4 **Feuer** ~ (*Feuerwaffe*), arma da fuoco.
Waffelblech (*n. - Metall.*), lamiera bugnata.
Wage (eines Stuhls) (*f. - Textilmasch.*), tiralicci.
Wagen (Fahrzeug mit Rädern) (*m. - Fahrz.*), veicolo (a ruote). 2 ~ (Kraftwagen) (*Fahrz.*), autoveicolo. 3 ~ (Personenkraftwagen) (*Aut.*), autovettura, vettura. 4 ~ (Waggon, Güterwagen) (*Eisenb.*), carro, carro merci. 5 ~ (Personenwagen) (*Eisenb.*), carrozza, vettura. 6 ~ (von Pferden gezogenes Fahrz., für Personen) (*Fahrz.*), carrozza. 7 ~ (von Pferden gezogenes Fahrz., für Güter) (*Fahrz.*), carro. 8 ~ (Maschinenteil, einer Schreibmaschine z. B.) (*Masch.*), carrello. 9 ~ (Hund) (*Bergbau*), vagonetto. 10 ~ (einer Spinnmaschine) (*Textilmasch.*), carro. 11 ~ **achskilometer** (Produkt aus der Wagenachsenzahl eines Eisenbahnzuges z. B. und den von diesem gefahrenen Kilometern) (*m. - Eisenb.*), asse-chilometri. 12 ~ **antenne** (*f. - Aut. - Funk.*), antenna per autovettura. 13 ~ **aufbau** (Karosserie) (*m. - Aut.*), carrozzeria, scocca. 14 ~ **aufbau** (Wagenkasten) (*Eisenb.*), cassa. 15 ~ **aufzug** (*m. - Eisenb. etc.*), montaveicoli. 16 ~ **bestand** (*m. - Eisenb.*), parco vagoni. 17 ~ **dichtung** (Faltenbalg) (*f. - Eisenb.*), mantice (d'intercomunicazione). 18 ~ **drehkran** (*m. - Eisenb. - Masch.*), gru girevole su carro ferroviario. 19 ~ **förderung** (*f. - Bergbau*), trenaggio. 20 ~ **führer** (eines Strassentriebwagens) (*m. - Arb.*), manovratore. 21 ~ **halle** (Garage) (*f. - Aut.*), autorimessa, «garage». 22 ~ **halle** (für Strassenbahnfahrzeuge z. B.) (*Bauw.*), rimessa. 23 ~ **heber** (*m. - Werkz.*), martinetto, cricco. 24 ~ **heberstützplatte** (*f. - Aut. - Ger.*), piastra di appoggio del martinetto. 25 ~ **herdofen** (*m. - Ofen*), forno a suola carrellata. 26 ~ **himmel** (*m. - Aut.*), soffitto vettura. 27 ~ **innenraum** (*m. - Aut.*), abitacolo. 28 ~ **kasten** (Wagenaufbau) (*m. - Eisenb.*), cassa. 29 ~ **kilometer** (*m. - Eisenb.*), vettura-chilometro. 30 ~ **kipper** (*m. - Eisenb.*), rovesciatore (di carri ferroviari). 31 ~ **kupplung** (*f. - Eisenb.*), aggancio, attacco. 32 ~ **löser** (einer Schreibmaschine) (*m. - Büromasch.*), (leva) liberacarrello. 33 ~ **park** (*m. - Eisenb.*), materiale rotabile. 34 ~ **park** (*Aut.*), parco automobilistico. 35 ~ **pfanne** (*f. - Giess.*), siviera carrellata. 36 ~ **pflege** (*f. - Aut.*), manutenzione della vettura. 37 ~ **pfleger** (*m. - Aut. - Arb.*), lavaggiatore di automezzi. 38 ~ **pflegestand** (*m. - Aut.*), piattaforma di servizio per autovetture, banco di servizio per autovetture. 39 ~ **radio** (Autoradio) (*n. - Aut. - Funk.*), autoradio. 40 ~ **spinnmaschine** (*f. - Textilmasch.*), filatoio intermittente. 41 ~ **stossvorrichtung** (*f. - Eisenb.*), spingitoio per carri. 42 ~ **übergang** (*m. - Eisenb.*), passaggio intercomunicante. 43 ~ **winde** (Wagenheber) (*f. - Fahrz. - Aut.*), martinetto, cricco. 44 ~ **zug** (*m. - Fahrz.*), gruppo di veicoli trainato, treno. 45 **Abteil** ~ (*Eisenb.*), carrozza a scompartimenti. 46 **Abteil** ~ (Schlagwagen) (*Eisenb.*), carrozza a corridoio centrale. 47 **Acker** ~ (*Ack.b. - Fahrz.*), carro agricolo. 48 **Akkumulatoren** ~ (Sammlerwagen) (*Fahrz.*), veicolo ad accumulatori. 49 **Aussenplattform** ~ (*Eisenb.*), carrozza a piattaforma esterna. 50 **Aussicht** ~ (*Eisenb.*), carrozza belvedere. 51 **Autotransport** ~ (Doppelstockgüterwagen) (*Eisenb.*), carro (a due piani) per trasporto autovetture. 52 **Beleuchtungs** ~ (*Eisenb.*), carro luce. 53 **Doppelstockgüter** ~ (*Eisenb.*), carro a due piani. 54 **Doppelstock** ~ (Personenwagen) (*Eisenb.*), carrozza a due piani. 55 **Druckgaskessel** ~ (*Eisenb.*), carro per gas compressi. 56 **Durchgangs** ~ (*Eisenb.*), carrozza con corridoio. 57 **durchgehender** ~ (direkter Wagen) (*Eisenb. - Transp.*), vettura diretta, carrozza diretta. 58 **D-Zug** ~ (mit geschlossenem Faltenbalg) (*Eisenb.*), carrozza intercomunicante. 59 **Eich** ~ (*Eisenb.*), carro per verifica stadere a ponte. 60 **Eisenbahn** ~ (*Eisenb. - Fahrz.*), veicolo ferroviario. 61 **Elektro** ~ (elektrisch betriebenes Strassenfahrzeug, gleisloses Batteriefahrzeug) (*Fahrz.*), autoveicolo elettrico. 62 **Erztransport** ~ (*Eisenb.*), carro per trasporto minerali. 63 **Filmvorführ** ~ (*Eisenb.*), carrozza-cinema. 64 **Förder** ~ (gleisgebundenes Unter-Tage-Fahrz.) (*Bergbau*), vagonetto da miniera. 65 **gedeckter** ~ (*Eisenb.*), carro chiuso. 66 **Gefängnis** ~ (*Eisenb.*), carrozza cellulare. 67 **Gepäck** ~ (*Eisenb.*), bagagliaio. 68 **Gleisprüf** ~ (Oberbaumesswagen) (*Eisenb.*), carrozza controllo linea. 69 **Gleisverlege** ~ (*Eisenb.*), carro posa-binario, carro per la posa del binario. 70 **Grosser** ~ (Grosser

Bär) (*Astr.*), orsa maggiore. **71** Güter ~ (*Eisenb.*), carro, carro merci. **72** G- ~ (gedeckter Wagen) (*Eisenb.*), carro chiuso. **73** Hand ~ (*Fahrz.*), carretto (a mano). **74** Heiz ~ (Heizkesselwagen) (*Eisenb.*), carro riscaldatore. **75** Holz ~ (mit Drehschemel auf der Plattform und paarweise verwendet)(*Eisenb.*), carro a bilico. **76** Hub ~ (*ind. Fahrz.*), carrello elevatore. **77** Kessel ~ (*Eisenb.*), carro cisterna, carrobotte. **78** Klappdeckel ~ (Kalkwagen, K-Wagen) (*Eisenb.*), carro per calce. **79** Kleiner ~ (Kleiner Bär) (*Astr.*), orsa minore. **80** Kran ~ (*Eisenb.*), carro gru. **81** Kühl ~ (*Eisenb.*), carro frigorifero. **82** Kutsch ~ (*Fahrz.*), carrozza. **83** Langholz ~ (*Ack.b.* - *Fahrz.*), carro per tronchi. **84** Mess ~ (*Eisenb.*), carrozza dinamometrica. **85** Miet ~ (*Aut.*), vettura da noleggio, vettura per servizio pubblico. **86** neutraler ~ (Pkw, beim Lenken) (*Aut.*), vettura neutra, autovettura neutra. **87** offener ~ (*Eisenb.*), carro aperto. **88** Oszillographen ~ (*Eisenb.*), carrozza oscillografica. **89** O- ~ (offener Wagen) (*Eisenb.*), carro aperto. **90** Pack ~ (Gepäckwagen) (*Eisenb.*), bagagliaio. **91** Personen ~ (*Eisenb.*), carrozza (viaggiatori), vettura. **92** Portal ~ (Güterzugwagen) (*Eisenb.*), carro a portale. **93** Post ~ (*Eisenb.*), carrozza postale. **94** Reisezug ~ (Personenwagen) (*Eisenb.*), carrozza, vettura. **95** Renn ~ (*Aut.*), vettura da corsa. **96** Rungen ~ (*Eisenb.*), carro aperto con stanti. **97** Salon ~ (*Eisenb.*), carrozza salone. **98** Sammler ~ (Akkumulatorenwagen) (*Fahrz.*), veicolo ad accumulatori. **99** Schemel ~ (Langholzwagen) (*Eisenb.*), carro a bilico. **100** Schienen ~ (für die Beförderung von Schienen etc.) (*Eisenb.*), carro per trasporto rotaie. **101** Schlaf ~ (*Eisenb.*), carrozza a letti. **102** Schutz ~ (*Eisenb.*), carro scudo, carro intermedio. **103** Selbstentlade ~ (für Erz, etc.) (*Eisenb.*), carro a scaricamento automatico, carro autoscaricante. **104** Speise ~ (*Eisenb.*), carrozza ristorante. **105** Stallungs ~ (*Eisenb.*), carro scuderia. **106** Strassenbahn ~ (*Fahrz.*), veicolo tranviario. **107** Tieflade ~ (*Eisenb.*), carro a pianale ribassato. **108** Topf ~ (für Säurebeförderung) (*Eisenb.*), carro a giare. **109** T- ~ (*Eisenb.*), siehe Kühlwagen. **110** übersteuernder ~ (Pkw, beim Lenken) (*Aut.*), vettura sovrasterzante, autovettura sovrasterzante. **111** Unkrautvertielgungs ~ (*Eisenb.*) carro diserbatore. **112** untersteuernder ~ (Pkw, beim Lenken) (*Aut.*), vettura sottosterzante, autovettura sottosterzante. **113** Verschlag ~ (zur Beförderung von Geflügel) (*Eisenb.*), carro per pollame. **114** V- ~ (*Eisenb.*), siehe Verschlagwagen. **115** Wärmeschutz ~ (*Eisenb.*), carro isotermico. **116** Werkstatt ~ (*Eisenb.*), carro officina. **117** Wohn ~ (*Fahrz.*), carrozzone (abitazione). **118** Zug ~ (für Lastwagen) (*Fahrz.*), motrice.
wägen (abwiegen) (*allg.*), pesare.
wagenweiser (Versand) (*Eisenb.* - *Transp.*), a carro completo.
Wäger (*m.* - *Arb.*), addetto alla pesa.
Wägerung (*f.* - *Schiffbau*), siehe Wegerung.
Waggon (Güterwagen) (*m.* - *Eisenb.*), carro, carro merci. **2** ~ (*Eisenb.*), siehe auch Wagen.

3 ~ **kipper** (*m.* - *Eisenb.*), rovesciatore (per carri). **4 frei** ~ (*komm.* - *Transp.*), franco vagone.
Wagner (Wagenbauer, Stellmacher) (*m.* - *Arb.*), carradore.
Wagnis (Risiko) (*n.* - *allg.*), rischio.
Wägung (*f.* - *Ind.* - *etc.*), pesata. **2 Bordasche** ~ (*Phys.*), (metodo di) pesata di Borda.
Wahl (Auswahl) (*f.* - *allg.*), scelta. **2** ~ (durch Stimmenabgabe, des Betriebsausschusses z. B.) (*Arb.* - *Organ.* - *etc.*), elezione. **3** ~ (Option) (*finanz.*), opzione. **4** ~ (*Fernspr.*), selezione. **5** ~ **beisitzer** (*m.* - *Politik* - *etc.*), scrutatore. **6** ~ **berechtigter** (Wähler) (*m.* - *Politik* - *etc.*), elettore. **7** ~ **bezirk** (*m.* - *Politik* - *etc.*), seggio elettorale. **8** ~ **endrelais** (*n.* - *Fernspr.*), relè di fine selezione. **9** ~ **kreis** (*m.* - *Politik*), circoscrizione elettorale. **10 Berufs** ~ (*Arb.*), scelta della professione. **11 direkte** ~ (Durchwahl) (*Fernspr.*), selezione diretta. **12 geheime** ~ (*finanz.* - *etc.*), votazione segreta. **13 selbsttätige** ~ (*Fernspr.*), selezione automatica.
Wählamt (Selbstwählamt) (*n.* - *Fernspr.*), centrale automatica.
Wählen (*n.* - *Politik* - *etc.*), votazione.
wählen (*allg.*), scegliere. **2** ~ (*Fernspr.*), fare il numero, comporre il numero.
Wähler (Selbstwähler) (*m.* - *Fernspr.* - *Ger.*), selettore. **2** ~ (*Politik*), elettore. **3** ~ **bucht** (*f.* - *Fernspr.*), comparto selettori. **4** ~ **fernamt** (WFA) (*Fernspr.*), centrale di teleselezione, centrale automatica interurbana. **5** ~ **fernsteuerung** (*f.* - *Fernspr.*), teleselezione. **6** ~ **karte** (*f.* - *Politik* - *etc.*), scheda elettorale. **7** ~ **scheibe** (*f.* - *Fernspr.*), disco combinatore.
Wählfernsprechverkehr (*m.* - *Fernspr.*), teleselezione.
wahlfrei (fakultativ) (*allg.*), facoltativo. **2** ~ **er Zugriff** (Speicher) (*Rechner*), eccesso casuale.
wahllos (*allg.*), a caso.
Wählschalter (*m.* - *Elekt.* - *Ger.*), selettore.
Wählscheibe (Wählerscheibe) (*f.* - *Fernspr.*), disco combinatore.
Wählschieber (eines automatischen Getriebes z. B.) (*m.* - *Masch.*), selettore a cassetto, distributore-selettore.
Wählsternschalter (*m.* - *Fernspr.*), commutatore satellite.
Wahlstufe (*f.* - *Fernspr.*), stadio di selezione.
Wählsystem (*n.* - *Fernspr.*), sistema di selezione, sistema di telefonia automatica.
Wählton (*m.* - *Fernspr.*), segnale di selezione.
Wählvermittlung (*f.* - *Fernspr.*), autocommutazione, commutazione automatica. **2** ~ **s·stelle** (Selbstwählamt) (*f.* - *Fernspr.*), centrale automatica.
Wahlverwandtschaft (*f.* - *Chem.*), affinità.
Wahlvorsteher (*m.* - *Politik* - *etc.*), presidente del seggio elettorale.
Wählzeichen (WZ) (*n.* - *Fernspr.*), segnale di selezione.
wahnkantig (waldkantig, Bauholz) (*Bauw.* - *Holz.*), a spigoli non squadrati.
wahr (*allg.*), vero. **2** ~ **e Geschwindigkeit** (*Flugw.*), velocità vera. **3** ~ **e Peilung** (*naut.* - *Flugw.*), rilevamento vero. **4** ~ **e Spannung** (*Baukonstr.lehre*), sollecitazione effettiva. **5**

~ **nehmbar** (*allg.*), percettibile. **6** ~ **nehmen** (*allg.*), percepire. **7** ~ **nehmen** (für die Interessen einer Person Sorge tragen z. B.) (*Adm.*), proteggere, salvaguardare. **8** ~ **nehmen** (beachten, einen Termin z. B.) (*recht.*), osservare, rispettare.
wahren (*allg.*), conservare. **2 einen Anspruch** ~ (*allg.*), conservare un diritto.
Wahrheitswert (*n. - Math.*), valore logico.
Wahrnehmbarkeit (*f. - allg.*), percettibilità.
Wahrnehmung (*f. - Phys. - etc.*), percezione. **2** ~ (der Interessen z. B.) (*Adm.*), salvaguardia. **3** ~ **s·geschwindigkeit** (*f. - Phys. - etc.*), velocità di percezione.
Wahrschau! (Achtung!) (*naut.*), attenzione.
Währschau (Signalstation in der Binnenschiffahrt) (*f. - naut.*), posto di segnalazione.
wahrscheinlich (*allg.*), probabile. **2** ~ **er Fehler** (*Math. - etc.*), errore probabile.
Wahrscheinlichkeit (*f. - allg.*), probabilità. **2** ~ **s-Dichte** (*f. - Math.*), densità della probabilità. **3** ~ **s·rechnung** (*f. - Math.*), calcolo delle probabilità. **4 Überlebens** ~ (*Stat.*), probabilità di sopravvivenza.
Wahrspruch (Verdikt) (*m. - recht.*), sentenza.
Wahrung (*f. - allg.*), conservazione.
Währung (*f. - finanz.*), valuta, moneta. **2** ~ **s·reform** (*f. - finanz.*), riforma monetaria. **3** ~ **s·schlange** (*f. - finanz.*), serpente monetario. **4** ~ **s·stabilität** (*f. - finanz.*), stabilità della moneta. **5 harte** ~ (*finanz.*), valuta forte. **6 Internationaler** ~ **s·fonds** (*finanz.*), Fondo Monetario Internazionale. **7 konvertierbare** ~ (*finanz.*), valuta convertibile.
Wald (*m. - Geogr. - Holz*), foresta. **2** ~ **brand** (*m. - Landw.*), incendio boschivo. **3** ~ **kanten** (*f. - pl. - Holz*), spigoli non squadrati. **4** ~ **säge** (*f. - Werkz.*), sega da tronchi. **5** ~ **wolle** (*f. - Text.*), lana vegetale.
waldkantig (*Holz*), siehe wahnkantig.
Walfangflotte (*f. - naut. - Fischerei*), flotta baleniera.
Walfangmutterschiff (*n. - naut. - Fischerei*), nave fattoria.
Walfangschiff (*n. - naut. - Fischerei*), baleniera.
Walfischdeck (*n. - naut.*), ponte a dorso di balena.
Walkarbeit (durch Eindrückung z. B., eines Reifens) (*f. - Aut.*), lavoro di gualcitura da rotolamento.
Walke (Walkmühle) (*f. - Textilmasch.*), follone.
Walkechtheit (Widerstandsfähigkeit der Farbe) (*f. - Text.*), stabilità del colore (alle soluzioni di follatura).
Walken (*n. - Textilind.*), follatura. **2** ~ (des Bleches) (*Blechbearb.*), snervatura. **3** ~ (Walkarbeit, eines Reifens) (*Aut.*), gualcitura da rotolamento. **4** ~ **arbeit** (im Reifen) (*f. - Aut.*), lavoro di gualcitura da rotolamento. **5** ~ **verlust** (im Reifen) (*m. - Aut.*), perdita per lavoro di gualcitura.
walken (*Textilind.*), follare. **2** ~ (Bleche) (*Blechbearb.*), snervare.
Walkerde (*f. - Textilind.*), terra da follone, argilla smettica.
Walkfähigkeit (*f. - Text.*), proprietà feltrante.
Walkmaschine (*f. - Blechbearb.masch.*), snervatrice (a rulli). **2** ~ (*Textilmasch.*), follone.
Walkpenetration (von Fett, beim Penetrationsversuch; Penetration gemessen auf einer gekneteten Fettprobe) (*f. - Chem.*), penetrazione su provino manipolato.
Walkwiderstand (eines Reifens) (*m. - Aut.*), resistenza alla gualcitura da rotolamento.
Walkzone (eines Reifens) (*f. - Aut.*), zona di gualcitura.
wallen (*allg.*), cuocere.
Wallmoräne (Seitenmoräne) (*f. - Geol.*), morena laterale.
Wallplatte (Dammstein) (*f. - Ofen*), piastra di dama, piastra di guardia.
Wallung (eines Metallbades) (*f. - Metall. - Giess.*), agitazione.
Walm (*m. - Bauw.*), padiglione. **2** ~ **dach** (*n. - Bauw.*), tetto a padiglione. **3** ~ **fläche** (eines Daches) (*f. - Bauw.*), falda. **4** ~ **gaube** (Walmgaupe) (*f. - Bauw.*), abbaino.
Walöl (*n. - chem. Ind.*), olio di balena.
Wälzachse (gemeinsame Mantellinie der Wälzzylinder, von Zahnrädern) (*f. - Mech.*), asse primitivo, asse dei punti primitivi.
Walzasphalt (*m. - Strass.b.*), asfalto cilindrato.
Walzausschuss (*m. - Walzw.*), scarto di laminazione.
Wälzautomat (Wälzfräsautomat) (*m. - Werkz.masch.*), dentatrice a creatore automatica.
Walzbacke (Gewindewalzbacke) (*f. - Werkz.*), piastra per filettare.
Wälzbahn (von Zahnrädern) (*f. - Mech.*), linea di contatto.
Walzbalken (Hundebalken, Balken auf dem die unteren und Seitenführungen befestigt sind) (*m. - Walzw.*), barra sostegno guide, barra di guida.
Walzbarkeit (*f. - Walzw. - Metall.*), laminabilità.
Walzbart (*m. - Walzw.fehler*), bava di laminazione.
Wälzbewegung (bei der Herstellung von Zahnrädern) (*f. - Werkz.masch.bearb.*), movimento di generazione. **2** ~ (von Zahnrädern z. B.) (*Mech.*), rotolamento.
Walzbiegen (*n. - Blechbearb.*), curvatura a rulli.
Walzblock (*m. - Walzw.*), lingotto da laminare.
Walzbördeln (*n. - Blechbearb.*), bordatura a rulli.
Walzdraht (*m. - metall. Ind.*), vergella, bordione. **2** ~ **-Erzeugnisse** (*n. - pl. - metall. Ind.*), derivati vergella. **3** ~ **rolle** (*f. - metall. Ind.*), bordione in rotoli, vergella in rotoli.
Wälzdrehfehler (an Verzahnmaschinen) (*m. - Mech.*), errore di errata relazione tra le rotazioni (dell'utensile e del pezzo).
Walzdruck (*m. - Walzw.*), pressione del cilindro, pressione di laminazione.
Walze (*f. - allg.*), cilindro, rullo. **2** ~ (*Walzw.*), cilindro. **3** ~ (*Ack.b.masch.*), rullo. **4** ~ (*Strass.b.masch.*), rullo. **5** ~ (einer Schreibmaschine) (*Büromasch.*), rullo. **6** ~ (Strassenwalze) (*Masch.*), compressore (stradale). **7** ~ (Wirbel, Wasserwalze, z. B.) (*Hydr.*), vortice. **8** ~ **n·anlasser** (*m. - Elekt. - Ger.*), av-

Walze viatore a tamburo. 9 ~ n·auftrag (Walzenbeschichtung, von Papier) (*m. - Papierind.*), patinatura a rulli. 10 ~ n·ballen (*m. - Walzw.*), corpo centrale del cilindro. 11 ~ n·ballen (Kokillen-Hartguss-Walzenzylinder, zur Kunststoffbearbeitung) (*Masch.*), cilindro di ghisa conchigliata. 12 ~ n·biegemaschine (*f. - Masch.*), curvatrice a rulli. 13 ~ n·brecher (*m. - Masch.*), frantoio a cilindri. 14 ~ n·drehbank (*f. - Werkz.masch.*), tornio per cilindri (di laminatoi). 15 ~ n·druck (Walzdruck) (*m. - Walzw.*), pressione di laminazione. 16 ~ n·drucker (*m. - Rechner*), stampante a cilindro. 17 ~ n·einstellung (*f. - Walzw.*), regolazione dei cilindri. 18 ~ n·fläche (Zylinderfläche) (*f. - Geom.*), superficie cilindrica. 19 ~ n·förmigkeit (*f. - Mech.*), cilindricità. 20 ~ n·fräsen (Walzen) (*n. - Werkz.masch. bearb.*), fresatura cilindrica, fresatura tangenziale. 21 ~ n·fräser (*m. - Werkz.*), fresa cilindrica, fresa tangenziale. 22 ~ n·gerüst (*n. - Walzw.*), gabbia (dei cilindri). 23 ~ n·glas (*n. - Glasind.*), vetro laminato, vetro in lastre (laminato). 24 ~ n·guss (Hartguss) (*m. - Giess.*), ghisa (conchigliata) per cilindri (di laminatoi). 25 ~ n·huf (Zylinderhuf) (*m. - Geom. - Arch.*), unghia cilindrica. 26 ~ n·käfig (Lager) (*m. - Mech.*), gabbia portarulli. 27 ~ n·kaliber (*n. - Walzw.*), calibro, passaggio calibrato. 28 ~ n·kessel (*m. - Kessel*), caldaia cilindrica. 29 ~ n·kranz (Wälzlagerkäfig mit eingesetzten zylindrischen Langrollen oder Walzen) (*m. - Mech.*), gabbia a rulli. 30 ~ n·krempel (*f. - Textilmasch.*), carda a cilindri. 31 ~ n·kuppelzapfen (*m. - Walzw*), trefolo. 32 ~ n·lager (Rollenlager) (*n. - Bauw.*), supporto a rulli, appoggio a rulli. 33 ~ n·löser (einer Schreibmaschine) (*m. - Büromasch.*), liberarullo, leva liberarullo. 34 ~ n·masse (*f. - Druck.*), pasta per rulli. 35 ~ n·narbe (*f. - Walzw.*), impronta di cilindri. 36 ~ n·park (*m. - Walzw.*), parco cilindri. 37 ~ n·reiniger (Doktor, Rakel) (*m. - Druckmasch.*), racla. 38 ~ n·ring (Walzenrand) (*m. - Walzw.*), cordone del cilindro. 39 ~ n·schalter (*m. - elekt. Ger.*), commutatore a tamburo. 40 ~ n·spalt (Walzspalt) (*m. - Walzw.*), luce tra i cilindri. 41 ~ n·sprung (beim Eintritt des Walzgutes) (*m. - Walzw.*), salto dei cilindri, allontanamento dei cilindri. 42 ~ n·ständer (Walzengerüst) (*m. - Walzw.*), gabbia (dei cilindri). 43 ~ n·stechknopf (einer Schreibmaschine) (*m. - Büromasch.*), bottone liberarullo. 44 ~ n·stirnfräser (*m. - Werkz.*), fresa cilindrica frontale. 45 ~ n·waschmaschine (*f. - Druckmasch.*), lavarulli. 46 ~ n·wehr (*n. - Wass.b.*), traversa cilindrica. 47 ~ n·zapfen (*m. - Mech.*), perno cilindrico. 48 ~ n·zapfen (Laufzapfen der Walze) (*Walzw.*), perno del cilindro. 49 Abführ ~ (*Textilmasch.*) cilindro scaricatore. 50 Aushebe ~ (Schnellwalze, Trommelputzwalze, einer Krempel) (*Textilmasch.*), volante. 51 Bandführungs ~ (*Textilmasch.*), cilindro guidanastro. 52 Cambridge- ~ (Schollenbrecher) (*Ack.b.masch.*), rullo frangizolle. 53 Druck ~ (*Druckmasch.*), cilindro da stampa. 54 Druck ~ (*Textilmasch.*), cilindro di pressione. 55 Einzieh ~ (des Krempels) (*Textilmasch.*), cilindro apritoio. 56 Farben ~ (*Anstr. - Werkz.*), rullo per verniciatura. 57 Gewinde ~ (*Mech. - Werkz.*), rullo per filettare. 58 Kalt ~ (*Walzw.*), cilindro per laminare a freddo. 59 Kamm ~ n·gerüst (*n. - Walzw.*), gabbia a pignoni. 60 Schaffuss ~ (*Strass.b.masch.*), rullo (costipatore) a piè di pecora. 61 Schnell ~ (*Textilmasch.*), siehe Aushebewalze) (*f.*). 62 Speise ~ (Zuführwalze, der Krempel) (*Textilmasch.*), cilindro alimentatore. 63 Stärke ~ (*Textilmasch.*), cilindro incollatore. 64 Strassen ~ (*Strass.b.masch.*), rullo compressore, compressore stradale. 65 Streck ~ (*Textilmasch.*), cilindro stiratore. 66 Trommelputz ~ (*Textilmasch.*), siehe Aushebewalze (*f.*). 67 Verdichtungs ~ (*Strass.b.masch.*), rullo costipatore. 68 Warm ~ (*Walzw.*), cilindro per laminare a caldo. 69 Wickel ~ (einer Krempel) (*Textilmasch.*), cilindro per falda. 70 Zuführ ~ (Speisewalze, der Krempel) (*Textilmasch.*), cilindro alimentatore.

Walzebene (*f. - Walzw.*), piano di laminazione.

Wälzebene (einer Zahnstange) (*f. - Mech.*), piano primitivo.

Walzen (*n. - Walzw.*), laminazione. 2 ~ (zur Herstellung von Zahnrädern z. B.) (*Mech.*), rullatura. 3 ~ (von Gewinden) (*Mech.*), rullatura. 4 ~ (Fräsvorgang) (*Werkz.masch.bearb.*), fresatura con utensile cilindrico. 5 Kalt ~ (für Zahnräder z. B.) (*Mech.*), rullatura a freddo. 6 Schweden ~ (für Rohrherstellung, Verfahren bei dem der Innendurchmesser des Rohres bei den einzelnen Stichen konstant gehalten wird) (*Wglzw.*), laminazione a diametro interno costante (per tubi). 7 Stopfen ~ (für Rohrherstellung, Verfahren bei dem der Aussendurchmesser des Rohres bei den einzelnen Stichen konstant gehalten wird) (*Walzw.*), laminazione a diametro esterno costante (per tubi). 8 Warm ~ (zur Herstellung von Zahnrädern) (*Mech.*), rullatura a caldo.

walzen (*Walzw.*), laminare. 2 ~ (Zahnräder) (*Mech.*), rullare. 3 ~ (Gewinde) (*Mech.*), rullare.

wälzen (wälzfräsen) (*Werkz.masch.bearb.*), dentare a creatore. 2 ~ (erzeugen, beim Schneiden von Zahnrädern) (*Mech.*), generare.

walzenförmig (*allg.*), cilindrico.

Walzer (*m. - Walzw. - Arb.*), laminatore.

Walzerzeugnis (*n. - Walzw. - metall. Ind.*), laminato (*s.*).

Walzfaserstruktur (*f. - Metall.*), struttura a fibre (di laminazione).

Wälzfeder (Form der Blattfeder, die sich bei zunehmender Belastung selbsttätig verkürzt, sodass die Federung härter wird) (*f. - Fahrz.*), molla a rigidezza variabile, molla a rigidezza crescente col carico, molla progressiva.

Walzfehler (*m. - Walzw.*), difetto di laminazione. 2 ~ (F_t, bei Wälzprüfung von Zahnrädern) (*Mech.*), errore di rotolamento.

Wälzfestigkeit (von Wälzlagern) (*f. - Mech.*), resistenza al rotolamento.

Wälzfläche (von Zahnrädern) (*f. - Mech.*),

superficie primitiva, primitiva. 2 Betriebs ~ (von Zahnrädern) (*Mech.*), superficie primitiva di funzionamento. 3 Erzeugungs ~ (von Zahnrädern) (*Mech.*), superficie primitiva di dentatura.
Walzflansch (*m. - Mech.*), flangia rullata, flangia mandrinata.
Walzfräsen (Walzenfräsen) (*n. - Werkz.masch. bearb.*), fresatura periferica, fresatura tangenziale.
Wälzfräsen (Abwälzfräsen) (*n. - Werkz. masch.bearb.*), dentatura a creatore.
wälzfräsen (abwälzfräsen) (*Werkz.masch. bearb.*), dentare a creatore.
Walzfräser (Walzenfräser) (*m. - Werkz.*), fresa cilindrica, fresa tangenziale.
Wälzfräser (*m. - Werkz.*), creatore, fresa a vite. 2 ~ für Evolventenprofile (*Werkz.*), creatore per profili ad evolvente. 3 Keilwellen ~ (*Werkz.*), creatore per alberi scanalati. 4 Kerbverzahnungs ~ (*Werkz.*), creatore per striature. 5 Kettenrad ~ (*Werkz.*), creatore per pignoni da catena, creatore per rocchetti da catena.
Wälzfräsmaschine (Abwälzfräsmaschine) (*f. Werkz.masch.*), dentatrice a creatore.
Walzführung (*f. - Masch.*), guida a rotolamento.
Wälzgas (*n. - chem. Ind.*), gas di riciclo.
Wälzgerade (von Zahnrädern) (*f. - Mech.*), retta primitiva.
Wälzgeräusch (der Zahnräder) (*n. - Mech.*), rumorosità.
Walzgerüst (*n. - Walzw.*), gabbia di laminazione.
Wälzgetriebe (Radgetriebe mit parallelen oder mit sich schneidenden Achsen) (*n. - Mech.*), rotismo (ad assi paralleli o concorrenti).
Walzglas (gewalztes Glas, zwischen Walzenpaaren z. B.) (*n. - Bauw. - etc.*), vetro cilindrato, vetro rullato.
Walzgrat (*m. - Walzw.fehler*), bava di laminazione.
Walzgut (*n. - Walzw.*), materiale da laminare.
Walzhaut (Zunderschicht beim Warmwalzen) (*f. - Metall.*), pelle di laminazione.
Wälzhobelmaschine (zur Herstellung von Zahnrädern) (*f. - Werkz.masch.*), dentatrice a pettine.
Wälzhobeln (*n. - Werkz.masch.bearb.*), dentatura a pettine.
wälzhobeln (*Werkz.masch.bearb.*), dentare a pettine.
Walzkaliber (Walzstich) (*n. - Walzw.*), calibro, passaggio calibrato, passaggio profilato.
Wälzkammer (Wirbelkammer, eines Dieselmotors) (*f. - Mot.*), camera (di combustione) a turbolenza.
Walzkante (*f. - Walzw.*), orlo di laminazione.
Wälzkegel (eines Kegelrades) (*m. - Mech.*), cono primitivo. 2 ~ winkel (an einem Kegelradgetriebe) (*m. - Mech.*), angolo primitivo. 3 Betriebs ~ (an einem Kegelradgetriebe) (*Mech.*), cono primitivo di funzionamento. 4 Betriebs ~ winkel (an einem Kegelradgetriebe) (*Mech.*), angolo primitivo di funzionamento. 5 Erzeugungs ~ (an einem Kegelradgetriebe) (*Mech.*), cono primitivo di dentatura. 6 Erzeugungs ~ winkel (*Mech.*), angolo primitivo di dentatura.
Wälzkolbenverdichter (Rollkolbenverdichter) (*m. - Masch.*), compressore ad eccentrico.
Wälzkontakt (*m. - Elekt.*), contatto rotolante. 2 ~ (Wälzregler) (*Elekt.*), reostato.
Wälzkörper (Kugel oder Rolle, eines Wälzlagers) (*m. - Mech.*), corpo rotolante, elemento rotolante.
Wälzkreis (*m. - Geom.*), cicloide. 2 ~ (Teilkreis, eines Zahnrades) (*Mech.*), cerchio primitivo. 3 Betriebs ~ (von Zahnrädern) (*Mech.*), cerchio primitivo di funzionamento. 4 Erzeugungs ~ (von Zahnrädern) (*Mech.*), cerchio primitivo di dentatura.
Wälzkurve (beim Schneiden von Zahnrädern) (*f. - Mech.*), camma generatrice.
Walzlackieren (*n. - Anstr.*), verniciatura a rullo.
Wälzlager (*n. - Mech.*), cuscinetto volvente, cuscinetto a rotolamento.
Wälzlinie (von Zahnrädern) (*f. - Mech.*), linea primitiva. 2 ~ (Berührungslinie, zwischen den Walzen) (*f. - Walzw.*), linea di laminazione, linea contatto cilindri.
Walzmaschine (für Gewinde) (*f. - Masch.*), rullatrice, filettatrice a rulli. 2 Gewinde- ~ (*Werkz.masch.*), filettatrice a rulli, rullatrice per filettature. 3 Glatt ~ (für Bremsscheiben z. B.) (*Werkz.masch.*), levigatrice a rulli. 4 Zahnrad- ~ (*Werkz.masch.*), rullatrice per ingranaggi.
Walzmeister (*m. - Arb. - Walzw.*), capo laminatore.
Walzmessing (*n. - Metall.*), ottone per laminati.
Wälz/Minute (beim Schleifen von Zahnrädern) (*Mech.*), movimenti al minuto, pendolamenti al minuto.
Walznaht (*f. - Walzw.fehler*), ripiegatura da laminazione.
Walzöl (*n. - Walzw.*), olio per laminatoio.
Walzpinsel (*m. - Werkz.*), pennello cilindrico.
Wälzplatte (*f. - Masch. - etc.*), piastra a rulli.
Wälzprägen (Eindrücken eines mit Zeichen versehenen Prägewalze in die Oberfläche eines Werkstückes) (*n. - mech. Technol.*), « incisione » con rullo, improntatura con rullo.
Wälzprüfung (von Zahnrädern) (*f. - Mech.*), verifica al rotolamento. 2 Zweiflanken ~ (von Zahnrädern) (*Mech.*), verifica al rotolamento su due fianchi.
Wälzpunkt (von Zahnrädern, Berührungspunkt zweier Wälzkreise) (*m. - Mech.*), punto primitivo, punto di tangenza delle circonferenze primitive.
Wälzrad (Zahnrad eines Wälzgetriebes) (*n. - Mech.*), ruota di ingranaggio (ad assi paralleli o concorrenti).
Wälzregler (ein Widerstand-Spannungsregler) (*m. - Elekt.*), reostato. 2 ~ (Kontroller) (*Elekt.*), combinatore, « controller ».
Wälzreibung (*f. - Mech.*), attrito volvente.
Walzrichten (Friemeln) (*n. - mech. Technol.*), raddrizzamento a rulli.
Walzrichtung (*f. - Walzw. - metall. Ind.*), direzione di laminazione.

Walzriefe

Walzriefe (Überwalzung) (*f. - Walzw.fehler*), riga di laminazione.
Walzriss (*m. - Walzw.fehler*), cricca da laminazione.
Wälzschaben (Zahnradschaben) (*n. - Werkz. masch.bearb.*), rasatura (d'ingranaggi) a rotolamento, sbarbatura (d'ingranaggi) a rotolamento.
Wälzschälen (Bearbeitung von Aussen- und Innenverzahnungen durch das Wälzen zwischen Werkz. und Werkstück mit gekreuzten Achsen) (*n. - Werkz.masch.bearb.*), dentatura a rotolamento con coltello circolare.
Wälzschleifen (Zahnflankenschleifen) (*n. - Werkz.masch.bearb.*), rettifica (d'ingranaggi) a rotolamento.
Wälzschraubtrieb (*m. - Mech.*), meccanismo a vite volvente.
Walzschweissverfahren (Plattierverfahren für Aluminiumbleche) (*n. - mech. Technol.*), placcatura Alclad, placcatura mediante laminazione a caldo.
Walzsegment (auf der Reckwalze) (*n. - Schmieden*), segmento di rullatura.
Walzsinter (Zunder) (*m. - Walzw.*), scoria da laminazione, ossido da laminazione.
Walzspalt (*m. - Walzw.*), luce tra i cilindri.
Walzsplitter (*m. - Walzw.fehler*), sfogliatura (di laminazione).
Wälzsprung (*f*ᵢ, bei Wälzprüfung von Zahnrädern) (*m. - Mech.*), salto di rotolamento.
Walzstahl (*m. - Walzw. - metall. Ind.*), laminato di acciaio.
Walzstich (Walzkaliber) (*m. - Walzw.*), calibro, passaggio calibrato, passaggio profilato.
Wälzstossen (zur Herstellung von Zahnrädern durch Schneidrad) (*n. - Werkz.masch.bearb.*), dentatura a coltello circolare (tipo Fellows).
wälzstossen (von Zahnrädern) (*Werkz.masch.bearb.*), dentare con coltello circolare (tipo Fellows).
Wälzstossmaschine (zur Herstellung von Zahnrädern) (*f. - Werkz.masch.*), dentatrice a coltello circolare (tipo Fellows).
Walzstrasse (*f. - Walzw.*), treno di laminazione.
Walzstrieme (*f. - Walzw.*), graffiatura di cilindro, graffiatura di laminazione.
Walztoleranz (*f. - Walzw.*), tolleranza di laminazione.
Walzträger (*m. - Metall.*), trave (a doppio T) laminata.
Walzverhältnis (*n. - Walzw.*), rapporto di laminazione.
Wälzverhältnis (beim Schneiden von Zahnrädern) (*n. - Mech.*), rapporto di generazione.
Wälzvorgang (bei Zahnrädern) (*m. - Mech.*), procedimento di generazione.
Wälzvorschub (beim Schneiden von Zahnrädern) (*m. - Werkz.masch.bearb.*), avanzamento di generazione.
Wälzwagen (Handfahrgerät mit endlosem Rollenband) (*m. - Ind. - Fahrz.*), carrello a rulli.
Walzwerk (*n. - Walzw.*), laminatoio. 2 ~ (Bruchwalzwerk) (*Masch.*), frantoio a cilindri. 3 ~ (in der Kautschukverarbeitung, zum Mastizieren, Homogenisieren, Vorwärmen, Auswalzen, Mischen, Refinern von Regeneraten z. B.) (*Masch.*), calandra (per gomma da rigenerare). 4 ~ führungen (*f. - pl. - Walzw.*), guide del laminatoio. 5 ~ halle (*f. - Walzw. - Bauw.*), laminatoio. 6 **Band** ~ (*Walzw.*), laminatoio per nastri. 7 **Block** ~ (Vorstrasse) (*Walzw.*), laminatoio per lingotti, «blooming». 8 **Brammen** ~ (*Walzw.*), laminatoio per bramme. 9 **Breitband** ~ (*Walzw.*), laminatoio per larghi nastri. 10 **Draht** ~ (*Walzw.*), laminatoio per vergella. 11 **Dreiwalzen** ~ (Trio-Walzwerk) (*Walzw.*), laminatoio a tre cilindri, trio. 12 **Duo-** (Zweiwalzenwalzwerk) (*Walzw.*), laminatoio a due cilindri, duo. 13 **Exzenter** ~ (*Walzw.*), laminatoio ad eccentrici. 14 **Feinblech** ~ (*Walzw.*), laminatoio per lamiere sottili. 15 **Feineisen** ~ (*Walzw.*), laminatoio per profilati leggeri. 16 **Formstahl** ~ (*Walzw.*), laminatoio per profilati speciali. 17 **Grobblech** ~ (*Walzw.*), laminatoio per lamiere grosse. 18 **Grob** ~ (*Walzw.*), laminatoio sbozzatore. 19 **Handeleisen** ~ (*Walzw.*), laminatoio per profilati commerciali. 20 **kontinuierliches** ~ (*Walzw.*), laminatoio continuo, treno di laminazione, treno. 21 **Mehrwalzen-Kalt-** ~ (MKW) (*Metall.*), laminatoio a freddo con cilindri a gruppo. 22 **Pilgerschritt** ~ (für Rohre) (*Walzw.*), laminatoio a passo del pellegrino, laminatoio pellegrino. 23 **Reversier** ~ (Umkehrwalzwerk) (*Walzw.*), laminatoio reversibile. 24 **Schienen** ~ (*Walzw.*), laminatoio per rotaie. 25 **Schräg** ~ (für Rohre) (*Walzw.*), laminatoio obliquo, laminatoio perforatore. 26 **Stabstahl** ~ (*Walzw.*), laminatoio per barre. 27 **Trio-** ~ (Dreiwalzenwalzwerk) (*Walzw.*), laminatoio a tre cilindri, trio. 28 **Umkehr** ~ (Reversierwalzwerk) (*Walzw.*), laminatoio reversibile. 29 **Universal** ~ (*Walzw.*), laminatoio universale. 30 **Vierwalzen** ~ (*Walzw.*), laminatoio a quattro cilindri, doppio duo. 31 **Zweiwalzen** ~ (Duo-Walzwerk) (*Walzw.*), laminatoio a due cilindri, duo.
Wälzwinkel (von Zahnrädern) (*m. - Mech.*), angolo di generazione.
Walzzeichen (*n. - mech. Technol.*), segno di laminazione.
Walzziehversuch (von Blechstreifen) (*m. - mech. Technol.*), prova di laminazione (a freddo) ed imbutitura.
Walzzunder (*m. - Walzw.*), scoria di laminazione, scaglia di laminazione.
Wälzzylinder (eines Zahnrades) (*m. - Mech.*), cilindro primitivo. 2 **Betriebs** ~ (an Zahnrädern) (*Mech.*), cilindro primitivo di funzionamento. 3 **Erzeugungs** ~ (an Zahnrädern) (*Mech.*), cilindro primitivo di dentatura.
Wand (*f. - allg.*), parete. 2 ~ (Bergabfall) (*Geogr.*), parete. 3 ~ (*f.*), siehe auch Wand (*n.*). 4 ~ **apparat** (*m. - Fernspr.*), telefono da muro. 5 ~ **arm** (*m. - Bauw.*), mensola. 6 ~ **bekleidung** (Täfelung) (*f. - Tischl. - Bauw.*), pannellatura. 7 ~ **bild** (*n. - Phot.*), foto murale. 8 ~ **bogen** (Gurtbogen) (*m. - Bauw.*), arco di rinforzo. 9 ~ **dose** (Wandsteckdose) (*f. - Elekt.*), presa (di corrente) da muro. 10 ~ **effekt** (bei Ionisie-

rung) (*m. - Elektronik*), effetto (di) parete. **11** ~ **flächenheizung** (*f. - Heizung*), riscaldamento a pannelli radianti. **12** ~ **glied** (eines Fachwerks) (*n. - Bauw.*), asta di parete. **13** ~ **konsol** (*n. - Bauw.*), mensola. **14** ~ **kran** (*m. - Masch.*), gru da parete. **15** ~ **lager** (*n. - Mech. - Bauw.*), supporto a muro. **16** ~ **leuchte** (*f. - Beleucht.*), braccio a muro, «applique», apparecchio di illuminazione da parete. **17** ~ **lüfter** (*m. - Ger.*), ventilatore da parete. **18** ~ **montage** (*f. - allg.*), montaggio a muro. **19** ~ **pfeiler** (*m. - Bauw.*), lesena. **20** ~ **platte** (zum Bekleiden von Mauerwänden) (*f. - Bauw.*), lastra di rivestimento. **21** ~ **schalttafel** (*f. - Elekt.*), quadro a muro. **22** ~ **schrank** (*m. - Bauw.*), armadio a muro. **23** ~ **stärke** (*f. - allg.*), spessore (di parete). **24** ~ **steckdose** (*f. - Elekt.*), presa (di corrente) da muro. **25** ~ **verlust** (Wärmeverlust) (*m. - Metall. - Ofen*), perdita attraverso le pareti. **26** ~ **vertäfelung** (*f. - Bauw. - Tischl.*), pannellatura. **27** ~ **vertiefung** (*f. - Bauw.*), nicchia. **28** ~ **wange** (einer Treppe) (*f. - Bauw.*), zoccolatura, zoccolo. **29 Seiten** ~ (eines Lastwagens) (*Aut.*), sponda laterale. **30 tragende** ~ (*Bauw.*), parete portante. **31 Trenn** ~ (*Bauw.*), parete divisoria.
Wand (Wollstoff) (*n. - Textilind.*), tessuto di lana. **2** ~ (*n.*), *siehe auch* Wand (*f.*).
Wandelflugzeug (*n. - Flugw.*), convertiplano.
wandeln (*allg.*), cambiare.
Wandelstern (Planet) (*m. - Astr.*), pianeta.
Wanderanlage (*f. - Elektrochem. - etc.*), impianto mobile.
Wanderausstellung (*f. - komm.*), esposizione itinerante.
Wanderdeckelkrempel (*f. - Textilmasch.*), carda a cappelli mobili.
wanderfähig (Maschine, etc.) (*allg.*), mobile, trasportabile.
Wanderfeldmotor (*m. - Elekt.*), motore a campo migrante.
Wanderfeldröhre (Lauffeldröhre) (*f. - Elektronik*), tubo a onde progressive, tubo a campo migrante.
Wandergewerbe (*n. - komm.*), commercio ambulante.
Wanderlager (mit umlaufendem Fördergut durch Kreisförderer z. B.) (*n. - Ind.*), magazzino mobile.
Wanderlänge (*f. - Elektronik*), lunghezza di migrazione.
Wandern (des Gesenkes) (*n. - Schmiedefehler*), scentratura. **2** ~ (Wanderung, der Ionen) (*Phys.*), migrazione.
Wanderrost (*m. - Dampfkessel*), griglia mobile.
Wanderschrift (Lichtreklame z. B.) (*f. - Beleucht. - komm.*), scritta (luminosa) mobile.
Wanderschutzmittel (zum Verhindern des Verschiebens der Schienen) (*n. - Eisenb.*), dispositivo antiscorrimento, dispositivo di bloccaggio (delle rotaie).
Wanderung (*f. - Arb. - etc.*), emigrazione. **2** ~ (Wandern, der Ionen) (*Phys.*), migrazione. **3** ~ (der Kontakte) (*Elekt.*), trasposizione (del metallo dei contatti). **4** ~ (der Schiene) (*Eisenb.*), scorrimento (longitudinale). **5** ~ (von Elektronen) (*Elektronik*), deriva. **6** ~ **s·geschwindigkeit** (von Elektronen) (*f. - Elektronik*), velocità di deriva. **7 Elektronen** ~ (*Elektronik*), deriva degli elettroni. **8 Frequenz** ~ (*Elektronik*), deriva della frequenza.
Wanderwelle (*f. - Phys.*), onda migrante, onda progressiva. **2** ~ (plötzliche Spannungs- und Stromstärkeänderung auf elekt. Freileitungen, etc.) (*Elekt.*), transitorio (*s.*).
Wandler (Messwandler) (*m. - Elekt.*), trasformatore di misura. **2** ~ (*Masch. - Aut. - Eisenb.*), convertitore. **3** ~ (Geber) (*Elektroakus. - Ger.*), trasduttore. **4** ~ (zur Umwandlung von Wärme z. B. in elekt. Energie) (*Wärmetechnik*), convertitore. **5** ~ **röhre** (*Elektronik*), tubo convertitore. **6** ~ **schaltkupplung** (Drehmomentwandler und Trokkenkupplung) (*f. - Aut.*), gruppo convertitore di coppia-frizione. **7 akustischer** ~ (zur Umwandlung von Schallschwingungen in elekt. Schwingungen) (*Ger.*), trasduttore acustico. **8 Drehmoment** ~ (*Masch. - Aut. - Eisenb.*), convertitore di coppia. **9 Drehzahl-Drehmoment** ~ (verändert Drehzahl und Drehmoment bei unveränderter Leistung) (*Mot. - Fahrz.*), cambio di velocità e di coppia. **10 Drehzahl** ~ (verändert die Drehzahl bei unverändertem Drehmoment) (*Mot. - Fahrz.*), variatore continuo di velocità, cambio continuo di velocità. **11 Druckmittel** ~ (Luft-Öl-Wandler) (*Ölhydr. - Ger.*), scambiatore di pressione (aria-olio). **12 elektroakustischer** ~ (*Akus.*), trasduttore elettroacustico. **13 Flüssigkeits** ~ (Drehmomentwandler) (*Masch. Aut. - Eisenb.*), convertitore idraulico, cambio idraulico, cambio idrodinamico. **14 hydrokinetischer** ~ (*Masch. - Aut. - Eisenb.*), convertitore idrodinamico. **15 Ketten** ~ (*Fahrz.*), cambio di velocità a catena. **16 Mess** ~ (*Elekt.*), trasformatore di misura. **17 thermionischer** ~ (*Masch.*), convertitore termoionico, convertitore termoelettronico. **18 thermoelektrischer** ~ (*Wärmetechnik*), convertitore termoelettrico. **19 Trilok** ~ (Drehmomentwandler) (*Mot. - Masch. - Fahrz.*), convertitore Trilok. **20 turboelektrischer** ~ (*Masch.*), convertitore turboelettrico.
Wandlung (*f. - allg.*), trasformazione. **2** ~ (eines Drehmomentes) (*Masch.*), conversione.
Wandung (Wand) (*f. - allg.*), parete.
Wange (*f. - allg.*), guancia. **2** ~ (eines Klostergewölbes) (*Arch.*), fuso. **3** ~ (einer Treppe) (*Bauw.*), fianco, longarina. **4** ~ (des Schornsteines z. B.) (*Bauw.*), muriccio laterale. **5** ~ (einer Kurbelwelle, Kurbelwange) (*Mot.*), spalla. **6** ~ (Seitenteil) (*allg.*), lato, fianco. **7** ~ **n·mauer** (*f. - Wass.b. - Ing.b.*), muro di sponda. **8** ~ **n·mauer** (*Bauw.*), muro laterale. **9 Frei** ~ (Lichtwange, einer Treppe) (*Bauw.*), fianco libero, fianco non incastrato, fianco verso tromba. **10 Messer** ~ (einer Schermaschine) (*Masch.*), lama. **11 Treppen** ~ (*Bauw.*), zoccolo della scala, fianco della scala. **12 Wand** ~ (einer Treppe) (*Bauw.*), zoccolatura.
Wankbewegung (Rollbewegung) (*f. - Fahrz.*), movimento di rollìo.

Wankelmotor (Drehkolbenmotor, Rotationskolbenmotor) (*m. - Mot.*), motore Wankel, motore a stantuffo rotante.
Wanken (Wankschwingung, Kippen) (*n. - Aut. - etc.*), rollìo.
Wankmoment (Rollmoment) (*n. - naut. - Flugw. - Aut.*), momento di rollìo.
Wanknutsäge (Taumelsäge, Kreissäge mit flatterndem Blatt) (*f. - Masch.*), sega circolare a lama obliqua.
Wankschwingung (Rollen) (*f. - Aut. - naut. - Flugw.*), oscillazione di rollìo.
Wankwinkel (*m. - Fahrz.*), angolo di rollìo, angolo di rollata.
Wanne (*f. - allg.*), vasca. 2 ~ (Ölwanne) (*Aut. - Mot.*), coppa (dell'olio). 3 ~ (Giesswanne) (*Glasind.*), bacino. 4 ~ (konkav Neigungsänderung der Gradiente einer Strasse) (*Strass.b.*), profilo longitudinale concavo. 5 ~ n·ofen (*m. - Glasind.*), forno a bacino. 6 **Bade** ~ (*Bauw.*), vasca da bagno. 7 **Radar** ~ (eines Flugzeugs) (*Flugw.*), radomo.
W-Anordnung (einer Kardanwelle) (*f. - Mech.*), disposizione concorrente, disposizione ad alberi concorrenti.
Want (*f. - n. - naut.*), sartia.
Wapu (Wasserpumpe) (*f. - Mot.*), pompa dell'acqua.
Ward-Leonard-Antrieb (*m. - Elekt.*), gruppo Ward-Leonard.
Ware (Gut) (*f. - komm.*), merce. 2 ~ (Textilind.), tessuto. 3 ~ n·annahme (*f. - Ind.*), accettazione merci. 4 ~ n·aufzug (Lastenaufzug) (*m. - Hebemasch.*), montacarichi. 5 ~ n·automat (*m. - Masch. - komm.*), distributore automatico. 6 ~ n·eingang (Warenannahmestelle) (*m. - Ind.*), « arrivi », posto (di) accettazione merci. 7 ~ n·haus (*n. - komm.*), magazzino, emporio, grande magazzino. 8 ~ n·kunde (*f. - komm.*), merceologia. 9 ~ n·probe (Muster ohne Wert) (*f. - Post*), campione senza valore. 10 ~ n·probe (Probe, einer Lieferung) (*komm.*), campione. 11 ~ n·zeichen (Marke, Schutzmarke) (*n. - recht.*), marchio di fabbrica. 12 eingetragenes ~ n·zeichen (*recht.*), marchio depositato.
Warf (*f. - naut.*), siehe Werft.
warm (*allg.*), caldo. 2 ~ (Maschinenteil, durch Reibung) (*Mech.*), surriscaldato. 3 ~ **abgebend** (*Phys.*), esotermico. 4 ~ **abgraten** (*mech. Technol.*), sbavare a caldo. 5 ~ **aufnehmend** (*Phys.*), endotermico. 6 ~ **aufziehen** (*Mech.*), calettare a caldo. 7 ~ **bearbeiten** (*mech. Technol. - etc.*), lavorare a caldo. 8 ~ **brüchig** (*Metall.*), fragile a caldo. 9 ~ **erzeugend** (wärmegebend) (*Phys.*), esotermico. 10 ~ **fahren** (warmlaufen lassen, den Motor) (*Mot.*), riscaldare. 11 ~ **fest** (Stahl z. B.) (*Metall. - etc.*), resistente a caldo, refrattario. 12 ~ **gewalzt** (*Metall. - Walzw.*), laminato a caldo. 13 ~ **gewalzt** (Zahnrad z. B.) (*mech. Technol.*), rullato a caldo. 14 ~ **halten** (*Schmieden - etc.*), mantenere a temperatura. 15 ~ **laufen** (eines Lagers) (*Mech. - Fehler*), surriscaldarsi. 16 ~ **laufen lassen** (*Mot.*), riscaldare. 17 ~ **plastisch** (Kunststoff) (*Chem.*), termoplastico. 18 ~ **pressen** (*Technol.*), stampare a caldo (alla pressa). 19 ~ **rissempfindlich** (*Metall.*), sensibile alla criccatura a caldo, criccabile a caldo. 20 ~ **verarbeiten** (*Technol.*), lavorare a caldo. 21 ~ **walzen** (*Walzw. - Metall.*), laminare a caldo.
Warmabbrennen (Abbrennschweissung mit Vorwärmung) (*n. - mech. Technol.*), saldadatura a scintillìo con preriscaldo.
Warmabgratwerkzeug (*n. - Werkz.*), attrezzo per sbavare a caldo, sbavatore a caldo.
Warmarbeitsstahl (für Gesenke z. B.) (*m. - Metall.*), acciaio (per utensili) per lavorazioni a caldo.
Warmaushärten (*n. - Wärmebeh.*), invecchiamento artificiale.
Warmauslagern (von Stahl, Behandlung bestehend in Lösungsglühen, Abschrecken und Halten bei höheren Temperaturen) (*n. - Wärmebeh.*), invecchiamento artificiale.
Warmbadhärten (*n. - Wärmebeh.*), tempra isotermica, tempra intermedia.
Warmbandstrasse (*f. - Walzw.*), treno a caldo per nastri.
Warmbehandlung (Wärmebehandlung) (*f. - Wärmebeh.*), trattamento termico. 2 ~ s·ofen (*m. - Ofen*), forno per trattamenti termici.
Warmbett (für heisse Blöcke z. B.) (*n. - Walzw.*), letto metallico, griglia, letto caldo.
Warmbildsamkeit (*f. - mech. Technol.*), foggiabilità a caldo.
Warmblechstrasse (*f. - Walzw.*), treno a caldo per lamiere.
Warmbrüchigkeit (*f. - Metall.*), fragilità a caldo.
Warmdach (Dach ohne Zwischenschaltung einer ventilationsfähigen Luftschicht zwischen der obersten Deckenkonstruktion und der Dampfsperre etc.) (*Bauw.*), tetto caldo, tetto non ventilato.
Wärme (*f. - Phys.*), calore. 2 ~ (Hitze) (Schmieden), calda. 3 ~ **abfall** (*m. - Phys.*), calore perduto. 4 ~ **abfuhr** (*f. - Phys.*), asportazione di calore, sottrazione di calore. 5 ~ **abgabe** (*f. - Phys.*), emissione di calore. 6 ~ **ableiter** (eines Halbleiters) (*m. - Elektronik*), termodispersore, dissipatore di calore. 7 ~ **ableitung** (*f. - Phys.*), sottrazione di calore, dissipazione di calore. 8 ~ **abnahme** (abgenommene Wärmemenge vom Wärmeversorgungsnetz) (*f. - Heizung*), quantità di calore prelevata. 9 ~ **äquivalent** (*n. - Thermodyn.*), equivalente termico, equivalente del calore. 10 ~ **aufnahme** (*f. - Phys.*), assorbimento di calore. 11 ~ **aufwind** (*m. - Meteor.*), corrente calda ascendente, termica. 12 ~ **ausbreitung** (*f. - Phys.*), diffusione termica. 13 ~ **ausdehnung** (*f. - Phys.*), dilatazione termica. 14 ~ **ausdehnungskoeffizient** (*m. - Phys.*), coefficiente di dilatazione termica. 15 ~ **ausdehnungsmessung** (Dilatometrie) (*f. - Phys.*), dilatometria. 16 ~ **ausgleichgrube** (*f. - Metall.*), fossa di permanenza, fossa di attesa, fossa di livellamento termico. 17 ~ **ausgleichvorrichtung** (Dilatationsvorrichtung, Wärmedehnungsfuge) (*f. - Bauw. - etc.*), giunto di dilatazione. 18 ~ **ausgleichzeit** (stromlose Zeit zwischen der Vorwärmezeit und der Schweisszeit) (*f. - Schweissen*), tempo di sta-

bilizzazione termica. **19 ~ ausstrahlung** (*f. - Phys.*), radiazione termica. **20 ~ austausch** (*m. - Phys.*), scambio di calore. **21 ~ austauscher** (*m. - Ger.*), scambiatore di calore, scambiatore termico. **22 ~ austauscher** (Rekuperator) (*Metall.*), ricuperatore. **23 ~ beanspruchung** (*f. - Technol.*), sollecitazione termica. **24 ~ bedarf** (eines Gebäudes) (*m. - Heizung*), fabbisogno di calore. **25 ~ behandlung** (Glühen, Härten, etc.) (*f. - Wärmebeh.*), trattamento termico. **26 ~ belastung** (des Wassers, durch Wärme- oder Kernkraftwerke z. B.) (*f. - Ökologie*), inquinamento termico. **27 ~ beständigkeit** (*f. - Technol.*), resistenza al calore. **28 ~ bewegung** (Brownsche Bewegung) (*f. - Phys.*), moto browniano. **29 ~ bilanz** (Ausnützung der Kraftstoffenergie, eines Verbrennungsmotors) (*f. - Mot.*), bilancio termico. **30 ~ bild** (Wärmediagramm) (*n. - Thermodyn.*), diagramma entropico. **31 ~ dämmstoff** (*m. - Bauw. - etc.*), isolante termico, materiale termoisolante. **32 ~ dämmung** (Wärmeisolierung) (*f. - Phys. - etc.*), isolamento termico. **33 ~ dämmzahl** (Wärmedurchlasswiderstand) (*f. - Phys.*), resistività termica. **34 ~ dehnung** (Wärmeausdehnung) (*f. - Phys.*), dilatazione termica. **35 ~ dehnungsfuge** (*f. - Bauw. - etc.*), giunto di dilatazione. **36 ~ dehnungsmesser** (Dilatometer) (*m. - Ger.*), dilatometro. **37 ~ dehnungszahl** (*f. - Phys.*), coefficiente di dilatazione termica. **38 ~ diagramm** (*n. - Thermodyn.*), diagramma entropico. **39 ~ durchgangswiderstand** (*m. - Phys.*), resistività termica. **40 ~ durchgangszahl** (*f. - Heizung - Bauw.*), coefficiente di trasmissione del calore. **41 ~ durchlässigkeit** (*f. - Phys.*), diatermasìa. **42 ~ durchschlag** (von Isolatoren) (*m. - Elekt.*), rottura da instabilità termica. **43 ~ einflusszone** (beim Schweissen) (*f. - mech. Technol.*), zona termicamente alterata. **44 ~ einheit** (Kalorie) (*f. - Phys.*), caloria, unità di quantità di calore. **45 ~ energie** (*f. - Phys.*), energia termica. **46 ~ entzug** (*f. - Phys.*), sottrazione di calore. **47 ~ fading** (Verminderung der Bremswirkung bei heisser Bremse) (*n. - Aut.*), fading termico. **48 ~ färbung** (*f. - Phys.*), siehe Thermochrose. **49 ~ flasche** (Thermoflasche) (*f. - Ger.*), « termos », bottiglia termostatica. **50 ~ flussbild** (Sankey-Diagramm) (*n. - Wärme-Masch.*), bilancio termico. **51 ~ flussverfahren** (in der zerstörungsfreien Werkstoffprüfung) (*n. - mech. Technol.*), procedimento a flusso termico. **52 ~ fühler** (eines Fernthermometers) (*m. - Ger.*), termorivelatore, elemento termosensibile, sonda termica. **53 ~ gefälle** (*n. - Phys.*), gradiente termico. **54 ~ geräusch** (*n. - Phys.*), rumore di agitazione termica. **55 ~ grad** (*m. - Phys.*), grado termico. **56 ~ haushalt** (Wärmebilanz, eines Motors z. B.) (*m. - Mot. - etc.*), bilancio termico. **57 ~ inhalt** (Enthalpie) (*m. - Phys.*), contenuto termico, entalpia. **58 ~ isolierung** (Wärmedämmung) (*f. - Phys. - etc.*), isolamento termico. **59 ~ kapazität** (Produkt aus Masse und spezifischer Wärme eines Körpers) (*f. - Phys.*), capacità termica. **60 ~ kennzahl** (eines Heizkraftwerks, Verhältnis zwischen abgegebene Wärmemenge in kcal und nutzbare Stromerzeugung in kWh) (*f. - Elekt.*), indice termico. **61 ~ konvektion** (*f. - Phys.*), convezione termica. **62 ~ kraftmaschine** (wandelt Verbrennungswärme in mech. Energie) (*f. - Mot.*), motore termico. **63 ~ kraftwerk** (*n. - Elekt.*), centrale termoelettrica. **64 ~ lehre** (Thermodynamik) (*f. - Thermodyn.*), termodinamica. **65 ~ leistung** (einer Brennkammer z. B., in kcal/h gemessen z. B.) (*f. - Wärme*), produzione oraria di calore, potenza calorifica. **66 ~ leitfähigkeit** (Wärmeleitungsvermögen) (*f. - Phys.*), conducibilità termica, conduttività termica. **67 ~ leitung** (innerhalb eines festen Stoffes) (*f. - Phys.*), conduzione termica. **68 ~ leitungsmanometer** (*n. - Ger.*), vacuometro a filo caldo. **69 ~ leitzahl** (λ, kcal/m h°) (*f. - Phys.*), conduttività termica. **70 ~ lücke** (zwischen Schienen) (*f. - Eisenb.*), intervallo per la dilatazione. **71 ~ mauer** (beim Überschallflug) (*f. - Flugw.*), muro del calore. **72 ~ menge** (*f. - Phys.*), quantità di calore. **73 ~ messer** (Kalorimeter) (*m. - Phys. - Ger.*), calorimetro. **74 ~ messung** (Kalorimetrie) (*f. - Phys.*), calorimetria. **75 ~ mitführung** (Konvektion) (*f. - Phys.*), convezione termica. **76 ~ pumpe** (*f. - Masch.*), pompa di calore. **77 ~ quelle** (*f. - allg.*), sorgente termica. **78 ~ rauschen** (Wärmegeräusch) (*n. - Phys.*), agitazione termica. **79 ~ regler** (*m. - Ger.*), regolatore di temperatura, termoregolatore. **80 ~ riss** (Warmriss) (*m. - Schmiedefehler*), cricca a caldo. **81 ~ rohr** (hermetisch dichtes Rohr zur Übertragung von Wärmeenergie) (*n. - Wärme*), condotta termica, termocondotta, tubo termovettore, condotta termovettrice. **82 ~ schaltbild** (eines Wärmekraftwerks) (*n. - Elekt.*), schema termico. **83 ~ schalter** (*m. - Elekt. - Ger.*), interruttore termico, interruttore termostatico. **84 ~ schlange** (Heizschlange) (*f. - Heizung*), serpentino di riscaldamento. **85 ~ schock** (*m. - Wärme*), siehe Thermoschock. **86 ~ schrank** (zur Untersuchung von Werkstoffen, Ger., etc.) (*m. - Technol.*), camera calda. **87 ~ schutz** (Wärmeisolation) (*m. - Phys. - etc.*), isolamento termico. **88 ~ schutzschild** (eines Eintrittkörpers) (*m. - Raumfahrt*), scudo termico. **89 ~ schutzstoff** (*m. - Bauw. - etc.*), isolante termico, coibente (*s.*), materiale coibente. **90 ~ segeln** (*n. - Flugw.*), volo a vela termico. **91 ~ senke** (für Kühlung, eines Halbleiters z. B.) (*f. - Elektronik*), termodispersore, dissipatore di calore. **92 ~ spannung** (*f. - Metall. - etc.*), sollecitazione termica, tensione termica. **93 ~ speicher** (Dampfspeicher) (*m. - Ger.*), accumulatore termico. **94 ~ strahler** (*m. - Heizung*), radiatore termico. **95 ~ strahlung** (*f. - Phys.*), radiazione termica. **96 ~ strahlungsheizung** (*f. - Heizung*), riscaldamento a pannelli radianti. **97 ~ strömung** (Konvektion, Fortleitung von Wärme durch strömende flüssige oder gasförmige Stoffe) (*f. - Phys.*), convezione termica forzata. **98 ~ tauscher** (*m. - Ger.*), siehe Wärmeaustauscher. **99 ~ technik** (*f. - Wärme*), termotecnica. **100 ~ theorem** (von Nernst, 3. Haufptsatz der Thermo-

wärmebehandeln

dynamik) (*n. - Phys.*), teorema di Nernst, terzo principio della termodinamica. 101 ~ **tönung** (Reaktionswärme, die Wärmemenge, die bei einer chem. Reaktion frei oder verbraucht wird) (*f. - Chem.*), tonalità termica, calore di reazione. 102 ~ **träger** (Luft, Wasser, etc.) (*m. - Heizung*), veicolo di calore, termovettore. 103 ~ **trägheit** (*f. - Wärme*), inerzia termica. 104 ~ **übergang** (Übergang von Wärme von einem auf einen ihn berührenden zweiten Körper) (*m. - Phys.*), convezione termica naturale (da contatto), convezione termica spontanea (da contatto). 105 ~ ~ **übergangszahl** (*f. - Phys.*), coefficiente di convezione termica naturale (da contatto). 106 ~ **übertrager** (*m. - Ger.*), scambiatore di calore, trasmettitore di calore. 107 ~ **übertragung** (*f. - Phys.*), trasmissione del calore, propagazione del calore. 108 ~ **umsatz** (*m. - Phys.*), trasformazione di calore. 109 ~ **umwandlung** (Wärmemetamorphose) (*f. - Geol.*), metamorfismo termico. 110 ~ **verbrauch** (Produkt aus Kraftstoffverbrauch und Heizwert, eines Verbr. Mot.) (*m. - Mot.*), quantità di calore assorbita. 111 ~ **versorgung** (*f. - Heizung*), fornitura di calore. 112 ~ **verzug** (*m. - Masch.*), distorsione termica. 113 ~ **warte** (Schaltwarte, eines Wärmekraftwerks) (*f. - Elekt.*), sala quadri di centrale termoelettrica. 114 ~ **wert** (einer Zündkerze) (*m. - Mot.*), grado termico. 115 ~ **widerstand** (*m. - Phys.*), resistività termica. 116 ~ **wirkungsgrad** (*m. - Thermodyn.*), rendimento termico. 117 ~ **zähler** (zur Messung der von Heizungsanlagen abgegebenen Wärmemengen) (*m. - Ger.*), contatore termico. 118 elektrisches ~ äquivalent (1 kcal = $1{,}16 \cdot 10^{-3}$ kWh) (*Phys.*), equivalente elettrico del calore. 119 latente ~ (*Phys.*), calore latente. 120 mechanisches ~ äquivalent (1 kcal = 426,94 mkp) (*Phys.*), equivalente meccanico del calore. 121 Reaktions ~ (Wärmetönung) (*Chem.*), calore di reazione, tonalità termica. 122 spezifische ~ (*Phys.*), calore specifico. 123 strahlende ~ (*Phys.*), calore radiante.
wärmebehandeln (*Wärmebeh.*), trattare termicamente.
wärmebehandelt (*Wärmebeh.*), trattato termicamente.
wärmebeständig (*Metall. - etc.*), resistente a caldo, refrattario.
wärmedicht (Wandung z. B. im Kreisprozess eines Verbrennungsmotors) (*Mot. - etc.*), adiabatico.
wärmedurchlässig (*Phys.*), diatermano.
wärmeerzeugend (*Phys.*), calorifico.
wärmegebend (*Phys.*), esotermico.
wärmehärtend (Kunststoff) (*Chem.*), termoindurente.
Warmeinsenken (von Gesenken z. B.) (*n. - mech. Technol.*), improntatura a caldo.
wärmeisolieren (*allg.*), isolare termicamente.
wärmen (*allg.*), riscaldare. 2 durch ~ (*Schmieden - etc.*), riscaldare a cuore, stabilizzare la temperatura.
wärmeverzehrend (endotherm) (*Phys.*), endotermico.
Warmfahren (eines Motors) (*n. - Mot. - Aut.*), riscaldamento.
Warmfestigkeit (*f. - Metall. - etc.*), resistenza alle alte temperature, refrattarietà.
Warmfliessgrenze (*f. - Metall.*), limite di snervamento ad alta temperatura.
Warmfliesspressen (*n. - mech. Technol.*), estrusione a caldo.
Warmfront (*f. - Meteor.*), fronte caldo.
Warmhalteeinsatz (zum Warmhalten von Steigern) (*m. - Giess.*), riscaldatore.
Warmhalteflasche (Thermosflasche) (*f. - Ger.*), bottiglia termostatica, «thermos».
Warmhalten (*n. - Metall. - Wärmebeh.*), attesa.
Warmhalteofen (Schöpfofen) (*m. - Ofen*), forno di attesa.
Warmhaltesteiger (Warmhaltespeiser) (*m. - Giess.*), massa di riscaldo, materozza di riscaldo.
Warmhärte (*f. - Metall.*), durezza ad elevata temperatura.
Warmhaus (*n. - Ack.b.*), serra.
Warmkammer (einer Druckgussmaschine) (*f. - Giess.masch.*), camera calda. 2 ~ **maschine** (Warmkammer-Druckgiessmaschine) (*f. - Giess.masch.*), macchina per pressofusione a camera calda.
Warmkleber (*m. - Chem.*), adesivo a caldo.
Wärmkoks (Anwärmkoks, eines Kupolofens) (*m. - Giess.*), coke di riscaldo.
Warmkreissägemaschine (*f. - Masch.*), sega circolare a caldo.
Warmlackspritzen (*n. - Anstr.*), verniciatura a spruzzo a caldo.
Warmlagern (Warmaushärten) (*n. - Wärmebeh.*), invecchiamento artificiale.
Warmlauf (eines Lagers) (*m. - Mech.*), surriscaldamento. 2 ~ **phase** (zwischen Kaltstart und dem Erreichen des betriebswarmen Zustandes) (*f. - Mot.*), fase di riscaldamento.
Warmlochen (*n. - Schmieden*), foratura a caldo.
Warmluftheizung (*f. - Heizung*), riscaldamento ad aria calda.
Warmmeissel (*m. - Werkz.*), scalpello a caldo.
Wärmofen (zur Erwärmung von Walz- und Schmiedeteilen) (*m. - Ofen*), forno di riscaldo.
Warmpressen (*n. - Schmieden*), stampaggio a caldo (alla pressa). 2 ~ (Gesenkschmieden) (*Schmieden*), stampaggio a caldo, fucinatura a stampo a caldo.
Warmpressmuttereisen (*n. - Metall.*), acciaio per stampaggio a caldo di dadi.
Warmpress·stück (Schmiedestück) (*n. - Schmieden*), fucinato (*s.*) a caldo alla pressa, pezzo fucinato a caldo alla pressa.
Warmriss (Wärmeriss) (*m. - Metall.*), cricca a caldo, incrinatura a caldo. 2 ~ **beständigkeit** (*f. - Schweissen*), resistenza alla criccatura a caldo. 3 ~ **empfindlichkeit** (beim Schweissen z. B.) (*f. - mech. Technol.*), criccabilità a caldo.
Warmrollen (zur Herstellung von Zahnrädern z. B.) (*n. - Technol.*), rullatura a caldo.
Warmsäge (*f. - Werkz.*), sega a caldo.
Warmschere (*f. - Masch.*), cesoia a caldo.
Warmspiel (*n. - Mech.*), gioco a caldo.
Warmstartlampe (*f. - Beleucht.*), lampada con innesco a caldo.

Warmverformbarkeit (*f. - mech. Technol.*), foggiabilità a caldo, plasticità a caldo.
Warmverformung (*f. - mech. Technol.*), lavorazione plastica a caldo.
Warmversuch (*m. - Technol.*), prova a caldo.
Warmvulkanisation (*f. - Chem.*), vulcanizzazione a caldo.
Warmwalzwerk (*n. - Walzw.*), laminatoio a caldo.
Warmwasserbereiter (Warmwassererzeuger) (*m. - Ger.*), scaldacqua.
Warmwassererzeuger (*m. - Ger.*), scaldacqua, scaldabagno.
Warmwasserheizung (*f. - Heizung*), riscaldamento ad acqua calda.
Warmwasserspeicher (Boiler) (*m. - Heizung - Ger.*), «boiler».
Warmziehen (von Röhren) (*n. - Metall.*), trafilatura a caldo.
Warmzugfestigkeit (*f. - Metall.*), resistenza a trazione a caldo.
Warnlampe (Kontrolleuchte) (*f. - Instr.*), spia luminosa.
Warnlichtanlage (Warnlichtsignal, Blinklichtanlage) (*f. - Signal*), lampeggiatore.
Warnschild (*n. - Signal*), cartello (di segnalazione). 2 ~ (*n. - Strass.ver. - etc.*), segnale di pericolo.
Warnsignal (*n. - Signal*), segnale di avvertimento.
Warn- und Stoppanlage (*f. - Mot.*), impianto di segnalazione ed arresto (automatico).
Warnung (*f. - allg.*), avviso, avvertimento. 2 ~ (*milit.*), ammonizione. 3 ~ s·zeichen (Verkehrszeichen) (*n. - Strass.ver.*), segnale di pericolo.
Warnzeichen (Verkehrszeichen) (*n. - Strass.ver.*), segnale di pericolo.
Warp (Kettfaden) (*n. - m. - Textilind.*), ordito. 2 ~ anker (*m. - naut.*), àncora di tonneggio. 3 ~ leine (*f. - naut.*), tonneggio, cavo da tonneggio.
Wart (*m. - Flugw. - Arb.*), motorista per servizio al suolo.
Warte (Schaltwarte) (*f. - Elekt.*), sala quadri. 2 ~ (Sternwarte) (*Astr.*), osservatorio. 3 ~ bake (Landebake) (*f. - Flugw. - Radar*), radiofaro di attesa. 4 ~ feld (*n. - Fernspr.*), pannello di attesa. 5 ~ gleis (*n. - Eisenb.*), binario di attesa. 6 ~ halle (*f. - Bauw.*), sala di attesa, sala d'aspetto. 7 ~ lampe (*f. - Fernspr.*), lampada di attesa. 8 ~ raum (Wartesaal) (*m. - Eisenb.*), sala d'aspetto. 9 ~ saal (Warteraum) (*m. - Eisenb.*), sala d'aspetto. 10 ~ schlangentheorie (*f. - Planung*), teoria delle code. 11 ~ stand (einstweilige Beendigung des Dienstverhältnisses eines Beamten) (*m. - Arb. - Pers.*), aspettativa. 12 ~ tafel (*f. - Elekt.*), quadro elettrico. 13 ~ verfahren (*n. - Flugw.*), procedimento di attesa. 14 ~ Schalt ~ (eines Kraftwerks z. B.) (*Elekt.*), sala quadri (elettrici).
Warten (zum Landen) (*n. - Flugw.*), attesa. 2 ~ verfahren (*n. - Flugw.*), procedimento di attesa.
warten (bedienen) (*Masch. - Mot. - etc.*), eseguire la manutenzione.

Wärter (Aufseher) (*m. - Arb.*), guardiano. 2 ~ (Bahnwärter, Streckenwärter) (*Eisenb. - Arb.*), cantoniere, casellante. 3 ~ bude (*f. - Eisenb.*), casa cantoniera, cantoniera, casello ferroviario. 4 ~ häuschen (Wärterbude) (*n. - Eisenb.*), casello ferroviario, cantoniera, casa cantoniera. 5 **Block** ~ (Blockposten) (*Eisenb. - Arb.*), guardiablocco. 6 **Weichen** ~ (Wechselwärter) (*Eisenb. - Arb.*), deviatore.
Wartung (*f. - Masch. - Mot. - etc.*), manutenzione. 2 ~ (von Gabelstaplern z. B., Arbeiten die der Fahrer selbst ausführen kann und Inspektionen in regelmässigen Abständen) (*Ind. - etc.*), manutenzione ordinaria. 3 ~ s·einheit (pneumatische Geräteeinheit, aus Filter, Druckregelventil und Öler bestehend) (*f. - Ind. - Anlage*), gruppo condizionatore. 4 ~ s·schild (für Druckluft-Anhänger-Bremse z. B.) (*n. - Masch. - etc.*), targhetta istruzioni. 5 **vorbeugende** ~ (vorbeugende Instandhaltung) (*Ind.*), manutenzione preventiva.
wartungsfrei (*Aut. - Masch. - etc.*), non richiedente manutenzione.
wartungsfreundlich (*Masch. - etc.*), richiedente poca manutenzione.
Warze (auf einem Guss·stück z. B.) (*f. - Mech.*), borchia, formaggella. 2 ~ (*allg.*), risalto. 3 ~ n·blech (*n. - metall. Ind.*), lamiera a risalti. 4 ~ n·schweissung (Buckelschweissung) (*f. - mech. Technol.*), saldatura su risalti.
Waschanlage (*f. - Aut. - etc.*), impianto di lavaggio.
Waschanstalt (Wäscherei) (*f. - Bauw. - Ind.*), lavanderia.
Waschbarkeit (*f. - allg.*), lavabilità.
Waschbecken (*n. - Bauw.*), lavabo, lavandino.
Waschbenzin (*n. - Chem.*), benzina solvente.
Waschberge (*m. - pl. - Bergbau*), sterile di laveria.
Waschbeton (gewaschener Beton, mit aufgerauhter Oberfläche) (*m. - Bauw.*), calcestruzzo lavato, calcestruzzo a superficie ruvida.
Waschbrett-Strasse (*f. - Strasse - Fehler*), strada a solchi trasversali.
Wäsche (*f. - allg.*), lavaggio. 2 ~ (Erzwäsche) (*Bergbau*), laveria. 3 ~ (Weisszeug) (*Textilind.*), biancheria. 4 ~ rolle (Mangel, Mange) (*f. - Masch.*), mangano. 5 ~ schleuder (Zentrifuge) (*f. - Masch.*), centrifuga (per biancheria).
waschecht (*Anstr. - etc.*), lavabile, resistente alla lavatura.
Waschechtheit (Widerstandsfähigkeit der Farbe von Textilien) (*f. - Textilind.*), lavabilità, resistenza alla lavatura.
Waschen (der Wolle z. B.) (*n. - Textilind. - etc.*), lavatura.
waschen (*allg.*), lavare.
Wascher (für Gas) (*m. - Chem. - Ger.*), gorgogliatore di lavaggio, «scrubber». 2 ~ (von Personenkraftwagen z. B.) (*Aut. - Arb.*), lavaggista, lavaggiatore.
Wäscherei (für Wäsche) (*f. - Ind. - Bauw.*), lavanderia. 2 ~ (für Wolle z. B.) (*Textilind.*), impianto di lavaggio.
Wäscherin (*f. - Arb.*), lavandaia.
Waschfeinkohle (*f. - Verbr.*), minuto lavato.

Waschfestigkeit (Waschechtheit, eines Lackes) (*f. - Anstr.*), lavabilità.
Waschflasche (*f. - chem. Ger.*), spruzzetta.
Waschholländer (*m. - Papierind. - Masch.*), olandese lavatrice.
Waschkasten (*m. - Mech.*), vasca di lavaggio, recipiente di lavaggio.
Waschküche (*f. - Bauw.*), lavanderia.
Waschmaschine (für Wäsche) (*f. - Masch.*), macchina lavatrice, lavatrice. 2 **Haushalt ~** (*Masch.*), lavatrice domestica.
Waschmittel (für Schmieröle) (*n. - chem. Ind. - Mot.*), additivo detergente. 2 ~ (für Wäsche) (*chem. Ind.*), detersivo.
Waschplatz (*m. - Aut.*), posto di lavaggio.
« Wash-Primer » (*Anstr.*), siehe Haftgrundmittel.
Waschputz (abwaschbarer Edelputz) (*m. - Bauw.*), intonaco lavabile.
Waschstation (einer Transferstrasse) (*f. - Werkz.masch.*), stazione di lavaggio.
Waschturm (*m. - chem. Ind.*), torre di lavaggio.
Waschwasser (*n. - Ind.*), acqua di lagaggio.
Wasser (*n. - Chem. - etc.*), acqua. 2 ~ **abflussleiste** (*f. - Bauw.*), marcapiano, cornice marcapiano. 3 ~ **abscheider** (*m. - Ger. - Leit.*), separatore d'acqua. 4 ~ **abschreckung** (*f. - Wärmebeh.*), spegnimento in acqua, tempra in acqua. 5 ~ **abstossen** (Wasserabsonderung, von Beton) (*n. - Bauw.*), siehe Bluten. 6 ~ **abteilung** (*f. - Gerberei*), siehe Wasserwerkstatt. 7 ~ **aufbereitung** (Wasserreinigung) (*f. - Hydr.*), depurazione dell'acqua. 8 ~ **aufnahmevermögen** (eines Papiers) (*n. - Technol.*), assorbenza all'acqua. 9 ~ **bad** (*n. - Chem. - Ger.*), bagno d'acqua. 10 ~ **bad** (Bainmarie) (*Kochkunst - etc.*), bagnomaria. 11 ~ **ball** (*m. - Sport*), palla a nuoto. 12 ~ **ballast** (*m. - naut. - etc.*), zavorra di acqua. 13 ~ **bau** (*m. - Wass.b.*), costruzioni idrauliche. 14 ~ **behandlung** (Wasserheilverfahren, Wasserkur) (*f. - Med.*), idroterapia. 15 ~ **bildung** (in der Auspuffanlage z. B.) (*f. - Verbr. - Mot.*), formazione di acqua. 16 ~ **bindevermögen** (von Mörteln z. B.) (*n. - Bauw.*), potere agglomerante. 17 ~ **bombe** (Unterwassersprengkörper) (*f. - Expl. - Kriegsmar.*), carica di profondità. 18 ~ **bremse** (zur Prüfung von Verbr.-Mot.) (*f. - Mot.*), freno idraulico. 19 ~ **dampf** (*m. - Phys.*), vapore acqueo, vapore d'acqua. 20 ~ **dampfreaktor** (*m. - Atomphys.*), reattore a vapor d'acqua. 21 ~ **draht** (mit Wasser abgeschreckter Draht) (*m. - Metall.*), filo temprato in acqua. 22 ~ **draht** (abgeschreckter Walzdraht) (*Walzw.*), vergella temprata in acqua. 23 ~ **druckprobe** (*f. - Technol.*), prova idraulica, prova di pressatura (con acqua). 24 ~ **druckzünder** (einer Wasserbombe) (*m. - Expl.*), spoletta a pressione (di acqua). 25 ~ **einnahme** (*f. - naut.*), acquata, provvista d'acqua. 26 ~ **einspritzung** (vor den Verdichter, zur zeitweisen Schuberhöhung) (*f. - Strahltriebw.*), iniezione d'acqua. 27 ~ **enthärtung** (*f. - Ind.*), addolcimento dell'acqua. 28 ~ **fahrzeug** (*n. - naut.*), natante (*s.*). 29 ~ **fall** (*m. - Geogr.*), cascata. 30 ~ **fallelektrizität** (*f. - Elekt.*), siehe Balloelektrizität. 31 ~ **farbe** (*f. - Anstr.*), pittura ad acqua, idropittura. 32 ~ **fassung** (Einlaufbauwerk eines Wasserkraftwerks z. B.) (*f. - Hydr. - Wass.b.*), opera di presa, presa d'acqua. 33 ~ **flughafen** (*m. - Flugw.*), idroscalo. 34 ~ **flugzeug** (Flugboot) (*n. - Flugw.*), idrovolante. 35 ~ **flugzeugschleppwagen** (*m. - Flugw.*), carrello di alaggio per idrovolanti. 36 ~ **fluten** (Verfahren zur Förderung von Erdöl durch Einpressen von Wasser) (*n. - Bergbau*), spiazzamento con acqua. 37 ~ **fracht** (Wasservolumen das in einem Tag z. B. einen Abflussquerschnitt durchflossen hat) (*f. - Hydr.*), volume d'acqua. 38 ~ **gas** (*n. - Chem.*), gas d'acqua. 39 ~ **glas** (Natriumsilikat oder Kaliumsilikat) (*n. - Chem.*), vetro solubile. 40 ~ **glas** (Wasserstandsanzeiger) (*Ger.*), tubo di livello (di vetro). 41 ~ **haltung** (Entwässerung) (*f. - Bauw. - Bergbau*), eduzione, prosciugamento. 42 ~ **haltung** (Anlage zum Abführen des Wassers) (*Bergbau - Bauw.*), impianto di eduzione, impianto di prosciugamento, impianto idrovoro. 43 ~ **haltungsmaschine** (*f. - Bergbau*), pompa di eduzione, pompa per prosciugamento, pompa idrovora, idrovora. 44 ~ **härtung** (*f. - Wärmebeh.*), tempra in acqua. 45 ~ **härtungsstahl** (*m. - Metall.*), acciaio per tempra in acqua. 46 ~ **haushalt** (*m. - Hydr.*), regime delle acque. 47 ~ **hebewerk** (*n. - Hydr.*), stazione di pompaggio dell'acqua. 48 ~ **heilverfahren** (Wasserkur) (*n. - Med.*), idroterapia. 49 ~ **hose** (*f. - Meteor.*), siehe Trombe. 50 ~ **kalk** (hydraulischer Kalk) (*m. - Bauw.*), calce idraulica. 51 ~ **kammer** (*f. - Kessel*), camera d'acqua. 52 ~ **kasten** (Teil des Kühlers) (*m. - Aut.*), vaschetta. 53 ~ **kraft** (*f. - Hydr.*), forza idraulica, carbone bianco. 54 ~ **kraftanlage** (*f. - Elekt.*), impianto idroelettrico. 55 ~ **kraftgenerator** (durch Wasserturbinen angetrieben) (*m. - Elekt.*), alternatore per centrali idroelettriche, turboalternatore accoppiato a turbina idraulica. 56 ~ **kraftmaschine** (*f. - Masch.*), motore idraulico. 57 ~ **kraftwerk** (*n. - Elekt.*), centrale idroelettrica. 58 ~ **kran** (*m. - Eisenb.*), colonna idraulica, gru idraulica, distributore d'acqua (a colonna). 59 ~ **kühlung** (*f. - Mot. - etc.*), raffreddamento ad acqua. 60 ~ **landflugzeug** (Amphibienflugzeug) (*n. - Flugw.*), aeroplano anfibio, velivolo anfibio. 61 ~ **lauf** (*m. - Geogr.*), corso d'acqua. 62 ~ **leitung** (Rohrleitung) (*f. - Hydr. - Leit.*), conduttura dell'acqua. 63 ~ **leitungsinstallateur** (*m. - Arb.*), idraulico. 64 ~ **linie** (*f. - naut. - Schiffbau*), linea di galleggiamento, linea d'acqua. 65 ~ **linien** (Egoutteurrippung, Wasserzeichen aus parallelen eng beieinanderliegenden Linien) (*pl. - Papierind.*), vergatura. 66 ~ **linienriss** (*m. - Schiffbau*), piano di costruzione orizzontale, pianta delle linee di galleggiamento. 67 ~ **mann** (Aquarius) (*m. - Astr.*), acquario. 68 ~ **mantel** (*m. - Mot. - etc.*), camicia d'acqua. 69 ~ **menge** (*f. - Hydr.*), portata d'acqua. 70 ~ **messer** (Wasserzähler) (*m. - Ger.*), contatore per acqua. 71 ~ **messflügel** (Wassermess-schraube, hydrometrischer Flügel) (*m.*

- *Hydr. - Ger.*), mulinello idrometrico. **72 ~ messung** (Hydrometrie) (*f. - Hydr.*), idrometria. **73 ~ messwesen** (Hydrometrie) (*n. - Hydr.*), idrometria. **74 ~ mörtel** (*m. - Bauw.*), malta idraulica. **75 ~ motor** (Wasserkraftmaschine) (*m. - Mot.*), motore idraulico. **76 ~ mühle** (*f. - Masch.*), molino ad acqua, mulino ad acqua. **77 ~ papier** (*n. - Papierind.*), carta non collata. **78 ~ pfosten** (Hydrant) (*m. - Hydr.*), idrante. **79 ~ rad** (*n. - Masch.*), ruota idraulica. **80 ~ reinigung** (*f. - Hydr. - Ind.*), depurazione dell'acqua. **81 ~ ringpumpe** (*f. - Masch.*), pompa ad anello di acqua. **82 ~ rohr** (*n. - Leit. - Bauw.*), tubo dell'acqua. **83 ~ rohr** (Kessel), tubo d'acqua. **84 ~ rohrkessel** (*m. - Kessel*), caldaia a tubi d'acqua. **85 ~ rückhaltvermögen** (*n. - Phys. - Chem.*), potere di imbibizione. **86 ~ sack** (in Gasleitungen) (*m. - Ger.*), separatore d'acqua. **87 ~ säule** (für Druckmessung) (*f. - Phys.*), colonna d'acqua. **88 ~ schalter** (Hochspannungs-Leistungsschalter mit Löschmittel) (*m. - Elekt.*), interruttore a vapore d'acqua. **89 ~ scheide** (Linie, die zwei Einzugsgebiete trennt) (*f. - Hydr.*), spartiacque, displuviale, linea di vetta. **90 ~ schlag** (*m. - Dampfmasch.*), colpo d'acqua. **91 ~ schlag** (Druckstoss, in geschlossenen Leitungen) (*Hydr.*), colpo d'ariete. **92 ~ schloss** (Wasserbehälter am Ende der Triebwasserzuleitung) (*n. - Wass.b. - Hydr.*), camera di carico, serbatoio piezometrico. **93 ~ schloss-schacht** (Schwallschacht, Schachtwasserschloss) (*m. - Wass.b.*), pozzo piezometrico. **94 ~ schnecke** (*f. - Hebemasch.*), coclea, vite di Archimede. **95 ~ seite** (eines Dammes) (*f. - Hydr.*), lato a monte. **96 ~ ski** (*m. - Sport*), sci acquatico, sci d'acqua, sci nautico. **97 ~ speicher** (*m. - Hydr.*), serbatoio d'acqua. **98 ~ speier** (*m. - Arch.*), doccione, « gargouille ». **99 ~ spiegel** (Wasseroberfläche) (*m. - Hydr.*), superficie dell'acqua, pelo dell'acqua. **100 ~ spiegel** (Wasserstandhöhe) (*Hydr.*), livello dell'acqua. **101 ~ sport** (*m. - Sport*), sport acquatico. **102 ~ springen** (Wasserkunstspringen) (*n. - Sport*), tuffi. **103 ~ sprung** (Wechselsprung) (*m. - Hydr.*), risalto idraulico, salto di Bidone. **104 ~ spülapparat** (*m. - Bauw.*), apparecchio di cacciata, sciacquone. **105 ~ spülkasten** (*m. - Bauw.*), cassetta di cacciata. **106 ~ stand** (*m. - Hydr.*), livello dell'acqua. **107 ~ standanzeiger** (*m. - Ger.*), indicatore di livello dell'acqua. **108 ~ standsglas** (*n. - Ger.*), tubo di livello (di vetro). **109 ~ station** (*f. - Gerberei*), siehe Wasserwerkstatt. **110 ~ stein** (*m. - Kessel*), incrostazione. **111 ~ stoff** (*m. - Chem.*), siehe Wasserstoff. **112 ~ stollen** (*m. - Hydr. - Wass.b.*), condotta in roccia. **113 ~ strahl** (*m. - Hydr.*), getto d'acqua. **114 ~ strahlpumpe** (*f. - Masch.*), pompa a getto d'acqua, iniettore idraulico. **115 ~ strasse** (*f. - Navig.*), via d'acqua. **116 ~ strom** (Durchfluss, bei Wasserturbinen) (*m. - Hydr. - Turb.*), portata. **117 ~ turbine** (*f. - Turb.*), turbina idraulica. **118 ~ turm** (*m. - Hydr.*), serbatoio d'acqua sopraelevato. **119 ~ uhr** (*f. - Ger.*), siehe Wassermesser. **120 ~ umlaufkühlung** (*f. - Mot. - etc.*), raffreddamento a circolazione d'acqua. **121 ~ verdrängung** (Deplacement) (*f. - Schiffbau*), dislocamento. **122 ~ vergüten** (Vergüten, bei dem in Wasser gehärtet wird) (*n. - Wärmebeh.*), bonifica (con spegnimento) in acqua. **123 ~ verschluss** (Siphon) (*m. - Bauw.*), sifone intercettatore. **124 ~ versorgung** (*f. - Hydr.*), approvvigionamento idrico. **125 ~ waage** (Setzwaage, Libelle) (*f. - Instr.*), livella a bolla d'aria. **126 ~ walze** (Wasser in Drehbewegung) (*f. - Hydr.*), vortice d'acqua. **127 ~ werfer** (*m. - Fahrz.*), veicolo con idranti. **128 ~ werk** (Anlage zur Wasserversorgung) (*n. - Hydr. - Ing.b.*), acquedotto. **129 ~ werkstatt** (zum Weichen der Häute, Wasserabteilung, Wasserstation) (*f. - Ledering.*), reparto rinverdimento. **130 ~ wert** (bei einem Kalorimeter, Wärmekapazität) (*m. - Wärme*), equivalente in acqua, capacità termica. **131 ~ wirtschaft** (*f. - Hydr.*), governo delle acque, disciplina delle acque, economia delle acque. **132 ~ zähler** (Wassermesser) (*m. - Ger.*), contatore dell'acqua. **133 ~ zeichen** (*n. - Papierind.*), filigrana. **134 ~ zement** (*m. - Bauw.*), cemento idraulico. **135 ~ zementfaktor** (WZF, Wasserzementverhältnis, von Frischbeton) (*m. - Bauw.*), rapporto acquacemento. **136 Betriebs ~** (*Ind.*), acqua industriale. **137 destilliertes ~** (*Chem.*), acqua distillata. **138 doppelschweres ~** (T_2O, mit dem Wasserstoff-Isotop Tritium) (*Chem.*), acqua pesante al trizio, T_2O. **139 fliessendes ~** (*Bauw. - etc.*), acqua corrente. **140 gebundenes ~** (*Chem.*), acqua di costituzione. **141 gestauter ~ spiegel** (*Hydr.*), pelo dell'acqua rigurgitata. **142 Grund ~** (*Geol.*), acqua sotterranea. **143 Grund ~** (wasserführende Erdschicht) (*Geol.*), falda freatica. **144 hartes ~** (*Chem.*), acqua dura. **145 Kiel ~** (*naut.*), scia. **146 Konstruktions ~ linie** (*Schiffbau*), linea di galleggiamento di progetto. **147 Kristall ~** (*Chem.*), acqua di cristallizzazione. **148 Lade ~ linie** (*Schiffbau*), linea di galleggiamento a carico. **149 Oberflächen ~** (*Geol.*), acqua superficiale. **150 oberschlächtiges ~ rad** (*Hydr.*), ruota idraulica per disopra. **151 schweres ~** (*Phys.*), acqua pesante. **152 Trink ~** (*Chem. - Hydr.*), acqua potabile. **153 unterschlächtiges ~ rad** (*Hydr.*), ruota idraulica per disotto. **154 weiches ~** (*Chem.*), acqua dolce.

wasserabweisend (wasserabstossend) (*Technol.*), idrorepellente.

wasseranziehend (*Chem.*), igroscopico.

wasserbenetzt (Fläche) (*naut.*), bagnato dall'acqua, immerso.

wasserdicht (wasserundurchlässig) (*allg.*), impermeabile all'acqua. **2 ~** (Masch., etc.) (*Elekt. - etc.*), stagno all'acqua. **3 ~ gekapselte Maschine** (*elekt. Masch.*), macchina stagna all'acqua.

wasserdurchlässig (*allg.*), permeabile all'acqua.

wasserfest (*allg.*), resistente all'acqua. **2 ~** (*allg.*), *siehe auch* wasserdicht.

wasserfleckig (*Papierind.*), alterato dall'umidità.

wasserfrei (*Chem.*), anidro.

wasserführend (*Geol.*), freatico. 2 ~ e **Bodenschicht** (*Geol.*), falda freatica.
wassergebunden (Strassendecke) (*Strass.b.*), cilindrato con acqua.
wassergekühlt (*Mot. - etc.*), raffreddato ad acqua.
wässerig (Lösung z. B.) (*Chem.*), acquoso. 2 ~ **es Gel** (*Chem.*), idrogel. 3 ~ **es Sol** (*Chem.*), idrosol.
wasserlos (wasserfrei) (*Chem.*), anidro.
wasserlöslich (*Chem.*), solubile in acqua, idrosolubile.
wassern (*Flugw.*), ammarare.
wässern (bewässern) (*Ack.b.*), irrigare. 2 ~ (netzen) (*allg.*), bagnare. 3 ~ (waschen) (*allg.*), lavare con acqua.
wasserpass (waagerecht) (*allg.*), orizzontale.
Wasserstoff (H - *m. - Chem.*), idrogeno. 2 ~ **austauscher** (*m. - Ger.*), scambiatore cationico. 3 ~ **bombe** (*f. - Atomphys. - Expl.*), bomba all'idrogeno. 4 ~ **exponent** (pH-Wert) (*m. - Chem.*), valore di pH. 5 ~ **ion** (*n. - Chem.*), idrogenione, ione di idrogeno. 6 ~ **ionenkonzentration** (*f. - Chem.*), concentrazione degli ioni di idrogeno. 7 ~ **krankheit** (durch Beizen entstehende Brüchigkeit) (*f. - Metall.*), fragilità da idrogeno. 8 ~ **peroxyd** (H_2O_2) (Wasserstoffsuperoxyd) (*n. - Chem.*), acqua ossigenata, perossido d'idrogeno. 9 ~ **-Sauerstoffschweissung** (*f. - mech. Technol.*), saldatura ossidrica. 10 ~ **sprödigkeit** (*f. - Metall.*), fragilità da idrogeno. 11 **atomarer** ~ (*Chem.*), idrogeno atomico. 12 **naszierender** ~ (*Chem.*), idrogeno nascente. 13 **Ortho-** ~ (*Chem.*), ortoidrogeno. 14 **Para-** ~ (*Chem.*), paraidrogeno.
wasserundurchlässig (wasserdicht) (*allg.*), impermeabile all'acqua.
Wasserung (*f. - Flugw.*), ammaraggio.
wasserunlöslich (*Chem.*), insolubile in acqua.
wässrig (*Chem. - etc.*), siehe wässerig.
Wate (Seitenfläche der Schneide) (*f. - Werkz.*), fianco tagliente.
waten (*Fahrz. - etc.*), guadare.
Watergarn (*n. - Text.*), (filato) water.
Watfähigkeit (Vermögen eines Kraftfahrzeuges Wasserstellen betriebssicher zu durchfahren) (*f. - Fahrz.*), guado superabile, capacità di guado.
Watt (W) (*n. - elekt. Einheit*), watt. 2 ~ (Watte) (*naut. - See*), banco. 3 ~ (seichtes Schlick- oder Feinsandgebiet an der Gezeitenküste, zeitweise von Wasser bedeckt) (*Geogr.*), arenile di marea. 4 ~ **stunde** (*f. - elekt. Einheit*), wattora. 5 ~ **meter** (*n. - Instr.*), wattmetro. 6 ~ **stundenzähler** (*m. - Instr.*), wattorametro.
Watte (*f. - Textilind.*), ovatta. 2 ~ **bausch** (*m. - allg.*), batuffolo di ovatta. 3 ~ **bauschmethode** (zur Prüfung von Lacken) (*f. - Anstr.*), metodo del batuffolo di ovatta.
wattlos (*Elekt.*), swattato, in quadratura, reattivo.
Wattseide (Spelaja) (*f. - Textil.*), spelaia, borra, peluria.
Wb (Weber, Masseinheit des magnetischen Flusses) (*Masseinheit*), weber.
WBN (Wahrscheinlichkeitsberechnung bei Netzplänen) (*Progr.*), calcolo delle probabilità nella programmazione reticolare.
W-Dichtring (Wellendichtring) (*m. - Mech.*), guarnizione ad anello per alberi.
WdSS (Widerstandsdraht mit Seide isoliert) (*Elekt.*), filo per resistenze isolato con seta.
WE (Wärmeeinheit) (*Wärme*), unità di quantità di calore. 2 ~ (Wärmeeinheit = 1 Kilogramm-Kalorie) (*Wärme*), grande caloria, chilocaloria. 3 ~ (Wiedererhitzung, Nachbrennung) (*Strahltriebw.*), postcombustione.
We (Weicheisen) (*Metall.*), ferro dolce.
Webasto-Vorwärmgerät (*n. - Mot. - Fahrz.*), preriscaldatore Webasto.
Webautomat (Webmaschine mit automatischen Spulenwechsel z. B.) (*m. - Text.masch.*), telaio automatico.
Webband (Isolierband) (*n. - Elekt.*), nastro isolante.
Webblatt (*n. - Textilmasch.*), pettine per tessitura.
Weben (Weberei) (*n. - Textilind.*), tessitura.
weben (*Textilind.*), tessere.
Weber (*m. - Textilind. - Arb.*), tessitore.
Weber (Wb, Masseinheit des magnetischen Flusses) (*n. - Masseinheit*), weber.
Weberei (*f. - Textilind.*), tessitura.
Weberschiff (*n. - Textilmasch.*), spola.
Webfehler (*m. - Textilind.*), difetto di tessitura.
Webgarn (verwebbares Garn) (*n. - Text.*), filo per tessuti.
Webindustrie (*f. - Textilind.*), industria tessile.
Webkante (Salleiste, Webrand) (*f. - Textilind.*), cimosa, lisiera.
Webmaschine (mechanischer Webstuhl) (*f. - Text.masch.*), telaio meccanico.
Webrand (Salleiste, Webkante) (*m. - Text.*), cimosa, lisiera.
Webstuhl (*m. - Textilmasch.*), telaio tessile. 2 ~ **saal** (*m. - Textilind.*), sala telai. 3 **Hand** ~ (*Textilind.*), telaio a mano. 4 **Maschinen** ~ (*Textilind.*), telaio meccanico. 5 **Schaft** ~ (*Textilmasch.*), telaio a ratiera.
Webwaren (*f. - pl. - Textilind.*), tessuti. 2 ~ **fabrik** (*f. - Ind.*), stabilimento di tessitura. 3 ~ **industrie** (*f. - Textilind.*), industria tessile.
Wechsel (Änderung) (*m. - allg.*), cambio. 2 ~ (*finanz.*), cambio. 3 ~ (Wechselbrief) (*finanz.*), cambiale. 4 ~ (Weiche) (*Eisenb.*) (österr.), deviatoio, scambio. 5 ~ (Fugestelle) (*allg.*), giunto. 6 ~ **agent** (Kursmakler, Wechselmakler) (*m. - finanz.*), agente di cambio. 7 ~ **agent** (Geldwechsler) (*finanz.*), cambiavalute. 8 ~ **aufnahme** (auswechselbare Aufnahme, für das Werkstück z. B.) (*f. - Mech.*), supporto intercambiabile. 9 ~ **beanspruchung** (*f. - Werkstoffprüfung*), sollecitazione alterna simmetrica. 10 ~ **bereich** (bei Dauerschwingversuchen) (*m. - Materialprüfung*), campo dei cicli alterni. 11 ~ **beziehung** (*f. - allg.*), correlazione. 12 ~ **biegefestigkeit** (*f. - Baukonstr. lehre*), limite di fatica a flessione alternata, limite di fatica per flessione piana a ciclo alterno simmetrico. 13 ~ **biegemaschine** (*f. - Masch.*), macchina per prove di fatica a flessione alternata. 14 ~ **biegung** (Wechselbie-

gebeanspruchung) (*f. - Baukonstr.lehre*), sollecitazione di fatica a flessione piana a ciclo alterno simmetrico. **15 ~ buch** (Verfallbuch) (*n. - finanz.*), scadenziario cambiali. **16 ~ feld** (periodisch schwankendes Feld) (*n. - Elekt.*), campo alternativo. **17 ~ feldrotomat** (bei Werkstoffprüfung z. B.) (*m. - Metall. - Ger.*), rotoflessione. **18 ~ festigkeit** (Dauerfestigkeit für die Mittelspannung Null) (*f. - Baukonstr.lehre*), limite di fatica a ciclo alterno simmetrico. **19 ~ fliessgrenze** (Dauerschwingfliessgrenze bei Wechselbeanspruchung) (*f. - Baukonstr.lehre*), limite di snervamento a fatica a ciclo alterno simmetrico. **20 ~ gestell** (für Werkz. z. B.) (*n. - Mech.*), supporto intercambiabile. **21 ~ getriebe** (*n. - Aut. - etc.*), cambio di velocità, cambio. **22 ~ getriebe** (*Aut. - etc.*), siehe auch Getriebe. **23 ~ grösse** (Grösse deren Augenblickswert eine periodische Funktion der Zeit mit dem Mittelwert Null ist) (*f. - Phys.*), grandezza alternata, funzione alternata. **24 ~ kontakt** (Umschaltekontakt, eines Relais) (*m. - Elekt.*), contatto di commutazione, contatto di scambio. **25 ~ kurs** (Devisenkurs) (*m. - finanz.*), corso dei cambi. **26 ~ lager** (Längslager, das achsialen Druck beliebig aus beiden Richtungen aufzunehmen geeignet ist) (*n. - Mech.*), cuscinetto di spinta bilaterale, cuscinetto di spinta bidirezionale. **27 ~ last** (*f. - Elekt. - etc.*), carico variabile. **28 ~ makler** (Kursmakler, Wechselagent) (*finanz.*), agente di cambio. **29 ~ motor** (Verbr. mot., bei dem von einem Kraftstoff zu einem anderen ohne Betriebsunterbrechung übergegangen werden kann) (*m. - Mot.*), motore policarburante. **30 ~ obligo** (*n. - Adm.*), cambiali da pagare. **31 ~ pflug** (*m. - Ack.b.masch.*), aratro doppio. **32 ~ polgenerator** (*m. - Elekt. - Masch.*), generatore eteropolare. **33 ~ protest** (*m. - finanz.*), protesto cambiario. **34 ~ rad** (Zahnrad) (*n. - Mech.*), ruota dentata di cambio, ruota di cambio. **35 ~ relais** (*n. - Elekt.*), relè commutatore. **36 ~ richter** (Ger. zur Umformung von Gleichstrom in Wechselstrom) (*m. - Elekt. - Ger.*), ondulatore. **3 ~ schalter** (Installationsschalter) (*m. - Elekt. - Ger.*), deviatore. **38 ~ schieber** (Einplatten-Mehrwegschieber) (*m. - Hydr. - Leit.*), saracinesca a più vie. **39 ~ schlagversuch** (Dauerschlagversuch bei dem die Probe um 180° verdreht wird zwischen aufeinanderfolgenden Schlägen) (*m. - Baukonstr.lehre*), prova di fatica ad urti alterni. **40 ~ spannung** (*f. - Elekt.*), tensione alternata. **41 ~ spannungsstabilisator** (*m. - Elekt.*), stabilizzatore di tensione alternata. **42 ~ sprechanlage** (*f. - Fernspr.*), impianto (telefonico) a comunicazione alternata nei due sensi. **43 ~ sprung** (*m. - Hydr.*), siehe Wassersprung. **44 ~ strom** (*m. - Elekt.*), corrente alternata. **45 ~ stromantrieb** (*m. - Eisenb.*), trazione a corrente alternata. **46 ~ strombrücke** (zur Messung von Wechselstromwiderständen) (*f. - Elekt.*), ponte per misure a corrente alternata. **47 ~ stromgenerator** (*m. - elekt. Masch.*), alternatore. **48 ~ strommotor** (*m. - elekt. Mot.*), motore a corrente alternata. **49 ~ stromwiderstand** (Scheinwiderstand) (*m. - Elekt.*), impedenza. **50 ~ stromzähler** (Induktionszähler) (*m. - elekt. Ger.*), contatore ad induzione. **51 ~ stube** (*f. - finanz.*), ufficio cambio. **52 ~ tauchversuch** (Korrosionsversuch) (*m. - mech. Technol.*), prova ad immersioni alternate. **53 ~ umrichter** (Kombination von Gleichrichter und Wechselrichter) (*m. - Elekt. - Ger.*), mutatore. **54 ~ ventil** (*n. - Ölhydr.*), selettore (di circuito). **55 ~ verfallbuch** (*n. - Adm.*), scadenziario cambiali. **56 ~ wärter** (Weichenwärter) (*m. - Eisenb. - Arb.*), deviatore, guardiablocco. **57 ~ wegpaar** (1 Paar antiparalleler Thyristoren, triac) (*n. - Elektronik*), triac. **58 ~ wirkung** (*f. - allg.*), azione reciproca, interazione. **59 ~ wirkungszeit** (*f. - Elektronik - etc.*), tempo d'interazione. **60 ~ zahl** (Frequenz) (*f. - Elekt.*), frequenza. **61 akzeptierter ~** (angenommener Wechsel) (*komm.*), tratta accettata. **62 avalisierter ~** (*komm.*), cambiale avallata. **63 bankfähiger ~** (*komm.*), cambiale bancabile. **64 Domizil ~** (*komm.*), cambiale a domicilio. **65 Neigungs ~** (Gefällbruch) (*Eisenb.*), cambio di livelletta. **66 Prolongation eines ~ s** (*komm.*), rinnovo di una cambiale. **67 Protest ~** (*komm.*), cambiale protestata. **68 Sicht ~** (*komm.*), tratta a vista. **69 Sola ~** (Eigenwechsel) (*finanz.*), vaglia cambiario.

wechselgesteuert (Motor, mit ein stehendes und ein hängendes Ventil je Zylinder) (*Mot.*), con una valvola in testa ed una laterale (per cilindro).
wechseln (*allg.*), cambiare.
wechselnd (*allg.*), variabile. **2 ~ e Beanspruchung** (*Baukonstr.lehre*), sollecitazione alternata. **3 ~ e Drehzahl** (*Mot. - etc.*), numero di giri variabile, velocità (angolare) variabile. **4 ~ e Steigung** (*Eisenb.*), livelletta variabile.
Wechsler (Umschaltglied) (*m. - Elekt.*), contatto di commutazione (bidirezionale). **2 ~** (Umschaltkontakt, einer Relais) (*Elekt.*), contatto di commutazione. **3 ~** (*m. - Fernspr.*), invertitore, chiave d'inversione. **4 ~** (Umkehrgetriebe) (*Mech.*), invertitore. **5 ~** (Geldwechsler) (*finanz.*), cambiavalute.
Weckdienst (*m. - Fernspr.*), servizio sveglia.
wecken (*Fernspr. - etc.*), suonare.
Wecker (*m. - Uhr*), sveglia. **2 ~** (elektrische Klingel) (*Elekt.*), campanello (elettrico), suoneria elettrica. **3 ~ batterie** (*f. - Elekt.*), batteria per campanelli.
Wedeln (Personenkraftwagen-Test, Slalom) (*n. - Aut. - Prüfung*), slalom.
WEDER-NOCH-Schaltung (ODER-NICHT Schaltung) (*f. - Datenverarb.*), circuito NOR.
Weftgarn (Schussfaden) (*n. - Textilind.*), filo di trama.
Weg (Bahn) (*m. - allg.*), via. **2 ~** (Art des Verfahrens) (*allg.*), modo. **3 ~** (Mittel) (*allg.*), mezzo. **4 ~** (Strecke) (*allg.*), percorso. **5 ~ abweichung** (*f. - Transp.*), dirottamento. **6 ~ bedingung** (*f. - NC - Werkz.masch.bearb.*), funzione preparatoria. **7 ~ benutzungsrecht** (Wegerecht) (*n. - recht.*), servitù di passaggio. **8 ~ drehzahl** (der Antriebswelle eines Tachometers, Anzahl der Umdrehungen bei 1 m Weg) (*f. - Ger. - Aut.*), numero di giri

wegbewegen

specifico. 9 ~ e·ventil (n. - Ölhydr. - Leit.), distributore. 10 ~ geber (zur Erfassung linearer Bewegungen) (m. - Ger.), trasduttore di spostamento lineare. 11 ~ informationen (alle Informationen die die Schlittenbewegungen bestimmen) (f. - pl. - NC - Werkz. masch.), informazioni di movimento. 12 ~ länge (Strecke) (f. - allg.), percorso, distanza percorsa. 13 ~ länge (eines Teilchens) (Phys.), percorso libero. 14 ~ leitung (eines Befehls) (f. - Datenverarb.), instradamento. 15 ~ messer (Hodometer) (m. - Ger.), odometro. 16 ~ reissen (der Kamera) (n. - Fernseh.), zumata. 17 ~ schranke (f. - Eisenb.), barriera. 18 ~ überführung (f. - Strasse), cavalcavia. 19 ~ übergang (Wegkreuzung) (m. - Eisenb.), attraversamento. 20 ~ wächter (m. - Arb. - Strasse), cantoniere. 21 ~ weiser (m. - Strass.ver.), indicatore stradale. 22 ~ zeit (von Arbeitern z. B.) (f. - Arb. - Transp.), tempo per il trasporto. 23 Arbeits ~ (einer Stumpfschweissmaschine) (mech. Technol.), corsa di lavoro. 24 Arbeits ~ (Längenverlust, beim Stumpfschweissen) (mech. Technol.), sovrametallo di saldatura, perdita di lunghezza per saldatura. 25 Abbrenn ~ (einer Stumpfschweissmaschine, Abbrenn-Längenverlust) (mech. Technol.), corsa di scintillio. 26 Abbrenn ~ (Abbrenn-Längenverlust, beim Stumpfschweissen) (mech. Technol.), sovrametallo di scintillio,· perdita di lunghezza per scintillio. 27 Fuss ~ (Geogr.), sentiero. 28 mittlere freie ~ länge (der Gasmolekulen) (Phys.), cammino libero medio. 29 seitliches ~ stempeln (Aut.), coricamento. 30 Stauch ~ (einer Stumpfschweissmaschine, Stauch-Längenverlust) (mech. Technol.), corsa di ricalcatura. 31 Stauch ~ (Stauchlängenverlust) (mech. Technol.), sovrametallo di ricalcatura, perdita di lunghezza per ricalcatura. 32 Verlust ~ (einer Stumpfschweissmaschine, gesamter Längenverlust) (mech. Technol.), corsa di lavoro totale. 33 Verlust ~ (gesamter Längenverlust, beim Stumpfschweissen) (mech. Technol.), sovrametallo totale, perdita di lunghezza totale. 34 Vorwärm ~ (einer Stumpfschweissmaschine, Vorwärm-Längenverlust) (mech. Technol.), corsa di preriscaldo. 35 Vorwärm ~ (Vorwärm-Längenverlust, beim Stumpfschweissen) (mech. Technol.), sovrametallo di preriscaldo, perdita di lunghezza per preriscaldo. 36 Wasser ~ (Transp. - Hydr.), idrovia.

wegbewegen (eines Werkz. z. B.) (Mech.), allontanarsi.

wegbiegen (Mech. - etc.), deviare.

Wegeanzeigehebel (m. - Eisenb.), leva indicatrice d'instradamento.

Wegegeld (Chausseegeld, Pflastergeld) (n. - Strasse), pedaggio.

Wegehobel (Strassen-Planierer) (m. - Strass.b. masch.), motolivellatore.

Wegenersche Theorie (Geophys.), siehe Verschiebungstheorie.

Wegerecht (Wegbenutzungsrecht) (n. - recht.), servitù di passaggio. 2 Elektrizitäts ~ (Elekt. - recht.), servitù di passaggio di linee elettriche.

wegern (Schiffbau), fasciare internamente.

Wegerung (Wägerung, innere Bekleidung) (f. - Schiffbau), fasciame interno.

Wegeventil (n. - Leit. - Ölhydr.), distributore.

Weggehen (der Hinterräder z. B.) (n. - Aut.), sbandamento.

wegreissen (Fernseh.), zumare.

Wegwerfschneidplatte (f. - Werkz. - Mech.), placchetta non riaffilabile, placchetta non ricuperabile.

Wehneltelektrode (Steuerelektrode) (f. - Elektronik), elettrodo di Wehnelt, elettrodo modulatore.

Wehr (Bauwerk zum Stauen von fliessendem Wasser) (n. - Wass.b.), sbarramento, traversa. 2 ~ (Überfallwehr z. B.) (Wass.b.), stramazzo, luce a stramazzo. 3 ~ kraftwerk (überströmbares Flusskraftwerk bei dem Kraftwerk und Wehr eine Einheit sind) (n. - Elekt.), centrale (fluviale) incorporata nella traversa di sbarramento. 4 ~ krone (eines Überfallwehrs) (f. - Wass.b.), soglia dello stramazzo. 5 ~ krone (eines Stauwehrs) (Wass.b.), coronamento della traversa. 6 ~ mit dreieckigem Überfall (Wass.b.), traversa con stramazzo triangolare. 7 ~ mit unvollkommenem Überfall (Wass.b.), traversa con stramazzo rigurgitato. 8 bewegliches ~ (Wass. b.), traversa mobile. 9 festes ~ (Wass.b.), traversa fissa. 10 Grund ~ (bei dem das Unterwasser höher liegt als die Wehrkrone) (Hydr.), stramazzo rigurgitato. 11 Nadel ~ (Wass.b.), traversa a panconcelli. 12 Puffer ~ (Prellbock, Pufferständer) (Eisenb.), respingenti fissi. 13 scharfkantiges Mess ~ (Hydr.), stramazzo per misure di portata a parete sottile. 14 Überfall ~ (bei dem das Unterwasser tiefer liegt als die Wehrkrone) (Hydr.), stramazzo libero. 15 Walzen ~ (Wass.b.), traversa cilindrica, paratoia cilindrica.

Wehrdienst (m. - milit.), servizio militare.

Weibull-Verteilung (f. - Stat.), distribuzione di Weibull.

weich (allg.), molle. 2 ~ (formbar, knetbar) (allg.), foggiabile, plasmabile, plastico. 3 ~ (Wasser, mit wenig Kalk) (Chem.), dolce. 4 ~ (Arbeiten, einer Masch. z. B.) (Mech. - Masch.), dolce. 5 ~ (Stahl z. B.) (Metall.), dolce. 6 ~ (Kunststoff, PVC z. B.) (Chem.), plastificato, flessibile. 7 ~ (ohne scharfe Kontraste) (Phot.), con poco contrasto. 8 ~ (gargekocht) (allg.), poco cotto. 9 ~ e Federung (Fahrz.), molleggio dolce, molleggio cedevole, sospensione dolce, sospensione cedevole. 10 ~ er Stahl (Metall.), acciaio dolce. 11 ~ e Strahlung (Phys. - Radioakt.), radiazione molle. 12 ~ geglüht (Wärmebeh.), sottoposto a ricottura di lavorabilità. 13 ~ glühen (Wärmebeh.), sottoporre a ricottura di lavorabilità. 14 ~ magnetisch (Werkstoff) (Elekt.), per magneti non permanenti.

Weichdichtung (aus Gummi, Pappe, Asbest, Faserstoffe) (f. - Mech.), guarnizione non metallica.

Weiche (f. - Eisenb.), deviatoio, scambio. 2 ~ (einer Antenne) (Radar - Fernseh. - Funk.), diplexer, duplexer. 3 ~ n·herzstück (n. - Eisenb.), cuore dello scambio, cuore del deviatoio. 4 ~ n·platte (*f. - Eisenb.*), piastrone dello scambio. 5 ~ n·relais (*n. - Eisenb.*), relè di scambio. 6 ~ n·sender (*m. - Fernspr.*), trasmettitore direzionale. 7 ~ n·steller (*m. - Eisenb. - Arb.*), deviatore. 8 ~ n·stellhebel (*m. - Eisenb.*), leva del deviatoio, leva dello scambio. 9 ~ n·wärter (*m. - Eisenb. - Arb.*), deviatore. 10 ~ n·zunge (*f. - Eisenb.*), ago dello scambio. 11 **auffahrbare** ~ (*Eisenb.*), deviatoio tallonabile. 12 **Doppel** ~ (*Eisenb.*), deviatoio doppio. 13 **elektrische** ~ (Frequenzweiche, zur Trennung zweier Frequenzbereiche) (*Elekt.*), filtro separatore. 14 **englische** ~ (*Eisenb.*), deviatoio inglese. 15 **spitzbefahrene** ~ (*Eisenb.*), deviatoio preso di punta. 16 **stumpf befahrene** ~ (*Eisenb.*), deviatoio preso di calcio.

Weicheisenkern (*m. - Elekt.*), nucleo di ferro dolce.

Weichen (von Leder, in Wasser) (*n. - Lederind.*), rinverdimento.

Weichfass (*n. - Lederind.*), bottale di rinverdimento.

Weichglühen (*n. - Wärmebeh.*), ricottura di lavorabilità.

Weichgummi (mit wenig Schwefel vulkanisierter, hochelastischer Gummi) (*m. - chem. Ind.*), gomma elastica, vulcanizzato elastico.

Weichguss (Temperguss) (*m. - Giess.*), ghisa malleabile.

Weichheit (*f. - Text.*), morbidezza.

Weichlot (*n. - Metall. - mech. Technol.*), lega per saldatura dolce, lega per brasatura dolce.

Weichlöten (*n. - mech. Technol.*), brasatura dolce, saldatura dolce.

Weichmachen (*n. - allg.*), addolcimento.

Weichmacher (Plastikator, für Gummi) (*m. - Chem.*), plastificante. 2 ~ (für Lacke) (*Anstr.*), plastificante. 3 ~ (für Kunstharzen z. B.) (*chem. Ind.*), emolliente, rammollitore.

Weichmanganerz (*n. - Min.*), siehe Braunstein.

Weichnitrieren (Nitrierung von Stählen ohne Legierungszusätze) (*n. - Wärmebeh.*), ciclo termico di nitrurazione (eseguito senza atmosfera nitrurante).

Weichsteingut (Kalksteingut) (*n. - Keramik*), terraglia dolce.

Weide (Viehweide) (*f. - Landw.*), pascolo. 2 ~ (Baum) (*Holz*), salice. 3 ~ n·korb (*m. - Ger.*), cesto di vimini. 4 ~ n·korb (*Wass.b.*), gabbione. 5 ~ n·rute (*f. - Ind.*), vimine.

Weife (Haspel) (*f. - Textilind.*), aspo.

Weifen (*n. - Textilind.*), aspatura.

Weinbau (*m. - Ack.b.*), viticoltura.

Weinberg (*m. - Ack.b.*), vigneto.

Weinsäure (COOH.CHOH.CHOH.COOH) (Dioxybernsteinsäure) (*f. - Chem.*), acido tartarico.

Weinstein (Tartarus) (*m. - Chem.*), tartaro.

Weiser (*m. - Ger.*), indicatore.

weiss (Farbe), bianco. 2 ~ **e Kohle** (Wasserkraft) (*Elekt.*), carbone bianco. 3 ~ **es Licht** (*Opt.*), luce acromatica (bianca). 4 ~ **gerben** (alaungerben) (*Lederind.*), conciare all'allume.

Weissbezugspegel (*m. - Fernseh.*), livello di riferimento del bianco.

Weissbinder (Anstreicher) (*n. - Arb.*), imbianchino.

Weissblech (für Genussmittel) (*n. - metall. Ind.*), banda stagnata, latta, lamierino stagnato.

Weisseinstrahlung (beim Abschrecken von Gusseisen) (*f. - Giess.*), profondità di tempra.

Weisseisen (Weissguss) (*n. - Giess.*), ghisa bianca.

weissen (tünchen) (*Bauw. - Maur.*), imbiancare.

Weissfeinkalk (Branntkalk in fein gemahlener Form) (*m. - Bauw.*), calce viva in polvere.

Weissgehalt (*m. - Papierind.*), grado di bianco.

Weissgerbung (Alaungerbung) (*f. - Lederind.*), concia all'allume.

weissglühend (*Metall.*), incandescente.

Weissglut (*f. - Metall.*), calor bianco.

Weissgold (*n. - Metall.*), oro bianco.

Weissguss (Gusseisen) (*m. - Giess.*), ghisa bianca.

Weisshartguss (*m. - Giess.*), siehe Vollhartguss.

Weisskalk (aus möglichst reinem, kohlensaurem gebranntem Kalk) (*m. - Bauw.*), calce bianca.

Weisskompression (Pegeländerung der Signale) (*f. - Fernseh.*), compressione del bianco.

Weisskupfer (*n. - Legierung*), siehe Neusilber.

Weissmessing (Neusilber mit 45-47% Cu, 8-12% Ni, 1,3% Pb, Rest Zn) (*n. - Legierung*), argentana (comune).

Weissmetall (für Lager) (*n. - Metall. - Mech.*), metallo bianco. 2 ~ **lager** (*n. - Mech.*), cuscinetto con (riporto di) metallo bianco. 3 ~ **laufguss** (eines Lagers) (*m. - Mech.*), riporto colato di metallo bianco.

Weissöl (klares Mineralöl) (*n. - Chem.*), olio bianco, olio raffinato chiaro.

Weisspause (*f. - Zeichn.*), eliografia.

Weisspegel (*m. - Fernseh.*), livello del bianco.

Weiss·sättigung (*f. - Fernseh.*), saturazione del bianco.

Weiss·spitze (*f. - Fernseh.*), punta del bianco.

Weiss·stückkalk (Branntkalk in stückiger Form) (*m. - Bauw.*), calce viva in pezzi.

Weisswaren (*f. - pl. - Textilind.*), biancheria.

Weisswert (*m. - Fernseh.*), livello del bianco.

Weisung (*f. - allg.*), istruzione.

weit! (weit halten!, ab halten!) (*naut.*), allarga!

Weite (*f. - allg.*), larghezza. 2 **Zahn** ~ (eines Zahnrades) (*Mech.*), scartamento.

weiten (ausweiten) (*allg.*), allargare.

Weitergabe (Weitersendung) (*f. - Telegr. - etc.*), ritrasmissione.

weiterleiten (Energie z. B.) (*allg.*), trasmettere.

Weiterreissfestigkeit (in kg/cm gemessen, für das Weiterreissen erforderliche Kraft, ist das Verhältnis von mittlerer Belastung zur Dicke der Probe) (*f. - mech. - Technol.*), resistenza a rottura a trazione susseguente. 2 ~ (von Papier z. B.) (*Technol.*), resistenza alla lacerazione.

Weiterreissversuch (von Gummi) (*m. - Technol.*), prova di lacerazione.

Weiterreisswiderstand (Durchreisswider-

Weiterrufrelais

stand, von Papier) (*m. - Technol.*), resistenza alla lacerazione.
Weiterrufrelais (*n. - Fernspr.*), relè d'inoltro della chiamata.
Weiterschalttaste (*f. - Fernspr.*), tasto di smistamento.
Weiterschlag (Ziehen in mehreren Ziehstufen) (*m. - Blechbearb.*), imbutitura in più passaggi.
Weiterverarbeitung (*f. - Technol.*), lavorazione successiva.
weitervergeben (*komm.*), subappaltare, dare in subappalto.
weiterverwalzen (*Walzw.*), rilaminare.
weitmaschig (Sieb, Filter, etc.) (*allg.*), a maglia larga.
weitreichend (Scheinwerfer z. B.) (*allg.*), di grande portata.
Weitschweifigkeit (Redundanz) (*f. - Rechner*), ridondanza.
Weitsichtigkeit (Übersichtigkeit) (*f. - Opt.*), presbiopia.
Weitstrahler (*m. - Aut.*), fascio di profondità, proiettore abbagliante.
Weitung (*f. - allg.*), allargamento.
Weitverkehrsgespräch (*n. - Fernspr.*), conversazione interurbana.
Weitwinkelobjektiv (*n. - Phot.*), obiettivo grandangolare.
Weizen (*m. - Ack.b.*), frumento, grano.
WEL (weisse Edelmetall-Legierung, aus Ag, Au, Cu, Pd, Zn, Dental-Legierung) (*Legierung*), lega di metallo nobile bianco.
Wellasbestzementdeckung (*f. - Bauw.*), copertura di eternit ondulata.
Wellasbestzementplatte (*f. - Bauw.*), lastra di eternit ondulata.
Wellblech (*n. - metall. Ind.*), lamiera ondulata. 2 ~ **bekleidung** (*f. - Bauw. - etc.*), rivestimento in lamiera ondulata. 3 ~ **beplankung** (eines Flugzeugs) (*f. - Flugw.*), rivestimento in lamiera ondulata. 4 ~ **rohr** (*n. - Leit.*), tubo di lamiera ondulata.
Welldichtring (*m. - Mech.*), guarnizione ad anello ondulata.
Welldichtung (*f. - Mech.*), guarnizione ondulata.
Welle (zur Übertragung von Drehmomenten) (*f. - Mech.*), albero. 2 ~ (fortschreitender Bewegungszustand) (*Phys.*), onda. 3 ~ (Meereswelle) (*See*), onda. 4 ~ (*Funk. - Fernseh.*), onda. 5 ~ (Abweichung 2. Ordnung, einer bearbeiteten Oberfläche) (*Mech.*), errore di ondulazione, ondulazione. 6 ~ n·**abstand** (einer technischen Oberfläche) (*m. - Mech.*), passo dell'ondulazione. 7 ~ n·**ausbreitung** (*f. - Phys.*), propagazione delle onde. 8 ~ n·**ausstrahlung** (*f. - Radar - etc.*), emissione di onde. 9 ~ n·**austrittrohr** (*n. - naut.*), astuccio dell'albero dell'elica, astuccio dell'albero portaelica. 10 ~ n·**bauch** (*m. - Phys.*), antinodo. 11 ~ n·**bereich** (*m. - Funk.*), gamma d'onde. 12 ~ n·**berg** (*m. - allg.*), cresta dell'onda. 13 ~ n·**bergmoment** (eines Schiffes) (*n. - naut.*), momento (flettente massimo) sulla cresta dell'onda. 14 ~ n·**bock** (*m. - naut.*), braccio dell'albero portaelica. 15 ~ n·**bock** (*Vorr.*), prisma, supporto prismatico. 16 ~ n·**brecher** (Flutbrecher) (*m. - Seebau*), frangiflutti, antemurale. 17 ~ n·**brechung** (*f. - Phys.*), rifrazione di onde. 18 ~ n·**bund** (*m. - Mech.*), collare dell'albero. 19 ~ n·**dichte** (*f. - Phys.*), siehe Wellenzahl. 20 ~ n·**dichtring** (*m. - Mech.*), guarnizione ad anello per alberi. 21 ~ n·**dichtung** (*f. - Mech.*), guarnizione per alberi. 22 ~ n·**ebene** (Fläche gleicher Phase, einer ebenen elektromagnetischen Welle) (*Phys.*), superficie d'onda omofase. 23 ~ n·**filter** (*m. - Phys.*), filtro d'onde. 24 ~ n·**fläche** (*f. - Phys.*), superficie d'onda. 25 ~ n·**form** (*f. - Phys.*), forma d'onda. 26 ~ n·**front** (*f. - Phys.*), fronte d'onda. 27 ~ n·**funktion** (*f. - Phys.*), funzione ondulatoria. 28 ~ n·**gelenk** (*n. - Mech.*), snodo per alberi. 29 ~ n·**gleichung** (*f. - Phys. - Math.*), equazione di moto ondulatorio. 30 ~ n·**hose** (Wellenaustrittrohr) (*n. - naut.*), astuccio dell'albero (portaelica). 31 ~ n·**kalk** (Schaumkalk) (*m. - Min.*), calcare spugnoso. 32 ~ n·**klettern** (Ölfilmwirbel, bei Mehrkeillagern in Turbinen z. B.) (*n. - Mech.*), vibrazione dell'albero. 33 ~ n·**kupplung** (*f. - Mech.*), giunto per alberi. 34 ~ n·**länge** (*f. - Phys.*), lunghezza d'onda. 35 ~ n·**läufer** (eines Axialverdichters) (*m. - Masch.*), rotore ad albero. 36 ~ n·**lehre** (*f. - Mech.*), calibro per alberi. 37 ~ n·**leistung** (WPS) (*f. - naut.*), potenza all'asse, potenza sull'asse. 38 ~ n·**leistungturbine** (Gasturbine) (*f. - Turb.*), turboalbero. 39 ~ n·**leiter** (*m. - Funk. - Fernseh.*), guida d'onda. 40 ~ n·**leitung** (*f. - Mech.*), linea d'alberi. 41 ~ n·**leitung** (*naut.*), linea d'assi. 42 ~ n·**linie** (*f. - allg.*), linea ondulata. 43 ~ n·**linie** (Sinuskurve) (*allg.*), linea sinusoidale, sinusoide. 44 ~ n·**mechanik** (*f. - Phys.*), meccanica ondulatoria. 45 ~ n·**messer** (*m. - Phys. - Ger.*), ondametro. 46 ~ n·**pferdestärke** (WPS) (*f. - Mot. - naut. etc.*), potenza sull'albero, potenza all'asse. 47 ~ n·**presse** (*f. - Blechbearb.masch.*), pressa per ondulare. 48 ~ n·**profil** (von Wellblechen) (*n. - metall. Ind.*), profilo ondulato, ondulatura. 49 ~ n·**rückstrahlung** (*f. - Radar*), ritorno di onde. 50 ~ n·**schälmaschine** (*f. - Werkz.masch.*), pelabarre, pelatrice. 51 ~ n·**schälverfahren** (spitzenloses Drehen von langen Rundkörpern, wie Wellen und Rohren) (*n. - Werkz.masch.bearb.*), pelatura. 52 ~ n·**schnelligkeit** (Fortpflanzungsgeschwindigkeit in einem offenen Wasserlauf) (*f. - Hydr.*), velocità di propagazione dell'onda. 53 ~ n·**strahlung** (elektromagnetische Strahlung) (*f. - Phys.*), radiazione ondulatoria. 54 ~ n·**strang** (Wellenleitung) (*m. - Mech.*), linea d'alberi. 55 ~ n·**strasse** (*f. - Strass.b. - Fahrz.*), strada ondulata, strada con ondulazioni. 56 ~ n·**strom** (*n. - Elekt.*), corrente ondulata. 57 ~ n·**stummel** (*m. - Mech.*), estremità d'albero, codolo. 58 ~ n·**tal** (*n. - allg.*), cavo dell'onda. 59 ~ n·**talmoment** (eines Schiffes) (*n. - naut.*), momento (flettente massimo) nel cavo dell'onda. 60 ~ n·**theorie** (*f. - Phys.*), teoria ondulatoria. 61 ~ n·**tiefe** (einer technischen Oberfläche) (*f. - Mech.*), altezza dell'ondulazione. 62 ~ n·**tunnel** (*m. - naut.*), tunnel dell'asse, galleria dell'asse. 63 ~ n·**tunnel** (*Aut.*), tunnel della

trasmissione, tegolo copritrasmissione. **64** ~ n·turbine (*f. - Mot.*), siehe Kraftturbine. **65** ~ n·typ (*m. - Elektronik*), modo d'onda. **66** ~ n·übertragungsmass (eines Vierpols) (*n. - Elekt.*), costante di trasduzione. **67** ~ n·umschalter (*m. - Funk.*), commutatore di onda. **68** ~ n·wicklung (*f. - Elekt.*), avvolgimento ondulato. **69** ~ n·widerstand (einer Leitung oder eines Kabels) (*m. - Elekt. - Fernmeldewesen*), impedenza caratteristica. **70** ~ n·widerstand (eines Vierpols) (*Elekt.*), impedenza immagine. **71** ~ n·zahl ($k = 2\pi/\lambda$, Kreisfrequenz) (*Phys.*), pulsazione. **72** n·zapfen (Kurbelwellenzapfen, Hauptlagerzapfen) (*m. - Mot.*), perno di banco. **73** ~ n·zapfseite (eines Motors) (*f. - Mot.*), lato non accoppiamento, lato opposto accoppiamento. **74** ~ n·zug (*m. - Phys.*), treno di onde. **75 Anker** ~ (*Elekt.*), albero dell'indotto. **76 Antriebs** ~ (*Mech.*), albero motore. **77 Antriebs** ~ (des Wechselgetriebes) (*Aut.*), albero presa diretta. **78 ausgebohrte** ~ (hohle Welle) (*Mech.*), albero cavo. **79 biegsame** ~ (*Mech.*), albero flessibile, trasmissione flessibile. **80 Bug** ~ (*naut.*), onda di prua. **81 Daumen** ~ (Nockenwelle) (*Mech.*), albero a camme. **82 Dehn** ~ (Dehnungswelle, Überlagerung von Longitudinal- und Transversalwellen, bei Ultraschallprüfung z. B.) (*Technol.*), onda composita. **83 Dekameter** ~ n (*Phys. - Funk.*), siehe kurze Wellen. **84 Dezimeter** ~ n (10 bis 100 cm) (*Phys. - Fernseh.*), onde decimetriche. **85 doppelt gekröpfte** ~ (*Mot.*), albero a due manovelle. **86 dreikurbelige** ~ (*Mot.*), albero a tre manovelle. **87 ebene** ~ (*Phys.*), onda piana. **88 Einheits** ~ (bei Passungen) (*Mech.*), albero base. **89 elastische** ~ (*Phys.*), onda elastica. **90 elektrische** ~ (Gleichlaufschaltung, Synchro) (*Elekt.*), albero elettrico, sincro. **91 elektromagnetische** ~ (*Phys.*), onda elettromagnetica. **92 Flansch** ~ (*Mech.*), albero flangiato. **93 fortschreitende** ~ (*Phys.*), onda progressiva. **94 Gelenk** ~ (*Mech. - Aut.*), albero snodato, trasmissione snodata, albero articolato, albero cardanico. **95 gestreute** ~ (Streuwelle) (*Phys.*), onda diffusa. **96 harmonische** ~ (sinusförmige Welle) (*Phys.*), onda armonica, onda sinusoidale. **97 Heck** ~ (*naut.*), onda di poppa. **98 Hohlachs** ~ (*elektr. Eisenb.*), albero cavo. **99 Kapillar** ~ (mit sehr kleiner Wellenlänge) (*See*), onda capillare. **100 Kardan** ~ (*Mech.*), albero cardanico. **101 Keil** ~ (*Mech.*), albero scanalato. **102 Kerbzahn** ~ (*Mech.*), albero striato, albero a profilo Whitworth. **103 Kugel** ~ (*Phys.*), onda sferica. **104 Kurbel** ~ (*Mot.*), albero a gomiti, albero a manovella. **105 kurze** ~ n (Dekameterwellen, 10 bis 100 m) (*Phys. - Funk.*), onde corte. **106 lange** ~ n (Kilometerwellen, 1000 bis 10.000 m) (*Phys. - Funk.*), onde lunghe. **107 Längs** ~ (*Phys.*), siehe Longitudinalwelle. **108 Licht** ~ (*Phys.*), onda luminosa. **109 Longitudinal** ~ (Längswelle) (*Phys.*), onda longitudinale. **110 Longitudinal** ~ (bei Ultraschallprüfung) (*Technol.*), onda longitudinale, onda di compressione. **111 Meter** ~ n (ultrakurze Wellen, 1 bis 10 m) (*Phys. - Fernseh.*), onde ultracorte. **112 mittlere** ~ n (100 bis 1000 m, Mektometerwellen) (*Phys. - Funk.*), onde medie. **113 modulierte Träger** ~ (*Funk.*), onda portante modulata. **114 modulierte ungedämpfte** ~ (*Funk.*), onda persistente modulata. **115 Nocken** ~ (*Mot.*), albero a camme. **116 Oberflächen** ~ (*Phys.*), onda superficiale. **117 Propeller** ~ (Schraubenwelle) (*naut.*), albero portaelica, albero dell'elica. **118 Quer** ~ (*Phys.*), siehe Transversalwelle. **119 Rundfunk** ~ (*Funk.*), radioonda. **120 Schall** ~ (*Phys.*), onda sonora. **121 Schrauben** ~ (*nav.*), albero portaelica, albero dell'elica. **122 Schwere** ~ (mit grosser Wellenlänge) (*See*), onda di gravità, onda ordinaria. **123 schwingende** ~ (*Mech.*), albero oscillante. **124 sinusförmige** ~ (harmonische Welle) (*Phys.*), onda sinusoidale, onda armonica. **125 stehende** ~ (*Phys.*), onda stazionaria. **126 Steuer** ~ (*Mot.*), albero della distribuzione. **127 Streik** ~ (*Arb. - Organ.*), ondata di scioperi. **128 Tide** ~ (*See*), onda di marea. **129 Transversal** ~ (Querwelle) (*Phys.*), onda trasversale. **130 Transversal** ~ (bei Ultraschallprüfung) (*Technol.*), onda trasversale, onda di taglio. **131 Trochoiden** ~ (*See*), onda trocoidale. **132 Tunnel** ~ (Schraubenwelle) (*naut.*), albero portaelica, albero dell'elica. **133 ultrakurze** ~ n (Meterwellen, 1 bis 10 m) (*Phys. - Fernseh.*), onde ultracorte. **134 ungedämpfte** ~ (*Funk.*), onda persistente. **135 volle** ~ (*Mech.*), albero pieno. **136 Vorgelege** ~ (*Mech.*), albero di rinvio, contralbero. **137 Vorgelege** ~ (eines Wechselgetriebes) (*Aut.*), albero secondario. **138 Zapf** ~ (*Mech.*), presa di forza, presa di moto, presa di movimento. **139 Zentimeter** ~ n (1 bis 10 cm) (*Phys. - Fernseh.*), onde centimetriche. **140 Zwischen** ~ (*Mech. - etc.*), albero intermedio. **141 Zylinder** ~ (*Phys.*), onda cilindrica.

Wellen (Herstellung von Wellen, in Blech z. B.) (*n. - mech. Technol.*), ondulatura, procedimento di ondulazione. **2** ~ (Welligkeit, Abweichung 2. Ordnung, einer technischen Oberfläche) (*f. - pl. - Mech.*), ondulazione, errore di ondulazione.

Wellerholz (Holzscheit) (*n. - Bauw.*), assicella.

Wellfeder (*f. - Mech.*), molla ondulata.

wellig (*allg.*), ondulato.

Welligkeit (Fehler einer technischen Oberfläche) (*f. - Mech.*), ondulazione, errore di ondulazione. **2** ~ (Unebenheit einer Strassenfahrbahn) (*Strass.b.*), ondulazione. **3** ~ (*Elekt.*), ondulazione. **4 Rest** ~ (*Elekt.*), ondulazione residua. **5 Strom** ~ (*Elekt.*), ondulazione della corrente.

Wellit (bitumierte Wellpappe, Kälteschutzstoff) (*n. - Kältetechnik*), « wellit ».

Wellpapier (*n. - Papierind.*), carta ondulata.

Wellpappe (*f. - Papierind.*), cartone ondulato. **2** ~ n·maschine (*f. - Papierind. Masch.*), macchina per la fabbricazione di cartoni ondulati.

Wellrad (Winde) (*n. - Hebevorr.*), verricello.

Wellrohr (*n. - Leit.*), tubo ondulato. **2** ~ kessel (*m. - Kessel*), caldaia a tubo ondulato.

Welltafel (eines Daches) (*f. - Bauw.*), pannello di copertura ondulato.

Welt (die Gesamtheit der Himmelskörper) (*f. - Astr.*), universo. 2 ~ (Erde) (*Geogr.*), mondo. 3 ~ (das vierdimensionale Raumzeitkontinuum) (*Relativitätstheorie*), spazio a 4 dimensioni, spazio-tempo, cronotopo, universo. 4 ~ (Lebenskreis) (*allg.*), mondo, ambiente. 5 ~ **achse** (Himmelsachse) (*f. - Astr.*), asse celeste. 6 ~ **all** (Kosmos) (*n. - Astr.*), universo, cosmo. 7 ~ **ausstellung** (*f. - komm. - etc.*), esposizione mondiale, esposizione universale. 8 ~ **bank** (*f. - finanz. - Politik*), banca mondiale. 9 ~ **gerichtshof** (Internationaler Gerichtshof) (*m. - Politikrecht.*), Corte Internazionale. 10 ~ **höchstleistung** (Weltbestleistung) (*f. - Sport*), primato mondiale, record mondiale. 11 ~ **körper** (Himmelskörper) (*m. - Astr.*), corpo celeste. 12 ~ **meisterschaft** (*f. - Sport - Aut.*), campionato mondiale. 13 ~ **postverein** (*m. - Post*), Unione Postale Universale. 14 ~ **raum** (*m. - Astr.*), spazio (cosmico). 15 ~ **raumfahrt** (Raumschiffahrt) (*f. - Astronautik*), astronautica, cosmonautica. 16 ~ **raumflieger** (*m. - Astronautik*), astronauta, cosmonauta. 17 ~ **raumrakete** (*f. - Astronautik*), razzo spaziale. 18 ~ **raumstation** (*f. - Astronautik*), stazione spaziale. 19 Marken ~ **meisterschaft** (*f. - Aut. - Sport*), campionato mondiale marche.

Wende (Wendepunkt) (*f. - allg.*), svolta. 2 ~ **anlasser** (*m. - Elekt.*), avviatore-invertitore (di marcia). 3 ~ **bahnhof** (*m. - Eisenb.*), stazione di regresso, stazione d'inversione di marcia. 4 ~ **becken** (Wendeplatz, eines Hafens) (*n. - naut.*), bacino per evoluzioni. 5 ~ **feld** (*n. - Elekt.*), campo d'inversione. 6 ~ **feldwicklung** (*f. - elekt. Masch.*), avvolgimento di commutazione. 7 ~ **flasche** (Wender, zum Wenden der Blöcke) (*f. - Walzw. - Schmieden - Ger.*), giralingotti. 8 ~ **formaschine** (*f. - Giess.masch.*), formatrice a ribaltamento. 9 ~ **getriebe** (Getriebe zur Umkehrung des Drehsinns) (*n. - naut. - etc.*), invertitore (di marcia). 10 ~ **getriebe mit Untersetzung** (Wende-Untersetzungsgetriebe) (*naut.*), invertitore-riduttore, invertitore con riduttore incorporato. 11 ~ **gleis** (*n. - Eisenb.*), binario d'inversione, binario di regresso. 12 ~ **halbmesser** (Wendekreishalbmesser, Wenderadius) (*m. - Aut.*), raggio minimo di volta (riferito al punto più esterno del veicolo). 13 ~ **herz** (Wendeherzgetriebe, zur Umkehrung der Drehrichtung, einer Drehbank) (*n. - Werkz.masch.*), meccanismo d'inversione. 14 ~ **horizont** (Wendezeiger und künstlicher Horizont) (*m. - Flugw. - Ger.*), orizzonte artificiale con indicatore di virata. 15 ~ **kreisdurchmesser** (kleinster Wendekreisdurchmesser, durch den am weitesten nach aussen vorstehenden Teil beim grössten Lenkeinschlag beschrieben) (*m. - Aut.*), diametro minimo di volta (riferito al punto più esterno del veicolo). 16 ~ **kreisel** (zur Messung und Anzeige von Winkelgeschwindigkeiten) (*m. - Ger.*), girometro, giroscopio vincolato. 17 ~ **kreisradius** (Wenderadius, Wendekreishalbmesser) (*m. - Aut.*), raggio minimo di volta (riferito al punto più esterno del veicolo). 18 ~ **motor** (*m. - Elekt.*), motore reversibile. 19 ~ **pflug** (*m. - Ack.b.masch.*), aratro doppio. 20 ~ **platte** (Wendeschneidplatte, Wegwerf-Schneidplatte) (*f. - Werkz.*), placchetta non riaffilabile, placchetta a perdere ribaltabile. 21 ~ **plattenpressformmaschine** (*f. - Giess.masch.*), formatrice a pressione con piastra ribaltabile. 22 ~ **plattenrüttler** (*m. - Giess.masch.*), formatrice a scossa con piastra ribaltabile. 23 ~ **pol** (Hilfspol, zur Verbesserung der Kommutierung bei Masch. mit Kommutatoren) (*m. - elekt. Masch.*), polo ausiliario, polo di commutazione, interpolo. 24 ~ **punkt** (*m. - allg.*), punto di inversione. 25 ~ **punkt** (*Math.*), punto di flesso. 26 ~ **punkt** (*Astr.*), solstizio. 27 ~ **radius** (Wendekreishalbmesser) (*m. - Aut.*), raggio minimo di volta (riferito al punto più esterno del veicolo). 28 ~ **schalter** (zur Drehrichtungsänderung von Elektromotoren) (*m. - Elekt. - Ger.*), commutatore-invertitore. 29 ~ **schaltung** (*f. - Elekt.*), circuito d'inversione. 30 ~ **schneidplatte** (Wegwerfplatte) (*f. - Werkz.*), placchetta non riaffilabile, placchetta a perdere ribaltabile. 31 ~ **schraube** (*f. - naut. - Flugw.*), elica a passo reversibile. 32 ~ **schütz** (*m. - Elekt.*), contattore di inversione. 33 ~ **spannung** (*Elekt.*), tensione d'inversione. 34 ~ **tisch** (*m. - Mech.*), tavola orientabile. 35 ~ **tisch** (Drehtisch) (*Mech.*), tavola rotante. 36 ~ **-und Querneigungszeiger** (*m. - Flugw. - Instr.*), virosbandometro, indicatore di virata e sbandamento. 37 ~ **-Untersetzungsgetriebe** (*n. - naut. - mot.*), invertitore-riduttore, invertitore con riduttore incorporato. 38 ~ **vorrichtung** (Wender, bei Blechbearb. z. B.) (*f. mech. Technol. - Vorr.*), voltapezzo. 39 ~ **vorrichtung** (*Technol. - Vorr.*), siehe auch Wender. 40 ~ **widerstand** (einer elekt. Lokomotive) (*m. - elekt. Fahrz.*), resistenza d'inversione. 41 ~ **zeiger** (*m. - Flugw. - Instr.*), indicatore di virata, indicatore di volta. 42 **kleinster** ~ **kreishalbdurchmesser** (*Aut.*), raggio minimo di volta (riferito all'ingombro massimo esterno). 43 **Zahnrad** ~ **getriebe** (*n. - naut.*), invertitore ad ingranaggi.

Wendel (Schraubenlinie) (*f. - Geom. - etc.*), elica. 2 ~ (einer Lampe) (*Elekt.*), spirale. 3 ~ **abtastung** (*f. - Fernseh.*), scansione a spirale, analisi a spirale. 4 ~ **abtastung** (*Radar*), esplorazione a spirale. 5 ~ **bewehrung** (*f. - Bauw.*), armatura a spirale. 6 ~ **bohrer** (Spiralbohrer) (*m. - Werkz.*), punta elicoidale. 7 ~ **einsatz** (*m. - Mech.*), filetto riportato. 8 ~ **feder** (*f. - Mech.*), molla ad elica, molla elicoidale. 9 ~ **pumpe** (Spindelpumpe, Schraubenpumpe) (*f. - Masch.*), pompa a viti. 10 ~ **rampe** (einer Garage) (*f. - Aut. - Bauw.*), rampa elicoidale. 11 ~ **rutsche** (*f. - ind. Transp.*), scivolo elicoidale. 12 ~ **span** (*m. - Werkz.masch.bearb.*), truciolo elicoidale. 13 ~ **treppe** (*f. - Bauw.*), scala a chiocciola. 14 ~ **winkel** (Spiralsteigungswinkel, eines Spiralbohrers) (*m. - Werkz.*), angolo dell'elica. 15 **Zickzack** ~ (einer Lampe) (*Beleucht.*), filamento a festoni.

Wenden (Fahrtrichtungsänderung gegen den Wind) (*n. - naut.*), virata in prua. 2 ~ **nach links verboten** (Verkehrszeichen) (*Strass.ver.*

- *Aut.*), divieto di svolta a sinistra, svolta a sinistra vietata. 3 ~ **verboten** (*Strass.ver.* - *Aut.*), vietata l'inversione di marcia, vietato invertire la marcia, divieto di inversione di marcia, divieto d'invertire la marcia. 4 **mehrmaliges** ~ (*naut.*), (il) bordeggiare (*s.*).
wenden (umkehren) (*allg.*), invertire. 2 ~ (*naut.*), virare in prua.
Wender (*m.* - *Elekt.* - *Ger.*), invertitore. 2 ~ (bei Blechbearb. z. B.) (*mech. Technol.* - *Vorr.*), voltapezzo. 3 ~ (für Blöcke) (*Walzw.* - *Vorr.*), giralingotti. 4 ~ **walze** (*f.* - *Textilind.masch.*), volteggiatore (di carda).
wendig (*naut.* - *etc.*), manovriero, maneggevole.
Wendigkeit (*f.* - *Aut.*), maneggevolezza. 2 ~ (*naut.* - *aer.*), manovrabilità.
Wendung (*f.* - *naut.*), virata.
Werbeabteilung (*f.* - *Ind.*), servizio propaganda, servizio pubblicità.
Werbeanzeige (Werbeannonce) (*f.* - *Zeitg.* - *komm.*), annuncio pubblicitario.
Werbeartikel (*m.* - *komm.*), oggetto pubblicitario.
Werbefeldzug (*m.* - *komm.*), campagna pubblicitaria.
Werbefernsehen (Fernsehübertragung, deren Kosten von Firmen bezahlt werden) (*n.* - *komm.* - *Fernseh.*), pubblicità televisiva.
Werbefilm (*m.* - *komm.* - *Filmtech.*), film pubblicitario.
Werbegraphik (*f.* - *komm.*), grafica pubblicitaria.
Werbegraphiker (*m.* - *Pers.*), grafico pubblicitario.
Werbeleiter (*m.* - *Ind.*), direttore della propaganda, caposervizio della propaganda.
Werbeplakat (*n.* - *Druck.* - *komm.*), cartello pubblicitario, affisso.
Werbesendung (*f.* - *Funk.* - *Fernseh.*), trasmissione commerciale.
Werbespruch (*m.* - *komm.*), slogan (pubblicitario).
Werbetext (*m.* - *komm.*), testo pubblicitario.
Werbewagen (Ausstellungswagen) (*m.* - *komm.* - *Aut.*), auto-vetrina, auto-esposizione.
Werbezettel (*m.* - *komm.*), manifestino (pubblicitario).
Werbung (Reklame) (*f.* - *Ind.* - *komm.*), propaganda, pubblicità.
Werfen (durch Wärmebeh. z. B.) (*n.* - *mech. Technol.*), distorsione, deformazione, svergolamento. 2 ~ (des Holzes) (*Bauw.* - *etc.*), svergolatura, « imbarcamento ». 3 ~ (*Sport*), lancio. 4 **Diskus** ~ (*Sport*), lancio del disco. 5 **Hammer** ~ (*Sport*), lancio del martello. 6 **Speer** ~ (*Sport*), lancio del giavellotto.
werfen (*allg.*), gettare, lanciare, buttare. 2 ~ (den Anker) (*naut.*), gettare. 3 **sich** ~ (verziehen, von Holz) (*Technol.*), svergolarsi, « imbarcarsi ». 4 **über Bord** ~ (*naut.*), gettare in mare.
Werfer (*m.* - *Opt.* - *Ger.*), proiettore.
Werft (*f.* - *naut.* - *Schiffbau*), cantiere navale. 2 ~ **arbeiter** (Arsenalarbeiter) (*naut.*), arsenalotto. 3 ~ **probefahrt** (*f.* - *Schiffbau*), prova in bacino.
Werft (Einschlag) (*m.* - *Textilind.*), ordito.

Werg (Hede, Abfall beim Hecheln) (*n.* - *Textilind.*), cascame di pettinatura.
Werk (Fabrik) (*n.* - *Ind.*), stabilimento, fabbrica. 2 ~ (Erzeugnis) (*allg.*), opera. 3 ~ (Arbeit) (*allg.*), lavoro. 4 ~ (Maschine) (*Masch.*), macchina. 5 ~ (Triebwerk) (*Mech.*), meccanismo. 6 ~ (für Zähler, etc.) (*Mech.* - *Instr.*), movimento, meccanismo. 7 ~ (Anlage) (*allg.*), impianto. 8 ~ **bahn** (*f.* - *Ind.*), ferrovia di stabilimento. 9 ~ **bank** (Werktisch) (*f.* - *Arb.*), banco di lavoro. 10 ~ **bankbohrmaschine** (*f.* - *Werkz.masch.*), trapano da banco. 11 ~ **bankofen** (*m.* - *Ofen* - *Technol.*), forno da banco. 12 ~ **blei** (*n.* - *Metall.*), piombo d'opera. 13 ~ **bücherei** (*f.* - *Ind.*), biblioteca aziendale. 14 ~ **druck** (Druck von Büchern) (*m.* - *Druck.*), stampa di opere. 15 ~ **ferien** (*f.* - *pl.* - *Ind.*), chiusura per ferie dello stabilimento, ferie collettive. 16 ~ **feuerwehr** (*n.* - *Ind.*), squadra antincendi di fabbrica. 17 ~ **fürsorge** (*f.* - *Ind.*), mutua aziendale. 18 ~ **gaststätte** (*f.* - *Ind.*), mensa aziendale. 19 ~ **gelände** (*n.* - *Ind.*), area occupata dallo stabilimento. 20 ~ **halle** (*f.* - *Ind.*), capannone. 21 ~ **holz** (*n.* - *Holz*), legname da costruzione. 22 ~ **leiter** (*m.* - *Ind.*), direttore di stabilimento. 23 ~ **meister** (Leiter einer Werkstatt eines grösseren Betriebes) (*m.* - *Arb.*), capoofficina. 24 ~ **norm** (von der Normungsabteilung einer grossen Firma veröffentliche Norm) (*f.* - *mech. Technol.* - *etc.*), norma interna. 25 ~ **normung** (*f.* - *Ind.*), normalizzazione interna, normazione interna. 26 ~ **nummer** (*f.* - *Ind.*), numero di fabbricazione. 27 ~ **probe** (*f.* - *Ind.*), prova di officina. 28 ~ **s-angabe** (das Gewicht, die Leistung, etc. eines Personenkraftwagens z. B.) (*f.* - *Ind.*), dato fornito dal fabbricante. 29 ~ **schlepper** (*m.* - (*Fahrz.*), trattore per trasporti interni. 30 ~ **schule** (einer grossen Firma) (*f.* - *Ind.*), scuola aziendale. 31 ~ **statt** (*f.* - *Ind.*), *siehe* Werkstatt. 32 ~ **stein** (Quader, Haustein) (*m.* - *Bauw.*), concio, pietra squadrata. 33 ~ **steinbogen** (*m.* - *Arch.*), arco in conci, arco in pietra da taglio. 34 ~ **steinmauerwerk** (*n.* - *Bauw.*), muratura in pietra da taglio. 35 ~ **stoff** (*m.* - *Ind.*), *siehe* Werkstoff. 36 ~ **stück** (Arbeitsstück) (*n.* - *mech. Bearb.*), pezzo. 37 ~ **stückantriebswelle** (*f.* - *Werkz.masch. bearb.*), albero operatore, fuso operatore. 38 ~ **stückauflage** (*f.* - *Werkz.masch.bearb.*), supporto del pezzo. 39 ~ **stück-Montagemaschine** (*f.* - *Masch.*), macchina per il montaggio di pezzi. 40 ~ **stücknullpunkt** (*m.* - *NC* - *Werkz.masch.bearb.*), zero pezzo. 41 ~ **stückspanner** (Vorrichtung) (*m.* - *Vorr.*), attrezzo. 42 ~ **stückspindel** (*f.* - *Werkz.masch.*), mandrino portapezzo, fuso portapezzo. 43 ~ **stückträger** (zum Transportieren zu den einzelnen Bearbeitungsstationen einer Transferstrasse z. B.) (*m.* - *Werkz.masch.*), attrezzo trasporto pezzo, attrezzo portante. 44 ~ **tag** (*m.* - *Arb.*), giornata lavorativa. 45 ~ **tisch** (Arbeitstisch) (*m.* - *Ind.*), tavolo di lavoro. 46 ~ **verkehr** (durch Lastwagen) (*m.* - *Transp.* - *Ind.*), trasporti aziendali, trasporti per le industrie. 47 ~ **vertrag** (*m.* - *Arb.*), contratto di lavoro. 48 ~ **stückvorlage**

Werkstatt

(Räumvorrichtung) (*f. - Werkz.masch.bearb.*), attrezzo (di appoggio) del pezzo, centraggio del pezzo. **49 ~ zeichung** (Fertigungszeichnung) (*f. - Zeichn.*), disegno di officina. **50 ~ zeitung** (Werkzeitschrift) (*f. - Ind. - Zeitg.*), giornale aziendale. **51 ~ zeug** (*n. - Werkz.*), siehe Werkzeug. **52 ab ~** (*komm.*), franco fabbrica. **53 Ausgabe ~** (*Rechner*), unità di uscita. **54 Automobil ~** (*Ind.*), fabbrica di automobili. **55 Eingabe ~** (*Rechner*), unità di entrata. **56 Eisen ~** (*Ind.*), ferriera, stabilimento siderurgico. **57 Elektro ~** (*Ind.*), officina elettrica. **58 Gas ~** (*chem. Ind.*), officina del gas. **59 Glas ~** (*Ind.*), vetreria. **60 lebendes ~** (eingetauchter Teil eines Schiffes) (*Schiffbau*), opera viva. **61 Metall ~** (*Ind.*), stabilimento metallurgico. **62 Montage ~** (*Ind.*), officina di montaggio. **63 Spanten ~** (eines Schiffes) (*Schiffbau*), ossatura. **64 Stahl ~** (*Ind.*), acciaieria. **65 totes ~** (Überwasserteil eines Schiffes) (*Schiffbau*), opera morta.

Werkstatt (Werkstätte) (*f. - Ind.*), officina. **2 ~ abnahmelehre** (*f. - Werkz.*), calibro di officina. **3 ~ leiter** (Werkmeister) (*m. - Arb.*), capoofficina. **4 Werkstattisch** (*m. - Ind.*), tavolo da officina. **5 ~ kalkulator** (*m. - Arb.*), analista tempi. **6 ~ kran** (*m. - Ind.*), gru da officina. **7 ~ meister** (*m. - Pers.*), capo-officina. **8 ~ prüfung** (*f. - Technol.*), prova di officina. **9 ~ wagen** (*m. - Fahrz.*), carro officina. **10 ~ zeichung** (*f. - Zeichn.*), disegno di officina. **11 elektromechanische ~** (*Ind.*), officina elettromeccanica. **12 graphische ~** (*Druck.*), tipografia, stamperia. **13 mechanische ~** (*Ind.*), officina meccanica. **14 Reparatur ~** (*Mech. - etc.*), officina di riparazioni. **15 Zimmerer ~** (*Bauw.*), carpenteria, officina del carpentiere.

Werkstoff (Material) (*m. - Ind.*), materiale. **2 ~** (Gewebe) (*Textilind.*), tessuto. **3 ~** (Gegenstand) (*allg.*), oggetto. **4 ~ bedarf** (*m. - Ind.*), fabbisogno di materiali. **5 ~ dämpfung** (durch innere Reibung, bei Schwingungsbeanspruchungen) (*f. - Baukonstr.lehre - Werkstoffprüfung*), smorzamento (da attrito) interno (del materiale). **6 ~ ermüdung** (*f. - Technol.*), fatica del materiale, affaticamento del materiale. **7 Werkstoffestigkeit** (*f. - Technol.*), resistenza dei materiali. **8 ~ kartei** (gibt die Angaben zur Schnittwertermittlung) (*f. - Werkz.masch.bearb.*), catalogo materiali. **9 ~ kontrolle** (beim Eingang z. B.) (*f. - Ind.*), controllo dei materiali. **10 ~ kunde** (*f. - mech. Technol.*), scienza dei materiali. **11 ~ laboratorium** (*n. - Ind.*), laboratorio prove materiali. **12 Werkstofffluss** (während der Umformung) (*m. - Schmieden*), scorrimento del metallo, flusso del metallo. **13 ~ mechanik** (befasst sich mit den Verformungen und dem Tragverhalten der Werkstoffe) (*f. - Wissens. - Bauw.*), meccanica dei materiali. **14 ~ normung** (*f. - mech. Technol.*), normalizzazione dei materiali, unificazione dei materiali. **15 ~ planung** (*f. - Ind.*), programmazione dei materiali. **16 ~ prüfapparat** (*m. - Technol. - App.*), apparecchio per prove sui materiali. **17 ~ prüfmaschine** (*f. - Technol. - Masch.*), macchina per prova dei materiali. **18 ~ prüfung** (*f. - mech. Technol. - etc.*), prova dei materiali. **19 ~ studie** (*f. - Technol.*), studio dei materiali. **20 ~ verteilung** (*f. - Schmieden*), scapolatura. **21 ~ übertragung** (zwischen die Flächen einer Passung z. B.) (*f. - Mech.*), trasferimento di materiale. **22 ~ zeit** (Verarbeitungszeit, des Werkstoffs, vom Eintreffen im Betrieb bis zum Veranlassen, Veränderungszeit plus Liegezeit) (*f. - Zeitstudium*), tempo (di lavorazione più tempo di trasporto più tempo di giacenza) dei materiali. **23 elastisch-plastischer ~** (*Technol.*), materiale elastoplastico. **24 vollkommen elastisch-plastischer ~** (ideal plastischer Werkstoff) (*Technol.*), materiale perfettamente elastoplastico.

Werkzeug (Ger. zur Bearbeitung der Werkstücke oder Werkstoffe) (*n. - Mech. - etc. - Werkz.*), utensile. **2 ~** (für Blechbearbeitung) (*Werkz.*), stampo. **3 ~ anordnung** (*f. - Werkz.masch.bearb.*), disposizione degli utensili. **4 ~ aufnahme mit Spannzange** (*Werkz.*), portautensili con pinza di serraggio, attrezzo portautensili con pinza di serraggio. **5 ~ ausgabe** (*f. - Ind.*), dispensa utensili. **6 ~ ausrüstung** (*f. - Mot. - Aut.*), dotazione attrezzi, dotazione utensili. **7 ~ ausrüstung** (*Werkz.masch.bearb.*), corredo utensili. **8 ~ bau** (Werkzeugherstellung) (*m. - Werkz.*), fabbricazione degli utensili. **9 ~ bau** (Werkstatt eines Betriebes) (*Ind.*), attrezzeria, officina produzione ausiliaria, utensileria. **10 ~ bestückung** (*f. - Ind.*), attrezzamento. **11 ~ drehbank** (*f. - Werkz.masch.*), tornio da attrezzista. **12 ~ dreher** (*m. - Arb.*), tornitore attrezzista. **13 ~ einstellung** (*f. - Werkz.masch.bearb.*), piazzamento degli utensili. **14 ~ fräser** (*m. - Arb.*), fresatore attrezzista. **15 ~ gestell** (*n. - Ind.*), rastrelliera per utensili. **16 ~ halter** (Werkzeugspanner) (*m. - Werkz.masch.bearb.*), portautensili. **17 ~ kartei** (Sammlung von Blättern mit Werkzeugdaten) (*f. - Werkz.masch.bearb.*), catalogo utensili. **18 ~ kasten** (*m. - Werkz.*), cassetta utensili. **19 ~ kasten** (*Mot. - Aut.*), cassetta attrezzi. **20 ~ korrektur** (*f. - NC - Werkz.masch.bearb.*), correzione utensile. **21 ~ macher** (*m. - Arb.*), attrezzista. **22 ~ macherdrehbank** (Werkzeugmacherdrehmaschine) (*f. - Werkz.masch.*), tornio da attrezzista. **23 ~ macherei** (Werkzeugbau) (*f. - Ind.*), attrezzeria, utensileria, officina di produzione ausiliaria. **24 ~ magazin** (*n. - Ind.*), magazzino utensili. **25 ~ maschine** (*f. - Werkz.masch.*), macchina utensile. **26 ~ plan** (*m. - Werkz.masch.bearb.*), schema disposizione utensili. **27 ~ saal** (Werkzeugmacherei) (*m. - Ind.*), attrezzeria. **28 ~ schaft** (*m. - Werkz.*), gambo dell'utensile. **29 ~ schleifmaschine** (*f. - Werkz.masch.*), affilatrice (per utensili). **30 ~ schlitten** (*m. - Werkz.masch.*), carrello (portautensile). **31 ~ schrank** (*m. - Ind.*), armadio per utensili. **32 ~ spanner** (Werkzeughalter) (*m. - Werkz.masch.bearb.*), portautensili. **33 ~ speicher** (Werkzeugmagazin) (*m. - Ind.*), magazzino utensili. **34 ~ spindel** (*f. - Werkz.masch.*), mandrino portautensile, fuso portautensile.

35 ~ spur (f. - Mech.), siehe Rille. 36 ~ stahl (m. - Metall.), acciaio per utensili. 37 ~ stössel (einer Presse) (m. - Masch.), slittone. 38 ~ tasche (f. - Aut. - etc.), borsa attrezzi. 39 ~ wagen (einer Reparaturwerkstatt) (m. - Ger.), carrello trasporto utensili. 40 ~ wechsel (m. - Werkz.masch.bearb.), cambio dell'utensile. 41 ~ wechselvorrichtung (f. - Werkz.masch.), cambiautensili. 42 ~ weg (m. - Werkz.masch.bearb.), traiettoria dell'utensile. 43 Abdreh ~ (Abziehwerkzeug, für Schleifscheiben) (Werkz.), ravvivatore, ripassatore, ravvivamola. 44 Abdreh ~ (Drehmeissel, für Drehbank) (Werkz.), utensile da tornio. 45 Abgrat ~ (Schmiedewerkz.), utensile per sbavare, utensile sbavatore. 46 Aufsteck ~ (Werkz.), utensile a manicotto. 47 Decoltier ~ (Werkz.), utensile per tornitura automatica. 48 Diamant ~ (Werkz.), utensile diamantato. 49 Elektro ~ (Elektrohandwerkzeug) (Werkz.), utensile elettrico, utensile motorizzato. 50 Elektro ~ mit biegsamer Welle (Ger.), utensile elettrico con albero flessibile, utensile motorizzato con albero flessibile. 51 Folge ~ (zur Blechbearb.) (Werkz.), stampo progressivo. 52 Gewinderoll ~ (Werkz.), rullo filettatore. 53 Gewindeschneid ~ (Werkz.), utensile per filettare, utensile filettatore. 54 Hand ~ (Werkz.), utensile a mano. 55 hartmetallbestücktes ~ (Werkz.), utensile con placchetta di carburi. 56 Hartmetall ~ (Werkz.), utensile di carburi. 57 Hinterstech ~ (Werkz.), utensile per spogliare. 58 Hon ~ (Ziehschleifwerkzeug) (Werkz.), utensile levigatore, levigatore. 59 klappbarer ~ halter (Werkz. masch.bearb.), portautensili a cerniera. 60 Kontroll ~ (Werkz.), utensile di controllo. 61 Loch ~ (Werkz.), utensile perforatore, stampo punzonatore. 62 Maschinen ~ (Werkz. - Werkz.masch.), utensile da macchina. 63 Niet ~ (Werkz.), utensile per chiodare. 64 Pressluft ~ (Werkz.), utensile pneumatico. 65 Schabe ~ (Schaber) (Werkz.), utensile per raschiettare, raschietto. 66 Schneid ~ (Werkz.), utensile da taglio. 67 Schnellstahl ~ (Werkz.), utensile in acciaio rapido. 68 Stanz ~ (zur Blechbearb.) (Werkz.), stampo. 69 Trenn ~ (Werkz.), utensile troncatore, utensile per troncare. 70 Vorzieh ~ (Blechbearb. - Werkz.), stampo per imbutitura preliminare. 71 Zieh ~ (Blechbearb. - Werkz.), stampo per imbutitura. 72 Ziehschleif ~ (Honwerkzeug) (Werkz.), utensile levigatore, levigatore.

Wert (m. - allg.), valore. 2 ~ analyse (Methode nicht notwendige Kosten zu erkennen und die Massnahmen zu deren Beseitigung aufzufinden) (f. - Ind.), analisi del valore. 3 ~ arbeit (f. - Ind.), produzione di valore. 4 ~ berichtigung (f. - finanz.), rivalutazione. 5 ~ brief (m. - Post), assicurata. 6 ~ gebühr (f. - Adm.), tariffa ad valorem. 7 ~ gestaltung (für die optimale Gestaltung von Erzeugnissen, Wertanalyse) (f. - Ind.), analisi del valore. 8 ~ minderung (einer Masch. z. B., mit der Zeit) (f. - Adm. - finanz.), deprezzamento. 9 ~ zahl (Wertziffer) (f. - Werkstoffprüfung), indice di qualità. 10 ~ zeichenpapier (für Banknoten, Aktien, etc.) (n. - Papierind.), carta per titoli, carta valori. 11 Anlauf ~ (Messtechnik), valore di primo distacco. 12 deklarierter ~ (allg.), valore dichiarato. 13 effektiver ~ (Technol. - etc.), valore effettivo. 14 geschätzter ~ (allg.), valore stimato. 15 häufigster ~ (Stat.), moda. 16 innerer ~ (allg.), valore intrinseco. 17 Ist ~ (Messtechnik), valore effettivo, valore misurato. 18 Mess ~ (Messtechnik), valore misurato. 19 Näherungs ~ (angenäherter Wert) (Math. - etc.), valore approssimato. 20 Nenn ~ (Messtechnik), valore nominale. 21 Richt ~ (allg.), valore indicativo, valore orientativo. 22 Soll ~ (Nennwert) (Messtechnik), valore nominale, valore prescritto. 23 steuerbarer ~ (finanz.), (valore) imponibile. 24 tatsächlicher ~ (allg.), valore effettivo. 25 übertragbare ~ e (finanz.), titoli trasferibili. 26 umlaufsfähige ~ e (finanz.), titoli negoziabili. 27 wahrer ~ (Phys. - etc.), valore reale.

Wertigkeit (Valenz) (f. - Chem.), valenza. 2 ~ (Chem.), siehe auch Valenz. 3 ~ s·bindung (Valenzbindung) (f. - Chem.), legame di valenza.

Wertung (f. - Sport), classifica. 2 ~ s·punkte (m. - pl. - Sport), punteggio. 3 ~ s·punkte (bei Rallye z. B.) (Sport - Aut.), penalità, punti di penalizzazione. 4 ~ s·zahl (einer Füllkörpersäule) (f. - chem. Ind.), efficienza. 5 Gesamt ~ (Sport), classifica assoluta.

Westen (m. - Geogr.), ovest, occidente.

Westentaschen-Format (n. - Ger. - etc.), formato tascabile.

westlich (Geogr.), occidentale.

Westonelement (n. - Elekt.), pila Weston

Westrumit (Asphaltemulsion) (m. - Strass.b.), (tipo di) emulsione di bitume.

Wettbewerb (Konkurrenz) (m. - komm.), concorrenza. 2 ~ (öffentliche Ausschreibung) (Bauw.), concorso di appalto. 3 ~ s·fähigkeit (f. - komm.), competitività. 4 ~ s·preis (m. - komm.), prezzo competitivo. 5 freier ~ (komm.), libera concorrenza. 6 in ~ treten (komm.), entrare in concorrenza.

Wettbewerber (m. - komm.), concorrente.

wettbewerbsfähig (komm.), competitivo.

Wetter (Zustand der Lufthülle der Erde) (n. - Meteor.), tempo. 2 ~ (Lüftung) (Bergbau), ventilazione. 3 ~ (Gasgemische in der Grube) (Bergbau), (miscela di) gas. 4 ~ (Unwetter) (Meteor.), cattivo tempo, maltempo. 5 ~ beobachtungsschiff (n. - naut.), nave per osservazioni meteorologiche. 6 ~ beobachtungsstelle (Wetterstation) (f. - Meteor.), stazione meteorologica. 7 ~ bericht (m. - Meteor.), bollettino meteorologico. 8 ~ beständigkeit (f. - Technol.), resistenza agli agenti atmosferici. 9 ~ dach (n. - Bauw.), tettoia. 10 ~ deck (von Motor- und Segeljachten, durchlaufendes Deck) (n. - naut.), coperta. 11 ~ dienst (m. - Meteor.), servizio meteorologico. 12 ~ fahne (f. - Meteor. - Ger.), ventaruola. 13 ~ führung (Frischluftversorgung) (f. - Bergbau), ventilazione. 14 ~ gebläse (Grubengebläse) (n. - Bergbau - Ger.), ventilatore da miniera. 15 ~ glas (Barometer) (n. - Ger.), barometro.

wetterbeständig

16 ~ **hut** (*m. - Bergbau - Lüftung*), collettore del vento. 17 ~ **kanal** (*m. - Bergbau*), condotto di ventilazione. 18 ~ **karte** (*f. - Meteor.*), carta meteorologica. 19 ~ **korrosion** (*f. - Technol.*), corrosione da agenti atmosferici. 20 ~ **kunde** (Meteorologie) (*f. - Meteor.*), meteorologia. 21 ~ **lage** (*f. - Meteor.*), condizioni del tempo. 22 ~ **lampe** (*f. - Bergbau - Ger.*), lampada di sicurezza. 23 ~ **mann** (*m. - Bergbau - Arb.*), addetto all'analisi del gas. 24 ~ **maschine** (Wettergebläse) (*f. - Bergbau*), ventilatore da miniera. 25 ~ **minima** (Bedingungen zum Landen z. B.) (*n. - pl. - Flugw. - etc.*), condizioni meteorologiche minime. 26 ~ **netz** (*n. - Bergbau*), rete di ventilazione. 27 ~ **radar** (*m. - Meteor. - Radar*), radar meteorologico. 28 ~ **satellit** (*m. - Meteor.*), satellite meteorologico. 29 ~ **schacht** (*m. - Bergbau*), pozzo di ventilazione. 30 ~ **schleuse** (Wettertür) (*f. - Bergbau*), chiusa di ventilazione, porta di ventilazione. 31 ~ **scheider** (Trennwand zwischen zwei Wetterströmen) (*m. - Bergbau*), diaframma di ventilazione. 32 ~ **sohle** (die oberste Sohle einer Grube) (*f. - Bergbau*), livello superiore, galleria di livello superiore. 33 ~ **sprengstoff** (*m. - Bergbau - Expl.*), esplosivo da miniera. 34 ~ **station** (Wetterbeobachtungsstelle) (*f. - Meteor.*), stazione meteorologica. 35 ~ **tür** (Wetterschleuse) (*f. - Bergbau*), porta di ventilazione, chiusa di ventilazione. 36 ~ **vorhersage** (*f. - Meteor.*), previsioni del tempo. 37 ~ **warte** (Wetterstation) (*f. - Meteor.*), stazione meteorologica, osservatorio meteorologico. 38 ~ **zeiger** (*m. - Bergbau - Ger.*), indicatore di grisou. 39 ~ **zug** (*m. - Bergbau - Lüftung*), tiraggio d'aria. 40 **schlagendes** ~ (Schlagwetter, feurige Schwaden) (*Bergbau*), grisou. 41 **Schlag** ~ (*Bergbau*), grisou.
wetterbeständig (wetterfest) (*Meteor. - Technol.*), resistente agli agenti atmosferici.
wetterdicht (*Bergbau*), stagno (*a.*).
wetterfest (wetterbeständig) (*Meteor. - Technol.*), resistente agli agenti atmosferici.
wetterkundlich (*Meteor.*), meteorologico. 2 ~ **es Zeichen** (*Meteor.*), simbolo meteorologico.
Wetterung (*f. - Bergbau*), ventilazione.
wetzen (schärfen, ein Messer z. B.) (*Werkz.*), affilare.
Wetzmaschine (zum Schleifen von Reibahlen z. B.) (*f. - Masch.*), affilatrice.
Wetzstein (*m. - Werkz.*), cote, pietra per affilare.
Wetzwinkel (Spanwinkel) (*m. - Werkz.*), angolo di spoglia superiore.
WEZ (Westeuropäische Zeit) (*Geogr.*), tempo dell'Europa occidentale.
WF (Work-Faktor-Formblätter) (*Zeitstudie*), moduli per work-factor.
Wf (Wartefeld) (*Fernspr.*), pannello di attesa.
wf (wasserfrei) (*Brennst.*), senza acqua.
WFA (Wählerfernamt) (*Fernspr.*), centrale interurbana automatica, centrale di teleselezione.
WFR (Wanderfeldröhre) (*Elektronik*), tubo a onde progressive.
W-Gewicht (W-Kraft, elastisches Gewicht, eines Fachwerkes z. B.) (*n. - Baukonstr. lehre*), peso elastico.
W.G.O. (Weltgesundheitsorganisation) (*Med.*), O.M.S., Organizzazione Mondiale della Sanità.
Wh (Wattstunde) (*Elekt.*), Wh, wattora.
Wheatstonebrücke (Wheatstonesche Brücke) (*f. - Elekt.*), ponte di Wheatstone.
W-Heizung (Wechselstrom - Heizung, von Röhren) (*f. - Elektronik*), riscaldamento a corrente alternata.
WHG - Schweissen (Wolfram - Wasserstoff - Schweissen, mit zwei Wolframelektroden denen Wasserstoff durch Ringdüsen zugeführt wird) (*n. - mech. Technol.*), saldatura WHG.
Whiskers (Hochtemperaturwerkstoffe, Haarkristallen, für Verbundwerkstoffen z. B.) (*pl. - Technol.*), « whiskers », monocristalli capillari.
Whitworthgewinde (*n. - Mech.*), filettatura Whitworth.
wichsen (Leder) (*Lederind.*), lucidare.
Wichte (Quotient aus dem Gewicht und dem Volumen, spezifisches Gewicht) (*f. - Phys. - Chem.*), peso specifico (assoluto). 2 **Rein** ~ (von porösen Stoffen) (*Phys.*), peso specifico reale. 3 **relative** ~ (*Phys. - Chem.*), peso specifico relativo. 4 **Roh** ~ (von porösen Stoffen) (*Phys.*), peso specifico apparente.
Wickel (Wicklung) (*m. - Elekt.*), avvolgimento. 2 ~ (*Textilind.*), rotolo. 3 ~ **automat** (*m. - Elekt.*), bobinatrice automatica, avvolgitrice automatica. 4 ~ **bank** (*f. - Masch.*), banco per avvolgere. 5 ~ **draht** (*m. - Elekt.*), filo di avvolgimento. 6 ~ **draht** (Bindedraht) (*Binderei*), filo di legatura. 7 ~ **faktor** (Wicklungsfaktor) (*m. - Elekt.*), fattore di avvolgimento. 8 ~ **feder** (Evolutfeder, Pufferfeder) (*f. - Mech. - Eisenb.*), molla a bovolo, molla spiroelicoidale. 9 ~ **kondensator** (*m. - Elekt.*), condensatore avvolto. 10 ~ **maschine** (Dubliermaschine) (*f. - Textilmasch.*), riunitrice. 11 ~ **maschine** (für Federn z. B.) (*Masch.*), avvolgitrice. 12 ~ **maschine** (für Drähte) (*Masch.*), avvolgitrice, bobinatrice. 13 ~ **pappe** (Handpappe) (*f. - Papierind.*), cartone a mano. 14 ~ **schritt** (*m. - Elekt.*), passo di avvolgimento. 15 ~ **versuch** (Wickelprobe, Drahtprüfung) (*m. - Technol.*), prova di avvolgimento. 16 ~ **walze** (*f. - Masch. - etc.*), rullo avvolgitore. 17 ~ **walze** (des Krempels) (*Textilmasch.*), cilindro per falda. 18 ~ **wandler** (*m. - Elekt.*), trasformatore (di misura) ad avvolgimenti sovrapposti.
Wickelei (*f. - elekt. Ind.*), reparto avvolgimenti.
wickeln (haspeln) (*Textilind.*), innaspare. 2 ~ (*Elekt. - etc.*), avvolgere. 3 ~ (*Med.*), fasciare. 4 **auf** ~ (aufrollen) (*allg.*), arrotolare.
Wickler (*m. - Elekt. - Walzw. - etc.*), avvolgitore.
Wicklerin (*f. - Arb.*), avvolgitrice.
Wicklung (*f. - Elekt.*), avvolgimento. 2 ~ (gerollte Verbände) (*allg.*), rotolo. 3 ~ **s·element** (*n. - Elekt.*), sezione di avvolgimento. 4 ~ **s·faktor** (einer Spule) (*m. - Elekt.*), fattore di avvolgimento. 5 ~ **s·schritt** (*m. - Elekt.*), passo d'avvolgimento. 6 ~ **s·verhältnis** (*n. - Elekt.*), rapporto spire dell'av-

volgimento. 7 ~ s·verlust (durch Wärme) (*m. - Elekt.*), perdita nell'avvolgimento (per effetto Joule). 8 **Bruchloch** ~ (*Elekt.*), avvolgimento a numero frazionario di cave. 9 **Feld** ~ (*Elekt.*), avvolgimento di campo. 10 **Ganzloch** ~ (*Elekt.*), avvolgimento a numero intero di cave. 11 **Läufer** ~ (*elekt. Masch.*), avvolgimento rotorico. 12 **polumschaltbare** ~ (*Elekt.*), avvolgimento a poli commutabili. 13 **Primär** ~ (*Elekt.*), avvolgimento primario. 14 **Sekundär** ~ (*Elekt.*), avvolgimento secondario. 15 **Ständer** ~ (*elekt. Masch.*), avvolgimento statorico. 16 **Treppen** ~ (*Elekt.*), avvolgimento a passo incrociato. 17 **Zweischicht** ~ (*Elekt.*), avvolgimento a due strati.

Widder (*m. - Astr.*), ariete. 2 ~ **punkt** (Frühlingspunkt, am 21 März) (*m. - Astr.*), equinozio di primavera. 3 ~ **stoss** (*m. - Hydr.*), colpo d'ariete. 4 **hydraulischer** ~ (Stossheber) (*Hydr. - Masch.*), ariete idraulico.

Widerdruck (Drucken der Kehrseite eines Druckbogens) (*m. - Druck.*), stampa della volta. 2 ~ **seite** (Rückseite) (*f. - Druck.*), volta.

widerdrucken (*Druck.*), stampare la volta.

Widerhall (Echo) (*m. - Akus.*), eco.

Widerklage (*f. - recht.*), domanda riconvenzionale.

Widerlager (Baukörper, auf den das Ende eines Tragwerkes abstützt) (*n. - Bauw.*), piedritto. 2 ~ (*Brück.b.*), spalla. 3 ~ **kissen** (*n. - Bauw.*), cuscinetto d'imposta. 4 ~ **linie** (*f. - Bauw.*), linea d'imposta. 5 ~ **mauer** (Widerlagsmauer) (*f. - Bauw. - Ing.b.*), muro di spalla, spalla. 6 **trapezförmiges** ~ (*Brück. b.*), spalla a profilo trapezio. 7 **Tunnel** ~ (*Ing.b.*), piedritto della galleria. 8 **unterdrücktes** ~ (verlorenes Widerlager) (*Ing.b.*), spalla in falso. 9 **verlorenes** ~ (unterdrücktes Widerlager) (*Brück.b.*), spalla in falso.

Widerlagsmauer (Widerlagermauer) (*f. - Bauw. - Ing.b.*), spalla, muro di spalla.

Widerlagspfeiler (*m. - Brück.b.*), pila-spalla.

Widerlagstein (*m. - Bauw.*), concio di imposta.

Widerruf (*m. - recht. - etc.*), revoca.

widerrufen (*recht. - etc.*), revocare.

Widerschein (Abglanz) (*m. - Opt.*), riflesso.

Widerstand (*m. - Elekt.*), resistenza. 2 ~ (Widerstandskörper) (*Elekt.*), resistore, resistenza. 3 ~ (Festigkeit) (*Baukonstr.lehre*), resistenza. 4 ~ (Luftwiderstand) (*Aerodyn.*), resistenza. 5 ~ **s·abbrennschweissung** (Widerstandabschmelzschweissung) (*f. - mech. Technol.*), saldatura a resistenza a scintillìo. 6 ~ **s·abschmelzschweissung** (Widerstandsabbrennschweissung) (*f. - mech. Technol.*), saldatura a resistenza a scintillìo. 7 ~ **s·achse** (eines Flugzeuges) (*f. - Flugw. - Aerodyn.*), asse di resistenza. 8 ~ **s·beiwert** (*m. - Aerodyn.*), coefficiente di resistenza. 9 ~ **s·belag** (einer Leitung, Verhältnis zwischen ohmschem Widerstand und Länge) (*m. - Elekt.*), resistanza (elettrica) lineica, resistenza (elettrica) per unità di lunghezza. 10 ~ **s·blech** (Eisen-Siliziumlegierung, Elektroblech mit gewährleistetem spezifischem Widerstand) (*n. - Elekt. - Metall.*), lamiera (al silicio) per resistenze. 11 ~ **s·bremsung** (*f. - Elekt. - Fahrz.*), frenatura a resistenza. 12 ~ **s·Brückenschaltung** (*f. - Elekt.*), ponte di resistenze. 13 ~ **s·dämpfung** (einer Leitung) (*f. - Fernspr. - etc.*), attenuazione da resistenza ohmica. 14 ~ **s·dekade** (*f. - Elekt.*), decade di resistori. 15 ~ **s·draht** (für Heizgeräte z. B.) (*m. - Elekt. - metall. Ind.*), filo per resistori, filo per resistenze. 16 ~ **s·fähigkeit** (*f. - allg.*), resistenza. 17 ~ **s·gerade** (einer Triode z. B.) (*f. - Elektronik*), linea di carico. 18 ~ **s·heizleiter** (*m. - Elekt.*), conduttore per resistenze di riscaldamento. 19 ~ **s·heizung** (*f. - Elekt. - Heizung*), riscaldamento a resistenza. 20 ~ **s·kasten** (*m. - Elekt.*), cassetta di resistenza. 21 ~ **s·koeffizient** (Widerstandszahl) (*m. - Elekt.*), resistività. 22 ~ **s·konverter** (*m. - Elekt. - Fernspr.*), convertitore d'impedenza. 23 ~ **s·kopplung** (*f. - Elekt.*), accoppiamento resistivo. 24 ~ **s·körper** (*m. - Elekt.*), resistore, resistenza. 25 ~ **s·legierung** (*f. - Elekt. - metall. Ind.*), lega per resistori, lega per resistenze. 26 ~ **s·messer** (Ohmmeter) (*m. - elekt. Instr.*), ohmmetro. 27 ~ **s·mess·streifen** (*m. - Technol. - Ger.*), estensimetro a resistenza. 28 ~ **s·moment** (*n. - Baukonstr.lehre*), momento resistente. 29 ~ **s·nahtschweissung** (*f. - mech. Technol.*), saldatura a resistenza continua, saldatura a resistenza a rulli. 30 ~ **s·ofen** (*m. - Elekt. - Ofen*), forno a resistenza. 31 ~ **s·patentieren** (mit elekt. Widerstandserhitzung) (*n. - Wärmebeh.*), patentamento (con riscaldamento) a resistenza. 32 ~ **s·punktschweissung** (*f. - mech. Technol.*), saldatura a resistenza a punti. 33 ~ **s·pyrometer** (*n. - Ger.*), pirometro a resistenza. 34 ~ **s·raupe** (Drahtpotentiometer) (*f. - Elekt.*), potenziometro a filo. 35 ~ **s·rauschen** (*n. - Funk.*), rumore di agitazione termica. 36 ~ **s·schweissmaschine** (*f. - Masch.*), saldatrice a resistenza. 37 ~ **s·schweissung** (*f. - mech. Technol.*), saldatura a resistenza. 38 ~ **s·stoss·schweissung** (*f. - mech. Technol.*), saldatura di testa a resistenza. 39 ~ **s·stumpfschweissen** (*n. - mech. Technol.*), saldatura di testa a resistenza. 40 ~ **s·thermometer** (*n. - Instr.*), termometro a resistenza. 41 ~ **s·verfahren** (*n. - Bergbau*), metodo di resistività. 42 ~ **s·verstärker** (Verstärker mit R/C-Kopplung) (*m. - Elekt.*), amplificatore ad accoppiamento R/C. 43 ~ **s·wert** (Widerstandskoeffizient, Widerstandszahl) (*m. - Elekt.*), resistività. 44 ~ **s·zahl** (*f. - Elekt.*), resistività. 45 ~ **s·zahl** (Reibungszahl einer geraden Rohrleitung) (*Hydr.*), coefficiente di attrito (per tubi rettilinei). 46 ~ **s·zelle** (Photozelle) (*f. - Opt.*), cellula fotoconduttrice. 47 ~ **s·ziffer** (Reibungszahl eines Einzelhindernisses in einer Rohrleitung) (*f. - Hydr.*), coefficiente di resistenza. 48 **Anlasser** ~ (*Elekt.*), resistenza di avviamento. 49 **Auspuff** ~ (*Mot.*), resistenza allo scarico, contropressione allo scarico. 50 **Beschleunigungs·** ~ (Fahrwiderstand) (*Aut.*), resistenza all'avanzamento. 51 **Blind** ~ (*Elekt.*), resistenza reattiva, resistenza induttiva. 52 **Durchgangs** ~ (*Elekt.*), resistività di volume. 53 **einstellbarer** ~ (*Elekt.*), resistenza variabile, reostato. 54 **elektrischer** ~ (*Elekt.*), resistenza

widerstandsfähig

elettrica. 55 **Erdübergangs** ~ (*Elekt.*), resistenza verso terra. 56 **Form** ~ (Verdrängungswiderstand) (*naut.*), resistenza di forma. 57 **induktiver** ~ (*Elekt.*), resistenza induttiva. 58 **Innen** ~ (*Elekt.*), resistenza interna. 59 **Isolations** ~ (*Elekt.*), resistenza d'isolamento. 60 **Heiz** ~ (*Elekt. - Heizung*), resistore per riscaldamento, resistenza di riscaldamento. 61 **kapazitiver** ~ (*Elekt.*), resistenza capacitiva. 62 **lichtelektrischer** ~ (*Elekt. - Opt.*), fotoresistenza, resistenza fotoelettrica. 63 **Luft** ~ (*Aerodyn.*), resistenza dell'aria. 64 **Ohmscher** ~ (*Elekt.*), resistenza ohmica. 65 **Reibungs** ~ (*Mech.*), resistenza di attrito. 66 **Roll** ~ (Produkt aus Rollwiderstandsbeiwert und Wagengewicht) (*Aut.*), resistenza al rotolamento. 67 **schädlicher** ~ (*Flugw. - Aerodyn.*), resistenza parassita, resistenza nociva. 68 **Schein** ~ (*Elekt.*), resistenza apparente. 69 **Schiebe** ~ (Rheostat) (*Elekt.*), reostato. 70 **Schlepp** ~ (*naut.*), resistenza al rimorchio. 71 **spezifischer** ~ (Widerstand pro Längen- und Querschnitteinheit) (*Elekt.*), resistività. 72 **Steigungs** ~ (Fahrwiderstand, eines Pkw z. B.) (*Aut.*), resistenza dovuta alla salita. 73 **Verdrängungs** ~ (Formwiderstand) (*naut.*), resistenza di forma. 74 **Wellen** ~ (*naut.*), resistenza d'onda. 75 **Wirk** ~ (Ohmscher Widerstand) (*elekt.*), resistenza ohmica.

widerstandsfähig (*allg.*), resistente. 2 ~ (*Elekt.*), resistivo.

widerstandsgekoppelt (*Elekt.*), ad accoppiamento resistivo.

Widerwasser (*n. - Hydr.*), ristagno d'acqua.

Widia-Metall (*n. - Metall. - Werkz.*), metallo Widia, carburo di tungsteno.

Widia-Plättchen (*n. - Werkz.*), placchetta di Widia.

Widmung (eines Buches, handschriftliche Widmung) (*f. - Druck. - etc.*), dedica.

Wiederabdruck (*m. - Druck.*), ristampa.

wiederanblasen (einen Hochofen) (*Metall. - Ofen*), riaccendere.

Wiederanlaufpunkt (Wiederholpunkt) (*m. - Datenverarb.*), punto di ripristino.

Wiederanschliff (Nachschliff) (*m. - Werkz.*), riaffilatura.

wiederanpassen (*allg.*), riadattare.

Wiederanpassung (*f. - allg.*), riadattamento.

Wiederaufbau (*m. - allg.*), ricostruzione.

Wiederaufbereitung (Regenerierung) (*f. - Ind.*), rigenerazione.

wiederaufkohlen (*Wärmebeh.*), ricarburare.

Wiederaufnahme (der Arbeit) (*f. - Ind. - Arb.*), ripresa.

wiederaufschrauben (*Mech.*), riavvitare.

wiederauskristallisieren (*Metall.*), ricristallizzare.

Wiederausrüstung (einer Masch. für Arbeitswechsel) (*f. - Masch.*), riattrezzamento, riallestimento.

Wiederbelebung (Regenerierung, von Schlamm) (*f. - Bauw.*), riattivazione, rigenerazione. 2 ~ (*f. - Med.*), rianimazione.

Wiedereinbau (*m. - Mech. - etc.*), rimontaggio, riapplicazione.

Wiedereinfuhr (*m. - komm.*), reimportazione.

Wiedereintauchen (Wiedereintritt, von Flügkörpern in die Atmosphäre) (*n. - Astronautik*), rientro (nell'atmosfera terrestre).

Wiedererhitzung (Nachverbrennung) (*f. - Strahltriebw.*), postcombustione.

Wiedergabe (*f. - allg.*), riproduzione. 2 ~ **kopf** (*m. - Elektroakus.*), testina di riproduzione, riproduttore. 3 ~ **recht** (Urheberrecht, Copyright) (*n. - recht.*), copyright. 4 ~ **treue** (*f. - Funk. - Elektroakus.*), fedeltà. 5 ~ **verstärker** (*m. - Elektroakus. - Ger.*), amplificatore di riproduzione. 6 ~ **wandler** (akustischer Sender) (*m. - Elektroakus. - Ger.*), riproduttore acustico. 7 **stereophonische** ~ (*Akus.*), riproduzione stereofonica.

Wiedergewinnung (*f. - allg.*), ricupero. 2 ~ **s·temperatur** (adiabatische Wandtemperatur, bei aerodynamisch erwärmten Körpern) (*f. - Thermodyn.*), temperatura di ricupero, temperatura adiabatica della parete.

Wiederholbarkeit (Reproduzierbarkeit) (*f. - allg.*), riproducibilità, ripetibilità.

Wiederholtaste (einer Schreibmaschine) (*f. - Büromasch.*), tasto ripetitore.

Wiederholung (*f. - allg.*), ripetizione. 2 ~ **s·prüfung** (eines Arbeiters z. B.) (*f. - Arb.*), prova di riqualifica.

Wiederingangsetzung (*f. - Masch. - etc.*), rimessa in funzione.

Wiederkehrdach (Kehlendach) (*n. - Bauw.*), tetto a conversa, tetto ad impluvio.

wiederkehrend (*allg.*), ricorrente, periodico.

Wiederkehrspannung (wiederkehrende Spannung, Effektivwert der Spannung die nach Unterbrechung des Ausschaltströmes entsteht) (*f. - Elekt.*), tensione di ristabilimento.

Wiedervereinigung (Rekombination) (*f. - allg.*), ricombinazione.

Wiederverkauf (*m. - komm.*), rivendita.

Wiederversorgung (von Elektrizität) (*f. - Elekt.*), ripristino dell'erogazione.

Wiederverwendung (*f. - allg.*), riutilizzazione, riutilizzo.

wiederzusammensetzen (*Mech. - etc.*), rimontare, riassemblare.

Wiege (*f. - allg.*), culla. 2 ~ (eines Drehgestelles) (*Eisenb.*), traversa oscillante, trave ballerina. 3 ~ **brücke** (Scherzer-Rollklappbrücke) (*f. - Brück.b.*), ponte Scherzer. 4 ~ **häuschen** (*n. - Bauw.*), casello della pesa. 5 ~ **maschine** (*f. - Masch.*), pesa. 6 ~ **meister** (*m. - Arb.*), addetto alla pesa. 7 ~ **netzwerk** (*n. - Akus.*), rete ponderatrice. 8 **Band** ~ (Abrollgerät) (*Blechbearb.*), svolgitore a rulli.

wiegen (*allg.*), pesare. 2 ~ (schwingen) (*allg.*), oscillare. 3 ~ (*Akus.*), ponderare.

Wiegold (Messing mit etwa 66-69% Cu) (*n. - Legierung*), tipo di ottone.

Wiegung (*f. - Ind. - etc.*), pesata, pesatura. 2 ~ (*Akus.*), ponderazione. 3 ~ **s·kurve** (*f. - Akus.*), curva di ponderazione.

Wiener Kalk (Talk) (*Min.*), talco.

Wiesenerz (*n. - Min.*), limonite.

Wiesilber (Neusilber) (*n. - Legierung*), tipo di argentana.

WIG-Schweissen (Wolfram-inert-gas Schweissen) (*n. - mech. Technol.*), saldatura TIG, saldatura ad arco sotto gas inerte con elettrodo di tungsteno.

wild (*allg.*), selvaggio. 2 ~ (lebhaft, Flamme z. B.) (*Verbr. - etc.*), vivo. 3 ~ **e Kopplung** (*Elekt.*), accoppiamento per dispersione. 4 ~ **e Schwingungen** (*Funk. - Fernseh.*), oscillazioni parassite.
Wildbach (*m. - Geogr.*), torrente.
Wildmassblech (von einer ursprünglichen Lieferung zurückgebliebenes Blech) (*n. - Metall. - Ind.*), lamiera fuori misura, scampolo di lamiera.
willkürlich (*allg.*), arbitrario.
Willow (Abfallreiniger) (*Textilmasch.*), apritoio, battitoio, lupo apritore.
Wilsonkammer (Nebelkammer) (*f. - Phys.*), camera di Wilson.
wimmerig (*Holz*), a fibra ondulata.
Wimmler (*m. - Walzw.*), siehe Schlingenwerfer.
Wimpel (Stander) (*m. - naut.*), guidone.
Wind (*m. - Meteor. - etc.*), vento. 2 ~ (eines Hochofens z. B.) (*Metall. - Ofen*), vento. 3 ~ **abtrieb** (eines Leiters z. B.) (*m. - Elekt. - etc.*), deriva. 4 ~ **bremse** (Dynamometer) (*f. - Flugw.*), dinamometro a mulinello. 5 ~ **büchse** (Luftgewehr) (*f. - Ger.*), fucile ad aria compressa. 6 ~ **dreieck** (zur Berücksichtigung des Windeinflusses) (*n. - Flugw. - Navig.*), triangolo del vento. 7 ~ **drosselung** (*f. - Metall. - Ofen*), arresto del vento. 8 ~ **druck** (*m. - Bauw. - etc.*), pressione del vento. 9 ~ **durchsatz** (*m. - Metall. - Ofen*), portata di vento. 10 ~ **düse** (Windform) (*f. - Ofen - Metall.*), ugello del vento. 11 ~ **erhitzer** (Cowperapparat) (*m. - Metall. - Ofen*), ricuperatore, preriscaldatore del vento. 12 ~ **fahne** (*f. - Meteor.*), ventaruola. 13 ~ **fang** (*m. - Bauw. - etc.*), paravento. 14 ~ **fänger** (*m. - Flugw.*), presa d'aria dinamica. 15 ~ **form** (*f. - Metall. - Ofen*), ugello del vento, tubiera. 16 ~ **formebene** (*f. - Metall.*), piano degli ugelli, piano delle tubiere. 17 ~ **frischen** (*n. - Metall.*), affinazione al convertitore. 18 ~ **frisch-Sonderverfahren** (*n. - Metall.*), processo Bessemer basico di qualità, processo di qualità al convertitore. 19 ~ **frischstahl** (Konverterstahl) (*m. - Metall.*), acciaio al convertitore. 20 ~ **frischverfahren** (*n. - Metall.*), processo al convertitore. 21 ~ **fühler** (*m. - Flugw. - Ger.*), indicatore di raffica. 22 ~ **gebläse** (*n. - Metall. - etc.*), soffiante. 23 ~ **geräusch** (*n. - Aut.*), rumore dovuto al vento. 24 ~ **geschwindigkeitsmesser** (*m. - Flugw. - Instr.*), anemometro. 25 ~ **hose** (*f. - Meteor.*), siehe Trombe. 26 ~ **kanal** (*m. - Flugw.*), siehe Windkanal. 27 ~ **kappe** (*f. - Elektroakus.*), paravento. 28 ~ **kasten** (eines Konverters) (*m. - Metall.*), cassa del vento. 29 ~ **kessel** (mit Druckluft gefüllter Kessel in einer Druckleitung, zum Ausgleich der Druckunterschiede bei Kolbenpumpen z. B.) (*m. - Masch.*), polmone compensatore, polmone (di aria compressa). 30 ~ **kessel** (z. B. als Niederdruckspeicher zum Vorschieben des Pressplungers im Leergang dienend) (*Masch.*), polmone (di aria compressa). 31 ~ **kraftmaschine** (*f. - Mot.*), motore a vento. 32 ~ **kraftwerk** (*n. - Elekt.*), centrale eolica. 33 ~ **kranz** (Windringleitung, eines Hochofens) (*m. - Metall. - Ofen*), anello (del vento). 34 ~ **last** (*f. - Bauw. - etc.*), carico dovuto al vento. 35 ~ **leitblech** (bei Dampflokomotiven) (*n. - Eisenb.*), deflettore del vento. 36 ~ **mantel** (zur Verteilung des Windes auf die Düsen eines Kupolofens) (*m. - Giess.*), collettore del vento. 37 ~ **messer** (*m. - Ger.*), anemometro. 38 ~ **moment** (*n. - Bauw.*), momento dovuto al vento. 39 ~ **mühle** (*f. - Masch.*), molino a vento. 40 ~ **mühlenflügel** (*m. - Masch.*), pala di molino a vento. 41 ~ **pfeife** (einer Form) (*f. - Giess.*), tirata d'aria. 42 ~ **pumpe** (*f. - Masch.*), pompa a vento, pompa con motore a vento. 43 ~ **rad** (Windkraftmaschine) (*n. - Mot.*), motore a vento. 44 ~ **reep** (*n. - naut.*), cavobuono, ghindazzo. 45 ~ **ringleitung** (Windkranz, eines Hochofens) (*f. - Metall.*), anello (del vento). 46 ~ **rose** (Kompassrose) (*f. - Geogr. - naut.*), rosa dei venti. 47 ~ **sack** (*m. - Flugw. - Meteor.*), manica a vento. 48 ~ **schatten** (Leeseite) (*m. - naut.*), lato sottovento. 49 ~ **schattenfläche** (Luftwiderstandsfläche, eines Pkw) (*f. - Aut.*), superficie frontale. 50 ~ **schieber** (*m. - Metall.*), valvola del vento. 51 ~ **schliff** (durch Korrasion) (*m. - Geol.*), cesellatura eolica. 52 ~ **schreiber** (*m. - Ger.*), anemografo. 53 ~ **schutz** (*m. - Ack.b.*), difesa contro il vento. 54 ~ **schutzscheibe** (*f. - Aut.*), parabrezza. 55 ~ **schutzscheibenrahmen** (*m. - Aut.*), cornice del parabrezza. 56 ~ **seite** (*f. - naut.*), lato sopravento. 57 ~ **sichter** (*m. - Bergbau - Masch.*), classificatore pneumatico. 58 ~ **sichter** (Staubabscheider) (*Metall.*), ciclone depolveratore. 59 ~ **sichtung** (*f. - Bergbau*), classificazione pneumatica. 60 ~ **skala** (Beaufort-Skala z. B.) (*f. - Meteor.*), scala del vento. 61 ~ **stärke** (*f. - Meteor.*), forza del vento, intensità del vento. 62 ~ **stille** (Flaute, Kalme) (*f. - Meteor.*), calma, bonaccia. 63 ~ **stock** (*m. - Ofen - Metall.*), portavento. 64 ~ **stoss** (*m. - Meteor.*), raffica, colpo di vento. 65 ~ **strebe** (*f.-Bauw.*), controvento (s.). 66 ~ **strich** (des Kompasses) (*m. - naut.*), rombo. 67 ~ **turbine** (zur Stromerzeugung) (*f. - Masch.*), turbina a vento. 68 ~ **unempfindlichkeit** (Fahreigenschaft, eines Personenkraftfahrzeugs z. B.) (*f. - Aut.*), insensibilità al vento. 69 ~ **verband** (bei Stahlkonstruktionen) (*n. - Bauw.*), controventatura. 70 ~ **verstrebung** (Windverband) (*f. - Bauw.*), controventatura. 71 ~ **werk** (*n. - Masch.*), siehe Winde. 72 ~ **zeiger** (Anemoskop) (*m. - Ger.*), anemoscopio. 73 ~ **zeit** (*f. - Metall. - Ofen*), periodo di soffiaggio. 74 **am** ~ **liegen** (*naut. - etc.*), essere sopravento. 75 **gebogene** ~ **schutzscheibe** (*Aut.*), parabrezza curvo. 76 **Gegen** ~ (*Flugw. - etc.*), vento contrario. 77 **Rücken** ~ (*Flugw.*), vento in coda. 78 **Seiten** ~ (*Flugw. - etc.*), vento trasversale. 79 **starker** ~ (*Meteor.*), vento fresco. 80 **steifer** ~ (*Meteor.*), vento forte. 81 **stürmischer** ~ (*Meteor.*), burrasca moderata. 82 **unter** ~ **liegen** (*naut. - etc.*), essere sottovento.
Winde (Seilwinde) (*f. - Masch.*), verricello. 2 ~ (Schraubenwinde z. B.) (*Hebevorr.*), martinetto. 3 ~ (Haspel) (*Textilmasch.*), aspo. 4 ~ **n**·**haus** (*n. - Ind.*), cabina degli argani. 5 **Anker** ~ (Ankerspill, Seilwinde)

(*naut. - Hebevorr.*), verricello salpa-àncora, salpa-àncora. **6 Aufzug** ~ (Seilwinde) (*Masch.*), verricello per ascensori. **7 Bohr** ~ (*Werkz.*), menaruola, girabacchino. **8 Dampf** ~ (Seilwinde) (*Masch. - naut.*), verricello a vapore. **9 hydraulische** ~ (*Hebevorr.*), martinetto idraulico. **10 Lade** ~ (Seilwinde) (*naut.*), verricello da carico. **11 Schrauben** ~ (*Hebevorr.*), martinetto a vite. **12 Seil** ~ (*Hebevorr.*), verricello. **13 Wagen** ~ (*Hebevorr.*), martinetto, cricco. **14 Zahnstangen** ~ (*Hebevorr.*), martinetto a cricco.

Windeisen (für Gewindebohrer) (*n. - Werkz.*), giramaschi.

winden (heben) (*allg.*), sollevare, alzare. 2 ~ (verdrehen) (*allg.*), torcere. 3 ~ (haspeln) (*Textilind.*), innaspare.

windgefrischt (*Metall.*), Bessemer (*a.*), al convertitore.

Windkanal (*m. - Flugw. - Aerodyn.*), galleria del vento. 2 ~ **für veränderliche Luftdichte** (*Flugw. - Aerodyn.*), galleria del vento a densità variabile. 3 **geschlossener** ~ (*Flugw. - Aerodyn.*), galleria a circuito chiuso, galleria del vento a circuito chiuso. 4 **offener** ~ (*Flugw. - Aerodyn.*), galleria a circuito aperto, galleria del vento a circuito aperto. 5 **Überschall** ~ (*Flugw.*), galleria del vento supersonica.

windschief (*Geom.*), sghembo. 2 ~ (verzogen, Holz z. B.) (*allg.*), svergolato, deformato, « imbarcato ».

windeschlüpfig (*Aut. - etc.*), aerodinamico, affinato.

windschnittig (windschlüpfig) (*Fahrz. - etc.*), aerodinamico.

windunempfindlich (*Aut. - etc.*), insensibile al vento.

Windung (Wicklung) (*f. - allg.*), avvolgimento. 2 ~ (einer Spule oder Schraubenlinie) (*Elekt. - etc.*), spira. 3 ~ (Schlange) (*Ind.*), serpentino. 4 ~ (eines Flusses) (*Geogr.*), ansa. 5 ~ (einer Kurve, Abweichung vom ebenen Verlauf) (*Geom.*), torsione, seconda curvatura. 6 ~ s·belag (*m. - Elekt.*), densità d'avvolgimento. 7 ~ s·fläche (von einer Windung berandete Fläche) (*f. - Elekt.*), superficie racchiusa da una spira. 8 ~ s·fluss (Fluss durch die Fläche einer einzelnen Windung) (*m. - Elekt.*), flusso (d'induzione) per spira. 9 ~ s·schluss (einer Lichtmaschine) (*m. - Elekt.*), cortocircuito tra le spire. 10 ~ s·verhältnis (*n. - Elekt.*), rapporto di avvolgimento. 11 ~ s·zahl (*f. - Elekt. - etc.*), numero delle spire. 12 **Feder** ~ (*Mech.*), spira della molla. 13 **tote** ~ **en** (einer Spule) (*Elekt. - Funk.*), spire morte, spire inattive.

Winkel (*m. - Geom. - etc.*), angolo. 2 ~ (*Zeichn. - Werkz.*), squadra. 3 ~ **änderung** (Schiebung, Schubverformung) (*f. - Baukonstr.lehre*), angolo di scorrimento. 4 ~ **beschleunigung** (*f. - Mech.*), accelerazione angolare. 5 ~ **bewegung** (*f. - Mech.*), moto angolare. 6 ~ **bohrmaschine** (*f. - Werkz.masch.*), trapano a squadra. 7 ~ **börse** (*f. - finanz.*), piccola borsa. 8 ~ **codierer** (*m. - Elekt.*), codificatore di ampiezze angolari. 9 ~ **eckleiste** (*f. - Bauw. - Tischl.*), paraspigoli. 10 ~ **eisen** (*n. - metall. Ind.*), angolare, cantonale. 11 ~ **endmass** (keilförmiges Stahlstück) (*n. - Messgerät*), blocchetto angolare. 12 ~ **fräser** (*m. - Werkz.*), fresa ad angolo. 13 ~ **frequenz** (elekt. Winkelgeschwindigkeit) (*f. - Elekt.*), frequenza angolare. 14 ~ **funktion** (Kreisfunktion, trigonometrische Funktion) (*f. - Geom.*), funzione trigonometrica. 15 ~ **geschwindigkeit** (*f. - Mech.*), velocità angolare. 16 ~ **gleichlauf** (*m. - Phys.*), sincronismo angolare. 17 ~ **haken** (viereckiger Metallrahmen, zum Setzen der Lettern einer Zeile) (*m. - Druck.werkz.*), compositoio. 18 ~ **halbierende** (*f. - Geom.*), bisettrice. 19 ~ **hebel** (*m. - Mech.*), leva a squadra. 20 ~ **konsole** (*f. - Bauw.*), mensola d'angolo. 21 ~ **konstante** (*f. - Fernspr.*), costante di fase. 22 ~ **lasche** (*f. - metall. Ind.*), stecca a corniera. 23 ~ **linie** (Diagonale) (*f. - Geom.*), diagonale. 24 ~ **mass** (Anschlagwinkel, zum Anreissen) (*n. - Werkz.*), squadra a cappello. 25 ~ **mast** (in Winkelpunkten der Leitungsstrecke) (*m. - Elekt.*), pilone d'angolo. 26 ~ **messen** (Goniometrie) (*n. - Geom. - etc.*), goniometria. 27 ~ **messer** (Transporteur) (*m. - Geom. - Ger.*), rapportatore. 28 ~ **messer** (Goniometer) (*Instr.*), goniometro. 29 ~ **motor** (Hydromotor mit veränderlicher Schluckmenge) (*m. - Hydr.*), motore (idraulico) oscillante, idromotore a cilindrata variabile, motore (idraulico) a cilindrata variabile. 30 ~ **pfosten** (*m. - Bauw.*), pilastro d'angolo. 31 ~ **platte** (*f. - Mech.*), piastra ad angolo. 32 ~ **pumpe** (Hydropumpe mit veränderlicher Fördermenge) (*f. - Hydr.*), pompa (idraulica) a portata variabile, pompa (idraulica) oscillante. 33 ~ **querschnitt** (bei Ventilsteuerung z. B., freier Querschnitt gegen Kurbelwinkel) (*m. - Verbr. mot.*), sezione libera (di passaggio) in funzione dell'angolo di manovella. 34 ~ **reflektor** (für Antennen) (*m. - Fernseh.*), riflettore ad angolo, riflettore angolare. 35 ~ **schraubenzieher** (*m. - Werkz.*), cacciavite ad angolo. 36 ~ **spiegel** (zum Abstecken rechter Winkel) (*m. - Opt. - Ger.*), squadro a specchi. 37 ~ **stahl** (*m. - metall. Ind.*), angolare, cantonale. 38 ~ **stecker** (*m. - Elekt.*), spina a gomito. 39 ~ **stoss** (beim Schweissen z. B.) (*m. - mech. Technol.*), giunto d'angolo. 40 ~ **stück** (*n. - Leit.*), curva, gomito. 41 ~ **trieb** (Leitrollentrieb, durch Riemen) (*m. - Mech.*), trasmissione (a cinghia) ad angolo. 42 ~ **verlaschung** (*f. - Bauw. - Zimm.*), coprigiunto per angolari. 43 ~ **wulsteisen** (*n. - metall. Ind.*), angolare a bulbo, cantonale a bulbo. 44 ~ **wulststahl** (*m. - metall. Ind.*), angolare (di acciaio) a bulbo. 45 ~ **zahnrad** (Pfeilrad) (*n. - Mech.*), ruota dentata a cuspide, ruota dentata a spina di pesce. 46 **Ablenkungs** ~ (*Opt.*), angolo di deflessione. 47 **Anschluss** ~ (Pressungswinkel, von Zahnrädern) (*Mech.*), angolo di pressione. 48 **Arbeits** ~ (Wirkwinkel) (*Werkz.*), angolo di lavoro, angolo dell'utensile rispetto al pezzo. 49 **Auflage** ~ (*Vorr.*), squadra (di appoggio). 50 **Auftreff** ~ (*Mech.*), angolo di urto. 51 **axialer Eingriffs** ~ (eines Zahnrades) (*Mech.*), angolo di pressione assiale. 52 **Brustanschliff** ~ (*Werkz.*), angolo di spoglia superiore. 53 **Drall** ~ (eines Spiralbohrers) (*Werkz.*), angolo dell'elica. **54 ebener** ~ (*Geom.*), angolo piano. **55 Ecken** ~ (eines Drehmeissels) (*Werkz.*), siehe Spitzenwinkel. **56 Einfall** ~ (*Opt. - etc.*), angolo di incidenza. **57 Eingriffs** ~ (von Zahnrädern) (*Mech.*), angolo di pressione. **58 Einschlag** ~ (der Räder) (*Aut.*), angolo di sterzata. **59 einspringender** ~ (*Bauw. - etc.*), angolo rientrante. **60 Einstell** ~ (eines Drehmeissels) (*Werkz.*), angolo di registrazione, angolo di appostamento. **61 entgegengesetzte** ~ (*pl. - Geom.*), angoli coniugati esterni. **62 Flanken-Hinterschliff** ~ (eines Schneidrades) (*Werkz.*), angolo di spoglia laterale. **63 Flanken** ~ (eines Gewindes) (*Mech.*), angolo del filetto, angolo al vertice (del filetto). **64 Frei** ~ (eines Drehmeissels z. B., Winkel zwischen Schnitt- und Freifläche) (*Werkz.*), angolo di spoglia anteriore, angolo di spoglia inferiore. **65 Gegen** ~ (korrespondierende Winkel) (*pl. - Geom.*), angoli corrispondenti. **66 gestreckter** ~ (*Geom.*), angolo piatto, angolo di 180°. **67 Grunddicken** ~ (eines Zahnes) (*Mech.*), angolo di spessore alla base (del dente). **68 Haar** ~ (*Instr.*), squadra a coltello. **69 Keil** ~ (eines Drehmeissels z. B., Winkel zwischen Frei- und Spanfläche) (*Werkz.*), angolo di taglio, angolo del cuneo tagliente. **70 Komplement** ~ (*Geom.*), angolo complementare. **71 Kopf-Hinterschliff** ~ (eines Schneidrades) (*Werkz.*), angolo di spoglia anteriore. **72 Meissel** ~ (*Werkz.*), siehe Keilwinkel. **73 Nachschliff** ~ (eines Wälzfräsers z. B.) (*Werkz.*), angolo di affilatura. **74 Neben** ~ (*pl. - Geom.*), angoli adiacenti. **75 Neigungs** ~ (eines Drehmeissels) (*Werkz.*), angolo d'inclinazione. **76 Normaleingriffs** ~ (eines Zahnrades) (*Mech.*), angolo di pressione normale. **77 parallaktischer** ~ (*Opt.*), angolo parallattico. **78 Polar** ~ (von Evolventen-Verzahnungen) (*Mech.*), angolo polare. **79 Pressungs** ~ (von Zahnrädern) (*Mech.*), angolo di pressione. **80 Querschneid** ~ (eines Spiralbohrers) (*Werkz.*), angolo del tagliente trasversale. **81 räumlicher** ~ (Raumwinkel) (*Geom.*), angolo solido, sterangolo. **82 rechter** ~ (*Geom.*), angolo retto, angolo di 90°. **83 Scheitel** ~ (*Geom.*), angolo al vertice. **84 Schnitt** ~ (eines Drehmeissels, Winkel zwischen Schnitt- und Spanfläche) (*Werkz.*), angolo di lavoro. **85 Schräglauf** ~ (Winkel, um den die Radebene gegenüber der Fahrtrichtung verstellt werden muss, um eine bestimmte Seitenkraft zu erzeugen) (*Aut.*), angolo di deriva. **86 Schrägungs** ~ (eines Schrägzahn-Stirnrades) (*Mech.*), angolo d'elica. **87 Schwimm** ~ (*Aut.*), siehe Schräglaufwinkel (*m.*). **88 Senk** ~ (Versenkwinkel) (*Mech.*), angolo di svasatura. **89 Span** ~ (eines Drehmeissels z. B.) (*Werkz.*), angolo di spoglia superiore. **90 Span** ~ (an den Schneidecken eines Spiralbohrers) (*Werkz.*), angolo di spoglia superiore. **91 Spiral** ~ (eines Spiralbohrers) (*Werkz.*), angolo dell'elica. **92 Spitzen** ~ (eines Drehmeissels z. B., von der Haupt- und Nebenschneide gebildet) (*Werkz.*), angolo dei taglienti, angolo di resistenza. **93 Spitzen** ~ (eines Spiralbohrers) (*Werkz.*), angolo fra i taglienti, angolo dei taglienti. **94 spitzer** ~ (*Geom.*), angolo acuto. **95 Stahl** ~ (*Ger.*), squadra di acciaio. **96 Steigungs** ~ (eines Schrägzahn-Stirnrades) (*Mech.*), inclinazione. **97 Stirneingriffs** ~ (eines Zahnrades z. B.) (*Mech.*), angolo di pressione frontale. **98 stumpfer** ~ (*Geom.*), angolo ottuso. **99 toter** ~ (*Ballistik*), angolo morto. **100 überstumpfer** ~ (grösser als 180°) (*Geom.*), angolo iperottuso, angolo superiore ai 180°. **101 Voll** ~ (*Geom.*), angolo giro. **102 Vorschubsteigungs** ~ (eines Spiralbohrers) (*Werkz.*), angolo di avanzamento. **103 vorspringender** ~ (*Bauw. - etc.*), angolo saliente, angolo sporgente. **104 Wechsel** ~ (*pl. - Geom.*), angoli alterni esterni. **105 Werkstatt** ~ (*Ger.*), squadra d'officina. **106 wirksamer Frei** ~ (eines Spiralbohrers) (*Werkz.*), angolo di spoglia inferiore. **107 Wirk** ~ (Arbeitswinkel) (*Werkz.*), angolo di lavoro, angolo dell'utensile rispetto al pezzo.

winkelarm (*Elekt.*), di bassa induttanza.
winkelförmig (*allg.*), angolare, ad angolo.
winkelfrei (*Elekt.*), puramente resistivo. **2** ~ **er Widerstand** (*Elekt.*), resistenza ohmica.
Winkeligkeit (Winkligkeit) (*f. - Mech. - etc.*), angolarità.
winkelrecht (senkrecht) (*allg.*), ortogonale, perpendicolare.
Winker (Fahrtrichtungsanzeiger) (*m. - Aut.*), indicatore di direzione a freccia. **2** ~ **flagge** (Winkflagge) (*f. - naut.*), bandiera da segnalazione.
Winkflagge (*f. - naut.*), bandiera da segnalazione.
Winkligkeit (Winkeligkeit) (*f. - Mech. - etc.*), angolarità.
Winter (*m. - Meteor.*), inverno. **2** ~ **deich** (*m. - Wass.b.*), argine invernale. **3** ~ **fahrplan** (*m. - Transp.*), orario invernale. **4** ~ **festigkeit** (*f. - Technol.*), resistenza a basse temperature. **5** ~ **garten** (für Zimmerpflanzen) (*m. - Bauw. - Ack.b.*), serra. **6** ~ **öl** (Schmieröl) (*n. - Aut.*), olio invernale. **7** ~ **punkt** (Wintersolstitium) (*m. - Astr.*), solstizio d'inverno. **8** ~ **sonnenwende** (*f. - Astr.*), solstizio d'inverno. **9** ~ **sport** (*m. - pl. - Sport*), sport invernali.
winterfest (*Technol.*), resistente a basse temperature, « invernalizzato ».
winzig (*allg.*), piccolissimo, debole. **2** ~ **er Strom** (*Elekt.*), corrente debole.
Wippbrücke (*f. - Brück.b.*), ponte levatoio.
Wippe (Wipptisch) (*f. - Walzw. - etc.*), tavola inclinabile. **2** ~ (Talje) (*Hebevorr. - naut.*), taglia. **3** ~ (Maschinenteil) (*Mech.*), bilanciere. **4** ~ (Schalter) (*f. - elekt. Ger.*), interruttore a bilico. **5** ~ **n·reitstock** (*m. - Werkz.masch.*), contropunta a cerniera.
Wipper (Einrichtung zum Entladen von Wagen) (*m. - Bergbau - etc.*), scaricatore. **2 Front** ~ (*Bergbau - etc.*), scaricatore (a ribaltamento) frontale. **3 Kreisel** ~ (*Bergbau*), scaricatore rotante.
Wippkran (*m. - ind. Masch.*), gru a braccio retrattile.
Wippschalter (Wippe) (*m. - Elekt.*), interruttore a bilico.

Wipptisch (*m. - Walzw. - etc.*), tavola inclinabile.

Wirbel (*m. - Aerodyn. - Mech. der Flüss.k.*), vortice. 2 ~ (eines Vektors) (*Math.*), rotazione. 3 ~ **bewegung** (*f. - Mech. der Flüss.k.*), moto vorticoso. 4 ~ **brenner** (*m. - Verbr. - Ger.*), bruciatore a turbolenza. 5 ~ **faden** (*m. - Mech. der Flüss.k.*), filetto vorticoso. 6 ~ **feld** (*n. - Math.*), campo rotazionale, campo vorticale. 7 ~ **fliessverfahren** (Wirbelschichtverfahren) (*n. - chem. Ind. - etc.*), fluidizzazione, processo di fluidizzazione. 8 ~ **haken** (*m. - Hebevorr.*), gancio a molinello, gancio girevole. 9 ~ **kammer** (eines Dieselmotors) (*f. - Mot.*), camera (di combustione) a turbolenza. 10 ~ **kammerbremse** (Wasser-Bremse, nach Froude z. B.) (*f. - Masch. - Mot.*), freno dinamometrico vorticellare. 11 ~ **kraft** (magnetische Wirbelkraft, Stromkraft, elektrodynamische Kraft, Lorentz-Kraft) (*f. - Elekt.*), forza di Lorentz. 12 ~ **luftfilter** (*m. - Aut. - Mot.*), filtro dell'aria centrifugo. 13 ~ **rohr** (*n. - Mech. der Flüss.k.*), tubo vorticoso. 14 ~ **schicht** (Fliessbett, Fluidatbett) (*f. - chem. Ind. - etc.*), letto fluido, letto fluidificato. 15 ~ **schichttrockner** (*m. - Ger.*), essiccatore a letto fluido, essiccatore a letto fluidificato. 16 ~ **schichtverfahren** (Wirbelfliessverfahren) (*n. - chem. Ind. - etc.*), fluidizzazione, processo di fluidizzazione. 17 ~ **sichter** (*m. - Ger.*), classificatore centrifugo. 18 ~ **sintern** (von Kunststoffen) (*n. - Technol.*), sinterazione centrifuga. 19 ~ **strom** (*m. - Elekt.*), corrente di Foucault, corrente parassita. 20 ~ **strombremse** (*f. - Elekt.*), freno elettrodinamico, freno a correnti di Foucault. 21 ~ **strombrenner** (*m. - Verbr.*), bruciatore a turbolenza. 22 ~ **stromdrehzahlmesser** (*m. - Instr.*), tachimetro magnetico, contagiri magnetico. 23 ~ **stromeffekt** (*m. - Elekt.*), effetto di Foucault. 24 ~ **strommotor** (*m. - Elekt.*), motore con rotore in corto circuito. 25 ~ **strömung** (*f. - Mech. der Flüss.k.*), corrente turbolenta. 26 ~ **sturm** (*m. - Meteor.*), ciclone. 27 ~ **vektor** (*m. - Mech.*), vettore rotazionale, rotovettore. 28 ~ **wind** (*m. - Meteor. - etc.*), vento vorticoso. 29 ~ **zerspanung** (*f. - Werkz.masch.bearb.*), truciolatura a mulinello.

wirbelfrei (*Mech. der Flüss.k.*), laminare (*a.*). 2 ~ **e Grenzschicht** (*Aerodyn.*), strato limite (laminare). 3 ~ **es Feld** (*Elekt.*), campo (conservativo) irrotazionale.

Wirbeligkeit (*f. - Mech. der Flüss.k.*), vorticosità.

wirbellos (Vektor) (*Mech.*), irrotazionale.

Wirbeln (von Gewinden, Verfahren, bei dem einer oder mehrere Stähle exzentrisch zum Werkstück stehen) (*n. - Mech.*), filettatura a mulinello.

wirbeln (*Aerodyn. - Mech. der Flüss.k.*), entrare in turbolenza.

Wirbelung (*f. - Mech. der Flüss.k.*), turbolenza.

Wirbler (Fliehkraftabscheider, Zyklon) (*m. - Ger.*), ciclone, separatore a ciclone. 2 ~ (Schaumtrichter) (*Giess.*), fermascorie (a pozzetto) tangenziale.

Wirbulator (eines Druckzerstäubers) (*m. - Ger.*), ventola.

«Wire-Wrap-Technik» (bei gedruckten Schaltungen z. B.) (*f. - Elektronik*), tecnica wire-wrap, tecnica dei cablaggi avvolti.

Wirkanteil (Wirkkomponente) (*m. - Elekt.*), componente attiva.

Wirkbewegung (aus Schnittbewegung und Vorschubbewegung resultierend) (*f. - Werkz.masch.bearb.*), movimento (di taglio) risultante.

Wirkdruck (bei Drosselgeräten, Differenz von Plusdruck und Minusdruck) (*m. - Hydr.*), differenza di pressione (tra la presa a monte ed a valle).

wirken (*allg.*), agire. 2 ~ (reagieren) (*Chim.*), reagire. 3 ~ (weben) (*Textilind.*), tessere. 4 ~ (stricken) (*Text.*), lavorare a maglia.

Wirker (*m. - Arb.*), magliaio.

Wirkerei (Herstellung von Wirk- und Strickwaren) (*f. - Textilind.*), lavorazione a maglia.

Wirkfaktor (Leistungsfaktor, $\cos \varphi$) *m. - Elekt.*), fattore di potenza, cosfi, $\cos \varphi$.

Wirkhärtung (dauernd zunehmende Verfestigung bei konstanter verformender Kraft) (*f. - Metall.*), incrudimento progressivo.

Wirkkomponente (*f. - Elekt.*), componente attiva.

Wirkleistung (*f. - Elekt.*), potenza attiva. 2 ~ **s·verbrauch** (*m. - Elekt.*), consumo in watt. 3 ~ **s·verhältnis** (auf einer Drehstromleitung z. B. zwischen Eingangs- und Ausgangsleistung) (*n. - Elekt.*), rapporto di potenza attiva.

Wirkleitwert (reziproker Wirkwiderstand) (*m. - Elekt.*), conduttanza.

wirklich (*allg.*), reale, effettivo. 2 ~ **e Grösse** (*Zeichn.*), grandezza naturale. 3 ~ **e Oberfläche** (reelle Oberfläche, bei der ein fester Körper vom übrigen Raum getrennt ist) (*Mech.*), superficie reale.

Wirklinie (einer Kraft) (*f. - Mech.*), linea d'azione.

Wirkmaschine (*f. - Textilmasch.*), macchina per maglieria. 2 **Rund** ~ (*Textilmasch.*), macchina circolare per maglieria.

Wirkquerschnitt (eines Elektrons mit einem Atom) (*m. - Elektronik*), sezione d'urto efficace.

wirksam (*allg.*), efficace. 2 ~ **e Höhe** (einer Antenne) (*Funk.*), altezza efficace. 3 ~ **er Halbmesser** (eines Reifens, unter Last) (*Aut.*), raggio effettivo. 4 ~ **e Zeile** (Teil einer Bildzeile) (*Fernseh.*), riga attiva. 5 ~ **werden** (*recht. - etc.*), entrare in vigore.

Wirksamkeit (*f. - allg.*), efficacia.

Wirksamwerden (*n. - recht. - etc.*), entrata in vigore.

Wirkspannung (*f. - Elekt.*), tensione attiva. 2 ~ **s·breite** (*f. - Werkz.masch.bearb.*), larghezza di truciolatura effettiva.

Wirkstoff (*m. - Chem.*), sostanza attiva, attivante (*s.*), attivatore. 2 ~ (Additif, Zuzatz zu Schmierstoffen) (*Chem. - etc.*), additivo. 3 **Alterungshemmender-** ~ (*Schmierung*), additivo antinvecchiante. 4 **Detergent-** ~ (*Schmierung*), additivo detergente. 5 **EP-** ~ (*Schmierung*), additivo EP, additivo per alte pressioni. 6 **Korrosionsschutz-** ~ (*Schmierung*)

additivo anticorrodente. **7 Schaumverhinderungs-** ~ (*Schmierung*), additivo antischiuma.
Wirkstrom (*m. - Elekt.*), corrente attiva.
Wirkstuhl (*m. - Textilmasch.*), telaio per maglieria.
Wirk- und Blindleistungsschreiber (*m. - Elekt. - Ger.*), watt-varmetro registratore.
Wirkung (Folge, Effekt) (*f. - allg.*), effetto. 2 ~ (Einfluss, Tätigkeit) (*allg.*), azione. 3 ~ (Produkt aus Arbeit und Zeit) (*Phys.*), potenza. 4 ~ s·**bereich** (*m. - allg.*), campo di azione, raggio di azione. 5 ~ s·**glied** (Trieb) (*n. - Ger.*), attuatore. 6 ~ s·**grad** (*m. - Mech. - etc.*), siehe Wirkungsgrad. 7 ~ s·**linie** (Einflusslinie) (*f. - Baukonstr.lehre*), linea d'influenza. 8 ~ s·**quantum** (*n. - Phys.*), quanto di energia. 9 ~ s·**querschnitt** (für Kollision) (*m. - Atomphys.*), sezione (d'urto) efficace. 10 ~ s·**weg** (bei Regelung oder Steuerung) (*m. - NC - Werkz.masch.bearb.*), anello. 11 ~ **und Gegenwirkung** (*Mech.*), azione e reazione. 12 **lichtelektrische** ~ (*Elekt. - Opt.*), effetto fotoelettrico. 13 **mit** ~ **ab...** (mit Wirkung vom...) (*allg.*), con effetto dal... 14 **mit sofortiger** ~ (*allg.*), con effetto immediato. 15 **offener** ~ s·**weg** (*NC - Werkz. masch.bearb.*), anello aperto. 16 **Rechts** ~ (rechtliche Wirkung) (*recht.*), effetto legale.
Wirkungsgrad (Verhältnis der Nutzleistung zur zugeführten Leistung) (*m. - Mot. - etc.*), rendimento. 2 ~ (einer Leitung) (*Fernspr.*), coefficiente di occupazione. 3 ~ (einer Antenne) (*Funk. - etc.*), rendimento di radiazione. 4 **Gesamt** ~ (*Mech. - etc.*), rendimento totale. 5 **Innen** ~ (indizierter Wirkungsgrad) (*Mot.*), rendimento indicato. 6 **Kraftübertragungs** ~ (*Mech.*), rendimento di trasmissione. 7 **mechanischer Gesamt** ~ (*Mot.*), rendimento meccanico totale. 8 **mechanischer** ~ (*Mot.*), rendimento meccanico, rendimento organico. 9 **Nutz** ~ (eines Verbrennungsmotors) (*Mot.*), rendimento totale. 10 **thermischer** ~ (*Mot. - etc.*), rendimento termico.
wirkungslos (*allg.*), inefficace.
wirkungsvoll (*allg.*), efficace.
Wirkverbrauchszähler (*m. - elekt. Ger.*), contatore elettrico (di wattora).
Wirkwaren (*f. - pl. - Textilind.*), maglieria.
Wirkwiderstand (Ohmscher Widerstand) (*m. - Elekt.*), resistenza ohmica.
Wirrspan (*m. - Werkz.masch.bearb.*), truciolo ingarbugliato.
Wirtel (einer Spindel) (*m. - Textilmasch.*), noce, puleggia a gola.
Wirtschaft (*f. - Wissens.*), economia. 2 ~ (Industrie) (*Ind.*), industria. 3 ~ (Verwaltung) (*Adm.*), amministrazione. 4 ~ s·**fachmann** (*m. - Wirtschaft*), operatore economico. 5 ~ s·**geographie** (*f. - Geogr.*), geografia economica. 6 ~ s·**gut** (*n. - finanz.*), bene economico. 7 ~ s·**ingenieur** (der sich mit Organisation, Planung und Fertigung befasst) (*m. - Pers.*), ingegnere industriale. 8 ~ s·**jahr** (Geschäftsjahr) (*n. - Adm.*), esercizio, anno finanziario. 9 ~ s·**krise** (*f. - finanz.*), crisi economica, crisi. 10 ~ s·**modell** (*n. - Wirtschaft*), modello economico. 11 ~ s·**plan** (*m. - finanz.*), piano economico. 12 ~ s·**planung** (*f. - finanz.*), pianificazione economica. 13 ~ s·**politik** (*f. - finanz.*), politica economica. 14 ~ s·**potential** (*n. - finanz.*), potenziale economico. 15 ~ s·**prüfer** (*m. - Adm.*), revisore pubblico, certificatore. 16 ~ s·**prüfer** (Bilanzprüfer) (*Adm.*) revisore dei conti, sindaco. 17 ~ s·**prüfung** (Revision) (*f. - Adm. - finanz.*), revisione dei conti. 18 ~ s·**rat** (*m. - finanz.*), consiglio economico. 19 ~ s·**recht** (*n. - recht.*), diritto economico. 20 ~ s·**statistik** (*f. - Stat.*), statistica economica. 21 ~ s- **und Sozialrat** (*finanz.*), consiglio economico e sociale. 22 ~ s·**wunder** (*n. - finanz.*), miracolo economico. 23 **Energie** ~ (*Ind.*), economia dell'energia. 24 **Energie** ~ (elektrische Industrie) (*Elekt.*), industria elettrica. 25 **Haus** ~ (*Adm. - etc.*), economia domestica. 26 **intensive** ~ (*Landw.*), coltura intensiva. 27 **Plan** ~ (*adm.*), economia pianificata. 28 **Wechsel** ~ (*Landw.*), rotazione (delle colture). 29 **Zwangs** ~ (gelenkte Wirtschaft) (*finanz.*), economia controllata.
Wirtschaftler (*m. - finanz.*), economista. 2 **Agrar** ~ (*Landw.*), agronomo.
wirtschaftlich (*Adm.*), economico.
Wirtschaftlichkeit (eines Verfahrens) (*f. - Technol.*), economicità, convenienza (economica).
Wischarm (*m. - Aut.*), braccio del tergicristallo, tergitore, racchetta tergente.
Wischblatt (eines Scheibenwischers) (*n. - Aut.*), spazzola del tergicristallo, spatola del tergicristallo.
Wischer (Scheibenwischer) (*m. - Aut.*), tergicristallo. 2 ~ **motor** (*m. - Aut.*), motorino del tergicristallo.
Wischfeld (eines Scheibenwischers) (*n. - Aut.*), superficie detersa, campo di pulitura.
Wischfestigkeit (Wischbeständigkeit, Eigenschaft eines Anstriches, sich bei trockenem, leichtem Reiben nicht abwischen zu lassen) (*f. - Anstr.*), resistenza allo strofinamento.
Wischgummi (eines Scheibenwischers) (*m. - Aut.*), elemento tergente in gomma, spazzola di gomma.
Wischkontakt (*m. - Elekt.*), contatto a sfregamento.
Wischleistung (eines Scheibenwischers) (*f. - Aut.*), potere tergente.
Wischmotor (Wischermotor) (*m. - Aut.*), motorino del tergicristallo.
Wischqualität (der Scheibenwischer) (*f. - Aut.*), potere tergente, tergenza.
Wischtuch (*n. - allg.*), strofinaccio.
Wismut (Bismutum) (*Bi - n. - Chem.*), bismuto.
Wissen (Kenntnis) (*n. - allg.*), conoscenza. 2 **nach besten** ~ **und Gewissen** (*allg.*), secondo scienza e coscienza.
Wissenschaft (*f. - Wissens.*), scienza.
Wissenschaftler (*m. - Wissens.*), scienziato. 2 **Natur** ~ (*Wissens.*), naturalista.
wissenschaftlich (*Wissens.*), scientifico. 2 ~ **e Betriebsführung** (*Ind.*), direzione scientifica. 3 ~ **e Forschung** (*Phys. - etc.*), ricerca scientifica.
Witherit ($BaCO_3$) (Bariumkarbonat) (*m. - Min.*), carbonato di bario, Witherite.
Witterung (Ablauf des Wetters) (*f. - Meteor.*), condizioni atmosferiche. 2 ~ s·**beständigkeit**

WK

(*f. - Technol.*), resistenza agli agenti atmosferici. 3 ~ s·kunde (Wetterkunde, Meteorologie) (*f. - Meteor.*), meteorologia. 4 ~ s·umschwung (*m. - Meteor.*), cambiamento repentino delle condizioni atmosferiche.
WK (Wandlerkupplung) (*Fahrz.*), frizione del convertitore.
WL (weiter Laufsitz) (*Mech.*), accoppiamento preciso libero amplissimo. 2 ~ (Wellenlänge) (*Funk. - etc.*), lunghezza d'onda. 3 ~ (Wartelampe) (*Fernspr.*), lampada di attesa.
W/L (Ward Leonard) (*Elekt.*), W/L, Ward Leonard.
w. L. (westliche Länge) (*Geogr. - Navig.*), longitudine ovest.
WLP-Verfahren (Wasserstoff-Lichtbogen-Pyrolyse-Verfahren, zur Acetylen-Herstellung) (*n. - Chem.*), pirolisi all'arco elettrico.
WM (Werkzeugmaschine) (*Werkz.masch.*), macchina utensile. 2 ~ (Wechselstrommotor) (*Elekt.*), motore a corrente alternata. 3 ~ (Widerstandsmaterial) (*Elekt.*), materiale per resistori.
W-Messer (Gerät zur Messung der Wettergeschwindigkeit) (*m. - Bergbau - Ger.*), misuratore della velocità di ventilazione.
wmf (wasser- und mineralfrei) (*Chem.*), senza acqua e sostanze minerali.
W-Motor (*m. - Verbr.mot.*), motore a W.
Wobbelfrequenz (*f. - Elektronik*), frequenza di vobulazione. 2 ~ generator (Wobbler) (*m. - Elektronik*), vobulatore.
Wobbeln (Wobblung, periodische Änderung der Frequenz) (*n. - Elektronik*), vobulazione.
Wobbelsender (Wobbler) (*m. - Ger.*), vobulatore.
Wobbe-Zahl (WZ, kennzeichnet die Wärmeleistung eines Brenners) (*f. - Verbr.*), numero di Wobbe.
Wobbler (eines Oszillators, Ger. zur periodischen Änderung der Frequenz) (*m. - Elektronik*), vobulatore.
Wobblung (periodische Änderung der Frequenz) (*f. - Elektronik*), vobulazione.
Woche (*f. - Arb. - etc.*), settimana. 2 ~ n·arbeitszeit (*f. - Arb.*), (numero di) ore lavorative settimanali. 3 ~ n·ende (« Weekend ») (*n. - Arb.*), fine settimana, « weekend ». 4 ~ n·karte (*f. - Eisenb. - etc.*), settimanale (*s.*), abbonamento settimanale. 5 ~ n·lohn (*m. - Arb.*), settimanale (*s.*), paga settimanale. 6 ~ n·schau (Film) (*f. - Filmtech.*), giornale cinematografico, cinegiornale. 7 ~ n·schrift (*f. - Zeitg.*), settimanale (*s.*). 8 ~ n·speicher (*m. - Hydr. - Wass.b.*), serbatoio di regolazione settimanale.
wöchentlich (*allg.*), settimanale. 2 dreimal ~ (*allg.*), trisettimanale. 3 zweimal ~ (Zeitschrift z. B.) (*allg.*), bisettimanale.
WO-E (Wasser-in-Öl-Emulsion) (*Chem.*), emulsione di acqua in olio.
Woge (grosse Welle) (*f. - See*), cavallone.
Wöhlerkurve (Dauerfestigkeitsschaubild) (*f. - mech. Technol.*), curva di Wöhler, curva di fatica.
Wohlfahrt (Wohlfahrtspflege, öffentliche Fürsorge) (*f. - Arb. - etc.*), assistenza sociale.
Wohlstand (*m. - Wirtschaft*), prosperità.

Wohnanhänger (*m. - Camping*), « roulotte », carovana.
Wohnbezirk (Wohngebiet) (*m. - Bauw.*), zona residenziale.
Wohndichte (*f. - Stat.*), densità di popolazione.
wohnen (*allg.*), abitare. 2 möbliert ~ (*Bauw.*), abitare in un appartamento ammobiliato.
Wohngebiet (der Städte) (*n. - Bauw.*), zona residenziale.
Wohnhaus (*n. - Bauw.*), casa da abitazione.
Wohnküche (*f. - Bauw.*), tinello.
Wohnlichkeit (*f. - Bauw.*), abitabilità.
Wohnort (*m. - recht.*), luogo di residenza.
Wohnräume (*m. - pl. - Bauw.*), locali di abitazione.
Wohnschlepper (*m. - naut.*), rimorchiatore con abitazione.
Wohnsiedlung (*f. - Bauw.*), zona residenziale.
Wohnsitz (Domizil) (*m. - recht.*), domicilio, residenza. 2 gewöhnlicher ~ (*recht.*), residenza abituale.
Wohnung (*f. - Bauw.*), abitazione, casa. 2 ~ s·bau (*m. - Bauw.*), edilizia abitativa. 3 ~ s·baugenossenschaft (*f. - Bauw.*), cooperativa edilizia. 4 ~ s·beihilfe (*f. - Arb. - milit.*), indennità di alloggio. 5 ~ s·geldzuschuss (*m. - Arb. - milit.*), indennità di alloggio. 6 ~ s·wechsel (*m. - recht.*), cambio di residenza. 7 ~ s·zulage (*f. - Arb.*), contributo per l'alloggio. 8 ständige ~ (*recht.*), residenza.
Wohnwagen (*m. - Fahrz.*), carrozzone, caroabitazione, « carovana ».
Wohnzimmer (*n. - Bauw.*), soggiorno.
Wölbbrücke (Bogenbrücke) (*f. - Brück.b.*), ponte ad arco.
wölben (ein Gewölbe über einen Raum spannen) (*Bauw.*), costruire una volta. 2 ~ (*Mech. - etc.*), bombare. 3 sich ~ (*allg.*), inarcarsi.
Wölber (Wölbstein) (*m. - Bauw.*), concio di volta. 2 Ganz ~ (feuerfester Stein zur Auskleidung) (*Ofen*), cuneo.
Wölbhöhe (*f. - Arch.*), monta della volta.
Wölbnaht (Kehlnahtart) (*f. - Schweissen*), cordone d'angolo convesso.
Wölbstein (Wölber) (*m. - Bauw.*), concio di volta. 2 ~ (*Ofen*), refrattario per volte.
Wölbung (konvexe Form) (*f. - allg.*), bombatura, convessità. 2 ~ (Rundung) (*allg.*), arrotondamento. 3 ~ (*Strasse*), bombatura. 4 ~ (Gewölbe) (*Arch.*), volta. 5 ~ (Bogen) (*Arch.*), arco. 6 ~ (einer Tragfläche) (*Flugw. - Aerodyn.*), curvatura, inarcamento. 7 Deck ~ (*Schiffbau*), bolzone del baglio.
Wolf (Reisswolf) (*m. - Textilmasch.*), lupo apritore.
Wolfram (*W - n. - Chem.*), volframio, tungsteno. 2 ~ bandlampe (*f. - Beleucht. - Ger.*), lampada a nastro di tungsteno. 3 ~ bogenlampe (*f. - Beleucht. - Ger.*), lampada ad arco al tungsteno. 4 ~ glühdraht (*m. - Metall. - Beleucht.*), filamento di tungsteno. 5 ~ karbid (*n. - Metall. - Werkz.*), carburo di tungsteno. 6 ~ lampe (Wolframdrahtlampe) (*f. - Beleucht. - Ger.*), lampada al tungsteno, lampada con filamento di tungsteno. 7 ~ stahl (*m. - Metall.*), acciaio al tungsteno.

Wolframit (FeWO$_4$.MnWO$_4$) (*m. - Min.*), wolframite.
Wolke (*f. - Meteor. - etc.*), nube, nuvola. **2** ~ n·bank (*f. - Meteor.*), banco di nubi. **3** ~ n·bildung (*f. - Meteor.*), formazione di nubi. **4** ~ n·bruch (*m. - Meteor.*), nubifragio. **5** ~ n·decke (*f. - Meteor.*), coltre di nubi. **6** ~ n·echo (*n. - Radar*), eco dalle nubi. **7** ~ n·höhenmesser (Wolkenentfernungsmessgerät) (*m. - Radar*), indicatore dell'altezza delle nubi. **8** ~ n·kratzer (Hochhaus) (*m. - Bauw.*), grattacielo. **9** ~ n·meer (von oben gesehene Schichtwolken) (*n. - Meteor.*), mare di nubi. **10** ~ n·scheinwerfer (Wolkenhöhenmesscheinwerfer) (*m. - Meteor. - App.*), proiettore per altezza nubi. **11** ~ n·untergrenze (*f. - Meteor.*), altezza minima delle nubi. **12** Feder ~ (Cirrus, oberhalb 6000 m) (*Meteor.*), cirro. **13** Gewitter ~ (Kumulonimbus) (*Meteor.*), cumulo-nembo. **14** Haufenschicht ~ (Stratokumulus, unterhalb 2500 m) (*Meteor.*), stratocumulo. **15** Haufen ~ (Quellwolke, Kumulus, 600 bis 2000 m Höhe) (*Meteor.*), cumulo. **16** hohe Schicht ~ (Altostratus) (*Meteor.*), altostrato. **17** Quell ~ (Haufenwolke, Kumulus) (*Meteor.*), cumulo. **18** Regen ~ (Nimbus, unterhalb 600 bis über 6000 m Höhe) (*Meteor.*), nembo. **19** Schäfchen ~ (Cirrokumulus) (*Meteor.*), cirrocumulo. **20** Schicht ~ (Stratus, unter 600 m) (*Meteor.*), strato. **21** Schleier ~ (Cirrostratus, 8-12 km Höhe) (*Meteor.*), cirrostrato.
wolkenlos (*Meteor.*), sereno.
wolkig (*Meteor.*), nuvoloso.
Wollabfall (*m. - Textilind.*), cascame di lana.
Wollastondraht (Platin- oder Golddraht [0,0015 mm] für Feinmessgeräte) (*m. - Elekt.*), filo di Wollaston.
Wollastonit (CaSiO$_3$) (Tafelspat) (*m. - Min.*), wollastonite.
Wollballen (*m. - Textilind.*), balla di lana.
Wollbrecher (Wollreisser) (*m. - Textilmasch.*), apritoio per lana.
Wolle (*f. - Textilind. - Wollind.*), lana. **2** ausgekohlte ~ (karbonisierte Wolle) (*Wollind.*), lana carbonizzata. **3** barsche ~ (harte Wolle, rauhe Wolle) (*Wollind.*), lana dura. **4** Crossbred ~ (*Wollind.*), lana incrociata. **5** Einschur ~ (*Textilind.*), lana di tosa annuale, lana tosata una volta all'anno. **6** gekräuselte ~ (*Wollind.*), lana arricciata. **7** Gerber ~ (*Wollind.*), lana di concia. **8** geringe ~ (*Wollind.*), lana ordinaria. **9** gewellte ~ (*Wollind.*), lana ondulata. **10** Glanz ~ (Brillantwolle) (*Wollind.*), lana brillante. **11** harte ~ (rauhe Wolle, barsche Wolle) (*Wollind.*), lana dura. **12** Haut ~ (*Wollind.*), lana delle pelli. **13** hochedle ~ (*Wollind.*), lana di qualità superiore. **14** Jährlings ~ (*Wollind.*), lana d'agnello di un anno. **15** Kammvlies ~ (*Wollind.*), lana di vello da pettine. **16** Kamm ~ (*Wollind.*), lana da pettine. **17** Kern ~ (Oberwolle) (*Wollind.*), lana matricina. **18** Kletten ~ (klettige Wolle) (*Wollind.*), lana lappolosa, lana carica di sostanze vegetali. **19** klettige ~ (Klettenwolle) (*Wollind.*), lana lappolosa, lana carica di sostanze vegetali. **20** Kopf ~ (*Wollind.*), lana della testa. **21** kranke ~ (*Wollind.*), lana malata. **22** Kratz ~ (Krempelwolle) (*Textilind.*), lana da carda. **23** Krempel ~ (Kratzwolle) (*Wollind.*), lana da carda. **24** Kreuzungs ~ (Kreuzzuchtwolle, Crossbredwolle) (*Wollind.*), lana incrociata. **25** Kunst ~ (*Textilind.*), lana meccanica, lana rigenerata. **26** kurze ~ (*Wollind.*), lana corta. **27** Lamm ~ (*Wollind.*), lana agnellina. **28** langschürige ~ (*Wollind.*), lana lunga. **29** Lüster ~ (*Wollind.*), lana lucente. **30** Merino ~ (*Wollind.*), lana merino. **31** Misch ~ (*Wollind.*), lana mista. **32** Mittel ~ (*Wollind.*), lana di media qualità. **33** Mutter ~ (*Wollind.*), lana matricina. **34** nervige ~ (kräftige Wolle, kernige Wolle) (*Wollind.*), lana robusta, lana forte. **35** Ober ~ (Kernwolle) (*Wollind.*), lana matricina. **36** Pelz ~ (Sterblingswolle) (*Wollind.*), lana morticina. **37** Roh ~ (*Wollind.*), lana greggia. **38** Rücken ~ (*Wollind.*), lana del dorso. **39** Samen ~ (*Wollind.*), lana lappolosa. **40** Sand ~ (*Wollind.*), lana sabbiosa. **41** Schaf ~ (*Textilind.*), lana di pecora. **42** schlichte ~ (*Wollind.*), lana liscia. **43** Schmutz ~ (Schweisswolle) (*Wollind.*), lana sucida. **44** Schur ~ (*Wollind.*), lana di tosa. **45** Schweiss ~ (*Wollind.*), lana sucida. **46** Seiden ~ (*Wollind.*), lana setosa. **47** Sommer ~ (im Herbst geschoren) (*Textilind.*), lana di tosa autunnale, lana tosata in autunno. **48** Spinner ~ (*Wollind.*), lana filabile. **49** Sterblings ~ (Pelzwolle) (*Wollind.*), lana morticina. **50** Streich ~ (Kratzwolle) (*Wollind.*), lana da carda. **51** strickige ~ (filzige Wolle) (*Wollind.*), lana intrecciata. **52** Teppich ~ (*Wollind.*), lana da tappeti. **53** Vlies ~ (*Wollind.*), lana di velli. **54** weiche ~ (*Wollind.*), lana morbida. **55** Winter ~ (im Frühjahr geschoren) (*Textilind.*), lana di tosa primaverile, lana tosata in primavera, lana maggenga. **56** zottige ~ (*Wollind.*), lana vellosa. **57** Zweischur ~ (*Textilind.*), lana tosata due volte l'anno.
wollen (wollig) (*adj. - Textilind.*), di lana.
Wollfaden (zur Sichtbarmachung der Umströmung eines Wagens) (*m. - Aut. - Prüfung*), filo di lana, fiocco di lana.
Wollfett (Lanolin) (*n. - Wollind.*), lanolina.
Wollfilzpapier (*n. - Papierind.*), carta lana.
Wollgarn (*n. - Textilind.*), filato di lana.
Wollgras (Eriophorumfaser) (*n. - Text. - Bot.*), erioforo.
Wollindustrie (*f. - Wollind.*), industria laniera.
Wollkamm (*m. - Textilind.masch.*), pettine da lana.
Wollkämmerei (*f. - Wollind.*), pettinatura della lana.
Wollklassifikator (Kräuselungsmesser, der Wollfaser) (*m. - Textil.*), misuratore delle ondulazioni (della lana), misuratore di arricciatura (della lana).
Wollkleid (Vlies) (*n. - Wollind.*), vello di lana.
Wollkratze (*f. - Textilmasch.*), carda per lana.
Wollpappe (Wollfilzpappe, aus Lumpen, Altpapier und mindestens 15% Wolle hergestellte Pappe, für Dachpappe) (*f. - Papierind.*), cartone per coperture.

Wollreisser (*m.* - *Textilmasch.*), apritoio per lana.
Wollschur (*f.* - *Wollind.*), tosa della lana.
Wollschweiss (*m.* - *Wollind.*), sucido di lana.
Wollsortierung (*f.* - *Wollind.*), classificazione della lana.
Wollspinnerei (*f.* - *Textilind.*), filatura della lana.
Wollstoff (*m.* - *Textilind.*), tessuto di lana. 2 Kamm ~ (*Textilind.*), tessuto di lana pettinato, pettinato di lana.
Wollwaren (*f.* - *pl.* - *Textilind.*), lanerie.
Wollwäscherei (Wollwäsche) (*f.* - *Wollind.*), lavatura della lana. 2 ~ (Wollwaschanlage) (*Wollind.*), lavatoio della lana.
Wollwaschmaschine (*f.* - *Wollind.masch.*), lavatrice per lana.
Wollweber (*m.* - *Arb.*), tessitore di lana.
Woodruffeder (Scheibenfeder) (*f.* - *Mech.*), linguetta Woodruff, linguetta americana, linguetta a disco.
Woodsches Metall (50% Wismut, 25% Blei, 12,5% Zinn und 12,5% Kadmium) (*Legierung*), lega di Wood.
Work-Factor-Verfahren (WF, Arbeitsmessverfahren) (*n.* - *Zeitstudie*), sistema Work-Factor.
Wort (Zusammenfassung mehrerer Bytes) (*n.* - *Rechner*), parola. 2 ~ **angaben** (*f.* - *pl.* - *Zeichn.*), note. 3 ~ **gruppe** (Block) (*f.* - *Rechner*), blocco (d'informazione). 4 ~ **kennzeichnung** (*f.* - *NC* - *Werkz.masch.bearb.*), codice di programmazione. 5 ~ **länge** (*f.* - *Rechner*), lunghezza di parola. 6 ~ **laut** (Text) (*m.* - *Druck.* - *etc.*), testo. 7 ~ **marke** (*f.* - *Rechner*), marca di parola, bit di fermo. 8 ~ **verständlichkeit** (*f.* - *Fernspr.*), intelleggibilità delle parole. 9 konstante ~ länge (*Rechner*), lunghezza fissa di parola. 10 Maschinen ~ (*Rechner*), parola di macchina. 11 variable ~ länge (*Rechner*), lunghezza variabile di parola.
Wörterbuch (*n.* - *Druck.*), dizionario. 2 Fach ~ (*Druck.*), dizionario tecnico.
wort-organisiert (Speicher) (*Datenverarb.*), orientato a parola, organizzato a parola.
Woulfesche Flasche (*chem. Ger.*), bottiglia di Woulf.
WP (Wirtschaftspatent) (*recht.*), brevetto industriale.
Wpkt (Wertpaket) (*Post*), pacco assicurato.
WPL-Schweissen (Wolfram-Plasmalichtbogen-Schweissen, mit Lichtbogen zwischen Wolframelektrode und Werkstück) (*n.* - *mech. Technol.*), saldatura WPL, saldatura ad arcoplasma con elettrodo di tungsteno.
Wpm (Wörter pro Minute) (*allg.*), parole al minuto.
WPS (Wellen-Pferdestärke) (*naut.* - *etc.*), potenza all'asse, potenza all'albero.
WP-Schweissen (Wolfram-Plasmaschweissen) (*n.* - *mech. Technol.*), saldatura a plasma con elettrodo di tungsteno, saldatura WP.
WPS-Schweissen (Wolfram - Plasmastrahl - Schweissen, mit Lichtbogen zwischen Wolfram-Elektrode und Innenwand der Plasmadüse) (*n.* - *mech. Technol.*), saldatura WPS, saldatura a getto di plasma con elettrodo di tungsteno.

WR (Wechselrichter) (*Elekt.*), ondulatore.
Wrack (Schiff z. B.) (*n.* - *naut.* - *Aut.*), relitto. 2 ~ **guss** (*m.* - *Giess.*), getto di scarto. 3 ~ **tonne** (*f.* - *naut.*), boa di segnalazione di relitto.
Wrange (Querversteifung des Schiffbodens) (*f.* - *Schiffbau*), madiere. 2 Boden ~ (*Schiffbau*), madiere.
Wrasen (*m.* - *allg.*), siehe Schwaden. 2 ~ (das Austreten des Öldunstes von dem Kurbelgehäuse) (*Mot.*), vapori di sfiato. 3 ~ **rohr** (Ventilationsrohr) (*n.* - *Bauw.*), tubo di ventilazione.
wricken (wriggen, ein Boot) (*naut.*), vogare di coda, vogare con un solo remo a poppa.
wringen (Wäsche z. B.) (*allg.*), strizzare.
Wringmaschine (*f.* - *Ger.*), strizzatoio.
WS (Werkzeugstahl) (*Metall.*), acciaio per utensili. 2 ~ (Wassersäule, bei Druckmessungen) (*Phys.*), colonna d'acqua. 3 ~ (Wechselstrom) (*Elekt.*), c.a., corrente alternata. 4 mm ~ (*Phys.*), mm d'acqua.
Ws (Wechselstrom) (*Elekt.*), c.a., corrente alternata. 2 ~ (Wechselspannung) (*Elekt.*), tensione alternata. 3 ~ (Wattsekunde) (*Elekt.*), watt-secondo.
ws (Schallgeschwindigkeit) (*Akus.*), velocità del suono.
WSG - Schweissen (Wolfram - Schutzgasschweissen) (*n.* - *mech. Technol.*), siehe WIG-Schweissen.
w.S.g.u. (wenden Sie gefälligst um) (*allg.*), vedi retro.
WSK (Wandlerschaltkupplung, Drehmomentwandler und Trockenkupplung) (*Aut.*), gruppo convertitore di coppia-frizione.
WSW (Westsüdwest) (*Geogr.* - *Navig.*), ovest-sud-ovest.
WT (Wechselstromtelegraphie) (*Telegr.*), telegrafia a corrente alternata.
WT-Telegraphie (*f.* - *Telegr.*), telegrafia a frequenza vocale.
WTZ (Wissenschaftliches Technisches Zentrum, DDR) (*Wissens.*), centro tecnico-scientifico.
Wuchs (Form) (*m.* - *allg.*), forma. 2 ~ (Wachstum) (*allg.*), crescita. 3 exzentrischer ~ (*Holzfehler*), fusto eccentrico.
Wucht (kinetische Energie, lebendige Kraft) (*f.* - *Mech.*), energia cinetica, forza viva. 2 ~ (Stoss) (*allg.*), urto. 3 ~ (Gewicht) (*allg.*), peso, carico. 4 ~ **förderer** (Rüttelförderer) (*m.* - *ind. Masch.*), trasportatore a scosse. 5 ~ **körper** (Prüfkörper) (*m.* - *Mech.*), corpo da equilibrare, particolare da equilibrare. 6 ~ **maschine** (Auswuchtmaschine) (*f.* - *Masch.*), equilibratrice. 7 ~ **sieb** (Rüttelsieb) (*n.* - *Ger.*), vaglio a scossa.
wuchten (auswuchten) (*allg.*), compensare.
Wulfenit (PbMoO$_4$) (Gelbbleierz) (*m.* - *Min.*), wulfenite.
Wulst (Verdickung) (*m.* - *allg.*), ingrossamento, rigonfiamento. 2 ~ (Torus, einer Säule z. B.) (*Arch.*), toro. 3 ~ (eines Wulsteisens) (*metall. Ind.*), bulbo. 4 ~ (eines Reifens) (*Fahrz.*), tallone. 5 ~ (auf Tiefziehwerkz.) (*Blechbearb.*), cordone (periferico), cordone rompigrinza. 6 ~ (eines Schiffsvorderteils) (*Schiffbau*), bulbo. 7 ~ **bug**

(*m. - Schiffbau*), prua a bulbo.. 8 ~ **eisen** (*n. - metall. Ind.*), ferro a bulbo. 9 ~ **flachstahl** (*m. - metall. Ind.*), piatto a bulbo. 10 ~ **kern** (Stahldraht, eines Reifens) (*m. - Aut.*), cerchietto. 11 ~ **reifen** (*m. - Fahrz.*), pneumatico a tallone. 12 ~ **schiene** (Doppelkopfschiene) (*f. - Eisenb.*), rotaia a doppio fungo. 13 ~ **wagendichtung** (Faltenbalg) (*f. - Eisenb.*), mantice. 14 ~ **winkel** (Winkelwulsteisen) (*m. - metall. Ind.*), angolare a bulbo.

Wüni (Würfel-Nickel) (*Metall.*), nichel in dadi.

Wunsch (*m. - allg.*), desiderio. 2 **auf** ~ (Lieferung z. B. eines Sonderzubehörs) (*komm.*), a richiesta.

Wünschelrute (*f. - Ger.*), bacchetta da rabdomante. 2 ~ **n·gänger** (*m. - Geol.*), rabdomante. 3 ~ **n·gängerei** (*f. - Geol.*), rabdomanzia.

Wüppe (Sturzkarre, Störte, Erdkarre auf zwei Rädern) (*f. - Bauw. - Fahrz.*), carro a due ruote.

Wurf (*m. - allg.*), lancio. 2 ~ (Bewegung durch Schwerkraft) (*Phys.*), caduta. 3 ~ **anker** (*m. - naut.*), ancorotto. 4 ~ **bahn** (Wurflinie) (*f. - Ballistik*), traiettoria. 5 ~ **beschicker** (für Planroste) (*m. - Verbr.*), caricatore automatico. 6 ~ **geschoss** (*n. - milit.*), proiettile, missile. 7 ~ **haken** (*m. - naut.*), grappino. 8 ~ **leine** (*f. - naut.*), sagola da lancio. 9 ~ **linie** (Wurfbahn) (*f. - Artillerie*), traiettoria. 10 ~ **maschine** (Kriegsmaschine) (*f. - Masch.*), catapulta. 11 ~ **maschine** (für Scheibenschiessen) (*Masch.*), macchina lanciapiattelli. 12 ~ **netz** (*n. - Fischerei - Ger.*), giacchio. 13 ~ **schaufellader** (*m. - Bergbau - Masch.*), pala caricatrice a lancio. 14 ~ **scheibe** (Diskus) (*f. - Sport*), disco. 15 ~ **schleuder** (Sandslinger) (*m. - Giess.*), lanciaterra. 16 ~ **sieb** (*n. - Maur. - Ger.*), crivello, vaglio. 17 ~ **weite** (Schussweite) (*f. - Artillerie*), gittata.

Würfel (Kubus) (*m. - Geom.*), cubo. 2 ~ (Spielstein, etc.) (*allg.*), dado. 3 ~ (einer Säule) (*Arch.*), dado. 4 ~ **einsatz** (eines Kühlschrankes) (*m. - Elekt. - App.*), bacinella per cubetti (di ghiaccio). 5 ~ **presse** (Prüfpresse, Druckpresse) (*f. - Bauw. - Masch.*), macchina per prove di compressione. 6 ~ **probe** (zur Prüfung des Betons, $20 \times 20 \times 20$ cm) (*f. - Bauw.*), provino a cubo. 7 ~ **werk** (Winderhitzer) (*n. - Metall.*), ricuperatore. 8 ~ **zucker** (*m. - chem. Ind.*), zucchero in zollette.

würfelförmig (*allg.*), cubico.

Würgebund (Würgverbindung) (*m. - Elekt. - Leit.*), giunto a torsione.

Würgelapparat (Nitschelwerk, Frottierzeug) (*m. - Textilmasch.*), frottatoio.

Würgeln (Nitscheln, Frottieren) (*n. - Textilind.*), falsa torsione, azione contemporanea di compressione, sfregamento e rotolamento.

Würgverbindung (Würgebund) (*f. - Leit. - Elekt.*), giunto a torsione.

Wurmfrass (*m. - Holz*), tarlatura.

Wurst (Faschinenwurst, zylindrischer Faschinenstrang) (*f. - Wass.b.*), fascina.

Wurt (*naut.*), siehe Werft.

Wurzel (*f. - allg.*), radice. 2 ~ (*Math.*), radice. 3 ~ (der Schweissfuge) (*mech. Technol.*), radice, vertice. 4 ~ **exponent** (*m. - Math.*), esponente della radice. 5 ~ **fehler** (*m. - Schweissen*) difetto di penetrazione (al vertice). 6 ~ **grösse** (Radikand) (*f. - Math.*), radicando. 7 ~ **holz** (*n. - Holz*), ràdica. 8 ~ **lage** (beim Schweissen, Wurzelgang) (*f. - mech. Technol.*), passata di fondo. 9 ~ **mass** (Abstand der Nietrisslinien von den scharfen aüsseren Kanten) (*n. - Mech.*), labbro, distanza dal bordo esterno. 10 ~ **platte** (*f. - Bauw.*), piastra di ancoraggio. 11 ~ **seite** (Nahtunterseite, beim Schweissen) (*f. - mech. Technol.*), rovescio. 12 ~ **überhöhung** (einer Schweissnaht, Durchschweissung) (*f. - mech. Technol.*), eccessiva penetrazione, eccesso di penetrazione (al vertice). 13 ~ **verschweissung** (einer V-Naht, Nachschweissen der Wurzel zur Verbesserung der Güte) (*f. - mech. Technol.*), ripresa di saldatura al vertice. 14 ~ **zeichen** (*n. - Math. - Druck.*), segno di radice. 15 ~ **ziehen** (*n. - Math.*), estrazione di radice. 16 **die 4.** ~ **aus 16** ($\sqrt[4]{16}$) (*Math.*), la radice quarta di 16, $\sqrt[4]{16}$. 17 **dritte** ~ (Kubikwurzel) (*Math.*), radice cubica. 18 **Quadrat** ~ (*Math.*), radice quadrata.

wurzelseitig (Decklage, beim Schweissen) (*mech. Technol.*), al rovescio.

wurzelziehen (*Math.*), estrarre la radice.

Wüste (*f. - Geol. - Geogr.*), deserto.

Wutzstahl (Hartstahl mit natürlichem Damast) (*m. - Metall.*), acciaio damascato.

WV (Wählvermittlung) (*Fernspr.*), autocommutazione, commutazione automatica.

WVU (Wasserversorgungsunternehmen) (*Hydr.*), impresa distribuzione acque.

WW (Wirkleistung) (*Elekt.*), potenza attiva.

WZ (Wählzeichen) (*Fernspr.*), segnale di selezione. 2 ~ (Wobbe-Zahl) (*Verbr.*), numero di Wobbe.

Wz (Warenzeichen) (*recht.*), marchio di fabbrica.

w.z.b.w. (was zu beweisen war) (*allg.*), come volevasi dimostrare.

WZF (*Bauw.*), siehe Wasserzementfaktor.

X

X (Xe, Xenon) (*Chem.*), X, Xe, xeno. 2 ∼ (Blindwiderstand) (*Elekt.*), reattanza efficace.
x (spezifischer Wassergehalt, Feuchtegrad) (*Thermodyn.*), titolo (dell'aria umida).
X-Ablenkung (*f. - Elektronik*), deflessione orizzontale.
X-Achse (Abszissenachse) (*f. - Geom.*), asse delle ascisse, asse x.
Xanthogenat (*n. - Chem.*), xantogenato.
Xanthogensäure (*f. - Chem.*), acido xantogenico.
X-Band (von 5.200 zu 11.000 MHz) (*Radar*), banda X.
x-Draht (einer Speichermatrix z. B.) (*m. - Rechner*), filo orizzontale.
Xe (X, Xenon) (*Chem.*), Xe, X, xeno.
X. E. (X-Einheit) (*Mass*), siehe X-Einheit.
X-Einheit (X.E.: Längeneinheit = $(1,00202 + 0,00003) \cdot 10^{-13}$ m, festgelegt durch den Gitterabstand im Kalkspatkristall) (*f. - Mass*), unità X.
Xenon (Edelgas) (*Xe - n. - Chem.*), xeno. 2 ∼ lampe (*f. - Beleucht.*), lampada a xeno.
Xerodruck (*m. - Büro - etc.*), stampa Xero.
Xerogel (ein ausgetrocknetes Gel) (*Chem.*), xerogelo.
Xerographie (photographisches Trockendruckverfahren) (*f. - Druck.*), xerografia.
xerographisch (Drucker z. B.) (*Druck.*), xerografico.
X-Haken (Aufhängehaken) (*m. - Bauw. - Zimm.*), gancio X.
Xi-Teilchen (Elementarteilchen der Hyperonen) (*n. - Phys.*), particella Xi.

X-Lochung (Elfer-Lochung in einer Lochkarte) (*f. - Datenverarb.*), perforazione X, perforazione 11.
X-Naht (beim Schweissen) (*f. - mech. Technol.*), saldatura a X, smusso a X.
XP-Gespräch (*n. - Fernspr.*), conversazione con avviso di chiamata.
X-Schneide (eines Meissels) (*f. - Bergbau-Werkz.*), tagliente ad X.
X-Stellung (nach innen gestürzte Räder) (*f. - Aut.*), inclinazione negativa.
X-Stoss (*m. - Schweissen*), saldatura a X.
X-Strahlen (Röntgenstrahlen) (*m. - pl. - Phys.*), raggi X, raggi Röntgen.
X-Stück (Blindflansch) (*n. - Leit.*), flangia cieca.
X-Verstärker (eines Oszillographen, Horizontal-Ablenkverstärker) (*m. - Elektronik*), amplificatore X, amplificatore di deflessione orizzontale.
Xylidin [$C_6H_3(CH_3)_2NH_2$] (Aminoxylol) (*n. - Chem.*), xilidina.
Xylographie (Holzschnitt) (*f. - Holzbearb.*), xilografia.
Xylol (Dimethylbenzol) (*n. - Chem.*), xilolo, xilene, dimetilbenzene.
Xylometer (Ger. zur Beurteilung des spezifischen Gewichtes des Holzes) (*n. - Ger.*), xilometro.
Xylose ($C_5H_{10}O_5$) (Holzzucker) (*f. - Chem.*), xilosio, zucchero di legno.
X-Y Schreiber (*m. - Ger.*), registratore a coordinate.
XY-Wählverfahren (*n. - Fernspr.*), selezione XY.

Y

Y (Yttrium) (*Chem.*), Y, ittrio. **2** ~ (Sternschaltung) (*Elekt.*), Y, (collegamento a) stella. **3** ~ (Scheinleitwert) (*Elekt.*), ammettenza. **4** ~ (Kunststoff, bei Kabelisolierung) (*Elekt.*), (materia) plastica. **5** ~ (Sauerstoffaufblas-Verfahren) (*Metall.*), processo al convertitore ad ossigeno. **6** ~ (Sauerstoffaufblas-Stahl) (*Metall.*), acciaio al convertitore ad ossigeno.

Y-Ablenkung (*f. - Elektronik*), deflessione verticale.

Y-Abzweigung (Y-Rohr) (*f. - Leit.*), raccordo a 45°.

Y-Achse (*f. - Geom.*), asse delle ordinate, asse y.

Yacht (*f. - naut.*), panfilo, imbarcazione da diporto, «yacht».

Yagi-Antenne (*f. - Funk.*), antenna Yagi.

Yaleschloss (*n. - Bauw. - Mech.*), serratura Yale.

Yard (*n. - Mass*), iarda.

Yb (Ytterbium) (*Chem.*), Yb, itterbio.

y-Draht (einer Speichermatrix z. B.) (*m. - Datenverarb.*), filo verticale.

Y-Legierung (Aluminium-Guss-Legierung, Al CuNi, für warmfeste Gussteile) (*f. - Legierung*), lega Y.

Y-Lochung (zwölfer-Lochung in einer Lochkarte) (*f. - Datenverarb.*), perforazione Y, perforazione 12.

YM (Aussenkabel mit Kunststoffisolierung und Bleimantel) (*Elekt.*), cavo isolato con plastica sotto piombo.

YMb (bewehrtes YM-Kabel) (*Elekt.*), cavo isolato con plastica sotto piombo e armato.

Y-Naht (beim Schweissen) (*f. - mech. Technol.*), smusso a Y, saldatura a Y.

Youngscher Modul (*Baukonstr.lehre*), modulo di Young.

Yperit [$(C_2H_4Cl)_2S$] (Senfgas) (*n. - Chem.*), iprite, solfuro di etile biclorurato.

Y-Schaltung (Sternschaltung) (*f. - Elekt.*), collegamento a stella.

Y-Strebe (*f. - Bauw.*), puntello a Y, puntello a forcella.

Yt (Yttrium) (*Chem.*), Yt, ittrio.

Ytterbium (*Yb - n. - Chem.*), itterbio.

Yttrium (*Y - n. - Chem.*), ittrio.

Y-Verstärker (Vertikal-Ablenkverstärker) (*m. - Elektronik*), amplificatore Y, amplificatore di deflessione verticale.

Z

Z (Scheinwiderstand) (*Elekt.*), Z, impedenza. 2 ~ (Zähler) (*elekt. Ger.*), contatore. 3 ~ (Zenerdiode) (*Elektronik*), diodo Zener. 4 ~ (Zoll) (*Mass*), pollice. 5 ~ (Zähigkeit) (*Metall.*), siehe Zähigkeit. 6 ~ (ziehbar, Stahl) (*Metall.*), duttile.
ZA (Zentralamt) (*Fernspr.*), centrale principale.
za (Zwillingsarbeitskontakt, eines Relais) (*Elekt.*), contatto di lavoro doppio.
Z-Achse (*f. - Geom.*), asse z.
Zacke (Zacken, Spitze) (*f. - allg.*), punta. 2 ~ (Zahn) (*allg.*), dente. 3 ~ (Steckerstift) (*Elekt.*), spinotto. 4 ~ (Impulsspitze) (*Elektronik - Radar*), guizzo. 5 ~ (an Kristallen) (*Min.*), punta aguzza. 6 ~ n·funktion (*f. - Math.*), « funzione delta ». 7 ~ n·pedal (eines Fahrrades) (*n. - Fahrz.*), pedale dentellato, pedale con orli dentellati. 8 ~ n·rolle (*f. - Mech.*), rocchetto a denti. 9 ~ n·schrift (beim Lichttonfilm) (*f. - Filmtech.*), registrazione sonora ad area variabile. 10 feste ~ (*Radar*), segnale permanente (sullo schermo).
Zacken (Endplatte) (*m. - Ofen*), placca di fondo.
zackig (*allg.*), dentellato. 2 ~ (Bruch z. B.) (*Metall. - etc.*), frastagliato.
ZAED (Zentralstelle für Atomkern-Dokumentation) (*Kernphys.*), Centro Documentazione Energia Nucleare.
zäh (Stahl z. B., im Gegensatz zu spröd) (*Metall.*), (a comportamento) plastico. 2 ~ (zähflüssig, Flüssigkeit) (*Chem. - Pyhs.*), viscoso. 3 kalt ~ (Stahl z. B.) (*Metall.*), plastico a freddo.
Zähflüssigkeit (Zähigkeit, Viskosität) (*f. - Phys.*), viscosità.
Zähigkeit (Verformungsfähigkeit, im Gegensatz zur Sprödigkeit) (*f. - Metall.*), plasticità. 2 ~ (Kerbschlagzähigkeit) (*Metall.*), resilienza. 3 ~ (Zähflüssigkeit, Viskosität) (*Phys.*), viscosità. 4 ~ s·messer (*m. - Ger.*), viscosimetro. 5 dynamische ~ (Viskosität) (*Phys.*), viscosità dinamica. 6 Kerbschlag ~ (*Baukonstr.lehre*), resilienza. 7 kinematische ~ (von Gasen) (*Phys.*), viscosità cinematica.
Zähkupfer (*n. - Metall.*), rame affinato.
Zahl (*f. - Math. - etc.*), numero. 2 ~ (Ziffer) (*Math.*), cifra. 3 ~ (Koeffizient) (*Math. - etc.*), coefficiente, indice. 4 ~ (Menge) (*allg.*), quantità. 5 ~ (Zählmass für Fische = 110 Stücke) (*Mass*), 110 pezzi. 6 ~ der Beschäftigten (einer Firma) (*Ind. - Pers.*), numero dei dipendenti, personale in forza. 7 ~ en·angabe (*f. - Technol.*), dato numerico. 8 ~ en·beispiel (*n. - allg.*), esempio numerico. 9 ~ en·ebene (komplexe Zahlenebene, Gaussche Zahlenebene) (*f. - Math.*), piano complesso, piano di Gauss. 10 ~ en·geber (*m. - Fernspr.*), emettitore d'impulsi (di selezione). 11 ~ en·geberrelais (*n. - Fernspr.*), relè di impulsi. 12 ~ en·grösse (*f. - Phys.*), quantità numerica. 13 ~ en·rechnung (*f. - Math.*), calcolo numerico. 14 ~ en·verteiler (*m. - Rechner*), selettore digitale. 15 ~ en·wert (*m. - Math. - etc.*), valore numerico. 16 ~ kasse (Registrierkasse) (*f. - Masch.*), registratore di cassa. 17 ~ rolle (eines Zählers z. B.) (*f. - Mech.*), rullo numeratore. 18 ~ tag (Tag der Lohnzahlung) (*m. - Arb.*), giorno di paga. 19 ~ wort (Numerale) (*n. - Math.*), numerale. 20 aus den roten ~ en heraus sein (*Adm.*), essere in attivo. 21 Ausfluss ~ (*Hydr. - etc.*), coefficiente di efflusso. 22 Avogadrosche ~ (*Chem.*), numero di Avogadro. 23 Bruch ~ (*Math.*), numero frazionario. 24 einstellige ~ (*Math.*), numero di una cifra. 25 endliche ~ (*Math.*), numero finito. 26 fünfstellige ~ (ganze Zahl) (*Math.*), numero a cinque cifre. 27 fünfstellige ~ (Dezimalzahl) (*Math.*), numero a cinque decimali. 28 Gang ~ (einer Schraube) (*Mech.*), numero dei principi. 29 ganze ~ (*Math.*), numero intero. 30 gebrochene ~ (Bruch) (*Math.*), frazione. 31 gerade ~ (*Math.*), numero pari. 32 Grund ~ (*Math.*), numero cardinale. 33 imaginäre ~ ($\sqrt{-a}$) (*Math.*), numero immaginario. 34 irrationale ~ (*Math.*), numero irrazionale. 35 komplexe ~ (*Math.*), numero complesso. 36 Machsche ~ (*Flugw.*), numero di Mach. 37 natürliche ~ (*Math.*), numero naturale. 38 Norm ~ (*Normung - mech. Technol.*), numero normale. 39 Ordnungs ~ (*Math.*), numero ordinale. 40 Platz ~ (*Fahrz.*), numero dei posti. 41 Prim ~ (*Math.*), numero primo. 42 rationale ~ (*Math.*), numero razionale. 43 Reibungs ~ (*Mech.*), coefficiente di attrito. 44 rote ~ (*Adm.*), passivo. 45 Touren ~ (Umlaufszahl) (*Mot. - etc.*), numero di giri. 46 transzendente ~ (*Math.*), numero trascendente. 47 ungerade ~ (*Math.*), numero dispari. 48 Windungs ~ (*Elekt.*), numero delle spire.
Zählader (bei Gesprächzählung, Zähldraht) (*f. - Fernspr.*), filo di conteggio, filo di contatore.
zahlbar (*finanz. - etc.*), pagabile. 2 ~ bei Sicht (zahlbar bei Vorlage) (*finanz.*), pagabile a vista. 3 am Wohnsitz ~ (*finanz.*), pagabile a domicilio. 4 gegen Versandpapiere ~ (*komm.*), pagabile contro documenti di spedizione.
Zählblock (*m. - Eisenb.*), posto di blocco conta-assi.
Zählbogen (*m. - Stat.*), modulo di censimento.
Zähldrossel (Magnetflusszähler) (*f. - Ger.*), contatore di flusso magnetico.
zahlen (bezahlen) (*komm. - etc.*), pagare. 2 ab ~ (in Teilzahlungen bezahlen) (*komm.*), scontare. 3 an ~ (*komm.*), dare un acconto, pagare un acconto, anticipare. 4 auf Abschlag ~ (ratenweise zahlen) (*komm.*), pa-

gare a rate. **5 bar** ~ (*komm.*), pagare in contanti.
zählen (*Math.*), contare. **2 ab** ~ (subtrahieren) (*Math.*), sottrarre, detrarre.
zahlend (*allg.*), pagante. **2** ~ **e Nutzlast** (*Flugw.*), carico pagante.
zahlenmässig (*Math.*), numerico.
Zähler (*m. - Instr. - Ger.*), contatore. **2** ~ (eines Bruchs) (*Math.*), numeratore. **3** ~ (Drehzahlmesser) (*Instr.*), contagiri. **4** ~ **ableser** (*m. - Arb.*), letturista, lettore di contatori. **5** ~ **eichung** (*f. - Instr.*), taratura del contatore. **6** ~ **für die Besetzt- und Verlustfälle** (*Fernspr. - Ger.*), contatore di sovraccarico. **7** ~ **gestell** (*n. - Fernspr.*), comparto contatori, quadro contatori. **8** ~ **kapazität** (*f. - elekt. Ger.*), portata del contatore. **9** ~ **konstante** (*f. - Elekt. - Ger.*), costante del contatore. **10** ~ **mit Höchstverbrauchsangabe** (Zähler mit Maximumanzeiger) (*elekt. Ger.*), contatore con indicazione di massimo. **11** ~ **nullstellung** (*f. - Ger.*), rimessa a zero del contatore, azzeramento del contatore. **12** ~ **saite** (*f. - Aut. - Mot.*), flessibile comando contagiri. **13** ~ **steuerung** (numerische Steuerung durch Zähler und Digital-Inkremental-Wegmess-systeme) (*f. - NC - Maschinen*), comando (numerico incrementale-digitale) a contatore. **14** ~ **tafel** (*f. - Elekt.*), piastra di supporto del contatore. **15 Aron** ~ (*Elekt. - Ger.*), contatore Aron, contatore (inserito) in Aron. **16 Betriebsstunden** ~ (eines Verbrennungsmotors z. B.) (*Instr.*), contaore (di funzionamento). **17 Doppeltarif** ~ (*Elekt. - Ger.*), contatore a doppia tariffa. **18 Elektrizität** ~ (*Ger.*), contatore elettrico. **19 Gas** ~ (*Ger.*), contatore del gas. **20 Geiger** ~ (Spitzenzähler) (*Radioakt. - Ger.*), contatore di Geiger. **21 Haupt** ~ (*Elekt. - Ger.*), contatore principale. **22 Heisswasser** ~ (*Ger.*), contatore per acqua calda. **23 Integral** ~ (integrierender Zähler) (*Ger.*), contatore integratore. **24 Kilometer** ~ (*Ger.*), contachilometri. **25 Produktions** ~ (*Ger.*), contatore di produzione. **26 Schalttafel** ~ (*Elekt. - Ger.*), contatore da quadro. **27 Schritt** ~ (*Ger.*), odometro. **28 Spitzen** ~ (Geigerzähler) (*Radioakt. - Ger.*), contatore di Geiger. **29 Wärme** ~ (*Instr.*), contatore calorimetrico, contatore di calorie. **30 Wasser** ~ (*Ger.*), contatore dell'acqua. **31 Zyklen** ~ (Gangzähler) (*Datenverarb. - etc.*), contatore di cicli, contacicli.
Zählimpuls (*m. - Fernspr. - ecc.*), impulso di conteggio. **2** ~ **geber** (ZIG) (*m. - Fernspr.*), trasmettitore d'impulsi di conteggio.
Zählmass (Stückmass, Masseinheit für Güter, Dutzend z. B.) (*n. - komm.*), misura numerica, misura quantitativa.
Zählradargerät (für Strassenverkehrsuntersuchungen) (*n. - Radar*), radar contatore (di veicoli).
Zählrohr (*n. - Radioakt. - Ger.*), contatore di radiazioni. **2 Geiger-Müllersches** ~ (*Ger. - Radioakt.*), contatore di Geiger-Müller. **3 Neutronen** ~ (*Atomphys. - Ger.*), contatore di neutroni.
Zählröhre (*f. - Elektronik*), tubo di conteggio.
Zählschaltung (*f. - Elektronik - Fernspr.*), circuito di conteggio.

Zähluhr (Zähler) (*f. - Ger.*), contatore a quadrante.
Zahlung (*f. - komm.*), pagamento. **2** ~ **gegen Lieferung** (*komm.*), pagamento alla consegna. **3** ~ **gegen Papiere** (*komm.*), pagamento contro documenti. **4** ~ **in Natur** (*komm.*), pagamento in natura. **5** ~ **s·anweisung** (Zahlungsauftrag) (*f. - Adm.*), mandato di pagamento, ordine di pagamento. **6** ~ **s·art** (Zahlungsweise) (*f. - komm.*), sistema di pagamento. **7** ~ **s·auftrag** (*m. - Adm.*), mandato di pagamento, ordine di pagamento. **8** ~ **s·bedingungen** (*f. - pl. - komm.*), condizioni di pagamento. **9** ~ **s·bilanz** (*f. - finanz.*), bilancia dei pagamenti. **10** ~ **s·einstellung** (*f. - komm.*), sospensione dei pagamenti. **11** ~ **s·modalitäten** (*f. - pl. - komm.*), modalità di pagamento. **12** ~ **s·unfähigkeit** (Insolvenz) (*f. - finanz.*), insolvenza, insolvibilità. **13** ~ **s·weise** (Zahlungsart) (*f. - komm.*), sistema di pagamento. **14** ~ **s·zeit** (Verfallzeit, Skadenz) (*f. - komm. - etc.*), scadenza. **15 Bar** ~ (*komm.*), pagamento in contanti. **16 Raten** ~ (*komm.*), pagamento a rate, pagamento rateale. **17 Rück** ~ (*komm.*), rimborso. **18 Scheck** ~ (*komm.*), pagamento con assegno.
Zählung (*f. - Math. - etc.*), conteggio. **2** ~ (Volkszählung z. B.) (*Stat.*), censimento.
zahlungsunfähig (*finanz.*), insolvibile.
Zählverhinderungsrelais (*n. - Fernspr.*), relè di soppressione del conteggio.
Zählwerk (eines Messgerätes) (*n. - Ger.*), totalizzatore, integratore. **2 fünfstelliges Rollen** ~ (für Betriebsstunden z. B.) (*Instr.*), totalizzatore (a rulli) cilindrico a 5 cifre.
Zahn (*m. - allg.*), dente. **2** ~ (*Arch.*), dentello. **3** ~ **artz** ~ (*m. - Med.*), dentista. **4** ~ **belastung** (*f. - Mech.*), carico sul dente. **5** ~ **bogen** (*m. - Mech.*), settore dentato. **6** ~ **breite** (eines Zahnrades) (*f. - Mech.*), larghezza del dente. **7** ~ **dicke** (eines Zahnrades) (*f. - Mech.*), spessore del dente. **8** ~ **dicke auf Grundkreis** (eines Zahnrades) (*Mech.*), spessore base (del dente). **9** ~ **dicke auf Teilkreis** (eines Zahnrades) (*Mech.*), spessore apparente (del dente). **10** ~ **dicke im Axialschnitt** (eines Zahnrades) (*Mech.*), spessore assiale (del dente). **11** ~ **dickensehne** (eines Zahnrades) (*f. - Mech.*), spessore cordale (del dente). **12** ~ **eingriff** (von Zahnrädern) (*m. - Mech.*), ingranamento dei denti, accoppiamento dei denti, imbocco dei denti. **13** ~ **flanke** (eines Zahnrades) (*f. - Mech.*), fianco del dente. **14** ~ **flankenlinie** (Schnittlinie der Rechts- oder Linksflanke mit dem Teilzylinder) (*f. - Mech.*), direttrice del fianco del dente. **15** ~ **flanken-Schabmaschine** (*f. - Werkz.masch.*), rasatrice (per denti) d'ingranaggi. **16** ~ **flankenschleifmaschine** (*f. - Werkz.masch.*), rettificatrice per ingranaggi. **17** ~ **folge** (Zahngruppenfolge, eines Räumwerkzeuges, Schruppzähne, etc.) (*f. - Werkz.*), gruppo di denti. **18** ~ **fussausrundung** (*f. - Mech.*), raccordo di fondo dente. **19** ~ **fusshöhe** (eines Zahnrades) (*f. - Mech.*), dedendum. **20** ~ **höhe** (eines Zahnrades) (*f. - Mech.*), altezza del dente. **21** ~ **kantenbearbeitung** (zum Erzeugen bestimmter Formen an der Stirnseite der Zähne, bei Schaltge-

Zahn

trieben) (*f. - Mech.*), lavorazione delle estremità dei denti, smussatura imbocco denti. **22 ~ kanten-Fräsmaschine** (*f. - Werkz. Masch.*), fresatrice per smussatura imbocco denti. **23 ~ kettenrad** (*n. - Mech.*), ruota dentata per catena. **24 ~ kopf** (eines Zahnrades) (*m. - Mech.*), testa del dente. **25 ~ kopffäche** (*f. - Mech.*), superficie di troncatura del dente. **26 ~ kopfhöhe** (eines Zahnrades) (*f. - Mech.*), addendum. **27 ~ kopfkante** (*f. - Mech.*), spigolo della testa del dente, spigolo della superficie di troncatura. **28 ~ kranz** (*m. - Mech.*), corona dentata. **29 ~ kreisteilung** (eines Zahnrades) (*f. - Mech.*), passo apparente. **30 ~ kupplung** (*f. - Mech.*), innesto a denti. **31 ~ lücke** (eines Zahnrades) (*f. - Mech.*), vano interdentale. **32 ~ luft** (Zahnspiel) (*f. - Mech.*), gioco tra i denti. **33 ~ mess-Schieblehre** (*f. - Ger.*), odontometro a corsoio, calibro a corsoio per misurare dentature. **34 ~ nabenprofil** (*n. - Mech.*), profilo dentato per mozzi. **35 ~ nabenprofil mit Evolventenflanken** (*Mech.*), profilo dentato per mozzi con fianchi ad evolvente. **36 ~ paste** (*f. - chem. Ind.*), dentifricio (in pasta). **37 ~ plombe** (Zahnfüllung) (*f. - Med.*), lega per otturazioni. **38 ~ prothese** (*f. - Med.*), protesi dentaria. **39 ~ rad** (*n. - Mech.*), siehe Zahnrad. **40 ~ richtungsfehler** (*m. - Mech.*), errore di direzione del dente. **41 ~ riemen** (aus Neopren z. B.) (*m. - Mech.*), cinghia dentata, cinghia a denti. **42 ~ rolle** (zum Transport des Films) (*f. - Filmtech.*), rullo dentato. **43 ~ scheibe** (*f. - Med.*), siehe Zahnscheibe. **44 ~ schiene** (*f. - Mech. - Eisenb.*), dentiera, cremagliera. **45 ~ schnitt** (Gliederung eines Gesimses) (*m. - Arch.*), dentelli. **46 ~ segment** (*n. - Mech.*), settore dentato. **47 ~ spannung** (magnetische, Spannung längs eines Ankerzahnes) (*f. - elekt. Masch.*), tensione lungo il dente (di indotto). **48 ~ stange** (*f. - Mech.*), dentiera, cremagliera. **49 ~ stangenfräsmaschine** (*f. - Werkz.masch.*), fresatrice per dentiere. **50 ~ stangengetriebe** (*n. - Mech.*), meccanismo a pignone e dentiera, meccanismo a pignone e cremagliera. **51 ~ stangenlenkung** (*f. - Aut.*), sterzo a pignone e cremagliera. **52 ~ stangenwinde** (*f. - Mech. - Aut.*), martinetto a cricco, martinetto a cremagliera. **53 ~ steigung** (eines Räumwerkzeuges) (*f. - Werkz.*), incremento. **54 ~ stollen** (Spannute, eines Wälzfräsers) (*m. - Werkz.*), intaglio. **55 ~ techniker** (*m. - Arb. - Med.*), odontotecnico. **56 ~ teilung** (eines Zahnrades) (*f. - Mech.*), passo dei denti. **57 ~ weite** (kürzester Abstand zweier entgegengesetzter Flanken zwischen n Zähnen) (*f. - Mech.*), scartamento. **58 ~ welle** (*f. - Mech.*), albero dentato. **59 ~ welle mit Evolventenflanken** (*Mech.*), albero dentato con profilo ad evolvente. **60 ~ wellenprofil** (*n. - Mech.*), profilo per alberi dentati. **61 ~ wellenprofil mit Evolventenflanken** (*Mech.*), profilo per alberi dentati con fianchi ad evolvente. **62 aufgesetzter ~ kranz** (*Mech.*), corona riportata. **63 eingesetzter ~** (einer Säge) (*Werkz.*), dente riportato. **64 Evolventen ~** (eines Zahnrades) (*Mech.*), dente ad evolvente. **65 gefräster ~** (*Mech.*), dente fresato. **66 gehobelter ~** (*Mech.*), dente piallato, dente stozzato. **67 Gerad ~** (eines Zahnrades) (*Mech.*), dente diritto. **68 Schwungrad ~ kranz** (*m. - Mot.*), corona dentata del volano, corona di avviamento.

zahnen (*Mech. - etc.*), dentare.

Zähnezahl (eines Zahnrades) (*f. - Mech.*), numero di denti. **2 ~ verhältnis** (Übersetzung, Verhältnis der Zähnezahl des grösseren zur Zähnezahl des kleinen Rades) (*n. - Mech.*), rapporto di moltiplicazione.

Zahnrad (*n. - Mech.*), ruota dentata. **2 ~ abschrägmaschine** (*f. - Masch.*), smussatrice per ingranaggi. **3 ~ abwälzfräsmaschine** (*f. - Werkz.masch.*), dentatrice a creatore. **4 ~ bahn** (*f. - Eisenb.*), ferrovia a dentiera, ferrovia a cremagliera. **5 ~ -Entgrateinrichtung** (*f. - Mech.*), sbavatore per ruote dentate. **6 ~ formmaschine** (*f. - Giess. - Masch.*), formatrice per ingranaggi. **7 ~ fräsmaschine** (*f. - Werkz.masch.*), fresatrice per ingranaggi, dentatrice a fresa. **8 ~ -Geräuschprüfmaschine** (*f. - Masch.*), macchina per provare la rumorosità di ingranaggi. **9 ~ getriebe** (*n. - Mech.*), treno di ingranaggi, rotismo ad ingranaggi. **10 ~ getriebe** (Wechselgetriebe) (*Aut. - Mech.*), cambio ad ingranaggi. **11 ~ hobelmaschine** (*f. - Werkz. masch.*), piallatrice per ingranaggi, stozzatrice per ingranaggi. **12 ~ läppmaschine** (*f. - Werkz.masch.*), lappatrice per ingranaggi. **13 ~ -Laufprüfmaschine** (*f. - Masch.*), macchina prova-ingranaggi. **14 ~ motor** (Druckluft- oder Hydromotor) (*m. - Mot.*), motore a ingranaggi. **15 ~ prüfmaschine** (*f. - Masch.*), macchina per la prova d'ingranaggi. **16 ~ pumpe** (*f. - Masch.*), pompa ad ingranaggi. **17 ~ rohling** (*m. - Mech.*), ruota dentata da tagliare. **18 ~ schabmaschine** (*f. - Werkz.masch.*), rasatrice per ingranaggi, sbarbatrice per ingranaggi. **19 ~ schälen** (*n. - Werkz.masch.bearb.*), siehe Wälzschälen. **20 ~ schleifmaschine** (*f. - Werkz.masch.*), rettificatrice per ingranaggi. **21 ~ schutzkasten** (*m. - Mech.*), custodia per ingranaggi. **22 ~ stossmaschine** (*f. - Werkz.masch.*), stozzatrice per ingranaggi. **23 ~ verspannungprüfstand** (*m. - Masch.*), banco prova resistenza ingranaggi. **24 ~ vorgelege** (*n. - Mech.*), rinvio ad ingranaggi. **25 ~ wechselgetriebe** (*n. - Mech.*), cambio ad ingranaggi. **26 ~ wendegetriebe** (*n. - Mech.*), invertitore ad ingranaggi. **27 Gerad ~** (*Mech.*), ruota a denti diritti. **28 geschmiedeter ~ rohling** (Schmieden), sbozzo di ruota dentata. **29 Innen ~** (*Mech.*), ruota a dentatura interna. **30 Kreisbogen ~** (*Mech.*), ruota con denti ad arco di cerchio. **31 Pfeil ~** (*Mech.*), ruota a freccia, ruota a cuspide, ruota a « chevron », ruota a spina di pesce. **32 Planeten ~** (eines Planetengetriebes) (*Mech.*), ruota satellite. **33 Schräg ~** (*Mech.*), ruota elicoidale. **34 Schraub ~** (Hypoidrad) (*Mech.*), ruota ipoide. **35 Zapfen ~** (*Mech.*), ruota a lanterna.

Zahnscheibe (federnde Zahnscheibe, Sicherungscheibe) (*f. - Mech.*), rosetta elastica dentata piana. **2 ~** (verzahnte Scheibe, eines Zählers z. B.) (*Mech.*), disco dentato. **3 aussengezahnte ~** (*Mech.*), rosetta elastica

dentata piana esterna. **4 innengezahnte** ~ (*Mech.*), rosetta elastica dentata piana interna. **5 versenkte** ~ (*Mech.*), rosetta elastica svasata dentata.
Zahnungslänge (eines Räumwerkzeuges) (*f. - Werkz.*), lunghezza di dentatura.
zähpolen (bei der Raffination von Rohkupfer) (*Metall.*), trattare al legno verde.
Zain (Metallstab, für die Herstellung von Münzen) (*m. - Metall.*), barra (metallica).
ZAM (Zweiseitenband- Amplitudenmodulation) (*Funk.*), modulazione di ampiezza a due bande laterali.
Zamak (Zinklegierung mit Aluminium) (*n. - Metall.*), lega zama.
Zange (Beisszange, Kneifzange) (*f. - Werkz.*), tenaglia, tanaglia, tenaglie. **2** ~ (Rohrzange z. B.) (*Werkz.*), pinza. **3** ~ (Lastaufnahmemittel) (*Hebevorr.*), tenaglia. **4** ~ (Manipulator) (*Atomphys. - Ger.*), manipolatore. **5** ~ (Geburtszange) (*Med. - Ger.*), forcipe. **6** ~ (zum Schweissen) (*Ger.*), pinza. **7** ~ (einer Scheibenbremse) (*Aut.*), pinza. **8** ~ anleger (zur Strommessung z. B.) (*m. - elekt. Ger.*), strumento a tenaglia, strumento a pinza. **9** ~ n·bewegung (*f. - milit.*), movimento a tenaglia. **10** ~ n·bremse (Scheibenbremse) (*f. - Aut.*), freno a disco (del tipo) a pinza. **11** ~ n·ende (das Ende eines Rohlings z. B., das in der Zange gehalten wird) (*n. - Schmiede.*), codolo (di fucinatura). **12** ~ n·hülse (*f. - Werkz.masch.bearb.*), bussola di chiusura, bussola di serraggio. **13** ~ n·kanter (*m. - Walzw. - Vorr.*), manipolatore a tenaglia. **14** ~ n·kran (*m. - Metall.*), gru a tenaglia. **15** n-Leistungsmesser (*m. - elekt. Ger.*), wattmetro a tenaglia. **16** ~ n·spanndrehbank (*f. - Werkz.masch.*), tornio a pinza. **17** ~ n·spannfutter (einer Drehbank) (*n. - Werkz.masch.bearb.*), pinza. **18** ~ n·strommesser (*m. - elekt. Ger.*), amperometro a tenaglia. **19** ~ n·vorschubeinrichtung (für die Stangen z. B.) (*f. - Werkz.masch.*), alimentatore a pinza, pinza di avanzamento. **20 Abmantel** ~ (für elekt. Kabel) (*Werkz.*), pinza tagliaguaina, pinza levaguaina, pinza spelafilo. **21 Abstreif**~(Stripperzange, für Stahlblöcke) (*Ger.*), slingottatore a tenaglia. **22 Amerikaner** ~ (Spannzange) (*Werkz.masch.bearb.*), bussola di chiusura, bussola di serraggio. **23 Ballen** ~ (*Hebevorr.*), tenaglia per balle. **24 Beiss** ~ (Kneifzange) (*Werkz.*), tenaglia, tanaglia, tenaglie. **25 Block** ~ (zum Heben von Stahlblöcken) (*Ger.*), tenaglia per lingotti. **26 Draht** ~ (*Werkz.*), pinza per fili. **27 Drehbank** ~ (*Werkz.masch.*), pinza da tornio. **28 Feder** ~ (*Werkz.*), pinzetta a molla, pinzetta elastica. **29 Flach** ~ (*Werkz.*), pinza a punte piatte. **30 Gasrohr** ~ (Rohrzange) (*Werkz.*), pinza per tubi. **31 Geburts** ~ (*Med. - Ger.*), forcipe. **32 Kerbschnitt** ~ (*Werkz.*), pinza per intagli. **33 Kisten** ~ (*Hebevorr.*), tenaglia per casse. **34 Kneif** ~ (Beisszange) (*Werkz.*), tenaglia, tanaglia, tenaglie. **35 Kniehebel** ~ (*Hebevorr.*), tenaglia articolata. **36 Kolbenring** ~ (*Mot. - Werkz.*), pinza per fasce elastiche, pinza per montaggio anelli elastici. **37 Korn** ~ (*Werkz.*), pinzetta. **38 Loch** ~ (*Werkz.*), pinza per forare, pinza foratrice.

39 pressluftbetätigte Punktschweiss ~ (*mech. Technol.*), pinza pneumatica per saldatura a punti. **40 Revolverloch** ~ (*Werkz.*), pinza foratrice a revolver. **41 Rohr** ~ (Gasrohrzange) (*Werkz.*), pinza per tubi. **42 Rund** ~ (*Werkz.*), pinza a punte tonde. **43 Sack** ~ (*Hebevorr.*), tenaglia per sacchi. **44 Sägeschränk** ~ (*Werkz.*), licciaiuola, pinza per stradare seghe, pinza per allicciare seghe. **45 Schlepp** ~ (Ziehzange, für Drahtziehen) (*Werkz.*), tenaglia a rana, tenaglia tirafilo. **46 Schmiede** ~ (*Werkz.*), tenaglia da fucinatore. **47 Schweiss** ~ (*mech. Technol.*), pinza per saldatura. **48 Seeger** ~ (*Werkz.*), pinza per anelli Seeger, pinza per anelli elastici di arresto. **49 Stripper** ~ (Abstreifzange, für Stahlblöcke) (*Ger.*), slingottatore a tenaglia. **50 Uhrmacher** ~ (*Werkz.*), pinzette da orologiaio. **51 Universal** ~ (*Werkz.*), pinza universale. **52 Zieh** ~ (Ziehstock, zum Drahtziehen) (*Werkz.*), tenaglia a rana, tenaglia tirafilo.
zängen (zwängen, quetschen, Arbeitsgang zum Herausquetschen der Schlacke von Puddelstahl) (*Metall.*), descorificare al maglio.
Zängewalzwerk (Quetsche, zum Herausquetschen der Schlacke von Puddelstahl) (*n. - Metall. - Walzw.*), laminatoio per pressatura, laminatoio descorificatore.
Z-Anordnung (einer Kardanwelle) (*f. - Mech.*), disposizione parallela, disposizione ad alberi paralleli.
Zäpfchen (Pellet) (*n. - Metall.*), pellet, pallina.
Zapfen (einer Welle z. B.) (*m. - Mech.*), perno. **2** ~ (eines Schraubenendes) (*Mech.*), nocciolo sporgente. **3** ~ (aus feuerfestem Material) (*Giess.*), tampone. **4** ~ (der Verzapfung) (*Tischl. - Zimm.*), tenone. **5** ~ (im Auge) (*Opt.*), cono. **6** ~ (Hahn) (*Leit.*), rubinetto. **7** ~ (Verschluss·stöpsel) (*allg.*), tappo. **8** ~ düse (eines Einspritzsystems) (*f. - Mot.*), iniettore a pernetto. **9** ~ enden-Abrund- und Poliermaschine (*f. - Masch.*), macchina per arrotondare e lucidare le estremità di perni. **10** ~ feder (*f. - Mech.*), linguetta cilindrica. **11** ~ kreuz (einer Gelenkwelle z. B.) (*n. - Mech.*), crociera. **12** ~ lager (*n. - Mech.*), cuscinetto portante. **13** ~ loch (*n. - Tischl. - Zimm.*), mortisa, mortasa. **14** ~ lochmaschine (Stemmaschine) (*f. - Holzbearb.masch.*), mortasatrice. **15** ~ säge (*f. - Werkz.*), sega per tenoni. **16** ~ schlüssel (*m. - Werkz.*), chiave a denti. **17** ~ schneidmaschine (*f. - Holzbearb.masch.*), tenonatrice. **18** ~ schraube (Schraube ohne Kopf mit Gewinderille und verstärktem Schaft) (*f. - Mech.*), vite senza testa a doppio diametro. **19** ~ senker (Werkz. zum zylindrischen Ansenken eines Loches, das mit einem Zapfen ins vorgebohrte Loch geführt wird) (*m. - Werkz.*), allargatore (cilindrico) con guida. **20** ~ stern (des Ausgleichgetriebes) (*m. - Aut. - Mech.*), crociera portasatelliti. **21** ~ verzahnung (Triebstockverzahnung) (*f. - Mech.*), dentatura a perni. **22** ~ zahnrad (*n. - Mech.*), ruota a lanterna. **23 Einguss** ~ (beim Druckgiessen) (*Giess.*), bocchello. **24 Einspann** ~ (Verbindung von Werkzeugoberteil mit der Presse)

zapfen

(*Blechbearb. - Werkz.*), codolo. **25 Gelenk ~** (*Mech.*), perno d'articolazione. **26 Kamm ~** (*Mech.*), perno di spinta a collare. **27 Kugel ~** (*Mech.*), perno sferico, perno ad estremità sferica. **28 kugeliger Spur ~** (*Mech.*), perno di spinta a sfera. **29 Kupplungs ~** (Kleeblattform, zum Antrieb der Walze) (*Walzw.*), trefolo. **30 Kurbel ~** (*Mot.*), perno di manovella, perno di biella, bottone di manovella. **31 Lauf ~** (zum Antrieb der Walze) (*Walzw.*), collo. **32 Ring ~** (ringförmiger Spurzapfen) (*Mech.*), perno di spinta anulare. **33 Splint ~** (eines Schraubenendes) (*Mech.*), nocciolo sporgente con foro per copiglia. **34 Spur ~** (*Mech.*), perno di spinta. **35 Stütz ~** (*Mech.*), cardine.
zapfen (stemmen) (*Tischl.*), mortasare.
Zapfhahn (*m. - Leit.*), rubinetto a maschio.
Zapfsäule (Tanksäule) (*f. - Aut.*), colonnina del distributore.
Zapfstelle (Tankstelle) (*f. - Aut.*), stazione di servizio.
Zapfwelle (bei Schleppern z. B., zum Antrieb von Geräten) (*f. - Mech.*), presa di forza, presa di moto.
Zap-Klappe (Spreizklappe) (*f. - Flugw.*), ipersostentatore d'intradosso.
Zaponlack (Nitrozelluloselack, zum Überziehen von Metallen) (*m. - Anstr.*), vernice zapon.
Zarge (Rahmen) (*f. - Tischl.*), telaio, intelaiatura. **2 ~** (einer Tür oder eines Fensters) (*Zimm. - Bauw.*), chiassile, intelaiatura. **3 ~ n·fenster** (*n. - Bauw.*), finestra a telaio.
Zäsium (*Cs - n. - Chem.*), cesio.
Zaum (Pronyscher Zaum, Bremsdynamometer) (*m. - Mot.*), freno dinamometrico Prony.
Zaun (Einfriedigung) (*m. - Bauw.*), cinta, recinzione. **2 Latten ~** (*Bauw.*), steccato.
z. B. (zum Beispiel) (*allg.*), per esempio, p. es.
ZB-Betrieb (Zentral-Batterie-Betrieb) (*m. - Fernspr.*), servizio a batteria centrale.
ZBST (Zentrales Büro für Standardisierung) (*Bauw. - Normung*), Ufficio Centrale di Normazione.
z.b.V. (zur besonderen Verwendung) (*allg.*), per impiego speciale.
Zchg. (Zeichnung) (*Zeichn.*), disegno.
z.d.A. (zu den Akten) (*Büro*), agli atti.
Z-Diode (*f. - Elektronik*), siehe Zenerdiode.
Zdr (Zweidraht...) (*Elekt.*), a due fili.
Zebra-Fussgängerübergang (*m. - Strass.ver.*), passaggio pedonale zebrato.
Zebrastreifen (*m. - pl. - Strass.verk.*), attraversamento zebrato, passaggio (pedonale) zebrato, « strisce ».
Zeche (Bergwerk) (*f. - Bergbau*), miniera. **2 ~** (Gesellschaft) (*Bergbau*), società mineraria. **3 ~ n·arbeiter** (*m. - Arb. - Bergbau*), minatore. **4 ~ n·bahn** (*f. - Bergbau*), ferrovia da miniera. **5 ~ n·distrikt** (*m. - Bergbau*), distretto minerario. **6 Kohlen ~** (*Bergbau*), miniera di carbone.
Zedernholz (*n. - Holz*), legno di cedro.
Zeemaneffekt (Aufspaltung der Spektrallinien im Magnetfeld) (*m. - Phys.*), effetto Zeeman.
Zehneck (*n. - Geom.*), decagono.
Zehner (*m. - Math.*), decade. **2 ~ logarith-** **mus** (*m. - Math.*), logaritmo decimale. **3 ~ nummerung** (*f. - Math.*), numerazione decimale. **4 ~ potenz** (*f. - Math.*), potenza decimale. **5 ~ stelle** (*f. - Math.*), posizione delle decine. **6 ~ tastatur** (mit nur einem Satz Zifferntasten) (*f. - Rechenmasch.*), tastiera ridotta, tastiera a dieci tasti.
zehntäglich (Zeitschrift z. B.) (*allg.*), decadale.
Zehntel (*m. - Math.*), decimo (*s.*). **2 ~ liter** (*m. - Mass*), decilitro. **3 ~ lösung** (*f. - Chem.*), soluzione decinormale. **4 ~ millimeter** (*m. - Math. - Mech. - Mass*), decimo di millimetro.
Zehntel-Wert-Dicke (Schichtdicke eines Abschirmmaterials durch die die Intensität der Strahlung auf 1/10 senkt) (*f. - Radioakt.*), spessore di decimazione.
Zeibe (Schlitterbahn) (*f. - Transp.*) (*schweiz.*), slittovia.
Zeichen (*n. - allg.*), segno. **2 ~** (Symbol) (*allg.*), simbolo. **3 ~** (Signal) (*Funk.*), segnale. **4 ~** (*Math.*), segno. **5 ~** (ein Element aus einer Menge von Ziffern, Buchstaben, etc.) (*Rechner*), carattere. **6 ~ abstand** (*m. - Telegr.*), intervallo dei segnali. **7 ~ bogen** (*m. - Zeichn.*), foglio da disegno. **8 ~ brett** (*n. - Zeichn.*), tavola da disegno. **9 ~ büro** (*n. - Zeichn.*), ufficio disegni. **10 ~ dreieck** (Winkeldreieck) (*n. - Zeichn. - Ger.*), squadra. **11 ~ drucker** (*m. - Datenverarb.*), stampante seriale, stampante di un carattere alla volta. **12 ~ erkennung** (mit Schriftlesegeräten z. B., Zeichenlesen) (*f. - Datenverarb.*), lettura di caratteri. **13 ~ erklärung** (*f. - Druck.*), leggenda. **14 ~ feder** (*f. - Zeichn. - Ger.*), pennino da disegno. **15 ~ folge** (in einem Speicher z. B., Zeichenreihe) (*f. - Datenverarb.*), stringa, serie di caratteri consecutivi. **16 ~ gebung** (*f. - Fernspr. - etc.*), trasmissione di segnali. **17 ~ lesen** (*n. - Rechner*), lettura di caratteri. **18 ~ leser** (Zeichenlesegerät) (*m. - Datenverarb.*), lettore di caratteri. **19 ~ maschine** (*f. - Zeichn.*), tecnigrafo. **20 ~ maschine** (zum Erstellen von Diagrammen) (*Zeichn. - etc.*), diagrammografo. **21 ~ papier** (*n. - Zeichn.*), carta da disegno. **22 ~ pegel** (*n. - Funk.*), livello del segnale. **23 ~ stift** (*m. - Zeichn.*), matita da disegno. **24 ~ strom** (*m. - Telegr.*), corrente di segnale. **25 ~ tisch** (*m. - Zeichn.*), tavolo da disegno. **26 ~ vorrat** (*m. - Datenverarb.*), set di caratteri, insieme di caratteri. **27 ~ winkel** (*m. - Zeichn. - Ger.*), squadra a triangolo. **28 binär verschlüsseltes ~** (*Datenverarb.*), carattere codificato in binario. **29 hörbares ~** (*Akus.*), segnale acustico. **30 Not ~** (*allg.*), segnale di allarme. **31 redundantes ~** (selbstprüfendes Zeichen) (*Datenverarb.*), carattere di controllo, carattere di ridondanza. **32 Seh ~** (*Opt.*), segnale ottico.
Zeichg. (Zeichnung) (*Zeichn.*), disegno. **2 n. ~** (nach Zeichnung) (*Zeichn.*), secondo disegno.
Zeichnen (*n. - Zeichn.*), disegno. **2 Maschinen ~** (*Zeichn.*), disegno di macchine.
zeichnen (darstellen) (*Zeichn.*), disegnare. **2 ~** (kennzeichnen) (*allg.*), contrassegnare, segnare. **3 ~** (unterschreiben) (*allg.*), firmare.

4 ~ (Aktien, etc.) (*finanz. - etc.*), sottoscrivere. 5 aus ~ (*allg.*), contrassegnare. 6 mass·stäblich ~ (*Zeichn.*), disegnare in scala.
Zeichner (*m. - Zeichn.*), disegnatore. 2 ~ für Einzelzeichnungen (*Zeichn.*), disegnatore particolarista.
zeichnerisch (graphisch) (*allg.*), grafico. 2 ~ e Lösung (*Math. - etc.*), soluzione grafica. 3 ~ es Rechnen (*Math.*), calcolo grafico. 4 ~ es Verfahren (*Math. - etc.*), procedimento grafico, metodo grafico.
Zeichnung (*f. - Zeichn.*), disegno. 2 ~ (Unterzeichnung) (*recht.*), firma. 3 ~ (von Aktien z. B.) (*finanz. - etc.*), sottoscrizione. 4 ~ mit eingeschriebenen Massen (*Zeichn.*), disegno quotato. 5 ~ s·archiv (*n. - Zeichn. - Ind.*), archivio disegni. 6 ~ s·mass (*n. - Zeichn.*), quota. 7 ~ s·prüfung (*f. - Zeichn. - Ind.*), controllo disegni. 8 ~ s·schrank (Zeichnungsarchiv) (*m. - Zeichn.*), archivio disegni. 9 Angebots ~ (*Zeichn. - komm.*), disegno per offerta. 10 ausgezogene ~ (*Zeichn.*), disegno passato ad inchiostro. 11 Bestell ~ (*Zeichn. - komm.*), disegno per ordinazione. 12 Blei ~ (*Zeichn.*), disegno a matita. 13 Einbau ~ (*Zeichn.*), disegno di montaggio. 14 Entwurfs ~ (für Angebot) (*Zeichn. - komm.*), disegno progetto. 15 Fertigungs ~ (Werkzeichnung) (*Zeichn.*), disegno di officina. 16 Fundament ~ (*Zeichn. - Bauw.*), disegno delle fondazioni. 17 Genehmigungs ~ (*Zeichn.*), disegno di accettazione. 18 geometrische ~ (*Zeichn.*), disegno geometrico. 19 Gerät ~ (*Zeichn.*), siehe Gesamtzeichung. 20 Gesamt ~ (*Zeichn.*), complessivo, disegno complessivo. 21 Hand ~ (*Zeichn.*), disegno a mano. 22 Liefer ~ (*Zeichn. - komm.*), disegno di fornitura. 23 Mass ~ (*Zeichn.*), disegno quotato. 24 mass·stäbliche ~ (*Zeichn.*), disegno in scala. 25 Montage ~ (Richtzeichnung) (*Zeichn.*), disegno di montaggio. 26 Patent ~ (für Patentanmeldungen) (*Zeichn. - recht.*), disegno per (domanda di) brevetto. 27 Revisions ~ (Lieferzeichnung mit Kenntlichmachung der für die Revision wichtigen Masse) (*Zeichn. - komm.*), disegno di fornitura con quote corrette. 28 Richt ~ (Montagezeichnung, für den Zusammenbau und Einbau) (*Zeichn.*), disegno di montaggio. 29 schematische ~ (*Zeichn.*), disegno schematico. 30 Schnittmodell ~ (*Zeichn.*), vista in trasparenza, trasparenza. 31 Schnitt ~ (*Zeichn.*), disegno in sezione. 32 Stamm ~ (Ausgangs-Zeichnung für Vervielfältigung) (*Zeichn.*), disegno riproducibile. 33 statische ~ (graphische Berechnung) (*Zeichn.*), calcolo grafico. 34 technische ~ (*Zeichn.*), disegno tecnico. 35 Teilmontage ~ (*Zeichn.*), vista esplosa, disegno particolari smontati. 36 Teilschnitt ~ (*Zeichn.*), disegno di particolare in sezione. 37 Teilschnitt ~ (Ansicht, Riss) (*Zeichn.*), vista in sezione parziale. 38 Teil ~ (*Zeichn.*), disegno di particolare. 39 Tusch ~ (*Zeichn.*), disegno ad inchiostro. 40 Übersichts ~ (*Zeichn.*), siehe Gesamtzeichnung. 41 Werk ~ (Fertigungszeichnung) (*Zeichn.*), disegno di officina. 42 Zusammenstellungs ~ (*Zeichn.*), siehe Gesamtzeichnung.

Zeigefinger (Zeiger) (*m. - Instr.*), indice, lancetta.
zeigen (*allg.*), mostrare, indicare. 2 ~ (die Temperatur z. B.) (*Instr. - etc.*), indicare, segnare. 3 ~ (beweisen) (*allg.*), dimostrare, provare. 4 auf ~ (*allg.*), indicare, mostrare. 5 sich ~ (*allg.*), mostrarsi, apparire. 6 vor ~ (*allg.*), presentare, esibire, produrre.
Zeiger (Teil eines Messgerätes) (*m. - Ger.*), indice, lancetta. 2 ~ (Index) (*Math.*), indice. 3 ~ (Vektor) (*Math.*), vettore. 4 ~ ausschlag (*m. - Instr. - Ger.*), deviazione dell'indice. 5 ~ darstellung (*f. - Elekt.*), rappresentazione vettoriale. 6 ~ diagramm (Vektordiagramm) (*n. - Math.*), diagramma vettoriale. 7 ~ instrument (*n. - Instr.*), strumento indicatore. 8 ~ methode (Vektormethode) (*f. - Funk.*), metodo vettoriale. 9 ~ summe (*f. - Elekt.*), somma vettoriale. 10 ~ tachometer (*n. - Ger.*), tachimetro a lancetta. 11 ~ zange (*f. - Uhrmacher - Werkz.*), pinza per lancette. 12 Faden ~ (*Instr.*), indice a filo. 13 Lanzen ~ (*Instr.*), indice a lancetta. 14 Licht ~ (*Instr.*), indice luminoso. 15 Messer ~ (*Instr.*), indice a coltello.
Zeile (von Wörtern, etc.) (*f. - Druck. - etc.*), riga. 2 ~ (*Fernseh.*), linea (di scansione). 3 ~ (Stahleinschlüsse z. B.) (*Metall. - Fehler*), linea. 4 ~ n·ablenkgerät (*n. - Fernseh.*), dispositivo di deflessione. 5 ~ n·ablenkung (horizontal Zeilenablenkung) (*f. - Fernseh.*), deflessione orizzontale. 6 ~ n·abstandhebel (einer Schreibmaschine) (*m. - Büromasch.*), leva dell'interlinea. 7 ~ n·abtasten (*n. - Fernseh.*), scansione a linee, analisi a linee. 8 ~ n·austastimpuls (*m. - Fernseh.*), impulso di soppressione orizzontale. 9 ~ n·austastung (Unterdrückung des Bildsignals am Ende jeder Zeile) (*f. - Fernseh.*), soppressione orizzontale. 10 ~ n·breite (Fleckdurchmesser) (*f. - Fernseh.*), larghezza della linea, diametro del punto analizzatore. 11 ~ n·dauer (beim Abtasten) (*f. - Fernseh.*), tempo di scansione per riga. 12 ~ n·drucker (*m. - Datenverarb.*), stampante parallela. 13 ~ n·einsteller (einer Schreibmaschine) (*m. - Büromasch.*), regolatore dell'interlinea. 14 ~ n·flimmern (wechselnde Zeilenhelligkeit, beim Zeilensprungverfahren) (*n. - Fernseh.*), sfarfallamento di linea, sfarfallamento della luminosità di linea. 15 ~ n·folgesystem (*n. - Fernseh.*), sistema (di scansione) progressivo, scansione progressiva. 16 ~ n·fräsen (*n. - Werkz.masch.bearb.*), siehe Pendelfräsen. 17 ~ n·frequenz (*f. - Fernseh.*), frequenza delle linee. 18 ~ n·gefüge (*n. - Metall.*), struttura a bande, struttura a linee. 19 ~ n·giessmaschine (*f. - Druck. - Giess.masch.*), fonditrice di righe. 20 ~ n·gleichlaufimpuls (Zeilensynchronimpuls) (*m. - Fernseh.*), impulso di sincronizzazione orizzontale. 21 ~ n·guss (*m. - Druck. - Giess.*), riga fusa. 22 ~ n·hacker (*m. - Druck. - Masch.*), tagliarighe. 23 ~ n·kippschaltung (*f. - Fernseh.*), circuito di scansione delle linee. 24 ~ n·linearität (*f. - Fernseh.*), linearità orizzontale. 25 ~ n·rücksprung (*m. - Fernseh.*), ritorno. 26 ~ n·schalter (einer Schreibmaschine) (*m. - Büromasch.*), leva dell'interlinea. 27 ~ n·schaukeln

zeilenartig

(Bewegung eines Bildes infolge fehlerhafter Synchronisation) (*n. - Fernseh.fehler*), scorrimento orizzontale. 28 ~ **n·setzmaschine** (Linotype) (*f. - Druckmasch.*), linotype, compositrice di linee intere. 29 ~ **n·sprungverfahren** (*n. - Fernseh.*), sistema (di scansione) interlineato, scansione interlineata, analisi interlineata, analisi intercalata, analisi a linee alternate. 30 ~ **n·struktur** (*f. - Metall.*), struttura a righe, struttura a bande. 31 ~ **n·synchronisation** (Synchronisation der Zeilenfrequenz) (*f. - Fernseh.*), sincronizzazione orizzontale. 32 ~ **n·transport** (*m. - Datenverarb.*), interlinea. 33 ~ **n·transport-Unterdrückung** (*f. - Datenverarb.*), soppressione interlinea.

zeilenartig (*allg.*), lineare. 2 ~ e **Einschlüsse** (*Metall. - Fehler*), allineamento di inclusioni, inclusioni allineate.

Zeiligkeit (Zeilenbildung im Gefüge) (*f. - Metall.*), formazione di allineamenti, formazione di bande.

Z-Eisen (*n. - metall. Ind.*), ferro a zeta.

Zeising (Segeltuchende, zum Festlaschen des Segels auf dem Baum) (*n. - naut.*), matafione.

Zeit (*f. - allg.*), tempo. 2 ~ (Uhr) (*Astr.*), ora. 3 ~ **ablenkschaltung** (*f. - Fernseh.*), circuito di deflessione. 4 ~ **ablenkung** (Zeitbasis) (*f. - Elektronik*), base dei tempi, asse dei tempi. 5 ~ **abschnitt** (Zeitraum) (*m. - allg.*), intervallo (di tempo), periodo. 6 ~ **abstand** (*m. - allg.*), intervallo di tempo. 7 ~ **achse** (Zeitbasis) (*f. - Fernseh. - etc.*), asse dei tempi, base dei tempi. 8 ~ **ansage-Gerät** (Gerät, das dem Fernsprechteilnehmer die genaue Uhrzeit ansagt) (*n. - Fernspr. - Ger.*), dicitore dell'ora esatta. 9 ~ **aufnahme** (*f. - Phot.*), posa. 10 ~ **aufnahme** (*Zeitstudium*), cronometraggio, rilevamento tempi. 11 ~ **aufschlagzünder** (*m. - Expl.*), spoletta a tempo ed a percussione. 12 ~ **aufwand** (Zeitbedarf) (*m. - Technol. - etc.*), tempo richiesto. 13 ~ **basis** (*f. - Elektronik*), base dei tempi. 14 ~ **bruchdehnung** (*f. - Metall. - mech. Technol.*), siehe Zeitstandbruchdehnung. 15 ~ **brucheinschnürung** (*f. - Metall. - mech. Technol.*), siehe Zeitstandbrucheinschnürung. 16 ~ **bruchlinie** (Verbindungslinie der Zeitstandfestigkeiten, im Zeitstand-Schaubild) (*f. - Metall. - mech. Technol.*), linea (dei carichi) di rottura per scorrimento. 17 ~ **dehner** (Filmaufnahmekamera) (*m. - Filmtech. - Masch.*), rallentatore, macchina per riprese al rallentatore, macchina per ripresa ultrarapida. 18 ~ **dehngrenze** (bei Standversuche) (*f. - Metall. - mech. Technol.*), limite di allungamento per scorrimento. 19 ~ **-Dehnungs-Kurve** (*f. - Metall. - Baukonstr.lehre*), curva tempo-allungamento, curva dell'allungamento (per scorrimento) in funzione del tempo. 20 ~ **dilatation** (Relativitätstheorie) (*f. - Phys.*), dilatazione del tempo. 21 ~ **erfassung und -verarbeitung** (Zeitaufnahme und -verarbeitung) (*f. - Zeitstudie*), rilevamento ed elaborazione tempi. 22 ~ **festigkeit** (*f. - mech. Technol.*), siehe Zeitschwingfestigkeit. 23 ~ **folgeverfahren** (*n. - Fernseh.*), sistema (a colori) sequenziale. 24 ~ **funk** (*m. - Funk.*), attualità. 25 ~ **geber** (*m. - Elekt.*), temporizzatore. 26 ~ **gebühr** (*f. - Adm.*), tariffa a tempo. 27 ~ **gleichung** (Unterschied zwischen mittlerer und wahrer Sonnenzeit) (*f. - Astr.*), equazione del tempo. 28 ~ **glied** (eines Thermozeitschalters z. B.) (*n. - Elekt.*), elemento temporizzatore. 29 ~ **grad** (Verhältnis zwischen vorgegebener Zeit und benötigte Zeit) (*m. - Zeitstudium*), coefficiente di efficacia. 30 ~ **impuls** (*m. - Ger. - Elekt.*), impulso temporizzatore. 31 ~ **integral** (*n. - Math.*), integrale di tempo. 32 ~ **konstante** (Produkt von Widerstand und Kapazität oder Quotient von Widerstand und Induktivität) (*f. - Elekt.*), costante di tempo. 33 ~ **kontakteinrichtung** (*f. - elekt. Ger.*), contattore a tempo. 34 ~ **kontrolle** (*f. - Arb. - Organ.*), controllo dei tempi. 35 ~ **kriechgrenze** (Zeitstandkriechgrenze) (*f. - Metall. - mech. Technol.*), limite di scorrimento. 36 ~ **lampe** (*f. - Fernspr.*), spia indicatrice di durata. 37 ~ **lohn** (*m. - Arb.*), salario ad economia. 38 ~ **lohnarbeit** (*f. - Arb.*), lavoro ad economia. 39 ~ **lupe** (Zeitdehner) (*f. - Filmtech.*), macchina per riprese al rallentatore, rallentatore, macchina per ripresa ultrarapida. 40 ~ **lupenaufnahme** (*f. - Filmtech.*), ripresa ultrarapida. 41 ~ **massstab** (*m. - Phys.*), scala dei tempi. 42 ~ **messung** (*f. - Zeitstudium*), cronometraggio. 43 ~ **multiplex** (*n. - Telegr. - etc.*), multiplex a divisione di tempo. 44 ~ **multiplexbetrieb** (Time-sharing) (*m. - Rechner*), time-sharing, divisione di tempo. 45 ~ **multiplex-Fernmessung** (*f. - Messtechnik*), telemisura ad impulsi scaglionati nel tempo. 46 ~ **multiplexverfahren** (*n. - Fernspr.*), sistema multiplex a divisione di tempo. 47 ~ **nehmer** (bei Werkz.masch.bearb. z. B.) (*m. - Arb. - Pers.*), cronometrista. 48 ~ **nehmer** (*Sport*), cronometrista. 49 ~ **planregelung** (wenn der vorgegebene Wert mit der Zeit ändern kann) (*f. - Elektromech.*), regolazione a programma, regolazione variabile nel tempo. 50 ~ **planregler** (*m. - Ger.*), regolatore a programma. 51 ~ **platte** (eines Elektronenstrahl-Oszillograph) (*f. - Elektronik*), piastra di deflessione orizzontale. 52 ~ **punkt** (*m. - allg.*), momento, istante. 53 ~ **querschnitt** (bei Ventilsteuerung $= \int f \cdot dt$, wo f den augenblicklichen freien Querschnitt und t die dazu erforderliche Zeit darstellen) (*m. - Verbr. mot.*), sezione (libera di passaggio) in funzione del tempo. 54 ~ **raffer** (Filmaufnahmeapparatur) (*m. - Filmtech.*), acceleratore, macchina per riprese accelerate. 55 ~ **rafferaufnahme** (*f. - Filmtech.*), ripresa per effetto accelerato. 56 ~ **raffung** (*f. - Filmtech.*), effetto accelerato. 57 ~ **rechner** (*m. - Ger.*), cronometro. 58 ~ **relais** (*n. - Elekt. - Ger.*), relè a tempo, cronorelè. 59 ~ **schalter** (*m. - Elekt. - Ger.*), interruttore a tempo. 60 ~ **schreiber** (Ger. zur Aufzeichnung der Dauer eines Vorganges) (*m. - Ger.*), registratore automatico del tempo (di un processo p. es.). 61 ~ **schrift** (*f. - Druck. - Zeitg.*), periodico (*s.*). 62 ~ **-Schwind-Kurve** (*f. - Technol.*), curva del ritiro in funzione del tempo. 63 ~ **schwingfestigkeit** (Zeitfestigkeit, Spannungswert für

Bruch-Lastspielzahlen die geringer als die Grenz-Lastspielzahl sind) (*f. - Baukonstr. lehre*), resistenza a fatica. 64 ~ -Senkungs-Kurve (Zeitsetzungskurve) (*f. - Bauw.*), curva del cedimento in funzione del tempo. 65 ~ signal (Zeitzeichen) (*n. - Funk. - etc.*), segnale orario. 66 ~ spanne (Zwischenraum) (*f. - allg.*), intervallo. 67 ~ staffelschutz (Art des Selektivschutzes in Hochspannungsnetzen, mit Distanzrelais z. B.) (*m. - Elekt.*), protezione (selettiva) scaglionata nel tempo. 68 ~ staffelung (*f. - allg.*), graduazione nel tempo. 69 ~ standbruchdehnung (Zeitbruchdehnung) (*f. - Metall. - mech. Technol.*), allungamento dopo rottura per scorrimento. 70 ~ standbrucheinschnürung (Zeitbrucheinschnürung) (*f. - Metall. - mech. Technol.*), strizione dopo rottura per scorrimento. 71 ~ standfestigkeit (ruhende Belastung, in kg/mm² gemessen, die im Zeitstandversuch nach Ablauf einer bestimmten Zeit einen Bruch der Probe verursacht) (*f. - Metall. - mech. Technol.*), carico unitario di rottura per scorrimento. 72 ~ standkriechgrenze (Zeitkriechgrenze) (*f. - Metall. - mech. Technol.*), limite di scorrimento. 73 ~ standlinien (*f. - pl. - Metall. - mech. Technol.*), linee di scorrimento. 74 ~ stand-Schaubild (*n. - Metall. - mech. Technol.*), diagramma carichi-tempi (nella prova) di scorrimento. 75 ~ standversuch (*m. - Metall. - mech. Technol.*), prova di scorrimento. 76 ~ studie (Zeitstudium) (*f. - Zeitstudium*), analisi tempi, cronotecnica. 77 ~ studieningenieur (*m. - Zeitstudium*), analista tempi, cronotecnico. 78 ~ taktgeber (*m. - Ger.*), ritmatore, indicatore di cadenza. 79 ~ -Temperatur-Umwandlungsschaubild (ZTU-Schaubild) (*n. - Metall.*), diagramma TTT, diagramma temperatura-tempo-trasformazione. 80 ~ verhalten (*n. - allg.*), comportamento nel tempo. 81 ~ verhalten (Zeit zwischen Ausgangssignal und veränderlichem Eingangssignal) (*Datenverarb. - etc.*), tempo di risposta. 82 ~ verlust (*m. - Zeitstudium*), tempo perduto. 83 ~ vorgabe (*f. - Zeitstudium*), siehe Vorgabezeit. 84 ~ zähler (Betriebszeitzähler, eines Verbr. mot. z. B.) (*m. - Ger.*), contaore. 85 ~ zeichen (*n. - Funk. - etc.*), segnale orario. 86 ~ zeichengeber (*m. - Funk. - Ger.*), trasmettitore del segnale orario. 87 ~ zone (*f. - Astr.*), fuso orario. 88 ~ zünder (*m. - Expl.*), spoletta a tempo. 89 Ablüfte ~ (für Lackprüfungen) (*Anstr.*), tempo di attesa. 90 amtliche ~ (Normalzeit) (*Astr. - recht.*), ora legale. 91 Ausfall ~ (*Rechner - etc.*), tempo di inattività per guasti. 92 ausgewählte ~ (*Zeitstudium*), tempo scelto. 93 beobachtete ~ (*Zeitstudium*), tempo osservato. 94 Brach ~ (Zeit in der eine Maschine nicht benützt werden kann) (*Zeitstudium*), tempo macchina inattiva. 95 Erholungs ~ (*Arb. - Zeitstudium*), tempo di riposo, pausa di riposo. 96 Gesamttakt ~ (*Mech. - Bearb. - Zeitstudium*), tempo ciclo. 97 Haupt ~ (Nutzungszeit) (*Werkz.masch.bearb.*), tempo macchina. 98 Ist- ~ (*Zeitstudium*), tempo effettivo. 99 Kühl ~ (beim Schweissen) (*mech. Technol.*), tempo di raffreddamento. 100 Liefer ~ (*komm.*), termine di consegna. 101 mittlere Sonnen ~ (*Astr.*), ora solare media. 102 Nachwärm ~ (beim Schweissen) (*mech. Technol.*), tempo di postriscaldo. 103 Neben ~ (*Werkz.masch.bearb.*), tempo passivo. 104 Normal ~ (Vorgabezeit, vorgegebene Zeit) (*Zeitstudium*), tempo normale, tempo standard. 105 Nutzungs ~ (Zeit, während der die Maschine läuft und ein Werkstück bearbeitet) (*Zeitstudium*), tempo macchina. 106 osteuropäische ~ (OEZ) (*Astr.*), ora dell'Europa orientale. 107 persönliche Verteil ~ (*Zeitstudium*), tempo per bisogni personali. 108 Probe ~ (*Arb. - Pers.*), periodo di prova. 109 Rüst ~ (*Arb. - Organ. - Zeitstudium*), tempo di preparazione (macchina). 110 Rüsterhol ~ (Teil der Rüstzeit der zum Ausgleich der Ermüdung zugeschlagen werden muss) (*Zeitstudium*), tempo di preparazione aggiuntivo per fatica. 111 Rüstgrund ~ (regelmässige Rüstzeit) (*Arbeitstudium*), tempo di preparazione base. 112 Rüstverteil ~ (Teil der Rüstzeit der wegen unregelmässigen Auftretens zugeschlagen werden muss) (*Zeitstudium*), tempo di preparazione aggiuntivo per imprevisti. 113 Schalt ~ (*Werkz.masch. bearb.*), tempo di manovra. 114 Schweiss ~ (*mech. Technol.*), tempo di saldatura. 115 Soll ~ (Vorgabezeit) (*Arb. - Organ. - Zeitstudium*), tempo normale, tempo standard. 116 Spann ~ (*Werkz.masch.bearb.*), tempo di serraggio. 117 Stand ~ (*allg.*), durata. 118 Stromruhe ~ (beim Schweissen) (*mech. Technol.*), tempo di riposo. 119 Strom ~ (beim Schweissen, Zeit in der Strom fliesst) (*mech. Technol.*), tempo caldo. 120 Stück ~ (*Arb. - Organ. - Zeitstudium*), tempo pezzo, tempo per pezzo. 121 verbrauchte ~ (*Zeitstudium*), tempo effettivo. 122 Vorgabe ~ (Normalarbeitszeit je Arbeitsvorgang; durch Zeitstudie ermittelt) (*Arb. - Organ. - Zeitstudium*), tempo normale, tempo standard. 123 vorgegebene ~ (Vorgabezeit) (*Zeitstudium*), tempo normale, tempo standard. 124 Vorwärm ~ (beim Schweissen) (*mech. Technol.*), tempo di preriscaldo. 125 wahre Sonnen ~ (*Astr.*), ora solare vera. 126 Warte ~ (Zeit, während der der Arbeitnehmer wegen Materialmangel, Maschinendefekte, etc., untätig ist) (*Zeitstudium*), tempo di attesa. 127 Warte ~ (eines Arbeiters) (*Arb. - Pers.*), periodo di qualificazione. 128 Warte ~ (*Fernspr.*), tempo di attesa. 129 Warte ~ (eines Speichers) (*Rechner*), tempo di attesa. 130 westeuropäische ~ (WEZ) (*Astr.*), ora dell'Europa occidentale. 131 Zonen ~ (*Astr.*), ora del fuso orario.

zeitabhängig (*allg.*), in funzione del tempo.
zeitlich (*allg.*), temporaneo. 2 ~ e Folge (*allg.*), ordine cronologico. 3 ~ er Verlauf (*allg.*), andamento nel tempo. 4 ~ er Zyklus (*allg.*), ciclo a tempo. 5 ~ gleichbleibend (*allg.*), costante nel tempo. 6 ~ veränderlich (*allg.*), variabile nel tempo.
Zeitung (*f. - Zeitg.*), giornale. 2 ~ s·ausschnittbüro (*n. - Zeitg. - komm.*), servizio ritagli giornali, ufficio ritagli da giornali. 3 ~ s·druckpapier (*n. - Papierind.*), carta da giornali. 4 ~ s·kiosk (*m. - Zeitg.*), edicola, chio-

zeitweilig

sco. 5 ~ s·verkäufer (*m. - Arb.*), giornalaio. 6 Tages ~ (*Zeitg.*), quotidiano (*s.*).
zeitweilig (provisorisch) (*allg.*), temporaneo, provvisorio.
Zelle (*f. - Biol. - etc.*), cellula. 2 ~ (Kabine, kleiner Raum) (*Fernspr. - etc.*), cabina. 3 ~ (bei Hochspannungsschaltanlagen z. B.) (*Elekt.*), cabina. 4 ~ (einzelnes Element, einer Batterie) (*Elekt.*), elemento. 5 ~ (Rumpf, eines Flugzeugs) (*Flugw.*), fusoliera. 6 ~ (Gefängniszelle) (*Bauw.*), cella. 7 ~ n·bauweise (*f. - Bauw. - etc.*), costruzione cellulare. 8 ~ n·gefäss (einer Batterie) (*n. - Elekt.*), contenitore. 9 ~ n·kühler (*m. - (Aut.*), radiatore a nido d'api. 10 ~ n·pumpe (Drehschieberpumpe, Flügelpumpe, Drehkolbenpumpe mit exzentrischem Rotor) (*f. - Masch.*), pompa a palette, pompa rotativa a palette. 11 ~ n·rad-Blasversatzmaschine (*f. - Bergbau - Masch.*), compressore a palette per materiale di ripiena. 12 ~ n·radverdichter (aerodynamische Druckwellenmaschine bei der die Energie von einem Gas an ein anderes übertragen wird) (*m. - Masch.*), Comprex, scambiatore di pressione. 13 ~ n·schalter (bei Akkumulatorenbatterien, zum Abschalten eines Teiles der Zellen nach der Aufladung und Widerzuschaltung während der Stromentnahme) (*m. - Elekt.*), esclusore-inseritore di elementi. 14 ~ n·silo (*m. - Bauw.*), silo a celle. 15 ~ n·verdichter (*m. - Masch.*), compressore a palette, compressore rotativo a palette (con rotore eccentrico). 16 Fernsprech ~ (*Fernspr.*), cabina telefonica. 17 Gas ~ (eines Luftschiffes) (*Flugw.*), camera del gas. 18 lichtelektrische ~ (photoelektrische Zelle) (*Elektronik*), cellula fotoelettrica, fotocella.
Zellgewebe (Zellengewebe) (*n. - Biol. - etc.*), tessuto cellulare.
Zellglas (Zellophan) (*n. - chem. Ind.*), cellofane. 2 ~ beutelmaschine (*f. - Masch.*), macchina per confezionare sacchetti di cellofane.
Zellgummi (*m. - Gummiind.*), gomma cellulare.
Zellhorn (Zelluloid) (*n. - chem. Ind.*), celluloide.
Zellophan (Zellglas) (*n. - chem. Ind.*), cellofane.
Zell-Polyurethan (*n. - chem. Ind.*), poliuretano cellulare.
Zellspannung (elektromotorische Kraft, EMK eines galvanischen Elements) (*f. - Elekt.*), forza elettromotrice.
Zellstoff (Zellulose) (*m. - Chem.*), cellulosa, cellulosio. 2 ~ (durch chem. Aufschluss erhaltener Halbstoff) (*chem. Ind.*), cellulosa (tecnica), cellulose chimica. 3 ~ aufschluss (*m. - Papierind.*), estrazione della cellulosa. 4 ~ watte (*f. - chem. Ind.*), ovatta di cellulosa. 5 Chlor ~ (*Chem.*), cellulosa al cloro, cellulosa ottenuta con procedimento al cloro. 6 Esparto ~ (*Chim.*), cellulosa da sparto, spartocellulosa. 7 Halb ~ (*Chem.*), emicellulosa. 8 Natron ~ (*Chem.*), sodiocellulosa. 9 Sulfit ~ (*Chem.*), cellulosa al solfito, cellulosa ottenuta con procedimento al solfito.
Zelluloid (Zellhorn) (*n. - chem. Ind.*), celluloide.

Zellulose ($C_6H_{10}O_5$)n (*f. - Chem.*), cellulosa. 2 ~ azetat (*n. - Chem.*), acetato di cellulosa. 3 ~ azetatseide (*f. - Textilind.*), seta all'acetato di cellulosa, raion acetato. 4 ~ lack (*m. - Anstr.*), vernice cellulosica, vernice alla cellulosa. 5 ~ lackierung (*f. - Anstr.*), verniciatura alla nitro(cellulosa).
Zellwolle (Reyon z. B.) (*f. - Textilind.*), fibra tessile artificiale, fibra tessile cellulosica.
Zelt (*n. - Camping - etc.*), tenda. 2 ~ bahn (*f. - Camping - etc.*), telo da tenda. 3 ~ pflock (Hering) (*m. - Camping*), picchetto da tenda. 4 ~ stock (*m. - Camping - etc.*), paletto da tenda.
Zelten (*n. - Camping*), campeggio.
zelten (*Camping*), campeggiare.
Zement (Baustoff) (*m. - Maur.*), cemento. 2 ~ beton (*m. - Maur.*), calcestruzzo di cemento. 3 ~ drehofen (*m. - Ofen*), forno rotativo per cemento. 4 ~ einpressmaschine (Zementeinspritzapparat) (*f. - Bauw. - Masch.*), macchina per iniezioni di cemento. 5 ~ einspritzung (*f. - Ing.b.*), iniezione di cemento. 6 ~ fabrik (*f. - Ind.*), cementificio, cementeria. 7 ~ glattstrich (*m. - Bauw.*), pavimentazione di cemento. 8 ~ injektion (*f. - Bauw.*), siehe Zementeinspritzung. 9 ~ klinker (*m. - Bauw.*), clinker di cemento. 10 ~ kupfer (*n. - Metall.*), cemento di rame. 11 ~ leim (Gemisch von Zement und Wasser) (*m. - Bauw.*), pasta di cemento. 12 ~ mahlanlage (*f. - Bauw.*), impianto di macinazione del cemento. 13 ~ mörtel (*m. - Maur.*), malta di cemento. 14 ~ ofen (*m. - Ofen*), forno per cemento. 15 ~ packmaschine (*f. - Masch.*), insaccatrice per cemento. 16 ~ sackmaschine (*f. - Masch.*), macchina per (confezionare) sacchi da cemento. 17 ~ sand (Gemisch aus Quarzsand, Zement und Wasser, zum Formen) (*m. - Formerei - Giess.*), malta, miscela cementizia (per formatura). 18 ~ silo (*m. - Bauw.*), silo per cemento. 19 ~ stahl (durch Zementieren aus Schweisseisen hergestellt) (*m. - Metall.*), acciaio di cementazione. 20 ~ verputz (*m. - Maur.*), intonaco di cemento. 21 ~ werk (Zementfabrik) (*n. - Ind.*), cementificio, cementeria. 22 Asbest ~ (*Bauw.*), cemento-amianto, «eternit». 23 Hochofen- ~ (*Maur.*), cemento d'alto forno. 24 Hütten ~ (Hochofenzement) (*Metall.*), cemento d'alto forno. 25 langsam abbindender ~ (*Maur.*), cemento a lenta presa. 26 Portland- ~ (*Maur.*), cemento Portland. 27 rasch abbindender ~ (*Maur.*), cemento a presa rapida.
Zementation (Aufkohlung) (*f. - Wärmebeh.*), cementazione, carbocementazione. 2 ~ (von Bohrlöchern) (*Bergbau*), cementazione.
zementieren (harteinsetzen) (*Wärmebeh.*), cementare.
Zementierkasten (*m. - Wärmebeh. - Ger.*), cassetta per cementazione.
Zementierkopf (bei Bohrlochzementation) (*m. - Bergbau*), testa di cementazione.
Zementierofen (*m. - Metall.*), forno per cementazione.
Zementierpulver (*n. - Wärmebeh.*), polvere per cementazione.
Zementierung (Harteinsetzung) (*f. - Wärmebeh.*), cementazione.

Zementit (Eisenkarbid) (*m. - Metall.*), cementite. 2 kugeliger ~ (*Metall.*), cementite sferoidale, cementite nodulare.
Zener-Effekt (*m. - Elektronik*), effetto Zener.
Zenit (Scheitelpunkt) (*m. - Astr. - etc.*), zenit. 2 ~ **distanz** (*f. - Astr.*), distanza zenitale. 3 ~ **teleskop** (zur Bestimmung der Zenitdistanzen von Sternen) (*m. - Opt. - Ger.*), altazimutale, altazimut. 4 ~ **winkel** (Winkel der Fäden der Gewebeeinlagen eines Reifens mit der Reifenmittelebene) (*m. - Fahrz.*), angolo delle tele.
Zensur (*f. - Druck. - Filmtech. - etc.*), censura.
Zensus (Volkszählung) (*m. - Stat.*), censimento.
Zenterless-Schleifmaschine (*f. - Werkz. masch.*), rettificatrice senza centri, rettificatrice senza pilota.
zentesimal (hundertteilig) (*allg.*), centesimale.
Zentesimaleinteilung (eines Thermometers) (*f. - Instr.*), scala centigrada.
Zentidyn (1 cdyn = 10^{-4} mg/s²) (*n. - Masseinheit*), centidina.
Zentigrad (*m. - Phys.*), grado centigrado.
Zentigramm (cg, 10^{-2} Gramm) (*n. - Mass*), centigrammo.
Zentiliter (cl) (*m. - n. - Mass*), centilitro.
Zentimeter (cm) (*m. - n. - Mass*), centimetro. 2 ~ **band** (*n. - Fernseh.*), banda centimetrica. 3 ~ **-Gramm-Sekunde-System** (CGS-System) (*n. - Phys.*), sistema CGS, sistema centimetro-grammo-secondo. 4 ~ **welle** (*f. - Fernseh.*), onda centimetrica.
Zentipoise (*n. - Mass*), centipoise.
Zentner (Ztr., 100 Pfund = 50 kg) (*m. - Mass*), mezzo quintale. 2 **Meter ~** (Doppelzentner = 100 kg) (*Mass*), quintale.
zentral (*allg.*), centrale (*a.*). 2 ~ **e Bedienung** (einer Transferstrasse z. B.) (*Masch.*), manovra centralizzata. 3 ~ **e Verarbeitungseinheit** (eines Computersystems) (*Rechner*), unità (di elaborazione) centrale.
Zentralantenne (Gemeinschaftsantenne) (*f. - Fernseh.*), antenna collettiva.
Zentral-Atom (einer Komplexverbindung) (*n. - Chem.*), atomo centrale, atomo coordinatore.
Zentralbatterie (*f. - Fernspr.*), batteria centrale.
Zentralbedienungshebel (*m. - Masch.*), leva di comando centrale.
Zentrale (Hauptgeschäftsstelle) (*f. - komm.*), sede. 2 ~ (Mittellinie) (*Zeichn.*), mezzeria, mediana. 3 ~ (*Fernspr.*), centrale.
Zentraleinheit (*f. - Rechner*), unità centrale (di elaborazione).
Zentralellipse (*f. - Baukonstr.lehre*), ellisse centrale.
zentralgesteuert (*Masch. - etc.*), a comando centralizzato.
Zentralheizung (*f. - Heizung*), riscaldamento centrale.
zentralisiert (Steuerung z. B.) (*Elekt. - Mech. - etc.*), centralizzato.
Zentralkartei (*f. - Ind. - etc.*), archivio generale.
Zentralkraft (eines Kraftfeldes) (*f. - Mech.*), forza centrale.
Zentralprojektion (*f. - Geom. - Zeichn.*), proiezione centrale.

Zentralrad (eines Planetengetriebes, Sonnenrad) (*n. - Mech.*), ruota centrale.
Zentralrichtanlage (*f. - Kriegsmar.*), centrale di punteria, centrale di tiro.
Zentralrohrrahmen (*m. - Aut.*), telaio a tubo centrale.
Zentralschalttafel (*f. - Elekt.*), quadro generale.
Zentralschmierung (*f. - Mech.*), lubrificazione centralizzata.
Zentralstellwerk (*n. - Eisenb.*), apparato centrale.
Zentralsteuerung (*f. - Masch. - etc.*), comando centralizzato.
Zentraluhr (*f. - Ger. - Ind. - etc.*), orologio pilota.
Zentralwert (Median) (*m. - Stat.*), mediana.
Zentrier-Ablängemaschine (*f. - Werkz. masch.*), centratrice-intestatrice.
Zentrieransatz (*m. - Mech.*), centraggio, risalto di centratura.
Zentrierbohrer (*m. - Werkz.*), punta da centri.
Zentrierbohrung (*f. - Mech.*), foro da centro.
zentrieren (*allg.*), centrare. 2 ~ (ein Rad z. B.) (*Fahrz. - etc.*), centrare. 3 ~ (eine Linse) (*Opt.*), centrare.
Zentrierfehler (Bearbeitungsfehler an Optikteilen, als parallele Achsenversetzung in mm ausgedrückt) (*m. - Opt.*), errore di centramento, errore di coassialità.
Zentrierfutter (Dreibackenfutter, einer Drehbank) (*n. - Werkz.masch.*), autocentrante.
Zentriergerät (*n. - App.*), centratore, apparecchio per centrare.
Zentrierkörner (*m. - Werkz.*), punzone da centri, bulino da centri.
Zentriermaschine (*f. - Werkz.masch.*), centratrice.
Zentrierrand (*m. - Mech.*), spallamento di centraggio.
Zentrierring (*m. - Mech.*), anello di centraggio.
Zentrierscheibe (zum Einsetzen der Zirkelspitze) (*f. - Zeichn.*), dischetto da centri.
Zentrierschulter (*f. - Mech.*), spallamento di centraggio.
Zentriersitz (*m. - Mech.*), sede di centraggio.
Zentrierstift (*m. - Mech.*), spina di centraggio.
Zentrierung (*f. - allg.*), centratura. 2 **Bild ~** (*Fernseh.*), centratura dell'immagine.
Zentrierwinkel (Ger. zum Anreissen von Mittellinien und des Mittelpunktes auf der Stirnfläche zylindrischer Werkstücke) (*m. - mech. Ger.*), centratore.
Zentrierwulst (*m. - Mech.*), centraggio, risalto di centratura.
Zentrierzapfen (*m. - Mech.*), perno di centraggio.
Zentrierzwecke (Reissnagel, der zum Fixieren eines Mittelpunktes und zum Einsetzen der Zirkelspitze dient) (*f. - Zeichn.*), puntina da centri.
zentrifugal (*allg.*), centrifugo.
Zentrifugalbremse (*f. - Masch.*), freno centrifugo.
Zentrifugalextraktor (*m. - Ger.*), estrattore centrifugo.

Zentrifugalgebläse

Zentrifugalgebläse (*n. - Masch.*), compressore centrifugo.
Zentrifugalgiessen (*n. - Giess.*), colata centrifuga.
Zentrifugalkraft (Fliehkraft) (*f. - Mech.*), forza centrifuga.
Zentrifugalkupplung (*f. - Mech.*), innesto centrifugo.
Zentrifugallader (eines Verbr.mot.) (*m. - Mot.*), compressore centrifugo.
Zentrifugalölreiniger (*m. - Ger.*), filtro centrifugo dell'olio.
Zentrifugalpumpe (Schleuderpumpe) (*f. - Masch.*), pompa centrifuga.
Zentrifugalregulator (*m. - Masch. - Mech.*), regolatore centrifugo.
Zentrifuge (Schleuder, Trennschleuder) (*f. - Masch.*), centrifuga. 2 ~ (Zentrifugaltrockner) (*Masch.*), centrifuga, idroestrattore. 3 ~ n·trommel (*f. - Masch.*), paniere di centrifuga. 4 Schnecken ~ (Dekanter) (*Masch.*), decantatore centrifugo a coclea. 5 Schub ~ (*Masch.*) centrifuga a spintore.
zentrifugieren (*Technol.*), centrifugare.
zentripetal (*Mech.*), centripeto.
Zentripetalbeschleunigung (*f. - Mech.*), accelerazione centripeta.
Zentripetalkraft (*f. - Mech.*), forza centripeta.
zentrisch (zentral) (*allg.*), centrale. 2 ~ (radial) (*allg.*), radiale. 3 ~ (zentriert) (*Mech.*), centrato, concentrico. 4 ~ drehen (*Mech.*), ruotare centrato. 5 ~ nachstellbar (*Mech.*), a concentricità regolabile.
Zentrischschleifen (*n. - Werkz.masch.bearb.*), rettifica concentrica.
Zentrisphäre (Erdkern) (*f. - Geol.*), nucleo (della Terra).
Zentriwinkel (eines Kreises) (*m. - Geom.*), angolo al centro.
Zentrum (Mittelpunkt) (*n. - Geom. - Mech.*), centro. 2 ~ bohrer (für Holz) (*m. - Tischl. - Werkz.*), punta a centro, punta inglese. 3 Geschäfts ~ (*komm.*), centro degli affari. 4 Industrie ~ (*Ind.*), centro industriale.
Zeolith (Silikatmineral) (*m. - Min.*), zeolite.
Zeppelin (Luftschiff) (*m. - Flugw.*), zeppelin.
Zer (Zerium) (*Ce - n. - Chem.*), cerio.
Zerargyrit (AgCl) (*m. - Min.*), cerargirite, cherargirite.
zerblättern (*allg.*), sfogliarsi, squamarsi.
zerbrechen (*allg.*), fratturare.
zerbrechlich (brüchig) (*allg.*), fragile.
zerbröckeln (*allg.*), sgretolare, sbocconcellare, frantumare.
zerbröckelnd (bröcklig) (*allg.*), friabile.
Zerdrücken (*n. - allg.*), schiacciamento.
Zerdrückfestigkeit (von Rohren) (*f. - mech. Technol.*), resistenza allo schiacciamento.
Zeresin (Erdwachs) (*n. - Min.*), ceresina.
Zerfall (Auflösung) (*m. - allg.*), decomposizione. 2 ~ (*Chem.*), decomposizione. 3 ~ (*Phys. - Mech.*), disintegrazione. 4 ~ (*Elektrochem.*), dissociazione. 5 ~ (*Kernphys.*), decadimento, disintegrazione. 6 ~ s·konstante (*f. - Radioakt.*), costante radioattiva, costante di decadimento. 7 ~ s·produkt (*n. - Chem.*), prodotto di decomposizione. 8 ~ s·zeit (*f. - Radioakt.*), periodo radioattivo. 9 radio-aktiver ~ (*Radioakt.*), decadimento radioattivo. 10 spontaner ~ (*Atomphys.*), disintegrazione spontanea.
Zerfaserer (*m. - Papierind. - Masch. - etc.*), sfibratore, sfibratrice.
zerfasern (*Papierind. - etc.*), sfibrare.
Zerfaserung (*f. - Papierind. - etc.*), sfibratura.
zerfliesslich (stark hygroskopische Stoffe) (*Chem.*), deliquescente.
zergliedern (*allg.*), scomporre negli elementi, smembrare. 2 ~ (analisieren) (*Chem.*), analizzare.
Zerhacker (Vibrator, mech. Polwechsler zur Erzeugung einer Wechselspannung aus einer Gleichspannung) (*m. - Elekt. - Ger.*), vibratore, chopper. 2 Mess ~ (Chopper, in Gleichspannungs-Verstärkern benutzt)(*Elekt.*),chopper.
Zerium (Zer, silberglänzendes Metall) (*Ce - n. - Chem.*), cerio.
Zerkleinern (bei Steinkohlenaufbereitung) (*n. - Bergbau*), frantumazione.
zerkleinern (*allg.*), frantumare.
Zerklüftung (*f. - allg.*), fessurazione.
Zerknall (Explosion) (*m. - Expl.*), esplosione, detonazione.
zerlegbar (*Chem.*), decomponibile. 2 ~ (*Mech.*), scomponibile. 3 ~ (spaltbar) (*Atomphys.*), fissile.
zerlegen (auseinander nehmen) (*Mech.*), smontare, scomporre nei particolari. 2 ~ (analisieren) (*Chem.*), analizzare. 3 ~ (Kräfte) (*Mech. - etc.*), scomporre. 4 ~ (*Opt.*), disperdere. 5 ~ (*Math.*), scomporre.
Zerlegung (*f. - allg.*), scomposizione. 2 ~ (Abtastung) (*Fernseh.*), scansione, analisi. 3 ~ in Bestandteile (*allg.*), scomposizione nei particolari.
zermahlen (*allg.*), polverizzare.
Zernagung (Korrosion, Ätzung, eines Lagers z. B.) (*f. - Mech.*), corrosione, vaiolatura.
Zerner-Verfahren (Lichtbogen-Schmelzschweissverfahren) (*n. - mech. Technol.*), processo Zerner.
« Zero defect » (Nullfehler) (*Technol. - etc.*), « zero defect ».
« Zero-lash » (Ventilstösselkonstruktion mit hydraulischem Längenausgleich) (*Mot.*), (punteria idraulica) autocompensata.
Zerol-Kegelrad (Spiralkegelrad mit 0° Spiralwinkel in der Mitte der Zahnbreite) (*n. - Mech.*), ruota conica Zerol.
Zerquetschung (*f. - allg.*), spappolamento.
zerreiben (*allg.*), triturare, polverizzare.
zerreiblich (*allg.*), friabile.
zerreissen (*allg.*), strappare, lacerare, stracciare.
Zerreissfestigkeit (Zugfestigkeit) (*f. - Baukonstr.lehre*), resistenza a trazione.
Zerreisslast (eines Zerreiss-schaubildes) (*f. - Baukonstr.lehre*), carico ultimo, carico alla rottura.
Zerreissmaschine (zur Prüfung) (*f. - Masch.*), macchina di trazione, macchina per prove di trazione.
Zerreissprobe (Zugversuch) (*f. - mech. Technol.*), prova di trazione.
Zerreiss·schaubild (Kraft - Verlängerungsschaubild, Spannungs-Dehnungs-Diagramm)

(*n. - Baukonstr.lehre*), diagramma carico-deformazione.
Zerreiss·spannung (*f. - Baukonstr.lehre*), carico di rottura a trazione.
Zerreiss·stab (*Zugstab*) (*m. - mech. Technol.*), barretta per prove di trazione, provino per prove di trazione.
Zerreissversuch (*Zugversuch*) (*m. - mech. Technol.*), prova di trazione. 2 ~ (Reissversuch, für Textilien und Papier) (*Technol.*), prova di strappo.
Zerrieseln (von Hochofenschlacken z. B.) (*n. - Metall.*), disintegrazione.
Zerrung (*f. - Mech.*), sforzo di trazione, sollecitazione di trazione. 2 ~ (Stoss, zwischen den Fahrzeugen eines Zuges z. B.) (*Eisenb.*), urto, strappo.
Zerrüttung (Schädigung bei Dauerschwingbeanspruchung, früher als Ermüdung bezeichnet) (*f. - Metall.*), danneggiamento cumulativo (da fatica).
zerschmieden (*Schmieden*), fucinare male.
zerschmiedet (*Schmieden*), fucinato male.
zerschneiden (fehlschneiden) (*allg.*), sbagliare il taglio. 2 ~ (völliges Trennen ohne Abfall) (*Blechbearb.*), tagliare senza sfrido, tranciare senza sfrido. 3 ~ **mit Verschnitt** (*Blechbearb.*), tagliare con sfrido, tranciare con sfrido.
zersetzbar (*Chem.*), decomponibile.
zersetzen (*Chem.*), decomporre.
Zersetzung (Auflösung) (*f. - Chem.*), decomposizione. 2 ~ (Humifizierung, Vererdung) (*Geol. - Ack.b.*), umificazione. 3 ~ **s·produkt** (Zerfallsprodukt) (*n. - Chem.*), prodotto di decomposizione. 4 ~ **s·prozess** (~ *allg.*), processo di decomposizione. 5 ~ **s·wasser** (Bildungswasser, Konstitutionswasser) (*n. - Chem.*), acqua di costituzione. 6 **photochemische** ~ (*Chem. - Phys.*), fotodecomposizione.
Zerspanbarkeit (*f. - mech. Technol. - Werkz. masch.bearb.*), truciolabilità.
zerspanen (*Werkz.masch.bearb.*), lavorare ad asportazione di truciolo, truciolare.
Zerspangewicht (*n. - Werkz.masch.bearb.*), *siehe* Abspangewicht.
Zerspankraft (Gesamtkraft beim Zerspanen) (*f. - Mech. - Werkz.*), sforzo totale di truciolatura.
zerspantechnisch (zerspanungstechnisch) (*Mech.*), ad asportazione di truciolo.
Zerspanung (*f. - Werkz.masch.bearb.*), truciolatura. 2 ~ **s·eigenschaften** (*f. - pl. - Werkz. masch.bearb.*), caratteristiche di truciolatura. 3 ~ **s·leistung** (*f. - Werkz.masch.bearb.*), capacità di truciolatura. 4 ~ **s·prüfung** (*f. - Werkz.masch.bearb. - Metall.*), prova di truciolabilità. 5 ~ **s·werkzeug** (*n. - Werkz.*), utensile da taglio.
Zerspanverhältnis (spezifischer Scheibenverschleiss, beim Schleifen, Verhältnis vom Schleifmittelverbrauch in g zum abgeschliffenen Werkstoff in g) (*n. - Werkz.masch.bearb.*), rapporto di truciolatura, usura specifica (della mola).
Zerspanvolumen (*n. - Werkz.masch.bearb.*), *siehe* Abspanvolumen.
zerspellen (*allg.*), *siehe* zersplittern.

zerspleissen (*allg.*), *siehe* zersplittern.
zersplittern (entzwei spalten) (*allg.*), spaccare.
Zerspringen (einer Säge) (*n. - Werkz.*), rottura.
zerstäuben (Flüssigkeiten, aus Düsen z. B.) (*allg.*), polverizzare, nebulizzare. 2 ~ (feste Stoffe) (*allg.*), polverizzare.
Zerstäuber (für Flüssigkeiten) (*m. - Ger.*), polverizzatore, spruzzatore, nebulizzatore.
Zerstäubung (von Flüssigkeiten) (*f. - allg.*), polverizzazione, nebulizzazione. 2 ~ **s· trockner** (*m. - App.*), essiccatoio a polverizzazione.
zerstören (*allg.*), distruggere.
Zerstörer (Torpedobootzerstörer) (*m. - Kriegsmar.*), cacciatorpediniere.
Zerstörung (*f. - allg.*), distruzione.
zerstörungsfrei (*Technol.*), non distruttivo. 2 ~ **e Prüfung** (*Technol.*), prova non distruttiva.
Zerstrahlung (Paarvernichtung) (*f. - Atomphys.*), annichilazione, conversione di coppie.
zerstreuen (*Phys.*), disperdere.
Zerstreuung (*f. - Phys. - Opt.*), dispersione. 2 ~ **s·linse** (*f. - Opt.*), lente concava, lente divergente.
zerstückeln (schneiden) (*allg.*), tagliare a pezzi. 2 ~ (Land) (*ed. - etc.*), lottizzare.
zerteilen (Blöcke z. B.) (*Metall. - etc.*), tagliare a pezzi, frazionare.
Zertifikat (Bescheinigung) (*n. - recht. - etc.*), certificato. 2 ~ (Anteilschein) (*finanz.*), certificato. 3 **Postspar** ~ (*finanz.*), buono fruttifero postale.
Zertification (Zulassung) (*Mot. - etc.*) (*schweiz.*), omologazione.
zertrümmern (*allg.*), sbriciolare. 2 ~ (spalten) (*Atomphys.*), fissionare.
Zertrümmerung (*f. - Chem.*), distruzione. 2 ~ (Spaltung) (*Atomphys.*), fissione.
Zerussit (*m. - Min.*), cerussite.
Zeta-Potential (elektrokinetisches Potential, bei Elektrophorese z. B.) (*n. - Elekt.*), potenziale zeta.
Zettel (Papierblatt) (*m. - allg.*), foglietto, biglietto. 2 ~ (zum Ankleben) (*allg.*), etichetta. 3 ~ (Kette) (*Textilind.*), catena, ordito. 4 ~ **baum** (*m. - Textilmasch.*), subbio dell'ordito. 5 ~ **maschine** (*f. - Textilmasch.*), orditoio.
zetteln (*Textilind.*), ordire.
zetten (*allg.*), *siehe* streuen.
Zeug (Grundstoff) (*n. - allg.*), materia. 2 ~ (Stoff, Gewebe) (*Text.*), tessuto. 3 ~ (Werkzeug) (*Werkz.*), utensile. 4 ~ (Papierzeug) (*Papierind.*), pasta. 5 ~ **druck** (Textildruck) (*m. - Textilind.*), stampa dei tessuti. 6 **Spann** ~ (Vorr., Werkstückspanner z. B.) (*Werkz.masch.bearb. - Vorr.*), organo di serraggio, dispositivo di serraggio.
Zeuge (*m. - recht.*), teste, testimonio. 2 ~ **n·vernehmung** (*f. - recht.*), deposizione. 3 **Belastungs** ~ (*recht.*), testimonio a carico.
zeugen (*recht.*), testimoniare.
Zeugnis (*n. - recht. - etc.*), testimonianza. 2 ~ (Schulzeugnis) (*Schule*), pagella. 3 **ärztliches** ~ (*Arb. - etc.*), certificato medico. 4 **beglaubigtes** ~ (*recht.*), certificato legalizzato, certificato autenticato. 5 **Leumunds** ~ (*recht.*),

certificato di buona condotta. 6 **Ursprungs** ~ (*Mot. - etc.*), certificato di origine.
ZF (Zwischenfrequenz) (*Funk. - etc.*), frequenza intermedia.
ZfGW (Zentrale für Gas- und Wasserverwendung) (*Bauw.*), centrale per l'utilizzo di gas ed acqua.
ZF-Kreis (*m. - Fernseh.*), circuito a frequenza intermedia.
z.Hd. (z.H., zu Händen, jemandem einen Brief zu eigenen Händen übergeben) (*Büro*), a mani.
z.Hd.v. (zu Händen von, ein Brief z. B.) (*Büro*), all'attenzione di...
Zickzacknähmaschine (*f. - Masch.*), macchina per cucire a zig-zag.
Zickzacknietung (*f. - mech. Technol.*), chiodatura a zig-zag.
Zickzackpresse (zum Ausschneiden von zueinander versetzten Platinen, um eine gute Blechausnützung zu erreichen) (*f. - Blechbearb.masch.*), pressa a zig-zag.
Zickzackschaltung (Unterspannungswicklung bei Dreiphasen-Transformatoren z. B.) (*f. - Elekt.*), avvolgimento a zig-zag.
Zickzackstich (*m. - Textilind.*), punto a zig-zag.
Zickzackstrasse (Umsteckwalzwerk) (*f. - Walzw.*), treno serpentaggio.
Zickzackwendel (einer Lampe) (*f. - Beleucht.*), filamento a festoni.
Ziegel (Mauerziegel, Ziegelstein, Backstein, Mauerstein) (*m. - Maur.*), mattone, laterizio. 2 ~ (Dachziegel) (*Bauw.*), tegola. 3 ~ **abdeckung** (einer Mauer) (*f. - Maur.*), copertina di tegole. 4 ~ **bau** (*m. - Bauw.*), costruzione in mattoni, costruzione in cotto. 5 ~ **bedachung** (*f. - Bauw.*), copertura di tegole. 6 ~ **farbe** (Ziegelrot) (*f. - Farbe*), rosso mattone. 7 ~ **maschine** (*f. - Masch.*), mattoniera, macchina per la fabbricazione dei mattoni. 8 ~ **pflaster** (*n. - Bauw.*), ammattonato, pavimento di mattoni. 9 ~ **presse** (*f. - Masch.*), pressa per mattoni. 10 ~ **schicht** (*f. - Maur.*), corso di mattoni. 11 ~ **splitt** (*m. - Bauw.*), frantumi di laterizio. 12 **feuerfester** ~ (*Bauw. - Ind.*), mattone refrattario. 13 **Hochloch** ~ (*Maur.*), mattone forato di traverso. 14 **Kehl** ~ (*Bauw.*), tegola di conversa. 15 **Langloch** ~ (*Maur.*), mattone forato di lungo. 16 **Loch** ~ (*Maur.*), mattone forato. 17 **Voll** ~ (*Maur.*), mattone pieno. 18 **Vormauer** ~ (besonders frostbeständiger Mauerziegel) (*Maur.*), mattone da rivestimento.
Ziegelei (*f. - Ind.*), fornace.
ziegelrot (*Farbe*), rosso mattone.
Ziehangel (beim Drahtziehen) (*f. - mech. Technol.*), codolo di trazione.
Ziehbank (zum Drahtziehen) (*f. - Masch.*), trafilatrice, banco da trafila. 2 ~ (für Gewehre) (*Masch.*), rigatrice, macchina per la rigatura. 3 **Schleppzangen** ~ (für Rohrherstellung z. B.) (*Masch.*), banco da trafila a pinza trainata, trafilatrice a tenaglia trainata.
ziehbar (*Metall.*), duttile.
Ziehbarkeit (*f. - Metall.*), duttilità.
Ziehblech (*n. - metall. Ind.*), lamiera per imbutitura.

Ziehbrett (*n. - Giess.*), placca modello.
Ziehdüse (beim Drahtzug gebraucht) (*f. - mech. Technol.*), trafila. 2 ~ (Schwimmdüse, Debiteuse, zur Herstellung von Fensterglas) (*f. - Glasind.*), debiteuse.
Zieheinrichtung (beim Räumen z. B.) (*f. - Werkz.masch. - etc.*), dispositivo di trazione.
Zieheisen (zum Drahtziehen) (*n. - Werkz.*), trafila (metallica).
Ziehen (*n. - Blechbearb.*), imbutitura. 2 ~ (Drahtziehen) (*mech. Technol.*), trafilatura. 3 ~ (eines Gewehrs) (*Feuerwaffe*), rigatura. 4 ~ (*Flugw.*), cabrata. 5 ~ (*Blechbearb.*), siehe auch Tiefziehen. 6 ~ (*Funk. - Fernseh.*), siehe Zieherscheinung. 7 ~ **bei mehreren Ziehstufen** (*Blechbearb.*), imbutitura in più passaggi. 8 ~ **mit Blechhaltung** (*Blechbearb.*), imbutitura con premilamiera. 9 ~ **ohne Blechhaltung** (*Blechbearb.*), imbutitura semplice, imbutitura senza premilamiera. 10 **Abstreck** ~ (Umformen zur Verringerung der Wanddicke) (*Blechbearb.*), stiro-imbutitura, imbutitura con stiro. 11 **Erst** ~ (Umformen eines ebenen Zuschnittes) (*Blechbearb.*), imbutitura dello sviluppo, prima operazione di imbutitura. 12 **Fertig** ~ (*Blechbearb.*), imbutitura finale, operazione finale di imbutitura. 13 **hydrostatisches** ~ (mittels Druckflüssigkeit und Membran) (*Blechbearb.*), idroimbutitura. 14 **Stülp** ~ (Zwischenziehen in entgegengesetzter Richtung zum vorhergehenden Ziehen) (*Blechbearb.*), imbutitura inversa, controimbutitura. 15 **Tief** ~ (*Blechbearb.*), imbutitura profonda. 16 **Zwischen** ~ (Nachzug, Ziehen im Weiterschlag) (*Blechbearb.*), imbutitura intermedia, operazione intermedia di imbutitura.
ziehen (*allg.*), tirare. 2 ~ (eine Linie) (*Zeichn.*), tirare. 3 ~ (ein Seil) (*allg.*), tendere. 4 ~ (tiefziehen) (*Blechbearb.*), imbutire. 5 ~ (Drähte oder Rohre herstellen) (*mech. Ind.*), trafilare. 6 ~ (mittels Räumnadel) (*Werkz.masch.bearb.*), brocciare a trazione. 7 ~ (einen Gewehrlauf z. B.) (*Feuerwaffe*), rigare. 8 ~ (Schornstein) (*Verbr.*), tirare. 9 ~ (*Flugw.*), cabrare. 10 ~ (die Wurzel) (*Math.*), estrarre. 11 ~ (fördern) (*Bergbau*), estrarre. 12 ~ (strangpressen) (*mech. Technol.*), estrudere. 13 ~ (ausnehmen, Schlacke z. B.) (*allg.*), estrarre. 14 ~ (abnehmen) (*allg.*), togliere. 15 **ab** ~ (subtrahieren) (*Math.*), sottrarre. 16 **ab** ~ (glätten) (*mech. Technol.*), lisciare. 17 **ab** ~ (wegnehmen) (*allg.*), togliere. 18 **ab** ~ (entnehmen, eine Flüssigkeit z. B.) (*allg.*), spillare. 19 **ab** ~ (eine Waffe) (*Feuerwaffe*), sparare. 20 **ab** ~ (einen Abdruck machen) (*allg.*), riprodurre, tirare una copia. 21 **an** ~ (anspannen, eine Schraube z. B.) (*Mech.*), stringere, serrare. 22 **an** ~ (steigen, der Preise) (*v.i. - allg.*), aumentare. 23 **an** ~ (anbringen, mit Magnet z. B.) (*allg.*), attrarre. 24 **auf** ~ (spannen) (*Uhr*), caricare. 25 **aus** ~ (herausnehmen) (*allg.*), togliere. 26 **aus** ~ (entnehmen) (*Ind.*), estrarre. 27 **ein** ~ (*allg.*), tirare dentro. 28 **ein** ~ (einkassieren) (*Adm.*), incassare. 29 **ein** ~ (ein Segel) (*naut.*), ammainare. 30 **eine Bilanz** ~ (*Adm.*), fare un bilancio. 31 **hin** ~ (verzögern) (*allg.*), ritardare.

ziehend (Kettentrum z. B.) (*Mech. - ind. Transp.*), in tiro.
Zieherei (für Drahtziehen) (*f. - mech. Technol.*), trafileria.
Zieherscheinung (Einfluss eines Schwingkreises auf die Frequenz eines angekoppelten Oszillators) (*f. - Funk. - Fernseh.*), effetto di trascinamento.
Ziehfaktor (beim Tiefziehen, Verhältnis von Eckenradius zu Zuschnittradius) (*m. - Blechbearb.*), fattore di imbutitura.
Ziehfeder (Reissfeder) (*f. - Zeichn. - Ger.*), tiralinee.
Ziehfett (beim Kaltumformen) (*n. - Blechbearb.*), grasso per operazioni di deformazione a freddo.
Ziehfilm (beim Tiefziehen) (*m. - mech. Technol.*), velubro d'imbutitura.
Ziehflüssigkeit (*f. - mech. Technol.*), siehe Ziehöl (*n.*).
Ziehgeschwindigkeit (*f. - Blechbearb.*), velocità di imbutitura.
Ziehglas (maschinell gezogenes Tafelglas) (*n. - Glasind.*), vetro tirato.
Ziehgrenze (*f. - Blechbearb.*), siehe Ziehverhältnis.
Ziehgüte (eines Bleches) (*f. - metall. Ind.*), imbutibilità, idoneità allo stampaggio medio.
Ziehkante (eines Ziehringes) (*f. - Blechbearb.werkz.*), imbocco di trafilatura.
Ziehkartei (*f. - Datenverarb.*), archivio ad estrazione.
Ziehkeil (Springkeil) (*m. - Mech.*), chiavetta a molla.
Ziehkissen (einer Presse) (*n. - Blechbearb.*), cuscino per imbutitura.
Ziehklinge (*f. - Tischl. - Werkz.*), coltello a petto.
Ziehkopf (einer Räummaschine) (*m. - Werkz.masch.*), testa di trazione. 2 ~ (eines Kabels) (*Fernspr.*), testa di trazione.
Ziehkraft (beim Tiefziehen) (*f. - Blechbearb.*), sforzo d'imbutitura.
Ziehlatte (*f. - Maur.werkz.*), regolo.
Ziehleine (Zugleine) (*f. - naut.*), gomena da rimorchio.
Ziehleiste (gegen Faltenbildung, beim Tiefziehen) (*f. - Blechbearb.*), rompigrinza.
Ziehlochplatte (*f. - mech. Technol.*), piastra filiera.
Ziehmaschine (für Kabel) (*f. - Masch.*), trafilatrice, trafila. 2 **kontinuierliche** ~ (für Kabel z. B.) (*Masch.*), trafila continua.
Ziehnadel (Räumnadel) (*f. - Werkz.*), broccia a trazione.
Ziehöl (für Drahtziehen) (*n. - mech. Technol.*), olio per trafilatura. 2 ~ (*Blechbearb.*), lubrificante per imbutitura.
Ziehpappe (*f. - Papierind.*), cartone per imbutitura.
Ziehpresse (*f. - Blechbearb.masch.*), pressa per imbutitura. 2 ~ (zur Herstellung starkwandiger Hohlkörper durch Warmverformung) (*f. - Masch.*), pressa (a caldo) con mandrino estrusore.
Ziehräumen (*n. - Werkz.masch.bearb.*), brocciatura a trazione.
ziehräumen (*Werkz.masch.bearb.*), brocciare a trazione.

Ziehring (Zieheisen, für Rohrherstellung) (*m. - Werkz.*), trafila. 2 ~ (*Blechbearb.werkz.*), matrice per imbutitura.
Ziehschacht (*m. - Bergbau*), pozzo di estrazione.
Ziehschaft (eines Räumwerkzeuges) (*m. - Werkz.*), codolo di trazione.
Ziehschleifen (Aussenhonen) (*n. - Werkz.masch.bearb.*), levigatura (esterna). 2 **Fein** ~ (*Werkz.masch.bearb.*), microlevigatura (esterna), microfinitura (esterna).
ziehschleifen (aussenhonen) (*Werkz.masch.bearb.*), levigare.
Ziehschleifmaschine (zum Aussenhonen) (*f. - Werkz.masch.*), levigatrice.
Ziehschleifstein (zum Honen) (*m. - Werkz.*), pietra abrasiva (per levigatrici).
Ziehschleifwerkzeug (Honwerkzeug) (*n. - Werkz.*), utensile levigatore, levigatore.
Ziehschmiermittel (*n. - mech. Technol.*), lubrificante per imbutitura.
Ziehsicke (Ziehwulst, Ziehleiste) (*f. - Blechbearb.*), rompigrinza.
Ziehspachtel (*m. - Anstr.*), stucco a spatola.
Ziehspalt (*m. - Blechbearb.*), gioco d'imbutitura.
Ziehstein (Zieheisen, zum Drahtziehen) (*m. - Werkz.*), trafila (di pietra dura). 2 ~ **mikroskop** (*n. - Ger.*), microscopio per trafile. 3 **Diamant-Draht-** ~ (*Werkz.*), trafila di diamante.
Ziehstempel (*m. - Blechbearb.werkz.*), punzone per imbutitura.
Ziehstock (Ziehzange, zum Drahtziehen) (*m. - Werkz.*), tenaglia a rana, tenaglia tirafilo.
Ziehteil (*m. - Blechbearb.*), pezzo imbutito.
Ziehtiefe (*f. - Blechbearb.*), profondità d'imbutitura.
Ziehtüte (Ziehring, für Rohrherstellung) (*f. - Werkz.*), trafila.
Ziehverhältnis (beim Tiefziehen, Verhältnis von Zuschnittdurchmesser zum Stempeldurchmesser) (*n. - Blechbearb.*), rapporto di imbutitura.
Ziehversuch (Tiefziehversuch) (*m. - Blechbearb.*), prova di imbutitura.
Ziehwagen (Schleppwagen, beim Drahtziehen) (*m. - Masch.*), carrello di trazione.
Ziehwerkzeug (*n. - Blechbearb.werkz.*), stampo per imbutitura. 2 ~ (beim Drahtzug, Zieheisen z. B.) (*Werkz.*), trafila.
Ziehwulst (*m. - Blechbearb.*), rompigrinza.
Ziehzange (Ziehstock, zum Drahtziehen) (*f. - Werkz.*), tenaglia a rana, tenaglia tirafilo.
Ziel (Zweck) (*n. - allg.*), meta, scopo, fine, traguardo. 2 ~ (*Radar*), bersaglio. 3 ~ (*Sport*), traguardo. 4 ~ (beim Schiessen) (*Feuerwaffe - etc.*), bersaglio. 5 ~ (Mittelpunkt der Scheibe) (*Feuerwaffe - Sport*), centro. 6 ~ (Zahlungsfrist) (*komm.*), scadenza, termine. 7 ~ (Grenze) (*allg.*), limite. 8 ~ (*Progr.*), obiettivo. 9 ~ **anfluggerät** (*n. - Flugw. - Funk.*), radiogoniometro di ritorno alla base. 10 ~ **bremsung** (Haltbremsung) (*f. - Fahrz.*), frenatura di arresto. 11 ~ **bremsung** (an einer Ablauframpe, zum Halten an einem bessimmten Punkt) (*Eisenb.*) frenatura di arresto (in un determinato pun-

zielen

to). 12 ~ **eingabe** (bei Zielsteuerung eines Stetigförderers) (*f. - ind. Transp.*), entrata dei dati di percorso, immissione dei dati di percorso. 13 ~ **flugzeug** (*n. - Luftw. - Radar*), velivolo bersaglio. 14 ~ **gerät** (für Bombenabwurf z. B.) (*n. - Luftw.*), congegno di puntamento. 15 ~ **höhenwinkel** (*m. - Artillerie*), angolo di sito. 16 ~ **kennzeichen** (bei Zielsteuerung eines Stetigförderers) (*n. - ind. Transp.*), dato di percorso, codice di percorso. 17 ~ **landung** (*f. - Flugw.*), atterraggio preciso. 18 ~ **linie** (*f. - Opt.*), linea di mira. 19 ~ **linie** (*Sport*), linea del traguardo. 20 ~ **programm** (*n. - Datenverarb.*), programma oggetto. 21 ~ **programm** (*Progr. - Organ.*), programma degli obiettivi. 22 ~ **rechenmaschine** (*f. - milit.*), centrale di tiro. 23 ~ **richter** (*m. - Sport*), giudice di arrivo. 24 ~ **schiff** (*n. - Kriegsmar.*), nave bersaglio. 25 ~ **setzung** (Zielstellung, Zielvorstellung) (*Progr.*), formulazione degli obiettivi. 26 ~ **sprache** (*f. - Datenverarb.*), linguaggio oggetto. 27 ~ **steuerung** (Einrichtung zur Vorwahl des Förderweges bei Stetigförderern) (*f. - ind. Transp.*), preselettore di percorso. 28 ~ **verkehr** (*m. - Strass.verk.*), traffico convergente. 29 ~ **vorrichtung** (*f. - Feuerwaffe*), congegno di mira, congegno di punteria.

zielen (*allg.*), mirare. 2 ~ (*Feuerwaffe*), puntare.

Zielung (*f. - Radar - etc.*), puntamento.

Zierat (Zier [*f.*], Zierde [*f.*]) (*m. - allg.*), ornamento, fregio.

Zierbuchstabe (*m. - Druck.*), lettera ornata.

Zierdruck (*m. - Druck.*), stampa di fantasia.

zieren (*allg.*), ornare.

Ziergiebel (*m. - Arch.*), frontone.

Zierleiste (*f. - Arch.*), modanatura. 2 ~ (Zierstab, auf Blech z. B.) (*Aut. - etc.*), fregio.

Zierring (eines Scheinwerfers) (*m. - Aut.*), cornice.

Zierschrift (*f. - Druck.*), carattere ornato.

Zierstab (Zierleiste) (*m. - Arch.*), modanatura. 2 ~ (Zierleiste, auf Blech z. B.) (*Aut. - etc.*), fregio.

Zierteil (chromgeschichteter Teil z. B.) (*m. - Fahrz. - Aut.*), fregio.

Zierzwirn (Effektzwirn) (*m. - Text.*), ritorto fantasia, filato ritorto fantasia.

ZIF (Zentralinstitut für Giessereitechnik, DDR) (*Giess.*), Istituto Centrale per le Tecniche di Fonderia.

Ziffer (Zahlzeichen) (*f. - Math.*), cifra. 2 ~ (Koeffizient) (*allg.*), coefficiente, indice. 3 ~ **blatt** (*n. - Instr.*), quadrante. 4 ~ **blatt-Komparator** (*m. - Ger.*), minimetro a orologio, comparimetro ad orologio, comparatore ad orologio. 5 ~ **blatt-Messing** (mit 62-65 % Cu und 0,1 % Al) (*n. - Legierung*), (tipo di) ottone per quadranti. 6 ~ **n-Computer** (Ziffernrechner, Digitalrechner) (*m. - Rechemasch.*), calcolatore numerico. 7 ~ **n·impuls** (*m. - Rechenmasch.*), impulso numerico. 8 ~ **n· rechner** (Digitalrechner) (*m. - Rechenmasch.*), calcolatore numerico. 9 ~ **weiss** (*n. - Farbe*), bianco-cifre. 10 **Widerstands** ~ (*Hydr.*), coefficiente di resistenza.

ZIG (Zählimpulsgeber) (*Fernspr.*), trasmettitore di impulsi di conteggio.

Zigarette (*f. - Ind.*), sigaretta. 2 ~ **n·papier** (*n. - Papierind.*), carta da sigarette.

Zigarre (*f. - Ind.*), sigaro. 2 ~ **n·zünder** (*m. - Ger.*), accendisigaro.

ZIID (Zentralinstitut für Information und Dokumentation) (*Dokum.*), Istituto Centrale per l'Informazione e la Documentazione.

Zille (Schleppkahn) (*f. - naut.*), chiatta.

Zimmer (Stube) (*n. - Bauw.*), stanza, camera. 2 ~ **antenne** (*f. - Funk. - Fernseh.*), antenna interna. 3 ~ **arbeiten** (Zimmermannarbeiten) (*f. - pl. - Zimm.*), lavori di carpenteria. 4 ~ **decke** (*f. - Bauw.*), soffitto. 5 ~ **flugmodell** (*n. - Sport*), aeromodello da sala. 6 ~ **hof** (Zimmerplatz) (*m. - Zimm.*), cantiere. 7 ~ **holz** (Bauholz) (*n. - Bauw. - etc.*), legname da costruzione. 8 ~ **mann** (Zimmerer) (*m. - Arb.*), carpentiere. 9 ~ **mannsmass·stab** (*m. - Ger.*), metro snodato. 10 ~ **mannstift** (*m. - Ger.*), matita da carpentiere. 11 ~ **meister** (*m. - Arb.*), capo carpentiere. 12 ~ **schnur** (Gummiaderschnur) (*f. - Elekt.*), cordone isolato in gomma. 13 ~ **temperatur** (*f. - Wärme*), temperatura ambiente.

Zimmerei (*f. - Zimm.*), carpenteria.

Zimmerer (Zimmermann) (*m. - Arb. - Zimm.*), carpentiere.

Zimmerling (Bergmann, der die Zimmerung herstellt) (*m. - Arb. - Bergbau*), addetto all'armamento.

zimmern (*Zimm.*), eseguire lavori di carpenteria. 2 ~ (auszimmern) (*Bergbau - Ing.b.*), armare.

Zimmerung (*f. - Bergbau - Ing.b.*), armatura.

Zink (Zn - *n. - Chem.*), zinco. 2 ~ **anoden** (zur Verhinderung elektrolytischer Korrosion der Schiffaussenhaut z. B.) (*f. - pl. - naut.*), zinchi, anodi di zinco. 3 ~ **ätzung** (Zinkotypie) (*f. - Druck.*), zincotipia. 4 ~ **aufdampfen** (*n. - mech. Technol.*), zincatura a vaporizzazione. 5 ~ **blech** (*n. - metall. Ind.*), lamiera di zinco. 6 ~ **blende** (ZnS) (Zinksulfid) (*f. - Min.*), blenda. 7 ~ **dach** (*n. - Bauw.*), copertura di zinco, tetto di zinco. 8 ~ **druck** (Zinkographie) (*m. - Druck.*), zincografia. 9 ~ **druckguss** (Guss·stück) (*m. - Giess.*), pressogetto di zinco. 10 ~ **erz** (*n. - Min.*), minerale di zinco. 11 ~ **fieber** (Metalldampffieber, Giessfieber) (*n. - Ind. - Med.*), febbre dei fonditori. 12 ~ **hochätzung** (Zinkotypie) (*f. - Druck.*), zincotipia. 13 ~ **karbonat** ($ZnCO_3$) (*m. - Min. - Chem.*), carbonato di zinco, smithsonite. 14 ~ **lot** (*n. - mech. Technol.*), lega di zinco per brasature. 15 ~ **oxyd** (ZnO) (*n. - Chem.*), ossido di zinco. 16 ~ **plattieren** (*n. - mech. Technol.*), zincatura. 17 ~ **rauch** (*m. - Metall.*), fumi di zinco. 18 ~ **spat** (Galmei) (*m. - Min.*), smithsonite. 19 ~ **spritzen** (*n. - mech. Technol.*), zincatura a spruzzo. 20 ~ **staub** (*m. - Metall.*), polvere di zinco. 21 ~ **stecher** (*m. - Arb.*), zincografo. 22 ~ **vergiftung** (*f. - Ind. - Med.*), intossicazione da zinco, febbre dei fonditori. 23 ~ **vitriol** ($ZnSO_4 \cdot 7H_2O$, Nebenprodukt bei der Gewinnung von Cadmium) (*n. - Chem.*), solfato di zinco, vetriolo bianco. 24

~ weiss (Zinkoxyd) (*n. - Chem. - Anstr.*), bianco di zinco.
Zinke (Zinken [*m.*], Zacke) (*f. - allg.*), dente. 2 ~ (Holzverbindung) (*Tischl.*), incastro a coda di rondine. 3 ~ (eines Gabels) (*Ger. - ind. Transp.*), rebbio, dente. 4 ~ n·maschine (*f. - Holzbearb.masch.*), fresatrice per incastri a coda di rondine. 5 Zwei ~ n·gabel (für Flachpaletten, etc.) (*f. - ind. Transp.*), forca a due denti.
Zinken (*n. - Zimm.*), unione a coda di rondine, incastro a coda di rondine.
zinken (*Tischl.*), fare una giunzione a coda di rondine, unire a coda di rondine, incastrare a coda di rondine.
Zinn (Sn - *n. - Chem.*), stagno. 2 ~ block (*m. - Metall.*), blocco di stagno. 3 ~ bronze (*f. - Legierung*), bronzo allo stagno. 4 ~ diffusion (Eintauchen, hauptsächlich von Messingguss·stücken, in ein Zinnchlorid enthaltendes Bad, wobei ein Austausch von Zinkatomen gegen Zinnatome stattfindet) (*f. - mech. Technol.*), stagnatura a diffusione. 5 ~ dioxyd (SnO_2) (*n. - Chem.*), ossido stannico. 6 ~ erz (Kassiterit) (*n. - Min.*), cassiterite. 7 ~ folie (Blattzinn, Stanniol) (*f. - Metall.*), stagnola. 8 ~ geschrei (Zinnschrei) (*n. - Metall.*), grido dello stagno. 9 ~ giesser (*m. - Arb.*), fonditore di stagno. 10 ~ lot (*n. - Metall.*), stagno per brasature. 11 ~ pest (Zerfall zu Pulver einer grauen Zinnabart) (*f. - Metall.*), peste dello stagno. 12 ~ plattieren (*n. - mech. Technol.*), stagnatura. 13 ~ schrei (beim Biegen einer Stange) (*m. - Metall.*), grido dello stagno. 14 ~ spritzgusslegierung (für sehr genaue Guss·stücke) (*f. - Legierung*), lega di stagno per microfusione. 15 ~ stein (Kassiterit) (*m. - Min.*), cassiterite. 16 ~ sulfid (SnS) (Musivgold) (*n. - Chem. - Metall.*), solfuro stannico, oro musivo. 17 ~ tetrachlorid ($SnCl_4$) (*n. - Chem. - Textil·ind.*), cloruro stannico. 18 Blatt ~ (Stanniol) (*Metall.*), stagnola. 19 graues ~ (*Metall.*), stagno grigio. 20 Guss- ~ bronze (*f. - Legierung*), bronzo allo stagno per getti.
Zinnamylsäure (*f. - Chem.*), acido cinnamico.
Zinne (Aufbau auf einer Mauer) (*f. - Arch.*), merlo. 2 ~ (eines Berges) (*Geogr.*), picco. 3 ~ n·spannung (Rechteckspannung) (*f. - Elekt.*), tensione rettangolare.
Zinnober (HgS) (Merkurblende, Korallenerz) (*m. - Min.*), cinabro.
zinnplattiert (*mech. Technol.*), stagnato.
Zins (*m. - finanz.*), interesse. 2 ~ es·zins (*m. - finanz.*), interesse composto. 3 ~ fuss (Zinssatz) (*m. - finanz.*), tasso d'interesse, interesse. 4 Verzugs ~ en (*finanz.*), interessi di mora.
Zipfel (*m. - Funk.*), lobo. 2 ~ bildung (beim Tiefziehen) (*f. - Blechbearb.fehler*), formazione di orecchie.
Zirkel (*m. - Zeichn. - Ger.*), compasso. 2 ~ (Kreislinie) (*Geom.*), circolo. 3 ~ (Kreislauf, Umlauf) (*allg.*), circuito. 4 ~ einsatz (Zirkelspitze) (*m. - Zeichn. - Ger.*), punta (amovibile) per compasso. 5 ~ für Werkzeugmacher (*Ger.*), compasso per attrezzisti. 6 ~ kasten (*m. - Zeichn. - Ger.*), scatola di compassi, compassiera. 7 ~ -Neusilber (60% Cu, 10% Ni, 28,5% Zn, 1,5% Pb, für Reisszeuge) (*n. -*

Legierung), argentana tedesca, argentana per compassi. 8 ~ verlängerung (*f. - Zeichn. - Ger.*), prolunga per compasso. 9 Einsatz ~ (*Zeichn. - Ger.*), compasso a punta amovibile. 10 Ellipsen ~ (*Zeichn. - Ger.*), compasso per ellissi. 11 Null ~ (*Zeichn. - Ger.*), balaustrino a pompa. 12 Quadratur des ~ s (*Geom.*), quadratura del circolo. 13 Stangen ~ (*Zeichn. - Ger.*), compasso a verga. 14 Teil ~ (*Zeichn. - Ger.*), balaustrino a vite. 15 Teil ~ (grosser Teilzirkel) (*Zeichn. - Ger.*), compasso a punte fisse.
Zirkon ($ZrSiO_4$) (braunes bis rotes Mineral) (*m. - Min.*), zircone. 2 ~ erde (ZrO_2) (Zirkonoxyd) (*f. - Min.*), ossido di zirconio. 3 ~ oxyd (ZrO_2) (*n. - Chem. - Atomphys. - etc.*), ossido di zirconio. 4 ~ oxyd (Röntgenkontrastmittel) (*Phys.*), contrastina, ossido di zirconio.
Zirkonium (Zr - *n. - Chem.*), zirconio.
Zirkular (Rundschreiben) (*n. - komm. - etc.*), circolare, lettera circolare.
zirkular (*allg.*), circolare. 2 ~ polarisiert (*Elektronik*), a polarizzazione circolare.
Zirkularbürste (*f. - Werkz.*), spazzola circolare.
Zirkularisator (einer Radarantenne, zur Umwandlung einer linearpolarisierte Welle in eine zirkularpolarisierte Welle) (*m. - Radar*), circolarizzatore.
Zirkularpolarisation (*f. - Phys.*), polarizzazione circolare.
Zirkulation (Umlauf) (*f. - allg.*), circolazione.
Zirkulator (Richtungsgabel) (*m. - Elektronik*), circolatore. 2 MIC- ~ (monolithic integrated circuit) (*Elektronik*), circolatore a circuiti integrati monolitici.
Zirkumflex (Tonzeichen ^) (*m. - Druck.*), accento circonflesso.
zirkumpolar (*Astr.*), circumpolare.
Zirkus (Gebäude, Zelt) (*m. - Bauw.*), circo.
Zirrokumuluswolke (*f. - Meteor.*), cirrocumulo.
Zirrostratuswolke (*f. - Meteor.*), cirrostrato.
Zirrus (Cirrus, Wolke) (*m. - Meteor.*), cirro.
Zischen (*n. - Akus.*), sibilo. 2 ~ (des Mikrophons) (*Funk.*), soffio. 3 ~ (des Lichtbogens) (*Elekt.*), fischio.
Zischhahn (zur Herstellung der Verbindung zwischen Verbrennungsraum und Aussenluft) (*m. - Mot.*), rubinetto di decompressione.
Ziseleur (Facharbeiter) (*m. - Arb. - Metall.*), cesellatore.
Ziselieren (*n. - Metallbearbeitung*), cesellatura.
ziselieren (*Metallbearbeitung*), cesellare.
Ziselierpunze (*f. - Werkz.*), cesello.
Zissoide (Kurve) (*f. - Geom.*), cissoide.
Zisterne (unterirdischer Behälter zum Sammeln von Regenwasser) (*f. - Bauw.*), cisterna. 2 ~ n·wagen (*m. - Eisenb.*), carro cisterna.
Zitation (*f. - recht. - etc.*), citazione.
Zitrat (Salz der Zitronensäure) (*n. - Chem.*), citrato.
Zitrone (Limone) (*f. - Ack.b.*), limone. 2 ~ n·bohrung (annähernd elliptische Form einer Lagerbohrung, bei der di erwünschte Stabilität der Welle durch erhöhte Reibung an den Ölfilmen erreicht wird) (*f. - Mech.*), foro ellittico, foro eccentrico. 3 ~ n·gelb

Zitterbewegung

(*n.* - *Farbe*), giallo limone. 4 ~ n·säure [HO.C(CH$_2$.CO$_2$H)2.CO$_2$H] (*f.* - *Chem.*), acido citrico. 5 ~ n·spiel (bei Zitronenbohrungen von Lagern) (*n.* - *Mech.*), gioco (da foro) ellittico, gioco (da foro) eccentrico.

Zitterbewegung (schwingende Bewegung, eines freien Wellenpakets) (*f.* - *Phys.*), moto vibratorio, « Zitterbewegung ».

Zittermarke (*f.* - *Werkz.masch.bearb.fehler*), segno da vibrazione.

Zittern (*n.* - *Mech.*), vibrazione, trepidazione. 2 ~ (Signalunbeständigkeit) (*Fernseh.fehler*), tremolio.

zittern (*allg.*), tremare, vibrare.

Zitterregler (einer Lichtmaschine) (*m.* - *Aut.* - *Elekt.*), regolatore a contatti vibranti.

Zittersieb (*n.* - *Bergbau* - *Ger.*), vibrovaglio, vaglio a scossa.

zivil (*allg.*), civile.

Zivilflieger (*m.* - *Flugw.*), pilota civile.

Zivilflugplatz (Zivilflughafen) (*m.* - *Flugw.* - *Bauw.*), aeroporto civile.

Zivilgericht (*n.* - *recht.*), tribunale civile.

Zivilgesetzbuch (*n.* - *recht.*), codice civile.

Zivilingenieur (*m.* - *Bauw.*), ingegnere civile.

Zivilluftfahrt (*f.* - *Flugw.*), aviazione civile.

Zivilprozess (*m.* - *recht.*), processo civile. 2 ~ ordnung (*f.* - *recht.*), codice di procedura civile.

Zivilrecht (*n.* - *recht.*), diritto civile.

Zivilsache (*f.* - *recht.*), causa civile.

Zivilstand (*m.* - *recht.*), stato civile.

Z-Kerze (Zündkerze mit Zoll-Gewinde) (*f.* - *Mot.* - *Aut.*), candela con filettatura in pollici.

ZKR (Zentralkommission für die Rheinschifffahrt) (*Navig.*), Commissione Centrale per la Navigazione sul Reno.

ZKS (Zentralstelle für Korrosionsschutz, DDR) (*Chem.* - *Phys.*), Centro per la Protezione contro la Corrosione.

ZLDI (Zentrale der Luftfahrtdokumentation) (*Flugw.*), Centro di Documentazione Aeronautico.

ZM (Zwischenmodulation) (*Funk.*), intermodulazione.

Z-Meissel (*m.* - *Bergbau* - *Werkz.*), scalpello (con tagliente) a Z.

Zn (Zink) (*Chem.*), Zn, zinco.

Zobel-Filter (Zobel-Halbglied, eines Tiefpasses) (*n.* - *Elektronik*), filtro Zobel.

Zölestin (S$_2$SO$_4$) (Strontiumsulfat) (*m.* - *Min.*), celestina.

Zoll (Warenverkehrssteuer) (*m.* - *komm.* - *finanz.*), dazio (doganale). 2 ~ (englischer Zoll = 2,54 cm) (*Mass*), pollice. 3 ~ abfertigung (*f.* - *finanz.* - *komm.*), sdoganamento. 4 ~ amt (*n.* - *finanz.*), dogana, ufficio doganale. 5 ~ beamter (*m.* - *finanz.*), doganiere. 6 ~ behörde (Dienststelle) (*f.* - *finanz.*), dogana. 7 ~ brücke (*f.* - *finanz.*), ponte a pedaggio. 8 ~ freilager (Freilager) (*n.* - *komm.*), magazzino franco, magazzino doganale. 9 ~ gewinde (*n.* - *Mech.*), filettatura in pollici. 10 ~ grenze (Zollinie) (*f.* - *Stadt*), cinta daziaria. 11 ~ gut (*n.* - *komm.*), merce schiava di dogana. 12 ~ inhaltserklärung (*f.* - *finanz.* - *komm.*), dichiarazione doganale. 13 ~ niederlage (Zollager, Zollfreilager) (*f.* - *finanz.* - *komm.*), magazzino doganale, magazzino franco. 14 ~ rückerstattung (Zollrückvergütung) (*f.* - *komm.*), rimborso di dazio, rimborso fiscale. 15 ~ schranke (*f.* - *finanz.*), barriera della dogana. 16 ~ station (*f.* - *finanz.*), dogana. 17 ~ tarif (*f.* - *komm.* - *finanz.*), tariffa doganale. 18 ~ union (*f.* - *finanz.*), unione doganale. 19 Ausfuhr ~ (*komm.*), dazio di esportazione. 20 Durchfuhr ~ (*komm.*), dazio di transito. 21 Einfuhr ~ (*komm.*), dazio di importazione. 22 Schutz ~ (*komm.*), dazio protettivo.

Zollergebläse (Flügelgebläse, Sternkolbengebläse) (*n.* - *Masch.* - *Mot.*), compressore rotativo a palette.

zollpflichtig (*komm.*), soggetto a dogana.

Zölostat (*m.* - *Astr.* - *Instr.*), celostato.

Zone (*f.* - *Geol.* - *Geogr.* - *etc.*), zona. 2 ~ (Zeitzone) (*Astr.*), fuso. 3 ~ (*Opt.*), zona. 4 ~ der Windstillen (*Geogr.*), zona delle calme. 5 ~ n·auswerter (*m.* - *Fernspr.* - *etc.*), identificatore di zona. 6 ~ n·bit (*n.* - *Datenverarb.*), bit di zona. 7 ~ n·einteilung (*f.* - *Städteplanung*), zonizzazione. 8 ~ n·faktor (einer Wicklung) (*m.* - *elekt. Masch.*), fattore di distribuzione. 9 ~ n·lochung (*f.* - *Datenverarb.*), perforazione di zona. 10 ~ n·schmelzen (*n.* - *Metall.*), fusione a zone. 11 Bau ~ (*Bauw.*), zona edificabile. 12 Reduktions ~ (im Kupolofen z. B.) (*Giess.*), zona di riduzione. 13 Schweige ~ (Zone des Schweigens) (*Akus.*), zona di silenzio. 14 wärmebeeinflusste ~ (beim Schweissen) (*mech. Technol.*), zona termicamente alterata.

Zoom-Objektiv (Gummilinse, Objektiv mit variabler Brennweite) (*n.* - *Phot.*), obiettivo zoom, obiettivo a focale variabile.

Zopf (Flechte) (*m.* - *Elekt.* - *etc.*), treccia. 2 ~ (für Packungen) (*Mech.* - *etc.*), corda (per guarnizioni), treccia (per guarnizioni). 3 ~ (*Weberei*), siehe Puppe.

Zoreseisen (*n.* - *metall. Ind.* - *Bauw.*), ferro Zores.

ZPO (Zivilprozessordnung) (*recht.*), procedura civile.

ZR (Zeitrelais) (*Elekt.*), relè a tempo.

Zr (Zirkonium) (*Chem.*), Zr, zirconio.

zr (Zwillingsruhekontakt, eines Relais) (*Elekt.*), contatto di lavoro doppio.

zra (Zwillingsruhe-Arbeitskontakt, eines Relais) (*Elekt.*), contatto doppio riposo-lavoro.

Z-Schneide (eines Meissels) (*f.* - *Bergbau* - *Werkz.*), tagliente a Z.

Z-Stahl (Walzstahlprofil) (*m.* - *metall. Ind.*), profilato di acciaio a Z.

ZT (Zusatztransformator) (*Elekt.*), trasformatore regolatore ad induzione.

z.T. (zum Teil) (*allg.*), in parte.

ZTL (Zweistrom - Turboluftstrahltriebwerk) (*Strahltriebw.*), turbogetto a due flussi, turbogetto a bypass.

Ztr. (Gewichtseinheit) (*Mass*), siehe Zentner.

ZTU-Schaubild (Zeit-Temperatur-Umwandlungs-Schaubild) (*n.* - *Wärmebeh.*), diagramma TTT, diagramma temperatura-tempo-trasformazione.

ZÜ (Zwischenüberhitzer) (*Kessel*), surriscaldatore intermedio.

zu (geschlossen, Hahn z. B.) (*Leit.*), chiuso. 2 ~ (bei Zahlangaben) (*Math.*), a.

Zubau (*m. - Bauw.*), nuova costruzione, costruzione aggiunta.
Zubehör (*m. - n. - Aut. - etc.*), accessorio.
Zuber (Gefäss) (*m. - allg.*), mastello.
zubereiten (*allg.*), preparare.
Zubereitung (*f. - allg.*), preparazione.
Zubrand (Erhöhung des Anteils einer Komponente bei dem Schmelzvorgang) (*m. - Metall.*), aumento al fuoco.
Zubringeeinrichtung (von Werkstücken z. B.) (*f. - Werkz.masch.bearb.*), alimentatore.
Zubringen (der Werkstücke, Zuführung) (*n. - Werkz.masch.bearb.*), alimentazione.
Zubringer (*m. - Ger.*), alimentatore. 2 ~ (Teil am Gewehr) (*Feuerwaffe*), caricatore. 3 ~ (eines Räumwerkzeuges) (*Werkz.masch. bearb.*), alimentatore, « appenditore ». 4 ~ (Strasse von und zu den Autobahnen) (*Strasse*), svincolo, strada di svincolo, raccordo. 5 ~ **pumpe** (Speisepumpe) (*f. - Kessel - etc.*), pompa di alimentazione. 6 ~ **speicher** (Hilfsspeicher) (*m. - Datenverarb.*), memoria ausiliaria. 7 ~ **wagen** (*m. - Metall.*), carro alimentatore.
Zucht (*f. - Landw.*), siehe Züchtung.
Züchtung (Zucht, von Tieren) (*f. - Landw. - Ind.*), allevamento. 2 ~ (von Pflanzen) (*Landw.*), coltivazione. 3 ~ (von Kristallen) (*allg.*), crescita.
Zucken (Schwingung eines Kraftfahrzeuges) (*n. - Aut.*), oscillazione longitudinale.
Zucker (*m. - chem. Ind.*), zucchero. 2 ~ **fabrik** (*f. - chem. Ind.*), zuccherificio. 3 ~ **gehaltsmesser** (Saccharometer) (*m. - Instr.*), saccarimetro. 4 ~ **inversion** (*f. - chem. Ind.*), inversione dello zucchero. 5 ~ **lösung** (*f. - chem. Ind.*), zuccherino (*s.*). 6 ~ **rohr** (*n. - chem. Ind.*), canna da zucchero. 7 ~ **rübe** (*f. - chem. Ind. - Landw.*), bietola da zucchero, barbabietola da zucchero. 8 Rohr ~ (*chem. Ind.*), zucchero di canna. 9 Roh ~ (*chem. Ind.*), zucchero greggio. 10 Rüben ~ (*chem. Ind.*), zucchero di bietole.
zudrehen (einen Hahn z. B.) (*Leit. - etc.*), chiudere.
Zudrücken (Schliessen im Gesenk, Einengen am Ende eines hohlen Werkstückes) (*n. - mech. Technol.*), ogivazione.
Zufahrt (Verbindung mit Hauptverkehrswegen) (*f. - Transp.*), raccordo di accesso. 2 ~ **rampe** (*f. - Bauw.*), rampa di accesso.
Zufall (*m. - allg.*), caso. 2 ~ **s·auslöser** (*m. - Ger.*), decasualizzatore. 3 ~ **s·Auswanderung** (bei Kreiselgeräten) (*f. - Navig.*), deriva aleatoria. 4 ~ **s·fehler** (*m. - allg.*), errore accidentale, errore casuale. 5 ~ **s·kurve** (*f. - Stat.*), ogiva di Galton. 6 ~ **s·maschine** (*f. - Masch.*), casualizzatore. 7 ~ **s·programmierung** (*f. - Rechner*), programmazione ad accesso casuale. 8 ~ **s·stichprobe** (bei Qualitätskontrolle) (*f. - Stat. - mech. Technol.*), campione casualizzato. 9 ~ **s·variable** (bei Qualitätskontrolle) (*f. - Stat. - mech. Technol.*), variabile casuale. 10 ~ **s·wert** (*f. - Stat. - mech. Technol.*), valore instabile, valore erratico. 11 ~ **s·zahl** (Randomzahl) (*f. - Datenverarb.*), numero casuale. 12 geschichtete ~ **s·stichprobe** (bei Qualitätskontrolle) (*f. - Stat. - mech. Technol.*), campione stratificato.

zufällig (zufallbedingt) (*allg.*), casuale, fortuito, accidentale.
zufallsbedingt (*allg.*), siehe zufällig.
Zufluss (Nebenfluss) (*m. - Geogr.*), affluente. 2 ~ (zuströmende Menge, Zustrom) (*Hydr.*), afflusso. 3 ~ **gebiet** (*n. - Hydr.*), bacino imbrifero, bacino idrografico. 4 Kraftwerks ~ (*Hydr.*), afflusso di centrale.
Zufuhr (*f. - allg.*), adduzione, alimentazione. 2 ~ **einrichtung** (einer Presse z. B.) (*f. - Masch.*), dispositivo di alimentazione. 3 ~ **rollgang** (*m. - Walzw.*), piano alimentatore a rulli. 4 ~ **strasse** (*f. - Strasse*), strada di accesso.
zuführen (*allg.*), alimentare, addurre.
Zuführer (*m. - Mech.*), alimentatore.
Zuführung (*f. - allg.*), alimentazione. 2 ~ **s·draht** (*m. - Elekt.*), filo di alimentazione. 3 ~ **s·magazin** (*n. - Werkz.masch.*), caricatore (di alimentazione). 4 ~ **s·rohr** (*n. - Leit.*), tubo di alimentazione. 5 ~ **s·walze** (*f. - Textilmasch.*), cilindro alimentatore.
Zug (Ziehen, Spannung) (*m. - Baukonstr. lehre - Mech.*), trazione. 2 ~ (*Eisenb.*), treno. 3 ~ (Zugmaschine und Anhänger) (*Aut.*), autotreno. 4 ~ (Flaschenzug) (*Hebevorr.*), paranco. 5 ~ (Luftbewegung) (*Verbr. - Heizung - etc.*), tiraggio. 6 ~ (beim Drahtziehen) (*mech. Technol.*), passata. 7 ~ (Kammzug) (*Textilind.*), nastro di pettinatura. 8 ~ (eines Geschützes) (*Feuerwaffe*), rigatura. 9 ~ (*Giess.*), tirata d'aria. 10 ~ (Ziehwerkzeug) (*m. - Blechbearb.werkz.*), stampo per imbutitura. 11 ~ (Ziehen) (*Eisenb. - Fahrz.*), trazione. 12 ~ (*milit.*), plotone. 13 ~ (bei der Theorie der Spiele z. B.) (*Math. - Planung.*), mossa. 14 ~ (Bewegung, eines Schlittens z. B.) (*Werkz.masch.bearb.*), passata, traslazione. 15 ~ (Hub) (*Mech.*), corsa. 16 ~ **am Zughaken** (*Eisenb. - Aut.*), trazione al gancio. 17 ~ **anker** (einer Presse z. B.) (*m. - Masch. - etc.*), tirante. 18 ~ **anker** (*Bauw.*), catena, tirante. 19 ~ **ankerläufer** (eines Axialverdichters) (*m. - Masch.*), rotore con tiranti. 20 ~ **artikel** (Lockartikel, ein zu Werbezwecken billig angebotener Artikel) (*m. - komm.*), articolo in vendita pubblicitaria. 21 ~ **bank** (*f. - Tischl.*), siehe Hobelbank. 22 ~ **beanspruchung** (Zugspannung) (*f. - Baukonstr.lehre*), sollecitazione di trazione. 23 ~ **beeinflussung** (Vorr. auf Eisenbahnstrecken zum Anhalten des Zuges, wenn ein auf « Halt » stehendes Signal nicht rechtzeitig beachtet wird) (*f. - Eisenb. - Vorr.*), arresto di sicurezza. 24 ~ **bildung** (*f. - Eisenb.*), formazione del treno. 25 ~ **bolzen** (*m. - Mech.*), tirante. 26 ~ **bruchversuch** (an Ketten z. B.) (*m. - Prüfung*), prova di rottura a trazione. 27 ~ **brücke** (*f. - Brück.b.*), ponte mobile. 28 ~ **-Druck-Kupplung** (*f. - Eisenb.*), aggancio di trazione e repulsione. 29 ~ **-Druck-Maschine** (Dauerprüfmaschine) (*f. - Masch.*), macchina per trazione-compressione. 30 ~ **-Druck-Versuch** (*m. - Werkstoffprüfung*), prova a trazione e compressione. 31 ~ **-Druck-Wechselfestigkeit** (*f. - Werkstoffprüfung*), limite di fatica a ciclo alterno simmetrico per trazione-compressione. 32 ~ **einrichtung** (*f. - Eisenb.*), dispositivo di trazione. 33 ~ **elasti-**

Zug

zitätsversuch (für Textilien) (*m. - Technol.*), prova di elasticità a trazione. 34 ~ **entlastung** (von Leitungen) (*f. - Elekt.*), eliminazione della trazione, scarico della trazione. 35 ~ **faser** (eines Werkstückes) (*f. - Mech.*), fibra tesa. 36 ~ **feder** (*f. - Mech.*), molla di trazione. 37 ~ **festigkeit** (*f. - Baukonstr. lehre*), resistenza a trazione. 38 ~ **führer** (*m. - Eisenb. - Arb.*), capotreno. 39 ~ **funk** (Zugtelephonie) (*m. - Funk. - Eisenb.*), servizio di radiotelefono su treni. 40 ~ **geschirr** (*n. - Fahrz.*), dispositivo di traino. 41 ~ **glied** (Zugstab, eines Fachwerks) (*n. - Bauw.*), tirante. 42 ~ **gurt** (*m. - Bauw.*), briglia sollecitata a trazione, corrente sollecitato a trazione. 43 ~ **haken** (*m. - Eisenb. - Aut.*), gancio di traino. 44 ~ **kanal** (*m. - Verbr.*), condotto del fumo. 45 ~ **kraft** (*f. - Mech.*), forza di trazione. 46 ~ **kraft** (*Fahrz.*), sforzo di trazione. 47 ~ **kraft** (*Eisenb.*), trazione. 48 ~ **kraft** (Zugstärke, eines Ventilators z. B.) (*Lüftung*), aspirazione. 49 ~ **kraft** (eines Magnets) (*Elekt.*), forza di attrazione. 50 ~ **kraft am Haken** (*Fahrz.*), sforzo di trazione al gancio. 51 ~ **kraft am Radumfang** (*Fahrz.*), sforzo di trazione alla periferia delle ruote. 52 ~ **kupplung** (*f. - Eisenb.*), aggancio di semplice trazione. 53 ~ **leine** (*f. - naut.*), gomena da rimorchio. 54 ~ **leistung** (*f. - Fahrz.*), forza di trazione, trazione. 55 ~ **leuchte** (*f. - Beleucht. - Ger.*), lume a sospensione regolabile, lume a saliscendi, apparecchio di illuminazione a saliscendi. 56 ~ **maschine** (Lastwagen z. B., für Anhängerbetrieb) (*f. - Aut.*), motrice. 57 ~ **maschine** (*Textilmasch.*), stiratoio. 58 ~ **messer** (Dynamometer) (*m. - Mech.*), dinamometro. 59 ~ **netz** (Zuggarn) (*n. - Fischerei - Ger.*), rete di aggiramento (salpata da terra). 60 ~ **nummernschalter** (bei dem das Drehen der Fingerscheibe durch eine fast gerade Bewegung von oben nach unten ersetzt ist) (*m. - Fernspr.*), combinatore a trazione. 61 ~ **probe** (*f. - Werkstoffprüfung*), provino per prove di trazione. 62 ~ **propeller** (Zugschraube) (*m. - Flugw.*), elica trattiva. 63 ~ **prüfmaschine** (*f. - Masch.*), macchina per prove di trazione. 64 ~ **regler** (für Öfen) (*m. - Verbr.*), registro, valvola di registro. 65 ~ **schaffner** (*m. - Eisenb. - Arb.*), conduttore. 66 ~ **schalter** (*m. - Elekt.*), interruttore a strappo. 67 ~ **schraube** (*f. - Mech.*), vite di trazione. 68 ~ **schraube** (*Flugw.*), elica trattiva. 69 ~ **schwellbereich** (*m. - Baukonstr. lehre*), trazione a ciclo dallo zero. 70 ~ **schwellfestigkeit** (*f. - Werkstoffprüfung*), limite di fatica per sollecitazione assiale a ciclo dallo zero. 71 ~ **seil** (bei Seilbahnen) (*n. - Transp.*), fune traente. 72 ~ **seite** (eines Riemens) (*f. - Mech.*), lato teso. 73 ~ **spannung** (*f. - Baukonstr.lehre*), sollecitazione di trazione. 74 ~ **spindel** (einer Drehbank) (*f. - Werkz. masch.*), barra di alimentazione, candela, barra di cilindratura. 75 ~ **stab** (Zugglied, eines Fachwerks) (*m. - Bauw.*), tirante. 76 ~ **stange** (*f. - Fahrz.*), barra di trazione. 77 ~ **stange** (*Eisenb.*), bastone pilota. 78 ~ **stärke** (Zuglänge) (*f. - Eisenb.*), lunghezza del treno. 79 ~ **verformung** (*f. - mech. Technol.*), deformazione da trazione, stiro. 80 ~ **versuch** (Zerreissversuch) (*m. - Baukonstr.lehre*), prova di trazione. 81 ~ **wagen** (*m. - Fahrz.*), motrice. 82 ~ **widerstand** (*m. - Eisenb. - Fahrz.*), resistenza alla trazione. 83 ~ **zusammenstellung** (Zugbildung) (*f. - Eisenb.*), formazione del treno. 84 **Anfahr ~ kraft** (*Fahrz.*), sforzo di trazione massimo, sforzo di trazione allo spunto. 85 **Bedarfs ~** (*Eisenb.*), treno straordinario. 86 **Brücken ~** (Zug, bei dem die auf einer Ladebrücke geladene Last auf dem ziehenden und auch auf dem gezogenen Fahrzeug liegt) (*Aut.*), autotreno a bilico. 87 **Dauer ~ kraft** (*Fahrz.*), sforzo di trazione normale, sforzo di trazione continuativo. 88 **Elektro ~** (*Hebevorr.*), paranco elettrico. 89 **erster ~** (Ziehwerkzeug) (*Blechbearb.werkz.*), stampo per l'imbutitura dello sviluppo, stampo per la prima operazione di imbutitura. 90 **Fein ~** (Fertigzug, beim Drahtziehen) (*mech. Technol.*), passata di finitura. 91 **Fein ~** (Matrize, einer Ziehbank) (*Werkz.*), trafila per l'ultima passata. 92 **gemischter ~** (mit Personen- und Güterwagen) (*Eisenb.*), treno misto. 93 **Güter ~** (*Eisenb.*), treno merci. 94 **künstlicher ~** (*Verbr.*), tiraggio forzato. 95 **leichter ~** (*Meteor.*), bava di vento. 96 **Personen ~** (Reisezug) (*Eisenb.*), treno viaggiatori. 97 **Reise ~** (Personenzug) (*Eisenb.*), treno viaggiatori. 98 **Rohr ~** (*mech. Technol.*), trafilatura di tubi. 99 **Sattel ~** (Sattelzugmaschine und Auflieger) (*Aut.*), autoarticolato, motrice e semirimorchio. 100 **Stülp ~** (zum Stülpziehen) (*Blechbearb.werkz.*), stampo per imbutitura inversa, stampo per controimbutitura.

Zugabe (Bearbeitungszugabe) (*f. - Werkz. masch.bearb.*), sovrametallo. 2 ~ (Zufuhr) (*allg.*), adduzione, alimentazione.

Zugang (Zutritt) (*m. - Bauw.*), accesso. 2 ~ (Zugriff) (*Rechner*), accesso. 3 ~ (am Eingang eines Lagers z. B.) (*Ind.*), accettazione. 4 ~ (Eingang) (*komm.*), arrivo. 5 ~ **s·stollen** (*m. - Bergbau*), galleria di accesso. 6 ~ **s· strasse** (Zufuhrstrasse) (*f. - Strasse*), strada di accesso.

zugänglich (*Mot. - etc.*), accessibile.

Zugänglichkeit (zu pflegebedürftigen Teilen eines Verbrennungsmotors z. B.) (*f. - Mech. - etc.*), accessibilità.

Züge (Schleiffehler) (*m. - pl. - Mech.*), striature.

zugehörig (*allg.*), appartenente, pertinente, relativo.

zugelassen (*allg.*), permesso, autorizzato. 2 ~ (Wagen z. B.) (*Aut.*), immatricolato. 3 ~ (Flugzeug z. B.) (*Mot. - Flugw. - etc.*), omologato.

zugeteilt (*allg.*), assegnato.

zügig (in rascher Folge) (*allg.*), in rapida successione. 2 ~ (gängig, gebräuchlich) (*komm.*), corrente, comune, di largo smercio. 3 ~ (dauernd) (*allg.*), continuo, persistente, ininterrotto. 4 ~ **e Fahrweise** (*Aut.*), andatura sostenuta.

Zugriff (Zugang, zu einer Speicherzelle z. B.) (*Rechner*), accesso. 2 ~ **in Reihenfolge** (der Speicherung, sequentieller Zugriff) (*Rechner*), accesso sequenziale. 3 ~ **in stochastischer**

Reihenfolge (wahlfreier Zugriff) (*Datenverarb.*), accesso casuale, accesso diretto. 4 ~ **nach der Warteschlangenmethode** (*Rechner*), accesso a code. 5 ~ **s·arm** (eines Speichers) (*m. - Rechner*), braccio di posizionamento. 6 ~ **s·zeit** (Zeit für die Übertragung der Information zwischen Speicher und Rechenwerk) (*f. - Rechner*), tempo di accesso. 7 **beliebiger** ~ (wahlweiser Zugriff, direkter Zugriff) (*Rechner*), accesso casuale, accesso diretto. 8 **direkter** ~ (wahlfreier Zugriff) (*Rechner*), accesso diretto, accesso casuale. 9 **sequentieller** ~ (*Rechner*), accesso sequenziale. 10 **serienweiser** ~ (*Rechner*), accesso seriale.

zuhaken (*allg.*), agganciare.

Zuhaltekraft (eines Spritzgusswerkzeuges, Formschliesskraft) (*f. - Technol.*), forza di chiusura.

Zuhaltung (Teil eines Türschlosses) (*f. - Mech.*), meccanismo di ritenuta.

Zul (Zulässiger Wert, der Beanspruchung z. B.) (*m. - Mech. - etc.*), valore tollerato, valore ammissibile.

zul (zulässig) (*Technol. - etc.*), permesso, tollerato.

Zuladung (Nutzlast) (*f. - Fahrz.*), carico utile. 2 ~ (*Flugw.*), carico utile. 3 ~ (eines Schiffes) (*naut.*), portata.

Zulage (*f. - Arb.*), indennità. 2 **Teuerungs** ~ (*f. - Arb.*), contingenza, indennità di contingenza.

zulässig (*allg.*), ammissibile. 2 ~ **e Abweichung** (*Mech. - etc.*), scostamento ammesso. 3 ~ **e Beanspruchung** (*Baukonstr.lehre*), sollecitazione ammissibile.

Zulassung (*f. - Aut.*), immatricolazione. 2 ~ (Einlass, von Dampf z. B.) (*Masch.*), ammissione. 3 ~ (eines neuen Mot. z. B.) (*Mot. - etc.*), omologazione. 4 ~ (Erlaubnis) (*allg.*), permesso. 5 ~ **s·gebühr** (*f. - Aut.*), tassa d'immatricolazione. 6 ~ **s·nummer** (*f. - Aut.*), numero d'immatricolazione, numero di targa. 7 ~ **s·stelle** (für Wertpapiere, einer Börse) (*f. - finanz.*), ufficio di ammissione. 8 **Neu** ~ (*Aut.*), nuova immatricolazione.

Zulauf (Zufuhr) (*m. - allg.*), adduzione. 2 ~ (beim fallenden Guss, zwischen Eingusskanal und Anschnitt) (*Giess.*), canale di alimentazione. 3 ~ (in der Formteilebene meist horizontaler Strömungskanal zur Verteilung des Giessmetalls) (*Giess.*), canale di ripartizione. 4 ~ (dient zur Leitung des flüssigen Metalls von der Druckkammer zum Anschnitt) (*Druckgiessen*), canale di alimentazione. 5 ~ (einer Rektifizieranlage zulaufende Mischung) (*chem. Ind.*), miscela addotta. 6 ~ **förderung** («Fallbenzin») (*f. - Aut. - Mot.*), alimentazione a gravità.

Zulegestift (eines Formkastens) (*m. - Giess.*), spina di accoppiamento.

zulegieren (*Metall.*), alligare.

Zuleitung (*f. - Elekt.*), linea di alimentazione. 2 ~ (Rohr) (*Leit.*), tubo di alimentazione. 3 ~ **s·rohr** (*n. - Leit.*), tubo di alimentazione. 4 ~ **s·schiene** (*f. - Elekt.*), sbarra adduttrice. 5 ~ **s·stollen** (*m. - Wass.b.*), galleria di presa, condotta in roccia di presa.

Zulieferer (*m. - komm. - Ind.*), subfornitore.

Zuluft (einer Lüftungsanlage) (*f. - Bauw. - etc.*), aria di alimentazione.

zumachen (*allg.*), chiudere.

zumessen (*allg.*), dosare.

Zumesspumpe (*f. - Masch.*), pompa dosatrice.

zumutbar (Belastung z. B.) (*allg.*), sopportabile.

Zunähmaschine (zum Schliessen von Säcken z. B.) (*f. - Masch. - Packung*), cucitrice per chiusure.

Zunahme (*f. - allg.*), aumento. 2 ~ (Inkrement) (*allg.*), incremento.

Zündabstand (einer Zündkerze) (*m. - Mot. - Aut.*), distanza interelettrodica.

Zündanode (Hilfsanode) (*f. - Elektronik*), anodo di accensione, anodo d'innesco.

Zündapparat (*m. - Expl.*), innesco. 2 ~ (Magnetzünder) (*Mot. - Aut.*), magnete di accensione.

Zündaussatz (Versagen der Zündung) (*m. - Elektronik*), perdita di accensione.

Zündband (*n. - Expl.*), miccia.

zündbar (*Verbr.*), infiammabile.

Zündbeschleuniger (Äthylnitrit z. B., zum Verbessern der Zündwilligkeit von Dieselkraftstoffen) (*m. - Mot. - Chem.*), accelerante dell'accensione.

Zündbrenner (Zusatzbrenner) (*m. - Verbr. - Strahltriebw.*), bruciatore (ausiliario) di accensione.

Zünddruck (eines Dieselmotors) (*m. - Mot.*), pressione di accensione.

Zündeinsatz (bei Elektronenröhren) (*m. - Elekt.*), innesco di accensione.

Zündelektrode (einer Lampe) (*f. - Beleucht.*), elettrodo di accensione.

zünden (der Mischung) (*Mot. - Aut.*), accendersi. 2 ~ (zu brennen beginnen) (*Verbr.*), accendersi. 3 ~ (des Lichtbogens, beim Schweissen z. B.) (*mech. Technol. - etc.*), scoccare.

Zunder (Schmiedesinter, Eisenoxyd) (*m. - Schmieden - Walzw.*), scoria, ossido. 2 ~ **beständigkeit** (*f. - Schmieden - etc.*), resistenza all'ossidazione, resistenza alla formazione di scoria. 3 ~ **brecher** (*m. - Schmieden*), rompiscoria. 4 ~ **brechgerüst** (*n. - Walzw.*), gabbia rompiscorie, gabbia rompiscaglie, gabbia descagliatrice. 5 ~ **brech- und Abrollvorrichtung** (*f. - Walzw.*), rompiscorie, rompiscaglie. 6 ~ **fleck** (*m. - Metall.*), residuo di scoria, residuo di scaglia. 7 ~ **freiglühen** (Blankglühen) (*n. - Wärmebeh.*), ricottura in bianco. 8 ~ **vernarbung** (*f. - Walzw. - Metall. - Fehler*), inclusione di scoria. 9 ~ **versuch** (*m. - Metall.*), prova della tendenza alla formazione di scorie.

Zünder (*m. - Expl.*), spoletta. 2 ~ (Zündvorrichtung) (*Elekt.*), dispositivo di accensione. 3 ~ **stellmaschine** (*f. - Expl. - Ger.*), graduatore (del tempo di scoppio). 4 **Annäherungs** ~ (*Expl.*), radiospoletta. 5 **Aufschlag** ~ (*Expl.*), spoletta a percussione. 6 **Batterie** ~ (Batteriezündanlage) (*Mot. - Aut.*), impianto di accensione a batteria. 7 **Doppel** ~ (einstellbar als Aufschlag- oder Zeitzünder) (*Expl.*), spoletta (regolabile) a tempo od a percussione. 8 **mechanischer** ~ (*Expl.*), spoletta meccanica. 9 **radiogesteuer-**

zunderfest

ter ~ (*Expl.*), radiospoletta. **10 Verzugs** ~ (*Expl.*), spoletta ad azione ritardata. **11 Zeit** ~ (*Expl.*), spoletta a tempo.
zunderfest (zunderbeständig) (*Schmieden*), resistente all'ossidazione.
zunderfrei (entzundert, Stahl) (*Metall.*), decalaminato, senza scoria.
zundern (*Metall.*), ossidarsi.
Zunderung (Zunderbildung) (*f. - Metall.*), formazione di scoria.
Zündfaden (*m. - Beleucht.*), stoppino.
zündfähig (*Verbr.*), infiammabile.
Zündfähigkeit (*f. - Verbr.*), infiammabilità.
Zündfolge (eines Verbr.mot.) (*f. - Mot.*), ordine di accensione.
Zündfunke (*m. - Verbr. - Mot.*), scintilla di accensione.
Zündgeschwindigkeit (*f. - Verbr. - Mot.*), velocità di propagazione della fiamma.
Zündgrenze (von Lacklösungsmitteln, Explosionsgrenze) (*f. - Anstr.*), limite di accensione.
Zündhebel (*m. - Mot. - Aut.*), leva (dell'anticipo) di accensione.
Zündholz (Streichholz) (*n. - Verbr.*), fiammifero di legno. **2** ~ **schachtel** (*f. - Verbr.*), scatola di fiammiferi (di legno). **3 Phosphor** ~ (*Verbr.*), fiammifero al fosforo. **4 Sicherheits** ~ (*Verbr.*), fiammifero di sicurezza.
Zündhütchen (Zündkapsel, Sprengkapsel) (*n. - Expl.*), capsula.
Zündimpuls (*m. - Mot.*), impulso di accensione. **2** ~ **drehzahlmesser** (*m. - Instr.*), contagiri ad impulsi di accensione.
Zündkapsel (Zündhütchen) (*f. - Expl.*), capsula.
Zündkennlinie (einer Röhre) (*f. - Elektronik*), caratteristica di comando.
Zündkerze (*f. - Mot. - Aut.*), candela di accensione. **2** ~ **n·einsatz** (im Zylinderkopf) (*m. - Mot.*), sede candela riportata, sede riportata per candela. **3** ~ **n·entstörkappe** (*f. - Aut. - Mot.*), soppressore antidisturbo per candele. **4** ~ **n·kappe** (Gummiteil) (*f. - Mot. - Aut.*), cappuccio per candela. **5** ~ **n·lehre** (zur Nachprüfung des Elektrodenabstandes) (*f. - Mot. - Aut.*), sonda per il controllo della distanza interelettrodica (della candela). **6** ~ **n·schlüssel** (*m. - Werkz.*), chiave (a tubo) per candele. **7** ~ **n·sitz** (im Zylinderkopf) (*m. - Mot.*), sede candela. **8** ~ **n·stecker** (*m. - Elekt. - Mot.*), cappuccio per candele. **9** ~ **n·störung** (*f. - Funk. - Aut.*), disturbo dovuto alle candele. **10 heisse** ~ (*Mot.*), candela calda.
Zündkondensator (*m. - Mot. - Aut.*), condensatore di accensione.
Zündleitung (*f. - Mot. - Aut.*), filo di accensione.
Zündlichtpistole (Stroboskoppistole, zur Phaseneinstellung des Verteilers) (*f. - Aut. - Ger.*), pistola stroboscopica.
Zündmagnet (*m. - Mot. - Aut. - Flugw.*), magnete di accensione.
Zündmaschine (*f. - Expl. - Bergbau*), detonatore, esploditore. **2 dynamoelektrische** ~ (*Expl. - Bergbau*), esploditore a dinamo. **3 Kondensator-** ~ (*Expl. - Bergbau*), esploditore a condensatore.

Zündmoment (Zündzeitpunkt) (*m. - Mot. - Aut.*), punto di accensione.
Zündnadel (*m. - Expl.*), percussore.
Zündöl (zur Zündung schwer zündender Kraftstoffe) (*n. - Verbr.*), olio di accensione.
Zünd-OT (Zünd- oberer Totpunkt eines Wankelmotors z. B.) (*m. - Mot.*), p.m.s. di accensione, punto morto superiore di accensione.
Zündpunkt (Entzündungstemperatur) (*m. - Chem. - Phys.*), temperatura di accensione. **2** ~ **prüfer** (*m. - Mot. - Aut. - Ger.*), apparecchio per il controllo del punto di accensione.
Zündschalter (*m. - Aut. - Mot.*), interruttore di accensione.
Zündschlüssel (*m. - Aut. - Mot.*), chiave di accensione.
Zündschnur (*f. - Expl.*), miccia.
Zündschwingung (bei Stromrichtern) (*f. - Elektronik*), oscillazione di accensione.
Zündsicherung (bei Gasgeräten) (*f. - Verbr. - Ger.*), dispositivo di sicurezza contro la uscita di gas non combusto.
Zündspannung (*f. - Mot. - Aut.*), tensione di accensione. **2** ~ (einer Lampe) (*Beleucht.*), tensione di accensione, tensione di innesco.
Zündsprengstoff (Initialsprengstoff) (*m. - Expl.*), innescante (*s.*).
Zündspule (*f. - Elekt. - Mot. - Aut.*), bobina di accensione. **2** ~ **n·prüfgerät** (*n. - Aut. - Ger.*), apparecchio per provare bobine di accensione.
Zündstift (Zündnadel) (*m. - Expl.*), percussore. **2** ~ (eines Ignitrons z. B.) (*Elektronik*), ignitore, puntina d'accensione. **3** ~ **steuerung** (bei Ignitrons) (*f. - Elektronik*), comando mediante ignitore.
Zündstoff (*m. - Verbr.*), materiale infiammabile. **2** ~ (Initialsprengstoff) (*Expl.*), detonante (*s.*), innesco.
Zündstörung (*f. - Aut. - Funk.*), disturbo (dovuto alle scintille) di accensione.
Zündstrich (einer Entladungslampe) (*m. - Beleucht.*), striscia d'innesco.
Zündsystem (*n. - Verbr.*), sistema di accensione.
Zündtemperatur (*f. - Verbr.*), temperatura di accensione.
Zündung (*f. - Aut. - Mot.*), accensione. **2** ~ **s·einstellung** (*f. - Aut. - Mot.*), fasatura dell'accensione. **3** ~ **s·klopfen** (*n. - Aut. - Mot.*), battito in testa. **4** ~ **s·stromkreis** (*m. - Mot.*), circuito di accensione. **5 Abreiss** ~ (Magnetzündung) (*Mot.*), accensione a magnete. **6 Batterie** ~ (*Mot.*), accensione a batteria, accensione a spinterogeno. **7 Früh** ~ (*Mot. - Aut.*), accensione anticipata. **8 Funken** ~ (*Aut. - Mot.*), accensione a scintilla. **9 Glüh** ~ (*Mot.*), accensione per incandescenza. **10 Hochspannung-Kondensator-** ~ (Thyristorzündung z. B.) (*Mot.*), accensione a condensatore ad alta tensione. **11 Hochspannungs** ~ (*Mot.*), accensione ad alta tensione. **12 Kompressions** ~ (*Mot.*), accensione a compressione. **13 Magnet** ~ (*Mot.*), accensione a magnete. **14 Niederspannungs** ~ (*Mot.*), accensione a bassa tensione. **15 Oberflächen** ~ (*Mot. - Aut.*), accensione a super-

ficie. **16 Selbst** ~ (*Mot. - Aut.*), autoaccensione. **17 Spät** ~ (*Mot. - Aut.*), accensione ritardata. **18 Spulen** ~ (*Mot.*), accensione a bobina. **19 Transistor-** ~ (*Aut. - Elekt.*), accensione a transistor. **20 Vor** ~ (*Mot.*), preaccensione. **21 Zweiabriss** ~ (Magnetzündung) (*Mot.*), accensione a doppio strappo, accensione con due variazioni della direzione del flusso per ogni giro del motore. **22 Zwillings** ~ (Zweifunkenzündung) (*Mot.*), doppia accensione.
Zündverstellung (*f. - Aut.*), variazione del punto di accensione, regolazione del punto di accensione.
Zündverteiler (*m. - Mot. - Aut.*), distributore di accensione. **2** ~ (*Mot. - Aut.*), siehe auch Verteiler. **3** ~ **deckel** (*m. - Aut. - Mot.*), calotta del distributore. **4** ~ **finger** (Läufer) (*m. - Aut. - Mot.*), spazzola del distributore. **5** ~ **spindel** (*f. - Elekt. - Aut. - Mot.*), alberino del distributore.
Zündverzug (*m. - Aut. - Mot.*), ritardo di accensione.
Zündvorverstellung (*f. - Aut. - Mot.*), anticipo all'accensione.
Zündwilligkeit (eines Dieselmotors) (*f. - Mot.*), qualità di ignizione.
Zündwinkel (eines gesteuerten Gleichrichters z. B.) (*n. - Elektronik*), angolo di innesco, angolo di accensione.
Zündzeitfolge (Zündfolge) (*f. - Aut. - Mot.*), ordine di accensione.
Zündzeitpunkt (Zündmoment) (*m. - Mot. - Aut.*), punto di accensione.
zunehmen (*allg.*), aumentare.
zunehmend (*allg.*), crescente, in aumento. **2** ~ (Geschwindigkeit) (*Mech.*), accelerato.
Zunge (*f. - allg.*), lingua. **2** ~ (Weichenzunge) (*Eisenb.*), ago (del deviatoio), ago (dello scambio). **3** ~ (Sprache eines Volkes) (*komm. - etc.*), lingua. **4** ~ (eines Rechenschiebers) (*Ger.*), scorrevole. **5** ~ (Zeiger, einer Waage z. B.) (*Ger.*), indice, lancetta. **6** ~ (einer Reiss·schiene) (*Zeichn. - Ger.*), riga. **7** ~ (eines Schuhes) (*Lederind.*), linguetta. **8** ~ (federndes Blättchen) (*Ger.*), linguetta. **9** ~ n·frequenzmesser (*m. - Elekt. - Ger.*), frequenzimetro a lamelle vibranti. **10** ~ **kontakt** (*m. - Elekt. - ecc.*), lamella di contatto, contatto a lamella. **11** ~ **n·prüfer** (*m. - Eisenb.*), spia della posizione degli aghi (dello scambio). **12** ~ **n·riegel** (Weichenriegel) (*m. - Eisenb.*), fermascambio. **13** ~ **n·unterbrecher** (*m. - Elekt.*), interruttore a lamina vibrante. **14** ~ **n·verbindungsstange** (*f. - Eisenb.*), tirante di scartamento degli aghi (dello scambio). **15 Land** ~ (*Geogr.*), lingua di terra.
zuordnen (*allg.*), coordinare.
Zuordner (*m. - Funk. - etc.*), traslatore.
Zuordnung (*f. - allg.*), coordinamento, correlazione. **2** ~ (eines Ergebnisses zu einem Verfahren z. B.) (*allg.*), correlazione. **3** ~ **s· programm** (interpretierendes Programm) (*n. - Rechner*), programma interpretativo.
Zupack-Maschine (zur Packung von Flüssigkeiten in flexiblen Behältern, Flüssigkeitsverpackungsmaschine) (*f. - Masch. - Pakkung*), confezionatrice in recipienti flessibili.
zupfen (lockern) (*allg.*), sciogliere. **2** ~ (Wollind.*), slappolare. **3** ~ (schrumpfen) (*allg.*), contrarsi, ritirarsi.
zupfropfen (*allg.*), tappare.
zurechtmachen (bereiten) (*allg.*), preparare, approntare, mettere a punto.
zurechtrücken (richtig stellen) (*allg.*), mettere a posto.
zurechtschneiden (*Technol. - Metall.*), tagliare a misura.
Zurichten (*n. - allg.*), preparazione, allestimento. **2** ~ (von Walzstahlerzeugnissen; Zuschneiden, Richten, Prüfen, Sortieren) (*n. - Metall.*), finitura. **3** ~ (Herstellung von Rohlingen für Linsen, etc.) (*Opt.*), preparazione dei grezzi.
zurichten (*allg.*), preparare, allestire. **2** ~ (*Mech.*), regolare. **3** ~ (*Werkz.*), ripassare. **4** ~ (*Druck.*), marginare. **5** ~ (Leder) (*Ind.*), rifinire. **6** ~ (Holz) (*Holzbearb.*), sgrossare. **7** ~ (Steine) (*Bauw.*), sbozzare.
Zurichter (*m. - Mech. - Arb.*), montatore. **2** ~ (*Lederind. - Arb.*), rifinitore. **3** ~ (*Druck. - Arb.*), marginatore.
Zurichterei (Adjustage, Abteilung in der die Erzeugnisse versandbereit gemacht werden) (*f. - Metall.*), reparto di finitura.
Zurichtpult (*n. - Druck. - Ger.*), tavolo per impostazione e registro.
Zurichtung (*f. - Werkz.*), ripassatura. **2** ~ (*Lederind.*), rifinitura.
Zurollweg (eines Flughafens, Verbindungsweg zwischen Vorfeld und Startbahn) (*m. - Flugw.*), pista di rullaggio.
zurren (binden z. B.) (*naut.*), arridare.
Zurückbehaltung (*f. - recht.*), ritenzione.
zurückbleiben (nacheilen) (*Elekt.*), essere in ritardo, ritardare.
zurückbleibend (*allg.*), residuo (*a.*).
Zurückdrücken (*n. - Eisenb.*), retrocessione.
Zurückfahren (*n. - Aut.*), marcia indietro. **2** ~ (der Kamera z. B.) (*Filmtech. - Fernseh.*), indietreggio, arretramento.
zurückfahren (*Aut.*), andare in marcia indietro, indietreggiare.
Zurückfedern (Rückfederung, beim Ziehen z. B.) (*n. - Blechbearb.*), ritorno elastico. **2 dynamisches** ~ (Belastung nach vorne eines Fahrwerks beim Landen) (*Flugw.*), ritorno elastico dinamico.
zurückgelegt (Strecke) (*allg.*), percorso (*a.*).
zurückgewinnen (*allg.*), ricuperare.
Zurückkippen (des Stössels einer Presse in seiner Führung) (*n. - Masch.*), controinclinazione.
zurückknallen (zurückschlagen) (*Mot. - etc.*), dare ritorni di fiamma.
zurücklegen (eine Strecke) (*allg.*), percorrere.
zurückprallen (*allg.*), rimbalzare.
zurückschalten (das Getriebe) (*Aut.*), scalare la marcia, passare ad una marcia inferiore, scalare il rapporto. **2** ~ (reduzieren, die Drehzahl z. B.) (*Masch.*), ridurre. **3** ~ (den Teilkopf z. B.) (*Werkz.masch.bearb.*), arretrare. **4** ~ (beim Lochen) (*Datenverarb.*), retrocedere di un passo.
Zurückschlagen (*n. - Mot.*), ritorno di fiamma.
zurückschlagen (*Aut. - Mot.*), dare ritorni di fiamma.

zurückschleifen

zurückschleifen (*Mech.*), ridurre con rettifica.
zurückstellen (eine Anmeldung z. B.) (*Fernspr. - etc.*), differire.
Zurückstrahlen (*n. - Phys.*), riflessione.
zurückstrahlen (*Phys.*), riflettere.
Zurückverweisung (Verweisung einer Prozess·sache z. B.) (*f. - recht. - etc.*), rinvio.
Zurückweisen (bei Qualitätskontrolle) (*n. - mech. Technol.*), rifiuto.
zurückwirken (*allg.*), reagire.
zurückzahlbar (*Adm.*), rimborsabile.
zurückziehbar (*allg.*), retrattile.
Zurückziehung (einer Anmeldung) (*f. - Fernspr.*), annullamento.
Zurüstung (Ausrüstung, Ausstattung, einer Drehbank z. B.) (*f. - Masch.*), accessori.
Zusammenarbeit (*f. - Arb. - Organ.*), lavoro di squadra. 2 ~ (von mech., elekt., etc. Elementen) (*Mech. - etc.*), funzionamento in comune, funzionamento in connessione. 3 ~ (wirtschaftliche oder finanzielle z. B., Mitarbeit) (*finanz. - etc.*), collaborazione. 4 ~ (mit dem Feind) (*milit.*), intelligenza, collaborazionismo.
zusammenarbeiten (*allg.*), collaborare. 2 ~ (von mech., elekt., etc. Elementen) (*Mech. - etc.*), funzionare insieme.
zusammenarbeitend (Profile oder Zahnräder) (*Mech.*), coniugato, in presa.
zusammenballen (*allg.*), aggomitolare. 2 ~ (von Spänen) (*Werkz.masch.bearb.*), agglomerarsi.
Zusammenballung (*f. - allg.*), agglomerazione. 2 ~ (*Phys.*), coalescenza, coagulazione. 3 industrielle ~ (*Ind.*), concentrazione industriale.
Zusammenbau (Montage) (*m. - Mech. - etc.*), montaggio. 2 ~ zeichnung (*f. - Zeichn.*), disegno di montaggio.
zusammenbauen (montieren) (*Mech. - etc.*), montare.
Zusammenberufung (einer Versammlung z. B.) (*f. - finanz. - etc.*), convocazione.
Zusammenbruch (finanzieller z. B.) (*m. - finanz. - etc.*), crollo.
zusammendrehen (*allg.*), attorcigliare.
Zusammendrückbarkeit (*f. - Phys.*), compressibilità, comprimibilità. 2 ~ (eines Bodens) (*f. - Bauw.*), comprimibilità.
zusammendrücken (*allg.*), comprimere.
Zusammendrückung (beim Druckversuch) (*f. - Werkstoffprüfung*), accorciamento. 2 ~ (des Bodens) (*Bauw.*), compressione. 3 ~ (einer Druckfeder) (*Mech.*), accorciamento. 4 ~ s·versuch (Kompressionsversuch, des Bodens) (*m. - Bauw.*), prova di compressione.
zusammenfahren (*Aut. - Eisenb.*), collidere.
zusammenfallen (*allg.*), coincidere.
Zusammenfassung (kurze Angabe) (*f. - allg.*), riepilogo, riassunto, compendio. 2 ~ (Verschmelzung, Vereinigung) (*allg.*), fusione. 3 ~ (Zusammenbau) (*f. - allg.*), assiematura. 4 ~ (Abkürzung) (*allg.*), abbreviazione.
Zusammenfluss (*m. - allg.*), confluenza. 2 ~ (von Flüssen) (*Geogr.*), confluenza.
zusammenfügen (zusammenbauen) (*Mech. - etc.*), assiemare.
Zusammenfügung (Zusammenbau) (*f. - Mech. - etc.*), assiematura

zusammengesetzt (*allg.*), composto. 2 ~ e Strahlung (*Phys. - Opt.*), radiazione complessa.
Zusammenhang (Korrelation) (*m. - allg.*), correlazione. 2 ~ (Verbindung) (*allg.*), connessione.
zusammenhängen (*allg.*), essere correlativo, essere in correlazione.
zusammenhängend (*allg.*), correlativo.
Zusammenkunft (Versammlung) (*f. - allg.*), riunione.
zusammenlaufen (*Geom. - etc.*), convergere.
zusammenlegen (konzentrieren) (*allg.*), concentrare, centralizzare. 2 ~ (vereinigen) (*allg.*), combinare, riunire. 3 ~ (Aktien) (*finanz.*), raggruppare.
zusammenpassen (*Mech.*), aggiustare, accoppiare, adattare.
zusammenprallen (*allg.*), collidere.
zusammenschalten (*Elekt.*), collegare, accoppiare elettricamente.
zusammenschiebbar (Rohr) (*allg.*), telescopico.
Zusammenschluss (von Gesellschaften, Fusion) (*m. - finanz.*), fusione.
zusammenschrumpfen (*Mech.*), calettare a caldo (ad interferenza).
Zusammensetzen (*n. - allg.*), composizione. 2 ~ der Form (*Giess.*), ramolaggio, remolaggio.
zusammensetzen (*allg.*), comporre. 2 ~ (montieren) (*Mech. - etc.*), montare. 3 die Form ~ (*Giess.*), ramolare, remolare.
Zusammensetzung (Komposition) (*f. - allg.*), composizione. 2 ~ (Struktur) (*allg.*), struttura. 3 ~ der Kräfte (*Mech.*), composizione delle forze. 4 chemische ~ (eines Stahles z. B.) (*f. - Chem. - Metall.*), composizione chimica.
Zusammenstellung (Gruppierung) (*f. - allg.*), raggruppamento. 2 ~ s·zeichnung (Gesamtzeichnung) (*f. - Zeichn.*), complessivo (*s.*).
Zusammenstoss (Gegeneinanderprallen) (*m. - Eisenb. - Fahrz.*), scontro, collisione. 2 ~ warnlichter (Warnblinker, eines Luftfahrzeuges) (*m. - Flugw.*), luce anticollisione. 3 frontaler ~ (*Aut. - etc.*), urto frontale, scontro frontale, collisione frontale.
zusammenstossen (gegeneinanderprallen) (*Eisenb. - Fahrz.*), scontrarsi, collidere.
Zusammensturz (*m. - Bauw. - Bergbau*), crollo.
zusammenstürzen (*Bauw. - Bergbau*), crollare.
Zusammentragen (der gedruckten und nummerierten Seiten) (*n. - Druck. - Buchbinderei*), raccoglitura.
zusammentragen (die gedruckten und nummerierten Bogen in die Reihenfolge bringen) (*Druck. - Buchbinderei*), raccogliere.
Zusammentragmaschine (*f. - Druck. - Masch.*), (macchina) raccoglitrice.
Zusammentreffen (Begegnung) (*n. - allg.*), incontro. 2 ~ (*n. - Math.*), coincidenza.
Zusammenwirken (*n. - allg.*), interazione.
Zusammenziehung (Kontraktion) (*f. - Phys.*), contrazione.
Zusatz (*m. - allg.*), aggiunta. 2 ~ (Anhang) (*allg.*), appendice, supplemento. 3 ~ (che-

misch-physikalisch wirksamer Stoff, für Mörtel und Beton) (*Bauw.*), additivo. 4 ~ **aggregat** (*n. - Elekt. - etc.*), gruppo ausiliario. 5 ~ **draht** (*m. - Schweissen*), filo di apporto. 6 ~ **düse** (eines Vergasers) (*f. - Mot.*), getto supplementare. 7 ~ **dynamo** (*m. - elekt. Masch.*), dinamo survoltrice, survoltrice. 8 ~ **einrichtung** (eines Vergasers) (*f. - Aut. - Mot.*), dispositivo di arricchimento, arricchitore. 9 ~ **eisen** (der Gattierung zugesetzt zur Erzielung bestimmter Effekte) (*n. - Metall.*), ghisa aggiunta, aggiunta di ghisa. 10 ~ **element** (*n. - Metall.*), elemento alligante. 11 ~ **getriebe** (für Schnellgang) (*n. - Aut.*), moltiplicatore. 12 ~ **maschine** (*f. - elekt. Masch.*), survoltore, survoltrice. 13 ~ **metall** (zum Flüssigmachen und Härten der Legierungen) (*n. - Druck. - Metall.*), additivo. 14 ~ **mittel** (für Beton) (*n. - Bauw.*), additivo. 15 ~ **patent** (*n. - recht.*), brevetto completivo. 16 ~ **scheinwerfer** (*m. - Aut.*), proiettore ausiliario. 17 ~ **schild** (*n. - Strass. ver. - etc.*), segnale complementare. 18 ~ **speicher** (Hilfsspeicher) (*m. - Rechner*), memoria ausiliaria. 19 ~ **stoff** (Additif, eines Schmieröles z. B.) (*m. - chem. Ind. - Mot.*), additivo. 20 ~ **stoffe** (für Beton, Gesteinskörnungen) (*m. - pl. - Bauw.*), inerti, materiali inerti. 21 ~ **stoffe** (schlackenbildende Stoffe, Kalk, Quarz, Ton, etc.) (*Metall.*), fondenti. 22 ~ **transformator** (*m. - Elekt.*), trasformatore survoltore. 23 ~ **ventil** (eines Vergasers) (*n. - Mot.*), valvola del getto supplementare. 24 ~ **vereinbarung** (eines Vertrages) (*f. - komm. - recht.*), atto aggiuntivo. 25 ~ **werkstoff** (beim Schweissen) (*m. - mech. Technol.*), materiale di apporto. 26 **dynamische ~ last** (Lastschwankung infolge Fahrbahnunebenheiten z. B.) (*Aut.*), carico dinamico supplementare.

Zusb. (*Mech. - etc.*), siehe Zusammenbau.
zusätzlich (*allg.*), supplementare, aggiuntivo.
zuschalten (*allg.*), collegare, allacciare. 2 ~ (*Elekt.*), collegare, allacciare.
Zuschaltung (*f. - Elekt. - etc.*), collegamento, allacciamento.
zuschärfen (abschrägen) (*Mech. - etc.*), smussare. 2 ~ (*naut. - etc.*), affinare.
Zuschärfung (*f. - naut. - etc.*), affinamento.
Zuschauer (*m. - Fernseh. - etc.*), spettatore. 2 ~ **raum** (*m. - Funk.*), auditorio.
Zuschlag (Flussmittel) (*m. - Metall. - Giess.*), fondente. 2 ~ (Annahme des Angebots und Erteilung der Lieferung) (*komm.*), aggiudicazione. 3 ~ (zum Lohn) (*Arb. - Pers.*), premio. 4 ~ (bei der Bereitung von Beton) (*Bauw.*), materiale inerte, inerti. 5 ~ (Preisvermehrung) (*komm.*), sovrapprezzo, extraprezzo, supplemento (di prezzo). 6 ~ (Erhöhung des Fahrpreises für Schnellzüge) (*Eisenb.*), supplemento (di prezzo). 7 ~ (Zuschlagsgebühr) (*finanz.*), sovrattassa. 8 ~ **kalkstein** (*m. - Metall. - Giess.*), calcare fondente, «castina». 9 ~ **s·gebühr** (*f. - finanz.*), sovrattassa.
zuschlagen (*Metall. - Giess.*), aggiungere il fondente. 2 ~ (einen Auftrag erteilen) (*komm.*), aggiudicare.

Zuschläger (Schmiedegeselle) (*m. - Arb.*), battimazza, garzone di fabbro.
zuschmelzen (*mech. Technol.*), chiudere (ermeticamente) mediante fusione.
Zuschneiden (von Walzstahlerzeugnissen) (*n. - Metall.*), taglio a misura, taglio a formato.
zuschneiden (*Blechbearb.*), tagliare a formato.
Zuschneider (*m. - Arb.*), sarto (che lavora) su misura.
Zuschnitt (auf Mass geschnittene und gelieferte Bleche) (*m. - Blechbearb.*), lamiera (tagliata) a formato. 2 ~ (Platine z. B.) (*Blechbearb.*), sviluppo. 3 ~ **ermittlung** (Ermittlung der Ausgangsabmessungen, bei einer Verformung) (*f. - Blechbearb.*), determinazione delle dimensioni di partenza, determinazione dello sviluppo. 4 ~ **radius** (*m. - Blechbearb.*), raggio dello sviluppo.
zuschrauben (*Mech.*), serrare a vite.
Zuschub (Vorschub) (*m. - Werkz.masch.bearb.*), avanzamento.
Zuschuss (*m. - allg.*), aggiunta. 2 ~ (Anzahl von Bogen) (*Druck.*), soprannumero (di fogli). 3 ~ (Beihilfe) (*allg.*), sussidio, contributo.
zuschweissen (*Mech.*), applicare mediante saldatura.
Zusetzen (einer Schleifscheibe) (*Werkz.*), siehe Verschmieren.
Zuspannung (der Bremsbacken) (*f. - Aut. - etc.*), azionamento.
Zuspannvorrichtung (der Bremsbacken) (*f. - Aut.*), dispositivo di azionamento.
Zustand (*m. - Chem. - Phys. - etc.*), stato. 2 ~ **s·änderung** (*f. - Phys.*), cambiamento di stato. 3 ~ **s·diagramm** (*n. - Metall.*), diagramma di stato. 4 ~ **s·form** (Konfiguration, eines Flugzeuges) (*f.- Flugw.*), configurazione. 5 ~ **s·gleichung** (*f. - Chem.*), equazione di stato. 6 ~ **s·grösse** (unabhängig von dem Zustand der Umwelt, annimmt wieder den gleichen Wert nach Durchlaufen beliebiger Zustände) (*f. - Phys.*), grandezza di stato. 7 ~ **s·kurve** (Trajektorie) (*f. - Mech.*), traiettoria. 8 ~ **s·zahl** (Konsistenzzahl, eines bindigen Erdstoffes) (*f. - Bauw.*), indice di consistenza. 9 **angeregter ~** (der Atome) (*Phys.*), stato eccitato. 10 **Dauer ~** (*Phys.*), regime permanente. 11 **eingeschwungener ~** (*Phys.*), regime, stabilità. 12 **fester ~** (*Phys.*), stato solido. 13 **flüssiger ~** (*Phys.*), stato liquido. 14 **gasförmiger ~** (*Phys.*), stato gassoso. 15 **in freiem ~** (*Chem.*), allo stato libero, non combinato. 16 **in kaltem ~** (Prüfung z. B.) (*allg.*), a freddo. 17 **in warmem ~** (Prüfung z. B.) (*allg.*), a caldo. 18 **kolloidaler ~** (*Chem.*), stato colloidale. 19 **metastabiler ~** (quasistabiler Zustand) (*Phys.*), stato metastabile. 20 **Schwingungs ~** (*Phys.*), regime oscillatorio. 21 **Übergangs ~** (*Phys.*), regime transitorio, stato transitorio. 22 **vorübergehender ~** (*Elekt. - etc.*), stato transitorio, regime transitorio.
zuständig (kompetent) (*allg.*), competente.
Zuständigkeit (Kompetenz) (*f. - allg.*), competenza.
Zustellautomatik (beim Schleifen) (*f. - Werkz.masch.*), comando automatico della

profondità di passata, comando automatico dell'avanzamento in profondità.
Zustellbewegung (zwischen Werkstück und Werkzeug, der Dicke der abzunehmenden Schicht gleich) (*f. - Werkz.masch.bearb.*), moto di avanzamento in profondità.
Zustelleinrichtung (einer Schleifscheibe z. B.) (*f. - Werkz.masch.*), dispositivo d'alimentazione, dispositivo per l'avanzamento in profondità.
zustellen (schliessen) (*allg.*), chiudere. 2 ~ (die Bohrspindel z. B.) (*Werkz.masch.bearb.*), avanzare. 3 ~ (eine Schleifscheibe z. B.) (*Werkz.masch.bearb.*), alimentare, far avanzare in profondità. 4 ~ (einen Hochofen) (*Ofen - Metall.*), rivestire.
Zusteller (*m. - Arb.*), fattorino. 2 ~ (Briefträger, Postbote) (*Arb. - Post*), portalettere, postino.
Zustellgebühr (Porto) (*f. - Transp. - komm.*), porto.
Zustellgeschwindigkeit (der Schleifscheibe) (*f. - Werkz.masch.bearb.*), velocità d'alimentazione.
Zustellkraft (Abdrängkraft, Normalkraft, Radialkraft, beim Schleifen) (*f. - Werkz.masch.bearb.*), forza normale.
Zustellkurve (beim Schleifen) (*f. - Werkz. masch.*), camma dell'avanzamento in profondità, camma della profondità di passata.
Zustellsteuerung (einer Schleifmaschine z. B.) (*f. - Werkz.masch.*), comando alimentazione, comando avanzamento in profondità.
Zustellung (eines Ofens) (*f. - Metall.*), rivestimento. 2 ~ (Einstellung der Schnitt-tiefe) (*Werkz.masch.bearb.*), regolazione della profondità di taglio. 3 ~ (Vorschub, der Bohrspindel z. B.) (*Werkz.masch.bearb.*), avanzamento. 4 ~ (Tiefenvorschub, einer Schleifscheibe z. B.) (*Werkz.masch.bearb.*), avanzamento in profondità, alimentazione. 5 ~ (eines Hochofens z. B.) (*Metall. - Ofen*), rivestimento, rifacimento. 6 ~ (*recht.*), notifica. 7 ~ (eines Telegrams z. B.) (*Telegr. - etc.*), recapito. 8 ~ s·liste (*f. - Post - komm.*), indirizzario. 9 ~ s·signal (*n. - Eisenb.*), segnale di consenso. 10 Massen ~ (eines Ofens) (*Metall. - Ofen*), pigiata. 11 Werkzeug ~ (*Werkz.masch.bearb.*), avanzamento dell'utensile.
Zustimmung (*f. - allg.*), benestare, consenso. 2 ~ s·stromkreis (*m. - Eisenb. - etc.*), circuito di consenso.
Zustopfen (des Abstechloches z. B.) (*n. - Giess. - etc.*), tamponatura.
zustopfen (das Abstechloch z. B.) (*Giess. - etc.*), tamponare.
Zustrom (*m. - allg.*), afflusso.
zuströmen (*allg.*), affluire.
Zuströmung (Zustrom) (*f. - allg.*), afflusso.
zutagefördern (*Bergbau*), estrarre.
Zutageliegen (eines Lagers) (*n. - Bergbau*), affioramento.
Zutat (*f. - allg.*), ingrediente.
Zuteilanlage (*f. - Bauw. - etc.*), impianto di dosatura.
zuteilen (*allg.*), ripartire, assegnare. 2 ~ (*Bauw. - etc.*), dosare.
Zuteiler (einer Lieferung z. B.) (*m. - komm. - etc.*), aggiudicatario, assegnatario. 2 ~ (Dosiereinrichtung) (*Giess. - etc.*), distributore-dosatore.
Zuteilteller (*m. - Ger.*), disco dosatore.
Zuteilung (Zuschlag) (*f. - allg.*), assegnazione, conferimento. 2 ~ (Dosierung) (*Bauw. - etc.*), dosatura. 3 ~ (Kontingent) (*allg.*), contingente.
Zutritt (*m. - allg.*), ingresso. 2 ~ **verboten!** (*allg.*), vietato l'ingresso! 3 **Unbefugten ist der ~ verboten** (*Arb. - etc.*), vietato l'accesso ai non addetti ai lavori.
zu- und abschalten (*Elekt.*), attaccare e staccare, inserire e disinserire, chiudere ed aprire.
zuverlässig (*allg.*), affidabile.
Zuverlässigkeit (*f. - allg.*), affidabilità, sicurezza. 2 ~ s·probe (*f. - Instr. - etc.*), prova di affidabilità.
Zuwachs (*m. - allg.*), incremento. 2 ~ -**Faktor** (*m. - Kernphys. - Radioakt.*), fattore di accumulazione. 3 ~ **rate** (*f. - allg.*), tasso d'incremento.
Zuweisung (der Wellenlängen) (*f. - Funk.*), assegnazione.
zuwiderhandeln (*recht.*), contravvenire.
Zuwiderhandlung (*f. - recht.*), contravvenzione, infrazione.
zuz. (zuzüglich) (*allg.*), compreso, incluso.
zuzustellend (Sendung) (*Transp.*), a domicilio.
ZVEI (Zentralverband der Elektrotechnischen Industrie) (*Elekt.*), Associazione Centrale Industria Elettrotecniche.
Z-V-Schaubild (Zugkraft - Geschwindigkeit-Schaubild) (*n. - Fahrz.*), diagramma sforzo di trazione-velocità.
ZW (Zweiweg...) (*Leit.*), a due vie.
zw. (zuweilen) (*allg.*), a volte.
Zwang (Forderung) (*m. - allg.*), costrizione, costringimento. 2 ~ (Gewalt) (*recht.*), costrizione, coercizione. 3 ~ (Kraft) (*Mech.*), sforzo. 4 ~ **durchlauf** (*m. - Kessel - etc.*), circolazione forzata. 5 ~ **durchlaufkessel** (Dampfkessel, Benson- oder Sulzer-Kessel z. B.) (*m. - Kessel*), caldaia ad attraversamento forzato, caldaia ad attraversamento meccanico. 6 ~ **lauf** (*m. - Mech.*), movimento positivo, movimento desmodromico. 7 ~ **lauflehre** (*f. - Mech.*), cinematica. 8 ~ s·**arbeit** (*f. - recht.*), lavoro forzato. 9 ~ s·**belüftung** (*f. - Masch. - etc.*), ventilazione forzata. 10 ~ s·**bremsung** (*f. - Eisenb.*), frenatura automatica. 11 ~ s·**gesetz** (*n. - recht.*), legge coercitiva. 12 ~ s·**kommutierung** (*f. - Elekt.*), commutazione forzata. 13 ~ s·**kurs** (*m. - finanz.*), corso forzoso. 14 ~ s·**preis** (*m. - komm.*), prezzo imposto. 15 ~ s·**schiene** (*f. - Eisenb.*), controrotaia. 16 ~ s·**schmierung** (*f. - Mot.*), lubrificazione forzata. 17 ~ s·**schwingung** (erzwungene Schwingung) (*f. - Phys.*), oscillazione forzata. 18 ~ s·**umlauf** (*m. - allg.*), circolazione forzata. 19 ~ s·**umlaufkessel** (La-Mont-Kessel z. B.) (*m. - Kessel*), caldaia a circolazione forzata, caldaia a circolazione attivata. 20 ~ s·**versteigerung** (Subhastation) (*f. - recht.*), asta giudiziaria. 21 ~ s·**verwaltung** (Sequestration) (*f. - recht.*), amministrazione giudiziaria, amministrazione controllata. 22 ~ s·**vollstreckung** (Exekution,

Zwangsbeitreibung) (*f. - recht.*), esecuzione forzata, exequatur. 23 ~ s·wirtschaft (*f. - recht.*), amministrazione controllata. 24 Prinzip des kleinstes ~ es (*Mech.*), principio del minimo sforzo, principio della minima costrizione vincolare.

Zwange (Querholz) (*f. -Bergbau*), traversa (di armamento).

Zwängen (Formänderung eines Schienenfahrzeugs beim Durchfahren eines Gleisbogens) (*n. - Eisenb.*), forzatura.

zwängen (*Metall.*), siehe zängen. 2 ~ (*allg.*), forzare.

zwangsbelüftet (zwangsventiliert) (*Masch.*), a ventilazione forzata.

zwangsgepolt (Stecker z. B.) (*Elekt.*), a poli obbligati.

zwangsläufig (*Mech.*), desmodromico, positivo. 2 ~ er Verband (mit nur einem Freiheitsgrad) (*Mech.*), sistema desmodromico, sistema a vincoli completi.

Zwängungsdrillung (*f. - Baukonstr.lehre*), siehe Wölbkraft-Torsion.

Zwanzigflächner (Ikosaeder) (*n. - Geom.*), icosaedro.

Zweck (Ziel) (*m. - allg.*), scopo, meta. 2 ~ (Zentrum, der Zielscheibe) (*Feuerwaffe*), centro. 3 ~ bau (*m. - Bauw.*), edificio funzionale, costruzione funzionale.

Zwecke (Nagel, Schuhzwecke) (*f. - Lederind.*), chiodo (da scarpe), bulletta. 2 ~ (Reissnagel) (*Zeichn.*), puntina.

zweckmässig (zweckentsprechend) (*allg.*), adatto allo scopo, appropriato, idoneo. 2 ~ (funktionell) (*Bauw. - etc.*), funzionale.

Zweckmässigkeit (*Bauw. - etc.*), funzionalità.

zweiachsig (*Fahrz.*), a due assi. 2 ~ (*Math.*), biasse.

Zweiadressenbefehl (*m. - Rechner*), istruzione a due indirizzi.

zweiadrig (*elekt.*), a due fili.

zweiatomig (*Chem.*), biatomico.

Zweibackenbremse (*f. - Aut. - etc.*), freno a due ceppi.

Zweibackenfutter (*n. - Werkz.masch.*), piattaforma a due morsetti.

Zweibettkabine (*f. - naut. - etc.*), cabina a due letti.

Zweiblattluftschraube (*f. - Flugw.*), elica bipala, elica a due pale.

Zweidecker (*m. - naut.*), nave a due ponti.

zweideckig (*naut. - Flugw.*), a due ponti.

Zweideutigkeit (*f. - allg.*), ambiguità.

zweidimensional (*allg.*), bidimensionale.

zweidrähtig (*allg.*), a due fili.

Zweidrahtleitung (*f. - Elekt.*), linea bifilare.

Zweidrahtsystem (*n. - Elekt.*), sistema a due fili.

Zweielektrodenröhre (Diode) (*f. - Funk.*), diodo.

Zweieranschluss (*m. - Fernspr.*), allacciamento per duplex. 2 ~ dose (*f. - Fernspr.*), cassetta per duplex.

Zweierbündel (*n. - Elekt.*), fascio binato.

Zweietagenbrücke (*f. - Bauw.*), ponte a due piani.

Zweietagenwicklung (*f. - Elekt.*), avvolgimento a due piani.

zweifach (*allg.*), doppio.

Zweifachbetrieb (Duplexbetrieb) (*m. - Fernspr.*), sistema duplex.

Zweifach-Kreiskolbenmotor (*m. - Mot.*), motore a stantuffo rotante birotore, motore Wankel birotore.

Zweifachverbindung (*f. - Chem.*), composto binario.

Zweifadenlampe (*f. - Elekt. - Aut.*), lampada a due filamenti.

Zweifarben-Buchdruckautomat (*m. - Druckmasch.*), macchina tipografica automatica a due colori.

Zweifarbendruck (*m. - Druck.*), stampa a due colori.

Zweifarben-Zylinderdruckautomat (*m. - Druckmasch.*), macchina automatica pianocilindrica a due colori.

zweifarbig (*allg.*), a due colori, bicolore.

Zweiflach (*n. - Geom.*), diedro.

Zweiflammrohrkessel (*m. - Kessel*), caldaia a due tubi focolari, caldaia Lancashire.

Zweiflankenwälzprüfung (von Zahnrädern) (*f. - Mech.*), prova di rotolamento sui due fianchi.

zweiflügelig (Schraube) (*naut. - Flugw.*), a due pale. 2 ~ (Fenster z. B.) (*Bauw.*), a due battenti, a due ante.

zweiflutig (Gewindebohrer z. B.) (*Werkz.*), a due scanalature, a due gole.

Zweifunkenzündung (Zwillingszündung) (*f. - Mot.*), accensione a due scintille, accensione a doppia scintilla, doppia accensione.

Zweifurchenpflug (Doppelpflug) (*m. - Landw.- Masch.*), aratro bivomere.

Zweig (*m. - allg.*), ramo. 2 ~ (einer Kurve) (*Mech. - etc.*), ramo. 3 ~ bahn (*f. - Eisenb.*), diramazione. 4 ~ gesellschaft (*f. - komm.- finanz.*), società affiliata. 5 ~ kraft (Komponente) (*f. - Mech. - etc.*), componente. 6 ~ kreis (*m. - Elekt.*), circuito derivato. 7 ~ niederlassung (*f. - komm.*), succursale. 8 ~ rohr (*n. - Leit.*), tubo di diramazione. 9 ~ strom (*m. - Elekt.*), corrente derivata.

zweigängig (Gewinde) (*Mech.*), a due principi. 2 ~ (Wicklung) (*Elekt.*), bifilare, a doppino.

Zweiganglader (eines Flugmotors z. B.) (*m. - Mot.*), compressore a due velocità.

Zweigebündel (Faschine) (*n. - Wass.b.*), fascina.

Zweigelenkbogen (*m. - Bauw.*), arco a due cerniere.

zweigeschossig (zweistöckig) (*Bauw.*), a due piani.

Zweigitterröhre (Tetrode) (*f. - Funk. - etc.*), tetrodo, tubo bigriglia, tubo a due griglie.

zweigleisig (*Eisenb.*), a doppio binario, a due binari.

zweigliedrig (*Math.*), binomiale.

Zweigschaltung (Parallelschaltung) (*f. - Elekt.*), connessione in parallelo.

Zweihandbedienung (einer Presse oder Steuerung z. B., zur Sicherung des Bedieners) (*f. - Masch.*), azionamento a due mani.

Zweihandbetätigung (Sicherheitseinrichtung) (*f. - Mech. - Elekt.*), azionamento con due mani.

Zweihandeinrückung

Zweihandeinrückung (einer Presse z. B., zur Sicherung der Hände) (*f. - Masch.*), innesto a due mani.
zweihiebig (Feile) (*Werkz.*), a doppio taglio, a tagli incrociati, a tratti incrociati.
Zweihüllenschiff (Schiff mit doppelter Aussenhaut an der Seite) (*n. - Schiffbau*), nave a doppio fasciame (laterale).
zweijährlich (*allg.*), biennale.
Zweikammerklystron (*n. - Elektronik*), clistron a due cavità.
Zweikammer-Wasserschloss (*n. - Hydr.*), pozzo piezometrico a doppia camera di espansione.
Zweikammwalzengerüst (*n. - Walzw.*), gabbia a pignoni per duo.
zweikegelig (*allg.*), a doppio cono, biconico.
Zweiklanghorn (*n. - Aut.*), avvisatore a due toni.
zweikränzig (Turbine) (*Turb.*), a due file (di palette), a due corone (di palette).
Zweikreiser (*m. - Strahltriebw.*), siehe Zweistromtriebwerk.
Zweikreissystem (Bremsanlage) (*n. - Aut.*), sistema a due circuiti, impianto a due circuiti.
Zweikugelmethode (zur Gewindeprüfung) (*f. - Mech.*), metodo delle due sfere.
Zweiläufer (Zweistromtriebwerk, Bypasstriebwerk) (*m. - Strahltriebw.*), motore a due flussi.
Zweilaufregler (*m. - Ger.*), regolatore a due velocità.
Zweileistungsmessermethode (Zweiwattmeter-Methode, Aron-Methode) (*f. - Elekt.*), metodo dei due wattmetri, inserzione Aron.
Zweileiterkabel (*n. - Elekt.*), cavo bipolare.
Zweileitersystem (*n. - Elekt.*), sistema a due fili.
Zweileitungsbremse (für Anhänger, durch den Druckanstieg betätigt) (*f. - Aut.*), freno a due condotte.
Zweimannsessel (einer Seilbahn) (*n. - Transp.*), seggiolino biposto.
Zweimaster (*m. - naut.*), veliero a due alberi.
Zweimatrizenpresse (für Fliesspressen) (*f. - Masch.*), pressa a due matrici.
zweimonatlich (Zeitschrift z. B.) (*Zeitg. - etc.*), bimestrale.
zweimotorig (*Flugw. - etc.*), a due motori, bimotore.
Zweiphasen-Dreileitersystem (*n. - Elekt.*), sistema bifase a tre fili.
Zweiphasenstrom (*m. - Elekt.*), corrente bifase.
Zweiphasensystem (*n. - Elekt.*), sistema bifase.
Zweiphasen-Vierleitersystem (*n. - Elekt.*), sistema bifase a quattro fili.
Zweipol (Netz mit zwei Eingangsklemmen) (*m. - Elekt.*), bipolo. 2 ~ röhre (Diode) (*f. - Elektronik*), diodo.
zweipolig (*Elekt.*), bipolare. 2 ~ er Stecker (*Elekt.*), spina bipolare. 3 ~ e Steckdose (*Elekt.*), presa bipolare.
Zweipunktpresse (bei der die Kräfte vom Antrieb an zwei Punkten eingeleitet werden) (*f. - Masch.*), pressa a due punti.
Zweipunkt-Regler (bei dem nur zwei Werte für die Stellgrösse möglich sind) (*m. - Mech.*), regolatore a due posizioni.
Zweiquartier (halber Stein) (*n. - Maur.*), mezzo mattone.
zweirädrig (*Fahrz.*), a due ruote.
zweireihig (*allg.*), a due file. 2 ~ es Kugellager (*Mech.*), cuscinetto a due corone di sfere.
Zweiröhrenempfänger (*m. - Funk.*), ricevitore a due valvole.
Zweirumpfflugzeug (*n. - Flugw.*), velivolo a doppia fusoliera.
Zweisäulen-Friktionsspindelpresse (*f. - Masch.*), pressa a vite a frizione a due montanti, bilanciere a frizione a due montanti.
Zweischalenfehler (Astigmatismus) (*m. - Opt.*), astigmatismo.
Zweischalengreifer (Zweischalengreifkorb) (*m. - Erdbew. - Ger.*), benna a due valve.
zweischalig (Dach) (*Bauw.*), con intercapedine.
zweischarig (Pflug) (*Landw.masch.*), bivomere.
Zweischeibenmotor (Wankelmotor) (*m. - Mot.*), motore birotore.
Zweischichtenputz (*m. - Maur.*), intonaco a due mani.
Zweischichtwicklung (Ankerwicklung) (*f. - Elekt.*), avvolgimento a due strati.
zweischiffig (Halle z. B.) (*Bauw.*), a due campate.
Zweischlackenverfahren (*n. - Metall.*), processo a due scorie.
Zweischlitz-Magnetron (*n. - Elektronik*), magnetron a due cavità.
Zweischneider (*m. - Werkz.*), utensile a due taglienti.
zweischneidig (*Werkz.*), a due tagli, a due taglienti.
Zweischraubenschiff (*n. - naut.*), nave bielica, nave a due eliche.
Zweischraubflansch (Ovalflansch) (*m. - Mech.*), flangia ovale.
Zweischwimmerflugzeug (*n. - Flugw.*), idrovolante a due scafi.
Zweiseilbahn (Pendelbahn) (*f. - Transp.*), funivia a va e vieni.
zweiseitig (*allg.*), bilaterale.
Zweisitzer (Personenkraftwagen) (*m. - Aut.*), autovettura a due posti. 2 ~ (geschlossener Wagen) (*Aut.*), coupé. 3 ~ (offener Wagen) (*Aut.*), spider.
zweisitzig (*Fahrz.*), biposto, a due posti.
zweispaltig (Buch, Seite) (*Druck.*), su due colonne.
Zweispindelbohrmaschine (*f. - Werkz. masch.*), trapano a due mandrini.
zweispurig (Strasse), a due corsie. 2 ~ (*Eisenb.*), a due scartamenti.
Zweiständer-Exzenterpresse (*f. - Masch.*), pressa ad eccentrico a due montanti.
Zweiständer-Hobelmaschine (*f. - Werkz. masch.*), piallatrice a due montanti.
Zweiständer-Karussell-Drehmaschine (*f. - Werkz.masch.*), tornio a giostra a due montanti.
Zweiständerpresse (*f. - Masch.*), pressa a due montanti.
Zweistärkenglas (aus zwei Glassorten mit

verschiedener Brechungszahl, für Brillen) (*n. - Opt.*), lente bifocale.
Zweistellenschalter (*m. - Elekt.*), commutatore a due posizioni.
zweistellig (ganze Zahl) (*Math.*), a due cifre. 2 ~ (Dezimale) (*Math.*), a due decimali.
Zweisternmotor (*m. - Flugmot.*), motore a doppia stella.
Zweistiftsockel (*m. - Elekt.*), attacco bipolare, zoccolo bipolare.
zweistöckig (zweigeschossig) (*Bauw.*), a due piani.
Zweistoffgemisch (binäres Gemisch) (*m. - Chem.*), composto binario.
Zweistofflager (z. B. bestehend aus einer Stützschale aus Stahl mit Weissmetall darauf) (*n. - Mot. - Mech.*), cuscinetto liscio con riporto di metallo antifrizione.
Zweistofflegierung (*f. - Metall.*), lega binaria.
zweistrahlig (*gen.*), a due getti. 2 ~ (Flugzeug) (*Flugw.*), bireattore (*a.*). 3 ~ **es Flugzeug** (*Flugw.*), bireattore (*s.*).
Zweistrahlröhre (*f. - Elektronik*), tubo a due fasci.
zweisträngig (Zweiphasen..., Motor z. B.) (*Elekt.*), bifase, a due fasi.
Zweistromsystem (*n. - Turb.*), sistema a due flussi.
Zweistromtriebwerk (Bypasstriebwerk) (*n. - Strahltriebw.*), turbogetto a due flussi.
Zweistufengebläse (*n. - Mot.*), compressore a due stadi.
Zweistufenkessel (Schmidt-Hartmann-Kessel) (*m. - Kessel*), caldaia Schmidt-Hartmann.
zweistufig (*Masch.*), a due stadi, bistadio. 2 ~ **er Scheibenwischer** (*Aut.*), tergicristallo a due velocità.
Zweitakter (Zweitaktmotor) (*m. - Mot.*), motore a due tempi.
Zweitaktkraftstoff (Gemisch aus Otto-Kraftstoff mit Schmieröl, für Zweitaktmotoren) (*m. - Mot.*), miscela.
Zweitaktmotor (Zweitakter) (*m. - Mot.*), motore a due tempi.
Zweitaktverfahren (*n. - Verbr.mot.*), ciclo a due tempi.
Zweiteilung (*f. - Eisenb.*), biforcazione.
Zweiter (zweiter Gang) (*m. - Aut.*), seconda (marcia).
Zweitluft (Sekundärluft) (*f. - Verbr.*), aria secondaria.
Zweitourenmaschine (*f. - Druckmasch.*), macchina a due giri, macchina da stampa a due giri.
zweitourig (Schloss) (*Mech.*), a doppia mandata.
zweitürig (*Aut.*), a due porte.
Zweiwalzenstrasse (*f. - Walzw.*), duo, laminatoio duo, laminatoio a due cilindri.
zweiwandig (*allg.*), a doppia parete.
Zweiwegefahrzeug (Strassen-Schienen-Omnibus) (*n. - Fahrz.*), veicolo per strada e rotaia.
Zweiwegehahn (*m. - Leit.*), rubinetto a due vie.
Zweiweggleichrichter (Ganzwellengleichrichter, Vollweggleichrichter) (*m. - Elekt.*), raddrizzatore di onda intera.
Zweiwegschaltung (von Stromrichtern) (*f. - Elektronik*), collegamento a due vie.
zweiwertig (*Chem.*), bivalente.
Zweiwertigkeit (*f. - Chem.*), bivalenza.
zweiwöchentlich (halbmonatlich, Zeitschrift z. B.) (*Zeitg.*), bimensile.
Zweizylinder-Boxermotor (*m. - Mot.*), motore a due cilindri contrapposti.
Zweizylindermotor (*m. - Mot.*), motore bicilindrico, motore a due cilindri.
Zweizüger (*m. - Bauw.*), camino a due canne.
Zweizugkessel (*m. - Kessel*), caldaia a due giri di fumo.
Zwerchhobel (*m. - Tischl. - Werkz.*), pialla per tagliare trasversalmente alla fibra.
Zwergdumper (Erdtransportwagen, mit Inhalt von 250-1500 l) (*m. - Fahrz.*), miniribaltabile.
Zwerglampe (*f. - Beleucht. - Ger.*), lampada miniatura.
Zwergröhre (*f. - Elektronik*), tubo miniatura.
Zwickel (einer Kuppel) (*m. - Arch.*), pennacchio. 2 ~ (im Kristallgitter) (*pl. - Metall.*), interstizi. 3 ~ (Zwischenraum in einem Kabel) (*Elekt.*), interstizio. 4 ~ **kuppel** (*f. - Arch.*), cupola su pennacchi.
Zwickzange (Beisszange, Schuhmacherzange) (*f. - Werkz.*), tenaglia.
Zwiebelfisch (*m. - Druck.fehler*), refuso.
Zwiebelhautpapier (*n. - Papierind.*), carta pelle d'aglio.
Zwielicht (Dämmerung) (*n. - Astr.*), crepuscolo.
Zwilling (Gewehr) (*m. - Feuerwaffe*), doppietta, fucile a due canne. 2 ~ **s·achse** (*f. - (Min.)*), asse di geminazione. 3 ~ **s·antrieb** (Twin-Drive) (*m. - Walzw.*), doppio comando, doppio azionamento. 4 ~ **s·bereifung** (*f. - Aut.*), gommatura a pneumatici gemelli. 5 ~ **s·bildung** (in Kristallen) (*f. - Min.*), emitropia. 6 ~ **s·ebene** (*f. - Min.*), piano di geminazione. 7 ~ **s·fräsmaschine** (*f. - Werkz. masch.*), fresatrice a due teste. 8 ~ **s·kristalle** (Zwillinge) (*m. - pl. - Min.*), geminato. 9 ~ **s·prüfung** (*f. - Datenverarb.*), controllo per ripetizione. 10 ~ **s·räder** (*n. - pl. - Fahrz.*), ruote gemellate. 11 ~ **s·räumen** (mit zwei Werkz. auf einer Räummaschine) (*n. - Werkz.masch.bearb.*), brocciatura doppia. 12 ~ **s·salz** (*n. - Chem.*), sale doppio. 13 ~ **s· turm** (Geschützturm) (*m. - Kriegsmar.*), torre binata. 14 ~ **s·walzen** (Duowalzen) (*f. - pl. - Walzw.*), duo, laminatoio a due cilindri. 15 ~ **s·zündung** (Zweifunkenzündung) (*f. - Mot.*), accensione a due scintille, doppia accensione.
Zwillingung (von Kristallen) (*f. - Min.*), geminazione.
Zwinge (Werkz. zum Aufeinanderpressen mehrerer Teile) (*f. - Werkz.*), morsetto. 2 ~ (Metallring an Griffen z. B.) (*Mech. - etc.*), ghiera. 3 **Parallelschrauben** ~ (*Werkz.*), morsetto parallelo.
Zwirn (gedrehter Faden) (*m. - Textilind.*), filato ritorto, ritorto (*s.*). 2 ~ **drehung** (*f. - Textilind.*), ritorcitura. 3 ~ **koeffizient** (Drehungszahl) (*m. - Textilind.*), coefficiente di torsione. 4 ~ **maschine** (Zwirner) (*f.*

Zwirnen

- *Textilind.*), ritorcitoio. **5** ~ **maschine** (*Textilmasch.*), siehe auch Zwirner (*m.*). **6** ~ **selfaktor** (Selbstzwirner) (*m. - Textilmasch.*), ritorcitoio automatico. **7** ~ **spindel** (*f. - Textilmasch.*), fuso di ritorcitoio. **8 Bouclè-** ~ (*Textilind.*), ritorto bouclè, ritorto annodato. **9 einfacher** ~ (eindrähtiger Zwirn) (*Textilind.*), ritorto semplice. **10 Flügel** ~ **maschine** (*Textilmasch.*), ritorcitoio ad alette. **11 mehrfacher** ~ (dublierter Zwirn) (*Textilind.*), ritorto a più capi. **12 Mule** ~ **maschine** (*f. - Textilmasch.*), ritorcitoio intermittente automatico. **13 Nass** ~ **maschine** (*f. - Textilmasch.*), ritorcitoio ad umido. **14 Ring** ~ **maschine** (*Textilmasch.*), ritorcitoio ad anelli. **15 Trocken** ~ **maschine** (*Textilmasch.*), ritorcitoio a secco. **16 Vor** ~ (einfacher Zwirn) (*Textilind.*), ritorto semplice. **17 Zier** ~ (*Textilind.*), ritorto fantasia.

Zwirnen (*n. - Textilind.*), ritorcitura. **2 aufdrehendes** ~ (*Textilind.*), ritorcitura in verso opposto. **3 Effekt** ~ (*Textilind.*), ritorcitura d'effetto. **4 Nass** ~ (*Textilind.*), ritorcitura a umido. **5 Trocken** ~ (*Textilind.*), ritorcitura a secco. **6 zudrehendes** ~ (*Textilind.*), ritorcitura nello stesso verso.

zwirnen (*Textilind.*), ritorcere.

Zwirner (*m. - Arb. - Textilind.*), ritorcitore. **2** ~ (Zwirnmaschine) (*Textilmasch.*), ritorcitoio. **3** ~ (*Textilmasch.*), siehe auch Zwirnmaschine unter Zwirn. **4 Stetig** ~ (*Textilmasch.*), ritorcitoio continuo.

Zwirnerin (*f. - Arb. - Textilind.*), ritorcitrice.

Zwischenanzapfturbine (*f. - Turb.*), turbina a presa intermedia.

zwischenatomar (*Chem. - Phys.*), interatomico.

Zwischenbau (eines Reifens) (*m. - Fahrz.*), intermedio (s.).

Zwischenbehälter (beim Stranggiessen) (*m. - Giess.*), siehe Zwischengefäss und Zwischenpfanne.

Zwischenbildikonoskop (Image-Ikonoskop, Superikonoskop) (*n. - Fernseh.*), iconoscopio ad immagine.

Zwischenbildorthikon (Superorthikon, Image-Orthikon) (*n. - Fernseh.*), orticonoscopio ad immagine.

Zwischenboden (*m. - allg.*), doppio fondo, falso fondo.

Zwischenbürstenmaschine (Gliechstrommaschine mit zweipoligem Anker und zwei Bürstensätzen) (*f. - elekt. Masch.*), generatore a spazzole intermedie.

Zwischendampfentnahme (*f. - Turb.*), presa intermedia del vapore.

Zwischendeck (*n. - naut.*), interponte.

Zwischenerzeugnis (*n. - Ind.*), prodotto intermedio.

Zwischenfilmübertragung (Zwischenfilmverfahren, indirekte Bildübertragung) (*f. - Fernseh.*), trasmissione indiretta, trasmissione registrata.

Zwischenform (teilweise umgeformtes Schmiedestück) (*f. - Schmieden*), sbozzato (s.).

Zwischenformung (Vorschmieden) (*f. - Schmieden*), abbozzatura, sbozzatura.

Zwischenfrequenz (ZF) (*f. - Funk.*), frequenza intermedia. **2** ~ **empfänger** (*m. - Funk.*), ricevitore a media frequenza. **3** ~ **generator** (*m. - Funk.*), generatore di frequenza intermedia.

Zwischengas (beim Doppeltkuppeln) (*n. - Aut.*), accelerata nella doppietta, accelerata nel cambio marcia a doppia frizione, accelerata tra due azionamenti della frizione.

Zwischengefäss (beim Stranggiessen, Zwischenbehälter) (*n. - Giess.*), paniera (di colata), distributore, « tundish ». **2** ~ **wagen** (Zwischenbehälterwagen) (*m. - Giess.*), carrello del distributore.

Zwischengeschoss (Zwischenstock) (*n. - Bauw.*), ammezzato, mezzanino.

Zwischenglühen (*n. - Wärmebeh.*), ricottura intermedia.

Zwischengut (*n. - Ind.*), semilavorato (s.).

Zwischenhören (*n. - Fernspr.*), intercettazione.

Zwischenkoks (eines Kupolofens) (*m. - Giess.*), falsa carica di coke, coke di falsa carica.

Zwischenkühler (*m. - Masch.*), refrigeratore intermedio.

Zwischenkühlung (*f. - Masch.*), refrigerazione intermedia.

Zwischenlage (Abstandsstück) (*f. - Mech.*), spessore. **2** ~ **n-temperatur** (beim Schweissen) (*f. - mech. Technol.*), temperatura interpass.

Zwischenlager (*n. - Mech.*), cuscinetto intermedio.

Zwischenlauf 2 (beim Schwimmen z. B.) (*Sport*), semifinale.

Zwischenläufer (ein zweiter Läufer in einem Induktionsmotor) (*m. - elekt. Masch.*), rotore intermedio.

zwischenlegen (*allg.*), interporre.

Zwischenleitungsanordnung (der Vermittlungstechnik) (*f. - Fernspr. - etc.*), sistema interstadio.

Zwischenmauer (Scheidemauer) (*f. - Bauw.*), muro divisorio.

Zwischenmodulation (*f. - Funk.*), intermodulazione.

Zwischenpfanne (Zwischengefäss, beim Strangguss) (*f. - Metall.*), paniera, « tundish », distributore.

Zwischenplatte (für Blechbearbeitung) (*f. - Werkz.*), cuscino.

Zwischenpol (Wendepol, Hilfspol) (*m. - Elekt.*), interpolo, polo ausiliario, polo di commutazione.

Zwischenprodukt (Zwischengut) (*n. - Ind.*), prodotto intermedio, semilavorato (s.).

Zwischenpunktabtastung (*f. - Fernseh.*), scansione a punti intercalati.

Zwischenrad (Zahnrad) (*n. - Mech.*), ruota dentata intermedia.

Zwischenraum (*m. - Bauw. - etc.*), intercapedine. **2** ~ (Spielraum) (*Mech. - etc.*), gioco. **3** ~ **volumen** (Porenvolumen, Hohlraumanteil, einer Schüttung z. B.) (*n. - Bauw. - etc.*), volume dei vuoti. **4** ~ **zeichen** (*n. - Telegr.*), segnale di spaziatura.

Zwischenrufrelais (*n. - Fernspr.*), relè d'inserzione.

zwischenschalten (*allg.*), intercalare.

Zwischenschaltung (*f.* - *allg.*), interposizione, inserzione, intercalazione.
Zwischenschaltverlust (*m.* - *Funk.* - *etc.*), perdita d'inserzione.
Zwischenschicht (*f.* - *allg.*), strato intermedio. 2 ~ (*Anstr.*), sottosmalto.
Zwischensender (Relaisstation) (*m.* - *Funk.* - *etc.*), stazione ripetitrice, stazione ricetrasmittente.
Zwischensockel (einer Röhre) (*m.* - *Funk.*), zoccolo di adattamento.
Zwischenspeicherung (*f.* - *Datenverarb.*), memorizzazione temporanea.
zwischenstaatlich (international) (*Fernspr.*), internazionale.
Zwischenstecker (*m.* - *Elekt.*), spina di adattamento.
Zwischenstellung (*f.* - *allg.*), posizione intermedia.
Zwischenstock (Zwischengeschoss) (*m.* - *Bauw.*), ammezzato, mezzanino.
Zwischenstop (in einem Programm) (*m.* - *Rechner*), punto d'interruzione.
Zwischenstrecke (Vorstrasse) (*f.* - *Walzw.*), treno preparatore.
Zwischenstufe (*f.* - *Masch.* - *etc.*), stadio intermedio. 2 ~ n·gefüge (*n.* - *Metall.*), struttura bainitica. 3 ~ n·umwandeln (Zwischenstufenvergütung, Austempering) (*n.* - *Wärmebeh.*), bonifica isotermica, bonifica intermedia, tempra bainitica isotermica. 4 ~ n·vergütung (*f.* - *Wärmebeh.*), siehe Zwischenstufenumwandeln.
Zwischenstütze (bei Seilbahnen z. B.) (*f.* - *Transp.* - *etc.*), pilone intermedio.
Zwischensumme (Kontrollsumme, Abstimmsumme) (*f.* - *Rechner*), totale di gruppo, totale di controllo.
Zwischenteil (eines Drehkolbenmotors) (*m.* - *Mot.*), coperchio intermedio.
Zwischenträger (*m.* - *Bauw.*), trave secondaria. 2 ~ (Differenzträger) (*Fernseh.*), subportante. 3 ~ verfahren (Intercarrierverfahren, Differenzträger-Verfahren) (*n.* - *Fernseh.*), sistema intercarrier, intercarrier.
Zwischenüberhitzung (*f.* - *Wärme*), surriscaldamento intermedio.
Zwischenverkauf vorbehalten (*komm.*), salvo il venduto.
Zwischenverstärker (*m.* - *Fernspr.*), ripetitore intermedio.
Zwischenwand (*f.* - *Bauw.*), parete divisoria, tramezza.
Zwischenwärmofen (*m.* - *Metall.*), forno di riscaldo.
Zwischenwelle (*f.* - *Mech.* - *naut.*), albero intermedio.
Zwischenwert (*m.* - *allg.*), valore intermedio.
Zwischenzeile (*f.* - *Druck.*), interlinea. 2 ~ n·abtastung (*f.* - *Fernseh.*), scansione interlacciata, scansione interlineata.
Zwischenzeit (*f.* - *allg.*), intervallo (di tempo).
Zwischenziehen (Nachzug, Ziehen im Weiterschlag) (*n.* - *Blechbearb.*), imbutitura intermedia, operazione intermedia di imbutitura.
Zwitterfahrzeug (Halbgleiskettenfahrzeug) (*n.* - *Fahrz.*), veicolo semicingolato.

Zwitterion (*n.* - *Chem.* - *Phys.*), ione anfotero.
Zwölfbandsystem (Zwölffach-Fernsprechsystem) (*n.* - *Fernspr.*), sistema a dodici canali.
Zwölfeck (*n.* - *Geom.*), dodecagono.
Zwölfflächner (Dodekaeder) (*m.* - *Geom.*), dodecaedro.
Zwölfkantringschlüssel (*m.* - *Werkz.*), chiave a stella, chiave poligonale.
Zwölfphasenschaltung (*f.* - *Elekt.*), connessione dedocafase.
Zwölf-Uhr-Schweissen (Überkopfschweissen) (*n.* - *mech. Technol.*), saldatura sopratesta.
Zyan $(CN)_2$ (*n.* - *Chem.*), cianogeno.
Zyanamid $(CN.NH_2)$ (*n.* - *Chem.*), cianammide.
Zyanat (*n.* - *Chem.*), cianato.
Zyanbadhärten (Karbonitrieren im Zyanbad) (*n.* - *Wärmebeh.*), carbonitrurazione in bagno di cianuri.
Zyaneisen (*n.* - *Chem.*), cianuro di ferro. 2 ~ kalium (Kaliumeisenzyanid) (*n.* - *Chem.*), ferricianuro di potassio.
Zyanhärtung (Zyanieren, von Stahl) (*f.* - *Wärmebeh.*), cianurazione.
Zyanid (*n.* - *Chem.*), cianuro. 2 Kalium ~ (KCN) (Zyankalium) (*Chem.*), cianuro di potassio. 3 Natrium ~ (NaCN) (Zyannatrium) (*Chem.*), cianuro di sodio.
Zyanieren (Zyanhärtung, von Stahl) (*n.* - *Wärmebeh.*), cianurazione.
Zyankalium (KCN) (Kaliumzyanid) (*n.* - *Chem.*), cianuro di potassio.
Zyanlaugung (Cyanidlaugung, Goldgewinnungsverfahren) (*f.* - *Metall.*), cianurazione.
Zyannatrium (NaCN) (Natriumzyanid) (*n.* - *Chem.*), cianuro di sodio.
Zyanwasserstoff (Cyanwasserstoff, HCN) (*m.* - *Chem.*), acido cianidrico, acido prussico.
Zyklen-Verfahren (zur Verschleissprüfung von organischen Fussbodenbelägen) (*n.* - *Technol.*), prova dei cicli.
Zyklenzähler (*m.* - *Datenverarb.*), contatore di cicli (iterativi).
zyklisch (*allg.*), ciclico. 2 ~ er Fehler (Verzahnungsfehler, periodisch wiederkehrender Fehler) (*Mech.*), errore periodico. 3 ~ e Verbindungen (ringförmige Verbindungen) (*pl.* - *Chem.*), composti ciclici. 4 ~ es Verschieben (*Rechner*), scorrimento ciclico.
Zykloalkan (Zykloparaffin, Naphthen) (*n.* - *Chem.*), cicloparaffina, naftene.
Zykloalken (Zykloolefin) (*n.* - *Chem.*), cicloolefina.
Zyklohexan (C_6H_{12}) (*n.* - *Chem.*), cicloesano.
Zyklohexanol $(C_6H_{11}OH)$ (Hexalin) (*n.* - *Chem.*), cicloesanolo, esalina.
Zyklohexanon $(C_6H_{10}O)$ (*n.* - *Chem.*), cicloesanone.
Zykloide (Radlinie) (*f.* - *Geom.*), cicloide. 2 ~ n·kegelrad (*n.* - *Mech.*), ruota conica cicloidale. 3 ~ n·verzahnung (*f.* - *Mech.*), dentatura cicloidale.
Zyklokautschuk (harzartiges Umwandlungsprodukt) (*m.* - *Gummiind.*), ciclocauccù.
Zyklon (Fliehkraftabscheider, Wirbeler) (*m.* - *Ger.*), ciclone, separatore a ciclone. 2 ~ (Luftwirbel) (*Meteor.*), tromba d'aria. 3 ~ (Vorfilter vor Ölbadluftfilter z. B.) (*Mot.*),

Zyklone

prefiltro a ciclone. 4 ~ feuerung (*f. - Verbr.*), focolare a ciclone.
Zyklone (Depression, barometrisches Minimum) (*f. - Meteor.*), ciclone, minimo barometrico, depressione.
Zykloparaffin (*n. - Chem.*), siehe Zykloalkan.
Zyklopenmauerwerk (*n. - Ing.b.*), muratura con pietre alla rinfusa.
zyklostrophisch (Wind) (*Geophys.*), ciclostrofico.
Zyklotron (Beschleuniger für elekt. geladene Teilchen) (*n. - Atomphys. - Ger.*), ciclotrone. 2 frequenzmoduliertes ~ (Synchro-Zyklotron) (*Atomphys. - Ger.*), ciclotrone a modulazione di frequenza, sincrociclotrone.
Zyklus (Kreislauf) (*m. - Ind. - etc.*), ciclo. 2 ~ ablauf (*Technol.*), andamento del ciclo. 3 ~ zeit (Taktzeit, Auf- und Abspannen) (*f. - Werkz.masch. - etc.*), tempo ciclo.
Zylinder (*m. - Geom. - etc.*), cilindro. 2 ~ (eines Verbr.mot.) (*Mot.*), cilindro. 3 ~ (einer Spritzgussmaschine für Kunststofe) (*Masch.*), cilindro. 4 ~ (in hydr. Geräten) (*Ölhydr.*), cilindro. 5 ~ (eines Speichers) (*Rechner*), cilindro. 6 ~ abbildung (*f. - Kartographie*), proiezione cilindrica. 7 ~ anordnung (*f. - Mot.*), disposizione dei cilindri. 8 ~ block (*m. - Mot.*), monoblocco (cilindri), blocco cilindri. 9 ~ block und Kurbelgehäuse aus einem Stück (Motorblock, Zylinder-Kurbelgehäuse) (*Mot.*), basamento con monoblocco incorporato. 10 ~ bohrer (Hohlbohrer) (*m. - Werkz.*), punta tubolare, punta cava. 11 ~ bohrmaschine (*f. - Werkz.masch.*), alesatrice per cilindri. 12 ~ bohrung (D) (eines Verbr.mot.) (*f. - Mot.*), alesaggio (del cilindro). 13 ~ buchse (Laufbuchse) (*f. - Mot.*), canna cilindro, camicia del cilindro. 14 ~ deckel (*m. - Mot.*), coperchio cilindri. 15 ~ dichtung (Zylinderkopfdichtung) (*f. - Mot.*), guarnizione della testata. 16 ~ druckautomat (*m. - Druckmasch.*), macchina tipografica pianocilindrica. 17 ~ einspritzung (des Kraftstoffes) (*f. - Mot.*), iniezione nel cilindro. 18 ~ endmass (*n. - Messzeug*), barretta ad estremità cilindriche, calibro a punte cilindriche. 19 ~ form (Zylindrizität) (*f. - Mech.*), cilindricità. 20 ~ funktion (*f. - Math.*), funzione cilindrica, funzione di Bessel di prima specie. 21 ~ gewinde (*n. - Mech.*), filettatura cilindrica. 22 ~ glas (Brillenglas) (*n. - Opt.*), lente cilindrica. 23 ~ hemmung (*f. - Uhr*), scappamento a cilindro. 24 ~ -Hohnmaschine (*f. - Werkz.masch.*), levigatrice per cilindri. 25 ~ hubraum (Zylinderinhalt) (*m. - Mot.*), cilindrata. 26 ~ inhalt (*m. - Mot.*), cilindrata. 27 ~ in Reihe (*pl. - Mot.*), cilindri in linea. 28 ~ in Sternform (*pl. - Mot.*), cilindri a stella. 30 ~ in V-Form (*pl. - Mot.*), cilindri a V. 30 ~ kessel (*m. - Kessel*), caldaia cilindrica. 31 ~ koordinaten (*f. - pl. - Math.*), coordinate cilindriche. 32 ~ kopf (*m. - Mot.*), testa cilindri, testata. 33 ~ kopfdichtung (*f. - Mot.*), guarnizione testata. 34 ~ kopfhaube (*f. - Mot.*), coperchio superiore, coperchio testa cilindri. 35 ~ kurbelgehäuse (*n. - Aut. - Mot.*), basamento (incorporato col monoblocco). 36 ~ laufbuchse (*f. - Mot.*), canna cilindro, camicia cilindro. 37 ~ linse (*f. - Opt.*), lente cilindrica. 38 ~ mantel (*m. - Geom.*), superficie cilindrica. 39 ~ mantel-Glanzblech (Blauglanzblech, mit blauem Oxydüberzug zum Korrosionsschutz) (*n. - Metall.*), lamiera blu. 40 ~ mit Endlagen-Dämpfung (*Ölhydr.*), cilindro con frenatura a fine corsa. 41 ~ mit Federrückführung (*Ölhydr.*), cilindro con ritorno a molla. 42 ~ probe (zum Prüfen der Rissneigung von austenitischen Zusatzwerkstoffen) (*f. - Schweissen*), prova (di criccabilità) su due cilindri appaiati. 43 ~ projektion (Kartennetzentwurf) (*f. - Geogr.*), proiezione cilindrica. 44 ~ reihe (*f. - Mot.*), linea di cilindri, bancata di cilindri. 45 ~ rolle (eines Rollenlagers) (*f. - Mech.*), rullo cilindrico. 46 ~ rollenlager (*n. - Mech.*), cuscinetto a rulli cilindrici. 47 ~ schleifmaschine (*f. - Werkz.masch.*), rettificatrice per cilindri. 48 ~ schleifmaschine (für Holzflächen) (*Masch.*), levigatrice a cilindri. 49 ~ schloss (*n. - Mech.*), serratura a cilindro. 50 ~ schraube (*f. - Mech.*), vite a testa cilindrica. 51 ~ schraube mit Innensechskant (*Mech.*), vite a testa cilindrica con esagono incassato, vite Allen, vite a testa cilindrica con esagono cavo. 52 ~ stift (*m. - Mech.*), spina cilindrica. 53 ~ trockner (für Zellstoff, Papier, Textilien in Bandform) (*m. - Masch.*), essiccatoio a cilindri. 54 ~ wicklung (*f. - Elekt.*), avvolgimento cilindrico. 55 ~ zahl (eines Verbr.mot.) (*f. - Mot.*), numero dei cilindri. 56 Abweichung von der ~ form (*Mech.*), errore di cilindricità. 57 auswechselbare ~ laufbuchse (*f. - Mot.*), canna cilindro riportata, camicia cilindro riportata. 58 Bezugs ~ (eines Zahnrades) (*Mech.*), cilindro di riferimento. 59 Differential ~ (*Ölhydr.*), cilindro differenziale, cilindro a stantuffo differenziale. 60 einfachwirkender ~ (*Ölhydr.*), cilindro a semplice effetto. 61 Grund ~ (eines Zahnrades) (*Mech.*), cilindro base. 62 Kehl ~ (eines Wälzfräsers z. B.) (*Mech. - Werkz.*), cilindro di gola. 63 Kopf ~ (eines Zahnrades) (*Mech.*), cilindro di troncatura. 64 Mess ~ (für Keilwellen z. B.) (*Messtechnik - Mot.*), cilindretto, rullo. 65 nasse ~ laufbuchse (*Mot.*), canna cilindro a umido, camicia cilindro a umido. 66 pneumatischer Arbeits ~ (*Ger.*), cilindro operatore pneumatico. 67 Teil ~ (eines Zahnrades) (*Mech.*), cilindro primitivo. 68 Teleskop ~ (*Hydr.*), cilindro telescopico. 69 trockene ~ laufbuchse (*f. - Mot.*), canna cilindro a secco, camicia cilindro a secco. 70 unrunder ~ (*Mot. - Fehler*), cilindro ovalizzato.
zylinderförmig (zylindrisch) (*allg.*), cilindrico.
zylindrisch (*allg.*), cilindrico. 2 ~ e Aussenkung (einer Bohrung) (*Mech.*), allargatura cilindrica.
Zylindrizität (Zylinderform) (*f. - Mech.*), cilindricità.
Zymoskop (*n. - Ger.*), zimoscopio.
Zymotechnik (*f. - Chem.*), zimotecnica.
Zz. (Zinszahl) (*Math.*), interesse.
z.Z. (z.Zt., zur Zeit) (*allg.*), al presente, attualmente.
ZZZ (Zeitzonenzähler) (*Ger.*), contatore zonatempo.

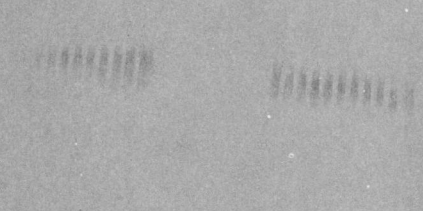

ITALIANO-TEDESCO

ABBREVIAZIONI

A	ampere	*difetto di fond.*	difetto di fonderia
a.	aggettivo	*difetto di vn.*	difetto di verniciatura
acus.	acustica, acustico	*dis.*	disegno
avv.	avverbio	*disp.*	dispositivo
aer.	aeronautico, aeroplano	*dm*	decimet
aer. milit.	aeronautica, aviazione militare	dm^3	decimetro cubo
		dm^2	decimetro quadrato
aerodin.	aerodinamica	*doc.*	documentazione
agric.	agricoltura, agricolo		
amm.	amministrativo	*ecc.*	eccetera
anal.	analisi	*ecol.*	ecologia
app.	apparecchio, apparecchiatura	*ed.*	edilizio, edile
		elab. dati	elaborazione dati
app. di sollev.	apparecchio di sollevamento	*elett.*	elettricità, elettrico
		elettrochim.	elettrochimica, elettrochimico
arch.	architettura, architettonico	*elettroacus.*	elettroacustico, elettroacustica
astr.	astronomia, astronomico		
atom.	atomico	*elettromecc.*	elettromeccanica, elettromeccanico
att.	attrezzo		
austr.	austriaco	*elettrotel.*	elettrotelefonia, elettrotelefonico
aut.	automobilistico, automobile, autocarro		
		espl.	esplosivo (a. e s.)
autom.	automazione		
		f.	femminile
biochim.	biochimica, biochimico	*falegn.*	falegnameria
biol.	biologia, biologico	*farm.*	farmacia, farmaceutico
		ferr.	ferrovia, ferroviario
		finanz.	finanza, finanziario
C. A.	corrente alternata	*fis.*	fisica, fisico
c. a.	cemento armato	*fis. atom.*	fisica atomica
cald.	caldaia	*fis. nucl.*	fisica nucleare
calc.	calcolatore	*fond.*	fonderia
carp.	carpenteria	*fot.*	fotografia, fotografico
carrozz.	carrozzeria	*fotogr.*	fotogrammetria, fotogrammetrico
C. C.	corrente continua		
chim.	chimica, chimico	*fotomecc.*	fotomeccanica, fotomeccanico
chim. ind.	chimica industriale		
c. i.	combustione interna	*fucin.*	fucinatura
cinem.	cinematografo, cinematografia		
		g	grammo
cm	centimetro	*gen.*	generale, generico
cm^3	centimetro cubo (o cubico)	*geod.*	geodesia
		geofis.	geofisico, geofisica
cm^2	centimetro quadrato	*geogr.*	geografico, geografia
c.n., c/n	comando numerico	*geol.*	geologico, geologia
comb.	combustibile (a. e s.), combustione	*geom.*	geometria
		giorn.	giornalismo
comm.	commercio, commerciale		
contab.	contabilità	*idr.*	idraulica, idraulico
costr.	costruzione, costruzioni	*illum.*	illuminazione
costr. idr.	costruzione idraulica	*imball.*	imballaggio
costr. di ponti	costruzione di ponti	*ind.*	industria, industriale
costr. nav.	costruzione navale	*ind. chim.*	industria chimica
costr. strad.	costruzione stradale	*ind. graf.*	industria grafica
CV	cavallo	*ind. tess.*	industria tessile

ing. civ.	ingegneria civile	mm	millimetro
ingl.	inglese	*mm³*	millimetro cubo
		mm²	millimetro quadrato
kg	chilogrammo	*mot.*	motore (motore primo: a combustione interna a reazione, a turbina a gas, ecc.)
kgm	chilogrammetro		
km	chilometro		
km²	chilometro quadrato		
kW	chilowatt	*mot. elett.*	motore elettrico
kWh	chilowattora	*mov. terra*	movimento terra
		m²	metro quadrato
l	litro	*mur.*	murario
lamin.	laminatoio		
lav.	lavoro, lavorazione, lavoratore	*n.*	neutro
		nav.	nautico, navale
lav. del legno	lavorazione del legno	*navig.*	navigazione
lav. dei metalli	lavorazione dei metalli	*norm.*	normazione, normalizzazione
lav. lamiera	lavorazione lamiera		
lav. macch. ut.	lavorazione macchina utensile		
		off.	officina
lav. mecc.	lavorazione meccanica	*oleoidr.*	oleoidraulica
leg.	legale	*op.*	operaio
legn.	legname	*operaz.*	operazione
lit.	litografia, litografico	*operaz. mecc.*	operazione meccanica
lubrif.	lubrificante lubrificazione	*organ.*	organizzazione
		organ. del lav.	organizzazione del lavoro
		organ. del pers.	organizzazione del personale
m.	maschile		
m	metro	*orolog.*	orologeria
macch.	macchina	*ott.*	ottica, ottico
macch. calc.	macchina calcolatrice		
macch. frigor.	macchina frigorifera	*per es.*	per esempio
macch. per stampa	macchina per stampa	*pers.*	personale
macch. ut.	macchina utensile	*pl.*	plurale
macch.ut. c/n o c.n.	macchina utensile a comando numerico	*plast.*	plastica, materia plastica
		progr.	programmazione
macch. tess.	macchina tessile	*psicol.*	psicologia, psicologico
mar.	mare, marino, marittimo	*psicol. ind.*	psicologia industriale
mar. milit.	marina da guerra	*psicotec.*	psicotecnica
mat.	matematica, matematico		
mater.	materiale, materiali	*q*	quintale
mat. plast.	materia plastica		
m³	metro cubo	*radioatt.*	radioattività, radioattivo
mecc.	meccanica, meccanico	*radionav.*	radionavigazione
mecc. dei fluidi	meccanica dei fluidi	*regol.*	regolazione
mecc. raz.	meccanica razionale	*riscald.*	riscaldamento
med.	medicina, medico		
metall.	metallo, metallurgico metallurgia	*s.*	sostantivo
		sald.	saldatura
meteor.	meteorologia	*sc.*	scienza
metrol.	metrologia	*sc. costr.*	scienza delle costruzioni
mft.	manifattura	*stat.*	statistica, statistico
mg	milligrammo	*strad.*	strada, stradale
milit.	militare	*strum.*	strumento
min.	miniera, minerario	*strum. med.*	strumento medico
min.	minerale, mineralogia	*svizz.*	svizzero
mis.	misura		

t	tonnellata	*tribol.*	tribologia
tecn.	tecnica	*tubaz.*	tubazioni
tecnol.	tecnologia		
tecnol. mecc.	tecnologia meccanica	*uff.*	ufficio
telef.	telefono, telefonia, telefonico	*urb.*	urbanistica
		ut.	utensile
telegr.	telegrafia	*V*	volt
telev.	televisione	*v*	verbo
term.	termica, termico	*v. i.*	verbo intransitivo
termod.	termodinamica, termodinamico	*v. t.*	verbo transitivo
		veic.	veicolo
tess.	tessile	*vn.*	vernice, verniciatura
tip.	tipografia, tipografico		
top.	topografia, topografico	*W*	watt
traff. strad.	traffico stradale	«	contrassegno per i termini stranieri e per quelli di correttezza non confermata
trasp.	trasporti		
tratt. term.	trattamento termico		

A

A (ampere) (*mis. elett.*), A, Ampere. **2** ~ (austenite) (*metall. - tratt. term.*), A, Austenit (*n.*).
Å (Ångström, 10^{-8} cm) (*unità di mis.*), Å, ÅE, Å.E., Ångströmeinheit (*f.*).
a (atto- : 10^{-18}) (*unità di mis.*), a, Atto-. **2** ~ (accelerazione) (*fis.*), b, Beschleunigung (*f.*). **3** ~ (ara, 100 m²) (*unità di mis.*), a, Ar (*n.*).
abaca (canapa di Manilla) (*ind. tess.*), Abaka (*m.*).
abaco (parte terminale del capitello) (*arch.*), Abakus (*m.*), Deckplatte (*f.*). **2** ~ (tavoletta da calcolo) (*mat.*), Abakus (*m.*), Rechentafel (*f.*).
abampere (ampere assoluto) (*unità di mis.*), Abampere (*n.*).
abarico (senza peso) (*astr. - etc.*), abarisch. **2 punto** ~ (tra due masse, Terra e Luna p. es., punto di assenza di peso) (*astr. - ecc.*), abarischer Punkt.
abbaco (*mat.*), *vedi* abaco.
abbagliamento (*ott. - aut.*), Blendung (*f.*). **2** ~ **accecante** (*illum.*), blindmachende Blendung. **3** ~ **diretto** (*illum.*), direkte Blendung, Infeldblendung (*f.*). **4** ~ **indiretto** (*illum.*), indirekte Blendung, Umfeldblendung (*f.*). **5** ~ **insopportabile** (*illum. - ott.*), psychologische Blendung. **6** ~ **per riflessione** (*illum. - ott.*), Reflexblendung (*f.*).
abbagliante (*a. - aut. - ott.*), blendend. **2** ~ (proiettore, fascio di profondità, luce abbagliante) (*s. - aut.*), Fernlicht (*n.*). **3 accendere gli abbaglianti** (*aut.*), aufblenden.
abbagliare (*aut. - ott.*), blenden.
abbaino (*ed.*), Dachgaube (*f.*), Dachgaupe (*f.*), Gaube (*f.*), Gaupe (*f.*).
abbandonare (cedere una nave agli assicuratori) (*assicurazione mar.*), abandonieren. **2** ~ (una miniera) (*min.*), aufgeben, auflassen, stillegen. **3** ~ **una miniera** (*min.*), eine Grube aufgeben, eine Grube auflassen.
abbandonato (miniera) (*min.*), aufgelassen, aufgegeben.
abbandono (cessione di una nave all'assicuratore) (*assicurazione mar.*), Abandon (*m.*). **2** ~ (chiusura, di una miniera) (*min.*), Stillegung (*f.*) Auflassung (*f.*). **3** ~ (del posto di lavoro p. es.) (*gen.*), Aufgabe (*f.*).
abbassabile (finestrino p. es.) (*aut. - ecc.*), versenkbar, absenkbar, senkbar.
abbassamento (*gen.*), Senkung (*f.*). **2** ~ (di temperatura p. es.) (*gen.*), Sinken (*n.*). **3** ~ (caduta, dei prezzi) (*comm.*), Fall (*m.*), Senkung (*f.*). **4** ~ (del braccio, di una gru p. es.) (*macch. ind.*), Absenken (*n.*). **5** ~ (della superficie terrestre a sèguito di lavori estrattivi) (*min.*), Senkung (*f.*), Absenkung (*f.*). **6** ~ **della falda** (per eventi naturali) (*idr. - geol.*), Grundwasserabsinken (*n.*).
abbassare (*gen.*), senken. **2** ~ (i prezzi p. es.) (*comm. - ecc.*), senken. **3** ~ (ridurre, diminuire, la temperatura p. es.) (*gen.*), erniedrigen. **4** ~ (calare, una perpendicolare p. es.) (*geom.*), fällen. **5** ~ (calare, un carico p. es.) (*gen.*), herablassen, absenken. **6** ~ (il carrello) (*aer.*), herunterlassen, ausfahren. **7** ~ (battere, un primato) (*sport*), überbieten. **8** ~ **con la manovella** (un carico) (*app. di sollev.*), abkurbeln. **9** ~ **il finestrino** (aprire il finestrino) (*aut.*), das Fenster aufmachen. **10** ~ **i licci** (*ind. tess.*), die Litzen senken. **11** ~ **i flaps** (abbassare gli ipersostentatori) (*aer.*), die Klappen ausfahren. **12** ~ **la luce** (*illum.*), abdunkeln. **13** ~ **la tensione** (*elett.*), abspannen, die Spannung erniedrigen.
abbassarsi (cadere, del termometro p. es.) (*strum.*), fallen, sinken. **2** ~ (di temperatura p. es.) (*fis. - ecc.*), sinken.
abbassata (dei licci) (*ind. tess.*), Senken (*n.*). **2 passo per semplice** ~ (*filatura*), Tieffach (*n.*).
abbassato (calato, ecc.) (*gen.*), gesenkt. **2** ~ (carrello) (*aer.*), ausgefahren.
abbassatore (di tensione, trasformatore riduttore di tensione) (*elett.*), Reduziertransformator (*m.*), Abspanner (*m.*). **2** ~ (*disp. mecc. - etc.*), Absenkvorrichtung (*f.*).
abbasso (*nav.*), herunter.
abbattere (demolire) (*ed.*), abreissen, abbrechen. **2** ~ (*min.*), abbauen. **3** ~ (alberi) (*legn. - ecc.*), umlegen, fällen. **4** ~ (un aereo) (*aer. milit.*), abflaken, abschiessen. **5** ~ **gli alberi** (per preparare il terreno alla costruzione) (*ed.*), abholzen.
abbattersi (della barra nella laminazione) (*lamin.*), umfallen.
abbattimento (del minerale) (*min.*), Abbau (*m.*). **2** ~ (di piante) (*legn.*), Fällung (*f.*). **3** ~ (di un velivolo) (*aer. milit.*), Abschuss (*m.*), **4** ~ **del carbone** (*min.*), Kohlenabbau (*m.*). **5** ~ **delle polveri** (*ind.*), Entstaubung (*f.*), Staubabscheidung (*f.*). **6** ~ **in carena** (abbattuta in carena) (*nav.*), Kielholen (*n.*), Kippen (*n.*). **7 fronte di** ~ (cantiere) (*min.*), Abbaustoss (*m.*), Stoss (*m.*).
abbigliamento (vestiario) (*ind. tess.*), Kleidung (*f.*), Bekleidung (*f.*). **2** ~ (finitura interna, sellatura, di una autovettura) (*aut.*), Verkleidung (*f.*), Innenausstattung (*f.*). **3** ~ **su misura** (vestiti su misura, abiti su misura) (*ind. tess.*), Masskleidung (*f.*). **4 industria dell'** ~ (*ind.*), Bekleidungsindustrie (*f.*).
abbinamento (accoppiamento, appaiamento) (*gen.*), Paarung (*f.*).
abbinare (appaiare, accoppiare) (*gen.*), paaren.
abbinato (binato) (*ind. tess.*), doubliert.
abbinatrice (binatrice) (*macch. tess.*), Fachmaschine (*f.*), Fachspulmaschine (*f.*).
abbisciare (una gomena p. es.) (*nav.*), in Ringen übereinanderlegen.
abbisognare (richiedere, necessitare) (*gen.*), bedürfen.
abbittare (*nav.*), um den Poller winden.

abbonamento (ad un giornale p. es.) (*giorn. - ecc.*) Abonnement (*n.*). **2 ~ per la rete** (*ferr. - trasp.*), Netzkarte (*f.*). **3 ~ settimanale** (settimanale) (*ferr. - ecc.*), Wochenkarte (*f.*). **4 ~ trimestrale** (*comm.*), Quartalsabonnement (*n.*). **5 disdire un ~** (*giorn. - ecc.*), ein Abonnement aufgeben. **6 prezzo d'~** (*giorn. - ecc.*), Abonnementspreis (*m.*), Bezugspreis (*m.*). **7 rinnovo dell'~** (*comm.*), Abonnementserneureung (*f.*).

abbonare (*gen.*), abonnieren. **2 ~** (un debito per) (*comm.*), vergüten.

abbonarsi (ad un giornale p. es.) (*gen.*), sich abonnieren.

abbonato (al telefono) (*s. - telef.*), Teilnehmer (*m.*), Abonnent (*m.*). **2 ~** (ad un giornale p. es.) (*s. - comm.*), Abonnent (*m.*). **3 ~ al telefono** (*s. - telef.*), Fernsprechteilnehmer (*m.*), Telephonabonnent (*m.*). **4 ~ chiamato** (*s. - telef.*), Angerufener (*m.*). **5 cavo d'~** (*telef.*), Fernsprechanschlusskabel (*n.*). **6 dispositivo automatico per risposta ad ~ assente** (« segreteria telefonica », a nastro magnetico) (*telef.*), Rufbeantworter (*m.*). **7 linea di ~** (linea di allacciamento dell'abbonato) (*telef.*), Amtsleitung (*f.*), Anschlussleitung (*f.*).

abbondanza (*fis. atom. - radioatt.*), Häufigkeit (*f.*). **2 ~ cosmica** (*radioatt.*), Häufigkeitsverhältnis (*n.*), kosmische Häufigkeit. **3 ~ isotopica** (*fis. atom.*), Isotopenhäufigkeit (*f.*).

abbordo (collisione) (*nav.*), Kollision (*f.*).

abbozzare (sbozzare) (*tecnol.*), vorformen. **2 ~** (fucinatura), vorschmieden.

abbozzatore (stampo abbozzatore) (*att. - fucinatura*), Vorschmiedegesenk (*n.*), Vorgesenk (*n.*).

abbozzatura (sbozzatura) (*tecnol.*), Vorformen (*n.*). **2 ~** (fucinatura), Vorschmieden (*n.*), Zwischenformung (*f.*). **3 incisione di ~** (fucinatura), Vorschmiedegravur (*f.*).

abbreviare (*gen.*), abkürzen.

abbreviato (*gen.*), abgekürzt.

abbreviazione (simbolo) (*gen.*), Kurzzeichen (*n.*), Symbol (*n.*). **2 ~** (*tip. - ecc.*), Abkürzung (*f.*).

abbrivo (di una nave) (*nav.*), Auslauf (*m.*).

abbrunire (*metall.*), *vedi* brunire.

abbuono (sconto) (*comm.*), Vergütung (*f.*), Skonto (*m.*).

abcoulomb (coulomb assoluto) (*unità di mis.*), Abcoulomb (*n.*).

abduttore (muscolo) (*med.*), Abduktor (*m.*).

abduzione (*med.*), Abduktion (*f.*).

abeliano (commutativo) (*mat.*), abelsch, kommutativ. **2 gruppo ~** (gruppo commutativo) (*mat.*), abelsche Gruppe, kommutative Gruppe.

aberrante (*gen.*), abweichend. **2 valore ~** (valore statistico che si scosta molto dagli altri valori di una serie di osservazioni) (*stat. - ecc.*), Ausreisser (*m.*).

aberrazione (*ott. - fot.*), Aberration (*f.*). **2 ~ cromatica** (*ott.*), chromatische Aberration (*f.*), Farbabweichung (*f.*). **3 ~ della luce** (*ott.*), Aberration des Lichtes. **4 ~ sferica** (*ott.*), sphärische Aberration.

abete (legno), Tanne (*f.*), Tannenbaum (*m.*). **2 ~ bianco** (legno), Edeltanne (*f.*), Weisstanne (*f.*). **3 ~ rosso** (legno), Rottanne (*f.*), Fichte (*f.*). **4 di ~** (legno), tannen, aus Tannenholz.

abetella (antenna, palo di legno) (*ed.*), Rüstbaum (*m.*), Gerüsthauptträger (*m.*).

abfarad (farad assoluto) (*unità mis.*), Abfarad (*n.*).

abhenry (henry assoluto) (*unità di mis.*), Abhenry (*n.*).

abile (adatto, idoneo) (*gen.*), fähig, tüchtig. **2 ~** (idoneo, al servizio) (*milit.*), tauglich. **3 ~ al lavoro** (idoneo al lavoro) (*lav.*), arbeitsfähig. **4 molto ~** (grado di classifica di un operaio) (*analisi tempi*), sehr gut.

abilissimo (grado di classifica di un operaio) (*analisi tempi*), hervorragend.

abilità (attitudine) (*gen.*), Tüchtigkeit (*f.*). **2 ~** (*lav.*), Geschick (*n.*). **3 ~** (nella valutazione del personale) (*analisi tempi*), Geschicklichkeit (*f.*).

abilitare (*gen.*), befähigen.

abilitazione (*lav.*), Befähigung (*f.*). **2 ~** (scuola), Habilitation (*f.*).

abitabile (*ed.*), bewohnbar.

abitabilità (*ed.*), Wohnlichkeit (*f.*), Bewohnbarkeit (*f.*). **2 ~** (*aer. - nav.*), Bequemlichkeit (*f.*), Wohnlichkeit (*f.*). **3 ~ posteriore** (nell'abitacolo di un'autovettura) (*aut.*), Knielänge, hinten. **4 indice di ~** (di una autovettura) (*aut.*), Personenindexzahl (*f.*).

abitacolo (di una autovettura, spazio riservato ai passeggeri ed al conducente) (*aut.*), Fahrgastraum (*m.*), Wageninnenraum (*m.*), Innenraum (*m.*). **2 ~** (cabina pilota) (*aer.*), Führerraum (*m.*). **3 ~** (di un motoscafo) (*nav. - ecc.*), Cockpit (*n.*), Kockpit (*n.*), Sitzraum (*m.*), Pflicht (*f.*). **4 ~ pilota** (cabina pilota) (*aer.*), Führerraum (*m.*). **5 dispositivo rottura tettuccio ~** (d'un sedile eiettabile) (*aer.*), Kabinendachbrecher (*m.*).

abitante (*gen.*), Bewohner (*m.*), Einwohner (*m.*).

abitare (*ed. - ecc.*), wohnen, bewohnen, einwohnen. **2 ~ in un appartamento ammobigliato** (*ed.*), möbliert wohnen.

abitato (luogo abitato) (*s. - ed. - traff. strad.*), Ortschaft (*f.*), Ort (*m.*). **2 fine dell' ~** (segnalazione) (*traff. strad. - aut.*), Ortsende (*n.*).

abitazione (casa), Wohnung (*f.*). **2 ~ in conto retribuzione** (di un dipendente) (*lav.*), Dienstwohnung (*f.*). **3 casa di ~** (*ed.*), Wohnhaus (*n.*). **4 locali di ~** (*ed.*), Wohnräume (*m. pl.*).

abito (*ind. tess.*), Kleid (*n.*). **2 ~ da lavoro** (*lav.*), Arbeitsanzug (*m.*). **3 abiti da lavoro** (indumenti di lavoro) (*lav.*), Arbeitskleidung (*f.*). **4 abiti su misura** (vestiti su misura, abbigliamento su misura) (*ind. tess.*), Masskleidung (*f.*).

ablazione (riduzione di volume di un ghiacciaio) (*geol.*), Ablation (*f.*). **2 ~** (asportazione, erosione) (*geol.*), Ablation (*f.*), Abtragung (*f.*). **3 ~** (asportazione del metallo antifrizione da un cuscinetto) (*mecc.*), Reinigung (*f.*), Abtragung (*f.*). **4 raffreddamento per ~** (di una capsula spaziale che rientra nell'atmosfera) (*astronautica*), Ablationsabkühlung (*f.*).

abohm (ohm assoluto) (*mis. elett.*), Abohm (*n.*).

abradere (*gen.*), abreiben.

abrasimetro (*app.*), Reibfestigkeitsmesser

(*m.*). 2 ~ (per carta) (*app.*), Scheuerfestigkeitsprüfer (*m.*).
abrasione (*mecc.*), Abrieb (*m.*). 2 ~ (*geol. - ed. - ecc.*), Abrasion (*f.*). 3 **prova di** ~ (*prova di mater.*), Abreibungsprobe (*f.*), Abschleifversuch (*m.*). 4 **resistenza all'**~ (*tecnol.*), Reibfestigkeit (*f.*), Reibungsfestigkeit (*f.*). 5 **usura da** ~ (provocata da polvere di rettifica presente nell'olio, ecc.) (*mecc.*), Schleifverschleiss (*m.*).
abrasività (potere abrasivo) (*tecnol.*), Reibfähigkeit (*f.*).
abrasivo (*s. - mecc. - ecc.*), Schleifmittel (*n.*), Schleifkörper (*m.*). 2 ~ (*a. - tecnol.*), abrasiv. 3 ~ **al corindone** (*tecnol. mecc.*), Korundschleifmaterial (*n.*). 4 **pietra abrasiva** (*ut.*), Reibstein (*m.*). 5 **polvere abrasiva** (*tecnol. mecc.*), Reibepulver (*n.*), Schleifpulver (*n.*). 6 **potere** ~ (abrasività) (*tecnol.*), Reibfähigkeit (*f.*).
abrogare (una legge) (*leg.*), abrogieren, aufheben, abschaffen.
abrogazione (di una legge) (*leg.*), Aufhebung (*f.*), Abschaffung (*f.*), Abrogation (*f.*).
ABS (acrilonitrile, butadiene e stirene; materia plastica) (*ind. chim.*), ABS, Acrylnitril-Butadien-Styrol (*n.*).
abside (*arch.*), Apsis (*f.*).
abukumalite (minerale con 0,8% di torio) (*min.*), Abukumalith (*m.*).
abuso (*gen.*), Missbrauch (*m.*). 2 ~ **di potere** (*leg.*), Amtsmissbrauch (*m.*).
abvolt (volt assoluto) (*mis. elett.*), Abvolt (*n.*).
acacia (*legn.*), Akazie (*f.*).
accantonamento (di somme) (*finanz.*), Rückstellung (*f.*). 2 ~ **per fondo pensione dipendenti** (riserva per fondo pensione dipendenti) (*amm.*), Rückstellung für Ruhegeldverpflichtungen.
accantonato (somma) (*finanz.*), rückgestellt. 2 **somma accantonata** (*finanz.*), Rückstellungsbetrag (*m.*), Rückstellung (*f.*).
accaparramento (per fare aumentare i prezzi) (*comm.*), Schwänze (*f.*), Aufkaufen (*n.*).
accaparrare (*comm.*), schwänzen, aufkaufen.
accaparratore (*comm.*), Aufkäufer (*m.*).
accartocciamento (*gen.*), Rollen (*n.*). 2 **tendenza all'**~ (di carta) (*tecnol.*), Rollneigung (*f.*).
accatastabile (impilabile) (*trasp.*), stapelbar.
accatastamento (impilamento) (*trasp. ind.*), Stapeln (*n.*), Aufstapeln (*n.*). 2 ~ (ammucchiamento) (*gen.*), Aufhäufung (*f.*).
accatastare (impilare) (*trasp. ind.*), stapeln, aufstapeln. 2 ~ (ammucchiare) (*gen.*), aufhäufen. 3 ~ (impilare, legname p. es.) (*gen.*), schichten.
accatastatore (impilatore) (*macch. ind.*), Stapler (*m.*).
accecare (allargare, un foro) (*mecc.*), senken, aufbohren. 2 ~ (un foro) (*mecc.*), *vedi anche* allargare.
accecatoio (*ut.*), *vedi* allargatore.
accecatura (allargatura, di fori) (*mecc.*), Senken (*n.*), Versenken (*n.*). 2 ~ (*mecc.*), *vedi anche* allargamento.
accelerante (di un processo) (*s. - chim. - ecc.*), Beschleuniger (*m.*). 2 ~ **dell'accensione** (nitrito di etile p. es., per migliorare l'ignizione dei combustibili Diesel) (*mot. - chim.*), Zündbeschleuniger (*m.*). 3 ~ **della presa** (*ed.*), Abbindebeschleuniger (*m.*). 4 ~ **per vulcanizzazione** (*ind. chim.*), Vulkanisationsbeschleuniger (*m.*).
accelerare (*mecc. - ecc.*), beschleunigen. 2 ~ («dare gas», aprire il gas) (*mot.*), Gas geben. 3 ~ (aumentare di giri) (*mot. - aut.*), auf Touren kommen, auftouren. 4 ~ **al massimo** (il motore) (*mot.*), voll beanspruchen.
accelerata (*s. - aut.*), Auftouren (*n.*). 2 ~ **brusca** (*mot.*), Hochreissen (*n.*). 3 ~ **nella doppietta** (accelerata nel cambio marcia a doppia frizione, accelerata tra i due azionamenti della frizione) (*aut.*), Zwischengas (*n.*).
accelerato (moto) (*d. - mecc.*), beschleunigt, zunehmend. 2 ~ (treno accelerato) (*s. - ferr.*), Personenzug (*m.*). 3 ~ (di prova) (*a. - tecnol.*), abgekürzt. 4 ~ (forzato, spinto, andamento del forno p. es.) (*a. - metall. - ecc.*), forciert. 5 **prova accelerata** (*tecnol.*), abgekürzter Versuch. 6 **prova accelerata con agenti atmosferici artificiali** (*vn.*), abgekürzte Wetterbeständigkeitsprobe. 7 **uniformemente** ~ (*a. - mecc.*), gleichförmig beschleunigt.
acceleratore (*app.*), Beschleuniger (*m.*). 2 ~ (a pedale) (*mot. - aut.*), Fahrpedal (*n.*), Akzelerator (*m.*). 3 ~ (di particelle) (*app. - fis. atom.*), Beschleuniger (*m.*). 4 ~ (macchina per riprese accelerate) (*macch. cinem.*), Zeitraffer (*m.*). 5 ~ **ad induzione** (*app. fis. atom.*), induktiver Beschleuniger. 6 ~ **a mano** (comando a mano del gas) (*aut.*), Handgaszug (*m.*), Handgashebel (*m.*). 7 ~ **della presa** (*ed. - mur.*), Abbindebeschleuniger (*m.*). 8 ~ **di elettroni** (betatrone) (*elettronica*), Elektronenschleuder (*f.*), Betatron (*n.*), Rheotron (*n.*). 9 ~ **di particelle** (*app. - fis. atom.*), Teilchenbeschleuniger (*m.*). 10 ~ **FFAG** (tipo di acceleratore di elettroni e protoni, in Inglese: *fixed frequency alternating gradient machine*) (*app. - fis. atom.*), FFAG-Maschine (*f.*). 11 ~ **lineare** (*app. - fis. atom.*), Linearbeschleuniger (*m.*). 12 **pedale dell'**~ (*aut.*), Fahrpedal (*n.*), Gaspedal (*n.*), Fahrfusshebel (*m.*).
accelerazione (*fis. - ecc.*), Beschleunigung (*f.*). 2 ~ (di particelle) (*fis. atom.*), Beschleunigung (*f.*). 3 ~ **angolare** (*mecc.*), Drehbeschleunigung (*f.*), Winkelbeschleunigung (*f.*). 4 ~ **centrifuga** (*mecc. - fis.*), Fliehkraftbeschleunigung (*f.*), Fliehbeschleunigung (*f.*). 5 ~ **centripeta** (*mecc.*), Zentripetalbeschleunigung (*f.*), Normalbeschleunigung (*f.*). 6 ~ **con partenza da fermo sulla base del km** (*aut.*), Beschleunigungszeit für den stehenden km. 7 ~ **di Coriolis** (*fis.*), Coriolis-Beschleunigung (*f.*). 8 ~ **di gravità** (*fis.*), Fallbeschleunigung (*f.*), Schwerebeschleunigung (*f.*), Erdbeschleunigung (*f.*). 9 ~ **negativa** (decelerazione) (*fis.*), negative Beschleunigung. 10 ~ **normale** (980,665 cm/sec²) (*fis.*), Normal-Fallbeschleunigung (*f.*). 11 ~ **radiale** (*mecc.*), Radialbeschleunigung (*f.*). 12 ~ **tangenziale** (*mecc.*), Tangentialbeschleunigung (*f.*). 13 ~ **uniforme** (*fis. mecc.*), gleichbleibende Beschleunigung. 14 ~ **variabile** (*fis. mecc.*), wechselnde Beschleunigung. 15 ~ **verticale** (di un'autovettura) (*aut.*), Hubbeschleunigung (*f.*). 16 **beccheggio da** ~ (*aut.*), Beschleu-

accelerometro

nigungsnicken (n.). **17 brusca variazione di ~** (misurata in m/s³) (mecc. - ecc.), Ruck (m.). **18 cerchio delle accelerazioni tangenziali** (mecc.), Tangentialbeschleunigungs-Kreis (m.) Tangentialkreis (m.). **19 indicatore di ~ limite** (app.), Grenzbeschleunigungsmesser (m.). **20 pompa di ~** (di un carburatore) (mot.), Beschleunigerpumpe (f.). **21 resistenza dovuta all'~** (resistenza all'avanzamento) (aut.), Beschleunigungswiderstand (m.).

accelerometro (strum.), Beschleunigungsmesser (m.). **2 ~ d'impatto** (strum.), Stossbeschleunigungsmesser (m.). **3 ~ statistico** (strum.), Beschleunigungsschreiber (m.).

accendere (gen.), anzünden. **2 ~** (infiammare) (gen.), entzünden. **3 ~** (la luce) (illum.), andrehen, anzünden. **4 ~** (una caldaia) (cald.), anheizen, anfeuern. **5 ~** (un cubilotto p. es.) (fond.), anstecken, anfeuern. **6 ~ gli abbaglianti** (accendere i proiettori) (aut.), aufblenden. **7 ~ il fuoco** (comb.), anfeuern, Feuer anmachen, Feuer anzünden. **8 ~ i proiettori** (accendere gli abbaglianti) (aut.), aufblenden. **9 ~ l'alto forno** (metall. - forno), den Hochofen anblasen.

accendersi (iniziare la combustione) (comb.), zünden. **2 ~** (della miscela) (mot. - aut.), zünden. **3 ~** (di un motore a reazione) (mot.), anspringen.

accendigas (per gas di città) (att.), Gasanzünder (m.).

accendisigari (att.), Feuerzeug (n.), Zigarrenanzünder (m.). **2 ~ a gas** (att.), Gasanzünder (m.). **3 ~ a pietrina** (att.), Schlagfeuerzeug (n.).

accenditore (app.), Anzünder (m.), Feuerzeug (n.). **2 ~** (per micce) (espl. min.), Lunte (f.). **3 ~ a pietrina** (app.), Schlagfeuerzeug (n.).

accensione (di un combustibile) (comb. - ecc.), Entzündung (f.). **2 ~** (di un mot. a c. i.) (mot. - aut.), Zündung (f.). **3 ~** (di un cubilotto p. es.) (forno), Anfeuern (n.), Anstecken (n.). **4 ~** (di una lampada) (illum. - ecc.), Anzünden (n.). **5 ~** (di una cald. p. es.) (cald.), Anfeuerung (f.), Anheizen (n.). **6 ~** (di una valvola elettronica) (radio), Anheizen (n.). **7 ~ a bassa tensione** (di un mot. a c. i.) (mot.), Niederspannungszündung (f.). **8 ~ a batteria** (accensione a spinterogeno) (mot.), Batteriezündung (f.), Sammlerzündung (f.). **9 ~ a bobina** (mot.), Spulenzündung (f.). **10 ~ a candela** (mot. - aut.), Kerzenzündung (f.). **11 ~ a compressione** (mot. Diesel), Verdichtungszündung (f.), Kompressionszündung (f.). **12 ~ a condensatore ad alta tensione** (mediante tiristori p. es.) (mot.), Hochspannung-Kondensator-Zündung (f.). **13 ~ a contatto liquido** (nei raddrizzatori a vapore di mercurio; accensione ad immersione, innesco ad ignitore sommerso) (elett.), Tauchzündung (f.). **14 ~ ad alta tensione** (di un mot. a c. i.) (aut. - mot.), Hochspannungszündung (f.). **15 ~ ad anticipo fisso** (mot.), Festzündung (f.). **16 ~ ad immersione** (nei raddrizzatori a vapore di mercurio; accensione a contatto liquido, innesco ad ignitore sommerso) (elett.), Tauchzündung (f.). **17 ~ a doppio strappo** (accensione a magnete con due variazioni della direzione del flusso per ogni giro del motore) (mot.), Zweiabrisszündung (f.). **18 ~ a due scintille** (accensione a doppia scintilla) (mot.), Zweifunkenzündung (f.), Zwillingszündung (f.). **19 ~ a magnete** (mot. - elett.), Magnetzündung (f.). **20 ~ a magnete-volano** (mot.), Schwungradmagnetzündung (f.). **21 ~ anticipata** (mot.), Vorzündung (f.), Frühzündung (f.). **22 ~ a scintilla** (mot. - aut.), Funkenzündung (f.). **23 ~ a superficie** (causata da punti caldi della camera di combustione) (difetto - mot.), Oberflächenzündung (f.). **24 ~ a tiristori** (aut.), Thyristorzündung (f.). **25 ~ a transistori** (di un mot. a c. i.) (aut. - elett.), Transistorzündung (f.). **26 ~ dall'alto** (metodo d'accensione in focolari) (forno - ecc.), Oberzündung (f.). **27 ~ debole** (mot. - difetto), schwache Zündung (f.). **28 ~ in fase** (mot.), scharfe Zündung. **29 ~ irregolare** (mot.), Fehlzündung (f.). **30 ~ meccanica** (di tubi a vapori di mercurio) (elettronica), Kippzündung (f.). **31 ~ per arco** (di raddrizzatori p. es.) (elett.), Spritzzündung (f.). **32 ~ per compressione** (mot.), Eigenzündung (f.), Verdichtungszündung (f.). **33 ~ per incandescenza** (mot.), Glühzündung (f.). **34 ~ piezoelettrica** (mot.), Piezozündung (f.). **35 ~ ritardata** (mot. - aut.), Spätzündung (f.), verschleppte Zündung. **36 ~ spontanea** (autoaccensione) (comb.), Selbstentzündung (f.), Selbstzündung (f.). **37 ~ susseguente** (mot. a comb.), Folgezündung (f.). **38 accelerante dell'~** (per migliorare il grado di ignizione dei combustibili Diesel, nitrito di etile p. es.) (mot. - chim.), Zündbeschleuniger (m.). **39 angolo di ~** (angolo d'innesco, d'un raddrizzatore controllato p. es.) (elettronica), Zündwinkel (m.). **40 anodo di ~** (anodo d'innesco) (elettronica), Zündanode (f.), Hilfsanode (f.). **41 anticipo all'~** (mot. - aut.), Zündvorverstellung (f.). **42 apparecchio per il controllo del punto di ~** (app. - mot. - aut.), Zündpunktprüfer (m.). **43 bobina di ~** (elett. - mot. - aut.), Zündspule (f.). **44 bruciatore (ausiliario) di ~** (comb. - mot.), Zündbrenner (m.). **45 candela di ~** (mot. - aut.), Zündkerze (f.). **46 chiave di ~** (aut. - mot.), Zündschlüssel (m.). **47 circuito di ~** (mot.), Zündungstromkreis (m.). **48 condensatore di ~** (mot. - aut.), Zündkondensator (m.). **49 dare accensioni irregolari** (mot.), fehlzünden. **50 dispositivo di ~** (elett.), Zünder (m.), Zündvorrichtung (f.). **51 distributore di ~** (mot. - aut.), Zündverteiler (m.). **52 disturbo di ~** (disturbo dovuto alle scintille di accensione) (aut. - radio), Zündstörung (f.). **53 doppia ~** (accensione a due scintille) (mot.), Zwillingszündung (f.), Zweifunkenzündung (f.). **54 fasatura dell'~** (aut. - mot.), Zündungseinstellung (f.). **55 filo di ~** (mot. - aut.), Zündleitung (f.). **56 impianto di ~** (mot.), Zündanlage (f.). **57 impianto di ~ a batteria** (mot. - aut.), Batteriezünder (m.), Batteriezündanlage (f.). **58 impianto di ~ a scarica capacitiva** (impianto di accensione a scarica di condensatore) (mot. - aut.), Kondensator-Zündanlage (f.). **59 impulso di

~ (*mot.*), Zündimpuls (*m.*). **60 innesco di ~** (nei tubi elettronici) (*elett.*), Zündeinsatz (*m.*). **61 interruttore di ~** (*aut. - mot.*), Zündschalter (*m.*). **62 leva dell'anticipo di ~** (*mot. - aut.*), Zündhebel (*m.*). **63 limite di ~** (di solventi per vernici) (*vn.*), Zündgrenze (*f.*), Explosionsgrenze (*f.*). **64 magnete di ~** (*mot. - aut. - aer.*), Zündmagnet (*m.*). **65 mancata ~** (nel cilindro) (*mot.*), Fehlzündung (*f.*). **66 ordine di ~** (di un mot. a. c. i.) (*mot.*), Zündfolge (*f.*). **67 oscillazione di ~** (nei raddrizzatori) (*elettronica*), Zündschwingung (*f.*). **68 perdita di ~** (*elettronica*), Zündaussatz (*m.*). **69 p.m.s. di ~** (punto morto superiore d'accensione, in un motore Wankel p. es.) (*mot.*), Zünd-OT (*m.*), Zünd-oberer Totpunkt (*m.*). **70 pressione di ~** (di un mot. Diesel) (*mot.*), Zünddruck (*m.*). **71 puntina d'~** (ignitore d'un ignitrone p. es.) (*elettronica*), Zündstift (*m.*). **72 punto di ~** (temperatura di accensione) (*chim. - fis. - comb.*), Brennpunkt (*m.*), Entzündungspunkt (*m.*), Zündpunkt (*m.*). **73 punto di ~** (*mot. - aut.*), Zündmoment (*m.*), Zündzeitpunkt (*m.*). **74 punto morto superiore di ~** (p.m.s. di accensione, in un motore Wankel p. es.) (*mot.*), Zünd-oberer Totpunkt (*m.*), Zünd-OT (*m.*). **75 regolazione del punto di ~** (variazione del punto di accensione) (*aut.*), Zündverstellung (*f.*). **76 ritardo di ~** (*mot. - aut.*), Zündverzug (*m.*). **77 scintilla di ~** (*mot.*), Zündfunke (*m.*). **78 sistema di ~** (*comb.*), Zündsystem (*n.*). **79 sistema di ~ a batteria** (*mot. - aut.*), Lichtbatteriezünder (*m.*). **80 temperatura di ~** (*chim. - fis. - comb.*), Zündpunkt (*m.*), Entzündungstemperatur (*f.*), Brennpunkt (*m.*). **81 tensione di ~** (di un mot. a. c. i.), Zündspannung (*f.*). **82 tensione di ~** (tensione di adescamento, di una lampada) (*illum.*), Zündspannung (*f.*). **83 togliere l'~** (*mot.*), die Zündung abstellen.

accento (*tip.*), Ton (*m.*), Betonung (*f.*). **2 ~ circonflesso** (^) (*tip.*), Zirkumflex (*n.*).

accentuato (*gen.*), ausgeprägt.

accentuazione (*acus. - ecc.*), Betonung (*f.*). **2 ~ del contorno** (*telev.*), Konturbetonung (*f.*).

accertamento (*gen.*), Feststellung (*f.*), Ermittlung (*f.*). **2 ~ dei fatti** (*leg.*), Tatbestandaufnahme (*f.*). **3 ~ del reddito** (*finanz.*), Einkommensermittlung (*f.*).

accertare (determinare, stabilire, constatare, riscontrare) (*gen.*), feststellen. **2 ~ con prove** (*gen.*), ausproben, ausprobieren.

accessibile (accessorio p. es., di un motore, per la manutenzione) (*mot. - ecc.*), zugänglich. **2 ~** (un dispositivo di comando p. es.) (*mecc. - ecc.*), griffgünstig. **3 ~** (contatto p. es., portato fuori) (*elett.*), herausgeführt.

accessibilità (di parti di mot. a. c. i. p. es. richiedenti manutenzione) (*mecc. - ecc.*), Zugänglichkeit (*f.*).

accesso (*ed.*), Zugang (*m.*), Zutritt (*m.*). **2 ~** (ad una cella di memoria) (*calc. - elab. dati*), Zugriff (*m.*), Zugang (*m.*). **3 ~ a code** (*calc.*), Zugriff nach der Warteschlangenmethode. **4 ~ casuale** (accesso diretto) (*calc. - elab. dati*), beliebiger Zugriff, wahlweiser Zugriff, direkter Zugriff. **5 ~ di memoria** (*calc.*), Speicherzugriff (*m.*). **6 ~ diretto** (accesso casuale) (*calc.*), beliebiger Zugriff, wahlweiser Zugriff, direkter Zugriff. **7 ~ sequenziale** (ad una memoria) (*calc.*), sequentieller Zugriff, Zugriff in Reihenfolge. **8 ~ seriale** (*calc.*), serienweiser Zugriff. **9 arco di ~** (di ruote dentate) (*mecc.*), Kopfflanken-Eingriffslänge (*m.*). **10 galleria di ~** (*min.*), Tagesstollen (*m.*), Zugangsstollen (*m.*). **11 lunghezza di ~** (di una dentatura) (*mecc.*), Kopfeingriffsstrecke (*f.*). **12 memoria ad ~ casuale** (*calc.*), Speicher mit wahlfreiem Zugriff. **13 memoria ad ~ diretto** (*calc.*), Speicher mit direktem Zugriff. **14 memoria ad ~ immediato** (*calc.*), Speicher mit kurzer Zugriffszeit. **15 rampa di ~** (al piano di caricamento di uno scalo merci) (*ferr.*), Auffahrtsrampe (*f.*), Fahrzeugrampe (*f.*). **16 sistema ad ~ multiplo** (*elettronica*), (Mehrfachzugriff-System (*n.*). **17 strada di ~** (ad una autostrada p. es.) (*strad.*), Zufuhrstrasse (*f.*), Zubringerstrasse (*f.*), Zufahrtsstrasse (*f.*). **18 tempo di ~** (tempo per trasmettere l'informazione dalla memoria al calcolatore) (*calc.*), Zugriffszeit (*f.*). **19 vietato l'~ ai non addetti ai lavori** (*lav. - ecc.*), Unbefugten ist der Zutritt verboten.

accessorio (apparecchiatura) (*app.*), Nebenapparat (*m.*), Hilfsapparat (*m.*). **2 ~** (di un'autovettura p. es.) (*aut. - etc.*), Zubehör (*m. - n.*). **3 ~** (di macch. utensili, per determinate operazioni) (*macch. ut.*), Vorrichtung (*f.*), Einrichtung (*f.*), Apparat (*m.*). **4 accessori** (di una macch. ut. p. es.) (*macch.*), Ausrüstung (*f.*), Zurüstung (*f.*). **5 ~ per autoveicoli** (autoaccessorio) (*aut.*), Kraftfahrzeugzubehör (*n.*), Autozubehör (*n.*). **6 ~ per bombare** (*macch. ut.*), Balligdrehvorrichtung (*f.*). **7 ~ per copiare** (accessorio per riprodurre) (*macch. ut.*), Kopiervorrichtung (*f.*). **8 accessori normali** (per torni p. es.) (*mecc. - macch. ut.*), Normalausrüstung (*f.*). **9 ~ per caldaie** (*cald.*), Kesselarmaturen (*f. pl.*). **10 ~ per filettare** (*lav. macch. ut.*), Gewindeschneidvorrichtung (*f.*). **11 ~ per fori trasversali** (di un tornio) (*macch. ut.*), Querlochbohreinrichtung (*f.*). **12 ~ per fresatura** (*macch. ut.*), Fräseinrichtung (*f.*), Fräsapparat (*m.*). **13 accessori per la combustione** (*comb.*), Feuerungen (*f. pl.*), **14 ~ per la fresatura di cremagliere** (*macch. ut.*), Zahnstangenfräseinrichtung (*f.*). **15 ~ per la fresatura di filettature interne** (*macch. ut.*), Innengewindefräsapparat (*m.*). **16 ~ per profilare** (dispositivo per copiare) (*macch. ut.*), Fassoniereinrichtung (*f.*), Kopiervorrichtung (*f.*). **17 ~ per rettifica concava** (*macch. ut.*), Hohlschleifeinrichtung (*f.*). **18 ~ per riprodurre** (accessorio per copiare) (*macch. ut.*), Kopiervorrichtung (*f.*). **19 ~ per sfacciare** (accessorio per spianare, al tornio) (*macch. ut.*), Plandreheinrichtung (*f.*). **20 ~ per sfacciatura interna** (*macch. ut.*), Innenplandreheinrichtung (*f.*). **21 ~ per spianare al tornio** (accessorio per sfacciare) (*macch. ut.*), Plandreheinrichtung (*f.*). **22 ~ per stozzare** (su macchina universale) (*macch. ut.*), Stossapparat (*m.*). **23 ~ per tornire** (*macch. ut.*), Dreheinrichtung (*f.*). **24 ~ per tornitura a sagoma** (*macch. ut.*), Fassondreheinrichtung

accetta

(*f.*). 25 ~ **per tornitura cilindrica** (*macch. ut.*), Langdreheinrichtung (*f.*). 26 ~ **per tornitura conica** (*macch. ut.*), Kegeldrehvorrichtung (*f.*). 27 ~ **per tornitura convessa** (*macch. ut.*), Balligdrehvorrichtung (*f.*). 28 ~ **per tornitura interna** (*macch. ut.*), Innendreheinrichtung (*f.*). 29 ~ **per tornitura poligonale** (*lav. macch. ut.*), Mehrkantdreheinrichtung (*f.*). 30 ~ **per tornitura sferica** (*macch. ut.*), Kugeldrehvorrichtung (*f.*). 31 ~ **speciale** (accessorio extra a richiesta) (*aut. - ecc.*), Sonderzubehör (*n.*). 32 **accessori speciali** (per torni p. es.) (*mecc. - macch. ut.*), Sonderausrüstung (*f.*). 33 **accessori speciali a richiesta** (*aut. - ecc.*), Sonderwunschausstattungen (*f. pl.*).

accetta (*ut.*), Beil (*n.*).

accettabile (prezzo p. es.) (*comm.*), annehmbar. 2 ~ (pezzo p. es. dal controllo) (*mecc. - ecc.*), abnahmefähig.

accettare (*gen.*), annehmen. 2 ~ (una tratta) (*finanz. - comm.*), akzeptieren. 3 **non** ~ (respingere, rifiutare) (*comm. - ecc.*), verwerfen, zurückweisen.

accettato (*gen.*), angenommen. 2 ~ (approvato) (*gen.*), gebilligt, genehmigt. 3 ~ (in una prova di accettazione) (*comm.*), abgenommen.

accettazione (*gen.*), Annahme (*f.*). 2 ~ (ricezione, di materiali p. es.) (*ind.*), Aufnahme (*f.*), Annahme (*f.*). 3 ~ (di una vettura in una officina riparazioni p. es.) (*ind. - comm.*), Annahme (*f.*), Anmeldung (*f.*). 4 ~ (dal controllo della qualità) (*tecnol. mecc.*), Annahme (*f.*). 5 ~ (all'entrata di un magazzino p. es.) (*ind.*), Zugang (*m.*), Annahme (*f.*). 6 ~ (di un albergo) (*ed.*), Rezeption (*f.*), Empfangsbüro (*n.*). 7 ~ **di ordine** (*comm.*), Auftragsannahme (*f.*). 8 ~ **di una tratta** (*comm.*), Annahme eines Wechsels. 9 ~ **finale** (*comm.*), Schlussabnahme (*f.*). 10 ~ **merci** (*ind.*), Warenannahme (*f.*). 11 ~ **pacchi** (*posta*), Paketannahme (*f.*). 12 **addetto alla** ~ (presso il servizio clienti p. es.) (*pers. - aut. - ecc.*), Annehmer (*m.*). 13 **mancata** ~ (*mecc. - ecc.*), Abnahmeverweigerung (*f.*), Annahmeverweigerung (*f.*). 14 **numero di** ~ (dal controllo della qualità) (*tecnol. mecc.*), Annahmezahl (*f.*), Gutzahl (*f.*). 15 **posto** ~ **merci** («arrivi») (*ind.*), Warenannahmestelle (*f.*), Wareneingang (*m.*). 16 **probabilità di** ~ (dal controllo della qualità) (*tecnol. mecc.*), Annahmewahrscheinlichkeit (*f.*). 17 **prova di** ~ (*mecc. - ecc.*), Abnahmeprüfung (*f.*), Auslieferungsprüfung (*f.*). 18 **prova di** ~ (*mot.*), Abnahmelauf (*m.*). 19 **rifiuto di** ~ (*mecc. - ecc.*), Abnahmeverweigerung (*f.*). 20 **verbale di** ~ (*comm. - ecc.*), Abnahmebericht (*m.*). 21 **volo di** ~ (*aer.*), Abnahmeflug (*m.*).

accettore (impurità ricevitrice) (*fis. - chim.*), Akzeptor (*m.*). 2 ~ **di elettroni** (elettronaccettore) (*fis. - chim.*), Elektronakzeptor (*m.*).

acciaiare (*metall.*), stählen, verstählen.

acciaiatura (*metall.*), Stählen (*n.*), Verstählen (*n.*).

acciaieria (*ind. metall.*), Stahlwerk (*n.*), Stahlhütte (*f.*). 2 ~ **ad insufflazione dall'alto** (a soffiaggio dall'alto) (*metall.*), Aufblasstahlwerk (*n.*). 3 ~ **Bessemer** (*metall.*), Bessemerstahlwerk (*n.*), Bessemerwerk (*n.*). 4 ~ **elettrica** (*metall.*), Elektrostahlwerk (*n.*). 5 ~ **LD** (*metall.*), LD-Blasstahlwerk (*n.*). 6 ~ **Thomas** (*metall.*), Thomasstahlwerk (*n.*). 7 **soffiante per** ~ (*metall.*), Stahlwerkgebläse (*n.*).

acciaio (*metall.*), Stahl (*m.*). 2 ~ **acido** (*metall.*), sauer Stahl. 3 ~ **ad effervescenza bloccata** (mediante copertura od aggiunta di alluminio p. es.) (*metall.*), gedeckter Stahl. 4 ~ **affinato** (*metall.*), Frischstahl (*m.*). 5 ~ **al basso fuoco** (*metall.*), Frischfeuerstahl (*m.*). 6 ~ **al carbonio** (*metall.*), Kohlenstoffstahl (*m.*), Kohlenstahl (*m.*). 7 ~ **al carbonio** (acciaio non legato, acciaio non alligato) (*metall.*), unlegierter Stahl. 8 ~ **al convertitore** (acciaio Bessemer) (*metall.*), Konverterstahl (*m.*). 9 ~ **al crogiolo** (*metall.*), Tiegelstahl (*m.*). 10 ~ **al cromo** (*metall.*), Chromstahl (*m.*). 11 ~ **al cromo-nichel** (*metall.*), Chromnickelstahl (*m.*). 12 ~ **al forno elettrico** (acciaio elettrico) (*metall.*), Elektrostahl (*m.*). 13 ~ **al fosforo** (*metall.*), Phosphorstahl (*m.*). 14 ~ **alligato** (acciaio legato) (*metall.*), legierter Stahl. 15 ~ **al manganese** (*metall.*), Manganstahl (*m.*). 16 ~ **al molibdeno** (*metall.*), Molybdänstahl (*m.*). 17 ~ **al nichel** (*metall.*), Nickelstahl (*m.*). 18 ~ **al nichel-cromo** (*metall.*), Nickelchromstahl (*m.*), Chromnickelstahl (*m.*). 19 ~ **al rame** (con l'1 % circa di Cu) (*metall.*), Kupferstahl (*m.*). 20 ~ **al silicio** (*metall.*), Siliziumstahl (*m.*). 21 ~ **al silicio-manganese** (*metall.*), Silmanganstahl (*m.*). 22 ~ **al titanio** (*metall.*), Titanstahl (*m.*). 23 ~ **al tungsteno** (*metall.*), Wolframstahl (*m.*). 24 ~ **al vanadio** (*metall.*), Vanadinstahl (*m.*), Vanadiumstahl (*m.*). 25 ~ **amagnetico** (*metall.*), unmagnetischer Stahl. 26 ~ **a medio tenore di carbonio** (acciaio semiduro, con più del 0,40% di C) (*metall.*), mittelgekohlter Flusstahl. 27 ~ **«antiacido»** (acciaio resistente agli acidi) (*metall.*), säurebeständiger Stahl. 28 ~ **antinvecchiante** (*metall.*), alterungsfreier Stahl, alterungsbeständiger Stahl. 29 ~ **a pacchetto** (*metall.*), Bundstahl (*m.*). 30 ~ **argento** (*metall.*), Silberstahl (*m.*). 31 ~ **atmosferico** (acciaio resistente agli agenti atmosferici) (*metall.*), wetterbeständiger Stahl, wetterfester Stahl. 32 ~ **austenitico** (*metall.*), austenitischer Stahl, Austenitstahl (*m.*). 33 ~ **automatico** (acciaio per lavorazione su macchine automatiche) (*metall.*), Automatenstahl (*m.*), Freischnittstahl (*m.*). 34 ~ **autotemprante** (*metall.*), Selbsthärter (*m.*), selbsthärtender Stahl. 35 ~ **autotemprante** (acciaio temprabile in aria) (*metall.*), Lufthärter (*m.*), lufthärtender Stahl. 36 ~ **basico** (*metall.*), basischer Stahl. 37 ~ **Bessemer** (acciaio al convertitore) (*metall.*), Bessemerstahl (*m.*), Konverterstahl (*m.*). 38 ~ **Bessemer acido** (*metall.*), saurer Bessemerstahl. 39 ~ **Bessemer basico** (*metall.*), basischer Bessemerstahl. 40 ~ **calmato** (*metall.*), beruhigter Stahl. 41 ~ **calorizzato** (*metall.*), kalorisierter Stahl. 42 ~ **colato** (acciaio fuso) (*metall.*), Stahlguss (*m.*), Guss-stahl (*m.*). 43 ~ **comune** (acciaio non legato) (*metall.*), Massenstahl (*m.*), unlegierter Stahl. 44 ~ **da bonifica** (*metall.*), Vergütungsstahl (*m.*). 45 ~ **da cementazione**

(*metall.*), Einsatzstahl (*m.*). **46 ~ da costruzione** (*metall.*), Baustahl (*m.*). **47 ~ da costruzione saldabile ad alta resistenza** (*metall.*), HSB-Stahl (*m.*), hochfester schweissbarer Baustahl. **48 ~ di cementazione** (*metall.*), Zementstahl (*m.*). **49 damascato** (*metall.*), Damaszenerstahl (*m.*). **50 ~ da nitrurazione** (*metall.*), Nitrierstahl (*m.*). **51 ~ di qualità** (con fosforo e zolfo max. 0,045÷0,05%) (*metall.*), Qualitätsstahl (*m.*). **52 ~ dolce** (*metall.*), weicher Stahl. **53 ~ dolce (ferro omogeneo)** (*metall.*), Schmiedeeisen (*n.*). **54 ~ effervescente** (acciaio non calmato) (*metall.*), unberuhigter Stahl. **55 ~ elettrico** (acciaio al forno elettrico) (*metall.*), Elektrostahl (*m.*). **56 ~ eutettico** (*metall.*), eutektischer Stahl. **57 ~ extrarapido** (acciaio superrapido) (*metall.*), Hochleistungs-Schnellstahl (*m.*). **58 ~ fuso** (*metall.*), acciaio colato (*metall.*), Stahlguss (*m.*), Guss-stahl (*m.*). **59 ~ fuso sotto vuoto** (*metall.*), Vakuum-Stahl (*m.*). **60 ~ grezzo** (*metall.*), Rohstahl (*m.*). **61 ~ in barre** (*ind. metall.*), Stabstahl (*m.*). **62 ~ in nastri** (*ind. metall.*), Bandstahl (*m.*). **63 ~ inossidabile** (*metall.*), rostfreier Stahl, nichtrostender Stahl. **64 ~ ipereutettoide** (*metall.*), übereutektoider Stahl. **65 ~ laminato** (*metall.*), Walzstahl (*m.*), gewalzter Stahl. **66 ~ lavorabile ad alta velocità** (acciaio automatico, acciaio per lavorazioni su macchine automatiche) (*metall.*), Automatenstahl (*m.*), Freischnittstahl (*m.*). **67 ~ legato** (acciaio alligato, acciaio speciale) (*metall.*), legierter Stahl, Legierungsstahl (*m.*), Edelstahl (*m.*). **68 ~ lucido** (barra con superfice lucida ottenuta mediante pelatura o trafilatura in bianco) (*metall.*), Blankstahl (*m.*). **69 ~ maraging** (acciaio ad alta resistenza ottenuta mediante invecchiamento della martensite) (*metall.*), Maraging-Stahl (*m.*), martensitaushärtbarer Stahl. **70 ~ Martin** (*metall.*), Martinstahl (*m.*). **71 ~ Martin-Siemens** (*metall.*), Siemens-Martin-Stahl (*m.*), SM-Stahl (*m.*). **72 ~ Martin-Siemens acido** (*metall.*), saurer Siemens-Martin-Stahl. **73 ~ Martin-Siemens basico** (*metall.*), basischer Siemens-Martin-Stahl. **74 ~ non alligato** (acciaio non legato, acciaio al carbonio) (*metall.*), unlegierter Stahl. **75 ~ non calmato** (acciaio effervescente) (*metall.*), unberuhigter Stahl. **76 ~ non effervescente** (*metall.*), unkochender Stahl. **77 ~ non legato** (acciaio non alligato, acciaio al carbonio) (*metall.*), unlegierter Stahl. **78 ~ per corazze** (*metall.*), Panzerstahl (*m.*). **79 ~ per getti** (*metall.*), Guss-stahl (*m.*). **80 ~ per imbutitura** (*ind. metall. - lav. lamiera*), Tiefziehstahl (*m.*). **81 ~ per impianti di idrogenazione** (acciaio resistente all'idrogeno sotto pressione) (*metall.*), Hydrierstahl (*m.*). **82 ~ per lavorazioni a caldo** (acciaio per stampi p. es.) (*metall.*), Warmarbeitsstahl (*m.*). **83 ~ per lavorazione a freddo** (acciaio per utensili) (*ut. - metall.*), Kaltarbeitsstahl (*m.*). **84 ~ per (lavorazione su) macchine automatiche** (acciaio automatico) (*metall.*), Automatenstahl (*m.*), Freischnittstahl (*m.*). **85 ~ per lime** (col 0,5÷1,4% C, max. 0,8% Mn ed aggiunte di Cr, W, ecc.) (*metall.*), Feilenstahl (*m.*). **86 ~ per magneti** (*metall.*), Magnetstahl (*m.*). **87 ~ per magneti permanenti** (*metall.*), Dauermagnetstahl (*m.*). **88 ~ per molle** (*metall.*), Federstahl (*m.*). **89 ~ per stampaggio a caldo di dadi** (*metall.*), Warmpressmuttereisen (*n.*). **90 ~ per stampi** (*metall.*), Gesenkstahl (*m.*). **91 ~ per tempra in acqua** (*metall.*), Wasserhärtungsstahl (*m.*). **92 ~ per utensili** (*metall.*), Werkzeugstahl (*m.*). **93 ~ per utensili da taglio** (*metall.*), Schneidstahl (*m.*). **94 ~ puddellato** (*metall.*), Puddelstahl (*m.*). **95 ~ quaternario** (*metall.*), Vierstoffstahl (*m.*), Quaternärstahl (*m.*). **96 ~ rapido** (*metall.*), Schnellarbeitsstahl (*m.*), Schnelldrehstahl (*m.*), Schnellstahl (*m.*). **97 ~ refrattario** (acciaio resistente a caldo) (*metall.*), warmfester Stahl. **98 ~ resistente a caldo** (acciaio refrattario) (*metall.*), warmfester Stahl. **99 ~ resistente agli acidi** (*metall.*), säurebeständiger Stahl. **100 ~ resistente all'idrogeno sotto pressione** (acciaio per impianti di idrogenazione) (*metall.*), Hydrierstahl (*m.*). **101 ~ ricotto** (*metall.*) ausgeglühter Stahl. **102 ~ saldato** (*metall.*), Schweiss-Stahl (*m.*), Schmiedestahl (*m.*). **103 ~ saldato a pacchetto** (*metall.*), Paketstahl (*m.*), Paketierschweisstahl (*m.*), Gärbstahl (*m.*). **104 semicalmato** (*metall.*), halbberuhigter Stahl. **105 ~ semiduro** (acciaio a medio tenore di carbonio, più del 0,40%) (*metall.*), mittelgekohlter Flusstahl. **106 ~ sinterato** (acciaio sinterizzato) (*metall.*), Sinterstahl (*m.*). **107 ~ speciale** (*metall.*), Sonderstahl (*m.*). **108 ~ superrapido** (*metall.*), Hochleistungsschnellstahl (*m.*). **109 ~ temprabile in aria** (acciaio autotemprante) (*metall.*), Lufthärter (*m.*). **110 ~ temprabile in olio** (*metall.*), Ölhärtestahl (*m.*), Ölhärter (*m.*). **111 ~ temprato** (*metall.*), gehärteter Stahl. **112 ~ ternario** (*metall.*), Ternärstahl (*m.*), Dreistoffstahl (*m.*). **113 ~ Thomas** (*metall.*), Thomasstahl (*m.*). **114 ~ trafilato in barre** (*ind. metall.*), gezogener Stabstahl. **115 ~ vescicolare** (*metall.*), Blasenstahl (*m.*). **116 barra quadra di ~** (quadro di acciaio) (*ind. metall.*), Vierkantstahl (*m.*). **117 bombola di ~** (per gas compressi) (*ind. chim. - ecc.*), Stahlflasche (*f.*). **118 costruzione di ~** (carpenteria metallica) (*ed.*), Stahlbau (*m.*). **119 di ~** (*metall.*), stählern. **120 elaborazione dell'~ ad ossigeno** (immettendo il gas nel convertitore mediante una lancia) (*metall.*), Blasstahlverfahren (*n.*). **121 filo di ~** (*ind. metall.*), Stahldraht (*m.*). **122 fonderia di ~** (*fond.*), Stahlgiesserei (*f.*). **123 fune di ~** (*ind. metall.*), Stahldrahtseil (*m.*). **124 graniglia di ~** (*tecnol. mecc.*), Stahlkies (*m.*), Stahlsand (*m.*). **125 inclusioni dell'~** (impurità generalmente non metalliche) (*metall.*), Stahleinschlüsse (*m. pl.*). **126 lamiera di ~** (*ind. metall.*), Stahlblech (*n.*). **127 lana di ~** (*metall.*), Stahlwolle (*f.*). **128 lingotto di ~** (*metall.*), Stahlblock (*m.*). **129 mezzotondo di ~** (*ind. metall.*), Halbrundstahl (*m.*). **130 mobili di ~** (*ind.*), Stahlmöbel (*n. pl.*). **131 nastro di ~** (*ind. metall.*), Stahlband (*n.*). **132 piatto di ~** (barra piatta di acciaio) (*ind. metall.*), Flachstahl (*m.*). **133 profilato di ~** (*ind. metall.*), Stahlprofil (*n.*). **134 quadro di ~** (barra quadra di acciaio) (*ind. metall.*),

accidentale

Vierkantstahl (*m.*). **135 rottame di ~** (*ind. metall.*), Altstahl (*m.*). **136 tessuto di ~** (*ed. - ecc.*), Stahldrahtgeflecht (*n.*), Stahldrahtgewebe (*n.*). **137 tondo di ~** (barra tonda di acciaio, acciaio da costruzione) (*ind. metall.*), Rundstahl (*m.*). **138 traversina di ~** (*ferr.*), Stahlschwelle (*f.*).
accidentale (*gen.*), zufällig.
acciottolato (ciottolato) (*s. - costr. strad.*), Kopfsteinpflaster (*n.*). **2 ~** (strada acciottolata) (*strad.*), Geröllstrasse (*f.*).
accisa (imposta) (*finanz.*), Akzise (*f.*).
acclimatizzazione (*gen.*), Akklimatisation (*f.*).
accludere (allegare) (*uff.*), beilegen. **2 ~** (compiegare) (*uff.*), beibiegen.
accollare (valutare, le tasse p. es.) (*finanz.*), festsetzen.
accollarsi (assumersi, i debiti p. es.) (*finanz.*), übernehmen.
accollatario (impresario, appaltatore) (*comm. - ecc.*), Unternehmer (*m.*), Auftragnehmer (*m.*).
accoltellato (corso di mattoni) (*mur.*), Rollschicht (*f.*).
accomandatario (socio accomandatario) (*finanz.*), persönlich haftender Teilhaber, unbeschränkt haftender Teilbaher.
accomandita (società in accomandita) (*comm. - finanz.*), Kommanditgesellschaft (*f.*). **2 ~ semplice** (società in accomandita semplice) (*comm. - finanz.*), einfache Kommanditgesellschaft.
accomodamento (dell'occhio) (*ott.*), Akkomodation (*f.*). **2 limite di ~** (di materiali metallici) (*metall.*), Akkomodationsgrenze (*f.*). **3 potere di ~** (*ott.*), Akkomodationskraft (*f.*). **4 trattative per un ~** (trattative per una composizione, trattative di compromesso) (*leg.*), Vergleichsverhandlungen (*f. pl.*).
accompagnatore (*gen.*), Begleiter (*m.*). **2 elemento ~** (*metall.*), Begleitelement (*n.*), Begleiter (*m.*). **3 elemento ~ dell'acciaio** (zolfo, fosforo, ecc.) (*metall.*), Stahlbegleiter (*m.*).
accompagnatorio (collaterale)(*gen.*), Begleit... **2 fenomeno ~** (fenomeno collaterale) (*fis.*), Begleiterscheinung (*f.*). **3 metalli accompagnatori** (metalli secondari, che si trovano nei minerali insieme al metallo principale) (*metall.*), Begleitmetalle (*n. pl.*), Nebenmetalle (*n. pl.*).
acconto (anticipo, pagamento p. es.) (*comm.*), Anzahlung (*f.*), Vorschuss (*m.*). **2 ~ sui dividendi** (*finanz.*), Abschlagsdividende (*f.*). **3 ~ sulle spese** (anticipo sulle spese) (*amm.*), Spesenvorschuss (*m.*). **4 dare in ~** (*comm.*), anzahlen. **5 dare un ~** (pagare un acconto, anticipare) (*comm.*), anzahlen. **6 in ~** (*amm. - comm.*), auf Abschlag. **7 pagamento in ~** (*comm.*), Abschlagszahlung (*f.*). **8 versare in ~** (*comm.*), anzahlen.
accoppiabilità (*gen.*), Paarungsfähigkeit (*f.*). **2 dimensione limite di ~** (dimensione del particolare senza errore di forma, con il quale il pezzo con errore di forma può essere accoppiato senza eccessivo sforzo) (*mecc.*), Paarungsmass (*n.*).
accoppiamento (tra albero e foro p. es. con sistema di tolleranze) (*mecc.*), Passung (*f.*), Sitz (*m.*). **2 ~** (di due alberi p. es., per la trasmissione del moto) (*mecc.*), Kupplung (*f.*). **3 ~** (di motori a comb. interna mediante accoppiatore) (*mot.*), Gruppierung (*f.*). **4 ~** (collegamento) (*mecc.*), Verbindung (*f.*). **5 ~** (di oscillazioni od oscillatori) (*fis.*), Kopplung (*f.*). **6 ~** (di due circuiti p. es.) (*elett. - radio*), Kopplung (*f.*). **7 ~** (appaiamento, abbinamento) (*gen.*), Paarung (*f.*). **8 ~ adattato** (rimedio ad intercambiabilità limitata) (*mecc.*), Auslesepaarung (*f.*). **9 ~ a flangia** (di tubi p. es.) (*mecc. - tubaz.*), Flanschverbindung (*f.*). **10 ~ a flangia** (di due alberi p. es.) (*mecc.*), Flanschkupplung (*f.*). **11 ~ a profilo scanalato** (per alberi) (*mecc.*), Keilwellenverbindung (*f.*). **12 ~ a ruota libera** (accoppiamento unidirezionale, giunto a ruota libera) (*mecc.*), Freilaufkupplung (*f.*). **13 ~ bloccato a caldo** (*mecc.*), Schrumpfpassung (*f.*). **14 ~ bloccato alla pressa** (accoppiamento stabile) (*mecc.*), Presspassung (*f.*). **15 ~ bloccato a tenuta** (*mecc.*), Dichtpassung (*f.*). **16 ~ bloccato forzato a caldo** (*mecc.*), Schrumpfpassung (*f.*). **17 ~ bloccato sottozero** (*mecc.*), Dehnpassung (*f.*). **18 ~ capacitivo** (*elett.*), kapazitive Kopplung. **19 ~ cilindrico** (accoppiamento tra superfici cilindriche) (*mecc.*), Rundpassung (*f.*). **20 ~ con chiavetta** (*mecc.*), Keilverbindung (*f.*). **21 ~ con gioco** (accoppiamento mobile, accoppiamento libero) (*mecc.*), Laufpassung (*f.*), Spielpassung (*f.*). **22 ~ con gioco od interferenza entro i limiti di tolleranza** (accoppiamento incerto) (*mecc.*), Ruhepassung (*f.*), Übergangspassung (*f.*). **23 ~ conico** (accoppiamento di superfici coniche) (*mecc.*), Kegelpassung (*f.*). **24 ~ debole** (accoppiamento lasco, di oscillatori p. es.) (*fis.*), lose Kopplung. **25 ~ dei denti** (ingranamento dei denti di ingranaggio) (*mecc.*), Zahneingriff (*m.*). **26 ~ di dentature** (*mecc.*), Verzahnpassung (*f.*). **27 ~ di forma** (accoppiamento geometrico, di una coppia elementare, nel quale il contatto degli elementi è assicurato dalla forma) (*mecc.*), Formschluss (*m.*). **28 ~ di forza** (accoppiamento dinamico, dipendente da azioni dinamiche esterne) (*mecc.*), Kraftschluss (*m.*). **29 ~ DIN** (*mecc.*), DIN-Passung (*f.*). **30 ~ dinamico** (di una coppia di elementi il cui vincolo reciproco è assicurato da una forza esterna) (*mecc.*), Kraftschluss (*m.*). **31 ~ diretto** (fra motore e macchina p. es.) (*mecc.*), direkte Kupplung. **32 ~ di scorrimento** (accoppiamento scorrevole) (*mecc.*), Schiebekupplung (*f.*). **33 ~ di selezione** (di pezzi con bollino di selezione) (*mecc.*), Auswahlpaarung (*f.*). **34 ~ di superfici cilindriche** (accoppiamento cilindrico) (*mecc.*), Rundpassung (*f.*). **35 ~ di superfici coniche** (accoppiamento conico) (*mecc.*), Kegelpassung (*f.*). **36 ~ di superfici piane** (accoppiamento piano) (*mecc.*), Flachpassung (*f.*). **37 ~ elastico** (accoppiamento con giunto elastico) (*mecc.*), elastische Kupplung. **38 ~ elettrostatico** (*elett. - fis.*), elektrostatische Kupplung. **39 ~ extrapreciso** (*mecc.*), Edelpassung (*f.*), Edelsitz (*m.*). **40 ~ extrapreciso bloccato leggero** (*mecc.*), Edelhaftsitz (*m.*). **41**

~ **extrapreciso bloccato normale** (*mecc.*), Edeltreibsitz (*m.*). 42 ~ **extrapreciso bloccato serrato** (*mecc.*), Edelfestsitz (*m.*). 43 ~ **extrapreciso di scorrimento** (*mecc.*), Edelgleitsitz (*m.*). 44 ~ **extrapreciso di spinta** (*mecc.*), Edelschiebesitz (*m.*). 45 ~ **filettato** (*mecc.*), Gewindepassung (*f.*). 46 ~ **forte** (accoppiamento stretto, di due oscillatori) (*fis.*), feste Kopplung. 47 ~ **(forzato) a caldo** (calettamento (forzato) a caldo, calettamento a contrazione) (*mecc.*), Schrumpfpassung (*f.*). 48 ~ **(forzato) alla pressa** (calettamento (forzato) alla pressa) (*mecc.*), Presspassung (*f.*). 49 ~ **(forzato) sottozero** (calettamento (forzato) sottozero, calettamento ad espansione) (*mecc.*), Dehnpassung (*f.*). 50 ~ **galvanico** (accoppiamento ohmico, accoppiamento a resistenza) (*fis.*), galvanische Kopplung. 51 ~ **geometrico** (di una coppia di elementi il cui vincolo reciproco è assicurato dalla forma stessa dei due elementi) (*mecc.*), Formschluss (*m.*). 52 ~ **grossolano** (con massima tolleranza) (*mecc.*), Grobpassung (*f.*). 53 ~ **impedenza-capacità** (accoppiamento LC) (*elett.*), L/C-Kopplung (*f.*), Drosselkopplung (*f.*). 54 ~ **incerto** (accoppiamento con gioco od interferenza entro i limiti di tolleranza) (*mecc.*), Ruhepassung (*f.*), Übergangsspannung (*f.*). 55 ~ **induttivo** (*elett.*), induktive Kopplung, magnetische Kopplung. 56 ~ **ISA** (*mecc.*), ISA-Passung (*f.*), International-Standard-Association-Passung (*f.*). 57 ~ **ISO** (*mecc.*), ISO-Passung (*f.*), International-Standardisation-Organisation-Passung (*f.*). 58 ~ **lasco** (accoppiamento debole, di oscillatori p. es.) (*fis.*), lose Kopplung. 59 ~ **LC** (accoppiamento impedenza-capacità) (*elett.*), L/C-Kopplung (*f.*), Drosselkopplung (*f.*). 60 ~ **libero** (accoppiamento con gioco, accoppiamento mobile) (*mecc.*), Laufpassung (*f.*), Spielpassung (*f.*). 61 ~ **magnetico** (accoppiamento induttivo)(*fis.*), magnetische Kopplung. 62 ~ **medio** (per costruzione di autocarri e locomotive) (*mecc.*), Schlichtpassung (*f.*). 63 ~ **medio di scorrimento** (*mecc.*), Schlichtgleitsitz (*m.*). 64 ~ **medio libero amplissimo** (*mecc.*), weiter Schlichtlaufsitz. 65 ~ **medio libero normale** (*mecc.*), Schlichtlaufsitz (*m.*). 66 ~ **mobile** (accoppiamento con gioco, accoppiamento libero) (*mecc.*), Laufpassung (*f.*), Spielpassung (*f.*). 67 ~ **per attrito** (collegamento ad attrito, per fissare mozzi su alberi) (*mecc.*), Reibschlussverbindung (*f.*). 68 ~ **per dispersione** (*elett.*), Streukopplung (*f.*). 69 ~ **per resistenza-capacità** (accoppiamento RC) (*radio*), Kapazität-Widerstandskopplung, RC-Kopplung (*f.*). 70 ~ **per trasformatore** (*elettronica*), Transformatorkopplung (*f.*), Übertragerkopplung (*f.*). 71 ~ **piano** (accoppiamento di superfici piane) (*mecc.*), Flachpassung (*f.*). 72 ~ **preciso** (per costruzione di macchine e motori) (*mecc.*), Feinpassung (*f.*). 73 ~ **preciso bloccato leggero** (*mecc.*), Haftsitz (*m.*). 74 ~ **preciso bloccato normale** (*mecc.*), Treibsitz (*m.*). 75 ~ **preciso bloccato serrato** (*mecc.*), Festsitz (*m.*). 76 ~ **preciso di scorrimento** (*mecc.*), Gleitsitz (*m.*), Gleitpassung (*f.*). 77 ~ **preciso di spinta** (*mecc.*), Schiebesitz (*m.*). 78 ~ **preciso libero amplissimo** (*mecc.*), weiter Laufsitz. 79 ~ **preciso libero largo** (*mecc.*), leichter Laufsitz. 80 ~ **preciso libero normale** (*mecc.*), Laufsitz (*m.*). 81 ~ **preciso libero stretto** (*mecc.*), enger Laufsitz. 82 ~ **RC** (accoppiamento per resistenza-capacità) (*radio*), RC-Kopplung (*f.*). 83 ~ **reattanza-capacità** (*elett.*), Drosselkopplung (*f.*). 84 ~ **resistivo** (*elett.*), Widerstandskopplung (*f.*). 85 ~ **rigido** (di alberi) (*macch. - mecc.*), Starrkupplung (*f.*), starre Kupplung. 86 ~ **scorrevole** (*mecc.*), Gleitsitz (*m.*), Gleitpassung (*f.*). 87 ~ **scorrevole** (accoppiamento di scorrimento) (*mecc.*) Schiebekopplung (*f.*). 88 ~ **selettivo** (accoppiamento di pezzi con bollino di selezione) (*mecc.*), Auswahlpaarung (*f.*). 89 ~ **stabile** (accoppiamento bloccato alla pressa) (*mecc.*), Presspassung (*f.*). 90 ~ **stabile bloccato a caldo** (*mecc.*), Schrumpfpassung (*f.*). 91 ~ **stabile bloccato a caldo o sottozero** (*mecc.*), Querpresspassung (*f.*), Schrumpf- oder Dehnpassung (*f.*). 92 ~ **stabile bloccato sottozero** (*mecc.*), Dehnpassung (*f.*). 93 ~ **tra superfici cilindriche** (accoppiamento cilindrico) (*mecc.*), Rundpassung (*f.*). 94 ad ~ **di forma** (ad accoppiamento geometrico) (*mecc.*), formschlüssig. 95 ad ~ **di forza** (ad accoppiamento dinamico) (*mecc.*), kraftschlüssig. 96 ad ~ **geometrico** (coppia elementare in cui l'accoppiamento è assicurato dalla forma stessa degli elementi; boccola e perno p. es.) (*mecc.*), formschlüssig. 97 **biella di** ~ (di una locomotiva) (*ferr.*), Kuppelstange (*f.*), Treibstange (*f.*). 98 **campo d'**~ **a relè** (*telef. - ecc.*), Relaiskoppelfeld (*n.*). 99 **capacità di** ~ (*elett. - telef.*), Kopplungskapazität (*f.*). 100 **coefficiente di** ~ (fattore di accoppiamento) (*elett. - radio*), Kopplungskoeffizient (*m.*). 101 **con** ~ **emettitore** (oscillatore p. es.) (*elettronica*), emittiergekoppelt. 102 **fattore di** ~ (*fis.*), Kopplungsgrad (*m.*), Kopplungskoeffizient (*m.*). 103 **finestra di** ~ (nelle guide d'onda) (*elettronica*), Kopplungsfenster (*n.*). 104 **forza di** ~ (forza di calettamento) (*metall. - tecnol.*), Schrumpfkraft (*f.*). 105 **gruppo di** ~ (gruppo di collegamento; di trasformatori funzionanti in parallelo) (*elett.*), Schaltgruppe (*f.*). 106 **lato** ~ (di un motore p. es.) (*mot.*), Kupplungsseite (*f.*), Antriebsseite (*f.*). 107 **lato opposto** ~ (dell'albero di un motore) (*mot.*), Nichtantriebsseite (*f.*), Wellenzapfseite (*f.*). 108 **misuratore di** ~ (cuplometro) (*app. elett.*), Kopplungsmesser (*m.*). 109 **misurazione** (contemporanea) **di** ~ (di pezzi cilindrici che devono accoppiarsi) (*metrologia*), Paarungsmessen (*n.*). 110 **oscillatore ad** ~ **elettronico** (*radio*), elektronengekoppelter Oszillator. 111 **relè d'**~ (*elett. - ecc.*), Koppelrelais (*n.*). 112 **sistema di accoppiamenti** (*mecc.*), Pass-system (*n.*). 113 **sistema di** ~ **ad albero base** (*mecc.*), Einheitswellen-Passungssystem (*n.*). 114 **sistema di** ~ **a foro base** (*mecc.*), Einheitsbohrung-Passungssystem (*n.*). 115 **spina di** ~ (d'una staffa) (*fond.*), Zulegestift (*m.*).

accoppiare (un albero ad un foro p. es., con sistema di tolleranze) (*mecc.*), passen, sitzen. 2 ~ (due alberi) (*mecc.*), kuppeln. 3 ~ (collegare, due tubi p. es.) (*mecc.*), verbinden. 4 ~ (abbinare, appaiare) (*gen.*), paaren. 5

accoppiato

∼ (due circuiti p. es.) (*elett. - radio*), koppeln. **6** ∼ **a caldo** (calettare a caldo, calettare con interferenza) (*mecc.*), aufschrumpfen. **7** ∼ **alla pressa** (*mecc.*), presspassen. **8** ∼ **con flangia** (*mecc.*), anflanschen. **9** ∼ **dinamicamente** (due elementi) (*mecc.*), kraftschlüssig verbinden. **10** ∼ **di precisione** (*mecc.*), genau aufpassen. **11** ∼ **elasticamente** (accoppiare con giunto elastico, due alberi) (*mecc.*), elastisch kuppeln. **12** ∼ **geometricamente** (due elementi) (*mecc.*), formschlüssig verbinden. **13** ∼ **rigidamente** (due alberi p. es.) (*mecc.*), starrkuppeln, festkuppeln.

accoppiato (albero a foro p. es., con tolleranze) (*mecc.*), gepasst. **2** ∼ (albero p. es. ad altro albero per la trasmissione del moto) (*mecc.*), gekuppelt. **3** ∼ (*radio - elett.*), gekoppelt. **4** ∼ (cartone, p. es.) (*ind. carta*), kaschiert. **5** ∼ **a caldo** (calettato a caldo, calettato ad interferenza) (*mecc.*), verschrumpft, geschrumpft. **6** ∼ **con flangia** (*mecc.*), angeflanscht. **7** ∼ **con giunto elastico** (accoppiato elasticamente) (*mecc.*), elastisch gekuppelt. **8** ∼ **dinamicamente** (tenuto in contatto con l'altro elemento da una forza esterna, detto p. es. della valvola tenuta a contatto della camma da una molla) (*mecc.*), kraftschlüssig. **9** ∼ **direttamente** (*mecc.*), direkt gekuppelt, unmittelbar gekuppelt. **10** ∼ **elasticamente** (accoppiato con giunto elastico) (*mecc.*), elastisch gekuppelt. **11** ∼ **geometricamente** (tenuto a contatto con l'altro elemento della coppia dalla forma stessa dei due elementi) (*mecc.*), formschlüssig. **12** ∼ **rigidamente** (*macch. - mecc.*), festgekuppelt. **13** ∼ **selettivamente** (pezzo p. es., per soddisfare le tolleranze al montaggio) (*mecc.*), gepaart. **14 oscillazioni accoppiate** (*fis.*), gekoppelte Schwingungen.

accoppiatore (per il collegamento idraulico, pneumatico, ecc., tra motrice e rimorchio p. es.) (*veic.*), Kuppelschlauch (*m.*), Kupplungsschlauch (*m.*). **2** ∼ (per l'accoppiamento di due motori p. es.) (*macch. - mot.*), Kupplungsgetriebe (*n.*). **3** ∼ (*elettronica*) Koppler (*m.*). **4** ∼ **ad induttanza mutua variabile** (*elettronica*), Variokoppler (*m.*). **5** ∼ **direzionale** (strumento per la tecnica delle altissime frequenze) (*elettronica - telef.*), Richtungskoppler (*m.*), Richtkoppler (*m.*). **6** ∼ **flessibile** (tra veicoli, per aria compressa p. es.) (*ferr. - veic.*), Verbindungsschlauch (*m.*), Kupplungsschlauch (*m.*). **7** ∼ **per il freno** (*ferr. - ecc.*), Bremskupplungsschlauch (*m.*). **8** ∼ **per rimorchio** (per il collegamento elettrico del rimorchio) (*veic.*), Anhägerleitung (*f.*).

accoppiatrice (*macch. - mft. carta*), Kaschiermaschine (*f.*).

accoppiatura (riporto di uno strato sul sottofondo, nella preparazione di modelli di resina sintetica) (*chim. ind.*), Kuppeln (*n.*). **2** ∼ (*mft. carta*), Kaschieren (*n.*).

accorciamento (*gen.*), Verkürzung (*f.*), Abkürzung (*f.*). **2** ∼ (nelle prove di compressione) (*prove dei materiali*), Zusammendrückung (*f.*). **3** ∼ (d'una molla di compressione) (*mecc.*), Zusammendrückung (*f.*). **4** ∼ (dell'ordito) (*ind. tess.*), Einweben (*n.*), Einarbeiten (*n.*). **5** ∼ **iniziale** (assestamento, di molle alle prime compressioni) (*mecc.*), Setzen (*n.*) **6** ∼ **percentuale** (nella prova a compressione, del legno p. es.) (*tecnol. mecc.*), Stauchung (*f.*). **7** ∼ **plastico** (ritorno plastico, dopo tolto il carico nelle prove statiche; riassorbimento d'una piccola parte della deformazione plastica) (*sc. costr.*), Rückdehnung (*f.*), Kriecherholung (*f.*). **8 fattore di** ∼ (d'un avvolgimento) (*elett.*), Sehnungsfaktor (*m.*).

accorciare (*gen.*), kürzen, verkürzen.

accorciato (*gen.*), abgekürzt.

accordarsi (convenire, concordare) (*comm.*), vereinbaren, übereinkommen.

accordatore (di strumenti musicali) (*lav. - acus.*), Stimmer (*m.*).

accordo (intesa, convenzione) (*comm.*), Vereinbarung (*f.*), Abkommen (*n.*), Abmachung (*f.*). **2** ∼ **amichevole** (*leg.*), gütliche Einigung. **3** ∼ **di base** (convenzione di base) (*comm.*), Rahmenabkommen (*n.*). **4** ∼ **di esclusività** (*comm.*), Ausschliesslichkeitsabkommen (*n.*). **5** ∼ **esclusivo** (*comm.*), Ausschliesslichkeitsabkommen (*n.*). **6** ∼ **scritto** (*comm.*), schriftliche Abmachung. **7** ∼ **verbale** (*comm.*), mündliches Abkommen, mündliche Abmachung, Absprache (*f.*). **8 come da accordi** (*gen.*), verabredungsgemäss. **9 come da accordi verbali** (*gen.*), absprachgemäss, abredegemäss. **10 essere d'**∼ (convenire) (*gen.*), übereinkommen.

accorgimento (artificio) (*gen.*), Kunstgriff (*m.*).

accostare (*gen.*), heranbringen, ansetzen. **2** ∼ (appoggiare) (*gen.*), anlehnen.

accostarsi (*nav.*), anlegen, landen.

accreditare (*amm.*), kreditieren, akkreditieren, gutschreiben. **2** ∼ (un ambasciatore p. es.) (*politica*), akkreditieren, beglaubigen.

accredito (*comm.*), Kreditierung (*f.*), Akkreditierung (*f.*). **2 nota di** ∼ (*amm.*), Gutschrift (*f.*).

accrescimento (crescita) (*gen.*), Wachstum (*n.*). **2** ∼ **dei cristalli** (*metall. - ecc.*), Kristallwachstum (*n.*).

accumulare (*gen.*), aufspeichern, speichern, akkumulieren.

accumulato (spese, interessi p. es.) (*finanz. - ecc.*), aufgelaufen.

accumulatore (pila secondaria, elemento di batteria di accumulatori) (*elett.*), Sammlerzelle (*f.*), Akkumulator (*m.*), Sekundärelement (*n.*). **2** ∼ (batteria di accumulatori) (*elett.*), Akkumulator (*m.*), Sammler (*m.*). **3** ∼ (idraulico, ecc.) (*app.*), Speicher (*m.*), Akkumulator (*m.*). **4** ∼ (di una macch. calcolatrice: dispositivo nel quale si raccolgono i numeri da addizionare) (*macch. calcol.*), Akkumulator (*m.*). **5** ∼ (registro interno di una unità centrale) (*calc.*), Akkumulator (*m.*). **6** ∼ (fra pompa e pressa idraulica) (*macch.*), Druckspeicher (*m.*). **7** ∼ **al cadmio-nichel** (*elett.*), Nickel-Cadmium-Akkumulator (*m.*). **8** ∼ **alcalino** (accumulatore al ferro-nichel p. es.) (*elett.*), Edisonakkumulator (*m.*), Eisen-Nickel-Akkumulator (*m.*), alkalischer Akkumulator. **9** ∼ **al ferro-nichel** (accumulatore alcalino) (*elett.*), Eisen-Nickel-Akkumulator (*m.*), Edisonakkumulator (*m.*).

10 ~ allo zinco-argento (*elett.*), Zink-Silber-Akkumulator (*m.*). 11 ~ allo zinco-aria (*elett.*), Zink-Luft-Akkumulator (*m.*). 12 ~ al piombo (*elett.*), Bleiakkumulator (*m.*). 13 ~ al sodio-zolfo (*elett.*), Natrium-Schwefel-Akkumulator (*m.*). 14 ~ a scarica rapida (*elett.*), Akkumulator für Schnellentladung. 15 ~ che bolle (*elett.*), kochender Akkumulator. 16 ~ di luce (optron, accum. ottico per comandare commutazioni) (*elettronica*), Optron (*n.*). 17 ~ di vapore (*macch.*), Dampfspeicher (*m.*). 18 ~ Edison (accumul. al ferro-nichel) (*elett.*), Edison-Sammler (*m.*), Ni-Fe-Alkalisammler (*m.*). 19 ~ idraulico (*app.*), Druckwasserspeicher (*m.*), hydraulischer Speicher, Hydrospeicher (*m.*). 20 ~ per accensione (*elett.* Zündakkumulator (*m.*). 21 ~ per aviazione (*elett.*), Flugzeugakkumulator (*m.*). 22 ~ per avviamento (*elett. - mot.*), Anlasserakkumulator (*m.*). 23 ~ per trazione (*elett.*), Traktionsakkumulator (*m.*). 24 ~ per velivoli (*elett.*), Flugzeugakkumulator (*m.*). 25 ~ termico (*app.*), Wärmespeicher (*m.*). 26 batteria di accumulatori (batteria) (*elett.*), Sammler (*m.*), Akkumulator (*m.*). 27 caricare un ~ (*elett.*), einen Akkumulator laden. 28 materiale ~ (*term.*), Speicherstoff (*m.*). 29 piastra dell'~ (placca dell'accumulatore) (*elett.*), Sammlerplatte (*f.*), Akkumulatorplatte (*f.*). 30 trazione ad accumulatori (*veic. elett.*), Sammlerantrieb (*m.*). 31 veicolo ad accumulatori (*veic.*), Batteriefahrzeug (*n.*), Sammlerkraftwagen (*m.*).

accumulatori, acido per ~ (*elett.*), Akkumulatorsäure (*f.*), Füllsäure (*f.*). 2 batteria di ~ per applicazioni fisse (*elett.*), ortsfester Akkumulator. 3 batteria di ~ per applicazioni marine (*elett.*), Marineakkumulator (*m.*). 4 batteria di ~ per illuminazione di emergenza (*elett.*), Notbeleuchtungsakkumulator (*m.*). 5 piombo per accumulatori (lega piombo-antimonio con 8÷9% di Sb) (*metall.*), Akkublei (*n.*). 6 raddrizzatore per accumulatori (per la carica) (*elett.*), Akkumulatorengleichrichter (*m.*). 7 registro ~ (*calc.*), Akkumulatorregister (*m.*). 8 rottame di accumulatori (rottame di piombo) (*metall.*), Akkualtblei (*n.*), Akkuschrott (*m.*).

accumulazione (*gen.*), Aufspeicherung (*f.*). 2 ~ di energia (*fis.*), Energiespeicherung (*f.*). 3 fattore di ~ (*fis. nucl. - radioatt.*), Zuwachs-Faktor (*m.*).

accumulo (*gen.*), Speicherung (*f.*), Anhäufung (*f.*). 2 ~ (di elettroni) (*radio*), Stauung (*f.*), Bündelung (*f.*). 3 ~ di elettroni (*elettronica*), Elektronenstauung (*f.*). 4 ~ di fase (di elettroni) (*elettronica*), Phaseneinsortierung (*f.*). 5 ~ di portatori di carica (*elettronica*), Trägerspeicherung (*f.*). 6 centrale ad ~ con pompaggio (*elett.*), Pumpspeicherwerk (*n.*). 7 effetto di ~ dei portatori (di carica, nei tiristori) (*elettronica*), Trägerspeichereffekt (*m.*), TSE. 8 pompa di ~ (*macch.*), Speicherpumpe (*f.*). 9 tratto di ~ (d'un trasportatore, polmone) (*trasp. ind.*), Stapelstrecke (*f.*).

accuratezza (cura) (*gen.*), Sorgfalt (*f.*).

accusa (imputazione) (*leg.*), Beschuldigung (*f.*), Anklage (*f.*). 2 atto di ~ (*leg.*), Anklageschrift (*f.*). 3 capo di ~ (*leg.*), Anklagerund (*m.*). 4 pubblica ~ (*leg.*), öffentliche Klage.

accusare (*leg.*), beschuldigen, anklagen. 2 ~ ricevuta (*uff. - ecc.*), den Empfang bescheinigen, den Empfang melden, den Empfang bestätigen. 3 ~ ricevuta di una lettera (*comm. - uff.*), den Empfang eines Briefes melden.

accusato (imputato) (*leg.*), Beschuldigter (*m.*).

accusatore (*leg.*), Ankläger (*m.*), Beschuldiger (*m.*).

acero (legno), Ahorn (*m.*), Ahornholz (*n.*). 2 ~ americano duro (acero saccarifero) (*legno*), Zuckerahorn (*m.*). 3 ~ americano tenero (*legno*), Silberahorn (*m.*). 4 ~ bianco (*legno*), Bergahorn (*m.*). 5 ~ campestre (*legno*), Feldahorn (*m.*), Massholder (*m.*). 6 ~ negundo (*legno*), eschenblättriges Ahorn. 7 ~ riccio (*legno*), Spitzahorn (*m.*). 8 ~ saccarifero (acero americano duro) (*legno*), Zuckerahorn (*m.*).

acetaldeide (CH_3CHO) (*chim.*), Azetaldehyd (*n.*).

acetale (*chim.*), Azetal (*n.*), Acetal (*n.*). 2 ~ di polivinile (usato come materia prima per vernici) (*ind. chim.*), Polyvinylacetal (*n.*).

acetato (*chim.*), Azetat (*n.*). 2 ~ di cellulosa (*chim.*), Azetylzellulose (*f.*), Zelluloseazetat (*n.*). 3 ~ di polivinile (PVAC) (*chim.*), Polyvinylazetat (*n.*), PVAC. 4 raion ~ (seta all'acetato di cellulosa) (*ind. tess.*), Zelluloseazetatseide (*f.*).

acetico (*chim.*), essigsauer.

acetilcellulosa (*chim.*), Azetylzellulose (*f.*), Zelluloseazetat (*n.*).

acetile (CH_3CO-) (*chim.*), Azetyl (*n.*). 2 numero di ~ (indice dell'analisi chimica organica) (*chim.*), Acetylzahl (*f.*), Hydroxylzahl (*f.*).

acetilene (C_2H_2) (*chim.*), Azetylen (*n.*), Äthin (*n.*). 2 ~ compressa (in bombole e sciolta in acetone) (*ind.*), Dissousgas (*n.*).

aceto (*ind. chim.*), Essig (*m.*).

acetometro (*strum.*), Essigprüfer (*m.*), Azetimeter (*n.*).

acetone ($CH_3-CO-CH_3$) (*chim.*), Azeton (*n.*), Dimethylketon (*n.*), Propanon (*n.*).

acetonuria (*med.*), Azetonurie (*f.*).

aciclico (*chim.*), azyklisch.

aciculare (*gen.*), nadelförmig, nadelartig. 2 ~ (ghisa) (*fond.*), nadelig, azicular.

acidificare (*chim.*), säuern, ansäuern.

acidificazione (*chim.*), Säuerung (*f.*).

acidimetria (*chim.*), Säurebestimmung (*f.*), Azidimetrie (*f.*).

acidimetro (*strum.*), Säuremesser (*m.*).

acidità (*chim.*), Säuregehalt (*m.*), Azidität (*f.*). 2 indice di ~ (numero dei mg di KOH necessari alla neutralizzazione degli acidi liberi contenuti in 100 ml del saggio) (*chim.*), Säurewert (*m.*). 3 numero di ~ (di un olio lubrificante p. es.) (*chim. ind.*), Säurezahl (*f.*), Neutralisationszahl (*f.*).

acido (*s. - chim.*), Säure (*f.*). 2 ~ (a. - chim.), sauer. 3 ~ acetico (CH_3-COOH) (*chim.*), Essigsäure (*f.*). 4 ~ acetico glaciale (*chim.*), Eisessig (*m.*). 5 ~ amminoacetico ($H_2N-CH_2.COOH$) (glicocolla, glicina, zucchero di colla) (*chim.*), Glykokoll (*n.*), Glyzin (*n.*), Leimsüss (*n.*), Leimzucker (*m.*), Aminoessig-

acido

säure (f.). 6 ~ **ascorbico** (farm.), Askorbinsäure (f.), Vitamin C. 7 ~ **benzoico** (chim.), Benzoesäure (f.). 8 ~ **borico** (H_3BO_3) (chim.), Borsäure (f.). 9 ~ **bromidrico** (HBr) (chim.), Bromwasserstoffsäure (f.). 10 ~ **butirrico** (chim.), Buttersäure (f.). 11 ~ **cacodilico** [$(CH_3)_2AsO.OH$] (chim.), Kakodylsäure (f.). 12 ~ **carbolico** ($C_6H_5.OH$) (fenolo ordinario, acido fenico) (chim.), Phenol (n.), Karbolsäure (f.), Monoxydbenzol (n.). 13 ~ **cianidrico** (acido prussico, HCN) (chim.), Zyanwasserstoff (m.), Cyanwasserstoff (m.). 14 ~ **cinnamico** (chim.), Zinnamylsäure (f.). 15 ~ **citrico** [$HO.C(CH_2-CO_2H)_2-CO_2H$] (chim.), Zitronensäure (f.). 16 ~ **clorendico** (acido esacloroendometilentetraidroftalico) (chim.), HET-Säure (f.). 17 ~ **clorico** ($HClO_3$) (chim.), Chlorsäure (f.). 18 ~ **cloridrico** (HCl) (chim.), Chlorwasserstoff (m.), Salzsäure (f.), Chlorwasserstoffsäure (f.). 19 ~ **cromico** (H_2CrO_4) (chim.), Chromsäure (f.). 20 ~ **fenico** ($C_6H_5.OH$) (fenolo ordinario, acido carbolico) (chim.), Phenol (n.), Karbolsäure (f.), Monoxydbenzol (n.). 21 ~ **fenolsolfonico** (acido solfofenico) (chim.), Phenyloxydschwefelsäure (f.), Sulfophenidsäure (f.). 22 ~ **fluoridrico** (HF) (chim.), Fluorwasserstoff (m.), Fluorwasserstoffsäure (f.). 23 ~ **formico** (HCO_2H) (chim.), Ameisensäure (f.). 24 ~ **fosforico** (chim.), Phosphorsäure (f.). 25 ~ **ftalico** [$C_6H_4(COOH)_2$] (chim.), Phthalsäure (f.). 26 ~ **fulminico** (HONC) (espl.), Knallsäure (f.). 27 ~ **fumarico** ($C_4H_4O_4$, per materie plastiche p. es.) (chim.), Fumarsäure (f.). 28 ~ **gallico** (chim.), Gallsäure (f.). 29 ~ **grasso** (chim.), Fettsäure (f.). 30 ~ **idrocinnamico** ($C_6H_5CH_2CH_2COOH$) (chim.), Hydrozimtsäure (f.). 31 ~ **lattico** ($C_3H_6O_3$) (chim.), Milchsäure (f.), α-Oxypropionsäure (f.). 32 ~ **maleico** (chim.), Maleinsäure (f.). 33 ~ **metafosforico** (HPO_3) (chim.), Metaphosphorsäure (f.). 34 ~ **mucico** ($C_6H_{10}O_8$) (chim.), Schleimsäure (f.). 35 ~ **nitrico** (HNO_3) (chim.), Salpetersäure (f.). 36 ~ **oleico** ($C_{18}H_{34}O_2$) (chim.), Olsäure (f.), Oleinsäure (f.), Elainsäure (f.). 37 ~ **ortofosforico** (H_3PO_4) (chim.), Orthophosphorsäure (f.). 38 ~ **ossalico** (COOH-COOH) (chim.), Oxalsäure (f.), Kleesäure (f.). 39 ~ **per accumulatori** (elett. - chim.), Sammlersäure (f.), Akkumulatorsäure (f.), Füllsäure (f.). 40 ~ **picrico** [$C_6H_2(NO_2)_3H$] (chim.), Pikrinsäure (f.), Trinitrophenol (n.). 41 ~ **pimelico** (HOOC$(CH_2)_5$COOH) (chim. - mat. plast.), Pimelinsäure (f.). 42 ~ **pirofosforico** ($H_4P_2O_7$) (chim.), Pyrophosphorsäure (f.). 43 ~ **pirolegnoso** (chim.), Holzsäure (f.). 44 ~ **pirosolforico** ($H_2S_2O_7$) (chim.), Pyroschwefelsäure (f.). 45 ~ **propionico** (chim.), Propionsäure (f.). 46 ~ **prussico** (HCN) (chim.), Blausäure (f.), Zyanwasserstoff (m.), Zyanwasserstoffsäure (f.). 47 ~ **salicilico** [$C_6H_4(OH)(COOH)$] (farm. - chim.), Salizylsäure (f.), Orthooxybenzoesäure (f.). 48 ~ **solfocromico** (chim.), Chromschwefelsäure (f.). 49 ~ **solfofenico** (acido fenolsolfonico) (chim.), Sulfophenidsäure (f.), Phenyloxydschwefelsäure (f.). 50 ~ **solfonico** (chim.), Sulfonsäure (f.). 51 ~ **solforico** (H_2SO_4) (chim.), Schwefelsäure (f.). 52 ~ **solforico fumante** (oleum) (chim.), rauchende Schwefelsäure, Oleum (n.). 53 ~ **solforoso** (H_2SO_3) (chim.), Schwefligsäure (f.), schweflige Säure. 54 ~ **sorbico** (per conservazione p. es.) (ind. chim.), Sorbinsäure (f.). 55 ~ **stearico** [$CH_3(CH_2)_{16}COOH$] (chim.), Stearinsäure (f.). 56 ~ **succinico** (COOH.CH_2-CH_2.COOH) (chim.), Bernsteinsäure (f.). 57 ~ **sulfossilico** (chim.), Sulfoxylsäure (f.). 58 ~ **tannico** (tannino) (ind. del cuoio - chim.), Gerbsäure (f.), Tannin (f.). 59 ~ **tartarico** (COOH.CHOH-CHOH.COOH) (chim.), Weinsäure (f.), Dioxybernsteinsäure (f.). 60 ~ **umico** (acido uminico) (chim. - ecc.), Huminsäure (f.). 61 ~ **uminico** (acido umico) (chim. - ecc.), Huminsäure (f.). 62 ~ **xantogenico** (chim.), Xanthogensäure (f.). 63 **attaccabilità da acidi** (metall.), Anätzbarkeit (f.). 64 **attaccare con** ~ (metall.), abätzen. 65 **attacco** ~ **profondo** (metall.), Tiefätzung (f.). 66 **reazione acida** (chim.), Säurereaktion (f.). 67 **resistente agli acidi** (metall.), säurebeständig, säurefest. 68 **solubile in** ~ (chim.), säurelöslich.

acircolarità (non-circolarità) (mecc.), Unrundheit (f.).

acne (med. - lav.), Akne (f.). 2 ~ **da corpi estranei** (causata da penetrazione nella pelle di smeriglio, particelle metalliche, ecc.) (med. - lav.), Fremdkörper-Akne (f.). 3 ~ **da olio (minerale)** (malattia professionale) (med. - mecc. - lav. macch. ut.), Ölakne (f.).

aconitina (chim.), Akonitin (n.).

acqua (chim. - ecc.), Wasser (n.). 2 **acque** (corpo idrico) (geol. - ecc.), Gewässer (n.). 3 ~ **alta** (piena) (idr. - costr. idr.), Hochwasser (n.), Flut (f.). 4 ~ **a monte** (idr.), Oberwasser (n.). 5 ~ **a valle** (idr.), Unterwasser (n.). 6 ~ **borica** (soluzione di acido borico al 3%) (chim. - farm.), Borwasser (n.). 7 ~ **carsica** (raccolta in cavità carsiche) (geol.), Karstwasser (n.). 8 ~ **contenuta nei pori** (d'un terreno) (ed.), Porenwasser (n.). 9 ~ **corrente** (ed. - ecc.), fliessendes Wasser. 10 ~ **deionizzata** (ind.), deionisiertes Wasser, Deionat (n.). 11 ~ **di alimentazione** (di una centrale elett.) (idr.), Oberwasser (n.). 12 ~ **di alimentazione** (di una caldaia) (cald.), Speisewasser (n.). 13 ~ **di calce** (soluzione molto diluita di calce) (ed.), Kalkwasser (n.). 14 ~ **di caverna** (acqua subalvea) (geol.), Höhlenwasser (n.). 15 ~ **di cloro** (chim.), Chlorwasser (n.). 16 ~ **di condensa** (di un zuccherificio) (ind. chim.), Fallwasser (n.). 17 ~ **di condensazione** (condensa) (cald.), Niederschlagwasser (n.), Kondenswasser (n.). 18 ~ **di costituzione** (chim.), Konstitutionswasser (n.), gebundenes Wasser. 19 ~ **di cristallizzazione** (chim.), Kristallwasser (n.). 20 ~ **di governo** (nella preparaz. di conserve alimentari) (ind.), Fruchtwasser (n.). 21 ~ **di lago** (per alimentazione di reti idriche) (idr.), Seenwasser (n.). 22 ~ **d'infiltrazione** (acqua filtrante) (geol. - idr.), Sickerwasser (n.). 23 ~ **di lavaggio** (ind.), Waschwasser (n.), Spülwasser (n.). 24 ~ **di mare** (acqua salata) (mar. - ecc.), Meerwasser (n.), Seewasser (n.). 25 ~ **di raffreddamento** (di un motore a combustione interna) (mot.), Kühlwasser (n.). 26 ~

di rifiuto (*ed. - ind.*), Abwasser (*n.*). **27 ~ di rifiuto di officine del gas** (*ind. chim.*), Gaswasser (*n.*). **28 acque di rifiuto industriali** (*ind.*), Industrieabwässer (*n. pl.*). **29 ~ di rubinetto** (acqua potabile) (*tubaz.*), Leitungswasser (*n.*), Trinkwasser (*n.*). **30 ~ di scarico industriale** (scarichi industriali) (*ind.*), Fabrikabwasser (*n.*). **31 ~ di sentina** (*nav.*), Leckwasser (*n.*), Bilgewasser (*n.*). **32 ~ di sorgente** (acqua sorgiva) (*geol.*), Quellwasser (*n.*). **33 ~ distillata** (*chim. - ecc.*), destilliertes Wasser. **34 ~ di tenuta** (acqua in pressione con funzioni di tenuta) (*macch. - ecc.*), Sperrwasser (*n.*). **35 ~ dolce** (*chim. - ecc.*), Süsswasser (*n.*). **36 ~ dolce** (per un mot. marino p. es.) (*nav. - ecc.*), Frischwasser (*n.*), Süsswasser (*n.*). **37 ~ dolce** (acqua poco dura) (*chim.*), weiches Wasser. **38 ~ dura** (*chim.*), hartes Wasser. **39 acque extraterritoriali** (*leg.*), Aussengewässer (*n. pl.*), Extraterritorialgewässer (*n. pl.*). **40 ~ fangosa** (*gen.*), Schmutzwasser (*n.*), Schlammwasser (*n.*). **41 ~ ferruginosa** (*geol.*), Stahlquelle (*f.*). **42 ~ filtrante** (acqua d'infiltrazione) (*geol. - idr.*), Sickerwasser (*n.*). **43 ~ industriale** (*ind.*), Betriebswasser (*n.*). **44~in pressione** (*idr.*), Druckwasser (*n.*). **45 ~ (in pressione con funzioni) di tenuta** (acqua di tenuta) (*macch. - ecc.*), Sperrwasser (*n.*). **46 ~ invasata** (acqua a monte dello sbarramento di un fiume p. es.) (*idr.*), Oberwasser (*n.*). **47 ~ irrigua** (acqua di irrigazione) (*agric.*), Bewässerungswasser (*n.*). **48 ~ libera** (acqua non motrice, acqua di sfioro, di un impianto idroelettrico) (*idr.*), Freiwasser (*n.*). **49 ~ lurida** (acqua di rifiuto) (*ed.*), Abwasser (*n.*). **50 ~ lurida** (acqua nera) (*ed.*), Schwarzwasser (*n.*), Schmutzwasser (*n.*). **51 ~ meteorica** (acqua piovana) (*meteor.*), Niederschlagswasser (*n.*), Regenwasser (*n.*). **52 ~ minerale** (*geol.*), Mineralwasser (*n.*). **53 ~ motrice** (*costr. idr.*), Triebwasser (*n.*), Kraftwasser (*n.*). **54 ~ nera** (acqua lurida) (*ed.*), Schwarzwasser (*n.*), Schmutzwasser (*n.*). **55 ~ non potabile** (*ing. civ. - chim.*), Rohwasser (*n.*). **56 ~ ossigenata** (H_2O_2) (perossido d'idrogeno) (*chim.*), Wasserstoffperoxyd (*n.*), Wasserstoffsuperoxyd (*n.*). **57 ~ per miscela** (*chim. - ecc.*), Anmachewasser (*n.*). **58 ~ per riscaldamento** (*term.*), Heizwasser (*n.*). **59 ~ per uso industriale** (*ind.*), Nutzwasser (*n.*), Fabrikwasser (*n.*). **60 ~ pesante** (*fis. atom.*), Schwerwasser (*n.*), schweres Wasser. **61 ~ pesante al trizio** (T_2O; con trizio, isotopo dell'idrogeno) (*chim.*), doppelschweres Wasser. **62 ~ piovana** (acqua meteorica) (*meteor.*), Niederschlagswasser (*n.*), Regenwasser (*n.*). **63 ~ potabile** (acqua di rubinetto) (*tubaz.*), Trinkwasser (*n.*), Leitungswasser (*n.*). **64 ~ pura** (*ind.*), Reinwasser (*n.*). **65 ~ regia** ($NHO_3 + 3HCl$) (*chim.*), Königswasser. **66 ~ rigurgitata** (*idr.*), gestautes Wasser. **67 ~ salata** (acqua di mare) (*mar. - ecc.*), Meerwasser (*n.*), Seewasser (*n.*). **68 ~ salmastra** (*gen.*), Brackwasser (*n.*). **69 ~ saponata** (refrigerante) (*lav. macch. ut.*), Seifenwasser (*n.*). **70 ~ sorgiva** (acqua di sorgente) (*geol.*), Quellwasser (*n.*). **71 ~ sotterranea** (*geol.*), Bodenwasser (*n.*), Grundwasser (*n.*). **72 ~ stagnante** (*idr.*), Stauwasser (*n.*), Stillwasser (*n.*). **73 ~ subalvea** (acqua di caverna) (*geol.*), Höhlenwasser (*n.*). **74 ~ superficiale** (*geol.*), Oberflächenwasser (*n.*), Tageswasser (*n.*). **75 acque territoriali** (*leg.*), Territorialgewässer (*n. pl.*). **76 ~ vadosa** (*geol.*), Vadosewasser (*n.*), vadoses Wasser. **77 addolcimento dell'~** (*ind.*), Wasserenthärtung (*f.*). **78 assorbenza all'~** (d'una carta) (*tecnol.*), Wasseraufnahmevermögen (*n.*). **79 bagnato dall'~** (immerso) (*nav.*), wasserbenetzt. **80 bagno d'~** (*app. chim.*), Wasserbad (*n.*). **81 camera d'~** (*cald.*), Wasserkammer (*f.*). **82 cilindrato con ~** (macadam) (*costr. strad.*), wassergebunden. **83 colonna d'~** (per mis. di pressioni) (*fis.*), Wassersäule (*f.*). **84 contatore per ~** (*strum.*), Wassermesser (*m.*), Wasserzähler (*m.*). **85 corso d'~** (*geogr.*), Flusslauf (*m.*). **86 depurazione dell'~** (*idr.*), Wasserreinigung (*f.*), Wasseraufbereitung (*f.*). **87 fare ~** (di una nave) (*nav.*), lecken. **88 formazione di ~** (nell'impianto di scarico p. es.) (*mot. - ecc.*), Wasserbildung (*f.*). **89 gas d'~** (*chim.*), Wassergas (*n.*). **90 getto d'~** (*idr.*), Wasserstrahl (*m.*). **91 impermeabile all'~** (*gen.*), wasserdicht, wasserundurchlässig. **92 insolubile in ~** (*chim.*), wasserunlöslich. **93 mm d'~** (millimetri d'acqua, misura della pressione) (*fis.*), Wasser mm, WS mm. **94 permeabile all'~** (*gen.*), wasserdurchlässig. **95 portata d'~** (*idr.*), Wassermenge (*f.*). **96 presa d'~** (*costr. idr.*), Wasserfassung (*f.*). **97 produzione centralizzata di ~ calda** (*ed.*), Sammelwarmwasserbereitung (*f.*). **98 provvista d'~** (acquata) (*nav.*), Wassereinnahme (*f.*). **99 raffreddamento ad ~** (*mot. - ecc.*), Wasserkühlung (*f.*). **100 raffreddato ad ~** (*mot. - ecc.*), wassergekühlt. **101 resistente all'~** (*gen.*), wasserfest. **102 resistenza dell'~** (nella marcia su strade bagnate) (*aut.*), Schwallwiderstand (*m.*). **103 separatore d'~** (*app. - tubaz.*), Wasserabscheider (*m.*). **104 solubile in ~** (idrosolubile) (*chim.*), wasserlöslich. **105 spegnimento in ~** (tempra in acqua) (*tratt. term.*), Wasserabschreckung (*f.*). **106 stagno all'~** (*macch., ecc.*) (*elett. - ecc.*), wasserdicht. **107 superficie dell'~** (pelo dell'acqua) (*idr.*), Wasseroberfläche (*f.*), Wasserspiegel (*n.*). **108 trascinamento di ~** (d'una caldaia, mediante vapore) (*tubaz. - cald.*), Spucken (*n.*). **109 vapore d'~** (vapore acqueo) (*fis.*), Wasserdampf (*m.*). **110 volume d'~** (volume che, p. es. in un giorno, ha percorso una data sezione di efflusso) (*idr.*), Wasserfracht (*f.*).

acquamarina (*min.*), Aquamarin (*m.*).
acquarello (*pittura*), vedi acquerello.
acquata (provvista d'acqua) (*nav.*), Wassereinnahme (*f.*).
acquavite (*ind. chim.*), Branntwein (*m.*).
acquazzone (rovescio, precipitazione di breve durata) (*meteor.*), Schauer (*m.*), Regenschauer (*m.*).
acquedotto (*idr. - ing. civ.*), Wasserwerk (*n.*), Aquädukt (*m.*), Wasserleitung (*f.*). **2 ~ comunale** (acquedotto municipale) (*ing. civ.*), städtische Wasserleitung. **3 ~ municipale** (acquedotto comunale) (*ing. civ.*), städtische Wasserleitung.
acquerellare (*pittura*), aquarellieren.

acquerello (genere di pittura) (*pittura*), Aquarell (*n.*). 2 ~ (disegno colorato all'acquerello) (*pittura*), Aquarell (*n.*), Wasserfarbenbild (*n.*). 3 ~ (colore all'acquerello) (*pittura*), Aquarellfarbe (*f.*), Wasserfarbe (*f.*).
acquirente (compratore) (*comm.*), Käufer (*m.*).
acquisire (un diritto) (*leg. - ecc.*), erwerben.
acquisito (diritto) (*leg. - ecc.*), erworben.
acquisitore (*comm.*), Einkäufer (*m.*), Einkaufsagent (*m.*).
acquisizione (*gen.*), Beschaffung (*f.*). 2 ~ (acquisto) (*comm.*), Erwerbung (*f.*). 3 ~ (di informazioni) (*elab. dati*), Erfassung (*f.*). 4 ~ (di un diritto) (*leg. - ecc.*), Erwerb (*m.*).
acquistare (comperare) (*comm.*), kaufen.
acquisto (*comm.*), Ankauf (*m.*), Kauf (*m.*), Einkauf (*m.*), Beschaffung (*f.*). 2 ~ **in base a capitolato** (*comm.*), Spezifikationskauf (*m.*). 3 ~ **in blocco** (*comm.*), Bauschkauf (*m.*). 4 **autorizzazione all'**~ (*comm. - ecc.*), Beschaffungsermächtigung (*f.*). 5 **caposervizio acquisti** (*organ. lav.*), Einkaufsleiter (*m.*). 6 **direttore acquisti** (*ind.*), Einkaufsdirektor (*m.*), Einkäufer (*m.*). 7 **offerta di** ~ (*comm.*), Kaufangebot (*n.*). 8 **prezzo di** ~ (*comm. - amm.*), Einkaufspreis (*m.*). 9 **servizio acquisti** (*ind.*), Einkaufsabteilung (*f.*).
acquoso (soluzione p. es.) (*chim.*), wässerig.
acridina (*chim.*), Akridin (*n.*).
acrobazia (*aer.*), Kunstflug (*m.*), Kunstfliegen (*n.*).
acroleina (acrilaldeide, $CH_2=CH—CHO$) (*chim.*), Acrolein (*n.*), Acrylaldehyd (*n.*).
acromatico (*ott.*), unbunt, achromatisch.
acromatismo (*ott.*), Achromatismus (*m.*).
acromatopsia (monocromatismo) (*ott.*), Achromatopsie (*f.*).
acrònimo (sigla, abbreviazione) (*tip.*), Kürzel (*n.*).
acuità (*gen.*), Schärfe (*f.*). 2 ~ **visiva** (*ott.*), Sehschärfe (*f.*).
acustica (*acus.*), Schallehre (*f.*), Akustik (*f.*). 2 ~ **applicata** (*acus.*), angewandte Akustik. 3 ~ **architettonica** (*acus. - arch.*), Raumakustik (*f.*), Bauakustik (*f.*). 4 **specialista in** ~ (*acus.*), Akustiker (*m.*).
acustico (*acus.*), akustisch. 2 ~ **-ottico** (*acus. - ott.*), akustooptisch. 3 **a bassa impedenza acustica** (materiale o mezzo) (*acus.*), schallweich. 4 **ad elevata impedenza acustica** (materiale o mezzo) (*acus.*), schallhart. 5 **apparecchio** ~ (cornetto acustico, per deboli di udito) (*acus.*), Hörgerät (*n.*). 6 **assorbimento** ~ (*acus.*), Schallabsorption (*f.*), Schallschluckung (*f.*). 7 **figure acustiche di Chladni** (*acus.*), Schwingungsfiguren (*f. pl.*). 8 **segnale** ~ (*acus.*), Tonzeichen (*n.*). 9 **sondaggio** ~ (della ionosfera p. es.) (*astr. - ecc.*), Echolotung (*f.*). 10 **trasduttore** ~ (per trasformare vibrazioni sonore in vibrazioni elettriche) (*app.*), akustischer Wandler.
acutangolo (ad angolo acuto) (*geom.*), scharfwinklig, spitzwinklig.
acutezza (*gen.*), Schärfe (*f.*). 2 ~ **del suono** (altezza del suono) (*acus.*), Tonhöhe (*f.*). 3 ~ **di sintonia** (*radio*), Abstimmschärfe (*f.*), Selektivität (*f.*).
acuto (angolo) (*geom.*), spitz. 2 ~ (di suono) (*acus.*), scharf, schrill. 3 **sintonia acuta** (*radio*), Scharfabstimmung (*f.*).
adattabile (*gen.*), anpassbar.
adattabilità (*gen.*), Anpassungsfähigkeit (*f.*).
adattamento (aggiustaggio) (*mecc.*), Einpassen (*n.*), Anpassen (*n.*). 2 ~ (*gen.*), Anpassen (*n.*), Anpassung (*f.*). 3 ~ (di impedenze) (*elett.*), Anpassung (*f.*). 4 ~ (adattatore, pezzo di adattamento, per accoppiare due elementi di diversa dimensione p. es.) (*mecc. ecc.*), Passtück (*n.*). 5 ~ (dell'occhio all'intensità luminosa) (*ott.*), Adaptation (*f.*), Anpassung (*f.*). 6 ~ (accomodamento, dell'occhio) (*ott.*), Akkomodation (*f.*). 7 ~ **a delta** (di un'antenna) (*radio*), Anzapfanpassung (*f.*). 8 ~ **all'oscurità** (*ott.*), Dunkeladaptation (*f.*). 9 ~ **dell'occhio** (*ott.*), Augenanpassung (*f.*). 10 ~ **di impedenze** (*elett.*), Scheinwiderstandsanpassung (*f.*). 11 ~ **iterativo** (*radio - ecc.*), Kettenanpassung (*f.*). 12 ~ **per lo schermo** (*cinem.*), Filmbearbeitung (*f.*). 13 ~ **plastico** (per ottenere il completo, intimo combaciamento fra due o più strati di un recipiente metallico a pareti stratificate) (*tecnol.*), Fliesspassung (*f.*). 14 **fattore di** ~ (*elett.*), Anpassungsfaktor (*m.*). 15 **impedenza di** ~ (*elett.*), Anpassungsimpedanz (*f.*).
adattare (*gen.*), passen, anpassen. 2 ~ (aggiustare, accoppiare, due pezzi) (*mecc.*), einpassen, zusammenpassen. 3 ~ (impedenze) (*radio - elett.*), anpassen.
adattativo (autoregolante, automodulante; comando di macchina utensile) (*macch. ut. a c/n*), adaptiv. 2 **comando** ~ (comando autoregolante, controllo adattativo, controllo autoregolante) (*macch. ut.*), adaptive Steuerung. 3 **controllo** ~ (controllo autoregolante, comando adattativo, comando autoregolante) (*macch. ut.*), adaptive Steuerung.
adattato (*gen.*), angepasst. 2 ~ (aggiustato) (*mecc.*), eingepasst, angepasst.
adattatore (*gen. - app.*), Anpassungsgerät (*n.*). 2 ~ (pezzo di adattamento, per accoppiare due elementi di diversa dimensione p. es.) (*mecc. - ecc.*), Passtück (*n.*). 3 ~ (*elett. - radar*), Abgleichmittel (*n.*). 4 ~ (per chiave torsiometrica, per serrare viti o dadi) (*ut. mecc.*), Nuss (*f.*). 5 **tronco** ~ (in guide di onda) (*elett.*), Anpassblindschwanz (*m.*).
adatto (appropriato, conforme) (*gen.*), sachgemäss, angemessen, geeignet. 2 ~ (idoneo, abile) (*gen.*), fähig. 3 ~ (usabile, utilizzabile) (*gen.*), brauchbar. 4 ~ **allo scopo** (idoneo) (*gen.*), zweckmässig, zweckentsprechend. 5 ~ **per climi tropicali** (*macch. - ecc.*), tropengeeignet. 6 **l'essere** ~ (idoneità, attitudine) (*pers. - ecc.*), Eignung (*f.*).
addebitare (*amm.*), debitieren, belasten.
addebito (*amm.*), Belastung (*f.*). 2 **computo degli addebiti** (*telef. - ecc.*), Gebührenerfassung (*f.*). 3 **nota di** ~ (*amm.*), Debetnote (*f.*), Lastschriftzettel (*m.*).
addendo (*mat.*) Summand (*m.*).
addendum (di un dente di ingranaggio) (*mecc.*), Kopfhöhe (*f.*). 2 **angolo** ~ (d'un dente d'ingranaggio) (*mecc.*), Kopfwinkel (*m.*). 3 **contatto sul fianco** ~ (di un dente d'ingranaggio) (*mecc.*), Kopftragen (*n.*). 4

fianco ~ (di un dente) (*mecc.*), Kopfflanke (*f.*).
addensamento (*gen.*), Verdichten (*n.*), Verdichtung (*f.*). **2** ~ (*vn.*), Eindicken (*n.*). **3** ~ **d'impulsi** (*elett.*), Impulsverdichtung (*f.*). **4 tubo di** ~ (di un clistron) (*elettronica*), Triftröhre (*f.*).
addensante (*s. - ind. chim.*), Eindickungsmittel (*n.*).
addensare (*gen.*), verdichten, dicht machen.
addensarsi (di una vernice p. es.) (*chim. - ecc.*), stocken.
addensatore (concentratore) (*app.*), Eindikker (*m.*). **2** ~ **a ciclone** (*app. - min.*), Eindickzyklon (*m.*). **3** ~ **per fanghi** (*ind. chim.*), Schlammeindicker (*m.*).
addestramento (del personale) (*lav. - pers.*), Anlernen (*n.*), Ausbildung (*f.*). **2** ~ (*scuola - ind.*), Schulung (*f.*). **3** ~ **al volo strumentale** (*aer.*), Blindflugschulung (*f.*). **4** ~ **piloti** (*aer. milit.*), Fliegerausbildung (*f.*), Fliegerschulung (*f.*). **5** ~ **primo periodo** (*aer. milit.*), Anfangsschulung (*f.*). **6** ~ **secondo periodo** (*aer. milit.*), Fortgeschrittenenschulung (*f.*). **7 calcolatore per** ~ (*pers. - calc.*), Ausbildungs-Elektronenrechner (*m.*). **8 centro di** ~ (*pers. - ecc.*), Ausbildungsstelle (*f.*). **9 corso di** ~ (*gen.*), Schulungskurs (*m.*). **10 corso di** ~ (*pers. - lav.*), Ausbildungskurs (*m.*). **11 periodo di** ~ **sul lavoro** (*lav.*), Einarbeitungszeit (*f.*). **12 velivolo da** ~ (*aer. - milit.*), Übungsflugzeug (*n.*), Schulungsflugzeug (*n.*). **13 volo di** ~ (*aer.*), Schulflug (*m.*), Übungsflug (*m.*).
addestrare (*gen.*), anlernen. **2** ~ (*pers. - lav.*), ausbilden, anlernen.
addestrato (*a. - gen.*), geschult. **2** ~ (meccanico p. es.) (*a. - lav. - pers.*), ausgebildet. **3** ~ (esperto) (*s. - lav. - pers.*), Praktiker (*m.*).
addetto (*lav.*), Bedienungsmann (*m.*). **2** ~ **aeronautico** (*aer. - milit.*), Luftattaché (*m.*). **3** ~ **ai rilevamenti minerari** (prospettore) (*min.*), Markscheider (*m.*). **4** ~ **al caricamento** (di un forno) (*lav.*), Gichtarbeiter (*m.*). **5** ~ **al « ciak »** (*cinem.*), Klappenmann (*m.*). **6** ~ **al controllo** (« controllo », addetto al collaudo, collaudatore, di pezzi lavorati) (*lav.*) Kontrolleur (*m.*). **7** ~ **alla accettazione** (presso l'assistenza clienti p. es.) (*pers. - aut. - ecc.*), Annehmer (*m.*). **8** ~ **alla catena di montaggio** (catenista) (*lav.*), Bandarbeiter (*m.*). **9** ~ **alla confezione di balle** (imballatore) (*lav.*), Einballierer (*m.*). **10** ~ **all'analisi del gas** (*lav. - min.*), Wettermann (*m.*). **11** ~ **alla pesa** (*lav.*), Wäger (*m.*), Verwieger (*m.*). **12** ~ **alla piegatura dei ferri** (piegaferri) (*op. ed.*), Eisenbieger (*m.*). **13** ~ **alla preparazione** (preparatore, allestitore, di macch. ut.) (*lav. macch. ut.*), Einrichter (*m.*). **14** ~ **alla sala quadri** (quadrista) (*elett.*), Schaltwärter (*m.*). **15** ~ **alla telescrivente** (telescriventista) (*lav.*), Fernschreiber (*m.*). **16** ~ **alle casseforme** (*ed. - lav.*), Einschaler (*m.*). **17** ~ **alle consegne a domicilio** (*lav. - austr.*), Ausfahrer (*m.*). **18** ~ **alle gettate di calcestruzzo** (*lav.*), Betonarbeiter (*m.*). **19** ~ **alle luci** (*telev. - cinem. - lav.*), Beleuchter (*m.*). **20** ~ **alle siviere** (*fond.*), Pfannenführer (*m.*). **21** ~ **allo sportello** (*lav.*), Schalterbeamter (*m.*). **22** ~ **commerciale** (*comm.*), Handelsattaché (*m.*). **23** ~ **militare** (*milit.*), Militärattaché (*m.*). **24** ~ **navale** (*nav.*), Marineattaché (*m.*). **25** ~ **stampa** (*giorn.*), Presseattaché (*m.*).
additivato (olio lubrificante) (*ind. chim. - mot.*), legiert. **2 poco** ~ (olio lubrificante) (*mot.*), mildwirkend.
additivo (materiale o sostanza aggiunta) (*s. - ind. chim. - ecc.*), Beigabe (*f.*), Zusatzstoff (*m.*). **2** ~ (per oli lubrificanti) (*ind. chim. - mot.*), Wirkstoff (*m.*), Additif (*n.*). **3** ~ (per leghe da stampa) (*metall. - tip.*), Zusatzmetall (*n.*). **4** ~ (sostanza ad attività chimico-fisica, per malta e calcestruzzo) (*ed.*), Zusatz (*m.*). **5** ~ (sistema di colori) (*a. - fot. - ott.*), additiv. **6** ~ **aerante** (sostanza aerante, aggiunta al calcestruzzo per renderlo poroso) (*ed.*), LP-Stoff (*m.*), Luftporenbildner (*m.*). **7** ~ **anticorrodente** (*lubrif.*), Korrosionsschutz-Wirkstoff (*m.*). **8** ~ **antinvecchiante** (*lubrif.*), Alterungshemmender-Wirkstoff (*m.*). **9** ~ **antischiuma** (*lubrif.*), Schaumverhinderungs-Wirkstoff (*m.*). **10** ~ **detergente** (detergente) (*lubrif.*), Detergent-Wirkstoff (*m.*). **11** ~ **disperdente** (per oli di motori) (*lubrif.*), Dispersantzusatz (*m.*). **12** ~ **disperdente** (disperdente) (*min. - ecc.*), Dispergator (*m.*). **13** ~ **EP** (additivo per alte pressioni) (*lubrif.*), EP-Wirkstoff (*m.*). **14** ~ **isolante** (per rendere ermetico il calcestruzzo) (*ed.*), Sperrzusatz (*m.*). **15** ~ **per alte pressioni** (additivo EP) (*lubrif.*), EP-Wirkstoff (*m.*). **16** ~ **per carburanti** (*mot.*), Kraftstoffzusatz (*m.*). **17 miscela additiva dei colori** (*ott.*), additive Farbmischung. **18 sistema** ~ (nella televisione) (*telev.*), Simultanverfahren (*n.*).
addizionare (*mat.*), addieren.
addizionatore (meccanismo) (*macch. calc.*), Addierwerk (*n.*). **2 stadio** ~ (di impulsi p. es.) (*elett.*), Addierstufe (*f.*).
addizionatrice (*macch. calcolatrice*), Addiermaschine (*f.*).
addizione (*mat.*), Addition (*f.*).
addolcimento (*gen.*) Weichmachen (*n.*). **2** ~ (dell'acqua o dell'acciaio) (*chim. - metall.*), Enthärtung (*f.*). **3** ~ (*metall. - tratt. term.*), Erweichung (*f.*). **4** ~ (eliminazione dei mercaptani nei carburanti) (*ind. chim.*), Süssen (*n.*). **5** ~ **dell'acqua** (*ind.*), Wasserenthärtung (*f.*). **6** ~ **per precipitazione** (di acqua) (*ind. - ecc.*), Fällungsenthärtung (*f.*). **7** ~ **superficiale da rettifica** (dovuto al calore prodotto nell'operazione) (*lav. macch. ut.*), Schleifweichhaut (*f.*).
addolcire (l'acciaio) (*tratt. term.*), enthärten, erweichen. **2** ~ (togliere la durezza, dell'acqua p. es.) (*ind. chim.*), enthärten.
addolcitore (addolcitivo, per acqua) (*chim.*), Enthärter (*m.*). **2** ~ **a permutite** (*chim.*), Permutitenthärter (*m.*).
addotto (composto ottenuto con reazione di addizione) (*chim.*), Addukt (*n.*).
addurre (alimentare) (*gen.*), zuführen.
adduzione (alimentazione) (*gen.*), Zufuhr (*f.*), Zulauf (*m.*). **2** ~ **dell'olio** (*macch.*), Ölzuführung (*f.*).
adeguamento (*gen.*), Anpassung (*f.*). **2** ~ **dei salari** (*lav.*), Lohnanpassung (*f.*).
adeguato (*gen.*), angemessen. **2** ~ (un prezzo) (*comm.*), angemessen. **3** ~ **allo scopo** (*gen.*), zweckmässig.

adempiere (soddisfare, una condizione) (*comm. - ecc.*), erfüllen.
adempimento (*gen.*), Erfüllung (*f.*). 2 luogo di ~ (*leg.*), Erfüllungsort (*m.*).
aderente (*chim.*), haftend. 2 peso ~ (*veic. - ferr.*), Reibungsgewicht (*n.*), Adhäsionsgewicht (*n.*).
aderenza (attrito statico) (*mecc.*), Ruhereibung (*f.*), ruhende Reibung. 2 ~ (tra ruota e rotaia p. es.) (*ferr. - veic.*), Adhäsion (*f.*). 3 ~ (tra superfici diverse, calcestruzzo ed acciaio p. es.) (*ing. civ. - ecc.*), Haftvermögen (*n.*). 4 ~ (adesività, di una vernice) (*vn.*), Haftfestigkeit (*f.*). 5 ~ al terreno (di una vettura in curva p. es.) (*aut.*), Bodenhaftung (*f.*). 6 ~ del pneumatico (mordenza del pneumatico) (*aut.*), Reifengriffigkeit (*f.*). 7 ~ di contatto (incollamento, tra fogli sottili di mat. plastica) (*ind. chim.*), Blocken (*n.*). 8 ad ~ totale (locomotiva p. es., con soli assi motori) (*veic.*), laufachslos. 9 coefficiente di ~ (tra pneumatico e strada p. es.) (*aut. - ecc.*), Kraftschlussbeiwert (*m.*), Haftreibungsbeiwert (*m.*), Haftwert (*m.*). 10 ferrovia ad ~ (*ferr.*), Reibungsbahn (*f.*), Adhäsionsbahn (*f.*). 11 limite di ~ (sul suolo) (*aut.*), Haftgrenze (*f.*). 12 locomotiva ad ~ (*ferr.*), Reibungslokomotive (*f.*). 13 momento di ~ (fra ruota e piano stradale) (*aut.*), Reibmoment (*n.*).
aderire (*gen.*), haften, anhaften.
aderizzante (*s. - strad. - aut.*), Griffigkeitsmittel (*n.*).
aderizzare (un pneumatico) (*aut.*), griffigmachen. 2 ~ (una strada) (*costr. strad.*), aufrauhen.
aderizzazione (di un pneumatico p. es.) (*aut.*), Griffigmachen (*n.*). 2 ~ longitudinale (di un pneumatico, tagliettatura longitudinale) (*aut.*), «Christopherieren» (*n.*). 3 ~ trasversale (di un pneumatico, intagliatura trasversale) (*aut.*), Sommern (*n.*).
adescamento (caricamento, innesco, di una pompa p. es.) (*macch. - idr.*), Füllen (*n.*), Füllung (*f.*), Anfüllen (*n.*). 2 valvola di ~ (*idr. - ecc.*), Anfüllventil (*n.*).
adescare (caricare, una pompa) (*macch. - idr.*), füllen, anfüllen.
adesione (forza di attrazione molecolare tra superfici di corpi in contatto) (*fis.*), Adhäsion (*f.*), Haftfestigkeit (*f.*), Haftvermögen (*n.*). 2 ~ (adesività, di una vernice) (*vn.*), Haftfestigkeit (*f.*). 3 forza di ~ (*chim. - ecc.*), Haftkraft (*f.*).
adesività (adesione) (*fis.*), Haftfestigkeit (*f.*). 2 ~ (misura della resistenza alla separazione dal sottofondo) (*vn.*), Haftfestigkeit (*f.*). 3 ~ (di colla p. es.) (*fis.*), Klebekraft (*f.*), Klebrigkeit (*f.*). 4 prova di ~ (d'una vernice) (*vn.*), Haftungsprüfung (*f.*).
adesivo (*s. - ind. chim.*), Kleber (*m.*), Klebstoff (*m.*), Klebmittel (*n.*). 2 ~ (collante, per la giunzione di metalli, resine p. es.) (*tecnol. mecc.*), Kleber (*m.*). 3 ~ (*farm.*), Haftpflaster (*n.*). 4 ~ a base di resine (*ind. chim.*), Kunststoff-Klebstoff (*m.*). 5 ~ a caldo (*chim.*), Warmkleber (*m.*). 6 ~ a contatto (*ind. chim.*), Kontaktkleber (*m.*). 7 ~ (indurente) per reazione (chimica) (*ind. chim.*) Reaktionsklebstoff (*m.*), Zweikomponenten-Klebstoff (*m.*). 8 ~ organico (*ind. chim.*), organischer Klebstoff. 9 ~ per metalli (resina fenolica p. es.) (*metall. - chim.*), Metallkleber (*m.*). 10 ~ plastico (*ind. chim.*), Kunstharzkleber (*m.*).
adiabatica (curva adiabatica) (*s. - termodin.*), Adiabate (*f.*). 2 ~ reversibile (*termod.*), reversible Adiabate.
adiabatico (*a. - termodin.*), adiabatisch, wärmedicht.
adiacente (*gen.*), anliegend, angrenzend, benachbart. 2 ~ (contiguo) (*gen.*), nebeneinander. 3 essere ~ (confinare) (*gen.*), aneinandergrenzen.
adiattinico (non trasparente ai raggi attinici) (*fis.*), aktinisch undurchlässig.
adimensionale (*mat. - ecc.*), dimensionslos.
adione (*fis. atom.*), Adion (*n.*).
adizione (di un'eredità, accettazione) (*finanz.*), Übernahme (*f.*).
adrenalina (alcaloide) (*farm.*), Adrenalin (*n.*).
adsorbato (*chim.*), Adsorbat (*n.*).
adsorbente (*s. - fis.*), Adsorbens (*n.*).
adsorbimento (*fis.*), Adsorption (*f.*). 2 ~ chimico (chemisorpzione, chemiadsorbimento) (*chim.*), Chemisorption (*f.*), chemische Adsorption.
adsorbitore (di CO_2, xeno ecc., p. es.) (*chim.*), Adsorber (*m.*).
adularescenza (lucentezza bluastra) (*min.*), Blauschimmer (*m.*).
adulterare (*comm. - leg.*), verfälschen, panschen.
adulterazione (sofisticazione) (*ind. - chim.*), Verfälschung (*f.*).
adulto (*s. - lav.*), Erwachsener (*m.*), Grossjähriger (*m.*). 2 ~ (*a. - lav. - ecc.*), volljährig.
adunanza (riunione) (*gen.*), Versammlung (*f.*).
adunarsi (raccogliersi, concentrarsi) (*milit. - ecc.*), sich sammeln.
aerante (*gen.*), belüftend. 2 additivo ~ (sostanza aerante, aggiunte al calcestruzzo per renderlo poroso) (*ed.*), LP-Stoff (*m.*), Luftporenbildner (*m.*).
aerare (ventilare, un ambiente) (*gen.*), belüften.
aerazione (ventilazione) (*ed. - ecc.*), Belüftung (*f.*). 2 ~ (della terra di fonderia) (*fond.*), Auflockerung (*f.*). 3 ~ a spazzolone (per acque di rifiuto) (*ed. - ecc.*), Bürstenbelüftung (*f.*). 4 bacino d'~ (bacino a fango attivato, per trattamento delle acque di rifiuto) (*ed.*), Lüftungsbecken (*n.*), Belebungsbecken (*n.*).
aereo (di un filo) (*a. - elett. - ecc.*), oberirdisch. 2 ~ (*s. - radio*), vedi antenna. 3 ~ (*aer.*), vedi aeromobile, aeroplano, velivolo. 4 ~ filato (*radio - aer.*), Schleppantenne (*f.*), Hängeantenne (*f.*).
aeriforme (*a. - fis.*), luftförmig. 2 ~ (*s. - fis.*), luftförmiger Körper. 3 meccanica degli aeriformi (*mecc. - aer.*), Aeromechanik (*f.*).
aerobico (*a. - biol.*), aerob.
aerocartografo (app. per la preparazione di carte mediante fot. aeree) (*app. fotogr.*), Aerokartograph (*m.*).
aerocisterna (velivolo rifornitore di altri ve-

livoli in volo) (*aer.*), Betankungsflugzeug (*n.*), Lufttanker (*m.*).
aerodina (*aer.*), Flugkörper (*m.*).
aerodinamica (*s. - aerodin.*), Aerodynamik (*f.*).
aerodinamicista (*aerodin.*), Aerodynamiker (*m.*).
aerodinamico (*aerodin.*), aerodynamisch. 2 ~ (*veic. - aerodin.*), stromlinienförmig, windschnittig, windschlüpfig. **3 carrozzeria aerodinamica** (*aut.*), Stromlinienaufbau (*m.*). **4 forma aerodinamica** (*veic. - aerodin.*), Stromlinienform. (*f.*). **5 polare aerodinamica** (polare, curva descritta da un aereo) (*aer.*), Polare (*f.*).
aerodromo (aeroporto) (*aer.*), Lufthafen (*m.*), Flughafen (*m.*), Flugplatz (*m.*). 2 ~ (*aer.*), vedi anche aeroporto. **3 ~ alternativo** (aerodromo suppletivo) (*aer.*), Ausweichhafen (*m.*). **4 ~ suppletivo** (aerodromo alternativo) (*aer.*), Ausweichhafen (*m.*).
aeroelasticità (*aer.*), Aeroelastizität (*f.*).
aeroelastico (*aer.*), aeroelastisch. **2 divergenza aeroelastica** (*aer.*), aeroelastisches Auskippen. **3 vibrazione aeroelastica di precessione** (di eliche, « whirl flutter ») (*aer.*), Präzessionsflattern (*n.*).
aerofaro (faro di aeroporto) (*aer.*), Flugplatzfeuer (*n.*).
aerofono (app. di ascolto, per localizzare aeroplani p. es.) (*app. acus.*), Horchgerät (*n.*), Horchapparat (*m.*), Richtungshörer (*m.*).
aerofotocamera (macchina per fotografie aeree, macchina per aerofotografia) (*fotogr.*), Luftbildkamera (*f.*).
aerofotocartografia (*fotogr.*), Luftbildvermessung (*f.*).
aerofotografia (fotografia aerea) (*fotogr.*), Luftaufnahme (*f.*), Flugbild (*n.*), Aerophotographie (*f.*). **2 volo per ripresa di aerofotografie** (*aer. - fot.*), Bildflug (*m.*).
aerofotogrammetria (fotogrammetria aerea) (*fotogr.*), Luftphotogrammetrie (*f.*), Luftbildmessung (*f.*), Aerophotogrammetrie (*f.*).
aerofreno (freno aerodinamico, superficie per diminuire la velocità di un aereo) (*aer.*), Luftbremse (*f.*), Bremsklappe (*f.*).
aerografo (pistola per spruzzatura) (*att.*), Spritzpistole (*f.*). **2 ~ a tazza** (*att.*), Becherspritzpistole (*f.*).
aerolito (meteorite) (*geol.*), Aerolith (*m.*).
aerologia (*meteor.*), Aerologie (*f.*).
aerometro (densimetro) (*strum.*), Aräometer (*n.*), Senkwaage (*f.*).
aeromobile (*aer.*), Luftfahrzeug (*n.*).
aeromodellismo (*aer. - sport*), Modellflugwesen (*n.*), Flugmodellsport (*m.*).
aeromodellistica (*aer.*), Flugmodellbau (*m.*).
aeromodello (*aer. - sport*), Modellflugzeug (*n.*), Flugmodell (*n.*). **2 ~ ad elastico** (*aer. - sport*), Gummimotormodell (*n.*). **3 ~ a getto** (modello a getto) (*aer. - sport*), düsengetriebenes Modell. **4 ~ a razzo** (modello a razzo) (*aer. - sport*), Raketenmodell (*n.*). **5 ~ canard** (modello canard) (*aer. - sport*), Entenmodell (*n.*). **6 ~ con motore** (modello con motore) (*aer. - sport*), Motormodell (*n.*). **7 ~ con motore ad elastico** (modello con mot. ad elastico) (*aer. - sport*), Gummimotormodell (*n.*). **8 ~ controllato** (modello controllato) (*aer. - sport*), Fesselflugmodell (*n.*). **9 ~ da sala** (*aer. - sport*), Zimmerflugmodell (*n.*). **10 ~ telecomandato** (modello telecomandato) (*aer. - sport*), ferngesteuertes Flugzeugmodell. **11 ~ veleggiatore** (modello veleggiatore) (*aer. - sport*), Segelflugmodell (*n.*).
aeronautica (*aer.*), Flugwesen (*n.*). **2 ~ militare** (*aer. milit.*), Luftwaffe (*f.*).
aeronautico (*aer.*), aeronautisch. **2 diritto ~** (*aer. - leg.*), Luftrecht (*n.*). **3 materiale per costruzioni aeronautiche** (*aer.*), Fliegwerkstoff (*m.*), Flugzeugbauwerkstoff (*m.*).
aeropausa (strato dell'atmosfera oltre i 20 km di altezza) (*geofis.*), Aeropause (*f.*).
aeroplano (*aer.*), Flugzeug (*n.*), Flugmaschine (*f.*). **2 ~** (*aer.*), vedi anche velivolo. **3 ~ ad ala alta** (monoplano ad ala alta) (*aer.*), Hochdecker (*m.*). **4 ~ ad ala anulare** (velivolo ad ala anulare) (*aer.*), Ringflügelflugzeug (*n.*). **5 ~ ad ala bassa** (monoplano ad ala bassa) (*aer.*), Tiefdecker (*m.*). **6 ~ ad ala fissa** (*aer.*), Starrflügelflugzeug (*n.*). **7 ~ ad ala media** (monoplano ad ala media) (*aer.*), Halbhochdecker (*m.*), Mitteldecker (*m.*). **8 ~ ad ala rotante** (velivolo ad ala rotante) (*aer.*), Drehflügelflugzeug (*n.*), Triebflügelflugzeug (*n.*). **9 ~ ad autoreattore** (aeroplano a statoreattore) (*aer.*), Staustrahlflugzeug (*n.*). **10 ~ ad elica** (*aer.*), Propellerflugzeug (*n.*). **11 ~ ad elica propulsiva** (*aer.*), Druckschrauber (*m.*), Propellerflugzeug (*n.*). **12 ~ a doppia fusoliera** (aeroplano a doppia trave di coda) (*aer.*), Doppelrumpfflugzeug (*n.*). **13 ~ a doppia trave di coda** (aeroplano a doppia fusoliera) (*aer.*), Doppelrumpfflugzeug (*n.*). **14 ~ ad una fusoliera** (velivolo ad una fusoliera) (*aer.*), Einrumpfflugzeug (*n.*). **15 ~ a getto** (aviogetto, reattore) (*aer.*), Düsenflugzeug (*n.*), Strahltriebflugzeug (*n.*). **16 ~ anfibio** (velivolo anfibio) (*aer.*), Amphibienflugzeug (*n.*), Wasserlandflugzeug (*n.*). **17 ~ a propulsione atomica** (aeroplano atomico) (*aer.*), Atomflugzeug (*n.*). **18 ~ a pulsogetto** (aeroplano a pulsoreattore) (*aer.*), Flugzeug mit intermittierendem Staustrahlrohr. **19 ~ a pulsoreattore** (aeroplano a pulsogetto) (*aer.*), Flugzeug mit intermittierendem Staustrahlrohr. **20 ~ a razzo** (aviorazzo) (*aer.*), Raketenflugzeug (*n.*). **21 ~ a statoreattore** (aeroplano ad autoreattore) (*aer.*), Staustrahlflugzeug (*n.*). **22 ~ atomico** (aeroplano a propulsione atomica) (*aer.*), Atomflugzeug (*n.*). **23 ~ a turboelica** (*aer.*), Propeller-Turbinenflugzeug (*n.*). **24 ~ aviotrasportato** (per successivo lancio) (*aer.*), Parasitflugzeug (*n.*). **25 ~ canguro** (aeroplano destinato al trasporto di altro aeroplano da lanciarsi in volo) (*aer.*), Mutterflugzeug (*n.*). **26 ~ con ala anulare** (aeroplano con ala a botte) (*aer.*), Käferflugzeug (*n.*), Ringflügelflugzeug (*n.*). **27 ~ con ala a botte** (aeroplano con ala anulare) (*aer.*), Käferflugzeug (*n.*), Ringflügelflugzeug (*n.*). **28 ~ con ala a delta** (*aer.*), Dreieckflugzeug (*n.*), Deltaflugzeug (*n.*). **29 ~ con ala a freccia** (*aer.*), Pfeilflügelflugzeug (*n.*). **30 ~ da bombardamento** (bombardiere) (*aer. milit.*), Bomber (*m.*). **31 ~ da caccia** (caccia) (*aer.*

aeroporto

milit.), Jagdflugzeug (*n.*), Jäger (*m.*). 32 ~ **d'alta quota** (velivolo per alta quota) (*aer.*), Höhenflugzeug (*n.*). 33 ~ **da trasporto** (velivolo da trasporto) (*aer.*), Transportflugzeug (*n.*). 34 ~ **da trasporto merci** (*aer.*), Frachtflugzeug (*n.*). 35 ~ **(destinato al) trasporto di altro aeroplano (da lanciarsi in volo)** (aeroplano canguro) (*aer.*), Mutterflugzeug (*n.*). 36 ~ **di linea** (velivolo di linea) (*aer.*), Streckenflugzeug (*n.*), Linienflugzeug (*n.*). 37 ~ **per aviolinee** (velivolo di linea) (*aer.*), Verkehrsflugzeug (*n.*). 38 ~ **per decollo verticale** (*aer.*), Flugzeug für Senkrechtstart. 39 ~ **per (o di) portaerei** (*aer. milit.*), Trägerflugzeug (*n.*). 40 ~ **per trasporti civili** (aeroplano per aviolinee) (*aer. - trasp.*), Verkehrsflugzeug (*n.*). 41 ~ **per trasporto merci** (*aer.*), Frachtflugzeug (*n.*). 42 ~ **plurimotore** (plurimotore) (*aer.*), Mehrmotorenflugzeug (*n.*). 43 ~ **postale** (aeropostale) (*aer.*), Postflugzeug (*n.*). 44 ~ **terrestre** (*aer.*), Landflugzeug (*n.*). 45 ~ **trasportante altro aeroplano (per successivo lancio)** (*aer.*), Doppelflugzeug (*n.*), Huckepackflugzeug (*n.*), Mutter- und Parasitflugzeug (*n.*). 46 ~ **trimotore** (*aer.*), Dreimotorenflugzeug (*n.*). 47 ~ **tuttala** (*aer.*), fliegender Flügel, schwanzloses Flugzeug, Keilflügelflugzeug (*n.*).

aeroporto (aerodromo) (*aer.*), Lufthafen (*m.*), Flughafen (*m.*). 2 ~ (campo) (*aer.*), Flugplatz (*m.*). 3 ~ **alternativo** (aeroporto suppletivo) (*aer.*), Ausweichhafen (*m.*). 4 ~ **civile** (*aer. - ed.*), Zivilflugplatz (*m.*), Zivilflughafen (*m.*), Verkehrsflughafen (*m.*). 5 ~ **di fortuna** (*aer.*), Notlandeplatz (*m.*), Hilfslandeplatz (*m.*). 6 ~ **di partenza** (*aer.*), Ausgangsflughafen (*m.*). 7 ~ **regolare** (*navig. - aer.*), regulärer Flughafen. 8 ~ **suppletivo** (aeroporto alternativo) (*navig. aer.*), Ausweichhafen (*m.*). 9 **zona soggetta a limitazioni di altezza dei fabbricati nei dintorni di un** ~ (*ed. - aer.*), Bauschutzbereich (*m.*).

aeropostale (*aer.*), Postflugzeug (*n.*).
aeroscalo (*aer.*), *vedi* aeroporto.
aeroscivolante (veicolo ad effetto di suolo, veicolo a cuscino d'aria) (*veic.*), Luftkissenfahrzeug (*n.*). 2 ~ **su rotaia** (*veic.*), Luftkissen-Spurfahrzeug (*n.*).
aerosfera (fino alla quota di circa 20 km) (*geofis.*), Aerosphäre (*f.*).
aerosilurante (*aer. milit.*), Torpedoflugzeug (*n.*).
aerosiluro (*aer. milit.*), Lufttorpedo (*n.*), Flugzeugtorpedo (*n.*).
aerosole (sistema colloidale con disperdente gassoso) (*chim.*), Aërosol (*n.*).
aerospaziale (*aer.*), Luft- und Raumfahrt... 2 **industria** ~ (*ind. - aer.*), Luft- und Raumfahrtindustrie (*f.*).
aerostatica (statica dei gas) (*fis.*), Aerostatik (*f.*).
aerostatico (*fis.*), aerostatisch.
aerostato (*aer.*), Luftballon (*m.*), Aerostat (*m.*). 2 ~ **con pallonetto** (*aer.*), Luftsackballon (*m.*).
aerostazione (di un aeroporto) (*aer. - ed.*), Abfertigungsgebäude (*n.*).
aerotaxi (*aer.*), Lufttaxi (*n.*).
aerotecnica (*aer.*), Luftfahrttechnik (*f.*).
aerotermo (riscaldatore d'aria) (*app.*), Lufterhitzer (*m.*), Heizeinheit (*f.*), Heisslufterzeuger (*m.*). 2 ~ **a turbina** (*app. riscald.*), Turboheizer (*m.*).
aerotrasporto (trasporto per via aerea) (*trasp.*), Luftbeförderung (*f.*), Lufttransport (*m.*). 2 ~ **di merci** (trasporto merci per via aerea) (*trasp.*), Luftfracht (*f.*).
aerotreno (su cuscino d'aria o a levitazione magnetica) (*ferr.*), Schwebezug (*m.*).
aerotriangolazione (*aer. - fot.*), Lufttriangulation (*f.*). 2 ~ **radiale** (triangolazione radiale) (*aer. - fot.*), Radialtriangulation (*f.*).
afelio (*astr.*), Aphel (*n.*), Sonnenferne (*f.*).
affare (*comm.*), Geschäft (*n.*). 2 **affari di ufficio** (*lav.*), Berufsgeschäfte (*n. pl.*). 3 ~ **illegale** (*comm.*), Schiebergeschäft (*n.*). 4 ~ **in partecipazione** (con uguale partecipazione ai profitti ed alle perdite) (*comm.*), Metageschäft (*n.*). 5 **centro degli affari** (*comm.*), Geschäftszentrum (*n.*). 6 **ritirarsi dagli affari** (*comm.*), vom Geschäft ausscheiden. 7 **zona degli affari** (centro della città) (*città*), Geschäftsviertel (*n.*), Innenstadt (*f.*), Stadtzentrum (*n.*).
affaticamento (del metallo p. es.) (*tecnol. - ecc.*), Ermüdung (*f.*). 2 ~ **da vibrazioni** (di persone) (*lav. - ecc.*), Schwingungsbelastung (*f.*). 3 ~ **del materiale** (fatica del materiale) (*tecnol.*), Werkstoffermüdung (*f.*).
afferraggio (serraggio, del provino nelle prove di trazione p. es.) (*prove mater.*), Einspannen (*n.*), Festspannen (*n.*). 2 **dispositivo di** ~ (per serrare il provino) (*disp. - prove mater.*), Einspannung (*f.*). 3 **testa di** ~ (parte d'una macchina per prove di trazione) (*tecnol.*), Einspannkopf (*m.*). 4 **testa di** ~ **con spallamento** (d'un provino per trazione) (*prove mater.*), Schulterkopf (*m.*).
afferrare (*gen.*), greifen. 2 ~ **(la situazione)** (*gen.*), erfassen.
affettatrice (per alimentari p. es.) (*macch.*), Aufschnittmaschine (*f.*).
affezione (malattia) (*med.*), Krankheit (*f.*). 2 ~ **della pelle** (malattia della pelle) (*med.*), Hauterkrankung (*f.*).
affibbiare (*gen.*), schnallen, anschnallen.
affibbiato (*gen.*), geschnallt, angeschnallt.
affidabile (sicuro) (*gen.*), zuverlässig.
affidabilità (sicurezza funzionale) (*gen.*), Zuverlässigkeit (*f.*).
affidamento (attendibilità) (*gen.*), Zuverlässigkeit (*f.*). 2 **che dà** ~ (sicuro) (*gen.*), zuverlässig, verlässlich, verlässig. 3 **prova di** ~ (*strum. - ecc.*), Zuverlässigkeitsprobe (*f.*).
affievolimento (evanescenza, « fading ») (*radio*), Fading (*n.*), Schwundeffekt (*m.*), Fadingeffekt (*m.*). 2 ~ **(di un segnale)** (*fis.*), Schwächerwerden (*n.*), Schwinden (*n.*). 3 ~ **d'ampiezza** (fading d'ampiezza) (*radio*), Amplitudenschwund (*m.*), Amplitudenfading (*n.*). 4 ~ **forte** (*radio*), Tiefschwund (*m.*). 5 ~ **locale** (*radio*), Nahschwund (*m.*). 6 ~ **selettivo** (*radio*), Selektivschwund (*m.*).
affievolirsi (*acus.*), schwinden.
affilare (*mecc. - ut.*), schärfen, scharfschleifen, schleifen. 2 ~ (su cote, un coltello p. es.) (*ut.*), wetzen. 3 ~ (a martello, la falce p. es.) (*agric.*), dengeln, dängeln. 4 **lima per** ~ **seghe** (*ut.*), Sägefeile (*f.*).

affilatezza (*ut.*), Schärfe (*f.*).
affilato (*ut.*), scharf. **2 non ~** (che ha perduto il filo) (*ut.*), unscharf, stumpf.
affilatrice (per utensili) (*macch. ut.*), Schärfmaschine (*f.*), Schleifmaschine (*f.*). **2 ~** (per lame varie) (*macch.*), Wetzmaschine (*f.*). **3 ~ automatica per frese** (*macch. tm.*), Fräserschärfautomat (*m.*), Fräserschleifautomat (*m.*). **4 ~ automatica per seghe** (*macch. ut.*), Sägen-Schärfautomat (*m.*). **5 ~ per alesatori** (*macch. ut.*), Reibahlenwetzmaschine (*f.*). **6 ~ per racle** (*macch. ut. - tip.*), Rakelschleifmaschine (*f.*). **7 ~ per scalpelli** (*macch. ut. - min.*), Bohrerschärfmaschine (*f.*). **8 ~ per utensili** (*macch. ut.*), Werkzeugschleifmaschine (*f.*).
affilatura (*mecc. - ut.*), Schärfen (*n.*), Scharfschleifen (*n.*), Schleifen (*n.*). **2 ~ a bisello periferico** (affilatura per ghisa grigia, di una punta elicoidale) (*ut.*), Anschliff für Grauguss. **3 ~ a croce** (del vertice di una punta elicoidale) (*ut.*), Kreuzanschliff (*m.*). **4 ~ a gradinata** (d'una ruota rasatrice p. es.) (*ut.*), Treppenschliff (*m.*). **5 ~ a martello** (di falci, ecc.) (*tecnol. mecc.*), Dengeln (*n.*). **6 ~ a tazza** (di un coltello Fellows) (*ut.*), Kegelmantelflächenschliff (*m.*). **7 ~ conica** (della lama della sega) (*mecc. - ut.*), Dünnerschliff (*m.*). **8 ~ di finitura** (di utensili) (*mecc. - ut.*), Abziehen (*n.*), Nachschleifen (*n.*). **9 ~ di utensili** (*lav. macch. ut.*), Werkzeugschleifen (*n.*). **10 ~ per ghisa grigia** (affilatura a bisello periferico, di una punta elicoidale) (*ut.*), Anschliff für Grauguss. **11 angolo di ~** (*ut.*), Nachschliffwinkel (*m.*).
affiliata (società affiliata) (*finanz.*), Tochtergesellschaft (*f.*).
affinamento (del grano) (*metall.*), Verfeinerung (*f.*). **2 ~** (della forma) (*nav. - ecc.*), Zuschärfung (*f.*). **3 ~ del grano** (*metall.*), Kornverfeinerung (*f.*). **4 forno di ~** (*metall.*), Frischofen (*m.*), Abtreibofen (*m.*).
affinare (*metall.*), frischen, feinen, abtreiben. **2 ~** (il grano) (*metall.*), verfeinern. **3 ~** (la forma) (*nav. - ecc.*), zuschärfen.
affinato (*metall.*), gefrischt. **2 rame ~** (*metall.*), Raffinadekupfer (*n.*).
affinazione (*fond. - metall.*), Frischen (*n.*), Abtreiben (*n.*), Feinen (*n.*). **2 ~** (dell'oro) (*metall. - ecc.*), Affination (*f.*). **3 ~ a cuore** (affinazione del nucleo) (*tratt. term.*), Kernrückfeinen (*n.*). **4 ~ ad elettroscoria** (tecnica ad elettroscoria) (*metall.*), Elektroschlacke-Technik (*f.*). **5 ~ al convertitore** (*metall.*), Windfrischen (*n.*). **6 ~ del ferro mediante puddellatura** (*metall.*), Eisenfrischerei (*f.*). **7 ~ del grano** (*metall.*), Kornverfeinerung (*f.*). **8 ~ del nucleo** (affinazione a cuore) (*tratt. term.*), Kernrückfeinen (*n.*). **9 ~ elettrolitica** (*metall.*), elektrolytische Raffination. **10 ~ finale** (nella elaborazione dell'argento) (*metall.*), Feinbrennen (*n.*). **11 ~ in piccoli convertitori** (*metall.*), Kleinbessemerei (*f.*). **12 ~ strutturale** (ricottura di rigenerazione) (*tratt. term.*), Umkörnen (*n.*). **13 ~ su suola** (*metall.*), Herdfrischen (*n.*). **14 forno di ~** (*forno*), Frischofen (*m.*). **15 impianto di ~** (*metall.*), Frischwerk (*n.*). **16 periodo di ~** (*metall.*), Frischperiode (*f.*), Feinperiode (*f.*). **17 prima ~** (*metall.*), Rohfrischen (*n.*). **18 processo di ~** (*metall.*), Feinprozess (*m.*). **19 processo di ~ al basso fuoco** (*metall.*), Rennverfahren (*n.*). **20 scoria di ~** (*metall.*), Feinungsschlacke (*f.*), Fertigschlacke (*f.*).
affine (simile) (*gen.*), verwandt, ähnlich.
affinità (*chim. - ecc.*), Verwandtschaft (*f.*), Affinität (*f.*). **2 ~ chimica** (*chim.*), chemische Verwandtschaft, chemische Affinität.
affinore (tensore) (*mat.*), Affinor (*m.*).
affioramento (di un giacimento) (*min.*), Aufschluss (*m.*), Ausbiss (*m.*), Zutageliegen (*n.*). **2 ~** (separazione di pigmenti durante l'essiccazione) (*difetto vn.*), Ausschwimmen (*n.*), Durchschlagen (*n.*).
affiorante (*geol.*), anstehend, ausstreichend.
affiorare (del minerale) (*min. - geol.*), ausstreichen, anstehen. **2 ~** (*difetto vn.*), ausschwimmen.
affissione (di manifesti) (*comm.*), Anschlagen (*n.*). **2 ~** (di un avviso p. es.) (*gen.*), Anheftung (*f.*). **3 pannello per affissioni** (tavola per affissi pubblicitari) (*comm. - ecc.*), Anschlagbrett (*n.*).
affisso (cartello) (*comm.*), Aushang (*m.*), Plakat (*n.*). **2 ~** (di finestra) (*ed.*), *vedi* infisso. **3 ~** (cartello pubblicitario) (*comm.*), Reklameplakat (*n.*).
affittanza (*agric. - ecc.*), Pacht (*f.*).
affittare (*ed. - comm.*), mieten, vermieten.
affitto (*ed. - comm.*), Miete (*f.*). **2 ~** (canone, pigione) (*comm.*), Mietzins (*m.*), Mietspreis (*m.*). **3 ~** (affittanza) (*agric. - ecc.*), Pacht (*f.*). **4 ~ -prestito** (*finanz.*), Vorschuss-Miete (*f.*). **5 canone di ~** (pigione) (*comm. - ed.*), Mietpreis (*m.*), Mietzins (*m.*), Miete (*f.*). **6 dare in ~** (affittare) (*comm.*), vermieten, ausmieten. **7 prendere in ~** (*comm.*), mieten.
affittuario (conduttore) (*comm.*), Pachter (*m.*).
affluente (*geogr.*), Nebenfluss (*m.*), Zufluss (*m.*).
affluenza (grande concorso di persone, afflusso in massa di gente) (*gen.*), Andrang (*m.*).
affluire (*gen.*), zuströmen.
afflusso (*gen.*), Zustrom (*m.*), Zuströmung (*f.*). **2 ~** (volume affluente) (*idr.*), Zufluss (*m.*), Zustrom (*m.*). **3 ~ di centrale** (*idr.*), Kraftwerkszufluss (*m.*).
affollamento (*gen.*), Andrang (*m.*). **2 indice di ~** (numero delle persone abitanti in una zona residenziale) (*ed.*), Behausungsziffer (*f.*), Belegungsdichte (*f.*).
affondamento (*nav.*), Sinken (*n.*), Untergang (*m.*). **2 ~** (di un pozzo) (*ed.*), Senken (*n.*). **3 ~** (scavo, di un pozzo) (*min.*), Abteufen (*n.*). **4 ~** (per la prova delle vernici) (*vn.*), Tiefung (*f.*).
affondare (colare a fondo, colare a picco) (*v. i. - nav.*), untergehen, sinken, versinken. **2 ~** (una nave) (*v. t. - nav. - mar. milit.*), versenken, versacken. **3 ~** (scavare, un pozzo) (*min.*), abteufen.
affondata (*aer.*), *vedi* picchiata.
affondatura, *vedi* affondamento.
affondo (nella scherma) (*s. - sport*), Ausfall (*m.*).
afforcare (ormeggiare in afforco, una nave) (*nav.*), vor zwei Anker vermurren.

afforcato (ormeggiato in afforco, piroscafo, ecc.) (*nav.*), vor zwei Ankern liegend.
afforestamento (*agric.*), Aufforstung (*f.*).
affossatore (affossatrice, draga) (*macch. mov. terra*), Tiefbagger (*m.*), Grabenbagger (*m.*).
affrancare (*posta*), frankieren.
affrancatrice (postale) (*macch.*), Frankaturmaschine (*f.*), Frankiermaschine (*f.*), Freistempler (*m.*).
affrancatura (*posta*), Frankatur (*f.*). 2 contatore di ~ (d'una macchina affrancatrice) (*posta*), Gebührenzähler (*m.*).
affumicare (*gen.*), ausräuchern, räuchern. 2 ~ (con nerofumo, una superficie di contatto per rilevare la portanza di accoppiamento p. es.) (*tecnol. mecc.*), berussen.
affumicato (*gen.*), geräuchert. 2 carne affumicata (*ind.*), Rauchfleisch (*n.*), Dürrfleisch (*n.*).
affumicatura (*gen.*), Anräucherung (*f.*). 2 ~ (di prodotti alimentari) (*ind.*), Räuchern (*n.*).
affusto (di un pezzo di artiglieria) (*milit.*), Lafette (*f.*), Geschützlafette (*f.*). 2 ~ (incastellatura d'avanzamento a slitta di perforatrici) (*min.*), Lafette (*f.*). 3 ~ a scomparsa (*artiglieria*), Verschwindungslafette (*f.*). 4 ~ semovente (*artiglieria*), Selbstfahrlafette (*f.*). 5 montaggio su ~ (*milit. - etc.*), Lafettierung (*f.*).
afnio (*Hf - chim.*), Hafnium (*n.*).
agalmatolite (*min.*), Agalmatolith (*m.*).
agar-agar (*chim.*), Agar-Agar (*n.*).
agata (*min.*), Achat (*m.*).
agave (*ind. tess.*), Agave (*f.*). 2 ~ sisaliana (*ind. tess.*), Sisalagave (*f.*). 3 fibra di ~ americana (*tess.*), Aloefaser (*f.*).
agente (*comm.*), Agent (*m.*). 2 ~ (*chim.*), Agens (*n.*), Mittel (*n.*). 3 ~ antistatico (per materie plastiche p. es.) (*fis. - ind. chim.*), Antistatikum (*n.*). 4 ~ collettore (sostanza per flottazione) (*min.*), Sammler (*m.*). 5 ~ collettore-schiumatore (sostanza per flottazione) (*min.*), Sammler-Schäumer (*m.*). 6 ~ delle tasse (*finanz.*), Steuerbeamter (*m.*). 7 ~ di antisedimentazione (*vn.*), Absetzverhinderungsmittel (*n.*). 8 ~ di assicurazioni (*finanz.*), Versicherungsmakler (*m.*), Versicherungsagent (*m.*). 9 ~ di borsa (*finanz.*), Effektenmakler (*m.*), Börsenmakler (*m.*), Sensal (*m.*). 10 ~ di cambio (*finanz.*), Kursmakler (*m.*), 11 ~ di espansione (agente espansore, per produrre gomma o materia plastica espansa) (*chim. ind.*), Blähmittel (*n.*). 12 ~ di flottazione (*min.*), Flotationsmittel (*n.*), Schwimmittel (*n.*). 13 ~ espansore (agente di espansione, per produrre gomma o materia plastica porosa) (*ind. - chim.*), Blähmittel (*n.*). 14 ~ marittimo (*nav.*), Schiffsmakler (*m.*), Schiffsklarierer (*m.*). 15 ~ precipitante (precipitante) (*chim.*), Fällungsmittel (*n.*). 16 ~ pubblicitario (*comm.*), Anzeigenagent (*m.*). 17 ~ schiumatore (sostanza per flottazione) (*min.*), Schäumer (*m.*). 18 ~ separatore (*chim.*), Ausscheidungsmittel (*n.*). 19 ~ sul subcosciente (immagine di brevissima durata che sfugge alla percezione cosciente) (*cinem. - comm.*), unbewusst. 20 ~ tensioattivo (tensioattivo; un detersivo p. es., ecc.) (*chim. - ecc.*), Tensid (*n.*). 21 ~ tensioattivo anionico (tensioattivo anionico) (*chim.*), anionisches Tensid. 22 alterato da agenti atmosferici (*meteor.*), verwittert. 23 alterazione da agenti atmosferici (*meteor.*), Verwitterung (*f.*). 24 prova di esposizione agli agenti atmosferici (prova agli agenti atmosferici) (*tecnol.*), Bewitterungsversuch (*m.*).
agenzia (*comm.*), Agentur (*f.*). 2 ~ di informazioni (*stampa - ecc.*), Nachrichtenbüro (*n.*), Nachrichtendienst (*m.*), Nachrichtenagentur (*f.*). 3 ~ di stampa (*giorn.*), Presseagentur (*f.*). 4 ~ di viaggi (*trasp.*), Reisebüro (*n.*). 5 ~ Internazionale dell'Energia Atomica, Internationale Atomenergiebehörde. 6 ~ marittima (*nav.*), Schiffskontor (*n.*).
agevolazione (facilitazione) (*gen.*), Erleichterung (*f.*).
agganciamento (manovra di agganciamento, di due veicoli spaziali) (*astronautica*), Kopplungsmanöver (*n.*), Docking (*n.*). 2 perno per ~ (del rimorchio) (*veic.*), Kupplungsbolzen (*m.*), Kupplungszapfen (*m.*), Vorsteckbolzen (*m.*). 3 ralla di ~ (su semirimorchi) (*veic.*), Kupplungsplatte (*f.*).
agganciare (*gen.*), einhaken, anhaken, haken. 2 ~ (attaccare, vagoni) (*ferr.*), ansetzen anhängen.
aggancio (attacco, gancio) (*ferr.*), Kupplung (*f.*). 2 ~ a vite (attacco a vite) (*ferr.*), Schraubenkupplung (*f.*). 3 ~ di semplice trazione (*ferr.*), Zugkupplung (*f.*). 4 ~ di trazione e repulsione (*ferr.*), Zug-Druck-Kupplung (*f.*).
aggettare (sporgere) (*gen.*), vorspringen. 2 ~ (sporgere, risaltare) (*arch.*), ausladen, hervorragen.
aggetto (sporgenza) (*gen.*), Vorsprung (*m.*). 2 ~ (sporto, sporgenza) (*ed. - arch.*), Vorsprung (*m.*), Vorkragung (*f.*), Ausladung (*f.*).
agghiaccio (*naut.*), vedi barra (del timone).
aggio (*comm.*), Agio (*n.*).
aggiornamento (rinvio, di una riunione p. es.) (*comm. - ecc.*), Vertagung (*f.*). 2 ~ (modifica, di un disegno) (*dis.*), Abänderung (*f.*), Änderung (*f.*). 3 ~ (di una pubblicazione p. es.) (*gen.*), Tagfertigmachen (*n.*). 4 ~ (supplemento aggiornativo) (*tip. - ecc.*), Abänderungsantrag (*m.*).
aggiornare (rinviare) (*gen.*), vertagen. 2 ~ (un disegno p. es.) (*mecc. - dis.*), ändern.
aggiornato (progredito, moderno) (*gen.*), neuzeitlich, fortschrittlich. 2 ~ (rinviato) (*comm. - ecc.*), vertagt. 3 ~ (ultima edizione di una pubblicazione p. es.) (*gen.*), tagfertig.
aggiotaggio (*comm.*), Agiogeschäft (*n.*), Agiotage (*n.*).
aggiramento (elusione) (*leg. - ecc.*), Umgehung (*f.*).
aggiratore (*telef.*), Umgehungsschaltung (*f.*).
aggiudicare (una fornitura) (*comm.*), vergeben, zuschlagen.
aggiudicatario (assegnatario, di una fornitura p. es.) (*comm. - ecc.*), Zuteiler (*m.*). 2 ~ (nelle vendite all'asta p. es.) (*comm.*), Ersteher (*m.*).
aggiudicazione (di una fornitura) (*comm.*), Vergebung (*f.*), Zuschlag (*m.*). 2 ~ per concorso (di una fornitura) (*comm.*), Submissionsvergebung (*f.*).

aggiungere (*gen.*), zulegen, zuschlagen. 2 ~ (attaccare, agganciare, vagoni) (*ferr.*), ansetzen, anhängen.
aggiunta (*gen.*), Zusatz (*m.*), Zuschuss (*m.*). 2 ~ **di ghisa** (ghisa aggiunta alla carica per ottenere determinati effetti) (*metall.*), Zusatzeisen (*n.*). 3 ~ **in secchia** (*fond.*), Pfannenzusätze (*m. pl.*).
aggiuntivo (supplementare) (*gen.*), zusätzlich. 2 **atto** ~ (di un contratto) (*comm. - leg.*), Zusatzvereinbarung (*f.*). 3 **costruzione aggiuntiva** (nuova costruzione) (*ed.*), Zubau (*m.*).
aggiustabile (*mecc.*), anpassbar.
aggiustaggio (adattamento) (*mecc.*), Einpassen (*n.*), Anpassung (*f.*).
aggiustare (adattare, accoppiare, due pezzi) (*mecc.*), anpassen, passen, zusammenpassen, einpassen.
aggiustato (*mecc.*), abgepasst, eingepasst, gepasst.
agglomerante (legante) (*s. - ed. - mur.*), Bindemittel (*n.*). 2 ~ (cemento, di una mola) (*ut. - mecc.*), Bindung (*f.*), Bindemittel (*n.*). 3 ~ (di una mola) (*ut. - mecc.*), *vedi anche* cemento, legante. 4 ~ **al silicato** (per mole) (*mecc. - ut.*), Silikatbindung (*f.*). 5 ~ **ceramico** (per mole) (*ut. - mecc.*), keramisches Bindemittel, keramische Bindung. 6 ~ **di gomma** (agglomerante elastico, di una mola) (*ut. - mecc.*), Gummibindung (*f.*). 7 ~ **di gomma lacca** (agglomerante elastico, per mole) (*ut. - mecc.*), Schellackbindung (*f.*). 8 ~ **di magnesite** (per mole) (*ut. - mecc.*), Magnesitbindung (*f.*). 9 ~ **elastico** (agglomerante di gomma, di una mola) (*ut. - mecc.*), Gummibindung (*f.*). 10 ~ **metallico** (per diamanti, di una mola) (*ut. - mecc.*), Metallbindung (*f.*). 11 ~ **resinoide** (impasto resinoide, di una mola) (*ut. - mecc.*), Kunstharzbindung (*f.*). 12 ~ **vegetale** (di una mola) (*ut. - mecc.*), vegetabile Bindung. 13 **potere** ~ (di malte p. es.) (*ed.*), Wasserbindevermögen (*n.*).
agglomerare (*gen.*), agglomerieren, ballen. 2 ~ (sinterare) (*tecnol.*), sintern. 3 ~ (*mft. vetro*), fritten. 4 ~ (pallottizzare, sinterizzare, sinterare, di minerale) (*min.*), sintern, « pelletisieren ».
agglomerarsi (di trucioli p. es.) (*lav. macch. ut. - ecc.*), zusammenballen.
agglomerato (*geol.*), Agglomerat (*n.*). 2 ~ **urbano** (*ed.*), städtisches Ballungsgebiet.
agglomerazione (*gen.*), Agglomeration (*f.*). 2 ~ (pallottizzazione, sinterazione, di minerali) (*min.*), Sinterung (*f.*). 3 ~ (*tecnol.*), Ballung (*f.*), Zusammenballung (*f.*). 4 ~ (sinterazione, di ceneri) (*comb.*), Sintern (*n.*). 5 ~ **del minerale** (sinterizzazione, pallottizzazione del minerale) (*min.*), Erzsinterung (*f.*).
agglutinabile (carbone p. es.) (*forno - comb. - ecc.*), backfähig.
agglutinabilità (di carbone p. es.) (*forno - comb. - ecc.*), Backfähigkeit (*f.*).
agglutinante (carbone foss.) (*comb.*), backend.
aggomitolare (*gen.*), zusammenballen.
aggottamento (prosciugamento, di un bacino p. es.) (*nav. - ecc.*), Leerpumpen (*n.*), Auspumpen (*n.*).

aggottare (un bacino p. es.) (*nav. - ecc.*), auspumpen. 2 ~ (una barca, con vuotazza) (*nav.*), ausschöpfen, entleeren.
aggraffare (lamiera) (*tecnol. mecc.*), falzen.
aggraffatrice (per lamiera) (*macch.*), Falzmaschine (*f.*). 2 ~ **rotativa** (per scatole di latta p. es.) (*macch.*), Rotationsfalzapparat (*m.*), Rotationsfalzmaschine (*f.*).
aggraffatura (graffatura, giunto per bordi di lamiere) (*tecnol. mecc.*), Falz (*m.*). 2 ~ (graffatura, di lamiere, operazione) (*tecnol. mecc.*), Falzen (*n.*). 3 ~ **doppia** (graffatura doppia, di lamiere) (*tecnol. mecc.*), doppelter Falz. 4 ~ **semplice** (graffatura semplice, di lamiere) (*tecnol. mecc.*), einfacher Falz.
aggravamento (appesantimento) (*gen.*), Erschwerung (*f.*). 2 ~ (aggravio, nella valutazione del lavoro) (*lav.*), Erschwernis (*n.*).
aggravante (*gen.*), erschwerend. 2 **circostanze aggravanti** (*leg.*), Erschwerungszustände (*m. pl.*).
aggravio (aggravamento, nella valutazione del lavoro) (*lav.*), Erschwernis (*n.*).
aggregato (*mat.*), *vedi* insieme. 2 ~ (per calcestruzzo, inerte) (*ed.*), Zuschlag (*m.*). 3 ~ **duro** (per calcestruzzo) (*ed.*), Harbetonstoff (*n.*). 4 ~ **finissimo** (con granulometria inferiore a 0,2 mm) (*ed.*), Feinstkorn (*n.*).
aggrovigliarsi (di fili) (*gen.*), sich verschlingen.
agibile (praticabile da persone, impalcatura, ecc.) (*ed.*), begehbar.
agire (*gen.*), wirken. 2 ~ **insieme** (cooperare) (*gen.*), mitwirken. 3 ~ **su** (avere effetto su, influenzare) (*gen.*), einwirken.
agitare (mescolare) (*gen.*), rühren, mischen, umrühren. 2 ~ (liquidi) (*ind.*), schütteln. 3 ~ (rimescolare, il bagno) (*fond.*), umrühren.
agitatore (*app.*), Aufrührer (*m.*), Rührer (*m.*). 2 ~ (asta, barra) (*att. fond.*), Rühreisen (*n.*), Rührstab (*m.*). 3 ~ (*app. - ind. chim.*), Rührapparat (*m.*). 4 ~ (per metalli fusi p. es.) (*app. metall. - ecc.*), Rührwerk (*n.*). 5 ~ **ad elica** (*app.*), Propellerrührer (*m.*). 6 ~ **a pale** (*app.*), Schaufelrührer (*m.*), Turborührer (*m.*).
agitazione (turbolenza, del bagno di metallo) (*metall.*), Durchwirblung (*f.*). 2 ~ (di operai) (*lav.*), Agitation (*f.*). 3 **agitazioni dei lavoratori** (*lav.*), Arbeiterunruhen (*f. pl.*). 4 ~ **del bagno** (*chim.*), Badbewegung (*f.*). 5 ~ **meccanica** (di un bagno metall.) (*fond. - metall.*), mechanische Durchwirblung. 6 ~ **termica** (*chim.*), thermische Bewegung. 7 ~ **termica** (rumore di agitazione termica) (*fis.*), Wärmerauschen (*n.*), Wärmegeräusch (*n.*). 8 **rumore di** ~ **termica** (agitazione termica) (*fis.*), Wärmegeräusch (*n.*), Wärmerauschen (*n.*).
ago (per cucire) (*ind. tess. - ut.*), Nadel (*f.*), Nähnadel (*f.*). 2 ~ (del deviatoio, ago dello scambio) (*ferr.*), Zunge (*f.*), Leitzunge (*f.*). 3 ~ (spillo, per tirate d'aria) (*ut. fond.*) Spiess (*m.*), Luftspiess (*m.*). 4 ~ (del polverizzatore) (*mot. Diesel - ecc.*), Nadel (*f.*), Düsennadel (*f.*). 5 ~ **a linguetta** (di una macchina per maglieria) (*macch. tess.*), Zungennadel (*f.*). 6 ~ **cavo** (da siringa) (*att. med.*), Hohlnadel (*f.*), Kanüle (einer Spritze). 7 ~ **da macchina** (per cucire) (*ind. tess. -*

agraffatura

ut.), Maschinennadel (*f.*), Nähnadel (*f.*). **8 ~ da maglia** (*ut.*), Stricknadel (*f.*). **9 ~ da rete** (*ut.*), Netznadel (*f.*), Filetnadel (*f.*), Schütznadel (*f.*). **10 ~ da ricamo** (*ut.*), Sticknadel (*f.*). **11 ~ da sellaio** (ago per cuoio) (*ut.*), Ledernadel (*f.*), Sattlernadel (*f.*). **12 ~ del carburatore** (spina del carburatore) (*mot. - aut.*), Vergasernadel (*f.*). **13 ~ del deviatoio** (ago dello scambio) (*ferr.*), Weichenzunge (*f.*). **14 ~ del galleggiante** (valvola ad ago per entrata combustibile, di un carburatore) (*mot.*), Schwimmernadel (*f.*). **15 ~ del getto** (di un carburatore) (*mot.*), Düsennadel (*f.*). **16 ~ della bussola** (*strum.*), Kompassnadel (*f.*). **17 ~ del polverizzatore** (di un mot. Diesel) (*mot.*), Düsennadel (*f.*). **18 ~ magnetico** (*strum.*), Magnetnadel (*f.*). **19 ~ per bruciatore** (*comb.*), Brennernadel (*f.*), Düsennadel (*f.*). **20 ~ per cucire** (*ind. tess.*), Nähnadel (*f.*). **21 ~ per cuoio** (ago da sellaio) (*ut.*), Ledernadel (*f.*), Sattlernadel (*f.*). **22 ~ per reti** (spola) (*tess.*), Filetnadel (*f.*). **23 gambo dell' ~** (*gen.*), Nadelschaft (*m.*). **24 infila-aghi** (d'una macchina per cucire) (*macch.*), Einfädler (*m.*). **25 rotaia ad ~** (di un deviatoio) (*ferr.*), Zungenschiene (*f.*). **26 spia della posizione degli aghi** (dello scambio) (*ferr.*), Zungenprüfer (*m.*). **27 tirante di scartamento degli aghi** (dello scambio) (*ferr.*), Zungenverbindungsstange (*f.*). **28** (valvola ad) ~ **per entrata combustibile** (ago del galleggiante, di un carburatore) (*mot.*), Schwimmernadel (*f.*).

agraffatura (*tecnol.*), vedi aggraffatura.

agrario (*agric.*), landwirtschaftlich. **2 riforma agraria** (*agric.*), Bodenreform (*f.*).

agricolo (*agric.*), landwirtschaftlich.

agricoltura (*agric.*), Landwirtschaft (*f.*), Ackerbau (*m.*).

agrimensore (geometra) (*lav.*), Vermesser (*m.*), Vermessungsingenieur (*m.*), Geometer (*m.*).

agronomia (*agric.*), Ackerbaukunde (*f.*).

agronomo (*agric.*), Ackerbaukundiger (*m.*), Agrarwirtschaftler (*m.*).

agugliotto (del timone) (*nav.*), Ruderhaken (*m.*), Ruderstift (*m.*).

aguzzo (appuntito, a punta) (*gen.*), spitz.

aia (*agric.*), Dreschtenne (*f.*).

aiuola (*ed. - ecc.*), Beet (*n.*). **2 ~ centrale** (spartitraffico, di un'autostrada) (*costr. strad.*), Rasenstreifen (*m.*), Mittelstreifen (*m.*).

aiutante (assistente) (*pers. - lav.*), Gehilfe (*m.*). **2 ~** (aiuto) (*lav.*), Hilfsarbeiter (*m.*).

aiuto (aiutante) (*lav.*), Hilfsarbeiter (*m.*). **2 ~ in conto capitale** (*finanz.*), Finanzhilfe (*f.*). **3 ~ macchinista** (*lav. ferr.*), Beimann (*m.*).

aiutoregista (*cinem.*), Regieassistent (*m.*).

ala (*gen.*), Flügel (*m.*). **2 ~** (superficie portante) (*aer.*), Flügel (*m.*), Tragfläche (*f.*). **3 ~** (di un edificio) (*ed.*), Flügel (*m.*). **4 ~** (edificio d'ala) (*ed.*), Seitengebäude (*n.*). **5 ~** (di un profilato) (*ind. metall.*), Flansch (*m.*), Schenkel (*m.*). **6 ~** (lato, di un angolare) (*ind. metall.*), Schenkel (*m.*). **7 ~** (fianco, gamba, lembo, di una piega) (*geol.*), Schenkel (*m.*), Flügel (*m.*). **8 ~** (di uno schieramento di truppe) (*milit.*), Flügel (*m.*). **9 ~** (nel gioco del calcio) (*sport*), Aussenstürmer (*m.*). **10 ~ a botte** (ala anulare) (*aer.*), Ringflügel (*m.*). **11 ~ ad apertura variabile** (*aer.*), Ausziehflügel (*m.*). **12 ~ a delta** (*aer.*), Deltaflügel (*m.*), Dreieckflügel (*m.*). **13 ~ ad incidenza variabile** (*aer.*), Verstellflügel (*m.*). **14 ~ a falce** (*aer.*), Sichelflügel (*m.*). **15 ~ a fessura** (*aer.*), Schlitzflügel (*m.*), Spaltflügel (*m.*). **16 ~ a freccia** (di un aeroplano) (*aer.*), Pfeilflügel (*m.*), pfeilförmiger Flügel. **17 ~ a freccia positiva** (*aer.*), positiver Pfeilflügel. **18 ~ a freccia variabile** (che gira intorno all'asse verticale) (*aer.*), Schwenkflügel (*m.*). **19 ~ a gabbiano** (*aer.*), Möwentragfläche (*f.*). **20 ~ a longherone multiplo** (*aer.*), Mehrholmtragfläche (*f.*). **21 ~ anulare** (*aer.*), Ringflügel (*m.*). **22 ~ a sbalzo** (di un aeroplano) (*aer.*), freitragender Flügel, Auslegerflügel (*m.*). **23 ~ a semisbalzo** (*aer.*), halbfreitragender Flügel. **24 ~ battente** (*aer.*), Schlagflügel (*m.*). **25 ~ con ipersostentatore** (*aer.*), Klappenflügel (*m.*). **26 ~ continua** (*aer.*), durchgehende Tragfläche. **27 ~ esterna** (*aer.*), Endflügel (*m.*), Aussenflügel (*m.*). **28 ~ fissa** (non rotante) (*aer.*), Starrflügel (*m.*). **29 ~ Fowler** (ala con ipersostentatore ad uscita tipo Fowler) (*aer.*), Fowler-Flügel (*m.*), Tragflügel mit Fowler-Klappe. **30 ~ ovale** (*aer.*), Ovalflügel (*m.*). **31 ~ ripiegabile** (*aer.*), Klappflügel (*m.*), Schwenkflügel (*m.*). **32 ~ ripiegabile verso l'alto** (*aer.*), Hochklappflügel (*m.*). **33 ~ rotante** (*aer.*), Drehflügel (*m.*), Umlaufflügel (*m.*). **34 ~ sottile** (*aer.*), dünner Flügel. **35 ~ spessa** (*aer.*), dicker Flügel. **36 ~ svergolabile** (*aer.*), verwindbarer Flügel. **37 ~ trapezia** (*aer.*), Trapezflügel (*m.*). **38 ~ volante** (apparecchio tuttala) (*aer.*), Nurflügelflugzeug (*n.*). **39 svergolamento dell'~** (*aer.*), Flügelverwindung (*f.*). **40 ventre dell'~** (*aer.*), Flügelunterseite (*f.*).

alabastro (*min.*), Alabaster (*m.*). **2 falso ~** (gesso allumato) (*ed.*), Marmorgips (*m.*).

alafuori (*nav.*), Ausholer (*m.*).

alaggio (*nav.*), Treideln (*n.*), Treidelung (*f.*). **2 ~ a secco** (messa a secco, di una barca) (*nav.*), Slippen (*n.*). **3 carrello di ~ per idrovolanti** (*aer.*), Wasserflugzeugschleppwagen (*m.*). **4 scalo di ~** (*nav.*), Aufschleppe (*f.*), Slip (*m.*). **5 scalo per ~ longitudinale** (*nav.*), Längsaufschleppe (*f.*). **6 scalo per ~ trasversale** (*nav.*), Queraufschleppe (*f.*), Querslip (*m.*). **7 verricello di ~** (*nav.*), Verholspill (*n.*).

alambicco (storta) (*app. chim.*), Destillierblase (*f.*), Destillierkolben (*m.*).

alare (*v. - nav.*), treideln. **2 ~ alla fonda** (una nave) (*nav.*), verholen. **3 ~ fuori** (*nav.*), ausholen. **4 ~ giù** (*nav.*), niederholen.

albedo (fattore di riflessione diffusa) (*ott.*), Hellbezugswert (*m.*), Albedo (*f.*).

alberare (*nav.*), bemasten.

alberatura (*nav.*), Bemastung (*f.*).

alberetto (tronco più alto degli alberi) (*nav.*), Oberstenge (*f.*). **2 ~ di belvedere** (*nav.*), Kreuzbramstenge (*f.*).

albergo (*ed.*), Gasthof (*m.*), Gasthaus (*n.*).

alberino (*mecc. - ecc.*), Welle (*f.*), Spindel (*f.*). **2 ~ del distributore** (*elett. - aut.*), Zündverteilerspindel (f.), Verteilerantriebsspindel (f.).

albero (per la trasmissione di coppie) (mecc.), Welle (f.). 2 ~ (legno), Baum (m.). 3 ~ (di una nave) (nav.), Mast (m.). 4 ~ (mandrino, portafresa o portapezzo p. es.) (macch. ut.), Dorn (m.). 5 ~ (grafo connesso senza cicli) (mat.), Baum (m.). 6 ~ **a camme** (mecc. -mot.), Nockenwelle (f.). 7 ~ **a camme** (d'un tornio) (macch. ut.), Steuerwelle (f.). 8 ~ **a camme in testa** (mot.), obenliegende Nockenwelle. 9 ~ **a doppia manovella** (albero a due manovelle) (mot.), doppelt gekröpfte Welle. 10 ~ **a doppio snodo cardanico** (mecc.), Doppelgelenkwelle (f.). 11 ~ **a gomiti** (albero a manovelle) (mot.), Kurbelwelle (f.). 12 ~ **a gomiti scomponibile** (mot.), gebaute Kurbelwelle. 13 ~ **a gomiti su cinque supporti di banco** (mot.), fünfmal gelagerte Kurbelwelle. 14 ~ **a gomiti su sette supporti di banco** (mot.), siebenfach gelagerte Kurbelwelle. 15 ~ **a manovella** (di un motore stellare p. es.) (aer. - mot.), Kurbelwelle (f.). 16 ~ **articolato** (mecc.), Gelenkwelle (f.). 17 ~ **a sei manovelle** (mot.), sechshübige Kurbelwelle. 18 ~ **a torre** (di un battello antincendi) (nav.), Turmmast (m.). 19 ~ **a tre manovelle** (mot.), dreikurbelige Welle. 20 ~ **base** (per accoppiamenti) (mecc.), Einheitswelle (f.). 21 ~ **cardanico** (albero snodato, trasmissione snodata) (mecc. - aut.), Gelenkwelle (f.), Kardanwelle (f.). 22 ~ **cavo** (mecc.), hohle Welle, ausgebohrte Welle. 23 ~ **cavo** (ferr. elett.), Hohlachswelle (f.). 24 ~ **condotto** (mecc.), getriebene Welle, Abtriebswelle (f.). 25 ~ **conduttore** (mecc. - macch.), Antriebswelle (f.). 26 ~ **con gradini** (albero con spallamenti) (mecc.), abgesetzte Welle. 27 ~ **con settore dentato** (di uno sterzo) (aut.), Segmentwelle (f.). 28 ~ **con spallamenti** (albero con gradini) (mecc.), abgesetzte Welle. 29 ~ **con spallamento** (mecc.), Bundwelle (f.). 30 ~ **decisionale** (organ.), Entscheidungsbaum (m.). 31 ~ **dei cuori** (albero secondario, albero di comando della navetta, nelle macchine tessili) (macch. tess.), Unterwelle (f.), Schlagwelle (f.). 32 ~ **del braccio comando sterzo** (aut.), Lenkwelle (f.). 33 ~ **della distribuzione** (mot.), Steuerwelle (f.). 34 ~ **della retromarcia** (mecc.), Umsteuerungswelle (f.), Rücklaufwelle (f.). 35 ~ **dell'elica** (albero portaelica) (nav. - aer.), Propellerwelle (f.), Schraubenwelle (f.). 36 ~ **dell'indotto** (elett.), Ankerwelle (f.). 37 ~ **dell'ingranaggio della retromarcia** (di un cambio) (aut.), Rücklaufwelle (f.). 38 ~ **dello sterzo** (aut.), Lenkspindel (f.). 39 ~ **del rotore** (macch. elett.), Ankerwelle (f.). 40 ~ **dentato** (mecc.), Zahnwelle (f.). 41 ~ **dentato con profilo ad evolvente** (mecc.), Zahnwelle mit Evolventenflanken. 42 ~ **di contromezzana** (nav.), Kreuzmarsstenge (f.). 43 ~ **di fortuna** (nav.), Notmast (m.). 44 ~ **di gabbia** (nav.), Stenge (f.), Marsstenge (f.). 45 ~ **di mezzana** (nav.), Besanmast (m.), Besanstenge (f.). 46 ~ **di rinvio** (contralbero) (mecc.), Vorgelegewelle (f.). 47 ~ **di rinvio da soffitto** (mecc. - ed.), Deckenvorgelege (n.). 48 ~ **di trasmissione** (mecc.), Getriebewelle (f.), Antriebswelle (f.). 49 ~ **di trasmissione** (aut.), Hauptwelle (f.). 50 ~ **di trinchetto** (nav.), Fockmast (m.), Vormast (m.). 51 ~ **di uscita** (mecc.), Abtriebswelle (f.). 52 ~ **eccentrico** (macch.), Exzenterwelle (f.). 53 ~ **eccentrico** (di un motore a stantuffo rotante) (mot.), Exzenterwelle (f.). 54 ~ **elettrico** (sincro, sincronizzatore, app. costituito da un generatore ed un motore per ottenere un movimento sincrono) (app. elett.), Syncro (n.), Synchrongerät (n.). 55 ~ **flangiato** (mecc.), Flanschwelle (f.). 56 ~ **flessibile** (trasmissione flessibile) (mecc.), biegsame Welle. 57 ~ **intermedio** (contralbero, del cambio p. es.) (aut. - ecc.), Vorgelege (n.), Vorgelegewelle (f.). 58 ~ **intermedio** (di una linea d'assi p. es.) (mecc. - nav.), Zwischenwelle (f.). 59 ~ **lancianavetta** (albero secondario, albero dei cuori) (macch. tess.), Schlagwelle (f.), Unterwelle (f.). 60 ~ **maestro** (nav.), Grossmast (m.), Mittelmast (m.). 61 ~ **motore** (mecc.), Antriebswelle (f.), Triebwelle (f.). 62 ~ **operatore** (fuso operatore) (lav. macch. ut.), Arbeitsspindel (f.), Werkstückantriebswelle (f.). 63 ~ **oscillante** (mecc.), oszillierende Welle, schwingende Welle, Schaukelwelle (f.). 64 ~ **per la divisione** (lav. macch. ut.), Teilwelle (f.). 65 ~ **pieno** (mecc.), volle Welle, Vollwelle (f.). 66 ~ **portaelica** (aer. - nav.), Propellerwelle (f.). Schraubenwelle (f.). 67 ~ **portaelica** (aer.), Luftschraubenwelle (f.). 68 ~ **portaelica** (albero dell'elica) (nav.), Propellerwelle (f.), Schraubenwelle (f.). 69 ~ **portafresa** (mandrino portafresa) (macch. ut.), Fräserdorn (m.). 70 ~ **portalame** (di macchine per lavorazione del legno e delle materie plastiche) (macch.), Messerwelle (f.). 71 ~ **presa diretta** (del cambio) (aut.), Antriebswelle (f.). 72 ~ **primario** (del cambio) (aut.), Hauptwelle (f.). 73 ~ **scanalato** (albero a profilo scanalato) (mecc.), Keilwelle (f.). 74 ~ **scorrevole** (mecc. - aut.), Schiebewelle (f.), Schubwelle (f.). 75 ~ **secondario** (di un cambio) (aut.), Vorgelegewelle (f.). 76 ~ **secondario** (albero dei cuori, albero di comando della navetta, nelle macchine tessili) (macch. tess.), Unterwelle (f.), Schlagwelle (f.). 77 ~ **snodato** (trasmissione snodata, albero cardanico) (mecc. - aut.), Gelenkwelle (f.), Kardanwelle (f.). 78 ~ **snodato omocinetico** (trasmissione snodata omocinetica) (mecc.), Gleichlaufgelenkwelle (f.). 79 ~ **striato** (albero a profilo Whitworth) (mecc.), Kerbzahnwelle (f.). 80 ~ **telescopico** (mecc.), ausziehbare Welle. 81 ~ **torsiometrico** (mecc.), Drehmomentmesswelle (f.). 82 **astuccio dell'~ portaelica** (astuccio dell'albero dell'elica) (nav.), Wellenaustrittsrohr (n.), Wellenhose (f.). 83 **braccio dell'~ portaelica** (nav.), Wellenbock (m.). 84 **collare dell'~** (mecc.), Wellenbund (m.). 85 **estremità d'~** (codolo) (mecc.), Wellenstummel (m.), Wellenende (n.). 86 **estremità sporgente dell'~** (mecc.), vorstehendes Wellenende. 87 **giunto per alberi** (mecc.), Wellenkupplung (f.). 88 **guarnizione ad anello per alberi** (mecc.), Wellendichtring (m.). 86 **guarnizione per alberi** (mecc.), Wellendichtung (f.). 90 **linea d'alberi** (mecc. - nav.), Wellenleitung (*f.*). **91 matrice ad ~** (*mat. - ecc.*), Baummatrix (*f.*). **92 mettere gli alberi** (*nav.*), bemasten. **93 profilo per alberi dentati** (*mecc.*), Zahnwellenprofil (*n.*). **94 profilo per alberi dentati con fianchi ad evolvente** (*mecc.*), Zahnwellenprofil mit Evolventenflanken. **95 rotore ad ~** (d'un compressore assiale) (*macch.*), Wellenläufer (*m.*). **96 snodo per alberi** (*mecc.*), Wellengelenk (*n.*).

albo (per l'affissione di comunicati, ordini, ecc., in una fabbrica p. es.) (*ind. - ecc.*), Anschlagbrett (*n.*). **2 mettere all'~** (notificare mediante affissione) (*gen.*), anschlagen.

albumina (*chim. - fotomecc.*), Albumin (*n.*), Eiweisstoff (*m.*). **2 procedimento all'~** (*fotomecc.*), Albuminverfahren (*n.*).

alburno (strato di legno sotto la corteccia) (*legno*), Splint (*m.*).

alcale (*chim.*), Alkali (*n.*). **2 resistente agli alcali** (carta p. es.) (*chim.*), alkalibeständig.

alcali-cellulosa (*ind. chim.*), Alkalizellulose (*f.*).

alcalimetria (*chim.*), Alkalimetrie (*f.*).

alcalimetro (*strum. chim.*), Alkalimeter (*n.*).

alcalinità (basicità) (*chim.*), Alkalinität (*f.*), Alkalität (*f.*). **2 ~ caustica** (basicità caustica) (*chim.*), Ätzalkalität (*f.*). **3 ~ da carbonato** (basicità da carbonato) (*chim.*), Karbonatalkalität (*f.*), Carbonatalkalität (*f.*). **4 ~ determinata con fenolftaleina** (*chim.*), Phenolphthalein-Alkalität, p-Wert. **5 ~ determinata con metilarancio** (*chim.*), Methylorange-Alkalität (*m.*), m-Wert (*m.*). **6 indice di ~** (indice di basicità, dell'acqua per caldaie) (*cald. - chim.*), Natronzahl (*f.*), Alkalitäts-Index (*m.*).

alcalinizzare (*chim.*), alkalisieren.

alcalinizzazione (*chim.*), Alkalisierung (*f.*).

alcalino (basico) (*chim.*), alkalisch, ablaugend. **2 batteria alcalina** (*elett.*), alkalischer Sammler. **3 reazione alcalina** (*chim.*), alkalische Reaktion. **4 soluzione alcalina** (*chim.*), Alkalilösung (*f.*).

alcaloide (base organica vegetale) (*chim.*), Alkaloid (*n.*).

alcatron (semiconduttore ad effetto di campo) (*elettronica*), Alcatron (*n.*).

alchenilchetone (*chim.*), Alkenylketon (*n.*).

alchidica (resina alchidica) (*chim.*), Alkydharz (*n.*). **2 ~ corto olio** (resina alchidica corto olio) (*vn.*), kurzöliges Alkydharz. **3 ~ lungo olio** (resina alchidica lungo olio) (*vn.*), langöliges Alkydharz.

alchilazione (reazione) (*chim.*), Alkylierung (*f.*).

alchile (*chim.*), Alkyl (*n.*), Alphyle, Alkyle.

alclad (lamiera di alluminio rivestita di alluminio puro) (*metall.*), Alkladblech (*n.*).

alcool (*ind. chim.*), Alkohol (*m.*). **2 ~ allilico** (*chim.*), Allylalkohol (*m.*). **3 ~ amilico** (*chim.*), Amylalkohol (*m.*). **4 ~ assoluto** (*chim.*), absoluter Alkohol. **5 ~ butilico** (C_4H_9OH) (*chim.*), Butylalkohol (*m.*). **6 ~ da bietola** (*ind. chim.*), Rübenalkohol (*m.*). **7 ~ denaturato** (*farm.*), denaturierter Alkohol. **8 ~ di grano** (*chim.*), Kornalkohol (*m.*). **9 ~ etilico** (C_2H_5OH) (*chim.*), Äthylalkohol (*m.*), Weingeist (*m.*). **10 ~ metilico** ($CH_3.OH$) (metanolo) (*chim.*), Methanol (*n.*), Methylalkohol (*m.*), Holzalkohol (*m.*), Holzgeist (*m.*). **11 ~ metilico** (CH_3OH) (carbinolo) (*chim.*), Karbinol (*n.*).

alcoolico (*chim.*), alkoholisch.

alcoolometria (*chim.*), Alkoholometrie (*f.*).

alcoolometro (*strum.*), Branntweinwaage (*f.*), Alkoholometer (*n.*). **2 ~ a tensione di vapore** (per la determinazione del contenuto alcoolico di liquidi) (*att.*), Vaporimeter (*n.*).

alcova (*arch.*), Alkoven (*m.*).

aldeide (*chim.*), Aldehyd (*n.*). **2 ~ formica** (H-COH) (formaldeide) (*chim.*), Formaldehyd (*n.*).

aldrey (lega di alluminio col 0,5% di magnesio) (*lega*), Aldrey (*n.*).

aleatorio (*gen.*), Zufalls... **2 deriva aleatoria** (nei giroscopi) (*navig.*), Zufalls-Auswanderung (*f.*).

alerone (*aer.*), vedi alettone.

alesaggio (diametro interno, di un cilindro per es.) (*mecc. - mot. - ecc.*), Bohrung (*f.*).

alesare (barenare, su alesatrice) (*operaz. macch. ut.*), bohren, ausbohren. **2 ~** (a mano, con alesatore) (*mecc.*), reiben, ausreiben. **3 ~ di precisione** (*mecc.*), feinbohren. **4 utensile per ~** (a macchina) (*ut.*), Bohrstahl (*m.*).

alesato (a mano) (*mecc.*), aufgerieben. **2 ~** (su alesatrice) (*lav. macch. ut.*), ausgebohrt.

alesatoio (alesatore, allisciatoio) (*ut.*), Reibahle (*f.*). **2 ~** (*ut.*), vedi anche alesatore. **3 ~ elicoidale** (*ut.*), Schälreibahle (*f.*). **4 ~ finitore** (*ut.*), Fertigreibahle (*f.*). **5 ~ oscilante** (*ut.*), Pendelreibahle (*f.*).

alesatore (alesatoio, allisciatoio) (*ut.*), Reibahle (*f.*). **2 ~** (operaio) (*lav. - macch. ut.*), Bohrwerker (*m.*). **3 ~** (a macchina, utensile per alesare a macchina) (*ut.*), Bohrstahl (*m.*). **4 ~ a denti diritti** (alesatore a scanalature diritte) (*ut.*), Reibahle mit geraden Zähnen. **5 ~ a lame registrabili** (alesatore ritarabile) (*ut.*), nachstellbare Reibahle. **6 ~ a macchina** (*ut.*), Bohrstahl (*m.*), Maschinenreibahle (*f.*). **7 ~ a manicotto** (*ut.*), Aufsteckreibahle (*f.*). **8 ~ a manicotto a lame avvitate** (*ut.*), Aufsteckreibahle mit angeschraubten Messern. **9 ~ a manicotto a lame riportate** (*ut.*), Aufsteckreibahle mit eingesetzten Messern. **10 ~ a mano** (*ut.*), Handreibahle (*f.*). **11 ~ a scanalature diritte** (alesatore a denti diritti) (*ut.*), Reibahle mit geraden Zähnen. **12 ~ a scanalature elicoidali** (*ut.*), Reibahle mit schraubenförmig gewundenen Nuten. **13 ~ cilindrico** (*ut.*), zylindrische Reibahle. **14 ~ conico** (*ut.*), Kegelreibahle (*f.*). **15 ~ elicoidale a manicotto** (*ut.*), Aufsteckschälreibahle (*f.*). **16 ~ espansibile** (*ut.*), Spreizreibahle (*f.*). **17 ~ espansibile** (alesatore a lame registrabili, alesatore ritarabile) (*ut.*), nachstellbare Reibahle. **18 ~ finitore** (*ut.*), Fertigreibahle (*f.*), Nachreibahle (*f.*). **19 ~ fisso** (*ut.*), feste Reibahle. **20 ~ frontale** (*ut.*), Grundreibahle (*f.*). **21 ~ per fori di chiodature** (*ut.*), Nietlochreibahle (*f.*). **22 ~ per macchina** (*ut.*), Maschinenreibahle (*f.*). **23 ~ per macchina a lame regolabili** (*ut.*), Maschinenreibahle mit nachstellbaren Schneiden. **24 ~ per sgrossare** (alesatore sgrossatore) (*ut.*), Vorreibahle (*f.*). **25 ~ registrabile** (*ut.*), nachstellbare Reibahle. **26** ~ **ritarabile** (*ut.*), nachstellbare Reibahle. **27** ~ **sgrossatore** (*ut.*), Vorreibahle (*f.*). **28 affilatrice per alesatori** (*macch. ut.*), Reibahlenwetzmaschine (*f.*). **29 allargare con** ~ (un foro) (*mecc.*), aufreiben.

alesatrice (*macch. ut.*), Bohrmaschine (*f.*), Bohrwerk (*n.*). **2** ~ **a coordinate** (tracciatrice) (*macch. ut.*), Koordinatenbohrmaschine (*f.*), Koordinatenbohrwerk (*n.*). **3** ~ **a coordinate ottica** (*macch. ut.*), optische Koordinaten-Bohrmaschine. **4** ~ **di precisione** (*macch. ut.*), Feinbohrmaschine (*f.*), Präzisionsbohrmaschine (*f.*), Feinbohrwerk (*n.*). **5** ~ **-fresatrice** (*macch. ut.*), Bohr- und Fräsmaschine (*f.*). **6** ~ **-fresatrice orizzontale** (*macch. ut.*), Waagrecht-Bohr- und Fräsmaschine (*f.*). **7** ~ **orizzontale** (*macch. ut.*), Waagerechtbohrmaschine (*f.*). **8** ~ **per boccole** (*macch. ut.*), Achslagerbohrmaschine (*f.*), Achslagerbohrwerk (*n.*). **9** ~ **per cilindri** (*macch. ut.*), Zylinderbohrmaschine (*f.*). **10** ~ **per fori profondi** (nella quale l'utensile è fisso mentre gira il pezzo) (*macch. ut.*), Tieflochbohrmaschine (*f.*). **11** ~ **per maschere** (tracciatrice) (*macch. ut.*), Vorrichtungsbohrmaschine (*f.*). **12** ~ **verticale a coordinate** (*macch. ut.*), Vertikal-Koordinatenbohrwerk (*n.*). **13 tavola per** ~ (*macch. ut.*), Bohrtisch (*m.*). **14 tavola per** ~ **a coordinate** (*macch. ut.*), Koordinatenbohrtisch (*m.*).

alesatura (su alesatrici) (*lavoraz. macch. ut.*), Bohrarbeit (*f.*), Ausbohren (*n.*). **2** ~ (con alesatore) (*mecc.*), Reiben (*n.*). **3** ~ **a coordinate** (con tracciatrice) (*mecc.*), Koordinatenbohren (*n.*), Lehrenbohren (*n.*). **4** ~ **a riproduzione** (*lavoraz. macch. ut.*), Kopierbohren (*n.*), Nachformbohren (*n.*). **5** ~ **di precisione** (*operaz. macch. ut.*), Feinbohren (*n.*). **6** ~ **-microfinitura** (*lav. macch. ut.*), Bohrhonen (*n.*). **7 operazione di** ~ (*lav. macch. ut.*), Ausbohrarbeit (*f.*).

aletta (di un tubo, per riscaldamento p. es.) (*tubaz.*), Rippe (*f.*). **2** ~ (alula, situata anteriormente alla superficie portante e destinata ad aumentare la portanza) (*aer.*), Vorflügel (*m.*). **3 alette antirollio** (alette di rollio) (*nav.*), Schlingerflossen (*f. pl.*). **4** ~ **compensatrice del timone di direzione** (compensatore del timone di direzione) (*aer.*), Seitenrudertrimmklappe (*f.*). **5** ~ **correttrice dell'alettone** (correttore dell'alettone) (*aer.*), Querrudertrimmklappe (*f.*), Querruderausgleichklappe (*f.*). **6** ~ **di compensazione** (**compensatore**) (*aer.*), Hilfsflügel (*m.*), Trimmklappe (*f.*), Ausgleichklappe (*f.*). **7** ~ **di compensazione dell'alettone** (*aer.*), Querruderausgleichklappe (*f.*), Querrudertrimmklappe (*f.*). **8** ~ **di raffreddamento** (nervatura di raffreddamento) (*mecc. - ecc.*), Kühlrippe (*f.*). **9** ~ **di raffreddamento** (d'un elettrodo) (*elettronica*), Kühlflügel (*m.*). **10** ~ **di rollio** (chiglia di rollìo) (*nav.*), Seitenkiel (*m.*), Kimmkiel (*m.*), Schlingerkiel (*m.*). **11** ~ **di trascinamento** (dente di trascinamento, d'una punta elicoidale p. es.) (*ut.*), Mitnehmerlappen (*m.*), Austreiblappen (*m.*). **12** ~ **Flettner** (*aer.*), Flettnerruder (*n.*), Flettnerhilfsruder (*n.*). **13** ~ **Handley-Page** (alula) (*aer.*), Handely-Page-Spaltflügel (*m.*), Vorflügel (*m.*).

alettare (un tubo p. es.) (*term.*), rippen.

alettato (*tubaz. - ecc.*), berippt, gerippt.

alettatura (dei cilindri di un mot. raffreddato ad aria p. es.) (*mot. - ecc.*), Verrippung (*f.*).

alettone (*aer.*), Querruder (*n.*), Verwindungsklappe (*f.*). **2** ~ (di un'auto da corsa) (*aut. - sport*), Flügel (*m.*). **3** ~ **a fessura** (*aer.*), Spaltquerruder (*n.*). **4** ~ **compensato** (*aer.*), ausgeglichenes Querruder. **5 con** ~ (vettura da corsa) (*aut. - sport*), beflügelt, geflügelt.

alfa (*radioatt. - ecc.*), Alpha (*n.*). **2 particella** ~ (*fis. atom.*), Alphateilchen (*n.*).

alfabetico (*tip.*), alphabetisch.

alfabeto (*tip. - ecc.*), Alphabet (*n.*), Schrift (*f.*). **2** ~ **a cinque unità** (*telef.*), Fünferalphabet (*n.*). **3** ~ **Baudot** (codice Baudot) (*telegr.*), Baudot-Alphabet (*n.*). **4** ~ **Morse** (*telegr. - ecc.*), Morsealphabet (*n.*), Morseschrift (*f.*).

alfanumerico (codice p. es.) (*calc. - mat.*), alphanumerisch. **2 numero** ~ (successione di lettere e numeri) (*mat.*), alphanumerische Nummer.

alfanumero (sequenza di lettere) (*mat.*), Alphanummer (*f.*).

alfòl (isolamento alfòl, mediante fogli di alluminio) (*term.*), Alfol-Isolierung (*f.*).

alga (*mar.*), Tang (*m.*), Seetang (*m.*), Alge (*f.*).

algebra (*mat.*), Algebra (*f.*). **2** ~ **booleana** (algebra di Boole, algebra logica) (*mat. - ecc.*), Boolesche Algebra. **3** ~ **degli eventi** (*mat.*), Ereignisalgebra (*f.*). **4** ~ **di Boole** (algebra booleana) (*mat. - ecc.*), Boolesche Algebra. **5** ~ **di commutazione** (algebra di Boole applicata alla tecnica dei circuiti) (*mat. - calc.*), Schaltalgebra (*f.*). **6** ~ **logica** (algebra di Boole, algebra booleana) (*mat.*), logische Algebra, Boolesche Algebra. **7** ~ **primitiva** (*mat.*), Divisionsalgebra (*f.*).

algebrico (*mat.*), algebraisch.

ALGOL (linguaggio algoritmico) (*calc.*) ALGOL.

algoritmico (*mat.*), algoritmisch.

algoritmo (*mat.*), Algorithmus (*m.*).

algrafia (stampa planografica su lastra d'alluminio) (*litografia*), Algraphie (*f.*), Aluminiumdruck (*m.*).

aliante (veleggiatore) (*aer.*), Segelflugzeug (*n.*), Segler (*m.*), Gleiter (*m.*). **2** ~ **da carico** (rimorchiato) (*aer. - milit.*), Lastensegler (*m.*), Lastengleiter (*m.*).

alibattente (ornitottero) (*aer.*), Schwingenflugzeug (*n.*), Schlagflügelflugzeug (*n.*).

alicne (piano nello spazio cromatico nel quale tutti i colori hanno luminanza zero) (*Ott.*), Alychne (*f.*).

alidada (*strum.*), Alhidade (*f.*).

alienazione (di beni patrimoniali p. es.) (*amm.*), Abgang (*m.*).

alifatico (*chim.*), aliphatisch. **2 serie alifatica** (*chim.*), aliphatische Reihe.

alimentare (corrente p. es.) (*v. - elett. - ecc.*), speisen, versorgen. **2** ~ (un forno p. es.) (*fond.*), beschicken, aufschütten. **3** ~ (un motore a c. i. con combustibile) (*mot.*), fördern, versorgen. **4** ~ (con acqua, una caldaia p. es.) (*cald. - ecc.*), speisen. **5** ~ (far avanzare radialmente, una mola p. es.)

alimentato

(*lav. macch. ut.*), zustellen. **6** ~ (una turbina con vapore p. es.) (*macch.*), beaufschlagen. **7** ~ (un getto) (*fond.*), speisen, nachgiessen. **8** ~ **il fuoco** (*comb.*), feuern.

alimentato (*gen.*), gespeist. **2** ~ **dalla rete** (*elett.*), netzbetrieben. **3** ~ **da pile a combustione** (*elett.*), brennstoffzellengespeist.

alimentatore (*app.*), Speiseapparat (*m.*), Speiser (*m.*), Aufgeber (*m.*). **2** ~ (di una pressa p. es.) (*macch. - mecc.*), Ladevorrichtung (*f.*), Zuführer (*m.*), Zubringer (*m.*). **3** ~ (della lamiera) (*lav. lamiera*), Vorschubapparat (*m.*). **4** ~ (*app. elett.*), Speisegerät (*n.*). **5** ~ (feeder, cavo di alimentazione) (*elett.*), Speiseleitung (*f.*), Feeder (*m.*), **6** ~ (stabilizzatore, ballast; per stabilizzare la scarica nelle lampade a scarica elettrica) (*illum.*), Vorschaltgerät (*n.*). **7** ~ (*trasp. ind.*), Speicherförderer (*m.*), Speiser (*m.*), Aufgeber (*m.*). **8** ~ (materozza) (*fond.*), Speiser (*m.*), Saugmassel (*m.*). **9** ~ (della griglia) (*app. - comb.*), Beschicker (*m.*). **10** ~ (*ind. vetro*), Speiser (*m.*). **11** ~ **a coclea** (*trasp. ind.*), Speiseschnecke (*f.*). **12** ~ **a disco** (di un trasportatore) (*trasp. ind.*), Telleraufgeber (*m.*). **13** ~ **a moto alternativo** (*trasp. ind.*), Schubaufgeber (*m.*), Schubspeiser (*m.*). **14** ~ **a moto alternato** (di una pressa) (*lav. lamiera*), Schieber (*m.*). **15** ~ **a nastro** (*macch. ind.*), Bandspeiser (*m.*), Bandbeschicker (*m.*), Bandaufgeber (*m.*). **16** ~ **a pinza** (*lav. lamiera*), Zangenvorschubapparat (*m.*), Greifervorschubapparat (*m.*). **17** ~ **a pinza** (pinza di avanzamento, per le barre p. es.) (*macch. ut.*), Zangenvorschubeinrichtung (*f.*). **18** ~ **della griglia** (*cald. - comb.*), Rostbeschicker (*m.*). **19** ~ **dell'elettrodo** (di carbone, d'una lampada ad arco, per compensare il consumo) (*elett.*), Kohlennachschubeinrichtung (*f.*). **20** ~ **-dosatore** (dispos. mecc. per mezzi di movimentazione) (*disp.*), Speiser (*m.*). **21** ~ **rotativo** (alimentatore a revolver, di pezzi tranciati p. es.) (*lav. lamiera*), Revolverteller (*m.*). **22 carro** ~ (*metall.*), Zubringerwagen (*m.*). **23 cilindro** ~ (*macch. tess.*), Einzugwalze (*f.*), Einzugzylinder (*m.*), Speisezylinder (*m.*). **24 piano** ~ **a rulli** (di un laminatoio) (*lamin.*), Zufuhrrollgang (*m.*). **25 rullo** ~ (rullo di uscita) (*mecc.*), Ablaufrolle (*f.*).

alimentazione (*gen.*), Speisung (*f.*), Zuführung (*f.*). **2** ~ (avanzamento, dell'utensile o del pezzo) (*lav. macch. ut.*), Vorschub (*m.*). **3** ~ (avanzamento radiale, di una mola p. es.) (*lav. macch. ut.*), Zustellung (*f.*). **4** ~ (di una pressa p. es.) (*mecc.*), Zufuhr (*f.*), Zuführung (*f.*). **5** ~ (del combustibile) (*mot. - aut.*), Förderung (*f.*), Zuführung (*f.*), Zufluss (*m.*). **6** ~ (della griglia) (*comb.*), Beschickung (*f.*), Feuerung (*f.*). **7** ~ (*elett.*), Versorgung (*f.*). **8** ~ (immissione di acqua ad una turbina p. es.) (*macch.*), Beaufschlagung (*f.*). **9** ~ (delle materozze) (*fond.*), Nachgiessen (*n.*), Speisen (*n.*). **10** ~ (del film) (*cinem.*), Ablauf (*m.*). **11** ~ **a caricatore** (dei pezzi) (*lav. macch. ut.*), Magazinzuführung (*f.*). **12** ~ **a coclea** (*trasp. ind.*), Schneckenbeschickung (*f.*). **13** ~ **a depressione** (di fogli p. es.) (*tip.*), Saugzuführung (*f.*). **14** ~ **a gravità** (*trasp. ind.*), Schwerkraftzuführung (*f.*). **15** ~ **a gravità** (del combustibile) (*aut. - mot.*), Zulaufförderung (*f.*), Gefällezuführung (*f.*). **16** ~ **a gravità con scivolo** (*trasp. ind.*), Rutschenzuführung (*f.*). **17** ~ **a pressione** (di carburante) (*aut. - mot.*), Druckzuführung (*f.*), Druckförderung (*f.*). **18** ~ **a pressione del combustibile** (alimentazione forzata) (*mot.*), Brennstoffzuführung unter Druck. **19** ~ **dalla rete** (*elett.*), Versorgung aus dem Netz. **20** ~ **del combustibile** (alimentazione del carburante) (*mot.*), Kraftstoff-Förderung (*f.*). **21** ~ **del combustibile** (carica di un forno con combustibile) (*forno*), Feuerung (*f.*). **22** ~ (**del combustibile**) **a ciclone** (*comb.*), Zyklonfeuerung (*f.*). **23** ~ **della barra** (*lav. macch. ut.*), Stangenvorschub (*m.*). **24** ~ **della griglia** (*cald. - comb.*), Rostbeschickung (*f.*). **25** ~ **della rete** (*elett.*), Netzversorgung (*f.*). **26** ~ **del nastro** (*elabor. dati*), Streifenvorschub (*m.*), Streifentransport (*m.*). **27** ~ **d'emergenza** (di energia elettrica; alimentazione di riserva) (*elett.*), Notstromversorgung (*f.*). **28** ~ **di corrente** (attraverso conduttori) (*elett.*), Stromzuführung (*f.*). **29** ~ **di energia elettrica** (fornitura ad una utenza) (*elett.*), einschienige Versorgung. **30** ~ **di gas ed energia elettrica** (fornitura di ambedue ad una utenza) (*elett. - ecc.*), zweischienige Versorgung. **31** ~ **di riserva** (d'energia elettrica; alimentazione d'emergenza) (*elett.*), Notstromversorgung (*f.*). **32** ~ **esterna** (*elett.*), Fremdspeisung (*f.*). **33** ~ **forzata del combustibile** (a pressione) (*mot.*), Brennstoffzuführung unter Druck. **34** ~ **meccanica del combustibile** (*forno*), mechanische Feuerung. **35** ~ **meccanica della griglia** (*cald. - comb.*), mechanische Rostbeschickung. **36** ~ **per gravità** (*mot. - ecc.*), Gefällsversorgung (*f.*), Gefällsförderung (*f.*). **37** ~ **sotto pressione** (del combustibile) (*mot. - aut.*), Druckzuführung (*f.*), Überdruckförderung (*f.*). **38 acqua di** ~ (acqua di alimento) (*cald.*), Speisewasser (*n.*). **39 aria di** ~ (di un impianto di ventilazione) (*ed. - ecc.*), Zuluft (*f.*). **40 bobina di** ~ (*cinem. - elettroacus.*), Abwickelspule (*f.*). **41 cavo di** ~ (*elett.*), Speisekabel (*n.*). **42 dispositivo di** ~ (di una pressa p. es.) (*macch.*), Zufuhreinrichtung (*f.*). **43 dispositivo di** ~ (dispositivo per l'avanzamento radiale, di una mola p. es.) (*macch. ut.*), Zustelleinrichtung (*f.*). **44 filo di** ~ (*elett.*), Zuführungsdraht (*m.*). **45 filo di** ~ **di antenna** (*radio*), Antenneneinführung (*f.*), Antennenzuleitung (*f.*). **46 generatore di** ~ (fornisce corrente continua al motore di gruppi Leonard) (*elett.*), Steuergenerator (*m.*). **47 linea di** ~ (linea di distribuzione) (*elett.*), Zuleitung (*f.*), Speiseleitung (*f.*). **48 pompa di** ~ (cavallino) (*cald.*), Speisepumpe (*f.*). **49 pompa di** ~ **di riserva** (*macch.*), Reservespeisepumpe (*f.*). **50 pressione di** ~ (di un mot. a c. i.) (*mot.*), Ladedruck (*m.*). **51 tensione di** ~ (*elett.*), Speisespannung (*f.*). **52 tramoggia di** ~ (*ind.*), Speisetrichter (*m.*). **53 tubo di** ~ (*tubaz.*), Zuleitungsrohr (*n.*), Zuleitung (*f.*), Zuführungsrohr (*n.*). **54 tubo di** ~ (*cald.*), Speiserohr (*n.*). **55 velocità d'** ~ **continua** (di una mola) (*lav. macch. ut.*), stufenlos regelbare Zustellgeschwindigkeit.

alimenti (diritto a mezzi di sussistenza) (*leg.*), Aliment (*n.*).
alimento (alimentazione, di una caldaia) (*cald.*), Speisen (*n.*), Speisung (*f.*). 2 **acqua di ~** (acqua di alimentazione) (*cald.*), Speisewasser (*n.*). 3 **pompa di ~ dell'acqua** (pompa di alimentazione dell'acqua) (*cald.*), Speisewasserpumpe (*f.*).
aliscafo (scafo ad ala portante, motoscafo a tre punti, per alte velocità) (*nav.*), Tragflächenboot (*n.*).
aliseo (*meteor.*), Passat (*m.*), Passatströmung (*f.*).
alizarina ($C_{14}H_9O_4$) (*chim.*), Alizarin (*n.*). 2 **colorante di ~** (*ind. chim.*), Alizarinfarbstoff (*m.*). 3 **nero di ~** (*chim.*), Alizarinschwarz (*n.*).
alla (elevato a, nella elevazione a potenza) (*mat.*), hoch. 2 **cinque ~ meno due** (cinque elevato alla meno due) (*mat.*), fünf hoch minus zwei. 3 **cinque ~ quinta** (cinque elevato alla quinta potenza) (*mat.*), fünf hoch fünf.
allacciamento (*gen.*), Anschluss (*m.*). 2 ~ (collegamento) (*elett. - ecc.*), Anschluss (*m.*), Zuschaltung (*f.*). 3 **~ alla rete** (*elett.*), Netzanschluss (*m.*). 4 **~ a rombo** (*costr. strad.*), Raute (*f.*). 5 **~ a spina** (collegamento a spina) (*elett.*), Steckanschluss (*m.*), Steckverbindung (*f.*). 6 **~ dell'utenza** (*elett.*), Verbraucheranschluss (*m.*). 7 **~ domestico** (*elett. - ecc.*), Hausanschluss (*m.*). 8 **~ interurbano** (allacciamento alla centrale interurbana) (*telef.*), Fernanschluss (*m.*). 9 **~ per duplex** (*telef.*), Zweieranschluss (*m.*). 10 **~ privato** (*elett.*), Privatanschluss (*m.*). 11 **~ telex** (*telegr.*), Fernschreibanschluss (*m.*). 12 **~ volante** (*elett.*), fliegender Anschluss. 13 **cassetta di ~ per distribuzione domestica** (*elett.*), Hausanschlusskasten (*m.*). 14 **cavo di ~** (*elett.*), Anschlusskabel (*n.*). 15 **linea di ~** (*elett.*), Anschlussleitung (*f.*). 16 **linea di ~ alla rete** (*telef.*), Netzausläufer (*m.*). 17 **pronto per l'~** (*elett.*), anschlussfertig.
allacciare (collegare, un app. elett. ad una presa di corrente p. es.) (*elett.*), anschliessen. 2 ~ (stabilire, relazioni) (*comm.*), aufnehmen.
allacciato (collegato, app. elett. ad una presa di corrente p. es.) (*elett.*), angeschlossen.
allagamento (*gen.*), Überschwemmung (*f.*). 2 **valvola di ~** (valvola di mare, valvola Kingston) (*nav.*), Kingstonventil (*n.*), Flutventil (*n.*), Seeventil (*n.*).
allagare (*gen.*), anschwemmen, überschwemmen. 2 ~ (*nav.*), fluten. 3 ~ (*min.*), ersäufen.
allagarsi (*min.*), ersaufen.
allagato (*gen.*), überschwemmt. 2 ~ (miniera p. es.) (*min.*), ersoffen.
allanite (minerale con 0,02% di uranio e 3,02% di torio) (*radioatt.*), Allanit (*m.*).
allarga! (*nav.*), weit! weit halten! abhalten!
allargamento (*gen.*), Verbreiterung (*f.*), Weitung (*f.*). 2 ~ (ampliamento) (*gen.*), Erweiterung (*f.*). 3 ~ (*tubaz. - ecc.*), Ausweitung (*f.*). 4 ~ **dell'estremità di un foro, con allargatore** (*lav. mecc.*), Senken (*n.*), Aufsenken (*n.*), Ansenken (*n.*). 5 ~ (di un foro con mandrinatura) (*tecnol. mecc.*), Aufdornung (*f.*). 6 ~ (di un tubo p. es. con mandrinatura) (*mecc.*), Aufdornen (*n.*). 7 ~ (recesso, per viti a testa cilindrica) (*mecc.*), Senkung (*f.*). 8 ~ (perforazione di allargamento, di un pozzo) (*min.*), Erweiterungsbohrung (*f.*). 9 ~, vedi anche allargatura. 10 ~ **in curva** (sottosterzatura) (*aut.*), Untersteuern (*n.*). 11 ~ **della banda** (*radio*), Bandspreizung (*f.*). 12 **prova di ~** (dell'estremità di un tubo) (*tecnol. mecc.*), Aufweiteprobe (*f.*), Aufweiteversuch (*m.*), Aufdornversuch (*m.*). 13 **prova di ~** (di fori eseguiti in una lamiera, mediante spina conica) (*tecnol. mecc.*), Aufdornprobe (*f.*), Aufdornversuch (*m.*). 14 **tratto di ~** (del piano stradale) (*costr. strad.*), Verziehungsstrecke (*f.*).
allargare (*gen.*), ausweiten, breiten, verbreitern. 2 ~ (accecare, con allargatore) (*mecc.*), aufsenken, senken, ansenken. 3 ~ (un foro, con mandrino) (*mecc.*), auftreiben, aufdornen. 4 ~ (in curva, sottosterzare) (*difetto - aut.*), untersteuern. 5 ~ (un tubo p. es., con mandrino) (*mecc.*), aufdornen. 6 ~ (ampliare) (*gen.*), erweitern. 7 ~ (*nav.*), abgieren. 8 ~ **con alesatore** (un foro) (*mecc.*), aufreiben.
allargatore (utensile per allargare l'estremità di fori) (*ut.*), Senker (*m.*). 2 ~ (mandrino allargatore) (*ut.*), Eintreibedorn (*m.*). 3 ~ (dispos. per allargare la stoffa, su macchina tessile) (*macch. tess.*), Breithalter (*m.*), Breitrichter (*m.*). 4 ~ **a manicotto** (*ut.*), Aufsteckensenker (*m.*). 5 ~ **a punta** (svasatore, fresa per svasare) (*ut.*), Spitzsenker (*m.*). 6 ~ **cilindrico** (*ut.*), Halssenker (*m.*). 7 ~ **con guida** (allargatore cilindrico con guida) (*ut.*), Zapfensenker (*m.*). 8 ~ **elicoidale** (*ut.*), Spiralsenker (*m.*). 9 ~ **frontale** (*ut.*), Stirnsenker (*m.*). 10 ~ **sagomato** (*ut.*), Formsenker (*m.*).
allargatubi (per il fissaggio a piastre tubiere) (*cald. - app.*), Einwalzapparat (*m.*), Rohreinwalzapparat (*m.*).
allargatura (accecatura, di fori) (*mecc.*), Senken (*n.*), Versenken (*n.*), Aussenkung (*f.*). 2 ~ (*tecnol.*), vedi anche allargamento. 3 ~ **cilindrica** (di un foro) (*mecc.*), zylindrische Aussenkung. 4 ~ **con mandrino** (mandrinatura di tubi) (*tubaz.*), Dornen (*n.*). 5 ~ **-lisciatura** (di tubi) (*lamin.*), Rohrglätten (*n.*). 6 **prova di ~** (di tubi) (*tecnol. mecc.*), Aufweiteversuch (*m.*), Aufdornversuch (*m.*).
allarme (*gen.*), Alarm (*m.*). 2 ~ **antifurto** (sicurezza antifurto) (*elett. - ecc.*), Einbruchsicherung (*f.*). 3 ~ **antifurto** (dispositivo di allarme) (*app.*), Einbruchsmelder (*m.*). 4 **cessato ~** (*milit.*), Alarm aus, Ende Alarm, Endalarm (*m.*). 5 **dispositivo di ~** (*gen.*), Alarmvorrichtung (*f.*). 6 **falso ~** (*gen.*), blinder Alarm. 7 **segnale d'~** (*gen.*), Notzeichen (*n.*), Alarmzeichen (*n.*). 8 **segnale d'~** (*ferr.*), Alarmhebel (*m.*), Notbremse (*f.*).
allascare (allentare) (*gen.*), lockern.
alleanza (patto) (*milit.*), Bund (*m.*).
allegare (ad una lettera) (*uff.*), beilegen, einlegen, anschliessen. 2 ~ (compiegare) (*uff.*), beibiegen.
allegato (ad una lettera p. es.) (*s. - uff.*), Einlage (*f.*), Beilage (*f.*).
alleggerimento (*gen.*), Erleichterung (*f.*). 2 **foro di ~** (nella lamiera p. es.) (*tecnol. mecc.*), Erleichterungsloch (*n.*).
alleggerire (togliere un carico p. es.) (*gen.*),

alleggiare

erleichtern. 2 ~ (una nave p. es.) (gen.), leichten.
alleggiare (allibare) (nav.), erleichtern.
alleggio (allibo) (nav.), Erleichterung (f.). 2 ~ (foro per scaricare l'acqua) (nav.), Leichter (m.).
allenabilità (d'un materiale, nelle prove di fatica) (tecnol. mecc. - prove mater.), Trainierfähigkeit (f.).
allenamento (sport), Training (n.). 2 ~ (nelle prove di fatica, aumento della resistenza a fatica ottenuto mediante brevi presollecitazioni vibratorie) (tecnol. mecc. - prove mater.), Trainieren (n.), Trainiereffekt (m.).
allenare (sport), trainieren.
allenatore (lav. - sport), Trainer (m.).
allentamento (di una vite p. es.) (mecc. - ecc.), Lockerung (f.), Lockern (n.). 2 ~ (di funi p. es.) (gen.), Entspannung (f.). 3 ~ (di una cinghia) (mecc.), Lockern (n.), Durchhang (m.). 4 ~ (rilassamento, della struttura d'un getto p. es.) (fond. - ecc.), Auflockerung (f.). 5 **interruttore per ~ funi** (interruttore per fune allentata, d'un ascensore) (elett. - ed.), Schlaffseilschalter (m.).
allentare (mecc. - ecc.), lockern. 2 ~ (sbloccare) (mecc.), lösen, losmachen. 3 ~ (una fune p. es.) (gen.), entspannen. 4 ~ **il freno** (lasciare il freno) (aut.), die Bremse lösen.
allentarsi (di una vite o di una cinghia p. es.) (mecc.), sich lockern, schlaff werden. 2 ~ (sbloccarsi) (mecc. - ecc.), losgehen, lose werden.
allentato (freno) (veic.), gelöst.
allergene (sostanza che provoca reazioni allergiche) (med.), Allergen (n.).
allergia (med.), Allergie (f.).
allergico (s. - med. - lav. - ecc.), Allergiker (m.). 2 ~ (a. - med.), allergisch.
allestimento (preparazione) (gen.), Zurichten (n.). 2 ~ (preparazione, di una macch. ut.) (lav. macch. ut.), Einrichtung (f.), Einstellen (n.). 3 ~ (approntamento) (mecc. - ecc.), Fertigmachen (n.). 4 ~ (di una nave) (costr. nav.), Ausrüstung (f.). 5 ~ (della carta) (ind. cart.), Ausrüstung (f.).
allestire (preparare) (gen.), zurichten. 2 ~ (preparare, una macch. ut.) (lav. macch. ut.), einrichten, einstellen. 3 ~ (approntare) (mecc. - ecc.), rüsten, ausrüsten, gebrauchsfertig machen. 4 ~ (una nave) (nav.), ausrüsten.
allestito (macch. - ecc.), eingerichtet, fertig montiert. 2 ~ (costr. nav.), ausgerüstet.
allestitore (preparatore, addetto alla preparazione macchine) (lav. macch. ut.), Einrichter (m.). 2 ~ (nav.), Rigger (m.), Takler (m.).
allevamento (di animali) (agric. - ind.), Züchtung (f.).
allibare (alleggiare) (nav.), erleichtern.
allibo (alleggio) (nav.), Erleichterung (f.).
allicciamento (mecc.), vedi allicciatura, stradatura.
allicciare (stradare, piegare i denti della sega) (mecc.), schränken, setzen.
allicciatoio (stradaseghe) (ut.), Sägensetzer (m.).
allicciatrice (stradatrice, per denti di sega) (macch.), Schränkmaschine (f.).

allicciatura (operazione di allicciatura) (mecc.), Schränken (n.), Setzen (n.).
allievo (gen.), Schüler (m.). 2 ~ **pilota** (aer.), Flugschüler (m.), Anfänger (m.).
alligamento (metall.), Auflegieren (n.).
alligante (elemento alligante) (s. - metall.), Zusatzelement (n.). 2 **a basso tenore di ~** (poco legato, di acciaio p. es.) (metall.), niedriglegiert. 3 **ad alto tenore di ~** (altolegato, ad alta lega) (metall.), hochlegiert.
alligare (legare) (metall.), legieren, zulegieren.
alligato (legato) (metall.), legiert.
alligator (forma di acciaio per pali di calcestruzzo) (ed.), Alligatorspitze (f.).
allilguaiacolo (eugenolo) (chim. - farm.), Eugenol (n.).
allineamento (gen.), Fluchtung (f.), Einfluchtung (f.), Ausfluchtung (f.). 2 ~ (di alberi p. es.) (mecc.), Fluchtung (f.), Ausrichten (n.). 3 ~ (di edifici p. es.) (ed. - ecc.), Flucht (f.). 4 ~ (dei prezzi) (comm.), Angleichung (f.). 5 ~ (di punti intermedi) (top.), Einfluchten (n.). 6 ~ **del fascio** (nell'ortinoscopio p. es.) (elettronica), Strahlausrichtung (f.). 7 ~ **della telecamera** (telev.), Kameraeinstellung (f.). 8 ~ **del muro** (filo del muro) (mur.), Mauerflucht (f.). 9 ~ **di carburi** (difetto metall.), Karbidseigerungslinie (f.), Karbidseigerungsstreifen (m.), Karbidzeile (f.). 10 ~ **di inclusioni** (inclusioni allineate) (difetto metall.), zeilenartige Einschlüsse. 11 ~ **di oscillatore** (elettronica), Oszillatorabgleich (m.). 12 **errore di ~** (mecc.), Fluchtabweichung (f.), Abweichung vom Fluchten. 13 ~ **formazione di allineamenti** (formazione di bande, nella struttura) (metall.), Zeiligkeit (f.). 14 **fuori ~** (disallineato) (mecc. - ecc.), nichtfluchtend. 15 **tolleranza di ~** (mecc.), zulässige Fluchtabweichung.
allineare (disporre in linea retta) (gen.), fluchten. 2 ~ (due alberi p. es.) (mecc.), fluchten, ausrichten, einstellen. 3 ~ (pezzi di macchine, rotaie ecc.) (mecc. - ecc.), ausrichten. 4 ~ (i prezzi p. es.) (comm.), angleichen. 5 ~ (ed. - top.), abfluchten.
allinearsi (contro la concorrenza) (comm.), gegen die Konkurrenz aufkommen.
allineato (gen.), abgeglichen, fluchtgerecht. 2 ~ (che sostiene la concorrenza, concorrenziale) (comm.), konkurrenzfähig. 3 ~ **con precisione** (allineato esattamente) (mecc.), fluchtgerecht. 4 ~ **esattamente** (allineato con precisione) (mecc.), fluchtgerecht. 5 **essere ~** (gen.), fluchten, fluchtrechtsein.
allisciatoio (alesatore, alesatoio) (ut.), Reibahle (f.). 2 ~ (ut.), vedi anche alesatore.
allisciatura (stabilitura, strato di rifinitura, civilizzazione) (mur.), Oberputz (m.).
allocazione (ripartizione) (gen.), Verteilung (f.). 2 ~ **di memoria** (calc.), Speicherverteilung (f.).
allocromatico (ott.), allochromatisch.
alloctono (formazione) (geol.), allochthon.
allocuzione (prolusione, del presidente d'una conferenza p. es.) (gen.), Anrede (f.), Ansprache (f.).
alloggiamento (sede, di un cuscinetto a sfere) (mecc.), Gehäuse (n.). 2 ~ (supporto, per un pezzo p. es.) (mecc.), Aufnahme (f.).

alloggiare (mettere a posto un organo meccanico) (*mecc.*), lagern.
alloggio (*gen.*), Wohnung (*f.*). 2 ~ e vitto (*lav.*), Kost un Logis. 3 contributo per l'~ (*lav.*), Wohnungszulage (*f.*). 4 indennità di ~ (*lav. - milit.*), Wohnungsgeldzuschuss (*m.*), Wohnungsbeihilfe (*f.*).
allomerico (*metall. - min.*), allomerisch.
allomorfo (*metall.*), allomorph.
allontanamento (*gen.*), Entfernung (*f.*). 2 ~ (del pezzo, movimento di allontanamento dal campo di lavoro diretto degli utensili) (*lav. macch. ut.*), Ausgeben (*n.*). 3 ~ dei cilindri (salto dei cilindri, all'entrata del materiale da laminare) (*lamin.*), Walzensprung (*m.*).
allontanare (*gen.*), entfernen. 2 ~ (arretrare, una slitta p. es.) (*lav. macch. ut.*), herausfahren. 3 ~ (girare verso l'esterno, orientare verso l'esterno) (*v. t. - gen.*), ausschwenken, nach aussen schwenken.
allontanarsi (da qualchecosa) (*gen.*), abkommen, sich entfernen. 2 ~ (di un utensile p. es. dalla posizione di lavoro) (*mecc.*), wegbewegen.
allotropia (*chim. - fis.*), Allotropie (*f.*).
allotropico (*chim. - fis.*), allotropisch.
allume [$Al_2(SO_4)_3 \cdot K_2SO_4 \cdot 24\ H_2O$] (*chim.*), Alaun (*m.*). 2 ~ di rocca (*min.*), Bergalaun (*m.*), Felsenalaun (*m.*). 3 conciare all'~ (*ind. cuoio*), weissgerben, alaungerben.
allumina (Al_2O_3) (ossido di alluminio) (*geol. chim.*), Tonerde (*f.*), Aluminiumoxyd (*n.*). 2 ~ idrata (*chim.*), Tonerdehydrat (*n.*). 3 gel di ~ (usato come riempitivo nella gomma) (*chim.*), Tonerdegel (*n.*).
alluminare (*tecnol. mecc.*), *vedi* alluminiare.
alluminiare (rivestire con alluminio superfici di acciaio p. es.) (*tecnol. mecc.*), aluminieren, veraluminieren. 2 ~ ad immersione (alluminiare a caldo) (*tecnol. mecc.*), feueraluminieren. 3 ~ a spruzzo (*tecnol. mecc.*), alumetieren.
alluminiatura (*tecnol. mecc.*), Veraluminieren (*n.*), Aluminieren (*n.*). 2 ~ (dello schermo di un cinescopio) (*telev.*), Aluminisierung (*f.*). 3 ~ ad immersione (alluminiatura a caldo) (*tecnol. mecc.*), Feueraluminieren (*n.*). 4 ~ a spruzzo (procedimento mediante il quale viene spruzzato dell'alluminio su superfici di acciaio) (*tecnol. mecc.*), Alumetieren (*n.*), Alumetierung (*f.*).
alluminifero (*min. - ecc.*), aluminiumhaltig.
alluminio (*Al - metall.*), Aluminium (*n.*). 2 ~ in fogli (*metall.*), Blattaluminium (*n.*). 3 ~ iperpuro (*metall.*), Reinstaluminium (*n.*). 4 ~ per conduttori (di linee aeree, ecc.) (*elett.*), Leitaluminium (*n.*). 5 ~ piuma (ottenuto da miscelazione di idruri metallici con alluminio liquido) (*metall.*), Schaumaluminium (*n.*). 6 ~ puro (*metall.*), Reinaluminium (*n.*). 7 carta d'~ (foglio d'alluminio) (*tip. - ecc.*), Aluminiumfolie (*f.*). 8 cementazione all'~ (procedimento per formare uno strato protettivo sull'acciaio mediante trattamento con polvere di alluminio a 800 °C) (*tratt. term.*), Alitieren (*n.*). 9 fogli d'~ (lamine di alluminio) (*tip.*), Aluminiumfolien (*f. pl.*). 10 getto conchigliato di ~ (getto di alluminio in conchiglia) (*fond.*), Aluminiumkokillenguss (*m.*), Aluminiumschalenguss (*m.*). 11 getto di ~ (*fond.*), Aluminiumguss (*m.*). 12 getto di ~ in conchiglia (getto conchigliato di alluminio) (*fond.*), Aluminiumkokillenguss (*m.*), Aluminiumschalenguss (*m.*). 13 lamine di ~ (fogli di alluminio) (*tip.*), Aluminiumfolien (*f. pl.*). 14 lega d'~ (*metall.*), Aluminiumlegierung (*f.*), Alulegierung (*f.*). 15 lega d'~ di seconda fusione (*metall.*), Standard-Legierung (*f.*). 16 neutro di ~ (*elett.*), Aluminium-Nulleiter (*m.*), NLA. 17 pittura d'~ (*metall. - vn.*), Aluminiumfarbe (*f.*). 18 polvere di ~ sinterizzata (per reattori nucleari, SAP) (*metall.*), SAP, Aluminiumsinterwerkstoff (*m.*).
alluminizzato (*tecnol.*), aluminisiert.
alluminotermia (saldatura alla termite) (*tecnol. mecc.*), Thermitverfahren (*n.*), Aluminothermie (*f.*).
alluminotermico (*tecnol. mecc.*), aluminothermisch.
allumite (*min.*), *vedi* allunite.
allunaggio (*astronautica*), Mondlandung (*f.*), Landung auf dem Mond. 2 ~ morbido (allunaggio soffice, sulla luna) (*astronautica*), weiche Mondlandung.
allunare (*astronautica*), auf dem Mond landen.
allunga (nella riduzione del minerale di zinco) (*metall.*), Allonge (*f.*), Tute (*f.*), Düte (*f.*), Ballon (*m.*).
allungabile (*tecnol.*), dehnbar, streckbar. 2 ~ (telescopico) (*strum. - ecc.*), ausziehbar.
allungamento (*gen.*), Verlängerung (*f.*), Dehnung (*f.*). 2 ~ (dilatazione) (*gen.*), Dehnung (*f.*). 3 ~ (dilatazione lineare) (*fis.*), Längenausdehnung (*f.*). 4 ~ (nella prova dei materiali) (*sc. costr.*), Längsdehnung (*f.*), Dehnung (*f.*). 5 ~ (di un'ala, rapporto fra il quadrato dell'apertura e la superficie) (*aer.*), Seitenverhältnis (*n.*), Streckung (*f.*). 6 ~ (rapporto tra lunghezza e larghezza dell'immagine) (*telev.*), Seitenverhältnis (*n.*). 7 ~ (per stiramento, di una cinghia p. es.) (*mecc.*), Ausrecken (*n.*). 8 ~ alare (*aer.*), Flügelstreckung (*f.*). 9 ~ alla rottura (allungamento di rottura) (*prova di mater.*), Bruchdehnung (*f.*). 10 ~ anelastico (di un filo p. es.) (*sc. costr.*), anelastische Dehnung. 11 ~ a rottura (di materie plastiche) (*tecnol.*), Reissdehnung (*f.*). 12 ~ a sezione costante (porzione dell'allungamento di rottura) (*tecnol. mecc.*), Gleichmassdehnung (*f.*). 13 ~ della gabbia (dovuto al sobbalzo dei cilindri) (*lamin.*), Ständerdehnung (*f.*). 14 ~ di strizione (porzione dell'allungamento di rottura) (*sc. costr.*), Einschnürdehnung (*f.*). 15 ~ dopo rottura per scorrimento (*metall. - tecnol. mecc.*), Zeitstandbruchdehnung (*f.*), Zeitbruchdehnung (*f.*). 16 ~ elastico (*sc. costr.*), elastische Dehnung. 17 ~ permanente (*sc. costr.*), bleibende Dehnung. 18 ~ permanente (di un filato) (*ind. tess.*), Restdehnung (*f.*). 19 ~ uniforme (porzione dell'allungamento di rottura) (*sc. costr.*), Gleichmassdehnung (*f.*). 20 curva tempo- ~ (curva dell'allungamento per scorrimento in funzione del tempo) (*metall. - sc. costr.*), Zeit-Dehnungs-Kurve (*f.*). 21 diagramma

allungare

carico- ~ (*sc. costr.*), Spannungs-Dehnungsdiagramm (*n.*). **22 limite di** ~ (per scorrimento) (*metall. - tecnol. mecc.*), Zeitdehngrenze (*f.*). **23 passata di** ~ (*lamin.*), Streckstich (*m.*).
allungare (*gen.*), verlängern, ausdehnen.
allungarsi (*gen.*), längen, lang werden. **2** ~ (dilatarsi) (*fis.*), sich ausdehnen. **3** ~ (per stiramento, di una cinghia p. es.) (*mecc.*), ausrecken.
allunite [$KAl_3(SO_4)_2O_3H_6$] (allumite, alunite) (*min.*), Alunit (*m.*), Alaunstein (*m.*).
alluvionale (*geol.*), alluvial.
alluvione (*geol.*), Anschwemmung (*f.*).
almalec (lega di alluminio) (*metall.*), Almalek (*n.*).
almucantarat (*astron.*), Almukantarat (*m.*).
alni (lega alluminio-nichel) (*metall.*), Alni-Legierung (*f.*).
alnico (lega alluminio-nichel-cobalto per magneti permanenti) (*metall. - elett.*), Alnico (*n.*).
aloe (agave americana) (*botanica*), Aloë (*f.*). **2 fibra di** ~ (*tess.*), Aloefaser (*f.*).
alogeno (*s. - chim.*), Halogen (*n.*).
alogenuro (*chim.*), Halogenid (*n.*).
aloide (alogenuro presente in natura) (*chim.*), Haloid (*n.*), Haloidsalz (*n.*).
alone (*ott.*), Lichthof (*m.*), Halo (*m.*). **2** ~ (*fot. - difetto*), Lichthof (*m.*), Halo (*m.*). **3** ~ (*ott. - astr.*), Hof (*m.*), Lichtkreis (*m.*). **4** ~ **blu** (orlo blu, da ricottura) (*tratt. term.*), blauer Rand.
aloxite (Al_2O_3) (abrasivo artificiale) (*chim.*), Aloxit (*m.*).
alpaca (lana americana) (*tess.*), Alpaka (*n.*).
alpacca (argentana) (*lega*), Neusilber (*n.*), Argentan (*n.*), Alpakka (*n.*).
alpax (silumina, lega di alluminio e silicio) (*lega*), Alpax (*m.*).
alpinismo (*sport*), Bergsport (*m.*), Bergsteigen (*n.*).
alpinista (*sport*), Bergsteiger (*m.*). **2** ~ (rocciatore) (*sport*), Bergsteiger (*m.*), Kletterer (*m.*).
alsical (15-20% Al, 52-57% Si, 24-26% Ca, 1% C) (*lega*), Alsical (*n.*).
alsimin (45-50% Al, 52-57% Si, 1-2% Ti, resto Fe) (*lega*), Alsimin (*n.*).
altana (piattaforma sporgente dai piani superiori) (*arch.*), Altan (*m.*), Altane (*f.*).
altare (di un focolare) (*forno*), Feuerbrücke (*f.*).
altazimut (altazimutale, strumento per la misurazione dell'altezza e dell'azimut di una stella) (*strum. astr.*), Altazimut (*m.*), Zenitteleskop (*m.*).
altazimutale (*strum. astr.*), vedi altazimut.
alterare (falsare) (*gen.*), verfälschen.
alterato (*gen.*), verändert, verfälscht. **2** ~ **dall'umidità** (*ind. carta*), wasserfleckig.
alterazione (variazione) (*gen.*), Veränderung (*f.*). **2** ~ **da agenti atmosferici** (danneggiamento da agenti atmosferici) (*meteor. - tecnol.*), Verwitterung (*f.*).
alternanza (nelle prove a fatica) (*sc. costr.*), Lastwechsel (*m.*). **2** ~ **bidirezionale** (alternanza di piegature nei due sensi, di un filo metallico) (*tecnol. mecc.*), Gegenbiegewechsel (*m.*). **3** ~ **delle sollecitazioni** (*mecc.*), Belastungswechsel (*m.*). **4** ~ **di piegature** (nella prova delle funi metalliche) (*tecnol. mecc.*), Biegewechsel (*m.*). **5 numero di alternanze di rottura** (numero di cicli di rottura, nelle prove a fatica) (*tecnol. mecc.*), Bruchlastspielzahl (*f.*).
alternare (*gen.*), abwechseln, alternieren.
alternativa (*gen.*), Abwechslung (*f.*), Alternative (*f.*), Entscheidung (*f.*).
alternativamente (*avv. - gen.*), abwechselnd.
alternativo (*gen.*), alternierend. **2 alimentatore a moto** ~ (*trasp. ind.*), Schubaufgeber (*m.*), Schubspeiser (*m.*). **3 sega alternativa** (seghetto alternativo) (*macch.*), Bügelsäge (*f.*).
alternatore (*macch. elett.*), Wechselstromgenerator (*m.*). **2** ~ (carica-batterie) (*aut.*), Drehstromgenerator (*m.*), Alternator (*m.*), Drehstromlichtmaschine (*f.*). **3** ~ **a campo rotante** (alternatore a indotto esterno) (*macch. elett.*), Innenpolgenerator (*m.*). **4** ~ **asincrono** (*macch. elett.*), Induktionsgenerator (*m.*), Asynchrongenerator (*m.*). **5** ~ **asincrono trifase** (*macch. elett.*), Asynchrondrehstromgenerator (*m.*). **6** ~ **monofase** (*macch. elett.*), Einphasenwechselstromgenerator (*m.*). **7** ~ **per centrali termoelettriche a vapore** (turboalternatore accoppiato a turbina a vapore) (*macch. elett.*), Dampfkraftgenerator (*m.*). **8** ~ **trifase** (*macch. elett.*), Drehstromgenerator (*m.*), Dreiphasenwechselstromgenerator (*m.*).
altezza (*gen.*), Höhe (*f.*). **2** ~ (*geom.*), Höhe (*f.*). **3** ~ (altitudine) (*top. - geogr.*), Höhe (*f.*). **4** ~ (di un tono) (*acus.*), Höhe (*f.*). **5** ~ (puntale) (*costr. di navi*), Höhe (*f.*), Seitenhöhe (*f.*). **6** ~ (angolo tra orizzonte e direzione di una stella) (*astr.*), Höhe (*f.*). **7** ~ (larghezza d'un tessuto) (*tess.*), Bahn (*f.*). **8** ~ **calibrata** (calibro, apertura fra due cilindri di laminatoio) (*lamin.*), Kaliber (*f.*). **9** ~ **cinetica** (*idr.*), kinetische Druckhöhe, Geschwindigkeitshöhe (*f.*). **10** ~ **dal piano del ferro** (altezza dal filo superiore della rotaia) (*ferr.*), Höhe über Schienenoberkante, über S.O. **11** ~ **del carattere** (*tip.*), Schrifthöhe (*f.*). **12** ~ **del dente** (di ingranaggio) (*mecc.*), Zahnhöhe (*f.*). **13** ~ **del filetto** (altezza del triangolo generatore) (*mecc.*), Gewindehöhe (*f.*), Höhe (*f.*). **14** ~ **della gettata** (d'una massa da costipare) (*ed. - costr. idr.*), Schütthöhe (*f.*). **15** ~ **della punta** (diametro massimo eseguibile, sul tornio) (*macch. ut.*), Spitzenhöhe (*f.*). **16** ~ **dell'ondulazione** (di una superficie tecnica) (*mecc.*), Wellentiefe (*f.*). **17** ~ **del sole** (*navig. - nav.*), Sonnenhöhe (*f.*). **18** ~ **del suono** (acutezza del suono) (*acus.*), Tonhöhe (*f.*). **19** ~ **del tagliente** (di un utensile da tornio) (*ut.*), Schneidenhöhe (*f.*). **20** ~ **del tessuto** (*ind. tess.*), Gewebebreite (*f.*). **21** ~ **del triangolo** (*geom.*), Dreieckhöhe (*f.*), Dreieckshöhe (*f.*). **22** ~ **del triangolo generatore** (di una filettatura) (*mecc.*), Höhe (*f.*), Gewindehöhe (*f.*). **23** ~ **di antenna** (*radio*), Antennenhöhe (*f.*). **24** ~ **di aspirazione** (*idr.*), Saughöhe (*f.*). **25** ~ **di aspirazione della pompa** (*idr.*), Pumpensaughöhe (*f.*). **26** ~ **di caduta** (corsa, di un maglio) (*fucinatura*), Hub (*m.*), Fallhöhe (*f.*). **27** ~ **di caduta totale** (salto totale) (*idr.*), Gesamtfallhöhe (*f.*). **28** ~ **di contatto** (altezza di

ingranamento, di ruote dentate) (*mecc.*), Eingriffstiefe (*f.*). **29** ~ **di costruzione** (*costr. nav.*), Seitenhöhe (*f.*). **30** ~ **di filettatura** (*mecc.*), Gewindetiefe (*f.*). **31** ~ **di mandata** (di una pompa) (*idr.*), Druckhöhe (*f.*). **32** ~ **d'impilamento** (*trasp. ind.*), Stapelhöhe (*f.*). **33** ~ **dinamica** (quota dinamica) (*geofis.*), dynamische Höhe. **34** ~ **d'ingombro** (di una macchina p. es.) (*macch. - ecc.*), Bauhöhe (*f.*). **35** ~ **d'ingranamento** (altezza di contatto, di ruote dentate) (*mecc.*), Eingriffstiefe (*f.*). **36** ~ **d'invaso** (di un lago artificiale) (*idr.*), Stauhöhe (*f.*). **37** ~ **di parete** (altezza dal suolo all'intersezione tra falda del tetto e parete esterna) (*ed.*), Traufhöhe (*f.*). **38** ~ **di radiazione** (di una antenna) (*radio*), Strahlhöhe (*f.*), Strahlungshöhe (*f.*). **39** ~ **di scavo** (di un escavatore) (*macch. mov. terra*), Reichhöhe (*f.*). **40** ~ **di sollevamento** (alzata, di un elevatore a forca p. es.) (*app. di sollev.*), Hubhöhe (*f.*). **41** ~ **efficace** (di antenna) (*radio*), wirksame Höhe. **42** ~ **geodetica** (altezza topografica) (*idr.*), geodätische Höhe. **43** ~ **libera** (di un ponte p. es.) (*ed.*), lichte Höhe, Höhe im Lichten. **44** ~ **libera** (sotto un ponte p. es.) (*veic. - traff.*), Durchfahrtshöhe (*f.*). **45** ~ **libera dal suolo** (su strada piana) (*veic.*), Bodenfreiheit (*f.*). **46** ~ **libera su dosso** (altezza libera di rampa, distanza minima dal vertice di un dosso di raggio 8 m) (*aut.*), Bauchfreiheit (*f.*). **47** ~ **manometrica** (prevalenza manometrica, di una pompa) (*idr.*), manometrische Förderhöhe. **48** ~ **manometrica di aspirazione** (di una pompa) (*idr.*), manometrische Saughöhe. **49** ~ **manometrica di mandata** (di una pompa) (*idr.*), manometrische Druckhöhe. **50** ~ **massima di sollevamento** (spostamento massimo verticale, d'una ruota anteriore) (*veic.*), Verschränkungsfähigkeit (*f.*). **51** ~ **metacentrica** (*nav.*), metazentrische Höhe. **52** ~ **minima delle nubi** (*meteor.*), Wolkenuntergrenze (*f.*). **53** ~ **normale** (*tip.*), Normalhöhe (*f.*), Normalschrifthöhe (*f.*). **54** ~ **nubi** (*meteor.*), Bewölkungshöhe (*f.*). **55** ~ **piezometrica** $\left(\frac{p}{\gamma}\right)$ (altezza corrispondente alla pressione) (*idr.*), Druckhöhe (*f.*). **56** ~ **rilievi** (profondità scolpitura, di un pneumatico) (*aut.*), Profiltiefe (*f.*), Profilhöhe (*f.*). **57** ~ **topografica** (salto) (*idr.*), geodätische Fallhöhe. **58** ~ **(triangolo dei) taglienti** (altezza estremità conica, di una punta elicoidale) (*ut.*), Überlauflänge (*f.*). **59** ~ **utile** (salto utile, dell'acqua per una turbina p. es.) (*idr.*), nutzbare Fallhöhe. **60** ~ **utile** (del filetto, ricoprimento, misurato perpendicolarmente all'asse della vite) (*mecc.*), Tragtiefe (*f.*).

altiforni (*pl. - metall.*), Hochöfen (*m. pl.*).
altifornista (*lav.*), Hochöfner (*m.*).
altigrafo (*strum.*), Höhenschreiber (*m.*).
altimetria (*aer. - geogr. - ecc.*), Höhenbestimmung (*f.*), Höhenmessung (*f.*). **2** ~ (ipsometria) (*top.*), Hypsometrie (*f.*), Höhenmessung (*f.*).
altimetro (*aer. - strum.*), Höhenmesser (*m.*). **2** ~ **acustico** (*strum.*), Schallhöhenmesser (*m.*). **3** ~ **acustico** (*strum. aer.*), Luftschallot (*n.*). **4** ~ **aneroide** (*strum.*), Dosenhöhenmesser (*m.*). **5** ~ **a pressione** (altimetro barometrico) (*strum.*), Druckhöhenmesser (*m.*). **6** ~ **barometrico** (*strum. aer.*), barometrischer Höhenmesser, Druckhöhenmesser (*m.*). **7** ~ **elettrostatico** (*strum. aer.*), kapazitiver Höhenmesser.
altipiano (*geogr.*), Hochebene (*f.*), Hochfläche (*f.*), Hochland (*n.*), Hochplateau (*n.*).
altitudine (di un punto della superficie terrestre sopra il livello del mare) (*top. - geogr.*), Höhe (*f.*). **2** ~ (di una stazione ferr. misurata sul piano superiore delle traversine) (*ferr.*), Schwellenhöhe (*f.*). **3** ~ **assoluta** (*top.*), absolute Höhe. **4** ~ **relativa** (*top.*), relative Höhe. **5** ~ **sul livello del mare** (*top.*), Seehöhe (*f.*), Höhe über Normal-Null, Höhe über Meer.
alto (*gen.*), hoch. **2** ~ **-basso** (moto, p. es. di una testa operatrice) (*macch.*), auf-ab. **3** **alta fedeltà** (Hi-Fi) (*radio - elettroacus.*), Hi-Fi, « High Fidelity » **4** ~ **forno** (*metall. - forno*), Hochofen (*m.*). **5** **alta frequenza** (*elett.*), Hochfrequenz (*f.*). **6** ~ **mare** (mare aperto) (*nav.*), hohe See, raume See, Räumte (*f.*), Räumde (*f.*), **7 alta marea** (*mar.*), Hochwasser (*n.*), Tidehochwasser (*n.*). **8 alta montagna** (*geogr.*), Hochgebirge (*n.*). **9 alta tensione** (*elett.*), Hochspannung (*f.*), Hochvolt (*n.*). **10** ~ **vuoto** (con pressioni tra 10^{-3} e 10^{-6} Torr) (*fis.*), Hochvakuum (*n.*). **11 verso l'**~ (*avv.*), aufwärts.
« altobollente » (ad elevato punto di ebolizione) (*chim.*), hochsiedend.
altocumulo (*meteor.*), Altokumulus (*m.*).
« altofondente » (ad elevato punto di fusione) (*metall. - ecc.*), hochschmelzend, schwerschmelzbar.
altoforno (*metall. - forno*), Hochofen (*m.*). **2 corazza dell'**~ (mantello dell'altoforno) (*metall.*), Hochofenpanzer (*n.*), Hochofenmantel (*m.*). **3 crogiolo dell'**~ (*metall.*), Hochofengestell (*n.*). **4 letto di fusione dell'**~ (*metall.*), Hochofenmöller (*m.*). **5 mantello dell'**~ (corazza dell'altoforno) (*metall.*), Hochofenmantel (*m.*), Hochofenpanzer (*n.*).
altolegato (ad alto tenore di alligante, ad alta lega, acciai p. es.) (*metall.*), hochlegiert.
altoparlante (*app. elettroacus.*), Lautsprecher (*m.*). **2** ~ **a condensatore** (altoparlante elettrostatico) (*app. elettroacus.*), elektrostatischer Lautsprecher, Kondensator-Lautsprecher (*m.*). **3** ~ **a cristallo** (altoparlante piezoelettrico) (*app. elettroacus.*), Kristall-Lautsprecher (*m.*). **4** ~ **a diaframma conico** (*app. elettroacus.*), Konuslautsprecher (*m.*). **5** ~ **a membrana** (*acus.*), Membranlautsprecher (*m.*). **6** ~ **a tromba** (*app. - radio*), Trichterlautsprecher (*m.*). **7** ~ **elettrodinamico** (*app. - elettroacus.*), dynamischer Lautsprecher. **8** ~ **elettromagnetico** (*radio*), Magnetlautsprecher (*m.*), elektromagnetischer Lautsprecher (*m.*). **9** ~ **elettrostatico** (altoparlante a condensatore) (*app. elettoacus.*), elektrostatischer Lautsprecher, Kondensator-Lautsprecher (*m.*). **10** ~ **ionico** (ionofono) (*elettroacus.*), ionischer Lautsprecher, Ionen-Lautsprecher (*m.*). **11** ~ **magnetico** (*app. elettroacus.*), magnetischer Lautsprecher. **12** ~ **per**

altopolimero

basse frequenze (altoparlante per toni bassi) (*app.*), Tieftonlautsprecher (*m.*). **13 ~ per effetti sonori** (*cinem.*), Effektlautsprecher (*m.*). **14 ~ per toni bassi** (*elettroacus.*), Tieftonlautsprecher (*m.*), Basslautsprecher (*m.*). **15 ~ piezoelettrico** (altoparlante a cristallo) (*app. elettroacus.*), Kristall-Lautsprecher (*m.*). **16 ~ sospeso** (*acus.*), Ampellautsprecher. **17 impianto interfonico ad ~** (*telef.*), Gegenlautsprechanlage (*f.*).
altopolimero (ad alto peso molecolare) (*chim.*), Hochpolymer (*n.*).
altorilievo (*arch.*), Hochrelief (*n.*).
altostrato (nube) (*meteor.*), Altostratus (*m.*), hohe Schichtwolke.
altura (collina p. es.) (*geogr.*), Erhebung (*f.*). **2 ~** (alto mare, mare aperto) (*mare - nav.*), hohe See, raume See. **3 d'~** (d'alto mare) (*mare - ecc.*), Hochsee... **4 pesca d'~** (*pesca - nav.*), Hochseefischerei (*f.*).
alturiero (d'altura, d'alto mare) (*a. - mare - nav.*), Hochsee...
aludur (lega di alluminio e magnesio) (*metall.*), Aludur (*n.*).
alula (aletta, situata anteriormente alla superficie portante e destinata ad aumentare la portanza) (*aer.*), Vorflügel (*m.*).
alumitizzazione (*min.*), Alumitisation (*f.*).
alundum (Al₂O₃) (allumina, abrasivo) (*chim. - mecc.*), Alundum (*n.*).
alunogeno (*min.*), Alunogen (*n.*).
alusil (lega) (*metall. - fond.*), Alusil (*n.*).
alveare (*agric.*), Bienenhaus (*n.*), Bienenstock (*m.*).
alveo (letto di fiume) (*geogr.*), Flussbett (*n.*). **2 ~ abbandonato** (di fiume) (*idr.*), Altarm (*m.*), Ausriss (*m.*).
alveolo (segno di vaiolatura) (*mecc. - difetto*), Grübchen (*n.*), Narbe (*f.*). **2 ~ da corrosione** (*metall.*), Korrosionsnarbe (*f.*). **3 piastra ad alveoli** (per accumulatori alcalini) (*elett.*), Taschenplatte (*f.*).
alzacristalli (*aut.*), Scheibenheber (*m.*), Fensterheber (*m.*). **2 ~** (manovella alzacristalli) (*aut.*), Fensterkurbel (*f.*), Scheibendrehkurbel (*f.*).
alzaia (strada alzaia) (*navig.*), Treidelweg (*m.*), Treidelpfad (*m.*), Leinpfad (*m.*).
alzare (*gen.*), aufheben, aufziehen. **2 ~** (eseguire un sopralzo, di una casa) (*ed.*), erhöhen, überhöhen. **3 ~** (la « capote » p. es., un coperchio a cerniera) (*aut. - ecc.*), aufklappen. **4 ~** (retrarre, far rientrare, il carrello) (*aer.*), einfahren. **5 ~** (sollevare da terra, con martinetto, per sostituire una ruota p. es.) (*aut.*), hochbocken. **6 ~** (il tono) (*acus.*), erhöhen. **7 ~ di un piano** (una casa) (*ed.*), aufstocken, auftreppen. **8 ~ la bandiera** (*nav. - milit.*), die Flagge hissen.
alzaspazzole (di una macch. elett.) (*elett.*), Bürstenabhebeeinrichtung (*f.*).
alzata (di una valvola o camma p. es.) (*mecc. - ecc.*), Hubhöhe (*f.*), Hub (*m.*). **2 ~** (elevazione) (*dis.*), Aufriss (*m.*). **3 ~** (altezza di sollevamento, di un elevatore a forca p. es.) (*app. di sollev.*), Hubhöhe (*f.*). **4 ~** (di un gradino, parte verticale) (*ed.*), Setzstufe (*f.*), Stoss-stufe (*f.*), Futterstufe (*f.*). **5 ~** (di un mobile) (*falegn.*), Aufsatz (*m.*). **6 ~ della camma** (*mecc.*), Nockenerhebung (*f.*), Nockenhub (*m.*). **7 ~ della camma** (di un tornio p. es.) (*macch. ut.*), Kurvensteigung (*f.*). **8 ~ della valvola** (*mot.*), Ventilhub (*m.*). **9 ~ del nero** (*telev.*), Schwarzabhebung (*f.*). **10 ~ di cassa** (*amm.*), Kassenprüfung (*f.*), Kassenrevision (*f.*). **11 ~ laterale** (*dis.*), Seitenriss (*m.*). **12 carrello ad ~ bassa** (*trasp. ind.*), Niederhubwagen (*m.*). **13 passo per semplice ~** (*filatura*), Hochfach (*n.*).
alzato (da terra sollevato, su cavalletti) (*veic.*), aufgebockt.
alzavalvole (*ut. - mot.*), Ventilheber (*m.*), Ventilfederheber (*m.*), Ventilfederzange (*f.*). **2 ~ di scarico** (*mot.*), Auslassventilheber (*m.*).
alzo (congegno per il puntamento) (*arma da fuoco*), Visiereinrichtung (*f.*).
Am (americio) (*radioatt.*), Am, Americium (*n.*).
amaca (*campeggio*), Hängematte (*f.*).
amalgama (lega contenente mercurio) (*metall.*), Amalgam (*n.*). **2 ~ di mercurio** (*metall.*), Quecksilberamalgam (*n.*).
amalgamare (*gen.*), amalgamieren, verquikken.
amalgamazione (preparazione chimica dei minerali) (*min.*), Amalgamation (*f.*). **2 tavola di ~** (*min.*), Amalgamationstisch (*m.*).
amarraggio (*nav.*), vedi ormeggio. **2 ~** (di conduttori) (*elett.*), Abspannung (*f.*).
amatore (*radio*), Amateur (*m.*).
ambientale (*fis.*), umgebend. **2 condizioni ambientali** (nel posto di lavoro p. es.) (*lav. - ecc.*), Umweltbedingungen (*f. pl.*), Umwelteinflüsse (*m. pl.*).
ambiente (vano, locale) (*ed.*), Raum (*m.*). **2 ~** (atmosfera circostante p. es.) (*meteor. - ecc.*), Umgebung (*f.*). **3 ~** (sul bagno di metallo liquido p. es.) (*forno - metall.*), Atmosphäre (*f.*). **4 ~** (mondo, circolo) (*gen.*), Welt (*f.*), Lebenskreis (*m.*). **5 ~ chiuso** (*ed.*), Innenraum (*m.*). **6 ~ esplosivo** (*ind.*), explosionsgefährlicher Raum. **7 ~ neutro** (*metall. - fond.*), neutrale Atmosphäre. **8 ~ ossidante** (*metall. - fond.*), oxydierende Atmosphäre. **9 ~ radioattivo** (*radioatt.*), heisser Raum. **10 aria ~** (*gen.*), Umgebungsluft (*f.*). **11 inquinamento dell'~** (da emissioni di centrali nucleari p. es.) (*ecol.*), Umweltbelastung (*f.*). **12 non reagente all'~** (*gen.*), umweltneutral. **13 pressione ~** (*mot. - ecc.*), Umgebungsdruck (*m.*). **14 riflessione di luce dell'~** (luce dell'ambiente riflessa, sul cinescopio) (*telev.*), Raumlichtreflexion (*f.*). **15 temperatura ~** (*meteor. - ecc.*), Raumtemperatur (*f.*), Umgebungstemperatur (*f.*).
ambiguità (*gen.*), Zweideutigkeit (*f.*).
àmbito (*gen.*), Bereich (*m.*), Umfang (*m.*).
ambligonite (*min.*), Amblygonit (*m.*).
ambra (*elett.*), Bernstein (*m.*).
ambroina (resina fenolica da stampaggio) (*chim.*), Ambroin (*n.*).
ambulante (venditore) (*s. - comm.*), Fierant (*m.*), Wanderhändler (*m.*), Markthändler (*m.*). **2 commercio ~** (*comm.*), Wandergewerbe (*f.*).
ambulanza (*veic. med.*), Ambulanz (*f.*), Krankenwagen (*m.*).
ambulatorio (*med.*), Sprechzimmer (*n.*), Konsultationszimmer (*n.*).

americio (elemento ottenuto artificialmente) (*Am* - *radioatt.*), Americium (*n.*).
ametista (varietà di quarzo) (*min.*), Amethyst (*m.*).
amfidromia (onda di marea) (*mar.*), Amphidromie (*f.*).
amianto (asbesto) (*min.*), Asbest (*m.*). **2** ~ **di anfibolo** (*min.*), Hornblendeasbest (*m.*). **3** ~ **di serpentino** (*min.*), Serpentinasbest (*m.*). **4** ~ **fibroso** (*min.*), Faserasbest (*m.*). **5 cartone d'**~ (*ind.*), Asbestpappe (*f.*). **6 cemento** ~ (*ed.*), Asbestzement (*m.*). **7 cordone di** ~ (*tubaz.* - *term.*), Asbestschnur (*f.*). **8 filo di** ~ (*ind.*), Asbestgarn (*n.*). **9 foglio di** ~ (*ed.* - *ecc.*), Asbestplatte (*f.*). **10 guarnizione di** ~ (*mecc.* - *ecc.*), Asbestdichtung (*f.*), Asbestpackung (*f.*). **11 lana di** ~ (per filtri d'aria p. es.) (*ind.*), Asbestwolle (*f.*). **12 tuta di** ~ (*mater. resistente al fuoco*), Asbestanzug (*m.*).
amido ($C_6H_{10}O_5$) (*chim.*), Stärke (*f.*), Amylum (*n.*). **2** ~ (per insaldare) (*chim.*), Stärkemehl (*n.*). **3** ~ **di patate** (*ind. chim.*), Kartoffelstärke (*f.*). **4 colla d'**~ (salda di amido) (*ind. chim.*), Kleister (*m.*). **5 salda d'**~ (colla d'amido) (*ind. chim.*), Kleister (*m.*).
amidolo (*fot.*), Amidol (*n.*).
amigdalina ($C_{20}H_{27}NO_{11}$) (*chim.*), Amygdalin (*n.*).
amilasi (diastasi) (*chim.*), Amylase (*f.*), Diastase (*f.*).
amile (*chim.*), Amyl (*n.*).
amina (*chim.*), *vedi* ammina.
AMMA (acrilonitrile-metilmetacrilato, acrilonitrilmetacrilato di nitrile) (*chim.*), AMMA, Acrylnitril-Methylmethacrylat (*n.*).
ammaccarsi (carrozzeria di lamiera p. es.) (*difetto*), einbeulen.
ammaccatura (*gen.*), Verbeulung (*f.*). **2** ~ (su lamiera p. es.) (*ind. metall.*), Beule (*f.*).
ammainare (una vela) (*nav.*), bergen, streichen, beiholen, einziehen. **2** ~ **la bandiera** (*nav.* - *milit.*), die Flagge dippen.
ammalarsi (*med.* - *ecc.*), erkranken.
ammanco (*amm.*), Fehlbetrag (*m.*), Abgang (*m.*) (*austr.*). **2** ~ **di cassa** (*amm.*), Kassenausfall (*m.*), Kassendefizit (*n.*).
ammanigliare (*nav.*), schäkeln.
ammannitura (fondo sintetico anticorrosione, wash-primer) (*vn.*), Haftgrundmittel (*n.*).
ammaraggio (*aer.*), Wasserung (*f.*). **2** ~ **forzato** (*aer.*), Notwasserung (*f.*).
ammarare (*aer.*), wassern, anwassern.
ammassamento (ammucchiamento) (*gen.*), Häufung (*f.*), Anhäufung (*f.*). **2** ~ (di particelle) (*fis. nucl.*), Anhäufung (*f.*). **3** ~ (*difetto* - *vn.*), Aufstapeln (*n.*).
ammassare (*gen.*), häufen, aufspeichern.
ammasso (*gen.*), Aufspeicherung (*f.*). **2** ~ **aperto** (di stelle) (*astr.*), offener Haufen. **3** ~ **globulare** (di stelle) (*astr.*), Kugelhaufen (*m.*). **4** ~ **stellare** (*astr.*), Sternhaufen (*m.*).
ammattonato (pavimento di mattoni) (*ed.*), Ziegelpflaster (*n.*), Backsteinpflaster (*n.*).
ammazzatoio (macello) (*ed.*), Schlachthaus (*n.*).
ammesso (ammissibile) (*mecc.* - *etc.*), zulässig.

2 scostamento ~ (*mecc.* - *etc.*), zulässige Abweichung.
ammesso che (*gen.*), angenommen dass.
ammettenza (impedenza reciproca) (*elett.*), Scheinleitwert (*m.*). **2** ~ **elettronica** (di un oscillatore) (*elettronica*), Spaltleitwert (*m.*). **3** ~ **inversa** (nei transistori) (*elettronica*), Rücksteilheit (*f.*).
ammettere (come socio) (*finanz.* - *ecc.*), aufnehmen.
ammezzato (mezzanino, fra pianterreno e primo piano) (*ed.*), Mezzanin (*n.*), Zwischengeschoss (*n.*), Zwischenstock (*m.*), Halbgeschoss (*n.*).
ammide ($C_nH_{2n+1} - CONH_2$) (*chim.*), Amid (*n.*).
ammina (amina) (*chim.*), Amin (*n.*).
amministrare (*gen.*), verwalten, bewirtschaften. **2** ~ (*amm.* - *ecc.*), leiten, verwalten.
amministrativo (*amm.*), administrativ. **2 controllo** ~ (*amm.*), Verwaltungskontrolle (*f.*). **3 distretto** ~ (*amm.*), Verwaltungsbezirk (*m.*).
amministratore (*finanz.*), Verwalter (*m.*), Administrator (*m.*). **2** ~ **delegato** (di una società per azioni p. es.) (*ind.*), Generaldirektor (*m.*), Direktor (*m.*), Vorstandvorsitzender (*m.*). **3** ~ **delegato** (di una società a responsabilità limitata) (*finanz.*), Geschäftsführer (*m.*).
amministrazione (*gen.*), Verwaltung (*f.*), Bewirtschaftung (*f.*). **2** ~ (della giustizia) (*leg.*), Ausübung (*f.*). **3** ~ **comunale** (*amm.*), Stadtverwaltung (*f.*). **4** ~ **controllata** (*leg.*), Zwangswirtschaft (*f.*). **5** ~ **fiduciaria** (*finanz.*), Treuhandbuchführung (*f.*). **6** ~ **giudiziaria** (amministrazione controllata) (*leg.*), Zwangsverwaltung (*f.*), Sequestration (*f.*). **7** ~ **statale** (*amm.*), Staatsverwaltung (*f.*). **8 consiglio di** ~ (*finanz.* - *ind.*), Vorstand (*m.*), Verwaltungsrat (*m.*). **9 conto bancario in** ~ **fiduciaria** (intestato a nome di un notaio p. es., che amministra beni del cliente) (*comm.* - *amm.*), Anderkonto (*n.*).
ammino-acido (*chim.*), Aminosäure (*f.*).
amminobenzolo ($C_6H_5NH_2$) (*chim.*), Amilin (*n.*), Aminobenzol (*n.*), Phenylamin (*n.*).
amminoplasto (*ind. chim.*), Aminoplast (*n.*).
ammissibile (ammesso) (*gen.*), zulässig. **2 sollecitazione** ~ (*sc. costr.*), zulässige Beanspruchung.
ammissione (*gen.*), Aufnahme (*f.*). **2** ~ (aspirazione, di un mot. a c. i.) (*mot.*), Einlass (*m.*). **3** ~ (di un nuovo socio p. es.) (*finanz.* - *ecc.*), Aufnahme (*f.*). **4 anticipo d'**~ (angolo di anticipo d'ammissione) (*aut.*), Voreinlasswinkel (*m.*). **5 corsa di** ~ (fase di aspirazione) (*mot.*), Einlasshub (*m.*). **6 domanda di** ~ (*gen.*), Aufnahmegesuch (*n.*). **7 luce di** ~ (luce di aspirazione) (*mot.*), Einlass·schlitz (*m.*). **8 quota di** ~ (tassa di ammissione) (*finanz.*), Aufnahmegebühr (*f.*). **9 tubo di** ~ (tubo di aspirazione) (*mot.* - *ecc.*), Einlassrohr (*n.*). **10 ufficio di** ~ (per titoli, di una borsa) (*finanz.*), Zulassungsstelle (*f.*). **11 valvola di** ~ (valvola di aspirazione) (*mot.*), Einlassventil (*n.*).
ammobigliare (*ed.*), möblieren, ausmöblieren.
ammodernamento (di impianti) (*ind.*), Erneuerung (*f.*).

ammodernare (modernizzare) (*gen.*), modernisieren.
ammoniaca (NH₃) (*chim.*), Ammoniak (*n.*). 2 ~ **gassosa** (*chim.*), Ammoniakgas (*n.*). 3 ~ **in soluzione acquosa** (*chim.*), Ammoniakwasser (*n.*). 4 ~ **liquida** (soluzione ammoniacale) (*chim.*), Salmiakgeist (*m.*).
ammoniacale (*chim.*), ammoniakhaltig. 2 **soluzione** ~ (ammoniaca liquida) (*chim.*), Salmiakgeist (*m.*). 3 **vapori ammoniacali** (*chim. - ecc.*), Ammoniakdämpfe (*m. pl.*).
ammoniazione (*chim.*), Ammoniakbehandlung (*f.*).
ammonio (*chim.*), Ammon (*n.*), Ammonium (*n.*). 2 **cloruro di** ~ (NH₄Cl) (sale ammoniaco) (*chim.*), Ammoniumchlorid (*n.*), Salmiak (*m.*). 3 **idrato di** ~ (*chim.*), Ammoniumhydroxyd (*n.*). 4 **nitrato di** ~ (NH₄NO₃) (*chim.*), Ammoniumsalpeter (*m.*), Ammoniumnitrat (*n.*). 5 **solfato di** ~ [(NH₄)₂SO₄] (*chim.*), Ammoniumsulfat (*n.*).
ammonizione (*milit.*), Warnung (*f.*).
ammontare (importo) (*s. - contabilità*), Betrag (*m.*). 2 ~ (*v. - contabilità*), belaufen.
ammorbidire (un colore p. es.) (*ott.*), mildern.
ammorsatura (parellatura) (*nav.*), Laschung (*f.*).
ammortamento (*finanz. - amm.*), Tilgung (*f.*), Abschreibung (*f.*), Amortisation (*f.*). 2 **fondo di** ~ (*finanz.*), Tilgungsfonds (*m.*). 3 **periodo di** ~ (di un impianto p. es.) (*amm. - ind.*), Abschreibezeit (*f.*). 4 **piano di** ~ (*finanz.*), Tilgungsplan (*m.*), Amortisationsplan (*m.*). 5 **tasso di** ~ (*finanz.*), Abschreibungssatz (*m.*), Tilgungsrate (*f.*).
ammortizzablie (*finanz.*), tilgbar.
ammortizzare (*mecc. - ecc.*), dämpfen, abpuffern. 2 ~ (*amm. - finanz.*), tilgen, abschreiben. 3 ~ (molleggiare) (*mecc. - ecc.*), federn.
ammortizzato (impianto, macchina, ecc.) (*amm. - finanz.*), abgeschrieben.
ammortizzatore (*mecc. - veic.*), Stossdämpfer (*m.*), Dämpfer (*m.*). 2 ~ (di una sospensione) (*aut.*), Stossdämpfer (*m.*), Dämpfer (*m.*). 3 ~ (sistemato sotto il volante, per sicurezza) (*aut.*), Pralltopf (*m.*). 4 ~ (smorzatore di vibrazioni) (*mecc.*), Schwingungsdämpfer (*m.*). 5 ~ **ad attrito** (ammortizzatore a frizione) (*mecc.*), Reibungsdämpfer (*m.*). 6 ~ **ad azione diretta** (*aut. - mecc.*), direkt wirkender Stossdämpfer. 7 ~ **ad azione indiretta** (*mecc. - aut.*), indirekt wirkender Stossdämpfer. 8 ~ **a doppio effetto** (*mecc. - aut.*), doppelseitig wirkender Stossdämpfer. 9 ~ **a frizione** (ammortizzatore ad attrito) (*mecc. - aut.*), Reibungsstossdämpfer (*m.*). 10 ~ **a leva** (*mecc. - aut.*), Hebelstossdämpfer (*m.*). 11 ~ **a molla** (*mecc.*), Federstossdämpfer (*m.*), Stossfeder (*f.*). 12 ~ **a molla** (per ascensori) (*ed.*), Aufsetzfeder (*f.*), Aufsetzpuffer (*m.*). 13 ~ **a semplice effetto** (*mecc. - aut.*), einseitig wirkender Stossdämpfer. 14 ~ **idraulico** (*mecc. - veic.*), hydraulischer Stossdämpfer. 15 ~ **oleopneumatico** (*mecc.*), Öl-Luft-Stossfänger (*m.*). 16 ~ **telescopico** (*veic.*), Teleskopstossdämpfer (*m.*), Federbein (*n.*).

ammucchiamento (ammassamento) (*gen.*), Häufung (*f.*).
ammucchiare (*gen.*), aufhäufen.
amnistia (*leg.*), Amnestie (*f.*).
amo (*pesca - sport*), Fischangel (*f.*), Angelhaken (*m.*). 2 ~ **doppio** (*pesca - sport*), Doppelhaken (*m.*).
amorfo (*min. - ecc.*), amorph, amorphisch.
amosite (*min.*), Amosit (*m.*).
amovibile (asportabile, smontabile) (*mecc. - ecc.*), lösbar, abnehmbar. 2 ~ (estraibile) (*mecc. - ecc.*), herausnehmbar.
AMP (amminometilpropanolo) (*chim.*), AMP, Aminomethylpropanol (*n.*).
amperaggio (intensità di corrente) (*elett.*), Stromstärke (*f.*), Amperestärke (*f.*). 2 ~ (carico di corrente, dei contatti d'un app. elett. pres.) (*elett.*), Strombelastung (*f.*). 3 ~ (capacità in amperora, di un accumulatore) (*elett.*), Amperezahl (*f.*). 4 ~ **convogliabile** (portata, di un conduttore) (*elett.*), Stromfestigkeit (*f.*).
ampere (*mis. elett.*), Ampere (*n.*), Amp.
amperminuto (*elett.*), Ampereminute (*f.*).
amperometrico (*elett.*), Strom... 2 **costante amperometrica** (d'un galvanometro) (*elett.*), Stromkonstante (*f.*). 3 **rendimento** ~ (nei processi elettrolitici) (*elettrochim.*), Stromausbeute (*f.*).
amperometro (*strum. elett.*), Ammeter (*n.*), Amperemeter (*n.*), Strommesser (*m.*). 2 ~ **a pinza** (amperometro a tenaglia) (*app. elett.*), Zangenstrommesser (*m.*). 3 ~ **a tenaglia** (*app. elett.*), Zangenstrommesser (*m.*). 4 ~ **termico** (termoamperometro) (*app. elett.*), Thermoamperometer (*n.*).
amperora (*elett.*), Amperestunde (*f.*), Amp.-Std., Ah. 2 **capacità in** ~ (amperaggio di un accumulatore) (*elett.*), Amperezahl (*f.*).
amperorametro (*strum. elett.*), Amperestundenzähler (*m.*).
ampersecondo (As) (*elett.*), Amperesekunde (*f.*), As.
amperspira (*elett.*), Amperewindung (*f.*). 2 **amperspire** (*elett.*), AW-Zahl (*f.*), Amperewindungszahl (*f.*).
ampex (registrazione in ampex) (*elettroacus.*), Ampex-Aufnahme (*f.*).
ampiezza (di oscillazione) (*fis.*), Amplitüde (*f.*), Schwingungsweite (*f.*). 2 ~ **degli impulsi** (*radio*), Pulsamplitude (*f.*). 3 ~ **dell'oscillazione del pendolo** (escursione del pendolo) (*fis.*), Pendelausschlag (*m.*). 4 ~ **di apertura** (angolo di apertura, di un distributore di accensione) (*elett. - mot.*), Öffnungsweite (*f.*), Öffnungswinkel (*m.*). 5 ~ **di deflessione** (*elettronica*), Ablenkamplitude (*f.*). 6 ~ **di oscillazione** (*fis.*), Schwingungsamplitude (*f.*), Schwingungsweite (*f.*). 7 ~ **di rilassamento** (*elettronica - telev.*), Kippamplitude (*f.*). 8 ~ **di scansione** (*telev.*), Kippamplitude (*f.*). 9 ~ **di sollecitazione** (nelle prove di fatica) (*sc. costr.*), Spannungsausschlag (*m.*), Amplitude (*f.*). 10 ~ **massima** (dello scostamento; somma degli scostamenti massimi negativi e positivi rispetto al valore medio, in una serie di valori misurati) (*metrol.*), maximale Spreizung. 11 ~ **totale di sollecitazione** (campo di variazione della tensione

nelle prove di fatica) (*sc. costr.*), Schwingbreite (*f.*). **12 affievolimento di** ~ (fading di ampiezza) (*radio*), Amplitudenschwund (*m.*), Amplitudenfading (*m.*). **13 caratteristica di** ~ (curva di risposta in ampiezza) (*fis.*), Amplitudengang (*m.*). **14 curva di risposta in** ~ (caratteristica di ampiezza) (*radio - ecc.*), Amplitudengang (*m.*). **15 distorsione di** ~ (*telev.*), Amplitudenverzerrung (*f.*). **16 escursione di** ~ (*fis.*), Amplitudenausflug (*m.*). **17 fading di** ~ (affievolimento di ampiezza) (*radio*), Amplitudenfading (*n.*), Amplitudenschwund (*m.*). **18 modulato in** ~ (*radio*), amplitudenmoduliert. **19 modulazione di** ~ (*radio*), Amplitudenmodulation (*f.*), Amplitudenmodulierung (*f.*). **20 oscillazione ad** ~ **crescente** (*fis.*), anschwellende Schwingung. **21 oscillazione modulata in** ~ (*fis.*), amplitudenmodulierte Schwingung. **22 quantizzazione di** ~ (*elett.*), Amplitudenquantelung (*f.*).

ampliamento (allargamento) (*gen.*), Erweiterung (*f.*). **2** ~ (di uno stabilimento p. es.) (*ed. - ecc.*), Ausbau (*m.*). **3 possibilità di** ~ (*ed. - ecc.*), Ausbaumöglichkeit (*f.*). **4 suscettibile di** ~ (suscettibile di sviluppo, impianto p. es.) (*ind. etc.*), ausbaufähig.

ampliare (uno stabilimento p. es.) (*gen.*), ausbauen.

amplidina (metadinamo amplificatrice, amplidinamo) (*elett.*), Amplidynmaschine (*f.*).

amplificare (*radio - acus.*), verstärken.

amplificatore (*radio - elettroacus.*), Verstärker (*m.*). **2** ~ (ripetitore) (*telef.*), Verstärker (*m.*). **3** ~ **a banda larga** (amplificatore aperiodico) (*elettronica*), Breitbandverstärker (*m.*), aperiodischer Verstärker. **4** ~ **a bassa frequenza** (amplificatore audio) (*radio*), Niederfrequenzverstärker (*m.*), NV. **5** ~ **a cristallo** (*radio - elettroacus.*), Kristallverstärker (*m.*). **6** ~ **ad accoppiamento catodico** (*elettronica*), Kathodenverstärker (*m.*), Kathodenfolger (*m.*). **7** ~ **ad accoppiamento R-C** (*elett.*), Widerstandsverstärker (*m.*), Verstärker mit R/C-Kopplung. **8** ~ **ad impedenza negativa** (*elett.*), NLT-Verstärker (*m.*). **9** ~ **aperiodico** (amplificatore a banda larga) (*elettronica*), aperiodischer Verstärker, Breitbandverstärker (*m.*). **10** ~ **a risonanza** (*elettronica*), Resonanzverstärker (*m.*). **11** ~ **a transistor** (*radio - elettroacus.*), Transistor-Verstärker (*m.*). **12** ~ **audio** (*radio-elettroacus.*), Tonfrequenzverstärker (*m.*). **13** ~ **a valvola** (valvola amplificatrice, tubo amplificatore) (*radio - elettroacus.*), Röhrenverstärker (*m.*), Verstärkerröhre (*f.*). **14** ~ **a valvole** (*radio - elettroacus.*), Röhrenverstärker (*m.*). **15** ~ **cascode** (*telev.*), Kaskodenverstärker (*m.*). **16** ~ **classe B** (*radio - elettroacus.*), B-Verstärker (*m.*). **17** ~ **compensato** (*radio - elettroacus.*), ausgeglichener Verstärker. **18** ~ **con catodo a massa** (*elettronica*), Kathodenbasisverstärker (*m.*). **19** ~ **del suono** (*radio - elettroacus.*), Lautverstärker (*m.*), Tonverstärker (*m.*). **20** ~ **di classe A** (*radio*), A-Verstärker (*m.*). **21** ~ **di deflessione** (*elettronica*), Kippverstärker (*m.*). **22** ~ **di deflessione orizzontale** (d'un oscillografo, amplificatore X) (*elettronica*), Horizontal-Ablenkvestärker (*m.*), X-Verstärker

(*m.*). **23** ~ **di deflessione verticale** (amplificatore Y) (*elettronica*), Vertikal-Ablenkverstärker (*m.*), Y-Verstärker (*m.*). **24** ~ **di frequenza di immagine** (di un televisore) (*telev.*), Bildzentralfrequenzverstärker (*m.*). **25** ~ **di linea** (*telef.*), Leitungsverstärker (*m.*). **26** ~ **di misura** (*app. - elett.*), Messverstärker (*m.*). **27** ~ **di potenza** (*radio - elettroacus.*), Leistungsverstärker (*m.*), Kraftverstärker (*m.*). **28** ~ **di regolazione** (*regol. - elettronica*), Regelverstärker (*m.*). **29** ~ **di retroazione** (*radio*), Rückkopplungsverstärker (*m.*). **30** ~ **di riproduzione** (*app. elettroacus.*), Wiedergabeverstärker (*m.*). **31** ~ **di riserva** (*radio - ecc.*), Ersatzverstärker (*m.*), Reserveverstärker (*m.*). **32** ~ **di separazione** (*telef. - ecc.*), Pufferverstärker (*m.*). **33** ~ **di tensione** (*radio*), Spannungsverstärker (*m.*). **34** ~ **di uscita** (*radio*), Endverstärker (*m.*). **35** ~ **finale del trasmettitore** (ultimi stadi amplificatori del trasmettitore) (*radio*), Senderverstärker (*m.*). **36** ~ **finale di registrazione** (*elabor. dati*), Schreib-Endverstärker (*m.*). **37** ~ **idraulico** (d'una servovalvola p. es.) (*app.*), hydraulischer Verstärker, Flüssigkeitsverstärker (*m.*). **38** ~ **in controfase** (*radio*), Gegentaktverstärker (*m.*). **39** ~ **invertitore** (invertitore di polarità) (*elett.*), Umkehrverstärker (*m.*). **40** ~ **isofase** (*elettronica*), Gleichtaktverstärker (*m.*). **41** ~ **magnetico** (*radio - ecc.*), Magnetverstärker (*m.*). **42** ~ **monostadio** (*radio*), einstufiger Verstärker. **43** ~ **operazionale** (*elettronica*), Operationsverstärker (*m.*). **44** ~ **per stadio in controfase** (*radio*), Auswahlverstärker (*m.*). **45** ~ **RC** (*radio*), RC-Verstärker (*m.*), Widerstand-Kapazität-Verstärker (*m.*). **46** ~ **sequenziale** (*elettronica*), Folgeverstärker (*m.*). **47** ~ **sfasatore** (*elettronica*), Gegentakt-Verstärker (*m.*), Phasenumkehrverstärker (*m.*). **48** ~ **tampone** (stadio amplificatore tampone) (*elettronica*), Trennverstärker (*m.*). **49** ~ **universale** (*radio - ecc.*), Allverstärker (*m.*). **50** ~ **video** (videoamplificatore) (*telev.*), Video-Verstärker (*m.*). **51** ~ **X** (d'un oscillografo, amplificatore di deflessione orizzontale) (*elettronica*), X-Verstärker (*m.*), Horizontal-Ablenkverstärker (*m.*). **52** ~ **Y** (di un oscillografo, amplificatore di deflessione verticale) (*elettronica*), Y-Verstärker (*m.*), Vertikal-Ablenkverstärker (*m.*). **53 diodo** ~ (diodo elevatore, diodo di guadagno; nel dispositivo deflessore p. es.) (*telev.*), Schaltdiode (*f.*), Booster-Diode (*f.*). **54 stadio** ~ (*elettronica*), Verstärkerstufe (*f.*).

amplificazione (guadagno) (*radio*), Verstärkung (*f.*), Gewinn (*m.*). **2** ~ (di un'oscillazione) (*aer. - ecc.*), Aufschaukeln (*n.*), Verstärkung (*f.*). **3** ~ **di corrente** (*elett.*), Stromverstärkung (*f.*). **4** ~ **di potenza** (*radio*), Leistungsverstärkung (*f.*). **5 fattore di** ~ (*radio*), Verstärkungsgrad (*m.*). **6 reciproco del fattore di** ~ (intraeffetto, coefficiente di penetrazione) (*elettronica*), Durchgriff (*m.*). **7 ricevitore ad** ~ **diretta** (*radio*), Geradeausempfänger (*m.*).

ampolla (di una lampadina p. es.) (*elett. - radio*), Kolben (*m.*). **2** ~ **chiara** (*app. illum.*), Klarglaskolben (*m.*). **3** ~ **metallizzata** (*illum.*), verspiegelter Kolben. **4** ~ **per raggi**

Röntgen (tubo per raggi Röntgen) (*fis.*), Rontgenröhre (*f.*). **5 ~ satinata** (*app. illum.*), innenmattierter Kolben. **6 ~ smaltata** (*app. illum.*), emaillierter Kolben. **7 tubo ad ~ metallica** (*elettronica*), Stahlröhre (*f.*).
AN (acrilonitrile) (*ind. chim.*), AN, Acrylnitril (*n.*).
An (attinon) (*radioatt.*), An, Actinon (*m.*).
ana (su ricette, in quantità uguale) (*med. - farm.*), aa, āā, ana.
anabbagliante (antiabbagliante) (*a. - ott. - aut.*), blendungsfrei. **2 ~** (luce anabbagliante) (*d. - aut.*), Abblendlicht (*n.*). **3 lampada ~** (*elett.*), Blendeschutzlampe (*f.*). **4 fascio ~** (*aut.*), Abblendbündel (*n.*).
anaglifo (procedimento per l'osservazione di immagini stereoscopiche) (*ott. - fot.*), Anaglyphen (*n.*).
anagrafe (ufficio anagrafe) (*uff. - stat.*), Einwohnermeldeamt (*n.*), Einwohnerkontrolle (*f.*), Meldeamt (*n.*).
analisi (*gen.*), Analyse (*f.*). **2 ~** (*chim.*), Analyse (*f.*), Bestimmung (*f.*). **3 ~** (scansione) (*telev.*), Abtasten (*n.*), Abtastung (*f.*). **4 ~** (*telev.*), *vedi anche* scansione. **5 ~ accelerata** (analisi rapida) (*chim. - ecc.*), Schnellanalyse (*f.*), Kurzanalyse (*f.*). **6 ~ al cannello** (*chim.*), Lötrohranalyse (*f.*). **7 ~ arbitrale** (analisi chimica particolarmente precisa) (*metall. - ecc.*), Schiedsanalyse (*f.*). **8 ~ armonica** (*fis.*), harmonische Analyse, Fourier-Analyse (*f.*). **9 ~ armonica** (di suoni complessi) (*acus.*), Klang-Analyse (*f.*). **10 ~ a spirale** (scansione a spirale) (*telev.*), Wendelabtastung (*f.*), spiralförmige Abtastung (*f.*). **11 ~ chimica** (*chim.*), chemische Analyse. **12 ~ cromatografica** (cromatografia) (*fis.*), Chromatographie (*f.*), chromatographische Adsorptionsanalyse. **13 ~ dei costi** (determinazione dei costi, calcolo dei costi) (*amm. - ind.*), Kostenrechnung (*f.*), Kostenwesen (*n.*), Kalkulation (*f.*). **14 ~ dei costi** (classificazione dei fattori di costo) (*amm. - ind.*), Kostenaufgliederung (*f.*). **15 ~ dei gas** (*chim.*), Gasanalyse (*f.*). **16 ~ dei gas combusti** (analisi dei prodotti della combustione) (*comb.*), Abgasanalyse (*f.*), Abgasprüfung (*f.*). **17 ~ dei gas di scarico** (*mot.*), Abgasanalyse (*f.*), Abgasprüfung (*f.*). **18 ~ dei prodotti** (serve per il loro ulteriore sviluppo e lo studio dei prodotti concorrenziali) (*ind.*), Erzeugnisforschung (*f.*). **19 ~ dei suoni** (*acus.*), Schallanalyse (*f.*). **20 ~ dei tempi di lavorazione** (analisi tempi, cronotecnica) (*analisi tempi*), Zeitstudie (*f.*), Zeitstudium (*n.*). **21 ~ della varianza** (*stat.*), Varianzanalyse (*f.*). **22 ~ del lavoro** (*organ. lav.*), Arbeitsstudie (*f.*). **23 ~ dell'efficienza** (tecnica della progr.), Effizienzanalyse (*f.*). **24 ~ delle sollecitazioni** (*sc. costr.*), Kräftebestimmung (*f.*). **25 ~ del terreno** (*geol. - ed.*), Bodenanalyse (*f.*). **26 ~ del terreno di fondazione** (*ed.*), Untersuchung des Baugrundes. **27 ~ del valore** (di un prodotto, pezzo, ecc.; del valore intrinseco riferito alla funzionalità) (*ind.*), Wertanalyse (*f.*). **28 ~ di colata** (*fond.*), Pfannenanalyse (*f.*), Giesspfannenanalyse (*f.*). **29 ~ di Fourier** (analisi armonica) (*mat.*), Fourier-Analyse (*f.*). **30 ~ di mercato** (*comm.*), Marktanalyse (*f.*). **31 ~ di mercato** (studio di mercato) (*comm.*), Marktstudie (*f.*). **32 ~ di ottave** (*acus.*), Oktavanalyse (*f.*). **33 ~ di utilità e costi** (*comm. - ecc.*), Nutzen-Kosten-Analyse (*f.*). **34 ~ elettronica** (scansione, esplorazione elettronica) (*telev.*), elektronische Abtastung. **35 ~ gascromatografica** (gascromatografia) (*fis.*), Gaschromatographie (*f.*). **36 ~ granulometrica** (*ind. - fis.*), Siebanalyse (*f.*). **37 ~ gravimetrica** (*chim.*), Gewichtsanalyse (*f.*), Gravimetrie (*f.*). **38 ~ intercalata** (analisi interlineata) (*telev.*), Abtastung mit Zeilensprung. **39 ~ interlineata** (analisi intercalata) (*telev.*), Abtastung mit Zeilensprung. **40 ~ matematica** (*mat.*), Analysis (*f.*). **41 ~ mediante ricerca operativa** (d'un problema) (*progr. - ecc.*), OR-Untersuchung. **42 ~ nefelometrica** (*chim.*), Trübungsanalyse (*f.*). **43 ~ olfattiva** (*tecnol.*), Geruchsprüfung (*f.*). **44 ~ per attivazione** (*chim.*), Aktivierungsanalyse (*f.*). **45 ~ per riflessione** (*telev.*), Reflexionsabtastung (*f.*). **46 ~ per sedimentazione** (*min. - ecc.*), Sedimentationsanalyse (*f.*). **47 ~ per via secca** (*chim.*), Analyse auf trockenem Wege. **48 ~ per via umida** (*chim.*), Analyse auf nassem Wege. **49 ~ progressiva** (*telev.*), fortlaufende Abtastung. **50 ~ qualitativa** (*chim.*), qualitative Analyse. **51 ~ quantitativa** (*chim.*), quantitative Analyse. **52 ~ rapida** (analisi accelerata) (*chim.*), Schnellanalyse (*f.*). **53 ~ spettrale** (*chim.*), Spektralanalyse (*f.*). **54 ~ spettrale qualitativa** (*ott.*), qualitative Spektralanalyse. **55 ~ spettrale quantitativa** (*ott.*), quantitative Spektralanalyse. **56 ~ spettroscopica** (analisi spettrale) (*ott.*), Spektralanalyse (*f.*). **57 ~ strutturale** (dei cristalli) (*min.*), Strukturanalyse (*f.*). **58 ~ strutturale** (analisi costitutiva, di oli lubrificanti) (*chim.*), Ringanalyse (*f.*), Konstitutionsanalyse (*f.*). **59 ~ tempi** (cronotecnica (*analisi tempi*), Zeitstudie (*f.*), Zeitstudium (*n.*). **60 ~ termogravimetrica** (ATG) (*chim.*), thermogravimetrische Analyse, TGA. **61 ~ titrimetrica** (*chim.*), Titrimetrie (*f.*). **62 ~ torsionale** (*mecc. - ecc.*), Torsionsanalyse (*f.*). **63 ~ verticale** (scansione verticale) (*telev.*), Bildablenkung (*f.*). **64 ~ vettoriale** (*mecc.*), Vektoranalysis (*f.*). **65 ~ volumetrica** (*chim.*), Volumetrie (*f.*). volumetrische Analyse, Massanalyse. **66 ~ volumetrica** (*tecnol.*), Raumanalyse (*f.*). **67 addetto all'~ del gas** (*lav. - min.*), Wettermann (*m.*). **68 bilancia per ~** (*att. chim.*), Analysenwaage (*f.*). **69 campione per ~** (*prove*), Untersuchungsprobe (*f.*). **70 certificato di ~** (*chim. - ecc.*), Analysenbericht (*m.*). **71 movimento di ~** (movimento del raggio analizzatore) (*telev.*), Strahlhinlauf (*m.*).
analista (*lav. chim.*), Analytiker (*m.*). **2 ~ tempi** (cronotecnico) (*analisi tempi*), Zeitstudieningenieur (*m.*). **3 ~** (di sistemi, nell'elaborazione elettron. dei dati) (*pers. - lav.*), Analytiker (*m.*). **4 ~ di sistemi** (*organ. - pers.*), Systemanalitiker (*m.*).
analitico (*chim. - ecc.*), analitisch. **2 ~** (olomorfico) (*mat.*), holomorphic.
analizzare (esaminare) (*tecnol.*), untersuchen. **2 ~** (*chim. - ecc.*), analysieren. **3 ~** (*telev.*),

abtasten. 4 ~ (valutare, interpretare; un risultato) (gen.), auswerten.
analizzato (telev.), abgetastet.
analizzatore (app.), Analysator (m.). 2 ~ (polimetro, tester, multimetro) (app. elett.), Polymeter (n.). 3 ~ **a punto luminoso** (telev.), Leuchtfleckabtaster (m.). 4 ~ **dei fumi** (analizzatore dei prodotti della combustione) (app.), Abgasprüfgerät (n.), Rauchgasanalysator (m.), Rauchgasprüfer (m.). 5 ~ **dei gas di scarico** (app.), Auspuffgaszerleger (m.). 6 ~ **dei prodotti della combustione** (analizzatore dei fumi) (app.), Rauchgasanalysator (m.), Rauchgasprüfer (m.), Abgasprüfgerät (n.). 7 ~ **di armoniche** (app. fis.), Oberwellenanalysator (m.), harmonischer Analysator. 8 ~ **di diapositive** (app. televisivo), Diageber (m.), Diapositivgeber (m.). 9 ~ **differenziale digitale** (calcolatore ad incrementi con integratore digitale) (calc.), Differenzensummator (m.). 10 ~ **di film** (per telecinema) (telev. - app.), Filmabtaster (m.). 11 ~ **di gas combusti** (analizzatore dei prodotti della combustione) (app.), Abgasprüfgerät (n.). 12 ~ **di schede perforate** (app.), Lochkartenabtaster (m.). 13 ~ **di telefilm a colori** (telev. - app.), Farbfernseh-Filmabtaster (m.).
anallatico (top.), anallaktisch.
analogia (gen.), Analogie (f.). 2 **ad ~ di frequenza** (elett.), frequenzanalog.
analogico (gen.), analogisch. 2 **a comando ~** (macch.), analoggesteurt. 3 **calcolatore ~** (calc.), Analogrechner (m.). 4 **circuito ~** (calc.), analogische Schaltung. 5 **convertitore ~ -digitale** (calc.), Analog-Digital-Umsetzer (m.). 6 **trasduzione analogica** (conversione d'un valore misurato in un'altra grandezza fisica) (elett. - ecc.), analoge Messwerterfassung.
analogo (gen.), analog. 2 ~ (corrispondente) (gen.), vergleichbar, entsprechend.
anamnesi (med.), Anamnese (f.).
anamnestico (med.), anamnestisch.
anamorfizzatore (obiettivo anamorfico per film panoramici) (cinem.), Anamorphot (m.).
anamorfosi (mat.), Anamorphose (f.).
anastatico (tip. - ecc.), anastatisch.
anastigmatico (ott.), anastigmatisch.
anca (anatomia), Hüfte (f.). 2 **leva azionabile con l'~** (di un tornio a torretta p. es.) (macch. ut.), Hüfthebel (m.).
àncora (nav.), Anker (m.). 2 ~ (di un relè) (elett.), Anker (m.). 3 ~ (di una valvola elettromagnetica) (elett.), Anker (m.). 4 ~ **a cappello di fungo** (nav.), Pilzanker (m.), Schirmanker (m.). 5 ~ **ammiragliato** (àncora con ceppi) (nav.), Stockanker (m.), Normalanker (m.), Admiralitätsanker (m.). 6 ~ **con ceppi** (nav.), Stockanker (m.), Normalanker (m.), Admiralitätsanker (m.). 7 ~ **di attracco** (àncora a cappello di fungo) (nav.), Pilzanker (m.), Schirmanker (m.). 8 ~ **di corrente** (nav.), Stromanker (m.). 9 ~ **di posta** (nav.), Buganker (m.), Beianker (m.). 10 ~ **di rispetto** (àncora di speranza) (nav.), Notanker (m.). 11 ~ **di speranza** (àncora di rispetto) (nav.), Notanker (m.). 12 ~ **di tonneggio** (nav.), Warpanker (m.). 13 ~ **galleggiante** (nav.), Seeanker (m.), Treibanker (m.). 14 ~ **per aerostato** (aer.), Ballonanker (m.). 15 ~ **principale** (nav.), Rüstanker (m.). 16 ~ **senza ceppi** (nav.), Patentanker (m.), stockloser Anker. 17 **becco dell'~** (nav.), Ankerspitze (f.). 18 **ceppo dell'~** (nav.), Ankerbalken (m.). 19 **dar fondo all'~** (nav.), ankern. 20 **essere all'~** (nav.), vor Anker liegen. 21 **gavitello dell'~** (nav.), Ankerboje (f.). 22 **gomena dell'~** (nav.), Ankertrosse (f.). 23 **l'~ è a picco corto** (nav.), der Anker ist kurz Stag. 24 **patta d'~** (orecchio) (nav.), Ankerschaufel (f.), Ankerschar (f.), Ankerspaten (m.), Ankerflügel (m.). 25 **relè ad ~ incernierata** (elett.), Klappanker-Relais (n.). 26 **unghia dell'~** (nav.), Ankerspitze (f.).
ancoraggio (ed.), Verankerung (f.), Abspannung (f.). 2 ~ (operazione di ancoraggio) (nav.), Verankerung (f.), Ankern (n.). 3 ~ (posto d'ancoraggio) (nav.), Ankerplatz (m.), Ankerstelle (f.). 4 ~ (dispositivo di ancoraggio, di una fune) (ing. civ.), Anker (m.). 5 ~ (punto fermo, d'una condotta forzata) (costr. idr.), Festpunkt (m.), Fixpunkt (m.). 6 ~ **della catena di sospensione** (costr. di ponti), Tragkettenverankerung (f.). 7 ~ **della fune di sospensione** (costr. di ponti), Tragkabelverankerung (f.). 8 ~ **del palo** (ed.), Pfahlverankerung (f.). 9 ~ **per cavi** (ancoraggio per funi) (costr. di ponti - ecc.), Kabelverankerung (f.). 10 ~ **per funi** (ancoraggio per cavi) (costr. di ponti - ecc.), Kabelverankerung (f.). 11 **bullone di ~** (mecc.), Ankerschraube (f.). 12 **catena di ~** (ed.), Spannkette (f.). 13 **diritti di ~** (nav.), Ankergeld (n.), Anlegegebühren (f. pl.). 14 **filo di ~** (mecc. - ecc.), Spanndraht (m.). 15 **fune per ~** (ed.), Abspannseil (n.), Trosse (f.), Ankerseil (n.). 16 **palo di ~** (gen.), Abspannmast (m.). 17 **piastra di ~** (ed. - ecc.), Ankerplatte (f.). 18 **vite di ~** (vite di serraggio, dello stampo inferiore) (fucinatura), Spannschraube (f.).
ancorare (gen.), verankern. 2 ~ (ed.), verankern, abspannen. 3 ~ (nav.), verankern. 4 ~ **con catene** (ancorare con chiavi) (ed.), schlaudern, mit Schlaudern befestigen. 5 ~ **con chiavi** (ancorare con catene) (ed.), schlaudern, mit Schlaudern befestigen.
ancorarsi (nav.), ankern.
ancoretta (di un relè) (elett.), Anker (m.).
ancorotto (ferro) (nav.), Suchanker (m.), Wurfanker (m.).
andalusite ($Al_2O_3SiO_2$) (min.), Andalusit (m.).
andamento (delle fibre) (fucinatura - ecc.), Verlauf (m.). 2 ~ **dei filetti fluidi** (immagine dell'andamento dei filetti) (aerodin. - ecc.), Stromlinienbild (n.), Strömungsbild (n.). 3 ~ **delle fibre** (direzione od orientamento delle fibre, di un pezzo p. es.) (metall.), Faserverlauf (m.). 4 ~ **delle fibre** (del legno) (legno), Ader (f.), Faser (f.). 5 ~ **nel tempo** (gen.), zeitlicher Verlauf.
andana (tipo di ormeggio di navi perpendicolarmente alla banchina) (nav.), Reihe (f.), Schicht (f.).
andare (gen.), gehen. 2 ~ **al disotto di...** (essere inferiore a..., essere in difetto) (gen.), unterschreiten. 3 ~ **in salita** (aut.), bergauffahren.

andatura (passo) (*gen.*), Tritt (*m.*). **2** ~ (*aut.*), Fahrweise (*f.*). **3** ~ **sostenuta** (*aut.*), zügige Fahrweise.
andesite (roccia magmatica effusiva) (*min.*), Andesit (*m.*).
« AND-gate » (elemento logico AND) (*calc.*), UND-Gatter (*n.*), Koinzidenzgatter (*n.*).
anecoico (insonorizzato) (*acus.*), schalltot, schallschluckend. **2 studio** ~ (*radio-acus.*), schalltotes Studio.
anelastico (*sc. costr.*), anelastisch. **2 allungamento** ~ (di un filo p. es.) (*sc. costr.*), anelastische Dehnung.
anelettrico (*elett.*), anelektrisch, nichtelektrisch.
anelettrotono (*fisiol.*), Anelektrotonus (*m.*).
anellino (*gen.*), Ringel (*m.*), Ringlein (*n.*), kleiner Ring. **2** ~ (cursore, di un filatoio ad anelli) (*macch. tess.*), Läufer (*m.*), Reiter (*m.*), Traveller (*m.*), Öhr (*n.*), Fliege (*f.*).
anello (*gen.*), Ring (*m.*). **2** ~ (corona, portapalette p. es.) (*macch.*), Kranz (*m.*). **3** ~ (di un cuscinetto a sfere) (*mecc.*), Laufring (*m.*), Ring (*m.*). **4** ~ (ralla, d'un cuscinetto assiale) (*mecc.*), Scheibe (*f.*). **5** ~ (maglia, di catena) (*mecc.*), Kettenglied (*n.*), Lasche (*f.*). **6** ~ (maglia, di catena) (*nav.*), Schake (*f.*). **7** ~ (struttura algebrica) (*mat.*), Ring (*m.*). **8** ~ (nella regolazione o nel comando, circuito con retroazione p. es.) (*lav. macch. ut. c/n - ecc.*), Wirkungskreis (*m.*), Steuerkreis (*m.*). **9** ~ (corona o cintura di forzamento, di un proiettile) (*espl.*), Führungsband (*n.*), Führungsring (*m.*). **10** ~ **aperto** (di un impianto di regolazione p. es.) (*lav. macch. ut. - c/n - ecc.*), offener Steuerkreis (*m.*), offener Wirkungsweg (*m.*). **11** ~ **benzenico** (*chim.*), Benzolring (*m.*). **12** ~ **centrale** (ralla centrale, d'un cuscinetto assiale) (*mecc.*), Wellenscheibe (*f.*). **13** ~ **chiuso** (di un impianto di regolazione p. es.) (*lav. macch. ut. c/n - ecc.*), geschlossener Steuerkreis, geschlossener Wirkungsweg. **14** ~ **circolare** (*geom.*), Kreisring (*m.*). **15** ~ **collettore** (sul quale strisciano le spazzole) (*macch. elett.*), Schleifring (*m.*). **16** ~ **commutativo** (*mat.*), kommutativer Ring. **17** ~ **conico** (di un cuscinetto) (*mecc.*), Kegelring (*m.*). **18** ~ **dei tempi di posa** (di una macch. fot.) (*fot.*), Belichtungsskala (*f.*). **19** ~ **del collettore** (*elett.*), Kollektorring (*m.*). **20** ~ **del vento** (di un alto forno) (*forno - metall.*), Windkranz (*m.*), Windringleitung (*f.*). **21** ~ **di arresto** (anello elastico, anello di sicurezza, dello spinotto p. es.) (*mot. - mecc.*), Drahtsprengring (*m.*). **22** ~ **di centraggio** (*mecc.*), Zentrierring (*m.*), Abstimmring (*m.*). **23** ~ **di cuscinetto a sfere** (*mecc.*), Kugellagerring (*m.*). **24** ~ **di fissaggio** (anello di ritegno di un cuscinetto p. es.) (*mecc.*), Haltering (*m.*). **25** ~ **di guarnizione a sezione circolare** (in gomma) (*mecc.*), Rundgummidichtung (*f.*). **26** ~ **di rasamento** (*mecc.*), Ausgleichring (*m.*). **27** ~ **di rinforzo** (*mecc. - ecc.*), Aussteifungsring (*m.*). **28** ~ **di ritegno** (anello di fissaggio, di un cuscinetto p. es.) (*mecc.*), Haltering (*m.*). **29** ~ **di serraggio** (dello stampo) (*lavoraz. di lamiere*), Froschring (*m.*). **30** ~ **di sicurezza** (anello di arresto, elastico, dello spinotto p. es.) (*mot. - mecc.*), Drahtsprengring (*m.*). **31** ~ **di sollevamento** (golfare di sollevamento) (*macch. - ecc.*), Hebeauge (*n.*). **32** ~ **di spessore** (spessore ad anello) (*mecc.*), Beilagering (*m.*). **33** ~ **di spinta** (*mecc.*), Druckring (*m.*), Stossring (*m.*). **34** ~ **di spinta** (di una frizione) (*aut.*), Anpressplatte (*f.*), Druckplatte (*f.*). **35** ~ **distacco (frizione)** (anello di disinnesto, della frizione) (*aut.*), Ausrückring (*m.*). **36** ~ **distanziatore** (*mecc.*), Abstandring (*m.*). **37** ~ **di supporto** (*mot. aer.*), Einbauring (*m.*). **38** ~ **di supporto** (corona di supporto, d'un altoforno) (*metall.*), Schachtring (*m.*), Tragring (*m.*). **39** ~ **di tenuta** (segmento di tenuta, fascia elastica di tenuta) (*mot.*), Verdichtungsring (*m.*), Kolbenring (*m.*). **40** ~ **di tenuta** (guarnizione, in gomma p. es.) (*mecc. - ecc.*), Abdichtungsring (*m.*), Dichtring (*m.*). **41** ~ **di tenuta a sezione circolare** (guarnizione ad anello di sezione circolare) (*mecc.*), Rundschnurring (*m.*), O-Ring (*m.*). **42** ~ **di tenuta con smusso** (di un pistone) (*mot.*), Minutenring (*m.*). **43** ~ **elastico** (per il collegamento di due pezzi) (*mecc.*), Sprengring (*m.*). **44** ~ **elastico** (anello di tenuta, fascia elastica, segmento) (*mot. - mecc.*), Ring (*m.*), Kolbenring (*m.*). **45** ~ **elastico a gancio** (*mecc.*), Hakenspringring (*m.*), Springring (*m.*). **46** ~ **elastico con taglio obliquo** (fascia elastica con taglio obliquo) (*mot.*), Kolbenring mit schräger Stossfuge. **47** ~ **elastico cromato** (fascia elastica cromata, segmento cromato) (*mot.*), verchromter Kolbenring. **48** ~ **elastico di arresto** (per gli spinotti di un mot. a c. i.) (*mecc.*), Drahtsprengring (*m.*). **49** ~ **elastico di arresto** (anello Seeger, per spinotti di pistone p. es.) (*mecc. - mot.*), Seegerring (*m.*), Sicherungsfeder (*f.*), Seegerfeder (*f.*). **50** ~ **elastico di tenuta** (fascia elastica di tenuta, segmento di tenuta) (*mot.*), Kompressionsring (*m.*), Verdichtungsring (*m.*). **51** ~ **elastico di tenuta senza spacco** (di ammortizzatori p. es.) (*mecc.*), endloser Kolbenring. **52** ~ **elastico incollato** (fascia elastica incollata, segmento incollato) (*mot. - mecc.*), verklebter Kolbenring. **53** ~ **esterno** (di un cuscinetto a sfere p. es.) (*mecc.*), Aussenring (*m.*), Aussenlaufbahn (*f.*). **54** ~ **esterno** (ralla esterna, d'un cuscinetto assiale) (*mecc.*), Gehäusescheibe (*f.*). **55** ~ **esterno della ruota libera** (*veic.*), Freilauf-Aussenring (*m.*). **56** ~ **graduato** (*strum. - ecc.*), Skalenring (*m.*), Teilring (*m.*). **57** ~ **interno del cuscinetto** (di un cuscinetto a sfere p. es.) (*mecc.*), Lagerinnenring (*m.*). **58** ~ **lanciaolio** (per lubrificazione) (*mecc. - macch.*), Spritzring (*m.*). **59** ~ **lubrificatore** (anello per lubrificazione centrifuga) (*macch.*), Ölschleuderring (*m.*). **60** ~ **paraolio** (*mot.*), Öldichtungsring (*m.*). **61** ~ **passacavo** (per funi) (*funi - ecc.*), Auge (*n.*). **62** ~ **per lubrificazione centrifuga** (*mecc.*), Schleuderring (*m.*). **63** ~ **raschiaolio** (segmento raschiaolio) (*mot.*), Ölabstreifring (*m.*), Ölabstreifer (*m.*). **64** ~ **Raschig** (cilindro oliato per filtrare e depolverare grandi quantità di gas ed aria) (*macch.*), Raschig-Ring (*m.*). **65** ~ **scorrevole** (*mecc.*), Gleitring (*m.*). **66** ~ **Seeger** (anello elastico di arresto, per spinotti di pistone p. es.) (*mecc. - mot.*), Seegerring (*m.*), Siche-

rungsfeder (*f.*), Seegerfeder (*f.*). **67 ~ Seeger ad espansione** (*mecc.*), Seeger-Sprengring (*m.*). **68 ~ Seeger equilibrato per fori** (*mecc.*), ausgewuchteter Seegerring für Bohrungen. **69 ~ Seeger in due metà da agganciare** (*mecc.*), Seeger-Schliessring (*m.*). **70 ~ Seeger mordente** (per alberi lisci senza cava) (*mecc.*), Seeger-Greifring (*m.*). **71 ~ sincronizzatore** (di un cambio) (*aut.*), Synchronring (*m.*). **72 ~ tagliente** (per lo scavo di pozzi) (*min.*), Schneidschuh (*m.*). **73 ~ torico** (guarnizione OR, anello di guarnizione in gomma a sezione circolare, O-Ring) (*mecc.*), Rundschnurring (*m.*), Rundgummidichtung (*f.*), O-Ring (*m.*). **74 ad ~** (ciclico) (*chim.*), ringförmig. **75 avvolgimento ad ~** (avvolgimento toroidale) (*elett.*), Ringwicklung (*f.*). **76 contatore ad ~** (*elettronica*), Ringzähler (*m.*). **77 forno ad ~** (*forno*), Ringofen (*m.*). **78 linea ad ~** (linea in circuito chiuso ad anello) (*elett.*), Ringleitung (*f.*). **79 modulatore ad ~** (modulatore doppio in controfase) (*elettronica*), Ringmodulator (*m.*). **80 motore ad anelli collettori** (*elett.*), Schleifringmotor (*m.*).
anemoclinografo (*app.*), Anemoklinograph (*m.*).
anemografo (*strum.*), Anemograph (*m.*), Schreibanemometer (*n.*), Windschreiber (*m.*).
anemogramma (*meteor.*), Anemogramm (*n.*).
anemometro (*strum.*), Anemometer (*m.*), Windgeschwindigkeitsmesser (*m.*), Windmesser (*m.*). **2 ~** (*strum. aer.*), Fluggeschwindigkeitsmesser (*m.*), Fahrtmesser (*m.*). **3 ~ a coppe** (anemometro a coppelle) (*strum.*), Schalenanemometer (*n.*).
anemoscopio (*strum.*), Windzeiger (*m.*), Anemoskop (*n.*).
anergia (parte dell'energia non trasformabile in altra più pregiata) (*fis.*), Anergie (*f.*).
anermeticità (mancanza di tenuta) (*mecc. - ecc.*), Undichtigkeit (*f.*), Undichtheit (*f.*).
anermetico (non ermetico, non stagno) (*gen.*), undicht.
anestesia (*med.*), Betäubung (*f.*), Anästhesie (*f.*). **2 ~ elettrica** (*med.*), Elektroanästhesie (*f.*).
anestesista (*med.*), Narkotiseur (*m.*), Anästhesist (*m.*).
anestetico (*s. - med.*), Betäubungsmittel (*n.*), Anästhetikum (*n.*).
anfibio (velivolo) (*s. - aer.*), Amphibienflugzeug (*n.*), Wasserlandflugzeug (*n.*). **2 ~** (veicolo anfibio) (*s. - veic. - aut.*), Amphibienfahrzeug (*n.*), Schwimmwagen (*m.*). **3 ~** (*a. - veic. - ecc.*), amphibisch. **4 aeroplano ~** (velivolo anfibio) (*aer.*), Wasserlandflugzeug (*n.*), Amphibienflugzeug (*n.*).
anfibolite (roccia metamorfica) (*min.*), Amphibolit (*m.*).
anfibolo (*min.*), Amphibol (*m.*).
anfiteatro (*arch.*), Amphitheater (*n.*), Rundbühne (*f.*).
anfotero (detto di sostanza che può combinarsi sia con un acido sia con una base) (*a. - chim.*), amphoter.
« angledozer » (apripista a lama angolabile) (*macch. mov. terra*), Planierraupe mit Winkelschild.
anglesite ($PbSO_4$) (*min.*), Anglesit (*m.*).

angolare (cantonale) (*s. - ind. metall. - ed.*), Winkelprofil (*n.*), Winkelstahl (*m.*). **2 ~** (*a. - gen.*), winkelförmig. **3 ~ a bulbo** (cantonale a bulbo) (*ind. metall.*), Winkelwulstprofil (*n.*), Winkelwulststahl (*m.*). **4 ~ a bulbo per costruzioni navali** (*ind. metall.*), gleichschenkliges Winkelprofil, gleichschenkliger Winkelstahl. **7 ~ di acciaio** (cantonale *metall.*), ungleichschenkliges Winkelprofil, ungleichschenkliger Winkelstahl. **6 ~ a lati uguali** (cantonale a lati uguali) (*ind. metall.*), gleichschenkliges Winkelprofil, gleichschenkliger Winkelstahl. **7 ~ di acciaio** (cantonale di acciaio) (*ind. metall.*), Winkelstahl (*m.*). **8 ~ di attacco** (cantonale su elementi strutturali portanti) (*ed.*), Anschlusswinkel (*m.*). **9 velocità ~** (*mecc.*), Winkelgeschwindigkeit (*f.*).
angolarità (*mecc. - ecc.*), Winkeligkeit (*f.*). **2 tolleranza di ~** (*mecc.*), zulässige Ungleichwinkligkeit, TW, Tw.
angolazione (angolo, di un'articolazione o giunto a snodo p. es.) (*mecc.*), Einschlagen (*n.*), Abwinklung (*f.*).
angoliera (*mobile*), Eckschrank (*m.*).
angolo (*geom. - ecc.*), Winkel (*m.*). **2 ~** (vertice, spigolo) (*gen.*), Ecke (*f.*). **3 ~** (cantonata, di un edificio, o di un incrocio stradale) (*ed. - strad.*), Ecke (*f.*). **4 ~** (angolazione, di un albero cardanico) (*mecc.*), Abwinklung (*f.*). **5 ~ acuto** (*geom.*), spitzer Winkel. **6 ~ addendum** (d'un dente d'ingranaggio) (*mecc.*), Kopfwinkel (*m.*). **7 ~ adiacente** (*geom.*), Nebenwinkel (*m.*). **8 ~ al centro** (di un cerchio) (*geom.*), Zentriwinkel (*m.*). **9 ~ alla base** (*geom.*), Basiswinkel (*m.*). **10 angoli alterni esterni** (*geom.*), äussere Wechselwinkel (*m. pl.*). **11 ~ al vertice** (*geom.*), Scheitelwinkel (*m.*), Spitzenwinkel (*m.*). **12 ~ al vertice** (del filetto di una vite) (*mecc.*), Flankenwinkel (*m.*). **13 ~ (al vertice) del cono esterno** (di una ruota conica) (*mecc.*), Kopfkegelwinkel (*m.*). **14 ~ anteriore di penetrazione** (angolo del tagliente trasversale, di una punta elicoidale) (*ut.*), Querschneidwinkel (*m.*). **15 ~ azimutale** (*nav. - aer.*), Azimut (*n.*), Azimutwinkel (*m.*). **16 ~ bielle (affiancate)** (angolo del V, d'un motore a V) (*aut.*), Gabelwinkel (*m.*). **17 ~ complementare** (*geom.*), Ergänzungswinkel (*m.*), Komplementwinkel (*m.*). **18 angoli coniugati esterni** (*geom.*), entgegengesetzte Winkel. **19 angoli corrispondenti** (*geom.*), Gegenwinkel (*m. pl.*), korrespondierende Winkel. **20 ~ dedendum** (d'ingranaggi) (*mecc.*), Fusswinkel (*m.*). **21 ~ degli assi** (angolo tra gli assi, di ingranaggi conici p. es.) (*mecc.*), Achsenwinkel (*m.*), Achswinkel (*m.*). **22 ~ dei fianchi** (di un filetto) (*mecc.*), Flankenwinkel (*m.*). **23 ~ dei taglienti** (angolo di resistenza, di un ut. da tornio p. es.) (*ut.*), Spitzenwinkel (*m.*), Eckenwinkel (*m.*). **24 ~ del cono complementare** (di una ruota conica) (*mecc.*), Rückenkegelwinkel (*m.*). **25 ~ del cono primitivo** (di una ruota dentata conica) (*mecc.*), Teilkegelwinkel (*m.*). **26 ~ del cuneo tagliente** (angolo di taglio, di un ut. da tornio p. es.) (*ut.*), Keilwinkel (*m.*). **27 ~ del filetto** (di una vite) (*mecc.*), Flankenwinkel (*m.*). **28 ~ d'elica**

angolo

(di una ruota elicoidale) (*mecc.*), Schrägungswinkel (*m.*). **29 ~ d'elica** (angolo di spira, angolo d'inclinazione dell'elica di una fresa a vite p. es.) (*mecc. - ut.*), Schrägungswinkel (*m.*), Spiralwinkel (*m.*), Steigungswinkel (*m.*), Drallwinkel (*m.*). **30 ~ d'elica base** (angolo di spira base, di ingranaggi) (*mecc.*), Schrägungswinkel am Grundzylinder. **31 ~ d'elica primitivo** (angolo di spira primitivo, di ingranaggi) (*mecc.*), Schrägungswinkel am Teilzylinder. **32 ~ della pala** (di un'elica) (*aer.*), Anstellwinkel (*m.*). **33 ~ della sacca** (*altoforno*), Rastwinkel (*n.*). **34 ~ dell'elica** (angolo di spira, di una punta elicoidale p. es.) (*ut.*), Drallwinkel (*m.*), Spiralwinkel (*m.*), Steigungswinkel (*m.*), Schrägungswinkel (*m.*). **35 ~ delle tele** (angolo delle tele col piano mediano del copertone) (*veic.*), Zenitwinkel (*m.*). **36 ~ del tagliente trasversale** (angolo anteriore di penetrazione, di una punta elicoidale) (*ut.*), Querschneidwinkel (*m.*). **37 ~ del V** (angolo bielle affiancate, d'un motore a V) (*aut.*), Gabelwinkel (*m.*). **38 ~ di accensione** (angolo d'innesco, d'un raddrizzatore controllato p. es.) (*elettronica*), Zündwinkel (*m.*). **39 ~ di accensione** (angolo di parzializzazione, angolo di ritardo, di un convertitore statico di corrente) (*elettronica*), Anschnitt (*m.*). **40 ~ di affilatura** (angolo fra i taglienti, di una punta elicoidale) (*ut.*), Spitzenwinkel (*m.*). **41 ~ di anticipo** (*elett. - ecc.*), Voreilungswinkel (*m.*). **42 ~ di anticipo d'ammissione** (anticipo d'ammissione) (*mot.*), Voreinlasswinkel (*m.*). **43 ~ di apertura** (arco di apertura, di un distributore di accensione) (*elett. - mot.*), Öffnungsweite (*f.*), Öffnungswinkel (*m.*). **44 ~ di apertura** (di sistemi ottici) (*ott.*), Öffnungswinkel (*m.*), Aperturwinkel (*m.*). **45 ~ di appostamento** (angolo di registrazione, di un utensile da tornio) (*ut.*), Einstellwinkel (*m.*). **46 ~ di arrivo** (angolo d'impatto, di una granata p. es.) (*milit.*), Aufschlagwinkel (*m.*). **47 ~ di attacco** (*aer.*), Anblasewinkel (*m.*). **48 ~ di atterraggio** (*aer.*), Landewinkel (*m.*), Ausrollwinkel (*m.*). **49 ~ di attrito** (*mecc.*), Reibungswinkel (*m.*). **50 ~ di avanzamento** (di una punta elicoidale) (*ut.*), Vorschubsteigungswinkel (*m.*). **51 ~ di avanzamento** (fra la direzione dell'avanzamento e quella di taglio) (*lav.macch. ut.*), Vorschubrichtungswinkel (*m.*). **52 ~ di azione** (nei cuscinetti a sfere obliqui) (*mecc.*), Lastwinkel (*m.*). **53 ~ di barra del timone** (*nav.*), Ruderlage (*f.*). **54 ~ di barra del timone di direzione** (*aer.*), Seitenruderausschlag (*m.*). **55 ~ di base della spira** (di un creatore p. es.) (*mecc.*), Grundsteigungswinkel (*m.*). **56 ~ di beccheggio** (*nav. - aer. - veic.*), Stampfwinkel (*m.*), Nickwinkel (*m.*). **57 ~ di calettamento** (*mecc. - ecc.*), Befestigungswinkel (*m.*). **58 ~ di calettamento della pala** (di un'elica p. es.) (*aer.*), Blattanstellwinkel (*m.*). **59 ~ di campanatura della pala** (di un'elica) (*aer.*), Blattneigung (*f.*). **60 ~ di 180°** (angolo piatto) (*geom.*), gestreckter Winkel. **61 ~ di chiusura** (arco di chiusura, dello spinterogeno) (*mot. - elett.*), Schliesswinkel (*m.*), Schliessweite (*f.*). **62 ~ di commutazione** (*elett.*), Überlappungswinkel (*m.*), Überlappung (*f.*). **63 ~ di contatto** (di un cuscinetto a sfere obliquo) (*mecc.*), Druckwinkel (*m.*). **64 ~ di contatto** (angolo di raccordo; fra gas e liquido p. es., determinato da tensioni superficiali) (*fis.*), Randwinkel (*m.*). **65 ~ di deflessione** (*ott.*), Ablenkungswinkel (*m.*). **66 ~ di depressione** (angolo di sito negativo) (*top.*), Tiefenwinkel (*m.*), Depressionswinkel (*m.*). **67 ~ di derapata** (*aer. - aut.*), Schiebewinkel (*m.*). **68 ~ di deriva** (*aer. - nav.*), Abdriftwinkel (*m.*). **69 ~ di deriva** (di un pneumatico, dovuto alla forza laterale) (*aut.*), Schräglaufwinkel (*m.*). **70 ~ di deriva** (*elettronica*), Triftwinkel (*m.*). **71 ~ di deviazione** (*strum. - ecc.*), Ausschlagwinkel (*m.*). **72 ~ di diffrazione** (*ott. - ecc.*), Beugungswinkel (*m.*). **73 ~ di diffusione** (di un proiettore) (*aut. - illum.*), Streuwinkel (*m.*). **74 ~ di diffusione con intensità ½ della massima** (d'un proiettore) (*illum.*), Halbstreuwinkel (*m.*). **75 ~ di direzione** (*gen.*), Richtungswinkel (*m.*). **76 ~ di direzione** (in contrapposto ad angolo di elevazione; azimut) (*app. ott.*), Seitenwinkel (*m.*), Azimutwinkel (*m.*). **77 ~ di direzione futuro** (nel tiro controaereo) (*artiglieria*), Treffseitenwinkel (*m.*). **78 ~ di discesa** (*aer.*), Abstiegwinkel (*m.*). **79 ~ di distribuzione** (di un proiettore) (*aut.*), Verteilungswinkel (*m.*), Ausstrahlungswinkel (*m.*). **80 ~ di distribuzione della luce** (di un proiettore) (*aut.*), Lichtverteilungswinkel (*m.*). **81 ~ di divergenza** (del fascio d'elettroni) (*telev.*), Streungswinkel (*m.*). **82 ~ di elevazione** (*top. - milit.*), Höhenwinkel (*m.*), Erhebungswinkel (*m.*), Elevationswinkel (*m.*). **83 ~ di emergenza** (*ott.*), Austrittswinkel (*m.*), Ausfallwinkel (*m.*). **84 ~ di fase nullo** (*elett.*), Nullphasenwinkel (*m.*). **85 ~ di fondo** (di una ruota dentata conica, angolo tra la generatrice del cono di fondo e l'asse della ruota) (*mecc.*), Fusskegelwinkel (*m.*). **86 ~ di freccia** (di un'ala) (*aer.*), Pfeilwinkel (*m.*). **87 ~ di generazione** (di ingranaggi) (*mecc.*), Wälzwinkel (*m.*). **88 ~ di imbardata** (*aut. - aer.*), Gierwinkel (*m.*). **89 ~ di imbardata** (nelle prove aerodin. di autovetture) (*aut.*), Anströmwinkel (*m.*). **90 ~ d'imbocco** (di mulini a cilindri) (*min.*), Einzugswinkel (*m.*). **91 ~ di immersione** (di uno strato) (*geol.*), Einfallwinkel (*m.*). **92 ~ di impatto** (angolo di arrivo, di una granata) (*milit.*), Aufschlagwinkel (*m.*). **93 ~ di incidenza** (*ott.*), Einfallswinkel (*m.*). **94 ~ di incidenza** (di un'ala) (*aer.*), Anstellwinkel (*m.*). **95 ~ di incidenza** (di un utensile da tornio) (*ut. mecc.*), Ansatzwinkel (*m.*). **96 ~ di incidenza critica** (angolo di stallo, angolo di incidenza di portanza massima) (*aer.*), kritischer Anstellwinkel. **97 ~ di incidenza di portanza massima** (angolo di stallo) (*aer.*), kritischer Anstellwinkel. **98 ~ di incidenza indotta** (*aer.*), Abwindwinkel (*m.*). **99 ~ di inclinazione** (*geom.*), Neigungswinkel (*m.*). **100 ~ di inclinazione** (di un utensile da tornio p. es.) (*ut.*), Neigungswinkel (*m.*). **101 ~ d'incrocio** (di assi) (*geom. - ecc.*), Kreuzungswinkel (*m.*). **102 ~ di indessaggio** (angolo di rotazione, fra stazioni della torretta d'un tornio p. es.) (*macch. ut.*), Schaltwinkel (*m.*). **103** ~ **di ingranamento** (di ruote dentate p. es.) (*mecc.*), Flankenwinkel (*m.*), Eingriffswinkel (*m.*). **104** ~ **d'innesco** (angolo di accensione, d'un raddrizzatore controllato p. es.) (*elettronica*), Zündwinkel (*m.*). **105** ~ **di intersezione** (*geom.*), Schnittwinkel (*m.*). **106** ~ **di intersezione** (dei segni di levigatura, da sovrapposizione delle velocità assiale e periferica) (*lav. macch. ut.*), Überschneidungswinkel (*m.*). **107** ~ **di lavoro** (di un utensile da tornio) (*ut.*), Schnittwinkel (*m.*). **108** ~ **di Mach** (*aerodin.*), Machscher Winkel. **109** ~ **di manovella** (di un albero a gomito) (*mot. - mecc.*), Kurbelwinkel (*m.*). **110** ~ **di mira** (*milit.*), Geländewinkel (*m.*). **111** ~ **di mura** (di una vela) (*nav.*), Halsen (*m. pl.*). **112** ~ **di naturale declivio** (angolo massimo di naturale declivio) (*ing. civ.*), Böschungswinkel (*m.*), Reibungswinkel (*m.*), Ruhewinkel (*m.*). **113** ~ **di 90°** (angolo retto) (*geom.*), rechter Winkel. **114** ~ **di oscillazione** (angolo dell'aletta di tenuta, di un mot. Wankel, angolo tra l'asse dell'aletta di tenuta e la normale alla trocoide) (*mot.*), Schwenkwinkel (*m.*), Schwebewinkel (*m.*). **115** ~ **di parzializzazione** (*elettronica*), vedi angolo di accensione. **116** ~ **di passo** (d'un motore a passi) (*elett. - ecc.*), Schrittwinkel (*m.*). **117** ~ **di penna** (di una vela) (*nav.*), Piek (*f.*). **118** ~ **di perdita** (di un dielettrico) (*elett.*), Verlustwinkel (*m.*), Fehlwinkel (*m.*). **119** ~ **di perdita del dielettrico** (tgδ) (*elett.*), dielektrischer Verlustfaktor, tanδ. **120** ~ **di planata** (*aer.*), Gleitwinkel (*m.*). **121** ~ **di portanza nulla** (*aer.*), Nullauftriebswinkel (*m.*). **122** ~ **di precessione** (*macch. a vapore*), Voreilungswinkel (*m.*). **123** ~ **di presa** (nella laminazione) (*metall.*), Greifwinkel (*m.*). **124** ~ **di pressione** (di ruote dentate) (*mecc.*), Eingriffswinkel (*m.*), Pressungswinkel (*m.*), Anschlusswinkel (*m.*). **125** ~ **di pressione assiale** (di ingranaggi) (*mecc.*), axialer Eingriffswinkel. **126** ~ **di pressione di funzionamento** (d'ingranaggi) (*mecc.*), Betriebseingriffswinkel (*m.*). **127** ~ **di pressione frontale** (di un ingranaggio) (*mecc.*), Stirneingriffswinkel (*m.*). **128** ~ **di pressione normale** (di un ingranaggio) (*mecc.*), Normaleingriffswinkel (*m.*). **129** ~ **di raccordo** (fra liquido e parete) (*fis.*), Benetzungswinkel (*m.*). **130** ~ **di raccordo** (angolo di contatto; fra gas e liquido p. es., determinato da tensioni superficiali) (*fis.*), Randwinkel (*m.*). **131** ~ **di registrazione** (angolo di appostamento, di un utensile da tornio p. es.) (*ut.*), Eintsellwinkel (*m.*). **132** ~ **di resistenza** (angolo dei taglienti, di un ut. da tornio p. es.) (*ut.*), Spitzenwinkel (*m.*), Eckenwinkel (*m.*). **133** ~ **di ricoprimento** (ricoprimento, del diagramma della distribuzione) (*mot.*), Überschneidung (*f.*), Überdeckung (*f.*). **134** ~ **di riflessione** (*fis. - ott.*), Reflexionswinkel (*m.*), Abstrahlungswinkel (*m.*). **135** ~ **di rimbalzo** (*gen.*), Prallwinkel (*m.*). **136** ~ **di ritardo** (*elett.*), Nacheilungswinkel (*m.*), Verzögerungswinkel (*m.*). **137** ~ **di ritardo** (angolo di transito) (*elettronica*) Laufzeitwinkel (*m.*). **138** ~ **di ritardo** (di un convertitore statico) (*elettronica*), vedi angolo di accensione. **139** ~ **di rollata** (angolo di rollìo) (*nav.*), Schlingerwinkel (*m.*). **140** ~ **di rollata** (*aut. - veic.*), Wankwinkel (*m.*). **141** ~ **di rollìo** (angolo di rollata) (*nav.*), Schlingerwinkel (*m.*). **142** ~ **di rollìo** (angolo di rollata) (*veic.*), Wankwinkel (*m.*). **143** ~ **di rotazione** (*mecc. - ecc.*), Drehwinkel (*m.*). **144** ~ **di rotta** (*navig.*), Steuerkurs (*m.*). **145** ~ **di rottura** (di nastri metallici sottili nella prova di trazione) (*tecnol. mecc.*), Reisswinkel (*m.*). **146** ~ **di salita** (*aer.*), Anstiegwinkel (*m.*). **147** ~ **di sbalzo anteriore** (*aut. - veic.*), vorderer Überhangwinkel. **148** ~ **di sbalzo posteriore** (*aut. - veic.*), hinterer Überhangwinkel. **149** ~ **di sbattimento** (del rotore di un elicottero) (*aer.*), Schlagwinkel (*m.*), Flatterwinkel (*m.*). **150** ~ **di scorrimento** (*sc. costr.*), Schiebung (*f.*). **151** ~ **di sfasamento** (*elett.*), Phasenwinkel (*m.*). **152** ~ **di sformo** (angolo di spoglia, spoglia, di uno stampo p. es.) (*fucinatura - fond.*), Schräge (*f.*), Neigung (*f.*). **153** ~ **di sito** (*artiglieria*), Zielhöhenwinkel (*m.*). **154** ~ **di sito futuro** (nel tiro controaereo)(*artiglieria*), Treffhöhenwinkel (*m.*). **155** ~ **di sito negativo** (angolo di depressione) (*artiglieria*), Tiefenwinkel (*m.*), Depressionswinkel (*m.*). **156** ~ **di spessore alla base** (del dente di ingranaggio) (*mecc.*), Grunddickenwinkel (*m.*). **157** ~ **di spira** (angolo dell'elica, di una punta elicoidale p. es.) (*ut.*), Drallwinkel (*m.*), Steigungswinkel (*m.*). **158** ~ **di spira** (di una fresa a vite p. es.) (*mecc. - ut.*, vedi anche angolo d'elica. **159** ~ **di spirale** (di ruote dentate) (*mecc.*), Spiralwinkel (*m.*). **160** ~ **di spoglia** (angolo di sformo, spoglia, di uno stampo p. es.) (*fucinatura - fond.*), Schräge (*f.*), Neigung (*f.*). **161** ~ **di spoglia assiale** (d'una fresa a vite) (*ut.*), Axialwinkel (*m.*), axialer Spanwinkel. **162** ~ **di spoglia inferiore** (angolo di spoglia anteriore, di un ut. da tornio p. es.) (*ut.*), Freiwinkel (*m.*). **163** ~ **di spoglia inferiore** (di un coltello circolare) (*ut.*), Kopf-Hinterschliffwinkel (*m.*). **164** ~ **di spoglia inferiore assiale** (*ut.*), Rückfreiwinkel (*m.*), Axialfreiwinkel (*m.*). **165** ~ **di spoglia inferiore laterale** (*ut.*), Seitenfreiwinkel (*m.*), Radialfreiwinkel (*m.*). **166** ~ **di spoglia laterale** (di un coltello circolare p. es.) (*ut.*), Flanken-Hinterschliffwinkel (*m.*). **167** ~ **di spoglia superiore** (di un ut. da tornio p. es.) (*ut.*), Spanwinkel (*m.*). **168** ~ **di spoglia superiore assiale** (*ut.*), Rückspanwinkel (*m.*), Axialspanwinkel (*m.*). **169** ~ **di spoglia superiore laterale** (*ut.*), Seitenspanwinkel (*m.*), Radialspanwinkel (*m.*). **170** ~ **di stallo** (angolo di incidenza critica) (*aer.*), kritischer Anstellwinkel, Abreisswinkel (*m.*). **171** ~ **di sterzata** (angolo di sterzatura, delle ruote anteriori) (*aut.*), Einschlagwinkel (*m.*). **172** ~ **(di sterzata) Ackermann** (angolo di sterzo cinematico) (*aut.*), Ackermannswinkel (*m.*). **173** ~ **di sterzatura** (angolo di sterzata) (*aut.*), Einschlagwinkel (*m.*). **174** ~ **di sterzo cinematico** (angolo di sterzata Ackermann) (*aut.*), Ackermannswinkel (*m.*). **175** ~ **di svasatura** (di una vite a testa svasata) (*mecc.*), Senkwinkel (*m.*). **176** ~ **di taglio** (angolo del cuneo tagliente, di un ut. da tornio p. es.) (*ut.*), Keilwinkel (*m.*). **177**

angolo

~ **di tiro** (alzo totale di un'arma; angolo di sito più alzo) (*milit.*), Rohrerhöhung (*f.*), Gesamterhöhung (*f.*). **178** ~ **di traiettoria** (*aut.*), Kurswinkel (*m.*). **179** ~ **di transito** (prodotto della pulsazione e del tempo di transito degli elettroni) (*elettronica*), Laufwinkel (*m.*), Laufzeitwinkel (*m.*). **180** ~ **di 360°** (angolo giro) (*geom.*), Vollwinkel (*m.*). **181** ~ **di urto** (*mecc.*), Auftreffwinkel (*m.*). **182** ~ **esterno** (*geom.*), Aussenwinkel (*m.*). **183** ~ **fra i taglienti** (angolo di affilatura, di una punta elicoidale p. es.) (*ut.*), Spitzenwinkel (*m.*). **184** ~ **fra le manovelle** (di un albero a gomito) (*mot.*), Kurbelversetzung (*f.*). **185** ~ **frontale** (di ingranaggi conici) (*mecc.*), Stirnwinkel (*m.*). **186** ~ **giro** (angolo di 360°) (*geom.*), Vollwinkel (*m.*). **187** ~ **interno** (*geom.*), Innenwinkel (*m.*). **188** ~ **iperottuso** (angolo superiore ai 180°) (*geom.*), überstumpfer Winkel. **189** ~ **massimo di natural declivio** (*ing. civ.*), Böschungswinkel (*m.*), Ruhewinkel (*m.*), Reibungswinkel (*m.*). **190** ~ **morto** (*artiglieria*), toter Winkel. **191** ~ **opposto** (*geom.*), Gegenwinkel (*m.*). **192** ~ **ottuso** (*geom.*), stumpfer Winkel. **193** ~ **parallattico** (*ott.*), parallaktischer Winkel. **194** ~ **piano** (*geom.*), ebener Winkel. **195** ~ **piatto** (angolo di 180°) (*geom.*), gestreckter Winkel. **196** ~ **polare** (di dentature ad evolvente) (*mecc.*), Polarwinkel (*m.*). **197** ~ **primitivo** (di una ruota conica) (*mecc.*), Wälzkegelwinkel (*m.*). **198** ~ **primitivo di dentatura** (di una coppia conica) (*mecc.*), Erzeugungswälzkegelwinkel (*m.*). **199** ~ **primitivo di funzionamento** (di una coppia conica) (*mecc.*), Betriebswälzkegelwinkel (*m.*). **200** ~ **retto** (angolo di 90°) (*geom.*), rechter Winkel. **201** ~ **rientrante** (*ed. - ecc.*), einspringender Winkel. **202** ~ **rifrangente** (di un prisma) (*ott.*), Keilwinkel (*m.*). **203** ~ **saliente** (angolo sporgente) (*ed. - ecc.*), vorspringender Winkel. **204** ~ **solido** (sterangolo) (*geom.*), räumlicher Winkel, Raumwinkel (*m.*). **205** ~ **solido di intersezione di due volte** (unghia) (*arch.*), Buhne (*f.*). **206** ~ **sporgente** (angolo saliente) (*ed. - ecc.*), vorspringender Winkel. **207** ~ **supplementare** (angolo che forma con altro angolo 180°) (*geom.*), Supplementwinkel (*m.*). **208** ~ **tra gli assi** (angolo degli assi, di ingranaggi conici p. es.) (*mecc.*), Achsenwinkel (*m.*), Achswinkel (*m.*). **209** ~ **tra le manovelle** (di un albero a gomiti) (*mot.*), Kurbelversetzung (*f.*). **210** ~ **tratto attivo** (conicità d'imbocco, di un maschio per filettare) (*ut.*), Anschnittwinkel (*m.*). **211** ~ **verticale** (*top.*), Vertikalwinkel (*m.*). **212** ~ **visivo** (*ott.*), Betrachtungswinkel (*m.*), Sehwinkel (*m.*), Gesichtswinkel (*m.*). **213 ad** ~ **acuto** (acutangolo) (*geom.*), scharfwinklig, spitzwinklig. **214 ad** ~ **retto** (perpendicolare, ortogonale) (*geom. - ecc.*), rechtwinklig. **215 differenza tra** ~ **di sterzo esterno ed interno** (angolo fra le ruote sterzate esterna ed interna alla curva) (*aut.*), Voreilwinkel (*m.*). **216 finestra d'**~ (*ed.*), Eckfenster (*n.*). **217 fresa ad** ~ (*ut.*), Winkelfräser (*m.*). **218 giunto d'**~ (saldatura d'angolo) (*tecnol. mecc.*), Eckstoss (*m.*). **219 gradi dell'**~ **di manovella** (*mot.*), Kurbelwinkelgrade** (*n. pl.*). **220 misura dell'**~ **piano** (rapporto arco/raggio) (*geom.*), Bogenmass (*n.*). **221 piastra ad** ~ (*mecc.*), Winkelplatte (*f.*). **222 pilastro d'**~ (*ed.*), Eckpfeiler (*m.*). **223 posto d'**~ (di uno scompartimento) (*ferr.*), Eckplatz (*m.*). **224 saldatura d'**~ (giunto d'angolo) (*tecnol. mecc.*), Eckstoss (*m.*).

angolosità (*gen.*), Eckigkeit (*f.*).

Ångström (Å, 10^{-8} cm) (*unità di mis.*), Ångströmeinheit (*f.*), Å, ÅE, Å.E.

anidride (*chim.*), Anhydrid (*n.*). **2** ~ **carbonica** (CO_2) (*chim. - ecc.*), Kohlensäure (*f.*), Kohlendioxyd (*n.*). **3** ~ **nitrica** (N_2O_5) (*chim.*), Stickstoffpentoxyd (*n.*). **4** ~ **nitrosa** (N_2O) (*chim.*), Nitrose (*f.*), Stickoxyd (*n.*). **5** ~ **silicica** (SiO_2) (silice) (*min.*), Siliziumdioxyd (*n.*), Kieselsäure (*f.*), Kieselerde (*f.*). **6** ~ **solforica** (SO_3) (*chim.*), Schwefelsäureanhydrid (*n.*), Schwefeltrioxid (*n.*). **7** ~ **solforosa** (SO_2) (*chim.*), Schwefeldioxyd (*n.*), Schwefligsäureanhydrid (*n.*).

anidrite ($CaSO_4$) (solfato di calcio anidro) (*min.*), Anhydrit (*m.*). **2** ~ **solubile** (gesso anidro, solfato di calcio) (*min.*), Kalziumsulfat (*n.*), Gips (*m.*).

anidro (*chim.*), wasserfrei, wasserlos.

anilina ($C_6H_5NH_2$) (fenilammina) (*chim.*), Anilin (*n.*), Phenylamin (*n.*). **2 blu d'**~ (*ind. chim.*), Anilinblau (*n.*). **3 colorante di** ~ (*ind. chim.*), Anilinfarbe (*f.*), Anilinfarbstoff (*m.*). **4 nero di** ~ (*colorante*), Anilinschwarz (*n.*). **5 stampa all'**~ (*tip.*), Anilindruck (*m.*).

anima (*gen.*), Seele (*f.*). **2** ~ (*fond.*), Kern (*m.*). **3** ~ (di una fune) (*funi*), Seele (*f.*). **4** ~ (di un elettrodo) (*tecnol. mecc.*), Seele (*f.*). **5** ~ (della rotaia) (*ferr.*), Steg (*m.*). **6** ~ (di un ferro a T) (*ind. metall.*), Steg (*m.*). **7** ~ (di un cannone) (*arma da fuoco*), Seele (*f.*). **8** ~ (elementi interni di legno di un paniforte) (*falegn.*), Blindholz (*n.*), Mittellage (*f.*). **9** ~ (cuore, di un tronco d'albero) (*legno*), Kern (*m.*). **10** ~ **a guscio** (*fond.*), Maskenkern (*m.*). **11** ~ **cava** (*fond.*), Hohlkern (*m.*). **12** ~ **con legante** (anima con olio) (*fond.*), Ölkern (*m.*), Ölsandkern (*m.*). **13** ~ **del cannone** (*milit.*), Geschützseele (*f.*). **14** ~ **del cavo** (*elett.*), Kabelseele (*f.*). **15** ~ **della fune** (*funi*), Seilseele (*f.*). **16** ~ **della rotaia** (*ferr.*), Schienensteg (*m.*). **17** ~ **del timone** (dritto del timone, asse del timone) (*nav.*), Ruderschaft (*m.*), Rudersteven (*m.*). **18** ~ **di canapa** (di una fune) (*funi*), Hanfseele (*f.*). **19** ~ **di copertura** (per recipienti p. es.) (*fond.*), Abdeckkern (*m.*). **20** ~ **di terra verde** (*fond.*), grüner Kern. **12** ~ **in terra** (*fond.*), Formsandkern (*m.*). **22** ~ **liscia** (canna liscia, di un cannone) (*arma da fuoco*), glatte Seele. **23** ~ **metallica** (*funi*), Metallseele (*f.*). **24** ~ **soffiata** (*fond.*), Blaskern (*m.*). **25** ~ **spostata** (difetto di fond.), versetzter Kern. **26 armatura per anime** (armamento per anime) (*fond.*), Kerneisen (*n.*). **27 cassa d'**~ (*fond.*), Kernkasten (*m.*). **28 cassa per anime soffiate** (cassa d'anima per soffiatrici) (*fond.*), Blaskernkasten (*m.*). **29 macchina per l'indurimento di anime** (*macch. - fond.*), Kernhärtemaschine (*f.*). **30 macchina per sparo ed indurimento automatico delle**

anime (*macch.* - *fond.*), Kernschiess- und Härteautomat (*m.*). **31 portata d'~** (*fond.*), Kernmarke (*f.*). **32 scaricare le anime** (*fond.*), entkernen, auskernen. **33 scarico delle anime** (*fond.*), Entkernung (*f.*). **34 soffiatrice per anime** (formatrice per anime soffiate) (*macch. fond.*), Kernblasmaschine (*f.*). **35 terra per anime** (*fond.*), Kernsand (*m.*).
animare (il mercato) (*comm.*), beleben.
animazione (*cinem.*), Bewegungsvortäuschung (*f.*).
animista (*lav.* - *fond.*), Kernmacher (*m.*).
anione (*elettrochim.*), Anion (*n.*).
anionico (*chim.*), anionisch.
anisotropia (variazione delle proprietà fisiche di un corpo a seconda della direzione in cui vengono rilevate) (*fis.*), Anisotropie (*f.*). **2 indice di ~** (di lamiere) (*tecnol. mecc.*), r-Wert (*m.*).
anisotropo (*chim.*), anisotrop.
annacquare (diluire con acqua) (*gen.*), verwässern.
annacquato (capitale; rivalutato) (*finanz.*), verwässert.
annaffiare (strade, con acqua p. es.) (*strad.*), sprengen, begiessen.
annaffiatoio (*app.*), Sprengapparat (*m.*).
annebbiamento (velo) (difetto vn.), Blaulaufen (*n.*). **2 ~ della vista** (visione nera, provocata da accelerazione di valore superiore ai 4 g) (*aer.*), Mattscheibe (*f.*).
annegare (nel calcestruzzo p. es.) (*ed.* - *ecc.*), einbetten, einlassen. **2 ~ nel calcestruzzo** (*ed.*), einbetonieren.
annegato (nel calcestruzzo p. es.) (*ed.*), eingebettet, eingelassen.
annerimento (*gen.*), Schwärzung (*f.*). **2 ~** (densità ottica) (*ott.*), Schwärzung (*f.*). **3 curva dell'~** (curva della densità ottica, d'un materiale fotografico) (*ott.*), Schwärzungskurve (*f.*), Dichtekurve (*f.*).
annerire (*gen.*), schwärzen.
annesso (*a.* - *ed.*), angebaut. **2 ~** (applicato) (*mecc.* - *ecc.*), angebaut.
annettere (*ed.*), anbauen. **2 ~** (applicare) (*mecc.* - *ecc.*), anbauen.
annichilazione (conversione di coppie) (*fis. atom.*), Zerstrahlung (*f.*), Paarvernichtung (*f.*).
annientare (distruggere completamente) (*gen.*), vernichten.
anno (*gen.*), Jahr (*n.*). **2 ~ bisestile** (*geofis.*), Schaltjahr (*n.*). **3 ~ di costruzione** (*aut.* - *ind.* - *ecc.*), Baujahr (*n.*). **4 ~ di deflusso massimo** (*idr.*), Nassjahr (*n.*). **5 ~ di deflusso minimo** (*idr.*), Trockenjahr (*n.*). **6 ~ di tassazione** (*finanz.*), Veranlagungsjahr (*n.*). **7 ~ finanziario** (esercizio finanziario) (*amm.*), Finanzjahr (*n.*), Wirtschaftsjahr (*n.*), Betriebsjahr (*n.*), Geschäftsjahr (*n.*). **8 ~ fiscale** (esercizio) (*finanz.* - *amm.*), Fiskaljahr (*n.*). **9 ~ geofisico internazionale** (*geofis.*), Internationales geophysikalisches Jahr. **10 ~ luce** (percorso della luce in un anno) (*astr.*), Lichtjahr (*n.*). **11 ~ scorso** (scorso anno) (*gen.*), vorigen Jahres, v. J. **12 ~ sidereo** (*astr.*), siderisches Jahr, Sternenjahr (*n.*). **13 ~ solare** (*astr.*), Sonnenjahr (*n.*). **14 ~ solare** (*comm.* - *ecc.*), Kalenderjahr (*n.*).

annodare (*gen.*), knoten.
annodatore (*macch. tess.*), Knotmaschine (*f.*).
annotare (*gen.*), anmerken.
annuale (*gen.*), jährlich. **2 relazione ~** (*gen.*), Jahresbericht (*m.*).
annualità (tassa annua, per brevetti p. es.) (*finanz.*), Jahresgebühr (*f.*). **2 ~ per (il mantenimento in vigore del) brevetto** (*leg.*), Patentjahresgebühr (*f.*).
annuario (*tip.*), Jahrbuch (*n.*).
annullamento (*comm.* - *ecc.*), Annullierung (*f.*). **2 ~** (di un ordine) (*comm.*), Streichung (*f.*), Annullierung (*f.*), Abbestellung (*f.*). **3 ~** (rescissione, di un contratto) (*comm.*), Lösung (*f.*), Auflösung (*f.*). **4 ~** (di una comunicazione) (*telef.*), Streichung (*f.*), Zurückziehung (*f.*). **5 azione di ~** (d'un brevetto p. es.) (*leg.*), Nichtigkeitsklage (*f.*).
annullare (*comm.* - *etc.*), annullieren, abstreichen. **2 ~** (un ordine, una commissione) (*comm.*), abbestellen, annullieren. **3 ~** (stornare) (*gen.*), stornieren, ristornieren. **4 ~** (un contratto) (*comm.*), auflösen, annullieren. **5 ~** (marche da bollo p. es.) (*finanz.* - *ecc.*), entwerten. **6 ~** (timbrando) (*gen.*), abstempeln. **7 ~ una perforazione** (di un nastro o scheda) (*autom.* - *elab. dati*), auslochen. **8 ~ un ordine** (*comm.*), einen Auftrag ausstreichen, einen Auftrag annullieren.
annullarsi (elidersi) (*mat.*), sich aufheben.
annullatrice (postale) (*macch.* - *posta*), Stempelmaschine (*f.*), Briefstempelmaschine (*f.*).
annullo (con timbro) (*gen.*), Abstempelung (*f.*).
annunciare (*gen.*), ankündigen. **2 ~** (*radio*), ansagen. **3 ~** (una comunicazione) (*telef.*), anbieten.
annunciatore (*radio* - *telev.*), Ansager (*m.*). **2 ~ della radio** (*radio* - *lav.*), Rundfunkansager (*m.*), Radioansager (*m.*), Rundfunksprecher (*m.*).
annunciatrice (*pers.* - *telev.* - *radio*), Ansagerin (*f.*). **2 ~ della televisione** (*pers.* - *radio* - *telev.*), Fernsehansagerin (*f.*).
annuncio (*gen.*), Ankündigung (*f.*). **2 ~** (sul giornale) (*giorn.*), Anzeige (*f.*), Annonce (*f.*). **3 ~ pubblicitario** (*giorn.* - *comm.*), Werbeanzeige (*f.*). **4 fare un ~** (*giorn.*), annoncieren. **5 piccoli annunci** (piccola pubblicità) (*comm.* - *giorn.*), Kleinanzeigen (*f. pl.*).
annuvolamento (*meteor.*), Bewölkung (*f.*).
annuvolarsi (*meteor.*), sich bewölken.
anodico (*elett.*), anodisch. **2 tensione anodica** (*elett.*), Anodenspannung (*f.*).
anodizzare (ossidare anodicamente) (*elettrochim.* - *tecnol. mecc.*), eloxieren.
anodizzato (ossidato anodicamente) (*elettrochim.* - *tecnol. mecc.*), eloxiert.
anodizzazione (trattamento anodico, per la formazione di uno strato protettivo sull'alluminio e le sue leghe) (*tecnol. mecc.*), anodische Oxydation, Eloxalverfahren (*n.*). **2 ~ con Ti e Co** (ossidaz. anodica di Al con simultaneo inglobamento di titanio e cobalto nello strato di ossido) (*tecnol.*), Ematalieren (*n.*). **3 ~ Ematal** (processo Ematal; ossidaz. anodica con inglobamento di pigmenti nello strato ossidato) (*tecnol.*), Ematal-Verfahren (*n.*).
anodo (*elett.* - *ecc.*), Anode (*f.*). **2 ~** (di una valvola elettronica) (*radio*), Anode (*f.*). **3 ~**

anolita

acceleratore ausiliario (di un tubo a raggi catodici) (*elettronica*), Nachbeschleunigungsanode (*f.*). **4** ~ **a maglia** (*elettronica*), Maschenanode (*f.*). **5 anodi anticorrosione (galvanica) (zinchi)** (*mot. - ecc.*), Opferanoden (*f. pl.*). **6** ~ **a rimorchio** (anodo rimorchiato da una nave per evitare corrosioni galvaniche) (*nav.*), Schleppanode (*f.*). **7** ~ **ausiliario** (*radio*), Hilfsanode (*f.*). **8** ~ **cilindrico** (*elettronica*) Topfanode (*f.*). **9** ~ **collettore** (*elettrochim.*), Auffanganode (*f.*). **10** ~ **di accensione** (ignitore) (*elett.*), Anlassanode (*f.*). **11** ~ **di accensione** (anodo d'innesco) (*elettronica*), Zündanode (*f.*), Hilfsanode (*f.*). **12** ~ **di eccitazione** (anodo d'innesco) (*elettronica*), Erregeranode (*f.*). **13** ~ **d'innesco** (anodo d'eccitazione) (*elettronica*), Erregeranode (*f.*). **14** ~ **d'innesco** (anodo di accensione) (*elettronica*), Zündanode (*f.*), Hilfsanode (*f.*). **15** ~ **diviso** (anodo spaccato) (*elettronica*), Schlitzanode (*f.*). **16 anodi di zinco** (zinchi, per impedire la corrosione elettrolitica del fasciame esterno) (*nav.*), Zinkanoden (*f. pl.*). **17** ~ **in barre** (*elettrochim.*), Knüppelanode (*f.*). **18** ~ **massiccio** (*elettronica*), Vollanode (*f.*). **19** ~ **solubile** (*elettrochim.*), Lösungsanode (*f.*). **20** ~ **spaccato** (anodo diviso) (*elettronica*), Schlitzanode (*f.*). **21** ~ **virtuale** (*elettronica*), Äquivalentanode (*f.*). **22 primo** ~ (in un tubo a raggi catodici) (*elettronica*), Sauganode (*f.*), Voranode (*f.*).

anolita (*elettrochim.*), Anolyt (*m.*).

anolonomo (vincolo) (*mecc.*), nichtholonom.

anomalia (*gen.*), Anomalie (*f.*). **2** ~ (guasto, inconveniente, di funzionamento) (*macch. - ecc.*), Störung (*f.*). **3** ~ **della visione dei colori** (*ott.*), Farbenfehlsichtigkeit (*f.*). **4** ~ **di funzionamento** (guasto, disfunzione) (*mot. - ecc.*), Betriebsstörung (*f.*).

anomalo (*gen.*), anomal.

anormale (*gen.*), anormal.

anortite (CaO.Al₂O₃.2 SiO₂) (*min.*), Anorthit (*m.*).

anossiemia (ipossiemia, carenza di ossigeno nel sangue) (*med. - aer.*), Hypoxaemie (*f.*), Anoxämie (*f.*).

anotrone (valvola raddrizzatrice con catodo a scarica luminescente ed anodo di rame) (*elettronica*), Anotron (*n.*).

ansa (di un fiume) (*geogr.*), Schleife (*f.*), Windung (*f.*). **2** ~ **fluviale** (*geogr.*), Flussbiegung (*f.*). **3 prova di piegatura ad** ~ (di filo metallico) (*tecnol. mecc.*), Schlingenprobe (*f.*).

anta (di finestra) (*ed.*), Flügel (*m.*). **2 a due ante** (a due battenti, finestra p. es.) (*ed.*), zweiflügelig.

antagonista (molla p. es.) (*mecc.*), entgegenwirkend, gegenwirkend.

antartico (*geogr.*), antarktisch.

antedatare (*comm.*), vordatieren.

antemurale (frangiflutti) (*costr. mar.*), Wellenbrecher (*m.*), Flutbrecher (*m.*).

antenna (*radio - telev.*), Antenne (*f.*). **2** ~ (montante principale, abetella) (*ed.*), Rüstbaum (*m.*), Gerüsthauptträger (*m.*). **3** ~ **a campo rotante** (antenna ad arganello) (*radio*), Quirlantenne (*f.*), Drehkreuzantenne (*f.*). **4** ~ **a corno** (*radio*), Hornstrahler (*m.*).

5 ~ **ad alimentazione indiretta** (*radio*), mittelbar gespeiste Antenne. **6** ~ **ad arganello** (antenna a campo rotante) (*radio*), Quirlantenne (*f.*), Drehkreuzantenne (*f.*). **7** ~ **ad asta** (*radio*), Stabstrahler (*m.*), Stabantenne (*f.*). **8** ~ **a dipolo** (*radio - telev.*), Dipolantenne (*f.*), Antennendipol (*m.*). **9** ~ **a dipolo ripiegato** (*radio - telev.*), Faltdipolantenne (*f.*). **10** ~ **a fascio** (*radio*), Antennenanordnung (*f.*). **11** ~ **a gabbia** (*radio*), Käfigantenne (*f.*). **12** ~ **a lente** (lente) (*radio*), Linsenantenne (*f.*). **13** ~ **alimentata dall'alto** (*radio*), obengespeiste Antenne. **14** ~ **a manovella** (antenna telescopica) (*radio*), Kurbelantenne (*f.*). **15** ~ **a nassa** (*radio*), Reusenantenne (*f.*). **16** ~ **antiaffievolimento** (antenna antievanescenza) (*radio*), Schwundverminderungsantenne (*f.*). **17** ~ **antievanescenza** (antenna antiaffievolimento) (*radio*), Schwundverminderungsantenne (*f.*). **18** ~ **antifluttuazione** (antenna antiaffievolimento) (*radio*), schwundmindernde Antenne. **19** ~ **antiparassitaria** (antenna resa poco sensibile ai disturbi) (*radio*), störungsarme Antenne, geräuscharme Antenne. **20** ~ **aperiodica** (*radio*), aperiodische Antenne. **21** ~ **aperta** (*radio*), offene Antenne. **22** ~ **a pilone** (*radio*), Mastantenne (*f.*). **23** ~ **a quadri incrociati** (*radio*), Kreuzrahmenantenne (*f.*). **24** ~ **a quarto d'onda** (lunga un quarto della lunghezza d'onda) (*radio*), Viertelwellenantenne (*f.*), Lambda-Viertel-Antenne (*f.*). **25** ~ **a radiazione trasversale** (*radio*), Querstrahler (*m.*), Querstrahlantenne (*f.*). **26** ~ **a riflettore** (riflettore, di una antenna rotante) (*radar*), Reflektorantenne (*f.*), Radarantenne (*f.*). **27** ~ **artificiale** (*radio*), künstliche Antenne, Phantomantenne (*f.*). **28** ~ **a scomparsa** (*radio*), Versenkantenne (*f.*). **29** ~ **a sintonia multipla** (*radio*), mehrfach abgestimmte Antenne. **30** ~ **a telaio** (*radio*), Schleifenantenne (*f.*), Rahmenantenne (*f.*). **31** ~ **a ventaglio** (*radar*), Biberschwanzantenne (*f.*). **32** ~ **biconica** (*radio*), Doppelkonusantenne (*f.*). **33** ~ **caricata** (*radio - ecc.*), belastete Antenne. **34** ~ **collettiva** (per tutti gli apparecchi riceventi di un edificio) (*telev.*), Gemeinschaftsantenne (*f.*), Zentralantenne (*f.*). **35** ~ **collineale** (fila di dipoli) (*radio - ecc.*), Dipolreihe (*f.*). **36** ~ **con adattamento a delta** (*radio*), Anzapfantenne (*f.*). **37** ~ **con adattatore** (antenna Q) (*radio*), Q-Antenne (*f.*). **38** ~ **con asta di ferrite** (*radio*), Ferritantenne (*f.*), Ferritstabantenne (*f.*). **39** ~ **da padiglione** (*aut.*), Dachantenne (*f.*). **40** ~ **da tetto** (antenna esterna) (*telev. - ecc.*), Dachantenne (*f.*). **41** ~ **di bilanciamento** (antenna di equilibramento) (*radio*), Abstimmungsantenne (*f.*). **42** ~ **dielettrica** (*radio*), Stichstrahler (*m.*), dielektrische Antenne. **43** ~ **di equilibramento** (antenna di bilanciamento) (*radio*), Abstimmungsantenne (*f.*). **44** ~ **di fortuna** (*radio*), Behelfsantenne (*f.*). **45** ~ **direttiva** (*radio*), vedi antenna direzionale. **46** ~ **direzionale** (*radio*), Richtantenne (*f.*), Richtungsantenne (*f.*). **47** ~ **direzionale ad unità multiple** (antenna MUSA, *M*ultiple *U*nit *S*teerable *A*ntenna) (*radio*), MUSA-Antenne (*f.*). **48** ~ **elettrostatica** (*radio*), offene Antenne. **49 ~ esterna** (*radio*), Aussenantenne (*f.*), Freiantenne (*f.*). **50 ~ esterna** (antenna da tetto) (*telev. - ecc.*), Dachantenne (*f.*). **51 ~ filata** (aereo filato) (*radio*), Hängeantenne (*f.*). **52 ~ fissa** (*radio*), Festantenne (*f.*). **53 ~ girevole** (*radio - radar*), Drehantenne (*f.*). **54 ~ incorporata** (nei ricevitori) (*radio*), Einbauantenne (*f.*). **55 ~ individuale** (antenna singola) (*radio*), Einzelantenne (*f.*). **56 ~ in quarto d'onda** (*radio*), Viertelwellenantenne (*f.*). **57 ~ interna** (*radio - telev.*), Innenraumantenne (*f.*), Zimmerantenne (*f.*). **58 ~ interrata** (*radio*), Erdantenne (*f.*). **59 ~ laminata** (antenna stratificata) (*radio*), geschichtete Antenne. **60 ~ multibanda** (antenna universale) (*radio*), Mehrbandantenne (*f.*). **61 ~ multionda** (*radio*), Allwellenantenne (*f.*). **62 ~ multipla** (antenna collettiva, di condominio p. es.) (*telev.*), Gemeinschaftsantenne (*f.*), Zentralantenne (*f.*). **63 ~ Musa** (Multiple Unit Steerable Antenna, antenna direzionale ad unità multiple) (*radio*), MUSA-Antenne (*f.*). **64 ~ non sintonizzata** (*radio*), aperiodische Antenne. **65 ~ onnidirezionale** (*radio*), Rundantenne (*f.*), rundstrahlende Antenne. **66 ~ parabolica** (*radio - radar*), Parabelantenne (*f.*). **67 ~ per autovettura** (*aut. - radio*), Wagenantenne (*f.*), Autoantenne (*f.*). **68 ~ Q** (antenna con adattatore) (*radio*), Q-Antenne (*f.*). **69 ~ radar** (*radio*), Radarantenne (*f.*). **70 ~ radiogoniometrica** (*radio*), Peilantenne (*f.*), Funkpeilerrahmenantenne (*f.*). **71 ~ ricetrasmittente** (*radio*), Simultanantenne (*f.*). **72 ~ ricevente** (*radio - ecc.*), Empfangsantenne (*f.*). **73 ~ ricevente per televisione** (*telev.*), Fernseh-Empfangsantenne (*f.*). **74 ~ rombica** (*radio*), Rhombusantenne (*f.*). **75 ~ schermata** (*radio*), abgeschirmte Antenne. **76 ~ singola** (antenna individuale) (*radio*), Einzelantenne (*f.*). **77 ~ sintonizzata** (*radio*), abgestimmte Antenne. **78 ~ stratificata** (antenna laminata) (*radio*), geschichtete Antenne. **79 ~ telescopica** (*radio - veic.*), Teleskopantenne (*f.*), teleskopische Antenne. **80 ~ trasmittente** (*radio*), Sendeantenne (*f.*). **81 ~ unidirezionale** (*radio*), einseitig gerichtete Antenne. **82 ~ universale** (antenna multibanda) (*radio*), Mehrbandantenne (*f.*). **83 ~ Yagi** (*radio*), Yagi-Antenne (*f.*). **84 banda di frequenza dell'~** (*radio*), Antennenbandbreite (*f.*). **85 bobina d'induttanza dell'~** (induttore dell'antenna) (*radio*), Antennendrossel (*f.*). **86 bobina di sintonia d'~** (induttanza d'antenna) (*radio*), Antennenabstimmspule (*f.*). **87 discesa di ~** (*radio*), Ableitung (*f.*), Antennenableitung (*f.*). **88 induttanza di ~** (bobina di sintonia d'antenna) (*radio*), Antennenabstimmspule (*f.*). **89 induttore dell'~** (bobina d'induttanza dell'~) (*radio*), Antennendrossel (*f.*). **90 pilone di ~ radar** (*radar*), Radarmast (*m.*). **91 potenza di ~** (*radio*), Antennenleistung (*f.*). **92 presa di ~** (*radio*), Antennensteckdose (*f.*). **93 riflettore di ~** (*radio*), Antennenspiegel (*m.*). **94 rumore di ~** (*radio*), Antennenrauschen (*m.*). **95 sintonizzazione di ~** (*radio*), Antennenabstimmung (*f.*). **96 specchio parabolico per ~ radar** (*radar*), Radarparabolspiegel (*m.*).

anteprima (*cinema*), Vorschau (*f.*).
anteriore (*gen.*), der vordere. **2 visto dal lato ~** (visto di fronte) (*mot. - ecc.*), von vorn gesehen.
antiabbagliante (anabbagliante) (*a. - ott. - aut.*), blendungsfrei. **2 ~** (luce anabbagliante) (*s. - aut.*), Abblendlicht (*n.*). **3 specchio retrovisore ~** (*aut.*), abblendbarer Rückspiegel.
antiacustico (insonorizzante) (*acus.*), schalldämpfend, schallschluckend. **2 ~** (insonorizzato) (*acus.*), schalldicht. **3 materiale ~** (materiale fonoassorbente, materiale per isolamento acustico) (*tecnol.*), akustisches Material, schallschluckendes Material.
antiadesivo (*a. - ind. chim.*), abhäsiv. **2 ~** (distaccante, per evitare l'aderenza del pezzo allo stampo) (*s. - lav. mater. plastiche*), Entformungsmittel (*n.*).
antiaereo (*milit.*), Flugabwehr... **2 radar comando tiro ~** (radar antiaereo) (*radar*) Fla-Feuerleitradar (*n.*), Flakzielgerät (*n.*).
antiaffievolimento (antievanescenza, «antifading») (*radio*), schwundmindernd. **2 antenna** (antenna antifluttuazione) (*radio*), fadingmindernde Antenne, schwundmindernde Antenne.
antialone (*fot.*), lichthoffrei.
antibacino (darsena esterna) (*nav.*), Vordock (*n.*).
antibase (acido di Lewis, accettore di elettroni) (*elettronica*), Antibase (*f.*).
antibiotici (*chim. - farm.*), Antibiotika (*n. pl.*).
antiblocco (dispositivo che evita il bloccaggio delle ruote nelle frenate a fondo) (*aut.*), Antiblockiereinrichtung (*f.*), Antiblockierregler (*m.*).
anticamera (*ed.*), Vorzimmer (*n.*), Warteraum (*m.*), Flur (*m.*), Korridor (*m.*). **2 ~** (ingresso) (*ed.*), Vorraum (*m.*), Vorplatz (*m.*).
anticarro (perforante, corazze) (*milit.*), panzerbrechend.
anticatalizzatore (veleno di catalizzatore) (*chim.*), Katalytgift (*n.*).
anticatodo (*fis.*), Antikathode (*f.*).
anticiclone (area di alta pressione) (*meteor.*), Hochdruckgebiet (*n.*), Antizyklone (*f.*), Hoch (*n.*).
anticiclotrone (*elett.*), Antizyklotron (*n.*).
anticipare (dare un acconto, pagare un acconto) (*comm.*), anzahlen. **2 ~** (l'accensione) (*aut.*), verstellen, vorstellen. **3 ~** (essere in anticipo, fase p. es.) (*elett. - ecc.*), voreilen.
anticipato (*mot. - ecc.*), vorversetzt, vorgestellt, verstellt.
anticipo (acconto, pagamento p. es.) (*comm.*), Vorschuss (*m.*), Anzahlung (*f.*). **2 ~** (all'accensione) (*mot.*), Verstellung (*f.*). **3 ~** (dispositivo dell'anticipo di accensione) (*mot. - aut.*), Versteller (*m.*). **4 ~** (di fase p. es.) (*elett. - ecc.*), Voreilung (*f.*). **5 ~ a depressione** (correttore a depressione dell'anticipo) (*disp. - mot. - aut.*), Unterdruckversteller (*m.*). **6 ~ all'accensione** (*mot. - aut.*), Zündvorverstellung (*f.*), Verstellung (*f.*). **7 ~ allo scarico** (di un mot. a c. i.) (*mot.*), Vorauslass (*m.*), Vorauspuff (*m.*). **8 ~ a mano** (dell'accensione) (*aut. - mot.*), Handverstellung (*f.*). **9 ~ automatico**

anticlinale

(dell'accensione) (*mot.*), Selbstverstellung (*f.*). **10** ~ **automatico** (del sistema di accensione, regolatore dell'anticipo) (*disp. - mot.*), Selbstversteller (*m.*). **11** ~ **centrifugo** (regolatore centrifugo dell'anticipo) (*disp. - mot. - aut.*), Fliehkraftversteller (*m.*). **12** ~ **con correttore a depressione** (dell'accensione di un motore) (*mot.*), Unterdruckversteller (*m.*). **13** ~ **d'ammissione** (angolo di anticipo d'ammissione) (*mot.*), Voreinlasswinkel (*m.*). **14** ~ **di fase** (*elett.*), Phasenvoreilung (*f.*). **15** ~ **sulle spese** (acconto sulle spese) (*amm.*), Spesenvorschuss (*m.*). **16** ~ **sul salario** (*lav.*), Lohnabschlag (*m.*), Lohnvorschuss (*m.*). **17 angolo di** ~ (*elett.*), Voreilungswinkel (*m.*). **18 curva dell'**~ (di un distributore di accensione) (*mot. - aut.*), Verstellinie (*f.*). **19 curva dell'**~ **a pieno carico** (*mot. - aut.*), Vollastverstellinie (*f.*). **20 distributore con correttore di** ~ **a depressione** (*aut. - mot.*), Verteiler mit Unterdruckversteller. **21 essere in** ~ (di fase p. es.) (*elett. - ecc.*), voreilen. **22 in** ~ (*elett. - ecc.*), voreilig. **23 leva dell'**~ (di accensione) (*mot. - aut.*), Verstellhebel (*m.*). **24 leva dell'**~ **di accensione** (*mot. - aut.*), Zündhebel (*m.*).
anticlinale (semipiega) (*s. - geol.*), Antiklinale (*f.*), Gewölbe (*n.*). **2** ~ (*a. - geol.*), antiklinal.
anticlinario (ampia anticlinale con pieghe minori longitudinali) (*geol.*), Antiklinorium (*n.*).
anticloro (*chim. - ind. tess.*), Antichlor (*n.*).
anticoherer (*radio*), Antikohärer (*m.*), Antifritter (*m.*).
anticoincidenza (*elab. dati*), Antikoinzidenz (*f.*).
anticollisione (paratia p. es.) (*nav.*), Kollisions... **2 apparecchio anticollisioni aeree** (*aer.*), Bord-zu-Bord-Warngerät (*n.*). **3 luce** ~ (d'un velivolo) (*aer.*), Zusammenstosswarnlichter (*m.*), Warnblinker (*m.*).
anticongelante (resistente al congelamento) (*a. - gen.*), kältebeständig. **2** ~ (« antigelo ») (*s. - aut. - ecc.*), Gefrierschutzmittel (*n.*), Frostschutzmittel (*n.*). **3** ~ (*s. - chim.*), Auftaumittel (*n.*). **4** ~ (disgelante, sale p. es., sparso sulle strade in inverno) (*chim. - aut.*), Eisauftaumittel (*n.*).
anticongiunturale (*finanz.*), antizyklisch.
anticoppia (*aer.*), Gegendrehmoment (*n.*).
anticorodal (lega di alluminio-magnesio-silicio) (*metall.*), Anticorodal (*n.*).
anticorrosivo (*a. - metall. - chim.*), korrosionshemmend. **2** ~ (mezzo anticorrosivo) (*s. - chim.*), Korrosionsschutzmittel (*n.*).
anticortocircuito (*elett.*), kurzschlussfrei.
antideflagrante (*elett.*), explosionssicher, explosionsgeschützt, ex-geschützt, (Ex). **2** ~ (di apparecchiature usate nelle miniere) (*elett. - min.*), schlagwettergeschützt, schlagwettersicher. **3 protezione** ~ (*elett.*), Explosionsschutz (*m.*).
antidetonante (*a. - mot.*), klopffest. **2** ~ (sostanza antidetonante) (*s. - mot. - ind. chim.*), Antiklopfmittel (*n.*), Klopffeind (*m.*).
antidistorsione (*telef.*), Entzerrung (*f.*).
antidiffusione (mat. plast. p. es., contro la diffusione di CO_2 od O, usata per bottiglie di bibite gassate p. es.) (*tecnol.*), diffusionsfest.

antievanescenza (antiaffievolimento, « antifading ») (*a. - radio*), schwundmindernd.
antievaporante (*a. - fis.*), verdampfungshemmend. **2** ~ **per calcestruzzo** (stagionare) (*s. - ed.*), Betonnachbehandlungsmittel (*n.*), Betonschutzanstrich (*m.*).
« antifading » (antiaffievolimento, antievanescenza) (*a. - radio*), schwundmindernd.
antifermentativo (*chim.*), gärungshemmend.
antiferromagnetismo (*fis.*), Antiferromagnetismus (*m.*).
antifiamma (materiale che cessa di bruciare se la fiamma non viene alimentata da altri combustibili) (*a. - comb.*), flammwidrig.
antifluttuazione (antiaffievolimento) (*radio*), schwundmindernd, fadingmindernd.
antifonico (*acus.*), schalltot. **2** ~ **cabina antifonica** (*acus.*), schalltote Kabine.
antiforo (pneumatico) (*aut.*), selbstabdichtend.
antifungo (protezione) (*a. - elett. - ecc.*), schwammsicher, schwammverhindernd, pilzwachshemmend. **2** ~ (fungicida, per appar. ottici) (*s. - ott.*), Fungizid (*n.*).
antifurto (*a. - gen.*), diebsicher. **2** ~ (dispositivo antifurto) (*s. - aut. - ecc.*), Diebstahlschutz (*m.*). **3** ~ (antiscasso, allarme o sicurezza antifurto) (*elett. - ecc.*), Einbruchsicherung (*f.*). **4 fotoelettrico** (apparecchio di allarme a cellula fotoelettrica) (*app.*), Lichtschranke (*f.*). **5 (dispositivo di) allarme** ~ (*app.*), Einbruchmelder (*m.*).
« antigelo » (anticongelante) (*s. - aut. - ecc.*), Frostschutzmittel (*n.*), Gefrierschutzmittel (*n.*). **2 grasso** ~ (*ind. chim.*), Antigefrierfett (*n.*).
antigene (*med. - biol.*), Antigen (*n.*).
antighiaccio (dispositivo antighiaccio) (*aer.*), Enteiser (*m.*). **2** ~ **alare** (*aer.*), Flügelenteiser (*m.*). **3** ~ **per l'elica** (impianto antighiaccio) (*aer.*), Luftschraubenenteisung (*f.*). **4 fluido** ~ (soluzione antighiaccio) (*aer.*), Enteisungsmittel (*n.*), Enteisungsflüssigkeit (*f.*). **5 soluzione** ~ (fluido antighiaccio) (*aer.*), Enteisungsmittel (*n.*), Enteisungsflüssigkeit (*f.*).
antigorite ($Mg_3Si_2O_5(OH)_4$) (*min.*), Antigorit (*m.*), Blätterserpentin (*m.*).
antigovernativo (*leg.*), regierungsfeindlich.
antigroscopico (*tecnol.*), wasserabstossend. **2 nastro** ~ (nastro protettivo contro l'umidità) (*elett.*), Anthygronband (*n.*).
antiinvecchiante (*a. - metall. - tratt. term.*), alterungsbeständig. **2** ~ (per gomma p. es.) (*s. - chim. - ecc.*), Alterungsschutzmittel (*n.*).
antilogaritmo (*mat.*), Gegenlogarithmus (*m.*).
antimagnetico (acciaio) (*metall.*), unmagnetisch, antimagnetisch.
antimateria (costituita da antiparticelle) (*fis. atom.*), Antimaterie (*f.*).
antimicrofonico (*radio*), antimikrophonisch.
antimonio (Sb - *metall.*), Antimon (*n.*). **2 eliminazione dell'**~ (deantimoniazione, nell'affinazione del piombo) (*metall.*), Entwismutung (*f.*).
antimonite (Sb_2S_3 trisolfuro di antimonio, stibina) (*metall.*), Crudum (*n.*).
antincendio (*a. - ed. - ecc.*), feuerbekämpfend. **2 autobotte** ~ (*veic.*), Tanklöschfahrzeug (*n.*). **3 battello antincendi** (*nav.*), Spritzenboot (*n.*).

4 manichetta antincendi (*antincendi*), Spritzenschlauch (*m.*). **5 operazioni** ∼ (*ed. - ecc.*), Brandbekämpfung (*f.*), Feuerlöschen (*n.*). **6 pompa antincendi** (*macch.*), Feuerspritze (*f.*). **7 porta** ∼ (*ed.*), feuersichere Tür. **8 reparto antincendi** (*antincendi*), Feuerwehrabteilung (*f.*), Löschzug (*m.*). **9 squadra antincendi** (*ind. - ecc.*), Löschgruppe (*f.*). **10 squadra antincendi di fabbrica** (*ind.*), Werkfeuerwehr (*n.*). **11 veicolo antincendi** (*veic.*), Löschfahrzeug (*n.*).

antincrostante (per caldaie) (*s. - cald.*), Kesselsteinverhütungsmittel (*n.*).

antinebbia (proiettore antinebbia, fendinebbia) (*aut.*), Nebelscheinwerfer (*m.*), Nebellicht (*n.*).

antineutrino (*fis. atom.*), Antineutrino (*n.*).

antineutrone (*fis.*), Antineutron (*n.*).

antinfortunistica (prevenzione degli infortuni) (*lav. - ecc.*), Unfallverhütung (*f.*). **2 misura** ∼ (misura di sicurezza) (*lav.*), Unfallschutzmassnahme (*f.*).

antinodo (*fis.*), Bauch (*m.*). **2** ∼ (di un onda) (*fis.*), Wellenbauch (*m.*). **3** ∼ (ventre di oscillazione) (*fis.*), Schwingungsbauch (*m.*).

antinomia (contraddizione) (*mat.*), Antinomie (*f.*).

antinquinante (non inquinante) (*ecologia*), umweltfreundlich.

antinvecchiante (*a. - metall. - tratt. term.*), alterungsbeständig. **2** ∼ (per gomma p. es.) (*s. - chim. - etc.*), Alterungsschutzmittel (*n.*). **3 additivo** ∼ (*lubrif.*), Alterungshemmender-Wirkstoff (*m.*).

antiorario (sinistrorso, senso di rotazione) (*mecc. - ecc.*), gegen den Uhrzeigersinn, linksdrehend.

antiparallasse (*ott.*), Parallaxenausgleich (*m.*). **2 specchio** ∼ (*strum. - ecc.*), Ablesespiegel (*m.*).

antiparallelo (vettori p. es., i quali, pur essendo paralleli, hanno direzioni contrarie) (*geom.*), antiparallel. **2 collegamento in** ∼ (*elettronica*), Gegenparallelschaltung (*f.*).

antiparallelogramma (articolato) (*mecc.*), gegenläufig Antiparallelkurbel-Gelenkviereck.

antiparticella (*fis. nucl.*), Antiteilchen (*n.*).

antipiega (ingualcibile) (*tess.*), krumpfecht, schrumpfecht.

antipolarità (polarità opposta) (*elett.*), Gegenpolung (*f.*).

antipolo (polo opposto) (*elett.*), Gegenpol (*m.*).

antipolvere (*s. - strad.*), Staubbekämpfungsmittel (*n.*). **2** ∼ (*a. - strad.*), staubbekämpfend.

antiportanza (*aut.*), Abtriebs... **2 superficie** ∼ (di un'auto da corsa) (*aut.*), Abtriebsfläche (*f.*).

antiprotone (*fis. nucl.*), Antiproton (*n.*).

antiquato (superato) (*gen.*), veraltet.

antiradar (*milit.*), radarstörend. **2 striscia metallizzata (o metallica)** ∼ (*radar - milit.*), Radarstörfolie (*f.*), Düppelstreifen (*m.*), Düppel (*m.*).

antiradiodisturbo (*a. - radio*), radioentstörend. **2 dispositivo antiradiodisturbi** (*radio*), Radioentstöreinrichtung (*f.*).

antiriflessione (antiriflettente, lente) (*a. - ott.*), vergütet. **2 sottoporre a trattamento** ∼ (una lente) (*ott.*), vergüten. **3 trattamento** ∼ (di una lente) (*ott.*), Vergütung (*f.*).

antiriflettente (lente) (*ott.*), vergütet.

antirisonanza (*radio - ecc.*), Antiresonanz (*f.*). **2** ∼ (risonanza in parallelo, risonanza di tensione)(*elett.*), Parallelresonanz (*f.*), Spannungsresonanz (*f.*).

antirombo (pittura antirombo, rivestimento antirombo, sul fondo di carrozzerie) (*veic.*), Schalldämmer (*m.*), Antidröhnmittel (*n.*). **2 applicare l'**∼ (spruzzare un antirombo) (*acus.*), entdröhnen. **3 applicazione dell'**∼ (*aut.*), Entdröhnung (*f.*). **4 mano** ∼ (strato antirombo, sul fondo di carrozzerie) (*veic.*), Schalldämmschicht (*f.*), Antidröhnschicht (*f.*). **5 vernice** ∼ (*vn.*), Antidröhnlack (*m.*).

antiruggine (*s. - metall. - mecc.*), Rostschutzmittel (*n.*). **2** ∼ (*a. - metall.*), rosthindernd. **3 protezione** ∼ (*metall.*), Rostschutz (*m.*). **4 protezione** ∼ **in fase di vapore** (*tecnol.*), VPI-Verfahren (*n.*).

antiscartino (foglio antiscartino, inserito tra le pagine appena stampate per impedire controstampe) (*tip.*), Abschmutzbogen (*m.*).

antischeggia (di granate p. es.) (*milit.*), splittersicher.

antischiuma (*s. - chim. ind.*), Schaumdämpfer (*m.*), Antischaummittel (*n.*), Schaumverhütungsmittel (*n.*). **2 additivo** ∼ (*lubrif.*), Schaumverhinderungs-Wirkstoff (*m.*). **3 pozzetto** ∼ (nei dispositivi riproduttori idraulici p. es., per evitare la formazione di schiuma) (*macch. ut.*), Senke (*f.*).

antiscoppio (*gen.*), berstfest.

antisdrucciolevole (strada, pneumatico, p. es.) (*aut.*), rutschfest, schleuderfest. **2** ∼ (pneumatico) (*aut.*), griffig, rutschfest. **3 pavimentazione** ∼ (*costr. strad.*), Rauhbelag (*m.*).

antisdrucciolevolezza (*aut. - strad.*), Rutschfestigkeit (*f.*).

antisedimentante (agente di antisedimentazione, per vernici p. es.) (*s. - vn.*), Absetzverhinderungsmittel (*n.*).

antisedimentazione (*vn.*), Absetzverhinderung (*f.*).

antisimmetria (*mat.*), Schiefsymmetrie (*f.*).

antisimmetrico (*mat. - ecc.*), antisymmetrisch, schiefsymmetrisch. **2 matrice antisimmetrica** (*mat.*), antisymmetrische Matrix, schiefsymmetrische Matrix.

antisismico (asismico) (*ed.*), erdbebensicher.

antislittamento (*aut. - ecc.*), Gleitschutz... **2 dispositivo** ∼ (regolatore del bloccaggio ruote, nella frenatura) (*aut. - ecc.*), Gleitschutzeinrichtung (*f.*), Antiblockierregler (*m.*), Antiblockiereinrichtung (*f.*).

antislittante (*mecc.*), gleitlos, gleitsicher.

antistallo (dispositivo) (*s. - aer.*), Überziehsicherung (*f.*).

antitopo (*nav. - ecc.*), rattensicher.

antitrepidativo (*macch. - ecc.*), *vedi* antivibrante.

antiurto (resistente agli urti) (*gen.*), stossfest.

antivalenza (OR esclusivo) (*calc.*), Antivalenz (*f.*), ausschliessliches ODER.

antivegetativo (pittura sottomarina) (*a. - vn. - nav.*), bewuchsverhindernd, anwuchsverhindernd.

antivibrante (*macch. - ecc.*), schwingungsdämpfend. **2 strato ~** (strato isolante, sotto l'incudine d'un maglio p. es.) (*macch.*), Dämmschicht (*f.*).
antivibratore (sull'albero a gomito p. es.) (*mot. - mecc.*), Schwingungsdämpfer (*m.*).
antivibrite (materiale isolante contro le vibrazioni) (*macch. - ecc.*), Schwingungsdämpfer (*m.*).
antracene ($C_{14}H_{10}$) (*chim.*), Anthrazen (*n.*).
antrachinone ($C_{14}H_8O_2$) (*chim.*), Anthrachinon (*n.*).
antracite (*comb.*), Glanzkohle (*f.*), Anthrazit (*m.*).
antropometria (*scienza - stat.*), Anthropometrie (*f.*), Menschenmasslehre (*f.*).
antropometrico (*stat.*), anthropometrisch. **2 dati antropometrici** (misure del corpo umano) (*stat.*), Körpermasse (*n. pl.*).
antropotecnica (*biol. - ecc.*), Antropotechnik (*f.*).
anulare (*gen.*), ringförmig.
anzianità (*gen.*), Alter (*n.*). **2 ~ di servizio** (*pers. - lav.*), Dienstalter (*n.*). **3 premio di ~** (*lav.*), Treuprämie (*f.*). **4 promozione per ~** (*pers. - lav.*), Vorrücken nach dem Dienstalter.
anziano (*s. - lav. - pers.*), Älteste (*m.*), Stammarbeiter (*m.*). **2 consiglio degli anziani** (*lav. - ecc.*), Ältestenrat (*m.*).
aparallelismo (non-parallelismo) (*mecc.*), Unparallelität (*f.*).
a paro (a comenti appaiati) (*costr. nav.*), kraweelgebaut. **2 ~** (a livello, a raso) (*mecc. - ecc.*), bündig, fluchtrecht.
apatite [$Ca_5(PO_4)_3(F, Cl, OH)$] (*min.*), Apatit (*m.*).
ape (*agric.*), Biene (*f.*).
aperiodicità (*gen.*), Aperiodizität (*f.*).
aperiodico (*mecc. - ecc.*), unperiodisch, aperiodisch.
aperto (*gen.*), offen. **2 ~** (struttura, grana) (*metall. - ecc.*), offen. **3 ~** (un rubinetto p. es.) (*tubaz. - ecc.*), auf, offen. **4 ~** (circuito elett. p. es.) (*elett.*), auf, offen. **5 ~** (non protetto) (*elett.*), offen. **6 ~-chiuso** (un rubinetto p. es.) (*tubaz. - ecc.*), auf-zu. **7 all'~** (all'aria aperta, all'esterno) (*gen.*), frei, im Freien. **8 mare ~** (alto mare) (*nav.*), raume See, hohe See.
apertura (*gen.*), Öffnung (*f.*). **2 ~** (d'ali, apertura alare) (*aer.*), Spannweite (*f.*). **3 ~** (*ott. - fot.*), Apertur (*f.*). **4 ~** (distanza libera, luce) (*mecc. - ecc.*), lichter Abstand, Lichtweite (*f.*). **5 ~** (di un'interruttore) (*elett.*), Öffnen (*n.*). **6 ~** (di un circuito) (*elett.*), Abschaltung (*f.*), Trennung (*f.*). **7 ~** (bocca, di una chiave) (*ut.*), Maulweite (*f.*). **8 ~** (capacità, di una morsa p. es.) (*mecc.*), Spannweite (*f.*). **9 ~** (delle offerte) (*comm.*), Eröffnung (*f.*). **10 ~** (finestra, sfinestratura) (*mecc.*), Durchbrechung (*f.*). **11 ~** (bocca, porta, di un forno) (*metall. - fond.*), Schwalch (*m.*). **12 ~** (di un compasso) (*strum.*), Schenkelweite (*f.*). **13 ~** (di un ponte girevole) (*costr. di ponti*), Aufdrehen (*n.*). **14 ~ a feritoie** (per l'aria) (*ed. - ecc.*), Jalousieöffnung (*f.*). **15 ~ alare** (*aer.*), vedi apertura d'ali. **16 ~ angolare del cono** (*mecc.*), Kegelwinkel (*m.*). **17 ~ d'ali** (distanza tra le estremità dell'ala di un velivolo) (*aer.*), Spannweite (*f.*). **18 ~ della morsa** (*mecc. - ut.*), Spannweite (*f.*), Backenöffnung (*f.*). **19 ~ di chiave** (*ut.*), Schlüsselweite (*f.*). **20 ~ di credito** (*comm.*), Krediteröffnung (*f.*), Akkreditiv (*n.*), Krediteinräumung (*f.*), Kreditbewilligung (*f.*), Kreditgewährung (*f.*). **21 ~ di riscaldo** (d'un forno fusorio) (*ind. vetr.*), Anwärmeloch (*n.*). **22 ~ di scarico** (*gen.*), Abflussöffnung (*f.*). **23 ~ di un conto** (*amm.*), Kontoeröffnung (*f.*). **24 ~ equivalente** (valore comparativo per la resistenza nelle condutture per il calcolo della ventilazione di miniere) (*min.*), gleichwertige Öffnung. **25 ~ numerica** (*ott.*), numerische Apertur. **26 ~ relativa** (*ott.*), relative Öffnung, Öffnungsverhältnis (*n.*). **27 ~ sul ponte** (*nav.*), Decköffnung (*f.*). **28 ad ~ automatica** (*gen.*), selbstöffnend. **29 angolo di ~** (arco di apertura, di un distributore di accensione) (*elett. - mot. - aut.*), Öffnungsweite (*f.*), Öffnungswinkel (*m.*). **30 angolo di ~** (di sistemi ottici) (*ott.*), Öffnungswinkel (*m.*), Aperturwinkel (*m.*). **31 arco di ~** (*elett.*), Abschaltlichtbogen (*m.*). **32 dispositivo di ~** (d'un circuito) (*app. - elett.*), Öffner (*m.*). **33 reciproco dell'~ relativa** (luminosità, di un obiettivo, rapporto fra distanza focale e diametro della pupilla d'ingresso) (*ott. - fot.*), Blendzahl (*f.*). **34 ritardo di ~** (di una valvola p. es.) (*mot. - mecc.*), Öffnungsverspätung (*f.*). **35 ritardo di ~** (ritardo di disinserzione, d'un interruttore) (*elett.*), Ausschaltverzug (*m.*). **36 tempo di ~** (d'un circuito p. es.) (*elettromecc.*), Auslösezeit (*f.*).
apicoltore (*lav. agric.*), Bienenzüchter (*m.*).
apicoltura (*agric.*), Bienenkunde (*f.*), Bienenzucht (*f.*).
aplanarità (di una superficie tecnica p. es.) (*mecc. - ecc.*), Unebenheit (*f.*).
aplanatico (ortoscopico, privo di aberrazioni) (*ott.*), aplanatisch, orthoskopisch, verzerrungsfrei.
aplite (*geol.*), Aplit (*m.*).
apocromatico (con cromatismo residuo molto ridotto) (*ott.*), apochromatisch.
apogeo (*astr.*), Erdferne (*f.*), Apogäum (*n.*).
apostilb (asb = $\dfrac{1}{10^4 \cdot \pi}$ sb, unità di brillanza) (*mis. ott.*), Apostilb (*n.*).
apostrofo (*tip.*), Auslassungszeichen (*n.*).
appaiamento (accoppiamento, abbinamento) (*gen.*), Paarung (*f.*).
appaiare (accoppiare, abbinare) (*gen.*), paaren.
appaltare (dare in appalto, dei lavori pubblici p. es.) (*comm.*), vergeben, verdingen, in Submission vergeben.
appaltatore (*comm.*), Auftragnehmer (*m.*), Unternehmer (*m.*).
appalto (di lavori pubblici p. es. mediante bando di concorso) (*comm.*), Verdingung (*f.*), Submission (*f.*), Arbeitsvergebung (*f.*). **2 bando di concorso di ~** (*comm.*), Ausschreibung (*f.*). **3 capitolato di ~** (condizioni di appalto, «specifica») (*comm.*), Submissionsbedingungen (*f. pl.*). **4 concorrente ad ~** (partecipante a concorso di appalto) (*comm.*), Submissionsbewerber (*m.*). **5 concorso di ~** (*comm.*), Submission (*f.*), Wett-

bewerb (*m.*). **6 dare in** ~ (appaltare, dei lavori pubblici) (*comm.*), vergeben, verdingen, in Submission vergeben. **7 indire un concorso di** ~ (*comm.*), für eine Submission ausschreiben.

appannamento (delle finestre p. es.) (*gen.*), Anlaufen (*n.*), Beschlag (*m.*).

appannarsi (delle finestre p. es.) (*gen.*), beschlagen, anlaufen.

apparato (*app.*), Apparat (*m.*). **2** ~ **aritmico** (*telegr.*), Geh-Steh-Apparat (*m.*), Start-Stop-Apparat (*m.*). **3** ~ **centrale** (di manovra) (*ferr.*), Zentralstellwerk (*n.*), Geleisebildstellwerk (*n.*), Verriegelungsanlage (*f.*). **4** ~ **di blocco** (*ferr.*), Blockapparat (*m.*). **5** ~ **di manovra** (di un teatro p. es.) (*elettromecc.*), Stellwerk (*n.*). **6** ~ **motore** (*nav.*), Antriebsmaschinenanlage (*f.*), Motorenanlage (*f.*). **7** ~ **motore principale** (*nav.*), Hauptantriebsmaschine (*f.*). **8** ~ **scenico** (*teatro*), Bühnenbild (*n.*). **9** ~ **telegrafico sincrono** (*telegr.*), Synchron-Telegraph (*m.*), Gleichlauf-Telegraph (*m.*).

apparecchiare (approntare, allestire) (*mecc. - ecc.*), rüsten, ausrüsten, gebrauchsfertig machen.

apparecchiatore (telefonico, montatore di apparecchi telefonici) (*lav.*), Telephonmonteur (*m.*).

apparecchiatura (*app.*), Apparat (*m.*), Apparatur (*f.*). **2** ~ (*elett.*), Ausrüstung (*f.*). **3** ~ (accessorio) (*ind.*), Einrichtung (*f.*), Vorrichtung (*f.*). **4** ~ (apparecchio) (*app.*), Gerät (*n.*), Apparat (*m.*). **5** ~ **antideflagrante** (*min. - elett. - ecc.*), schlagwettersicherer Apparat, explosionssicherer Apparat. **6** ~ **ausiliaria** (*macch. - ecc.*), Zusatzeinrichtung (*f.*), zusätzliche Einrichtung. **7** ~ **automatica** (attrezzatura automatica, impianto automatico) (*app. - ecc.*), Automatik (*f.*). **8** ~ **di laboratorio** (*chim. - ecc.*), Laboreinrichtung (*f.*), Laboratoriumseinrichtung (*f.*). **9** ~ **di installazione** (*elett.*), Installationsgerät (*n.*). **10** ~ **di regolazione per saldatrici a resistenza** (*tecnol. mecc.*), Widerstandsschweisssteuerung (*f.*). **11** ~ **elettrica** (apparecchio elettrico) (*app. - elett.*), Schaltgerät (*n.*). **12** ~ **elettrica di manovra** (*elett.*), Schaltarmaturen (*f. pl.*). **13** ~ **elettronica** (impianto elettronico) (*elettronica*), Elektronik (*f.*). **14** ~ **elettronica di bordo** (*elettronica*), Bordelektronik (*f.*). **15 vano apparecchiature elettriche** (di una macchina p. es.) (*elett. - macch.*), Elektroraum (*m.*).

apparecchio (apparecchiatura) (*app.*), Gerät (*n.*), Apparat (*m.*). **2** ~ (telefonico) (*telef.*), Apparat (*m.*). **3** ~ (legatura, disposizione dei mattoni in un muro) (*mur.*), Verband (*m.*), Mauerverband (*m.*). **4** ~ (velivolo) (*aer.*), Flugzeug (*n.*). **5** ~ **a blocco** (disposizione a blocco) (*mur.*), Blockverband (*m.*). **6** ~ **acustico** (cornetto acustico, per deboli d'udito) (*acus.*), Hörgerät (*n.*). **7** ~ **ad innesto** (app. elett. innestabile mediante spina) (*app. elett.*), Steckeinheit (*f.*). **8** ~ **alimentato dalla rete** (*app. elett.*), Netzanschlussgerät (*n.*). **9** ~ **anticollisioni aeree** (*aer.*), Bord-zu-Bord-Warngerät (*n.*). **10** ~ **a specchi** (magnetici; per ottenere la fusione nucleare) (*app. - fis. nucl.*), Spiegelmaschine (*f.*). **11 apparecchi ausiliari** (ausiliari, di una turbina a vapore p. es.) (*mecc.*), Hilfsgetriebe (*n.*). **12** ~ **(automatico) per intermittenza** (*aut. - elett.*), Blinkgeber (*m.*). **13** ~ **carica batterie** (*elett.*), Batterieladegerät (*n.*), Akkumulatorenladeapparat (*m.*), Akkumulatorenladeeinrichtung (*f.*). **14** ~ **cercamine** (cercamine) (*att. - milit.*), Minensuchgerät (*n.*). **15** ~ **chiudilettere** (chiudilettere) (*app.*), Briefverschlussgerät (*n.*). **16** ~ **da caccia** (caccia, velivolo da caccia) (*aer. milit.*), Kampfflugzeug (*n.*), Jagdflugzeug (*n.*). **17** ~ **da innesto** (amplificatore p. es.) (*elett.*), Einschub (*m.*). **18** ~ **da laboratorio** (*fis.*), Lehrgerät (*n.*). **19** ~ **derivato** (*app. telef.*), Nebenstelle (*f.*), Nebenanschluss (*m.*). **20** ~ **di abbonato** (*telef.*), Teilnehmerapparat (*m.*). **21** ~ **(di allarme) a cellula fotoelettrica** (antifurto fotoelettrico) (*att.*), Lichtschranke (*f.*). **22** ~ **di ascolto** (*acus.*), Abhörapparat (*m.*), Abhöreinrichtung (*f.*), Lauscheinrichtung (*f.*). **23** ~ **di ascolto** (aerofono) (*acus.*), Abhorchgerät (*n.*), Abhorchvorrichtung (*f.*). **24** ~ **di cacciata** (sciacquone) (*ed.*), Wasserspülapparat (*m.*), Ausspüler (*m.*). **25** ~ **di comando** (*app.*), Steuergerät (*n.*). **26** ~ **di controllo** (*app.*), Überwachungsgerät (*n.*). **27** ~ **di controllo** (monitore, avvisatore, visore) (*app.*), Monitor (*m.*). **28** ~ **differenziatore-integratore** (*app.*), Differenzier-Integriergerät (*n.*). **29** ~ **di governo** (*nav.*), Steuerapparat (*m.*). **30** ~ **di illuminazione** (lume) (*app. illum.*), Leuchte (*f.*). **31** ~ **di illuminazione a ripartizione obliqua** (apparecchio di illuminazione a ripartizione asimmetrica) (*app. illum.*), Schrägstrahler (*m.*). **32** ~ **di illuminazione a saliscendi** (lume a saliscendi, lume a sospensione regolabile) (*app. illum.*), Zugleuchte (*f.*). **33** ~ **di illuminazione asimmetrico** (apparecchio di illuminazione a ripartizione asimmetrica della luce) (*app. illum.*), asymmetrische Leuchte. **34** ~ **di illuminazione a sospensione** (*illum.*), Pendelleuchte (*f.*). **35** ~ **di illuminazione da parete** (*app. illum.*), Wandleuchte (*f.*). **36** ~ **di illuminazione estensivo** (apparecchio di illuminazione a ripartizione estensiva) (*app. illum.*), Breitstrahler (*m.*). **37** ~ **di Jäderin** (per misurare basi) (*top.*), Jäderindraht (*m.*). **38** ~ **di Kipp** (*app. chim.*), Kippscher Apparat. **39** ~ **di messa a terra** (*elett.*), Erdungsschalter (*m.*). **40** ~ **di misura** (strumento di misura) (*app.*), Messgerät (*n.*), Messapparat (*m.*), Messinstrument (*n.*). **41** ~ **di misura a coordinate** (*app.*), Koordinatenmessgerät (*n.*). **42** ~ **di misura ottico** (*app. ott.*), optisches Messgerät. **43** ~ **di operatore** (*telef.*), Abfrageapparat (*m.*), Vermittlungsapparat (*m.*). **44** ~ **di operatrice** (*telef.*), Meldeanschluss (*m.*). **45** ~ **di Orsat** (per l'analisi dei gas) (*att. chim.*), Orsat-Apparat (*m.*). **46** ~ **di segnalazione ottica** (*ferr. - ecc.*), Lichtsignalgerät (*n.*). **47** ~ **di servizio** (*telef.*), Abfrageapparat (*m.*), Abfrageeinrichtung (*f.*). **48** ~ **di sollevamento** (*app. di sollev.*), Hebevorrichtung (*f.*). **49** ~ **di sollevamento idraulico** (elevatore idraulico, martinetto idraulico) (*macch.*), hydraulisches Hebezeug. **50** ~ **di strozzamento** (diaframma, per la misurazione

apparecchio

della portata di acqua) (*app. idr.*), Drosselgerät (*n.*), Blende (*f.*), Drosselscheibe (*f.*), Stauscheibe (*f.*). **51 ~ divisore** (*macch. ut.*), Teilapparat (*m.*), Teilungsapparat (*m.*). **52 ~ elettrico** (apparecchiatura elettrica) (*app. - elett.*), Schaltgerät (*n.*). **53 apparecchi elettrodomestici** (elettrodomestici) (*app. elett.*), elektrische Haushaltgeräte (*n. pl.*), Elektro-Haushaltgeräte (*n. pl.*), **54 ~ fotogrammetrico** (*app. fotogr.*), Bildmessgerät (*n.*). **55 apparecchi igienico-sanitari** (*app. ed.*), sanitäre Armaturen. **56 ~ in chiave** (disposizione in chiave) (*mur.*), Binderverband (*m.*), Streckerverband (*m.*). **57 ~ in serie** (*telef.*), Reihenapparat (*m.*). **58 ~ per brasatura** (*app.*), Lötgerät (*n.*). **59 ~ per brasatura ad ultrasuoni** (per saldatura di alluminio p. es.) (*app.*), Ultraschallötgerät (*n.*). **60 ~ per campionatura** (*app.*), Probeentnahmeapparat (*m.*). **61 ~ per cancellare** (a batteria p. es.) (*app.*), Radiergerät (*n.*). **62 ~ per congelazione** (congelatore, per prodotti alimentari) (*app.*), Gefrierer (*m.*). **63 ~ per dimostrazioni** (*comm. - app.*), Vorführgerät (*n.*). **64 ~ per distruggere documenti** (*app. - uff.*), Aktenvernichter (*m.*). **65 ~ per dividere** (testa a dividere, divisore) (*mecc. - macch. ut.*), Teilgerät (*n.*). **66 ~ per il controllo dell'avantreno** (*app. - aut.*), Achsmessgerät (*n.*). **67 ~ per il controllo del punto di accensione** (*app. - mot. - aut.*), Zündpunktprüfer (*m.*). **68 ~ per il montaggio dei pneumatici** (*app. - aut.*), Reifenabdrückgerät (*n.*). **69 apparecchi per il sollevamento e trasporto dei materiali** (*ind.*), Geräte für Materialbeförderung. **70 ~ per la carica delle batterie** (*app. elett.*), Batterieladegerät (*n.*). **71 ~ per la determinazione del coefficiente di attrito** («attritometro») (*app.*), Reibwertprüfer (*m.*). **72 ~ per lampi di luce** (*app. fot.*), Blitzgerät (*n.*). **73 ~ per la prova dei cuscinetti** (*app.*), Lagerprüfer (*m.*). **74 ~ per la prova del consumo di benzina** (*app. - aut. - ecc.*), Benzinverbrauchsprüfer (*m.*). **75 ~ per la prova della convergenza** (delle ruote anteriori) (*app. - aut.*), Spurprüfeinrichtung (*f.*). **76 ~ per la prova della resa elastica** (della gomma p. es.) (*app.*), Rückprallhärteprüfgerät (*n.*). **77 ~ per la prova delle bobine di accensione** (*app. aut.*), Zündspulenprüfgerät (*n.*). **78 ~ per la prova dell'isolamento** (*elett.*), Isolationsprüfer (*m.*). **79 ~ per la prova di umidità** (misuratore di umidità, per terra p. es.) (*app. fond. - ecc.*), Feuchtigkeitsprüfer (*m.*). **80 ~ per la tintura in matasse** (*app. ind. tess.*), Strangfärbeapparat (*m.*). **81 ~ per le prove sui materiali** (*app. - tecnol.*), Werkstoffprüfapparat (*m.*). **82 ~ per l'immissione e l'emissione (di dati)** (unità input-output) (*calc.*), Ein- und Ausgabegerät, E/A-Gerät (*m.*). **83 ~ per misurare l'oscillazione radiale** (*app. mecc.*), Rundlaufprüfgerät (*n.*). **84 ~ per numerare le pagine** (*app. tip.*), Paginierapparat (*m.*). **85 ~ per provare bagni di tempra** (*tratt. term. - app.*), Abschreckprüfgerät (*n.*). **86 ~ per prove (di materiali** p. es.) (*app. prova di mater.*), Prüfer (*m.*), Prüfgerät (*n.*). **87 ~ per prove di compressione e permeabilità** (del suolo) (*ed.*), K-D-Apparat (*m.*). **88 ~ per prove di durezza Brinell** (*app. tecnol.*), Brinellapparat (*m.*), Kugeldruckprüfapparat (*m.*). **89 ~ per prove di laboratorio** (*app.*), Labortester (*m.*). **90 ~ per prove di piegatura ripetuta** (*app. prova di mater.*), Dauerbiegeprüfer (*m.*), **91 ~ per raggi X** (*app.*), Röntgenapparat (*m.*). **92 ~ per riproduzioni** (riproduttore) (*macch. ut.*), Kopierapparat (*m.*). **93 ~ per spogliare a fresa** (*macch. ut.*), Fräserhinterdrehapparat (*m.*). **94 ~ per spremere** (*app.*), Auspressmaschine (*f.*). **95 ~ per stampa a rilievo** (*app.*), Prägegerät (*n.*). **96 ~ per stampa a rilievo su nastro adesivo** (*app.*), Prägegerät für Klebeband. **97 ~ per taratura** (*strum.*), Eichapparat (*m.*). **98 ~ per titolazioni** (*app. - chim.*), Titrierapparat (*m.*). **99 ~ per tracciare** (*strum. - mecc.*), Anreissinstrument (*n.*). **100 ~ per trasmissioni in ponte radio** (*radio*), Richtfunkgerät (*n.*). **101 ~ per trivellazioni** (*min.*), Bohrapparat (*m.*), Bohrmaschine (*f.*). **102 ~ pilota** (*app.*), Leitgerät (*n.*). **103 ~ principale** (d'abbonato) (*telef.*), Hauptanschluss (*m.*), Hauptstelle (*f.*). **104 ~ prova-accensione** (*strum. - mot.*), Hochspannungsanzeiger (*m.*). **105 ~ radio** (radioricevitore) (*radio*), Rundfunkempfänger (*m.*), Empfänger (*m.*), Radioapparat (*m.*), Funkempfänger (*m.*), Radio (*n.*), Radiogerät (*n.*). **106 ~ radio a batteria** (*radio*), Batterieempfänger (*m.*). **107 ~ radio ad onde corte** (ricevitore ad onde corte, radio ad onde corte) (*radio*), Kurzwellenempfänger (*m.*). **108 ~ radio a galena** (radio a galena) (*radio*), Detektorempfänger (*m.*). **109 ~ radio a supereterodina** (ricevitore a supereterodina) (*radio*), Überlagerungsempfänger (*m.*), Superheterodynempfänger (*m.*), Superhet (*m.*), Super (*m.*). **110 ~ radio portatile** (radio portatile) (*radio*), Kofferradio (*m.*), Koffergerät (*n.*). **111 ~ radioricevente** (radio, apparecchio radio) (*radio*), Empfänger (*m.*), Funkempfänger (*m.*), Radioapparat (*m.*), Rundfunkempfänger (*m.*). **112 ~ registratore-riproduttore di conversazioni telefoniche** (per abbonati assenti) (*app. telef.*), Fernsprechantwortgerät (*n.*), Fernsprech-Aufnahme- und-Wiedergabe-Apparat (*m.*). **113 ~ ricetrasmittente** (ricetrasmittente) (*radio*), Sende-Empfänger (*m.*), Sende- und Empfangsgerät (*n.*). **114 ~ ricevente** (ricevitore) (*radio - ecc.*), Empfänger (*m.*), Empfangsapparat (*m.*), Empfangsgerät (*n.*). **115 ~ ricevente e trasmittente** (ricetrasmettitore) (*radio*), Sende-und Empfangsgerät (*n.*), Sende-Empfänger (*m.*). **116 ~ scuola** (velivolo scuola, velivolo per addestramento) (*aer.*), Schulflugzeug (*n.*). **117 ~ telefonico** («telefono») (*telef.*), Fernsprechapparat (*m.*), Fernsprecher (*m.*), Telephon (*n.*), Sprechapparat (*m.*). **118 ~ telefonico a batteria centrale** (*telef.*), Fernsprechapparat mit Zentralbatterie. **119 ~ telefonico a batteria locale** (*telef.*), Fernsprechapparat mit Ortsbatterie. **120 ~ telefonico a gettone** (telefono a gettone) (*telef.*), Münzfernsprecher (*m.*). Telephonautomat (*m.*). **121 ~ telefonico automatico** (apparecchio telefonico con disco combinatore) (*telef.*), Fernsprechapparat für Wahlbetrieb, automatischer Telephonappa-

rat. 122 ~ **telefonico con disco combinatore** (apparecchio telefonico automatico) (*telef.*), Fernsprechapparat für Wahlbetrieb, automatischer Telephonapparat. 123 ~ **telefonico da tavolo** (*telef.*), Fernsprechtischstation (*f.*), Fernsprechtischapparat (*m.*). 124 ~ **telefonico di servizio** (*telef.*), Bedienungsfernsprecher (*m.*). 125 ~ **telefonico privato** (*telef.*), Privatstelle (*f.*). 126 ~ **telegrafico** (*app. - telegr.*), Telegraphenapparat (*m.*). 127 ~ (**telegrafico**) **stampante su fogli** (*telegr.*), Blattdrucker (*m.*). 128 ~ (**telescrivente**) **aritmico** (*telegr.*), Springschreiber (*m.*). 129 ~ **tuttala** (ala volante) (*aer.*), Nurflügelflugzeug (*n.*). 130 ~ **umidificatore** (*app.*), Anfeuchter (*m.*), Feuchtmaschine (*f.*), Anfeuchtmaschine (*f.*). 131 ~ **universale** (*app. elett.*), Allstromgerät (*n.*).
apparente (*gen.*), scheinbar. 2 **orizzonte** ~ (*geogr.*), scheinbarer Horizont, Scheinhorizont (*m.*). 3 **potenza** ~ (*elett.*), scheinbare Leistung, Scheinleistung (*f.*).
appariglio (impariglio, di cilindri e pistoni p. es. in combinazioni che rispettano le tolleranze prescritte) (*mot. - ecc.*), Komplettieren (*n.*).
appartamento (*ed.*), Etage (*f.*), Wohnung (*f.*), Appartement (*n.*). 2 ~ **d'affitto** (*ed.*), Mietwohnung (*f.*).
appassimento (fase che precede l'essiccamento vero e proprio) (*vn.*), Antrocknen (*n.*).
appellarsi (*leg.*), Berufung einlegen.
appello (*milit. - ecc.*), Appell (*m.*). 2 ~ (ricorso, opposizione ad una sentenza) (*leg.*), Berufung (*f.*). 3 **corte d'**~ (*leg.*), Appellationsgericht (*n.*), Berufungsgericht (*n.*), Beschwerdegericht (*n.*). 4 **fare l'**~ (*milit. - ecc.*), Appell machen, Appell abhalten.
appendere (sospendere) (*gen.*), hängen, anhängen. 2 ~ (attaccare, la cornetta) (*telef.*), einhängen.
appendice (supplemento) (*gen.*), Zusatz (*m.*), Anhang (*m.*), Ansatz (*m.*). 2 ~ (codolo, di un albero p. es.) (*mecc.*), Schwanzstück (*n.*), Endstück (*n.*). 3 ~ (supplemento, volume) (*tip.*), Ergänzungsband (*m.*). 4 ~ (foglio) (*tip.*), Beiblatt (*n.*). 5 ~ (*med.*), Blinddarm (*m.*).
appendicite (*med.*), Blinddarmentzündung (*f.*).
appenditore (di una broccia, alimentatore) (*lav. macch. ut.*), Zubringer (*m.*).
appeso (sospeso) (*gen.*), aufgehängt.
appianamento (composizione d'una controversia p. es.) (*lav. - ecc.*), Beilegung (*f.*).
appianare (comporre, una controversia p. es.) (*lav. - ecc.*), beilegen.
appiattimento (*gen.*), Abflachung (*f.*), Abplattung (*f.*). 2 ~ (*fucinatura*), Breiten (*n.*). 3 ~ (di un pneumatico sotto carico) (*aut.*), Eindrückung (*f.*). 4 ~ (di una curva caratteristica p. es.) (*tecnol. - ecc.*), Abflachung (*f.*). 5 ~ (schiacciamento, sotto una pressa, di materiale di sezione tonda) (*tecnol. mecc.*), Quetschen (*n.*).
appiattire (*gen.*), plattmachen, abplatten. 2 ~ (filo) (*tecnol. mecc.*), plätten. 3 ~ (spianare) (*lamin.*), breiten. 4 ~ (battendo) (*tecnol. - metall.*), breitschlagen.

appiccicosità (*gen.*), Klebrigkeit (*f.*). 2 ~ (difetto di *vn.*), Nachkleben (*n.*).
appiccicoso (*gen.*), klebrig.
appiglio (*gen.*), Griff (*m.*), Halt (*m.*).
appiombo (posizione o forma verticale) (*s. - ed.*), senkrechte Lage. 2 **messa in** ~ (piombatura, messa in verticale) (*ed.*), Lotung (*f.*).
applicabile (valido, prescrizione) (*gen.*), einschlägig, geltend.
applicabilità (utilizzabilità, idoneità) (*gen.*), Gebrauchseignung (*f.*). 2 ~ (impiegabilità, di un processo) (*tecnol.*), Verwendbarkeit (*f.*).
applicare (montare) (*mecc. - ecc.*), anbringen, anmontieren. 2 ~ (una forza p. es.) (*mecc.*), aufbringen. 3 ~ (il freno) (*aut.*), anziehen. 4 ~ (una tensione p. es.) (*elett.*), anlegen. 5 ~ (la vernice) (*vn.*), auftragen. 6 ~ (montare, in circuiti integrati p. es.) (*elettronica*), bestücken. 7 ~ (un cerotto su una ferita p. es.) (*gen.*), auflegen. 8 ~ **di fusione** (*fond.*), angiessen. 9 ~ **la placchetta** (di carburi) (*ut.*), bestücken. 10 ~ **le colate** (*fond.*), anschneiden. 11 ~ **le diciture** (su un disegno p. es.) (*dis. - ecc.*), beschriften. 12 ~ **le ganasce** («steccare», applicare le stecche alle rotaie) (*ferr.*), verlaschen. 13 ~ **le iscrizioni** (su un disegno p. es.) (*dis. - ecc.*), beschriften. 14 ~ **l'emulsione** (*fot.*), beschichten. 15 ~ **le stecche** («steccare», applicare le ganasce alle rotaie) (*ferr.*), verlaschen. kitten. 17 ~ **mediante colata** (*fond.*), angiessen, übergiessen. 18 ~ **mediante saldatura** (*mecc.*), zuschweissen. 19 ~ **un'altra mano** (dello stesso colore) (*vn.*), überfärben. 20 ~ **vetri** (invetriare) (*ed. - ecc.*), verglasen, mit Glas versehen.
applicato (montato su un complesso) (*gen.*), Anbau... 2 ~ (scienza p. es.) (*fis. - ecc.*), angewandt. 3 ~ (montato) (*mecc. - ecc.*), angebracht. 4 ~ (tensione p. es.) (*elett.*), angelegt. 5 **lampeggiatore** ~ (*aut.*), Anbaublinkleuchte (*f.*).
applicazione (impiego) (*gen.*), Verwendung (*f.*), Anwendung (*f.*). 2 ~ (di una forza p. es.) (*mecc.*), Aufbringen (*n.*). 3 ~ (di vernici) (*vn.*), Auftragen (*n.*). 4 ~ (dei freni) (*aut. - ecc.*), Anziehen (*n.*). 5 ~ (pezzo applicato) (*gen.*), Anbau (*m.*). 6 ~ (nella valutazione del grado di rendimento) (*analisi tempi*), Anstrengung (*f.*). 7 ~ (della legge) (*leg.*), Anwendung (*f.*), Durchführung (*f.*). 8 ~ (pratica) (*gen.*), Nutzanwendung (*f.*). 9 ~ (montaggio, in circuiti integrati p. es.) (*elettronica*), Bestückung (*f.*). 10 ~ (nella teoria degli insiemi p. es.) (*mat.*), Abbildung (*f.*). 11 ~ (apposizione, di sigilli p. es.) (*gen.*), Anlegung (*f.*). 12 ~ **ad immersione dei sottofondi** (*vn.*), Tauchgrundierung (*f.*). 13 ~ **a spruzzo dei sottofondi** (*vn.*), Spritzgrundierung (*f.*). 14 ~ **brusca del carico** (carico impulsivo) (*macch. - elett.*), Stossbelastung (*f.*). 15 ~ **del battistrada** (ad una gomma) (*aut.*), Besohlung (*f.*). 16 ~ **del carico** (*tecnol.*), Lastaufgabe (*f.*), Belastung (*f.*). 17 ~ **del dispositivo di colata** (*fond.*), Anschnitttechnik (*f.*). 18 ~ **della legge** (*leg.*), Durchfürung des Gesetzes. 19 ~ **della placchetta** (di metallo duro, ad utensili) (*ut.*), Bestücken (*n.*). 20 ~ **delle colate** (alla forma) (*fond.*), Anschneiden

« applique »

(n.). 21 ~ delle colate e dei montanti (fond.), Anschnitttechnik (f.). 22 ~ delle diciture (su un disegno p. es.) (dis. - ecc.), Beschriftung (f.). 23 ~ delle ganasce (« steccatura », applicazione delle stecche, alle rotaie) (ferr.), Verlaschung (f.). 24 ~ delle iscrizioni (applicazione delle diciture p. es.) (dis. - ecc.), Beschriftung (f.). 25 ~ delle stecche (« steccatura », applicazione delle ganasce, alle rotaie) (ferr.), Verlaschung (f.). 26 ~ di fluosilicati (alla superficie di calcestruzzo) (ed.), Fluatieren (n.). 27 ~ di placchette di metallo duro (o di carburo metallico) (ut.), Hartmetallbestückung (f.). 28 ~ esterna (mecc. - ecc.), Anbau (m.). 29 ~ fissa (di un accessorio) (mecc. - ecc.), feste Anbringung. 30 ~ graduale del carico (sc. costr. - ecc.), allmähliche Belastung. 31 ~ graduale del carico (mot. - ecc.), allmähliche Belastung. 32 applicazioni incrociate (della vernice p. es.) (vn. - ecc.), Auftragen im Kreuzgang. 33 ~ pratica (gen.), praktische Anwendung. 34 campo di ~ (tecnol.), Verwendungsbereich (m.). 35 grado di ~ (lav. - analisi tempi), Anstrengungsgrad (m.). 36 legge per l'~ (leg.), Ausführungsgesetz (n.). 37 pronto per l'~ (pronto per il montaggio) (mecc. - ecc.), einbaufertig. 38 punto di ~ (di una forza) (mecc.), Angriffspunkt (m.).

« applique » (braccio a muro, apparecchio di illuminazione da parete) (illum.), Wandleuchte (f.).

appoggiabraccia (veic. - ecc.), Armlehne (f.). 2 ~ da portiera (bracciolo da portiera, di una autovettura) (aut.), Tür-Armlehne (f.).

appoggiare (di trave p. es.) (sc. costr.), aufliegen, lagern. 2 ~ (accostare) (gen.), anlehnen.

appoggiarsi (toccare la pista nell'atterraggio) (v. i. - aer.), aufsetzen.

appoggiatesta (poggiatesta, di un sedile p. es.) (veic.), Kopflehne (f.), Kopfstütze (f.).

appoggiato (di trave p. es.) (sc. costr.), aufliegend. 2 liberamente ~ (trave p. es.) (sc. costr.), frei aufliegend.

appoggio (di una trave) (sc. costr.), Stütze (f.), Lager (n.), Stützpunkt (m.), Auflager (m.). 2 ~ (sostegno) (mecc. - ecc.), Unterstützung (f.), Auflage (f.). 3 ~ (di un aer. all'atterraggio) (aer.), Aufsetzen (n.). 4 ~ a quattro rulli (di una trave) (ed.), Vierrollenlager (n.). 5 ~ a rulli (supporto a rulli) (ed.), Rollenlager (n.), Walzenlager (n.). 6 ~ del ponte (ed.), Brückenlager (n.). 7 ~ di cemento armato (d'un ponte) (ing. civ.), Betonlager (n.). 8 ~ di gomma (d'un ponte) (ing. civ.), Gummilager (n.). 9 ~ di piombo (d'un ponte) (ing. civ.), Bleilager (n.). 10 ~ fisso (d'un ponte) (ing. civ.), Festlager (n.). 11 ~ mobile (appoggio scorrevole, d'un ponte) (ing. civ.), bewegliches Lager. 12 ~ pendolare (d'un ponte) (ing. civ.), Pendellager (n.). 13 ~ per coltello (sede per coltello, di una bilancia p. es.) (strum.), Schneidpfanne (f.). 14 ~ scorrevole (appoggio mobile, d'un ponte) (ing. civ.), bewegliches Lager. 15 ~ sferico (d'un ponte) (ing. civ.), Kugellager (n.). 16 area di ~ (area di contatto, superficie di appoggio, tra pneumatico e suolo) (aut.), Latsch (m.), Aufstandfläche (f.). 17 cedimento dell'~ (sc. costr.), Stützensenkung (f.). 18 cilindro di ~ (nella colata continua) (fond.), Stützrolle (f.), Stützwalze (f.). 19 cilindro d'~ (lamin.), Stützwalze (f.). 20 distanza tra gli appoggi (sc. costr.), Spannweite (f.), Stützweite (f.), Auflagerentfernung (f.). 21 larghezza di ~ (d'un pneumatico) (aut.), Latschbreite (f.). 22 lunghezza di ~ (d'un pneumatico) (aut.), Latschlänge (f.). 23 momento all'~ (sc. costr.), Stützenmoment (n.), Stützmoment (n.). 24 piano di ~ (d'un utensile nel suo disp. di serraggio) (lav. macch. ut.), Auflageebene (f.). 25 punto di ~ (punto di contatto con il suolo durante l'atterraggio) (aer.), Aufsetzpunkt (m.). 26 punto di ~ (d'un servizio assistenza clienti) (aut. - ecc.), Stützpunkt (m.). 27 reazione dell'~ (sc. costr.), Stützendruck (m.), Auflagedruck (m.), Stützenwiderstand (m.), 28 rullo di ~ (trasp. - ecc.), Stützrolle (f.). 29 sella di ~ (per condotte forzate) (costr. idr.), Gleitlager (n.), Rohrsattel (f.). 30 superficie di ~ (sc. costr.) Stützfläche (f.). 31 superficie di ~ (di un pneumatico, sul suolo) (aut.), Aufstandfläche (f.). Latsch (m.). 32 superficie di ~ (della ralla d'un cuscinetto assiale) (macch.), Auflagefläche (f.). 33 superficie di ~ della ruota (veic.), Radaufstandfläche (f.).

appoppamento (nav. - aer.), Hecklastigkeit (f.), Achterlastigkeit (f.). 2 ~ (aer.), Schwanzlastigkeit (f.).

appoppato (nav. - aer.), hecklastig, achterlastig. 2 ~ (aer.), schwanzlastig. 3 ~ (nav.), steuerlastig.

apporto (materiale di apporto, nella saldatura) (tecnol. mecc.), Zusatzwerkstoff (m.). 2 filo di ~ (per saldatura) (tecnol. mecc.), Schweissdraht (m.), Zusatzdraht (m.). 3 metallo di ~ (elettrodo) (saldatura), Zusatzmetall (n.), Elektrodenmetall (n.).

apposizione (applicazione, di un sigillo p. es.) (gen.), Anlegung (f.).

appostamento (registrazione, dell'utensile) (lav. macch. ut.), Anstellung (f.), Einstellung (f.). 2 ~ dell'utensile (lav. macch. ut.), Werkzeuganstellung (f.). 3 ~ rapido (lav. macch. ut.), Schnellanstellung (f.). 4 angolo di ~ (angolo di registrazione, di un utensile) (lav. macch. ut.), Einstellwinkel (m.). 5 movimento di ~ (d'un pezzo p. es.) (mecc.), Stellbewegung (f.).

appratimento (ed.), Berasung (f.).

apprendissaggio (tirocinio, apprendistato) (lav.), Lehre (f.), Lehrzeit (f.).

apprendista (lav.), Lehrling (m.), Lehrjunge (m.). 2 ~ fabbro (lav.), Schmiedegeselle (m.), Schlossergeselle (m.). 3 ~ tipografo (lav.), Druckerlehrling (m.).

apprendistato (apprendissaggio, tirocinio) (lav.), Lehre (f.), Lehrzeit (f.). 2 finire l'~ (lav.), auslernen.

apprettare (dare l'appretto) (ind. tess. - chim.), appretieren. 2 ~ a spruzzo (ind. tess.), spritzen.

apprettatrice (macch. tess.), Appretierer (m.), Appreturmaschine (f.).

apprettatura (tess. - ecc.), Appretieren (n.),

Ausrüstung (f.), Appretur (f.). 2 ~ a spruzzo (ind. tess.), Spritzen (n.).
appretto (ind. tess. - chim.), Appreturmittel (n.). 2 ~ **addensante** (tess.), Appreturleim (m.). 3 ~ **caricante** (ind. chim.), Appreturkörper (m.). 4 ~ **murale** (vn.), Putzisolierung (f.). 5 **dare l'**~ (apprettare) (tess. - ecc.), appretieren. 6 **togliere l'**~ (togliere l'imbozzimatura) (ind. tess.), entschlichten.
approdare (nav.), landen, anlanden.
approdo (l'approdare) (nav.), Landung (f.). 2 ~ (luogo di approdo) (nav.), Landeplatz (m.).
approfondire (gen.), vertiefen.
approfondito (studio, esame, prova ecc.) (gen.), vertieft, eingehend.
approntamento (gen.), Bereitstellung (f.). Fertigstellung (f.). 2 ~ (allestimento) (mecc. - ecc.), Fertigmachen (n.), Ausrüsten (n.).
approntare (gen.), bereitstellen. 2 ~ (apparecchiare, allestire, con tutto il necessario) (mecc. - ecc.), ausrüsten, fertig machen.
appropriato (adatto, conforme) (gen.), sachgemäss, geeignet. 2 ~ (adatto allo scopo) (gen.), zweckmässig, zweckentsprechend. 3 **non** ~ (improprio) (mecc. - ecc.), unsachgemäss.
appropriazione (gen.), Aneignung (f.). 2 ~ **indebita** (leg.), widerrechtliche Aneignung.
approssimativo (gen.), annähernd.
approssimato (gen.), angenähert.
approssimazione (gen.), Näherung (f.), Approximation (f.). 2 ~ (mat.), Näherung (f.), Approximation (f.). 3 ~ **euristica** (mat. - ecc.), heuristische Näherung. 4 **grado di** ~ (mat. - ecc.), Annäherungsgrad (m.).
approvare (dis. - ecc.), genehmigen. 2 ~ (sanzionare, ratificare) (gen.), billigen.
approvato (accettato) (gen.), gebilligt. 2 ~ (un disegno p. es.) (gen.), genehmigt.
approvazione (benestare, autorizzazione) (gen.), Genehmigung (f.), Einwilligung (f.), Zustimmung (f.). 2 ~ (del bilancio) (finanz.), Feststellung (f.). 3 **disegno di** ~ (dis.), Genehmigungszeichnung (f.). 4 **sottoporre per l'**~ (gen.), zur Genehmigung vorlegen.
approvvigionamento (ind. - ecc.), Versorgung (f.). 2 ~ **dei materiali** (ind.), Materialbeschaffung (f.), Materialversorgung (f.). 3 ~ **delle materie prime** (ind.), Rohstoffversorgung (f.). 4 ~ **idrico** (idr.), Wasserversorgung (f.). 5 ~ **idrico di città** (approvvigionamento idrico urbano) (ing. civ.), Stadtwasserversorgung (f.).
approvvigionare (gen.), versorgen. 2 ~ (rifornire, il mercato) (comm.), beschicken.
appruamento (nav. - aer.), Kopflastigkeit (f.), Buglastigkeit (f.), Vorderlastigkeit (f.).
appruato (aer. - nav. - veic.), buglastig, bugschwer, vorderlastig, kopflastig.
appuntatrice (macch. ut.), Anfasmaschine (f.). 2 ~ -**arrotondatrice per viti** (macch. ut.), Bolzen-Anfas- und Ankuppmaschine (f.). 3 ~ **per barre** (macch. ut.), Stangenanfasmaschine (f.).
appuntire (gen.), spitzen, anspitzen.
appuntito (a punta, aguzzo) (gen.), spitz.

apriballe (macch.), Ballenbrecher (m.), Ballenöffner (m.).
apriceppi (cilindretto apriceppi, di un freno idraulico) (aut.), Radbremszylinder (m.).
aprilettere (ut. uff.), Brieföffner (m.).
apripista (« bulldozer ») (macch. mov. terra), Planierraupe (f.), Bulldozer (m.), Schürfraupe (f.). 2 ~ (nelle gare sciistiche) (sport), Vorfahrer (m.). 3 ~ **a lama angolabile** (« angledozer », apripista angolabile) (macch. mov. terra), Planierraupe mit Winkelschild, Angledozer (m.).
apriporte (app. - ed. - veic.), Türöffner (m.). 2 ~ **elettromagnetico** (app. ed. - veic.), elektromagnetischer Türöffner. 3 ~ **pneumatico** (app. - veic.), pneumatischer Türöffner.
aprire (gen.), öffnen. 2 ~ (interrompere, un circuito) (elett.), abschalten, ausschalten, öffnen. 3 ~ (una miniera p. es.) (min.), eröffnen, verfahren. 4 ~ (un conto in banca p. es.) (finanz.), eröffnen. 5 ~ (un rubinetto p. es.) (tubaz. - ecc.), aufdrehen, öffnen. 6 ~ (un ponte girevole) (costr. di ponti), aufdrehen. 7 ~ (una via, strada) (costr. strad.), durchbrechen. 8 ~ (la forma p. es.) (fond. - ecc.), losbrechen. 9 ~ (un coperchio a cerniera, la « capote » p. es.) (gen.), aufklappen. 10 ~ **il catenaccio** (gen.), aufriegeln. 11 ~ **il finestrino** (abbassare il finestrino) (aut.), das Fenster aufmachen. 12 ~ **il gas** (« dare gas », accelerare) (mot.), Gas geben. 13 ~ **il paracadute** (aer.), den Fallschirm öffnen. 14 ~ **in dissolvenza** (cinem.), einblenden, aufblenden. 15 ~ **un conto** (finanz.), ein Konto anlegen.
apriscatole (ut.), Dosenöffner (m.), Büchsenöffner (m.).
apritoio (macch. tess.), Öffner (m.), Reisstrommel (f.). 2 ~ (apritoio orizzontale, porcospino, tamburo a denti) (macch. tess.), Igel (m.). 3 ~ **per lana** (macch. tess.), Wollreisser (m.), Wollbrecher (m.). 4 **cilindro** ~ (di una carda) (macch. tess.), Einziehwalze (f.). 5 **lupo** ~ (macch. tess.), Reisswolf (m.), Wolf (m.).
APT (utensile programmato automaticamente, linguaggio per macch. ut. a c/n; sigla da « Automatically Programmed Tool ») (macch. ut.), APT.
« aquaplaning » (condizione in cui il pneumatico si solleva dalla superficie stradale e viene sorretto dall'acqua) (aut.), « Aquaplaning » (n.).
aquario (astr.), Wassermann (m.), Aquarius (m.).
ara (100 m^2) (mis.), Ar (n.).
aragonite ($CaCO_3$) (min.), Aragonit (m.).
araldite (resina sintetica) (elett. - ecc.), Araldit (n.).
arancio (agric.), Apfelsine (f.).
arare (agric.), pflügen.
arativo (terreno arativo) (s. - agric.), Ackerland (n.).
aratro (macch. agric.), Pflug (m.). 2 ~ **a dischi** (macch. agric.), Scheibenpflug (m.). 3 ~ **bivomere** (macch. agric.), Zweifurchenpflug (m.). 4 ~ **da rimorchio** (macch. agric.), Schlepperpflug (m.). 5 ~ **doppio** (macch. agric.), Kehrpflug (m.), Wendepflug (m.).

aratura

6 ~ **monovomere** (*macch. agric.*), Einscharpflug (*m.*). 7 ~ **polivomere** (*macch. agric.*), Mehrscharpflug (*m.*). 8 ~ **ripuntatore** (aratro talpa) (*macch. agric.*), Unterpflug (*m.*). 9 ~ **su ruote** (*macch. agric.*), Stockpflug (*m.*), Räderpflug (*m.*). 10 ~ **talpa** (aratro ripuntatore) (*macch. agric.*), Unterpflug (*m.*).

aratura (*agric.*), Pflügen (*n.*).
arbitrale (*leg.*), schiedsgerichtlich. 2 **collegio** ~ (commissione arbitrale) (*leg.*), Schiedsausschuss (*m.*), Schiedsgericht (*n.*).
arbitrario (*gen.*), willkürlich, beliebig.
arbitrato (*leg.*), Schiedsverfahren (*n.*). 2 **convenzione di** ~ (compromesso) (*leg.*), Schiedsabkommen (*n.*). 3 **corte di** ~ (*leg. - comm.*), Schiedsgerichtshof (*m.*). 4 **ufficio d'**~ (*leg.*), Schiedsstelle (*f.*).
arbitro (giudice di pace) (*leg.*), Schiedsrichter (*m.*), Friedenrichter (*m.*). 2 ~ (di calcio p. es.) (*sport*), Schiedsrichter (*m.*). 3 **terzo** ~ (*leg.*), Schiedsobmann (*m.*), Obmann (*m.*).
arbusto (legno), Reisig (*n.*). 2 **arbusti per fascine** (*costr. idr.*), Reisig (*n.*).
arcareccio (terzere) (*ed.*), Pfette (*f.*), Fette (*f.*), Dachpfette (*f.*).
arcata (struttura ad arco) (*arch.*), Arkade (*f.*). 2 ~ (arco) (*ed. - costr. di ponti*), Bogen (*m.*). 3 ~ (filo nel telaio Jacquard) (*ind. tess.*), Harnischschnur (*f.*). 4 ~ **cieca** (o finta) (*arch.*), Blendarkade (*f.*). 5 ~ **del ponte** (*arch.*), Brückenbogen (*m.*). 6 ~ **finta** (o cieca) (*arch.*), Blendarkade (*f.*).
archeologia (*scienza*), Altertumskunde (*f.*).
archetto (arco, telaio, di una sega p. es.) (*ut. - ecc.*), Bügel (*m.*). 2 ~ **di presa** (di una presa di corrente a pantografo p. es.) (*veic. elett.*), Schleifbügel (*m.*). 3 ~ **per presa di corrente** (*veic. elett.*), Stromabnehmerbügel (*m.*). 4 **presa di corrente ad** ~ (*veic. elett.*), Bügelstromabnehmer (*m.*). 5 **sega ad** ~ (*ut.*), Bügelsäge (*f.*).
architetto (*arch.*), Architekt (*m.*).
architettura (*arch.*), Baukunst (*f.*), Architektur (*f.*). 2 ~ **interna** (decorazione interna, arredamento) (*arch.*), Innenarchitektur (*f.*), Raumkunst (*f.*). 3 ~ **militare** (*ed. - milit.*), Befestigungskunst (*f.*).
architrave (di trabeazione) (*arch.*), Architrav (*f.*). 2 ~ elemento che delimita superiormente un'apertura p. es.) (*ed.*), Sturz (*m.*). 3 ~ **di finestra** (*ed.*), Fenstersturz (*m.*). 4 ~ **di porta** (*ed.*), Türsturz (*m.*). 5 ~ **in cemento armato** (*ed.*), Stahlbetonsturz (*m.*).
archiviare (*uff. - calc.*), ablegen.
archiviazione (di documenti) (*uff.*), Registrierung (*f.*).
archivio (*uff.*), Archiv (*n.*), Aktenablage (*f.*). 2 ~ (*calc.*), Kartei (*f.*). 3 ~ **ad estrazione** (*elab. dati*), Ziehkartei (*f.*). 4 ~ **dati** (*elab. dati*), Datei (*f.*). 5 ~ **disegni** (*dis. - ind.*), Zeichnungsarchiv (*n.*). 6 ~ **fotografico** (fototeca) (*fot.*), Bildarchiv (*b.*). 7 ~ **generale** (*ind. - ecc.*), Zentralkartei (*f.*), Zentralarchiv (*n.*). 8 ~ **su nastro** (dati memorizzati su nastro) (*elab. dati*), Banddatei (*f.*). 9 **armadio per** ~ (*uff.*), Registraturschrank (*m.*).
archivista (*lav.*), Archivar (*m.*).
archivolto (faccia dell'arco) (*arch.*), Archivolte (*f.*).
arcipelago (*geogr.*), Inselgruppe (*f.*), Archipel (*m.*).
arco (*geom.*), Bogen (*m.*). 2 ~ (*arch.*), Bogen (*m.*). 3 ~ (arco voltaico) (*elett.*), Bogen (*m.*), Lichtbogen (*m.*). 4 ~ (archetto, telaio, di una sega p. es.) (*ut. - ecc.*), Bügel (*m.*). 5 ~ **acuto** (*arch.*), Spitzbogen (*m.*). 6 ~ **a due centri** (arco ribassato) (*arch.*), Korbbogen (*m.*). 7 ~ **a due cerniere** (*arch.*), Zweigelenkbogen (*m.*). 8 ~ **a ferro di cavallo** (*arch.*), Hufeisenbogen (*m.*). 9 ~ **a pieno centro** (a tutto sesto) (*arch.*), Rundbogen (*m.*). 10 ~ **a traliccio** (arco reticolare) (*arch.*), Fachwerkbogen (*m.*). 11 ~ **a tre cerniere** (*arch.*), Dreigelenkbogen (*m.*). 12 ~ **a tre lobi** (*arch.*), Dreipassbogen (*m.*). 13 ~ **a tutto sesto** (a pieno centro) (*arch.*), Rundbogen (*m.*). 14 ~ **caldo** (dello statore d'un motore Wankel) (*mot.*), heisser Bogen. 15 ~ **circolare** (*geom.*), Kreisbogen (*m.*). 16 ~ **d'azione** (di un ingranaggio) (*mecc.*), Eingriffslänge (*f.*). 17 ~ **di accesso** (di ingranaggi, arco di avvicinamento) (*mecc.*), Kopfflanken-Eingriffslänge (*f.*), Zugangs-Eingriffslänge (*f.*). 18 ~ **di allontanamento** (arco di recesso, di ingranaggi) (*mecc.*), Fussflanken-Eingriffslänge (*f.*). 19 ~ **di apertura** (*elett.*), Abreissbogen (*m.*). 20 ~ **di arricciatura** (delle fibre di lana) (*ind. tess.*), Kräuselungsbogen (*m.*). 21 ~ **di avvicinamento** (arco di accesso, di ingranaggi) (*mecc.*), vedi arco di accesso. 22 ~ **di avvicinamento** (di una camma p. es.) (*mecc.*), Anlaufbogen (*m.*). 23 ~ **di azione** (lunghezza di azione, di ingranaggi) (*mecc.*). Eingriffslänge (*f.*). 24 ~ **di cerchio** (*geom.*), Kreisbogen (*m.*). 25 ~ **di chiusura** (angolo di chiusura, dello spinterogeno) (*mot. - elett.*), Schliessweite (*f.*). 26 ~ **di mattoni** (*ed.*), Mauerwerkbogen (*m.*). 27 ~ **di raccordo** (*gen.*), Übergangsbogen (*m.*). 28 ~ **di recesso** (arco di allontanamento, di ingranaggi) (*mecc.*), Fussflanken-Eingriffslänge (*f.*). 29 ~ **di rimbalzo** (dei contatti) (*elett.*), Prellichtbogen (*m.*). 30 ~ **di rinforzo** (*ed.*), Wandbogen (*m.*), Gurtbogen (*m.*). 31 ~ **di ritorno** (*elett.*), Rückzündung (*f.*). 32 ~ **di rottura** (arco di apertura) (*elett.*), Abschaltlichtbogen (*m.*), Abreissbogen (*m.*). 33 ~ **di scarico** (*ed.*), Entlastungsbogen (*m.*), Verspannungsbogen (*m.*). 34 ~ **di uscita** (d'una camma) (*mecc.*), Auslaufbogen (*m.*). 35 ~ **elettrico** (*elett.*), elektrischer Lichtbogen. 36 ~ **ellittico** (*arch.*), elliptischer Bogen. 37 ~ **fiammeggiante** (*arch.*), Kielbogen (*m.*), Karniesbogen (*m.*). 38 ~ **finto** (*ed.*), Scheingewölbe (*n.*). 39 ~ **freddo** (dello statore d'un motore Wankel) (*mot.*), kalter Bogen. 40 ~ **frontale** (*ed.*), Stirnbogen (*m.*). 41 ~ **gotico** (*arch.*), gotischer Bogen, Spitzbogen (*m.*). 42 ~ **graduato** (*strum.*), Bogenskala (*f.*), Skalenbogen (*m.*). 43 ~ **incastrato** (*arch. - sc. costr.*), eingespannter Bogen. 44 ~ **in conci** (arco in pietra da taglio) (*arch.*), Werksteinbogen (*m.*). 45 ~ **ogivale** (*arch.*), Eselsrückenbogen (*m.*), Karniesbogen (*m.*), Kielbogen (*m.*). 46 ~ **parabolico** (*arch.*), Parabelbogen (*m.*). 47 ~ **parabolico** (*geom.*), Parabelbogen (*m.*). 48 ~ **polare** (*elett.*),

Polbogen (*m.*). **49 ~ Poulsen** (*elett.*), Poulsenlichtbogen (*m.*). **50 ~ rampante** (*arch.*), Schwibbogen (*m.*), Strebebogen (*m.*). **51 ~ reticolare** (arco a traliccio) (*arch.*), Fachwerkbogen (*m.*). **52 ~ ribassato** (*arch.*), Flachbogen (*m.*), Stichbogen (*m.*). **53 ~ ribassato** (arco a due centri) (*arch.*), Korbbogen (*m.*). **54 ~ rovescio** (*ed.*), Grundbogen (*m.*), Gegenbogen (*m.*), Erdbogen (*m.*). **55 ~ senza cerniere** (arco incastrato) (*sc. costr.*), eingespannter Bogen. **56 ~ tra i contatti** (d'un interruttore) (*elett.*), Schaltlichtbogen (*m.*). **57 ~ Tudor** (*arch.*), Tudorbogen (*m.*). **58 ~ voltaico** (*elett.*), Lichtbogen (*m.*). **59 accensione per ~** (di raddrizzatori) (*elett.*), Spritzzündung (*f.*). **60 ad ~** (*gen.*), bogenförmig. **61 ad ~** (*ed.*), gewölbt. **62 caduta d'~** (*elett.*), Lichtbogenabfall (*m.*). **63 chiave dell'~** (*arch.*), Bogenscheitel (*m.*). **64 contatto d'~** (*elett.*), Abreiss-schaltstück (*n.*). **65 difetto da innesco d'~** (difetto-saldatura), Lichtbogenzündstelle (*f.*). **66 durata d'~** (d'un interruttore o fusibile) (*elett.*), Lichtbogendauer (*f.*), Löschdauer (*f.*), Löschzeit (*f.*). **67 estinzione dell'~** (*elett.*), Lichtbogenlöschung (*f.*). **68 finestra ad ~** (*arch.*), Bogenfenster (*n.*). **69 formazione di ~** (*elett.*), Bogenbildung (*f.*). **70 formazione d'~ tra elettrodi** (scarica tra elettrodi) (*elett.*), Elektrodenüberschlag (*m.*). **71 freccia dell'~** (*geom.*), Bogenhöhe (*f.*), Bogengipfel (*m.*). **72 freccia dell'~** (*arch.*), Bogenstich (*m.*). **73 grado di ~** (misura angolare) (*mis. - geom.*), Bogengrad (*m.*). **74 imposta dell'~** (*arch.*), Bogenkämpfer (*m.*). **75 lampada ad ~** (*elett.*), Bogenlampe (*f.*). **76 luce dell'~** (*arch.*), Bogenspannweite (*f.*). **77 metallizzazione ad ~** (*tecnol. mecc.*), Lichtbogenspritzen (*n.*). **78 minuto di ~** (misura angolare) (*geom.*), Bogenminute (*f.*). **79 monta dell'~** (freccia dell'arco) (*arch.*), Bogenstich (*m.*). **80 raddrizzatore ad ~** (*elett.*), Lichtbogengleichrichter (*m.*). **81 rapporto arco/raggio** (misura dell'angolo piano) (*geom.*), Bogenmass (*n.*). **82 resistenza alla formazione d'~** (di materiali isolanti) (*elett.*), Lichtbogenfestigkeit (*f.*), Lichtbogensicherheit (*f.*). **83 secondo di ~** (misura angolare) (*geom.*), Bogensekunde (*f.*). **84 soppressione di ~** (*elett.*), Lichtbogenunterdrückung (*f.*). **85 trasmettitore ad ~** (*elettronica*), Lichtbogensender (*m.*).
arcobaleno (*meteor.*), Regenbogen (*m.*).
arcocosecante (*mat.*), Arkuscosecans (*m.*), arc cosec.
arcocoseno (*mat.*), Arkuskosinus (*m.*), arc cos.
arcocotangente (*mat.*), Arkuskotangens (*m.*), arc cot, arc ctg.
arcoseno (*mat.*), Arkussinus (*m.*), arc sin.
arcotangente (*mat.*), Arkustangens (*m.*), arc tg.
arcuato (*gen.*), bogenförmig, gebogen, gekrümmt.
ardesia (argilloscisto) (*min.*), Schiefer (*m.*). 2 lastra di ~ (*ed.*), Schieferplatte (*f.*).
area (superficie) (*geom.*), Flächeninhalt (*m.*). 2 ~ coperta (superficie coperta, di uno stabilimento p. es.) (*ind. - ed.*), bebaute Fläche, überbaute Fläche. 3 ~ copribile (d'un terreno) (*ed.*), Gebäudefläche (*f.*). 4 ~ del disco (di una elica) (*aer.*), Schraubenkreisfläche (*f.*). 5 ~ del dollaro (*finanz.*), Dollarwährungsgebiet (*n.*), Dollarzone (*f.*). 6 ~ del terreno (di uno stabilimento p. es.) (*ind.*), Bodenfläche (*f.*). 7 ~ di alta pressione (anticiclone) (*meteor.*), Hoch (*n.*), Hochdruckgebiet (*n.*), Antizyklone (*f.*). 8 ~ di appoggio (area di contatto, superficie di appoggio, tra pneumatico e suolo) (*aut.*), Aufstandfläche (*f.*), Latsch (*m.*). 9 ~ di cortile (area non copribile, d'un terreno) (*ed.*), Hoffläche (*f.*). 10 ~ di parcheggio (*aut.*), Parkfläche (*f.*). 11 ~ disco (di una elica) (*aer.*), Schraubenkreisfläche (*f.*). 12 ~ di stazionamento (di un aeroporto) (*aer.*), Abstellplatz (*m.*). 13 ~ edificabile (area fabbricabile) (*ed.*), Baufläche (*f.*) 14 ~ edificabile (zona edificabile) (*ed.*), Bauzone (*f.*). 15 ~ fabbricabile (area edificabile) (*ed.*), Baufläche (*f.*). 16 ~ non coperta (area scoperta) (*ind. - ed.*), unbebautes Grundstück, unbebaute Fläche. 17 ~ non copribile (area di cortile, d'un terreno) (*ed.*), Hoffläche (*f.*). 18 ~ occupata dallo stabilimento (*ind.*), Werkgelände (*n.*). 19 ~ per giochi (di bambini) (*ed.*), Spielplatz (*m.*), Spielfläche (*f.*). 20 ~ scoperta (area non coperta) (*ind. - ed.*), unbebautes Grundstück, unbebaute Fläche. 21 ~ (scoperta) per esposizioni (*comm.*), Messgelände (*n.*), Ausstellungsgelände (*n.*). 22 ~ sviluppata (superficie sviluppata, di uno stabilimento) (*ind. - ed.*), belegte Fläche.
arena (rena, sabbia) (*geol.*), Sand (*m.*).
arenamento (incagliamento) (*nav.*), Strandung (*f.*).
arenaria (*geol.*), Sandstein (*m.*). 2 ~ del cretaceo superiore (*geol.*), Quadersandstein (*m.*).
arenarsi (incagliarsi) (*nav.*), stranden.
arenile (*geogr.*), Sandstreifen (*m.*). 2 ~ di marea (*geogr.*), Watt (*n.*).
areografo (*app. - tecnol.*), vedi aerografo.
areometro (densimetro) (*strum.*), Senkwaage (*f.*), Aräometer (*n.*).
argano (*app. di sollev.*), stehende Winde, Spill (*n.*). 2 ~ dell'àncora (*nav.*), Ankerspill (*n.*). 3 cabina degli argani (*ind.*), Windenhaus (*n.*). 4 testa d'~ (*app. di sollev.*), Spillkopf (*m.*).
argentana (alpacca, argentone) (*lega*), Argentan (*n.*), Neusilber (*n.*), Alpakka (*n.*). 2 ~ per compassi (argentana tedesca; 60% Cu, 10% Ni, 28,5% Zn, 1,5% Pb) (*lega*), Zirkel-Neusilber (*n.*). 3 ~ tedesca (argentana per compassi; 60% Cu, 10% Ni, 28,5% Zn, 1,5% Pb) (*lega*), Zirkel-Neusilber (*n.*).
argentare (*metall. - elettrochim.*), versilbern. 2 ~ (uno specchio) (*tecnol.*), verspiegeln.
argentatura (*metall. - elettrochim.*), Versilberung (*f.*). 2 ~ a fuoco (*metall.*), Feuerversilberung (*f.*). 3 ~ galvanica (argentatura elettrochimica) (*elettrochim.*), galvanische Versilberung.
argenteria (*metall.*), Silberwaren (*f. pl.*).
argentiere (*lav.*), Silberarbeiter (*m.*).
argentifero (*metall.*), silberhaltig.
argentite (Ag_3S) (*min.*), Silberglanz (*m.*), Argentit (*m.*), Akanthit (*m.*).
argento (Ag - *chim.*), Silber (*n.*). 2 ~ al rame (circa 60% Cu, resto Ag) (*lega*), Viertelsilber

argentone (n.). 3 ~ **grezzo** (*metall.*), Blicksilber (n.). 4 **cloruro di** ~ (*chim.*), Silberchlorid (n.). 5 **purificazione all'**~ (per conservazione p. es.) (*ind.*), Silberung (f.).

argentone (alpacca, argentana) (*lega*), Neusilber (n.), Argentan (n.), Alpakka (n.).

argilla (sedimento plastico) (*geol.*), Ton (m.), Pelit (m.). 2 ~ **comune** (terra argillosa, per la fabbricazione di tegole, mattoni, ecc.) (*geol. - ed.*), Lehm (m.). 3 ~ **da formatore** (terra grassa, terra verde, da fonderia) (*fond.*), fetter Formsand, Lehm (m.), Formlehm (m.). 4 ~ **da modellatore** (*arte - ecc.*), Modellierton (m.). 5 ~ **grassa** (*geol.*), fetter Ton. 6 ~ **magra** (*geol.*), magerer Ton. 7 ~ **grossa** (frazione con granuli da 0,002 mm max.) (*ed.*), Rohton (m.). 8 ~ **leggera** (da costruzione, con inerti leggeri) (*ed.*), Leichtlehm (m.). 9 ~ **marnosa** (*ing. civ. - geol.*), Mergelton (m.). 10 ~ **refrattaria** (terra refrattaria) (*min.*), Feuerton (m.), feuerfester Ton. 11 ~ **refrattaria** («chamotte») (*ceramica*), Schamotte (f.). 12 ~ **schistosa** (*geol.*), Schieferton (m.). 13 ~ **smettica** (terra da follone) (*ind. tess.*), Walkerde (f.). 14 ~ **umida** (impasto umido) (*ceramica*), Schlicker (m.), feuchte Tonmasse.

argilloide (d'una sabbia per formatura) (*fond.*), Schlämmstoff (m.).

argilloscisto (*geol.*), Tonschiefer (m.).

argilloso (*geol.*), tonartig, tonig.

arginare (circondare con argine) (*ed. - costr. idr.*), eindämmen, verdämmen, dämmen, bedeichen.

arginatura (*costr. idr.*), Eindämmung (f.), Abdämmung (f.). 2 ~ **con sacchetti di sabbia** (*costr. idr.*), Sandsackabdämmung (f.), Sandsackabsperrung (f.).

argine (*costr. idr.*), Deich (m.), Damm (m.). 2 ~ **abbandonato** (argine dormiente) (*costr. idr.*), Schlafdeich (m.). 3 ~ **anulare** (*costr. idr.*), Ringdeich (m.). 4 ~ **ausiliario arretrato** (che sostituisce un argine principale molto danneggiato) (*costr. idr.*), Einlagedeich (m.). 5 ~ **circondario** (*costr. idr.*), Rindgeich (m.). 6 ~ **di contenimento** (tura) (*costr. idr.*), Fangdamm (m.). 7 ~ **di fascine** (*costr. idr.*), Faschinendamm (m.). 8 ~ **dormiente** (argine abbandonato) (*costr. idr.*), Schlafdeich (m.). 9 ~ **esterno** (*costr. idr.*), Vordeich (m.). 10 ~ **estivo** (argine per livello estivo) (*costr. idr.*), Sommerdeich (m.). 11 ~ **fluviale** (*costr. idr.*), Flussdeich (m.). 12 ~ **golenale** (argine in golena) (*costr. idr.*), Aussendeich (m.). 13 ~ **in campagna** (*costr. idr.*), Binnendeich (m.). 14 ~ **in floldo** (argine in froldo) (*costr. idr.*), Gefahrdeich (m.), Schaardeich (m.). 15 ~ **in froldo** (argine in fioldo) (*costr. idr.*), Schaardeich (m.), Gefahrdeich (m.). 16 ~ **in golena** (argine golenale) (*costr. idr.*), Aussendeich (m.). 17 ~ **in pietrame** (*costr. idr.*), Steindamm (m.). 18 ~ **in terra** (*ed.*), Erddamm (m.). 19 ~ **invernale** (argine per livello invernale) (*costr. idr.*), Winterdeich (m.). 20 ~ **laterale** (*costr. idr.*), Leitdeich (m.), Flügeldeich (m.). 21 ~ **maestro** (*costr. idr.*), Hauptdeich (m.). 22 ~ **per affluente** (*costr. idr.*), Rückstaudeich (m.). 23 ~ **per livello estivo** (argine estivo) (*costr. idr.*), Sommerdeich (m.). 24 ~ **per livello invernale** (argine invernale) (*costr. idr.*), Winterdeich (m.). 25 ~ **principale** (*costr. idr.*), Hochwasserdeich (m.). 26 **chiusa di** ~ (*costr. idr.*), Deichsiel (n.), Deichschleuse (f.). 27 **controllo dell'**~ **maestro** (previsto dalla legge) (*costr. idr.*), Deichschau (f.). 28 **polder protetto da** ~ **estivo** (*costr. idr.*), Sommerpolder (m.), Sommergroden (m.). 29 **rampa di accesso all'**~ (*idr.*), Deichrampe (f.). 30 **rottura dell'**~ (*costr. idr.*), Deichbruch (m.), Dammbruch (m.).

argo (gas inerte) (*A - chim.*), Argon (n.).

argomento (variabile indipendente di una funzione) (*mat.*), Argument (n.). 2 ~ (angolo al polo delle coordinate polari) (*mat.*), Argument (n.).

aria (*fis. - chim.*), Luft (f.). 2 ~ (tirata d'aria) (*fond.*), Luftspiess (m.). 3 ~ **ambiente** (*gen.*), Umgebungsluft (f.). 4 ~ **-aria** (comunicazione) (*aer. - radio*), Bord-Bord-... 5 ~ **-aria** (missile) (*milit.*), Luft-Luft-... 6 ~ **calda** (riscaldamento - ecc.), Heissluft (f.). 7 ~ **calma** (*meteor.*), ruhige Luft, stabile Luft. 8 ~ **compressa** (*fis. - ecc.*), Druckluft (f.), Pressluft (f.). 9 ~ **condizionata** (*ventilazione*), klimatisierte Luft. 10 ~ **di alimentazione** (di un impianto di ventilazione) (*ed. - ecc.*), Zuluft (f.). 11 ~ **di avviamento** (di un carburatore) (*mot.*), Startluft (f.). 12 ~ **d'infiltrazione** (che penetra in un focolare) (*comb.*), Falschluft (f.). 13 ~ **di lavaggio** (*mot. Diesel*), Spülluft (f.). 14 ~ **di raffreddamento** (*mot. - aut.*), Kühlluft (f.). 15 ~ **di reintegro** (aria esterna di reintegro, di un impianto di ventilazione) (*ed. - ecc.*), Aussenluft (f.), Frischluft (f.). 16 ~ **di smaltimento** (di un impianto di ventilazione) (*ed.*), Fortluft (f.). 17 ~ **esterna** (aria pura, per la ventilazione p. es.) (*ind.*), Frischluft (f.), Aussenluft (f.). 18 ~ **estratta** (uscita d'aria) (*ventilazione*), Abluft (f.). 19 ~ **immessa** (entrata aria) (*ventilazione*), Zuluft (f.). 20 ~ **liquida** (*fis.*), flüssige Luft. 21 ~ **per la combustione** (*comb. - mot.*), Verbrennungsluft (f.). 22 ~ **primaria** (*comb.*), Hauptluft (f.), Primärluft (f.). 23 ~ **pura** (aria esterna, per la ventilazione p. es.) (*ind.*), Frischluft (f.), Aussenluft (f.). 24 ~ **pura** (*min.*), Frischwetter (n.). 25 ~ **rarefatta** (*fis. - ecc.*), verdünnte Luft. 26 ~ **ricircolata** (di un impianto di ventilazione) (*ed. - ecc.*), Umluft (f.). 27 ~ **secondaria** (*comb.*), Sekundärluft (f.), Nebenluft (f.), Zweitluft (f.). 28 ~ **-terra** (comunicazione) (*radio - ecc.*), Bord-Boden-... 29 ~ **-terra** (missile) (*milit.*), Luft-Boden-... 30 ~ **tipo** (atmosfera tipo) (*geofis. - aer.*), Norm-Atmosphäre (f.). 31 ~ **tipo internazionale** (atmosfera tipo internazionale, 15 °C e 760 mm Hg) (*aer. - geofis.*), internationale Norm-Atmosphäre. 32 ~ **viziata** (*ventilazione*), verbrauchte Luft, Abluft (f.). 33 ~ **viziata** (*min.*), Abwetter (n.). 34 **ad** ~ **condizionata** (dotato di impianto di aria condizionata) (*ed. - ecc.*), klimatisiert. 35 **all'**~ **aperta** (non al chiuso) (*gen.*), im Freien. 36 **bagno d'**~ (*chim.*), Luftbad (n.). 37 **bobina in** ~ (*elett.*), Luftspule (f.). 38 **bombola di** ~ **compressa** (*ind.*), Druckluftflasche (f.). 39 **camera d'**~ (*aut. - ecc.*), Reifenschlauch (m.). 40 **centrale ad accumulo di** ~ (compressa) (*ind.*), Luftspeicher-Kraftwerk (n.). 41 chiudere l'~ (al carburatore) (*mot.*), drosseln. **42 coefficiente di resistenza dell'~** (coefficiente di resistenza all'avanzamento, di una autovettura p. es.) (*aut. - ecc.*), Luftwiderstandsbeiwert (*m.*). **43 comunicazione ~ -aria** (*aer. - radio*), Bord-zu-Bord-Verbindung (*f.*). **44 contattore in ~** (*elett.*), Luftschütz (*m.*). **45 corrente d'~** (*gen.*), Luftstrom (*m.*). **46 deumidificazione dell'~** (*metall. - ecc.*), Luftentfeuchtung (*f.*). **47 difetto d'~** (*comb.*), Luftmangel (*m.*). **48 eccesso d'~** (di un mot. a c. i. p. es.) (*c. i. - mot.*), Luftüberschuss (*m.*). **49 eliminazione dell'~** (da imballaggi p. es.) (*comm.*), Evakuiren (*n.*). **50 entrata ~** (nel condensatore p. es.) (*term. - ecc.*), Lufteinbruch (*m.*). **51 essiccante all'~** (*vn.*), lufttrocknend. **52 impianto dell'~ compressa** (*ind.*), Pressluftanlage (*f.*). **53 indice di eccesso d'~** (rapporto tra il peso di aria effettivamente esistente e quello occorrente per la combustione) (*mot.*), Verbrennungsluftverhältnis (*n.*). **54 indice di ricambio d'~** (*ventilazione*), Luftwechselzahl (*f.*), Luftleistung (*f.*). **55 più leggero dell'~** (*aer.*), leichter als Luft. **56 più pesante dell'~** (*aer.*), schwerer als Luft. **57 potenza assorbita dalla resistenza dell'~** (*veic.*), Luftwiderstandsleistung (*f.*). **58 preriscaldatore dell'~** (*cald. - ecc.*), Luftvorwärmer (*m.*). **59 presa d'~** (prima parte d'un reattore, osservando nella direzione del flusso) (*mot. a getto*), Einlauf (*m.*). **60 sacca d'~** (nella tubazione di mandata di pompe centrifughe p. es.) (*difetto - idr.*), Luftsack (*m.*). **61 segnale ~ -terra** (*radio - aer.*), Bord-zu-Boden-Signal (*n.*). **62 serbatoio dell'~** (per i freni) (*veic.*), Luftkessel (*m.*). **63 tirata d'~** (aria) (*fond.*), Luftspiess (*m.*).

arido (*agric.*), trocken.

ariete (*astr.*), Widder (*m.*). **2 ~ idraulico** (*macch. idr.*), hydraulischer Widder, Stossheber (*m.*). **3 colpo d'~** (*idr.*), Widderstoss (*m.*), Wasserschlag (*m.*).

arilchetone (*chim.*), Arylketon (*n.*).

aritmetica (*mat.*), Arithmetik (*f.*).

aritmetico (*mat.*), arithmetisch. **2 operazione aritmetica** (*mat.*), Rechenoperation (*f.*). **3 progressione aritmetica** (*mat.*), arithmetische Reihe.

aritmico (*gen.*), arhythmisch. **2 apparato ~** (*telegr.*), Geh-Steh-Apparat (*m.*), Start-Stop-Apparat (*m.*).

arma (*gen.*), Waffe (*f.*). **2 ~ a retrocarica** (*arma da fuoco*), Hinterlader (*m.*). **3 ~ atomica** (*fis. atom.*), Atomwaffe (*f.*). **4 armi atomiche, biologiche e chimiche** (*milit.*), ABC-Waffen (*f. pl.*), atomische, biologische und chemische Waffen. **5 ~ automatica** (*arma da fuoco*), Maschinenwaffe (*f.*), automatische Waffe. **6 ~ da fuoco** (*milit. - ecc.*), Feuerwaffe (*f.*). **7 ~ da fuoco portatile** (*milit. - ecc.*), Handfeuerwaffe (*f.*). **8 armi teleguidate** (telearmi guidate) (*milit.*), Fernlenkwaffen (*f. pl.*).

armadietto (di una macch. ut. p. es.) (*macch.*), Schrank (*m.*). **2 ~ (per spogliatoio)** (*ind.*), Kleiderschrank (*m.*), Spind (*n.*). **3 ~ da spogliatoio** (per officina od ufficio) (*ind.*), Kleiderschrank (*m.*). **4 ~ da spogliatoio in acciaio** (del personale) (*ind.*), Belegschafts-Stahl-Kleiderschrank (*m.*). **5 ~ metallico** (*mobile*), Blechschrank (*m.*). **6 ~ per utensili** (*ut.*), Werkzeugschrank (*m.*).

armadio (*gen.*), Schrank (*m.*). **2 ~ a muro** (*ed.*), Wandschrank (*m.*). **3 ~ con (chiusura) avvolgibile** (*mobili*), Rolladenschrank (*m.*). **4 ~ condizionatore** (condizionatore dell'aria autonomo) (*app. ed.*), Klimaschrank (*m.*), Klimatisierungsgerät (*n.*). **5 ~ da laboratorio** (chimico, per app. ecc.) (*app.*), Laborschrank (*m.*). **6 ~ metallico** (armadietto metallico) (*mobile*), Blechschrank (*m.*). **7 ~ metallico per utensili** (*app.*), eiserner Werkzeugschrank (*m.*). **8 ~ per archivio** (*uff.*), Registraturschrank (*m.*). **9 ~ per pratiche** (*uff.*), Aktenschrank (*m.*). **10 ~ per utensili** (*ut.*), Werkzeugschrank (*m.*). **11 baule ~** (*trasp.*), Schrankkoffer (*m.*). **12 quadro ad ~** (*elett.*), Schrank (*m.*). **13 quadro di comando ad ~** (*elett. - ecc.*), Steuerschrank (*m.*). **14 quadro elettrico ad ~** (*elett.*), Elektroschaltschrank (*m.*).

armaiolo (*lav.*), Waffenschmied (*m.*).

armamentista (*lav. - ferr.*), Oberbauer (*m.*).

armamento (*gen.*), Bewehrung (*f.*). **2 ~ (traversine e rotaie)** (*ferr.*), Gleis (*n.*). **3 ~ (di gallerie, ecc.)** (*min. - ing. civ.*), Ausbau (*m.*). **4 ~ (di gallerie, ecc., in legno)** (*min. - ing. civ.*), Zimmerung (*f.*), Holzausbau (*m.*). **5 ~ (disposizione, di conduttori)** (*telef.*), Gruppierung (*f.*). **6 ~ leggero** (*min.*), Rüstung (*f.*). **7 ~** (*milit.*), Rüstung (*f.*). **8 ~ della miniera** (*min.*), Grubenausbau (*m.*). **9 ~ del tetto** (di una galleria) (*min.*), Kappe (*f.*), Strebkappe. **10 ~ di galleria** (*min. - ing. civ.*), Tunnelausbau (*m.*). **11 ~ di galleria** (in legno) (*ing. civ.*), Tunnelzimmerung (*f.*). **12 ~ e ballast** (armamento e massicciata, sovrastruttura) (*ferr.*), Oberbau (*m.*), Eisenbahnoberbau (*m.*). **13 ~ in legno per miniera** (*min.*), Grubenzimmerung (*f.*). **14 ~ per anime** (armatura per anime) (*fond.*), Kerneisen (*n.*). **15 addetto all'~** (di galleria) (*lav. min.*), Zimmerling (*m.*). **16 materiale minuto di ~** (piastre ed attacchi delle rotaie alle traversine) (*ferr.*), Kleineisen (*n.*). **17 quadro di ~ del pozzo** (*min.*), Schachtgeviert (*n.*). **18 quadro di ~ con gamba a K** (*min.*), K-Bau (*m.*). **19 ricupero di materiale d'~** (*min.*), Rauben (*n.*).

armare (*gen.*), bewehren. **2 ~** (una galleria p. es.) (*min. - ing. civ.*), zimmern, auszimmern. **3 ~** (il calcestruzzo) (*c. a. - ed.*), bewehren, armieren. **4 ~** (con armatura di servizio) (*ed.*), einrüsten. **5 ~** (montare le casseforme) (*ed.*), einschalen. **6 ~** (cavi) (*elett. - tubaz.*), bewehren, armieren. **7 ~** (cavi, tubi flessibili, con nastro di acciaio p. es.) (*elett.*), panzern, bandagieren. **8 ~** (una nave) (*nav.*), bemannen. **9 ~** (*milit.*), rüsten. **10 ~** (il cane di un fucile p. es.) (*arma da fuoco*), spannen. **11 macchina per ~** (p. cavi) (*macch.*) Bewehrungsmaschine (*f.*).

armato (*gen.*), bewehrt. **2 ~** (calcestruzzo) (*c. a.*), bewehrt, armiert. **3 ~** (cavo) (*elett.*), armiert, bewehrt. **4 ~ con fibra di vetro** (materia plastica, per carrozzerie p. es.) (*ind. chim.*), glasfaserverstärkt. **5 non ~** (*gen.*), nicht bewehrt, unbewehrt.

armatore (proprietario o noleggiatore di navi) (*nav.*), Schiffseigner (*m.*), Schiffseigentümer (*m.*), Reeder (*m.*). 2 ~ (*lav. - ferr.*), Gleisleger (*m.*).
armatura (*gen.*), Bewehrung (*f.*). 2 ~ (di servizio, opera di sostegno provvisorio di una costruzione) (*ed.*), Einrüstung (*f.*). 3 ~ (del cemento armato) (*c. a. - ed.*), Bewehrung (*f.*), Armierung (*f.*). 4 ~ (casseforme, per cemento armato) (*c. a. - ed.*), Schalung (*f.*). 5 ~ (di un cavo) (*elett.*), Bewehrung (*f.*), Panzerung (*f.*). 6 ~ (indotto, di una macch. elett.) (*elett.*), Anker (*m.*). 7 ~ (di un relè od elettromagnete) (*elett.*), Anker (*m.*). 8 ~ (àncora, di una valvola elettromagnetica p. es.) (*elett.*), Anker (*m.*). 9 ~ (di un condensatore) (*elett.*), Belag (*m.*). 10 ~ (ferro fra i due poli di un magnete) (*elett.*), Magnetanker (*m.*), Anker (*m.*). 11 ~ (di tubi flessibili, con nastro di acciaio) (*tubaz.*), Bandagierung (*f.*). 12 ~ (armamento, di una galleria) (*min. - ing. civ.*), Ausbau (*m.*), Zimmerung (*f.*). 13 ~ (ordine di intreccio dei fili di ordito con la trama) (*tess.*), Bindung (*f.*). 14 ~ **a nastro** (del cemento armato) (*ed. - ecc.*), Bandbewehrung (*f.*). 15 ~ **a nastro** (di un tubo di gomma p. es.) (*tubaz.*), Bandagierung (*f.*). 16 ~ **a nastro** (di un cavo) (*elett.*), Bandarmierung (*f.*). 17 ~ **a rete** (per calcestruzzo) (*c. a. - ed.*), Netzbewehrung (*f.*). 18 ~ **a spirale** (per calcestruzzo) (*c. a. - ed.*), Spiralbewehrung (*f.*). 19 ~ **a telai** (*min.*), Rahmenzimmerung (*f.*). 20 ~ **dell'altoforno** (*metall.*), Hochofengerüst (*n.*). 21 ~ **dell'anima** (lanterna) (*fond.*), Kernspindel (*f.*). 22 ~ **dell'anima** (per il suo fissaggio alla forma) (*fond.*), Kernstütze (*f.*). 23 ~ **della caldaia** (*cald.*), Kesselausrüstung (*f.*). 24 ~ **del relè** (*elett.*), Relaisanker (*f.*). 25 ~ **diagonale** (per calcestruzzo) (*ed. - c. a.*), Diagonalbewehrung (*f.*). 26 ~ **diagonale** (armatura saia, o spiga, o spina) (*tess.*), Köperbindung (*f.*), Diagonalbindung (*f.*), Croisébindung (*f.*). 27 ~ **di condensatore** (*elett.*), Kapazitätsbelag (*m.*). 28 ~ **di filo metallico** (per cavo p. es.) (*elett.*), Drahtbewehrung (*f.*). 29 ~ **di legno** (*min. - ing. civ.*), Verzimmerung (*f.*), Zimmerung (*f.*). 30 ~ **di servizio** (sostegno provvisorio di una costruzione) (*ed.*), Einrüstung (*f.*). 31 ~ **elicoidale** (per calcestruzzo) (*c. a. - ed.*), Spiralbewehrung (*f.*). 32 ~ **in ferro** (*ed. - c. a.*), Eisenbewehrung (*f.*). 33 ~ **longitudinale** (*c. a. - ed.*), Längsbewehrung (*f.*). 34 ~ **non precompressa** (*ed. - c. a.*), schlaffe Bewehrung, schlaffe Armierung, nichtgespannte Bewehrung. 35 ~ **per anime** (*fond.*), Kerneisen (*n.*), Kernspindel (*f.*). 36 ~ **per calcestruzzo** (cassaforma per calcestruzzo) (*ed. - c. a.*), Betonschalung (*f.*), Betonverschalung (*f.*). 37 ~ **per cavi** (*elett.*), Kabelbewehrung (*f.*), Kabelpanzerung (*f.*). 38 ~ **per cemento precompresso** (*ed.*), Spannbewehrung (*f.*). 39 ~ **poligonale** (*min.*), Vieleckausbau (*m.*), Polygonausbau (*m.*). 40 ~ **precompressa** (*ed. - c. a.*), gespannte Bewehrung. 41 ~ **raso** (satin) (*tess.*), Atlasbindung (*f.*), Satinbindung (*f.*). 42 ~ **resistente a compressione** (*ed.*), Druckbewehrung (*f.*), Druckarmierung (*f.*). 43 ~ **resistente a torsione** (*ed.*), Torsionsbewehrung (*f.*). 44 ~ **saia** (o diagonale, o spiga, o spina) (*tess.*), Köperbindung (*f.*), Diagonalbindung (*f.*), Croisébindung (*f.*). 45 ~ **satin** (armatura raso) (*tess.*), Atlasbindung (*f.*), Satinbindung (*f.*). 46 ~ **semplice a puntelli** (*min.*), Einstempelbau (*m.*). 47 ~ **spiga** (o saia, o spina, o diagonale) (*tess.*), Diagonalbindung (*f.*), Croisébindung (*f.*), Köperbindung (*f.*). 48 ~ **spina** (o spiga, o diagonale, o saia) (*tess.*), Diagonalbindung (*f.*), Croisébindung (*f.*), Köperbindung (*f.*). 49 ~ **taffetas** (tela) (*tess.*), Leinwandbindung (*f.*), Tuchbindung (*f.*), Taftbindung (*f.*). 50 ~ **tela** (o taffetas) (*tess.*), Leinwandbindung (*f.*), Taftbindung (*f.*), Tuchbindung (*f.*). 51 ~ **trasversale** (di calcestruzzo) (*ed. - c. a.*), Querbewehrung (*f.*), Querarmierung (*f.*). 52 ~ **trasversale** (a staffe) (*c. a. - ed.*), Bügelbewehrung (*f.*). 53 ~ **Zublin** (per pali) (*ed.*), Pfahlbewehrung nach Zublin. 54 **ferri per** ~ (*c. a. - ed.*), Bewehrungseisen (*n.*), Armierungseisen (*n.*). 55 **indice di** ~ (rapporto fra peso del ferro e volume del calcestruzzo) (*ed.*), Bewehrungszahl (*f.*). 56 **legname per armature** (legname per casseforme) (*ed.*), Schalholz (*n.*). 57 **rapporto di** ~ (*ind. tess.*), Bindungsrapport (*m.*). 58 **smontaggio dell'** ~ (di servizio, disarmo) (*ed.*), Abrüsten (*n.*), Ausrüsten (*n.*).
armonica (di un'oscillazione periodica) (*s. - mat. - fis.*), Oberschwingung (*f.*), Oberwelle (*f.*), Harmonische (*f.*). 2 ~ (di ordine superiore) (*fis. - mat.*), Oberwelle (*f.*), Oberschwingung (*f.*). 3 ~ **critica** (armonica principale) (*fis.*), Hauptkritische (*f.*), Hauptharmonische (*f.*). 4 **armoniche di ordine pari** (*fis. - mat.*), geradzahlige Oberwellen. 5 ~ **fondamentale** (armonica di frequenza fondamentale, prima armonica) (*fis.*), Grundschwingung (*f.*), erste Harmonische. 6 ~ **principale** (armonica critica) (*fis.*), Hauptharmonische (*f.*), Hauptkritische (*f.*). 7 ~ **superiore** (*fis. - mat.*), Oberschwingung (*f.*), Oberwelle (*f.*). 8 **componente** ~ (*fis.*), Teilschwingung (*f.*). 9 **con molte armoniche** (ricco di armoniche) (*fis.*), oberwellenreich. 10 **filtro soppressore di armoniche** (*app.*), Oberwellensperrfilter (*m.*). 11 **prima** ~ (armonica fondamentale) (*fis.*), Grundschwingung (*f.*), erste Harmonische. 12 **ricco di armoniche** (con molte armoniche) (*fis.*), oberwellenreich.
armonico (*fis.*), harmonisch. 2 **analisi armonica** (*fis. - mat.*), harmonische Analyse, Fourier-Analyse (*f.*). 3 **filo** ~ (*ind. metall.*), Saitendraht (*m.*). 4 **moto** ~ (*fis.*), harmonische Bewegung. 5 **serie armonica** (*mat.*), harmonische Reihe. 6 **vibrazione armonica** (vibrazione lineare) (*fis.*), harmonische Schwingung, lineare Schwingung.
arnese (*ut.*), Handwerkzeug (*n.*), Rüstzeug (*n.*).
arnia (*agric.*), Beinenkasten (*m.*).
aromatico (*a. - chim.*), aromatisch.
arpionatura (delle rotaie) (*ferr.*), Nagelung (*f.*).
arpione (per rotaie) (*ferr.*), Schienennagel (*m.*). 2 ~ (nottolino di arresto, di arpionismo) (*mecc.*), Sperrklinke (*f.*), Sperrzahn (*m.*). 3 ~ (rampone) (*ed. - ecc.*), Harpune (*f.*). 4 ~ **a becco** (*ferr.*), Hakennagel (*m.*). 5 ~

elastico (per traversine) (*ferr.*), Spannagel (*m.*).
arpionismo (meccanismo di arresto) (*mecc.*), Gesperre (*n.*), Sperrvorrichtung (*f.*), Sperrgetriebe (*n.*). **2 dente di ~** (nottolino, arpione) (*mecc.*), Rastzahn (*m.*), Sperrzahn (*m.*), Sperrklinke (*f.*). **3 ruota di ~** (ruota a denti di arresto) (*mecc.*), Sperrad (*n.*).
arrampicarsi (*gen.*), klettern.
arredamento (di una casa p. es.) (*ed.*), Ausstattung (*f.*). **2 ~** (architettura interna) (*arch.*), Raumkunst (*f.*), Innenarchitektur (*f.*).
arredare (una casa p. es.) (*ed.*), ausstatten.
arrestare (*gen.*), absperren. **2 ~** (un motore, una macchina p. es.) (*mot. - macch.*), abstellen, anhalten. **3 ~** (disinserire, una macchina p. es.) (*elett. - macch.*), ausschalten. **4 ~** (spegnere, un forno) (*metall.*), kalt legen, dämpfen. **5 ~** (un alto forno) (*forno*), ausblasen. **6 ~** (mettere fuori servizio) (*mot. - macch.*), ausser Betrieb setzen.
arrestarsi (fermarsi) (*mecc. - mot.*), zur Ruhe kommen, zum Stillstand kommen. **2 ~** (fermarsi, di veicolo) (*veic.*), stoppen, abstoppen. **3 ~** (per sovraccarico) (*mot.*), abwürgen. **4 ~ gradualmente** (di un motore) (*mot.*), auslaufen.
arrestatoio (strozzatoio della catena dell'àncora) (*nav.*), Kettenstopper (*m.*).
arresto (dispositivo di arresto, dispositivo di bloccaggio) (*mecc.*), Gesperre (*n.*), Sperrgetriebe (*n.*), Feststellvorrichtung (*f.*). **2 ~** (scontro, battuta) (*macch. ut.*), Anschlag (*m.*). **3 ~** (di un motore p. es.) (*mot.*), Abstellung (*f.*), Anhalten (*f.*). **4 ~** (di un veicolo) (*veic.*), Stoppen (*n.*), Abstoppen (*n.*). **5 ~** (di alto forno) (*forno*), Ausblasen (*n.*). **6 ~** (messa fuori servizio, di un mot. p. es.) (*mot. - ecc.*), Stillsetzung (*f.*). **7 ~** (del metallo, scanalatura nel cordone di bava di uno stampo) (*ut. fucinatura*), Staurille (*f.*). **8 ~** (del disco combinatore) (*app. telef.*), Anschlag (*m.*). **9 ~** (per sovraccarico) (*mot. - elett.*), Abwürgen (*n.*). **10 ~** (dicitura su pulsanti) (*macch. ut.*), aus. **11 ~** (di un calcolatore) (*calc.*), Stop (*m.*). **12 ~ a denti** (*mecc.*), Klemmgesperre (*n.*). **13 ~ a molla** (*mecc.*), Federanschlag (*m.*). **14 ~ automatico** (al termine d'uno spostamento) (*macch.*), Selbsthaltung (*f.*). **15 ~ automatico** (dispositivo di arresto) (*ferr.*), Fahrsperre (*f.*). **16 ~ automatico per la rottura del filo** (guardiatrama) (*macch. tess.*), Fadenwächter (*m.*). **17 ~ del cursore** (scontro del cursore) (*app.*), Schleifenanschlag (*m.*). **18 ~ del disco combinatore** (*telef.*), Fingeranschlag (*m.*). **19 ~ della combustione** (chiusura del propellente, per razzo) (*mot.*), Brennschluss (*m.*). **20 ~ della tavola** (*macch. ut.*), Tischanschlag (*m.*). **21 ~ dell'avanzamento trasversale** (fine corsa dell'avanzamento trasversale) (*macch. ut.*), Queranschlag (*m.*). **22 ~ di emergenza** (d'un impianto, mot., ecc.) (*gen.*), Notabschaltung (*f.*), Notabstellung (*f.*). **23 ~ di emergenza** (dispositivo di arresto) (*mot. - etc.*), Notabsteller (*m.*), Notabschalter (*m.*), Sicherheitsabschalter (*m.*). **24 ~ di emergenza in caso di bassa pressione dell'olio** (*mot.*), Öldrucksicherheitsabschalter (*m.*). **25 ~ di fine corsa** (*macch. ut.*), Endanschlag (*m.*). **26 ~ di sicurezza** (di un treno) (*app. ferr.*), Zugbeeinflussung (*f.*). **27 ~ di sicurezza induttivo** (*ferr.*), indusi, induktive Zugsicherung. **28 ~ graduale** (di un motore) (*mot.*), Auslauf (*m.*), **29 ~ indietreggio** (*veic.*), Rücklaufgesperre (*n.*), Rücklaufsperre (*n.*). **30 ~ meccanico** (*mecc.*), mechanischer Anschlag, fester Anschlag. **31 ~ per il taglio a lunghezza** (con cesoia, di barre p. es.) (*macch.*), Scherenanschlag (*m.*). **32 ~ programmato** (*calc. - ecc.*), programmierter Stop. **33 ~ regolabile** (battuta regolabile) (*mecc.*), einstellbarer Anschlag. **34 ~ scuotimento** (di una ruota) (*aut.*), Ausschlagbegrenzung (*f.*). **35 bagno di ~** (*fot.*), Stoppbad (*n.*). **36 bandella ~ scuotimento** (di una sospensione) (*aut.*), Radausschlagbegrenzungsband (*n.*). **37 camma per l'~** (*macch. ut.*), Stillsetzkurve (*f.*). **38 dente di ~** (arpione, nottolino) (*mecc.*), Sperrzahn (*m.*), Sperrklinke (*f.*). **39 dispositivo di ~** (di una macchina) (*macch. - ecc.*), Abstellvorrichtung (*f.*). **40 dispositivo di ~** (arresto, dispositivo di bloccaggio) (*mecc.*), Gesperre (*n.*), Sperrgetriebe (*n.*). **41 dispositivo di ~** (arpionismo) (*mecc.*), Sperrgetriebe (*n.*). **42 dispositivo di ~** (per trattenere il materiale nei trasportatori continui) (*trasp. ind.*), Sperre (*f.*). **43 dispositivo di ~ apertura porta** (*aut.*), Türgurt (*m.*), Türhalter (*m.*). **44 filtrare con bobina di ~** (applicare una bobina filtrante) (*elett.*), verdrosseln. **45 frenatura di ~** (*veic.*), Vollbremsung (*f.*). **46 frenatura di ~ in un determinato punto** (su rampa di lancio) (*ferr.*), Zielbremsung (*g.*). **47 leva di ~** (*macch. - ecc.*), Abstellhebel (*m.*). **48 luce di ~** (*aut.*), Stopplicht (*n.*). **49 molla d'~** (*mecc.*), Rastfeder (*f.*). **50 nottolino di ~** (arpione) (*mecc.*), Sperrklinke (*f.*), Sperrzahn (*m.*). **51 passo d'~** (nei selettori) (*telef.*), Rastschritt (*m.*). **52 percorso di ~** (d'un nastro magnetico, p. es.) (*calc. - ecc.*), Stopweg (*m.*). **53 pista di ~** (di sicurezza; al termine d'una pista di decollo ed atterraggio, utilizzate nel caso d'interruzione del decollo) (*aer.*), Stoppbahn (*f.*). **54 regolatore per ~ rapido** (di turbogeneratori p. es.) (*turb. - ecc.*), Schnellschlussregler (*m.*). **55 segnale di ~** (*traff.*), Stoppsignal (*n.*). **56 segnale di ~** (*ferr.*), Sperrsignal (*n.*), Haltesignal (*n.*). **57 segnale di ~** (stop, nelle telescriventi) (*telegr.*), Endsignal (*n.*), Stopschritt (*m.*), Sperrschritt (*m.*). **58 spazio di ~** (nella frenatura) (*aut.*), Anhalteweg (*m.*). **59 spina di ~** (*mecc.*), Anhaltestift (*m.*). **60 tasto di ~ di emergenza** (*macch. - ecc.*), Notstoptaste (*f.*). **61 tempo di ~** (d'un nastro magnetico, p. es.), (*calc. - ecc.*), Stopzeit (*f.*).
arretramento (indietreggio della telecamera p. es.) (*cinem. - telev.*), Zurückfahren (*n.*).
arretrare (muovere verso l'esterno, una slitta) (*macch. ut.*), ausfahren. **2 ~ di uno spazio** (*elab. dati - ecc.*), rücktasten.
arretrato (*a. - gen.*), rückständig. **2 ~** (scoperto, debito p. es.) (*comm.*), ausständig. **3 arretrati** (*comm. - finanz.*), Rückstände (*m. pl.*). **4 ~ di lavoro** (*lav.*), Arbeitsrückstand (*m.*). **5 arretrati di salario** (*lav.*), Lohnrückstände (*m. pl.*).

arricchimento (*gen.*), Anreicherung (*f.*). 2 ~ (di minerali) (*min.*), Aufbereitung (*f.*), Anreicherung (*f.*). 3 ~ (*fis. atom. - ecc.*), Anreicherung (*f.*). 4 ~ (della miscela aria-benzina) (*mot. - aut.*), Überfetten (*n.*), Überfettung (*f.*). 5 ~ (ravvenamento, di acque sotterranee) (*idr.*), Anreicherung (*f.*). 6 ~ (**artificiale**) **della falda** (*costr. idr.*), Grundwasseranreicherung (*f.*). 7 ~ **chimico** (amalgamazione p. es.) (*min.*), chemische Aufbereitung. 8 ~ **dell'uranio** (*fis. atom.*), Urananreicherung (*f.*). 9 ~ **del minerale** (concentrazione del minerale) (*min.*), Erzanreicherung (*f.*), Erzveredelung (*f.*), Erzaufbereitung (*f.*). 10 ~ **di ossigeno** (assorbimento di ossigeno, ossigenazione, di acque) (*idr. - biochim.*), Saurestoffaufnahme (*f.*). 11 ~ **gravimetrico** (*min.*), nassmechanische Aufbereitung. 12 **dispositivo di** ~ (arricchitore, di un carburatore) (*mot. - aut.*), Zusatzeinrichtung (*f.*). 13 **rapporto di** ~ (nella distillazione) (*ind. chim.*), Verstärkungsverhältnis (*n.*). 14 **sezione di** ~ (tronco di arricchimento, nella distillazione) (*ind. chim.*), Verstärkersäule (*f.*). 15 **tavola di** ~ (*min.*), Aufbereitungsherd (*m.*). 16 **tronco di** ~ (sezione di arricchimento, nella distillazione) (*ind. chim.*), Verstärkersäule (*f.*).

arricchire (*gen.*), anreichern. 2 ~ (la miscela aria-benzina) (*mot. - aut.*), überfetten. 3 ~ (minerale) (*min.*), veredeln, anreichern, aufbereiten.

arricchito (*gen.*), angereichert. 2 ~ (*fis. atom. - ecc.*), angereichert.

arricchitore (dispositivo di arricchimento, di un carburatore) (*mot. - aut.*), Zusatzeinrichtung (*f.*).

arricciarsi (di trucioli) (*lav. macch. ut.*), aufrollen.

arricciato (*ind. tess.*), gekräuselt.

arricciatura (seconda mano di intonaco) (*mur.*), Aufzug (*m.*). 2 ~ (delle fibre di lana) (*ind. tess.*), Kräuselung (*f.*). 3 ~ **allungata** (delle fibre di lana) (*ind. tess.*), gedehntbogige Kräuselung. 4 ~ **ammagliata** (delle fibre di lana) (*ind. tess.*), gemaschte Kräuselung, überbogige Kräuselung. 5 ~ **debole** (delle fibre di lana) (*ind. tess.*), schlichte Kräuselung. 6 ~ **normale** (delle fibre di lana) (*ind. tess.*), normalbogige Kräuselung. 7 ~ **piatta** (delle fibre di lana) (*ind. tess.*), flachbogige Kräuselung. 8 ~ **pronunciata** (delle fibre di lana) (*ind. tess.*), hochbogige Kräuselung. 9 ~ **stretta** (delle fibre di lana) (*ind. tess.*), gedrängtbogige Kräuselung. 10 **arco di** ~ (delle fibre di lana) (*ind. tess.*), Kräuselungsbogen (*m.*). 11 **lunghezza di** ~ (delle fibre di lana; differenza di lunghezza tra fibre arricciate e non arricciate) (*ind. tess.*), Kräuselungslänge (*f.*). 12 **misuratore di** ~ (misuratore delle ondulazioni, della lana) (*app. ind. tess.*), Kräuselungsmesser (*m.*). 13 **uniformità di** ~ (delle fibre di lana) (*ind. tess.*), Kräuselungstreue (*f.*), Wellentreue (*f.*).

arridare (mettere in forza manovre dormienti) (*nav.*), ansetzen.

arridatoio (*nav.*), Spannschloss (*n.*).

arriva (a riva, in alto) (*nav.*), auf.

arrivare (*gen.*), ankommen. 2 ~ (di lettere p. es.) (*posta - ind. - trasp.*), eingehen. 3 ~ (nella stazione p. es.) (*gen.*), einlaufen.

« arrivi » (posto accettazione merci) (*ind.*), Wareneingang (*m.*), Warenannahmestelle (*f.*).

arrivo (*gen.*), Ankunft (*f.*), Eingang (*m.*). 2 ~ (di merci in una fabbrica p. es.) (*ind.*), Eingang (*m.*). 3 **binario di** ~ (d'una stazione) (*ferr.*), Einfahrgleis (*n.*). 4 **in** ~ (*gen.*), ankommend. 5 **in** ~ (di lettere p. es.) (*uff. - ecc.*), eingehend, einlaufend. 6 **ora di** ~ (*gen.*), Ankunftszeit (*f.*). 7 **posta in** ~ (*uff.*), Einläufe (*m. pl.*), 8 **punto di** ~ (*trasp.*), Fahrtziel (*n.*). 9 **segnale in** ~ (*radio*), Eingangssignal (*n.*).

arrostimento (*gen.*), Röstung (*f.*). 2 ~ (riscaldamento dei minerali) (*metall. - ecc.*), Röstung (*f.*). 3 ~ **a desolforazione completa** (*metall.*), Totrösten (*n.*). 4 ~ **del minerale** (*min.*), Erzröstung (*f.*). 5 ~ **di sinterazione** (*metall.*), Sinterrösten (*m.*). 6 ~ **in letto fluido (o fluidificato)** (arrostimento in sospensione) (*ind.*), Schweberöstung (*f.*). 7 ~ **in sospensione** (arrostimento in letto fluidificato) (*ind.*), Schweberöstung (*f.*). 8 ~ **ossidante** (*metall.*), oxydierendes Rösten. 9 **impianto di** ~ **dei minerali** (*min.*), Erzrösterei (*f.*). 10 **letto di** ~ (suola di arrostimento) (*metall.*), Röstbett (*n.*). 11 **minerale da** ~ (*metall.*), Rösterz (*m.*). 12 **suola di** ~ (letto di arrostimento) (*metall.*), Röstbett (*n.*).

arrostire (*gen.*), rösten. 2 ~ (dei minerali) (*metall. - ecc.*), rösten.

arrotino (*lav.*), Schleifer (*m.*), Schärfer (*m.*).

arrotolare (*gen.*), aufrollen, rollen, aufwickeln, wickeln.

arrotondamento (*gen.*), Rundung (*f.*). 2 ~ (di numeri) (*mat. - ecc.*), Rundung (*f.*). 3 ~ (di uno spigolo p. es.) (*mecc.*), Ausrundung (*f.*), Abrundung (*f.*). 4 ~ **degli spigoli** (*mecc.*), Eckenabrundung (*f.*). 5 ~ **di fondo** (di un dente o di un filetto) (*mecc.*), Fussabrundung (*f.*). 6 ~ **in difetto** (di un numero) (*mat. - ecc.*), Abrundung (*f.*). 7 ~ **in eccesso** (*mat. - ecc.*), Aufrundung (*f.*). 8 **errore dovuto ad** ~ (*mat. - ecc.*), Abrundungsfehler (*m.*). 9 **macchina per l'**~ **del dorso** (*macch. - legatoria*), Rückenrundemaschine (*f.*).

arrotondare (*gen.*), runden. 2 ~ (un numero p. es.) (*mat. - ecc.*), runden. 3 ~ **gli spigoli** (*mecc.*), die Ecken abrunden. 4 ~ **in difetto** (*mat. - ecc.*), nach unten runden, abrunden. 5 ~ **in eccesso** (*mat. - ecc.*), nach oben runden, aufrunden.

arrotondato (*gen.*), gerundet. 2 ~ **in difetto** (numero) (*mat. - ecc.*), abgerundet. 3 ~ **in eccesso** (numero) (*mat. - ecc.*), aufgerundet.

arrugginimento (*metall.*), Rosten (*n.*), Verrosten (*n.*), Anrostung (*f.*), Rostbildung (*f.*).

arrugginire (arrugginirsi) (*metall.*), rosten, verrosten, anrosten.

arrugginito (*metall.*), rostig, verrostet.

arruolamento (*milit.*), Aushebung (*f.*).

arruolare (*milit.*), ausheben. 2 ~ (*nav. - ecc.*), anmustern.

arruolarsi (*milit.*), sich freiwillig melden.

arsenale (*mar. milit.*), Arsenal (*n.*).

arsenalotto (*lav.*), Arsenalarbeiter (*m.*).

arsenicale (*chim.*), arsenikalisch.

arsenico (*As - chim.*), Arsen (*n.*). 2 **elimina-**

zione dell'~ (dearsenizzazione) (*chim. - metall.*), Entarsenieren (*n.*). **3 triossido di ~** (As_2O_3) (*chim.*), Arsenik (*n.*). **4 trisolfuro di ~** (As_2S_3) (*min.*), Arsentrisulfid (*n.*).
arsenioso (*chim.*), arsenig.
arsenopirite (FeAsS) (pirite arsenicale, mispickel) (*min.*), Arsenkies (*n.*), Misspickel (*m.*).
arsina (AsH_3) (*chim.*), Arsin (*n.*).
arte (*arte*), Kunst (*f.*). **2 ~** (mestiere) (*lav.*), Handwerk (*n.*). **3 ~ applicata** (*arte - lav.*), angewandte Kunst. **4 ~ decorativa** (*arte*), Ornamentik (*f.*). **5 ~ dell'intaglio** (nel legno) (*arte*), Schnitzerei (*f.*). **6 ~ di lavorare i gioielli** (gioielleria, arte orafa) (*arte*), Juwelierarbeit (*f.*). **7 arti grafiche** (*tip.*), Graphik (*f.*), graphisches Gewerbe, graphische Kunst und Gewerbe. **8 ~ orafa** (arte di lavorare i gioielli, gioielleria) (*arte*), Juwelierarbeit (*f.*). **9 ~ tipografica** (*tip.*), Buchdruckerkunst (*f.*). **10 a regola d'~** (*mecc. - ecc.*), fachgemäss, sachgemäss, handwerkmässig, kunstgerecht. **11 arti figurative** (*arte*), darstellende Künste.
arteria (*gen.*), Ader (*f.*). **2 ~ di traffico** (*traff. strad.*), Verkehrsader (*f.*).
artesiano (*idr.*), artesisch.
artico (*meteor. - geogr.*), arktisch.
articolare (*v. - mecc.*), anlenken.
articolato (snodato) (*mecc. - ecc.*), gelenkartig, gelenkig, angelenkt. **2 locomotiva articolata** (*ferr.*), Gelenklokomotive (*f.*). **3 motrice articolata** (carrozza tranviaria) (*veic. elett.*), Gelenktriebwagen (*m.*).
articolazione (snodo) (*mecc.*), Gelenk (*n.*). **2 ~ a forcella** (snodo a forcella) (*mecc.*), Gabelgelenk (*n.*). **3 ~ a perno** (snodo semplice) (*mecc.*), Achsengelenk (*n.*). **4 ~ di apertura** (di un compasso) (*strum.*), Spreizgelenk (*n.*). **5 ~ scorrevole** (giunto articolato scorrevole) (*mecc.*), Drehschubgelenk (*n.*). **6 ~ sferica** (snodo sferico) (*mecc.*), Kugelgelenk (*n.*). **7 perno di ~** (perno di snodo) (*mecc.*), Gelenkbolzen (*m.*). **8 punto di ~** (snodo) (*mecc.*), Gelenkpunkt (*m.*).
articolo (*gen.*), Artikel (*m.*). **2 ~** (di un contratto p. es.) (*comm. - leg.*), Artikel (*m.*), Absatz (*m.*). **3 ~ che non si vende** (*comm.*), Ladenhüter (*m.*). **4 ~ di consumo** (*comm.*), Verbrauchsgegenstand (*m.*), Verbrauchsartikel (*m.*), Konsumartikel (*m.*), Bedarfsartikel (*m.*). **5 ~ di contratto** (*comm. - leg.*), Vertragsartikel (*m.*). **6 ~ di fondo** (*giorn.*), Leitartikel (*m.*). **7 ~ di lamiera stampata** (*lav. lamiera*), Stanzartikel (*m.*). **8 ~ di lusso** (*comm.*), Luxusartikel (*m.*). **9 ~ di massa** (articolo prodotto in serie) (*ind. - comm.*), Massenartikel (*m.*). **10 ~ d'inventario** (*amm.*), Inventarstück (*m.*). **11 ~ eseguito a mano** (lavoro eseguito a mano) (*ind.*), Handarbeit (*f.*). **12 ~ in vendita pubblicitaria** (*comm.*), Zugartikel (*m.*). **13 ~ prodotto in serie** (articolo di massa) (*ind. - comm.*), Massenartikel (*m.*). **14 ~ pubblicitario** (*giorn.*), Reklameartikel (*m.*). **15 ~ sportivo** (*comm. - ind.*), Sportartikel (*m.*), Sportgerät (*n.*).
artificiale (*gen.*), künstlich.
artificio (accorgimento) (*gen.*), Kunstgriff (*m.*).
artigianale (*lav.*), handwerklich.
artigianato (*lav.*), Kunsthandwerk (*n.*). **2 ~** (su scala industriale) (*lav.*), Kunstgewerbe (*n.*).
artigiano (*lav.*), Handwerker (*m.*).
artigliere (*milit.*), Artillerist (*m.*).
artiglieria (*milit.*), Artillerie (*f.*). **2 ~ controaerea** (*milit.*), Flugabwehr-Artillerie (*f.*), Flakartillerie (*f.*). **3 ~ da campagna** (*milit.*), Feldartillerie (*f.*). **4 ~ da costa** (*milit.*), Küstenartillerie (*f.*). **5 ~ ippotrainata** (*milit.*), bespannte Artillerie. **6 ~ navale** (*mar. milit.*), Schiffsartillerie (*f.*). **7 osservatore di ~** (*milit.*), Artilleriebeobachter (*m.*).
artistico (*gen.*), künstlerisch.
arto (*med. - ecc.*), Glied (*n.*). **2 ~ artificiale** (*med.*), künstliches Glied, Kunstglied (*n.*).
As (arsenico) (*chim.*), As, Arsen (*n.*). **2 ~** (ampersecondo) (*elett.*), As, Ampersekunde (*f.*).
asbesto (*min.*), Asbest (*m.*).
asbestosi (*med. - lav.*), Asbestosis (*f.*), Asbestose (*f.*).
ascendente (*a. - gen.*), steigend, aufsteigend.
ascensione (*gen.*), Aufsteigen (*n.*), Aufstieg (*m.*). **2 ~ capillare** (*fis.*), Kapillaraszension (*f.*). **3 ~ capillare** (colonna d'acqua sollevata da un materiale terroso per effetto di capillarità) (*ed.*), Steighöhe (*f.*). **4 ~ retta** (*astr.*), gerade Aufsteigung, gerade Absteigung, Rektaszension (*f.*).
ascensore (*ed. - trasp.*), Personenaufzug (*m.*), Lift (*m.*), Aufzug (*m.*). **2 ~ a paternoster** (paternoster) (*ed. - trasp.*), Umlaufaufzug (*m.*), Paternosteraufzug (*m.*). **3 ~ con catene di appoggio** (*ed.*), Stützkettenaufzug (*m.*). **4 cabina dell'~** (*ed. - trasp.*), Aufzugkabine (*f.*). **5 pozzo dell'~** (*ed.*), Aufzugschacht (*n.*).
ascesa (*gen.*), Aufstieg (*m.*). **2 ~** (dalla miniera) (*min.*), Ausfahrt (*f.*).
ascia (*ut.*), Axt (*f.*).
asciare (legno) (*carp.*), abschlichten.
ascissa (*mat.*), Abszisse (*f.*). **2 asse delle ascisse** (asse X) (*geom.*), Abzissenachse (*f.*), X-Achse (*f.*).
asciugacapelli (*app. elett.*), Haartrockner (*m.*), Haartrockengerät (*n.*). **2 ~** (ad aria calda, fon) (*app. elett.*), Fön (*m.*), Föhn (*m.*), Heissluftdusche (*f.*).
asciugare (*gen.*), trocknen. **2 ~** (inchiostro) (*uff.*), ablöschen, trocknen. **3 ~ la sentina** (*nav.*), auspumpen. **4 macchina per ~** (*macch. tess.*), Trockenmaschine (*f.*).
asciugatoio (essiccatore) (*app. tess. - ecc.*), Trockner (*m.*). **2 ~** (*app.*), vedi anche essiccatore. **3 ~ a depressione** (*macch. tess.*), Absaugemaschine (*f.*).
asciugatura (*gen.*), Abtrocknen (*n.*). **2 ~ preliminare** (*ind. cuoio*), Abwelken (*n.*).
asciutto (*gen.*), trocken. **2 ~** (*meteor.*), trocken. **3 ~ fuori polvere** (*vn.*), staubfrei trocken. **4 ~ maneggiabile** (grado di essiccamento di una vernice) (*vn.*), griffest.
ascoltare (una conversazione) (*telef.*), abhören.
ascolto (dei rumori di un mot. a c. i. p. es.) (*gen.*), Abhören (*n.*). **2 essere in ~** (*radio*), hörbereit sein.
asfaltare (*costr. strad.*), asphaltieren.
asfaltatrice (*macch. costr. strad.*), Bitumen-Sprengwagen (*m.*), Teermaschine (*f.*). **2 ~ a spruzzo** (bitumatrice a spruzzo) (*macch. costr. strad.*), Tankspritzmaschine (*f.*), Bi-

asfaltatura

tumen-Sprengwagen (*m.*). 3 ~ **stradale** (pavimentatrice stradale) (*macch. costr. strad.*), Strassenteermaschine (*f.*).
asfaltatura (*costr. strad.*), Asphaltieren (*n.*), Teerung (*f.*).
asfaltene (*min. - chim.*), Asphaltene (*n.*).
asfaltico (*min.*), asphaltisch.
asfalto (*min.*), Asphalt (*m.*). 2 ~ **artificiale** (*min.*), künstlicher Asphalt. 3 ~ **compresso** (*costr. strad.*), Stampfasphalt (*m.*). 4 ~ **fuso** (*costr. strad.*), Schmelzasphalt (*m.*). 5 ~ **naturale** (*min. - costr. strad.*), Naturasphalt (*m.*). 6 **mastice d'**~ (*costr. strad.*), Gussasphalt (*m.*). 7 **pavimentazione di** ~ (*costr. strad.*), Asphaltdecke (*f.*), Schwarzdecke (*f.*). 8 **pavimentazione di** ~ (*ed.*), Asphaltfussboden (*m.*). 9 **strato di** ~ (*costr. strad.*), Asphaltüberzug (*m.*).
asferico (*gen.*), asphärisch.
asimmetria (*geom. - ecc.*), Unsymmetrie (*f.*), Asymmetrie (*f.*). 2 **coefficiente di** ~ (*mat.*), Schiefe (*f.*).
asimmetrico (*gen.*), unsymmetrisch, asymmetrisch. 2 **carico** ~ (d'un generatore trifase) (*elett.*), Schieflast (*f.*).
asincrono (*elett. - ecc.*), asynchron. 2 **macchina asincrona** (*macch. - elett.*), asynchrone Maschine. 3 **motore** ~ (*elett.*), Asynchronmotor (*m.*).
asintotico (*mat.*), asymptotisch.
asintoto (*mat.*), Asymptote (*f.*).
asismico (antisismico) (*ed.*), erdbebensicher.
askarel (clorodifenile, fluido isolante) (*chim. - elett.*), Askarel (*n.*).
asola (di un vestito p. es.) (*gen.*), Schlitz (*m.*), Loch (*n.*). 2 ~ (finestra allungata, nella lamiera p. es.) (*mecc. - ecc.*), Langloch (*n.*), Langschlitz (*m.*), Schlitzloch (*n.*). 3 ~ (foro per il manico, di un martello, di una scure) (*ut.*), Öhr (*n.*), Öse (*f.*). 4 ~ (*tess.*), Knopfloch (*n.*), Knopfschlitz (*m.*). 5 **fresa per asole.** (*ut. - mecc.*), Langlochfräser (*m.*).
aspatura (*ind. tess.*), Haspeln (*n.*), Weifen (*n.*).
aspettativa (temporanea sospensione dei rapporti di lavoro di un dipendente) (*lav. - pers.*), Wartestand (*m.*). 2 ~ (*gen.*), Anwartschaft (*f.*).
aspetto (*gen.*), Aussehen (*n.*), Anblick (*m.*), Ansehen (*n.*). 2 ~ (posizione della luna, del sole e dei planeti) (*astr.*), Aspekt (*m.*). 3 ~ **della frattura** (*metall.*), Bruchaussehen (*n.*). 4 ~ **piumoso** (della superficie) (*metall.*), flaumiges Aussehen. 5 ~ **strutturale** (micrografia) (*metall.*), Gefügebild (*n.*). 6 ~ **superficiale** (finitura superficiale, natura della superficie) (*mecc.*), Oberflächenbeschaffenheit (*f.*).
aspirante (*a. - gen.*), saugend.
aspirapolvere (*app. elett.*), Entstauber (*m.*), Staubsauger (*m.*).
aspirare (*gen.*), saugen. 2 ~ (acqua, con una pompa) (*idr.*), saugen. 3 ~ (la miscela nel cilindro p. es.) (*mot.*), saugen. 4 ~ **aria con l'acqua** (aspirare rumorosamente acqua mista ad aria, con una pompa) (*macch. - idr.*), schnarchen.
aspiratore (estrattore) (*app. ind.*), Exhaustor (*m.*), Entlüfter (*m.*), Sauglüfter (*m.*). 2 ~ (ventilatore) (*app. ind.*), Entlüfter (*m.*), Ventilator (*m.*), Ablüfter (*m.*). 3 ~ (estrattore di gas) (*app. ind.*), Entgaser (*m.*), Gassauger (*m.*). 4 ~ **per trucioli** (*macch.*), Späneabsauger (*m.*), Späneabsauganlage (*f.*).
aspirazione (*gen.*), Saugen (*n.*). 2 ~ (ammissione, di aria p. es.) (*mot.*), Einlass (*m.*). 3 ~ (forza aspirante, di un ventilatore p. es.) (*ventilazione*), Zugkraft (*f.*), Zugstärke (*f.*). 4 ~ **atmosferica** (di un mot. a comb. interna) (*mot.*), Selbstansaugen (*n.*). 5 ~ **del vapore dalla tavola per stirare** (di una pressa per stirare) (*macch.*), Bügeldampfabsaugung (*f.*). 6 ~ **vapori** (estrazione vapori) (*ind.*), Dämpfeabsaugung (*f.*). 7 **altezza di** ~ (di una pompa) (*idr.*), Saughöhe (*f.*). 8 **cappa di** ~ **del fumo** (di una fucina p. es.) (*comb.*), Rauchhaube (*f.*). 9 **coefficiente di** ~ (di pompe centrifughe o turbine idrauliche; per il calcolo dell'altezza di aspirazione) (*macch.*), Saugzahl (*f.*). 10 **collettore di** ~ (collettore di ammissione) (*mot.*), Ansaugkrümmer (*m.*). 11 **condotto di** ~ (d'un motore Wankel) (*mot.*), Einlasskanal (*m.*). 12 **corsa di** ~ (*mot. - macch.*), Saughub (*m.*). 13 **fase di** ~ (corsa di ammissione) (*mot.*), Einlasshub (*m.*), Ansaugtakt (*m.*). 14 **impianto di** ~ (*app. ind.*), Absauganlage (*f.*). 15 **lato** ~ (di una pompa p. es.) (*macch. - mot.*), Saugseite (*f.*). 16 **luce di** ~ (luce di ammissione) (*mot.*), Einlasschlitz (*m.*), Saugöffnung (*f.*). 17 **luce di** ~ (d'un motore Wankel) (*mot.*), Einlass-Steueröffnung (*f.*). 18 **manichetta di** ~ (di una pompa) (*tubaz.*), Saugschlauch (*m.*). 19 **pressione di** ~ (*idr. - ecc.*), Ansaugdruck (*m.*). 20 **raccordo di** ~ (di una pompa) (*macch.*), Sauganschluss (*m.*). 21 **silenziatore di** ~ (*mot.*), Ansauggeräuschdämpfer (*m.*). 22 **sull'**~ (sul lato aspirazione; d'una pompa, filtro p. es.) (*macch.*), saugseitig. 23 **tubo di** ~ (tubo di ammissione) (*mot. - ecc.*), Einlassrohr (*n.*). 24 **valvola di** ~ (valvola di ammissione) (*mot.*), Einlassventil (*n.*), Ansaugventil (*n.*). 25 **velocità di** ~ (portata, d'una pompa per vuoto) (*macch.*), Sauggeschwindigkeit (*f.*), Saugvermögen (*n.*).
aspirina (acido acetilsalicilico) (*farm. - chim.*), Aspirin (*n.*).
aspo (*ind. tess.*), Haspel (*m.*), Weife (*f.*). 2 ~ (avvolgitore) (*lamin.*), Wickler (*m.*).
asportabile (amovibile) (*mecc. - ecc.*), lösbar, abnehmbar. 2 ~ (smontabile) (*mecc.*), abnehmbar.
asportare (*gen.*), abtragen, abnehmen. 2 ~ (calore) (*term.*), abführen. 3 ~ (i trucioli) (*lav. macch. ut.*), abheben. 4 ~ (estrarre) (*gen.*), herausnehmen. 5 ~ (allontanare) (*gen.*), entfernen. 6 ~ **bruciando** (*gen.*), abbrennen. 7 ~ **con la mola** (*mecc.*), abschleifen. 8 ~ **con lima** (*mecc.*), abfeilen. 9 ~ **con trapano** (viti rotte p. es.) (*mecc.*), abbohren. 10 ~ **fresando** (*macch. ut. - mecc.*), abfräsen, ausfräsen. 11 ~ **la nichelatura** (togliere la nichelatura) (*tecnol. mecc.*), entnickeln. 12 ~ **le polveri** (*ind.*), entstauben. 13 ~ **mediante fresatura** (*mecc.*), ausfräsen, abfräsen. 14 ~ **mediante fusione** (*tecnol. mecc.*), abschmelzen. 15 ~ **segando** (*legno*), absägen.
asportazione (*gen.*), Abfuhr (*f.*). 2 ~ (sottrazione, di calore p. es.) (*termodin.*), Abfuhr (*f.*). 3 ~ (di scorie) (*fond. - metall.*), Abfuhr (*f.*).

4 ~ (di metallo) (*macch. ut. - mecc.*), Abtragung (*f.*). 5 ~ **dei trucioli** (*lav. macch. ut.*), Spanabhebung (*f.*). 6 ~ **del boccame** (*fond.*), Abschneiden der Eingüsse, Abkneifen der Eingüsse. 7 ~ **del deposito** (elettrolitico) (*elettrochim.*), Abziehen (*n.*). 8 ~ **di calore** (sottrazione di calore) (*fis.*), Wärmeabfuhr (*f.*). 9 ~ **di materiale** (*mecc.*), Stoffabtragung (*f.*). 10 **ad** ~ **di truciolo** (*mecc.*), spanend, zerspantechnisch, zerspanungstechnisch.

asporto (*trasp.*), Abtransport (*m.*). 2 **confezione da** ~ (*imball.*), Tragepackung (*f.*).

assaggio (per analisi del suolo) (*ed.*), Schürfung (*f.*). 2 **foro di** ~ (per analisi del suolo) (*ed.*), Schürfloch (*n.*).

assale (non motore) (*veic.*), Achse (*f.*). 2 ~ **a bracci longitudinali** (assale con sospensione a (*f.*), Kurbelachse (*f.*). 3 ~ **a forcella** (assale con estremità a forcella) (*aut.*), Gabelachse (*f.*). 4 ~ **anteriore** (*aut.*), Vorderachse (*f.*). 5 ~ **anteriore a ruote indipendenti** (*aut.*), Vorderpendelachse (*f.*). 6 ~ **anteriore oscillante** (assale anteriore pendolare) (*aut.*), Vorderpendelachse (*f.*). 7 ~ **a portale** (*veic.*), Portalachse (*f.*). 8 ~ **con estremità a forcella** (assale a forcella) (*veic. - aut.*), Gabelachse (*f.*). 9 ~ **con estremità ad occhio** (*veic. - aut.*), Faustachse (*f.*). 10 ~ **de Dion** (*aut.*), de Dion-Achse (*f.*). 11 ~ **epicicloidale** (*veic.*), Planetenachse (*f.*). 12 ~ **flangiato** (assale flangiato, del ponte posteriore) (*aut.*), Flanschachse (*f.*), Trompetenachse (*f.*). 13 ~ **in tandem** (*aut.*), Tandemachse (*f.*). 14 ~ **motore** (motoassale) (*veic.*), Antriebachse (*f.*), Treibachse (*f.*), Achsantrieb (*m.*). 15 ~ **non motore** (assale portante, assile) (*veic.*), Schleppachse (*f.*), Tragachse (*f.*). 16 ~ **oscillante** (assale pendolare) (*veic. - ecc.*), Schwingachse (*f.*), Pendelachse (*f.*). 17 ~ **pendolare** (assale oscillante) (*aut.*), Pendelachse (*f.*). 18 ~ **portante** (assale non motore, assile) (*veic.*), Tragachse (*f.*), Schleppachse (*f.*). 19 ~ **posteriore** (*aut.*), Hinterachse (*f.*). 20 ~ **rigido** (*aut.*), Starrachse (*f.*). 21 ~ **rigido ad asse non portante** (assale rigido con semialberi sollecitati a sola torsione) (*aut.*), Starrachse mit fliegender Achswelle. 22 ~ **rigido ad asse portante** (con ruota montata direttamente sul semialbero) (*aut.*), Starrachse mit halbfliegender Achswelle. 23 ~ **rigido ad asse semiportante** (con ruota tenuta contemporaneamente dalla scatola dell'assale e dal semialbero) (*aut.*), Starrachse mit dreiviertelfliegender Achswelle. 24 ~ **rigido con balestra** (*aut.*), starre, an Blattfedern angehängte Achse. 25 ~ **rigido con trasmissione planetaria** (per autocarri pesanti) (*veic.*), Planetenstarrachse (*f.*). 26 ~ **rigido epicicloidale** (*aut.*), Planetenstarrachse (*f.*). 27 **gruppo assali** (*veic.*), Achsaggregat (*n.*). 28 **scatola dell'**~ (*aut.*), Achsgehäuse (*n.*).

assalto (*milit.*), Angriff (*m.*). 2 **reparto d'**~ (*milit.*), Sturmabteilung (*f.*).

asse (retta ideale) (*fis.*), Achse (*f.*). 2 ~ (*geom. - ecc.*), Achse (*f.*), Mittellinie (*f.*). 3 ~ (*ott.*), Achse (*f.*). 4 ~ (di un velivolo) (*aer.*), Achse (*f.*). 5 ~ (di una strada, linea ferroviaria, ecc.) (*ing. civ.*), Achse (*f.*). 6 ~ (*dis.*), Mittelachse (*f.*), Mittellinie (*f.*). 7 ~ (portante, non motore) (*veic.*), Achse (*f.*). 8 ~ (motore, albero) (*mecc. - ferr.*), Welle (*f.*). 9 ~ (albero) (*nav.*), Welle (*f.*). 10 ~ (assile, sala, non motrice, solo portante) (*ferr.*), Achse (*f.*), Radachse (*f.*). 11 ~ (del bilanciere di un orologio) (*mecc.*), Spindel (*f.*). 12 ~ (tavola) (*legno - ed.*), Brett (*n.*). 13 ~ **accoppiato** (di una locomotiva) (*ferr.*), Kuppelachse (*f.*). 14 ~ **a crociera cardaniche** (asse snodato) (*mecc.*), Gelenkwelle (*f.*), Kardanwelle (*f.*). 15 ~ **a gomito** (*ferr.*), Kurbelachse (*f.*), Kropfachse (*f.*). 16 ~ **a manovella** (asse a gomito) (*ferr.*), Kurbelachse (*f.*), Kropfachse (*f.*). 17 ~ **anteriore** (sala anteriore) (*ferr.*), Vorderachse (*f.*). 18 ~ **a scartamento variabile** (sala a scartamento variabile) (*ferr.*), Umspurachse (*f.*), Spurwechselradsatz (*m.*). 19 ~ **baricentrico** (*geom. - mecc.*), Schwerachse (*f.*). 20 ~ **Bissel** (carrello ad un asse, carrello Bissel, sterzo Bissel) (*ferr.*), Bissel-Achse (*f.*), einachsiges Bissel-Gestell. 21 ~ **caricato in più punti** (*mecc.*), mehrfachtragende Achse. 22 ~ **cavo** (*mecc. - veic.*), rohrförmige Achse, Rohrachse (*f.*). 23 ~ **celeste** (*astr.*), Himmelsachse (*f.*), Weltachse (*f.*). 24 ~ **-chilometro** (prodotto del numero degli assi di un treno e del numero dei chilometri percorsi) (*ferr.*), Wagenachskilometer (*m.*). 25 ~ **coordinato** (*mat.*), Koordinatenachse (*f.*). 26 **assi corpo** (di un velivolo) (*aer.*), Achsenkreuz (*n.*), flugzeugfestes Achsenkreuz. 27 ~ **cristallografico** (*min. - ott.*), kristallographische Achse. 28 ~ **da disegno** (tavola da disegno) (*dis.*), Zeichenbrett (*n.*). 29 ~ **dei tempi** (base dei tempi) (*elettronica*), Zeitachse (*f.*), Zeitbasis (*f.*). 30 **assi dell'aeromobile** (assi corpo) (*aer.*), Achsenkreuz (*n.*), flugzeugfestes Achsenkreuz. 31 ~ **della ruota dentata** (asse dell'ingranaggio) (*mecc.*), Radachse (*f.*). 32 ~ **delle ascisse** (asse X) (*geom.*), Abzissenachse (*f.*), X-Achse (*f.*). 33 ~ **delle coordinate** (*mat.*), Koordinatenachse (*f.*). 34 ~ **delle ordinate** (asse Y) (*geom.*), Y-Achse (*f.*). 35 ~ **dell'ingranaggio** (asse della ruota dentata) (*mecc.*), Radachse (*f.*). 36 ~ **del perno del fuso a snodo** (asse del perno dello snodo, asse di incidenza, delle ruote anteriori) (*aut.*), Lenkachse (*f.*). 37 ~ **del timone** (anima del timone) (*nav.*), Ruderschaft (*m.*), Ruderspindel (*f.*). 38 **assi del velivolo** (*aer.*), Flugzeugachsen (*f. pl.*). 39 ~ **di beccheggio** (*aer. - veic.*), Nickachse (*f.*). 40 ~ **di deriva** (*aer.*), Holmachse (*f.*), Seitenkraftachse (*f.*). 41 ~ **di figura** (asse giroscopico, di un giroscopio) (*app. - navig.*), Figurenachse (*f.*). 42 ~ **di geminazione** (di cristalli) (*min.*), Zwillingsachse (*f.*). 43 ~ **di incidenza** (asse del perno dello snodo, delle ruote anteriori) (*aut.*), Lenkachse (*f.*). 44 ~ **di misura** (di un giroscopio, asse ortogonale all'asse di rotazione) (*app. - navig.*), Messachse (*f.*). 45 ~ **di portanza** (di un velivolo) (*aer.*), Auftriebsachse (*f.*). 46 ~ **di precessione** (di un giroscopio vincolato p. es.) (*app. - navig.*), vedi asse di uscita. 47 ~ **di resistenza** (di un velivolo) (*aer. - aerodin.*), Widerstandsachse (*f.*). 48 ~ **di ribaltamento**

asse (*mecc. - ecc.*), Kippachse (*f.*). **49 ~ di riferimento di entrata** (di un giroscopio o per la navigazione inerziale) (*app. - navig.*), Bezugsmessachse (*f.*). **50 ~ di rollìo** (*aut. - ecc.*), Rollachse (*f.*). **51 ~ di rotazione** (*mecc. - ecc.*), Drehachse (*f.*), Umdrehungsachse (*f.*), Rotationsachse (*f.*). **52 ~ di rotazione** (d'un pezzo) (*lav. macch. ut.*), Drehmitte (*f.*). **53 ~ di rotazione** (d'una sala montata) (*ferr.*), Eigendrehachse (*f.*). **54 ~ di rotazione istantaneo** (*mecc.*), Momentanachse (*f.*), augenblickliche Rotationsachse. **55 ~ di simmetria** (*geom.*), Symmetrieachse (*f.*). **56 ~ di stabilità trasversale** (collegante i due centri istantanei degli assi anteriore e posteriore) (*aut.*), Querstabilitätsachse (*f.*). **57 ~ di uscita** (di un giroscopio, asse dal quale viene prelevato il dato di misura) (*app. - navig.*), Abgriffachse (*f.*). **58 ~ fisso** (*veic.*), feststehende Achse. **59 ~ flangiato** (del ponte posteriore) (*aut.*), Flanschachse (*f.*), Trompetenachse (*f.*). **60 ~ flottante** (asse non portante, di un assale rigido) (*aut.*), fliegende Achswelle, Steckachse (*f.*). **61 ~ flottante** (*mecc.*), Schwebeachse (*f.*). **62 ~ focale** (*ott.*), Brennachse (*f.*). **63 ~ giroscopico** (asse di figura, d'un giroscopio) (*app.*), Figurenachse (*f.*). **64 assi inerziali** (sistema di riferimento inerziale) (*mecc.*), Inertialsystem (*n.*). **65 ~ istantaneo di rotazione** (*mecc.*), Momentandrehachse (*f.*). **66 ~ laterale** (di un velivolo od autoveicolo) (*aer. - aut.*), Seitenachse (*f.*), Querachse (*f.*). **67 ~ longitudinale** (di un velivolo od autoveicolo) (*aer.*) *aut.*), Längsachse (*f.*). **68 ~ longitudinale del veicolo** (*ferr. - ecc.*), Fahrzeuglängsachse (*f.*), Fahrzeugmittellinie (*f.*). **69 ~ matematico** (*mat.*), mathematische Achse. **70 ~ minore** (d'una ellisse) (*geom.*), kleine Achse. **71 ~ montato** (sala montata) (*ferr.*), Radsatz (*m.*), montierte Achse. **72 ~ motore** (*ferr.*), Treibachse (*f.*), Triebachse (*f.*). **73 ~ motore** (*veic.*), Treibachse (*f.*), Triebachse (*f.*). **74 ~ neutro** (*sc. costr.*), neutrale Achse, Null-Linie (*f.*), neutrale Faser. **75 ~ neutro del calibro** (di un cilindro di laminazione) (*lamin.*), Kaliberachse (*f.*). **76 ~ non motore** (*veic.*), Achse (*f.*). **77 ~ non portante** (di un assale rigido) (*aut.*), fliegende Achswelle. **78 ~ normale** (di un velivolo od autoveicolo) (*aer. - aut.*), Hochachse (*f.*). **79 ~ oscillante** (*veic.*), Schwingachse (*f.*), Pendelachse (*f.*). **80 ~ ottico** (*ott.*), optische Achse. **81 ~ perforato per tutta la sua lunghezza** (*ferr. - ecc.*), Achse mit durchgehender Bohrung. **82 ~ polare** (*fis.*), Stundenachse (*f.*). **83 ~ polare** (asse di rotazione della terra) (*geogr.*), Polarachse (*f.*). **84 ~ portaelica** (albero portaelica) (*nav.*), Schraubenwelle (*f.*). **85 ~ portante** (*veic.*), Tragachse (*f.*). **86 ~ portante** (semiasse portante, con ruota montata direttamente sul semialbero) (*aut.*), halbfliegende Achswelle. **87 assi portasatelliti** (d'un differenziale) (*aut.*), Trabantenachsen (*f. pl.*). **88 ~ primitivo** (asse dei punti primitivi, del cilindro generatore, di ingranaggi) (*mecc.*), Wälzachse (*f.*). **89 ~ principale** (*geom.*), Hauptachse (*f.*). **90 ~ principale di inerzia** (*sc. costr.*), Haupträgheitsachse (*f.*). **91 ~ principale d'inerzia** (linea collegante i baricentri di massa sugli assali anteriore e posteriore) (*aut.*), Hauptträgheitsachse (*f.*). **92 ~ radicale** (linea di potenza di due circoli) (*geom.*), Chordale (*f.*). **93 ~ scorrevole** (*mecc.*), verschiebbare Achse, Schiebeachse (*f.*). **94 ~ secondario** (*mat.*), Nebenachse (*f.*). **95 ~ semiportante** (con ruota tenuta contemporaneamente dalla scatola dell'assale e dal semialbero) (*aut.*), dreivierteltfliegende Achswelle. **96 ~ sterzante** (sala direttrice) (*ferr.*), Lenkachse (*f.*). **97 ~ terrestre** (*geol.*), Erdachse (*f.*). **98 ~ trasversale** (di un veicolo p. es.) (*aer. - aut.*), Querachse (*f.*). **99 ~ vento** (*aer.*), Windachse (*f.*). **100 ~ -vento trasversale** (*aer.*), Holmachse (*f.*), Seitenkraftachse (*f.*). **101 ~ verticale** (asse normale, di un veicolo p. es.) (*aer. - aut.*), Hochachse (*f.*), Lotachse (*f.*). **102 ~ Z** (*geom.*), Z-Achse (*f.*). **103 ad ~ posteriore sterzante** (*veic.*), hinterachsgelenkt, hinterradgelenkt. **104 a due assi** (*veic. - ecc.*), zweiachsig. **105 ad un solo ~** (monoasse) (*veic. - ecc.*), einachsig. **106 angolo tra gli assi** (angolo degli assi, di ingranaggi conici) (*mecc.*), Achsenwinkel (*m.*), Achswinkel (*m.*). **107 a quattro assi** (*veic. - ecc.*), vierachsig. **108 carico per ~** (*veic.*), Achslast (*f.*), Achsdruck (*m.*). **109 centratrice per assi** (*macch. ut.*), Achsenzentrierbank (*f.*). **110 estremità dell'~** (fuso dell'asse) (*veic. - aut.*), Achsstummel (*f.*). **111 galleria dell'~** (tunnel dell'asse portaelica) (*nav.*), Schraubenwellentunnel (*m.*), Wellentunnel (*n.*). **112 linea d'assi** (linea d'alberi) (*nav.*), Wellenleitung (*f.*). **113 motore d'~** (*ferr.*), Achsentriebmotor (*m.*). **114 spostamento degli assi** (di ingranaggi, sfalsamento degli assi) (*mecc.*), Achsversetzung (*f.*). **115 tunnel dell'~** (galleria dell'asse portaelica) (*nav.*), Wellentunnel (*m.*), Schraubenwellentunnel (*m.*).

assegnare (*gen.*), vergeben, zuteilen. **2 ~** (aggiudicare, una fornitura) (*comm.*), vergeben, zuschlagen.

assegnatario (aggiudicatario, di una fornitura p. es.) (*comm. - ecc.*), Zuteiler (*m.*).

assegnazione (*gen.*), Vergebung (*f.*), Zuteilung (*f.*). **2 ~** (aggiudicazione, di una fornitura) (*comm.*), Vergabe (*f.*), Zuschlag (*m.*), Vergebung (*f.*), Auftragserteilung (*f.*). **3 ~** (della lunghezza d'onda) (*radio*), Zuweisung (*f.*).

assegno (*finanz.*), Scheck (*m.*). **2 ~ a saldo** (*amm.*), Scheck zum Ausgleich. **3 ~ a vuoto** (assegno scoperto) (*finanz.*), ungedeckter Scheck, Scheck ohne Deckung. **4 ~ bancario** (*finanz.*), Bankscheck (*m.*), Bankanweisung (*f.*). **5 assegni familiari** (*lav. - pers.*), Familienzulage (*f.*), Familienunterstützung (*f.*). **6 ~ in bianco** (*finanz.*), Blankoscheck (*m.*). **7 ~ per i figli** (*lav.*), Kinderzuschlag (*m.*), Kinderzulage (*f.*), Kinderzuschuss (*m.*). **8 ~ sbarrato** (*finanz.*), gesperrter Scheck, gekreuzter Scheck. **9 contro ~** (*posta - ecc.*), gegen Nachnahme. **10 contro ~** (a carico del destinatario) (*trasp.*), unfrankiert.

assemblaggio (montaggio) (*mecc. - ecc.*), Zusammenbau (*m.*), Montage (*f.*). **2 nastro

per ~ (nastro trasportatore per particolari da assemblare) (ind.), Fügeband (n.).
assemblare (montare) (mecc. - ecc.), zusammenbauen, montieren.
assemblatore (programma traduttore) (calc.), Assembler (m.), Assemblierer (m.).
assemblea (riunione) (gen.), Versammlung (f.). 2 ~ **degli azionisti** (finanz.), Gesellschafterversammlung (f.). 3 ~ **generale** (degli azionisti p. es.) (finanz. - ecc.), Plenarversammlung (f.), Generalversammlung (f.). 4 **convocare un'** ~ (finanz.), eine Versammlung einberufen.
assenteismo (di lavoratori) (lav.), Abwesenheit (f.).
assenza (lav.), Fernbleiben (n.), Absenz (f.), Abwesenheit (f.). 2 ~ **di gravità** (assenza di peso) (fis. - astronautica), Schwerelosigkeit (f.), Schwerefreiheit (f.). 3 ~ **di peso** (assenza di gravità) (fis. - astronautica), Schwerelosigkeit (f.), Schwerefreiheit (f.). 4 ~ **ingiustificata** (lav.), unentschuldigtes Fernbleiben, Abwesenheit ohne Urlaub. 5 ~ **senza permesso** (lav. - ecc.), Abwesenheit ohne Urlaub. 6 ~ **senza permesso** (giorno di assenza) (lav.), Bummeltag (m.). 7 **tasso di assenze** (lav.), Abwesenheitsrate (f.).
assepalo (palopiano, per palancolate) (costr. idr.), Spundpfahl (m.).
asservimento (collegamento interdipendente tra due elementi di un meccanismo) (elettromecc.), Verriegelung (f.). 2 ~ (nei giroscopi, compensazione delle coppie perturbatrici) (navig.), Stützen (n.). 3 ~ **d'interdizione** (elettromecc.), Verblockung (f.), Verriegelung (f.). 4 ~ **elettrico** (d'un movimento p. es.) (macch.), elektrische Verriegelung. 5 **circuito di** ~ (elettronica), Verriegelungskreis (m.), Verriegelungsschaltung (f.), Verriegelungsstromkreis (m.).
asservito (elettromecc.), verriegelt.
assessore (amm.), Gemeinderat (m.), Beigeordnete (m.).
assestabilità (raddrizzabilità, d'un pezzo fucinato p. es., dopo il trattam. termico) (tecnol. mecc.), Richtbarkeit (f.).
assestamento (cedimento) (ed.), Setzung (f.), Senkung (f.). 2 ~ (di un fucinato dopo la sbavatura, operazione in stampo per correggere difetti di forma) (fucinatura), Richten (n.). 3 ~ (operazione a stampo per ottenere caratteristiche dimensionali precise) (lav. di lamiere), Prägen (n.), Kalibrieren (n.). 4 ~ (delle fasce elastiche p. es.) (mecc.), Setzen (n.). 5 ~ (accorciamento iniziale, di molle alle prime compressioni) (mecc.), Setzen (n.). 6 ~ (rodaggio) (macch.), Einlauf (m.). 7 ~ (del modello) (fond.), Einklopfen (n.). 8 ~ **da costipazione** (ed.), Verdichtungssetzung (f.). 9 **cricca di** ~ (cricca da raddrizzatura, d'un pezzo forgiato) (tecnol. mecc.), Richtriss (m.). 10 **macchina per l'** ~ **del binario** (macch. - ferr.), Gleisstopfmaschine (f.), Schwellenstopfmaschine (f.). 11 **periodo di** ~ (di una macchina, periodo di rodaggio) (mecc.), Einlaufzeit (f.). 12 **quoziente di** ~ (modulo di reazione del terreno) (ed.), Drucksetzungsquotient (m.), Bettungsziffer (f.), Planungsmodul (m.), Bodenziffer

(f.). 13 **tracce di** ~ (segni di assestamento) (mecc.), Einlaufspuren (f. pl.). 14 **usura di** ~ (mecc.), Einlaufverschleiss (m.).
assestare (un fucinato, dopo la sbavatura, per correggere piccole deformazioni) (fucinatura). 2 ~ (lav. di lamiere), prägen, kalibrieren. 3 ~ (montare, gli stampi su un maglio) (fucinatura), einrichten. 4 ~ (rodare) (macch. - mecc.), einlaufen.
assestarsi (ed.), setzen, sich setzen. 2 ~ (rodarsi, di una macchina ecc.) (mecc.), einlaufen. 3 ~ (delle fasce elastiche p. es.) (macch.), sich setzen.
assettamento (messa in assetto) (nav.), Trimmen (n.). 2 **prova di** ~ (per misurare la consistenza del calcestruzzo fresco) (mur.), Ausbreitmassprüfung (f.).
assettare (nav.), trimmen.
assettina (mensolina, sistemata generalmente sotto lo specchio e sopra il lavabo) (ed.), Abstellplatte (f.).
assetto (di una nave p. es.) (nav. - aer.), Trimm (m.), Trimmlage (f.), Trimmung (f.). 2 ~ **di guida** (in una autovettura) (aut.), Sitzposition (f.). 3 ~ **di volo** (aer.), Flugtrimmlage (f.). 4 ~ **longitudinale** (aer.), Längstrimmung (f.). 5 **cassa d'acqua d'** ~ (di un sommergibile) (mar. milit.), Trimmzelle (f.). 6 **correttore di** ~ (aer.), Trimmfläche (f.), Trimmklappe (f.). 7 **fuori** ~ (aer. - nav.), vertrimmt. 8 **giusto** ~ (di una nave) (nav.), Pass (m.), richtige Lage. 9 **indicatore di** ~ (strum. aer.), Trimmanzeiger (m.), Trimmungsanzeiger (m.). 10 **stabilizzatore di** ~ (di un razzo p. es.) (aer.), Trimmklappe (f.). 11 **treno ad** ~ **variabile** (pendolino) (ferr.), Pendelzug (m.). 12 **variare l'** ~ (nav.), den Trimm ändern. 13 **variazione di** ~ (nav. - aer.), Trimmänderung (f.). 14 **zavorra di** ~ (nav. - aer.), Trimmballast (m.).
assiale (gen.), axial, mittig. 2 ~ (geom. - ecc.), axial. 3 **gioco** ~ (mecc.), Längsspiel (n.), Stirnspiel (n.). 4 **piano** ~ (gen.), Achsenebene (f.). 5 **spinta** ~ (mecc. - ecc.), Achsenlängsschub (m.).
assialsimmetrico (simmetrico rispetto all'asse) (dis. - mecc. - ecc.), achsensymmetrisch.
assicella (da 3 a 5 m di lunghezza) (ed.), Latte (f.). 2 ~ **di copertura** (scidula, di un tetto) (ed.), Schindel (f.). 3 ~ **per spianare** (ut. ed. - mur.), Abziehlatte (f.).
assicurare (gen.), versichern. 2 ~ (fissare, un bullone p. es.) (mecc.), festmachen, befestigen, sichern. 3 ~ (con assicurazione) (finanz.), versichern. 4 ~ **con calzatoie** (fissare con calzatoie, un veicolo su un carro ferroviario p. es.) (ferr. - aut.), verklotzen. 5 ~ **con filo** (frenare con filo, dadi p. es.) (mecc.), mittels Draht sichern. 6 ~ **con ramponi** (fissare con grappe, fissare con ramponi) (carp.), verklammern.
assicurata (lettera assicurata) (posta), Wertbrief (m.).
assicurato (s. - finanz.), Versicherungsnehmer (m.), Assekurat (m.). 2 **pacco** ~ (posta), Wertpaket (n.), Wpkt.
assicuratore (finanz.), Versicherungsgeber (m.), Assekurateur (m.), Assekurant (m.).
assicurazione (finanz. - leg.), Versicherung (f.).

assiemare

2 ~ **antincendi** (*finanz.*), Feuerversicherung (*f.*), Brandversicherung (*f.*). 3 ~ **automobilistica** (*aut.*), Kraftfahrzeugversicherung (*f.*). 4 ~ **collettiva** (*finanz. - leg.*), Gruppenversicherung (*f.*), Kollektivversicherung (*f.*). 5 ~ **contro gli incendi** (*finanz. - leg.*), Brandversicherung (*f.*), Feuerversicherung (*f.*). 6 ~ **contro gli infortuni** (*lav. - finanz.*), Unfallversicherung (*f.*). 7 ~ **contro gli infortuni sul lavoro** (*lav.*), Arbeitsunfallversicherung (*f.*). 8 ~ **contro i danni del maltempo** (*agric.*), Unwetterversicherung (*f.*). 9 ~ **contro i furti** (*leg. - finanz.*), Diebstahlversicherung (*f.*). 10 ~ **contro i rischi di responsabilità civile** (*aut. - leg.*), Haftpflichtversicherung (*f.*). 11 ~ **contro la disoccupazione** (*lav.*), Erwerbslosenversicherung (*f.*), Arbeitslosenversicherung (*f.*). 12 ~ **contro l'invalidità** (assicurazione di invalidità) (*lav.*), Invalidenversicherung (*f.*). 13 ~ **contro terzi** (assicurazione per responsabilità civile) (*aut. - ecc.*), Haftpflichtversicherung (*f.*). 14 ~ **contro tutti i rischi** (*finanz.*), Vollkaskoversicherung (*f.*). 15 ~ **di invalidità** (assicurazione contro l'invalidità) (*lav.*), Invaliditätsversicherung (*f.*). 16 ~ **(di) vecchiaia** (*lav.*), Altersversicherung (*f.*). 17 ~ **malattie** (*organ. lav.*), Krankenversicherung (*f.*). 18 ~ **marittima** (*nav.*), Seeversicherung (*f.*), Seeassekuranz (*f.*). 19 ~ **obbligatoria** (*lav. - aut.*), Pflichtversicherung (*f.*), Zwangsversicherung (*f.*), obligatorische Versicherung (*f.*). 20 ~ **-pensione** (*lav.*), Rentenversicherung (*f.*). 21 ~ **per i danni del mezzo di trasporto** (*finanz.*), Kaskoversicherung (*f.*). 22 ~ **per i minatori** (*min.*), Knappschaftsversicherung (*f.*). 23 ~ **per responsabilità civile** (assicurazione contro terzi) (*aut. - ecc.*), Haftpflichtversicherung (*f.*). 24 ~ **per responsabilità verso terzi** (*finanz. - aut.*), Haftpflichtversicherung (*f.*). 25 ~ **sociale** (*ind. - lav.*), Sozialversicherung (*f.*). 26 ~ **sulla vita** (*finanz.*), Lebensversicherung (*f.*). 27 ~ **vecchiaia** (*lav.*), Altersversicherung (*f.*). 28 **agente di assicurazioni** (*finanz.*), Verisicherungsmakler (*m.*), Versicherungsagent (*m.*). 29 **contratto di** ~ (*finanz.*), Versicherungsvertrag (*m.*). 30 **istituto di** ~ **contro gli infortuni sul lavoro** (*lav.*), Berufsgenossenschaft (*f.*), VBG. 31 **modulo verde di** ~ (per autoveicoli) (*aut.*), Versicherungskarte (*f.*). 32 **obbligo di** ~ (*lav. - ecc.*), Versicherungspflicht (*f.*). 33 **polizza di** ~ (*finanz.*), Versicherungsschein (*m.*), Police (*f.*), Polizze (*f.*). 34 **premio di** ~ (*finanz.*), Versicherungsbeitrag (*m.*), Prämie (*f.*).

assiemare (montare) (*gen.*), zusammenbauen.
assiematura (montaggio) (*gen.*), Zusammenbau (*m.*).
assile (asse, sala sciolta) (*ferr.*), Achse (*f.*), Radachse (*f.*). 2 ~ (*ferr.*), vedi anche sala, asse. 3 ~ **anteriore** (sala anteriore) (*ferr.*), Leitachse (*f.*), Vorderachse (*f.*). 4 ~ **perforato per tutta la sua lunghezza** (*ferr.*), Achse mit durchgehender Bohrung, hohlbohrte Achse. 5 ~ **motore** (*ferr.*), Treibachse (*f.*), Triebachse (*f.*). 6 ~ **portante** (*ferr.*), Tragachse (*f.*), Laufachse (*f.*).
assimilazione (*chim.*), Assimilation (*f.*).
assioma (postulato) (*mat.*), Axiom (*n.*). 2 ~ **di numerabilità** (*mat.*), Abzählbarkeitsaxiom (*n.*).
assiomatico (metodo p. es.) (*mat.*), axiomatisch.
assiometro (indicatore di posizione del timone) (*nav.*), Ruderzeiger (*m.*), Axiometer (*n.*).
assistente (*gen.*), Beistand (*m.*), Assistent (*m.*). 2 ~ (aiutante) (*lav. - pers.*), Gehilfe (*m.*). 3 ~ **chimico** (*lav. chim.*), Laborant (*m.*), chemischer Laborant. 4 ~ **di bordo** (*nav. - aer.*), Stewardess (*f.*). 5 ~ **di farmacia** (*lav. - farm.*), Rezeptar (*m.*), Apothekerassistent (*m.*). 6 ~ **di laboratorio** (*ind. - lav.*), Laborant (*m.*). 7 ~ **di volo** (« hostess ») (*aer.*), Luftstewardess (*f.*). 8 ~ **edile** (*ed.*), Bauführer (*m.*). 9 ~ **sociale** (*ind. - pers.*), Fürsorgerin (*f.*), Betriebsfürsorgerin (*f.*), Sozialfürsorgerin (*f.*).
assistenza (*gen.*), Betreuung (*f.*), Bedienung (*f.*). 2 ~ (per la vecchiaia p. es.) (*lav. - ecc.*), Versorgung (*f.*). 3 ~ (servizio di assistenza) (*aut. - ecc.*), Dienst (*m.*). 4 ~ **clienti** (*aut. - ecc.*), Kundendienst (*m.*). 5 ~ **medica** (*ind. - lav.*), ärztliche Betreuung. 6 ~ **sanitaria** (*pers.*), Gesundheitsfürsorge. 7 ~ **sociale** (*pers.*), Fürsorge (*f.*), soziale Fürsorge, Sozialfürsorge (*f.*). 8 ~ **sociale dei disoccupati** (*lav.*), Arbeitslosenfürsorge (*f.*), ALF. 9 ~ **tecnica** (per forniture p. es.) (*ind.*), technische Betreuung. 10 **fondo di** ~ (*lav. - ecc.*), Unterstützungsfond (*m.*). 11 **officina di** ~ (*aut.*), Kundendienstbetrieb (*m.*).
assito (tavolato) (*ed.*), Dielenbelag (*m.*), Bohlenbelag (*m.*), Dielenwerk (*n.*), Plankung (*f.*). 2 ~ (steccato) (*ed.*), Bauzaun (*m.*), Bretterzaun (*m.*). 3 ~ (per l'appoggio dei palchetti) (*ed.*), Blindboden (*m.*), Blendboden (*m.*).
associarsi (*leg.*), vergesellschaften.
associazione (*comm. - ecc.*), Verband (*m.*), Bund (*m.*), Assoziation (*f.*). 2 ~ (unione) (*gen.*), Verein (*m.*). 3 ~ (gruppo sociale) (*lav. - ecc.*), Bund (*m.*). 4 ~ (sindacato) (*ind. - ecc.*), Kontor (*n.*), Syndikat (*f.*). 5 ~ **cooperativa** (società) (*gen.*), Genossenschaft (*f.*). 6 ~ **dei datori di lavoro** (*organ. lav.*), Arbeitgeberverband (*m.*). 7 ~ **stellare** (*astr.*), Sternassoziation (*f.*), Sterngesellschaft (*f.*). 8 ~ **Tedesca Prove Materiali** (*tecnol.*), Deutscher Verband für Materialprüfung, DVM. 9 **quota di** ~ (*gen.*), Mitgliedsbeitrag (*m.*).
assoluto (*fis. - ecc.*), absolut. 2 ~ (segnale; non permissivo) (*ferr.*), unbedingt, absolut. 3 **temperatura assoluta** (*fis.*), absolute Temperatur. 4 **velocità assoluta** (velocità suolo, velocità vera, velocità effettiva) (*aer.*), Absolutgeschwindigkeit (*f.*). 5 **zero** ~ (—273,16 °C) (*fis.*), absoluter Nullpunkt.
assonometria (*geom.*), Axonometrie (*f.*). 2 ~ **a sistema monometrico** (proiezione isometrica) (*dis.*), isometrische Projektion.
assonometrico (*geom.*), axonometrisch.
assorbente (*a. - carta - ecc.*), saugfähig. 2 ~ (mezzo assorbente) (*s. - chim.*), Absorbens (*m.*). 3 ~ **neutro** (assorbente non selettivo, filtro neutro, filtro grigio) (*ott.*), grau absorbierender Körper.
assorbenza (d'una carta) (*prove - carta*),

Saugfähigkeit (f.), Aufnahmevermögen (n.). 2 ~ all'acqua (d'una carta) (tecnol.), Wasseraufnahmevermögen (n.).

assorbimento (della luce, da parte di un corpo attraversato dalla stessa) (fis.), Absorption (f.). 2 ~ (di gas p. es., da parte di liquidi) (chim.), Absorption (f.), Aufnahme (f.). 3 ~ (di molecole gassose sopra superfici solide o liquide) (chim.), Sorption (f.). 4 ~ (smorzamento, attenuazione, del suono) (fis. - acus.), Schluckung (f.), Absorption (f.). 5 ~ (di corrente, potenza) (elett.), Entnahme (f.), Bedarf (m.), Aufwand (m.). 6 ~ (capacità di assorbimento, p. es. di vapore consumato da una turbina) (macch.), Schluckfähigkeit (f.). 7 ~ («getterizzazione») (elettronica - tecnica del vuoto), Gettern (n.). 8 ~ (rilievo, d'una società) (finanz.), Übernahme (f.). 9 ~ **acustico** (acus.), Schallabsorption (f.), Schallschluckung (f.). 10 ~ di calore (fis.), Wärmeaufnahme (f.). 11 ~ **di corrente** (elett.), Stromentnahme (f.). 12 ~ **di lavoro** (lavoro assorbito) (mecc. - ecc.), Arbeitsaufnahme (f.). 13 ~ **di olio** (per fissare i pigmenti) (vn.), Ölbedarf (m.). 14 ~ **di ossigeno** (arricchimento di ossigeno, ossigenazione, di acque) (idr. - biochim.), Sauerstoffaufnahme (f.). 15 ~ **di potenza** (potenza assorbita) (macch.), Leistungsbedarf (m.). 16 ~ **ionico** (pompaggio ionico) (tecn. del vuoto), Ionenpumpen (n.). 17 ~ **massimo** (elett.), Bedarfsspitze (f.). 18 **ad ~ di energia** (zona d'impatto di un'autovettura p. es. (aut.), energie-vernichtend. 19 **bande di ~** (ott.), Absorptionsbanden (n. pl.), 20 **capacità di ~** (assorbimento, p. es. di vapore consumato da una turbina) (macch.), Schluckfähigkeit (f.). 21 **capacità di ~ di cloro** (chim.), Chlorbindungsvermögen (n.), Chlorzehrung (f.). 22 **coefficiente di ~ acustico** (acus.), Schallabsorptionsgrad (m.). 23 **fattore di ~** (della luce) (ott.), Absorptionsgrad (m.). 24 **fattore di ~** (potere assorbente) (fis. chim.), Saugfähigkeit (f.). 25 **macchina frigorifera ad ~** (macch.), Sorptionskältemaschine (f.). 26 **sezione d'urto per ~** (fis. nucl.), Absorptions-Querschnitt (m.), Spaltprodukt-Querschnitt (m.). 27 **silenziatore ad ~** (acus. - mot. - ecc.), Absorptionsdämpfer (m.). 28 **spettro di ~** (ott.), Absorptions-Spektrum (n.).

assorbimetro (fis. - chim. - app.), Absorptionsmessgerät (n).

assorbire (la luce p. es., da parte di un corpo) (fis.), absorbieren. 2 ~ (gas p. es., da parte di un liquido) (chim.), annehmen, absorbieren. 3 ~ (smorzare, il suono) (acus.), schlucken. 4 ~ (corrente, potenza) (elett.), entnehmen, aufnehmen, abnehmen. 5 ~ (il calore p. es.) (fis.), aufnehmen, absorbieren. 6 ~ (dei colpi, da parte dei pneumatici p. es.) (aut. - ecc.), schlucken. 7 ~ (sostenere, la spinta di un arco p. es.) (ed.), fangen, abfangen. 8 ~ (il carico) (mot.), übernehmen. 9 ~ (vibrazioni p. es.) (mecc. - ecc.), auffangen. 10 ~ (urti) (gen.), abfangen.

assorbito (energia, potenza ecc.) (macch. - elett.), abgenommen, aufgenommen.

assorbitore («getter», per togliere tracce di gas in un tubo a vuoto) (app. elett.), Getter (m.). 2 ~ (di neutroni) (fis. atom.), Absorbermaterial (n.). 3 ~ **di calore** (dissipatore di calore, termodispersore; d'un impianto di frenatura, per accumulare il calore generato dall'attrito) (veic.), Feststoffspeicher (m.). 4 ~ **di calore** (term.), vedi anche termodispersore e dissipatore di calore.

assortimento (di merci) (comm.), Sortiment (n.), Auswahl (f.).

assortire (separare) (gen.), sortieren.

assottigliamento (gen.), Verdünnung (f.). 2 ~ **della punta** (assottigliamento del nocciolo, di una punta da trapano) (ut.), Kernausspitzen (n.).

assottigliare (mecc. - ecc.), dünner machen, verdünnen.

assumere (nuovi operai p. es.) (pers. - lav.), einstellen, anstellen.

assumersi (accollarsi, i debiti di qualcuno p. es.) (finanz. - ecc.), übernehmen.

assunzione (di nuovi operai p. es.) (lav. - pers.), Einstellung (f.), Anstellung (f.). 2 ~ (di un incarico p. es.) (gen.), Übernahme (f.). 3 ~ **di informazioni** (gen.), Informationsübernahme (f.). 4 **domanda di ~** (lav. - pers.), Bewerbung (f.). 5 **fare domanda di ~** (lav. sich (um eine Stelle) bewerben, eine Stelle anmelden. 6 **intervista preassunzione** (pers.), Einstellungsinterview (n.). 7 **lettera di ~** (lav. - pers.), Anstellungsbrief (m.), Anstellungsschreiben (n.). 8 **modulo di ~** (lav. - pers.), Aufnahmebogen (m.). 9 **visita medica preassunzione** (pers.), ärztliche Einstellungsuntersuchung.

asta (barra) (gen.), Stange (f.), Stab (m.). 2 ~ (di una travatura) (ed.), Stab (m.). 3 ~ (mecc. - ecc.), Stange (f.), Stab (m.). 4 ~ (di trivellazione) (min.), Gestänge (n.). 5 ~ (vendita all'asta) (comm.), Auktion (f.), Versteigerung (f.). 6 ~ **a forcella** (per la posa di fili p. es.) (telef. - ecc.), Drahtgabel (f.). 7 ~ **caricata di punta** (sc. costr.), Knickstab (m.). 8 ~ **cava** (asta tubolare) (min.), Rohrgestänge (n.). 9 ~ **con segnatoio** (di un planimetro) (app.), Fahrarm (f.). 10 ~ **cremagliera** (asta del regolatore, cremagliera della pompa di iniezione di un mot. Diesel) (mot.), Regelstange (f.). 11 ~ **del bilanciere** (mot.), Stossstange (f.), Ventilanhubstange (f.), Anhubstange (f.). 12 ~ **del cassetto** (macch. a vapore), Schieberstange (f.), Schieberspindel (f.). 13 ~ **della pompa** (min.), Pumpengestänge (n.). 14 ~ **dello stantuffo** (stelo dello stantuffo) (macch. a vapore), Kolbenstange (f.). 15 ~ **del parafulmine** (disp. elett.), Fangstange (f.), Ableitstange (f.). 16 ~ **del regolatore** (di un motore Diesel; cremagliera del regolatore) (mot.), Regulierstange (f.). 17 ~ **dentata** (dentiera) (mecc.), Zahnstange (f.). 18 ~ **diagonale** (di una vela) (nav.), Spriet (n.), Sprett (n.). 19 ~ **diagonale** (ed.), Diagonale (f.). 20 ~ **diagonale** (della travata) **del ponte** (ed.), Brückenstrebe (f.), Diagonale (f.). 21 ~ **di comando** (di uno scambio a mano) (ferr.), Stellstange (f.). 22 ~ **di emergenza** (asta di sicurezza) (fis. atom.), Abschalstab (m.). 23 ~ **di fiocco** (nav.), Klüverbaum (m.). 24 ~ **di guida** (mecc. - ecc.), Führungsstab (m.). 25 ~ **di livello** (per l'olio lubrificante) (mot.),

astaticità

Mess·stab (*m.*), Pegelstab (*m.*). **26 ~ di livello** (indicatore di livello, dell'acqua p. es.) (*idr.*), Eichstab (*m.*), Eichpfahl (*m.*), Peilstab (*m.*), Pegelstab (*m.*), Lattenpegel (*m.*), Messlatte (*f.*). **27 ~ di perforazione** (*min.*), Bohrstange (*f.*), Bohrgestänge (*n.*). **28 ~ di presa** (corrente) (*veic. elett.*), Abnehmerstange (*f.*). **29 ~ di punteria** (*mot. - mecc.*), Stoss·stange (*f.*), Anhubstange (*f.*), Stösselschaft (*m.*). **30 ~ di sicurezza** (asta di emergenza) (*fis. atom.*), Abschaltstab (*m.*). **31 ~ di sospensione** (di un ponte sospeso) (*costr. di ponti*), Hänger (*m.*), Hängestange (*f.*). **32 ~ di spinta** (della valvola, asta di punteria) (*mot.*), Stoss·stange (*f.*), Anhubstange (*f.*), Stösselschaft (*m.*). **33 ~ di trascinamento** (asta quadra, per trivellazione rotativa) (*min.*), Mitnehmerstange (*f.*), Vierkantstange (*f.*). **34 ~ di trasporto a cadenza** (dalla stazione di caricamento, attraverso quelle di lavorazione, fino alla stazione di scarico; in una linea transfer p. es.) (*macch. ut.*), Taktstange (*f.*). **35 ~ di trazione** (per fissare utensili) (*ut.*), Anzugstange (*f.*). **36 ~ giudiziaria** (*leg.*), Zwangsversteigerung (*f.*), Subhastation (*f.*), gerichtliche Versteigerung. **37 ~ (indicatrice) di livello** (per misurare la quantità dell'olio p. es.) (*mot.*), Pegelstab (*m.*), Mess·stab (*m.*). **38 ~ longitudinale** (tirante longitudinale comando sterzo) (*aut.*), Schubstange (*f.*), Lenkstange (*f.*), Lenkschubstange (*f.*). **39 ~ millimetrata verticale** (*mecc. - ecc.*), Standmass (*n.*). **40 ~ per presa di corrente** (*veic. elett.*), Stromabnehmerstange (*f.*). **41 ~ pesante** (parte dell'asta di trivellazione) (*min.*), Schwerstange (*f.*). **42 ~ polare** (d'un planimetro) (*app.*), Polararm (*m.*). **43 ~ porta-ago** (d'una macchina per cucire) (*macch. tess.*), Nadelstange (*f.*). **44 ~ saltellante** (detonometro di Midgley) (*mot.*), Springstab (*m.*). **45 ~ scarica** (di una travatura) (*ed.*), Blindstab (*m.*), spannungsloser Stab. **46 ~ scorrevole** (di un cinematismo articolato) (*mecc.*), Gleitstange (*f.*). **47 ~ trasversale** (tirante trasversale, dello sterzo) (*aut.*), Spurstange (*f.*). **48 ~ tubolare** (asta cava) (*min.*), Rohrgestänge (*n.*). **49 ~ verticale** (di una travatura) (*ed.*), Vertikale (*f.*). **50 costante elastica di ~** (variazione di lunghezza da carico unitario di trazione o compressione) (*sc. costr.*), Stabkonstante (*f.*). **51 inflessione laterale dell'~** (*sc. costr.*), Stabknickung (*f.*). **52 mettere all'~** (*comm. - leg.*), auktionieren, versteigern. **53 vendere all'~** (*comm. - leg.*), versteigern.

astaticità (*fis.*), Astasierung (*f.*).
astatico (*a. - fis.*), astatisch. 2 ~ (isodromo, regolatore) (*regol.*), astatisch. 3 regolatore ~ (*app.*), astatischer Regler.
astatinio (elemento radioatt.) (*At - radioatt.*), Astatin (*n.*), Astatium (*n.*).
astatizzare (*fis.*), astatisieren.
astato (elemento chim. radioattivo) (*At - n. - chim.*), Astat (*n.*), Astatium (*n.*).
« asteriscare » (segnare con asterisco) (*tip. - ecc.*), mit einem Sternchen versehen.
asterisco (*tip.*), Sternzeichen (*n.*), Stern (*m.*), Sternchen (*n.*).
asterismo (*min.*), Asterismus (*m.*).

asteroide (pianetoide, piccolo pianeta) (*astr.*), Planetoid (*m.*), Asteroid (*m.*).
astigmatico (*ott.*), astigmatisch.
astigmatismo (*ott.*), Zweischalenfehler (*m.*), Astigmatismus (*m.*).
astigmometro (oftalmometro) (*app. - ott.*), Ophtalmometer (*n.*).
astina (*gen.*), Stab (*m.*). 2 ~ (stilo, tastatore, di un comparatore p. es.) (*strum.*), Fühler (*m.*), Tastfuss (*m.*). 3 ~ **di contatto** (levetta di contatto) (*elettromecc.*), Kontaktfinger (*m.*), Kontakthebel (*m.*). 4 ~ **di livello (dell'olio)** (astina indicatrice del livello dell'olio) (*mot.*), Ölmesstab (*m.*).
astragalo (modanatura, di colonna ionica) (*arch.*), Astragalus (*m.*), Perlstab (*m.*).
astrobussola (*navig. - app.*), Astrokompass (*m.*).
astrodomo (*aer.*), Astrokuppel (*f.*).
astrofisica (*astr.*), Astrophysik (*f.*).
astrofotografia (*astr. - fot.*), Astrophotographie (*f.*).
astrografo (*astr. - app.*), Astrograph (*m.*).
astrolabio (balestriglia, antico strumento per misurare altitudini) (*strum. astr. - nav.*), Astrolabium (*n.*).
astrometro (siriometro; unità di lunghezza = 10^6 unità astronomiche) (*astr.*), Siriometer (*m.*).
astronauta (cosmonauta), Astronaut (*m.*), Kosmonaut (*m.*).
astronautica (cosmonautica) (*astronaut.*), Raumschiffahrt (*f.*) Weltraumfahrt (*f.*), Astronautik (*f.*).
astronave (*astronaut.*), Raumschiff (*n.*).
astronomia (*astr.*), Himmelskunde (*f.*), Astronomie (*f.*). 2 radio ~ (*radio - astr.*), Radioastronomie (*f.*), Hochfrequenzastronomie (*f.*).
astronomico (*astr.*), astronomisch. 2 **unità astronomica** (distanza media tra il Sole e la Terra, pari a 149.500.000 km) (*astr.*), Sonnenweite (*f.*), Erdweite (*f.*), Astronomische Einheit.
astronomo (*astr.*), Astronom (*m.*).
astuccio (scatola) (*ind.*), Büchse (*f.*), Behälter (*m.*). 2 ~ (di un termometro p. es.) (*gen.*), Hülse (*f.*). 3 ~ (borsa, di un attrezzo ecc., di pelle p. es.) (*strum. - att.*), Tasche (*f.*). 4 ~ **dell'albero portaelica** (astuccio dell'asse portaelica, astuccio dell'albero dell'elica) (*nav.*), Stevenrohr (*n.*), Sternrohr (*n.*), Wellenaustrittrohr (*n.*), Wellenhose (*f.*). 5 ~ **per occhiali** (*ott.*), Brillenfutteral (*n.*). 6 ~ **per posta pneumatica** (cartuccia per posta pneumatica) (*posta*), Rohrpostbüchse (*f.*).
At (astato) (*radioatt. - chim.*), At, Astat (*n.*).
at (atmosfera tecnica = 1 kp/cm^2 = 735,7 mm Hg) (*unità di mis.*), at, technische Atmosphäre.
ata (atmosfera assoluta) (*unità di mis.*), ata, absolute Atmosphäre.
atattico (polimero p. es.) (*ind. plastica*), ataktisch.
ate (atmosfera effettiva, atmosfera relativa) (*mis.*), atü, atmosphärisches Überdruck.
atermano (opaco alle radiazioni termiche) (*term.*), atherman.

ATG (analisi termogravimetrica)(*chim.*), TGA, thermogravimetrische Analyse.
atletica (*sport*), Athletik (*f.*). **2 ~ leggera** (*sport*), Leichtathletik (*f.*). **3 ~ pesante** (*sport*), Schwerathletik (*f.*).
atm (atmosfera fisica = 760 mm Hg) (*fis.*), atm, physikalische Atmosphäre.
atmosfera (*unità di mis.*), Atmosphäre (*f.*), Atmosphärendruck (*m.*). **2 ~** (*meteor. - geofis.*), Atmosphäre (*f.*). **3 ~** (sul bagno di metallo liquido p. es.) (*fond. - forno*), Atmosphäre (*f.*), Umgebung (*f.*). **4 ~ assoluta** (riferita al vuoto) (*unità fis.*), ata, absolute Atmosphäre. **5 ~ chimica** (da 35 a 90 km di altezza) (*geofis.*), Chemosphäre (*f.*). **6 ~ controllata** (atmosfera regolata) (*tratt. term. - metall.*), geregelte Atmosphäre. **7 ~ controllata** (atmosfera protettiva) (*forno - ecc.*), Schutzatmosphäre (*f.*), Schutzgas (*n.*), **8 ~ fisica** (760 mm Hg = 1,033227 atmosfere tecniche) (*unità di mis.*), physikalische Atmosphäre, atm. **9 ~ inerte** (atmosfera protettiva) (*forno - metall.*), Schutzatmosphäre (*f.*). **10 ~ neutra** (*metall. - fond.*), neutrale Atmosphäre. **11 ~ normale** (0 °C e 760 mm Hg) (*meteor. - fis.*), Normalatmosphäre (*f.*). **12 ~ ossidante** (*metall. - fond.*), oxydierende Atmosphäre. **13 ~ protettiva** (atmosfera inerte) (*forno - metall.*), Schutzatmosphäre (*f.*). **14 ~ relativa** (oltre la pressione atmosferica) (*unità di mis.*), atü, atmosphärischer Überdruck über 1 at. **15 ~ tecnica** (at = 1 kp/cm^2 = 735,7 mm Hg) (*unità di mis.*), technische Atmosphäre, at. **16 ~ terrestre** (*meteor. - geofis.*), Erdatmosphäre (*f.*). **17 ~ tipo** (aria tipo) (*aer. - meteor.*), Norm-Atmosphäre (*f.*). **18 ~ tipo internazionale** (aria tipo internazionale, a 15 °C e 760 mm Hg) (*geofis.*), internationale Norm-Atmosphäre. **19 prova in ~ salina** (prova di corrosione) (*tecnol.*), Bewitterungsversuch (*m.*).
atmosferico (*gen.*), atmosphärisch. **2 condizioni atmosferiche** (*meteor.*), atmosphärische Bedingungen. **3 cambiamento repentino delle condizioni atmosferiche** (*meteor.*), Witterungsumschwung (*f.*).
atodite (autoreattore, statoreattore) (*mot. a getto*), Staustrahltriebwerk (*n.*), Athodyd (*m.*).
atollo (*geogr.*), Ringriff (*n.*), Atoll (*n.*).
atomicità (*fis.*), Atomizität (*f.*).
atomico (*chim. - fis.*), atomisch, atomar. **2 calore ~** (calore necessario ad elevare di 1 °C la temperatura di un grammoatomo) (*chim.*), Atomwärme (*f.*). **3 centrale atomica** (*fis. atom. - ind.*), Atomkraftwerk (*n.*). **4 coesione atomica** (*fis.*), atomare Haftung. **5 energia atomica** (energia nucleare) (*fis. atom.*), Atomenergie (*f.*). **6 idrogeno ~** (*chim.*), atomarer Wasserstoff. **7 legame ~** (*fis. atom.*), Atombindung (*f.*), atomare Bindung. **8 migrazione atomica** (*fis. atom.*), Atomwanderung (*f.*). **9 modello ~** (modello di atomo, schema della struttura dell'atomo) (*fis. atom.*), Atommodel (*n.*). **10 momento ~** (*fis.*), Atommoment (*n.*). **11 numero ~** (*chim.*), Atomzahl (*f.*), Atomziffer (*f.*), Atomnummer (*f.*). **12 orologio ~** (*orologio*), Atomuhr (*f.*). **13 % ~** (percentuale atomica, in un sistema binario p. es.) (*metallografia*), At. - %. **14 pila atomica** (reattore nucleare) (*fis. atom.*), Atommeiler (*m.*). **15 sommergibile ~** (*mar. milit.*), Atom-U-Boot (*n.*). **16 usura atomica** (causata da migrazione di atomi) (*mecc.*), atomarer Verschluss. **17 volume ~** (*chim.*), Atomvolumen (*n.*).
atomo (*chim. - fis.*), Atom (*n.*). **2 ~ centrale** (atomo coordinatore, di un complesso) (*chim.*), Zentral-Atom (*n.*). **3 ~ coordinatore** (atomo centrale, di un complesso) (*chim.*), Zentral-Atom (*n.*). **4 ~ dotato di elevata energia interna** (atomo molto eccitato) (*fis. atom.*), heisses Atom, hochangeregtes Atom. **5 ~ estraneo** (impurità, nei semiconduttori) (*elettronica*), Fremdatom (*n.*). **6 ~ fissionabile** (*fis. atom.*), spaltbares Atom. **7 ~ ionizzato** (*fis.*), Atomion (*n.*). **8 ~ leggero** (*fis. atom.*), leichtes Atom. **9 ~ molto eccitato** (*fis. atom.*), heisses Atom, hochangeregtes Atom. **10 modello di ~** (modello atomico, schema della struttura dell'atomo) (*fis. atom.*), Atommodell (*n.*). **11 struttura dell'~** (*fis. atom.*), Atombau (*m.*).
atopite (romeite) (*min.*), Atopit (*m.*), Romeit (*m.*).
atrio (di una casa) (*arch.*), Atrium (*n.*). **2 ~** («hall», di un albergo) (*ed.*), Halle (*f.*), Vestibül (*n.*). **3 ~ della stazione** (*ed.*), Bahnhofhalle (*f.*).
atropina ($C_{17}H_{23}NO_3$) (*farm.*), Atropin (*n.*).
attaccabile (*chim.*), anätzbar, angreifbar.
attaccabilità (da acidi) (*metall.*), Anätzbarkeit (*f.*).
attaccapanni (*mobile*), Rechen (*m.*), Kleiderleiste (*f.*). **2 ~** (da muro) (*ed.*), Kleiderhaken (*m.*).
attaccare (incollare) (*gen.*), kleben, leimen. **2 ~** (appendere) (*gen.*), anhängen. **3 ~** (corrodere, con acido) (*chim. - metall.*), fressen, ätzen. **4 ~** (agganciare, vagoni) (*ferr.*), anhängen, ankuppeln, ansetzen. **5 ~** (allacciare, collegare, un app. elett. ad una presa di corrente p. es.) (*elett.*), anschliessen. **6 ~** (appendere, la cornetta) (*telef.*), einhängen. **7 ~** (iniziare uno scavo) (*min.*), anbrechen. **8 ~ ai morsetti** (un apparecchio p. es.) (*elett.*), anklemmen. **9 ~ chimicamente** (attaccare con acido) (*metall.*), ätzen, abätzen. **10 ~ con acido** (*metall.*), ätzen, abätzen. **11 ~ e staccare** (inserire e disinserire, chiudere ed aprire) (*elett.*), zu- und abschalten.
attaccarsi (aderire) (*gen.*), anhaften.
attaccatura (bordatura) (*difetto di vn.*), Saum (*m.*), Lacksaum (*m.*).
attacchino (di manifesti pubblicitari p. es.) (*lav.*), Anschläger (*m.*).
attacco (gancio, aggancio, per veicoli ferroviari) (*ferr.*), Kupplung (*f.*), Eisenbahnkupplung (*f.*). **2 ~** (zoccolo, virola, di una lampada) (*elett.*), Sockel (*m.*). **3 ~** (per un utensile) (*ut.*), Einsatz (*m.*). **4 ~** (di un becco Bunsen p. es.) (*mecc. - tubaz. - ecc.*), Anschlusstutzen (*m.*). **5 ~** (*milit.*), Angriff (*m.*). **6 ~** (dispos. per fissare lo sci allo scarpone) (*sport*), Bindung (*f.*). **7 ~** (di febbre p. es.) (*med.*), Anfall (*m.*). **8 ~ a baionetta** (*elett.*), Bajonettfassung (*f.*), Swanfassung (*f.*). **9 ~ a baionetta** (*tubaz.*), Renkverschluss

attacco

(*m.*), Bajonettverschluss (*m.*). **10 ~ a cambio rapido** (per utensili) (*mecc.*), Schnellwechseleinsatz (*m.*). **11 ~ acido** (*metall.*), Abätzen (*n.*), Ätzen (*n.*). **12 ~ acido profondo** (*metall.*), Tiefätzung (*f.*). **13 ~ acido termico** (attacco chimico, di provini da preparare per metallomicroscopia) (*metall.*), Heissätzen (*n.*). **14 ~ a cono** (*min.*), Kegeleinbruch (*m.*). **15 ~ a compressione** (d'un conduttore, con schiacciamento) (*elett.*), Quetschanschluss (*m.*). **16 ~ aereo** (*aer.*), Fliegerangriff (*m.*). **17 ~ a manicotto** (all'estremità di una fune p. es.) (*mecc.*), Muffe (*f.*). **18 ~ autoallineante** (attacco flottante) (*ut.*), Pendelhalter (*m.*). **19 ~ a vite** (attacco Edison) (*elett.*), Schraubsockel (*m.*), Edisonsockel (*m.*), Gewindesockel (*m.*). **20 ~ a vite** (aggancio a vite) (*ferr.*), Schraubenkupplung (*f.*). **21 ~ bipolare** (zoccolo bipolare) (*elett.*), Zweistiftsockel (*m.*). **22 ~ chimico** (attacco acido) (*metall.*), Ätzen (*n.*), Abätzen (*n.*). **23 ~ conico** (di una flangia) (*mecc.*), kegeliger Ansatz. **24 ~ di colata** (*fond.*), Anschnitt (*m.*), Einlauf (*m.*), Einguss (*m.*). **25 ~ di colata a coltello** (*fond.*), Schlitzeneinlauf (*m.*). **26 ~ di colata a corno** (*fond.*), Hornanschnitt (*m.*). **27 ~ di colata ad anello** (*fond.*), Ringeinguss (*m.*). **28 ~ di colata a doccia** (*fond.*), Siebeinlauf (*m.*). **29 ~ di colata a linguetta** (attacco a linguetta, attacco lamellare) (*fond.*), Leistenanschnitt (*m.*). **30 ~ di colata a zeppa** (attacco di colata a cuneo) (*fond.*), Keileinlauf (*m.*). **31 ~ di colata frontale** (attacco frontale) (*fond.*), Frontanschnitt (*m.*), Aufprallanschnitt (*m.*). **32 ~ di colata lamellare** (attacco lamellare, attacco a linguetta) (*fond.*), Leistenanschnitt (*m.*). **33 ~ di colata radiale** (*fond.*), radialer Anschnitt. **34 ~ di colata tangenziale** (*fond.*), tangentialer Anschnitt. **35 ~ di mandata** (raccordo di mandata, di una pompa) (*macch.*), Druckanschluss (*m.*). **36 ~ Edison** (attacco a vite) (*elett.*), Edisonsockel (*m.*), Schraubsockel (*m.*). **37 ~ flottante** (attacco autoallineante) (*ut.*), Pendelhalter (*m.*). **28 ~ Golia** (zoccolo Golia) (*illum.*), Goliath-Sockel (*m.*). **29 ~ miniatura** (attacco mignon) (*elett.*), Miniatursockel (*m.*). **30 ~ per lubrificazione** (raccordo per lubrificazione) (*mecc.*), Schmiernippel (*m.*). **31 ~ rapido** (*tubaz. - mecc.*), Schnellverbinder (*m.*), Schnellverbindung (*f.*). **42 angolare di ~** (cantonale applicato su elementi strutturali portanti) (*ed.*), Anschlusswinkel (*m.*). **43 figura di ~ acido** (*metall.*), Ätzbild (*n.*). **44 fronte di ~** (*min.*), Abbaustoss (*m.*). **45 metodo di ~ a piena sezione** (metodo di attacco austriaco, d'una galleria) (*ing. civ.*), Vollausbruchbauweise (*f.*). **46 metodo di ~ belga** (d'una galleria) (*ing. civ.*), Unterfangungsbauweise (*f.*). **47 metodo di ~ austriaco** (d'una galleria; metodo di attacco a piena sezione) (*ing. civ.*), Vollausbauchbruchweise (*f.*). **48 metodo di ~ italiano** (d'una galleria) (*ing. civ.*), Versatzbauweise (*f.*). **49 metodo di ~ tedesco** (di una galleria) (*ing. civ.*), Kernbauweise (*f.*), deutsche Bauweise (*f.*). **50 momento all'~** (di travi) (*ed.*), Anschlussmoment (*n.*). **51 primo ~** (*min.*), Einbruch (*m.*). **52 punto di ~** (punto di connessione) (*elett. - ecc.*), Anschluss-Stelle (*f.*). **53 tensione di ~** (di un motorino di avviamento) (*elettromecc.*), Anschluss-spannung (*f.*).

attemperatore (*cald.*), Temperaturregler (*m.*).
attendibile (affidabile, sicuro) (*gen.*), zuverlässig.
attendibilità (affidabilità, sicurezza funzionale) (*gen.*), Zuverlässigkeit (*f.*).
attenuare (*gen.*), mildern, schwächen, abschwächen. **2 ~** (rumori p. es.) (*fis. - acus.*), schwächen, dämpfen.
attenuarsi (smorzarsi) (*acus.*), verhallen, abklingen.
attenuatore (*app. elettroacus.*), Abschwächer (*m.*). **2 ~** (smorzatore) (*telef. - ecc.*), Dämpfungsglied (*n.*). **3 ~ reattivo** (*elett.*), verlustfreier Abschwächer. **4 ~ variabile** (« fader », potenziometro di dissolvenza) (*telev.*), Überblender (*m.*).
attenuazione (*gen.*), Abschwächung (*f.*). **2 ~** (di un segnale p. es.) (*fis. - radio*), Schwächung (*f.*). **3 ~** (*telef.*), Dämpfung (*f.*). **4 ~** (*radioatt. - fis. atom.*), Abschwächung (*f.*). **5 ~** (della luce) (*illum.*), Dämpfung (*f.*). **6 ~ atmosferica delle radiazioni** (*meteor. - radioatt.*), atmosphärische Strahlungsschwächung. **7 ~ composita** (perdita d'inserzione, di un quadripolo) (*elett. - radio*), Betriebsdämpfung (*f.*). **8 ~ da resistenza ohmica** (di una linea) (*telef. - ecc.*), Widerstandsdämpfung (*f.*). **9 ~ del campo** (diseccitazione, nella propulsione elett.) (*veic. elett.*), Feldschwächung (*f.*). **10 ~ di bilanciamento** (*telef.*), Nachbildfehlerdämpfung (*f.*). **11 ~ di diafonia** (*telef.*), Nebensprechdämpfung (*f.*). **12 ~ di doppino** (*telef.*), Schleifendämpfung (*f.*). **13 ~ di inserzione** (perdita di inserzione) (*elettroacus.*), Einfügungsverlust (*m.*). **14 ~ di linea** (d'un ponte radio) (*radio*), Streckendämpfung (*f.*). **15 ~ di quadripolo** (*elett. - radio*), Vierpoldämpfung (*f.*). **16 ~ residua** (equivalente) (*telef.*), Restdämpfung (*f.*). **17 ~ di simmetria** (*radio - ecc.*), Symmetriedämpfung (*f.*). **18 compensazione dell'~** (*fis.*), Entdämpfung (*f.*). **19 correzione di ~** (*radio - ecc.*), Dämpfungsentzerrung (*f.*). **20 costante di ~** (*telef. - acus.*), Dämpfungskonstante (*f.*). **21 equilibratore di ~ in serie** (*telef. - ecc.*), Längsentzerrer (*m.*). **22 fattore di ~** (costante di attenuazione) (*telef.*), Dämpfungsfaktor (*m.*), Dämpfungskonstante (*f.*). **23 misuratore di ~** (*telef.*), Dämpfungsmesser (*m.*). **24 rapporto di ~** (*elett.*), Dämpfungsverhältnis (*n.*). **25 resistenza di ~** (resistenza di smorzamento) (*elett.*), Dämpfungswiderstand (*m.*).
attenzione (*gen.*), Aufmerksamkeit (*f.*), Beachtung. **2 all'~ di...** (avvertenza aggiunta in una lettera p. es.) (*uff.*), zu Händen von..., z.Hd.v. **3 meritare particolare ~** (*gen.*), besondere Aufmerksamkeit verdienen. **4 richiamare l'~ su qualche cosa** (*gen.*), Aufmerksamkeit auf etwas lenken.
attenzione! (*segnale*), Achtung!, Vorsicht!. **2 ~** (*nav.*), Wahrschau! **3 ~ caduta di sassi** (*segnale traff. strad.*), Achtung Steinschlag! **4 ~ si gira** (*cinem.*), Achtung, Aufnahme!.
atterraggio (*aer.*), Landung (*f.*). **2 ~ a discesa parlata** (avvicinamento radioguidato da terra) (*aer.*), Bodenpeilsystem (*n.*),

Auflng mittels Bodenradar. 3 ~ cieco (atterraggio strumentale) (aer.), Blindlandung (f.). 4 ~ con carrello rientrato (aer.), Bauchlandung (f.). 5 ~ controvento (aer.), Gegenwindlandung (f.). 6 ~ con vento trasversale (aer.), Seitenwindlandung (f.), Schiebelandung (f.). 7 ~ corto (aer.), Kurzlandung (f.). 8 ~ di coda (atterraggio appoppato) (aer.), Schwanzlandung (f.). 9 ~ duro (aer.), Bumslandung (f.). 10 ~ forzato (aer.), Notlandung (f.). Zwangslandung (f.). 11 ~ fuori campo (aer.), Aussenlandung (f.). 12 ~ mancato (aer.), misslungene Landung. 13 ~ morbido (atterraggio soffice, sulla luna p. es.) (astronautica), weiche Landung. 14 ~ perfetto (aer.) glatte Landung. 15 ~ preciso (aer.), Punktlandung (f.), Ziellandung (f.). 16 ~ senza carrello (aer.), Bauchlandung (f.). 17 ~ soffice (atterraggio morbido, sulla luna p. es.) (astronautica), weiche Landung. 18 ~ strumentale (atterraggio cieco) (aer.), Blindlandung (f.). 19 ~ su tre punti (aer.), Dreipunktlandung (f.). 20 ~ verticale (aer.), Senkrechtlandung (f.), Vertikal-Landung (f.). 21 angolo di ~ (aer.), Landewinkel (m.). 22 carrello di ~ (aer.), Fahrwerk (n.). 23 carrello di ~ a cingoli (aer.), Raupenfahrwerk (n.). 24 carrello di ~ a ruote (aer.), Radfahrwerk (n.). 25 corsa di ~ (distanza di atterraggio) (aer.), Landestrecke (f.), Landelänge (f.), Auslaufstrecke (f.). 26 corsa (o distanza) di ~ con flap abbassati (aer.), Auslaufstrecke mit Landeklappen. 27 distanza di ~ (corsa di atterraggio) (aer.), Landestrecke (f.), Landelänge (f.), Auslaufstrecke (f.). 28 fare un ~ perfetto (aer.), glatt landen. 29 faro di ~ (aer.), Landefeuer (n.). 30 illuminazione di piste d'~ (aer.), Landepistenbefeuerung (f.). 31 impianto radar di ~ (radar - aer.), Landeradaranlage (f.). 32 indicatore della direzione di ~ (negli aeroporti) (app. - aer.), Landeweiser (m.). 33 paracadute frenante di ~ (aer.), Landeanflug-Bremsschirm (m.). 34 percorso di ~ (aer.), Landelänge (f.), Landestrecke (f.), Auslaufstrecke (f.). 35 pista di ~ (aer.), Landepiste (f.). 36 proiettore di ~ (aer.), Landescheinwerfer (m.), Landungsscheinwerfer (m.). 37 propulsore per decollo ed ~ verticale (mot.), Vertikal-Start-und-Lande-Triebwerk (n.), VSL-Triebwerk (n.). 38 radar per ~ strumentale (radar - aer.), Radarblindlandeanlage (f.). 39 sistema di ~ strumentale (ILS) (aer.), Instrumenten-Lande-System (n.), Blindlandeverfahren (n.). 40 sistemi di guida per l'~ (ottici o radio) (aer.), Landehilfen (f. pl.). 41 velivolo a decollo ed ~ verticale (velivolo VTOL) (aer.), Senkrechtstarter (m.), VTOL-Flugzeug (n.). 42 velivolo a decollo ed ~ corti (velivolo STOL, short take-off and landing) (aer.), Kurzstartflugzeug (n.), STOL-Flugzeug (n.). 43 velivolo a decollo ed ~ verticale corto (velivolo V-STOL) (aer.), V-STOL-Flugzeug (n.). 44 velocità di ~ (aer.), Landegeschwindigkeit (f.).

atterrare (aer.), landen. 2 ~ a piatto (aer.), absacken. 3 ~ corto (aer.), zu kurz kommen.

attesa (per l'atterraggio) (aer. - navig.), Warten (n.). 2 ~ (metall. - tratt. term.), Warmhalten (n.). 3 binario di ~ (ferr.), Wartegleis (n.). 4 coda di ~ (progr.), Warteschlange (f.). 5 lampada di ~ (telef.), Wartelampe (f.). 6 pannello di ~ (telef.), Wartefeld (n.). 7 procedimento di ~ (aer. - navig.), Warteverfahren (n.). 8 radiofaro di ~ (aer. - radar), Wartebake (f.), Landebake (f.). 9 tempo di ~ (tempo durante il quale l'operaio è inattivo a causa di mancanza di materiale, difetto di macch., ecc.) (analisi tempi), Wartezeit (f.). 10 tempo di ~ (in un forno p. es. per la stabilizzazione della temperatura) (tecnol.), Verweilzeit (f.). 11 tempo di ~ (telef.), Wartezeit (f.).

attestamento (giunzione di testa) (mecc. - ecc.), Anstossen (n.). 2 superficie di ~ (di un giunto di testa p. es.) (mecc.), Stossfläche (f.).

attestare (mecc. - ecc.), anstossen. 2 ~ (con caviglie) (carp.), anpfropfen.

attestarsi (mecc. - ecc.), anstossen.

attestato (certificato) (s. - gen.), Zeugnis (n.). 2 ~ (di brevetto) (leg.), Auslegeschrift (f.). 3 ~ di maturità (scuola), Reifezeugnis (n.).

attico (ed. - arch.), Attike (f.).

attimo (gen.), Augenblick (m.), Moment (m.).

attingere (prelevare acqua) (gen.), schöpfen.

attinicità (fis.), Aktinität (f.).

attinico (luce p. es.) (fis.), aktinisch. 2 raggi attinici (fis.), aktinische Strahlen.

attinio (Ac - chim. - radioatt.), Aktinium (n.). 2 radio- ~ (radioatt. - chim.), Radioaktinium (n.).

attinometria (misurazione di radiazioni) (fis.), Aktinometrie (f.).

attinometro (strum. - fis.), Aktinometer (n.).

attinon (emanazione di attinio) (An - radioatt.), Aktinon (n.), Aktiniumemanation (f.).

attirare (gen.), anziehen. 2 ~ (eccitarsi, di un relè) (elett.), anziehen.

attitudine (idoneità, capacità) (gen.), Fähigkeit (f.). 2 ~ (idoneità, l'essere adatto) (pers. - lav.), Eignung (f.). 3 ~ al comando (pers.), Führereigenschaft (f.), Führereignung (f.).

attivante (sostanza attiva, attivatore) (s. - chim.), Wirkstoff (m.). 2 ~ (attivatore, per cemento) (s. - ed.), Anreger (m.).

attivare (chim.), aktivieren. 2 ~ (acque nere) (ing. civ. - chim.), beleben.

attivato (chim.), aktiviert. 2 ~ (fango, di acque nere) (ing. civ. - chim.), belebt.

attivatore (per la preparazione della gomma p. es.) (chim.), Aktivator (m.). 2 ~ (di calcestruzzo) (ed.), Anreger (m.). 3 ~ (sostanza attiva, attivante) (chim.), Wirkstoff (m.).

attivazione (radioatt. - chim.), Aktivierung (f.). 2 ~ (di acque nere) (chim.), Belebung (f.). 3 ~ di fanghi (procedimento di purificazione delle acque di scarico) (ing. civ.), Schlammbelebung (f.). 4 ~ elettronica (di una valvola elettronica p. es.) (elett.), Anfachung (f.). 5 analisi per ~ (chim.), Aktivierungsanalyse (f.).

attivista (lav.), Aktivist (m.).

attività (di un bilancio, eccedenza attiva) (finanz. - amm.), Aktiven (n. pl.), Aktiva (n. pl.). 2 ~ (dell'isotopo) (radioatt. - ecc.), Aktivität (f.). 3 ~ (lav. - comm.), Tätigkeit (f.). 4 ~ (occupazione) (lav.), Beschäftigung

attivo

(*f.*). 5 ~ (nella programmazione reticolare) (*progr.*), Vorgang (*m.*), Tätigkeit (*f.*). 6 ~ (freccia, d'un grafico reticolare per programmi) (*programm.*), Pfeil (*m.*). 7 ~ **commerciale** (*comm.*), Handelsgewerbe (*n.*). 8 ~ **fittizia** (nella programmazione reticolare) (*progr.*), Schein-Vorgang (*m.*). 9 ~ **industriale** (*ind.*), Gewerbetätigkeit (*f.*). 10 ~ **principale** (occupazione principale) (*lav.*), hauptberufliche Beschäftigung. 11 ~ **ricreativa** (*organ. lav.*), Betriebssport (*m.*). 12 ~ **secondaria** (occupazione secondaria) (*lav.*), nebenberufliche Beschäftigung. 13 ~ **solare** (*astr.*), Sonnentätigkeit (*f.*). 14 **in** ~ (in servizio, impianto p. es.) (*ind. - ecc.*), betriebsam, laufend. 15 **in** ~ (miniera) (*min.*), befahren (*a.*). 16 **orientato da** ~ (nella programmazione reticolare) (*progr.*), pfeilenorientiert. 17 **settore di** ~ (*ind. - ecc.*), Fachgruppe (*f.*).

attivo (*a. - gen.*), aktiv. 2 ~ (laborioso) (*a. - lav.*), tätig, geschäftig, betriebsam. 3 ~ (*s. - amm.*), Aktiva (*n. - pl.*). 4 **bilancio** ~ (*finanz.*), Gewinnbilanz (*f.*). 5 **componente attiva** (*elett.*), Wirkkomponente (*f.*). 6 **essere in** ~ (*amm.*), aus den roten Zahlen heraus sein. 7 **portare all'**~ (registrare all'attivo) (*contab.*), aktivieren. 8 **registrare all'**~ (*contab.*), aktivieren.

attizzare (il fuoco) (*comb.*), schüren, anschüren, anfachen.

attizzatoio (*ut. - comb.*), Schüreisen (*n.*), Schürer (*m.*).

atto (idoneo) (*a. - gen.*), fähig, tüchtig. 2 ~ (*s. - uff. - ecc.*), Akte (*f.*). 3 ~ - (a = 10^{-18}) (unità di mis.), Atto-, a. 4 **atti** (*uff.*), Akten (*pl.*). 5 ~ **aggiuntivo** (di un contratto) (*comm. - leg.*), Zusatzvereinbarung (*f.*). 6 ~ **alla navigazione aerea** (*aer.*), lufttüchtig, flugfähig. 7 ~ **a tenere il mare** (*nav.*), seetüchtig. 8 ~ **costitutivo** (atto di costituzione, di una società) (*leg. - comm. - amm.*), Gründungsakt (*m.*). 9 ~ **di accusa** (*leg.*), Anklageschrift (*f.*). 10 ~ **di costituzione** (atto costitutivo, di una società) (*leg. - comm. - amm.*), Gründungsakt (*m.*). 11 ~ **di nascita** (certificato di nascita) (*leg.*), Geburtsurkunde (*f.*). 12 ~ **discrezionale** (*leg.*), Ermessensakt (*m.*). 13 ~ **di trapasso** (trapasso) (*finanz. - leg.*), Auflassungsurkunde (*f.*), Auflassung (*f.*). 14 ~ **di vendita** (*comm. - leg.*), Verkaufsurkunde (*f.*). 15 ~ **giuridico** (*leg.*), Rechtsgeschäft (*n.*). 16 ~ **legale** (*leg.*), Rechtsakt (*m.*). 17 ~ **notarile** (*leg.*), Notariatakt (*m.*). 18 **agli atti** (*uff.*), zu den Akten, z.d.A. 19 **dare** ~ (*gen.*), bezeugen, beurkunden. 20 **mettere agli atti** (*uff.*), ablegen, den Akten einverleiben, zu den Akten legen.

atto- (a, = 10^{-18}) (unità di mis.), Atto-, a.

attorcigliare (*gen.*), zusammendrehen.

attore (*arte - teatro*), Schauspieler (*m.*), Darsteller (*m.*). 2 ~ **cinematografico** (*cinem.*), Filmschauspieler (*m.*). 3 **primo** ~ (*cinem. - ecc.*), Hauptdarsteller (*m.*).

attraccare (*nav.*), anlegen, landen.

attrarre (con un elettromagnete p. es.) (*gen.*), anziehen.

attraversamento (strada - ecc.), Überfahrt (*f.*), Kreuzung (*f.*), Übergang (*m.*). 2 ~ (*ferr.*), Wegübergang (*m.*), Wegkreuzung (*f.*). 3 ~ (pedonale, strisce zebrate) (*traff. strad.*), Übergang (*m.*), Fussgängerstreifen (*m.*). 4 ~ **stradale** (per pedoni) (*traff. strad.*), Strassenübergang (*m.*). 5 ~ **zebrato** (passaggio pedonale zebrato, « strisce ») (*traff. strad.*), Zebrastreifen (*m. pl.*).

attraversare (*gen.*), queren. 2 ~ (*min.*), überfahren. 3 ~ (intersecare, incrociare) (*gen.*), durchkreuzen.

attraversato (percorso, da corrente p. es.) (*elett. - idr. - ecc.*), durchströmt.

attrazione (*gen.*), Anziehung (*f.*). 2 ~ (eccitazione, di un relè) (*elett.*), Anzug (*m.*). 3 ~ **capillare** (*fis.*), Kapillaranziehung (*f.*). 4 ~ **molecolare** (*chim.*), Molekularanziehung (*f.*). 5 ~ **newtoniana** (*fis.*), *vedi* gravitazione universale. 6 ~ **reciproca** (*fis. - elett.*), gegenseitige Anziehung. 7 ~ **reciproca tra le masse** (gravitazione) (*fis.*), Massenanziehung (*f.*). 8 **forza di** ~ (d'un magnete) (*elett.*), Zugkraft (*f.*). 9 **relè ad** ~ **rapida** (*elett.*), auzugverkürztes Relais. 10 **relè ad** ~ **ritardata** (*elett.*), anzugverzögertes Relais. 11 **tempo di** ~ (d'un relè) (*elett.*), Anzugszeit (*f.*). 12 **tensione di** ~ (tensione di eccitazione, d'un relè) (*elett.*), Anzugspannung (*f.*), Ansprechspannung (*f.*).

attrezzamento (impianti, mezzi di produzione) (*ind.*), Betriebsanlagen (*f. pl.*). 2 ~ (per una data operazione) (*ind.*), Werkzeugbestückung (*f.*), Ausrüstung (*f.*).

attrezzare (*gen.*), ausrüsten, ausstatten. 2 ~ (una data lavorazione) (*mecc. - ecc.*), ausrüsten, einrichten. 3 ~ (un laboratorio p. es.) (*chim. - ecc.*), einrichten, ausrüsten. 4 ~ (allestire) (*nav.*), betakeln, takeln.

attrezzato (*gen.*), ausgerüstet.

attrezzatura (complesso di attrezzi) (*mecc. - ina.*), Ausrüstung (*f.*). 2 ~ (*nav.*), Riggung (*f.*), Takelung (*f.*), Beschläge (*m. pl.*). 3 ~ **automatica** (apparecchiatura automatica, impianto automatico) (*app. - ecc.*), Automatik (*f.*). 4 ~ **d'albero** (*nav.*), Mastbeschläge (*m. pl.*), Mastfittings (*pl.*). 5 ~ **di fabbrica** (*ind.*), Fabrikeinrichtung (*f.*). 6 ~ **di officina** (*mecc. - ecc.*), Werkstatteinrichtung (*f.*), Betriebseinrichtung (*f.*). 7 ~ **per autorimessa** (*aut.*), Garagenbedarf (*m.*), Garageneinrichtung (*f.*). 8 ~ **per la preparazione delle forme da stampa** (*tip.*), Setzereieinrichtung (*f.*). 9 ~ **per ufficio** (arredamento, di metallo per es.) (*mobili*), Büroeinrichtung (*f.*).

attrezzeria (officina produzione ausiliaria, utensileria) (*ind.*), Werkzeugbau (*m.*), Werkzeugmacherei (*f.*).

attrezzista (*lav.*), Werkzeugmacher (*m.*), Werkzeugschlosser (*m.*). 2 **fresatore** ~ (*lav.*), Werkzeugfräser (*m.*). 3 **tornio da** ~ (tornio da utensileria) (*macch. ut.*), Werkzeugdrehbank (*f.*), Werkzeugmacherdrehbank (*f.*), Werkzeugmacherdrehmaschine (*f.*). 4 **tornitore** ~ (*lav.*), Werkzeugdreher (*m.*).

attrezzo (*att.*), Gerät (*n.*), Vorrichtung (*f.*). 2 ~ (per sostenere il pezzo in lavorazione) (*att. mecc. - lav. macch. ut.*), Vorrichtung (*f.*), Spannvorrichtung (*f.*). 3 ~ (di appoggio del pezzo nell'operazione di brocciatura) (*lav. macch. ut.*), Werkstückvorlage (*f.*). 4 ~ (per trattori) (*att. mov. terra - ecc.*), Gerät (*n.*),

Arbeitsgerät (*n.*). **5 ~ a ganasce sagomate** (*att. mecc.*), Formbacke (*f.*). **6 ~ agricolo** (*att. agric.*), landwirtschaftliches Gerät, Ackergerät (*n.*), Kulturgerät (*n.*). **7 ~ a mano** (per fucinatura libera) (*ut. fucinatura*), Handgesenk (*n.*). **8 ~ applicato** (per trattori agric. p. es.) (*att. mov. terra - ecc.*), Anbaugerät (*n.*). **9 ~ da fabbro** (*att.*), Schmiedegerät (*n.*). **10 ~ da giardinaggio** (*att.*), Gartengerät (*n.*), Gartenbaugerät (*n.*). **11 attrezzi da sarto** (*ut.*), Schneiderwerkzeuge (*n. pl.*). **12 ~ di bloccaggio** (attrezzo di serraggio, di un pezzo p. es.) (*att. lav. macch. ut. - ecc.*), Spannvorrichtung (*f.*). **13 ~ di montaggio** (*att. mecc.*), Zusammenbauvorrichtung (*f.*). **14 ~ di serraggio** (di un pezzo p. es.) (*att. lav. macch. ut. - ecc.*), Spannvorrichtung (*f.*). **15 ~ di trasporto** (dei pezzi, in un centro di lavorazione p. es.) (*lav. macch. - ut.*), Palette (*f.*), Werkstückträger (*m.*). **16 ~ girevole** (maschera girevole, attrezzo orientabile, maschera orientabile, per fresatrici p. es.) (*att. lav. macch. ut.*), Schwenkvorrichtung (*f.*), Kippvorrichtung (*f.*). **17 ~ montato** (attrezzo portato, di un trattore) (*att. mov. terra - ecc.*), Anbaugerät (*n.*). **18 ~ orientabile** (maschera orientabile, attrezzo girevole, maschera girevole, per fresatrici p. es.) (*att. lav. macch. ut.*), Schwenkvorrichtung (*f.*), Kippvorrichtung (*f.*). **19 ~ per bordare** (*att.*), Bördelwerkzeug (*n.*). **20 ~ per brocciare** (*att.*), Räumvorrichtung (*f.*). **21 ~ per foratura** (*att. lav. macch. ut.*), Bohrvorrichtung (*f.*). **22 ~ per fresatura** (*att. lav. macch. ut.*), Fräsvorrichtung (*f.*). **23 ~ per fucinare** (*ut. - fucinatura*), Schmiedewerkzeug (*n.*). **24 ~ per fucinatura libera** (*ut.*), Schmiedesattel (*m.*). **25 ~ per il ricupero delle aste** (pescatore per aste) (*min.*), Gestängefanggerät (*n.*). **26 ~ per laboratorio chimico** (*chim.*), chemisches Laboratoriumsgerät. **27 ~ per la tranciatura del contorno** (rifilatore) (*ut. lav. lamiera*), Randbeschneidewerkzeug (*n.*). **28 ~ per montaggio** (*att. mecc.*), Zusammenbauvorrichtung (*f.*). **29 ~ per piegare** (*att.*), Biegevorrichtung (*f.*), Biegewerkzeug (*n.*). **30 ~ per rettificare** (*att. lav. macch. ut.*), Schleifvorrichtung (*f.*). **31 ~ per sbavare** (*ut. fucinatura*), Abgratwerkzeug (*n.*). **32 ~ per sbavare a caldo** (sbavatore a caldo) (*ut. fucinatura*), Warmabgratwerkzeug (*n.*). **33 ~ per stozzatura** (*att. lav. macch. ut.*), Stossvorrichtung (*f.*). **34 ~ per tornitura** (*att. lav. macch. ut.*), Drehvorrichtung (*f.*), Abdrehvorrichtung (*f.*). **35 ~ per tornitura di collettori** (*att. lav. macch. ut. - elett.*), Kollektorabdrehvorrichtung (*f.*). **36 ~ portante** (attrezzo trasporto pezzo, per trasportare alle singole stazioni operatrici d'una linea a trasferta p. es.) (*macch. ut.*), Palette (*f.*), Werkstückträger (*m.*). **37 ~ portato** (attrezzo montato, di un trattore p. es.) (*att. mov. terra - ecc.*), Anbaugerät (*n.*). **38 ~ portautensili con pinza di serraggio** (portautensili con pinza di serraggio) (*ut.*), Werkzeugaufnahme mit Spannzange. **39 ~ prensile** (per trasporto lamiere) (*att.*), Ütze (*f.*). **40 ~ ricuperatore** (pescatore, di aste di trivellazione) (*att. min.*), Gestängefanggerät (*n.*). **41 ~ sbavatore** (*ut. fucinatura*), Abgratwerkzeug (*n.*). **42 ~ trasporto pezzo** (attrezzo portante, per trasportare alle singole stazioni operatrici d'una linea a trasferta p. es.) (*macch. ut.*), Werkstückträger (*m.*), Palette (*f.*). **43 borsa attrezzi** (*aut. - ecc.*), Werkzeugtasche (*f.*). **44 carro attrezzi** (*aut.*), Reparaturwagen (*m.*), Hilfswagen (*m.*). **45 cassetta attrezzi** (*mot. - aut.*), Werkzeugkasten (*m.*). **46 cassetta attrezzi per riparazioni** (*ut. - mecc.*), Reparaturkasten (*m.*). **47 dotare di attrezzi** (equipaggiare, macchina utensili) (*lav. macch. ut.*), bestücken.

attributo (caratteristica di qualità, nel controllo statistico della qualità) (*stat. - tecnol. mecc.*), Attributmerkmal (*n.*).

attrice (*arte - teatro*), Schauspielerin (*f.*), Darstellerin (*f.*). **2 ~ cinematografica** (stella cinematografica) (*cinem.*), Filmschauspielerin (*f.*), Filmstar (*m.*), Filmstern (*m.*). **3 prima ~** (*teatro*), Hauptdarstellerin (*f.*).

attrito (*mecc. - fis.*), Reibung (*f.*). **2 ~ allo strisciamento** (attrito radente) (*mecc.*), Gleitreibung (*f.*). **3 ~ al rotolamento** (attrito volvente) (*mecc.*), Wälzreibung (*f.*). **4 ~ a secco** (attrito senza lubrificante interposto tra le due superfici) (*mecc.*), Trockenreibung (*f.*). **5 ~ coulombiano** (attrito radente dinamico) (*mecc.*), Coulombsche Reibung. **6 ~ dell'aria** (*aerodin.*), Luftreibung (*f.*). **7 ~ dinamico** (attrito tra corpi mobili, tra corpi dotati di moto relativo) (*mecc.*), Bewegungsreibung (*f.*). **8 ~ di primo distacco** (*mecc.*), Anlaufreibung (*f.*). **9 ~ di superficie** (*aerodin. - aer.*), Oberflächenreibung (*f.*). **10 ~ epilamico** (attrito limite) (*fis. - tribol.*), Epilamenreibung (*f.*). **11 ~ esterno** (*mecc. - ecc.*), äussere Reibung. **12 ~ fluido** (attrito tra corpi lubrificati) (*mecc.*), Flüssigkeitsreibung (*f.*). **13 ~ interno** (*fis. - chim. - ecc.*), innere Reibung (*f.*), Eigenreibung (*f.*). **14 ~ limite** (tra attrito secco e fluido) (*mecc.*), Grenzreibung (*f.*). **15 ~ limite** (valore minimo del coefficiente di attrito, della curva di Stribeck per cuscinetti lubrificati ad olio) (*mecc. - lubrificazione*), Ausklinkpunkt (*m.*). **16 ~ limite** (attrito epilamico) (*fis. - tribol.*), Epilamenreibung (*f.*). **17 ~ misto** (attrito fluido ed attrito secco, attrito semisecco, attrito semifluido) (*mecc.*), Mischreibung (*f.*). **18 ~ nei tubi** (perdita di carico nei tubi) (*tubaz.*), Rohrreibung (*f.*). **19 ~ radente** (attrito allo strisciamento) (*mecc.*), Gleitreibung (*f.*). **20 ~ radente dinamico** (attrito coulombiano) (*mecc.*), Coulombsche Reibung. **21 ~ secco** (attrito senza lubrificante interposto tra le due superfici) (*mecc.*), Trockenreibung (*f.*). **22 ~ semifluido** (attrito semisecco, attrito misto) (*mecc.*), Mischreibung (*f.*). **23 ~ statico** (aderenza, tra corpi statici) (*mecc.*), Ruhereibung (*f.*), ruhende Reibung, Haftreibung (*f.*). **24 ~ tra corpi lubrificati** (attrito fluido) (*mecc.*), Flüssigkeitsreibung (*f.*). **25 ~ tra corpi mobili** (attrito dinamico, tra corpi dotati di moto relativo) (*mecc.*), Bewegungsreibung (*f.*). **26 ~ volvente** (attrito al rotolamento) (*mecc.*), Wälzreibung (*f.*). **27 accoppiamento per ~** (collegamento ad attrito, per fissare mozzi su alberi) (*mecc.*), Reibschlussverbindung (*f.*).

« attritometro »

28 **ammortizzatore ad** ~ (ammortizzatore a frizione) (*mecc.*), Reibungsdämpfer (*m.*). 29 **angolo di** ~ (*mecc.*), Reibungswinkel (*m.*). 30 **apparecchio per la determinazione del coefficiente di** ~ («attritometro») (*app.*), Reibwertprüfer (*m.*). 31 **calore** (sviluppato) **da** ~ (*mecc.*), Reibungswärme (*f.*). 32 **coefficiente di** ~ (*mecc.*), Reibungszahl (*f.*), Reibwert (*m.*), Reibungskoeffizient (*m.*). 33 **coefficiente di** ~ (per tubi rettilinei) (*idr. - tubaz.*), Widerstandszahl (*f.*). 34 **coefficiente di** ~ **radente** (*mecc.*), Gleitbeiwert (*m.*). 35 **collegamento ad** ~ (accoppiamento per attrito, per fissare mozzi su alberi) (*mecc.*), Reibschlussverbindung (*f.*). 36 **errore da** ~ (errore dovuto all'attrito, di app. misuratori elettrici) (*metrologia*), Reibungsfehler (*m.*). 37 **fare** ~ (*mecc.*), reiben. 38 **forza di** ~ (*mecc.*), Reibungskraft (*f.*). 39 **freno ad** ~ (*mecc.*), Reibungsbremse (*f.*), Reibbremse (*f.*). 40 **interazione per** ~ (*fis.*), Reibungskopplung (*f.*). 41 **intermittenza** (dello scorrimento) **da variazione di** ~ (movimento a scatti) (*mecc.*), Stotterbewegung (*f.*), Stick-Slip-Reibung (*f.*), Reibungsschwingung (*f.*). 42 **lavoro di** ~ (*mecc.*), Reibungsarbeit (*f.*). 43 **materiale ad alto coefficiente di** ~ (materiale di attrito sinterizzato, per freni, ecc.) (*tecnol.*), Reibwerkstoff (*m.*), Friktionswerkstoff (*m.*). 44 **materiale di** ~ (sinterizzato; materiale ad alto coefficiente di attrito, per freni, ecc.) (*tecnol.*), Reibwerkstoff (*m.*), Friktionswerkstoff (*m.*). 45 **momento di** ~ (*mecc.*), Reibungsmoment (*n.*). 46 **ossidazione per** ~ (corrosione da sfregamento, «fretting corrosion», usura da contatto con predominante reazione chimica) (*metall.*), Reiboxydation (*f.*), Reibkorrosion (*f.*). 47 **perdita di** ~ (*mecc.*), Reibungsverlust (*m.*). 48 **potenza assorbita dall'**~ (*macch. - mot.*), Reibungsleistung (*f.*). 49 **potenza assorbita dall'**~ (in CV) (*mecc.*), Reibungs-PS (*f.*). 50 **resistenza di** ~ (*mecc.*), Reibungswiderstand (*m.*). 51 **resistenza di** ~ (tra nave ed acqua) (*nav.*), Reibungswiderstand (*m.*). 52 **saldatura ad** ~ (*tecnol. mecc.*), Reibschweissen (*n.*). 53 **sega ad** ~ (*ut.*), Reibsäge (*f.*). 54 **segatrice ad** ~ (*macch.*), Reibsägemaschine (*f.*), Friktionssägemaschine (*f.*). 55 **senza** ~ (*mecc.*), reibungslos. 56 **superficie di** ~ (*mecc.*), Reibungsfläche (*f.*). 57 **trasmissione ad** ~ (meccanismo a ruote di frizione, p. es.) (*macch.*), Reibgetriebe (*n.*). 58 **usura da** ~ **secco radente** (*mecc.*), Trocken-Gleit-Verschleiss (*m.*). 59 **usura da** ~ **secco volvente** (*mecc.*), Trocken-Roll-Verschleiss (*m.*). 60 **usura da** ~ **volvente** (*tecnol. mecc.*), Rollverschleiss (*m.*).

«attritometro» (apparecchio per la determinazione del coefficiente di attrito) (*app.*), Reibwertprüfer (*m.*).

attualità (giornale cinematografico, cinegiornale) (*cinem.*), Reportagefilm (*m.*), Wochenschaufilm (*m.*), Kinowochenschau (*f.*).

attualmente (al presente) (*gen.*), zur Zeit, z.Z., z.Zt.

attuare (realizzare) (*gen.*), verwirklichen.

attuatore (azionatore, per comandi idraulici p. es.) (*mecc. - ecc.*), Trieb (*m.*). 2 ~ (cilindro attuatore) (*oleoidr.*), Arbeitszylinder (*m.*).

1110

attuazione (realizzazione) (*gen.*), Verwirklichung (*f.*).

atü (ultrapressione, pressione relativa, atmosfera di pressione oltre la pressione atmosferica) (*fis.*), atü.

audio (ad [o di] audiofrequenza, a [o di] frequenza vocale) (*elettroacus.*), tonfrequent. 2 **portante** ~ (*telev.*), Tonträger (*m.*). 3 **studio** ~ (*radio*), Tonstudio (*n.*).

audiofrequente (a frequenza acustica, di frequenza acustica) (*acus.*), tonfrequent, hörfrequent.

audiofrequenza (frequenza acustica, da 16 a 20.000 Hz) (*acus.*), Tonfrequenz (*f.*), Audiofrequenz (*f.*). 2 ~ (frequenza vocale, frequenza telefonica) (*elettroacus.*), Sprechfrequenz (*f.*). 3 **ad** (**o di**) ~ (audio, a [o di] frequenza vocale) (*elettroacus.*), tonfrequent. 4 **generatore di** ~ (generatore di frequenze vocali) (*acus.*), Tonfrequenzgenerator (*m.*), Tongenerator (*m.*).

audiogramma (*acus.*), Audiogramm (*n.*). Hörkurve (*f.*).

audiometria (*fis.*), Audiometrie (*f.*).

audiometro (per la mis. dei valori della soglia di udibilità) (*strum. fis.*), Audiometer (*n.*). 2 ~ (*strum. med.*), Gehörmesser (*m.*), Audiometer (*n.*).

audiosegnale (segnale audio) (*radio - acus.*), Gehöranzeige (*f.*).

audiovisivo (addestramento p. es.) (*a. - gen.*), audio/visuell.

auditorio (*arch.*), Hörsaal (*m.*), Auditorium (*n.*). 2 ~ (*radio*), Zuschauerraum (*m.*).

audizione (*radio - ecc.*), Hören (*n.*). 2 **sala per audizioni** (auditorio) (*ed.*), Hörsaal (*m.*), Auditorium (*m.*).

augite (pirosseno alluminifero) (*min.*), Augit (*m.*).

aula (di un'università) (*ed.*), Auditorium (*n.*), Hörsaal (*m.*). 2 ~ **per riunioni** (aula per convegni) (*ed. - ventilazione*), Versammlungsraum (*m.*).

aumentare (la potenza p. es.) (*v. t. - gen.*), erhöhen. 2 ~ (*v. i. - gen.*), zunehmen. 3 ~ (intensificare, la corrente) (*elett.*), verstärken. 4 ~ (lo stipendio) (*pers. - lav.*), aufbessern. 4 ~ (i prezzi) (*comm.*), aufschlagen, erhöhen. 5 ~ (del vento) (*meteor.*), aufbrisen. 6 ~ **bruscamente** (della corrente) (*elett.*), anschwellen. 8 ~ **con il quadrato di** (*mat.*), quadratisch zunehmen mit. 9 ~ **di giri** (andare su di giri, accelerare) (*mot. - aut.*), auf Touren kommen. 10 ~ **il capitale** (*amm. - finanz.*), aufstocken, das Kapital erhöhen. 11 ~ **l'invelatura** (*nav.*), pressen, prangen, mehr Segel führen.

aumento (della potenza p. es.) (*gen.*), Erhöhung (*f.*), Zunahme (*f.*). 2 ~ (dei prezzi p. es.) (*comm.*), Steigerung (*f.*), Erhöhung (*f.*). 3 ~ **al fuoco** (di un componente la carica durante la fusione) (*metall.*), Zubrand (*m.*). 4 ~ **brusco** (della corrente) (*elett.*), Anschwellen (*n.*). 5 ~ **del capitale** (*finanz. - amm.*), Kapitalerhöhung (*f.*), Aufstockung (*f.*). 6 ~ **della disponibilità** (*finanz. - amm.*), Verflüssigung (*f.*). 7 ~ **del numero di giri** (*mot.*), Drehzahlerhöhung (*f.*). 8 ~ **del salto** (in centrali idroel. fluviali, mediante effetto

d'eiettore) (*idr.*), Fallhöhenmehrung (*f.*). **9 ~ di luminosità** (*telev.*), Auftasten (*n.*). **10 ~ di retribuzione** (*pers. - lav.*), Lohnerhöhung (*f.*). **11 ~ di ripidità** (*elettronica*), Versteilerung (*f.*). **12 ~ di salario** (*lav.*), Lohnaufbesserung (*f.*), Lohnerhöhung (*f.*). **13 ~ di stipendio** (*pers.*), Gehaltserhöhung (*f.*), Gehaltsaufbesserung (*f.*). **14 ~ di temperatura** (*meteor. - ecc.*), Temperaturerhöhung (*f.*), Temperaturanstieg (*m.*). **15 ~ di velocità** (aumento del numero di giri) (*mot.*), Hochlaufen (*n.*), Drehzahlerhöhung (*f.*). **16 ~ di volume** (del terreno p. es.) (*geol. - ed.*), Schwellung (*f.*), Aufquellung (*f.*), Bodenschwellung (*f.*). **17 ~ di volume** (*fond.*), Wachstum (*n.*). **18 ~ di volume dovuto all'umidità** (rigonfiamento dovuto all'umidità) (*legno - ecc.*), Feuchtigkeitsausdehnung (*f.*). **19 ~ salariale** (*pers. - lav.*), Lohnerhöhung (*f.*), Lohnsteigerung (*f.*). **20 in ~** (crescente) (*gen.*), zunehmend. **21 in ~** (in rialzo, di prezzi) (*comm.*), anziehend, steigend.
aureo (d'oro) (*metall.*), golden.
aureola (*astr. - illum.*), Aureole (*f.*).
aureomicina (*chim. - farm.*), Aureomycin (*n.*).
auricolare (*s. - telef. - ecc.*), Ohrstück (*n.*). **2 ~** (per app. radio p. es.) (*radio*), Kleinhörer (*m.*).
aurifero (*min.*), goldführend, goldhaltig.
aurora (*meteor.*), Morgenröte (*n.*). **2 ~ australe** (*geofis.*), Südlicht (*n.*). **3 ~ boreale** (*geofis.*), Nordlicht (*n.*), Polarlicht (*n.*).
ausformatura (« ausforming ») (*tratt. term.*), Austenitformhärten (*n.*).
ausiliario (*a. - gen.*), Hilfs... **2 ~** (*s. - mot. - ecc.*), Hilfsapparat (*m.*). **3 ausiliarii** (apparecchi ausiliarii, di una turbina a vapore p. es.) (*s. - mecc.*), Hilfsgetriebe (*n.*). **4 (frequenza) ausiliaria portante** (*elett. - radio*), Hilfsträger (*m.*). **5 materiali ausiliari** (vernici, chiodi, p. es.) (*ind.*), Hilfsstoff (*m.*).
auspici (*gen.*), Auspizien (*n. pl.*). **2 sotto buoni ~** (*gen.*), unter günstigen Auspizien.
« austempering » (bonifica isotermica, tempra bainitica isotermica, bonifica intermedia) (*tratt. term.*), Zwischenstufenumwandeln (*n.*), Zwischenstufenvergütung (*f.*), « Austempering » (*n.*).
austenite (*metall.*), Austenit (*n.*). **2 ~ residua** (*metall.*), Restaustenit (*n.*).
austenitico (*metall.*), austenitisch. **2 dimensione del grano ~ (McQuaid)** (*metall.*), McQuaid-Ehn-Korngrösse (*f.*), Ehn-Korngrösse (*f.*).
austenitizzazione (*tratt. term.*), Austenitisieren (*n.*). **2 ~ completa** (*tratt. term.*), vollständiges Austenitisieren. **3 ~ parziale** (*tratt. term.*), teilweises Austenitisieren.
autarchia (*ind.*), Autarkie (*f.*).
autarchico (*ind.*), autarkisch.
autenticare (legalizzare, un documento) (*leg.*), legalisieren, beglaubigen, authentisieren.
autenticato (legalizzato) (*leg.*), legalisiert, beglaubigt. **2 certificato ~** (certificato legalizzato) (*leg.*), beglaubigtes Zeugnis.
autenticazione (legalizzazione, di documenti) (*leg.*), Leralisation (*f.*), Legalisierung (*f.*), Beglaubigung (*f.*).
autenticità (genuinità) (*gen.*), Echtheit (*f.*).

autentico (vero, genuino) (*gen.*), echt, unverfälscht, authentisch.
autin (idrocarburo depurato) (*chim. - fond. - metall.*), autin.
autista (conducente) (*lav. - aut.*), Fahrer (*m.*). **2 ~** (conducente di autovetture) (*lav.*), Pkw-Fahrer (*m.*). **3 ~ collaudatore** (*aut.*), Einfahrer (*m.*). **4 ~ di autocarri** (camionista) (*aut.*), Lastwagenfahrer (*m.*).
auto (automobile, autovettura) (*aut.*), Wagen (*m.*), Personenkraftwagen (*m.*). **2 ~ da noleggio** (*aut.*), Mietwagen (*m.*). **3 ~ sicura** (automobile sicura) (*aut.*), Sicherheitsauto (*n.*).
autoaccensione (accensione spontanea) (*comb.*), Selbstentzündung (*f.*), Selbstzündung (*f.*). **2 ~** (accensione spontanea) (*mot. - aut.*), Selbstzündung (*f.*). **3 ~** (preaccensione) (*mot.*), Glühzündung (*f.*), Vorzündung (*f.*).
autoaccessorio (accessorio per autoveicoli) (*aut.*), Kraftfahrzeugzubehör (*n.*), Autozubehör (*n.*).
auto-adattante (*gen.*), selbstanpassend.
autoadescante (pompa) (*a. - idr. - macch.*), selbstansaugend.
autoadesivo (*a. - fis. - chim.*), selbsthaftend. **2 ~** (tipo di adesivo che dopo essiccazione conserva l'adesività) (*s. - ind. chim.*), Selbstkleber (*m.*), Halftkleber (*m.*). **3 ~** (carta p. es.) (*a. - ind.*), selbstklebend. **4 nastro ~** (*ind.*), selbsthaftendes Band.
autoaffilatura (di una mola) (*ut.*), Selbstschärfung (*f.*).
autoaffondamento (*mar. milit.*), Selbstversenkung (*f.*).
autoallineamento (*mecc.*), selbsttätiges Einstellen, selbsttätige Flucht.
autoambulanza (*aut.*), Krankenkraftwagen (*m.*), Krankenautomobil (*n.*), Ambulanzwagen (*m.*).
autoarticolato (motrice e semirimorchio) (*aut.*), Sattelzug (*m.*).
autoassorbimento (di radiazioni) (*radioatt.*), Selbstabsorption (*f.*).
autobetoniera (*ed. - veic.*), Transportmischer (*m.*), Fahrmischer (*m.*).
autoblinda (*veic. milit.*), Strassenpanzerwagen (*m.*).
autobloccante (a bloccaggio automatico) (*mecc. - ecc.*), selbstsperrend.
autobotte (autocisterna) (*aut.*), Tankkraftwagen (*m.*), Tankwagen (*m.*), Kesselkraftwagen (*m.*), Kesselwagen (*m.*). **2 ~ antincendio** (*veic.*), Tanklöschfahrzeug (*n.*).
« autobox » (box) (*aut.*), Box (*f.*), Autoschuppen (*m.*).
autobus (*aut.*), Omnibus (*m.*), Autobus (*m.*), Bus (*m.*). **2 ~** (*aut.* [*svizz.*]), Autocar (*m.*). **3 ~ a due motori** (*veic.*), Bimot-Bus (*m.*), zweimotoriger Kraftomnibus. **4 ~ a due piani** (*aut.*), Oberdeckomnibus (*m.*), Doppeldeckomnibus (*m.*). **5 ~ a più piani** (*veic.*), Mehrdeckomnibus (*m.*). **6 ~ articolato** (autosnodato) (*veic.*), Gelenkomnibus (*m.*). **7 ~ con belvedere** (*aut.*), Anderthalbdeckfahrzeug (*n.*). **8 ~ con imperiale** (od a due piani) (*veic.*), Decksitzautobus (*m.*). Eineinhalbdeck-Omnibus (*m.*). **9 ~ con motore Diesel posteriore**

autocalibratura

(*aut.*), Dieselheckomnibus (*m.*). **10 ~ con rimorchio** (*aut.*), Omnibuszug (*m.*). **11 ~ da turismo** (*veic.*), Reiseomnibus (*m.*), Reisebus (*m.*). **12 ~ di linea** (*aut.*), Linienbus (*m.*). **13 ~ di linea** (autobus interurbano) (*aut.*), Überlandomnibus (*m.*). **14 ~ elettrico** (*veic.*), Elektrobus (*m.*). **15 ~ interurbano** (*aut.*), Überlandautobus (*m.*). Landomnibus (*m*), Überlandlinienbus (*m.*). **16 ~ panoramico** (*veic.*), Panorama-Omnibus (*m.*). **17 ~ per alberghi** (piccolo autobus, minibus) (*aut.*), Hotelomnibus (*m.*), Kleinomnibus (*m.*), Kleinbus (*m.*). **18 ~ per giri turistici** (*aut.*), Rundfahrtwagen (*m.*). **19 ~ per grandi viaggi** (*aut.*), Reisebus (*m.*). **20 ~ per servizio urbano** (*veic.* - *trasp.*), Linienomnibus (*m.*), Trambus (*m.*), Stadtomnibus (*m.*). **21 ~ senza bigliettario** (*veic.*), Einmannomnibus (*m.*). **22 ~ tipo alberghi** (minibus) (*aut.*), Kleinomnibus (*m.*), Kleinbus (*m.*), Hotelomnibus (*m.*). **23 ~ unificato** (*veic.*), Regelbus (*m.*). **24 ~ urbano** (autobus per servizio urbano) (*aut.* - *trasp.*), Stadtomnibus (*m.*), Trambus (*m.*), Linienomnibus (*m.*). **25 piazzola per fermata di ~** (*traff. strad.*), Omnibushaltebucht (*f.*). **26 piccolo ~** (minibus, per 6 a 8 persone) (*veic.*), Kleinbus (*m.*), Kleinomnibus (*m.*).

autocalibratura (di pezzi, su macch. ut. p. es.) (*macch.* - *ecc.*), Mess-steuerung (*f.*).

autocarro (*aut.*), Lastwagen (*m.*), Lastkraftwagen (*m.*). **2 ~ a cabina arretrata** (*aut.*), Haubenfahrzeug (*n.*). **3 ~ a cabina avanzata** (*aut.*), Frontlenker (*m.*). **4 ~ a cabina semiarretrata** (*aut.*), Kurzhaubenfahrzeug (*n.*). **5 ~ a caricamento automatico** (autocarro dotato di proprio apparecchio caricatore) (*veic.*), Selbstauflader (*m.*). **6 ~ a cassone** (*aut.*), Pritschenwagen (*m.*). **7 ~ a cassone mobile verticalmente** (autocarro a cassone sollevabile) (*aut.*), Hubwagen (*m.*). **8 ~ a cassone ribaltabile su tre lati** (ribaltabile a scarico trilaterale) (*aut.*), Dreiseitenkipper (*m.*). **9 ~ a cassone sollevabile** (autocarro a cassone mobile verticalmente) (*aut.*), Hubwagen (*m.*). **10 ~ a pianale ribassato** (*aut.*), Niederplattformwagen (*m.*), Tieflader (*m.*). **11 ~ a pianale ribassato** (autocarro per collettame, « pickup ») (*aut.*), Kleinstlastwagen (*m.*), « Pickup ». **12 ~ a 4 ruote motrici** (autocarro a tutte ruote motrici) (*aut.*), Allradlastwagen (*m.*). **13 ~ a tre assi** (*aut.*), Dreiachser (*m.*). **14 ~ a tutte ruote motrici** (*aut.*), Allradlastwagen (*m.*). **15 ~ cabinato a pianale ribassato** (autocarro per collettame) (*aut.*), Kleinstlastwagen (*m.*), « Pick-up ». **16 ~ con cassone ribaltabile** (ribaltabile) (*aut.*), Kipper (*m.*), Kippwagen (*m.*). **17 ~ con guida a destra** (*aut.*), Rechtslenker (*m.*). **18 ~ con guida a destra di tipo orizzontale** (*aut.*), Rechtslenker liegend. **19 ~ con guida a destra di tipo verticale** (*aut.*), Rechtslenker stehend. **20 ~ con guida a sinistra** (*aut.*), Linkslenker (*m.*), Lastwagen mit Linkssteuerung. **21 ~ con guida a sinistra di tipo orizzontale** (*aut.*), Linkslenker liegend. **22 ~ con guida a sinistra di tipo verticale** (*aut.*), Linkslenker stehend. **23 ~ con rimorchio** (autotreno) (*aut.*), Lastzug (*m.*). **24 ~ della televisione** (*veic. telev.*), Fernsehwagen (*m.*). **25 ~ dotato di proprio apparecchio caricatore** (autocarro a caricamento automatico) (*veic.*), Selbstauflader (*m.*). **26 ~ leggero** (*aut.*), leichter Lastwagen. **27 ~ per collettame** (autocarro cabinato a pianale ribassato) (*aut.*), Kleinstlastwagen (*m.*), « Pickup ». **28 ~ per impieghi speciali** (con attrezzi montati fissi, per la pulizia stradale p. es.) (*aut.*), Arbeitskraftfahrzeug (*n.*). **29 ~ per trasporto bestiame** (*aut.*), Viehtransporter (*m.*), Viehtransportwagen (*m.*). **30 ~ per trasporto immondizie** (*aut.*), Müllwagen (*m.*). **31 ~ pesante** (*aut.*), Schwerlastwagen (*m.*), Schwerlastkraftwagen (*m.*), Schwerlaster (*m.*). **32 ~ ribaltabile a cabina arretrata** (ribaltabile a cabina arretrata) (*aut.*), Haubenkipper (*m.*). **33 ~ ribaltabile a 4 ruote motrici** (ribaltabile a 4 ruote motrici, ribaltabile a tutte ruote motrici) (*aut.*), Allradkipper (*m.*). **34 ~ ribaltabile a scarico laterale** (ribaltabile a scarico laterale) (*aut.*), Seitenkipper (*m.*). **35 ~ ribaltabile a scarico trilaterale** (autocarro a cassone ribaltabile su tre lati) (*aut.*), Dreiseitenkipper (*m.*). **36 ~ ribaltabile a tutte ruote motrici** (*aut.*), Allradkipper (*m.*). **37 ~ ribaltabile posteriormente** (*aut.*), Hinterkipper (*m.*). **38 ~ senza rimorchio** (motrice) (*aut.*), Solofahrzeug (*n.*). **39 trasporto con autocarri** (*trasp.*), Camionnage (*n.*).

autocartografo (*strum. fotogr.*), Autokartograph (*m.*).

autocatalisi (*chem.*), Autokatalyse (*f.*).

autocatalitico (*fis. atom.* - *ecc.*), autokatalitisch.

autocentrante (piattaforma autocentrante, piattaforma, di un tornio) (*s.* - *macch. ut.*), Spannfutter (*n.*), Planscheibe (*f.*). **2 ~** (*a.* - *lav. macch. ut.* - *ecc.*), selbstzentrierend. **3 ~ a tre griffe** (autocentrante a tre morsetti) (*macch. ut.*), Dreibackenfutter (*n.*). **4 ~ a tre morsetti** (autocentrante a tre griffe) (*macch. ut.*), Dreibackenfutter (*n.*).

autocicatrizzante (di serbatoio carburante p. es.) (*aer.* - *ecc.*), selbstabdichtend.

autocinema (cinema-parcheggio, « drive-in ») (*aut.* - *cinem.*), Auto-Kino (*n.*).

autocisterna (autobotte) (*aut.*), Tankkraftwagen (*m.*), Tankwagen (*m.*), Kesselwagen (*m.*), Kesselkraftwagen (*m.*).

autoclave (*app. ind.*), Druckkessel (*m.*), Autoklav (*m.*). **2 trattamento in ~** (tratt. term. di prodotti alimentari) (*ind.*), Autoklavierung (*f.*).

autocollimatore (*strum. ott.*), Autokollimationsfernrohr (*n.*).

autocollimazione (*ott.*), Autokollimation (*f.*).

autocolonna (*veic.* - *aut.*), Kolonne (*f.*).

autocombustione (*comb.*), Selbstverbrennung (*f.*).

autocommutazione (commutazione automatica) (*telef.*), Wählvermittlung (*f.*).

autocompensato (*mecc.* - *ecc.*), selbstausgleichend.

autocompensazione (compensazione automatica) (*mecc.* - *ecc.*), Selbstausgleich (*m.*).

autoconsumo (di aziende produttrici d'energia) (*elett.* - *ecc.*), Selbstverbrauch (*m.*). **2 ~** (consumo proprio, di strumenti di mis. elett.)

(*strum. elett.*), Eigenverbrauch (*m.*). **3 potenza di** ~ (potenza per consumo proprio, di una centrale) (*elett.*), Eigenleistungsbedarf (*m.*).
autocontrollato (autopilotato, di circuiti, valvole, ecc.) (*elett.*), selbstgesteuert. **2** ~ (codice) (*elab. dati*), selbstprüfend.
autocontrollo (autopilotaggio, di circuiti, valvole, ecc.) (*elett.*), Selbststeuerung (*f.*). **2** ~ (controllo automatico) (*elab. dati*), Selbstprüfung (*f.*).
autocorrelatore (*calc. - ecc.*), Autokorrelator (*m.*).
autocorrelazione (*gen.*), Eigenkorrelation (*f.*). **2** ~ (*stat.*), Autokorrelation (*f.*). **3 funzione di** ~ (*mat.*), Autokorrelationsfunktion (*f.*).
autocorriera (*aut. - trasp.*), Linienbus (*m.*).
autocoscienza (*psicol.*), Ichbewustsein (*n.*).
autoctono (*geol.*), autochton.
autodepurazione (biologica) (*idr. - biol.*), Selbstreinigung (*f.*).
autodidatta (*lav.*), Autodidakt (*m.*), Selbstlerner (*m.*).
autodiffusione (*radioatt.*), Selbststreuung (*f.*), Eigenstreuung (*f.*). **2** ~ (*fis. - metall.*), Selbstdiffusion (*f.*).
autodina (*radio*), Autodynempfänger (*m.*).
autodromo (*aut. - sport*), Automobilrennbahn (*f.*).
autoeccitato (*elett.*), selbsterregt.
autoeccitazione (*elett.*), Selbsterregung (*f.*). **2 ad** ~ (autoeccitato) (*elett.*), selbsterregt.
autoelettromotrice (elettromotrice autonoma, automotrice diesel-elettrica p. es.) (*veic. ferr.*), Brennkraft-Elektrofahrzeug (*f.*).
auto-esposizione (auto-vetrina) (*comm. - aut.*), Ausstellungswagen (*m.*), Werbewagen (*m.*).
autoestinguente (*prove mater.*), selbstlöschend, selbstauslöschbar.
autoestinzione (*radioatt. - fis. atom.*), Selbstlöschung (*f.*).
autofertilizzazione (surrigenerazione) (*fis. atom.*), Brüten (*n.*). **2 zona di** ~ (d'un reattore nucleare) (*fis. atom.*), Brutmantel (*m.*), Brutzone (*f.*).
autofilettante (vite) (*mecc.*), selbsteinschneidend, selbstschneidend.
autofinanziamento (*finanz. - ind.*), Selbstfinanzierung (*f.*).
autofondente (minerale p. es.) (*metall.*), selbstgehend, selbstgängig.
autoforzatura (« autofrettage », autorafforzamento delle canne di cannoni) (*tecnol.*), Autofrettage (*f.*), Selbstschrumpfung (*f.*), Selbstverfestigung (*f.*).
« autofrettage » (autoforzatura, autorafforzamento delle canne di cannoni) (*tecnol.*), Autofrettage (*f.*), Selbstschrumpfung (*f.*), Selbstverfestigung (*f.*).
autofunzione (per la soluzione di equazioni differenziali od integrali) (*mat.*), Eigenfunktion (*f.*).
autofurgone (furgone) (*aut.*), Lieferwagen (*m.*), Lieferauto (*n.*). **2** ~ **postale** (*aut.*), Postkraftwagen (*m.*).
autogeno (*tecnol.*), autogen.
autogestione (*amm.*), Selbstverwaltung (*f.*).

2 ~ **operaia** (*ind.*), Arbeiterselbstverwaltung (*f.*).
autogiro (elicottero con elica per la propulsione orizzontale) (*aer.*), Flugschrauber (*m.*), Tragschrauber (*m.*), Autogiro (*m.*).
autogoverno (autopilotaggio, di aeroplani) (*aer.*), Selbststeuerung (*f.*). **2** ~ (di navi) (*nav.*), Selbststeuerung (*f.*).
autografia (sistema litografico) (*arti grafiche*), Autographie (*f.*).
autogru (*veic. ind.*), Autokran (*m.*).
autoguida (di missili) (*milit. - ecc.*), Selbstlenkung (*f.*).
autoindotto (*a. - elett.*), selbstinduziert.
autoinduttanza (induttanza propria, coefficiente di autoinduzione) (*elett.*), Eigeninduktivität (*f.*), Selbstinduktionskoeffizient (*m.*).
autoinduttivo (*elett.*), selbstinduktiv, autoinduktiv.
autoinduzione (*elett.*), Selbstinduktion (*f.*). **2 coefficiente di** ~ (induttanza propria, autoinduttanza) (*elett.*), Selbstinduktionskoeffizient (*m.*), Eigeninduktivität (*f.*).
autoinnaffiatrice (per strade) (*veic.*), Sprengmaschine (*f.*), Sprengwagen (*m.*), Sprengauto (*n.*).
autolettiga (lettiga) (*veic.*), Krankenwagen (*m.*).
autolinea (*trasp. - ecc.*), Kraftfahrlinie (*f.*).
autolivellatore (livellatore, per la regolazione automatica della cabina di un ascensore all'altezza dei piani) (*app. - ed.*), Feinsteuerung (*f.*).
autolubrificante (*mecc.*), selbstschmierend.
autolubrificazione (*mecc.*), Selbstschmierung (*f.*).
automa (robot) (*elettronica*), Roboter (*m.*), künstlicher Mensch.
automantenentesi (comando, ecc.) (*gen.*), selbsthaltend.
automaschiante (vite) (*mecc.*), selbstschneidend. **2** ~ **a deformazione** (vite) (*mecc.*), gewindefurchend.
automatico (*gen.*), selbsttätig, automatisch. **2** ~ (completamente automatico) (*elettromecc.*), vollautomatisch. **3 apparecchiatura automatica** (attrezzatura automatica, impianto automatico) (*app. - ecc.*), Automatik (*f.*). **4 cambio** ~ (trasmissione automatica) (*aut.*), Automatgetriebe (*m.*), Automatik (*f.*), automatisches Getriebe. **5 ciclo** ~ (di lavorazioni, decorso) (*lav. macch. ut.*), Automatik (*f.*). **6 comando** ~ (*macch. ut. - ecc.*), Automatik (*f.*). **7 impianto** ~ (apparecchiatura automatica, attrezzatura automatica) (*app. - ecc.*), Automatik (*f.*). **8 operazione automatica** (decorso automatico d'un programma) (*macch. a c/n*), Satzfolge-Betriebsart (*f.*). **9 programmazione automatica** (*macch. - ecc.*), Automatik (*f.*). **10 regolazione automatica** (*mecc. - ecc.*), selbsttätige Regelung. **11 trasmissione automatica** (cambio automatico) (*aut.*), Automatgetriebe (*n.*), Automatik (*f.*), automatisches Getriebe.
automatismo (*elettromecc. - ecc.*), Automatismus (*m.*), Automatik (*f.*). **2** ~ **di comando delle selle di lancio** (*ferr.*), Talsteuerautomatik (*f.*).
automatizzare (*tecnol. - ecc.*), automatisieren.

automazione (per operazione macch. ut. p. es.) (*mecc. - ecc.*), Automation (*f.*), Automatisierung (*f.*).
automezzo (autoveicolo) (*aut.*), Kraftfahrzeug (*n.*).
automobile (autovettura) (*aut.*), Personenkraftwagen (*m.*), Wagen (*m.*). 2 ~ (*aut.*), *vedi anche* autovettura. 3 ~ **a benzina** (*aut.*) Benzinwagen (*m.*). 4 ~ **aperta** (torpedo) (*aut.*), Phaethon (*m.*), Phaeton (*m.*). 5 ~ **da città** (*aut.*), Stadtautomobil (*n.*). 6 ~ **elettrica** (veicolo elettrico, veicolo a propulsione elettrica) (*veic.*), Elektromobil (*n.*), E-Auto (*n.*). 7 ~ **lunare** (*veic. - astronautica*), Mondauto (*n.*). 8 ~ **sicura** (auto sicura) (*aut.*), Sicherheitsauto (*n.*).
Automobile Club (*aut.*), Automobilklub (*m.*). 2 ~ **Tedesco** (*aut.*), A.v.D., Automobilklub von Deutschland.
automobilina (a pedali) (*giocattolo*), Tretauto (*n.*).
automobilismo (*aut. - sport*), Kraftfahrwesen (*n.*), Automobilismus (*m.*).
automobilista (*aut.*), Automobilist (*m.*).
automodulante (adattativo, autoregolante; comando di macchina utensile) (*macch. ut. a c/n*), adaptiv.
automoltiplicante (reazione a catena) (*a. - fis. atom.*), selbstvermehrend.
automorfo (funzione) (*mat.*), automorph.
automotrice (carrozza passeggeri semovente) (*ferr.*), Triebwagen (*m.*). 2 ~ **a convertitore** (*ferr. elett.*), Umformer-Triebwagen (*m.*). 3 ~ **a vapore** (*ferr.*), Dampftriebwagen (*m.*). 4 ~ **con motore endotermico** (*ferr.*), Verbrennungstriebwagen (*m.*), VT. 5 ~ **Diesel** (*ferr.*), Diesel-Triebwagen (*m.*). 6 ~ **diesel-elettrica** (*ferr.*), diesel-elektrischer Triebwagen (*m.*). 7 ~ **elettrica** (ad accumulatori) (*ferr. elett.*), Akkumulatorentriebwagen (*m.*). 8 ~ **in lega leggera** (*ferr.*), Leichtmetalltriebwagen (*m.*). 9 ~ **leggera** (con motori a c. i.) (*ferr.*), Schienenomnibus (*m.*), Schienenbus (*m.*). 10 ~ **panoramica** (*ferr.*), Aussichtstriebwagen (*m.*). 11 ~ **rapida** (*ferr.*), Schnelltriebwagen (*m.*). 12 ~ **rapida per lunghi percorsi** (*ferr.*), Fernschnelltriebwagen (*m.*). 13 **motore per** ~ (*mot.*), Triebwagenmotor (*m.*). 14 **treno formato da automotrici** (*ferr.*), Triebwagenzug (*m.*).
auto-negozio (*veic.*), Verkaufswagen (*m.*).
autonoleggio (*aut.*), Autovermietung (*f.*).
autonomia (*aer.*), Flugbereich (*m.*), Reichweite (*f.*). 2 ~ (*aut. - ecc.*), Fahrbereich (*m.*). 3 ~ **amministrativa** (*amm.*), Selbstverwaltung (*f.*). 4 ~ **in aria calma** (*aer.*), Reichweite bei Windstille. 5 **grafico carico pagante-** ~ (*aer.*), Nutzlast-Reichweiten-Diagramm (*m.*).
autonomo (*mecc. - ecc.*), freistehend, autonom. 2 ~ (indipendente, impianto ecc.) (*macch. - ecc.*), unabhängig.
autoofficina (*aut.*), Autoreparaturwerkstatt (*f.*). 2 ~ (officina riparazione autoveicoli) (*aut.*) (*austr. e svizz.*), Autospenglerei (*f.*).
autoossidazione (ossidazione spontanea prodotta dall'ossigeno molecolare) (*chim.*), Autooxydation (*f.*).
auto-ostello (motel) (*aut.*), Kraftfahrerhotel (*n.*).

autoparco (*aut.*), Autopark (*m.*).
autopilota (pilota automatico) (*aer.*), automatischer Pilot, Autopilot (*m.*), Selbststeuergerät (*n.*). 2 ~ (giropilota) (*aer. - app.*), Kreiselsteuergerät (*n.*).
autopilotaggio (autogoverno, di aeroplani) (*aer.*), Selbststeuerung (*f.*). 2 ~ (autocontrollo, di circuiti, valvole, ecc.) (*elett.*), Selbststeuerung (*f.*).
autopilotato (autocontrollato, di circuiti, valvole, ecc.) (*elett.*), selbstgesteuert.
autoplatina (*macch. tip.*), Tiegelautomat (*m.*).
autopompa (antincendio) (*aut.*), Automobilspritze (*f.*), Feuerlöschfahrzeug (*n.*), Löschfahrzeug (*n.*).
autoportante (*tecnol.*), selbsttragend.
autoproduttore (di energia) (*elett. - ecc.*), Eigenerzeuger (*m.*).
autoproduzione (di energia elettrica) (*elett.*), Eigenerzeugung (*f.*). 2 ~ **di energia** (*elett.*), Energie-Eigenerzeugung (*f.*).
AUTOPROMT (sigla da: automatic programming of machine tools; programmazione automatica delle macchine utensili) (*lav. macch. ut.*), AUTOPROMT, Selbstprogrammierung von Werkzeugmaschinen.
autopsia (*med.*), Autopsie (*f.*).
autopubblica (tassì) (*trasp. - veic.*), Taxameter (*m.*), Kraftdroschke (*f.*), Taxe (*f.*), Taxi (*n.*). 2 **posteggio per autopubbliche** (*aut. - traff. strad.*), Taxistand (*m.*).
autopulimento (di una candela) (*mot.*), Selbstreinigung (*f.*).
autopullman (autobus panoramico, autobus) (*aut.*), Reisebus (*m.*).
autoradio (*aut. - radio*), Autoradio (*n.*), Wagenradio (*n.*).
autoradiografia (*radioatt.*), Autoradiographie (*f.*).
autoradiogramma (*radioatt.*), Autoradiogramm (*n.*).
autore (*gen.*), Autor (*m.*). 2 ~ (*tip.*), Verfasser (*m.*). 3 ~ **del copione** (*cinem.*), Drehbuchautor (*m.*), Drehbuchschreiber (*m.*). 4 ~ **di pubblicazioni tecniche** (*tecnol.*), Fachschriftsteller (*m.*). 5 **diritti di** ~ (*leg.*), Urheberrecht (*n.*).
autoreattore (statoreattore, atodite) (*mot. a getto*), Staustrahltriebwerk (*n.*), Athodyd (*m.*).
autoregistratore (a registrazione automatica) (*a. - strum. - ecc.*), selbstregistrierend, selbstschreibend.
autoregolante (automodulante, adattativo, comando p. es. di macch. ut, a c. n.) (*macch. ut.*), adaptiv.
autoregolato (alternatore) (*macch. elett.*), selbstregelnd. 2 ~ (a regolazione automatica) (*mecc. - ecc.*), selbsteinstellend, selbstjustierend.
autoregolazione (*macch. elett. - ecc.*), Selbstregelung (*f.*). 2 **grado di** ~ (grado di conpenso; rapporto fra variazione della grandezza regolatrice e quella della grandezza regolata) (*regolaz.*), Selbstregelfaktor (*m.*).
autorigenerante (autogeneratore) (*gen.*), selbstheilend.
autorigenerazione (d'un condensatore p. es.)

(*elett. - ecc.*), Selbstheilung (*f.*). **2 rapporto di ~** (*fis. atom.*), Umwandlungsfaktor (*m.*).

autorimessa («garage») (*aut.*), Sammelgarage (*f.*), Garage (*f.*), Wagenhalle (*f.*). **2 ~ a più piani** («garage» a più piani) (*aut.*), Stockwerksgarage (*f.*), Hochgarage (*f.*). **3 ~ a rampe** (garage a rampe) (*aut. - ed.*), Rampengarage (*f.*). **4 ~ a torre** (autosilo) (*aut.*), Turmgarage (*f.*), Autosilo (*m.*). **5 ~ sotterranea** (*aut. - ed.*), Tiefgarage (*f.*), unterirdische Garage. **6 addetto all'~** (garagista) (*aut.*), Garagenwärter (*m.*). **7 mettere in ~** (mettere in garage) (*aut.*) (*austr. - svizz.*), garagieren.

autoriparatore (meccanico per automobili) (*lav.*), Autoschlosser (*m.*), Automechaniker (*m.*).

autoripresa (*cinem.*), Selbstfilmen (*n.*).

autoriscaldamento (*fis.*), Eigenerwärmung (*f.*).

autorità (*gen.*), Behörde (*f.*). **2 ~ di pubblica sicurezza** (*leg.*), Polizeibehörde (*f.*). **3 ~ giudiziaria** (*leg.*), Gerichtsbehörde (*f.*). **4 ~ locale** (*gen.*), Ortsbehörde (*f.*). **5 alta ~** (*gen.*), hohe Behörde.

autorizzare (*gen.*), bevollmächtigen, autorisieren.

autorizzato (officina di riparazione di una data marca) (*aut.*), anerkannt.

autorizzazione (benestare, approvazione) (*gen.*), Einwilligung (*f.*), Zustimmung (*f.*), Genehmigung (*f.*). **2 ~** (permesso) (*gen.*), Erlaubnis (*f.*), Bewilligung (*f.*). **3 ~ alla costruzione** (*ed.*), Baubewilligung (*f.*). **4 ~ all'acquisto** (*comm. - ecc.*), Beschaffungsermächtigung (*f.*), Ankaufsgenehmigung (*f.*).

autorotazione (di un'elica) (*aer.*), Mahlen (*n.*), Mitlaufen (*n.*). **2 ~** (vite non comandata, di un velivolo) (*aer.*), Eigendrehung (*f.*). **3 velocità di ~** (*aer. - ecc.*), Eigendrehgeschwindigkeit (*f.*).

autoscala (*veic. antincendi*), Kraftfahrdrehleiter (*f.*).

autoscarica (di un accumulatore) (*elett.*), Selbstentladung (*f.*).

autoscatto (dispositivo automatico di scatto) (*mecc. - ecc.*), selbsttätig auslösende Vorrichtung. **2 ~** (*fot.*), Selbstauslöser (*m.*).

«autoscooter» (piccola automobile a 3 o 4 ruote con ruote da motoretta) (*veic.*), Rollermobil (*n.*).

autoscuola (scuola guida) (*aut.*), Fahrschule (*f.*).

autoservizio («self-service») (*comm.*), Selbstbedienung (*f.*).

autosilo (autorimessa a torre) (*aut.*), Autosilo (*m.*), Turmgarage (*f.*). **2 ~** (autoveicolo silo) (*aut.*), Silofahrzeug (*n.*).

autosincronizzato (a sincronizzazione automatica) (*elett. - ecc.*), selbstsynchronisierend.

autosincronizzatore (ripetitore sincrono) (*elett.*), Drehmelder (*m.*), Selsyn (*n.*). **2 motore di ~** (motore di ripetitore sincrono, usato nel cosiddetto «albero elettrico») (*elett.*), Selsynmotor (*m.*).

autosnodato (autobus articolato) (*Aut.*), Gelenkomnibus (*m.*).

AUTOSPOT (linguaggio di programmazione di macch. ut. a c/n; sigla per *A*utomatic *S*ystem for *P*ositioning of *T*ools; sistema automatico di posizionamento degli utensili) (*lav. macch. ut.*), AUTOSPOT.

autostazione (stazione di partenza di autobus interurbani) (*aut. - trasp.*), Omnibusbahnhof (*m.*), Busbahnhof (*m.*). **2 ~ di servizio** (stazione di servizio) (*aut.*), Tankstelle (*f.*), Dienststelle (*f.*).

autostereogramma (*radioatt.*), Autostereogramm (*n.*).

autosterzante (*aut.*), eigenlenkend. **2 comportamento ~** (di una vettura) (*aut.*), Eigenlenkverhalten (*n.*).

autosterzatura (sottosterzatura o sovrasterzatura) (*aut.*), Eigenlenkung (*f.*).

autostop (fare l'autostop) (*veic.*), per Anhalter fahren, mit Anhalter fahren.

autostoppista (*veic.*), Anhalter (*m.*).

autostrada (a doppia carreggiata) (*strad.*), Autostrasse (*f.*), Autobahn (*f.*).

autosufficiente (reparto d'una fabbrica p. es.) (*gen.*), selbsttragend.

autosyn (ripetitore sincrono, sincrono di coppia) (*app.*), Autosyn (*n.*).

autotelaio («chassis») (*aut.*), Fahrgestell (*n.*), Chassis (*n.*). **2 ~ cabinato** (di autocarro) (*aut.*), Fahrgestell mit Fahrerhaus. **3 ~ cingolato** (per macch. edili) (*veic.*), Raupenfahrwerk (*n.*). **4 ~ ribassato** (*aut.*), Niederrahmenfahrgestell (*n.*). **5 numero dell'~** (*aut.*), Fahrgestell-Nummer (*f.*). **6 portata dell'~** (*aut.*), Fahrgestelltragfähigkeit (*f.*).

autotemprante (*tratt. term.*), selbsthärtend.

autotenuta (d'un relè) (*elett.*), Selbsthaltung (*f.*). **2 ad ~** (filettatura, ermetica all'olio, p. es.) (*mecc.*), selbstdichtend. **3 azionamento ad ~** (d'un relè) (*elett.*), Selbsthalteschaltung (*f.*). **4 contatto ad ~** (d'un relè p. es.) (*elett.*), Selbsthaltekontakt (*m.*). **5 relè ad ~** (*elett.*), Selbsthalterelais (*n.*), Haftrelais (*n.*).

autotipia (fotoincisione) (*tip.*), Netzätzung (*f.*), Autotypie (*f.*), Rasterätzung (*f.*).

autotipico (*tip.*), autotypisch. **2 procedimento ~** (calcografia autotipica) (*tip.*), autotypischer Tiefdruck.

autotrasduttore (*elettronica*), Spartransduktor (*m.*).

autotrasformatore (*elett.*), Spartransformator (*m.*). **2 ~ regolabile** (*elett.*), Einstellspartransformator (*m.*).

autotrasportatore (imprenditore) (*trasp.*) (*austr.*), Fuhrwerker (*m.*).

autotreno (autocarro con rimorchio) (*aut.*), Lastzug (*m.*), Zug (*m.*). **2 ~ a bilico** (per carichi lunghi sistemati su un ponte a bilico appoggiato su motrice e rimorchio) (*aut.*), Brückenzug (*m.*).

autovalore (di un'equazione differenziale od integrale) (*mat.*), Eigenwert (*m.*).

autoveicolo (veicolo semovente non legato a rotaia) (*veic. - aut.*), Kraftfahrzeug (*n.*), Kraftwagen (*m.*). **2 ~ a cabina arretrata** (*aut.*), Haubenwagen (*m.*). **3 ~ a cuscino d'aria** (*veic.*), Luftkissenfahrzeug (*n.*). **4 ~ a motore posteriore** (*aut.*), Heckmotorwagen (*m.*), Heckmotorkraftwagen (*m.*). **5 ~ a 4 ruote motrici** (autoveicolo a tutte ruote motrici) (*aut.*), Allradwagen (*m.*). **6 ~ a tutte ruote motrici** (*aut.*), Allradwagen (*m.*).

autoventilato

7 ~ **con guida a destra** (*aut.*), Rechtslenker (*m.*). 8 ~ **con guida a destra di tipo orizzontale** (*aut.*), Rechtslenker liegend. 9 ~ **con guida a destra di tipo verticale** (*aut.*), Rechtslenker stehend. 10 ~ **con guida a sinistra** (*aut.*), Linkslenker (*m.*). 11 ~ **con guida a sinistra di tipo orizzontale** (*aut.*), Linkslenker liegend. 12 ~ **con guida a sinistra di tipo verticale** (*aut.*), Linkslenker stehend. 13 ~ **elettrico** (veicolo stradale a batterie) (*veic. elett.*), Elektrofahrzeug (*n.*), Elektromobil (*n.*), Elektrowagen (*m.*). 14 ~ **industriale** (*veic.*), Nutzfahrzeug (*n.*). 15 ~ **per lunghi percorsi** (*veic.*), Fernfahrer (*m.*). 16 ~ **per riprese** (*cinem.*), Aufnahmewagen (*m.*). 17 ~ **per servizio promiscuo** (familiare) (*veic.*), Kombiwagen (*m.*), Kombi (*m.*), Kombinationskraftwagen (*m.*). 18 ~ **promiscuo** (*aut.*), Kombinationskraftwagen (*m.*), Kombi (*m.*), Kombiwagen (*m.*). 19 ~ **silo** (*aut.*), Silofahrzeug (*n.*). 20 ~ **speciale** (autoambulanza, autobotte p. es.) (*aut.*), Spezialkraftwagen (*m.*). 21 ~ **speciale** (autobetoniera, ecc., autoveicolo dotato di attrezzi montati per impieghi speciali) (*veic.*), Arbeitskraftfahrzeug (*n.*).
autoventilato (*elett. - ecc.*), eigenbelüftet.
autoventilazione (*elett. - ecc.*), Eigenlüftung (*f.*).
auto-vetrina (auto-esposizione) (*comm. - aut.*), Ausstellungswagen (*m.*), Werbewagen (*m.*).
autovettore (*mat.*), Eigenvektor (*m.*).
autovettura (vettura) (*aut.*), Personenkraftwagen (*m.*), Pkw. 2 ~ (*aut.*), vedi anche vettura. 3 ~ **da noleggio** (vettura per servizio pubblico) (*aut.*), Mietwagen (*n.*). 4 ~ **ad asse rigido** (*aut.*), Starrachspersonenwagen (*m.*). 5 ~ **a due posti** (*aut.*), Zweisitzer (*m.*). 6 ~ **aperta** (torpedo) (*aut.*), Phaethon (*m.*). 7 ~ **a quattro posti** (*aut.*), Viersitzer (*m.*). 8 ~ **compatta** (vettura compatta) (*aut.*), «Compact-Wagen» (*m.*). 9 ~ **di serie** (vettura di serie) (*aut.*), Serienwagen (*m.*), Reihenwagen (*m.*). 10 ~ **familiare** (*aut.*), Kombi (*m.*). 11 ~ **familiare con coda a semisbalzo** (familiare con coda a semisbalzo) (*aut. - carrozz.*), Kombi mit Stufenheck. 12 ~ **familiare con porta posteriore piana** (*aut. - carrozz.*), Kombi mit Steilwand. 13 ~ **fuori serie** (*aut.*), Sonderwagen (*m.*). 14 ~ **neutra** (nella sterzatura) (*aut.*), neutraler Wagen. 15 ~ **sottosterzante** (vettura sottosterzante) (*aut.*), untersteuernder Wagen. 16 ~ **sovrasterzante** (vettura sovrasterzante) (*aut.*), übersteuernder Wagen. 17 ~ **speciale** (*aut.*), Spezialwagen (*m.*). 18 ~ **sportiva** (vettura sportiva) (*aut.*), Sportwagen (*m.*).
autovirante (*fot.*), selbsttonend.
autunite [$Ca(UO_2)_2(PO_4)_2 \cdot 8\ H_2O$] (*min. - radioatt.*), Autunit (*m.*).
avallante (garante) (*s. - finanz.*), Bürge (*m.*), Wechselbürge (*m.*), Avalist (*m.*).
avallare (garantire) (*finanz. - comm.*), bürgen. 2 ~ (una cambiale) (*finanz. - comm.*), bürgen.
avallato (*s. - finanz.*), Bürgschaftnehmer (*m.*).
avallo (*comm.*), Bürge (*m.*). 2 ~ (di una cambiale) (*comm.*), Aval (*m.*), Wechselbürge (*m.*), Wechselbürgschaft (*f.*).
avalve (senza valvole) (*mecc. - ecc.*), ventillos.
avambecco (di una pila di ponte) (*costr. di ponti*), vedi rostro.
avamporto (*nav.*), Vorhafen (*m.*).
avamposto (*milit.*), Vorpost (*m.*).
avancorpo (di un edificio) (*ed.*), Vorbau (*m.*). 2 ~ (di veicoli speciali p. es.) (*veic.*), Vorbau (*m.*).
avancrogiolo (forno - *metall.*), Vorherd (*m.*), Vorfeuerung (*f.*).
avanti (*gen.*), vorwärts. 2 ~ (moto) (*macch. - ecc.*), vor. 3 ~ **adagio!** (*nav.*), langsam vorwärts! 4 ~ **a tutta forza** (*nav.*), äusserste Kraft vorwärts. 5 **lettura** ~ (*top.*), Vorwärtseinschneiden (*n.*). 6 **mettere** ~ (un orologio) (*strum.*), vorstellen.
avantreno (assale anteriore, di un autocarro p. es.) (*aut.*), Vorderachse (*f.*). 2 ~ (di veicoli speciali p. es.) (*veic.*), Vorbau (*m.*). 3 ~ (di un cannone p. es.) (*milit.*), Protze (*f.*), Vorderwagen (*m.*). 4 ~ **a ruote indipendenti** (sospensione anteriore a ruote indipendenti, assale anteriore oscillante, assale anteriore pendolare) (*aut.*), Vorderpendelachse (*f.*). 5 **apparecchio per il controllo dell'**~ (*app. aut.*), Achsmessgerät (*n.*). 6 **verifica dell'**~ (*aut.*), Überprüfung der Vorderachse.
avanvomere (di un aratro) (*macch. agric.*), Vorschäler (*m.*).
avanzamento (movimento dell'utensile o del pezzo) (*lav. macch. ut.*), Vorschub (*m.*). 2 ~ (nella costruzione di gallerie) (*ing. civ. - min.*), Vortrieb (*m.*). 3 ~ (del personale) (*pers. - lav.*), Beförderung (*f.*), Vorrücken (*n.*). 4 ~ (progresso) (*gen.*), Fortschritt (*m.*). 5 ~ **a camma** (*lav. macch. ut.*), Kurvenvorschub (*m.*). 6 ~ **ad immersione** (avanzamento radiale della mola) (*lav. macch. ut.*), Einstechen (*n.*), Eintauchen (*n.*). 7 ~ **ad intermittenza** (avanzamento a gradi) (*lav. macch. ut.*), Ruckvorschub (*m.*). 8 ~ **a gradi** (avanzamento ad intermittenza) (*lav. macch. ut.*), Ruckvorschub (*m.*). 9 ~ **a mano** (avanzamento manuale) (*lav. macch. ut.*), Handvorschub (*m.*). 10 ~ **a scudo** (nello scavo meccanico di gallerie) (*ing. civ.*), Schildbauweise (*f.*). 11 ~ **assiale** (*lav. macch. ut.*), Axialvorschub (*m.*). 12 ~ **a tuffo** (nella rettifica p. es.) (*lav. macch. ut.*), Einstechhub (*m.*). 13 ~ **automatico** (*lav. macch. ut.*), selbsttätiger Vorschub, automatischer Vorschub. 14 ~ **continuo** (*lav. macch. ut.*), Fliessvorschub (*m.*). 15 ~ **costante** (*lav. macch. ut.*), Dauervorschub (*m.*). 16 ~ **degli elettrodi** (di carbone, d'una lampada ad arco) (*elett.*), Kohlenvorschub (*m.*). 17 ~ **(della) barra** (*lav. macch. ut.*), Stangenvorschub (*m.*). 18 ~ **della carta** (in strumenti registratori p. es.) (*strum.*), Papiervorschub (*m.*). 19 ~ **della tavola** (*lav. macch. ut.*), Tischvorschub (*m.*). 20 ~ **della telecamera** (*telev.*), Kameravorschub (*m.*). 21 ~ **del tessuto** (in una macchina per cucire) (*macch. tess.*), Nähgutvorschub (*m.*), Nähguttransport (*m.*). 22 ~ **di cilindratura** (nella tornitura cilindrica) (*lav. macch. ut.*), Längsvorschub (*m.*). 23 ~ **di generazione** (nel taglio d'ingranaggi) (*lav. macch.*

ut.), Wälzvorschub (*m.*). **24 ~ di lavoro** (*lav. macch. ut.*), Arbeitsvorschub (*m.*). **25 ~ discontinuo** (avanzamento a gradi, avanzamento ad intermittenza) (*mecc.*), Ruckvorschub (*m.*). **26 ~ di sfacciatura** (al tornio) (*lav. macch. ut.*), Planvorschub (*m.*). **27 ~ fine** (avanzamento di precisione) (*lav. macch. ut.*), Feinvorschub (*m.*). **28 ~ in profondità** (*lav. macch. ut.*), Tiefenvorschub (*m.*), Zustellung (*f.*). **29 ~ intermittente** (*lav. macch. ut.*), Ruckvorschub (*m.*). **30 ~ longitudinale** (*lav. macch. ut.*), Längsvorschub (*m.*). **31 ~ manuale** (avanzamento a mano) (*lav. macch. ut.*), Handvorschub (*m.*). **32 ~ meccanico** (*lav. macch. ut.*), Kraftvorschub (*m.*), maschineller Vorschub (*m.*). **33 ~ per anzianità** (*pers. - lav.*), Beförderung nach dem Dienstalter. **34 ~ radiale** (immersione, tuffo, della mola) (*lav. macch. ut.*), Eintauchen (*n.*). **35 ~ rapido** (*lav. macch. ut.*), Schnellvorschub (*m.*), Sprungvorschub (*m.*). **36 ~ rapido** (comando avanzamento rapido) (*lav. macch. ut.*), Sprungschaltung (*f.*). **37 ~ rapido della tavola** (comando di avanzamento rapido della tavola di una fresatrice p. es., per la traslazione rapida fino a poco prima del punto di inizio lavoro) (*lav. macch. ut.*), Sprungtischschaltung (*f.*). **38 ~ sensitivo** (nella foratura) (*lav. macch. ut.*), Gefühlvorschub (*m.*). **39 ~ tangenziale** (*lav. macch. ut.*), Tangentenvorschub (*m.*), Tangentialvorschub (*m.*). **40 ~ trasversale** (*lav. macch. ut.*), Quervorschub (*m.*), Planvorschub (*m.*). **41 angolo di ~** (di una punta elicoidale) (*ut.*), Vorschubsteigungswinkel (*m.*). **42 angolo di ~** (fra la direzione dell'avanzamento e quella di taglio) (*lav. macch. ut.*), Vorschubrichtungswinkel (*m.*). **43 arresto per l'~ trasversale** (battuta dell'avanzamento trasversale) (*lav. mecch. ut.*), Quervorschubanschlag (*m.*), Planvorschubanschalg (*m.*). **44 camma dell'~** (*macch. ut.*), Vorschubkurve (*f.*), Vorschubnocken (*m.*). **45 codice ~** (*lav. macch. ut. c/n*) Vorschubzahl (*f.*). **46 comando automatico dell'~ in profondità** (comando automatico della profondità di passata) (*lav. macch. ut.*), Zustellautomatik (*f.*). **47 comando ~ lento** (*elett. - ecc.*), Schleichschaltung (*f.*). **48 comando dell'~** (*lav. macch. ut.*), Vorschubschaltung (*f.*). **49 comando ~ rapido** (*lav. macch. ut.*), Sprungschaltung (*f.*). **50 dispositivo di ~** (*lamin.*), Vorholer (*m.*). **51 dispositivo per l'~** (*macch. ut.*), Vorschubeinrichtung (*f.*). **52 forza di ~** (esercitata sull'asta della trivella) (*min.*), Vorschubkraft (*f.*). **53 fronte di ~** (nella costruzione di gallerie) (*min. - ing. civ.*), Abbaustoss (*m.*). Arbeitstoss (*m.*), Streb (*n.*), Vortriebstelle (*f.*). **54 grafico ~ lavori** (relativo a lavori da eseguire su binari, ecc. di un tronco ferrov., in un anno p. es.) (*ferr.*), Baubetriebsplan (*m.*). **55 meccanismo di ~ in profondità** (per la mola di rettificatrici p. es.) (*macch. ut.*), Zustellgetriebe (*n.*). **56 moto di ~ in profondità** (corrispondente alla profondità di taglio) (*lav. macch. ut.*), Zustellbewegung (*f.*). **57 motore dell'~** (*macch. ut.*), Vorschubmotor (*m.*). **58 pinza di ~** (della barra, su un tornio) (*macch. ut.*), Vorschubzange (*f.*). **59 quadro grafico ~ produzione** (*ind.*), Produktionsgraphanlage (*f.*). **60 resistenza all'~** (di un veicolo) (*aut.*), Fahrwiderstand (*m.*). **61 ruota di cambio dell'~** (*macch. ut.*), Vorschubwechselrad (*n.*). **62 scudo di ~** (*min. - ing. civ.*), Vortriebsschild (*n.*). **63 scudo di ~** (in galleria) (*ing. civ.*), Tunnelschild (*m.*). **64 segno di ~** (nella fresatura p. es.) (*lav. macch. ut.*), Vorschubmarkierung (*f.*). **65 sforzo di ~** (*lav. macch. ut.*), Vorschubdruck (*m.*). **66 velocità di ~** (*lav. macch. ut.*), Vorschubgeschwindigkeit (*f.*). **67 volantino per l'~ in profondità** (nella rettifica p. es.) (*macch. ut.*), Zustellhandrad (*n.*).

avanzare (*lav. macch. ut.*), vorschieben. **2 ~** (la barra alesatrice p. es.) (*lav. macch. ut.*), zustellen. **3 ~** (*min.*), vortreiben. **4 ~ di grado** (*lav. - pers.*), avancieren, befördern. **5 ~ in profondità** (l'utensile p. es.) (*lav. macch. ut.*), zustellen. **6 ~ radialmente** (avanzare in profondità, una mola p. es.) (*lav. macch. ut.*), zustellen.

avanzo (*gen.*), Rest (*m.*), Vorschuss (*m.*). **2 ~ di cassa** (*finanz.*), Barvorschuss (*m.*).

avaria (guasto, ad un veicolo) (*veic.*), Panne (*f.*), Störung (*f.*), Schaden (*m.*). **2 ~** (guasto) (*macch. - ecc.*), Defekt (*m.*), Panne (*f.*). **3 ~** (*nav. - leg.*), Havarie (*f.*). **4 ~ generale** (avaria grossa) (*nav.*), grosse Havarie. **5 ~ grossa** (avaria generale) (*nav.*), grosse Havarie. **6 ~ particolare** (*nav.*), besondere Havarie. **7 ~ piccola** (*nav.*), kleine Havarie. **8 in ~** (*nav.*), havariert, beschädigt. **9 in ~** (motore p. es.) (*mot. - ecc.*), ausgefallen. **10 nave in ~** (*nav.*), Havarist (*n.*), beschädigtes Schiff.

avena (*agric.*), Hafer (*m.*).

aventurina (avventurina, stellaria) (*mft. vetro - min.*), Aventurin (*m.*), Avanturin (*m.*).

avere (credito) (*s. - contabilità*), Haben (*n.*), Guthaben (*n.*), Kredit (*m.*). **2 ~ buone referenze** (*pers. - lav. - ecc.*), gute Referenzen haben.

aviatore (pilota) (*aer.*), Flieger (*m.*), Luftfahrer (*m.*), Pilot (*m.*).

aviatrice (*aer.*), Fliegerin (*f.*).

aviazione (*aer.*), Luftfahrt (*f.*), Flugwesen (*n.*). **2 ~ civile** (*aer.*), Zivilluftfahrt (*f.*), Verkehrsflugwesen (*n.*). **3 ~ da trasporto** (*aer.*), Transportflugwesen (*n.*).

aviogetto (aeroplano a getto, reattore) (*aer.*), Strahlflugzeug (*n.*), Düsenflugzeug (*n.*), Strahltriebflugzeug (*n.*). **2 ~ a decollo verticale** (vertigetto) (*aer.*), Senkrechtstart-Strahlflugzeug (*n.*), Flugzeug mit Strahlantrieb und Senkrechtstart. **3 ~ a reattori ribaltabili** (per decollo verticale) (*aer.*), Kipptriebwerksflugzeug (*n.*). **4 ~ di linea** (*aer.*), Strahlverkehrsflugzeug (*n.*).

aviolinea (*aer.*), Fluglinie (*f.*).

avionica (tecnica dell'equipaggiamento elettronico di aerei) (*aer.*), Avionik (*f.*).

aviorazzo (aeroplano a razzo) (*aer.*), Raketenflugzeug (*n.*).

aviorimessa (hangar) (*aer.*), Hangar (*m.*), Flugzeughalle (*f.*), Flugzeugschuppen (*m.*).

avoirdupois (*mis.*), Avoirdupois, avdp.

avorio (*mater.*), Elfenbein (*n.*).

avulso (pezzo p. es.) (*mecc. - ecc.*), herausgebrochen.
avvallamento (insellatura) (*gen.*), Einsenkung (*f.*). 2 ~ (di una lamiera p. es.) (*difetto mecc.*), Eintiefung (*f.*). 3 ~ (difetto di fond.), Vertiefung (*f.*). 4 ~ (valle, in contrapposizione ad un picco d'una curva di potenza p. es.) (*elett. - ecc.*), Tal (*n.*). 5 ~ **superficiale** (depressione superficiale, d'un pezzo stampato ad iniezione p. es.) (*tecnol.*), Einfallstelle (*f.*).
avvelenamento (*chim. - med.*), Vergiftung (*f.*). 2 sintomo di ~ (sintomo di intossicazione) (*med.*), Vergiftungserscheinung (*f.*).
avvelenare (*chim. - ecc.*), vergiften.
avventizio (lavoratore avventizio) (*s. - lav.*), Gelegenheitsarbeiter (*m.*). 2 ~ (occasionale) (*a. - lav.*), gelegentlich. 3 lavoro ~ (*lav.*), Aushilfsarbeit (*f.*), Ausweicharbeit (*f.*).
avventurina (venturina, stellaria) (*mft. vetro - min.*), Aventurin (*m.*), Avanturin (*m.*).
avvertimento (avviso) (*gen.*), Warnung (*f.*).
avvertire (avvisare) (*gen.*), warnen.
avvezione (moto orizzontale d'aria p. es. nell'atmosfera) (*meteor.*), Advektion (*f.*).
avviamento (di un motore a c. i.) (*mot.*), Anlassen (*n.*). 2 ~ (l'avviarsi, di un mot. a comb. interna) (*mot.*), Anlauf (*m.*), Start (*m.*). 3 ~ (con la manovella, di un motore) (*mot.*), Ankurbelung (*f.*). 4 ~ (di un altoforno) (*forno - metall.*), Anblasen (*n.*). 5 ~ (di un reattore) (*fis. atom.*), Start (*m.*). 6 ~ (scritto sopra un pulsante p. es.) (*macch. ut. - mot.*), ein. 7 ~ **a cartuccia** (*mot.*), Patronenanlassen (*n.*). 8 ~ **ad aria compressa** (*mot.*), Druckluftanlassen (*n.*). 9 ~ **ad inerzia** (*mot.*), Schwungkraftanlassen (*n.*). 10 ~ **a freddo** (*mot. - aut.*), Kaltstart (*m.*). 11 ~ **a mano** (*mot.*), Anlassen von Hand. 12 ~ **a pieno carico** (*mot.*), Anlauf unter Vollast. 13 ~ **-arresto** (scritto su pulsanti p. es.) (*macch. - mot.*), ein-aus. 14 ~ **automatico** (di un gruppo elettrogeno di emergenza p. es.) (*elett. - mot.*), selbsttätiger Anlauf. 15 ~ **con autotrasformatore** (*elett.*), Anlassen mit Spartansformator. 16 ~ **con iniezione d'acqua** (*mot. a getto*), nasser Start. 17 ~ **con reostato** (*elett.*), Anlassen mit Widerstand. 18 ~ **elettrico** (*mot.*), elektrisches Anlassen. 19 ~ **in corto circuito** (avviamento senza reostato) (*elett.*), Anlassen mit voller Spannung. 20 ~ **senza iniezione d'acqua** (*mot. a getto*), trokkener Start. 21 ~ **senza reostato** (avviamento in corto circuito) (*elett.*), Anlassen mit voller Spannung. 22 **ad** ~ **automatico** (*elettromecc.*), selbstanlaufend. 23 **batteria di** ~ (*elett. - veic.*), Starterbatterie (*f.*). 24 **blocco ripetizione** ~ (blocco che impedisce l'azionamento dell'interruttore di avviamento con motore in moto) (*aut.*), Anlass-Wiederholsperre (*f.*). 25 **caratteristica di** ~ (di un motore) (*mot.*), Anfahreigenschaft (*f.*). 26 **caratteristica di** ~ (curva caratteristica, di un motore trifase p. es.) (*mot. - elett.*), Anlaufkennlinie (*f.*), Anlaufkurve (*f.*). 27 **comando di** ~ (*elett. - veic.*), Anfahrsteuerung (*f.*). 28 **contattore di** ~ (*elett.*), Anlass-Schütz (*m.*). 29 **coppia minima all'**~ (momento minimo all'avviamento, d'un motore trifase) (*mot. elett.*), Sattelmoment (*n.*), Hochlaufmoment (*m.*). 30 **corona di** ~ (corona dentata del volano) (*mot.*), Schwungradzahnkranz (*m.*). 31 **corrente di** ~ (*elett.*), Anlass-strom (*m.*). 32 **corrente di spunto all'**~ (*elett.*), Anlass-spitzenstrom (*m.*). 33 **dispositivo di** ~ (starter, di un carburatore) (*mot.*), Startvorrichtung (*f.*), Starter (*m.*). 34 **dispositivo di** ~ **automatico** (d'un carburatore) (*aut.*), Startautomatik (*f.*). 35 **elemento di** ~ (d'un segnale) (*telegr.*), Anlaufschritt (*m.*). 36 **forza di** ~ **allo spunto** (di un motore lineare) (*mot. elett.*), Anzugskraft (*f.*). 37 **frequenza degli avviamenti** (numero degli avviamenti) (*mot.*), Anlasshäufigkeit (*f.*). 38 **griffa di** ~ (innesto a denti di avviamento) (*mot.*), Andrehklaue (*f.*). 39 **innesto a denti per l'**~ (griffa di avviamento) (*mot.*), Andrehklaue (*f.*). 40 **innesto di** ~ (a frizione) (*mecc.*), Anfahrkupplung (*f.*). 41 **interruttore di** ~ (*aut. - mot.*), Anlass-schalter (*m.*). 42 **interruttore di** ~ (*elett.*), Schaltanlasser (*m.*). 43 **mancato** ~ (*mot.*), Fehlstart (*m.*). 44 **manovella di** ~ (*mot.*), Andrehkurbel (*f.*). 45 **momento minimo all'**~ (coppia minima all'avviamento, d'un motore trifase) (*mot. elett.*), Sattelmoment (*n.*), Hochlaufmoment (*n.*). 46 **motorino di** ~ (di un motore a c. i.) (*mot. - aut.*), Anlasser (*m.*). 47 **motorino di** ~ **con innesto a comando elettromagnetico del pignone** (*mot. - aut.*), Schubschraubtriebanlasser (*m.*). 48 **motorino di** ~ **con innesto ad indotto succhiato** (*mot. - aut.*), Schubankeranlasser (*m.*). 49 **motorino di** ~ **con innesto a traslazione assiale del pignone** (*mot. - aut.*), Schubtriebanlasser (*m.*). 50 **motorino di** ~ **con innesto a traslazione per inerzia del pignone** (avviatore tipo Bendix) (*mot. - aut.*), Schraubtriebanlasser (*m.*). 51 **numero degli avviamenti** (frequenza degli avviamenti) (*mot.*), Anlasshäufigkeit (*f.*). 52 **numero di giri di** ~ (*mot.*), Anlassdrehzahl (*f.*). 53 **pedale di** ~ (di una motocicletta) (*veic.*), Tretanlasser (*m.*), Kickstarter (*m.*). 54 **percorso di** ~ (d'un nastro magnetico) (*calc.*), Startweg (*m.*). 55 **periodo di** ~ (di un reattore p. es.) (*gen.*), Anfahrzeit (*f.*), Anlaufzeit (*f.*). 56 **reostato di** ~ (*elett.*), Regelanlasser (*m.*), Anlasswiderstand (*m.*). 57 **resistenza di** ~ (*elett.*), Anlasswiderstand (*m.*). 58 **serie di** ~ (preserie, nella produzione di un nuovo modello p. es.) (*ind.*), Vorserie (*f.*). 59 **sistema di** ~ **in corto circuito** (con rotore in corto circuito, di motore a gabbia) (*mot. elett.*), Kusa-Schaltung (*f.*), Kurzschluss-Sanftanlauf-Schaltung (*f.*). 60 **spese di** ~ (spese iniziali, di un'azienda) (*amm.*), Anlaufkosten (*f. pl.*). 61 **supererogatore per** ~ (di una pompa d'iniezione) (*mot. Diesel*), Regelstangenanschlag für Mehrmenge beim Anlassen. 62 **valore di** ~ **dell'azienda** (*ind.*), Betriebswert (*m.*). 63 **velocità di coppia minima d'**~ (d'un motore trifase) (*mot. elett.*), Satteldrehzahl (*f.*). 64 **vibratore di** ~ (*elett.*), Summeranlasser (*m.*).
avviare (un mot. a c. i.) (*mot.*), anlassen, anlaufen, andrehen. 2 ~ (mettere in funzione) (*mot. - macch.*), in Betrieb setzen. 3 ~ (con manovella) (*mot.*), ankurbeln. 4 ~ (un altoforno) (*forno metall.*), anblasen.

5 ~ (iniziare, trattative) (*comm.*), einleiten, anbahnen. 6 ~ (la produzione di un nuovo modello p. es.) (*ind.*), anlaufen. 7 ~ **a carico parziale** (*mot. - ecc.*), unter Teillast anlaufen. 8 ~ **a vuoto** (avviare senza carico) (*mot. - macch.*), leeranlaufen, ohne Last anlaufen, unbelastet anlaufen. 9 ~ **senza carico** (avviare a vuoto) (*mot. - macch.*), leeranlaufen, ohne Last anlaufen, unbelastet anlaufen. 10 ~ **sotto carico** (*mot. - ecc.*), unter Last anlassen, belastet anlaufen.

avviarsi (*mot.*), anlaufen. 2 ~ (completamente, portarsi a regime di funzionamento) (*mot.*), anspringen.

avviatore (di un motore a c. i.) (*mot. - aut.*), Anlasser (*m.*). 2 ~ (per motori elettrici) (*app. elettr.*), Motorstarter (*m.*), Anlasser (*m.*). 3 ~ (relè d'accensione, starter, per il riscaldamento degli elettrodi, per lampade a luminescenza) (*app. illum.*), Starter (*m.*). 4 ~ **a cartuccia** (*mot.*), Patronenanlasser (*m.*). 5 ~ **ad aria compressa** (di un mot. a combustione interna) (*mot.*), Pressluftanlasser (*m.*), Druckluftanlasser (*m.*). 6 ~ **ad impulso** (del magnete di accensione) (*elett. - mot.*), Abschnappanlasser (*m.*). 7 ~ **ad inerzia** (*mot.*), Schwungkraftanlasser (*m.*), Fliehkraftanlasser (*m.*). 8 ~ **ad inerzia a mano** (*mot. - elettromecc.*), Handschwungkraftanlasser (*m.*), Schwungkraftanlasser für Handbetrieb. 9 ~ **ad inerzia con motorino elettrico di lancio** (*elett.*), Schwungkraftanlasser für elektrischen Betrieb. 10 ~ **a liquido** (*elett.*), Flüssigkeitsanlasser (*m.*). 11 ~ **a pedale** (*motocicletta*), Fussanlasser (*m.*), Kickstarter (*m.*). 12 ~ **a scatto** (del magnete di accensione) (*elett. - mot.*), Abschnappanlasser (*m.*). 13 ~ **a tamburo** (*app. - elett.*), Walzenanlasser (*m.*). 14 ~ **a turbina** (di un turbogetto p. es.) (*mot.*), Turbinenanlasser (*m.*). 15 ~ **automatico** (*elett. - mot.*), Selbstanlasser (*m.*). 16 ~ **di emergenza** (*mot.*), Hilfsanlasser (*m.*). 17 ~ **-dinamo** (di un mot. a c. i. p. es.) (*mot.*), Dynastarter (*m.*). 18 ~ **elettrico** (*mot.*), elektrischer Anlasser (*m.*). 19 ~ **in olio** (*elett.*), Ölanlasser (*m.*). 20 ~ **-invertitore** (*elett.*), Umkehranlasser (*m.*), Wendeanlasser (*m.*). 21 ~ **stella-triangolo** (*elett.*), Sterndreieckschalter (*m.*), Sterndreieckanlasser (*m.*). 22 ~ **tipo Bendix** (motorino di avviamento con innesto a traslazione del pignone per inerzia) (*mot. - aut.*), Schraubtriebanlasser (*m.*).

avvicendamento (*gen.*), Abwechselung (*f.*). 2 ~ **del personale** (rotazione del personale) (*pers.*), Personalwechsel (*m.*). Arbeitskraftwechsel (*m.*).

avvicinamento (*gen.*), Annäherung (*f.*). 2 ~ (*aer.*), Anflug (*m.*). 3 ~ (del pezzo, movimento verso il campo di lavoro diretto degli utensili) (*lav. macch. ut.*), Eingeben (*n.*). 4 ~ (moto di avvicinamento, di una slitta p. es.) (*mecc.*), Anbewegung (*f.*). 5 ~ (parte della corsa di lavoro dell'utensile) (*lav. macch. ut.*), Anlauf (*m.*). 6 ~ (*navig.*), Ansteuerung (*f.*). 7 ~ **-allontanamento** (nella rettifica p. es., moto della slitta, scritto su pulsanti p. es.) (*lav. macch. ut.*), ein-aus. 8 ~ **finale** (*aer.*), Endanflug (*m.*). 9 ~ **guidato da terra** (*navig. - aer.*), Einweisung (*f.*). 10 ~ **mancato** (*aer.*), Fehlanflug (*m.*). 11 ~ **planato** (*aer.*), Anschweben (*n.*). 12 ~ **radioguidato da terra** (atterraggio a discesa parlata) (*aer.*), Bodenpeilsystem (*n.*), Anflug mittels Bodenradar. 13 ~ **rapido** (di una slitta p. es.) (*lav. macch. ut.*), beschleunigte Anbewegung, beschleunigter Vorlauf. 14 **radar di** ~ (*aer. - radar*), Radaranfluggerät (*n.*). 15 **sistema di** ~ **strumentale** (*aer.*), Blindanflugsystem (*n.*).

avvicinare (*gen.*), nähern, annähern. 2 ~ (*aer.*), anfliegen. 3 ~ **girando verso l'interno** (orientare verso l'interno, portare in posizione di lavoro p. es.) (*v. t. - gen.*), einschwenken. 4 ~ **gli elettrodi** (di una candela) (*mot.*), die Elektroden nachbiegen.

avvicinarsi (*gen.*), sich nähern.

avviluppare (avvolgere) (*gen.*), umhüllen. 2 ~ (involgere) (*gen.*), einhüllen.

avvisaggio (*tess. - chim.*), Avisage (*f.*).

avvisare (avvertire) (*gen.*), melden, warnen.

avvisatore (*veic.*), Signalhupe (*f.*). 2 ~ **acustico** (*aut.*), Hupe (*f.*), Horn (*n.*). 3 ~ **acustico a due toni** (*aut.*), Doppelhorn (*n.*), Zweiklanghorn (*n.*). 4 ~ **acustico a più toni** (*aut.*), Mehrklanghorn (*n.*). 5 ~ **acustico a tre toni** (*aut.*), Dreiklanghorn (*n.*). 6 ~ **a due toni** (*aut.*), Zweiklanghorn (*n.*), Doppeltonhorn (*n.*). 7 ~ **a lampi di luce** (lampeggiatore di incrocio) (*aut.*), Lichthupe (*f.*). 8 ~ **a lampi di luce** (di veicolo per soccorso stradale p. es.) (*aut.*), Springlicht-Warngerät (*n.*). 9 ~ **di chiamata a cartellino** (cartellino) (*telef.*), Meldeplättchen (*n.*), Klappe (*f.*). 10 ~ **d'incendio** (*app.*), Feuermeldeanlage (*f.*), Feuermelder (*m.*), Brandmelder (*m.*). 11 ~ **d'incrocio** (lampeggio faro, avvisatore a lampi di luce) (*aut.*), Lichthupe (*f.*). 12 ~ **di rottura del filo** (*app.*), Drahtbruchmelder (*m.*). 13 ~ **ottico** (segnalatore ottico, indicatore ottico) (*app.*), Sichtmelder (*m.*). 14 ~ **ottico rotante** (lampeggiatore di avvertimento a luce blu o gialla p. es.) (*traff. strad.*), Rundum-Kennleuchte (*f.*).

avviso (*gen.*), Meldung (*f.*), Nachricht (*f.*), Bericht (*m.*), Anzeige (*f.*). 2 ~ (lettera di notifica) (*gen.*), Anzeige (*f.*). 3 ~ (avvertimento) (*gen.*), Warnung (*f.*). 4 ~ (comunicato) (*gen.*), Bekanntmachung (*f.*). 5 ~ **contrario** (*comm. - ecc.*), Gegenbericht (*m.*). 6 ~ **di protesto** (*finanz.*), Protestanzeige (*f.*). 7 ~ **di spedizione** (*trasp.*), Versandanzeige (*f.*). 8 **a nostro** ~ (per quanto ci consta) (*gen.*), unseres Wissens, u.W. 9 **segnale di** ~ (*ferr.*), Vorsignal (*n.*). 10 **senza** ~ (*finanz. - ecc.*), ohne Bericht.

avvitamento (avvitatura, di una vite) (*mecc.*), Verschraubung (*f.*). 2 ~ (vite, acrobazia aerea) (*aer.*), Trudeln (*n.*). 3 **lunghezza di** ~ (di una vite) (*mecc.*), Einschraublänge (*f.*). 4 **profondità di** ~ (*mecc.*), Einschraubtiefe (*f.*).

avvitaprigionieri (« padreterno ») (*ut.*), Dralltreiber (*m.*), Treiber (*m.*).

avvitare (*mecc.*), schrauben, einschrauben, anschrauben. 2 ~ (su) (*mecc.*), aufschrauben. 3 ~ **a fondo** (*mecc.*), festschrauben.

avvitarsi (entrare in vite, cadere in vite) (*aer.*) ins Trudeln kommen, trudeln.

avvitato (*mecc.*), geschraubt, eingeschraubt. 2 ~ (su) (*mecc.*), aufgeschraubt. 3 ~ a fondo (*mecc.*), festgeschraubt.

avvitatrice (giraviti) (*ut.*), Schrauber (*m.*), Drehschrauber (*m.*). 2 ~ (elettrica) (*ut. - elett.*), Elektroschrauber (*m.*). 3 ~ a cricchetto (*ut.*), Ratschenschrauber (*m.*). 4 ~ ad impulsi (avvitatrice a scatto) (*ut.*), Schlagschrauber (*m.*). 5 ~ ad impulsi con regolazione della coppia di serraggio (*ut.*), Schlagschrauber mit Drehmomenteinstellung. 6 ~ a squadra (*ut.*), Winkelschrauber (*m.*). 7 ~ elettrica (*ut.*), elektrischer Schrauber, Elektroschrauber (*m.*). 8 ~ pneumatica (*ut.*), Pressluftschrauber (*m.*). 9 ~ rapida (giraviti rapido) (*app.*), Schnellschrauber (*m.*). 10 pistola ~ (*app.*), Schraubpistole (*f.*).

avvitatura (avvitamento) (*mecc.*), Verschraubung (*f.*).

avvivaggio (*ind. tess.*), Avivieren (*n.*). 2 solidità all'~ (*ind. tess.*), Avivierechtheit (*f.*).

avvocato (*leg.*), Advokat (*m.*), Rechtsanwalt (*m.*). 2 ~ difensore (*leg.*), Verteidiger (*m.*). 3 ordine degli avvocati (*leg.*), Anwaltskammer (*f.*).

avvocatura (*leg.*), Anwaltschaft (*f.*).

avvolgente (freno) (*mecc. - veic.*), anlaufend. 2 schienale ~ (*aut.*), durchhängender Rücken.

avvolgere (*gen.*), umwickeln, anwinden. 2 ~ (*elett. - ecc.*), wickeln, aufwickeln. 3 ~ (avviluppare) (*gen.*), umhüllen. 4 banco per ~ (*macch.*), Wickelbank (*f.*). 5 macchina per ~ molle (*macch. ut.*), Federwindmaschine (*f.*).

avvolgibile (persiana avvolgibile, per porte e finestre) (*s. - ed.*), Rolladen (*m.*). 2 ~ a griglia (saracinesca avvolgibile a griglia) (*ed.*), Rollgitter (*n.*). 3 ~ su tamburo (cavo, p. es.) (*elett. - ecc.*), trommelbar.

avvolgibilità (*gen.*), Wickelbarkeit (*f.*). 2 ~ su tamburo (di cavi p. es.) (*elett. - ecc.*), Trommelbarkeit (*f.*), Umschlingbarkeit (*f.*).

avvolgimento (*elett.*), Wicklung (*f.*). 2 ~ (di una fune metallica) (*funi*), Schlag (*m.*), Verseilung (*f.*). 3 ~ (della fune, su un tamburo) (*trasp. - ecc.*), Umschlingung (*f.*), Auftrommelung (*f.*). 4 ~ (bobinatura, di un relè p. es.) (*elett.*), Bespulung (*f.*). 5 ~ (collegamento, a stella p. es.) (*elett.*), Schaltung (*f.*). 6 ~ a barre (*elett.*), Stabwicklung (*f.*). 7 ~ a cave frazionarie (*elett.*), Bruchlochwicklung (*f.*). 8 ~ ad anello (avvolgimento toroidale) (*elett.*), Ringwicklung (*f.*). 9 ~ a dischi (d'un trasformatore) (*elett.*), Scheibenwicklung (*f.*). 10 ~ a doppio triangolo (*elett.*), Doppeldreieckschaltung (*f.*). 11 ~ a due piani (*elett.*), Zweietagenwicklung (*f.*). 12 ~ a due strati (*elett.*), Zweischichtwicklung (*f.*). 13 ~ ad uno strato (*elett.*), einschichtige Wicklung, Einlagenwicklung (*f.*). 14 ~ a fili incrociati (avvolgimento a nido d'api) (*elett.*), Kreuzwicklung (*f.*). 15 ~ a gabbia di scoiattolo (*elett.*), Käfigwicklung (*f.*). 16 ~ a nido d'api (avvolgimento a fili incrociati) (*elett.*), Kreuzwicklung (*f.*). 17 ~ a numero frazionario di cave (*elett.*), Bruchlochwicklung (*f.*). 18 ~ a numero intero di cave (*elett.*), Ganzlochwicklung (*f.*). 19 ~ a passo accorciato (avvolgimento rotorico con larghezza della bobina minore del passo polare) (*elett.*), Sehnenwicklung (*f.*). 20 ~ a passo diametrale (avvolgimento a passo intero) (*elett.*), Durchmesserwicklung (*f.*). 21 ~ a passo incrociato (*elett.*), Treppenwicklung (*f.*). 22 ~ a passo intero (avvolgimento diametrale) (*elett.*), Durchmesserwicklung (*f.*). 23 ~ a poli commutabili (*elett.*), polumschaltbare Wicklung. 24 ~ a strati (d'un trasformatore p. es.) (*elett.*), Lagenwicklung (*f.*). 25 ~ a tamburo (*elett.*), Trommelwicklung (*f.*). 26 ~ a zigzag (di trasformatore trifase p. es.) (*elett.*), Zickzackschaltung (*f.*). 27 ~ bifilare (*elett.*), bifilare Wicklung. 28 ~ cilindrico (*elett.*), Zylinderwicklung (*f.*). 29 ~ con stagnola (con carta stagnola) (*imball.*), Aluminium-Packung (*f.*), Stanniolierung (*f.*). 30 ~ di bassa tensione (d'un trasformatore) (*elett.*), Unterspannungswicklung (*f.*). 31 ~ di campo (*elett.*), Feldwicklung (*f.*). 32 ~ di commutazione (*macch. elett.*), Wendefeldwicklung (*f.*). 33 ~ di imbocco (avvolgimento di innesto, di un avviatore elettrico) (*elettromecc.*), Einzugwicklung (*f.*). 34 ~ di indotto (*elett.*), Ankerwicklung (*f.*). 35 ~ di innesto (avvolgimento di imbocco, di un avviatore elettrico) (*elettromecc.*), Einzugwicklung (*f.*). 36 ~ di potenza (d'un trasformatore) (*elett.*), Leistungswicklung (*f.*). 37 ~ di rotore (avvolgimento rotorico) (*elett.*), Läuferwicklung (*f.*). 38 ~ di risucchio (avvolgimento succhiante, di un avviatore elettrico) (*elettromecc.*), Haltewicklung (*f.*). 39 ~ embricato (*elett.*), Schleifenwicklung (*f.*). 40 ~ esafase a stella (*elett.*), Sechsfach-Sternschaltung (*f.*). 41 ~ esafase poligonale (*elett.*), Sechseckschaltung (*f.*). 42 ~ in (carta) stagnola (imballaggio, confezione p. es.) (*imball.*), Stanniolieren (*n.*), Aluminium-Packung (*f.*). 43 ~ incrociato (di una fune metallica) (*funi*), Kreuzschlag (*m.*). 44 ~ in derivazione (*elett.*), Nebenschlusswicklung (*f.*). 45 ~ monostrato (avvolgimento ad uno strato) (*elett. - ecc.*), Einlagenwicklung (*f.*), einschichtige Wicklung. 46 ~ parallelo (di una fune metallica) (*funi*), Gleichschlag (*m.*), Langschlag (*m.*). 47 ~ poligonale (*elett.*), Polygonschaltung (*f.*), n-Eck-Schaltung (*f.*). 48 ~ primario (primario, di un trasformatore) (*elett.*), Primärwicklung (*f.*), Primärspule (*f.*). 49 ~ rotorico (avvolgimento di rotore) (*elett.*), Läuferwicklung (*f.*). 50 ~ secondario (di un trasformatore) (*elett.*), Sekundärwicklung (*f.*). 51 ~ smorzatore (*elett.*), Dämpferwicklung (*f.*). 52 ~ statorico (*elett.*), Ständerwicklung (*f.*). 53 ~ succhiante (avvolgimento di risucchio, di un avviatore elettrico) (*elettromecc.*), Haltewicklung (*f.*). 54 ~ su tamburo (di cavi p. es.) (*elett. - ecc.*), Auftrommelung (*f.*), Umschlingung (*f.*). 55 ~ terziario (di un trasformatore) (*elett.*), Tertiärwicklung (*f.*). 56 ~ toroidale (avvolgimento ad anello) (*elett.*), Ringwicklung (*f.*). 57 ~ trifase con collegamento a T (*elett.*), T-Schaltung (*f.*), Scottsche Schaltung. 58 ~ triplo incrociato (di funi, con licci ritorti elicoidalmente in senso opposto attorno ad un asse comune) (*fune*), Rundschlag (*m.*), Trossenschlag (*m.*). 59 densità d'~ (*elett.*), Windungsbelag (*m.*).

60 direzione dell'~ (di una fune metallica) (*funi*), Schlagrichtung (*f.*). **61 fattore di** ~ (d'una bobina) (*elett.*), Wickelfaktor (*m.*), Wicklungsfaktor (*m.*). **62 filo di** ~ (*elett.*), Wickeldraht (*m.*). **63 macchina per l'**~ **di molle** (*macch. ut.*), Federwindmaschine (*f.*). **64 passo d'**~ (*elett.*), Wicklungsschritt (*m.*). **65 perdita nell'**~ (per effetto Joule) (*elett.*), Wicklungsverlust (*m.*). **66 prova di** ~ (di fili metallici) (*tecnol.*), Wickelversuch (*m.*), Wickelprobe (*f.*). **67 rapporto di** ~ (*elett.*), Windungsverhältnis (*n.*). **68 rapporto spire dell'**~ (*elett.*), Wicklungsverhältnis (*n.*). **69 reparto avvolgimenti** (*ind. elett.*), Wickelei (*f.*). **70 sezione di** ~ (*elett.*), Wicklungselement (*n.*). **71 triplo** ~ (di una fune metallica) (*funi*), dreifache Verseilung, Kabelschlag (*m.*).
avvolgitore (*elett. - lamin. - ecc.*), Wickler (*m.*). **2** ~ (di macch. elett.) (*lav. - elett.*), Elektrowickler (*m.*). **3** ~ **per matasse** (*app. tess.*), Fitzer (*m.*). **4 rullo** ~ (*macch. - ecc.*), Wickelwalze (*f.*).
avvolgitrice (bobinatrice) (*elett. - macch.*), Wickelmaschine (*f.*), Bespinnmaschine (*f.*). **2** ~ (per molle p. es.) (*macch.*), Wickelmaschine (*f.*). **3** ~ (*lav.*), Wicklerin (*f.*). **4** ~ **automatica** (bobinatrice automatica) (*elett.*) Wickelautomat (*m.*).
avvolto (*elett.*), gewickelt. **2** ~ **in serie** (*elett.*), in Serie gewickelt. **3 condensatore** ~ (*elett.*), Wickelkondensator (*m.*).
azeotropico (*chim.*), azeotrop.
azide (azotildrato, azoturo) (*espl.*), Azid (*n.*).
azienda (impresa) (*ind. - comm.*), Unternehmen (*n.*). **2** ~ **comunale** (azienda municipale) (*amm.*), Gemeindebetrieb (*m.*). **3** ~ **di soggiorno** (ufficio turistico) (*pers. - vacanze*), Fremdenverkehrsamt (*n.*). **4** ~ **elettrica** (società elettrica) (*elett. - ind.*), Elektrizitätsgesellschaft (*f.*), Elektrizitätswerk (*n.*). **5** ~ **industriale** (*ind.*), Industriebetrieb (*m.*). **6** ~ **municipale** (azienda comunale) (*amm.*), Gemeindebetrieb (*m.*). **7** ~ **privata** (*ind.*), privater Betrieb. **8** ~ **statale** (impresa statale) (*ind.*), Staatsbetrieb (*m.*), Staatsunternehmen (*n.*). **9** ~ **terziaria** (azienda per la prestazione di servizi) (*comm. - ecc.*), Dienstleistungsunternehmen (*n.*). **10 piccola** ~ (piccola industria) (*ind.*), Kleinbetrieb (*m.*), Kleinindustrie (*f.*). **11 valore di avviamento dell'**~ (*ind.*), Betriebswert (*m.*).
aziendale (*ind.*), betrieblich, Werk... **2 costo** ~ (prezzo di costo) (*ind. - amm.*), Selbstkosten (*f. pl.*). **3 mensa** ~ (*ind.*), Werkgaststätte (*f.*), Werkkantine (*f.*). **4 mutua** ~ (*ind.*), Werkfürsorge (*f.*). **5 organizzazione** ~ (*ind.*), Betriebsorganisation (*f.*). **6 pianificazione** ~ (*ind.*), Unternehmensplanung (*f.*).
azimut (angolo) (*astr.*), Azimut (*m. - n.*).
azimutale (*astr. - ecc.*), azimutal. **2 numero quantico** ~ (*fis.*), Azimutal-Quantenzahl (*f.*).
azina (*chim.*), Azine (*f.*).
azionamento (*gen.*), Betätigung (*f.*), Antrieb (*m.*). **2** ~ (comando, di una macchina) (*mecc. - ecc.*), Antrieb (*m.*), Trieb (*m.*). **3** ~ (di motore a c.c. a velocità variabile, attraverso tiristori p. es.) (*elett.*), Antrieb (*m.*). **4** ~ (di un interruttore p. es.) (*mecc. - ecc.*), Betätigung (*f.*). **5** ~ (dei freni) (*aut. - ecc.*), Anziehen (*n.*), Betätigung (*f.*). **6** ~ **ad aria compressa** (azionamento pneumatico) (*mecc.*), Pressluftantrieb (*m.*). **7** ~ **ad autotenuta** (d'un relè) (*elett.*), Selbsthalteschaltung (*f.*). **8** ~ **ad impulsi** (d'un elettromagnete p. es.) (*elett.*), Tastbetrieb (*m.*). **9** ~ **a due mani** (di una pressa o comando p. es., per ragioni di sicurezza) (*macch.*), Zweihandbedienung (*f.*). **10** ~ **a gruppi** (azionamento con albero di trasmissione e cinghie, di più macchine) (*mecc.*), Gruppenantrieb (*m.*). **11** ~ **a mano** (azionamento manuale, comando a mano) (*mecc.*), Handantrieb (*m.*), Handbetätigung (*f.*). **12** ~ **a motore** (comando a motore) (*mot.*), Motorantrieb (*m.*). **13** ~ **a pedale** (*veic. - ecc.*), Tretantrieb (*m.*). **14** ~ **con albero di trasmissione e cinghie** (azionamento a gruppi, di più macchine) (*mecc.*), Gruppenantrieb (*m.*). **15** ~ **con due mani** (dispositivo di sicurezza) (*mecc. - elett.*), Zweihandbetätigung (*f.*). **16** ~ **dall'alto** (comando dall'alto) (*mecc.*), Oberantrieb (*m.*). **17** ~ **da sottopavimento** (comando da sottopavimento, di una pressa p. es.) (*mecc.*), Unterflurantrieb (*m.*). **18** ~ **del cambio** (manovra del cambio) (*aut.*), Schaltung (*f.*). **19** ~ **diretto** (comando diretto) (*mecc.*), direkter Antrieb, unmittelbarer Antrieb. **20** ~ **elettromagnetico** (comando elettromagnetico) (*elett.*), Magnetantrieb (*m.*). **21** ~ **errato** (falsa manovra) (*gen.*), Fehlbetätigung (*f.*). **22** ~ **idraulico** (comando idraulico) (*macch.*), hydraulische Betätigung, hydraulischer Antrieb, hydraulische Steuerung. **23** ~ **manuale** (azionamento a mano, comando a mano) (*mecc.*), Handantrieb (*m.*), Handbetätigung (*f.*). **24** ~ **meccanico** (comando meccanico) (*mecc.*), Maschinenantrieb (*m.*), mechanischer Antrieb. **25** ~ **pneumatico** (comando pneumatico) (*mecc.*), Druckluftantrieb (*m.*), Pressluftantrieb (*m.*). **26** ~ **principale** (azionamento di lavoro) (*macch. ut.*), Hauptantrieb (*m.*). **27 doppio** ~ (doppio comando) (*lamin.*), Zwillngsantrieb (*m.*), Twin-Drive. **28 numero di azionamenti** (numero di manovre, d'un app. elett.) (*elett.*), Schaltzahl (*f.*).
azionare (*gen.*), betätigen. **2** ~ (mettere in moto) (*macch.*), antreiben. **3** ~ (il freno) (*aut.*), anziehen, betätigen. **4** ~ **a distanza** (telecomandare) (*elett. - mecc.*), fernbetätigen.
azionato (*gen.*), betätigt. **2** ~ (*mecc. - macch.*), angetrieben. **3** ~ **a distanza** (*elettromecc.*), fernbetätigt. **4** ~ **a mano** (*gen.*), handbetätigt. **5** ~ **elettricamente** (*elett. - macch.*), elektrisch angetrieben. **6** ~ **meccanicamente** (*mecc.*), kraftangetrieben, kraftbetätigt. **7** ~ **meccanicamente** (in modo positivo) (*mecc.*), zwangläufig, zwangsläufig.
azionatore (attuatore, per comandi idraulici p. es.) (*mecc. - ecc.*), Trieb (*m.*).
azione (*gen.*), Wirkung (*f.*). **2** ~ (influenza, effetto) (*gen.*), Einfluss (*m.*). **3** ~ (*finanz.*), Aktie (*f.*). **4** ~ (legale) (*leg.*), Klage (*f.*). **5** ~ **a distanza** (*gen.*), Fernwirkung (*f.*). **6** ~ **ammortizzatrice** (smorzamento) (*macch. - ecc.*), Pufferung (*f.*). **7** ~ **a voto plurimo** (*finanz.*), Mehrbestimmrechtsaktie (*f.*). **8** ~

azione

capillare (effetto capillare) (*fis.*), Kapillarwirkung (*f.*). **9 ~ contraria** (reazione) (*fis.*), Gegenwirkung (*f.*). **10 ~ corrosiva** (processo corrosivo) (*chim.*), Korrosionsvorgang (*m.*). **11 ~ derivativa** (nella regolazione) (*elett. - ecc.*), Vorhalt (*m.*), D-Wirkung (*f.*), D-Aufschaltung (*f.*). **12 ~ di annullamento** (d'un brevetto p. es.) (*leg.*), Nichtigkeitsklage (*f.*). **13 ~ di godimento** (*finanz.*), Genussaktie (*f.*), Genuss-Schein (*m.*). **14 ~ di priorità** (azione privilegiata, azione preferenziale) (*finanz.*), Vorzugsaktie (*f.*), Prioritätsaktie (*f.*). **15 ~ e reazione** (*mecc.*), Wirkung und Gegenwirkung. **16 ~ frenante** (*lamin. - ecc.*), Hemmwirkung (*f.*). **17 ~ graduale** (manovra graduale) (*elett.*), Fortschaltung (*f.*). **18 ~ gratuita** (*finanz.*), Gratisaktie (*f.*), Bonusaktie (*f.*). **19 ~ integrale** (*regol.*), I-Wirkung (*f.*). **20 ~ liberata** (azione pagata interamente) (*finanz.*), voll eingezahlte Aktie. **21 ~ meccanica** (*mecc.*), mechanische Einwirkung. **22 ~ negoziabile in borsa** (*finanz.*), börsenfähige Aktie. **23 ~ nominativa** (*finanz.*), Namenaktie (*f.*). **24 ~ non partecipante agli utili** (*finanz.*), notleitende Aktie. **25 ~ ordinaria** (*finanz.*), Stammaktie (*f.*). **26 ~ pagata interamente** (azione liberata) (*finanz.*), voll eingezahlte Aktie. **27 ~ partecipante agli utili** (*finanz.*), dividendenberechtigte Aktie. **28 ~ preferenziale** (azione privilegiata) (*finanz.*), Vorzugsaktie (*f.*), Prioritätsaktie (*f.*). **29 ~ privilegiata** (azione preferenziale) (*finanz.*), Vorzugsaktie (*f.*), Prioritätsaktie (*f.*). **30 ~ quotata in borsa** (*finanz.*), börsengängige Aktie. **31 ~ reciproca** (*gen.*), Wechselwirkung (*f.*). **32 ~ susseguente** (fenomeno d'isteresi p. es.) (*elett. - ecc.*), Nachwirkung (*f.*). **33 ad ~ lenta** (poco sensibile) (*elett. - ecc.*), langsam ansprechend. **34 ad ~ rapida** (*gen.*), schnellwirkend. **35 arco d'~** (di ingranaggi) (*mecc.*), Eingriffslänge (*f.*). **36 campo di ~** (raggio di azione) (*gen.*), Wirkungsbereich (*m.*). **37 emissione di azioni** (*finanz.*), Aktienausgabe (*f.*). **38 gioco sulla linea di ~** (di ingranaggi) (*mecc.*), Eingriffsflankenspiel (*n.*). **39 linea d'~** (di una forza) (*mecc.*), Wirklinie (*f.*). **40 linea d'~** (di ingranaggi) (*mecc.*), Eingriffslinie (*f.*). **41 lunghezza d'~** (di ingranaggi) (*mecc.*), Eingriffsstrecke (*f.*). **42 pacchetto di azioni** (*finanz.*), Aktienpaket (*n.*). **43 piano d'~** (di ingranaggi) (*mecc.*), Eingriffsebene (*f.*). **44 principio della minima ~** (*fis.*), Prinzip der kleinsten Wirkung. **45 principio dell'~ e reazione** (*mecc.*), Gegenwirkungsprinzip (*m.*), Reaktionsprinzip (*m.*), Wechselwirkungsgesetz (*n.*). **46 raggio d'~** (*gen.*), Reichweite (*f.*), Aktionsradius (*m.*), Aktionsbereich (*m.*). **47 rapporto d'~** (rapporto tra arco d'azione e passo, di ruota dentata) (*mecc.*), Überdeckungsgrad (*m.*). **48 relè ad ~ ritardata** (*elett.*), Relais mit verzögerter Anziehung. **49 società per azioni** (*comm.*), Aktiengesellschaft (*f.*), A.G., Akt. Ges. **50 sottoscrizione di azioni** (*finanz.*), Aktienzeichnung (*f.*). **51 superficie di ~** (di ruote dentate) (*mecc.*), Eingriffsfläche (*f.*).

azionista (*finanz.*), Aktieninhaber (*m.*), Aktionär (*m.*).

azocomposto (*chim.*), Azoverbindung (*f.*).

azotidrato (azide, azoturo) (*espl.*), Azid (*n.*). **2 ~ di piombo** ($Pb(N_3)_2$, esplosivo innescante) (*espl.*), Bleiazid (*n.*).

azotato (*chim.*), stickstoffhaltig.

azoto (N - *chim.*), Stickstoff (*m.*). **2 biossido d'~** (NO_2) (*chim.*), Stickstoff-Dioxyd (*n.*). **3 fissazione dell'~** (*chim.*), Stickstoffgewinnung (*f.*). **4 monossido di ~** (ossido di azoto, NO) (*chim.*), Stickstoff-Monoxyd (*n.*), Stickoxyd (*n.*). **5 ossido di ~** (monossido di azoto, NO) (*chim.*), Stickoxyd (*n.*), Stickstoff-Monoxyd (*n.*). **6 ossidulo di ~** (protossido d'azoto, gas esilarante, N_2O) (*chim.*), Stickoxydul (*n.*), Stickstoffoxydul (*n.*), Lachgas (*n.*). **7 protossido di ~** (ossidulo di azoto, gas esilarante, N_2O) (*chim.*), Stickstoffoxydul (*n.*), Stickoxydul (*n.*), Lachgas (*n.*). **8 rapporto azoto-carbonio** (d'un combustibile) (*comb.*), Stickstoffcharakteristik (*f.*). **9 tetrossido d'~** (ipoazotide, N_2O_4; è un buon ossidante) (*chim.*), Stickstofftetroxyd (*n.*).

azotometro (*app. chim.*), Azotometer (*n.*).

azoturo (azotidrato, azide) (*espl.*), Azid (*n.*).

azzeramento (rimessa a zero) (*strum.*), Nulleinstellung (*f.*), Nullpunkteinstellung (*f.*), Nullstellung (*f.*). **2 ~ a tasto** (*macch. - ecc.*), Tastnullstellung (*f.*). **3 ~ del contatore** (rimessa a zero del contatore) (*app.*), Zählernullstellung (*f.*). **4 leva di ~** (*macch. calcol.*), Gesamtlöschhebel (*m.*). **5 metodo di ~** (metodo di riduzione a zero) (*mis. - strum.*), Nullmethode (*f.*), Nullverfahren (*n.*). **6 misurazione col metodo di ~** (*strum.*), Nullmessung (*f.*). **7 tempo di ~** (*app.*), Nullstellzeit (*f.*).

azzerare (*strum.*), auf Null stellen. **2 ~** (ripristinare) (*calc.*), nullen.

azzeratore (per contachilometri giornalieri, p. es.) (*strum.*), Nullsteller (*m.*), Nullpunktrücker (*m.*).

azzurraggio (difetto vn.), Bläuung (*f.*).

azzurrite [$Cu_2(CO_3)_2(OH)_2$] (*min.*), Azurit (*m.*), Kupferlasur (*f.*).

azzurro (colore), Azur (*m.*). **2 ~** (blu cielo) (colore), Himmelblau (*n.*), Azurblau (*n.*), Azur (*m.*). **3 ~** (blu) (colore), blau. **4 ~** (ultramarino) (colore), Lasurblau (*n.*).

B

B (boro) (*chim.*), B, Bor (*n.*). **2** ~ (bel) (*unità di mis. - acus.*), B, Bel (*n.*).
b (bes, unità di massa = 1 kg) (*unità*), b, Bes (*n.*).
Ba (bario) (*chim.*), Ba, Barium (*n.*).
babbit (metallo babbit, metallo antifrizione) (*metall. - mecc.*), Weissmetall (*n.*), Lagermetall (*n.*).
babordo (fianco sinistro di una nave guardando da poppa verso prua) (*nav.*), Backbord (*m. - n.*).
bacchetta (asta) (*gen.*), Stab (*m.*), Rute (*f.*). **2** ~ (per saldare) (*tecnol. mecc.*), Stab (*m.*), Schweiss-Stab (*m.*). **3** ~ (elettrodo rivestito) (*mech. technol.*), umhüllte Elektrode. **4** ~ **da rabdomante** (*att.*), Rute (*f.*), Wünschelrute (*f.*). **5** ~ **di apporto** (per saldatura) (*tecnol. mecc.*), Schweisstab (*m.*). **6** ~ **d'invergatura** (verga) (*ind. tess.*), Schiene (*f.*), Kreuzschiene (*f.*), Trennstab (*m.*), Kreuzstab (*m.*), Leserute (*f.*). **7** ~ **per saldatura** (*tecnol. - mecc.*), Schweisstab (*m.*).
bachelite (bakelite, fenoplasto, resina fenolica) (*materia plastica*), Bakelit (*n.*), Phenoplast (*n.*), Phenolharz (*n.*). **2** ~ **A** (novolacca) (*chim.*), Novolak (*n.*).
bachelizzato (*chim.*), bakelisiert.
bachicoltore (sericoltore) (*agric. - ind. tess.*), Seidenzüchter (*m.*).
bacinella (recipiente poco profondo) (*gen.*), Schale (*f.*). **2** ~ **di raccolta** (per olio p. es.) (*macch. ut. - ecc.*), Fangschale (*f.*). **3** ~ **per cubetti** (di ghiaccio, di un frigorifero) (*app. - elett.*), Würfeleinsatz (*m.*).
bacino (*gen.*), Becken (*n.*), Bassin (*n.*). **2** ~ (di accumulazione p. es.) (*costr. idr. - elett.*), Becken (*n.*). **3** ~ (*geogr. - ecc.*), Becken (*n.*). **4** ~ («dock») (*nav.*), Dock (*n.*), Dockhafen (*m.*). **5** ~ (conca) (*nav. - navig.*), Schleusenkammer (*f.*). **6** ~ (di colata) (*fond.*), Tümpel (*m.*). **7** ~ (di un forno a bacino) (*ind. vetro*), Wanne (*f.*), Giesswanne (*f.*). **8** ~ **a fango attivato** (bacino d'aerazione, per trattamento delle acque di rifiuto) (*ed.*), Belebungsbecken (*n.*), Lüftungsbecken (*n.*). **9** ~ **artificiale** (bacino d'invaso) (*costr. idr.*), Staubecken (*n.*). **10** ~ **carbonifero** (*geol.*), Kohlenbecken (*n.*), Kohlenfeld (*n.*). **11** ~ **compensatore** (*idr. - costr. idr.*), Ausgleichbecken (*n.*). **12** ~ **di aerazione** (vasca d'ossidazione, bacino a fango attivato) (*idr.*), Belüftungsbecken (*n.*), Lüftungsbecken (*n.*), Belebungsbecken (*n.*). **13** ~ **di accumulazione** (bacino di raccolta) (*costr. idr.*), Speicherbecken (*n.*), Sammelbecken (*n.*). **14** ~ **di accumulo superiore** (bacino di ripompaggio superiore; nelle centrali idroelettriche) (*elett.*), oberes Speicherbecken. **15** ~ **di calma** (*idr. - costr. idr.*), Verzögerungsbecken (*n.*). **16** ~ **di carenaggio** (*nav.*), Trokkendock (*n.*). **17** ~ **(di carenaggio) galleggiante** (*nav.*), Schwimmdock (*n.*). **18** ~ **di carico** (serbatoio di carico) (*idr.*), Speisebekken (*n.*). **19** ~ **di carico** (camera di carico di un impianto idroelettrico) (*costr. idr.*), Wasserschloss (*n.*). **20** ~ **di chiarificazione** (bacino di depurazione) (*ing. civ.*), Klärbecken (*n.*). **21** ~ **di colata** (di una forma) (*fond.*), Sumpf (*m.*), Tümpel (*m.*). **22** ~ **di colata troncoconico** (*fond.*), Einlauftrichter (*m.*). **23** ~ **di compensazione** (*idr.*), Ausgleichbecken (*n.*). **24** ~ **di costruzione** (*nav.*), Baudock (*n.*). **25** ~ **di depurazione** (bacino di chiarificazione) (*ing. civ.*), Klärbecken (*n.*). **26** ~ **di drenaggio diretto** (in acque sotterranee) (*costr. idr.*), Schluckbecken (*n.*). **27** ~ **di evaporazione** (di una salina) (*ind. chim.*), Salzgarten (*m.*). **28** ~ **di filtrazione** (per acqua potabile p. es.) (*ind.*), Filtrierbecken (*n.*). **29** ~ **di marea** (*mare*), Flutbecken (*n.*). **30** ~ **d'invaso** (bacino artificiale) (*costr. idr.*), Staubecken (*n.*). **31** ~ **di pompaggio** (di un pozzo) (*min.*), Schachtsumpf (*m.*), Sumpf (*m.*). **32** ~ **di raccolta** (bacino di accumulazione, serbatoio) (*costr. idr.*), Speicherbecken (*n.*), Sammelbecken (*n.*). **33** ~ **di raddobbo** (*costr. nav.*), Ausbesserungsdock (*n.*), Trockendock (*n.*). **34** ~ **di ravvenamento** (bacino d'infiltrazione) (*idr.*), Anreicherungsbecken (*n.*). **35** ~ **di ripompaggio superiore** (bacino di accumulo superiore; nelle centrali idroelettriche) (*elett.*), oberes Speicherbecken. **36** ~ **di risparmio** (di una chiusa) (*costr. idr. - navig.*), Sparbecken (*n.*), Speicherbecken (*n.*). **37** ~ **di ritenuta** (bacino di raccolta) (*costr. idr.*), Rückhaltebecken (*n.*). **38** ~ **di scarico** (*costr. idr.*), Entlastungsbecken (*n.*). **39** ~ **di schiumaggio** (bacino per la separazione della schiuma) (*ind.*), Schaumbecken (*n.*). **40** ~ **di sedimentazione** (*ing. civ. - costr. idr.*), Ablagerungsbecken (*n.*), Absetzbecken (*n.*). **41** ~ **di separazione della schiuma** (bacino di schiumaggio) (*ind.*), Schaumbecken (*n.*). **42** ~ **di smorzamento** (dissipatore) (*idr.*), Tosbecken (*n.*), Beruhigungsbecken (*n.*). **43** ~ **fluviale** (*idr.*), Flussgebiet (*n.*), Flussbecken (*n.*). **44** ~ **(fusorio) per vetro** (forno a bacino per vetro) (*mft. vetro - forno*), Glasofen (*m.*), Glaswannenofen (*m.*). **45** ~ **galleggiante** (*nav.*), Schwimmdock (*n.*). **46** ~ **idrografico** (bacino imbrifero) (*geogr. - idr.*), Niederschlagsgebiet (*n.*), Zuflussgebiet (*n.*), Einzugsgebiet (*n.*). **47** ~ **imbrifero** (bacino idrografico) (*geogr. - idr.*), Niederschlagsgebiet (*n.*), Zuflussgebiet (*n.*), Einzugsgebiet (*n.*). **48** ~ **per evoluzioni** (di un porto) (*nav.*), Wendebecken (*n.*). **49** ~ **prosciugato** (*nav.*), gelenztes Dock, leergepumptes Dock. **50** ~ **superiore** (*idr. - elett.*), Oberbecken (*n.*). **51 chiusura del** ~ (porta del bacino) (*nav.*), Docktor (*n.*). **52 conca del** ~ (di carenaggio) (*nav.*), Dockgrube (*f.*). **53 diritti di** ~ (*nav.*), Dockgebühren (*f. pl.*). **54 fiancata del** ~ (*nav.*),

baco

Dockwand (*f.*). **55 forno a** ~ (*ind. vetro*), Wannenofen (*m.*). **56 messa in** ~ (*nav.*), Eindocken (*n.*), Docken (*n.*). **57 mettere in** ~ (*nav.*), eindocken, docken. **58 nave** ~ (*mar. milit.*), Dockschiff (*n.*). **59 platea del** ~ (*nav.*), Dockboden (*m.*), Docksohle (*f.*). **60 porta del** ~ (*nav.*), Docktor (*n.*), Dockponton (*m.*). **61 prova in** ~ (*costr. nav.*), Werftprobefahrt (*f.*). **62 taccata di** ~ (*nav.*), Dockstapel (*m.*). **63 tacco di** ~ (*nav.*), Dockstapelklotz (*m.*), Dockstapelblock (*m.*).

baco (da seta) (*ind. tess. - agric.*), Seidenraupe (*f.*), Seidenwurm (*m.*).

baderna (guarnizione, di premistoppa) (*nav.*), Packung (*f.*).

badilante (spalatore) (*lav.*), Schipper (*m.*), Schüpper (*m.*).

badile (*att.*), Schippe (*f.*), Schüppe (*f.*).

« baffle » (schermo) (*tecnica del vuoto*), Baffle (*n.*). **2** ~ **ionico** (schermo ionico) (*fis.*), Ionenbaffle (*n.*).

baffo (bava, sugli spigoli di un pezzo fucinato) (*difetto fucinatura*), Grat (*m.*). **2** ~ **di gatto** (spiralina di contatto nei ricevitori a cristallo) (*radio*), Detektorpinsel (*m.*).

bagagliaio (*ferr.*), Packwagen (*m.*), Gepäckwagen (*m.*).

bagagliera (di una autovettura) (*aut.*), Kofferraum (*m.*), Autokoffer (*m.*). **2 coperchio** ~ (*aut.*), Kofferdeckel (*m.*).

bagaglio (*trasp.*), Gepäck (*n.*). **2** ~ **appresso** (*trasp.*), Mitgepäck (*n.*), Passagiergut (*n.*). **3 deposito bagagli** (*ferr.*), Gepäckaufbewahrung (*f.*). **4 trasportatore per bagagli** (d'un aeroporto) (*trasp.*), Gepäckweg (*m.*).

bagasse (fettucce esaurite, canna da zucchero sfruttata) (*ind. chim.*), Bagasse (*f.*).

baglietto (mezzo baglio) (*costr. nav.*), Halbbalken (*m.*).

baglio (*costr. nav.*), Balken (*m.*). **2** ~ **di coperta** (*costr. nav.*), Deckbalken (*m.*). **3 bolzone del** ~ (*costr. nav.*), Balkenbucht (*f.*). **4 bracciuolo di** ~ (*costr. nav.*), Balkenknie (*n.*). **5 mezzo** ~ (barrotto) (*costr. nav.*), Halbbalken (*m.*).

bagliore (*ott.*), Schimmer (*m.*), Glanz (*m.*). **2** ~ (luce [da scarica] a bagliore) (*illum.*), Glimmlicht (*n.*). **3** ~ **residuo** (*ott.*), Nachglühen (*n.*).

bagnabilità (umettabilità) (*fis. chim.*), Benetzbarkeit (*f.*).

bagnare (*gen.*), netzen, wässern. **2** ~ (inumidire) (*gen.*), nässen, netzen, benetzen. **3** ~ (spegnere, per tempra) (*tratt. term.*), abschrecken. **4** ~ (superficialmente) (*gen.*), annetzen.

bagnasciuga (*costr. nav.*), zwischen Wind und Wasser.

bagnato (*gen.*), benetzt, nass. **2** ~ (umido) (*gen.*), nass. **3** ~ (detto di superficie da brasare p. es.) (*tecnol. mecc.*), benetzt. **4** ~ **dall'acqua** (immerso) (*nav.*), wasserbenetzt. **5** ~ **su bagnato** (metodo di verniciatura) (*vn.*), nass auf nass.

bagnatura (umettamento) (*gen.*), Benetzung (*f.*). **2** ~ (abbassamento della resistenza dei contatti di un selettore mediante corrente supplementare) (*telef.*), Frittung (*f.*). **3 corrente di** ~ (per abbassare la resistenza dei contatti di un selettore) (*telef.*), Frittstrom (*m.*).

bagno (*gen.*), Bad (*n.*). **2** ~ (locale, stanza da bagno) (*ed.*), Badezimmer (*n.*), Bad (*n.*). **3** ~ (*chim.*), Bad (*n.*). **4** ~ (*fond. - metall.*), Bad (*n.*). **5** ~ **acido** (*metall.*), Ätzbad (*n.*). **6** ~ **d'acqua** (*app. chim.*), Wasserbad (*n.*). **7** ~ **d'aria** (*chim.*), Luftbad (*n.*). **8** ~ **di arresto** (*fot.*), Unterbrechungsbad (*n.*), Stoppbad (*n.*). **9** ~ **di candeggio** (bagno di sbianca) (*ind. tess.*), Bleichflotte (*f.*). **10** ~ **di colore** (bagno di tintura) (*tintoria - ind. tess.*), Färbebad (*n.*), Färbeflotte (*f.*). **11** ~ **di decapaggio** (*metall.*), Beizbad (*n.*). **12** ~ **di decapaggio esaurito** (soluzione decapante esaurita) (*metall. - ecc.*), Beizablauge (*f.*), Abfallbeize (*f.*), Beizereiabwasser (*n.*). **13** ~ **di fango** (« fango ») (*med.*), Schlammbad (*n.*). **14** ~ **di fissaggio** (*fot.*), Fixierbad (*n.*). **15** ~ **di indebolimento** (*fot.*), Abschwächer (*n.*). **16** ~ **d'incisione** (*tip.*), Ätzbad (*n.*). **17** ~ **di lavaggio** (*ind. tess.*), Flotte (*f.*), Waschflotte (*f.*). **18** ~ **di mordenzatura** (*chim. - tintoria*), Beizbad (*n.*), Mattbeize (*f.*), Mattbrenne (*f.*), Klotzbad (*n.*). **19** ~ **di ricottura** (*tratt. term.*), Glühbad (*n.*). **20** ~ **di rinforzo** (*fot.*), Verstärker (*m.*). **21** ~ **di sabbia** (*chim.*), Sandbad (*n.*). **22** ~ **di sale** (*tecnol.*), Salzbad (*n.*). **23** ~ **di spegnimento** (bagno di tempra) (*tratt. term.*), Abschreckbad (*n.*). **24** ~ **di sviluppo** (*fot.*), Entwicklungsbad (*n.*). **25** ~ **di tempra** (*tratt. term.*), Härtebad (*n.*), Abschreckbad (*n.*). **26** ~ **di tintura** (bagno di colore) (*ind. tess.*), Färbeflotte (*f.*), Färbebad (*n.*). **27** ~ **di vapore** (*chim.*), Dampfbad (*n.*). **28** ~ **di viraggio** (*fot.*), Tonbad (*n.*). **29** ~ **di zincatura** (*elettrochim.*), Zinkbad (*n.*). **30** ~ **d'olio** (*mecc.*), Ölbad (*n.*). **31** ~ **elettrolitico** (bagno galvanico) (*elettrochim.*), galvanisches Bad, elektrolytisches Bad. **32** ~ **fuso** (per la disossidazione p. es.) (*tecnol.*), Schmelzbad (*n.*). **33** ~ **galvanico** (bagno elettrolitico) (*elettrochim.*), galvanisches Bad, elektrolytisches Bad. **34** ~ **metallico** (*metall. - forno*), Metallbad (*n.*). **35** ~ **mordente** (*tintoria*), Beizbad (*n.*). **36** ~ **per attacco acido** (*metall.*), Ätzbad (*n.*). **37** ~ **salino di nitrurazione** (*tratt. term.*), Nitriersalzbad (*n.*). **38 agitazione del** ~ (*fond.*), Badbewegung (*f.*). **39 rapporto del** ~ (*ind. tess.*), Flottenverhältnis (*n.*). **40 stanza da** ~ (*ed.*), Badezimmer (*n.*), Bad (*n.*).

bagnolo (vasca di estinzione della calce) (*ed. - mur.*), Löschgrube (*f.*), Kalkgrube (*f.*).

bagnomaria (*chim. - etc.*), Wasserbad (*n.*), Bainmarie.

bagnosabbia (per procedimenti chimici, (*chim.*), Sandbad (*n.*).

baia (insenatura) (*geogr.*), Bai (*f.*), Bucht (*f.*).

bainite (costituente di rinvenimento degli acciai) (*metall.*), Bainit (*m.*).

bainitico (*metall.*), bainitisch.

baionetta (*arma*), Bajonett (*n.*). **2 attacco a** ~ (di una lampada) (*elett.*), Bajonettsokkel (*m.*). **3 attacco a** ~ (*tubaz.*), Renkverschluss (*m.*), Bajonettverschluss (*m.*). **4 portalampada a** ~ (*elett.*), Renkfassung (*f.*).

bakelite (fenoplasto, resina fenolica) (*ind. chim.*), Bakelit (*n.*), Phenolharz (*n.*), Phenoplast (*n.*).

balata (*chim.*), Balata (*f.*).
balatum (tipo di linoleum; feltro di lana stampato per pavimenti di legno) (*ed.*), Balatum (*n.*).
balaustrata (con funzione di parapetto o decorativa) (*arch. - ed.*), Balustrade (*f.*).
balaustrino (balaustro, colonnina di balaustrata) (*ed. - arch.*), Geländerdocke (*f.*), Geländerstab (*m.*), Docke (*f.*), Baluster (*m.*). 2 ~ (compasso) (*att. dis.*), Haarzirkel (*m.*), Teilzirkel (*m.*), Federzirkel (*m.*), Stechzirkel (*m.*). 3 ~ **a pompa** (*att. dis.*), Nullenzirkel (*m.*), Nullzirkel (*m.*), Fallnullenzirkel (*m.*). 4 ~ **a punte fisse** (*att. dis.*), Stechzirkel (*m.*), Teilzirkel (*m.*). 5 ~ **a vite** (*strum. da dis.*), Teilzirkel (*m.*).
balaustro (balaustrino, colonnina di balaustrata) (*ed. - arch.*), Geländerdocke (*f.*), Geländerstab (*m.*), Docke (*f.*), Baluster (*m.*).
balconcino (*ed.*), kleiner Balkon, Austritt (*m.*).
balcone (*ed.*), Balkon (*m.*).
baleniera (nave baleniera) (*nav. - pesca*), Walfänger (*m.*), Walfangschiff (*n.*).
balestra (molla a balestra) (*veic.*), Blattfeder (*f.*). 2 ~ (vantaggio) (*att. tip.*), Setzschiff (*n.*). 3 ~ **in legno** (vantaggio in legno) (*tip.*), Holzschiff (*n.*). 4 ~ **semiellittica** (di una sospensione) (*veic.*), Halbfeder (*f.*), ½-Elliptik-Feder (*f.*). 5 ~ **semiellittica+molla semicantilever** (*veic.*), Dreiviertelfeder (*f.*), ¾-Elliptik-Feder (*f.*). 6 ~ **trasversale** (*aut.*), Querblattfeder (*f.*), Querfeder (*f.*). 7 **cavallotto della (molla a) ~** (staffa della molla a balestra) (*veic.*), Federbügel (*m.*). 8 **maglio a ~** (maglio a molla) (*macch. fucinatura*), Federhammer (*m.*).
balistica (tecnica milit.), Ballistik (*f.*).
balistico (*tecnica milit.*), ballistisch. 2 **fattore ~** (sovraelongazione, d'uno strumento di misura elettrico) (*strum.*), Überschwingung (*f.*).
balistite (esplosivo da lancio) (*espl.*), Ballistit (*m.*).
balla (*trasp. - comm.*), Ballen (*m.*). 2 ~ **di cotone** (*ind. tess.*), Baumwollballen (*m.*). 3 ~ **di lana** (*ind. tess.*), Wollballen (*m.*). 4 **confezionare balle** (imballare) (*trasp.*), einballen, ballen. 5 **imballare in balle** (*trasp.*), in Ballen verpacken, ballen.
ballare (di una nave, sulle onde) (*nav.*), reiten.
ballast (inghiaiata, massicciata) (*ferr.*), Eisenbahnschotter (*m.*), Gleisschotter (*m.*), Bettung (*f.*). 2 ~ (materiale per massicciata) (*ferr.*), Schotter (*m.*). 3 ~ (alimentatore, stabilizzatore; per stabilizzare la scarica nelle lampade a scarica elettrica) (*illum.*), Vorschaltgerät (*m.*).
ballerino (tamburo ballerino, tamburo per filigranatura) (*ind. della carta*), Dandyroller (*m.*), Dandywalze (*f.*), Egoutteur (*m.*).
balsamo (*chim.*), Balsam (*m.*). 2 ~ **del Canadà** (*min.*), Kanadabalsam (*m.*).
bambagia (ovatta) (*ind. tess.*), Watte (*f.*). 2 ~ **delle Indie** (« kapok », lana vegetale, seta vegetale) (*tess.*), Kapok (*m.*).
bambù (*legno*), Bambus (*m.*).
banale (triviale, ovvio) (*mat.*), trivial. 2 **soluzione ~** (soluzione triviale, soluzione ovvia) (*mat.*), triviale Lösung.
banalizzazione (sistema di esercizio secondo il quale entrambi i binari d'una linea a doppio binario vengono percorsi nei due sensi) (*traff. ferr.*), Gleiswechselbetrieb (*m.*). 2 ~ (sistema di traffico su un'autostrada per aumentare il volume di traffico in un senso utilizzando la semicarreggiata opposta) (*traff. aut.*), Fahrbahnwechselbetrieb (*m.*).
banana (spina unipolare) (*elett.*), Bananenstecker (*m.*). 2 **presa per spina a ~** (presa jack) (*elett.*), Bananenbuchse (*f.*), Bananensteckerbuchse (*f.*).
bananiera (nave bananiera) (*nav.*), Bananendampfer (*m.*).
banca (istituto di credito, ecc.) (*finanz.*), Bank (*f.*). 2 ~ (*ed. - costr. civ.*), Bankhaus (*n.*), Bank (*f.*), Bankgebäude (*n.*). 3 ~ **dei dati** (per sistemi d'informazione) (*calc. - ecc.*), Datenbank (*f.*). 4 ~ **di deposito** (*finanz.*), Depositenbank (*f.*). 5 ~ **di emissione** (*finanz.*), Notenbank (*f.*). 6 ~ **di prestito** (*finanz.*), Lombardbank (*f.*). 7 **Banca Europea per gli Investimenti** (*finanz.*), Europäische Investitionsbank. 8 ~ **mondiale** (*finanz. - politica*), Weltbank (*f.*). 9 ~ **privata** (*finanz.*), Privatbank (*f.*). 10 **castelletto in ~** (*finanz.*), Banküberziehungskredit (*m.*). 11 **libretto di ~** (*finanz.*), Bankbuch (*n.*), Bankbüchlein (*n.*). 12 **libretto di ~** (libretto di deposito) (*finanz.*), Depotbuch (*n.*). 13 **rendiconto della ~** (*finanz.*), Bankausweis (*m.*).
bancabile (*finanz.*), bankfähig.
bancabilità (*finanz.*), Bankfähigkeit (*f.*).
bancale (banco, di un tornio p. es.) (*macch. ut.*), Bett (*n.*). 2 ~ **ad incavo** (doppio banco, di un tornio p. es.) (*macch. ut.*), gekröpftes Bett. 3 ~ **del tornio** (banco del tornio) (*macch. ut.*), Drehbankbett (*n.*).
bancario (*s. - lav. - pers.*), Bankangestellter (*m.*), Bankbeamter (*m.*).
bancarotta (*finanz.*), Bankbruch (*m.*), Bankerott (*m.*). 2 ~ **fraudolenta** (*leg.*), betrügerischer Bankrott.
bancata (di cilindri p. es.) (*mot. - ecc.*), Reihe (*f.*). 2 ~ (supporti di banco, di un mot. a c. i.) (*mot.*), Hauptlager (*n. pl.*). 3 ~ **di cilindri** (linea di cilindri) (*mot.*), Zylinderreihe (*f.*).
banchiere (*finanz.*), Bankier (*m.*).
banchina (*nav. - costr. mar.*), Kai (*m.*), Kaje (*f.*). 2 ~ (passaggio laterale di strada, per pedoni p. es.) (*costr. strad.*), Bankett (*n.*), Bankette (*f.*), Randstreifen (*m.*). 3 ~ (corsia di sosta) (*costr. strad.*), Standspur (*f.*), Randstreifen (*m.*). 4 ~ (struttura orizzontale posta sopra o sotto un muro) (*ed.*), Schwelle (*f.*), Bankett (*n.*). 5 ~ **di allestimento** (*costr. nav.*), Ausrüstungskai (*m.*). 6 ~ **di carico** (*nav.*), Ladeplatz (*m.*), Ladekai (*m.*). 7 ~ **di fondazione** (di un muro di fondazione) (*ed.*), Bankett (*n.*). 8 ~ **di scarico** (*nav.*), Ausladeplatz (*m.*), Ausladungsplatz (*m.*). 9 ~ **non transitabile** (segnalazione) (*traff. strad. - aut.*), Bankett nicht befahrbar. 10 ~ **per ciclisti** (pista per ciclisti) (*traff. strad.*), Radweg (*m.*). 11 ~ **portastampi** (incudine portastampi, di un maglio

banchisa

(*fucinatura*), Schabotte-Einsatz (*m.*). **12 diritti di** ~ (*nav.*), Kailiegegebühr (*f.*), Kaigeld (*n.*). **13 franco** ~ (*comm.*), ab Kai.
banchisa (banchiglia, «pack», banco di ghiacci galleggianti) (*geogr. - geol.*), Eisflarr (*n.*), Flarr (*n.*), Eisfeld (*n.*), Packeis (*n.*).
banco (bancale, di un tornio p. es.) (*macch. ut.*), Bett (*n.*). **2** ~ (di lavoro) (*att. lav.*), Bank (*f.*), Werkbank (*f.*). **3** ~ (per prove) (*tecnol. - veic.*), Stand (*m.*), Prüfstand (*m.*). **4** ~ (*geol.*), Bank (*f.*), Bankung (*f.*). **5** ~ (di macchina tessile) (*ind. tess.*), Bank (*f.*). **6** ~ (ottico) (*app. - ott.*), Bank (*f.*). **7** ~ (di sabbia) (*mare - geogr.*), Bank (*f.*), Flach (*n.*). **8** ~ **a fusi** (filatoio) (*macch. tess.*), Fleier (*m.*), Flyer (*m.*), Flügelbank (*f.*), Spindelbank (*f.*). **9** ~ **a fusi in fino** (*macch. tess.*), Feinspindelbank (*f.*), Feinfleier (*m.*). **10** ~ **a fusi in grosso** (*macch. tess.*), Grobfleier (*m.*), Vorfleier (*m.*). **11** ~ **a rulli** (per prove di aut.) (*aut.*), Rollenprüfstand (*m.*). **12** ~ **a rulli per prove dei freni** (*aut.*), Rollenbremsprüfstand (*m.*). **13** ~ **a spinta** (pressa mecc. per produrre tubi) (*macch.*), Stossbank (*f.*). **14** ~ **a spinta per tubi** (per trafilare tubi) (*metall.*), Rohrstossbank (*f.*). **15** ~ **da falegname** (*att. falegn.*), Hobelbank (*f.*). **16** ~ **da formatore** (*fond.*), Formbank (*f.*). **17** ~ **da lavoro** (*mecc. - ecc.*), Werkbank (*f.*). **18** ~ **degli imputati** (*leg.*), Anklagebank (*f.*). **19** ~ **delle cassette** (di carica) (*forno - metall.*), Muldenbank (*f.*). **20** ~ **di comando** (banco di manovra) (*elett. - ecc.*), Bedienungspult (*n.*), Pult (*n.*). **21** ~ **di comando** (*ind.*), Steuerstand (*m.*). **22** ~ **di contatti** (d'un selettore) (*telef.*), Schaltbank (*f.*), Kontaktbank (*f.*). **23** ~ **di controllo** (di autovetture p. es.) (*aut.*), Inspektionsstand (*m.*). **24** ~ **di controllo a cadenza** (*aut.*), Inspektions-Taktstand (*m.*). **25** ~ **di lavoro** (banco da lavoro) (*lav.*), Werkbank (*f.*). **26** ~ **di manovra** (banco di comando) (*elett. - ecc.*), Bedienungspult (*n.*), Pult (*n.*). **27** ~ **di manovra** (*ferr.*), Stelltisch (*m.*). **28** ~ **di misura** (*macch.*), Messmaschine (*f.*). **29** ~ **di nubi** (*meteor.*), Wolkenbank (*f.*). **30** ~ **di sabbia** (*mare*), Sandbank (*f.*). **31** ~ **di servizio** (per autovetture) (*aut.*), Dienststand (*m.*), Pflegestand (*m.*). **32** ~ **di servizio a cadenza** (per il controllo delle vetture) (*aut.*), Taktstand (*m.*). **33** ~ **di servizio a cadenza di tipo rialzato** (banco rialzato per servizio a cadenza) (*aut.*), Überflur-Taktstand (*m.*). **34** ~ **di servizio per autovetture** (*aut.*), Wagenpflegestand (*m.*), Wagendienststand (*m.*). **35** ~ **di stiro** (*macch.*), Streckbank (*f.*), Streckwerk (*n.*). **36** ~ **di stiro finitore** (stiratoio finitore) (*macch. tess.*), Feinstrecker (*m.*). **37** ~ **di trafila** (trafilatrice, per tubi p. es.) (*macch.*), Ziehbank (*f.*). **38** ~ **di trafila a pinza trainata** (trafilatrice a tenaglia trainata, per tubi p. es.) (*macch.*), Schleppzangenziehbank (*f.*). **39** ~ **di trafila per tubi** (trafilatrice per tubi) (*macch.*), Röhrenziehbank (*f.*). **40** ~ **elevatore** (per riparazioni p. es.) (*aut.*), Hebebühne (*f.*). **41** ~ **di fotometrico** (*app. - ott.*), Photometerbank (*f.*). **42** ~ **incassato per servizio a cadenza** (*aut*), Unterflur-Taktstand (*m.*). **43** ~ **micrometrico** (*macch.*), Feinmessmaschine (*f.*). **44** ~ **ottico** (*app. ott.*), optische Bank. **45** ~ **ottico di misura a coordinate** (*macch.*), optische Koordinaten-Messmaschine. **46** ~ **per avvolgere** (*macch.*), Wickelbank (*f.*). **47** ~ **per bar** (*ed.*), Bartheke (*f.*). **48** ~ **per equilibratura** (supporto per equilibratura, di un'elica p. es.) (*mecc. - ecc.*), Gleichgewichtswaage (*f.*). **49** ~ **per piattina** (*macch.*), Plättmühle (*f.*). **50** ~ **per piegatura dei ferri** (*att. - c. a.*), Biegetisch (*m.*). **51** ~ **per prove di centrifugazione** (*att.*), Schleuderprüfstand (*m.*). **52** ~ **prova** (per mot. a comb. interna od autovetture) (*mot. - aut.*), Prüfstand (*m.*). **53** ~ **prova** (freno dinamometrico) (*mot.*), Bremsstand (*m.*), Prüfstand (*m.*), Bremsbock (*m.*). **54** ~ **prova** (per macch. od apparecchiature) (*app. per prove*), Prüfstand (*m.*). **55** ~ **prova** (per prove tecnologiche) (*tecnol.*), Versuchsstand (*m.*). **56** ~ **prova a rulli** (per automobili) (*aut.*), Rollprüfstand (*m.*). **57** ~ **prova idropulsante** (per sospensioni p. es.) (*aut.*), Hydropulsprüfstand (*m.*). **58** ~ **prova iniettori** (*mot.*), Einspritzdüsenprüfer (*m.*), Düsenprüfstand (*m.*). **59** ~ **prova motori** (*mot.*), Motorenprüfstand (*m.*). **60** ~ **prova per freni** (*aut.*), Bremsenprüfstand (*m.*), Bremsprüfstand (*m.*). **61** ~ **prova per la spinta** (di razzi) (*mot.*), Schubbock (*m.*). **62** ~ **prova per pompe d'iniezione** (*mot.*), Einspritzpumpenprüfstand (*m.*). **63** ~ **prova resistenza ingranaggi** (*macch.*), Zahnradverspannungprüfstand (*m.*). **64** ~ **prova vibrante** (*aut. - ecc.*), Schüttelprüfstand (*m.*). **65** ~ **spintometrico** (misuratore di spinta, di motori a getto) (*mot.*), Schubmesseinrichtung (*f.*). **66** ~ **trasversale** (di una imbarcazione) (*nav.*), Querbank (*f.*). **67** ~ **a doppio** (tornio p. es.) (*macch. ut.*), ausladend. **68** ~ **cappello di** ~ (*mot.*), Hauptlagerdeckel (*m.*). **69** ~ **cuscinetto di** ~ (*mot.*), Hauptlager (*n.*). **70** ~ **doppio** ~ (bancale ad incavo, di un tornio) (*macch. ut.*), gekröpftes Bett. **71** ~ **forno da** ~ (*forno - tecnol.*), Werkbankofen (*m.*). **72** ~ **perno di** ~ (d'un albero a gomiti) (*mot.*), Lagerzapfen (*m.*).
banconota (*finanz.*), Geldschein (*m.*), Banknote (*f.*).
banda (di frequenze o di lunghezze d'onda) (*radio*), Band (*n.*). **2** ~ (dello spettro) (*fis.*), Band (*n.*). **3** ~ (di un semiconduttore) (*elettronica*), Band (*n.*). **4** ~ (fiamma, difetto superficiale di alluminio anodizzato p. es.) (*tecnol.*), Schliere (*f.*). **5** ~ (nastro) (*elab. dati*), Band (*n.*), Streifen (*n.*). **6** ~ (*elab. dati*), vedi anche nastro. **7** ~ **a perforazione incompleta** (nastro a perforazione incompleta) (*elab. dati*), Schuppenlochstreifen (*m.*). **8** ~ **a rifrazione variabile** (banda eterorifrangente, nel vetro p. es.) (*ott.*), Schliere (*f.*). **9** ~ **centimetrica** (*telev.*), Zentimeterband (*n.*). **10** ~ **completamente piena** (banda completamente occupata, banda di energia di un semiconduttore) (*elettronica*), Valenzband (*n.*). **11** ~ **decarburata** (*metall.*), entkohlter Streifen. **12** ~ **di acciaio** (*ind. metall.*), Bandstahl (*m.*). **13** ~ **di assorbimento** (*ott.*), Absorptionsband (*n.*). **14** ~ **di conduzione** (banda parzialmente occupata, banda di energia di un semiconduttore) (*elettronica*), Leitungsband (*n.*). **15**

di dispersione (di dati sperimentali p. es.) (*stat. - tecnol.*), Streuband (*n.*). 16 ~ di eccitazione (*elett.*), Anregungsband (*n.*). 17 ~ di energia (di un semiconduttore) (*elettronica*), Energieband (*n.*), Band (*n.*). 18 ~ di errore (*strum. - ecc.*), Fehlerband (*n.*). 19 ~ di ferrite (banda decarburata) (*difetto metall.*), Ferritstreifen (*m.*). 20 ~ di frequenza (*elett. - ecc.*), Frequenzband (*n.*). 21 ~ di frequenza dell'antenna (*radio*), Antennenbandbreite (*f.*). 22 ~ di frequenze vocali (*radio*), Sprachband (*n.*). 23 ~ d'inclusioni (allineamento d'inclusioni) (*metall.*), Ausrichtung von Einschlüssen. 24 ~ di ottava (*acus.*), Oktavband (*n.*). 25 ~ di passaggio (banda passante, d'un filtro) (*radio*), Durchlassbereich (*m.*). 26 ~ di segregazione (*difetto - metall.*), Seigerungsstreifen (*m.*). 27 ~ di sicurezza (banda di frequenze di sicurezza, tra due canali) (*telev. - radio*), Schutzfrequenzband (*n.*). 28 ~ di soppressione (banda non passante, d'un filtro) (*elett.*), Sperrbereich (*m.*). 29 ~ di trasmissione (*radio*), Übertragungsbereich (*m.*). 30 ~ d'un terzo di ottava (ottava divisa in tre parti uguali) (*acus.*), Terzband (*n.*). 31 ~ di valenza (di un semiconduttore) (*elettronica*), Valenzband (*n.*). 32 ~ di videofrequenza (*telev.*), Fernsehband (*n.*), Video-Frequenzband (*n.*). 33 ~ eterorifrangente (banda a rifrazione variabile, nel vetro p. es.) (*ott.*), Schliere (*f.*). 34 ~ L (390-1550 MHz) (*radar*), L-Band (*n.*). 35 ~ larga (*radio*), Breitand (*n.*). 36 ~ laterale (*radio*), Seitenband (*n.*). 37 ~ laterale residua (*radio*), Restseitenband (*n.*). 38 ~ nera (lamiera nera) (*metall.*), Schwarzblech (*n.*). 39 ~ non passante (banda di soppressione, d'un filtro) (*elett.*), Sperrbereich (*m.*). 40 ~ P (con frequenza da 225 a 390 MHz) (*radar*), P-Band (*n.*). 41 ~ passante (banda di passaggio, d'un filtro) (*radio*), Durchlassbereich (*m.*). 42 ~ Q (banda di frequenza da 35.000 a 45.000 MHz) (*radar*), Q-Band (*n.*). 43 ~ S (1.500-5.200 MHz) (*radar*), S-Band (*n.*). 44 ~ stagnata (latta) (*ind. metall.*), Weissblech (*n.*). 45 ~ stretta (*radio*), Schmalband (*n.*), schmales Band. 46 ~ V (di frequenza da 45.000 a 55.000 MHz) (*radar*), V-Band (*n.*). 47 ~ video (banda di videofrequenza) (*telev.*), Fernsehband (*n.*), FS-Band (*n.*). 48 ~ X (da 5.200 a 11.000 MHz) (*radar*), x-Band (*n.*). 49 a larga ~ (*radio*), breitbandig. 50 allargamento della ~ (*radio*), Bandspreizung (*f.*). 51 circuito soppressore di ~ (di una certa frequenza) (*radio*), Sperrkreis (*m.*). 52 commutatore di ~ (della frequenza) (*radio - telev.*), Bereichsumschalter (*m.*). 53 filtro eliminatore di ~ (*radio*), Sperrfilter (*m.*). 54 formazione di banda (formazione di allineamenti, nella struttura) (*metall.*), Zeiligkeit (*f.*). 55 larghezza ~ (di frequenze) (di disturbo (*radio - ecc.*), Störbreite (*f.*). 56 modulazione di ampiezza a doppia ~ laterale (*radio*), Doppelseitenbandamplitudenmodulation (*f.*), AM 2 Sb.

bandella (*gen.*), Band (*n.*), Gurt (*m.*). 2 ~ (nastro sottile, moietta) (*ind. metall.*), Bandstahl (*m.*). 3 ~ (sbarra collettrice) (*elett.*), Schiene (*f.*). 4 ~ (di cerniera) (*carp. - ed.*), Band (*n.*). 5 ~ arresto scuotimento (di una sospensione) (*aut.*), Ausschlagbegrenzungsfanggurt (*m.*), Ausschlagbegrenzungsband (*n.*), Radausschlagbegrenzungsband (*n.*).

bandiera (*gen.*), Fahne (*f.*), Flagge (*f.*). 2 ~ (sagoma, per formatura) (*fond.*), Streichbrett (*n.*). 3 ~ (di una piastra di accumulatore p. es.) (*elett.*), Fahne (*f.*). 4 ~ armatoriale (insegna della compagnia di navigazione) (*nav.*), Reedereiflagge (*f.*), Hausflagge (*f.*), Kontorflagge (*f.*). 5 ~ da segnalazione (*nav.*), Signalflagge (*f.*), Winkflagge (*f.*), Winkerflagge (*f.*). 6 ~ del timone (pala del timone, piano del timone) (*nav.*), Ruderblatt (*n.*). 7 ~ di quarantena (bandiera gialla) (*nav.*), Quarantäneflagge (*f.*). 8 ~ gialla (bandiera di quarantena) (*nav.*), Quarantäneflagge (*f.*). 9 ~ mercantile (*nav.*), Handelsflagge (*f.*). 10 ~ nazionale (*nav.*), Nationalflagge (*f.*). 11 ~ per presa di corrente (di piastra di accumulatore) (*elett.*), stromführende Fahne. 12 alzare la ~ (*nav. - milit.*), die Flagge hissen. 13 mettere la ~ a mezz'asta (*milit.*), die Fahne auf Halbmast setzen. 14 tessuto per bandiere (*ind. tess.*), Flaggentuch (*n.*), Fahnentuch (*n.*).

bandire (una gara, un concorso p. es.) (*comm.*), ausschreiben.

bando (di gara, di concorso, ecc.) (*comm.*), Ausschreibung (*f.*), Ausschreiben (*n.*). 2 ~ di concorso (*comm.*), Ausschreibung (*f.*), Ausschreiben (*n.*).

bandone (*ind. metall.*), *vedi* lamiera grossa.

ban-lon (filo voluminizzato) (*ind. tess.*), Banlon, texturiertes Garn.

« baquet » (sedile di vecchie auto da corsa p. es.) (*aut.*), Kübelsitz (*m.*).

bar (megabaria = 10^6 dyn/cm² = 750,062 mm Hg, unità di misura della pressione nei fluidi) (*unità di mis.*), Bar (*f.*). 2 ~ (1 bar = 1,01971621 kp/cm², unità di pressione) (*unità di mis.*), Bar (*n.*). 3 ~ (locale, di un albergo p. es.) (*ed. - comm.*), Bar (*f.*). 4 banco per ~ (*ed.*), Bartheke (*f.*). 5 sedile per ~ (*mobilio*), Barhocker (*m.*).

baracca (*ed.*), Baracke (*f.*), Bauhütte (*f.*). 2 ~ (per attrezzi p. es.) (*ed.*), Schuppen (*m.*). 3 ~ da cantiere (*ed.*), Baubaracke (*f.*), Bauhütte (*f.*).

baraccamento (*ed. lav. - ecc.*), Barackenlager (*n.*).

baratto (*comm.*), *vedi* permuta.

barattolo (vaso per confezioni, in vetro) (*ind.*), Verpackungsglas (*n.*). 2 ~ (metallico, di latta) (*ind.*), Büchse (*f.*), Runddose (*f.*).

barbabietola (bietola) (*agric.*), Rübe (*f.*). 2 ~ da zucchero (bietola da zucchero) (*agric. - ind. chim.*), Zuckerrübe (*f.*).

barberite (bronzo al Ni fuso; 85-90% Cu, 5-10 Ni, 3-10% Sn, <0,3% Si) (*lega*), Barberite (*n.*).

barca (imbarcazione) (*nav.*), Boot (*n.*). 2 ~ a remi (imbarcazione a remi) (*nav.*), Riemenboot (*n.*), Ruderboot (*n.*). 3 ~ a vela (*nav.*), Segelboot (*n.*). 4 ~ a vela ad un albero (*nav.*), Einmaster (*m.*). 5 ~ con coperta (barca pontata) (*nav.*), gedecktes Boot. 6 ~ da diporto (*nav.*), Vergnügungsboot (*n.*). 7 ~ da pesca (peschereccio) (*nav.*), Fischer-

barcaiolo

boot (n.). 8 ~ **da ponti** (pontone) (nav. - cos . ponti), Brückenschiff (n.), Ponton (m.), Tragschiff (n.). 9 ~ **di tipo pieghevole** (nav.), Faltboot (n.). 10 ~ **per traghetto** (nav.), Fährboot (n.). 11 ~ **pontata** (barca con coperta) (nav.), gedecktes Boot. 12 ~ **ripiegabile** (barca smontabile) (nav.), Faltboot (n.). 13 ~ **smontabile** (barca ripiegabile) (nav.), Faltboot (n.).
barcaiolo (nav.), Barkenführer (m.). 2 ~ **fluviale** (battelliere fluviale) (nav.), Fluss-Schiffer (m.).
barcarizzo (apertura nell'opera morta, per l'imbarco o sbarco delle persone) (nav.), Seitenpforte (f.). 2 ~ (posto di collocamento delle barche a bordo) (nav.), Bootsaufhängung (m.).
barchetta (imbarcazione) (nav.), Boot (n.). 2 ~ **del solcometro** (nav.), Logscheit (m.).
barella (med. - milit.), Tragbahre (f.).
barenare (alesare) (operaz. macch. ut.), bohren, ausbohren.
barenatrice (alesatrice) (macch. ut.), Ausbohrmaschine (f.).
barenatura (alesatura) (operaz. macch. ut.), Bohren (n.), Ausbohren (n.).
bareno (barra alesatrice) (ut.), Bohrstange (f.).
baricentrico (mecc. - ecc.), baryzentrisch. 2 **asse** ~ (mecc. - ecc.), Schwerachse (f.), Schwerlinie (f.).
baricentro (centro di gravità) (fis.), Schwerpunkt (m.). 2 **calcolatore del** ~ (per determinarne la posizione in nn aereo) (aer.), Schwerpunktrechner (m.).
barilare (bottalare, pulire pezzi metallici) (tecnol. mecc.), rommeln, trommeln, scheuern.
barilato (bottalato) (tecnol. mecc.), getrommelt, gescheuert.
barilatrice (bottale, per pulire pezzi metallici) (app. tecnol. mecc.), Scheuerfass (n.), Scheuertrommel (f.), Trommel (f.).
barilatura (bottalatura, per pulire piccoli pezzi) (tecnol. mecc.), Trommeln (n.), Scheuern (n.).
barile (botte, fusto, recipiente di legno chiuso) (gen.), Fass (n.). 2 ~ (misura per petrolio = 158,758 l) (mis.), Barrel (n.).
bariletto (collettore del gas di cokeria p. es.) (ind. chim.), Vorlage (f.). 2 ~ (di una valvola di comando del freno ad aria compressa) (ferr.), Ausgleichbehälter (m.). 3 ~ **compensatore** (ind. chim.), Ausgleichvorlage (f.).
bario (Ba - chim.), Barium (n.). 2 **solfato di** ~ ($BaSO_4$) (chim.), Bariumsulfat (n.).
barione (particella elementare pesante) (fis.), Baryon (n.).
barisfera (nucleo centrale terrestre) (geol.), Barysphäre (f.).
barista (« barman ») (lav.), Barangestellter (m.), Barmixer (m.), Büfetier (m.), Büffetier (m. - austr.).
baritina ($BaSO_4$) (min.), Schwerspat (m.), Baryt (m.).
« barman » (barista) (lav.), Barangestellter (m.), Barmixer (m.), Büfetier (m.), Büffetier (m. - austr.).
barn (unità di misura per superfici = 10^{-24} cm²) (fis. nucl.), barn (n.).

barocco (a. - arch.), barock. 2 ~ (stile) (s. - arch. - ecc.), Barock (m.).
barocettore (pressocettore) (app.), Barozeptor (m.).
baroclino (fluido) (mecc. dei fluidi), baroklin.
barografo (strum. - meteor.), Luftdruckschreiber (m.), Barograph (m.).
barometrico (fis. - ecc.), barometrisch.
barometro (strum. - meteor.), Luftdruckanzeiger (m.), Barometer (n.), Luftdruckmesser (m.). 2 ~ **a mercurio** (strum.), Quecksilberbarometer (n.). 3 ~ **aneroide** (strum.), Dosenbarometer (n.), Aneroidbarometer (n.). 4 ~ **a vaschetta** (strum.), Gefässbarometer (n.). 5 ~ **di Torricelli** (strum.), Gefässbarometer (n.). 6 ~ **metallico** (strum.), Metallbarometer (n.). 7 ~ **olosterico** (strum.), Holostericbarometer (n.). 8 ~ **ottico** (barometro aneroide di precisione .con indicazione ottica) (app.), Barolux (n.).
baros (lega per resistori, 90% Ni e 10% Cr) (lega), Baros (n.).
barotropo (fluido) (mecc. dei fluidi), barotrop.
barra (asta) (gen.), Stange (f.), Stab (m.). 2 ~ (ind. metall. - mecc.), Stange (f.), Stab (m.). 3 ~ (lamin. - fucinatura), Stange (f.), Stab (m.). 4 ~ (di ferro) (ind. metall.), Eisen (n.), Eisenstab (m.), Stabeisen (n.). 5 ~ (candela di passata, di un tornio, per lo spostamento del carrello) (macch. ut.), Zugspindel (f.). 6 ~ (collettrice, sbarra) (elett.), Schiene (f.). 7 ~ (sbarra, di un rotore) (elett.), Stab (m.). 8 ~ (linea nera su monoscopi) (telev.), Balken (m.). 9 ~ (nella colata continua) (fond.), Strang (m.). 10 ~ (spina, di un argano) (disp.), Stellstift (m.). 11 ~ (banco di sabbia alla foce di un fiume) (geol.), Barre (f.). 12 ~ (leva del timone) (nav.), Pinne (f.), Helm (m.), Helmstock (m.). 13 ~ **a canalino** (ind. metall.), Hohlhalbrundstab (m.). 14 ~ **a canalino** (di ferro) (ind. metall.), Hohlhalbrundeisen (n.). 15 ~ **alesatrice** (macch. ut.), Bohrstange (f.). 16 ~ **ammortizzatrice** (di una sospensione) (aut.), Stoss·stange (f.). 17 ~ **a sinistra** (nav.), nach Backbord wenden. 18 ~ **a spigoli vivi** (ind. metall.), scharfkantiger Stab. 19 ~ **assorbitrice** (sbarra assorbitrice, d'un reattore nucleare) (fis. atom.), Absorberstab (m.). 20 ~ **cava** (da mina) (min.), Hohlbohrstahl (m.). 21 ~ **collettrice** (sbarra) (elett.), Schiene (f.). 22 ~ **combustibile** (per reattore nucleare) (fis. atom. - comb.), Brennstab (m.). 23 ~ **corrimano** (ind. - ed.), Handschienenstab (m.). 24 ~ **corrimano** (di ferro) (ind. metall.), Handschieneneisen (n.). 25 ~ **del timone** (nav.), Helm (m.), Helmstock (m.), Ruderpinne (f.). 26 ~ **di accoppiamento** (dello sterzo) (aut.), Lenkverbindungsstange (f.). 27 ~ **di alimentazione** (candela, di un tornio) (macch. ut.), Zugspindel (f.). 28 ~ **di cilindratura** (candela, di un tornio) (macch. ut.), Zugspindel (f.). 29 ~ **di comando** (« cloche ») (aer.), Steuerknüppel (m.), Steuerhebel (m.). 30 ~ **di combustibile** (per reattori nucleari) (fis. atom.), Spaltstoffstab (m.). 31 ~ **di commutazione** (elett.), Schaltstange (f.). 32 ~ **di controllo** (d'un reattore nucleare; sbarra di controllo, barra di regolazione, sbarra di

regolazione) (*fis. atom.*), Trimmstab (*m.*), Kompensationsstab (*m.*). 33 ~ **di emergenza** (barra di sicurezza, di un reattore) (*fis. atom.*), Abschaltstab (*m.*). 34 ~ **di ferro** (barra di materiale ferroso) (*ind. metall.*), Stabeisen (*n.*), Eisenstab (*m.*). 35 ~ **(di ferro) a canalino** (*ind. metall.*), Hohlhalbrundeisen (*n.*). 36 ~ **(di ferro) esagonale** (*ind. metall.*), Sechskanteisen (*n.*). 37 ~ **(di ferro) ovale** (*ind. metall.*), Ovaleisen (*n.*). 38 ~ **(di ferro) quadra** (quadro di ferro) (*ind. metall.*), Vierkanteisen (*n.*). 39 ~ **di guida** (*lamin.*), Hundebalken (*m.*), Führungsbalken (*m.*). 40 ~ **di materiale ferroso** (barra di ferro) (*ind. metall.*), Eisenstab (*m.*), Stabeisen (*n.*). 41 ~ **d'intasamento** (per costipare la carica nei fori da mina) (*min.*), Ladestock (*m.*). 42 ~ **di regolazione** (d'un reattore nucleare; sbarra di regolazione, barra di controllo, sbarra di controllo) (*fis. atom.*), Trimmstab (*m.*), Kompensationsstab (*m.*). 43 ~ **di sicurezza** (« rollbar », d'una vettura da corsa) (*aut. - sport*), Überrollbügel (*m.*). 44 ~ **di sicurezza** (barra di emergenza, di un reattore) (*fis. atom.*), Abschaltstab (*m.*). 45 ~ **distributrice** (*elett.*), Verteilungsschiene (*f.*). 46 ~ **di terra dello stabilimento** (terra elettrica) (*elett. - ecc.*), Betriebserde (*f.*). 47 ~ **di torsione** (*aut. - veic.*), Torsionsstab (*m.*), Drehstab (*m.*). 48 ~ **di trazione** (*veic.*), Zugstange (*f.*). 49 ~ **esagona** (barra esagonale) (*ind. metall.*), Sechskantstab (*m.*). 50 ~ **esagona di acciaio** (acciaio da costruzione) (*ind. metall.*), Sechskantstahl (*m.*). 51 ~ **esagona di ferro** (*ind. metall.*), Sechskanteisen (*n.*). 52 ~ **estrusa** (*tecnol. mecc.*), Press-stange (*f.*). 53 ~ **intasatrice** (per costipare la carica nei fori da mina) (*min.*), Ladestock (*m.*). 54 ~ **mezzotonda** (mezzotondo) (*ind. metall.*), Halbrundstab (*m.*). 55 ~ **mezzotonda di acciaio** (mezzotondo di acciaio, acciaio da costruzione) (*ind. metall.*), Halbrundstahl (*m.*). 56 ~ **ottagonale** (*ind. metall.*), Achtkantstab (*m.*). 57 ~ **ottagonale di ferro** (*ind. metall.*), Achtkanteisen (*n.*). 58 ~ **Panhard** (collegamento rigido fra assale e veicolo) (*aut.*), Panhardstab (*m.*). 59 ~ **per arpioni** (di ferro) (*ind. metall.*), Hakeneisen (*n.*), Nageleisen (*n.*). 60 ~ **per griglie** (barrotto) (*ind. metall.*), Roststab (*m.*). 61 ~ **per rosette elastiche** (barra trapezoidale) (*ind. metall.*), Trapezeisen (*n.*). 62 ~ **per rimorchio** (*aut.*), Abschleppstange (*f.*). 63 ~ **piatta** (piatto) (*ind. metall.*), Flachstab (*m.*). 64 ~ **piatta a bulbo** (piatto a bulbo) (*ind. metall.*), Flachwulststab (*m.*). 65 ~ **piatta a bulbo di acciaio** (piatto a bulbo [di acciaio]) (*ind. metall.*), Wulstflachstahl (*m.*). 66 ~ **piatta a bulbo di ferro** (ferro piatto a bulbo, piatto a bulbo di ferro) (*ind. metall.*), Flachwulsteisen (*n.*). 67 ~ **piatta di acciaio** (piatto di acciaio) (*ind. metall.*), Flachstahl (*m.*). 68 ~ **piatta di ferro** (piatto di ferro) (*ind. metall.*), Flacheisen (*n.*). 69 ~ **piatta con nervatura centrale** (cordonato semplice di ferro) (*ind. metall.*), Rippeneisen (*n.*). 70 ~ **piena** (*metall.*), Vollstange (*f.*). 71 ~ **porta-aghi** (di una macchina per maglieria) (*macch. tess.*), Nadelbarren (*m.*). 72 ~ **quadra** (*ind. metall.*), Vierkantstab (*n.*). 73 ~ **quadra di acciaio** (quadro di acciaio) (*ind. metall.*), Vierkantstahl (*m.*). 74 ~ **quadra di ferro** (*ind. metall.*), Vierkanteisen (*n.*). 75 ~ **semitonda** (*ind. metall.*), Halbrundstange (*f.*). 76 ~ **seno** (per lavorazione mecc. e controllo di pezzi) (*att. lav. macch. ut.*), Sinuslineal (*n.*). 77 ~ **spaziatrice** (di una macchina per scrivere) (*macch. per uff.*), Leertaste (*f.*). 78 ~ **stabilizzatrice** (stabilizzatore a barra di torsione) (*aut.*), Torsionsstabilisator (*m.*). 79 ~ **tonda** (tondo) (*ind. metall.*), Rundstange (*f.*). 80 ~ **tonda di acciaio** (tondo di acciaio, acciaio da costruzione) (*ind. metall.*), Rundstahl (*m.*). 81 ~ **trapezoidale** (barra per rosette elastiche) (*ind. metall.*), Trapezeisen (*n.*). 82 ~ **triangolare di ferro** (*ind. metall.*), Dreikanteisen (*n.*). 83 **acciaio trafilato in barre** (*ind. metall.*), gezogener Stabstahl. 84 **avanzamento della** ~ (*lav. macch. ut.*), Stangenvorschub (*m.*). 85 **caricatore barre** (*macch. ut.*), Stangenmagazin (*n.*). 86 **falsa** ~ (falsa billetta, pezzo iniziale nella colata continua) (*fond.*) Anfahrstück (*n.*). 87 **guida (della)** ~ (*macch. ut.*), Stangenführung (*f.*). 88 **guida della** ~ (nella colata continua) (*fond.*), Strangführung (*f.*). 89 **trasferitore di barre** (per passarle da una gabbia ad un'altra) (*lamin.*), Stangenschlepper (*m.*).

barramina (palanchino) (*ut. - min.*), Brecheisen (*m.*), Meissel (*m.*).

barretta (provino, provetta) (*tecnol.*), Stab (*m.*), Versuchsstab (*m.*). 2 ~ (di un utensile da tornio) (*ut.*), Einsatz (*m.*). 3 ~ **ad estremità cilindriche** (calibro a punte cilindriche) (*app. di mis.*), Zylinderendmass (*n.*). 4 ~ **ad estremità policilindrica** (o polisferica, calibro a barretta) (*strum. di mis.*), Stichmass (*n.*). 5 ~ **ad estremità sferiche** (calibro a punte sferiche) (*app. di mis.*), Kugelendmass (*m.*). 6 ~ **intagliata** (provino intagliato) (*tecnol. mecc.*), Kerbstab (*m.*). 7 ~ **per prove di trazione** (provetta per prove di trazione) (*tecnol. mecc.*), Zugstab (*m.*), Zerreiss-stab (*m.*). 8 ~ **piatta** (provino) (*metall.*), Flachstab (*m.*).

« barretter » (bolometro a filo) (*app.*), Barretter (*n.*), Fadenbolometer (*n.*).

barriera (sbarra, di passaggio a livello p. es.) (*ferr. - ecc.*), Schranke (*f.*). 2 ~ (isolante) (*ed.*), Sperre (*f.*). 3 ~ **al vapore** (di un tetto p. es.) (*ed.*), Dampfbremse (*f.*). 4 ~ **della dogana** (*finanz.*), Zollschranke (*f.*). 5 ~ **del suono** (muro del suono) (*aer.*), Schallmauer (*f.*), Schallwand (*f.*). 6 ~ **elettrica** (per delimitare un movimento p. es.) (*lav. macch. ut. - ecc.*), Elektrozaun (*m.*). 7 ~ **scorrevole** (di passaggio a livello p. es.) (*ferr.*), Schiebeschranke (*f.*). 8 ~ **termica** (muro del calore) (*aer.*), Hitzemauer (*f.*), Hitzeschwelle (*f.*), Hitzegrenze (*f.*).

barrotto (di una griglia) (*comb.*), Roststab (*m.*). 2 ~ (mezzo baglio) (*nav.*), Halbbalken (*m.*). 3 ~ **per griglie** (*comb.*), Roststab (*m.*).

basaltico (*min.*), basalthaltig.

basalto (roccia magmatica) (*min.*), Basalt (*m.*). 2 ~ **colonnare** (*geol.*), Säulenbasalt (*m.*). 3 ~ **fuso** (*geol.*), Schmelzbasalt (*m.*).

basamento

basamento (incastellatura, carter dell'albero a gomiti) (*mot.*), Kurbelgehäuse (*n.*), Motorgehäuse (*n.*). 2 ~ (blocco cilindri e carter dell'albero a gomiti fusi in un solo pezzo) (*mot.*), Motorblock (*m.*), Zylinderkurbelgehäuse (*n.*). 3 ~ (incastellatura di base, di una macch.) (*macch.*), Untergestell (*n.*). 4 ~ (metallico, incudine, parte del maglio che appoggia sul blocco di fondazione) (*macch. fucinatura*), Schabotte (*f.*). 5 ~ a tunnel (basamento tubolare) (*mot.*), Tunnelgehäuse (*n.*). 6 ~ comune (base comune, telaio di base comune, di un gruppo elettrogeno p. es.) (*mot.*), gemeinsamer Grundrahmen. 7 ~ con monoblocco incorporato (*mot.*), Zylinderblock und Kurbelgehäuse aus einem Stück, Motorblock (*m.*), Zylinderkurbelgehäuse (*n.*). 8 ~ metallico (di una pressa per fucinatura) (*macch.*), Schabotte (*f.*), Unteramboss (*m.*). 9 ~ tubolare (basamento a tunnel) (*mot.*), Tunnelgehäuse (*n.*). 10 sfiato del ~ (sfiato dell'incastellatura) (*mot.*), Kurbelgehäuseentlüfter (*m.*).
base (*gen.*), Unterlage (*f.*). 2 ~ (*geom. - mat.*), Basis (*f.*). 3 ~ (di un triangolo o poligono) (*geom.*), Grundlinie (*f.*), Basis (*f.*). 4 ~ (di un cilindro p. es.) (*geom.*), Grundfläche (*f.*). 5 ~ (di una potenza) (*mat.*), Grundzahl (*f.*), Basis (*f.*). 6 ~ (*ed. - arch.*), Grundlage (*f.*), Basis (*f.*). 7 ~ (di un muro) (*ed. - mur.*), Fuss (*m.*). 8 ~ (di colonna) (*arch.*), Aufstand (*m.*). 9 ~ (*chim.*), Base (*f.*), Lauge (*f.*). 10 ~ (*geod. - top. - fotogr.*), Basis (*f.*), Grundlinie (*f.*), Standlinie (*f.*). 11 ~ (parte di un transistore a giunzione che separa l'emettitore dal collettore) (*elettronica*), Basis (*f.*). 12 ~ (di rilevamento, per determinazioni di posizione) (*nav. - aer. - navig.*), Standlinie (*f.*). 13 ~ (piede, fondo, del dente di una ruota dentata) (*mecc.*), Fuss (*m.*). 14 ~ (piede, piattino, suola, di una rotaia) (*ferr.*), Fuss (*m.*). 15 ~ (*milit.*), Stützpunkt (*m.*). 16 ~ aerea (*aer.*), Flugstützpunkt (*m.*), Flugbasis (*f.*). 17 ~ comune (telaio di base comune, di un gruppo elettrogeno p. es.) (*mecc.*), gemeinsamer Grundrahmen. 18 ~ dei tempi (asse dei tempi) (*elettronica*), Zeitbasis (*f.*), Zeitachse (*f.*). 19 ~ del dente (fondo, di ingranaggio) (*mecc.*), Zahnfuss (*m.*). 20 ~ della rotaia (piede della rotaia, piattino della rotaia, suola della rotaia) (*ferr.*), Schienenfuss (*m.*). 21 ~ del triangolo (*geom.*), Dreieckbasis (*f.*). 22 ~ di fondazione (solettone di fondazione) (*ed.*), Unterbausohle (*f.*). 23 ~ di lancio (di razzi) (*astronautica*), Abschussbasis (*f.*). 24 ~ di misura (tratto utile) (*prova di mater.*), Messlänge (*f.*). 25 ~ di olio (*vn.*), Fettgrund (*m.*). 26 ~ di operazione (*aer. milit.*), Einsatzflugplatz (*m.*). 27 ~ di tassazione (*finanz.*), Veranlagungsgrundlage (*f.*). 28 ~ giuridica (*leg.*), Rechtsgrundlage (*f.*). 29 ~ in calcestruzzo (*ed.*), Unterbeton (*m.*). 30 ~ navale (*mar. milit.*), Flottenstützpunkt (*m.*), Flottenbasis (*f.*). 31 diametro ~ (diametro del cerchio di base, di una ruota dentata) (*mecc.*), Grundkreisdurchmesser (*m.*). 32 distinta ~ (dei materiali) (*ind. - organ. lav.*), ⁻tückliste (*f.*). 33 eliminazione delle basi (da acqua non potabile p. es.) (*chim.*), Entbasung (*f.*). 34 piastra di ~ (*mecc.*), Sohlplatte (*f.*). 35 scambiatore di basi (*chim.*), Basenaustauscher (*m.*).
baseball (*sport*), Baseball (*m.*), Baseballspiel (*n.*).
basetta (morsettiera, di una macch. elett. p. es.) (*elett.*), Klemmenbrett (*n.*).
basicità (*chim.*), Basizität (*f.*). 2 ~ caustica (alcalinità caustica) (*chim.*), Ätzalkalität (*f.*). 3 ~ da carbonato (alcalinità da carbonato) (*chim.*), Karbonatalkalität (*f.*), Carbonatalkalität (*f.*). 4 indice di ~ (indice di alcalinità, dell'acqua per caldaie) (*cald. - chim.*), Natronzahl (*f.*), Alkalitäts-Index (*m.*). 5 indice di ~ (CaO/SiO$_2$) (*metall.*), Basizitätsverhältnis (*n.*). 6 indice di ~ della scoria (CaO/SiO$_2$) (*metall.*), Schalekenzahl (*f.*), Schlackenziffer (*f.*).
basico (*chim.*), basisch. 2 reazione basica (*chim.*), basische Reaktion. 3 sale ~ (*chim.*), basisches Salz.
basilica (*arch.*), Basilika (*f.*).
basofilo (*chim.*), basophil.
basso (*gen.*), niedrig. 2 ~ (di un suono) (*acus.*), tief, dumpf. 3 ~ (poco profondo, di acqua) (*gen.*), seicht. 4 verso il ~ (*avv. - gen.*), abwärts. 5 verso il ~ (moto) (*gen.*), ab.
bassofondente (a basso punto di fusione) (*chim.*), niedrigschmelzend.
bassofondo (secca) (*nav. - navig.*), Seichtwasserzone (*f.*), Untiefe (*f.*).
bassoforno (forno a tino basso) (*forno - metall.*), Niederschachtofen (*m.*).
bassofuoco (*metall.*), Rennfeuer (*n.*), 2 (processo di) affinazione al ~ (*metall.*), Rennverfahren (*n.*).
bassolegato (a basso tenore di alligante, acciaio p. es.) (*metall.*), niedriglegiert.
bassorilievo (*arch.*), Flachrelief (*n.*), Basrelief (*n.*).
bassotite (*min. - fis. atom.*), Bassotit (*m.*).
bastimento (*nav.*), vedi nave.
bastoncino (nell'occhio) (*ott.*), Stäbchen (*n.*).
bastone (asta) (*gen.*), Stecken (*m.*), Stock (*m.*). 2 ~ (etrusco, grottesco, lapidario, carattere) (*tip.*), grotesk. 3 ~ pilota (*ferr.*), Zugstange (*f.*).
batimetria (*mar.*), Tiefenmessung (*f.*), Bathymetrie (*f.*).
batiscafo (*nav. - geofis.*), Bathyskaph (*m.*), Tiefseeboot (*n.*), Tauchboot (*n.*).
batisfera (*app. - geofis.*), Tauchkugel (*f.*).
batolite (ammasso di rocce magmatiche intrusive) (*geol.*), Batholith (*m.*).
battaglia (*milit.*), Schlacht (*f.*). 2 campo di ~ (*milit.*), Schlachtfeld (*n.*).
battaglio (di una campana) (*strum.*), Klöppel (*m.*).
battelliere (barcaiolo) (*nav.*), Barkenführer (*m.*). 2 ~ fluviale (barcaiolo fluviale). (*nav.*), Fluss-Schiffer (*m.*).
battello (*nav.*), Boot (*n.*). 2 ~ (per servizio pubblico; motoscafo per trasporto di persone nei porti p. es.) (*nav.*), Verkehrsboot (*n.*). 3 ~ ad accumulatori (battello elettrico, piccola nave per passeggeri) (*nav.*), Elektroboot (*n.*). 4 ~ antincendi (*nav.*), Feuerschiff (*n.*), Spritzenboot (*n.*). 5 ~ antincendi (lancia antincendi) (*nav.*), Löschboot (*n.*). 6 ~ draga

(*macch. mov. terra*), Baggerboot (*n.*), Baggerprahm (*m.*), Baggerschiff (*n.*). **7 ~ elettrico** (battello ad accumulatori, piccola nave per passeggeri) (*nav.*), Elektroboot (*n.*). **8 ~ faro** (*nav.*), Leuchtschiff (*n.*).
battente (di una finestra p. es.) (*ed.*), Flügel (*m.*). **2 ~** (*ind. tess.*), Weblade (*f.*), Lade (*f.*). **3 ~ di boccaporto** (falca) (*nav.*), Setzbord (*n.*). **4 ~ di finestra** (*ed.*), Fensterflügel (*m.*). **5 ~ di porta** (*ed.*), Türflügel (*m.*). **6 a due battenti** (finestra p. es.) (*ed.*), zweiflügelig. **7 ad un ~** (porta o finestra) (*ed.*), einflügelig.
battere (*gen.*), klopfen, schlagen. **2 ~** (detonare, picchiare) (*difetto del mot.*), klopfen. **3 ~** (conficcare, piantare, pali p. es.) (*ed. - ecc.*), einschlagen, einrammen. **4 ~** (un tasto di macch. da scrivere p. es.) (*gen.*), anschlagen. **5 ~** (abbassare, un primato) (*sport*), überbieten. **6 ~ il palo** (infiggere il palo) (*ed.*), den Pfahl einrammen.
batteri (*med.*), Bakterien (*f. pl.*).
batteria (*gen.*), Batterie (*f.*). **2 ~** (di accumulatori) (*elett.*), Batterie (*f.*), Akkumulatorenbatterie (*f.*), Sammler (*m.*). **3 ~** (di forni p. es.) (*ind.*), Batterie (*f.*), Satz (*m.*). **4 ~** (*artiglieria*), Batterie (*f.*). **5 ~ a combustione** (batteria di pile a combustione) (*elett.*), Brennstoffzellenbatterie (*f.*). **6 ~ ad isotopi** (*elett.*), Isotopenbatterie (*f.*). **7 ~ alcalina** (*elett.*), alkalische Batterie. **8 ~ al cadmionichel** (*elett.*), Nickelkadmiumbatterie (*f.*). **9 ~ al ferro-nichel** (*elett.*), Nickeleisenbatterie (*f.*). **10 ~ a liquido aggiunto** (tipo di batteria di riserva) (*elett.*), Füllbatterie (*f.*). **11 ~ al piombo** (*elett.*), Bleibatterie (*f.*). **12 ~ anodica** (*elett. - radio*), Anodenbatterie (*f.*). **13 ~ a secco** (*elett.*), Trockenbatterie (*f.*). **14 ~ atomica** (*fis. atom. - elettronica*), Atombatterie (*f.*). **15 ~ campione** (pila campione) *elett.*), Eichbatterie (*f.*). **16 ~ centrale** (*telef.*), Zentralbatterie (*f.*). **17 ~ contraerea** (*milit.*), Flakbatterie (*f.*). **18 ~ di accensione** (di un mot. a c. i.) (*elett. - mot.*), Zündbatterie (*f.*). **19 ~ di accensione** (batteria di filamento) (*elett. - radio*), Heizbatterie (*f.*). **20 ~ di accumulatori** (*elett.*), Akkumulatorenbatterie (*f.*), Batterie (*f.*), Akkumulatoren (*m. - pl.*). **21 ~ di accumulatori per applicazioni in marina** (*elett.*), Marineakkumulatoren (*m. - pl.*), Marinebatterie (*f.*). **22 ~ di avviamento** (*elett. - veic.*), Starterbatterie (*f.*), Anlassbatterie (*f.*). **23 ~ di caldaie** (*cald.*), Kesselbatterie (*f.*). **24 ~ di filamento** (batteria di accensione) (*elett. - radio*), Heizbatterie (*f.*). **25 ~ di forni** (*forni*), Batterieofen (*m.*). **26 ~ di griglia** (*elett.*), Gitterbatterie (*f.*). **27 ~ di pile a combustione** (batteria a combustione) (*elett.*), Brennstoffzellenbatterie (*f.*). **28 ~ di pile a secco** (*elett.*), Trockenbatterie (*f.*). **29 ~ di storte da coke** (*forno*), Koksofenbatterie (*f.*). **30 ~ di tubi refrigeranti** (*term.*), Batteriekühler (*m.*). **31 ~ locale** (*telef.*), Ortsbatterie (*f.*). **32 ~ nucleare** (*elett.*), Kernbatterie (*f.*), Isotopenbatterie (*f.*). **33 ~ per autoveicoli** (*elett.*), Batterie für Kraftfahrzeuge, Automobilbatterie (*f.*). **34 ~ per campanelli** (batteria per suonerie) (*elett.*), Weckerbatterie (*f.*), Klingelbatterie (*f.*). **35 ~ per illuminazione** (*elett.*), Beleuchtungsbatterie (*f.*). **36 ~ per illuminazione** (*aut. - ecc.*), Lichtbatterie (*f.*). **37 ~ per suonerie** (batteria per campanelli) (*elett.*), Klingelbatterie (*f.*), Weckerbatterie (*f.*). **38 ~ per trazione** (*elett.*), Traktionsbatterie (*f.*), Wagenbatterie (*f.*). **39 ~ scarica** (*elett.*), erschöpfte Batterie. **40 ~ solare** (per satelliti artificiali p. es.) (*elett.*), Sonnenbatterie (*f.*). **41 ~ tampone** (*elett.*), Ergänzungsbatterie (*f.*), Pufferbatterie (*f.*). **42 accensione a ~** (*mot.*), Batteriezündung (*f.*). **43 apparecchio per la carica delle batterie** (*elett. - app.*), Batterieladegerät (*n.*). **44 carica-batterie** (apparecchio per la carica delle batterie) (*elett. - app.*), Batterieladegerät (*n.*). **45 carica della ~** (*aut. - elett.*), Batterieladung (*f.*). **46 caricare una ~** (*elett.*), einen Sammler laden. **47 elemento di ~** (*elett.*), Batterieelement (*n.*). **48 elemento di ~ solare** (cella solare, pila solare) (*elett.*), Sonnenzelle (*f.*). **49 rabboccare una ~** (*elett.*), einen Sammler nachfüllen. **50 ritorno in ~** (di un cannone) (*arma da fuoco*), Vorlauf (*m.*).
batteriologia (*med.*), Bakterienkunde (*f.*), Bakteriologie (*f.*).
batteriologico (*med.*), bakteriologisch.
batteriologo (*med.*), Bakteriologe (*m.*).
batticalcagno (elemento di carrozzeria, sotto la portiera) (*aut.*), Einstiegleiste (*f.*), Fersenblech (*n.*), Türschwelle (*f.*).
battilastra (lattoniere, lamierista) (*lav.*), Blechhämmerer (*m.*), Metallschläger (*m.*).
battimazza (aiutante di fabbro p. es.) (*lav. - fucinatura*), Zuschläger (*m.*).
battimento (*fis. - radio*), Schwebung (*f.*), Überlagerung (*f.*). **2 frequenza di ~** (*radio*), Schwebungsfrequenz (*f.*). **3 suono di ~** (*acus.*), Überlagerungston (*m.*).
battipalo (*macch.*), Pfahlramme (*f.*), Ramme (*f.*). **2 ~ a motore Diesel** (*macch.*), Dieselramme (*f.*). **3 ~ a vapore** (*macch.*), Dampframme (*f.*). **4 ~ Franki** (*macch. - ed.*), Frankipfahlramme (*f.*).
battirame (calderaio, ramaio) (*lav.*), Rotschmied (*m.*), Kupferschmied (*m.*).
battisabbia (*ut. - fond.*), Vitrier (*m.*). Sandhaken (*m.*).
battiscopa (zoccolino) (*ed.*), Scheuerleiste (*f.*).
battistrada (di un pneumatico) (*aut.*), Lauffläche (*f.*), Laufbahn (*f.*), Laufdecke (*f.*), Laufstreifen (*m.*). **2 ~ greggio** (per la ricostruzione di pneumatici) (*aut.*), Rohlaufstreifen (*m.*). **3 distacco del ~** (*difetto aut.*), Laufdeckenablösung (*f.*). **4 pneumatico a ~ sostituibile** (*aut.*), Reifen mit auswechselbarem Laufband.
battito (difetto mecc., di mot.) (*mecc. - mot.*), Klopfen (*n.*), Klingeln (*n.*). **2 ~ delle valvole** (sfarfallamento delle valvole) (*mot.*), Ventilschnattern (*n.*). **3 ~ in testa** (di un motore) (*mot. - aut.*), Zündungsklopfen (*n.*), Klingeln (*n.*), Klopfen (*n.*).
battitoio (apritoio, lupo apritore) (*macch. tess.*), Abfallreiniger (*m.*), Wolf (*m.*). **2 ~ cardatore** (lupo cardatore) (*macch. tess.*), Krempelwolf (*m.*).
battitura (infissione, di pali p. es.) (*ed.*), Einrammen (*n.*), Rammen (*n.*). **2 ~** (tamponatura) (*vn.*), Tupfen (*n.*). **3 ~** (del filo

battola

metallico nella trafilatura) (*tecnol. mecc.*), Poltern (*n.*). **4 ~ di pali** (infissione di pali) (*ed.*), Einpfählung (*f.*). **5 errore di ~** (*uff.*), Verschreiben (*n.*).
battola (utensile per la battitura e spianatura dei getti di conglomerato cementizio) (*ut. - mur.*), Schlagbrett (*n.*), Tatsche (*f.*), Praker (*m.*), Patsche (*f.*).
battura (della chiglia) (*costr. nav.*), Kielsponung (*f.*).
battuta (di una porta p. es.) (*falegn. - ed.*), Anschlag (*m.*). **2 ~** (su uno stampo p. es.) (*macch. ut. - mecc.*), Anschlag (*m.*). **3 ~ della finestra** (*falegn. - ed.*), Fensteranschlag (*m.*), Fensterfalz (*m.*). **4 ~ del muro** (mazzetta) (*ed.*), Maueranschlag (*m.*). **5 ~ (di arresto) longitudinale** (fine corsa longitudinale) (*lav. macch. ut.*), Längsanschlag (*m.*). **6 ~ (d'inserzione)** (colpo) (*macch. tess.*), Schlag (*m.*), Schuss (*m.*). **7 ~ di fine corsa** (arresto di fine corsa) (*mecc.*), Endanschlag (*m.*). **8 ~ di sgancio** (battuta di sblocco, battuta di scatto) (*elettromecc.*), Auslöseanschlag (*m.*), Auslösungsanschlag (*m.*). **9 ~ fissa** (*macch.*), Festanschlag (*m.*). **10 ~ per il taglio a lunghezza con cesoia** (di barre p. es.) (*macch.*), Scherenanschlag (*m.*). **11 ~ per l'avanzamento trasversale** (arresto dell'avanzamento trasversale) (*lav. macch. ut.*), Quervorschubanschlag (*m.*), Planvorschubanschlag (*m.*). **12 ~ regolabile** (arresto regolabile) (*mecc.*), einstellbarer Anschlag (*m.*). **13 ~ su tasto** (di calcolatore tascabile p. es.) (*macch.*), Eintasten (*n.*). **14 comando della ~** (*macch. tess.*), Schlagfallensteuerung (*f.*), Schlagauslösung (*f.*). **15 superficie di ~** (degli stampi) (*fucinatura*), Aufschlagfläche (*f.*), Stossfläche (*f.*). **16 vite di ~** (*mecc.*), Anschlagschraube (*f.*).
baud (unità di velocità di trasmissione telegrafica) (*unità telegr.*), Baud (*n.*).
baule (per viaggio p. es.) (*trasp.*), Koffer (*m.*). **2 ~ armadio** (*trasp.*), Schrankkoffer (*m.*).
Baumé (grado Baumé, unità di densità dei liquidi) (*unità di mis. chim.*), Baumégrad, B.
bauxite ($Al_2O_3 . 2 H_2O$) (idrossido di alluminio) (*min.*), Bauxit (*n.*).
bava (su un fucinato a stampo) (*fucinatura*), Grat (*m.*), Schmiedegrat (*m.*). **2 ~** (bavatura, di un getto) (*fond.*), Grat (*m.*). **3 ~** (incrostazione, residuo di colata in una siviera p. es.) (*metall. - fond.*), Bär (*m.*). **4 ~** (bavatura, di un foro trapanato p. es.) (*lav. macch. ut.*), Grat (*m.*). **5 ~** (bavatura) (*difetto mecc.*), Grat (*m.*), Bart (*m.*). **6 ~ da (taglio alla) segatrice** (nel taglio di billette p. es.) (*metall. - tecnol. mecc.*), Sägegrat (*m.*). **7 ~ di fucinatura** (*fucinatura*), Schmiedegrat (*m.*). **8 ~ di laminazione** (difetto di lamin.), Walzgrat (*m.*), Walzbart (*m.*). **9 ~ di stampaggio** (bavatura di stampaggio) (*tecnol.*), Pressgrat (*m.*). **10 ~ di vento** (*meteor.*), leichter Zug. **11 ~ interna** (cartella, di un fucinato a stampo) (*fucinatura*), Innengrat (*m.*), Spiegel (*m.*). **12 ~ residua** (residuo di bava, su un fucinato a stampo, dopo la sbavatura) (*fucinatura*), Gratansatz (*m.*). **13 bave sottili** (difetto - fond.), Blattrippen (*f. pl.*). **14 canale di ~** (canale per sfogo bavatura, di uno stampo) (*ut. fucinatura*), Gratmulde (*f.*). **15 canale di ~** (*fond.*), Gratrille (*f.*). **16 cordone di ~** (di uno stampo) (*ut. fucinatura*), Gratbahn (*f.*). **17 esente da ~** (esente da bavatura, senza bava) (*tecnol. mecc.*), gratfrei. **18 formazione di ~** (difetto mecc.) (*lavoraz. mecc.*), Bartbildung (*f.*). **19 linea di ~** (di un fucinato a stampo) (*fucinatura*), Gratlinie (*f.*), Gratkante (*f.*). **20 linea di ~** (di un getto) (*fond.*), Naht (*f.*), Saum (*m.*). **21 residuo di ~** (bava residua, su un fucinato a stampo) (*fucinatura*), Gratansatz (*m.*). **22 senza ~** (esente da bava, esente da bavatura) (*tecnol. mecc.*), gratfrei. **23 spogliatore di ~** (*ut. fucinatura*), Gratabstreifer (*m.*).
bavatura (bava) (*fucinatura*), Grat (*m.*), Schmiedegrat (*m.*). **2 ~** (formazione di bava) (*lavoraz. mecc.*), Gratbildung (*f.*), Bartbildung (*f.*). **3 ~** (bava, di un getto) (*fond.*), Grat (*m.*). **4 ~** (bava, di un foro trapanato p. es.) (*lav. macch. ut.*), Grat (*m.*). **5 ~** (bava) (*lav. lamiera*), Grat (*m.*). **6 ~** (bava) (*mecc. - fond. - fucinatura*), vedi anche bava. **7 ~ di stampaggio** (bava di stampaggio) (*tecnol. mecc.*), Pressgrat (*m.*). **8 canale di ~** (cavità che circonda il cordone di bava, di uno stampo) (*ut. fucinatura*), Gratmulde (*f.*). **9 esente da ~** (esente da bava, senza bava) (*tecnol. mecc.*), gratfrei. **10 linea di ~** (linea di bava) (*fucinatura*), Gratlinie (*f.*).
bazzana (pelle usata per pulitura) (*nav. - ecc.*), Waschleder (*m.*).
Bd (baud, unità di misura della velocità di trasmissione in telegrafia) (*telegr. - unità*) Bd.
Be (berillio) (*chim.*), Be.
Bé (grado Baumé) (*chim.*), Bé.
beccheggiare (oscillare attorno all'asse trasversale) (*nav. - aer. - veic.*), stampfen, nicken.
beccheggio (oscillazione rispetto all'asse trasversale) (*nav. - aer. - veic.*), Stampfen (*n.*), Nicken (*n.*). **2 ~** (galoppo, di una locomotiva) (*ferr.*), Stampfen (*n.*), Nicken (*n.*), Galoppieren (*n.*). **3 ~ da accelerazione** (*aut.*), Beschleunigungsnicken (*n.*). **4 angolo di ~** (*nav. - veic.*), Nickwinkel (*m.*). **5 asse di ~** (*aer. - veic.*), Nickachse (*f.*). **6 momento di ~** (*veic. - aer.*), Nickmoment (*n.*). **7 oscillazione di ~** (di veicoli stradali, dovuta ad irregolarità del manto, alla frenatura ed all'accelerazione) (*veic.*), Nickschwingung (*f.*).
becco (*gen.*), Schnabel (*m.*). **2 ~** (bruciatore) (*comb.*), Brenner (*m.*). **3 ~** (di una siviera p. es.) (*fond. - ecc.*), Schnabel (*m.*). **4 ~** (di un calibro a corsoio) (*strum. di mis.*), Schenkel (*m.*). **5 ~** (di un recipiente, di travaso) (*gen.*), Schnauze (*f.*), Ausguss (*m.*). **6 ~ ad acetilene** (*illum.*), Azetylenbrenner (*m.*). **7 ~ a farfalla** (bruciatore a farfalla) (*comb.*), Schmetterlingsbrenner (*m.*). **8 ~ a gas** (bruciatore per gas) (*comb.*), Gasbrenner (*m.*). **9 ~ Bunsen** (*comb.*), Bunsenbrenner (*m.*). **10 ~ dell'àncora** (*nav.*), Ankerspitze (*f.*). **11 ~ di colata** (di un forno) (*fond.*), Giessschnauze (*f.*). **12 ~ (di colata) del convertitore** (*metall.*), Konverterhut (*m.*). **13 ~ doppio** (*comb.*), Gabelbrenner (*m.*). **14 ~ mobile** (di un calibro a corsoio) (*strum.*), verschiebbarer Schenkel, beweglicher Schenkel. **15 ~

per acetilene (*comb.*), Azetylenbrenner (*m.*). **16 rinforzo del ~** (d'una centina alare) (*aer.*), Nasengurt (*m.*).
beccuccio (di un recipiente, di travaso) (*gen.*), Ausguss (*m.*), Ausgiesser (*m.*).
bedano (*ut. falegn.*), Lochbeitel (*m.*).
bel (unità di potenza sonora) (*unità di mis. acus.*), Bel (*n.*).
beltempo (*meteor.*), Schönwetter (*n.*).
benda (fascia) (*gen.*), Binde (*f.*). **2 ~ sterilizzata** (*med.*), sterile Binde.
bene (proprietà) (*finanz.*), Gut (*n.*), Eigentum (*n.*). **2 ~ demaniale** (proprietà demaniale) (*finanz.*), Staatsgut (*n.*), Domäne (*f.*), Domänegut (*n.*). **3 beni di consumo** (prodotti di consumo) (*ind. - comm.*), Konsumentengüter (*n. pl.*). **4 ~ economico** (*finanz.*), Wirtschaftsgut (*n.*). **5 beni immobili** (*finanz.*), Anwesen (*n. pl.*), Immobilien (*n. pl.*). **6 beni materiali** (*finanz.*), Sachwerte (*m. pl.*), Sachanlagen (*f. pl.*). **7 beni mobili** (*finanz.*), Mobilien (*n. pl.*), beweglicher Besitz, bewegliche Habe, bewegliches Vermögen. **8 beni patrimoniali** (di una società p. es.) (*amm. - finanz.*), Anlagevermögen (*n.*), Sachanlagen (*f. pl.*). **9 beni strumentali** (mezzi di produzione) (*amm.*), Anlagegüter (*n. pl.*), Produktionsgüter (*n. pl.*).
beneficiario (usufruttuario) (*leg.*), Nutzniesser (*m.*). **2 ~** (d'una rendita p.es.) (*finanz.*) Beziecher (*m.*). **3 ~** (titolare, l'avente diritto) (*leg.*), Berechtigter (*m.*).
benessere (*ed. - ecc.*), Behaglichkeit (*f.*). **2 ~** (condizioni ottime, nel condizionamento) (*ed. - ecc.*), Luxus (*m.*). **3 indice di ~** (catavalore, potere raffreddante climatico) (*meteor.*), Behaglichkeitsziffer (*f.*), Katawert (*m.*).
benestare (autorizzazione, approvazione) (*gen.*), Einwilligung (*f.*), Zustimmung (*f.*), Genehmigung (*f.*).
benna (att. per scavo o trasporto) (*att. mov. terra - trasp.*), Greifer (*m.*), Greifkorb (*m.*). **2 ~ a due funi** (*att. mov. terra*), Zweiseilgreifer (*m.*). **3 ~ a due valve** (*app. mov. terra*), Zweischalengreifer (*m.*), Zweischalengreifkorb (*m.*). **4 ~ ad una sola fune** (*att. mov. terra*), Einseilgreifer (*m.*). **5 ~ a più spicchi** (benna polipo) (*att. mov. terra*), Mehrschalengreifer (*m.*), Polypgreifer (*m.*). **6 ~ a polipo** (*att. mov. terra*), Polypgreifer (*m.*). **7 ~ a quattro spicchi** (benna a quattro valve) (*att. mov. terra*), Apfelsinenschalengreifkorb (*m.*). **8 ~ a quattro valve** (benna a quattro spicchi) (*att. mov. terra*), Apfelsinenschalengreifkorb (*m.*). **9 ~ a strascico** (benna trascinata) (*att. mov. terra*), Schleppschaufel (*f.*). **10 ~ automatica** (*att. mov. terra*), Selbstgreifer (*m.*). **11 ~ automotrice** (*att. mov. terra*), Motorgreifer (*m.*). **12 ~ a valve** (benna mordente, benna prensile) (*att. mov. terra - ecc.*), Greifkübel (*m.*), Greifer (*m.*). **13 ~ mordente** (benna a valve, benna prensile) (*att. mov. terra - ecc.*), Greifkübel (*m.*), Greifer (*m.*). **14 ~ per escavatore a strascico** (*att. mov. terra*), Eimerseilkübel (*m.*), Schleppschaufel (*f.*). **15 ~ polipo** (benna a più spicchi) (*att. mov. terra*), Mehrschalengreifer (*m.*), Polypgreifer (*m.*). **16 ~ prensile** (benna mordente, benna a valve) (*att. mov. terra*), Greifkübel (*m.*), Greifer (*m.*). **17 ~ strisciante** (raschiatore, ruspa a trazione animale, attrezzo per livellare il terreno) (*att. mov. terra*), Muldbrett (*n.*). **18 ~ telecomandata** (*macch. ind.*), Ferngreifer (*m.*). **19 ~ trascinata** (benna a strascico) (*att. mov. terra*), Schleppschaufel (*f.*).
bentonite (*min. - fond.*), Bentonit (*m.*).
benzaldeide (C_6H_5–CHO) (aldeide benzoica) (*chim.*), Benzaldehyd (*n.*).
benzantrone (*chim. - tintura*), Benzanthron (*m.*).
benzene (*chim.*), vedi benzolo.
benzidina ($NH_2C_6H_4C_6H_4NH_2$) (*chim.*), Benzidin (*n.*).
benzina (*chim. - comb.*), Benzin (*n.*). **2 ~** (carburante, per motori a ciclo Otto) (*comb. - mot.*), Benzin (*n.*), Ottokraftstoff (*m.*). **3 ~ ad elevato numero di ottano** (*aut. - ind. chim.*), Benzin mit hoher Oktanzahl, hochoktaniges Benzin. **4 ~ antidetonante** (benzina etilizzata) (*carburante*), gebleites Benzin, verbleites Benzin. **5 ~ auto** (*aut. - mot.*), Motorenbenzin (*n.*), Autobenzin (*n.*). **6 ~ avio** (*carburante*), Fliegerbenzin (*n.*), Flugbenzin (*n.*). **7 ~ bianca** (benzina non etilizzata) (*comb. - mot.*), Reinbenzin (*n.*), unverbleites Benzin. **8 ~ da «cracking»** (benzina da piroscissione) (*ind. chim.*), Spaltbenzin (*n.*), Krackbenzin (*n.*). **9 ~ da (idrogenazione di) combustibili solidi** (*ind. chim.*), Schwelbenzin (*n.*). **10 ~ da piroscissione** (benzina da «cracking») (*ind. chim.*), Krackbenzin (*n.*), Spaltbenzin (*n.*). **11 ~ d'idrogenazione** (*carburante*), Hydrierbenzin (*n.*). **12 ~ etilizzata** (benzina antidetonante) (*carburante*), gebleites Benzin, Bleibenzin (*n.*). **13 ~ non etilizzata** (benzina bianca) (*comb.*), Reinbenzin (*n.*), unverbleites Benzin. **14 ~ normale** (*ind. chim. - mot.*), Normalbenzin (*n.*). **15 ~ per autoveicoli** (*aut. - comb.*), Autobenzin (*n.*). **16 ~ sintetica** (*ind. chim.*), Steinkohlenbenzin (*n.*). **17 ~ solida** (*comb.*), Hartbenzin (*n.*). **18 ~ solvente** (*ind. chim.*), Testbenzin (*n.*), Siedegrenzbenzin (*n.*), Waschbenzin (*n.*). **19 ~ solvente tipo 100-200** (che distilla fra 100 e 200 °C) (*ind. chim.*), Schwerbenzin (*n.*). **20 ~ speciale** (p. motori da corsa, reattori, ecc.) (*mot.*), Spezialbenzin (*n.*). **21 ~ super** (*aut.*), Superbenzin (*n.*), Superkraftstoff (*m.*). **22 filtro della ~** (*mot.*), Benzinfilter (*m.*). **23 fusto di ~** (*ind. chim.*), Benzinfass (*n.*). **24 iniezione di ~** (*mot.*), Benzineinspritzung (*f.*). **25 serbatoio della ~** (*aut. - ecc.*), Benzinbehälter (*m.*), Benzintank (*m.*). **26 vapore di ~** (*aut. - chim.*), Benzindampf (*m.*).
benzinaio (addetto al distributore) (*lav. - aut.*), Tankwart (*m.*).
benzo-α-pirone (cumarina) (*chim.*), Cumarin (*n.*).
benzoe (benzoina) (*chim.*), Benzoe (*f.*), Benzoin (*n.*).
benzofurano (cumarone) (*chim.*), Kumaron (*n.*), Benzofuran (*n.*).
benzolismo (malattia professionale, intossicazione da benzolo) (*lav. - med.*), Benzolvergiftung (*f.*).
benzolo (C_6H_6) (benzene) (*chim.*), Benzol (*n.*). **2 ~ commerciale** (*ind. chim.*), Handels-

berchelio

benzol (n.), Waschbenzol (n.), gewaschenes Benzol. 3 ~ **greggio** (ind. chim.), Rohbenzol (n.). 4 ~ **inorganico** ($B_3N_3H_6$, borazolo) (chim.), Borazol (n.). 5 ~ **90** (benzolo commerciale) (ind. chim.), Handelsbenzol (n.), Waschbenzol (n.), gewaschenes Benzol.
berchelio (elemento chimico radioattivo) (Bk - chim.), Berkelium (n.).
berillio (glucinio) (Be - chim.), Beryllium (n.). 2 moderatore di ~ (fis. atom.), Berylliumbremssubstanz (f.).
berilliuro (materiale refrattario) (metall.), Beryllid (m.).
berillo ($Be_3Al_2Si_6O_{18}$) (min.), Beryl (m.).
berillosi (malattia professionale) (lav. - med.), Berylliose (f.).
berlina (limousine) (aut.), Limousine (f.). 2 ~ (guida interna) (aut.), Innenlenker (m.). 3 ~ **a due porte** (aut.), zweitürige Limousine. 4 ~ **a quattro porte** (aut.), viertürige Limousine.
berma (di un argine p. es.) (costr. strad. - idr.), Berme (f.).
bersaglio (nel tiro con arma da fuoco) (arma da fuoco - ecc.), Ziel (n.). 2 ~ (radar), Ziel (n.). 3 ~ (per esercitazioni di tiro) (arma da fuoco), Schiess-scheibe (f.), Scheibe (f.), Zielscheibe (f.). 4 ~ (per elettroni p. es.) (fis. atom. - radioatt.), Treffplatte (f.), Aufprallfläche (f.), Auffänger (m.). 5 ~ (d'un acceleratore di particelle p. es.) (fis. nucl.), Auffänger (m.), Target (m.). 6 ~ **mobile** (radar - ecc.), bewegliches Ziel. 7 ~ **radar** (radar), Radarziel (n.). 8 ~ **radar attivo** (radar), aktives Radarziel. 9 **inseguimento automatico del** ~ (puntamento automatico) (milit. - radio), automatische Zielverbindung, AZV. 10 **nave** ~ (mar. - milit.), Zielschiff (n.). 11 **velivolo** ~ (aer. milit. - radar), Zielflugzeug (n.).
berta (maglio a caduta libera) (macch. fucinatura), Fallhammer (m.). 2 ~ **a cinghia** (macch. fucinatura), Riemenfallhammer (m.). 3 ~ **a tavola** (maglio a tavola) (macch. fucinatura), Brettfallhammer (m.). 4 ~ **spezzaghisa** (berta spezzarottami, martino) (metall. - fond.), Fallwerk (n.), Masselbrecher (m.). 5 ~ **spezzarottami** (berta spezzaghisa, martino) (metall. - fond.), Fallwerk (n.), Masselbrecher (m.).
bes (b, unità di massa = 1 kg) (unità), Bes (n.).
bestiame (agric. - ind.), Vieh (n.). 2 **autocarro per trasporto** ~ (aut.), Viehtransporter (m.), Viehtransportwagen (m.). 3 **carro** ~ (ferr.), Viehwagen (m.).
beta (β) (fis. - metall. - mat. - ecc.), Beta (n.).
betaina (trimetilglicocolla) (chim.), Betain (n.).
betatrone (acceleratore di elettroni a induzione) (elettronica), Betatron (n.), Rheotron (n.).
betocel (tipo di calcestruzzo poroso) (ed.), Betocel (n.).
betonaggio (ed.), Betonmischung (f.). 2 **torre di** ~ (ed.), Betonierturm (m.), Mischturm (m.).
betoncino (spruzzato) (ed.), Spritzbeton (m.). 2 «~» (rivestimento di calcestruzzo) (ed.), Betonüberzug (m.).
betoniera (macch. - ed.), Betonmischer (m.), Betonmischmaschine (f.), Mischmaschine (f.). 2 ~ **rimorchiabile** (veic.), Anhängemischer (m.).
betoniere (betonista) (lav. - ed.), Betonfacharbeiter (m.).
betonista (betoniere) (lav. - ed.), Betonfacharbeiter (m.).
betta (nav.), Schute (f.).
bettolina (nav.), Leichter (m.), Lichter (m.). 2 ~ **per bunkeraggio** (bettolina per rifornimento di combustibile) (nav.), Bunkerboot (n.), Tankboot (n.). 3 ~ **per nafta** (nav.), Tankboot (n.), Bunkerboot (n.).
betulla (legno), Birke (f.). 2 **legno di** ~ (legno), Birkenholz (n.).
bevatrone (acceleratore per protoni) (fis. atom.), Bevatron (n.).
beverino (fontanella a spillo, zampillo) (ed.), Trinkbecken (m.), Trinkbrunnen (m.).
bevuta (béuta, pallone) (att. chim.), Kolben (m.), Becherkolben (m.). 2 ~ (matraccio conico «Erlenmeyer») (att. chim.), Erlenmeyerkolben (m.). 3 ~ **per filtrare alla pompa** (att. chim.), Filtrierflasche (f.).
Bi (bismuto) (chim.), Wismut (n.), Bismutum (n.).
bi (biot, 1 bi = 10 A) (unità di mis.), Bi, Biot (n.).
biacca (di piombo) (vn. - chim.), Bleiweiss (n.). 2 ~ (di zinco) (vn. - chim.), Zinkweiss (n.).
bianca (prima pagina di un foglio) (s. - tip.), Schöndruck (m.). 2 ~ **e volta** (tip.), Schön- und Widerdruck.
biancheria (ind. tess.), Weisswaren (f. pl.), Weisszeug (n.).
bianchetto (min. - geol.), Kreideweiss (n.). 2 ~ (soluzione imbiancante, soluzione candeggiante) (ind. tess. - ecc.), Chlorlauge (f.).
bianco (a. - colore), weiss. 2 ~ (bianco di calce, latte di calce) (mur.), Kalkanstrich (m.), Tünche (f.), Kalktünche (f.), Kalkmilch (f.). 3 ~ (spazio bianco, ottenuto con carattere capovolto) (tip.), Blockade (f.), blockierte Stelle. 4 ~ **cifre** (bianco per cifre) (colore), Zifferweiss (n.). 5 ~ **di calce** (bianco, latte di calce) (mur.), Kalkanstrich (m.), Tünche (f.), Kalktünche (f.), Kalkmilch (f.). 6 ~ **di titanio** (TiO_2) (biossido di titanio) (chim. - vn.), Titandioxyd (n.), Titanweiss (n.). 7 ~ **di zinco** (ossido di zinco puro) (chim. - vn.), Zinkweiss (n.). 8 ~ **di zinco** (ossido di zinco col 3 ÷ 8% di Pb, usato come pigmento) (vn.), Farboxyd (n.). 9 ~ **-freddo** (ghisa) (fond.), halbweiss. 10 **calor** ~ (metall.), Weissglut (f.). 11 **compressione del** ~ (variazione di livello del segnale) (telev.), Weisskompression (f.). 12 **dare il** ~ (imbiancare con calce, le pareti) (mur.), kalken, tünchen. 13 **grado di** ~ (ind. carta), Weissgehalt (m.). 14 **in** ~ (assegno p. es.) (finanz.), blanko. 15 **livello del** ~ (telev.), Weisspegel (m.). 16 **livello di riferimento del** ~ (telev.), Weissbezugspegel (m.). 17 **metallo** ~ (per cuscinetti) (metall. - mecc.), Weissmetall (n.). 18 **punta del** ~ (telev.), Weiss-spitze (f.). 19 **saturazione del** ~ (telev.), Weiss-sättigung (f.).

bianodo (binodo, valvola doppia) (*radio*), Binode (*f.*).
biasse (biassico) (*ott.*), biaxial. 2 ~ (*mot.*), zweiachsig.
biatomico (*chim.*), zweiatomig.
biauricolare (*acus.*), beidohrig.
bibita (*ind.*), Getränk (*n.*). 2 ~ **gassata** (*ind.*), carbonisiertes Getränk. 3 **distributore automatico di bibite** (*macch.*), Getränkeautomat (*m.*).
bibliografia (*tip.*), Bibliographie (*f.*). 2 ~ (alla fine di un articolo o libro p. es.) (*tip.*), Literatur (*n.*), Schrifttum (*n.*), Schrifttumsnachweis (*n.*).
bibliografico (*tip.*), bibliographisch. 2 **citazione bibliografica** (*tip. - ecc.*), Schrifttumshinweis (*m.*).
biblioteca (*ed. - ind.*), Bibliothek (*f.*), Bücherei (*f.*). 2 ~ **aziendale** (*ind.*), Werkbücherei (*f.*). 3 ~ **comunale** (*ed. - ecc.*), Stadtbibliothek (*f.*). 4 ~ **di sottoprogrammi** (*elab. dati*), Unterprogrammbibliotek (*f.*). 5 ~ **programmi** (*elab. dati*), Programmbibliothek (*f.*). 6 ~ **tecnica** (di una ditta p. es.) (*ind.*), wissenschaftliche Bibliothek. 7 **programma di** ~ (*elab. dati*), Bibliotheksprogramm (*n.*). 8 **sottoprogramma di** ~ (*elab. dati*) Bibliothekunterprogramm (*n.*).
bibliotecario (*pers.*), Bibliothekar (*m.*).
biblioteconomia (*ed. - ecc.*), Bibliothekswesen (*n.*).
biblocco (blocco cilindri in due pezzi) (*mot.*), zweiteiliger Zylinderblock.
bicarbonato (*chim.*), Bikarbonat (*n.*). 2 ~ **di calcio** [$Ca(HCO_3)_2$] (*chim.*), Kalziumbikarbonat (*n.*). 3 ~ **di sodio** ($NaHCO_3$) (*chim.*), Natriumbikarbonat (*n.*), doppeltkohlensaures Natron. 4 ~ **potassico** ($KHCO_3$) (*chim.*), Kaliumbikarbonat (*n.*).
bicchiere (*att.*), Glas (*n.*), Trinkglas (*n.*). 2 ~ (*att. chim.*), Becherglas (*n.*), Kochbecher (*m.*). 3 ~ (all'estremità di un tubo) (*tubaz.*), Muffe (*f.*). 4 ~ **da saldare** (*tubaz.*), Schweissmuffe (*f.*). 5 ~ **di carta** (*att.*), Pappbecher (*m.*). 6 ~ **sedimentazione** (*idr.*), Absetzglas (*n.*), Standglas (*b.*). 7 ~ (**di sedimentazione) a cono** (cono di sedimentazione, per prove) (*idr. - chim.*), Spitzglas (*n.*), Absetzglas (*n.*). 8 ~ **filettato** (con anello filettato) (*tubaz.*), Schraubmuffe (*f.*). 9 ~ **graduato** (*app. chim.*), Messkelch (*m.*). 10 ~ **per sedimentazione** (*idr.*), Absetzglas (*n.*), Standglas (*n.*), Spitzglas (*n.*). 11 ~ **sferico** (estremità d'un tubo) (*tubaz.*), Kugelmuffe (*f.*). 12 **curva a** ~ (*tubaz.*), Muffenbogen (*m.*). 13 **estremità a** ~ (di un tubo) (*tubaz.*), Muffenende (*n.*). 14 **giunto a** ~ (*tubaz.*), Muffenverbindung (*f.*). 15 **prova del** ~ (per accertare il comportamento reologico di materie plastiche) (*tecnol.*), Becherversuch (*m.*). 16 **raccordo a** ~ (*tubaz.*), Muffenstück (*n.*). 17 **raccordo a** ~ **con diramazione a** ~ **a 90°** (*tubaz.*), Muffenstück mit Muffenstutzen. 18 **raccordo a** ~ **con diramazione a** ~ **a 45°** (*tubaz.*), Muffenstück mit Muffenabzweig. 19 **saracinesca con attacchi a** ~ (*tubaz.*), Muffenabsperrschieber (*m.*).
bicchierino (*gen.*), Gläschen (*n.*). 2 ~ **per valvole** (*mot. - aut.*), Ventilbecher (*m.*).
bicicletta (*veic.*), Fahrrad (*n.*). 2 ~ **a motore** (ciclomotore) (*veic.*), Moped (*n.*), Motorfahrrad (*n.*). 3 ~ **da uomo** (*veic.*), Herrenfahrrad (*n.*). 4 **dinamo da** ~ (*bicicletta*), Radlichtmaschine (*f.*). 5 **manubrio della** ~ (*veic.*), Fahrradlenkstange (*f.*), Fahrradlenker (*m.*).
bicloruro (*chim.*), Bichlorid (*n.*). 2 ~ **di mercurio** ($HgCl_2$) (sublimato corrosivo) (*chim.*), Quecksilberchlorid (*n.*), Quecksilbersublimat (*n.*).
bicolore (a due colori) (*gen.*), zweifarbig.
biconcavo (*ott. - ecc.*), bikonkav.
biconico (a doppio cono) (*gen.*), zweikegelig.
biconvesso (*ott. - ecc.*), bikonvex.
bicoppia (*telef.*), Vierer (*m.*), Adervierer (*m.*). 2 ~ (fascio quadrinato, di conduttori elettrici) (*elett.*), Viererbündel (*n.*). 3 ~ **a stella** (quadripolo a stella, cavo) (*telef. - elett.*), Sternvierer (*m.*).
bicordo (*telef.*), Doppelschnur (*f.*), Schnurpaar (*n.*).
bicornia (*att. fabbro*), Sperrhorn (*n.*).
bicromato (*chim.*), Bichromat (*n.*), Dichromat (*n.*). 2 ~ **di potassio** ($K_2Cr_2O_7$) (*chim.*), Kaliumbichromat (*n.*). 3 ~ **potassico** ($K_2Cr_2O_7$) (*chim.*), Kaliumbichromat (*n.*).
bicromia (stampa a due colori, stampa duplex) (*tip.*), Duplexdruck (*m.*).
bidè (app. sanitario per stanza da bagno) (*ed.*), Bidet (*n.*), Sitzbecken (*n.*).
bidimensionale (*gen.*), zweidimensional.
bidone (recipiente, « latta », per liquidi) (*gen.*), Kanne (*f.*). 2 ~ (semilavorato in barre piatte) (*lamin. - metall.*), Platine (*f.*). 3 ~ (recipiente cilindrico di lamiera) (*trasp.*), « Hobbock » (*m.*). 4 ~ (cabina aperta per funivia, telecabina) (*trasp.*), Seilbahngondel (*f.*). 5 ~ **di benzina** (*ind. chim.*), Benzinkanne (*f.*).
biella (*mot. - mecc.*), Pleuel (*n.*), Pleuelstange (*f.*), Kurbelstange (*f.*). 2 ~ (d'un quadrilatero articolato) (*mecc.*), Koppel (*f.*). 3 ~ **a forcella** (biella a forchetta) (*mecc.*), Gabelschubstange (*f.*). 4 ~ **a forchetta** (biella a forcella) (*mecc.*), Gabelschubstange (*f.*). 5 ~ **di accoppiamento** (di una locomotiva) (*ferr.*), Treibstange (*f.*), Kuppelstange (*f.*). 6 ~ **madre** (di un motore stellare) (*mot. di aereo*), Hauptpleuelstange (*f.*), Hauptpleuel (*n.*). 7 **bullone di** ~ (*mat.*), Pleuelstangenschraube (*f.*). 8 **cappello di** ~ (*mot.*), Pleueldeckel (*m.*). 9 **cuscinetto di** ~ (cuscinetto di testa di biella) (*mot. - mecc.*), Pleuellager (*n.*), Kurbelzapfenlager (*n.*). 10 **dado di** ~ (dado del bullone di biella) (*mot.*), Pleuelmutter (*f.*). 11 **fusto di** ~ (corpo della biella) (*mot. - mecc.*), Pleuelstange (*f.*). 12 **meccanismo** ~ **-manovella** (manovellismo di spinta) (*mecc.*), Schubkurbel (*f.*), Geradschubkurbel (*f.*). 13 **perno di** ~ (perno di manovella) (*mot.*), Pleuelzapfen (*m.*), Kurbelzapfen (*m.*), Kurbelwellenzapfen (*m.*). 14 **piede di** ~ (estremità dotata di moto rettilineo alternativo) (*mot. - mecc.*), Pleuelkopf (*m.*), Kolbenbolzenende der Pleuelstange. 15 **semitesta di** ~ (per il fissaggio del coperchio di biella) (*mot.*), Pleuelfuss (*m.*). 16 **testa di** ~ (estremità dotata di moto rotatorio) (*mot. - mecc.*), Pleuelfuss (*m.*), Kurbelzapfenende der Pleuelstange.

bielletta

17 testa di ~ divisa (*mecc.*), Marinekopf (*m.*).
bielletta (di un mot. a stella) (*mot. d'aviazione*), Nebenpleuel (*n.*), Nebenpleuelstange (*f.*). 2 ~ (*mecc.*), Übertragungsstange (*f.*).
biellismo (*mot.*), Pleuelwerk (*n.*).
biennale (*a. - gen.*), zweijährlich.
bietola (*agric. - ind. dello zucchero*), Rübe (*f.*). 2 ~ da zucchero (barbabietola da zucchero) (*agric. - ind. chim.*), Zuckerrübe (*f.*). 3 alcool da ~ (*ind. chim.*), Rübenalkohol (*m.*). 4 zucchero di ~ (*ind. chim.*), Rübenzucker (*m.*).
bietta (*mecc.*), vedi chiavetta.
bifase (*elett.*), Zweiphasen... 2 corrente ~ (*elett.*), Zweiphasenstrom (*m.*). 3 sistema ~ (*elett.*), Zweiphasensystem (*n.*).
bifilare (a due fili, bipolare) (*elett.*), bifilar. 2 ~ (a doppino, avvolgimento) (*elett.*), zweigängig. 3 sistema ~ (sistema a doppino) (*telef.*), Schleifensystem (*n.*).
bifocale (*ott.*), bifokal.
biforcare (biforcarsi) (*gen.*), gabeln.
biforcarsi (biforcare) (*gen.*), gabeln.
biforcato (a forcella, a forchetta) (*mecc. - ecc.*), gabelförmig.
biforcazione (ramificazione) (*gen.*), Gabelung (*f.*), Verzweigung (*f.*). 2 ~ (*strada - ecc.*), Gabelung (*f.*), Abzweigung (*f.*), Zweiteilung (*f.*). 3 ~ (derivazione, di un fiume) (*geogr.*), Gabelung (*f.*), Bifurkation (*f.*).
biga (rimorchio monoasse, rimorchio ad un solo asse) (*veic.*), Einachsenanhänger (*m.*). 2 ~ (*app. di sollev.*), Hebebock (*m.*).
bigliettario (*pers. - tramvie*), Schaffner (*m.*). 2 ~ (di stazione ferr.) (*pers. - ferr.*), Schalterbeamter (*m.*). 3 ~ del tram (*lav.*), Strassenbahnschaffner (*m.*).
biglietteria (*ferr. - ecc.*), Schalterhalle (*f.*).
biglietto (*gen.*), Billet (*n.*), Karte (*f.*). 2 ~ (foglietto, di carta) (*gen.*), Zettel (*m.*), Papierblatt (*n.*). 3 ~ (di viaggio) (*trasp.*), Fahrkarte (*f.*), Karte (*f.*). 4 ~ da visita (*comm. - ecc.*), Besuchskarte (*f.*), Visitenkarte (*f.*), Karte (*f.*). 5 ~ di andata e ritorno (*trasp.*), Rückfahrkarte (*f.*). 6 ~ di banca (*finanz.*), Banknote (*f.*). 7 ~ d'ingresso (*gen.*), Einlasskarte (*f.*), Eintrittskarte (*f.*). 8 ~ di prenotazione del posto (*ferr.*), Platzkarte (*f.*). 9 ~ di viaggio (*ferr. - ecc.*), Fahrkarte (*f.*), Karte (*f.*). 10 ~ di viaggio (*nav.*), Schiffskarte (*f.*). 11 ~ ferroviario (*ferr.*), Eisenbahnfahrkarte (*f.*).
biidrato (*chim.*), Dihydrat (*n.*).
bilancia (per pesare) (*app.*), Waage (*f.*). 2 ~ (di un freno dinamometrico) (*mot. - prove*), Waage (*f.*). 3 ~ (per la prova dei filati) (*app.*), Waage (*f.*). 4 ~ (*astr.*), Waage (*f.*). 5 ~ (*att. da pesca*), Senknetz (*n.*). 6 ~ a braccio (*app.*), Balkenwaage (*f.*). 7 ~ a molla (*app.*), Federwaage (*f.*). 8 ~ analitica (bilancia di precisione per analisi) (*app.*), analytische Waage. 9 ~ a quattro componenti (*app. - aer. - aerodin.*), Vierkomponentenwaage (*f.*). 10 ~ a sei componenti (per misurazioni nella galleria del vento) (*app. - aer. - aerodin.*), Sechskomponentenwaage (*f.*). 11 ~ a tre componenti (*app. - aer. - aerodin.*), Dreikomponentenwaage (*f.*). 12 ~ commerciale (*comm.*), Handelsbilanz (*f.*). 13 ~ dei pagamenti (*finanz.*), Zahlungsbilanz (*f.*). 14 ~ di controllo (*app.*), Kontrollwaage (*f.*). 15 ~ di precisione (*strum.*), Präzisionswaage (*f.*). 16 ~ di titolazione (bilancia per la determinazione del titolo del filato) (*app. - ind. tess.*), Garnwaage (*f.*). 17 ~ di torsione (*strum. - fis.*), Drehwaage (*f.*), Torsionswaage (*f.*). 18 ~ elettrodinamica (*app.*), elektrodynamische Waage, Stromwaage (*f.*). 19 ~ Eötvös (bilancia di torsione Eötvös) (*app. geofis.*), Eötvös-Drehwaage (*f.*). 20 ~ per (la determinazione del) titolo del filato (bilancia di titolazione) (*app. - ind. tess.*), Garnwaage (*f.*). 21 ~ per lettere (*app. - posta*), Briefwaage (*f.*). 22 ~ torsiometrica (bilancia di torsione) (*app.*), Drehmomentwaage (*f.*), Drehwaage (*f.*), Torsionswaage (*f.*). 23 coltello della ~ (*app.*), Waageschneide (*f.*). 24 evaporimetro a ~ (*app.*), Verdunstungswaage (*f.*). 25 far pendere la ~ (essere decisivo) (*gen.*), den Ausschlag geben. 26 piatto della ~ (*app.*), Waagschale (*f.*).
bilanciamento (di un elica p. es.) (*mecc. - ecc.*), Ausgleich (*m.*), Auswuchten (*n.*). 2 ~ capacitivo (di cavi) (*telef.*), Kondensatorausgleich (*m.*). 3 ~ dinamico (equilibratura dinamica) (*mecc. - ecc.*), dynamisches Auswuchten, dynamischer Ausgleich. 4 ~ per trasposizione (*telef.*), Kreuzungsabgleich (*m.*). 5 ~ statico (*mecc. - ecc.*), statischer Ausgleich, statisches Auswuchten. 6 peso (o massa) di ~ statico (*aer.*), Ausgleichgewicht (*n.*). 7 peso (o massa) di ~ statico distanziato (*aer.*), entferntes Ausgleichgewicht. 8 peso (o massa) di ~ statico distribuito (*aer.*), verteiltes Ausgleichgewicht.
bilanciare (*gen.*), balancieren. 2 ~ (equilibrare) (*mecc. - ecc.*), auswuchten.
bilanciato (equilibrato) (*mecc. - ecc.*), ausgewuchtet, ausgeglichen. 2 ~ dinamicamente (*mecc.*), dynamisch ausgewuchtet. 3 circuito ~ (circuito simmetrico) (*elett.*), Symmetrieschaltung (*f.*).
bilanciere (braccio oscillante) (*mecc.*), Kipphebel (*m.*). 2 ~ (per il comando delle valvole di un mot. a c. i.) (*mot.*), Kipphebel (*m*). 3 ~ (pressa a vite) (*mecch.*), Spindelpresse (*f.*), Schraubenpresse (*f.*). 4 ~ (di macch. per impianti di perforazione) (*macch. min.*), Schwengel (*m.*), Bohrschwengel (*m.*), Schwingbalken (*m.*). 5 ~ (d'un quadrilatero articolato) (*mecc.*), Schwinge (*f.*). 6 ~ (*orologio*), Schwungrad (*n.*), Unruhe (*f.*). 7 ~ a frizione (pressa a vite a frizione) (*macch.*), Reibtriebspindelpresse (*f.*), Reibspindelpresse (*f.*), Friktionspindelpresse (*f.*). 8 ~ a frizione a due montanti (pressa a vite a frizione a due montanti) (*macch.*), Zweisäulen-Friktionspindelpresse (*f.*). 9 ~ a frizione Vincent (la cui corsa utile è rivolta verso l'alto) (*macch.*), Vincentpresse (*f.*). 10 ~ a mano (*mecch.*), Handspindelpresse (*f.*). 11 ~ comando freno (*aut.*), Bremsausgleicher (*m.*). 12 ~ comando valvole (*mot.*), Ventilhebel (*m.*), Ventilschwinghebel (*m.*). 13 ~ per siviera (staffa per siviera) (*fond.*), Pfannenbügel (*m.*). 14 molla del ~ (*orologio*), Unruhfeder (*f.*).

bilancino (di un trasportatore aereo) (*macch. ind.*), Pendelbecher (*m.*). **2 elevatore a bilancini** (*macch. ind.*), Schaukelelevator (*m.*), Pendelbecherwerk (*n.*). **3 trasportatore a bilancini** (*macch. ind.*), Schaukelförderer (*m.*).
bilancio (*amm.*), Bilanz (*f.*). **2** ~ (chiusura, dei libri) (*contabilità*), Abschluss (*m.*). **3** ~ **annuale** (dei libri) (*contabilità*), Jahresabschluss (*m.*). **4** ~ **attivo** (*amm. - comm.*), Aktivbilanz (*f.*), Gewinnabschluss (*m.*). **5** ~ **consuntivo** (*contabilità*), Abschlussbilanz (*f.*). **6** ~ **definitivo** (bilancio finale) (*amm.*), Schlussbilanz (*f.*). **7** ~ **dei risultati economici** (bilancio dinamico) (*amm.*), dynamische Bilanz. **8** ~ **dell'ossigeno** (*biochim.*), Sauerstoffhaushalt (*m.*). **9** ~ **del patrimonio** (*amm.*), Vermögensbilanz (*f.*). **10** ~ **del reddito** (*amm.*), Erfolgsbilanz (*f.*). **11** ~ **di apertura** (*finanz.*), Eröffnungsbilanz (*f.*). **12** ~ **di chiusura** (*finanz.*), Schlussbilanz (*f.*). **13** ~ **dinamico** (bilancio dei risultati economici) (*amm.*), dynamische Bilanz. **14** ~ **di prova** (prima della chiusura) (*finanz.*), Rohbilanz (*f.*). **15** ~ **energetico** (*fis.*), Energiebilanz (*f.*), Energiehaushalt (*m.*). **16** ~ **finale** (bilancio definitivo) (*amm.*), Schlussbilanz (*f.*). **17** ~ **governativo** (*finanz.*), Budget (*n.*), Etat (*m.*), staatlicher Haushaltplan, Staatshaushalt (*m.*). **18** ~ **passivo** (*finanz.*), Unterbilanz (*f.*), Verlustabschluss (*m.*). **19** ~ **preventivo** («budget», di un esercizio) (*amm.*), Budget (*n.*), Etat (*m.*). **20** ~ **preventivo dello Stato** (*finanz.*), Staatshaushalt (*m.*), Budget (*n.*), Etat (*m.*). **21** ~ **supplettivo** (*finanz.*), Nachtragshaushaltsplan (*m.*). **22** ~ **termico** (di un mot. a c. i.) (*mot.*), Wärmebilanz (*f.*). **23** ~ **termico** (diagramma di Sankey, grafico del bilancio termico) (*macch. - term.*), Wärmeflussbild (*n.*), Sankey-Diagramm (*n.*). **24 data del** ~ (*finanz.*), Bilanzstichtag (*m.*). **25 fare il** ~ (*finanz.*), bilanzieren. **26 fare un** ~ (*amm.*), eine Bilanz ziehen. **27 importo di** ~ (*finanz.*), Bilanzsumme (*f.*). **28 indice di** ~ (*finanz.*), Bilanzkurs (*m.*). **29 preparare un** ~ (*amm.*), eine Bilanz aufmachen. **30 revisione del** ~ (*finanz.*), Abschlussprüfung (*f.*). **31 stanziamento di** ~ (*finanz.*), Haushaltmittel (*n.*). **32 voce di** ~ (*amm.*), Bilanzposition (*f.*). **33 voce di** ~ **preventivo** (*amm.*), Etatposten (*m.*).
bilaterale (*gen.*), zweiseitig.
biliardo (mille bilioni, in Germania = 10^{15}, in Francia ed USA = 10^{12}) (*mat.*), Billiarde (*f.*).
bilineare (*mat.*), bilinear.
bilione (in Germania = 10^{12}, in Francia ed USA = 10^9) (*mat.*), Billion (*f.*).
billetta (semilavorato) (*lamin. - ind. metall.*), Knüppel (*m.*). **2** ~ **a sezione rettangolare** (slebo) (*lamin.*), Flachknüppel (*m.*), Flamme (*f.*). **3** ~ **piatta** (slebo, billetta rettangolare) (*lamin. - ind. metall.*), Flachknüppel (*m.*), Flamme (*f.*). **4** ~ **rettangolare** (billetta piatta, slebo) (*lamin. - ind. metall.*), Flachknüppel (*m.*), Flamme (*f.*). **5 falsa** ~ (pezzo iniziale, nella colata continua) (*fond.*), Anfahrstück (*n.*).
billietite (*min. - radioatt.*), Billietit (*m.*).

bilogaritmico (doppiologaritmico) (*mat.*), doppeltlogaritmisch.
bimensile (quindicinale, rivista p. es.) (*giorn. - etc.*), zweiwöchentlich, halbmonatlich.
bimestrale (rivista p. es.) (*giorn. - ecc.*), zweimonatlich.
bimetallico (*gen.*), bimetallisch.
bimetallismo (sistema monetario in cui oro ed argento in rapporto di valore costante sono moneta a corso legale) (*finanz.*), Bimetallismus (*n.*), Doppelwährung (*f.*).
bimetallo (lamina bimetallica) (*metall.*), Bimetall (*n.*), Bimetallstreifen (*m.*).
bimotore (a due motori) (*aer. - ecc.*), zweimotorig.
binare (doppiare) (*ind. tess.*), doublieren, fachen.
binario (*s. - ferr. - ecc.*), Gleis (*n.*), Geleise (*n.*). **2** ~ (per il trasp.) (*s. - min.*), Gestänge (*n.*). **3** ~ (*a. - mat. - chim.*), binär. **4** ~ **a scartamento normale** (*ferr.*), Regelspurgleis (*n.*), Normalspurgleis (*n.*). **5** ~ **a giunti saldati** (binario saldato) (*ferr.*), lückenloses Gleis, durchgehend geschweisstes Gleis. **6** ~ **banalizzato** (binario usato in ambedue i sensi di marcia) (*ferr.*), buntbenutzbares Gleis. **7** ~ **con marciapiede** (*ferr.*), Bahnsteiggleis (*n.*). **8** ~ **da manovra** (*ferr.*), Verschiebegleis (*n.*). **9** ~ **del tram** (*veic.*), Strassenbahngleis (*n.*). **10** ~ **di arrivo** (*ferr.*), Ankunftsgleis (*n.*), Einfahrgleis (*n.*). **11** ~ **di attesa** (*ferr.*), Wartegleis (*n.*). **12** ~ **di caricamento** (di uno scalo merci) (*ferr.*), Ladegleis (*n.*). **13** ~ **di corsa** (binario principale) (*ferr.*), Hauptgleis (*n.*), Stammgleis (*n.*). **14** ~ **di lancio** (*ferr.*), Abstossgleis (*n.*). **15** ~ **d'inversione** (binario di regresso) (*ferr.*), Wendegleis (*n.*). **16** ~ **di partenza** (*ferr.*), Ausfahrgleis (*n.*). **17** ~ **di precedenza** (o degli incroci) (*ferr.*), Ausweichgleis (*n.*). **18** ~ **di raccordo** (raccordo ferroviario) (*ferr.*), Geleiseanschluss (*m.*), Anschlussgleis (*n.*). **19** ~ **di regresso** (binario d'inversione) (*ferr.*), Wendegleis (*n.*). **20** ~ **di servizio** (*ferr.*), Versorgungsgleis (*n.*). **21** ~ **di sorpasso** (*ferr.*), Überholungsgleis (*n.*). **22** ~ **di sosta** (o degli incroci, o di precedenza) (*ferr.*), Ausweichgleis (*n.*). **23** ~ **morto** (*ferr.*), Stumpfgleis (*n.*), totes Gleis, Sackgleis (*n.*). **24** ~ **pesa** (pesa da binario) (*ferr.*), Gleiswaage (*f.*). **25** ~ **principale** (binario di corsa) (*ferr.*), Hauptgleis (*n.*), Stammgleis (*n.*). **26** ~ **saldato** (binario a giunti saldati) (*ferr.*), lückenloses Gleis, durchgehend geschweisstes Gleis. **27** ~ **secondario** (*ferr.*), Nebengleis (*n.*), Abstellgleis (*n.*). **28** ~ **semplice** (binario unico) (*ferr.*), Einzelgleis (*n.*), einfaches Gleis. **29** ~ **sghembo** (in cui l'inclinazione longitudinale delle due rotaie è diversa) (*ferr.*), windschiefes Gleis. **30** ~ **suburbano** (linea suburbana) (*ferr.*), Vorortsgleis (*n.*). **31** ~ **unico** (binario semplice) (*ferr.*), Einzelgleis (*n.*), einfaches Gleis. **32 a doppio** ~ (*ferr.*), doppelgleisig, dopperlspurig, zweigleisig. **33 ad un** ~ (ad un solo binario) (*ferr.*), eingleisig, einspurig. **34 a più binari** (*ferr.*), mehrgleisig. **35 blocco di** ~ (*ferr.*), Gleissperre (*f.*). **36 cifra binaria** (*mat.*), Binärziffer (*f.*), bit. **37 codice** ~ (*calc.*), Binärcode (*m.*). **38 codificazione binaria** (*macch. calc.*), binäre Codierung. **39 contatto**

binato

di ~ (*ferr.*), Gleiskontakt (*m.*). **40 doppio** ~ (*ferr.*), Doppelbahn (*f.*), Doppelgleis (*n.*), Doppelspur (*f.*). **41 macchina per l'assestamento del** ~ (*macch. - ferr.*), Gleisstopfmaschine (*f.*), Schwellenstopfmaschine (*f.*). **42 numero** ~ (numero rappresentato dalle cifre 0,1) (*mat. - calc.*), Binärzahl (*f.*), Dualzahl (*f.*). **43 posa del** ~ (*ferr.*), Gleisverlegung (*f.*). **44 posare il** ~ (*ferr.*), Gleis legen. **45 rimettere sul** ~ (*ferr.*), eingleisen. **46 sistema** ~ (sistema di numerazione in base 2; usa solo due cifre 0 e 1 per rappresentare ogni numero intero) (*mat. - calc.*), Binärsystem (*n.*), Dualsystem (*n.*). **47 tronco di** ~ (*ferr.*), Gleisabschnitt (*n.*).
binato (abbinato) (*ind. tess.*), doubliert. **2 fascio** ~ (*elett.*), Zweierbündel (*n.*).
binatrice (abbinatrice) (*macch. tess.*), Fachmaschine (*f.*), Fachspulmaschine (*f.*).
binatura (doppiatura) (*ind. tess.*), Doublieren (*n.*), Fachen (*n.*).
binaurale (relativo ad ambedue gli orecchi) (*acus.*), binaural.
binda (martinetto a vite) (*ut. - aut.*), Schraubenwinde (*f.*), Schraubenbock (*m.*).
bineutrone (*fis. nucl.*), Bineutron (*n.*).
binitrocellulosa (cotone-collodio) (*chim.*), Kollodiumwolle (*f.*), Dinitrozellulose (*f.*).
binocolo (*strum. ott.*), Fernglas (*n.*), Feldstecher (*m.*). **2** ~ **da teatro** (*ott.*), Opernglas (*n.*).
binoculare (*ott.*), binokular, beidäugig. **2 visione** ~ (*ott.*), binokulare Betrachtung.
binodo (bianodo, valvola doppia) (*radio*), Binode (*f.*).
binomiale (*mat.*), binomial, zweigliedrig. **2 distribuzione** ~ (nel controllo della qualità p. es.) (*stat. - tecnol.*), Binomialverteilung (*f.*).
binomio (*mat.*), Binom (*n.*).
binormale (*s. - geom.*), Binormale (*f.*).
bioastronautica (condizioni di vita nello spazio) (*astronautica*), Bioastronautik (*f.*).
biocatalizzatore (enzima) (*chim.*), Biokatalysator (*m.*).
biochimica (*chem.*), Biochemie (*f.*).
biodegradabile (*chim. - ecc.*), biologisch abbaubar.
biodegradabilità (*ecologia*), biologische Abbaufähigkeit, Abbaubarkeit (*f.*).
bioelettricità (*elett.*), Bioelektrizität (*f.*).
bioelettrico (*elett.*), bioelektrisch.
biofiltrazione (di acque di rifiuto, percolazione) (*ed.*), Tropfkörperbehandlung (*f.*).
biofiltro (per depurare acque di rifiuto; letto percolatore, letto di scolamento, percolatore) (*ed.*), Tropfkörperanlage (*f.*).
biofisica (*fis.*), Biophysik (*f.*).
biografia (*tip.*), Biographie (*f.*).
biologico (*biol. - fis. nucl.*), biologisch. **2 impianto di depurazione biologica** (per acque di rifiuto) (*ed. - idr.*), biologische Kläranlage. **3 letto** ~ (letto batterico, per acque di rifiuto) (*ed. - idr.*), biologischer Körper. **4 letto** ~ **a piccola dosatura** (letto percolatore a piccola dosatura, per depurare acque di rifiuto) (*ed.*), Schwachlasttropfkörper (*m.*). **5 pellicola biologica** (in canali scaricanti acque di rifiuto) (*ed.*), Sielhaut (*f.*).
biometrico (*med.*), biometrisch.

bionica (scienza che studia la soluzione di problemi tecnici mediante l'applicazione di sistemi biologici) (*sc.*), Bionik (*f.*).
biossido (*chim.*), Dioxyd (*n.*). **2** ~ **di manganese** (MnO_2) (pirolusite) (*min.*), Mangandioxyd (*n.*). **3** ~ **di titanio** (TiO_2) (bianco di titanio) (*chim. - vn.*), Titandioxyd (*n.*), Titanweiss (*n.*).
biot (bi, 1 biot = 10 A) (*unità di mis.*), Biot (*n.*).
biotite (mica nera, mica bruna) (*min.*), schwarzer Glimmer.
« bipasso » (« by-pass », cortocircuitazione, derivazione di sorpasso, « sorpasso ») (*tubaz.*), Umgehung (*f.*), Umgehungsleitung (*f.*), Ableitung (*f.*).
biplano (aereo a due ali) (*aer.*), Doppeldecker (*m.*).
bipolare (a due poli) (*elett.*), bipolar, zweipolig. **2** ~ (bifilare, a due fili) (*elett.*), bifilar. **3 cavo** ~ (*elett.*), Zweileiterkabel (*n.*). **4 presa** ~ (*elett.*), zweipolige Steckdose. **5 spina** ~ (*elett.*), zweipoliger Stecker.
bipolo (rete con due morsetti d'entrata) (*elett.*), Zweipol (*n.*).
biposto (a due posti) (*a. - veic.*), zweisitzig. **2** ~ (*s. - aer.*), Doppelsitzer (*m.*), Zweisitzer (*m.*).
biprisma (prisma di Fresnel) (*ott.*), Biprisma (*n.*).
biquadratico (di quarto grado, equazione p. es.) (*mat.*), biquadratisch.
biquadrato (quadrato del quadrato, quarta potenza) (*mat.*), Biquadrat (*n.*).
bireattore (a due reattori, con due motori a getto) (*a. - aer.*), zweistrahlig. **2** ~ (velivolo a due motori a getto) (*s. - aer.*), zweistrahliges Flugzeug.
birifrangente (a doppia rifrazione) (*ott.*), doppelbrechend. **2 prisma** ~ (*ott.*), doppelbrechendes Prisma.
birifrangenza (doppia rifrazione) (*ott.*), Doppelbrechung (*f.*). **2** ~ **magnetica** (*ott.*), magnetische Doppelbrechung.
birra (*ind. chim.*), Bier (*n.*). **2** ~ **chiara** (*ind. chim.*), helles Bier. **3** ~ **giovane** (*ind. chim.*), Jungbier (*n.*). **4** ~ **in fusti** (*ind. chim.*), Fassbier (*n.*). **5** ~ **scura** (*ind. chim.*), dunkles Bier. **6 fabbrica di** ~ (*ind. chim.*), Brauerei (*f.*), Bierbrauerei (*f.*). **7 fabbricante di** ~ (*ind. chim.*), Brauer (*m.*), Bierbrauer (*m.*). **8 fabbricare la** ~ (*ind. chim.*), brauen. **9 fabbricazione della** ~ (*ind. chim.*), Brauen (*n.*). **10 industria della** ~ (*ind. chim.*), Brauwesen (*n.*).
bisbiglio (sovrapposizione dell'audio di due o più canali) (*radio*), Babbeln (*n.*), Gemurmel (*n.*).
biscaglina (*nav.*), Jakobsleiter (*f.*), Seefallreep (*n.*).
biscottino (giunto fra balestra e carrozzeria p. es.) (*mecc. - aut. - ecc.*), Lasche (*f.*). **2** ~ **per molla** (*aut. - mecc.*), Federlasche (*f.*).
biscotto (porcellana non lucida) (*ceramica*), Biskuit (*m. - n.*). **2** ~ (residuo di colata, nella pressofusione) (*fond.*), Tablette (*f.*), Pressrest (*m.*).
bisellare (smussare) (*mecc.*), abfasen, ausschärfen, abschrägen.

bisellato (smussato) (gen.), abgeschrägt.
bisellatura (mecc. - ecc.), Abfasen (n.).
bisello (smusso) (mecc. - ecc.), Gehrung (f.), Gehre (f.), Schräge (f.). 2 eseguire un doppio ~ a V (saldatura), ausixen.
bisettimanale (rivista p. es.) (gen.), zweimal wöchentlich.
bisettrice (di un angolo) (geom.), Halbierende (f.), Winkelhalbierende (f.).
bisfenoide (geom. - min.), Bisphenoid (n.).
bismuto (Bi - chim.), Wismut (n.), Bismutum (n.).
bisolfato (chim.), Bisulfat (n.). 2 ~ potassico (KHSO$_4$) (chim.), Kaliumbisulfat (n.).
bisolfuro (chim.), Disulfid (n.). 2 ~ di molibdeno (lubrificante solido, MoS$_2$) (lubrif.), Molybdändisulfid (n.).
Bissel (asse Bissel, sterzo Bissel, carrello ad un asse) (ferr.), Deichselgestell (n.), Bissel-Drehgestell (n.).
bissinosi («febbre del lunedì mattina», malattia professionale) (med. - ind. tess.), Baumwollstaublunge (f.).
bisso (seta marina) (tess.), Byssusseide (f.).
bistabile (multivibratore p. es.) (fis.), bistabil. 2 stadio di multivibratore ~ (elettronica), bistabile Kippstufe.
bistadio (a due stadi) (macch.), zweistufig.
bisturi (del chirurgo) (ut. - med.), Lanzette (f.).
bit (cifra binaria) (mat. - calc.), bit (n.), Binärziffer (f.). 2 ~ di controllo (calc.), Prüfbit (n.). 3 ~ di fermo (marca di parola) (calc.), Wortmarke (f.). 4 ~ d'informazione (calc.), Informationsbit (n.). 5 ~ di zona (calc.), Zonenbit (n.). 6 densità di ~ (calc.), Bitdichte (f.). 7 velocità di trasferimento in ~ (calc.), Bitgeschwindigkeit (f.).
bitta (nav.), Poller (m.). 2 ~ di ormeggio (nav.), Vertauungspoller (m.). 3 ~ doppia («monachelle») (nav.), Doppelpoller (m.). 4 prova alla ~ (nav.), Pfahlprobe (f.). 5 trazione alla ~ (nav.), Pfahlzug (m.).
bitumare (ing. civ. - ecc.), bituminieren.
bitumatrice (asfaltatrice) (macch. costr. strad.), Teermaschine (f.). 2 ~ a spruzzo (asfaltatrice a spruzzo) (macch. costr. strad.), Tankspritzmaschine (f.), Bitumen-Sprengwagen (m.). 3 ~ stradale (asfaltatrice stradale) (macch. costr. strad.), Strassenteermaschine (f.).
bitume (min.), Bitumen (n.). 2 ~ a freddo (costr. strad.), Kaltbitumen (n.). 3 ~ cilindrato (costr. strad.), Walzbitumen (n.). 4 ~ diluito (costr. strad.), Verschnittbitumen (n.). 5 ~ flussato (costr. strad.), Verschnittbitumen (n.). 6 ~ ossidato (bitume soffiato) (costr. strad.), geblasenes Bitumen. 7 ~ soffiato (bitume ossidato) (costr. strad.), geblasenes Bitumen. 8 ~ stradale (costr. strad.), Strassenbaubitumen (n.). 9 colata di ~ (ed.), Bitumenverguss (m.).
bituminoso (costr. strad. - ecc.), bituminös.
biunivoco (mat. - ecc.), eineindeutig.
bivalente (chim.), zweiwertig.
bivalenza (chim.), Zweiwertigkeit (f.).
bivomere (aratro) (macch. agric.), zweischarig.
blenda (ZnS) (min.), Blende (f.). 2 ~ picea (pechblenda, uraninite, uranio piceo) (min.), Uranpecherz (n.), Pechblende (f.).

blindare (corazzare) (gen.), panzern. 2 ~ (con lamiera di acciaio) (tecnol.), verstählen.
blindato (corazzato) (gen.), gepanzert.
blindatura (gen.), Panzerung (f.). 2 ~ (di mot. elett. p. es.) (elett.), Kapselung (f.). 3 ~ (rivestimento con lamiera, di elementi in legno p. es.) (mecc. - ecc.), Blechverkleidung (f.). 4 ~ del crogiolo (d'un altoforno) (forno), Gestellmantel (m.). 5 ~ della pala (di una elica) (aer.), Blattkantenbeschlag (m.). 6 ~ di acciaio (di un orlo) (gen.), Stahlkante (f.). 7 ~ metallica (di un'elica di legno p. es.), (aer.) Metallbeschlag (m.). 8 ~ protettivo contro gli urti (della bocca di caricamento d'un altoforno) (metall.), Schlagpanzer (m.). 9 lamiera per blindature (lamiera per corazze) (ind. metall.), Panzerblech (n.), Panzerplatte (f.).
« blister » (confezione, per pastiglie o compresse p. es.) (imball.), Blasenpackung (f.).
bloccabile (differenziale) (veic.), sperrbar.
bloccaggio (fissaggio, serraggio) (mecc.), Klemmen (n.), Festklemmen (n.). 2 ~ (serraggio, di un pezzo p. es. sulla macch. ut.) (mecc. - lav. macch. ut.), Einspannen (n.), Aufspannen (n.), Festspannen (n.). 3 ~ (di un organo, del differenziale p. es.) (mecc.), Sperrung (f.). 4 ~ (dispositivo di bloccaggio, di un organo) (mecc.), Sperre (f.), Gesperre (f.). 5 ~ (chiusura, di un attrezzo) (att. - lav. macch. ut.), Verschluss (m.). 6 ~ (inceppamento, di una ruota p. es.) (veic. - ecc.), Hemmen (n.), Blockierung (f.). 7 ~ (arresto, interdizione) (mecc.), Verriegelung (f.). 8 ~ (di segnali ferr.) (ferr.), Sperrung (f.). 9 ~ (inceppamento, della frizione) (difetto aut.), Rupfen (n.). 10 ~ automatico (di un organo) (mecc.), Selbstsperrung (f.). 11 ~ automatico del differenziale (aut.), selbsttätige Ausgleichsperre. 12 ~ dei tasti (mecc. - ecc.), Tastensperre (f.). 13 ~ (del) differenziale (aut.), Ausgleichsperre (f.), Differentialsperre (f.). 14 ~ del supporto (nei giroscopi) (app.), Rahmensperre (f.). 15 ~ rapido (serraggio rapido) (macch. ut.), Schnellspannung (f.). 16 ~ rapido (chiusura rapida, di un attrezzo) (att. - lav. macch. ut.), Momentverschluss (m.). 17 a ~ automatico (autobloccante) (mecc. - ecc.), selbstklemmend, selbstsperrend. 18 attrezzo di ~ (dispositivo di bloccaggio in posizione) (mecc.) Festspannvorrichtung (f.), Einspannvorrichtung (f.), Spannvorrichtung (f.). 19 dispositivo di ~ (dispositivo di serraggio in posizione) (mecc.), Einspannvorrichtung (f.), Festspannvorrichtung (f.), Spannvorrichtung (f.). 20 dispositivo di ~ (arresto, dispositivo di arresto) (mecc.), Gesperre (n.), Sperrgetriebe (n.). 21 dispositivo di ~ automatico (di slitte p. es.) (macch. ut.), Bremsautomat (m.). 22 dispositivo di ~ del differenziale (veic.), Differentialsperre (f.), Ausgleichsperre (f.). 23 dispositivo di ~ (delle rotaie) (per impedirne lo spostamento; dispositivo antiscorrimento) (ferr.), Wanderschutzmittel (n.). 24 forza di ~ (di un accoppiamento forzato alla pressa) (mecc.), Haftkraft (f.). 25 leva di ~ (leva di serraggio) (mecc. - macch. ut.), Spannhebel (m.). 26 leva di ~ (leva di arresto) (mecc.), Arretierhebel (m.), Arretierungshebel (m.). 27 molla di ~ (del

bloccare

gancio di traino di un rimorchio p. es.) (*veic. - ecc.*), Verriegelungsfeder (*f.*). **28 oscillatore di rilassamento a** ~ (con reazione molto forte) (*elettronica*), Sperrschwinger (*m.*). **29 perno di** ~ (spina di bloccaggio) (*mecc.*), Sperrbolzen (*m.*). **30 perno di** ~ (del gancio di traino di un rimorchio p. es.) (*veic. - ecc.*), Verriegelungsbolzen (*m.*). **31 pressione di** ~ (pressione di serraggio) (*mecc.*), Spanndruck (*m.*). **32 staffa di** ~ (di un attrezzo per fresatura p. es.) (*att. mecc.*), Spanneisen (*n.*).

bloccare (serrare, fissare) (*mecc. - ecc.*), klemmen, festklemmen, festmachen. **2** ~ (fissare) (*gen.*), befestigen, festmachen. **3** ~ (serrare, montare in macchina, un pezzo p. es.) (*mecc. - lav. macch. ut.*), einspannen, aufspannen. **4** ~ (assicurare, tenere fermo) (*mecc. - ecc.*), festhalten. **5** ~ (arrestare) (*mecc.*), arretieren, verriegeln. **6** ~ (le ruote) (*veic.*), blockieren, hemmen. **7** ~ (una sezione) (*ferr.*), verriegeln, sperren. **8** ~ **con chiavetta** (inchiavettare) (*mecc.*), festkeilen. **9** ~ **in posizione** (di pezzi p. es.) (*operaz. macch. ut.*), festspannen, aufspannen.

bloccarsi (grippare, incollarsi) (*mecc.*), festfahren, festsitzen.

bloccasterzo (antifurto) (*aut.*), Lenkschloss (*n.*).

bloccato (fissato, serrato) (*mecc. - ecc.*), festgespannt, festgemacht. **2** ~ (serrato, stretto, una vite p. es.) (*mecc.*), festgezogen. **3** ~ (rotore di una macchina elettrica p. es.) (*elett.*), fest gebremst. **4** ~ (valvola termoionica p. es.) (*elettronica*), gesperrt. **5** ~ **in posizione** (in un settore a tacche) (*mecc.*), gerastet. **6 prezzo** ~ (*comm.*), Stoppreis (*m.*).

blocchetto (calibro a blocchetto) (*strum. di mis. - mecc.*), Endmass (*n.*). **2** ~ **angolare** (*strum. di mis. - mecc.*), Winkelendmass (*n.*). **3** ~ **di misura** (*strum. di mis.*), Messtück (*n.*), Endmass (*n.*). **4** ~ **di riscontro** (blocchetto piano parallelo, calibro a blocchetto) (*strum. di mis. - mecc.*), Endmass (*n.*), Parallelendmass (*n.*). **5** ~ **Johansson** (blocchetto piano parallelo) (*strum. di mis. - mecc.*), Johanssonmass (*n.*), Parallelendmass (*n.*). **6** ~ **piano-parallelo** (blocchetto pianparallelo) (*strum. di mis. - mecc.*), Parallelendmass (*n.*). **7** ~ **piano-parallelo** (blocchetto Johansson) (*strum. di mis. - mecc.*), Parallelendmass (*n.*), Johanssonmass (*n.*). **8** ~ (**pianparallelo**) **lungo** (*mecc.*), langes Parallelendmass. **9** ~ (**pianparallelo**) **sottile** (*mecc.*), dünnes Parallelendmass. **10 calibro a** ~ (blocchetto di riscontro, blocchetto piano parallelo) (*ut.*), Endmass (*n.*), Parallelendmass (*n.*).

blocchiera (macchina per la fabbricazione di blocchi) (*macch. ed.*), Steinfertiger (*m.*), Steinformmaschine (*f.*).

blocco (*gen.*), Block (*m.*). **2** ~ (sistema di blocco) (*ferr.*), Block (*m.*). **3** ~ (bloccaggio, di un organo) (*mecc. - veic. - ecc.*), Sperre (*f.*), Gesperre (*f.*). **4** ~ (interdizione, di un comando, per sicurezza p. es.) (*elettromecc. - ecc.*), Riegel (*m.*), Blockierung (*f.*), Verriegelung (*f.*). **5** ~ (tutte le parole, cifre, ecc., riguardanti un'operazione ed elaborate come un'unità) (*elab. dati - macch. ut. c/n*), Satz (*m.*), Block (*m.*). **6** ~ (interdizione, nei tiristori p. es.) (*elettronica*), Sperre (*f.*). **7** ~ (operazione di interdizione, nei tiristori p. es.) (*elettronica*), Sperren (*n.*). **8** ~ (mediante bobina d'arresto; di tensioni e correnti ad alta frequenza) (*elett.*), Verdrosselung (*f.*). **9** ~ (arresto) (*mecc.*), Arretierung (*f.*). **10** ~ (peso per caricare la forma) (*fond.*), Beschwerungsgewicht (*n.*). **11** ~ (*comm.*), Bann (*m.*). **12** ~ **a monte** (*ferr.*), Vorblock (*m.*). **13** ~ **assoluto** (*ferr.*), unbedingter Block, unbedingte Blockung. **14** ~ **a valle** (*ferr.*), Rückblock (*m.*). **15** ~ **cilindri** (monoblocco, di un mot. a c. i.) (*mot.*), Zylinderblock (*m.*). **16** ~ **dei prezzi** (*comm.*), Bindung der Preise. **17** ~ **dei salari** (*lav.*), Lohnstopp (*m.*). **18** ~ **della ruota libera** (*veic.*), Freilaufsperre (*f.*). **19** ~ (**dello**) **stampo** (*ut.*), Gesenkstahlblock (*m.*). **20** ~ **di fondazione** (di una macchina p. es.) (*ed.*), Fundamentblock (*m.*). **21** ~ **di sezione** (*ferr.*), Streckenblock (*m.*). **22** ~ **di stazione** (*ferr.*), Bahnhofblock (*m.*). **23** ~ **di testa** (*calc.*), Vorsatz (*m.*), Kennsatz (*m.*). **24** ~ **economico** (*finanz.*), Wirtschaftsblock (*m.*). **25** ~ **forato** (laterizio forato) (*ed.*), Hohlblockstein (*m.*). **26** ~ **forato** (laterizio forato, volterrana) (*mur.*), Langlochziegel (*m.*). **27** ~ **forato leggero** (*ed.*), Bimshohlblockstein (*m.*). **28** ~ **meccanico** (*mecc.*), mechanische Verriegelung. **29** ~ **motore-cambio** (gruppo motore-cambio, motore-cambio) (*mot. - aut.*), Motorgetriebeblock (*m.*). **30** ~ **permissivo** (*ferr.*), permissiver Block, bedingter Block. **31** ~ **per note** (*uff. - ind. carta*), Schreibblock (*m.*). **32** ~ **portastampi** (di un maglio, banchina portastampi) (*macch. fucinatura*), Schabotte-Einsatz (*m.*). **33** ~ **principale** (parte di un programma) (*elab. dati - lav. macch. ut. a c/n*), Hauptsatz (*m.*). **34** ~ **stradale** (*traff. strad.*), Strassensperre (*f.*). **35 ad elevata tensione di** ~ (tiristore) (*elettronica*), hochsperrend. **36 cabina di** ~ (*ferr.*), Blockstellwerk (*n.*). **37 chiudere una sezione di** ~ (*ferr.*), blocken. **38 chiusura di** ~ (chiusura della sezione di blocco) (*ferr.*), Blocken (*n.*). **39 circuito di** ~ (*elettronica - ecc.*), Sperrstromkreis (*m.*), Blockstromkreis (*m.*). **40 consenso di** ~ (*ferr.*), Blockzustimmung (*f.*). **41 corrente di** ~ (corrente inversa, corrente d'interdizione, nei tiristori p. es.) (*elettronica*), Sperrstrom (*m.*). **42 dispositivo di** ~ (d'un differenziale p. es.) (*disp. - auto*), Sperre (*f.*). **43 fine del** ~ (*elab. dati - macch. ut. c/n*), Satzende (*f.*). **44 fuso in un sol** ~ (monoblocco) (*fond.*), in einem Block gegossen. **45 impulso di** ~ (impulso d'interdizione) (*elettronica*), Sperrimpuls (*m.*). **46 legatura a** ~ (*mur.*), Blockverband (*m.*). **47 numero di** ~ (caratterizzante il blocco; numero di sequenza) (*elab. dati - macch. ut. c/n*), Satznummer (*f.*). **48 posto di** ~ (*ferr.*), Blockstelle (*f.*). **49 posto di** ~ **conta-assi** (*ferr.*), Zählblock (*m.*). **50 preselezione del** ~ (*elab. dati - macch. ut. c/n*), Satzvorwahl (*f.*). **51 relè di** ~ (*elettromecc.*), Sperrelais (*n.*). **52 relè di** ~ (*ferr.*), Blockrelais (*n.*). **53 segnale di** ~ (*ferr.*), Blocksignal (*n.*). **54 sezione di** ~ (*ferr.*), Blockfeld (*n.*). **55 sistema di** ~ (*ferr.*), Blocksystem (*n.*), Sperrsystem (*n.*). **56 sistema di**

~ **automatico** (*ferr.*), Selbstblocksystem (*n.*), automatisches Blocksystem. **57 stazione di ~** (posto di blocco) (*ferr.*), Blockstelle (*f.*). **58 tensione di ~** (tensione inversa, tensione di interdizione; nei tiristori p. es.) (*elettronica*), Sperrspannung (*f.*). **59 tubo di ~** (tubo di interdizione; ad alta frequenza, a scarica in atmosfera gassosa) (*radar*), Sperröhre (*f.*).
blondin (gru a funi) (*macch. ind.*), Kabelkran (*m.*), Blondin (*m.*). **2 ~ a torri** (*macch. ind.*), Turmkabelkran (*m.*). **3 ~ con secchie di colata** (del calcestruzzo) (*macch. ed.*), Giesskabelkran (*m.*).
« **blooming** » (laminatoio per lingotti) (*lamin.*), Blockwalzwerk (*n.*).
blu (*s. - colore*), Blau (*n.*). **2 ~** (*a. - colore*), blau. **3 ~ cielo** (azzurro) (*colore*), Himmelblau (*n.*), Azurblau (*n.*), Azur (*m.*). **4 ~ cobalto** (*colore*), Kobaltblau (*n.*). **5 ~ d'anilina** (*ind. chim.*), Anilinblau (*n.*). **6 ~ di metilene** (*chim.*), Methylenblau (*n.*). **7 ~ di Prussia** (*colore*), Berlinerblau (*n.*), Preussischblau (*n.*). **8 ~ di Prussia** (ferrocianuro di ferro) (*chim. - colore*), Ferrozyaneisen (*n.*). **9 ~ scuro** (*colore*), schwarzblau.
bluastro (*colore*), bläulich.
blumo (lingotto sbozzato) (*lamin. - metall.*), vorgewalzter Block, Vorblock (*m.*).
boa (galleggiante) (*nav. - navig.*), Tonne (*f.*), Boje (*f.*). **2 ~ a cono** (boa conica) (*nav.*), Spitztonne (*f.*). **3 ~ acustica** (boa sonora) (*acus. - nav.*), Sonoboje (*f.*). **4 ~ ad asta** (*nav.*), Spierentonne (*f.*). **5 ~ conica** (boa a cono) (*nav.*), Spitztonne (*f.*). **6 ~ d'àncora** (*nav.*), Ankerboje (*f.*). **7 ~ di legno** (*nav.*), Holztonne (*f.*). **8 ~ di ormeggio** (*nav.*), Festmacheboje (*f.*), Vertäuboje (*f.*). **9 ~ di salvataggio** (*nav.*), Rettungsboje (*f.*). **10 ~ di segnalazione** (*nav. - navig.*), Bakenboje (*f.*). **11 ~ di segnalazione di relitto** (*nav. - navig.*), Wracktonne (*f.*). **12 ~ luminosa** (*nav. - navig.*), Leuchttonne (*f.*), Leuchtboje (*f.*). **13 ~ sonora** (boa acustica) (*acus. - nav.*), Sonoboje (*f.*). **14 mettere boe** (*naut.*), ausbojen, ausbaken, betonnen.
bobina (*elett.*), Spule (*f.*), **2 ~** (spola) (*ind. tess.*), Spule (*f.*). **3 ~** (di accensione, dell'impianto di accensione di un mot. a c. i.) (*mot. - elett. - aut.*), Zündspule (*f.*). **4 ~** (bobina di arresto, induttore, bobina di induttanza) (*elett.*), Drossel (*f.*), Drosselspule (*f.*). **5 ~** (*cinem.*), Spule (*f.*). **6 ~** (« pizza ») (*cinem.*), Filmkassette (*f.*). **7 ~** (*ind. della carta*), Bobine (*f.*), Papierrolle (*f.*). **8 ~ ad estremità coniche** (bobina biconica) (*ind. tess.*), Doppelkegelspule (*f.*). **9 ~ ad induttanza regolabile** (induttore variabile) (*elett.*), Regeldrosselspule (*f.*). **10 ~ amperometrica** (del regolatore di una dinamo) (*elett. - aut.*), Stromspule (*f.*). **11 ~ a nido d'api** (*elett.*), Wabenspule (*f.*). **12 ~ antironzio** (*radio - elett.*), Brummenstörungsspule (*f.*). **13 ~ a nucleo mobile** (*elett.*), Tauchkernspule (*f.*). **14 ~ a reazione** (bobina di placca) (*elettronica*), Rückkopplungsspule (*f.*). **15 ~ a toroide** (bobina toroidale) (*elett.*), Ringspule (*f.*), Toroidspule (*f.*). **16 ~ compensatrice** (induttore) (*elett.*), Kompensationsdrossel (*f.*), Ausgleichdrossel (*f.*). **17 ~ correttrice** (*telev.*), Korrekturspule (*f.*). **18 ~ da innesto** (*elett.*), Steckspule (*f.*). **19 ~ del nastro** (*elab. dati*), Bandsteller (*m.*). **20 ~ di accensione** (*elett. - mot. - aut.*), Zündspule (*f.*). **21 ~ di alimentazione** (*cinem. - elettroacus.*), Abwickelspule (*f.*). **22 ~ di arresto** (bobina d'induttanza) (*elett. - radio*), Drossel (*f.*), Drosselspule (*f.*). **23 ~ di arresto filtro** (*elett.*), Siebdrossel (*f.*). **24 ~ di assorbimento** (*elett.*), Saudgrossel (*f.*). **25 ~ di campo** (*elett.*), Magnetspule (*f.*), Feldspule (*f.*), Feldmagnetspule (*f.*). **26 ~ di commutazione** (nei raddrizzatori) (*elett.*), Schaltdrossel (*f.*). **27 ~ di compensazione** (*telev. - ecc.*), Kompensationsspule (*f.*). **28 ~ di deflessione** (*telev. - elettronica*), Ablenkspule (*f.*). **29 ~ di drenaggio** (induttanza protettiva) (*elett.*), Erdungsdrosselspule (*f.*). **30 ~ di estinzione** (bobina di spegnimento, bobina spegniarco) (*elett.*), Löschdrossel (*f.*). **31 ~ di filato** (*ind. tess.*), Garnspule (*f.*). **32 ~ di focalizzazione** (bobina focalizzatrice) (*telev.*), Fokusspule (*f.*), Fokussierspule (*f.*). **33 ~ di focalizzazione** (*elettronica*), Konzentrationsspule (*f.*). **34 ~ di livellamento** (bobina di spianamento) (*elett.*), Glättungsdrossel (*f.*). **35 ~ d'impedenza** (bobina di reattanza, reattore) (*radio*), Drosselspule (*f.*), Drossel (*f.*). **36 ~ d'indotto** (*macch. elett.*), Ankerspule (*f.*). **37 ~ d'induttanza** (induttore) (*elett.*), (*elett.*), Drossel (*f.*), Drosselspule (*f.*). **38 ~ d'induttanza dell'antenna** (induttore dell'antenna) (*radio*), Antennendrossel (*f.*). **39 ~ d'induttanza filtro** (della tensione) di rete (*elett.*), Netzdrossel (*f.*), Netzsiebdrossel (*f.*). **40 ~ d'induttanza in aria** (*elett.*), Luftdrossel (*f.*). **41 ~ di placca** (bobina a reazione) (*elettronica*), Rückkopplungsspule (*f.*). **42 ~ di reattanza** (bobina d'induttanza, induttore) (*radio*), Drosselspule (*f.*), Drossel (*f.*). **43 ~ di regolazione** (*telev.*), Richtspule (*f.*), Einstellspule (*f.*). **44 ~ di risonanza** (*elett.*), Schwingdrossel (*f.*). **45 ~ di sbarramento** (*elett.*), Sperrdrossel (*f.*). **46 ~ di sintonia** (*radio*), Abstimmspule (*f.*). **47 ~ di sintonia d'antenna** (*radio*), Antennenabstimmspule (*f.*). **48 ~ di spegnimento** (bobina di estinzione, bobina spegniarco) (*elett.*), Löschdrossel (*f.*). **49 ~ di spianamento** (*elett. - radio*), Abflachungsdrossel (*f.*), Glättungsdrossel (*f.*). **50 ~ filtro** (*elett.*), Filterdrossel (*f.*), Siebdrossel (*f.*). **51 ~ focalizzatrice** (bobina di focalizzazione) (*telev.*), Fokusspule (*f.*), Fokussierspule (*f.*). **52 ~ in aria** (*elett.*), Luftspule (*f.*). **53 ~ inattiva** (*elett.*), blinde Spule. **54 ~ induttrice** (bobina di campo) (*elett.*), Feldspule (*f.*). **55 ~ mobile** (di un contatore p. es.) (*strum. elett.*), Drehspule (*f.*). **56 ~ per circuito virtuale** (*telef.*), Phantomspule (*f.*), Pupinspule (*f.*). **57 ~ Peterson** (per la protezione di trasformatori) (*elett.*), Erdschlussspule (*f.*), Peterson-Spule (*f.*). **58 ~ piatta** (*radio - elett.*), Flachspule (*f.*), Scheibenspule (*f.*). **59 ~ portanastro** (di un magnetofono) (*elettroacus.*), Bandspule (*f.*). **60 ~ preformata** (*elett.*), Schablonenspule (*f.*). **61 ~ Pupin** (*telef.*), Pupinspule (*f.*). **62 ~ rotorica** (*macch. elett.*), Rotorspule (*f.*). **63 ~ secondaria** (*elett.*), Sekundärspule (*f.*). **64 ~ svolgitrice** (*tess. - ecc.*), Abnahmespule (*f.*). **65 ~ to-

bobinare

roidale (bobina a toroide) (*elett.*), Ringspule (*f.*), Toroidspule (*f.*). **66 ~ voltmetrica** (del regolatore di una dinamo) (*elett. - aut.*), Spannungsspule (*f.*). **67 accensione a ~** (*mot.*), Spulenzündung (*f.*). **68 apparecchio per la prova delle bobine di accensione** (*app. - aut.*), Zündspulenprüfgerät (*n.*). **69 cambio delle bobine** (*macch. tess.*), Spulenwechsel (*m.*). **70 capacità (propria) della ~** (*elett.*), Spulenkapazität (*f.*). **71 compensatore a ~ mobile** (*metrologia*), Schwenkspulkompensator (*m.*). **72 filtrare con ~ d'arresto** (applicare una bobina filtrante) (*elett.*), verdrosseln. **73 magnetizzazione a ~** (nelle prove con polvere magnetica all'incrinoscopio) (*tecnol. mecc.*), Spulenmagnetisierung (*f.*). **74 microfono a ~ mobile** (*radio*), Tauchspulmikrophon (*n.*). **75 montare le bobine** (*ind. tess.*), bespulen. **76 passo della ~** (*macch. elett.*), Spulenweite (*f.*). **77 regolatore a ~ mobile** (*regolaz.*), Schwenkspul-Regler (*m.*). **78 testa di ~** (di una bobina d'indotto) (*macch. elett.*), Spulenkopf (*m.*).

bobinare (*elett. - ind. tess. - ecc.*), wickeln. **2 ~** (innaspare) (*ind. tess.*), haspeln.

bobinatrice (avvolgitrice, per fili metallici p. es.) (*macch.*), Wickelmaschine (*f.*). **2 ~ automatica** (avvolgitrice automatica) (*elett.*), Wickelautomat (*m.*).

bobinatura (avvolgimento, di un relè p. es.) (*elett.*), Bespulung (*f.*).

bocca (apertura superiore di un forno per il caricamento) (*metall. - forno*), Gicht (*f.*), Beschickungsöffnung (*f.*). **2 ~** (apertura di una chiave fissa per dadi p. es.) (*ut.*), Maulweite (*f.*). **3 ~** (di un martello) (*ut.*), Bahn (*f.*). **4 ~ da fuoco** (arma da fuoco), Geschütz (*n.*). **5 ~ da fuoco montata su carro ferroviario** (*milit.*), Eisenbahngeschütz (*n.*). **6 ~ dell'alto forno** (*forno*), Hochofengicht (*f.*). **7 ~ del martello** (*ut.*), Hammerbahn (*f.*). **8 ~ di caricamento** (*forno - fond.*), Beschickungsöffnung (*f.*). **9 ~ di ciminiera** (*ed.*), Schornsteinmündung (*f.*). **10 ~ di efflusso** (sbocco, di un tubo) (*tubaz.*), Mündung (*f.*). **11 ~ di rancio** (passacavo) (*nav.*), Lippklampe (*f.*). **12 ~ d'ordito** (passo, angolo formato dalle due direzioni del filo di ordito) (*ind. tess.*), Fach (*n.*), Sprung (*m.*). **13 gas di ~** (d'un altoforno) (*forno*), Gichtgas (*n.*). **14 pressione (di gas) alla ~** (negli altiforni) (*metall.*), Gichtgasdruck (*m.*).

boccaglio (di un tubo p. es. per la formazione di un getto liquido) (*tubaz. - idr.*), Mundstück (*n.*), Ausflussdüse (*f.*), Strahlrohr (*n.*). **2 ~** (apparecchio di strozzamento) (*idr.*), Düse (*f.*). **3 ~ per sabbiatura** (ugello per getto di sabbia) (*fond. - ecc.*), Sandstrahldüse (*f.*).

boccame (metallo solidificato nel canale di colata ecc. di un getto) (*fond.*), Anschnitt (*m.*), Angüsse (*m. pl.*). **2 peso del ~** (di un getto) (*fond.*), Anguss- und Steigergewicht (*n.*).

boccaporto (*nav.*), Luke (*f.*). **2 ~ di carico** (boccaporto di stiva) (*nav.*), Ladeluke (*f.*). **3 ~ di stiva** (boccaporto di carico) (*nav.*), Ladeluke (*f.*). **4 mastra di ~** (*nav.*), Süll (*m.*).

boccascena (*teatro*), Bühnenrahmen (*m.*), Portal (*n.*), Mantel (*m.*).

bocchello (di efflusso, di un recipiente) (*gen.*), Ausgusstülle (*f.*). **2 ~** (boccaglio, di un tubo p. es.) (*idr.*), Ausflussdüse (*f.*), Strahlrohr (*n.*), Mundstück (*n.*). **3 ~** (nella pressofusione) (*fond.*), Eingusszapfen (*m.*).

bocchetta (fessura) (*gen.*), Einwurf (*m.*), Öffnung (*f.*). **2 ~** (dell'impianto di ventilazione e riscaldamento di un automobile p. es.) (*aut.*), Düse (*f.*). **3 ~** (di una porta) (*ed.*), Schliessblech (*n.*). **4 ~** (bocchino, imboccatura) (*tubaz.*), Tülle (*f.*). **5 ~** (d'una serratura) (*ed. - ecc.*), Schlüsselschild (*m.*). **6 ~ di raccolta** (bocchettone, tubo di raccolta del tetto, per scaricare l'acqua da un tetto piano p. es.) (*ed.*), Dacheinlauf (*m.*). **7 bocchette sbrinatrici** (in un'autovettura p. es.) (*aut. - ecc.*), Entfrosterdüsen (*f. pl.*).

bocchettone (*mecc. - tubaz.*), Stutzen (*m.*). **2 ~** (di un becco Bunsen) (*mecc. - tubaz. - ecc.*), Anschlussstutzen (*m.*). **3 ~** (bocchetta di raccolta, tubo di raccolta del tetto, per scaricare l'acqua da un tetto piano p. es.) (*ed.*), Dacheinlauf (*m.*). **4 ~ di riempimento** (per olio p. es.) (*aut. - ecc.*), Füllstutzen (*m.*), Einfüllstutzen (*m.*). **5 ~ di riempimento dell'olio** (*mot.*), Ölstutzen (*m.*), Ölfüllstutzen (*m.*). **6 ~ di riempimento del serbatoio** (*veic.*), Tankeinfüllstutzen (*m.*). **7 ~ di riempimento filettato** (*mecc.*), Einfüllverschraubung (*f.*). **8 ~ filettato** (*mecc. - tubaz.*), Schraubstutzen (*m.*).

bocchino (imboccatura, bocchetta) (*tubaz.*), Tülle (*f.*). **2 ~** (bocchino conico, cono, oliva, « ogiva », di un accoppiamento a vite) (*tubaz.*), Dichtkegel (*m.*). **3 ~ conico** (cono, oliva, « ogiva », di un accoppiamento a vite) (*tubaz.*), Dichtkegel (*m.*).

bocciarda (*ut. mur.*), Kraushammer (*m.*), Stockhammer (*m.*).

bocciardare (*mur.*), stocken, kröneln.

bocciardatura (*mur.*), Stocken (*m.*), Kröneln (*n.*).

bocciolo (camma) (*mecc.*), Daumen (*m.*), Nocken (*m.*). **2 ~** (camma, chiave, per l'azionamento dei ceppi del freno) (*aut. - mecc.*), Bremsnocken (*m.*), Bremsschlüssel (*m.*).

boccola (bussola) (*mecc.*), Buchse (*f.*), Lager (*n.*). **2 ~** (*ferr.*), Achsbuchse (*f.*), Achslager (*n.*). **3 ~ a giunto piano** (bussola avvolta a giunto piano) (*mecc.*), Buchse mit glattem Stoss. **4 ~ avvolta** (boccola rullata) (*mecc.*), gerollte Buchse. **5 ~ (avvolta) a giunto aggraffato** (bussola avvolta a giunto aggraffato) (*mecc.*), Buchse mit verklinktem Stoss. **6 ~ con cuscinetti a rulli** (*ferr.*), Rollenachslager (*n.*). **7 ~ d'alimentazione** (boccola d'iniezione, bussola d'alimentazione, bussola d'iniezione di uno stampo per l'iniezione di materie plastiche) (*ut.*), Angussbuchse (*f.*). **8 ~ del piede di biella** (bussola per piede di biella) (*mot.*), Kolbenbolzenbuchse (*f.*), Pleuelstangenbuchse (*f.*). **9 ~ di bronzo** (bussola di bronzo, bronzina) (*mecc.*), Bronzebuchse (*f.*). **10 ~ di presa** (*elett. - radio*), Steckbuchse (*f.*). **11 ~ filettata** (*mecc.*), Gewindebuchse (*f.*). **12 ~ liscia** (boccola a strisciamento) (*ferr.*), Gleit-Achslager (*n.*). **13 ~**

massiccia (bussola massiccia) (*mecc.*), Massivbuchse (*f.*). **14 ~ rullata** (boccola avvolta) (*mecc.*), gerollte Buchse.
boccone (quartiere, quarto di mattone) (*mur.*), Einquartier (*n.*), Viertelstück (*n.*), Quartierstück (*n.*).
BOD (biochemical oxygen demand, domanda biochimica di ossigeno) (*ecologia*), BSB, biochemischer Sauerstoffbedarf.
bodenbenderite (*min. fis. atom.*), Bodenbenderit (*m.*).
boehmite (*min. - fond.*), Boehmit (*m.*).
« boiler » (scaldacqua) (*app. riscald.*), Warmwasserspeicher (*m.*), Boiler (*m.*), Heisswasserspeicher (*m.*).
bolide (meteorite che cade sulla terra) (*astr.*), Feuerkugel (*f.*), Bolid (*n.*), helles Meteor.
bolina (cavo) (*nav.*), Buline (*f.*), Bulin (*f.*), Bulien (*f.*), Buleine (*f.*). **2 stretto di ~** (molto all'orza, nel bordeggiare) (*naut.*), dicht am Winde.
bolla (di gas p. es.) (*gen.*), Blase (*f.*). **2 ~** (di una livella) (*strum.*), Blase (*f.*). **3 ~** (difetto, cavità, in un getto p. es.) (*tecnol.*), Blase (*f.*). **4 ~** (app. per la concentrazione di soluzioni, ecc.) (*app. ind. - chim.*), Blase (*f.*). **5 ~** (di spedizione p. es.) (*gen.*), Schein (*m.*). **6 ~** (difetto carta), Schnalle (*f.*). **7 ~ d'aria** (*gen.*), Luftblase (*f.*). **8 ~ di accompagnamento** (bolla di spedizione) (*trasp.*), Laufzettel (*m.*), Versandschein (*m.*), Begleitzettel (*m.*), Begleitschein (*m.*). **9 ~ di consegna** (*trasp.*), Lieferschein (*m.*). **10 ~ di magazzino** (buono di magazzino) (*amm.*), Lagerschein (*m.*). **11 ~ di prelevamento (dal magazzino)** (buono di prelievo dal magazzino) (*ind.*), Lagerentnahmeschein (*m.*). **12 ~ di spedizione** (*trasp.*), Abfertigungschein (*m.*), Versandschein (*m.*). **13 messa in ~** (livellamento) (*macch. - ecc.*), Nievellierung (*f.*), Abrichten (*n.*), Ausrichten (*n.*).
bollettino (pubblicazione periodica) (*gen.*), Merkblatt (*n.*), Bulletin (*n.*). **2 ~** (certificato, protocollo, di prove p. es.) (*tecnol.*), Protokoll (*n.*), Bericht (*m.*), Zeugnis (*n.*). **3 ~ dei cambi** (*finanz.*), Kurszettel (*m.*). **4 ~ della prova al freno** (certificato della prova al freno, verbale della prova al freno) (*mot.*), Bremsprotokoll (*n.*), Bremszeugnis (*n.*). **5 ~ di collaudo** (certificato o verbale di collaudo) (*ind.*), Prüfungsbericht (*m.*), Prüfungsschein (*m.*). **6 ~ di collaudo** (verbale di accettazione) (*comm. - ecc.*), Abnahmebericht (*m.*). **7 ~ di versamento** (*posta - ecc.*), Zahlungsformular (*n.*), Zahlkarte (*f.*). **8 ~ meteorologico** (*meteor.*), Wetterbericht (*m.*).
bollicina (*gen.*), Blase (*f.*), Bläschen (*n.*). **2 formazione di bollicine** (difetto vn.), Blasenbildung (*f.*), Bläschenbildung (*f.*).
bollino (marca) (*gen.*), Marke (*f.*).
bollire (*fis.*), sieden, kochen. **2 ~** (di accumulatori) (*elett.*), kochen. **3 ~** (di birra) (*ind. chim.*), brausen. **4 ~ parzialmente** (seta) (*ind. tess.*), assouplieren.
bollitore (*app.*), Siedegefäss (*n.*), Sieder (*m.*). **2 ~** (lisciviatore, lisciviatrice) (*mft. carta - app.*), Kocher (*m.*). **3 ~ per stracci** (lisciviatore per stracci) (*mft. carta*), Lumpenkocher (*m.*), Hadernkocher (*m.*).
bollitura (saldatura a fuoco) (*tecnol. mecc.*), Feuerschweissen (*n.*). **2 ~** (saldatura a martello) (*tecnol. mecc.*), Hammerschweissung (*f.*).
bollo (marca da bollo) (*finanz.*), Steuermarke (*f.*), Stempelmarke (*f.*). **2 ~** (tassa di bollo) (*finanz.*), Stempelsteuer (*f.*). **3 ~** (tassa di circolazione) (*aut.*), Kraftfahrzeugsteuer (*f.*). **4 ~ a fascetta** (tassa di bollo per generi di monopolio) (*finanz.*), Banderolensteuer (*f.*). **5 ~ a secco** (*gen.*), trockener Stempel. **6 ~ di ufficio** (*gen.*), Dienststempel (*m.*). **7 carta da ~** (*finanz. - ecc.*), Stempelpapier (*n.*). **8 esente da ~** (*finanz. - ecc.*), stempelfrei. **9 marca da ~** (bollo) (*finanz.*), Steuermarke (*f.*), Stempelmarke (*f.*). **10 tassa di ~** (*finanz. - leg.*), Stempelsteuer (*f.*).
bollosità (difetto nell'ossidazione anodica p. es.) (*tecnol.*), Kernblasen (*n.*).
bolo (terra bolare) (*min.*), Bolus (*m.*), Bol (*m.*).
bolometro (misuratore di energia raggiante) (*strum. fis.*), Bolometer (*n.*). **2 ~ a filo** (« barretter ») (*app.*), Fadenbolometer (*n.*), Barretter (*n.*).
« bolster » (palettone, grande paletta) (*trasp.*), « Bolster » (*f.*), Grosspalette (*f.*).
bolzone (del baglio, distanza della superficie curva della faccia superiore del baglio dal piano passante per gli incastri) (*costr. nav.*), Bucht (*f.*), Balkenbucht (*f.*).
boma (asta inferiore della randa) (*nav.*), Besanbaum (*m.*).
bomba (*espl. - milit.*), Bombe (*f.*). **2 ~** (recipiente per alte pressioni) (*app. chim.*), Druckbombe (*f.*), Bombe (*f.*). **3 ~ al cobalto** (*fis. atom.*), Kobaltbombe (*f.*). **4 ~ al cobalto** (per terapia) (*app. med.*), Kobalt-Fernbestrahlungsapparatur (*f.*). **5 ~ al fosforo** (*espl.*), Phosphorbombe (*f.*). **6 ~ all'idrogeno** (bomba H) (*espl. - fis. atom.*), Wasserstoffbombe (*f.*), H-Bombe (*f.*). **7 ~ al Napalm** (*espl. - milit.*), Napalmbombe (*f.*). **8 ~ a mano** (*espl.*), Handgranate (*f.*). **9 ~ atomica** (*espl.*), Atombombe (*f.*). **10 ~ calorimetrica** (calorimetro a bomba) (*app. fis.*), kalorimetrische Bombe, Berthelot'sche Bombe. **11 ~ da aereo** (o da aeroplano) (*espl. - aer.*), Fliegerbombe (*f.*). **12 ~ da aeroplano** (o da aereo) (*espl. - aer.*), Fliegerbombe (*f.*). **13 ~ dirompente** (non perforante) (*espl.*), Splitterbombe (*f.*). **14 ~ dirompente perforante** (*espl.*), Sprengbombe (*f.*). **15 ~ H** (bomba all'idrogeno) (*espl.*), H-Bombe (*f.*), Wasserstoffbombe (*f.*). **16 ~ incendiaria** (*milit.*), Brandbombe (*f.*). **17 ~ perforante** (*espl. - milit.*), panzerbrechende Bombe. **18 ~ per fucile** (*espl.*), Gewehrgranate (*f.*). **19 ~ pulita** (*espl. atom. - radioatt.*), saubere Bombe. **20 ~ sporca** (*espl. atom. - radioatt.*), schmutzige Bombe. **21 ~ volante** (*milit.*), Fliegerbombe (*f.*).
bombardamento (*milit.*), Bombardement (*n.*). **2 ~** (con neutroni p. es.) (*fis. nucl.*), Bombardement (*n.*), Beschiessung (*f.*). **3 ~ a tappeto** (*aer. milit.*), Teppichbombenwurf (*m.*). **4 ~ catodico** (bombardamento elettronico) (*elettronica*), Kathodenbombardement

bombardare

(*n.*), Elektronenbombardement (*n.*). 5 ~ **elettronico** (bombardamento catodico) (*fis.*), Elektronenaufprall (*m.*), Elektronenbombardement (*n.*).
bombardare (*milit.*), bombardieren. 2 ~ (con particelle p. es.) (*fis. nucl.*), bombardieren, beschiessen.
bombardiere (aeroplano da bombardamento) (*aer. milit.*), Bomber (*m.*). 2 ~ **a lungo raggio** (*aer. milit.*), Fernbomber (*m.*). 3 ~ **in picchiata** (*aer. milit.*), Sturzbomber (*m.*). 4 ~ **notturno** (*aer. milit.*), Nachtbomber (*m.*).
bombare (*mecc. - ecc.*), wölben. 2 ~ **al tornio** (tornire sferico) (*lav. macch. ut.*), balligdrehen. 3 **accessorio per** ~ (accessorio per tornitura sferica) (*macch. ut.*), Balligdrehvorrichtung (*f.*).
bombarsi (di una lamiera p. es.) (*tecnol.*), ausbuchten.
bombato (convesso) (*gen.*), gewölbt, konvex. 2 ~ (*mecc.*), ballig. 3 ~ (panciuto, convesso) (*gen.*), gebaucht, bauchig. 4 **dentatura bombata** (lavorazione e risultato) (*lav. macch. ut.*), Balligverzahnung (*f.*). 5 **fianco** ~ (di un dente) (*mecc.*), ballige Flanke.
bombatura (convessità) (*gen.*), Wölbung (*f.*). 2 ~ (di una superficie lavorata) (*mecc.*), Balligkeit (*f.*). 3 ~ (bombé, riduzione progressiva dello spessore del dente verso le estremità) (*mecc.*), Balligkeit (*f.*). 4 ~ (di una strada) (*costr. strad.*), Wölbung (*f.*). 5 ~ (dei cilindri di calandre per lavorazione della gomma) (*macch.*), Bombage (*f.*). 6 ~ **della puleggia** (*mecc.*), Scheibenwölbung (*f.*). 7 **a** ~ **cava** (*mecc.*), konkav-ballig. 8 **a** ~ **convessa** (*mecc.*), konvex-ballig.
bombé (bombatura, riduzione progressiva dello spessore del dente verso le estremità) (*mecc.*), Balligkeit (*f.*).
bombola (per gas) (*ind.*), Flasche (*f.*). 2 ~ **aria di avviamento** (*mot.*), Anlassluftflasche (*f.*). 3 ~ **di acciaio** (per gas compressi) (*ind. chim. - ecc.*), Stahlflasche (*f.*). 4 ~ **di aria compressa** (*ind. - ecc.*), Pressluftflasche (*f.*), Luftflasche (*f.*). 5 ~ **di** (o per) **acetilene** (*ind.*), Azetylenflasche (*f.*). 6 ~ **di ossigeno** (*ind. chim. - med.*), Sauerstoffflasche (*f.*). 7 ~ **per gas** (*ind. chim.*), Gasflasche (*f.*). 8 ~ **per gonflaggio pneumatici** (*veic.*), Reifenfüllflasche (*f.*). 9 ~ **per nebulizzazione** (contro gli insetti) (*ind. chim.*), Aërosol-Bombe (*f.*).
bompresso (*nav.*), Bugspriet (*n.*), Spriet (*n.*).
bonaccia (calma) (*nav. - meteor.*), Kalme (*f.*), Windstille (*f.*), Flaute (*f.*).
bonderizzare (fosfatare) (*tecnol. mecc.*), bondern.
bonderizzato (fosfatizzato) (*metall.*), gebondert. 2 **strato** ~ (strato di fosfato) (*metall.*), Bonderschicht (*f.*).
bonderizzazione (procedimento di fosfatazione del ferro) (*tecnol. mecc.*), Bondern (*n.*), Bonderverfahren (*n.*). 2 ~ **a spruzzo** (*metall.*), Spritzbonderverfahren (*n.*).
bonifica (tempra seguita da rinvenimento) (*tratt. term.*), Vergütung (*f.*). 2 ~ (di un territorio) (*agric. - costr. idr.*), Melioration (*f.*), Urbarmachung (*f.*). 3 ~ **completa** (*tratt. term.*), Durchvergütung (*f.*). 4 ~ **del terreno** (*ing. civ.*), Bodenverbesserung (*f.*). 5 ~ **di profondità** (*tratt. term.*), Durchvergütung (*f.*). 6 ~ **in acqua** (bonifica con spegnimento in acqua) (*tratt. term.*), Wasservergüten (*n.*). 7 ~ **in aria** (tempra in aria seguita da rinvenimento) (*tratt. term.*), Luftvergüten (*n.*). 8 ~ **in olio** (tempra in olio seguita da rinvenimento) (*tratt. term.*), Ölvergüten (*n.*). 9 ~ **intermedia** (*tratt. term.*), *vedi* bonifica isotermica. 10 ~ **isotermica** (bonifica intermedia, tempra bainitica isotermica) (*tratt. term.*), Zwischenstufenumwandeln (*n.*), Zwischenstufenvergütung (*f.*). 11 **penetrazione di** ~ (*tratt. term.*), Einvergütung (*f.*).
bonificabile (acciaio) (*tratt. term.*), vergütbar.
bonificare (*tratt. term.*), vergüten. 2 ~ (*amm.*), vergüten. 3 ~ (*agric.*), urbarmachen, abgewinnen.
bonificato (temprato e rinvenuto) (*tratt. term.*), vergütet.
bonifico (*amm.*), Vergütung (*f.*). 2 ~ **bancario** (*amm.*), Bankgutschrift (*f.*).
bontà (qualità) (*gen.*), Güte (*f.*). 2 **fattore di** ~ (Q, fattore di qualità, fattore di merito) (*fis.*), Gütefaktor (*m.*), Q-Faktor (*m.*), Q.
booleano (*mat. - ecc.*), Boolesch.
booster (servoamplificatore, ecc.) (*app.*), Booster (*m.*).
« bootstrap » (amplificatore catodico) (*elettronica*), « Bootstrap » (*m.*).
bora (vento) (*meteor.*), Bora (*f.*).
borace ($Na_2B_4O_7 \cdot 10\ H_2O$) (tetraborato sodico) (*min.*), Borax (*n.*).
boracite ($Mg_6B_{14}O_{26}Cl_2$) (*min.*), Borazit (*m.*).
boral (di un reattore) (*fis. atom.*), Boral (*n.*).
borani (idruri di boro, per combustibili ad alta energia) (*comb.*), Borane (*n. pl.*).
borazolo ($B_3N_3H_6$, benzolo inorganico) (*chim.*), Borazol (*n.*).
borazon (carburo di boro, per mole p. es.) (*ut.*), Borazon (*m.*).
borchia (chiodo da tappezziere) (*ind. metall.*), Polsternagel (*m.*). 2 ~ (formaggella, su un getto p. es.) (*mecc.*), Warze (*f.*), Buckel (*m.*), Auge (*n.*), Auflage (*f.*). 3 ~ **da segnalazione** (chiodo da segnalazione, per passaggio pedonale p. es.) (*traff. strad.*), Verkehrsnagel (*m.*), Markierungsknopf (*m.*). 4 ~ **da tappezziere** (chiodo da tappezziere) (*ind. metall.*), Tapeziernagel (*m.*), Polsternagel (*m.*), Ziernagel (*m.*). 5 ~ **per dado** (formaggella per dado, su un getto p. es.) (*mecc. - fond.*), Mutternauflage (*f.*).
bordare (risvoltare il bordo di pezzi di lamiera) (*lav. lamiera*), bördeln. 2 ~ (un recipiente di lamiera) (*lav. lamiera*), schweifen. 3 ~ **a rulli** (la lamiera) (*tecnol. mecc.*), rollbördeln. 4 ~ **a stampo** (la lamiera) (*tecnol. mecc.*), stanzbördeln. 5 **tassello per** ~ (un recipiente di lamiera) (*ut. lav. lamiera*), Schweifstock (*m.*). 6 **utensile per** ~ (un recipiente di lamiera) (*ut. lav. lamiera*), Schweifwerkzeug (*n.*).
bordata (rotta percorsa tra due virate) (*nav.*), Schlag (*m.*).
bordato (di lamiera p. es.) (*tecnol.*), gebördelt.
bordatrice (*macch. lav. di lamiere*) (Bördelmaschine (*f.*). 2 ~ (per flange) (*macch.*), Flanschenpresse (*f.*). 3 ~ **automatica** (per

lavorazione lamiere) (*macch.*), Bördelautomat (*m.*). **4** ~ **per lamiere** (*macch.*), Blechbördelmaschine (*f.*).
bordatura (piegatura del bordo di una lamiera) (*tecnol. mecc.*), Bördeln (*n.*). **2** ~ (attaccatura) (*difetto di vn.*), Lacksaum (*m.*), Saum (*m.*). **3** ~ (flangiatura) (*metall.*), Flanschen (*n.*). **4** ~ **a rulli** (*lav. di lamiere*), Rollbördeln (*n.*), Walzbördeln (*n.*). **5** ~ **a stampo** (nella lav. delle lamiere) (*tecnol. mecc.*), Stanzbördeln (*n.*). **6 prova di** ~ (di lamiere) (*tecnol. mecc.*), Bördelversuch (*m.*).
bordeggiare (il bordeggiare) (*s. - nav.*), mehrmaliges Wenden, Kreuzen (*n.*). **2 uscire bordeggiando** (*nav.*), auskreuzen.
bordino (del cerchione) (*ferr.*), Spurkranz (*m.*).
bordione (vergella) (*ind. metall.*), Walzdraht (*m.*). **2** ~ **in rotoli** (vergella in rotoli) (*ind. metall.*), Walzdrahtrolle (*f.*).
bordo (orlo, margine) (*gen.*), Rand (*m.*), Kante (*f.*). **2** ~ (fianco della nave, ecc.) (*nav. - aer.*), Bord (*n.*). **3** ~ **di attacco** (bordo di entrata di un'ala) (*aer.*), Vorderkante (*f.*), Stirnkante (*f.*), Eintrittskante (*f.*). **4** ~ **di entrata** (bordo di attacco, di un'ala p. es.) (*aer.*), Vorderkante (*f.*), Stirnkante (*f.*), Eintrittskante (*f.*). **5** ~ **di uscita** (di un'ala) (*aer.*), Hinterkante (*f.*), Achterkante (*f.*), Austrittskante (*f.*). **6** ~ **inferiore del tetto** (*ed.*), Dachfuss (*m.*), Dachtraufe (*f.*). **7** ~ **libero** (distanza tra piano di galleggiamento di pieno carico di una nave e la linea superiore del fasciame) (*nav.*), Freibord (*n.*). **8** ~ **libero** (franco, differenza tra la sommità della diga ed il livello massimo) (*costr. idr.*), Freibord (*n.*). **9** ~ **libero estivo** (*nav.*), Sommerfreibord (*n.*). **10 apparecchiatura elettronica di** ~ (su aerei) (*aer.*), Bordelektronik (*f.*). **11 con uomini a** ~ (veicolo spaziale) (*astronautica*), bemannt. **12 giornale di** ~ (*nav.*), Bordbuch (*n.*), Logbuch (*n.*). **13 impianti ed apparecchiature elettriche di** ~ (su aerei) (*aer.*), Bordelektrik (*f.*).
borizzazione (diffusione di boro, trattam. termico dell'acciaio p. es. in sostanze cedenti boro) (*tratt. term.*), Borieren (*n.*).
bornite (Cu₅FeS₄) (*min.*), Bornit (*m.*), Buntkupferkies (*m.*).
boro (*B - chim.*), Bor (*n.*). **2 carburo di** ~ (abrasivo) (*lav. macch. ut.*), Borkarbid (*n.*).
borra (peluria, spelaia) (*tess.*), Wattseide (*f.*), Spelaia (*f.*).
borraggio (dei fori da mina) (*min.*), vedi intasamento.
borsa (*finanz.*), Börse (*f.*). **2** ~ (astuccio, di un attrezzo o strumento ecc., di pelle p. es.) (*strum. - att.*), Tasche (*f.*). **3** ~ **attrezzi** (*ut. - aut. - ecc.*), Werkzeugtasche (*f.*). **4** ~ **da ghiaccio** (*ind. gomma - med.*), Eisbeutel (*m.*). **5** ~ **da viaggio** (*ind.*), Reisetasche (*f.*). **6** ~ **dei titoli** (borsa valori) (*finanz.*), Effektenbörse (*f.*), Wertpapierbörse (*f.*), Fondsbörse (*f.*). **7** ~ **di studio** (*scuola*), Studienbeihilfe (*f.*). **8** ~ **merci** (*finanz.*), Warenbörse (*f.*). **9** ~ **valori** (borsa dei titoli) (*finanz.*), Effektenbörse (*f.*), Wertpapierbörse (*f.*), Fondsbörse (*f.*). **10 agente di** ~ (*finanz.*), Effektenmakler (*m.*), Börsenmakler (*m.*), Sensal (*m.*). **11 azione negoziabile in** ~ (*finanz.*), börsenfähige Aktie. **12 azione quotata in** ~ (*finanz.*), börsengängige Aktie. **13 comitato di** ~ (*finanz.*), Börsenvorstand (*m.*). **14 dopo** ~ (*finanz.*), Nachbörse (*f.*). **15 giuoco in** ~ (*finanz.*), Börsenspiel (*n.*). **16 negoziabile in** ~ (titoli p. es.) (*finanz.*), börsenfähig. **17 operatore di** ~ (*finanz.*), Börsenhändler (*m.*). **18 piccola** ~ (*finanz.*), Winkelbörse (*f.*). **19 quotato in** ~ (*finanz.*), börsengängig. **20 quotazione in** ~ (*finanz.*), Börsennotierung (*f.*), Börsenpreis (*m.*).
borsite (malattia professionale) (*med. - lav.*), Schleimbeutelentzündung (*f.*).
borurazione (*tecnol. mecc.*), Borieren (*n.*).
boscaiolo (tagliaboschi, taglialegna) (*lav.*), Holzfäller (*m.*).
boscato (a bosco) (*agric. - ed.*), bewaldet.
bosco (*agric.*), Wald (*m.*). **2** ~ **di latifoglie** (legno), Laubwald (*m.*). **3** ~ **giovane** (*agric. - ecc.*), Aufwuchs (*m.*). **4 a** ~ (boscoso) (*agric. - ed.*), bewaldet.
boscoso (a bosco) (*agric. - ed.*), bewaldet.
bosoni (particelle) (*fis. nucl.*), Bosonen (*n. pl.*).
bosso (bossolo) (*legno*), Buchs (*m.*), Buchsbaum (*m.*).
bossolo (imbutito cilindrico) (*lav. lamiera*), Hülse (*f.*). **2** ~ (di proiettile) (*espl.*), Hülse (*f.*). **3** ~ (bosso) (*legno*), Buchs (*m.*), Buchsbaum (*m.*). **4** ~ **di cartuccia** (*espl.*), Kartuschenhülse (*f.*), Patronenhülse (*f.*). **5** ~ **stoppato** (« premistoppa ») (*mecc.*), Stopfbüchse (*f.*). **6 ottone per bossoli** (col 63,5-73% Cu) (*lega*), Patronenmessing (*n.*).
botanica (*sc.*), Pflanzenkunde (*f.*), Botanik (*f.*).
botola (*ed.*), Klapptür (*f.*), Falltür (*f.*).
bottaio (*lav.*), Fässler (*m.*), Böttcher (*m.*), Küfer (*m.*), Büttner (*m.*).
bottalare (barilare, per pulire piccoli pezzi) (*tecnol. mecc.*), trommelschleifen, trommeln, scheuern, rollen.
bottalatura (barilatura, per pulire piccoli pezzi) (*tecnol. mecc.*), Trommeln (*n.*), Trommelschleifen (*n.*), Scheuern (*n.*), Rollen (*n.*).
bottale (barilatrice) (*tecnol. mecc.*), Trommel (*f.*), Scheuerfass (*n.*), Scheuertrommel (*f.*). **2** ~ **da concia** (*ind. cuoio*), Gerbfass (*n.*), Gerbtrommel (*f.*). **3** ~ **di rinverdimento** (*ind. cuoio*), Weichfass (*n.*).
bottazzo (controcarena) (*nav.*), Trimmtank (*m.*).
botte (barile, fusto, recipiente di legno chiuso) (*gen.*), Fass (*n.*).
bottiglia (*mft. vetro*), Flasche (*f.*). **2** ~ (sonda, per il prelevamento subacqueo di campioni) (*prove*), Tauchflasche (*f.*). **3** ~ **a tre colli** (*att. chim.*), Dreihalsflasche (*f.*). **4** ~ **di Leida** (*fis.*), Leydener Flasche, Kleistsche Flasche. **5** ~ **di Woulf** (*app. chim.*), Woulfesche Flasche. **6** ~ **termostatica** (« termos ») (*att.*), Thermosflasche (*f.*), Warmhalteflasche (*f.*).
bottone (*gen.*), Knopf (*m.*). **2** ~ **del campanello** (*elett.*), Läutetaste (*f.*), Klingeltaster (*m.*). **3** ~ **di avviamento** (*aut.*), Starter (*m.*), Starterknopf (*m.*), Anlassknopf (*m.*). **4** ~ **di comando** (pulsante di comando) (*macch. - ecc.*), Bedienungsknopf (*m.*). **5** ~ **di fermo** (di un settore a tacche) (*mecc.*), Einrastknopf (*m.*). **6** ~ **di manovella** (perno di manovella,

di un albero a gomiti) (*mot. - mecc.*), Kurbelwellenzapfen (*m.*), Kurbelzapfen (*m.*). 7 ~ **liberarullo** (di una macch. per scrivere) (*macch. per uff.*), Walzenstechknopf (*m.*).
bovindo (*arch.*), Erker (*m.*), Erkerfenster (*n.*).
« Bowden » (cavo flessibile) (*mecc.*), Bowdenkabel (*n.*).
« box » (autorimessa) (*aut.*), Box (*f.*), Autobox (*f.*). 2 ~ **singolo** (*aut.*), Einzelbox (*f.*).
bozza (di stampa) (*tip.*), Korrekturabzug (*m.*), Abzug (*m.*), Probeabzug (*m.*). 2 ~ (di un capitolato, norme, contratto, ecc.) (*comm.*), Entwurf (*m.*). 3 ~ (minuta, di una lettera p. es.) (*uff.*), Entwurf (*m.*). 4 ~ (spezzone di cavo) (*nav.*), Geitau (*n.*). 5 ~ **a spazzola** (prima bozza, ottenuta inchiostrando la forma a spazzola) (*tip.*), Bürstenabzug (*m.*). 6 ~ **corretta** (bozza per la stampa, ultima bozza corretta) (*tip.*), Reindruck (*m.*), druckfertiger Korrekturbogen. 7 ~ **di contratto** (schema di contratto) (*comm.*), Vertragsentwurf (*m.*). 8 ~ **di stampa** (*tip.*), Probeabzug (*m.*), Korrekturabzug (*m.*). 9 ~ **in colonna** (*tip.*), Fahnenabzug (*m.*). 10 ~ **finale** (*tip.*), endgültiger Abzug. 11 ~ **licenziata per la stampa** (bozza corretta, ultima bozza) (*tip.*), druckfertiger Korrekturbogen, Reindruck (*m.*). 12 **foglio per bozze** (*tip.*), Abziehbogen (*m.*). 13 **prima** ~ (*tip.*), erster Abzug. 14 **prima** ~ **a spazzola** (ottenuta inchiostrando la forma a spazzola) (*tip.*), Bürstenabzug (*m.*). 15 **ultima** ~ (bozza corretta, bozza licenziata per la stampa) (*tip.*), druckfertiger Korrekturbogen, Reindruck (*m.*).
bozzello (*app. di sollev.*), Block (*m.*), Kloben (*m.*). 2 ~ **da carico** (*app. di sollev.*), Ladeblock (*m.*). 3 ~ **di guida** (*nav. - app. di sollev.*), Leitblock (*m.*). 4 ~ **per fune** (*app. di sollev.*), Seilblock (*m.*), Seilflasche (*f.*), Seilkloben (*m.*).
bòzzima (*ind. tess.*), Schlichte (*f.*).
bozzolo (ind. della seta) (*tess.*), Kokon (*m.*). 2 ~ **da seta** (*ind. tess.*), Seidenkokon (*m.*).
BR (gomma butadienica, polibutadiene) (*ind. gomma*), BR, 1,4 cis polibutadiene.
Br (bromo) (*chim.*), Br, Brom (*n.*).
braca (fune a cappio) (*trasp. - app. di soll.*), Schlingenseil (*n.*).
bracciale (come segno per addetto ad un servizio p. es.) (*lav. - ecc.*), Armband (*n.*). 2 ~ (di uno sfigmomanometro) (*app. med.*), Manschette (*f.*).
bracciante (*lav.*), Handarbeiter (*m.*). 2 ~ **agricolo** (*lav.*), Feldarbeiter (*m.*).
bracciare (orientare, le vele p. es.) (*nav.*), brassen. 2 ~ **il pennone** (*naut.*), die Rahe brassen.
braccio (*gen.*), Arm (*m.*). 2 ~ (*mecc.*), Arm (*m.*). 3 ~ (di leva) (*mecc.*), Arm (*m.*), Hebelarm (*m.*). 4 ~ (di una gru p. es.) (*macch. ind.*), Ausleger (*m.*), Auslegearm (*m.*). 5 ~ (manovra per orientare le vele p. es.) (*nav.*), Brass (*f.*). 6 ~ (1,8287 m) (*mis. nav.*), Faden (*m.*). 7 ~ **agitatore** (*app.*), Rührarm (*m.*). 8 ~ **a muro** (« applique », apparecchio di illuminazione da parete) (*illum.*), Wandleuchte (*f.*). 9 ~ **articolato** (d'un telefono p. es.) (*telef. - ecc.*), Scherenarm (*m.*). 10 ~ **a terra** (distanza tra il centro di appoggio del pneumatico ed il punto di intersezione dell'asse del perno dello snodo con il piano di appoggio, determinata perpendicolarmente all'asse longitudinale dell'autotelaio) (*aut.*), Lenkrollhalbmesser (*m.*). 11 ~ **a terra negativo** (*aut.*), negativer Lenkrollhalbmesser. 12 ~ **comando fuso a snodo** (dello sterzo) (*aut.*), Lenkhebel (*m.*). 13 ~ **comando sterzo** (*aut.*), Lenkstockhebel (*m.*). 14 ~ **comando sterzo sul fuso a snodo** (leva su fuso) (*aut.*), Lenkhebel (*m.*), Radlenkhebel. 15 ~ **del freno** (dinamometrico) (*app. prove mot.*), Waagebalken (*m.*), Hebelarm (*m.*). 16 ~ **della gru** (*macch. ind.*), Kranausleger (*m.*), Kranarm (*m.*). 17 ~ **dell'albero portaelica** (*nav.*), Schraubenwellenbock (*m.*), Wellenbock (*m.*). 18 ~ **dell'escavatore** (*macch. mov. terra*), Baggerausleger (*m.*). 19 ~ **dello sterzo sul fuso a snodo** (braccio comando sterzo sul fuso a snodo, leva del fuso) (*aut.*), Lenkhebel (*m.*). 20 ~ **del pick-up** (*acus.*), Tonarm (*m.*). 21 ~ **del tergicristallo** (tergitore, racchetta tergente) (*aut.*), Wischarm (*m.*). 22 ~ **di accoppiamento tra asta longitudinale e fuso a snodo** (di uno sterzo) (*aut.*), Spurhebel (*m.*). 23 ~ **di comando sul fuso a snodo** (comando dello sterzo) (*aut.*), Lenkhebel (*m.*), Radlenkhebel (*m.*). 24 ~ **di contatto** (d'un selettore) (*telef.*), Schaltarm (*m.*). 25 ~ **di forza** (della leva) (*mecc.*), Kraftarm (*m.*). 26 ~ **di manovella** (*mecc.*), Kurbelarm (*m.*). 27 ~ **di mare** (*geogr.*), Meeresarm (*m.*). 28 ~ **di posizionamento** (d'una memoria) (*calc.*), Zugriffsarm (*m.*). 29 ~ **di reazione** (di una sospensione) (*aut.*), Achsstrebe (*f.*), Schubstrebe (*f.*). 30 ~ **(di supporto) dell'albero portaelica** (*nav.*), Schraubenwellenbock (*m.*), Wellenbock (*m.*). 31 ~ **girevole** (di una gru p. es.) (*macch. ind.*), Dreharm (*m.*), drehbarer Ausleger. 32 ~ **girevole** (di una gru fissa da parete od a colonna) (*macch. ind.*), Schwenkausleger (*m.*), Schwenkarm (*m.*). 33 **bracci inclinati** (bracci longitudinali ad angolo; tipo di sospensione d'un assale) (*aut.*), Schräglenker (*m.*). 34 ~ **longitudinale** (puntone longitudinale articolato, di una sospensione) (*aut.*), Längslenker (*m.*). 35 **bracci longitudinali ad angolo** (bracci inclinati; tipo di sospensione d'un assale) (*aut.*), Schräglenker (*m.*). 36 ~ **orientabile** (*mecc. - ecc.*), Schwenkarm (*m.*), schwenkbarer Arm (*m.*). 37 ~ **oscillante** (*mecc.*), Schwinge (*f.*), Schwingarm (*m.*). 38 ~ **oscillante** (d'una sospensione) (*aut.*), Lenker (*m.*). 39 ~ **oscillante a triangolo** (di una sospensione) (*aut.*), Dreiecklenker (*m.*), Aufhängedreieck (*n.*). 40 ~ **portaisolatore** (*elett.*), Isolatorstütze (*f.*). 41 ~ **scrivente** (penna, di un barografo p. es.) (*strum.*), Schreibhebel (*m.*). 42 ~ **snodato** (d'una lampada p. es.) (*illum.*), Gelenkarm (*m.*). 43 ~ **telescopico** (*macch. ind.*), Teleskopausleger (*m.*). 44 ~ **trasversale** (di una sospensione) (*aut.*), Querlenker (*m.*). 45 ~ **trasversale inferiore** (di una sospensione) (*aut.*), unterer Querlenker. 46 ~ **trasversale superiore** (di una sospensione) (*aut.*), oberer Querlenker. 47 **doppio** ~ **longitudinale** (quadrilatero longitudinale, di una sospensione) (*aut.*), Doppel-

längslenker (*m.*), Kurbellenker (*m.*). **48 doppio ~ trasversale** (di una sospensione) (*aut.*), Doppelquerlenker (*m.*).
bracciuolo (di un sedile) (*veic. - ecc.*), Armlehne (*f.*), Armstütze (*f.*). **2 ~ da portiera** (appoggiabraccia da portiera, di una autovettura) (*aut.*), Tür-Armlehne (*f.*). **3 ~ di baglio** (*costr. nav.*), Balkenknie (*n.*).
brace (carbone acceso) (*comb.*), Glut (*f.*).
brachistocrona (curva della caduta più rapida di una particella in un campo gravitazionale omogeneo) (*mecc.*), Brachystochrone (*f.*).
bragite (fergusonite) (*min.*), Bragit (*m.*), Fergusonit (*m.*).
bramma (blumo a sezione rettangolare) (*metall.*), Bramme (*f.*). **2 ~ per lamiere** (slebo) (*metall.*), Eisenblechbramme (*f.*). **3 ~ sbozzata** (larghezza circa 600-2.000 e spessore circa 65-200 mm) (*metall.*), Vorbramme (*f.*). **4 forma per bramme** (*metall.*), Brammenkokille (*f.*). **5 laminatoio per bramme** (treno per bramme) (*lamin.*), Brammenstrasse (*f.*). **6 treno per bramme** (laminatoio per bramme) (*lamin.*), Brammenstrasse (*f.*).
branare (scampanare, scuotere il modello) (*fond.*), abklopfen, losklopfen, rütteln.
branatura (scampanatura, scuotimento, per estrarre il modello dalla forma) (*formatura - fond.*), Losklopfen (*n.*), Abklopfen (*n.*), Rütteln (*n.*).
branca (sezione, settore) (*gen.*), Fach (*n.*), Branche (*f.*), Berufsgebiet (*n.*). **2 ~** (specialità, materia di studio, di una scienza) (*gen.*), Fach (*n.*), Spezialität (*f.*).
brandeggiabile (cannone p. es.) (*milit. - ecc.*), schwenkbar. **2 ~** (girevole, braccio d'una gru p. es.) (*app. di sollev. - ecc.*), schwenkbar.
brandeggio (di un'antenna p. es.) (*radar - ecc.*), Schwenkung (*f.*).
brasabile (*tecnol. mecc.*), lötbar.
brasabilità (*tecnol. mecc.*), Lötbarkeit (*f.*).
brasare (saldare a dolce od a forte) (*tecnol. mecc.*), löten. **2 ~ ad immersione** (*tecnol. mecc.*), tauchlöten. **3 ~ a forte** (saldare a forte) (*tecnol. mecc.*), hartlöten. **4 macchina per ~** (brasatrice)(*macch.*), Lötmaschine (*f.*).
brasato (saldato a forte od a dolce) (*tecnol. mecc.*), gelötet. **2 ~ a forte** (*tecnol. mecc.*), hartgelötet. **3 giunto ~** (*tecnol. mecc.*), Lötfuge (*f.*).
brasatrice (macchina per brasare) (*macch.*), Lötmaschine (*f.*).
brasatura (saldatura a dolce od a forte) (*tecnol. mecc.*), Löten (*n.*). **2 ~** (giunto brasato) (*tecnol. mecc.*), Lötverbindung (*f.*), Lötfuge (*f.*). **3 ~ ad alta frequenza** (di placchette di carburo metallico p. es.) (*tecnol. mecc.*), Hochfrequenzlöten (*n.*). **4 ~ ad arco** (*tecnol. mecc.*), Lichtbogenlötung (*f.*). **5 ~ ad argento** (*tecnol. mecc.*), Silberlöten (*n.*). **6 ~ ad immersione** (*tecnol. mecc.*), Tauchlöten (*n.*). **7 ~ a induzione** (*tecnol. mecc.*), Induktionslöten (*n.*). **8 ~ alla fiamma** (*tecnol. mecc.*), Flammenlöten (*n.*), Löten im Flammenfeld. **9 ~ a reazione** (brasatura di leghe leggere a cloruro di zinco) (*tecnol. mecc.*), Reaktionslöten (*n.*). **10 ~ a resistenza** (*tecnol. mecc.*), Widerstandslöten (*n.*). **11 ~ a scorrimento** (*tecnol. mecc.*), Anschwemmlöten (*n.*), Schwellöten (*n.*). **12 ~ con ultrasuoni** (di alluminio p. es.) (*tecnol. mecc.*), Löten mit Ultraschall. **13 ~ dolce** (saldatura dolce) (*tecnol. mecc.*), Weichlöten (*n.*). **14 ~ elettrica** (*tecnol. mecc.*), Elektrohartlötung (*f.*). **15 ~ forte** (saldatura forte) (*tecnol. mecc.*), Hartlöten (*n.*). **16 ~ in bagno di sale** (*tecnol. mecc.*), Salzbadlötung (*f.*). **17 ~ per immersione** (*tecnol. mecc.*), Tauchlöten (*n.*). **18 criccabilità da ~** (dell'acciaio) (*metall. - tecnol. mecc.*), Lötrissigkeit (*f.*). **19 fondente acido per ~** (flusso acido per brasatura) (*tecnol. mecc.*), Lötwasser (*n.*). **20 lega Pb-Sn-Cd per ~** (*tecnol. mecc.*), Wischlot (*n.*). **21 lega per ~** (*tecnol. mecc.*), Lot (*n.*). **22 lega per ~ dolce** (lega per saldatura dolce) (*metall. - tecnol. mecc.*), Weichlot (*n.*). **23 lega per ~ forte** (*tecnol. mecc.*), Hartlot (*n.*).
brascatura (verniciatura di forme, lingottiere ecc., con vernici carboniose) (*fond.*), Schlichten (*n.*), Schwärzen (*n.*).
breccatura (di una placchetta di carburi p. es.) (*ut. - ecc.*), vedi scheggiatura, sfaldatura.
breccia (rottura in un muro) (*ed.*), Durchbruch (*m.*). **2 ~** (conglomerato) (*geol. - ed.*), Brekzie (*f.*), Bresche (*f.*), Brecce (*f.*).
breve (momentaneo) (*gen.*), kurzzeitig.
brevettabile (*leg.*), patentierbar, patentfähig.
brevettabilità (*leg.*), Patentfähigkeit (*f.*).
brevettare (*leg.*), patentieren.
brevettato (*leg.*), patentiert.
brevetto (*leg.*), Patent (*n.*). **2 ~ completivo** (*leg.*), Zusatzpatent (*n.*). **3 ~ d'invenzione** (*leg.*), Erfindungspatent (*n.*). **4 ~ di perfezionamento** (*leg.*), Verbesserungspatent (*n.*). **5 ~ estero** (*leg.*), Auslandpatent (*n.*). **6 ~ principale** (*leg.*), Stammpatent (*n.*). **7 ~ supplettivo** (*leg.*), Abänderungspatent (*n.*). **8 ~ tedesco** (*leg.*), Deutsches Bundespatent, DBP. **9 annualità per (il mantenimento in vigore del) ~** (*leg.*), Patentjahresgebühr (*f.*). **10 attestato di ~** (*leg.*), Auslegeschrift (*f.*). **11 decadenza di ~** (*leg.*), Patentlöschung (*f.*). **12 descrizione di ~** (*leg.*), Patentschrift (*f.*). **13 descrizione di ~ tedesco** (*leg.*), Deutsche Bundespatentschrift, DBPS. **14 diritto dei brevetti** (diritto brevettuale) (*leg.*), Patentrecht (*n.*). **15 domanda di ~** (*leg.*), Patentanmeldung (*f.*). **16 presentare domanda di ~** (*leg.*), ein Patent anmelden. **17 domanda di ~ di aggiramento** (*leg.*), Umgehungsanmeldung (*f.*). **18 rivendicazione di ~** (*leg.*), Patentanspruch (*m.*). **19 scadenza di un ~** (*leg.*), Ablauf eines Patentes. **20 titolare del ~** (*leg.*), Patentinhaber (*m.*). **21 ufficio brevetti** (*leg. - uff.*), Patentanwalt (*m.*). **22 ufficio brevetti centrale** (*leg.*), Patentamt (*n.*). **23 violazione di ~** (*leg.*), Patentverletzung (*f.*).
brevimanu (*uff.*), brevi manu, br.m.
brezza (*meteor.*), Brise (*f.*). **2 ~ leggera** (*meteor.*), leichte Brise. **3 ~ tesa** (*meteor.*), schwache Brise.
bricchetta (*comb. - ecc.*), vedi bricchetto.
bricchettare (formare mattonelle) (*comb. - ecc.*), brikettieren.
bricchettatura (formazione di mattonelle) (*comb. - ecc.*), Brikettierung (*f.*). **2 ~ del minerale** (*min. - metall.*), Erzbrikettierung (*f.*).

bricchettazione (*comb. - ecc.*), *vedi* bricchettatura.
bricchetto (mattonella) (*comb. - ecc.*), Brikett (*n.*). **2** ~ **di carbone** (mattonella di carbone) (*comb.*), Kohlenbrikett (*n.*). **3** ~ **di minerale** (mattonella di minerale) (*min.*), Erzbrikett (*n.*). **4** ~ **di torba** (mattonella di torba) (*comb.*), Torfbrikett (*n.*).
briccola (gruppo di pali, in laguna p. es.) (*nav. - navig.*), Dalbe (*f.*), Dückdalbe (*f.*).
« bricole » (briccola, gruppo di pali da ormeggio p. es.) (*nav.*), Dückdalbe (*f.*), Dalbe (*f.*).
brida (briglia, dispositivo per trascinare il pezzo, di un tornio) (*lav. macch. ut.*), Mitnehmer (*m.*), Drehherz (*n.*).
brigantino (veliero a due alberi) (*nav.*), Brigg (*f.*), Brigantine (*f.*).
briglia (brida, dispositivo per trascinare il pezzo) (*lav. macch. ut.*), Mitnehmer (*m.*), Drehherz (*n.*). **2** ~ (corrente, di trave reticolare) (*ed.*), Gurt (*m.*), Gurtung (*f.*). **3** ~ (traversa, serra, manufatto costruito nell'alveo di un torrente) (*costr. idr.*), Sperre (*f.*). **4** ~ (flangia, di un albero di trasmissione) (*mecc.*), Flansch (*m.*), Mitnehmer (*m.*). **5** ~ **sollecitata a trazione** (corrente sollecitata a trazione) (*ed.*), Zuggurt (*m.*).
brillamento (di una mina) (*espl. - min.*), Sprengung (*f.*), Schuss (*m.*), Schiessen (*n.*). **2** ~ **con nebbia artificiale** (antipolvere) (*min.*), Nebelschiessen (*n.*). **3** ~ **di massi** (sparo di massi) (*min.*), Knäpperschiessen (*n.*), Knäppern (*n.*), Freisteinsprengen (*n.*), Puffern (*n.*). **4 autorizzato ai brillamenti** (brillatore di mine, fochino, fuochino) (*lav. - min.*), Schiessberechtigter (*m.*). **5 conduttore per brillamenti** (reoforo per brillamenti) (*min. - elett.*), Schiessleitung (*f.*). **6 reoforo per brillamenti** (conduttore per brillamenti) (*min. - elett.*), Schiessleitung (*f.*).
brillante (pietra preziosa) (*min.*), Brillant (*m.*), Edelstein (*m.*). **2** ~ (di elevate prestazioni, autovettura) (*a. - aut.*), leistungsfähig. **3** ~ **chimico** (brillante artificiale, strass) (*ind. chim.*), Strass (*m.*), Glaspaste (*f.*), Glasfluss (*m.*).
brillantezza (*vn. - ecc.*), Glanz (*m.*). **2** ~ (briosità di prestazione, di un motore) (*mot. - aut.*), Drehfähigkeit (*f.*).
brillanza (luminosa, misurata in stilb) (*illum.*), Leuchtdichte (*f.*). **2** ~ (soggettiva, luminosità) (*ott. - illum.*), Helligkeit (*f.*). **3** ~ (splendore) (*gen.*), Glanz (*m.*). **4** ~ (di pietre preziose p. es.) (*min. - ecc.*), Feuer (*n.*). **5** ~ **del cratere** (d'una lampada ad arco) (*elett.*), Kraterleuchtdichte (*f.*).
brillare (far saltare, una mina p. es.) (*espl. - min.*), sprengen, schiessen.
brillatoio (macchina per brillatura, per il riso) (*macch.*), Glanzmaschine (*f.*).
brillatore (di mine) (*lav. - min.*), Schiessmeister (*m.*), Sprengmeister (*m.*).
brina (da raffreddamento del vapor d'acqua) (*meteor.*), Reif (*m.*). **2 formarsi di** ~ (*meteor.*), bereifen.
brinellatura (formazione di improntature sulla superficie, causata da urti ripetuti) (*difetto - metall. - tecnol. macc.*), Brinelling (*n.*).
2 falsa ~ (*metall. - tecnol. mecc.*), falsches Brinelling.
briosità (di un motore) (*mot. - aut.*), Drehfähigkeit (*f.*), Drehfreudigkeit (*f.*).
broccatello (*tess.*), Brokatell (*n.*).
broccato (*tess.*), Brokat (*m.*).
broccia (spina) (*ut.*), Räumnadel (*f.*), Räumahle (*f.*), Räumer (*m.*). **2** ~ **a sezione rettangolare** (*ut.*), Plan-Räumwerkzeug (*n.*). **3** ~ **a spinta** (*ut.*), Räumnadel zum Stossen. **4** ~ **a trazione** (*ut.*), Räumnadel zum Ziehen, Ziehnadel (*f.*). **5** ~ **circolare** (per la lavorazione di ingranaggi conici p. es.) (*ut.*), Räumrad (*n.*). **6** ~ **con profilo scanalato ad evolvente** (*ut.*), Evolventenzahnnaben-Räumwerkzeug (*n.*). **7** ~ **elicoidale** (*ut.*), Schraub-Räumwerkzeug (*n.*). **8** ~ **per cave di chiavetta** (*ut.*), Nabennut-Räumwerkzeug (*n.*). **9** ~ **per esterni** (*ut.*), Aussenräumer (*m.*). **10** ~ **periferica** (per brocciatura tubolare) (*ut.*), Umfangs-Räumwerkzeug (*n.*), Tubus-Räumwerkzeug (*n.*), Topf-Räumwerkzeug (*n.*). **11** ~ **per scanalati femmina** (broccia per mozzi scanalati) (*ut.*), Nabennut-Räumwerkzeug (*n.*), Keilnaben-Räumwerkzeug (*n.*). **12** ~ **piatta** (*ut.*), flaches Räumwerkzeug. **13** ~ **per mozzi scanalati** (broccia per scanalati femmina) (*ut.*), Nabennut-Räumwerkzeug (*n.*), Keilenaben-Räumwerkzeug (*n.*).
brocciabilità (*lav. macch. ut.*), Räumbarkeit (*f.*).
brocciare (*lav. macch. ut.*), räumen. **2** ~ **a spinta** (*lav. macch. ut.*), schubräumen. **3** ~ **a trazione** (*lav. macch. ut.*), ziehräumen.
brocciatrice (spinatrice) (*macch. ut.*), Räummaschine (*f.*). **2** ~ **a catena** (*macch. ut.*), Kettenräummaschine (*f.*). **3** ~ **a spinta** (*macch. ut.*), Stossräummaschine (*f.*), Räumnadelstossmaschine (*f.*). **4** ~ **a trazione** (*macch. ut.*), Ziehräummaschine (*f.*). **5** ~ **a trazione ascendente** (*macch. ut.*), Hochziehräummaschine (*f.*). **6** ~ **orizzontale idraulica** (*macch. ut.*), hydraulische Waagerechträummaschine. **7** ~ **per esterni** (*macch. ut.*), Aussenräummaschine (*f.*). **8** ~ **per ingranaggi conici** (*macch. ut.*), Kegelradräummaschine (*f.*). **9** ~ **per interni** (*macch. ut.*), Innenräummaschine (*f.*). **10** ~ **verticale per interni** (*macch. ut.*), Senkrechtinnenräummaschine (*f.*).
brocciatura (spinatura) (*lav. macch. ut.*), Räumen (*n.*). **2** ~ **a catena** (*lav. macch. ut.*), Kettenräumen (*n.*). **3** ~ **a spinta** (*lav. macch. ut.*), Schubräumen (*n.*), Stossräumen (*n.*), Räumpressen (*n.*), Druckräumen (*n.*). **4** ~ **a trazione** (*lav. macch. ut.*), Ziehräumen (*n.*). **5** ~ **conica** (*lav. macch. ut.*), Konischräumen (*n.*). **6** ~ **di fori quadri** (*lav. macch. ut.*), Vierkanträumen (*n.*). **7** ~ **di ingranaggi conici** (*lav. macch. ut.*), Kegelradräumen (*n.*). **8** ~ **di profili scanalati** (*lav. macch. ut.*), Keilprofilräumen (*n.*), Räumen von Keilprofilen. **9** ~ **doppia** (con due utensili su brocciatrice unica) (*lav. macch. ut.*), Zwillingsräumen (*n.*). **10** ~ **elicoidale** (di scanalature elicoidali) (*lav. macch. ut.*), Drallräumen (*n.*), Spiralräumen (*n.*). **11** ~ **esterna** (*lav. macch. ut.*), Aussenräumen (*n.*). **12** ~ **interna** (*lav. macch. ut.*), Innenräumen (*n.*). **13** ~ **periferica** (brocciatura tubolare) (*lav. macch. ut.*), Umfang-

räumen (*n.*), Tubusräumen (*n.*), Topfräumen (*n.*). **14 corsa di** ~ (*lav. macch. ut.*), Räumhub (*m.*).
brogliaccio (*uff. - tip.*), Kladde (*f.*).
bromo (*Br - chim.*), Brom (*n.*). **2 numero di** ~ (grammi di bromo, assorbiti da 100 g del campione, per la determinazione degli idrocarburi non saturi contenuti in benzine ecc.) (*chim.*), Brohmzahl (*f.*).
bromuro (*chim.*), Bromid (*n.*). **2** ~ **di argento** (AgBr) (*chim. - fot.*), Bromsilber (*n.*), Silberbromid (*n.*). **3** ~ **di etile** (*chim.*), Bromäther (*m.*). **4** ~ **di potassio** (KBr) (*chim.*), Kaliumbromid (*n.*). **5** ~ **di sodio** (NaBr) (*chim.*), Bromnatrium (*n.*), Natriumbromid (*n.*). **6 carta al** ~ (carta a sviluppo, ad immagine latente) (*fot.*), Bromsilberpapier (*n.*). **7 copia al** ~ (*fot.*), Bromsilberkopie (*f.*). **8 stampa al** ~ (*fot.*), Bromsilberdruck (*m.*), Kilometerphotographie (*f.*).
bronzare (*vn.*), bronzieren. **2 macchina per** ~ (*macch. tip.*), Bronziermaschine (*f.*).
bronzatrice (macchina per la bronzatura) (*macch. tip.*), Bronziermaschine (*f.*).
bronzatura (*vn.*), Bronzieren (*n.*). **2** ~ **elettrolitica** (*elettrochim.*), galvanisches Bronzieren.
bronzina (cuscinetto liscio) (*mecc.*), Bronzelager (*n.*). **2** ~ (bussola di bronzo, boccola di bronzo) (*mecc.*), Bronzebuchse (*f.*). **3** ~ (guscio di cuscinetto) (*mecc.*), Lagerbuchse (*f.*), Lagerschale (*f.*).
bronzo (*metall.*), Bronze (*f.*). **2** ~ (color bronzo) (*colore*), Bronze (*f.*), Bronzefarbe (*f.*). **3** ~ **al ferro** (ottenuto mediante sinterazione) (*metalloceramica*), Eisenbronze (*f.*). **4** ~ **allo stagno** (*metall.*), Zinnbronze (*f.*). **5** ~ **allo stagno per getti** (*lega*), Guss-Zinnbronze (*f.*). **6** ~ **al manganese** (*metall.*), Manganbronze (*f.*). **7** ~ **al nichel** (*metall.*), Nickelbronze (*f.*). **8** ~ **al piombo** (metallo rosa, per cuscinetti) (*metall.*), Bleibronze (*f.*). **9** ~ **al silicio** (*metall.*), Siliziumbronze (*f.*). **10** ~ **caro** (bronzo allo stagno) (*lega*), Caro-Bronze (*f.*). **11** ~ **Charpy** (bronzo al piombo per cuscinetti radenti, 80-85% Cu, 8-10% Pb, 6-9% Sn) (*lega*), Charpy-Bronze (*f.*). **12** ~ **cinese** (bronzo al piombo, 83%Cu, 10% Pb, 5%Sn) (*lega*), China-Bronze (*f.*), Moronsbronze (*f.*), Chinesische Bronze, chinesisches Kupfer. **13** ~ **da campane** (*metall.*), Glockenbronze (*f.*). **14** ~ **da cannoni** (*metall.*), Geschützbronze (*f.*). **15** ~ **d'alluminio** (*metall.*), Aluminiumbronze (*f.*). **16** ~ **d'alluminio per getti** (*metall.*), Guss-Aluminiumbronze (*f.*). **17** ~ **da marina** (bronzo allo stagno, col 2% Sn, Fe e Pb) (*lega*), Marinebronze (*f.*), Bilgenbronze (*f.*). **18** ~ **fosforoso** (*metall.*), Phosphorbronze (*f.*). **19** ~ **fuso** (per la colata di campane) (*fond.*), Speise (*f.*), Glockenspeise (*f.*). **20** ~ **per getti** (bronzo allo stagno, lega di rame, zinco, stagno ed eventualmente piombo) (*metall.*), Rotguss (*m.*). **21** ~ **per lavorazione plastica** (*metall.*), Knetbronze (*f.*). **22** ~ **sinterato** (bronzo sinterizzato) (*lega*), Sinterbronze (*f.*). **23 di** ~ (*metall.*), bronzen.
brossura (*legatoria*), Broschur (*f.*). **2 in** ~ (*legatoria*), geheftet, broschiert.

brucellosi (malattia. professionale) (*med - lav.*), Brucellose (*f.*), Bangische Krankheit.
bruciare (*gen.*), brennen, verbrennen. **2** ~ (saltare, di valvole di sicurezza p. es.) (*elett.*), durchbrennen, durchschmelzen. **3** ~ (il pelo p. es.) (*ind. tess.*), versengen, sengen. **4** ~ (gasare) (*ind. tess.*), gasieren, gasen. **5** ~ (in atmosfera scarsa di ossigeno) (*comb.*), schwelen. **6** ~ **completamente** (*gen.*), ausbrennen.
bruciarsi (fondersi, saltare, di valvole p. es.) (*elett.*), durchschmelzen, durchbrennen.
bruciato (*gen.*), verbrannt. **2** ~ (saltato, fusibile) (*elett.*), durchgebrannt.
bruciatore (*app. comb.*), Brenner (*m.*). **2** ~ **a correnti incrociate** (*comb.*), Kreuzstrombrenner (*m.*). **3** ~ **a farfalla** (becco a farfalla) (*app. comb.*), Schmetterlingsbrenner (*m.*). **4** ~ **a fiamma pilota** (*comb.*), Leitflammenbrenner (*m.*). **5** ~ **a flussi paralleli** (*comb.*), Parallelstrombrenner (*m.*). **6** ~ **a nastro** (*comb.*), Bandbrenner (*m.*), Langschlitzbrenner (*m.*). **7** ~ **a torcia** (per smaltire gas combustibili costituenti un sottoprodotto inutilizzabile, p. es. nelle raffinerie di petrolio) (*ind. chim.*), Fackelbrenner (*m.*). **8** ~ **a turbolenza** (*app. comb.*), Wirbelbrenner (*m.*), Wirbelstrombrenner (*m.*). **9** ~ **Auer** (*comb.*), Auerbrenner (*m.*). **10** ~ **(ausiliario) di accensione** (*comb. - mot.*), Zündbrenner (*m.*). **11** ~ **catalitico** (*comb.*), Katalytbrenner (*m.*). **12** ~ **di nafta** (bruciatore per nafta) (*app. comb.*), Ölbrenner (*m.*). **13** ~ **per acetilene** (*app. illum.*), Azetylenbrenner (*m.*). **14** ~ **per gas** (*app. comb.*), Gasbrenner (*m.*). **15** ~ **per nafta** (*app. comb.*), Ölbrenner (*m.*). **16** ~ **per polverino di carbone** (*app. comb.*), Kohlenstaubbrenner (*m.*).
bruciatura (*gen.*), Brennen (*n.*). **2** ~ (riscaldamento eccessivo) (*difetto - tratt. term. - metall.*), Verbrennen (*n.*). **3** ~ (scolorazione della superficie dell'acciaio dovuta a forte riscaldamento) (*difetto mecc.*), Ausglühen (*n.*). **4** ~ (nella rettifica) (*lav. macch. ut.*), Verbrennung (*f.*). **5** ~ (macchia di bruciatura, difetto di rettifica) (*lav. macch. ut.*), Brandfleck (*m.*), Brandstelle (*f.*). **6** ~ (gasatura, del pelo) (*ind. tess.*), Sengen (*n.*), Gasieren (*n.*), Gasen (*n.*). **7** ~ (di valvole p. es.) (*elett.*), Durchbrennen (*n.*), Durchschmelzen (*n.*). **8** ~ **completa** (*gen.*), Ausbrennen (*n.*). **9 macchia di** ~ (difetto di rettifica) (*lav. macch. ut.*), Brandfleck (*m.*). **10 segno di** ~ (nella rettifica p. es.) (*lav. macch. ut.*), Brandmarke (*f.*).
brughiera (*geol.*), Heide (*f.*).
brulotto (*nav.*), Brander (*m.*).
bruma (*meteor.*), Dunst (*m.*).
brunire (burnire, levigare a schiacciamento) (*mecc.*), glanzdrücken, polierdrücken, prägepolieren. **2** ~ (produrre uno strato di ossido protettivo, con trattamento chimico) (*metall. - tecnol. mecc.*), brünieren, schwarzbrennen.
brunitoio (*ut.*), Polierstahl (*m.*), Glättstahl (*m.*).
brunitrice (rullatrice, per la finitura di pezzi) (*macch.*), Rolliermaschine (*f.*).
brunitura (burnitura, levigatura a schiacciamento) (*tecnol. mecc.*), Polierdrücken (*n.*),

bruno

Glanzdrücken (*n.*), Prägepolieren (*n.*). 2 ~ (ossidazione protettiva) (*metall. - tecnol. mecc.*), Brünieren (*n.*), Schwarzbrennen (*n.*). 3 ~ (rullatura, procedimento di finitura di precisione) (*tecnol. mecc.*), Rollieren (*n.*). 4 ~ a rulli (rullatura per aumentare la resistenza degli strati superficiali) (*mecc.*), Festwalzen (*n.*). 5 ~ a rullo (*tecnol. mecc.*), Polierrollen (*n.*). 6 forno per ~ (forno - *tecnol. mecc.*), Schwarzbrennofen (*m.*).
bruno (*s. - colore*), Braun (*n.*).
brusco (variazione p. es.) (*gen.*), sprunghaft.
brusìo (da diafonia p. es.) (*radio - ecc.*), Babbeln (*n.*) Gemurmel (*n.*).
buca (*gen.*), Loch (*n.*). 2 ~ (per riparazioni) (*aut.*), Ausbesserungsgrube (*f.*), Grube (*f.*). 3 ~ (nella pavimentazione stradale) (*strada*), Schlagloch (*n.*). 4 ~ (nel letto di un fiume) (*geogr.*), Kolk (*m.*). 5 ~ delle lettere (*posta*), Briefeinwurf (*m.*). 6 ~ per riparazioni (*aut.*), Ausbesserungsgrube (*f.*), Grube (*f.*).
bucare (perforare) (*gen.*), stechen, lochen.
buccia (*gen.*), Schale (*f.*). 2 ~ d'arancia (difetto di vn. - lav. lamiera), Orangenschale (*f.*).
«**buckling**» (in un reattore critico, parametro di criticità) (*fis. nucl.*), Flusswölbung (*f.*), Flussdichtewölbung (*f.*), Buckling (*f.*). 2 ~ **geometrico** (parametro di criticità geometrico, di un reattore) (*fis. atom.*), geometrische Flussdichtewölbung, geometrische Buckling. 3 ~ **materiale** (parametro di criticità materiale, di un reattore) (*fis. atom.*), Material-Flussdichtewölbung (*f.*), materielle Buckling.
buco (*gen.*), Loch (*n.*). 2 ~ (vacanza, buco elettronico, di un semiconduttore) (*elettronica*), Loch (*n.*), Defektelektron (*n.*). 3 ~ **della serratura** (*mecc.*), Schlüsselloch (*n.*). 4 **conduzione per buchi** (conduzione per difetti, conduzione per lacune) (*elettronica*), Löcherleitung (*f.*), Defektleitung (*f.*).
«**budget**» (bilancio preventivo) (*amm. - finanz.*), Budget (*n.*), Etat (*m.*). 2 **esecuzione di** ~ (esecuzione di bilancio preventivo) (*amm.*), Budgetierung (*f.*).
buffet (*mobile*), Speiseschrank (*m.*), Büffet (*n.*).
bugliolo (*nav.*), Eimer (*m.*).
bugna (*arch.*), Rustikaquader (*m.*), Buckelstein (*m.*), Bossenwerkstein (*m.*).
bugnare (*arch.*), bossieren, bosseln, rustikal bearbeiten.
bugnato (*ed. - arch.*), Rustika (*f.*), Buckelsteinmauer (*f.*), Bossenwerk (*n.*).
bulbo (di un ferro a bulbo) (*ind. metall.*), Wulst (*m.*). 2 ~ (della prua di uno scafo) (*costr. nav.*), Wulst (*m.*). 3 ~ **del termometro** (bulbo termometrico) (*strum.*), Thermometerkugel (*f.*). 4 ~ **termometrico** (bulbo del termometro) (*strum.*), Thermometerkugel (*f.*). 5 **a** ~ (*gen.*), bulbförmig, wulstförmig. 6 **angolare a** ~ (di ferro) (*ind. metall.*), Bulbwinkeleisen (*n.*), Winkelwulsteisen (*n.*). 7 **prua a** ~ (*costr. nav.*), Wulstbug (*m.*). 8 **turbina a** ~ (idraulica, Kaplan o ad elica) (*turb.*), Rohrturbine (*f.*).

bulinare (incidere figure p. es. su metalli) (*metall. - ecc.*), punzieren, punzen. 2 ~ (punzonare, un pezzo p. es. come contrassegno) (*mecc.*), körnen. 3 ~ (con punta da centri) (*mecc.*), ankörnen.
bulinatura (incisione del metallo) (*metall. - ecc.*), Punzierung (*f.*). 2 ~ (colpo di bulino) (*mecc.*), Körnerschlag (*m.*). 3 ~ (di fori da centro) (*mecc.*), Ankörnen (*n.*).
bulino (ut. per incidere metalli) (*ut.*), Punze (*f.*), Punzen (*m.*), Stahlstift (*m.*). 2 ~ **da centri** (punzone da centri) (*ut.*), Zentrierkörner (*m.*), Ankörner (*m.*), Mittelpunktkörner (*m.*). 3 ~ **segnacentri** (punzone da centri) (*ut.*), Ankörner (*m.*), Zentrierkörner (*m.*), Mittelpunktkörner (*m.*). 4 **segnare col** ~ (*mecc. - ecc.*), vorkörnen, körnen.
«**bulldozer**» (apripista) (*macch. mov. terra*), Planierraupe (*f.*), Bulldozer (*m.*).
bulletta (chiodo da scarpe) (*ind. cuoio*), Zwecke (*f.*), Täck (*m.*).
bullonare (*mecc.*), verschrauben.
bullone (vite con dado) (*mecc.*), Mutterschraube (*f.*), Schraubenbolzen mit Kopf und Mutter. 2 ~ **ad elevato allungamento** (vite ad elevato allungamento, vite con gambo scaricato, in cui il carico di trazione è uguale nell'intero suo volume, per flange p. es.) (*mecc. - tubaz.*), Dehnschraube (*f.*), Dehnschaftschraube (*f.*). 3 ~ **ad occhio** (golfare) (*macch.*), Ösenschraube (*f.*). 4 ~ **ad U** (cavallotto, staffa ad U) (*mecc.*), Bügelschraube (*f.*). 5 ~ **a testa conica** (vite a testa conica)(*mecc.*),Schraube mit konischem Kopf. 6 ~ **a testa quadra** (vite a testa quadra) (*mecc. - ecc.*), Schraube mit Vierkantkopf. 7 ~ **a testa tonda** (*mecc. - ecc.*), Schraube mit halbrundem Kopf. 8 ~ **calibrato** (*mecc.*), Passchraube (*f.*). 9 ~ **con gambo scaricato** (vite con gambo scaricato, con gambo liscio di diametro ridotto rispetto a quello della parte filettata) (*mecc.*), Dehnschraube (*f.*), Dehnschaftschraube (*f.*). 10 ~ **con spallamento** (*mecc.*), Bundschraube (*f.*). 11 ~ **di ancoraggio** (*mecc.*), Ankerschraube (*f.*). 12 **bulloni di biella** (*mot.*), Pleuelschrauben (*f. pl.*). 13 ~ **di fondazione** (chiavarda di fondazione) (*ed. - macch.*), Fundamentschraube (*f.*), Anker (*m.*). 14 ~ **di fondazione per macchine** (*ed. - macch.*), Maschinenanker (*m.*). 15 ~ **di unione** (*mecc.*), Anschluss-schraube (*f.*). 16 ~ **passante** (*mecc.*), durchgehende Schraube. 17 ~ **per ganasce** (o per stecche) (*ferr.*), Laschenschraube (*f.*). 18 ~ **per ruota** (vite per ruota) (*aut.*), Radschraube (*f.*). 19 ~ **per stecca** (bullone per ganascia) (*ferr. - mecc.*), Laschenschraube (*f.*).
bulloneria (*mecc.*), Schrauben (*f. pl.*). 2 **tornio automatico per** ~ (*macch. ut.*), Schraubenautomat (*m.*). 3 **tornio per** ~ (*macch. ut.*), Schraubendrehbank (*f.*).
buna (gomma sintetica, copolimero del butadiene (*ind. chim.*), Buna (*n.*). 2 ~ **N** (perbuna, gomma sintetica resistente agli oli) (*ind. gomma*), Perbunan (*n.*).
«**bungalow**» (casa ad un piano con veranda) (*ed.*), Bungalow (*n.*).
bunker (carbonile) (*nav. - ecc.*), Bunker (*m.*). 2 ~ (fortino in cemento armato) (*milit.*),

Bunker (*m.*). 3 ~ (silo per minerali) (*min.*), Erzbunker (*m.*).
bunkeraggio (rifornimento di carbone, carbonamento) (*nav.*), Bunkern (*n.*), Bekohlung (*f.*).
Bunsen (becco Bunsen) (*att.*), Bunsenbrenner (*m.*). **2 elemento** ~ (*elett.*), Bunsenelement (*n.*).
buono (di prelevamento p. es.) (*s. - gen.*), Schein (*m.*). 2 ~ (*a. - gen.*), gut. 3 ~ (classifica di operaio) (*a. - analisi tempi*), gut. 4 ~ **di cassa** (*amm.*), Kassenanweisung (*f.*). 5 ~ **di consegna** (*comm. - trasp.*), Lieferschein (*m.*), Auslieferungsschein (*m.*). 6 ~ **di godimento** (azione di godimento, certificato di godimento) (*finanz.*), Genuss-Schein (*m.*), Genussaktie (*f.*). 7 ~ **di magazzino** (bolla di magazzino) (*amm.*), Lagerschein (*m.*). 8 ~ **di prelevamento** (dal magazzino) (*ind.*), Bezugsschein (*m.*), Lagerschein (*m.*). 9 ~ **di prelievo** (*ind. - amm.*), Entnahmeschein (*m.*), Anforderungsschein (*m.*). 10 ~ **di prelievo dal magazzino** (bolla di prelevamento dal magazzino) (*ind. - amm.*), Lagerentnahmeschein (*m.*). 11 **buoni fruttiferi** (*finanz.*), Kassenscheine (*m. pl.*). 12 ~ **fruttifero postale** (*finanz.*), Postsparzertifikat (*n.*). 13 ~ **sconto** (*comm.*), Rabattmarke (*f.*).
burattatura (barilatura, bottalatura, per la pulitura di pezzi metallici) (*tecnol. mecc.*), Rommeln (*n.*), Trommeln (*n.*), Scheuern (*n.*), Rollen (*n.*).
buratto (per la separazione delle farine) (*macch. ind. molitoria*), Sichter (*m.*), Sichtmaschine (*f.*). 2 ~ (bottale, per la pulitura di pezzi metallici) (*macch.*), Trommel (*f.*). 3 ~ **piano** (« plansichter ») (*macch. ind. molitoria*), Plansichter (*m.*).
bure (di un aratro) (*macch. agric.*), Pflugbalken (*m.*), Grindel (*m.*).
Bureau Veritas (Ufficio di classificazione, Registro navale) (*nav.*), Bureau Veritas, BV.
buretta (tubo di vetro calibrato) (*att. chim.*), Bürette (*f.*). **2 pinza per burette** (morsetto per burette) (*app. chim.*), Bürettenklemme (*f.*).
burrasca (*meteor.*), Sturm (*m.*). 2 ~ **forte** (vento) (*meteor.*), Sturm (*m.*). 3 ~ **fortissima** (*meteor.*), schwerer Sturm. 4 ~ **magnetica** (*geofis.*), magnetischer Sturm. 5 ~ **moderata** (*meteor.*), stürmischer Wind.
burro (*ind. - chim.*), Butter (*f.*). 2 ~ **artificiale** (margarina) (*ind.*), Margarine (*f.*), Kunstbutter (*f.*). 3 ~ **vegetale** (*ind. chim.*), Pflanzenbutter (*f.*).
burrone (*geol.*), Bergschlucht (*f.*).
busetta (di una paniera di colata continua) (*fond.*), Ausguss (*m.*), Düse (*f.*). 2 ~ **sommersa** (*fond.*), eingetauchter Ausguss.
bussare (picchiare) (*gen.*), pochen, klopfen.
bussola (*strum. navig.*), Kompass (*m.*). 2 ~ (boccola) (*mecc.*), Buchse (*f.*). 3 ~ (manicotto o bussola di serraggio p. es.) (*mecc.*), Hülse (*f.*). 4 ~ (cannotto, della contropunta p. es.) (*macch. ut.*), Pinole (*f.*). 5 ~ **ad induzione** (*strum. aer.*), Induktionskompass (*m.*). 6 ~ **ad induzione terrestre** (bussola elettronica) (*strum. aer.*), Erdinduktionskompass (*m.*), Erdinduktor (*m.*). 7 ~ **a giunto piano** (boccola avvolta a giunto piano) (*mech.*), Buchse mit glattem Stoss. 8 ~ **a liquido** (*strum. navig.*), Fluidkompass (*m.*), Schwimmkompass (*m.*). 9 ~ **avvolta** (boccola avvolta, boccola rullata) (*mecc.*), gerollte Buchse 10 ~ **(avvolta) a giunto aggraffato** (boccola avvolta a giunto aggraffato) (*mecc.*), Buchse mit verklinktem Stoss. 11 ~ **azimutale** (*strum. navig.*), Azimutzeiger (*m.*). 12 ~ **conica** (per fissare gli utensili) (*mecc.*), Kegelhülse (*f.*). 13 ~ **da miniera** (*strum. min.*), Grubenkompass (*m.*), bergmännischer Kompass. 14 ~ **dei seni** (*strum.*), Sinusbussole (*f.*), Sinusgalvanometer (*m.*). 15 ~ **della testa della bielletta** (di un mot. a stella) (*mot.*), Nebenpleuelbuchse (*f.*). 16 ~ **delle tangenti** (*strum. - elett.*), Tangentenbussole (*f.*). 17 ~ **del piede della bielletta** (*mot.*), Nebenpleuelkopfbuchse (*f.*). 18 ~ **del piede di biella** (boccola del piede di biella) (*mot.*), Pleuelstangenbuchse (*f.*), Pleuelbuchse (*f.*), Kolbenbolzenlager (*n.*), Kolbenbolzenbuchse (*f.*). 19 ~ **del piede della biella madre** (di un mot. a stella) (*mot.*), Hauptpleuelkopfbuchse (*f.*). 20 ~ **di adattamento** (bussola da riporto) (*mecc.*), Einsatzhülse (*f.*). 21 ~ **di bronzo** (bronzina, boccola di bronzo) (*mecc.*), Bronzebuchse (*f.*). 22 ~ **di chiusura** (bussola di serraggio) (*lav. macch. ut.*), Spannbuchse (*f.*), Zangenhülse (*f.*). 23 ~ **di chiusura ad eccentrico** (*macch. ut.*), Exzenterspannung (*f.*). 24 ~ **di declinazione** (declinometro) (*strum. geofis.*), Deklinationsbussole (*f.*). 25 ~ **di gomma** (*mecc.*), Gummihülse (*f.*), Gummitülle (*f.*). 26 ~ **di guida** (*mecc.*), Führungsbuchse (*f.*), Führungshülse (*f.*). 27 ~ **di massa** (bussola di terra) (*elett.*), Erdungsbuchse (*f.*). 28 ~ **d'inclinazione** (*strum.*), Neigungskompass (*m.*), Inklinationsbussole (*f.*). 29 ~ **d'iniezione** (bussola d'alimentazione, di uno stampo per l'iniezione delle materie plastiche) (*ut.*), Angussbuchse (*f.*). 30 ~ **di ottone** (« bronzina ») (*mecc.*), Messingbuchse (*f.*). 31 ~ **di registro** (*ut.*), Stellbuchse (*f.*). 32 ~ **di riduzione** (cono di riduzione) (*mecc.*), Reduktionshülse (*f.*), Reduzierhülse (*f.*). 33 ~ **di rotta** (giroscopica) (*aer.*), Halbkompass (*m.*). 34 ~ **di serraggio** (*macch. ut.*), Spannbuchse (*f.*). 35 ~ **di serraggio elastica** (*ut.*), federnde Spannbuchse. 36 ~ **elettronica** (ad induzione terrestre) (*strum. aer.*), Erdinduktionskompass (*m.*), Erdinduktor (*m.*). 37 ~ « **Ensat** » (inserto filettato automaschiante) (*mecc.*), « Ensat », selbstschneidende Gewindebüchse. 38 ~ **filettata** (manicotto filettato) (*mecc.*), Schraubbuchse (*f.*), Gewindehülse (*f.*). 39 ~ **filettata** (sede filettata da riporto, inserto filettato) (*mecc.*), Gewindebuchse (*f.*). 40 ~ **flangiata** (*mecc.*), Bundbuchse (*f.*). 41 ~ **giroscopica** (girobussola) (*strum. navig.*), Kreiselkompass (*m.*). 42 ~ **giroscopica ripetitrice** (girobussola ripetitrice) (*strum. navig.*), Kreiseltochterkompass (*m.*). 43 ~ **madre** (*strum. navig.*), Mutterkompass (*m.*). 44 ~ **magnetica** (*strum. navig.*), Magnetkompass (*m.*). 45 ~ **marina** (*strum. navig.*), Seekompass (*m.*). 46 ~ **marittima** (*strum. nav.*), Schiffskompass (*m.*). 47 ~ **massiccia** (boccola massiccia) (*mecc.*), Mas-

busta

sivbuchse (*f.*). **48 ~ per foratura** (di una maschera per foratura) (*att. mecc.*), Bohrbuchse (*f.*). **49 ~ per piede di biella** (boccola di piede di biella) (*mot.*), Kolbenbolzenbuchse (*f.*), Pleuelbuchse (*f.*). **50 ~ per supporto** (cuscinetto) (*mecc.*), Lagerbuchse (*f.*). **51 ~ portautensile** (per trapani plurimandrino) (*ut.*), Stellhülse (*f.*). **52 ~ reggimandrino** (cannotto reggimandrino, di un'alesatrice) (*macch. ut.*), Traghülse (*f.*). **53 ~ ripetitrice** (*strum. navig.*), Tochterkompass (*m.*). **54 ~ riportata** (per masshera di foratura) (*lav. macch. ut.*), Steckbuchse (*f.*). **55 ~ scanalata** (scanalato femmina) (*mecc.*), Keilhülse (*f.*), Keilnabe (*f.*). **56 ~ smontabile** (*mecc.*), Abziehhülse (*f.*). **57 deviazione della ~** (*strum. navigaz.*), Kompassablenkung (*f.*). **58 estrattore per bussole** (*ut.*), Buchsenzieher (*m.*). **59 rosa della ~** (*strum. navig.*), Kompassrose (*f.*), Windrose (*f.*).

busta (*posta - ecc.*), Umschlag (*m.*). **2 ~ affrancata** (*posta*), Freiumschlag (*m.*). **3 ~ a sacchetto** (*uff. ecc.*), Versandtasche (*f.*). **4 ~ con finestra** (*posta*), Fensterbriefumschlag (*m.*). **5 ~ paga** (*lav. - pers.*), Lohnbeutel (*m.*), Lohntüte (*f.*). **6 ~ per lettera** (*posta*), Briefumschlag (*m.*), Briefhülle (*f.*), Briefcouvert (*n.*), Kuvert (*n.*). **7 macchina per confezione in buste** (*imball.*), Kuvertiermaschine (*f.*).

bustina (piccola busta) (*gen.*), Umschlag (*m.*).

2 ~ di aghi (*ind.*), Brief (*m.*), Nadelbrief (*m.*). **3 ~ -filtro** (per tè p. es.) (*ind.*), Aufgussbeutel (*m.*).

butadiene (C_4H_6) (*chim.*), Butadien (*n.*). **2 ~ -acrilonitrile** (gomma acrilo-nitrilica, NBR) (*ind. chim.*), Acrylonitril-Kautschuk (*m.*), NBR.

butano (C_4H_{10}) (*chim.*), Butan (*n.*).

butile (radicale C_4H_9-) (*chim.*), Butyl (*n.*).

butilene (C_8H_4) (*chim.*), Butylen (*n.*), Buten (*n.*).

butirrometro (lattodensimetro) (*strum.*), Butyrometer (*n.*).

buttafuori (*nav.*), Schwenkbaum (*m.*), Ausleger (*m.*), Backspier (*f.*).

butteruola (stampo per ribadire chiodi) (*ut.*), Döpper (*m.*), Nietendöpper (*m.*), Nietstempel (*m.*).

« by-pass » (bipasso, cortocircuitazione, derivazione di sorpasso) (*tubaz. - ecc.*), Umgehung (*f.*), Nebenweg (*m.*). **2 ~** (tubo di corto circuito) (*tubaz.*), Ausweichleitung (*f.*), Umgehungsleitung (*f.*), Nebenschlussleitung (*f.*). **3 ~** (condensatore di fuga, condensatore di derivazione) (*elett.*), Ableitkondensator (*m.*).

byte (gruppo di bit) (*elab. dati - ecc.*), Byte (*n.*).

B(Zw) (bainite) (*tratt. term.*), B(Zw), Zwischenstufegefüge (*n.*).

C

C (carbonio) (*chim.*), C, Kohlenstoff (*m.*). **2** ~ (capacità) (*elett.*), C, Kapazität (*f.*). **3** ~ (coulomb) (*elett.*), C, Coulomb (*n.*). **4** ~ (Celsius, centigrado) (*term.*), C, Celsius. **5 banda** ~ (5-5,25 GHz) (*radar*), C-Band (*n.*).
c (centi- = 10^{-2}) (*mis.*), c, zenti-. **2** ~ (curie, simbolo per l'unità curie) (*unità radioatt.*), c, Curie (*n.*).
c (velocità della luce) (*fis.*), c, Lichtgeschwindigkeit (*f.*).
CA (acetato di cellulosa) (*mat. plast.*), CA, Celluloseacetat (*n.*).
Ca (calcio) (*chim.*), Ca, Kalzium (*n.*).
ca. (circa) (*gen.*), ca., r., rund, etwa.
c.a. (corrente alternata) (*elett.*), Ws, Wechselstrom (*m.*).
CAB (acetato butirrato di cellulosa) (*chim.*), CAB, Celluloseacetatbutyrat (*n.*).
cabina (*telef. - ecc.*), Kabine (*f.*), Zelle (*f.*). **2** ~ (per impianti alta tensione p. es.) (*elett.*), Zelle (*f.*). **3** ~ (*nav.*), Kabine (*f.*). **4** ~ (di un ascensore) (*ed. - trasp.*), Kabine (*f.*). **5** ~ (di una funivia) (*trasp.*), Kabine (*f.*), Wagen (*m.*). **6** ~ **a due letti** (*nav. - ecc.*), Zweibettkabine (*f.*). **7** ~ **afonica** (*acus.*), schalltote Kabine. **8** ~ **a guanti** (munita di aperture con guanti a tenuta, per maneggio di sostanze radioattive p. es.) (*radioatt.*), Handschuhkasten (*m.*). **9** ~ **avanzata** (di autocarro p. es.) (*veic.*), Frontlenkerkabine (*f.*). **10** ~ **con cuccette** (cabina lunga, di un autocarro) (*aut.*), Führerkabine mit Schlafkojen, Fernfahrerhaus (*n.*). **11** ~ **corta** (di un autocarro) (*aut.*), Kurzfahrerhaus (*n.*), kurzes Fahrerhaus. **12** ~ **degli argani** (*ind.*), Windenhaus (*n.*). **13** ~ **del conducente** (*veic. - ecc.*), Führerkabine (*f.*). **14** ~ **del frenatore** (garitta del frenatore) (*ferr.*), Bremserhäuschen (*n.*). **15** ~ **del gruista** (cabina di manovra della gru) (*macch. ind.*), Kranführerkabine (*f.*), Kranführerhaus (*n.*). **16** ~ **dell'ascensore** (*trasp.*), Fahrstuhl (*m.*), Kabine des Aufzuges. **17** ~ **del macchinista** (di una locomotiva) (*ferr.*), Führerhaus (*n.*), Führerstand (*m.*). **18** ~ **del macchinista** (*ferr. elett.*), Führerstand (*m.*). **19** ~ **del telefono** (cabina telefonica) (*telef.*), Fernsprechkabine (*f.*), Telephonkabine (*f.*), Telephonzelle (*f.*), Fernsprechzelle (*f.*). **20** ~ **di blocco** (per il comando dei segnali e degli scambi) (*ferr.*), Stellwerk (*n.*), Blockstellwerk (*n.*). **21** ~ **di comando** (di un'officina elett.) (*elett. - ecc.*), Kontrollwarte (*f.*). **22** ~ **di controllo del video** (*telev.*), Kontrollbildapparatur (*f.*). **23** ~ **di funivia** (*trasp.*), Seilbahnwagen (*m.*). **24** ~ **di guida** (*aut.*), Fahrerhaus (*n.*), Führerkabine (*f.*). **25** ~ **di lusso** (*nav.*), Luxuskabine (*f.*). **26** ~ **di manovra della gru** (cabina del gruista) (*macch. ind.*), Kranführerkabine (*f.*), Kranführerhaus (*n.*). **27** ~ **di pilotaggio** (di un aeroplano) (*aer.*), Pilotenraum (*m.*), Kanzel (*f.*), Rumpfbug (*m.*). **28** ~ **di proiezione** (*cinem.*), Filmvorführraum (*m.*), Vorführkabine (*f.*). **29** ~ **di sabbiatura** (*ind.*), Blaskammer (*f.*). **30** ~ **di smistamento** (*ferr.*), Rangierstellwerk (*n.*), Verschiebestellwerk (*n.*). **31** ~ **di spruzzatura** (cabina di verniciatura a spruzzo) (*vn.*), Spritzkabine (*f.*). **32** ~ **di verniciatura a spruzzo** (cabina di spruzzatura) (*vn.*), Spritzkabine (*f.*). **33** ~ **di verniciatura a velo d'acqua** (con pareti su cui scorre un velo d'acqua) (*vn.*), Spritzkabine mit Wasserniederschlag. **34** ~ **fonica** (*cinem.*), Ateliertonbox (*f.*). **35** ~ **grande** (di funivia, per più di sei persone) (*trasp.*), Grosskabine (*f.*). **36** ~ **letto** (*ferr.*), Schlafkabine (*f.*). **37** ~ **lunga** (di un autocarro) (*aut.*), Fernfahrerhaus (*n.*). **38** ~ **lunga** (cabina con cuccette) (*aut.*), Fernfahrerhaus (*n.*), Führerkabine mit Schlafkojen **39** ~ **passeggeri** (di un velivolo) (*aer.*), Passagierraum (*m.*), Kabine (*f.*), Fluggastraum (*m.*). **40** ~ **per bagni** (*ed.*), Badekabine (*f.*), Badezelle (*f.*), **41** ~ **per doccia** (*ed.*), Duschkabine (*f.*). **42** ~ **per prove climatiche** (di strumenti p. es.) (*prove*), Klimaschrank (*m.*). **43** ~ **per sabbiatura** (di getti p. es.) (*fond. - ecc.*), Putzhaus (*n.*), Blashaus (*n.*). **44** ~ **per verniciatura a spruzzo** (*vn.*), Spritzkabine (*f.*). **45** ~ **piccola** (di funivia, portata fino a sei persone) (*trasp.*), Kleinkabine (*f.*). **46** ~ **pilota** (abitacolo pilota) (*aer. - ecc.*), Führerraum (*m.*). **47** ~ **piloti** (*aer.*), Pilotenraum (*m.*). **48** ~ **pressurizzata** (cabina stagna, di un velivolo stratosferico) (*aer.*), Überdruckkabine (*f.*), Höhenkabine (*f.*), Druckkabine (*f.*). **49** ~ **semiavanzata** (d'un autocarro) (*aut.*), Halbfrontkabine (*f.*). **50** ~ **stagna** (cabina pressurizzata, di un velivolo stratosferico) (*aer.*), Überdruckkabine (*f.*), Druckkabine (*f.*), Höhenkabine (*f.*). **51** ~ **telefonica** (cabina del telefono) (*telef.*), Fernsprechkabine (*f.*), Telephonkabine (*f.*), Telephonzelle (*f.*), Fernsprechzelle (*f.*), Sprechzelle (*f.*). **52 impostatore pressione** ~ (selettore pressurizzazione cabina) (*aer.*), Kabinenhöhenwähler (*m.*). **53 intelaiatura della** ~ (di un ascensore) (*ed.*), Fahrkorbtragrahmen (*m.*). **54 quota pressurizzata in** ~ (quota mantenuta in cabina mediante pressurizzazione, di aerei civili) (*aer.*), Kabinendruckhöhe (*f.*). **55 regolatore pressione** ~ (regolatore della pressurizzazione cabina) (*aer.*), Kabinendruckregler (*m.*). **56 selettore pressurizzazione** ~ (impostatore pressione cabina) (*aer.*), Kabinenhöhenwähler (*m.*).
cabinetta (di una funivia) (*trasp.*), Kleinkabine (*f.*), Umlaufkabine (*f.*).
cabinovia (*trasp.*), Kabinenbahn (*f.*). **2 sistema di cabinovie** (*trasp.*), Kabinenbahnsystem (*n.*).
cablaggio (*elett.*), Verdrahtung (*f.*), Verka-

cablare

belung (*f.*). **2 ~ a fascio cilindrico** (tipo di posa di conduttori) (*elett.*), Rundbundverdrahtung (*f.*). **3 filo per cablaggi** (di app. elettrici) (*elett.*), Schaltdraht (*m.*). **4 tecnica dei cablaggi avvolti** (tecnica wire-wrap) (*elettronica*), Wire-Wrap-Technik (*f.*).
cablare (*elett.*), verdrahten, verkabeln.
cabotaggio (navigazione costiera) (*nav. - navig.*), Küstenschiffahrt (*f.*), Kabotage (*f.*). **2 grande ~** (navigazione tra porti europei e non del mare Mediterraneo, Mar Nero, ecc.) (*nav. - navig.*), mittlere Fahrt. **3 piccolo ~** (*nav. - navig.*), kleine Fahrt.
cabrare (*aer.*), hochziehen, ziehen.
cabrata (*aer.*), Ziehen (*n.*). **2 ~** (posizione cabrata, appoppamento, di una vettura all'atto della partenza p. es.) (*aut.*), Abheben (*n.*), Hochziehen (*n.*). **3 ~** (impennata, fenomeno che si verifica generalmente quando viene superato un angolo d'incidenza critico) (*aer.*), Aufbäumen (*n.*).
caccia (aeroplano da caccia) (*aer. milit.*), Jagdflugzeug (*n.*), Jäger (*m.*). **2 ~** (*sport*), Jagd (*f.*). **3 ~ a reazione** (*aer. milit.*), Strahljäger (*m.*). **4 ~ bombardiere** (*aer. milit.*), Jagdbomber (*m.*). **5 ~ di scorta** (*aer. milit.*), Geleitflugzeug (*n.*), Begleitjäger (*m.*). **6 ~ intercettatore** (*aer. milit.*), Abfangjäger (*m.*). **7 ~ notturno** (*aer. milit.*), Nachtjäger (*m.*). **8 ~ ognitempo** (*aer. milit.*), Allwetter-Jagdflugzeug (*n.*), Allwetterjäger (*m.*).
cacciabufali (*ferr.*), Kuhfänger (*m.*), Bahnräumer (*m.*).
cacciaconi (estrattore di coni) (*ut.*), Konustreiber (*m.*).
caccia-navette (*macch. tess.*), Schützenschieber (*m.*), Schützentreiber (*m.*).
cacciapietre (di una locomotiva) (*ferr.*), Bahnräumer (*m.*), Schienenräumer (*m.*), Gleisräumer (*m.*).
cacciata (*ed.*), Spülen (*n.*). **2 dispositivo di ~** (*ed.*), Abortspülapparat (*m.*). **3 pulsante di ~** (valvola di cacciata, dello sciacquone d'una latrina) (*ed.*), Druckspüler (*m.*).
cacciatorpediniere (*mar. milit.*), Torpedobootzerstörer (*m.*), Zerstörer (*m.*).
cacciavite (*ut.*), Schraubenzieher (*m.*), Schraubzieher (*m.*). **2 ~ ad angolo** (*ut.*), Eckschrauber (*m.*), Winkelschrauber (*m.*), Winkelschraubzieher (*m.*). **3 ~ da elettricista** (*ut.*), Elektrikerschraubenzieher (*m.*), Schraubenzieher für Elektrotechniker.
cacodile [$As_2(CH_3)_4$] (*chim.*), Kakodyl (*n.*).
cadente (*s. - idr.*), Gefälle (*n.*). **2 ~** (pericolante, fatiscente, costruzione ed. p. es.) (*a. - gen.*), baufällig. **3 ~ piezometrica** (*idr.*), Druckgefälle (*n.*).
cadenza (tempo) (*acus.*), Takt (*m.*). **2 ~** (delle corse dello slittone di una pressa) (*macch.*), Hubzahl (*f.*). **3 ~** (*telegr.*), Taktgebung (*f.*). **4 ~** (dei colpi sparati da un'arma p. es.) (*milit.*), Kadenz (*f.*). **5 ~ di colpi** (tempo tra due colpi successivi, di un maglio) (*fucinatura*), Schlagfolgezeit (*f.*). **6 ~ di temporizzazione** (*elab. dati - ecc.*), Taktimpulsfolge (*f.*). **7 asta di trasporto a ~** (dalla stazione di caricamento, attraverso quelle di lavorazione, fino alla stazione di scarico, in una linea transfer p. es.) (*macch. ut.*), Taktstange

(*f.*). **8 comando a ~** (comando ad impulsi cadenzati) (*elett. - ecc.*), Taktung (*f.*). **9 fissazione della ~** (di una linea di lavorazione o montaggio) (*ind. - ecc.*), Abtakten (*n.*). **10 forno a ~** (lungo forno a spinta, per billette) (*metall.*), Taktofen (*m.*). **11 indicatore di ~** (ritmatore) (*app.*), Zeittaktgeber (*m.*). **12 lavorazione a ~** (*organ. lav.*), Taktarbeit (*f.*), **13 linea di lavorazione a ~** (*organ. - lav.*). Taktstrasse (*f.*). **14 segnale di ~** (*telegr.*), Taktzeichen (*n.*). **15 temporizzatore a ~** (app. che governa il decorso delle operazioni di circuiti, p. es. nel comando numerico) (*lav. macch. ut.*), Taktgeber (*m.*).
cadenzare (imporre una cadenza) (*ind. - ecc.*), abtakten.
cadere (*fis. - ecc.*), fallen. **2 ~** (abbassarsi, del termometro p. es.) (*strum.*), fallen, sinken. **3 ~** (di un relè, diseccitarsi) (*elett.*), abfallen. **4 ~** (dei prezzi) (*comm.*), fallen, sinken, abflauen. **5 ~** (diminuire, calare, del vento) (*meteor.*), nachlassen, abflauen. **6 ~ in disuso** (*gen.*), abkommen, ausser Gebrauch kommen. **7 ~ in vite** (*aer.*), ins Trudeln kommen.
cadmiare (*tecnol. mecc.*), verkadmen, kadmieren.
cadmiato (*tecnol. mecc.*), kadmiert, verkadmet. **2 ~ lucido** (*mecc.*), glanzverkadmet.
cadmiatura (*tecnol. mecc.*), Kadmieren (*n.*), Verkadmen (*n.*).
cadmio (*Cd - chim.*), Kadmium (*n.*).
caduta (*gen.*), Fall (*m.*), Fallen (*n.*). **2 ~** (di solidi verso il centro della terra) (*fis.*), Fall (*m.*). **3 ~** (della corrente p. es.) (*elett.*), Fallen (*n.*), Abfall (*m.*). **4 ~** (della tensione) (*elett.*), Abnahme (*f.*), Abfall (*m.*). **5 ~** (del numero dei giri di un motore p. es.) (*mot. - ecc.*), Absinken (*n.*), Abfall (*m.*). **6 ~** (calata, della carica nel forno) (*metall.*), Sturz (*m.*), Stürzen (*n.*). **7 ~** (*aer.*), Absturz (*m.*). **8 ~** (flessione, diminuzione, dei prezzi) (*comm.*), Sinken (*n.*), Fall (*m.*). **9 ~** (di un fulmine p. es.) (*meteor. - ecc.*), Einschlag (*m.*). **10 ~** (di acqua, su una determinata superficie) (*meteor.*), Anfall (*m.*). **11 ~ brusca** (*gen.*), Steilabfall (*m.*). **12 ~ catodica** (*elett.*), Kathodenfall (*m.*). **13 ~ d'arco** (*elett.*), Lichtbogenabfall (*m.*). **14 ~ dei gravi** (*fis.*), Fall von Körpern. **15 ~ del numero di giri** (caduta di giri) (*mot.*), Drehzahlabfall (*m.*). **16 ~ del relè** (diseccitazione del relè) (*elett.*), Relaisabfall (*m.*). **17 ~ di giri** (caduta del numero di giri) (*mot.*), Drehzahlabfall (*m.*). **18 ~ di massi** (caduta di sassi) (*traff. strad.*), Steinschlag (*m.*). **19 ~ di potenziale** (*elett.*), Potentialgefälle (*n.*), Spannungsabfall (*m.*). **20 ~ di pressione** (*fis.*), Druckgefälle (*n.*). **21 ~ di pressione** (riduzione della pressione d'iniezione per compensare il ritiro nello stampaggio di materie plastiche) (*tecnol.*), Nachdruck (*m.*). **22 ~ di pressione per attrito** (perdita di carico per attrito in condotte di acqua) (*idr.*), Reibungshöhe (*f.*). **23 ~ di progetto** (di una centrale idroelettrica, salto massimo sfruttabile) (*idr. - costr. idr.*), Ausbaufallhöhe (*f.*). **24 ~ di sassi** (caduta di massi) (*traff. strad.*), Steinschlag (*m.*). **25 ~ di tensione** (*elett.*), Spannungsabfall (*m.*). **26 ~ di

tensione catodica (caduta catodica, dell'arco in vicinanza del catodo) (*elettronica*), Kathodenfall (*m.*), Lichtbogenspannungsverlust (*m.*). **27** ~ **di terra** (difetto fond.), Sandabreissen (*n.*). **28** ~ **libera** (*fis.*), freier Fall, Freifall (*m.*). **29** ~ **ohmica** (*elett.*), Ohmscher Spannungsabfall. **30 altezza di** ~ (*idr.*), Fallhöhe (*f.*). **31 attenzione,** ~ **di sassi** (*segnale traff. strad.*), Achtung Steinschlag! **32 cartellino a** ~ (*telef.*), Fallklappe (*f.*). **33 lavoro di** ~ (di un untensile a percussione, energia potenziale) (*fis.*), Fallarbeit (*f.*). **34 relè con cartellino a** ~ (*telef.*), Fallklappenrelais (*n.*). **35 valore di** ~ (di un relè) (*elett.*), Abfallwert (*m.*). **36 velocità di** ~ (*fis.*), Fallgeschwindigkeit (*f.*).
caffè (prodotto) (*ind.*), Kaffee (*n.*). **2** ~ (bar) (*ed.*), Café (*n.*), Kaffee (*n.*), Kaffeehaus (*n.*). **3 surrogato del** ~ (*ind.*), Kaffee-Ersatz (*m.*).
« cagna » (martinetto piegarotaie) (*att.*), Schienenbieger (*m.*).
cainite ($KCl.MgSO_4.3 H_2O$) (*min.*), Kainit (*m.*).
cal (piccola caloria, caloria grammo) (*unità di mis.*), cal, Grammkalorie (*f.*).
calabrosa (brina da nebbia) (*meteor.*), Rauhfrost (*m.*).
calafataggio (*nav.*), Kalfatern (*n.*).
calafatare (*nav.*), kalfatern.
calafato (maestro di calafato) (*lav. - nav.*), Kalfaterer (*m.*).
calamaio (*macch. tip.*), Farbkasten (*m.*). **2** ~ (*uff.*), Tintenfass (*m.*).
calamina (*min.*), Galmei (*m.*). **2** ~ (scoria) (*metall. - fucinatura*), Zunder (*m.*).
calaminatura (formazione di scoria; sulla superficie d'un pezzo, causata da ossidazione) (*difetto - mecc.*), Verzunderung (*f.*).
calamita (magnete) (*fis.*), Magnet (*m.*).
calandra (per la stiratura dei tessuti p. es.) (*macch. tess.*), Kalander (*m.*). **2** ~ (satinatrice, satina, liscia, calandratrice) (*macch. ind. carta*), Satinierkalander (*m.*), Satiniermaschine (*f.*), Satinierpresse (*f.*), Satinierwalzwerk (*n.*), Kalander (*m.*), Glättmaschine (*f.*). **3** ~ (griglia del radiatore) (*aut.*), Kühlerverkleidung (*f.*). **4** ~ **a frizione** (*macch.*), Friktionskalander (*m.*). **5** ~ **« a gaufrer »** (calandra per goffrare) (*macch. tess.*), Prägekalander (*m.*), Gaufrier-Kalander (*m.*). **6** ~ **a secco** (liscia a secco, di una macch. continua) (*macch. ind. carta*), Trockenglättwerk (*n.*). **7** ~ **finitrice** (*macch. ind. carta*), Fertigkalander (*m.*). **8** ~ **goffratrice** (calandra per goffrare) (*macch.*), Prägekalander (*m.*), Gaufrierkalander (*m.*). **9** ~ **per goffrare** (calandra goffratrice) (*macch.*), Prägekalander (*m.*), Gaufrierkalander (*m.*). **10** ~ **per lamiere** (curvatrice per lamiere) (*macch.*), Blechbiegemaschine (*f.*). **11** ~ **per lucidatura** (della carta, liscia, calandra, satinatrice) (*macch. ind. carta*), Kalander (*m.*), Satinierkalander (*m.*), Satiniermaschine (*f.*), Satinierpresse (*f.*). **12 effetto** ~ (orientamento delle molecole del cauccù nella direzione di calandratura) (*ind. gomma*), Kalandereffekt (*m.*). **13 segni di** ~ (difetto - carta), Satinierflecken (*m. pl.*).
calandrare (*ind.*), kalandern, kalandrieren.

2 ~ (levigare, satinare, lisciare, cilindrare) (*mft. carta*), satinieren, glätten.
calandrato (*ind.*), kalandriert. **2** ~ (satinato, lisciato) (*mft. carta*), satiniert.
calandratura (*ind.*), Kalandern (*n.*). **2** ~ (lisciatura, levigatura) (*mft. carta*), Satinieren (*n.*), Kalandrieren (*n.*), Glätten (*n.*). **3** ~ (*ind. tess.*), Kalandern (*n.*).
calandrino (falsa squadra) (*ut. mur.*), Schmiege (*f.*).
calapranzi (montavivande, calavivande) (*ed.*), Speiseaufzug (*m.*).
calare (abbassare) (*gen.*), herablassen. **2** ~ (abbassare, una perpendicolare p. es.) (*geom.*), fällen. **3** ~ (un carico) (*trasp. - nav.*), senken. **4** ~ (cadere, diminuire, del vento) (*meteor.*), nachlassen. **5** ~ **a terra** (riabbassare, un veicolo alzato con cricco p. es.) (*aut.*), abbocken. **6** ~ **con fune** (un carico p. es.) (*ed. - ecc.*), abseilen. **7** ~ **con la manovella** (un carico) (*app. di sollev.*), abkurbeln.
calata (di un carico) (*gen.*), Senken (*n.*). **2** ~ (caduta, della carica nel forno) (*metall.*), Sturz (*m.*), Stürzen (*n.*).
calato (abbassato) (*gen.*), gesenkt.
calavivande (montavivande, calapranzi) (*ed.*), Speiseaufzug (*m.*).
calcagnolo (del timone) (*nav.*), Ruderhacke (*f.*). **2** ~ (della chiglia) (*nav.*), Hieling (*f.*).
calcare ($CaCO_3$) (carbonato di calcio) (*min. - chim.*), Kalkstein (*m.*), Kalziumkarbonat (*n.*). **2** ~ (*min. - geol.*), Kalkgestein (*n.*). **3** ~ (« castina », calcare fondente) (*fond. - metall.*), Kalkstein (*m.*), Kalkzuschlag (*m.*), Zuschlagkalkstein (*m.*). **4** ~ (col piede, premere col piede) (*v. - gen.*), treten. **5** ~ **fondente** (« castina ») (*metall. - fond.*), Kalkstein (*m.*), Zuschlagkalkstein (*m.*), Kalkzuschlag (*m.*). **6** ~ **spugnoso** (*min.*), Schaumkalk (*m.*).
calcareo (*min. - ecc.*), kalkartig.
calcatoio (piletta, pigiatoio, pestello) (*ut. fond. - ecc.*), Plattstampfer (*m.*), Stopfer (*m.*). **2** ~ (segnatoio, di un planimetro) (*app.*), Fahrstift (*m.*). **3** ~ **di caricamento** (barra intasatrice, per costipare la carica nei fori da mina) (*min.*), Ladestock (*m.*).
calce (*mur. - ed.*), Kalk. **2** ~ **ad alta idraulicità** (*ed.*), hochhydraulischer Kalk. **3** ~ **aerea** (*ed. - mut.*), Luftkalk (*m.*). **4** ~ **bianca** (ricavata da calce carbonica quasi pura) (*ed.*), Weisskalk (*m.*). **5** ~ **di carburo di calcio** (*ed.*), Karbidkalk (*m.*). **6** ~ **(di) trass** (*ed.*), Trasskalk (*m.*). **7** ~ **dolomitica spenta** (calce nera) (*ed.*). Dolomitkalk (*m.*), Schwarzkalk (*m.*). **8** ~ **grassa** (*mur. - ed.*), fetter Kalk, Fettkalk (*m.*). **9** ~ **grigia** (*ed.*), Graukalk (*m.*). **10** ~ **idraulica** (*mur. - ed.*), Wasserkalk (*m.*), hydraulischer Kalk. **11** ~ **magra** (*mur.*), Graukalk (*m.*), magerer Kalk, Magerkalk (*m.*). **12** ~ **nera** (calce dolomitica spenta) (*ed.*), Schwarzkalk (*m.*), Dolomitkalk (*m.*). **13** ~ **romana** (calce fortemente idraulica per edilizia) (*ed.*), Romankalk (*m.*). **14** ~ **siderurgica** (*metall.*), Hüttenkalk (*m.*). **15** ~ **spenta** (*mur.*), Löschkalk (*m.*), gelöschter Kalk. **16** ~ **spenta** [$Ca(OH)_2$] (*chim.*), gelöschter Kalk, Kalziumhydroxyd (*n.*). **17** ~ **viva** (*mur.*), gebrannter Kalk, Branntkalk (*m.*), Ätzkalk (*m.*). **18** ~ **viva** (CaO) (*chim.*), Kalziumoxyd

calcedonio

(*n.*), Ätzkalk (*m.*). 19 ~ **viva in pezzi** (calce viva in zolle) (*ed.*), Weiss-stückkalk (*m.*). 20 ~ **viva in polvere** (*ed.*), Weissfeinkalk (*m.*). 21 **acqua di** ~ (soluzione di calce molto diluita) (*ed.*), Kalkwasser (*m.*). 22 **idrato di** ~ (*ed.*), Kalkhydrat (*n.*). 23 **latte di** ~ (*mur.*), Kalkmilch (*f.*). 24 **malta di** ~ (*mur.*), Kalkmörtel (*m.*). 25 **pasta di** ~ (calce spenta con eccesso di acqua) (*ed.*), Kalkteig (*m.*). 26 **purga dalla** ~ (*ind. cuoio*), Entkälken (*n.*). 27 **spegnere la** ~ (*mur.*), den Kalk löschen. 28 **tinta a** ~ (per pareti) (*mur.*), Tünche (*f.*). 29 **tinteggiare a** ~ (*mur.*), tünchen. 30 **tinteggiatura a** ~ (*mur.*), Tünchen (*n.*). 31 **trattamento con** ~ (per acqua) (*idr.*), Kalkverfahren (*n.*).

calcedonio (SiO_2) (varietà di silice) (*min.*), Chalzedon (*m.*), Chalcedon (*m.*).

calcestruzzo (*mur.*), Beton (*m.*). 2 ~ **a base di calce idraulica** (*ed.*), Kalkbeton (*m.*). 3 ~ **ad aggregati grossi** (calcestruzzo ad inerti grossi) (*ed.*), Grobbeton (*m.*). 4 ~ **ad aggregati leggeri** (calcestruzzo ad inerti leggeri) (*ed.*), Leichtzuschlagbeton (*m.*). 5 ~ **a faccia vista** (*ed.*), Sichtbeton (*m.*). 6 ~ **al bario** (*fis. nucl. - ed.*), Bariumbeton (*m.*). 7 ~ **al catrame** (*costr. strad.*), Teerbeton (*m.*). 8 ~ **appena gettato** (calcestruzzo fresco) (*ed.*), Frischbeton (*m.*), unabgebundener Beton. 9 ~ **a proiezione** (calcestruzzo per applicazioni a proiezione) (*ed.*), Spritzbeton (*m.*). 10 ~ **armato** (cemento armato) (*ed.*), Stahlbeton (*m.*), armierter Beton, bewehrter Beton. 11 ~ **aspirato** (al quale, dopo la gettata nel cassero, si sottrae l'acqua e l'aria eccedenti) (*ed.*), Saugbeton (*m.*), Vakuumbeton (*m.*). 12 ~ **assestato ad urto** (costipato mediante urti) (*ed.*), Schockbeton (*m.*). 13 ~ **a superficie ruvida** (calcestruzzo lavato) (*ed.*), Beton mit aufgerauhter Oberfläche, Waschbeton (*m.*). 14 ~ **a vista** (*ed.*), Sichtbeton (*m.*). 15 ~ **battuto** (calcestruzzo costipato) (*ed.*), Stampfbeton (*m.*). 16 ~ **bituminoso** (*ed.*), Asphaltbeton (*m.*). 17 ~ **cellulare** (*mur.*), Porenbeton (*m.*), Schaumbeton (*m.*). 18 ~ **centrifugato** (*ed.*), Schleuderbeton (*m.*). 19 ~ **colato** (*ed.*), Gussbeton (*m.*). 20 ~ **« Colcrete »** (calcestruzzo colloidale) (*ed.*), Colcret-Beton (*m.*). 21 ~ **colloidale** (calcestruzzo « Colcrete ») (*ed.*), kolloidaler Beton, Colcret-Beton (*m.*). 22 ~ **compatto** (*ed.*), dichter Beton. 23 ~ **compatto** (con aggiunta di una speciale malta di cemento) (*ed.*), Prepakt-Beton (*m.*). 24 ~ **con cemento di magnesio** (*ed.*), Beton mit Magnesium-oxydzement, MO-Beton (*m.*). 25 ~ **con consistenza di terra umida** (calcestruzzo normale) (*mur.*), erdfeuchter Beton. 26 ~ **(con inerti) a granulometria uniforme** (*ed.*), Einkornbeton (*m.*). 27 ~ **costipato** (calcestruzzo battuto) (*ed.*), Stampfbeton (*m.*). 28 ~ **da proiezione** (*ed.*), Spritzbeton (*m.*), Torkretbeton (*m.*). 29 ~ **di cemento** (*mur.*), Zementbeton (*m.*). 30 ~ **di ceneri** (*ed.*), Löschbeton (*m.*). 31 ~ **di elevata resistenza all'abrasione** (calcestruzzo duro, calcestruzzo per pavimentazioni) (*ed.*), Hartbeton (*m.*). 32 ~ **di ghiaia** (*ed.*), Kiesbeton (*m.*). 33 ~ **di massa** (calcestruzzo per grandi opere, p. es. dighe; grossezza inerti fino a 100 mm e basso tenore di cemento) (*ing. civ.*), Massenbeton (*m.*). 34 ~ **di pomice** (*ed.*), Bimsbeton (*m.*). 35 ~ **di pomice** (calcestruzzo leggero) (*ed.*), Leichtbeton (*m.*). 36 ~ **di scoria** (*ed.*), Schlackenbeton (*m.*), Klinkerbeton (*m.*). 37 ~ **duro** (calcestruzzo di elevata resistenza all'abrasione, calcestruzzo per pavimentazioni) (*ed.*), Hartbeton (*m.*). 38 ~ **fluido** (*ed.*), flüssiger Beton. 39 ~ **fornito al cantiere** (*ed.*), Transport-Beton (*m.*), Liefer-Beton (*m.*). 40 ~ **fresco** (calcestruzzo appena gettato) (*ed.*), Frischbeton (*m.*), unabgebundener Beton. 41 ~ **gettato** (*mur.*), Schüttbeton (*m.*). 42 ~ **gettato in situ** (*ed.*), Ortbeton (*m.*). 43 ~ **grasso** (con elevato tenore di cemento) (*ed.*), fetter Beton. 44 ~ **indurito** (*ed.*), Festbeton (*m.*). 45 ~ **in elementi prefabbricati** (*ed.*), Fertigbeton (*m.*). 46 ~ **iniettato** (*ed.*), Pressbeton (*m.*). 47 ~ **isolante** (contro l'umidità del terreno) (*ed.*), Sperrbeton (*m.*). 48 ~ **lavato** (calcestruzzo a superficie ruvida) (*ed.*), Waschbeton (*m.*), Beton mit aufgerauhter Oberfläche. 49 ~ **leggero** (calcestruzzo di pomice) (*ed.*), Leichtbeton (*m.*). 50 ~ **magro** (*mur.*), magerer Beton, Magerbeton (*m.*). 51 ~ **non armato** (*mur.*), unbewehrter Beton. 52 ~ **normale** (con consistenza di terra umida) (*mur.*), erdfeuchter Beton. 53 ~ **« ocrat »** (trattato con SiF_4; molto solido e resistente all'attacco di sostanze chimiche) (*ed.*), Ocrat-Beton (*m.*). 54 ~ **ordinario** (2300 kg/m³, in media) (*ed.*), Schwerbeton (*m.*). 55 ~ **per grandi opere** (calcestruzzo di massa, per dighe p. es.; grossezza inerti fino a 100 mm e basso tenore di cemento) (*ing. civ.*), Massenbeton (*m.*). 56 ~ **per impianti nucleari** (con peso specifico apparente di 2800-5000 kg/m³) (*ed. - fis. nucl.*), Schwerstbeton (*m.*). 57 ~ **per pavimentazioni** (calcestruzzo duro, calcestruzzo di elevata resistenza all'abrasione) (*ed.*), Hartbeton (*m.*). 58 ~ **per schermi** (*fis. nucl.*), Abschirmbeton (*m.*). 59 ~ **plastico** (*mur.*), plastischer Beton, weicher Beton. 60 ~ **pompato** (calcestruzzo fluido) (*ed.*), Pumpbeton (*m.*). 61 ~ **poroso** (*ed.*), Luftporenbeton (*m.*). 62 ~ **poroso** (gasbeton) (*mur.*), Gasbeton (*m.*). 63 ~ **poroso** (calcestruzzo spugnoso) (*ed. - mur.*), Schaumbeton (*m.*). 64 ~ **precompresso** (*mur.*), Spannbeton (*m.*), vorgespannter Beton. 65 ~ **preconfezionato** (calcestruzzo pronto fornito al cantiere) (*ed.*), Transportbeton (*m.*). 66 ~ **preparato in cantiere** (*ed.*), Ort-Beton (*m.*). 67 ~ **refrattario** (*ed. - forno*), feuerfester Beton. 68 ~ **rivestito** (da calcestruzzo d'altro genere) (*ed.*), Kernbeton (*m.*). 69 ~ **senza inerti fini** (*ed.*), Beton ohne Feinkorn. 70 ~ **soffiato** (poroso, spugnoso, gasbeton) (*mur.*), Gasbeton (*m.*). 71 ~ **spugnoso** (calcestruzzo poroso) (*ed. - mur.*), Schaumbeton (*m.*). 72 ~ **vibrato** (*ed. - mur.*), Rüttelbeton (*m.*). 73 **additivo idrofugo per** ~ (isolante per calcestruzzo) (*ed.*), Betondichtungsmittel (*n.*), Betonsperrmittel (*n.*). 74 **additivo per** ~ (*ed.*), Betonzusatzmittel (*n.*). 75 **annegare nel** ~ (*ed.*), einbetonieren. 76 **applicazione di fluosilicati alla superficie di** ~ (*ed.*), Fluotieren (*n.*). 77 **blocco di** ~ (*ed.*), Betonklotz (*m.*). 78 **consistenza del** ~ (*ed.*),

Betondichtigkeit (*f.*). **79 distributore di** ~ (*costr. strad.*), Betonverteilerkübel (*m.*). **80 gettata di** ~ (*ed.*), Betonschüttung (*f.*). **81 ghiaia per** ~ (*ed.*), Betonkies (*m.*). **82 inerti per** ~ (*ed.*), Betonzuschlagstoff (*m.*). **83 isolante per** ~ (additivo idrofugo per calcestruzzo) (*ed.*), Betondichtungsmittel (*n.*), Betonsperrmittel (*n.*). **84 malta di** ~ (*mur.*), Betonmörtel (*m.*), Feinbeton (*m.*). **85 muro di** ~ (armato) (*mur.*), Betonwand (*f.*). **86 pavimentazione di** ~ (manto stradale) (*costr. strad.*), Betondecke (*f.*). **87 pietrisco per** ~ (*ed.*), Betonsplitt (*m.*). **88 platea di** ~ (*ed.*), Betonunterlage (*f.*). **89 pompa per** ~ (per il trasporto del calcestruzzo a grandi distanze) (*macch. ed.*), Betonpumpe (*f.*). **90 proiettare** ~ (*ed.*), torkretieren. **91 proiezione di** ~ (*ed.*), Torkretieren (*n.*), Torkretverfahren (*n.*). **92 rivestimento di** ~ (« betoncino ») (*ed.*), Betonüberzug (*m.*). **93 strato di** ~ **in pendenza** (per tetti piani, circa 1°) (*ed.*), Gefällebeton (*m.*). **94 torre di miscelazione del** ~ (*ed.*), Betonmischturm (*m.*), Turmbetonzentrale (*f.*). **95 traversina di** ~ (*ferr.*), Betonschwelle (*f.*). **96 vibratore per** ~ (*macch. mur.*), Betonrüttler (*m.*).
calcimetro (*app.*), Kalkmesser (*m.*).
calcina (calce spenta) (*mur.*), gelöschter Kalk. **2** ~ (malta di calce spenta) (*mur.*), Kalkmörtel (*m.*).
calcinaccio (*ed.*), Mörtelschutt (*m.*).
calcinaio (fossa di stagionatura della malta di calce aerea) (*ed. - mur.*), Äscher (*m.*), Kalkgrube (*f.*). **2** ~ (*ind. cuoio*), Kalkgrube (*f.*), Ledergrube (*f.*), Äscher (*m.*).
calcinare (*chim. - ecc.*), kalzinieren, verkalken. **2** ~ (*ind. cuoio*), äschern.
calcinato (*chim.*), kalziniert.
calcinazione (*chim.*), Kalzination (*f.*), Kalzinieren (*n.*). **2** ~ (arrostimento) (*chim.*), Rösten (*n.*). **3 forno per** ~ (*forno*), Kalzinierofen (*m.*). **4 prova di** ~ (prova di arrostimento) (*chim.*), Röstprobe (*f.*). **5 residuo di** ~ (residuo di arrostimento) (*chim.*), Rösrückstand (*m.*).
calcio (*Ca - chim.*), Kalzium (*n.*). **2** ~ (di un fucile p. es.) (*arma da fuoco*), Kolben (*m.*), Schaft (*m.*). **3** ~ **del fucile** (*arma da fuoco*), Gewehrkolben (*m.*). **4 bicarbonato di** ~ [Ca(HCO$_3$)$_2$] (*chim.*), Kalziumbikarbonat (*n.*). **5 carbonato di** ~ (CaCO$_3$) (*chim.*), Kalziumkarbonat (*n.*). **6 carburo di** ~ (CaC$_2$) (*chim.*), Kalziumkarbid (*n.*). **7 cloruro di** ~ (CaCl$_2$) (*chim.*), Kalziumchlorid (*n.*). **8 fosfato di** ~ (*chim.*), Kalziumphosphat (*n.*).
calciocianammide (CaCN$_2$) (*ind. chim.*), Kalziumzyanamid (*n.*), Kalkstickstoff (*m.*).
calcite (CaCO$_3$) (*min.*), Calcit (*m.*), Kalzit (*m.*). **2** ~ (CaCO$_3$) (spato d'Islanda, spato calcare) (*min.*), Kalkspat (*m.*).
calco (impronta) (*tecnol.*), Abdruck (*m.*). **2** ~ **in cera** (*gen.*), Wachsabdruck (*m.*). **3** ~ **in gesso** (*gen.*), Gipsabdruck (*m.*). **4** ~ **in piombo** (per provare stampi) (*forgiatura*), Bleiabguss (*m.*). **5** ~ **pellicolare** (riproduzione della superficie con pellicola, « replica ») (*metall.*), Hautabdruckverfahren (*n.*). **6 materiale per calchi** (*tecnol.*), Abdruckmasse (*f.*).
calcografia (stampa calcografica) (*ind. graf.*),

Tiefdruck (*m.*), Kupferdruck (*m.*), Kupfertiefdruck (*m.*). **2** ~ **autotipica** (procedimento autotipico) (*tip.*), autotypischer Tiefdruck. **3** ~ **su (lastra di) acciaio** (procedimento grafico) (*ind. graf.*), Stahlstich (*m.*).
calcografo (*lav. ind. graf.*), Kupferstecher (*m.*).
calcolabile (computabile) (*mat.*), berechenbar.
calcolare (*gen.*), berechnen, kalkulieren. **2** ~ (*mat.*), rechnen. **3** ~ **con il regolo** (*mat. - ecc.*), stabrechnen.
calcolatore (elettronico) (*calc.*), Rechner (*m.*), Elektronenrechner (*m.*), Computer (*m.*). **2** ~ (*pers.*), Rechner (*m.*). **3** ~ **ad incrementi** (*calc.*), Inkrementalrechner (*m.*). **4** ~ **ad incrementi con integratore digitale** (analizzatore differenziale digitale) (*calc.*), Differenzensummator (*m.*). **5** ~ **ad un indirizzo** (*calc.*), Ein-Adress-Rechner (*m.*), Ein-Adress-Computer (*m.*). **6** ~ **a fluido** (calcolatore fluidico) (*calc.*), Flüssigkeitsrechner (*m.*), Fluidik-Rechner (*m.*). **7** ~ **analogico** (*calc.*), Analogrechner (*m.*). **8** ~ **a programma** (*calc.*), programmgesteuerter Rechner. **9** ~ **automatico** (*calc.*), Rechenautomat (*m.*). **10** ~ **da tavolo** (*calc.*), Tischrechner (*m.*). **11** ~ **dei dati di tiro** (*calc. - milit.*), Schiesselementerechner (*m.*). **12** ~ **dei dati di volo** (*calc. - aer.*), Luftwertrechner (*m.*). **13** ~ **del baricentro** (per determinarne la posizione in un aereo) (*calc. aer. - ecc.*), Schwerpunktrechner (*m.*). **14** ~ **della distanza percorsa** (in volo) (*aer.*), Flugwegrechner (*m.*). **15** ~ **di deriva** (*navigaz. - calc.*), Abtriftrechner (*m.*). **16** ~ **di gestione** (calc. per la programmazione della produzione e controllo del flusso dei dati, in base alle commesse dei clienti) (*calc. - ind.*), Betriebsrechner (*m.*). **17** ~ **di impiego universale** (*calc.*), Allzweckrechner (*m.*). **18** ~ **di processo** (governa l'andamento della produzione, rendendola automatica) (*calc.*), Prozessrechner (*m.*). **19** ~ **di rotta** (*radar*), Kursrechner (*m.*). **20** ~ **di sgancio** (*aer. milit.*), Abwurfrechengerät (*n.*). **21** ~ **di tariffa** (*app. - telef.*), Gebührenrechner (*m.*). **22** ~ **elettronico** (*calc.*), Elektronenrechner (*m.*), Computer (*m.*). **23** ~ **fluidico** (calcolatore a fluido) (*calc.*), Fluidik-Rechner (*m.*). Flüssigkeitsrechner (*m.*). **24** ~ **ibrido** (calcolatore analogico-numerico) (*calc.*), hybrider Rechner, Hybridrechner (*m.*). **25** ~ **incrementale** (calcolatore ad incrementi) (*calc.*), Inkrementalrechner (*m.*). **26** ~ **in tempo reale** (*calc.*), Realzeitrechner (*m.*), Echtzeitrechner (*m.*). **27** ~ **numerico** (*calc.*), Ziffer-Computer (*m.*), Ziffernrechner (*m.*), Digitalrechner (*m.*). **28** ~ **per addestramento** (*pers. - calc.*), Ausbildungs-Elektronenrechner (*m.*). **29** ~ **pneumatico** (*calc.*), pneumatischer Rechner. **30** ~ **tascabile** (calcolatorino) (*calc.*), Taschenrechner (*m.*). **31** ~ **comandato da** ~ (*macch. ut. - ecc.*), rechnergesteuert. **32 con l'ausilio di** ~ (*a. - calc.*), rechnergestützt. **33 linguaggio del** ~ (*calc.*), Rechnersprache (*f.*). **34 progettazione con ausilio di** ~ (*calc. - etc.*), rechnergestützter Entwurf. **35 programma di** ~ (*calc.*), Rechner-Programm (*n.*). **36 regolo** ~ (*att.*), Rechenschieber (*m.*), Rechenstab (*m.*).
calcolatorino (calcolatore tascabile) (*calc.*), Taschenrechner (*m.*).

calcolatrice

calcolatrice (*macch. calc.*), Rechengerät (*n.*), Rechenmaschine (*f.*), Rechner (*m.*). 2 ~ (*macch. calc.*), vedi anche calcolatore. 3 ~ **a tastiera** (*macch. calc.*), Tastenrechenmaschine (*f.*).
calcolazione (calcolo) (*gen.*), Berechnung (*f.*), Ausrechnung (*f.*). 2 ~ **dei costi** (analisi dei costi, determinazione dei costi, di un prodotto) (*contabilità*), Kalkulation (*f.*), Kostenrechnung (*f.*).
calcolo (*amm. - mat. - ecc.*), Berechnung (*f.*), Errechnung (*f.*). 2 ~ (*mat.*), Rechnung (*f.*). 3 ~ **approssimato** (*mat.*), Näherungsrechnung (*f.*), annähernde Berechnung. 4 ~ **approssimato** (calcolo di massima) (*mat. - ecc.*), Überschlag (*m.*). 5 ~ **approssimato** (calcolo preventivo) (*Gen.*), Vorausberechnung (*f.*), Vorkalkulation (*f.*). 6 ~ **a virgola mobile** (*calc.*), Gleitkommarechnung (*f.*). 7 ~ **combinatorio** (*mat.*), Kombinationslehre (*f.*), Kombinatorik (*f.*). 8 ~ **degli operatori** (*mat.*), Operatorenrechnung (*f.*). 9 ~ **dei costi** (analisi o determinazione dei costi) (*amm.*), Kostenrechnung (*f.*), Kostenwesen (*n.*), Kalkulation (*f.*). 10 ~ **dei valori estremi** (dei valori massimi e minimi) (*mat. - ecc.*), Extremwertrechnung (*f.*). 11 ~ **dei volumi (di terra)** (computo delle masse) (*ing. civ.*), Massenberechnung (*f.*), Erdmassenberechnung (*f.*). 12 ~ **della superficie** (*geom. - ecc.*), Flächenberechnung (*f.*). 13 ~ **dell'avaria** (*nav.*), Dispache (*f.*). 14 ~ **delle probabilità** (*mat.*), Wahrscheinlichkeitsrechnung (*f.*). 15 ~ **del letto di fusione** (*metall.*), Möllerberechnung (*f.*), Beschikkungsberechnung (*f.*). 16 ~ **differenziale** (*mat.*), Differentialrechnung (*f.*). 17 ~ **di massima** (*gen.*), Vorberechnung (*f.*), Vorkalkulation (*f.*), Überschlagsrechnung (*f.*). 18 ~ **di progetto** (*mat. - ecc.*), Vorausrechnung (*f.*). 19 ~ **di verifica** (*mat. - ecc.*), Nachrechnung (*f.*). 20 ~ **grafico** (*mat.*), zeichnerisches Rechnen, graphische Berechnung, statische Zeichnung. 21 ~ **infinitesimale** (*mat.*), Infinitesimalrechnung (*f.*). 22 ~ **integrale** (*mat.*), Integralrechnung (*f.*). 23 ~ **logaritmico** (*mat.*), Logarithmenrechnung (*f.*), Logarithmieren (*n.*), logarithmische Rechnung. 24 ~ **matriciale** (*mat.*), Matrizenrechnung (*f.*), Matrizenkalkül (*m.*). 25 ~ **numerico** (*mat.*), Zahlenrechnung (*f.*). 26 ~ **operatorio** (calcolo operatorio funzionale) (*mat.*), Operatorenrechnung (*f.*). 27 ~ **preliminare** (*mat.*), Vorkalkulation (*f.*). 28 ~ **previsionale** (in base alla tendenza, partendo da risultati parziali rappresentativi) (*calc.*), Hochrechnung (*f.*). 29 ~ **statico** (*sc. costr.*), statische Berechnung. 30 ~ **tensoriale** (*mat.*), Tensorrechnung (*f.*). 31 ~ **vettoriale** (*mecc.*), Vektorenrechnung (*f.*). 32 **base di** ~ (*mat. - ecc.*), Berechnungsgrundlage (*f.*). 33 **centro di** ~ (di un'azienda) (*ind. - ecc.*), Rechenzentrum (*n.*). 34 **commettere un errore di** ~ (sbagliare) (*mat. - ecc.*), sich verrechnen. 35 **errore di** ~ (*mat. - ecc.*), Rechenfehler (*m.*), Verrechnen (*n.*). 36 **fare un** ~ **approssimato** (fare un calcolo di massima) (*mat. - ecc.*), überschlagen. 37 **procedimento di** ~ (*mat. - ecc.*), Rechenweg (*m.*). 38 **secondo i calcoli** (*gen.*), rechnungsmässig. 39 **unità di** ~ (unità aritmetica, sottosistema d'un calcolatore nel quale vengono eseguite operazioni aritmetiche e logiche) (*calc.*), Rechenwerk (*n.*).
calcopirite ($CuFeS_2$) (*min.*), Kupferkies (*m.*), Chalkopyrit (*m.*).
calda (riscaldamento del pezzo durante la lavorazione) (*fucinatura*), Hitze (*f.*), Wärme (*f.*). 2 ~ (periodo di lavoro fra due riscaldamenti) (*fucinatura - lamin.*), Hitze (*f.*). 3 ~ (di un forno) (*forno - metall.*), Gang (*m.*), Schmelzgang (*m.*). 4 **in una** ~ (ciclo di operazioni completato con un solo riscaldamento del pezzo) (*fucinatura - lamin.*), in einer Hitze, einhitzig.
caldaia (a vapore p. es.) (*cald.*), Kessel (*m.*). 2 ~ (siviera, secchia di colata) (*fond.*), Pfanne (*f.*), Giesspfanne (*f.*). 3 ~ **a bilanciere** (siviera a bilanciere) (*fond.*), Bügelpfanne (*f.*). 4 ~ **a calore di ricupero** (*cald.*), Abhitzekessel (*m.*). 5 ~ **a circolazione attivata** (caldaia a circolazione forzata, tipo La-Mont p. es.) (*cald.*), Zwangumlaufkessel (*m.*). 6 ~ **a circolazione naturale** (*cald.*), Naturumlaufkessel (*m.*). 7 ~ **a corpi cilindrici** (*cald.*), Trommelkessel (*m.*). 8 ~ **ad altissima pressione** (*cald.*), Höchstdruckkessel (*m.*). 9 ~ **ad attraversamento forzato** (caldaia ad attraversamento meccanico, Benson o Sulzer p. es.) (*cald.*), Zwangdurchlaufkessel (*m.*). 10 ~ **ad attraversamento meccanico** (caldaia ad attraversamento forzato, Benson o Sulzer p. es.) (*cald.*), Zwangdurchlaufkessel (*m.*). 11 ~ **a due tubi focolari** (caldaia Lancashire) (*cald.*), Zweiflammenrohrkessel (*m.*). 12 ~ **a due giri di fumo** (*cald.*), Zweizugkessel (*m.*). 13 ~ **ad un giro di fumo** (*cald.*), Einzugkessel (*m.*). 14 ~ **a focolare interno** (*cald.*), Flammrohrkessel (*m.*), Rauchrohrkessel (*m.*). 15 ~ **a grandi corpi** (*cald.*), Grosswasserraumkessel (*m.*), Flammrohrkessel (*m.*). 16 ~ **a nafta** (*cald.*), Ölkessel (*m.*). 17 ~ **a rapida vaporizzazione** (caldaia rapida) (*cald.*), Blitzkessel (*m.*), Schnellverdampfer (*m.*). 18 ~ **a sezioni** (per riscaldamento) (*cald.*), Gliederkessel (*m.*). 19 ~ **a tubi bollitori** (caldaia a tubi di acqua) (*cald.*), Wasserrohrkessel (*m.*). 20 ~ **a tubi d'acqua** (caldaia a tubi bollitori) (*cald.*), Wasserrohrkessel (*m.*). 21 ~ **a tubi d'acqua a sezioni** (*cald.*), Teilkammerwasserrohrkessel (*m.*), Sektionswasserrohrkessel (*m.*). 22 ~ **a tubi d'acqua inclinati** (*cald.*), Schrägrohrkessel (*m.*). 23 ~ **a tubi d'angolo** (in cui detti tubi hanno funzione portante) (*cald.*), Eckrohrkessel (*m.*). 24 ~ **a tubi di fumo** (*cald.*), Rauchröhrenkessel (*m.*). 25 ~ **a tubi inclinati** (*cald.*), Schrägrohrkessel (*m.*). 26 ~ **a tubi incrociati** (*cald.*), Quersiederohrkessel (*m.*). 27 ~ **a tubi verticali** (*cald.*), Steilrohrdampfkessel (*m.*). 28 ~ **a tubi verticali a due corpi** (*cald.*), Zweitrommel-Steilrohrkessel (*m.*), Integral-Kessel (*m.*). 29 ~ **a tubo di fumo** (caldaia a focolare interno) (*cald.*), Flammrohrdampfkessel (*m.*), Rauchrohrkessel (*m.*), Heizrohrkessel (*m.*). 30 ~ **a tubo ondulato** (*cald.*), Wellrohrkessel (*m.*). 31 ~ **ausiliaria** (calderina) (*cald.*), Hilfskessel (*m.*). 32 ~ **a vapore** (*cald.*), Dampfkessel (*m.*). 33 ~ **a vapore ad altissima pressione** (*cald.*), Höchstdruckdampfkessel (*m.*). 34 ~ **a va-**

pore da locomotiva (*cald.*), Lokomotivdampfkessel (*m.*). **35** ~ **Benson** (caldaia ad altissima pressione) (*cald.*), Bensonkessel (*m.*). **36** ~ **cilindrica** (*cald.*), Zylinderkessel (*m.*). **37** ~ **chiodata** (*cald.*), genieteter Kessel. **38** ~ **Cornovaglia** (*cald.*), Einflammrohrkessel (*m.*), Cornwallkessel (*m.*). **39** ~ **da locomotiva** (*cald.*), Lokomotivkessel (*m.*). **40** ~ **di colata** (siviera, secchia di colata) (*fond.*), Gusspfanne (*f.*). **41** ~ **elettrica** (*cald.*), Elektrodampfkessel (*m.*), Elektrokessel (*m.*). **42** ~ **fissa** (*cald.*), feststehender Kessel. **43** ~ **Lancashire** (caldaia a due tubi focolai) (*cald.*), Zweiflammenrohrkessel (*m.*). **44** ~ **marina** (*nav. - cald.*), Schiffskessel (*m.*). **45** ~ **multitubolare** (*cald.*), Vielröhrenkessel (*m.*). **46** ~ **orizzontale** (*cald.*), liegender Kessel. **47** ~ **per riscaldamento** (d'impianti centrali) (*riscald. - cald.*), Heizkessel (*m.*). **48** ~ **per riscaldamento ad accumulo** (*riscald.*), Speicherheizkessel (*m.*). **49** ~ **rapida** (caldaia a rapida vaporizzazione) (*cald.*), Blitzkessel (*m.*), Schnellverdampfer (*m.*). **50** ~ **Schmidt-Hartmann** (*cald.*), Schmidt-Hartmann-Kessel (*m.*), Zweistufenkessel (*m.*). **51** ~ **Velox** (*cald.*), Velox-Kessel (*m.*). **52** ~ **verticale** (*cald.*), stehender Kessel. **53 fabbrica di caldaie** (*cald.*), Kesselschmiede (*f.*). **54 lamiera per caldaie** (*ind. metall.*), Dampfkesselblech (*n.*). **55 muratura della** ~ **a vapore** (*cald.*), Dampfkesseleinmauerung f(*f.*). **56 piccola** ~ (capacità totale massima 0,035 m³) (*cald.*), Kleinkessel (*m.*). **57 sorveglianza della** ~ **a vapore** (controllo della caldaia a vapore) (*cald.*), Dampfkesselüberwachung (*f.*).
caldaista (*lav.*), Kesselwärter (*m.*).
calderaio (*lav.*), Kesselschmied (*m.*). **2** ~ (ramaio, battirame) (*lav.*), Rotschmied (*m.*), Kupferschmied (*m.*).
calderina (caldaia ausiliaria) (*cald.*), Hilfskessel (*m.*).
caldo (*a. - gen.*), warm. **2** ~ (surriscaldato, di un cuscinetto p. es.) (*mecc.*), heiss. **3** ~ (temperatura alta) (*s. - term.*), Hitze (*f.*). **4 a** ~ (prova p. es.) (*gen.*), in warmem Zustand **5 fragile a** ~ (*metall.*), warmbrüchig. **6 fronte** ~ (*meteor.*), Warmfront (*f.*). **7 lavorare a** ~ (*tecnol. mecc. - ecc.*), warmbearbeiten. **8 tempo** ~ (di un ciclo di saldatura, tempo in cui si lavora con corrente applicata) (*tecnol. mecc.*), Stromzeit (*f.*).
caleidofono (*app. - fis.*), Kaleidophon (*n.*).
caleidoscopio (giocattolo ottico) (*ott.*), Kaleidoskop (*n.*).
calendario (*comm.*), Kalender (*m.*). **2 orologio** ~ (*orol.*), Kalender-Uhr (*f.*).
calettamento (collegamento fisso) (*mecc.*), Verbindung (*f.*), Verband (*m.*). **2** ~ **a caldo** (di ruote su assi p. es.) (*tecnol. mecc.*), Schrumpfverband (*m.*), Schrumpfverbindung (*f.*). **3** ~ **a contrazione** (calettamento forzato a caldo, accoppiamento forzato a caldo) (*mecc.*), Schrumpfverbindung (*f.*), Schrumpfverband (*m.*). **4** ~ **ad espansione** (calettamento forzato sottozero, accoppiamento forzato sottozero) (*mecc.*), Dehnverband (*m.*), Dehnverbindung (*f.*). **5** ~ **con chiavetta** (inchiavettamento) (*mecc.*), Verkeilung (*f.*), Keilverbindung (*f.*), Keilung (*f.*). **6** ~ (forzato) **a caldo** (accoppiamento forzato a caldo, calettamento a contrazione) (*mecc.*), Schrumpfverbindung (*f.*), Schrumpfverband (*m.*). **7** ~ (forzato) **alla pressa** (accoppiamento forzato alla pressa) (*mecc.*), Pressverband (*m.*), Pressverbindung (*f.*). **8** ~ (forzato) **sottozero** (accoppiamento forzato sottozero, calettamento ad espansione) (*mecc.*), Dehnverband (*m.*), Dehnverbindung (*f.*). **9** ~ **sottozero** (di due elementi metallici) (*tecnol. mecc.*), Dehnverband (*m.*), Dehnverbindung (*f.*). **10 forza di** ~ (da ritiro, di un accoppiamento) (*metall. - tecnol.*), Schrumpfkraft (*f.*).
calettare (*mecc.*), verbinden, aufziehen. **2** ~ (con la pressa) (*mecc.*), aufpressen. **3** ~ **a caldo** (ad interferenza) (*mecc.*), aufschrumpfen, zusammenschrumpfen, warmaufziehen. **4** ~ **con chiavetta** (inchiavettare) (*mecc.*), verkeilen, aufkeilen.
calettato (di cerchione di ruota per es., con la pressa) (*mecc. - ecc.*), aufgepresst. **2** ~ (*mecc. - ecc.*), aufgezogen. **3** ~ **a caldo** (accoppiato a caldo, accoppiato per interferenza) (*mecc.*), verschrumpft, geschrumpft. **4** ~ **con chiavetta** (*mecc.*), aufgekeilt.
calibrare (misurare con calibro) (*mecc.*), ablehren, mittels Lehre abmessen. **2** ~ (un fucinato) (*fucinatura*), kalibrieren, prägen. **3** ~ **a freddo** (*fucinatura*), kaltkalibrieren.
calibrato (misurato con calibro) (*mis. - mecc.*), abgelehrt. **2** ~ (adattato, aggiustato) (*mecc.*), eingepasst. **3** ~ (*fucinatura*), kalibriert, geprägt. **4** ~ **a freddo** (*fucinatura*), kaltkalibriert.
calibratore (getto calibratore, di un carburatore) (*mot. - aut.*), Korrekturdüse (*f.*). **2** ~ (particolare di attrezzo per la soffiatura di corpi cavi di plastica) (*ut.*), Blasdorn (*m.*), Kalibrierdorn (*m.*). **3** (getto) ~ **aria del minimo** (di un carburatore) (*mot. - aut.*), Starterluftdüse (*f.*). **4** (getto) ~ **aria principale** (del carburatore) (*mot. - aut.*), Hauptluftdüse (*f.*). **5 tratto** ~ (di una broccia) (*ut.*), Kalibrierteil (*m.*), Glätteil (*m.*).
calibratura (a caldo, eseguita subito dopo la sbavatura a caldo per ottenere fucinati di dimensione e peso di alta precisione) (*fucin.*), Kalibrieren (*n.*). **2** ~ (lavorazione ad asportazione di truciolo del foro d'una bottiglia in mater. plast. p. es.) (*tecnol.*), Trimmen (*n.*). **3** ~ (controllo con calibro) (*mecc.*), Ablehren (*n.*). **4** ~ **a freddo** (*fucinatura*), Kaltkalibrieren (*n.*). **5** ~ **di assestamento** (di un fucinato p. es., per ottenere dimensioni precise) (*fucinatura*), Massprägen (*n.*). **6** ~ **di finitura** (superficiale) (per ottenere caratteristiche superiori di finitura superficiale) (*tecnol. mecc.*), Glattprägen (*n.*). **7 pressione di** ~ (di un fucinato) (*tecn. mecc.*), Prägedruck (*m.*).
calibro (strumento di misura per pezzi lavorati) (*ut. di mis.*), Lehre (*f.*). **2** ~ (passaggio calibrato, fra due cilindri) (*lamin.*), Walzkaliber (*n.*), Walzstich (*m.*), Kaliber (*n.*), Stich (*m.*). **3** ~ (arma da fuoco), Kaliber (*n.*), innerer Durchmesser. **4** ~ **a barretta ad estremità cilindriche** (*ut.*), Zylinderendmass (*n.*). **5** ~ **a barretta ad estremità sferiche** (*ut.*), Kugelendmass (*n.*). **6** ~ **a barretta**

calibro

ad estremità sferiche con impugnatura (ut.), Kugelendmass mit Griff. **7** ~ **a barretta a punte sferiche** (ut.), Kugelendmass (n.). **8** ~ **a barretta non passa ad estremità sferiche** (ut.), Ausschuss-Kugelendmass (n.). **9** ~ **a blocchetto** (blocchetto di riscontro, blocchetto piano parallelo) (ut.), Endmass (n.), Parallelendmass (n.). **10** ~ **a corsoio** (ut. mecc.), Schiebelehre (f.), Schublehre (f.), Schieblehre (f.). **11** ~ **a corsoio con nonio** (ut.), Noniusschublehre (f.). **12** ~ **a corsoio per misurare dentature** (ut.), Zahnmess-Schieblehre (f.). **13** ~ **ad anello** (ut.), Ringlehre (f.), Lehrring (m.). **14** ~ **ad anello per filettature** (ut. di mis.), Gewindelehrring (m.). **15** ~ **ad ogiva** (lamin.), Spitzbogen-Kaliber (n.). **16** ~ **a doppio diametro** (per il controllo della coassialità) (ut.), Stufenlehre (f.). **17** ~ **a forcella** (calibro a forchetta) (ut.), Rachenlehre (f.). **18** ~ **a forchetta** (calibro a forcella) (ut.), Rachenlehre (f.). **19** ~ **a losanga** (lamin.), Spiesskantkaliber (n.). **20** ~ **aperto** (lamin.), offenes Kaliber. **21** ~ **a rulli per viti** (ut.), Gewinderollen-Rachenlehre (f.). **22** ~ **a sagoma** (sagoma) (ut.), Schablone (f.), Formlehre (f.). **23** ~ **(a sagoma) per raggi di curvatura** (ut.), Radienschablone (f.). **24** ~ **a spessori** (spessimetro, sonda) (ut. mecc.), Spion (m.), Fühlerlehre (f.). **25** ~ **a tampone** (ut.), Lehrdorn (m.). **26** ~ **a tampone conico** (ut.), Kegellehrdorn (m.). **27** ~ **a tampone con innesto conico** (ut. - mecc.), Messzapfen (m.). **28** ~ **a tampone di riferimento** (ut.), Prüfdorn (m.). **29** ~ **a tampone passa-non passa** (calibro differenziale a tampone) (ut.), Grenzlehrdorn (m.). **30** ~ **a tampone per filettature** (calibro per madreviti) (ut.), Gewindelehrdorn (m.). **31** ~ **a tampone per il controllo dell'usura** (ut.), Abnützungsprüfdorn (m.). **32** ~ **a tampone piatto** (ut.), Flachlehrdorn (m.). **33** ~ **campione** (riscontro) (ut.), Prüflehre (f.). **34** ~ **chiuso** (lamin.), geschlossenes Kaliber. **35** ~ **conico** (ut. mecc.), Kegellehre (f.), Konuslehre (f.). **36** ~ **controllo convergenza delle ruote anteriori** (app. - aut.), Spurmesser (m.), Vorspurmesser (m.). **37** ~ **controllo inclinazione ruote anteriori** (app. - aut.), Sturzmesser (m.). **38** ~ **di collaudo** (ut. di mis.), Abnahmelehre (f.). **39** ~ **di controllo** (calibro di riscontro) (ut.), Prüflehre (f.), Gegenlehre (f.). **40** ~ **differenziale** (ut.), Grenzlehre (f.). **41** ~ **differenziale a forchetta** (ut.), Grenzrachenlehre (f.). **42** ~ **differenziale a forchetta per filettature** (ut. di mis.), Gewindegrenzrachenlehre (f.). **43** ~ **differenziale a forchetta regolabile** (ut.), einstellbare Grenzrachenlehre. **44** ~ **differenziale a tampone** (ut.), Grenzlehrdorn (m.). **45** ~ **differenziale a tampone per filettature** (ut. di mis.), Gewindegrenzlehrdorn (m.). **46** ~ **di lavorazione** (ut.), Arbeitslehre (f.). **47** ~ **di messa a punto** (ut.), Einstellehre (f.). **48** ~ **di messa a punto a tamburo** (per utensili d'una linea transfer p. es.) (app.), Trommeleinstellehre (f.). **49** ~ **di officina** (ut.), Werkstattabnahmelehre (f.). **50** ~ **di precisione** (ut.), Feinmesslehre (f.). **51** ~ **di profondità** (ut.), Tiefenlehre (f.). **52** ~ **di produzione** (ut.), Arbeitslehre (f.). **53** ~ **di riferimento** (calibro di controllo) (ut.), Prüflehre (f.), Revisionslehre (f.). **54** ~ **di riscontro** (riscontro) (ut. - mecc.), Prüflehre (f.), Gegenlehre (f.). **55** ~ **di riscontro a tampone per registrazioni** (ut.), Passdorn (m.). **56** ~ **di sbozzatura** (lamin.), Vorstich (m.). **57** ~ **di scartamento** (strum. - ferr.), Spurlehre (f.). **58** ~ **(di spessore) per lamiere** (ut.), Blechlehre (f.). **59** ~ **di verifica** (per l'allineamento della contropunta) (macch. ut.), Prüfdorn (m.). **60** ~ **falso** (nei laminatoi trio) (lamin.), Totkaliber (m.). **61** ~ **fisso** (ut.), feste Lehre. **62** ~ **« non passa »** (ut.), Ausschusslehre (f.). **63** ~ **ovale** (lamin.), Ovalkaliber (n.). **64** ~ **« passa »** (ut.), Gutlehre (f.). **65** ~ **« passa » e « non passa »** (calibro differenziale) (ut.), Differenzlehre (f.), Grenzlehre (f.). **66** ~ **per alberi** (ut. di mis.), Wellenlehre (f.). **67** ~ **per controlli lineari** (ut. di mis.), Masslehre (f.). **68** ~ **per esterni** (ut.), Dickenlehre (f.). **69** ~ **per filettature** (ut.), Gewindelehre (f.). **70** ~ **per fili metallici** (ut.), Drahtlehre (f.). **71** ~ **per foratura** (ut.), Bohrlehre (f.). **72** ~ **per fori** (strum.), Lochlehre (f.). **73** ~ **per interni** (ut. mecc.), Innenlehre (f.). **74** ~ **(per interni) a punte sferiche** (calibro a barretta ad estremità sferiche) (ut.), Kugelendmass (n.). **75** ~ **periodico** (calibro che produce rientranze o sporgenze periodiche sul laminato) (metall. - lamin.), periodisches Kaliber. **76** ~ **per lamiere** (ut.), Blechlehre (f.). **77** ~ **per madreviti** (calibro a tampone per filettature) (ut.), Gewindelehrdorn (m.). **78** ~ **per messa a punto** (riscontro per messa a punto) (strum. di mis.), Einstellehre (f.). **79** ~ **per profilati** (lamin.), Formkaliber (n.). **80** ~ **per raggi di raccordo** (calibro per raccordi) (ut. di mis.), Radiuslehre (f.). **81** ~ **per rifilatura** (lamin.), Stauchkaliber (n.). **82** ~ **per spessori** (o per esterni) (ut.), Dickenlehre (f.). **83** ~ **per ugelli** (per controllare ugelli e piccoli fori) (app.), Düsenlehre (f.). **84** ~ **per viti** (calibro ad anello per filettature) (ut.), Gewindelehrring (m.). **85** ~ **piatto** (ut.), Flachlehre (f.). **86** ~ **pneumatico** (ut.), pneumatische Lehre. **87** ~ **pneumatico ad anello** (tastatore per diametri esterni) (strum. di mis.) Düsenmessring (m.). **88** ~ **pneumatico a tampone** (tastatore per diametri interni) (strum. di mis.), Düsenmessdorn (m.). **89** ~ **preparatore** (calibro sbozzatore) (lamin.), Vorkaliber (n.). **90** ~ **quadro** (lamin.), Quadratkaliber (n.). **91** ~ **registrabile** (ut. di mis.), Einstellehre (f.). **92** ~ **rombico** (lamin.), Rautenkaliber (n.). **93** ~ **sbozzatore** (calibro preparatore) (lamin.), Vorkaliber (n.). **94** ~ **visualizzatore** (app.), Sichtlehre (f.). **95 fabbricante di calibri** (ind.), Lehrenbauer (m.). **96 progettista di calibri** (lav.), Lehrenbauer (m.).

calice (gen.), Kelch (m.). **2 volante a** ~ (aut.), schüsselförmiges Lenkrad.

calicò (cotonina) (tess.), Kaliko (n.), Kalikot (n.).

California, prova (prova californiana, per accertare le emissioni nocive nei gas di scarico) (aut. - mot. comb.), Californiatest (m.).

californio (elemento radioattivo) (*Cf - chim. - radioatt.*), Kalifornium (*n.*).
caligine (*geofis.*), vedi foschìa.
caliginoso (aria) (*meteor. - ecc.*), schmierig, dunstig.
calinite (*min.*), Kalinit (*m.*).
calite (lega Fe-Ni con Al e Cr) (*metall.*), Calit (*n.*).
calma (bonaccia) (*nav. - meteor.*), Kalme (*f.*), Windstille (*f.*), Flaute (*f.*). **2 zona delle calme** (*geogr. - nav.*), Kalmenzone (*f.*).
calmaggio (dell'acciaio) (*metall.*), Beruhigung (*f.*). **2 tempo di ~** (nell'elaborazione di acciaio) (*metall.*), Beruhigungszeit (*f.*), Ausgarzeit (*f.*).
calmante (per un bagno di acciaio) (*s. - metall.*), Beruhigungsmittel (*n.*), Beruhigungszuschlag (*m.*).
calmare (un bagno di acciaio fuso p. es.) (*metall.*), beruhigen.
calmarsi (vento) (*meteor.*), abflauen.
calmato (*metall. - ecc.*), beruhigt. **2 non ~** (effervescente, di acciaio) (*metall.*), unberuhigt.
calme (*naut.*), Stillen (*f. pl.*), Kalmen (*f. pl.*).
calmo (acqua) (*gen.*), still.
calo (perdita di liquido causata da difetti di tenuta) (*trasp.*), Leckage (*f.*). **2 ~** (dispersione, da difettoso imballaggio) (*comm.*), Spillage (*f.*). **3 ~** (difetto di vn.), Nachsacken (*n.*). **4 ~** (perdita) (*metall.*), Einbusse (*f.*). **5 ~ del grezzo** (cambiamento di volume del petrolio dal giacimento al serbatoio di stoccaggio) (*min.*), Ölschrumpfung (*f.*). **6 ~ di fusione** (perdita al fuoco) (*metall.*), Abbrand (*m.*), Schmelzverlust (*m.*). **7 ~ di interferenza** (di un accoppiamento bloccato, calo dovuto allo spianamento della rugosità superficiale) (*mecc.*), Übermassverlust (*m.*). **8 ~ di peso** (delle merci, durante il deposito p. es.) (*comm.*), Schwund (*m.*). **9 ~ di peso** (in sede di pesata) (*ind.*), Einwaage (*f.*).
calomelano (Hg_2Cl_2) (*chim.*), Kalomel (*n.*). **2 elettrodo al ~** (*elett. - ind. chim.*), Kalomelelektrode (*f.*).
calore (*fis. - term.*), Wärme (*f.*). **2 ~** (*metall.*), Glut (*f.*), Hitze (*f.*). **3 ~ atomico** (calore necessario per aumentare di 1 °C la temp. di un grammoatomo) (*chim.*), Atomwärme (*f.*). **4 ~ bianco** (*metall.*), Weissglut (*f.*). **5 ~ da compressione** (*fis.*), Kompressionswärme (*f.*). **6 ~ di combinazione** (*chim.*), Verbindungswärme (*f.*). **7 ~ di condensazione** (*termodin.*), Kondensationswärme (*f.*). **8 ~ di formazione** (*fis.*) - *chim.*), Bildungswärme (*f.*), Reaktionswärme (*f.*). **9 ~ di fusione** (*fis.*), Schmelzwärme (*f.*). **10 ~ di idratazione** (calore che si sviluppa per reazione tra cemento ed acqua durante la presa) (*ed.*), Hydratationswärme (*f.*), Abbindewärme (*f.*). **11 ~ di neutralizzazione** (*chim.*), Neutralisationswärme (*f.*). **12 ~ di reazione** (tonalità termica, quantità di calore liberata od usata in una reazione chimica) (*chim.*), Reaktionswärme (*f.*), Wärmetönung (*f.*). **13 ~ di (reazione nella) presa** (dell'acqua col cemento, calore d'idratazione) (*ed.*), Hydratationswärme (*f.*). **14 ~ di rinvenimento** (*metall.*), Blauwärme (*f.*). **15 ~ di solidificazione** (*metall.*), Erstarrungswärme (*f.*). **16 ~ di soluzione** (*chim.*), Lösungswärme (*f.*). **17 ~ dissipato** (*term.*), Verlustwärme (*f.*). **18 ~ giallo** (*metall.*), Gelbglut (*f.*). **19 ~ latente** (*fis.*), latente Wärme. **20 ~ latente di ebollizione** (*fis.*), Verdampfungswärme (*f.*). **21 ~ latente di evaporazione** (*fis.*), Verdunstungskälte (*f.*). **22 ~ latente di trasformazione** (*fis.*), Umwandlungswärme (*f.*). **23 ~ molecolare** (*chim.*), Molwärme (*f.*), Molekularwärme (*f.*), Molarwärme (*f.*). **24 ~ perduto** (*ind. - comb. - term.*), Abhitze (*f.*). **25 ~ radiante** (*term.*), Strahlungswärme (*f.*), strahlende Wärme. **26 ~ residuo** (*term.*), Restwärme (*f.*). **27 ~ residuo** (calore prodotto da radioattività residua dopo l'arresto di un reattore) (*fis. atom.*), Nachwärme (*f.*). **28 ~ rosso** (*metall.*), Rotglühhitze (*f.*), Rotglut (*f.*). **29 ~ rosso chiaro** (*metall.*), helle Rotglut. **30 ~ rosso ciliegia scuro** (*metall.*), Dunkelkirschrotglut (*f.*). **31 ~ rosso scuro** (*metall.*), Dunkelrotglut (*f.*). **32 ~ sensibile** (*term.*), fühlbare Wärme. **33 ~ specifico** (*fis.*), spezifische Wärme. **34 ~ (sviluppato) da attrito** (*mecc.*), Reibungswärme (*f.*). **35 asportazione di ~** (sottrazione di calore) (*fis.*), Wärmeabfuhr (*f.*). **36 assorbimento di ~** (*fis.*), Wärmeaufnahme (*f.*). **37 colpo di ~** (forte aumento locale della temperatura per difettosa lubrificazione) (*mecc.*), Temperaturblitz (*m.*). **38 dissipatore di ~** (termodissipatore, d'un semiconduttore) (*elettronica*), Wärmeableiter (*m.*). **39 emissione di ~** (cessione di calore) (*fis.*), Wärmeabgabe (*f.*). **40 equivalente elettrico del ~** (1 kcal = $1,16 \cdot 10^{-3}$ kWh) (*fis.*), elektrisches Wärmeäquivalent. **41 equivalente meccanico del ~** (1 kcal = 426,94 kpm) (*fis.*), mechanisches Wärmeäquivalent. **42 fabbisogno di ~** (di un edificio) (*riscald.*), Wärmebedarf (*m.*). **43 fornitura di ~** (*riscald.*), Wärmeversorgung (*f.*). **44 muro del ~** (nel volo supersonico) (*aer.*), Wärmemauer (*f.*). **45 produzione oraria di ~** (potenza calorifica, di una camera di combustione p. es., misurata in kcal/h p. es.) (*term.*), Wärmeleistung (*f.*). **46 quantità di ~** (*fis.*), Wärmemenge (*f.*). **47 quantità di ~ assorbita** (prodotto del consumo di combustibile e del potere calorifico, di un mot. a c. i.) (*mot.*), Wärmeverbrauch (*m.*). **48 quantità di ~ prelevata** (dalla rete di rifornimento) (*riscald.*), Wärmeabnahme (*f.*). **49 scambio di ~** (*fis.*), Wärmeaustausch (*m.*). **50 sottrazione di ~** (*fis.*), Wärmeentzug (*m.*). **51 trasformazione di ~** (*fis.*), Wärmeumsatz (*m.*). **52 trasmissione di ~** (propagazione del calore) (*fis.*), Wärmeübertragung (*f.*). **53 veicolo di ~** (aria, acqua, ecc.) (*riscald.*), Wärmeträger (*m.*). **54 zona affetta dal ~** (di un giunto saldato) (*tecnol. mecc.*), Wärmeeinflusszone (*f.*).
caloria (unità di calore) (*mis. term.*), Kalorie (*f.*). **2 ~ grammo** (piccola caloria) (*unità di mis.*), Grammkalorie (*f.*), kleine Kalorie. **3 ~ I. T.** (caloria tabulare internazionale = 4,18684 J) (*term.*), I.T. Kalorie (*f.*), Internationale Tafelkalorie. **4 ~ 15 °C** (= 4,1855 J) (*term.*), 15° Kalorie (*f.*). **5 ~ termochimica** (= 4,1833 Jint) (*term.*), thermochemische Kalorie. **6 grande ~** (chilocaloria) (*unità di mis.*), Kilogrammkalorie (*f.*), grosse Kalorie,

calorifero

Kilokalorie (*f.*). **7 piccola ~** (grammocaloria) (*unità di mis.*), Grammkalorie (*f.*), kleine Kalorie.
calorifero (impianto di riscaldamento centrale) (*term. - ed.*), Sammelheizungsanlage (*f.*), Zentralheizung (*f.*).
calorifico (*fis.*), wärmeerzeugend.
calorimetria (*chim. - fis.*), Kalorimetrie (*f.*), Wärmemessung (*f.*).
calorimetrico (*term.*), kalorimetrisch. **2 ~ a flusso continuo** (*app.*), Strömungskalorimeter (*n.*). **3 ~ a strozzamento** (*app.*), Drosselkalorimeter (*n.*). **4 ~ differenziale** (microcalorimetro differenziale) (*app.*), Differential-Kalorimeter (*n.*), Zwillingskalorimeter (*n.*). **5 ~ di Junker** (*app.*), Junkers-Kalorimeter (*n.*), Verbrennungskalorimeter (*n.*).
calorimetro (*app. fis.*), Kalorimeter (*n.*), Wärmemesser (*m.*). **2 ~ a bomba** (bomba calorimetrica) (*app. fis.*), kalorimetrische Bombe, Berthelot'sche Bombe. **3 ~ ad acqua** (*app. fis.*), Mischungskalorimeter (*n.*). **4 ~ a ghiaccio** (*app. fis.*), Eiskalorimeter (*n.*).
calorizzare (cementare all'alluminio) (*tratt. term.*), alitieren, kalorisieren.
calorizzato (*tratt. term.*), alitiert, kalorisiert.
calorizzazione (procedimento per formare uno strato protettivo sull'acciaio mediante trattamento con polvere di alluminio a 800 °C) (*tratt. term.*), Alitieren (*n.*), Kalorisieren (*n.*). **2 ~ ad immersione** (*tratt. term.*), Tauchalitieren (*n.*). **3 ~ a spruzzo** (cementazione all'alluminio a spruzzo, contro l'ossidazione dell'acciaio a temperature fino ad 800 °C) (*tratt. term.*), Spritzalitieren (*n.*), Alumetieren (*n.*).
caloscia (galoscia, soprascarpa impermeabile) (*ind. gomma*), Galosche (*f.*).
calotta (di una sfera) (*geom.*), Kappe (*f.*), Kugelhaube (*f.*), Kalotte (*f.*). **2 ~** (di una vite) (*mecc.*), Kuppe (*f.*). **3 ~** (di una galleria) (*ing. civ.*), Kalotte (*f.*). **4 ~ del distributore** (*aut. - mot.*), Zündverteilerdeckel (*m.*), Verteilerscheibe (*f.*). **5 ~ di messa a punto** (di punte da trapano) (*lav. macch. ut.*), Messkappe (*f.*). **6 ~ sferica** (*geom.*), Kugelkappe (*f.*), Kugelkalotte (*f.*). **7 ~ sferica** (di una vite p. es.) (*mecc.*), Kugelkuppe (*f.*). **8 colletto a ~** (dell'estremità di una vite) (*mecc.*), Ansatzkuppe (*f.*). **9 estremità a ~** (di una vite) (*mecc.*), Linsenkuppe (*f.*).
calottina (calottina di estrazione, calottino estrattore, paracadute sussidiario) (*aer.*), Auszichfallschirm (*m.*), Hilfsfallschirm (*m.*). **2 ~** (difetto superficiale) (*mecc.*), Kuppe (*f.*).
calpestio (rumore da) (*ed.*), Trittschall (*m.*). **2 strato anti- ~** (*ed.*), Trittschall-Dämmschicht (*f.*).
calutrone (California University cyclotron) (*fis. atom. - app.*), Calutron (*n.*).
calza (*ind. tess.*), Strumpf (*m.*). **2 ~** (rivestimento di materiale intrecciato, di un filo p. es.) (*elett.*), Beflechtung (*f.*), Geflecht (*n.*), Bespinnung (*f.*), Umklöppelung (*f.*). **3 ~ da donna** (*ind. tess.*), Damenstrumpf (*m.*). **4 ~ metallica** (guaina metallica intrecciata, per cavi) (*elett.*), Drahtgeflecht (*n.*), Umklöppelung (*f.*), Metallumspinnung (*f.*). **5 ~ (metallica) per cavi** (*elett.*), Kabelumklöppe-

lung (*f.*). **6 ~ schermante** (guaina schermante) (*elett. - radio*), Schirmgeflecht (*n.*), Entstörschlauch (*m.*). **7 ~ senza cintura** (*ind. tess.*), nahtloser Strumpf. **8 macchina per calze** (*macch. tess.*), Strumpfmaschine (*f.*). **9 telaio per calze** (*macch. tess.*), Strumpfstuhl (*m.*). **10 togliere la ~** (togliere la treccia, ad un cavo) (*elett.*), entflechten.
calzatoia (tacco) (*veic.*), Hemmschuh (*m.*), Bremsschuh (*m.*), Abbremsklotz (*m.*).
calzolaio (*lav.*), Schuhmacher (*m.*), Schuster (*m.*).
« camber » (*aut.*), vedi campanatura.
cambiadischi (*app. elettroacus.*), Plattenwechsler (*m.*).
cambiale (*finanz.*), Wechsel (*m.*), Wechselbrief (*m.*). **2 ~ accettata** (*comm.*), akzeptierter Wechsel, angenommener Wechsel. **3 ~ a certo tempo data** (*comm.*), Datowechsel (*m.*). **4 ~ a domicilio** (*comm.*), Domizilwechsel (*m.*). **5 ~ avallata** (*comm.*), avalisierter Wechsel. **6 ~ bancabile** (*comm.*), bankfähiger Wechsel. **7 cambiali da pagare** (*amm.*), Wechselobligo (*n.*). **8 ~ di comodo** (cambiale di favore) (*comm.*), Gefälligkeitswechsel (*m.*), Reitwechsel (*m.*). **9 ~ in protesto** (cambiale protestata) (*comm. - leg.*), Protestwechsel (*m.*). **10 ~ protestata** (cambiale in protesto) (*comm. - leg.*), Protestwechsel (*m.*). **11 lasciare andare una ~ in protesto** (*finanz.*), einen Wechsel protestieren lassen. **12 rinnovo di una ~** (*comm.*), Prolongation eines Wechsels. **13 scadenziario cambiali** (*finanz.*), Wechselbuch (*n.*), Wechselverfallbuch (*n.*). **14 trarre una ~** (*comm.*), einen Wechsel beziehen.
cambiamento (*gen.*), Änderung (*f.*). **2 ~ di direzione** (*gen.*), Richtungsänderung (*f.*), Richtungswechsel (*m.*). **3 ~ di luogo** (*gen.*), Umsetzung (*f.*), Umstellung (*f.*). **4 ~ di stato** (trasformazione di stato) (*fis.*), Zustandsänderung (*f.*). **5 ~ radicale** (inversione di tendenza) (*gen.*), Umschwung (*f.*). **6 ~ strutturale** (*metall. - ecc.*), Strukturveränderung (*f.*).
cambia-obiettivi (*app. ott. - fot.*), Obiektivwechsler (*m.*). **2 ~ a torretta** (torretta portaobiettivi) (*app. ott. - fot.*), Objektivrevolver (*m.*), Schlittenrevolver (*m.*). **3 ~ a slitta** (dispositivo a slitta per il cambio degli obiettivi) (*app. ott. - fot.*), Schlittenobjektivwechsler (*m.*).
cambiare (*gen.*), ändern, wechseln. **2 ~** (l'olio p. es.) (*mot.*), erneuern, wechseln. **3 ~** (del vento) (*meteor.*), kentern. **4 ~** (del tempo) (*v.i. - meteor.*), umschlagen, sich verändern. **5 ~ colore** (trascolorare) (*vn.*), verfärben. **6 ~ con « doppietto »** (cambiare marcia con doppio azionamento della frizione) (*aut.*), doppeltkuppeln. **7 ~ marcia** (*aut.*), umschalten, schalten. **8 ~ marcia** (cambiare rapporto di trasmissione) (*macch.*), umschalten. **9 ~ (marcia) col doppietto** (cambiare marcia con doppio azionamento della frizione, cambiare marcia con « doppia frizione ») (*aut.*), doppeltkuppeln. **10 ~ residenza** (*leg. - ecc.*), übersiedeln. **11 ~ rotta** (*nav.*), den Lauf umsetzen, den Kurs wechseln, drehen. **12

~ **treno** (od altro mezzo di trasporto) (*ferr. - trasp.*), umsteigen.
cambiaspole (*macch. tess.*), Kopswechsler (*m.*), Schusswechsler (*m.*). 2 ~ **automatico** (*macch. tess.*), Kopswechselautomat (*m.*), Schusswechselautomat (*m.*).
cambiatensione (selettore di tensione) (*app. - elett.*), Spannungsumschalter (*m.*), Spannungswähler (*m.*).
cambiautensili (dispositivo) (*macch. ut.*), Werkzeugwechselvorrichtung (*f.*).
cambiavalute (*finanz.*), Geldwechsler (*m.*).
cambio (*gen.*), Wechsel (*m.*). 2 ~ (di velocità, dispositivo) (*aut. - ecc.*), Getriebe (*n.*), Wechselgetriebe (*n.*). 3 ~ (di velocità, manovra) (*aut. - ecc.*), Schaltung (*f.*). 4 ~ (*finanz.*), Wechsel (*m.*). 5 ~ (corso del cambio) (*finanz.*), Umrechnungssatz (*m.*), Umrechnungskurs (*m.*). 6 ~ (*legno*), Kambium (*n.*). 7 ~ **a « cloche »** (cambio a leva centrale) (*aut.*), Knüppelschaltung (*f.*). 8 ~ **ad ingranaggi** (*aut. - mecc.*), Zahnradwechselgetriebe (*n.*), Zahnradgetriebe (*n.*). 9 ~ **(ad ingranaggi) con innesti elettromagnetici** (per veicoli stradali) (*veic.*), Elektro-Getriebe (*n.*). 10 ~ **ad ingranaggi epicicloidali** (cambio epicicloidale) (*veic.*), Planetengetriebe (*n.*), Umlaufgetriebe (*n.*). 11 ~ **ad ingranaggi scorrevoli** (*aut.*), Schubwechselgetriebe (*n.*), Schubradwechselgetriebe (*n.*), Schieberädergetriebe (*n.*). 12 ~ **ad ingranaggi scorrevoli a denti elicoidali** (*aut.*), Spiralgetriebe (*n.*). 13 ~ **ad ingranaggi sempre in presa** (*aut.*), Getriebe mit ständigem Eingriff. 14 ~ **ad innesti** (cambio con ingranaggi ad innesto frontale) (*aut.*), Klauengetriebe (*n.*). 15 ~ **a leva centrale** (cambio a « cloche ») (*aut.*), Mittelschaltung (*f.*). 16 ~ **a leva orizzontale** (uscente dal cruscotto) (*aut.*), Krückstockschaltung (*f.*). 17 ~ **a manopola** (di un motociclo) (*veic.*), Drehgriffschaltung (*f.*). 18 ~ **a preselettore** (*aut.*), Vorwählgetriebe (*n.*). 19 ~ **a quattro marce** (cambio a quattro rapporti) (*aut.*), Vierganggetriebe (*n.*). 20 ~ **ascendente** (passaggio a marcia superiore) (*aut.*), Aufwärtsschaltung (*f.*), Hochschaltung (*f.*). 21 ~ **a sei marce** (cambio a sei rapporti) (*aut.*), Sechsganggetriebe (*n.*). 22 ~ **a sei rapporti** (cambio a sei marce) (*aut.*), Sechsganggetriebe (*n.*). 23 ~ **a settori** (*mecc.-aut.*), Kulissenschaltung (*f.*). 24 ~ **a tre marce** (cambio a tre rapporti) (*aut.*), Dreiganggetriebe (*n.*). 25 ~ **a tre rapporti** (cambio a tre marce) (*aut.*), Dreiganggetriebe (*n.*). 26 ~ **ausiliario** (moltiplicatore di marce, inserito a valle di un cambio ad ingranaggi) (*veic.*), Nachschaltgetriebe (*n.*). 27 ~ **automatico** (*veic. - aut.*), Automatgetriebe (*n.*), selbsttätig schaltendes Getriebe, automatisches Getriebe. 28 ~ **calante** (passaggio a marcia inferiore) (*aut.*), Abwärtsschalten (*f.*), Rückschaltung (*f.*), « Runterschalten » (*n.*). 29 ~ **con doppietto** (cambio marcia con doppio azionamento della frizione) (*aut.*), Doppelkuppeln (*n.*). 30 ~ **con ingranaggi ad innesto frontale** (*aut.*), Klauengetriebe (*n.*). 31 ~ **con ingranaggi sempre in presa** (*aut.*), Getriebe mit ständigem Eingriff. 32 ~ **con leva a rotula** (*aut.*), Kugelschaltung (*f.*). 33 ~ **con marcia moltiplicata** (*aut.*), Schnellganggetriebe (*n.*). 34 ~ **continuo** (variatore di velocità continuo) (*mecc.*), stufenloses Getriebe. 35 ~ **continuo di velocità** (variatore continuo di velocità; modifica la velocità lasciando invariata la coppia) (*mot. - veic.*), Drehzalwandler (*m.*). 36 ~ **continuo PIV** (a dischi conici distanziabili, variatore di velocità continuo PIV) (*macch.*), PIV-Getriebe (*n.*). 37 ~ **con tutte le marce ad innesto** (*aut.*), Allklauengetriebe (*n.*). 38 ~ **del giorno** (*finanz.*), Tageskurs (*m.*), Tageswert (*m.*), Kurswert (*m.*). 39 ~ **delle bobine** (*macch. tess.*), Spulenwechsel (*m.*). 40 ~ **delle connessioni saldate** (*elett.*), Umlöten (*n.*). 41 ~ **dell'olio** (*mot. - aut.*), Ölwechsel (*m.*). 42 ~ **dell'utensile** (*lav. - macch. ut.*), Werkzeugwechsel (*m.*). 43 ~ **di impiego** (cambio di lavoro) (*lav.*), Platzwechsel (*m.*), Arbeitswechsel (*m.*). 44 ~ **di lavoro** (cambio di impiego) (*lav.*), Platzwechsel (*m.*), Arbeitswechsel (*m.*). 45 ~ **di livelletta** (cambio di pendenza) (*ferr.*), Gefällwechsel (*m.*), Neigungswechsel (*m.*), Gefällbruch (*m.*). 46 ~ **di marcia** (*aut.*), Gangschaltung (*f.*), Schaltung (*f.*). 47 ~ **di pendenza** (cambio di livelletta) (*ferr.*), Gefällwechsel (*m.*), Neigungswechsel (*m.*), Gefällbruch (*m.*). 48 ~ **di rapporto** (cambio di velocità, manovra di cambio delle marce) (*aut. - macch. - ecc.*), Gangschaltung (*f.*). Gangwechsel (*m.*). 49 ~ **di residenza** (*leg.*), Wohnungswechsel (*m.*). 50 ~ **di velocità** (*aut. - ecc.*), Wechselgetriebe (*n.*). 51 ~ **di velocità** (cambio di rapporto, manovra di cambio delle marce) (*aut. - macch. - ecc.*), Gangschaltung (*f.*), Gangwechsel (*m.*). 52 ~ **di velocità a catena** (*veic.*), Kettenwandler (*m.*). 53 ~ **di velocità a rapporti fissi** (non continuo) (*veic.*), Stufengetriebe (*n.*). 54 ~ **(di velocità) con ingranaggi sempre in presa** (*mecc. - aut.*), Getriebe mit dauernd im Eingriff befindlichen Rädern, Getriebe mit ständigem Eingriff. 55 ~ **(di velocità) con presa diretta** (*mecc. - aut.*), Getriebe mit Durchschaltung. 56 ~ **di velocità e di coppia** (modifica la velocità e la coppia lasciando invariata la potenza) (*veic. - mot.*), Drehzahl-Drehmoment-Wandler (*m.*). 57 ~ **epicicloidale** (cambio ad ingranaggi epicicloidali) (*veic.*), Planetengetriebe (*n.*), Umlaufgetriebe (*n.*). 58 ~ **Föttinger** (*mecc.*), Föttingergetriebe (*n.*). 59 ~ **idraulico** (cambio idrodinamico, convertitore idraulico) (*veic. - aut. - ferr.*), Flüssigkeitswandler (*m.*), Flüssigkeitsgetriebe (*n.*), hydraulisches Getriebe. 60 ~ **idrodinamico** (cambio idraulico, convertitore idraulico) (*veic. - aut. - ferr.*), Flüssigkeitswandler (*m.*), Flüssigkeitsgetriebe (*n.*), hydraulisches Getriebe. 61 ~ **marcia** (cambio di marcia) (*aut.*), Getriebeschaltung (*f.*), Gangschaltung (*f.*), Schaltung (*f.*). 62 ~ **marcia a leva** (cambio marcia a cloche) (*aut.*), Knüppelschaltung (*f.*). 63 ~ **marcia a rinvio** (quando il cambio è sull'assale posteriore p. es.) (*aut.*), Drehwellenschaltung (*f.*). 64 ~ **marcia con doppietto** (cambio marcia a « doppia frizione ») (*aut.*), Doppelkuppeln (*n.*). 65 ~ **marcia sul volante** (*aut.*), Lenkradschaltung (*f.*). 66 ~ **non sincronizzato** (*aut.*), unsynchronisiertes Getriebe. 67 ~ **Norton** (sca-

cambretta

tola Norton) (*macch. ut.*), Nortongetriebe (*n.*), Nortonkasten (*m.*). 68 ~ **per autoveicoli** (*aut. - mecc.*), Kraftwagengetriebe (*n.*), Wechselgetriebe (*n.*), Schaltgetriebe (*n.*). 69 ~ **rapido** (*macch. ut. - mecc.*), Schnellwechsel (*m.*). 70 ~ **semiautomatico** (senza frizione, ma con selezione delle marce) (*aut.*), halbautomatisches Getriebe, Selektiv-Automatik (*f.*). 71 ~ **sincronizzato** (*aut.*), Synchrongetriebe (*n.*), Allsynchrongetriebe (*n.*). 72 ~ **sul volante** (cambio sul piantone di guida) (*aut.*), Lenkradschaltung (*f.*). 73 ~ **sussidiario** (a volta inserito a valle di un convertitore di coppia) (*veic.*), Nachschaltgetriebe (*n.*). 74 ~ **Trilok** (cambio idraulico Trilok) (*macch. - veic.*), Trilok-Getriebe (*n.*). 75 ~ **ufficiale** (tasso ufficiale, corso ufficiale) (*finanz.*), amtlicher Kurs. 76 **agente di** ~ (*finanz.*), Kursmakler (*m.*). 77 **agente di** ~ (cambiavalute) (*finanz.*), Geldwechsler (*m.*). 78 **corso dei cambi** (*finanz.*), Wechselkurs (*m.*). 79 **forcella del** ~ (*aut.*), Schaltgabel (*f.*). 80 **gruppo** ~ **-differenziale** (cambio e differenziale formanti unico gruppo) (*aut.*), Transaxialgetriebe (*f.*). 81 **in** ~ **di** (scambiare con) (*comm.*), gegen. 82 **ingranaggio di** ~ (ruota di cambio) (*mecc.*), Wechselrad (*n.*). 83 **leva del** ~ (*aut.*), Schalthebel (*m.*), Ganghebel (*m.*). 84 **leva del** ~ **a «cloche»** (leva del cambio centrale) (*aut.*), Knüppelschalthebel (*m.*), Mittelschalthebel (*m.*). 85 **manovra del** ~ (azionamento del cambio) (*aut.*), Schaltung (*f.*). 86 **perno della leva del** ~ (fulcro della leva del cambio) (*veic.*), Schaltwelle (*f.*). 87 **ruota (dentata) del** ~ (ingranaggio del cambio) (*mecc.*), Wechselrad (*n.*). 88 **scatola del** ~ (*aut. - ecc.*), Getriebegehäuse (*n.*), Getriebekasten (*m.*). 89 **tasso di** ~ (*finanz.*), Kurs (*m.*), Wechselkurs (*m.*).

cambretta (cavallottino, chiodo a due punte) (*falegn.*), Krampe (*f.*).

cambri (*tess.*), Kambric (*m.*), Cambric (*m.*).

cambrien (lega, bronzo d'alluminio con l'88% di Cu ed il 12% di Al) (*lega*), Cambriens-Metall (*m.*).

cambusa (cucina) (*nav.*), Kambüse (*f.*), Kombüse (*f.*).

camelia (lega, bronzo al Pb per cuscinetti radenti; 70% Cu, 15% Pb, 9-11% Zn, 5% Sn, < 1% Fe) (*lega*), Camelia-Metall (*n.*).

camera (*gen.*), Kammer (*f.*). 2 ~ (stanza) (*ed.*), Zimmer (*n.*), Stube (*f.*). 3 ~ (*min.*), Kammer (*f.*). 4 ~ (di combustione) (*mot.*), Kammer (*f.*), Verbrennungskammer (*f.*). 5 ~ (incavo, sul rotore d'un motore Wankel) (*mot.*), Mulde (*f.*). 6 ~ (parlamento), Haus (*n.*), Volksvertretung (*f.*), Kammer (*f.*). 7 ~ **a bolle** (per la visualizzazione delle tracce di particelle ionizzanti) (*fis. - chim.*), Blasenkammer (*f.*). 8 ~ **acceleratrice** (d'un freno pneumatico) (*ferr.*), Beschleunigungskammer (*f.*), Übertragungskammer (*f.*). 9 ~ **a depressione** (per prove p. es.) (*tecnol.*), Unterdruckkammer (*f.*). 10 ~ **a depressione** (capsula manometrica o pneumatica, di un carburatore p. es.) (*mot.*), Unterdruckdose (*f.*). 11 ~ **a due letti** (*ed.*), Doppelzimmer (*n.*). 12 ~ **a fumo** (*cald.*), Rauchkammer (*f.*). 13 ~ **a gas** (*agric.*), Begasungskammer (*f.*). 14 ~ **alta quota** (per il controllo del personale aeronautico p. es.) (*aer.*), Unterdruckkammer (*f.*). 15 ~ **alta quota** (camera per prove in quota, di motori p. es.) (*aer. - ecc.*), Höhenkammer (*f.*). 16 ~ **a monocristallo** (*fis.*), Einkristallkamera (*f.*). 17 ~ **anecoica** (per misurare la rumorosità di macchine in funzione p. es.) (*acus.*), schalltoter Raum. 18 ~ **a polvere** (per prove in ambienti polverosi) (*tecnol.*), Staubkammer (*f.*). 19 ~ **a scintille** (*forno - metall.*), Funkenkammer (*f.*). 20 ~ **a turbolenza** (camera di combustione a turbolenza, di un mot. Diesel) (*mot.*), Wälzkammer (*f.*), Wirbelkammer (*f.*). 21 ~ **blindata** (camera di sicurezza, di una banca p. es.) (*finanz.*), Stahlkammer (*f.*), Tresor (*m.*). 22 ~ **calda** (per l'esecuzione di prove su app., materiali, ecc.) (*tecnol.*), Wärmeschrank (*m.*). 23 ~ **calda** (di macch. per pressofusione) (*macch. fond.*), Warmkammer (*f.*). 24 ~ **calda mobile** (di macchina per pressofusione ad aria compressa) (*macch. fond.*), Druckgefäss (*n.*). 25 ~ **climatica** (per prove) (*tecnol.*), Klimakammer (*f.*). 26 ~ **d'acqua** (*cald.*), Wasserkammer (*f.*). 27 ~ **da letto** (*ed.*), Schlafzimmer (*n.*). 28 ~ **d'aria** (di un pneumatico) (*aut. - ecc.*), Schlauch (*m.*), Luftschlauch (*m.*), Reifenschlauch (*m.*). 29 ~ **d'aria** (camera di compensazione, palloncino, di un aerostato) (*aer.*), Luftsack (*m.*), Ballonet (*n.*). 30 ~ **degli ospiti** (*ed.*), Gastzimmer (*n.*). 31 ~ **del gas** (di un dirigibile) (*aer.*), Gaszelle (*f.*). 32 ~ **delle saracinesche** (*idr.*), Schieberhaus (*n.*), Schieberkammer (*f.*). 33 ~ **di accelerazione** (*fis. atom.*), Beschleunigunskammer (*f.*). 34 ~ **di carico** (bacino di carico, di un impianto idroelettrico) (*costr. idr.*), Wasserschloss (*n.*). 35 ~ **di combustione** (di un mot. a c. i.) (*mot.*), Verbrennungskammer (*f.*), Verbrennungsraum (*m.*). 36 ~ **di combustione** (di una turbina a gas) (*turb.*), Brennkammer (*f.*). 37 ~ **di combustione anulare** (di una turbina a gas) (*turb.*), Ringbrennkammer (*f.*). 38 ~ **di combustione del razzo** (*mot.*), Raketenbrennkammer (*f.*), Raketenofen (*m.*). 39 ~ **di combustione emisferica** (*mot.*), halbkugeliger Verbrennungsraum, halbkugelförmiger Verbrennungsraum. 40 ~ **di compensazione** (camera d'aria, palloncino, di un aerostato) (*aer.*), Ballonet (*n.*). 41 ~ **di compressione** (volume minimo della camera di combustione, volume di compressione) (*mot. - ecc.*), Kompressionsraum (*m.*), Verdichtungsraum (*m.*). 42 ~ **di digestione** (per acque di scarico) (*ed.*), Faulraum (*m.*), Schlammfaulraum (*m.*). 43 ~ **di espansione** (*fis.*), Entspannungsraum (*m.*). 44 ~ **di espansione** (vaso di espansione) (*ed.*), Expansionsgefäss (*n.*), Ausdehnungsgefäss (*n.*). 45 ~ **di espansione** (d'una centrale) (*idr. - elett.*), Schwallkammer (*f.*). 46 ~ **di essiccazione** (*ind.*), Trockenkammer (*f.*). 47 ~ **di essiccazione** (*ind. birra*), Darrsau (*f.*), Heizkammer (*f.*). 48 ~ **di essudazione** (per la prova delle vernici p. es.) (*vn.*), Schwitzkasten (*m.*). 49 ~ **di fissione** (*fis. atom.*), Spaltkammer (*f.*). 50 ~ **di ionizzazione libera** (*fis.*), offene Ionisationskammer. 51 ~ **di lavoro** (d'un motore tipo Wankel, tre per rotore) (*mot.*),

Arbeitskammer (*f.*). **52** ~ **d'immissione nel serbatoio** (*idr.*), Behältereinlaufkammer (*f.*). **53** ~ **di Niepce** (camera oscura a foro) (*ott. - fot.*), Lochkammer (*f.*). **54** ~ **di piombo** (*ind. chim.*), Bleikammer (*f.*). **55** ~ **di presa** (camera fotografica per lavori di rilevamento fotogrammetrici e cartografici) (*macch. fotogr.*), Messkammer (*f.*). **56** ~ **di pressione** (camera d'iniezione, di uno stampo per pressofusione) (*fond.*), Druckkammer (*f.*). **57** ~ **di ricupero** (camera di rigenerazione, di un forno) (*metall.*), Gitterwerk (*n.*). **58** ~ **di rigenerazione** (camera di ricupero, di un forno) (*metall.*), Gitterwerk (*n.*). **59** ~ **di ritorno** (*cald.*), Umkehrkammer (*f.*), Wendekammer (*f.*). **60** ~ **di riverberazione** (*acus.*), Schallkammer (*f.*). **61** ~ **di scoppio** (*mot.*), vedi camera di combustione. **62** ~ **di sedimentazione** (*ed.*), Absetzraum (*m.*). **63** ~ **di sicurezza** (camera blindata, di una banca p. es.) (*finanz.*), Tresor (*m.*), Stahlkammer (*f.*). **64** ~ **di sicurezza** (*leg.*), Polizeigewahrsam (*n.*). **65** ~ **di Wilson** (*fis.*), Wilsonkammer (*f.*), Nebelkammer (*f.*). **66** ~ **fredda** (camera a freddo, camera refrigerata, per prove di avviamento di motori p. es.) (*mot. - ecc.*), Kältekammer (*f.*). **67** ~ **fredda** (di una macch. per pressofusione) (*macch. fond.*), Kaltkammer (*f.*). **68** ~ **isolata** (*metrologia*), Dämpferkammer (*f.*). **69** ~ **oscura** (*fot.*), Dunkelkammer (*f.*). **70** ~ **oscura a foro** (camera di Niepce) (*ott. - fot.*), Lochkammer (*f.*). **71** ~ **per prove in quota** (camera alta quota, per prova di motori p. es.) (*aer. - ecc.*), Höhenkammer (*f.*). **72** ~ **riverberante** (formata da pareti liscie riflettenti quasi totalmente il suono) (*acus.*), Hallraum (*m.*). **73 lampada per** ~ **oscura** (*fot.*), Dunkelkammerlampe (*f.*). **74 senza** ~ **d'aria** (di pneumatico) (*aut. - ecc.*), schlauchlos.

Camera di Commercio (*comm.*), Handelskammer (*f.*). **2** ~ **Internazionale** (*comm.*), Internationale Handelskammer.

Camera di Industria e Commercio (*ind. - comm.*), Industrie- und Handelskammer (*f.*).

« **cameraman** » (operatore) (*telev.*), Kameramann (*m.*). **2 capo** ~ (*pers. telev.*), Aufnahmeleiter (*m.*).

cameretta (camerino) (*ed.*), Kammer (*f.*), Kämmerlein (*n.*). **2** ~ **di distribuzione dei cavi** (*elett.*), Kabelschacht (*m.*), Kabelbrunnen (*m.*).

cameriera (lavoratrice di casa privata) (*lav.*), Dienstmädchen (*n.*). **2** ~ **a ore** (*lav.*), Zugeherin (*f.*), Zugehfrau (*f.*). **3** ~ **di sala** (*lav.*), Kellnerin (*f.*). **4** ~ **di sala** (*lav.*) (*svizz.*), Saaltochter (*f.*), Kellnerin (*f.*). **5** ~ **di stanza** (*lav.*), Zimmermädchen.

cameriere (domestico, servitore) (*lav.*), Hausdiener (*m.*), Hausknecht (*m.*). **2** ~ **di sala** (tavoleggiante) (*lav.*), Kellner (*m.*), Ober (*m.*). **3 capo** ~ (di sala) (*lav.*), Oberkellner (*m.*), Ober (*m.*).

camerino (cameretta) (*ed.*), Kammer (*f.*), Kämmerlein (*n.*).

camice (di un impiegato di laboratorio chim. p. es.) (*lav.*), Mantel (*m.*).

camicia (canna, di un cilindro p. es.) (*mot.*), Laufbuchse (*f.*), Buchse (*f.*). **2** ~ (di un cilindro) (*mot.*), vedi anche canna. **3** ~ (incamiciatura) (*mecc.*), Umhüllung (*f.*). **4** ~ **a secco** (canna a secco) (*mot.*), trockene Buchse, trockene Laufbuchse. **5** ~ **a umido** (canna cilindro a umido) (*mot.*), nasse Laufbuchse, nasse Buchse. **6** ~ **cilindro** (canna cilindro) (*mot.*), Zylinderlaufbuchse (*f.*). **7** ~ **cilindro a secco** (canna cilindro a secco) (*mot.*), trockene Zylinderlaufbuchse. **8** ~ **cilindro a umido** (canna cilindro a umido) (*mot.*), nasse Zylinderlaufbuchse. **9** ~ **cilindro riportata** (canna cilindro riportata) (*mot.*), auswechselbare Zylinderlaufbuchse. **10** ~ **con intercapedine** (*tubaz. - ecc.*), Doppelmantel (*f.*). **11** ~ **d'acqua** (*mot. - ecc.*), Wassermantel (*m.*). **12** ~ **del cilindro** (canna cilindro) (*mot.*), Zylinderbuchse (*f.*). **13** ~ **della carcassa** (di un motore Wankel) (*mot.*), Gehäusemantel (*m.*). **14** ~ **di raffreddamento** (intercapedine di raffreddamento) (*mot.*), Kühlmantel (*m.*).

caminetto (camino) (*ed. - arch.*), Kamin (*m.*).

camino (*ed. - term.*), Schlot (*m.*), Esse (*f.*), Schornstein (*m.*), Kamin (*m.*). **2** ~ (caminetto) (*ed. - arch.*), Kamin (*m.*). **3** ~ (ciminiera, di un forno, industria ecc.) (*ed.*), Schornstein (*m.*), Hochkamin (*m.*), Kamin *m.*). **4** ~ (*alpinismo*) (*geol.*), Kamin (*m.*). **5** ~ (di un vulcano) (*geol.*), Schlot (*m.*), Esse (*f.*), Durchschlagsröhre (*f.*). **6** ~ **a due canne** (*ed.*), Zweizüger (*m.*). **7** ~ **ad una canna** (*ed.*), Einzüger (*m.*). **8** ~ **praticabile** (*ed.*), besteigbarer Schornstein. **9 effetto** ~ (tiraggio) (*fis. tecnica*), Schornsteinzug (*m.*). **10 rocca del** ~ (comignolo, di una casa civile) (*ed.*), Schornsteinkopf (*m.*). **11 salire sul** ~ (*gen.*), den Schornstein befahren. **12 ventilatore da** ~ (*comb.*), Schornsteinlüfter (*m.*).

camion (autocarro) (*aut.*), Lastwagen (*m.*).

camioncino (*veic. - aut.*), Kleinlastwagen (*m.*), Kleintransporter (*m.*).

camionista (autista di autocarri) (*aut.*), Lastwagenfahrer (*m.*), Fuhrwerker (*m.*) (*austr.*). **2** ~ **di autotreni** (conducente di autotreni) (*lav. - aut.*), Lastzugfahrer (*m.*).

camma (eccentrico) (*mecc. - mot.*), Nocken (*m.*). **2** ~ (*macch. ut. - mecc.*), Kurve (*f.*), Nocken (*m.*). **3** ~ (bocciolo, chiave, per l'azionamento dei ceppi del freno) (*aut. - mecc.*), Bremsnocken (*m.*), Bremsschlüssel (*m.*). **4** ~ **a campana** (*mecc. - macch. ut.*), Glockenkurve (*f.*). **5** ~ **ad archi di cerchio** (*mot.*), Kreisbogennocken (*m.*). **6** ~ **a disco** (camma discoidale) (*mecc. macch. ut.*), Flachkurve (*f.*), Scheibenkurve (*f.*). **7** ~ **armonica** (*mot. - mecc.*), harmonischer Nocken. **8** ~ **a rullo scanalato** (camma a tamburo) (*mecc.*), Trommelkurve (*f.*). **9** ~ **a tamburo** (*mecc.*), Trommelkurve (*f.*). **10** ~ **campione** (*macch. - ecc.*), Meisternocken (*m.*). **11** ~ **cilindrica** (*macch. ut. - ecc.*), Mantelkurve (*f.*). **12** ~ **con profilo per accelerazione costante** (camma di accelerazione costante) (*mot.*), ruckfreier Nocken. **13** ~ **degli impulsi** (di corrente, di un disco combinatore) (*telef.*), Stromstossflügel (*m.*). **14** ~ **del combinatore** (*veic. elett.*), Steuerdaumen (*m.*). **15** ~ **dell'avanzamento** (*macch. ut.*), Vorschubkurve (*f.*), Vorschubnocken (*m.*). **16** ~ **dell'avanza-**

cammino

mento in profondità (camma della profondità di passata, nella rettifica) (*macch. ut.*), Zustellkurve (*f.*). **17 ~ conduttrice** (camma madre, camma-patrona, usata su torni automatici al posto della vite madre) (*macch. ut.*), Leitkurve (*f.*). **18 ~ del ruttore** (di accensione) (*elett. - mot.*), Unterbrechernocken (*m.*). **19 ~ di accelerazione costante** (camma con profilo per accelerazione costante) (*mot.*), ruckfreier Nocken. **20 ~ di ammissione** (camma di aspirazione, di un motore) (*mot.*), Einlassnocken (*m.*). **21 ~ di decompressione** (*mot.*), Dekompressionsnocken (*m.*). **22 ~ di scarico** (di un motore) (*mot.*), Auslassnocken (*m.*). **23 ~ di sollevamento** (*mecc.*), Hubkurve (*f.*). **24 ~ frontale** (per la tornitura a sagoma p. es.) (*macch. ut.*), Plankurve (*f.*). **25 ~ generatrice** (nel taglio d'ingranaggi) (*mecc.*), Wälzkurve (*f.*). **26 ~ per filettare** (*macch. ut.*), Kurve für Gewindeschneiden. **27 ~ per il cambio del numero di giri** (*macch. ut.*), Kurve für Drehzahlwechsel. **28 ~ per la finitura** (*macch. ut.*), Schlichtkurve (*f.*). **29 ~ per la marcia rapida** (*macch. ut.*), Schnellgangkurve (*f.*). **30 ~ per la rettifica** (camma di comando) (*macch. ut.*), Schleifkurve (*f.*). **31 ~ per l'arresto** (*macch. ut.*), Stillsetzkurve (*f.*). **32 ~ per la sgrossatura** (*macch. ut.*), Schruppkurve (*f.*). **33 ~ per tangenti** (camma tangenziale) (*mot. - mecc.*), Tangentennocken (*m.*). Tangentialnocken (*m.*). **34 ~ spaziale** (camma tridimensionale) (*mecc.*), Raumnocken (*m.*). **35 ~ tangenziale** (camma per tangenti) (*mecc.*), Tangentennocken (*m.*), Tangentialnocken (*m.*). **36 ~ tridimensionale** (*mecc.*), Raumnocken (*m.*), Raumkurve (*f.*). **37 albero a camme** (*mecc. - mot.*), Nockenwelle (*f.*). **38 albero a camme** (d'un tornio automatico) (*macch. ut.*), Steuerwelle (*f.*). **39 alzata della ~** (*mecc.*), Kurvensteigung (*f.*). **40 arco di avvicinamento di una ~** (*mecc.*), Anlaufbogen (*m.*). **41 asta a camme** (dentiera) (*mecc.*), Nockenleiste (*f.*). **42 azionamento a camme** (*macch. ut.*), Kurvensteuerung (*f.*). **43 azionato da ~** (*macch. ut. - ecc.*), kurvengesteuert. **44 fianco di alzata di una ~** (tratto di alzata) (*aut. - mecc.*), Anlauf (*m.*). **45 lobo della ~** (lobo dell'eccentrico) (*mecc.*), Nockenbuckel (*m.*). **46 meccanismo a ~** (*mecc.*), Nockentrieb (*m.*). **47 meccanismo a ~** (*macch. ut.*), Kurventrieb (*m.*). **48 profilo della ~** (*mecc.*), Nockenform (*f.*), Nockenprofil (*n.*). **49 profilo della ~** (*macch. ut.*), Kurvenform (*f.*). **50 senza camme** (tornio automatico p. es.) (*macch. ut.*), kurvenlos. **51 tamburo a camme** (di un mot. stellare) (*mot. - aer.*), Nockenscheibe (*f.*). **52 tratto di alzata di una ~** (fianco di alzata) (*aut. - mecc.*), Anlauf (*m.*).

cammino (spazio percorso) (*gen.*), Weg (*m.*), Strecke (*f.*). **2 ~ libero medio** (di molecole gassose) (*fis.*), mittlere freie Weglänge.

camolatura (cavità da corrosione) (*metall. - difetto di vn.*), Rostnarbe (*f.*).

campagna (*ed. - top. - ecc.*), Land (*n.*). **2 ~** (di un forno p. es.) (*ind.*), Kampagne (*f.*), Betriebszeit (*f.*). **3 ~** (della stampa p. es., pubblicitaria) (*comm. - ecc.*), Feldzug (*m.*). **4 ~** (lavori di stagione di uno zuccherificio p. es.) (*ind.*), Kampagne (*f.*). **5 ~** (lato di un argine opposto alla golena) (*costr. idr.*), Polder (*m.*). **6 ~ di un forno** (durata di marcia ininterrotta di un forno) (*metall. - forno*), Ofenreise (*f.*), Betriebszeit (*f.*). **7 ~ pubblicitaria** (*comm.*), Propagandafeldzug (*m.*), Reklamefeldzug (*n.*), Werbefeldzug (*m.*). **8 di ~** (campestre) (*strada*), ländlich. **9 esodo dalla ~** (*lav.*), Landflucht (*f.*). **10 libretto di ~** (*top. - min.*), Feldbuch (*n.*). **11 mezza ~** (*forno*), Halbkampagne (*f.*).

campana (*gen.*), Glocke (*f.*). **2 ~** (di un altoforno) (*forno*), Verschlusskegel (*m.*), Gichtglocke (*f.*). **3 ~ di vetro** (*att. chim.*), Glasglocke (*f.*). **4 ~ per pompa pneumatica** (*app. - fis.*), Luftpumpenglocke (*f.*). **5 ~ pneumatica** (per lavori sott'acqua) (*costr. idr.*), Taucherglocke (*f.*). **6 ~ supporti mandrini** (per fissare i supporti d'un trapano plurimandrino) (*macch. ut.*), Bohrglocke (*f.*). **7 a ~** (scampanato) (*mecc.*), glockenförmig.

campanatura (convessità, d'una ruota a disco, distanza tra mezzeria del cerchione e superficie di appoggio del disco alla flangia del mozzo) (*veic.*), Einpresstiefe (*f.*). **2 ~** (camber, inclinazione delle ruote anteriori rispetto alla verticale) (*aut.*), Sturz (*m.*), Radsturz (*m.*).

campanello (*elett.*), Klingel (*f.*). **2 ~** (suoneria) (*elett.*), Läutwerk (*n.*), Läuteapparat (*m.*). **3 ~** (nelle stazioni ferroviarie, per annunciare l'arrivo di un treno) (*ferr.*), Läutewerk (*n.*). **4 ~ di segnalazione** (*ferr.*), Signalglocke (*f.*). **5 ~ elettrico** (*elett.*), elektrische Klingel. **6 batteria per campanelli** (*elett.*), Weckerbatterie (*f.*).

campanile (*arch.*), Kirchturm (*m.*), Kampanile (*m.*). **2 ~** (torre campanaria) (*ed.*), Glockenturm (*m.*). **3 ~ a vela** (*ed.*), Glockengiebel (*m.*).

campata (di un edificio ind. p. es.) (*ed.*), Schiff (*n.*), Feld (*n.*). **2 ~** (d'una linea aerea p. es.) (*elett.*), Spannweite (*f.*), Längsspannweite (*f.*). **3 ~ di estremità** (*ind. - ed.*), Endfeld (*n.*). **4 a due campate** (capannone p. es.) (*ed.*), zweischiffig. **5 a più campate** (*ed.*), mehrschiffig. **6 a tre campate** (a tre navate) (*ed.*), dreischiffig. **7 somma delle campate** (d'una linea aerea) (*elett.*), Trassenlänge (*f.*), Streckenlänge (*f.*).

campeggiare (*sport - ecc.*), zelten, campieren (*austr. - svizz.*).

campeggio (camping) (*sport - ecc.*), Camping (*n.*), Zelten (*n.*). **2 legno di ~** (*legno*), Kampecheholz (*n.*), Blauholz (*n.*). **3 rimorchietto per ~** (*sport*), Campinganhänger (*m.*), Rolleranhänger (*m.*).

campimetro (app. per determinare l'ampiezza del campo visivo) (*app. - ott.*), Kampimeter (*n.*).

camping (campeggio) (*sport*), Camping (*n.*). Zelten (*n.*).

campionamento (nel controllo della qualità) (*tecnol. mecc.*), Stichprobenprüfung (*f.*). **2 ~ doppio** (per il controllo della qualità) (*tecnol. mecc.*), doppelte Stichprobenprüfung. **3 ~ multiplo** (per il controllo della qualità) (*tecnol. mecc.*), mehrfache Stichprobenprüfung. **4 ~ semplice** (per il controllo della qualità) (*tecnol. mecc.*), einfache Stichproben-

prüfung. 5 ~ sequenziale (per il controllo della qualità) (*tecnol. mecc.*), Folgestichprobenprüfung (*f.*). 6 collaudo per ~ (collaudo con prove di campionamento) (*tecnol. mecc.*), Stichprobenprüfung (*f.*). 7 col metodo del ~ (per campionamento, nel controllo della qualità) (*tecnol. mecc.*), stichprobenweise. 8 per ~ (col metodo del campionamento, nel controllo della qualità) (*tecnol. mecc.*), stichprobenweise. 9 piano di ~ (per il controllo della qualità) (*tecnol. mecc.*), Stichprobenprüfplan (*m.*).
campionario (*comm.*), Mustersammlung (*f.*).
campionato (*sport*), Meisterschaft (*f.*). 2 ~ (corsa in) montagna (*aut. - sport*), Bergmeisterschaft (*f.*). 3 ~ marche (*aut. - sport*), Markenmeisterschaft (*f.*). 4 ~ mondiale (*sport - aut.*), Weltmeisterschaft (*f.*). 5 ~ mondiale marche (*aut. - sport*), Markenweltmeisterschaft (*f.*).
campionatore (*app.*), Probeentnehmer (*m.*), Probenahmeapparat (*m.*).
campionatura (prelevamento di campioni) (*tecnol. - comm.*), Musternehmen (*n.*), Probenentnahme (*f.*). 2 ~ (controllo di campioni) (*tecnol.*), Probierkunde (*f.*). 3 ~ (di un regolatore) (*elettromecc.*), Abtastung (*f.*). 4 frequenza di ~ (di un regolatore) (*elett.*), Abtastfrequenz (*f.*). 5 regolatore a ~ (regolatore ad esplorazione di punti singoli o discreti) (*elettromecc.*), Abtastregler (*m.*).
campione (per una fornitura) (*ind. - comm.*), Muster (*n.*), Probe (*f.*). 2 ~ (per l'omologazione di una commessa) (*comm.*), Ausfallmuster (*n.*). 3 ~ (numero di unità prelevate da un lotto, per il controllo della qualità) (*tecnol.*), Stichprobe (*f.*). 4 ~ (di minerale) (*min.*), Probe (*f.*), Stufe (*f.*). 5 ~ (copia, modello) (*macch. ut.*), Kopiervorlage (*f.*). 6 ~ casualizzato (per il controllo della qualità) (*tecnol. mecc.*), Zufallsstichprobe (*f.*). 7 ~ contrattuale (*comm.*), Vertragsmuster (*n.*). 8 ~ del fornitore (controcampione) (*comm.*), Kontramuster (*n.*), Gegenmuster (*n.*). 9 ~ di bianco (colore), Weiss-Standard (*m.*). 10 ~ di distorsione (*elettroacus.*), Verzerrungsnormal (*n.*), Verklirrer (*n.*). 11 ~ di frequenza (frequenza campione) (*elett.*), Frequenz-Normal (*n.*). 12 ~ di minerale (assaggio) (*min.*), Erzprobe (*f.*). 13 ~ di misura (misura campione) (*mis.*), Urmass (*n.*). 14 ~ di spruzzatura (saggio di spruzzatura) (*vn.*), Aufspritzmuster (*n.*). 15 ~ di superficie (per confronto con strumenti misuratori di superfici o superfici di pezzi) (*tecnol. mecc.*), Oberflächennormal (*n.*). 16 ~ di superficie tecnica (per confrontare superfici di pezzi lavorati) (*metall.*), F-Normal (*m.*), fertigungstechnisches Oberflächennormal. 17 ~ di terreno (carota) (*ing. civ.*), Probekern (*m.*). 18 ~ lucidato (provino lucidato) (*tecnol. mecc. - metall.*), Schliffstück (*n.*), Schliff (*m.*). 19 ~ lucidato (per esame micrografico) (*metall.*), metallographischer Schliff. 20 ~ per analisi (*prove*), Untersuchungsprobe (*f.*). 21 ~ periodico (nel controllo di qualità) (*tecnol. mecc.*) systematische Stichprobe. 22 ~ per messa a punto (di un app. di mis. p. es.) (*strum.*), Einstellnormal (*n.*). 23 ~ primario (*illum.*), Lichteinheit (*f.*). 24 ~ senza valore (*posta*), Muster ohne Wert, Warenprobe (*f.*). 25 ~ stratificato (nel controllo di qualità) (*tecnol. mecc.*), geschichtete Zufallsstichprobe. 26 circuito ~ (*elett.*), Eichkreis (*m.*). 27 condensatore ~ (*elett.*), Eichkondensator (*m.*). 28 conforme ~ (a campione, di una fornitura) (*comm.*), mustergemäss, probegemäss, nach Muster. 29 frequenza ~ (*elett.*), Eichfrequenz (*f.*). 30 maschera ~ (per allestire maschere da trapano) (*att.*), Urschablone (*f.*). 31 messa a ~ (preparazione del controcampione da parte del fornitore) (*vn.*), Abmusterung (*f.*). 32 secondo ~ (*comm.*), probegemäss, mustergemäss, nach Muster. 33 uguale al ~ (conforme) (*comm.*), mustergleich, mustermässig.
campo (*gen.*), Feld (*n.*). 2 ~ (*elett.*), Feld (*n.*). 3 ~ (*agric.*), Feld (*n.*), Acker (*m.*). 4 ~ (gamma, entro cui varia un valore p. es.) (*gen.*), Bereich (*m.*). 5 ~ (di applicazione p. es.) (*scienza*), Gebiet (*n.*). 6 ~ (di una macchina da presa) (*fot. - cinem.*), Bildfeld (*n.*). 7 ~ (parte di una scheda) (*elab. dati*), Feld (*n.*). 8 ~ (corpo) (*mat.*), Körper (*m.*). 9 ~ acustico (campo sonoro) (*acus.*), Schallfeld (*n.*). 10 ~ alternativo (periodicamente oscillante) (*elett.*), Wechselfeld (*n.*). 11 ~ con potenziale (campo conservativo per l'integrale di linea, campo irrotazionale) (*elett.*), wirbelfreies Feld. 12 ~ conservativo (per il flusso, campo solenoidale) (*elett.*), quellenfreies Feld. 13 ~ (conservativo) irrotazionale (*elett.*), wirbelfreies Feld. 14 ~ conservativo per l'integrale di linea (campo irrotazionale, campo con potenziale) (*elett.*), wirbelfreies Feld. 15 ~ (conservativo) solenoidale (*elett.*), quellenfreies Feld. 16 ~ d'aviazione (*aer.*), Flugfeld (*n.*), Flugplatz (*m.*). 17 ~ dei cicli alterni (nelle prove di fatica) (*prove mater.*), Wechselbereich (*m.*). 18 ~ dei cicli pulsanti (o dallo zero; nelle prove di fatica) (*prove mater.*), Schwellbereich (*m.*). 19 ~ dei cicli pulsanti (o dallo zero) di compressione (nelle prove di fatica) (*prove mater.*), Druck-Schwellbereich (*m.*). 20 ~ dei cicli pulsanti (o dallo zero) di trazione (nelle prove di fatica) (*prove mater.*), Zug-Schwellbereich (*m.*). 21 ~ delle linee di forza (*fis.*), Kraftlinienfeld (*n.*). 22 ~ dell'indotto (*elett.*), Ankerfeld (*n.*). 23 ~ di accoppiamento a relè (*telef. - ecc.*), Relaiskoppelfeld (*n.*). 24 ~ di armoniche (*fis. - elett.*), Oberfeld (*n.*), Oberwellenfeld (*m.*). 25 ~ di atterraggio (*aer.*), Landeplatz (*m.*), Landegelände (*n.*), Landungsfeld (*n.*). 26 ~ di azione (raggio di azione) (*gen.*), Wirkungsbereich (*m.*). 27 ~ di battaglia (*milit.*), Schlachtfeld (*n.*). 28 ~ di concentramento (*milit.*), Konzentrationslager (*n.*), Internierungslager (*n.*). 29 ~ di dispersione (di dati di prove p. es.) (*tecnol.*), Streubereich (*m.*), Streugebiet (*n.*). 30 ~ di forza (*fis.*), Kraftfeld (*n.*). 31 ~ di funzionamento (campo di risposta, di un relè p. es.) (*elett. - ecc.*), Ansprechbereich (*m.*). 32 ~ di gravitazione (campo gravitazionale) (*fis.*), Schwerefeld (*n.*), Gravitationsfeld (*n.*), Schwerkraftfeld (*n.*). 33 ~ di impiego (*gen.*), Anwendungsbereich (*m.*), Anwendungsgebiet (*n.*). 34 ~ di impiego (campo di applicazione

campo

di un prodotto) (*ind.*), Einsatzgebiet (*n.*), Verwendungsbereich (*m.*). **35 ~ di lavoro** (*lav.*), Arbeitslager (*n.*). **36 ~ di misura** (portata) (*strum. - ecc.*), Messbereich (*m.*). **37 ~ d'immagine** (*telev.*), Bildfeld (*n.*). **38 ~ d'interdizione** (della caratteristica d'un diodo al silicio p. es.) (*elettronica*), Sperrbereich (*m.*). **39 ~ d'intervento** (d'un termostato) (*elett.*), Ansprechfeld (*n.*), Schaltdifferenz (*f.*). **40 ~ d'inversione** (*elett.*), Wendefeld (*n.*). **41 ~ di pulitura** (superficie detersa, di un tergicristallo) (*aut.*), Wischfeld (*n.*). **42 ~ di regolazione** (del numero dei giri p. es.) (*mot. - mecc.*), Regelbereich (*m.*), Verstellbereich (*m.*). **43 ~ di regolazione del numero di giri** (*mot.*), Drehzahlverstellbereich (*m.*). **44 ~ di ricerca** (*ind. - ecc.*), Versuchsgebiet (*n.*). **45 ~ di risposta** (campo di funzionamento, di un relè p. es.) (*elett. - ecc.*), Ansprechbereich (*m.*). **46 ~ di sintonizzazione** (*radio*), Durchstimmbereich (*m.*). **47 ~ di tolleranza** (*mecc.*), Toleranzfeld (*n.*). **48 ~ di tolleranza ISA** (*mecc.*), ISA-Toleranzfeld (*n.*). **49 ~ di udibilità** (*acus.*), Hörbereich (*m.*). **50 ~ (di variazione) della grandezza perturbatrice** (*regol.*), Störbereich (*m.*). **51 ~ di variazione della tensione** (ampiezza totale di sollecitazione, nelle prove di fatica) (*tecnol. mecc.*), Schwingbreite (*f.*). **52 ~ di velocità** (di funzionamento) (*mot.*), Drehzahlbereich (*m.*). **53 ~ elettrico** (*elett.*), elektrisches Feld. **54 ~ elettrostatico** (*elett.*), elektrostatisches Feld. **55 ~ finito** (*mat.*), endlicher Körper. **56 ~ frenante** (campo ritardatore) (*elett.*), Bremsfeld (*n.*). **57 ~ frontale di fuga** (*macch. elett.*), Stirnstreufeld (*n.*). **58 ~ gravitazionale** (campo di gravitazione) (*fis.*), Schwerefeld (*n.*), Gravitationsfeld (*n.*), Schwerkraftfeld (*n.*). **59 ~ gravitazionale terrestre** (*fis.*), Schwerefeld (*m.*). **60 ~ irrigato a scorrimento** (*agric.*), Rieselfeld (*n.*). **61 ~ irrotazionale** (campo conservativo per l'integrale di linea, campo con potenziale) (*elett.*), wirbelfreies Feld. **62 ~ luminoso** (superficie luminosa, d'una lampada ad arco p. es.) (*ott.*), Leuchtfeld (*n.*). **63 ~ magnetico** (*elett.*), Magnetfeld (*n.*), magnetisches Feld. **64 ~ magnetico di deflessione** (*elettronica*), Ablenkungsmagnetfeld (*n.*). **65 ~ (magnetico) di guida** (*fis. atom.*), Führungsfeld (*n.*). **66 ~ (magnetico) opposto dell'indotto** (*elett.*), Ankergegenfeld (*n.*). **67 ~ magnetico rotante** (*elett.*), magnetisches Drehfeld. **68 ~ magnetico terrestre** (*geofis.*), Erdmagnetfeld (*n.*), magnetisches Erdfeld, erdmagnetisches Feld. **69 ~ (magnetico) trasversale dell'indotto** (*elett.*), Ankerquerfeld (*n.*). **70 ~ magnetostatico** (*elett.*), magnetostatisches Feld. **71 ~ mesonico** (*fis. atom.*), Mesonenfeld (*n.*). **72 ~ minato** (*milit.*), Minenfeld (*n.*). **73 ~ nucleonico** (*fis. atom.*), Kernfeld (*n.*). **74 ~ parassita** (campo perturbatore) (*elett.*), Fremdfeld (*n.*), Störfeld (*n.*). **75 ~ periferico** (di un fotometro) (*ott. - illum.*), Umfeld (*n.*). **76 ~ perturbatore** (campo di disturbo) (*radio - ecc.*), Störfeld (*n.*). **77 ~ petrolifero** (*min.*), Ölfeld (*n.*). **78 ~ ritardatore** (campo frenante) (*elett.*), Bremsfeld (*n.*). **79 ~ rotante** (*elett.*), rotierendes Feld, Drehfeld (*n.*). **80 ~ (rotante) armonico** (in un motore elettrico, campo rotante di disturbo sovrapposto al campo principale) (*elett.*), Oberfeld (*n.*). **81 ~ rotazionale** (campo vorticale) (*mat.*), Wirbelfeld (*n.*). **82 ~ scalare** (*mat.*), Skalarfeld (*n.*). **83 ~ separato** (*elett.*), Fremdfeld (*n.*). **84 ~ solenoidale** (campo conservativo, per il flusso) (*elett.*), quellenfreies Feld. **85 ~ sonoro** (campo acustico) (*acus.*), Schallfeld (*n.*). **86 ~ sportivo** (*ed. - sport*), Sportplatz (*m.*). **87 ~ tecnico** (*tecnol. - sc.*), technisches Gebiet. **88 ~ tensoriale** (*mat.*), Spannungsfeld (*m.*). **89 ~ terrestre** (*elett.*), Erdfeld (*n.*). **90 ~ trasversale** (*elett.*), Querfeld (*n.*). **91 ~ vettoriale** (*fis. mat.*), Vektorfeld (*n.*), vektorielles Feld. **92 ~ vicino** (d'una antenna) (*radio*), Nahfeld (*n.*). **93 ~ visivo** (*ott.*), Blickfeld (*n.*), Sehfeld (*n.*), Gesichtsfeld (*n.*). **94 ~ vorticale** (campo rotazionale) (*mat.*), Wirbelfeld (*n.*). **95 a ~ molto limitato** (*gen.*), engumgrenzt. **96 attenuazione del ~** (*elett.*), Feldschwächung (*f.*). **97 avvolgimento di ~** (*macch. elett.*), Feldwicklung (*f.*). **98 bobina di ~** (*elett.*), Feldspule (*f.*). **99 circuitazione di ~** (elettrico; tensione lungo una linea chiusa ed integrale di contorno dell'intensità di campo) (*elett.*), Umlauf-Spannung (*f.*). **100 curva del ~ magnetico** (andamento del campo magnetico nel traferro) (*macch. elett.*), Feldkurve (*f.*). **101 densità del ~** (densità del flusso) (*elett.*), Felddichte (*f.*). **102 energia di ~** (*elett.*), Feldenergie (*f.*). **103 eccitazione del ~** (*elett.*), Felderregung (*f.*). **104 intensità di ~** (*elett.*), Feldstärke (*f.*). **105 luci di delimitazione del ~** (*aer.*), Platzrandbeleuchtung (*f.*), Platzrandfeuerung (*f.*). **106 motore a ~ migrante** (*elett.*), Wanderfeldmotor (*m.*). **107 motore a doppio ~** (*elett.*), Spaltfeldmotor (*m.*). **108 piastra di ~** (elemento di semiconduttore) (*elettronica*), Feldplatte (*f.*). **109 potenziale del ~ gravitazionale** (*geofis.*), Schwerepotential (*n.*), Potential des Schwerefeldes. **110 profondità di ~** (*ott.*), Schärfentiefe (*f.*), Tiefenschärfe (*f.*). **111 tensore di ~** (*elett.*), Feldtensor (*m.*). **112 vettore di ~** (*fis.*), Feldvektor (*m.*).

camuffamento (*radar - ecc.*), Tarnung (*f.*).
canale (*costr. idr.*), Kanal (*m.*). **2 ~ (banda di frequenza)** (*telev.*), Kanal (*m.*). **3 ~ (di trasportatore)** (*trasp. ind.*), Rinne (*f.*). **4 ~** (*mar. - geogr.*), Kanal (*m.*). **5 ~ (calibro di laminazione)** (*lamin.*), Einstich (*m.*). **6 ~** (per collegamento tra unità centrale e unità periferiche) (*calc.*), Kanal (*m.*). **7 ~ adiacente** (*telev.*), Nachbarkanal (*m.*). **8 ~ alimentatore** (per pezzi) (*lav. macch. ut.*), Ladekanal (*m.*). **9 ~ a scosse** (canale oscillante) (*trasp. ind.*), Schwingrinne (*f.*), Schwingförderrinne (*f.*). **10 ~ audio** (*radar*), Hörkanal (*m.*). **11 ~ caldo** (nello stampaggio ad iniezione di mat. plast.) (*tecnol.*), Heisskanalanguss (*m.*). **12 ~ con chiuse** (*nav.*), Schleusenkanal (*m.*). **13 ~ del suono** (*telev.*), Tonkanal (*m.*). **14 ~ dati** (*macch. calc.*), Datenkanal (*m.*). **15 ~ derivato** (canale secondario) (*costr. idr.*), Stichkanal (*m.*). **16 ~ di alimentazione** (*idr.*), Speisekanal (*m.*). **17 ~ di alimentazione** (nella colata diretta, tra discesa ed attacco) (*fond.*), Zulauf (*m.*). **18 ~ di ali-

mentazione (per l'invio del metallo liquido dalla camera d'iniezione alla conchiglia) (*pressofusione*), Zulauf (*m.*). **19 ~ di arrivo** (*costr. idr.*), Einlaufkanal (*m.*). **20 ~ di bava** (*fond.*), Gratrille (*f.*). **21 ~ di bavatura** (cavità che circonda il cordone di bava, di uno stampo) (*ut. fucinatura*), Gratmulde (*f.*). **22 ~ di carico** (per impianti idrici) (*costr. idr.*), Bewässerungskanal (*m.*). **23 ~ di colata** (di una forma) (*fond.*), Einguss (*m.*). **24 ~ di colata dei pani** (di ghisa) (*fond.*), Masselgraben (*m.*). **25 ~ di colata per la ghisa** (collettore di distribuzione della ghisa alla batteria di forme per pani) (*fond.*), Eisenrinne (*f.*). **26 ~ di distribuzione** (di merci) (*comm.*), Absatzweg (*m.*). **27 ~ di drenaggio** (*agric. - ecc.*), Drän (*m.*), Dränstrang (*m.*). **28 ~ di eruzione** (di un vulcano) (*geol.*), Eruptionskanal (*m.*), Schlot (*m.*). **29 ~ di flottamento** (per idrovolanti) (*aer.*), Rollkanal (*m.*). **30 ~ di fognatura** (*ed.*), Abwasserkanal (*m.*). **31 ~ (di fognatura) ovoidale** (*ed.*), Eikanal (*m.*), eiförmiger Abwasserkanal. **32 ~ di frequenza** (*radio - ecc.*), Frequenzkanal (*m.*). **33 ~ di gronda** (grondaia, doccia, gronda) (*ed.*), Dachrinne (*f.*). **34 ~ di irrigazione** (*agric.*), Bewässerungskanal (*m.*). **35 ~ di raccolta** (*costr. idr.*), Vorfluter (*m.*). **36 ~ di radiodiffusione** (*radio*), Rundfunkkanal (*m.*). **37 ~ di ripartizione** (condotto, per lo più orizzontale, predisposto nel piano di separazione delle staffe) (*fond.*), Zulauf (*m.*). **38 ~ di scarico** (*costr. idr.*), Abflusskanal (*m.*), Ablauf (*m.*). **39 ~ di scarico** (per impianti idrici) (*costr. idr.*), Entwässerungskanal (*m.*). **40 ~ di scarico** (di una turbina p. es.) (*idr.*), Unterwasserkanal (*m.*). **41 ~ di scarico delle scorie** (*fond.*), Abschlackrinne (*f.*). **42 ~ di scolo** (fosso di scolo) (*ed.*), Abflussgraben (*m.*). **43 ~ di scorrimento** (corridoio di scorrimento, del film) (*cinem.*), Führungskanal (*m.*). **44 ~ finitore** (nella laminazione) (*metall.*), Endkaliber (*n.*). **45 ~ fluitabile** (*trasp. - idr.*), Triftkanal (*m.*), Triftrinne (*f.*). **46 ~ irriguo** (canale di irrigazione) (*agric.*), Bewässerungskanal (*m.*). **47 ~ laterale** (parallelo ad un fiume p. es.) (*idr. - costr. idr.*), Seitenkanal (*m.*). **48 ~ multiplex** (*calc.*), Multiplexkanal (*m.*). **49 ~ navigabile** (*nav. - idr.*), Schiffahrtskanal (*m.*), Fahrrinne (*f.*). **50 ~ oscillante** (canale a scosse) (*trasp. ind.*), Schwingrinne (*f.*), Schwingförderrinne (*f.*). **51 ~ ovoidale** (di fognatura) (*ed.*), Eikanal (*m.*). **52 ~ per le scorie** (*metall. - fond.*), Schlakkenrinne (*f.*), Abschlackrinne (*f.*). **53 ~ per prove a rimorchio** (*nav.*), Schleppkanal (*m.*). **54 ~ per (sfogo) bavatura** (canale di bavatura, di uno stampo) (*fucinatura*), Gratmulde (*f.*). **55 ~ per televisione** (canale televisivo) (*telev.*), Fernsehkanal (*m.*). **56 ~ radiotelefonico** (*radio*), Funksprechweg (*m.*). **57 ~ secondario** (canale derivato) (*costr. idr.*), Stichkanal (*m.*). **58 ~ selettore** (*calc.*), Selektorkanal (*m.*). **59 ~ telefonico** (*telef.*), Sprechkanal (*m.*). **60 ~ televisivo** (canale per televisione) (*telev.*), Fernsehkanal (*m.*). **61 ~ tra due chiuse** (tratto di canale) (*navig.*), Kanalhaltung (*f.*). **62 ~ volano** (nei laminatoi per vergella) (*lamin.*), Schlingenkanal (*m.*). **63 ~ galleria** (*ing. civ.*), Schiffstunnel (*m.*). **64 ~ grande** (collettore di fognatura) (*ed.*), Hauptkanal (*m.*). **65 larghezza del ~** (d'un cerchione) (*veic.*), Maulweite (*f.*). **66 sistema a dodici canali** (*telef.*), Zwölfbandsystem (*n.*), Zwölffach-Fernsprechsystem (*n.*).

canaletto (*gen.*), Rinne (*f.*). **2 ~ di drenaggio** (*agric.*), Rigole (*f.*), Rinne (*f.*), kleiner Entwässerungsgraben. **3 ~ di scarico** (*ed.*), Abflussrinne (*f.*).

canalino (di guida) (*mecc. - ecc.*), Führungsschiene (*f.*), Führung (*f.*). **2 ~ guidacristallo** (canalino di guida del finestrino) (*aut.*), Fensterführung (*f.*), Fensterführungsschiene (*f.*).

canalizzare (un fiume) (*costr. idr. - geogr.*), kanalisieren.

canalizzazione (di fiumi) (*costr. idr.*), Kanalisierung (*f.*). **2 ~** (traccia, per cavi p. es.) (*elett. - ecc.*), Führungskanal (*m.*), Kanal (*m.*). **3 ~ nel muro** (traccia nel muro, per cavi p. es.) (*ed.*), Mauerkanal (*m.*). **4 ~ pluritubolare** (per cavi p. es.) (*elett. - ecc.*), Mehrlochkanal (*m.*).

canapa (*tess.*), Hanf (*m.*). **2 ~ del Bengala** (sunn) (*tess.*), Madrashanf (*m.*), Sonnenhanf (*m.*), Sunhanf (*m.*), Crotolariahanf (*m.*). **3 ~ di Manilla** (Manilla) (*tess.*), Manilahanf (*m.*). **4 ~ olio di ~** (*ind.*), Hanföl (*n.*). **5 stoppa di ~** (*tess.*), Hanfwerg (*n.*), Tors (*n.*).

canapo (corda di canapa) (*tess.*), Hanfschnur (*f.*).

canard (tipo di aeroplano) (*aer.*), Entenflugzeug (*n.*).

cancellabile (nastro magnetico o memoria p. es.) (*calc. - ecc.*), löschbar.

cancellabilità (di una carta) (*prova*), Radierbarkeit (*f.*).

cancellare (una parola p. es.) (*uff.*), löschen, ausstreichen, ausradieren. **2 ~** (con gomma o temperino) (*uff.*), radieren. **3 ~** (un nastro magnetico inciso) (*elettroacus.*), löschen. **4 ~** (sopprimere) (*telev.*), austasten, dunkeltasten. **5 ~** (annullare) (*gen.*), ausstreichen. **6 ~** (stornare) (*contab.*), ausbuchen. **7 apparecchio per ~** (a batteria p. es.) (*app.*), Radiergerät (*n.*).

cancellata (*ed.*), Gitter (*n.*). **2 recinzione a ~** (frontale) (*ed.*), Frontalgitter (*n.*).

cancellato (*gen.*), gestrichen. **2 ~** (di un nastro magnetico attivato) (*elettroacus.*), gelöscht.

cancellatore (di un magnetofono) (*app. - elettroacus.*), Löschkopf (*m.*).

cancellatura (*uff.*), Löschen (*n.*), Durchstreichen (*n.*). **2 resistenza alla ~** (di una carta) (*ind. carta*), Radierfestigkeit (*f.*).

cancellazione (*gen.*), Löschung (*f.*), Streichung (*f.*). **2 ~** (di un nastro magnetico inciso) (*elettroacus.*), Löschen (*n.*). **3 ~** (soppressione) (*telev.*), Austasten (*n.*), Dunkeltasten (*n.*). **4 ~** (prima e dopo l'impulso di sincronizzazione alla fine della linea di scansione) (*telev.*), Schwarzschulter (*f.*), Schwarztreppe (*f.*). **5 ~ anteriore** (*telev.*), vordere Schwarzschulter, vordere Schwarztreppe. **6 ~ posteriore** (*telev.*), hintere Schwarzschulter, hintere Schwarztreppe. **7 corrente di ~** (*elettroacus.*), Löschstrom (*m.*). **8 impulso di ~** (im-

cancelleria

pulso di soppressione) (telev.), Schwarzimpuls (m.), Austastimpuls (m.). 9 segnale di ~ (segnale di soppressione) (telev.), Austastsignal (n.), Schwarzsignal (n.). 10 tasto di ~ (telegr.), Rücknahmetaste (f.).
cancelleria (uff.), Schreibmaterialen (n. - pl.). 2 diritti di ~ (diritti di segreteria) (leg. - ecc.), Schreibgebühren (f. pl.).
cancelliere (leg.), Gerichtsschreiber (m.).
cancello (ed.), Gittertür (f.). 2 ~ **scorrevole** (ed.), Schiebegitter (n.).
candeggiare (sbiancare) (tess.), bleichen.
candeggina (bianchetto, soluzione imbiancante, soluzione candeggiante) (ind. tess. ecc.), Chlorlauge (f.).
candeggio (sbianca) (ind. tess.), Bleichen (n.). 2 ~ **solare** (ind. tess.), Sonnenbleichung (f.). 3 **apparecchio per** ~ (app. tess.), Bleichapparatur (f.). 4 **bagno di** ~ (bagno di sbianca) (ind. tess.), Bleichflotte (f.). 5 **impianto di** ~ (ind. tess.), Bleichanlage (f.). 6 **polvere da** ~ (polvere da sbianca) (ind. tess.), Bleichpulver (n.). 7 **resistenza al** ~ (dei colori) (ind. tess.), Bleichechtheit (f.). 8 **terra da** ~ (terra da follone, terra da sbianca) (ind. chim.), Bleicherde (f.).
candela (di accensione) (mot. - aut.), Kerze (f.), Zündkerze (f.). 2 ~ (stearica) (illum.), Kerze (f.). 3 ~ (campione di intensità luminosa) (illum. - ott.), Kerze (f.). 4 ~ (candela nuova, unità di misura dell'intensità luminosa) (cd - unità di mis.), Neue Kerze, NK, Candela (f.), cd. 5 ~ (di passata, barra, di un tornio, per lo spostamento del carrello) (macch. ut.), Zugspindel (f.). 6 ~ (di estrazione, di una pressa) (macch. lav. lamiera), Bolzen (m.), Stift (m.). 7 ~ (di estrazione, di una formatrice) (macch. fond.), Stift (m.). 8 ~ (parison, nella soffiatura del vetro o delle mat. plastiche) (tecnol.), Külbel (m.). 9 ~ (per bruciare gas d'altoforno) (altoforno), Kerze (f.). 10 ~ **ad isolante ceramico** (mot. - aut.), Steinkerze (f.). 11 ~ **calda** (candela di accensione calda) (mot. - aut.), heisse Kerze, heisse Zündkerze. 12 ~ **con depositi di piombo** (candela di accensione) (mot. - aut.), verbleite Zündkerze. 13 ~ **con filettatura in pollici** (candela di accensione) (mot. - aut.), Z-Kerze (f.), Zündkerze mit Zoll-Gewinde. 14 ~ **da competizione** (candela di accensione) (mot. - aut. - sport), Rennkerze (f.). 15 ~ **di accensione** (mot. - aut.), Zündkerze (f.). 16 ~ **(di avviamento) ad incandescenza** (candeletta di riscaldamento) (mot.), Glühkerze (f.). 17 ~ **di estrazione** (per togliere il pezzo dallo stampo) (att. lav. lamiera), Drückstift (m.), Auswerfbolzen (m.). 18 ~ **di estrazione** (di una formatrice-sformatrice) (macch. fond.), Abhebestift (m.), Formstift (m.). 19 ~ **di guida** (per staffe di formatrici) (macch. fond.), Führungsstift (m.). 20 ~ **fredda** (candela di accensione) (mot. - aut.), kalte Kerze. 21 ~ **fumogena** (milit. - ecc.), Nebelkerze (f.). 22 ~ **Hefner** (per misurare l'intensità di luce) (illum.), Hefnerkerze (f.). 23 ~ **internazionale** (Candle = 1,17 candele Hefner = 1,075 cd) (cdl - illum.), Internationale Kerze, Candle (f.), cdl. 24 ~ **nuova** (candela, unità di misura dell'intensità luminosa) (cd - unità di mis.), Neue Kerze, NK, Candela (f.), cd. 25 ~ **schermata** (candela di accensione schermata) (mot.), abgeschirmte Zündkerze. 26 ~ **termometrica** (per determinare il grado termico appropriato delle candele da usare) (mot.), Messkerze (f.). 27 **cappuccio per** ~ (in gomma) (mot. - aut.), Zündkerzenkappe (f.). 28 **chiave per candele** (chiave a tubo per candele) (ut. - mot.), Zündkerzenschlüssel (m.). 29 **disturbo dovuto alle candele** (radio - aut.), Zündkerzenstörung (f.). 30 **sede** ~ (nella testa cilindro) (mot.), Zündkerzensitz (m.). 31 **sede** ~ **riportata** (sede riportata per candela, nella testa cilindro) (mot.), Zündkerzeneinsatz (m.).
candeletta (ad incandescenza, per avviamento p. es.) (mot.), Glühkerze (f.). 2 ~ **di riscaldamento** (candela [di avviamento] ad incandescenza) (mot.), Glühkerze (f.).
candeliere (supporto di tenda) (nav.), Stütze (f.). 2 ~ **di murata** (nav.), Relingsstütze (f.).
candidato (scuola - ecc.), Prüfling (m.), Kandidat (m.). 2 ~ (ad un impiego) (lav. - pers.), Stellenbewerber (m.), Bewerber (m.). 3 **presentare un** ~ (gen.), einen Kandidat aufstellen.
candidatura (ad un posto) (lav. - pers.), Stellenbewerbung (f.).
canditura (di frutti) (ind.), Kandieren (n.).
cane (grilletto, d'un fucile) (arma), Hahn (m.).
canestrello (nav.), Tauring (m.), Hanfstropp (m.), Grummetstropp (m.), Seilring (m.).
canestro (di capitello) (arch.), Kelch (m.).
canfora ($C_{10}H_{16}O$) (chim.), Kampfer (m.).
« canguro » (velivolo trasportante altro velivolo più piccolo, per il lancio di questo in volo) (aer.), Doppelflugzeug (n.).
canistro (recipiente, per benzina p. es.) (aut. ecc.), Kanister (m.). 2 ~ **di benzina** (aut.), Benzinkanister (m.). 3 ~ **di riserva** (comb.), Reservekanister (m.).
canna (camicia, di un cilindro p. es.) (mot.), Laufbuchse (f.). 2 ~ (di un cannone) (arma da fuoco), Rohr (n.), Geschützrohr (n.). 3 ~ (di fucile) (arma da fuoco), Lauf (m.), Gewehrlauf (m.), Rohr (n.). 4 ~ (tubo orizzontale, di una bicicletta) (veic.), Oberrohr (n.). 5 ~ (pesca), Rute (f.), Angelrute (f.), Fischerrute (f.). 6 ~ (per produrre incannicciate porta-intonaco) (ed. - ecc.), Ret (n.), Reth (n.), Ried (n.). 7 ~ **a secco** (camicia a secco) (mot.), trockene Buchse. 8 ~ **a umido** (camicia a umido) (mot.), nasse Buchse. 9 ~ **cilindro** (camicia del cilindro) (mot.), Zylinderbuchse (f.). 10 ~ **cilindro a secco** (camicia cilindro a secco) (mot.), trockene Zylinderlaufbuchse. 11 ~ **cilindro a umido** (camicia cilindro a umido) (mot.), nasse Zylinderlaufbuchse. 12 ~ **cilindro presa in fondita** (canna cilindro incorporata durante la colata del basamento di alluminio) (fond. - mot. - aut.), eingegossene Laufbuchse. 13 ~ **cilindro riportata** (camicia cilindro riportata) (mot.), auswechselbare Zylinderlaufbuchse. 14 ~ **di cilindro sostituibile** (mot.), auswechselbare Zylinderbuchse. 15 ~ **da pesca** (att. pesca), Angelrute (f.). 16 ~ **da soffio** (tubo o ferro da soffio) (ut. ind. vetro),

Blasrohr (n.). 17 ~ da zucchero (ind. chim.), Zuckerrohr (n.). 18 ~ del cannone (milit.), Geschützrohr (n.). 19 ~ del fucile (arma da fuoco), Gewehrlauf (m.). 20 ~ del fucile rigata (arma da fuoco), gezogener Gewehrlauf. 21 ~ d'organo (strum.), Orgelpfeife (f.). 22 ~ fumaria (condotto del fumo) (comb. - ed.), Heizzug (m.), Rauchkanal (m.), Schornsteinrohr (n.). 23 ~ mobile (di un refrigeratore Liebig) (app.), Kernrohr (n.). 24 ~ palustre (ed. - ecc.), Teichrohr (n.), Schilfrohr (n.). 25 a ~ rigata (rigato) (arma da fuoco), gezogen. 26 ad una ~ (arma), einläufig. 27 a più canne (arma), mehrläufig.

cannellato (velluto cannellato) (ind. tess.), Rippen-Samt (m.).

cannello (per lavori di saldatura p. es.) (att.), Brenner (m.). 2 ~ ad arco-plasma (per saldatura) (att. - tecnol. mecc.), Plasmabrenner (m.). 3 ~ da taglio (per lamiere p. es.) (att.), Schneidbrenner (m.). 4 ~ da taglio ossiacetilenico (att.), Azetylensauerstoffschneidbrenner (m.). 5 ~ ossiacetilenico (att.), Azetylensauerstoffbrenner (m.). 6 ~ ossidrico (fiamma ossidrica) (app.), Sauerstoffgebläse (n.), Knallgasgebläse (n.). 7 ~ per fiammatura (app. tratt. term.), Härtebrenner (m.). 8 ~ per ossitaglio (app.), Sauerstoffschneidvorrichtung (f.). 9 ~ per saldare (autogeno) (att.), Schweissbrenner (m.). 10 ~ per saldare (per brasatura) (att.), Lötrohr (n.). 11 ~ per saldatura (app.), Schweissbrenner (m.). 12 ~ per taglio subacqueo (att.), Unterwasserbrenner (m.). 13 sgorbiatura al ~ (asportazione di uno strato di piccolo spessore di materiale su un'ampia superficie) (tecnol. - mecc.), Sauerstoffhobeln (n.), Gashobeln (n.).

cannetta (tubetto, rocchetto) (ind. tess.), Kannette (f.).

« cannibalizzare » (ricuperare parti, da una macchina p. es.) (macch. - ecc.), ausschlachten.

cannocchiale (strum. ott.), Fernrohr (n.). 2 ~ di allineamento (collimatore di allineamento) (ott.), Fluchtfernrohr (n.). 3 ~ di Galileo (strum. - astr.), Galileisches Fernrohr, holländisches Fernrohr. 4 ~ panoramico (di un cannone) (arma da fuoco), Rundblickfernrohr (n.).

cannone (arma da fuoco), Geschütz (n.), Kanone (f.). 2 ~ (elettronico) (elettronica), Kanone (f.). 3 ~ ad avancarica (antica arma da fuoco) (arma da fuoco), Vorderlader (m.). 4 ~ antiaereo (arma da fuoco), Flugabwehrkanone (f.), Flakgeschütz (n.), Flak (f.). 5 ~ antiaereo a quattro canne (arma da fuoco), Flakvierling (m.). 6 ~ antiaereo binato (cannone antiaereo a due canne) (arma da fuoco), Flakzwilling (m.). 7 ~ anticarro (arma da fuoco), Pakgeschütz (n.), Pak (f.), Panzerabwehrkanone (f.). 8 ~ a più canne (arma da fuoco), Salvengeschütz (n.). 9 ~ a tiro curvo (arma da fuoco), Steilfeuergeschütz (n.). 10 ~ a tiro rapido (arma da fuoco), Schnellfeuergeschütz (n.). 11 ~ a tiro teso (arma da fuoco), Flachbahngeschütz (n.). 12 ~ atomico (milit.), Atomgeschütz (n.), Atomkanone (f.). 13 ~ contraereo (cannone antiaereo) (arma da fuoco), Flak (f.), Flugabwehrkanone (f.), Flakgeschütz (n.). 14 ~ elettronico (proiettore elettronico) (elettronica), Elektronenkanone (f.). 15 ~ idraulico (forte getto d'acqua per smuovere il terreno) (ed.), Wasserkanone (f.), Hydromonitor (m.). 16 canna del ~ (arma da fuoco), Geschützrohr (n.). 17 punta ~ (punta da trapano con una scanalatura rettilinea) (ut.), Kanonenbohrer (m.), Einlippenbohrer (m.).

cannoniera (mar. milit.), Kanonenboot (n.).

cannotto (tubo metallico) (mecc.), Rohr (n.), Büchse (f.). 2 ~ (bussola, d'un mandrino portafresa p. es.) (macch. ut.), Pinole (f.). 3 ~ della contropunta (macch. ut.), Reitstockpinole (f.), Pinole (f.). 4 ~ del mandrino di foratura (macch. ut.), Bohrpinole (f.). 5 ~ del mandrino portafresa (macch. ut.), Fräspinole (f.), Frässpindelhülse (f.). 6 ~ reggimandrino (bussola reggimandrino di un'alesatrice) (macch. ut.), Traghülse (f.), Tragpinole (f.). 7 unità con portafresa a ~ (d'una linea a trasferimento) (macch. ut.), Pinolenfräsereinheit (f.).

cannuccia (gen.), Röhrchen (n.). 2 ~ di paglia (ind.), Strohröhrchen (n.).

canoa (sport), Kanoe (n.), Kanu (n.).

cánone (annualità) (comm.), Kanon (m.). 2 ~ (affitto, pigione) (comm.), Mietszins (m.), Mietspreis (m.). 3 ~ per enfiteusi (leg. - agric.), Erbzins (m.), Kanon (m.). 4 ~ per radiotelevisione (utenza) (radio), Rundfunkgebühr (f.).

cànotto (piccola imbarcazione) (nav.), Boot (n.). 2 ~ gonfiabile (nav.), aufblasbares Boot. 3 ~ pneumatico (nav.), Schlauchboot (n.).

canovaccio (tessuto, per rilegature p. es.) (ind. tess.), Stramin (m.).

cantiere (ed. - costr. civ.), Bauplatz (m.). 2 ~ (min.), Abbauort (m.), Abbau (m.). 3 ~ (fronte di abbattimento) (min.), Stoss (m.), Abbaustoss (m.). 4 ~ (di carpenteria edile) (carp. - ed.), Zimmerhof (m.), Zimmerplatz (m.). 5 ~ a gradino diritto (min.), Abbau mit Strossenstoss. 6 ~ a gradino rovescio (min.), Firststoss (m.), Firstenstoss (m.), Abbau mit Firstenstoss. 7 ~ a magazzino (min.), Magazinabbau (m.). 8 ~ a pilastri (min.), Abbau mit Abständen, Abbau mit Bergfesten. 9 ~ con ripiena (min.), Abbau mit Bergeversatz. 10 ~ edile (ed.), Baustelle (f.), Bauplatz (m.). 11 ~ navale (costr. nav.), Schiffswerft (f.), Schiffbauwerft (f.), Werft (f.). 12 ~ stradale (costr. strad.), Strassenbaustelle (f.). 13 baracca da ~ (ed.), Baubaracke (f.), Bauhütte (f.). 14 centrale (idroelettrica) di ~ (elett.), Baukraftwerk (n.). 15 corrente per uso di ~ (elett. - ed.), Baustrom (m.). 16 mettere in ~ (impostare la chiglia, iniziare la costruzione di una nave) (costr. nav.), auf Stapel legen, den Schiffsbau beginnen, auflegen.

cantilever (a sbalzo, trave p. es.) (ed. - ecc.), freitragend.

cantina (ed.), Keller (m.). 2 con ~ (con scantinato) (ed.), unterkellert.

cantinella (verga di legno per armature leggere da tetto p. es.) (ed.), Gipslatte (f.).

canto (gen.), Ecke (f.). 2 ~ (della carena) (costr. nav.), Kante (f.). 3 ~ (rumore, dell'elica d'un natante) (nav.), Singen (n.).
cantonale (angolare, di ferro) (ind. metall. - ed.), Winkeleisen (n.). 2 ~ **a bulbo** (angolare a bulbo) (ind. metall.), Winkelwulsteisen (n.), Winkelwulststahl (m.). 3 ~ **a lati disuguali** (angolare a lati disuguali) (ind. metall.), ungleichschenkliges Winkeleisen. 4 ~ **a lati uguali** (angolare a lati uguali) (ind. metall.), gleichschenkliges Winkeleisen. 5 ~ **di acciaio** (angolare di acciaio, per costruzione) (ind. metall.), Winkelstahl (m.).
cantonata (angolo, di un edificio ad un incrocio stradale p. es.) (ed. - strad.), Ecke (f.).
cantoniera (casa cantoniera, casello ferroviario (ferr.), Wärterbude (f.), Wärterhäuschen (n.).
cantoniere (lav. - strad.), Wegwächter (m.). 2 ~ (casellante) (lav. - ferr.), Wärter (m.), Bahnwärter (m.), Streckenwärter (m.).
cantra (supporto delle rocche negli orditoi) (ind. tess.), Gatter (n.).
caolinite [$Al_4Si_4O_{10}(OH)_8$] (min.), Kaolinit (m.).
caolino (min.), Kaolin (m.), Porzellanerde (f.).
CAP (codice di avviamento postale) (posta), Postleitzahl (f.). 2 **numero di** ~ (numero di codice postale) (posta), Leitpostzahl (f.).
capacimetro (misuratore di capacità) (app. - elett.), Kapazitätsmesser (m.).
capacità (idoneità, attitudine a eseguire) (gen.), Fähigkeit (f.), Vermögen (n.). 2 ~ (attitudine a contenere, di un recipiente) (gen.), Kapazität (f.), Fassungsvermögen (n.). 3 ~ (volume) (gen.), Kubikinhalt (m.), Volumen (n.). 4 ~ (cubatura) (geom.), Rauminhalt (m.). 5 ~ (elettrostatica) (elett.), Kapazität (f.). 6 ~ (di un accumulatore, in amperora) (elett.), Kapazität (f.), Ladekapazität (f.). 7 ~ (potenza, forza di compressione, forza di chiusura, di una pressa) (macch.), Druckkraft (f.), Pressdruck (m.), Kapazität (f.). 8 ~ (di un forno industriale) (forno), Fassungsvermögen (n.), Nutzinhalt (m.). 9 ~ (del mandrino) (lav. macch. ut.), Spannbereich (m.). 10 ~ (di una piallatrice, determinata dalla larghezza ed altezza di piallatura) (macch. ut.), Durchlass (m.). 11 ~ ~ (di memoria) (calc.), Kapazität (f.). 12 ~ (numero di posti in piedi ed a sedere) (veic.), Fassungsvermögen (n.). 13 ~ (apertura, di una morsa p. es.) (mecc.), Spannweite (f.). 14 ~ (lav.), Befähigung (f.). 15 ~ (di prestazione, potenzialità) (gen.), Leistungsfähigkeit (f.). 16 ~ **addizionale di connessione** (dovuta al cablaggio d'un apparecchio) (elett.), Schaltkapazität (f.). 17 ~ **al regime di scarica in due ore** (d'un accumulatore p. es.) (elett.), Kapazität bei 2-stündiger Entladung. 18 ~ **cokificante** (proprietà cokificante, d'un carbone fossile) (comb.), Backfähigkeit (f.). 19 ~ **della bobina** (capacità propria della bobina) (elett.), Spulenkapazität (f.). 20 ~ **dell'accumulatore** (elett.), Akkumulatorenkapazität (f.). 21 ~ **di accoppiamento** (elett. - telef.), Kopplungskapazität (f.). 22 ~ **di assorbimento** (d'un mercato) (comm.), Aufnahmefähigkeit (f.). 23 ~ **di assorbimento** (degli ostacoli) (di un pneumatico) (aut.), Schluckvermögen (n.). 24 ~ **di carica spaziale** (elettronica), Raumladungskapazität (f.). 25 ~ **di carico** (di cuscinetti volventi; fattore di carico) (mecc.), Tragzahl (f.). 26 ~ **di carico del cavo** (elett.), Kabelbelastungsmöglichkeit (f.). 27 ~ **di entrata** (d'una valvola termoionica) (elettronica), Eingangskapazität (f.). 28 ~ **di memoria** (calc.), Speicherkapazität (f.). 29 ~ **d'inserimento in curva** (aut.), Lenkfähigkeitskontrolle (f.). 30 ~ **d'invaso** (invaso, d'un bacino artificiale) (idr.), Stauraum (m.). 31 ~ **di plastificazione** (d'una macchina ad iniezione per mat. plast.) (macch.), Plastifizierleistung (f.). 32 ~ **di produzione** (potenzialità produttiva) (ind.), Produktionspotential (n.), Produktionskapazität (f.), Kapazität (f.). 33 ~ **di reazione** (elett.), Rückwirkungkapazität (f.). 34 ~ **di rottura** (di un interruttore) (elett.), Abschaltleistung (f.). 35 ~ **di sormontamento** (capacità di superare gradini) (veic.), Kletterfähigkeit (f.). 36 ~ **di traffico** (telef. - ecc.), Aufnahmefähigkeit (f.). 37 ~ **di trasporto** (del nastro p. se., volume trasportato in m³/h p. es.) (trasp. ind.), Fördergutstrom (m.). 38 ~ **grigliaplacca** (elett.), Gitteranodenkapazität (f.). 39 ~ **informativa** (capacità d'informazione; di prove, studi, ecc.) (gen.), Aussagefähigkeit (f.), Auskunftsfähigkeit (f.). 40 ~ **intellettuale** (lav.), Fassungskraft (f.). 41 ~ **interelettrodica** (fra più di due elettrodi) (elettronica), Teilkapazität (f.). 42 ~ **mutua** (d'un cavo quadripolare) (elett. - radio), Betriebskapazität (f.). 43 ~ **parassita** (elett.), Streukapazität (f.). 44 ~ **parziale** (d'una linea a più conduttori) (elett.), Teilkapazität (f.). 45 ~ **per unità di superficie** (capacità specifica) (elett.), Kapazität pro Flächeneinheit. 46 ~ **previsionale** (capacità di previsione) (gen.), Schätzungsfähigkeit (f.), Aussagekraft (f.). 47 ~ **produttiva** (potenzialità produttiva) (ind.), Produktionskapazität (f.), Produktionspotential (n.), Kapazität (f.). 48 ~ **specifica** (capacità per unità di superficie) (elett.), Kapazität pro Flächeneinheit. 49 ~ **termica** (prodotto della massa e del calore specifico di un corpo) (fis.), Wärmekapazität (f.). 50 ~ **termica** (equivalente in acqua, d'un calorimetro) (term.), Wärmekapazität (f.), Wasserwert (m.). 51 ~ **utile d'invaso** (idr.), nutzbares Stauraum, Speichernutzung (f.). 52 ~ **variabile** (elett.), veränderliche Kapazität. 53 ~ **verso terra** (elett.), Kapazität gegen Erde. 54 **campione di** ~ (condensatore campione, condensatore di precisione) (metrol.), Kapazitätsnormal (n.), Messkondensator (m.). 55 **diminuzione di** ~ (d'un accumulatore) (elett.), Kapazitätschwund (m.). 56 **misuratore di** ~ (capacimetro) (app. - elett.), Kapazitätsmesser (m.). 57 **perdita di** ~ (d'un accumulatore) (elett.), Kapazitätseinbusse (f.). 58 **ponte di misura di** ~ (elett.), Kapazitätsmessbrücke (f.). 59 **supero di** ~ (d'una memoria, ecc.) (calc.), Überlauf (m.). 60 **supero negativo di** ~ (stato in cui il calcolo fornisce un risultato inferiore a quello che il sistema potrebbe fornire) (calc.), Unterlauf (m.).

capacitanza (reattanza capacitiva) (*elett.*), Kapazitanz (*f.*), kapazitive Reaktanz.
capacitivo (*elett.*), kapazitiv. **2 resistenza capacitiva** (*elett.*), kapazitiver Widerstand.
capacitore (condensatore) (*elett.*), Kapazität (*f.*), Kondensator (*m.*).
capanna (*ed.*), Hütte (*f.*).
capannone (*ed.*), Schuppen (*m.*), Halle (*f.*). **2 ~ a sostentamento pneumatico** (di plastica) (*ed.*), Traglufthalle (*f.*). **3 ~ colate** (*fond.*), Giesshalle (*f.*). **4 ~ di acciaio** (*ed.*), Stahlbauhalle (*f.*). **5 ~ di montaggio** (*ind.*), Montagehalle (*f.*). **6 ~ di officina** (*ind.*), Werkhalle (*f.*). **7 ~ di slingottatura** (di una acciaieria) (*metall.*), Stripperhalle (*f.*). **8 ~ formatura** (*fond.*), Formhalle (*f.*). **9 ~ per magazzino** (*ed.*), Lagerschuppen (*m.*), Lagerhalle (*f.*).
caparra (*comm.*), Angeld (*n.*), Draufgabe (*f.*), Draufgeld (*n.*).
capillare (*a. - fis. - ecc.*), kapillar. **2 ~** (tubo capillare) (*s. - fis.*), Kapillare (*f.*), Haarröhre (*f.*), Haargefäss (*n.*). **3 ascensione ~** (colonna d'acqua innalzata da un materiale terroso per effetto di capillarità) (*ed.*), Steighöhe (*f.*), Kapillaraszension (*f.*). **4 depressione ~** (*fis.*), Kapillardepression (*f.*).
capillarimetro (misuratore di assorbimento dei pori, per terreni) (*app. ed.*), Kapillarimeter (*n.*), Porensaugmesser (*m.*).
capillarità (*fis.*), Kapillarität (*f*). **2 ~** (effetto di assorbimento dei pori, d'un terreno) (*ed.*), Kapillarität (*f.*), Porensaugwirkung (*f.*).
capitale (*finanz.*), Kapital (*n.*). **2 ~** (disponibilità finanziaria) (*finanz.*), Vermögen (*n.*). **3 ~ all'estero** (*finanz.*), Auslandskapital (*n.*). **4 ~ azionario** (*finanz.*), Aktienkapital (*n.*). **5 ~ circolante** (*finanz.*), Umlaufskapital (*n.*), Umlaufsvermögen (*n.*). **6 ~ estero** (*finanz.*), Fremdkapital (*n.*). **7 ~ finanziario** (*finanz.*), Finanzkapital (*n.*). **8 ~ fisso** (*amm. - finanz.*), gebundenes Vermögen. **9 ~ immobilizzato** (*finanz.*), Sachanlage-Vermögen (*n.*). **10 ~ iniziale** (*amm. - comm.*), Anfangskapital (*n.*). **11 ~ interamente versato** (*finanz.*), voll einbezahltes Kapital. **12 ~ investito** (*finanz.*), Kapitaleinlage (*f.*), Anlagekapital (*n.*). **13 ~ liquido** (liquidi) (*finanz. - amm.*), Barvermögen (*n.*). **14 ~ morto** (*finanz.*), totes Kapital. **15 ~ per ammortamento** (*finanz.*), Ablösungskapital (*n.*). **16 ~ sociale** (*finanz.*), Gesellschaftskapital (*n.*), Sozialkapital (*n.*). **17 ~ versato** (*finanz.*), einbezahltes Kapital. **18 afflusso di capitali** (*finanz.*), Kapitalzustrom (*m.*) **19 aiuto in conto ~** (*finanz.*), Finanzhilfe (*f.*). **20 aumentare il ~** (*amm. - finanz.*), aufstocken. **21 aumento di ~** (di una società per azioni p. es.) (*finanz.*), Kapitalerhöhung (*f.*). **22 redditi di ~** (*amm.*), Kapitalerträge (*m. pl.*). **23 valore reale del ~** (*finanz.*), Substanzwert (*m.*).
capitalizzare (*finanz.*), kapitalisieren.
capitalizzazione (*finanz.*), Kapitalisierung (*f.*).
capitaneria (di porto) (*nav.*), Hafenmeisteramt (*n.*), Hafenmeisterei (*f.*).
capitano (*milit.*), Kapitän (*m.*). **2 ~ di corvetta** (*mar. milit.*), Korvettenkapitän (*m.*). **3 ~ d'industria** (*ind.*), Industrieführer (*m.*), Wirtschaftsführer (*m.*). **4 ~ di porto** (*nav.*), Hafenmeister (*m.*).

capitello (parte superiore di una colonna) (*arch.*), Kapitell (*n.*). **2 ~** (decorazione sul dorso di un libro) (*legatoria*), Kapitalband (*n.*), Kaptalband (*n.*).
capitolato (di una fornitura) (*ind. - comm.*), Vorschrift (*f.*), Spezifikation (*f.*). **2 ~ di appalto** (condizioni di appalto, « specifica ») (*comm.*), Submissionsbedingungen (*f. pl.*). **3 ~ di appalto per prestazioni edilizie** (*ed.*), Verdingungsordnung (*f.*), VOB. **4 ~ di fornitura** (condizioni di fornitura) (*ind. - comm.*), Lieferungsbedingungen (*f. pl.*), Liefervorschrift (*f.*). **5 ~ d'oneri** (capitolato di fornitura) (*comm.*), Pflichtenheft (*n.*). **6 ~ tecnico** (di fornitura) (*ind.*), technische Lieferbedingungen. **7 acquisto in base a ~** (*comm.*), Spezifikationskauf (*m.*).
capitolo (*tip.*), Kapitel (*n.*), Abschnitt (*m.*).
capo (*pers. - organ. lav.*), Führer (*m.*), Leiter (*m.*), Chef (*m.*). **2 ~** (*geogr.*), Kap (*n.*). **3 ~** (estremità, di una fune p. es.) (*gen.*), Trumm (*n.*), Ende (*n.*). **4 ~** (sorvegliante di miniera) (*lav. - min.*), Steiger (*m.*). **5 ~ ad anello** (alla testa della navetta, per trovare l'inizio del filo) (*ind. tess.*), Endwickel (*m.*). **6 ~ brillatore** (*lav. - min.*), Schiessteiger (*m.*). **7 ~ cameramen** (capo operatore) (*telev. - pers.*), Aufnahmeleiter (*m.*). **8 ~ cassiere** (*amm.*), Kassenvorstand (*m.*). **9 ~ dei giurati** (presidente della giuria) (*leg.*), Geschworenenobmann (*m.*). **10 ~ del movimento** (*pers. ferr.*), Betriebsdirektor (*m.*), Betriebsleiter (*m.*). **11 ~ del personale** (direttore del personale) (*pers.*), Personalchef (*m.*). **12 ~ di stato maggiore** (*milit.*), Stabschef (*m.*). **13 ~ divisione** (capo sezione) (*leg. - amm.*), Dezernent (*m.*). **14 capi esecutivi** (*pers.*), Führungskräfte (*f. pl.*). **15 ~ intermedio** (*lav.*), Vorgesetzter (*m.*). **16 ~ laminatore** (*lav. - lamin.*), Walzmeister (*m.*). **17 ~ officina** (*lav. - ind. mecc.*), Werkmeister (*m.*), Werkstattmeister (*m.*), Werkführer (*m.*). **18 ~ -operatore** (*lav. - cinem.*), Chefvorführer (*m.*). **19 ~ operatore** (capo cameraman) (*telev. - pers.*), Aufnahmeleiter (*m.*). **20 ~ progettista** (*pers.*), Chefkonstrukteur (*m.*). **21 ~ reparto** (*pers. - ind. mecc. - ecc.*), Abteilungsleiter (*m.*). **22 ~ responsabile** (*lav.*), verantwortlicher Leiter. **23 ~ sezione** (capo divisione) (*leg. - amm.*), Dezernent (*m.*).
capocantiere (*lav. - ed.*), Bauführer (*m.*).
capocollaudatore (*lav. - aut.*), Chef-Einfahrer (*m.*).
capocontabile (*pers. - contabilità*), Hauptbuchhalter (*m.*).
capocorda (terminale per cavi) (*elett.*), Kabelschuh (*m.*), Schuh (*m.*). **2 ~ ad anello** (*elett.*), Kabelöse (*f.*), Ösenschuh (*m.*). **3 ~ a forcella** (*elett.*), Schuhgabel (*f.*), offener Kabelschuh. **4 ~ a spina** (per cavi) (*elett.*), Kabelstecker (*m.*). **5 ~ a tubetto** (*elett.*), Rohrschuh (*m.*). **6 ~ tubolare con anello** (*elett.*), Ösenrohrschuh (*m.*).
capodibanda (frisata) (*nav.*), Schandeckel (*m.*).
capofamiglia (*leg. - amm.*), Familienhaupt (*m.*).
capogruppo (*lav. - pers.*), Gruppenführer (*m.*). **2 ~** (*min. - lav.*), Vormann (*m.*).
capolavoro (opera d'arte) (*arte*), Meister-

capolinea

werk (*n.*). 2 ~ (lavoro di prova di un operaio) (*organ. - lav.*), Meisterstück (*n.*), Gesellenstück (*n.*).
capolinea (di officina meccanica p. es.) (*lav. - pers.*), Kolonnenführer (*m.*). 2 ~ (terminale, di linea tranviaria p. es.) (*trasp.*), Endstation (*f.*). 3 ~ (stazione terminale) (*ferr.*), Endbahnhof (*m.*).
capomacchinista (*lav.*), Maschinenmeister (*m.*). 2 ~ (*lav. - min.*), Maschinensteiger (*m.*).
capomastro (*lav. - ed.*), Maurermeister (*m.*), Obermeister (*m.*), Polier (*m.*).
caponare (l'àncora) (*nav.*), aufkatten.
capoofficina (*pers. - ind. mecc.*), Werkführer (*m.*), Werkmeister (*m.*), Werkstattmeister (*m.*). 2 ~ riparazioni autoveicoli (*aut.*), Kfz-Meister (*m.*).
caporeparto (*pers. - organ. lav.*), Abteilungsleiter (*m.*).
caposala (*lav. ind. tess.*), Saalmeister (*m.*). 2 ~ di filatura (*lav. ind. tess.*), Spinnmeister (*m.*).
caposervizio (*ind.*), Leiter (*m.*). 2 ~ della propaganda (direttore della propaganda) (*ind.*), Werbeleiter (*m.*), Propagandachef (*m.*).
caposezione (*lav.*), Sektionschef (*m.*).
caposquadra (*lav.*), Vorarbeiter (*m.*). 2 ~ (*lav. min.*), Schichtmeister (*m.*). 3 ~ (*lav. ferr.*), Rottenführer (*m.*), Rottenmeister (*m.*).
capostazione (*ferr.*), Stationsvorstand (*m.*), Stationsvorsteher (*m.*), Bahnhofvorsteher (*m.*), Bahnhofvorstand (*m.*).
capote (*aut.*), Verdeck (*n.*), Wagendeck (*n.*). 2 ~ abbassabile (*aut.*), Klappverdeck (*n.*). 3 ~ in tessuto (di uno spider) (*aut.*), Stoffverdeck (*n.*). 4 ~ rigida (« hard top ») (*carrozzeria aut.*), Hardtop (*n.*).
capotreno (*lav. ferr.*), Zugführer (*m.*).
capottamento (*aer.*), Kopfstand (*m.*), Überschlag (*m.*).
capottare (capovolgersi) (*veic. - aer.*), sich überschlagen.
capoturno (*lav.*), Schichtvorsteher (*m.*). 2 ~ (*telef.*), Oberaufseherin (*f.*), Oberaufsichtbeamtin (*f.*), Oberaufsichtbeamte (*m.*).
capoufficio (*lav.*), Bürochef (*m.*), Bürovorsteher (*m.*).
capovolgere (*gen.*), umwenden.
capovolgersi (capottare) (*veic. - aer.*), sich überschlagen. 2 ~ (fare scuffia, d'una barca) (*v. i. - nav.*), umschlagen, kentern.
capovolto (*gen.*), umgekehrt. 2 immagine capovolta (*ott.*), umgekehrtes Bild, auf dem Kopf stehendes Bild.
cappa (per convogliare fumi) (*ed.*), Haube (*f.*), Kappe (*f.*). 2 ~ (per laboratorio chimico) (*chim.*), Haube (*f.*), Abzug (*m.*). 3 ~ (di un isolatore) (*elett.*), Kappe (*f.*). 4 ~ d'albero (*nav.*), Mastring (*m.*). 5 ~ di aspirazione del fumo (di una fucina p. es.) (*comb.*), Rauchhaube (*f.*). 6 ~ di boccaporto (*nav.*), Lukenkappe (*f.*), Niedergangskappe (*f.*).
cappella (*arch.*), Kapelle (*f.*).
cappellaccio (cappello, zona di alterazione superficiale di un giacimento) (*geol. - min.*), Hut (*m.*), Abraum (*m.*). 2 ~ (fango galleggiante) (*ed.*), Schwimmdecke (*f.*), Schwimmschlamm (*m.*).

cappelletto (della valvola) (*veic.*), Ventilkappe (*f.*). 2 ~ (di una molla) (*mecc.*), Andrückpilz (*m.*).
cappello (*gen.*), Hut (*m.*). 2 ~ (di cuscinetto p. es.) (*mecc.*), Deckel (*m.*). 3 ~ (di una carda) (*macch. tess.*), Deckel (*m.*). 4 ~ (di quadro di armamento) (*min.*), Kappe (*f.*). 5 ~ (cappellaccio) (*geol.*), Hut (*m.*), Abraum (*m.*). 6 ~ (cappuccio, per battitura di pali) (*ed.*), Schlaghaube (*f.*). 7 ~ del cuscinetto (*mecc.*), Lagerdeckel (*m.*). 8 ~ della biella (cappello di biella) (*mot.*), Pleueldeckel (*m.*). 9 ~ della gabbia (testa della gabbia) (*lamin.*), Ständerkopf (*m.*). 10 ~ della pressa (*macch.*), Pressenoberteil (*n.*), Presskopf (*m.*). 11 ~ di banco (di un motore) (*mot.*), Hauptlagerdeckel (*m.*), Kurbelwellenlagerdeckel (*m.*). 12 ~ di biella (*mot.*), Pleueldeckel (*m.*). 13 ~ di cuscinetto (*mecc.*), Lagerdeckel (*m.*). 14 ~ d'incerato (*nav.*), Südwester (*m.*), Seemannskappe (*f.*). 15 ~ tirafumo (di un camino) (*ed. - comb.*), Sauger (*m.*), Saugkopf (*m.*). 16 squadra a ~ (*ut.*), Anschlagwinkel (*m.*), Winkelmass (*n.*).
cappellotto (per cavi) (*elett.*), Abschlusskappe (*f.*).
cappio (di corda p. es.) (*gen.*), Schleife (*f.*), Schlinge (*f.*). 2 ~ di liccio (*macch. tess.*), Litzenhäuschen (*n.*), Auge (*n.*).
cappottare (un gruppo motore p. es.) (*macch.*), verkleiden.
cappottatura (di un gruppo motore p. es.) (*macch. - mot.*), Verkleidung (*f.*), Haube (*f.*). 2 ~ (di un motore di aereo) (*aer. mot.*), Haube (*f.*). 3 ~ (di un gruppo elettrogeno p. es.) (*mot.*), Haube (*f.*). 4 ~ anulare (di un mot. d'aviazione) (*aer.*), Ringhaube (*f.*). 5 ~ (del) motore (*aer. - mot.*), Motorhaube (*f.*), Motorverkleidung (*f.*).
cappuccio (*gen.*), Kappe (*f.*). 2 ~ (di una candela) (*elett. - mot.*), Stecker (*m.*). 3 ~ (di penna stilografica p. es.) (*uff. - ecc.*), Verschlusskappe (*f.*). 4 ~ (di una molla) (*mecc.*), Andrückpilz (*m.*). 5 ~ antiradiodisturbi (soppressore a cappuccio, di una candela p. es.) (*elett. - radio - mot.*), Entstörstecker (*m.*). 6 ~ isolante (di un cavo) (*elett.*), Isolierkappe (*f.*). 7 ~ per battitura (cappello, per pali) (*ed.*), Schlaghaube (*f.*). 8 ~ per candela (in gomma) (*mot. - aut.*), Zündkerzenstecker (*f.*). 9 ~ (terminale) per cavi (*elett.*), Kabelkappe (*f.*).
capra (*app. di sollev.*), Dreibock (*m.*).
capriata (di un tetto) (*ed.*), Hängewerk (*n.*), Binder (*m.*). 2 ~ a due monaci (*ed.*), doppeltes Hängewerk. 3 ~ semplice (*ed.*), einfaches Hängewerk.
caprolattame (per la preparazione di materie plastiche) (*ind. chim.*), Caprolactam (*n.*).
capsula (*gen.*), Kapsel (*f.*). 2 ~ (per calcinazione p. es.) (*app. chim.*), Schale (*f.*). 3 ~ (di un barometro, o di un carburatore p. es.) (*strum. - ecc.*), Dose (*f.*), Dosensatz (*m.*). 4 ~ (ordigno esplosivo, applicato al bossolo) (*espl. - milit.*), Zündkapsel (*f.*), Zündhütchen (*n.*), Sprengkapsel (*f.*). 5 ~ a membrana (di un carburatore p. es.) (*mot. - ecc.*), Membrandose (*f.*). 6 ~ aneroide (capsula barometrica) (*strum.*), Dosensatz (*m.*), Dose

(f.). 7 ~ **barometrica** (capsula aneroide, di un barometro p. es.) (*strum.*), Dosensatz (*m.*). 8 ~ **barometrica** (capsula manometrica, elemento sensibile alla pressione, trasduttore di pressione a capsula) (*aer.*), Dosendruckgeber (*m.*). 9 ~ **barometrica** (per carburatori di motore aer. p. es.) (*aer. - ecc.*), barometrische Dose. 10 ~ **del correttore di quota** (di un carburatore) (*mot.*), Höhendose (*f.*). 11 ~ **dinamometrica** (scatola dinamometrica) (*strum.*), Kraftmessdose (*f.*), Messdose (*f.*). 12 ~ **manometrica** (rivelatore di pressione, pressostato) (*strum.*), Druckdose (*f.*). 13 ~ **manometrica** (app. per misurare alte pressioni) (*strum.*), Druckmessdose (*f.*). 14 ~ **manometrica** (capsula barometrica, elemento sensibile alla pressione, trasduttore di pressione a capsule) (*aer.*), Dosendruckgeber (*m.*). 15 ~ **manometrica** (capsula pneumatica, camera a depressione, di un carburatore p. es.) (*mot.*), Unterdruckdose (*f.*). 16 ~ **metallica** (di un barometro aneroide p. es.) (*strum.*), Metalldose (*f.*). 17 ~ **microfonica** (*telef.*), Sprechkapsel (*f.*). 18 ~ **per calcinazione** (*chim.*), Abdampfschale (*f.*). 19 ~ **per evaporazione** (*app. chim.*), Verdampfschale (*f.*). 20 ~ **pneumatica** (capsula manometrica, camera a depressione, di un carburatore p. es.) (*mot.*), Unterdruckdose (*f.*). 21 ~ **portabobina** (d'una macchina per cucire) (*macch.*), Spulenkapsel (*f.*). 22 ~ **spaziale** (*astronautica*), Raumkapsel (*f.*).
capsulatrice (*macch.*), Kapselmaschine (*f.*).
capsulismo (*macch.*), Kapselwerk (*n.*). 2 ~ (pompa a capsulismo, pompa rotativa) (*macch.*), Kapselpumpe (*f.*). 3 ~ **Demag** (compressore rotativo a palette) (*mot. - mecc.*), Sternkolbenlader (*m.*), Sternkolbenkompressor (*m.*), Flügellader (*m.*), Flügelkompressor (*m.*). 4 ~ **soffiante** (pompa rotativa per gas) (*macch.*), Kapselgebläse (*n.*).
captare (una trasmissione) (*radio - telev. - ecc.*), abfangen.
captatore (rilevatore) (*app.*), Aufnehmer (*m.*). 2 ~ **a resistenza** (rilevatore a resistenza, di un termometro elett. p. es.) (*app. elett.*), Widerstandsaufnehmer (*m.*). 3 ~ **di polvere** (*app.*), Staubfänger (*m.*).
captazione (*gen.*), Entnahme (*f.*). 2 ~ **delle polveri** (depolverazione) (*ind.*), Entstaubung (*f.*).
carabina (*arma da fuoco*), Karabiner (*m.*). 2 ~ (fucile corto) (*arma da fuoco*), Stutzen (*m.*).
carabottino (graticcio di listelli di legno) (*nav.*), Gräting (*f.*), Greting (*f.*), Gitterfussboden (*m.*).
caratista (comproprietario, d'una nave) (*nav.*), Mitbesitzer (*m.*).
carato (unità di misura del titolo dei metalli preziosi) (*metall.*), Karat (*n.*). 2 ~ (unità di misura per le pietre preziose = 0,2 g) (*min.*), Karat (*n.*), Diamantgewicht (*n.*).
carattere (da stampa) (*tip.*), Schrift (*f.*), Type (*f.*), Letter (*f.*). 2 ~ (lettera) (*tip.*), Letter (*f.*). 3 ~ (*fis. - ecc.*), Charakter (*m.*). 4 ~ (cifra, lettera od altro elemento base per la formazione di dati) (*elab. dati - calc.*), Zeichen (*n.*). 5 ~ **bastone** (carattere etrusco, carattere grottesco) (*tip.*), Groteskschrift (*f.*). 6 ~ **capovolto** (lettera capovolta) (*errore di stampa*), Fliegenkopf (*m.*). 7 ~ **codificato in binario** (*elab. dati*), binär verschlüsseltes Zeichen. 8 ~ **corsivo** (corsivo) (*tip.*), Kurrentschrift (*f.*), Kursivschrift (*f.*), Kursive (*f.*). 9 ~ **da stampa** (*tip.*), Druckschrift (*f.*). 10 ~ **di controllo** (carattere di ridondanza) (*elab. dati*), selbstprüfendes Zeichen, redundantes Zeichen. 11 ~ **di ridondanza** (carattere di controllo) (*elab. dati*), redundantes Zeichen, selbstprüfendes Zeichen. 12 ~ **di testo** (*tip.*), Brotschrift (*f.*), Werkschrift (*f.*). 13 ~ **etrusco** (carattere bastone, carattere grottesco) (*tip.*), Groteskschrift (*f.*). 14 ~ **filiforme** (per lettere greche) (*tip.*), Schnurschrift (*f.*). 15 ~ **gotico** (*tip.*), gotische Schrift. 16 ~ **grassetto** (*tip.*), fette Schrift. 17 ~ **grottesco** (carattere etrusco, carattere bastone) (*tip.*), Groteskschrift (*f.*). 18 ~ **lapidario** (carattere etrusco, carattere bastone, carattere grottesco) (*tip.*), Groteskschrift (*f.*). 19 ~ **normale** (*tip. - dis.*), Normschrift (*f.*). 20 ~ **ornato** (*tip.*), Zierschrift (*f.*). 21 ~ **sporco** (*tip.*), Schmutzbuchstabe (*m.*). 22 ~ **tipografico** (*tip.*), Buchdruckletter (*f.*), Type (*f.*). 23 **altezza del ~** (*tip.*), Schrifthöhe (*f.*). 24 **corpo del ~** (*tip.*), Schriftgrad (*m.*). 25 **fonderia di caratteri** (*fond. - tip.*), Schriftgiesserei (*f.*). 26 **fonditore di caratteri** (da stampa) (*lav. - tip. - fond.*), Schriftgiesser (*m.*). 27 **fonditrice di caratteri** (*macch. fond. - tip.*), Typengiessmaschine (*f.*). 28 **insieme di caratteri** (set di caratteri) (*elab. dati*), Zeichenvorrat (*m.*). 29 **lega per caratteri da stampa** (*metall. - tip.*), Schriftmetall (*m.*), Typenmetall (*n.*). 30 **lettore di caratteri** (*elab. dati*), Zeichenleser (*m.*), Zeichenlesegerät (*n.*). 31 **lettura di caratteri** (*elab. dati*), Zeichenlesen (*n.*). 32 **serie di caratteri consecutivi** (in una memoria p. es., stringa) (*elab. dati*), Zeichenfolge (*f.*), Zeichenreihe (*f.*). 33 **set di caratteri** (insieme di caratteri) (*elab. dati*), Zeichenvorrat (*m.*). 34 **stampante di un ~ alla volta** (stampante seriale) (*elab. dati*), Zeichendrucker (*m.*).
caratteristica (proprietà) (*gen.*), Merkmal (*n.*), Eigenschaft (*f.*). 2 ~ (curva caratteristica) (*elett. - ecc.*), Kennlinie (*f.*), Charakteristik (*f.*). 3 ~ (di un logaritmo per es.) (*mat.*), Charakteristik (*f.*), Kennziffer (*f.*). 4 ~ (proprietà che può servire a distinguere degli elementi) (*stat.*), Merkmal (*n.*). 5 ~ **a cardiode** (*acus.*), Nierencharakteristik (*f.*). 6 ~ **a carico** (*mot. - ecc.*), Lastkennlinie (*f.*). 7 ~ **aerodinamica** (qualità aerodinamica) (*aer.*), aerodynamische Eigenschaft. 8 **caratteristiche antifrizione** (proprietà antifrizione) (*mecc.*), Gleiteigenschaften (*f. pl.*). 9 ~ **a pieno gas** (*mot.*), Vollgas-Kennung (*f.*), Vollgas-Kennlinie (*f.*). 10 ~ **a tensione costante** (*elett.*), Konstantspannungscharakteristik (*f.*), CP-Charakteristik (*f.*), CP-Kennlinie (*f.*). 11 ~ **a vuoto** (*elett. - ecc.*), Leerlaufkennlinie (*f.*), Leerlaufcharakteristik (*f.*). 12 ~ **corrente-tensione** (*elett.*), Stromspannungskennlinie (*f.*). 13 ~ **costruttiva** (*gen.*), Konstruktionsmerkmal (*n.*). 14 ~ **critica** (nel controllo di qualità) (*tecnol. mecc.*), entscheidendes Merkmal. 15 ~ **della corrente d'interdizione** (caratteri-

carbammide

stica della corrente inversa) (*elettronica*), Sperrkennlinie (*f.*). **16 ~ della corrente diretta** (d'un raddrizzatore) (*elett.*), Durchlasskennlinie (*f.*). **17 ~ della corrente inversa** (caratteristica della corrente d'interdizione, d'un raddrizzatore) (*elettronica*), Sperrkennlinie (*f.*). **18 ~ di ampiezza** (curva di risposta in ampiezza) (*radio - ecc.*), Amplitudengang (*m.*). **19 ~ di avviamento** (curva di avviamento) (*mecc.*), Anlaufkennlinie (*f.*), Anlaufkurve (*f.*). **20 ~ di avviamento** (proprietà di un motore) (*mot.*), Anfahreigenschaft (*f.*). **21 ~ di comando** (d'un tubo termoionico) (*elettronica*), Zündkennlinie (*f.*). **22 ~ di corto circuito** (*macch. elett.*), Kurzschlusskennlinie (*f.*). **23 caratteristiche di costruzione** (*mot. - ecc.*), Baumerkmale (*n. pl.*), Konstruktionsmerkmale (*n. pl.*). **24 ~ di direttività** (d'una antenna) (*radio*), Richtcharakteristik (*f.*). **25 caratteristiche di emergenza** (proprietà di emergenza, d'un lubrificante p. es.) (*chim. - macch. - ecc.*), Notlaufeigenschaften (*f. pl.*). **26 ~ di funzionamento** (curva) (*macch. - ecc.*), Betriebskennlinie (*f.*). **27 caratteristiche di funzionamento** (proprietà) (*macch.*), Betriebseigenschaften (*f. pl.*). **28 ~ dinamica** (curva) (*elett.*), Stosskennlinie (*f.*). **29 ~ dinamica** (caratteristica di lavoro) (*elettronica*), Arbeitskennlinie (*f.*). **30 ~ di qualità** (per il controllo della qualità) (*stat. - tecnol. mecc.*), Qualitätsmerkmal (*n.*). **31 ~ di radiazione** (*radio*), Strahlungscharakteristik (*f.*), Strahlungsdiagramm (*n.*). **32 ~ di risposta** (*fis.*), Ansprechcharakteristik (*f.*). **33 ~ di risposta oscillatoria** (curva di risposta armonica) (*regolaz.*), Frequenzgangkennlinie (*f.*). **34 ~ discontinua** (risposta discontinua, comportamento transitorio) (*radio - ecc.*), Sprungcharakteristik (*f.*), Sprungkennlinie (*f.*). **35 ~ di sovratensione impulsiva** (*elett.*), Stosskennlinie (*f.*). **36 ~ di un materiale** (*chim. - ecc.*), Stoffkennzahl (*f.*), Stoffwert (*m.*). **37 ~ importante** (nel controllo di qualità) (*tecnol. mecc.*), Hauptmerkmal (*n.*). **38 caratteristiche meccaniche** (*prova di mater.*), mechanische Eigenschaften (*f. pl.*). **39 ~ onnidirezionale** (d'un microfono) (*radio*), Kugelcharakteristik (*f.*). **40 ~ piatta** (curva piatta, di un diagramma) (*macch.*), flache Kennlinie, flache Kurve. **41 ~ polare** (diagramma direttivo, di un'antenna) (*radio*), Richtdiagramm (*n.*). **42 ~ polare di antenna** (*radio*), Antennenrichtdiagramm (*n.*). **43 ~ prevalenza-portata** (caratteristica QH, d'una pompa centrifuga) (*macch.*), Q-H-Linie (*f.*). **44 ~ QH** (caratteristica prevalenza-portata, d'una pompa centrifuga) (*macch.*), Q-H-Linie (*f.*). **45 ~ statica** (*macch. elett.*), Standkennlinie (*f.*). **46 fogli caratteristiche** (*mecc. - ecc.*), Datenblätter (*n. pl.*).
carbammide [$CO(NH_2)_2$] (urea) (*chim.*), Karbamid (*n.*).
carbazolo ($C_{12}H_9N$, dibenzopirrolo) (*chim.*), Carbazol (*n.*).
carbene (componente idrocarburico quasi nero del bitume) (*chim.*), Carben (*n.*).
carbinolo (CH_3OH) (alcool metilico) (*chim.*), Karbinol (*n.*).
carbocementare (*tratt. term.*), kohlenstoffeinsatzhärten.

carbocementazione (cementazione carburante) (*tratt. term.*), Kohlenstoffeinsatzhärtung (*f.*), Aufkohlen (*n.*), Zementieren (*n.*). **2 ~ a gas** (cementazione carburante a gas) (*tratt. term.*), Gasaufkohlen (*n.*), Gaseinsatzhärtung (*f.*). **3 ~ eccessiva** (*tratt. - term.*), Überkohlung (*f.*). **4 ~ in liquido** (*tratt. term.*), Badzementieren (*n.*), Badaufkohlen (*n.*). **5 ~ in mezzo gassoso** (*tratt. term.*), Gasaufkohlen (*n.*), Gaseinsatzhärtung (*f.*). **6 ~ in mezzo liquido** (*tratt. term.*), Badaufkohlen (*n.*), Badzementieren (*n.*).
carbofibra (*ind. chim.*), Kohlenstoffaser (*f.*).
« **carbolineum** » (olio di antracene trattato, per la conservazione del legno) (*chim.*), Karbolineum (*n.*).
carbolio (olio carbolico, nella distillazione del catrame) (*chim.*), Carbol (*n.*).
carbonado (diamante industriale) (*min.*), Carbonado (*m.*), Karbonado (*m.*), schwarzer Diamant.
carbonaia (per la produzione della carbonella) (*comb.*), Kohlenmeiler (*m.*), Meiler (*m.*).
carbonamento (rifornimento di carbone, bunkeraggio) (*nav.*), Kohlenversorgung (*f.*), Bunkern (*n.*). **2 ~** (*ferr.*), Bekohlung (*f.*). **3 porto di ~** (porto di rifornimento del carbone) (*nav.*), Kohlenstation (*f.*), Bunkerstation (*f.*).
carbonare (rifornirsi di carbone, far carbone) (*nav.*), bunkern, kohlen.
carbonato (*s. - chim.*), Karbonat (*n.*). **2 ~** (carburato, cementato) (*a. - tratt. term.*), aufgekohlt. **3 ~ di calcio** ($CaCO_3$) (*chim.*), Kalziumkarbonat (*n.*). **4 ~ di magnesio** ($MgCO_3$) (*chim. - min.*), Magnesiumkarbonat (*n.*). **5 ~ di sodio** (Na_2CO_3) (*chim.*), Natriumkarbonat (*n.*). **6 ~ potassico** (K_2CO_3) (potassa) (*chim.*), Pottasche (*f.*), Kaliumkarbonat (*n.*).
carbonchio (*agric.*), Karbunkel (*m.*), Karfunkel (*m.*).
carboncino (per spinterogeno p. es.) (*elett.*), Kohle (*f.*).
carbone (*comb.*), Kohle (*f.*). **2 ~** (di lampada ad arco) (*elett.*), Kohle (*f.*), Lichtbogenkohle (*f.*). **3 ~ acceso** (brace) (*comb.*), Glut (*f.*). **4 ~ a corta fiamma** (*comm.*), kurzflammige Kohle. **5 ~ agglutinante** (*comb.*), Backkohle (*f.*). **6 ~ alla rinfusa** (carbone a pezzatura mista, « tout-venant ») (*comb.*), Bestmelierte (*f.*), Förderkohle (*f.*). **7 ~ a lunga fiamma** (*comb.*), Kannelkohle (*f.*), Kennelkohle (*f.*), Flammkohle (*f.*). **8 ~ animale** (carbone d'ossa, nero d'ossa, spodio) (*chim.*), Tierkohle (*f.*), Tierschwarz (*n.*). **9 ~ attivato** (carbone attivo) (*chim.*), Aktivkohle (*f.*). **10 ~ bianco** (forza idraulica) (*idr.*), Wasserkraft (*f.*). **11 ~ bituminoso** (*comb.*), Pechkohle (*f.*). **12 ~ brillante** (vitrite) (*comb.*), Glanzkohle (*f.*), Vitrit (*m.*). **13 ~ come estratto** (carbone non vagliato) (*comb.*), Förderkohle (*f.*), ungesiebte Kohle. **14 ~ da coke** (*comb.*), Kokskohle (*f.*). **15 ~ da gas** (*comb.*), Gaskohle (*f.*). **16 ~ di assegnazione** (al minatore) (*min.*), Deputatkohle (*f.*). **17 ~ di grossa pezzatura** (*comb.*), Stückkohle (*f.*). **18 ~ (di lampada ad arco)** (elettrodo di lampada ad arco) (*elett. - tecnol.*), Lichtbogenkohle (*f.*).

19 ~ di legna (comb.), Holzkohle (f.). 20 ~ di pezzatura minuta (comb.), Feinkohle (f.), Griesskohle (f.). 21 ~ di pezzatura mista (carbone alla rinfusa, « tout venant ») (comb.), Förderkohle (f.), Bestmelierte (f.). 22 ~ di pezzatura noce (comb.), Nusskohle (f.). 23 ~ di piccola pezzatura (comb.), Kohlengrus (m.), Gruskohle (f.). 24 ~ di storta (chim.), Retortenkohle (f.). 25 ~ di storta a frattura concoide (grafite concoide) (min.), Muschelgraphit (m.). 26 ~ d'ossa (carbone animale, nero d'ossa, spodio) (chim.), Tierkohle (f.), Tierschwarz (n.). 27 ~ fossile (antracite p. es.) (comb.), Steinkohle (f.). 28 ~ fossile (con meno del 2% di ceneri) (comb.), Edelkohle (f.). 29 ~ fossile molto fibroso (fusite) (min.), Fusit (m.). 30 ~ grasso (comb.), Fettkohle (f.). 31 ~ in pezzatura minuta (min.), Feinkohle (f.), Griesskohle (f.). 32 ~ magro (contenuto di gas 10-12%) (comb.), Magerkohle (f.). 33 ~ non vagliato (carbone come estratto) (comb.), Förderkohle (f.), ungesiebte Kohle. 34 ~ semibrillante (clarite, clarano; un componente del carbone) (chim. - min.), Clarit (m.). 35 a ~ (funzionante a carbone) (forno), kohlebeheizt. 36 derivati del ~ (sottoprodotti del carbone) (ind. chim.), Kohlewertstoffe (m. pl.), 37 elettrodo di ~ (d'una lampada ad arco) (elett.), Kohle (f.), Kohleelektrode (f.). 38 far ~ (carbonare, rifornirsi di carbone) (nav.), bunkern, kohlen. 39 funzionante a ~ (a carbone) (forno), kohlebeheizt. 40 granuli di ~ (elettroacus.), Kohlekörner (n. pl.), Kohlengriess (n.). 41 processo al rottame e ~ (metall.), Schrott-Kohle-Verfahren (n.). 42 sottoprodotti del ~ (derivati del carbone) (ind. chim.), Kohlewertstoffe (m. pl.). 43 tritino di ~ (comb.), Erbskohle (f.). 44 unità di ~ fossile (misura comparativa energetica; potere calorifico di 1 kp d'un dato tipo di carbone) (comb.), Steinkohle-Einheit (f.), SKE.
carbonico (chim.), kohlensaurer.
carbonifero (a. - geol.), karbonisch, kohlehaltig. 2 ~ (periodo) (s. - geol.), Karbon (n.).
carbonile (=CO) (chim.), Karbonyl (n.). 2 ~ (locale del carbone) (nav.), Kohlenbunker (m.), Bunker (m.). 2 processo al ~ (metall.), Carbonylverfahren (n.).
carbonio (C - chim.), Kohlenstoff (m.). 2 ~ **combinato** (metall.), fester Kohlenstoff, gebundener Kohlenstoff. 3 ~ **di malleabilizzazione** (carbonio grafitico) (metall.), Temperkohle (f.). 4 ~ **elementare** (carbonio non combinato) (chim.), elementarer Kohlenstoff. 5 ~ **grafitico** (carbonio di malleabilizzazione) (metall.), Temperkohle (f.). 6 ~ **libero** (carbonio non combinato, carbonio elementare) (metall.), freier Kohlenstoff, ungebundener Kohlenstoff, elementarer Kohlenstoff. 7 ~ **non combinato** (carbonio elementare, carbonio libero) (chim.), elementarer Kohlenstoff, ungebundener Kohlenstoff, freier Kohlenstoff. 8 ~ **solfuro** (solfuro di carbonio, CS_2) (chim.), Schwefelkohlenstoff (m.). 9 **a basso tenore di** ~ (acciaio p. es.) (metall.), niedriggekohlt. 10 **ad alto tenore di** ~ (metall.), hochgekohlt. 11 **idrati di** ~ (chim.), Kohlehydrate (n. pl.), Kohlenhydrate (n. pl.).

carbonissaggio (carbonizzazione) (ind. tess.), Karbonisieren (n.), Carbonisieren (n.).
carbonitrurazione (nitrurazione carburante, contemporanea carburazione e nitrurazione in gas carburanti ed ammoniaca, seguite da spegnimento in olio oppure acqua) (tratt. term.), Karbonitrieren (n.), Ni-Carb.-Einsatzhärtung (f.). 2 ~ **in bagno di cianuri** (tratt. term.), Zyanbadhärten (n.), Karbonitrieren im Zyanbad.
carbonizzare (gen.), karbonisieren. 2 ~ (di legna p. es.) (comb.), kohlen, verkohlen. 3 ~ (ind. tess.), karbonisieren, carbonisieren.
carbonizzazione (comb.), Kohlung (f.), Verkohlung (f.). 2 ~ (chim.), Karbonisation (f.). 3 ~ (carbonissaggio) (ind. tess.), Karbonisieren (n.), Carbonisieren (n.). 4 ~ (del legno con carbonaia) (comb.), Köhlerei (f.), Meilerverkohlung (f.). 5 ~ (trasformazione naturale) (geol.), Inkohlung (f.). 6 ~ (fusione, dei contatti) (elett.), Schmoren (n.). 7 ~ **a bassa temperatura** (comb.), Schwelung (f.).
« **carborundum** » (carburo di silicio, abrasivo) (ind.), Karborundum (n.), Karborund (m.), Siliziumkarbid (n.), Carborundum (n.). 2 mola di ~ (ut.), Carborundscheibe (f.).
carbossile (–COOH) (chim.), Karboxyl (n.).
carbossimetilcellulosa (CMC) (chim.), Carboxymethylcellulose (f.), CMC.
carburante (combustibile per motori a combustione interna) (mot.), Kraftstoff (m.), Treibstoff (m.). 2 ~ (benzina, per motori a ciclo Otto) (comb.), Ottokraftstoff (m.). 3 ~ **gassoso** (per mot. di autoveicoli) (mot.), Treibgas (n.). 4 ~ **per motori a getto** (combustibile per motori a getto) (comb.), Düsenkraftstoff (m.). 5 ~ **per motori Diesel** (nafta leggera per motori Diesel, gasolio, combustibile per motori Diesel) (comb.), Dieselkraftstoff (m.), Gasöl (n.). 6 ~ **per veicoli da corsa** (comb.), Rennkraftstoff (m.). 7 scarico rapido del ~ (o del combustibile) (aer.), Kraftstoffschnellentleerung (f.).
carburare (cementare) (tratt. term.), einsetzen, zementieren, aufkohlen. 2 ~ (mot.), vergasen.
carburatore (di un mot. a comb. interna) (mot. - aut.), Vergaser (m.). 2 ~ **ad iniezione** (mot.), Einspritzvergaser (m.), Spritzvergaser (m.). 3 ~ **a doppio condotto** (carburatore a doppio corpo) (mot. - aut.), Doppelvergaser (m.). 4 ~ **a galleggiante** (carburatore a vaschetta) (mot. - aut.), Vergaser mit Schwimmer. 5 ~ **a getti** (mot.), Düsenvergaser (m.). 6 ~ **a vaschetta** (carburatore a galleggiante) (mot. - aut.), Vergaser mit Schwimmer. 7 ~ **con aspirazione verso l'alto** (carburatore normale) (mot.), Aufstromvergaser (m.), Steigstromvergaser (m.). 8 ~ **di avviamento** (aut.), Startvergaser (m.). 9 ~ **invertito** (mot.), Fallstromvergaser (m.). 10 ~ **invertito a doppio condotto** (carburatore invertito a doppio corpo) (mot. - aut.), Doppelfallstromvergaser (m.), Fallstrom-Doppelsergaser (m.). 11 ~ **normale** (carburatore con aspirazione verso l'alto) (mot. - aut.), Steigstromvergaser (m.). 12 ~ **orizzontale** (mot. - aut.), Flachstromvergaser (m.), Horizontalvergaser (m.), Querstromvergaser (m.). 13 ~ **orizzontale a due condotti** (carburatore oriz-

carburazione

zontale a doppio corpo) (*mot. - aut.*), Zweistufenflachstromvergaser (*m.*), Doppelflachstromvergaser (*m.*). 14 ~ **semi-invertito** (*mot. - aut.*), Halbfallstromvergaser (*m.*). 15 ~ **verticale** (*mot.-aut.*), Steigstromvergaser (*m.*), Vertikalvergaser (*m.*). 16 **ago del** ~ (spina del carburatore) (*mot. - aut.*), Vergasernadel (*f.*). 17 **corpo del** ~ (*mot. - aut.*), Vergasergehäuse (*n.*). 18 **doppio** ~ (carburatore a doppio corpo) (*mot. - aut.*), Doppelvergaser (*m.*). 19 **messa a punto del** ~ (*mot.*), Vergasereinstellung (*f.*). 20 **spina del** ~ (ago del carburatore) (*mot. - aut.*), Vergasernadel (*f.*).

carburazione (*mot.*), Vergasung (*f.*). 2 ~ (cementazione) (*tratt. term.*), Aufkohlen (*n.*), Bekohlen (*n.*). 3 ~ **con cementanti in polvere** (*tratt. term.*), Pulveraufkohlen (*n.*), Pulverbekohlen (*n.*). 4 **zona di** ~ (*forno - metall.*), Kohlungszone (*f.*).

carburo (*chim.*), Karbid (*n.*). 2 ~ **di calcio** (CaC_2) (*chim.*), Kalziumkarbid (*n.*). 3 ~ **di ferro** (Fe_3C) (*metall.*), Eisenkarbid (*n.*). 4 ~ **di silicio** (« carborundum », abrasivo) (*ind.*), Karborundum (*n.*), Karborund (*m.*), Siliziumkarbid (*n.*). 5 ~ **di titanio** (TiC) (catalizzatore) (*chim.*), Titankarbid (*n.*). 6 ~ **di tungsteno** (*metall. - ut.*), Wolframkarbid (*n.*). 7 ~ **metallico** (per utensili p. es.) (*metall.*), Hartmetall (*n.*), Karbidhartmetall (*n.*), Metallkarbid (*n.*). 8 ~ **metallico sinterato** (carburo metallico sinterizzato) (*metall. - ut.*), gesintertes Metallkarbid, Sinterkarbid (*n.*), Sinterhartmetall (*n.*). 9 ~ **(metallico) universale** (*metall. - ut.*), Mehrzweckhartmetall (*n.*). 10 ~ **sinterato** (carburo metallico sinterizzato) (*metall.*), gesintertes Hartmetall, Sinterhartmetall (*n.*), Sinterkarbid (*n.*). 11 **con placchetta di** ~ **metallico** (con riporto di carburo metallico) (*ut.*), harmetallbestückt. 12 **con riporto di** ~ **metallico** (con placchetta di carburo metallico) (*ut.*), hartmetallbestückt.

carcassa (di una macch. elettrica, di una pompa ecc.) (*macch.elett. - ecc.*), Gehäuse (*n.*). 2 ~ (di un motore Wankel) (*mot.*), Gehäuse (*n.*). 3 ~ (mantello, fasciame, di un forno) (*metall. - fond.*), Mantel (*m.*). 4 ~ (nave vecchia, vettura vecchia) (*nav. - ecc.*), Kasten (*m.*). 5 ~ (tele, d'un pneumatico) (*aut.*), Gewebeunterbau (*m.*), Karkasse (*f.*). 6 ~ **del compressore** (*macch.*), Kompressorgehäuse (*n.*), Verdichtergehäuse (*n.*). 7 ~ **del diffusore** (di un compressore) (*mot.*), Laderverteilergehäuse (*n.*). 8 ~ **del forno** (involucro del forno, mantello del forno, fasciame del forno) (*forno - metall.*), Ofenmantel (*m.*). 9 ~ **(di) turbina** (cassa turbina) (*mot.*), Turbinengehäuse (*n.*). 10 ~ **statorica** (*elett.*), Ständergehäuse (*n.*), Feldgestell (*n.*).

carcinotron (oscillatore ad onda regressiva) (*elettronica*), Carcinotron (*n.*), Rückwärtswellenröhre (*f.*).

carda (*macch. tess.*), Krempel (*m.*), Karde (*f.*), Kratze (*f.*). 2 ~ **a cappelli** (*macch. tess.*), Deckelkrempel (*m.*), Deckelkarde (*f.*). 3 ~ **a cappelli mobili** (*macch. tess.*), Wanderdeckelkrempel (*m.*), Wanderdeckelkarde (*f.*). 4 ~ **a cilindri** (*macch. tess.*), Walzenkrempel (*m.*),

1178

Walzenkarde (*f.*). 5 ~ **di rottura** (carda in grosso) (*macch. tess.*), Reisskrempel (*m.*), Vorkratze (*f.*), Grobkrempel (*m.*), Vorkarde (*f.*). 6 ~ **in fino** (*macch. tess.*), Feinkrempel (*m.*), Vorspinnkrempel (*m.*), Feinkarde (*f.*). 7 ~ **in grosso** (*macch. tess.*), Grobkarde (*f.*), Grobkrempel (*m.*), Vorkrempel (*m.*), Vorkarde (*f.*). 8 ~ **intermedia** (*ind. tess.*), Vlieskrempel (*m.*). 9 ~ **mista** (carda a cilindri ed a cappelli) (*macch. tess.*), Halbwalzenkarde (*f.*). 10 ~ **per lino** (*macch. tess.*), Flachskrempel (*m.*). 11 **nastro di** ~ (*ind. tess.*), Faserband (*n.*), Kratzerblatt (*n.*).

cardanico (*mecc.*), Kardan..., Gelenk... 2 **supporto** ~ (di un giroscopio p. es.) (*mecc.*), Kardanrahmen (*m.*). 3 **giunto** ~ **scorrevole** (giunto a snodo con forcella scorrevole) (*mecc.*) Schubgelenk (*n.*).

cardano (giunto cardanico) (*mecc.*), Kardan (*m.*), Kardangelenk (*n.*). 2 ~ (supporto cardanico, di un giroscopio) (*app.*), Rahmen (*m.*). Kappe (*f.*).

cardare (*ind. tess.*), krempeln, kardieren, kratzen. 2 ~ **in fino** (*ind. tess.*), feinkrempeln, feinkratzen. 3 ~ **in grosso** (*ind. tess.*), grobkratzen, grobkrempeln, vorkrempeln.

cardatore (*lav.*), Krempler (*m.*), Kardenarbeiter (*m.*).

cardatura (*ind. tess.*), Krempeln (*n.*), Krempelarbeit (*f.*). 2 ~ **in fino** (*ind. tess.*), Feinkrempeln (*n.*). 3 ~ **in grosso** (*ind. tess.*), Vorkrempeln (*n.*), Grobkrempeln (*n.*).

carderia (*ind. tess.*), Karderie (*f.*), Kardenraum (*m.*).

cardine (*mecc.*), Stützzapfen (*m.*). 2 ~ (della cerniera di una porta p. es.) (*falegn. - ecc.*), Angelzapfen (*m.*).

cardiografo (*app. med.*), Kardiograph (*m.*).
cardiogramma (*med.*), Kardiogramm (*n.*).
cardioide (linea piana) (*geom.*), Kardiode (*f.*), Herzkurve (*f.*). 2 **caratteristica a** ~ (*acus.*), Nierencharakteristik (*f.*).

cardiostimolatore (ritmatore, pacemaker) (*app. - med.*), Cardiostimulator (*m.*), Schrittmacher (*m.*), Pacemaker (*n.*).

cardiotachimetro (*app. med.*), Herzimpulsmesser (*m.*).

carena (di una nave, superficie sotto il piano di galleggiamento e volume racchiuso dalla stessa) (*nav.*), Boden (*m.*). 2 ~ **piatta** (fondo piatto) (*nav.*), Flachkiel (*m.*). 3 **abbattimento in** ~ (per riparazioni p. es.) (*nav.*), Kielhohlen (*n.*).

carenaggio (manutenzione della carena) (*nav.*), Ausbesserung (*f.*). 2 **bacino di** ~ (*nav.*), Trockendock (*m.*).

carenare (eseguire la manutenzione o riparazione della carena) (*nav.*), ausbessern. 2 ~ (abbattere in carena, posare una nave sul fianco) (*nav.*), kielholen. 3 ~ (per scopi aerodinamici) (*aerodin.*), verkleiden.

carenatura (per scopi aerodinamici) (*aer. - ecc.*), Verkleidung (*f.*). 2 ~ **aerodinamica** (*aer. - ecc.*), Stromlinienverkleidung (*f.*). 3 ~ **della ruota** (del carrello d'atterraggio) (*aer. - ecc.*), Radverkleidung (*f.*). 4 ~ **di raccordo** (tra ala e fusoliera p. es.) (*aer. - ecc.*), Auskehlung (*f.*), Ausrundung (*f.*), Anschluss (*m.*).

carenza (mancanza, deficienza) (*gen.*), Mangel (*m.*), Fehlen (*n.*).
carica (*gen.*), Ladung (*f.*), Beladung (*f.*). 2 ~ (elettrica, quantità di elettricità) (*elett.*), Ladung (*f.*), Elektrizitätsmenge (*f.*). 3 ~ (operazione di carica, di una batteria) (*elett.*), Laden (*n.*), Aufladen (*n.*). 4 ~ (di un motore a combustione interna, miscela aria-carburante) (*mot.*), Ladung (*f.*), Einsatz (*m.*). 5 ~ (di un forno, minerale con fondente) (*fond. - metall.*), Gicht (*f.*), Einsatz (*m.*), Satz (*m.*). 6 ~ (caricamento, di un cubilotto p. es.) (*fond. - metall.*), Setzen (*n.*), Gichten (*n.*), Einsetzen (*n.*), Beschickung (*f.*). 7 ~ (composizione della carica) (*fond. - metall.*), Gattierung (*f.*). 8 ~ (della seta p. es.) (*ind. tess.*), Beschwerung (*f.*), Erschwerung (*f.*). 9 ~ (per carta p. es.) (*ind. chim.*), Füllmaterial (*n.*), Füllstoff (*m.*). 10 ~ (di un orologio p. es.) (*mecc.*), Aufziehen (*n.*), Aufzug (*m.*). 11 ~ (*arma da fuoco*), Ladung (*f.*). 12 ~ (di olio in una macchina p. es.) (*macch.*), Einfüllung (*f.*). 13 ~ (di un forno per mattoni) (*forno - ed.*), Brand (*m.*). 14 ~ (miscela) (*mft. vetro*), Glassatz (*m.*), Gemenge (*n.*). 15 ~ (di esplosivo, per fori da mina) (*min.*), Lademenge (*f.*). 16~(posizione, ufficio) (*pers.*), Amt (*n.*), Stellung (*f.*). 17 ~ **al cloruro di stagno** (soluzione di sale di stagno per caricare la seta) (*ind. tess.*), Pinke (*f.*). 18 ~ al cloruro di stagno (operazione di carica) (*ind. tess.*), Pinken (*n.*). 19 ~ **atomica efficace** (*fis. nucl.*), effektive Atomladung. 20 ~ **automatica** (di un orologio p. es.) (*mecc.*), Selbstaufzug (*m.*). 21 ~ **del circuito virtuale** (*telef.*), Viererbelastung (*f.*). 22 ~ **del cubilotto** (*fond.*), Kupolofenbeschickung (*f.*). 23 ~ **della batteria** (*aut. - elett.*), Sammlerladung (*f.*). 24 ~ **della seta** (*ind. tess.*), Seidenerschwerung (*f.*), Seidenbeschwerung (*f.*). 25 ~ **del nucleo** (*fis. atom.*), Kernladung (*f.*). 26 ~ **di coke** (di un cubilotto) (*fond.*), Koksgicht (*f.*). 27 ~ **di compensazione** (di una batteria) (*elett.*), Dauerladung (*f.*), Erhaltungsladung (*f.*). 28 ~ **di minerale** (*metall.*), Erzgicht (*f.*), Erzcharge (*f.*). 29 ~ **di olio** (di una pressa p. es.) (*macch.*), Öleinfüllung (*f.*). 30 ~ **di profondità** (*espl. - mar. milit.*), Wasserbombe (*f.*), Unterwassersprengkörper (*m.*). 31 ~ **elementare** $(1{,}602 \cdot 10^{-19}$ Coulomb, positiva o negativa) (*fis.*), Elementarladung (*f.*), elektrisches Elementarquantum. 32 ~ **elettrica** (*elett.*), elektrische Ladung. 33 ~ **esplosiva** (*espl. - min.*), Sprengladung (*f.*). 34 ~ **forzata** (di una batteria) (*elett.*), beschleunigte Ladung. 35 ~ **fredda** (*metall.*), fester Ofeneinsatz. 36 ~ **fresca** (nel cilindro di un mot. a c. i.) (*mot.*), Frischladung (*f.*). 37 ~ **liquida** (*metall. - fond.*), flüssiger Einsatz. 38 ~ **metallica** (di un forno) (*metall.*), Eiseneinsatz (*m.*), Eisenmöller (*m.*). 39 ~ **non esplosa** (carica inesplosa) (*espl.*), Versager (*m.*). 40 ~ **per il foro di spillatura** (carica esplosiva per aprire il foro di spillatura) (*forno - metall.*), Abstichladung (*f.*). 41 ~ **propria** (*elett.*), Eigenladung (*f.*). 42 ~ **rapida** (di una batteria) (*elett.*), Schnellladung (*f.*). 43 ~ **residua** (*elett.*), Restladung (*f.*). 44 ~ **spaziale** (in un tubo elettronico) (*radio*), Raumladung (*f.*). 45 ~ **specifica** (rapporto tra carica e massa, di una particella atomica) (*fis. atom.*), spezifische Ladung. 46 ~ **stratificata** (*mot.*), Schichtladung (*f.*). 47 ~ **susseguente** (di un mot. a c. i.) (*mot.*), Nachladung (*f.*). 48 ~ **tampone** (*elett.*), Pufferladung (*f.*). 49 ~ **teorica** (di un motore a combustione interna) (*mot.*), theoretische Ladung. 50 **a** ~ **stratificata** (camera di combustione) (*mot.*), schichtgeladen. 51 **accumulo di portatori di** ~ (*elettronica*), Trägerspeicherung (*f.*). 52 **apparecchio** ~ **batterie** (*elett.*), Ladegerät (*n.*). 53 **capacità di** ~ **spaziale** (*elettronica*), Raumladungskapazität (*f.*). 54 **caratteristica di** ~ (curva di carica, d'un accumulatore) (*elett.*), Ladekennlinie (*f.*). 55 **corrente di** ~ (per una batteria) (*elett.*), Aufladestrom (*m.*), Ladestrom (*m.*). 56 **costante di** ~ **spaziale** (*elettronica*), Raumladungskonstante (*f.*). 57 **curva di** ~ (caratteristica di carica, d'un accumulatore) (*elett.*), Ladekennlinie (*f.*), Ladekurve (*f.*). 58 **densità dei portatori di** ~ (nei semiconduttori) (*elettronica*), Trägerdichte (*f.*). 59 **densità di** ~ (*elett.*), Ladungsdichte (*f.*). 60 **densità superficiale della** ~ (*elett.*), Flächendichte (*f.*), Ladungsflächendichte (*f.*). 61 **falsa** ~ **di coke** (coke di falsa carica, d'un cubilotto) (*fond.*), Zwischenkoks (*m.*). 62 **griglia di** ~ **spaziale** (*elettronica*), Raumladegitter (*n.*). 63 **immagine di** ~ (*elettronica*), Ladungsbild (*n.*). 64 **in** ~ (*lav. ecc.*), in Amt, amtierend. 65 **indicatore** (della discesa) **della** ~ (d'un altoforno) (*forno - metall.*), Gichtanzeiger (*m.*). 66 **periodo di** ~ (durata della carica, d'un orologio) (*mecc. - ecc.*), Laufzeit (*f.*). 67 **preparare la** ~ (*fond. - metall.*), gattieren. 68 **preparazione della** ~ (*fond. - metall.*), Gattieren (*n.*). 69 **ricambio della** ~ (*mot.*), Ladungswechsel (*m.*). 70 **spia** ~ **dinamo** (*aut.*), Ladekontrollampe (*f.*). 71 **stratificazione della** ~ (nella camera di combustione) (*mot.*), Ladungsschichtung (*f.*). 72 **valanga di portatori di** ~ (nei semiconduttori) (*elettronica*), Trägerlawine (*f.*).
carica-batterie (apparecchio per la carica di batterie) (*elett.*), Sammlerladegerät (*n.*), Ladegerät (*n.*). 2 ~ **automatico** (*elett.*), Ladeautomat (*m.*).
caricabilità (carico ammissibile, di un impianto elettrico p. es.) (*elett. - ecc.*), Belastbarkeit (*f.*).
caricamento (*gen.*), Beladung (*f.*). 2 ~ (carica, di un cubilotto p. es.) (*fond. - metall.*), Setzen (*n.*), Gichten (*n.*), Beschickung (*f.*), Einsetzen (*n.*), Möllerung (*f.*). 3 ~ (adescamento, innesco, di una pompa p. es.) (*macch. - idr.*), Füllen (*n.*), Füllung (*f.*). 4 ~ (di un veicolo) (*trasp.*), Laden (*n.*), Befrachten (*n.*). 5 ~ (d'un programma in una memoria) (*calc.*), Laden (*n.*). 6 ~ (di fori da mina) (*min.*), Laden (*n.*). 7 ~ (di pezzi su una macch. ut.) (*macch. ut.*), Einlegen (*n.*), Beschickung (*f.*). 8 ~ (di un orologio p. es.) (*mecc.*), Aufziehen (*n.*). 9 ~ **a nastro** (di moderni altiforni) (*metall.*), Bandbegichtung (*f.*). 10 ~ **della forma** (*fond.*), Formbelastung (*f.*), Formbeschwerung (*f.*). 11 ~ **eccessivo** (di un cubilotto od altoforno) (*metall.*), Übermöl-

caricapezzi

lerung (f.). **12 addetto al** ~ (forno), Gichtarbeiter (m.). **13 banchina di** ~ (nav.), Verladekai (m.). **14 bocca di** ~ (di un cubilotto p. es.) (fond. - ecc.), Chargieröffnung (f.). **15 dispositivo di** ~ (caricatore per pezzi) (macch. ut.), Magazin (n.), Zuführungsmagazin (n.), Einlegeeinrichtung (f.), Ladeeinrichtung (f.). **16 dispositivo per il** ~ **automatico** (caricatore automatico) (macch. ut.), Magazin (n.), Beschickungsautomat (m.), Ladeautomat (m.). **17 impalcatura di** ~ (per l'alimentazione di grandi forni) (metall.), Bühne (f.). **18 piano di** ~ (di un altoforno p. es.) (forno - ecc.), Begichtungsbühne (f.). **19 piano di** ~ (all'altezza del piano del carro) (ferr.), Laderampe (f.), Rampe (f.). **20 piattaforma di** ~ (ind.), Beladebühne (f.). **21 posizione di** ~ (lav. macch. ut.), Beschickungsstellung (f.), Ladestellung (f.). **22 programma di** ~ (calc.), Ladeprogramm (m.). **23 stazione di** ~ (lav. macch. ut.), Ladestation (f.). **24 torre di** ~ (per navi) (nav.), Bühne (f.). **25 vagonetto per** ~ (per forno) (metall.) - fond.), Einsatzmuldenwagen (m.).

caricapezzi (caricatore) (macch. ut.), Magazin (n.), Einlegeeinrichtung (f.), Ladeeinrichtung (f.).

caricare (gen.), laden. **2** ~ (un accumulatore p. es.) (elett.), laden, aufladen. **3** ~ (applicare il carico, ad un motore p. es.) (elett. - mot. - ecc.), belasten. **4** ~ (una struttura) (sc. costr.), belasten. **5** ~ (un cubilotto p. es.) (fond. - metall.), setzen, gichten, beschicken, einsetzen. **6** ~ (una macchina, con pezzi) (lav. macch. ut.), belegen, laden. **7** ~ (adescare, una pompa) (macch. - idr.), füllen, anfüllen. **8** ~ (la seta p. es.) (ind. tess.), beschweren, erschweren. **9** ~ (l'orologio p. es.) (gen.), aufziehen, spannen. **10** ~ (un veicolo p. es.) (trasp.), einladen, laden, befrachten. **11** ~ (una nave p. es.) (trasp.), belasten, lasten. **12** ~ (prendere a bordo; merci, ecc.) (trasp. - ecc.), übernehmen. **13** ~ (arma da fuoco), laden. **14** ~ **al massimo** (della resistenza) (tecnol.), auslasten. **15** ~ **eccessivamente** (una batteria di accumulatori) (elett.), überladen. **16** ~ **eccessivamente** (un forno) (metall. - ecc.), übersetzen. **17** ~ **gradualmente** (una struttura) (sc. costr.), allmählich belasten. **18** ~ **il nastro** (con cartucce) (milit.), gurten. **19** ~ **in tampone** (una batteria) (elett.), puffern. **20** ~ **una batteria** (elett.), einen Sammler laden. **21** ~ **un accumulatore** (elett.), einen Akkumulator laden. **22** ~ **una molla** (mecc.), eine Feder spannen. **23** ~ **una molla** (a spirale) (mecc. - ecc.), eine Feder wickeln. **24** ~ **uniformemente** (tecnol. - ecc.), auslasten, gleichmässig belasten. **25 macchina per** ~ (caricatrice, del combustibile nei reattori nucleari p. es.) (macch.), Lademaschine (f.).

caricato (gen.), geladen, beladen. **2** ~ (elett. - mot. - ecc.), belastet. **3** ~ (sc. costr.), belastet. **4** ~ (batteria) (elett.), aufgeladen. **5** ~ **da molla** (mecc.), federbelastet.

caricatore (per l'alimentazione automatica di una macch. ut.) (macch. ut.), Magazin (n.), Zuführungsmagazin (n.). **2** ~ (per carri) (ferr.), Beladevorrichtung (f.). **3** ~ (di arma da fuoco) (arma da fuoco), Magazin (n.). **4** ~ (fot.), Magazin (n.). **5** ~ (rotolo di pellicola e suo contenitore per macchine fotografiche di piccolo formato) (fot.), Patrone (f.). **6** ~ (lav.), Auflader (m.). **7** ~ **a catena** (d'un centro di lavorazione) (lav. macch. ut.), Kettenmagazin (n.). **8** ~ **a nastro** (macch. ind.), Bandspeiser (m.), Bandbeschicker (m.), Bandaufgeber (m.). **9** ~ **a nastro** (nastro) (arma da fuoco), Ladestreifen (m.). **10** ~ **a tamburo** (per alimentazione dei pezzi) (macch. ut.), Trommelmagazin (n.). **11** ~ **automatico** (dispositivo per il caricamento automatico) (macch. ut.), Magazin (n.), Beschickungsautomat (n.). **12** ~ **automatico** (per griglie piane) (comb.), Wurfbeschicker (m.). **13** ~ **barre** (macch. ut.), Stangenmagazin (n.).

caricatrice (macch.), Beschicker (m.), Beschickungsmaschine (f.). **2** ~ (macchina caricatrice, per minerali p. es.) (macch. mov. terra - min. - ecc.), Lademaschine (f.), Lader (m.). **3** ~ (macchina per caricare, combustibile nei reattori nucleari p. es.) (macch.), Lademaschine (f.). **4** ~ **a cingoli** (macch. mov. terra - ecc.), Raupenlader (m.). **5** ~ **laterale** (macch. min. - ecc.), Querlader (m.), Querlademaschine (f.).

carico (s. - gen.), Last (f.). **2** ~ (sollecitazione, su un ponte, una struttura ecc.) (sc. costr.), Last (f.), Belastung (f.). **3** ~ (corrente assorbita da un motore p. es.) (elett.), Last (f.). **4** ~ (di una macchina) (macch.), Arbeitslast (f.). **5** ~ (di una caldaia, produzione oraria di vapore) (cald.), Leistung (f.). **6** ~ (di un asse) (veic.), Drucklast (f.), Druckbelastung (f.). **7** ~ (idr.), Höhe (f.). **8** ~ (merce trasportata) (trasp. - nav. - ferr.), Ladung (f.), Fracht (f.), Last (f.). **9** ~ (di una nave) (nav. - trasp.), Kargo (m.), Schiffsladung (f.). **10** ~ (caricamento) (trasp.), Einladen (n.). **11** ~ (di uno stramazzo) (idr.), Überströmungshöhe (f.). **12** ~ (a. - arma da fuoco), geladen. **13** ~ **accidentale** (carico mobile, di un elemento di costruzione) (ed. - sc. costr.), Verkehrslast (f.), bewegliche Last. **14** ~ **a ciclo dallo zero** (nelle prove di fatica, carico variabile da zero ad un valore positivo o negativo) (sc. costr. - tecnol.), Schwellast (f.). **15** ~ **alare** (aer.), Tragflächenbelastung (f.), Flügelflächenbelastung (f.). **16** ~ **alare netto** (aer.), reine Flügelflächenbelastung. **17** ~ **alla rottura** (carico ultimo, in un diagramma di prove a trazione) (sc. costr.), Zerreisslast (f.). **18** ~ **alternato** (sollecitazione alternata, nelle prove a fatica, variabile da un valore negativo ad uno positivo e viceversa) (sc. costr. - tecnol.), wechselnde Last, Wechselbeanspruchung (f.). **19** ~ **ammissibile** (di ruote dentate p. es.) (mecc.), Belastbarkeit (f.). **20** ~ **ammissibile** (caricabilità, di un impianto elettrico) (elett.), Belastbarkeit (f.). **21** ~ **ammissibile per servizio continuo** (di un motore p. es.) (elett. - mot. - ecc.), Dauerbelastharkeit (f.). **22** ~ **asimmetrico** (d'un generatore trifase p. es.) (elett.), Schieflast (f.). **23** ~ **assiale** (mecc. - ecc.), Längsbelastung (f.). **24** ~ **capacitivo** (elett.), kapazitive Last. **25** ~ **complementare** (nei calcoli; dovuto al vento, ecc.) (*ed. - ing. civ.*), Zusatzlast (*f.*). **26 ~ completo** (*trasp.*), Volladung (*f.*), volle Ladung. **27 ~ concentrato** (*sc. costr.*), Einzellast (*f.*), konzentrierte Last. **28 ~ continuo** (*mot. - ecc.*), Dauerlast (*f.*). **29 ~ continuo** (*ed.*), stetige Last, kontinuierliche Last. **30 ~ costante** (*elett. - mot.*), konstante Belastung, gleichbleibende Belastung. **31 ~ del freno** (*mot.*), Bremsbelastung (*f.*). **32 ~ della molla** (*mecc.*), Federbelastung (*f.*). **33 ~ del timone** (forza esercitata dal timone d'un rimorchio monoasse sulla parte posteriore del veicolo trainante) (*veic.*), Stützlast (*f.*). **34 ~ di apertura** (*aer.*), Flügelbreitenbelastung (*f.*). **35 ~ di base** (*elett. - ecc.*), Grundlast (*f.*). **36 ~ di collaudo** (carico di prova) (*tecnol. - ecc.*), Prüfbelastung (*f.*). **37 ~ di compressione asimmetrico** (*ed.*), ausmittige Druckbelastung. **38 ~ di compressione a pacco** (carico per spire a contatto a una molla di compressione) (*mecc.*), Blocklast (*f.*). **39 ~ di coperta** (*trasp. - nav.*), Deckgut (*n*). **40 ~ di corrente** (amperaggio, dei contatti d'un app. elett. p. es.) (*elett.*), Strombelastung (*f.*). **41 ~ di esercizio** (*mot. - ecc.*), Betriebslast (*f.*), Gebrauchslast (*f.*). **42 ~ di esercizio della fune** (*mecc.*), Seilbetriebslast (*f.*). **43 ~ dinamico** (*sc. costr.*), dynamische Last. **44 ~ dinamico supplementare** (variazione di carico dovuta ad irregolarità del fondo stradale) (*aut.*), dynamische Zusatzlast. **45 ~ di potenza** (carico per cavallo, di un aeroplano p. es.) (*aer. - ecc.*), Leistungsbelastung (*f.*). **46 ~ di pressoflessione** (carico di punta) (*sc. costr.*), Knicklast (*f.*), Knickkraft (*f.*). **47 ~ di progetto** (per il proporzionamento delle strutture) (*aer.*), massgebende Last. **48 ~ di prova** (carico di collaudo) (*tecnol. - ecc.*), Prüfbelastung (*f.*), Probebelastung (*f.*). **49 ~ di prova** (*ed. - ecc.*), Probebelastung (*f.*), Probelast (*f.*). **50 ~ di prova** (*veic. - ecc.*), Probelast (*f.*), Prüflast (*f.*). **51 ~ di punta** (carico di pressoflessione) (*sc. costr.*), Knicklast (*f.*), Knickkraft (*f.*). **52 ~ di punta** (d'una lastra, carico di Eulero) (*sc. costr.*), Beullast (*f.*), Euler-Last (*f.*). **53 ~ di punta** (di una macch. od impianto p. es.) (*macch. elett.*), Spitzenlast (*f.*). **54 ~ di punta critico di Eulero** (*sc. costr.*), Eulersche Knicklast. **55 ~ di robustezza** (di un aereo) (*aer.*), Bruchbelastung (*f.*). **56 ~ di rottura** (*sc. costr. - metall. - ecc.*), Bruchlast (*f.*), Bruchbelastung (*f.*), Bruchfestigkeit (*f.*), Höchstspannung (*f.*). **57 ~ di rottura** (di filati) (*ind. tess.*), Reisslast (*f.*). **58 ~ di rottura** (di un palo da fondazione) (*ed.*), Versinkungsgrenze (*f.*). **59 ~ di rottura** (di un provino di carta, espresso in kg) (*ind. carta*), Bruchwiderstand (*m.*). **60 ~ di rottura** (nella prova a compressione, del legno) (*tecnol. mecc.*), Bruchstauchung (*f.*). **61 ~ di rottura a trazione** (*sc. costr.*), Zugfestigkeit (*f.*), Zerreisspannung (*f.*). **62 ~ di rottura a trazione del provino intagliato** (resistenza a trazione all'intaglio) (*tecnol. mecc.*), Kerbzugfestigkeit (*f.*). **63 ~ di rottura della fune** (*funi*), Seilbruchlast (*f.*). **64 ~ di rottura di scorrimento** (carico unitario di rottura per scorrimento) (*metall. - tecnol. mecc.*), Zeitstandfestigkeit (*f.*). **65 ~ di rottura effettivo** (di una fune metallica) (*funi*), wirkliche Bruchlast. **66 ~ di rottura nominale** (di una fune metallica) (*funi*), rechnerische Bruchlast. **67 ~ di rottura strutturale** (di una travatura p. es., inferiore al carico di rottura del materiale costituente) (*ed.*), Traglast (*f.*). **68 ~ di sicurezza** (sollecitazione ammissibile) (*sc. costr.*), zulässige Spannung, « Sigmazul », zulässige Belastung. **69 ~ di sicurezza** (*aer. - veic. - ecc.*), sichere Last. **70 ~ di snervamento** (limite di snervamento) (*sc. costr.*), Streckgrenze (*f.*), Dehngrenze (*f.*), Fliessgrenze (*f.*). **71 ~ di snervamento** (a flessione) (*mecc.*), Biegegrenze (*f.*). **72 ~ di snervamento convenzionale** (limite di snervamento convenzionale) (*sc. costr.*), 0,2-Dehngrenze (*f.*). **73 ~ dovuto alla neve** (*ed.*), Schneebelastung (*f.*), Schneelast (*f.*). **74 ~ dovuto al vento** (*ed. - ecc.*), Windlast (*f.*). **75 ~ eccedente** (sovraccarico) (*veic. - trasp. - ecc.*), Mehrgewicht (*n.*). **76 ~ eccentrico** (*sc. costr.*), exzentrische Belastung. **77 ~ equilibrato** (*elett.*), ausgeglichene Belastung. **78 ~ equilibrato** (carico simmetrico) (*elett.*), symmetrische Belastung. **79 ~ e scarico** (*nav. - trasp.*), Ladearbeit (*f.*). **80 ~ fisso** (carico permanente) (*ed.*), ruhende Last. **81 ~ idrostatico** (carico piezometrico) (*idr.*), Ruhwasserdruck (*m.*), hydrostatischer Druck (*m.*). **82 ~ impulsivo** (applicazione brusca del carico) (*macch. elett.*), Stossbelastung (*f.*). **83 ~ induttivo** (*elett.*), induktive Belastung. **84 ~ iniziale** (*mot.*), Erstbelastung (*f.*), Anfangsbelastung (*f.*). **85 ~ in parallelo** (*telef.*), Belastung mit Querspulen. **86 ~ intermittente** (*mot. - ecc.*), aussetzende Belastung. **87 ~ istantaneo** (*elett. - ecc.*), Augenblicksbelastung (*f.*). **88 ~ leggero** (*veic. - nav. - trasp.*), Leichtgut (*n.*). **89 ~ limite** (di un aereo p. es.) (*sc. costr.*), Grenzbelastung (*f.*). **90 ~ limite** (per determinare la sovraccaricabilità di un forno) (*forno*), Grenzleistung (*f.*). **91 ~ limite di grippaggio** (di lubrificanti) (*mot. - mecc.*), Fresslastgrenze (*f.*). **92 ~ macchine** (*lav. macch. ut. - organ. lav.*), Maschinenbelastung (*f.*). **93 ~ massimo** (*sc. costr.*), Höchstbeanspruchung (*f.*), Höchstbelastung (*f.*). **94 ~ massimo** (carico di rottura, a trazione) (*sc. costr.*), Höchstlast (*f.*), Zerreisslast (*f.*). **95 ~ massimo** (*elett. - ecc.*), Belastungsspitze (*f.*). **96 ~ massimo** (di un contatore) (*elett.*), Spitzenbelastung (*f.*). **97 ~ massimo** (agganciabile, su paranchi elettrici) (*app. sollev.*), Traglast (*f.*). **98 ~ massimo ammissibile** (*sc. costr.*), grösste zulässige Belastung, Höchstbelastung (*f.*). **99 ~ mobile** (carico accidentale, di un elemento da costruzione) (*ed.*), Verkehrslast (*f.*), bewegliche Last, bewegliche Belastung. **100 ~ momentaneo** (*elett. - ecc.*), Augenblicksbelastung (*f.*). **101 ~ morto** (peso del mezzo di ricezione del carico) (*app. sollev.*), Totlast (*f.*). **102 ~ nominale** (*mecc. - ecc.*), Nennlast (*f.*). **103 ~ non reattivo** (*elett.*), Ohmsche Belastung, Belastung durch Wirkwiderstand. **104 ~ normale** (*gen.*), Regelbelastung (*f.*). **105 ~ ohmico** (*elett.*), Ohmsche Belastung, Belastung durch Widerstand, induktionsfreie Belastung.

carico

106 ~ **pagante** (*aer.*), zahlende Nutzlast. 107 ~ **pagante** (d'una nave) (*nav.*), Nutzladung (*f.*). 108 ~ **parziale** (*mot. - macch.*), Teillast (*f.*). 109 ~ **parziale** (carico ridotto) (*mot. - ecc.*), Unterlast (*f.*), Unterbelastung (*f.*). 110 ~ **parziale** (*trasp.*), Teilladung (*f.*). 111 ~ **per asse** (*veic.*), Achsbelastung (*f.*), Achslast (*f.*), Achsdruck (*m.*). 112 ~ **per cavallo** (carico di potenza) (*aer. - ecc.*), Leistungsbelastung (*f.*). 113 ~ **permanente** (carico fisso) (*ed. - sc. costr.*), ruhende Last. 114 ~ **per m²** (carico per unità di superficie) (*ed.*), Flächenbelastung (*f.*). 115 ~ **per ruota** (*veic.*), Belastung pro Rad. 116 ~ **per spire a contatto** (carico di compressione a pacco, d'una molla premente) (*mecc.*), Blocklast (*f.*). 117 ~ **per unità di superficie** (carico per m²) (*ed.*), Flächenbelastung (*f.*). 118 ~ **pesante** (più di 10 t) (*nav. - trasp.*), Schwergut (*n.*). 119 ~ **piezometrico** (carico idrostatico) (*idr.*), Ruhwasserdruck (*m.*), hydrostatischer Druck. 120 ~ **principale** (nei calcoli) (*ed. - ecc.*), Hauptlast (*f.*). 121 ~ **pulsante** (in cui la sollecitazione varia di grandezza e non di segno) (*sc. costr.*), Schwellast (*f.*), Schwellbeanspruchung (*f.*), schwellende Belastung, schwellende Beanspruchung. 122 ~ **radiale** (di un asse) (*mecc.*), Querbelastung (*f.*). 123 ~ **reattivo** (*elett.*), Blindlast (*f.*). 124 ~ **resistente** (*mecc.*), Belastungsmoment (*n.*). 125 ~ **resistivo** (carico ohmico) (*elett.*), Ohmsche Belastung, Belastung durch Widerstand. 126 ~ **ridotto** (carico parziale) (*mot. - ecc.*), Unterlast (*f.*), Unterbelastung (*f.*). 127 ~ **rimorchiato** (peso rimorchiato) (*aut.*), Anhängelast (*f.*). 128 ~ **simmetrico** (carico equilibrato) (*elett.*), symmetrische Belastung. 129 ~ **sospeso** (carico molleggiato) (*veic.*), Federbelastung (*f.*). 130 ~ **specifico** (*sc. costr.*), Belastung pro Flächeneinheit, spezifische Belastung. 131 ~ **(specifico) di sicurezza** (*sc. costr.*), Sicherheitsbeanspruchung (*f.*). 132 ~ **(specifico) sul terreno (di fondazione)** (misurato in kg/cm²) (*ed.*), Bodenpressung (*f.*). 133 ~ **squilibrato** (*elett.*), Unsymmetrielast (*f.*), unsymmetrische Belastung. 134 ~ **statico** (*sc. costr.*), statische Belastung, statische Last. 135 ~ **sul cuscinetto** (*mecc.*), Lagerbelastung (*f.*). 136 ~ **sul dente** (*mecc.*), Zahnbelastung (*f.*). 137 ~ **sulla pala** (dell'elica) (*aer.*), Flügelbelastung (*f.*). 138 ~ **sulla ruota** (*veic.*), Raddruck (*m.*), Radlast (*f.*). 139 ~ **sul terreno** (carico specifico, d'una fondazione p. es., misurato in kg/cm²) (*ed.*), Bodenpressung (*f.*), Bodendruck (*m.*). 140 ~ **superficiale** (*aer.*), Flächenbelastung (*f.*). 141 ~ **su una ruota** (del carrello d'un aereo) (*aer.*), Einzelradlast (*f.*). 142 ~ **totale** (*ed.*), Gesamtbelastung (*f.*). 143 ~ **totale** (*aer. - ecc.*), Gesamlast (*f.*). 144 ~ **trasversale** (*ed.*), Querbelastung (*f.*). 145 ~ **ultimo** (carico alla rottura, in un diagramma di prove a trazione) (*sc. costr.*), Zerreisslast (*f.*). 146 ~ **uniformemente distribuito** (*ed.*), gliechmässig verteilte Last. 147 ~ **unitario di rottura per scorrimento** (*metall. - tecnol. mecc.*), Zeitstandfestigkeit (*f.*). 148 ~ **unitario sul disco** (di un rotore od elica) (*aer.*), Rotorkreisscheibenbelastung (*f.*). 149 ~ **utile** (di un autocarro) (*aut.*), Nutzlast (*f.*). 150 ~ **utile** (di un velivolo) (*aer.*), Zuladung (*f.*). 151 ~ **variabile** (*elett.*), wechselnde Last, Wechsellast (*f.*). 152 ~ **variabile uniformemente** (*elett. - ecc.*), gleichmässig variierende Belastung. 153 ~ **verticale** (sulla ruota) (*aut.*), Stützkraft (*f.*). 154 ~ **zero** (vuoto) (*elett. - mot.*), Nullast (*f.*), Leerlauf (*m.*). 155 ~ **a** (*elett. - mot.*), belastet. 156 **a** ~ (del compratore p. es.) (*comm. - ecc.*), zu Lasten. 157 **a** ~ (persona) (*leg.*), unterhaltsberechtigt. 158 **a** ~ **ridotto** (*mot. - ecc.*), unterbelastet. 159 **a pieno** ~ (*mot. - ecc.*), vollbelastet, unter Vollast. 160 **applicare il** ~ **gradualmente** (*sc. costr.*), allmählich belasten. 161 **applicazione brusca del** ~ (*macch. - elett.*), Stossbelastung (*f.*). 162 **capacità di** ~ (di cuscinetti volventi; fattore di carico) (*mecc.*), Tragzahl (*f.*). 163 **capacità di** ~ **dinamica** (di cuscinetto volventi, fattore di carico dinamico) (*mecc.*), dynamische Tragzahl. 164 **circuito di** ~ (circuito di utilizzazione) (*elett.*), Entnahmekreis (*m.*). 165 **coefficiente di** ~ (*aer.*), Lastvielfaches (*n.*), Lastfaktor (*m.*). 166 **coefficiente di** ~ **di manovra** (*aer.*), Luftkraftlastvielfaches (*n.*). 167 **con** ~ **equilibrato** (*elett.*), gleichbelastet. 168 **con** ~ **uniformemente distribuito** (sui due assali) (*aut.*), mittenlastig. 169 **condizione di** ~ (*aer.*), Lastfall (*m.*). 170 **curva di** ~ **annuale** (*elett.*), Jahresbelastungsdiagramm (*m.*). 171 **densità di** ~ (densità di carico elettrico per unità di superficie di un territorio, misurato in MW/km²) (*elett.*), Belastungsdichte (*f.*). 172 **diagramma** ~ **-allungamento** (*sc. costr.*), Spannungs-Dehnungsdiagramm (*n.*). 173 **diagramma di** ~ **tridimensionale** (*elett.*), Belastungsgebirge (*n.*). 174 **distacco brusco del** ~ (*elett. - ecc.*), Lastabwurf (*m.*). 175 **fattore di** ~ (di cuscinetti volventi; capacità di carico) (*mecc.*), Tragzahl (*f.*). 176 **fattore di** ~ **dinamico** (di cuscinetti volventi, capacità di carico dinamica) (*mecc.*), dynamische Tragzahl. 177 **formula di Eulero del** ~ **di punta critico** (*sc. costr.*), Eulersche Knickformel. 178 **foro da mina** ~ (*min.*), Schuss (*m.*). 179 **grafico** ~ **macchine** (*organ. lav. - lav. macch. ut.*), Maschinenbelastungsplan (*m.*). 180 **immersione a** ~ (pescaggio a carico) (*nav.*), Ladetiefgang (*m.*). 181 **indicatore del** ~ (di lavoro, di una officina mecc. p. es.) (*app.*), Auslastungsanzeiger (*m.*). 182 **indice di** ~ (rapporto di carico, rapporto carico utile e peso a vuoto) (*veic.*), Nutzlastverhältnis (*n.*). 183 **indipendente dal** ~ (*gen.*), lastunabhängig. 184 **limite di** ~ (d'un carro merci) (*ferr.*), Lastgrenze (*f.*). 185 **linea del** ~ **totale** (linea del carico idraulico) (*idr.*), Energielinie (*f.*). 186 **linea di** ~ (d'un triodo p. es.) (*elettronica*), Widerstandsgerade (*f.*). 187 **manifesto di** ~ (*trasp.*), Ladungsverzeichnis (*n.*). 188 **mettere sotto** ~ (mettere in forza, una molla p. es.) (*mecc.*), spannen. 189 **mezzo** ~ (*mot. - ecc.*), Halblast (*f.*). 190 **momento del** ~ (d'una gru a torre, carico moltiplicato per lo sbraccio) (*app. di sollev.*), Lastmoment (*m.*). 191 **numero di giri a** ~ (*mot.*), Lastdrehzahl (*f.*). 192 **perdita di** ~ (pendenza della linea di carico) (*idr.*), Energiegefälle (*n.*). 193 **per-**

dita di ~ (per attrito) (*idr.*), Reibungsgefälle (*n.*). **194 perdita di ~ nel filtro** (*idr.*), Filterwiderstand (*m.*). **195 pescaggio a ~** (immersione a carico) (*nav.*), Ladetiefgang (*m.*). **196 piano di ~** (piano di caricamento) (*ind.*), Beladebühne (*f.*). **197 piano orizzontale di riferimento del ~ idraulico** (*idr.*), Energiehorizont (*m.*). **198 picco da ~** (*nav.*), Ladebaum (*m.*). **199 pieno** (*elett. - mot.*), Vollast (*f.*), Vollbelastung (*f.*). **200 polizza di ~** (*nav. - trasp.*), Ladeschein (*m.*). **201 polizza di ~ diretta** (*trasp.*), Durchkonnossement (*n.*). **202 prendere a proprio ~** (*comm.*), aufkommen für die Kosten. **203 prova a ~ progressivo** (di fatica) (*prove mater.*), Stufenversuch (*m.*). **204 punta di ~** (*elett.*), Lastspitze (*f.*). **205 punto di applicazione del ~** (*sc. costr.*), Lastangriffspunkt (*m.*). **206 rapporto di ~** (indice di carico, rapporto tra carico utile e peso a vuoto) (*veic.*), Nutzlastverhältnis (*n.*). **207 resistenza di ~** (d'un raddrizzatore) (*elett.*), Richtwiderstand (*m.*). **208 rimozione del ~** (scarico) (*mecc. - sc. costr.*), Entlastung (*f.*), Abspannung (*f.*). **209 senza ~** (a vuoto) (*mot. - elett. - ecc.*), unbelastet. **210 senza ~** (molla p. es.) (*mecc. - ecc.*), ungespannt. **211 servizio a ~ costante** (*mot. - elett. - ecc.*), Betrieb mit gleichbleibender Belastung. **212 servizio a ~ variabile** (*mot. - elett. - ecc.*), Betrieb mit veränderlicher Belastung. **213 servizio continuativo con ~ intermittente** (con applicazione intermittente del carico) (*mot. - ecc.*), durchlaufender Betrieb mit aussetzender Belastung (*f.*). **214 sotto ~** (a carico) (*mot. - elett. - ecc.*), belastet. **215 sotto ~** (molla p. es.) (*mecc.*), gespannt. **216 togliere il ~** (rimuovere il carico) (*gen.*), entlasten. **217 togliere il ~** (scaricare, una molla p. es.) (*mecc.*), entspannen. **218 trasferimento del ~** (*elett. - ecc.*), Umladung (*f.*). **219 variazione brusca del ~** (*elett. - ecc.*), Lastsprung (*m.*). **220 variazione di ~** (*mot.*), Belastungsänderung (*f.*). Laständerung (*f.*). **221 variazione di ~ da pieno a vuoto** (*mot.*), Belastungsschwankung von Vollast bis Leerlauf. **222 variazione parziale del ~** (*mot.*), teilweise Belastungsänderung. **223 variazione qualsiasi del ~** (*mot.*), beliebige Belastungsänderung. **224 velocità a pieno ~** (numero di giri a pieno carico) (*mot.*), Vollastdrehzahl (*f.*).
cariglione (« carillon ») (*strum. acus.*), Spieldose (*f.*), Spieluhr (*f.*).
carlinga (*aer.*), Rumpf (*m.*).
carminio (*s. - colore*), Karmin (*n.*), Karmesin (*n.*).
carnallite (KCl–MgCl$_2$–6 H$_2$O) (*min.*), Karnallit (*m.*), Carnallit (*m.*).
carne (*ind.*), Fleisch (*n.*). **2 ~** (carniccio) (*ind. cuoio*), Aas (*n.*). **3 ~ affumicata** (*ind.*), Rauchfleisch (*b.*), Dürrfleisch (*n.*). **4 ~ congelata** (*ind.*), Gefrierfleisch (*n.*). **5 ~ in scatola** (*ind.*), Büchsenfleisch (*n.*), Fleischkonserve (*f.*). **6 lato ~** (del cuoio) (*ind. cuoio*), Aasseite (*f.*).
carniccio (carne) (*ind. cuoio*), Aas (*n.*).
carnotite (*min.*), Carnotit (*m.*).
caro (costoso) (*comm.*), teuer.
carota (testimonio di sonda, campione di roccia) (*min.*), Kern (*m.*), Bohrkern (*m.*).

2 ~ (campione di terreno) (*ing. civ.*), Probekern (*m.*).
carotaggio (trivellazione con sonde rotative per il prelevamento di campioni di roccia) (*min.*), Kernbohren (*n.*).
carotiere (tubo di sonda per il prelevamento di campioni di roccia) (*min.*), Kernbüchse (*f.*).
carovana (roulotte) (*campeggio*), Wohnanhänger (*m.*). **2 ~** (carro-abitazione, carrozzone) (*veic.*), Wohnwagen (*m.*).
caro-vita (indennità di contingenza) (*lav.*), Teuerungszulage (*f.*).
carpenteria (lavoro di carpenteria, arte del carpentiere) (*carp.*), Zimmerei (*f.*). **2 ~** (officina del carpentiere) (*ed.*), Zimmererwerkstatt (*f.*). **3 ~ di legno** (struttura) (*ed.*), Holzwerk (*n.*). **4 ~ in legno** (lavoro) (*ed.*), Zimmerei (*f.*), Bautischlerei (*f.*). **5 ~ metallica** (costruzione in acciaio) (*ed.*), Stahlbau (*m.*). **6 ~ metallica** (elementi di ferro per l'industria edilizia) (*ed.*), Baueisenwaren (*f. pl.*). **7 eseguire lavori di ~** (*carp.*), zimmern. **8 lavori di ~** (*carp.*), Zimmerarbeiten (*f. pl.*), Zimmermannarbeiten (*f. pl.*).
carpentiere (*lav.*), Zimmermann (*m.*), Zimmerer (*m.*). **2 ~** (*lav. ed.*), Bauschreiner (*m.*), Baurimmermann (*m.*). **3 ~ in ferro** (*lav.*), Stahlbauschlosser (*m.*). **4 ~ navale** (maestro d'ascia) (*costr. nav. - lav.*), Schiffszimmermann (*m.*). **5 capo ~** (*lav.*), Zimmermeister (*m.*), Zimmermannspolier (*m.*). **6 matita da ~** (*app.*), Zimmermannstift (*m.*).
carpino (legno), Bergbuche (*f.*). **2 ~ comune** (legno), Hagebuche (*f.*), Hainbuche (*f.*), Hornbaum (*m.*).
carradore (*lav.*), Stellmacher (*m.*), Wagner (*m.*), Wagenbauer (*m.*).
carreggiamento (perturbazione della crosta terrestre che comporta uno scorrimento di un frammento della stessa su altro frammento) (*geol.*), Überschiebung (*f.*). **2 ~ della faglia** (*geol.*), Faltungsüberschiebung (*f.*).
carreggiata (piano stradale, sul quale circolano i veicoli) (*strad.*), Fahrbahn (*f.*). **2 ~** (distanza tra le mezzerie dei pneumatici di un asse) (*aut. - veic.*), Spur (*f.*), Spurweite (*f.*). **3 ~ a due corsie** (*strad.*), zweispurige Fahrbahn. **4 ~ a senso unico** (*traff. strad.*), Richtungsfahrbahn (*f.*). **5 ~ a tre corsie** (strada a tre corsie) (*strad.*), Strasse mit drei Spuren. **6 rimanere in ~** (durante una frenata p. es.) (*aut.*), in Spur bleiben. **7 strada a ~ unica** (*strad.*), Strasse ohne Richtungstrennstreifen. **8 veicolo a ~ variabile** (*ferr.*), Spurwechselfahrzeug (*n.*).
carreggio (trenaggio, trasporto di minerale) (*min.*), Grubenförderung (*f.*).
carrellata (*cinem.*), Fahraufnahme (*f.*). **2 ~ di accompagnamento** (*cinem.*), begleitende Fahraufnahme. **3 ~ ottica** (*cinem.*), optische Fahraufnahme.
carrellato (gruppo elett. p. es.) (*veic.*), verfahrbar.
carrellista (*lav. - trasp. int. - ecc.*), Fahrer von Flurförderzeugen, Flurförderzeugen-Fahrer (*m.*).
carrello (di un tornio, per il supporto degli utensili) (*macch. ut.*), Support (*m.*), Schlitten

carrello

(*m.*). 2 ~ (parte di una macch., di una macch. da scrivere p. es.) (*macch.*), Wagen (*m.*). 3 ~ (di veicolo ferr. p. es.) (*veic. ferr. - tranvia*), Fahrgestell (*n.*), Drehgestell (*n.*). 4 ~ (di atterraggio) (*aer.*), Fahrgestell (*n.*), Fahrwerk (*n.*). 5 ~ (per trasporti interni p. es,) (*veic.*), Wagen (*m.*), Karren (*m.*), Karre (*f.*), 6 ~ (di una gru) (*macch. ind.*), Katze (*f.*), Laufkatze (*f.*). 7 ~ (per telecamera) (*telev.*), Dolly (*f.*). 8 ~ (di una macch. per scrivere) (*macch. per uff.*), Schlitten (*m.*), Wagen (*m.*). 9 ~ **abbassato** (*aer.*), ausgefahrenes Fahrgestell. 10 ~ **ad accumulatori** (*veic. ind.*), Elektrokarren (*m.*). 11 ~ **ad accumulatori** (per trasporti interni di stazione, con posto di guida in piedi) (*veic. - trasp. - ferr.*), Elektrobahnsteigkarren (*m.*). 12 ~ **ad alzata bassa** (*veic. trasp. ind.*), Niederhubwagen (*m.*). 13 ~ **adattatore di scartamento** (*veic. - ferr.*), Rollschemel (*m.*), Rollbock (*m.*). 14 ~ **ad elevazione limitata** (*veic. trasp. ind.*), Niederhubwagen (*m.*). 15 ~ **a due ruote** (per sacchi p. es.) (*veic. trasp. ind.*), Stechkarre (*f.*). 16 ~ **ad un asse** (asse Bissel) (*veic. ferr.*), einachsiges Bissel-Gestell, Bissel-Achse (*f.*), 17 ~ **a forca** (carrello elevatore a forche) (*veic. trasp. - ind.*), Gabelstapler (*m.*). 18 ~ **a forca frontale** (*veic. trasp. ind.*), Frontgabelstapler (*m.*). 19 ~ **a grande alzata** (*veic. trasp. ind.*), Hochhubwagen (*m.*). 20 ~ **a pianale** (piattina) (*veic. trasp. ind.*), Plattformkarren (*m.*). 21 ~ **a piattaforma sollevabile** (*veic. trasp. ind.*), Plattformhubkarren (*m.*), Hubkarren (*m.*). 22 ~ **a rulli** (veicolo a mano con nastro a rulli continuo) (*veic. - ind.*), Wälzwagen (*m.*). 23 ~ **a sala unica** (*veic. ferr.*), einachsiges Drehgestell. 24 ~ **a triciclo** (carrello di atterraggio a triciclo) (*aer.*) Dreiradfahrgestell (*n.*), Bugradfahrgestell (*n.*). 25 ~ **Bissel** (sterzo Bissel, asse Bissel, carrello ad un asse) (*veic. ferr.*), Deichselgestell (*n.*), Bissel-Drehgestell (*n.*), Bissel-Achse (*f.*), einachsiges Bissel-Gestell. 26 ~ **da miniera** (*veic. - min.*), Förderwagen (*m.*). 27 ~ **del distributore** (nella colata continua) (*veic. fond.*), Zwischengefässwagen (*m.*), Zwischenbehälterwagen (*m.*). 28 ~ **della telecamera** (*telev.*), Kamerawagen (*m.*), «Dolly» (*f.*). 29 ~ **di alaggio** (per idrovolanti) (*aer.*), Schleppwagen (*m.*). 30 ~ **di alaggio per idrovolanti** (*aer.*), Wasserflugzeugschleppwagen (*n.*). 31 ~ **di atterraggio** (*aer.*), Fahrgestell (*n.*), Fahrwerk (*n.*). 32 ~ **di atterraggio a cingoli** (*aer.*), Raupenfahrwerk (*n.*). 33 ~ **di atterraggio a pattini** (*aer.*), Schlittenkufengestell (*n.*), Kufenfahrgestell (*n.*). 34 ~ **di atterraggio a ruote** (*aer.*), Radfahrwerk (*n.*). 35 ~ **di atterraggio a sci** (*aer.*), Schneekufenfahrwerk (*n.*). 36 ~ **di atterraggio a triciclo** (*aer.*), Bugradfahrgestell (*n.*), Bugradfahrwerk (*n.*), Dreiradfahrgestell (*n.*). 37 ~ **di atterraggio fisso** (*aer.*), festes Fahrgestell, Festfahrwerk (*n.*). 38 ~ **di atterraggio retrattile** (*aer.*), einziehbares Fahrgestell, Einziehfahrgestell (*n.*), Einziehfahrwerk (*n.*), Verschwindfahrwerk (*n.*). 39 ~ **di caricamento** (di un forno p. es.) (*metall.*), Gichtwagen (*m.*). 40 ~ **di servizio** (*veic. ferr.*), Draisine (*f.*), Schienenkraftrad (*n.*), Gleiskraftrad (*n.*). 41 ~ **di sollevamento a mano** (*veic. trasp. ind.*), Handhubwagen (*m.*). 42 ~ **di sollevamento per palette** (*veic. trasp. (ind.*), Gabelhubwagen (*m.*). 43 ~ **di sospensione** (per appandere paranchi, ecc.) (*app. di sollev.*), Einhängekatze (*f.*). 44 ~ **di teleferica** (per materiali, merci, ecc.) (*trasp.*), Seilbahnwagen (*m.*). 45 ~ **di trasbordo** (per container) (*ferr. - ecc.*), Rollbock (*m.*). 46 ~ **di trazione** (per la trafilatura di fili p. es.) (*tecnol. mecc.*), Schleppwagen (*m.*), Ziehwagen (*m.*). 47 ~ **elevatore** (veicolo a piattaforma sollevabile) (*veic. trasp. ind.*), Hubkarren (*m.*). Hubwagen (*m.*). 48 ~ **elevatore** (elettrico) (*veic. trasp. ind.*), Elektrohubkarren (*m.*), Elektrostapler (*m.*). 49 ~ **elevatore** (a tre ruote) (*veic. trasp. ind.*), Hubroller (*m.*). 50 ~ **elevatore a forca** (*veic. trasp. ind.*), Gabelstapler (*m.*). 51 ~ **elevatore a forca a montante retrattile** (*veic. trasp. ind.*), Schubmaststapler (*m.*), Schubrahmenstapler (*m.*). 52 ~ **elevatore a forca elettrico** (*veic. trasp. ind.*), Elektrogabelstapler (*m.*). 53 ~ **elevatore a forca frontale** (*veic. - trasp. ind.*), Frontal-Gabelstapler (*m.*), Frontgabelstapler (*m.*). 54 ~ **elevatore a forca laterale** (*veic. trasp. ind.*), Seitenstapler (*m.*), Quergabelstapler (*m.*). 55 ~ **elevatore a forca orientabile** (*veic. trasp. ind.*), Schwenkgabelstapler (*m.*). 56 ~ **elevatore a forca orientabile** (carrello elevatore frontale-laterale) (*veic. trasp. ind.*), Vierwegegabelstapler (*m.*). 57 ~ **elevatore a forca retrattile** (*veic. trasp. ind.*), Schubgabelstapler (*m.*). 58 ~ **elevatore a montante retrattile** (*veic. trasp. ind.*), Schubmaststapler (*m.*), Schubrahmenstapler (*m.*). 59 ~ **elevatore con guida a timone** (*veic. trasp. ind.*), Deichsel-Hubwagen (*m.*). 60 ~ **elevatore elettrico** (*veic. trasp. ind.*), Elektrostapler (*m.*), Elektrohubkarren (*m.*). 61 ~ **elevatore frontale-laterale** (carrello elevatore a forca orientabile) (*veic. trasp. ind.*), Vierwegegabelstapler (*m.*). 62 ~ **elevatore per magazzini verticali** (*veic. trasp. ind.*), Hochregalstapler (*m.*). 63 ~ **elevatore senza uomo a bordo** (*veic. trasp. ind.*), Geh-Hubwagen (*m.*). 64 ~ **fisso** (*aer.*), Festfahrwerk (*n.*), festes Fahrgestell. 65 ~ **magazziniere** (*veic. trasp. ind.*), Kommissionierstapler (*m.*). 66 ~ (mobile) **di gru** (*macch. ind.*), Kranlaufkatze (*f.*), Krankatze (*f.*). 67 ~ **motore** (*ferr.*), Triebgestell (*n.*), Triebdrehgestell (*n.*). 68 ~ **orizzontale** (carrello di montante, di una piallatrice) (*macch. ut.*), Seitensupport (*m.*). 69 ~ **per il rimorchio** (carrello rimorchiatore, per i modelli nelle prove a rimorchio) (*nav.*), Schleppwagen (*m.*). 70 ~ **per sacchi** (*veic. trasp. ind.*), Stechkarsen (*m.*), Sackkarren (*m.*). 71 ~ **per trasporti interni** (*veic. trasp. ind.*), Förderkarren (*m.*), Flurfördergerät (*n.*). 72 ~ **per trasporti interni ad accumulatori** (*veic. trasp. ind.*), Elektro-Flurfördergerät (*n.*). 73 ~ **piano** (*trasp. ind.*), Plateauwagen (*m.*). 74 ~ **piatto** (piattina) (*veic. trasp. ind.*), Plattformkarren (*m.*). 75 ~ **piatto ad accumulatori** (piattina ad accumulatori) (*veic. trasp. ind.*), Elektroplattformkarren (*m.*). 76 ~ **portabobine** (carro) (*macch. tess.*), Spulentisch (*m.*). 77 ~ **portabombole** (per saldatura p. es.) (*veic. ind.*), Flaschenwagen (*m.*). **78 ~ portacavi** (carro portacavi, carro bobina) (*elett. - veic.*), Kabelwagen (*m.*). **79 ~ portanaspi** (*veic. antincendio*), Schlauchwagen (*m.*). **80 ~ portante** (*ferr.*), Laufgestell (*n.*), Laufdrehgestell (*n.*). **81 ~ porta-perforatrice** (*veic. min.*), Bohrwagen (*m.*). **82 ~ portastaffa** (di macchina formatrice) (*macch. fond.*), Formwagen (*m.*). **83 ~ portautensili** (*macch. ut.*), Werkzeugschlitten (*m.*). **84 ~ retrattile** (carrello di atterraggio retrattile) (*aer.*), einziehbares Fahrgestell, Einziehfahrwerk (*n.*), Verschwindfahrwerk (*n.*). **85 ~ ribaltabile** (*veic. trasp. ind.*), Kippkarren (*m.*). **86 ~ rimorchiatore** (carrello per il rimorchio, per i modelli nelle prove a rimorchio) (*nav.*), Schleppwagen (*m.*). **87 ~ trasbordatore** (carrellone trasbordatore) (*ferr.*), Schiebebühne (*f.*), Verschiebebühne (*f.*). **88 ~ trasloelevatore aereo** (d'una gru impilatrice) (*trasp. ind.*), Stapelkatze (*f.*). **89 ~ trasporto utensili** (di una officina di riparazioni) (*app.*), Werkzeugwagen (*m.*). **90 ~ trasversale** (d'un tornio) (*macch. ut.*), Planschlitten (*m.*), Querschlitten (*m.*), Plansupport (*m.*), Quersupport (*m.*). **91 ~ verticale** (carrello di traversa, di una piallatrice) (*macch. ut.*), Höhensupport (*m.*). **92 cricco a ~** (sollevatore a carrello, per autorimesse) (*att.*), Rangierheber (*m.*). **93 longherone del ~** (fiancata del carrello, di una vettura) (*ferr.*), Drehgestellwange (*f.*). **94 sollevatore a ~** (cricco a carrello, per autorimesse) (*att.*), Rangierheber (*m.*).

carrellone (carrello trasbordatore) (*ferr.*), Schiebebühne (*f.*), Verschiebebühne (*f.*).

carretta (*nav. - trasp.*), Tramschiff (*n.*).

carretto (*veic. trasp.*), Wagen (*m.*). **2 ~ a mano** (*veic. trasp.*), Handwagen (*m.*).

carriera (professionale p. es.) (*lav. - pers.*), Laufbahn (*f.*). **2 ~ professionale** (*lav.*), Berufslaufbahn (*f.*). **3 possibilità di ~** (*pers.*), Aufstiegsmöglichkeit (*f.*).

carriola (carriuola) (*trasp. ind. - ed.*), Schubkarren (*m.*), Schiebekarre (*f.*). **2 ~** (*mur.*) (*svizz.*), Benne (*f.*), Schubkarren (*m.*), Schiebkarre (*f.*). **3 ~ motorizzata** (motocarriola) (*att. ed.*), Kraftkarre (*f.*), Kraftkarren (*m.*). **4 ~ per calcestruzzo** (*ed.*), Japanerkarren (*m.*), Betonrandkipper (*m.*). **5 ~ spandipietrisco** (*veic. costr. strad.*), Splittstreukarre (*f.*).

carro (carro merci) (*veic. ferr.*), Güterwagen (*m.*), Wagen (*m.*). **2 ~** (trainato da cavalli) (*veic. trasp.*), Wagen (*m.*). **3 ~** (carrello, di una stozzatrice p. es.) (*macch. ut.*), Schlitten (*m.*). **4 ~** (Orsa maggiore) (*astr.*), Himmelswagen (*m.*). **5 ~** (di un filatoio) (*macch. tess.*), Wagen (*m.*). **6 ~** (carrello portabobine) (*macch. tess.*), Spulentisch (*m.*). **7 ~ a bilico** (con piattaforma girevole sul pianale ed usato in coppia per carichi lunghi) (*veic. ferr.*), Holzwagen (*m.*), Langholzwagen (*m.*), Schemelwagen (*m.*). **8 ~ a bilico a tre assi** (*veic. ferr.*), Lenkdreiachser (*m.*). **9 ~ a bilico per legname** (*veic. ferr.*), Langholzwagen (*m.*). **10 ~ a casse** (per minerali, carbone, ecc.) (*veic. ferr.*), Kübelwagen (*m.*). **11 ~ a carrelli** (*veic. ferr.*), Drehgestellwagen (*m.*). **12 ~ ad alte sponde** (carro merci aperto) (*veic. ferr.*), Bordwandwagen (*m.*). **13 ~ ad assi intercambiabili** (*veic. ferr.*), Umsetzwagen (*m.*). **14 ~ a due piani** (*veic. ferr.*), Doppelstockgüterwagen (*m.*). **15 ~ a due piani** (carro per trasporto di autovetture) (*veic. ferr.*), Doppelstockgüterwagen (*m.*), Autotransportwagen (*m.*). **16 ~ a giare** (per il trasporto di acidi) (*ferr.*), Topfwagen (*m.*), Säurewagen (*m.*). **17 ~ agricolo** (*veic. agric.*), Ackerwagen (*m.*). **18 ~ alimentatore** (*metall. - ecc.*), Zubringerwagen (*m.*). **19 ~ aperto** (*veic. ferr.*), offener Wagen, O-Wagen (*m.*). **20 ~ aperto con stanti** (*veic. ferr.*), Rungenwagen (*m.*). **21 ~ a piano ribassato** (carro a pianale ribassato) (*veic. ferr.*), Tiefladewagen (*m.*). **22 ~ a ponte** (poggiante su due o più carrelli) (*veic. ferr.*), Brückengleisfahrzeug (*n.*). **23 ~ a portale** (carro merci) (*veic. ferr.*), Portalwagen (*m.*). **24 ~ applicafondi di convertitore** (*metall.*), Konverterboden-Einsetzwagen (*m.*). **25 ~ armato** (*veic. milit.*), Tank (*m.*), Panzerwagen (*m.*), Kampfwagen (*m.*). **26 ~ armato anfibio** (*veic. milit.*), Schwimmkampfwagen (*m.*). **27 ~ armato leggero** (*veic. milit.*), Kleinkampfwagen (*m.*). **28 ~ a scaricamento centrale automatico** (*veic. ferr.*), Mittenselbstentlader (*m.*). **29 ~ a scaricamento dal fondo** (*veic. ferr.*), Bodenentleerer (*m.*). **30 ~ a scarico automatico** (carro autoscaricante, per minerale, ecc.) (*veic. ferr.*), Selbstentlader (*m.*), Selbstentladewagen (*m.*). **31 ~ a scarico laterale** (veicolo a scarico laterale) (*veic. ferr. - min.*), Seitenentleerer (*m.*). **32 ~ a tramoggia** (*veic. ferr.*), Trichterwagen (*m.*). **33 ~ attrezzi** (*aut.*), Hilfswagen (*m.*), Reparaturwagen (*m.*), Abrüstwagen (*m.*), Abschleppwagen (*m.*), Dienstwagen (*m.*). **34 ~ attrezzi** (con gru) (*aut.*), Kranwagen (*m.*), Abschleppkran (*m.*), Unfallkran (*m.*), Bergungskran (*m.*). **35 ~ autoscaricante** (carro a scarico automatico) (*ferr.*), Selbstentlader (*m.*), Selbstentladewagen (*m.*). **36 37 ~ bobina** (carro portacavi, carrello portacavi) (*elett. - veic.*), Kabelwagen (*m.*). **38 ~ canguro** (*veic. ferr.*), Huckepackwagen (*m.*). **39 ~ chiuso** (*veic. ferr.*), gedeckter Wagen, G-Wagen (*m.*), Kastenwagen (*m.*). **40 ~ chiuso rovesciabile** (*veic. ferr.*), Kastenkipper (*m.*), Kastenkippwagen (*m.*). **41 ~ cisterna** (carrobotte) (*veic. ferr.*), Kesselwagen (*m.*). **42 ~ cisterna per gas liquefatti** (*veic. ferr.*), Druckgaskesselwagen (*m.*). **43 ~ con elevatore-scaricatore** (*veic. ferr.*), Hubkipper (*m.*). **44 ~ con fondo apribile** (*veic. ferr.*), Sattelwagen (*m.*). **45 ~ con fondo apribile** (a cerniera) (*veic. ferr.*), Klappkübelwagen (*m.*). **46 ~ con freno** (*veic. ferr.*), Bremswagen (*m.*). **47 ~ con scaricamento automatico laterale** (*veic. ferr.*), Seitenselbstentlader (*m.*). **48 ~ di colata** (*fond. - metall.*), Giesswagen (*m.*). **49 ~ dinamometrico** (carrozza dinamometrica, per la misurazione delle forze di trazione ecc.) (*veic. ferr.*), Messwagen (*m.*). **50 ~ diserbatore** (*veic. ferr.*), Unkrautvertilgungswagen (*m.*). **51 ~ frigorifero** (*veic. ferr.*), Kühlwagen (*m.*), T-Wagen (*m.*). **52 ~ gru** (gru ferroviaria) (*veic. ferr.*), Kranwagen

carro

(*m.*). **53** ~ **gru** (carrello con gru) (*veic.*), Krankarren (*m.*). **54** ~ **gru per la posa di prefabbricati** (*veic. costr. ferr.*), Vorbaukranwagen (*m.*). **55** ~ **intermedio** (carro scudo) (*veic. ferr.*), Schutzwagen (*m.*). **56** ~ **isotermico** (*veic. ferr.*), Wärmeschutzwagen (*m.*). **57** ~ **-jumbo** (jumbo, carrello portaperforatrice) (*veic. - min.*), Bohrwagen (*m.*). **58** ~ **luce** (con gruppo elettrogeno) (*radio - telev.*), Lichtwagen (*m.*). **59** ~ **luce** (*veic. ferr.*), Beleuchtungswagen (*m.*). **60** ~ **merci** (*veic. ferr.*), Güterwagen (*m.*). **61** ~ **merci aperto** (*veic. ferr.*), offener Güterwagen, O-Wagen (*m.*). **62** ~ **merci chiuso** (*veic. ferr.*), gedeckter Güterwagen, geschlossener Güterwagen, G-Wagen (*m.*). **63** ~ **merci pericoloso** (da manovrare con cautela causa la natura del suo carico) (*veic. ferr.*), Vorsichtswagen (*m.*). **64** ~ **mobile** (per lo spostamento di grandi draghe a benna trainata) (*macch. mov. terra*), Schreitwerk (*n.*). **65** ~ **officina** (*veic. ferr.*), Werkstattwagen (*m.*). **66** ~ **officina** (autocarro) (*veic. aut.*), Werkstattwagen (*m.*). Reparaturwagen (*m.*). **67** ~ **per calce** (*veic. ferr.*), Kalkwagen (*m.*), K-Wagen (*m.*), Klappdeckelwagen (*m.*). **68** ~ **per casse mobili** (carro per container) (*veic. ferr.*), Behältertragewagen (*m.*), Container-Wagen (*m.*), BT-Wagen (*m.*). **69** ~ **per collettame a grande velocità** (*veic. trasp. ferr.*), Stückgutschnellverkehrswagen (*m.*). **70** ~ **per concime** (*veic. agric.*), Düngerwagen (*m.*), Mistwagen (*m.*), Dungwagen (*m.*). **71** ~ **per container** (*ferr.*), Behälter-Tragwagen (*m.*), BT-Wagen (*m.*), Container-Wagen (*m.*). **72** ~ **per gas compressi** (*veic. ferr.*), Druckgaskesselwagen (*m.*). **73** ~ **per la ghisa** (carro trasporto siviere, carro portasecchie; per l'invio della ghisa dell'altoforno all'acciaieria) (*metall.*), Roheisenwagen (*m.*). **74** ~ **per la posa del binario** (*veic. ferr.*), Gleisverlegewagen (*m.*). **75** ~ **per la ripassatura delle rotaie** (con mola, per eliminare le irregolarità della superficie di corsa) (*veic. ferr.*), Schienenschleifwagen (*m.*). **76** ~ **per lingotti** (*metall. - veic.*), Blockwagen (*m.*), Masselwagen (*m.*). **77** ~ **per materiale in polvere** (*veic. ferr.*), Staubbehälterwagen (*m.*). **78** ~ **per pollame** (*veic. ferr.*), Verschlagwagen (*m.*), V-Wagen (*m.*). **79** ~ **per secchione della loppa** (*metall.*), Schlackenpfannenwagen (*m.*). **80** ~ **per trasporto autovetture** (a due piani) (*veic. ferr.*), Autotransportwagen (*m.*). **81** ~ **per trasporto ballast** (*veic. ferr.*), Schotterwagen (*m.*). **82** ~ **per trasporto di carbone** (*veic. ferr.*), Kohlenwagen (*m.*). **83** ~ **per trasporto minerali** (*veic. ferr.*), Erztransportwagen (*m.*). **84** ~ **per trasporto rotaie** (*veic. ferr.*), Schienenwagen (*m.*). **85** ~ **per tronchi** (*veic. agric.*), Langholzwagen (*m.*). **86** ~ **per verifica stadere a ponte** (*veic. ferr.*), Eichwagen (*m.*). **87** ~ **piatto** (pianale) (*veic. ferr.*), Plattformwagen (*m.*), Schienenwagen (*m.*). Flachwagen (*m.*). **88** ~ **piatto con stanti** (pianale con stanti) (*veic. ferr.*), Rungenwagen (*m.*), R-Wagen (*m.*). **89** ~ **piatto con stanti in ferro** (pianale con stanti in ferro) (*veic. ferr.*), Schienenwagen mit Stahlrungen. **90** ~ **portacavi** (carrello portacavi, carro bobina) (*elett. - veic.*), Kabelwagen (*m.*). **91** ~ **portalingotti** (*metall.*), Blockwagen (*m.*), Masselwagen (*m.*). **92** ~ **portalingottiere** (*metall.*), Kokillenwagen (*m.*). **93** ~ **portasecchie** (carro per la ghisa, carro trasporto siviere; per l'invio della ghisa dall'altoforno all'acciaieria) (*metall.*), Roheisenwagen (*m.*). **94** ~ **posabinario** (carro per la posa del binario) (*veic. ferr.*), Gleisverlegewagen (*m.*). **95** ~ **provacavi** (*elett. - veic.*), Kabelmesswagen (*m.*). **96** ~ **riscaldatore** (*veic. ferr.*), Heizwagen (*m.*), Heizkesselwagen (*m.*). **97** ~ **rovesciabile** (*veic. ferr.*), Kippwagen (*m.*). **98** ~ **scorta** (« tender ») (*ferr.*), Schlepptender (*m.*), Tender (*m.*), Kohlenwagen (*m.*). **99** ~ **scuderia** (*veic. ferr.*), Stallungswagen (*m.*). **100** ~ **scudo** (carro intermedio) (*veic. ferr.*), Schutzwagen (*m.*). **101** ~ **senza sponde** (pianale) (*veic. ferr.*), Plattformwagen (*m.*), Flachwagen (*m.*). **102** ~ **siluro** (siluro, per trasportare la ghisa dall'altoforno all'acciaieria) (*metall.*), Roheisenmischwagen (*m.*), Torpedoroheisenwagen (*m.*). **103** ~ **trasporto siviere** (carro per la ghisa, carro porta-secchie; per l'invio ddlla ghisa dall'altoforno all'acciaieria) (*metall.*), Roheisenwagen (*m.*). **104** a ~ **completo** (spedizione) (*trasp. - ferr.*), wagenweiser.

carro-abitazione (carrozzone, « carovana ») (*veic.*), Wohnwagen (*m.*).

carro-attrezzi (*aut.*), Dienstwagen (*m.*), Abschleppwagen (*m.*), Reparaturwagen (*m.*), Hilfswagen (*m.*).

carrobotte (carro cisterna) (*veic. ferr.*), Kesselwagen (*m.*).

carroponte (gru a carroponte) (*macch. ind.*), Laufkran (*m.*).

carro-scorta (« tender ») (*ferr.*), Tender (*m.*), Schlepptender (*m.*), Kohlenwagen (*m.*).

carrozza (vettura) (*veic. ferr.*), Personenwagen (*m.*), Wagen (*m.*). **2** ~ (trainata da cavalli) (*veic.*), Wagen (*m.*). **3** ~ (*veic.*), *vedi anche* vettura. **4** ~ **a carrelli** (vettura a carrelli) (*veic. ferr.*), Drehgestellwagen (*m.*). **5** ~ **a corridoio centrale** (*veic. ferr.*), Mitteldurchgangswagen (*m.*). **6** ~ **a corridoio laterale** (*veic. ferr.*), Seitengangswagen (*m.*). **7** ~ **a cuccette** (*veic. ferr.*), Liegewagen (*m.*). **8** ~ **a due piani** (vettura a due piani) (*veic. ferr.*), Doppelstockpersonenwagen (*m.*), Doppelstockwagen (*m.*). **9** ~ **ad un solo posto di manovra** (motrice tramviaria p. es.) (*veic.*), Einrichtungsfahrzeug (*n.*). **10** ~ **a letti** (*veic. ferr.*), Schlafwagen (*m.*). **11** ~ **a piattaforma esterna** (*veic. ferr.*), Aussenplatformwagen (*m.*). **12** ~ **a scompartimenti** (vettura a scompartimenti) (*veic. ferr.*), Abteilwagen (*m.*). **13** ~ **belvedere** (*veic. ferr.*), Aussichtwagen (*m.*). **14** ~ **cellulare** (*veic. ferr.*), Gefängniswagen (*m.*). **15** ~ **-cinema** (*veic. ferr.*), Filmvorführwagen (*m.*). **16** ~ **con corridoio** (*veic. ferr.*), Durchgangswagen (*m.*). **17** ~ **con mantice d'intercomunicazione** (*veic. ferr.*), D-Zugwagen (*m.*). **18** ~ **controllo linea** (*veic. ferr.*), Gleisprüfwagen (*m.*), Oberbaumesswagen (*m.*). **19** ~ **dinamometrica** (carro dinamometrico, per misurare la forza di trazione ecc.) (*veic. ferr.*), Messwagen (*m.*). **20** ~ **diretta** (vettura diretta) (*ferr. - trasp.*), durchgehender Wagen, direkter Wagen. **21**

~ **intercomunicante** (*veic. ferr.*), D-Zugwagen (*m.*). **22** ~ **letti** (vagone letto) (*veic. ferr.*), Schlafwagen (*m.*). **23** ~ **motrice articolata** (veic. tranviario, con tre carrelli) (*veic. elett.*), Gelenktriebwagen (*m.*). **24** ~ **oscillografica** (*veic. ferr.*), Oszillographenwagen (*m.*). **25** ~ **passeggeri** (*veic. ferr.*), Personenwagen (*m.*), Sitzwagen (*m.*). **26** ~ **postale** (*veic. ferr.*), Postwagen (*m.*). **27** ~ **rimorchiata** (rimorchiata) (*veic. ferr.*), Schienenbusanhänger (*m.*), Beiwagen (*m.*). **28** ~ **ristorante** (vagone ristorante) (*veic. ferr.*), Speisewagen (*m.*), Küchenwagen (*m.*). **29** ~ **salone** (vettura salone) (*veic. ferr.*), Salonwagen (*m.*). **30** ~ **speciale** (vettura speciale) (*veic. ferr.*), Sonderwagen (*m.*). **31** ~ **tranviaria** (vettura tranviaria, tram) (*veic.*), Strassenbahnwagen (*m.*). **32** ~ **tranviaria rimorchiata** (rimorchio) (*veic.*), Strassenbahnbeiwagen (*m.*), Strassenbahnanhänger (*m.*), Strassenbahnanhängerwagen (*m.*), Beiwagen (*m.*).

carrozzabile (*strad.*), fahrbar, befahrbar.

carrozza-cinema (*veic. ferr.*), Filmvorführwagen (*n.*).

carrozzato (*aut.*), karossiert.

carrozzeria (scocca) (*aut.*), Karosserie (*f.*), Wagenaufbau (*m.*), Aufbau (*m.*). **2** ~ (carrozziere, fabbrica di carrozzerie) (*aut.*), Karosseriefabrik (*f.*), Karosseriewerkstatt (*f.*). **3** ~ **aerodinamica** (*aut.*), Stromlinienaufbau (*m.*). **4** ~ **aperta** (*aut.*), offene Karosserie. **5** ~ **aperta senza porte** (carrozzeria con sedili a «baquet») (*aut.*), Kübelsitzeraufbau (*m.*). **6** ~ **a quattro porte** (*aut.*), viertürige Karosserie. **7** ~ **a struttura portante** (monoscocca, carrozzeria portante) (*aut.*), selbsttragende Karosserie. **8** ~ **autorizzata** (carrozziere autorizzato, per la riparazione dei veicoli di una data casa) (*aut.*), Vertragskarosseriewerkstatt (*f.*). **9** ~ **berlina** (*aut.*), Limousinenkarosserie (*f.*). **10** ~ **con cella frigorifera** (*veic.*), Kühlaufbau (*m.*). **11** ~ **con coda a sbalzo** (*aut.*), Pontonkarosserie (*f.*), Stufenheck-Karosserie (*f.*). **12** ~ **con coda non a sbalzo** (*aut.*), Vollheck-Karosserie (*f.*). **13** ~ **con sedili a «baquet»** (*aut.*), Kübelsitzaufbau (*m.*). **14** ~ **con tetto scorrevole** (*aut.*), Karosserie mit Schiebedach. **15** ~ **«fastback»** (*aut.*), Fliessheck-Karosserie (*f.*), Fastback-Karosserie (*f.*). **16** ~ **fuori serie** (*aut.*), Sonderaufbau (*m.*). **17** ~ **«in bianco»** (carrozzeria non verniciata, scocca non verniciata, scocca «in bianco») (*aut.*), Rohkarosse (*f.*). **18** ~ **in plastica** (*aut.*), Kunststoffkarosserie (*f.*), Aufbau aus Plastwerkstoff. **19** ~ **(in) tutto acciaio** (*aut.*), Ganzstahlkarosserie (*f.*). **20** ~ **non verniciata** (carrozzeria «in bianco», scocca non verniciata, scocca «in bianco») (*aut.*), Rohkarosse (*f.*). **21** ~ **per trasporto di prodotti congelati** (*veic.*), Tiefkühlaufbau (*m.*). **22** ~ **portante** (carrozzeria a struttura portante, monoscocca) (*aut.*), selbsttragende Karosserie. **23** ~ **semiportante** (con telaio imbullonato alla scocca) (*aut.*), mittragende Karosserie. **24 pavimento della** ~ (*aut.*), Aufbauboden (*m.*). **25 reparto** ~ (di una officina per riparazioni) (*aut. - ind.*), Spenglerei (*f.*).

carrozziere (carrozzeria, fabbrica di carrozzerie) (*aut.*), Karosseriefabrik (*f.*), Karossier (*m.*). **2** ~ (addetto a lavori di carrozzeria) (*lav.- aut.*), Karosserieflaschner (*m.*), Karossier (*m.*).

carrozzino («sidecar», di una motocicletta) (*veic.*), Seitenwagen (*m.*), Beiwagen (*m.*).

carrozzone (carro-abitazione, «carovana») (*veic.*), Wohnwagen (*m.*).

carrucola (disco girevole per trasmissione a fune o per argano p. es.) (*app. di sollev. - ecc.*), Scheibe (*f.*), Rolle (*f.*), Rillenscheibe (*f.*), Seilrolle (*f.*). **2** ~ **ad una gola** (*app. di sollev.*), Einrillenscheibe (*f.*). **3** ~ **di guida** (*funivia - ecc.*), Laufrolle (*f.*), Leitrolle (*f.*). **4** ~ **di deviazione** (di un ascensore) (*ed.*), Ablenkrolle (*f.*). **5** ~ **di rinvio** (d'un ascensore) (*ed.*), Umlenkrolle (*f.*). **6** ~ **folle** (*trasp. - ecc.*), Losscheibe (*f.*). **7** ~ **per paranco** (*app. di sollev.*), Flaschenzugrolle (*f.*).

carsismo (fenomeni carsici) (*geol.*), Karsterscheinungen (*f. pl.*), Verkarstung (*f.*).

carta (*mft. carta*), Papier (*n.*). **2** ~ (*geogr. - top. - nav.*), Karte (*f.*), Landkarte (*f.*). **3** ~ **abrasiva** (*tecnol. mecc. - ecc.*), Schleifpapier (*n.*), Schliffpapier (*n.*). **4** ~ **abrasiva** (carta smeriglio) (*tecnol. mecc. - ecc.*), Schmirgelpapier (*n.*). **5** ~ **abrasiva** (carta vetrata) (*tecnol. mecc. - ecc.*), Glaspapier (*n.*), Sandpapier (*n.*). **6** ~ **abrasiva a secco** (*tecnol. mecc. - ecc.*), Trockenschliffpapier (*n.*). **7** ~ **a contatto** (per fotografia) (*fot.*), Kontaktpapier (*n.*). **8** ~ **a curve di livello** (piano a curve di livello) (*geogr. - top.*), Höhenlinienkarte (*f.*), Höhenkurvenkarte (*f.*), Höhenschichtenkarte (*f.*), Höhenlinienplan (*m.*). **9** ~ **ad immagine latente** (carta al bromuro, carta a sviluppo) (*fot.*), Bromsilberpapier (*n.*). **10** ~ **aeronautica** (*aer.*), Flugstreckenkarte (*f.*), Fliegerkarte (*f.*). **11** ~ **al bromuro** (carta a sviluppo, carta ad immagine latente) (*fot.*), Bromsilberpapier (*n.*). **12** ~ **alla curcuma** (*chim.*), Kurkumapapier (*n.*). **13** ~ **al pigmento** (*mft. carta*), Pigmentpapier (*n.*). **14** ~ **al tino** (carta a mano) (*mft. carta*), Büttenpapier (*n.*). **15** ~ **a macchina** (*mft. carta*), Maschinenpapier (*n.*). **16** ~ **a mano** (*mft. carta*), Büttenpapier (*n.*), handgeschöpftes Papier, Schöpfpapier (*n.*). **17** ~ **antiadesiva** (*ind. carta*), Abhäsivpapier (*n.*), Trennpapier (*n.*). **18** ~ **antiruggine** (*tecnol.*), Rostschutzpapier (*n.*). **19** ~ **antitarme** (*ind. carta*), Mottenpapier (*n.*). **20** ~ **asciugante** (carta assorbente) (*uff. - mft. carta*), Löschpapier (*n.*), Löschblatt (*n.*), Saugpapier (*n.*). **21** ~ **assorbente** (carta asciugante) (*uff. - mft. carta*), Löschpapier (*n.*), Löschblatt (*n.*), Saugpapier (*n.*). **22** ~ **a sviluppo** (carta al bromuro, carta ad immagine latente) (*fot.*), Bromsilberpapier (*n.*). **23** ~ **autoadesiva** (*uff. - ecc.*), Selbstklebpapier (*n.*), selbstklebendes Papier. **24** ~ **autocopiativa** (*ind. carta*), Selbstdurchschreibpapier (*n.*). **25** ~ **automobilistica** (*aut.*), Automobilkarte (*f.*). **26** ~ **bachelizzata** (stratificato di carta e resina, laminato di carta e resina) (*tecnol.*), Hartpapier (*n.*). **27** ~ **baritata** (*tip. - mft. carta*), Barytpapier (*n.*). **28** ~ **barometrica** (*meteor. - ecc.*), Luftdruckkarte (*f.*) **29** ~ **batimetrica** (*geofis.*), Tiefenkarte (*f.*).

carta

30 ~ **batista** (carta telata) (*ind. carta*), Batistpapier (*n.*). 31 ~ **bibbia** (*mft. carta*), Bibeldruckpapier (*n.*). 32 ~ **bitumata** (*ed.*), Bitumenpapier (*n.*). 33 ~ **bulinata** (*mft. carta*), Kugelpapier (*n.*). 34 ~ **calandrata** (carta lucidata) (*mft. carta*), hochsatiniertes Papier, scharfsatiniertes Papier. 35 ~ **carbone** (carta da ricalco, carta copiativa) (*uff.*), Kohlepapier (*n.*), Durchschreibpapier (*n.*), Carbonpapier (*n.*), Durchschlagpapier (*n.*). 36 ~ **catramata** (*ed. - mft. carta*), Teerpapier (*n.*). 37 ~ **cercapoli** (*elett.*), Polreagenspapier (*n.*). 38 ~ **cianografica** (carta per copie cianografiche) (*dis. - ecc.*), Negativ-Wasserbad-Blaupauspapier (*n.*). 39 ~ **circolare** (per registratori) (*strum.*), Kreisblatt (*n.*). 40 ~ **colorata** (*ind. carta*), Buntpapier (*n.*). 41 ~ **con colla** (*ind. carta*), geleimtes Papier. 42 ~ **con reticolo** (*top. - ecc.*), Quadratkarte (*f.*). 43 ~ **copiativa** (carta carbone) (*uff.*), Durchschlagpapier (*n.*), Durchschreibpapier (*n.*), Kohlepapier (*n.*), Carbonpapier (*n.*). 44 ~ **crespata** (*mft. carta*), Krepp-Papier (*n.*). 45 ~ **cromo** (*ind. carta*), Chrompapier (*n.*). 46 ~ **cruda** (carta greggia) (*mft. carta*), Rohpapier (*n.*). 47 ~ **curcuma** (*ind. carta*), Curcumpapier (*n.*). 48 ~ **da disegno** (*dis. - mft. carta*), Zeichenpapier (*n.*). 49 ~ **da filare** (*ind. carta*), Spinnpapier (*n.*). 50 ~ **da filtro** (*chim. - mft. carta*), Filtrierpapier (*n.*). 51 ~ **da giornali** (*mft. carta - giorn.*), Zeitungsdruckpapier (*n.*). 52 ~ **da imballo** (*mft. carta*), Einwickelpapier (*n.*). 53 ~ **da lettera** (*uff. - mft. carta*), Briefpapier (*n.*), Schreibpapier (*n.*). 54 ~ **da lucidi** (carta per lucidi) (*dis. - mft. carta*), Durchzeichenpapier (*n.*), Transparentpapier (*n.*). 55 ~ **da macchina per scrivere** (*mft. carta - uff.*), Schreibmaschinenpapier (*n.*). 56 ~ **da minuta** (*mft. carta - uff.*), Konzeptpapier (*n.*). 57 ~ **da pacchi** (*mft. carta*), Packpapier (*n.*). 58 ~ **da parati** (*ed. - mft. carta*), Tapete (*f.*). 59 ~ **da parati lavabile** (tappezzeria lavabile) (*mft. carta - ed.*), abwaschbare Tapete. 60 ~ **da patinare** (*ind. carta*), Streichpapier (*n.*). 61 ~ **da prova** (carta reagente) (*chim.*), Reagenzpapier (*n.*), Indikatorpapier (*n.*). 62 ~ **da ricalco** (carta carbone) (*uff.*), Kohlepapier (*n.*), Durchschreibpapier (*n.*), Durchschlagpapier (*n.*). 63 ~ **da scrivere** (*mft. carta*), Schreibpapier (*n.*). 64 ~ **da sigarette** (*mft. carta*), Zigarettenpapier (*n.*). 65 ~ **da stampa** (*mft. carta - tip.*), Druckpapier (*n.*). 66 ~ **da stampa litografica** (*mft. carta*), Steindruckpapier (*n.*). 67 ~ **da stampa senza pasta di legno** (*mft. carta*), holzfreies Druckpapier. 68 ~ **da stampa sottile** (carta India) (*mft. carta*), Dünndruckpapier (*n.*). 69 ~ **di amianto** (*mft. carta*), Asbestpapier (*n.*). 70 ~ **di circolazione** (*aut.*), Kraftfahrzeugschein (*m.*). 71 ~ **di controllo** (nel controllo della qualità) (*tecnol. mecc.*), Kontrollkarte (*f.*). 72 ~ **d'identità** (*leg.*), Ausweiskarte (*f.*), Identitätskarte (*f.*). 73 ~ **di legno** (carta di pasta di legno) (*mft. carta*), Holzpapier (*n.*). 74 ~ **di paglia** (*mft.*) *carta*), Strohpapier (*n.*). 75 ~ **di pasta di legno** (carta di legno) (*mft. carta*), Holzpapier (*n.*). 76 ~ **di riso** (*mft. carta*), Reispapier (*n.*). 77 ~ **di stracci** (*mft. carta*), Hadernpapier (*n.*). 78 ~ **di stracci di lino** (*mft. carta*), Leinenpapier (*n.*). 79 ~ **di terza scelta** (*mft. carta*), Ausschusspapier (*n.*). 80 ~ **di tornasole** (*chim.*), Reagenzpapier (*n.*). 81 ~ **eliografica** (per diazotipia p. es.) (*dis. - ecc.*), Lichtpauspapier (*n.*). 82 ~ **fantasia** (*mft. carta*), Phantasiepapier (*n.*). 83 ~ **feltro** (*mft. carta*), Filzpapier (*n.*). 84 ~ **filigranata** (*mft. carta*), Wasserzeichenpapier (*n.*). 85 ~ **filtro** (carta da filtro) (*chim.*), Filterpapier (*n.*). 86 ~ **fotografica** (*fot. - mft. carta*), Photopapier (*n.*). 87 ~ **geografica** (*geogr.*), Erdkarte (*f.*), geographische Karte. 88 ~ **gommata** (*ind.*), gummiertes Papier. 89 ~ **greggia** (carta cruda) (*mft. carta*), Rohpapier (*n.*). 90 ~ **greggia eliografica** (*mft. carta*), Lichtpausrohpapier (*n.*). 91 ~ **greggia per fotografia** (*fot.*), Fotorohpapier (*n.*). 92 ~ **igienica** (*ind. carta*), Toilettenpapier (*n.*). 93 ~ **imbevuta** (carta impregnata) (*mft. carta*), imprägniertes Papier. 94 ~ **imitazione cuoio** (*mft. carta*), Lederpapier (*n.*). 95 ~ **impermeabile ai grassi** (carta oleata) (*mft. carta*), fettdichtes Papier. 96 ~ **impregnata** (carta imbevuta) (*mft. carta*), imprägniertes Papier. 97 ~ **impregnata** (per isolamento p. es.) (*elett.*), Masse-Papier (*n.*). 98 ~ **impregnata d'olio** (per isolamento elettrico) (*elett.*), Ölpapier (*n.*). 99 ~ **in bobine** (*mft. carta - tip.*), Rollenpapier (*n.*). 100 ~ **India** (carta da stampa sottile) (*mft. carta - tip.*), Dünndruckpapier (*n.*). 101 ~ **in rilievo** (carta rilievografica) (*geogr.*), Reliefkarte (*f.*). 102 ~ **isobarica** (carta barometrica) (*meteor. - ecc.*), Luftdruckkarte (*f.*). 103 ~ **isolante** (*mft. carta*), Isolierpapier (*n.*). 104 ~ «**Kraft**» (*mft. carta*), Kraftpapier (*n.*). 105 ~ **lana** (*ind. carta*), Wollfilzpapier (*n.*). 106 ~ **liscia di macchina** (carta liscio-macchina) (*mft. carta*), maschinenglattes Papier. 107 ~ **lisciata** (carta satinata) (*mft. carta*), Glanzpapier (*n.*). 108 ~ **lisciata a umido** (*mft. carta*), feuchtgeglättetes Papier. 109 ~ **liscio-macchina** (carta liscia di macchina) (*mft. carta*), maschinenglattes Papier. 110 ~ **logaritmica** (*mat.*), Logarithmenpapier (*n.*). 111 ~ **lucidata** (carta calandrata) (*mft. carta*), hochsatiniertes Papier, scharfsatiniertes Papier. 112 ~ **marmorizzata** (*mft. carta*), Marmorpapier (*n.*). 113 ~ **metallizzata** (*mft. carta*) Metallpapier (*n.*). 114 ~ **meteorologica** (*meteor.*), Wetterkarte (*f.*). 115 ~ **meteorologica sinottica** (*meteor.*), synoptische Wetterkarte. 116 ~ **millimetrata** (*dis. - mft. carta*), Millimeterpapier (*n.*). 117 ~ **moneta** (carta per banconote, carta per biglietti di banca) (*mft. carta*), Banknotenpapier (*n.*), Notenpapier (*n.*). 118 ~ **nautica** (*nav.*), Seekarte (*f.*). 119 ~ **non collata** (*ind. carta*), Wasserpapier (*n.*). 120 ~ **non lisciata** (carta non calandrata) (*mft. carta*), ungeglättetes Papier. 121 ~ **oleata** (*mft. carta*), Fettpapier (*n.*), Ölpapier (*n.*). 122 ~ **ondulata** (*mft. carta*), Wellpapier (*n.*). 123 ~ **ozalid** (carta riproducibile) (*dis. - ecc.*), Ozalidpapier (*n.*). 124 ~ **paraffinata** (*mft. carta*), Paraffinpapier (*n.*), paraffiniertes Papier, Wachspapier (*n.*). 125 ~ **patinata** (da stampa) (*mft. carta*), Kunstdruckpapier (*n.*). 126 ~ **pelle d'aglio** (*ind. carta*), Zwiebelhaut-

papier (*n.*), Seidenglanzpapier (*n.*). **127 ~ per banconote** (carta moneta, carta per biglietti di banca) (*mft. carta*), Banknotenpapier (*n.*), Notenpapier (*n.*). **128 ~ per biglietti di banca** (carta per banconote, carta moneta) (*mft. carta*), Banknotenpapier (*n.*), Notenpapier (*n.*). **129 ~ per bozze** (*tip.*), Abziehpapier (*n.*). **130 ~ per calcografia** (*tip. - mft. carta*), Kupferdruckpapier (*n.*). **131 ~ per carte abrasive** (carta per supporto abrasivi) (*mft. carta*), Schleifmittelpapier (*n.*). **132 ~ per cartografia** (*mft. carta*), Landkartenpapier (*n.*). **133 ~ per copie** (di disegni, carta non trasparente, sensibile alla luce) (*dis. - mft. carta*), Pauspapier (*n.*), Lichtpauspapier (*n.*). **134 ~ per copie cianografiche** (carta cianografica) (*dis.*), Eisenblaupapier (*n.*), Negativ-Wasserbad-Blaupauspapier (*n.*). **135 ~ per copie riproducibili** (carta trasparente, per originali) (*dis. - mft. carta*), abziehbares Papier, Transparentpapier (*n.*), durchscheinendes Papier. **136 ~ per diagrammi** (di strumenti registratori) (*strum.*), Registrierpapier (*n.*). **137 ~ per disegni riproducibili** (carta da lucidi) (*dis.*), Transparentpapier (*n.*), Durchzeichenpapier (*n.*). **138 ~ per disegno prospettico** (*dis.*), Schrägbildpapier (*n.*). **139 ~ per duplicatori** (*mft. carta*), Abzgupapier (*n.*). **140 ~ pergamena** (carta pergamenata, pergamena vegetale, pergamina) (*mft. carta*), Pergamentpapier (*n.*). **141 ~ pergamina** (glassina) (*mft. carta*), Kristallpapier (*n.*). **142 ~ per giornali** (*mft. carta - giorn.*), Zeitungsdruckpapier (*n.*). **143 ~ per lucidi** (carta da lucidi) (*dis.*), Druchzeichenpapier (*n.*), Transparentpapier (*n.*). **144 ~ per macchina da scrivere** (*mft. carta - uff.*), Schreibmaschinenpapier (*n.*). **145 ~ per manifesti** (*comm. - ecc.*), Anschlagpapier (*n.*). **146 ~ per posta aerea** (*mft. carta*), Luftpostpapier (*n.*). **147 ~ per riproduzioni sensibile alla luce** (carta per riproduzioni a trasparenza) (*mft. carta - dis. - ecc.*), Lichtpauspapier (*n.*). **148 ~ per rotocalco** (*mft. carta*), Tiefdruckpapier (*n.*). **149 ~ per sacchetti** (*mft. carta*), Tütenpapier (*n.*). **150 ~ per stampa offset** (*mft. carta*), Offsetdruckpapier (*n.*). **151 ~ per titoli** (carta valori, per banconote, ecc.) (*ind. carta*), Wertzeichenpapier (*n.*), Sicherheitspapier (*n.*). **152 ~ per tovagliolini** (*ind. carta*), Serviettenpapier (*n.*). **153 ~ per tubetti** (*ind. tess.*), Hülsenpapier (*n.*). **154 ~ pizzo** (*ind. carta - imball.*), Spitzenpapier (*n.*). **155 ~ pluviometrica** (*geogr.*), Regenkarte (*f.*). **156 ~ protocollo** (*mft. carta*), Protokollbogen (*m.*). **157 ~ quadrettata** (*uff. - mft. carta*), kariertes Papier. **158 ~ reagente** (carta da prova) (*chim.*), Reagenzpapier (*n.*), Indikatorpapier (*n.*), Probierpapier (*n.*). **159 ~ reattiva** (*chim.*), Reagenzpapier (*n.*), Indikatorpapier (*n.*), Probierpapier (*n.*). **160 ~ rigata** (*ind.*), liniertes Papier. **161 ~ rilievografica** (carta in rilievo) (*geogr.*), Reliefkarte (*f.*). **162 ~ rosso congo** (per determinare la stabilità termica di polimerizzati) (*tecnol.*), Kongorotpapier (*n.*). **163 ~ satinata** (*mft. carta*), satiniertes Papier, Satinpapier (*n.*). **164 ~ sensibile** (carta per copie, con strato sensibile alla luce) (*dis. - mft. carta*), Pauspapier (*n.*), Lichtpauspapier (*n.*). **165 ~ senza colla** (*ind. carta*), ungeleimtes Papier. **166 ~ seta** (*mft. carta*), Seidenpapier (*n.*). **167 ~ smeriglio** (carta abrasiva) (*tecnol. mecc. - ecc.*), Schmirgelpapier (*n.*). **168 ~ straccia** (cartaccia) (*ind.*), Papierabfall (*m.*), Abfallpapier (*n.*), Altpapier (*n.*). **169 ~ stradale** (*aut.*), Strassenkarte (*f.*). **170 ~ stratigrafica** (*geol.*), stratigraphische Karte. **171 ~ tecnica** (carta quadrettata, per disegni di armatura) (*ind. tess.*), Patronenpapier (*n.*), Musterpapier (*n.*), Tupfpapier (*n.*), Linienpapier (*n.*). **172 ~ tela** (carta telata) (*mft. carta*), textilverstärktes Papier. **173 ~ telata** (carta tela) (*mft. carta*), textilverstärktes Papier. **174 ~ telata** (carta batista) (*ind. carta*), Batistpapier (*n.*). **175 ~ termocollante** (*mft. carta*), warmklebendes Papier. **176 ~ topografica** (*top.*), topographische Karte. **177 ~ uso cromo** (*ind. carta*), Chromersatzpapier (*n.*). **178 ~ valori** (*mft. carta*), vedi carta per titoli. **179 ~ velina** (*mft. carta*), Seidenpapier (*n.*). **180 ~ vellutata** (*ind. carta*), Velourpapier (*n.*), Samtpapier (*n.*). **181 ~ vergata** (*mft. carta - uff.*), geripptes Papier, Papier mit Wasserlinien. **182 ~ vetrata** (carta abrasiva) (*tecnol.*), Glaspapier (*n.*), Sandpapier (*n.*). **183 avanzamento della ~** (in strumenti registratori p. es.) (*strum.*), Papiervorschub (*m.*). **184 bobina di ~** (*mft. carta*), Papierrolle (*f.*). **185 costruzione delle carte** (*geogr. - ecc.*), Kartierung (*f.*), Planzeichnen (*n.*). **186 filtro a ~** (*chim.*), Papierfilter (*m.*). **187 isolamento in ~** (*elett.*), Papierisolation (*f.*). **188 mess'in ~** (*ind. tess.*), Patronieren (*n.*). **189 nastro di ~** (*mft. carta*), Papierbahn (*f.*), Papierband (*n.*). **190 sacchetto di ~** (*ind. carta*), Papierbeutel (*m.*). **191 taglierina per ~** (tagliacarta) (*macch.*), Papierschneidmaschine (*f.*).

cartaccia (carta straccia) (*ind.*), Abfallpapier (*n.*), Papierabfall (*m.*), Altpapier (*n.*). **2 pasta di ~** (*ind. carta*), Altpapierstoff (*n.*).

cartaio (fabbricante di carta) (*ind.*), Papierhersteller (*m.*). **2 ~ a mano** (*lav. ind. carta*), Schöpfer (*m.*).

cartapesta (*ind.*), Papiermaché (*n.*).

carteggiare (il legno) (*lav. del legno*), schleifen, schmirgeln. **2 ~** (*vn.*), absanden, schleifen. **3 ~ eccessivamente** (sì da scoprire una zona stuccata p. es.) (*vn.*), durchschleifen.

carteggiato (carrozzeria p. es.) (*vn.*), geschliffen. **2 ~** (passato con smeriglio) (*mecc.*), abgeschmirgelt. **3 ~ a umido** (*vn.*), nassgeschliffen.

carteggiatrice (smerigliatrice) (*macch. lav. legno*), Schleifmaschine (*f.*).

carteggiatura (del legno) (*lav. del legno*), Schleifen (*n.*). **2 ~** (*vn.*), Absanden (*n.*), Schleifen (*n.*). **3 ~ a secco** (pulimento a secco, del legno) (*lav. legno*), Trockenschliff (*m.*). **4 scoperto dalla ~** (punto, di una carrozzeria stuccata p. es.) (*vn.*), durchgeschliffen.

cartella (bava interna, di un fucinato) (*fucinatura*), Spiegel (*m.*), Innengrat (*m.*). **2 ~** (d'un circuito stampato) (*elettronica*), Trägerplatte (*f.*), Platte (*f.*). **3 ~** (piastra di mat. plast. supporto di componenti elettronici, da inserire in programmatori di macch. p. es.)

cartellino

(*autom.*), Karte (*f.*). 4 ~ (per tenervi fogli sciolti p. es.) (*top. - ed.*), Mappe (*f.*). 5 ~ **amplificatori** (cartella porta-amplificatori) (*autom.*), Verstärkerkarte (*f.*). 6 ~ **per circuito stampato** (*elett.*), Leiterplatte (*f.*). 7 ~ **per disegni** (*dis.*), Zeichenmappe (*f.*).

cartellino (cartolina di presenza, per orologio marcatempo) (*lav.*), Stechkarte (*f.*). 2 ~ (di contrassegno) (*gen.*), Anschlagzettel (*m.*). 3 ~ (avvisatore di chiamata a cartellino) (*telef.*), Klappe (*f.*), Meldeplättchen (*n.*). 4 ~ **a caduta** (*telef.*), Fallklappe (*f.*). 5 ~ **con occhiello** (*imball. - ecc.*), Anbindeetikett (*n.*). 6 ~ **di collocamento** (sul dorso del libro, contrassegno di biblioteca) (*tip.*) Signatur (*f.*). 7 ~ **indicatore per linea interurbana** (*telef.*), Fernklappe (*f.*). 8 relè con ~ **a caduta** (*telef.*), Fallklappenrelais (*n.*).

cartello (cartellone, pubblicitario p. es.) (*comm.*), Plakat (*n.*). 2 ~ (di segnalazione) (*traff. strad. - ecc.*), Schild (*n.*), Tafel (*f.*). 3 ~ (unione di imprese) (*finanz.*), Kartell (*n.*). 4 ~ (di contrassegno) (*gen.*), Anschlagzettel (*m.*). 5 ~ **bancario** (*finanz.*), Bankenkartell (*m.*). 6 ~ **complementare** (segnale complementare) (*traff. strad.*), Zusatzschild (*n.*). 7 ~ **di divieto** (segnale di divieto) (*traff. strad.*), Verbotschild (*n.*). 8 ~ **di divieto di sosta** (cartello di sosta vietata) (*traff. strad.*), Parkverbottafel (*f.*), Parkverbotschild (*n.*). 9 ~ **di obbligo** (segnale di obbligo) (*traff. strad.*), Gebotschild (*n.*). 10 ~ **di pericolo** (segnale di pericolo) (*traff. strad.*), Warnschild (*n.*). 11 ~ **di segnalazione** (segnale del traffico) (*traff. strad.*), Verkehrssignal (*n.*). 12 ~ **di sosta vietata** (cartello di divieto di sosta) (*traff. strad.*), Parkverbottafel (*f.*), Parkverbotschild (*n.*). 13 ~ **indicatore stradale** (*traff. strad.*), Strassenschild (*n.*). 14 ~ **pubblicitario** (cartellone pubblicitario) (*comm.*), Werbeplakat (*n.*), Reklameplakat (*n.*). 15 **dissoluzione di cartelli** (decartellizzazione) (*finanz.*), Dekartellisierung (*f.*).

cartellone (cartello, pubblicitario) (*comm.*), Plakat (*n.*).

carter (*mecc.*), Gehäuse (*n.*), Kasten (*m.*). 2 ~ (basamento, incastellatura, di mot. a c. i.) (*mot.*), Kurbelgehäuse (*n.*). 3 ~ **della catena** (copricatena) (*aut. - mecc.*), Kettenkasten (*m.*).

cartiera (*ind.*), Papierfabrik (*f.*).

cartina (geografica p. es.) (*geogr. - ecc.*), Karte (*f.*). 2 ~ (*chim.*), Papier (*n.*). 3 ~ **al tornasole** (cartina indicatrice di pH) (*chim.*), Lackmuspapier (*n.*). 4 ~ **indicatrice di pH** (cartina al tornasole) (*chim.*), pH-Papier (*n.*), Lackmuspapier (*n.*).

cartoccio (*arch.*), Kartusche (*f.*).

cartografia (*top. - geogr.*), Kartographie (*f.*).

cartografo (preparatore di carte geografiche) (*top.*), Kartograph (*m.*).

cartolina (postale) (*posta*), Karte (*f.*). 2 ~ (cartellino di presenza, per orologio marcatempo) (*lav.*), Stechkarte (*f.*). 3 ~ **illustrata** (*posta*), Bildpostkarte (*f.*), Ansichtspostkarte (*f.*). 4 ~ **postale** (*posta*), Postkarte (*f.*). 5 ~ **postale con risposta pagata** (*posta*), Postkarte mit Rückantwort, Antwortpostkarte (*f.*).

cartonaggi (*mft. carta*), Kartonagen (*f. pl.*). 2 **in cartonaggio** (incartonato) (*imball.*), kartonisiert.

cartoncino (*mft. carta*), Karton (*m.*). 2 ~ **Bristol** (*mft. carta*), Bristolkarton (*m.*). 3 ~ **kraft** (*mft. carta*), Kraftkarton (*m.*). 4 ~ **monolucido** (*ind. carta*), einseitig glatter Karton. 5 ~ **rigenerato** (*ind. carta*), Schrenzkarton (*m.*).

cartone (*mft. carta*), Pappe (*f.*). 2 ~ **accoppiato** (cartone incollato) (*mft. carta*), geklebte Pappe. 3 ~ **a mano** (*mft. carta*), Handpappe (*f.*). 4 ~ **animato** (disegno animato) (*cinem.*), Trickfilm (*m.*). 5 ~ **bitumato talcato** (per coperture) (*ed.*), talkumierte Bitumenpappe. 6 ~ **calibrato** (con spessore regolare) (*mft. carta*), kalibrierte Pappe. 7 ~ **catramato** (*mft. carta*), Teerpappe (*f.*), Bitumenpappe (*f.*). 8 ~ **catramato** (per coperture) (*ed.*), Dachpappe (*f.*). 9 ~ **con pasta di legno** (*mft. carta*), Maschinenholzpappe (*f.*). 10 ~ **di amianto** (*mft. carta*), Asbestpappe (*f.*). 11 ~ **di fibra** (*ed.*), Faserplatte (*f.*), Fasertafel (*f.*). 12 ~ **di paglia** (*mft. carta*), Strohpappe (*f.*). 13 ~ **feltro grezzo** (per tetti) (*ind. carta - ed.*), Rohfilzpappe (*f.*). 14 ~ **grigio** (*mft. carta*), Graupappe (*f.*). 15 ~ **incollato** (cartone accoppiato) (*mft. carta*), geklebte Pappe. 16 ~ **isolante** (*elett. - mft. carta*), Isolierpappe (*f.*). 17 ~ **kraft** (*mft. carta*), Kraftpappe (*f.*). 18 ~ **monolucido** (*mft. carta*), einseitig glatte Pappe. 19 ~ **multiplex** (*mft. carta*), Multiplex-Pappe (*f.*). 20 ~ **non ondulato** (*mft. carta*), Vollpappe (*f.*), massive Pappe. 21 ~ **ondulato** (*mft. carta*), Wellpappe (*f.*). 22 ~ **per coperture** (*ed. - mft. carta*), Dachpappe (*f.*). 23 ~ **per coperture** (con almeno il 15% di lana) (*ind. carta*), Wollpappe (*f.*). 24 ~ **per fiammiferi** (*mft. carta*), Streichholzpappe (*f.*). 25 ~ **per flani** (*tip. - mft. carta*), Matrizenpappe (*f.*). 26 ~ **per il disegno** (di tessuti operati) (*ind. tess.*), Musterkarte (*f.*). 27 ~ **per fustellatura** (inserito sotto il materiale da fustellare per proteggere il tagliente della fustella) (*tecnol. - carta*), Stanzpappe (*f.*). 28 ~ **per imbutitura** (*ind. carta*), Ziehpappe (*f.*). 29 **cartoni per macchine Jacquard** (*ind. tess.*), Jacquardkarten (*f. pl.*). 30 ~ **presspan** (*mft. carta*), Presspan (*m.*), Glanzpappe (*f.*). 31 ~ **uso cuoio** (*mft. carta*), Lederpappe (*f.*). 32 **disegnatore di cartoni animati** (*cinem.*), Trickzeichner (*m.*). 33 **macchina per la fabbricazione dei cartoni ondulati** (*macch. ind. carta*), Wellpappenmaschine (*f.*). 34 **scatola di** ~ (*ind.*), Karton (*m.*), Pappschachtel (*f.*).

cartonfeltro (*ed. - mft. carta*), Filzpappe (*f.*).

cartonista (disegnatore di cartoni animati) (*cinem.*), Trickzeichner (*m.*).

cartuccia (per arma da fuoco) (*espl.*), Patrone (*f.*), Kartusche (*f.*). 2 ~ (di un filtro) (*mot. - macch.*), Einsatz (*m.*). 3 ~ **da esercitazione** (*milit.*), Platzpatrone (*f.*), Übungspatrone (*f.*). 4 ~ **da mina** (tubo di esplosivo) (*espl. - min.*), Sprengpatrone (*f.*). 5 ~ **del filtro** (elemento del filtro, elemento filtrante) (*mot. - ecc.*), Filtereinsatz (*m.*). 6 ~ **filtrante**

(elemento filtrante) (*mot. - ecc.*), Filtereinsatz (*m.*). 7 ~ **fumogena** (*milit.*), Rauchpatrone (*f.*). 8 ~ **per avviamento** (di un avviatore a cartuccia) (*mot.*), Anlasspatrone (*f.*). 9 ~ **per posta pneumatica** (astuccio per posta pneumatica) (*posta*), Rohrpostbüchse (*f.*).

casa (*gen.*), Haus (*n.*). 2 ~ (edificio, fabbricato) (*ed.*), Haus (*n.*), Gebäude (*n.*). 3 ~ (ditta) (*comm.*), Haus (*n.*), Unternehmung (*f.*). 4 ~ **a ballatoi** (*ed.*), Laubenganghaus (*m.*). 5 ~ **ad un piano con veranda** (« bungalow ») (*ed.*), Bungalow (*m.*). 6 ~ **cantoniera** (*ferr. - ed.*), Bahnwächterbude (*f.*), Bahnwärterhäuschen (*n.*). 7 ~ **colonica** (*agric. - ed.*), Bauernhof (*m.*), Bauerngehöft (*n.*). 8 ~ **commerciale** (*comm.*), Handelshaus (*n.*). 9 ~ **d'abitazione** (*ed.*), Wohnhaus (*n.*). 10 ~ **d'affitto** (*ed. - comm.*), Mietshaus (*n.*). 11 ~ **di convalescenza** (convalescenziario) (*ed. - med.*), Genesungsheim (*m.*). 12 ~ **di correzione** (riformatorio) (*leg.*), Besserungsanstalt (*f.*). 13 ~ **di pena** (penitenziario) (*ed. - leg.*), Strafanstalt (*f.*). 14 ~ **di riposo** (*ed.-lav.*), Versorgungshaus (*n.*), Erhohlungsheim (*n.*), 15 ~ **di spedizioni** (*trasp.*), Versandhaus (*n.*). 16 ~ **editrice** (*tip.*), Verlag (*m.*), Verlagshaus (*n.*), Verlagsfirma (*f.*). 17 ~ **in legno** (*ed.*), Holzhaus (*n.*). 18 ~ **madre** (*finanz. - comm.*), Muttergesellschaft (*f.*), Stammhaus (*n.*). 19 ~ **madre** (sede) (*ind. - comm.*), Hauptniederlassung (*f.*). 20 **case operaie** (case per operai) (*ed.*), Arbeiterwohnungen (*f. pl.*). 21 ~ **prefabbricata** (*ed.*), Fertighaus (*n.*). 22 ~ **rurale** (*ed. - agric.*), Landhaus (*n.*). 23 ~ **rustica** (*ed. - agric.*), Bauernhaus (*n.*). 24 ~ **unifamiliare** (*ed.*), Einfamilienhaus (*n.*).

casalinga (*leg.*), Hausfrau (*f.*).

casamatta (*milit.*), Blockhaus (*n.*).

cascame (*gen.*), Abfall (*m.*), Abfallstoff (*m.*). 2 ~ (*ind. tess.*), Abfall (*m.*). 3 ~ **del tamburo** (di carda) (*ind. tess.*), Trommelabfall (*m.*). 4 ~ **di carda** (cascame di cardatura) (*ind. tess.*), Krempelabfall (*m.*), Kardenabfall (*m.*). 5 ~ **di cardatura** (cascame di carda) (*ind. tess.*), Kardenabfall (*m.*), Krempelabfall (*m.*). 6 ~ **di cotone** (*tess.*), Baumwollabfall (*m.*). 7 **cascami di fibra di vetro** (*ind. mat. plast.*), Glasfaservliese (*m. pl.*). 8 ~ **di lana** (*ind. tess.*), Wollabfall (*m.*). 9 ~ **di parte umida** (*ind. carta*), Nass-Ausschuss (*m.*). 10 ~ **di pettinatura** (*ind. tess.*), Kammabfall (*m.*), Kämmling (*m.*). 11 ~ **di seccheria** (*ind. carta*), Trocken-Ausschuss (*m.*). 12 ~ **di seta** (*ind. tess.*), Seidenabfall (*m.*), Abfallseide (*f.*). 13 ~ **di stiratura** (*ind. tess.*), Streckenabfall (*m.*), Streckenabgang (*m.*).

cascata (di acqua) (*geogr.*), Fall (*m.*), Wasserfall (*m.*). 2 ~ (artificiale) (*arch.*), Kaskade (*f.*). 3 ~ **di celle di separazione** (stadi di separazione in cascata, per isotopi p. es.) (*chim.*), Trennkaskade (*f.*). 4 ~ **di macchine** (*elett.*), Maschinenkaskade (*f.*). 5 ~ **di reattori** (reattori in cascata) (*ind. chim.*), Reaktorkaskade (*f.*). 6 **collegamento in** ~ (*elett.*), Kaskadenschaltung (*f.*), Stufenschaltung (*f.*). 7 **funzionamento in** ~ (funzionamento in serie) (*calc. - elab. dati*), Serienbetrieb (*m.*). 8 **in** ~ (*elett. - ecc.*), kaskadisch. 9 **reattori in** ~ (cascata di reattori) (*ind. chim.*), Reaktorkaskade (*f.*). 10 **regolatore in** ~ (*app.*), Folgeregler (*m.*), Nachlaufregler (*m.*), Kaskadenregler (*m.*). 11 **regolazione in** ~ (circuito a doppio anello, con un regolatore principale ed uno ausiliario) (*regolaz.*), Kaskaden-Regelung (*f.*), Folgeregelung (*f.*), Nachlaufregelung (*f.*).

casco (*gen.*), Kopfschutz (*m.*). 2 ~ (per motociclisti p. es.) (*veic.*), Helm (*m.*). 3 ~ **asciugacapelli** (*app. elett.*), Trockenhaube (*f.*). 4 ~ **da palombaro** (*nav.*), Taucherhelm (*m.*). 5 ~ **di protezione** (*lav.*), Schutzhelm (*m.*). 6 ~ **per saldatura** (*tecnol. mecc.*), Schweisshelm (*m.*).

caseificio (*ind.*), Molkerei (*f.*), Meierei (*f.*), Sennerei (*f.*).

caseina (*chim.*), Kasein (*n.*). 2 **colla** ~ (*chim.*), Kaseinleim (*m.*).

casella (*posta - ecc.*), Fach (*n.*). 2 ~ **postale** (*posta*), Postfach (*n.*).

casellante (cantoniere) (*lav. ferr.*), Wärter (*m.*), Bahnwärter (*m.*), Streckenwärter (*m.*). 2 ~ (addetto al passaggio a livello) (*lav. - ferr.*), Schrankenwärter (*m.*).

casellario (*gen.*), Fächer (*n. pl.*). 2 ~ **giudiziario** (*leg.*), Strafregister (*n.*).

casello (*ed.*), Häuschen (*n.*). 2 ~ (per riscossione del pedaggio autostradale p. es.) (*aut.*), Mautstelle (*f.*). 3 ~ **della pesa** (*ed.*), Wiegehäuschen (*n.*). 4 ~ **ferroviario** (casa cantoniera) (*ferr.*), Wärterbude (*f.*), Wärterhäuschen (*n.*).

caserma (*milit. - ed.*), Kaserne (*f.*).

« **cash flow** » (flusso di cassa) (*finanz.*), « Cashflow » (*n.*).

caso (*gen.*), Fall (*m.*). 2 ~ **di forza maggiore** (*comm. - leg.*), Umstand höherer Gewalt. 3 ~ **eccezionale** (*gen.*), Ausnahmefall (*m.*). 4 **a** ~ (*gen.*), zufällig, wahllos.

cassa (di legno, d'imballaggio) (*trasp.*), Kiste (*f.*). 2 ~ (cassetta, recipiente rettangolare) (*gen.*), Kasten (*m.*). 3 ~ (*amm.*), Kasse (*f.*), Kassa (*f.*). 4 ~ (contanti) (*finanz.*), Barbestand (*m.*), Bargeld (*n.*). 5 ~ (di veic. ferr.) (*ferr.*), Wagenaufbau (*m.*), Wagenkasten (*m.*). 6 ~ (chiusa, cassa rigida di un autocarro) (*veic.*), Kastenaufbau (*m.*). 7 ~ (tipografica) (*tip.*), Setzkasten (*m.*), Schriftkasten (*m.*), Kasten (*m.*). 8 ~ (carcassa, di una pompa p. es.) (*macch.*), Gehäuse (*n.*). 9 ~ (del trasformatore) (*elett.*), Kasten (*m.*), Kessel (*m.*). 10 ~ **a fuoco** (di una caldaia) (*cald.*), Feuerbüchse (*f.*). 11 ~ ~ **antirollio** (*nav.*), Schlingertank (*m.*). 12 ~ **a parete ondulata** (di un trasformatore) (*elett.*), Faltwellenkessel (*m.*). 13 ~ **a punta** (per la classificazione di minerali molto minuti) (*macch. min.*), Spitzkasten (*m.*). 14 ~ **armonica** (*acus.*), Geigenkasten (*m.*). 15 ~ **a spirale del compressore** (chiocciola del compressore) (*macch.*), Verdichterspirale (*f.*). 16 ~ **comune** (*amm.*), gemeinschaftliche Kasse. 17 ~ **contanti** (piccola cassa) (*finanz.*), Bargeldkasse (*f.*). 18 ~ **d'acqua d'assetto** (di un sommergibile) (*mar. milit.*), Trimmzelle (*f.*) 19 ~ **da imballaggio** (*trasp.*), Verpackungskiste (*f.*), Packkiste (*f.*). 20 ~ **d'anima** (*fond.*), Kernkasten (*m.*), Kernform (*f.*). 21 ~ **d'anima per soffiatrice** (cassa per anime soffiate) (*fond.*), Blaskernkasten (*m.*). 22 ~ **dell'interruttore** (*elett.*), Schalterkessel

cassaforma

(*m.*). 23 ~ dello strumento (*strum.*), Instrumentengehäuse (*n.*). 24 ~ del trasformatore (*elett.*), Transformatorkasten (*m.*), Trafokasten (*m.*), Trafokessel (*m.*). 25 ~ del vento (d'un convertitore) (*metall.*), Windkasten (*m.*). 26 ~ di risparmio (*finanz.*), Sparkasse (*f.*), Sparbank (*f.*). 27 ~ d'olio (cassone d'olio, cassa del trasformatore, cassone del trasformatore) (*elett.*), Ölkessel (*m.*), Transformatorkessel (*m.*), Transformatorkasten (*m.*) 28 ~ filtro (*nav. - mot.*), Filterkasten (*m.*). 29 ~ francobolli (*amm.*), Portokasse (*f.*). 30 ~ furgone (*aut.*), Kofferaufbau (*m.*). 31 ~ malattia (mutua) (*med. - pers. - organ. lav.*), Krankenkasse (*f.*). 32 ~ malattia privata (cassa mutua privata) (*lav.*), Ersatzkasse (*f.*). 33 ~ mobile («container», contenente la merce, per trasp. ferr.) (*trasp. ferr.*), Behälter (*m.*). 34 ~ mobile aperta (*trasp. ferr.*), offener Behälter. 35 ~ mobile chiusa (*trasp. ferr.*), geschlossener Behälter. 36 ~ mobile di gomma (*trasp. ferr.*), Gummibehälter (*m.*). 37 ~ mobile per liquidi (*trasp. ferr.*), Flüssigkeitsbehälter (*m.*). 38 ~ mobile verticalmente (d'un telaio) (*macch. tess.*), Steigkasten (*m.*). 39 ~ mutua (cassa malattia) (*organ. lav.*), Krankenkasse (*f.*). 40 ~ mutua aziendale (mutua aziendale) (*ind.*), Betriebskrankenkasse (*f.*). 41 ~ -paletta (*trasp. ind.*), Kistenpalette (*f.*), Kastenpalette (*f.*). 42 ~ per caratteri difettosi (cassa tipografica) (*tip.*), Defektkasten (*m.*). 43 ~ (per) trasporto materiali (cestone per trasporto materiali) (*trasp. ind.*), Förderkasten (*m.*), Transportkiste (*f.*), Transportkasten (*m.*). 44 ~ per zavorra di acqua (*nav.*), Ballasttank (*m.*). 45 ~ per zavorra d'acqua (cisterna per zavorra d'acqua, serbatoio di zavorra, di un sommergibile) (*mar. milit.*), Tauchzelle (*f.*). 46 ~ per zavorra liquida (cisterna per zavorra liquida) (*nav.*), Ballasttank (*m.*). 47 ~ raccolta materiali (cassetta raccolta materiali, contenitore per trasporti interni) (*trasp. ind.*), Ladekasten (*m.*). 48 ~ regionale (*finanz.*), Gebietkasse (*f.*). 49 ~ rurale (*finanz. - agric.*), Raiffeisenkasse (*f.*). 50 ~ sabbiera (*ferr.*), Sandkasten (*m.*). 51 ~ tipografica (*tip.*), Schriftkasten (*m.*). Setzkasten (*m.*). 52 ~ trasporto materiale (cassone trasporto materiale) (*trasp. ind.*), Förderkasten (*m.*), Transportkasten (*m.*). 53 ~ turbina (carcassa di turbina) (*mot.*), Turbinengehäuse (*n.*). 54 ad una ~ (ad un corpo, turbina p. es.) (*macch.*), eingehäusig. 55 alzata di ~ (*amm.*), Kassenprüfung (*f.*), Kassenrevision (*f.*). 56 ammanco di ~ (*amm.*), Kassenausfall (*m.*), Kassendefizit (*n.*). 57 avanzo di ~ (*finanz.*), Barvorschuss (*n.*). 58 buono di ~ (*amm.*), Kassenanweisung (*f.*). 59 piccola ~ (cassa contanti) (*finanz. - amm.*), Bargeldkasse (*f.*), kleine Kasse. 60 pronta ~ (in contanti) (*amm.*), gegen Kasse, bar. 61 registratore di ~ (*comm. - macch.*), Registrierkasse (*f.*), Kontrollkasse (*f.*), Zahlkasse (*f.*). 62 situazione di ~ (*amm.*), Kassenausweis (*m.*). 63 verifica di ~ (*amm.*), Kassensturz (*m.*).

cassaforma (casseforme, armatura, per cemento armato) (*ed.*), Schalung (*f.*). 2 ~ per calcestruzzo (armatura per calcestruzzo) (*ed.*), Betonschalung (*f.*), Betonverschalung (*f.*). 3 legname per casseforme (legname per armature) (*ed.*), Schalholz (*n.*). 4 pannello per casseforme (tavolato per casseforme, di legno) (*ed.*), Schaltafel (*f.*). 5 pressione sulla ~ (esercitata da calcestruzzo fresco) (*ed.*), Schalungsdruck (*m.*). 6 tavola per casseforme (*ed.*), Schalplatte (*f.*). 7 tavolato per casseforme (pannello per casseforme, di legno) (*ed.*), Schaltafel (*f.*).

cassaforte (*finanz.*), Kassenschrank (*m.*), Safe (*n.*), Geldschrank (*m.*). 2 ~ (di acciaio) (*finanz.*), Stahlfach (*n.*).

cassamisura (cassone per misurare la sabbia) (*att. mur.*), Sandmessrahmen (*m.*).

cassa-paletta (*trasp. ind.*), Kastenpalette (*f.*), Kistenpalette (*f.*).

cassapanca (*mobile*), Dielenschrank (*m.*), Truhe (*f.*). 2 ~ (*nav.*), Kastenbank (*f.*).

cassazione (*leg.*), Kassation (*f.*). 2 corte di ~ (*leg.*), Kassationshof (*m.*).

casseratura (cassaforma per cemento armato) (*ed.*), Schalung (*f.*).

cassero (di poppa) (*nav.*), Quarterdeck (*n.*), Achterdeck (*n.*). 2 ~ (cassone a palancole, per la costruzione di fondazioni subacquee) (*costr. idr.*), Spundwandkasten (*m.*). 3 ~ (*ed.*), vedi cassaforma. 4 ~ di acciaio (*costr. idr.*), Stahlwandzelle (*f.*), Stahlwandkasten (*m.*).

cassetta (cassa, recipiente rettangolare) (*gen.*), Kasten (*m.*). 2 ~ (per gli attrezzi ecc.) (*mot. - macch.*), Kasten (*m.*). 3 ~ (video p. es.) (*elettroacus. - telev.*), Kassette (*f.*), Cassette (*f.*). 4 ~ (di carica) (*forno - metall.*), Mulde (*f.*), Beschickungsgefäss (*n.*). 5 ~ aspirante (*macch. mft. carta*), Saugkasten (*m.*). 6 ~ attrezzi (*att. - mot. - aut.*), Werkzeugkasten (*m.*). 7 ~ attrezzi da minatore (*att. - min.*), Gezähekasten (*m.*), Gezähekiste (*f.*). 8 ~ attrezzi di montaggio (*att. - mecc. - ecc.*), Monteurkasten (*m.*). 9 ~ attrezzi per riparazioni (*att. - mot. - ecc.*), Reparaturkasten (*m.*). 10 ~ delle idee (*organ. lav.*), Ideenbriefkasten (*m.*), Vorschlagbriefkasten (*m.*). 11 ~ delle lettere (*posta*), Briefkasten (*m.*). 12 ~ di allacciamento per distribuzione domestica (*elett.*), Hausanschlusskasten (*m.*). 13 ~ di cacciata (di app. igienico) (*app. ed.*), Wasserspülkasten (*m.*), Spülkasten (*m.*). 14 ~ di commutazione (*elett. - ecc.*), Umschaltkasten (*m.*). 15 ~ di connessione (*app. elett.*), Verbindungskasten (*m.*), Anschlusskasten (*m.*). 16 ~ di derivazione (per un numero notevole di derivazioni) (*app. elett.*), Abzweigkasten (*m.*). 17 ~ di derivazione (per cavi) (*app. elett.*), Kabelverzweiger (*m.*). 18 ~ di distribuzione (*app. elett.*), Verteilungskasten (*m.*). 19 ~ di distribuzione per cavi (*app. elett.*), Kabelverteilungskasten (*m.*), Kabelverteiler (*m.*). 20 ~ di giunzione (*app. elett.*), Verbindungskasten (*m.*). 21 ~ di giunzione per cavi (*app. elett.*), Kabelkasten (*m.*), Kabelverbindungskasten (*m.*). 22 ~ di manovra (di un mot. elett. p. es.) (*app. elett.*), Schaltkasten (*m.*). 23 ~ di pronto soccorso (*med. - ind. - ecc.*), Sanitätspackung (*f.*), Verbandkasten (*m.*), Verbandzeugkasten (*m.*). 24 ~ di raccordo (*telef.*), Überführungskasten (*m.*). **25 ~ di resistenze** (*app. elett.*), Widerstandskasten (*m.*). **26 ~ di resistenze a spine** (*elett.*), Stöpselwiderstand (*m.*). **27 ~ di ricottura** (*app. tratt. term.*), Glühkasten (*m.*). **28 ~ di sezionamento** (*app. elett.*), Trennkasten (*m.*). **29 ~ di sezionamento** (*telef.*), Untersuchungskasten (*m.*). **30 ~ di sicurezza** (nella camera blindata di una banca) (*finanz.*), Schliessfach (*n.*), Sicherheitsfach (*n.*). **31 ~ minuterie assortite** (per riparazioni auto) (*aut. - mot.*), Kleinteile-Sortimentkasten (*m.*). **32 ~ parti di ricambio** (*mot. - macch.*), Ersatzteilkasten (*m.*). **33 ~ per cementazione** (*app. tratt. term.*), Einsatzkasten (*m.*), Einsatztopf (*m.*), Zementierkasten (*m.*). **34 ~ per le lettere** (*ed. - posta*), Briefkasten (*m.*). **35 ~ per primo soccorso** (cassetta di pronto soccorso) (*med. - lav. - ecc.*), Verbandkasten (*m.*), Verbandzeugkasten (*m.*), Sanitätspack (*n.*). **36 ~ raccolta materiali** (cassa raccolta materiali, contenitore per trasporti interni) (*trasp. ind.*), Ladekasten (*m.*), Förderkasten (*m.*). **37 ~ terminale** (testa, muffola terminale) (*app. elett.*), Klemmenkasten (*m.*), Anschlusskasten (*m.*). **38 ~ utensili** (*ut. - mot. - ecc.*), Werkzeugkasten (*m.*). **39 banco delle cassette** (di carica) (*forno - metall.*), Muldenbank (*f.*). **40 registratore a ~** (*elettroacus.*), Cassetten-Recorder (*m.*).

cassettino (scomparto, della cassa tipografica) (*tip.*), Fach (*n.*).

cassetto (valvola a cassetto, per la distribuzione del vapore) (*macch. term.*), Schieber (*m.*), Schiebekammer (*f.*), Schieberkasten (*m.*), Steuerschieber (*m.*). **2 ~** (valvola a cassetto, di comando idraulico p. es.) (*mecc. - ecc.*), Schieber (*m.*). **3 ~** (cursore d'una servovalvola elettroidraulica p. es.) (*oleoidr.*), Steuerschieber (*m.*). **4 ~** (cruscotto, ripostiglio sul cruscotto) (*aut.*), Handschuhkasten (*m.*). **5 ~** (di un mobile) (*mobile*), Schublade (*f.*). **6 ~** (scomparto, casella) (*falegn. - ecc.*), Fach (*n.*). **7 ~ cilindrico** (valvola a cassetto cilindrico) (*mecc.*), Walzenschieber (*m.*). **8 ~ di distribuzione** (*macch. a vapore*), Schieber (*m.*), Schiebekammer (*f.*), Schieberkasten (*m.*), Steuerschieber (*m.*). **9 ~ di distribuzione del vapore** (*macch.*), Dampfschieber (*m.*). **10 ~ piano** (valvola a cassetto) (*macch.*), Flachschieber (*m.*). **11 ~ rotante** (valvola di distribuzione a cassetto rotante) (*mot. - ecc.*), Drehschieber (*m.*). **12 ~ sferico** (per la distribuzione) (*mot.*), Kugelschieber (*m.*). **13 asta del ~** (*macch. a vapore*), Schieberstange (*f.*), Schieberspindel (*f.*). **14 distribuzione a ~** (*macch. a vapore*), Schiebersteuerung (*f.*). **15 fodero del ~** (di macchine a vapore alternative) (*macch.*), Schieberbuchse (*f.*). **16 sede del ~** (d'una macchina a vapore alternativa) (*macch.*), Schiebergehäuse (*n.*). **17 selettore a ~** (distributore-selettore, d'un cambio automatico p. es.) (*macch.*), Wählschieber (*m.*). **18 specchio del ~** (di distribuzione) (*macch. a vapore*), Schieberspiegel (*m.*), Schieberfläche (*f.*). **19 valvola a ~ cilindrico** (*macch.*), Walzenschieber (*m.*).

cassettone (di un soffitto a cassettoni) (*arch.*), Fach (*n.*).

cassiere (*amm. - pers.*), Kassenführer (*m.*), Kassier (*m.*), Kassenverwalter (*m.*). **2 ~ capo** (*banca - pers.*), Hauptkassier (*m.*).

cassina (siviera a mano, tazza di colata, tazzina, sivierina) (*fond.*), Handpfanne (*f.*).

cassiopeo (lutezio) (*Cp - chim.*), Cassiopeium (*n.*), Lutetium (*n.*).

cassiterite (SnO_2) (*min.*), Kassiterit (*m.*), Zinnstein (*m.*).

cassone (per fondazioni pneumatiche) (*costr. idr.*), Caisson (*m.*), Senkkasten (*m.*). **2 ~** (a palancole, cassero) (*costr. idr.*), Spundwandkasten (*m.*). **3 ~** (di un autocarro) (*aut.*), Pritsche (*f.*). **4 ~ chiuso** (furgone) (*veic.*), Kofferaufbau (*m.*). **5 ~ di trasformatore** (cassa del trasformatore) (*elett.*), Transformatorkasten (*m.*), Trafokasten (*m.*), Transformatorkessel (*m.*), Trafokessel (*m.*). **6 ~ d'olio** (cassa d'olio, cassa del trasformatore, cassone del trasformatore) (*elett.*), Ölkessel (*m.*), Transformatorkessel (*m.*), Transformatorkasten (*m.*). **7 ~ per misurare la sabbia** (cassamisura) (*att. mur.*), Sandmessrahmen (*m.*). **8 ~ pneumatico** (cassone per fondazioni pneumatiche) (*costr. idr.*), Senkkasten (*m.*), Caisson (*m.*), Druckkasten (*m.*), Druckluftkammer (*f.*). **9 ~ ribaltabile** (*veic.*), Kipp-Pritsche (*f.*), Kippaufbau (*m.*). **10 ~ ribaltabile a fondo piano** (di un camion p. es.) (*aut.*), Flachboden-Kippritsche (*f.*). **11 ~ trasporto materiale** (cassa trasporto materiale) (*trasp. ind.*), Förderkasten (*m.*).

castagna (scontro, di un argano p. es.) (*nav.*), Pall (*m.*), Sperrklinke (*f.*).

castagnola (galloccia, tacco, tacchetto) (*nav.*), Klampe (*f.*).

castelletto (struttura a torre) (*min.*), Gerüst (*n.*), Turm (*m.*). **2 ~ di estrazione** (*min.*), Fördergerüst (*n.*), Förderturm (*m.*). **3 ~ in banca** (*finanz.*), Banküberziehungskredit (*m.*).

castello (*arch.*), Schloss (*n.*). **2 ~** (struttura in legno o metallo, per il sostegno di pesi o sollecitazioni di notevole entità) (*ed. - mecc. - ecc.*), Gerüst (*n.*). **3 ~ di prua** (*costr. nav.*), Back (*f.*). **4 ~ motore** (struttura di sostegno del motore sull'acreo) (*mot. aer.*), Motorbock (*m.*).

« castina » (calcare fondente) (*fond. - metall.*), Kalkstein (*m.*), Kalkzuschlag (*m.*), Zuschlagkalkstein (*m.*).

casuale (fortuito, accidentale) (*gen.*), ursächlich, zufällig. **2 accesso ~** (accesso diretto) (*calc.*), beliebiger Zugriff, wahlweiser Zugriff, direkter Zugriff. **3 errore ~** (errore accidentale) (*gen.*), Zufallsfehler (*m.*). **4 numero ~** (*elab. dati*), Zufallszahl (*f.*), Randomzahl (*f.*).

casualizzatrice (*macch.*), Zufallsmaschine (*f.*).

catacaustica (caustica per riflessione) (*ott.*), Katakaustik (*f.*).

catadiottrico (*ott.*), katadioptrisch. **2 materiale ~** (*ott.*), Reflexstoff (*m.*). **3 segnale ~** (*ott. - veic. - ecc.*), vedi catadiottro.

catadiottro (segnale catadiottrico, per veicoli) (*aut. - veic.*), Rückstrahler (*m.*), Katzenauge (*n.*). **2 ~** (per ostacoli, paracarri, ecc.) (*traff. strad. - veic.*), Katzenauge (*n.*), Rückstrahler (*m.*). **3 ~ stradale** (collocato sul manto stradale) (*traff. strad.*), Bodenrückstrahler (*m.*).

cataforesi

cataforesi (fenomeno elettrocinetico, movimento verso l'anodo o verso il catodo di particelle sospese sotto l'azione del campo elett.) (*fis. - chim.*), Kataphorese (*f.*).
catalisi (*chim.*), Katalyse (*f.*). 2 ~ **di contatto** (catalisi eterogenea) (*chim.*), heterogene Katalyse. 3 ~ **eterogenea** (catalisi di contatto) (*chim.*), heterogene Katalyse. 4 ~ **negativa** (*chim.*), Reaktionshemmung (*f.*), negative Katalyse. 5 ~ **omogenea** (*chim.*), homogene Katalyse.
catalitico (*chim.*), katalytisch.
catalizzare (*chim.*), katalysieren.
catalizzatore (*chim.*), Katalysator (*m.*). 2 ~ **di Raney** (*ind. chim.*), Raney-Katalysator (*m.*), Raney-Nickel (*n.*). 3 ~ **negativo** (*chim.*), Antikatalysator (*m.*). 4 ~ **per cracking** (catalizzatore per piroscissione) (*chim.*), Spaltkatalysator (*m.*).
catalogare (*gen.*), katalogieren.
catalogo (*tip. - ecc.*), Katalog (*m.*). 2 ~ **generale** (di libri p. es.) (*tip.*), Hauptkatalog (*m.*), Gesamtkatalog (*m.*). 3 ~ **materiali** (fornisce i dati per determinare i parametri di taglio) (*lav. macch. ut.*), Werkstoffkartei (*f.*). 4 ~ **parti di ricambio** (*macch. - ecc.*), Ersatzteilkatalog (*m.*). 5 ~ **utensili** (raccolta di fogli con dati sugli utensili) (*lav. macch. ut.*), Werkzeugkartei (*f.*).
catamarano (imbarcazione a doppio scafo) (*naut.*), Catamaran (*n.*).
catapulta (disp. di decollo per aeroplani) (*aer.*), Katapult (*m. - n.*), Startschleuder (*m.*). 2 ~ (*macch. milit. - ecc.*), Wurfmaschine (*f.*). 3 ~ **di lancio** (*aer. - ecc.*), Startkatapult (*n.*).
catapultare (*aer. - ecc.*), schleudern, katapultieren.
cataratta (*idr.*), vedi cateratta.
catarifrangente (*veic.*), vedi catadiottro.
catasta (pila) (*gen.*), Stapel (*m.*). 2 ~ (di legname) (*legno*), Stapel (*m.*), Beige (*f.*), Holzstoss (*m.*). 3 ~ **di legname** (*legno*), Bretterstapel (*m.*), Bretterbeige (*f.*).
catastale (*ed.*), Kataster... 2 **rilevamento** ~ (*ed.*), Katastervermessung (*f.*).
catasto (*top. - leg.*), Kataster (*m. - n.*). 2 ~ **edilizio** (catasto urbano) (*top. - ed.*), Gebäudekataster (*m.*). 3 ~ **fondiario** (catasto rustico) (*leg. - top.*), Grundkataster (*m.*). 4 ~ **particellare** (*leg. - ed.*), Parzellenkataster (*m.*). 5 ~ **rustico** (catasto fondiario) (*leg. - top.*), Grundkataster (*m.*). 6 ~ **urbano** (catasto edilizio) (*top. - ed.*), Gebäudekataster (*m.*). 7 **registro del** ~ (registro immobiliare; testifica la proprietà di terreni, per ciascuno dei quali è riservato un foglio del registro) (*ed.*), Grundbuch (*n.*).
catastrofe (*gen.*), Katastrophe (*f.*).
catatermometro (*app.*), Katathermometer (*n.*).
catavalore (indice di benessere, potere raffreddante climatico) (*meteor.*), Katawert (*m.*), Behaglichkeitsziffer (*f.*).
catecù (*tintoria*), Katechu (*n.*), Katechin (*n.*).
categoria (*gen.*), Kategorie (*f.*), Klasse (*f.*), Gruppe (*f.*). 2 ~ **salariale** (*organ. lav.*), Lohngruppe (*f.*), Lohnstufe (*f.*). 3 ~ **sindacale** (*lav.*), Arbeitnehmergruppe (*f.*). 4 ~ **speciale** (*lav. - ecc.*), Sonderklasse (*f.*).

categorico (*gen.*), kategorisch. 2 **numero** ~ (numero di disegno) (*dis.*), Sachnummer (*f.*), Sach-Nr.
catena (organo di trazione e di trasmissione) (*mecc. - ecc.*), Kette (*f.*). 2 ~ (di montaggio p. es.) (*ind.*), Band (*n.*), Fliessband (*n.*). 3 ~ (nastro trasportatore continuo) (*macch. ind.*), Fliessband (*n.*). 4 ~ (*chim.*), Kette (*f.*). 5 ~ (chiave da muro) (*ed.*), Schliessanker (*m.*), Schlauder (*f.*), Maueranker (*m.*). 6 ~ (tirante) (*ed.*), Zuganker (*m.*). 7 ~ (ordito) (*ind. tess.*), Zettel (*m.*), Kette (*f.*). 8 ~ (di montagne) (*geogr.*), Kette (*f.*), Bergkette (*f.*). 9 ~ (dell'àncora) (*nav.*), Kette (*f.*), Ankerkette (*f.*), Kabelkette (*f.*). 10 ~ **a blocchi** (*mecc.*), Blockkette (*f.*). 11 ~ **ad anelli chiusi** (catena a maglie) (*mecc.*), Gliederkette (*f.*). 12 ~ **a maglie** (catena ad anelli chiusi) (*mecc.*), Gliederkette (*f.*). 13 ~ **a maglie con traversino** (*nav. - mecc.*), Stegkette (*f.*). 14 ~ **a maglie saldate** (catena saldata, catena ordinaria) (*mecc.*), geschweisste Kette. 15 ~ **a maglie tonde** (*mecc.*), Rundgliederkette (*f.*). 16 ~ **antineve** (catena antisdrucciolevole) (*veic.*), Gleitschutzkette (*f.*), Schneekette (*f.*). 17 ~ **antisdrucciolevole** (catena antineve) (*veic.*), Gleitschutzkette (*f.*), Schneekette (*f.*). 18 ~ **aperta** (*chim.*), offene Kette. 19 ~ **articolata** (*mecc.*), Gelenkkette (*f.*). 20 ~ **articolata** (catena Galle) (*mecc.*), Gall'sche Kette (*f.*), Gelenkkette (*f.*). 21 ~ **a rulli** (*mecc.*), Rollenkette (*f.*). 22 ~ **a rulli incrociati** (*mecc.*), Kreuzrollenkette (*f.*). 23 ~ **calibrata** (*mecc.*), kalibrierte Kette. 24 ~ **cinematica** (*mecc.*), kinematische Kette. 25 ~ **con ramificazioni** (*chim.*), verzweigte Kette. 26 ~ **con traversini** (*mecc. - nav.*), Stegkette (*f.*). 27 ~ **da geometra** (*att. top.*), Messkette (*f.*), Feldkette (*f.*), Feldmesskette (*f.*). 28 ~ **da imbragatura** (*app. di sollev. - trasp.*), Anschlagkette (*f.*). 29 ~ **da neve** (catena antisdrucciolevole, catena antineve) (*aut.*), Gleitschutzkette (*f.*), Schneekette (*f.*). 30 ~ **della distribuzione** (*mot. - aut.*), Steuerkette (*f.*). 31 ~ **dell'àncora** (*nav.*), Ankerkette (*f.*). 32 ~ **di ancoraggio** (*ed.*), Spannkette (*f.*). 33 ~ **di chiuse** (*nav. - navig.*), Schleusentreppe (*f.*). 34 ~ **di distribuzione** (di merci) (*comm.*), Distributionskette (*f.*). 35 ~ **di fissione** (*fis. atom.*), Spaltungskette (*f.*). 36 ~ **di isolatori** (*elett.*), Isolatorenkette (*f.*). 37 ~ **d'imballaggio** (linea d'imballaggio) (*macch.*), Verpackungsstrasse (*f.*), Verpackungslinie (*f.*). 38 ~ **di montaggio** (linea di montaggio) (*ind.*), Montageband (*n.*), Fliessband (*n.*). 39 ~ **di montaggio finale** (*aut. - ecc.*), Endmontageband (*n.*). 40 ~ **di montagne** (*geogr.*), Gebirgszug (*m.*). 41 ~ **di produzione** (linea di produzione) (*ind.*), Fertigungsband (*n.*), Fertigungsstrasse (*f.*). 42 ~ **di quadripoli** (struttura iterativa, struttura ricorrente) (*elett.*), Kettenleiter (*m.*). 43 ~ **di reazioni** (*chim.*), Reaktionskette (*f.*). 44 ~ **di ritardo** (per misurare tempi di attività) (*elettronica*), Verzögerungskette (*f.*), Laufzeitkette (*f.*). 45 ~ **di sospensione** (*ed. - costr. di ponti*), Tragkette (*f.*). 46 ~ **di tazze** (*trasp.*), Eimerkette (*f.*). 47 ~ **di trasmissione** (*mecc.*), Treibkette (*f.*). 48 ~ **di triangoli** (catena tri-

gonometrica) (*top.*), Kette (*f.*). **49 ~ Flyer** (tipo di catena Galle) (*mecc.*), Flyerkette (*f.*). **50 ~ Galle** (catena articolata) (*mecc.*), Gallsche Kette (*f.*), Gelenkkette (*f.*). **51 ~ intagliatrice** (d'una macchina intagliatrice) (*macch. min.*), Schrämkette (*f.*). **52 ~ montuosa** (*geogr.*), Bergkette (*f.*). **53 ~ ordinaria** (catena saldata) (*mecc.*), geschweisste Kette. **54 ~ per imbragatura** (*app. di sollev. - trasp.*), Anschlagkette (*f.*). **55 ~ per trasmissioni** (catena Zobel, a bussole) (*mecc.*), Hülsenkette (*f.*), Buchsenkette (*f.*). **56 ~ portacavi** (per cavi di forza, tubi aria compressa ecc., per il comando di macch. ut. od app. di sollevamento, ecc.) (*ind.*), Energieführungskette (*f.*), Schleppkette (*f.*). **57 ~ (portante) per trasportatori** (*trasp. ind.*), Tragkette (*f.*). **58 ~ saldata** (catena ordinaria) (*mecc.*), geschweisste Kette. **59 ~ scomponibile** (*mecc.*), zerlegbare Kette, Ewartkette (*f.*). **60 ~ silenziosa** (*mecc.*), geräuschlose Kette. **61 ~ stampante** (*calc.*), Kettendrucker (*m.*). **62 ~ tagliente per segatrice** (*macch. lav. legno*), Sägekette (*f.*). **63 ~ trigonometrica** (catena di triangoli) (*top.*), Kette (*f.*). **64 ~ Zobel** (catena per trasmissioni, a bussole) (*mecc.*), Hülsenkette (*f.*), Buchsenkette (*f.*). **65 addetto alla ~ di montaggio** (catenista) (*lav.*), Bandarbeiter (*m.*). **66 cambio di velocità a ~** (*veic.*), Kettenwandler (*m.*). **67 collegare le maglie d'una ~** (*nav.*), einschäkeln. **68 filtro a ~** (*radio*), Sperrkette (*f.*). **69 lavorazione a ~** (lavorazione a flusso continuo) (*ind.*), Fliessbandfertigung (*f.*), fliessende Fertigung. **70 passo della ~** (*mecc.*), Kettenteilung (*f.*). **71 reazione a ~** (*chim.*), Kettenreaktion (*f.*). **72 ruota per ~** (*mecc.*), Zahnkettenrad (*n.*). **73 rocchetto per ~** (*mecc.*), Kettenrad (*n.*). **74 sega a ~** (segatrice a catena) (*macch. lav. legno*), Motorkettensäge (*f.*), Kettensäge (*f.*). **75 togliere la ~** (*macch. - ecc.*), abketten.
catenaccio (paletto, chiavistello, dispositivo di chiusura di una porta ecc.) (*ed.*), Riegel (*m.*). **2 ~** (di una serratura) (*mecc.*), Schubriegel (*m.*).
catenaria (curva funicolare) (*geom.*), Seillinie (*f.*), Kettenlinie (*f.*). **2 sospensione ~** (di linee elett. p. es.) (*elett. - ecc.*), Vielfachaufhängung (*f.*).
catenella (*mecc. - ecc.*), Kettchen (*n.*), Kette (*f.*). **2 ~** (di sbarramento) (*traff. strad.*), Sperrkette (*f.*). **3 ~ a rosario** (*mecc.*), Kugelkette (*f.*).
catenista (addetto alla catena di montaggio) (*lav.*), Bandarbeiter (*m.*).
catenoide (superficie di rotazione) (*mat.*), Katenoid (*n.*), Kettenfläche (*f.*).
cateratta (*idr.*), Katarakt (*m.*), Stromschnelle (*f.*).
catetere (*app. med.*), Katheter (*m.*).
cateto (*geom.*), Kathete (*f.*). **2 ~ adiacente** (*geom.*), Ankathete (*f.*). **3 ~ opposto** (*geom.*), Gegenkathete (*f.*).
catetometro (per misurare dislivelli) (*app. - fis.*), Kathetometer (*n.*).
catetron (raddrizzatore) (*elett.*), Kathetron (*n.*).
«catforming» (processo di «reforming» a catalizzatore rigenerabile) (*chim. - ind.*), Catformen (*n.*).
catino (*gen.*), Becken (*n.*).
catione (ione positivo di un composto chimico) (*fis. - chim.*), Kation (*n.*).
cationico (*chim.*), kationisch. **2 scambiatore ~** (*app.*), Wasserstoffaustauscher (*m.*).
catodico (*elettronica - elett.*), katodisch. **2 corrente catodica** (corrente del fascio) (*elettronica*), Strahlstrom (*m.*).
catodo (polo negativo, elettrodo negativo) (*elett.*), Kathode (*f.*). **2 ~** (di una valvola) (*elettronica*), Kathode (*f.*). **3 ~ a consumo ridotto** (*elettronica*), Sparkathode (*f.*). **4 ~ ad ossidi** (catodo caldo il cui metallo base — di solito nichel — è rivestito con uno strato di ossidi) (*elettronica*), Oxydkathode (*f.*). **5 ~ a riscaldamento diretto** (*radio*), direkt geheizte Kathode. **6 ~ a riscaldamento indiretto** (*radio*), indirekt geheizte Kathode. **7 ~ a riscaldamento ionico** (*elettronica*), Selbstaufheizkathode (*f.*). **8 ~ caldo** (*elettronica*), Glühkathode (*f.*), glühende Kathode. **9 ~ capillare metallico** (*elettronica*), Metallkapillarkathode (*f.*), MK-Kathode (*f.*). **10 ~ compensato** (*elettronica*), Vorratskathode (*f.*), Nachlieferungskathode (*f.*). **11 ~ forato** (*elettronica*), Lochkathode (*f.*). **12 ~ freddo** (*elettronica*), kalte Kathode, Kaltkathode (*f.*). **13 ~ metallico rivestito** (catodo ad ossidi p. es.) (*elettronica*), Schichtkathode (*f.*). **14 ~ virtuale** (*radio*), virtuelle Kathode.
catodofono (*app. - acus.*), Kathodophon (*n.*).
catodoluminescenza (*elettronica*), Kathodolumineszenz (*f.*).
catolito (elettrolita nella zona catodica) (*elettrochim.*), Katholyt (*m.*).
catramare (*ind.*), teeren.
catramato (*costr. strad. - ecc.*), geteert.
catramatore (incatramista) (*lav. - ed.*), Teerarbeiter (*m.*).
catramatrice (*macch. costr. strad.*), Teermaschine (*f.*). **2 ~ a spruzzo** (*macch. costr. strad.*), Teerspritzmaschine (*f.*).
catramatura (*costr. strad.*), Teerung (*f.*), Teeren (*n.*).
catrame (*ind. chim.*), Teer (*m.*). **2 ~ acido** (nella raffinazione di olio minerale con acido solforico) (*ind. chim.*), Säureteer (*m.*). **3 ~ di carbone** (*ind. chim.*), Kohlenteer (*m.*). **4 ~ di carbon fossile** (*ind. chim.*), Steinkohlenteer (*m.*). **5 ~ di distillazione** (*ind. chim.*), destillierter Teer. **6 ~ di legno** (*ind. chim.*), Holzteer (*m.*). **7 ~ di lignite** (*ind. chim.*), Braunkohlenteer (*m.*). **8 ~ di soluzione** (soluzione di catrame di carbon fossile in olio di catrame) (*ind. chim.*), präparierter Teer. **9 ~ di torba** (*ind. chim.*), Torfteer (*m.*). **10 ~ ordinario** (prodotto tra 900 e 1300 °C) (*ind. chim.*), Hochtemperaturteer (*m.*), Kokereiteer (*m.*), Gaswerkteer (*m.*). **11 ~ (per applicazione) a freddo** (*costr. strad.*), Kaltteer (*m.*). **12 ~ primario** (prodotto a temperature sotto i 700 °C) (*ind. chim.*), Schwelteer (*m.*), Tieftemperaturteer (*m.*), Urteer (*m.*). **13 colorante al ~** (*ind. chim.*), Teerfarbstoff (*m.*). **14 derivato del ~** (*ind. chim.*), Teerderivat (*n.*). **15 emulsione di ~** (*costr. strad.*), Teeremulsion (*f.*). **16 legante (a base) di ~**

cattedra

(*costr. strad.*), Teerbinder (*m.*). **17 numero di ~** (indice di contenuto catramoso) (*chim. - elett.*), VT-Zahl (*f.*), Verteerungszahl (*f.*). **18 numero di ~** (nella prova di oli lubrificanti) (*prove*), Teerzahl (*f.*).
cattedra (palco) (*gen.*), Podest (*m. - n.*), Bühne (*f.*). **2 ~** (*scuola*), Pult (*n.*), Lehrstuhl (*m.*), Lehrkanzel (*m.*) (*austr.*).
cattedrale (*arch.*), Kathedrale (*f.*).
cattura (*fis. atom.*), Einfang (*m.*). **2 ~** (di una nave) (*nav.*), Aufbringung (*f.*), Kapern (*n.*). **3 ~ di elettroni** (*fis.*), Elektroneneintritt (*f.*). **4 ~ di neutroni** (*fis. atom.*), Neutroneneinfang (*m.*). **5 punto di ~** (trappola, di un semiconduttore) (*elettronica*), Haftstelle (*f.*), Fangstelle (*f.*), Trap (*f.*). **6 ~ L** (di elettroni) (*elettronica*), L-Einfang (*m.*). **7 sezione di ~** (*fis. atom.*), Einfangquerschnitt (*m.*), Wirkungsquerschnitt (*m.*).
catturare (elettroni) (*fis.*), auffangen. **2 ~** (una nave) (*nav.*), aufbringen, kapern.
caucciù (gomma elastica) (*ind. chim.*), Kautschuk (*m.*), Gummi (*m.*). **2 ~** (tessuto gommato, per Offset) (*macch. tip.*), Gummituch (*n.*), Gummidrucktuch (*n.*), Drucktuch (*n.*). **3 ~ siliconico** (*ind. chim.*), Silikonkautschuk (*m.*).
causa (*gen.*), Ursache (*f.*). **2 ~** (*leg.*), Sache (*f.*), Rechtssache (*f.*). **3 ~ civile** (*leg.*), Zivilsache (*f.*). **4 ~ determinante** (*gen.*), Bestimmungsgrund (*m.*). **5 a ~ di** (*gen.*), angesichts, wegen, infolge. **6 cognizione di ~** (*gen.*), Sachkenntnis (*f.*). **7 intentare ~** (muovere causa) (*leg.*), klagen.
causare (determinare) (*gen.*), verursachen.
caustica (superficie focale di un sistema ottico) (*ott.*), Kaustik (*f.*).
causticità (*chim.*), Kaustizität (*f.*), Ätzkraft (*f.*).
caustico (*chim.*), kaustisch, beizend.
cautelativo (*gen.*), Vorsichts... **2 misura cautelativa** (misura precauzionale) (*gen.*), Vorsichtsmassnahme (*f.*).
cauterio (termocauterio) (*strum. med.*), Kauter (*m.*), Thermokauter (*m.*).
cauzione (garanzia, deposito cauzionale) (*finanz.*), Bürgschaft (*f.*), Kaution (*f.*). **2 prestare una ~** (*comm.*), eine Kaution leisten.
cava (cavità) (*gen.*), Hohlraum (*m.*), Aushöhlung (*f.*). **2 ~** (dell'indotto p. es.) (*macch. elett.*), Nut (*f.*), Nute (*f.*). **3 ~** (gola, scanalatura) (*mecc. - macch.*), Nut (*f.*), Nute (*f.*), Hohlkehle (*f.*). **4 ~** (sede di chiavetta) (*mecc.*), Nut (*f.*), Keilnut (*f.*). **5 ~** (scavo a giorno) (*min.*), Steinbruch (*m.*), Grube (*f.*). **6 ~ a coda di rondine** (*mecc. - falegn.*), Schwalbenschwanznute (*f.*). **7 ~ a T** (scanalatura a T) (*mecc. - macch.*), T-Nut (*f.*). **8 ~ a V** (scanalatura a V) (*mecc. - macch.*), V-Nut (*f.*). **9 ~ dell'indotto** (*macch. elett.*), Ankernut (*f.*). **10 ~ del segmento** (radiale, del pistone d'un motore Wankel) (*mot.*), Leistennut (*f.*). **11 ~ di deposito** (di terra) (*mov. terra - ing. civ.*), Bunkergrube (*f.*), Erdbunker (*m.*). **12 ~ di ghiaia** (*ed.*), Kiesgrube (*f.*). **13 ~ di prestito** (*mov. terra - ing. civ.*), Entnahmegrube (*f.*). **14 ~ di sabbia** (*ed. - ing. civ.*), Sandgrube (*f.*). **15 ~ di serraggio** (scanalatura di serraggio) (*mecc.*),

Aufspann-Nut (*f.*), Aufnahmenut (*f.*). **16 ~ fresata** (*mecc.*), Einfräsung (*f.*). **17 ~ per chiavetta** (sede per chiavetta) (*mecc.*), Keilnut (*f.*). **18 ~ per linguetta** (sede per linguetta) (*mecc.*), Federkeilnut (*f.*). **19 ~ per linguetta americana** (sede per linguetta americana, sede per linguetta a disco, sede per linguetta Woodruff) (*mecc.*), Scheibenfedernut (*f.*). **20 ~ per paletta** (sul rotore) (*macch.*), Schaufelnut (*f.*). **21 complesso delle cave** (*macch. elett.*), Nutung (*f.*). **22 eseguire cave per chiavetta** (*mecc.*), keilnuten. **23 minuto di ~** (minerale) (*min.*), Grubenklein (*n.*).
cavalcavia (soprappassaggio stradale, di autostrada p. es.) (*costr. strad.*), Strassenüberführung (*f.*), Wegüberführung (*f.*). **2 ~** (manufatto stradale passante al disopra di una ferrovia) (*costr. strad. - ferr.*), Bahnüberführung (*f.*), Bahnüberbrückung (*f.*). **3 ~ a tre piani** (cavalcavia a tre livelli, di autostrada p. es.) (*costr. strad.*), dreistöckige Strassenüberführung.
cavalletto (di legno, per segare la legna per es.) (*gen.*), Bock (*m.*). **2 ~** (per il supporto di un mot. p. es., durante la riparazione) (*att.*), Bock (*m.*). **3 ~** (mobile, di una gru) (*macch. ind.*), Verladebrücke (*f.*). **4 ~** (per teleferica) (*trasp.*), Stütze (*f.*). **5 ~** (di una motocicletta) (*veic.*), Fussraste (*f.*). **6 ~** (per pittori) (*att.*), Staffelei (*f.*). **7 ~ da bottaio** (*att.*), Schnitzbank (*f.*), Hanselbank (*f.*), Schneidbank (*f.*). **8 ~ da studio** (di pittura) (*att.*), Atelierstaffelei (*f.*). **9 ~ da teleferica** (*trasp.*), Seilbahnstütze (*f.*). **10 ~ di montaggio** (per motori a comb. interna p. es.) (*att.*), Montagebock (*m.*). **11 ~ in ferro** (per teleferica, cavalletto in tubi di ferro) (*trasp.*), Stahlrohrstütze (*f.*). **12 ~ mobile con sovrastante gru girevole** (*macch. ind.*), Verladebrücke mit Drehlaufkran. **13 ~ per montaggio** (*att. - mot. - ecc.*), Montagebock (*m.*). **14 ~ per riparazioni** (*att. - mecc.*), Reparaturbock (*m.*). **15 ~ per segare** (*att.*), Sägebock (*m.*). **16 ~ supporto motore** (*att. - mot. - aut.*), Motorbock (*m.*).
cavallino (pompa di alimento a vapore) (*cald.*), Speisepumpe (*f.*), Dampfspeisepumpe (*f.*). **2 ~** (insellamento, curvatura del ponte visto di fianco) (*nav.*), Sprung (*m.*).
cavallo (cavallo vapore, 1 CV = 75 mkg/s = 735,5 W) (*unità di mis.*), Pferdestärke (*f.*), PS. **2 ~ ora** (CV/ora, CV/h) (*fis.*), Pferdestärkestunde (*f.*), PS-Stunde (*f.*), PSh. **3 ~ vapore** (cavallo, CV) (*unità di mis.*), Pferdestärke (*f.*), PS. **4 testa di ~** (nell'armamento di pompe per estrazione di petrolio) (*min. - ind. chim.*), Pferdekopf (*m.*).
cavallone (onda) (*mare*), Woge (*f.*), Schwall (*m.*).
cavallo-ora (CV/ora, CV/h) (*unità di mis.*), PS-Stunde (*f.*).
cavallottamento (connessione con ponticello, di due morsetti p. es.) (*elett.*), Überbrückung (*f.*).
cavallottare (p. es. due morsetti) (*elett.*), überbrücken.
cavallottato (morsetto) (*elett.*), überbrückt.
cavallottino (cambretta) (*falegn.*), Krampe (*f.*).

cavallotto (staffa o bullone ad U) (*mecc.*), Bügelbolzen (*m.*), Bügelschraube (*f.*), U-Bolzen (*m.*). **2 ~ della (molla a) balestra** (staffa della molla a balestra) (*veic.*), Federbügel (*m.*).
cavare (spillare, dei liquidi) (*gen.*), abzapfen.
cava-righe (butta-giù-righe, interlinea alta, per il trasporto delle righe dal compositoio al vantaggio) (*ut. tip.*), Setzlinie (*f.*).
cavasabbia (cavaterra) (*ut. - fond.*), Sandhaken (*m.*).
cavata (spillatura, del metallo fuso) (*fond.*), Abstich (*m.*).
cavatappi (cavaturaccioli) (*ut.*), Korkzieher (*m.*), Korkenzieher (*m.*), Zapfenzieher (*m.*).
cavaterra (cavasabbia) (*ut. - fond.*), Sandhaken (*m.*).
cavatore (per scavi a giorno) (*lav. min.*), Tagearbeiter (*m.*), Steinbrucharbeiter (*m.*), Häuer (*m.*), Hauer (*m.*).
cavaturaccioli (cavatappi) (*ut.*), Korkzieher (*m.*), Korkenzieher (*m.*), Zapfenzieher (*m.*).
cavedone (argine che attraversa per intero un corso d'acqua) (*costr. idr.*), Flussdamm (*m.*), Uferdamm (*m.*).
cavetto (conduttore elett. flessibile) (*elett.*), Litze (*f.*). **2 ~** (modanatura a quarto di cerchio) (*arch.*), Hohlkehle (*f.*). **3 ~ Bowden** (cavetto flessibile) (*mecc.*), Bowdenkabel (*n.*). **4 ~ di massa** (filo di massa) (*elett. - aer.*), Abbindedraht (*m.*). **5 ~ di massa** (piattina di massa) (*elett.*), Masseband (*n.*). **6 ~ di massa delle rotaie** (*ferr. - elett.*), Schienenverbinder (*m.*).
cavicchio (caviglia, incavigliatura, per fissare insieme due pezzi di legno) (*carp. - falegn.*), Dübel (*m.*), Holzdübel (*m.*). **2 ~ forzato** (caviglia forzata) (*falegn. - carp.*), Einpressdübel (*m.*).
caviglia (grossa vite per l'attacco delle rotaie alle traversine) (*ferr. - mecc.*), Schraube (*f.*), Schwellenschraube (*f.*). **2 ~** (cavicchio, incavigliatura, per fissare insieme due pezzi di legno) (*carp. - falegn.*), Dübel (*m.*), Holzdübel (*m.*). **3 ~** (spina, cavigliotto) (*nav.*), Knebel (*m.*), Stift (*m.*). **4 ~ a becco** (*ferr. - ecc.*), Hakenschraube (*f.*). **5 ~ ad espansione** (*carp. - mur.*), Spreizdübel (*m.*). **6 ~ di acciaio** (*carp.*), Stahldübel (*m.*). **7 ~ forzata** (cavicchio forzato) (*falegn. - carp.*), Einpressdübel (*m.*). **8 ~ per impiombare** (*ut. nav.*), Marlpfriem (*m.*), Marlspieker (*m.*), Spleissdorn (*m.*). **9 ~ per rotaie** (*ferr.*), Schienenschraube (*f.*). **10 ~ per traversine** (*ferr.*), Schwellenschraube (*f.*). **11 fissare con caviglie** (*carp. - falegn.*), dübeln. **12 fissato con ~** (*carp. - falegn.*), gedübelt.
cavigliotto (caviglia, spina) (*nav.*), Knebel (*m.*), Stift (*m.*).
cavità (*gen.*), Hohlraum (*m.*). **2 ~** (*fis.*), Hohlraum (*m.*). **3 ~** (impronta, di uno stampo per iniezione di materie plastiche) (*tecnol.*), Formraum (*m.*). **4 ~ a toroide** (toroide, di camera di combustione) (*mot.*), Omega-Mulde (*f.*). **5 ~ conica centrale** (nell'estrusione di pezzi massicci) (*difetto - tecnol. mecc.*), Trichterbildung (*f.*). **6 ~ da corrosione** (camolatura) (*metall. - difetto di vn.*), Rostnarbe (*f.*). **7 ~ da mancanza di materiale** (difetto di lingotto) (*metall.*), Stoffmangel (*m.*). **8 ~ da ritiro** (di un getto) (*difetto di fond.*), Schwindungshohlraum (*m.*), Schrumpfhohlraum (*m.*). **9 ~ da ritiro** (risucchio, cono di ritiro, alla sommità di un lingotto p. es.) (*difetto - metall.*), Lunker (*m.*). **10 ~ interna** (*difetto di fond.*), Innenlunker (*m.*). **11 ~ interdendritica** (*difetto metall.*), interdendritischer Hohlraum (*m.*). **12 ~ per inserire la forca** (d'un pallet p. es.) (*trasp. ind.*), Gabeltasche (*f.*). **13 ~ risonante** (*fis.*), Resonanzhohlraum (*m.*). **14 ~ tornita** (incameratura) (*mecc.*), Eindrehung (*f.*). **15 formazione di ~** (in getti; pori, soffiature, ecc.) (*fond.*), Hohlraumbildung (*f.*). **16 risonatore a ~ coassiale** (*radio*), Parallel-Resonanzkreis (*m.*), Tankkreis (*m.*).
cavitante (elica) (*nav.*), kavitierend.
cavitazione (formazione di vuoti, attorno ad eliche e turbine ecc.) (*nav. - ecc.*), Kavitation (*f.*), Hohlsogbildung (*f.*), Hohlraumbildung (*f.*). **2 ~ da ultrasuoni** (provocata da emettitori immersi) (*app.*), Ultraschall-Kavitation (*f.*). **3 ~ di vapore** (*nav. - ecc.*), Dampfkavitation (*f.*). **4 a ~ completa** (elica, supercavitante) (*nav.*), vollkavitierend. **5 corrosione per ~** (*metall.*), Kavitationskorrosion (*f.*).
cavo (conduttore per il trasporto di energia elettrica) (*s. - elett.*), Kabel (*n.*). **2 ~** (fune) (*s. - mecc. - aer. - ecc.*), Seil (*n.*). **3 ~** (*s. - nav.*), Tau (*n.*), Seil (*n.*). **4 ~** (*a. - mecc. - ecc.*), hohl. **5 ~** (forato, un albero p. es.) (*a. - mecc.*), durchbohrt. **6 ~ aereo** (*elett.*), Luftkabel (*n.*). **7 ~ a nastro** (cavo piatto) (*elett.*), Flachkabel (*n.*), Bandkabel (*n.*). **8 ~ armato** (*elett.*), armiertes Kabel, bewehrtes Kabel. **9 ~ a tre conduttori** (cavo tripolare) (*elett.*), Dreileiterkabel (*n.*). **10 ~ bipolare** (*elett.*), Zweileiterkabel (*n.*). **11 ~ Bowden** (cavo flessibile) (*mecc.*), Bowdenkabel (*n.*). **12 ~ Bowden a spinta** (*mecc.*), Stösseldraht (*m.*). **13 ~ coassiale** (*radio - telev.*), Koaxialkabel (*n.*), koaxiales Kabel, Koaxialleitung (*f.*). **14 ~ con cintura** (*elett.*), Gürtelkabel (*n.*). **15 ~ con conduttori a settore** (*elett.*), Sektorleiterkabel (*n.*). **16 ~ con isolamento in gomma sotto piombo** (cavo isolato in gomma sotto piombo) (*elett.*), Gummibleikabel (*n.*). **17 ~ con riempimento di olio** (*elett.*), Ölkabel (*n.*). **18 ~ cordato a stella** (*elett.*), Sternkabel (*n.*). **19 ~ criogenico** (criocavo) (*elett.*), Kryokabel (*n.*). **20 ~ d'abbonato** (*telef.*), Ortskabel (*n.*). **21 ~ da rimorchio** (fune da rimorchio) (*funi - veic.*), Schleppkabel (*n.*), Schleppseil (*n.*). **22 ~ da rimorchio** (*nav.*), Schlepptau (*n.*). **23 ~ dell'onda** (*gen.*), Wellental (*n.*). **24 ~ di accompagnamento** (per motori montati p. es. su unità d'avanzamento di linee a trasferta) (*elett. - macch. ut.*), Schleppleitung (*f.*). **25 ~ di accoppiamento** (tra due veicoli) (*veic.*), Verbindungskabel (*n.*). **26 ~ di alimentazione** (*elett.*), Speisekabel (*n.*). **27 ~ di allacciamento** (cavo di collegamento) (*elett.*), Anschlusskabel (*n.*). **28 ~ di ancoraggio** (*ed. - ecc.*), Haltekabel (*n.*). **29 ~ di collegamento** (tra app. elett. e presa di corrente p. es.) (*elett.*), Anschlusskabel (*n.*). **30 ~ di energia** (per correnti forti, che trasporta energia a bassa ed alta tensione) (*elett.*), Ener-

cavo

giekabel (n.). 31 ~ di forza (motrice) (elett.), Kraftübertragungskabel (n.), Kraftkabel (n.). 32 ~ di guida (cavo moderatore, di un aerostato) (aer.), Schlepptau (n.). 33 ~ di massa (elett.), Massekabel (n.), Erdleitung (f.), Erdung (f.), Erder (m.). 34 ~ distrettuale (telef.), Bezirkskabel (n.). 35 ~ di tonneggio (tonneggio) (nav.), Warpleine (f.). 36 ~ di uscita (elett.), Ausführungskabel (n.). 37 ~ flessibile (mecc.), biegsames Kabel. 38 ~ flessibile (cavo Bowden) (mecc.), Bowdenkabel (n.). 39 ~ guida (cavo moderatore, per palloni) (aer.), Schleppseil (n.). 40 ~ in olio (cavo con riempimento di olio) (elett.), Ölkabel (n.), ölgefülltes Kabel. 41 ~ in pressione (riempito di olio o di gas) (elett.), Druckkabel (n.). 42 ~ interrato (cavo sotterraneo) (elett.), Untergrundkabel (n.), unterirdisches Kabel, Erdkabel (n.). 43 ~ in tubo isolato con gas (elett.), Rohrgaskabel (n.). 44 ~ isolato con carta (elett.), Papierkabel (n.), papierisoliertes Kabel. 45 ~ isolato con carta e cotone (elett.), Papierbaumwollkabel (n.). 46 ~ isolato con carta sottopiombo (elett.), Papierbleikabel (n.). 47 ~ isolato con gomma (elett.), Gummikabel (n.), gummiisoliertes Kabel. 48 ~ isolato con gomma sotto piombo (cavo con isolamento in gomma sotto piombo) (elett.), Gummibleikabel (n.). 49 ~ isolato con materie plastiche sintetiche (elett.), Kunststoffkabel (n.). 50 ~ isolato con plastica (elett.), Kunststoffkabel (n.), Plastkabel (n.). 51 ~ isolato in seta e cotone (elett.), Baumwollseidenkabel (n.), BS-Kabel (n.). 52 ~ krarupizzato (telef.), Krarupkabel (n.). 53 ~ moderatore (cavo guida, di un aerostato) (aer.), Schlepptau (n.). 54 ~ multigamma (di frequenza) (telev. - ecc.), Breitbandkabel (n.). 55 ~ multipolare (elett.), Mehrleiterkabel (n.). 56 ~ per alta frequenza (elett.), Hochfrequenzkabel (n.). 57 ~ per alta tensione (elett.), Hochspannungskabel (n.). 58 ~ per ambienti umidi (cavo protetto contro l'umidità) (elett.), Feuchtraumleitung (f.). 59 ~ per comandi (elett.), Steuerkabel (n.). 60 ~ per intagliatrici (elett. - min.), Schrämkabel (n.). 61 ~ (per) luce (elett.), Lichtkabel (n.). 62 ~ per ricuperi (nav.), Hebetrosse (f.), Hebedraht (m.). 63 ~ per rimorchio (aut. - ecc.), vedi cavo da rimorchio. 64 ~ per telecomunicazioni (telegr. - ecc.), Nachrichtenkabel (n.), Fernmeldekabel (n.). 65 ~ piatto (piattina) (elett.), Flachkabel (n.). 66 ~ protetto contro l'umidità (elett.), Feuchtraumleitung (f.). 67 ~ pupinizzato (telef.), Pupinkabel (n.). 68 ~ quadripolare (elett.), Viererkabel (n.). 69 ~ schermato (elett. - radio), Abschirmkabel (n.). 70 ~ sotterraneo (elett.), Bodenkabel (n.), Erdkabel (n.), Untergrundkabel (n.). 71 ~ sottogomma (elett.), Gummikabel (n.). 72 ~ sottomarino (telef. - telegr.), Seekabel (n.). 73 ~ sottopiombo (elett.), Bleikabel (n.), Bleimantelkabel (n.). 74 ~ sottoplastica (cavo isolato con resine sintetiche) (elett.), Kunststoffkabel (n.). 75 ~ sotto pressione (pressurizzato dall'esterno mediante gas) (elett.), Druckkabel (n.), Aussendruckkabel (n.). 76 ~ sotto pressione interna (elett.), Innendruckkabel (n.). 77 ~ sottotreccia (elett.), umklöppeltes Kabel. 78 ~ telefonico (telef.), Fernsprechkabel (n.), Telephonkabel (n.). 79 ~ telegrafico (telegr.), Telegraphenkabel (n.). 80 ~ telegrafico sottomarino (telegr.), Telegraphenseekabel (n.). 81 ~ terminale (elett.), Abschlusskabel (n.). 82 ~ torticcio (gomena, gherlino) (nav.), Trosse (f.). 83 ~ tripolare (cavo a tre conduttori) (elett.), Dreileiterkabel (n.). 84 ~ unipolare (elett.), Einleiterkabel (n.). 85 accessori per cavi (elett.), Kabelgarnitur (f.). 86 apparecchio identificatore di cavi (cercacavi) (elett.), Kabelsuchgerät (n.), Kabelspürer (m.). 87 camera di distribuzione sotterranea di cavi (elett.), Kabelkeller (m.). 88 cameretta di distribuzione dei cavi (elett.), Kabelschacht (m.), Kabelbrunnen (m.). 89 cappuccio terminale per cavi (elett.), Kabelkappe (f.). 90 conduttore di un ~ (elett.), Kabelader (m.). 91 fascetta per cavi (serracavi, che tiene insieme più cavi) (elett.), Kabelschelle (f.). 92 fattore di riduzione del ~ (telef. - ecc.), Kabelreduktionsfaktor (m.). 93 giuntista di cavi (lav.), Kabelverbinder (m.). 94 giunzione del ~ (elett.), Kabelspleissung (f.). 95 imbando di ~ (elett.), Kabelzuschlag (m.). 96 incrocio di cavi (elett.), Kabelkreuzung (f.). 97 macchina per armare cavi (macch.), Bewehrungsmaschine (f.). 98 materiale isolante per cavi (elett.), Kabelmasse (f.). 99 passo (di cordatura) del ~ (elett.), Kabelschritt (m.). 100 pettine del ~ (elett.), Kabelkamm (m.), Kabelbaum (m.). 101 rendere ~ (gen.), aushöhlen. 102 tesatura del ~ (elett.), Kabelzug (m.).

cavobuono (ghindazzo) (nav.), Windreep (n.).

cazzuola (ut.), Kelle (f.). 2 ~ da muratore (ut. mur.), Maurerkelle (f.). 3 ~ da stuccatore (ut. mur.), Stukkateurkelle (f.). 4 ~ per giunti (cazzuolino) (ut. mur.), Fugenkelle (f.). 5 ~ per lisciare (pialletto) (ut. mur.), Glättkelle (f.). 6 ~ quadra (ut. mur.), Spachtelkelle (f.), Estrichkelle (f.). 7 maneggiabile con ~ (di consistenza adatta all'uso della cazzuola, malta p. es.) (mur.), kellengerecht.

cazzuolino (cazzuola per giunti) (ut. mur.), Fugenkelle (f.),

CBR («California-Bearing-Ratio», indice di portanza d'una strada) (costr. strad.), CBR-Wert (m.). 2 prova ~ (costr. strad.), CBR-Versuch (m.).

C.C.I. (Camera di Commercio Internazionale) (comm.), I.H.K., Internationale Handelskammer.

Cd (cadmio) (chim.), Cd, Kadmium (n.).

Ce (cerio) (chim.), Ce, Cer (n.).

cecità (ott.), Blindheit (f.). 2 ~ per il rosso (protanopia, forma di daltonismo) (ott. - med.), Rotblindheit (f.). 3 ~ per il verde (deuteranopia, forma di daltonismo) (ott. - med.), Grünblindheit (f.). 4 ~ scotopica (emeralopia) (difetto ott.), Hemeralopie (f.), Nachtblindheit (f.). 5 affetto da ~ per il rosso (protanopo) (ott. - med.), Rotblinde (m.). 6 affetto da ~ per il verde (deuteranopo) (ott. - med.), Grünblinde (m.).

cedere (gen.), nachgeben. 2 ~ (ed.), nachgeben. 3 ~ (emettere, calore, p. es.) (term. - ecc.), abgeben.

cedevole (di terreno p. es.) (*gen.*), nachgiebig, unfest.
cedevolezza (*gen.*), Nachgiebigkeit (*f.*).
cedibile (*gen.*), abtretbar. 2 non ~ (*gen.*), unabtretbar.
cediglia (segno sotto la c: ç) (*tip.*), Cedille (*f.*).
cedimento (assestamento) (*ed.*), Senkung (*f.*), Setzung (*f.*), Sackung (*f.*). 2 ~ (misura del cedimento) (*ed.*), Sackmass (*n.*). 3 ~ (rottura) (*gen.*), Abbruch (*m.*), Brechen (*n.*). 4 ~ **degli appoggi** (*ed.*), Stützensenkung (*f.*). 5 ~ **della sponda** (di un fiume) (*costr. idr.*), Uferabbruch (*m.*). 6 ~ **del terreno** (*ed.*), Bodensenkung (*f.*). 7 ~ **del terreno** (*geol.*), Erdsenkung (*f.*). 8 ~ **elastico** (deformazione elastica) (*mecc. - sc. costr.*), Einfederung (*f.*). 9 ~ **per comprimibilità** (del terreno) (*ed.*), Drucksenkung (*f.*). 10 ~ **successivo** (di dighe) (*costr. idr.*), Nachsackung (*f.*), Nachgeben (*n.*). 11 **curva del** ~ **in funzione del tempo** (*ed.*), Zeit-Senkungs-Kurve (*f.*), Zeitsetzungskurve (*f.*). 12 **misura del** ~ (cedimento) (*ed.*), Sackmass (*n.*).
cedola (« coupon », tagliando) (*gen.*), Schein (*m.*), Zettel (*m.*), Kupon (*m.*). 2 ~ (di un'azione p. es.) (*finanz.*), Anteilschein (*m.*). 3 ~ **dei dividendi** (*finanz.*), Gewinnanteilschein (*m.*), Dividendenkupon (*m.*), Dividendenschein (*m.*).
cedolare (imposta cedolare, sui dividendi) (*finanz.*), Kapitalertragsteuer (*f.*). 2 ~ **secca del 30%** (*finanz.*), befreiende Besteuerung zum Pauschalsatz von 30%.
CEE (Comunità Economica Europea, Mercato Comune Europeo) (*finanz.*), EWG, Europäische Wirtschaftliche Gemeinschaft. 2 ~ (Commissione Internazionale per la regolamentazione dell'approvazione di prodotti elettrotecnici) (*elett.*), CEE, Regeln zur Begutachtung elektrotechnischer Erzeugnisse.
celerimensura (tacheometria) (*top.*), Tachymetrie (*f.*).
celerimetrico (tacheometrico) (*top.*), tachymetrisch.
celerità (*gen.*), Geschwindigkeit (*f.*). 2 ~ **di tiro** (*milit.*), Feuerfolge (*f.*), Feuergeschwindigkeit (*f.*).
celeste (*colore*), lichtblau.
celestina ($SrSO_4$) (solfato di stronzio) (*min.*), Zölestin (*n.*), Cölestin (*n.*).
cella (cellula) (*gen.*), Zelle (*f.*). 2 ~ (di prigione) (*ed. - leg.*), Zelle (*f.*). 3 ~, vedi anche cellula. 4 ~ **a combustione** (pila a combustione, per convertire energia chimica in energia elettrica) (*elett.*), Brennstoffzelle (*f.*). 5 ~ **di flottazione** (*min.*), Flotationszelle (*f.*). 6 ~ **(di flottazione) Ekof** (apparecchio di flottazione ad aria compressa) (*min.*), Ekof-Gerät (*n.*). 7 ~ **(di flottazione) standard M.S.** (per separare minerali, cella Standard Minerals Separation) (*min.*), M.S.-Standardgerät (*n.*). 8 ~ **di memoria** (per un bit, una parola ecc.) (*calc.*), Speicherzelle (*f.*), Speicherplatz (*m.*). 9 ~ **elettrolitica** (*elettrochim.*), elektrolytische Zelle, Elektrosezelle (*f.*). 10 ~ **frigorifera** (*ind.*), Kühlzelle (*f.*). 11 ~ **frigorifera** (magazzino frigorifero, per prodotti alimentari) (*ind.*), Kaltlagerraum (*m.*), Kühlraum (*m.*). 12 ~ **solare** (pila solare) (*elett.*), Solarzelle (*f.*). 13 **silo a celle** (*ed.*), Zellensilo (*m.*).
cellofane (cellophan) (*ind. chim.*), Cellophan (*n.*), Zellophan (*n.*), Zellglas (*n.*). 2 **macchina per confezionare sacchetti di** ~ (*macch.*), Zellglasbeutelmaschine (*f.*).
cellula (cella) (*gen.*), Zelle (*f.*). 2 ~ (di un aeroplano, complesso delle superfici portanti) (*costr. aer.*), Tragwerk (*n.*). 3 ~ (*biol. - ecc.*), Zelle (*f.*). 4 ~ **al solfuro di piombo** (per rivelazioni con raggi infrarossi) (*app. ott.*), Bleiglanzzelle (*f.*). 5 ~ **a selenio** (fotocellula a selenio) (*app. elett.*), Selenzelle (*f.*), Photozelle (*f.*). 6 ~ **a T** (quadripolo nei circuiti filtranti) (*radio*), T-Glied (*n.*). 7 ~ **di Kerr** (relè elettrico per la luce) (*app. fis.*), Kerrzelle (*f.*), Karoluszelle (*f.*). 8 ~ **di memoria** (*calc.*), Einspeicherglied (*n.*), Speicherglied (*n.*). 9 ~ **fotoconduttrice** (*fis.*), Photoleitzelle (*f.*). 10 ~ **fotoelettrica** (fotocellula) (*fis.*), Photozelle (*f.*), lichtelektrische Zelle. 11 ~ **fotoelettrica ad alto vuoto** (fotocellula ad alto vuoto) (*telev.*), Hochvakuumzelle (*f.*). 12 ~ **fotoelettrica a metalli alcalini** (*elettrochim.*), Alkalizelle (*f.*), Alkaliphotozelle (*f.*). 13 ~ **fotoemittente** (*fis.*), Emissionsphotozelle (*f.*).
cellulare (*a. - gen.*), zellular. 2 ~ (carcere) (*s. - ed.*), Gefängnis (*n.*). 3 **calcestruzzo** ~ (calcestruzzo poroso) (*mur.*), Porenbeton (*m.*). 4 **costruzione** ~ (*ed. - ecc.*), Zellenbauweise (*f.*). 5 **gesso** ~ (*ed.*), Porengips (*m.*). 6 **gomma** ~ (*ind. gomma*), Zellgummi (*m.*). 7 **tessuto** ~ (*biol. - ecc.*), Zellgewebe (*n.*), Zellengewebe (*n.*).
cellulite (infiammazione del tessuto connettivo) (*med. - lav.*), Cellulitis (*f.*), Bindegewebsentzündung (*f.*).
celluloide (*ind. chim.*), Zellhorn (*n.*), Zelluloid (*n.*).
cellulosa (cellulosio) (*chim.*), Zellulose (*f.*), Zellstoff (*m.*). 2 ~ (tecnica, cellulosa chimica, ottenuta da processo chim.) (*ind. chim.*), Zellstoff (*m.*). 3 ~ **al cloro** (clorocellulosa, cellulosa ottenuta con procedimento al cloro) (*ind. chim.*), Chlorzellstoff (*m.*). 4 ~ **al solfito** (cellulosa ottenuta con procedimento al solfito) (*chim.*), Sulfitzellstoff (*m.*). 5 ~ **da sparto** (spartocellulosa) (*chim.*), Espartozellstoff (*m.*). 6 ~ **di legno** (*mft. carta*), Holzzellstoff (*m.*). 7 ~ **di paglia** (*ind. carta*), Strohzellulose (*f.*). 8 ~ **nobile** (*chim.*), Edelzellstoff (*m.*). 9 ~ **tecnica** (cellulosa chimica) (*ind. chim.*), Zellstoff (*m.*). 10 **acetato di** ~ **(CA)** (*chim.*), Zelluloseazetat (*n.*), (CA). 11 **acetato butirrato di** ~ **(CAB)** (*chim.*), Zelluloseazetatbutyrat (*n.*), CAB. 12 **estrazione della** ~ (*ind. carta*), Zellstoffaufschluss (*m.*).
cellulosio (cellulosa) (*chim.*), Zellulose (*f.*), Zellstoff (*m.*).
celostato (*strum. astr.*), Zölostat (*m.*), Coelostat (*m.*).
celotex (materiale fonoassorbente) (*acus. - ecc.*), Celotex (*n.*).
cementabilità (*tratt. term. - metall.*), Einsatzfähigkeit (*f.*).
cementante (*tratt. term. - metall.*), Aufkohlungsmittel (*n.*). 2 ~ (*ed. - mur.*), Bin-

debaustein (*m.*). 3 ~ **in polvere** (*tratt. term.*), Härtepulver (*n.*).
cementare (*tratt. term. - metall.*), einsatzhärten. 2 ~ (**carburare**) (*tratt. term. - metall.*), einsetzen, zementieren, aufkohlen. 3 ~ **allo zinco** (sherardizzare) (*tratt. term. - metall.*), sherardisieren. 4 ~ **all'alluminio** (calorizzare) (*tratt. term. - metall.*), kalorisieren, alitieren.
cementato (*tratt. term.*), einsatzgehärtet. 2 ~ **all'alluminio** (calorizzato) (*tratt. term.*), alitiert, kalorisiert.
cementazione (*tratt. term. - metall.*), Einsatzhärten (*n.*). 2 ~ (di pozzi trivellati) (*min.*), Zementation (*f.*). 3 ~ **all'alluminio** (procedimento per formare uno strato protettivo sull'acciaio mediante trattamento con polvere di alluminio a 800 ºC) (*tratt. term. - metall.*), Alitieren (*n.*), Kalorisieren (*n.*). 4 ~ **all'alluminio a spruzzo** (calorizzazione a spruzzo, contro l'ossidazione dell'acciaio a temperature fino ad 800 ºC) (*tratt. term. - metall.*), Spritzalitieren (*n.*), Alumetieren (*n.*). 5 ~ **allo zinco** (sherardizzazione, di pezzi d'acciaio p. es.) (*metall.*), Sherardisieren (*n.*). 6 ~ **carbonitrurante** (carbonitrurazione) (*tratt. term.*), Karbonitrieren (*n.*). 7 ~ **carburante** (carbocementazione) (*tratt. term.*), Einsetzen (*n.*), Aufkohlen (*n.*), Zementieren (*n.*). 8 ~ **carburante a gas** (carbocementazione a gas, carbocementazione con cementante gassoso) (*tratt. term.*), Gasaufkohlen (*n.*). 9 ~ **carburante in mezzo gassoso** (carbocementazione con cementante gassoso) (*tratt. term.*), Gasaufkohlen (*n.*). 10 ~ **in bagno di sale** (*tratt. term.*), Salzbadeinsatzhärten (*n.*). 11 ~ **in cassetta** (*tratt. term.*), Kasteneinsatzverfahren (*n.*), Kasteneinsatzhärten (*n.*). 12 ~ **in mezzo liquido** (cementazione carburante in mezzo liquido) (*tratt. term.*), Badaufkohlen (*n.*). 13 **acciaio da** ~ (*metall.*), Einsatzstahl (*m.*). 14 **cassetta per** ~ (*app. tratt. term.*), Zementierkasten (*m.*), Einsatzkasten (*m.*). 15 **forno per** ~ (*tratt. term.*), Einsatzofen (*m.*). 16 **penetrazione della** ~ (profondità di cementazione) (*tratt. term.*), Einsatzhärtungstiefe (*f.*), Einsatztiefe (*f.*). 17 **testa di** ~ (per cementare pozzi trivellati) (*min.*), Zementierkopf (*m.*).
cementeria (cementificio) (*ind.*), Zementfabrik (*f.*), Zementwerk (*n.*).
cementificio (cementeria) (*ind.*), Zementfabrik (*f.*), Zementwerk (*n.*).
cementite (Fe_3C) (carburo di ferro) (*metall.*), Zementit (*m.*). 2 ~ **sferoidale** (cementite nodulare) (*metall.*), kugeliger Zementit. 3 **sferoidizzazione della** ~ (*tratt. term.*), Einformung (*f.*) des Zementits.
cemento (materiale da costruzione) (*ed. - mur.*), Zement (*m.*). 2 ~ (agglomerante, per mole) (*ut.*), Bindemittel (*n.*), Bindung (*f.*). 3 ~ (di una mola) (*ut.*), vedi anche agglomerante. 4 ~ **a lenta presa** (*mur.*), Langsambinder (*m.*), langsam abbindender Zement. 5 ~ **alluminoso** (ricavato utilizzando bauxite e calcare, cemento fuso) (*ed.*), Tonerdeschmelzzement (*m.*), Tonerdezement (*m.*), Schmelzzement (*m.*). 6 ~ **al silicato** (di una mola) (*ut.*), Silikatbindung (*f.*). 7 ~ **a presa rapida** (*mur.*), Schnellbinder (*m.*), rasch abbindender Zement. 8 ~ **armato** (calcestruzzo armato) (*mur. - c. a.*), armierter Beton, bewehrter Beton, Eisenbeton (*m.*), Stahlbeton (*m.*). 9 ~ **armato precompresso** (*ed.*), vorgespannter Beton. 10 ~ **cellulare** (*ed.*), Bimszement (*m.*). 11 ~ **ceramico** (o vetrificato, di una mola) (*ut.*), keramische Bindung. 12 ~ **di alto forno** (*ed. - metall.*), Hochofenzement (*m.*). 13 ~ **di alto forno (con attivatore) solfatico** (contiene il 75% di scoria d'altoforno) (*ed.*), Sulfathüttenzement (*m.*), SHZ. 14 ~ **di gomma** (cemento elastico, impasto di gomma, impasto elastico, di una mola) (*ut.*), Gummibindung (*f.*). 15 ~ **di linoleum** (*ed.*), Linoleumzement (*m.*). 16 ~ **di rame** (*metall.*), Zementkupfer (*n.*). 17 ~ **di resina sintetica** (agglomerante, di una mola) (*ut.*), Kunstharzbindung (*f.*). 18 ~ **di scisti bituminosi** (*ed.*), Ölschieferzement (*m.*). 19 ~ **di scoria** (*ed. - metall.*), Schlackenzement (*m.*). 20 ~ **elastico** (cemento di gomma, impasto elastico, impasto di gomma, di una mola) (*ut.*), Gummibindung (*f.*). 21 ~ **espansivo** (che si espande durante la presa) (*ed.*), Quellzement (*m.*). 22 ~ **fuso** (cemento alluminoso, i cui materiali di partenza vengono fusi) (*ed.*), Schmelzzement (*m.*), Tonerdeschmelzzement (*m.*), Tonerdezement (*m.*). 23 ~ **idraulico** (*ed.*), Wasserzement (*m.*). 24 ~ **magnesiaco** (cemento sorel) (*ed.*), Sorelzement (*n.*), Magnesiabindemittel (*n.*). 25 ~ **metallurgico** (*metall. - ed.*), Hüttenzement (*m.*). 26 ~ **minerale** (impasto minerale, di una mola) (*ut.*), mineralische Bindung. 27 ~ **normale** (che corrisponde alle norme) (*ed.*), Normenzement (*m.*). 28 ~ **Portland** (*mur.*), Portlandzement (*m.*). 29 ~ **(Portland) ferrico** (ad alto tenore di ossido Fe) (*ed.*), Kühlzement (*m.*). 30 ~ **per otturazioni** (da dentista) (*med.*), Verschlusszement (*m.*). 31 ~ **refrattario** (*ed.*), Feuerzement (*m.*), feuerfester Zement. 32 ~ **sorel** (cemento magnesiaco) (*ed.*), Sorelzement (*n.*), Magnesiabindemittel (*n.*). 33 ~ **vegetale** (agglomerante, di una mola) (*ut.*), vegetabile Bindung. 34 ~ **vetrificato** (o ceramico, di una mola) (*ut.*), keramische Bindung. 35 **calcestruzzo di** ~ (*mur.*), Zementbeton (*m.*). 26 **clinker di** ~ (*ed.*), Zementklinker (*m.*). 37 **elemento prefabbricato in** ~ **armato** (*ed.*), Betonfertigteil (*m.*). 38 **forno per** ~ (forno), Zementofen (*m.*). 39 **forno rotativo per** ~ (forno), Zementdrehofen (*m.*). 40 **impianto di macinazione di** ~ (*ed.*), Zementmahlanlage (*f.*). 41 **iniezione di** ~ (*ing. civ.*), Zementeinspritzung (*f.*). 42 **iniezione di** ~ (per chiudere fenditure nella montagna) (*min.*), Versteinung (*f.*). 43 **insaccatrice per** ~ (*macch.*), Zementpackmaschine (*f.*). 44 **legaccio per tondini da** ~ **armato** (*ed.*), Betoneisenbinder (*m.*). 45 **macchina per iniezioni di** ~ (*macch. ed.*), Zementeinpressmaschine (*f.*), Zementeinspritzmaschine (*f.*). 46 **malta di** ~ (*mur.*), Zementmörtel (*m.*). 47 **pasta di** ~ (miscela di cemento ed acqua) (*ed.*), Zementleim (*m.*). 48 **pavimentazione di** ~ (*ed.*), Zementglattstrich (*m.*). 49 **silo per** ~ (*ed.*), Zementsilo (*m.*).
cemento-amianto (« eternit ») (*ed.*), Asbest-

zement (*m.*). **2 lastra ondulata di** ~ (*ed.*), Asbestzement-Wellplatte (*f.*).
CEN (Comité Européen de Normalisation) (*norm.*), CEN.
CENEL (Comitato Europeo per il Coordinamento delle Norme Elettriche) (*elett.*), CENEL, Europäische Komitee zur Koordinierung elektrotechnischer Normen.
CENELCOM (Comité Européen de Coordination des Normes Electrotechniques des Etats-Membres de la Communauté Economique Européenne) (*elett.*), CENELCOM.
CENELEC (Comité Européen de Normalisation Electrotechnique) (*elett.*), CENELEC.
cenerario (*cald. ferr.*), Feuergrube (*f.*), Löschgrube (*f.*), Aschenraum (*m.*).
cenere (*comb.*), Asche (*f.*). **2** ~ **ventilata** (per fonderia) (*fond.*), Aschenstaub (*m.*). **3** ~ **volatile** (cenerino) (*comb.*), Flugasche (*f.*). **4** ~ **vulcanica** (*geol.*), Vulkanasche (*f.*). **5 contenuto di ceneri** (*chim.*), Aschengehalt (*m.*). **6 esente da ceneri** (*gen.*), aschenfrei. **7 fossa raccolta ceneri** (*ind.*), Aschengrube (*f.*). **8 grigio** ~ (*vn.*), aschgrau. **9 impianto di trasporto per ceneri** (impianto per convogliamento ceneri) (*macch. ind.*), Aschenförderanlage (*f.*). **10 percento (in peso) di ceneri** (tenore di ceneri) (*chim.*), Aschengehalt (*m.*). **11 privo di ceneri** (*gen.*), aschenfrei. **12 trasportatore per ceneri** (*macch. ind.*), Aschenförderanlage (*f.*).
cenerino (cenere volatile) (*comb.*), Flugasche (*f.*).
censimento (*stat.*), Zensus (*m.*), Volkszählung (*f.*), Zählung (*f.*). **2 modulo di** ~ (*stat.*), Zählbogen (*m.*).
censura (*tip. - cinem. - ecc.*), Zensur (*f.*).
cent (1/100 di dollaro, unità di reattività) (*fis. atom.*), Cent (*n.*).
centesimale (*gen.*), hundertteilig, zentesimal.
centesimo (*s. - mat.*), Hunderstel (*m.*). **2** ~ **di millimetro** (*mis.*), Hunderstel-Millimeter (*m.*).
centidina (1 cdyn = 10^{-4} mg/s^2) (*unità mis.*), Zentidyn (*n.*).
centigrado (temperatura) (°C - *fis.*), Grad Celsius. **2** ~ (*a. - fis.*), hundertgradig. **3** ~ (scala con cento divisioni) (*a. - strum.*), hundertteilig.
centigrammo (10^{-2} g) (*cg - mis.*), Zentigramm (*n.*).
centilitro (*cl - mis.*), Zentiliter (*n.*).
centimetro (*cm - mis.*), Zentimeter (*m.*). **2** ~ **cubo** (*cm^3 - unità di mis.*), Kubikzentimeter (*m.*).
centina (ossatura provvisoria in legno per archi) (*ed.*), Lehrbogen (*m.*), Bogengerüst (*n.*), Lehrgerüst (*n.*). **2** ~ (per il sostegno del copertone di un autocarro p. es.) (*veic. - ecc.*), Spriegel (*m.*). **3** ~ (di un'ala) (*costr. aer.*), Rippe (*f.*), Flügelrippe (*f.*). **4** ~ **alare** (*aer.*), Flügelrippe (*f.*). **5** ~ **del tetto** (*veic.*), Dachspriegel (*m.*). **6** ~ **per volte** (*ed.*), Gerüstbogen (*m.*). **7 falsa** ~ (di un ala) (*aer.*), Nasenrippe (*f.*), falsche Flügelrippe (*f.*).
centinare (lamiera p. es.) (*tecnol. mecc.*), kümpeln, wölben.
centinatura (di un arco o volta) (*ed.*), Lehrschalung (*f.*), Bogenschalung (*f.*), Lehrgerüst (*n.*). **2** ~ (curvatura a stampo di lamiera) (*tecnol. mecc.*), Kümpeln (*n.*), Wölben (*n.*). **3** ~ **dell'arco** (*ed.*), Bogenschalung (*f.*). **4** ~ **per teloni** (*veic.*), Planengestell (*n.*).
centipoise (unità di viscosità) (*chim.*), Centipoise (*n.*), Zentipoise (*n.*).
centistoke (cSt, unità di viscosità) (*chim.*), Centistoke (*n.*), cSt, Zentistoke (*n.*).
centraggio (centratura) (*gen.*), Zentrierung (*f.*). **2** ~ (risalto di centraggio, su un disco p. es.) (*mecc.*), Zentrieransatz (*m.*), Zentrierwulst (*m.*). **3** ~ (coincidenza a doppia riga) (*ott.*), Doppelstricheinfang (*m.*). **4** ~ **del pezzo** (attrezzo di appoggio del pezzo per la brocciatura) (*lav. macch. ut.*), Werkstückvorlage (*f.*). **5 anello di** ~ (*mecc.*), Zentrierring (*m.*). **6 perno di** ~ (*mecc.*), Zentrierzapfen (*m.*). **7 perno di** ~ (di uno stampo) (*ut. per fucinatura*), Haltestein (*m.*). **8 sede di** ~ (*mecc.*), Zentriersitz (*m.*). **9 spallamento di** ~ (*mecc.*), Zentrierschulter (*f.*). Zentrierrand (*m.*). **10 spina di** ~ (*mecc.*), Zentrierstift (*m.*).
centrale (*a. - gen.*), mittig, zentral. **2** ~ (elettrica) (*s. - elett.*), Kraftwerk (*n.*), Zentrale (*f.*). **3** ~ (*s. - telef.*), Amt (*n.*), Zentrale (*f.*). **4** ~ **ad accumulo** (centrale a ripompaggio; centrale idroelettrica alimentata da acqua rinviata da pompe ad un serbatoio a livello superiore) (*elett.*), Speicherkraftwerk (*n.*). **5** ~ **ad accumulo di aria** (compressa) (*ind.*), Luftspeicher-Kraftwerk (*n.*). **6** ~ **ad accumulo con pompaggio** (*elett. - idr.*), Pumpspeicherkraftwerk (*n.*). **7** ~ **ad energia nucleare** (centrale elettronucleare, centrale elettrica ad energia nucleare) (*elett. - fis. nucl.*), Kernkraftwerk (*n.*). **8** ~ **ad energia solare** (*elett.*), Sonnenkraftwerk (*n.*). **9** ~ **a ripompaggio** (centrale ad accumulo; centrale idroelettrica alimentata da acqua rinviata da pompe ad un serbatoio a livello superiore) (*elett.*), Speicherkraftwerk (*n.*). **10** ~ **atomica** (centrale elettronucleare, centrale elettrica ad energia atomica) (*elett. - fis. atom.*), Atomkraftwerk (*n.*), Kernkraftwerk (*n.*). **11** ~ **automatica** (*telef.*), Selbstanschlussamt (*n.*), automatische Zentrale, Selbstwählamt (*n.*). **12** ~ **automatica interurbana** (centrale di teleselezione) (*telef.*), Wählerfernamt (*n.*), WFA **13** ~ **corrispondente** (centrale opposta) (*telef.*), Gegenamt (*m.*). **14** ~ **di cantiere** (*elett.*), Baukraftwerk (*n.*). **15** ~ **di condizionamento** (di un impianto di climatizzazione) (*ed.*), Klimazentrale (*f.*). **16** ~ **di grande potenza** (*elett.*), Hochleistungszentrale (*f.*), Hochleistungskraftwerk (*n.*). **17** ~ **di marea** (centrale mareomotrice) (*elett.*), Gezeitenkraftwerk (*n.*), Flutkraftwerk (*n.*). **18** ~ **d'integrazione** (*elett.*), Ergänzungskraftwerk (*n.*). **19** ~ **di punta** (centrale per punte di carico) (*elett.*), Spitzenkraftwerk (*n.*). **20** ~ **di punta** (centrale idroelettrica per punte di carico) (*elett.*), Spitzenkraftwerk (*n.*), Speicherkraftwerk (*n.*). **21** ~ **di punteria** (centrale di tiro) (*mar. milit.*), Zentralrichtanlage (*f.*). **22** ~ **di regolazione** (per regolare la frequenza o la potenza erogata) (*elett.*), Regelkraftwerk (*n.*). **23** ~ **di riscaldamento** (*riscald.*), Heizwerk (*n.*). **24** ~ **di riscaldamento a distanza** (situata a distanza dai vari edifici cui provvede)

centrale

(*riscald.*), Fernheizwerk (*n.*). **25 ~ d'isola** (centrale fluviale su traversa collegante sponda ed isola) (*elett.*), Inselkraftwerk (*n.*). **26 ~ di teleselezione** (centrale automatica interurbana) (*telef.*), Wählerfernamt (*n.*), WFA. **27 ~ di testa** (centrale terminale) (*telef.*), Kopfzentrale (*f.*). **28 ~ di tiro** (*milit.*), Feuerleitstelle (*f.*). **29 ~ di tiro** (macchina calcolatrice dei dati di tiro) (*milit.*), Zielrechenmaschine (*f.*). **30 ~ di transito** (*telef.*), Durchgangsamt (*n.*). **31 ~ di transito** (centrale tandem) (*telef.*), Tandemamt (*n.*). **32 ~ elettrica** (*elett.*), Kraftwerk (*n.*). **33 ~ elettrica ad energia atomica** (centrale elettronucleare, centrale atomica) (*elett.*), Atomkraftwerk (*n.*), Kernkraftwerk (*n.*). **34 ~ elettrica a movimento di marea** (centrale mareomotrice) (*elett.*), Flutkraftwerk (*n.*), Gezeitenkraftwerk (*n.*). **35 ~ (elettrica) a piccolo salto** (centrale fluviale) (*elett.*), Niederdruckstaukraftwerk (*n.*), Flusskraftwerk (*n.*), Stromkraftwerk (*n.*). **36 ~ (elettrica) ausiliaria** (sottocentrale) (*elett.*), Hilfswerk (*n.*), Hilfzentrale (*f.*). **37 ~ (elettrica) condominiale** (costruita ed esercita da due o più imprese) (*elett.*), Gemeinschaftkraftwerk (*n.*). **38 ~ elettrica con macchine collegate in parallelo** (centrale elettrica con macchine ad alimentazione collettiva; centrale elett. a vapore in cui ciascuna caldaia può essere commutata su qualsiasi turbina) (*elett.*), Sammelschienenkraftwerk (*n.*). **39 ~ (elettrica) fluviale** (centrale elettrica a piccolo salto) (*elett.*), Flusskraftwerk (*n.*), Stromkraftwerk (*n.*), Niederdruckstaukraftwerk (*n.*). **40 ~ elettrica in caverna** (*elett.*), Kavernenkraftwerk (*n.*). **41 ~ elettrica per autoproduzione** (*elett.*), Eigenbedarfskraftwerk (*n.*), Industriekraftwerk (*m.*). **42 ~ elettronucleare** (centrale atomica, centrale elettrica ad energia atomica) (*elett.*), Atomkraftwerk (*n.*), Kernkraftwerk (*n.*). **43 ~ eolica** (*elett.*), Windkraftwerk (*n.*). **44 ~ fluviale** (*elett.*), Flusskraftwerk (*n.*), Stromkraftwerk (*n.*). **45 ~ (fluviale) incorporata nella traversa di sbarramento** (*elett.*), Wehrkraftwerk (*n.*). **46 ~ idroelettrica** (*elett.*), Wasserkraftwerk (*n.*). **47 ~ idrovora** (impianto di pompaggio per il sollevamento di grandi quantità di acqua con bassa prevalenza) (*idr.*), Schöpfwerk (*n.*). **48 ~ in contrafforti** (centrale elettrica sistemata nei contrafforti della diga) (*elett.*), Pfeilerkraftwerk (*n.*). **49 ~ interurbana** (*telef.*), Fernamt (*n.*). **50 ~ locale** (*telef.*), Endamt (*n.*). **51 ~ manuale** (*telef.*), Handamt (*n.*). **52 ~ mareomotrice** (centrale di marea) (*elett.*), Gezeitenkraftwerk (*n.*), Flutkraftwerk (*n.*). **53 ~ modulante** (per frequenti variazioni di carico) (*elett.*), Mittellastkraftwerk (*n.*). **54 ~ nodale** (*telef.*), Knotenamt (*n.*). **55 ~ oleodinamica** (gruppo motore, pompa, serbatoio olio ecc. per l'azionamento oleodinamico di macch. ed impianti idraulici) (*macch.*), Hydraulikaggregat (*m.*). **56 ~ opposta** (centrale corrispondente) (*telef.*), Gegenamt (*n.*). **57 ~ principale** (*telef.*), Hauptamt (*n.*). **58 ~ rurale** (centralino rurale) (*telef.*), Landzentrale (*f.*). **59 ~ satellite** (centrale secondaria) (*telef.*), Nebenamt (*n.*), Hilfsamt (*n.*), Teilsamt (*n.*). **60 ~ secondaria** (sottocentrale) (*telef.*), Unteramt (*n.*), Unterknotenamt (*n.*), Unterzentrale (*f.*). **61 ~ secondaria** (centrale satellite) (*telef.*), Nebenamt (*n.*), Hilfsamt(*n.*), Teilamt (*n.*). **62 ~ tandem** (centrale di transito) (*telef.*), Tandemamt (*n.*). **63 ~ telefonica** (*telef.*), Fernsprechzentrale (*f.*), Telephonzentrale (*f.*). **64 ~ telefonica urbana** (*telef.*), Ortsvermittlungsstelle (*f.*). **65 ~ termica** (centrale termoelettrica) (*elett.*), Wärmekraftwerk (*n.*), thermisches Kraftwerk. **66 ~ termica a vapore** (*elett.*), Dampfkraftwerk (*n.*), Dampfkraftzentrale (*f.*). **67 ~ terminale** (*telef.*), Kopfamt (*n.*). **68 ~ termoelettrica** (*elett.*), Wärmekraftwerk (*n.*), thermisches Kraftwerk. **69 ~ (termoelettrica) ad immondizie** (che usa immondizie come combustibile) (*elett.*), Müllkraftwerk (*n.*). **70 ~ termoelettrica a vapore** (*elett.*), Dampfkraftwerk (*n.*). **71 ~ termoelettrica con motori Diesel** (*elett.*), Dieselkraftwerk (*n.*). **72 ~ termoelettrica con turbina a gas** (*elett.*), Gasturbinenkraftwerk (*n.*). **73 ~ termoelettrica e di riscaldamento** (per la generazione di calore e di energia elettrica) (*elett.*), Heizkraftwerk (*n.*). **74 afflusso di ~** (*idr.*), Kraftwerkzufluss (*m.*). **75 apparato ~** (*ferr.*), Verriegelungsanlage (*f.*), Zentralstellwerk (*n.*). **76 forza ~** (d'un campo di forze) (*mecc.*), Zentralkraft (*f.*). **77 sala quadri della ~** (*elett.*), Kraftwerkswarte (*f.*). **78 sala quadri di ~ termoelettrica** (*elett.*), Wärmewarte (*f.*). **79 unità ~** (di elaborazione) (*calc. - elab. dati*), Zentraleinheit (*f.*).

centralina (scatola con prese di moto, per il comando di accessori p. es.) (*mecc.*), Gehäuse (*n.*), Steuergehäuse (*n.*), Steuerungsbüchse (*f.*). **2 ~ comandi ausiliari** (scatola comandi ausiliari) (*mecc. - mot.*), Notsteuerungsbüchse (*f.*). **3 ~ per lubrificazione** (impianto di lubrificazione centralizzato) (*macch.*), Zentralschmieranlage (*f.*), Sammelschmieranlage (*f.*).

centralinista (*m. - telef.*), Vermittlungsbeamter (*m.*). **2 ~** (*f. - telef.*), Vermittlungsbeamtin (*f.*).

centralino (telefonico) (*telef.*), Amt (*m.*). **2 ~ automatico** (*telef.*), Automatenamt (*n.*), automatisches Amt. **3 ~ con avvisatore di chiamata a cartellini** (*telef.*), Klappenschrank (*m.*). **4 ~ con selezione automatica** (*telef.*), Vermittlungstelle mit Wählbetrieb, VStW. **5 ~ rurale** (centrale rurale) (*telef.*), Landzentrale (*f.*). **6 ~ derivato** (*telef.*), Nebenstellenanlage (*f.*). **7 ~ interno** (*telef.*), Eigenamt (*n.*). **8 ~ locale** (*telef.*), Ortsamt (*n.*). **9 ~ telefonico** (centrale telefonica) (*telef.*), Fernsprechamt (*n.*), Telephonzentrale (*f.*). **10 ~ telefonico privato** (*telef.*), Privatnebenstellanlage (*f.*), Fernsprechhauszentrale (*f.*). **11 chiamare il ~** (*telef.*), das Amt anrufen.

centralizzato (*gen.*), zentralisiert. **2 ~** (comando p. es.) (*elett. - mecc. - ecc.*), zentralisiert. **3 lubrificazione centralizzata** (*macch. - mot.*), Sammelschmierung (*f.*).

centramento (centraggio) (*mecc. - ecc.*), Zentrierung (*f.*). **2 ~** (*mecc. - ecc.*), vedi anche centraggio. **3 errore di ~** (errore di coassialità, difetto di lavorazione di parti-

colari ottici espresso come spostamento parallelo dell'asse, in mm) (*ott.*), Zentrierfehler (*m.*).
centrare (*gen.*), zentrieren. 2 ~ (una ruota p. es.) (*mecc. - ecc.*), zentrieren, mittig einstellen. 3 ~ (gli stampi) (*fucinatura*), einrichten, ausrichten. 4 ~ (aggiustare) (*mecc.*), aufeinanderpassen. 5 ~ (una lente) (*ott.*), zentrieren. 6 **apparecchio per** ~ (centratore) (*app.*), Zentriergerät (*n.*).
centrato (*mecc.*), mittig, zentriert. 2 ~ (stampo p. es.) (*fucinatura*), eingerichtet. 3 ~ (senza eccentricità) (*mecc.*), schlagfrei. 4 ~ (concentrico) (*mecc.*), zentriert, rundlaufend. 5 **ruotare** ~ (*mecc.*), zentrisch drehen, zentrisch laufen.
centratore (strum. per tracciare i centri sulla superficie piana di pezzi cilindrici) (*strum. - (mecc.*), Zentrierwinkel (*m.*). 2 ~ (apparecchio per centrare) (*app.*), Zentriergerät (*n.*).
centratrice (*macch. ut.*), Zentriermaschine (*f.*). 2 ~ **-intestatrice** (*macch. ut.*), Zentrierablängemaschine (*f.*). 3 ~ **-intestatrice duplex** (*macch. ut.*), Endenbearbeitungsmaschine (*f.*). 4 ~ **per assi** (*macch. ut.*), Achsenzentrierbank (*f.*).
centratura (*gen.*), Zentrierung (*f.*). 2 ~ (di stampi) (*fucinatura*), Einrichtung (*f.*), Ausrichten (*n.*). 3 ~ (eliminazione dello scampanamento, di un pistone) (*aut. - mot.*), Auswinkeln (*n.*). 4 ~ **dell'immagine** (*telev.*), Bildzentrierung (*f.*).
centrifuga (*s. - macch.*), Schleuder (*f.*), Zentrifuge (*f.*). 2 ~ **a spintore** (*macch.*), Schubzentrifuge (*f.*), Schubschleuder (*f.*). 3 ~ **ionica** (per separare isotopi) (*fis.*), Gaszentrifuge (*f.*). 4 ~ **oscillante** (idroestrattore centrifugo oscillante, per tessuti) (*macch.*), Pendelzentrifuge (*f.*). 5 ~ **per biancheria** (*macch.*), Wäscheschleuder (*f.*). 6 **paniere di** ~ (*macch.*), Zentrifugentrommel (*f.*).
centrifugare (*ind. - fond.*), schleudern, zentrifugieren.
centrifugazione (*ind.*), Schleudern (*n.*), Zentrifugieren (*n.*). 2 ~ (colata centrifuga, fusione centrifuga, di tubi p. es.) (*fond. - ed.*), Schleuderguss (*m.*), Schleudern (*n.*). 3 **banco per prove di** ~ (banco di lancio) (*macch.*), Schleuderstand (*m.*), Übertourenstand (*m.*). 4 **pozzo per prove di** ~ (pozzo di lancio, fossa per prove di centrifugazione) (*macch.*), Schleudergrube (*f.*), Übertourengrube (*f.*). 5 **prova di** ~ (di un rotore) (*macch.*), Schleuderversuch (*m.*).
centrifugo (*gen.*), zentrifugal. 2 **freno** ~ (*macch.*), Zentrifugalbremse (*f.*). 3 **regolatore** ~ (*mot. - ecc.*), Fliehkraftregler (*m.*). 4 **sabbiatura centrifuga** (nella quale la sabbia viene lanciata contro la superficie da sabbiare per azione centrifuga) (*tecnol. mecc.*), Schleuderstrahlputzen (*n.*), Sandfunken (*n.*), Schleuderstrahlen (*n.*).
centripeto (*mecc.*), zentripetal. 2 **accelerazione centripeta** (*mecc.*), Zentripetalbeschleunigung (*f.*). 3 **forza centripeta** (*mecc.*), Zentripetalkraft (*f.*).
centro (*gen.*), Mitte (*f.*), Mittelpunkt (*m.*). 2 ~ (*geom. - ecc.*), Mittelpunkt (*m.*), Zentrum (*n.*). 3 ~ (del cerchio) (*geom.*), Kreismittelpunkt (*m.*), Kreiszentrum (*n.*). 4 ~ (di un pezzo da forare al trapano p. es.) (*mecc.*), Körnerpunkt (*m.*), Körnermarke (*f.*). 5 ~ (punto comune di due o più parti di avvolgimento) (*elett.*), Knotenpunkt (*m.*). 6 ~ (cittadino) (*ed.*), Stadtzentrum (*n.*), Stadtmitte (*f.*), Stadtkern (*m.*). 7 ~ (del bersaglio) (*sport - arma da fuoco*), Ziel (*n.*), Spiegel (*n.*). 8 ~ **abitato** (*ed. - ecc.*), Siedlung (*f.*). 9 ~ **cittadino** (*ed.*), Stadtzentrum (*n.*). 10 ~ **con forte densità di popolazione** (centro metropolitano) (*ed. - ecc.*), Ballungszentrum (*n.*). 11 ~ **dattilografico** (d'una ditta) (*uff. - organ.*), Schreibdienst (*m.*). 12 ~ **degli affari** (*comm.*), Geschäftszentrum (*m.*). 13 ~ **della città** (zona degli affari) (*urbanistica*), Innenstadt (*f.*), Stadtzentrum (*n.*), Geschäftsviertel (*n.*). 14 ~ **della classe** (media aritmetica delle frequenze della classe) (*stat.*), Klassenmitte (*f.*). 15 ~ **della forza ascensionale totale** (di un aerostato) (*aer.*), Auftriebsmittelpunkt (*m.*). 16 ~ **delle masse** (centro di gravità, baricentro) (*fis.*), Massenmittelpunkt (*m.*), Schwerpunkt (*m.*). 17 ~ **di addestramento** (*pers. - ecc.*), Ausbildungsstelle (*f.*). 18 ~ **di calcolo** (di un'azienda) (*ind. - ecc.*), Rechenzentrum (*n.*). 19 ~ **di carena** (centro di spinta) (*nav.*), Verdrängungsmittelpunkt (*m.*), Verdrängungszentrum (*n.*), Verdrängungsschwerpunkt (*m.*), Auftriebsschwerpunkt (*m.*). 20 ~ **di costo** (*amm. - ind.*), Kostenstelle (*f.*). 21 ~ **di costo della produzione ausiliaria** (per produzione di energia, trasporti interni, attrezzeria, esclusa lavoraz. diretta dei prodotti) (*ind.*), Fertigungshilfskostenstelle (*f.*). 22 ~ **di costo della produzione principale** (*ind.*), Fertigungshauptkostenstelle (*f.*). 23 ~ **di costo di produzione** (*ind.*), Fertigungskostenstelle (*f.*). 24 ~ **di cristallizzazione** (*chim. - metall.*), Abscheidungszentrum (*n.*). 25 ~ **di documentazione meccanizzato** (*doc.*), Zentralstelle für maschinelle Dokumentation. 26 ~ **di gravità** (baricentro) (*fis.*), Schwerpunkt (*m.*). 27 ~ **di lavorazione** (*macch. ut.*), Bearbeitungszentrum (*n.*). 28 ~ **di lavorazione modulare** (*macch. ut.*), Baukasten-Bearbeitungszenter (*m.*). 29 ~ **di inerzia** (*mecc.*), Kreiselschwerpunkt (*m.*). 30 ~ **di pressione** (punto di applicazione della forza aerodinamica) (*aerodin.*), Luftkraftangriffspunkt (*m.*), Druckpunkt (*m.*). 31 ~ **di raccolta** (*milit.*), Annahmestelle (*f.*). 32 ~ **direzionale** (fabbricati di un'azienda) (*organ. - ecc.*), Leitstelle (*f.*). 33 ~ **di rotazione** (*mecc.*), Drehpunkt (*m.*). 34 ~ **di rotazione istantaneo** (*mecc.*), Momentanpol (*m.*), Momentanzentrum (*n.*), augenblicklicher Drehpol (*m.*). 35 ~ **di spinta** (*aer.*), Antriebsmittelpunkt (*m.*). 36 ~ **di spinta** (centro di carena) (*nav.*), Verdrängungsmittelpunkt (*m.*), Verdrängungsschwerpunkt (*m.*), Auftriebsschwerpunkt (*m.*). 37 ~ **disposizioni** (in una fabbrica p. es.) (*ind.*), Leitstand (*m.*), Dispositionsstand (*m.*). 38 ~ **d'istantanea rotazione** (traccia dell'asse di rotazione, in curve) (*aut.*), Lenkdrehpunkt (*m.*). 39 ~ **industriale** (*ind.*), Industriezentrum (*n.*). 40 ~ **istantaneo** (punto teorico attorno al quale si sposta la carrozzeria sotto l'azione di forze trasversali) (*aut.*), Momentanzentrum (*n.*). 41 ~ **mec-**

centrocampista

canografico (*ind.*), Datenverarbeitungsabteilung (*f.*). **42 ~ meccanografico** (a schede perforate) (*ind. - amm.*), Lochkartenabteilung (*f.*), Lochkartenstelle (*f.*). **43 ~ metropolitano** (centro con forte densità di popolazione) (*ed. - ecc.*), Ballungszentrum (*n.*). **44 ~ neutro** (*elett.*), Nullpunkt (*m.*). **45 ~ neutro** (centro stella) (*elett.*), Sternpunkt (*m.*), Nullpunkt (*m.*). **46 ~ residenziale** (quartiere residenziale; case con giardino alla periferia d'una città) (*ed.*), Siedlung (*f.*). **47 ~ ricerche e soccorsi** (*radio - navig.*), Suchleitstelle (*f.*). **48 ~ sociale** (d'una fabbrica p. es.) (*ed.*), Sozialgebäude (*n.*). **49 ~ stella** (centro neutro) (*elett.*), Sternpunkt (*m.*), Nullpunkt (*m.*). **50 ~ stella a massa** (punto neutro a massa)(*elett.*), geerdeter Nullpunkt. **51 ~ tecnico** (servizio tecnico) (*ind.*), technische Abteilung. **52 ~ urbano** (*ed. - ecc.*), Siedlung (*f.*). **53 angolo al ~** (di un cerchio) (*geom.*), Zentriwinkel (*m.*). **54 dischetto da centri** (per inserirvi la punta del compasso e non forare eccessivamente il foglio da disegno) (*dis.*), Zentrierscheibe (*f.*), Zentrierzwecke (*f.*). **55 foro da ~** (*mecc.*), Zentrierbohrung (*f.*). **56 fuori ~** (*gen.*), ausmittig, exzentrisch. **57 linea dei centri di pressione** (di un arco) (*sc. costr.*), Drucklinie (*f.*), Stützlinie (*f.*). **58 punta da centri** (*ut.*), Zentrierbohrer (*m.*). **59 puntina da centri** (dischetto da centri, per inserirvi la punta del compasso) (*dis.*), Zentrierzwecke (*f.*), Zentrierscheibe (*f.*). **60 senza centri** (« centerless ») (*macch. ut.*), spitzenlos.

centrocampista (nel gioco del calcio) (*sport*), Mittelfeldspieler (*m.*).

ceppo (di un freno) (*mecc. - veic.*), Backe (*f.*), Bremsbacke (*f.*). **2 ~** (*legno*), Stubben (*m.*), Stubbe (*f.*), Klotz (*m.*). **3 ~** (dell'incudine) (*att. fucinatura*), Stock (*m.*), Klotz (*m.*), Block (*m.*). **4 ~ avvolgente** (ganascia avvolgente) (*aut.*), Anlaufbremsbacke (*f.*). **5 ~ del freno** (*aut. - ecc.*), Bremsbacke (*f.*). **6 ~ dell'àncora** (*nav.*), Ankerstock (*m.*), Ankerbalken (*m.*). **7 ~ della pialla** (*ut.*), Hobelkasten (*m.*). **8 ~ dell'incudine** (sostegno dell'incudine) (*ut. fucinatura*), Ambosstock (*m.*), Ambossklotz (*m.*), Ambossblock (*m.*). **9 ~ svolgente** (ganascia svolgente) (*aut.*), Ablaufbremsbacke (*f.*).

cera (*ind. chim.*), Wachs (*n.*). **2 ~** (strato protettivo della vernice o cromatura) (*aut.*), Konservierung (*f.*). **3 ~** (mezzo protettivo, per carrozzerie e cromature) (*aut.*), Konservierungsmittel (*n.*). **4 ~ carnauba** (*chim.*), Karnaubawachs (*n.*). **5 ~ d'api** (*agric. - chim.*), Bienenwachs (*n.*). **6 ~ fossile minerale** (ozocerite) (*min.*), Erdwachs (*n.*), Ozokerit (*m.*). **7 ~ minerale** (ozocerite) (*min.*), Erdwachs (*n.*), Ozokerit (*m.*). **8 ~ per pavimenti** (*ind.*), Bohnerwachs (*n.*). **9 calco in ~** (*gen.*), Wachsabdruck (*m.*). **10 di ~** (*gen.*), wächsern. **11 disco di ~** (*elettroacus.*), Wachsplatte (*f.*). **12 formatura a persa** (*fond.*), Formen mit Ausschmelzmodellen. **13 fusione a ~ persa** (procedimento a cera persa) (*fond.*), Wachsausschmelzverfahren (*n.*), verlorenes Wachsverfahren. **14 modello di ~** (*fond.*), Wachsmodell (*n.*). **15 procedimento a ~ persa** (fusione a cera persa) (*fond.*), verlorenes Wachsverfahren, Wachsausschmelzverfahren (*m.*).

ceralacca (*posta - ecc.*), Siegellack (*m.*). **2 ~ per pacchi** (*posta - trasp.*), Packlack (*m.*).

ceramica (prodotto ceramico) (*ceramica*), Keramik (*f.*), Tonware (*f.*). **2 ~ dei metalli** (metalceramica, metallurgia delle polveri, ceramica delle polveri) (*metall.*), Metallkeramik (*f.*), Pulvermetallurgie (*f.*), Sintermetallurgie (*f.*). **3 fibra ~** (fiberfrax, materiale isolante) (*chim.*), Fiberfrax (*m.*). **4 piastrella (di) ~ da parete** (*ed.*), keramische Wandfliese. **5 piastrella (di) ~ per pavimenti** (*ed.*), keramische Bodenfliese. **6 placchetta ~** (da taglio) (*ut.*), Keramik-Schneidplatte (*f.*), Oxyd-Schneidplatte (*f.*). **7 prodotti ceramici** (ceramiche) (*ceramica*), Keramik (*f.*), Tonwaren (*f. pl.*).

ceramico (*ceramica*), keramisch. **2 isolante ~** (*elett.*), keramischer Isolierstoff.

ceramista (*ceramica - lav.*), Keramiker (*m.*).

cerare (applicare uno strato protettivo di cera, su un'automobile nuova p. es.) (*aut. - ecc.*), wachsen, konservieren.

cerargirite (AgCl) (cherargirite, cloruro di argento monometrico) (*min.*), Zerargyrit (*m.*).

ceratura (applicazione di uno strato protettivo di cera, su una automobile nuova p. es.) (*aut. - ecc.*), Wachsung (*f.*), Konservierung (*f.*).

cercacavi (apparecchio identificatore di cavi) (*app.*), Kabelspürer (*m.*), Kabelsuchgerät (*n.*).

cercafughe (rivelatore di fughe) (*app.*), Lecksucher (*m.*).

cercaguasti (apparecchio per la ricerca dei guasti) (*app. elett. - ecc.*), Störungssucher (*m.*).

cercamine (apparecchio cercamine) (*app. - milit.*), Minensuchgerät (*n.*).

cercapersone (impianto cercapersone) (*acus.*), Personensuchanlage (*f.*), Personenrufanlage (*f.*).

cercapoli (*strum. elett.*), Polprüfer (*m.*), Polsucher (*m.*).

cercare (*gen.*), suchen. **2 ~ un impiego** (cercare un posto) (*lav.*), eine Stelle suchen.

cercatore (piccolo cannocchiale con asse parallelo ed applicato ad un telescopio p. es.) (*strum. ott.*), Sucher (*m.*). **2 ~ di chiamata a relè** (*telef.*), Relaisanrufsucher (*m.*). **3 ~ di gruppo interurbano** (*telef.*), Ferngruppensucher (*m.*).

cerchiare (montare i cerchioni) (*ferr.*), bereifen. **2 ~** (una botte p. es.) (*gen.*), bereifen. **3 ~** (una ruota di legno p. es.) (*gen.*), bereifen, beschlagen. **4 ~** (un palo p. es.) (*ed. - ecc.*), beringen. **5 ~** (tubi) (*tubaz.*), bandagieren.

cerchiatura (*ferr.*), Bereifung (*f.*). **2 ~** (di una botte p. es.) (*gen.*), Bereifung (*f.*). **3 ~** (per cemento armato) (*ed.*), Ringbewehrung (*f.*). **4 ~** (cerchio montato a caldo sulla canna di un cannone) (*arma da fuoco*), Schrumpfband (*n.*), Schrumpfring (*m.*). **5 ~** (anello metallico, di un tubo) (*tubaz. - ecc.*), Mantelring (*m.*), Bandage (*f.*). **6 ~ di ferro** (*veic.*), Eisenbereifung (*f.*).

cerchietto (di un pneumatico) (*aut.*), Drahtkern (*m.*), Wulstkern (*m.*).

cerchio (area) (*geom.*), Kreisfläche (*f.*). **2** ~ (circolo, circonferenza) (*geom.*), Kreis (*m.*), Kreislinie (*f.*). **3** ~ (per ruota) (*aut. - veic.*), *vedi* cerchione. **4** ~ (di una botte p. es.) (*mecc.*), Reifen (*m.*), Band (*n.*). **5** ~ (*geom. - mecc. - ecc.*), *vedi anche* circonferenza. **6** ~ **azimutale** (*strum. top.*), Horizontalkreis (*m.*). **7** ~ **circoscritto** (circonferenza circoscritta) (*geom.*), Umkreis (*m.*), umschriebener Kreis. **8** ~ **delle accelerazioni tangenziali** (*mecc.*), Tangentialbeschleunigungskreis (*m.*), Tangentialkreis (*m.*). **9** ~ **delle tensioni** (cerchio di Mohr) (*sc. costr.*), Spannungskreis (*m.*), Mohrscher Spannungskreis. **10** ~ **di base** (cerchio di costruzione, di una ruota dentata) (*mecc.*), Grundkreis (*m.*), Grundkurve (*f.*). **11** ~ **di distanza** (*radar*), Entfernungsring (*m.*), Abstandsring (*m.*). **12** ~ **di fondo** (circonferenza di fondo, di ruote dentate) (*mecc.*), Fusskreis (*m.*). **13** ~ **di Mohr** (cerchio delle tensioni) (*sc. costr.*), Mohrscher Spannungskreis, Spannungskreis (*m.*). **14** ~ **di raggio 1** (circonferenza di raggio 1) (*geom.*), Einheitskreis (*m.*). **15** ~ **di rotolamento** (d'una gabbia a rullini) (*mecc.*), Rollkreis (*m.*). **16** ~ **di rotolamento** (*ferr.*), Laufkreis (*m.*). **17** ~ **di rotolamento d'esercizio** (d'una ruota dentata) (*mecc.*), *vedi* cerchio primitivo di funzionamento. **18** ~ **di rotolamento di generazione** (cerchio primitivo di dentatura) (*mecc.*), Erzeugungswälzkreis (*m.*). **19** ~ **di sospensione** (di un aerostato) (*aer.*), Ballongurt (*m.*), Traggurt (*m.*). **20** ~ **di troncatura** (circonferenza di troncatura, di una ruota dentata) (*mecc.*), Kopfkreis (*m.*). **21** ~ **graduato** (scala circolare) (*strum. - att.*), Kreisskala (*f.*). **22** ~ **graduato** (quadrante, d'uno strumento misuratore) (*metrol.*), Teilkreis (*m.*). **23** ~ **inscritto** (circonferenza inscritta) (*geom.*), Inkreis (*m.*), einbeschriebener Kreis. **24** ~ **massimo** (*navig. - nav.*), Grosskreis (*m.*). **25** ~ **meridiano** (meridiano, strumento d'osservazione) (*strum. - astr.*), Meridiankreis (*m.*). **26** ~ **osculatore** (*geom.*), Krümmungskreis (*m.*), Oskulationskreis (*m.*). **27** ~ **per botti** (*ind.*), Fassband (*n.*), Fassreifen (*m.*). **28** ~ **primitivo** (circonferenza primitiva, di una ruota dentata) (*mecc.*), Teilkreis (*m.*), Wälzkreis (*m.*). **29** ~ **primitivo di dentatura** (di ruote dentate) (*mecc.*), Erzeugungswälzkreis (*m.*). **30** ~ **primitivo di esercizio** (di una ruota dentata) (*mecc.*), *vedi* cerchio primitivo di funzionamento. **31** ~ **primitivo di funzionamento** (di ruote dentate) (*mecc.*), Betriebswälzkreis (*m.*). **32** ~ **tangente** (di cuscinetti a rulli cilindrici p. es.) (*mecc.*), Hüllkreis (*m.*). **33** ~ **verticale** (cerchio zenitale) (*astr. - ecc.*), Vertikalkreis (*m.*), Höhenkreis (*m.*), Scheitelkreis (*m.*). **34** ~ **zenitale** (cerchio verticale) (*astr. - ecc.*), Vertikalkreis (*m.*), Höhenkreis (*m.*), Scheitelkreis (*m.*). **35 arco di** ~ (*geom.*), Kreisbogen (*m.*). **36 polo del** ~ **di Mohr** (*tecnol. mecc.*), Pol des Mohrschen Spannungskreises. **37 prova dei cerchi** (per determinare il comportamento in curva, di una autovettura p. es.) (*aut.*), Kreisbahn-Test (*m.*). **38 quadrangolo inscritto in un** ~ (*geom.*), Sehnenviereck (*n.*). **39 strumento di misura del** ~ **tangente** (per il controllo del gioco di cuscinetti a rulli cilindrici p. es.) (*strum.*), Hüllkreis-Messgerät (*n.*).

cerchione (di una ruota, per il sostegno del pneumatico) (*veic. - aut.*), Felge (*f.*). **2** ~ (di una ruota di veic. ferr.) (*veic. ferr.*), Reifen (*m.*). **3** ~ **a base piana** (*aut. - veic.*), Flachbettfelge (*f.*). **4** ~ **a canale** (cerchione a gola) (*aut.*), Tiefbettfelge (*f.*). **5** ~ **della ruota** (*veic. aut.*), Radfelge (*f.*). **6** ~ **della ruota** (*veic. ferr.*), Radreifen (*m.*). **7** ~ **di ferro** (della ruota di legno di un veicolo p. es.) (*veic.*), Eisenreifen (*m.*). **8** ~ **di gomma** (di una ruota di legno) (*veic.*), Gummireifen (*m.*). **9** ~ **di gomma piena** (*veic.*), Vollgummireifen (*m.*). **10 bordo del** ~ (*aut. - veic.*), Felgenhorn (*n.*). **11 canale del** ~ (gola del cerchione) (*aut. - veic.*), Felgenbett (*n.*). **12 freno sul** ~ (di una bicicletta p. es.) (*veic.*), Felgenbremse (*f.*). **13 freno sul** ~ (*veic. ferr. - ecc.*), Reifenbremse (*f.*). **14 laminatoio per cerchioni** (*lamin.*), Radreifenwalzwerk (*n.*). **15 montare i cerchioni** (*ferr.*), bereifen. **16 pressa per il montaggio di cerchioni** (pressa per calzare cerchioni) (*macch.*), Reifenaufziehpresse (*f.*).

cereale (*agric.*), Getreide (*n.*).
cerealicoltura (*agric.*), Getreidebau (*m.*).
ceresina (cera minerale) (*min.*), Zeresin (*n.*).
cerino (fiammifero di cera) (*ind.*), Wachsstreichhölzchen (*n.*).
cerio (metallo argenteo) (*Ce - chim.*), Zerium (*n.*), Zer (*n.*).
cermet (contrazione di « ceramic » e « metal ») (*metall.*), Cermet (*n.*). **2** ~ **a base di ossido refrattario** (« metamic ») (*metall.*), Metamic (*n.*).
cernere (*ind.*), aussondern, aussortieren.
cerniera (per porte e finestre) (*ed.*), Band (*n.*). **2** ~ (*mecc.*), Scharnier (*n.*). **3** ~ (dell'arco di un ponte p. es.) (*ed. - sc. costr.*), Gelenk (*n.*). **4** ~ **a « paumelles »** (maschietto, per porte ecc.) (*falegn. - ed.*), Kreuzband (*n.*). **5** ~ **in chiave** (*ed.*), Scheitelgelenk (*n.*). **6** ~ **per mobili** (*falegn.*), Scharnierband (*n.*). **7** ~ **per serramenti** (*carp. - ed.*), Fischband (*n.*). **8 a** ~ (ribaltabile) (*mecc. - ecc.*), klappbar. **9 arco a tre cerniere** (*sc. costr.*), Dreigelenkbogen (*m.*). **10 coperchio a** ~ (coperchio incernierato) (*gen.*), Scharnierdeckel (*m.*). **11 giunto a** ~ (*mecc.*), Drehgelenk (*n.*). **12 perno di** ~ (*mecc.*), Scharnierstift (*m.*). **13 portautensili a** ~ (*lav. macch. ut.*), klappbarer Werkzeughalter. **14 valvola a** ~ (*tubaz.*), Klappenventil (*n.*), Scharnierventil (*n.*).
cernita (classificazione) (*ind.*), Güteeinteilung (*f.*), Aussortierung (*f.*). **2** ~ (dei minerali) (*min.*), Sortierung (*f.*).
cernitrice (per semi p. es.) (*macch. agric.*), Auslesemaschine (*f.*), Trieur (*m.*).
cerotto (*farm.*), Pflaster (*n.*), Heftpflaster (*n.*).
certificare (*gen.*), bescheinigen.
certificato (*gen.*), Bescheinigung (*f.*), Attest (*n.*), Zeugnis (*n.*). **2** ~ (bollettino, protocollo di prova p. es.) (*tecnol.*), Protokoll (*n.*), Attest (*n.*), Zeugnis (*n.*). **3** ~ (*leg. - ecc.*), Bescheinigung (*f.*), Zertifikat (*n.*). **4** ~ (*finanz.*), Zertifikat (*n.*), Anteilschein (*m.*). **5** ~ **della prova al freno** (verbale della prova al freno, bollettino della prova al

certificatore

freno) (*mot.*), Bremsprotokoll (*n.*), Bremsattest (*n.*), Bremszeugnis (*n.*). **6 ~ di buona condotta** (*leg. - pers. - ecc.*), Leumundszeugnis (*n.*), Sittenzeugnis (*n.*), Führungszeugnis (*n.*). **7 ~ di cittadinanza** (*leg.*), Bürgerbrief (*m.*), Heimatschein (*m.*). **8 ~ di collaudo** (bollettino di collaudo, verbale di collaudo) (*ind.*), Prüfungsprotokoll (*m.*), Prüfungsbericht (*m.*). **9 ~ di collaudo** (di accettazione) (*mecc. - ecc.*), Abnahmebescheinigung (*f.*). **10 ~ di garanzia** (*comm.*), Garantieschein (*m.*). **11 ~ di godimento** (buono di godimento, azione di godimento) (*finanz.*), Genuss-Schein (*m.*), Genussaktie (*f.*). **12 ~ di nascita** (*leg.*), Geburtsschein (*m.*). **13 ~ di navigabilità** (*aer.*), Lufttüchtigkeitszeugnis (*n.*). **14 ~ di non opposizione** (*leg.*), Unbedenklichkeitsbescheinigung (*f.*). **15 ~ di omologazione** (*tecnol.*), Musterprüfungsschein (*m.*). **16 ~ di origine** (di una vettura p. es.) (*ind. - comm.*), Ursprungszeugnis (*n.*). **17 ~ di prova** (*tecnol.*), Prüfzeugnis (*n.*), Prüfattest (*n.*), Prüfbericht (*m.*). **18 ~ di prova** (d'un orologio) (*orolog.*), Gangschein (*m.*). **19 ~ d'iscrizione** (documento di registrazione di una nave) (*nav.*), Schiffsbrief (*m.*). **20 di stazza** (di una nave) (*nav.*), Messbrief (*m.*). **21 ~ legalizzato** (certificato autenticato) (*leg.*), beglaubigtes Zeugnis. **22 ~ medico** (*med. - lav.*), ärztliches Attest, ärztliche Bescheinigung, Arztzeugnis (*n.*). **23 ~ penale** (*leg.*), Strafregisterblatt (*n.*). **24 ~ ufficiale** (*gen.*), amtliche Bescheinigung.
certificatore (revisore pubblico) (*amm.*), Wirtschaftsprüfer (*m.*).
cerussite (PCO₃) (*min.*), Zerussit (*m.*), Cerussit (*m.*).
cervello (*gen.*), Gehirn (*n.*). **2 ~ elettronico** (*elettronica*), Elektronengehirn (*n.*).
cervo volante (*aer.*), Drachen (*m.*).
cesellare (*lav. metall.*), ziselieren.
cesellatore (*lav. - metall.*), Ziseleur (*m.*).
cesellatura (*lav. metall.*), Ziselieren (*n.*). **2 ~ eolica** (da corrasione) (*geol.*), Windschliff (*m.*).
cesello (*ut.*), Ziselierpunze (*f.*).
cesio (Cs - *chim.*), Caesium (*n.*), Zäsium (*n.*), Cesium (*n.*).
cesoia (*macch. lav. lamiera*), Schere (*f.*), Maschinenschere (*f.*). **2 ~** (*ut. a mano*), vedi cesoie. **3 ~ a caldo** (per lingotti p. es.) (*macch.*), Warmschere (*f.*). **4 ~ a dischi** (cesoia circolare) (*macch. lav. lamiere*), Rollenschere (*f.*), Kreisschere (*f.*). **5 ~ a ghigliottina** (cesoia lineare, cesoia parallela) (*macch. lav. lamiera*), Tafelschere (*f.*), Guillotineschere (*f.*), Parallelschere (*f.*). **6 ~ a lama oscillante** (a ghigliottina, con lama mobile su traiettoria curva) (*macch.*), Pendelschere (*f.*). **7 ~ a lame** (*macch.*), Messerschere (*f.*). **8 ~ a leva** (*macch.*), Hebelschere (*f.*). **9 ~ a leva** (taglierina) (*macch.*), Tafelschere (*f.*), Schlagschere (*f.*). **10 ~ circolare** (cesoia a dischi) (*macch. lav. lamiera*), Rollenschere (*f.*), Kreisschere (*f.*). **11 ~ da banco** (*macch.*), Bankschere (*f.*). **12 ~ -intagliatrice** (per lav. lamiera p. es.) (*macch.*), Scher- und Ausklinkmaschine (*f.*). **13 ~ lineare** (cesoia parallela, cesoia a ghigliottina) (*macch. lav. lamiera*), Tafelschere (*f.*), Schlagschere (*f.*), Parallelschere (*f.*). **14 ~ meccanica** (*macch.*), Maschinenschere (*f.*). **15 ~ parallela** (cesoia lineare, cesoia a ghigliottina) (*macch. lav. lamiera*), Parallelschere (*f.*), Tafelschere (*f.*). **16 ~ per billette** (troncabillette, troncatrice per billette) (*macch.*), Knüppelschere (*f.*). **17 ~ per lamiera** (*macch.*), Blechschermaschine (*f.*). **18 ~ per lingotti** (*macch. lamin.*), Blockschere (*f.*). **19 ~ per profilati** (per barre, ecc.) (*macch.*), Profilschere (*f.*). **20 ~ per rifilare** (*macch. lav. lamiera*), Saumschere (*f.*). **21 ~ per rottami** (cesoia tagliarottami) (*macch.*), Schrottscherpresse (*f.*). **22 ~ per spuntare** (spuntatrice, per tagliare via estremità difettose) (*macch. - metall.*), Schopfschere (*f.*). **23 ~ per taglio a strisce** (rifenditrice, cesoia circolare a più coltelli) (*macch.*), Vielstreifenschere (*f.*), Streifenschere (*f.*). **24 ~ -punzonatrice** (per lav. di lamiere) (*macch.*), Loch- und Schermaschine (*f.*). **25 ~ tagliabillette** (troncabillette) (*macch.*), Knüppelschere (*f.*). **26 ~ -tagliaboccame** (*fond.*), Abkneifer (*m.*). **27 ~ tagliarottami** (*macch.*), Schrottschere (*f.*). **28 ~ tagliasfridi** (di una pressa) (*lav. lamiera*), Abfallschere (*f.*), Abfallschneider (*m.*). **29 ~ volante** (*macch. - lamin.*), fliegende Schere. **30 arresto della ~** (dispositivo di arresto per il taglio a lunghezza, di barre p. es.) (*macch.*), Scherenanschlag (*m.*). **31 lama per ~** (*macch.*), Scherenmesser (*n.*).
cesoie (*ut. a mano*), Schere (*f.*). **2 ~ a mano per lamiera** (forbici da lattoniere) (*ut.*), Handblechschere (*f.*). **3 ~ da giardiniere** (*ut.*), Gartenschere (*f.*). **4 ~ elettriche per lamiera** (*ut. elett.*), Elektro-Handblechschere (*m.*). **5 ~ per lamiere** (*ut.*), Blechschere (*f.*). **6 ~ per ossa** (*att. med.*), Knochenschere (*f.*). **7 ~ tagliatubi** (*ut.*), Rohrschere (*f.*).
cessare (*gen.*), beendigen, aufhören. **2 ~ il fuoco** (*milit.*), das Schiessen abbrechen. **3 ~ il lavoro** (*gen.*), die Arbeit niederlegen. **4 ~ la ripresa** (*cinem. - telev.*), abblenden.
cessato (non più in corso, la produzione d'un modello p. es.) (*ind.*), ausgelaufen.
cessazione (*gen.*), Aufhören (*n.*), Beendigung (*f.*). **2 ~** (di un'azienda p. es.) (*ind.*), Stillegung (*f.*). **3 ~ dalle funzioni** (*gen.*), Aufgabe der Amtstätigkeit. **4 ~ del lavoro** (*lav.*), Niederlegung der Arbeit, Arbeitsniederlegung (*f.*), Arbeitseinstellung (*f.*).
cessione (vendita) (*comm.*), Abgabe (*f.*). **2 ~** (*leg.*), Abtretung (*f.*). **3 atto di ~** (*comm. - ecc.*), Abtretungserklärung (*f.*).
cesso (locale con impianti igienici) (*ed.*), Abort (*m.*).
cesto (cesta) (*gen.*), Korb (*m.*). **2 ~ del pallone** (*aer.*), Ballonkorb (*m.*). **3 ~ di vimini** (*app.*), Weidenkorb (*m.*).
cestone (*gen.*), Korb (*m.*), Kasten (*m.*). **2 ~ (per) trasporto materiali** (cassa per trasporto materiali) (*trasp. ind.*), Transportkasten (*m.*). **3 ~ raccoglitrucioli** (*lav. macch. ut.*), Spankorb (*m.*).
cetano ($C_{16}H_{34}$) (*chim.*), Cetan (*n.*). **2 numero di ~** (indice dell'attitudine di un comb. all'impiego per mot. Diesel) (*mot. - chim.*), Cetanzahl (*f.*).
cetene ($C_{16}H_{32}$) (*chim.*), Ceten (*n.*).
CETOP (Comité Européen des Transmissions

Oléohydrauliques et Pneumatiques, Comitato Europeo per l'Oleoidraulica e la Pneumatica) (*idr*.), CETOP, Europäisches Komitee Ölhydraulik und Pneumatik.

CETS (Conférence Européenne de Télécomunications par Satellites) (*astronautica*), CETS, Conferenza Europea per le telecomunicazioni via satelliti.

ceylonite (Mg(Al, Fe)$_2$O$_4$, pleonasto) (*min*.), Pleonast (*m*.).

cfr. (confronta, vedi) (*gen*.), vgl., vergleiche.

« **chalumeau** » (cannello) (*att*.), Brenner (*m*.).

« **chamotte** » (argilla refrattaria) (*ceramica*), Schamotte (*f*.), « Chamotte » (*f*.). 2 ~ (*fond*.), Schamotte (*f*.). 3 ~ (terra refrattaria per forme a secco, terra grassa per forme a secco) (*fond*.), Formmasse (*f*.).

charactron (tubo a raggi catodici per riprodurre lettere e numeri su schermo) (*elettronica - radar*), Charactron (*n*.), Matrixröhre (*f*.), Zeichenschreibröhre (*f*.).

chassis (telaio) (*gen*.), Chassis (*n*.). 2 ~ (autotelaio) (*aut*.), Chassis (*n*.), Autofahrgestell (*n*.), Fahrgestell (*n*.).

« **chatter** » (trepidazione, vibrazioni autoeccitate) (*lav. macch. ut*.), Ratterschwingung (*f*.).

cheddite (*espl*.), Cheddit (*m*.).

chelato (*chim*.), Chelat (*n*.).

chemiadsorbimento (chemisorpzione, adsorbimento chimico) (*chim*.), Chemisorption (*f*.). chemische Adsorption.

chemiluminescenza (chimico-luminescenza) (*fis*.), Chemilumineszenz (*f*.).

chemisorpzione (chemiadsorbimento, adsorbimento chimico) (*chim*.), Chemisorption (*f*.), chemische Adsorption.

chenotrone (*elettronica*), Kenotron (*n*.).

« **cheque** » (assegno) (*finanz*.), Scheck (*m*.). 2 « traveler's ~ » (*finanz*.), Reisescheck (*m*.), Zirkularscheck (*m*.), Travellerscheck (*m*.).

cheralite (*min. - fis. atom*.), Cheralit (*m*.).

cherargirite (AgCl) (cerargirite, cloruro di argento monometrico) (*min*.), Zerargyrit (*m*.).

cheratina (keratina) (*biochim*.), Keratin (*n*.).

cheratometro (*app. - ott*.), Keratometer (*n*.).

chetone (composto organico) (*chim*.), Keton (*n*.).

chiamare (*gen*.), rufen. 2 ~ (*telef*.), anrufen, melden. 3 ~ al telefono pubblico (*telef*.), herbeirufen. 4 ~ il centralino (*telef*.), das Amt anrufen.

chiamata (*gen*.), Anruf (*m*.). 2 ~ (*telef*.), Anmeldung (*f*.), Anruf (*f*.). 3 ~ (conversazione, telefonata) (*telef*.), Gespräch (*n*.). 4 ~ (radio - ecc.), Anruf (*m*.), Rufen (*n*.). 5 ~ (*milit*.), Einberufung (*f*.). 6 ~ alle armi (*milit*.), Einberufung zum Heeresdienst. 7 ~ allo sbocco (dello stramazzo) (*idr*.), Senkung des Überfalls. 8 ~ collettiva (*telef*.), Sammelruf (*m*.). 9 ~ di controllo (*telef*.), Kontrollanruf (*m*.). 10 ~ di preavviso (*telef*.), Voranmeldung (*f*.). 11 ~ di servizio (conversazione di servizio) (*telef*.), Dienstgespräch (*n*.). 12 ~ di soccorso (radio - ecc.), Notruf (*m*.). 13 ~ in arrivo (*telef*.), ankommendes Gespräch. 14 ~ interurbana (*telef*.), Fernruf (*m*.). Fernanruf (*m*.). 15 ~ permanente (spia di occupato accesa in permanenza) (*telef*.), Dauerbrenner (*m*.). 16 ~ personale (conversazione con avviso di chiamata) (*telef*.), XP-Gespräch (*n*.). 17 ~ radiotelefonica (*radio*), Funkruf (*m*.). 18 ~ selettiva (chiamata alla persona) (*telef*.), Einzelanruf (*m*.). 19 ~ selettiva a sequenza di toni (*radio*), Tonfolge-Selektivruf (*m*.). 20 ~ telefonica (*telef*.), Telephonanruf (*m*.), Anruf (*m*.). 21 ~ terra-aria (radio - aer.), Boden-zu-Bord-Anruf (*m*.). 22 ~ urbana (*telef*.), Ortsanruf (*m*.). 23 ~ urgente (*telef*.), Ausnahmegespräch (*n*.), dringliches Gespräch. 24 cercatore di ~ a relè (*telef*.), Relaisanrufsucher (*m*.). 25 conversazione con avviso di ~ (*telef*.), Gespräch mit Herbeiruf. 26 corrente di ~ (*telef*.), Rufstrom (*m*.). 27 discriminatore di ~ (*telef*.), Anrufausscheider (*m*.). 28 esecutore della ~ (il chiamante) (*telef*.), Rufender (*m*.). 29 falsa ~ (*telef*.), Fehlanruf (*m*.), Falschanruf (*m*.). 30 far passare la ~ (*telef*.), durchrufen. 31 macchina per ~ e segnali (*telef*.), Ruf- und Signalmaschine (*f*.). 32 relè di ~ (*telef*.), Anrufrelais (*n*.). 33 relè d'inoltro della ~ (*telef*.), Weiterrufrelais (*n*.). 34 ripetitore di ~ a relè (*telef*.), Relaisrufwiederholer (*m*.). 35 soneria di ~ (*telef*.), Anrufwecker (*m*.).

chiarezza (definizione) (*ott*.), Deutlichkeit (*f*.). 2 ~ (del cielo) (*meteor*.), Helle (*f*.). 3 ~ (limpidezza, dell'acqua) (*gen*.), Klarheit (*f*.). 4 ~ d'idee (*gen*.), Ideenklarheit (*f*.).

chiarificare (*gen*.), aufhellen. 2 ~ (purificare, depurare, liquidi) (*ind*.), klären.

chiarificatore (*ind. chim*.), Kläre (*f*.).

chiarificazione (depurazione, di acque di scarico p. es.) (*ed*.), Klärung (*f*.).

chiarimento (spiegazione) (*gen*.), Erklärung (*f*.), Aufklärung (*f*.).

chiarire (spiegare) (*gen*.), aufklären, klar machen. 2 ~ (un malinteso p. es.) (*gen*.), klären.

chiaro (*gen*.), hell. 2 ~ (comprensibile) (*gen*.), klar, deutlich. 3 ~ (colore), hell, klar. 4 ~ (carattere) (*tip*.), mager. 5 ~ (con buona visibilità) (*meteor*.), sichtig, klar, heiter. 6 ~ (evidente, perspicuo; un calcolo, un risultato, ecc.) (*gen*.), übersichtlich. 7 ~ (definito) (*ott*.), deutlich.

chiassile (intelaiatura di porta o finestra) (*ed*.), Zarge (*f*.), Rahmen (*m*.). 2 ~ della finestra (telaio, per sostenere il serramento) (*ed*.), Fensterrahmen (*m*.), Fensterzarge (*f*.). 3 ~ della porta (telaio della porta) (*ed*.), Türzarge (*f*.), Türstock (*m*.).

chiatta (maona) (*nav*.), Prahm (*m*.), Leichter (*m*.), Kahn (*m*.). 2 ~ fluviale (*nav*.), Kanalschiff (*n*.). 3 ~ per carbone (maona per carbone) (*nav*.), Kohlenleichter (*m*.). 4 ~ rimorchiata (*nav*.), Schleppkahn (*m*.).

chiattaiolo (*lav. nav*.), Leichterschiffer (*m*.). 2 ~ fluviale (*lav. - nav*.), Schiffer (*m*.).

chiavarda (bullone di fondazione, per il fissaggio di macch.) (*ed. - macch*.), Fundamentschraube (*f*.), Ankerschraube (*f*.), Anker (*m*.). 2 ~ (per il collegamento delle stecche alle rotaie) (*ferr*.), Laschenbolzen (*m*.), Laschenschraube (*f*.). 3 ~ a becco (*ferr*.), Hakenbolzen (*m*.). 4 ~ della stecca (*ferr*.), Laschenbolzen (*m*.). 5 ~ di fondazione (bullone di

chiave

fondaz.) (*ed.*), Fundamentanker (*m.*), Fundamentbolzen (*m.*), Fundamentschraube (*f.*).
chiave (per serrature) (*att. - mecc.*), Schlüssel (*m.*). **2** ~ (per dadi p. es.) (*ut.*), Schlüssel (*m.*), Schraubenschlüssel (*m.*). **3** ~ (di un arco) (*arch.*), Scheitel (*m.*). **4** ~ (concio di chiave) (*arch.*), Keil (*m.*), Keilstein (*m.*). **5** ~ (catena, da muro) (*ed.*), Schliessanker (*m.*), Schlauder (*f.*), Maueranker (*m.*). **6** ~ (camma, oliva; di un freno a ceppi) (*aut.*), Spreizglied (*m.*), Bremsnocken (*m.*). **7** ~ **a bocca** (chiave fissa) (*ut.*), Maulschlüssel (*m.*). **8** ~ **a bussola snodata** (*ut.*), Gelenksteckschlüssel (*m.*). **9** ~ **a catena per tubi** (giratubi a catena) (*ut.*), Kettenrohrzange (*f.*). **10** ~ **a compasso** (chiave a pioli regolabile) (*ut.*), verstellbarer Stirnlochschlüssel. **11** ~ **a cricchetto** (chiave a cricco, chiave ad arpionismo) (*ut.*), Knarrenschlüssel (*m.*), Ratschenschlüssel (*m.*). **12** ~ **a croce** (chiave a tubo a croce) (*ut.*), Kreuz-Steckschlüssel (*m.*). **13** ~ **ad anello** (*ut.*), Ringschlüssel (*m.*). **14** ~ **ad anello con doppia impronta esagonale** (chiave a stella, chiave poligonale) (*ut.*), Zwölfkantringschlüssel (*m.*). **15** ~ (**ad apertura**) **regolabile** (*ut.*), verstellbarer Schlüssel. **16** ~ (**ad apertura**) **regolabile** (chiave inglese) (*ut.*), Engländer (*m.*). **17** ~ **a dente** (chiave a gancio) (*ut.*), Hakenschlüssel (*m.*), Zapfenschlüssel (*m.*). **18** ~ **a doppio martello** (chiave regolabile) (*ut.*), Franzose (*m.*). **19** ~ **a forchetta** (chiave a bocca) (*ut.*), Maulschlüssel (*m.*). **20** ~ **a forchetta a percussione** (*ut.*), Schlag-Maulschlüssel (*m.*). **21** ~ **a forchetta doppia** (chiave fissa doppia) (*ut.*), Doppelmaulschlüssel (*m.*). **22** ~ **a forchetta semplice** (chiave fissa semplice) (*ut.*), Einmaulschlüssel (*m.*). **23** ~ **a gancio** (chiave a dente) (*ut.*), Hakenschlüssel (*m.*), Zapfenschlüssel (*m.*). **24** ~ **a maschio per cave esagonali** (*ut.*), Inbus-Steckschlüssel (*m.*). **25** ~ **a maschio quadro** (chiave quadra) (*ut.*), Vierkant-Einsteckschlüssel (*m.*). **26** ~ **a pioli regolabile** (chiave a compasso) (*ut.*), verstellbarer Stirnlochschlüssel. **27** ~ **a settore** (chiave a gancio) (*ut.*), Hakenschlüssel (*m.*). **28** ~ **a settore con nasello quadro** (*ut.*), Hakenschlüssel mit Nase. **29** ~ **a settore con nasello tondo** (*ut.*), Hackenschlüssel mit Zapfen. **30** ~ **a stella** (chiave poligonale, chiave ad anello con doppia impronta esagonale) (*ut.*), Zwölfkantringschlüssel (*m.*). **31** ~ **a tubo** (*ut.*), Steckschlüssel (*m.*), Aufsteckschlüssel (*m.*). **32** ~ **a T a bocca quadra** (*ut.*), Vierkant-Steckschlüssel mit Drehstift. **33** ~ (**a tubo**) **a bocca triangolare** (*ut.*), Dreikant-Steckschlüssel (*m.*). **34** ~ **a tubo a croce** (chiave a croce) (*ut.*), Kreuz-Steckschlüssel (*m.*). **35** ~ **a tubo a foro quadro** (*ut.*), Vierkantaufsteckschlüssel (*m.*). **36** ~ (**a tubo**) **con traversino** (*ut.*), Knebelschlüssel (*m.*). **37** ~ **a tubo per dadi** (**o teste**) **esagonali** (*ut.*), Sechskantsteckschlüssel (*m.*). **38** ~ **a tubo quadra** (*ut.*), Vierkant-Aufsteckschlüssel (*m.*). **39** ~ **combinata a forchetta e poligonale** (*ut.*), Maul-Ringschlüssel (*m.*). **40** ~ **con moltiplica** (**a planetario**) (*ut.*), Planetenschlüssel (*m.*). **41** ~ **da muro** (catena) (*ed.*), Schlauder (*f.*), Maueranker (*m.*), Schliessanker (*m.*). **42** ~ **della volta** (*ed.*), Gewölbescheitel (*m.*). **43** ~ **di comando** (camma, bocciolo, per l'azionamento dei ceppi del freno) (*aut. - ecc.*), Bremsschlüssel (*m.*), Bremsnocken (*m.*). **44** ~ **di commutazione dei posti** (d'operatrice) (*telef.*), Platzschalter (*m.*), Platzumschalter (*m.*). **45** ~ **di conversazione** (*telef.*), Sprechschalter (*m.*), Sprechschlüssel (*m.*), Sprechumschalter (*m.*). **46** ~ **dinamometrica** (chiave torsiometrica, chiave tarata) (*att. - mecc.*), Momentenschlüssel (*m.*), Drehmomentenschlüssel (*m.*). **47** ~ **d'inversione** (invertitore) (*telef.*), Wechsler (*m.*). **48** ~ **di regolazione** (*ut.*), Einstellschlüssel (*m.*). **49** ~ **doppia** (chiave fissa doppia) (*ut.*), Doppelmaulschlüssel (*m.*), Doppelschraubenschlüssel (*m.*), Doppelschlüssel (*m.*). **50** ~ **esagona** (chiave per viti ad esagono incassato, chiave per viti Allen, chiave per viti a cava esagonale) (*ut.*), Inbusschlüssel (*m.*), Sechskanteinsteckschlüssel (*m.*). **51** ~ **fissa** (chiave a bocca) (*ut.*), Maulschlüssel (*m.*). **52** ~ **fissa doppia** (*ut.*), Doppelmaulschlüssel (*m.*), Doppelschraubenschlüssel (*m.*), Doppelschlüssel (*m.*). **53** ~ **fissa semplice** (chiave a forchetta semplice) (*ut.*), Einmaulschlüssel (*m.*). **54** ~ **inglese** (chiave ad apertura regolabile) (*ut.*), Engländer (*m.*). **55 chiavi in mano** (consegna, d'una casa) (*ed. - comm.*), schlüsselfertig. **56** ~ **maschia** (chiave esagona, per viti con testa ad esagono incassato p. es.) (*ut.*), Einsteckschlüssel (*m.*). **57** ~ **per aste** (*ut. min.*), Gestängeschlüssel (*m.*). **58** ~ **per candele** (chiave a tubo per candele) (*ut.*), Zündkerzenschlüssel (*m.*). **59** ~ **per fori quadri** (chiave a maschio quadro) (*ut.*), Vierkanteinsteckschlüssel (*m.*). **60** ~ **per tappi a cava quadra** (chiave a maschio quadro) (*ut.*), Vierkantschlüssel (*m.*). **61** ~ **per viti ad esagono cavo** (chiave per viti ad esagono incassato, chiave per viti Allen) (*ut.*), Inbusschlüssel (*m.*), Sechskanteinsteckschlüssel (*m.*). **62** ~ **per viti Allen** (chiave per viti ad esagono incassato, chiave per viti a cava esagonale) (*ut.*), Inbusschlüssel (*m.*), Sechskanteinsteckschlüssel (*m.*). **63** ~ **poligonale** (chiave a stella, chiave ad anello con doppia impronta esagonale) (*ut.*), Zwölfkantringschlüssel (*m.*), Ringschlüssel (*m.*). **64** ~ **poligonale a percussione** (*ut.*), Schlag-Ringschlüssel (*m.*). **65** ~ **poligonale doppia** (*ut.*), Doppelringschlüssel (*m.*). **66** ~ **poligonale semplice** (*ut.*), gerader Einringschlüssel (*m.*). **67** ~ **poligonale semplice curva** (*ut.*), gekröpfter Einringschlüssel (*m.*). **68** ~ **prussiana** (chiave registrabile a rullino) (*ut.*), Rollgabelschlüssel (*m.*). **69** ~ **regolabile a rullino** (*ut.*), verstellbarer Einmaulschlüssel (*m.*). **70** ~ **registrabile** (*ut.*), verstellbarer Schlüssel. **71** ~ **registrabile** (chiave inglese) (*ut.*), Engländer (*m.*). **72** ~ **registrabile a doppio martello** (*ut.*), Franzose (*m.*). **73** ~ **registrabile a rullino** (chiave prussiana) (*ut.*), Rollgabelschlüssel (*m.*). **74** ~ **semplice** (chiave fissa semplice, per dadi p. es.) (*ut.*), Einmaulschlüssel (*m.*). **75** ~ **snodata** (*ut.*), Gelenk-Steckschlüssel (*m.*). **76** ~ **tarata** (chiave dinamometrica, chiave torsiometrica) (*att. - mecc.*), Momentenschlüssel (*m.*), Drehmomentenschlüssel (*m.*). **77** ~ **torsiometrica** (chiave ta-

rata, chiave dinamometrica) (att. - mecc.), Momentenschlüssel (m.), Drehmomentenschlüssel (m.). **78 cerniera in** ~ (sc. costr.), Scheitelgelenk (n.). **79 giunto in** ~ (ed.), Scheitelfuge (f.). **80 ingegno della** ~ (mecc.), Schlüsselbart (m.).

chiavetta (elemento di collegamento tra albero e ruota p. es.) (mecc.), Keil (m.). **2** ~ **a cuneo** (chiavetta trasversale a cuneo) (mecc.), Anzugskeil (m.). **3** ~ **a molla** (mecc.), Ziehkeil (m.), Springkeil (m.). **4** ~ **cava a sezione circolare con filettatura interna parziale** (per locomotive a vapore) (mecc.), Rundkeil (m.). **5** ~ **concava** (mecc.), Sattelkeil (m.), Konkavkeil (m.), Hohlkeil (m.). **6** ~ **conica** (mecc.), konischer Keil. **7** ~ **con nasetto** (chiavetta con nasello) (mecc.), Nasenkeil (m.). **8** ~ **di registrazione** (mecc.), Stellkeil (m.), Anstellkeil (m.). **9** ~ **diritta** (chiavetta di torsione, chiavetta per trasmissione di momenti torcenti (mecc.), Treibkeil (m.). **10** ~ **di torsione** (chiavetta per trasmissione di momenti torcenti) (mecc.), Treibkeil (m.). **11** ~ **doppia** (chiavetta e controchiavetta) (mecc.), Keil und Lösekeil, Doppelkeil (m.), Keilschloss (n.). **12** ~ **e controchiavetta** (mecc.), Keilschloss (n.), Keil und Lösekeil, Doppelkeil (m.). **13** ~ **incassata** (mecc.), Einlegekeil (m.). **14** ~ **longitudinale** (mecc.), Längskeil (m.). **15** ~ **per trasmissione di momenti torcenti** (chiavetta di torsione) (mecc.), Treibkeil (m.). **16** ~ **piana** (mecc.), Flachkeil (m.). **17** ~ **piatta** (mecc.), Flachkeil (m.). **18** ~ **regolabile** (mecc.), Nachstellkeil (m.). **19** ~ **regolabile** (lardone regolabile) (macch.), Nachstelleiste (f.). **20** ~ **rotonda** (mecc.), Rundkeil (m.). **21** ~ **tangenziale** (mecc.), Tangentialkeil (m.), Tangentkeil (m.). **22** ~ **trasversale** (bietta trasversale) (mecc.), Querkeil (m.). **23 fissare con** ~ (inchiavettare) (macch.), ankeilen. **24 sede per** ~ (cava per chiavetta) (mecc.), Keilnut (f.).

chiavica (fognolo) (costr. strad.), Entwässerungsstollen (m.).

chiavistello (catenaccio, paletto, dispositivo di chiusura di una porta ecc.) (ed.), Riegel (m.). **2** ~ **a molla** (chiavistello a scatto) (mecc.), Schnappriegel (m.). **3** ~ **a scatto** (chiavistello a molla) (mecc.), Schnappriegel (m.). **4** ~ **di arresto** (mecc.), Fangklinke (f.), Stützklinke (f.).

chiazzatura (difetto metall.), Fleckigkeit (f.).

chiesa (arch.), Kirche (f.).

chiesuola (arch.), kleine Kirche (f.). **2** ~ **della bussola** (strum. nav.), Kompasshaus (n.).

chiglia (trave di chiglia) (costr. nav.), Kiel (m.). **2** ~ **antirollìo** (chiglia di rollìo, aletta di rollìo) (nav.), Schlingerkiel (m.), Kimmkiel (m.). **3** ~ **a pinna** (pinna di deriva, chiglia di deriva) (nav.), Flosse (f.), Bleikiel (m.). **4** ~ **a scatola** (chiglia di tipo scatolato) (costr. nav.), Kastenkiel (m.). **5** ~ **di barra** (chiglia massiccia) (costr. nav.), Balkenkiel (m.), massiver Kiel. **6** ~ **di deriva** (chiglia a pinna, pinna di deriva) (nav.), Flosse (f.), Bleikiel (m.). **7** ~ **di rollìo** (chiglia antirollìo, aletta di rollìo) (nav.), Schlingerkiel (m.), Kimmkiel (m.). **8** ~ **di tipo scatolato** (chiglia a scatola) (costr. nav.), Kastenkiel (m.). **9** ~ **di zavorra** (di un panfilo) (nav.), Ballastkiel (m.). **10** ~ **in lamiera** (costr. nav.), Kielplatte (f.). **11** ~ **massiccia** (chiglia di barra, non scatolata) (costr. nav.), Balkenkiel (m.), massiver Kiel. **12** ~ **piatta** (costr. nav.), Flachkiel (m.). **13 falsa** ~ (sottochiglia) (costr. nav.), loser Kiel, falscher Kiel, Loskiel (m.), Afterkiel (m.). **14 falsa** ~ (chiglia di deriva, chiglia a pinna, pinna di deriva) (nav.), Flosse (f.), Bleikiel (m.).

chiloampere (mis. elett.), Kiloampere (n.).

chilocaloria (grande caloria, Kcal = 1000 cal.) (unità di mis.), grosse Kalorie, Kilogrammkalorie (f.), Kilokalorie (f.).

chilociclo (unità di mis.), Kilohertz (n.).

chilodina (mis.), Kilodyn (n.).

chilogrammetro (unità di mis.), Meterkilogramm (n.), Kilogrammeter (m.), mkg.

chilogrammo (kg - unità di mis.), Kilogramm (n.). **2 chilogrammo-massa** (kg - unità di mis.), Kilogramm (n.), kg. **3 chilogrammo-peso** (kp = 1000 pond = 9,80665 N, unità di mis. per forze) (kp - unità di mis.), Kilopond (n.).

chilometraggio (chilometri percorsi, percorrenza in km, di un autoveicolo) (aut.), Kilometerleistung (f.), Km-Stand (m.).

chilometro (km - unità di mis.), Kilometer (m.). **2** ~ **lanciato** (aut. - ecc.), fliegender Kilometer. **3 chilometri/ora** (km/h, mis. della velocità) (mis.), Stundenkilometer (m.), km/h. **4 chilometri percorsi** (di un autoveicolo p. es.) (aut.), Km-Stand (m.).

chilovoltampere (kVA) (elett.), Kilovoltampere (n.).

chilovoltamperometro (strum. - elett.), kVA-Zähler (m.).

chilowatt (kW) (elett.), Kilowatt (n.).

chilowattmetro (strum. elett.), Kilowattmeter (n.).

chilowattora (kWh) (elett.), Kilowattstunde (f.).

chilowattorametro (contatore elettrico) (strum.), Kilowattstundenzähler (m.).

chimica (chim.), Chemie (f.). **2** ~ **agraria** (chim.), Agrarchemie (f.), Agrikulturchemie (f.). **3** ~ **analitica** (chim.), analytische Chemie. **4** ~ **applicata** (chim.), angewandte Chemie. **5** ~ **calda** (dei materiali con meno di 1 curie) (radioatt. - chim.), warme Chemie. **6** ~ **caldissima** (chim. dei materiali molto radioattivi, con più di 1 curie) (radioatt. - chim.), heisse Chemie. **7** ~ **degli elementi indicatori** (chimica degli elementi « tracciatori ») (fis. atom. - chim.), Tracerchemie (f.), Indikatorchemie (f.). **8** ~ **dei colloidi** (chim.), Kolloidchemie (f.). **9** ~ **delle sostanze radioattive** (radiochimica) (chim.), Radiochemie (f.), Strahlungschemie (f.), heisse Chemie. **10** ~ **di Reppe** (dell'acetilene e del monossido di carbonio) (chim.), Reppe-Chemie (f.). **11** ~ **farmaceutica** (chim.), pharmazeutische Chemie. **12** ~ **fisica** (chim. - fis.), physikalische Chemie. **13** ~ **generale** (chim.), allgemeine Chemie, theoretische Chemie. **14** ~ **inorganica** (chim.), anorganische Chemie. **15** ~ **legale** (chim.), gerichtliche Chemie, Gerichtschemie (f.), forensische Chemie. **16** ~ **nucleare** (chim.), Kernchemie (f.). **17** ~ **organica** (chim.), or-

chimicamente combinato

ganische Chemie. 18 ~ **pura** (*chim.*), reine Chemie. 19 ~ **strutturale** (stereochimica) (*chim.*), Strukturchemie (*f.*). 20 ~ **tiepida** (dei materiali con meno di 10^{-3} curie) (*radioatt. - chim.*), laue Chemie.

chimicamente combinato (*chim.*), chemisch gebunden.

chimicamente inerte (*chim.*), chemisch träge.

chimicamente puro (*ind. chim.*), chemischrein, chemisch rein.

chimico (*a. - chim.*), chemisch. 2 ~ (*s. - chim. - lav.*), Chemiker (*m.*). 3 ~ **industriale** (*chim.*), Ingenieurchemiker (*m.*). 4 ~ **organico** (*lav. - chim.*), Organiker (*m.*). 5 **adsorbimento** ~ (chemiadsorbimento, chemisorpzione) (*chim.*), chemische Adsorption, Chemisorption (*f.*). 6 **pulitura chimica** (*ind.*), chemische Reinigung.

chimico-luminescenza (chemiluminescenza) (*fis.*), Chemilumineszenz (*f.*).

chimografo (per la indicazione di movimenti) (*strum.*), Kymograph (*m.*).

china (piano inclinato) (*gen.*), Abhang (*m.*). 2 ~ (inchiostro di china) (*dis.*), Tusche (*f.*), chinesische Tusche. 3 **disegno lucidato in** ~ (*dis.*), Tusche-Zeichnung (*f.*).

chinino (*farm. chim.*), Chinin (*n.*).

chinolina (C$_9$H$_7$N) (*chim.*), Chinolin (*n.*). 2 **coloranti alla** ~ (*chim.*), Chinolinfarbstoffe (*m. pl.*).

chinone (*chim.*), Chinon (*n.*).

chinz («chintz») (*tess.*), Chintz (*m.*), Glanzkattun (*m.*).

chiocciola (cassa a chiocciola, di una pompa p. es.) (*macch.*), Spiralgehäuse (*n.*). 2 ~ (sede di vite) (*mecc.*), Mutter (*f.*). 3 ~ (madrevite, d'un tornio) (*macch. ut.*), Schlossmutter (*f.*), Mutterschloss (*n.*). 4 ~ **del compressore** (cassa a spirale del compressore) (*macch.*), Verdichterspirale (*f.*). 5 ~ **del compressore (di sovralimentazione)** (*mot.*), Laderschnecke (*f.*). 6 ~ **della vite conduttrice (di un tornio)** (*macch. ut.*), Leitspindelmutter (*f.*), Mutterschloss (*f.*). 7 ~ **d'ingresso (di una turbina idraulica)** (*macch.*), Einlaufspirale (*f.*). 8 **a** ~ (scala) (*ed.*), gewunden. 9 **scala a** ~ (*ed.*), Wendeltreppe (*f.*). 10 **scivolo a** ~ (trasportatore verticale a gravità) (*trasp. ind.*), Trudler (*m.*).

chiodaia (dama chiodiera) (*ut. fucinatura*), Gesenkblock (*m.*), Gesenkklotz (*m.*), Gesenkbock (*m.*), Lochplatte (*f.*), Gesenkplatte (*f.*).

chiodare (con rivetti) (*tecnol. mecc.*), nieten, vernieten. 2 ~ (una cassa, con punte p. es.) (*falegn. - ecc.*), nageln. 3 ~ **a freddo** (*tecnol. mecc.*), kaltnieten.

chiodato (con rivetti) (*tecnol. mecc.*), genietet.

chiodatrice (*macch.*), Nieter (*m.*), Nietmaschine (*f.*). 2 ~ **a ginocchiera** (chiodatrice a leva) (*macch.*), Kniehebelnietmaschine (*f.*). 3 ~ **a leva** (*macch.*), Kniehebelnietmaschine (*f.*). 4 ~ **a martello** (*macch.*), Hammernietmaschine (*f.*). 5 ~ **a percussione** (*macch.*), Schlagnietmaschine (*f.*). 6 ~ **automatica** (*macch.*), Nietautomat (*m.*). 7 ~ **pneumatica** (*macch.*), pneumatische Nietmaschine.

chiodatura (di materiali metallici) (*tecnol. mecc.*), Nietverbindung (*f.*), Nietung (*f.*).

2 ~ (di una cassa p. es.) (*falegn.*), Nagelung (*f.*). 3 ~ (di una scarpa) (*calzolaio*), Benagelung (*f.*). 4 ~ **a caldo** (*tecnol. mecc.*), Warmnietung (*f.*). 5 ~ **a coprigiunto** (*tecnol. mecc.*), Laschennietung (*f.*). 6 ~ **a coprigiunto semplice** (*tecnol. mecc.*), einseitige Laschennietung. 7 ~ **a doppio coprigiunto** (*tecnol. mecc.*), Doppellaschennietung (*f.*). 8 ~ **ad una fila (di chiodi)** (*tecnol. mecc.*), einreihige Nietung. 9 ~ **a file sfalsate** (*tecnol. mecc.*), Versatznietung (*f.*). 10 ~ **a freddo** (*tecnol. mecc.*), Kaltnietung (*f.*). 11 ~ **a losanga** (*tecnol. mecc.*), verjüngte Nietung. 12 ~ **a mano** (*tecnol. mecc.*), Handnietung (*f.*). 13 ~ **a percussione** (*tecnol. mecc.*), Schlagnieten (*n.*). 14 ~ **a semplice coprigiunto** (*tecnol. mecc.*), einseitige Laschennietung. 15 ~ **a semplice coprigiunto con tre file di chiodi** (*tecnol. mecc.*), dreireihige einseitige Laschennietung. 16 ~ **a sovrapposizione** (*tecnol. mecc.*), Überlappungsnietung (*f.*). 17 ~ **a tre file (di chiodi)** (*tecnol. mecc.*), dreireihige Nietung. 18 ~ **a zig-zag** (*tecnol. mecc.*), Versatznietung (*f.*), Zickzacknietung (*f.*). 19 ~ **con chiodi senza testa** (*tecnol. mecc.*), Stiftnietung (*f.*). 20 ~ **con ribattini a gambo cavo** (*tecnol. mecc.*), Hohlnietung (*f.*). 21 ~ **con ribattini a testa cilindrica** (*tecnol. mecc.*), Flachnietung (*f.*). 22 ~ **con ribattini a testa cilindrica zigrinata** (*tecnol. mecc.*), Waffelnietung (*f.*). 23 ~ **con ribattini a testa svasata** (*tecnol. mecc.*), Senknietung (*f.*). 24 ~ **con ribattini a testa tonda** (*tecnol. mecc.*), Halbrundnietung (*f.*). 25 ~ **con ribattini esplosivi** (*tecnol. mecc.*), Sprengnietung (*f.*). 26 ~ **delle caldaie** (*cald.*), Kesselnietung (*f.*). 27 ~ **doppia** (*tecnol. mecc.*), Doppelnietung (*f.*). 28 ~ **idraulica** (*tecnol. mecc.*), Druckwassernietung (*f.*). 29 ~ **longitudinale** (*tecnol. mecc.*), Längsnietung (*f.*). 30 ~ **parallela** (*mecc.*), Kettennietung (*f.*), Parallelnietung (*f.*). 31 **alesatore per fori di** ~ (*ut.*), Nietlochreibahle (*f.*).

chiodino (*gen.*), Pinne (*f.*), kleiner Nagel.

chiodo (ribattino, rivetto, per metalli) (*tecnol. mecc.*), Niet (*m. - n.*), Niete (*f.*). 2 ~ (punta, per legno) (*carp.*), Nagel (*m.*). 3 ~ (punta parigi) (*falegn.*), Stift (*m.*), Drahtstift (*m.*). 4 ~ (*tecnol.*), vedi anche rivetto e ribattino. 5 ~ **ad espansione** (rivetto ad espansione) (*mecc. - ecc.*), Spreizniete (*f.*). 6 ~ **ad intagli (longitudinali) a testa svasata** (*mecc.*), Senkkerbnagel (*m.*). 7 ~ **a testa bombata** (punta a testa bombata) (*ind. metall. - falegn.*), Rundkopfstift (*m.*). 8 ~ **a testa cilindrica** (ribattino a testa cilindrica) (*mecc.*), Flachniet (*m.*). 9 ~ **a testa cilindrica zigrinata** (ribattino a testa cilindrica zigrinata) (*mecc.*), Waffelniet (*m.*). 10 ~ **a testa conica** (*mecc.*), Kegelkopfniete (*f.*). 11 ~ **a testa larga** (per legno, ecc.) (*falegn.*), Blaukuppe (*f.*), Blaukopf (*m.*), Blaustift (*m.*). 12 ~ **a testa larga per coperture in carta catramata** (*ed.*), Dachpappenstift (*m.*). 13 ~ **a testa piana** (ribattino a testa piana, rivetto a testa piana) (*mecc.*), Flachkopfniet (*m. - n.*), Flachkopfniete (*f.*). 14 ~ **a testa piana larga** (*carp. - falegn.*), Breitkopfstift (*m.*). 15 ~ **a testa piatta** (*ed. - ecc.*), Platt-

nagel (*m.*). **16 ~ a testa svasata** (ribattino a testa svasata) (*mecc.*), Senkniet (*m.*). **17 ~ a testa svasata bombata** (ribattino, chiodo a testa svasata con calotta) (*mecc.*), Linsen-Senkniet (*m.*). **18 ~ a testa svasata piana** (ribattino) (*mecc.*), Senkniet (*m.*). **19 ~ a testa svasata piana con gambo intagliato** (*mecc.*), Senkkerbnagel (*m.*). **20 ~ a testa tonda** (ribattino a testa tonda) (*ind. metall.*), Rundniet (*m.*), Rundkopfniet (*m.*). **21 ~ a testa tonda con gambo intagliato** (*mecc.*), Halbrundkerbnagel (*m.*). **22 ~ a testa troncoconica** (ribattino a testa troncoconica) (*mecc.*), Kegelniet (*m.*). **23 ~ con gambo ad intagli (longitudinali)** (chiodo rigato) (*mecc.*), Kerbnagel (*m.*). **24 ~ da fonderia** (*fond.*), Giessereinagel (*m.*). **25 ~ da formatore** (*fond.*), Formerstift (*m.*). **26 ~ da ghiaccio** (per scarponi) (*sport*), Sporn (*m.*). **27 ~ da legno** (*falegn.*), Holznagel (*m.*). **28 ~ da maniscalco** (*ind. metall.*), Hufnagel (*m.*). **29 ~ da roccia** (*sport*), Fiechthaken (*m.*), Mauerhaken (*m.*), Kletterhaken (*m.*). **30 ~ da scarpe** (bulletta) (*ind. cuoio*), Zwecke (*f.*), Schuhzwecke (*f.*). **31 ~ da segnalazione** (borchia da segnalazione) (*traff. strad.*), Verkehrsnagel (*m.*), Markierungsknopf (*m.*). **32 ~ da tappezziere** (borchia da tappezziere) (*ind. metall.*), Tapeziernagel (*m.*), Polsternagel (*m.*). **33 ~ esplosivo** (rivetto esplosivo) (*tecnol. mecc.*), Sprengniet (*m.*). **34 ~ in due pezzi** (ribattino in due pezzi) (*mecc.*), zweiteiliger Niet, « Huckbolt » (*m.*). **35 ~ intagliato** (chiodo con gambo intagliato longitudinalmente) (*mecc.*), Kerbnagel (*m.*). **36 ~ per anime** (*fond.*), Kernnagel (*m.*). **37 ~ per ardesia** (chiodo per tegole di ardesia) (*ed.*), Schiefernagel (*m.*). **38 ~ per cartone catramato** (*ed.*), Pappnagel (*m.*). **39 ~ per coperture (di cartone)** (*ed.*), Pappnagel (*m.*). **40 ~ rigato** (chiodo con gambo ad intagli longitudinali) (*mecc.*), Kerbnagel (*m.*). **41 ~ tubolare** (rivetto tubolare) (*mecc.*), Hohlniet (*m.*). **42 applicazione dei chiodi** (*falegn.*), Benagelung (*f.*).
chiosco (*ed.*), Kiosk (*m.*), Verkaufshäuschen (*n.*). **2 ~** (edicola del giornalaio) (*giorn.*), Zeitungskiosk (*m.*).
chiostro (di un convento) (*arch.*), Kreuzgang (*m.*), Atrium (*n.*).
chirurgia (*med.*), Chirurgie (*f.*). **2 ~ plastica** (*med.*), plastische Chirurgie.
chirurgico (*med.*), chirurgisch.
chirurgo (*med.*), Chirurg (*m.*).
chitina (*chim.*), Chitin (*n.*).
chiudere (*gen.*), schliessen. **2 ~** (un rubinetto) (*tubaz.*), schliessen, zudrehen. **3 ~** (un circuito) (*elett.*), schliessen. **4 ~** (incapsulare) (*elett.*), kapseln, verschalen. **5 ~** (il vento di un altoforno) (*metall. - fond.*), abstellen. **6 ~** (i conti) (*contabilità*), abschliessen. **7 ~** (ermeticamente, mediante fusione) (*tecnol. mecc.*), zuschmelzen. **8 ~** (con catenaccio, una porta p. es.) (*gen.*), abriegeln, riegeln. **9 ~** (terminare, togliere; la seduta p. es.) (*gen.*), aufheben, beenden. **10 ~ a chiave** (*mecc.*), abschliessen. **11 ~ a doppia mandata** (una serratura) (*mecc.*), doppelt schliessen. **12 ~ a tenuta** (rendere stagno, ermetizzare) (*mecc. - ecc.*), dichten, abdichten. **13 ~ a tenuta d'aria** (chiudere ermeticamente) (*gen.*), luftdicht schliessen, luftdicht verschliessen. **14 ~ ed aprire** (attaccare e staccare, inserire e disinserire) (*elett.*), zu- und abschalten. **15 ~ ermeticamente** (chiudere a tenuta d'aria) (*gen.*), luftdicht schliessen, luftdicht verschliessen. **16 ~ il gas** (di un motore a scoppio) (*mot.*), abdrosseln. **17 ~ in dissolvenza** (*cinem.*), ausblenden. **18 ~ l'aria** (al carburatore) (*mot.*), drosseln. **19 ~ una sezione di blocco** (*ferr.*), blocken.
chiudersi (*gen.*), sich schliessen. **2 ~ a scatto** (di un coperchio p. es.) (*gen.*), zuschnappen.
chiudilettere (apparecchio chiudilettere) (*app.*), Briefverschliessgerät (*n.*).
chiudiporta (*app.*), Türschliesser (*m.*). **2 ~ idraulico** (*app.*), Öldrucktürschliesser (*m.*). **3 ~ pneumatico** (*app.*), Drucklufttürtchliesser (*m.*).
chiuditrice (*imball.*), Schliessmaschine (*f.*).
chiusa (chiusa con conca, per il trasferimento di navi tra due specchi d'acqua di diverso livello) (*navig.*), Schleuse (*f.*). **2 ~** (diga di sbarramento attraverso un corso d'acqua) (*costr. idr.*), Schleuse (*f.*). **3 ~ a conche** (chiusa di navigazione) (*nav. - navig.*), Kammerschleuse (*f.*). **4 ~ a pozzo** (conca a pozzo) (*nav. - navig.*), Schachtschleuse (*f.*). **5 ~ con bacini di risparmio** (conca con bacini di risparmio) (*nav. - navig.*), Sparschleuse (*f.*). **6 ~ di bacino** (*nav.*), Dockschleuse (*f.*). **7 ~ di canale** (*costr. idr.*), Kanalschleuse (*f.*). **8 ~ di irrigazione** (traversa per irrigazione) (*idr.*), Bewässerungsschleuse (*f.*). **9 chiuse di marea** (*costr. idr.*), Schleusenebbetore (*n. pl.*), Ebbetore (*n. pl.*). **10 ~ di navigazione** (chiusa a conche) (*nav. - navig.*), Kammerschleuse (*f.*). **11 ~ di ventilazione** (porta di ventilazione) (*min.*), Wetterschleuse (*f.*), Wettertür (*f.*). **12 ~ per convogli** (*nav. - navig.*), Schleppzugsschleuse (*f.*). **13 far entrare in una ~** (introdurre in una chiusa) (*nav. - navig.*), einschleusen, schleusen. **14 far passare una ~** (*nav. - navig.*), schleusen, durchschleusen, (ein Schiff) durch die Schleusen bringen. **15 passaggio della ~** (*nav.*), Durchschleusung (*f.*). **16 tempo di riempimento della ~** (*navig.*), Schleusenfüllzeit (*f.*).
chiusino (coperchio dei pozzetti di raccolta delle acque piovane) (*ed. - strad.*), Gullydeckel (*m.*), Schachtdeckel (*m.*). **2 ~ (di pozzo) d'ispezione** (*ed. - ecc.*), Domdeckel (*m.*). **3 ~ per idrante** (*anticendio*), Hydrantenkappe (*f.*).
chiuso (*a. - gen.*), geschlossen. **2 ~** (di costruzione chiusa) (*a. - elett.*), gekapselt, verschalt. **3 ~** (rubinetto p. es.) (*a. - tubaz.*), zu. **4 ~** (libri) (*a. - contabilità*), abgeschlossen. **5 ~** (recinto, per animali) (*s. - ed.*), Pferch (*m.*). **6 ~ ermeticamente** (sigillato, tubo termoionico, p. es.) (*elettronica*), abgeschmolzen. **7 ~ per inventario** (*amm. - ind.*), wegen Inventur geschlossen. **8 completamente ~** (di costruzione chiusa) (*mot. elett.*), gekapselt.
chiusura (*gen.*), Schluss (*m.*), Schliessung (*f.*), Schliessen (*n.*), **2 ~** (dispositivo di chiusura) (*mecc. - ecc.*), Verschluss (*m.*), Verschluss-

chiusura

vorrichtung (f.). 3 ~ (bloccaggio, di un attrezzo) (att. mecc. - lav. macch. ut.), Verschluss (m.). 4 ~ (di un circuito elettrico) (elett.), Schliessung (f.). 5 ~ (dei libri) (contabilità), Abschluss (m.). 6 ~ (alla borsa dei valori) (finanz.), Schluss (m.). 7 ~ (arresto di un bruciatore p. es.) (comb. - cald.), Abschaltung (f.). 8 ~ (abbandono, di una miniera) (min.), Stillegung (f.). 9 « ~ » (ferie annuali, di uno stabilimento) (ind.), Betriebsferien (pl.). 10 ~ a ginocchiera (ut.), Kniehebelzange (f.). 11 ~ a massa (contatto a massa) (elett.), Körperschluss (m.), Erdschluss (m.). 12 ~ a tenuta (mecc.), Abdichtung (f.). 13 ~ a tenuta (di una valvola termoionica) (elett.), Abschmelzen (n.), Abschmelzung (f.). 14 ~ a tenuta d'aria (mecc.), luftdichter Abschluss. 15 ~ automatica (mecc. - ecc.), automatischer Verschluss. 16 ~ dei conti (amm.), Kontenabschluss (m.), Rechnungsabschluss (m.). 17 ~ del blocco (chiusura della sezione di blocco) (ferr.), Blocken (n.). 18 ~ del foro di ispezione (macch. - ecc.), Handlochverschluss (m.). 19 ~ del gas (mot.), Abdrosselung (f.). 20 ~ dell'aria (al carburatore) (mot.), Drosselung (f.). 21 ~ della sezione di blocco (chiusura del blocco) (ferr.), Blocken (n.). 22 ~ dell'esercizio (della contabilità) (contabilità), Jahresabschluss (m.). 23 ~ dello stabilimento (per eseguire l'inventario p. es.) (ind. - pers.), Betriebsruhe (f.). 24 ~ del propellente (arresto della combustione, di un mot. a razzo p. es.) (mot.), Brennschluss (m.). 25 ~ di sicurezza (mecc. - ecc.), Sicherheitsverschluss (m.). 26 ~ di un conto (amm.), Kontoabschluss (m.). 27 ~ ermetica (mecc.), Abdichtung (f.). 28 ~ idraulica (pozzetto intercettatore, sifone intercettatore) (ed.), Siphon (m.), Geruchverschluss (m.). 29 ~ lampo (ind. tess. - ecc.), Reissverschluss (m.). 30 ~ stagna (all'aria) (mecc.), luftdichter Abschluss. 31 a ~ automatica (gen.), selbstschliessend. 32 arco di ~ (elett.), Schliessungsbogen (m.). 33 coperchio di ~ (gen.), Abschlussdeckel (m.). 34 corrente nello stato di ~ (corrente nello stato di conduzione, d'un tiristore p. es.) (elettronica), Durchlass-Stellungsstrom (m.). 35 dispositivo di ~ (organo di chiusura, d'un circuito) (app. elett.), Schliesser (m.). 36 extracorrente di ~ (elett.), Einschaltstoss (m.). 37 forza di ~ (di una macch. per pressofusione o stampaggio di mat. plast.) (fond. - ecc.), Schliessdruck (m.). 38 gruppo (di) ~ (unità di chiusura, d'una macchina per stampaggio ad iniezione o per pressofusione) (macch.), Schliesseinheit (f.). 39 impulso di ~ (elett.), Stromschliessungsstoss (m.). 40 organo di ~ (dispositivo di chiusura, d'un circuito) (app. elett.), Schliesser (m.). 41 posizione di ~ (mecc. - ecc.), Schliesstellung (f.). 42 posizione di ~ (d'un interruttore, d'un circuito) (elett.), Einschaltstellung (f.). 43 ritardo alla ~ (d'una valvola) (mot.), Schlussverspätung (f.). 44 ritardo di ~ (ritardo d'inserzione di un interruttore; formato dal ritardo nella risposta e dal tempo di chiusura) (elett.), Einschaltverzug (m.). 45 stato di ~ (stato di conduzione, d'un tiristore) (elettronica), Durchlass-Stellung (f.). 46 tempo di ~ (di un organo regolatore) (idr.), Schliesszeit (f.). 47 tempo di ~ (tempo d'inserzione di un interruttore, somma del ritardo d'inserzione e della durata del saltellamento dei contatti) (elett.), Einschaltzeit (f.). 48 unità di ~ (gruppo di chiusura, d'una macchina per stampaggio ad iniezione o per pressofusione) (macch.), Schliesseinheit (f.). 49 urto di ~ (d'una valvola) (mot.), Schlussschlag (m.).

« **chopper** » (usato negli amplificatori a c.c.) (elett.), Chopper (m.), Messzerhacker (m.).
chromatron (cromatron, tubo di Lawrence; per televisione a colori) (telev.), Chromatron (n.).
ciak (per l'inizio di una ripresa cinematografica) (cinem.), Synchronklappe (f.).
cianammide ($CN.NH_2$) (chim.), Zyanamid (n.).
cianato (chim.), Zyanat (n.).
cianciolo (rete di aggiramento) (pesca mar.), Ringwade (f.).
cianfrinare (presellare, lamiere p. es.) (tecnol. mecc.), stemmen.
cianfrinatura (presellatura, di lamiere p. es.) (tecnol. mecc.), Stemmen (n.).
cianfrino (presella, per lamiere p. es.) (ut.), Stemmeissel (m.).
cianina (chim. fot.), Cyanin (n.).
cianite ($Al_2O_3 \cdot SiO_2$) (refrattario) (min.), Cyanit (m.), Kyanit (m.), Disthen (m.).
cianogeno $(CN)_2$ (chim.), Zyan (n.).
cianografia (processo di riproduzione a trasparenza con carta preparata con sale ferrico e ferrocianuro potassico) (dis. - ind.), Negativ-Wasserbad-Blaupausverfahren (n.). 2 ~ (copia a tratti bianchi su fondo azzurro intenso) (dis. - ind.), Negativ-Wasserbad-Blaupause (f.). 3 ~ (reparto riproduzioni, di uno stabilimento p. es.) (dis. - ind.), Pausraum (m.), Lichtpauserei (f.).
cianurazione (dell'acciaio) (tratt. term.), Zyanbadhärten (n.), Karbonitrieren im Zyanbad. 2 ~ (per l'estrazione dell'oro) (metall.), Zyanlaugung (f.), Cyanidlaugung (f.).
cianuro (chim.), Zyanid (n.), Cyanid (n.). 2 ~ di ferro (chim.), Zyaneisen (n.). 3 ~ di potassio (KCN) (chim.), Kaliumzyanid (n.), Zyankalium (n.). 4 ~ di sodio (NaCN) (chim.), Natriumzyanid (n.), Zyannatrium (n.).
cibernetica (automazione), Kybernetik (f.).
cibernetico (autom.), kybernetisch.
cicala (ronzatore, cicalina) (app. elett.), Summer (m.). 2 ~ (parte superiore del fusto dell'àncora) (nav.), Ankerschäkel (m.).
cicalina (app. elett.), vedi cicala.
« **cicchetto** » (iniettore per l'avviamento) (mot.), Einspritz-Anlasser (m.), Anlassenspritzanlage (f.).
cicero (riga tipografica) (tip.), Cicero (f.).
ciclaggio (di processi) (ind.), Taktierung (f.).
ciclico (gen.), zyklisch. 2 ~ (processo, lavorazione p. es.) (ind.), taktweise. 3 ~ (ad anello) (chim.), ringförmig, cyclisch. 4 impianto ~ (per verniciare p. es.) (ind.), Taktanlage (f.).
ciclismo (sport), Radsport (m.), Fahrradsport (m.).

ciclista (*sport - traff. strad.*), Radfahrer (*m.*). **2 banchina per ciclisti** (pista per ciclisti) (*traff. strad.*), Radweg (*m.*). **3 pista per ciclisti** (banchina per ciclisti) (*traff. strad.*), Radweg (*m.*).

ciclizzazione (produzione di composti ciclici) (*chim.*), Cyclisierung (*f.*).

ciclo (processo ciclico) (*fis.*), Kreisprozess (*m.*), Kreislauf (*m.*). **2** ~ (di lavoro, di una macch. p. es.) (*macch.-tecnol.*), Spiel (*n.*), Zyklus (*m.*), Arbeitsspiel (*n.*), Arbeitskreislauf (*n.*). **3** ~ (termodinamico) (*termodin.*), Kreisprozess (*m.*). **4** ~ (nelle prove di fatica) (*sc. costr.*), Lastspiel (*n.*), Lastwechsel (*m.*). **5** ~ **a due tempi** (di un motore a c. i.) (*mot.*), Zweitaktverfahren (*n.*). **6 cicli al secondo** (hertz, Hz, unità di frequenza) (*elett. - radio*), Schwingungen/s, Hertz, Hz. **7** ~ **aperto** (*tecnol. - ecc.*), offener Kreislauf. **8** ~ **a quattro tempi** (di un motore a c. i.) (*mot.*), Viertaktverfahren (*n.*). **9** ~ **a tempo** (*gen.*), zeitlicher Zyklus. **10** ~ **automatico** (di lavoro) (*macch. ut. - ecc.*), automatischer Arbeitskreislauf, Automatik (*f.*). **11** ~ **di Carnot** (*termodin.*), Carnotscher Kreisprozess. **12** ~ **di conversione** (*elab. dati*) Umkehrungsgang (*m.*). **13** ~ **Diesel** (*mot.*), Dieselverfahren (*n.*). **14** ~ **di fabbricazione** (ciclo di lavorazione) (*ind.*), Fabrikationsplan (*m.*), Fertigungsplan (*m.*). **15** ~ **di isteresi** (*fis.*), Hystereseschleife (*f.*). **16** ~ **di istruzioni** (ciclo iterativo, ciclo di programma; serie d'istruzioni eseguite ripetutamente) (*elab. dati*), Schleife (*f.*). **17** ~ **di lavorazione** (successione delle varie operazioni per la lavorazione di un pezzo) (*organ. lav.*), Fertigungsplan (*m.*), Arbeitsablauf (*m.*). **18** ~ **di lavorazione** (modulo sul quale è riportato il ciclo) (*organ. lav.*), Arbeitsablaufkarte (*f.*), Bearbeitungskarte (*f.*). **19** ~ **di lavoro** (di un motore o macch.) (*mot. - macch.*), Arbeitsspiel (*n.*). **20** ~ **di magnetizzazione** (*elett.*), Magnetisierungsschleife (*f.*). **21** ~ **di programma** (ciclo iterativo, ciclo di istruzioni; serie d'istruzioni eseguite ripetutamente) (*elab. dati*), Schleife (*f.*), Zyklus (*m.*). **22** ~ **di Rankine** (*termodin.*), Rankinescher Kreis, Rankine-Diagramm (*n.*). **23** ~ **di saldatura** (svolgimento completo di saldatura) (*tecnol. mecc.*), Schweisspiel (*n.*). **24** ~ **di verniciatura** (*vn.*), Lackkette (*f.*). **25** ~ **fisso** (*lav. macch. c/n*), Festprogramm (*n.*). **26** ~ **iterativo** (ciclo di programma, ciclo di istruzioni; serie d'istruzioni eseguite ripetutamente) (*elab. dati*), Schleife (*f.*). **27** ~ **oscillante** (nelle prove di fatica) (*tecnol. mecc.*), Schwingspiel (*n.*). **28** ~ **Otto** (*mot.*), Ottoverfahren (*n.*). **29** ~ **termico** (*termodin.*), thermischer Kreisprozess. **30** ~ **termico** (*tratt. term.*), Temperatur-Zeit-Folge (*f.*). **31 avvicinarsi al rendimento del** ~ **di Carnot** (*termodin.*), carnotisieren. **32 campo dei cicli alterni** (nelle prove di fatica) (*prove mater.*), Wechselbereich (*m.*). **33 contatore di cicli** (iterativi) (*elab. dati*), Zyklenzähler (*m.*). **34 diagramma del** ~ **di lavorazione** (*ind.*), Flussbild (*n.*). **35 durata del** ~ (in servizio intermittente) (*macch. - elett.*), Spieldauer (*f.*). **36 numero dei cicli** (nelle prove dei materiali p. es.) (*tecnol. mecc.*), Spielzahl (*f.*), Lastspiel-

zahl (*f.*). **37 numero dei cicli di rottura** (nelle prove di fatica) (*sc. costr.*), Lastspielzahl (*f.*), Bruchlastspielzahl (*f.*). **38 numero di cicli limite** (alternanze di carico teoricamente infinite, nelle prove di fatica) (*tecnol. mecc.*), Grenz-Lastspielzahl (*f.*). **39 prova dei cicli** (per accertare l'usura di rivestimenti organici per pavimentazioni) (*tecnol.*), Zyklen-Verfahren (*n.*). **40 ritardo nel** ~ (*elabor. dati*), Zyklusverzögerung (*f.*). **41 tempo** ~ (tempo per pezzo) (*lav. macch. ut.*), Stückzeit (*f.*). **42 tempo** ~ (nominale; nel lavoro a catena, tempo assegnato per realizzare un lotto unitario di pezzi) (*organ. lav.*), Taktzeit (*f.*). **43 tempo** ~ (*calc. - elab. dati*), Zykluszeit (*f.*). **44 tempo** ~ (nello stampaggio a iniezione di mat. plast. p. es.) (*tecnol.*), Zykluszeit (*f.*).

ciclocaucciù (prodotto resinoide) (*ind. gomma*), Zyklokautschuk (*m.*).

cicloesano (C_6H_{12}) (*chim.*), Zyklohexan (*n.*).

cicloesanolo ($C_6H_{11}OH$) (esalina) (*chim.*), Zyklohexanol (*n.*), Hexalin (*n.*).

cicloesanone ($C_6H_{10}O$) (*chim.*), Zyklohexanon (*n.*).

cicloide (curva) (*geom.*), Zykloide (*f.*), Radlinie (*f.*).

ciclomotore (bicicletta a motore) (*veic.*), Moped (*n.*), Motorfahrrad (*n.*).

ciclone (minimo barometrico, depressione) (*meteor. - geofis.*), Depression (*f.*), Tiefdruckgebiet (*n.*), Tief (*n.*), Zyklone (*f.*). **2** ~ (separatore a ciclone, ciclone separatore, di particelle solide da un gas) (*app.*), Zyklon (*m.*), Fliehkraftabscheider (*m.*), Wirbeler (*m.*). **3** ~ **a umido** (per gas) (*app. - ind. chim.*), Nasswirbeler (*m.*). **4** ~ **depolveratore** (*metall. - ecc.*), Windsichter (*m.*). **5** ~ **multiplo** (*app.*), Multizyklon (*m.*), Multiklon (*m.*). **6 focolare a** ~ (*comb.*), Zyklonfeuerung (*f.*). **7 prefiltro a** ~ (a bagno d'olio) (*mot.*), Zyklon (*m.*).

cicloolefina (*chim.*), Zykloolefin (*n.*), Zykloalkan (*n.*).

cicloparaffina (naftene) (*chim.*), Zykloparaffin (*n.*), Zykloalkan (*n.*), Naphten (*n.*).

ciclostilo (poligrafo, duplicatore) (*macch. uff.*), Hektograph (*m.*), Vervielfältigungsgerät (*n.*).

ciclostrofico (vento) (*geofis.*), zyklostrophisch.

ciclotrone (acceleratore di particelle) (*app. - fis. atom.*), Zyklotron (*n.*). **2** ~ **a modulazione di frequenza** (sincrociclotrone) (*app. - fis. atom.*), frequenzmoduliertes Zyklotron.

CIE (Commission Internationale Eclairage) (*illum.*), CIE, Internationale Beleuchtungskommission, IBK.

cieco (*gen.*), blind.

cielo (*astr.*), Himmel (*m.*), Himmelsgewölbe (*n.*), Firmament (*n.*), Himmelskugel (*f.*). **2** ~ (del pistone) (*mot.*), Boden (*m.*). **3** ~ (di una galleria) (*min.*), Decke (*f.*). **4** ~ (teatro), Bühnenhimmel (*m.*). **5** ~ **dello stantuffo** (cielo del pistone) (*mot.*), Kolbenboden (*m.*). **6 fattore** ~ (*ott. - illum.*), Himmelslichtfaktor (*m.*).

cifra (*mat.*), Ziffer (*f.*). **2** ~ **binaria** (*mat.*), Binärziffer (*f.*). **3** ~ **binaria** (bit) (*macch. calc.*), Binärziffer (*f.*), bit. **4** ~ **di perdita** (*elett.*), Verlustziffer (*f.*). **5** ~ **massima** (*fi*-

cifrato

nanz.), Plafond (*m.*), Höchstbetrag (*m.*). **6 a due cifre** (numero) (*mat.*), zweistellig. **7 a cinque cifre** (numero) (*mat.*), fünfstellig. **8 a più cifre** (numero) (*mat.*), mehrstellig.

cifrato (*telegr. - ecc.*), chiffriert. **2 macchina a scrittura cifrata** (*macch.*), Geheimschreibmaschine (*f.*). **3 telegramma ~** (*telegr.*), Chiffretelegramm (*n.*).

cilecca (colpo a vuoto, colpo mancato) (*arma da fuoco*), Versager (*m.*).

cilindraia (mulino a cilindri, macina a cilindri) (*macch. min. - ecc.*), Walzenmühle (*f.*).

cilindrare (*gen.*), abwalzen. **2 ~** (calandrare, levigare, lisciare, satinare) (*mft. carta*), glätten. **3 ~** (tornire cilindrico esternamente) (*lav. macch. ut.*), langdrehen.

cilindrata (di un motore a comb. interna) (*mot. - aut.*), Hubraum (*m.*), Zylinderhubraum (*m.*). **2 ~ singola** (cilindrata unitaria, cilindrata di un cilindro) (*mot.*), Hubraum eines Zylinders. **3 ~ totale** (*mot.*), Gesamthubraum (*m.*). **4 ~ unitaria** (cilindrata singola) (*mot.*), Hubraum eines Zylinders. **5 motore a ~ variabile** (idromotore) (*oleoidr. - mot.*), Verstellmotor (*m.*).

cilindrato (*costr. strad. - ecc.*), abgewalzt. **2 ~ con acqua** (macadam) (*costr. strad.*), wassergebunden.

cilindratura (tornitura cilindrica esterna, tornitura di lungo) (*lav. macch. ut.*), Längsdrehen (*n.*). **2 ~** (costipamento con rulli) (*costr. strad.*), Abwalzen (*n.*). **3 avanzamento di ~** (nella tornitura cilindrica) (*lav. macch. ut.*), Längsvorschub (*m.*). **4 barra di ~** (candela, di un tornio) (*macch. ut.*), Zugspindel (*f.*).

cilindretto (rullo, per misure di alberi scanalati p. es.) (*metrologia - mecc.*), Messzylinder (*m.*). **2 ~** (per utensili da tornio, di acciaio rapido, temprato, rinvenuto e rettificato su tutte le superfici) (*ut.*), Drehling (*m.*), Drehling mit rundem Querschnitt. **3 ~ del freno** (cilindretto apriceppi, di un freno idraulico) (*aut.*), Bremszylinder (*m.*). **4 ~ di filo di acciaio** (graniglia di acciaio ricavata da filo, « cut-wire ») (*tecnol. mecc.*), Drahtkorn (*n.*). **5 ~ per profili striati** (spina calibrata per profili striati) (*ut.*), Kerbzahnlehrdorn (*m.*).

cilindricità (*mecc.*), Zylindrizität (*f.*), Zylinderform (*f.*). **2 errore di ~** (*mecc.*), Abweichung von der Zylinderform.

cilindrico (*gen.*), zylindrisch, zylinderförmig. **2 fresa cilindrica** (*ut.*), Walzenfräser (*m.*). **3 proiezione cilindrica** (*cartografia*), Zylinderabbildung (*f.*). **4 ruota dentata cilindrica** (*mecc.*), Stirnrad (*n.*). **5 superficie cilindrica** (di un cilindro) (*geom.*), Zylindermantel (*m.*).

cilindro (*gen.*), Walze (*f.*), Zylinder (*m.*). **2 ~** (*geom.*), Zylinder (*m.*). **3 ~** (di mot. a c. i.) (*mot.*), Zylinder (*m.*). **4 ~** (di laminatoio) (*lamin.*), Walze (*f.*). **5 ~** (in appar. idrauliche) (*oleoidr.*), Zylinder (*m.*). **6 ~** (d'una memoria) (*calc.*), Zylinder (*m.*). **7 ~** (tamburo) (*gen.*), Trommel (*f.*). **8 ~** (combustibile per reattori nucleari) (*fis. atom.*), Brocken (*m.*), Block (*m.*), Würfel (*m.*). **9 ~ a coltelli** (*macch. mft. carta*), Messerwalze (*f.*). **10 ~ a gradini** (*lamin.*), Staffelwalze (*f.*). **11 ~ alimentatore** (di una carda p. es.) (*macch. tess.*), Speisezylinder (*m.*), Einzugwalze (*f.*), Einzugzylinder (*m.*). **12 ~ alimentatore** (cilindro di uscita) (*mecc.*), Ablaufwalze (*f.*), Ablaufrolle (*f.*). **13 ~ a molla** (dell'impianto frenante di un autotreno p. es.) (*veic.*), Federspeicherzylinder (*m.*). **14 ~ apritoio** (di una carda) (*macch. tess.*), Einziehwalze (*f.*). **15 ~ a semplice effetto** (*oleoidr.*), einfachwirkender Zylinder. **16 ~ a stantuffo differenziale** (cilindro differenziale) (*oleoidr.*), Differentialzylinder (*m.*). **17 cilindri a stella** (di un motore d'aviazione) (*mot.*), Zylinder in Sternform. **18 ~ attuatore** (attuatore) (*oleoidr.*), Arbeitszylinder (*m.*). **19 cilindri a V** (*mot.*), Zylinder in V-Form. **20 ~ avvolgitore** (*gen.*), Auflaufwalze (*f.*). **21 ~ base** (di una ruota dentata) (*mecc.*), Grundzylinder (*m.*). **22 ~ calcografico per racla** (*calcografia*), Rakeltiefdruckzylinder (*m.*). **23 ~ con calibro** (cilindro con scanalatura, cilindro con sagoma) (*lamin.*), Kaliberwalze (*f.*). **24 ~ condotto** (cilindro trascinato) (*lamin.*), Schleppwalze (*f.*). **25 ~ con feltro** (*mft. carta*), Filzwalze (*f.*). **26 ~ con frenatura a fine corsa** (*oleoidr.*), Zylinder mit Endlagen-Dämpfung. **27 ~ con ritorno a molla** (*oleoidr. - ecc.*), Zylinder mit Federrückführung. **28 ~ con sagoma** (cilindro con calibro, cilindro con scanalatura) (*lamin.*), Kaliberwalze (*f.*). **29 ~ con scanalatura** (cilindro con sagoma, cilindro con calibro) (*lamin.*), Kaliberwalze (*f.*). **30 ~ da stampa** (*macch. da stampa*), Druckwalze (*f.*), Druckzylinder (*m.*). **31 ~ di appoggio** (di un laminatoio) (*lamin.*), Stützwalze (*f.*). **32 ~ di appoggio** (nella colata continua) (*fond.*), Stützrolle (*f.*), Stützwalze (*f.*). **33 ~ di base** (di una ruota dentata) (*mecc.*), Grundzylinder (*m.*). **34 ~ differenziale** (cilindro a stantuffo differenziale) (*oleoidr.*), Differentialzylinder (*m.*). **35 ~ di fondo** (di una ruota dentata) (*mecc.*), Fusszylinder (*m.*). **36 ~ di ghisa conchigliata** (per lavorazione di materie plastiche) (*macch.*), Kokillen-Hartguss-Walzenzylinder (*m.*), Walzenballen (*m.*). **37 ~ di gola** (di un creatore p. es.) (*ut. mecc.*), Kehlzylinder (*m.*). **38 ~ di pressione** (*macch. tess.*), Druckwalze (*f.*). **39 ~ di pressione in caucciù** (per macchina da stampa calcografica) (*tip.*), Gummipresseur (*m.*). **40 ~ di riferimento** (di una ruota dentata) (*mecc.*), Bezugszylinder (*m.*). **41 ~ di stiro** (*lamin.*), Plättwalze (*f.*), Streckwalze (*f.*). **42 ~ di troncatura** (cilindro esterno di una ruota dentata) (*mecc.*), Kopfzylinder (*m.*). **43 ~ di uscita** (cilindro alimentatore) (*mecc.*), Ablaufwalze (*f.*), Ablaufrolle (*f.*). **44 ~ finitore** (*lamin.*), Schlichtwalze (*f.*). **45 ~ folle** (*macch. da stampa*), Loswalze (*f.*). **46 ~ frenante** (cilindro freno, di un cannone) (*milit.*), Bremszylinder (*m.*). **47 ~ freno** (o frenante, di un cannone) (*milit.*), Bremszylinder (*m.*). **48 ~ graduato** (*att. chim.*), Mensur (*f.*), Messglas (*n.*). **49 ~ guidanastro** (*macch. tess.*), Bandführungswalze (*f.*). **50 ~ idraulico** (per convertire energia idrostatica in energia meccanica) (*app.*), Hydrozylinder (*m.*). **51 ~ inchiostratore** (*macch. da stampa*), Duktorwalze (*f.*). **52 ~ incollatore** (*macch. tess.*),

Stärkewalze (f.). **53 cilindri in linea** (mot.), Zylinder in Reihe. **54 ~ introduttore** (introduttore, di una carda) (macch. tess.), Vorreisser (m.). **55 ~ liscio** (lamin.), glatte Walze. **56 ~ operatore** (cilindro attuatore) (oleoidr.), Arbeitszylinder (m.). **57 ~ operatore pneumatico** (app.), pneumatischer Arbeitszylinder. **58 ~ ovalizzato** (difetto di mot.), unrunder Zylinder. **59 ~ per falda** (di una carda) (macch. tess.), Wickelwalze (f.). **60 ~ per laminare a caldo** (lamin.), Warmwalze (f.). **61 ~ per laminare a freddo** (lamin.), Kaltwalze (f.). **62 ~ per laminatoio pellegrino** (lamin.), Pilgerwalze (f.). **63 ~ per la stampa** (macch. tip.), Druckzylinder (m.), Druckwalze (f.). **64 ~ per la traslazione trasversale** (macch. ut. - ecc.), Querzylinder (m.). **65 ~ per profilati** (lamin.), Profilwalze (f.). **66 ~ per rotocalco** (macch. da stampa), Tiefdruckwalze (f.), Tiefdruckzylinder (m.). **67 ~ per stampa in rilievo** (macch. tip.), Prägewalze (f.). **68 ~ pneumatico** (per azionamento) (app.), Luftzylinder (m.). **69 ~ portalastra** (stampa offset), Druckträger (m.), Plattenzylinder (m.). **70 ~ portante** (lamin.), Tragwalze (f.). **71 ~ primitivo** (di una ruota dentata) (mecc.), Wälzzylinder (m.), Teilzylinder (m.). **72 ~ primitivo di dentatura** (di ruote dentate)(mecc.), Erzeugungswälzzylinder (m.). **73 ~ primitivo di funzionamento** (di ruote dentate) (mecc.), Betriebswälzzylinder (m.). **74 ~ pulitore** (di una carda) (macch. tess.), Reinigungswalze (f.). **75 ~ raddrizzatore** (mecc.), Ausrichtwalze (f.). **76 ~ retinato** (tip.), Rasterwalze (f.). **77 ~ sbozzatore** (lamin.), Vorwalze (f.). **78 ~ scaricatore** (di un apritoio) (macch. tess.), Abführwalze (f.). **79 ~ scaricatore** (cilindro spogliatore, spogliatore, scaricatore, di una carda) (macch. tess.), Abnehmer (m.), Sammler (m.). **80 ~ sgrossatore** (cilindro sbozzatore) (lamin.), Vorwalze (f.). **81 cilindri sincronizzati** (macch. - oleoidr.), Gleichlaufzylinder (m. pl.). **82 ~ spogliatore** (di una carda) (macch. tess.), Abnehmer (m.), Sammler (m.). **83 ~ stiratore** (macch. tess.), Streckwalze (f.). **84 ~ superiore** (lamin.), Oberwalze (f.). **85 ~ telescopico** (oleoidr.), Teleskopzylinder (m.). **86 ~ verticale** (d'una gabbia universale) (lamin.), Stechwalze (f.), Vertikalwalze (f.). **87 alesaggio del ~** (mot.), Zylinderbohrung (f.). **88 canna ~** (camicia cilindro) (mot.), Zylinderlaufbuchse (f.). **89 canna ~ a secco** (camicia cilindro a secco) (mot.), trockene Zylinderlaufbuchse. **90 canna ~ a umido** (camicia cilindro a umido) (mot.), nasse Zylinderlaufbuchse. **91 canna ~ riportata** (camicia cilindro riportata) (mot.), auswechselbare Zylinderlaufbuchse. **92 carda a cilindri** (macch. tess.), Walzenkrempel (f.). **93 coperchio cilindri** (mot.), Zylinderdeckel (m.). **94 cordone del ~** (lamin.), Walzenring (m.), Walzenrand (m.). **95 corpo centrale del ~** (lamin.), Walzenballen (m.). **96 disposizione dei cilindri** (mot.), Zylinderanordnung (f.). **97 frantoio a cilindri** (macch.), Walzenbrecher (m.). **98 impronta di cilindri** (lamin.), Walzennarbe (f.). **99 iniezione nel ~** (del combustibile) (mot.), Zylindereinspritzung (f.). **100 linea di cilindri** (bancata di cilindri) (mot.), Zylinderreihe (f.). **101 luce tra i cilindri** (di laminazione) (lamin.), Walzspalt (m.). **102 motore a cilindri in linea** (motore in linea) (mot.), Reihenmotor (m.). **103 numero dei cilindri** (di un mot. a c. i.) (mot.), Zylinderzahl (f.). **104 parco cilindri** (lamin.), Walzenpark (m.). **105 regolazione dei cilindri** (lamin.), Walzeneinstellung (f.). **106 stampante a ~** (calc. - elab. dati), Walzendrucker (m.).

CIM (Convention Internationale sur le Transport des Marchandises) (ferr.), CIM.

cima (vertice, sommità) (gen.), Gipfel (m.), Scheitel (m.). **2 ~** (sagola) (nav.), Leine (f.), Tau (n.). **3 ~ di ormeggio** (nav.), Halteleine (f.), Haltetau (n.). **4 ~ di sicurezza** (nav.), Manntau (n.). **5 buttare una ~** (nav.), schlippen, slippen, eine Leine werfen.

cimasa (cornicione, di un ordine di colonne) (arch.), Gesims (n.). **2 ~** (copertina, di un muro p. es.) (mur.), Kappe (f.), Deckstein (m.).

ciminiera (parte della canna dei camini industriali sporgente dall'edificio) (ind. - ed.), Fabrikschornstein (m.), Schornstein (m.). **2 bocca di ~** (ed.), Schornsteinmündung (f.).

cimossa (cimosa, lisiera, orlo laterale di un tessuto, parallelo all'ordito) (ind. tess.), Salband (n.), Salleiste (f.), Webkante (f.), Salkante (f.), Selfkante (f.).

cinabro (HgS) (min.), Zinnober (m.), Merkurblende (f.), Korallenerz (n.).

cineamatore (cinem.), Filmamateur (m.).

cinecamera (cinepresa, macchina da presa) (app. cinem.), Bildkamera (f.), Laufbildkamera (f.), Kinokamera (f.). **2 ~**, vedi anche cinepresa.

cinegiornale (giornale cinematografico, attualità) (cinem.), Reportagefilm (m.), Wochenschau (f.), Wochenschaufilm (m.).

cinema (cinematografo) (cinem. - ed.), Kino (n.), Kinotheater (n.), Lichtspielhaus (n.). **2 ~ -posteggio** (cineparco, « drive-in ») (aut. - cinem.), Auto-Kino (n.).

« cinemascope » (sistema cinem. a grande schermo) (cinem.), « Cinemascope ».

cinematica (mecc.), Kinematik (f.).

cinematico (mecc.), kinematisch. **2 ~** (nelle macchine per ufficio) (s. - macch.), Funktionsgetriebe (n.).

cinematismo (mecc.), Getriebe (n.). **2 ~ con arco di riposo** (cinematismo con fase di riposo) (mecc.), Rastgetriebe (n.). **3 ~ con fase di riposo** (cinematismo con arco di riposo) (mecc.), Rastgetriebe (n.).

cinematografia (cinem.), Lichtspielwesen (n.), Kinematographie (f.). **2 ~ ultrarapida** (per processi tecnologici p. es.) (cinem. - tecnol.), Hochfrequenzkinematographie (f.).

cinematografo (cinem. - ed.), Filmtheater (n.), Lichtspieltheater (n.), Kino (n.), Kinotheater (n.).

cineparco (cinema-posteggio, « drive-in ») (aut. - cinem.), Auto-Kino (n.).

cinepresa (macchina da presa) (app. cinem.), Bildkamera (f.), Aufnahmekamera (f.), Kinokamera (f.). **2 ~** (cinepresa a passo ridotto) (app. cinem.), Schmalfilmkamera (f.), Ama-

cineproiettore

teurkamera (*f.*). 3 ~ **a passo ridotto** (*app. cinem.*), Schmalfilmkamera (*f.*), Amateurkamera (*f.*). 4 ~ **a pellicola normale** (cinepresa da 35 mm) (*app. cinem.*), Normalfilmkamera (*f.*). 5 ~ **con registrazione del suono** (*app. cinem.*), Bild-Ton-Kamera (*f.*). 6 ~ **da 35 mm** (cinepresa a pellicola normale) (*app. cinem.*), Normalfilmkamera (*f.*). 7 ~ **sonora** (macchina da presa sonora) (*app. cinem.*), Tonkamera (*f.*).
cineproiettore (proiettore cinematografico) (*app.*), Laufbildwerfer (*m.*).
« cinerama » (procedimento di presa e proiezione stereoscopica) (*cinem.*), « Cinerama ».
cinerario (*term.*), *vedi* cenerario.
cinescopio (di un televisore) (*telev.*), Bildröhre (*f.*), Bildwiedergaberöhre (*f.*). 2 ~ **a maschera metallica** (tubo a maschera metallica, tubo « shadow mask ») (*telev. a colori*), Maskenröhre (*f.*), Schattenmaskenröhre (*f.*). 3 ~ **a tre colori** (cinescopio a tricromia, tubo a tre colori) (*telev.*), Dreikomponentenbildröhre (*f.*), Fernseh-Dreifarbenbildröhre (*f.*). 4 ~ **piatto** (con cannone laterale) (*telev.*), Bananenröhre (*f.*).
cineteca (*cinem.*), Filmarchiv (*n.*).
cinetecnica (*cinem.*), Kinotechnik (*f.*).
cinetica (*mecc.*), Kinetik (*f.*). 2 ~ **chimica** (*chim. fis.*), Formalkinetik (*f.*).
cinetico (*mecc.*), kinetisch.
cinghia (cintura) (*gen.*), Gurt (*m.*), Gürtel (*m.*), Band (*n.*), Riemen (*m.*). 2 ~ (di trasmissione) (*mecc.*), Riemen (*m.*), Treibriemen (*m.*), Transmissionsriemen (*m.*). 3 ~ **a denti** (cinghia dentata, di neoprene p. es.) (*mecc.*), Zahnriemen (*m.*). 4 ~ **antistatica** (cinghia che non accumula elettricità statica) (*mecc. - elett.*), Non-el-stat-Riemen (*m.*). 5 ~ **aperta** (*mecc.*), offener Riemen. 6 ~ **articolata** (*mecc.*), Gliederriemen (*m.*). 7 ~ **a sezione circolare** (*mecc.*), Rundriemen (*m.*). 8 ~ **del ventilatore** (*mot. - aut.*), Ventilatorriemen (*m.*). 9 ~ **dentata** (cinghia a denti, di neoprene p. es.) (*mecc.*), Zahnriemen (*m.*). 10 ~ **di cuoio** (per trasmissione) (*mecc.*), Ledertreibriemen (*m.*). 11 ~ **di sicurezza** (cintura di sicurezza) (*aut. - aer.*), Sicherheitsgurt (*m.*). 12 ~ **di trasmissione** (*mecc.*), Treibriemen (*m.*), Transmissionsriemen (*m.*). 13 ~ **incrociata** (*mecc.*), gekreuzter Riemen. 14 ~ **per trasmissioni** (*mecc.*), Treibriemen (*m.*), Transmissionsriemen (*m.*). 15 ~ **piana** (*mecc.*), Flachriemen (*m.*). 16 ~ **(piana di gomma) con filati Cord** (*mecc.*), Kabelkordriemen (*m.*). 17 ~ **trapezoidale** (*mecc.*), Keilriemen (*m.*). 18 con ~ (*gen.*), gegürtet. 19 **tensione della** ~ (*mecc.*), Riemenspannung (*f.*).
cinghione (formato da strisce affiancate di coltello) (*mecc.*), Hochkantenriemen (*m.*).
cingolato (*veic.*), raupenfahrbar. 2 **trattore** ~ (*veic.*), Raupenschlepper (*m.*). 3 **veicolo** ~ (*veic.*), Vollkettenfahrzeug (*n.*), Raupenfahrzeug (*n.*).
cingoletta (veicolo semicingolato) (*veic.*), Halbkettenfahrzeug (*n.*).
cingolo (*veic.*), Raupe (*f.*), Raupenkette (*f.*). 2 **carrello di atterraggio a cingoli** (*aer.*), Raupenfahrwerk (*n.*). 3 **maglia di** ~ (*veic.*), Raupenglied (*n.*).

ciniglia (*tess.*), Chenille (*f.*).
cinodromo (*ed.*), Hunderennbahn (*f.*).
cinta (recinzione, muro, siepe, ecc.) (*ed.*), Einfriedung (*f.*), Einfriedigung (*f.*), Umfriedung (*f.*), Umfriedigung (*f.*). 2 ~ **daziaria** (*urb.*), Zollgrenze (*f.*), Zollinie (*f.*). 3 ~ **della città** (*ed.*), Stadtgrenze (*f.*). 4 **muro di** ~ (*ed.*), Einfriedigungsmauer (*f.*), Umschliessungsmauer (*f.*), Umfriedigungsmauer (*f.*).
cintare (con muro p. es.) (*ed.*), einfriedigen, einfassen. 2 ~ **con muro** (*mur.*), ummauern. 3 ~ **con steccato** (*ed.*), einfriedigen.
cintura (cinghia) (*gen.*), Gurt (*m.*), Gürtel (*m.*), Band (*n.*). 2 ~ (fascia) (*gen.*), Gürtel (*m.*). 3 ~ **a bandoliera** (cintura di sicurezza) (*aut.*), Schultergurt (*m.*). 4 ~ **addominale** (cintura di sicurezza) (*aut.*), Bauchgurt (*m.*), Beckengurt (*m.*). 5 ~ **di forzamento** (corona od anello di forzamento, di un proiettile) (*espl.*), Führungsband (*n.*), Führungsring (*m.*). 6 ~ **di salvataggio** (salvagente) (*aer. - nav.*), Schwimmgürtel (*m.*), Rettungsgürtel (*m.*). 7 ~ **di sicurezza** (*aut.*), Sicherheitsgurt (*m.*).
cinturato (pneumatico) (*aut.*), gegürtet.
cinturino (di un orologio) (*orologeria*), Armband (*n.*).
cioccolata (*ind.*), Schokolade (*f.*).
cioè (ossia, vale a dire) (*gen.*), das heisst, d. h., das ist, d. i.
ciondolare (*mecc.*), schlottern, schlaff hängen.
ciottolato (acciottolato) (*costr. strad.*), Kopfsteinpflaster (*n.*).
ciottolo (*ed. - ecc.*), Kiesel (*m.*), Geröll (*n.*), Kieselstein (*m.*). 2 ~ **di fiume** (*ed.*), Bachgeröll (*n.*).
cipollatura (girello) (*difetto legno*), Ringschäle (*f.*), Kernschäle (*f.*).
circa (ca.) (*mat. - ecc.*), rund, ungefähr, etwa.
circo (configurazione di testata di valle a cavità svasata) (*geol.*), Kar (*n.*), Kaar (*n.*). 2 ~ (per spettacoli) (*ed.*), Zirkus (*m.*).
circolare (rotondo) (*a. - gen.*), kreisförmig, rund. 2 ~ (*v. - gen.*), umlaufen, zirkulieren. 3 ~ (lettera circolare) (*s. - uff. - comm.*), Rundschreiben (*n.*), Zirkular (*n.*). 4 **a polarizzazione** ~ (*elettronica*), zirkular polarisiert. 5 **far** ~ (liquido p. es.) (*gen.*), umwälzen. 6 **linea** ~ (linea in circuito chiuso ad anello) (*elett.*), Ringleitung (*f.*). 7 **non** ~ (*a. - mecc.*), unrund. 8 **polarizzazione** ~ (*fis.*), Zirkularpolarisation (*f.*).
circolarità (rotondità) (*mecc. - ecc.*), Rundheit (*f.*). 2 **errore di** ~ (*mecc. - metrologia*), Unrundheit (*f.*), Abweichung vom Kreis, Kreisformfehler (*m.*). 3 **non-** ~ (acircolarità) (*mecc.*), Unrundheit (*f.*). 4 **tolleranza di** ~ (*mecc.*), Rundheitstoleranz (*f.*), TK, Tk.
circolarizzatore (di un'antenna radar, per trasformare un'onda polarizzata linearmente in un'altra onda a polarizzazione circolare) (*radar*), Zirkularisator (*m.*).
circolatore (per l'orientamento di trasmissioni p. es.) (*elettronica*), Zirkulator (*m.*). 2 ~ **a circuiti integrati monolitici** (circolatore MIC [monolithic integrated circuit]) (*elettronica*), MIC-Zirkulator (*m.*).
circolazione (*gen.*), Umlauf (*m.*), Zirkulation (*f.*). 2 ~ (dell'olio p. es. in un motore) (*mot. - macch.*), Umlauf (*m.*), Zirkulation (*f.*).

3 ~ (circuitazione, di un campo vettoriale) (*mat.*), Randintegral (*n.*). 4 ~ (del sangue) (*med.*), Kreislauf (*m.*). 5 ~ a sinistra (circolazione sulla sinistra) (*traff. strad.*), Linksverkehr (*m.*). 6 ~ attorno al profilo alare (circuitazione attorno al profilo alare) (*aerodin. - aer.*), Profilumströmung (*f.*), Tragflügelumströmung (*f.*). 7 ~ d'acqua (nei sondaggi) (*min.*), Spülung (*f.*). 8 ~ d'aria (*gen.*), Luftumlauf (*m.*), Luftzirkulation (*f.*). 9 ~ dell'olio (*mot.*), Ölumlauf (*m.*). 10 ~ forzata (di acqua p. es.) (*mot. - macch. - ecc.*), Druckumlauf (*m.*), Zwangsumlauf (*m.*). 11 ~ in senso unico (senso unico) (*traff. strad.*), Richtungsverkehr (*m.*), Einbahnverkehr (*m.*). 12 ~ rotatoria (ad un crocicchio) (*traff. strad.*), Kreisverkehr (*m.*). 13 ~ sulla sinistra (circolazione a sinistra) (*traff. strad.*), Linksverkehr (*m.*). 14 carta di ~ (*aut.*), Kraftfahrzeugschein (*m.*). 15 lubrificazione a ~ (*mecc.*), Umlaufschmierung (*f.*). 16 pompa di ~ (*macch.*), Umlaufpumpe (*f.*). 17 rapporto di ~ (rapporto tra olio circolante in un'ora e capacità del sistema di lubrificazione) (*mot. - macch.*), Umwälzzahl (*f.*). 18 velocità di ~ (sotterranea, di acqua p. es.) (*idr. - geol.*), Fortschrittgeschwindigkeit (*f.*).

circolo (circonferenza) (*geom.*), Kreis (*m.*), Kreislinie (*f.*). 2 ~ (cerchio) (*m. - geom.*), Kreisfläche (*f.*). 3 ~ (*geom. - ecc.*), vedi anche circonferenza. 4 circoli bancari (*finanz.*), Bankwelt (*f.*). 5 ~ cromatico (*ott.*), Farbkreis (*m.*). 6 ~ orario (cerchio orario) (*astr.*), Stundenkreis (*m.*). 7 ~ polare (*geogr.*), Polarkreis (*m.*). 8 ~ primitivo (circonferenza primitiva, di una ruota dentata) (*mecc.*), Teilkreis (*m.*), Wälzkreis (*m.*). 9 ~ primitivo di dentatura (circonferenza primitiva di dentatura, di una ruota dentata) (*mecc.*), Erzeugungswälzkreis (*m.*). 10 quadratura del ~ (*geom.*), Quadratur des Zirkels, Quadratur des Kreises.

circondare (*gen.*), umgeben. 2 ~ con argine (arginare) (*ed. - costr. idr.*), eindämmen.

circondario (di un comune p. es.) (*amm.*), Kreis (*m.*).

circonferenza (circolo, cerchio) (*geom.*), Kreislinie (*f.*), Kreis (*m.*). 2 ~ dei nove punti (circonferenza di Feuerbach) (*geom.*), Neunpunktkreis (*m.*). Feuerbachscher Kreis. 3 ~ di base (cerchio di base, di una ruota dentata) (*mecc.*), Grundkreis (*m.*). 4 ~ di Feuerbach (circonferenza dei nove punti) (*geom.*), Feuerbachscher Kreis, Neunpunktkreis (*m.*). 5 ~ di fondo (cerchio di fondo, di ruote dentate) (*mecc.*), Fusskreis (*m.*). 6 ~ di giacitura di fori (circonferenza passante per i centri di fori, di una flangia p. es.) (*mecc.*), Lochkreis (*m.*). 7 ~ di troncatura (cerchio di troncatura, di una ruota dentata) (*mecc.*), Kopfkreis (*m.*). 8 ~ iscritta (od inscritta) (*geom.*), einbeschriebene Kreislinie. 9 ~ passante per i centri di fori (circonferenza di giacitura di fori, di una flangia p. es.) (*mecc.*), Lochkreis (*m.*). 10 ~ primitiva (cerchio primitivo, di una ruota dentata) (*mecc.*), Teilkreis (*m.*), Wälzkreis (*m.*).

circonvallazione (di una città) (*strada*), Ring (*m.*), Ringstrasse (*f.*), Umgehungsstrasse (*f.*), Umfahrungsstrasse (*f.*).

circoscritto (*geom.*), umbeschrieben, umschrieben.

circoscrivere (*geom.*), umschreiben. 2 ~ (delimitare) (*gen.*), abgrenzen. 3 ~ (un difetto p. es.) (*gen.*), einkreisen.

circoscrizione (*gen.*), Umgrenzung (*f.*). 2 ~ elettorale (*politica*), Wahlkreis (*m.*). 3 ~ giudiziaria (*leg.*), Gerichtsbezirk (*m.*).

circostanza (*gen.*), Umstand (*m.*). 2 circostanze aggravanti (*leg.*), Erschwerungsumstände (*m. pl.*).

circostanziato (relazione p. es.) (*gen.*), ausführlich.

circuitazione (d'un vettore; integrale di linea chiusa) (*mat.*), Umlaufintegral (*n.*), Randintegral (*m.*). 2 ~ attorno al profilo alare (circolazione attorno al profilo alare) (*aerodin. - aer.*), Tragflügelumströmung (*f.*), Profilumströmung (*f.*). 3 ~ di campo (elettrico; tensione lungo una linea chiusa e l'integrale di contorno dell'intensità di campo) (*elett.*), Umlauf-Spannung (*f.*).

circuito (elettrico) (*elett.*), Kreis (*m.*), Stromkreis (*m.*), Schaltung (*f.*). 2 ~ (dell'olio in un motore p. es.) (*mot. - mecc.*), Kreislauf (*m.*). 3 ~ (per corse automobilistiche p. es.) (*sport*), Rundstrecke (*f.*). 4 ~ a catena (di relè) (*elett. - ecc.*), Kettenschaltung (*f.*). 5 circuiti accoppiati (*elett.*), gekoppelte Kreise. 6 ~ ad anello aperto (circuito senza retroazione) (*autom. - ecc.*), Steuerkette (*f.*), offener Wirkungsweg, Schaltung ohne Rückführung, Schaltung ohne Rückkopplung. 7 ~ ad anello chiuso (circuito con retroazione) (*autom. - ecc.*), Regelkreis (*m.*), geschlossener Wirkungsweg, Kreisschaltung (*f.*), Rückführungsschaltung (*f.*), Rückkopplungsschaltung (*f.*). 8 ~ a frequenza intermedia (*telev.*), ZF-Kreis (*m.*), Zwischenfrequenz-Kreis (*m.*). 9 ~ a maglie (*elett.*), Maschenschaltung (*f.*). 10 ~ a massa (*elett.*), geerdeter Kreis. 11 ~ a massa (circuito con ritorno a massa) (*elett.*), Einzelleiterstromkreis (*m.*). 12 ~ analogico (*calc.*), analogische Schaltung. 13 ~ AND (elemento AND, porta AND) (*elab. dati*), UND-Gatter (*n.*). 14 ~ anodico (*radio*), Anodenkreis (*m.*). 15 ~ antidisturbi (circuito oscillante) (*telev.*), Falle (*f.*). 16 ~ antirisonante (circuito di risonanza in parallelo) (*elettronica*), Parallelresonanzkreis (*m.*), Parallelschwingkreis (*m.*), Spannungsresonanzkreis (*m.*). 17 ~ a ponte (collegamento a ponte) (*elett.*), Brückenschaltung (*f.*). 18 ~ a stato solido (circuito integrale) (*elettronica*), Festkörperschaltung (*f.*). 19 ~ a strati (*elett.*), Schichtschaltung (*f.*). 20 ~ bilanciato (circuito simmetrico) (*elett.*), Symmetrieschaltung (*f.*). 21 ~ campione (*elett.*), Eichkreis (*m.*). 22 ~ capacità-resistenza (circuito RC) (*elett.*), RC-Schaltung (*f.*), C-W-Schaltung (*f.*). 23 ~ cascode (*telev.*), Kaskodenschaltung (*f.*). 24 ~ « clamping » (circuito fissatore) (*telev.*), Klemmschaltung (*f.*). 25 ~ comparatore di fase (*telev.*), Phasenvergleichschaltung (*f.*). 26 ~ compensatore (*elett. - telev.*), Kompensationskreis (*m.*), Ausgleichstromkreis (*m.*). 27 ~ con catodo a massa (*elettronica*), Kathodenbasis-Schaltung

circuito

(f.), KB. 28 ~ **con catodo ed anodo a massa** (*elettronica*), Kathodenbasis-Anodenbasis-Schaltung (f.), KB-AB. 29 ~ **con catodo e griglia a massa** (*elettronica*), Kathodenbasis-Gitterbasis-Schaltung (f.), KB-GB. 30 ~ **con collettore a massa** (*elettronica*), Kollektorbasisschaltung (f.). 31 ~ **con collettore comune** (di transistori) (*elettronica*), Kollektorkreis (m.). 32 ~ **conferenza** (*telef.*), Konferenzschaltung (f.). 33 ~ **con griglia a massa** (*elettronica*), Gitterbasisschaltung (f.). 34 ~ **con retroazione** (circuito ad anello chiuso) (*autom. - ecc.*), Regelkreis (m.), Rückführungsschaltung (f.), Kreisschaltung (f.). 35 ~ **con ritorno a massa** (circuito a massa) (*elett.*), Einzelleiterstromkreis (m.). 36 ~ **con semiconduttori ad ossido metallico** (circuito MOS) Metal-Oxide-Semiconductor-Schaltung (f.), MOS-Schaltung (f.). 37 ~ **convertitore** (di frequenza, circuito mescolatore) (*elettronica*), Mischschaltung (f.). 38 ~ **correttore** (*telev.*), Korrektionskreis (m.). 39 ~ **d'abbonato** (*telef.*) Teilehmerschaltung (f.). 40 ~ **d'antenna** (*radio*), Antennenkreis (m.). 41 ~ **dell'acqua di raffreddamento** (*mot.*), Kühlwasserkreislauf (m.). 42 ~ **derivato** (*elett.*), Abzweigstromkreis (m.), Zweigkreis (m.). 43 ~ **di accensione** (*mot.*), Zündungsstromkreis (m.). 44 ~ **di accoppiamento** (*radio*), Ankoppelkreis (m.). 45 ~ **di adattamento** (*elett.*), Anpassungskreis (m.). 46 ~ **di arresto** (*radio*), Drosselkreis (m.). 47 ~ **di asservimento** (*elettronica*), Verriegelungskreis (m.), Verriegelungschaltung (f.), Verriegelungsstromkreis (m.). 48 ~ **di avviamento** (*mot. - ecc.*), Analasserstromkreis (m.). 49 ~ **di binario** (*ferr.*), Gleisstromkreis (m.). 50 ~ **di blocco** (*calc. - ecc.*), Sperrstromkreis (m.), Blockstromkreis (m.). 51 ~ **di carico** (circuito di utilizzazione) (*elett.*), Entnahmekreis (m.). 52 ~ **di comando** (*elett. - ecc.*), Steuerkreis (m.). 53 ~ **di commutazione** (circuito logico; per la correlazione logica, con proprietà di memorizzazione ed amplificazione) (*mat. - elettronica*), Schaltkreis (m.). 54 ~ **di conteggio** (*elettronica - telef.*), Zählschaltung (f.). 55 ~ **di convergenza** (*telev. a colori*), Konvergenzschaltung (f.). 56 ~ **di deflessione** (*telev.*), Zeitablenkschaltung (f.). 57 ~ **di disaccoppiamento** (circuito di separazione) (*elett.*), Trennkreis (m.). 58 ~ **di disinserzione** (circuito di esclusione) (*autom. - ecc.*), Abschaltkreis (m.). 59 ~ **di eccitazione** (eccitatore) (*elettronica*), Treiber (m.). 60 ~ **d'entrata** (*elett.*), Eingangskreis (m.), Eingangsschaltung (f.). 61 ~ **differenziatore** (*elett.*), Differenzierkreis (m.), Differentiator (m.). 62 ~ **di Grätz** (*elett.*), Grätzschaltung (f.). 63 ~ **di griglia** (*radio*), Gitterkreis (m.). 64 ~ **di liberazione** (*elett. - ferr.*), Entblokkungskreis (m.). 65 ~ **di misura** (*elett.*), Messkreis (m.), Mess·schaltung (f.). 66 ~ **di misura a ponte** (ponte, ponte di misura, per misurare resistenze elett.) (*strum. elett.*), Messbrücke (f.). 67 ~ **d'impulsi** (*elett.*), Impulsstromkreis (m.). 68 ~ **di negazione logica** (circuito NOT) (*elettronica*), NICHT-Glied (n.), NICHT-Gatter (n.). 69 ~ **d'informazione** (*elett. - ecc.*), Informationskreis (m.), Signalkreis (m.). 70 ~ **d'interdizione di griglia** (*elettronica*), Gittersperre (f.), Gittersperrschaltung (f.). 71 ~ **d'inversione** (*elett.*), Wendeschaltung (f.). 72 ~ **di operatore** (*telef.*), Abfragestromkreis (m.). 73 ~ **di pedale** (*ferr. - elett.*), Stromkreis des Schienenstromschliessers. 74 ~ **di protezione contro le correnti di guasto** (*elett.*), Fehlstromschutzschaltung (f.). 75 ~ **di raffreddamento** (*mot. - ecc.*), Kühlkreislauf (m.). 76 ~ **di regolazione** (*elett.*), Regelschaltung (f.). 77 ~ **di regolazione** (di un regolatore) (*elettromecc.*), Regelkreis (m.), 78 ~ **di relè** (*elett.*), Relaisstromkreis (m.). 79 ~ **di retroazione** (*autom. - elettronica - ecc.*), Rückkopplungsschaltung (f.), Rückführungsschaltung (f.). 80 ~ **di ridondanza** (*elettronica*), Redundanzschaltung (f.). 81 ~ **di rilassamento** (*elettronica*), Kippkreis (m.). 82 ~ **di risonanza in parallelo** (circuito antirisonante) (*elettronica*), Parallelresonanzkreis (m.), Parallelschwingkreis (m.). 83 ~ **di ritorno** (*elett.*), Rückkreis (m.). 84 ~ **di ritorno della corrente di trazione** (*ferr. elett.*), Fahrstromrückleitung (f.). 85 ~ **di sblocco periodico** (circuito porta) (*elettronica*), Torschaltung (f.). 86 ~ **di scatto** (circuito di sgancio) (*elett. - elettronica*), Trigger (m.), Triggerschaltung (f.). 87 ~ **di separazione** (circuito di disaccoppiamento) (*elett.*), Trennkreis (m.). 88 ~ **disinseritore** (*elett. - ecc.*), Abschaltkreis (m.). 89 ~ **di taratura** (*elett.*), Eichschaltung (f.). 90 ~ **di tenuta** (d'un relè) (*elett.*), Haltekreis (m.). 91 ~ **di utenza** (*elett.*), Verbraucherkreis (m.). 92 ~ **di utilizzazione** (circuito di carico) (*elett.*), Entnahmekreis (m.). 93 ~ **elettrico** (*elett.*), Stromkreis (m.). 94 ~ **emettitore** (*elettronica*), Emitterschaltung (f.). 95 ~ **equilibratore** (circuito compensatore) (*elett.*), Ausgleichsstromkreis (m.). 96 ~ **equivalente** (*elett. - ecc.*), Ersatzkreis (m.), Ersatzschaltung (f.). 97 ~ **filtrante** (circuito filtro) (*radio*), Filterkreis (m.), Siebkreis (m.). 98 ~ **filtro** (*radio*), Siebkreis (m.), Filterkreis (m.). 99 ~ **fissatore** (circuito « clamping ») (*telev.*), Klemmschaltung (f.). 100 ~ **frenante** (di un impianto frenante a due circuiti p. es.) (*aut.*), Bremskreis (m.). 101 ~ **ibrido** (giunzione ibrida, circuito integrato p. es.) (*elettronica*), Hybridschaltung (f.). 102 ~ **impedenza-capacità** (circuito LC) (*elett.*), L-C-Kreis (m.). 103 ~ **in antiparallelo** (*elett.*), Gegenparallelschaltung (f.). 104 ~ **integrato** (*elettronica*), integrierte Schaltung, IS. 105 ~ **(integrato) a stato solido** (*elettronica*), Festkörperschaltkreis (m.). 106 ~ **integratore** (integratore) (*elett. - elettronica*), Integrierschaltung (f.), Integrationsschaltung (f.). 107 ~ **intercettatore** (di tubo a modulazione di velocità) (*elettronica*), Abfangkreis (m.). 108 ~ **intercettatore** (*telef.*), Fangkreis (m.). 109 ~ **iterativo** (di quadripoli) (*elett. - ecc.*), Kettenschaltung (f.). 110 ~ **LC** (circuito impedenza-capacità) (*elett.*), L-C-Kreis (m.). 111 ~ **livellatore** (*elett.*), Beruhigungsglied (n.). 112 ~ **logico** (circuito di commutazione; per la correlazione logica, con proprietà di memorizzazione ed amplificazione) (*mat. - elettronica*), Schaltkreis (m.), logische Schaltung. 113 ~ **logico** (elemento logico, porta) (*elab. dati*), Gatter (n.). 114 ~ **(logico) AND** (porta AND, elemento AND) (*calc. - elab. dati*), UND-Schaltung (*f.*), UND-Gatter (*n.*). **115** ~ **mescolatore** (circuito convertitore di frequenza) (*elettronica*), Mischschaltung (*f.*). **116** ~ **modulatore** (*radio*), Modulationsschaltung (*f.*). **117** ~ **MOS** (circuito con semiconduttori ad ossido metallico) (*elettronica*), MOS-Schaltung (*f.*). **118** ~ **NOR** (*elab. dati*), WEDER - NOCH - Schaltung (*f.*), ODER - NICHT - Schaltung (*f.*). **119** ~ **NOT** (negatore, elemento NOT) (*elab. dati*), NICHT-Schaltung (*f.*), Inverter-Gatter (*n.*), Negator (*m.*). **120** ~ **OR** (elemento OR, porta OR), (*elab. dati*), ODER-Gatter (*n.*), ODER-Schaltung (*f.*). **121**~**oscillante** (*elett.*), Schwingungskreis (*m.*), Schwingkreis (*m.*). **122** ~ **porta** (circuito di sblocco periodico) (*elettronica*), Torschaltung (*f.*). **123** ~ **primario** (dell'accensione di un mot. a c. i. p. es.) (*elett.*), primärer Stromkreis, Primärkreis (*m.*). **124** ~ **pupinizzato** (*telef.*), Spulenleitung (*f.*). **125** ~ **(raddriztore) di Villard** (*elett.*), Villard-Schaltung (*f.*). **126** ~ **RC** (circuito resistenza-capacità) (*radio*), RC-Schaltung (*f.*), Widerstand-Kapazität-Schaltung (*f.*). **127** ~ **reale** (di due conduttori diametralmente opposti d'una bicoppia) (*telef. - elett.*), Stamm (*m.*). **128** ~ **reflex** (*elettronica*), Reflexschaltung (*f.*). **129** ~ **regolatore della posizione** (*macch. ut. a c.n.*), Lageregelkreis (*m.*). **130** ~ **regolatore del livello del nero** (*telev.*), Schwarzsteuerschaltung (*f.*). **131** ~ **reintegratore** (circuito per il ripristino della corrente continua per la regolazione del livello del nero) (*telev.*), Scwarzsteuerschaltung (*f.*). **132** ~ **risonante** (*radio*), Resonanzkreis (*m.*). **133**~**risonante in parallelo** (circuito antirisonante) (*elett.*), Parallelresonanzkreis (*m.*), Spannungsresonanzkreis (*m.*), Parallelschwingkreis (*m.*). **134** ~ **risonante in serie** (*radio*), Serienresonanzkreis (*m.*), Stromresonanzkreis (*m.*). **135** ~ **rotorico** (*elett.*), Läuferkreis (*m.*). **136** ~ **Scott** (per trasformatori) (*elett.*), Scottsche Schaltung. **137** ~ **secondario** (*elett.*), sekundärer Stromkreis. **138** ~ **selettore** (*elettronica*), Auswahlschaltung (*f.*). **139** ~ **senza retroazione** (*autom. - ecc.*), vedi circuito ad anello aperto. **140** ~ **separatore** (stadio separatore) (*radio*), Trennschaltung (*f.*). **141** ~ **simmetrico** (circuito bilanciato) (*elett.*), Symmetrieschaltung (*f.*). **142** ~ **sintonizzato** (*radio*), abgestimmter Kreis. **143** ~ **soppressore** (per sopprimere determinate frequenze) (*radio - telev.*), Saugkreis (*m.*). **144** ~ **soppressore di banda** (di una certa frequenza) (*radio*), Sperrkreis (*m.*). **145** ~ **stabilizzatore** (*elett.*), Beruhigungsglied (*n.*). **146** ~ **stampato** (*elett. - radio*), gedruckte Schaltung. **147** ~ **stampato su pannello** (*elett.*), gedruckte Schaltplatte. **148** ~ **statico** (*elett.*), statischer Stromkreis. **149** ~ **supervirtuale** (circuito supercombinato) (*telef.*), Superphantomschaltung (*f.*), Doppelphantomkreis (*m.*), Achterkreis (*m.*). **150** ~ **telefonico** (*telef.*), Sprechkreis (*m.*), Sprechstromkreis (*m.*). **151** ~ **telefonico di riferimento** (*telef.*), Fernsprechnormalkreis (*m.*). **152** ~ **trigger** (*elettronica*), Trigger-Schaltung (*f.*). **153** ~ **trigger di Schmitt** (discriminatore di Schmitt) (*elettronica*), Schmitt-Trigger-Schaltung (*f.*), Schmitt-Diskriminator (*m.*). **154** ~ **virtuale** (*telef.*), Phantomkreis (*m.*), Viererkreis (*m.*). **155** ~ **virtuale quadruplo** (*telef.*), Sechzehnerleitung (*f.*). **156** ~ **voltmetrico** (d'uno strumento di misura) (*app. - elett.*), Spannungskreis (*m.*). **157 aprire il** ~ (interrompere il circuito) (*elett.*), den Stromkreis öffnen. **158 caratteristica di corto** ~ (*macch. elett.*), Kurzschlusskennlinie (*f.*). **159 carica del** ~ **virtuale** (*telef.*), Viererbelastung (*f.*). **160 cartella per** ~ **stampato** (*elett.*), Leiterplatte (*f.*). **161 chiudere il** ~ (*elett.*), den Stromkreis schliessen. **162 corrente di corto** ~ (*elett.*), Kurzschluss-strom (*m.*). **163 corto** ~ (*elett.*), Kurzschluss (*m.*). **164 formazione di circuiti virtuali** (virtualizzazione) (*telef.*), Viererbildung (*f.*). **165 impianto a due circuiti** (sistema a due circuiti, per i freni) (*aut.*), Zweikreissystem (*n.*). **166 in corto** ~ (*elett.*), kurzgeschlossen. **167 linea in** ~ **chiuso ad anello** (linea circolare) (*elett.*), Ringleitung (*f.*). **168 mettere in corto** ~ (cortocircuitare) (*elett.*), kurzschliessen. **169 molla di corto** ~ (del disco combinatore) (*telef.*), Nebenschlussfeder (*f.*). **170 prova con due circuiti** (d'interruttori) (*elett.*), synthetische Prüfung. **171 reinserzione automatica dopo corto** ~ (d'un interruttore) (*elett.*), Kurzschlussfortschaltung (*f.*). **172 resistenza terminale per circuiti virtuali** (*telef.*), Viererabschlusswiderstand (*m.*). **173 sistema a due circuiti** (impianto a due circuiti, per i freni) (*aut.*), Zweikreissystem (*n.*). **174 tecnica dei circuiti integrati** (*elettronica*), IS-Technik (*f.*), IC-Technik (*f.*). **175 tubo di corto** ~ (*tubaz.*), vedi bipasso.

circumpolare (*astr. - top.*), zirkumpolar.
cirro (al disopra dei 6000 m di quota) (*meteor.*), Zirrus (*m.*), Cirrus (*m.*), Federwolke (*f.*).
cirrocumulo (*meteor.*), Schäfchenwolke (*f.*), Cirrokumulus (*m.*), Zirrokumuluswolke (*f.*).
cirrostrato (nube, ad altezza di 8-12 km) (*meteor.*), Schleierwolke (*f.*), Cirrostratus (*m.*), Zirrostratuswolke (*f.*).
cissoide (*geom.*), Zissoide (*f.*).
cisterna (serbatoio sotterraneo) (*ed.*), Zisterne (*f.*). **2** ~ (recipiente per liquidi) (*ferr. - veic.*), Kessel (*m.*). **3** ~ **applicabile** (cisterna mobile, per autocarri a pianale) (*aut.*), Aufsetztank (*m.*). **4** ~ **per acqua piovana** (serbatoio di acqua piovana) (*ed.*), Regenwasserspeicherwerk (*n.*). **5** ~ **per trasporto di gas** (nave per trasporto di gas) (*nav.*), Gastanker (*m.*). **6** ~ **per zavorra d'acqua** (*nav.*), Ballasttank (*m.*). **7** ~ **per zavorra d'acqua** (cassa per zavorra d'acqua, serbatoio di zavorra, di un sommergibile) (*mar. milit.*), Tauchzelle (*f.*). **8 nave** ~ (*nav.*), Tanker (*m.*). **9 semirimorchio** ~ (*veic.*), Tankauflieger (*m.*). **10 vagone** ~ (*ferr.*), Kesselwagen (*m.*).
citare (*leg.*), vorladen, berufen.
citazione (*leg.*), Berufung (*f.*), Vorladung (*f.*), Zitation (*f.*). **2** ~ **bibliografica** (riferimento bibliografico) (*tip.*), Schriftumshinweis (*m.*). **3** ~ **in tribunale** (*leg.*), Berufung vor Gericht.
citofono (*telef. - ed.*), Sprechgerät (*n.*). Heimfernsprecher (*m.*). **2** ~ **da portineria** (*telef.*), Torsprechstelle (*f.*). **3 impianto di citofoni** (*telef.*), Sprechanlage (*f.*).

citrato (*chim.*), Zitrat (*n.*).
città (*geogr. - arch.*), Stadt (*f.*). 2 ~ (con più di 100.000 abitanti) (*ed.*), Gross-stadt (*f.*). 3 ~ **giardino** (nelle vicinanze di una grande città) (*ed.*), Gartenstadt (*f.*). 4 ~ **satellite** (per ovviare al sovraffollamento nei grandi centri urbani) (*ed. - ecc.*), Satellitenstadt (*f.*), Trabantenstadt (*f.*), Entlastungstadt (*f.*). 5 **centro della** ~ (*ed.*), Stadtkern (*m.*), Stadtzentrum (*n.*). 6 **cinta della** ~ (*ed.*), Stadtgrenze (*f.*). 7 **sgomberare una** ~ (*milit.-ecc.*), eine Stadt räumen, eine Stadt evakuieren.
cittadinanza (*leg.*), Staatsbürgerrecht (*n.*). 2 **certificato di** ~ (*leg.*), Bürgerbrief (*m.*).
ciuffo (pennacchio) (*gen.*), Büschel (*n.*).
CIV (Convention Internationale sur le Transport des Voyageurs et des Bagages) (*ferr.*), CIV.
civile (*gen.*), zivil, bürgerlich. 2 **aeroporto** ~ (*aer. - ed.*), Zivilflugplatz (*m.*), Zivilflughafen (*m.*). 3 **pilota** ~ (*aer.*), Zivilflieger (*m.*). 4 **stato** ~ (*leg.*), Zivilstand (*m.*). 5 **tribunale** ~ (*leg.*), Zivilgericht (*n.*).
civilizzazione (allisciatura, stabilitura, secondo strato, strato di rifinitura, di intonaco) (*mur.*), Oberputz (*m.*).
C(K) [cementite (carburo)] (*tratt. term.*), C(K), cementite.
Cl (cloro) (*chim.*), Cl, Chlor (*n.*). 2 ~ (clausius, unità per l'entropia; 1 Cl = 1 cal/°K) (*unità di mis.*), Cl, Clausius (*m.*).
cl (centilitro) (*unità di mis.*), cl, Zentiliter (*m.*).
CLA (Centre Line Average, nella misura della qualità di superfici tecniche, rugosità media aritmetica) (*mecc.*), CLA, arithmetischer Mittenrauhwert.
clacson (klaxon, avvisatore elettrico a membrana) (*aut.*), Klaxon (*n.*).
clandestino (passeggero clandestino) (*s. - nav.*), blinder Passagier.
clarano (clarite, carbone semibrillante) (*chim. - min.*), Clarit (*m.*).
clarite (clarano, carbone semibrillante) (*chim. - min.*), Clarit (*m.*).
classe (*gen.*), Klasse (*f.*). 2 ~ **di accoppiamento** (*mecc.*), Güteklasse (*f.*). 3 ~ **di pericolosità** (di liquidi combustibili) (*comb.*), Gefahrenklasse (*f.*). 4 ~ **d'isolamento** (*elett.*), Isolationsklasse (*f.*). 5 ~ **lavoratrice** (*lav.*), Arbeiterklasse (*f.*). 6 ~ **turistica** (*aer. - trasp.*), Touristenklasse (*f.*). 7 **la** ~ **dirigente** (*sociologia*), die herrschende Klasse.
classifica (*gen.*), Klassifikation (*f.*). 2 ~ (valutazione, degli operai in base alle prestazioni p. es.) (*lav. - pers.*), Einstufung (*f.*). 3 ~ (*sport*), Wertung (*f.*), Klassement (*n.*). 4 ~ (*gen.*), vedi anche classificazione. 5 ~ **assoluta** (*sport*), Gesamtwertung (*f.*), Gesamtklassement (*n.*). 6 ~ **decimale** (per libri, per biblioteche e servizi di documentazione) (*ind. - tecnol.*), Dezimalklassifikation (*f.*), DK.
classificare (*gen.*), klassieren. 2 ~ (*min.*), klassieren, sortieren, scheiden. 3 ~ (delle navi) (*nav.*), klassifizieren. 4 ~ (valutare operai in base alla prestazione) (*lav. - pers.*), einstufen.
classificatore (*macch. min.*), Klassierer (*m.*), Sortiermaschine (*f.*), Klassierapparat (*m.*), Scheider (*m.*), Scheidemaschine (*f.*). 2 ~ (*lav. min.*), Scheidearbeiter (*m.*). 3 ~ **a controcorrente** (ad acqua montante) (*min.*), Gegenstromklassierer (*m.*), Aufstromklassierer (*m.*). 4 ~ **a nastro** (*macch. min.*), Leseband (*n.*), Sortierband (*n.*). 5 ~ **a rastrello** (*min.*), Rechenklassierer (*m.*). 6 ~ **a tavola** (*macch. min.*), Lesetisch (*m.*), Sortiertisch (*m.*). 7 ~ **centrifugo** (*app.*), Wirbelsichter (*m.*). 8 ~ **del minerale** (separatore del minerale) (*macch. min.*), Erzklassierer (*m.*), Erzscheider (*m.*), Erzscheidemaschine (*f.*). 9 ~ **di documenti** (selezionatore di documenti) (*app.*), Belegsortierer (*m.*). 10 ~ **idraulico** (*macch. min.*), Spitzlutte (*f.*). 11 ~ **(idraulico) a controcorrente** (*min.*), Gegenstromklassierer (*m.*), Aufstromklassierer (*m.*). 12 ~ **pneumatico** (*macch. min.*), Windsichter (*m.*). 13 ~ **pulsante** (*app. - min.*), Pulsatorsichter (*m.*).
classificazione (*gen.*), Klassierung (*f.*), Klassifizierung (*f.*), Klassifikation (*f.*), Klassenbildung (*f.*). 2 ~ (cernita, sortitura) (*ind.*), Güteeinteilung (*f.*), Aussortierung (*f.*). 3 ~ (dei minerali) (*min.*), Klassierung (*f.*), Sortieren (*n.*), Scheiden (*n.*). 4 ~ (*nav.*), Klassifikation (*f.*). 5 ~ (dei lavori in base alla difficoltà) (*lav.*), Einstufung (*f.*), Rangieren (*n.*). 6 ~ **a gravità** (*min.*), Schwereklassierung (*f.*). 7 ~ **a secco** (*min.*), trockene Erzscheidung. 8 ~ **decimale** (di documentazione tecnica, libri, ecc.) (*ind. - tecnol.*), Dezimalklassifikation (*f.*), DK. 9 ~ **dei fattori di costo** (analisi dei costi) (*amm.*), Kostenaufgliederung (*f.*). 10 ~ **dei minerali** (*min.*), Erzsortierung (*f.*), Erzscheidung (*f.*). 11 ~ **della lana** (*ind. lana*), Wollsortierung (*f.*). 12 ~ **marittima** (per navi mercantili) (*nav.*), Schiffsklassifikation (*m.*). 13 ~ **mediante vagliatura** (classificazione volumetrica) (*min.*), Siebklassierung (*f.*). 14 ~ **per equivalenza** (*min.*), Gleichfälligkeitsklassierung (*f.*). 15 ~ **pneumatica** (*min.*), Windsichtung (*f.*). 16 ~ **su tavola di concentrazione** (*min.*), Herdarbeit (*f.*), Sortierung auf Herden. 17 ~ **volumetrica** (classificazione mediante vagliatura) (*min.*), Siebklassierung (*f.*).
clastico (*geol.*), klastisch.
clausius (Cl, unità per l'entropia; 1 Cl = 1 cal/°K) (*unità di mis.*), Clausius, Cl.
clausola (di un contratto p. es.) (*comm. - leg.*), Klausel, Artikel (*m.*). 2 ~ **di contratto** (*comm. - leg.*), Vertragsartikel (*m.*). 3 ~ **di correzione del prezzo** (in un contratto di fornitura) (*comm.*), Preisgleitklausel (*f.*).
« clearing » (compensazione) (*finanz. - comm.*), Clearing (*n.*), Verrechnungsverkehr (*m.*).
clessidra (*app.*), Sanduhr (*f.*), Sandglas (*n.*).
« clic » (colpo acustico, disturbo p. es.) (*elettronica - ecc.*), Knack (*m.*).
« cliché » (clisceé) (*tip.*), Klischee (*n.*). 2 ~ **di gomma** (*tip.*), Gummiklischee (*n.*). 3 **macchina per** ~ (*tip.*), Klischeeätzmaschine (*f.*).
clidonografo (*elett.*), Klydonograph (*m.*).
cliente (*comm.*), Kunde (*m.*), Käufer (*m.*). 2 ~ **occasionale** (*comm.*), Laufkunde (*m.*).
clientela (*comm.*), Kundschaft (*f.*).
clima (*meteor.*), Klima (*n.*). 2 ~ **continentale** (*meteor.*), Kontinentalklima (*n.*), Landklima (*n.*). 3 ~ **desertico** (*meteor.*), Wüstenklima (*n.*). 4 ~ **marittimo** (clima oceanico) (*meteor.*), Seeklima (*n.*), ozeanisches Klima,

maritimes Klima. 5 ~ **normale** (col 65% ± 2% di umidità relativa a 20 °C ± 2° per la prova di tessili p. es.) (*meteor. - prove*), Normklima (*n.*). 6 ~ **oceanico** (clima marittimo) (*meteor.*), Seeklima (*n.*), ozeanisches Klima, maritimes Klima. 7 ~ **tropicale** (*meteor.*), tropisches Klima, Tropenklima (*n.*).
climatico (*meteor. - ecc.*), klimatisch. 2 ~ **condizioni climatiche normali** (in laboratori) (*prove*), Normalklimate (*m. pl.*). 3 **prova climatica** (*tecnol.*), klimatische Prüfung.
climatizzare (dotare di aria condizionata) (*ed.*), klimatisieren.
climatizzazione (condizionamento dell'aria in ambienti chiusi) (*ed.*), Klimatisierung (*f.*). 2 ~ **a radiazione** (*ed.*), Strahlungsklimatisierung (*f.*). 3 **piano degli impianti di** ~ (d'una fabbrica, altezza rispetto al suolo del piano di sistemazione degli impianti) (*ind.*), Klimatiesierungsebene (*f.*).
climatologia (*meteor.*), Klimalehre (*f.*), Klimatologie (*f.*).
clinica (*ed. - med.*), Klinik (*f.*), Krankenhaus (*n.*).
« **clinker** » (loppa, scoria) (*forno - ed.*), Klinker (*m.*). 2 ~ (mattone cotto ad altissima temperatura) (*mur. - ed.*), Klinker (*m.*), Hartbrandstein (*m.*). 3 ~ **di cemento** (*ed.*), Zementklinker (*m.*).
clinometro (*strum.*). Klinometer (*n.*), Neigungsmesser (*m.*), 2 ~ (bussola da miniera) (*strum. - min.*), bergmännischer Kompass. 3 ~ **registratore** (*strum.*), Neigungswinkelschreiber (*m.*).
clipper (veliero veloce) (*nav.*), Klipper (*m.*).
cliscé (« cliché ») (*tip.*), Klischee (*n.*).
clistron (tubo a modulazione di velocità) (*elettronica*), Klystron (*n.*). 2 ~ **a due cavità** (*elettronica*), Zweikammerklystron (*n.*). 3 ~ **a riflessione** (clistron reflex) (*elettronica*), Reflex-Klystron (*n.*). 4 ~ **multicavità** (clistron pluricavità) (*elettronica*), Mehrkammerklystron (*n.*). 5 ~ **oscillatore** (*elettronica*), Klystronsender (*m.*), Oszillator-Klystron (*n.*). 6 ~ **reflex** (clistron a riflessione) (*elettronica*), Reflexklystron (*n.*).
clivaggio (sfaldatura) (*min.*), Spaltung (*f.*). 2 **piano di** ~ (piano di sfaldatura) (*min. - geol.*), Spaltfläche (*f.*), Spaltungsfläche (*f.*). 3 **rottura da** ~ (rottura da sfaldamento) (*mecc.*), Spaltbruch (*m.*).
cloaca (*ing. civ.*), Kloake (*f.*), Abwasserschleuse (*f.*).
« **cloche** » (barra di comando) (*aer.*), Knüppel (*m.*), Steuerknüppel (*m.*).
cloralio (CCl_3–CHO) (aldeide tricloroacetica) (*chim.*), Chloral (*n.*).
clorammina (cloroammina) (*chim.*), Chloramin (*n.*).
clorare (l'acqua per es.) (*chim. - ecc.*), chloren.
clorato (*chim.*), Chlorat (*n.*). 2 ~ **di potassio** ($KClO_3$) (*chim. - farm.*), Kaliumchlorat (*n.*). 3 **esplosivi al** ~ (*espl.*), Chloratsprengstoffe (*m. pl.*).
cloratore (*chim.*), Chlorgerät (*n.*), Chlorapparat (*m.*).
clorazione (per sterilizzare l'acqua p. es.) (*chim.*), Chloren (*n.*), Chlorung (*f.*). 2 ~ **oltre il punto critico** (*chim.*), Knickpunktchlorung (*f.*).

cloridrina (*chim.*), Chlorhydrin (*n.*).
clorite (*min.*), Chlorit (*m.*).
cloro (Cl - *chim.*), Chlor (*n.*). 2 ~ **attivo** (*chim.*), aktives Chlor, wirksames Chlor, verwertbares Chlor. 3 **acqua di** ~ (*chim.*), Chlorwasser (*n.*). 4 **capacità di assorbimento di** ~ (capacità di fissazione di cloro) (*chim.*), Chlorbindungsvermögen (*n.*), Chlorzehrung (*f.*). 5 **corrente di** ~ (*ind. chim.*), Chlorstrom (*m.*). 6 **eliminazione del** ~ (declorazione) (*chim. - metall.*), Entchloren (*n.*).
cloroammina (clorammina) (*chim.*), Chloramin (*n.*).
cloroammoniazione (*chim.*), Chloroammoniakverfahren (*n.*).
clorobenzolo (*chim.*), Chlorbenzol (*n.*).
clorocellulosa (cellulosa al cloro, cellulosa ottenuta con procedimento al cloro) (*ind. chim.*), Chlorzellstoff (*m.*).
clorodifenile (isolante) (*chim. - elett.*), chloriertes Diphenyl.
clorofilla (*botanica - ecc.*), Chlorophyll (*n.*), Blattgrün (*n.*).
cloroformio ($CHCl_3$) (triclorometano) (*chim.*), Chloroform (*n.*), Trichlormethan (*n.*).
cloromicetina (*farm.*), Chloromycetin (*n.*), Chloramphenicol (*n.*).
cloroprene (*chim.*), Chloropren (*n.*).
clorosilano (*chim.*), Chlorsilan (*n.*).
clorosoda (ipoclorito di sodio) (*chim.*), Chlorsoda (*n.*).
clorurare (*chim.*), chlorieren.
clorurazione (per gomma clorurata per es.) (*ind. chim.*), Chlorieren (*n.*).
cloruro (*chim.*), Chlorid (*n.*). 2 ~ **di ammonio** (NH_4Cl) (*chim.*), Ammoniumchlorid (*n.*). 3 ~ **di argento** ($AgCl$) (*chim.*), Silberchlorid (*n.*). 4 ~ **di calce** ($CaOCl_2$) (*chim.*), Chlorkalk (*m.*), Bleichkalk (*m.*). 5 ~ **di calcio** ($CaCl_2$) (*chim.*), Kalziumchlorid (*n.*). 6 ~ **di carbonile** ($COCl_2$) (ossicloruro di carbonio, fosgene, liquido velenosissimo) (*chim.*), Phosgen (*n.*). 7 ~ **di etile** (C_2H_5Cl) (monocloroetano) (*chim.*), Chloräthyl (*n.*), Äthylchlorid (*n.*). 8 ~ **di metile** (CH_3Cl) (*chim. - term.*), Methylchlorid (*n.*), Chlormethyl (*n.*). 9 ~ **di polivinile** (vipla) (*chim.*), Polyvinylchlorid (*n.*), PVC. 10 ~ **di polivinile plastico** (PVC plastico) (*chim.*), Polyvinylchlorid-weich, PVC-weich. 11 ~ **di polivinile rigido** (PVC rigido) (*chim.*), Polyvinylchlorid-hart, PVC-hart. 12 ~ **di potassio** (*chim.*), Kaliumchlorid (*n.*), Chlorkalium (*n.*). 13 ~ **di sodio** ($NaCl$) (*chim.*), Natriumchlorid (*n.*), Kochsalz (*n.*). 14 ~ **ferrico** ($FeCl_3$) (ferricloruro) (*chim.*), Ferrichlorid (*n.*), Eisenchlorid (*n.*). 15 ~ **ferroso** ($FeCl_2$) (*chim.*), Ferrochlorid (*n.*). 16 ~ **stannico** ($SnCl_4$) (*chim. - ind. tess.*), Zinnchlorid (*n.*), Zinntetrachlorid (*n.*). 17 ~ **stannoso** (*chim.*), Stannochlorid (*n.*).
clotoide (spirale di Cornu, spirale di Eulero, spirale di Fresnel, radioide agli archi) (*geom.*), Klothoide (*f.*), Cornusche Spirale.
Cm (curio) (*chim.*), Cm, Curium (*n.*).
cm (centimetro) (*unità di mis.*), cm, Zentimeter (*m.*).
CMC (carbossilmetilcellulosa) (*chim.*), CMC, Carboxylmethylcellulose (*f.*).

CMOS

CMOS (complementary metal oxide semiconductor) (*elettronica*), CMOS.
CN (nitrato di cellulosa) (*mat. plast.*), CN, Cellulosenitrat (*n.*).
C.N. (c n, c/n, comando numerico) (*lav. macch. ut. - ecc.*), NC, numerische Steuerung.
cn, c/n (comando numerico) (*lav. macch. ut. - ecc.*), NC, numerische Steuerung.
Co (cobalto) (*chim.*), Co, Kobalt (*n.*).
c/o (care of, presso, negli indirizzi postali) (*uff.*), c/o, bei.
coabitare (*ed.*), beiwohnen, beischlafen.
coabitazione (*ed.*), Beiwohnung (*f.*), Beischlaf (*m.*).
coacervato (*chim.*), Koazervat (*n.*).
coagulante (*s. - chim.*), Koagulum (*n.*). 2 ~ (flocculante) (*s. - chim.*), Flockungsmittel (*n.*).
coagularsi (*chim.*), koagulieren, gerinnen.
coagulazione (*chim.*), Koagulation (*f.*), Gerinnung (*f.*).
coalescente (*fis.*), koaleszent. 2 **strato** ~ (nella tecnica dell'estrazione, strato di materiale poroso) (*chim.*), Coalescer (*m.*).
coalescenza (*fis.*), Koaleszenz (*f.*).
coassiale (*gen.*), koaxial. 2 ~ (elemento rotante) (*mecc.*), rundlaufend. 3 **risonatore a cavità** ~ (*radio*), Parallel-Resonanzkreis (*m.*), Tankkreis (*m.*).
coassialità (*geom. - mecc.*), Koaxialität (*f.*). 2 ~ (di un elemento rotante) (*mecc.*), Rundlauf (*m.*). 3 **errore di** ~ (*mecc.*), Abweichung von der Koaxialität. 4 **errore di** ~ (errore di oscillazione radiale, di un elemento rotante) (*mecc.*), Rundlaufabweichung (*f.*), Radialschlag (*m.*). 5 **errore di** ~ (errore di centramento, difetto di lavorazione di particolari ottici espresso come spostamento parallelo dell'asse in mm) (*ott.*), Zentrierfehler (*m.*).
coautore (*tip.*), Mitautor (*m.*).
cobaltina (CoAsS) (cobaltite) (*min.*), Kobaltglanz (*m.*), Kobaltin (*n.*).
cobaltite (CoAsS) (cobaltina) (*min.*), Kobaltglanz (*m.*), Kobaltin (*n.*).
cobalto (*Co - chim.*), Kobalt (*n.*).
cobaltocalcite (*min.*), Kobaltspat (*m.*).
cobaltopirite (*min.*), Kobaltkies (*m.*).
COBOL (common business oriented language, linguaggio di programmazione) (*calc.*), COBOL.
cocaina (*farm.*), Kokain (*n.*).
cocchiume (tappo in legno, di una botte) (*ind.*), Spund (*m.*). 2 ~ (foro, di una botte) (*ind.*), Spundloch (*n.*).
coclea (vite di Archimede, trasportatore a coclea) (*trasp. ind.*), Schnecke (*f.*), Förderschnecke (*f.*). 2 ~ **alimentatrice** (coclea di alimentazione) (*macch. ind.*) Einzugsschnecke (*f.*). 3 ~ **a nastro** (trasportatore a coclea formata da nastro) (*trasp. ind.*), Schneckenförderer mit Bandschnecke. 4 ~ **a palette** (*trasp. ind.*), Schneckenförderer mit Schaufeln. 5 ~ **normale** (*trasp. ind.*), Schnekkenförderer mit Vollschnecke. 6 **alimentatore a** ~ (*trasp. ind.*), Speiseschnecke (*f.*). 7 **decantatore centrifugo a** ~ (*macch.*), Schneckenzentrifuge (*f.*), Dekanter (*m.*).
COD (fabbisogno chimico di ossigeno) (*ecologia*), COD, chemischer Sauerstoffbedarf.
coda (*gen.*), Schwanz (*m.*). 2 ~ (di un aeroplano) (*aer.*), Heck (*n.*), Schwanz (*m.*). 3 ~ (parte posteriore, di una autovettura) (*carroz. aut.*), Heck (*n.*). 4 ~ (prodotto di coda; frazione altobollente nella rettificazione) (*ind. chim.*), Sumpfprodukt (*n.*). 5 ~ (per evacuare una lampadina p. es.) (*illum.*), Pumprohr (*n.*), Pumpstengel (*m.*). 6 ~ **a sbalzo** (d'una carrozzeria) (*carrozz. aut.*), Stufenheck (*n.*), abgesetztes Heck. 7 ~ **con spoiler** (*carrozz. aut.*), Abreissheck (*n.*). 8 ~ **dell'affusto** (*milit.*) Lafettenschwanz (*m.*). 9 ~ **di antenna** (discesa di antenna) (*radio*), Niederführung (*f.*). 10 ~ **di pesce** (difetto di fucinatura p. es.) (*metall.*), Fischschwanz (*m.*). 11 ~ **di rondine** (*falegn. - mecc.*), Schwalbenschwanz (*m*) 12 ~ **di segnale** (persistenza del segnale) (*radar*), Signalschwanz (*m.*). 13 ~ **mozza** (coda tronca) (*aut.*), Kamm-Heck (*n.*), K-Heck (*n.*), stumpfer Heck. 14 ~ **tronca** (di un'autovettura) (*aut.*), Kamm-Heck (*n.*), K-Heck (*n.*), stumpfes Heck. 15 **accesso a code** (*calc. - progr.*), Zugriff nach der Warteschlangenmethode. 16 **a** ~ **di rondine** (*falegn. - mecc.*), schwalbenschwanzförmig. 17 **a** ~ **di rondine** (unione, incastro) (*falegn.*), gezinkt. 18 **atterraggio di** ~ (atterraggio appoppato) (*aer.*), Schwanzlandung (*f.*). 19 **forma a** ~ **mozza** (di un'autovettura) (*aut.*), Kamm-Form (*f.*), K-Form (*f.*). 20 **incastro a** ~ **di rondine** (*falegn.*), Zinken (*n.*), Zinke (*f.*). 21 **pattino di** ~ (di un velivolo) (*aer.*), Schwanzsporn (*m.*). 22 **piano di** ~ (*aer.*), Schwanzfläche (*f.*). 23 **ruota di** ~ (di un velivolo) (*aer.*), Schwanzrad (*n.*). 24 **ruotino di** ~ (di un velivolo) (*aer.*), Spornrad (*n.*). 25 **senza** ~ (tuttala, velivolo) (*aer.*), schwanzlos. 26 **teoria delle code** (*progr.*), Warteschlangentheorie (*f.*). 27 **unire a** ~ **di rondine** (incastrare a coda di rondine) (*falegn.*), zinken, schwalben.
codeina (*chim. - farm.*), Codein (*n.*), Kodein (*n.*).
codetta (nelle valvole termoioniche) (*elettronica*) Pumpspitze (*f.*).
codice (*leg.*), Kodex (*m.*), Code (*m.*), Gesetzbuch (*n.*). 2 ~ (*elab. dati - calc.*), Code (*m.*). 3 ~ **ad eccesso tre** (*calc.*), Überschuss-3-Code (*m.*), Drei-Exzess-Code (*m.*). 4 ~ **a 3 unità** (*telegr.*), Dreieralphabet (*n.*). 5 ~ **a tutto o niente** (*calc. - ecc.*), Ja-Nein-Code (*m.*), Ja/Nein-Code (*m.*). 6 ~ **avanzamento** (*lav. macch. ut. c/n*), Vorschubzahl (*f.*). 7 ~ **Baudot** (alfabeto Baudot) (*telegr.*), Baudot-Alphabet (*n.*). 8 ~ **binario** (*calc. - elab. dati*), Binärcode (*m.*). 9 ~ (*radio - milit.*), Schlüssel (*m.*). 10 ~ **civile** (*leg.*), Zivilgesetzbuch (*n.*). 11 ~ **dei segnali** (*nav. - ecc.*), Signalbuch (*n.*). 12 ~ **della strada** (*traff. strad. - aut. - leg.*), Strassenverkehrsordnung (*f.*). 13 ~ **di percorso** (dato di percorso, nel comando d'un trasportatore continuo) (*trasp. ind.*), Zielkennzeichen (*n.*). 14 ~ **di procedura civile** (*leg.*), Zivilprozessordnung (*f.*). 15 ~ **di procedura penale** (*leg.*), Strafprozessordnung (*f.*), StPO. 16 ~ **di programmazione** (*lav. macch. ut. c/n*), Wortkennzeichnung (*f.*). 17 ~ **due su cinque** (*calc. - elab. dati*), zwei aus fünf Code. 18 ~ **eccesso tre** (*calc.*), Drei-Exzess-Code (*m.*), Überschuss-3-Code (*m.*). 19 ~ **numerico** (*calc. - ecc.*), numerischer Code. 20 ~

operativo (*calc.*), Operations-Code (*m.*). **21 ~ penale** (*leg.*), Strafgesetzbuch (*n.*). **22 ~ per rilevamento di errori** (*calc.*), Fehlererkennungscode (*m.*). **23 ~ per telex** (*telegr.*), Fernschreibalphabet (*n.*). **24 ~ postale** (numero del codice postale, CAP) (*posta*), Postleitzahl (*f.*). **25 ~ riconoscimento errori** (*calc.*), Fehlererkennungscode (*m.*). **26 ~ scheda** (*calc. - elab. dati*), Kartencode (*m.*). **27 ~ standard** (*elab. dati - calc.*), Einheitscode (*m.*). **28 convertitore di ~** (*calc.*), Code-Umsetzer (*m.*), Umkodierer (*m.*). **29 in ~ binario** (codificato in binario, sistema decimale p. es.) (*calc.*), binär-kodiert. **30 scrivere in ~** (*gen.*), verschlüsseln.

codifica (codificazione) (*elab. dati - ecc.*), Codierung (*f.*). **2 foglio di ~** (*calc.*), Programmblatt (*n.*), Formblatt (*n.*).

codificare (scrivere in codice) (*gen.*), kodieren, codieren, verschlüsseln.

codificato (*gen.*), codiert, kodiert, verschlüsselt. **2 ~ in binario** (in codice binario, sistema decimale p. es.) (*calc.*), binär-kodiert.

codificatore (*elab. dati - ecc.*), Codierer (*m.*), Codiergerät (*n.*). **2 ~ di ampiezze angolari** (*elett. - ecc.*), Winkelcodierer (*m.*). **3 tubo ~** (*elettronica*), Codierröhre (*f.*).

codificazione (codifica) (*elab. dati - ecc.*), Codierung (*f.*). **2 ~ binaria** (*calc.*), binäre Codierung. **3 ~ semantica** (*elab. dati*), semantische Codierung.

codolo (gambo, di un utensile da trapano p. es.) (*ut.*), Schaft (*m.*). **2 ~** (di una lima p. es.) (*ut.*), Angel (*f.*). **3 ~** (appendice, di un albero p. es.) (*mecc.*), Endstück (*n.*), Schwanzstück (*n.*). **4 ~** (per l'attacco dello stampo alla pressa) (*ut. lav. lamiera*), Einspannzapfen (*m.*). **5 ~** (di fucinatura, estremità di un fucinato che viene afferrato dalla tenaglia) (*fucinatura*), Zangenende (*n.*). **6 ~** (estremità di un mandrino p. es.) (*mecc. - ecc.*), Stummel (*m.*). **7 ~ cilindrico** (gambo cilindrico) (*ut.*), Zylinderschaft (*m.*). **8 ~ conico** (gambo conico) (*ut.*), Kegelschaft (*m.*). **9 ~ conico Morse** (gambo conico Morse) (*ut. mecc.*), Morsekegelschaft (*m.*). **10 ~ della lima** (*ut.*), Feilenangel (*f.*). **11 ~ di trazione** (nella trafilatura dei fili) (*tecnol. mecc.*), Ziehangel (*f.*). **12 ~ di trazione** (d'una broccia) (*ut.*), Ziehschaft (*m.*).

coefficiente (*mat. - ecc.*), Koeffizient (*m.*), Zahl (*f.*), Beiwert (*m.*). **2 ~ di asimmetria** (*mat.*), Schiefe (*f.*). **3 ~ di assorbimento** (*chim. - ott.*), Absorptionskoeffizient (*m.*). **4 ~ di assorbimento** (coefficiente di smorzamento) (*fis. - acus.*), Schluckgrad (*m.*), Absorptionsgrad (*m.*). **5 ~ di assorbimento acustico** (*acus.*), Schallabsorptionsgrad (*m.*). **6 ~ di assorbimento di massa** (*fis.*), Massenabsorptionskoeffizient (*m.*). **7 ~ di attrito** (*mecc.*), Reibungszahl (*f.*), Reibwert (*m.*). **8 ~ di attrito** (per tubi rettilinei) (*idr.*), Widerstandszahl (*f.*). **9 ~ di attrito radente** (*mecc.*), Gleitbeiwert (*m.*). **10 ~ di autoinduzione** (*elett.*), Koeffizient der Selbstinduktion. **11 ~ di autoscambio** (*ott.*), Eigenaustauschkoeffizient (*m.*). **12 ~ di azione integrativa** (*calc.*), Integrationsfaktor (*m.*). **13 ~ di carico** (rapporto fra carico utile e peso totale, di un autocarro) (*aut.*), Nutzlastfaktor (*m.*). **14 ~ di carico** (*aer.*), Lastvielfaktor (*m.*), Lastfaktor (*m.*). **15 ~ di carico di manovra** (*aer.*), Luftkraftlastvielfaches (*n.*). **16 ~ di concentrazione delle sollecitazioni** (indice dell'effetto di intaglio) (*mecc.*), Kerbwirkungszahl (*f.*). **17 ~ di conduzione dell'umidità** (*ed. - ecc.*), Feuchteleitkoeffizient (*m.*), Feuchteleitzahl (*f.*). **18 ~ di conduzione per vapore acqueo** (quantità di vapore acqueo che si diffonde da una superficie di 1 m² in un'ora attraverso uno spessore di materiale in m e differenza di pressione di vapore di 1 kg/m²) (*ed.*), Dampfleitzahl (*f.*). **19 ~ di conduzione termica** (*fis. - term.*), Wärmeleitzahl (*f.*). **20 ~ di contrazione** (ritiro, del calcestruzzo) (*ed.*), Schwindmass (*n.*). **21 ~ di contrazione** (della vena, rapporto tra sezione minima della vena e sezione della luce di efflusso) (*idr.*), Einschnürungsbeiwert (*m.*). **22 ~ di convezione termica naturale** (da contatto) (*fis. term.*), Wärmeübergangszahl (*f.*). **23 ~ di correzione del tempo normale** (tempi aggiuntivi, per tenere conto della fatica, bisogni personali, ecc.) (*analisi tempi*), Verteilzeitzuschlag (*m.*). **24 ~ di deflessione** (in un tubo termoionico) (*elettronica*), Ablenkfaktor (*m.*). **25 ~ di deformazione elastica lineare** (nelle prove di trazione, rapporto tra un determinato allungamento e la sollecitazione) (*sc. costr.*), Dehnzahl (*f.*). **26 ~ di dilatazione** (*fis.*), Dehnungskoeffizient (*m.*), Ausdehnungskoeffizient (*m.*). **27 ~ di dilatazione cubica** (*fis.*), kubischer Ausdehnungskoeffizient, Raumausdehnungszahl (*f.*). **28 ~ di dilatazione lineare** (*fis.*), linearer Ausdehnungskoeffizient. **29 ~ di dilatazione termica** (*fis. - term.*), Koeffizient der Wärmeausdehnung, Wärmeausdehnungskoeffizient (*m.*). **30 ~ di dilatazione (termica) lineare** (*fis.*), Längenausdehnungszahl (*f.*). **31 ~ di dilatazione (termica) superficiale** (*fis.*), Flächenausdehnungszahl (*f.*). **32 ~ di dissipazione acustica** (*acus.*), Schalldissipationsgrad (*m.*). **33 ~ di disuniformità** (*illum.*), Ungleichmässigkeitsfaktor (*m.*). **34 ~ di efficacia** (rapporto tra tempo assegnato e tempo impiegato) (*analisi tempi*), Zeitgrad (*m.*). **35 ~ di efficienza** (coefficiente di merito) (*aer.*), Gleitzahl (*f.*). **36 ~ di efficienza luminosa** (efficienza luminosa, rapporto tra flusso luminoso in lumen ed assorbimento di potenza in watt) (*illum.*), Lichtausbeute (*f.*). **37 ~ di efflusso** (*idr.*), Abflusskoeffizient (*m.*), Abflussbeiwert (*m.*), Ausflusszahl (*f.*). **38 ~ di elasticità** (*sc. costr.*), Dehnungsgrösse (*f.*), Dehnzahl (*f.*), Elastizitätskoeffizient (*m.*). **39 ~ di espansione** (nelle misure della portata di gas) (*fis.*), Expansionszahl (*f.*). **40 ~ di finezza** (*nav.*), Völligkeitsgrad (*m.*). **41 ~ di finezza longitudinale di carena** (*nav.*), prismatischer Völligkeitsgrad, Schärfegrad (*m.*). **42 ~ di finezza totale di carena** (*nav.*), Blockvölligkeitsgrad (*m.*). **43 ~ di forma** (*fis.*), Formfaktor (*m.*). **44 ~ di forma** (indice di forma, fattore di concentrazione delle sollecitazioni) (*prove materiali*), Formzahl (*f.*), Formziffer (*f.*). **45 ~ d'imbocco** (coefficiente d'ingresso, rapporto tra la componente meridiana della

coefficiente

velocità di afflusso e la velocità definita dalla prevalenza, usato p. es. nel calcolo di pompe centrifughe p. es.) (*macch.*), Einlaufzahl (*f.*). 46 ~ **di merito** (*pers. - lav.*), Bewertungsfaktor (*m.*). 47 ~ **di merito** (coefficiente di efficienza) (*aer.*), Gleitzahl (*f.*). 48 ~ **di microfonicità** (d'un tubo elettronico) (*elettronica*), Klingkoeffizient (*m.*). 49 ~ **di momento** (*aer.*), Momentenbeiwert (*m.*). 50 ~ **di mutua induzione** (induttanza mutua) (*elett.*), Gegeninduktivität (*f.*). 51 ~ **d'ingresso** (coefficiente d'imbocco, rapporto tra la componente meridiana della velocità di afflusso e la velocità definita dalla prevalenza, usato p. es. nel calcolo di pompe centrifughe p. es.) (*macch.*), Einlaufzahl (*f.*). 52 ~ **di occupazione** (d'una linea) (*telef.*), Wirkungsgrad (*m.*). 53 ~ **di penetrazione griglia-schermo** (*elettronica*), Schirmgitterdurchgriff (*m.*). 54 ~ **di permeabilità** (*del terreno*) (*ed.*), Durchlässigkeitsbeiwert (*m.*), Bodenkonstante (*f.*). 55 ~ **di Poisson** (rapporto di deformazione trasversale) (*sc. costr.*), Poissonsche Konstante, Querzahl (*f.*), Querdehnungsziffer (*f.*). 56 ~ **di perdita di carico nelle curve** (di tubi) (*idr.*), Krümmungsverlustzahl (*f.*). 57 ~ **di porosità** (di un minerale p. es.) (*ed. - geol.*), Porenindex (*m.*), Porenziffer (*f.*). 58 ~ **di pressione** (della reattività) (*fis. atom.*), Druckkoeffizient (*m.*). 59 ~ **di proporzionalità** ([indice di] rigidezza; nel caso del molleggio proporzionale rappresenta la rigidezza) (*mecc.*), Federkonstante (*f.*). 60 ~ **di qualità dinamica** (*aer.*), dynamischer Gütegrad. 61 ~ **di resistenza** (dovuto ad un ostacolo in una tubazione) (*idr.*), Widerstandsziffer (*f.*). 62 ~ **di resistenza aerodinamica** (coefficiente di resistenza all'avanzamento, coefficiente di resistenza dell'aria, di un'autovettura p. es.) (*aer. - aut. - aerodin.*), Luftwiderstandsbeiwert (*m.*), Cw-Wert (*m.*). 63 ~ **di resistenza al rotolamento** (*aut.*), Rollwiderstandsbeiwert (*m.*). 64 ~ **di riduzione** (*lamin.*), Abnahmekoeffizient (*m.*). 65 ~ **di riflessione** (*fis.*), Reflexionsfaktor (*m.*). 66 ~ **di riflessione acustica** (rapporto tra le intensità sonore riflessa ed incidente) (*acus.*), Schallreflexionsgrad (*m.*). 67 ~ **di riflessione diffusa** (*ott.*), Koeffizient der diffusen Reflexion. 68 ~ **di riflessione totale** (*fis.*), Koeffizient der Totalreflexion. 69 ~ **di risonanza** (*radio*), Resonanzfaktor (*m.*). 70 ~ **di scabrezza** (di un tubo p. es.) (*idr.*), Rauhigkeitsbeiwert (*m.*). 71 ~ **di scorrimento elastico** (reciproco del modulo di elasticità tangenziale) (*sc. costr.*), Schubzahl (*f.*). 72 ~ **di sicurezza** (grado di sicurezza) (*sc. costr.*), Sicherheitsfaktor (*m.*), Sicherheitszahl (*f.*), Sicherheitskoeffizient (*m.*). 73 ~ **di smorzamento** (coefficiente di assorbimento) (*fis. - acus.*), Schluckgrad (*m.*), Absorptionsgrad (*m.*). 74 ~ **di Sommerfeld** (nella teoria idrodinamica dei cuscinetti) (*mecc.*), Sommerfeld-Zahl (*f.*). 75 ~ **di spinta** (*mat.*), Schubziffer (*f.*). 76 ~ **di spostamento** (di ruote dentate corrette) (*mecc.*), Profilverschiebungsfaktor (*m.*). 77 ~ **di stivaggio** (d'una nave mercantile; rapporto fra stazza netta in m³ e carico utile totale) (*nav.*), Staukoeffizient (*m.*). 78 ~ **di temperatura** (del materiale di resistori p. es.; variazione della resistenza associata all'aumento della temperatura, p. es. di 1 °C) (*elett.*), Temperaturkoeffizient (*m.*), TK. 79 ~ **di tensione** (aumento della pressione di gas dovuta ad aumento della temperatura) (*fis. chim.*), Spannungskoeffizient (*m.*). 80 ~ **di torbida** (*idr.*), Trübe-Dichte (*f.*). 81 ~ **di torsione** (del filato) (*ind. tess.*), Zwirnkoeffizient (*m.*), Drehungszahl (*f.*). 82 ~ **di trasmissione acustica** (rapporto tra le intensità sonore incidente e trasmessa) (*acus.*), Schalltransmissionsgrad (*m.*). 83 ~ **di trasmissione del calore** (*riscald. - ed.*), Wärmedurchgangszahl (*f.*). 84 ~ **di trasmissione per vapore acqueo** (quantità di vapore acqueo che si diffonde in 1 ora da 1 m² di superficie con una differenza di pressione di 1 kg/m² rispetto all'aria umida) (*ed.*), Dampfübergangszahl (*f.*). 85 ~ **di usura** (*mecc.*), Verschleisszahl (*f.*). 86 ~ **di utilizzazione** (*fis. - ecc.*), Ausnutzungsfaktor (*m.*), Ausnutzungskoeffizient (*m.*). 87 ~ **di utilizzazione** (rapporto fra area edificata e non edificata d'un fondo) (*ed.*), Ausnutzungsziffer (*f.*). 88 ~ **di variazione** (*stat.*), Variationskoeffizient (*m.*). 89 ~ **di vuoto** (della reattività) (*fis. atom.*), Blasenkoeffizient (*m.*). 90 ~ **dominante** (*mat.*), Anfangskoeffizient (*m.*), höchster Koeffizient. 91 ~ **d'urto** (fattore d'urto, carico supplementare per veicoli ferrov.) (*ferr.*), Stossfaktor (*m.*).

coercizione (costrizione) (*leg.*), Zwang (*m.*).

coerente (luce p. es.) (*fis.*), kohärent. 2 ~ (terreno di fondazione p. es.) (*geol. - ed. - ecc.*), bindig.

coerenza (*fis.*), Kohärenz (*f.*). 2 ~ **spaziale** (spazio di coerenza) (*fis.*), Kohärenz-Raum (*n.*). 3 **spazio di** ~ (coerenza spaziale) (*fis.*), Kohärenz-Raum (*n.*). 4 **tempo di** ~ (*fis.*), Kohärenz-Zeit (*f.*).

coesione (*chim. - fis.*), Kohäsion (*f.*). 2 ~ (del legame atomico) (*fis.*), Kohäsionswiderstand (*m.*), Trennwiderstand (*m.*). 3 ~ (tenacità, del terreno) (*ed.*), Kohäsion (*f.*). 4 ~ **atomica** (*fis.*), atomare Haftung.

coesistenza (*gen.*), Koexistenz (*f.*). 2 **curva di** ~ (della costante dielettrica dell'acqua p. es.) (*chim.*), Koexistenzkurve (*f.*).

coesore (rivelatore, «coherer») (*radio*), Fritter (*m.*), Kohärer (*m.*).

coestrusione (di mat. plast. p. es.) (*tecnol.*), Koextrusion (*f.*).

cofano (del motore) (*aut.*), Haube (*f.*), Motorhaube (*f.*). 2 ~ **del motore** (*aut.*), Motorhaube (*f.*). 3 ~ **di protezione** (*macch.*), Schutzhaube (*f.*). 4 ~ **di schermatura** (*elett.*), Abschirmgehäuse (*n.*). 5 ~ **per batterie** (*elett.*), Batteriehalter (*m.*).

coffa (gabbia) (*nav.*), Mars (*m.*), Mastkorb (*m.*). 2 ~ **di maestra** (*nav.*), Grossmars (*m.*). 3 ~ **di trinchetto** (*nav.*), Fockmars (*m.*), Vormars (*m.*).

cogestione (*ind.*), Mitbestimmung (*f.*).

cogliere (spiccare, frutta p. es.) (*gen.*), pflücken.

cognizione (*gen.*), Kenntnis (*f.*). 2 ~ **di causa** (*gen.*), Sachkenntnis (*f.*).

«coherer» (coesore, rivelatore) (*radio*), Fritter (*m.*), Kohärer (*m.*).

coibentazione (isolamento) (*elett. - term.*), Isolierung (*f.*), Dämmung (*f.*). 2 ~ **termica** (isolamento termico) (*fis.*), Wärmedämmung (*f.*).

coibente (isolante, termico ed elettrico) (*a. - term. - elett.*), isolierend. 2 ~ (materiale coibente) (*s. - term. - elett.*), Isolierstoff (*m.*), Schutzstoff (*m.*). 3 **materiale** ~ (materiale isolante termicamente, isolante termico) (*ed. - ecc.*), Wärmedämmstoff (*m.*), Wärmeschutzstoff (*m.*).

coincidenza (*gen.*), Koinzidenz (*f.*), Zusammenfallen (*n.*). 2 ~ (*geom.*), Deckung (*f.*). 3 ~ **a doppia riga** (centraggio) (*ott.*), Doppelstricheinfang (*m.*). 4 **effetto** ~ (fenomeno acustico verificantesi nell'incidenza di onde sonore oblique su pareti sottili) (*acus. - ed.*), Koinzidenz-Effekt (*m.*), Spuranpassung-Effekt (*m.*).

coincidere (*gen.*), zusammenfallen.

coke (*comb.*), Koks (*m.*). 2 ~ **da fonderia** (coke di grossa pezzatura oltre gli 80 mm) (*comb.*), Grosskoks (*m.*), Stückkoks (*m.*). 3 ~ **d'altoforno** (*metall.*), Hochofenkoks (*m.*). 4 ~ **di esercizio** (di un cubilotto) (*fond.*), Satzkoks (*m.*), Schmelzkoks (*m.*). 5 ~ **di falsa carica** (falsa carica di coke, d'un cubilotto) (*fond.*), Zwischenkoks (*m.*). 6 ~ **di fonderia** (*comb.*), Giessereikoks (*m.*). 7 ~ **di grossa pezzatura** (oltre gli 80 mm, coke da fonderia) (*comb.*), Grosskoks (*m.*), Stückkoks (*m.*). 8 ~ **di lignite** (semicocke, sottoprodotto della distillazione a bassa temperatura) (*comb.*), Grudekoks (*m.*). 9 ~ **di petrolio** (*comb.*), Petrolkoks (*m.*). 10 ~ **di riscaldo** (di un cubilotto) (*fond.*), Anwärmkoks (*m.*). 11 ~ **di riscaldo** (dote, di un cubilotto) (*fond.*), Füllkoks (*m.*). 12 ~ **di storta** (*comb.*), Gaskoks (*m.*). 13 ~ **di torba** (semicoke di torba) (*ind. chim.*), Torfkoks (*m.*). 14 ~ **metallurgico** (*comb.*), Hüttenkoks (*m.*). 15 ~ **per fucina** (*comb.*), Schmiedekoks (*m.*). 16 **bottone di** ~ (formella di coke) (*comb.*), Tiegelrückstand (*m.*), Kokskuchen (*m.*). 17 **indice di resistenza del** ~ (*ind. chim.*), Kokswertzahl (*f.*). 18 **polvere di** ~ (oltre 10-6 mm) (*comb.*), Koksgrus (*m.*). 19 **polverino di** ~ (*ind. chim.*), Kokslösche (*f.*), Koksstaub (*m.*). 20 **scorie di** ~ (*comb.*), Koksschlacke (*f.*), Koksklein (*n.*). 21 **torre di spegnimento del** ~ (*ind. chim.*), Kokslöschturm (*m.*).

cokefare (*ind. chim.*), verkoken, koken.

cokefazione (*ind. chim.*), Verkokung (*f.*), Koken (*n.*). 2 ~ **a bassa temperatura** (*ind. chim.*), Tiefverkokung (*f.*), Urverkokung (*f.*). 3 **pressione di** ~ (del fossile) (*ind. chim.*), Treibdruck (*m.*).

cokeria (officina del gas) (*ind. chim.*), Kokerei (*f.*), Verkokungsanlage (*f.*).

cokificare (*ind. chim.*), koken, verkoken.

cokificato (*comb.*), verkokt.

colabile (*fond.*), giessbar, vergiessbar.

colabilità (*fond.*), Giessbarkeit (*f.*), Vergiessbarkeit (*f.*). 2 **prova di** ~ (*fond.*), Auslaufprobe (*f.*).

colaggio (di materie plastiche) (*tecnol.*), Giessen (*n.*).

colame (metallo solidificato nel canale di colata ecc. di un getto) (*fond.*), Anschnitt (*m.*), Eingüsse (*m. pl.*).

colare (in una forma o stampo) (*fond.*), giessen. 2 ~ (asfalto p. es.) (*ed. - ecc.*), vergiessen. 3 ~ **a fondo** (colare a picco, affondare) (*nav.*), untergehen. 4 ~ **a picco** (mandare a fondo, far affondare) (*v. t. - nav. - mar. milit.*), versenken. 5 ~ **a picco** (colare a fondo, affondare) (*v. i. - nav.*), untergehen. 6 ~ **a sorgente** (*fond.*), steigend giessen. 7 ~ **dall'alto** (*fond.*), fallend giessen. 8 ~ **il metallo antifrizione** (in un cuscinetto) (*mecc.*), ein Lager ausgiessen. 9 ~ **in conchiglia** (*fond.*), in der Kokille giessen. 10 ~ **in fossa** (*fond.*), im Herd giessen. 11 ~ **in lingotti** (*fond. - metall.*), blockgiessen. 12 ~ **in piedi** (colare verticale) (*fond.*), stehend giessen. 13 ~ **in terra** (*fond.*), in Sand giessen. 14 ~ **orizzontale** (*fond.*), waagrecht giessen. 15 ~ **verticale** (colare in piedi) (*fond.*), stehend giessen.

colata (procedimento di colata, in una forma o stampo) (*fond.*), Giessen (*n.*), Guss (*m.*), Giessverfahren (*n.*). 2 ~ (delle fondamenta p. es.) (*ed.*), Ausguss (*m.*). 3 ~ (spillatura, di un forno) (*fond. - metall.*), Abstich (*m.*), Abstechen (*n.*). 4 ~ (calda) (*metall.*), Schmelze (*f.*), Hitze (*f.*). 5 ~ **a depressione** (*fond.*), Vakuumguss (*m.*). 6 ~ **a grappolo** (*fond.*), Stapelguss (*m.*). 7 ~ **a bassa pressione** (di leghe leggere p. es.) (*fond.*), Niederdruckgussverfahren (*m.*). 8 ~ **a grappolo con attacchi separati (o singoli)** (di più forme sovrapposte a scala in staffa unica) (*fond.*), Etagenguss (*m.*). 9 ~ **a gruppi** (di lingotti p. es.) (*metall. - fond.*), satzweiser Verguss (*m.*). 10 ~ **a sifone** (colata a sorgente) (*fond.*), steigender Guss. 11 ~ **a sorgente** (colata a sifone) (*fond.*), steigender Guss. 12 ~ **a verde** (colata in forma verde) (*fond.*), Grünguss (*m.*), Nassguss (*m.*). 13 ~ **centrifuga** (*fond.*), Schleuderguss (*m.*), Zentrifugalgiessen (*n.*). 14 ~ **centrifuga in conchiglia** (fusione centrifuga in conchiglia) (*fond.*), Kokillenschleuderguss (*m.*). 15 ~ **continua** (*fond.*), Strangguss (*m.*), kontinuierliches Giessen. 16 ~ **continua permanente** (*fond.*), Sequenzgiessen (*n.*), vollkontinuierliches Stranggiessen, ununterbrochenes Stranggiessen. 17 ~ **continua tra lamiere placcatrici** (*metall. - fond.*), Plattierstrangguss (*m.*). 18 ~ **dall'alto** (*fond.*), fallender Guss. 19 ~ **del cubilotto** (*fond.*), Kupolguss (*m.*), Kupolofenguss (*m.*). 20 ~ **dell'ottone** (*fond.*), Messingguss (*m.*). 21 ~ **di bitume** (*ed.*), Bitumenverguss (*m.*). 22 ~ **di precisione in forma a guscio** (microfusione in forma a guscio) (*fond.*), Croninform-Genauguss (*m.*). 23 ~ **diretta** (*fond.*), fallender Guss, Kopfguss (*m.*). 24 ~ **in conchiglia** (fusione in conchiglia) (*fond.*), Kokillenguss (*m.*). 25 ~ **in conchiglia per gravità a rovesciamento** (fusione in conchiglia per gravità a rovesciamento) (*fond.*), Sturzguss (*m.*). 26 ~ **in forma essiccata** (*fond.*), Trockenguss (*m.*). 27 ~ **in forma permanente** (colata in conchiglia) (*fond.*), Dauerformguss (*m.*), Kokillenguss (*m.*). 28 ~ **in forma verde** (*fond.*), Nassguss (*m.*), Grünguss (*m.*). 29 ~ **in fossa** (*fond.*), Herdguss (*m.*), Herdgiessen (*n.*).

colata

30 ~ **in semiconchiglia** (*fond.*), Halbkokillenguss (*m.*). 31 ~ **in staffa** (fusione in staffa) (*fond.*), Kastenguss (*m.*). 32 ~ **in terra** (*fond.*), Sandguss (*m.*), Sandgussverfahren (*n.*), Sandgiessen (*n.*). 33 ~ **interrotta** (*metall.*), Abfangschmelze (*f.*). 34 ~ **in verde** (*fond.*), Grünguss (*m.*), Nassguss (*m.*). 35 ~ **laterale** (con fermascorie nella staffa superiore ed attacchi di colata in quella inferiore) (*fond.*), Seitenguss (*m.*). 36 ~ **multipla** (di lingotti di acciaio) (*metall.*), Gespannguss (*m.*). 37 ~ **orizzontale** (*fond.*), liegender Guss. 38 ~ **semicontinua** (*fond.*), Stranguss mit beschränkter Stranglänge. 39 ~ **sotto pressione** (pressofusione) (*fond.*), Druckguss (*m.*). 40 ~ **verticale** (*fond.*), stehender Guss. 41 **analisi di** ~ (*metall.*), Schmelzeanalyse (*f.*). 42 **applicare le colate** (*fond.*), anschneiden. 43 **applicazione delle colate** (*fond.*), Anschneiden (*n.*). 44 **applicare mediante** ~ (*fond.*), übergiessen. 45 **attacco di** ~ (*fond.*), Anschnitt (*m.*), Einlauf (*m.*). 46 **attacco di** ~ **a coltello** (*fond.*), Schlitzeneinlauf (*m.*). 47 **attacco di** ~ **ad anello** (*fond.*), Ringeinlauf (*m.*). 48 **attacco di** ~ **a doccia** (*fond.*), Siebeinlauf (*m.*). 49 **attacco di** ~ **a zeppa** (attacco di colata a cuneo) (*fond.*), Keileinlauf (*m.*). 50 **attacco di** ~ **frontale** (attacco frontale) (*fond.*), Frontanschnitt (*m.*), Aufprallanschnitt (*m.*). 51 **attacco di** ~ **lamellare** (attacco lamellare, attacco a linguetta) (*fond.*), Leistenanschnitt (*m.*). 52 **bacino di** ~ **troncoconico** (*fond.*), Einlauftrichter (*m.*). 53 **becco di** ~ (di una siviera p. es.) (*fond.*), Ausguss (*m.*). 54 **canale di** ~ (discesa di colata, di una forma) (*fond.*), Einguss (*m.*), 55 **canale di** ~ (di un forno) (*fond. - metall.*), Ausgussrinne (*f.*). 56 **capannone colate** (*fond.*), Giesshalle (*f.*). 57 **carro di** ~ (*fond. - metall.*), Giesswagen (*m.*). 58 **difetto di** ~ (*fond.*), Gussfehler (*m.*). 59 **discesa di** ~ (*fond.*), vertikaler Eingusskanal, Einguss (*m.*). 60 **dispositivo di** ~ (attacchi, ecc.) (*fond.*), Anschnittsystem (*n.*), Eingiessvorrichtung (*f.*). 61 **doccia di** ~ (*fond.*), Ausgussrinne (*f.*). 62 **fossa di** ~ (*fond.*), Giessgrube (*f.*). 63 **foro di** ~ (*fond.*), Eingussloch (*n.*). 64 **foro di** ~ (foro di spillatura) (*forno - fond.*), Stichloch (*n.*). 65 **imbuto di** ~ (*fond.*), Trichter (*m.*), Trichterkasten (*m.*). 66 **impianto di** ~ **continua** (*fond.*), Stranggiessanlage (*f.*). 67 **incorporare durante la** ~ (prendere in fondita, le canne cilindro nel basamento di lega leggera p. es.) (*fond. - mot.*), eingiessen. 68 **incorporato durante la** ~ (preso in fondita, detto di canna cilindro in un basamento di lega leggera p. es.) (*fond. - mot.*), eingegossen. 69 **macchina a tre linee per** ~ **continua** (*fond.*), Dreistrangmaschine (*f.*). 70 **macchina per** ~ **continua** (*macch. - fond.*), Stranggiessmaschine (*f.*). 71 **modello per discesa di** ~ (*formatura*), Eingussmodell (*n.*). 72 **paniera di** ~ (*fond.*), Giesswanne (*f.*). 73 **posizione di** ~ (di un convertitore) (*fond.*), Ausgusstellung (*f.*). 74 **pozzetto di** ~ (*fond.*), Eingussmulde (*f.*), Einguss-sumpf (*m.*). 75 **pronto per la** ~ (forma p. es.) (*fond.*), giessfertig. 76 **residuo di** ~ (nella pressofusione; biscotto) (*fond.*) Pressrest (*m.*), Tablette (*f.*). 77 **residuo di** ~ (bava, incrostazione residua in una siviera p. es.) (*metall. - fond.*), Bär (*m.*). 78 **velocità di** ~ (*fond.*), Giessgeschwindigkeit (*f.*).

colato (ricavato per fusione) (*fond.*), gegossen. 2 ~ **a sorgente** (*fond.*), steigend gegossen. 3 ~ **dall'alto** (*fond.*), fallend gegossen. 4 ~ **in conchiglia** (fuso in conchiglia) (*fond.*), in Kokille gegossen. 5 ~ **in fossa** (*fond.*), offen gegossen.

colatore (*op. fond.*), Giesser (*m.*).

colatura (difetto *vn.*), Ablaufen (*n.*).

coli (colibacillo) (*idr.*), Colibakterium (*n.*). 2 **numero di** ~ (*idr.*), Colizahl (*f.*).

colidar (telemetro a laser; coherent *light detection and ranging*) (*app.*), Colidar (*m.*).

colititolo (*idr.*), Colititer (*m.*).

colla (*chim.*), Leim (*m.*), Klebstoff (*m.*), Klebemittel (*n.*). 2 ~ **a freddo** (*falegn.*), Kaltleim (*m.*). 3 ~ **a freddo** (colla alla caseina) (*ind. chim.*), Kascinleim (*m.*), Kaltleim (*m.*). 4 ~ **alla caseina** (colla a freddo) (*ind. chim.*), Kaseinleim (*m.*), Kaltleim (*m.*). 5 ~ **alla destrina** (sostanza agglutinante alla destrina) (*ind. chim.*), Dextrinklebstoff (*m.*). 6 ~ **animale** (*ind. chim.*), Tierleim (*m.*). 7 ~ **Caravella** (*falegn.*), *vedi* colla di falegname. 8 ~ **caseina** (*ind. chim.*), Caseinleim (*m.*). 9 ~ **da falegname** (colla di pelle, colla Caravella, colla forte) (*falegn.*), Tafelleim (*m.*), Tischlerleim (*m.*). 10 ~ **da marina** (*nav.*), Marineleim (*m.*). 11 ~ **di amido** (*ind. chim.*), Stärkeklebstoff (*m.*), Stärkekleister (*m.*). 12 ~ **di pelle** (*falegn.*), *vedi* colla da falegname. 13 ~ **di pesce** (ittiocolla) (*ind.*), Fischleim (*m.*). 14 ~ **di resina** (per carta p. es.) (*ind.*), Harzleim (*m.*). 15 ~ **forte** (*falegn.*), *vedi* colla da falegname. 16 ~ **in polvere** (*ind.*), Leimpulver (*n.*). 17 ~ **vegetale** (*chim.*), Pflanzenleim (*m.*). 18 **a** ~ (con finitura superficiale a colla) (*mft. carta*), geleimt. 19 **con finitura superficiale a** ~ (a colla) (*mft. carta*), geleimt. 20 **rullo spalmatore della** ~ (*app.*), Leimauftragwalze (*f.*).

collaborare (*gen.*), mitarbeiten, zusammenarbeiten.

collaboratore (*gen.*), Mitarbeiter (*m.*).

collaborazione (*gen.*), Kooperation (*f.*), Zusammenarbeit (*f.*), Mitarbeit (*f.*). 2 ~ (economica o finanziaria p. es.) (*finanz. - ecc.*), Zusammenarbeit (*f.*), Mitarbeit (*f.*).

collaborazionismo (intelligenza, col nemico) (*milit.*), Zusammenarbeit (*f.*).

collante (adesivo, per la giunzione di metalli, resine p. es.) (*tecnol. mecc.*), Kleber (*m.*). 2 ~ **a caldo** (per metalli p. es.) (*tecnol. mecc.*), Warmkleber (*m.*). 3 ~ **a freddo** (per metalli p. es.) (*tecnol. mecc.*), Kaltkleber (*m.*).

collare (*gen.*), Kragen (*m.*). 2 ~ (di spallamento, su un albero p. es.) (*mecc.*), Stellring (*m.*), Bundring (*m.*), Bund (*m.*). 3 ~ **dell'albero** (*mecc.*), Wellenbund (*m.*). 4 ~ **di arresto** (*mecc.*), Anschlagbund (*m.*).

collarino (di una colonna p. es.) (*arch.*), Halsglied (*n.*). 2 ~ **del fusello** (*veic. ferr.*), Achsschenkelbund (*m.*). 3 ~ **dell'assile** (*ferr.*), Achsbund (*m.*). 4 ~ **di colonna** (*arch.*), Säulenhals (*m.*).

collaterale (accompagnatorio)(*gen.*), Begleit...,

Neben... **2 effetto** ~ (*gen.*), Begleiteffekt (*m.*). **3 fenomeno** ~ (fenomeno accompagnatorio) (*fis.*), Begleiterscheinung (*f.*).

collatura (della carta) (*ind. carta*), Leimung (*f.*). **2** ~ **alla gelatina** (collatura superficiale, collatura in superficie) (*mft. carta*), Oberflächenleimung (*f.*). **3** ~ **in pasta** (*ind. carta*), Leimung in der Masse. **4** ~ **in superficie** (collatura alla gelatina, collatura superficiale) (*mft. carta*), Oberflächenleimung (*f.*). **5 grado di** ~ (*prova - carta*), Leimungsgrad (*m.*).

collaudare (provare) (*tecnol.*), prüfen, untersuchen, probieren. **2** ~ (controllare, dei pezzi lavorati) (*mecc. - ecc.*), kontrollieren. **3** ~ (controllare ufficialmente, un fabbricato p. es.) (*ed.*), kollaudieren, amtlich prüfen.

collaudatore (*lav. - tecnol.*), Abnahmebeamter (*m.*). **2** ~ (addetto al collaudo, « controllo », addetto al controllo, di pezzi lavorati) (*lav.*), Kontrolleur (*m.*). **3** ~ **di motori** (*lav.*), Motorentester (*m.*). **4** ~ **di motori al banco** (*lav.*), Prüfstand-Motorentester (*m.*). **5 autista** ~ (*aut.*), Einfahrer (*m.*). **6 pilota** ~ (*aer.*), Einflieger (*m.*).

collaudo (*tecnol. - ecc.*), Prüfung (*f.*). **2** ~ (controllo, di un pezzo lavorato) (*mecc.*), Kontrolle (*f.*), Prüfung (*f.*). **3** ~ (nel controllo della qualità) (*tecnol. mecc.*), Güteprüfung (*f.*), Prüfung (*f.*). **4** ~ (controllo ufficiale ed approvazione conclusiva d'un fabbricato) (*ed.*), Kollaudierung (*f.*), amtliche Prüfung. **5** ~ **al 100%** (nei controlli della qualità) (*tecnol. mecc.*), Vollprüfung (*f.*), 100% Prüfung. **6** ~ **con prove di campionamento** (collaudo per campionamento) (*tecnol. mecc.*), Stichprobenprüfung (*f.*). **7** ~ **della caldaia** (*cald.*), Kesselprüfung (*f.*). **8** ~ **di accettazione** (*tecnol. mecc.*), Abnahme (*f.*). **9** ~ **finale** (prova finale) (*tecnol.*), Endabnahme (*f.*). **10** ~ **finale** (controllo finale) (*mecc. - ecc.*), Endkontrolle (*f.*). **11** ~ **in mare** (prova in mare, d'una nave) (*costr. nav.*), Probefahrt (*f.*). **12** ~ **ordinario** (nel controllo della qualità) (*tecnol. mecc.*), normale Prüfung. **13** ~ **per campionamento** (collaudo con prove di campionamento) (*tecnol. mecc.*), Stichprobenprüfung (*f.*). **14** ~ **per variabili** (nel controllo della qualità) (*tecnol. mecc.*), Variablenprüfung (*f.*). **15** ~ **ridotto** (nel controllo della qualità) (*tecnol. mecc.*), reduzierte Prüfung. **16** ~ **rinforzato** (nei controlli della qualità) (*tecnol. mecc.*), verschärfte Prüfung. **17** ~ **visivo** (controllo visivo) (*mecc.*), Sichtkontrolle (*f.*). **18 addetto al** ~ (« controllo », addetto al controllo, collaudatore, di pezzi lavorati) (*lav.*), Kontrolleur (*m.*). **19 banco per** ~ (banco di controllo) (*mecc. - ecc.*), Kontrolltisch (*m.*). **20 bollettino di** ~ (*comm. - ecc.*), Abnahmebericht (*m.*), Abnahmeprotokoll (*n.*). **21 carico di** ~ (carico di prova) (*tecnol. - ecc.*), Prüfbelastung (*f.*). **22 certificato di** ~ (*mecc. - ecc.*), Abnahmebescheinigung (*f.*), Abnahmeprotokoll (*n.*). **23 pista di** ~ (*veic.*), Versuchsbahn (*f.*). **24 prescrizioni di** ~ (*mecc. - ecc.*), Abnahmevorschrift (*f.*). **25 protocollo di** ~ (*mecc. - ecc.*), Abnahmeprotokoll (*n.*). **26 prova di** ~ (*mecc. - ecc.*), Abnahmeprüfung (*f.*). **27 prova di** ~ (di un motore) (*mot.*), Abnahmelauf (*m.*). **28 volo di** ~ (*aer.*), Abnahmeflug (*m.*). **29 verbale di** ~ (*comm. - ecc.*), Abnahmebericht (*m.*).

collegamento (unione, giunto) (*gen.*), Verbindung (*f.*). **2** ~ (allacciamento) (*elett. - ecc.*), Anschluss (*m.*), Schaltung (*f.*), Zuschaltung (*f.*), Anschaltung (*f.*). **3** ~ (degli avvolgimenti) (*macch. elett.*), Schaltung (*f.*). **4** ~ (*elett.*), vedi anche avvolgimento. **5** ~ **a chiavetta** (calettamento a chiavetta) (*mecc.*), Keilverbindung (*f.*). **6** ~ **ad alta resistenza con precarico** (giunzione ad alta resistenza con bulloni precaricati) (*carp. - ed.*), HV-Verbindung (*f.*). **7** ~ **ad attrito** (accoppiamento per attrito, per fissare mozzi su alberi) (*mecc.*), Reibschlussverbindung (*f.*). **8** ~ **ad innesto** (di sporgenze di un pezzo di lamierino in corrispondenti fori dell'altro, e ripiegamento a 90° delle sporgenze; collegamento a linguette ripiegate) (*mecc. - lamiera*), Verlappung (*f.*). **9** ~ **a doppia stella** (*macch. elett.*), Doppelsternschaltung (*f.*). **10** ~ **a doppio triangolo** (*macch. elett.*), Doppeldreieckschaltung (*f.*). **11** ~ **a due vie** (di raddrizzatori) (*elettronica*), Zweiwegeschaltung (*f.*). **12** ~ **ad una via** (di convertitori di corrente) (*elettronica*), Einwegschaltung (*f.*). **13** ~ **a filo** (*telef.*), Drahtleitung (*f.*). **14** ~ **a filo metallico** (unione a filo metallico) (*mecc.*), Verdrahten (*n.*). **15** ~ **a linguette ripiegate** (collegamento ad innesto, di sporgenze di un pezzo di lamierino in corrispondenti fori dell'altro e ripiegamento a 90° delle sporgenze) (*mecc. - lamiera*), Verlappung (*f.*). **16** ~ **a massa** (*elett.*), Masseschluss (*m.*), Masseanschluss (*m.*). **17** ~ **a massa** (messa a terra) (*elett.*), Erden (*n.*), Erdung (*f.*). **18** ~ **a massa** (filo di terra) (*elett.*), Erdleitung (*f.*), Erdung (*f.*), Erder (*m.*). **19** ~ **a massa** (collegamento elettrico, di rotaie p. es.) (*elett. - aer. - ferr. - ecc.*), Masseverbindung (*f.*). **20** ~ **a massa rotante** (nella saldatura) (*elett.*), drehbarer Masseanschluss. **21** ~ **antiparallelo** (di due convertitori statici) (*elett.*), Antiparallelschaltung (*f.*). **22** ~ **a perno** (*mecc.*), Bolzenverbindung (*f.*). **23** ~ **a ponte** (circuito a ponte) (*elett.*), Brückenschaltung (*f.*). **24** ~ **a ponte** (di un convertitore statico di corrente) (*elettronica*), Brückenschaltung (*f.*), b-Schaltung (*f.*). **25** ~ **a spina** (allacciamento a spina) (*elett.*), Steckverbindung (*f.*), Steckanschluss (*m.*). **26** ~ **a stella** (*macch. elett.*), Sternschaltung (*f.*), Y-Schaltung (*f.*). **27** ~ **a stella con centro neutro accessibile** (*macch. elett.*), Sternschaltung mit herausgeführtem Nullpunkt. **28** ~ **a terra** (collegamento a massa) (*elett.*), Erdanschluss (*m.*), Erdung (*f.*), Erden (*n.*). **29** ~ **a terra** (filo di massa) (*elett.*), Erdleitung (*f.*), Erdung (*f.*), Erder (*m.*). **30** ~ **a triangolo** (*macch. elett.*), Deltaschaltung (*f.*), Dreieckschaltung (*f.*). **31** ~ **a vite** (*mecc.*), Schraubenverbindung (*f.*), Verschraubung (*f.*), Schraubenbefestigung (*f.*). **32** ~ **con chiavetta** (calettamento con chiavetta, inchiavettatura) (*mecc.*), Keilung (*f.*). **33** ~ **con ponte** (*ed.*), Überbrückung (*f.*). **34** ~ **di classe A** (*elett. - radio*), A-Schaltung (*f.*). **35** ~ **di molle** (*mecc.*), Federschaltung (*f.*). **36** ~ **di protezione** (a

collegare

massa p. es.) (*elett.*), Schutzschaltung (*f.*). **37 ~ elettrico** (collegamento a massa, di rotaie p. es.) (*elett. - aer. - ferr. - ecc.*), Verbindung (*f.*). **38 ~ elettrico delle rotaie** (*ferr. - elett.*), Schienenverbindung (*f.*). **39 ~ esafase** (*elett.*), Sechsphasenschaltung (*f.*). **40 ~ flessibile** (*mecc. - ecc.*), biegsame Verbindung. **41 ~ in cascata** (*elett.*), Kaskadenschaltung (*f.*), Stufenschaltung (*f.*). **42 ~ in controfase** (*elett. - radio*), Gegentaktschaltung (*f.*). **43 ~ in derivazione** (collegamento in parallelo) (*elett.*), Nebenschlusschaltung (*f.*). **44 ~ in parallelo** (messa in parallelo, inserzione in parallelo) (*elett.*), Parallelschaltung (*f.*), Nebeneinanderschaltung (*f.*). **45 ~ in serie** (*elett.*), Serienschaltung (*f.*), Reihenschaltung (*f.*). **46 ~ in serie-parallelo** (*elett.*), Reihenparallelschaltung (*f.*). **47 ~ per contatto** (*elett.*), Kontaktverbindung (*f.*). **48 ~ sbagliato** (inserzione errata, manovra sbagliata) (*elett.*), Fehlschaltung (*f.*). **49 ~ stella-triangolo** (*macch. elett.*), Sterndreieckschaltung (*f.*). **50 ~ televisivo su filo** (*telev.*), Drahtfernsehverbindung (*f.*). **51 ~ via satellite** (*telev. - ecc.*), Satellitenverbindung (*f.*). **52 elemento di ~** (fra macchina e suoi dispositivi elettrici azionatori p. es.) (*macch.*), Bindeglied (*n.*). **53 errato** (*elett.*), Verschaltung (*f.*). **54 filo di ~** (*telef.*), Schaltdraht (*m.*). **55 gruppo di ~** (gruppo di accoppiamento; di trasformatori funzionanti in parallelo) (*elett.*), Schaltgruppe (*f.*). **56 mattone di ~** (*forno*), Verbandstein (*m.*). **57 organo di ~** (collegatore «fastener»; vite p. es., ecc.) (*mecc.*), Fastener (*m.*). **58 organo di ~** (fra macchina e suoi dispositivi elettrici azionatori p. es.) (*macch.*), Bindeglied (*n.*). **59 perdita del ~ radio** (*radio*), Abreissen der Funkverbindung. **60 tempo di ~** (tempo per stabilire il collegamento) (*elett.*), Durchschaltzeit (*f.*).

collegare (congiungere) (*gen.*), verbinden. **2 ~** (accoppiare) (*mecc.*), verbinden. **3 ~** (allacciare, un app. elett. ad una presa di corrente p. es.) (*elett.*), anschliessen, zuschalten, anschalten. **4 ~ ad innesto** (sporgenze di un pezzo di lamierino in corrispondenza di fori dell'altro e ripiegamento a 90° delle sporgenze, collegare a linguette) (*mecc. - lamiera*), verlappen. **5 ~ a doppino** (una linea) (*telef.*), schleifen. **6 ~ a filo** (*elett.*), bedrahten. **7 ~ ai morsetti** (un apparecchio p. es.) (*elett.*), anklemmen. **8 ~ a linguette** (ripiegate; collegare ad innesto, sporgenze di un pezzo in corrispondenza di fori dell'altro e ripiegamento a 90° delle sporgenze) (*mecc.*), verlappen. **9 ~ a massa** (collegare a terra, mettere a terra od a massa) (*elett.*), an Erde legen, erden. **10 ~ a tenuta a testa fusa** (giuntare a testa fusa) (*elett.*), vergiessen. **11 ~ a terra** (collegare a massa, mettere a terra od a massa) (*elett.*), an Erde legen, erden. **12 ~ a vite** (*mecc.*), verschrauben. **13 ~ con ponticello** (cavallottare, due morsetti p. es.) (*elett.*), brücken. **14 ~ con spine** (spinare) (*mecc.*), verstiften. **15 ~ elettricamente** (rotaie p. es.) (*elett. - aer. - ferr. - ecc.*), verbinden. **16 ~ in parallelo** (mettere in parallelo, inserire in parallelo) (*elett.*), parallelschalten, nebeneinanderschalten. **17 ~ in serie** (*elett.*), hintereinanderschalten, in Reihe schalten. **18 ~ in serie-parallelo** (*elett.*), gemischt schalten, reihenparallelschalten.

collegato (allacciato, app. elett. ad una presa di corrente p. es.) (*elett.*), angeschlossen. **2 ~ a stella** (*elett.*), sterngeschaltet. **3 ~ a triangolo** (*elett.*), dreieckgeschaltet. **4 collegati con ponticello** (morsetti p. es.) (*elett.*), gebrückt. **5 ~ in parallelo** (messo in parallelo, inserito in parallelo) (*elett.*), parallelgeschaltet. **6 ~ in serie** (*elett.*), hintereinandergeschaltet.

collegatore (organo di collegamento, «fastener»; vite p. es. ecc.) (*mecc.*), Fastener (*m.*).

collegiale (*gen.*), kollegial. **2 direzione ~** (*organ.*), Teamführung (*f.*), kollegiale Führung.

collegio (*leg. - finanz.*), Ausschuss (*m.*). **2 ~ arbitrale** (*leg.*), Schiedsausschuss (*m.*), Schiedsgericht (*n.*). **3 ~ dei sindaci** (collegio sindacale, di una società per azioni) (*amm. - finanz.*), Aufsichtsrat (*m.*). **4 ~ dei sindaci** (di una banca) (*finanz.*), Kontrollrat (*m.*).

collettame (colli vari raccolti da uno o più spedizionieri) (*trasp.*), Sammelgut (*n.*), Stückgüter (*n.*). **2 carro per ~ a grande velocità** (*trasp. ferr.*), Stückgutschnellverkehrswagen (*m.*). **3 spedizione di merce a ~** (*trasp.*), Stückgutsammelsendung (*f.*). **4 trasporto a ~** (*trasp.*), Sammelverkehr (*m.*).

collettivo (*gen.*), kollektiv. **2 passaporto ~** (*leg.*), Sammelpass (*m.*).

colletto (collarino, spallamento, di una vite p. es.) (*mecc.*), Bund (*m.*). **2 ~ a calotta** (dell'estremità di una vite) (*mecc.*), Ansatzkuppe (*f.*). **3 diametro del ~** (di una vite) (*mecc.*), Bunddurchmesser (*m.*). **4 tavoletta dei colletti** (d'un telaio Jacquard) (*ind. tess.*), Platinenboden (*m.*).

collettore (commutatore) (*macch. elett.*), Kollektor (*m.*), Kommutator (*m.*). **2 ~** (canale di raccolta) (*ing. civ. - costr. idr.*), Sammelkanal (*m.*), Sammler (*m.*). **3 ~** (di vapore p. es.) (*cald.*), Sammelrohr (*n.*). **4 ~** (di una centrale idroelettrica) (*costr. idr.*), Verteilerstollen (*m.*). **5 ~** (d'un circuito integrato) (*elettronica*), Kollektor (*m.*). **6 ~** (bariletto, del gas di un forno da coke) (*ind. chim.*), Vorlage (*f.*). **7 ~ a lamelle** (*elett.*), Lamellenkollektor (*m.*). **8 ~ (dei gas) di scarico** (di motore a c. i.) (*mot.*), Abgassammler (*m.*), Auspuffkrümmer (*m.*). **9 ~ del fango** (*cald.*), Schlammsammler (*m.*). **10 ~ del vento** (*ventilazione - min.*), Wetterhut (*m.*). **11 ~ del vento** (per ripartire il vento agli ugelli d'un cubilotto) (*fond.*), Windmantel (*m.*). **12 ~ di ammissione** (collettore di aspirazione) (*mot.*), Ansaugkrümmer (*m.*). **13 ~ di aspirazione** (collettore di ammissione) (*mot.*), Ansaugkrümmer (*m.*). **14 ~ di condensa** (*macch. a vap.*), Kondensatsammler (*m.*). **15 ~ di fognatura** (grande canale) (*ing. civ. - ed.*), Hauptkanal (*m.*), Sammler (*m.*). **16 ~ di polvere** (captatore di polvere; per la depurazione grossolana del gas d'altoforno) (*metall.*), Staubsack (*m.*). **17 ~ di sabbia** (dissabbiatore, fermasabbia, separatore di sabbia) (*costr. idr.*), Sandfang (*m.*). **18 ~ di scarico** (*mot.*), Auspuffkrümmer (*m.*). **19 ~ di scarico** (di un motore a stella) (*aer. - mot.*), Auspuffring (*m.*). **20 ~ di vapore** (*tubaz. - cald.*), Dampfsammler (*m.*). **21 ~ generale** (emissario, di fognatura)(*ed.*), Hauptsammler (*m.*). **22 agente ~** (sostanza per flottazione) (*min.*), Sammler (*m.*). **23 agente ~ -schiumatore** (sostanza per flottazione) (*min.*), Sammler-Schäumer (*m.*). **24 anodo ~** (*elettrochim.*), Auffanganode (*f.*). **25 elettrodo ~** (di un iconoscopio p. es.) (*telev. - radio*), Sammelelektrode (*f.*), Kollektor (*m.*). **26 lamella del ~** (*elett.*), Kollektorlamelle (*f.*). **27 motore a ~** (*macch. elett.*), Kollektormotor (*m.*). **28 tubo ~** (*ed.*), Sammelröhre (*f.*).

collettrice (*a. - gen.*), Sammel... **2 sbarra ~** (sbarra omnibus) (*elett.*), Sammelschiene (*f.*). **3 sbarra ~ di emergenza** (*elett.*), Reservesammelschiene (*f.*).

collezione (raccolta) (*gen.*), Sammlung (*f.*).

collidere (scontrarsi) (*aut. - ferr. - ecc.*), zusammenfahren, zusammenprallen, aneinanderstossen, zusammenstossen. **2 ~** (*veic. - nav.*), kollidieren.

collimatore (stella artificiale, per generare dei raggi paralleli) (*app. ott.*), Kollimator (*m.*). **2 ~** (strumento a cannocchiale) (*app. ott.*), Führungsrohr (*n.*), Leitrohr (*n.*). **3 ~** (parte d'uno spettrografo) (*ott.*), Kollimator (*m.*), Spaltrohr (*n.*). **4 ~ di allineamento** (cannocchiale di allineamento) (*ott.*), Fluchtfernrohr (*n.*).

collimazione (*ott. - ecc.*), Kollimation (*f.*).

collina (*geogr.*), Hügel (*m.*).

collineare (*a. - geom.*), kolinear.

collisione (*gen.*), Aufprall (*m.*), Aufprallen (*n.*), Zusammenstoss (*m.*). **2 ~** (*nav.*), Kollision (*f.*). **3 ~ di secondo ordine** (urto di secondo ordine, di un atomo con una particella lenta) (*fis. atom.*), Stoss zweiter Art. **4 ~ elastica** (urto elastico) (*fis. atom.*), elastische Kollision, elastischer Stoss. **5 ~ frontale** (urto frontale) (*aut. - ecc.*), Frontalaufprall (*m.*), Frontalzusammenstoss (*m.*), frontaler Zusammenstoss. **6 densità di ~** (di neutroni) (*fis. atom.*), Stossdichte (*f.*). **7 integrale di ~** (*elettronica*), Stossintegral (*n.*). **8 numero di collisioni** (di un ione) (*fis. atom.*), Stosszahl (*f.*). **9 paratia di ~** (*nav.*), Kollisionsschott (*n.*). **10 probabilità di ~** (*fis. atom.*), Treffwahrscheinlichkeit (*f.*).

collo (*gen.*), Hals (*m.*). **2 ~** (*trasp.*), Kollo (*n.*), Frachtstück (*n.*), Einzelgut (*n.*). **3 ~** (nel comando dei cilindri di laminatoio) (*lamin.*), Laufzapfen (*m.*). **4 colli** (*trasp.*), Kolli (*n. pl.*). **5 ~ di bottiglia** (strozzatura, nella produzione p. es.) (*ind. - organ. lav.*), Engpass (*m.*), Flaschenhals (*m.*). **6 ~ d'oca** (albero a gomiti) (*mot.*), Kurbelwelle (*f.*). **7 ~ d'oca** (manovella) (*mecc.*), Kurbel (*f.*). **8 a ~** (*nav.*), back (*avv.*).

collocamento (*gen.*), Legen (*n.*). **2 ufficio di ~** (*lav.*), Stellennachweis (*m.*), Arbeitsamt (*n.*).

collocare (investire, del danaro) (*comm.*), einlegen. **2 ~** (un'istruzione p. es.) (*elab. dati - calc.*), einpflanzen.

collodio (soluzione di cotone collodio) (*chim.*), Kollodium (*n.*).

colloidale (*chim.*), kolloidal. **2 a dispersione ~** (*chim.*), kolloid dispers.

colloide (*chim.*), Kolloid (*n.*). **2 ~ micellare** (*chim.*), Mizellekolloid (*n.*). **3 ~ molecolare** (*chim.*), Molekülkolloid (*n.*). **4 ~ protettore** (*chim.*), Schutzkolloid (*n.*).

colloquio (conversazione) (*comm. - ecc.*), Besprechung (*f.*).

colmare (riempire) (*mov. terra*), verfüllen, einfüllen.

colmata (allagamento artificiale e sedimentazione su superfici in depressione) (*costr. idr.*), Auflandung (*f.*), Kolmation (*f.*). **2 ~** (materiale di colmata, materiale di riempimento) (*mov. terra*), Verfüllboden (*m.*).

colmo (comignolo, linea formata dall'intersezione di due falde di un tetto) (*ed.*), First (*m.*), Dachfirst (*m.*).

colofonia (pece greca) (*chim.*), Kolophonium (*n.*). **2 ~** (per saldature) (*tecnol. mecc.*), Kolophonium (*n.*).

cologaritmo (*mat.*), negativer Logarithmus.

colombario (*ed.*), Kolumbarium (*n.*), Urnenhalle (*f.*).

colombiere (testa d'albero) (*nav.*), Topp (*m.*).

colonia (per bambini dei lavoratori p. es.) (*lav. - ecc.*), Ferienkolonie (*f.*). **2 ~ aziendale** (per i bambini dei dipendenti p. es.) (*lav. - ind.*), Betriebsferienlager (*n.*).

colonna (architettonica) (*arch.*), Säule (*f.*). **2 ~** (*ed.*), Säule (*f.*), Ständer (*m.*). **3 ~** (apparecchio per distillazione p. es.) (*app. chim.*), Kolonne (*f.*), Säule (*f.*), Turm (*m.*). **4 ~** (di un trapano p. es.) (*macch. ut.*), Säule (*f.*). **5 ~** (di un guidastampi) (*ut. lav. lamiera*), Säule (*f.*). **6 ~** (di raddrizzatori) (*elettronica*), Säule (*f.*). **7 ~** (spina, del supporto di stampi per fucinatura) (*ut. fucinatura*), Führungsbolzen (*m.*). **8 ~** (dell'unità di chiusura d'una macchina per iniezione di mat. plast.) (*macch.*), Holm (*m.*). **9 ~** (di comando) (*nav. - ecc.*), Säule (*f.*). **10 ~** (di una tabella) (*gen.*), Spalte (*f.*). **11 ~** (di giornale p. es.) (*tip. - giorn.*), Spalte (*f.*), Kolumne (*f.*). **12 ~** (bozza) (*tip.*), Fahne (*f.*). **13 ~** (*mat.*), Kolumne (*f.*), Spalte (*f.*). **14 ~** (colonnina, di termometro) (*strum.*), Faden (*m.*), Säule (*f.*). **15 ~** (da carico) (*nav.*), Ladepfosten (*m.*). **16 ~** (centrale, di una scala a chiocciola) (*ed.*), Spindel (*f.*). **17 ~** (*milit.*), Kolonne (*f.*), Säule (*f.*). **18 ~ a piatti** (*ind. chim.*), Bodenkolonne (*f.*), Stufenkolonne (*f.*), Plattenturm (*m.*). **19 ~ a riempimento** (*ind. chim.*), Füllkörpersäule (*f.*). **20 ~ corinzia** (*arch.*), korinthische Säule. **21 ~ d'acqua** (per mis. di pressioni) (*fis.*), Wassersäule (*f.*). **22 ~ del dare** (*contabilità*), Sollseite (*f.*). **23 ~ del termometro** (colonnina termometrica) (*strum.*), Thermometersäule (*f.*). **24 ~ di distillazione** (*app. chim.*), Destilliersäule (*f.*). **25 ~ di esaurimento** (*ind. chim.*), Abtriebsäule (*f.*). **26 ~ di frazionamento** (*ind. chim.*), Fraktionierturm (*m.*). **27 ~ di gorgogliamento** (*ind. chim.*), Blasensäule (*f.*). **28 ~ di guida** (colonna guidastampi) (*ut. tecnol. mecc.*), Führungssäule (*f.*). **29 ~ di liquido** (*idr.*), Flüssigkeitssäule (*f.*). **30 ~ di

colonnare

mercurio (di un manometro a mercurio) (*strum.*), Quecksilbersäule (*f.*). **31** ~ **di raddrizzatori** (*elett.*), Gleichrichtersäule (*f.*). **32** ~ **di rettificazione** (*app. ind. chim.*), Rektifiziersäule (*f.*), Trennsäule (*f.*). **33** ~ **di strippaggio** (colonna laterale, nella distillazione) (*ind. chim.*), Stripper (*m.*). **34** ~ **dorica** (*arch.*), dorische Säule. **35** ~ **idraulica** (gru idraulica per il rifornimento dell'acqua dei tender) (*ferr.*), Wasserkran (*m.*). **36** ~ **montante** (tubo montante, per gas, acqua, corrente elett.) (*tubaz. - ed.*), Steigleitung (*f.*), Steigrohr (*n.*). **37** ~ **per lampada** (sostegno per lampada) (*illum.*), Kandelaber (*m.*). **38** ~ **piena** (*arch. - ed.*), massive Säule, Vollsäule (*f.*). **39** ~ **scarico acque nere** (*ed.*), Bodenabfluss (*m.*). **40** ~ **sonora** (*elettroacus. - cinem.*), Tonspur (*f.*). **41** ~ **sonora a densità variabile** (*cinem.*), Dichteschrift (*f.*). **42 base di** ~ (*arch.*), Säulenfuss (*m.*). **43 divisione di** ~ (in una macchina a schede perforate) (*elab. dati*), Spaltenaufteilung (*f.*). **44 guida a colonne** (guidastampi a colonne) (*ut. lav. lamiera*), Säulenführung (*f.*). **45 su due colonne** (pagina, libro) (*tip.*), zweispaltig. **46 su quattro colonne** (*tip. - giorn.*), vierspaltig.
colonnare (struttura) (*metall.*), stengelig.
colonnato (*arch.*), Kolonnade (*f.*), Säulengang (*m.*).
colonnetta (perno ad estremità filettate, con gole) (*mecc.*), Schraubbolzen (*m.*), Schraubenbolzen (*m.*).
colonnina (colonna, di termometro) (*strum.*), Faden (*m.*), Säule (*f.*). **2** ~ **del distributore** (distributore, di benzina p. es.) (*aut.*), Tanksäule (*f.*), Zapfsäule (*f.*). **3** ~ **dell'aria compressa** (distributore di aria compressa) (*aut.*), Luftsäule (*f.*). **4** ~ **di comando** (torretta di comando) (*macch. - nav.*), Steuersäule (*f.*). **5** ~ **portastrumenti** (*strum.*), Anzeigerständer (*m.*). **6** ~ **termometrica** (colonna del termometro) (*strum.*), Thermometersäule (*f.*).
colonnino (montante divisorio, di una finestra) (*ed.*), Höhenstab (*m.*).
colorante (sostanza colorante, materia colorante) (*s. - ind. tess. e chim.*), Farbstoff (*m.*). **2** ~ **acido** (*chim. ind.*), Säurefarbstoff (*m.*). **3** ~ **acridinico** (*ind. chim.*), Akridinfarbstoff (*m.*). **4** ~ **al catrame** (*ind. chim.*), Teerfarbstoff (*m.*). **5** ~ **alla chinolina** (*chim.*), Chinolinfarbstoff (*m.*). **6** ~ **alla cianina** (*fot.*), Cyaninfarbstoff (*m.*). **7** ~ **all'indantrene** (*ind. chim.*), Indanthrenfarbstoff (*m.*). **8** ~ **allo zolfo** (*chim. ind.*), Schwefelfarbstoff (*m.*). **9** ~ **al tino** (*ind. tess.*), Küpenfarbstoff (*m.*). **10** ~ **a mordente** (*ind. tess. e chim.*), Beizfarbstoff (*m.*). **11** ~ **azoico** (*chim.*), Azofarbstoff (*m.*). **12** ~ **basico** (*ind. tess. e chim.*), basischer Farbstoff. **13** ~ **di alizarina** (*ind. chim.*), Alizarinfarbstoff (*m.*). **14** ~ **diamminico** (*chim.*), Diaminfarbstoff (*m.*). **15** ~ **di anilina** (*ind. chim.*), Anilinfarbe (*f.*), Anilinfarbstoff (*m.*). **16** ~ **diretto** (*ind. tess. e chim.*), Direktfarbstoff (*m.*). **17** ~ **fenolico** (colorante a mordente) (*ind. chim.*), Phenolfarbstoff (*m.*), Beizfarbstoff (*m.*). **18** ~ **organico** (*ind. chim.*), organischer Farbstoff. **19** ~ **vegetale** (*ind. chim.*), Pflanzenfarbstoff (*m.*).

colorato (*gen.*), bunt, farbig. **2** ~ **in pasta** (*mft. carta*), in der Masse gefärbt.
colorazione (*gen.*), Färbung (*f.*). **2** ~ **della fiamma** (*chim.*), Flammenfärbung (*f.*).
colore (*ott. - ecc.*), Farbe (*f.*). **2** ~ (propriamente detto, pigmento, tingente per sovrapposizione) (*ind. chim.*), Körperfarbe (*f.*). **3** ~ (colorante) (*ind. chim.*), Farbe (*f.*), farbiger Anstrichstoff. **4** ~ **a colla** (*vn.*), Leimfarbe (*f.*). **5** ~ **al bronzo** (inchiostro al bronzo) (*tip.*), Bronzefarbe (*f.*). **6** ~ **all'acquerello** (*ind. chim.*), Aquarellfarbe (*f.*). **7** ~ **a smalto** (*ind.*), Schmelzfarbe (*f.*), Emailfarbe (*f.*), Glasfluss (*m.*). **8** ~ **a tempera** (tempera, con legante acquoso o non) (*vn.*), Tempera (*f.*), Temperafarbe (*f.*). **9** ~ **bronzo** (*colore*), Bronzefarbe (*f.*), Bronze (*f.*). **10** ~ **complementare** (*ott.*), Komplementärfarbe (*f.*), Ergänzungsfarbe (*f.*). **11** ~ **delle luci** (per i segnalatori ottici di veicoli) (*veic. - traff.*), Lichtfarbe (*f.*). **12** ~ **di controllo** (della planarità p. es. di una superficie tecnica, rilevatore di impronte di contatto) (*mecc.*), Tuschierfarbe (*f.*). **13** ~ **di contrassegno** (colore di identificazione, di tubi p. es.) (*tecnol.*), Kennfarbe (*f.*). **14** ~ **di gradazione scura** (*colore*), dunkelgetönte Farbe. **15** ~ **di rinvenimento** (*tratt. term.*), Anlassfarbe (*f.*). **16 colori distintivi** (identificazione con colori) (*elett. - ecc.*), Farbkennzeichnung (*f.*). **17** ~ **(espresso) in iodio** (numero di iodio) (*chim. - vn.*), Jodfarbzahl (*f.*). **18** ~ **fluorescente** (*vn. - ecc.*), Leuchtfarbe (*f.*). **19 colori fondamentali** (*telev.*), Basisfarben (*f. pl.*). **20** ~ **grigio** (grigio) (*colore*), Grau (*n.*). **21** ~ **in polvere** (*vn.*), Staubfarbe (*f.*), Farbpulver (*n.*), Trokkenfarbe (*f.*). **22 colori metamerici** (*ott.*), metamere Farben. **23** ~ **naturale** (*colore*), Eigenfarbe (*f.*). **24 colori per bronzare** (*vn.*), Bronzefarben (*f. pl.*). **25** ~ **per tracciatura** (di pezzi) (*mecc.*), Anreissfarbe (*f.*). **26** ~ **propriamente detto** (pigmento, colore tingente per sovrapposizione) (*fis. - ott.*), Körperfarbe (*f.*). **27** ~ **puro** (*ott.*), Vollfarbe (*f.*). **28** ~ **rosso** (rosso) (*colore*), Rot (*n.*). **29** ~ **termometrico** (termocolore) (*fis.*), Thermofarbe (*f.*), Temperaturmessfarbe (*f.*). **30** ~ **verde** (verde) (*colore*), Grün (*n.*). **31 a due colori** (bicolore) (*gen.*), zweifarbig. **32 ad un solo** ~ (di un solo colore, monocolore) (*gen.*), einfarbig. **33 anomalia della visione dei colori** (*ott.*), Farbenfehlsichtigkeit (*f.*), Farbensinnstörung (*f.*). **34 azione psichica dei colori** (*ott. - ed.*), Farbgestaltung (*f.*). **35 commutatore di colori** (*telev.*), Farbschalter (*m.*). **36 controllare con** ~ (la planarità p. es. di una superficie tecnica, rilevare impronte di contatto con colore) (*mecc.*), tuschieren. **37 controllo con** ~ (coloritura, rilevamento impronte di contatto con colore, per il controllo p. es. della planarità di una superficie tecnica) (*mecc.*), Tuschieren (*n.*). **38 di** ~ **vivace** (*gen.*), farbenfroh. **39 di un solo** ~ (ad un solo colore, monocolore) (*gen.*), einfarbig. **40 equazione dei colori** (*ott.*), Farbgleichung (*f.*). **41 frequenza di commutazione dei colori** (*telev.*), Farbschaltfrequenz (*f.*). **42 immagine a colori** (*telev.*), Farbbild (*n.*), Buntbild (*n.*). **43 intensità del** ~ (*ott.*), Farb-

tiefe (f.). 44 linea dei colori spettrali (di un triangolo di riferimento XYZ) (ott.), Spektralfarbenzug (m.). 45 modulatore del ~ (telev.), Farbmodulator (m.). 46 perdere il ~ (vn.), ausgehen, abfärben. 47 punto di ~ (ott.), Farbpunkt (m.). 48 regolatore del ~ (telev.), Farbregler (m.), Buntregler (m.), Buntspannungsregler (m.). 49 ricchezza di colori (ott. - ecc.), Farbfreudigkeit (f.). 50 segnale di sincronizzazione del ~ (telev.), Farbsynchronsignal (n.). 51 sincronismo dei colori (telev.), Farbgleichlauf (m.). 52 sintesi additiva dei colori (ott.), additive Farbmischung. 53 stabilità del ~ (tess. - ecc.), Farbechtheit (f.). 54 stabilità del ~ (alle soluzioni di follatura) (tess.), Walkechtheit (f.). 55 triangolo di colori (ott.), Farbdreieck (n.). 56 visione dei colori (ott.), Farbensehen (n.).
colorificio (ind.), Farbenfabrik (f.).
colorimetria (fis. - ott.), Farbmessung (f.), Kolorimetrie (f.).
colorimetrico (ott.), Farb... 2 purezza colorimetrica (ott.), spektraler Leuchtdichteanteil.
colorimetro (app.), Farbenmesser (m.), Kolorimeter (n.). 2 ~ ad immersione (app.), Eintauchkolorimeter (n.).
colorire (gen.), färben.
coloritura (gen.), Färbung (f.), Färberei (f.). 2 ~ (applicazione di tinte sospese in olio od altri fluidi diversi dall'acqua) (mur. - ed.), Färbung (f.), Farbgebung (f.). 3 ~ (controllo con colore, procedimento del colore, per il controllo della planarità di una superficie tecnica p. es.) (mecc.), Tuschieren (n.). 4 ~ ad olio (mur. - ed.), Ölfärbung (f.). 5 ~ in pezza (tintura in pezza) (ind. tess.), Stückfärberei (f.).
colpire (gen.), schlagen. 2 ~ (il fulmine p. es.) (meteor.), einschlagen.
colpo (gen.), Schlag (m.). 2 ~ (di martello) (fucinatura - ecc.), Schlag (m.). 3 ~ (di tensione p. es.) (elett.), Stoss (m.). 4 ~ (battuta, d'inserzione) (macch. tess.), Schlag (m.), Schuss (m.). 5 ~ acustico (« clic », disturbo) (telef. - ecc.), Knacken (n.), Knack (m.), Knackgeräusch (n.), Knallgeräusch (n.). 6 ~ a vuoto (di un maglio, quando lo stampo superiore picchia direttamente sullo stampo inferiore) (fucinatura), Prellschlag (m.). 7 ~ d'acqua (macch. a vapore), Wasserschlag (m.). 8 ~ d'aria (aerodin. - ecc.), Luftstoss (m.). 9 ~ di ariete (onda d'urto in tubazioni chiuse) (idr.), Druckstoss (m.), Wasserschlag (m.). 10 ~ di bulino (bulinatura) (mecc.), Körnerschlag (m.). 11 ~ di calore (med.), Hitzschlag (m.). 12 ~ di corrente (sovracorrente) (elett.), Stromstoss (m.). 13 ~ di corrente (impulso di corrente) (elett.), Stoss-strom (m.). 14 ~ di freddo (vn.), Abschrecken (n.). 15 ~ di lima (mecc.), Feilstrich (m.). 16 ~ di maglio (fucinatura), Hammerschlag (m.). 17 ~ di martello (ut.), Hammerschlag (m.). 18 ~ di tensione (impulso di tensione) (elett.), Stossspannung (f.). 19 ~ di tensione (min.), Bergschlag (m.). 20 ~ di vento (raffica) (meteor.), Windstoss (m.). 21 ~ termico (variazione brusca di temperatura) (tecnol.), plötzliche Temperaturänderung.

coltelleria (ind.), Messerschmiedewaren (f. pl.), Schneidwaren (f. pl.).
coltello (att. per tagliare) (att.), Messer (n.). 2 ~ (per il supporto di pezzi da controllare) (mecc. - ut.), Messlineal (n.). 3 ~ (di una bilancia p. es.) (strum.), Schneide (f.). 4 ~ a disco (per dentare p. es.) (ut.), Scheibenschneidrad (n.), Scheibenstossrad (n.). 5 ~ a molla (coltello a serramanico) (ut.), Schnappmesser (n.), Einschlagmesser (n.). 6 ~ a petto (ut. falegn.), Schabhobel (m.), Ziehklinge (f.). 7 ~ a scatto (coltello a molla) (ut.), Einschlagmesser (n.), Schnappmesser (n.). 8 ~ a serramanico (coltello a molla) (ut.), Schnappmesser (n.), Einschlagmesser (n.). 9 ~ circolare (tipo Fellows, per dentare) (ut. mecc.), Schneidrad (n.). 10 ~ circolare (utensile circolare, per lavori di tornitura automatica) (ut. mecc.), Rundmesser (n.), Formscheibenstahl (m.). 11 ~ circolare per dentatura (a rotolamento) (ut. mecc.), Schälrad (n.). 12 ~ da giardinaggio (ut.), Hippe (f.), Gartenmesser (n.), Gartenhippe (f.). 13 ~ della bilancia (app.), Waageschneide (f.). 14 ~ dentatore circolare (tipo Fellows) (ut. mecc.), Schneidrad (n.). 15 ~ di sezionamento (elett.), Schaltmesser (n.). 16 ~ Fellows (coltello dentatore circolare) (ut.), Fellows-Rad (n.). 17 ~ per scarnare (ferro per scarnare) (ut. - ind. cuoio), Scherdegen (m.). 18 ~ riportato (lama riportata, su un utensile) (ut. mecc.), Einsatzstahl (m.), Messer (n.). 19 ~ rasatore (coltello sbarbatore, per ingranaggi) (ut. mecc.), Schabeisen (n.), Schaber (m.). 20 ~ sbarbatore (coltello rasatore, per ingranaggi) (ut. mecc.), Schabeisen (n.), Schaber (m.). 21 ~ stozzatore (per il taglio tangenziale di viti motrici) (ut. mecc.), Schälmesser (n.). 22 ~ tipo Fellows (coltello circolare per dentature) (ut.), Schneidrad (n.). 23 ~ tipo Fellows con cono Morse accorciato (ut.), Schneidrad mit verkürztem Morsekegel. 24 ~ tipo Fellows a codolo (ut.), Schaftschneidrad (n.). 25 ~ tipo Fellows a codolo cilindrico (ut.), Schneidrad mit Zylinderschaft. 26 dentatrice a ~ circolare (tipo Fellows, per ingranaggi) (macch. ut.), Wälzstossmaschine (f.). 27 dentatura a ~ circolare (tipo Fellows, di ingranaggi) (lav. macch. ut.), Wälzstossen (n.). 28 di ~ (mattoni p. es.) (gen.), hochkant. 29 indice a ~ (strum.), Messerzeiger (m.).
coltivabile (agric. - min.), bauwürdig, abbauwürdig. 2 non ~ (min. - agric.), unbauwürdig.
coltivare (agric.), bauen, bebauen. 2 ~ (min.), abbauen. 3 ~ a gradini (min.), abstrossen. 4 ~ a gradino diritto (min.), einen Strossenstoss abbauen. 5 ~ a gradino rovescio (min.), einen Firstenstoss abbauen.
coltivatore (macch. agric.), Kultivator (m.), Grubber (m.). 2 ~ (dei campi) (lav. agric.), Besteller (m.), Ackerbauer (m.). 3 ~ a dischi (macch. agric.), Scheibenkultivator (m.), Scheibenhackmaschine (f.).
coltivazione (agraria) (agric.), Bestellung (f.), Anbau (m.), Bebauung (f.). 2 ~ (mineraria) (min.), Abbau (m.). 3 ~ (di vegetali) (agric.),

coltre

Züchtung (f.). **4 ~ a blocchi** (metodo di scavo) (min.), Blockbau (m.). **5 ~ a camere** (min.), Kammerbau (m.). **6 ~ a camere e pilastri** (min.), Kammerpfeilerbau (m.), Firstenkammerbau (m.). **7 ~ a franamento** (min.), Bruchbau (m.). **8 ~ a giorno** (min.), Tagebau (m.). **9 ~ a gradini** (min.), Strossenbau (m.), Stufenbau (m.). **10 ~ a gradino diritto** (min.), Abbau mit Strossenstoss. **11 ~ a gradino rovescio** (min.), Abbau mit Firstenstoss. **12 ~ a lunga fronte a gradini rovesci** (min.), Schrägbau (m.). **13 ~ a lunga fronte avanzante in direzione** (min.), Strebbau (m.). **14 ~ a magazzino** (min.), Firstenbau (m.), Magazinbau (m.), Schrumpfbau (m.). **15 ~ a pilastri** (min.), Pfeilerabbau (m.). **16 ~ a pilastri abbandonati** (min.), Abbau mit Abständen, Abbau mit Bergfesten. **17 ~ a pilastri sistematici** (min.), Örterbau (m.). **18 ~ a rapina** (sistema di coltivazione vietato dai regolamenti minerari) (min.), Raubbau (m.). **19 ~ a ripiena** (min.), Abbau mit Bergeversatz, Firstenbau mit Versatz. **20 ~ a strozzo** (min.), Strossenbau (m.). **21 ~ a tagli inclinati** (min.), Firstenbau mit geneigter Firste. **22 ~ a trance** (min.), Scheibenbau (m.). **23 ~ con esplosivi** (lavoro di estrazione mediante esplosivi) (min.), Schiessarbeit (f.). **24 ~ con puntelli a T** (min.), T-Bau (m.), Einstempelbau (m.). **25 ~ con ripiena** (min.), Abbau mit Bergeversatz. **26 ~ del terreno** (agric.), Bodenbearbeitung (f.). **27 ~ in galleria** (coltivazione in sotterraneo) (min.), Untertagebau (m.). **28 ~ in sotterraneo** (min.), Untertagebau (m.). **29 ~ meccanica** (min.), maschineller Abbau. **30 ~ per franamento a blocchi** (min.), Blockbruchbau (m.), Pfeilerbruchverfahren (n.). **31 fronte di ~** (min.), Abbaustoss (m.).
coltre (strato) (gen.), Schicht (f.). **2 ~ bianca** (strato bianco; nella nitrurazione, sottile strato superficiale di nitruri e carbonitruri) (tratt. term.), Verbindungsschicht (f.).
coltro (dell'aratro) (macch. agric.), Sech (n.), Kolter (n.).
coltura (agric.), Wirtschaft (f.). **2 ~ intensiva** (agric.), intensive Wirtschaft. **3 obbligo di masse di ~** (agric.), Flurzwang (m.). **4 rotazione delle colture** (agric.), Wechselwirtschaft (f.).
columbio (niobio) (Cb - chim.), Kolumbium (n.), Niobium (n.).
coma (difetto di asimmetria nelle lenti) (ott.), Koma (n.).
comandabile (mecc.), steuerbar. **2 ~ a distanza** (telecomandabile) (elettromecc.), fernsteuerbar.
comandante (nav.), Kapitän (m.), Schiffskapitän (m.). **2 ~ dei pompieri** (pompieri), Brandmeister (m.). **3 ~ dell'aeroporto** (aer.), Flughafendirektor (m.).
comandare (manovrare, una macch.) (mecc. - ecc.), steuern, schalten. **2 ~** (azionare) (mecc.), antreiben. **3 ~** (mediante impulso, un tiristore p. es.) (elettronica), ansteuern.
comandatario (comm. ecc.), Beauftragter (m.).
comandato (mecc. - ecc.), gesteuert. **2 ~** (azionato) (mecc.), angetrieben. **3 ~ ad inerzia** (mecc.), beharrungsgesteuert. **4 a distanza** (telecomandato) (elettromecc.), fernbetätigt, ferngesteuert. **5 ~ a mano** (mecc. - ecc.), handgesteuert, handbetätigt. **6 ~ a mano** (azionato a mano) (mecc. - ecc.), von Hand angetrieben. **7 ~ a programma** (macch. ut.), programmgesteuert. **8 ~ automaticamente** (mecc. - ecc.), automatisch gesteuert. **9 ~ da calcolatore** (macch. ut. - ecc.), rechnergesteuert. **10 ~ da impulsi di corrente** (elett.), stromstossgesteuert. **11 ~ dal basso** (mecc.), untengesteuert. **12 ~ da nastro** (elab. dati - ecc.), bandgesteuert. **13 ~ da nastro magnetico** (macch. ut.), magnetbandgesteuert. **14 ~ da nastro perforato** (masch.), lochstreifengesteuert. **15 ~ da passaggio (di corrente)** (trasduttore p. es.) (elett.), durchflutungsgesteuert. **16 ~ da portante** (da frequenza portante) (radio - ecc.), trägergesteuert. **17 ~ da temporizzatore** (elab. dati - ecc.), taktgesteuert.
comando (mecc. - ecc.), Steuerung (f.). **2 ~** (manovra di un cambio di velocità p. es.) (mecc. - ecc.), Schaltung (f.). **3 ~** (azionamento, di un accessorio p. es.) (mecc. - mot.), Antrieb (m.). **4 ~** (azionamento, dei freni p. es.) (mecc. - ecc.), Betätigung (f.). **5 ~** (pilotaggio, di un tubo elettronico) (elettronica), Aussteuerung (f.). **6 ~** (dei segnali p. es.) (ferr. - ecc.), Bedienung (f.). **7 ~** (meccanismo di comando) (mecc.), Steuerapparat (m.). **8 ~** (ordine) (gen.), Befehl (m.). **9 ~** (lav. macch. ut. - c/n - ecc.), vedi anche sotto controllo. **10 ~ a cadenza** (comando ad impulsi costanti) (elett. - ecc.), Taktung (f.). **11 ~ a cavo flessibile** (di motociclette p. es., per freno o manopola del gas ecc.) (mecc.), Seilzug (m.). **12 ~ a « cloche »** (del cambio di velocità) (aut.), Knüppelschaltung (f.). **13 ~ a « cloche »** (comando a barra, dell'equilibratore e degli alettoni) (aer.), Stangensteuerung (f.), Knüppelsteuerung (f.). **14 ~ a combinatore** (veic. elett.), Fahrschaltersteuerung (f.). **15 ~ a coppia vite-ruota** (comando a ruota elicoidale e vite senza fine) (mecc.), Schneckenantrieb (m.). **16 ~ ad anello aperto** (comando senza retroazione, servosistema aperto) (macch. ut. c/n - ecc.), Steuerkette (f.). **17 ~ ad anello chiuso** (comando con retroazione del valore effettivo) (macch. ut. c/n), Regelkreis (m.). **18 ~ adattativo** (comando autoregolante, controllo adattativo, controllo autoregolante) (macch. ut. a c/n), adaptive Steuerung. **19 ~ ad azione positiva** (comando meccanico) (mecc.), zwangsläufiger Antrieb. **20 ~ ad impulsi** (elett.), Tippbetrieb (m.), Tastbetrieb (m.), Pulssteuerung (f.). **21 ~ ad impulsi** (elettronica), Stoss-steuerung (f.), Pulssteuerung (f.). **22 ~ ad intermittenza** (meccanismo, nei distributori automatici) (app.), Stepper (m.), Schrittschaltwerk (n.). **23 ~ a distanza** (telecomando) (elettromecc.), Fernsteuerung (f.), Fernbetätigung (f.). **24 ~ a distanza** (azionamento a distanza) (mecc.), Fernantrieb (m.). **25 ~ a fune** (mecc.), Seilsteuerung (f.). **26 ~ a getto** (nei torni con dispositivo riproduttore a comando idraulico) (lav. macch. ut.), Strahlsteuerung (f.). **27 ~ a leva** (macch.), Hebelsteuerung (f.), Hebelschaltung (f.). **28 ~ a logica combinatoria e sequenziale** (calc.),

Verknüpfungs- und Ablaufsteuerung. **29 ~ a mandrino articolato** (*macch. ut.*), Gelenkspindelantrieb (*m.*). **30 ~ a mano** (*mecc.*), Handsteuerung (*f.*), Handbetätigung (*f.*). **31 ~ a mano** (azionamento a mano o manuale) (*mecc.*), Handantrieb (*m.*). **32 ~ a mano del gas** (acceleratore a mano) (*aut.*), Handgaszug (*m.*). **33 ~ a motore** (azionamento a motore) (*mot.*), Motorantrieb (*m.*). **34 ~ a preselezione** (*macch. - ecc.*), Vorwählsteuerung (*f.*). **35 ~ a programma** (*macch. ut. - ecc.*), Programmsteuerung (*f.*). **36 ~ a relè** (*elettromecc.*), Relaissteuerung (*f.*). **37 ~ a ritardo di fase** (*elettronica*), Phasenanschnittsteuerung (*f.*). **38 ~ a ruota elicoidale e vite senza fine** (comando a coppia vite-ruota) (*mecc.*), Schneckenantrieb (*m.*). **39 ~ a sequenza di fasi** (*elett.*), Phasenfolgesteuerung (*f.*). **40 ~ a tasti** (*elettromecc.*), Tastensteuerung (*f.*). **41 ~ ausiliari** (di un motore d'aviazione p. es.) (*mot. - ecc.*), Hilfsgeräteantrieb (*m.*). **42 ~ automatico** (*mecc. - ecc.*), selbsttätige Steuerung, automatische Steuerung, Automatik (*f.*). **43 ~ automodulante** (comando adattativo, comando autoregolante) (*macch. ut. a c/n*), adaptive Steuerung. **44 ~ autoregolante** (comando adattativo, controllo autoregolante, controllo adattativo) (*macch. ut. a c/n*), adaptive Steuerung. **45 ~ (avanzamento) lento** (*elett. - ecc.*), Schleichgangschaltung (*f.*). **46 ~ avanzamento rapido** (*macch. ut.*), Sprungschaltung (*f.*). **47 ~ avanzamento rapido della tavola** (di una fresatrice p. es., per la traslazione rapida automatica fino a poco prima del punto di inizio lavoro) (*lav. macch. ut.*), Sprungtischschaltung. (*f.*). **48 ~ a vite senza fine** (*mecc.*), Schneckenantrieb (*m.*). **49 ~ a volante** (*aer.*), Radsteuerung (*f.*). **50 ~ centralizzato** (*macch.*) Zentralsteuerung (*f.*). **51 ~ centralizzato** (di macchine edili, manovra da un solo posto) (*macch. - ed.*), Einmann-Bedienung (*f.*). **52 ~ con (cavo) Bowden** (*mecc.*), Bowdenantrieb (*m.*). **53 ~ con cavo flessibile** (comando con cavo Bowden) (*mecc.*), Seilzug (*m.*), Bowdenantrieb (*m.*). **54 ~ con retroazione** (*macch. - ecc.*), *vedi* comando ad anello chiuso. **55 ~ continuo** (comando numerico di contornatura) (*lav. macch. ut. a c/n*), Bahnsteuerung (*f.*), Kontursteuerung (*f.*). **56 ~ contornatura circolare** (*macch. ut. c/n*), Kreisbahnsteuerung (*f.*). **57 ~ dall'alto** (azionamento dall'alto) (*mecc.*), Oberantrieb (*m.*). **58 ~ da sottopavimento** (azionamento da sottopavimento, di una pressa p. es.) (*mecc.*), Unterflurantrieb (*m.*). **59 ~ del gas a manopola** (manopola comando gas) (*motocicletta*), Drehgasgriff (*m.*), Vergaserdrehgriff (*m.*), Gasgriff (*m.*). **60 ~ della battuta** (*macch. tess.*), Schlagfallensteuerung (*f.*), Schlagauslösung (*f.*). **61 ~ della distribuzione** (distribuzione) (*mot.*), Steuerung (*f.*). **62 ~ della distribuzione a cassetto** (distribuzione di tipo a cassetto) (*mot. - macch.*), Schiebersteuerung (*f.*). **63 ~ della distribuzione ad albero a camme** (distribuzione ad albero a camme) (*mot. - aut.*), Nockenwellensteuerung (*f.*). **64 ~ della sincronizzazione** (regolatore di sincronizzazione) (*telev.*), Kippfrequenzregelung (*f.*). **65 ~ desmodromico** (comando meccanico, comando ad azione positiva) (*mecc.*), zwangsläufiger Antrieb. **66 ~ di avviamento** (*elett. - veic.*), Anfahrsteuerung (*f.*). **67 ~ d'inversione** (del moto della tavola p. es.) (*macch. ut. - ecc.*), Umsteuerung (*f.*). **68 ~ diretto** (azionamento diretto) (*mecc.*), direkter Antrieb. **69 comandi di volo** (*aer.*), Steuerwerk (*n.*). **70 ~ diretto da calcolatore** (comando numerico diretto, di macchine utensili) (*macch. ut. c/n*), Rechnerdirektsteuerung (*f.*). **71 ~ elettromagnetico** (azionamento elettromagnetico) (*elett.*), Magnetantrieb (*m.*). **72 ~ elettronico** (*elettronica*), Elektronensteuerung (*f.*). **73 ~ fluidico** (*fluidica*), Fluidiksteuerung (*f.*). **74 ~ gruppi** (di marce, di un cambio di autocarro p. es. ad 8 marce di cui 4 lente e 4 veloci) (*aut.*), Gruppenschaltung (*f.*). **75 ~ idraulico** (comando con olio in pressione) (*mecc.*), Druckölsteuerung (*f.*). **76 ~ idraulico** (azionamento idraulico) (*macch.*), hydraulischer Antrieb. **77 ~ indipendente** (comando singolo) (*macch. ut. - ecc.*), Einzelantrieb (*m.*). **78 ~ intermittenza** (d'un moto) (*macch.*), Schrittschaltung (*f.*). **79 ~ meccanico** (azionamento meccanico) (*mecc.*), Maschinenantrieb (*m.*). **80 ~ meccanico** (azionamento positivo, comando desmodromico) (*mecc.*), mechanischer Antrieb, zwangsläufiger Antrieb. **81 ~ mediante ignitore** (negli ignitroni) (*elettronica*), Zündstiftsteuerung (*f.*). **82 ~ monopuleggia** (*mecc.*), Einzelscheibenantrieb, Einscheibenantrieb (*m.*). **83 ~ numerico** (mediante schede perforate p. es.) (*lav. macch. ut. - ecc.*), numerische Steuerung, digitale Zählsteuerung, «Numerik» (*f.*). **84 ~ numerico ad anello aperto** (comando numerico senza retroazione) (*lav. macch. ut.*), NC-Steuerkette (*f.*), NC-Steuerung ohne Rückführung. **85 ~ numerico ad anello chiuso** (comando numerico con retroazione) (*lav. macch. ut.*), NC-Regelkreis (*m.*), NC-Steuerung mit Rückführung. **86 ~ numerico assoluto** (*lav. macch. ut.*), NC-Steuerung für Absolutbetrieb. **87 ~ (numerico) continuo** (comando di contornatura) (*lav. macch. ut.*), Bahnsteuerung (*f.*), Kontursteuerung (*f.*). **88 ~ (numerico) di contornatura** (comando continuo) (*lav. macch. ut.*), Bahnsteuerung (*f.*), Kontursteuerung (*f.*). **89 ~ numerico diretto** (comando diretto da calcolatore, di macchine utensili) (*lav. macch. ut.*), Rechnerdirektsteuerung (*f.*), direkte numerische Steuerung. **90 ~ numerico incrementale** (*lav. macch. ut.*), NC-Steuerung für Inkrementalbetrieb. **91 ~ numerico (incrementale-digitale) a contatore** (*lav. macch. ut.*), Zählersteuerung (*f.*). **92 ~ numerico integrato** (*lav. macch. ut.*), integrierte numerische Steuerung. **93 ~ numerico parassiale** (per movimenti lungo rette parallele agli assi coordinati) (*lav. macch. ut.*), Streckensteuerung (*f.*). **94 ~ numerico punto a punto** (*lav. macch. ut.*), Punktsteuerung (*f.*), Einzelpunktsteuerung (*f.*). **95 ~ numerico punto a punto e parassiale** (*lav. macch. ut.*), Punkt -und Streckensteuerung (*f.*). **96 ~ numerico semiincrementale** (comando assoluto ciclico) (*lav. macch. ut.*), halbinkrementale NC-Steuerung, absolut zy-

comando

klische NC-Steuerung. **97** ~ **oscillante** (*mecc.*), Pendelantrieb (*m.*). **98** ~ **pneumatico** (azionamento pneumatico) (*mecc.*), Druckluftantrieb (*m.*). **99** ~ **protetto** (trasmissione protetta) (*mecc. - ecc.*), gekapselter Antrieb. **100** ~ **punto a punto** (nel comando numerico p. es., a punti singoli) (*lav. macch. ut. - ecc.*), Punktsteuerung (*f.*), Einzelpunktsteuerung (*f.*). **101** ~ **senza retroazione** (servosistema aperto) (*macch. ut. c/n - ecc.*), Steuerkette (*f.*). **102** ~ **sequenziale** (*macch. - ecc.*), Folgesteuerung (*f.*). **103** ~ **sequenziale a programma** (*tecnol. - ecc.*), Programm- und Folgesteuerung (*f.*). **104** ~ **sincronizzato** (di apparecchi da presa p. es.) (*elettromecc.*), Gleichlaufschaltung (*f.*). **105** ~ **singolo** (comando indipendente) (*macch. ut. - ecc.*), Einzelantrieb (*m.*). **106** ~ **sterzo** (sterzo, guida) (*aut.*), Lenkung (*f.*). **107** ~ **sterzo** (scatola con cuscinetto, madrevite e vite senza fine ecc.) (*aut.*), Lenkgetriebe (*n.*). **108** ~ **sterzo a coppia vite-ruota** (*aut.*), Schneckenlenkgetriebe (*n.*). **109** ~ **sterzo a cremagliera** (guida a cremagliera, sterzo a pignone e cremagliera) (*aut.*), Zahnstangenlenkung (*f.*). **110** ~ **sterzo a pignone e cremagliera** (sterzo a cremagliera, guida a cremagliera) (*aut.*), Zahnstangenlenkung (*f.*). **111** ~ **sterzo a vite e madrevite** (guida a vite e madrevite) (*aut.*), Schraubenlenkung (*f.*), Lenkung mit Schnecke und Mutter. **112** ~ **sterzo a vite e madrevite con circolazione di sfere** (*aut.*), Kugelumlauf-Lenkgetriebe (*n.*). **113** ~ **sterzo a vite e settore** (sterzo a vite e settore) (*aut.*), Segmentlenkung (*f.*), Lenkung mit Schnecke und Segment. **114** ~ **sterzo a vite globoidale e rullo** (*aut.*), Gemmerlenkung (*f.*), Lenkung mittels Schnecke und Zahnrolle. **115** ~ **sterzo a vite senza fine** (*aut.*), Schneckenlenkung (*f.*). **116 a** ~ **analogico** (*macch.*), analoggesteuert. **117 a** ~ **automatico** (*mecc. - ecc.*), automatisch gesteuert. **118 a** ~ **centralizzato** (*macch. - ecc.*), zentralgesteuert. **119 a** ~ **di posizione continuo** (a posizionamento continuo) (*macch. ut. c/n*), bahngesteuert. **120 a** ~ **meccanico** (*mecc.*), mechanisch gesteuert. **121 a** ~ **numerico** (*elettromecc.*), numerisch gesteuert. **122 a** ~ **numerico** (a controllo numerico) (*lav. macch. ut.*), numerisch gesteuert, NC. **123 a** ~ **pneumatico** (*mecc. - ecc.*), luftgesteuert. **124 apparecchio di** ~ (*app.*), Steuergerät (*n.*). **125 apparecchio di** ~ **ad impulsi** (*elett.*), Impulssteuergerät (*n.*). **126 banco di** ~ (banco di manovra) (*elett. - ecc.*), Pult (*n.*), Bedienungspult (*n.*). **127 bottone di** ~ (*macch. - ecc.*), Bedienungsknopf (*m.*). **128 caratteristica di** ~ (d'un tubo termoionico) (*elettronica*), Zündkennlinie (*f.*). **129 cavo per comandi** (*elett.*), Steuerkabel (*n.*). **130 circuito di** ~ (*elettronica - ecc.*), Steuerkreis (*m.*). **131 commutatore di conferma d'un** ~ (*elett.*), Steuerquittungsschalter (*m.*). **132 contatto di** ~ (d'un tiristore p. es.) (*elettronica*), Steuerkontakt (*m.*). **133 corrente di** ~ (*elettronica*), Steuerstrom (*m.*). **134 dispositivo di** ~ (*elett. - ecc.*), Bediengerät (*n.*), Bedienungsgerät (*n.*), Schaltgerät (*n.*), Steuergerät (*n.*). **135 dispositivo di** ~ (*elettronica*), Ansteuerungseinrichtung (*f.*). **136 doppio** ~ (*aer. - ecc.*), Doppelsteuerung (*f.*). **137 doppio** ~ (doppio azionamento) (*lamin.*), Zwillingsantrieb (*m.*), Twin-Drive (*m.*). **138 elettrodo di** ~ (d'un tiristore p. es.) (*elettronica*), Steuerelektrode (*f.*). **139 fattore di** ~ (d'un tubo termoionico) (*elettronica*), Steuerfaktor (*m.*), Steuerausbeute (*f.*). **140 filo per comandi** (*elett.*), Steuerleitung (*f.*). **141 forcella di** ~ (di una frizione p. es.) (*mecc. - aut.*), Schaltgabel (*f.*). **142 gruppo di** ~ (*app.*), Steursatz (*m.*). **143 impianto di** ~ **centralizzato** (per frequenze acustiche p. es.) (*elett. - radio - ecc.*), Rundsteuerungsanlage (*f.*), Zentralsteuerungsanlage (*f.*). **144 impulso di** ~ (*mecc. - ecc.*), Steuerbefehl (*m.*), Steuerpuls (*m.*). **145 impulso di** ~ (impulso di porta, di tiristori p. es.) (*elettronica*), Torimpuls (*m.*). **146 leva di** ~ (*mecc. - ecc.*), Betätigungshebel (*m.*), Steuerhebel (*m.*). **147 leva di** ~ (su telai) (*macch. tess.*), Schemel (*m.*). **148 leva di** ~ **centrale** (*macch.*), Zentralbedienungshebel (*m.*). **149 macchina a** ~ **numerico** (*macch. ut. - ecc.*), numerisch gesteuerte Maschine, NC-Maschine. **150 meccanismo di** ~ (comando) (*mecc.*), Steuerapparat (*m.*). **151 pannello di** ~ (pannello di manovra) (*elett. - ecc.*), Schaltfeld (*n.*). **152 parola di** ~ (parola di controllo) (*calc.*), Steuerwort (*n.*). **153 pulsante di** ~ (*elett.*), Bedienungsknopf (*m.*). **154 quadretto di** ~ (*elettromecc.*), Bedienungspult (*n.*). **155 quadro di** ~ (*elettromecc.*), Bedienungsschalttafel (*f.*). **156 quadro di** ~ **ad armadio** (*elett. - ecc.*), Steuerschrank (*m.*). **157 sala (dei) comandi** (*macch. - ecc.*), Bedienungsraum (*m.*). **158 segnale di** ~ (segnale pilota) (*elett.*), Steuerzeichen (*n.*). **159 stadio di** ~ (stadio pilota) (*elett.*), Steuerstufe (*f.*). **160 stazione di** ~ (stazione di manovra) (*elett. - ecc.*), Schaltstation (*f.*). **161 tamburo di** ~ (*macch. ut.*), Schalttrommel (*f.*), Steuertrommel (*f.*). **162 tasto di** ~ (*elettromecc.*), Bedienungstaste (*f.*). **163 tensione di** ~ (tensione pilota) (*elett.*), Steuerspannung (*f.*), Betätigungsspannung (*f.*). **164 tensione di** ~ (tensione di porta, d'un tiristore p. es.) (*elettronica*), Torspannung (*f.*). **165 terminale di** ~ (terminale di porta) (*elettronica*), Steueranschluss (*m.*), Toranschluss (*m.*). **166 tubo di** ~ (tubo pilota) (*elettronica*), Steuerröhre (*f.*). **167 unità di** ~ (d'un calcolatore, che regola la sequenza di esecuzione d'un programma) (*calc.*), Leitwerk (*n.*), Steuerwerk (*n.*). **168 valvola di comando** (per freni pneumatici p. es.) (*veic. - ecc.*), Steuerventil (*n.*).

combaciamento (*gen.*), Aufeinanderpassen (*n.*). **2 superficie di** ~ (degli stampi superiore ed inferiore) (*fucinatura*), Aufschlagfläche (*f.*).

combaciante (*gen.*), aufeinanderliegend, aufeinanderpassend.

combaciare (*gen.*), aufeinanderliegen. **2 far** ~ (*mecc.*), aufeinanderpassen. **3 far** ~ (mettere testa a testa, congiungere) (*gen.*), stossen.

combattimento (*milit.*), Kampf (*m.*). **2 spinta di** ~ (*mot. aer. - mil.*), Kampfschub (*m.*).

combinabile (*chim.*), verbindbar.

combinare (*gen.*), kombinieren. 2 ~ (*chim.*), verbinden.
combinata (gara di slalom + discesa) (*sport - sci*), Kombination (*f.*). 2 ~ **nordica** (*sport - sci*), nordische Kombination. 3 **fondo** ~ (*sport - sci*), Kombinationslanglauf (*m.*).
combinato (*gen.*), kombiniert. 2 ~ (*chim.*), gebunden. 3 ~ **chimicamente** (*chim.*), chemisch gebunden. 4 **non** ~ (libero, allo stato libero) (*chim. - metall.*), ungebunden, in freiem Zustand.
combinatore (disco combinatore) (*telef.*), Wählerscheibe (*f.*), Wählscheibe (*f.*). 2 ~ **a camme** (*ferr. elettr.*), Nockenfahrschalter (*m.*). 3 ~ **di marcia** («controller», contattore, di un veicolo elett.) (*app. elettr.*), Kontroller (*m.*), Fahrschalter (*m.*). 4 ~ **d'inversione** (invertitore di marcia, per ferrovie elett.) (*app.*), Fahrtwender (*m.*). 5 ~ **di presa sotto carico** (*veic. elett.*), Lastschalter (*m.*). 6 ~ **di sicurezza** (*ferr. elett.*), Sicherheits-Fahrschaltung (*f.*), Sifa (*f.*). 7 ~ **pilota** (*elett.*), Meisterschalter (*m.*). 8 ~ **sequenziale** (*telef.*), Folgeschalter (*m.*). 9 ~ **arresto del disco** ~ (*telef.*), Fingeranschlag (*m.*). 10 **camma del** ~ (*veic. elett.*), Steuerdaumen (*m.*). 11 **comando a** ~ (*ferr. elett.*), Fahrschaltung (*f.*), Fahrschaltersteuerung (*f.*). 12 **contatto di riposo di disco** ~ (*telef.*), Nummernschalter-Ruhekontakt (*m.*), nsr. 13 **disco** ~ (*telef.*), Wählerscheibe (*f.*), Wählscheibe (*f.*).
combinatorio (*mat. - ecc.*), kombinatorisch.
combinazione (*mat. - ecc.*), Kombination (*f.*). 2 ~ (tuta) (*ind. tess. - ecc.*), Anzug (*m.*). 3 ~ (*chim.*), Verbindung (*f.*), Verknüpfung (*f.*). 4 ~ (della produzione di corrente e calore p. es.) (*ind.*), Verknüpfung (*f.*). 5 ~ **anti-G** (tuta anti-G) (*aer.*), G-Anzug (*m.*). 6 ~ **chimica** (*chim.*), chemische Verbindung. 7 ~ **stagna** (tuta pressurizzata, tuta stagna) (*aer.*), Überdruckanzug (*m.*).
comburente (*s. - comb.*), Verbrennungsmittel (*n.*), Sauerstoffträger (*m.*).
combustibile (*s. - comb.*), Brennstoff (*m.*). 2 ~ (infiammabile) (*a. - gen.*), brennbar. 3 ~ (carburante, per l'azionamento di motori a combustione interna) (*comb. - mot.*), Kraftstoff (*m.*), Treibstoff (*m.*). 4 ~ (per motori Diesel e turbine a gas) (*mot.*), Kraftstoff (*n.*). 5 ~ **arricchito** (*comb. - fis. atom.*), veredelter Brennstoff. 6 ~ **atomico** (*fis. atom.*), Atombrennstoff (*m.*). 7 ~ **avio** (*aer.*), Flugkraftstoff (*m.*). 8 ~ **gassoso** (*comb.*), gasförmiger Brennstoff. 9 ~ **gassoso** (per motori a c. i.) (*comb.*), gasförmiger Treibstoff, gasförmiger Kraftstoff. 10 ~ **in polvere** (*comb.*), Brennstaub (*m.*). 11 ~ **liquido** (per caldaie p. es.) (*comb.*), Flüssigbrennstoff (*m.*), flüssiger Brennstoff. 12 ~ **liquido** (per motori a c. i.) (*comb.*), flüssiger Kraftstoff, flüssiger Treibstoff. 13 ~ **nucleare** (*fis. nucl.*), Kernbrennstoff (*m.*). 14 ~ **per autoreattori** (propellente per autoreattori) (*aer. - comb.*), Ram-Jet-Brennstoff (*m.*), RJ-Brennstoff (*m.*). 15 ~ **per motori a getto** (carburante per motori a getto) (*comb.*), Düsenkraftstoff (*m.*). 16 ~ **per motori Diesel** (carburante per motori Diesel, nafta leggera per motori Diesel, gasolio) (*comb. - mot.*), Dieselkraftstoff (*m.*), Gasöl (*n.*). 17 ~ **per razzi** (propellente per razzi) (*comb.*), Rocket-Propellant-Brennstoff, RP-Brennstoff (*m.*). 18 ~ **per turbine (a gas)** (*comb.*), Turbinentreibstoff (*m.*). 19 ~ **per turbogetti** (propellente per turbogetti) (*comb. - aer.*), Jet-Propellant-Brennstoff (*m.*), JP-Brennstoff (*m.*). 20 ~ **solido** (*comb.*), fester Brennstoff. 21 ~ **solido** (per razzi ecc.) (*comb. - mot.*), Festkraftstoff (*m.*). 22 **barra di** ~ (per reattori nucleari) (*fis. atom.*), Spaltstoffstab (*m.*). 23 **elemento a** ~ **liquido** (per generare energia elettrica) (*elett.*), Flüssigbrennstoff-Element (*n.*). 24 **elemento di** ~ (di reattore nucleare) (*comb.*), Brennstoffelement (*n.*). 25 **filtro del** ~ (*mot.*), Kraftstoffilter (*m.*). 26 **mancanza di** ~ (*mot.*), Kraftstoffmangel (*m.*). 27 **rubinetto arresto** ~ (*mot.*), Kraftstoffabsperrhahn (*m.*). 28 **scarico di emergenza del** ~ (*aer.*), Kraftstoffnotablass (*m.*). 29 **scarico rapido del** ~ (o del carburante) (*aer.*), Kraftstoffschnellentleerung (*f.*). 30 **serbatoio del** ~ (*mot.*), Kraftstoffbehälter (*m.*), Kraftstofftank (*m.*). 31 **serbatoio di riserva del** ~ (*mot.*), Reservekraftstoffbehälter (*m.*).
combustibilità (*comb.*), Verbrennbarkeit (*f.*).
combustione (*comb.*), Verbrennung (*f.*). 2 ~ **a gas** (*comb. - cald.*), Gasfeuerung (*f.*). 3 ~ **a nafta** (*comb. - cald.*), Ölfeuerung (*f.*). 4 ~ **a pressione costante** (nei motori Diesel) (*mot.*), Gleichdruckverbrennung (*f.*). 5 ~ **a volume costante** (nei motori Otto) (*mot.*), Gleichraumverbrennung (*f.*), Verpuffung (*f.*). 6 ~ **completa** (*comb.*), vollkommene Verbrennung. 7 ~ **con aria a velocità subsonica** (negli statoreattori) (*mot. a getto*), Unterschallverbrennung (*f.*). 8 ~ **delle immondizie** (incenerimento dei rifiuti) (*comb.*), Müllverbrennung (*f.*). 9 ~ **fredda** (negli elementi di combustibile, conversione diretta di energia chimica in elettrica) (*elett. - chim.*), kalte Verbrennung. 10 ~ **in difetto di ossigeno** (*comb.*), Schwelbrand (*m.*). 11 ~ **pulsante** (nel tubo di Schmidt p. es.) (*comb.*), schwingende Verbrennung. 12 ~ **ritardata** (di un mot. a comb. interna) (*mot.*), Nachbrennen (*n.*). 13 **alimentato da pile a** ~ (*elett.*), brennstoffzellengespeist. 14 **analizzatore dei prodotti della** ~ (analizzatore dei fumi) (*app.*), Rauchgasanalysator (*m.*). Rauchgasprüfer (*m.*). 15 **aria per la** ~ (*comb. - mot.*), Verbrennungsluft (*f.*). 16 **camera a** ~ (di un mot. a c. i.) (*mot.*), Verbrennungsraum (*m.*). 17 **camera di** ~ (di una caldaia) (*cald.*), Brennkammer (*f.*), 18 **camera di** ~ (di una turbina a gas) (*turb.*), Brennkammer (*f.*). 19 **camera di** ~ (combustore, di un mot. a getto) (*mot. a getto*), Brennkammer (*f.*). 20 **camera di** ~ **del razzo** (*mot.*), Raketenbrennkammer (*f.*), Raketenofen (*m.*). 21 **batteria a** ~ (batteria di pile a combustione) (*elett.*), Brennstoffzellenbatterie (*f.*). 22 **batteria di pile a** ~ (batteria a combustione) (*elett.*), Brennstoffzellenbatterie (*f.*). 23 **cella a** ~ (pila a combustione, per convertire energia chimica in energia elettrica) (*elett.*), Brennstoffzelle (*f.*). 24 **pila a** ~ (cella a combustione, per convertire energia chimica in energia elettrica) (*elett.*), Brennstoffzelle (*f.*). 25 **prodotti della**

combustore

~ (gas combusti, fumi) (*comb.*), Verbrennungsgase (*n. pl.*), Verbrennungsprodukte (*n. pl.*). **26 temperatura (teorica) di** ~ (*comb.*), Verbrennungstemperatur (*f.*). **27 velocità di** ~ (*comb.*), Verbrennungsgeschwindigkeit (*f.*).

combustore (camera di combustione) (*mot. a getto*), Brennkammer (*f.*).

Comecon (Consiglio di mutua assistenza economica) (*comm.*), RGW, Rat für gegenseitige Wirtschafthilfe.

come fornito (materiale) (*comm.*), wie angeliefert. **2 condizione** ~ (*comm. - tecnol.*), Anlieferungszustand (*m.*).

comento (di una barca, soluzione di continuità di due elementi di fasciame a paro) (*nav.*), Plankennaht (*f.*). **2 a comenti** (appaiati, a comenti a paro) (*costr. nav.*), kraweelgebaut.

come segue (*uff.*), folgenderweise.

cometa (*astr.*), Komet (*m.*), Haarstern (*m.*), Schweifstern (*m.*).

comignolo (colmo del tetto) (*ed.*), Dachfirst (*m.*), First (*m.*). **2** ~ (rocca del camino, di un edificio civile) (*ed.*), Schornsteinkopf (*m.*).

comitato (gruppo di persone incaricato di un certo compito) (*gen.*), Ausschuss (*m.*). **2** ~ **consultivo** (*ind. - ecc.*), beratender Ausschuss. **3** ~ **dei prezzi** (*comm.*), Preisausschuss (*m.*). **4** ~ **di borsa** (*finanz.*), Börsenvorstand (*m.*). **5** ~ **di direzione** (di una banca) (*finanz.*), Direktorium (*n.*). **6** ~ **di lavoro** (di un ente tecnico p. es.) (*tecnol. - norm.*), Arbeitsausschuss (*m.*). **7** ~ **di normalizzazione** (comitato di unificazione) (*tecnol.*), Fachnormenausschuss (*m.*). **8** ~ **di unificazione** (o di normalizzazione) (*tecnol.*), Fachnormenausschuss (*m.*). **9** ~ **esecutivo** (*gen.*), Vollzugsausschuss (*m.*). **10** ~ **ristretto** (*amm. - ecc.*), engerer Ausschuss.

commerciabile (*comm.*), verkaufsfähig, marktfähig. **2** ~ (corrente, di facile smercio) (*comm.*), gangbar, gängig.

commerciale (*comm.*), kommerziell. **2** ~ (esistente in commercio, reperibile in commercio) (*comm.*), handelsüblich. **3 diritto** ~ (*leg. - comm.*), Handelsrecht (*n.*). **4 trasmissione** ~ (*radio - telev.*), Werbesendung (*f.*).

commerciante (*comm.*), Kaufmann (*m.*), Händler (*m.*). **2** ~ **all'ingrosso** (grossista) (*comm.*), Grosshändler (*m.*), Grossist (*m.*). **3** ~ **al minuto** (dettagliante) (*comm.*), Detailhändler (*m.*), Einzelhändler (*m.*), Kleinhändler (*m.*).

commerciare (*comm.*), handeln, Handel treiben.

commercio (*comm.*), Handel (*m.*). **2** ~ (*comm.*) (*austr.*), Trafik (*f.*), Handel (*m.*). **3** ~ **al dettaglio** (commercio al minuto) (*comm.*), Detailhandel (*m.*), Kleinhandel (*m.*), Einzelhandel (*m.*). **4** ~ **all'ingrosso** (*comm.*), Grosshandel (*m.*). **5** ~ **al minuto** (commercio al dettaglio) (*comm.*), Einzelhandel (*m.*), Kleinhandel (*m.*), Detailhandel (*m.*). **6** ~ **ambulante** (*comm.*), Strassenhandel (*m.*), Wandergewerbe (*n.*). **7** ~ **attraverso più intermediari** (*comm.*), Kettenhandel (*m.*). **8** ~ **di esportazione** (*comm.*), Ausfuhrhandel (*m.*), Exporthandel (*m.*). **9** ~ **di importazione** (*comm.*), Einfuhrhandel (*m.*), Importhandel (*m.*). **10** ~ **di transito** (*comm.*), Durchfuhrhandel (*m.*), Transithandel (*m.*). **11** ~ **ed industria** (*comm. - ind.*), Handel (*m.*) und Gewerbe (*n.*). **12** ~ **estero** (*comm.*), Aussenhandel (*m.*), Auslandhandel (*m.*). **13** ~ **illegale** (*comm.*), Schiebung (*f.*). **14** ~ **illegale** («mercato nero») (*comm.*), Schleichhandel (*m.*), Schwarzhandel (*m.*). **15** ~ **in proprio** (*comm.*), Eigenhandel (*m.*). **16** ~ **interno** (commercio nazionale) (*comm.*), Binnenhandel (*m.*). **17** ~ **locale** (*comm.*), Platzverkehr (*m.*). **18** ~ **nazionale** (commercio interno) (*comm.*), Binnenhandel (*m.*). **19 esistente in** ~ (commerciale, reperibile in commercio) (*comm.*), handelsüblich. **20 fuori** ~ (*comm. - ecc.*), nicht im Handel befindlich, nicht im Handel erhältlich. **21 impiegato di** ~ (*pers.*), kaufmännischer Angestellter. **22 viaggiatore di** ~ (commesso viaggiatore) (*comm.*), Geschäftsreisender (*m.*), Handlungsreisender (*m.*), Handelsreisender (*m.*).

commessa (ordine) (*comm. - ind.*), Kommission (*f.*), Auftrag (*m.*). **2** ~ (*lav. - comm.*), Verkäuferin (*f.*). **3** ~ **di lavorazione** (*ind. - organ. lav.*), Fertigungsauftrag (*m.*). **4** ~ **di negozio** (*lav.*), Ladenangestellte (*f.*). **5 dimensione della** ~ (grandezza del lotto) (*ind.*), Auflage (*f.*), Losgrösse (*f.*).

commesso (*lav. - comm.*), Verkäufer (*m.*). **2** ~ **di negozio** (*lav.*), Ladenangestellter (*m.*). **3** ~ **viaggiatore** (viaggiatore di commercio) (*comm.*), Geschäftsreisender (*m.*), Handlungsreisender (*m.*), Handelsreisender (*m.*), Reiseagent (*m.*).

commessura (*tecnol.*), vedi committitura.

commestibile (prodotto alimentare) (*s. - ind.*), Lebensmittel (*n.*), Nahrungsmittel (*n.*).

commettere (unire) (*tecnol.*), fugen, verbinden. **2** ~ (riunire i legnuoli per ottenere corde) (*funi*), schlagen, seilen. **3** ~ **a dente** (immorsare) (*tecnol.*), verzahnen, verschränken. **4** ~ **a maschio e femmina** (commettere con linguette e scanalature) (*falegn.*), Spunden.

committitrice (macchina per committitura) (*macch. per funi*), Seilschlagmaschine (*f.*).

committitura (giunzione, giunto, unione) (*falegn.*), Holzverbindung (*f.*), Verband (*m.*). **2** ~ (riunione dei legnuoli per ottenere funi) (*funi*), Schlagen (*n.*), Seilen (*n.*). **3** ~ (legatura, disposizione, dei mattoni in un muro) (*mur.*), Verband (*m.*). **4** ~ **a maschio e femmina** (incastro a maschio e femmina, con linguetta e scanalatura) (*falegn.*), Spundung (*f.*). **5** ~ **di un muro** (giunto di un muro) (*mur.*), Mauerfuge (*f.*).

commissariato (*gen.*), Kommissariat (*n.*). **2** ~ **di pubblica sicurezza** (*leg.*), Polizeirevier (*n.*).

commissionario (*comm.*), Provisionsvertreter (*m.*), Kommissionär (*m.*), Verkaufskommissionär (*m.*).

commissione (gruppo di persone incaricato di un certo compito) (*gen.*), Ausschuss (*m.*), Kommission (*f.*) **2** ~ (forma di mandato senza rappresentanza) (*comm.*), Kommission (*f.*). **3** ~ **arbitrale** (collegio arbitrale) (*leg.*),

Schiedsausschuss (*m.*). **4 ~ d'esame** (*scuola*), Prüfungskommission (*f.*). **5 ~ di collaudo** (*comm. - ecc.*), Prüfungskommission (*f.*), Prüfungsausschuss (*m.*). **6 ~ di collaudo** (di accettazione) (*mecc. - ecc.*), Prüfungsausschuss (*m.*). **7 ~ d'inchiesta** (*leg. - ecc.*), Untersuchungskommission (*f.*). **8 ~ interna** (rappresentanza delle maestranze, nelle fabbriche p. es.) (*organ. lav.*), Betriebsgewerkschaftsleitung (*f.*), Betriebsrat (*m.*). **9 ~ Internazionale per l'Illuminazione** (*illum.*), Internationale Beleuchtungskommission, IBK. **10 ~ paritetica** (per dirimere le controversie sindacali) (*organ. lav.*), Schiedskommission (*f.*), Schlichtungsausschuss (*m.*), Schlichtungskommission (*f.*), Schlichtungsamt (*n.*). **11 ~ sportiva** (*sport*), Sportkommission (*f.*). **12 ~ tecnica** (*tecnol.*), Fachausschuss (*m.*).

committente (*comm.*), Kommittent (*m.*), Besteller (*m.*), Auftraggeber (*m.*). **2 ~ della costruzione** (ente appaltante di un fabbricato, di un'opera edilizia) (*ed.*), Bauherr (*m.*), Bauherrschaft (*f.*).

commozione cerebrale (*med.*), Gehirnerschütterung (*f.*).

commutabile (*elett. - ecc.*), umschaltbar. **2 a poli commutabili** (*elett.*), polumschaltbar.

commutare (*elett.*), umschalten. **2 ~ la luce abbagliante con quella anabbagliante** (*aut.*), die Scheinwerfer abblenden. **3 ~ la polarità** (*elett.*), umpolen.

commutativo (abeliano) (*mat.*), kommutativ, abelsch. **2 corpo non ~** (*mat.*), Schiefkörper (*m.*).

commutatore (per il cambio di collegamenti con operazione manuale od automatica) (*app. elett.*), Umschalter (*m.*). **2 ~** (collettore, di una macchina elettrica) (*macch. elett.*), Kollektor (*m.*), Kommutator (*m.*). **3 ~ a combinazione segreta** (*app. elett.*), Geheimschalter (*m.*). **4 ~ ad impulsi** (*app. elett.*), Impulsschalter (*m.*). **5 ~ a due posizioni** (*elett.*), Zweistellenschalter (*m.*). **6 ~ a gancio** (gancio commutatore, d'un appar. telefonico) (*telef.*), Hakenumschalter (*m.*). **7 ~ a gradini** (commutatore multiplo) (*app. elett.*), Stufenschalter (*m.*). **8 ~ a gruppi** (*app. elett.*), Gruppenschalter (*m.*). **9 ~ a leva** (*elett.*)i Hebelumschalter (*m.*). **10 ~ a mano per luc, anabbaglianti** (*aut.*), Handabblendschalter (*m.*). **11 ~ a pacco** (*elett.*), Paccoschalter (*m.*), Paketschalter (*m.*). **12 ~ a passo** (app. elettronico per collegare ad intermittenza un canale d'ingresso ad un numero prestabilito di canali d'uscita) (*app.*), Schrittschaltwerk (*n.*). **13 ~ a pedale** (*elett.*), Trittumschalter (*m.*). **14 ~ a pedale per luci anabbaglianti** (*aut.*), Fussabblendschalter (*m.*). **15 ~ a programma** (*elett.*), Programmschalter (*m.*). **16 ~ a scatti** (*app. elett.*), Stufenschalter (*m.*), Rastenschalter (*m.*). **17 ~ a scatto** (commutatore rapido) (*elett.*), Schnellumschalter (*m.*). **18 ~ a spine** (*app. elett.*), Stöpselumschalter (*m.*). **19 ~ a tamburo** (*app. elett.*), Walzenschalter (*m.*). **20 ~ a tre posizioni** (*app. elett.*), Dreiwegschalter (*m.*). **21 ~ decadale** (con 10 stati definiti) (*elab. dati - lav. macch. ut. a c.n.*), Dekadenschalter (*m.*). **22 ~ del campo (di misura)** (selettore del campo di misura) (*strum. - app.*), Bereichsschalter (*m.*), Bereichswähler (*m.*). **23 ~ deviatore a due vie** (*app. elett.*), Wechselschalter (*m.*). **24 ~ di antenna** (*radio*), Antennenumschalter (*m.*). **25 ~ di banda** (della frequenza) (*radio - telev.*), Bereichsumschalter (*m.*). **26 ~ di canale** (*telev.*), Kanalwähler (*m.*), Kanalschalter (*m.*). **27 ~ di colori** (*telev.*), Farbschalter (*m.*). **28 ~ di conferma** (rotativo, per indicare la posizione d'interruttori, ecc.) (*app. elett.*), Quittungsschalter (*m.*). **29 ~ di conferma d'un comando** (*app. elett.*), Steuerquittungsschalter (*m.*). **30 ~ d'inversione** (per cambiare il senso di rotazione di motori elettrici) (*app. elett.*), Wendeschalter (*m.*). **31 ~ di polarità** (*elett.*), Polumschalter (*m.*). **32 ~ d'onda** (*radio*), Wellenumschalter (*m.*). **33 ~ elettronico** (tubo di commutazione) (*elettronica*), Schaltröhre (*f.*). **34 ~ elettronico** (porta, d'un tiristor p. es.) (*elettronica*), Tor (*m.*). **35 ~ intermedio** (invertitore) (*app. elett.*), Kreuzschalter (*m.*). **36 ~ inversore di corrente** (*app. elett.*), Stromwender (*m.*). **37 ~ -invertitore** (*app. elett.*), Umkehrschalter (*m.*). **38 ~ invertitore di marcia** (per motori trifase p. es.) (*app. elett.*), Drehrichtungsumkehrschalter (*m.*), Wendeschalter (*m.*). **39 ~ multiplo** (commutatore a gradini) (*app. elett.*), Stufenschalter (*m.*). **40 ~ onde corte-lunghe** (*radio*), Kurz-Lang-Wellenschalter (*m.*), Kurz-Lang-Schalter (*m.*). **41 ~ per linee mutliple** (*telef.*), Gemeinschaftsumschalter (*m.*). **42 ~ per luce anabbagliante** (*aut.*), Abblendschalter (*m.*). **43 ~ rapido** (commutatore a scatto) (*elett.*), Schnellumschalter (*m.*). **44 ~ rotante** (collettore) (*macch. elett.*), Kommutator (*m.*), Kollektor (*m.*). **45 ~ rotante** (interruttore rotante) (*elett.*), Drehschalter (*m.*). **46 ~ rotativo a scatti** (*elett.*), Stufendrehschalter (*m.*). **47 ~ satellite** (*telef.*), Wählsternschalter (*m.*). **48 ~ sequenziale** (*app. elett.*), Folgeschalter (*m.*). **49 ~ serie-parallelo** (*app. elett.*), Reihen-Parallelschalter (*m.*). **50 ~ stella-triangolo** (*elett.*), Dreieckssternschalter (*m.*). **51 ~ tripolare** (*app. elett.*), Dreipolumschalter (*m.*). **52 ~ unipolare a più posizioni** (*app. elett.*), Serienschalter (*m.*). **53 ~ velocità tergicristallo** (*aut.*), Scheibenwisch-Intervallschalter (*m.*). **54 alberino ~** (di un selettore) (*telef.*), Schaltwelle (*f.*). **55 relè ~** (relè elettromagnetico non polarizzato) (*app. elett.*), Wechselrelais (*n.*).

commutatrice (convertitore rotante) (*macch. elett.*), rotierender Umformer.

commutazione (*elett.*), Umschaltung (*f.*). **2 ~** (*macch. elett.*), Kommutation (*f.*). **3 ~** (per stabilire collegamenti tra gli abbonati) (*telef.*), Vermittlung (*f.*). **4 ~ (d'un raddrizzatore)** (*elettronica*), Kommutierung (*f.*). **5 ~** (nei relè) (*elett.*), Umschalten (*n.*), Umschlagen (*n.*). **6 ~** (dei proiettori p. es.) (*elett. - aut.*), Umschalten (*n.*). **7 ~ ad impulsi** (*elett.*), Impulsschaltung (*f.*). **8 ~ automatica** (*telef.*), Wählvermittlung (*f.*). **9 ~ dei poli** (*elett.*), Polumschaltung (*f.*). **10 ~ delle luci abbaglianti** (*aut.*), Abblendung (*f.*). **11 ~ di corrente** (*elett.*), Stromumschaltung (*f.*). **12 ~ forzata** (*elett.*), Zwangskommutierung (*f.*). **13**

comodità

~ **manuale** (*telef.*), Handvermittlung (*f.*). **14** ~ **per assenza di luce** (d'un relè, p. es. quando viene intercettato il fascio di luce che colpisce la fotocellula) (*elett. - ott.*), Dunkelschaltung (*f.*). **15** ~ **telefonica** (*telef.*), Fernsprech-Vermittlung (*f.*). **16 algebra di** ~ (algebra di Boole applicata alla tecnica dei circuiti) (*mat. - calc.*), Schaltalgebra (*f.*). **17 angolo di** ~ (*elett.*), Überlappungswinkel (*m.*), Überlappung (*f.*). **18 avvolgimento di** ~ (*macch. elett.*), Wendefeldwicklung (*f.*). **19 barra di** ~ (*elett.*), Schaltstange (*f.*). **20 bobina di** ~ (nei raddrizzatori) (*elett.*), Schaltdrossel (*f.*). **21 cassetta di** ~ (*elett. - ecc.*), Umschaltkasten (*m.*). **22 circuito di** ~ (circuito logico; per la correlazione logica, con proprietà di memorizzazione ed amplificazione) (*mat. - elettronica*), Schaltkreis (*m.*). **23 contatto di** ~ (bidirezionale) (*elett.*), Wechsler (*m.*), Umschaltglied (*n.*). **24 contatto di** ~ (contatto di scambio, d'un relè) (*elett.*), Umschaltekontakt (*m.*), Wechselkontakt (*m.*). **25 elettromagnete di** ~ (*elett.*), Schaltmagnet (*m.*). **26 frequenza di** ~ (frequenza di operazioni, d'un relè p. es.) (*elett.*), Schalthäufigkeit (*f.*). **27 funzione di** ~ (*mat.*), Schaltfunktion (*f.*). **28 induttanza di** ~ (*ferr. elett.*), Überschaltdrossel (*f.*). **29 leva di** ~ (*elett.*), Umschalthebel (*m.*). **30 nucleo di** ~ **ad anello** (*elett.*), Schaltringkern (*m.*). **31 operatore di tavolo di** ~ (*telef.*), Schrankbeamter (*m.*). **32 posto di** ~ **interurbana** (*telef.*), Fernvermittlungsplatz (*m.*). **33 relè di** ~ (*elett.*), Umschaltrelais (*n.*), Umschalterelais (*n.*). **34 resistenza di** ~ (*elett.*), Überschaltwiderstand (*m.*). **35 sistema di** ~ **telefonica** (*telef.*), Fernsprechvermittlungssystem (*n.*). **36 tecnica della** ~ (*telef.*), Vermittlungstechnik (*f.*). **37 tempo di** ~ (*elett.*), Schaltzeit (*f.*). **38 tempo di** ~ (d'un relè) (*elett.*), Umschlagzeit (*f.*). **39 transistore di** ~ (*elettronica*), Schalttransistor (*m.*). **40 tubo di** ~ (commutatore elettronico) (*elettronica*), Schaltröhre (*f.*).

comodità (*gen.*), Bequemlichkeit (*f.*), Komfort (*m.*). **2** ~ (confortevolezza, di una autovettura p. es.) (*aut. - aer. - ecc.*), Komfort (*m.*), Bequemlichkeit (*f.*).

compagnia (società) (*finanz. - ecc.*), Gesellschaft (*f.*). **2** ~ **di assicurazione** (*finanz.*), Versicherungsgesellschaft (*f.*). **3** ~ **di navigazione** (*nav.*), Schiffahrtsgesellschaft (*f.*), Schiffahrtslinie (*f.*). **4** ~ **di navigazione aerea** (*aer.*), Luftfahrtgesellschaft (*f.*). **5** ~ **internazionale dei vagoni letto e dei treni espressi** (*ferr.*), internationale Schlafwagen- und grosse Europäische Expresszug-Gesellschaft. **6 insegna della** ~ **di navigazione** (bandiera armatoriale) (*nav.*), Reedereiflagge (*f.*), Hausflagge (*f.*), Kontorflagge (*f.*).

compagno di lavoro (in una officina p. es.) (*lav.*), Mitarbeiter (*m.*).

compandor (compressore-espansore) (*acus. - telef.*), Kompandor (*m.*).

comparabile (paragonabile, confrontabile) (*gen.*), vergleichbar.

comparatore (per misurazioni esatte) (*app. di mis.*), Komparator (*m.*). **2** ~ (comparimetro, minimetro, « orologio ») (*strum.*), Messuhr (*f.*), Zifferblatt-Komparator (*m.*), Fühlhebeluhr (*f.*). **3** ~ (di segnali p. es.) (*app.*), Vergleicher (*m.*). **4** ~ **ad interferenza** (per confrontare la lunghezza di calibri a blocchetto p. es.) (*strum.*), Interferenzkomparator (*m.*). **5** ~ **ad orologio** (comparimetro ad orologio, minimetro ad orologio) (*app.*), Zifferblatt-Komparator (*m.*), Messuhr (*f.*), Fühlhebeluhr (*f.*). **6** ~ **di fase** (sincroscopio) (*elett.*), Phasenvergleicher (*m.*), Phasenindikator (*m.*), Synchroscope (*n.*). **7** ~ **interferenziale** (*app. ott.*), Interferenzkomparator (*m.*). **8 circuito** ~ **di fase** (*telev.*), Phasenvergleichsschaltung (*f.*).

comparente (*leg.*), Erschienener (*m.*).

comparimetro (minimetro, « orologio », comparatore) (*strum.*), Messuhr (*f.*), Zifferblatt-Komparator (*m.*), Fühlhebeluhr (*f.*). **2** ~ **ad orologio** (comparatore ad orologio, minimetro ad orologio) (*app.*), Zifferblatt-Komparator (*m.*), Messuhr (*f.*), Fühlhebeluhr (*f.*). **3** ~ **per esterni** (strumento di precisione) (*att. - mecc.*), Passameter (*m.*). **4** ~ **per interni** (passimetro, strum. di precisione) (*att. - mecc.*), Passimeter (*n.*).

comparire (*leg.*), erscheinen.

comparsa (*leg.*), Schriftsatz (*m.*). **2** ~ (*cinem. - lav.*), Komparse (*m.*). **3** ~ **cinematografica** (*cinem. - lav.*), Filmkomparse (*m.*), Filmstatist (*m.*).

compartecipazione (*finanz.*), Teilhaberschaft (*f.*), Mitbeteiligung (*f.*). **2** ~ **agli utili** (*lav.*), Gewinnbeteiligung (*f.*). **3 di** ~ (*finanz.*), anteilig.

compartimentazione (*costr. nav.*), Abschottung (*f.*).

compartimento (*gen.*), Abteilung (*f.*), Abteil (*n.*). **2** ~ **contatori** (quadro contatori) (*telef.*), Zählergestell (*n.*). **3** ~ **selettori** (comparto selettori) (*telef.*), Wählerbucht (*f.*). **4** ~ **stagno** (all'acqua) (*nav. - ecc.*), wasserdichte Abteilung (*f.*).

compassiera (scatola di compassi) (*dis.*), Reisszeug (*n.*).

compasso (per disegnatore) (*strum. da dis.*), Zirkel (*m.*). **2** ~ (compasso a punte, per misurare dei pezzi, compasso da tracciatore) (*ut. mecc.*), Taster (*m.*). **3** ~ (di una capote) (*aut.*), Sturmstange (*f.*). **4** ~ **a becco** (*ut. mecc.*), einseitiger Taster. **5** ~ **ad asta** (compasso a verga) (*ut. mecc.*), Stangenzirkel (*m.*). **6** ~ **a molla** (*strum. da dis.*), Federzirkel (*m.*). **7** ~ **a molla** (*ut. mecc.*), Federtaster (*m.*). **8** ~ **a punta amovibile** (*strum. da dis.*), Einsatzzirkel (*m.*). **9** ~ **a punte fisse** (*strum. da dis.*), Teilzirkel (*m.*), Spitzzirkel (*m.*). **10** ~ **a verga** (*strum. da dis. - ut. mecc.*), Stangenzirkel (*m.*). **11** ~ **a vite** (*ut. mecc.*), Federtaster (*m.*). **12** ~ **ballerino** (compasso per interni) (*ut. mecc.*), Tanzmeisterzirkel (*m.*), Innentaster (*m.*). **13** ~ **di spessore** (compasso per esterni) (*ut. mecc.*), Aussentaster (*m.*). **14** ~ **doppio** (*ut. mecc.*), Innen- und Aussentaster (*m.*), Doppeltaster (*m.*). **15** ~ **per attrezzisti** (*strum. mecc.*), Zirkel für Werkzeugmacher. **16** ~ **per ellissi** (*strum. da dis.*), Ellipsenzirkel (*m.*). **17** ~ **per esterni** (compasso di spessore) (*ut. mecc.*), Aussentaster (*m.*). **18** ~ **per filettature** (*ut.*), Gewindetaster (*m.*). **19** ~ **per interni** (compasso ballerino) (*ut. mecc.*), Innentaster (*m.*), Tanzmeisterzirkel (*m.*). **20 ~ per spessori** (compasso per esterni) (*ut. mecc.*), Aussentaster (*m.*). **21 argentana per compassi** (argentana tedesca; 60% Cu, 10% Ni, 28,5% Zn, 1,5% Pb) (*lega*), Zirkel-Neusilber (*n.*). **22 prolunga per ~** (*strum. da dis.*), Zirkelverlängerung (*f.*). **23 punta per ~** (punta amovibile) (*strum. da dis.*), Zirkeleinsatz (*m.*), Zirkelspitze (*f.*). **24 scatola di compassi** (compassiera) (*strum. da dis.*), Zirkelkasten (*m.*).

compatibile (*gen.*), vereinbar, verträglich. **2 ~** (*telev. - calc.*), kompatibel. **3 ~ col calcolatore** (strumentazione p. es.) (*calc.*), rechnerkompatibel, rechnergerecht.

compatibilità (*gen.*), Vereinbarkeit (*f.*). **2 ~** (tra una sostanza ed un'altra) (*chim. - ecc.*), Verträglichkeit (*f.*). **3 ~** (*calc. - ecc.*), Kompatibilität (*f.*). **4 ~** (di un app., per ricezione in bianco e nero ed a colori p. es.) (*telev. - radio*), Kompatibilität (*f.*), Austauschbarkeit (*f.*). **5 ~** (di una vernice applicata su altre vernici essiccate) (*vn.*), Verträglichkeit (*f.*).

compattazione (consolidamento di materiale roccioso) (*geol.*), Kompaktion (*f.*).

compattezza (*gen.*), Gedrängtheit (*f.*). **2 ~** (di struttura, di un corpo) (*fis.*), Dichtigkeit (*f.*).

compatto (*gen.*), dicht, kompakt, gedrungen. **2 ~** (struttura p. es.) (*metall. - ecc.*), dicht. **3 ~** (minerale p. es.) (*min. - ecc.*), fest, kompakt. **4 ~** (di sabbia p. es.) (*ed.*), festgelagert. **5 ~** (tessuto) (*gen.*), fest. **6 ~** (che occupa poco spazio) (*gen.*), raumsparend. **7 non ~** (non costipato, sciolto, di terreno p. es.) (*ing. civ.*), locker.

compendio (riassunto) (*gen.*), Zusammenfassung (*f.*).

compensare (*gen.*), kompensieren, ausgleichen. **2 ~** (*mecc.*), ausgleichen. **3 ~** (mediante condensatore compensatore) (*radio*), trimmen. **4 ~** (un reattore) (*fis. atom.*), trimmen. **5 ~** (correggere, strum. radiogoniometrici) (*radio*), beschicken.

compensato (*a. - gen.*), kompensiert, ausgeglichen. **2 ~** (*a. - mecc. - ecc.*), abgeglichen, ausgeglichen. **3 ~** (legno compensato) (*s. - legno*), Sperrholz (*n.*), Schichtholz (*n.*). **4 ~ a più strati** (legno compensato a più di 4 strati) (*falegn.*), Vielschichtsperrholz (*n.*), Multiplexplatte (*f.*). **5 ~ impregnato** (di resine) e pressato (*legno*), Pressholz (*n.*). **6 ~ multiplex** (compensato a più di 4 strati) (*falegn.*), Vielschichtsperrholz (*n.*). **7 ~ raggiato** (pannello di legno) (*legno*), Sternholz (*n.*). **8 ~ termicamente** (circuito p. es.) (*elett.*), temperaturkompensiert, temperaturfrei. **9 pannello di legno ~** (*falegn.*), Sperrholz (*n.*), Sperrplatte (*f.*), Furnierplatte (*f.*).

compensatore (condensatore compensatore) (*elett. - radio*), Trimmkondensator (*m.*), Trimmer (*m.*), Ausgleichkondensator (*m.*). **2 ~** (*app. ott.*), Komparator (*m.*), Kompensator (*m.*). **3 ~** (*mecc. - ecc.*), Kompensator (*m.*), Ausgleicher (*m.*). **4 ~** (aletta di compensazione) (*aer.*), Trimmklappe (*f.*), Hilfsflügel (*m.*). **5 ~ a bobina mobile** (*metrol.*), Schwenkspulkompensator (*m.*). **6 ~ ad ansa** (curva di dilatazione) (*tubaz.*), Ausdehnschleife (*f.*), Ausdehnungsrohrbogen (*m.*), Ausgleichschleife (*f.*). **7 ~ ad Ω** (compensatore a lira) (*tubaz.*), Lyrabogen (*m.*), Lyrakompensator (*m.*), Lyra-Dehnungsausgleicher (*m.*). **8 ~ a soffietto lenticolare** (per tubi) (*tubaz.*), Linsenausgleicher (*m.*). **9 ~ del timone di direzione** (aletta compensatrice del timone di direzione) (*aer.*), Seitenrudertrimmklappe (*f.*). **10 ~ di carico** (di un veicolo ferr. p. es.) (*mecc.*), Achsdruckausgleicheinrichtung (*f.*). **11 ~ di registrazione** (*elettroacus.*), Aufsprechentzerrer (*m.*). **12 bacino ~** (*idr.*), Ausgleichbecken (*n.*). **13 condensatore ~** (in parallelo) (*elett.*), Trimmkondensator (*m.*), Trimmerkondensator (*m.*), Trimmer (*m.*), Ausgleichkondensator (*m.*). **14 elemento ~** (*fis. atom.*), Trimmelement (*n.*).

compensatrice (resistenza) (*elett.*), Abgleichwiderstand (*m.*). **2 ~ di potenza reattiva** (*elett.*), Blindleistungsmaschine (*f.*).

compensazione (*gen.*), Kompensation (*f.*), Ausgleich (*m.*). **2 ~** (*mecc.*), Ausgleich (*m.*), Ausbalancierung (*f.*). **3 ~** (*amm. - finanz.*), Abrechnung (*f.*), Verrechnung (*f.*), Aufrechnung (*f.*). **4 ~** («clearing») (*finanz.*), Clearing (*n.*), Verrechnungsverkehr (*m.*). **5 ~** (correzione, di strum. radiogoniometrici) (*radio*), Beschickung (*f.*). **6 ~ automatica** (autocompensazione) (*mecc. - ecc.*), Selbstausgleich (*m.*). **7 ~ degli errori** (*gen.*), Fehlerausgleich (*m.*), Fehlerausgleichung (*f.*). **8 ~ del fattore di potenza** (rifasamento) (*elett.*), Leistungsfaktorausgleich (*m.*). **9 ~ del giuoco** (*mecc.*), Spielausgleich (*m.*). **10 ~ della bussola** (*strum.*), Kompassausgleichung (*f.*). **11 ~ della coppia** (*aer.*), Drehausgleich (*m.*), Drehmomentausgleich (*m.*). **12 ~ della pressione** (equilibratura della pressione o della spinta) (*gen.*), Druckausgleich (*m.*). **13 ~ dell'attenuazione** (*fis.*), Entdämpfung (*f.*). **14 ~ dell'usura** (*mecc.*), Abnutzungsausgleich (*m.*), Verschleissausgleich (*m.*). **15 ~ del ritiro** (*tecnol.*), Schwundausgleich (*m.*). **16 ~ del timone** (*nav.*), Ruderausgleich (*m.*). **17 ~ del timone di direzione** (*aer.*), Seitenruderausgleich (*m.*). **18 ~ dinamica** (degli organi di governo) (*aer.*), dynamische Ausgleichung. **19 ~ di superficie di governo** (*aer.*), Ruderausgleich (*m.*). **20 ~ picchiata da frenata** (nei veicoli stradali) (*veic.*), Bremsnickausgleich (*m.*). **21 a ~ di corrente** (*elett.*), stromkompensiert. **22 bobina di ~** (*elett.*), Gegenspule (*f.*), Kompensationsspule (*f.*). **23 condotto di ~** (di un cassetto distributore) (*macch. a vapore*), Überströmkanal (*m.*). **24 massa di ~** (*aer.*), Ausgleichgewicht (*n.*). **25 massa di ~ a distanza** (*aer.*), entferntes Ausgleichgewicht. **26 massa di ~ diffusa** (*aer.*), verteiltes Ausgleichgewicht. **27 stanza di ~** (*finanz.*), Abrechnungsstelle (*f.*), Verrechnungsstelle (*f.*), Clearinghaus (*n.*). **28 superficie di ~** (*aer.*), Ausgleichfläche (*f.*).

compenso (rimunerazione) (*lav.*), Entgelt (*n.*).
compera (acquisto) (*comm.*), Kauf (*m.*).
comperare (acquistare) (*comm.*), kaufen.
competente (*gen.*), zuständig, kompetent.
competenza (*gen.*), Zuständigkeit (*f.*), Kompetenz (*f.*). **2 conflitti di ~** (*leg. - ecc.*), Kom-

competitività

petenzstreitigkeiten (*f. pl.*), Kompetenzkonflikte (*m. pl.*).
competitività (*comm.*), Wettbewerbsfähigkeit (*f.*).
competitivo (*comm.*), wettbewerbsfähig. 2 **prezzo** ~ (*comm.*), Wettbewerbspreis (*m.*).
compiere (eseguire) (*gen.*), ausführen. 2 ~ **un lavoro** (*gen.*), eine Arbeit ausführen.
compilare (un contratto p. es.) (*comm.*), aufsetzen. 2 ~ (una fattura, un prospetto, ecc.) (*amm. - ecc.*), aufstellen. 3 ~ (un modulo o questionario, segnandovi le risposte) (*gen.*), ausfüllen. 4 ~ **una relazione** (*ind. - ecc.*), einen Bericht erstatten.
compilatore (programma di traduzione) (*calc. - elab. dati*), Kompiler (*m.*), Kompilierer (*m.*).
compilazione (*elab. dati*), Kompilieren (*n.*).
compimento (*gen.*), Ausführung (*f.*). 2 **portare a** ~ (*gen.*), zum Abschluss bringen, ausführen, vervollständigen.
compito (*gen.*), Aufgabe (*f.*).
complanare (una ruota p. es., quando il piano della ruota non si scosta dal piano di rotazione) (*mecc. - ecc.*), schlagfrei. 2 ~ (giacente nello stesso piano) (*geom.*), koplanar. 3 **vettori complanari** (*mat.*), koplanare Vektoren.
complanarità (di due rette p. es. giacenti nello stesso piano) (*geom.*), Koplanarität (*f.*). 2 **errore angolare di** ~ (di un disco rotante, errore di oscillazione assiale) (*mecc.*), Axialschlag (*m.*), Planlauffehler (*m.*).
complementare (*gen.*), komplementär, ergänzend, Ergänzungs... 2 **disegno** ~ (*dis.*), Ergänzungszeichnung (*f.*).
complemento (*gen.*), Ergänzung (*f.*). 2 ~ (*geom.*), Komplement (*n.*), Ergänzung (*f.*).
complessivo (disegno complessivo) (*dis.*), Gesamt-Zeichnung (*f.*), Zusammenstellungszeichnung (*f.*). 2 **disegno** ~ **generale** (disegno che mostra una macch., ecc., allo stato montato) (*dis.*), Übersichtszeichnung (*f.*), Gesamt-Zeichnung (*f.*), Zusammenstellungszeichnung (*f.*).
complesso (numero p. es.) (*a. - mat.*), komplex. 2 ~ (*s. - gen.*), Komplex (*m.*), Gesamtumfang (*m.*). 3 ~ (composto di coordinazione) (*s. - chim.*), Komplexverbindung (*f.*). 4 ~ **dei solchi** (di una superficie lavorata) (*mecc.*), Rillenschar (*f.*). 5 **radiazione complessa** (*fis. - ott.*), zusammengesetzte Strahlung.
complessometria (analisi chimica per titolazione) (*chim.*), Komplexometrie (*f.*).
completamento (ultimazione, finitura) (*gen.*), Fertigstellung (*f.*). 2 ~ (di un impianto p. es. progettato per successivi ampliamenti) (*ed. - ecc.*), Endausbau (*m.*).
completare (finire, ultimare) (*gen.*), fertigstellen. 2 ~ (*ed. - ecc.*), ausbauen, zu Ende bauen.
completo (*gen.*), vollkommen. 2 **combustione completa** (*comb.*), vollkommene Verbrennung.
complicato (*gen.*), kompliziert, verwickelt.
compluvio (conversa) (*ed.*), Dachkehle (*f.*), Kehle (*f.*). 2 ~ (linea di compluvio, conversa) (*ed.*), Kehle (*f.*), Kehllinie (*f.*).
componente (forza) (*mecc. - ecc.*), Komponente (*f.*). 2 ~ (*elett.*), Komponente (*f.*). 3 ~ (parte componente) (*mecc. - ecc.*), Komponente (*f.*), Bestandteil (*m.*). 4 ~ (ingrediente, di una miscela) (*chim. - ecc.*), Bestandteil (*m.*). 5 ~ (di una lega) (*metall.*), Legierungsbestandteil (*m.*). 6 ~ (unità minima; p. es. transistore, resistore, relè, valvola termoionica, ecc.) (*elettronica - calc.*), Bauelement (*n.*). 7 ~ **armonica** (armonica) (*fis.*), Teilschwingung (*f.*). 8 **componenti a semiconduttori** (*elettronica*), Halbleiterbauelemente (*n. pl.*). 9 ~ **attiva** (*elett.*), Wirkkomponente (*f.*). 10 ~ **continua** (di una corrente mista) (*elett.*), Gleichstromanteil (*m.*). 11 ~ **della velocità** (*mecc. - ecc.*), Teilgeschwindigkeit (*f.*). 12 ~ **del vento** (*ed.*), Teilkraft des Windes, Windkomponente (*f.*). 13 ~ **diretta** (*elett.*), Mitkomponente (*f.*). 14 ~ **in quadratura** (componente reattiva, componente swattata) (*elett.*), wattlose Komponente, Blindkomponente (*f.*). 15 ~ **laterale** (forza componente trasversale) (*mecc. - ecc.*), Seitenkraft (*f.*). 16 ~ **laterale** (di strisciamento, sulla ruota, in curva p. es.) (*aut. - ecc.*), Seitenkraft (*f.*). 17 ~ **logico** (*calc.*), Logikelement (*n.*). 18 ~ **meridiana** (componente della velocità normale alla schiera di palette, d'una turbina p. es.) (*macch.*), Meridiankomponente (*f.*). 19 ~ **operativa** (di un comando) (*macch. calc.*), Operationsteil (*m.*). 20 ~ **radiale** (d'un vettore) (*mat.*), Radialkomponente (*f.*). 21 ~ **reattiva** (componente in quadratura, componente swattata) (*elett.*), wattlose Komponente, Blindkomponente (*f.*). 22 ~ **swattata** (componente in quadratura, componente reattiva) (*elett.*), wattlose Komponente, Blindkomponente (*f.*). 23 ~ **trasversale della reattanza** (*elett.*), Querreaktanz (*f.*). 24 ~ **trasversale della velocità** (*mecc. - ecc.*), Seitengeschwindigkeit (*f.*). 25 ~ **trasversale dell'inclinazione** (delle ruote anteriori) (*aut.*), Sturzseitenkraft (*f.*). 26 ~ **tricromatica** (della luce) (*ott.*), Farbwert (*m.*). 27 ~ **tricromatica spettrale** (componente tricromatica della radiazione monocromatica) (*ott.*), Spektralwert (*m.*).
componimento (di una vertenza) (*lav. - leg.*), Schlichtung (*f.*), Beilegung (*f.*).
comporre (*tip.*), setzen. 2 ~ (forze) (*mecc.*), zusammensetzen. 3 ~ (conciliare) (*lav. - leg.*), schlichten, austragen, beilegen. 4 ~ **una controversia** (*leg. - ecc.*), einen Streit austragen.
comportamento (*gen.*), Verhalten (*n.*), Benehmen (*n.*). 2 ~ **del consumatore** (*comm.*), Konsumentenverhalten (*n.*). 3 ~ **in curva** (*aut.*), Kurvenfahrverhalten (*n.*). 4 ~ **in curva neutro** (*aut.*), neutrales Kurvenverhalten. 5 ~ **nel tempo** (*gen.*), Zeitverhalten (*n.*). 6 ~ **su strada** (di una autovettura p. es.) (*aut.*), Fahrverhalten (*n.*), Fahreigenschaften (*f. pl.*), Strassenhaltung (*f.*). 7 ~ **transitorio** (*elett. - ecc.*), Übergangsverhalten (*n.*).
comportare (trarre con sè, dar luogo a) (*gen.*), bedingen, herbeiführen, mit sich bringen.
composito (*gen.*), mehrteilig. 2 ~ (composto, di travi p. es.) (*ed. - ecc.*), gebaut, mehrteilig. 3 ~ (composto, « compound ») (*elett.*), « Compound »..., Verbund... 4 ~ (materiale

composito, vetroresina p. es.) (*s. - tecnol.*), Verbundwerkstoff (*m.*).
compositoio (telaio rettangolare per la composizione dei caratteri di una riga) (*ut. tip.*), Winkelhaken (*m.*).
compositore (*lav. - tip.*), Setzer (*m.*), Schriftsetzer (*m.*). 2 ~ **a mano** (*lav. - tip.*), Handsetzer (*m.*). 3 ~ **di armoniche** (app. mat. per la composizione di armoniche) (*app. mat.*), Schwingungsüberlagerer (*m.*).
compositrice (macchina per composizione) (*macch. per stampa*), Setzmaschine (*f.*). 2 ~ **a caratteri singoli** («Monotype») (*macch. per stampa*), Einzelbuchstabensetzmaschine (*f.*), «Monotype» (*f.*). 3 ~ **a linee intere** («Linotype») (*macch. per stampa*), Zeilensetzmaschine (*f.*), «Linotype» (*f.*). 4 ~ **a sistema fotografico** (fotocompositrice, macchina per la composizione fotografica) (*macch. per stampa*), Photosetzmaschine (*f.*), Lichtsetzmaschine (*f.*). 5 ~ **-fonditrice** (*macch. per stampa*), Setz- und Giessmaschine (*f.*). 6 ~ **fotomeccanica** (*macch. da stampa*), Fotosetter (*m.*), Photosetzmaschine (*f.*). 7 ~ **intertype** (*macch. da stampa*), Intertype-Setzmaschine (*f.*).
composizione (atto di comporre) (*gen.*), Zusammensetzen (*n.*), Zusammensetzung (*f.*). 2 ~ (elemento composto) (*gen.*), Komposition (*f.*), Zusammensetzung (*f.*). 3 ~ (operazione) (*tip.*), Setzen (*n.*). 4 ~ (caratteri composti) (*tip.*), Schriftsatz (*m.*), Komposition (*f.*). 5 ~ (di forze) (*mecc.*), Zusammensetzung (*f.*). 6 ~ (di una vertenza) (*lav. - leg.*), Schlichtung (*f.*), Beilegung (*f.*). 7 ~ **a distanza** (telecomposizione) (*tip. - giorn.*), Fernsetzen (*n.*). 8 ~ **a macchina** (caratteri composti) (*tip.*), Maschinensatz (*m.*). 9 ~ **a macchina** (operazione) (*tip.*), Maschinensetzen (*n.*). 10 ~ **a mano** (caratteri composti) (*tip.*), Handsatz (*m.*). 11 ~ **a mano** (operazione) (*tip.*), Handsetzen (*n.*). 12 ~ **chimica** (dell'acciaio p. es.) (*chim. - metall.*), chemische Zusammensetzung. 13 ~ **da conservare** (composizione in piedi) (*tip.*), Stehsatz (*m.*). 14 ~ **da scomporre** (composizione non più usabile) (*tip.*), Satz zum Ablegen, Ablegesatz (*m.*). 15 ~ **della carica** (carica) (*fond. - metall.*), Gattierung (*f.*). 16 ~ **delle forze** (*sc. costr. - ecc.*), Kräftezusammensetzung (*f.*), Zusammensetzung der Kräfte. 17 ~ **già utilizzata** (composizione da scomporre) (*tip.*), Ablegesatz (*m.*), Satz zum Ablegen. 18 ~ **granulometrica** (granulometria) (*ed. - mater.*), Kornaufbau (*m.*), Kornzusammensetzung (*f.*). 19 ~ **in colonne** (*tip.*), gespaltener Satz. 20 ~ **in piedi** (composizione da conservare) (*tip.*), Stehsatz (*m.*). 21 ~ **non ancora utilizzata** (composizione viva) (*tip.*), ungedruckter Satz. 22 ~ **non più usabile** (composizione da scomporre) (*tip.*), Satz zum Ablegen, Ablegesatz (*m.*). 23 ~ **ordini** (prelevamento di particolari da magazzini verticali p. es.) (*trasp. ind.*), Kommissionieren (*n*). 24 ~ **su due colonne** (*tip.*), zweispaltiger Satz. 25 ~ **viva** (composizione non ancora utilizzata) (*tip.*), ungedruckter Satz. 26 **campata per** ~ **ordini** (di un magazzino verticale p. es.) (*ind.*), Kommissionier-Stollen (*m.*). 27 trattative per una ~ (trattative di compromesso, trattative per un accomodamento) (*leg.*), Vergleichsverhandlungen (*f. pl.*).

composto (composto chimico) (*s. - chim.*), Verbindung (*f.*). 2 ~ (*a. - tip.*), abgesetzt. 3 ~ (complesso) (*a. - gen.*), zusammengesetzt. 4 ~ (composto, di travi p. es.) (*a. - ed. - ecc.*), gebaut, mehrteilig. 5 ~ («compound», composito) (*a. - elett.*), «Compound...», Verbund... 6 ~ **alifatico** (*chim.*), Fettverbindung (*f.*). 7 ~ **amminico** (*chim.*), Aminoverbindung (*f.*). 8 ~ **aromatico** (*chim.*), aromatische Verbindung. 9 ~ **azoico** (*chim.*), Azoverbindung (*f.*). 10 ~ **binario** (*chim.*), Zweifachverbindung (*f.*), Zweistoffgemisch (*n.*), binäres Gemisch. 11 ~ **chimico** (*chim.*), chemische Verbindung. 12 ~ **ciclico** (*chim.*), zyklische Verbindung, ringförmige Verbindung. 13 ~ **di antipodi ottici** (composto inattivo per compensazione interna) (*ott.*), Razemat. 14 ~ **di coordinazione** (complesso [*s.*]). (*chim.*), Komplexverbindung (*f.*). 15 ~ **inattivo per compensazione interna** (composto di antipodi ottici) (*ott.*), Razemat (*n.*). 16 ~ **organico** (*chim.*), organische Verbindung. 17 ~ **polimerizzato** (polimerizzato) (*ind. chim.*), Polymerisat (*n.*). 18 ~ **stannico** (*chim.*), Stanniverbindung (*f.*). 19 ~ **stannoso** (*chim.*), Stannoverbindung (*f.*).
«compound» (composto, composito) (*a. - elett.*), «Compound...», Verbund...
compratore (acquirente) (*comm.*), Käufer (*m.*).
compravendita (contratto di compravendita) (*comm. - leg.*), Kaufvertrag (*m.*).
comprendere (includere, nel conto p. es.) (*comm. - ecc.*), einschliessen.
compreso (incluso) (*gen.*), inklusive, einschliesslich. 2 ~ (incluso, le spese p. es.) (*comm.*), eingerechnet, mitgezählt, mitgerechnet, einschliesslich.
compressa (pastiglia) (*farm.*), Tablette (*f.*), Tablett (*n.*).
compressibilità (*fis.*), Verdichtbarkeit (*f.*), Pressbarkeit (*f.*), Zusammendrückbarkeit (*f.*), Kompressibilität (*f.*).
compressione (sollecitazione) (*sc. costr.*), Druck (*m.*), Druckspannnug. (*f.*). 2 ~ (*fis. - mot.*), Verdichtung (*f.*), Kompression (*f.*). 3 ~ (diminuzione dell'ampiezza) (*radio - telev.*), Kompression (*f.*). 4 ~ (di particelle) (*fis. nucl.*), Ballung (*f.*). 5 ~ (del terreno) (*ed.*), Zusammendrückung (*f.*). 6 ~ (d'una sospensione o di un ammortizzatore) (*aut.*), Einfedern (*n.*). 7 ~ **adiabatica** (*termodin.*), adiabatische Verdichtung. 8 ~ **del bianco** (variazione di livello del segnale) (*telev.*), Weisskompression (*f.*). 9 ~ **della dinamica** (compressione del volume) (*acus.*), Dynamikdrängung (*f.*), Dynamikkompression (*f.*), Dynamikpressung (*f.*). 10 ~ **dell'immagine** (difetto telev.), Bildzusammendrückung (*f.*). 11 ~ **del nero** (riduzione dei segnali che corrispondono alle zone nere dell'immagine) (*telev.*), Schwarzkompression (*f.*). 12 ~ **del volume** (compressione della dinamica) (*acus.*), Dynamikdrängung (*f.*), Dynamikkompression (*f.*), Dynamikpressung (*f.*). 13 ~ **-espansione** (*acus. - telef.*), Kompandierung (*f.*). 14 ~ **isotermica** (*termodin.*), isothermische Ver-

compresso

dichtung. **15** ~ **politropica** (*termodin.*), polytropische Verdichtung. **16** ~ **semplice** (*sc. costr.*), reiner Druck, Alleindruck (*m.*). **17 camera di** ~ (spazio di compressione, volume minimo della camera di compressione) (*mot. - ecc.*), Verdichtungsraum (*m.*), Kompressionsraum (*m.*). **18 modulo di elasticità a** ~ (*sc. costr.*), Druckmodul (*m.*). **19 onda di** ~ (*acus.*), Verdichtungswelle (*f.*). **20 perdita di** ~ (trafilamento, laminazione) (*mot.*) Durchblasen (*n.*). **21 prova a trazione e** ~ (*prove mater.*), Zug-Druck-Versuch (*m.*). **22 prova di** ~ (di materiali) (*tecnol. mecc.*), Druckversuch (*m.*). **23 prova di** ~ (vincolata, con dilatazione laterale impedita, del terreno) (*ed.*), Kompressionsversuch (*m.*). **24 prova di** ~ **dinamica** (*tecnol. mecc.*), Schlagstauchversuch (*m.*). **25 prova di** ~ **statica** (*tecnol. mecc.*), statischer Druckversuch. **26 rapporto di** ~ (di un mot. a comb. interna) (*mot. - aut.*), Verdichtung (*f.*), Verdichtungsverhältnis (*n.*), Verdichtungsgrad (*m.*). **27 resistente alla** ~ (materiale) (*mecc.*), druckfest. **28 sollecitazione di** ~ (*sc. costr.*), Druckspannung (*f.*). **29 spazio di** ~ (volume di compressione) (*mot.*), Kompressionsraum (*m.*), Verdichtungsraum (*m.*). **30 stampo a** ~ (per lavoraz. mater. plast.) (*ut.*), Presswerkzeug (*n.*). **31 volume di** ~ (spazio di compressione) (*mot.*), Verdichtungsraum (*m.*).

compresso (*gen.*), zusammengedrückt, gedrückt, komprimiert.

compressografo (registratore della pressione di compressione) (*strum. - mot.*), Kompressionsdruckschreiber (*m.*).

compressometro (misuratore di compressione) (*strum. - mot.*), Kompressionsdruckprüfer (*m.*), Kompressometer (*n.*).

compressore (per fluidi) (*macch.*), Verdichter (*m.*), Kompressor (*m.*). **2** ~ (di un motore a combustione interna, per la sovralimentazione) (*mot.*), Lader (*m.*), Auflader (*m.*). **3** ~ (di motori a turbogetto) (*mot.*), Turboverdichter (*m.*). **4** ~ (stradale) (*macch.costr. strad.*), Walze (*f.*), Strassenwalze (*f.*). **5** ~ **a capsulismo** (compressore rotativo) (*macch.*), Kapselverdichter (*m.*), Kapselkompressor (*m.*). **6** ~ **ad anello liquido** (compressore rotativo) (*macch.*), Flüssigkeitsring-Verdichter (*m.*). **7** ~ **ad eccentrico** (compressore a rotore eccentrico entro camera cilindrica) (*macch.*), Rollkolbenverdichter (*m.*), Wälzkolbenverdichter (*m.*). **8** ~ **ad ingresso singolo** (*macch.*), einseitiger Kompressor. **9** ~ **a due rulli** (tandem) (*macch. costr. strad.*), Tandem-Strassenwalze (*f.*), Tandemwalze (*f.*). **10** ~ **a due stadi** (*macch.*), zweistufiger Kompressor **11** ~ **a due velocità** (di un mot. d'aviazione p. es.) (*mot.*), Zweiganglader (*m.*). **12** ~ **ad un ingresso** (*macch.*), einseitiger Kompressor. **13** ~ **ad unostadio** (compressore monostadio) (*macch.*), einstufiger Kompressor. **14** ~ **a gas di scarico** (turbocompressore a gas di scarico, per la sovralimentazione di un mot. a c. i.) (*mot.*), Abgasauflader (*m.*). **15** ~ **alternativo** (compressore a stantuffi) (*macch.*), Kolbenkompressor (*m.*), Kolbenverdichter (*m.*). **16** ~ **a palette** (compressore rotativo a palette, con rotore eccentrico) (*macch.*), Zellenverdichter (*m.*). **17** ~ **a palette per materiale di ripiena** (*macch. - min.*), Zellenrad-Blasversatzmaschine (*f.*). **18** ~ **a pistoni** (compressore a stantuffi, compressore alternativo) (*macch.*), Kolbenverdichter (*m.*), Kolbenkompressor (*m.*). **19** ~ **a pistoni liberi** (*macch.*), Freikolbenverdichter (*m.*), Freikolbenkompressor (*m.*). **20** ~ **a più stadi** (compressore pluristadio) (*macch.*), Stufenverdichter (*m.*), Mehrstufenkompressor (*m.*). **21** ~ **aria di avviamento** (per un motore Diesel) (*mot.*), Anlassluftkompressor (*m.*). **22** ~ **a rotore eccentrico** (*macch.*), Wälzkolbenverdichter (*m.*), Rollkolbenverdichter (*m.*). **23** ~ **assiale** (*macch.*), Achsialverdichter (*m.*), Achsialkompressor (*m.*). **24** ~ **a stantuffi** (compressore alternativo) (*macch.*), Kolbenverdichter (*m.*), Kolbenkompressor (*m.*). **25** ~ **a vapore** (*macch.*), Dampfkompressor (*n.*). **26** ~ **a viti** (*macch.*), Schraubenverdichter (*m.*). **27** ~ **carrellato monoasse** (compressore carrellato su biga, motocompressore su biga) (*macch. costr. strad.*), Einachs-Luftverdichter (*m.*), Einachs-Kompressor (*m.*). **28** ~ **centrifugo** (*macch.*), Kreiselverdichter (*m.*), Kreiselkompressor (*m.*). **29** ~ **centrifugo** (per la sovralimentazione di un mot. a c. i.) (*mot.*), Schleuderlader (*m.*), Zentrifugallader (*m.*). **30** ~ **centrifugo** (turbocompressore) (*macch.*), Kreiselkompressor (*m.*), Turbokompressor (*m.*). **31** ~ **d'aria** (*macch.*), Luftkompressor (*m.*), Luftverdichter (*m.*). **32** ~ **d'aria** (per freni pneumatici) (*veic.*), Luftpresser (*m.*). **33** ~ **del freno** (*ferr.*), Bremsluftkompressor (*m.*). **34** ~ **della dinamica** (compressore del volume) (*acus.*), Dynamikdränger (*m.*), Dynamikkompressor (*m.*), Dynamikpresser (*m.*). **35** ~ **del primo stadio** (nelle macchine frigorifere pluristadio) (*macch. frigor.*), Vorschaltverdichter (*m.*), Booster (*m.*). **36** ~ **di lavaggio** (di un motore Diesel) (*mot.*), Spülgebläse (*n.*). **37** ~ **-espansore** (compandor) (*acus. - telef.*), Kompandor (*m.*). **38** ~ **monostadio** (compressore ad uno stadio) (*macch.*), einstufiger Kompressor. **39** ~ **per ammoniaca** (*macch. frigorif.*), Ammoniakverdichter (*m.*). **40** ~ **per frigoriferi** (*macch.*), Kälteverdichter (*m.*), Kaltdampfverdichter (*m.*). **41** ~ **pluristadio** (compressore a più stadi) (*macch.*), Stufenverdichter (*m.*), Mehrstufenkompressor (*m.*). **42** ~ **radiale** (*macch.*), Radialkompressor (*m.*). **43** ~ **Roots** (*macch.*), Rootsgebläse (*n.*). **44** ~ **rotativo** (compressore a capsulismo) (*macch.*), Kapselverdichter (*m.*), Kapselkompressor (*m.*), Umlaufverdichter (*m.*). **45** ~ **(rotativo) ad anello liquido** (*macch.*), Flüssigkeitsring-Verdichter (*m.*). **46** ~ **rotativo a palette** (compressore a palette, con rotore eccentrico) (*macch.*), Zellenverdichter (*m.*). **47** ~ **rotativo a palette** (capsulismo Demag) (*mot. - mecc.*), Sternkolbenlader (*m.*), Sternkolbenkompressor (*m.*), Flügellader (*m.*), Flügelkompressor (*m.*). **48** ~ **stradale** (rullo compressore) (*macch. costr. strad.*), Strassenwalze (*f.*). **49** ~ **stradale a tre rulli** (*macch. costr. strad.*), Dreiradwalze (*f.*). **50** ~ **vibrante** (rullo compressore vibrante, vibrocompressore stradale) (*macch. costr. strad.*), Vibrationsstrassenwalze (*f.*). 51 ~ **volumetrico** (*macch.*), Verdrängerkompressor (*m.*), Verdrängerverdichter (*m.*). 52 **carcassa del** ~ (cassa del compressore) (*macch.*), Kompressorgehäuse (*n.*). 53 **carcassa del** ~ (di sovralimentazione) (*mot.*), Ladergehäuse (*n.*). 54 **girante del** ~ (*mot.*), Laderlaufrad (*n.*). 55 **potenza assorbita dal** ~ (d'un motore sovralimentato) (*mot.*), Ladeleistung (*f.*). 56 **(turbo)- ~ a gas di scarico** (*mot.*), Abgasauflader (*m.*).

comprex (scambiatore di pressione; macchina aerodinamica ad onde di pressione, che trasmette l'energia da un gas ad un altro) (*macch.*), Zellenradverdichter (*m.*).

comprimere (*gen.*), drücken, pressen, zusammendrücken. 2 ~ (fluidi) (*fis.*), komprimieren, verdichten.

comprimibile (compressibile) (*fis.*), kompressibel, komprimierbar.

comprimibilità (compressibilità) (*fis.*), Kompressibilität (*f.*), Verdichtbarkeit (*f.*), Zusammendrückbarkeit (*f.*). 2 ~ (variazione di volume di un liquido per effetto della pressione; di un olio idraulico p. es.) (*fis.*), Drückbarkeit (*f.*). 3 ~ (di un terreno) (*ed.*), Zusammendrückbarkeit (*f.*). 4 **misuratore di** ~ (del suolo) (*app.*), Ödometer (*n.*).

compromesso (*comm. - ecc.*), Kompromiss (*m.*), Zwischenlösung (*f.*). 2 ~ (convenzione di arbitrato) (*leg.*), Schiedsabkommen (*n.*). 3 ~ **di avaria** (*nav.*), Havarienakte (*f.*). 4 **giungere ad un** ~ (venire ad un compromesso) (*gen.*), zu einem Kompromiss kommen. 5 **trattative di** ~ (trattative per una composizione, trattative per un accomodamento) (*leg.*), Vergleichsverhandlungen (*f. pl.*). 6 **venire ad un** ~ (giungere ad un compromesso) (*gen.*), zu einem Kompromiss kommen.

comproprietà (*comm.*), Mitbesitz (*m.*), Miteigentum (*n.*). 2 ~ (*leg.*), Miteigentum (*n.*).

comproprietario (*finanz.*), Mitbesitzer (*m.*).

computabile (calcolabile) (*mat.*), berechenbar.

computare (*contabilità - ecc.*), aufrechnen, ausrechnen.

computisteria (*sc.*), Kalkulatur (*f.*).

computo (*gen.*), Ausrechnung (*f.*), Berechnung (*f.*). 2 ~ (*amm. - ecc.*), Berechnung (*f.*), Errechnung (*f.*). 3 ~ **degli addebiti** (*telef.*), Gebührenerfassung (*f.*). 4 ~ **delle masse** (calcolo dei volumi di terra, computo dei movimenti di terra) (*ing. civ.*), Massenberechnung (*f.*), Erdmassenberechnung (*f.*). 5 ~ **estimativo** (in base al computo metrico) (*ed.*), Abrechnung (*f.*). 6 ~ **metrico** (misurazione, di fabbricati) (*ed.*), Aufmass (*n.*).

comunale (municipale) (*amm.*), gemeindlich, städtisch.

comune (corrente, di largo smercio) (*a. - comm.*), gängig, zügig. 2 ~ (*a. - mat.*), gemeinsam, gemeinschaftlich. 3 ~ (ente territoriale ed elementare) (*s. - geogr. - amm.*), Gemeinde (*f.*). 4 **funzionamento in** ~ (*elett.*), gemeinsamer Betrieb.

comunicante (*fis. - ecc.*), kommunizierend.

comunicare (informare) (*gen.*), mitteilen.

comunicato (avviso) (*gen.*), Bekanntmachung (*f.*). 2 ~ **per la stampa** (*giorn.*), Pressemitteilung (*f.*), Freigabe für die Presse.

comunicazione (informazione) (*gen.*), Mitteilung (*f.*). 2 ~ (*telef.*), Verbindung (*f.*), Verkehr (*m.*). 3 ~ (conversazione telefonica) (*telef.*), Gespräch (*n.*). 4 ~ **aria-aria** (*aer.*), Bord-Bord-Verkehr (*m.*), Bord-zu-Bord-Verbindung (*f.*). 5 ~ **collettiva** (comunicazione circolare) (*telef.*), Sammelgespräch (*n.*), Konferenzgespräch (*n.*). 6 ~ **diretta** (*telef.*), Direktgespräch (*n.*). 7 ~ **in duplice** (comunicazione simultanea nei due sensi) (*telef.*), Gegensprechen (*n.*). 8 ~ **interna** (scritta, tra i vari uffici di una ditta) (*ind. - uff.*), interne Mitteilung. 9 ~ **interurbana** (conversazione interurbana) (*telef.*), Ferngespräch (*n.*), Fernverkehrsgespräch (*n.*). 10 ~ **-minuto** (*telef.*), CT-Minute (*f.*). 11 ~ **nave-terra** (*nav.-radio*), Bord-Land-Verbindung (*f.*). 12 ~ **-ora** (*telef.*), Belegungsstunde (*f.*). 13 ~ **simultanea nei due sensi** (comunicazione in duplice) (*telef.*), Gegensprechen (*n.*). 14 ~ **suolo-aria** (*aer.*), Boden-Bord-Verbindung (*f.*). 15 ~ **telefonica** (conversazione telefonica) (*telef.*), Ferngespräch (*n.*). 16 ~ **terra-aria unidirezionale** (*radio*), Einweg-Boden-Bord-Verkehr (*m.*). 17 ~ **urbana** (conversazione urbana) (*telef.*), Ortsgespräch (*n.*). 18 ~ **urgente** (*telef.*), dringendes Gespräch, Sofortverkehr (*m.*). 19 ~ **urgentissima** (*telef.*), Blitzgespräch (*n.*). 20 **mettere in** ~ (*telef. - ecc.*), in Verbindung setzen, verbinden, durchschalten. 21 **mezzo di** ~ (*telegr. - ecc.*), Nachrichtenmittel (*n.*). 22 **registratore (automatico) delle comunicazioni** (in assenza dell'utente; ipsofono) (*telef.*), Gesprächaufnahmeeinrichtung (*f.*). 23 **tempo per stabilire la** ~ (*telef.*), Durchschaltzeit (*f.*). 24 **via di** ~ **terrestre** (*trasp.*), Landverkehrsweg (*m.*).

comunità (*gen.*), Gemeinschaft (*f.*).

Comunità Europea del Carbone e dell'Acciaio (CECA) (*finanz.*), Europäische Gemeinschaft für Kohle und Stahl, EGKS.

conca (chiusa di navigazione, per il trasferimento di navi tra due specchi d'acqua di diverso livello) (*nav. - navig.*), Schleuse (*f.*). 2 ~ (truogolo, recipiente aperto poco profondo) (*gen.*), Mulde (*f.*). 3 ~ (per la malta) (*att. mur.*), Trog (*m.*), Mulde (*f.*), Pfanne (*f.*). 4 ~ (*geogr.*), Mulde (*f.*), Talsenkung (*f.*). 5 ~ (valle a conca) (*geol.*), Trogtal (*n.*), U-Tal (*n.*). 6 ~ **a pozzo** (chiusa a pozzo) (*nav. - navig.*), Schachtschleuse (*f.*). 7 ~ **con bacini di risparmio** (chiusa con bacini di risparmio) (*nav. - navig.*), Sparschleuse (*f.*). 8 ~ **del bacino** (di carenaggio) (*nav.*), Dockgrube (*f.*). 9 ~ **di risparmio** (di una chiusa) (*costr. idr. - navig.*), Sparkammer (*f.*), Vorratsschleuse (*f.*), Vorratsbecken (*n.*). 10 **conche in serie** (*nav. - navig.*), Kuppelschleuse (*f.*). 11 **muri di testata della** ~ (*navig.*) Schleusenhäupter (*n. pl.*). 12 **nastro trasportatore a** ~ (*trasp. ind.*), Muldengurtförderer (*m.*). 13 **trasportatore a nastro a** ~ (*trasp. ind.*), Muldengurtförderer (*m.*).

concata (riempimento e svuotamento di una chiusa) (*navig.*), Schleusen-Füll- und Leervorgang (*m.*).

concatenamento (*gen.*), Verkettung (*f.*). 2 ~ (d'una linea transfer) (*macch. ut.*), Verkettung (*f.*).

concatenato (*gen.*), verkettet.

concavità (*gen.*), Konkavität (*f.*).
concavo (*gen.*), hohl, konkav. 2 ~ (di lente p. es.) (*ott.*), konkav. 3 **profilo longitudinale** ~ (nella variazione di pendenza d'una strada) (*costr. strad.*), Wanne (*f.*). 4 **specchio** ~ (*ott.*), Sammelspiegel (*n.*), Konkavspiegel (*n.*).
concavo-convesso (*ott.*), konkav-konvex.
concentrare (*gen.*), konzentrieren, sammeln. 2 ~ (una soluzione) (*chim.*), verstärken, konzentrieren. 3 ~ (focalizzare) (*ott. - radio - radar*), bündeln.
concentrarsi (raccogliersi, adunarsi) (*milit. - ecc.*), sich sammeln.
concentrato (*gen.*), konzentriert.
concentratore (addensatore) (*app.*), Eindicker (*m.*), Konzentrator (*m.*). 2 ~ **di minerale** (*macch. min.*), Erzeindicker (*m.*).
concentrazione (*chim.*), Konzentration (*f.*). 2 ~ (arricchimento, dei minerali) (*min.*), Anreicherung (*f.*). 3 ~ (focalizzazione, di raggi luminosi p. es.) (*ott. - ecc.*), Bündelung (*f.*). 4 ~ **degli ioni di idrogeno** (*chim.*), Wasserstoffionenkonzentration (*f.*). 5 ~ **dei tiri** (di artiglieria) (*milit.*), Feuervereinigung (*f.*). 6 ~ **del fuoco** (concentrazione dei tiri) (*milit.*), Feuervereinigung (*f.*). 7 ~ **delle sollecitazioni** (*sc. costr.*), Spannungskonzentration (*f.*). 8 ~ **del minerale** (arricchimento del minerale) (*min.*), Erzanreicherung (*f.*). 9 ~ **di elettroni** (*fis.*), Elektronenbündelung (*f.*), Elektronenkonzentration (*f.*). 10 ~ **di portatori** (di carica, nei semiconduttori) (*elettronica*), Trägerkonzentration (*f.*). 11 ~ **industriale** (*ind.*), industrielle Zusammenballung. 12 ~ **locale di sollecitazioni** (invito a rottura, spigoli p. es.) (*mecc.*), (Stelle hoher) Spannungsanhäufung. 13 ~ **massima al posto di lavoro** (dei tossici industriali nell'aria) (*ind. - lav. - med.*), MAK-Wert (*m.*). 14 ~ **massima di impurità** (stabilita da leggi contro l'inquinamento atmosferico) (*ecologia*), Maximale Immissions-Konzentration (*f.*), MIK. 15 ~ **molare** (molarità) (*chim.*), Molarität (*f.*). 16 **chiave di** ~ (*telef.*), Sammelschalter (*m.*). 17 **coefficiente di** ~ **delle sollecitazioni** (indice dell'effetto di intaglio) (*mecc.*), Kerbwirkungszahl (*f.*). 18 **di uguale** ~ **molare** (equimolare) (*chim.*), gleichmolar. 19 **rapporto di** ~ (di minerale) (*min.*), Einengungsverhältnis (*n.*).
concentricità (*mecc.*), Konzentrizität, Mittigkeit (*f.*), Gleichmittigkeit (*f.*). 2 ~ (rotazione concentrica, di un disco p. es.) (*mecc. - ecc.*), Rundlaufen (*n.*). 3 **a** ~ **regolabile** (*mecc.*), zentrisch nachstellbar. 4 **errore di** ~ (*mecc.*), Abweichung von der Konzentrizität.
concentrico (*gen.*), gleichmittig, konzentrisch. 2 ~ (centrato, detto di un organo rotante di macchina p. es.) (*mecc.*), rundlaufend.
concedere (rilasciare, un brevetto p. es.) (*leg.*), erteilen, bewilligen.
conceria (*ind. del cuoio*), Gerberei (*f.*).
concernente (riguardante, relativo) (*gen.*), betreffend.
concessionario (*comm.*), Konzessionär (*m.*). 2 ~ **di licenza** (licenziatario) (*comm.*), Lizenznehmer (*m.*), Lizenzinhaber (*m.*).
concessione (di un brevetto p. es.) (*leg.*), Erteilung (*f.*), Verleihung (*f.*). 2 ~ (*comm.*), Konzession (*f.*), Verwertungsrecht (*n.*). 3 ~ (*ind.*), Konzession (*f.*). 4 ~ (*trasp.*), Vergünstigung (*f.*). 5 ~ (di una miniera) (*min.*), Verleihung (*f.*), Konzession (*f.*). 6 ~ **di brevetto** (*leg.*), Patentverleihung (*f.*). 7 ~ **di proroga** (**del termine**) (*comm.*), Fristgewährung (*f.*). 8 ~ **mineraria** (*min.*), Bergwerkskonzession (*f.*), Berggerechtigkeit (*f.*), Abbaukonzession (*f.*). 9 ~ **petrolifera** (*min.*), Erdölkonzession (*f.*). 10 **in** ~ (ferrovia) (*ferr.*), verpachtet.
concetto (idea) (*gen.*), Begriff (*m.*). 2 ~ **fondamentale** (principio fondamentale) (*gen.*), Grundbegriff (*m.*).
conchiglia (forma permanente metallica) (*fond.*), Kokille (*f.*), Schale (*f.*), Schreckform (*f.*). 2 ~ (raffreddatore, dispersore di calore) (*fond.*), Schreckplatte (*f.*), Abschreckstück (*n.*), Abschreckplatte (*f.*). 3 ~ (lingottiera, per la colata continua) (*fond.*), Kokille (*f.*). 4 ~ **tubolare** (per colata continua) (*fond.*), Rohrkokille (*f.*). 5 **getto in** ~ (getto conchigliato) (*fond.*), Kokillenguss (*m.*), Schalenguss (*m.*).
conchigliato (getto) (*fond.*), schalenhart.
concia (*ind. del cuoio*), Gerben (*n.*), Gerbung (*f.*). 2 ~ **al bottale** (concia in botte) (*ind. cuoio*), Fassgerbung (*f.*). 3 ~ **al cromo** (*ind. cuoio*), Chromgerbung (*f.*). 4 ~ **all'allume** (*ind. del cuoio*), Alaungerbung (*f.*), Weissgerbung (*f.*). 5 ~ **all'olio** (scamosciatura) (*ind. cuoio*), sämische Gerbung. 6 ~ **al tannino** (concia vegetale) (*ind. del cuoio*), Lohen (*n.*), Gerben (*n.*). 7 ~ **glacé** (*ind. cuoio*), Glacégerbung (*f.*). 8 ~ **in botte** (concia al bottale) (*ind. cuoio*), Fassgerbung (*f.*). 9 ~ **in fossa** (*ind. cuoio*), Grubengerbung (*f.*). 10 ~ **minerale** (*ind. cuoio*), Mineralgerbung (*f.*), mineralische Gerbung. 11 ~ **mista** (*ind. cuoio*), gemischte Gerbung. 12 ~ **vegetale** (*ind. cuoio*), pflanzliche Gerbung. 13 ~ **vegetale** (concia al tannino) (*ind. del cuoio*), Lohen (*n.*), Gerben (*n.*). 14 **arresto della** ~ (dovuto ad eccessiva concentrazione del bagno) (*ind. cuoio*), Totgerbung (*f.*). 15 **bottale da** ~ (*ind. cuoio*), Gerbfass (*n.*), Gerbtrommel (*f.*). 16 **fossa da** ~ (*ind. cuoio*), Versenkgrube (*f.*), Gerbgrube (*f.*). 17 **tingere in** ~ (*ind. cuoio*), anfärben, angerben.
conciante (*a. - ind. cuoio*), Gerb... 2 **liquido** ~ (succo tannico) (*ind. cuoio*), Gerbbrühe (*f.*). 3 **materiale** ~ (*ind. cuoio*), Gerbstoff (*m.*). 4 **materiale** ~ **sintetico** (*ind. cuoio*), synthetischer Gerbstoff, Syntan (*n.*).
conciare (*ind. del cuoio*), gerben. 2 ~ **all'allume** (*ind. cuoio*), weissgerben, alaungerben. 3 ~ **al tannino** (*ind. del cuoio*), gerben, lohen.
conciatetti (*lav.*), Dachdecker (*m.*), Schieferdecker (*m.*), Decker (*m.*). 2 **martello da** ~ (*ut.*), Schieferhammer (*m.*).
conciatore (*lav.*), Gerber (*m.*).
conciliare (comporre, una vertenza) (*lav. - leg.*), schlichten, beilegen.
conciliazione (*comm. - leg.*), Vergleich (*m.*). 2 ~ (giudiziaria p. es.) (*leg.*), Einigung (*f.*). 3 **regolamento di** ~ **e di arbitrato** (*comm. - leg.*), Vergleichs- und Schiedsordnung (*f.*). 4 **tentativo di** ~ (*leg. - ecc.*), Einigungsversuch (*m.*).

concimaia (*agric.*), Düngergrube (*f.*), Mistgrübe (*f.*).
concimare (fertilizzare) (*agric.*), düngen.
concimazione (fertilizzazione) (*agric.*), Düngung (*g.*).
concime (fertilizzante) (*agric. - ind. chim.*), Dünger (*m.*). **2** ~ (letame, stallatico) (*agric.*), Mist (*m.*), Stalldünger (*m.*). **3** ~ **artificiale** (*ind. chim. - agric.*), Kunstdünger (*m.*). **4** ~ **azotato** (*ind. chim. - agric.*), Stickstoffdünger (*m.*). **5** ~ **calcareo** (*agric.*), Kalkdünger (*m.*). **6** ~ **fosfatico** (*agric. - ind. chim.*), Phosphorsäuredünger (*m.*). **7** ~ **potassico** (*agric. - ind. chim.*), Kalidünger (*m.*).
concio (pietra squadrata) (*ed. - arch.*), Quader (*m.*), Haustein (*m.*), Werkstein (*m.*). **2** ~ **d'angolo** (*arch. - ed.*), Eckstein (*m.*). **3** ~ **d'appoggio** (pulvino d'imposta) (*ed.*), Lagerquader (*m.*), Auflagerquader (*m.*). **4** ~ **di chiave** (chiave) (*arch.*), Keil (*m.*), Keilstein (*m.*). **5** ~ **di imposta** (*ed.*), Widerlagstein (*m.*). **6** ~ **di volta** (*ed.*), Wölber (*m.*), Wölbstein (*m.*). **7** ~ **frontale** (concio per facciata) (*ed.*), Stirnquader (*m.*). **8 arco in conci** (arco in pietra da taglio) (*arch.*), Werksteinbogen (*m.*).
concludere (un contratto) (*comm.*), schliessen, abschliessen.
conclusione (di un affare p. es.) (*gen.*), Schluss (*m.*), Abschluss (*m.*).
concluso (un affare) (*comm.*), abgeschlossen.
concoide (*s. - geom.*), Konchoide (*f.*), Muschellinie (*f.*). **2** ~ (*a. - min.*), muschelig. **3 grafite a frattura** ~ (carbone di storta a frattura concoide) (*min.*), Muschelgraphit (*m.*).
concordabile (*gen.*), vereinbar.
concordanza (*gen.*), Übereinstimmung (*f.*). **2** ~ (vecchia unità tipografica) (*tip.*), Konkordanz (*f.*). **3** ~ **di fase** (*elett.*), Phasengleichheit (*f.*).
concordare (convenire, accordarsi) (*comm.*), vereinbaren, übereinkommen.
concordato (*s. - gen.*), Vereinbarung (*f.*), Abfindung (*f*), Übereinkommen (*n.*). **2** ~ (*a. - comm. - ecc.*), vereinbart.
concorrente (in affari) (*comm.*), Wettbewerber (*m.*), Konkurrent (*m.*). **2** ~ (offerente, per un concorso di appalto) (*comm.*), Submittent (*m.*), Submissionsbewerber (*m.*), Bieter (*m.*). **3 disposizione** ~ (disposizione ad alberi concorrenti, in un giunto cardanico) (*mecc.*), W-Anordnung (*f.*).
concorrenza (*comm.*), Konkurrenz (*f.*), Wettbewerb (*m.*). **2** ~ **spietata** (*comm.*), halsabschneiderische Konkurrenz. **3 che sostiene la** ~ (concorrenziale, allineato) (*comm.*), konkurrenzfähig. **4 entrare in** ~ (*comm.*), in Wettbewerb treten. **5 libera** ~ (*comm.*), freier Wettbewerb.
concorrenziale (che sostiene la concorrenza, allineato) (*comm.*), konkurrenzfähig.
concorso (bando di concorso) (*comm.*), Ausschreibung (*f.*), Ausschreiben (*n.*). **2** ~ **di appalto** (*comm.*), Submission (*f.*). **3 aggiudicazione per** ~ (di una fornitura) (*comm.*), Submissionsvergebung (*f.*). **4 indire un** ~ **di appalto** (*comm.*), für eine Submission ausschreiben.
concreto (numero) (*mat.*), benannt.

concrezione (*min.*), Zusammenwachsen (*n.*), Verwachsung (*f.*), Konkrement (*n.*). **2** ~ **calcarea da gocciolamento** (stalattite o stalagmite) (*min.*), Tropfstein (*m.*).
condanna (*leg.*), Verurteilung (*f.*).
condensa (acqua di condensazione) (*cald.*), Niederschlagwasser (*n.*), Kondenswasser (*n.*), Dampfwasser (*n.*). **2 acqua di** ~ (di un zuccherificio) (*ind. chim.*), Fallwasser (*n.*). **3 scaricatore di** ~ (*cald. - ecc.*), Kondenswasserablasser (*m.*). **4 separatore di** ~ (*tubaz.*), Kondenswasserabscheider (*m.*), Dampfwassertopf (*m.*).
condensare (vapore) (*cald.*), niederschlagen.
condensato (di un articolo p. es.) (*s. - gen.*), Kurzreferat (*n.*).
condensatore (capacitore) (*elett.*), Kondensator (*m.*). **2** ~ (di vapore) (*cald. - macch. a vap.*), Kondensator (*m.*). **3** ~ (di luce, per microscopi p. es.) (*ott. - illum.*), Kondensor (*m.*), Kollektor (*m.*). **4** ~ (lente) (*ott.*), Sammlerlinse (*f.*). **5** ~ (d'una macchina frigorifera) (*macch.*), Verflüssiger (*m.*), Kondensator (*m.*). **6** ~ (per la produzione dello zinco nel forno distillatore) (*metall.*), Vorlage (*f.*). **7** ~ **a campo oscuro** (di un microscopio) (*ott.*), Dunkelfeldkondensor (*m.*). **8** ~ **a carta** (*elett.*), Papierkondensator (*m.*). **9** ~ **a carta impregnata d'olio** (*elett.*), Ölpapierkondensator (*m.*). **10** ~ **a carta metallizzata** (*elett.*), Metallpapierkondensator (*m.*), MPko. **11** ~ **a controcorrente** (*cald.*), Gegenstromkondensator (*m.*). **12** ~ **a controcorrente** (condensatore a tubi coassiali) (*macch. frigor.*), Gegenstromverflüssiger (*m.*), Doppelrohr-Gegenstrom-Verflüssiger (*m.*). **13** ~ **ad aria** (*elett.*), Luftkondensator (*m.*). **14** ~ **ad evaporazione** (*cald.*) Verdampfungskondensator (*m.*), Verdunstungkondensator (*m.*). **15** ~ **a disco** (*elett.*), Scheibenkondensator (*m.*). **16** ~ **a eiettore** (*cald. - macch. a vap.*), Einspritzkondensator (*m.*). **17** ~ **a fascio tubolare** (*macch. frigor.*), Rohrbündel-Verflüssiger (*m.*). **18** ~ **a filo** (per riportare allo stato liquido il vapore del mezzo refrigerante) (*macch. frigor.*), Drahtverflüssiger (*m.*). **19** ~ **a gas compresso** (*elett.*), Pressgas-Kondensator (*m.*). **20** ~ **antiradiodisturbi** (*radio - aut. - mot.*), Entstörkondensator (*m.*). **21** ~ **a ossido** (condensatore il cui dielettrico è uno strato di ossido) (*elett.*), Oxydkondensator (*m.*). **22** ~ **a piastre** (*elett.*), Plattenkondensator (*m.*). **23** ~ **a pioggia** (*macch. frigor.*), Berieselungverflüssiger (*m.*). **24** ~ **a più strati** (*elett.*), Stapelkondensator (*m.*). **25** ~ **a plastica metallizzata** (*elett.*), Kondensator mit metallisierten Kunststoff, MK-Kondensator (*m.*). **26** ~ **a riflusso** (deflemmatore, di un distillatore) (*ind. chim.*), Rücklaufkondensator (*m.*), Dephlegmator (*m.*). **27** ~ **a secco** (*elett.*), Trockenkondensator (*m.*). **28** ~ **a superficie** (*cald. - macch. a vap.*), Oberflächenkondensator (*m.*). **29** ~ **attenuatore di capacità** (padding) (*elett.*), Padding-Kondensator (*m.*), Padding (*m.*). **30** ~ **a tubi coassiali** (condensatore in controcorrente) (*macch. frigor.*), Doppelrohr-Gegenstrom-Verflüssiger (*m.*), Gegenstromverflüssiger (*m.*). **31** ~ **avvolto** (*elett.*), Wickelkondensator (*m.*). **32** ~ **campione** (condensatore

condensatore

di precisione, campione di capacità) (*metrol.*), Messkondensator (*m.*), Kapazitätsnormal (*n.*), Eichkondensator (*m.*), Normalkondensator (*m.*). 33 ~ **cardioide** (*ott.*), Kardioidkondensor (*m.*). 34 ~ **cilindrico** (*elett.*), Röllchenkondensator (*m.*), Rollkondensator (*m.*). 35 ~ **compensatore** (*elett.* - *radio*), Abgleichkondensator (*m.*), Ausgleichkondensator (*m.*). 36 ~ **compensatore** (in parallelo) (*elett.*), Trimmkondensator (*m.*), Trimmerkondensator (*m.*). 37 ~ **compensatore a disco** (*elett.*), Scheibentrimmkondensator (*m.*), Striko (*m.*). 38 ~ **con anello di guardia** (*elett.*), Schutzringkondensator (*m.*). 39 ~ **di accensione** (*mot. - aut.*), Zündkondensator (*m.*). 40 ~ **di accoppiamento** (*radio - telef.*), Kopplungskondensator (*m.*). Koppelkondensator (*m.*). 41 ~ **di arresto** (o di blocco) (*radio*), Blockkondensator (*m.*). 42 ~ **di avviamento** (d'un motore monofase ad induzione) (*elett.*), Anlasskondensator (*m.*). 43 ~ **di blocco** (o di arresto) (*radio*), Blockkondensator (*m.*). 44 ~ **di fuga** (*elett. - radio*), Ableitkondensator (*m.*). 45 ~ **di griglia** (*radio*), Gitterkondensator (*m.*). 46 ~ **di precisione** (campione di capacità, condensatore campione) (*metall.*), Messkondensator (*m.*), Kapazitätsnormal (*n.*), Eichkondensator (*m.*), Normalkondensator (*m.*). 47 ~ **di regolazione** (*regolaz.*), Regelkondensator (*m.*). 48 ~ **di regolazione a mano** (condensatore d'accordo) (*elett.*), Feineinstellungskondensator (*m.*). 49 ~ **di rifasamento** (*elett.*), Phasenschieberkondensator (*m.*), Leistungskondensator (*m.*). 50 ~ **di sintonia** (*ed.*), Abstimmkondensator (*m.*). 51 ~ **di spegnimento** (condensatore di estinzione, condensatore spegniarco) (*app. elett.*), Löschkondensator (*m.*). 52 ~ **di spianamento** (*elett.*), Glättungskondensator (*m.*). 53 ~ **di tipo atmosferico** (*cald.*), Berieselungskondensator (*m.*). 54 ~ **elettrolitico** (*elett.*), Elektrolytkondensator (*m.*). 55 ~ **elettrolitico a secco** (*elett.*), Trokkenelektrolytkondensator (*m.*). 56 ~ **fisso** (*elett.*), Festkondensator (*m.*), fester Kondensator. 57 ~ **in carta** (*elett.*), Papierkondensator (*m.*). 58 ~ **in derivazione** (*elett.*), Speicherkondensator (*m.*), Parallelkondensator (*m.*). 59 ~ **in serie** (*elett.*), Reihenkondensator (*m.*). 60 ~ **passante** (*elett.*), Durchführungskondensator (*m.*), Bypasskondensator (*m.*). 61 ~ **per motori** (*elett.*), Motorkondensator (*m.*). 62 ~ **sferico** (*elett.*), Kugelkondensator (*m.*). 63 ~ **simmetrizzatore** (*app. elett.*), Symmetrierkondensator (*m.*). 64 ~ **spegniarco** (condensatore di estinzione, condensatore di spegnimento) (*app. elett.*), Löschkondensator (*m.*). 65 ~ **tubolare** (*elett.*), Rohrkondensator (*m.*). 66 ~ **variabile** (*elett.*), Drehkondensator (*m.*), veränderlicher Kondensator, einstellbarer Kondensator, Regelkondensator (*m.*). 67 ~ **variabile** (varicap) (*elettronica*), veränderliche Kapazität, Varicap (*f.*). 68 ~ **variabile tubolare** (*elett.*), Tauchkondensator (*m.*). 69 ~ **(variabile) a pressione** (*elett.*), Quetschkondensator (*m.*). 70 **armatura di** ~ (*elett.*), Kapazitätsbelag (*m.*). 71 **catena di condensatori** (*elett.*), Kondensatorkette (*f.*), Kondensatorleitung (*f.*). 72 **esploditore a** ~ (*espl. - min.*), Kondensator-Zündmaschine (*f.*).

condensazione (*fis.*), Kondensation (*f.*). 2 **scia di** ~ (*aer.*), Kondensstreifen (*m.*), Kondensationsstreifen (*m.*).

condirettore (*amm. - ecc.*), Mitdirektor (*m.*).

condizionamento (dell'aria) (*ed.*), Klimatisierung (*f.*). 2 ~ (trattamento, dell'acqua p. es.) (*ind.*), Aufbereitung (*f.*). 3 **centrale di** ~ (centrale di climatizzazione) (*ed.*), Klimazentrale (*f.*). 4 **impianto di** ~ (*ed. - ecc.*), Klimaanlage (*f.*).

condizionare (climatizzare, dotare di aria condizionata) (*ed.*), klimatisieren. 2 ~ (stagionare) (*ind. tess.*), konditionieren. 3 ~ (trattare, acqua per caldaie p. es.) (*ind.*), aufbereiten.

condizionato (di aria) (*ed. - ecc.*), klimatisiert. 2 ~ (ambiente, di laboratorio metrologico p. es.) (*ed. - mis.*), bewettert. 3 ~ (stagionato) (*ind. tess.*), konditioniert.

condizionatore (autonomo) (*app. - ed.*), Klimatisator (*m.*). 2 ~ **dell'aria** (autonomo) (armadio condizionatore) (*app. ed.*), Klimaschrank (*m.*), Klimatisierungsgerät (*n.*). 3 **gruppo** ~ (unità pneumatica di apparecchi, formata da filtro, valvola regolatrice della pressione ed oliatore) (*impianti ind.*), Wartungseinheit (*f.*).

condizionatura (stagionatura) (*ind. tess.*), Konditionierung (*f.*).

condizione (*gen.*), Bedingung (*f.*). 2 ~ (*comm.*), Bedingung (*f.*). 3 ~ (stato) (*fis.*), Zustand (*m.*). 4 ~ (stato, di una strada p. es.) (*costr. strad. - ecc.*), Beschaffenheit (*f.*), Zustand (*m.*). 5 ~ (stato) (*aer.*), Fall (*m.*). 6 **condizioni ambientali** (nel posto di lavoro p. es.) (*lav. - ecc.*), Umweltbedingungen (*f. pl.*), Umwelteinflüsse (*m. pl.*). 7 **condizioni atmosferiche** (condizioni del tempo) (*meteor.*), Witterung (*f.*), Wetterlage (*f.*). 8 ~ **come fornito** (*comm. - tecnol.*), Anlieferungszustand (*m.*). 9 **condizioni contrattuali** (*comm.*), Vertragsbedingungen (*f. pl.*). 10 **condizioni del tempo** (condizioni atmosferiche) (*meteor.*), Wetterlage (*f.*), Witterung (*f.*). 11 **condizioni di esercizio** (*ind.*), Betriebsverhältnisse (*n. pl.*), Betriebsbedingungen (*f. pl.*). 12 ~ **di funzionamento** (*mot. - ecc.*), Betriebsbedingung (*f.*). 13 **condizioni di lavoro** (nelle officine p. es.) (*lav. - ind.*), Arbeitsverhältnisse (*n. pl.*), Arbeitsbedingungen (*f. pl.*). 14 **condizioni di pagamento** (*comm.*), Zahlungsbedingungen (*f. pl.*). 15 ~ **di Petzval** (*ott.*), Petzval-Bedingung (*f.*), Petzval-Summe (*f.*). 16 ~ **di stabilità** (*fis.*), Stabilitätskriterium (*n.*). 17 ~ **di volo** (*aer.*), Flugfall (*m.*). 18 **condizioni in aria tipo** (condizioni tipo, 15 °C e 760 mm Hg) (*aer. - fis.*), Normbedingungen (*f. pl.*), Standard-Bedingungen (*f. pl.*). 19 ~ **meteorologiche minime** (per consentire l'atterraggio p. es.) (*aer. - ecc.*), Wetterminima (*n. pl.*). 20 ~ **normale tecnica** (a 20 °C e 1 kp/cm² = 735,56 mm Hg) (*fis.*), technischer Normalzustand. 21 **condizioni normali** (di un gas alla temperatura e pressione di 0 °C e 760 mm Hg) (*fis. - meteor.*), Normalbedingungen (*f. pl.*). 22 ~ **preliminare** (premessa) (*gen.*), Voraussetzung (*f.*). 23 ~ **sociale** (*leg. - finanz.*), Stand (*m.*), soziale Stellung. 24 **condizioni tipo** (condizioni in aria tipo) (*aer. - fis.*), Normbedingungen (*f. pl.*), Standard-Bedingungen (*f. pl.*). **25 in condizioni perfette** (senza difetti) (*macch. - ecc.*), unbeanstandet, fehlerfrei, ohne Mängeln. **26 soddisfare le condizioni** (soddisfare le esigenze) (*gen.*), die Bedingungen erfüllen.

condominio (*ed. - leg.*), Miteigentum (*n.*), Kondominium (*n.*).

condotta (per centrali elett. p. es.) (*costr. idr. - elett.*), Rohrleitung (*f.*). **2** ~ (impiego, uso, di una macchina, un forno, ecc.) (*macch. - metall. - ecc.*), Bedienung (*f.*). **3** ~ **a tubo in roccia** (*costr. idr.*), Rohrstollen (*m.*). **4** ~ **d'acqua** (*idr.*), Wasserleitung (*f.*). **5** ~ **d'acqua in pressione** (condotta forzata) (*idr.*), Druckwasserleitung (*f.*). **6** ~ **del fuoco** (direzione o regolazione del tiro) (*milit.*), Feuerleitung (*f.*). **7** ~ **del vapore** (tubazione del vap.) (*tubaz. - cald.*), Dampfleitung (*f.*). **8** ~ **di ventilazione** (*ventilaz.*), Lüftungskanal (*m.*). **9** ~ **di ventilazione** (*min.*), Wetterleitung (*f.*). **10** ~ **di ventilazione aspirante** (*min. - ecc.*), Saugkanal (*m.*). **11** ~ **forzata** (*costr. idr. - elett.*), Druckwasserleitung (*f.*), Triebwasserleitung (*f.*). **12** ~ **forzata in roccia** (*costr. idr. - elett.*), Triebwasserstollen (*m.*), Druckwasserstollen (*m.*), Druckstollen (*m.*). **13** ~ **forzata in tubo** (*costr. idr.*), Triebwasserrohrleitung (*f.*), Druckwasserrohrleitung (*f.*). **14** ~ **generale** (del freno) (*ferr.*), Hauptluftleitung (*f.*). **15** ~ **in roccia** (di impianto idroelettrico) (*costr. idr. - elett.*), Stollen (*m.*), Wasserstollen (*m.*). **16** ~ **in roccia a pelo libero** (*costr. idr.*), Freispiegelstollen (*m.*). **17** ~ **in roccia di presa** (galleria di presa, di un impianto idroelettrico) (*costr. idr.*), Zuleitungsstollen (*m.*). **18** ~ **principale** (dell'acqua potabile) (*ed.*), Hauptspeiseleitung (*f.*). **19** ~ **termica** («heat-pipe», tubo a tenuta stagna per la trasmissione di energia termica) (*term.*), Wärmeableitrohr (*n.*), «Heat Pipe». **20** ~ **termovettrice** (*term.*), vedi condotta termica. **21** **(gruppo di) condotte forzate affiancate** (*idr. - elett.*), Rohrstrasse (*f.*). **22 ruota** ~ (*mecc.*), getriebenes Rad, angetriebenes Rad.

condotto (*s. - tubaz.*), Leitkanal (*m.*), Leitung (*f.*). **2** ~ (per aria di ventilazione ed acqua) (*s. - min.*), Lutte (*f.*). **3** ~ (ruota dentata p. es. (*a. - mecc.*), angetrieben. **4** ~ **del fumo** (canna fumaria) (*comb. - ed.*), Heizzug (*m.*), Rauchzug (*m.*), Zugkanal (*m.*), Heizkanal (*m.*), Feuerkanal (*m.*). **5** ~ **di aspirazione** (d'un motore Wankel) (*mot.*), Einlasskanal (*m.*). **6** ~ **di compensazione** (d'un cassetto distributore) (*macch. a vapore*), Überströmkanal (*m.*). **7** ~ **di distribuzione** (d'una centrale idraulica; tubazione di distribuzione) (*idr.*), Verteilleitung (*f.*). **8** ~ **di scarico** (d'un motore Wankel) (*mot.*), Auslasskanal (*m.*). **9** ~ **di ventilazione** (*min.*), Wetterkanal (*m.*). **10** ~ **di uscita dell'aria viziata** (*ventilaz.*), Abluftkanal (*m.*). **11** ~ **tubolare** (*tubaz.*), Rohrgang (*m.*).

conducente (autista) (*aut. - lav.*), Kraftfahrer (*m.*), Kraftwagenführer (*m.*), Fahrer (*m.*). **2** ~ **di autocarri** (*lav. - aut.*), Lkw-Fahrer (*m.*). **3** ~ **di autotreni** (camionista) (*lav. - aut.*), Lastzugfahrer (*m.*). **4** ~ **di autovetture** (autista) (*lav. - aut.*), Pkw-Fahrer (*m.*). **5 posto del** ~ (sedile del conducente, posto di guida) (*aut. - ecc.*), Fahrersitz (*m.*). **6 sedile del** ~ (posto del conducente, posto di guida) (*aut. - ecc.*), Fahrersitz (*m.*). **7 senza** ~ (*veic. - trasp. ind. - ecc.*), fahrerlos.

conducibilità (conduttività) (*fis.*), Leitfähigkeit (*f.*). **2** ~ **elettrica** (conduttività elettrica) (*elett.*), elektrische Leitfähigkeit. **3** ~ **termica** (conduttività termica) (*fis.*), Wärmeleitfähigkeit (*f.*).

conducimetria (conduttometria) (*chim.*), Konduktometrie (*f.*).

condurre (guidare) (*gen.*), leiten, führen. **2** ~ (il calore p. es.) (*fis.*), leiten. **3** ~ (corrente) (*elett.*), leiten. **4** ~ (guidare, un veicolo) (*aut.*), fahren. **5** ~ (far funzionare, un forno p. es.) (*metall. - ecc.*), führen, fahren. **6** ~ (degli affari) (*ind. - comm.*), führen, leiten.

conduttanza (*elett.*), Leitwert (*m.*), Konduktanz (*f.*). **2** ~ **diretta** (d'un transistore) (*elettronica*), Durchlassleitwert (*m.*). **3** ~ **in derivazione** (*elett.*), Querleitwert (*m.*). **4** ~ **inversa** (*elettronica*), Sperrleitwert (*m.*). **5** ~ **mutua** (pendenza, transconduttanza) (*elettronica*), Steilheit (*f.*).

conduttività (conducibilità) (*fis.*), Leitfähigkeit (*f.*). **2** ~ **di pori** (conduttività di semiconduttori porosi) (*elettronica*), Porenleitfähigkeit (*f.*). **3** ~ **di semiconduttori porosi** (conduttività di pori) (*elettronica*), Porenleitfähigkeit (*f.*). **4** ~ **di tipo n** (conduttività per eccesso, di semiconduttori) (*elettronica*), n-Leitung (*f.*). **5** ~ **di tipo p** (conduttività per difetto, di semiconduttori) (*elettronica*), p-Leitung (*f.*). **6** ~ **elettrica** (conducibilità elettrica) (*elett.*), elektrische Leitfähigkeit. **7** ~ **intrinseca** (in un semiconduttore) (*elettronica*), Eigenleitung (*f.*). **8** ~ **per difetto** (conduttività di tipo p, di semiconduttori) (*elettronica*), p-Leitung (*f.*). **9** ~ **per eccesso** (conduttività di tipo n, di semiconduttori) (*elettronica*), n-Leitung (*f.*). **10** ~ **termica** (conducibilità termica, coefficiente di conduzione termica) (*fis.*), Wärmeleitfähigkeit (*f.*), Wärmeleitzahl (*f.*).

conduttometria (conducimetria) (*chim.*), Konduktometrie (*f.*).

conduttore (materiale metallico o non metallico che conduce la corrente) (*elett.*), Leiter (*m.*). **2** ~ (filo) (*elett.*), Leitung (*f.*), Drahtleitung (*f.*), Leiter (*m.*). **3** ~ (*lav. - ferr.*), Zugschaffner (*m.*). **4** ~ (affittuario) (*comm.*), Pachter (*m.*). **5** ~ (conduttrice) (*a. - elett.*), leitend. **6** ~ **aereo** (filo aereo) (*elett.*), Luftleiter (*m.*), Freileitung (*f.*). **7** ~ **a fascio** (*elett.*), Bündelleiter (*m.*). **8** ~ **a freddo** (resistore con incremento rapido della resistenza al disopra del punto di Curie) (*elettronica*), Kaltleiter (*m.*). **9** ~ **cavo** (conduttore tubolare, per rete ad alta tensione) (*elett.*), Hohlseil (*n.*). **10** ~ **di carrozza letti** (*lav.*), Schlafwagenschaffner (*m.*). **11** ~ **di guardia** (conduttore di terra, corda di guardia, per proteggere una linea aerea dalle scariche atmosferiche) (*elett.*), Schutzseil (*n.*), Erdseil (*n.*), Blitzschutzseil (*n.*). **12** ~ **di linea** (linea) (*elett.*), Hauptleiter (*m.*). **13** ~ **di luce** (fibra ottica, fotoguida, guida di luce) (*ott.*), Optikfaser (*f.*). **14 ~ di massa** (*elett.*), Erdleitung (*f.*). **15 ~ di prima classe** (conduttore metallico, conduttore elettronico) (*elett.*), Leiter 1. Klasse, Elektronenleiter (*m.*). **16 ~ di protezione** (*elett.*), Schutzleiter (*m.*). **17 ~ di rame** (filo di rame) (*elett.*), Kupferleitung (*f.*). **18 ~ di ritorno** (filo di ritorno) (*elett.*), Rückleitung (*f.*). **19 ~ di seconda classe** (conduttore elettrolitico) (*elettrochim.*), Leiter 2. Klasse, Ionenleiter (*m.*). **20 ~ di terra** (*elett.*), Erdungsleitung (*f.*). **21 ~ di terra** (conduttore di guardia, corda di guardia, per proteggere una linea aerea dalle scariche atmosferiche) (*elett.*), Erdseil (*n.*), Schutzseil (*n.*), Blitzschutzseil (*n.*). **22 ~ di un cavo** (*elett.*), Kabelader (*m.*). **23 ~ elementare** (di fase o avvolgimento) (*elett.*), Teilleiter (*m.*). **24 ~ elettrico** (*elett.*), Elektrizitätsleiter (*m.*). **25 ~ elettrolitico** (conduttore di seconda classe) (*elettrochim.*), Leiter 2. Klasse, Ionenleiter (*m.*). **26 ~ elettronico** (conduttore metallico, conduttore di prima classe) (*elett.*), Leiter 1. Klasse, Elektronenleiter (*m.*). **27 ~ flessibile** (filo flessibile) (*elett.*), biegsame Leitung. **28 ~ in tubo** (*elett.*), Rohrleiter (*m.*). **29 ~ isolato** (filo isolato) (*elett.*), isolierte Leitung. **30 ~ metallico** (conduttore elettronico, conduttore di prima classe) (*elett.*), Leiter 1. Klasse, Elektronenleiter (*m.*). **31 ~ neutro** (neutro) (*elett.*), Nulleiter (*m.*), Knotenpunktleiter (*m.*). **32 ~ non isolato** (nudo) (*elett.*), blanker Leiter. **33 ~ nudo** (non isolato) (*elett.*), blanker Leiter. **34 ~ per brillamenti** (reoforo per brillamenti) (*min. - elett.*), Schiessleitung (*f.*). **35 ~ per correnti forti** (*elett.*), Starkstromleitung (*f.*). **36 ~ per resistenze di riscaldamento** (*elett.*), Widerstandsheizleiter (*m.*). **37 ~ schermato** (*elett. - radio*), abgeschirmte Leitung. **38 ~ sotto gomma** (*elett.*), Gummischlauchleitung (*f.*). **39 ~ sotto piombo** (*elett.*), Bleimantelleitung (*f.*). **40 ~ tubolare** (conduttore cavo, per rete ad alta tensione) (*elett.*), Hohlseil (*n.*).

conduttrice (conduttore) (*a. - elett.*), leitend.

conduttura (tubazione) (*tubaz.*), Leitung (*f.*), Rohr (*n.*). **2 ~ del gas** (*ed.*), Gasleitung (*f.*). **3 ~ dell'acqua** (*idr. - tubaz.*), Wasserleitung (*f.*). **4 ~ dell'acqua potabile** (tubazione dell'acqua potabile) (*tubaz.*), Trinkwasserleitung (*f.*). **5 ~ di drenaggio** (*ed.*), Sickerleitung (*f.*), Dränleitung (*f.*). **6 ~ principale** (*tubaz. - ing. civ.*), Hauptrohr (*n.*), Hauptleitung (*f.*). **7 ~ principale del gas** (*ed. - ing. civ.*), Hauptgasleitung (*f.*), Hauptgasrohr (*n.*). **8 ~ principale dell'acqua** (potabile) (*ing. civ. - tubaz.*), Hauptwasserleitung (*f.*). **9 sistema di condutture** (impianto di tubazioni) (*tubaz.*), Leitungsanlage (*f.*), Röhrensystem (*n.*).

conduzione (*fis.*), Leitung (*f.*). **2 ~** (direzione, gestione, di un'azienda p. es.) (*ind.*), Führung (*f.*). **3 ~ aziendale** (*ind.*), Betriebsführung (*f.*). **4 ~ dell'esercizio** (di un'azienda elettrica p. es.) (*ind.*), Betriebsführung (*f.*). **5 ~ della rete** (*elett. - ind.*), Netzführung (*f.*). **6 ~ elettronica** (*elettronica*), Elektronleitung (*f.*). **7 ~ estrinseca** (*elettronica*), Störleitung (*f.*). **8 ~ ionica** (*elettronica*), Ionenleitung (*f.*). **9 ~ per buchi** (conduzione per difetti) (*elettronica*), Löcherleitung (*f.*), Defektleitung (*f.*). **10 ~ per eccesso** (di elettroni, nei semiconduttori) (*elettronica*), Überschussleitung (*f.*). **11 ~ per lacune** (conduzione per buchi, conduzione per difetti) (*elettronica*), Löcherleitung (*f.*), Defektleitung (*f.*). **12 ~ termica** (internamente ad un corpo solido) (*fis.*), Wärmeleitung (*f.*). **13 banda di ~** (*elettronica*), Leitungsband (*n.*). **14 campo di ~** (della caratteristica di un diodo al silicio) (*elettronica*), Durchlassbereich (*m.*). **15 coefficiente di ~ termica** (conduttività termica) (*term.*), Temperaturleitzahl (*f.*), Wärmeleitzahl (*f.*), Temperaturleitfähigkeit (*f.*), Wärmeleitfähigkeit (*f.*). **16 corrente di ~** (*elett.*), Leitungsstrom (*m.*). **17 corrente nello stato di ~** (corrente nello stato di chiusura, d'un tiristore p. es.) (*elettronica*), Durchlass-Stellungsstrom (*m.*). **18 senso di non ~** (senso inverso, senso d'interdizione; nei tiristori p. es.) (*elettronica*), Sperrichtung (*f.*). **19 stato di ~** (stato di chiusura, d'un tiristore) (*elettronica*), Durchlass-Stellung (*f.*). **20 stato di non ~** (stato di interdizione, nei tiristori p. es.) (*elettronica*), Sperrstellung (*f.*). **21 tempo di ~** (d'un tubo elettronico) (*elettronica*), Flusszeit (*f.*), Durchlasszeit (*f.*). **22 tempo di ~** (nei tubi a scarica in gas, angolo di conduzione) (*elettronica*), Stromflusswinkel (*m.*).

confederato (*gen.*), verbündet.

conferenza (*gen.*), Vortrag (*m.*), Besprechung (*f.*), Konferenz (*f.*), Rede (*f.*). **2 ~ stampa** (*giorn. - comm.*), Pressebesprechung (*f.*), Pressekonferenz (*f.*). **3 circuito ~** (*telef.*), Konferenzschaltung (*f.*), Sammelgesprächschaltung (*f.*). **4 impianto per conferenze** (*telef.*), Sammelgesprächeinrichtung (*f.*), SGE. **5 sala per conferenze** (*ed.*), Vortragsraum (*m.*).

conferire (impartire) (*gen.*), verleihen. **2 ~ procura** (delegare) (*leg.*), bevollmächtigen.

conferma (*gen.*), Bestätigung (*f.*). **2 ~** (di un contratto) (*comm.*), Bestätigung (*f.*). **3 ~** (della risposta di un dispositivo ad un segnale p. es.) (*elett.*), Quittung (*f.*), Rückmeldung (*f.*). **4 ~ di ordine** (*comm.*), Auftragsbestätigung (*f.*). **5 commutatore di ~** (per indicare il posizionamento d'interruttori, ecc.) (*elett.*), Quittungsschalter (*m.*). **6 commutatore di ~ d'un comando** (*elett.*), Steuerquittungsschalter (*m.*). **7 relè di ~** (*radio - elett.*), Quittungsrelais (*n.*). **8 segnale di ~** (*telegr.*), Rückmeldesignal (*n.*). **9 segnalazione di ~** (*telegr.*), Rückmeldung (*f.*).

confermare (*gen.*), bestätigen. **2 ~** (un contratto) (*comm.*), bestätigen. **3 ~** (il posizionamento d'un interruttore p. es.) (*elett.*), quittieren.

confermato (*gen.*), bestätigt. **2 ~ ufficialmente** (*gen.*), amtlich bestätigt.

confezionamento (imballaggio) (*comm. - ecc.*), Abpacken (*n.*), Verpackung (*f.*).

confezionare (eseguire) (*gen.*), anfertigen. **2 ~** (imballare) (*comm.*), verpacken, packen. **3 ~ balle** (imballare in balle) (*trasp.*), einballen.

confezionatrice (*macch.*), Verpackungsmaschine (*f.*), Abpackmaschine (*f.*). **2 ~ in recipienti flessibili** (per liquidi) (*macch. - imball.*), Zupack-Maschine (*f.*), Flüssigkeitsverpackungsmaschine (*f.*). **3 ~ in sacchetti di tubolare soffiato** (*macch. - imball.*), Schlauchbeutelverpackungsmaschine (*f.*). **4 ~ in tubolare** (soffiato) (*macch. - imball.*), Schlauchverpackungsmaschine (*f.*). **5 ~ per tè in bustine-filtro** (*macch.*), Tee-Aufgussbeutel-Maschine (*f.*).

confezione (esecuzione) (*gen.*), Anfertigung (*f.*). **2 ~** (imballaggio) (*comm.*), Packung (*f.*), Umhüllung (*f.*). **3 ~** (di abiti) (*ind. tess.*), Konfektion (*f.*). **4 ~ « blister »** (per pastiglie o compresse p. es.) (*comm.*), Blasenpackung (*f.*). **5 ~ da asporto** (*imball.*), Tragepackung (*f.*). **6 ~ di balle** (imballo) (*trasp.*), Einballierung (*f.*). **7 ~ non da rendere** (bottiglia, scatola, ecc.) (*trasp.*), Einwegpackung (*f.*). **8 ~ sotto vuoto** (*imball.*), Vakuum-Verpakkung (*f.*). **9 ~ trasparente** (*imball.*), Sichtpackung (*f.*), Vollsichtpackung (*f.*). **10 macchina per ~ in buste** (*imball.*), Kuvertiermaschine (*f.*). **11 scatola per confezioni** (scatola d'imballaggio) (*ind.*), Verpackungskarton (*m.*).

conficcare (piantare, battere, di pali p. es.) (*ed. - ecc.*), einschlagen, einrammen.

confidenziale (riservato, personale, lettera p. es.) (*posta*), vertraulich.

configurare (*gen.*), abgestalten.

configurazione (strutturazione, conformazione) (*gen.*), Gestaltung (*f.*), Gestalt (*f.*). **2 ~ del terreno** (*top.*), Geländeform (*f.*), Geländegestalt (*f.*). **3 ~ ergonomica** (di mezzi di lavoro p. es.) (*comando - ecc.*), ergonomische Gestaltung, griffgerechte Gestaltung. **4 ~ macrogeometrica** (di una superficie lavorata) (*mecc.*), Grobgestalt (*f.*), makrogeometrische Gestalt. **5 ~ microgeometrica** (di una superficie lavorata) (*mecc.*), Feingestalt (*f.*), mikrogeometrische Gestalt.

confinante (vicino) (*s. - leg. - ed.*), Angrenzer (*m.*), Anlieger (*m.*). **2 fondo ~** (*ed.*), Anliegergrundstück.

confinare (essere adiacente) (*gen.*), aneinandergrenzen.

confine (*geogr.*), Grenze (*f.*). **2 ~** (della miniera) (*min.*), Markscheide (*f.*).

conflittualità (*lav.*), Streitigkeit (*f.*). **2 ~ salariale** (controversia salariale) (*lav.*), Lohnstreitigkeit (*f.*).

confluenza (*gen.*), Zusammenfluss (*m.*). **2 ~** (di fiumi) (*geogr.*), Zusammenfluss (*m.*). **3 ~** (di due correnti di traffico p. es.) (*traff. strad.*), Verflechtung (*f.*).

conformazione (strutturazione, configurazione) (*gen.*), Gestaltung (*f.*), Gestalt (*f.*).

conforme (*gen.*), gemäss, ...mässig. **2 ~ a campione** (uguale al campione) (*comm.*), mustergleich, mustermässig.

conformità (*gen.*), Gemässheit (*f.*). **2 in ~** (*gen.*), demgemäss.

confortevolezza (*gen.*), Annehmlichkeit (*f.*), Komfort (*m.*), Bequemlichkeit (*f.*). **2 ~ di marcia** (*aut. - ecc.*), Fahrkomfort (*m.*).

conforto (*gen.*), Annehmlichkeit (*f.*).

confricazioni (difetto, nell'ossidazione anodica, p. es.) (*tecnol.*), Reibstellen (*f. pl.*).

confrontabile (paragonabile, comparabile) (*gen.*), vergleichbar.

confronto (*gen.*), Vergleich (*m.*). **2 ~ logico** (*gen.*), logische Verknüpfung.

congegno (*app.*), Gerät (*n.*), Vorrichtung (*f.*), Einrichtung (*f.*). **2 ~ di mira** (congegno di puntamento) (*arma da fuoco*), Visiereinrichtung (*f.*), Zielvorrichtung (*f.*). **3 ~ di puntamento** (per il lancio di bombe) (*aer. milit.*), Zielgerät (*n.*). **4 ~ di punteria** (di un cannone di grosso calibro) (*milit.*), Richtmaschine (*f.*).

congelamento (solidificazione) (*fis.*), Gefrieren (*n.*), Erstarren (*n.*). **2 ~** (di olio p. es.) (*ind. chim.*), Erstarrung (*f.*). **3 ~** (di un carburatore p. es.) (*mot. - ecc.*), Einfrieren (*n.*). **4 ~ dei crediti** (*finanz.*), Einfrieren von Guthaben. **5 metodo del ~** (per lo scavo di fondazioni, pozzi, ecc.) (*ing. civ.*), Tiefgefrierverfahren (*n.*). **6 punto di ~** (*fis.*), Gefrierpunkt (*m.*). **7 temperatura di ~** (*fis.*), Gefriertemperatur (*f.*).

congelare (gelare) (*fis.*), frieren, gefrieren. **2 ~** (di prodotti alimentari, terreno ecc.) (*ind. - ed.*), gefrieren.

congelato (*gen.*), gefroren. **2 ~** (un credito p. es.) (*finanz.*), eingefroren.

congelatore (apparecchio per congelazione, per prodotti alimentari) (*app.*), Gefrierer (*m.*). **2 ~ (« freezer »)** (*app. frigor.*), Gefrierschrank (*m.*). **3 ~** (evaporatore, di macch. frigorifere) (*app.*), Abkühler (*m.*), Verdampfer (*m.*). **4 ~ a compressione** (per alimentari, congelatore a piastre raffreddate) (*app. ind.*), Plattenapparat (*m.*). **5 ~ a placche** (*app. ind.*), vedi congelatore a compressione.

congelazione (di prodotti alimentari, di terreno ecc.) (*ind. - ed.*), Gefrieren (*n.*). **2 ~ in corrente d'aria** (di prodotti alimentari) (*ind.*), Luftstromgefrieren (*n.*). **3 ~ per compressione** (di prodotti alimentari fra piastre a bassissima temperatura) (*ind.*), Gefrieren mit Plattenapparat. **4 ~ rapida** (di prodotti alimentari) (*ind.*), schnelles Gefrieren, Schnellkühlung (*f.*). **5 apparecchio per ~** (congelatore, per prodotti alimentari) (*app.*), Gefrierer (*m.*). **6 metodo della ~** (per lo scavo di fondazioni, pozzi, ecc.) (*ing. civ.*), Tiefgefrierverfahren (*n.*).

congestione (ingorgo) (*traff. strad.*), Stauung (*f.*), Stau (*m.*), Stockung (*f.*). **2 ~ del traffico** (ingorgo del traffico) (*traff. strad.*), Verkehrsstockung (*f.*), Verkehrsstau (*m.*).

congiungere (collegare) (*gen.*), verbinden. **2 ~** (unire) (*falegn.*), verbinden. **3 ~** (accostare) (*mecc.*), stossen, aneinanderfügen. **4 ~ a code** (immorsare) (*falegn.*), verkämmen. **5 ~ a mortasa** (unire a mortasa, unire o congiungere a tenone) (*carp.*), einzapfen. **6 ~ a tenone** (unire a tenone, unire o congiungere a mortasa) (*carp.*), einzapfen.

congiungimento (*gen.*), Verbindung (*f.*), Vereinigung (*f.*). **2 ~** (di due correnti di veicoli) (*traff. strad.*), Verflechtung (*f.*).

congiuntamente (*adv. - gen.*), gemeinschaftlich.

congiuntore (interruttore a chiusura automatica) (*app. elett.*), Selbsteinschalter (*m.*).

congiuntura (*comm. - finanz.*), Konjunktur (*f.*).

congiunzione (*gen.*), Anschluss (*m.*). **2 ~**

conglomerato

(*astr.*), Konjunktion (*f.*). 3 ~ (AND) (*elab. dati*), Konjunktion (*f.*), UND.
conglomerato (*min. - geol.*), Konglomerat (*n.*), Gemenge (*n.*). 2 ~ **di resina** (*ind. chim. - ecc.*), Harzbeton (*m.*). 3 **prodotto in** ~ **cementizio** (*ed.*), Betonstein (*m.*).
congresso (*gen.*), Kongress (*m.*). 2 ~ (convegno) (*gen.*), Versammlung (*f.*). 3 ~ **Internazionale con Mostra dell'Automazione e Strumentazione** (*autom.*), INTERKAMA, Internationaler *K*ongress mit *A*usstellung für *M*esstechnik und *A*utomatik.
congruente (*geom.*), kongruent.
congruenza (*geom.*), Kongruenz (*f.*).
conguaglio (*comm.*), Ausgleich (*m.*).
coniare (monete p. es., con procedimento a freddo od a caldo) (*metall. - fucinatura*), prägen, massivprägen, vollprägen. 2 ~ **monete** (*finanz. - metall.*), ausmünzen, münzprägen.
coniatore (di monete) (*lav.*), Münzpräger (*m.*), Quetscher (*m.*).
coniatrice (pressa per calibrare) (*macch. fucinatura*), Kalibrierpresse (*f.*).
coniatura (a freddo od a caldo, di monete p. es.) (*metall. - fucinatura*), Massivprägen (*n.*), Vollprägen (*n.*), Prägen (*n.*). 2 ~ **di monete** (*metall. - finanz.*), Münzprägung (*f.*).
conica (sezione conica, sezione piana di un cono circolare) (*s. - geom.*), Kegelschnitt (*m.*).
conicità (*geom. - ecc.*), Konizität (*f.*). 2 ~ (*gen.*), Kegeligkeit (*f.*), Konizität (*f.*), Anzug (*m.*). 3 ~ (*mecc.*), Kegel (*m.*), Konus (*m.*), Kegelverjüngung (*f.*). 4 ~ (spoglia, sformo, di uno stampo p. es.) (*fond. - ecc.*), Schräge (*f.*). 5 ~ **del calibro** (*lamin.*), Kaliberanzug (*m.*). 6 ~ **del cuneo** (*mecc.*), Keilanzug (*m.*), Keilneigung (*f.*). 7 ~ **dello stampo** (spoglia dello stampo, sformo dello stampo) (*ut. fucinatura*), Gesenkschräge (*f.*). 8 ~ **d'imbocco** (angolo del tratto attivo, di un maschio per filettare) (*ut.*), Anschnittwinkel (*m.*). 9 ~ **esterna** (*mecc.*), Aussenkegel (*m.*). 10 ~ **interna** (*mecc.*), Innenkegel (*m.*). 11 ~ **totale** (cono) (*mecc.*), Verjüngung (*f.*).
conico (*gen.*), kegelförmig, kegelig. 2 ~ (*geom. - ecc.*), konisch, kegelförmig. 3 **ruota conica** (ruota dentata conica) (*mecc.*), Kegelrad (*n.*).
conifera (*legno*), Konifere (*f.*), Nadelbaum (*m.*).
conificare (tubi di acciaio p. es.) (*tubaz.*), konifizieren.
conimetro (strumento per misurare il contenuto di polvere nell'aria) (*app. min.*), Konimeter (*n.*).
coniugato (*geom.*), konjugiert. 2 ~ (profilo o ruota dentata in presa con altra) (*mecc.*), im Eingriff, zusammenarbeitend.
connessione (collegamento, allacciamento) (*elett.*), Anschluss (*m.*). 2 ~ (collegamento, a stella p. es.) (*elett.*), Schaltung (*f.*). 3 ~ (organo di collegamento) (*mecc.*), Glied (*n.*), Zwischenglied (*n.*). 4 ~ **a linguetta** (di una resistenza p. es.) (*elett.*), Fahnenanschluss (*m.*). 5 ~ **a pressione** (di un terminale p. es.) (*elett.*), Quetschverbindung (*f.*), Quetschanschluss (*m.*). 6 ~ **a V** (d'un trasformatore) (*elett.*), V-Schaltung (*f.*). 7 ~ **con ponticello** (cavallottamento, di due morsetti p. es.) (*elett.*), Überbrückung (*f.*). 8 ~ **dodecafase** (*elett.*), Zwölfphasenschaltung (*f.*). 9 ~ **frontale** (d'una bobina rotorica) (*macch. elett.*), Stirnverbindung (*f.*), Spulenkopf (*m.*). 10 ~ **incrociata** (*elett.*), Kreuzschaltung (*f.*). 11 ~ **induttiva** (di rotaie) (*ferr. elett.*), Drosselstoss (*m.*). 12 **cambio delle connessioni saldate** (*elett.*), Umlöten (*n.*). 13 **esercizio in** ~ (di reti elettriche) (*elett.*), Verbundbetrieb (*m.*). 14 **filo di** ~ **volante** (*telef.*), Überführungsdraht (*m.*). 15 **funzionamento in** ~ (funzionamento in comune; di componenti meccanici, elettrici, ecc.) (*mecc. - ecc.*), Zusammenarbeit (*f.*). 16 **linguetta di** ~ (*elett.*), Anschlussfahne (*f.*). 17 **pannello di** ~ (pannello di prese, a spine) (*elett.*), Steckbrett (*n.*), Stecktafel (*f.*). 18 **punto di** ~ (punto di attacco) (*elett. - ecc.*), Anschluss-Stelle (*f.*).
connesso (*gen.*), verbindet. 2 ~ **a morsetto** (filo) (*elett.*), geklemmt. 3 ~ **a spina** (conduttore) (*elett.*), gesteckt.
connettere (congiungere) (*gen.*), verbinden. 2 ~ (dei mattoni p. es.) (*ed. - mur.*), binden. 3 ~ (unire) (*falegn. - carp.*), verbinden, fugen. 4 ~ **a smusso** (unire a smusso) (*carp. - falegn.*), messern, schräg fugen.
connettore (*elett.*), Verbinder (*m.*). 2 ~ (sbarra, di un accumulatore) (*elett.*), Polschiene (*f.*). 3 ~ **ad innesto** (presa ad innesto) (*elett.*), Steckvorrichtung (*f.*). 4 ~ **a pressione** (*elett.*), Druckverbinder (*m.*). 5 ~ **a spina** (*elett.*), Steckverbinder (*m.*). 6 ~ **per cavi** (*elett.*), Kabelverbinder (*m.*).
cono (*gen.*), Kegel (*m.*). 2 ~ (*geom. - ecc.*), Kegel (*m.*), Konus (*m.*). 3 ~ (bocchino conico, oliva, «ogiva», di un raccordo filettato) (*tubaz.*), Dichtkegel (*m.*). 4 ~ (di un occhio) (*ott.*), Zapfen (*m.*). 5 ~ **a base circolare** (*geom.*), Kreiskegel (*m.*). 6 ~ **a sezione retta circolare** (cono circolare retto) (*geom.*), Kreiskegel (*m.*). 7 ~ **base** (di una ruota dentata conica) (*mecc.*), Grundkegel (*m.*). 8 ~ **circolare retto** (*geom.*), Kreiskegel (*m.*). 9 ~ **complementare** (di un ingranaggio conico) (*mecc.*), Ergänzungskegel (*m.*). 10 ~ **di deiezione** (conoide di deiezione) (*geol.*), Schuttkegel (*m.*), Schutthalde (*f.*), Ablagerungskegel (*m.*), Schotterkegel (*m.*). 11 ~ **di diamante** (per prove Rockwell) (*tecnol. mecc.*), Diamantkegel (*m.*). 12 ~ **di fondo** (di una ruota dentata conica) (*mecc.*), Fusskegel (*m.*). 13 ~ **di Mach** (*aerodin.*), Machscher Kegel. 14 ~ **di riduzione** (bussola di riduzione) (*mecc.*), Reduktionshülse (*f.*). 15 ~ **di ritiro** (cavità di ritiro, risucchio, alla sommità di un lingotto p. es.) (*difetto - metall.*), Lunker (*m.*), Trichterlunker (*m.*), Saugtrichter (*m.*). 16 ~ **di scarico** (*mot. a getto*), Austrittskegel (*m.*). 17 ~ **di sedimentazione** (bicchiere di sedimentazione a cono, per prove) (*idr. - chim.*), Spitzglas (*n.*), Absetzglas (*n.*). 18 ~ **di Seger** (cono pirometrico) (*term.*), Schmelzkegel (*m.*), Segerkegel (*m.*). 19 ~ **d'ombra** (*radar*), Schattenkegel (*m.*). 20 ~ **femmina** (di una frizione a cono p. es.) (*mecc.*), Hohlkegel (*m.*), Innenkegel (*m.*). 21 ~ **fotometrico** (filtro neutro a trasmissione crescente gradualmente) (*ott.*), Graukeil (*m.*). 22 ~ **Imhoff** (cono di sedimentazione Imhoff)

(*idr.*), Absetzglas nach Imhoff. **23** ~ **luminoso** (*illum.*), Lichtkegel (*m.*). **24** ~ **maschio** (di una frizione a cono p. es.) (*mecc.*), Aussenkegel (*m.*). **25** ~ **modello per colate** (*fond.*), Giesszapfen (*m.*), Eingussmodell (*n.*). **26** ~ **Morse** (*mecc.*), Morsekegel (*m.*). **27** ~ **obliquo** (*geom.*), schiefer Kegel. **28** ~ **pirometrico** (cono di Seger) (*term.*), Schmelzkegel (*m.*), Segerkegel (*m.*). **29** ~ **primitivo** (di un ingranaggio conico) (*mecc.*), Wälzkegel (*n.*), Teilkegel (*m.*). **30** ~ **primitivo di dentatura** (di ingranaggi conici) (*mecc.*), Erzeugungswälzkegel (*m.*). **31** ~ **primitivo di funzionamento** (di un ingranaggio conico) (*mecc.*), Betriebswälzkegel (*m.*). **32** ~ **retto** (*geom.*), gerader Kegel. **33** ~ **Seger** (*term.*), Segerkegel (*m.*), pyrometrischer Kegel. **34 a doppio** ~ (*gen.*), zweikegelig. **35 angolo al vertice del** ~ (apertura angolare del cono) (*mecc.*), Kegelwinkel (*m.*). **36 frattura a** ~ (tipo di frattura nella prova di trazione) (*prove mater.*), Schubkegel (*m.*). **37 lunghezza del** ~ (*mecc.*), Kegellänge (*f.*). **38 semiapertura angolare del** ~ (inclinazione di una generatrice rispetto all'asse del cono) (*mecc.*), Neigungswinkel am Kegel. **39 tronco di** ~ (*geom.*), Kegelstumpf (*m.*), Stumpf (*m.*). **40 vertice del** ~ **primitivo** (vertice primitivo, di un ingranaggio conico) (*mecc.*), Teilkegelspitze (*f.*).

conoide (*geom.*), Konoid (*n.*). **2** ~ **di deiezione** (cono di deiezione) (*geol.*), Schuttkegel (*m.*), Schutthalde (*f.*), Schotterkegel (*m.*), Ablagerungskegel (*m.*).

conoscenza (del compito di lavoro p. es.) (*lav. - ecc.*), Kenntnis (*f.*).

conoscopio (microscopio per osservare fenomeni d'interferenza) (*app.*), Konoskop (*n.*).

consecutivo (*gen.*), aufeinanderfolgend.

consegna (di merce) (*trasp. - comm.*), Lieferung (*f.*). **2** ~ (di un impianto all'utente p. es.) (*comm.*), Übergabe (*f.*). **3** ~ **a domicilio** (*trasp. - comm.*), Lieferung ins Haus. **4** ~ **chiavi in mano** (d'una casa) (*ed. - comm.*), schlüsselfertige Übergabe. **5** ~ **franco stazione** (*trasp. comm.*), Lieferung frei Bahnhof, Lieferung franko Bahnhof. **6** ~ **in conto deposito** (ad un commissionario p. es.) (*comm.*), Konsignation (*f.*). **7** ~ **ritardata** (*comm.*), Spätlieferung (*f.*). **8 addetto alle consegne a domicilio** (*lav.*) (*austr.*), Ausfahrer (*m.*). **9 bolla di** ~ (*comm. - trasp.*), Lieferschein (*m.*). **10 bolletta di** ~ (ricevuta) (*comm. - trasp.*), Lieferschein (*m.*), Einlieferungsschein (*m.*). **11 buono di** ~ (*comm. - trasp.*), Lieferschein (*m.*). **12 fare le consegne** (*gen.*), aushändigen. **13 luogo di** ~ (*comm.*), Lieferort (*m.*). **14 programma consegne** (progetto consegne) (*ind. - comm.*), Lieferprogramm (*n.*), Liefereinteilung (*f.*). **15 squilibrio alla** ~ (d'una mola) (*ut.*), Lieferunwucht (*f.*). **16 termine di** ~ (*comm.*), Lieferfrist (*f.*), Lieferzeit (*f.*).

consegnare (*comm.*), liefern. **2** ~ **in conto deposito** (*comm. - amm.*), konsignieren.

consegnatario (*trasp.*), Verwahrer (*m.*), Empfänger (*m.*).

conseguenza (risultato) (*gen.*), Folge (*f.*).

conseguire (raggiungere) (*gen.*), erreichen.

consenso (*ferr.*), Zustimmung (*f.*), Entblokkung (*f.*). **2** ~ (benestare) (*gen.*), Zustimmung (*f.*). **3** ~ **di blocco** (*ferr.*), Blockzustimmung (*f.*). **4** ~ **di sezione** (*ferr.*), Streckenentblockung (*f.*). **5 circuito di** ~ (*ferr. - ecc.*), Zustimmungsstromkreis (*m.*). **6 segnale di** ~ (*ferr.*), Zustimmungssignal (*n.*). **7 vizio di** ~ (*leg.*), Einigungsmangel (*m.*).

conserva (di frutta p. es.) (*ind.*), Konserve (*f.*). **2 conserve alimentari** (scatolame) (*ind.*), Konserven (*f. pl.*).

conservabile (prodotto) (*ind.*), lagerfähig.

conservare (*gen.*), wahren. **2** ~ **un diritto** (*gen.*), einen Anspruch wahren.

conservatore (dell'olio, nei trasformatori) (*elett.*), Konservator (*m.*), Ausdehnungsgefäss (*n.*). **2** ~ **d'olio** (recipiente di dilatazione dell'olio, per trasformatori) (*elett.*), Ölkonservator (*m.*).

conservazione (dell'energia) (*fis.*), Erhaltung (*f.*). **2** ~ (preservazione, trattamento di preservazione, del legno p. es.) (*ed.*), Haltbarmachung (*f.*). **3** ~ (*gen.*), Wahrung (*f.*). **4** ~ **della materia** (*fis.*), Erhaltung der Materie. **5** ~ **dell'energia** (*fis.*), Energieerhaltung (*f.*).

considerare (*gen.*), berücksichtigen, betrachten.

considerazione (*gen.*), Berücksichtigung (*f.*), Betrachtung (*f.*), Rücksicht (*f.*). **2 in** ~ **di** (dato che, posto che) (*gen.*), mit Rücksicht auf. **3 prendere in** ~ (*gen.*), berücksichtigen, in Berücksichtigung ziehen. **4 prendere qualche cosa in** ~ (*gen.*), auf etwas Rücksicht nehmen.

consigliare (*gen.*), beraten.

consigliere (membro di un consiglio) (*finanz. - ecc.*), Mitglied (*n.*). **2** ~ **di amministrazione** (*comm. - finanz.*), Vorstandsmitglied (*n.*), Direktionsmitglied (*n.*).

consiglio (adunanza) (*gen.*), Rat (*m.*), Ratsversammlung (*f.*). **2** ~ (raccomandazione, suggerimento) (*leg. - ecc.*), Rat (*m.*), Ratschlag (*m.*). **3** ~ **degli anziani** (*lav. - ecc.*), Ältestenrat (*m.*). **4** ~ **di amministrazione** (*finanz. - ind.*), Vorstand (*m.*), Verwaltungsrat (*m.*). **5** ~ **economico** (*finanz.*), Wirtschaftsrat (*m.*). **6** ~ **economico e sociale** (*finanz.*), Wirtschafts- und Sozialrat (*m.*). **7 membro del** ~ **di amministrazione** (*finanz. - ecc.*), Vorstandsmitglied (*n.*), Direktionsmitglied (*n.*). **8 seduta del** ~ **di amministrazione** (*finanz. - ecc.*), Vorstandssitzung (*f.*).

consistenza (*gen.*), Konsistenz (*f.*). **2** ~ (del calcestruzzo p. es.) (*ed. - mur.*), Steife (*f.*), Konsistenz (*f.*). **3** ~ (di una centrale, di un impianto idroelettrico, ecc.) (*elett. - ecc.*), Bestand (*m.*). **4 indice di** ~ (di un materiale terroso agglomerante) (*ed.*), Zustandszahl (*f.*), Konsistenzzahl (*f.*). **5 prova di** ~ (del calcestruzzo p. es.) (*ed. - mur.*), Konsistenzprüfung (*f.*), Ausbreitmassprüfung (*f.*).

consistometro (per calcestruzzo p. es.) (*app.*), Konsistometer (*n.*), Konsistenzmesser (*m.*). **2** ~ (mobilometro, per vernici p. es.) (*app.*), Konsistometer (*n.*), Konsistenzmesser (*m.*).

consociata (società consociata) (*comm.*), Mitinhaberin (*f.*), Mitteilhaber (*m.*), Mitgliedsfirma (*f.*).

consocio (consociato) (*finanz.*), Mitteilhaber (*m.*).

« console » (« consolle », quadro di comando) (*calc. - ecc.*), Konsole (*f.*), Bedienungspult (*n.*), Steuerpult (*n.*).
consolidamento (*gen.*), Befestigung (*f.*), Verstärkung (*f.*). 2 ∼ (costipazione, di terreno) (*ing. civ.*), Stampfen (*n.*), Verfestigung (*f.*). 3 ∼ **del terreno** (*cd. - ing. civ.*), Bodenverfestigung (*f.*). 4 **opera di** ∼ (**delle sponde**) (difesa delle sponde) (*costr. idr.*), Deckwerk (*n.*).
consolidare (*gen.*), befestigen, verstärken. 2 ∼ (costipare, il terreno) (*ed. - ing. civ.*), feststampfen, verfestigen. 3 ∼ **con pali** (*ed.*), auspfählen.
consorella (società affiliata) (*comm.*), Schwestergesellschaft (*f.*).
consorzio (*finanz.*), Syndikat (*n.*).
constantana (40% nichelio e 60% di rame) (*lega*), Konstantan (*n.*).
constatare (determinare, stabilire, accertare, riscontrare) (*gen.*), feststellen.
constatazione (di un fatto) (*leg. - ecc.*), Feststellung (*f.*). 2 **verbale di** ∼ (*leg. - ecc.*), Feststellungsprotokoll (*n.*).
consulente (*leg.*), Berater (*m.*), Konsulent (*m.*). 2 ∼ **aziendale** (*ind.*), Betriebsberater (*m.*). 3 ∼ **fiscale** (*finanz. - leg.*), Steuerberater (*m.*). 4 ∼ **legale** (*leg.*), Rechtsberater (*m.*). 5 ∼ **tecnico** (*leg.*), Fachberater (*m.*), technischer Berater.
consulenza (*leg. - ecc.*), Beratung (*f.*). 2 ∼ **fiscale** (*leg. - finanz.*), Steuerberatung (*f.*).
consultivo (*gen.*), beratend.
consumare (*gen.*), verbrauchen. 2 ∼ (logorare) (*mecc. - ecc.*), abnutzen, verschleissen. 3 ∼ (energia p. es.) (*gen.*), aufbrauchen. 4 ∼ **per sfregamento** (*gen.*), abreiben.
consumarsi (usurarsi, logorarsi) (*tecnol.*), verschleissen.
consumato (usato) (*gen.*), verbraucht. 2 ∼ (logorato, usurato) (*tecnol.*), verschlissen, abgenutzt. 3 ∼ (che ha perso il filo) (*ut.*), stumpf, abgestumpft. 4 ∼ (cuscinetto) (*mecc.*), ausgelaufen. 5 ∼ (fondo stradale) (*costr. strad.*), ausgefahren.
consumatore (*gen.*), Benützer (*m.*), Benutzer (*m.*). 2 ∼ (colui che acquista la merce) (*comm.*), Verbraucher (*m.*), Konsument (*m.*), Letztverbraucher (*m.*). 3 **comportamento del** ∼ (*comm.*), Konsumentenverhalten (*n.*). 4 **produttore e** ∼ (*comm.*), Erzeuger und Verbraucher.
consumerismo (movimento per la protezione dei consumatori) (*comm.*), Konsumerismus (*m.*).
consumo (*gen.*), Verbrauch (*m.*). 2 ∼ (logorio, usura) (*mecc. - ecc.*), Verschleiss (*m.*). 3 ∼ (*comm.*), Konsum (*m.*). 4 ∼ (degli elettrodi p. es.) (*elett. - ecc.*), Abbrand (*m.*). 5 ∼ (di combustibile nucleare durante l'esercizio, di un reattore) (*fis. atom.*), Abbrand (*m.*). 6 ∼ **dello stampo** (usura dello stampo) (*fucinatura*), Gesenkverschleiss (*m.*). 7 ∼ **di carburante** (consumo di combustibile) (*mot.*), Kraftstoffverbrauch (*m.*). 8 ∼ **di combustibile** (consumo di carburante) (*mot.*), Kraftstoffverbrauch (*m.*). 9 ∼ **di combustibile** (consumo di propellente, in kp/sec.) (*mot. a getto*), Massendurchsatz (*m.*). 10 ∼ **di corrente** (*elett.*), Stromverbrauch (*m.*). 11 ∼ **di energia** (*elett. - ecc.*), Energieverbrauch (*m.*). 12 ∼ **di lubrificante** (*mot. - ecc.*), Schmierstoffverbrauch (*m.*). 13 ∼ **di propellente** (consumo di combustibile, in kp/sec.) (*mot. a getto*), Massendurchsatz (*m.*). 14 ∼ **in watt** (*elett.*), Wirkleistungsverbrauch (*m.*). 15 ∼ **limite** (del fungo della rotaia) (*ferr.*), Ablaufhöhe (*f.*). 16 ∼ **pro capite** (*statistica*), Kopfverbrauch (*m.*), Verbrauch pro Kopf. 17 ∼ **proprio** (autoconsumo, di strumenti metrologici p. es.) (*strum. - ecc.*), Eigenverbrauch (*m.*). 18 ∼ (**secondo le norme**) **DIN** $(1,1 \frac{k}{w} \cdot 100$ litri per 100 km, in cui k è il combustibile consumato in litri e w il percorso in km) (*aut.*), Normverbrauch (*m.*). 19 ∼ **specifico di carburante** (consumo specifico di combustibile) (*mot.*), spezifischer Kraftstoffverbrauch. 20 ∼ **specifico di combustibile** (consumo specifico di carburante) (*mot.*), spezifischer Kraftstoffverbrauch. 21 ∼ **su lunghi percorsi** (consumo su strada) (*aut.*), Streckenverbrauch (*m.*). 22 ∼ **su strada** (consumo su lunghi percorsi) (*aut.*), Streckenverbrauch (*m.*). 23 **a** ∼ (elettrodo p. es., nella fusione in forno ad arco) (*tecnol.*), selbstverzehrend. 24 **articolo di** ∼ (*comm.*), Verbrauchsartikel (*m.*), Verbrauchsgegenstand (*m.*). 25 **beni di** ∼ (*comm.*), Verbrauchsgüter (*n. pl.*). Konsumentengüter (*n. pl.*). 26 **imposta di** ∼ (*finanz.*), Verbrauchsteuer (*n.*). 27 **materiali di** ∼ (per la fabbricazione) (*ind.*), Verbrauchsgüter (*n. pl.*), Verbrauchsstoffe (*m. pl.*). 28 **prodotti di** ∼ (beni di consumo) (*ind. - comm.*), Konsumentengüter (*n. pl.*). 29 **vicino al punto di** ∼ (centrale; vicino all'utenza) (*elett.*), verbrauchsnah.
consuntivista (*amm. - ind.*), Istkostenrechner (*n.*).
consuntivo (*contabilità*), Abschlussrechnung (*f.*). 2 ∼ (determinazione dei costi a consuntivo) (*contabilità*), Nachkalkulation (*f.*). 3 **costo** ∼ (*ind.*), Istkosten (*f. pl.*).
consunzione (della parete di un tubo p. es.) (*gen*), Abzehrung (*f.*).
contaassi (*app. ferr.*), Achszähler (*m.*).
contabile (*s. - contabilità*), Buchhalter (*m.*), Registrator (*m.*). 2 ∼ (segretaria d'albergo) (*s. - lav.*) (*austr.*), Journalfräulein (*f.*), Journalführerin (*f.*). 3 **errore** ∼ (*contab.*), Buchungsfehler (*m.*). 4 **macchina** ∼ (macchina per contabilità) (*macch. uff.*), Buchhaltungsmaschine (*f.*).
contabilità (tenuta dei libri contabili) (*contabilità*), Buchführung (*f.*), Buchhaltung (*f.*). 2 ∼ (ufficio di contabilità, reparto di una ditta) (*contabilità*), Buchhaltung (*f.*), Registratur (*f.*). 3 ∼ **creditori/debitori** (*contab.*), Kreditoren-Debitoren-Buchhaltung (*f.*). 4 ∼ **debitori/creditori** (*contab.*), Debitoren-Kreditoren-Buchhaltung (*f.*). 5 ∼ (**dei**) **materiali** (*ind.*), Materialabrechnung (*f.*). 6 ∼ **di magazzino** (*ind. - amm.*), Lagerbuchführung (*f.*). 7 ∼ **generale** (di una ditta) (*amm. - ind.*), Geschäftsbuchhaltung (*f.*). 8 ∼ **industriale** (*contabilità*), Betriebsbuchhaltung (*f.*), Industriebuchführung (*f.*), Industriebuchhaltung (*f.*). 9 **carta per** ∼ (*ind. carta*), Buchungs-

papier (*n.*). **10 macchina per** ~ (macchina contabile) (*macch. uff.*), Buchhaltungsmaschine (*f.*). **11 ufficio** ~ (« contabilità », reparto di una ditta) (*contabilità*), Buchhaltung (*f.*), Registratur (*f.*).

contabilizzazione (in base al computo metrico) (*ed.*), Abrechnung (*f.*).

contabilmente (*amm.*), buchhalterisch.

contabilizzare (imputare, mettere in conto) (*amm.*), verbuchen, verrechnen.

contabilizzazione (*amm.*), Verbuchung (*f.*), Verrechnung (*f.*).

contachilometri (*strum. - veic.*), Kilometerzähler (*m.*). **2** ~ **parziale** (*strum. aut.*), Tageskilometerzähler (*m.*). **3** ~ **totalizzatore** (*strum.*), Gesamtkilometerzähler (*m.*). **4 scarto al** ~ (*strum. aut.*), Kilometerzählerabweichung (*f.*).

contacicli (contatore di cicli) (*elab. dati*), Zyklenzähler (*m.*), Gangzähler (*m.*). **2** ~ (*lav. macch. ut.*), Taktzähler (*m.*), Zyklenzähler (*m.*).

contacopie (*macch. uff.*), Auflagenzähler (*m.*).

contacorse (*app.*), Hubzähler (*m.*).

contadino (*lav.*), Landwirt (*m.*), Bauer (*m.*). **2** ~ (lavoratore agricolo) (*lav.*), Landarbeiter (*m.*), landwirtschaftlicher Arbeiter.

contafiletti (di una vite) (*ut. mecc.*), Gewindeschablone (*f.*).

contafogli (*macch. tip.*), Bogenzähler (*m.*).

contafotogrammi (di una cinepresa) (*cinem.*), Bildzähler (*m.*). **2** ~ **singoli** (*cinem.*), Einzelbildzähler (*m.*). **3** ~ **totalizzatore** (di una cinepresa p. es.) (*cinem.*), Gesamtbildzähler (*m.*).

contagioso (infettivo, malattia) (*med.*), ansteckend.

contagiri (*strum.*), Drehzahlmesser (*m.*), Drehzähler (*m.*). **2** ~ (*strum.*), *vedi anche* tachimetro. **3** ~ **ad impulsi di accensione** (*strum.*), Zündimpulsdrehzahlmesser (*m.*). **4** ~ **a lettura diretta** (*strum.*), Nahdrehzahlmesser (*m.*). **5** ~ **elettrico** (*strum.*), elektrischer Drehzahlmesser (*m.*). **6** ~ **fotoelettronico** (tachimetro fotoelettronico) (*app.*), berührungsloser Drehzahlmesser. **7** ~ **magnetico** (tachimetro magnetico) (*strum.*), Wirbelstrom-Drehzahlmesser (*m.*). **8** ~ **registratore** (*strum.*), Drehzahlschreiber (*m.*). **9** ~ **stroboscopico** (*strum.*), stroboskopischer Drehzahlmesser, lichtelektrischer Drehzahlmesser. **10 flessibile comando** ~ (*aut. - mot.*), Zählersaite (*f.*).

contagocce (*app.*), Tropfenzähler (*m.*), Tropfdüse (*f.*).

« container » (cassa mobile, contenente la merce) (*trasp.*), Behälter (*m.*), Container (*m.*). **2** ~ **ferroviario** (*trasp. - ferr.*), Bahnbehälter (*m.*), Bahncontainer (*m.*). **3** ~ **ripiegabile** (coltainer) (*trasp.*), Coltainer (*m.*).

containerizzazione (*trasp.*), Containerisierung (*f.*).

containiezioni (contastampate, nello stampaggio di mat. plast.) (*tecnol.*), Schusszähler (*m.*).

contalitri (*strum.*), Litermessuhr (*f.*), Literzähler (*m.*). **2** ~ **di benzina** (di un distributore) (*aut.*), Benzinmessuhr (*f.*).

contametri (*strum.*), Meterzähler (*m.*). **2** ~ **di pellicola** (*strum. - cinem.*), Filmmesser (*m.*), Filmmeterzähler (*m.*). **3** ~ **per filati** (contatore di metri di filato) (*strum. - tess.*), Garnmeterzähler (*m.*).

contaminato (*radioatt.*), verseucht.

contaminazione (*radioatt.*), Verseuchung (*f.*), Kontamination (*f.*). **2** ~ **radioattiva** (*radioatt.*), radioaktive Verseuchung.

contanti (liquido) (*finanz.*), Barschaft (*f.*), flüssige Gelder. **2** ~ (cassa) (*finanz.*), Bargeld (*n.*), Barbestand (*m.*). **3 convertire in** ~ (realizzare) (*finanz. - amm.*), versilbern. **4 in** ~ (*comm.*), bar. **5 in** ~ (pronta cassa) (*amm.*), gegen Kasse, bar. **6 pagamento in** ~ (*comm.*), Barzahlung (*f.*). **7 a pagare in** ~ (*comm.*), barzahlen. **8 prezzo per** ~ (*comm.*), Barpreis (*m.*).

contaore (di un motore p. es., contatore delle ore di funzionamento) (*strum.*), Betriebsstundenzähler (*m.*), Stundenzähler (*m.*), Zeitzähler (*m.*). **2** ~ (**registratore**) (per il calcolo del tempo di marcia dei treni) (*ferr. - strum.*), Fahrdiagraph (*m.*), Fahrzeitrechner (*m.*).

contapassi (podometro) (*app.*), Schrittmesser (*m.*).

contapezzi (*app.*), Stückzähler (*m.*).

contaprese (*fot.*), Aufnahmezähler (*m.*).

contare (*mat.*), zählen. **2** ~ (*contabilità*), aufrechnen.

contastampate (*tecnol.*), *vedi* containiezioni.

contatore (elettrico p. es.) (*strum.*), Zähler (*m.*). **2** ~ (flussometro, misuratore di portata) (*app.*), Mengenmesser (*m.*), Mengenmeter (*n.*). **3** ~ (per liquidi e gas) (*app.*), Mengenzähler (*m.*). **4** ~ **a bobina mobile** (*strum.*), Drehspul-Messinstrument (*n.*). **5** ~ **ad anello** (*elettronica*), Ringzähler (*m.*). **6** ~ **ad immersione** (*strum. radioatt.*), Eintauchzähler (*m.*), Immersionszähler (*m.*). **7** ~ **a distanza** (*strum.*), Fernzähler (*m.*). **8** ~ **a doppia tariffa** (*elett. - strum.*), Doppeltarifzähler (*m.*). **9** ~ **a due tariffe** (di cui una ridotta) (*app. elett.*), Vergütungszähler (*m.*). **10** ~ **a finestra** (*strum. - radioatt.*), Fensterzählrohr (*n.*). **11** ~ **a gettone** (contatore a moneta) (*strum.*), Münzzähler (*m.*). **12** ~ **a indicazione di massima** (*strum. elett.*), Maximumverbrauchszähler (*m.*). **13** ~ **a induzione** (*app. elett.*), Induktionszähler (*m.*), Induktionsmessgerät (*n.*). **14** ~ **a moneta** (contatore a gettone) (*strum.*), Münzzähler (*m.*). **15** ~ **a motore** (contatore motorizzato) (*app. elett.*), Motorzähler (*m.*). **16** ~ **a palette monogetto** (per liquidi) (*app.*), Einstrahlzähler (*m.*). **17** ~ **a pistone** (*app.*), Kolbenzähler (*m.*). **18** ~ **a quadrante** (*app.*), Zähluhr (*f.*). **19** ~ **Aron** (contatore inserito in Aron) (*strum. elett.*), Aronzähler (*m.*). **20** ~ **a ruote ovali** (per acqua) (*app.*), Ovalradzähler (*m.*). **21** ~ **a scintillazione** (contatore a scintillio) (*app. - radioatt.*), Szintillationszähler (*m.*). **22** ~ **a tariffa multipla** (*app.*), Mehrfachtarifzähler (*m.*), Mehrfachzähler (*m.*). **23** ~ **a turbina a più getti** (per acqua) (*app.*), Mehrstrahl-Flügelradzähler (*m.*). **24** ~ **calorimetrico** (contatore di calorie) (*strum.*), Wärmezähler (*m.*). **25** ~ **campione** (*app. elett.*), Eichzähler (*m.*). **26** ~ **con indicazione di massima** (*app. elett.*), Zähler mit Höchstverbrauchsangabe, Zähler mit Maximumanzeiger. **27** ~ **con registrazione di massima** (*app. elett.*), Maxigraph (*m.*). **28** ~ **d'acqua a palette** (*strum.*), Flügelradwasserzähler (*m.*). **29** ~ **da quadro** (*app. elett.*), Schalttafelzähler (*m.*). **30** ~ **decadale** (demoltiplicatore decimale) (*mecc.*), Dekadenzähler (*m.*), Dekadenmetersetzer (*m.*). **31** ~ **del gas** (*strum.*), Gasmesser (*m.*), Gaszähler (*m.*). **32** ~ **del gas a gettone** (contatore del gas a moneta) (*app.*), Münzgaszähler (*m.*). **33** ~ **del gas a liquido** (*strum.*), nasse Gasuhr, nasser Gasmesser. **34** ~ **del gas a moneta** (contatore del gas a gettone) (*app.*), Münzgaszähler (*m.*). **35** ~ **del gas a secco** (*strum.*), trockener Gasmesser, trockene Gasuhr. **36** ~ **dell'acqua** (*app.*), Wasserzähler (*m.*). **37** ~ **della durata della telefonata** (*telef.*), Gesprächszeitmesser (*m.*), GZM. **38** ~ **della luce** (contatore per circuito di illuminazione) (*strum.*), Lichtstromzähler (*m.*), Lichtzähler (*m.*). **39** ~ (**delle comunicazioni**) **nel posto d'operatrice** (*telef.*), Platzzähler (*m.*). **40** ~ **delle istruzioni** (*calc.*), Befehlszähler (*m.*). **41** ~ **di affrancatura** (di una macchina affrancatrice) (*posta*), Gebührenzähler (*m.*). **42** ~ **di calorie** (contatore calorimetrico) (*strum.*), Wärmezähler (*m.*). **43** ~ **di cicli** (contacicli) (*elab. dati - app.*), Zyklenzähler (*m.*), Gangzähler (*m.*). **44** ~ **di cicli** (contacicli) (*lav. macch. ut.*), Zyklenzähler (*m.*), Taktzähler (*m.*). **45** ~ **di conversazioni** (contatore di telefonate) (*telef.*), Gesprächszähler (*m.*), Leistungszähler (*m.*). **46** ~ **di eccedenza** (contatore di sovraconsumo) (*app. elett.*), Subtraktionszähler (*m.*), Überverbrauchzähler (*m.*), Spitzenzähler (*m.*). **47** ~ **di energia apparente** (voltamperorametro) (*strum. elett.*), Scheinleistungszähler (*m.*). **48** ~ **di esposizione** (di un apparecchio duplicatore p. es.) (*macch. uff.*), Belichtungsuhr (*f.*). **49** ~ **di flusso magnetico** (*app.*), Zähldrossel (*f.*), Magnetflusszähler (*m.*). **50** ~ **di fotoni al sodio** (*strum. - fis. atom.*), Natrium-Photonenzähler (*m.*). **51** ~ **di frequenza media** (di un contatore di radioattività, p. es.) (*app. elettronico*), Ratemeter (*n.*). **52** ~ **di Geiger** (*strum. - radioatt.*), Geigerzähler (*m.*), Spitzenzähler (*m.*). **53** ~ **di Geiger-Müller** (*app. - radioatt.*), Geiger-Müllersches Zählrohr. **54** ~ **di istruzioni** (*calc.*), Befehlszähler (*m.*). **55** ~ **di massima** (*elett.*), Maximumzähler (*m.*). **56** ~ **di metri di filato** (contametri per filati) (*app. tess.*), Garnmeterzähler (*m.*). **57** ~ **d'impulsi** (*app.*), Impulszähler (*m.*). **58** ~ **dinamometrico** (contatore di Thompson, contatore elettrodinamico per corrente continua) (*app. elett.*), Motorzähler (*m.*), Gleichstrommotorzähler (*m.*). **59** ~ **di neutroni** (*app. - fis. atom.*), Neutronenzählrohr (*n.*). **60** ~ **di occupazioni** (*app. telef.*), Belegungszähler (*m.*). **61** ~ **di produzione** (di pezzi prodotti) (*app.*), Produktionszähler (*m.*). **62** ~ **di radiazioni** (*app. - radioatt.*), Strahlungsmessgerät (*n.*), Zählrohr (*n.*). **63** ~ **di sovraccarico** (*app. - telef.*), Zähler für die Besetzt-und Verlustfälle. **64** ~ **di sovraconsumo** (contatore di eccedenza) (*elett.*), Überverbrauchzähler (*m.*), Subtraktionszähler (*m.*). **65** ~ **di telefonate** (*telef.*), Gesprächszähler (*m.*). **66** ~ **elettrico** (*strum. elettr.*), Elektrizitätszähler (*m.*), Stromzähler (*m.*). **67** ~ **elettrico** (chilowattorametro) (*strum.*), Kilowattstundenzähler (*m.*). **68** ~ **elettrico a moneta** (*strum. elett.*), Elektrizitätsautomat (*m.*). **69** ~ **elettrolitico** (*app.*), Elektrolytzähler (*m.*). **70** ~ **elettromagnetico a collettore** (*app. elett.*), Magnetmotorzähler (*m.*). **71** ~ **integratore** (*strum.*), Integrationsmesser (*m.*). Integralzähler (*m.*), integrierender Zähler. **72** ~ **interno** (per il consumo domestico) (*strum. elettr.*), Haushaltzähler (*m.*). **73** ~ **per acqua** (*strum.*), Wassermesser (*m.*), Wasserzähler (*m.*). **74** ~ **per acqua calda** (*app.*), Heisswasserzähler (*m.*). **75** ~ **per circuito di illuminazione** (contatore della luce) (*strum.*), Lichtstromzähler (*m.*), Lichtzähler (*m.*). **76** ~ **per forza motrice** (*strum. elett.*), Kraftzähler (*m.*), Kraftstromzähler (*m.*). **77** ~ **portatile** (*strum.*), bewegliches Messgerät. **78** ~ **principale** (*app. elett.*), Hauptzähler (*m.*). **79** ~ **principale** (contatore d'acqua) (*app.*), Distriktsmesser (*m.*). **80** ~ **-registratore di istruzioni** (*calc.*), Befehlszählerregister (*m.*). **81** ~ **termico** (per misurare le calorie fornite da impianti di riscaldamento) (*app.*), Wärmezähler (*m.*). **82** ~ **totalizzatore** (*app.*), Sammelzähler (*m.*). **83** ~ **-totalizzatore** (delle conversazioni) (*telef.*), Effektivzähler (*m.*). **84 comando a** ~ (*macch. a c/n*), Zählersteuerung (*f.*). **85 comparto contatori** (quadro contatori) (*telef.*), Zählergestell (*n.*). **86 costante del** ~ (*app. elett.*), Zählerkonstante (*f.*). **87 cuoio per membrane di contatori del gas** (*app.*), Gasmesserleder (*n.*). **88 filo di** ~ (filo di conteggio, delle conversazioni) (*telef.*), Zählader (*f.*). **89 lettore di contatori** (letturista) (*lav.*), Zählerableser (*m.*). **90 meccanismo** ~ (*strum.*), Abzählwerk (*n.*). **91 piastra di supporto del** ~ (*elett.*), Zählertafel (*f.*). **92 portata del** ~ (*app. elett.*), Zählerkapazität (*f.*). **93 quadro contatori** (comparto contatori) (*telef.*), Zählergestell (*n.*). **94 radar** ~ (di veicoli p. es.) (*radar - traff. strad. - ecc.*), Zählradargerät (*n.*). **95 taratura del** ~ (*strum.*), Zählereichung (*f.*).

contatto (*gen.*), Berührung (*f.*), Kontakt (*m.*). **2** ~ (*geom.*), Berührung (*f.*). **3** ~ (*elett.*), Kontakt (*m.*). **4** ~ (elemento di contatto, d'un app. elettrico) (*elett.*), Kontaktstück (*n.*), Schaltstück (*n.*). **5** ~ (*chim.*), Kontakt (*m.*). **6** ~ **a chiusura ermetica** (*elett.*), hermetisch abgeschlossener Kontakt, Herkon (*m.*). **7** ~ **a coltello** (*elett.*), Messerkontakt (*m.*). **8** ~ **ad archetto** (*elett.*), Bügelkontakt (*m.*). **9** ~ **ad autotenuta** (d'un relè p. es.) (*elett.*), Selbsthaltekontakt (*m.*). **10** ~ **ad innesto** (presa di corrente a spina) (*elett.*), Steckkontakt (*m.*). **11** ~ **a lamella** (lamella di contatto) (*elett. - ecc.*), Zungenkontakt (*m.*). **12** ~ **all'estremità** (del dente, di un ingranaggio; portata all'estremità) (*mecc.*), Eckentragbild (*n.*), Eckentragen (*m.*). **13** ~ **all'estremità esterna del dente** (di un ingranaggio; portata all'estremità esterna del dente) (*mecc.*), Tragen aussen am Zahn, Trabild aussen am Zahn. **14** ~ **all'estremità interna del dente** (di un ingranaggio; contatto all'estremità interna del dente) (*mecc.*), Tragen innen am Zahn, Tragbild innen am Zahn. **15 ~ alto** (portata alta, di un dente d'ingranaggio) (*mecc.*), Kopftragbild (*n.*), Tragbild am Zahnkopf, Kopftragen (*n.*). **16 ~ a massa** (*elett.*), Körperschluss (*m.*), Erdungsschluss (*m.*). **17 ~ a molla** (*elett.*), Federkontakt (*m.*). **18 ~ a pattino** (*elett. - ferr.*), Schlittenkontakt (*m.*), Schleifkontakt (*m.*). **19 ~ a pedale** (*elett.*), Tretkontakt (*m.*). **20 ~ aperto a riposo** (*elett.*), Schliesser (*m.*), Einschaltglied (*n.*). **21 ~ a rotella** (rotella di presa, di un tram p. es.) (*elett.*), Kontaktrolle (*f.*), Abnehmerolle (*f.*). **22 contatti a sequenza** (comandata) (*elett.*), Folgekontakte (*m. pl.*). **23 ~ a sfregamento** (*elett.*), Wischkontakt (*m.*). **24 ~ a spina** (*elett.*), Stöpselkontakt (*m.*). **25 ~ ausiliario** (contatto libero, d'un combinatore) (*telef.*), Leerkontakt (*m.*). **26 ~ ausiliario per (abbonati a) più linee** (*telef.*), Sammelkontakt (*m.*). **27 ~ a vista** (tra stazioni ripetitrici per la televisione p. es.) (*gen.*), Sichtberührung (*f.*). **28 ~ basso** (portata bassa, di un dente d'ingranaggio) (*mecc.*), Fusstragbild (*n.*), Tragbild am Zahnfuss, Fusstragen (*n.*). **29 contatti bimetallici** (*elett.*), Bimetallkontakte (*m. pl.*). **30 ~ chiuso a riposo** (*elett.*), Ausschaltglied (*n.*), Öffner (*m.*). **31 ~ convesso** (*elett.*), Kuppenkontakt (*m.*). **32 ~ d'arco** (*elett.*), Abreiss-schaltstück (*n.*). **33 ~ degli impulsi** (di corrente, di un disco combinatore) (*telef.*), Stromstosskontakt (*m.*). **34 ~ di base** (d'un raddrizzatore a cristallo) (*elett.*), Basiskontakt (*m.*). **35 ~ di binario** (*ferr.*), Gleiskontakt (*m.*). **36 ~ di comando** (d'un tiristore p. es.) (*elettronica*), Steuerkontakt (*m.*). **37 ~ di commutazione** (bidirezionale) (*elett.*), Wechsler (*m.*), Umschaltglied (*n.*). **38 ~ di commutazione** (contatto di scambio, d'un relè) (*elett.*), Umschaltekontakt (*m.*), Wechselkontakt (*m.*). **39 ~ di commutazione bidirezionale** (con posizione neutra) (*elett.*), Zweiwegschliesser mit drei Schaltstellungen. **40 ~ difettoso** (contatto allentato, contatto labile) (*elett.*), Wackelkontakt (*m.*). **41 ~ di fondo** (dei denti d'ingranaggi; portata di fondo, portanza di fondo) (*mecc.*), Fusstragen (*n.*), Fusstragbild (*n.*). **42 ~ di lavoro** (d'un relè) (*elett.*), Arbeitskontakt (*m.*), Schliesser (*m.*). **43 ~ di lavoro doppio** (d'un relè) (*elett.*), Zwillingsarbeitskontakt (*m.*), za. **44 ~ di messa a terra** (di una presa di corrente p. es.) (*elett.*), Schuko, Schutzkontakt zur Erdung. **45 ~ di platino** (*elett.*), Platinkontakt (*m.*). **46 ~ di relè** (*elett.*), Relaiskontakt (*m.*). **47 ~ di riposo** (di un relè) (*elett. - telef.*), Ruhekontakt (*m.*). **48 ~ di riposo di disco combinatore** (*telef.*), Nummernschalter-Ruhekontakt (*m.*), nsr. **49 ~ di riposo doppio** (d'un relè) (*elett.*), Zwillingsruhekontakt (*m.*), zr. **50 ~ di scambio** (contatto di commutazione, d'un relè) (*elett.*), Wechselkontakt (*m.*), Umschaltekontakt (*m.*). **51 ~ doppio riposo-lavoro** (d'un relè) (*elett.*), Zwillingsruhe-Arbeitskontakt (*m.*), zra. **52 ~ elettrico strisciante** (*veic. elett.*), Elektroschleife (*f.*). **53 ~ fisso** (del sistema di accensione) (*mot. - elett.*), fester Kontakt. **54 ~ incerto** (contatto difettoso, contatto labile) (*elett.*), wackelnder Kontakt, Wakkelkontakt (*m.*). **55 ~ in tubo di protezione** (*elett.*), Schutzrohrkontakt (*m.*). **56 ~ libero** (contatto ausiliario, d'un combinatore) (*telef.*), Leerkontakt (*m.*). **57 ~ mobile** (martelletto, del sistema di accensione) (*mot. - elett.*), beweglicher Kontakt, Unterbrecherhebel (*m.*). **58 ~ primitivo** (d'ingranaggi) (*mecc.*), Teilkreiskontakt (*m.*). **59 ~ puntiforme** (*mecc. - ecc.*), Punktberührung (*f.*). **60 ~ puntiforme** (di un semiconduttore) (*elettronica*), Punkt-Kontakt (*m.*), Spitzen-Kontakt (*m.*). **61 ~ rotolante** (*elett.*), Wälzkontakt (*m.*). **62 ~ semplice** (d'un relè) (*elett.*), Einfachkontakt (*m.*). **63 ~ strisciante** (*elett.*), Schleifkontakt (*m.*), Schiebekontakt (*m.*). **64 ~ strisciante** (cursore) (*elett.*), Reiter (*m.*), Gleitkontakt (*m.*). **65 ~ strisciante ad archetto** (*elett.*), Bügelschleifkontakt (*m.*). **66 sugli spigoli** (portanza sugli spigoli, di denti d'ingranaggi) (*mecc.*), Kantentragen (*n.*), Kantentragbild (*n.*). **67 ~ sul fianco addendum** (di un dente d'ingranaggio) (*mecc.*), Kopftragen (*n.*), Kopftragbild (*n.*). **68 ~ sulla porta** (*aut. - elett.*), Türkontakt (*m.*). **69 ~ sulla rotaia** (presa di corrente su rotaia) (*ferr. elett.*), Schienenkontakt (*m.*). **70 ~ trascinato** (d'un relè) (*elett.*), Schleppkontakt (*m.*). **71 aderenza di ~** (incollamento, tra fogli sottili di mat. plastica) (*ind. chim.*), Blocken (*n.*). **72 arco tra i contatti** (d'un interruttore, ecc.) (*elett.*), Schaltlichtbogen (*m.*). **73 area di ~** (area di appoggio, superficie di appoggio, tra pneumatico e suolo) (*aut.*), Aufstandsfläche (*f.*), Latsch (*m.*). **74 banco di contatti** (d'un selettore) (*telef.*), Schaltbank (*f.*). **75 braccio di ~** (d'un selettore) (*telef.*), Schaltarm (*m.*). **76 collegamento per ~** (*elett.*), Kontaktverbindung (*f.*). **77 con ~ sull'intera lunghezza** (dente, con portata sull'intera lunghezza) (*mecc.*), volltragend. **78 controllo con impronte di ~** (rilevamento impronte di contatto mediante colore per il controllo della planarità di superfici tecniche p. es.) (*mecc.*), Tuschieren (*n.*). **79 corrosione di ~** (*chim.*), Berührungskorrosion (*f.*). **80 durata di ~** (di ruote dentate) (*mecc.*), Eingriffsdauer (*f.*). **81 elemento di ~** (contatto, d'un app. elettrico) (*elett.*), Kontaktstück (*n.*), Schaltstück (*n.*). **82 entrare in ~** (prendere contatto) (*gen.*), Kontakt aufnehmen. **83 fine del ~** (istante di separazione dei contatti, d'un interruttore) (*elett.*), Kontakttrennung (*f.*). **84 lente a ~** (*ott.*), Haftglas (*n.*), Kontaktschale (*f.*). **85 linea di ~** (di denti) (*mecc.*), Berührungslinie (*f.*). **86 linea di ~ a doppio filo** (*veic. elett.*), doppelter Fahrdraht. **87 lunghezza di ~** (di ingranaggi) (*mecc.*), Eingriffsstrecke (*f.*). **88 macchina protetta contro il ~** (per la protezione delle persone) (*elett.*), Maschine mit Berührungsschutz. **89 materiale per contatti** (rame, argento, ecc.) (*elett.*), Kontaktwerkstoff (*m.*). **90 piano di ~** (*geom.*), Berührungsebene (*f.*). **91 pressione di ~** (forza di contatto, forza minima sugli elettrodi, nella saldatura) (*tecnol. mecc.*), Kontaktdruck (*m.*). **92 procedimento a ~** (procedimento ad immersione per il rivestimento di metalli e mediante il quale il metallo base viene portato a contatto di altro metallo) (*tecnol. mecc. - chim.*), Kontaktverfahren (*n.*). **93 puntina di ~** (rivetto di tungsteno p. es.) (*elett.*), Kontaktniet (*m.*). **94 punto di ~** (*gen.*), Berührungsstelle (*f.*), Berührungspunkt (*m.*). **95 punto di ~** (di ingranaggio) (*mecc.*), Eingriffspunkt (*m.*). **96 relè per protezione di contatti** (*elett.*), Kontaktschutzrelais (*n.*). **97 resistenza di ~** (*elett.*), Übergangswiderstand (*m.*), Kontaktwiderstand (*m.*). **98 retino a ~** (*tip.*), Kontaktraster (*m.*). **99 rotaia aerea di ~** (*veic. elett.*), Hänge-Stromschiene (*f.*). **100 saltellamento dei contatti** (del ruttore del sistema di accensione p. es.) (*elett. - mot.*), Kontaktprellung (*f.*). **101 senza contatti** (statico, comando p. es.) (*elettronica*), kontaktlos. **102 senza ~** (*gen.*), berührungslos. **103 separazione dei contatti** (istante di separazione, fine del contatto, d'un interruttore) (*elett.*), Kontakttrennung (*f.*). **104 superficie di ~** (*geom. - ecc.*), Berührungsfläche (*f.*). **105 superficie dei ~** (nella rettifica) (*lav. macch. ut.*), Angriffsfläche (*f.*). **106 tempo di ~** (d'un relè p. es.) (*elett.*), Kontaktzeit (*f.*). **107 tempo di ~** (tra punzone e pezzo, nello stampaggio) (*tecnol. mecc.*), Druckberührzeit (*f.*). **108 velocità (media) dei contatti** (d'un interruttore) (*elett.*), Schaltgeschwindigkeit (*f.*).

contattore (organo di contatto) (*app. elett.*), Kontaktglied (*n.*), Schaltglied (*n.*), Kontaktgeber (*m.*). **2 ~** (di protezione) (*app. elett.*), Schütz (*n.*). **3 ~** (combinatore di marcia, « controller », per tram p. es.) (*veic. elett.*), Fahrschalter (*m.*). **4 ~ a giorno** (*app. elett.*), offenes Schütz. **5 ~ a relè** (*elett.*), Schaltrelais (*n.*), Schaltschütz (*m.*). **6 ~ a tempo** (inseritore a tempo) (*app. elett.*), Zeitkontakteinrichtung (*f.*). **7 ~ di avviamento** (*elett.*), Anlass-Schütz (*m.*). **8 ~ di comando** (teleruttore di comando) (*elett.*), Steuerschütz (*n.*). **9 ~ d'inversione** (*elett.*), Wendeschütz (*m.*). **10 ~ di presa** (*elett.*), Anzapfschütz (*m.*). **11 ~ in aria** (*elett.*), Luftschütz (*m.*). **12 ~ in olio** (con le parti mobili in bagno d'olio) (*app. elett.*), Öl-Schütz (*n.*). **13 ~ normalmente aperto** (*elett.*), Schütz mit Arbeitskontakten. **14 ~ normalmente chiuso** (*elett.*), Schütz mit Ruhekontakten. **15 equipaggiamento a contattori** (*ferr. elett.*), Schützensteuerung (*f.*).

conteggio (*gen.*), Zählung (*f.*). **2 ~ all'indietro** (conteggio a rovescio, per il lancio di un missile) (*astronautica*), Rückwärtszählung (*f.*). **3 ~ dei cicli** (*calc. - ecc.*), Gangzählung (*f.*), Zyklenzählung (*f.*). **4 circuito di ~** (*elettronica - telef.*), Zählschaltung (*f.*). **5 filo di ~** (filo di contatore, delle conversazioni) (*telef.*), Zählader (*f.*). **6 relè soppressore del ~** (*telef.*), Zählverhinderungsrelais (*n.*). **7 striscia di ~** (*imball.*), Abzählstreifen (*m.*). **8 tecnica del ~** (elettronico) (*elettronica*), Digimatik (*f.*). **9 trasmettitore d'impulsi di ~** (*telef.*), Zählimpulsgeber (*m.*), ZIG. **10 tubo di ~** (*elettronica*), Zählröhre (*f.*).

contemporaneità (simultaneità) (*gen.*), Gleichzeitigkeit (*f.*).

contemporaneo (simultaneo) (*gen.*), gleichzeitig.

contenitore (*gen.*), Gefäss (*n.*), Behälter (*m.*), Kasten (*m.*). **2 ~** (vano che nelle presse da estrusione accoglie la billetta) (*tecnol. mecc.*), Aufnehmer (*m.*). **3 ~ a fondo apribile** (recipiente a fondo apribile) (*trasp.*), Fallbodenbehälter (*m.*). **4 ~ anulare (di gomma) rotolante** (per trasporto di combustibili liquidi) (*ind. gomma*), Tankreifen (*m.*). **5 ~ a pressione** (d'un reattore nucleare p. es.) (*fis. nucl. - ecc.*), Druckgefäss (*n.*). **6 ~ a scomparti** (di una batteria) (*elett.*), Blockkasten (*m.*). **7 ~ della batteria** (*elett.*), Batteriekasten (*m.*), Zellengefäss (*n.*). **8 ~ dell'accumulatore** (*elett.*) Akkumulatorgefäss (*n.*). **9 ~ di plastica** (*tecnol.*), Plastikgefäss (*n.*). **10 ~ e matrice** (combinati, parte del complesso per estrusione) (*tecnol. mecc.*), Pressbüchse (*f.*). **11 ~ in cellulosa colata** (contenitore in pasta di legno colata, per uova p. es.) (*imball.*), Pappengussbehälter (*m.*). **12 ~ per trasporti interni** (cassetta raccolta materiali, cassa raccolta materiali) (*trasp. ind.*), Ladekasten (*m.*).

contenuto (*gen.*), Gehalt (*m.*), Inhalt (*m.*). **2 ~** (di una lettera p. es.) (*uff.*), Inhalt (*m.*). **3 ~ limite di piombo** (*vn.*), Bleigehaltgrenze (*f.*). **4 ~ secco** (*chim.*), Trockengehalt (*m.*). **5 ~ solido** (in liquidi) (*idr. - ecc.*), Feststoffgehalt (*m.*). **6 ~ termico** (entalpia) (*fis.*), Wärmeinhalt (*m.*), Enthalpie (*f.*).

contestabile (*leg.*), angreifbar, anfechtbar.

contestabilità (*leg.*), Bestreitbarkeit (*f.*).

contestare (*leg.*), bestreiten, anfechten.

contestato (*leg. - ecc.*), bestritten.

contestazione (*leg.*), Bestreitung (*f.*), Anfechtung (*f.*).

contingenza (indennità di contingenza) (*lav.*), Teuerungszulage (*f.*).

contiguo (adiacente) (*gen.*), nebeneinander, angrenzend, benachbart, anliegend.

continente (*geogr.*), Kontinent (*m.*). **2 ~** (terra ferma) (*geogr.*), Festland (*n.*).

contingentamento (dell'esportazione p. es.) (*comm.*), Beschränkung (*f.*). **2 ~ dell'esportazione** (*comm.*), Ausfuhrbeschränkung (*f.*).

contingente (quota, di importazione p. es.) (*comm. - ecc.*), Kontingent (*n.*), Quote (*f.*). **2 ~ di esportazione** (quota di esportazione) (*comm.*), Ausfuhrkontingent (*n.*).

continua (macchina continua per la fabbricazione della carta) (*macch.*), Langsiebmaschine (*f.*).

continuativo (continuo) (*mat. - ecc.*), kontinuierlich. **2 ~** (permanente) (*gen.*), dauernd.

continuità (*mat.*), Stetigkeit (*f.*), Kontinuität (*f.*). **2 apparecchio per la prova di ~** (di conduttori p. es.) (*elett. - app.*), Durchgangsprüfer (*m.*). **3 prova di ~ elettrica** (*elett.*), Stromdurchgangsprüfung (*f.*), Stromdurchlassprüfung (*f.*). **4 senza soluzione di ~** (senza intervalli) (*gen.*), lückenlos.

continuo (*a. - gen.*), beständig, andauernd. **2 ~** (senza fine) (*gen.*), endlos. **3 ~** (continuativo) (*mat. - ecc.*), kontinuierlich. **4 ~** (trave p. es.) (*ed. - sc. costr.*), durchlaufend. **5 ⁒** (variatore p. es.) (*macch.*), stufenlos. **6 ~** (freno) (*ferr.*), durchgehend. **7 ~** (*s. - fis.*), Kontinuum (*n.*). **8 avanzamento ~** (*lav. macch. ut.*), Fliessvorschub (*m.*). **9 a variazione continua** (*macch. - ecc.*), stufenlos, gleitend regelbar. **10 meccanica del ~** (*mecc.*), Kontinuumsmechanik (*f.*). **11 moto ~** (*mecc.*), stetige Bewegung. **12 trave continua** (*sc. costr.*), durchlaufender Träger. **13 variatore ~ (cambio)** (*macch.*), stufenloses Getriebe.

conto (*gen.*), Rechnung (*f.*). **2 ~** (*amm.*), Konto (*n.*). **3 ~** (*contabilità*), Rechnung (*f.*). **4 ~ banca** (*amm.*), Bankkonto (*n.*). **5 ~ bancario in amministrazione fiduciaria** (intestato a nome di un notaio p. es., che amministra beni del cliente) (*comm. - amm.*), Anderkonto (*n.*). **6 ~ cambiali** (*amm.*), Wechselkonto (*n.*). **7 ~ cassa** (*amm.*), Kassakonto (*n.*), Kassenkonto (*n.*). **8 ~ clienti** (*amm.*), Kundenkonto (*n.*). **9 ~ clienti** (conto creditori) (*amm.*), Kreditorenkonto (*n.*). **10 ~ congiunto** (*amm.*), Metarechnung (*f.*). **11 ~ corrente** (*finanz.*), Kontokorrent (*n.*). **12 ~ corrente postale** (*posta - finanz.*), Postscheckkonto (*n.*). **13 ~ creditori** (conto clienti) (*amm.*), Kreditorenkonto (*n.*). **14 ~ debitori** (conto fornitori) (*amm.*), Debitorenkonto (*n.*). **15 conti dei materiali** (*ind. - amm.*), Sachkonten (*f. pl.*). **16 ~ deposito** (*amm.*), Hinterlegungskonto (*n.*). **17 ~ deposito** (*amm. - comm.*), Konsignationskonto (*n.*). **18 ~ economico** (situazione economica) (*amm.*), Erfolgskonto (*n.*). **19 ~ esercizio** (*amm.*), Betriebskonto (*n.*). **20 ~ fiduciario** (conto bancario in amministrazione fiduciaria intestato a nome di un notaio p. es., che amministra beni del cliente) (*comm. - amm.*), Anderkonto (*n.*). **21 ~ filiali** (*amm.*), Filialkonto (*n.*). **22 ~ finale** (*comm.*), Schlussrechnung (*f.*). **23 ~ fornitori** (conto debitori) (*amm.*), Debitorenkonto (*n.*). **24 ~ in banca** (*finanz.*), Bankkonto (*n.*). **25 ~ in banca scoperto** (*finanz.*), überzogenes Bankkonto. **26 ~ infruttifero** (*finanz.*), totes Konto. **27 ~ interessi** (*amm.*), Zinsenkonto (*n.*). **28 ~ magazzino** (*amm.*), Lagerkonto (*n.*). **29 ~ merci** (*amm.*), Warenkonto (*n.*). **30 ~ personale** (*amm.*), Personenkonto (*n.*). **31 ~ prestiti** (*amm.*), Vorschusskonto (*n.*). **32 ~ profitti e perdite** (*amm. - finanz.*), Gewinn- und Verlustrechnung (*f.*), Erfolgskonto (*n.*), Gewinn- und Verlustkonto (*n.*). **33 ~ provvigioni** (*amm.*), Kommissionskonto (*n.*), Provisionskonto (*n.*). **34 ~ sospesi** (*amm.*), Interimskonto (*n.*). **35 ~ spese** (*amm.*), Spesenkonto (*n.*). **36 ~ titoli** (*amm.*), Effektenkonto (*n.*), Wertpapierkonto (*n.*). **37 aprire un conto** (*finanz.*), ein Konto anlegen. **38 chiusura dei conti** (*amm.*), Rechnungsabschluss (*m.*). **39 come da estratto ~** (*contab.*), laut Aufstellung, lt. Aufstellung. **40 corte dei conti** (*amm. - finanz.*), Rechungshof (*m.*), Rechnungskammer (*f.*). **41 deposito in ~ corrente** (*finanz.*), Kontokorrenteinlage (*f.*). **42 estratto ~** (*amm.*), Rechnungsauszug (*m.*), Kontoauszug (*m.*). **43 far quadrare i conti** (*contab.*), die Konten abstimmen. **44 in ~ deposito** (*amm. - comm.*), konsignationsweise. **45 messa in ~** (contabilizzazione) (*amm.*), Verrechnung (*f.*). **46 mettere in ~** (*amm.*), verrechnen, in Rechnung stellen. **47 per ~ di terzi** (*amm. - ecc.*), für Rechnung Dritter. **48 per vostro ~ e rischio** (*gen.*), für Ihre Rechnung und Gefahr. **49 revisione dei conti** (*amm. - finanz.*), Wirtschaftsprüfung (*f.*), Revision (*f.*). **50 revisore dei conti** (*amm.*), Wirtschaftsprüfer (*m.*), Bilanzprüfer (*m.*), Revisor (*m.*). **51 sbagliare il ~** (*gen.*), verzählen. **52 spedire in ~ deposito** (*comm. - amm.*), konsignieren.

contorista (letturista del gas) (*lav.*), Gasmann (*m.*), Gaserer (*m. - austr.*).

contornatura (*lav. macch. ut.*), Formbearbeitung (*f.*), Konturbearbeitung (*f.*). **2 comando di ~** (comando numerico, di contornatura, comando numerico continuo) (*lav. macch. ut.*), Bahnsteuerung (*f.*), Kontursteuerung (*f.*), Formbearbeitungssteuerung (*f.*).

contornire (tranciare lo sviluppo) (*lav. lamiera*), ausschneiden.

contornitore (stampo contornitore, per tranciare lo sviluppo) (*ut. lav. lamiera*), Ausschneidwerkzeug (*n.*).

contornitrice (*macch. lav. lamiera*), Ausschneidmaschine (*f.*). **2 ~ -roditrice** (*macch. lav. lamiera*), Ausschneid- und Nibbelmaschine.

contornitura (tranciatura dello sviluppo) (*lav. lamiera*), Ausschneiden (*n.*).

contorno (profilo, linea) (*gen.*), Umriss (*m.*), Umrisslinie (*f.*), Kontur (*f.*), Aussenlinie (*f.*). **2 ~** (orlo) (*gen.*), Rand (*m.*). **3 ~** (sagoma, forma) (*gen.*), Fasson (*f.*), Form (*f.*). **4 accentuazione del ~** (*telev.*), Konturbetonung (*f.*). **5 punzone per la tranciatura del ~** (*ut. lav. lamiera*), Randschnittstempel (*f.*). **6 schiarimento del ~** (di una immagine) (*difetto telev.*), Randaufbruch (*m.*). **7 tranciatura del ~** (asportazione dell'orlo di un corpo cavo p. es.) (*lav. lamiera*), Randbeschneidung (*f.*).

contorto (tubo) (*tubaz.*), abgeknickt.

contrabbando (*leg.*), Schmuggel (*m.*).

contraccolpo (*gen.*), Rückschlag (*m.*), Gegenschlag (*m.*), Rückstoss (*m.*). **2 ~** (di un mot. a c. i. p. es.) (*mot.*), Rückstoss (*m.*). **3 ~** (rinculo) (*arma da fuoco*), Rückschlag (*m.*), Rückstoss (*m.*). **4 maglio a ~** (*macch. per fucinatura*), Gegenschlaghammer (*m.*).

contraente (*comm.*), Kontrahent (*m.*), Auftragnehmer (*m.*). **2 ~** (parte contraente) (*comm. - leg.*), Vertragspartner (*m.*), Vertragspartei (*f.*), Vertragsschliessender (*m.*), Kontrahent (*m.*).

contraffare (*comm.*), nachahmen, fälschen.

contraffazione (*comm.*), Nachahmung (*f.*), Fälschung (*f.*), Nachbildung (*f.*).

contrafforte (*ed. - ing. civ.*), Strebepfeiler (*m.*). **2 contrafforti** (monti) (*geogr.*), Vorgebirge (*n.*). **3 muro a contrafforti** (*ed.*), Strebemauer (*f.*).

contrago (*ferr.*), Anschlagschiene (*f.*), Backenschiene (*f.*), Stockschiene (*f.*).

contragrediente (matrice p. es.) (*mat.*), kontragredient.

contralbero (albero di rinvio) (*mecc.*), Vorgelegewelle (*f.*). **2 ~** (albero intermedio, del cambio, p. es.) (*aut. - ecc.*), Vorgelege (*n.*), Vorgelegewelle (*f.*).

contrappesare (stabilire l'equilibrio, bilanciare) (*gen.*), abwägen, das Gleichgewicht herstellen.

contrappesato (albero a gomiti) (*mot.*), ausgewuchtet, mit Gegengewichten.
contrappeso (*macch. - ecc.*), Gegengewicht (*n.*), Ausgleichgewicht (*n.*). 2 ~ (dell'albero motore) (*mot. - ecc.*), Gegengewicht (*n.*). 3 ~ (di uno scambio a mano p. es.) (*ferr. - ecc.*), Stellgewicht (*n.*). 4 ~ (di una gru p. es.) (*macch.*), Gegengewicht (*n.*). 5 ~ (presa di terra, dell'antenna) (*radio*), Erdplatte (*f.*), Gegengewicht (*n.*). 6 ~ del braccio (di una gru p. es.) (*macch. ind.*), Auslegergegengewicht (*n.*). 7 ~ della fune portante (peso di tensione della fune portante, di una funivia) (*trasp.*), Tragseilspanngewicht (*n.*).
contrario (*gen.*), widrig, entgegengesetzt. 2 con segno ~ (*mat.*), mit umgekehrtem Vorzeichen. 3 in senso ~ (moto) (*gen.*), gegenläufig.
contrarsi (ritirarsi) (*metall. - ecc.*), schwinden, schrumpfen.
contrassegnare (marcare) (*gen.*), markieren, kennzeichnen. 2 ~ (marcare, le merci p. es.) (*comm. - ecc.*), bezeichnen, auszeichnen. 3 ~ con colori (*ind. - ecc.*), farbkennzeichnen.
contrassegno (*gen.*), Kennzeichen (*n.*). 2 ~ (di merci p. es.) (*comm. - ecc.*), Bezeichnung (*f.*). 3 ~ colorato (*ind. - ecc.*), Farbkennzeichen (*n.*). 4 con obbligo di ~ (avente obbligo di contrassegno, prodotto dannoso p. es.) (*ind. chim. - ecc.*), kennzeichnungspflichtig. 5 obbligo di ~ (di un prodotto dannoso) (*ind. chim. - ecc.*), Kennzeichnungspflicht (*f.*).
contrastina (ossido di zirconio, per analisi radiografiche) (*fis.*), Zirkonoxyd (*n.*).
contrasto (*fot. - telev.*), Kontrast (*m.*). 2 ~ dell'immagine (*telev.*), Bildkontrast (*m.*). 3 ~ di luminanza (*ott.*), Leuchtdichtekontrast (*m.*). 4 a forte ~ (un immagine) (*telev.*), kontrastreich. 5 con poco ~ (*fot.*), weich. 6 immagine senza ~ (*fot.*), flaues Bild, flaches Bild. 7 senza ~ (piatto) (*fot.*), flach.
contrattare (trattare) (*comm.*), handeln, verhandeln.
contratto (*comm. - leg.*), Vertrag (*m.*). 2 ~ annuale (*comm.*), Jahresvertrag (*m.*). 3 ~ a termine (*comm.*), Lieferungsvertrag (*m.*), Lieferungsgeschäft (*n.*), Kaufvertrag (*m.*). 4 ~ collettivo (*organ. lav.*), Kollektivvertrag (*m.*), kollektive Verhandlung. 5 ~ collettivo delle retribuzioni (contratto salariale) (*lav.*), Tarifvertrag (*m.*). 6 ~ collettivo di lavoro (*organ. lav.*), Manteltarifvertrag (*m.*), Kollektivarbeitsvertrag (*m.*). 7 ~ comportante accollo di perdite (*finanz.*), Verlustübernahmevertrag (*m.*). 8 ~ d'enfiteusi (*leg.*), Erbzinsvertrag (*m.*). 9 ~ di acquisto (*comm.*), Kaufvertrag (*m.*). 10 ~ di affitto (*comm.*), Mietvertrag (*m.*). 11 ~ di affitto (al quale una società affitta ad un'altra impresa la gestione della propria azienda) (*ind.*), Pachtvertrag (*m.*). 12 ~ di assicurazione (*ass.*), Versicherungsvertrag (*m.*). 13 ~ di compravendita (compravendita) (*comm. - leg.*), Kaufvertrag (*m.*). 14 ~ di devoluzione di utili (*finanz.*), Gewinnabführungsvertrag (*m.*). 15 ~ di fornitura (*comm.*), Lieferungsvertrag (*m.*), Liefervertrag (*m.*). 16 ~ di fornitura d'energia elettrica (*elett.*), Stromlieferungsvertrag (*m.*), Strombezugsvortrag (*m.*). 17 ~ di leasing (*finanz.*), Leasing-Vertrag (*m.*). 18 ~ di licenza (*comm.*), Lizenzvertrag (*m.*). 19 ~ d'impiego (*lav.*), Anstellungskontrakt (*m.*), Anstellungsvertrag (*m.*). 20 ~ di ingaggio (contratto di lavoro per marinai) (*nav.*), Heuervertrag (*n.*). 21 ~ di lavoro (*lav.*), Arbeitsvertrag (*m.*), Werkvertrag (*m.*). 22 ~ di noleggio (*trasp. - comm.*), Frachtkontrakt (*m.*). 23 ~ di vendita (*comm.*), Verkaufsvertrag (*m.*). 24 ~ salariale (contratto collettivo delle retribuzioni) (*lav.*), Tarifvertrag (*m.*). 25 bozza di ~ (schema di contratto) (*comm.*), Vertragsentwurf (*m.*). 26 denuncia del ~ (*comm.*), Vertragskündigung (*f.*). 27 denunciare un ~ (*comm. - ecc.*), einen Vertrag kündigen. 28 perfezionare un ~ (*comm.*), einen Vertrag zum Abschluss bringen. 29 risoluzione del ~ (*comm. - ecc.*), Vertragsauflösung (*f.*). 30 scadenza del ~ (*leg. - ecc.*), Vertragsablauf (*m.*). 31 stipulare un ~ (*comm.*), einen Vertrag abschliessen.
contrattuale (*comm.*), vertraglich. 2 impegno ~ (*comm.*), Vertragsverpflichtung (*f.*). 3 spese contrattuali (*comm.*), Vertragsgebühren (*f. pl.*). 4 valore ~ (*comm.*), Vertragswert (*m.*), Pflichtwert (*m.*).
contravariante (*mat.*), kontravariant.
contravvenire (*leg.*), zuwiderhandeln.
contravvenzione (infrazione) (*leg.*), Zuwiderhandlung (*f.*). 2 avviso di ~ (*aut. - leg.*), Strafmandat (*n.*).
contrazione (*fis.*), Zusammenziehung (*f.*), Kontraktion (*f.*), Einschnürung (*f.*). 2 ~ (ritiro) (*metall. - ecc.*), Schwinden (*n.*), Schwindung (*f.*), Schrumpfung (*f.*). 3 ~ (della vena) (*idr.*), Einschnürung (*f.*). 4 ~ successiva (di materiali refrattari p. es.) (*tecnol.*), Nachschrumpfung (*f.*), Nachschwindung (*f.*). 5 ~ trasversale (*ed.*), Querkontraktion (*f.*), Querkürzung (*f.*). 6 coefficiente di ~ (ritiro, del calcestruzzo) (*ed.*), Schwindmass (*n.*). 7 coefficiente di ~ (della vena, rapporto tra sezione minima della vena e sezione della luce di efflusso) (*idr.*), Einschnürungsbeiwert (*m.*). 8 teoria della ~ (*geol.*) Schrumpfungstheorie (*f.*), Kontraktionstheorie (*f.*).
contribuente (*finanz.*), Steuerzahler (*m.*), Steuerschuldner (*m.*), Steuersubjekt (*n.*), Steuerpflichtiger (*m.*).
contributo (*gen.*), Beitrag (*m.*). 2 ~ a carico del lavoratore (*lav. - pers.*), Arbeitnehmeranteil (*m.*), Arbeitnehmerbeitrag (*m.*). 3 ~ per il fondo disoccupazione (*lav. - pers.*), Arbeitslosenverischerungsbeitrag (*m.*). 4 ~ per l'alloggio (*lav. - pers.*), Wohnungszulage (*f.*). 5 ~ per la pensione (*lav. - pers.*), Pensionsbeitrag (*m.*). 6 ~ previdenziale (*pers. - lav.*), Fürsorgebeitrag (*m.*). 7 ~ spese (*finanz.*), Unkostenbeitrag (*m.*).
contro (*gen.*), gegen, wider. 2 ~ assegno (a carico del destinatario) (*comm. - trasp.*), gegen Nachnahme, unfrankiert. 3 ~ documenti di spedizione (*comm.*), gegen Versandpapiere.
controago (*ferr.*), Backenschiene (*f.*), Anschlagschiene (*f.*), Stockschiene (*f.*).
controaliseo (vento) (*meteor.*), Antipassat (*m.*), Gegenpassat (*m.*).

controbarra (contropressore, d'una cesoia per billette) (*macch.*), Hochhalter (*m.*).
controcarena (bottazzo, per aumentare la stabilità) (*costr. nav.*), Trimmtank (*m.*), Ausbauchung (*f.*).
controcatena (*ed.*), Kehlbalken (*m.*).
controchiavetta (*mecc.*), Gegenkeil (*m.*).
controcoperta (di una nave) (*nav.*), Spardeck (*n.*), Backdeck (*n.*).
controcorrente (*elett. - ecc.*), Gegenstrom (*m.*). **2 lavaggio a** ~ (*ind.*), Rückspülung (*f.*). **3 lavaggio a** ~ (nei motori a due tempi) (*mot.*), Gegenstromspülung (*f.*).
controcurva (*strad. - ferr.*), Gegenkrümmung (*f.*), Gegenkurve (*f.*).
controdado (*mecc.*), Gegenmutter (*f.*), Kontermutter (*f.*). **2 ~ di sicurezza «palmutter»** («palmutter») (*mecc.*), Palmutter (*f.*), Sicherungsmutter (*f.*).
controdiagonale (di una travatura) (*ed.*), Gegenschräge (*f.*), Gegendiagonale (*f.*).
controdiga (diga ausiliaria) (*costr. idr.*), Gegensperre (*f.*).
controelettromotrice (forza) (*elett.*), gegenelektromotorisch.
controfase (opposizione di fase) (*elett.*), Gegenphase (*f.*). **2 amplificatore in** ~ (*radio*), Gegentaktverstärker (*m.*). **3 collegamento in** ~ (*elett. - radio*), Gegentaktschaltung (*f.*). **4 in** ~ (in opposizione di fase) (*gen.*), gegenphasig, in Gegenphase. **5 oscillatore in** ~ (oscillatore simmetrico) (*elettronica*), Gegentaktoszillator (*m.*).
controfferta (*comm.*), Gegenangebot (*n.*).
controfigura (di un attore) (*cinem.*), Double (*m.*).
controfinestra (*ed.*), Vorfenster (*n.*).
controfiocco (*nav.*), Aussenklüver (*m.*).
controflangia (*mecc. - tubaz.*), Gegenflansch (*m.*).
controganasce (di piombo, di una morsa) (*mecc.*), Bleibacken (*f. pl.*).
controimbutitura (imbutitura inversa) (*lav. lamiera*), Stülpziehen (*n.*). **2 stampo per** ~ (stampo per imbutitura inversa) (*ut. lav. lamiera*), Stülpzug (*m.*).
controinclinazione (dello slittone d'una pressa nelle sue guide) (*macch.*), Zurückkippen (*n.*).
controllare (verificare) (*gen.*), prüfen, nachprüfen, kontrollieren. **2** ~ (collaudare, dei pezzi lavorati) (*mecc. - ecc.*), kontrollieren. **3** ~ (verificare, il motore p. es.) (*mecc. - ecc.*), nachsehen, nachprüfen. **4** ~ (intercettare) (*telef.*), mithören. **5** ~ **con calibro** (calibrare) (*mecc.*), ablehren. **6** ~ **con colore** (la planarità p. es. di una superficie tecnica, rilevare impronte di contatto) (*mecc.*), tuschieren. **7** ~ **le misure** (verificare le dimensioni) (*mecc. - ecc.*), nachmessen.
controllato (regolato, di raffreddamento p. es.) (*metall. - ecc.*), geregelt. **2** ~ (raddrizzatore p. es.) (*elettronica*), gesteuert. **3** ~ (raffreddamento p. es.) (*tratto term.*), gesteuert. **4 economia controllata** (*finanz.*), gelenkte Wirtschaft, Zwangswirtschaft (*f.*). **5 non** ~ (reazione nucleare p. es.) (*fis. - chim.*), unbeherrscht.
«controller» (combinatore di marcia, contattore) (*veic. elett.*), Fahrschalter (*m.*). **2** ~ (dirigente del settore amm., contabilità, ecc. di un'azienda) (*pers. - organ.*), Controller (*m.*).
controllo (verifica) (*gen.*), Prüfung (*f.*), Nachprüfung (*f.*), Kontrolle (*f.*). **2** ~ (collaudo, di pezzi) (*mecc.*), Prüfung (*f.*), Kontrolle (*f.*). **3** ~ (addetto al controllo, addetto al collaudo, collaudatore, di pezzi lavorati) (*lav. - mecc.*), Kontrolleur (*m.*). **4** ~ (del funzionamento di una macch., a mano od automatico) (*elettromecc.*), Kontrolle (*f.*), Überwachung (*f.*). **5** ~ (ispezione, di una autovettura p. es., ai periodi di manutenzione) (*aut. - ecc.*), Inspektion (*f.*). **6** ~ (ispezione, per garantire la sicurezza di impianti) (*ind.*), Inspektion (*f.*). **7** ~ (*lav. macch. ut. a c/n - ecc.*), vedi anche sotto comando. **8** ~ **a cadenza** (di una vettura p. es., su un banco a cadenza) (*aut.*), Taktinspektion (*f.*). **9** ~ **accettazione (materiali)** (controllo arrivi) (*ind.*), Eingangskontrolle (*f.*). **10** ~ **adattativo** (controllo autoregolante, comando adattativo, comando autoregolante) (*macch. ut.*), adaptive Steuerung. **11** ~ **a flusso disperso** (*prove*), Streufluss-Verfahren (*n.*). **12** ~ **alla partenza** (*aer.*), Startkontrolle (*f.*). **13** ~ **al limite** (prova svolta in condizioni inasprite, «prova marginale») (*prove*), Grenzprüfung (*f.*). **14** ~ **amministrativo** (*amm.*), Verwaltungkontrolle (*f.*). **15** ~ **amministrativo del bilancio** (*amm.*), Abschlussprüfung (*f.*). **16** ~ **a quarzo** (della frequenza) (*elettronica*), Quarzsteuerung (*f.*). **17** ~ **arrivi** (controllo accettazione materiali) (*ind.*), Eingangskontrolle (*f.*). **18** ~ **astatico** (*regolaz.*), gleitende Regelung. **19** ~ **automatico** (autocontrollo) (*elab. dati*), Selbstprüfung (*f.*). **20** ~ **automatico** (di un gruppo elettrogeno p. es.) (*elettromecc.*), Wächter (*m.*). **21** ~ **autoregolante** (controllo adattativo, comando autoregolante, comando adattativo) (*macch. ut.*), adaptive Steuerung. **22** ~ **budgetario** (*amm. - finanz.*), Vorplanung (*f.*). **23** ~ **con calibro** (calibratura) (*mecc.*), Ablehren (*n.*). **24** ~ **con colore** (coloritura, rilevamento impronte di contatto, procedimento del colore, per il controllo della planarità di una superficie tecnica p. es.) (*mecc.*), Tuschieren (*n.*). **25** ~ **con martello** (di una ruota) (*ferr.*), Abklopfen (*n.*). **26** ~ **con radiazioni** (di saldature p. es.) (*tecnol. mecc.*), Durchstrahlen (*n.*). **27** ~ **con raggi gamma** (*tecnol. mecc.*), Gammadurchstrahlung (*f.*). **28** ~ **continuo** (*mecc.*), laufende Kontrolle. **29** ~ **con ultrasuoni** (*metall.*), Ultraschallprüfung (*f.*). US-Prüfung (*f.*). **30** ~ **dei costi** (*amm. - ind.*), Plankostenrechnung (*f.*), Kostenkontrolle (*f.*). **31** ~ **dei materiali** (*tecnol. mecc.*), Stoffkontrolle (*f.*). **32** ~ **dei tempi** (*organ. lav.*), Zeitkontrolle (*f.*). **23** ~ **della caldaia a vapore** (sorveglianza della caldaia a vapore) (*cald.*), Dampfkesselüberwachung (*f.*). **34** ~ **della portanza** (controllo della superficie di lavoro, con colore) (*mecc.*), Tragbildkontrolle (*f.*). **35** ~ **della produzione** (*ind.*), Produktionskontrolle (*f.*). **36** ~ **della qualità** (*tecnol. mecc.*), Qualitätskontrolle (*f.*). **37** ~ **della superficie ad interferenza** (controllo superficiale ad interferenza) (*mecc.*), Interferenz-Oberflächenkontrolle (*f.*). **38** ~ **della superficie di lavoro**

controllo

(controllo della portanza, con colore) (*mecc.*), Tragbildkontrolle (*f.*). **39 ~ delle lavorazioni** (sorveglianza delle industrie, per accertare l'osservanza delle norme di legge sulla protezione del lavoro) (*lav.*), Arbeitsinspektion (*f.*), Gewerbeaufsicht (*f.*), Fabrikinspektion (*f.*). **40 ~ dello Stato** (*ind. - finanz.*), Regie (*f.*), staatliche Aufsicht. **41 ~ del traffico aereo** (*aer.*), Flugsicherung (*f.*), FS. **42 ~ di accettazione** (collaudo di accettazione) (*tecnol. mecc.*), Abnahme (*f.*). **43 ~ di disparità** (*elab. dati*), ungerade Paritätskontrolle. **44 ~ di fabbrica** (controllo di produzione) (*ind.*), Fertigungskontrolle (*f.*). **45 ~ di lavorazione** (*ind.*), Inspektion (*f.*), Fertigungskontrolle (*f.*). **46 ~ dimensionale** (*mecc.*), Massprüfung (*f.*), Nachmessung (*f.*), Nachmessen (*n.*). **47 ~ di parità** (d'un nastro perforato) (*elab. dati*), Paritätskontrolle (*f.*), Paritätsprüfung (*f.*). **48 ~ di parità-disparità** (*elab. dati*), Ungerade-Gerade-Kontrolle (*f.*). **49 ~ di produzione** (controllo di fabbricazione) (*ind.*), Fertigungskontrolle (*f.*). **50 ~ disegni** (*dis. - ind.*), Zeichnungsprüfung (*f.*). **51 ~ di sequenza** (*elab. dati*), Folgeprüfung (*f.*). **52 ~ di un solo fianco** (dei denti d'un ingranaggio) (*mecc.*), Einflankenprüfung (*f.*). **53 ~ fatture** (*amm.*), Rechnungsprüfung (*f.*). **54 ~ finale** (collaudo finale) (*mecc. - ecc.*), Endkontrolle (*f.*). **55 ~ mediante trasmissione di ritorno** (verifica per eco, controllo con segnale di ritorno) (*calc. - macch. ut. c/n*), Echoprüfung (*f.*). **56 ~ numerico** (comando numerico, c/n) (*lav. macch. ut.*), numerische Steuerung, NC. **57 ~ numerico** (*macch. ut.*), vedi anche comando numerico. **58 ~ ordinario** (collaudo ordinario) (*tecnol. mecc. - ind.*), normale Kontrolle. **59 ~ per attributi** (nei controlli della qualità) (*tecnol. mecc.*), Attributprüfung (*f.*). **60 ~ per campionamento** (collaudo per campionamento, nel controllo della qualità) (*tecnol. mecc.*), Stichprobenkontrolle (*f.*), Stichprobenprüfung (*f.*). **61 ~ per confronto di lettura** (*elab. dati*), Bürstenvergleichsprüfung (*f.*). **62 ~ per ripetizione** (*elab. dati*), Zwillingsprüfung (*f.*). **63 ~ per variabili** (controllo della qualità) (*tecnol. mecc.*), Variablenprüfung (*f.*). **64 ~ preliminare** (*tecnol. mecc.*), Vorkontrolle (*f.*). **65 ~ radiografico** (esame radiografico) (*metall.*), Röntgenprüfung (*f.*), Röntgenuntersuchung (*f.*). **66 ~ ridotto** (collaudo ridotto) (*tecnol. mecc. - ind.*), verminderte Kontrolle. **67 ~ rinforzato** (collaudo rinforzato) (*tecnol mecc. - ind.*), verschärfte Kontrolle. **68 ~ spedizioni** (*ind.*), versandinspektion (*f.*). **69 ~ statale** (*ind. - finanz.*), staatliche Aufsicht, Regie (*f.*). **70 ~ statistico della qualità** (C.S.Q.) (*ind.*), statistische Qualitätskontrolle, SQK. **71 ~ superficiale ad interferenza** (controllo della superficie ad interferenza) (*mecc.*), Interferenz-Oberflächenkontrolle (*f.*). **72 ~ trasversale** (*elab. dati*), Quer-Kontrolle (*f.*). **73 ~ ultrasonoro con registrazione delle immagini** (*prove mater.*), Ultraschall-Bildspeicher-Verfahren (*n.*). **74 ~ visivo** (collaudo visivo, di pezzi) (*mecc.*), Sichtkontrolle (*f.*). **75 ~ volante** (*organ. lav.*), fliegende Kontrolle. **76 a ~ indipendente** (*elettronica*), fremdgesteuert. **77 apparecchio di ~** (*app.*), Überwachungsgerät (*n.*). **78 apparecchio di ~ (automatico) della velocità di rotazione** (*app.*), Drehzahlwächter (*m.*). **79 banco di ~** (banco per collaudo) (*mecc. - ecc.*), Kontrolltisch (*m.*). **80 bit di ~** (*elab. dati*), Prüfbit (*n.*). **81 carrozza ~ linea** (*ferr.*), Gleisprüfwagen (*m.*). Oberbaumesswagen (*m.*). **82 colore di ~** (della planarità p. es. di una superficie tecnica, rilevatore di impronte di contatto) (*mecc.*), Turschierfarbe (*f.*). **83 limite di ~** (sulla carta di controllo, nel controllo della qualità) (*tecnol. mecc.*), Kontrollgrenze (*f.*). **84 parola di ~** (parola di comando) (*elab. dati*), Steuerwort (*n.*). **85 piastra di ~** (piano di riscontro, per il controllo della planarità col procedimento del colore) (*ott. - mecc.*), Tuschierplatte (*f.*). **86 programma di ~** (programma diagnostico, programma di prova) (*elab. dati*), Prüfprogramm (*m.*), Testprogramm (*m.*). **87 riprendere il ~** (di un autoveicolo che sbanda) (*aut.*), abfangen. **88 torre di ~** (*aer.*), Kontrollturm (*m.*), Turm (*m.*). **89 unità di ~** (*elett. - ecc.*), Überwachungseinheit (*f.*).

controllore (*pers. ferr.*), Schaffner (*m.*).
controluce (*s. - ott.*), Gegenlicht (*n.*). **2 ~** (*avv. - gen.*), gegen das Licht. **3 ~** (fotografia in controluce) (*fot.*), Gegenlichtaufnahme (*f.*).
contromatrice (*ut. - fucin.*), Haltegesenk (*n.*).
contromisura (*milit. - ecc.*), Gegenmassnahme (*f.*).
contromolla (molla antagonista) (*mecc.*), Gegenfeder (*f.*).
controfferta (*comm.*), Gegenangebot (*m.*).
controordinata (di una nave) (*costr. nav.*), Gegenspant (*n.*).
contropartita (*finanz. - ecc.*), Gegenleistung (*f.*), Erwiderungsdienst (*m.*).
contropezza (*mecc. - nav.*), vedi coprigiunto.
contropressione (*mot. - ecc.*), Gegendruck (*m.*). **2 ~ allo scarico** (resistenza allo scarico) (*mot.*), Auspuffwiderstand (*m.*), Auslassgegendruck (*m.*). **3 turbina a ~** (*mot.*), Gegendruckturbine (*f.*).
contropressore (controbarra, d'una cesoia per billette) (*macch.*), Hochhalter (*m.*).
controproposta (*gen.*), Gegenvorschlag (*m.*).
contropunta (di un tornio) (*macch. ut.*), Reitstockspitze (*f.*). **2 ~** (contropunta e supporto, toppo mobile, di un tornio) (*macch. ut.*), Reitstock (*m.*). **3 ~** (del cuore di uno scambio) (*ferr.*), Beispitze (*f.*). **4 ~ a cerniera** (*macch. ut.*), Wippenreitstock (*m.*). **5 ~ girevole** (*macch. ut.*), mitlaufende Reitstockspitze. **6 cannotto della ~** (*macch. ut.*), Reitstockpinole (*f.*).
contropunzone (*ut.*), Gegenstempel (*m.*).
controreazione (reazione negativa) (*radio*), Gegenkopplung (*f.*), negative Rückkopplung.
controrotaia (*ferr.*), Leitschiene (*f.*), Schutzschiene (*f.*), Fangschiene (*f.*), Zwangschiene (*f.*).
controrotante (*macch. - ecc.*), gegenläufig.
controruota (di prua) (*costr. nav.*), Vordersteven (*m.*). **2 ~ interna di prua** (*costr. nav.*), Binnenvordersteven (*m.*).
controscarpa (*ing. civ.*), Gegenböschung (*f.*).
controsformo (*fond. - ecc.*), vedi controspoglia.

controsoffitto (soffittatura) (*ed.*), Hängedecke (*f.*), untergehängte Decke.
controspionaggio (*milit.*), Gegenspionage (*f.*), Spionageabwehr (*f.*).
controspoglia (controsformo, sottosquadro, di una forma, modello o stampo) (*fond. - ecc.*), Unterschnitt (*m.*).
controstallia (tempo eccedente quello normale di carico o scarico) (*nav.*), Überliegezeit (*f.*). 2 ~ (indennità da pagarsi) (*nav.*), Liegegeld (*n.*), Standgeld (*n.*).
controstampa (difetto tip.), Abschmutzen (*n.*). 2 tirare con ~ (difetto tip.), abschmutzen.
controstampo (*ut. fucinatura*), Gegengesenk (*n.*). 2 ~ (stampo superiore) (*ut. fucinatura*), Obergesenk (*n.*). 3 ~ (per chiodature) (*ut.*), Gegenhalter (*m.*), Nietstock (*m.*), Vorhalter (*m.*). 4 ~ (stampo superiore, per la coniatura di monete) (*ut.*), Oberstempel (*m.*), Prägestempel (*m.*). 5 ~ (punzone, con immagine positiva) (*tecnol. mecc.*), Patrize (*f.*), Stempel mit positivem Bild. 6 ~ **per coniare** (punzone per coniare, per monete p. es.) (*ut.*), Prägestempel (*m.*).
controsterzare (con veicoli sovrasterzanti p. es.) (*aut.*), gegenlenken, gegensteuern.
controsterzatura (controsterzo, con veicoli sovrasterzanti p. es.) (*aut.*), Gegenlenken (*n.*), Gegensteuern (*n.*).
controsterzo (controsterzatura, di una autovettura sovrasterzante p. es.) (*aut.*), Gegenlenken (*n.*), Gegensteuern (*n.*).
controtagliolo (*ut. da fabbro*), Gegenschrot (*m.*).
controtimone (aletta Flettner) (*aer.*), Entlastungsruder (*n.*), Hilfsruder (*n.*), Flettner-Ruder (*n.*).
controvapore (*macch.*), Gegendampf (*m.*).
controvelaccino (*nav.*), Vor-Oberbramsegel (*n.*).
controventamento (*ed.*), vedi controventatura.
controventare (*ed.*), verstreben.
controventato (*ed.*), verstrebt. 2 ~ (strallato, assicurato mediante funi, una antenna, p. es.) (*ed. - ecc.*), abgespannt.
controventatura (nelle costruzioni in acciaio p. es.) (*ed.*), Windverstrebung (*f.*), Windverband (*n.*), Verstrebung (*f.*). 2 ~ **a triangolo** (di una travatura reticolare) (*ed.*), Pfeilverband (*m.*). 3 ~ **diagonale** (*ed. - ecc.*), Diagonalverstrebung (*f.*). 4 ~ **trasversale** (*ed.*), Querverstrebung (*f.*).
controvento (*s. - ed.*), Windstrebe (*f.*), Windrispe (*f.*). 2 ~ (*avv. - meteor. - ecc.*), gegen den Wind.
controversia (*leg.*), Kontroverse (*f.*), Streit (*m.*). 2 ~ **salariale** (*lav.*), Lohnstreitigkeit (*f.*).
contusione (*med.*), Quetschung (*f.*).
conurbazione (vasto agglomerato urbano formato da un grande centro e da numerosi altri minori) (*urb.*), Stadtgebiet (*n.*).
convalescente (*s. - med.*), Genesender (*m.*).
convalescenza (*med. - lav.*), Konvaleszenz (*f.*). 2 **casa di** ~ (convalescenziario) (*ed. - med.*), Genesungsheim (*n.*), Erholungsheim (*n.*). 3 **licenza di** ~ (*lav. - med.*), Erholungsurlaub (*f.*).
convalescenziario (casa di convalescenza) (*ed. - med.*), Genesungsheim (*n.*), Erholungsheim (*n.*).
convalida (di una sentenza) (*leg.*), Bestätigung (*f.*).
convegno (congresso) (*gen.*), Versammlung (*f.*).
conveniente (un prezzo) (*comm.*), angemessen.
convenienza (*gen.*), Angemessenheit (*f.*). 2 ~ **economica** (economicità, di un processo) (*tecnol.*), Wirtschaftlichkeit (*f.*).
convenire (concordare, accordarsi) (*comm.*), vereinbaren, übereinkommen.
convento (*arch.*), Konvent (*m.*), Kloster (*n.*).
convenuto (prezzo) (*comm.*), ausgemacht, vereinbart. 2 **come** ~ (*gen.*), absprachgemäss, abredegemäss.
convenzione (intesa, accordo) (*comm. - ecc.*), Vereinbarung (*f.*), Abkommen (*n.*). 2 ~ **di arbitrato** (compromesso) (*leg.*), Schiedsabkommen (*n.*). 3 ~ **di base** (accordo di base) (*comm. - ecc.*), Rahmenabkommen (*n.*), Rahmenvertrag (*m.*).
convergente (*geom.*), konvergent. 2 ~ (sottocritico, reattore nucleare) (*fis. nucl.*), unterkritisch. 3 **lente** ~ (lente convessa) (*ott.*), Sammellinse (*f.*), Konvexlinse (*f.*). 4 **traffico** ~ (*traff. strad.*), einstrahlender Verkehr, Zielverkehr (*m.*).
convergenza (*geom.*), Konvergenz (*f.*). 2 ~ (potere diottrico) (*ott.*), Brechwert (*m.*), Brechkraft (*f.*). 3 ~ (delle ruote anteriori di un autoveicolo) (*aut.*), Vorspur (*f.*), Spur (*f.*). 4 ~ (verso terra delle ruote posteriori p. es., inclinazione positiva) (*aut.*), O-Stellung (*f.*). 5 ~ (riduzione della distanza tra letto e letto) (*min.*), Konvergenz (*f.*). 6 **apparecchio per controllare la** ~ (delle ruote anteriori) (*app. - aut.*), Spurprüfeinrichtung (*f.*). 7 **calibro controllo** ~ (delle ruote anteriori) (*strum. - aut.*), Spurmesser (*m.*), Vorspurmesser (*m.*). 8 **circuito di** ~ (*telev. a colori*), Konvergenzschaltung (*f.*). 9 **piastra controllo** ~ (delle ruote anteriori) (*aut.*), Spurplatte (*f.*).
convergere (di linee) (*geom.*), konvergieren, zusammenlaufen.
conversa (compluvio, linea di compluvio) (*ed.*), Kehle (*f.*), Kehllinie (*f.*).
conversazione (chiamata, telefonata) (*telef.*), Gespräch (*n.*). 2 ~ (colloquio) (*comm. - ecc.*), Besprechung (*f.*). 3 ~ **ad ora fissata** (*telef.*), Festzeitgespräch (*n.*). 4 ~ **con avviso di chiamata** (*telef.*), XP-Gespräch (*n.*), Gespräch mit Herberuf. 5 ~ **con preavviso** (telefonata con preavviso) (*telef.*), V-Gespräch (*n.*), Gespräch mit Voranmeldung. 6 ~ **di prova** (*telef.*), Probegespräch (*n.*). 7 ~ **di servizio** (*telef.*), Dienstgespräch (*n.*). 8 ~ **internazionale** (*telef.*), Auslandsgespräch (*n.*). 9 ~ **interurbana** (*telef.*), Weitverkehrsgespräch (*n.*), Fernverkehrsgespräch (*n.*). 10 ~ **pagabile dall'utente chiamato** (*telef.*), R-Gespräch (*n.*). 11 ~ **telefonica** (*telef.*), Telephongespräch (*n.*), Ferngespräch (*n.*). 12 ~ **urbana** (*telef.*), Stadtgespräch (*n.*), Ortsgespräch (*n.*). 13 **cartellino di** ~ (*telef.*), Gesprächszettel (*m.*). 14 **chiave di** ~ (*telef.*), Sprechschlüssel (*m.*), Sprechschalter (*m.*), Sprechumschalter (*m.*). 15 **relè di fine** ~ (*telef.*), Schlussrelais (*n.*), Schlusszeichenrelais (*n.*). 16 **richiesta di** ~

conversione

(*telef.*), Gesprächsanmeldung (*f.*). **17 richiesta di ~ annullata** (*telef.*), gestrichene Gesprächsanmeldung. **18 richiesta di ~ con indicazione della spesa** (*telef.*), Gespräch mit Gebührenansage. **19 unità di ~** (*telef.*), Gesprächseinheit (*f.*). **20 unità di ~** (interurbana; unità di tariffa, 3 minuti) (*telef.*), Taxeinheit (*f.*).

conversione (*fis.*), Konversion (*f.*). **2 ~** (trasformazione, di un forno p. es.) (*gen.*), Umstellung (*f.*). **3 ~** (d'un momento torcente) (*macch.*), Wandlung (*f.*). **4 ~ additiva** (di frequenze) (*elettronica*), additive Mischung, additive Frequenzumformung. **5 ~ binario-decimale** (conversione dal sistema binario al sistema decimale) (*elab. dati*), Binär-Dezimal-Umwandlung (*f.*). **6 ~ di coppie** (*fis. atom.*), Zerstrahlung (*f.*), Paarvernichtung (*f.*). **7 ~ di frequenza** (*elettronica*), Frequenzumformung (*f.*), Mischung (*f.*). **8 ~ interna** (*fis.*), innere Umwandlung, innere Konversion. **9 ciclo di ~** (*elab. dati.*), Umkehrungsgang (*m.*). **10 motore a ~** (motore-convertitore; motore sincrono con commutatore a comando elettronico) (*elettronica*), Stromrichtermotor (*m.*). **11 pendenza di ~** (*elettronica*), Konversionssteilheit (*f.*). **12 rapporto di ~** (*fis. atom.*), Konversionsrate (*f.*). **13 tabella di ~** (*tecnol.*), Umrechnungstabelle (*f.*).

convertibile (*a. - gen.*), umwandelbar. **2 ~** (berlina con tetto apribile e ripiegabile) (*s. - aut.*), Cabrio-Limousine (*f.*), Kabrio-Limousine (*f.*).

convertibilità (*finanz.*), Konvertierbarkeit (*f.*), Konvertibilität (*f.*).

convertiplano (convertoplano, eliplano, elicottero che durante il volo può trasformarsi in velivolo ad ala fissa) (*aer.*), Verwandlungshubschrauber (*m.*).

convertire (*elett.*), umformen. **2 ~** (tradurre, unità metriche in unità anglosassoni p. es.) (*mecc.*), übersetzen.

convertitore (per affinazione, Bessemer, Thomas) (*metall.*), Birne (*f.*), Konverter (*m.*). **2 ~** (elettrico) (*macch. elett.*), Umformer (*m.*), Wandler (*m.*). **3 ~** (di coppia) (*macch. - aut. - ferr.*), Wandler (*m.*). **4 ~** (reattore) (*fis. nucl.*), Konverter (*m.*). **5 ~** (per trasformare calore in energia elettrica, p. es.) (*termotecnica*), Wandler (*m.*). **6 ~** (unità per modificare la notazione dei dati) (*elab. dati*), Umsetzer (*m.*). **7 ~ a campo rotante** (*macch. elett.*), Drehfeldumformer (*m.*). **8 ~ acido** (*metall.*), saure Birne. **9 ~ analogico-digitale** (convertitore analogico-numerico, digitalizzatore) (*calc. - elab. dati*), Analog-Digital-Umsetzer (*m.*), A/D-Umsetzer (*m.*), ADU. **10 ~ basico** (*metall.*), basische Birne. **11 ~ Bessemer** (*metall.*), Bessemerbirne (*f.*). **12 ~ bidirezionale** (che lascia passare la corrente in ambedue le direzioni) (*elett.*), unechtes Ventil. **13 ~ con soffiaggio dal basso** (*metall.*), Bodenwindkonverter (*m.*). **14 ~ con soffiaggio laterale** (*metall.*), Seitenwindkonverter (*m.*). **15 ~ continua-continua** (frazionatore, per la regolazione della corrente di un motore) (*veic. elett.*), Gleichstromsteller (*m.*). **16 ~ di codice** (*calc.*), Code-Umsetzer (*m.*), Umkodierer (*m.*). **17 ~ di coppia** (variatore di coppia) (*mot. - macch. - ferr.*), Drehmomentwandler (*m.*). **18 ~ di coppia idraulico** (cambio idraulico, cambio idrodinamico) (*macch. - aut. - ferr.*), Flüssigkeitswandler (*m.*). **19 ~ di corrente (elettrica) in pressione** (usato nella regolazione p. es.) (*app.*), Strom-Druck-Umformer (*m.*). **20 ~ di energia** (app. che trasforma energia chimica, solare o nucleare in energia elettrica) (*fis.*), Energiewandler (*m.*), Energiekonverter (*m.*). **21 ~ di fase** (*macch. elett.*), Phasenumformer (*m.*), Phasenschieber (*m.*). **22 ~ di fase rotante** (*att. elett.*), rotierender Phasenschieber. **23 ~ differenziale** (convertitore con avvolgimento differenziale) (*elett.*), Sparumformer (*m.*). **24 ~ di frequenza** (*macch. elett.*), Frequenzumformer (*m.*), Frequenzwandler (*m.*). **25 ~ di frequenza 3 : 1** (da 50 a 16⅔ Hz, per la trasmissione di energia tra reti) (*elett.*), 3 : 1 Frequenzumformer (*m.*), Bahnumformer (*m.*). **26 ~ digitale-analogico** (*calc.*), Digital/Analog-Umsetzer (*n.*), D/A-Umsetzer (*m.*), DAU. **27 ~ di misura** (*app.*), Messumformer (*m.*). **28 ~ d'immagine** (*app.*), Bildwandler (*m.*). **29 ~ d'impedenza** (*elett. - telef.*), Widerstandskonverter (*m.*). **30 ~ d'impulsi** (*app.*), Pulswandler (*m.*). **31 ~ di segnale** (*app.*), Signalumsetzer (*m.*). **32 ~ Föttinger** (cambio Föttinger) (*macch.*), Föttingergetriebe (*n.*). **33 ~ idraulico** (cambio idraulico, cambio idrodinamico) (*macch. - aut. - ferr.*), Flüssigkeitswandler (*m.*). **34 ~ idrodinamico** (*macch. - aut. - ferr.*), hydrokinetischer Wandler. **35 ~ in cascata** (*macch. elett.*), Kaskadenumformer (*m.*). **36 ~ numerico/analogico** (convertitore digitale-analogico) (*calc.*), Digital/Analog-Umsetzer (*m.*), D/A-Umsetzer, DAU. **37 ~ pentagriglia** (*telev.*), Pentagridkonverter (*m.*). **38 ~ per saldatura** (generatore di corrente continua, azionato da un mot. elett.) (*elett.*), Schweissumformer (*m.*). **39 ~ -regolatore** (per regolare la tensione continua) (*elett.*), Stromrichtersteuerung (*f.*). **40 ~ rotante** (commutatrice) (*macch. elett.*), rotierender Umformer. **41 ~ scheda/nastro** (*elab. dati*), Lockkarten-Band-Umsetzer (*m.*), kartengesteuerter Streifenlocher. **42 ~ sistema Ilgner** (per motori a corrente continua e velocità variabile) (*elett. - lamin.*), Ilgner-Umformer (*m.*). **43 ~ soffiato dal basso** (*metall.*), Bodenwindkonverter (*m.*). **44 ~ statico** (di corrente) (*elett.*), Stromrichter (*m.*), SR. **45 ~ statico di frequenza** (per la conversione di una corrente alternata di data frequenza in una corrente alternata di altra frequenza) (*elett.*), Umrichter (*m.*), UR. **46 ~ termoelettrico** (*termotecnica*), thermoelektrischer Wandler. **47 ~ termoelettronico** (convertitore termoionico, per trasformare calore in energia elettrica mediante emissione termica di elettroni) (*elettronica*), thermoionischer Konverter, thermoionischer Wandler. **48 ~ (termoionico) a cesio** (*elettronica*), Cäsium-Konverter (*m.*). **49 ~ (termoionico) ad energia nucleare** (*elettronica*), nuklear beheizter Konverter. **50 ~ (termoionico) ad energia solare** (*elettronica*), Solar-Konverter (*m.*). **51 ~ Thomas** (*metall.*), Thomasbirne (*f.*). **52 ~ Trilok** (convertitore di coppia) (*mot. - mecc. - veic.*), Trilok-Wandler (*m.*).

53 ~ turboelettrico (*macch.*), turboelektrischer Wandler. 54 ~ unidirezionale (che lascia passare la corrente in una sola direzione) (*elett.*), echtes Ventil. 55 acciaio al ~ (acciaio Bessemer) (*metall.*), Konverterstahl (*m.*), Bessemerstahl (*m.*), Windfrischstahl (*m.*). 56 affinazione al ~ (*metall.*), Windfrischen (*n.*). 57 affinazione in piccoli convertitori (*metall.*), Kleinbessemerei (*f.*). 58 al ~ (Bessemer (*a.*) (*a. - metall.*), Bessemer...; windgefrischt. 59 becco (di colata) del ~ (*metall.*), Konverterhut (*m.*), Konverteröffnung (*f.*). 60 carro applicafondi di ~ (*metall.*), Konverterboden-Einsetzwagen (*m.*). 61 gru per (la colata del) ~ (*metall.*), Konverterkran (*m.*). 62 gruppo ~ di coppia-frizione (*aut.*), Wandlerschaltkombination (*f.*), WSK. 63 macchina alimentata da ~ (di frequenza) (*elett.*), Umrichtermaschine (*f.*). 64 motore- ~ (motore a conversione; motore sincrono con commutatore a comando elettronico) (*elettronica*), Stromrichtermotor (*m.*). 65 processo al ~ (*metall.*), Windfrischverfahren (*n.*). 66 processo di qualità al ~ (processo Bessemer basico di qualità) (*metall.*), Windfrisch-Sonderverfahren (*n.*). 67 trasformatore del ~ (statico di corrente) (*elettronica*), Stromrichtertransformator (*m.*). 68 tubo ~ (*elett.*), Umformerröhre (*f.*). 69 valvola del ~ (statico) (*elettronica*), Stromrichterventil (*n.*).

convertitrice (*macch. elett.*), *vedi* convertitore.

convessità (bombatura, forma convessa) (*gen.*), Wölbung (*f.*). 2 ~ (*mecc.*), Balligkeit (*f.*). 3 ~ (campanatura, d'una ruota a disco, distanza tra mezzeria del cerchione e superficie di appoggio del disco alla flangia del mozzo) (*veic.*), Einpresstiefe (*f.*).

convesso (*gen.*), gewölbt, konvex. 2 ~ (*geom. - ott.*), konvex. 3 ~ (bombato) (*mecc.*), gewölbt, ballig, konvex. 4 ~ (rispetto all'ascissa; curva situata sotto la tangente passante per l'origine) (*macch. - ecc.*), unterlinear. 5 lente convessa (lente convergente) (*ott.*), Sammellinse (*f.*), Konvexlinse (*f.*).

convettore (termoconvettore) (*riscald.*), Konvektor (*m.*).

convezione (di calore p. es.) (*fis.*), Konvektion (*f.*). 2 ~ termica (*fis.*), Wärmekonvektion (*f.*). 3 ~ termica forzata (passaggio di calore da superfici lambite da correnti liquide o gassose) (*fis.*), Wärmeströmung (*f.*), Konvektion (*f.*). 4 ~ termica naturale (da contatto, convezione termica spontanea, tra corpi a contatto) (*fis.*), Wärmeübergang (*f.*). 5 coefficiente di ~ termica naturale (da contatto) (*fis.*), Wärmeübergangszahl (*f.*). 6 corrente di ~ (*elett.*), Konvektionsstrom (*m.*).

convocare (*gen.*), einberufen. 2 ~ un'assemblea (*finanz.*), eine Versammlung einberufen.

convocazione (*gen.*), Einberufung (*f.*). 2 ~ (d'una riunione p. es.) (*finanz. - ecc.*), Zusammenberufung (*f.*).

convogliamento (*ind.*), Förderung (*f.*). 2 ~ continuo (*ind.*), Fliessförderung (*f.*). 3 ~ dei gas combusti (*mot. - ecc.*), Abgasführung (*f.*).

convogliare (un liquido attraverso un tubo ecc.) (*tubaz. - ecc.*), leiten, fördern. 2 ~ con tubi flessibili (*tubaz.*), schlauchen.

convogliatore (trasportatore) (*macch. ind.*), Förderer (*m.*), Transporteur (*m.*), Konveyor (*m.*). 2 ~ (*macch. ind.*), *vedi anche* trasportatore. 3 ~ (dell'aria) del radiatore (*mot.*), Kühlerhaube (*f.*). 4 ~ in lamiera (per gas e liquidi) (*macch.*), Leitblech (*n.*).

convoglio (treno) (*ferr.*), Eisenbahnzug (*m.*). 2 ~ (*milit.*), Geleitzug (*m.*), Konvoi (*m.*). 3 ~ di imbarcazioni rimorchiate (*nav.*), Schleppzug (*m.*). 4 ~ stradale (treno stradale) (*veic.*), Schleppzug (*m.*).

cooperativa (*gen.*), Genossenschaft (*f.*). 2 ~ agricola (*agric.*), landwirtschaftliche Genossenschaft. 3 ~ edile (*ed.*), Baugenossenschaft (*f.*).

coordinamento (coordinazione) (*gen.*), Zuordnung (*f.*). 2 studio di ~ (*studio lav.*), Koordinierungsstudie (*f.*).

coordinare (*gen.*), zuordnen.

coordinata (*mat.*), Koordinate (*f.*). 2 coordinate cartesiane (*mat.*), Kartesische Koordinaten (*f. pl.*). 3 coordinate cilindriche (*mat.*), Zylinderkoordinaten (*f. pl.*). 4 coordinate curvilinee (*mat.*), krummlinige Koordinaten. 5 coordinate ellittiche (*mat.*), elliptische Koordinaten (*f. pl.*). 6 coordinate ortogonali (*mat.*), rechtwinklige Koordinaten (*f. pl.*). 7 coordinate paraboliche (*mat.*), parabolische Koordinaten (*f. pl.*). 8 coordinate parallele (*mat.*), Parallelkoordinaten (*f. pl.*). 9 coordinate polari (*mat.*), Polarkoordinaten (*f. pl.*). 10 coordinate sferiche (*mat.*), Kugelkoordinaten (*f. pl.*). 11 ~ spaziale (*geom.*), Raumkoordinate (*f.*). 12 ~ tricromatica (*ott.*), Farbwertanteil (*m.*). 13 asse delle coordinate (*mat.*), Koordinatenachse (*f.*). 14 origine delle coordinate (*mat.*), Koordinatennullpunkt (*m.*), Ursprung (*m.*). 15 sistema delle coordinate (*mat.*), Koordinatensystem (*n.*).

coordinati (leganti, in composti complessi) (*s. pl. - chim.*), Liganden (*n. pl.*).

coordinatografo (per la registrazione di punti mediante le loro coordinate) (*top. - att.*), Koordinatograph (*m.*).

coordinazione (*gen.*), Koordination (*f.*). 2 numero di ~ (nei composti complessi) (*chim.*), Koordinationszahl (*f.*).

coperchio (*gen.*), Deckel (*m.*). 2 ~ (*mecc. - mot.*), Deckel (*m.*). 3 ~ (staffa superiore) (*fond. - formatura*), Oberkasten (*m.*). 4 ~ a cerniera (coperchio incernierato) (*gen.*), Scharnierdeckel (*m.*), Klappdeckel (*m.*). 5 ~ a vite (*mecc.*), Schraubdeckel (*m.*), Schraubkappe (*f.*), Verschlussmutter (*f.*). 6 ~ bagagliera (coperchio del vano bagagli) (*aut.*), Kofferdeckel (*m.*), Kofferraumdeckel (*m.*). 7 ~ cilindri (*mot.*), Zylinderdeckel (*m.*). 8 ~ della scatola del cambio (*aut.*), Getriebegehäusedeckel (*m.*). 9 ~ del vano bagagli (coperchio bagagliera) (*aut.*), Kofferdeckel (*m.*), Kofferraumdeckel (*m.*). 10 ~ di chiusura (*gen.*), Abschlussdeckel (*m.*). 11 ~ distribuzione (coperchio scatola distribuzione) (*mot.*), Steuergehäusedeckel (*m.*). 12 ~ incassato (di un fustino p. es.) (*imball.*), Einsteckdeckel (*m.*), Eindruckdeckel (*m.*). 13 ~ intermedio (d'un motore a pistone rotante)

coperta

(*mot.*), Zwischenteil (*m.*). **14 ~ laterale** (di un mot. Wankel) (*mot.*), Seitenteil (*m.*), Gehäuse-Seitenteil (*m.*). **15 ~ parapolvere** (parapolvere) (*mecc. - ecc.*), Staubdeckel (*m.*), Staubkappe (*f.*). **16 ~ per passo d'uomo** (*cald. - ecc.*), Mannlochdeckel (*m.*). **17 ~ scatola distribuzione** (coperchio distribuzione) (*mot. - aut.*), Steuergehäusedeckel (*m.*). **18 ~ scorrevole** (*gen.*), Schiebedeckel (*m.*). **19 ~ superiore** (coperchio testa cilindri) (*mot.*), Zylinderkopfhaube (*f.*). **20 ~ testa cilindri** (coperchio superiore) (*mot.*), Zylinderkopfhaube (*f.*).
coperta (copertura) (*gen.*), Decke (*f.*). **2 ~** (ponte superiore) (*nav.*), Verdeck (*n.*), oberstes Schiffsdeck. **3 ~** (di un panfilo a motore od a vela) (*nav.*), Wetterdeck (*n.*). **4 ~ da viaggio** («plaid») (*ind. tess.*), Plaid (*n.*), Reisedecke (*f.*). **5 ~ di prua** (*nav.*), Vorderdeck (*n.*). **6 ~ rasa** (*nav.*), Glattdeck (*n.*). **7 carico di ~** (*nav. - trasp.*), Deckladung (*f.*), Decklast (*f.*). **8 puntale di ~** (puntale del ponte) (*costr. nav.*), Deckstütze (*f.*). **9 tutti in ~** (comando) (*nav.*), alle Mann an Deck!
copertina (di un libro) (*tip. - legatoria*), Deckel (*m.*), Buchdeckel (*m.*). **2 ~** (cimasa, di un muro p. es.) (*mur.*), Deckstein (*m.*), Kappe (*f.*), Abdeckung (*f.*). **3 ~ del libro** (*legatoria*), Buchdecke (*f.*), Buchdeckel (*m.*). **4 ~ di tegole** (di un muro) (*mur.*), Ziegelabdeckung (*f.*).
coperto (cielo, nuvoloso) (*meteor.*), wolkenverhüllt, trübe, bedeckt. **2 essere ~** (in banca) (*finanz.*), Deckung haben.
copertone (copertura, del pneumatico) (*veic.*), Mantel (*m.*), Reifendecke (*f.*), Decke (*f.*). **2 ~** (di un autocarro p. es.) (*veic. - ecc.*), Segeltuchverdeck (*n.*), Plane (*f.*). **3 ~ TIR** (*veic.*), Plane mit Zollverschluss, TIR-Plane (*f.*).
copertura (*gen.*), Deckung (*f.*), Abdeckung (*f.*). **2 ~** (rivestimento) (*gen.*), Verkleidung (*f.*). **3 ~** (tetto) (*ed. - ecc.*), Decke (*f.*), Dach (*n.*). **4 ~** (azione di copertura) (*ed.*), Eindeckung (*f.*), Bedachung (*f.*). **5 ~** (copertone, di un pneumatico) (*veic.*), Mantel (*m.*), Reifendecke (*f.*). **6 ~** (zona esplorata) (*radar*), Bedeckung (*f.*). **7 ~** (in denaro) (*finanz.*), Deckung (*f.*). **8 ~** (di un debito) (*contabilità - comm.*), Abdeckung (*f.*). **9 ~** (terreno di copertura) (*min.*), Deckgebirge (*n.*), Obergestein (*n.*). **10 ~ a lastre** (*ed.*), Plattenabdeckung (*f.*). **11 ~ con tavole** (di una fossa per riparazioni p. es.) (*gen.*), Bohlenabdeckung (*f.*). **12 ~ con tegole** (*ed.*), Ziegelbedachung (*f.*). **13 ~ con tegole di ardesia** (*ed.*), Schieferabdachung (*f.*). **14 ~ del ponte** (tavolato del ponte) (*costr. nav.*), Deckbeplankung (*f.*). **15 ~ del tetto** (manto di copertura) (*ed.*), Dachdeckung (*f.*), Dachbedeckung (*f.*), Dachhaut (*f.*). **16 ~ di eternit ondulato** (*ed.*), Wellasbestzementdeckung (*f.*). **17 ~ di lamiera** (protezione di lamiera) (*gen.*), Abdeckblech (*n.*). **18 ~ di protezione** (sul metallo fuso) (*fond.*), Abdeckmittel (*n.*). **19 ~ di tegole** (*ed.*), Ziegelbedachung (*f.*). **20 ~ di tela** (tenda) (*nav.*), Schirmdach (*n.*). **21 ~ di vetro** (*ed.*), Glaseindeckung (*f.*). **22 ~ di zinco** (*ed.*), Zinkdach (*n.*). **23 ~ in cartone catramato** (*ed.*), Pappdach (*n.*). **24 ~ in ferro** (*ed.*), Eisenbedachung (*f.*). **25 ~ (in legno) del ponte** (*costr. nav.*), Deckbeplankung (*f.*). **26 manto di ~** (manto del tetto) (*ed.*), Dachhaut (*f.*), Dachdeckung (*f.*), Dachbedeckung (*f.*). **27 mettere la ~** (coprire) (*ed.*), eindecken, überdachen. **28 riserva di ~** (riserva di garanzia) (*comm.*), Deckungsrücklage (*f.*), Deckungsrücklass (*m.*). **29 tavoloni di ~** (*ed.*), Deckplanken (*f. pl.*). **30 terreno di ~** (*min.*), Deckgebirge (*n.*).
copia (*gen.*), Kopie (*f.*), Nachbildung (*f.*). **2 ~** (esemplare) (*gen.*), Exemplar (*n.*), Stück (*n.*). **3 ~** (di un documento p. es.) (*gen.*), Abschrift (*f.*), Duplikat (*n.*). **4 ~** (duplicato) (*uff. - ecc.*), Kopie (*f.*), Duplikat (*n.*), Doppel (*n.*). **5 ~** (a macchina, di una lettera p. es.) (*uff.*), Durchschlag (*m.*), Doppelschrift (*f.*). **6 ~** (*fot. - tip.*), Abdruck (*m.*), Abzug (*m.*). **7 ~** (positiva) (*fot.*), Positiv (*n.*), fertiges Lichtbild. **8 ~** (riproduzione ottenuta con procedimento di esposizione alla luce) (*dis.*), Pause (*f.*), Lichtpause (*f.*). **9 ~** (modello, per lavori di riproduzione alla fresatrice p. es.) (*lav. macch. ut.*), Modell (*n.*). **10 ~ a contatto** (*tip.*), Kontaktkopie (*f.*). **11 ~ autenticata** (*leg.*), beglaubigte Abschrift. **12 ~ carbone** (*uff.*), Durchschrift (*f.*). **13 ~ cianografica** (di un disegno, a righe bianche su fondo blu) (*dis.*), Negativ-Wasserbad-Blaupause (*f.*). **14 ~ conforme** (*uff. - ecc.*), gleichlautende Abschrift. **15 ~ dattilografica** (*uff.*), Durchschlag (*m.*), Durchschrift (*f.*). **16 ~ di lavorazione** (di un film) (*cinem.*), Arbeitskopie (*f.*), Schnittkopie (*f.*). **17 ~ eliografica** (diazotipia p. es.) (*dis. - ecc.*), Lichtpause (*f.*). **18 ~ eliografica blu** (eliografia blu, disegno blu su fondo bianco) (*dis.*), Blaupause (*f.*). **19 ~ eliografica nera** (con righe nere su fondo bianco) (*dis.*), Schwarzpause (*f.*). **20 ~ fotografica** (fotocopia) (*fot.*), Photokopie (*f.*). **21 ~ fotostatica** (*fot. - ecc.*), Kontophotkopie (*f.*). **22 ~ legalizzata** (*leg.*), beglaubigte Abschrift. **23 ~ litografata** (*tip.*), Steindruck (*m.*), Steinabdruck (*m.*). **24 ~ omaggio** (d'un libro p. es.) (*tip.*), Freiexemplar (*n.*). **25 ~ opaca** (*fot.*), Mattabzug (*m.*). **26 ~ positiva da noleggio** (*cinem.*), Verleihkopie (*f.*), Theaterkopie (*f.*), Massenkopie (*f.*). **27 ~ rapida** (*tip.*), Schnellkopie (*f.*). **28 ~ riproducibile** (lucido, ecc.) (*dis.*), Transparentpause (*f.*). **29 in ~** (*uff. - ecc.*), abschriftlich. **30 per ~ conforme** (per l'esattezza del duplicato) (*uff.*), für die Richtigkeit, f.d.R. **31 prima ~** (*cinem.*), Nullkopie (*f.*), erste Filmkopie. **32 tirare copie** (fare più copie, riprodurre) (*dis. - ecc.*), vervielfältigen.
copialettere (*macch. uff.*), Kopiermaschine (*f.*), Kopierpresse (*f.*).
copiare (*gen.*), kopieren. **2 ~** (ricopiare) (*uff. - ecc.*), abschreiben. **3 ~** (riprodurre) (*lav. macch. ut.*), kopieren, nachformen. **4 ~ al tornio** (tornire a riproduzione) (*operaz. macch. ut.*), kopierdrehen, nachformdrehen.
copiatura (*gen.*), Kopieren (*n.*). **2 ~** (riproduzione, su fresatrice p. es.) (*lav. macch. ut.*), Kopieren (*n.*), Nachformung (*f.*). **3 ~**

di contornatura (riproduzione di contornatura) (*lav. macch. ut.*), Umlaufkopieren (*n.*), Umlaufnachformen (*n.*). 4 ~ **lineare** (riproduzione lineare) (*lav. macch. ut.*), Zeilenkopieren (*n.*), Zeilennachformen (*n.*). 5 **errore di** ~ (*uff.*), Abschreibfehler (*m.*).

copiglia (coppiglia) (*mecc.*), Splint (*m.*). 2 **foro per** ~ (di una vite p. es.) (*mecc.*), Splintloch (*n.*).

copigliare (incopigliare) (*mecc.*), splinten.

copione (cinematografico) (*cinem.*), Drehbuch (*n.*), Script (*n.*), Skript (*n.*), Manuskript (*n.*). 2 ~ (teatrale) (*teatro*), Regiebuch (*n.*). 3 ~ **cinematografico** (*cinem.*), Filmdrehbuch (*n.*), Filmmanuskript (*n.*), Manuskript (*n.*). Skript (*n.*), Script (*n.*).

copista (*lav.*), Kopist (*m.*), Abschreiber (*m.*).

copolimerizzato (eteropolimerizzato) (*s. - ind. chim.*), Kopolymerisat (*n.*), Mischpolymerisat (*n.*).

copolimerizzazione (eteropolimerizzazione, con monomeri di natura diversa) (*ind. chim.*), Misch-Polymerisation (*f.*), Kopolymerisation (*f.*).

coppa (piccolo recipiente) (*gen.*), Napf (*m.*). 2 ~ (dell'olio) (*mot. - aut.*), Wanne (*f.*), Sumpf (*m.*). 3 ~ (coprimozzo, copriruota) (*aut.*), Kappe (*f.*), Radkappe (*f.*). ~ 4 (*app. di illum.*), Leuchtenschale (*f.*). 5 ~ (trofeo) (*sport*), Pokal (*m.*). 6 ~ **dell'olio** (*mot. - aut.*), Ölsumpf (*m.*). Ölwanne (*f.*). 7 ~ **del mondo di sci** (*sport*), Ski-Weltcuprennen (*n.*). 8 ~ **serbatoio** (lubrificazione del motore) (*mot.*), feuchter Ölsumpf. 9 **rottura a** ~ (nella trafilatura di fili metallici p. es.) (*tecnol. mecc.*), Reisskegelbildung (*f.*). 10 **linguetta fissaggio** ~ (copriruota) (*aut.*), Radkappenklammer (*m.*).

coppale (resina molto dura, per vernici, ecc.) (*ind. chim.*), Kopal (*m. - n.*).

coppella (piccolo crogiolo, per affinazione di oro ed argento in laboratorio) (*metall.*), Kupelle (*f.*).

coppellare (*metall.*), kupellieren.

coppellazione (*metall.*), Kupellation (*f.*).

coppia (*gen.*), Paar (*n.*). 2 ~ (momento torcente) (*mot.*), Drehmoment (*n.*). 3 ~ (elemento di pila) (*elett.*), Element (*n.*). 4 ~ (di forze) (*mecc.*), Kräftepaar (*n.*). 5 ~ (*mat.*), Dyade (*f.*). 6 ~ **attiva** (d'uno strumento di misura) (*app.*), Messmoment (*n.*). 7 ~ **cilindrica** (coppia di ruote dentate cilindriche, ingranaggio cilindrico) (*mecc.*), Stirnräderpaarung (*f.*). 8 ~ **cinematica** (coppia elementare) (*mecc.*), Elementarpaar (*n.*). 9 ~ **cinematica indipendente** (albero e mozzo di ruota, chiavette, linguette, ecc.) (*mecc.*), Formschlussverbindung (*f.*). 10 ~ **cinematica inferiore** (*mecc.*), niederes Elementarpaar, NEP. 11 ~ **cinematica superiore** (*mecch.*), höheres Elementarpaar, HEP. 12 ~ **conica** (ingranaggio conico, coppia di ruote dentate coniche) (*mecc.*), Kegelräderpaarung (*f.*), Kegeltrieb (*m.*), Kegelradtrieb (*m.*). 13 « ~ **conica** » (rapporto di ponte, di una trasmissione) (*aut.*), Achsantriebsübersetzung (*f.*), Hinterachsübersetzung (*f.*). 14 ~ **conica ipoide** (*mecc. - aut.*), Kegeltrieb mit Hypoidverzahnung. 15 ~ **conica palloide** (con assi intersecantisi) (*mecc.*), Palloid-Spiralzahn-Kegelräder (*n. pl.*). 16 ~ **di avviamento** (coppia di spunto) (*mot.*), Anlaufdrehmoment (*n.*). 17 ~ **di fasci** (fascio binato, di conduttori elettrici) (*elett.*), Zweierbündel (*n.*). 18 ~ **di frizione** (rotismo a coppia di frizione, trasmissione a ruote di frizione) (*mecc.*), Reibradgetriebe (*n.*), Friktionsgetriebe (*n.*). 19 ~ **di messa in passo** (coppia di sincronizzazione, di motori sincroni p. es.) (*elett.*), Intrittfallmoment (*n.*). 20 ~ **(d'ingranaggi) sempre in presa** (d'un cambio p. es.) (*mecc. - veic.*), Konstante (*f.*), Getrieberäder für ständigen Eingriff. 21 ~ **di reazione** (coppia resistente, momento antagonista) (*mecc. - macch.*), Gegenmoment (*n.*). 22 ~ **direttiva** (*radio*), Direktionsmoment (*n.*). 23 ~ **di rovesciamento** (momento di rovesciamento) (*nav. - aer. - ecc.*), Kippmoment (*n.*). 24 ~ **di ruote dentate** (ingranaggio) (*mecc.*), Räderpaarung (*f.*). 25 ~ **di ruote dentate cilindriche** (coppia cilindrica) (*mecc.*), Stirnräderpaarung (*f.*). 26 ~ **di ruote dentate coniche** (coppia conica) (*mecc.*), Kegelräderpaarung (*f.*). 27 ~ **di scollamento** (all'avviamento) (*mot.*), Losbrechmoment (*n.*). 28 ~ **di serraggio** (per un dado p. es.) (*mecc.*), Anzugsmoment (*n.*), Anziehmoment (*n.*). 29 ~ **di sincronizzazione** (*elett.*), Intrittfallmoment (*n.*). 30 ~ **di slittamento** (della frizione) (*aut.*), Rutschmoment (*n.*). 31 ~ **di sorpasso** (di un avviatore) (*elettromecc.*), Überholdrehmoment (*n.*). 32 ~ **di spunto** (momento di scollamento, nell'avviamento a freddo d'un motore endotermico) (*mot.*), Haftreibungsmoment (*n.*), Anlaufdrehmoment (*n.*). 33 ~ **di spunto** (*macch. elett.*), Anlaufdrehmoment (*n.*). 34 ~ **di stallo** (momento torcente di stallo) (*macch. elett.*), abgebremstes Drehmoment. 35 ~ **di trascinamento** (nell'avviamento a freddo d'un motore endotermico) (*mot.*), Durchdrehmoment (*n.*). 36 ~ **di uscita** (*mecc.*) Ausgangsdrehmoment (*n.*). 37 ~ **elementare** (*mecc.*), Elementenpaar (*n.*). 38 ~ **elicoidale a vite senza fine** (coppia vite-ruota) (*mecc.*), Schneckengetriebe (*n.*). 39 ~ **frenante** (*mot.*), Bremsdrehmoment (*n.*). 40 ~ **galvanica** (coppia voltaica) (*elett.*), galvanisches Element. 41 ~ **giroscopica** (momento giroscopico, delle ruote anteriori p. es.) (*aut.*), Kreiselmoment (*n.*). 42 ~ **ipoide** (coppia di ruote dentate ipoidi) (*mecc. - aut.*), Hypoidradpaar (*n.*) 43 ~ **massima** (*mot. - ecc.*), Höchstdrehmoment (*n.*). 44 ~ **massima** (momento massimo, di un ammortizzatore torsionale) (*mecc.*), Anschlagmoment (*n.*). 45 ~ **massima all'avviamento** (d'un motore trifase) (*mot. elett.*), Kippmoment (*n.*). 46 ~ **massima di sovraccarico** (di un motore elettrico) (*elett.*), Kippmoment (*n.*). 47 ~ **minima all'avviamento** (momento minimo all'avviamento, d'un motore trifase) (*mot. elett.*), Sattelmoment (*n.*), Hochlaufmoment (*n.*), Anzugsmoment (*n.*). 48 ~ **motrice** (*mot. - ecc.*), Antriebsdrehmoment (*n.*). 49 ~ **nominale** (momento torcente nominale) (*mot.*), Nennmoment (*n.*), Nenndrehmoment (*n.*). 50 ~ **resistente** (coppia di reazione, momento antagonista) (*mecc. - macch.*), Gegenmoment (*n.*). 51 ~ **termo-**

coppiglia

elettrica (termocoppia, termoelemento) (*elett.*) Thermoelement (*n.*). 52 ~ **trasmissibile** (d'una frizione) (*macch.*), Haftmoment (*n.*). 53 ~ **vite-ruota** (coppia elicoidale a vite senza fine) (*mecc.*), Schneckengetriebe (*n.*). 54 ~ **voltaica** (coppia galvanica) (*elett.*), Voltapaar (*n.*), galvanisches Element. 55 **compensazione della** ~ (*aer. - ecc.*), Drehmomentausgleich (*m.*). 56 **convertitore di** ~ (*macch. - aut. - ferr.*), Drehmomentwandler (*m.*). 57 **generatore di** ~ (*app.*), Drehmomenterzeuger (*m.*), Torquer (*m.*). 58 **limitatore di** ~ (*mecc.*), Drehmomentbegrenzer (*m.*). 59 **trasduttore di** ~ (*app.*), Drehmomentgeber (*m.*). 60 **velocità di** ~ **minima d'avviamento** (d'un motore trifase) (*mot. - elett.*), Satteldrehzahl (*f.*).

coppiglia (*mecc.*), vedi copiglia.

coppo (tegola curva, tegola a canale) (*ed.*), Nonne (*f.*), Hohlziegel (*m.*).

coppone (tegola di colmo) (*ed.*), Firstziegel (*m.*), Gratziegel (*m.*).

copra (polpa secca della noce di cocco) (*ind.*), Kopra (*f.*).

coprenza (potere coprente) (*vn.*), Deckvermögen (*n.*), Deckkraft (*f.*), Deckfähigkeit (*f.*).

copricatena (« carter » della catena) (*aut. - mecc.*), Kettenkasten (*m.*).

coprifiamma (parafiamma) (*milit.*), Flammendämpfer (*m.*).

coprifuoco (*milit.*), Ausgehverbot (*n.*).

coprigiunto (per giunzione di lamiere) (*tecnol. mecc.*), Lasche (*f.*). 2 ~ **per angolari** (*ed. - carp.*), Winkelverlaschung (*f.*). 3 **distanza dall'orlo del** ~ (*tecnol. mecc.*), Laschenrandentfernung (*f.*). 4 **doppio** ~ (di una chiodatura) (*tecnol. mecc.*), doppelte Lasche. 5 **giunzione a** ~ (unione a coprigiunto) (*mecc.*), Überlaschung (*f.*). 6 **montare un** ~ (*tecnol. mecc.*), überlaschen. 7 **saldatura a** ~ (procedimento di saldatura) (*tecnol. mecc.*), Laschenschweissung (*f.*).

coprimozzo (copriruota) (*aut.*), Nabendeckel (*m.*), Raddeckel (*m.*). 2 **coppa** ~ (coppa copriruota) (*aut.*), Radkappe (*f.*), Nabenkappe (*f.*).

coprire (*gen.*), decken. 2 ~ (mettere il tetto, mettere la copertura) (*ed.*), bedachen, dachdecken, überdachen. 3 ~ (soddisfare, il fabbisogno p. es.) (*gen.*), decken. 4 ~ (rivestire) (*gen.*), verkleiden, decken. 5 ~ **con edifici** (edificare, un terreno) (*ed.*), bebauen. 6 ~ **con tetto** (*ed.*), bedachen. 7 ~ **di sabbia** (*gen.*), besanden. 8 ~ **le spese** (*comm.*), die Spesen decken.

copriruota (coprimozzo) (*aut.*), Raddeckel (*m.*), Nabendeckel (*m.*). 2 **coppa** ~ (coppa coprimozzo) (*aut.*), Radkappe (*f.*), Nabenkappe (*f.*).

coprisedile (*aut.*), Schonbezug (*m.*).

coprisella (di bicicletta p. es.) (*veic.*), Satteldecke (*f.*).

copriveicolo (copertura, telone di plastica p. es.) (*aut.*), Faltgarage (*f.*).

« copyright » (proprietà letteraria, diritto di riproduzione) (*tip.*), Urheberrecht (*n.*), Nachdrucksrecht (*n.*), « copyright ». 2 ~ (dichiarazione della riserva dei diritti d'autore) (*leg.*), Rechtsvermerk (*m.*), Urheberrechtsvermerk (*m.*).

corallo (*geol.*), Koralle (*f.*).

corazza (*gen.*), Panzer (*m.*), Schutzhülle (*f.*). 2 ~ (*costr. nav. - mar. milit.*), Panzer (*m.*). 3 ~ **del crogiuolo** (di altoforno) (*metall.*), Herdpanzer (*m.*). 4 ~ **dell'altoforno** (mantello dell'altoforno) (*metall.*), Hochofenpanzer (*m.*), Hochofenmantel (*m.*). 5 ~ **esterna** (di una corazzata) (*mar. milit.*), Aussenpanzer (*m.*).

corazzare (*gen.*), panzern, bepanzern.

corazzata (nave da battaglia) (*mar. milit.*), Schlachtschiff (*n.*).

corazzato (blindato) (*gen.*), gepanzert. 2 ~ (*app. elett.*), gussgekapselt.

corazzatura (*gen.*), Panzerung (*f.*). 2 ~ **della fiancata** (d'una nave da guerra) (*mar. milit.*), Gürtelpanzer (*m.*).

corda (fune) (*funi*), Seil (*n.*), Schnur (*f.*). 2 ~ (retta fra due punti di linea curva) (*geom. - ecc.*), Sehne (*f.*). 3 ~ (di un profilo alare) (*aer.*), Sehne (*f.*). 4 ~ (per guarnizioni, treccia) (*mecc. - ecc.*), Zopf (*m.*). 5 ~ (per rocciatori p. es.) (*sport*), Kletterseil (*n.*). 6 ~ (spago) (*ind.*), Korde (*f.*), Kordel (*f.*), Schnur (*f.*), Bindfaden (*m.*). 7 ~ (di uno strumento musicale) (*ind. metall. - ecc.*), Saite (*f.*), Schnur (*f.*). 8 ~ **alare** (*aer.*), Tragflächensehne (*f.*). 9 ~ **composta** (per linee aeree, in alluminio ed acciaio p. es.) (*elett.*), Verbundseil (*n.*). 10 ~ **conduttrice** (costituita da conduttori elettrici di alta tensione) (*elett.*), Leiterseil (*n.*). 11 ~ **di canapa** (*tess.*), Hanfschnur (*f.*). 12 ~ **di guardia** (conduttore di guardia, conduttore di terra, per proteggere una linea aerea delle scariche atmosferiche) (*elett.*), Erdseil (*n.*), Schutzseil (*n.*), Blitzschutzseil (*n.*). 13 ~ **fissa** (per vie in roccia) (*sport*), Leitseil (*n.*). 14 ~ **(intrecciata a sezione) quadrata** (fune intrecciata a sezione quadrata) (*mecc.*), Quadratseil (*n.*). 15 ~ **media** (dell'ala) (*aer.*), Mittelflügeltiefe (*f.*), Ersatzflügeltiefe (*f.*). 16 **lunghezza della** ~ (corda dell'ala) (*aer.*), Flügeltiefe (*f.*). 17 **strumento a** ~ (*strum. - acus.*), Saiteninstrument (*n.*). 18 **zona protetta dalle corde di terra** (zona protetta dalle corde di guardia) (*elett.*), Schutzraum von Erdseilen.

cordaio (*lav. - corderia*), Seiler (*m.*), Tauschläger (*m.*), Reepschläger (*m.*).

cordami (*ind.*), Seilereierzeugnisse (*n. pl.*).

cordare (cavi) (*elett.*), verseilen.

cordata (*sport*), Seilschaft (*f.*).

cordatrice (per cavi) (*elett.*), Verseilmaschine (*f.*).

cordatura (dei trefoli per la formazione di cavi) (*elett.*), Verseilung (*f.*). 2 ~ (d'un collegamento di tubi) (*tubaz.*), Verstrickung (*f.*). 3 ~ **a coppie** (dei conduttori di cavi telefonici) (*telef.*), Paarverseilung (*f.*). 4 ~ **a doppia stella** (*elett.*), Achterverseilung (*f.*). 5 ~ **a stella** (*telef.*), Sternverseilung (*f.*). 6 **passo di** ~ (di un cavo) (*elett.*), Schlaglänge (*f.*). 7 **perdita di** ~ (di una fune, differenza tra carico di rottura determinato ed effettivo) (*funi*), Verseilverlust (*m.*).

corderia (fabbrica di corde) (*ind.*), Seilerei (*f.*). 2 ~ (macchina per fare corde) (*macch. ind.*), Seilerbahn (*f.*), Reepbahn (*f.*).

cordierite (2 MgO . 2 Al_2O_3 . 5 SiO_2) (*min.*), Kordierit (*m.*).
cordolo (cordone o cordonata, del marciapiedi) (*strada*), Bordstein (*m.*), Randstein (*m.*), Bordschwelle (*f.*), Schrammbord (*n.*).
cordonare (cartone) (*ind. carta*), rillen. 2 **filetto per** ~ (*ut.*), Rillinie (*f.*), Riller (*m.*).
cordonata (cordone o cordolo del marciapiede) (*strada*), Bordstein (*m.*), Randstein (*m.*), Bordschwelle (*f.*), Schrammbord (*n.*).
cordonato (barra piatta con nervatura centrale) (*ind. metall.*), Rippeneisen (*n.*). 2 ~ (cartone) (*a. - ind. carta*), gerillt. 3 **doppio** ~ (*ind. metall.*), Geländereisen (*n.*).
cordonatore (utensile, per cartone) (*ut. - ind. carta*), Riller (*m.*).
cordonatura (difetto di vn.), Pinselfurche (*f.*). 2 ~ (del cilindro, dovuta ad un errore nel calibro o nelle guide) (*difetto - lamin.*), Umringen (*n.*). 3 ~ (di cartone, operazione di cordonatura) (*ind. carta*), Rillen (*n.*). 4 ~ (linea di cordonatura, di un cartone) (*ind. carta - legat.*), Rille (*f.*), Rillinie (*f.*). 5 **linea di** ~ (cordonatura) (*ind. carta - legat.*), Rillinie (*f.*), Rille (*f.*).
cordoncino (cordone) (*elett.*), Schnur (*f.*), Leitungsschnur (*f.*).
cordone (di saldatura, deposito di materiale di apporto) (*tecnol. mecc.*), Naht (*f.*), Schweissnaht (*f.*), Raupe (*f.*). 2 ~ (cordoncino) (*elett.*), Leitungsschnur (*f.*), Schnur (*f.*). 3 ~ (tra apparecchio elett. e presa di corrente) (*elett.*), Anschluss·schnur (*f.*), Schnur (*f.*). 4 ~ **d'angolo** (saldatura d'angolo) (*tecnol. mecc.*), Ecknaht (*f.*). 5 ~ (**d'angolo**) **concavo** (*saldatura*), Hohlnaht (*f.*), Kehlnaht (*f.*). 6 ~ (**d'angolo**) **convesso** (*saldatura*), Wölbnaht (*f.*). 7 ~ (**d'angolo**) **piatto** (*saldatura*), Flachnaht (*f.*). 8 ~ **del cilindro** (di un laminatoio) (*lamin.*), Walzenring (*m.*), Walzenrand (*m.*). 9 ~ **del marciapiede** (cordolo o cordonata) (*strada*), Bordstein (*m.*), Randstein (*m.*), Bordschwelle (*f.*), Schrammbord (*n.*). 10 ~ **del ricevitore** (cordone del telefono) (*telef.*), Fernhörerschnur (*f.*). Telephonschnur (*f.*). 11 ~ **del telefono** (*telef.*), Fernsprechschnur (*f.*). 12 ~ **di allacciamento** (di un app. elett.) (*elett.*), Geräteanschluss·schnur (*f.*). 13 ~ **di bava** (di uno stampo per fucinatura, tra l'incisione ed il canale di bava) (*fucinatura*), Gratbahn (*f.*). 14 ~ **di brasatura** (*tecnol. mecc.*), Lötnaht (*f.*). 15 ~ **di saldatura** (*tecnol. mecc.*), Schweissnaht (*f.*), Schweissraupe (*f.*). 16 ~ **di saldatura a rulli** (*tecnol. mecc.*), Rollenschweissnaht (*f.*). 17 ~ **di saldatura longitudinale** (saldatura longitudinale) (*tecnol. mecc.*), Längsnaht (*f.*). 18 ~ **elettrico** (cordoncino) (*elett.*), Schnur (*f.*), elektrische Schnur, Leitungschnur (*f.*). 19 ~ **isolato in gomma** (*elett.*), Gummiaderschnur (*f.*), Zimmerschnur (*f.*). 20 ~ **multiplo** (*saldatura*), Mehrlagenraupe (*f.*). 21 ~ **rompigrinza** (cordone periferico, di uno stampo per imbutitura) (*lav. lamiera*), Wulst (*m.*). 22 ~ **volante** (per il collegamento mobile di apparecchi telefonici in luoghi diversi) (*telef.*), Fernmeldeschnur (*f.*). 23 **cricca sotto** ~ (nella saldatura) (*tecnol. mecc.*), Unternahtriss (*m.*).

coreggiato (correggiato, per battere le biade) (*ut. agric.*), Dreschflegel (*m.*).
coricamento (inclinazione trasversale di una vettura in curva) (*aut.*), Kurvenneigung (*f.*), seitliches Wegstempeln. 2 ~ (d'una piega) (*geol.*), Überkippung (*f.*).
coricato (di piatto, per piano) (*gen.*), flachgelegt.
corindone (Al_2O_3) (*min.*), Korund (*n.*). 2 ~ **armofane** (corindone comune) (*min.*), gemeiner Korund. 3 ~ **comune** (corindone armofane) (*min.*), gemeiner Korund. 4 ~ **prezioso** (per mole) (*ut.*), Edelkorund (*m.*). 5 ~ **semiprezioso** (per mole) (*ut.*), Halbedelkorund (*m.*).
corinzio (stile) (*arch.*), korintisch.
corista (diapason) (*strum. acus.*), Stimmgabel (*f.*).
cornea (*ott. - med.*), Hornhaut (*f.*).
cornetta (ricevitore telefonico) (*telef.*), Hörer (*m.*). 2 **alzare la** ~ (alzare il ricevitore) (*telef.*), den Hörer abnehmen.
cornetto acustico (apparecchio acustico, per deboli d'udito) (*acus.*), Hörgerät (*n.*). 2 ~ **da occhiali** (occhiali con apparecchio acustico) (*acus.*), Hörbrille (*f.*). 3 ~ **da orecchio** (da applicare dietro l'orecchio) (*acus.*), HDO-Gerät (*n.*).
cornice (di un quadro p. es.) (*gen.*), Rahmen (*m.*), Umfassung (*f.*), Randeinfassung (*f.*), Leiste (*f.*). 2 ~ (insieme di modanature formanti una sporgenza da un muro) (*arch.*), Gesims (*n.*). 3 ~ (del cristallo di un proiettore) (*aut.*), Zierring (*m.*), Deckelring (*m.*). 4 ~ **del parabrezza** (*aut.*), Windschutzscheibenrahmen (*m.*). 5 ~ **marciapiano** (marcapiano) (*ed.*), Wasserabflussleiste (*f.*).
cornicione (struttura terminale del muro) (*arch.*), Kranzgesims (*n.*), Hauptgesims (*n.*). 2 ~ (cimasa di un ordine di colonne) (*arch.*), Gesims (*n.*). 3 ~ **di gronda** (*ed.*), Hauptgesims (*n.*), Dachgesims (*n.*).
corniera (cantonale, ferro angolare) (*ind. metall.*), Winkeleisen (*n.*). 2 **stecca a** ~ (*ind. metall.*), Winkellasche (*f.*).
corno (*gen.*), Horn (*n.*). 2 ~ (di arco voltaico) (*elett.*), Horn (*n.*). 3 ~ **dell'incudine** (*ut. fucinatura*), Ambosshorn (*n.*). 4 ~ **polare** (*macch. elett.*), Polhorn (*n.*). 5 ~ **polare di uscita** (*macch. elett.*), ablaufende Polkante.
coro (*arch.*), Chor (*m.*).
corollario (*mat.*), Folgesatz (*m.*), Korollar (*n.*).
corona (*gen.*), Krone (*f.*). 2 ~ (orlo circolare, anello) (*gen.*), Kranz (*m.*), Rand (*m.*). 3 ~ (anello periferico di organo rotante) (*mecc.*), Kranz (*m.*). 4 ~ (anello portapalette di una turbina) (*mot.*), Kranz (*m.*). 5 ~ (di sfere, di un cuscinetto) (*mecc.*), Reihe (*f.*). 6 ~ (parte alta di un cantiere di abbattimento, o di galleria) (*min.*), First (*m.*), Gebirgskamm (*m.*). 7 ~ (punta a corona) (*ut. min.*), Kernbohrkrone (*f.*). 8 ~ (del sole) (*astr.*), Korona (*f.*). 9 ~ **conica** (*mecc.*), Kegelkranz (*m.*). 10 ~ **conica** (ruota planetaria, del differenziale p. es.) (*mecc. - aut.*), Tellerrad (*n.*). 11 ~ **del volano** (*mot.*), Schwungradkranz (*m.*). 12 ~ **dentata** (di un volano p. es.) (*mecc.*), Zahnkranz (*m.*). 13 ~ **dentata a dentatura frontale** (*mecc.*), Planrad (*n.*).

coronamento

14 ~ dentata a dentatura interna (*mecc.*), Hohlrad (*n.*), Zahnrad mit Innenverzahnung. 15 ~ dentata conica (*mecc.*), Kegelradkranz (*m.*). 16 ~ dentata del volano (corona di avviamento) (*mot.*), Schwungradzahnkranz (*m.*). 17 ~ di forzamento (cintura od anello di forzamento, di un proiettile) (*espl.*), Führungsband (*n.*), Führungsring (*m.*). 18 ~ di palette (di turbina) (*mot.*), Schaufelkranz (*m.*). 19 ~ di supporto (anello di supporto, d'un altoforno) (*metall.*), Schachtring (*m.*), Tragring (*m.*). 20 ~ riportata (corona dentata riportata) (*mecc.*), aufgesetzter Zahnkranz. 21 ~ tagliente (all'estremità di una vite) (*mecc.*), Ringschneide (*f.*). 22 ~ volanica (corona del volano) (*mecc.*), Schwungradkranz (*m.*). 23 a due corone (a due file, di palette, turbina) (*macch.*), zweikränzig. 24 a due corone (di sfere, cuscinetto) (*mecc.*), zweireihig. 25 effetto ~ (*elett.*), Koronaeffekt (*m.*), Koronawirkung (*f.*). 26 perdite da effetto ~ (*elett.*), Koronaverluste (*m. pl.*). 27 punta a ~ (*ut. min.*), Kernbohrkrone (*f.*). 28 scarica per effetto ~ (scarica a effluvio) (*elett.*), Koronaentladung (*f.*), Sprühentladung (*f.*).

coronamento (struttura superiore di un elemento architettonico) (*arch.*), Krone (*f.*). 2 ~ (di una diga p. es.) (*costr. idr. - ed.*), Krone (*f.*). 3 ~ (orlo superiore della poppa) (*nav.*), Heckreling (*f.*). 4 ~ (di un argine) (*costr. idr.*), Deichkrone (*f.*). 5 ~ della diga (*costr. idr.*), Staudammkrone (*f.*), Stauwerkskrone (*f.*), Dammkrone (*f.*). 6 ~ della traversa (*costr. idr.*), Wehrkrone (*f.*). 7 ~ del muro (*mur.*), Mauerkrone (*f.*).

coronella (argine ausiliario di forma circolare, senza scarico in campagna) (*costr. idr.*) Kuverdeich (*m.*). 2 ~ con scarico in campagna (*costr. idr.*), Qualmdeich (*m.*).

coronografo (telescopio speciale per osservare la corona del sole) (*app. ott.*), Koronograph (*m.*).

corpo (*chim. - fis.*), Körper (*m.*). 2 ~ (di una pompa p. es.) (*macch. - mecc.*), Körper (*m.*), Gehäuse (*n.*). 3 ~ (forza di corpo, di un carattere) (*tip.*), Kegel (*m.*), Kegelstärke (*f.*). 4 ~ (dimensione dello scritto stampato) (*tip.*), Schriftgrad (*m.*). 5 ~ (*vn.*), Körpergehalt (*m.*). 6 ~ (fusto, di una biella) (*mot. - mecc.*), Schaft (*m.*). 7 ~ (gambo di un utensile da tornio p. es.) (*ut.*), Schaft (*m.*). 8 ~ (cilindrico, d'una caldaia) (*cald.*), Trommel (*f.*). 9 ~ (campo) (*mat.*), Körper (*m.*). 10 ~ (di una pialla) (*ut. falegn.*), Kasten (*m.*). 11 ~ base (corpo sottoposto ad usura, nelle prove su metallo, gomma, ecc.) (*tecnol.*), Grundkörper (*m.*). 12 ~ cavo (*gen.*), Hohlkörper (*m.*). 13 ~ celeste (*astr.*), Himmelskörper (*m.*). 14 ~ centrale (di un cilindro di laminatoio) (*metall.*), Ballen (*m.*). 15 ~ centrale del cilindro (*lamin.*), Walzenballen (*m.*). 16 ~ -centrato (cristallo) (*metall. - min.*), raumzentriert. 17 ~ cilindrico della caldaia (*cald.*), Kesselmantel (*m.*), Kesseltrommel (*f.*). 18 ~ 5 (*tip.*), Perl (*f.*), Fünfpunktschrift (*f.*). 19 ~ da 10 punti (*tip.*), Korpus (*m.*). 20 ~ da equilibrare (particolare da equilibrare) (*mecc.*), Wuchtkörper (*m.*).

21 ~ del carburatore (*mot.*), Vergaserkörper (*m.*), Vergasergehäuse (*n.*). 22 ~ della biella (fusto della biella) (*mot.*), Pleuelschaft (*m.*). 23 ~ della caldaia (*cald.*), Kesseltrommel (*f.*). 24 ~ della caldaia a vapore (*cald.*), Dampfkesseltrommel (*f.*). 25 ~ della candela (*mot. - aut.*), Kerzengehäuse (*n.*). 26 ~ della pompa dell'olio (*mot.*), Ölpumpengehäuse (*n.*). 27 ~ della ruota libera (*mecc. - veic.*), Freilaufkörper (*m.*). 28 ~ della valvola (*mecc. - tubaz.*), Ventilkörper (*m.*). 29 ~ di entrata (di un compressore p. es.) (*macch. - mot.*), Einlaufgehäuse (*n.*). 30 ~ di fabbrica (braccio di fabbrica, manica, di un edificio a pianta complessa) (*ed.*), Flügel (*m.*). 31 ~ di riempimento (di una colonna) (*ind. chim.*), Füllkörper (*m.*). 32 ~ di ruota dentata (*mecc.*), Radkörper (*m.*). 33 ~ 12 (*tip.*), Cicero, 12-Punkt. 34 ~ estraneo (impurità) (*chim. - ecc.*), Fremdkörper (*m.*), Fremdstoff (*m.*). 35 ~ grigio (radiatore non selettivo) (*ott.*), grauer Körper, grauer Strahler. 36 ~ idrico (acque) (*geol. - ecc.*), Gewässer (*n.*). 37 ~ illuminante (*illum. - ed.*), Beleuchtungskörper (*m.*). 38 ~ luminoso (*ott. - illum.*), Leuchtkörper (*m.*). 39 ~ nero (radiatore termico ideale, radiatore integrale, radiatore nero, radiatore di Planck) (*fis.*), schwarzer Strahler, Planckscher Strahler, Temperatur-Strahler (*m.*). 40 ~ non commutativo (*mat.*), Schiefkörper (*m.*). 41 ~ 8 (*tip.*), Petit (*f.*), Achtpunkteschrift (*f.*). 42 ~ 14 (*tip.*), Mittel (*n.*). 43 ~ 4 (*tip.*), Diamant (*m.*). 44 ~ rigido (*fis.*), starrer Körper. 45 ~ riscaldante (elemento riscaldante) (*term. - ecc.*), Heizkörper (*m.*). 46 ~ rotolante (elemento rotolante, sfera o rullo di cuscinetti volventi) (*mecc.*), Wälzkörper (*m.*). 47 ~ 16 (*tip.*), Tertia (*f.*). 48 ~ 6 (*tip.*), Nonpareille (*f.*), Sechspunktschrift (*f.*). 49 ~ 7 (*tip.*), Mignonschrift (*f.*), Kolonel (*f.*). 50 ~ solido (*fis.*), Festkörper (*m.*), fester Körper. 51 ~ sottoposto ad usura (corpo base, nelle prove su metallo, gomma, ecc.) (*tecnol.*), Grundkörper (*m.*). 52 ~ stradale (solido limitato dalla piattaforma stradale, dalle scarpate e dal terreno naturale) (*ing. civ.*), Damm (*m.*), Erddamm (*m.*). 53 ~ stradale (di una linea ferroviaria) (*ferr.*), Unterbau (*m.*), Eisenbahnunterbau (*m.*). 54 ~ termoradiante (radiatore termico) (*fis.*), Temperaturstrahler (*m.*), Wärmestrahler (*m.*). 55 ~ 20 (*tip.*), Text (*f.*). 56 ad un ~ (ad una cassa, turbina p. es.) (*macch.*), eingehäusig. 57 falso ~ (difetto vn.), falscher Körper.

corporazione (associazione) (*leg. - nav.*), Gremium (*n.*), Verein (*m.*), Körperschaft (*f.*).

corpuscolo (*chim. - fis.*), Korpuskel (*n.*), Teilchen (*n.*).

corrasione (modellamento superficiale delle rocce dovuto alla sabbia proiettata dal vento) (*geol.*), Korrasion (*f.*).

corredare (*gen.*), ausstatten, ausrüsten.

corredo (utensili ecc.) (*aut. - mot. - ecc.*), Ausstattung (*f.*), Ausrüstung (*f.*), Satz (*m.*). 2 ~ accessori di dotazione (dotazione accessori, di una macchina utensile) (*macch. ut.*), Ausstattung (*f.*). 3 ~ di spazzole (muta di spazzole) (*elett.*), Bürstensatz (*m.*). 4 ~

utensili (*lav. macch. ut.*), Werkzeugausrüstung (*f.*).

correggere (*gen.*), verbessern, berichtigen, korrigieren. 2 ~ (un errore) (*gen.*), berichtigen. 3 ~ (compensare, strum. radiogoniometrici) (*radio*), beschicken. 4 ~ le bozze (*tip.*), korrekturlesen, korrigieren.

correggiato (coreggiato, utensile per battere le biade) (*ut. agric.*), Dreschflegel (*m.*).

correlativo (in correlazione) (*gen.*), korrelativ, wechselbezüglich, zusammenhängend.

correlato (*mat. - ecc.*), korreliert.

correlazione (di un risultato con un procedimento p. es.) (*gen.*), Zuordnung (*f.*), Zusammenhang (*m.*). 2 ~ (*mat. - statistica*), Korrelation (*f.*). 3 a ~ stocastica (*metrologia - ecc.*), stochastisch-korrelativ.

corrente (elettrica) (*s. - f. - elett.*), Strom (*m.*). 2 ~ (intensità di corrente, amperaggio) (*s. - f. - elett.*), Stromstärke (*f.*). 3 ~ (fluida) (*s. - f. - mecc. dei fluidi*), Strömung (*f.*), Strom (*m.*). 4 ~ (trave longitudinale) (*s. - m. - ed.*), Längsschwelle (*f.*). 5 ~ (briglia, di una travatura p. es.) (*ed.*), Gurt (*m.*), Gurtung (*f.*). 6 ~ (irrigidimento longitudinale) (*s. - m. - nav. - aer.*), Stringer (*m.*), Weger (*m.*). 7 ~ (*a. - gen.*), laufend. 8 ~ (comune, di largo smercio) (*a. - comm.*), gängig, zügig. 9 ~ allo spunto (all'avviamento) (*mot. - elett.*), Anlaufstrom (*m.*), Anlass-strom (*m.*), Anlass-spitzenstrom (*m.*). 10 ~ alternata (*elett.*), Wechselstrom (*m.*). 11 ~ anodica (*elett. - radio*), Anodenstrom (*m.*). 12 ~ anodica di cresta (*radio - elett.*), Anodenspitzenstrom (*m.*). 13 ~ ascendente (di aria) (*meteor. - ecc.*), Aufströmung (*f.*), Aufstrom (*m.*). 14 ~ ascendente di aria calda (termica) (*meteor. - aer.*), Thermik (*f.*), thermischer Aufwind, Wärmeaufwind (*m.*). 15 ~ assorbita (assorbimento di corrente) (*elett.*), Stromaufnahme (*f.*). 16 ~ attiva (*elett.*), Wirkstrom (*m.*). 17 ~ a vuoto (*elett.*), Leerlaufstrom (*m.*). 18 ~ bifase (*elett.*), Zweiphasenstrom (*m.*). 19 ~ calda ascendente (termica) (*meteor.*), Wärmeaufwind (*m.*), Thermik (*f.*). 20 ~ catodica (corrente del fascio) (*elettronica*), Strahlstrom (*m.*). 21 ~ circolare (*elett.*), Kreisstrom (*m.*). 22 ~ continua (*elett.*), Gleichstrom (*m.*). 23 ~ d'aria (*gen.*), Luftstrom (*m.*). 24 ~ d'aria ascendente (*meteor.*), Aufwind (*m.*). 25 ~ d'aria forzata (*gen.*), Gebläsewind (*m.*). 26 ~ debole (con tensioni inferiori ai 24 e 60 V) (*elett. - telef.*), Schwachstrom (*m.*). 27 ~ del fascio (corrente catodica) (*elettronica*), Strahlstrom (*m.*). 28 ~ della rete (*elett.*), Netzstrom (*m.*). 29 ~ derivata (*elett.*), Zweigstrom (*m.*), Nebensschlusstrom (*m.*). 30 ~ di apertura (*elett.*), Auslösestrom (*m.*), Abschaltstrom (*m.*). 31 ~ di avviamento (*elett. - mot.*), Anlaufstrom (*m.*), Anlass-strom (*m.*). 32 ~ di base (d'un transistore) (*elettronica*), Basisstrom (*m.*). 33 ~ di blocco (corrente inversa, corrente d'interdizione; nei tiristori p. es.) (*elettronica*), Sperrstrom (*m.*). 34 ~ di cancellazione (*elettroacus.*), Löschstrom (*m.*). 35 ~ di carica (di un accumulatore) (*elett.*), Ladestrom (*m.*). 36 ~ di chiamata (*telef.*), Rufstrom (*m.*). 37 ~ di chiusura (*elett.*), Schliessungsstrom (*m.*). 38 ~ di cloro (*ind. chim.*), Chlorstrom (*m.*). 39 ~ di coda (*elettronica*), Schwanzstrom (*m.*). 40 ~ di comando (corrente di eccitazione, di un relè p. es.) (*elett.*), Steuerstrom (*m.*). 41 ~ di comando (*elettronica*), Steuerstrom (*m.*). 42 ~ di conduzione (*elett.*), Leitungsstrom (*m.*). 43 ~ di conduzione (corrente diretta, d'un tiristore p. es.) (*elettronica*), Durchlass-Strom (*m.*). 44 ~ di convezione (*elett.*), Konvektionsstrom (*m.*). 45 ~ di corto circuito (*elett.*), Kurzschluss-strom (*m.*). 46 ~ di corto circuito permanente (*elett.*), Dauerkurzschluss-strom (*m.*). 47 ~ di Couette (moto di Couette, con linee di flusso parallele e caduta di velocità costante trasversalmente alla direzione del moto) (*mecc. dei fluidi*), Couette-Strömung (*f.*), Scherströmung (*f.*). 48 ~ di deriva (*nav.*), Driftströmung (*f.*). 49 ~ di dispersione (causata da difetto di isolamento) (*elett.*), Leckstrom (*m.*), Fehlerstrom (*m.*). 50 ~ di dispersione superficiale (passaggio di corrente sulla superficie dell'isolante p. es.) (*elett.*), Kriechstrom (*m.*). 51 ~ di eccitazione (*elett.*), Erregungsstrom (*m.*). 52 ~ di eccitazione (corrente di comando, di un relè p. es.) (*elett.*), Steuerstrom (*m.*). 53 ~ di entrata (*elett.*), ankommender Strom. 54 ~ differenziale (*elett.*), Differenzstrom (*m.*). 55 ~ di filamento (*elettronica*), Heizstrom (*m.*). 56 ~ di Foucault (corrente parassita) (*elett.*), Wirbelstrom (*m.*), Foucault'scher Strom. 57 ~ di fuga (corrente di dispersione) (*elett.*), Fehlerstrom (*m.*), Leckstrom (*m.*). 58 ~ di fuga (corrente di dispersione superficiale) (*elett.*), Kriechstrom (*m.*). 59 ~ di fuga di un elettrodo (*elett.*), Elektrodenfehlstrom (*m.*). 60 ~ di fusione (di un fusibile) (*elett.*), Abschmelzstrom (*m.*). 61 ~ di griglia (*radio*), Gitterstrom (*m.*). 62 ~ di lavoro (*elett.*), Arbeitsstrom (*m.*). 63 ~ di linea (*elett.*), Leiterstrom (*m.*). 64 ~ di mantenimento (corrente debole che tiene il contatto di riposo di un relè) (*elett.*), Ruhestrom (*m.*). 65 ~ di mantenimento (corrente di tenuta, d'un tiristore p. es.) (*elettronica*), Haltestrom (*m.*). 66 ~ di marea (*mare*), Gezeitenstrom (*m.*), Tideströmung (*f.*). 67 ~ d'innesco (corrente di eccitazione) (*elett.*), Steuerstrom (*m.*). 68 ~ d'innesco di oscillazione (*elett.*), Anschwingstrom (*m.*). 69 ~ di inserzione (valore massimo istantaneo della corrente alla chiusura del circuito) (*elett.*), Einschaltstrom (*m.*). 70 ~ d'interdizione (corrente inversa, corrente di blocco; nei tiristori p. es.) (*elettronica*), Sperrstrom (*m.*). 71 ~ di oscuramento (d'una fotocellula) (*elett.*), Dunkelstrom (*m.*). 72 ~ di punta (*elett.*), Höchststrom (*m.*), Spitzenstrom (*m.*). 73 ~ di radiazioni (nell'atmosfera) (*geofis.*), Strahlungsstrom (*m.*). 74 ~ di regime (corrente stabile) (*elett.*), eingeschwungener Strom. 75 ~ di regolazione (*regol.*), Stellstrom (*m.*). 76 ~ diretta (*elett.*), Durchlass-Strom (*m.*), Strom in Durchlassrichtung. 77 ~ diretta (corrente di conduzione, d'un tiristore p. es.) (*elettronica*), Durchlass-Strom (*m.*). 78 ~ di riflusso (*mare*), Ebbeströmung (*f.*), Ebbestrom (*m.*). 79 ~ di rinforzo (corrente di connessione, dei quadri di armamento) (*m. -*

corrente

min.), Spannriegel (*m.*). **80 ~ di riposo** (corrente di mantenimento, corrente debole che tiene il contatto di riposo di un relè) (*elett.*), Ruhestrom (*m.*). **81 ~ di ritenuta** (d'un relè) (*elett.*), Haltestrom (*m.*). **82 ~ di ronzio** (*elett.*), Brummstrom (*m.*). **83 ~ di rotaia** (*ferr. elett.*), Schienenstrom (*m.*). **84 ~ di saldatura** (*tecnol. mecc.*), Schweisstrom (*m.*). **85 ~ di saturazione** (di un tubo elettronico p. es.) (*elettronica*), Sättigungsstrom (*m.*), Übersteuerungsstrom (*m.*). **86 ~ discendente** (*meteor.*), Abwind (*m.*). **87 ~ di segnale** (*telegr.*), Zeichenstrom (*m.*). **88 ~ dispersa** (corrente di dispersione) (*elett.*), Fehlerstrom (*m.*). **89 ~ di spostamento** (*elett.*), Verdrängungsstrom (*m.*), Verschiebungsstrom (*m.*). **90 ~ di spunto (all'avviamento)** (*elett.*), Anlassspitzenstrom (*m.*), Anlaufstrom (*m.*). **91 ~ di stiva** (*costr. nav.*), Kimmstringer (*m.*), Kimmweger (*m.*). **92 ~ di taratura** (*elett.*), Eichsstrom (*m.*), Bemessungsstrom (*m.*). **93 ~ di tenuta** (corrente di mantenimento, d'un tiristore p. es.) (*elettronica*), Haltestrom (*m.*). **94 ~ di traffico** (*traff. strad.*), Verkehrsstrom (*m.*). **95 ~ di trazione** (corrente per trazione) (*ferr. elett.*), Bahnstrom (*m.*), Fahrstrom (*m.*), Triebstrom (*m.*). **96 ~ di uscita** (*elett.*), Abgangstrom (*m.*), abgehender Strom. **97 ~ elettrica** (*elett.*), elektrischer Strom. **98 ~ elettronica** (*fis.*), Elektronenstrom (*m.*). **99 ~ ferroviaria** (corrente per trazione ferroviaria) (*ferr. elett.*), Bahnstrom (*m.*). **100 ~ forte** (con tensioni di oltre 24 Volt) (*elett.*), Starkstrom (*m.*). **101 ~ fotoelettronica** (*fis.*), Photostrom (*m.*). **102 ~ galvanica** (*elett.*), galvanischer Strom. **103 ~ impulsiva** (corrente ad impulso) (*elett.*), Stoss·strom (*m.*). **104 ~ impulsiva di corto circuito** (*elett.*), Stosskurzschluss·strom (*m.*). **105 ~ indotta** (*elett.*), Induktionsstrom (*m.*), induzierter Strom. **106 ~ inferiore** (di una travatura) (*m. - ed.*), Untergurt (*m.*). **107 ~ inversa** (che fluisce in direzione opposta a quella della corrente diretta) (*elettronica*), Rückstrom (*m.*). **108 ~ inversa** (corrente di interdizione, corrente di blocco; nei tiristori p. es.) (*elettronica*), Sperrstrom (*m.*). **109 ~ ionica** (*elett.*), Ionenstrom (*m.*). **110 ~ ipersonica** (corrente ipersonora, corrente supersonica) (*aerodin.*), Überschallströmung (*f.*). **111 ~ irrotazionale** (corrente non turbolenta) (*mecc. dei fluidi*), wirbelfreie Strömung, Potentialströmung (*f.*). **112 ~ istantanea** (*elett.*), Augenblicksstrom (*m.*). **113 ~ laminare** (*mecc. dei fluidi*), schlichte Strömung, laminare Strömung, Schlichtenströmung (*f.*). **114 ~ laterale** (*m. - nav.*), Seitenstringer (*m.*). **115 ~ limite** (d'un fusibile) (*elett.*), Grenzstrom (*m.*). **116 ~ lineica** (corrente per unità di lunghezza, d'un conduttore) (*elett.*), Strombelag (*m.*). **117 ~ locale** (*elett.*), Lokalstrom (*m.*). **118 ~ luce** (corrente per illuminazione) (*elett.*), Lichtstrom (*m.*). **119 ~ marina** (*geogr.*), Meeresströmung (*f.*). **120 ~ massima di avviamento** (*elett.*), Einschaltspitzenstrom (*m.*). **121 ~ microfonica** (*telef.*), Mikrophonstrom (*m.*). **122 ~ mista** (corrente continua alla quale è sovrapposta una corrente alternata) (*elett.*), Mischstrom (*m.*). **123 ~ modulata** (*elett.*), gemodelter Strom. **124 ~ molecolare** (all'interno di microcristalli) (*elett.*), Molekularstrom (*m.*). **125 ~ monofase** (*elett.*), Einphasenstrom (*m.*). **126 ~ nel corpo** (umano) (*elett.*), Körperstrom (*m.*). **127 ~ nello stato di conduzione** (corrente nello stato di chiusura, d'un tiristore) (*elettronica*), Durchlass-Stellungsstrom (*m.*). **128 ~ neuroelettrica** (*elett.*), Nervenaktionstrom (*m.*). **129 ~ nominale** (*elett.*), Nennstrom (*m.*). **130 ~ non turbolenta** (corrente irrotazionale) (*mecc. dei fluidi*), wirbelfreie Strömung, Potentialströmung (*f.*). **131 ~ notturna** (corrente elett. erogata durante la notte) (*elett.*), Nachtstrom (*m.*). **132 ~ parassita** (corrente di Foucault) (*elett.*), Wirbelstrom (*m.*). **133 ~ parziale** (*elett.*), Teilstrom (*m.*). **134 ~ per forza motrice** (*elett.*), Kraftstrom (*m.*). **135 ~ per illuminazione** (corrente luce) (*elett.*), Lichtstrom (*m.*). **136 ~ permanente** (corrente stazionaria) (*mecc. dei fluidi*), stehende Strömung. **137 ~ permanente** (*elett.*), Dauerstrom (*m.*). **138 ~ per trazione** (ferroviaria) (*ferr. elett.*), Bahnstrom (*m.*), Triebstrom (*m.*), Fahrstrom (*m.*). **139 ~ per uso di cantiere** (*elett. - ed.*), Baustrom (*m.*). **140 ~ polifase** (*elett.*), Mehrphasenstrom (*m.*). **141 ~ portante** (*radio*), Trägerstrom (*m.*). **142 ~ primaria** (di un trasformatore) (*elett.*), Primärstrom (*m.*). **143 ~ primaria** (nella saldatura p. es.) (*elett.*), Primärstrom (*m.*). **144 ~ pulsante** (*elett.*), pulsierender Strom. **145 ~ raddrizzata** (*elett.*), Richtstrom (*m.*). **146 ~ reattiva** (o swattata) (*elett.*), Blindstrom (*m.*), wattloser Strom. **147 ~ residua** (*elett.*), Reststrom (*m.*). **148 ~ residua** (corrente susseguente) (*elett.*), Folgestrom (*m.*). **149 ~ secondaria** (di un trasformatore) (*elett.*), Sekundärstrom (*m.*). **150 ~ sinusoidale** (*elett.*), Sinusstrom (*m.*). **151 ~ sollecitato a trazione** (briglia sollecitata a trazione) (*ed.*), Zuggurt (*m.*). **152 ~ squilibrata** (*elett.*), unsymmetrischer Strom, Unsymmetriestrom (*m.*). **153 ~ stabile** (corrente di regime) (*elett.*), eingeschwungener Strom. **154 ~ stabilizzata** (*elett.*), gleichförmiger Strom. **155 ~ statorica** (*elett.*), Ständerstrom (*m.*). **156 ~ stazionaria** (corrente permanente) (*mecc. dei fluidi*), stehende Strömung. **157 ~ supersonica** (corrente ipersonica, corrente ipersonora) (*aerodin.*), Überschallströmung (*f.*). **158 ~ superiore** (di una trave reticolare) (*m. - ed.*), Obergurt (*m.*). **159 ~ susseguente** (corrente residua) (*elett.*), Folgestrom (*m.*). **160 ~ susseguente** (dopo lo spegnimento di un arco p. es.) (*elett.*), Nachstrom (*m.*). **161 ~ swattata** (o reattiva) (*elett.*), Blindstrom (*m.*), wattloser Strom. **162 ~ tellurica** (*elett.*), Erdstrom (*m.*). **163 ~ termoelettrica** (*elett.*), Thermostrom (*m.*). **164 ~ transitoria** (*elett.*), Einschwingstrom (*m.*). **165 ~ trifase** (*elett.*), Drehstrom (*m.*), Dreiphasenstrom (*m.*). **166 ~ turbolenta** (corrente vorticosa) (*mecc. dei fluidi*), turbulente Strömung, Wirbelströmung (*f.*). **167 ~ unidirezionale** (*elett.*), Strom gleichbleibender Richtung. **168 ~ vagante** (*elett.*), vagabundierender Strom, Streustrom (*m.*). **169 ~ verso terra** (*elett.*), Erdschluss·strom (*m.*). **170 ~ viscosa** (*idr.*), viskose Strömung. **171 ~ vorticosa** (corrente turbolenta) (*mecc.*

dei fluidi), Wirbelströmung (*f.*), turbulente Strömung. **172 ad alto consumo di** ~ (processo) (*elett.*), stromintensiv. **173 affetto da** ~ **circolare** (*elett.*), kreisstrombehaftet. **174 alimentazione di** ~ (attraverso conduttori) (*elett.*), Stromzuführung (*f.*). **175 amplificazione di** ~ (*elett.*), Stromverstärkung (*f.*). **176 assorbimento di** ~ (*elett.*), Strombedarf (*m.*), Stromentnahme (*f.*). **177 attraversato dalla** ~ (percorso dalla corrente) (*elett. - ecc.*), durchflutet. **178 caratteristica della** ~ **diretta** (d'un raddrizzatore) (*elett.*), Durchlasskennlinie (*f.*). **179 carico di** ~ (amperaggio, dei contatti d'un app. elett. p. es.) (*elett.*), Strombelastung (*f.*). **180 circuito di ritorno della** ~ **di trazione** (*ferr. elett.*), Fahrstromrückleitung (*f.*), Bahnstromrückleitung (*f.*). **181 colpo di** ~ (sovracorrente) (*elett.*), Stromstoss (*m.*). **182 comandato da impulsi di** ~ (*elett.*), stromstossgesteuert. **183 commutazione di** ~ (*elett.*), Stromumschaltung (*f.*). **184 consumo di** ~ (*elett.*), Stromverbrauch (*m.*). **185 dare** ~ (*elett.*), den Strom einschalten. **186 densità di** ~ (*elett.*), Stromdichte (*f.*). **187 densità lineare di** ~ (corrente elettrica lineica, corrente per unità di lunghezza trasversalmente al suo senso) (*elett.*), Strombelag (*m.*). **188 deviatore di** ~ (*idr. - costr. idr.*), Stromabweiser (*m.*). **189 direzione della** ~ (senso della corrente) (*elett.*), Stromrichtung (*f.*). **190 dispersione di** ~ (*elett.*), Fehlerstrom (*m.*), Stromverlust (*m.*). **191 emettitore d'impulsi di** ~ (*elett.*), Stromstossender (*m.*), Stromstossgeber (*m.*). **192 esente da** ~ **circolare** (*elett.*), kreisstromfrei. **193 esploratore di** ~ (sonda di corrente) (*app.*), Strömungssonde (*f.*). **194 filtro livellatore di** ~ (*elett.*), Stromglätter (*m.*). **195 generatore di** ~ (*macch. elett.*), Stromerzeuger (*m.*). **196 generatore di** ~ **a denti di sega** (*elettronica*), Stromkippgerät (*n.*). **197 impulso di** ~ (*elett.*), Stromimpuls (*m.*). **198 impulso di** ~ (colpo di corrente) (*elett.*), Stoss·strom (*m.*). **199 indicatore della direzione della** ~ (indicatore di polarità) (*app. elett.*), Stromrichtungsanzeiger (*m.*). **200 intensità di** ~ (amperaggio) (*elett.*), Stromstärke (*f.*). **201 interruttore a** ~ **zero** (*app. elett.*), Stromnulldurchgangsschalter (*m.*). **202 interruttore per** ~ **ad impulsi** (*app. elett.*), Stromstoss·schalter (*m.*). **203 interruzione di** ~ (*elett.*), Stromunterbrechung (*f.*), Stromunterbruch (*m.*). **204 inversione di** ~ (*elett.*), Stromumkehrung (*f.*), Stromwendung (*f.*). **205 inversore di** ~ (*elett.*), Polwender (*m.*). **206 limitatore di** ~ (*app. elett.*), Strombegrenzer (*m.*). **207 mancanza di** ~ (*elett.*), Stromausfall (*m.*). **208 minima** ~ (*elett.*), Unterstrom (*m.*). **209 ondulazione della** ~ (*elett.*), Stromwelligkeit (*f.*). **210 passaggio di** ~ (*elett.*), Stromdurchfluss (*m.*). **211 pendenza della** ~ (velocità di salita della corrente, nei tiristori p. es.) (*elettronica*), Stromsteilheit (*f.*). **212 percorso da** ~ (*elett.*), stromdurckflossen. **213 percorso della** ~ (*elett.*), Stromweg (*m.*), Strompfad (*m.*). **214 presa di** ~ (*veic. elett.*), Stromabnehmer (*m.*). **215 regolatore di** ~ (*app. elett.*), Stromregler (*m.*). **216 regolazione di** ~ (*elett.*), Stromregulierung (*f.*). **217 relè di massima** ~ (*app.*

elett.), Höchststromrelais (*n.*). **218 relè di minima** ~ (*app. elett.*), Unterstromrelais (*n.*). **219 ripartitore di** ~ (nei raddrizzatori) (*elett.*), Stromteiler (*m.*). **220 risonanza di** ~ (risonanza in serie) (*elett.*), Stromresonanz (*f.*), Reihen-Resonanz (*f.*). **221 senso della** ~ (direzione della corrente) (*elett.*), Stromrichtung (*f.*). **222 senza** ~ (*elett.*), stromlos. **223 sonda di** ~ (esploratore di corrente) (*app.*), Strömungssonde (*f.*). **224 sotto** ~ (*a. - elett.*), stromführend. **225 temporizzatore d'impulsi di** ~ (*elett.*), Stromstosstakter (*m.*). **226 togliere la** ~ (*elett. - ind.*), den Strom ausschalten. **227 tratto a** ~ **rapida** (d'un canale; tratto a forte pendenza) (*idr.*), Schuss·strecke (*f.*). **228 valore massimo istantaneo della** ~ **alla chiusura del circuito** (corrente d'inserzione) (*elett.*), Einschaltstrom (*m.*). **229 velocità di salita della** ~ (pendenza della corrente, nei tiristori p. es.) (*elettronica*), Stromsteilheit (*f.*).

correntezza (*comm. - ecc.*), Kulanz (*f.*). **2 per motivi di** ~ (*comm. - ecc.*), aus Kulanzgründen.

correntino (listello, del tetto) (*ed.*), Dachlatte (*f.*).

correntista (*finanz.*), Kontoinhaber (*m.*). **2** ~ **postale** (*posta*), Postscheckkontoinhaber (*m.*).

correntometro (per la misurazione della velocità e della direzione delle correnti marine) (*app. - geofis.*), Strömungsmesser (*m.*). **2** ~ **con ruota a pale** (*app. - idr.*), Schaufelradstrommesser (*m.*), Dauerstrommesser (*m.*).

correre (*gen.*), laufen. **2** ~ (*sport*), rennen.

correttivo (correttore, del terreno) (*chim. - agric.*), Verbesserungsmittel (*n.*).

corretto (giusto, regolare) (*gen.*), korrekt, richtig, einwandfrei.

correttore (di un carburatore) (*mot.*), Korrekturgerät (*n.*). **2** ~ (compensatore, di una superficie di governo) (*aer.*), Trimmer (*m.*), Trimmklappe (*f.*). **3** ~ (impostatore di correzione) (*lav. macch. ut. a c/n.*), Korrekturschalter (*m.*). **4** ~ (correttivo, del terreno) (*chim. - agric.*), Verbesserungsmittel (*n.*). **5** ~ **a depressione** (dell'anticipo di accensione) (*mot. - ecc.*), Unterdruckversteller (*m.*). **6** ~ **automatico di assetto** (timone automatico, agisce sul timone principale senza intervento del pilota) (*aer.*), Trimmruder (*n.*). **7** ~ **dell'alettone** (aletta correttrice dell'alettone) (*aer.*), Querrudertrimmklappe (*f.*). **8** ~ **della miscela** (correttore di quota) (*mot. aer.*), Gemischregler (*m.*), Arm-Reich-Schalter (*m.*), Luftdichteregler (*m.*). **9** ~ **dell'aria** (getto calibratore dell'aria) (*mot.*), Luftkorrekturdüse (*f.*). **10** ~ **di assetto** (*aer.*), Trimmfläche (*f.*), Trimmklappe (*f.*). **11** ~ **di bozze** (*lav. tip.*), Korrektor (*m.*), Korrekturleser (*m.*). **12** ~ **di fase** (rifasatore) (*elett.*), Phasenkompensator (*m.*). **13** ~ **di frequenza** (sintonizzatore, d'un oscillatore) (*app.*), Nachstimm-Element (*n.*). **14** ~ **di quota** (correttore di miscela in quota, del carburatore di un mot. di aereo) (*aer.*), Luftdichteregler (*m.*), Arm-Reich-Schalter (*m.*), Höhenkorrektor (*m.*). **15 leva del** ~ **della miscela** (*mot. aer.*), Gasgemischhebel (*m.*).

correzione (*gen.*), Korrektion (*f.*), Nach-

corridoio

besserung (*f.*). 2 ~ (di un errore) (*gen.*), Berichtigung (*f.*). 3 ~ (di sistemi ottici) (*ott.*), Korrektion (*f.*). 4 ~ (di ruote dentate) (*mecc.*), Korrektur (*f.*). 5 ~ (*nav. - navig.*), Verbesserung (*f.*), Korrektur (*f.*). 6 ~ (fuori sequenza, di un programma difettoso) (*calc.*), Flick (*n.*). 7 ~ (compensazione, di strum. radiogoniometrici) (*radio*), Beschickung (*f.*). 8 ~ **del fattore di potenza** (rifasamento) (*elett.*), Leistungsfaktorverbesserung (*f.*). 9 ~ **della profondità di taglio** (per compensare l'usura dell'utensile; regolazione della profondità di taglio) (*lav. macch. ut.*), Korrekturbewegung (*f.*), Nachstellbewegung (*f.*). 10 ~ **dello zero** (*strum.*), Nullpunktkorrektur (*f.*). 11 ~ **di attenuazione** (*radio - ecc.*), Dämpfungsentzerrung (*f.*). 12 ~ **di bozze** (*tip.*), Korrektur (*f.*). 13 ~ **per la quota** (*mot.*), Höhenkorrektur (*f.*). 14 ~ **di errori** (radiogoniometrici) (*radio*), Funkbeschickung (*f.*). 15 ~ **per lo strumento** (*strum.*), Instrumentenkorrektur (*f.*). 16 ~ **utensile** (*lav. macch. ut. c/n*), Werkzeugkorrektur (*f.*). 17 **casa di** ~ (riformatorio) (*leg.*), Besserungsanstalt (*f.*). 18 **segnale di** ~ (*astronautica*), Korrekturkommande (*n.*). 19 **tabella di** ~ (*strum. - ecc.*), Fehlertafel (*f.*).

corridoio (*ed.*), Gang (*m.*), Korridor (*m.*). 2 ~ (interponte) (*nav.*), Zwischendeck (*n.*). 3 ~ (in una foresta p. es., per passaggio di linee elettriche) (*elett.*), Schneise (*f.*). 4 ~ **aereo** (*milit. - aer.*), Luftkorridor (*m.*). 5 ~ **centrale** (passaggio centrale, fra macchine p. es.) (*gen.*), Mittelgang (*m.*). 6 ~ **centrale** (di una vettura) (*ferr. - ecc.*), Mittelgang (*m.*). 7 ~ **di atterraggio** (di un veic. spaziale) (*astronautica*), Landekorridor (*m.*). 8 ~ **di scorrimento** (canale di scorrimento del film, di un proiettore) (*cinem.*), Führungskanal (*m.*). 9 ~ **di traffico** (*traff.*), Verkehrsgang (*m.*). 10 ~ **di volo** (*aer. - navig.*), Schneise (*f.*). 11 ~ **laterale** (di una vettura ferr.) (*ferr.*), Seitengang (*m.*).

corriera (autocorriera, autobus per servizio pubblico) (*veic. - trasp.*), Linienbus (*m.*), Autobus (*m.*), Autocar (*m.*) (*svizz.*).

corriere (*posta*), Eilbote (*m.*), Kurier (*m.*). 2 **a volta di** ~ (a giro di posta) (*uff. - posta*), mit umgehender Post, postwendend.

corrimano («mancorrente», di una scala, veicolo, ecc.) (*ed. - ecc.*), Handgeländer (*n.*), Handlauf (*m.*), Handleiste (*f.*).

corrispondente (di un giornale) (*s. - giorn.*), Korrespondent (*m.*). 2 ~ (di affari) (*s. - comm.*), Korrespondent (*m.*), Geschäftspartner (*m.*). 3 ~ (impiegato di una ditta) (*s. - pers.*), Korrespondent (*m.*), Schreiber (*m.*). 4 ~ (analogo) (*a. - gen.*), vergleichbar, entsprechend. 5 ~ **dall'estero** (giornalista) (*giorn.*), Auslandskorrespondent (*m.*). 6 ~ **estero** (giornalista) (*giorn.*), Auslandskorrespondent (*m.*). 7 ~ **in lingue estere** (di una ditta) (*pers.*), Auslandskorrespondent (*m.*).

corrispondenza (tra due elementi a confronto) (*gen.*), Übereinstimmung (*f.*). 2 ~ (fra numeri, segmenti, ecc.) (*mat.*), Korrespondenz (*f.*). 3 ~ (lettere, ecc.) (*comm. - uff.*), Korrespondenz (*f.*). 4 **pubblicità per** ~ (*comm.*), Briefwerbung (*f.*).

corrispondere (*gen.*), übereinstimmen. 2 ~ (scambiare corrispondenza) (*comm. - uff. - ecc.*), korrespondieren.

corrodere (*gen.*), abfressen, korrodieren. 2 ~ (*chim. - metall. - geol.*), korrodieren, fressen. 3 ~ (a perforazione) (*chim. - ecc.*), durchfressen.

corrodibilità (*tecnol.*), Korrodierbarkeit (*f.*).

corronil (cupronichel con 26% Cu, 4% Mn, 70% Ni) (*lega*), Corronil (*n.*).

corronizzazione (*elettrochim.*), Korronisierung (*f.*).

corrosione (deterioramento di corpi solidi mediante azione chimica od elettrochimica) (*chim. - metall.*), Korrosion (*f.*). 2 ~ (azione erosiva su rocce da parte d'acque meteoriche) (*geol.*), Korrosion (*f.*). 3 ~ **da attrito** (corrosione da contatto, corrosione da sfregamento, ossidazione di attrito, «fretting corrosion») (*mecc.*), Reiboxydation (*f.*), Reibkorrosion (*f.*). 4 ~ **da agenti atmosferici** (*tecnol.*), Wetterkorrosion (*f.*). 5 ~ **da cavitazione** (*metall.*), Kavitationskorrosion (*f.*), Aufprallkorrosion (*f.*). 6 ~ **da condensazione** (sulla superficie dei metalli) (*tecnol. mecc.*), Schwitzwasserkorrosion (*f.*). 7 ~ **da correnti vaganti** (corrosione elettrochimica da correnti vaganti) (*elettrochim.*), Streustromkorrosion (*f.*). 8 ~ **da efflorescenza** (difetto di mur.), Salpeterfrass (*m.*). 9 ~ **da inattività** (nei generatori di vapore p. es.) (*tecnol.*), Stillstandkorrosion (*f.*). 10 ~ **da sfregamento** (ossidazione per attrito, «fretting corrosion») (*metall.*), Reiboxydation (*f.*), Reibkorrosion (*f.*). 11 ~ **di contatto** (corrosione galvanica, corrosione elettrolitica) (*tecnol. mecc.*), elektrolytische Korrosion, Berührungskorrosion (*f.*), Kontaktkorrosion (*f.*). 12 ~ **di fatica** (*metall.*), Ermüdungskorrosion (*f.*). 13 ~ **di tormento** (ossidazione per attrito, «fretting corrosion»; nell'accoppiamento preciso di organi metallici) (*mecc.*), Reiboxydation (*f.*), Reibkorrosion (*f.*). 14 ~ **elettrochimica** (corrosione galvanica) (*metall.*), elektrochemische Korrosion. 15 ~ **elettrochimica da correnti vaganti** (*elettrochim.*), Streustromkorrosion (*f.*). 16 ~ **elettrolitica** (corrosione galvanica, corrosione di contatto) (*tecnol. mecc.*), elektrolytische Korrosion. 17 ~ **filiforme** (*metall.*), Fadenkorrosion (*f.*). 18 ~ **galvanica** (corrosione elettrochimica) (*metall.*), elektrochemische Korrosion. 19 ~ **galvanica** (corrosione elettrolitica da correnti vaganti) (*elettrochim.*), Streustromkorrosion (*f.*). 20 ~ **intercristallina** (*chim. - metall.*), interkristalline Korrosion, Korngrenzkorrosion (*f.*). 21 ~ **intergranulare** (corrosione fra i grani) (*metall.*), Korngrenzenkorrosion (*f.*). 22 ~ **interstiziale** (difetto metall.), Spaltkorrosion (*f.*). 23 ~ **localizzata** (corrosione locale) (*mecc. - chim.*), Lokalkorrosion (*f.*). 24 ~ **localizzata profonda** (*tecnol.*), Lochfrasskorrosion (*f.*). 25 ~ **perforante** (difetto - *tecnol.*), Lochfrasskorrosion (*f.*), Durchlöcherung (*f.*). 26 ~ **profonda** (*tecnol.*), Lochfrass (*m*). 27 ~ **selettiva** (*tecnol.*), selektive Korrosion. 28 ~ **stratificata** (su metallo laminato p. es.) (*metall.*), Schichtkorrosion (*f.*). 29 **lavorazione per** ~ **elettrochimica** (*tecnol.*), elektrochemisches Senken. 30 **prova di** ~ **accelerata** (nella quale la corrosione viene accelerata mediante altre reazioni) (*tecnol. mecc.*), Schnellkorrosionsprüfung (*f.*). **31 prova di ~ a nebbia** (*tecnol. mecc.*), Sprühversuch (*m.*). **32 prova di ~ del terreno** (prova del potere corrosivo del terreno) (*tecnol. - ed.*), Bodenkorrosionsversuch (*m.*). **33 resistente alla ~** (*chim. - metall. - ecc.*), korrosionsfest. **34 stampa per ~** (dei tessuti) (*ind. tess.*), Ätzdruck (*m.*). **35 usura da ~** (*mecc.*), Verschleiss durch Korrosion.

corrosività (*tecnol.*), Korrosionsfähigkeit (*f.*), Angriffsfreudigkeit (*f.*). **2 prova di ~ del terreno** (*tecnol. - ed. - ecc.*), Bodenkorrosionsversuch (*m.*).

corrosivo (*a. - chim.*), korrosionsfördernd, beizend. **2 ~** (*tecnol.*), korrodierend, korrosiv. **3 ~** (*s. - chim.*), Korrosionsmittel (*n.*). **4 potere ~** (*chim.*), Angriffsfreudigkeit (*f.*), Korrosionsfähigkeit (*f.*). **5 sublimato ~** (*chim.*) Sublimat (*n.*), Quecksilberchlorid (*n.*).

corruzione (subornazione, di testimoni) (*leg.*), Bestechung (*f.*).

corsa (movimento ed entità dello stesso, di uno stantuffo p. es.) (*mecc. - mot. - ecc.*), Hub (*m.*). **2 ~** (fase, di un mot. a c. i.) (*mot.*), Hub (*m.*), Takt (*m.*). **3 ~** (altezza di caduta, di un maglio p. es.) (*fucinatura - ecc.*), Hub (*m.*), Fallhöhe (*f.*). **4 ~** (*gen.*), Lauf (*m.*), Laufen (*n.*). **5 ~** (automobilistica p. es.) (*sport*), Rennen (*n.*). **6 ~ ascendente** (dello stantuffo p. es.) (*mot. - ecc.*), Aufwärtshub (*m.*), Aufwärtsgang (*m.*). **7 ~ ascendente** (corsa verso l'alto) (*lav. macch. ut.*), Hochgang (*m.*), Aufwärtshub (*m.*). **8 ~ a vuoto** (corsa di ritorno, di una piallatrice p. es.) (*macch. ut. - ecc.*), Leerhub (*m.*). **9 ~ continua** (d'una cesoia p. es.) (*macch.*), Dauerhub (*m.*). **10 ~ continuata** (di una pressa, senza arresto a fine corsa di lavoro) (*macch.*), Durchlauf (*m.*). **11 ~ dell'ago** (del carburatore o dell'iniettore) (*mot.*), Nadelhub (*m.*). **12 ~ della pressa** (*macch.*), Presshub (*m.*). **13 ~ della tavola** (di una piallatrice p. es.) (*lav. macch. ut.*), Tischhub (*m.*). **14 ~ dello slittone** (di una pressa p. es.) (*fucinatura - ecc.*), Stösselhub (*m.*). **15 ~ dello stantuffo** (*mot.*), Kolbenhub (*m.*). **16 ~ del respingente** (*ferr.*), Pufferhub (*m.*), Pufferweg (*m.*). **17 ~ di ammissione** (fase di aspirazione) (*mot.*), Einlasshub (*m.*). **18 ~ di andata** (*lav. macch. ut.*), Vorlauf (*m.*). **19 ~ di aspirazione** (*mot.*), Ansaughub (*m.*), Saughub (*m.*). **20 ~ di atterraggio** (distanza di atterraggio) (*aer.*), Landelänge (*f.*), Landestrecke (*f.*). **21 ~ di brocciatura** (*lav. macch. ut.*), Räumhub (*m.*). **22 ~ di compressione** (fase di compressione) (*mot.*), Verdichtungshub (*m.*), Verdichtungstakt (*m.*). **23 ~ di decollo** (*aer.*), Abflugstrecke (*f.*), Startstrecke (*f.*). **24 ~ di discesa** (dello stantuffo p. es.) (*mot. - ecc.*), Abwärtshub (*m.*). **25 ~ di espansione** (fase di espansione) (*mot.*), Expansionshub (*m.*), Expansionstakt (*m.*), Ausdehnungshub (*m.*). **26 ~ di fresatura** (*lav. macch. ut.*), Fräsweg (*m.*). **27 ~ di lavoro** (corsa utile, di un mot. a c. i.) (*mot.*), Arbeitshub (*m.*). **28 ~ di lavoro** (corsa utile, della slitta d'una fucinatrice p. es.) (*macch.*), Nutzhub (*m.*), Arbeitshub (*m.*). **29 ~ di lavoro** (dell'elettrodo, nella saldatura) (*tecnol. mecc.*), Arbeitshub (*m.*), Arbeitsweg (*m.*). **30 ~ di lavoro totale** (di una saldatrice di testa) (*tecnol. mecc.*), Verlustweg (*m.*), gesamter Längenverlust. **31 ~ di preriscaldo** (nella saldatura di testa) (*tecnol. mecc.*), Vorwärmweg (*m.*). **32 ~ di ricalcatura** (nella saldatura di testa) (*tecnol. mecc.*), Stauchweg (*m.*). **33 ~ di ritorno** (ritorno) (*macch. ut. - ecc.*), Rückgang (*m.*), Rücklauf (*m.*), Rückhub (*m.*). **34 ~ di ritorno** (corsa a vuoto, di una macchina piallatrice p. es.) (*macch. ut.*), Leerhub (*m.*). **35 ~ di ritorno rapida** (ritorno rapido) (*lav. macch. ut.*), Eilrücklauf (*m.*), Eilrückgang (*m.*). **36 ~ di scarico** (*mot.*), Auspuffhub (*m.*), Auslasshub (*m.*). **37 ~ discendente** (dello stantuffo p. es.) (*mot. - ecc.*), Abwärtshub (*m.*). **38 ~ di scintillio** (di una saldatrice di testa) (*tecnol. mecc.*), Abbrennweg (*m.*). **39 ~ di tornitura** (d'una slitta) (*lav. macch. ut.*), Drehweg (*m.*). **40 ~ in pista** (*aut. - sport*), Bahnrennen (*n.*). **41 ~ in salita** (*aut. - sport*), Bergrennen (*n.*). **42 ~ irregolare** (corsa scentrata, d'un punzone p. es.) (*tecnol.*), fehlerhaftes Laufen, Verlaufen (*n.*). **43 ~ longitudinale** (*lav. macch. ut.*), Längshub (*m.*). **44 ~ rapida** (traslazione rapida, spostamento rapido) (*lav. macch. ut.*), Eilgang (*m.*), Schnellgang (*m.*). **45 ~ scentrata** (corsa irregolare, d'un punzone p. es.) (*tecnol.*), Verlaufen (*n.*), fehlerhaftes Laufen. **46 ~ su strada** (*aut. - sport*), Strassenrennen (*n.*). **47 ~ trasversale** (movimento trasversale) (*lav. macch. ut.*), Plangang (*m.*), Planzug (*m.*), Quergang (*m.*). **48 ~ utile** (corsa di lavoro, di un mot. a c. i.) (*mot.*), Arbeitshub (*m.*). **49 ~ utile** (corsa di lavoro, della slitta d'una fucinatrice p. es.) (*macch.*), Nutzhub (*m.*), Arbeitshub (*m.*). **50 ~ verso l'alto** (dello stantuffo p. es.) (*mot. - ecc.*), Aufwärtshub (*m.*), Aufwärtsgang (*m.*). **51 ~ verso l'alto** (*lav. macch. ut.*), Hochgang (*m.*). **52 a ~ corta** (superquadro) (*mot.*), kurzhubig. **53 a fine ~** (tavola, in posizione finale) (*lav. macch. ut.*), ausgefahren. **54 direttore corse** (di una marca) (*sport - aut.*), Rennleiter (*m.*). **55 fine ~** (battuta di arresto di fine corsa) (*lav. macch. ut.*), Endanschlag (*m.*). **56 fine ~** (interruttore di fine corsa) (*elettromecc.*), Endausschalter (*m.*), Endschalter (*m.*). **57 fine ~ longitudinale** (battuta di arresto longitudinale) (*lav. macch. ut.*), Längsanschlag (*m.*). **58 macchina a ~ lunga** (*macch. ut.*), Langhubmaschine (*f.*). **59 magnete di inversione della ~** (*elett.*), Umkehrhubmagnet (*m.*). **60 pneumatico (per vetture) da ~** (*aut.*), Rennreifen (*m.*). **61 scontro di fine ~** (arresto di fine corsa) (*lav. macch. ut. - mecc.*), Endanschlag (*m.*).

corsia (corridoio, passaggio) (*gen.*), Gang (*m.*). **2 ~** (di traffico) (*traff. strad.*), Fahrspur (*f.*), Spur (*f.*). **3 ~** (d'un magazzino a scaffalature alte p. es.) (*ind. - trasp. ind.*), Gasse (*f.*). **4 ~ di sorpasso** (*traff. strad.*), Überholspur (*f.*), Schnellspur (*f.*). **5 ~ di sosta** (d'emergenza, di una autostrada) (*aut.*), Randstreifen (*m.*), Parkstreifen (*m.*). **6 ~ di traffico** (*traff. strad.*), Verkehrsspur (*f.*), Fahrspur (*f.*). **7 ~ (per traffico) veloce** (di una autostrada) (*aut. - strad.*), Schnellspur (*f.*). 8 a due corsie (*strad.*), zweispurig. 9 a più corsie (*strad.*), mehrspurig, vielspurig. 10 a tre corsie (*strad.*), dreispurig. 11 occupate la ~ libera più a destra (*segn. traff. strad.*), ganz rechts fahren. 12 strada a tre corsie (carreggiata a tre corsie) (*strad.*), Strasse mit drei Spuren.

corsivo (*a. - tip.*), kursiv. 2 ~ (carattere corsivo) (*s. - tip.*), Kurrentschrift (*f.*), Kursivschrift (*f.*), Kursive (*f.*), Schrägschrift (*f.*).

corso (*gen.*), Lauf (*m.*), Gang (*m.*). 2 ~ (decorso) (*gen.*), Verlauf (*m.*), Ablauf (*m.*). 3 ~ (di mattoni) (*mur.*), Schicht (*f.*), Lage (*f.*). 4 ~ (di fasciame) (*costr. nav.*), Plankengang (*m.*), Gang (*m.*). 5 ~ (scolastico) (*scuola - pers.*), Kurs (*m.*), Lehrgang (*m.*), Kursus (*m.*). 6 ~ a coltello (di mattoni) (*mur.*), Rollschicht (*f.*), Rollage (*f.*). 7 ~ d'acqua (*geogr.*), Wasserlauf (*m.*). 8 ~ del cambio (cambio) (*finanz.*), Umrechnungssatz (*m.*), Umrechnungskurs (*m.*). 9 ~ di addestramento (*gen.*), Schulungskurs (*m.*). 10 ~ di cinta (*costr. nav.*), Schergang (*m.*). 11 ~ di istruzione (*scuola - lav.*), Lehrgang (*m.*). 12 ~ di mattoni (*mur.*), Steinschicht (*f.*), Ziegelschicht (*f.*). 13 ~ (di mattoni) per piano (messi in opera per piano) (*mur.*), Läuferschicht (*f.*), Plattschicht (*f.*). 14 ~ di riaddestramento (*lav.*), Umschulungskurs (*m.*). 15 ~ forzoso (*finanz.*), Zwangskurs (*m.*). 16 ~ inferiore (di un fiume) (*geogr.*), Unterlauf (*m.*). 17 ~ obliquo (di mattoni) (*mur.*), Stromschicht (*f.*). 18 ~ superiore (di un fiume) (*geogr.*), Oberlauf (*m.*). 19 ~ ufficiale (*finanz.*), amtlicher Kurs. 20 in ~ (di denaro) (*finanz.*), gangbar.

corsoio (d'un glifo p. es.) (*mecc.*), Gleitstein (*m.*), Kulissenstein (*m.*).

corte (di giustizia) (*leg.*), Gerichtshof (*m.*). 2 ~ d'appello (*leg.*), Appellationsgericht (*n.*), Berufungsgericht (*n.*), Beschwerdegericht (*n.*). 3 ~ dei conti (*amm. - finanz.*), Rechnungshof (*m.*), Rechnungskammer (*f.*). 4 ~ di assise (*leg.*), Schwurgericht (*n.*). 5 ~ di cassazione (*leg.*), Senat (*m.*), Revisionsinstanz (*f.*), Kassationsgericht (*n.*). 6 ~ di giustizia (tribunale) (*leg.*), Gerichtshof (*m.*). 7 ~ marziale (*milit. - leg.*), Kriegsgericht (*n.*). 8 ordine della ~ (*leg.*), Gerichtsbeschluss (*m.*).

Corte Internazionale (*leg. - politica*), Weltgerichtshof (*m.*), Internationaler Gerichtshof. 2 ~ di Giustizia (*leg.*), Internationaler Gerichtshof.

corteccia (legno), Rinde (*f.*). 2 ~ elettronica (*elettronica*), Elektronenschale (*f.*). 3 togliere la ~ (scortecciare) (*legno*), abborken, entrinden.

cortile (*ed.*), Hof (*m.*). 2 ~ con copertura di vetri (*ed.*), Lichthof (*m.*).

cortina (tenda) (*gen.*), Vorhang (*m.*). 2 ~ di fumo (*milit.*), Rauchschleier (*m.*), Rauchvorhang (*m.*). 3 ~ radar (*milit.*), Radargürtel (*m.*).

cortisone (*farm.*), Cortison (*n.*).

corto (*gen.*), kurz. 2 ~ circuito (*elett.*), Kurzschluss (*m.*). 3 ~ circuito tra le spire (di una dinamo p. es.) (*elett.*), Windungsschluss (*m.*). 4 tubo di ~ circuito (tubo di sorpasso) (*tubaz.*), Umgehungsleitung (*f.*).

cortocircuitare (mettere in corto circuito) (*elett.*), kurzschliessen.

cortocircuitazione (riflusso) (*tubaz. - ecc.*), Umlauf (*m.*). 2 regolatore a ~ (regolatore a riflusso, di un compressore p. es.) (*app.*), Umlaufregler (*m.*).

cortocircuito (*elett. - ecc.*), vedi corto circuito.

cortometraggio (*cinem.*), Kurzfilm (*m.*). 2 ~ fuori programma (fuori programma) (*cinem.*), Beifilm (*m.*). 3 ~ televisivo (*telev.*), Fernsehkurzfilm (*m.*).

corvetta (*mar. milit.*), Korvette (*f.*).

coscienza (*gen.*), Gewissen (*n.*). 2 secondo scienza e ~ (*gen.*), nach bestem Wissen und Gewissen.

cosecante (*mat.*), Cosecans (*m.*), Kosekans (*m.*).

coseno (*mat.*), Cosinus (*m.*), cos., Kosinus (*m.*). 2 ~ iperbolico (*mat.*), hyperbolischer Kosinus.

cosfi (cosφ, fattore di potenza) (*elett.*), Leistungsfaktor (*m.*), Wirkfaktor (*m.*), cosφ.

cosfimetro (fasometro) (*strum. elett.*), Leistungsfaktoranzeiger (*m.*), Phasenmesser (*m.*), Leistungsfaktormesser (*m.*), cos φ-Messer (*m.*).

cosinusoidale (curva p. es.) (*mat.*), cos-förmig.

cosmetica (cosmesi, tecnica per la cura della bellezza) (*ind. chim.*), Kosmetik (*f.*), Schönheitspflege (*f.*).

cosmetico (prodotto di bellezza) (*s. - ind.*), Schönheitsmittel (*n.*). 2 ~ (*a. - ind.*), kosmetisch.

cosmico (appartenente all'universo) (*astr.*), kosmisch. 2 radiazione cosmica (*geofis.*), kosmische Strahlung.

cosmo (universo) (*astr.*), Kosmos (*m.*), Weltall (*n.*).

cosmogonia (scienza dell'origine dell'universo) (*sc.*), Kosmogonie (*f.*).

cosmografia (*geofis. - astr.*), Kosmographie (*f.*), Weltbeschreibung (*f.*).

cosmologia (*sc.*), Kosmologie (*f.*).

cosmonauta (astronauta) (*astronaut.*), Kosmonaut (*m.*), Weltraumflieger (*m.*).

cosmonautica (astronautica) (*astronaut.*), Weltraumfahrt (*f.*), Raumschiffahrt (*f.*), Kosmonautik (*f.*), Astronautik (*f.*).

COS/MOS (complementary-symmetry MOS, semiconduttore ad ossido metallico a simmetria complementare) (*elettronica*), COS-MOS.

cosmotrone (acceleratore di particelle) (*fis. atom.*), Kosmotron (*n.*).

cospargere (*gen.*), bestreuen.

costa (*geogr.*), Küste (*f.*), Gestade (*n.*). 2 ~ (fianco addendum, faccia, di un dente) (*mecc.*), Kopfflanke (*f.*). 3 ~ a picco (*geogr.*), Steilküste (*f.*). 4 ~ piatta (*geogr.*), Flachküste (*f.*).

costantana (lega di rame e nichel) (*metall.*), Konstantan (*n.*).

costante (*s. - mat. - fis.*), Konstante (*f.*). 2 ~ (*a. - gen.*), gleichbleibend, konstant. 3 ~ (di un galvanometro) (*s. - strum.*), Konstante (*f.*), Eichzahl (*f.*). 4 ~ amperometrica (d'un galvanometro) (*elett.*), Stromkonstante (*f.*). 5 ~ dei gas (*chim.*), Gaskonstante (*f.*). 6 ~ del contatore (*app. elett.*), Zählerkonstante (*f.*). 7 ~ del reticolo (*fis. nucl. - ecc.*), Gitterkonstante (*f.*), Gitterabstand (*m.*). 8 ~ del tempo di salita (*elettronica*), Anstiegszeitkonstante (f.). **9 ~ di attenuazione** (telef. - acus.), Dämpfungskonstante (f.). **10 ~ di Boltzmann** (k) (fis.), Boltzmannsche Konstante, k. **11 ~ di campo magnetico** (elett.), magnetische Feldkonstante, Induktionskonstante (f.). **12 ~ di carico spaziale** (elettronica), Raumladungskonstante (f.). **13 ~ di dissociazione** (elettrolitica; numero indicante la forza di un acido) (chim.), Säurekonstante (f.). **14 ~ dielettrica** (permettanza specifica, permettività) (elett.), Dielektrizitätskonstante (f.), elektr. Feldkonstante (f.), Influenzkonstante (f.), Verschiebungskonstante (f.). **15 ~ dielettrica assoluta** (elett.), absolute Dielektrizitätskonstante. **16 ~ dielettrica relativa** (elett.), relative Dielektrizitätskonstante, Dielektrizitätszahl (f.). **17 ~ di emissione** (costante di Stefan-Boltzmann, per un corpo nero = $4,96/m^2$ h grado^{-4}) (fis.), Strahlungszahl (f.). **18 ~ di fase** (elett.), Phasenkonstante (f.). **19 ~ di fase** (fis. - acus.), Phasenkonstante (f.), Kreiswellenzahl (f.). **20 ~ di gravitazione** (universale) (fis.), Gravitationskonstante (f.). **21 ~ di Planck** ($6,624 \times 10^{-27}$ erg.sec.) (fis.), Plancksche Konstante. **22 ~ di propagazione** (radio - ecc.), Übertragungsbelag (m.). **23 ~ di Stefan-Boltzmann** (costante di emissione, per un corpo nero = $4,96$ kcal/m^2 h grado^{-4}) (fis.), Strahlungszahl (f.). **24 ~ di tempo** (prodotto della resistenza per la capacità o rapporto tra resistenza ed induttività) (elett.), Zeitkonstante (f.). **25 ~ di tempo d'uscita** (di un trasduttore) (elettronica), Eigenzeitkonstante (f.). **26 ~ di trasduzione** (di un quadripolo) (elett.), Wellenübertragungsmass (n.). **27 ~ ebullioscopica** (innalzamento molare del punto di ebollizione, di soluzioni) (chim. - fis.), Siedepunktserhöhung (f.). **28 ~ elastica di asta** (variazione di lunghezza da carico unitario di trazione o compressione) (sc. costr.), Stab-Konstante (f.). **29 ~ nel tempo** (a. - gen.), zeitlich gleichbleibend. **30 ~ radioattiva** (costante di decadimento) (radioatt.), Zerfallskonstante (f.). **31 ~ solare** (costante di radiazione solare, radiazione incidente sul limite superiore dell'atmosfera terrestre) (astr.), Solarkonstante (f.). **32 ~ voltmetrica** (d'un galvanometro) (elett.), Spannungskonstante (f.). **33 avanzamento ~** (lav. macch. ut.), Dauerverschub (m.). **34 calcolo delle costanti** (calc.), Konstantenrechnung (f.). **35 mantenere ~** (la temperatura durante una prova p. es.) (gen.), aufrecht erhalten.

costare (comm.), kosten.
costipamento (del terreno) (ed. - ecc.), Stampfen (n.), Verdichtung (f.). **2 ~** (di una miscela resina-riempitivo) (ind. chim.), Hinterfüttern (n.). **3 ~ con battitura** (del terreno, p. es.) (ed. - ecc.), Rammarbeit (f.), Abrammen (n.), Stossverdichtung (f.). **4 ~ con rulli** (ed. - costr. strad.), Abwalzen (n.), Druckverdichtung (f.), Walzkompression (f.). **5 ~ del terreno** (ed.), Bodenverdichtung (f.). **6 ~ superficiale** (di terreno) (costr. strad. - ecc.), Oberflächenverdichtung (f.).
costipare (il terreno) (costr. strad. - ed.), stampfen, verdichten. **2 ~** (pigiare, la sabbia) (fond.), stampfen. **3 ~ con battitura** (il terreno, p. es.) (ed. - ecc.), rammen, abrammen.
costipato (terreno) (ing. civ.), gestampft. **2 non ~** (non compatto, sciolto, di terreno p. es.) (ing. civ.), locker.
costipatore (macch. - ing. civ. - ecc.), Stampfmaschine (f.), Verdichter (m.). **2 ~** (att. costr. strad. - ecc.), Stampfer (m.). **3 ~** (per fori da mina) (ut. min.), Besatzstock (m.). **4 ~ ad esplosione** (costipatore a scoppio) (att. costr. strad. - ecc.), Frosch (m.), Explosionsstampfer (m.). **5 ~ a piastra vibrante** (piastra vibrante) (att. ing. civ. - ecc.), Schwingungsplatte (f.). **6 ~ a scoppio** (att. costr. strad. - ecc.), Explosionsstampfer (m.), Frosch (m.). **7 ~ a vibrazioni** (vibrocostipatore) (macch. - ing. civ.), Schwingungsverdichter (m.). **8 ~ del terreno** (macch. ing. civ.), Bodenverdichter (m.). **9 ~ per calcestruzzo** (pestello, mazzapicchio) (ut. mur.), Betonstampfer (m.). **10 piede ~** (d'un martello pneumatico p. es.) (macch.), Stampffuss (m.). **11 ~ pneumatico** (att. costr. strad. - ecc.), Pressluftstampfer (m.). **12 rullo ~** (macch. costr. strad.), Verdichtungswalze (f.). **13 rullo ~ a piè di pecora** (macch. costr. strad.), Schaffusswalze (f.).
costipatrice (stradale) (macch. costr. strad.), Stampffertiger (m.), Stampfmaschine (f.). **2 ~ -vibratrice** (macch. ed.), Rüttelstampfer (m.).
costipazione (consolidamento, di terreno) (ing. civ.), Stampfen (n.), Verdichten (n.). **2 ~ a scossa** (vibrocostipazione) (ing. civ.), Rüttelverdichtung (f.), Vibrationsverdichtung (f.). **3 ~ con battitura** (costipamento, del terreno p. es.) (ed.), Rammarbeit (f.), Abrammen (n.).
costituire (una società) (comm.), bilden, gründen.
costituirsi (in giudizio) (leg.), sich einlassen, sich stellen. **2 ~ alla polizia** (leg.), sich der Polizei stellen. **3 ~ in giudizio** (leg.), sich auf die Klage einlassen.
costituzionale (leg.), verfassungsmässig. **2 diritto ~** (leg.), Verfassungsrecht (n.).
costituzione (gen.), Konstitution (f.), Zusammensetzung (f.). **2 ~** (di una società) (leg. - finanz.), Bildung (f.), Gründung (f.). **3 ~** (chim.), Bau (m.), Aufbau (m.). **4 ~ chimica** (chim.), chemischer Aufbau. **5 atto di ~** (atto costitutivo) (comm. - leg.), Gesellschaftsvertrag (m.), Gründungsakt (m.), Gründungsvertrag (m.). **6 formula di ~** (chim.), Strukturformel (f.). **7 spese di ~** (spese di fondazione) (finanz.), Gründungsspesen (f. pl.).
costo (costi) (comm. - ecc.), Kosten (f. pl.). **2 ~, assicurazione e nolo** (c.i.f.) (comm.), Kosten, Fracht und Versicherung. **3 costi amministrativi** (amm.), Verwaltungskosten (f. pl.). **4 ~ aziendale** (prezzo di costo) (ind. - amm.), Selbstkosten (f. pl.). **5 ~ consuntivo** (amm. - ind.), Nachkalkulationskosten (f. pl.), Istkosten (f. pl.). **6 ~ della mano d'opera** (costo di lavoro, costo diretto di lavoro) (organ. del lav. - ind.), Fertigungskosten (f. pl.), Lohnkosten (f. pl.). **7 ~ dell'area (fabbricabile)** (ed. - comm.), Platzkosten (f. pl.). **8**

costo

~ **dello spazio** (di app. elettroniche p. es.) (*elettronica - ecc.*), Platzkosten (*f. pl.*). **9** ~ **del materiale** (costo diretto del materiale) (*ind. - organ. del lav.*), Materialkosten (*f. pl.*), Fertigungsmaterialkosten (*f. pl.*). **10** ~ **di acquisto** (*amm.*), Anschaffungskosten (*f. pl.*). **11** ~ **di fabbricazione** (*ind. - organ. lav.*), Herstellungskosten (*pl.*). **12** ~ **di fabbricazione** (prezzo di costo) (*contabilità - comm.*), Herstellungspreis (*m.*), Selbstkostenpreis (*m.*), Anschaffungspreis (*m.*). **13** ~ **di installazione** (*comm.*), Aufstellungskosten (*f. pl.*). **14 costi di lavoro** (*organ. del lav. - ind.*), Fertigungskosten (*f. pl.*). **15** ~ **di messa in opera** (*comm.*), Aufstellungskosten (*f. pl.*). **16** ~ **di produzione** (costo di fabbricazione) (*ind. - organ. del lav.*), Herstellungskosten (*f. pl.*). **17** ~ **di produzione dell'energia elettrica** (*elett.*), Stromgestehungskosten (*f. pl.*). **18 costi di produzione indiretti** (*ind.*), Fertigungsgemeinkosten (*f. pl.*). **19** ~ **diretto di lavoro** (costo della mano d'opera) (*organ. del lav. - ind.*), Fertigungskosten (*f. pl.*). **20** ~ **e nolo** (*comm. - trasp.*), Kostfracht (*f.*), C. & F. **21** ~ **gestionale** (costo industriale primo) (*ind. -amm.*), Herstellkosten (*f. pl.*). **22** ~ **indiretto del materiale** (spese generali sul materiale) (*organ. del lav. - ind.*), Material-Gemeinkosten (*f. pl.*). **23** ~ **indiretto di mano d'opera** (*organ. del lav. - ind.*), Fertigung-Gemeinkosten (*f. pl.*). **24** ~ **industriale primo** (*organ. del lav. - ind.*), Herstellkosten (*f. pl.*). **25** ~ **manodopera diretta** (*ind.*), Fertigungslohn (*m.*). **26** ~ **orario** (*lav.*), Stundenkosten (*f. pl.*). **27** ~ **preventivo di fabbricazione** (costo standard) (*ind.*), Standardkosten (*f. pl.*), Sollkosten (*f. pl.*), Plankosten (*f. pl.*), Richtkosten (*f. pl.*). **28 costi programmati** (*contab.*), Plankosten (*f. pl.*). **29 costi speciali** (provvigioni, imposta sul valore aggiunto, ecc., componenti speciali di costo) (*organ. del lav. - ind.*), Sonderkosten (*f. pl.*). **30** ~ **standard** (*organ. del lav. - ind.*), Standardkosten (*f. pl.*), Sollkosten (*f. pl.*), Plankosten (*f. pl.*), Richtkosten (*f. pl.*). **31** ~ **totale** (*ind.*), Gesamtkosten (*f. pl.*). **32** ~ **totale di una costruzione** (*ed.*), Bausumme (*f.*). **33** ~ **unitario** (*amm.*), Stückkosten (*f. pl.*). **34** ~ **unitario** (di una costruzione, per m²) (*ed.*), Baukostenindex (*m.*). **35 calcolo dei costi marginali** («direct costing») (*contabilità*), Direktkosten-Rechnung (*f.*), «direct costing». **36 centro di** ~ (relativo ai vari servizi di una azienda) (*amm. - ind.*), Kostenstelle (*f.*). **37 centro di** ~ **di produzione** (*ind.*), Fertigungskostenstelle (*f.*). **38 centro di** ~ **della produzione ausiliaria** (p. produz. energia, trasporti interni, attrezzeria, esclusa lavoraz. diretta dei prodotti) (*ind.*), Fertigungshilfskostenstelle (*f.*). **39 centro di** ~ **della produzione principale** (nel quale i costi vengono calcolati per ora di macchina) (*ind.*), Fertigungshauptkostenstelle (*f.*). **40 controllo dei costi** (*ind.*), Plankostenrechnung (*f.*), Kostenüberwachung (*f.*). **41 determinazione dei costi** (*contab.*), Kalkulation (*f.*). **42 determinazione dei costi a consuntivo** (*contab.*), Nachkalkulation (*f.*). **43 determinazione dei costi a preventivo** (*contab.*), Vorkalkulation (*f.*). **44 preventivo di** ~ (*amm. - comm.*), Kostenvoranschlag (*m.*). **45 previsione dei costi** (*amm.*), Plankostenrechnung (*f.*), Vorausschätzung (*f.*), Budgetierung (*f.*). **46 prezzo di** ~ (*ind. - organ. del lav.*), Selbstkosten (*f. pl.*). **47 programmazione dei costi** (*amm.*), Kostenplanung (*f.*). **48 studio dei costi** (*studio lav.*), Kostenstudie (*f.*).

costola (*gen.*), Rippe (*f.*). **2** ~ (pieno, tra le fasce elastiche di un pistone p. es.) (*mot. - mecc.*), Steg (*m.*).

costolato (*gen.*), verript. **2 tubo** ~ (trasversalmente, in PVC p. es.) (*tubaz.*), Stegrohr (*n.*).

costolatura (nervatura, di una piastra p. es.) (*mecc.*), Verrippung (*f.*).

costoso (caro) (*comm.*), teuer.

costrizione (costringimento) (*gen.*), Zwang (*m.*). **2** ~ (coercizione) (*leg.*), Zwang (*m.*). **3 principio della minima** ~ **vincolare** (principio del minimo sforzo) (*mecc.*), Prinzip des kleinstes Zwanges (*m.*).

costruire (*gen.*), bauen. **2** ~ (erigere) (*ed.*), erbauen, aufbauen, aufrichten. **3** ~ **a gradini** (*mur.*), abtreppen. **4** ~ **male** (*ed. - ecc.*), verbauen.

costruito (*gen.*), gabaut. **2** ~ **all'esterno** (particolare) (*ind.*), fremdgefertigt. **3** ~ **all'interno** (costruito in proprio, di propria produzione) (*ind.*), eigengefertigt, selbstgemacht, selbstfabriziert. **4** ~ **in proprio** (costruito all'interno, di propria produzione) (*ind.*), eigengefertigt, selbstgemacht, selbstfabriziert.

costruttivo (*gen.*), konstruktiv, baulich.

costruttore (edile p. es.) (*ed. - ecc.*), Erbauer (*m.*), Bauer (*m.*). **2** ~ **navale** (*costr. nav.*), Schiffbauer (*m.*). **3** ~ **stradale** (*ing. civ.*), Strassenbauer (*m.*).

costruzione (*gen.*), Bau (*m.*), Bauen (*n.*). **2** ~ (fabbricazione) (*ind.*), Herstellung (*f.*). **3** ~ (erezione) (*ed.*), Bauen (*n.*), Erbauen (*n.*). **4** ~ (opera, diga, ponte ecc. p. es.) (*ing. civ.*), Bauwerk (*n.*). **5** ~ (tipo di esecuzione) (*gen.*), Ausführungsart (*f.*), Bauart (*f.*), Bauweise (*f.*). **6** ~ **a comenti appaiati** (costruzione a paro) (*costr. nav.*), Karwelbau (*m.*). **7** ~ **ad elementi componibili** (costruzione modulare) (*mecc. - ecc.*), Kastenbauform (*f.*), modulare Bauweise (*f.*), Modulkonstruktion (*f.*). **8** ~ **ad elementi prefabbricati** (costruzione prefabbricata) (*ed.*), Montagebau (*m.*), Fertigbauweise (*f.*). **9** ~ **ad elementi prefabbricati** (per navi) (*costr. nav.*), Sektionsbauweise (*f.*). **10** ~ **ad elementi prefabbricati di cemento armato** (*ed.*), Stahlbetonfertigbau (*m.*). **11** ~ **ad ombrello** (per macchine elettriche con albero verticale) (*elett.*), Schirmbauform (*f.*). **12** ~ **ad un piano** (*ed.*), Flachbau (*m.*). **13 costruzioni aeronautiche** (*aer.*), Flugzeugbau (*m.*). **14** ~ **a fasciame diagonale** (*costr. nav.*), Diagonalbau (*m.*). **15** ~ **a fasciame sovrapposto** (costruzione con fasciame a semplice ricoprimento) (*costr. nav.*), Klinkerbau (*m.*). **16** ~ **alleggerita** (costruzione leggera, di una automotrice p. es.) (*ferr. - ecc.*), Leichtbau (*m.*). **17** ~ **a maglie modulari** (reticolo modulare) (*ed.*), modularer Raster. **18** ~ **annessa** (fabbricato annesso) (*ed.*), Anbau (*m.*), Nebengebäude (*n.*). **19** ~ **a paro**

(costruzione a comenti appaiati) (costr. nav.), Karwelbau (m.). **20 ~ aperta** (esecuzione aperta) (macch. elett.), offene Bauart. **21 ~ a pigiata** (ed.), Pisébau (m.). **22 ~ a rivestimento resistente** (costruzione monoguscio) (aer.), selbsttragende Konstruktion. **23 ~ a scatola** (ed. - ecc.), Hohlkastenbauweise (f.). **24 ~ a shed** (ed.), Hallenbau (m.), Shedbau (m.). **25 ~ a sogliola** (costruzione piatta, di un mot. a comb. interna) (mot. - veic.), Unterflurbau (m.). **26 costruzioni automobilistiche** (veic.), Kraftfahrzeugbau (m.), Automobilbau (m.). **27 ~ a vetri** (arch.), Glasbau (m.), Glasarchitektur (f.). **28 ~ a volta** (arch.), Gewölbebau (m.). **29 ~ cellulare** (ed. - ecc.), Zellenbauweise (f.). **30 ~ chiusa** (esecuzione chiusa) (macch. elett.), geschlossene Bauart. **31 costruzioni civili** (ponti, grattacieli, dighe ecc.) (ed.), Ingenieurbauten (pl.). **32 ~ composta** (gen.), Kompositbau (m.). **33 ~ con fasciame a semplice ricoprimento** (costruzione a fasciame sovrapposto) (costr. nav.), Klinkerbau (m.). **34 ~ con materiali leggeri** (costruzione leggera) (ed.), Leichtbau (m.). **35 ~ con prefabbricati** (ed.), Montagebauweise (f.), Fertigbauweise (f.). **36 ~ delle carte** (geogr.- ecc.), Kartierung (f.), Planzeichnen (n.). **37 ~ diagonale** (costr. nav.), Diagonalbau (m.). **38 ~ di ferrovie** (ferr.), Eisenbahnbau (m.). **39 ~ di gallerie** (ing. civ.), Tunnelbau (m.). **40 ~ di linee ferroviarie** (ferr.), Eisenbahnlinienbau (m.). **41 ~ di macchine** (macch.), Maschinenbau (m.). **42 ~ di ponti** (costr. di ponti), Brückenbau (m.). **43 ~ funzionale** (edificio funzionale) (ed.), Zweckbau (m.). **44 ~ geodetica** (sc. costr. - aer.), geodätische Bauweise. **45 ~ idraulica** (costr. idr.), Wasserbau (m.). **46 ~ in acciaio** (carpenteria metallica) (ed.), Stahlbau (m.). **47 ~ in cemento armato** (ed.), Stahlbetonbau (m.). **48 ~ in ferro** (ed.), Eisenbau (m.). **49 ~ in legno** (carp. - ed.), Holzbau (m.). **50 ~ in mattoni** (costruzione in cotto) (ed.), Ziegelbau (m.). **51 ~ in serie** (ind.), Serienbau (m.). **52 ~ intercambiabile** (mecc. - ecc.), Austauschbau (m.). **53 ~ interamente metallica** (aer. - ecc.), Ganzmetallbau (m.). **54 ~ leggera** (costruzione con materiali leggeri) (ed.), Leichtbau (m.). **55 ~ leggera** (esecuzione leggera) (mecc. - ecc.), leichte Ausführung. **56 ~ marittima** (ed. - costr. idr.), Seebau (m.), Meerbau (m.). **57 ~ mista** (ed.), Mischbauweise (f.). **58 ~ modulare** (esecuzione modulare, costruzione ad elementi componibili) (app. - ecc.), Kastenbauform (f.), modulare Bauweise, Modulkonstruktion (f.), Baukastensystem (n.). **59 ~ monoblocco** (gen.), Blockkonstruktion (f.), Integralbauweise (f.). **60 ~ monoguscio** (costruzione a rivestimento resistente) (aer.), selbsttragende Konstruktion. **61 ~ navale** (costr. nav.), Schiffbau (m.). **62 ~ normale** (esecuzione normale) (mecc. - ecc.), Normalausführung (f.). **63 ~ per servizi pesanti** (macch.), schwere Ausführung. **64 ~ piatta** (costruzione a sogliola, di un mot. a comb. interna) (mot. - veic.), Unterflurbau (m.). **65 ~ piena** (costruzione non cava, di un albero p. es.) (mecc.), Vollbauweise (f.).

66 ~ prefabbricata (costruzione ad elementi prefabbricati) (ed.), Montagebau (m.), Fertigbauweise (f.). **67 ~ rustica** (costruzione senza intonaco) (ed.), Rohbau (m.), unverputzter Bau. **68 ~ saldata** (tecnol. mecc.), Schweissbau (m.). **69 ~ sbagliata** (ed.), Verbauung (f.). **70 ~ scatolata** (mecc.), Schachtelkonstruktion (f.). **71 ~ senza intonaco** (costruzione rustica) (ed.), Rohbau (m.), unverputzter Bau. **72 ~ solidale** (incorporamento) (mecc.), Einbau (m.). **73 ~ sopra il tetto** (ed.), Aufbau (m.), Überbau (m.). **74 ~ sotto licenza** (ind. - comm.), Lizenzbau (m.). **75 ~ sotto pavimento** (macch.), Unterflurbau (m.). **76 ~ speciale** (esecuzione speciale) (mecc. - ecc.), Sonderausführung (f.). **77 ~ stradale** (costr. strad.), Strassenbau (m.). **78 ~ subacquea** (costr. idr.), Unterwasserbau (m.). **79 ~ volante** (tenda, tribuna, ecc.) (ed.), fliegender Bau. **80 anno di ~** (aut. - ind. - ecc.), Baujahr (n.). **81 autorizzazione alla ~** (ed.), Baubewilligung (f.). **82 committente della ~** (ente appaltante di un fabbricato, di un'opera edilizia) (ed.), Bauherr (m.), Bauherrschaft (f.). **83 densità di ~** (densità edilizia) (ed.), Baudichte (f.), Besiedlungsdichte (f.). **84 difetto di ~** (gen.), Baufehler (m.), Konstruktionsfehler (m.). **85 diritto di ~ su terreno altrui** (leg. - ed.), Erbaurecht (n.). **86 impresa costruzioni** (impresa edile) (ed.), Bauunternehmung (f.), Baugeschäft (n.). **87 in ~** (gen.), im Bau. **88 materiale da ~** (ed.), Baumaterial (n.). **89 numero di ~** (ind.), Reihennummer (f.), Fabrikationsnummer (f.). **90 nuova ~** (di una casa) (ed.), Neubau (m.). **91 parte della ~** (ed.), Bauabschnitt (n.). **92 piano di ~** (gen.), Aufbauplan (m.). **93 piano di ~ orizzontale** (pianta delle linee di galleggiamento) (costr. nav.), Wasserlinienriss (m.). **94 piano di ~ verticale** (costr. nav.), Spantenriss (m.). **95 pietre da ~** (ed.), Bausteine (m. pl.). **96 progetto di ~** (ed.), Bauvorhaben (n.). **97 sistema di ~** (gen.), Bauart (f.). **98 sistema di ~ ad elementi componibili** (costruzione modulare) (mecc. - ecc.), Kastenbauform (f.), modulare Bauweise, Modulkonstruktion (f.). **99 sorveglianza dei lavori di ~** (sorveglianza di cantiere) (ed.), Baustellenüberwachung (f.), Bauaufsicht (f.). **100 tipo di ~** (ed.), Bauweise (f.). **101 tipo di ~** (di una macch. elett.) (macch. elett.), Bauform (f.).

costume (ind. tess.), Anzug (m.), Kleid (n.). **2 ~ da bagno** (ind. tess.), Badeanzug (m.), Badekleid (n.).

cotangente (mat.), Cotangens (m.), Kotangens (m.).

cote (pietra abrasiva) (ut.), Reibstein (m.), Wetzstein (m.).

cotone (tess.), Baumwolle (f.). **2 ~ collodio** (binitrocellulosa) (chim.), Kollodiumwolle (f.), Dinitrozellulose (f.). **3 ~ fulminante** (nitrocotone) (espl.), Schiessbaumwolle (f.), Nitrozellulose (f.). **4 ~ grezzo** (tess.), Rohbaumwolle (f.). **5 ~ idrofilo** (med. - farm.), Verbandwatte (f.). **6 balla di ~** (tess.), Baumwollballen (m.). **7 cascami di ~** (tess.), Baumwollabfälle (m. pl.). **8 di ~** (tess.), baumwollen (a.). **9 filatura del ~** (ind. tess.),

cotonificio

Baumwollspinnerei (*f.*). **10 rivestito di** ~ (cavo) (*elett.*), baumwollumsponnen.
cotonificio (*ind. tess.*), Baumwollweberei (*f.*).
cotonina (tela di cotone leggera) (*tess.*), Kattun (*m.*), Indienne (*f.*). **2** ~ (calicò) (*tess.*), Kaliko (*n.*), Kalikot (*n.*).
cotonizzare (*ind. tess.*), kottonisieren.
cottimista (lavoratore a cottimo) (*lav.*), Stückarbeiter (*m.*), Akkordarbeiter (*m.*). **2 paga oraria fissa del** ~ (*organ. del lav.*), Akkordrichtsatz (*m.*), Akkordbasis (*f.*).
cottimo (sistema salariale) (*organ. del lav.*), Akkord (*m.*). **2** ~ (salario a cottimo) (*organ. del lav.*), Akkordlohn (*m.*), Stücklohn (*m.*), Gedingelohn (*m.*). **3** ~ **a moneta** (*organ. del lav.*), Geldakkord (*m.*). **4** ~ **a tempo** (*organ. del lav.*), Zeitakkord (*m.*). **5** ~ **collettivo** (cottimo di squadra) (*organ. del lav.*), Gruppenakkord (*m.*). **6** ~ **di squadra** (cottimo collettivo) (*organ. del lav.*), Gruppenakkord (*m.*). **7** ~ **individuale** (*organ. del lav.*), Einzelakkord (*m.*). **8** ~ **per pezzo** (*organ. del lav.*), Stückakkord (*m.*). **9** ~ **pieno** (*organ. del lav.*), Vollakkord (*m.*). **10 a** ~ (*organ. del lav.*), im Akkord. **11 lavoratore a** ~ (cottimista) (*lav.*), Stückarbeiter (*m.*), Akkordarbeiter (*m.*). **12 lavoro a** ~ (*organ. del lav.*), Stückarbeit (*f.*), Akkordarbeit (*f.*). **13 paga a** ~ **al minuto** (*organ. del lav.*), Minutenfaktor (*m.*), Geldfaktor (*m.*), Akkordrichtsatz-60. **14 pagare a** ~ (*organ. del lav.*), in Akkordentlohnen. **15 retribuire a** ~ (*organ. del lav.*), in Akkord entlohnen. **16 retribuzione a** ~ (*organ. del lav.*), Leistungsentlohnung (*f.*), Akkordlohn (*m.*), Stücklohn (*m.*). **17 salario a** ~ (*organ. lav.*), Stücklohn (*m.*), Akkordlohn (*m.*). **18 sistema di** ~ (*organ. del lav.*), Akkordlohnsystem (*n.*). **19 taglio dei cottimi** (*organ. del lav.*), Akkordschere (*f.*). **20 tempo normale di** ~ (*lav.*), Akkordvorgabezeit (*f.*).
cotto (in forno) (*a. - tecnol. - ecc.*), eingebrannt, gebrannt. **2** ~ (*a. - ceramica*), gebrannt. **3** ~. (mattone, laterizio) (*s. - ed. - mur.*), Brennziegel (*m.*), Backstein (*m.*), Ziegelstein (*m.*). **4 costruzione in** ~ (*ed.*), Ziegelbau (*m.*). **5 poco** ~ (mattone p. es.) (*ind.*), schwachgebrannt. **6 refrattario poco** ~ (refrattario poroso) (*metall. - ecc.*), Schwachbrand (*m.*). **7 troppo** ~ (*gen.*), übergar.
cottura (in forno) (*ind.*), Backen (*n.*), Einbrennen (*n.*), Brennen (*n.*). **2** ~ (trattamento in forno) (*vn.*), Einbrennen (*n.*). **3** ~ (di mattoni) (*ind.*), Brennen (*n.*), Einbrennen (*n.*). **4** ~ (*ceramica*), Brennen (*n.*), Einbrennen (*n.*). **5 forno di** ~ (per ceramica p. es.) (*forno*), Einbrennofen (*m.*). **6 temperatura di** ~ (*vn.*), Einbrenntemperatur (*f.*). **7 tempo di** ~ (durata della cottura) (*vn.*), Einbrennzeit (*f.*).
coulomb (C = amperesecondo) (*unità elett.*), coulomb (*n.*).
coupé (*aut.*), Kupee (*n.*), Coupé (*n.*).
« **coupon** » (tagliando, cedola) (*gen.*), Kupon (*m.*).
covalente (*chim. - fis.*), kovalent.
covalenza (legame omopolare o covalente) (*chim.*), Kovalenz (*f.*), homöopolare Bindung, unpolare Bindung, kovalente Bindung.
covariante (*mat.*), kovariant.
covarianza (*mat. - ecc.*), Kovarianz (*f.*), Mitveränderlichkeit (*f.*).
« **covercoat** » (*tess.*), Covercoat (*m.*).
covolume (*fis.*), Ko-Volum (*n.*).
covone (*agric.*), Garbe (*f.*).
« **Cowper** » (ricuperatore di calore per alto forno) (*metall.*), Cowper (*m.*), Winderhitzer (*m.*).
cp (centipoise, unità di viscosità) (*chim.*), Cp, Zentipoise (*n.*).
CPV (PVC, cloruro di polivinile) (*chim.*), PVC, Polyvinylchlorid (*n.*).
CR (policloroprene, policlorobutadiene) (*ind. gomma*), CR, Chloroprenkautschuk (*m.*).
Cr (cromo) (*chim.*), Cr, Chrom (*n.*). **2** ~ (coefficiente di resistenza) (*aerodin.*), C_w, Luftwiderstandswert (*m.*).
« **cracking** » (piroscissione) (*ind. chim.*), Kracken (*n.*), Krackverfahren (*n.*), Crackingprozess (*m.*), Krackung (*f.*), Spalten (*n.*). **2** ~ **catalitico** (piroscissione catalitica) (*ind. chim.*), katalytisches Kracken. **3 benzina di** ~ (benzina di piroscissione) (*ind. chim.*), Krackbenzin (*n.*). **4 processo di** ~ **CVG** (piroscissione con vapore surriscaldato) (*ind. chim.*), CVG-Verfahren (*n.*). **5 sottoporre a** ~ (od a piroscissione, « crackizzare ») (*ind. chim.*), kracken.
« **crackizzare** » (sottoporre a piroscissione od a « cracking ») (*ind. chim.*), kracken.
crampo (*med.*), Krampf (*m.*). **2** ~ **del telegrafista** (malattia professionale) (*med. - lav.*), Telegraphistenkrampf (*m.*). **3** ~ **dello scrivano** (*med. - lav.*), Schreibkrampf (*m.*).
cratere (di un vulcano) (*geol.*), Krater (*m.*), Trichter (*m.*). **2** ~ (del carbone dell'arco) (*saldatura - ecc.*), Krater (*m.*). **3** ~ (usura sul petto di un utensile da tornio p. es.) (*ut. - difetto*), Kolk (*m.*). **4** ~ **del carbone** (cratere dell'elettrodo, d'una lampada ad arco) (*elett.*), Kohlekrater (*m.*). **5** ~ **dell'elettrodo** (cratere del carbone, d'una lampada ad arco) (*elett.*), Kohlekrater (*m.*). **6** ~ **lunare** (*astr.*), Mondkrater (*m.*). **7** ~ **vulcanico** (*geol.*), Vulkankrater (*m.*). **8 brillanza del** ~ (d'una lampada ad arco) (*elett.*), Kraterleuchtdichte (*f.*). **9 formazione di** ~ (saldatura), Kraterbildung (*f.*), Auskolkung (*f.*). **10 riflettore del** ~ (d'una lampada ad arco) (*elett.*), Kraterreflektor (*m.*).
craterizzarsi (*v.i - ut.*), kolken.
craterizzazione (saldatura), Auskolkung (*f.*), Kraterbildung (*f.*). **2** ~ (usura del petto di un utensile da tornio p. es.) (*ut. - difetto*), Auskolkung (*f.*).
« **crawl** » (nuoto) (*sport*), Crawl (*m.*), Kraulen (*n.*), Kraulschwimmen (*n.*), Kriechstossschwimmen (*n.*).
creare (generare, instaurare; un campo magnetico p. es.) (*gen.*), aufbauen.
creatività (*gen.*), Kreativität (*f.*).
creatore (fresa a vite) (*ut.*), Wälzfräser (*m.*). **2** ~ **finitore** (*ut.*), Fertigwälzfräser (*m.*). **3** ~ **per alberi scanalati** (*ut.*), Keilwellenwälzfräser (*m.*). **4** ~ **per filettature** (*ut.*), Gewindewälzfräser (*m.*). **5** ~ **per ingranaggi ipoidi** (*ut.*), Schraubenradabwälzfräser (*m.*). **6** ~ **per pignoni di catena** (creatore per rocchetti

di catena) (*ut.*), Kettenradwälzfräser (*m.*). **7 ~ per profili ad evolvente** (*ut.*), Wälzfräser für Evolventenprofile. **8 ~ per rocchetti per catene** (creatore per pignoni di catene) (*ut.*), Kettenradwälzfräser (*m.*). **9 ~ per ruote a vite** (*ut.*), Schneckenradabwälzfräser (*m.*), Schneckenradwälzfräser (*m.*). **10 ~ per smussare (denti)** (*ut.*), Abkantwälzfräser (*m.*). **11 ~ per spuntatura** (*ut. mecc.*), Abrundwälzfräser (*m.*). **12 ~ per striature** (creatore per profili Whitworth) (*ut.*), Kerbverzahnungswälzfräser (*m.*). **13 ~ per viti motrici** (creatore per viti senza fine) (*ut.*), Schneckenwälzfräser (*m.*). **14 ~ per viti senza fine** (creatore per viti motrici) (*ut.*), Schneckenwälzfräser (*m.*). **15 ~ sgrossatore** (*ut.*), Vorwälzfräser (*m.*), Schruppwälzfräser (*m.*). **16 dentare a ~** (*lav. macch. ut.*), wälzen, wälzfräsen, abwälzfräsen. **17 dentatrice a ~** (*macch. ut.*), Abwälzfräsmaschine (*f.*), Wälzfräsmaschine (*f.*), Zahnradabwälzfräsmaschine (*f.*). **18 dentatrice a ~ automatica** (*macch. ut.*), Wälzautomat (*m.*), Wälzfräsautomat (*m.*).
credenza (*mobile*), Küchenschrank (*m.*).
credito (*comm. - ecc.*), Kredit (*m.*). **2 ~** (avere) (*contabilità*), Kredit (*m.*), Haben (*n.*). **3 ~ accessorio** (*amm.*), Nebenforderung (*f.*). **4 ~ contro deposito di titoli** (*finanz.*), Lombardkredit (*m.*). **5 ~ documentario** (*comm.*), Dokumenten-Akkreditiv (*n.*). **6 ~ esigibile** (*comm.*), fällige Forderung. **7 ~ fondiario** (*finanz.*), Grundkredit (*m.*), Bodenkredit (*m.*). **8 ~ inesigibile** (*comm. - amm.*), uneinbringlicher Kredit, schlechter Aussenstand. **9 ~ ipotecario** (*finanz.*), hypothekarischer Kredit. **10 ~ per lo sconto di cambiali** (*finanz.*), Diskontkredit für Wechsel. **11 a mio ~** (*comm.*), zu meiner Gutschrift. **12 apertura di ~** (*comm.*), Akkreditiv (*n.*). **13 avere un ~ nei confronti di qualcuno** (*comm.*), eine Forderung an jemanden haben. **14 lettera di ~** (*comm. - amm.*), Akkreditiv (*n.*). **15 lettera di ~ circolare** (*finanz.*), Reisekreditbrief (*m.*), Reiseakkreditiv (*n.*). **16 nota di ~** (*comm.*), Gutschrift (*f.*). **17 registrare a ~** (*contabilità*), gutschreiben.
creditore (*comm. - amm.*), Kreditor (*m.*).
crema (*ind.*), Krem (*f. - m.*), Crème (*f.*). **2 ~ di bellezza** (*ind. chim.*), Schönheitskrem (*f.*). **3 ~ per la pelle** (*ind.*), Hautcrème (*f.*), Hautkrem (*f.*). **4 ~ per scarpe** (lucido per scarpe) (*ind. chim.*), Schuhkrem (*f.*), Schuhcrème (*f.*).
cremagliera (dentiera) (*mecc.*), Zahnstange (*f.*). **2 ~** (rotaia a cremagliera, dentiera) (*ferr.*), Zahnschiene (*f.*). **3 ~** (asta del regolatore, asta cremagliera, della pompa d'iniezione di un mot. Diesel) (*mot.*), Regelstange (*f.*). **4 doppia ~** (per ferrovie di montagna) (*mecc.*), Doppelleiterzahnstange (*f.*). **5 ferrovia a ~** (ferrovia a dentiera) (*ferr.*), Zahnradbahn (*f.*). **6 meccanismo a pignone e ~** (meccanismo a pignone e dentiera) (*mecc.*), Zahnstangengetriebe (*n.*).
cremonese (mezzo di chiusura di battent mobili di finestra) (*ed.*), Baskülverschluss (*m.*).
cremoniano (diagramma cremoniano) (*sc. costr.*), Cremona'scher Kräfteplan.

creosolo ($C_8H_{10}O_2$) (monometilguaiacolo) (*chim.*), Kreosol (*n.*).
creosoto (*chim.*), Kreosot (*n.*).
crepa (fessura) (*gen.*), Spalt (*m.*), Sprung (*m.*), Riss (*m.*). **2 ~** (di un muro) (*mur.*), Mauerriss (*m.*), Mauersprung (*m.*). **3 ~ nel terreno** (*geol.*), Erdspalte (*f.*), Bodenriss (*m.*).
crepaccio (di un ghiacciaio) (*geol.*), Spalt (*m.*), Schrund (*m.*).
crepitìo (*acus.*), Knarren (*n.*), Prasseln (*n.*), Knattern (*n.*). **2 ~** (delle spazzole) (*elett.*), Klappern (*n.*).
crepuscolare (*meteor.*), dämmerig.
crepuscolo (*meteor. - astr.*), Dämmerung (*f.*).
crescente (in aumento) (*gen.*), zunehmend.
crescere (*gen.*), wachsen.
crescita (*gen.*), Wachstum (*n.*), Wuchs (*m.*), Anwuchs (*m.*).
cresolo [$C_6H_4(CH_3)OH$] (metilfenolo) (*chim.*), Kresol (*n.*), Methylphenol (*n.*).
crespatura (della carta) (*ind. carta*), Kreppen (*n.*).
crespo (*tess.*), Krepp (*m.*), Crêpe (*m.*). **2 ~ cinese** (*tess.*), Krepp de Chine, Crêpe de Chine.
cresta (di una montagna) (*geogr. - geol.*), Grat (*m.*), Berggrat (*m.*), Kamm (*m.*). **2 ~** (di un filetto) (*mecc.*), Spitze (*f.*). **3 ~** (bava) (*fond. - ecc.*), Naht (*f.*), Gussnaht (*f.*), Schliessgrat (*m.*). **4 ~** (di saldatura) (*tecnol. mecc.*), Schweissgrat (*m.*). **5 ~** (valore di cresta, picco, valore massimo) (*elett.*), Spitze (*f.*), Scheitel (*m.*). **6 ~** (coronamento, di un argine) (*costr. idr.*), Deichkrone (*f.*). **7 ~** (di un'onda) (*mar.*), Kamm (*m.*), Berg (*m.*). **8 ~ del filetto** (*mecc.*), Gewindespitze (*f.*). **9 ~ dell'onda** (*mar. - ecc.*), Wellenberg (*m.*), Wellenkamm (*m.*). **10 ~ del nero** (difetto *telev.*), Maximum an Schwarz. **11 fattore di ~** (fattore di massimo, di una tensione o corrente) (*elett.*), Spitzenfaktor (*m.*), Scheitelfaktor (*m.*). **12 tensione di ~** (*elett.*), Scheitelspannung (*f.*). **13 valore di ~** (valore massimo, picco) (*gen.*), Scheitelwert (*m.*).
creta (*min.*), Kreide (*f.*).
cretaceo (periodo cretacico) (*geol.*), Kreideformation (*f.*).
cretacico (*geol.*), kreidig.
« cretonne » (tessuto di cotone stampato) (*tess.*), Kretonne (*f.*), Cretonne (*f.*).
cretto (fessurazione) (*legno - ecc.*), Riss (*m.*). **2 cretti centrali** (malattia del quadrante, cuore stellato, zampe di gallo, radiatura, stellatura) (*difetto - legno*), Kernriss (*m.*). **3 ~ da gelo** (*difetto - legno*), Frostriss (*m.*). **4 ~ periferico** (*difetto - legno*), Luftriss (*m.*).
cricca (incrinatura, di un pezzo) (*difetto - mecc.*), Riss (*m.*). **2 ~** (*metall. - fucinatura*), Riss (*m.*). **3 ~ a caldo** (incrinatura a caldo) (*metall. - fucinatura*), Warmriss (*m.*), Wärmeriss (*m.*). **4 ~ ad uncino** (*difetto metall.*), Krümmungsriss (*m.*). **5 ~ capillare** (incrinatura capillare) (*metall. - mecc.*), Haarriss (*m.*), Kapillarriss (*m.*). **6 ~ da decapaggio** (*difetto metall.*), Beizriss (*m.*). **7 ~ da espansione** (*tecnol.*), Treibriss (*m.*). **8 ~ da fucinatura** (*fucinatura*), Schmiederiss (*m.*). **9 ~ da laminazione** (*difetto di lamin.*), Walzriss (*m.*). **10 ~ da raddrizzamento** (cricca di assesta-

mento, d'un pezzo forgiato) (*tecnol. mecc.*), Richtriss (*m.*). **11 ~ da ripetuto riscaldamento (e raffreddamento)** (*metall.*), Vielhärtungsriss (*m.*). **12 ~ da ritiro** (incrinatura da ritiro, di un getto) (*difetto di fond. - metall.*), Schrumpfungsriss (*m.*), Schwundriss (*m.*), Schwindriss (*m.*). **13 ~ da stagionatura** (*mecc.*) Alterungsriss (*m.*). **14 ~ da tempra** (cricca da trattamento termico, incrinatura da tempra) (*tratt. term.*), Härteriss (*m.*). **15 ~ da trattamento termico** (cricca da tempra, incrinatura da tempra) (*tratt. term.*), Härteriss (*m.*). **16 ~ di assestamento** (cricca da raddrizzamento d'un pezzo forgiato) (*tecnol. mecc.*), Richtriss (*m.*). **17 ~ di fatica** (incrinatura di fatica) (*metall.*), Ermüdungsriss (*m.*). **18 ~ di fucinatura** (*fucinatura*), Schmiedriss (*m.*). **19 ~ di saldatura** (*metall.*), Schweissriss (*m.*). **20 ~ iniziale** (incrinatura iniziale) (*metall. - ecc.*), Anbruch (*m.*), Anriss (*m.*). **21 ~ intercristallina** (*metall.*), transkristalliner Riss. **22 ~ interna** (incrinatura interna) (*metall. - mecc.*), Innenriss (*m.*). **23 ~ passante** (*metall.*), Durchriss (*m.*). **24 ~ sotto cordone** (nella saldatura) (*tecnol. mecc.*), Unternahtriss (*m.*). **25 ~ superficiale** (incrinatura superficiale) (*metall. - ecc.*), Oberflächenriss (*m.*). **26 esente da cricche e da pori** (lamiera p. es.) (*metall. - ind.*), riss- und porenfrei, RP. **27 velocità di propagazione delle cricche** (fase dinamica d'una rottura fragile) (*tecnol. mecc.*), Rissausbreitungsgeschwindigkeit (*f.*).
criccabile (*metall. - ecc.*), rissig, rissempfindlich. **2 ~ a caldo** (sensibile alla criccatura a caldo) (*metall.*), warmrissempfindlich.
criccabilità (*metall.*), Rissigkeit (*f.*), Rissempfindlichkeit (*f.*). **2 ~ a caldo** (nella saldatura p. es.) (*tecnol. mecc.*), Warmrissigkeit (*f.*), Warmrissempfindlichkeit (*f.*). **3 ~ a freddo** (nella saldatura p. es.) (*tecnol. mecc.*), Kaltrissempfindlichkeit (*f.*), Kaltrissigkeit (*f.*). **4 ~ da brasatura** (dell'acciaio) (*metall. - tecnol. mecc.*), Lötrissigkeit (*f.*). **5 ~ di saldatura** (*tecnol. mecc.*), Schweissrissigkeit (*f.*). **6 prova di ~** (di saldature) (*tecnol. mecc.*), Einspann-Schweissversuch (*m.*), Einschweissversuch (*m.*).
criccarsi (*metall.*), reissen, rissbilden.
criccatura (*mecc. - metall.*), Rissbildung (*f.*). **2 ~ da tempra** (criccatura da trattamento termico, incrinatura da tempra) (*tratt. term.*), Härterissbildung (*f.*). **3 ~ da trattamento termico** (criccatura od incrinatura da tempra) (*tratt. term.*), Härterissbildung (*f.*). **4 resistenza alla ~ a caldo** (*saldatura*), Warmrissbeständigkeit (*f.*). **5 sensibile alla ~ a caldo** (criccabile a caldo) (*metall.*), warmrissempfindlich.
cricco (« cric », martinetto per autoveicoli) (*app. di sollev.*), Kraftfahrzeugwinde (*f.*), Autoheber (*m.*), Autowinde (*f.*), Wagenwinde (*f.*). **2 ~ a carrello** (sollevatore a carrello) (*app. di sollev.*), Rangierheber (*m.*). **3 chiave a ~** (*ut.*), Ratschenschlüssel (*m.*). **4 filiera a ~** (*ut.*), Ratschenkluppe (*f.*), Ratschenschneidkluppe (*f.*). **5 trapano a ~** (*ut.*), Ratsche (*f.*), Bohrknarre (*f.*).
crinale (dorsale, dosso) (*geogr.*), Rücken (*m.*), Bergrücken (*m.*).
crine (di cavallo) (*ind. tess.*), Pferdehaar (*n.*), Rosshaar (*n.*). **2 ~ artificiale** (*ind. tess.*), Kunstrosshaar (*n.*). **3 ~ vegetale** (crine artificiale) (*ind. tess.*), Kunstrosshaar (*n.*), Seegras (*n.*).
criocavo (cavo criogenico) (*elett.*), Kryokabel (*n.*).
criogeno (frigorifero) (*fis.*), kryogen.
criogenico (*fis. chim.*), kryogenisch.
crioidratico (*fis.*), kryohydratisch.
crioidrato (miscela eutettica) (*chim.*), Kryohydrat (*n.*).
criolite (Na_3AlF_6) (*min.*), Kryolith (*m.*).
criomagnetico (*fis.*), kryomagnetisch.
criometro (termometro per basse temperature) (*strum.*), Kryometer (*n.*).
criopompa (*macch.*), Kryopumpe (*f.*).
crioscopia (*fis. - chim.*), Kryoskopie (*f.*).
criostato (*app.*), Kryostat (*m.*).
criotecnica (*fis.*), Kryotechnik (*f.*).
criotrasformatore (*elett.*), Kryotransformator (*m.*).
criotrone (circuito logico) (*calc.*), Kryotron (*n.*).
cripta (*arch.*), Krypta (*f.*).
cripto (*Kr - chim.*), Krypton (*n.*).
crisi (crisi economica) (*finanz.*), Krise (*f.*), Wirtschaftskrise (*f.*). **2 ~ di erogazione** (*elett.*), Versorgungsengpass (*m.*).
crisoberillo ($BeAl_2O_4$) (*min.*), Chrysoberyll (*m.*).
crisolite (olivina) (*min.*), Chrysolith (*m.*), Olivin (*m.*).
crisotilo [$Mg_6Si_4O_{11}(OH)_6H_2O$] (varietà di serpentino) (*min.*), Chrysotil (*m.*), Faserserpentin (*m.*), Serpentinasbest (*m.*).
cristalliera (*mobile*), Gläserschrank (*m.*).
cristallino (*min. - ecc.*), kristallin, kristallinisch.
cristalliti (*min. - metall.*), Kristallite (*m. pl.*).
cristallizzabile (*min.*), kristallisierbar, kristallisationsfähig.
cristallizzare (*chim. - fis. - min.*), kristallisieren.
cristallizzato (*s. - chim. - ecc.*), Kristallisat (*n.*).
cristallizzatore (*app. - fis. - chim.*), Kristallisationsgefäss (*n.*), Kristallisator (*m.*). **2 ~ a raffreddamento** (*app.*), Kühlungkristallisator (*m.*).
cristallizzazione (*min. - chim. - fis.*), Kristallisation (*f.*). **2 ~ frazionata** (*chim.*), fraktionierte Kristallisation. **3 ~ per raffreddamento** (*chim. - ecc.*), Kühlungskristallisation (*f.*). **4 ~ per sublimazione** (*chim.*), Kristallisation durch Sublimation. **5 acqua di ~** (*chim.*), Kristallwasser (*n.*). **6 germe di ~** (germe cristallino) (*min. - ecc.*), Impfkrystall (*n.*). **7 punto di ~** (temperatura di cristallizzazione, di combustibili liquidi p. es.) (*chim.*), Kristallisationspunkt (*m.*).
cristallo (individuo cristallino, monocristallo) (*min. - metall.*), Kristall (*m.*). **2 ~** (massa cristallina poliedrica) (*min.*), Kristall (*m.*). **3 ~** (vetro fortemente rifrangente) (*min. - mft. vetro*), Kristallglas (*n.*). **4 ~** (lastra di vetro) (*ind. vetro*), Spiegelscheibe (*f.*). **5 ~** (parabrezza) (*aut.*), Windschutzscheibe (*f.*). **6 ~** (vetro, di un proiettore) (*aut.*),

Streuscheibe (f.). 7 ~ **antiappannante** (parabrezza antiappannante) (aut.), Klarsichtscheibe (f.). 8 ~ **blindato** (vetro blindato) (mft. vetro), Panzerglas (n.), schussicheres Verbundglas. 9 ~ **colonnare** (metall.), Stengelkristall (m.). 10 ~ **del finestrino** (aut.), Fensterglas (n.). 11 ~ **di Boemia** (mft. di vetro), böhmisches Kristall. 12 ~ **di rocca** (forma pura del quarzo) (min.), Bergkristall (m.). 13 **cristalli liquidi** (liquidi cristallini, liquidi anisotropi, liquidi in fase mesomorfica) (fis. - elettronica), flüssige Kristalle, Flüssigkristalle (m. pl.). 14 ~ **misto** (metall.), Mischkristall (m.). 15 ~ **piezoelettrico** (elett.), piezoelektrischer Kristall. 16 ~ **termico** (per parabrezza; vetro di sicurezza resistente al calore fissato dietro al parabrezza e riscaldato da resistenze a filo sottile) (aut.), Heizscheibe (f.). 17 **accrescimento dei cristalli** (metall. - ecc.), Kristallwachstum (n.). 18 **telaino del** ~ (telaino del finestrino) (veic.), Fensterrahmen (m.).
cristallografia (min.), Kristallographie (f.).
cristallografico (min.), kristallographisch.
cristalloide (fis.), Kristalloid (n.).
cristalloluminescenza (fis.), Kristallluminescenz (f.).
cristal-violetto (chim.), Kristallviolett (n.).
cristobalite (refrattario) (min. - fond.), Cristobalit (m.).
criterio (gen.), Kriterium (n.). 2 ~ **del simplesso** (metodo del simplesso) (organ.), Simplex-Methode (f.).
« **Critical Path Method** » (metodo del percorso critico) (progr.), Methode des kritischen Weges, « Critical Path Method ».
criticità (fis. - ecc.), Kritizität (f.), Kritikalität (f.). 2 **parametro di** ~ (di un reattore) (fis. atom.), Flussdichtewölbung (f.), Flusswölbung (f.). 3 **parametro di** ~ **materiale** (« buckling » materiale, di un reattore) (fis. atom.), Material-Flussdichtewölbung (f.).
critico (gen.), kritisch. 2 **reattore** ~ (fis. atom.), kritischer Reaktor.
crivellato (grigliato, carbone crivellato) (s. - comb.), Stückkohle (f.).
crivellatura (setacciatura, vagliatura) (ind.), Sieben (n.). 2 ~ **idraulica** (min.), Setzarbeit (f.), Setzen (n.).
crivello (vaglio) (att. - min. - mur.), Sieb (n.). 2 ~ **a fori circolari** (vaglio a fori rotondi) (att.), Rundlochsieb (n.). 3 ~ **a maglia quadrata** (vaglio a maglia quadrata) (att.), Quadratsieb (n.), Quadratlochsieb (n.), Maschensieb (n.). 4 ~ **di filo metallico** (vaglio, di filo metallico) (att.), Drahtsieb (n.). 5 ~ **idraulico** (per separare i minerali mediante corrente d'acqua) (att. - min.), Setzmaschine (f.). 6 ~ **per minerale** (vaglio per minerali) (att. min.), Erzsieb (n.). 7 ~ **per sabbia** (da muratore) (att. - mur.), Sandsieb (n.), Wurfsieb (n.), Durchwurf (m.).
croce (gen.), Kreuz (n.). 2 ~ (raccordo a quattro vie) (tubaz.), Kreuzstück (n.), TT-Stück (n.). 3 ~ **a 90°** (raccordo a quattro vie a 90°) (tubaz.), Kreuzstück (n.). 4 ~ **di Malta** (mecc. - cinem.), Malteserkreuz (n.). 5 ~ **di St. Andrea** (arch. - ed.), Andreaskreuz (n.). 6 ~ **greca** (arch.), Griechisches Kreuz. 7 ~ **latina** (arch.), Lateinisches Kreuz. 8 **legatura a** ~ (mur.), Kreuzverband (m.).
crocevia (incrocio stradale) (strad.), Kreuzung (f.). 2 ~ **ad angolo retto** (incrocio stradale ad angolo retto) (strad.), senkrechte Kreuzung, rechtwinklige Kreuzung. 3 ~ **a quadrifoglio** (traff. strad.), Kleeblattkreuzung (f.). 4 ~ **con circolazione rotatoria** (incrocio stradale con circolazione rotatoria) (traff. strad.), Kreuzung mit Kreisverkehr.
« **crochet** » (gancio) (fond.), Haken (m.). 2 ~ (di una macch. per cucire) (macch.), Greifer (m.).
crociamento (ferr.), Kreuzung (f.). 2 ~ **aereo** (veic. elett.), Oberleitungskreuzung (f.), Luftkreuzung (f.). 3 ~ **di binari** (ferr.), Gleiskreuzung (f.). 4 ~ **ferroviario** (ferr.), Bahnkreuzung (f.). 5 ~ **inclinato** (incrocio inclinato) (ferr.), Kletterkreuzung (f.).
crociera (volta a crociera) (arch.), Kreuzgewölbe (n.). 2 ~ (intersezione tra navata centrale e transetto, di una chiesa) (arch.), Vierung (f.). 3 ~ (crociera cardanica, di una trasmissione snodata) (mecc.), Gelenkkreuz (n.), Kreuz (n.), Zapfenkreuz (n.). 4 ~ (di manovra, volante a crociera) (macch.), Speichengriff (m.). 5 ~ **a rullini** (di una trasmissione snodata) (mecc.), nadelgelagertes Kreuz. 6 ~ **cardanica** (crociera, di una trasmissione snodata) (mecc.), Gelenkkreuz (n.). 7 ~ **di manovra** (macch.), Handkreuz (n.), Drehkreuz (n.). 8 ~ **economica** (aer.), Sparreiseflug (m.), wirtschaftlicher Reiseflug. 9 ~ **portasatelliti** (del differenziale) (aut. - mecc.), Zapfenstern (m.). 10 **potenza di** ~ (mot. - aer.), Reisedauerleistung (f.), Reiseleistung (f.). 11 **quota di** ~ (aer.), Reiseflughöhe (f.). 12 **telaio a** ~ (aut.), X-Rahmen (m.). 13 **velocità di** ~ (nav. - aer.), Reisegeschwindigkeit (f.).
crocoite (PbC_2O_4) (cromato di piombo) (min.), Krokoit (m.), Rotbleierz (n.).
crogiolo (fond. - metall.), Schmelztiegel (m.), Tiegel (m.). 2 ~ (padella, di un forno per vetro) (mft. vetro - forno), Hafen (m.), Schmelzhafen (m.). 3 ~ (parte inferiore di un altoforno) (metall. - forno), Gestell (n.). 4 ~ **dell'altoforno** (metall.), Hochofengestell (n.). 5 ~ **di grafite** (forno), Kohletiegel (m.), Graphittiegel (m.). 6 **blindatura del** ~ (d'un altoforno) (forno), Gestellmantel (m.). 7 **forno a** ~ (metall. - forno), Tiegelofen (m.), Tiegelschmelzofen (m.). 8 **forno a crogioli** (forno a padelle, per vetro) (forno - mft. vetro), Hafenofen (m.). 9 **prova al** ~ (per determinare la tendenza all'ossidazione del piombo) (metall.), Tiegelprobe (f.), Verkrätzungstest (m.).
crollare (ed. - min.), einstürzen, zusammenstürzen.
crollo (di una casa p. es.) (ed. - min.), Einsturz (m.), Zusammensturz (m.). 2 ~ (dei prezzi p. es.) (comm. - ecc.), Sturz (m.). 3 ~ (finanziario p. es.) (finanz. - ecc.), Zusammenbruch (m.).
cromare (tecnol. mecc. - elettrochim.), verchromen.
cromatare (tecnol. mecc.), chromatieren.
cromatazione (processo chimico generante

cromatica

strati protettivi contro la corrosione su metalli) (*tecnol. mecc.*), Chromatieren (*n.*).
cromatica (scienza dei colori) (*s. - ott.*), Farbenlehre (*f.*).
cromaticità (di una luce) (*ott.*), Farbart (*f.*).
cromatico (*ott.*), chromatisch. 2 **fedeltà cromatica** (*ott.*), Farbentreue (*f.*). 3 **portante di segnale** ~ (*telev.*), Farbträger (*m.*). 4 **sensibilità cromatica** (*fot.*), Farbempfindlichkeit (*f.*).
cromatizzazione (*vn. - tecnol. mecc.*), Chromatbehandlung (*f.*).
cromato (*chim.*), Chromat (*n.*). 2 ~ **a spessore** (*tecnol. mecc.*), hartverchromt. 3 ~ **di potassio** (K_2CrO_4) (*chim.*), Kaliumchromat (*n.*).
cromatografia (analisi cromatografica) (*chim.*), Chromatographie (*f.*), chromatographische Adsorptionsanalyse. 2 ~ **elettrica** (elettrocromatografia) (*prova*), Elektrochromatographie (*f.*). 3 ~ **in fase gassosa** (gascromatografia) (*ind. chim.*), Gaschromatographie (*f.*). 4 ~ **su carta** (*prova*), Papierchromatographie (*f.*). 5 ~ **su strato sottile** (*prova*), Dünnschichtchromatographie (*f.*).
cromatron (chromatron, tubo di Lawrence; per televisione a colori) (*telev.*), Chromatron (*n.*).
cromatura (*elettrochim. - tecnol. mecc.*), Verchromung (*f.*). 2 ~ **a spessore** (del tagliente di un utensile, con riporto di un forte spessore seguito da rettifica a misura) (*ut.*), Schichtverchromung (*f.*). 3 ~ **a spruzzo** (*tecnol. mecc.*), Chromspritzen (*n.*). 4 ~ **dura** (*elettrochim. - tecnol. mecc.*), Hartverchromung (*f.*). 5 ~ **lucida** (*elettrochim. - tecnol. mecc.*), Glanzverchromung (*f.*). 6 ~ **nera** (*elettrochim.*), Schwarzverchromung (*f.*). 7 ~ **sottile** (del tagliente di un ut.) (*ut. - tecnol. mecc.*), Hauchverchromung (*f.*).
crominanza (*ott.*), Chrominanz (*f.*).
cromite ($FeCr_2O_5$) (*min.*), Chromit (*m.*), Chromeisenstein (*m.*).
cromizzare (*tratt. term.*), chromieren, inchromieren.
cromizzazione (diffusione di cromo per ottenere superfici resistenti) (*tratt. term.*), Chromieren (*n.*), Inchromieren (*n.*).
cromo (*Cr - chim.*), Chrom (*n.*). 2 ~ **nero** (*metall.*), Schwarzchrom (*n.*). 3 **acciaio al** ~ (*metall.*), Chromstahl (*m.*). 4 **carta uso** ~ (*ind. carta*), Chromersatzpapier (*n.*). 5 **concia al** ~ (*ind. cuoio*), Chromgerbung (*f.*). 6 **giallo-** ~ (*colore*), Chromgelb (*n.*). 7 **ossido di** ~ (usato per lappatura) (*lav. mecc.*), Poliergrün (*n.*).
cromoforo (gruppo chimico) (*chim.*), Chromophor (*m.*).
cromogeno (*chim.*), Chromogen (*n.*).
cromolitografia (*ind. graf.*), Lithochromie (*f.*), Chromolithographie (*f.*), Farbensteindruck (*m.*).
cromoscopio (cinescopio a colori) (*telev.*), Farbbildröhre (*f.*), Farbfernsehbildröhre (*f.*), Chromoskop (*n.*).
cromosfera (*astr.*), Chromosphäre (*f.*).
cromosoma (*biochim.*), Chromosom (*n.*), Erbkörperchen (*n.*).
cromotipia (*tip.*), Chromotypie (*f.*).
cronaca (*giorn. - ecc.*), Chronik (*f.*). 2 ~ **dif-**
ferita (registrazione, replica) (*radio - telev.*), Aufzeichnung (*f.*).
cronassia (*med. - elett.*), Chronaxie (*f.*).
cronico (malattia, p. es.) (*med. - ecc.*), chronisch.
cronista (*giorn.*), Berichterstatter (*m.*).
cronografo (*strum.*), Chronograph (*m.*).
cronoisoterma (linea di ugual temperatura) (*meteor.*), Chronoisotherme (*f.*), Thermoisoplethe (*f.*).
cronometraggio (rilevamento tempi) (*analisi tempi*), Zeitmessung (*f.*), Zeitaufnahme (*f.*). 2 ~ **di tempi singoli** (cronometraggio singolo) (*analisi tempi*), Einzelzeit-Verfahren (*n.*). 3 ~ **progressivo** (rilevamento di tempi progressivi) (*analisi tempi*), Fortschrittszeit-Verfahren (*n.*). 4 ~ **singolo** (cronometraggio di tempi singoli) (*analisi tempi*), Einzelzeit-Verfahren (*n.*).
cronometrare (*org. lav. - ecc.*), stoppen.
cronometrista (*lav. - pers. analisi tempi - ecc.*), Zeitnehmer (*m.*). 2 ~ (*sport*), Zeitnehmer (*m.*).
cronometrato (velocità p. es.) (*gen.*), gestoppt.
cronometro (*app.*), Stoppuhr (*f.*), Chronometer (*n.*). 2 ~ (per il rilevamento dei tempi di lavoro p. es.) (*app.*), Kontrolluhr (*f.*), Stoppuhr (*f.*).
cronorelè (relè a tempo) (*app. elett.*), Zeitrelais (*n.*).
cronoscopio (*strum.*), Chronoskop (*n.*).
cronotecnica (analisi tempi) (*analisi tempi*), Zeitstudie (*f.*), Zeitstudium (*n.*).
cronotecnico (analista tempi) (*analisi tempi*), Zeitstudieningenieur (*m.*).
cronotopo (spazio-tempo, spazio a quattro dimensioni) (*teoria della relatività*), Welt (*f.*), vierdimensionales Raumzeitkontinuum.
crookesite [$(Cu, Tl, Ag)_2 S_2$] (*min.*), Crookesit (*m.*).
crossbar (selettore crossbar) (*telef. - ecc.*), Crossbarwähler (*m.*), Kreuzschienenwähler (*m.*), Koordinatenwähler (*m.*). 2 **sistema** ~ (sistema a barre incrociate) (*telef. - ecc.*), Kreuzschienensystem (*n.*), Crossbarsystem (*n.*).
crosta (*gen.*), Kruste (*f.*). 2 ~ (incrostazione) (*fond.*), Schorf (*m.*). 3 ~ **terrestre** (*geogr.*), Erdkruste (*f.*).
crown (vetro crown) (*ind. vetro*), Kronglas (*n.*), Kron (*n.*). 2 ~ **-barite** (tipo di vetro d'ottica numero di Abbe 59,66-55,80) (*ott.*), Barit-Kron (*n.*). 3 ~ **boro** (tipo di vetro ottico, numero di Abbe 67,00-62,01) (*ott.*), Bor-Kron (*n.*). 4 ~ **fluoro** (tipo di vetro ottico, numero di Abbe 70,04-65,79) (*ott.*), Fluorkron (*n.*).
crudo (non cotto) (*gen.*), roh, ungekocht. 2 ~ (mattone p. es.) (*mur. - ecc.*), ungebrannt. 3 ~ (trafilato a freddo, di filo) (*tecnol. mecc.*), hartgezogen.
crumiro (non partecipante a sciopero) (*lav.*), Streikbrecher (*m.*).
cruna (di un'ago) (*ind. tess.*), Öhr (*n.*), Nadelöhr (*n.*).
cruscotto (pannello della carrozzeria che divide il vano motore dall'abitacolo) (*aut.*), Spritzwand (*f.*), Stirnwand (*f.*). 2 ~ (quadro portastrumenti) (*aut. - mot.*), Instrumentenbrett (*n.*), Armaturenbrett (*n.*). 3 ~ **elettrico di comando** (*elett.*), Schaltbrett (*n.*).

4 ~ **imbottito** (*aut.*), stosselastisches Armaturenbrett, gepolstertes Armaturenbrett. 5 ~ **portastrumenti** (*veic. - ind.*), Armaturenbrett (*n.*), Armaturbrett (*n.*), Instrumentenbrett (*n.*).

CS (caseina) (*chim.*), CS, Kasein (*n.*).

Cs (cesio) (*chim.*), Cs, Zäsium (*n.*).

C.S.Q. (controllo statistico della qualità) (*tecnol.*), SQK, statistische Qualitätskontrolle.

cSt (centistoke, unità di viscosità) (*chim.*), cSt, Zentistoke (*n.*).

CTL (complementary transistor logic, logica a transistori complementari) (*elettronica*), CTL.

Cu (rame) (*chim.*), Cu, Kupfer (*n.*).

cubatura (calcolo di un volume) (*ed. - ecc.*), Kubatur (*f.*), Kubikinhaltsberechnung (*f.*). 2 ~ (capacità, volume) (*geom.*), Rauminhalt (*m.*). 3 **indice di** ~ (indice di fabbricabilità, m³ consentiti su 1 m² dell'area destinata all'edificio) (*ed.*), Baumassenzahl (*f.*), kubische Bauregel. 4 **rilevare la** ~ (cubare) (*ed.*), den Rauminhalt ausmessen, kubieren.

cubare (calcolare il volume) (*ed. - ecc.*), kubieren, den Rauminhalt ausmessen.

cubetto (*gen.*), Würfel (*m.*). 2 **bacinella per cubetti** (di ghiaccio, di un frigorifero) (*app. - elett.*), Würfeleinsatz (*m.*).

cubia (occhio di cubia, occhio di prora) (*nav.*), Klüse (*f.*).

cubica (curva cubica) (*geom.*), kubische Kurve. 2 ~ (curva di utilizzazione cubica) (*mot.*), kubische Ausnutzungslinie.

cubico (*geom. - ecc.*), kubisch, würfelförmig. 2 ~ **-centrato** (reticolo cristallino) (*min.*), kubisch-zentriert. 3 ~ **corpocentrato** (reticolo) (*min.*), kubisch-raumzentriert. 4 ~ **facce-centrato** (reticolo cristallino) (*min.*), kubisch-flächenzentriert. 5 **dilatazione cubica** (*fis.*), räumliche Ausdehnung.

cubilotto (*fond. - forno*), Kupolofen (*m.*). 2 ~ **a vento caldo** (*fond. - forno*), Heisswindkupolofen (*m.*). 3 ~ **a vento freddo** (*fond.*), Kaltwindkupolofen (*m.*), KW-Kupolofen (*m.*). 4 **piastra di supporto del** ~ (*fond.*), Abfangplatte (*f.*).

cubo (*geom.*), Kubus (*m.*), Würfel (*m.*). 2 ~ (terza potenza) (*mat.*), Kubikzahl (*f.*), dritte Potenz. 3 **al** ~ (*mat.*), kubisch, in der dritten Potenz.

cuccetta (*nav.*), Koje (*f.*). 2 ~ (letto, nel treno) (*ferr.*), Liegeplatz (*m.*). 3 ~ (nella cabina di un autocarro) (*aut.*), Liege (*f.*).

cucchiaia (*macch. mov. terra*), Löffel (*m.*), Baggerlöffel (*m.*). 2 ~ **rovescia** (di un'escavatore a cucchiaia) (*macch. mov. terra*), Tieflöffel (*m.*). 3 ~ **spingente** (*macch. mov. terra*), Hochlöffel (*m.*).

cucchiaio (*ut.*), Löffel (*m.*). 2 ~ **per impronte** (*ut. dentista*), Abdrucklöffel (*m.*).

cucchiaione (mestolo) (*att.*), Kelle (*f.*), Löffel (*m.*). 2 ~ **di colata** (*fond.*), Giesskelle (*f.*), Giesslöffel (*m.*).

cucina (ambiente) (*ed.*), Küche (*f.*). 2 ~ (app. per cuocere) (*app. domestico*), Herd (*m.*), Kochherd (*m.*). 3 ~ (cambusa) (*nav.*), Kambüse (*f.*), Kombüse (*f.*). 4 ~ **a gas** (*app. domestico*), Gasherd (*m.*). 5 ~ **elettrica** (*app. domestico*), elektrischer Herd. 6 ~ **elettronica** (elettrodomestico) (*app.*), Elektronenherd (*n.*).

cucinino (*ed.*), Kleinküche (*f.*).

cucire (*ind. tess. - ecc.*), nähen. 2 ~ (segnature o fogli) (*legatoria - uff.*), heften. 3 **macchina per** ~ (*macch.*), Nähmaschine (*f.*). 4 **macchina per** ~ **a zig-zag** (*macch.*), Zickzacknähmaschine (*f.*).

cucito (*s. - lav.*), Näharbeit (*f.*). 2 ~ (con punti metallici) (*a. - uff. - ecc.*), geheftet.

cucitrice (puntatrice) (*att. per uff.*), Büroheftmaschine (*f.*). 2 ~ (*lav.*), Näherin (*f.*). 3 ~ **a filo di refe** (*tip. - legatoria*), Fadenheftmaschine (*f.*). 4 ~ **a pinza** (per ufficio) (*macch.*), Heftzange (*f.*), Büroheftmaschine (*f.*). 5 ~ **a punti metallici** (*att. per uff.*), Heftmaschine (*f.*), Büroheftmaschine (*f.*). 6 ~ **meccanica** (*macch.*), Maschinenhefter (*m.*), Heftmaschine (*f.*). 7 ~ **per angoli** (di cartonaggi) (*macch. - imball.*), Eckenheftmaschine (*f.*). 8 ~ **per chiusura** (di sacchi, p. es.) (*macch. - imball.*), Zunähmaschine (*f.*).

cucitura (operazione) (*ind. tess.*), Nähen (*n.*). 2 ~ (effetto del cucire) (*ind. tess.*), Naht (*f.*), genähte Linie. 3 ~ (*legatoria - uff.*), Heften (*n.*). 4 ~ (di lamiera, con punti metallici ribaditi) (*tecnol. mecc.*), Heften (*n.*), Blechsteppen (*n.*). 5 ~ **a filo metallico** (*legatoria*), Drahtheftung (*f.*). 6 ~ **a punti metallici** (*uff. - ecc.*), Metallheftung (*f.*). 7 ~ **olandese** (*legatoria*), Holländern (*n.*), holländische Hefttechnik. 8 **senza** ~ (*gen.*), nahtlos.

cuffia (ricevitore) (*radio - telef.*), Kopfhörer (*m.*), Doppelkopfhörer (*m.*). 2 ~ (di protezione p. es.) (*mecc. - ecc.*), Kasten (*m.*), Schutzkasten (*m.*). 3 ~ **afonica** (o silenziatrice) (*cinem.*), Blimp (*m.*), Schallschutzkasten (*m.*). 4 ~ **telefonica** (ricevitore a cuffia) (*telef.*), Kopffernhörer (*m.*), Kopfhörer (*m.*).

cuggione (spina, per staffe) (*fond.*), Führungsbolzen (*m.*).

culissaggio (*ind. tess.*), Kulieren (*n.*).

culla (*gen.*), Wiege (*f.*).

culminazione (*astr.*), Kulmination (*f.*).

culmine (vertice, cima) (*gen.*), Scheitel (*m.*).

cumarina (benzo-α-pirone) (*chim.*), Cumarin (*n.*).

cumarone (benzofurano) (*chim.*), Kumaron (*n.*), Benzofuran (*n.*).

cumulativo (comprensivo) (*gen.*), zusammenfassend. 2 **curva della frequenza cumulativa** (*stat.*), Summenkurve (*f.*). 3 **errore** ~ (*mecc.*), Summenfehler (*m.*). 4 **errore di passo** ~ (di ingranaggio elicoidale) (*mecc.*), Summensteigungsfehler (*m.*). 5 **frequenza cumulativa** (*stat.*), Summenhäufigkeit (*f.*). 6 **valore** ~ (*gen.*), Summenwert (*m.*).

cumulo (*gen.*), Haufen (*m.*). 2 ~ (di nubi, da 600 a 2000 m di altezza) (*meteor.*), Haufenwolke (*f.*), Quellwolke (*f.*), Kumulus (*m.*). 3 ~ **di discarica** (*min.*), Absturzhalde (*f.*). 4 **terra del** ~ (terra usata) (*fond.*), Altsand (*m.*).

cumulonembo (*meteor.*), Kumulonimbus (*m.*), Gewitterwolke (*f.*).

cuneiforme (a cuneo) (*gen.*), keilförmig.

cuneo (*gen.*), Keil (*m.*). 2 ~ (di una pialla) (*ut.*), Keil (*m.*). 3 ~ (mattone refrattario per

cunetta

rivestimento) *(forno)*, Ganzwölber *(m.)*. 4 ~ **da scalpellino** *(ut. mur.)*, Steinspeidel *(m.)*, Schrotkeil *(m.)*. 5 ~ **di afferraggio** (per serrare barrette nella prova di trazione p. es.) *(tecnol.)*, Beisskeil *(m.)*. 6 ~ **tagliente** *(ut.)*, Schneidkeil *(m.)*. 7 a ~ (cuneiforme) *(gen.)*, keilförmig.

cunetta (segnalazione e caratteristica stradale) *(traff. strad.)*, Querrinne *(f.)*.

cunicolo *(costr. strad. - ecc.)*, Graben *(m.)*. 2 ~ **di ventilazione** (galleria di ventilazione) *(min.)*, Belüftungsstollen *(m.)*. 3 ~ **per cavi** *(elett.)*, Kabelgraben *(m.)*, Kabelgrube *(f.)*, Kabelkanal *(m.)*. 4 ~ **per tubi** *(ed.)*, Rohrverlegungsgraben *(m.)*, Rohrgraben *(m.)*.

cuocere *(gen.)*, kochen. 2 ~ (in forno) *(gen.)*, backen. 3 ~ (purgare, «sgommare», la seta) *(ind. tess.)*, purgieren, auskochen. 4 ~ (la calce p. es.) *(ind.)*, brennen. 5 ~ *(ceramica)*, brennen. 6 ~ **completamente** *(tecnol.)*, durchbacken. 7 ~ **in forno** *(ind.)*, backen.

cuoio *(ind.)*, Leder *(n.)*. 2 ~ **conciato** *(ind. del cuoio)*, lohgares Leder. 3 ~ **(conciato) al cromo** *(ind. del cuoio)*, chromgares Leder. 4 ~ **ad alta flessibilità** (per cinghie piane) *(mecc.)*, HG-Leder *(n.)*, hochgeschmeidiges Leder. 5 ~ **granulato** *(ind. del cuoio)*, Narbenleder *(n.)*. 6 ~ **non spaccato** *(ind. cuoio)*, Voll-Leder *(n.)*. 7 ~ **per cinghie** (cuoio flessibile) *(mecc.)*, Geschmeidig-Leder *(n.)*, G-Leder. 8 ~ **per guarnizioni** *(mecc.)*, Manschettenleder *(n.)*, Dichtungsleder *(n.)*. 9 ~ **per (membrane di) contatori del gas** *(app.)*, Gasmesserleder *(n.)*. 10 ~ **per suole** *(ind. del cuoio)*, Sohlleder *(n.)*. 11 ~ **verniciato** *(ind. del cuoio)*, Lackleder *(n.)*. 12 **di** ~ *(ind.)*, ledern. 13 **disco di** ~ (per lucidare) *(mecc.)*, Lederscheibe *(f.)*. 14 **mazzuolo di** ~ *(ut.)*, Rohhauthammer *(m.)*. 15 **surrogati di** ~ (da ritagli sfibrati e pressati in fogli) *(ind. cuoio)*, Lederfaserstoff *(m.)*.

cuore *(gen.)*, Herz *(n.)*. 2 ~ (parte interna) *(metall. - tratt. term.)*, Kern *(m.)*. 3 ~ (di uno scambio o di un incrocio) *(ferr.)*, Herzstück *(n.)*. 4 ~ *(ut. - fond.)*, Herzlöffel *(m.)*. 5 ~ (anima, di un albero) *(legno)*, Kern *(m.)*. 6 ~ **del crociamento** *(ferr.)*, Kreuzungsherzstück *(n.)*. 7 ~ **dello scambio** (cuore del deviatoio) *(ferr.)*, Weichenherzstück *(n.)*. 8 ~ **doppio** *(ferr.)*, doppeltes Herzstück. 9 ~ **semplice** *(ferr.)*, einfaches Herzstück. 10 ~ **stellato** (cretti centrali, malattia del quadrante, zampe di gallo, radiatura, stellatura) *(difetto - legno)*, Kernriss *(m.)*. 11 **resistenza a** ~ *(metall. - tratt. term.)*, Kernfestigkeit *(f.)*. 12 **temprabilità a** ~ *(tratt. term.)*, Einhärtbarkeit *(f.)*.

cuplometro (misuratore di accoppiamento) *(app. elett.)*, Kopplungsmesser *(m.)*. 2 ~ (per misurare momenti torcenti) *(macch.)*, Pendelmaschine *(f.)*.

cupo (scuro, di colore) *(ott.)*, tief, dunkel, trübe.

cupola *(arch.)*, Kuppel *(f.)*. 2 ~ **con pennacchi** *(arch.)*, Kuppel mit Zwickel, Kuppel mit Pendentifs. 3 ~ **di ricetrasmissione** (radomo, cupola radar) *(radar)*, Radarhaube *(f.)*. 4 ~ **girevole** (di un osservatorio) *(astr.)*, Drehkuppel *(f.)*. 5 ~ **radar** (radomo) *(radar)*, Radarhaube *(f.)*. 6 ~ **radar** (radomo, di un velivolo) *(aer. - radar)*, Radarbug *(m.)*, Radarhaube *(f.)*. 7 ~ **ribassata** *(arch.)*, Flachkuppel *(f.)*. 8 ~ **su pennacchi** *(arch.)*, Zwickelkuppel *(f.)*, Pendentifkuppel *(f.)*.

cupralluminio *(metall.)*, Aluminiumbronze *(f.)*.

cuprite (Cu_2O) *(min.)*, Rotkupfererz *(n.)*, Kuprit *(n.)*.

cuprolega *(metall.)*, Kupferlegierung *(f.)*. 2 ~ **per brasature** (cuprolega brasante, lega brasante a base di rame) *(tecnol. mecc.)*, Kupferlot *(n.)*.

cupronichel *(lega)*, Kupfernickel *(n.)*.

cupropiombo *(metall.)*, Kupferblei *(n.)*.

cura *(gen.)*, Pflege *(f.)*. 2 ~ *(med.)*, Behandlung *(f.)*. 3 ~ **termale** *(med.)*, Thermalkur *(f.)*. 4 **stabilimento di** ~ (sanatorio) *(med.)*, Kuranstalt *(f.)*, Heilanstalt *(f.)*.

curare *(med.)*, behandeln.

curatela *(leg.)*, Pflegschaft *(f.)*, Kuratel *(f.)*. 2 ~ **di fallimenti** *(comm.)*, Konkursverwaltung *(f.)*, Konkurspflegschaft *(f.)*.

curatore *(leg.)*, Verwalter *(m.)*, Pfleger *(m.)*. 2 ~ **di fallimenti** *(leg. - finanz.)*, Konkurspfleger *(m.)*, Konkursverwalter *(m.)*.

curcuma *(colorante)*, Kurkume *(f.)*. 2 **carta** ~ *(ind. carta)*, Curcumpapier *(n.)*.

curie (unità di mis. della radioattività) *(fis.)*, Curie *(n.)*. 2 **punto di** ~ *(elett.)*, Curie-Punkt *(m.)*, Curie-Temperatur *(f.)*.

curio (Cm - *chim.*), Curium *(n.)*.

curriculum *(pers.)*, Lebenslauf *(m.)*.

cursore *(gen.)*, Läufer *(m.)*. 2 ~ *(strum.)*, Läufer *(m.)*. 3 ~ (anellino, di un filatoio ad anelli) *(macch. tess.)*, Läufer *(m.)*, Reiter *(m.)*, Traveller *(m.)*, Öhr *(n.)*, Fliege *(f.)*. 4 ~ (d'una servovalvola elettroidraulica p. es., pistoncino distributore) *(oleoidr. - elett.)*, Steuerkolben *(m.)*, Steuerschieber *(m.)*. 5 ~ **del regolo** *(app.)*, Rechenschieberläufer *(m.)*. 6 **arresto del** ~ (scontro del cursore) *(app.)*, Läuferanschlag *(m.)*, Schleifenanschlag *(m.)*.

«**curtain wall**» (tipo di parete esterna) *(ed.)*, «Curtain wall».

curva *(gen.)*, Krümmung *(f.)*, Kurve *(f.)*. 2 ~ (di un diagramma, linea curva) *(mat. - ecc.)*, Kurve *(f.)*. 3 ~ (svolta) *(ferr. - costr. strad.)*, Kurve *(f.)*. 4 ~ (tubo piegato ad angolo retto) *(tubaz.)*, Krümmer *(m.)*, Rohrkrümmer *(m.)*, Bogen *(m.)*. 5 ~ (gomito) *(tubaz.)*, Knie *(n.)*, Kniestück *(n.)*, Rohrknie *(n.)*. 6 ~ **a bicchiere** (curva con estremità a bicchiere) *(tubaz.)*, Muffenbogen *(m.)*, K-Stück *(n.)*. 7 ~ **a campana** (d'un diagramma) *(dis. - ecc.)*, Glockenkurve *(f.)*. 8 ~ **adiabatica** *(termodin.)*, Adiabate *(f.)*, adiabatische Kurve *(f.)*. 9 ~ **a flange** *(tubaz.)*, Flanschenbogen *(m.)*, FK-Stück *(n.)*. 10 ~ **a grande raggio** *(strad. - ecc.)*, schwache Kurve. 11 ~ **a grinze** *(tubaz.)*, Faltenbogen *(m.)*. 12 ~ **a 90° con due flange** *(tubaz.)*, Q-Stück *(n.)*, Flanschenkrümmer 90°. 13 ~ **a S** (doppia curva) *(strad.)*, S-Kurve *(f.)*. 14 ~ **balistica** *(balistica)*, ballistische Kurve. 15 ~ **caratteristica** (caratteristica) *(macch. - ecc.)*, Kennlinie *(f.)*. 16 ~ **caratteristica prevalenza/portata** (d'una pompa) *(idr.)*, H/Q-Charakteristik *(f.)*. 17 ~ **carico-deformazione** (curva sollecitazioni-deformazioni, diagramma sollecitazioni-deformazioni) (sc. costr.), Last-Dehnungskurve (f.). **18 ~ (con estremità) a bicchiere** (tubaz.), Muffenbogen (m.), K-Stück (n.). **19 ~ con riduzione** (tubaz.), Reduzierkrümmer (m.). **20 ~ cubica** (cubica) (geom.), kubische Kurve. **21 ~ degli errori** (curva di Gauss, curva delle probabilità, curva a campana) (mat. - stat.), Fehlerkurve (f.), Gauss'sche Verteilung, Glockenkurve (f.). **22 ~ dei dislocamenti** (scala di solidità; curva di ripartizione del dislocamento secondo la lunghezza, curva delle ordinate) (nav.), Spantflächenkurve (f.), Arealkurve (f.). **23 ~ dei momenti** (sc. costr.), Momentenlinie (f.). **24 ~ dei momenti massimi** (sc. costr.), Linie der grössten Momente, Kurve der grössten Momente. **25 ~ dei valori prescritti** (gen.), Sollkurve (f.). **26 ~ dei valori limite (di dB) prescritti** (curva relativa ai valori dell'insonorizzazione minima e del livello massimo della rumorosità del calpestio, per la protezione antirumore) (acus. - ed.), Sollkurve (f.). **27 ~ del campo magnetico** (andamento del campo magnetico nel traferro) (macch. elett.), Feldkurve (f.). **28 ~ del cedimento in funzione del tempo** (ed.), Zeit-Senkungs-Kurve (f.), Zeitsetzungskurve (f.). **29 ~ della densità ottica** (curva dell'annerimento, d'un materiale fotografico) (ott. - fot.), Dichtekurve (f.), Schwärzungskurve (f.). **30 ~ della frequenza cumulativa** (stat.), Summenkurve (f.). **31 ~ dell'anticipo** (di un distributore di accensione) (mot. - aut.), Verstellinie (f.). **32 ~ della pressione di vapore** (diagramma della pressione di vapore) (fis.), Dampfdruckkurve (f.). **33 ~ delle aree** (diagramma delle masse, grafico dei movimenti di terra) (ing. civ.), Massenplan (m.), Transportplan (m.). **34 ~ del ritiro in funzione del tempo** (tecnol.), Zeit-Schwind-Kurve (f.). **35 ~ del tasso di guasto in funzione della durata** (stat.), Badenwannenkurve (f.). **36 ~ di carico** (elett. - ecc.), Belastungskurve (f.). **37 ~ di carico annuale** (elett.), Jahresbelastungsdiagramm (m.). **38 ~ di coesistenza** (della costante dielettrica dell'acqua p. es.) (chim.), Koexistenzkurve (f.). **39 ~ di compensazione** (nelle prove di fatica) (tecnol. mecc.), Ausgleichs-Kurve (f.). **40 ~ di danno** (linea di danneggiamento, nelle prove di fatica) (tecnol. mecc. - prove mater.), Schadenslinie (f.). **41 ~ di decadimento** (radioatt.), Abklingkurve (f.), Abklingungskurve (f.). **42 ~ di diatermanità** (curva di penetrazione) (term.), Durchlässigkeitskurve (f.). **43 ~ di distillazione** (di carburanti) (chim.), Siedekurve (f.). **44 ~ di espansione** (mot. - ecc.), Expansionslinie (f.). **45 ~ di evoluzione** (d'una nave, traiettoria del suo baricentro per effetto delle forze sviluppate dal timone) (nav.), Drehkreis (m.). **46 ~ di Fuller** (curva granulometrica) (ed.), Fuller-Kurve (f.). **47 ~ di Gauss** (curva delle probabilità, curva a campana, curva degli errori) (stat.), Glockenkurve (f.), Gauss'sche Verteilung, Fehlerkurve (f.). **48 ~ di granulazione** (del residuo di vagliatura) (fis. - ind.), Siebrückstandskurve (f.). **49 ~ di granulazione** (del materiale che attraversa il vaglio) (ind. - fis.), Siebdurchlaufskurve (f.). **50 ~ di livello** (isoipsa) (top. - geogr.), Höhenlinie (f.), Schichtlinie (f.), Isohypse (f.), Höhenkurve (f.). **51 ~ di magnetizzazione** (elett.), Magnetisierungskurve (f.). **52 ~ di penetrazione** (curva di diatermanità) (term.) Durchlässigkeitskurve (f.). **53 ~ di potenza** (mot.), Leistungskurve (f.). **54 ~ di raccordo** (curva di transizione, curva di transito) (ferr. - strad.), Verbindungskurve (f.), Übergangskurve (f.), allmähliche Kurve. **55 ~ di raffreddamento** (metall.), Abkühlungskurve (f.). **56 ~ di regressione** (stat.), Regressionskurve (f.). **57 ~ di risonanza** (fis.), Resonanzkurve (f.). **58 ~ di scarica** (d'un accumulatore) (elett.), Entladekennlinie (f.). **59 ~ di solidificazione** (limite superiore dello stato solido) (metall.), Soliduslinie (f.). **60 ~ di solubilità** (chim.), Löslichkeitskurve (f.). **61 ~ di taratura** (strum.), Eichkurve (f.). **62 ~ di transito** (curva di raccordo, curva di transizione) (ferr. - strad.), Verbindungskurve (f.), Übergangskurve (f.), allmähliche Kurve. **63 ~ di trasformazione isotermica** (metall.), vedi curva trasformazione-temperatura-tempo. **64 ~ di utilizzazione cubica** (« cubica ») (mot.), kubische Ausnutzungslinie. **65 ~ di viscosità** (degli oli lubrificanti) (chim.), VT-Blatt (n.), Viskositäts-Temperatur-Verhalten (n.). **66 ~ di Wöhler** (curva di fatica) (tecnol. mecc.), Wöhlerkurve (f.). **67 ~ dose-effetto** (fis. atom. - radioatt.), Dosiswirkungskurve (f.). **68 ~ e controcurva** (doppia curva, doppia svolta) (strad.), Doppelkurve (f.), Doppelbogen (m.). **69 ~ elastica** (linea elastica; d'inflessione, nel metodo di Mohr p. es.) (sc. costr.), Seillinie (f.), Biegelinie (f.). **70 ~ equitangente** (trattrice) (geom.), Traktrix (f.), Schleppkurve (f.). **71 ~ equivalente** (macch. - ecc.), Erzatzkurve (f.). **72 ~ esponenziale** (fis.), Esponentialkurve (f.). **73 ~ fotometrica** (curva di ripartizione della intensità luminosa) (illum.), Lichtstärkeverteilungskurve (f.). **74 ~ gobba** (curva sghemba) (geom.), Raumkurve (f.). **75 ~ granulometrica** (nelle analisi di setacciatura) (ind.), Körnungskennlinie (f.), Siebkennlinie (f.), Siebkurve (f.). **76 ~ granulometrica** (del materiale passante attraverso un vaglio) (ind.), Siebdurchlaufskurve (f.). **77 ~ guasto-durata** (curva del tasso di guasto in funzione della durata) (stat.), Badewannenkurve (f.). **78 ~ in funzione del tempo** (rappresentazione grafica dell'andamento d'una grandezza) (fis.), Ganglinie (f.). **79 ~ inviluppo** (inviluppo) (geom. - ecc.), Hüllkurve (f.). **80 ~ ipsometrica** (geogr.), hypsometrische Kurve. **81 ~ ~ isobara** (isobara) (meteor.), Isobare (f.). **82 ~ isofota** (isofota) (ott.), Lichtgleiche (f.). **83 ~ isofota di illuminamento** (illum.), Kurve gleicher Beleuchtungsstärke. **84 ~ isofota di intensità** (illum.), Kurve gleicher Lichtstärke. **85 ~ isoluxa** (curva isofota, di eguale illuminamento) (illum.), Beleuchtungsgleiche (f.), Linie gleicher Beleuchtungsstärke. **86 ~ lossodromica** (lossodromia) (mat. - navig.), Loxodrome (f.). **87 ~ -luogo** (diagramma) (mat. - regolaz.), Ortskurve (f.). **88 ~ operativa** (CO, nel controllo della qualità) (tecnol. mecc.), Annahmekennlinie (f.). **89 ~ pedale** (pedale, podaria) (mat.), Fusspunktkurve

curvare

(*f.*). 90 ~ **pericolosa** (*traff. strad. - segnale*), gefährliche Kurve. 91 ~ **piana** (*mat.*), ebene Kurve. 92 ~ **piatta** (caratteristica piatta, di un diagramma) (*macch.*), flache Kurve. 93 ~ **polare** (*geom.*), Polarkurve (*f.*). 94 ~ **politropica** (politropica) (*fis.*) - *termodin.*), Polytrope (*f.*). 95 ~ **resistenza alla deformazione - deformazione** (nella foggiatura plastica a freddo) (*tecnol.*), Fliesskurve (*f.*). 96 ~ **sghemba** (curva gobba) (*geom.*), Raumkurve (*f.*). 97 ~ **singolare** (*geom.*), singuläre Kurve. 98 ~ **sollecitazioni-deformazioni** (curva carico-deformazione, diagramma sollecitazioni-deformazioni) (*sc. costr.*), Last-Dehnungskurve (*f.*). 99 ~ **sopraelevata** (*costr. strad. - ferr.*), überhöhte Kurve. 100 ~ **stradale** (*strad.*), Strassenbiegung (*f.*), Strassenkurve (*f.*). 101 ~ **stretta** (*strada - ecc.*), scharfe Kurve, scharfe Krümmung. 102 ~ **tempo-allungamento** (curva dell'allungamento per scorrimento in funzione del tempo) (*metall. - sc. costr.*), Zeit-Dehnungs-Kurve (*f.*). 103 ~ **trasformazione-temperatura-tempo** (curva TTT, curva di trasformazione isotermica) (*metall.*), Zeit-Temperatur-Umwandlungsbild (*n.*), S-Kurve (*f.*). 104 ~ **TTT** (*metall.*), vedi curva trasformazione-temperatura-tempo. 105 ~ **vergine** (d'un ciclo d'isteresi) (*elett.*), jungfräuliche Kurve, Neukurve (*f.*). 106 **capacità d'inserimento in** ~ (*aut.*), Lenkfähigkeitskontrolle (*f.*). 107 **comportamento in** ~ (*aut.*), Kurvenfahrverhalten (*n.*). 108 **diagramma delle curve di potenza** (*mot.*), Leistungsdiagramm (*n.*). 109 **doppia** ~ (doppia svolta, curva e controcurva) (*strad.*), Doppelbogen (*m.*), Doppelkurve (*f.*). 110 **doppia** ~ (curva a S) (*strad.*), S-Kurve (*f.*). 111 **generatore di curve** (*app.*), Kurvengenerator (*m.*). 112 **marcia in** ~ (*veic.*), Kurvenfahrt (*f.*). 113 **prendere una** ~ (curvare) (*veic.*), kurven, eine Kurve nehmen. 114 **ramo della** ~ (di una caratteristica p. es.) (*fis. - dis.*), Kurvenast (*m.*). 115 **resistenza in** ~ (*veic.*), Kurvenwiderstand (*m.*), Krümmungswiderstand (*m.*). 116 **sopraelevazione della** ~ (*costr. strad.*), Kurvenüberhöhung (*f.*). 117 **stabile in** ~ (*veic.*), kurvenfest. 118 **stabilità in** ~ (*aut.*), Kurvenstabilität (*f.*). 119 **stridio in** ~ (dei pneumatici) (*aut.*), Kurvenquietschen (*n.*). 120 **tangente alla** ~ (tangente alla linea funicolare) (*sc. costr.*), Seilstrahl (*m.*), Tangente der Seillinie.

curvare (*gen.*), biegen, krümmen. 2 ~ (tubi p. es.) (*tubaz. - tecnol. mecc.*), biegen. 3 ~ (prendere una curva) (*veic.*), kurven, eine Kurve nehmen. 4 ~ **a freddo** (*tecnol.*), kaltbiegen. 5 ~ **cilindrico** (incurvare cilindrico) (*lav. di lamiere*), rundbiegen. 6 ~ **con rulli** (rullare) (*lav. di lamiere*), rollen.

curvarsi (*gen.*), sich biegen. 2 ~ (difetto, delle lamiere p. es.) (*tecnol.*), ausbuchten.

curvato (piegato) (*gen.*), gekrümmt, gebogen.

curvatrice (rotolatrice) (*macch. lav. di lamiere*), Rundbiegemaschine (*f.*), Rundmaschine (*f.*). 2 ~ **a rulli** (di lamiere p. es.) (*macch.*), Walzenbiegemaschine (*f.*), Biegewalzmaschine (*f.*). 3 ~ **a stiro** (macchina per stirare e curvare) (*macch.*), Streckbiegemaschine (*f.*). 4 ~ **per legno** (*macch.*), Holzbiegemaschine (*f.*).

curvatura (*gen.*), Krümmung (*f.*), Biegung (*f.*). 2 ~ (*geom.*), Krümmung (*f.*). 3 ~ (di lamiere, alla curvatrice a rulli) (*lav. lamiera*), Runden (*n.*), Walzrunden (*n.*), Rundwalzen (*n.*), Biegewalzen (*n.*). 4 ~ (piegatura di tubi p. es.) (*mecc. - ecc.*), Biegung (*f.*). 5 ~ (inarcamento, di un'ala) (*aer. - aerodin.*), Wölbung (*f.*). 6 ~ **a rulli** (*lav. lamiera*), Walzbiegen (*n.*). 7 ~ **della carena** (ginocchio, da verticale ad orizzontale) (*costr. nav.*), Kimm (*f.*). 8 ~ **della corrente anodica** (*radio*), Anodenschwanz (*m.*). 9 ~ **dello spazio** (*fis. - astr.*), Raumkrümmung (*f.*). 10 **centro di** ~ (*geom.*), Krümmungsmittelpunkt (*m.*). 11 **raggio di** ~ (*geom. - ecc.*), Krümmungshalbmesser (*m.*), Krümmungsradius (*m.*). 12 **seconda** ~ (torsione, di una linea) (*mat.*), Torsion (*f.*), Windung (*f.*).

curvilineo (*a. - gen.*), kurvenlinear. 2 ~ (*s. - strum. dis.*), Kurvenlineal (*n.*). 3 **integrale** ~ (integrale di linea) (*fis.*), Linienintegral (*n.*).

curvimetro (*att.*), Kurvenmesser (*m.*), Kurvimeter (*n.*).

curvo (piegato) (*gen.*), krumm, gebogen.

cuscinetto (supporto, sopporto, per alberi) (*mecc.*), Lager (*n.*). 2 ~ (bussola per supporto, bronzina) (*mecc.*), Lagerbuchse (*f.*), Buchse (*f.*). 3 ~ (filiera tonda) (*ut.*), Schneideisen (*n.*). 4 ~ (del dispositivo di chiusura d'una macchina per iniezione di mat. plast.) (*macch.*), Polster (*n.*). 5 ~ (per timbri p. es.) (*uff. - ecc.*), Kissen (*n.*). 6 ~ **a botte** (cuscinetto sferico) (*mecc.*), Fasslager (*n.*). 7 ~ **a collare** (*mecc.*), Ringspurlager (*n.*). 8 ~ **ad attrito radente** (cuscinetto liscio, cuscinetto a strisciamento) (*mecc.*), Gleitlager (*n.*). 9 ~ **ad attrito volvente** (cuscinetto a rotolamento) (*mecc.*), Wälzlager (*n.*). 10 ~ **a due corone di sfere** (*mecc.*), zweireihiges Kugellager. 11 ~ **ad una corona di sfere** (*mecc.*), einrehiges Kugellager. 12 ~ **aerostatico** (cuscinetto pneumostatico, supporto aerostatico, supporto pneumostatico) (*mecc.*), aerostatischer Lager, Luftlager (*n.*). 13 ~ **a meato variabile** (*mecc.*), Lager mit Zitronenspiel, Lager mit veränderlichem Schmierspalt. 14 ~ **antifrizione** (*mecc.*), Antifriktionslager (*n.*). 15 ~ **a pozzetti cuneiformi multipli** (per turbine e compressori) (*macch.*), Mehrkeillager (*n.*). 16 ~ **a rotolamento** (cuscinetto ad attrito volvente) (*mecc.*), Wälzlager (*n.*). 17 ~ **a rulli** (*mecc.*), Rollenlager (*n.*). 18 ~ **a rulli a botte** (*mecc.*), Tonnenlager (*n.*), Tonnenrollenlager (*n.*). 19 ~ **a rulli cilindrici** (*mecc.*), Zylinderrollenlager (*n.*). 20 ~ **a rulli cilindrici con bordini sull'anello esterno** (*mecc.*), Zylinderrollenlager mit Aussenborden. 21 ~ **a rulli cilindrici radiale rigido aperto** (con due bordini su un anello) (*mecc.*), Einstellager (*n.*). 22 ~ **a rulli conici** (*mecc.*), Kegelrollenlager (*n.*). 23 ~ **a rulli oscillante** (*mecc.*), Pendelrollenlager (*n.*). 24 ~ **a rullini** (*mecc.*), Nadellager (*n.*). 25 ~ **a sfere** (*mecc.*), Kugellager (*n.*). 26 ~ **a sfere a gola profonda** (*mecc.*), Rillenkugellager (*n.*). 27 ~ **a sfere obliquo** (*mecc.*), Schrägkugellager (*n.*), Schulterkugellager (*n.*). 28 ~ **a sfere oscillante** (*mecc.*), Pendelkugellager (*n*.). **29** ~ **a sfere radiale a gola profonda** (*mecc.*), Radial-Rillen-Kugellager (*n*.). **30** ~ **a sfere radiale monoassiale** (può trasmettere carichi assiali in una sola direzione) (*mecc.*), Schulterkugellager (*n*.). **31** ~ **a sostentamento pneumatico** (cuscinetto pneumostatico, cuscinetto aerostatico) (*mecc.*), Luftlager (*n*.), aerostatisches Lager. **32** ~ **assiale** (*mecc.*), Längslager (*n*.), Axiallager (*n*.). **33** ~ **assiale a gola profonda** (*mecc.*), Achsialrillenlager (*n*.), Längsrillenlager (*n*.), Scheibenrillenlager (*n*.). **34** ~ **assiale liscio** (cuscinetto liscio di spinta, cuscinetto reggispinta liscio) (*mecc.*), Längsgleitlager (*n*.), Axialgleitlager (*n*.), Drucklager (*n*.). **35** ~ **a strisciamento** (cuscinetto ad attrito radente, cuscinetto liscio) (*mecc.*), Gleitlager (*n*.). **36** ~ **autolubrificato** (*mecc.*), Selbstschmierlager (*n*.). **37** ~ **(cilindrico) a lobi « Frössel Gleitlager »** (*mecc.*), Frössel Gleitlager (*n*.). **38** ~ **con metallo bianco** (cuscinetto con riporto di metallo bianco) (*mecc.*), Weissmetallager (*n*.). **39** ~ **con spallamento** (cuscinetto a strisciamento con spallamento) (*mecc.*), Bundlager (*n*.). **40** ~ **dell'albero portaelica** (*nav.* - *aer.*), Propellerwellenlager (*n*.). **41** ~ **di agata** (per bilance p. es.) (*mater. per cuscinetti*), Achatlagerstein (*m*.). **42** ~ **di banco** (supporto di banco, di un motore) (*mot.*), Hauptlager (*n*.), Kurbelwellenlager (*n*.). **43** ~ **di biella** (cuscinetto di testa di biella) (*mot.*), Pleuellager (*n*.), Kurbelzapfenlager (*n*.). **44** ~ **di biella madre** (cuscinetto di testa di biella madre, di un mot. a stella) (*mot.*), Hauptpleuellager (*n*.). **45** ~ **di disinnesto** (cuscinetto distacco frizione) (*aut.*), Ausrücklager (*n*.). **46** ~ **d'imposta** (*ed.*), Widerlagerkissen (*n*.). **47** ~ **d'imposta** (di un arco) (*ed.*), Kämpfer (*m*.), Bogenkämpfer (*m*.). **48** ~ **di spinta** (supporto di spinta, reggispinta) (*mecc.* - *nav.*), Drucklager (*n*.). **49** ~ **di spinta a collari** (*mecc.*), Kammlager (*n*.). **50** ~ **di spinta a doppia corona di sfere** (*mecc.*), Doppeldruckkugellager (*n*.). **51** ~ **di spinta a sfere** (*mecc.*), Kugeldrucklager (*n*.). **52** ~ **di spinta bilaterale** (cuscinetto di spinta bidirezionale) (*mecc.*), Führungslager (*n*.). **53** ~ **di spinta Michell** (*mecc.*), Michelldrucklager (*n*.). **54** ~ **di spinta unidirezionale** (cuscinetto di spinta unilaterale) (*mecc.*), Stützlager (*n*.). **55** ~ **di testa di biella madre** (cuscinetto di biella madre, di un mot. a stella) (*mot.*), Hauptpleuellager (*n*.). **56** ~ **flangiato** (cuscinetto con spallamento) (*mecc.*), Bundlager (*n*.), Passlager (*n*.). **57** ~ **flottante** (*mecc.*), fliegende Buchse. **58** ~ **fuso** (*mecc.*), ausgeschmolzenes Lager, ausgelaufenes Lager. **59** ~ **idrodinamico** (cuscinetto radente idrodinamico) (*mecc.*), hydrodinamisches Gleitlager. **60** ~ **in due pezzi** (supporto in due semicuscinetti) (*mecc.*), geteilte Lagerbuchse. **61** ~ **intermedio** (*mecc.*), Zwischenlager (*n*.). **62** ~ **liscio** (cuscinetto a strisciamento, cuscinetto ad attrito radente) (*mecc.*), Gleitlager (*n*.). **63** ~ **liscio con riporto di metallo antifrizione** (*mot.* - *mecc.*), Zweistofflager (*n*.). **64** ~ **liscio di spinta** (cuscinetto assiale liscio, cuscinetto reggispinta liscio) (*mecc.*), Längsgleitlager (*n*.), Axialgleitlager (*n*.), Drucklager (*m*.). **65** ~ **(liscio) sottile** (*mecc.*), drünnwandige Lagerschale. **66** ~ **magnetico** (*mecc.*), Magnetlager (*n*.). **67** ~ **Michell** (*mecc.*), Michell-Lager (*n*.). **68** ~ **non richiedente lubrificazione** (*mecc.*), ölloses Lager, Ölloslager (*n*.). **69** ~ **obliquo** (cuscinetto portante e di spinta, cuscinetto radiale ed assiale) (*mecc.*), Schräglager (*n*.). **70** ~ **oscillante** (*mecc.*), Pendellager (*n*.), Kipplager (*n*.). **71** ~ **(oscillante) ad autoallineamento** (*mecc.*), selbsteinstellendes Lager. **72** ~ **per timbri** (tampone per timbri) (*uff.*), Stempelkissen (*n*.). **73** ~ **pneumostatico** (cuscinetto aerostatico, supporto pneumostatico, supporto aerostatico) (*mecc.*), aerostatisches Lager, Luftlager (*n*.). **74** ~ **polimetallico** (*mecc.*), Mehrstoff-Lager (*n*.). **75** ~ **portante** (*mecc.*), Traglager (*n*.). **76** ~ **portante** (cuscinetto radiale) (*mecc.*), Querlager (*n*.), Radiallager (*n*.). **77** ~ **radiale a segmenti** (supporto radiale a segmenti) (*mecc.*), segmentiertes Radialgleitlager. **78** ~ **radiale ed assiale** (cuscinetto portante e di spinta) (*mecc.*), Schräglager (*n*.), Trag-Führungslager (*n*.). **79** ~ **radiale rigido chiuso con bordi ed anello** (cuscinetto a rulli cilindrici con anello di appoggio libero) (*mecc.*), Führungslager (*n*.). **80** ~ **radiale rigido semichiuso** (con due bordi su un anello ed un bordo sull'altro; cuscinetto a rulli cilindrici) (*mecc.*), Stützlager (*n*.). **81** ~ **reggispinta** (cuscinetto di spinta, reggispinta) (*mecc.* - *nav.*), Drucklager (*n*.), Längslager (*n*.). **82** ~ **reggispinta a sfere** (cuscinetto di spinta a sfere) (*mecc.*), Längskugellager (*n*.). **83** ~ **reggispinta dell'elica** (*aer.*), Propellerschublager (*n*.), Luftschraubenschublager (*n*.). **84** ~ **reggispinta liscio** (cuscinetto liscio di spinta, cuscinetto assiale liscio) (*mecc.*), Druckgleitlager (*n*.), Längsgleitlager (*n*.), Axialgleitlager (*n*.). **85** ~ **sferico** (cuscinetto a botte) (*mecc.*), Fasslager (*n*.). **86** ~ **sinterato** (cuscinetto sinterizzato) (*mecc.*), Sinterlager (*n*.). **87** ~ **surriscaldato** (*mecc.*), warmgelaufenes Lager. **88** ~ **volvente** (cuscinetto a rotolamento) (*mecc.*), Wälzlager (*n*.). **89** ~ **volvente a fili** (in cui i corpi volventi rotolano su fili di acciaio) (*mecc.*), Drahtwälzlager (*n*.). **90 anello esterno del** ~ (*mecc.*), Lageraussenring (*m*.). **91 con cuscinetti a sfere** (su cuscinetti a sfere) (*mecc.*), kugelgelagert. **92 corpo del** ~ (corpo del supporto, a strisciamento) (*mecc.*), Lagerkörper (*m*.). **93 girare in cuscinetti** (*v. i.* - *mecc.*), lagern. **94 montare su cuscinetti** (*v. t.* - *mecc.*), lagern. **95 precarico del** ~ (*mecc.*), Lagervorbelastung (*f*.). **96 ralla del** ~ **di spinta** (*mecc.*), Achsiallagerscheibe (*f*.). **97 scatola del** ~ (scatola del supporto) (*mecc.*), Lagergehäuse (*n*.). **98 su cuscinetti a sfere** (con cuscinetti a sfere) (*mecc.*), kugelgelagert.

cuscino (*gen.*), Kissen (*n*.), Polster (*n*.). **2** ~ (per la lavorazione della lamiera) (*att.*), Zwischenplatte (*f*.). **3** ~ **a molle** (di una pressa) (*macch.*), Federkissenapparat (*m*.). **4** ~ **d'aria** (*mecc.* - *ecc.*), Luftkissen (*n*.), Luftpolster (*n*.). **5** ~ **d'aria** (pallone autogonfiabile, per la sicurezza interna del guidatore e dei passeggeri; si gonfia all'atto della collisione) (*aut.*), Luftkissen (*n*.), Luftsack (*m*.),

cuspide

Luftsicherheitskissen (*n.*), Prallkissen (*n.*). **6 ~ per imbutitura** (di una pressa, agente sul premilamiera) (*lav. lamiera*), Ziehkissen (*n.*). **7 a ~ d'aria** (a sostentamento pneumatico, paletta p. es.) (*trasp. ind. - ecc.*), luftgelagert.
cuspide (guizzo d'eco, segnale di ritorno) (*radar*), Blip (*m.*). **2 ~** (vertice, del pistone d'un motore Wankel) (*mot.*), Ecke (*f.*).
custode (*lav.*), Wärter (*m.*), Kustos (*m.*).
custodia (di merci in magazzino p. es.) (*ind.*), Aufbewahrung (*f.*). **2 ~** (di protezione) (*elett. - ecc.*), Kapselung (*f.*), Schutzkapsel (*f.*). **3 ~** (antideflagrante p. es.) (*app. elett.*), Kapselung (*f.*). **4 ~ di cuscinetto a sfere** (sede di cuscinetto a sfere) (*mecc.*), Kugellagergehäuse (*n.*). **5 ~ di schermatura** (*elett.*), Abschirmgehäuse (*n.*). **6 ~ per cinghia** (riparo per cinghia, paracinghia) (*mecc.*), Riemenschutz (*m.*). **7 ~ per ingranaggi** (scatola di protezione) (*mecc.*), Zahnradschutzkasten (*m.*). **8 (racchiuso) in ~** (di trasmissione p. es.) (*mecc.*), gekapselt.

custodito (passaggio a livello) (*ferr.*), beschrankt, bewacht. **2 non ~** (passaggio a livello) (*ferr.*), unbewacht.
« cutter » (veliero ad un albero) (*nav.*), Kutter (*m.*). **2 ~ con chiglia di deriva** (cutter con falsa chiglia) (*nav.*), Flossenkieler (*m.*). **3 ~ con falsa chiglia** (cutter con chiglia di deriva) (*nav.*), Flossenkieler (*m.*). **4 ~ con vela Marconi** (*nav.*), Slup (*f.*), Sloop (*f.*).
« cut-wire » (graniglia di acciaio metallica ricavata da filo, cilindretti di filo di acciaio) (*tecnol. mecc.*), Drahtkorn (*n.*).
cuvetta (*att. chim.*), Küvette (*f.*).
CV (cavallo, cavallo vapore) (*unità di mis.*), Pferdestärke (*f.*), PS. **2 ~** (valore CV, efflusso attraverso una valvola) (*idr.*), KV-Wert (*m.*).
CVM (cloruro di vinile monomero) (*ind. chim.*), VCM, Vinylchlorid-Monomer (*n.*).
CV/ora (CV/h, cavallo-ora) (*unità di mis.*), PS-Stunde (*f.*).

D

D (deuterio, idrogeno pesante) (*chim.*), D, Deuterium (*n.*). **2** ~ (lunghezza Debye, nel campo delle micromisure) (*fis. dei plasmi*), D, Debye-Länge. **3** ~ (treno diretto) (*ferr.*), (E, Eilzug (*m.*). **4** ~ (diametro) (*geom. - ecc.*), D, d, Durchmesser (*m.*). **5** ~ (spostamento) (*elett.*), D, Verschiebung (*f.*).

d (prefisso deci-: 10^{-1}) (*unità di mis.*), d, Dezi... **2** ~ (diametro) (*geom. - ecc.*), d, D, Durchmesser (*m.*).

da (deca = 10^1) (*mis.*), D, Deka... **2** ~ (a partire da, a datare da) (*gen.*), von... an, ab.

dado (per collegamenti a vite) (*mecc.*), Mutter (*f.*), Schraubenmutter (*f.*). **2** ~ (di una colonna) (*arch.*), Würfel (*m.*). **3** ~ (da gioco p. es.) (*gen.*), Würfel (*m.*). **4** ~ **a cappello** (dado cieco) (*mecc.*), Hutmutter (*f.*). **5** ~ **a collare** (dado con spallamento) (*mecc.*), Bundmutter (*f.*). **6** ~ **a colletto** (dado con spallamento) (*mecc.*), Bundmutter (*f.*). **7** ~ **a corona** (dado ad intagli) (*mecc.*), Kronenmutter (*f.*). **8** ~ **ad alette** (galletto) (*mecc.*), Flügelmutter (*f.*). **9** ~ **ad intagli** (dado a corona) (*mecc.*), Kronenmutter (*f.*). **10** ~ **a golfare** (per il sollevamento di macchine) (*mecc.*), Ringmutter (*f.*). **11** ~ **a risvolto** (dado per raccordi) (*mecc.*), Überwurfmutter (*f.*). **12** ~ **autobloccante** (*mecc.*), selbstsichernde Mutter. **13** ~ **cieco** (dado a cappello) (*mecc.*), Hutmutter (*f.*). **14** ~ **cieco basso** (*mecc.*), Hutmutter niedriger Form. **15** ~ **cieco con calotta sferica** (*mecc.*), Hutmutter hoher Form. **16** ~ **cilindrico** (*mecc.*), Rundmutter (*f.*). **17** ~ **cilindrico ad intagli radiali** (ghiera) (*mecc.*), Nutmutter (*f.*). **18** ~ **cilindrico a fori in croce** (*mecc.*), Kreuzlochmutter (*f.*). **19** ~ **cilindrico con fori frontali** (dado con fori frontali) (*mecc.*), Zweilochmutter (*f.*). **20** ~ **cilindrico con fori radiali** (*mecc.*), Kreuzlochmutter (*f.*). **21** ~ **cilindrico con intagli** (*mecc.*), Schlitzmutter (*f.*). **22** ~ **cilindrico con intagli radiali** (ghiera) (*mecc.*), Nutmutter (*f.*). **23** ~ **con spallamento** (*mecc.*), Bundmutter (*f.*). **24** ~ **d'ancoraggio** (dado quadro d'ancoraggio) (*mecc.*), Ankermutter (*f.*). **25** ~ **di fissaggio** (*mecc.*), Klemmutter (*f.*). **26** ~ **di raccordo** (*mecc.*), Anschlussmutter (*f.*). **27** ~ **esagonale** (*mecc.*), Sechskantmutter (*f.*). **28** ~ **esagonale autobloccante** (*mecc.*), selbstsichernde Sechskantmutter. **29** ~ **esagonale basso** (*mecc.*), flache Sechskantmutter. **30** ~ **fissaggio ruota** (*aut.*), Radbefestigungsmutter (*f.*). **31** ~ **inchiodabile** (dado da applicare mediante chiodi) (*mecc.*), Annietmutter (*f.*). **32** ~ **quadro** (*mecc.*), Vierkantmutter (*f.*). **33** ~ **saldato** (da fissare su lamiere sottili, quindi non maschiabili) (*tecnol. mecc.*), Schweissmutter (*f.*). **34** ~ **triangolare** (*mecc. - min.*), Dreikantmutter (*f.*). **35** ~ **zigrinato** (*mecc.*), Rändelmutter (*f.*), Kordelmutter (*f.*), Daumenmutter (*f.*), gerändelte Mutter. **36** ~ **zigrinato piatto** (*mecc.*), flache Rändelmutter.

dagherrotipia (*fot.*), Daguerreotypie (*f.*).

daino (pelle di daino) (*aut. - ecc.*), Hirschleder (*n.*), Rehlederlappen (*m.*), Fensterleder (*n.*).

daltonico (affetto da daltonismo) (*ott. - med.*), farbenblind.

daltonismo (*ott.*), Farbenblindheit (*f.*), Farbenfehlsichtigkeit (*f.*), Daltonismus (*m.*).

dama (chiodaia, dama chiodiera) (*ut. fucinatura*), Gesenkplatte (*f.*), Lochplatte (*f.*), Gesenkblock (*m.*).

damascare (damaschinare, intarsiare nel metallo) (*metall.*), tauschieren.

damascatura (damaschinatura, ornamentazione di oggetti di metallo mediante intarsi di metalli pregiati) (*metall.*), Tauschierung (*f.*).

damaschinare (damascare, intarsiare nel metallo) (*metall.*), tauschieren.

damaschinatura (damascatura, ornamentazione di oggetti di metallo mediante intarsi di metalli pregiati) (*metall.*), Tauschierung (*f.*).

damasco (tessuto) (*tess.*), Damast (*m.*), Damaststoff (*m.*).

damigiana (per acidi p. es.) (*chim. - mft. vetro*), Ballon (*m.*), Glasflasche (*f.*), Demijon (*m.*).

dammar (resina) (*chim. - ecc.*), Dammarharz (*n.*).

danaro (denaro) (*finanz.*), Geld (*n.*).

danneggiamento (*gen.*), Beschädigung (*f.*). **2** ~ (di un pezzo p. es.) (*mecc.*), Verletzung (*f.*), Beschädigung (*f.*). **3** ~ (dovuto a sollecitazione di fatica p. es.) (*metall. - ecc.*), Schädigung (*f.*). **4** ~ **cumulativo** (da fatica) (*metall.*), Zerrüttung (*f.*). **5** ~ **da agenti atmosferici** (*meteor.*), Verwitterung (*f.*). **6 linea di** ~ (curva di danno, nelle prove di fatica) (*tecnol. mecc. - prove mater.*), Schadenslinie (*f.*).

danneggiare (*gen.*), beschädigen. **2** ~ (un pezzo p. es.) (*difetto - mecc.*), verletzen, beschädigen.

danneggiato (*gen.*), beschädigt. **2** ~ **dagli agenti atmosferici** (*meteor.*), verwittert.

danno (*gen.*), Beschädigung (*f.*), Schaden (*m.*). **2** ~ **dovuto al trasporto** (*trasp.*), Versandschaden (*m.*), Transportschaden (*m.*). **3** ~ **materiale** (*leg.*), Sachschaden (*m.*). **4 curva di** ~ (linea di danneggiamento, nelle prove di fatica) (*tecnol. mecc. - prove mater.*), Schadenslinie (*f.*).

daraf (unità di misura per l'elastanza = farad^{-1}) (*unità di mis. elett.*), daraf (*n.*).

darcy (unità di permeabilità mecc. = 0,987 · 10^{-12} m², di rocce) (*unità di mis. - min.*), Darcy (*n.*).

dardo (fiamma lunga ed acuta) (*comb.*), Stichflamme (*f.*).

dare

dare (il dare) (*s. - contabilità*), Soll (*n.*), Debet (*n.*). 2 ~ (debito) (*amm. - comm.*), Debet (*n.*). 3 ~ (*v. - gen.*), geben. 4 ~ **accensioni irregolari** (*aut. - mot.*), aussetzen. 5 ~ **alle stampe** (*tip.*), in Druck geben. 6 ~ **corso a un ordine** (*comm.*), eine Bestellung ausführen. 7 ~ **ed avere** (*amm. - contabilità*), Debet und Kredit, Soll und Haben. 8 « ~ **gas** » (accelerare, aprire il gas) (*mot.*), Gas geben. 9 ~ **in appalto** (*comm.*), in Submission vergeben. 10 ~ **la mano di fondo** (dare la prima mano) (*vn.*), grundieren. 11 ~ **la prima mano** (dare la mano di fondo) (*vn.*), grundieren. 12 ~ **l'assetto** (stivare) (*nav.*), hintrimmen. 13 ~ **manetta** (aprire il gas) (*aer.*), Gas geben. 14 ~ **ritorni di fiamma** (*difetto mot.*), knallen. 15 ~ **via libera** (sbloccare, la linea) (*ferr.*), entblocken, deblockieren. 16 **colonna del** ~ (*contabilità*), Sollseite (*f.*).

darsena (*nav.*), Hafenbecken (*n.*). 2 ~ **esterna** (antibacino) (*nav.*), Vordock (*n.*).

darsonvalizzazione (marconiterapia) (*elett. - med.*), d'Arsonvalisation (*f.*).

data (*gen.*), Datum (*n.*). 2 ~ **della lettera** (*uff.*), Briefdatum (*n.*). 3 ~ **del timbro (postale)** (*uff. - posta*), Stempeldatum (*n.*). 4 ~ **di consegna** (*comm. - ecc.*), Ablieferungstag (*m.*). 5 ~ **di decorrenza** (di un termine) (*comm.*), Abrechnungstag (*m.*). 6 ~ **di emissione** (*gen.*), Ausstellungstag (*m.*). 7 ~ **(di presentazione) della domanda** (*leg.*), Anmeldetag (*m.*). 8 ~ **di scadenza** (*comm. - ecc.*), Ablaufstag (*m.*), Fälligkeitstag (*m.*), Verfalltag (*m.*). 9 **a tre mesi** ~ (*gen.*), drei Monate dato. 10 **cambiale a certo tempo** ~ (*comm.*), Datawechsel (*m.*). 11 **di vecchia** ~ (*gen.*), älteren Datums. 12 **in** ~ **di** (*avv. - gen.*), dato. 13 **in** ~ **odierna** (*uff. - ecc.*), unter dem heutigen Datum, am heutigen Tag. 14 **senza** ~ (*uff.*), ohne Datum.

datare (*uff. - ecc.*), datieren.

datario (*att. - uff.*), Datumstempel (*m.*).

« data set » (*calc. - elab. dati*), Datensatz (*m.*).

dato (*gen.*), Angabe (*f.*), Datum (*n.*). 2 **dati** (*gen.*), Daten (*n. pl.*), Angaben (*f. pl.*). 3 **dati bibliografici** (*gen.*), Literaturangaben (*f. pl.*). 4 **dati caratteristici** (*gen.*), Kenndaten (*n. pl.*). 5 **dati caratteristici fondamentali** (che rimangono a lungo costanti) (*gen.*), Stammdaten (*n. pl.*). 6 ~ **che** (posto che, in considerazione di) (*gen.*), mit Rücksicht auf. 7 **dati costruttivi** (*ed. - mecc. - ecc.*), bauliche Angaben (*f. pl.*). 8 **dati di entrata** (dati d'ingresso) (*calc. - elab. dati*), Eingabedaten (*n. pl.*). 9 ~ **di fatto** (fatto reale) (*gen.*), Gegebenheit (*f.*). 10 **dati di forma** (d'un pezzo, dati dimensionali) (*lav. macch. ut. c/n*), Formangaben (*f. pl.*). 11 **dati dimensionali** (per macchine utensili a comando numerico, dati di forma) (*lav. macch. ut. a c/n*), Formangaben (*f. pl.*). 12 **dati d'ingresso** (dati di entrata) (*calc. - elab. dati*), Eingabedaten (*n. pl.*). 13 ~ **di percorso** (codice di percorso, nel comando d'un trasportatore continuo) (*trasp. ind.*), Zielkennzeichen (*n.*). 14 ~ **di registrazione** (parametro da impostare per poter eseguire un'operazione) (*lav. macch. ut.*), Einstellgrösse (*f.*). 15 ~ **di tiro** (*arma da fuoco*), Richtwert (*m.*), Schusswert (*m.*). 16 **dati di uscita** (*calc. - elab. dati*), Ausgabedaten (*n. pl.*). 17 ~ **fornito dal fabbricante** (sulle prestazioni e caratteristiche di un prodotto) (*ind.*), Werkangabe (*f.*). 18 ~ **numerico** (*tecnol.*), Zahlenangabe (*f.*). 19 ~ **pro capite** (*stat.*), Angabe je Einwohner. 20 **dati statistici** (*stat.*), statistische Angaben (*f. pl.*). 21 **dati strutturali** (*ed. - mecc. - ecc.*), bauliche Angaben (*f. pl.*). 22 **dati tecnici** (*ind.*), technische Angaben (*f. pl.*). 23 **disposizione sistematica di dati** (« format ») (*calc. - elab. dati*), Format (*n.*). 24 **elaborazione dei dati** (*gen.*), Datenverarbeitung (*f.*). 25 **gestione dati** (*calc. - elab. dati*), Datenverwaltung (*f.*), Datenorganisation (*f.*). 26 **supporto di dati** (supporto d'informazioni) (*elab. dati*), Datenträger (*m.*), Informationstrager (*m.*). 27 **trasmissione di dati** (*elab. dati*), Datenverkehr (*m.*).

datore (*gen.*), Geber (*m.*). 2 ~ **di lavoro** (*lav.*), Arbeitgeber (*m.*).

dattilografa (*lav.*), Tippfräulein (*n.*), Tipse (*f.*), Maschinenschreiberin (*f.*).

dattilografare (scrivere a macchina) (*uff.*), maschinenschreiben, tippen, mit der Maschine schreiben.

dattilografia (scrittura a macchina) (*uff.*), Maschinenschrift (*f.*).

dattilografo (*lav.*), Maschinenschreiber (*m.*).

dattiloscritto (*uff.*), Schreibmaschinenschrift (*f.*). 2 ~ (*a. - uff.*), maschinenschriftlich.

dattiloscrivere (dattilografare, scrivere a macchina) (*uff.*), tippen, maschinenschreiben, mit der Maschine schreiben.

davanti (*avv. - gen.*), vorn.

davanzale (di una finestra) (*ed.*), Sohlbank (*f.*), Fensterbank (*f.*), Fenstersims (*n.*). 2 ~ **interno** (*ed.*), Fensterbrett (*n.*).

dazio (doganale) (*comm. - finanz.*), Zoll (*m.*). 2 ~ (comunale) (*finanz. - comm.*), Stadtzoll (*m.*). 3 ~ (imposta di consumo) (*finanz.*), Konsumsteuer (*f.*). 4 ~ **di esportazione** (*comm.*), Ausfuhrzoll (*m.*). 5 ~ **di importazione** (*comm.*), Einfuhrzoll (*m.*). 6 ~ **di transito** (*comm.*), Durchfuhrzoll (*m.*). 7 ~ **protettivo** (*comm.*), Schutzzoll (*m.*). 8 **rimborso di** ~ (rimborso fiscale) (*comm.*), Zollrückerstattung (*f.*), Zollrückvergütung (*f.*).

dB (db, decibel) (*unità acus.*), dB, db, Dezibel (*n.*).

dB(A) (misura internazionale del livello sonoro) (*unità acus.*), dB(A).

dBk (decibel riferito ad 1 kW) (*unità acus.*), dBk, Dezibel bezogen auf 1 kW.

dBm (decibel riferito ad 1 mW) (*unità acus.*), dBm, Dezibel bezogen auf 1 mW.

dBRN (decibel superiore al rumore di riferimento di 1 μμW a 1 kHz) (*unità acus.*), dBRN, Dezibel bezogen auf 1 μμW Rauschleistung bei 1 kHz.

dbV (decibel riferito ad 1 V) (*unità acus.*), dBV, Dezibel bezogen auf 1 V.

dBW (decibel riferito ad 1 W) (*unità acus.*), dBW, Dezibel bezogen auf 1 W.

DCL (direct-coupled logic, circuito logico ad accoppiamento diretto) (*elettronica*), DCL-Schaltung (*f.*).

DCTL (direct-coupled transistor logic, circuito

logico a transistori ad accoppiamento diretto) (*elettronica*), DCTL-Schaltung (*f.*).
DDC (direct digital control, comando numerico diretto) (*calc.*), DDC, direkte numerische Steuerung.
deacidificare (disacidificare) (*chim.*), entsäuern.
deantimoniazione (eliminazione dell'antimonio, nell'affinazione del piombo) (*metall.*), Entwismutung (*f.*).
dearsenizzazione (eliminazione dell'arsenico) (*chim. - metall.*), Entarsenieren (*n.*).
debenzolaggio (*ind. chim.*), Entbenzolung (*f.*), Entbenzolierung (*f.*).
debito (*finanz.*), Schuld (*f.*). 2 ~ (dare) (*amm. - contabilità*), Debet (*n.*), Soll (*n.*). 3 **debiti di finanziamento** (capitale imprestato, obbligazioni, ipoteche ecc., di un'impresa) (*finanz.*), Fremdkapital (*n.*). 4 ~ **di ossigeno** (*lav.*), Sauerstoffschuld (*f.*). 5 ~ **pubblico** (*finanz.*), Staatsschuld (*f.*). 6 ~ **redimibile** (riscattabile) (*finanz.*), ablösbare Schuld. 7 **estinzione di un** ~ (*finanz.*), Ablösung einer Schuld. 8 **pieno di debiti** (*finanz.*), mit Schulden belastet. 9 **saldo a** ~ (*contabilità*), Sollsaldo (*m.*).
debitore (*finanz.*), Schuldner (*m.*), Debitor (*m.*). 2 ~ **principale** (*finanz.*), Hauptschuldner (*m.*).
debole (*gen.*), schwach. 2 ~ (*fot.*), flau, kraftlos. 3 **corrente** ~ (*elett.*), Schwachstrom (*m.*).
debordare (uscire fuori, di corpi solidi) (*gen.*), ausquellen.
deca- (D-, da) (*unità di mis.*), deka-.
decadale (*mat.*), dekadisch. 2 ~ (rivista p. es. pubblicata ogni 10 giorni) (*gen.*), zehntäglich. 3 ~ (commutatore decadale) (*elab. dati - lav. masch. ut. a c.n.*), Dekadenschalter (*m.*).
decade (*mat.*), Zehner (*m.*). 2 ~ (*gen.*), Dekade (*f.*), Zehnzahl (*f.*). 3 ~ **di resistori** (*elett.*), Widerstandsdekade (*f.*). 4 **cassetta di resistenze a decadi** (*elett.*), Dekadenwiderstand (*m.*).
decadenza (*leg.*), Verwirkung (*f.*). 2 ~ (di un brevetto) (*leg.*), Erlöschen (*n.*).
decadimento (*gen.*), Verfall (*m.*), Zerfall (*m.*). 2 ~ (di un diritto p. es.) (*leg. - ecc.*), Aussteuerung (*f.*). 3 ~ **da emissione di raggi β positivi** (*radioatt.*), Betapluszerfall (*m.*). 4 ~ **da emissione di raggi β negativi** (*radioatt.*), Betaminuszerfall (*m.*). 5 ~ **radioattivo** (*radioatt.*), radioaktiver Zerfall. 6 **curva di** ~ (*radioatt.*), Abklingkurve (*f.*). Abklingungskurve (*f.*). 7 **prodotto di** ~ (*fis. atom.*), Folgeprodukt (*n.*). 8 **serbatoio di** ~ (per materiali radioattivi, serbatoio di riduzione delle radiazioni) (*radioatt.*), Abklingbehälter (*m.*). 9 **vasca da** ~ (*fis. nucl.*), Verweiltank (*m.*).
decaedro (*geom.*), Dekaeder (*n.*).
decagono (*geom.*), Zehneck (*n.*).
decagrammo (*mis.*), Dekagramm (*n.*).
decalaminare (disincrostare, disossidare) (*metall. - fucinatura*), entzundern. 2 ~ **in bagno salino** (disincrostare in bagno salino) (*metall. - fucinatura*), entzundern im Salzbad.
decalaminato (disossidato, disincrostato) (*metall. - fucinatura*), entzundert.
decalaminazione (disossidazione, disincrostazione) (*metall. - fucinatura*), Entzunderung (*f.*), Entzundern (*n.*). 2 ~ **alla fiamma** (disincrostazione alla fiamma) (*metall. - vn.*), Flammentrostung (*f.*), Flammentzunderung (*f.*). 3 ~ **idraulica** (disincrostazione idraulica) (*metall. - fucinatura*), Druckwasserentzunderung (*f.*). 4 ~ **in bagno salino** (disincrostazione in bagno salino) (*metall. - fucinatura*), Entzundern im Salzbad.
decalcomania (*ceramica - ecc.*), Abziehbild (*n.*).
decalescenza (*metall.*), Decaleszenz (*f.*).
decalina ($C_{10}H_{18}$, decaidronaftalina) (*chim.*), Dekalin (*n.*), Dekahydronaphtalin (*n.*).
decalitro (*mis.*), Dekaliter (*m.*).
decametro (*mis.*), Dekameter (*m.*).
decamired (10 mired, unità di temperatura) (*unità di mis.*), Dekamired (*n.*).
decantare (*chim. - ecc.*), dekantieren.
decantatore (*app.*), Dekanter (*m.*). 2 ~ **centrifugo a coclea** (*macch.*), Schneckenzentrifuge (*f.*), Dekanter (*m.*).
decantazione (*chim. - ecc.*), Dekantieren (*n.*).
decapaggio (*metall.*), Abbeizen (*n.*), Beizen (*n.*), Dekapieren (*n.*). 2 **addetto al** ~ (*lav.*), Beizer (*m.*). 3 **bagno di** ~ (*metall.*), Beizbad (*n.*). 4 **bagno di** ~ **esaurito** (soluzione decapante esaurita) (*metall. - ecc.*), Beizablauge (*f.*), Abfallbeize (*f.*), Beizereiabwasser (*n.*). 5 **cricca da** ~ (difetto metall.), Beizriss (*m.*). 6 **difetto da** ~ (*metall.*), Beizfehler (*m.*). 7 **impianto di** ~ (*metall.*), Beizanlage (*f.*). 8 **macchia da** ~ (difetto metall.), Beizfleck (*m.*). 9 **reparto** ~ (*ind.*), Beizerei (*f.*). 10 **vasca di** ~ (*metall.*), Beizbottich (*m.*).
decapante (*metall.*), Abbeizmittel (*n.*).
decapare (*metall.*), abbeizen, beizen, dekapieren. 2 ~ **con soluzione di acido nitrico** (il rame) (*metall.*), gelbbrennen. 3 ~ **lucido** (il rame e sue leghe in soluzioni nitriche) (*metall.*), glanzbrennen.
decapato (*metall.*), dekapiert, gebeizt.
decappottabile (carrozzeria decappottabile) (*aut.*), Allwetterkarosserie (*f.*), Allwetteraufbau (*m.*), Aufbau mit versenkbarem Verdeck.
decarburante (*a. - tratt. term.*), entkohlend.
decarburare (*tratt. term.*), entkohlen. 2 ~ **parzialmente** (*tratt. term.*), abkohlen.
decarburato (*tratt. term.*), entkohlt. 2 ~ **in eccesso** (iperdecarburato, acciaio) (*metall.*), ausgegart, ausgekocht. 3 **banda decarburata** (*metall.*), entkohlter Streifen.
decarburazione (diminuzione del contenuto di carbonio dello strato superficiale di un pezzo p. es.) (*tratt. term.*), Entkohlen (*n.*), Entkohlung (*f.*). 2 ~ **parziale** (diminuzione parziale del contenuto di carbonio) (*tratt. term.*), Abkohlung (*f.*). 3 ~ **superficiale** (*tratt. term.*), Randentkohlung (*f.*). 4 ~ **totale** (*tratt. term.*), Auskohlung (*f.*). 5 **profondità di** ~ (profondità dello strato decarburato) (*tratt. term.*), Entkohlungstiefe (*f.*).
decartellizzazione (dissoluzione di cartelli) (*finanz.*), Dekartellisierung (*f.*).
decartonatrice (per bottiglie p. es.) (*macch.*), Auskartoniermaschine (*f.*).
decasualizzatore (*app.*), Zufallsauslöser (*m.*).
decatissaggio (*ind. tess.*), Dekatieren (*n.*). 2 ~ **forte** (« potting ») (*ind. tess.*), Potten (*n.*),

decatizzare

Potting (n.). 3 **solidità al ~** (ind. tess.), Dekaturechtheit (f.).
decatizzare (delucidare) (ind. tess.), dekatieren.
decatizzatrice (macch. tess.), Dekatiermaschine (f.).
decatramatore (separatore di catrame) (app. ind. chim.), Teerscheider (m.), Entteerer (m.).
decatramatura (separazione del catrame) (ind. chim.), Entteerung (f.), Teerscheidung (f.).
decatron (tubo contatore) (elettronica), Dekatron (n.).
decauville, ferrovia ~ (ferr. - ed. - etc.), Feldbahn (f.).
decelerare (rallentare) (mecc. - ecc.), verlangsamen, verzögern. 2 ~ (un motore) (mot.), abdrosseln.
decelerazione (accelerazione negativa) (fis.), Verzögerung (f.), negative Beschleunigung. 2 ~ (di un veicolo, nel percorso di frenatura p. es.) (aut.), Verzögerung (f.). 3 ~ (di un motore) (mot.), Abdrosselung (f.). 4 ~ di frenatura (rallentamento di frenatura) (aut. - ecc.), Bremsverzögerung (f.). 5 ~ specifica (percentuale di frenatura, rapporto tra la forza esercitata alla periferia delle ruote ed il peso del veicolo) (aut.), Abbremsung (f.).
decelerografo (frenografo, registratore dei tempi di frenatura) (app. aut.), Bremsschreiber (m.).
decelerometro (app.), Verzögerungsmesser (n.), Bremsverzögerungsmesser (n.).
decentralizzazione (decentramento) (gen.), Dezentralisation (f.), Dezentralisierung (f.).
decentramento (decentralizzazione) (gen.), Dezentralisation (f.), Dezentralisierung (f.)
decentrare (gen.), dezentralisieren.
decerare (asportare lo strato protettivo, da una autovettura) (aut.), entwachsen, entkonservieren.
deceratura (asportazione della cera protettiva, da una autovettura) (aut.), Entwachsung (f.), Entkonservierung (f.).
deci- (1/10) (unità di mis.), Dezi-.
decibel (dB) (unità acus.), Dezibel (n.), dB.
decidere (gen.), beschliessen, entscheiden.
decifrare (gen.), entziffern. 2 ~ (decodificare) (telegr. - ecc.), entcoden.
decilitro (dl) (mis.), Deziliter (m.), Zehntelliter (m.).
decimale (a. - mat.), dezimal. 2 ~ (s. - mat.), Bruchstelle (f.), Dezimale (f.). 3 **a cinque decimali** (numero decimale) (mat.), fünfstellig. 4 **a due decimali** (mat.), zweistellig. 5 **fino a 5 decimali** (mat.), bis auf 5 Dezimale. 6 **numerazione ~** (mat.), Zehnernummerung (f.). 7 **punto ~ effettivo** (elab. dati), Druckdezimalpunkt (m.).
decimazione (gen.), Dezimierung (f.). 2 **spessore di ~** (spessore dello strato d'un materiale schermante che riduce al 10% l'intensità della radiazione) (radioatt.), Zehntel-Wert-Dicke (f.).
decimetro (dm) (mis.), Dezimeter (m.). 2 ~ **cubo** (dm³) (unità di mis.), Kubikdezimeter (m.).
decimo (s. - mat.), Zehntel (n.). 2 ~ **di milli-** metro (mat. - mecc. - mis.), Zehntelmillimeter (m.).
decineper (unità elett.), Dezineper (n.).
decisionale (gen.), Entschiedungs... 2 **processo ~** (organ. - ecc.), Entscheidungsprozess (m.). 3 **teoria ~** (organ. - ecc.), Entscheidungstheorie (f.).
decisione (gen.), Beschluss (m.), Entscheid (m.). 2 ~ (del direttore p. es.) (ind. - ecc.), Entscheidung (f.). 3 ~ **a tutto o niente** (calc. - elab. dati), Ja-Nein-Entscheidung (f.), Ja/Nein-Entscheidung (f.). 4 **tabella di ~** (quadro generale delle decisioni possibili nei riguardi d'un problema) (progr. - ecc.), Entscheidungsbaum (m.).
decisivo (un fattore p. es.) (gen.), entscheidend. 2 ~ (determinante) (gen.), ausschlaggebend. 3 **essere ~** (far pendere la bilancia) (gen.), den Ausschlag geben.
declinare (un invito p. es.) (gen.), absagen.
declinazione (astr.), Deklination (f.), Abweichung (f.). 2 ~ (magnetica, angolo tra Nord geografico e Nord magnetico) (geofis. - strum.), Deklination (f.). 3 ~ **magnetica** (geofis.), magnetische Deklination.
declinometro (strum. geofis.), Deklinationsbussole (f.), Deklinometer (n.).
declivio (pendio) (gen.), Abhang (m.). 2 ~ (inclinazione) (gen.), Neigung (f.). 3 ~ (declività) (geol.), Abdachung (f.). 4 **angolo di naturale ~** (angolo massimo di naturale declivio) (ing. civ.), Reibungswinkel (m.), Böschungswinkel (m.).
declività (declivio) (geol.), Abdachung (f.).
declorazione (eliminazione del cloro) (chim. - metall.), Entchloren (n.).
decodificare (calc. - ecc.), dekodieren, decodieren.
decodificatore (app.), Dekoder (m.), Decodierer (m.).
decollare (aer.), starten, abfliegen. 2 ~ **contro vento** (aer.), gegen den Wind starten.
decollo (aer.), Start (m.), Abflug (m.). 2 ~ **assistito** (con razzi) (aer.), unterstützter Abflug, Start mit Starthilfe. 3 ~ **catapultato** (aer.), Schleuderstart (m.). 4 ~ **con razzi ausiliari** (decollo assistito) (aer.), Start mit Starthilfe, Abflug mit Starthilfe. 5 ~ **con vento in coda** (aer.), Start mit Rückenwind. 6 ~ **con vento trasversale** (aer.), Start mit Seitenwind. 7 ~ **corto** (aer.), kurzer Start. 8 ~ **ed atterraggio corto** (aer.), Steilstart- und Landesystem (n.). 9 ~ **verticale** (aer.), Senkrechtstart (m.), Lotrechtstart (m.). 10 **motore per ~ corto e verticale** (propulsore per decollo corto e verticale) (aer.), Kurz- und Senkrechtstart-Triebwerk (n.). 11 **percorso di ~** (aer.), Startstrecke (f.). 12 **propulsore per ~ ed atterraggio verticali** (motore per decollo ed atterraggio verticali) (mot.), Vertikal-Start-und-Lande-Triebwerk (n.), VSL-Triebwerk (n.). 13 **velivolo a ~ corto** (aer.), Kurzstartflugzeug (n.). 14 **velivolo a ~ (ed atterraggio) corto e verticale** (velivolo V/STOL) (aer.), V-STOL-Flugzeug (n.). 15 **velivolo a ~ ed atterraggio corti** (velivolo STOL, short take-off and landing) (aer.), Kurzstartflugzeug (n.), STOL-Flugzeug (n.). 16 **velivolo a ~ (ed atterraggio) verticale** (ve-

livolo VTOL) (*aer.*), Senkrechtstarter (*m.*), VTOL-Flugzeug (*n.*). **17** velivolo a ~ **verticale** (*aer.*), Vertikalstartflugzeug (*n.*), Vertikalstarter (*m.*), Senkrechtstarter (*m.*).
decolorante (*s. - ind. chim.*), Entfärbungsmittel (*n.*). **2 potere** ~ (di un pigmento bianco) (*vn.*), Verschnittfähigkeit (*f.*).
decolorare (*gen.*), entfärben.
decolorazione (*ind. chim.*), Entfärbung (*f.*).
decomponibile (*gen.*), zerlegbar. **2** ~ (*chim.*), zersetzbar.
decomporre (*chim.*), zersetzen.
decomposizione (*gen.*), Zerfall (*m.*). **2** ~ (*chim.*), Zerfall (*m.*), Zersetzung (*f.*), Auflösung (*f.*). **3** ~ (deterioramento, di legno p. es.) (*mater.*), Fäulnis (*f.*), Fäule (*f.*). **4 processo di** ~ (*gen.*), Zersetzungsprozess (*m.*). **5 prodotto di** ~ (*chim.*), Zerfallsprodukt (*n.*), Zersetzungsprodukt (*n.*).
decompressione (*mot. - ecc.*), Dekompression (*f.*), Kompressionsverminderung (*f.*). **2 camma di** ~ (*macch.*), Dekompressionsnocken (*m.*). **3 rubinetto di** ~ (per mettere in comunicazione la camera di combustione con l'atmosfera) (*mot.*), Dekompressionshahn (*m.*), Zischhahn (*m.*).
decongelare (*gen.*), auftauen. **2** ~ (un debito p. es.) (*finanz.*), auftauen.
decontaminare (*fis. atom. - radioatt.*), entseuchen, entgiften.
decontaminazione (*fis. atom. - radioatt.*), Entseuchung (*f.*), Dekontamination (*f.*). **2** ~ **radioattiva** (*radioatt. - fis. atom.*), radioaktive Entseuchung. **3 fattore di** ~ (*fis. atom.*), Dekontaminationsfaktor (*m.*).
decorare (*gen.*), schmücken, dekorieren. **2** ~ **a stucco** (stuccare) (*mur.*), stuckatieren.
decoratore (*lav.*), Dekorationsmaler (*m.*). **2** ~ **a stucco** (*lav.*), Stukkateur (*m.*), Stukkator (*m.*), Gipser (*m.*).
decorazione (ornamento) (*gen.*), Schmuck (*m.*). **2** ~ (*ed.*), Dekoration (*f.*). **3** ~ **a stucco** (stuccatura) (*mur.*), Stuckatieren (*n.*). **4** ~ **interna** (architettura interna) (*arch.*), Innenarchitektur (*f.*), Raumgestaltung (*f.*).
decorrere (*gen.*), ablaufen, beginnen.
decorso (corso) (*gen.*), Verlauf (*m.*), Ablauf (*m.*). **2** ~ **del funzionamento** (di una centrale p. es.) (*elett. - ecc.*), Arbeitsablauf (*m.*).
decremento (*mat.*), Dekrement (*n.*). **2** ~ **logaritmico** (*mat.*), logarithmisches Dekrement. **3** ~ **logaritmico di smorzamento** (*fis.*), logarithmisches Dämpfungsdekrement.
decremetro (decrimetro) (*strum. - radio*), Dekrementmesser (*m.*).
decreto (*leg.*), Verordnung (*f.*), Dekret (*n.*). **2** ~ **legge** (*leg.*), Gesetzesverordnung (*f.*).
decrimetro (decremetro) (*strum. - radio*), Dekrementmesser (*m.*).
dedendum (del dente di una ruota dentata) (*mecc.*), Fusshöhe (*f.*). **2 angolo** ~ (d'ingranaggi) (*mecc.*), Fusswinkel (*m.*). **3 fianco** ~ (di un dente di ingranaggio) (*mecc.*), Fussflanke (*f.*).
dedica (su un libro p. es.) (*tip. - ecc.*), Widmung (*f.*).
deducibile (detraibile) (*gen.*), abzugsfähig.
dedurre (*gen.*), deduzieren.
deduttivo (metodo) (*mat.*), deduktiv.

deduzione (*gen.*), Deduktion (*f.*).
defalcare (*gen.*), abrechnen.
defangare (sfangare) (*gen.*), entschlammen, abschlämmen, schlämmen.
defangato (sfangato, sabbia per fonderia p. es.) (*fond. - ecc.*), abgeschlämmt.
defangatore (sfangatore) (*app.*), Schlämmapparat (*m.*), Entschlämmungsapparat (*m.*).
defangazione (sfangatura) (*gen.*), Schlämmen (*n.*), Schlämmung (*f.*), Entschlämmen (*n.*).
defenolizzazione (*idr. - chim.*), Entphenolung (*f.*).
deferrizzare (per depurare l'acqua p. es.) (*chim. - ecc.*), enteisenen.
deferrizzazione (*chim.*), Enteisenung (*f.*).
deficienza (carenza, mancanza) (*gen.*), Mangel (*m.*), Fehlen (*n.*). **2 deficienze invernali** (nella produzione di elettricità p. es.) (*elett. - ecc.*), Winterlücke (*f.*).
deficit (disavanzo) (*amm.*), Fehlbetrag (*m.*), Defizit (*n.*). **2** ~ **di ossigeno** (di un'acqua; carenza di ossigeno, difetto di ossigeno) (*biochim.*), Sauerstoff-Fehlbetrag (*m.*), Sauerstoffmangel (*m.*). **3** ~ **di saturazione** (*meteor. - fis.*), Sättigungsfehlbetrag (*m.*).
deficitario (*finanz.*), defizitär.
definire (determinare) (*gen.*), bestimmen.
definito (determinato, stabilito) (*gen.*), bestimmt. **2** ~ (*mat.*), bestimmt. **3** ~ (nitido, immagine p. es.) (*fot. - ecc.*), scharf. **4** ~ (delimitato) (*gen.*), abgegrenzt.
definizione (determinazione) (*gen.*), Bestimmung (*f.*). **2** ~ (dell'immagine) (*fot. - ott.*), Schärfe (*f.*). **3** ~ (*telev.*), Auflösung (*f.*). **4 definizioni** (dei varii termini tecnici, di una norma p. es.) (*tecnol.*), Begriffe (*m. - pl.*). **5** ~ **agli orli** (dell'immagine) (*telev.*), Eckenschärfe (*f.*). **6** ~ **del contorno** (dell'immagine televisiva p. es.) (*ott. - ecc.*), Randschärfe (*f.*). **7** ~ **orizzontale** (*telev.*), Horizontalauflösung (*f.*). **8** ~ **verticale** (*telev.*), vertikale Bildauflösung. **9 a bassa** ~ (*telef.*), unscharf, niederzeilig. **10 errore di** ~ (mancanza di definizione, di un'immagine) (*ott.*), Unschärfe (*f.*). **11 immagine ad alta** ~ (*telev.*), scharfes Bild, hochzeiliges Bild. **12 mancanza di** ~ (di un'immagine) (*ott.*), Unschärfe (*f.*).
deflagrazione (*espl.*), Deflagration (*f.*).
deflazione (attività erosiva del vento) (*geol.*), Deflation (*f.*). **2** ~ (*finanz.*), Deflation (*f.*).
deflazionistico (*finanz.*), deflationistisch.
deflemmatore (deflegmatore) (*app. chim.*), Dephlegmator (*m.*), Destillierapparat (*m.*).
deflessione (deviazione) (*gen.*), Abweichung (*f.*). **2** ~ (magnetica) (*elettronica - telev.*), Ablenkung (*f.*). **3** ~ (*aer.*), Abwind (*m.*). **4** ~ **110°** (di un cinescopio) (*app. telev.*), 110° Ablenkung (*f.*). **5** ~ **della molla** (*mecc.*), Federweg (*m.*). **6** ~ **orizzontale** (*telev.*), Horizontalablenkung (*f.*), X-Ablenkung (*f.*). **7** ~ **verticale** (*telev.*), Vertikalablenkung (*f.*), Y-Ablenkung (*f.*). **8 ampiezza di** ~ (*elettronica*), Ablenkamplitude (*f.*). **9 angolo di** ~ (*fis.*), Ablenkungswinkel (*m.*). **10 angolo di** ~ (deflessione) (*elettronica*), Ablenkungswinkel (*m.*), Ablenkwinkel (*m.*). **11 circuito di** ~ (*telev.*), Zeitablenkschaltung (*f.*). **12 coefficiente di** ~ (di un tubo termoionico)

deflettere

(*elettronica*), Ablenkfaktor (*m.*). **13 dispositivo di** ∼ (*telev.*), Zeilenablenkgerät (*n.*). **14 generatore di** ∼ (*elettronica*), Ablenkgenerator (*m.*). **15 piano di** ∼ (*elettronica*), Ablenkebene (*f.*). **16 piastra di** ∼ **orizzontale** (d'un oscillografo a fascio elettronico) (*elettronica*), Zeitplatte (*f.*). **17 regolazione della** ∼ **orizzontale** (*telev.*), Bildbreiteneinstellung (*f.*), Horizontalablenkungseinstellung (*f.*), Ablenkungseinstellung (*f.*). **18 sensibilità di** ∼ (*elettronica*), Ablenkempfindlichkeit (*f.*).
deflettere (un raggio p. es.) (*fis. - ott.*), ablenken, abbeugen.
deflettometro (misuratore d'inflessione) (*strum. sc. costr.*), Durchbiegungsmesser (*m.*). **2** ∼ (*strum. - elettronica*), Ablenkungsmesser (*m.*).
deflettore (*gen.*), Abweiser (*m.*), Ablenker (*m.*). **2** ∼ (voletto, finestrino girevole) (*aut.*), Drehfenster (*n.*), Ausstellfenster (*n.*), Schwenkfenster (*n.*). **3** ∼ («flap», ipersostentatore) (*aer.*), Klappe (*f.*). **4** ∼ (schermo, di una valvola di aspirazione p. es.) (*mot.*), Schirm (*m.*). **5** ∼ (diaframma, nel serbatoio del carburante) (*aer.*), Schlingerwand (*f.*). **6** ∼ (per particelle accelerate da un ciclotrone p. es.) (*fis. atom. - ecc.*), Deflektor (*m.*), Ablenkelektrode (*f.*). **7** ∼ **del vento** (di una locomotiva, in lamiera) (*ferr.*), Windleitblech (*n.*). **8** ∼ **di lamiera** (lamiera deflettrice) (*gen.*), Umlenkblech (*n.*), Abweisungsblech (*n.*). **9** ∼ **di picchiata** (*aer.*), Sturzflugklappe (*f.*).
defluire (*gen.*), ablaufen. **2** ∼ (*idr. - ecc.*), ausfliessen.
deflusso (di bacino imbrifero) (*geogr. - idr.*), Abfluss (*m.*). **2** ∼ **di magra** (portata di magra) (*idr.*), Niedrigwasserabfluss (*m.*). **3** ∼ **medio** (*idr.*), Mittelwasser (*n.*). **4 anno di** ∼ **massimo** (*idr.*), Nassjahr (*n.*). **5 anno di** ∼ **minimo** (*idr.*), Trockenjahr (*n.*). **6 coefficiente di** ∼ (di un bacino imbrifero) (*geogr.*), Abflussbeiwert (*m.*), Abflussverhältnis (*n.*). **7 curva di** ∼ (di un bacino imbrifero) (*geogr. - idr.*), Abflusskurve (*f.*).
defocalizzare (*ott. - ecc.*), defokussieren.
defocalizzazione (*fis.*), Defokussierung (*f.*). **2** ∼ **di fase** (*elettronica*), Phasendefokussierung (*f.*).
deformabilità (plasticità, foggiabilità plastica, di un materiale) (*tecnol. - fucin.*), Umformbarkeit (*f.*), Formänderungsvermögen (*n.*).
deformare (*tecnol.*), verformen. **2** ∼ **plasticamente** (*tecnol. mecc.*), umformen.
deformarsi (*gen.*), sich verformen. **2** ∼ (storcersi, svergolarsi) (*mecc. - ecc.*), sich verziehen, sich verwerfen.
deformazione (*tecnol. mecc. - ecc.*), Formänderung (*f.*), Verformung (*f.*). **2** ∼ (distorsione, della lamiera, da saldatura p. es.) (*tecnol. mecc.*), Verziehen (*n.*), Verwerfung (*f.*), Verzug (*m.*). **3** ∼ (distorsione, di un pezzo, da trattamento termico) (*tratt. term.*), Verziehen (*n.*), Verzug (*m.*), Verwerfung (*f.*). **4** ∼ (deflessione, di una molla) (*mecc.*), Federweg (*m.*). **5** ∼ **a caldo** (*tecnol.*), Warmverformung (*f.*). **6** ∼ **a freddo** (*tecnol.*), Kaltverformung (*f.*). **7** ∼ **ciclica** (gualcitura da rotolamento, di un pneumatico) (*aut.*), Walken (*n.*). **8** ∼ **da compressione** (schiacciamento) (*tecnol. - fucinatura*), Stauchung (*f.*). **9** ∼ **da fatica** (*sc. costr.*), Schwingungsformänderung (*f.*). **10** ∼ **da flessione** (*prove mater.*), Biegeverformung (*f.*). **11** ∼ **da pressoflessione** (*tecnol.*), Knicken (*n.*). **12** ∼ **da tempra** (distorsione da tempra) (*tratt. term. - mecc.*), Härteverziehung (*f.*), Härteverwerfung (*f.*), Härteverzug (*m.*). **13** ∼ **da trazione** (stiro) (*tecnol. mecc.*), Streckung (*f.*), Zugverformung (*f.*). **14** ∼ **elastica** (*sc. costr.*), federnde Formänderung, elastische Verformung. **15** ∼ **elastica** (cedimento elastico) (*mecc. - sc. costr.*), Einfederung (*f.*). **16** ∼ **laterale** (del pneumatico, per effetto di forze orientate trasversalmente all'asse di simmetria del veicolo) (*aut.*), Seitenverformugn (*f.*). **17** ∼ **magnetica** (di materiali, mediante grandi forze elettromotrici) (*tecnol.*), Magnetumformung (*f.*). **18** ∼ **permanente** (*sc. costr. - metall.*), bleibende Formänderung, bleibende Verformung. **19** ∼ **permanente** (da compressione, di molle, valore della deformazione) (*mecc.*), Setzmass (*n.*). **20** ∼ **plastica** (di metalli, mediante fucinatura p. es.) (*tecnol.*), plastische Formänderung, bildsame Formänderung. **21** ∼ **plastica** (della lamiera p. es.) (*tecnol. mecc.*), plastische Verformung, Umformen (*n.*). **22** ∼ **principale** (*tecnol.*), Hauptformänderung (*f.*). **23** ∼ **relativa** (differenza tra dimensioni finali ed iniziali di un fucinato p. es.) (*fucinatura - ecc.*), bezogene Formänderung. **24** ∼ **viscosa** (scorrimento, a caldo p. es.) (*metall.*), Kriechen (*n.*). **25 apparecchio per prove di** ∼ (controlla la plasticità) (*ind. gomma*), Defo-Gerät (*n.*). **26 coefficiente di** ∼ **elastica lineare** (nelle prove di trazione, rapporto tra un dato allungamento e la sollecitazione) (*sc. costr.*), Dehnzahl (*f.*). **27 curva resistenza alla deformazione - deformazione** (nella foggiatura plastica a freddo) (*tecnol.*), Fliesskurve (*f.*). **28 forza di** ∼ (*fucinatura - ecc.*), Formänderungskraft (*f.*), Umformkraft (*f.*). **29 indice di** ∼ (*ind. gomma*), Deformationswert (*m.*), Defo-Wert (*m.*). **30 invecchiamento da** ∼ **plastica** (*metall.*), Reckalterung (*f.*). **31 lavoro di** ∼ (*fucinatura - ecc.*), Umformarbeit (*f.*), Formänderungsarbeit (*f.*). **32 lavoro di** ∼ **ciclica** (lavoro di gualcitura da rotolamento, di un pneumatico p. es.) (*aut.*), Walkarbeit (*f.*). **33 lavoro di** ∼ **interno** (energia apportata durante la deformazione) (*tecnol. mecc.*), Formänderungsenergie (*f.*). **34 macchina a** ∼ (maglio o pressa p. es.) (*macch.*), Umformmaschine (*f.*). **35 ottenuto a** ∼ (ottenuto di stampaggio; foro p. es., in un pezzo di materia plastica) (*tecnol.*), gepresst. **36 perdita per lavoro di** ∼ (perdita per lavoro di gualcitura da rotolamento, nei pneumatici) (*aut.*), Walkverlust (*m.*). **37 rapporto di** ∼ (rapporto tra dimensioni finali ed iniziali) (*fucinatura*), Umformverhältnis (*n.*), Formänderungsverhältnis (*n.*). **38 rapporto logaritmico di** ∼ (logaritmo naturale del rapporto di deformazione) (*fucinatura*), logarithmiertes Umformverhältnis, logarithmiertes Formänderungsverhältnis. **39 rendimento di** ∼ (rapporto tra lavoro di deformazione senza at-

trito e lavoro effettivo) (*fucinatura*), Umformwirkungsgrad (*m.*), Formänderungswirkungsgrad (*m.*). **40 resistenza alla ~** (senza attrito, ritenendo nullo l'attrito) (*fucinatura*), Umformfestigkeit (*f.*). **41 resistenza alla ~** (con attrito, rapporto tra forza deformante e proiezione della superficie di contatto tra stampo e pezzo) (*fucinatura*), Umformwiderstand (*m.*), Formänderungswiderstand (*m.*). **42 resistenza alla ~ ciclica** (resistenza alla gualcitura da rotolamento, di un pneumatico) (*aut.*), Walkwiderstand (*m.*). **43 resistenza effettiva alla ~** (resistenza alla deformazione con attrito) (*fucinatura*), Formänderungswiderstand (*m.*), Umformwiderstand (*m.*). **44 resistenza teorica alla ~** (resistenza alla deformazione senza attrito) (*fucinatura*), Formänderungsfestigkeit (*f.*), Umformfestigkeit (*f.*). **45 rottura da ~** (in cui la superficie di rottura è liscia) (*metall.*), Verformungsbruch (*m.*). **46 stato di ~** (nella teoria dell'elasticità) (*sc. costr.*), Verzerrungszustand (*m.*). **47 tensore delle deformazioni (interne)** (*sc. costr.*), Deformationstensor (*m.*). **48 velocità di ~** (*fucinatura*), Formänderungsgeschwindigkeit (*f.*), Umformgeschwindigkeit (*f.*). **49 vibrazione di ~** (negli esami spettroscopici all'infrarosso p. es.) (*ott.*), Deformationsschwingung (*f.*). **50 zona di ~ ciclica** (zona di gualcitura, di un pneumatico) (*aut.*), Walkzone (*f.*).

defosforante (*s. - metall.*), Entphosphorungsmittel (*n.*).

defosforare (*metall.*), entphosphoren.

defosforazione (*metall.*), Entphosphorung (*f.*).

degasolinaggio (estrazione di idrocarburi superiori da gas) (*ind. chim.*), Benzinentzug (*m.*), Benzinabscheidung (*f.*). **2 impianto di ~** (*ind. chim.*), Benzinabscheider (*m.*), Benzinentzugsanlage (*f.*).

degassamento (di fluidi p. es.) (*chim.*), Entgasung (*f.*). **2 ~** (nello stampaggio a iniezione delle materie plastiche) (*tecnol.*), Entgasung (*f.*). **3 ~ alla spillatura** (*metall. - fond.*), Abstichentgasung (*f.*).

degassato (*gen.*), entgast. **2 ~ sotto vuoto** (acciaio) (*metall.*), vakuumentgast. **3 petrolio ~** (*min. - ind. chim.*), Totöl (*n.*), totes Erdöl, entgastes Öl.

degassatore (per liquidi p. es.) (*app.*), Entgaser (*n.*). **2 ~ a pioggia** (per anidride carbonica p. es.) (*app.*), Rieselentgaser (*m.*).

degassificazione (*fond. - ecc.*), Entgasung (*f.*). **2 ~**, vedi anche degassamento.

degenerazione (*fis. atom.*), Entartung (*f.*).

degenere (materia, gas, ecc.) (*fis. - astrofis.*), entartet.

degenza (*med.*), Aufenthalt (*m.*). **2 periodo di ~ in ospedale** (*med.*), Krankenhausaufenthalt (*m.*).

degradabile (resina p. es.) (*chim. - ecc.*), abbaubar.

degradazione (*gen.*), Degradation (*f.*). **2 ~ da agenti atmosferici** (*tecnol.*), Verwitterung (*f.*), Bewitterung (*f.*).

dégras (*ind. cuoio*), Abfett (*n.*).

deidrogenare (*chim.*), dehydrieren, oxydieren.

deidrogenazione (*chim.*), Dehydrierung (*f.*), Oxydation (*f.*).

deiezione (*gen.*), Dejekt (*n.*). **2 cono di ~** (*geol.*), Schotterkegel (*m.*), Schuttkegel (*m.*), Schutthalde (*f.*).

deionizzare (*chim. - fis.*), entionisieren.

deionizzato (*fis.*), deionisiert, entionisiert. **2 acqua deionizzata** (*idr.*), deionisiertes Wasser, Deionat (*n.*).

deionizzazione (*chim. - fis.*), Entionisierung (*f.*), Deionisation (*f.*). **2 tensione di ~** (tensione di estinzione, d'un arco) (*elett.*), Löschspannung (*f.*). **3 vasca di ~** (per acqua) (*ind.*), Deionatbehälter (*m.*).

delaminazione (separazione degli strati, nel cartone p. es.) (*tecnol.*), Schichtspaltung (*f.*). **2 ~** (separazione degli strati di materiali stratificati) (*ind. chim.*), Delaminieren (*n.*).

delanium (tipo di grafite impregnata) (*mater.*), Delanium (*n.*).

del credere (star del credere) (*finanz.*), Delkredere (*n.*).

delega (procura) (*leg.*), Bevollmächtigung (*f.*), Vollmacht (*f.*). **2 ~ di poteri** (conferimento di pieni poteri, conferimento di procura) (*leg.*), Bevollmächtigung (*f.*).

delegare (*gen.*), delegieren, abordnen. **2 ~** (*leg.*), bevollmächtigen.

delegato (*gen.*), Bevollmächtigter (*m.*). **2 ~ sindacale** (*organ. lav.*), Betriebsobmann (*m.*).

delfinamento (delfinaggio, di un idrovolante) (*aer.*), Tauchbewegung (*f.*), Tauchstampfen (*n.*), Stampfbewegung (*f.*).

delfinare (*aer.*), tauchstampfen.

delibera (*gen.*), Beschluss (*m.*). **2 ~** (di una nuova produzione p. es.) (*ind.*), Freigabe (*f.*), Beschluss (*m.*). **3 ~ alla produzione in serie** (*ind.*), Freigabe zur Serienfertigung.

deliberare (per la produzione in serie p. es.) (*ind.*), freigeben.

delicato (*gen.*), empfindlich, beschädigungsanfällig.

delimitare (*gen.*), abgrenzen.

delimitato (*gen.*), abgegrenzt.

delimitazione (*gen.*), Abgrenzung (*f.*). **2 linea di ~** (*gen.*), Abgrenzungslinee (*f.*). **3 luce di ~** (*aer.*), Begrenzungsfeuer (*n.*), Schwellenfeuer (*n.*). **4 radiosegnale di ~** (*aer.*), Begrenzungsbake (*f.*).

delineare (configurare) (*gen.*), abgestalten.

deliquescente (materiale molto igroscopico) (*chim.*), zerfliesslich.

deliquescenza (*fis.*), Zerfliessen (*n.*).

delta (di un fiume) (*geogr.*), Delta (*n.*), Flussdelta (*f.*). **2 ~** (lettera greca) (*fis. - metall. - ecc.*), Delta (*n.*). **3 ~** (*mat.*), Delta (*n.*).

deltoide-dodecaedro (cristallo) (*min.*), Deltoid-Dodekaeder (*n.*).

delucidare (decatizzare) (*ind. tess.*), dekatieren.

demagnetizzazione (*elett.*), vedi smagnetizzazione.

demanganizzazione (dell'acqua) (*idr. - chim.*), Entmanganung (*f.*).

demaniale (*leg.*), domänial.

demanio (*leg.*), Domäne (*f.*). **2 ~ pubblico** (*finanz.*), Staatsdomäne (*f.*).

demarcazione (*gen.*), Abgrenzung (*f.*). **2 linea di ~** (*geogr. - ecc.*), Demarkationslinie (*f.*), Abgrenzungslinie (*f.*).

demodulare

demodulare (*radio*), demodulieren.
demodulatore (*radio*), Demodulator (*m.*). 2 ~ **a campo frenante** (*elett.*), Bremsfeldaudion (*n.*), Bremsaudion (*m.*). 3 ~ **sincrono** (*telev.*), Synchrodetektor (*m.*).
demodulazione (*radio*), Demodulation (*f.*).
demolire (un edificio p. es.) (*gen.*), abtragen, einreissen, abreissen, abbrechen. 2 ~ (una macchina p. es.) (*macch.*), abbrechen. 3 ~ (*chim.*), abbauen. 4 ~ (un ponte p. es.) (*ed.*), abtragen.
demolizione (*ed. - ecc.*), Abbruch (*m.*), Abbau (*m.*).
demoltiplicare (ridurre) (*mecc.*), untersetzen.
demoltiplicato (*mecc.*), untersetzt.
demoltiplicatore (riduttore) (*mecc.*), Untersetzungsgetriebe (*n.*). 2 ~ **decimale** (contatore decadale) (*mecc.*), Dekadenzähler (*m.*), Dekadenuntersetzer (*m.*). 3 ~ **di rapporto 8 : 1** (*elettronica - ecc.*), Achterteiler (*m.*), Achteruntersetzer (*m.*).
demoltiplicazione (riduzione) (*mecc.*), Untersetzung (*f.*). 2 **rapporto di** ~ (rapporto di riduzione) (*mecc.*), Untersetzungsverhältnis (*n.*).
demulsificante (*s. - chim.*), Demulgator (*m.*).
denaro (*finanz.*), Geld (*n.*). 2 ~ (mis. della finezza per seta p. es.) (*ind. tess.*), Denier (*m.*). 3 ~ **in contanti** (*finanz.*), bares Geld, Bargeld (*n.*). 4 ~ **liquido** (denaro in contanti) (*finanz.*), Barschaft (*f.*), Bargeld (*n.*).
denaturare (alcool p. es.) (*chim.*), denaturieren.
dendrite (*metall. - ecc.*), Dendrit (*m.*), Tannenbaumkristall (*m.*).
dendritismo (*difetto metall.*), Dendritenwachstum (*n.*).
denitrificare (*agric.*), denitrieren.
denitrificazione (*agric.*), Denitrifikation (*f.*).
denitrurazione (*tratt. term.*), Entstickung (*f.*).
denominare (designare) (*gen.*), bezeichnen.
denominatore (*mat.*), Nenner (*m.*). 2 ~ **comune** (*mat.*), Generalnenner (*m.*). 3 **minimo comune** ~ (*mat.*), kleinster gemeinsamer Nenner.
denominazione (designazione, mediante nomi p. es.) (*gen.*), Bezeichnung (*f.*). 2 ~ **commerciale** (nome commerciale) (*comm.*), Handelsbezeichnung (*f.*).
densimetro (areometro, per liquidi) (*strum.*), Dichtemesser (*m.*), Areometer (*n.*), Senkwaage (*f.*).
densità (densità materiale) (*fis.*), Dichte (*f.*). 2 ~ (di corrente elettrica) (*elett.*), Dichte (*f.*). 3 ~ (di linee di forza p. es.) (*fis.*), Dichte (*f.*). 4 ~ (ottica, annerimento) (*ott. - fot.*), Schwärzung (*f.*), Dichte (*f.*). 5 ~ **apparente** (di materiale alla rinfusa; peso volumico apparente) (*fis. - ind.*), Schüttgewicht (*n.*). 6 ~ **assoluta vera** (massa specifica vera, riferita alle parti solide di una sostanza porosa p. es.) (*fis. - chim.*), Reindichte (*f.*). 7 ~ **atmosferica** (densità dell'aria) (*meteor.*), Luftdichte (*f.*). 8 ~ **d'avvolgimento** (*elett.*), Windungsbelag (*m.*). 9 ~ **dei portatori di carica** (nei semiconduttori) (*elettronica*), Trägerdichte (*f.*). 10 ~ **del campo** (densità del flusso) (*elett.*), Felddichte (*f.*). 11 ~ **del flusso** (densità del campo) (*elett.*), Felddichte (*f.*). 12 ~ **dell'aria** (densità atmosferica) (*meteor.*), Luftdichte (*f.*). 13 ~ **delle sottostazioni** (di trasformazione, d'una rete; rapporto fra numero degli impianti e superfice del territorio servito) (*elett.*), Stationsdichte (*f.*). 14 ~ **del traffico** (*traff. strad. - ecc.*), Verkehrsdichte (*f.*). 15 ~ **di carica** (*elett.*), Ladungsdichte (*f.*). 16 ~ **di carico** (densità di carico elettrico per unità di superficie di un territorio, misurato in MW/km²) (*elett.*), Belastungsdichte (*f.*). 17 ~ **di collisione** (di neutroni) (*fis. - atom.*), Stossdichte (*f.*). 18 ~ **di corrente (elettrica)** (*elett.*), Stromdichte (*f.*). 19 ~ **di costruzione** (densità edilizia) (*ed.*), Baudichte (*f.*), Besiedlungsdichte (*f.*). 20 ~ **di energia** (*fis.*), Energiedichte (*f.*). 21 ~ **di energia sonora** (*acus.*), Schallenergiedichte (*f.*). 22 ~ **di flusso** (*fis.*), Flussdichte (*f.*). 23 ~ **di flusso di energia** (radianza energetica, misurata in W·cm⁻²·sr⁻¹) (*fis.*), Strahldichte (*f.*). 24 ~ **di massa** (*fis.*), Massendichte (*f.*). 25 ~ **di popolazione** (*stat.*), Bevölkerungsdichte (*f.*), Volksdichte (*f.*). 26 ~ **di popolazione** (popolazione relativa; numero di abitanti per ettaro in una zona residenziale) (*ed.*), Besiedlungsdichte (*f.*). 27 ~ **di potenza irradiata** (di una antenna) (*radio*), Strahlungsdichte (*f.*). 28 ~ **di radiazione** (*fis.*), Strahlungsdichte (*f.*). 29 ~ **di rallentamento** (di neutroni) (*fis. atom.*), Bremsdichte (*f.*). 30 ~ **di registrazione** (*elab. dati*), Aufzeichnungsdichte (*f.*), Schreibdichte (*f.*). 31 ~ **di vapore** (in g/cm³ o kg/m³) (*fis.*), Dampfdichte (*f.*). 32 ~ **di volume** (densità spaziale) (*fis.*), Raumdichte (*f.*). 33 ~ **edilizia** (densità di costruzione) (*ed.*), Baudichte (*f.*), Besiedlungsdichte (*f.*). 34 ~ **elettrica** (*elett.*), elektrische Dichte. 35 ~ **(elettrica) superficiale** (della carica) (*elett.*), Flächendichte (*f.*). 36 ~ **energetica** (*fis.*), Energiedichte (*f.*). 37 ~ **lineare di corrente** (A/m, corrente elettrica lineica, corrente per unità di lunghezza trasversalmente al suo senso) (*macch. elett.*), Strombelag (*m.*). 38 ~ **magnetica** (*elett.*), magnetische Dichte. 39 ~ **ottica** (annerimento) (*ott.*), Schwärzung (*f.*). 40 ~ **ottica esterna** (*ott.*), Schwärzung bei Reflexion. 41 ~ **ottica interna** (*ott. - illum.*), Innenschwärzung (*f.*). 42 ~ **spaziale** (densità di volume) (*fis.*), Raumdichte (*f.*). 43 ~ **spettrale** (*ott.*), spektrale Dichte. 44 ~ **telefonica** (densità di traffico) (*telef.*), Fernsprechdichte (*f.*). 45 **centro con forte** ~ **di popolazione** (centro metropolitano) (*ed. - ecc.*), Ballungszentrum (*n.*). 46 **curva della** ~ **ottica** (curva dell'annerimento, d'un materiale fotografico) (*ott.*), Dichtekurve (*f.*), Schwärzungskurve (*f.*). 47 **regolatore di** ~ (*strum. chim.*), Dichteregler (*m.*). 48 **territorio con forte** ~ **di popolazione** (territorio superaffollato) (*stat. - ecc.*), Ballungsgebiet (*n.*).
densitometro (*strum. fot.*), Densitometer (*n.*), Schwärzungsmesser (*m.*).
denso (viscoso, liquido) (*gen.*), dickflüssig. 2 **rendere più** ~ (ispessire) (*vn. - ecc.*), eindicken.
dentare (una ruota dentata) (*lav. macch. ut.*), verzahnen. 2 ~ (*mecc. - ecc.*), zahnen. 3 ~ **a coltello circolare** (tipo Fellows, ruote dentate) (*lav. macch. ut.*), abwälzstossen,

wälzstossen. 4 ~ **a creatore** (ruote dentate) (*lav. macch. ut.*), wälzen, wälzfräsen, abwälzfräsen. 5 ~ **a pettine** (ruote dentate) (*lav. macch. ut.*), wälzhobeln.
dentato (*lav. macch. ut.*), verzahnt. 2 ~ (*mecc. - ecc.*), gezahnt. 3 **settore** ~ (*mecc.*), Zahnbogen (*m.*), Zahnsegment (*n.*).
dentatrice (*macch. ut.*), Verzahnungsmaschine (*f.*). 2 ~ (fresatrice per ingranaggi) (*macch. ut.*), Räderfräsmaschine (*f.*). 3 ~ **a coltello circolare** (tipo Fellows, per ingranaggi) (*macch. ut.*), Wälzstossmaschine (*f.*), Abwälzstossmaschine (*f.*). 4 ~ **a coltello lineare** (dentatrice a pettine) (*macch. ut.*), Wälzhobelmaschine (*f.*), Zahnradhobelmaschine (*f.*). 5 ~ **a creatore** (*macch. ut.*), Abwälzfräsmaschine (*f.*), Wälzfräsmaschine (*f.*), Zahnradabwälzfräsmaschine (*f.*). 6 ~ **a creatore automatica** (*macch. ut.*), Abwälzfräsautomat (*m.*). 7 ~ **a creatore per cremagliere** (*macch. ut.*), Abwälzmaschine für Zahnstangen. 8 ~ **a creatore per ruote a denti diritti** (*macch. ut.*), Stirnradabwälzmaschine (*f.*). 9 ~ **a creatore per ruote a vite** (*macch. ut.*), Schneckenradabwälzfräsmaschine (*f.*), Schneckenradwälzfräsmaschine (*f.*). 10 ~ **a fresa** (fresatrice-dentatrice) (*macch. ut.*), Zahnradfräsmaschine (*f.*). 11 ~ **a pettine** (*macch. ut.*), Wälzhobelmaschine (*f.*). 12 ~ **a pialla** (*macch. ut.*), Abwälzhobelmaschine (*f.*). 13 ~ **automatica** (*macch. ut.*), selbsttätige Räderfräsmaschine. 14 ~ **stozzante per ingranaggi conici** (piallatrice per ingranaggi conici) (*macch. ut.*), Kegelradhobelmaschine (*f.*). 15 ~ **tipo Fellows** (dentatrice a coltello circolare) (*macch. ut.*), Abwälzstossmaschine (*f.*).
dentatura (di ruote dentate, operazione e tipo) (*mecc. - lav. macch. ut.*), Verzahnung (*f.*). 2 ~ **a cerchi spostati** (dentatura la cui somma degli spostamenti del profilo è maggiore o minore di zero) (*mecc.*), V-Verzahnung (*f.*). 3 ~ **a « chevron »** (*mecc.*), *vedi* dentatura a cuspide, dentatura a freccia, dentatura a spina di pesce. 4 ~ **a coltello circolare** (tipo Fellows, di ingranaggi) (*lav. macch. ut.*), Wälzstossen (*n.*), Abwälzstossen (*n.*). 5 ~ **a corona frontale** (dentatura piano-conica) (*mecc.*), Planverzahnung (*f.*). 6 ~ **a creatore** (*lav. macch. ut.*), Abwälzfräsen (*n.*). 7 ~ **a creatore con divisore** (*lav. macch. ut.*), Teilwälzverfahren (*n.*). 8 ~ **a cremagliera** (dentatura per cremagliere) (*mecc.*), Planverzahnung (*f.*). 9 ~ **a cuspide** (dentatura a spina di pesce, dentatura bielicoidale) (*mecc.*), doppelte Schrägverzahnung, Pfeilverzahnung (*f.*). 10 ~ **ad arco di cerchio** (dentatura Wildhaber-Novikov) (*mecc.*), Kreisbogenverzahnung (*f.*), Wildhaber-Novikov-Verzahnung (*f.*), WN-Verzahnung (*f.*). 11 ~ **a denti diritti** (dentatura diritta) (*mecc.*), Geradverzahnung (*f.*). 12 ~ **a denti triangolari** (profilo Whitworth, striatura) (*mecc.*), Kerbverzahnung (*f.*). 13 ~ **ad evolvente** (*mecc.*), Evolventenverzahnung (*f.*). 14 ~ **a freccia** (dentatura a cuspide, dentatura a chevron, dentatura a spina di pesce, dentatura bielicoidale) (*mecc.*), Pfeilverzahnung (*f.*), doppelte Schrägverzahnung (*f.*). 15 ~ **alterna** (di una fresa) (*ut.*), Kreuzverzahnung (*f.*). 16 ~ **alternata** (a denti sgrossatori e finitori, d'una sega) (*mecc.*), Fliess-spanverzahnung (*f.*). 17 ~ **a pettine** (*lav. macch. ut.*), Wälzhobeln (*n.*). 18 ~ **a pioli** (in cui i denti sono sostituiti da pioli) (*mecc.*), Triebstockverzahnung (*f.*), Zapfenverzahnung (*f.*). 19 ~ **a punto** (dentatura unilaterale a cicloide) (*mecc.*), Punktverzahnung (*f.*). 20 ~ **a rotolamento con coltello circolare** (lavorazione di dentature esterne ed interne mediante rotolamento fra utensile e pezzo ad assi incrociati) (*lav. macch. ut.*), Wälzschälen (*n.*). 21 ~ **a rotolamento di viti senza fine** (con coltello circolare) (*lav. macch. ut.*), Schneckenschälen (*n.*). 22 ~ **a spina di pesce** (dentatura a freccia, dentatura a cuspide, dentatura bielicoidale) (*mecc.*), Pfeilverzahnung (*f.*), doppelte Schrägverzahnung. 23 ~ **bielicoidale** (dentatura a freccia) (*mecc.*), Pfeilverzahnung (*f.*), doppelte Schrägverzahnung. 24 ~ **bombata** (*mecc.*), ballige Verzahnung. 25 ~ **cicloidale** (*mecc.*), Zykloidenverzahnung (*f.*). 26 ~ **con coltello circolare** (tipo Fellows, di ingranaggi) (*lav. macch. ut.*), Abwälzstossen (*n.*), Wälzstossen (*n.*). 27 ~ **con denti a spirale** (*mecc.*), Spiralverzahnung (*f.*). 28 ~ **con spostamento zero** (del profilo) (*mecc.*), Nullverzahnung (*f.*). 29 ~ **diritta** (dentatura a denti diritti) (*mecc.*), Geradverzahnung (*f.*), Gradverzahnung (*f.*). 30 ~ **elicoidale** (*mecc.*), Schrägverzahnung (*f.*). 31 ~ **esterna** (*mecc.*), Aussenverzahnung (*f.*). 32 ~ **Formate** (per ingranaggi conici a spirale) (*mecc.*), Formate-Verzahnung (*f.*). 33 ~ **frontale** (*mecc.*), Stirnverzahnung (*f.*). 34 ~ **frontale Hirth** (a denti di sega radiali, per giunti rigidi di alberi a gomito p. es.) (*mecc.*), Hirth-Stirnverzahnung (*f.*). 35 ~ **interna** (*mecc.*), Innenverzahnung (*f.*). 36 ~ **ipoide** (*mecc.*), Schraubverzahnung (*f.*), Hypoidverzahnung (*f.*). 37 ~ **Klingelnberg** (dentatura palloide, per ruote coniche a spirale) (*mecc.*), Klingelnberg-Verzahnung (*f.*), Palloid-Verzahnung (*f.*). 38 ~ **Maag** (*mecc.*), Maagverzahnung (*f.*). 39 ~ **palloide** (dentatura Klingelnberg, per ruote coniche a spirale) (*mecc.*), Palloid-Verzahnung (*f.*), Klingelnberg-Verzahnung (*f.*). 40 ~ **per cremagliere** (dentatura per dentiere) (*mecc.*), Planverzahnung (*f.*). 41 ~ **per ruote cilindriche** (*mecc.*), Stirnradverzahnung (*f.*). 42 ~ **per ruote coniche** (*mecc.*), Kegelradverzahnung (*f.*). 43 ~ **per viti senza fine** (*mecc.*), Schneckenverzahnung (*f.*). 44 ~ **piano-conica** (dentatura di ruota piano-conica, corona dentata frontale) (*mecc.*), Planradverzahnung (*f.*), Stirnplanverzahnung (*f.*). 45 ~ **rialzata** (*mecc.*), Hochverzahnung (*f.*). 46 ~ **ribassata** (*mecc.*), Stumpfverzahnung (*f.*). 47 ~ **spiroidale** (*mecc.*), Spiralverzahnung (*f.*). 48 ~ **spostata** (dentatura con spostamento diverso da zero) (*mecc.*), V-Verzahnung (*f.*). 49 ~ **Wildhaber-Novikov** (dentatura ad arco di cerchio) (*mecc.*), WN-Verzahnung (*f.*), Wildhaber-Novikov-Verzahnung (*f.*), Kreisbogenverzahnung (*f.*). 50 ~ **x** (dentatura con coefficiente di spostamento diverso da zero, dentatura a cerchi spostati) (*mecc.*), V-Verzahnung (*f.*). 51 ~ **x-zero** (dentatura con coefficiente di spostamento uguale a

dente

zero, dentatura con spostamento zero del profilo) (*mecc.*), Nullverzahnung (*f.*). **52** ~ **0,5** (dentatura con coefficiente di spostamento uguale a 0,5) (*mecc.*), 0,5-Verzahnung (*f.*). **53 a** ~ **elicoidale** (*mecc.*), schrägverzahnt. **54 cerchio primitivo di** ~ (di ruote dentate) (*mecc.*), Erzeugungswälzkreis (*m.*). **55 cilindro primitivo di** ~ (di ruote dentate) (*mecc.*), Erzeugungswälzzylinder (*m.*). **56 circolo primitivo di** ~ (di ingranaggi) (*mecc.*), Erzeugungswälzkreis (*m.*). **57 cono primitivo di** ~ (di ingranaggi conici) (*mecc.*), Erzeugungswälzkegel (*m.*). **58 larghezza di** ~ (di ingranaggi) (*mecc.*), Radbreite (*f.*). **59 larghezza di** ~ **di ruota a vite** (*mecc.*), Schneckenradbreite (*f.*). **60 lunghezza di** ~ (d'una broccia) (*ut.*), Zahnungslänge (*f.*). **61 rapporto tra larghezza di** ~ **e generatrice** (nelle ruote coniche) (*mecc.*), Völligkeitsgrad (*m.*). **62 superficie primitiva di** ~ (di ruote dentate) (*mecc.*), Erzeugungswälzfläche (*f.*).

dente (*gen.*), Zahn (*m.*). **2** ~ (di ruota dentata) (*mecc.*), Zahn (*m.*). **3** ~ (di un albero scanalato) (*mecc.*), Feder (*f.*). **4** ~ (di trascinamento) (*mecc.*), Knagge (*f.*), Mitnehmer (*m.*). **5** ~ (nottolino di trascinamento) (*mecc.*), Mitnehmer (*m.*), Nase (*f.*). **6** ~ (di trascinamento, sul codolo di utensili) (*ut.*), Mitnehmer (*m.*). **7** ~ (rebbio, d'una forca) (*app. - trasp. ind.*), Zinke (*f.*). **8** ~ **a cuspide** (dente a freccia, di ruota dentata, dente bielicoidale) (*mecc.*), Pfeilzahn (*m.*). **9** ~ **ad arco di cerchio** (di ruota dentata) (*mecc.*), Kreisbogenzahn (*m.*). **10** ~ **ad evolvente** (di ingranaggio) (*mecc.*), Evolventenzahn (*m.*). **11** ~ **bielicoidale** (dente a freccia, dente a cuspide) (*mecc.*), Pfeilzahn (*m.*). **12** ~ **calibratore** (dente finitore, d'una broccia) (*ut.*), Glättzahn (*m.*), Schlichtzahn (*m.*). **13** ~ **di arpionismo** (*mecc.*), Rastzahn (*m.*). **14** ~ **di arresto** (nottolino, arpione) (*mecc.*), Klinke (*f.*), Sperrzahn (*m.*). **15** ~ **di carda** (dente di guarnizione, punta di carda) (*ind. tess.*), Kratzendraht (*m.*), Kratzenstift (*m.*), Kratzenzahn (*m.*). **16** ~ **di guarnizione** (dente di carda, punta di carda) (*ind. tess.*), Kratzendraht (*m.*), Kratzenstift (*m.*), Kratzenzahn (*m.*). **17** ~ **di ingranaggio** (dente di ruota dentata) (*mecc.*), Radzahn (*m.*). **18** ~ **di innesto** (*mecc.*), Klaue (*f.*), Kupplungsklaue (*f.*). **19** ~ **di riserva** (d'una broccia, per mantenere la precisione dimensionale dopo la riaffilatura) (*ut.*), Reservezahn (*m.*). **20** ~ **diritto** (di ingranaggio) (*mecc.*), Geradzahn (*m.*), gerader Zahn. **21** ~ **diritto scaricatore** (nella lama d'una sega a nastro, dente che segue due denti stradati e serve per scaricare i trucioli) (*ut.*), Räumer (*m.*). **22** ~ **di scatto** (dente di sgancio) (*mecc.*), Auslösezahn (*m.*), Auslösungszahn (*m.*). **23** ~ **di sega** (*mecc.*), Sägezahn (*m.*). **24** ~ **di sgancio** (*macch. ut.*), Auslösebeck (*m.*), Auslöseknagge (*f.*), Auslösenocken (*m.*). **25** ~ **di trascinamento** (aletta di trascinamento, d'una punta elicoidale p. es.) (*ut.*), Mitnehmerlappen (*m.*), Austreiblappen (*m.*). **26** ~ **elicoidale** (di ruota dentata) (*mecc.*), Schrägzahn (*m.*). **27** ~ **finitore** (dente calibratore, d'una broccia) (*ut.*), Glättzahn (*m.*), Schlichtzahn (*m.*). **28** ~ **finitore** (di una sega) (*ut.*), Nachschneider (*m.*), Nachschneidezahn (*m.*). **29** ~ **fresato** (*mecc.*), gefräster Zahn. **30** ~ **lisciatore** (dente finitore, dente per la lisciatura, d'una broccia) (*ut.*), Schlichtzahn (*m.*), Glättzahn (*m.*). **31 denti periferici** (taglienti periferici, d'una fresa) (*ut.*), Mantelzähne (*m. pl.*), Mantelschneiden (*f. pl.*). **32** ~ **piallato** (dente stozzato) (*mecc.*), gehobelter Zahn. **33** ~ **ribassato** (di ingranaggio) (*mecc.*), Stumpfzahn (*m.*). **34** ~ **riportato** (di una fresa) (*ut.*), Messer (*n.*). **35** ~ **riportato** (di una sega p. es.) (*mecc.*), Einsetzzahn (*m.*), eingesetzter Zahn. **36** ~ **sbozzatore** (dente sgrossatore, d'una sega) (*ut.*), Vorschneider (*m.*). **37 denti sfalsati** (d'una fresa) (*ut.*), versetzte Zähne. **38** ~ **sgrossatore** (dente sbozzatore, d'una sega) (*ut.*), Vorschneider (*m.*). **39** ~ **triangolare** (di una sega p. es.) (*ut.*), Dreieckzahn (*m.*). **40 a denti diritti** (ruota dentata p. es.) (*mecc.*), geradeverzahnt. **41 a** ~ **di sega** (a denti di sega) (*mecc. - ecc.*), sägeförmig, sägezahnförmig. **42 a denti di sega** (a tacche, dentellato) (*mecc.*), gezackt. **43 a denti elicoidali** (ruota dentata p. es.) (*mecc.*), schrägverzahnt. **44 altezza del** ~ (di ruota dentata) (*mecc.*), Zahnhöhe (*f.*). **45 base del** ~ (di ingranaggi) (*mecc.*), Zahnfuss (*m.*). **46 carico sul** ~ (*mecc.*), Zahnbelastung (*f.*). **47 con denti alterni** (fresa) (*ut.*), kreuzverzahnt. **48 con denti a spirale** (*mecc.*), spiralverzahnt. **49 contatto all'estremità esterna del** ~ (di un ingranaggio; portata all'estermità esterna del dente) (*mecc.*), Tragen aussen am Zahn, Tragbild aussen am Zahn. **50 contatto all'estremità interna del** ~ (di un ingranaggio; portata all'estremità interna del dente) (*mecc.*), Tragen innen am Zahn, Tragbild innen am Zahn. **51 errore di direzione del** ~ (*mecc.*), Zahnrichtungsfehler (*m.*). **52 fianco del** ~ (di ingranaggio) (*mecc.*), Zahnflanke (*f.*). **53 filettatura a** ~ **di sega** (*mecc.*), Sägengewinde (*n.*), Sägezahngewinde (*n.*). **54 fondo del** ~ (d'un albero scanalato) (*mecc.*), Keilfuss (*m.*), Federfuss (*m.*). **55 innesto a denti** (*mecc.*), Zahnkupplung (*f.*). **56 larghezza del** ~ (larghezza di dentatura, di ruota dentata) (*mecc.*), Zahnbreite (*f.*). **57 larghezza dei denti** (d'un maschio filettatore) (*ut.*), Zahnstollenbreite (*f.*), Stollenbreite (*f.*), Stegbreite (*f.*). **58 numero di denti** (di una ruota dentata) (*mecc.*), Zähnezahl (*f.*). **59 portata all'estremità esterna del** ~ (di un ingranaggio; contatto all'estremità esterna del dente) (*mecc.*), Tragen aussen am Zahn, Tragbild aussen am Zahn. **60 portata all'estremità interna del** ~ (di un ingranaggio; contatto all'estremità interna del dente) (*mecc.*), Tragen innen am Zahn, Tragbild innen am Zahn. **61 raccordo di fondo** ~ (di ingranaggi) (*mecc.*), Zahnfussausrundung (*f.*). **62 ruota a denti** (di arresto) (ruota di arpionismo) (*mecc.*), Sperrad (*m.*). **63 ruota a denti diritti** (ruota diritta) (*mecc.*), Geradzahnrad (*n.*). **64 ruota a denti elicoidali** (ruota elicoidale) (*mecc.*), Schrägzahnrad (*n.*). **65 ruota cilindrica a denti diritti** (*mecc.*), geradverzahntes Stirnrad. **66 spessore del** ~ (di ruota dentata) (*mecc.*), Zahndicke (*f.*). **67 spigolo della testa del** ~ (spigolo della superficie di troncatura) (*mecc.*), Zahn-

kopfkante (f.). **68 spoglia alla sommità del** ~ (mecc.), Kopfrücknahme (f.). **69 superficie di troncatura del** ~ (mecc.), Zahnkopffläche (f.). **70 testa del** ~ (di ruota dentata) (mecc.), Zahnkopf (m.).
dentellare (gen.), auszacken.
dentellato (gen.), zackig. 2 ~ (a denti di sega, a tacche) (mecc.), gezackt. 3 ~ (difetto di ut.), schartig.
dentellatura (gen.), Auszackung (f.).
dentello (arch.), Zahn (m.). 2 ~ (tacca, difetto nel tagliente) (ut.), Scharte (f.). **3 dentelli** (di un cornicione p. es.) (arch.), Zahnschnitt (m.).
dentiera (cremagliera) (mecc.), Zahnstange (f.). 2 ~ (rotaia a dentiera, rotaia a cremagliera) (ferr.), Zahnschiene (f.). 3 ~ (asta a camme) (mecc.), Nockenleiste (f.). **4 ferrovia a** ~ (ferrovia a cremagliera) (ferr.), Zahnradbahn (f.). **5 meccanismo a pignone e** ~ (meccanismo a pignone e cremagliera) (mecc.), Zahnstangengetriebe (n.).
dentifricio (in pasta) (ind. chim.), Zahnpaste (f.).
dentista (med.), Dentist (m.), Zahnarzt (m.).
denudare (spelare le estremità di un conduttore, p. es.) (elett.), abisolieren, blosslegen, blank machen.
denudazione (asportazione da substrato per l'azione di acque, ecc.) (geol.), Denudation (f.).
denuncia (di un contratto) (comm.), Kündigung (f.). **2 ~ del contratto** (comm.), Vertragskündigung (f.).
denunciare (un contratto) (comm.), kündigen. 2 ~ **un contratto** (comm. - ecc.), einen Vertrag kündigen.
deodorazione (ind. chim.), Desodorisation (f.).
deodorizzante (chim.), Desodorisationsmittel (n.).
deossigenazione (biochim.), Sauerstoffentzug (m.).
depalettizzatore (depalettizzatrice, per scatole cilindriche p. es.) (macch. trasp. ind.), Auspalettiermaschine (f.).
depennatura (cancellatura) (uff. - ecc.), Durchstrich (m.).
deperibile (merce) (comm. - ind.), verderblich.
depilare (gen.), abhaaren. 2 ~ (con solfuro di sodio) (mft. cuoio), schwöden.
depilazione (ind. cuoio), Enthaarung (f.).
depolarizzante (miscela, per pile a secco Leclanché; miscela pressata di biossido di manganese + polvere di carbone) (s. - elett.), Puppe (f.).
depolarizzare (elettrochim.), depolarisieren.
depolarizzatore (app. elettrochim.), Depolarisator (m.).
depolarizzazione (elettrochim. - ott.), Depolarisation (f.).
depolimerizzazione (chim.), Entpolymerisation (f.), Depolymerisation (f.).
depolverare (asportare le polveri) (ind.), entstauben.
depolveratore (aspirapolvere) (app.), Entstauber (m.).
depolverazione (captazione delle polveri) (ind.), Entstaubung (f.). **2 grado di** ~ (di filtri o apparecchi che trattengono la polvere)

(app.), Entstaubungegrad (m.), Abscheidegrad (m.).
depolverizzatore (separatore di polveri) (app.), Staubabscheider (m.), Staubfang (m.), Entstauber (m.).
deporre (un peso, un carico) (gen.), absetzen. 2 ~ (in tribunale) (leg.), aussagen.
deporto (finanz. - borsa), Deport (m.).
depositante (finanz.), Einleger (m.).
depositare (gen.), niederlegen, deponieren, ablagern. 2 ~ (una somma p. es.) (comm. - finanz.), hinterlegen, einlegen. 3 ~ (uno strato su un supporto) (chim. - ecc.), schlämmen. **4 ~ una cauzione** (comm.), eine Bürgschaft deponieren.
depositario (gen.), Depositär (m.), Depositar (m.). 2 ~ (leg.), Verwahrer (m.).
depositarsi (chim. - ecc.), sich absetzen. 2 ~ (la sabbia p. es.) (geol.), sich ablagern.
deposito (luogo di deposito, di materiali) (ind.), Lagerplatz (m.). 2 ~ (per locomotive) (ferr.), Schuppen (m.), Remise (f.). 3 ~ (magazzino) (ed.), Depot (n.), Lagerhaus (n.). 4 ~ (carbonioso p. es., sul cielo di uno stantuffo) (mot.), Ablagerung (f.). 5 ~ (sedimento, in tubazioni) (tub.), Ablagerung (f.). 6 ~ (di ruggine p. es.) (mecc. - ecc.), Anzatz (m.). 7 ~ (di particelle di polvere p. es.) (gen.), Ablagerung (f.), Anlagerung. 8 ~ (deposizione) (elettrochim.), Niederschlag (m.). 9 ~ (magazzino; per pezzi, d'una linea a trasferimento p. es.) (macch. ut.), Speicher (m.). 10 ~ (di materiale) (geol.), Ablagerung (f.). 11 ~ (alluvionale) (costr. idr.), Beschlikkung (f.), Ablagerung (f.). 12 ~ (di bagagli, in una stazione, atto di depositare) (ferr.), Aufbewahrung (f.). 13 ~ (di bagagli, luogo di deposito) (ferr.), Aufbewahrung (f.), Aufbewahrungsraum (m.). 14 ~ (di denaro) (finanz.), Einlage (f.), Depositum (n.), Depot (n.). 15 ~ (di denaro, operazione) (comm.), Hinterlegung (f.). 16 ~ (di una sentenza) (leg.), Hinterlegung (f.). **17 ~ a cassette** (nelle stazioni ferroviarie) (ferr.), Schliessfach (n.). **18 ~ al catodo** (deposito catodico) (elettrochim.), Kathodenniederschlag (m.). **19 ~ all'aperto** (parco di deposito, piazzale di deposito) (ind.), Lagerhof (m.), Lagerplatz (m.). **20 ~ a rotonda** (rotonda, per locomotive) (ferr.), Rundhaus (n.), Rundschuppen (m.). **21 ~ a rotonda per locomotive** (rotonda per locomotive) (ferr.), Lokomotivrundschuppen (m.). **22 ~ bagagli** (ferr.), Gepäckaufbewahrung (f.). **23 ~ billette** (ind. metall.), Knüppellager (n.). **24 ~ carbonioso** (mot.), Kohlenablagerung (f.), Kohleansatz (m.), Ölkohleansatz (m.), Kohlebelag (m.), Ölkohlebelag (m.). **25 ~ carrozze** (ferr.), Bahnbetriebswagenwerk (n.), Bww. **26 ~ catodico** (deposito al catodo) (elettrochim.), Kathodenniederschlag (m.). **27 ~ cauzionale** (cauzione) (finanz.), Bürgschaft (f.). **28 ~ definitivo** (di residui radioattivi) (fis. atom.), Endlagerung (f.). **29 ~ di benzina** (ind. chim.), Benzinlager (n.). **30 ~ di carbone** (comb.), Kohlenbunker (m.). **31 ~ di coke** (ind. chim.), Koksbunker (m.). **32 ~ di legname** (legno), Bretterlager (n.). **33 ~ di legname da costruzione** (ed.), Lagerplatz für Zimmerholz.

deposizione

34 ~ **di munizioni** (*espl.*), Munitionslager (*n.*), «Munilager» (*n.*), Munitionsdepot (*n.*). 35 ~ **di scoria** (*forno - metall.*), Schlackenansatz (*m.*), Frischvogel (*m.*). 36 ~ **di torba** (*torbiera*) (*geol.*), Torfmoor (*n.*). 37 ~ **fiduciario** (*finanz.*), Treuhandguthaben (*n.*). 38 ~ **franco** (magazzino doganale) (*comm.*), Freilager (*n.*), Zollfreilager (*n.*). 39 ~ **in banca** (*finanz.*), Bankdepot (*n.*), Bankeinlage (*f.*). 40 ~ **in conto corrente** (*finanz.*), Kontokorrenteinlage (*f.*). 41 **depositi interni** (sul rivestimento di un forno) (*metall. - forno*), Ofenansätze (*m. pl.*), 42 ~ **locomotive** (*ferr.*), Lokomotivbetriebswerk (*n.*), Bahnbetriebswerk (*n.*), Bw. 43 ~ **materiali** (*ed.*), Materiallagerplatz (*m.*). 44 ~ **per locomotive** (*ferr.*), Lokomotivschuppen (*m.*), Lokomotivremise (*f.*). 45 ~ **radioattivo** (*fis. atom.*), radioaktiver Niederschlag. 46 ~ **salino di copertura** (materiale non sfruttabile) (*min.*), Abraumsalz (*n.*). 47 ~ **tranviario** (rimessa tranviaria) (*ed. - veic.*), Strassenbahndepot (*n.*). 48 ~ **vincolato** (*finanz.*), Sperrdepot (*n.*). 49 **banca di** ~ (*finanz.*), Depositenbank (*f.*). 50 **consegna in conto** ~ (al commissionario p. es.) (*comm.*), Konsignation (*f.*). 51 **conto** ~ (*finanz.*), Depositenkonto (*n.*). 52 **conto** ~ (*amm. - comm.*), Konsignationskonto (*n.*). 53 **in conto** ~ (*amm. - comm.*), konsignationsweise. 54 **libretto di** ~ (*finanz.*), Bankbuch (*n.*). 55 **parco di** ~ (piazzale di deposito, deposito all'aperto) (*ind.*), Lagerhof (*m.*), Lagerplatz (*m.*). 56 **piazzale di** ~ (parco di deposito, deposito all'aperto) (*ind.*), Lagerhof (*m.*), Lagerplatz (*m.*). 57 **ricevuta di** ~ (*finanz.*), Depositenschein (*m.*). 58 **spedire in conto** ~ (*comm. - amm.*), konsignieren.

deposizione (*gen.*), Ablegung (*f.*). 2 ~ (alluvionale) (*geol.*), Ablagerung (*f.*). 3 ~ (deposito) (*elettrochim.*), Niederschlag (*m.*). 4 ~ (di un teste) (*leg.*), Zeugenvernehmung (*f.*), Aussage (*f.*). 5 ~ **elettroforetica** (placcatura elettroforetica) (*elettrochim.*), elektrophoretische Plattierung. 6 ~ **giurata** (*leg.*), Beeidigung (*f.*). 7 **processo di** ~ (*chim. - ecc.*), Abscheidvorgang (*m.*).

depressione (pressione negativa) (*fis. - mot.*), Unterdruck (*m.*), Depression (*f.*). 2 ~ (della superficie terrestre) (*geogr. - geol.*), Tiefebene (*f.*), Tiefland (*f.*), Depression (*f.*). 3 ~ (minimo barometrico, ciclone) (*meteor.*), Tief (*n.*), Tiefdruckgebiet (*n.*), Zyklone (*f.*), barometrisches Minimum. 4 ~ (crisi finanziaria) (*comm. - finanz.*), Depression (*f.*), Krise (*f.*). 5 ~ **capillare** (*fis.*), Kapillardepression (*f.*). 6 ~ **paludosa** (*geol.*), Moorniederung (*f.*). 7 ~ **superficiale** (avvallamento superficiale, difetto d'un pezzo stampato ad iniezione p. es.) (*tecnol.*), Einfallstelle (*f.*). 8 **alimentazione a** ~ (di fogli p. es.) (*tip.*), Saugzuführung (*f.*). 9 **dispositivo di fissaggio (o presa) a** ~ (ventosa) (*app.*), Saugtasche (*f.*). 10 **freno a** ~ (*veic.*), Saugluftbremse (*f.*). 11 **filtro a** ~ (*app. chim.*), Saugfilter (*m.*). 12 **imbuto di** ~ (*idr.*), Senkungstrichter (*m.*).

depressore (*app.*), Vakuumpumpe (*f.*). 2 ~ (per autopilota) (*aer.*), Sogpumpe (*f.*), Absaugpumpe (*f.*).

deprezzamento (di una macch. p. es. col tempo) (*amm. - finanz.*), Wertminderung (*f.*), Entwertung (*f.*). 2 ~ (entità) (*amm. - finanz.*), Minderwert (*m.*). 3 **tasso di** ~ (tasso di ammortamento) (*finanz.*), Entwertungssatz (*m.*).

deprezzare (*finanz.*), entwerten.

deprezzato (*comm.*), abgewertet.

deprimere (*gen.*), niederschlagen. 2 ~ **il mercato** (*comm.*), den Markt drücken.

depside (composto di idrocarburi aromatici) (*chim.*), Depside (*n.*).

depurare (chiarificare, purificare, liquidi p. es.) (*ind.*), klären, reinigen. 2 ~ (trattare, condizionare; acqua per caldaie p. es.) (*ind.*), aufbereiten.

depuratore (per liquidi p. es.) (*app. ind. chim.*), Reinigungsapparat (*m.*), Reiniger (*m.*). 2 ~ **dell'aria** (filtro dell'aria) (*app.*), Luftreiniger (*m.*). 3 ~ **del vapore** (*macch.*), Dampfreiniger (*m.*).

depurazione (*ind. chim. - ecc.*), Reinigung (*f.*). 2 ~ (chiarificazione, di acque di scarico) (*ed.*), Klärung (*f.*), Reinigung (*f.*). 3 ~ (filtrazione magnetica p. es. di fluidi da taglio) (*mecc.*), Reinigung (*f.*). 4 ~ (dell'aria compressa p. es.) (*ind.*), Aufbereitung (*f.*). 5 ~ **a umido** (dei gas) (*ind. chim.*), Nassreinigung (*f.*). 6 ~ **dell'acqua** (*idr.*), Wasserreinigung (*f.*), Wasseraufbereitung (*f.*). 7 ~ **delle acque di rifiuto** (*ed. - ind.*), Abwasserreinigung (*f.*). 8 **impianto di** ~ **biologica** (per acque di rifiuto) (*ed. - idr.*), biologische Kläranlage (*f.*).

deragliamento (sviamento) (*ferr.*), Entgleisung (*f.*).

deragliare (sviare) (*ferr.*), entgleisen.

deragliato (sviato) (*ferr.*), entgleist.

deramare (*metall.*), entkupfern.

derapare (derivare) (*aer. - aut.*), schieben, seitlich abtreiben.

derapata (movimento laterale di un velivolo parallelamente al piano alare) (*aer.*), seitliches Abtreiben. 2 **angolo di** ~ (*aer. - aut.*), Schiebewinkel (*m.*).

deriva (deviazione dalla rotta dovuto a cause naturali od artificiali) (*aer. - nav.*), Abdrift (*f.*), Abtrift (*f.*), Drift (*f.*). 2 ~ (azione della corrente sulla rotta di una nave) (*navig. - nav.*), Stromversetzung (*f.*). 3 ~ (movimento del veic. trasversalmente all'asse longitudinale, dovuto al vento p. es.) (*aut.*), Schieben (*n.*). 4 ~ (balistica), Drallabweichung (*f.*). 5 ~ (superficie di deriva, piano fisso verticale dell'impennaggio) (*aer.*), Seitenflosse (*f.*). 6 ~ (elettronica), Drift (*f.*). 7 ~ (variazione non voluta d'un segnale) (*calc. - elab. dati*), Drift (*f.*). 8 ~ (d'un conduttore p. es., dovuta al vento) (*elett. - ecc.*), Abtrieb (*m.*), Abtrift (*f.*), Windabtrieb (*m.*). 9 ~ **aleatoria** (nei giroscopi) (*navig.*), Zufalls-Auswanderung (*f.*). 10 ~ **degli elettroni** (*fis.*), Elektronendrift (*f.*). 11 ~ **dei continenti** (teoria della deriva dei continenti) (*geofis.*), Verschiebungstheorie (*f.*). 12 ~ **di frequenza** (di un oscillatore) (*elettronica*), Frequenzdrift (*f.*). 13 ~ **mobile** (di una imbarcazione) (*nav.*), Schwert (*n.*), drehbares Schwert, Kielschwert (*n.*). 14 ~ **termica** (d'una tensione p. es.) (*elettronica*), Temperaturdrift (*f.*). 15 **a bassa** ~

(*elettronica*), driftarm. **16 angolo di** ~ (*aer. - navig.*), Abdriftwinkel (*m.*). **17 angolo di** ~ (di un pneumatico) (*aut.*), Schräglaufwinkel (*m.*). **18 angolo di** ~ (*elettronica*), Driftwinkel (*m.*). **19 calcolatore di** ~ (*navig.*), Abtriftrechner (*m.*). **20 corrente di** ~ (*nav.*), Driftströmung (*f.*). **21 momento di** ~ (di un pneumatico) (*aut.*), Schräglaufmoment (*n.*). **22 velocità di** ~ (di elettroni) (*elettronica*), Driftgeschwindigkeit (*f.*).
derivabile (*gen.*), ableitbar.
derivare (*mat.*), ableiten. 2 ~ (*aer. - nav.*), abtreiben. 3 ~ (derapare) (*aer. - aut.*), schieben, seitlich abtreiben.
derivata (*s. - mat.*), Ableitung (*f.*). Derivierte (*f.*). 2 ~ **a destra** (*mat.*), hintere Derivierte. 3 ~ **a sinistra** (*mat.*), vordere Derivierte. 4 ~ **parziale** (*mat.*), partielle Ableitung. 5 **quarta** ~ **rispetto ad x** (*mat.*), vierte Ableitung nach x.
derivativo (*gen.*), derivativ, ableitend. 2 **azione derivativa** (nella regolazione) (*elett. - ecc.*), Vorhalt (*m.*), D-Wirkung (*f.*), D-Einfluss (*m.*), D-Aufschaltung (*f.*). 3 **tempo di azione derivativa** (nella regolazione) (*elett. - ecc.*), Vorhaltezeit (*f.*).
derivato (*s. - chim.*), Derivat (*n.*). 2 ~ (prodotto derivato) (*s. - ind.*), Folgeprodukt (*n.*). 3 ~ (*a. - mat. - ecc.*), abgeleitet. 4 ~ **benzenico** (*chim.*), Benzolderivat (*n.*). 5 ~ **del catrame** (*ind. chim.*), Teerderivat (*n.*). 6 **derivati del petrolio** (prodotti petroliferi) (*ind. chim.*), Erdölerzeugnisse (*n. pl.*), Erdölprodukte (*n. pl.*). 7 **derivati vergella** (*ind. metall.*), Walzdrahterzeugnisse (*n. pl.*).
derivatore («shunt», resistenza in derivazione) (*elett.*), Nebenwiderstand (*m.*), Shunt (*n.*), Nebenschluss (*m.*). 2 ~ **induttivo** (*app. - elett.*), induktiver Nebenschluss.
derivazione (*gen.*), Ableitung (*f.*), Derivation (*f.*). 2 ~ **di una funzione p. es.**) (*mat.*), Ableitung (*f.*), Derivation (*f.*). 3 ~ (di un conduttore da una linea attraverso apposita cassetta o scatola) (*elett.*), Abzweigung (*f.*). 4 ~ (presa intermedia) (*elett.*), Anzapfung (*f.*). 5 ~ (deviazione dalla rotta) (*nav.*), Drift (*f.*), Abtrift (*f.*), Abdrift (*f.*). 6 ~ (di acqua p. es.) (*idr.*), Ableitung (*f.*). 7 ~ (biforcazione, di un fiume) (*geogr.*), Gabelung (*f.*), Bifurkation (*f.*). 8 ~ **telefonica** (*telef.*), Telephonnebenanschluss (*m.*). 9 **condensatore in** ~ (*elett.*), Parallelkondensator (*m.*), Speicherkondensator (*m.*). 10 **conduttanza in** ~ (*elett.*), Querleitwert (*m.*). 11 **filo di** ~ (*elett.*), Ableitungsdraht (*m.*). 12 **linea di** ~ (*elett.*), Abzweigleitung (*f.*). 13 **punto di** ~ (punto di presa) (*elett.*), Anzapfpunkt (*m.*). 14 **resistenza in** ~ (derivatore, «shunt») (*elett.*), Nebenwiderstand (*m.*), Shunt (*n.*), Nebenschluss (*m.*).
derivometro (*strum. - aer.*), Abdriftmesser (*m.*), Abtriftmesser (*m.*). 2 ~ **registratore** (*strum. aer.*), Abtriftschreiber (*m.*).
derrata (*ind.*), Ware (*f.*). 2 ~ **alimentare** (*ind.*), Essware (*f.*), Lebensmittel (*n.*).
desalificazione (dissalazione, dell'acqua di mare p. es.) (*gen.*), Entsalzung (*f.*). 2 ~ (del petrolio p. es.) (*ind. chim.*), Entsalzung (*f.*).

desalinizzare (dissalare, acqua) (*ind. chim.*), entsalzen.
disamminazione (scomposizione di gruppi amminici) (*chim.*), Desaminierung (*f.*).
descagliatura (disincrostazione, decalaminazione, dell'acciaio) (*metall.*), Entzunderung (*f.*).
descloizite (minerale di vanadio) (*min.*), Descloizit (*m.*).
descorificare (togliere le scorie) (*fond. - metall.*), entschlacken, abschlacken. 2 ~ **al maglio** (*metall.*), zängen.
descorificazione (asportazione delle scorie) (*metall. - fond.*), Entschlackung (*f.*).
descrittivo (rappresentativo) (*gen.*), darstellend, beschreibend.
descrittore (*doc.*), Deskriptor (*m.*). 2 ~ (tecnico, compilatore di libretti p. es. di un ufficio pubblicazioni tecniche) (*pers. - ind.*), Beschreibungsmann (*m.*).
descrivere (*gen.*), beschreiben. 2 ~ (*geom.*), darstellen.
descrizione (*gen.*), Beschreibung (*f.*). 2 ~ (esposizione, rappresentazione) (*gen.*), Darstellung (*f.*). 3 ~ (di un brevetto) (*leg.*), Beschreibung (*f.*). 4 ~ **del brevetto** (*leg.*), Patentbeschreibung (*f.*), Patentschrift (*f.*). 5 ~ **del lavoro** (*organ. del lav.*), Tätigkeitsbeschreibung (*f.*). 6 ~ **delle opere** (*ed.*), Baubeschrieb (*m.*). 7 ~ **dell'invenzione** (*leg.*), Erfindungsbeschreibung (*f.*).
desensibilizzatore (*fot.*), Desensibilisator (*m.*).
deserto (*geol. - geogr.*), Wüste (*f.*).
designare (denominare) (*gen.*), bezeichnen.
designazione (mediante nomi p. es.) (*gen.*), Bezeichnung (*f.*).
desilicazione (eliminazione della silice) (*ed. - idr.*), Entkieselung (*f.*).
desmodromico (a vincolo completo, detto di un sistema di corpi rigidi vincolati in modo che il sistema abbia un solo grado di libertà) (*mecc.*), zwangläufig. 2 **sistema** ~ (sistema a vincoli completi, avente un solo grado di libertà) (*mecc.*), zwangläufiger Verband.
desolforante (*s. - metall. - fond.*), Entschwefelungsmittel (*n.*).
desolforare (*metall. - fond.*), entschwefeln.
desolforazione (*metall. - fond.*), Entschwefelung (*f.*), Schwefelentziehung (*f.*).
desorbimento (desorzione, desorbizione) (*chim.*), Desorption (*f.*).
destinatario (*trasp. - posta*), Empfänger (*m.*), Adressat (*m.*). 2 **a carico del** ~ (contro assegno) (*trasp.*), unfrankiert.
destinazione (*trasp. - ecc.*), Bestimmungsort (*m.*). 2 **cartello della** ~ (sulle carrozze ferroviarie) (*ferr.*), Reisewegschild (*n.*).
destituibile (*lav. - pers.*), absetzbar.
destituire (un impiegato) (*pers.*), absetzen.
destituzione (di un impiegato) (*pers.*), Absetzung (*f.*).
destra (mano destra) (*s. - gen.*), Rechte (*f.*). 2 ~ (*a. - gen.*), rechte. 3 **a** ~ (*avv. - gen.*), rechts. 4 **guida a** ~ (*aut.*), Rechtslenkung (*f.*). 5 **sorpassare a** ~ (*traff. strad.*), rechts überholen. 6 **sterzata a** ~ (*aut.*), Rechtseinschlag (*m.*).

destrezza (abilità) (*lav.*), Tüchtigkeit (*f.*), Handfertigkeit (*f.*), Fertigkeit (*f.*).
destrina (*chim.*), Dextrin (*n.*), Stärkegummi (*m.*). **2 sostanze agglutinanti alla ~** (colle) (*ind. chim.*), Dextrinklebstoffe (*m. pl.*).
destro (*a. - gen.*), rechte. **2 ~** (destrorso, vite p. es.) (*mecc.*), rechtsgängig, rechtslaufend, rechtsdrehend.
destrogiro (destrorso) (*gen.*), rechtsdrehend, rechtsgängig, rechstlaufend.
destrorso (destro, destrogiro) (*mecc.*), rechtsgängig, rechtslaufend, rechtsdrehend. **2 ~** (orario, senso di rotazione) (*mecc. - ecc.*), im Uhrzeigersinn.
destrosio (glucosio) (*chim.*), Glykose (*f.*), Glukose (*f.*), Dextrose (*f.*).
desublimazione (*chim.*), Desublimation (*f.*).
« detector » (rivelatore, detettore) (*radio*), Detektor (*m.*).
detergente (*a. - gen.*), reinigend. **2 ~** (additivo detergente) (*s. - lubrif. - mot.*), Detergent-Wirkstoff (*m.*), Detergentzusatz (*m.*). **3 detergenti** (prodotti di bellezza) (*chim.*), Detergenzien (*pl.*). **4 additivo ~** (per oli lubrificanti) (*chim. ind. - mot.*), Detergent-Wirkstoff (*f.*).
deterioramento (deteriorazione) (*gen.*), Entartung (*f.*), Verfaulen (*n.*), Fäulnis (*f.*). **2 ~** (*chim. - ecc.*), Verfall (*m.*). **3 ~** (decomposizione, di legno p. es.) (*mater.*), Fäulnis (*f.*), Fäule (*f.*). **4 ~ da agenti atmosferici** (*meteor.*), Verwitterung (*f.*). **5 resistente al ~** (indeteriorabile) (*gen.*), fäulnisbeständig.
deteriorarsi (*gen.*), verfaulen, entarten.
determinabile (*gen.*), bestimmbar. **2 staticamente ~** (*sc. costr.*), statisch bestimmbar.
determinante (espressione) (*s. - mat.*), Determinante (*f.*). **2 ~** (*a. - gen.*), massgebend. **3 ~ funzionale** (determinante jacobiana) (*mat.*), Funktionaldeterminante (*f.*).
determinare (definire) (*gen.*), bestimmen, festsetzen, festlegen. **2 ~** (la composizione di una lega p. es.) (*chim. - ecc.*), festlegen, bestimmen. **3 ~** (l'imponibile) (*finanz.*), einschätzen. **4 ~** (causare) (*gen.*), verursachen. **5 ~ la polarità** (individuare la polarità, di un accumulatore) (*elett.*), polen, die Pole (eines Akkumulators) feststellen. **6 ~ la posizione** (fare il punto) (*nav.*), orten. **7 ~ staticamente** (*sc. costr.*), statisch berechnen, statisch bestimmen.
determinato (definito, stabilito) (*gen.*), bestimmt. **2 staticamente ~** (*sc. costr.*), statisch bestimmt.
determinazione (definizione) (*gen.*), Bestimmung (*f.*). **2 ~** (analisi) (*chim.*), Bestimmung (*f.*). **3 ~** (rilevamento durante prove p. es.) (*gen.*), Ermittlung (*f.*). **4 ~ dei costi** (analisi dei costi, calcolazione dei costi, di un prodotto) (*contabilità*), Kalkulation (*f.*), Kostenrechnung (*f.*). **5 ~ dei costi a consuntivo** (consuntivo) (*contabilità*), Nachkalkulation (*f.*). **6 ~ dei costi a preventivo** (preventivo di costo) (*contabilità*), Vorkalkulation (*f.*). **7 ~ dei cottimi** (*lav.*), Akkordlohnsetzung (*f.*). **8 ~ dei cottimi** (per minatori) (*lav. min.*), Gedingesetzung (*f.*). **9 ~ della direzione** (*navig.*), Seitenbestimmung (*f.*), Seitenkennung (*f.*). **10 ~ della posizione** (determinazione del punto) (*navig. - aer. - nav.*), Ortung (*f.*), Ortsbestimmung (*f.*). **11 ~ dell'imponibile** (*finanz.*), Einschätzung (*f.*). **12 ~ del punto** (determinazione della posizione) (*navig. - aer. - nav.*), Ortung (*f.*), Ortsbestimmung (*f.*). **13 ~ del punto di dispersione** (in un cavo p. es.) (*elett.*), Fehlerortsbestimmung (*f.*). **14 ~ del punto stimato** (*nav. - navig.*), Gissung (*f.*).
determinismo (causalità) (*fis. - mat.*), Determinismus (*m.*).
deterministico (*fis. - mat.*), deterministisch.
detersivi (per lavaggio) (*pl. - ind. chim.*), Detergentien (*n. pl.*).
detettore (« detector », rivelatore) (*radio*), Detektor (*m.*).
detonante (innesco) (*s. - espl.*), Zündstoff (*m.*), Initialsprengstoff (*m.*).
detonare (*espl.*), detonieren. **2 ~** (battere) (difetto del *mot.*), klopfen.
detonatore (*espl.*), Sprengkapsel (*f.*). **2 ~** (per mine) (*espl. - min.*), Explosionszünder (*m.*), Zündmaschine (*f.*).
detonazione (dei mot. a c. i.) (*mot.*), Klopfen (*n.*). **2 ~** (degli esplosivi) (*espl.*), Detonation (*f.*). **3 arresto della ~** (*min.*), Totlaufen (*n.*). **4 intensità della ~** (*mot.*), Klopfstärke (*f.*).
detonometro (misuratore dell'intensità della detonazione) (*app. - mot.*), Klopfstärke-Messgerät (*n.*). **2 ~ di Midgley** (asta saltellante di Midgley) (*app. - mot.*), Springstab (*m.*).
detraibile (deducibile) (*gen.*), abzugsfähig.
detrarre (*mat.*), abziehen. **2 ~** (*amm.*), abbuchen, abziehen.
detrito (*geol.*), Detritus (*m.*). **2 detriti alluvionali** (*geol.*), Anschwemmung (*f.*). **3 detriti asportati dal ghiacciaio** (*geol.*), Gletscherschliff (*n.*). **4 detriti di perforazione** (*min.*), Bohrklein (*n.*), Bohrgut (*n.*). **5 detriti di sottoescavazione** (*min.*), Schrämklein (*n.*).
dettagliante (commerciante al minuto) (*comm.*), Detailhändler (*m.*), Einzelhändler (*m.*), Kleinhändler (*m.*).
dettagliato (*gen.*), spezifiziert. **2 ~** (esauriente, completo; informazione p. es.) (*gen.*), ausführlich. **3 fattura dettagliata** (*amm.*), spezifizierte Rechnung.
dettaglio (*gen.*), Detail (*n.*). **2 commercio al ~** (commercio al minuto) (*comm.*), Einzelhandel (*m.*), Kleinhandel (*m.*), Detailhandel (*m.*).
dettare (*uff.*), diktieren.
deumidificato (vento del forno p. es.) (*metall. - ecc.*), entfeuchtet.
deumidificatore (*app.*), Entfeuchter (*m.*).
deumidificazione (dell'aria) (*ind. - ecc.*), Entfeuchten (*n.*), Entfeuchtung (*f.*). **2 ~ dell'aria** (*metall. - ecc.*), Luftentfeuchtung (*f.*).
deuteranopia (cecità per il verde, forma di daltonismo) (*ott. - med.*), Grünblindheit (*f.*).
deuteranopo (affetto da cecità per il verde) (*ott. - med.*), Grünblinde (*m.*).
deuterazione (metodo di depurazione dell'acqua pesante) (*fis. atom.*), Deuterierung (*f.*).
deuterio (idrogeno pesante) (D-^2H - *chim. - fis. atom.*), Deuterium (*n.*), schwerer Wasserstoff.

deuterone (deutone, nucleo dell'atomo di deuterio) (*fis. atom.*), Deuteron (*n.*).
deuteruro (*fis. atom.*), Deutrid (*n.*).
deutone (deuterone) (*fis. atom.*), Deuteron (*n.*).
devetrificare (*ind.*), entglasen.
devetrificazione (ricristallizzazione, passaggio dallo stato amorfo a quello cristallino) (*difetto - mft. vetro*), Entglasung (*f.*), Rekristallisierung (*f.*).
deviare (*gen.*), abweisen, ablenken, abweichen. 2 ~ (un raggio p. es.) (*ott.*), ablenken. 3 ~ (dalla rotta) (*nav. - aer.*), ablenken, abtreiben, abkommen, ausscheren. 4 ~ (*mecc.*), wegbiegen. 5 ~ **dalla rotta** (*nav.*), vom Kurs ablenken, vom Kurs abtreiben.
deviatoio (scambio) (*ferr.*), Weiche (*f.*). 2 ~ **a mano** (scambio a mano) (*ferr.*), Handweiche (*f.*), 3 ~ **da miniera** (*ferr. - min.*), Grubenweiche (*f.*). 4 ~ **doppio** (scambio doppio) (*ferr.*), Doppelweiche (*f.*). 5 ~ **inglese** (scambio inglese) (*ferr.*), englische Weiche. 6 ~ **preso di calcio** (*ferr.*), stumpf befahrene Weiche. 7 ~ **preso di punta** (*ferr.*), spitzbefahrene Weiche. 8 ~ **tallonabile** (*ferr.*), auffahrbare Weiche. 9 **ago del** ~ (ago dello scambio) (*ferr.*), Weichenzunge (*f.*). 10 **cuore del** ~ (cuore dello scambio) (*ferr.*), Weichenherzstück (*n.*). 11 **leva del** ~ (leva dello scambio) (*ferr.*), Weichenstellhebel (*m.*). 12 **piastrone del** ~ (piastrone dello scambio) (*ferr.*), Weichenplatte (*f.*).
deviatore (*app.*), Abweiser (*m.*). 2 ~ (*lav. - ferr.*), Weichenwärter (*m.*), Wechselwärter (*m.*), Weichensteller (*m.*). 3 ~ (dispositivo per girare il laminato di 180° all'uscita da un calibro ed imboccarlo nel calibro successivo) (*lamin.*), Umführung (*f.*). 4 ~ (commutatore) (*app. elett.*), Wechselschalter (*m.*). 5 ~ **del getto** (nelle turbine idrauliche o nei mot. a getto) (*idr. - mot.*), Strahlablenker (*m.*). 6 ~ **di corrente** (*idr. - costr. idr.*), Stromabweiser (*m.*). 7 ~ **elettromagnetico** (per lampeggiatori) (*aut. - elett.*), Blinkrelais (*n.*). 8 ~ **-scaricatore** (per scaricare materiale da un nastro trasportatore p. es.) (*trasp. ind.*), Abstreifer (*m.*).
deviazione (*gen.*), Ablenkung (*f.*), Abweichung (*f.*). 2 ~ (di raggi p. es.) (*fis. - ott.*), Ablenkung (*f.*). 3 ~ (di una lancetta od indice) (*strum.*), Abweichung (*f.*), Ausschlag (*m.*). 4 ~ (della bussola) (*strum.*), Deviation (*f.*), Ablenkung (*f.*). 5 ~ (diversione stradale) (*traff. strad.*), Umgehung (*f.*), Umweg (*m.*), Abweg (*m.*). 6 ~ **dalla regola** (*gen.*), Regelabweichung (*f.*). 7 ~ **dalla rotta** (*navig.*), Kursabweichung (*f.*). 8 ~ **del getto** (*mot. a getto*), Strahlablenkung (*f.*). 9 ~ **del getto** (deviazione della spinta) (*mot.*), Schubablenkung (*f.*). 10 ~ **della bussola** (*strum.*), Kompassablenkung (*f.*). 11 ~ **della spinta** (deviazione del getto) (*mot. a getto*), Schubablenkung (*f.*). 12 ~ **dell'indice** (*strum. - app.*), Zeigerausschlag (*m.*). 13 ~ **del quadro** (*telev.*), Teilbildablenkung (*f.*). 14 ~ **di fase** (nella modulazione di fase) (*elettronica*), Phasenhub (*m.*). 15 ~ **proporzionale** (scostamento proporzionale) (*regolaz.*), Proportional-Abweichung (*f.*), P-Abweichung (*f.*). 16 ~ **quadrantale** (*nav. - ecc.*), Quadrantalausschlag

(*m.*). 17 ~ **residua** (d'uno strumento) (*app. - strum.*), Nullpunktfehler (*m.*), Nullpunktabweichung (*f.*). 18 ~ **stradale** (*strad.*), Abweg (*m.*), Umweg (*m.*), Umleitung (*f.*), Umgehung (*f.*). 19 **angolo di** ~ (di raggi attraversanti un prisma p. es.) (*ott.*), Ablenkungswinkel (*m.*). 20 **angolo di** ~ (*strum. - ecc.*), Ausschlagwinkel (*m.*). 21 **indicatore di** ~ (della rotta) (*radar - aer. - ecc.*), Abweichungsanzeiger (*m.*), Ablageanzeiger (*m.*). 22 **opere di** ~ (*costr. idr.*), Umleitungsbauten (*f. pl.*). 23 **tabella delle deviazioni** (per la correzione della rotta) (*aer.*), Deviationstafel (*f.*).
deviometro (*navig. - app.*), Abweichungsmessgerät (*n.*).
devoltore (trasformatore, riduttore di tensione) (*app. elett.*), Abwärtstransformator (*m.*).
devoluzione (*leg.*), Devolution (*f.*). 2 **contratto di** ~ **di utili** (*finanz.*), Gewinnabführungsvertrag (*m.*).
devoniano (devonico) (*geol.*), Devon (*n.*).
devonico (devoniano) (*geol.*), Devon (*n.*).
Dewar, vaso di ~ (bottiglia di Dewar) (*fis.*), Dewarsches Gefäss, Thermosflasche (*f.*).
dezincatura (*metall.*), Entzinkung (*f.*).
dezineper (*mis.*), Dezineper (*n.*).
dg (decigrammo) (*unità di mis.*), dg, Dezigramm (*n.*).
di (di un certo materiale, di acciaio p. es.) (*gen.*), aus.
diabase (roccia effusiva) (*min.*), Diabas (*m.*).
diabon (tipo di grafite impregnata) (*materiale*), Diabon (*m.*).
diac (diode-ac-switch) (*elettronica*), Diac (*n.*), Dioden-Wechselstrom-Schalter.
diacisdodecaedro (cristallo; diploedro, diploide) (*min.*), Dyakisdodekaeder (*n.*), Diploeder (*n.*).
diafanimetro (app. per determinare il grado di visibilità) (*app. - meteor.*), Diaphanometer (*n.*).
diafonia (*telef.*), Nebensprechen (*n.*). 2 ~ **lontana** (telediafonia) (*telef.*), Fernnebensprechen (*n.*). 3 ~ **vicina** (paradiafonia) (*telef.*), Nahnebensprechen (*n.*). 4 **compensazione di** ~ (*telef.*), Nebensprechausgleich (*m.*).
diafonometro (*telef.*), Nebensprechdämpfungsmesser (*m.*).
diaforesi (sudorazione) (*biol. - med.*), Diaphorese (*f.*), Durchschwitzen (*n.*), Schwitzen (*n.*). 2 **resistenza alla** ~ (solidità alla sudorazione) (*ind. tess.*), Schweissechtheit (*f.*).
diaframma (*ott. - fot.*), Blende (*f.*). 2 ~ (app. per misurare la portata di liquidi entro condotte in pressione) (*idr.*), Blende (*f.*), Messblende (*f.*), Drosselscheibe (*f.*). 3 ~ (membrana) (*gen.*), Diaphragma (*n.*), Membran (*f.*). 4 ~ (membrana, tramezzo poroso) (*elettrochim.*), Diaphragma (*n.*). 5 ~ (deflettore, nel serbatoio del carburante) (*aer.*), Schlingerwand (*f.*). 6 ~ (d'una servovalvola idraul. p. es.) (*oleoidr.*) Prallplatte (*f.*). 7 ~ **ad iride** (*ott.*), Irisblende (*f.*). 8 ~ **ad iride** (diaframma a lamelle, otturatore a lamelle) (*fot.*), Lamellenverschluss (*m.*). 9 ~ **a fessura** (*ott. - fot.*), Schlitzblende (*f.*), Spaltblende (*f.*). 10 ~ **a lamelle** (diaframma ad iride, ottura-

diaframmare

tore a lamelle) (*fot.*), Lamellenverschluss (*m.*). 11 ~ **centrale** (d'una diga) (*costr. idr.*), Kern (*m.*). 12 ~ **centrale di tenuta** (d'una diga) (*costr. idr.*), Kerndichtung (*f.*). 13 ~ **di strozzamento** (*tubaz.*), Drosselscheibe (*f.*), Drosselblende (*f.*), Blende (*f.*). 14 ~ **di ventilazione** (parete divisoria tra due flussi d'aria) (*min.*), Wetterscheider (*m.*). 15 ~ **puntiforme** (*ott.*), Punktblende (*f.*). 16 **metodo del ~ spettrale** (in fotometria e colorimetria) (*ott.*), Spektralmaskenverfahren (*n.*).

diaframmare (*ott. - fot.*), abblenden.

diaftorite (roccia diaftoritica) (*min.*), Diaphtorit (*m.*).

diagenesi (lapidificazione) (*geol.*), Diagenese (*f.*).

diagnosi (*med. - tecnol. mecc. - ecc.*), Diagnose (*f.*). 2 ~ **dei difetti** (*aut. - ecc.*), Fehlersuche (*f.*).

diagnostico (*gen.*), diagnostisch. 2 **programma ~** (programma di controllo, programma di prova) (*calc.*), Prüfprogramm (*m.*), Testprogramm (*m.*).

diagonale (*a. - gen.*), diagonal. 2 ~ (*a. - geom.*), diagonal. 3 ~ (*s. - geom.*), Diagonale (*f.*), Winkellinie (*f.*). 4 ~ (di una travatura) (*s. - ed.*), Diagonale (*f.*), Schräge (*f.*). 5 ~ (puntone diagonale, saettone) (*s. - ed.*), Strebe (*f.*). 6 ~ (tessuto diagonale) (*s. - ind. tess.*), Diagonal (*n.*), Köper (*m.*).

diagonalmente (*gen.*), übereck.

diagramma (*tecnol. - ecc.*), Diagramm (*n.*), Schaubild (*n.*). 2 ~ (caratteristica polare, di un'antenna) (*radio*), Richtdiagramm (*n.*). 3 ~ (curva-luogo) (*mat. - regolaz.*), Ortskurve (*f.*). 4 ~ **a barre** (o colonne) (istogramma) (*stat.*), Säulendiagramm (*m.*), Stabdiagramm (*n.*), Balkendiagramm (*n.*). 5 ~ **a blocchi** (tecnica di programmazione p. es.) (*ind. - calc.*), Blockdiagramm (*n.*). 6 ~ **a blocchi** (schema a blocchi, per la rappres. d'un circuito p. es.) (*elett. - ecc.*), Blockschaltbild (*n.*). 7 ~ **a colonne** (istogramma, diagramma a barre) (*stat.*), Balkendiagramm (*m.*), Säulendiagramm (*n.*), Stabdiagramm (*n.*). 8 ~ **a curve ovoidali** (diagramma caratteristica dal quale vengono rilevati p. es. la potenza, i giri, consumi ecc.) (*mot. - macch.*), Muscheldiagramm (*n.*). 9 ~ **analogico** (*fis. - ecc.*), Analogschaltbild (*n.*). 10 ~ **caratteristico** (diagramma delle curve caratteristiche) (*macch. - mot.*), Kennfeld (*n.*), Kennlinienfeld (*n.*). 11 ~ **carichi-tempi di scorrimento** (nella prova di scorrimento) (*metall. - tecnol. mecc.*), Zeitstand-Schaubild (*n.*). 12 ~ **carico-allungamento** (*sc. costr.*), Spannungs-Dehnungs-diagramm (*n.*). 13 ~ **carico-deformazioni** (*sc. costr.*), Spannungs-Dehnungs-Diagramm (*n.*), Kraft-Verlängerungsschaubild (*n.*), Zerreiss-schaubild (*n.*). 14 ~ **circolare** (*elett. - ecc.*), Kreisdiagramm (*n.*). 15 ~ **cremoniano** (diagramma reciproco) (*sc. costr.*), Kräftediagramm (*n.*), Kräfteplan (*m.*), Cremonascher Kräfteplan. 16 ~ **cromatico** (triangolo dei colori) (*ott.*), Farbtafel (*f.*), Farbwert-Diagramm (*n.*). 17 ~ **dei momenti** (*sc. costr.*), Momentenfläche (*f.*). 18 ~ **dei momenti flettenti** (*sc. costr.*), Biegemomentfläche (*f.*). 19 ~ **dei tempi** (grafico dei tempi di reazione p. es.) (*aut. - ecc.*), Zeitkennbild (*n.*). 20 ~ **del bilancio energetico** (diagramma di Sankey) (*elett.*), Energieflussbild (*n.*), Sankey-Diagramm (*n.*). 21 ~ **del bilancio termico** (grafico del bilancio termico, diagramma di Sankey) (*termod.*), Wärmeflussbild (*n.*), Sankey-Diagramm (*n.*). 22 ~ **del ciclo di lavorazione** (*ind.*), Fliessbild (*n.*), Fliessdiagramm (*n.*). 23 ~ **della camma** (*mecc.*), Kurvendiagramm (*n.*). 24 ~ **della curva di potenza** (curva di potenza) (*mot.*), Leistungsdiagramm (*n.*). 25 ~ **della distribuzione** (di un mot. a comb. interna) (*mot.*), Steuerdiagramm (*n.*), Steuerungsdiagramm (*n.*). 26 ~ **della distribuzione** (*macch. a vapore*), Schieberdiagramm (*n.*). 27 ~ **della funzione di trasferimento** (*regolaz.*), Ortskurve der Übertragungsfunktion. 28 **diagrammi della pressione di vapore** (curve della pressione di vapore) (*fis.*), Dampfdruckkurven (*f. pl.*). 29 ~ **dell'aria umida** (*termod.*), Enthalpie-Feuchtegrad-Diagramm (*n.*), i,x-Diagramm (*n.*). 30 ~ **della spinta** (in funzione della velocità di volo) (*mot. aer.*), Schubdiagramm (*n.*). 31 ~ **della torsione** (grafico della torsione) (*sc. costr.*), Torsiogramm (*n.*). 32 ~ **del lavoro** (diagramma di Clapeyron) (*termod.*), Arbeitsdiagramm (*n.*), p,v-Diagramm (*n.*), Druck-Volum-Diagramm (*n.*). 33 ~ **delle curve isofote** (*ott. - illum.*), Diagramm gleicher Lichtstärke. 34 ~ **delle fasi** (*chim. - metall.*), vedi diagramma di stato. 35 ~ **delle forze** (grafico delle forze di azionamento p. es.) (*mecc. - ecc.*), Kraftkennbild (*n.*). 36 ~ **delle masse** (curva delle aree, grafico dei movimenti di terra) (*ing. civ.*), Massenplan (*m.*), Transportplan (*m.*). 37 ~ **dell'indicatore** (*mot.*), Indikatordiagramm (*n.*). 38 ~ **del livello** (d'un collegamento per telecomunicazioni, ipsogramma) (*radio - ecc.*), Pegeldiagramm (*n.*). 39 ~ **dell'ossigeno** (*biochim.*), Sauerstofflinie (*f.*). 40 ~ **di Adler** (diagramma di cloro) (*chim.*), Chlordiagramm (*n.*). 41 ~ **di Applegate** (in tubi a modulazione di velocità, rappresenta la compressione degli elettroni) (*elettronica*), Applegate-Diagramm (*n.*), Elektronenfahrplan (*m.*). 42 ~ **di carico** (*ed. - ind. - ecc.*), Lastschema (*n.*). 43 ~ **di carico** (*elett. - ecc.*), Belastungskurve (*f.*). 44 ~ **di carico tridimensionale** (*elett. - ecc.*), Belastungsgebirge (*n.*). 45 ~ **di cedimento** (diagramma carichi-deformazioni) (*sc. costr.*), Belastungs-Dehnungs-Schaubild (*n.*), Spannungs-Dehnungs-Diagramm (*n.*). 46 ~ **di Clapeyron** (diagramma del lavoro) (*termod.*), Arbeitsdiagramm (*n.*), p,v-Diagramm (*n.*), Druck-Volum-Diagramm (*n.*). 47 ~ **di cloro** (diagramma di Adler) (*chim.*), Chlordiagramm (*n.*). 48 ~ **di decorso operativo** (rappresentazione grafica della sequenza di istruzioni) (*calc.*), vedi diagramma di lavoro. 49 ~ **di equilibrio** (*chim. - metall.*), vedi diagramma di stato. 50 ~ **di equilibrio liquido-vapore** (*fis.*), Siedediagramm (*n.*). 51 ~ **di fatica** (diagramma delle curve di fatica) (*tecnol. mecc.*), Dauerfestigkeits-Schaubild (*n.*). 52 ~ **di forma** (diagramma delle caratteristiche di forma in funzione del pescaggio) (*costr. nav.*), Form-Kurvenblatt (*n.*), Kurvenblatt (*n.*). 53 ~ **di Gantt** (per rappresentare i programmi di consegna) (*organ. lav.*), Ganttplan (*m.*). 54 ~ **di Goodman** (nelle prove di fatica) (*prove mater.*), Spannungshäuschen (*n.*), Schaubild nach Goodman. 55 ~ **di Laue** (lauediagramma, lauegramma, nelle prove non distruttive p. es. con l'analisi della struttura del reticolo di cristalli con raggi X) (*metall.*), Laue-Diagramm (*n.*), Einkristall-Diagramm (*n.*). 56 ~ **di lavorazione** (flusso dei materiali) (*ind.*), Schema (*n.*), Stoflussbild (*n.*). 57 ~ **di lavorazione** (ciclo di lavorazione) (*lav. mecc. - macch. ut. - ecc.*), Fertigungsplan (*m.*), Durchlaufplan (*m.*). 58 ~ **di lavoro** (reogramma, rappresentazione grafica di tutte le operazioni che portano alla soluzione d'un problema) (*calc. - elab. dati*), Flussdiagramm (*n.*). 59 ~ **di Mollier** (diagramma entalpia-entropia) (*termod.*), Mollier-Diagramm (*n.*), Enthalpie - Entropie - Diagramm (*n.*), i,s-Diagramm (*n.*). 60 ~ **di Nyquist** (diagramma polare della funzione di trasferimento dell'anello di regolazione aperto) (*regolaz.*), Ortskurve des offenen Regelkreises. 61 ~ **di Sankey** (rappresentazione grafica del bilancio energetico) (*elett.*), Sankey-Diagramm (*n.*), Energieflussbild (*n.*). 62 ~ **di Sankey** (grafico del bilancio termico) (*macch. - term.*), Sankey-Diagramm (*n.*), Wärmeflussbild (*n.*). 63 ~ **di solidificazione** (*metall.*), Liquiduslinien (*f. pl.*). 64 ~ **di stato** (*metall.*), Zustandsdiagramm (*n.*). 65 ~ **di stato ferro-carbonio** (*metall.*), Eisen-Kohlenstoff-Schaubild (*n.*). 66 ~ **di Stribeck** (diagramma degli attriti di Stribeck, curva dei coefficienti di attrito in funzione della velocità di scorrimento, per cuscinetti lubrificati ad olio) (*mecc. - lubrificazione*), Stribeck-Kurve (*f.*). 67 ~ **energetico** (delle particelle) (*fis. atom.*), Termschema (*n.*), Energieschema (*n.*). 68 ~ **entalpia-entropia** (diagramma di Mollier) (*termodin.*), Enthalpie - Enthropie - Diagramm (*n.*), Mollier - Diagramm (*n.*), i,s-Diagramm (*n.*). 69 ~ **entalpia-pressione** (diagramma i-p) (*frigotecnica*), Enthalpie-Druck-Diagramm (*n.*), i,P-Diagramm (*n.*). 70 ~ **entalpico** (*termodin.*), Wärmeinhalt-Temperatur-Bild (*n.*), i,t-Bild (*n.*). 71 ~ **entropico** (*termodin.*), Wärmebild (*n.*), Wärmediagramm (*n.*), Ts-Diagramm (*n.*). 72 ~ **forza di trazione-velocità** (*veic.*), Zugkraft-Geschwindigkeit-Schaubild (*n.*), Z-V-Schaubild (*n.*). 73 ~ **funzionale** (*elett. - ecc.*), Funktionsbild (*n.*). 74 ~ **grandezza-tempo** (curva in funzione del tempo) (*fis.*), Ganglinie (*f.*). 75 ~ **i-p** (diagramma entalpia-pressione) (*frigotecnica*), i,P-Diagramm (*n.*), Enthalpie-Druck-Diagramm (*n.*). 76 ~ **numero di Mach-fattore di carico** (*aer.*), M-n-Diagramm (*n.*), Mach-Zahl-Lastvielfacher-Diagramm (*n.*). 77 ~ **polare** (*mat.*), Polardiagramm (*n.*). 78 ~ **polare della funzione di trasferimento dell'anello di regolazione aperto** (diagramma di Nyquist) (*regolaz.*), Ortskurve des offenen Regelkreises. 79 ~ **pressione-temperatura** (diagramma p,t) (*termod.*), P,t-Diagramm (*n.*), Druck - Temperatur - Diagramm (*n.*). 80 ~ **pressione-velocità** (*aerodin.*), Druck-Geschwindigkeit-Diagramm (*n.*), p,W-Diagramm (*n.*). 81 ~ **p,t** (diagramma pressione-temperatura) (*termod.*), P,t-Diagramm (*n.*). 82 ~ **reciproco** (diagramma cremoniano) (*sc. costr.*), Kräftediagramm (*n.*), Kräfteplan (*m.*), reziproker Kräfteplan. 83 ~ **reticolare** (reticolo, per l'esecuzione di progetti) (*progr. - ind.*), Netzplan (*m.*), NP. 84 ~ **sollecitazioni-deformazioni** (curva carico-deformazioni, curva sollecitazioni-deformazioni) (*sc. costr.*), Last-Dehnungskurve (*f.*), Spannungs-Dehnungs-Diagramm (*n.*). 85 ~ **svedese** (per determinare la corrente eccitatrice nominale, secondo le regole svedesi relative alle macchine elettriche) (*elett.*), Schwedendiagramm (*n.*). 86 ~ **temperatura massima-tempo** (di raffreddamento) (nella saldatura p. es.) (*tecnol. mecc.*), STAZ-Schaubild (*n.*). 87 ~ **tensoriale** (*sc. costr.*), Verspannung-Schaubild (*n.*). 88 ~ **TTT** (diagramma temperatura-tempo-trasformazione) (*metall.*), ZTU-Schaubild (*n.*), Zeit-Temperatur-Umwandlungsschaubild (*n.*). 89 ~ **velocità-coefficiente di carico** (*aer.*), Geschwindigkeit-Lastvielfaches-Diagramm (*n.*), V-n-Diagramm (*n.*), V-n-Schaubild (*n.*). 90 ~ **vettoriale** (*mat.*), Vektordiagramm (*n.*), Zeigerdiagramm (*n.*). 91 **rilevare il ~ di lavoro** (*macch.*), indizieren, das Arbeitsdiagramm aufnehmen.

diagrammatore (tracciatore di coordinate per definire linee e curve) (*macch.*), Plotter (*m.*), Kurvenschreiber (*m.*). 2 ~ (per la rappresentazione grafica di risultati elaborati elettronicamente) (*elab. dati*), Dataplotter (*m.*).

dialisi (separazione delle sostanze in soluzione) (*chim.*), Dialyse (*f.*).

dializzare (*chim.*), dialysieren.

dializzatore (*app. chim.*), Dialysierzelle (*f.*), Dialysator (*m.*).

diallagio (min. del gruppo dei pirosseni) (*min.*), Diallag (*m.*).

diamagnetico (*elett.*), diamagnetisch. 2 **sostanza diamagnetica** (*elett.*), Diamagnetikum (*n.*).

diamagnetismo (*elett.*), Diamagnetismus (*m.*).

diamante (*min.*), Diamant (*m.*). 2 ~ (occhio di mosca, carattere di corpo 3) (*tip.*), Diamant (*m.*). 3 ~ **bort** (diamante industriale, carbonado) (*min.*), Industriediamant (*m.*), Bort (*m.*). 4 ~ **da vetraio** (diamante tagliavetro) (*ut.*), Glaserdiamant (*m.*). 5 ~ **grezzo** (diamante non lavorato) (*min.*), Rohdiamant (*m.*). 6 ~ **industriale** (diamante bort, carbonado) (*min.*), Industriediamant (*m.*), Bort (*m.*). 7 ~ **nero** (carbonado) (*min.*), schwarzer Diamant, Carbonado (*m.*). 8 ~ **non lavorato** (diamante grezzo) (*min.*), Rohdiamant (*m.*). 9 ~ **per ripassatura** (*macch. ut.*), Abdrehdiamant (*m.*), Abrichtdiamant (*m.*). 10 ~ **puro** (*min.*), klarer Diamant. 11 ~ **ravvivatore** (*macch. ut.*), Abdrehdiamant (*m.*), Abrichtdiamant (*m.*). 12 ~ **sagomato** (*ut.*), Formdiamant (*m.*). 13 ~ **tagliavetro** (diamante da vetraio) (*ut.*), Glaserdiamant (*m.*). 14 **cono di** ~ (per prove Rockwell) (*tecnol. mecc.*), Diamantkegel (*m.*). 15 **filiera di** ~ (*tecnol. mecc.*), Diamantdrahtziehstein (*m.*). 16 **pasta di** ~ (*ut. - mecc.*), Diamantpaste (*f.*). 17 **polvere di** ~ (*tecnol. mecc.*), Diamant-

diametrale

pulver (*n.*), Diamantstaub (*m.*). **18 punta a corona di diamanti** (scalpello a corona di diamanti) (*att. min.*), Diamantkrone (*f.*). **19 rettifica a ~** (*lav. macch. ut.*), Diamantschleifen (*n.*). **20 scalpello a corona di diamanti** (punta a corona di diamanti) (*att. min.*), Diamantkrone (*f.*). **21 tagliente di ~** (*ut.*), Diamantschneide (*f.*). **22 utensile di ~** (*ut.*), Diamantwerkzeug (*n.*).
diametrale (*geom.*), diametral.
diametralmente opposto (*geom. - ecc.*), diametral entgegengesetzt.
diametro (*geom. - ecc.*), Durchmesser (*m.*). **2 ~** (*mecc. - ecc.*), Durchmesser (*m.*). **3 ~ base** (diametro del cerchio base, di una dentatura) (*mecc.*), Grundkreisdurchmesser (*m.*). **4 ~ coniugato** (*geom.*), konjugierter Durhcmesser. **5 ~ del cerchio di fondo** (diametro di fondo, di una ruota dentata) (*mecc.*), Fusskreisdurchmesser (*m.*). **6 ~ del cerchio di troncatura** (diametro di troncatura, di una ruota dentata) (*mecc.*), Kopfkreisdurchmesser (*m.*). **7 ~ del colletto** (di una vite, diametro dello spallamento) (*mecc.*), Bunddurchmesser (*m.*). **8 ~ del filo (metallico)** (*tecnol. mecc.*), Drahtstärke (*f.*). **9 ~ del gambo** (diametro della parte non filettata, di una vite) (*mecc.*), Schaftdurchmesser (*m.*). **10 ~ della circonferenza fori** (diametro del cerchio passante per i centri di più fori, di una flangia p. es.) (*mecc.*), Lochkreisdurchmesser (*m.*). **11 ~ dello scarico** (di una punta elicoidale) (*ut.*), Rückendurchmesser (*m.*). **12 ~ del nocciolo** (di una vite) (*mecc.*), Kerndurchmesser (*m.*). **13 ~ di fondo** (di una ruota dentata, diametro del cerchio di fondo) (*mecc.*), Fusskreisdurchmesser (*m.*). **14 ~ di installazione** (di uno strumento p. es.) (*strum. - ecc.*), Einbaudurchmesser (*m.*). **15 ~ di nocciolo della filettatura** (*mecc.*), Gewindekerndurchmesser (*m.*). **16 ~ di nocciolo della vite** (*mecc.*), Schrauben-Kerndurchmesser (*m.*), Bolzen-Kerndurchmesser (*m.*). **17 ~ di rotazione sul bancale** (*lav. macch. ut.*), Umlaufdurchmesser über Bett. **18 ~ di sterzata minima** (riferito alla parte più esterna del veicolo) (*aut.*), kleinster Wendekreisdurchmesser. **19 ~ di sterzata minima** (riferito alla mediana del pneumatico della ruota esterna) (*aut.*), kleinster Spurkreisdurchmesser. **20 ~ di troncatura** (diametro del cerchio di troncatura, di una ruota dentata) (*mecc.*), Kopfkreisdurchmesser (*m.*). **21 ~ equivalente termico** (*fis.*), thermischer Durchmesser. **22 ~ esterno** (*mecc. - ecc.*), äusserer Durchmesser, Aussendurchmesser (*m.*). **23 ~ esterno** (di una ruota dentata, diametro di troncatura) (*mecc.*), Kopfkreisdurchmesser (*m.*). **24 ~ esterno della filettatura** (*mecc.*), Gewindeaussendurchmesser (*m.*). **25 ~ esterno della vite** (*mecc.*), Schrauben-Aussendurchmesser Bolzen-Aussendurchmesser (*m.*). **26 ~ idraulico** (del flusso entro tubi, rapporto fra area della sezione e perimetro bagnato) (*idr.*), hydraulischer Durchmesser. **27 ~ interno** (*mecc. - ecc.*), Innendurchmesser (*m.*). **28 ~ interno** (di una ruota dentata, diametro di fondo) (*mecc.*), Fusskreisdurchmesser (*m.*). **29 ~ interno del tubo** (*tubaz.*), Rohrweite (*f.*). **30 ~ massimo di 500 mm lavorabile sul bancale** (di un tornio) (*macch. ut.*), Umlaufdurchmesser über Bett von 500 mm. **31 ~ massimo di foratura** (di un trapano) (*macch. ut.*), Bohrdurchmesser (*m.*), Bohrleistung (*f.*). **32 ~ massimo di tornitura** (diametro massimo eseguibile sul tornio) (*macch. ut.*), Drehdurchmesser (*m.*), Spitzenhöhe (*f.*). **33 ~ massimo di tornitura interna** (*macch. ut.*), Ausdrehdurchmesser (*m.*). **34 ~ massimo di tornitura sul bancale** (*macch. ut.*), Drehdurchmesser über Bett. **35 ~ massimo di tornitura sull'incavo** (del banco) (*macch. ut.*), Drehdurchmesser über der Kröpfung. **36 ~ massimo forabile** (di una trapanatrice) (*lav. macch. ut.*), Bohrleistung (*f.*). **37 ~ medio** (di una vite) (*mecc.*), Flankendurchmesser (*m.*). **38 ~ medio della filettatura** (*mecc.*), Gewindeflankendurchmesser (*m.*). **39 ~ minimo di volta** (riferito alla mediana del penumatico della ruota esterna) (*aut.*), kleinster Spurkreisdurchmesser. **40 ~ minimo di volta** (riferito al massimo ingombro del veicolo) (*aut.*), kleinster Wendekreisdurchmesser. **41 ~ nominale** (*mecc.*), Nenndurchmesser (*m.*). **42 ~ nominale** (d'un tubo) (*tubaz.*), Nennweite (*f.*). **43 ~ primitivo** (*mecc.*), Teilkreisdurchmesser (*m.*).
diammina (*chim.*), Diamin (*n.*).
diapason (corista) (*strum. acus.*), Stimmgabel (*f.*). **2 oscillatore a ~** (*elettronica*), Stimmgabeloszillator (*m.*), Stimmgabelgenerator (*m.*).
diapiro (piega-diapiro, intrusione tettonica di rocce verso l'alto) (*geol.*), Diapir (*m.*).
diapositiva (*fot. - ott.*), Diapositiv (*n.*), Dia. **2 ~ a colori** (*fot. - ott.*), Farbdia (*n.*), Farbdiapositiv (*n.*). **3 ~ con (solo) testo** (*tip.*), Textdiapositiv (*n.*). **4 analizzatore di diapositive** (*app. ott. - telev.*), Diageber (*m.*), Diapositivgeber (*m.*). **5 proiettore per diapositive** (*ott.*), Diaprojektor (*m.*), Diaskop (*n.*). **6 proiezione di diapositive** (diascopia) (*ott. - fot.*), Diapositivprojektion (*f.*), Diaprojektion (*f.*). **7 scansione di diapositive** (*telev.*), Diaabtastung (*f.*). **8 visore per diapositive** (visorino) (*app. - ott.*), Diabetrachter (*m.*).
diaria (trasferta, indennità di trasferta) (*lav. - pers.*), Auslösung (*f.*), Tagegelder (*n. - pl.*), Diäten (*f. - pl.*).
diario (*tip. - ecc.*), Tagebuch (*n.*).
diascopia (proiezione di diapositive) (*ott. - fot.*), Diapositivprojektion (*f.*), Diaprojektion (*f.*).
diascopico (*ott.*), Durchleuchtungs.... Durchstrahlungs... **2 microscopia elettronica diascopica** (*ott.*), Durchstrahlungs-Eelktronenmikroskopie (*f.*).
diasporametro (*app. - ott.*), Diasporameter (*m.*), Keilkompensator (*m.*), Drehkeilpaar (*n.*).
diaspro (*min.*), Jaspis (*m.*).
diastasi (amilasi, enzima) (*chim.*), Diastase (*f.*), Amylase (*f.*).
diatermanità (per radiazioni termiche) (*fis.*), Durchlässigkeit (*f.*). **2 curva di ~** (curva di penetrazione) (*term.*), Durchlässigkeitskurve (*f.*).

diatermàno (trasparente per le radiazioni termiche) (*a. - fis.*), diatherman, wärmedurchlässig.
diatermasía (*fis.*), Wärmedurchlässigkeit (*f.*).
diatermia (*med.*), Diathermie (*f.*).
diatomea (*botanica - geol.*), Kieselalge (*f.*), Diatomee (*f.*).
diatomite (farina fossile, tripoli) (*min.*), Diatomeenerde (*f.*), Kieselgur (*f.*).
diazocomposti (composti di diazonio) (*chim.*), Diazoniumverbindungen (*f. pl.*).
diazonio (*chim.*), Diazonium (*n.*). **2 composti di ~** (diazocomposti) (*chim.*), Diazoniumverbindungen (*f. pl.*).
diazotazione (reazione tra ammine aromatiche ed acido nitroso) (*chim.*), Diazotierung (*f.*).
dibattere (*gen.*), debattieren.
dibattito (*gen.*), Debatte (*f.*).
dicco (filone eruttivo) (*min.*), Gesteinsgang (*m.*).
dichiarare (*gen.*), aussagen, deklarieren.
dichiarato (*gen.*), deklariert. **2 ~** (capitale p. es.) (*finanz.*), ausgewiesen.
dichiarazione (*gen.*), Deklaration (*f.*), Aussage (*f.*). **2 ~ dei redditi** (*finanz.*), Steuererklärung (*f.*), Steuerdeklaration (*f.*), Einkommensteuererklärung (*f.*). **3 ~ di cessione** (atto di cessione) (*comm. - ecc.*), Abtretungserklärung (*f.*). **4 ~ di dividendo** (*finanz.*), Dividendenerklärung (*f.*). **5 ~ di fallimento** (*comm.*), Konkurserklärung (*f.*). **6 ~ doganale** (*comm.*), Zolldeklaration (*f.*), Zollerklärung (*f.*), Zollinhaltserklärung (*f.*).
dicitura (*gen.*), Aufschrift (*f.*), Beschriftung (*f.*). **2 applicare le diciture** (in un disegno) (*dis.*), beschriften.
dicloretilene (dicloroetilene, dielina) (*chim.*), Dichloräthylen (*n.*).
diclorodifluorometano (CCl_2F_2) (Freon 12, frigene) (*chim. - ind. freddo*), Freon 12, Frigen (*n.*).
dicloroetilene (dicloretilene, dielina) (*chim.*), Dichloräthylen (*n.*).
dicroico (cristallo p. es.) (*ott.*), dichroitisch.
dicroismo (*ott.*), Dichroismus (*m.*).
dicroscopio (lente per accertare il dicroismo di cristalli) (*strum. ott. - min.*), Dichroskop (*n.*).
didascalia (leggenda, di un'illustrazione p. es.) (*tip.*), Erläuterung (*f.*). **2 ~** (sottotitolo) (*cinem.*), Bildüberschrift (*f.*), Untertitel (*m.*).
didattico (*gen.*), lehrhaft. **2 macchina elettronica didattica** (macch. per insegnare) (*macch.*), Elektronik-Lehrgerät (*n.*). **3 modello ~** (*cibernetica*), Lernmodell (*n.*).
didimio (terra rara) (*chim.*), Didym (*n.*).
diedro (*geom. - aer.*), V-Winkel (*m.*), Zweiflach (*n.*).
dielettrico (isolante) (*a. - elett.*), dielektrisch. **2 ~** (corpo isolante) (*s. - elett.*), Dielektrikum (*n.*). **3 angolo di perdita del ~** (tg δ) (*elett.*), dielektrischer Verlustfaktor, tan δ. **4 costante dielettrica relativa** (*elett.*), Dielektrizitätszahl (*f.*), relative Dielektrizitätskonstante. **5 materiale ad alta costante dielettrica** (*elett.*), HDK-Masse (*f.*). **6 perdite nel ~** (*elett.*), Verluste im Dielektrikum. **7 spostamento ~** (induzione dielettrica) (*elett.*), Verschiebungsdichte (*f.*), dielektrische Verschiebungsdichte. **8 viscosità dielettrica** (*elett.*), dielektrische Nachwirkung.
dielina (*chim.*), *vedi* dicloroetilene.
diene (*chim.*), Diën (*n.*), Diolefin (*n.*).
dieresi (*tip.*), Umlautzeichen (*n.*).
Diesel (*mot. - chim.*), Diesel. **2 battipalo a motore ~** (*macch.*), Dieselramme (*f.*). **3 locomotiva con motore ~** (*ferr.*), Diesellokomotive (*f.*). **4 motore ~** (motore a ciclo Diesel, mot. a combustione a pressione costante) (*mot.*), Dieselmotor (*m.*). **5 nafta per motori ~** (combustibile per motori Diesel) (*ind. chim.*), Dieselkraftstoff (*m.*).
dieselelettrico (*veic. - nav.*), dieselelektrisch.
dieselidraulico (*veic.*), dieselhydraulisch.
dieselizzazione (*mot. - ecc.*), Verdieselung (*f.*).
dietetico (*med.*), diätetisch.
difenile (*chim.*), Diphenyl (*n.*). **2 ~ policlorurato** (isolante) (*chim. - elett.*), polychloriertes Biphenyl, PCB.
difensore (avvocato difensore) (*leg.*), Verteidiger (*m.*), Rechtsbeistand (*m.*), Rechtsanwalt (*m.*). **2 ~ d'ufficio** (*leg.*), Offizialverteidiger (*m.*). **3 avvocato ~** (*leg.*), Rechtsanwalt (*m.*), Rechtsbeistand (*m.*), Verteidiger (*m.*).
difesa (*milit.*), Abwehr (*f.*). **2 ~** (*leg.*), Verteidigung (*f.*). **3 ~ anticarro** (*milit.*), Abwehr gegen Kampfwagen, Panzerabwehr (*f.*). **4 ~ controaerea** (*milit.*), Flugabwehr (*f.*), Luftabwehr (*f.*). **5 ~ contro il vento** (*agric. - ecc.*), Windschutz (*m.*). **6 ~ contro le dune** (*ed.*), Dünenbau (*m.*), Dünenschutz (*m.*). **7 ~ delle sponde** (*costr. idr.*), Uferschutz (*m.*). **8 opere di ~ costiere** (opere di protezione costiere) (*costr. idr.*), Küstenschutzbauten (*f. pl.*).
difetto (*gen.*), Defekt (*m.*), Fehler (*m.*). **2 ~** (*tecnol. mecc. - ecc.*), Fehler (*m.*). **3 ~ critico** (difetto che potrebbe essere pericoloso per la vita umana) (*tecnol. mecc.*), überkritischer Fehler, gefährlicher Fehler. **4 ~ cromatico** (*ott.*), Farbenfehler (*m.*). **5 ~ da dilatazione della terra** (*fond.*), Sandausdehnungsfehler (*m.*). **6 ~ d'aria** (*comb.*), Luftmangel (*m.*). **7 ~ dell'immagine** (*ott.*), Abbildungsfehler (*m.*). **8 ~ di colata** (*fond.*), Gussfehler (*m.*). **9 ~ di costruzione** (difetto di progettazione) (*mecc. - ecc.*), Konstruktionsfehler (*m.*). **10 ~ di equilibramento** (*telef.*), Nachbildungsfehler (*m.*). **11 ~ di fabbricazione** (*ind.*), Fertigungsfehler (*m.*), Fabrikationsfehler (*m.*), Herstellungsfehler (*m.*). **12 ~ di isolamento** (*elett.*), Isolationsfehler (*m.*). **13 ~ di laminazione** (*lamin.*), Walzfehler (*m.*). **14 ~ di lavorazione** (*mecc. - ecc.*), Bearbeitungsfehler (*m.*), Fertigungsfehler (*m.*). **15 ~ di massa** (differenza fra il numero di massa ed il peso atomico di un isotopo) (*fis. atom.*), Massendefekt (*m.*). **16 ~ di materiale** (*ind. - tecnol.*), Materialfehler (*m.*), Stoffehler (*m.*). **17 ~ di penetrazione** (al vertice) (*saldatura*), Wurzelfehler (*m.*). **18 ~ di progettazione** (*mecc. - ecc.*), Konstruktionsfehler (*m.*). **19 ~ di saldatura** (*tecnol. mecc.*), Schweissfehler (*m.*). **20 ~ di tessitura** (*ind. tess.*), Webfehler (*m.*). **21 ~ di verniciatura** (*vn.*), Anstrichfehler (*m.*). **22 ~ dovuto ad eccesso di calcare** (nel forno) (*difetto fond. - metall.*), Kalkelend (*n.*). **23 ~ importante** (nel controllo della qualità) (*tecnol. mecc.*), Hauptfehler (*m.*).

difettoso

24 ~ **microstrutturale** (difetto reticolare) (*metall.*), Gitterfehler (*m.*). 25 ~ **nella colata continua** (*fond.*), Strangfehler (*m.*). 26 ~ **reticolare** (difetto microstrutturale) (*metall.*), Gitterfehler (*m.*). 27 ~ **secondario** (nel controllo della qualità) (*tecnol. mecc.*), Nebenfehler (*m.*), belangloser Fehler. 28 ~ **strutturale** (*gen.*), Baufehler (*m.*), Strukturfehler (*m.*). 29 ~ **superficiale** (*mecc. - ecc.*), Oberflächenfehler (*m.*). 30 **esente da difetti** (*gen.*), fehlerfrei. 31 **esente da difetti** (che non dà adito a lagnanze) (*macch. - ecc.*), klaglos. 32 **essere in** ~ (andare al disotto di..., essere inferiore a...) (*gen.*), unterschreiten. 33 **localizzare un** ~ (*tecnol.*), einen Fehler eingrenzen. 34 **reclamo per difetti** (*comm.*), Mängelrüge (*f.*). 35 **senza difetti** (sano) (*fond. - ecc.*), fehlerfrei. 36 **sicuro da difetti** (sistema di comando p. es.) (*macch. - ecc.*), fehlersicher.

difettoso (*gen.*), mangelhaft, fehlerhaft. 2 **punto** ~ (*gen.*), Fehlstelle (*f.*).

diffamazione (*leg.*), Verlumdung (*f.*).

differenza (*gen.*), Differenz (*f.*), Unterschied (*m.*). 2 ~ (*mat. - ecc.*), Unterschied (*m.*), Differenz (*f.*). 3 ~ **di cassa** (*amm.*), Kassendifferenz (*f.*). 4 ~ **di magazzino** (*ind. - amm.*), Lagerbruch (*m.*). 5 ~ **di potenziale** (*elett.*), Potentialdifferenz (*f.*), Spannungsunterschied (*m.*). 6 ~ **di pressione** (tra la presa a monte ed a valle, di un apparecchio di strozzamento) (*idr.*), Wirkdruck (*m.*). 7 ~ **di quota** (*gen.*), Höhenunterschied (*m.*). 8 ~ **di quota** (delle due carreggiate di un'autostrada) (*costr. strad.*), Staffelmass (*n.*). 9 ~ **tra pressione massima e minima** (del regolatore, in un freno pneumatico) (*veic.*), Schaltspanne (*f.*).

differenziale (di una funzione) (*s. - mat.*), Differential (*n.*). 2 ~ (ruotismo differenziale) (*s. - aut. - mecc.*), Differential (*n.*), Ausgleichsgetriebe (*n.*), Differentialgetriebe (*n.*). 3 ~ (*macch. ut.*), Differential (*n.*). 4 ~ (*a. - gen.*), differential. 5 ~ **a ruote cilindriche** (differenziale ad ingranaggi cilindrici) (*aut. - mecc.*), Stirnraddifferential (*n.*). 6 ~ **a ruote coniche** (differenziale ad ingranaggi conici) (*aut. - mecc.*), Kegelraddifferential (*n.*). 7 ~ **autobloccante** (*aut.*), selbsttätiges Sperrausgleichgetriebe (*n.*). 8 ~ **bloccabile** (*aut.*), Sperrdifferential (*n.*). 9 ~ **-distributore** (di coppia, tra gli assali di un autocarro) (*aut.*), Differential-Veteiler (*m.*), Differential-Verteilergetriebe (*n.*). 10 **albero del** ~ (*mecc. - aut.*), Ausgleichwelle (*f.*). 11 **blocco automatico del** ~ (*aut.*), selbsttätige Ausgleichsperre (des Differentials). 12 **crociera del** ~ (portasatelliti del differenziale) (*aut.*), Ausgleichstern (*m.*), Differentialkreuz (*n.*), Differentialstern (*m.*). 13 **dispositivo bloccaggio** ~ (*aut.*), Differentialsperre (*f.*). 14 **divisione** ~ (*lav. macch. ut.*), Differentialteilen (*n.*), Ausgleichteilen (*n.*). 15 **freno** ~ (*mecc.*), Differentialbremse (*f.*). 16 **metodo della portante** ~ (*telev.*), Differenzträgerverfahren (*n.*). 17 **paranco** ~ (*macch.*), Differentialflaschenzug (*m.*). 18 **portasatelliti del** ~ (crociera portasatelliti) (*aut. - mecc.*), Differentialstern (*m.*). Differentialkreuz (*n.*), Ausgleichstern (*m.*). 19 **ruota di cambio** ~ (*macch. ut.*), Differentialwechselrad (*n.*). 20 **ruota planetaria del** ~ (*aut.*), Achswellenkegelrad (*n.*). 21 **satellite del** ~ (*mecc. - aut.*), Ausgleichssatellit (*m.*), Ausgleichrad (*n.*). 22 **scatola del** ~ (scatola ponte) (*aut. - mecc.*), Differentialgehäuse (*n.*), Ausgleichgehäuse (*n.*). 23 **semiscatola del** ~ (*aut. - mecc.*), Differentialgehäusehälfte (*f.*). 24 **strumento** ~ (*strum.*), Differenzmesser (*m.*).

differenziare (*gen.*), differenzieren. 2 ~ (cercare il differenziale) (*mat.*), differenzieren.

differenziatore (*app.*), Differenziergerät (*n.*). 2 ~ (nella regolazione) (*regolaz.*), Differenzglied (*n.*), D-Glied (*n.*). 3 ~ **-integratore** (*app.*), Differenzier-Integriergerät (*n.*). 4 **circuito** ~ (*elettronica*), Differentiator (*m.*).

differenziazione (ricerca del differenziale) (*mat.*), Differentiation (*f.*), Differenzieren (*n.*).

differire (un pagamento p. es.) (*comm.*), aufschieben. 2 ~ (una chiamata p. es.) (*telef. - ecc.*), zurückstellen.

difficile (*gen.*), schwer, schwierig. 2 ~ **da lavorare** (di difficile lavorazione, poco lavorabile) (*mecc.*), schwer bearbeitbar. 3 **di** ~ **lavorazione** (difficile da lavorare, poco lavorabile) (*mecc.*), schwer bearbeitbar.

difficoltà (*gen.*), Schwierigkeit (*f.*). 2 ~ **di avviamento a freddo** (*mot. - aut.*), Startschwierigkeit bei Kälte.

diffondente (la luce) (*ott. - illum.*), lichtstreuend.

diffondere (*fis. - chim.*), diffundieren. 2 ~ (la luce) (*ott.*), zerstreuen. 3 ~ **la luce** (*ott.*), Licht zerstreuen.

diffrangersi (luce) (*v. i. - ott.*), beugen.

diffratto (*ott.*), gebeugt. 2 **onda diffratta** (*fis.*), Beugungswelle (*f.*).

diffrattometro (*app.*), Diffraktometer (*n.*).

diffrazione (*ott.*), Beugung (*f.*), Diffraktion (*f.*). 2 ~ **dei raggi X** (*ott.*), Röntgenbeugung (*f.*). 3 ~ **elettronica** (*fis.*), Elektronenbeugung (*f.*). 4 **angolo di** ~ (*ott. - ecc.*), Beugungswinkel (*m.*). 5 **frange di** ~ (*ott.*), Beugungsfransen (*f. pl.*). 6 **perdita per** ~ (*ott.*), Beugungsverlust (*m.*).

diffusibilità (*fis.*), Diffusionsvermögen (*n.*).

diffusibile (idrogeno, nella saldatura p. es.) (*tecnol. - ecc.*), diffusibel. 2 **idrogeno** ~ (*tecnol. - ecc.*), diffusibler Wasserstoff.

diffusione (attraverso delle pareti porose p. es.) (*fis. - chim.*), Diffusion (*f.*). 2 ~ (della luce) (*ott. - illum.*), Streuung (*f.*). 3 ~ (di sollecitazioni nella struttura di un'aeroplano p. es.) (*sc. costr.*), Diffusion (*f.*). 4 ~ (di una particella o fotone) (*fis. atom.*), Streuung (*f.*). 5 ~ (di elementi, nel trattamento termico) (*tratt. term.*), Diffusion (*f.*). 6 ~ (*metall.*), Eindiffundieren (*n.*). 7 ~ (*giorn.*), Verbreitung (*f.*). 8 ~ **acceleratrice** (*fis. atom.*), Aufwärtsstreuung (*f.*). 9 ~ **all'indietro** (di elettroni) (*fis.*), Rückstreuung (*f.*). 10 ~ **cinetico-molecolare** (*chim.*), Molekulardiffusion (*f.*). 11 ~ **della luce** (*illum.*), Lichtstreuung (*f.*). 12 ~ **di base** (*elettronica*), Basis-Diffusion (*f.*). 13 ~ **elastica** (*fis. atom.*), elastische Streuung. 14 ~ **multipla** (di particelle) (*fis. atom.*), Mehrfachstreuung (*f.*). 15 ~ **perfetta** (illuminazione perfetta) (*illum.*), vollkomme Beleuchtung. 16 ~ **riflessa** (di elettroni) (*fis.*), Rückdiffusion (*f.*). 17 ~ **rifrattiva** (*fis. nucl.*),

Brechungsstreuung (*f.*). **18** ~ **termica** (termodiffusione, separazione parziale dei componenti di una miscela omogenea gassosa per diversa conduzione del calore delle molecole costituenti di diversa specie) (*chim.*), Thermodiffusion (*f.*). **19** ~ **unica** (*fis. atom.*), Einfachstreuung (*f.*). **20 angolo di** ~ (di un proiettore) (*aut. - illum.*), Streuwinkel (*m.*). **21 angolo di** ~ **con intensità ½ della massima** (d'un proiettore) (*illum.*), Halbstreuwinkel (*m.*). **22 coefficiente di** ~ (*chim.*), Diffusionskoeffizient (*m.*). **23 fattore di** ~ (*illum.*), Streuvermögen (*n.*). **24 impianto di** ~ **gassosa** (per la separazione di isotopi) (*fis. nucl.*), Gasdiffusionsanlage (*f.*). **25 impianto di** ~ **sonora per treni** (mediante altoparlante) (*radio - ferr.*), Zugbeschallung (*f.*). **26 indicatrice di** ~ (*illum.*), Streuindicatrix (*f.*). **27 lunghezza di** ~ (*fis. atom.*), Diffusionslänge (*f.*). **28 pompa a** ~ (per alto vuoto) (*macch.*), Diffusionspumpe (*f.*). **29 saldatura per** ~ (*tecnol.*), Diffusionsschweissen (*n.*). **30 stagnatura a** ~ (immersione, di getti di ottone principalmente, in un bagno contenente cloruro di stagno, con conseguente scambio di atomi di zinco con atomi di stagno) (*tecnol. mecc.*), Zinndiffusion (*f.*). **31 tensione di** ~ (*elettronica*), Diffusionsspannung (*f.*).
diffusività (*acus.*), Diffusivität (*f.*).
diffuso (radiazione) (*ott.*), gestreut. **2** ~ (*chim. - fis.*), diffus. **3** ~ (disperso, di elettrone p. es.) (*fis. atom.*), gestreut, zerstreut. **4 illuminazione diffusa** (*illum.*), gestreute Beleuchtung.
diffusore (tubo conico per trasformare l'energia cinetica in pressione) (*macch. - ecc.*), Diffusor (*m.*). **2** ~ (di un carburatore) (*mot. - aut.*), Luftdüse (*f.*), Lufttrichter (*m.*). **3** ~ (tubo di aspirazione, d'una turbina idraulica) (*turb.*), Saugrohr (*n.*), Saugschlauch (*m.*). **4** ~ **d'ingresso** (presa d'aria, d'un motore a turbogetto) (*aer.*), Einlaufdiffusor (*m.*). **5** ~ **neutro** (diffusore grigio, diffusore non selettivo) (*ott.*), graustreuender Körper. **6** ~ **ortotropo** (diffusore uniforme, la cui luminanza è indipendente dalla direzione della luce incidente) (*ott. - illum.*), Lambertfläche (*f.*), vollkommen streuender Körper. **7** ~ **selettivo** (*ott. - illum.*), selektiv streuender Körper. **8** ~ **uniforme** (diffusore ortotropo, superficie di Lambert) (*ott.*), Lambertfläche (*f.*). **9 strato** ~ (di un semiconduttore) (*elettronica*), Diffusionsschicht (*f.*).
difluoroetano (refrigerante) (*chim.*), Difluoräthan (*n.*).
diga (*costr. idr.*), Sperrmauer (*f.*), Staumauer (*f.*), Staudamm (*m.*). **2** ~ **a contrafforti** (*costr. idr.*), Pfeilerstaumauer (*f.*). **3** ~ **a cupola** (*costr. idr.*), Kuppelstaumauer (*f.*). **4** ~ **a cupole** (*costr. idr.*), Pfeilerkuppelstaumauer (*f.*). **5** ~ **ad archi multipli** (*costr. idr.*), Gewölbereihenstaumauer (*f.*), Pfeilergewölbestaumauer (*f.*). **6** ~ **ad arco** (*costr. idr.*), Bogenstaudamm (*m.*). **7** ~ **ad arco-gravità** (*costr. idr.*), Bogengewichtsmauer (*f.*), Gewölbegewichtsmauer (*f.*). **8** ~ **a gravità** (*costr. idr.*), Gewichtssperre (*f.*), Gewichtsmauer (*f.*). **9** ~ **a gravità a volta** (*costr. idr.*), Gewölbe-Gewichtsmauer (*f.*). **10** ~ **a panconcelli** (traversa a panconcelli) (*costr. idr.*), Nadelwehr (*n.*). **11** ~ **a scogliera** (*costr. idr.*), Steinschüttdamm (*m.*). **12** ~ **ausiliaria** (controdiga) (*costr. idr.*), Gegensperre (*f.*). **13** ~ **di marea** (argine di marea) (*costr. idr.*), Ebbedeich (*m.*). **14** ~ **d'invaso** (diga di ritenuta) (*costr. idr.*), Sperrdamm (*m.*), Staudamm (*m.*). **15** ~ **di pietrame a secco** (*idr.*), Steindamm (*m.*), Felsdamm (*m.*), Steinschüttungsdamm (*m.*). **16** ~ **di protezione** (per evitare inondazioni) (*costr. idr.*), Rückstaudamm (*m.*). **17** ~ **di ritenuta** (*costr. idr.*), Sperrdamm (*m.*), Staudamm (*m.*). **18** ~ **in cemento armato** (*costr. idr.*), Staumauer (*f.*), Sperrmauer (*f.*). **19** ~ **in terra** (argine in terra) (*ed.*), Erddamm (*m.*). **20** ~ **marittima** (*costr. idr.*), Meeresdeich (*m.*), Seedeich (*m.*). **21** ~ **tracimabile** (diga tracimante) (*costr. idr.*), Grunddamm (*f.*). **22** ~ **tracimante** (diga tracimabile) (*costr. idr.*), Grunddamm (*m.*). **23 coronamento della** ~ (*costr. idr.*), Dammkrone (*f.*). **24 indice di qualità d'una** ~ (contenuto di energia del bacino diviso per la cubatura dello sbarramento) (*costr. idr. - idr.*), Güteziffer eines Speichers. **25 piede della** ~ (*costr. idr.*), Dammfuss (*m.*).
digestione (nel trattamento delle acque di rifiuto) (*ed.*), Faulung (*f.*), Ausfaulung (*f.*). **2** ~ **del fango** (*ed.*), Schlammfaulung (*f.*). **3 camera di** ~ (per acque di scarico) (*ed.*), Faulraum (*m.*), Schlammfaulraum (*m.*). **4 vasca per** ~ **del fango** (digestore dei fanghi) (*ed.*), Schlammfaulbehälter (*m.*).
digestore (*app. - ind. chim.*), Digestor (*m.*). **2** ~ **di fanghi** (vasca per digestione del fango) (*ed.*), Schlammfaulbehälter (*m.*).
digitale (numerico) (*mat. - calc.*), digital.
digitalizzare (convertire in cifre una grandezza fisica) (*calc. - ecc.*), digitieren, digitalisieren.
digitalizzatore (convertitore analogico-numerico, convertitore analogico-digitale) (*calc.*), Analog-Digital-Umsetzter (*m.*), A/D-Umsetzer (*m.*).
digradare (*gen.*), abstufen.
dilatabile (a mezzo di calore p. es.) (*fis.*), dehnbar, ausdehnbar.
dilatabilità (*fis.*), Dehnbarkeit (*f.*), Ausdehnbarkeit (*f.*).
dilatanza (reopessia, fenomeno verificantesi in una sospensione) (*chim.*), Dilatanz (*f.*).
dilatare (*gen.*), dehnen.
dilatatore (a tubo curvato, compensatore) (*tubaz.*), Ausgleichschleife (*f.*), Ausdehnschleife (*f.*).
dilatazione (aumento di volume di un corpo dovuto a riscaldamento) (*fis.*), Ausdehnung (*f.*). **2** ~ (aumento della lunghezza di un solido in seguito a riscaldamento) (*fis.*), Ausdehnung (*f.*). **3** ~ (distensione, proprietà di una vernice di livellare le irregolarità superficiali) (*vn.*), Verlaufen (*n.*). **4** ~ (aumento del volume nella presa degli adesivi) (*fis.*), Treiben (*n.*). **5** ~ **cubica** (*fis.*), räumliche Ausdehnung. **6** ~ **del tempo** (secondo la teoria della relatività) (*fis.*), Zeitdilatation (*f.*). **7** ~ **e contrazione** (del cemento armato) (*ed.*), « Arbeiten » (*n.*). **8** ~ **isotropica** (*fis.*), isotrope Ausdehnung. **9** ~

dilatometria

lineare (*fis.*), Längsdehnung (*f.*), lineare Ausdehnung, Längenausdehnung (*f.*). **10 ~ principale** (nella teoria dell'elasticità) (*sc. costr.*), Hauptdehnung (*f.*). **11 ~ termica** (*fis.*), Wärmeausdehnung (*f.*). **12 ~ trasversale** (*fis.*), Querdehnung (*f.*). **13 coefficiente di ~** (*fis.*), Dehnungskoeffizient (*m.*). **14 coefficiente di ~ cubica** (*fis.*), kubischer Ausdehnungskoeffizient, Raumausdehnungszahl (*f.*). **15 coefficiente di ~ termica** (*fis.*), Wärmeausdehnungskoeffizient (*m.*). **16 coefficiente di ~ (termica) superficiale** (*fis.*), Flächenausdehnungszahl (*f.*). **17 curva di ~** (dilatatore a tubo curvato) (*tubaz.*), Ausgleichschleife (*f.*), Ausdehnschleife (*f.*). **18 difetto da ~ della terra** (*fond.*), Sandausdehnungsfehler (*m.*). **19 giunto di ~** (*mecc. - tubaz.*), Dehnungsverbindung (*f.*), Ausdehnungskupplung (*f.*). **20 giunto di ~** (*ed. - ecc.*), Wärmedehnungsfuge (*f.*). **21 intervallo per la ~** (intervallo tra due tronchi di rotaia) (*ferr.*), Wärmelücke (*f.*).
dilatometria (*fis.*), Wärmeausdehnungsmessung (*f.*), Dilatometrie (*f.*).
dilatometrico (misura p. es.) (*gen.*), dilatometrisch.
dilatometro (*strum. fis.*), Dilatometer (*n.*), Wärmedehnungsmesser (*m.*).
dilavamento (erosione, di rocce p. es.) (*geol.*), Auswaschung (*f.*), Spülung (*f.*).
dilavare (erodere, la riva p. es.) (*geol.*), auswaschen, spülen, wegspülen.
dilavato (eroso, riva o sponda p. es.) (*geol.*), ausgewaschen, gespült.
dilavatore (*app.*), Wascher (*m.*).
dilazione (*gen.*), Aufschub (*m.*).
diligenza (*antico veic.*) Postkutsche (*f.*), Diligence (*f.*), Postwagen (*m.*).
diluente (*s. - chim.*), Verdünnungsmittel (*n.*), Dünner (*m.*). **2 ~ nitrocellulosico** (per pulitura, dopo la sverniciatura p. es.) (*vn. - aut.*), NC-Waschverdünnung (*f.*). **3 ~ per vernici** (*ind. chim.*), Farbenverdünner (*m.*).
diluibile (*chim.*), verdünnbar.
diluire (soluzioni) (*chim.*), verdünnen, schwächen. **2 ~ con acqua** (annacquare) (*gen.*), verwässern.
diluito (soluzione) (*chim.*), verdünnt.
diluizione (di liquidi) (*chim.*), Verdünnung (*f.*). **2 ~ dell'olio** (per avviamento a freddo) (*mot.*), Ölverdünnung (*f.*). **3 rapporto di ~** (*vn.*), Verdünnungsverhältnis (*n.*). **4 rapporto di ~** (*mot. a getto*), Bypassverhältnis (*n.*).
diluviale (diluvium, diluvio-glaciale) (*geol.*), Diluvium (*n.*).
diluvio-glaciale (diluvium, diluviale) (*geol.*), Diluvium (*n.*).
diluvium (diluviale, diluvio-glaciale) (*geol.*), Diluvium (*n.*).
dima (calibro in lamiera p. es., per il controllo di profili) (*ut.*), Schablone (*f.*). **2 ~ per raggi di curvatura** (*app.*), Radienlehre (*f.*), Radienschablone (*f.*).
dimensionale (*mat. - fis.*), dimensional.
dimensionamento (di un disegno, indicazione delle quote, quotatura) (*dis.*), Bemassung (*f.*), Masseintragung (*f.*). **2 ~** (proporzionamento, di un app. p. es.) (*dis. - ecc.*), Bemessung (*f.*).

dimensione (*gen.*), Dimension (*f.*). **2 ~** (misura) (*gen.*), Mass (*n.*), Abmessung (*f.*). **3 ~** (quota) (*dis. mecc.*), Mass (*n.*), Abmessung (*f.*), Massangabe (*f.*). **4 ~ critica** (*fis. atom.*), kritische Abmessung. **5 ~ critica** (dimensione larga, d'una guida d'onda) (*elettronica*), breite Seite. **6 ~ del grano austenitico (McQuaid)** (*metall.*), McQuaid-Ehn-Korngrösse (*f.*), Ehn-Korngrösse (*f.*). **7 ~ del nocciolo** (di una punta elicoidale) (*ut.*), Kerndicke (*f.*). **8 ~ di accoppiamento** (dimensione nominale con limiti di tolleranza dell'accoppiamento) (*mecc.*), Passmass (*n.*). **9 ~ d'ingombro** (*gen.*), äussere Abmessung, Gesamtabmessung (*f.*), Totalmass (*n.*), Aussenmass (*n.*). **10 ~ d'ingombro** (dimensione fuori tutto) (*nav.*), Abmessung über alles. **11 dimensioni d'ingombro** (volume d'ingombro, dei colli) (*trasp.*), Kollimasse (*n. pl.*). **12 ~ effettiva** (dimensione reale, misura reale, misura effettiva) (*mecc.*), Istmass (*n.*). **13 ~ esterna** (*mis.*), Aussenmass (*n.*), Aussenabmessung (*f.*). **14 ~ fuori tutto** (*nav. - ecc.*), Abmessung über alles. **15 ~ funzionale** (quota funzionale) (*dis. mecc. - ecc.*), Funktionsmass (*n.*). **16 ~ incrementale** (*lav. macch. ut. c/n*), Kettenmass (*n.*). **17 ~ interna** (*mecc. - ecc.*), Innenmass (*n.*), Innenabmessung (*f.*). **18 ~ larga** (dimensione critica, d'una guida di onda) (*elettronica*), breite Seite. **19 ~ limite** (*mecc.*), Grenzmass (*n.*). **20 ~ limite inferiore** (limite inferiore, di un pezzo) (*mecc.*), Kleinstmass (*n.*). **21 ~ limite superiore** (limite superiore, di un pezzo) (*mecc.*), Grösstmass (*n.*). **22 ~ lineare** (*fis. - mat. - ecc.*), Längenabmessung (*f.*). **23 ~ massima** (misura massima, limite superiore) (*mecc.*), Grösstmass (*n.*). **24 dimensioni massime di tornitura** (*lav. macch. ut.*), Drehbereich (*m.*). **25 ~ minima** (misura minima, limite inferiore) (*mecc.*), Kleinstmass (*n.*). **26 ~ nominale** (misura nominale) (*mecc.*), Nennmass (*n.*). **27 ~ nominale** (dimensione teorica) (*mecc.*), Nennmass (*n.*), Sollmass (*n.*). **28 ~ nominale** (di accoppiamento) (*mecc.*), Passmass (*n.*). **29 ~ nominale** (prescritta per un calibro) (*ut. - mecc.*), Lehrensollmass (*n.*). **30 dimensioni nominali** (di un argine maestro) (*idr.*), Besteck (*n.*), Bestick (*n.*). **31 ~ nominale con limiti di tolleranza dell'accoppiamento** (dimensione di accoppiamento) (*mecc.*), Passmass (*n.*). **32 ~ non passa** (di un calibro p. es.) (*mecc.*), Ausschussmass (*n.*). **33 ~ non vincolata allo stampo** (d'un pezzo stampato) (*tecnol.*), nicht formgebundenes Mass. **34 ~ obbligata dallo stampo** (dimensione vincolata allo stampo, d'un pezzo stampato) (*tecnol.*), formgebundenes Mass. **35 ~ ottima** (d'una ditta p. es.) (*ind. - ecc.*), Grössenoptimum (*n.*). **36 ~ passa** (di un calibro p. es.) (*mecc.*), Gutmass (*n.*). **37 ~ prescritta** (*mecc.*), Sollmass (*n.*). **38 dimensioni principali** (*mis.*), Hauptabmessungen (*f. pl.*). **39 dimensioni principali** (*costr. di navi*), Hauptabmessungen (*f. pl.*). **40 ~ reale** (dimensione effettiva, misura reale, misura effettiva) (*mecc.*), Istmass (*n.*). **41 ~ speciale** (dimensione non unificata) (*mecc. - ecc.*), Sondermass (*n.*). **42 ~ teorica** (dimensione

1310

nominale, misura teorica) (mecc.), Sollmass (n.), Nennmass (n.). 43 ~ **unificata** (tecnol.), Normmass (n.). 44 ~ **vincolata allo stampo** (dimensione obbligata dallo stampo, d'un pezzo stampato) (tecnol.), formgebundenes Mass. 45 **a tre dimensioni** (tridimensionale) (gen.), dreidimensional.
dimerizzazione (chim.), Dimerisation (f.).
dimero (formato da due monomeri) (a. - chim.), dimer.
dimetilammina (chim.), Dimethylamin (n.).
dimetilbenzene (xilolo, xilene) (chim.), Dimethylbenzol (n.), Xylol (n.).
dimetil-solfossido (DMSO, solvente) (chim.), Dimethil-Schwefel-Oxyd (n.), DMSO.
dimettersi (lav. - ecc.), demissionieren, zurücktreten, abdanken.
diminuire (gen.), vermindern, verringern. 2 ~ (ridurre, la produzione p. es.) (gen.), herabsetzen. 3 ~ (ridurre, lo stipendio p. es.) (gen.), kürzen, reduzieren. 4 ~ (abbassarsi, di temperatura p. es.) (fis. - ecc.), sinken, erniedriegen. 5 ~ (cadere, calare, del vento) (naut. - meteor.), einlullen, nachlassen, abflauen.
diminuzione (riduzione) (gen.), Verminderung (f.), Abminderung (f.). 2 ~ (della temperatura p. es.) (gen.), Abnahme (f.). 3 ~ (del numero dei giri di un motore p. es.) (mot. - ecc.), Absinken (n.). 4 ~ (flessione, caduta, dei prezzi) (comm.), Sinken (n.). 5 ~ **di temperatura** (caduta di temperatura) (meteor. - ecc.), Temperaturabfall (m.). 6 ~ **di volume** (riduzione del volume d'un campione sottoposto ad analisi chimica) (chim.), Einengen (n.).
dimissionario (gen.), Demissionär (m.).
dimissioni (gen.), Demission (f.). 2 ~ (lav. - ecc.), Rücktritt (m.), Amtsniederlegung (f.), Demission (f.), Kündgiung (f.). 3 **lettera di** ~ (lav. - pers.), Abschiedsgesuch (n.), Demissionsgesuch (n.).
dimostrare (gen.), beweisen. 2 ~ **la propria identità** (mediante un passaporto p. es.) (leg. - ecc.), sich ausweisen. 3 **come volevasi** ~ (gen.), was zu beweisen war, w.z.b.w.
dimostratore (persona che ha il compito di presentare un prodotto al pubblico) (lav. - comm.), Vorführer (m.).
dimostratrice (lav. - comm.), Demonstrantin (f.).
dimostrazione (prova) (gen.), Nachweis (m.), Beweis (m.). 2 ~ (d'un assioma p. es.) (mat. - fis.), Beweis (m.). 3 **apparecchio per dimostrazioni** (comm.), Vorführgerät (n.). 4 **vettura per dimostrazioni** (aut. - comm.), Vorführwagen (m.).
DIN (norme di unificazione tedesche) (tecnol. - ecc.), DIN. 2 **formato** ~ (di fogli p. es.) (norm. - ecc.), DIN-Format (n.). 3 **grado** ~ (unità di misura per la sensibilità di materiale fotografico) (fot.), DIN-Grad (m.). 4 **manuale** ~ (norm. - ecc.), DIN-Taschenbuch (n.). 5 **norma** ~ (norma tedesca di unificazione, norma industriale tedesca) (tecnol. - ecc.), Deutsche Industrie-Norm, DIN. 6 **tabella** ~ (norm. - ecc.), DIN-Blatt (n.).
dina (dyn, unità di misura della forza) (unità di mis.), dyn (n.).

dinamica (s. - mecc.), Dynamik (f.). 2 ~ (rapporto tra livello massimo e minimo di una variabile a forte escursione) (elettroacus. - telef.), Dynamik (f.). 3 ~ **dei gas** (fis.), Gasdynamik (f.), Dynamik der Gase. 4 ~ **dei solidi** (fis.), Dynamik fester Körper. 5 ~ **del punto materiale** (mecc.), Dynamik des Massenpunktes. 6 **compressione della** ~ (compressione del volume) (elettroacus. - telef.), Dynamikdrängung (f.), Dynamikkompression (f.), Dynamikpressung (f.). 7 **compressore della** ~ (compressore del volume) (elettroacus. - telef.), Dynamikdränger (m.), Dynamikkompressor (m.), Dynamikpresser (m.). 8 **espansione della** ~ (espansione del volume) (elettroacus. - telef.), Dynamikdehnung (f.). 9 **espansore della** ~ (espansore di volume) (elettroacus. - telef.), Dynamikdehner (m.), Dynamikexpander (m.). 10 **regolatore della** ~ (regolatore del volume) (elettroacus. - telef.), Dynamikregler (m.).
dinamicamente (mecc.), dynamisch. 2 **equilibrato** ~ (mecc.), dynamisch ausgewuchtet.
dinamico (mecc.), dynamisch. 2 **effetto** ~ (aer. - aerodin.), Stauwirkung (f.), Ramming-Effekt (m.). 3 **fattore di carico** ~ (capacità di carico dinamica, di cuscinetti volventi) (mecc.), dynamische Tragzahl. 4 **raggio** ~ (di un pneumatico) (aut.), dynamischer Halbmesser, Arbeitshalbmesser (m.). 5 **rigidezza dinamica** (mecc.), dynamische Steifigkeit, Schwingungssteifigkeit (f.).
dinamite (espl.), Dynamit (n.).
dinamo (generatore di corrente continua) (macch. elett.), Gleichstromgenerator (m.), Dynamo (m. - f.). 2 ~ (di un mot. a comb. interna p. es.) (mot. - aut.), Lichtmaschine (f.). 3 ~ **aciclica** (dinamo unipolare) (macch. elett.), Gleichpolgenerator (m.), Unipolardynamo (m.). 4 ~ **ad eccitazione separata** (macch. elett.), fremderregter Dynamo. 5 ~ **a manovella** (elett.), Kurbeldynamo (f.). 6 ~ **anticompound** (elett.), Gegenverbunddynamo (f.). 7 ~ **a poli esterni** (macch. elett.), Aussenpoldynamo (m.). 8 ~ **a poli interni** (macch. elett.), Innenpoldynamo (m.). 9 ~ **caricabatterie** (di un mot. a comb. interna) (mot. - elett.), Ladedynamo (m.). 10 ~ **ciclica** (generatrice omopolare) (macch. elett.), Unipolarmaschine (f.). 11 ~ **compensatrice** (macch. elett.), Ausgleichsmaschine (f.). 12 ~ **compound** (macch. elett.), Verbunddynamo (m.), Kompounddynamo (m.), Doppelschlussdynamo (m.). 13 ~ **con eccitazione in derivazione** (macch. elett.), Nebenschlussdynamo (m.). 14 ~ **con eccitazione in serie** (macch. elett.), Reihenschlussdynamo (m.). 15 ~ **da bicicletta** (veic. - elett.), Radlichtmaschine (f.). 16 ~ **d'asse** (macch. elett. - ferr. - ecc.), Achsgenerator (m.). 17 ~ **eccitata in serie** (macch. elett.), Seriendynamo (m.), Reihenschlussmaschine (f.). 18 ~ **eccitatrice** (macch. elett.), Erregerdynamo (m.). 19 ~ **omopolare** (generatrice ciclica) (macch. elett.), Unipolarmaschine (f.). 20 ~ **per carica in tampone** (macch. elett.), Pufferdynamo (m.). 21 ~ **per caricare la batteria** (dinamo caricabatteria) (mot. - elett.), Ladedynamo (m.). 22 ~ **per illuminazione** (macch. elett.), Beleuchtungs-

dinamoelettrico

dynamo (*m.*), Lichtdynamo (*m.*). 23 ~ polimorfica (*macch. elett.*), Mehrstromgenerator (*m.*). 24 ~ survolatrice (survoltrice) (*macch. elett.*), Zusatzdynamo (*m.*). 25 ~ tachimetrica (*macch. elett.*), Tacho-Dynamo (*m.*). 26 ~ unipolare (*macch. elett.*), Unipolardynamo (*m.*), Gleichpolgenerator (*m.*). 27 carcassa della ~ (*macch. elett.*), Dynamogestell (*n.*). 28 esploditore a ~ (*espl. - min.*), dynamoelektrische Zündmaschine. 29 scintillio della ~ (scintillamento della dinamo) (*elett.*), Funken der Dynamo. 30 spia carica ~ (*aut.*), Ladekontrollampe (*f.*).
dinamoelettrico (*elett.*), dynamoelektrisch. 2 macchina dinamoelettrica (*elett.*), Maschine mit Elektromagnet.
dinamometamorfismo (metamorfismo di dislocazione) (*geol.*), Dynamometamorphose (*f.*).
dinamometro (*app. mecc.*), Dynamometer (*n.*). 2 ~ (freno dinamometrico) (*mot.*), Bremsdynamometer (*n.*), Bremse (*f.*). 3 ~ ad assorbimento (*app. mecc.*), Absorptionsdynamometer (*n.*). 4 ~ a molla (*app. mecc.*), Federdynamometer (*n.*). 5 ~ a molla (bilancia dinamometrica) (*app.*), Federwaage (*f.*). 6 ~ a mulinello (*aer.*), Windbremse (*f.*). 7 ~ elettrico (elettrodinamometro) (*macch.*), Elektrodynamometer (*m.*). 8 ~ per filati (*strum.*), Garndynamometer (*n.*).
dinamotore (*macch. elett.*), Dynamotor (*m.*).
dinatron (tubo termoelettronico) (*radio*), Dynatron (*n.*).
dineutrone (*fis. nucl.*), Dineutron (*n.*).
« dinghy » (tipo di imbarcazione a vela) (*nav.*), Dingi (*n.*), Dinghy (*n.*).
dinitrobenzene ($C_6H_4(NO_2)_2$) (*chim.*), Dinitrobenzol (*n.*).
dinitrofenolo (*chim. - med.*), Dinitrophenol (*n.*).
dinitrotoluene (*espl.*), Dinitrotoluol (*n.*).
dinodo (elettrodo d'emissione secondaria) (*elettronica*), Dynode (*f.*), Prallanode (*f.*).
diodo (tubo elettronico) (*radio*), Diode (*f.*). 2 ~ a contatto puntiforme (diodo a contatto non a giunzione, diodo a semiconduttori) (*elettronica*), Spitzendiode (*f.*). 3 ~ a cristallo (cristallo con due elettrodi a carattere di raddrizzatore) (*radio*), Kristalldiode (*f.*). 4 ~ ad una direzione (diodo unidirezionale) (*elettronica*), Freilaufdiode (*f.*). 5 ~ a fessura (diodo a piccolissima distanza interelettrodica; p. es. 1-10 μm) (*elettronica*), Spaltdiode (*f.*). 6 ~ a fili (*elettronica*), Drahtdiode (*f.*). 7 ~ a giunzione (*elettronica*), Flächendiode (*f.*). 8 ~ al germanio (*radio*), Germaniumdiode (*f.*). 9 ~ al silicio (*elettronica*), Siliziumdiode (*f.*). 10 ~ amplificatore (diodo di guadagno, diodo elevatore, nel dispositivo deflessore) (*telev.*), Schalterdiode (*f.*), Booster-Diode (*f.*). 11 ~ a piccolissima distanza interelettrodica (1-10 μm; diodo a fessura) (*elettronica*), Spaltdiode (*f.*). 12 ~ a quattro strati (diodo di Shockley) (*elettronica*), Vierschichtdiode (*f.*). 13 ~ a semiconduttore (*elettronica*), Halbleiterdiode (*f.*). 14 ~ a valanga (*elettronica*), Lawinen-Diode (*f.*). 15 ~ di blocco (*elettronica*), Sperrdiode (*f.*). 16 ~ di guadagno (diodo amplificatore, nel dispositivo deflessore) (*telev.*), Schalterdiode (*f.*), Booster-Diode (*f.*). 17 ~ di potenza (*elettronica*), Leistungsdiode (*f.*). 18 ~ di recupero (*elettronica - telev.*), Spardiode (*f.*). 19 ~ di recupero della corrente (*telev.*), Shunt-Spardiode (*f.*). 20 ~ di recupero della tensione (*telev.*), Serienspardiode (*f.*). 21 ~ di Shockley (diodo a quattro strati) (*elettronica*), Vierschichtdiode (*f.*). 22 ~ di sovramodulazione (*elettronica*), Überschwingdiode (*f.*). 23 ~ elevatore (diodo amplificatore) (*elettronica*), Boosterdiode (*f.*). 24 ~ fotoelettronico (fotodiodo) (*elettronica*), Photodiode (*f.*). 25 ~ in serie (*radio*), Vorschaltdiode (*f.*). 26 ~ limitatore (*telev. - radio*), Begrenzerdiode (*f.*). 27 ~ raddrizzatore (raddrizzatore a diodo) (*radio*), Gleichrichterröhre (*f.*). 28 ~ raddrizzatore a valanga (*elettronica*), Lawinengleichrichterdiode (*f.*). 29 ~ reintegratore (diodo rigeneratore, per ristabilire la corrente continua) (*telev.*), Schwarzsteuerdiode (*f.*). 30 ~ smorzatore (*telev.*), Dämpferdiode (*f.*). 31 ~ triplo (*elettronica*), Dreierdiode (*f.*), Dreifachdiode (*f.*). 32 ~ tunnel (per amplificatori p. es.) (*elettronica*), Tunneldiode (*f.*). 33 ~ unidirezionale (diodo ad una direzione) (*elettronica*), Freilaufdiode (*f.*). 34 ~ Zener (*elett.*), Zenerdiode (*f.*).
diolefina (idrocarburo insaturo) (*chim.*), Diolefin (*n.*).
diopside (*min.*), Diopsid (*m.*).
dioptasio (*min.*), Dioptas (*m.*).
diorite (roccia magmatica intrusiva) (*geol.*), Diorit (*m.*).
diottra (*att. top.*), Diopter (*m.*).
diottria (unità di misura della convergenza) (*ott.*), Dioptrie (*f.*).
dipanare (*gen.*), abwinden, abwickeln, abspulen. 2 ~ (*tess.*), abhaspeln.
dipendente (*s. - lav.*), Arbeitnehmer (*m.*), Arbeiter (*m.*). 2 ~ (*a. - gen.*), abhängig. 3 dipendenti (personale di una ditta) (*pers. - lav.*), Gefolgschaft (*f.*), Belegschaft (*f.*). 4 numero dei dipendenti (personale in forza, di una ditta) (*ind. - pers.*), Zahl der Beschäftigten.
dipendenza (*mat. - ecc.*), Abhängigkeit (*f.*). 2 in ~ di... (in funzione di; nei diagrammi p. es.) (*mat. - ecc.*), über, gegen.
dipendere (da qualchecosa) (*gen.*), abhängen. 2 ~ economicamente (*finanz.*), wirtschaftlich abhängen.
dipingere (pitturare) (*arte*), malen.
diplexer (sistema di accoppiamento) (*elettronica - telev.*), Diplexer (*m.*).
diploedro (diacisdodecaedro, cristallo, diploide) (*min.*), Diploeder (*n.*).
diploide (cristallo; diploedro, diacisdodecaedro) (*min.*), Dyakisdodekaeder (*n.*).
diploma (*gen.*), Diplom (*n.*). 2 ~ di laurea (laurea) (*scuola*), Doktordiplom (*n.*).
dipolo (sistema costituito da due poli) (*elett.*), Dipol (*m.*). 2 ~ (antenna a dipolo) (*radio - telev.*), Dipol (*m.*), Dipolantenne (*f.*), Antennendipol (*m.*). 3 ~ a semionda (*radio*), Halbwellendipol (*m.*), Lambda-Halbe-Dipol (*m.*). 4 ~ elettrico (*elett.*), elektrischer Dipol. 5 ~ incorporato (*radio*), Einbaudipol (*m.*). 6 ~ incrociato (*radio*), Kreuzdipol (*m.*). 7

~ **magnetico** (*elett.*), magnetischer Dipol. **8** ~ **ripiegato** (antenna) (*telev.*), Faltdipol (*m.*), Faltdipolantenne (*f.*), gefalteter Dipol. **9 antenna a** ~ (*radio - telev.*), Dipolantenne (*f.*), Dipol (*m.*), Antennendipol (*m.*). **10 fila di dipoli** (antenna collineale) (*radio - ecc.*), Dipolreihe (*f.*). **11 momento del** ~ (*elett.*), Dipolmoment (*n.*).

diradamento (di isolati urbani, per migliorare l'illuminazione naturale) (*ed.*), Auskernung (*f.*), Entkernung (*f.*). **2** ~ **urbanistico** (di isolati, per migliorare l'illuminazione naturale) (*ed.*), Entkernung (*f.*), Auskernung (*f.*).

diramazione (*gen.*), Abzweig (*m.*), Abzweigung (*f.*). **2** ~ (raccordo a T) (*tubaz.*), Rohrabzweigung (*f.*), Abzweigestück (*n.*). **3** ~ (*ferr.*), Zweigbahn (*f.*). **4** ~ (di un filone) (*min.*), Ausläufer (*m.*). **5 linea di** ~ (che parte unilateralmente da una rete) (*elett.*), Stichleitung (*f.*).

« direct costing » (calcolo dei costi marginali) (*amm.*), Grenzkostenrechnung (*f.*), Direktkostenrechnung (*f.*), « Direct Costing ».

direttissimo (treno direttissimo) (*ferr.*), Schnellzug (*m.*), Fern-Durchgangszug (*m.*), FD-Zug (*m.*).

direttive (*gen.*), Richtlinien (*f. pl.*), Anweisungen (*f. pl.*).

direttività (di un'antenna p. es.) (*radio*), Richtwirkung (*f.*). **2 indice di** ~ (*acus.*), Richtungsmass (*n.*).

direttivo (*gen.*), leitend.

diretto (*gen.*), direkt, unmittelbar. **2** ~ (iniezione, di un mot. Diesel) (*mot.*), luftlos. **3** ~ (treno) (*a. - ferr.*), aufenthaltslos. **4** ~ (caratteristica dello sterzo) (*aut.*), direkt. **5 trasmissione diretta** (di un avvenimento sportivo p. es.) (*radio - telev.*), Direktübertragung (*f.*).

direttore (*organ. lav. - ind.*), Direktor (*m.*). **2** ~ (di una scuola) (*scuola*), Leiter (*m.*), Direktor (*m.*). **3** ~ (dell'antenna) (*radio - telev.*), Direktor (*m.*). **4** ~ **acquisti** (di una ditta) (*organ. lav. - ind.*), Einkaufsdirektor (*m.*). **5** ~ **corse** (d'una marca) (*aut. - sport*), Rennleiter (*m.*). **6** ~ **della propaganda** (caposervizio della propaganda) (*ind.*), Werbleiter (*m.*). **7** ~ **del marketing** (*ind.*), Marketing-Leiter (*m.*). **8** ~ **del personale** (capo del personale) (*lav. - pers.*), Personalchef (*m.*). **9** ~ **d'esercizio** (di un'azienda elettrica p. es.) (*ind. elett.*), Betriebsführer (*m.*). **10** ~ **di fabbricazione** (direttore di stabilimento) (*organ. lav. - ind.*), Fabrikdirektor (*m.*), Betriebsleiter (*m.*), Werkleiter (*m.*). **11** ~ **di fabbricazione** (direttore di produzione) (*organ. lav. - ind.*), Betriebsleiter (*m.*), Produktionsleiter (*m.*). **12** ~ **di filiale** (*comm. - pers.*), Filialeleiter (*m.*). **13** ~ **di produzione** (direttore di fabbricazione) (*organ. lav. - ind.*), Betriebsleiter (*m.*), Produktionsleiter (*m.*). **14** ~ **di produzione** (*cinem.*), Produktionsleiter (*m.*). **15** ~ **di scena** (*lav. - teatro*), Bühnenmeister (*m.*). **16** ~ **di stabilimento** (*ind. - organ. lav.*), Werkleiter (*m.*), Fabrikdirektor (*m.*), Betriebsleiter (*m.*). **17** ~ **generale** (*ind.*), Generaldirektor (*m.*). **18** ~ **tecnico** (*ind.*), technischer Direktor, technischer Betriebsleiter. **19** ~ **vendite** (*ind.*), Verkaufsdirektor (*m.*).

direttrice (*geom.*), Leitlinie (*f.*), Direktrix (*f.*). **2** ~ **del fianco** (di un dente, intersezione del fianco con la superficie primitiva) (*mecc.*), Flankenlinie (*f.*).

direzionale (*radio*), gerichtet. **2** ~ (*organ.*), geschäftsführend. **3 non** ~ (*radio - ecc.*), ungerichtet.

direzione (*gen.*), Richtung (*f.*). **2** ~ (*pers. - organ. lav.*), Leitung (*f.*), Führung (*f.*). **3** ~ (di una ditta) (*ind.*), Führung (*f.*), Leitung (*f.*), Direktion (*f.*). **4** ~ (di lavori p. es.) (*gen.*), Führung (*f.*). **5** ~ (ufficio di direzione) (*uff.*), Leitstelle (*f.*). **6** ~ (di uno strato) (*geol.*), Streichen (*n.*). **7** ~ (angolo tra il Nord magnetico e la isoipsa, di un giacimento) (*geol.*), Streichwinkel (*m.*). **8** ~ (di un filone p. es.) (*geol.*), Streichen (*n.*), Streichrichtung (*f.*). **9** ~ (di una galleria) (*min.*), Richtung (*f.*). **10** ~ (in contrapposto ad elevazione) (*app. ott.*), Seite (*f.*). **11** ~ (*mat. - geom.*), Richtung (*f.*). **12** ~ **assiale** (*mecc. - ecc.*), Achsenrichtung (*f.*). **13** ~ **collegiale** (*organ.*), Teamführung (*f.*). **14** ~ **dei lavori** (*ed.*), Bauleitung (*f.*). **15** ~ **dei solchi** (orientamento dei solchi, su una superficie lavorata) (*lav. macch. ut.*), Rillenverlauf (*m.*). **16** ~ **del fascio** (*radar - ecc.*), Abstrahlrichtung (*f.*). **17** ~ **delle fibre** (andamento od orientamento delle fibre, di un pezzo p. es.) (*metall. - fucinatura*), Faserverlauf (*m.*). **18** ~ **del moto** (*fis.*), Bewegungsrichtung (*f.*). **19** ~ **del personale** (azione di dirigere) (*pers. - ind.*), Personalführung (*f.*). **20** ~ **del personale** (servizio del personale, di una ditta) (*ind.*), Personalabteilung (*f.*). **21** ~ **del tiro** (regolazione del tiro, condotta del fuoco) (*milit.*), Feuerleitung (*f.*). **22** ~ **di fabbrica**, Fabrikleitung (*f.*). **23** ~ **di laminazione** (*lamin. - ind. metall.*), Walzrichtung (*f.*). **24** ~ **di macchina** (*mft. carta*), Maschinenrichtung (*f.*), Laufrichtung (*f.*), Längsrichtung (*f.*). **25** ~ **di portanza nulla** (*aer.*), Nullauftriebsrichtung (*f.*). **26** ~ **di rotazione** (senso di rotazione, di una ruota p. es.) (*mecc.*), Laufrichtung (*f.*). **27** ~ **ed immersione** (di uno strato) (*geol.*), Streichen und Fallen, S. u. F. **28** ~ **generale** (di una ditta) (*ind.*), Oberleitung (*f.*), Direktion (*f.*). **29** ~ **operativa** (di un'azienda) (*organ. - ind.*), operative Leitung. **30** ~ **preferenziale** (orientamento preferenziale, dei grani in lamiere p. es.) (*metall.*), Vorzugsrichtung (*f.*). **31** ~ **preziale** (*amm.*), pretiale Lenkung. **32** ~ **scientifica** (*ind.*), wissenschaftliche Betriebsführung. **33** ~ **tecnica** (*ind.*), technische Leitung. **34** ~ **trasversale** (*gen.*), Querrichtung (*f.*). **35** ~ **trasversale** (*lav. macch. ut.*), Planrichtung (*f.*). **36** ~ **trasversale** (a quella di macchina) (*mft. carta*), Querrichtung (*f.*). **37 angolo di** ~ (in contrapposto ad angolo di elevazione; azimut) (*app. ott.*), Seitenwinkel (*m.*), Azimutwinkel (*m.*). **38 angolo di** ~ **futuro** (nel tiro controaereo) (*artiglieria*), Treffseitenwinkel (*m.*). **39 determinare la** ~ (con radiogoniometro) (*radio - ecc.*), auspeilen. **40 determinazione della** ~ (*navig.*), Seitenbestimmung (*f.*), Seitenkennung (*f.*). **41 indica-**

dirigente

tore di ~ (freccia o lampeggiatore p. es.) (*aut.*), Fahrtrichtungsanzeiger (*m.*), Winker (*m.*). **42 in ~ contraria** (in senso contrario) (*gen.*), entgegengesetzt gerichtet. **43 in ~ Nord** (verso Nord) (*nav. - ecc.*), Richtung Nord, gegen Norden. **44 in ~ opposta** (in senso opposto) (*gen.*), in umgekehrter Richtung. **45 relativo alla ~ scientifica** (*ind.*), betriebswissenschaftlich. **46 tenuta della ~** (d'una ruota) (*veic.*), Spurhaltung (*f.*).
dirigente (*pers.*), leitender Angestellter. **2 ~ di azienda** (*ind.*), Unternehmensleiter (*m.*), Unternehmensführer (*m.*). **3 ~ sindacale** (*pers.*), Gewerkschaftsführer (*m.*).
dirigere (*ind. - lav. - pers.*), leiten. **2 ~** (una ditta) (*ind.*), leiten. **3 ~ per** (*nav. - aer.*), ansteuern.
dirigibile (*aer.*), Luftschiff (*n.*). **2 ~ floscio** (dirigibile non rigido) (*aer.*), Pralluftschiff (*n.*), unstarres Luftschiff. **3 ~ non rigido** (dirigibile floscio) (*aer.*), Pralluftschiff (*n.*), unstarres Luftschiff. **4 ~ rigido** (*aer.*), Starrluftschiff (*n.*). **5 ~ semirigido** (*aer.*), halbstarres Luftschiff.
diritto (*s. - gen.*), Recht (*n.*). **2 ~** (*s. - leg.*), Recht (*n.*). **3 ~** (tassa, per istituzioni pubbliche p. es.) (*s. - finanz.*), Gebühr (*f.*). **4 ~** (di un tessuto) (*s. - ind. - tess.*), Schönseite (*f.*). **5 ~** (di dente p. es.) (*a. - mecc. - ecc.*), gerade. **6 ~ aeronautico** (*aer. - leg.*), Luftrecht (*n.*). **7 ~ alla pensione** (*lav.*), Rentenanspruch (*m.*). **8 ~ brevettuale** (legge sulle privative industriali) (*leg.*), Patentrecht (*n.*). **9 ~ civile** (*leg.*), Zivilrecht (*n.*). **10 diritti civili** (*leg.*), Ehrenrechte (*n. pl.*), **11 ~ commerciale** (*leg. - comm.*), Handelsrecht (*n.*). **12 ~ costituzionale** (*leg.*), Verfassungsrecht (*n.*). **13 ~ del lavoro** (*lav. - leg.*), Arbeitsrecht (*n.*). **14 diritti di ancoraggio** (*nav.*), Anlegegebühren (*f. pl.*), **15 diritti di autore** (proprietà letteraria, «copyright») (*leg.*), Urheberrecht (*n.*), Nachdrucksrecht (*n.*). **16 diritti di bacino** (*nav.*), Dockgebühren (*f. pl.*). **17 diritti di banchina** (*nav.*), Auslagegebühr (*f.*), Auslagungsgebühr (*f.*). **18 diritti di cancelleria** (diritti di segreteria) (*leg. - ecc.*), Schreibgebühren (*f. pl.*). **19 ~ di costruzione su terreno altrui** (*leg. - ed.*), Erbaurecht (*n.*). **20 ~ di licenza** («redevance») (*finanz. - comm.*), Lizenzgebühr (*f.*). **21 ~ di opzione** (*finanz. - comm.*), Optionsrecht (*n.*). **22 diritti di pilotaggio** (pilotaggio) (*nav.*), Belotsung (*f.*). **23 ~ di precedenza** (*traff. strad.*), Vorfahrtsrecht (*n.*). **24 ~ di precedenza dalla destra** (diritto di precedenza del proveniente da destra) (*traff. strad.*), Rechtsvortritt (*m.*). **25 ~ di prelazione** (*leg.*), Vorkaufsrecht (*n.*). **26 ~ di priorità** (nelle domande di brevetto) (*leg.*), Prioritätsrecht (*n.*). **27 ~ di proprietà** (*leg.*), Eigentumsrecht (*n.*). **28 ~ di rappresentanza** (*comm.*), Vertretungsbefugnis (*f.*). **29 ~ di regresso** (*finanz. - leg.*), Rückgriffsrecht (*n.*). **30 ~ di riproduzione** (proprietà letteraria, «copyright») (*tip.*), Nachdrucksrecht (*n.*), Urheberrecht (*n.*). **31 diritti di segreteria** (diritti di cancelleria) (*leg. - ecc.*), Schreibgebühren (*f. pl.*). **32 ~ di senseria** (mediazione) (*finanz.*), Maklergebühr (*f.*), Courtage (*f.*). **33 ~ di successione** (*leg.*), Nachfolgerschaft (*f.*). **34 diritti doganali** (*finanz.*), Zollgebühren (*f. pl.*). **35 ~ economico** (*leg.*), Wirtschaftsrecht (*n.*). **36 ~ esclusivo** (*leg.*), Sonderrecht (*n.*), ausschliessliches Recht. **37 ~ ferroviario** (legislazione ferroviaria) (*ferr. - leg.*), Eisenbahnrecht (*n.*). **38 ~ industriale** (*leg.*), Gewerberecht (*n.*). **39 ~ internazionale** (*leg.*), internationales Recht. **40 diritti legali** (*finanz.*), Gerichtsgebühren (*f. pl.*). **41 ~ marittimo** (*leg. - nav.*), Seerecht (*n.*). **42 ~ penale** (*leg.*), Strafrecht (*n.*), Kriminalrecht (*n.*). **43 diritti portuali** (*nav.*), Hafengebühren (*f. pl.*). **44 diritti portuali per stazza** (*nav.*), Tonnengeld (*n.*). **45 diritti protettivi** (*comm. - leg.*), Schutzrechte (*n. pl.*). **46 ~ tavolare** (*leg.*), Grundbuchrecht (*n.*). **47 conservare un ~** (*gen.*), einen Anspruch wahren. **48 dichiarazione della riserva dei diritti d'autore** («copyright») (*leg.*), Rechtsvermerk (*m.*), Urheberrechtsvermerk (*m.*). **49 di ~ sociale** (*leg.*), gesellschaftrechtlich. **50 l'avente ~** (titolare, beneficiario) (*leg.*), Berechtigter (*m.*).
dirompente (*espl.*), brisant.
dirompenza (*espl.*), Brisanz (*f.*).
dirottamento (*trasp.*), Wegabweichung (*f.*).
dirottatore (di velivoli) (*aer.*), Hijacker (*m.*), Flugzeughijacker (*m.*).
dirupato (costa, a dirupi) (*geogr.*), abschüssig.
diruttore (intercettore, dispositivo per modificare il flusso dell'aria) (*aer.*), Spoiler (*m.*).
disaccaride ($C_{12}H_{22}O_{11}$) (*chim.*), Disaccharid (*n.*).
disaccomodamento (della permeabilità p. es) (*elettronica*), Desakkomodation (*f.*).
disaccoppiamento (*mecc. macch.*), Entkupplung (*f.*), Auskupplung (*f.*). **2 ~** (*radio - elettrotel.*), Entkopplung (*f.*). **3 circuito di ~** (circuito di separazione) (*elett.*), Trennkreis (*m.*).
disaccoppiare (disgiungere) (*mecc. - macch.*), entkuppeln, auskuppeln. **2 ~** (*radio*), entkoppeln.
disaccoppiato (*mecc.*), ausgekuppelt, entkuppelt. **2 ~** (*radio*), entkoppelt.
disaccordo (mancanza di unanimità) (*gen.*), Uneinigkeit (*f.*).
disacidificare (deacidificare) (*chim.*), entsäuern.
disacidificazione (neutralizzazione, decomposizione termica di carbonati) (*metall.*), Entsäuerung (*f.*).
disadattamento (*elett. - ecc.*), Fehlanpassung (*f.*).
disaerare (togliere l'aria) (*chim. - ecc.*), entlüften.
disaerazione (di fluidi) (*ind. chim.*), Entlüftung (*f.*). **2 ~** (di una pompa di iniezione p. es.) (*mot. - ecc.*), Entlüftung (*f.*). **3 valvola di ~** (*tubaz. - ecc.*), Entlüftungsventil (*n.*).
disaggio (*finanz.*), Disagio (*n.*).
disagglomerazione (*chim.*), Desagglomeration (*f.*).
disaggregarsi (disgregarsi) (*geol.*), verwittern.
disaggregato (disgregato) (*geol.*), verwittert.
disaggregazione (disgregazione, gliptogenesi) (*geol.*), Verwitterung (*f.*). **2 ~ chimica** (disgregazione chimica) (*geol.*), chemische Verwitterung. **3 ~ meccanica** (disgregazione

disco

meccanica) (*geol.*), mechanische Verwitterung.
disalberare (*nav.*), abtakeln.
disallineato (fuori allineamento) (*mecc. - ecc.*), nichtfluchtend.
disapprettante (sostanza scollante) (*s. - ind. tess.*), Entschlichtungsmittel (*n.*). **2** ~ (*a. - ind. tess.*), entschlichtend.
disapprettare (togliere l'appretto) (*ind. tess.*), entschlichten.
disargentaggio (del piombo) (*metall.*), Entsilberung (*f.*).
disarmare (mettere fuori servizio, mettere in disarmo) (*nav.*), abtakeln, abrüsten. **2** ~ (togliere l'armatura) (*c. a. - ed.*), ausschalen, abrüsten. **3** ~ (*milit.*), abrüsten.
disarmo (smontaggio dell'armatura di servizio) (*ed. - c. a.*), Abrüsten (*n.*), Ausschalung (*f.*). **2** ~ (di una nave) (*nav.*), Abrüstung (*f.*), Abtakelung (*f.*). **3** ~ (*milit.*), Abrüstung (*f.*). **4 mezzo di** ~ (soluzione per disarmo, che impedisce l'aderenza del calcestruzzo all'armatura) (*ed.*), Entschalungsmittel (*n.*). **5 soluzione per** ~ (mezzo di disarmo, che impedisce l'aderenza del calcestruzzo all'armatura) (*ed.*), Entschalungsmittel (*n.*). **6 termine per il** ~ (di casseforme) (*ed.*), Ausschalungsfrist (*f.*), Schalungsfrist (*f.*).
disassamento (di alberi) (*mecc.*), Fluchtfehler (*m.*), Fluchtungsfehler (*m.*), Fluchtabweichung (*f.*), Abweichung vom Fluchten.
disassato (*gen.*), ausserachsig. **2** ~ (un albero p. es.) (*mecc.*), nichtfluchtend.
disattivare (*radioatt.*), entaktivieren.
disattivazione (*radioatt.*), Entaktivierung (*f.*).
disavanzo (deficit) (*amm.*), Fehlbetrag (*m.*), Defizit (*n.*). **2** ~ **di esercizio** (*finanz.*), Betriebsfehlbetrag (*m.*). **3 chiudere con un** ~ (*amm.*), mit einem Fehlbetrag abschliessen.
disbrigo (*gen.*), Abfertigung (*f.*).
discarica (*mov. terra*), Verklappung (*f.*), Ausladung (*f.*). **2** ~ (*min.*), Halde (*f.*), Berghalde (*f.*), Sturz (*m.*).
discendente (parte di una curva caratteristica p. es.) (*mecc. - ecc.*), absteigend. **2** ~ (moto, indicazione) (*gen.*), ab.
discendere (*gen.*), heruntersteigen, absteigen. **2** ~ (in una miniera) (*min.*), einfahren, anfahren.
discenderia (*trasp. ind.*), Förderrutsche (*f.*).
discesa (*gen.*), Abstieg (*m.*). **2** ~ (*veic.*), Talfahrt (*f.*). **3** ~ (*aer.*), Abstieg (*m.*), Sinken (*n.*). **4** ~ (in una miniera) (*min.*), Einfahrt (*f.*). **5** ~ (coda, di antenna) (*radio*), Niederführung (*f.*), Ableitung (*f.*), Abnahme (*f.*). **6** ~ (della cinghia dalla puleggia) (*mecc.*), Ablaufen (*n.*). **7** ~ (corsa di sci) (*sport*), Abfahrt (*f.*). **8** ~ **a spirale** (planata a spirale) (*aer.*), Gleitspiralflug (*m.*). **9** ~ **di antenna** (*radio*), Antennenableitung (*f.*), Antennenabnahme (*f.*). **10** ~ **di colata** (*fond.*), vertikaler Eingusskanal. **11** ~ **irregolare** (delle cariche nel forno) (*metall.*), Rücken (*n.*). **12** ~ **libera** (gara di sci) (*sport*), Abfahrtslauf (*m.*). **13** ~ **nella miniera** (*min.*), Grubenfahrt (*f.*). **14** ~ **obbligata** (gara di sci, slalom) (*sport*), Torlauf (*m.*), Slalomlauf (*m.*). **15** ~ **pericolosa** (pendenza pericolosa) (*traff. strad. - aut.*), gefährliches Gefälle. **16 andare in** ~ **in folle** (*aut.*),

ausrollen. **17 angolo di** ~ (*aer.*), Abstiegwinkel (*m.*). **18 in** ~ (strada) (*avv.*), bergab, bergunter. **19 in** ~ (*a. - strad.*), abfallend, absteigend. **20 percorrere una** ~ (*aut. - ecc.*), abfahren. **21 velocità di** ~ (*aer.*), Sinkgeschwindigkeit (*f.*).
dischetto (*gen.*), Scheibe (*f.*). **2** ~ (di nichel; diametro 25-28 mm, altezza 15 mm) (*metall.*), Rondelle (*f.*). **3** ~ **da centri** (per inserirvi la punta del compasso senza forare eccessivamente il foglio da disegno) (*dis.*), Zentrierscheibe (*f.*), Zentrierzwecke (*f.*).
disciolto (in soluzione) (*chim.*), gelöst.
disciplina (*lav. - ecc.*), Disziplin (*f.*). **2** ~ **delle acque** (governo delle acque, economia delle acque) (*idr.*), Wasserwirtschaft (*f.*).
disciplinare (*a. - gen.*), disziplinär, disziplinarisch. **2 misura** ~ (provvedimento disciplinare) (*lav. - ecc.*), Disziplinarmassnahme (*f.*), disziplinäre Massnahme. **3 punizione** ~ (*lav. - ecc.*), Disziplinarstrafe (*f.*).
disco (*mecc.*), Scheibe (*f.*). **2** ~ (di grammofono) (*elettroacus.*), Platte (*f.*), Schallplatte (*f.*), Grammophonplatte (*f.*), Grammoplatte (*f.*). **3** ~ (di segnalamento) (*ferr.*), Signalscheibe (*f.*). **4** ~ (di una segatrice circolare) (*ut.*), Blatt (*n.*). **5** ~ (d'una frizione) (*mecc.*), Scheibe (*f.*). **6** ~ (di freno a disco) (*aut.*), Scheibe (*f.*). **7** ~ (*sport*), Diskus (*m.*). **8** ~ **a lunga durata** (*elettroacus.*), Langspielplatte (*f.*), Langspielschallplatte (*f.*). **9** ~ **analizzatore** (disco di Nipkow) (*telev.*), Abtastscheibe (*f.*). **10** ~ **antiscoppio** (dispositivo di sicurezza per impianti a pressione) (*ind. chim. - ecc.*), Berstscheibe (*f.*), Berstplatte (*f.*). **11** ~ **a tacche** (*mecc.*), Rastenscheibe (*f.*). **12** ~ **centrale** (di una ruota) (*aut.*), Spiegel (*n.*). **13** ~ **combinatore** (*telef.*), Nummernscheibe (*f.*), Wählscheibe (*f.*), Wählerscheibe (*f.*). **14** ~ **condotto** (di una frizione) (*aut.*), Mitnehmerscheibe (*f.*). **15** ~ **del freno** (d'un freno a disco) (*aut.*), Bremsscheibe (*f.*). **16** ~ **della ruota** (*veic.*), Radscheibe (*f.*). **17** ~ **dell'elica** (*aer.*), Luftschraubenkreisscheibe (*f.*). **18** ~ **dell'elica** (superficie del disco dell'elica) (*nav.*), Propellerdiskfläche (*f.*). **19** ~ **dentato** (di un contatore p. es.) (*mecc.*), Zahnscheibe (*f.*). **20** ~ **di cera** (*elettroacus.*), Wachsplatte (*f.*). **21** ~ **di cuoio** (per lucidare) (*mecc.*), Lederscheibe (*f.*). **22** ~ **di erpice** (*macch. agric.*), Eggenteller (*m.*). **23** ~ **di grammofono** (*elettroacus.*), Schallplatte (*f.*), Grammophonplatte (*f.*). **24** ~ **di Nipkow** (*telev.*), Nipkowscheibe (*f.*). **25** ~ **di partenza** (in vetro ottico, per la produzione di lenti) (*ott.*), Ronde (*f.*). **26** ~ **di Rayleigh** (*acus.*), Rayleigh-Scheibe (*f.*). **27** ~ **di Sersche** (presa statica a disco di Sersche, per misurare la pressione d'una corrente fluida) (*app.*), Sersche-Scheibe (*f.*). **28** ~ **di stoffa** (per lucidatrice) (*ut. mecc.*), Tuchscheibe (*f.*). **29** ~ **divisore** (disco per divisore) (*macch. ut.*), Teilscheibe (*f.*). **30** ~ **dosatore** (*app.*), Zuteilteller (*m.*). **31** ~ **epitassiale** (di un circuito integrato) (*elettronica*), Epitaxialscheibe (*f.*). **32** ~ **fonografico** (*elettroacus.*), Grammophonplatte (*f.*), Grammoplatte (*f.*), Schallplatte (*f.*). **33** ~ **girante turbina** (*mot.*), Turbinenscheibe (*f.*). **34** ~ **graduato** (*mecc. - ecc.*),

discografico

Skalenscheibe (f.), Skalascheibe (f.). **35 ~ inclinato** (disco obliquo, di una pompa a disco inclinato) (macch.), Taumelscheibe (f.). **36 ~ in feltro (per lucidare)** (disco in feltro per lucidatrice) (mecc.), Filzscheibe (f.), Filzpolierscheibe (f.). **37 ~ lucidatore** (disco per lucidatrice) (ut.), Pliesstscheibe (f.), Polierscheibe (f.), Glanzscheibe (f.). **38 ~ lucidatore ventilato** (ut.), luftgekühlte Polierscheibe. **39 ~ microsolco** (elettroacus.), Mikrorillenschallplatte (f.). **40 ~ orario** (per parcheggio) (aut.), Parkscheibe (f.). **41 ~ per lappatura** (lapidello a disco) (ut.), Läppscheibe (f.). **42 ~ per lucidatrice** (disco lucidatore) (ut.), Pliesstscheibe (f.), Polierscheibe (f.), Glanzscheibe (f.). **43 ~ ralla** (disco della ralla, di un carrello) (ferr.), Drehzapfenloch (n.). **44 ~ semaforico** (ferr.), Scheibensignal (n.). **45 ~ stereofonico** (elettroacus.), stereophonische Schallplatte, Stereoschallplatte (f.). **46 ~ volante** (aer.), Untertasse (f.), fliegende Untertasse. **47 area ~** (dell'elica) (aer.), Schraubenkreisfläche (f.). **48 arresto del ~ combinatore** (telef.), Fingeranschlag (m.). **49 coltello a ~** (per dentare p. es.) (ut.), Scheibenschneidrad (n.), Scheibenstossrad (n.). **50 contatto di riposo di ~ combinatore** (telef.), Nummernschalter-Ruhekontakt (m.), nsr. **51 freno a ~** (aut.), Scheibenbremse (f.). **52 lama a ~** (d'una sega) (mecc.), Scheibe (f.). **53 lancio del ~** (sport), Diskuswerfen (n.). **54 molatrice a ~** (con fogli rotondi di carta abrasiva fissati su dischi) (macch.), Tellerschleifmaschine (f.), Scheibenschleifmaschine (f.). **55 preparazione dei dischi** (nella produzione di lenti) (ind. ott.), Rundieren (n.). **56 ruota a ~** (aut.), Scheibenrad (n.). **57 suonare un ~** (di grammofono) (elettroacus.), eine Platte abspielen.

discografico (elettroacus. - ecc.), Schallplatten...

discontinuità (gen.), Diskontinuität (f.). **2 ~ elettronica** (elettronica), Elektronensprung (m.). **3 punto di ~** (nella propagazione di onde corte) (radio), Sprungstelle (f.).

discontinuo (distillazione p. es.) (chim. - ecc.), diskontinuierlich, unstetig. **2 ~** (gen.), diskontinuierlich, lückend. **3 ~** (processo) (ind. - ecc.), iterativ. **4 impianto ~** (ind.), diskontinuierliche Anlage, Taktanlage (f.). **5 procedimento ~** (tecnol.), iteratives Verfahren.

discordante (geol.), diskordant.

discordanza (sovrapposizione di due complessi di rocce stratificate) (geol.), Diskordanz (f.). **2 ~ angolare** (etero-angolarità) (mecc.), Ungleichwinkligkeit (f.).

discorso (gen.), Rede (f.), Ansprache (f.). **2 ~ di apertura** (discorso inaugurale) (finanz. - ecc.), Antrittsrede (f.). **3 ~ d'inaugurazione** (gen.), Antrittsrede (f.). **4 ~ programmatico** (finanz. - ecc.), Programmrede (f.).

discoteca (elettroacus.), Diskothek (f.), Schallplattenarchiv (n.).

discretizzazione (mat.), Diskretisation (f.).

discreto (mat. - ecc.), diskret.

discrezionalmente (gen.), nach freiem Ermessen.

discrezione (gen.), Ermessen (n.), freies Ermessen.

discriminatore (mat.), Diskriminator (m.). **2 ~** (per la demodulazione di oscillazioni) (radio), Diskriminator (m.). **3 ~** (rivelatore di rapporto) (telev.), Verhältnisdetektor (m.), Ratiodetektor (m.). **4 ~ ad otto direzioni** (app.), Achterweiche (f.). **5 ~ d'altezza di impulsi** (app.), Impulshöhendiskriminator (m.). **6 ~ di chiamata** (telef.), Anrufausscheider (m.). **7 ~ di fase** (radio), Phasendetektor (m.), Phasendiskriminator (m.). **8 ~ di frequenza** (elett.), Frequenzdiskriminator (m.). **9 ~ di Schmitt** (circuito Trigger di Schmitt) (elettronica), Schmitt-Trigger-Schaltung (f.), Schmitt-Diskriminator (m.). **10 selettore ~** (telef.), Mitlaufwähler (m.), Mitlaufwerk (n.).

discussione (gen.), Diskussion (f.). **2 tecnica di ~** (organ. lav.), Diskussionsmethode (f.), Aussprachemethode (f.).

disdetta (dell'abbonamento p. es.) (telef. - ecc.), Kündigung (f.), Abbestellung (f.).

disdire (una commissione, un incarico) (comm.), absagen, ablehnen, ausschlagen. **2 ~ un abbonamento** (giorn. - ecc.), ein Abonnement aufgeben.

diseccitare (elett.), aberregen.

diseccitarsi (cadere, di un relè) (elett.), abfallen.

diseccitato (elett.), unerregt.

diseccitazione (elett.), Aberregung (f.). **2 ~** (caduta, di un relè) (elett.), Abfall (m.). **3 ~** (attenuazione del campo, nella propulsione elett.) (veic. elett.), Feldschwächung (f.). **4 ~ del relè** (caduta del relè) (elett.), Relaisabfall (m.). **5 ~ rapida** (macch. elett.), Schnellentregung (f.). **6 valore di ~** (di un relè) (elett.), Abfallwert (m.).

disegnare (dis.), zeichnen. **2 ~** (progettare) (dis.), konstruieren, zeichnen. **3 ~ il contorno** (tracciare il profilo) (dis.), abreissen. **4 ~ in scala** (dis.), mass-stäblich zeichnen. **5 ~ mappe** (mappare) (top. - ed.), mappieren.

disegnatore (dis. - pers. tecnico), Zeichner (m.). **2 ~** (di modelli, di disegni ornamentali p. es. per telai tessili) (lav. ind. tess.), Patroneur (m.). **3 ~ di cartoni animati** (cartonista) (cinem.), Trickzeichner (m.). **4 ~ di mappe** (mappatore) (top. - ed.), Mappeur (m.). **5 ~ di particolari** (particolarista) (dis.), Detailzeichner (m.), Zeichner für Einzelzeichnungen. **6 ~ meccanico** (lav.), Maschinenzeichner (m.). **7 ~ particolarista** (dis.), Zeichner für Einzelzeichnungen, Detailzeichner (m.). **8 ~ progettista** (progettista) (pers. tecnico), Gestalter (m.). **9 ~ tecnico** (pers. tecnico), technischer Zeichner.

disegno (dis.), Zeichnung (f.). **2 ~** (modello, disegno ornamentale p. es.) (ind. tess.), Patrone (f.), Bindungspatrone (f.). **3 ~** (quadro, linee esplorate durante il movimento del raggio esplorante dall'alto verso il basso) (telev.), Raster (m.). **4 ~ a blocchi** (o schematico) (dis.), Blockzeichnung (f.), Blockskizze (f.). **5 ~ ad inchiostro** (dis.), Tuschzeichnung (f.). **6 ~ a mano** (dis.). **7 ~ a mano libera** (dis.), Freihandzeichnung (f.). **8 ~ a matita** (dis.), Bleistiftzeichnung (f.), Bleizeichnung (f.). **9 ~ animato** (cartone animato) (cinem.), Trickfilm (m.). **10 ~ complementare** (dis.), Ergänzungszeichnung (f.). **11 ~ complessivo** (dis. - comm.), Gesamtzeichnung (f.), Übersichtszeichnung (*f.*). **12 ~ complessivo generale** (disegno che mostra una macch., ecc., allo stato montato) (*dis.*), Übersichtszeichnung (*f.*), Gesamt-Zeichnung (*f.*), Zusammenstellungszeichnung (*f.*). **13 ~ con tre viste** (*dis.*), Dreiseitenriss (*m.*). **14 ~ costruttivo** (disegno di officina, disegno di lavorazione) (*dis.*), Fertigungszeichnung (*f.*), Werkstatt-Zeichnung (*f.*). **15 ~ delle fondazioni** (*dis. - ed.*), Fundamentzeichnung (*f.*). **16 ~ di accettazione** (disegno di benestare) (*dis.*), Genehmigungszeichnung (*f.*). **17 ~ di approvazione** (disegno di benestare) (*dis.*), Genehmigungszeichnung (*f.*). **18 ~ di brevetto** (disegno per domanda di brevetto) (*leg. - dis.*). Patent-Zeichnung (*f.*). **19 ~ di collaudo** (di un edificio) (*dis. - ecc.*), Revisionszeichnung (*f.*), Abnahme-Zeichnung (*f.*). **20 ~ di fornitura** (*dis. - comm.*), Lieferzeichnung (*f.*). **21 ~ di fornitura con quote corrette** (*dis. - comm.*), Revisionszeichnung (*f.*). **22 ~ di installazione** (*dis.*), Einbauplan (*m.*), Einbauzeichnung (*f.*). **23 ~ di lavorazione** (disegno di officina) (*dis.*), Fertigungszeichnung (*f.*), Werkstatt-Zeichnung (*f.*). **24 ~ di legge** (*leg.*), Gesetzentwurf (*m.*). **25 ~ di macchine** (*dis. mecc.*), Maschinenzeichnung (*f.*). **26 ~ di massima** (*dis.*), Dispositionszeichnung (*f.*). **27 ~ di montaggio** (*dis.*), Einbauzeichnung (*f.*), Montagezeichnung (*f.*), Richtzeichnung (*f.*). **28 ~ d'ingombro** (*dis.*), Aussenmass-Zeichnung (*f.*). **29 ~ d'ingombro** (con le quote di spedizione, disegno di spedizione) (*dis.*), Versandzeichnung (*f.*). **30 ~ di officina** (disegno di lavorazione) (*dis.*), Werkstatt-Zeichnung (*f.*), Fertigungszeichnung (*f.*). **31 ~ di particolare** (*dis.*), Teilzeichnung (*f.*). **32 ~ di particolare greggio** (*dis.*), Rohteil-Zeichnung (*f.*). **33 ~ di particolare in sezione** (*dis.*), Teilschnittzeichnung (*f.*). **34 ~ di particolare semilavorato** (*dis.*), Vorbearbeitung-Zeichnung (*f.*). **35 ~ geometrico** (*dis.*), geometrische Zeichnung. **36 ~ industriale** (disegno di prodotti industriali corrispondente alle esigenze di impiego) (*ind.*), Industrieform (*f.*). **37 ~ in prospettiva** (disegno prospettico) (*dis.*), Fernzeichnung (*f.*), Schaubild (*n.*), Perspektive (*f.*). **38 ~ in scala** (*dis.*), mass-stäbliche Zeichnung. **39 ~ in sezione** (*dis.*), Schnittzeichnung (*f.*). **40 ~ in vera grandezza** (*costr. nav.*), Mall (*n.*). **41 ~ lucidato in china** (*dis.*), Tusche-Zeichnung (*f.*). **42 ~ particolari smontati** (*dis.*), Teilmontagezeichnung (*f.*). **43 ~ passato ad inchiostro** (*dis.*), ausgezogene Zeichnung. **44 ~ per brevetto** (disegno per domanda di brevetto) (*dis. - leg.*), Patentzeichnung (*f.*). **45 ~ per calcolo statico** (*dis.*), Statikzeichnung (*f.*), Zeichnung für statische Berechnungen. **46 ~ per offerta** (*dis. - comm.*), Angebotszeichnung (*f.*). **47 ~ per ordinazione** (*dis. - comm.*), Bestellzeichnung (*f.*). **48 ~ per ricambi** (disegno di parte di ricambio, con dati per l'usura e maggiorazioni p. es.) (*dis.*), Ersatzteilzeichnung (*f.*). **49 ~ -progetto** (per offerte) (*dis. - comm.*), Projekt-Zeichnung (*f.*), Angebots-Zeichnung (*f.*), Entwurfzeichnung (*f.*). **50 ~ prospettico** (disegno in prospettiva, prospettiva, di una macch. p. es.) (*dis.*), Fernzeichnung (*f.*), Schaubild (*n.*). **51 ~ riproducibile** (lucido) (*dis.*), Durchzeichnung (*f.*), Stammzeichnung (*f.*). **52 ~ quotato** (*dis.*), Masszeichnung (*f.*), bemasste Zeichnung. **53 ~ schematico** (*dis.*), schematische Zeichnung. **54 ~ schematico** (od a blocchi) (*dis.*), Blockzeichnung (*f.*), Blockskizze (*f.*). **55 ~ tecnico** (disegno di macchine) (*dis.*), technisches Zeichnen, technische Zeichnung. **56 archivio disegni** (*dis. - ind.*), Zeichnungsarchiv (*n.*). **57 asse da ~** (*dis.*), Zeichenbrett (*n.*). **58 carta da ~** (*dis.*), Zeichenpapier (*n.*). **59 cartella per disegni** (*dis.*), Zeichenmappe (*f.*). **60 controllo disegni** (*dis. - ind.*), Zeichnungsprüfung (*f.*). **61 foglio da ~** (*dis.*), Zeichenbogen (*m.*). **62 matita da ~** (*dis.*), Zeichenstift (*m.*). **63 non a ~** (*mecc. - ecc.*), verzeichnet. **64 numero di ~** (numero categorico) (*dis.*), Zeichnungsnummer (*f.*), Sach-Nr., Sachnummer (*f.*). **65 puntina da ~** (*dis.*), Reissnagel (*m.*), Reisszwecke (*f.*). **66 tavola da ~** (asse da disegno) (*dis.*), Reissbrett (*n.*), Zeichenbrett (*n.*). **67 tavolo da ~** (*dis.*), Zeichentisch (*m.*). **68 ufficio disegni** (*dis.*), Zeichenbüro (*n.*).

disemulsionatore (per rompere emulsioni) (*chim.*), Desemulgator (*m.*), Spalter (*m.*).

diserbamento (diserbo) (*ferr. - ecc.*), Unkrautvertilgung (*f.*).

diserbante (erbicida) (*s. - ferr. - ecc.*), Unkrautvertilgungsmittel (*n.*).

diserbatrice (*macch.*), Unkrautvertilgungsmaschine (*f.*).

disfunzione (anomalia di funzionamento) (*gen.*), Störung (*f.*).

disgaggio (rimozione di frammenti rocciosi parzialmente staccati dopo l'esplosione delle mine) (*min.*), Bereissen (*m.*), Hartmachen (*n.*). **2 palanchino per ~** (*ut. min.*), Bereissstange (*f.*).

disgelante (« anticongelante », sale p. es., sparso sulle strade in inverno) (*s. - chim. - aut.*), Eisauftaumittel (*n.*).

disgiuntore (app. mediante il quale viene staccata automaticamente una parte di impianto) (*elett.*), Auftrenner (*m.*).

disgiunzione (OR inclusivo) (*calc.*), Disjunktion (*f.*), inklusives ODER, einschliessliches ODER.

disgregarsi (*gen.*), auseinanderfallen. **2 ~** (disaggregarsi) (*geol.*), verwittern.

disgregato (disaggregato) (*geol.*), verwittert.

disgregazione (disaggregazione, gliptogenesi) (*geol.*), Verwitterung (*f.*). **2 ~** (*geol.*), vedi anche disaggregazione.

disidratante (*chim.*), Entwässerungsmittel (*n.*).

disidratare (*chim.*), entwässern, dehydratisieren.

disidratazione (*chim.*), Entwässerung (*f.*), Dehydrierung (*f.*), Dehydratation (*f.*).

disimballare (*trasp.*), auspacken.

disimbozzimare (togliere l'imbozzimatura) (*ind. tess.*), entschlichten.

disimmagazzinamento (prelievo dal magazzino) (*ind.*), Auslagern (*n.*).

disimpegnare (sganciare, sbloccare) (*mecc. - ecc.*), ausklinken, ausrücken. **2 ~** (liberare) (*elettromecc.*), befreien. **3 ~ da una tacca** (*mecc.*), ausrasten.

disimpegno (dispositivo di disimpegno, sblocco) (*mecc. - ecc.*), Ausklinkvorrichtung (*f.*).
disincagliare (una nave) (*nav.*), abarbeiten.
disincrostare (dissossidare, decalaminare) (*metall. - fucinatura*), entzundern. 2 ~ (una cald. con martellina p. es.) (*cald.*), ausklopfen, abklopfen, entsteinen. 3 ~ **in bagno salino** (decalaminare in bagno salino) (*metall. - fucinatura*), entzundern im Salzbad.
disincrostato (disossidato, decalaminato) (*fucinatura*), entzundert.
disincrostazione (disossidazione, decalaminazione) (*metall. - fucinatura*), Entzunderung (*f.*), Entzundern (*n.*). 2 ~ (di caldaie) (*cald.*), Entsteinen (*n.*). 3 ~ **alla fiamma** (decalaminazione alla fiamma) (*metall. - vn.*), Flammentrostung (*f.*), Flammentzunderung (*f.*). 4 ~ **idraulica** (disossidazione o decalaminazione idraulica) (*fucinatura*), Entzundern mit Presswasser, Druckwasserentzunderung (*f.*). 5 ~ **in bagno salino** (decalaminazione in bagno salino) (*metall. - fucinatura*), Salzbadentzunderung (*f.*), Entzundern im Salzbad.
disinfettante (*s. - ind. chim.*), Entseuchungsmittel (*n.*), Desinfektionsmittel (*n.*).
disinfettare (*gen.*), entseuchen.
disinfezione (*ind. chim. - ecc.*), Entseuchung (*f.*), Desinfektion (*f.*).
disinnescare (*espl.*), entschärfen.
disinnesco (di mine p. es.) (*espl.*), Entschärfen (*n.*). 2 **punto di** ~ (interruzione di oscillazione) (*elettronica*), Schwingloch (*n.*).
disinnestabile (*mecc. - ecc.*), auskuppelbar, ausrückbar, ausschaltbar.
disinnestare (staccare) (*mecc.*), entkuppeln, auskuppeln, ausschalten. 2 ~ **da una tacca** (disimpegnare da una tacca) (*mecc.*), ausrasten. 3 ~ **la frizione** (staccare la frizione) (*aut.*), auskuppeln. 4 ~ **la marcia** (*aut.*), den Gang herausnehmen, ausschalten.
disinnestarsi (*mecc.*), ausser Eingriff kommen.
disinnestato (*mecc.*), ausgekuppelt, ausgeschaltet.
disinnesto (distacco, sgancio) (*mecc. - ecc.*), Entkupplung (*f.*), Auskupplung (*f.*), Ausschalten (*n.*). 2 ~ (distacco, della frizione p. es.) (*mecc. - aut.*), Ausschalten (*n.*), Auskupplung (*f.*). 3 **dispositivo di** ~ (*mecc.*), Ausrückvorrichtung (*f.*). 4 **manicotto di** ~ (manicotto di distacco della frizione) (*aut.*), Schaltmuffe (*f.*). 5 **pressione di** ~ (*mecc. ecc.*), Abschaltdruck (*m.*).
disinseribile (*elett.*), ausschaltbar.
disinserimento (*elett.*), Ausschaltung (*f.*), Auslösung (*f.*). 2 ~ **automatico** (*elettromecc.*), Selbstauslösung (*f.*), Selbstausschaltung (*f.*).
disinserire (*gen.*), ausschalten. 2 ~ (la corrente p. es.) (*elett.*), ausschalten, unterbrechen. 3 ~ (un generatore dalla rete p. es.) (*elett.*), abschalten.
disinserito (*elett.*), abgeschaltet, ausgeschaltet.
disinserzione (*elett.*), Ausschaltung (*f.*). 2 ~ (distacco, dell'accensione p. es.) (*elett. - aut.*), Ausschalten (*n.*). 3 ~ (di un generatore dalla rete p. es.) (*elett.*), Abschaltung (*f.*). 4 ~ **automatica** (sgancio automatico, scatto automatico) (*elettromecc.*), Selbstauslösung (*f.*). 5 **circuito di** ~ (*autom. - ecc.*), Abschaltkreis (*m.*). 6 **ritardo di** ~ (ritardo di apertura, d'un interruttore) (*elett.*), Ausschaltverzug (*m.*).

disintasamento (*tubaz.*), Abverstopfen (*n.*).
disintegrarsi (*gen.*), auseinanderfallen.
disintegratore (*app.*), Desintegrator (*m.*). 2 ~ **di atomi** (*fis. atom. - app.*), Atomauflöser (*m.*).
disintegrazione (*gen.*), Desintegration (*f.*), Zerfall (*m.*). 2 ~ **beta** (*radioatt.*), Betazerfall (*m.*). 3 ~ **dei neutroni** (*fis. atom.*), Neutronenzerfall (*m.*). 4 ~ **per emissione di raggi β negativi** (*radioatt.*), Betaminuszerfall (*m.*). 5 ~ **per emissione di raggi β positivi** (*radioatt.*), Betapluszerfall (*m.*). 6 ~ **radioattiva** (*radioatt.*), radioaktiver Zerfall, Atomzerfall (*m.*). 7 ~ **spontanea** (*fis. atom.*), spontaner Zerfall.
disintossicare (*gen.*), entgiften.
dislivello (differenza di quota) (*gen.*), Höhenunterschied (*m.*). 2 ~ **della chiusa** (*nav. - navig.*), Schleusenfall (*m.*), Schleusenhöhe (*f.*).
dislocamento (*costr. nav.*), Verdrängung (*f.*), Deplacement (*n.*). 2 ~ **in emersione** (d'un sommergibile) (*mar. milit.*), Überwasserverdrängung (*f.*). 3 **curva dei dislocamenti** (scala di solidità; curva di ripartizione del dislocamento secondo la lunghezza) (*nav.*), Spantflächenkurve (*f.*), Arealkurve (*f.*).
dislocare (*costr. nav.*), verdrängen, deplacieren.
dislocazione (*gen.*), Versetzung (*f.*). 2 ~ (di cristalli) (*difetto metall.*), Versetzung (*f.*). 3 ~ (*geol.*), Dislokation (*f.*). 4 ~ (di strati) (*geol.*), Schichtenstörung (*f.*). 5 ~ (nuova posizione di una immagine riflessa p. es.) (*ott. - ecc.*), Ablage (*f.*).
dismutazione (reazione di Cannizzaro) (*chim.*), Dismutation (*f.*).
disoccupato (*s. - lav.*), Erwerbsloser (*m.*), Arbeitsloser (*m.*). 2 ~ (*a. - lav.*), erwerbslos, arbeitslos. 3 **assistenza sociale dei disoccupati** (*lav.*), Arbeitslosenfürsorge (*f.*), ALF.
disoccupazione (*lav.*), Erwerbslosigkeit (*f.*), Arbeitslosigkeit (*f.*). 2 **assicurazione contro la** ~ (*lav.*), Arbeitslosenversicherung (*f.*). 3 **sussidio di** ~ (*lav.*), Arbeitslosengeld (*n.*), Arbeitslosenunterstützung (*f.*).
disoliare (separare l'olio, dall'aria compressa p. es.) (*tubaz. - ecc.*), entölen.
disorganizzazione (*gen.*), Desorganisation (*f.*).
disormeggiare (mollare l'ormeggio) (*nav.*), losmachen, losbinden.
disossidante (*s. - metall. - ecc.*), Desoxydationsmittel (*n.*).
disossidare (*chim. - metall. - ecc.*), desoxydieren. 2 ~ (disincrostare, decalaminare) (*metall.*), entzundern. 3 ~ (togliere la ruggine) (*metall.*), entrosten.
disossidato (*chim. - metall. - ecc.*), desoxydiert. 2 ~ (disincrostato, decalaminato) (*metall. - fucinatura*), entzundert.
disossidazione (*chim. - metall. - ecc.*), Desoxydation (*f.*), Desoxydieren (*n.*). 2 ~ (disincrostazione, decalaminazione) (*metall. - fucinatura*), Entzunderung (*f.*), Entzundern (*n.*). 3 ~ **idraulica** (disincrostazione o decalaminazione idraulica) (*fucinatura*), Entzundern mit Presswasser.
disotto (sotto) (*avv.*), unten. 2 **per** ~ (ruota d'acqua) (*idr.*), unterschlächtig.

sichtszeichnung (*f.*). **12** ~ **complessivo generale** (disegno che mostra una macch., ecc., allo stato montato) (*dis.*), Übersichtszeichnung (*f.*), Gesamt-Zeichnung (*f.*), Zusammenstellungszeichnung (*f.*). **13** ~ **con tre viste** (*dis.*), Dreiseitenriss (*m.*). **14** ~ **costruttivo** (disegno di officina, disegno di lavorazione) (*dis.*), Fertigungszeichnung (*f.*), Werkstatt-Zeichnung (*f.*). **15** ~ **delle fondazioni** (*dis. - ed.*), Fundamentzeichnung (*f.*). **16** ~ **di accettazione** (disegno di benestare) (*dis.*), Genehmigungszeichnung (*f.*). **17** ~ **di approvazione** (disegno di benestare) (*dis.*), Genehmigungszeichnung (*f.*). **18** ~ **di brevetto** (disegno per domanda di brevetto) (*leg. - dis.*). Patent-Zeichnung (*f.*). **19** ~ **di collaudo** (di un edificio) (*dis. - ecc.*), Revisionszeichnung (*f.*), Abnahme-Zeichnung (*f.*). **20** ~ **di fornitura** (*dis. - comm.*), Lieferzeichnung (*f.*). **21** ~ **di fornitura con quote corrette** (*dis. - comm.*), Revisionszeichnung (*f.*). **22** ~ **di installazione** (*dis.*), Einbauplan (*m.*), Einbauzeichnung (*f.*). **23** ~ **di lavorazione** (disegno di officina) (*dis.*), Fertigungszeichnung (*f.*), Werkstatt-Zeichnung (*f.*). **24** ~ **di legge** (*leg.*), Gesetzentwurf (*m.*). **25** ~ **di macchine** (*dis. mecc.*), Maschinenzeichnung (*f.*). **26** ~ **di massima** (*dis.*), Dispositionszeichnung (*f.*). **27** ~ **di montaggio** (*dis.*), Einbauzeichnung (*f.*), Montagezeichnung (*f.*), Richtzeichnung (*f.*). **28** ~ **d'ingombro** (*dis.*), Aussenmass-Zeichnung (*f.*). **29** ~ **d'ingombro** (con le quote di spedizione, disegno di spedizione) (*dis.*), Versandzeichnung (*f.*). **30** ~ **di officina** (disegno di lavorazione) (*dis.*), Werkstatt-Zeichnung (*f.*), Fertigungszeichnung (*f.*). **31** ~ **di particolare** (*dis.*), Teilzeichnung (*f.*). **32** ~ **di particolare greggio** (*dis.*), Rohteil-Zeichnung (*f.*). **33** ~ **di particolare in sezione** (*dis.*), Teilschnittzeichnung (*f.*). **34** ~ **di particolare semilavorato** (*dis.*), Vorbearbeitung-Zeichnung (*f.*). **35** ~ **geometrico** (*dis.*), geometrische Zeichnung. **36** ~ **industriale** (disegno di prodotti industriali corrispondente alle esigenze di impiego) (*ind.*), Industrieform (*f.*). **37** ~ **in prospettiva** (disegno prospettico) (*dis.*), Fernzeichnung (*f.*), Schaubild (*n.*), Perspektive (*f.*). **38** ~ **in scala** (*dis.*), mass-stäbliche Zeichnung. **39** ~ **in sezione** (*dis.*), Schnittzeichnung (*f.*). **40** ~ **in vera grandezza** (*costr. nav.*), Mall (*n.*). **41** ~ **lucidato in china** (*dis.*), Tusche-Zeichnung (*f.*). **42** ~ **particolari smontati** (*dis.*), Teilmontagezeichnung (*f.*). **43** ~ **passato ad inchiostro** (*dis.*), ausgezogene Zeichnung. **44** ~ **per brevetto** (disegno per domanda di brevetto) (*dis. - leg.*), Patentzeichnung (*f.*). **45** ~ **per calcolo statico** (*dis.*), Statikzeichnung (*f.*), Zeichnung für statische Berechnungen. **46** ~ **per offerta** (*dis. - comm.*), Angebotszeichnung (*f.*). **47** ~ **per ordinazione** (*dis. - comm.*), Bestellzeichnung (*f.*). **48** ~ **per ricambi** (disegno di parte di ricambio, con dati per l'usura e maggiorazioni p. es.) (*dis.*), Ersatzteilzeichnung (*f.*). **49** ~ **-progetto** (per offerte) (*dis. - comm.*), Projekt-Zeichnung (*f.*), Angebots-Zeichnung (*f.*), Entwurfszeichnung (*f.*). **50** ~ **prospettico** (disegno in prospettiva, prospettiva, di una macch. p. es.) (*dis.*), Fernzeichnung (*f.*), Schaubild (*n.*). **51** ~ **riproducibile** (lucido) (*dis.*), Durchzeichnung (*f.*), Stammzeichnung (*f.*). **52** ~ **quotato** (*dis.*), Masszeichnung (*f.*), bemasste Zeichnung. **53** ~ **schematico** (*dis.*), schematische Zeichnung. **54** ~ **schematico** (od a blocchi) (*dis.*), Blockzeichnung (*f.*), Blockskizze (*f.*). **55** ~ **tecnico** (disegno di macchine) (*dis.*), technisches Zeichnen, technische Zeichnung. **56 archivio disegni** (*dis. - ind.*), Zeichnungsarchiv (*n.*). **57 asse da** ~ (*dis.*), Zeichenbrett (*n.*). **58 carta da** ~ (*dis.*), Zeichenpapier (*n.*). **59 cartella per disegni** (*dis.*), Zeichenmappe (*f.*). **60 controllo disegni** (*dis. - ind.*), Zeichnungsprüfung (*f.*). **61 foglio da** ~ (*dis.*), Zeichenbogen (*m.*). **62 matita da** ~ (*dis.*), Zeichenstift (*m.*). **63 non a** ~ (*mecc. - ecc.*), verzeichnet. **64 numero di** ~ (numero categorico) (*dis.*), Zeichnungsnummer (*f.*), Sach-Nr., Sachnummer (*f.*). **65 puntina da** ~ (*dis.*), Reissnagel (*m.*), Reisszwecke (*f.*). **66 tavola da** ~ (asse da disegno) (*dis.*), Reissbrett (*n.*), Zeichenbrett (*n.*). **67 tavolo da** ~ (*dis.*), Zeichentisch (*m.*). **68 ufficio disegni** (*dis.*), Zeichenbüro (*n.*).

disemulsionatore (per rompere emulsioni) (*chim.*), Desemulgator (*m.*), Spalter (*m.*).

diserbamento (diserbo) (*ferr. - ecc.*), Unkrautvertilgung (*f.*).

diserbante (erbicida) (*s. - ferr. - ecc.*), Unkrautvertilgungsmittel (*n.*).

diserbatrice (*macch.*), Unkrautvertilgungsmaschine (*f.*).

disfunzione (anomalia di funzionamento) (*gen.*), Störung (*f.*).

disgaggio (rimozione di frammenti rocciosi parzialmente staccati dopo l'esplosione delle mine) (*min.*), Bereissen (*m.*), Hartmachen (*n.*). **2 palanchino per** ~ (*ut. min.*), Bereissstange (*f.*).

disgelante («anticongelante», sale p. es., sparso sulle strade in inverno) (*s. - chim. - aut.*), Eisauftaumittel (*n.*).

disgiuntore (app. mediante il quale viene staccata automaticamente una parte di impianto) (*elett.*), Auftrenner (*m.*).

disgiunzione (OR inclusivo) (*calc.*), Disjunktion (*f.*), inklusives ODER, einschliessliches ODER.

disgregarsi (*gen.*), auseinanderfallen. **2** ~ (disaggregarsi) (*geol.*), verwittern.

disgregato (disaggregato) (*geol.*), verwittert.

disgregazione (disaggregazione, gliptogenesi) (*geol.*), Verwitterung (*f.*). **2** ~ (*geol.*), *vedi anche* disaggregazione.

disidratante (*chim.*), Entwässerungsmittel (*n.*).

disidratare (*chim.*), entwässern, dehydratisieren.

disidratazione (*chim.*), Entwässerung (*f.*), Dehydrierung (*f.*), Dehydratation (*f.*).

disimballare (*trasp.*), auspacken.

disimbozzimare (togliere l'imbozzimatura) (*ind. tess.*), entschlichten.

disimmagazzinamento (prelievo dal magazzino) (*ind.*), Auslagern (*n.*).

disimpegnare (sganciare, sbloccare) (*mecc. - ecc.*), ausklinken, ausrücken. **2** ~ (liberare) (*elettromecc.*), befreien. **3** ~ **da una tacca** (*mecc.*), ausrasten.

disimpegno (dispositivo di disimpegno, sblocco) (*mecc. - ecc.*), Ausklinkvorrichtung (*f.*).
disincagliare (una nave) (*nav.*), abarbeiten.
disincrostare (dissossidare, decalaminare) (*metall. - fucinatura*), entzundern. 2 ~ (una cald. con martellina p. es.) (*cald.*), ausklopfen, abklopfen, entsteinen. 3 ~ **in bagno salino** (decalaminare in bagno salino) (*metall. - fucinatura*), entzundern im Salzbad.
disincrostato (disossidato, decalaminato) (*fucinatura*), entzundert.
disincrostazione (disossidazione, decalaminazione) (*metall. - fucinatura*), Entzunderung (*f.*), Entzundern (*n.*). 2 ~ (di caldaie) (*cald.*), Entsteinen (*n.*). 3 ~ **alla fiamma** (decalaminazione alla fiamma) (*metall. - vn.*), Flammentrostung (*f.*), Flammentzunderung (*f.*). 4 ~ **idraulica** (disossidazione o decalaminazione idraulica) (*fucinatura*), Entzundern mit Presswasser, Druckwasserentzunderung (*f.*). 5 ~ **in bagno salino** (decalaminazione in bagno salino) (*metall. - fucinatura*), Salzbadentzunderung (*f.*), Entzundern im Salzbad.
disinfettante (*s. - ind. chim.*), Entseuchungsmittel (*n.*), Desinfektionsmittel (*n.*).
disinfettare (*gen.*), entseuchen.
disinfezione (*ind. chim. - ecc.*), Entseuchung (*f.*), Desinfektion (*f.*).
disinnescare (*espl.*), entschärfen.
disinnesco (di mine p. es.) (*espl.*), Entschärfen (*n.*). 2 **punto di** ~ (interruzione di oscillazione) (*elettronica*), Schwingloch (*n.*).
disinnestabile (*mecc. - ecc.*), auskuppelbar, ausrückbar, ausschaltbar.
disinnestare (staccare) (*mecc.*), entkuppeln, auskuppeln, ausschalten. 2 ~ **da una tacca** (disimpegnare da una tacca) (*mecc.*), ausrasten. 3 ~ **la frizione** (staccare la frizione) (*aut.*), auskuppeln. 4 ~ **la marcia** (*aut.*), den Gang herausnehmen, ausschalten.
disinnestarsi (*mecc.*), ausser Eingriff kommen.
disinnestato (*mecc.*), ausgekuppelt, ausgeschaltet.
disinnesto (distacco, sgancio) (*mecc. - ecc.*), Entkupplung (*f.*), Auskupplung (*f.*), Ausschalten (*n.*). 2 ~ (distacco, della frizione p. es.) (*mecc. - aut.*), Ausschalten (*n.*), Auskupplung (*f.*). 3 **dispositivo di** ~ (*mecc.*), Ausrückvorrichtung (*f.*). 4 **manicotto di** ~ (manicotto di distacco della frizione) (*aut.*), Schaltmuffe (*f.*). 5 **pressione di** ~ (*mecc. ecc.*), Abschaltdruck (*m.*).
disinseribile (*elett.*), ausschaltbar.
disinserimento (*elett.*), Ausschaltung (*f.*), Auslösung (*f.*). 2 ~ **automatico** (*elettromecc.*), Selbstauslösung (*f.*), Selbstausschaltung (*f.*).
disinserire (*gen.*), ausschalten. 2 ~ (la corrente p. es.) (*elett.*), ausschalten, unterbrechen. 3 ~ (un generatore dalla rete p. es.) (*elett.*), abschalten.
disinserito (*elett.*), abgeschaltet, ausgeschaltet.
disinserzione (*elett.*), Ausschaltung (*f.*). 2 ~ (distacco, dell'accensione p. es.) (*aut.*), Ausschalten (*n.*). 3 ~ (di un generatore dalla rete p. es.) (*elett.*), Abschaltung (*f.*). 4 ~ **automatica** (sgancio automatico, scatto automatico) (*elettromecc.*), Selbstauslösung (*f.*). 5 **circuito di** ~ (*autom. - ecc.*), Abschaltkreis (*m.*). 6 **ritardo di** ~ (ritardo di apertura, d'un interruttore) (*elett.*), Ausschaltverzug (*m.*).
disintasamento (*tubaz.*), Abverstopfen (*n.*).
disintegrarsi (*gen.*), auseinanderfallen.
disintegratore (*app.*), Desintegrator (*m.*). 2 ~ **di atomi** (*fis. atom. - app.*), Atomauflöser (*m.*).
disintegrazione (*gen.*), Desintegration (*f.*), Zerfall (*m.*). 2 ~ **beta** (*radioatt.*), Betazerfall (*m.*). 3 ~ **dei neutroni** (*fis. atom.*), Neutronenzerfall (*m.*). 4 ~ **per emissione di raggi β negativi** (*radioatt.*), Betaminuszerfall (*m.*). 5 ~ **per emissione di raggi β positivi** (*radioatt.*), Betapluszerfall (*m.*). 6 ~ **radioattiva** (*radioatt.*), radioaktiver Zerfall, Atomzerfall (*m.*). 7 ~ **spontanea** (*fis. atom.*), spontaner Zerfall.
disintossicare (*gen.*), entgiften.
dislivello (differenza di quota) (*gen.*), Höhenunterschied (*m.*). 2 ~ **della chiusa** (*nav. - navig.*), Schleusenfall (*m.*), Schleusenhöhe (*f.*).
dislocamento (*costr. nav.*), Verdrängung (*f.*), Deplacement (*n.*). 2 ~ **in emersione** (d'un sommergibile) (*mar. milit.*), Überwasserverdrängung (*f.*). 3 **curva dei dislocamenti** (scala di solidità; curva di ripartizione del dislocamento secondo la lunghezza) (*nav.*), Spantflächenkurve (*f.*), Arealkurve (*f.*).
dislocare (*costr. nav.*), verdrängen, deplacieren.
dislocazione (*gen.*), Versetzung (*f.*). 2 ~ (di cristalli) (*difetto metall.*), Versetzung (*f.*). 3 ~ (*geol.*), Dislokation (*f.*). 4 ~ (di strati) (*geol.*), Schichtenstörung (*f.*). 5 ~ (nuova posizione di una immagine riflessa p. es.) (*ott. - ecc.*), Ablage (*f.*).
dismutazione (reazione di Cannizzaro) (*chim.*), Dismutation (*f.*).
disoccupato (*s. - lav.*), Erwerbsloser (*m.*), Arbeitsloser (*m.*). 2 ~ (*a. - lav.*), erwerbslos, arbeitslos. 3 **assistenza sociale dei disoccupati** (*lav.*), Arbeitslosenfürsorge (*f.*), ALF.
disoccupazione (*lav.*), Erwerbslosigkeit (*f.*), Arbeitslosigkeit (*f.*). 2 **assicurazione contro la** ~ (*lav.*), Arbeitslosenversicherung (*f.*). 3 **sussidio di** ~ (*lav.*), Arbeitslosengeld (*n.*), Arbeitslosenunterstützung (*f.*).
disoliare (separare l'olio, dall'aria compressa p. es.) (*tubaz. - ecc.*), entölen.
disorganizzazione (*gen.*), Desorganisation (*f.*).
disormeggiare (mollare l'ormeggio) (*nav.*), losmachen, losbinden.
disossidante (*s. - metall. - ecc.*), Desoxydationsmittel (*n.*).
disossidare (*chim. - metall. - ecc.*), desoxydieren. 2 ~ (disincrostare, decalaminare) (*metall.*), entzundern. 3 ~ (togliere la ruggine) (*metall.*), entrosten.
disossidato (*chim. - metall. - ecc.*), desoxydiert. 2 ~ (disincrostato, decalaminato) (*metall. - fucinatura*), entzundert.
disossidazione (*chim. - metall. - ecc.*), Desoxydation (*f.*), Desoxydieren (*n.*). 2 ~ (disincrostazione, decalaminazione) (*metall. - fucinatura*), Entzunderung (*f.*), Entzundern (*n.*). 3 ~ **idraulica** (disincrostazione o decalaminazione idraulica) (*fucinatura*), Entzundern mit Presswasser.
disotto (sotto) (*avv.*), unten. 2 **per** ~ (ruota d'acqua) (*idr.*), unterschlächtig.

dispari (numero) (*mat.*), ungerade.
disparità (*gen.*), Unterschiedlichkeit (*f.*). 2 ~ (ineguaglianza) (*gen.*), Ungleichheit (*f.*). 3 **controllo di** ~ (*elab. dati*), ungerade Paritätskontrolle.
dispendioso (*comm. - ecc.*), aufwendig.
dispensa (distribuzione) (*gen.*), Verteilung (*f.*), Ausgabe (*f.*). 2 ~ (esonero) (*gen.*), Erlass (*m.*). 3 ~ (armadio) (*gen.*), Schrank (*m.*). 4 ~ (fascicolo) (*tip.*), Lieferung (*f.*). 5 ~ **utensili** (*ind.*), Werkzeugausgabe (*f.*), Magazin (*n.*).
dispensiere (d'un magazzino) (*lav.*), Materialausgeber (*m.*).
disperdente (mezzo disperdente) (*s. - chim.*), Dispersionsmittel (*n.*). 2 ~ (*a. - ott.*), zerstreuend. 3 ~ (additivo disperdente) (*s. - min. - ecc.*), Dispergator (*m.*).
disperdere (*fis. - ott.*), zerstreuen. 2 ~ (*metall. - chim.*), fein verteilen.
disperdersi (*fis. - ott.*), streuen.
dispersione (dipendenza dell'indice di rifrazione dalla lunghezza d'onda) (*fis. - ott.*), Dispersion (*f.*). 2 ~ (disperdenza, verso terra) (*elett.*), Fehler (*m.*), Verlust (*m.*). 3 ~ (dei dati di prova p. es.) (*stat. - fis. - ecc.*), Streuung (*f.*). 4 ~ (calo da dispersione, dovuto a difettosa confezione) (*comm.*), Spillage (*f.*). 5 ~ **anomala** (*ott. - fis.*), anomale Dispersion. 6 ~ **a terra** (di una corrente p. es.) (*elett.*), Erdschluss (*m.*), Erdfehler (*m.*). 7 ~ **casuale** (*stat.*), Zufallsstreuung (*f.*). 8 ~ **colloidale** (*chim.*), kolloidale Dispersion. 9 ~ **della luce** (*ott.*), Dispersion des Lichtes. 10 ~ **di corrente** (*elett.*), Stromverlust (*m.*). 11 ~ **di Mie** (della radiazione ottica) (*ott.*), Mie-Streuung (*f.*). 12 ~ **frontale** (*macch. elett.*), Stirnstreuung (*f.*). 13 ~ **grossolana** (*chim.*), grobe Dispersion. 14 ~ **intrinseca** (*stat.*), Wesensstreuung (*f.*). 15 ~ **normale** (*ott. - fis.*), normale Dispersion (*f.*). 16 ~ **superficiale** (di correnti) (*elett.*), Kriechen (*n.*). 17 **accoppiamento per** ~ (*elett.*), Streukopplung (*f.*). 18 **a** ~ **colloidale** (*chim.*), kolloiddispers. 19 **a** ~ **grossolana** (*chim.*), grobdispers. 20 **a** ~ **ionogena** (*chim.*), ionogendispers. 21 **banda di** ~ (di dati sperimentali p. es.) (*stat. - tecnol.*), Streuband (*n.*). 22 **campo di** ~ (*elett.*), Streufeld (*n.*). 23 **campo di** ~ (di dati di prove p. es.) (*tecnol.*), Streubereich (*m.*), Streugebiet (*n.*). 24 **coefficiente di** ~ (*stat.*), Streuungskoeffizient (*m.*). 25 **corrente di** ~ (corrente di fuga) (*elett.*), Leckstrom (*m.*). 26 **di** ~ **superficiale** (strisciante, corrente elettrica) (*elett.*), kriechend. 27 **fattore di** ~ (*fis. - elett.*), Streufaktor (*m.*), Streuziffer (*f.*), Streugrad (*m.*), Streukoeffizient (*m.*). 28 **grado di** ~ (*chim.*), Dispersionsgrad (*m.*). 29 **induttanza di** ~ (*elett.*), Streuinduktivität (*f.*). 30 **indicatore di dispersioni verso terra** (*strum. elett.*), Erdschlussanzeiger (*m.*), Erdschlussprüfer (*m.*). 31 **limite di** ~ (d'una prova su materiali p. es.) (*tecnol. - stat.*), Streugrenze (*f.*). 32 **protezione contro la** ~ **verso terra** (*elett.*), Erdschluss-Schutz (*m.*). 33 **rapporto di** ~ (dei dati di prova p. es.) (*tecnol. - stat.*), Streuverhältnis (*n.*). 34 **reattanza di** ~ (*elett.*), Streureaktanz (*f.*). 35 **valore della** ~ **laterale** (della luce passante attraverso plastiche trasparenti) (*ott.*), Schleiwert (*m.*). 36 **via di** ~ (d'un morsetto p. es.) (*elett.*), Kriechstrecke (*f.*).
dispersività (indice di finezza) (*chim.*), Dispersitätsgrösse (*f.*).
disperso (*gen.*), gestreut. 2 ~ (*chim. - fis.*), dispers. 3 ~ (corrente p. es.) (*elett.*), gestreut. 4 ~ (*tecnol. - stat.*), gestreut. 5 ~ (diffuso, di elettrone p. es.) (*fis. atom.*), gestreut, zerstreut. 6 ~ (*a. - milit.*), verschollen. 7 **emissione dispersa** (*elettronica*), Streuemission (*f.*). 8 **finemente** ~ (*metall. - chim.*), fein verteilt.
dispersore (piastra di terra, elettrodo di terra) (*elett.*), Erdplatte (*f.*), Erdschluss (*m.*), Erder (*m.*). 2 ~ (raffreddatore, «conchiglia») (*fond.*), Kühlkörper (*m.*), Kühleisen (*n.*), Schreckplatte (*f.*). 3 ~ **a stella** (presa di terra a stella) (*elett.*), Strahlenerder (*m.*). 4 ~ **di calore** (raffreddatore, «conchiglia») (*fond.*), Schreckplatte (*f.*), Kühlkörper (*m.*), Kühleisen (*n.*). 5 ~ **di calore** (elemento inserito in una forma per evitare incrinature) (*fond.*), Reissrippe (*f.*). 6 ~ **in tubo metallico** (presa di terra in tubo metallico) (*elett.*), Rohrerder (*m.*).
displuviale (spartiacque, linea di vetta, tra due bacini imbriferi) (*idr.*), Wasserscheide (*f.*).
displuvio (del tetto) (*ed.*), Dachgrat (*m.*), Grat (*m.*). 2 ~ (displuviale, spartiacque, tra due bacini imbriferi) (*geol.*), Wasserscheide (*f.*).
disponibile (*gen.*), verfügbar. 2 ~ (pronto per la consegna) (*comm.*), lieferbar. 3 **(capitali) disponibili** (capitali liquidi) (*finanz. - amm.*), flüssige Gelder.
disponibilità (*gen.*), Verfügbarkeit (*f.*). 2 ~ **finanziaria** (*finanz.*), Vermögen (*n.*). 3 **aumento della** ~ (*finanz. - amm.*), Verflüssigung (*f.*).
disporre (*gen.*), anordnen. 2 ~ **a scarpa** (*mur.*), abschrägen. 3 ~ **a strati** (*gen.*), einschichten. 4 ~ **in tabella** (*gen.*), aufführen, tabellisieren.
dispositivo (*mecc. - ecc.*), Einrichtung (*f.*), Vorrichtung (*f.*). 2 ~ **antiaffievolimento** (dispositivo antievanescenza, dispositivo «antifading») (*radio*), Schwundausgleicher (*m.*). 3 ~ **antidistorsioni** (*telef.*), Entzerrer (*m.*). 4 ~ **antieco dal mare** (disp. antimare) (*radar*), Enttrübung (*f.*). 5 ~ **antievanescenza** (dispositivo «antifading», dispositivo antiaffievolimento) (*radio*), Schwundausgleicher (*m.*). 6 ~ **«antifading»** (dispositivo antiaffievolimento, dispositivo antievanescenza) (*radio*), Schwundausgleicher (*m.*). 7 ~ **antighiaccio** (*aer.*), Enteiser (*m.*). 8 ~ **antimare** (disp. antieco dal mare) (*radar*), Enttrübung (*f.*). 9 ~ **antiradiodisturbi** (filtro antiradiodisturbi, soppressore di radiodisturbi) (*radio*), Entstörer (*m.*), Störschutzeinrichtung (*f.*), Entstördrossel (*f.*). 10 ~ **antiscorrimento** (dispositivo di bloccaggio delle rotaie, per impedirne lo spostamento)(*ferr.*), Wanderschutzmittel (*n.*). 11 ~ **antislittamento** (regolatore del bloccaggio ruote, nella frenatura) (*aut. - ecc.*), Blockierregler (*m.*), Antiblockierregler (*m.*), Gleitschutzeinrichtung (*f.*). 12 ~ **antistallo** (*aer.*), Überziehsicherung (*f.*). 13 ~ **au-**

dispositivo

tomatico di scatto (autoscatto) (*mecc. - ecc.*), selbsttätig auslösende Vorrichtung. **14 ~ di accensione** (*elett.*), Zünder (*m.*), Zündvorrichtung (*f.*). **15 ~ di alimentazione** (di una pressa p. es.) (*macch.*), Zufuhreinrichtung (*f.*). **16 ~ di allarme** (*milit. - ecc.*), Alarmvorrichtung (*f.*). **17 ~ di arresto** (di una macchina, impianto, ecc.) (*macch. - ecc.*), Abstellvorrichtung (*f.*). **18 ~ di arresto** (fermo, arresto) (*mecc. - ecc.*), Feststellvorrichtung (*f.*), Arretiervorrichtung (*f.*), Gesperre (*n.*). **19 ~ di arresto** (per trattenere il materiale nei trasportatori continui) (*trasp. ind.*), Sperre (*f.*). **20 ~ di arresto a cuneo** (*app. di sollev. - ecc.*), Keilfangvorrichtung (*f.*). **21 ~ di arricchimento** (arricchitore) (*mot. - aut.*), Zusatzeinrichtung (*f.*). **22 ~ di avviamento** (*mot.*), Anwerfvorrichtung (*f.*). **23 ~ di bloccaggio** (dispositivo di serraggio) (*mecc.*), Klemmvorrichtung (*f.*), Klemme (*f.*). **24 ~ di bloccaggio** (o di serraggio, per pezzi) (*mecc. - macch. ut.*), Einspannvorrichtung (*f.*), Spannrichtung (*f.*). **25 ~ di bloccaggio del differenziale** (*veic.*), Differentialsperre (*f.*), Ausgleichssperre (*f.*). **26 ~ di bloccaggio (delle rotaie)** (dispositivo antiscorrimento, per impedirne lo spostamento) (*ferr.*), Wanderschutzmittel (*n.*). **27 ~ di blocco** (d'un differenziale p. es.) (*aut.*), Sperre (*f.*). **28 ~ di cadenza** (*disp.*), Taktvorrichtung (*f.*). **29 ~ di caricamento** (*mecc. - ecc.*), Beschickungseinrichtung (*f.*). **30 ~ di colata** (attacchi, ecc.) (*fond.*), Anschnittsystem (*n.*). **31 ~ di comando** (di una macch. p. es.) (*elett. - ecc.*), Bediengerät (*n.*), Bedienungsgerät (*n.*). **32 ~ di comando** (elettronica) (*mecc.*), Ansteuerungseinrichtung (*f.*). **33 ~ di controllo (automatico) del numero di giri** (*app.*), Drehzahlwächter (*m.*). **34 ~ di disinnesto** (*mecc.*), Ausrückvorrichtung (*f.*). **35 ~ di fissaggio** (dispositivo di serraggio, dispositivo di bloccaggio) (*gen.*), Klemme (*f.*). **36 ~ di fissaggio** (*mecc.*), Aufspannvorrichtung (*f.*). **37 ~ di innesto** (*mecc. - ecc.*), Einrückvorrichtung (*f.*). **38 ~ di interdizione** (*elettromecc.*), Verriegelungseinrichtung (*f.*). **39 ~ di pilotaggio** (per comandi idraulici p. es.) (*app.*), Vorsteuergerät (*n.*). **40 ~ di protezione** (dispositivo di sicurezza) (*lav. - ind.*), Schutzvorrichtung (*f.*). **41 ~ di protezione** (per disinserire un circuito in caso di corto circuito o di sovraccarico) (*elett.*), Sicherung (*f.*), Schutzschalter (*m.*). **42 ~ di protezione azionato dalla tensione di guasto** (*elett.*), Fehlerspannungschutzschalter (*m.*). **43 ~ di regolazione** (*strum. - ecc.*), Einstelleinrichtung (*f.*), Stellung (*f.*). **44 ~ di ribaltamento** (giralingotti, manipolatore) (*lamin. - ecc.*), Kanteinrichtung (*f.*), Kanter (*m.*). **45 ~ di ribaltamento (ad urto)** (di una teleferica p. es.) (*trasp. - ecc.*), Kippanschlag (*m.*). **46 ~ di ripassatura** (di una mola) (*app.*), Abrichter (*m.*), Abrichtvorrichtung (*f.*). **47 ~ di ripassatura al tornio** (*lav. macch. ut.*), Nachdrehvorrichtung (*f.*). **48 ~ di scatto** (scatto) (*mecc. - ecc.*), Auslöser (*m.*), auslösende Vorrichtung, Auslösevorrichtung (*f.*). **49 ~ di segretezza** (*telef.*), Geheimschaltung (*f.*). **50 ~ di serraggio** (dispositivo di bloccaggio) (*mecc.*), Klemmvorrichtung (*f.*), Klemme (*f.*). **51 ~ di serraggio** (o di bloccaggio, per pezzi) (*mecc. - macch. ut.*), Einspannvorrichtung (*f.*), Spanneinrichtung (*f.*), Spannvorrichtung (*f.*). **52 ~ di sicurezza** (*mecc.*), Sicherheitsvorrichtung (*f.*). **53 ~ di sicurezza contro le fughe di gas** (*app.*), Gassicherung (*f.*). **54 ~ di sparo** (*arma da fuoco*), Abfeuerungsvorrichtung (*f.*), Abdruckvorrichtung (*f.*), Abzug (*m.*). **55 ~ di traino** (gancio di traino) (*veic.*), Schleppeinrichtung (*f.*), Schlepperzugvorrichtung (*f.*). **56 ~ di uomo morto** (*ferr.*), Totmannbremse (*f.*), Totmanneinrichtung (*f.*), Sicherheitsfahrschaltung (*f.*). **57 ~ frenante** (*veic. - ecc.*), Hemmungsvorrichtung (*f.*), Bremsvorrichtung (*f.*). **58 ~ idraulico per copiare** (dispositivo idraulico per riprodurre, riproduttore idraulico) (*macch. ut.*), Hydrokopiereinrichtung (*f.*). **59 ~ per copiare** (accessorio per copiare, accessorio per profilare, dispositivo riproduttore) (*macch. ut.*), Fassoniereinrichtung (*f.*), Kopiervorrichtung (*f.*). **60 ~ per dividere** (divisore) (*macch. ut.*), Indexiervorrichtung (*f.*). **61 ~ per la frenatura (dei carri)** (*ferr.*), Ablaufbremsanlage (*f.*). **62 ~ per la regolazione del tiro** (*milit.*), Feuerleitgerät (*n.*). **63 ~ per la ripassatura di mole** (ravvivamole) (*mecc.*), Schleifscheibenabrichtvorrichtung (*f.*). **64 ~ per l'avanzamento** (*macch. ut.*), Vorschubeinrichtung (*f.*). **65 ~ per l'avviamento a basse temperature** (*mot.*), Kaltstartgerät (*n.*). **66 ~ per l'avviamento automatico** (*mot. - elett.*), selbsttätige Anwerfvorrichtung. **67 ~ per l'estrazione di maschi** (di uno stampo per pressofusione) (*fond.*), Kernzug (*m.*). **68 ~ per profilare mole** (profilatore per mole) (*mecc.*), Schleifscheibenprofiliereinrichtung (*f.*). **69 ~ per rimorchiare** (*nav.*), Schleppeinrichtung (*f.*). **70 ~ per ripassatura** (di mole) (*ut.*), Abdrehvorrichtung (*f.*), Abrichter (*m.*). **71 ~ ripetitore** (*macch.*), Repetiersteuerung (*f.*). **72 ~ riproduttore** (dispositivo per copiare) (*macch. ut.*), Kopiervorrichtung (*f.*), Fassoniereinrichtung (*f.*). **73 ~ rottura tettuccio abitacolo** (d'un sedile eiettabile) (*aer.*), Kabinendachbrecher (*m.*). **74 ~ stampante** (d'un registratore p. es.) (*app.*), Druckwerk (*n.*).

disposizione (*gen.*), Disposition (*f.*), Anordnung (*f.*). **2 ~** (di macchine p. es., in un reparto) (*gen.*), Anordnung (*f.*). **3 ~** (norma, prescrizione) (*comm. - ecc.*), Bestimmung (*f.*), Vorschrift (*f.*). **4 ~** (clausola, condizione, di un contratto p. es.) (*comm.*), Bestimmung (*f.*). **5 ~** (dei particolari su un disegno) (*dis.*), Aufstellung (*f.*). **6 ~** (apparecchio, legatura, dei mattoni in un muro) (*mur.*), Verband (*m.*), Anordnung (*f.*). **7 ~** (armamento, di fili) (*telef.*), Gruppierung (*f.*). **8 ~ a blocco** (legatura a blocco) (*mur.*), Blockverband (*m.*). **9 ~ ad alberi concorrenti** (disposizione concorrente, in un giunto cardanico) (*mecc.*), W-Anordnung (*f.*). **10 ~ ad alberi paralleli** (disposizione parallela, d'un albero cardanico) (*mecc.*), Z-Anordnung (*f.*). **11 ~ a due teste** (dei mattoni di un muro) (*mur.*), Binderverband (*m.*), Streckverband (*m.*). **12 ~ ad una testa** (dei mattoni di un muro) (*mur.*), Läuferverband (*m.*), Schornsteinverband (*m.*). 13 ~ **americana delle viste** (proiezione all'americana) (*dis. - mecc.*), amerikanische Anordnung der Ansichten, amerikanische Projektion. 14 ~ **atomica** (*fis. atom.*), atomare Anordnung. 15 ~ **a tre teste** (disposizione gotica) (*mur.*), gotischer Verband. 16 ~ **concorrente** (disposizione ad alberi concorrenti, d'un giunto cardanico) (*mecc.*), W-Anordnung (*f.*). 17 ~ **degli utensili** (*lav. macch. ut.*), Werkzeuganordnung (*f.*), Einstellplan (*m.*). 18 ~ **di legge** (*leg.*), gesetzliche Bestimmung. 19 ~ **europea delle viste** (proiezione all'europea) (*dis.*), europäische Anordnung der Ansichten. 20 **disposizioni finanziarie** (*finanz.*), Finanzvorschriften (*f. pl.*). 21 ~ **gotica** (disposizione a tre teste) (*mur.*), gotischer Verband. 22 ~ **in chiave** (apparecchio in chiave) (*mur.*), Binderverband (*m.*), Streckerverband (*m.*). 23 ~ **in tabella** (tabulazione) (*gen.*), Tabellisierung (*f.*). 24 ~ **in tandem** (*veic. - ecc.*), Tandemanordnung (*f.*). 25 ~ **isofase** (*elettronica*), Gleichtaktschaltung (*f.*). 26 ~ **normativa** (*leg. - ecc.*), Normenvorschrift (*f.*). 27 ~ **parallela** (disposizione ad alberi paralleli, d'un albero cardanico) (*mecc.*), Z-Anordnung (*f.*). 28 ~ **provvisoria** (norma provvisoria) (*gen.*), Übergangsbestimmung (*f.*). 29 ~ **sistematica di dati** (« format ») (*calc. - elab. dati*), Format (*n.*). 30 ~ **testamentaria** (*leg.*), letztwillige Verfügung. 31 ~ **transitoria** (*gen.*), Übergangsbestimmung (*f.*). 32 **mettersi a ~ di qualcuno** (*gen.*), sich jemandem zur Verfügung stellen. 33 **rimanere a ~ per ulteriori informazioni** (*comm. - uff.*) für weitere Auskünfte zur Verfügung stehen.

disproporzionamento (*chim.*), Disproportionierung (*f.*).

disprosio (Dy) (*chim.*), Dysprosium (*n.*).

disputa (vertenza) (*gen.*), Streitigkeit (*f.*). 2 ~ **salariale** (vertenza salariale) (*lav.*), Lohnstreitigkeit (*f.*).

disruptivo (*elett.*), Überschlag... 2 **scarica disruptiva** (*elett.*), Durchbruch (*m.*). 3 **scintilla disruptiva** (*elett.*), Überschlagfunke (*f.*).

dissabbiamento (di un pozzo p. es.) (*costr. idr.*), Entsanden (*n.*).

dissabbiare (un pozzo p. es.) (*costr. idr.*), entsanden.

dissabbiatore (fermasabbia, separatore di sabbia, collettore di sabbia) (*costr. idr.*), Sandfang (*m.*), Entsander (*m.*).

dissalare (desalinizzare, acqua) (*ind. chim.*), entsalzen.

dissalatore (impianto di dissalazione, per acqua marina) (*ind. chim.*), Entsalzungsanlage (*f.*).

dissalazione (dell'acqua di mare) (*chim. - ecc.*), Entsalzung (*f.*). 2 **impianto di ~** (dissalatore, per acqua marina) (*ind. chim.*), Entsalzungsanlage (*f.*).

dissaldare (di brasatura) (*tecnol. mecc.*), loslöten, ablöten.

dissaldarsi (di brasatura) (*tecnol. mecc.*), loslöten, ablöten. 2 ~ (di saldatura) (*tecnol. mecc.*), abschweissen.

dissettore (analizzatore d'immagine) (*telev.*), Dissektor (*m.*). 2 **tubo ~** (d'immagine) (*telev.*), Dissektorröhre (*f.*).

dissimmetrizzatore (*elett.*), Desymmetrierglied (*n.*).

dissintonia (mancanza di sintonia) (*radio*), Verstimmung (*f.*).

dissipare (energia p. es.) (*gen.*), aufbrauchen, verzehren, vernichten.

dissipato (energia p. es.) (*gen.*), aufgebraucht, vernichtet. 2 **potenza dissipata** (*elett. - ecc.*), Verlustleistung (*f.*).

dissipatore (di energia p. es.) (*gen.*), Verzehrer (*m.*). 2 ~ (bacino di smorzamento) (*idr.*), Tosbecken (*n.*), Beruhigungsbecken (*n.*). 3 ~ **a salto** (*costr. idr.*), Sprungschanze (*f.*). 4 ~ **di calore** (termodissipatore) (*term.*), Wärmeableiter (*m.*), Kühlkörper (*m.*), Wärmeableitkörper (*m.*). 5 ~ **di calore** (termodispersore, per raffreddare un semiconduttore p. es.) (*elettronica*), Wärmesenke (*f.*), Wärmeableiter (*m.*). 6 ~ **di calore** (assorbitore di calore, termodispersore; d'un impianto di frenatura, per accumulare il calore generato dall'attrito) (*veic.*), Festkörperspeicher (*m.*).

dissipazione (di energia p. es.) (*gen.*), Verzehrung (*f.*). 2 ~ (dell'energia p. es.) (*fis.*), Dissipation (*f.*). 3 ~ (*elett.*), Verlustleistung (*f.*). 4 ~ **acustica** (*acus.*), Schalldämpfung (*f.*), Dissipation (*f.*). 5 ~ **anodica** (*elett.*), Anodenverlustleistung (*f.*), Anodenbelastung (*f.*). 6 ~ **d'elettrodo** (potenza dissipata) (*elett.*), Elektrodenverlustleistung (*f.*). 7 ~ **di griglia** (*elettronica*), Gitterverlustleistung (*f.*), Gitterbelastung (*f.*). 8 ~ **di placca** (*elett.*), Anodenverlustleistung (*f.*), Anodenbelastung (*f.*). 9 **coefficiente di ~ acustica** (grado di dissipazione acustica) (*acus.*), Schalldissipationsgrad (*m.*), Verwärmgrad (*m.*). 10 **grado di ~ acustica** (*acus.*), Schall-Dissipationsgrad (*m.*), Verwärmgrad (*m.*).

dissociare (*fis.*), dissoziiren.

dissociazione (*chim. - fis.*), Dissoziation (*f.*). 2 ~ **elettrochimica** (*chim.*), elektrochemische Dissoziation. 3 ~ **elettrolitica** (*chim.*), elektrolytische Dissoziation. 4 ~ **termica** (*chim.*), thermische Dissoziation. 5 **calore di ~** (*chim. - fis.*), Dissoziationswärme (*f.*). 6 **costante di ~** (elettrolitica; numero indicante la forza di un acido) (*chim.*), Säurekonstante (*f.*). 7 **grado di ~** (*chim.*), Dissoziationsgrad (*m.*).

dissodamento (del terreno) (*agric.*), Feldbestellung (*f.*).

dissodare (il terreno) (*ing. civ.*), lockern.

dissoluzione (per l'estrazione del salgemma, coltivazione per dissoluzione) (*min.*), Aussolverfahren (*n.*).

dissolvenza (*fot. - cinem. - telev.*), Überblendung (*f.*). 2 ~ **in apertura** (*cinem.*), Aufblendung (*f.*). 3 ~ **in chiusura** (*cinem.*), Abblendung (*f.*). 4 **aprire in ~** (*cinem.*), einblenden, aufblenden. 5 **potenziometro di ~** (« fader ») (*telev.*), Überblender (*n.*).

dissolversi (di immagine televisiva p. es.) (*cinem. - telev. - ott.*), überblenden.

dissonanza (*acus.*), Missklang (*m.*), Dissonanz (*f.*).

distaccamento (*milit.*), Detachement (*n.*).

distaccante (agente per evitare l'adesione del pezzo alla forma p. es.) (*s. - fond. - ecc.*), Antihaftmittel (*n.*). 2 ~ (agente, per liberare

distacco

pezzi fucinati da impronte profonde) (*fucin.*), Treibmittel (*n.*). **3** ~ (agente usato per liberare dallo stampo, dopo l'indurimento, pezzi in materiale plastico) (*s. - tecnol.*), Trennmittel (*n.*), Entformungsmittel (*n.*). **4** ~ **per disarmo** (per impedire l'aderenza del calcestruzzo alla cassaforma) (*ed.*), Entschalungsmittel (*n.*).

distacco (*gen.*), Ablösung (*f.*), Absonderung (*f.*), Trennung (*f.*). **2** ~ (disinnesto, della frizione p. es.) (*mecc. - aut.*), Ausschalten (*n.*), Entkupplung (*f.*). **3** ~ (disinserzione, dell'accensione p. es.) (*elett. - aut.*), Ausschalten (*n.*). **4** ~ (di un generatore dalla rete p. es.) (*elett.*), Abschaltung (*f.*). **5** ~ (dei filetti fluidi) (*aerodin.*), Abreissen (*n.*), Abbrechen (*n.*), Ablösung (*f.*). **6** ~ (decollo, involo) (*aer.*), Abflug (*m.*). **7** ~ (della pellicola di vernice) (*difetto vn.*), Abplatzung (*f.*). **8** ~ (sgancio, di un vagone p. es.) (*ferr. - ecc.*), Aussetzung (*f.*). **9** ~ (di un nucleone p. es.) (*fis. atom.*), Herausreissen (*n.*). **10** ~ (dell'emulsione) (*fot.*), Ablösen (*n.*), Absonderung (*f.*). **11** ~ **degli stadi** (di un razzo polistadio) (*astronautica*), Stufentrennung (*f.*), **12** ~ **del battistrada** (difetto del copertone) (*aut. - difetto*), Laufdeckenablösung (*f.*). **13** ~ **del cuore** (difetto di fucinatura), Kernzerschmiedung (*f.*). **14** ~ (**dell'edificio**) **dal filo stradale** (distanza edificabile dal ciglio della strada) (*ed.*), Gebäudeabstand (*m.*). **15** ~ (**dell'edificio**) **dal fondo finitimo** (distanza regolamentare dall'immobile attiguo) (*ed.*), Bauwich (*m.*). **16** ~ **dello strato limite** (*mecc. dei fluidi*), Grenzschichtablösung (*f.*). **17 attrito di primo** ~ (*mecc.*), Anlaufreibung (*f.*). **18 manicotto di** ~ (manicotto di disinnesto della frizione) (*aut.*), Schaltmuffe (*f.*). **19 punto di** ~ (di un filetto fluido) (*aerodin.*), Ablösungspunkt (*m.*). **20 tensione di** ~ (di un motorino di avviamento) (*elettromecc.*), Auslössspannung (*f.*).

distaffare (scassettare) (*fond.*), ausleeren, auspacken, strippen.

distaffatore (*lav. - fond.*), Ausleerer (*m.*), Auspacker (*m.*).

distaffatura (scassettatura) (*fond.*), Ausleeren (*n.*), Auspacken (*n.*), Strippen (*n.*).

distanza (*gen.*), Entfernung (*f.*), Abstand (*m.*). **2** ~ **dai bordi esterni** (labbro, nelle chiodature) (*mecc.*), Wurzelmass (*n.*). **3** ~ **dalla mezzeria** (*dis.*), Mittenabstand (*m.*). **4** ~ **degli elettrodi** (distanza esplosiva, di una candela p. es.) (*elett. - mot.*), Elektrodenabstand (*m.*), Funkenstrecke (*f.*). **5** ~ **del vertice primitivo** (dalla superficie di riferimento, di una ruota dentata conica) (*mecc.*), Spitzenabstand (*m.*), Spitzenentfernung (*f.*). **6** ~ **di arresto** (spazio di frenatura, percorso durante la frenata) (*veic.*), Bremsweg (*m.*), Bremsstrecke (*f.*). **7** ~ **di arresto** (su portaerei) (*aer.*), Abfangweg (*m.*). **8** ~ **di atterraggio** (corsa di atterraggio, percorso di atterraggio) (*aer.*), Landelänge (*f.*), Landestrecke (*f.*). **9** ~ **di illuminazione** (dei proiettori p. es.) (*illum. - aut.*), Lichtbereich (*m.*). **10** ~ **di montaggio delle ruote coniche** (*mecc.*), Kegelrad-Einbaudistanz (*f.*). **11** ~ **di scarica** (d'un morsetto p. es.) (*elett.*), Entladungsstrecke (*f.*), Luftstrecke (*f.*). **12** ~ **di sicurezza** (margine di sicurezza) (*gen.*), Sicherheitsabstand (*m.*). **13** ~ **disruptiva** (distanza esplosiva, tra due elettrodi) (*elett.*), Funkenstrecke (*f.*). **14** ~ **di trasporto** (*ing. civ.*), Förderweg (*m.*). **15** ~ (**edificabile**) **dal ciglio della strada** (distacco dell'edificio dal filo stradale) (*ed.*), Gebäudeabstand (*m.*). **16** ~ **esplosiva** (distanza disruptiva tra due elettrodi) (*elett. - mot.*), Funkenstrecke (*f.*). **17** ~ **esplosiva** (distanza interelettrodica, di una candela) (*mot. - elett.*), Funkenstrecke (*f.*), Elektrodenabstand (*m.*). **18** ~ **focale** (*ott.*), Brennpunktsabstand (*m.*), Brennweite (*f.*), Fokalentfernung (*f.*), Fokaldistanz (*f.*). **19** ~ **futura** (nel tiro controaereo) (*artiglieria*), Treffentfernung (*f.*). **20** ~ **Hamming** (distanza di configurazione) (*calc.*), Hammingabstand (*m.*), Hammingdistanz (*f.*). **21** ~ **in linea d'aria** (distanza minima tra due punti) (*geogr. - top.*), Luftlinie (*f.*), Entfernung in der Luftlinie. **22** ~ **in linea retta** (*gen.*), gerade Entfernung. **23** ~ **interelettrodica** (distanza esplosiva, di una candela p. es.) (*mot. - elett.*), Funkenstrecke (*f.*), Elektrodenabstand (*m.*). **24** ~ **interelettrodica** (distanza tra gli elettrodi, nella saldatura) (*tecnol. mecc.*), Elektrodenabstand (*m.*). **25** ~ **interpupillare** (*ott.*), Pupillenabstand (*m.*). **26** ~ **libera** (apertura, luce) (*mecc. - ecc.*), lichter Abstand. **27** ~ **libera dal suolo** (di un'elica p. es.) (*aer. - ecc.*), Bodenabstand (*m.*). **28** ~ **minima dal suolo** (altezza minima dal suolo, altezza libera dal suolo) (*aut.*), Bodenfreiheit (*f.*). **29** ~ **nadirale** (*astr.*), Nadirabstand (*m.*). **30** ~ **percorsa** (percorso) (*gen.*), durchlaufene Strecke, Weglänge (*f.*), Strecke (*f.*). **31** ~ **percorsa dall'asse in km** (chilometri percorsi dall'asse in un determinato tempo) (*ferr.*), Achskilometer (*m.*). **32** ~ **percorsa in volo** (km percorsi) (*aer.*), Flugstrecke (*f.*). **33** ~ **polare** (distanza del polo dalla linea di carico nel diagramma reciproco) (*mecc. - ecc.*), Polweite (*f.*). **34** ~ **polare** (distanza angolare di una stella dal polo Nord celeste) (*astr.*), Poldistanz (*f.*), Polardistanz (*f.*). **35** ~ **regolamentare dall'immobile attiguo** (distacco dell'edificio dal fondo finitimo) (*ed.*), Bauwich (*m.*). **36** ~ **tra gli appoggi** (*sc. costr.*), Spannweite (*f.*), Stützweite (*f.*), Abstand zwischen den Stützungen. **37** ~ **tra gli assi** (*mecc.*), Achsabstand (*m.*), Achsabstand (*m.*). **38** ~ **tra gli elettrodi** (distanza tra le puntine, spazio esplosivo, di una candela p. es.) (*elett. - mot.*), Elektrodenabstand (*m.*). **39** ~ **tra i ferri** (nella posa dell'armatura) (*ed.*), Eisenabstand (*m.*). **40** ~ **tra i piani** (*ed.*), Geschosshöhe (*f.*). **41** ~ **tra i supporti** (*mecc.*), Lagerstützweite (*f.*). **42** ~ **tra le punte** (di un tornio) (*macch. ut.*), Spitzenabstand (*m.*). **43** ~ **tra le puntine** (distanza tra gli elettrodi, spazio esplosivo, di candela p. es.) (*elett. - mot.*), Elektrodenabstand (*m.*). **44** ~ **tra vertice primitivo e faccia posteriore** (di una ruota conica) (*mecc.*), Einbaumass (*n.*). **45** ~ **verticale** (di due punti) (*min.*), Seigerteufe (*f.*). **46** ~ **visiva** (*ott.*), Sehweite (*f.*), Sichtweite (*f.*). **47** ~ **zenitale** (*astr.*), Zenitdistanz (*f.*). **48 a lunga** ~

focale (a lunga focale) (*ott.*), langbrennweitig. **49 azione a** ~ (*gen.*), Fernwirkung (*f.*). **50 cerchio di** ~ (*radar*), Entfernungsring (*m.*), Markierkreis (*m.*). **51 indicatore di** ~ (*radar*), Abstandgeber (*m.*). **52 relè di protezione a** ~ (relè d'impedenza) (*elett.*), Distanzrelais (*n.*), Impedanzrelais (*n.*). **53 scala delle distanze** (*fot.*), Entfernungsskala (*f.*).

distanziale (distanziatore) (*mecc.*), Entfernungsstück (*n.*), Distanzstück (*n.*), Abstandstück (*n.*). **2** ~ **a tubo** (*mecc.*), Diztanzabuchse (*f.*), Distanzrohr (*n.*).

distanziare (*gen.*), auseinanderlegen.

distanziatore (distanziale) (*mecc.*), Entfernungsstück (*n.*), Distanzstück (*n.*), Abstandstück (*n.*). **2** ~ (repulsore, perno distanziatore, di uno stampo per pressofusione p. es.) (*mecc. - fond.*), Rückstoss·stift (*m.*), Rückstosser (*m.*).

distare (*gen.*), abstehen, abliegen.

distendere (spiegare, la carta p. es.) (*gen.*), entfalten, ausbreiten. **2** ~ (per asciugare p. es.) (*ind. tess. - ecc.*), ausbreiten.

distendimento (per asciugare p. es.) (*ind. tess. - ecc.*), Ausbreiten (*n.*).

distenditrice (macchina distenditrice) (*macch. tess.*), Rahmenmaschine (*f.*).

distensione (ricottura di distensione, ricottura di stabilizzazione, ricottura di antistagionatura) (*tratt. term.*), Entspannung (*f.*), Entspannungsglühen (*n.*), Spannungsfreiglühen (*n.*). **2** ~ (dilatazione, proprietà di una vernice di livellare le irregolarità superficiali) (*vn.*), Verlaufen (*n.*). **3** ~ **delle tensioni da incrudimento** (ricottura distensiva delle tensioni da incrudimento) (*tratt. term.*), Entfestigungsglühen (*n.*). **4 forno per** ~ (forno per ricottura di distensione (*tratt. term.*), Entspannungsofen (*m.*). **5 ricottura di** ~ (ricottura di stabilizzazione, ricottura di antistagionatura) (*tratt. term.*), Entspannung (*f.*), Entspannungsglühen (*n.*), Spannungsfreiglühen (*n.*). **6 sottoporre a** ~ (sottoporre a ricottura di distensione (*tratt. term. - metall.*), entspannen. **7 sottoposto a** ~ (sottoposto a ricottura di distensione) (*tratt. term.*), spannungsfreigeglüht.

distillare (*chim.*), destillieren. **2** ~ (alcool) (*chim.*), brennen. **3** ~ **a bassa temperatura** (*ind. chim.*), schwelen.

distillato (*a. - chim.*), destilliert. **2** ~ (*s. - chim.*), Destillat (*n.*). **3 acqua distillata** (*chim.*), destilliertes Wasser.

distillatore (*app. chim.*), Destillierapparat (*m.*), Destillationsapparat (*m.*).

distillazione (*ind. chim.*), Destillation (*f.*), Destillieren (*n.*), Abdestillieren (*n.*). **2** ~ (di alcool) (*ind.*), Brennen (*n.*), Destillation (*f.*). **3** ~ (di coke) (*ind. chim.*), Entgasung (*f.*). **4** ~ **a bassa temperatura** (*ind. chim. - comb.*), Schwelung (*f.*). **5** ~ **a controcorrente** (*ind. chim.*), Gegenstromdestillation (*f.*). **6** ~ **a pressione atmosferica** (di petrolio) (*ind. chim.*), Toppen (*n.*). **7** ~ **a secco** (*ind. chim.*), trockene Destillation, Trockendestillation (*f.*). **8** ~ **continua** (*ind. chim.*), stetige Destillation, kontinuierliche Destillation. **9** ~ **discontinua** (*ind. chim.*), unstetige Destillation, diskontinuierliche Destillation. **10** ~ **frazionata** (*ind. chim.*), fraktionierte Destillation. **11** ~ **in corrente di vapore** (*ind. chim.*), Wasserdampfdestillation (*f.*). **12** ~ **molecolare** (*ind. chim.*), Moleculardestillation (*f.*). **13** ~ **semplice** (distillazione discontinua semplice) (*ind. chim.*), einfache Destillation. **14** ~ **sotto vuoto** (*ind. chim.*), Vakuumdestillation (*f.*). **15 colonna di** ~ (*app. chim.*), Destilliersäule (*f.*). **16 curva di** ~ (di carburanti) (*chim.*), Siedekurve (*f.*). **17 impianto di** ~ (*ind. chim.*), Destillationsanlage (*f.*). **18 impianto di** ~ **a bassa temperatura** (per la generazione di gas p. es.) (*comb. - chim.*), Schwelanlage (*f.*). **19 prodotto di** ~ (*ind. chim.*), Destillationserzeugnis (*n.*), Destillationsprodukt (*n.*). **20 residui di** ~ (*ind. chim.*), Destillationsrückstände (*m. pl.*).

distilleria (di alcool ecc.) (*ind.*), Brennerei (*f.*).

distinta (lista, elenco) (*gen.*), Liste (*f.*), Verzeichnis (*n.*). **2** ~ **base** (dei materiali) (*ind. - organ. lav.*), Stückliste (*f.*). **3** ~ **materiali** (*ind.*), Materialliste (*f.*).

distintivo (placchetta metallica p. es.) (*gen.*), Abzeichen (*n.*). **2** ~ **a bottone** (*gen.*), Knopfabzeichen (*n.*). **3** ~ **a spilla** (*gen.*), Nadelabzeichen (*n.*).

distorsiometro (*app. - telegr.*), Verzerrungsmesser (*n.*). **2** ~ (*elettronica*), Verzerrungsmesser (*m.*), Klirrfaktormesser (*m.*).

distorsione (deformazione, di un pezzo, da trattamento termico p. es.) (*tecnol. mecc. - tratt. term.*), Verziehen (*n.*), Verzug (*m.*), Werfen (*n.*). **2** ~ (deformazione, della lamiera, da saldatura p. es.) (*tecnol. mecc.*), Verziehen (*n.*), Verwerfung (*f.*). **3** ~ (deformazione geometrica di un'immagine) (*ott.*), Verzerrung (*f.*), Verzeichnung (*f.*). **4** ~ (del suono) (*radio - acus.*), Verzerrung (*f.*). **5** ~ (dell'immagine) (*telev.*), Verzeichnung (*f.*). **6** ~ (slogatura) (*med. - lav.*), Verstauchung (*f.*). **7** ~ **a barilotto** (difetto - telev. - ott.*), Tonnenverzeichnung (*f.*), tonnenförmige Verzeichnung. **8** ~ **a cuscinetto** (effetto cuscinetto) (*difetto telev. - ott.*), kissenförmige Verzeichnung, Kissenverzeichnung (*f.*). **9** ~ **caratteristica** (*elettronica*), charakteristische Verzerrung. **10** ~ **cromatica** (*ott.*), Farbverzerrung (*f.*), Farbverschiebung (*f.*). **11** ~ **da saturazione** (dovuta a tensione troppo alta applicata ad una valvola termoionica) (*telev.*), Übersteuerung (*f.*), Überstrahlung (*f.*). **12** ~ **da tempra** (*tratt. term.*), Härteverziehung (*f.*), Härteverzug (*m.*). **13** ~ **dell'immagine** (*telev. - ott.*), Bildverzerrung (*f.*), Bildverzeichnung (*f.*). **14** ~ **del quadro** (*telev.*), Teilbildverzerrung (*f.*), Rasterverformung (*f.*). **15** ~ **del tempo di transito** (nei transistori) (*elettronica*), Laufentzerrung (*f.*). **16** ~ **di attenuazione** (*telev. - radio*), Dämpfungsverzerrung (*f.*). **17** ~ **di fase** (*elett. - ecc.*), Phasenverzerrung (*f.*). **18** ~ **geometrica** (*telev. - ecc.*), Geometriefehler (*m.*). **19** ~ **lineare** (*radio*), lineare Verzerrung. **20** ~ **non lineare** (*radio*), nichtlineare Verzerrung. **21** ~ **telegrafica** (*telegr.*), Telegraphierverzerrung (*f.*). **22** ~ **termica** (*macch.*), Wärmeverzug (*m.*). **23** ~ **transitoria** (*fis.*), Sprungverzerrung (*f.*). **24** ~ **trapezoidale** (*difetto telev. - ott.*), Schlussteinverzerrung (*f.*), Trapezfehler (*m.*). **25 atte-**

distorto

nuare distorsioni (eliminare distorsioni) (*telef.*) entzerren. **26 campione di** ~ (*elettroacus.*), Verzerrungsnormal (*n.*), Verklirrer (*n.*). **27 esente da** ~ (indistorto) (*mecc. - tratt. term.*), verzugfrei. **28 fattore di** ~ (d'un convertitore di corrente) (*elett.*), Verzerrungsfaktor (*m.*). **29 frequenza di** ~ (armonica) (*radio - ecc.*), Klirrfrequenz (*f.*).

distorto (svergolato) (*mecc. - ecc.*), verzogen. **2** ~ (deformato) (*radio - fis.*), verzerrt. **3** ~ (*ott.*), verzerrt.

distretto (*gen.*), Revier (*n.*), Bezirk (*m.*). **2** ~ (*milit.*), Bezirk (*m.*). **3** ~ **amministrativo** (*amm.*), Verwaltungsbezirk (*m.*). **4** ~ **carbonifero** (*min.*), Kohlenbezirk (*m.*). **5** ~ **minerario** (*min.*), Revier (*n.*), Abbaugebiet (*n.*), Bergbaugebiet (*n.*). **6** ~ **petrolifero** (*min.*), Ölgebiet (*n.*).

distribuire (*gen.*), austeilen, verteilen. **2** ~ (ripartire) (*gen.*), verteilen. **3** ~ (il carico) (*sc. costr. - ecc.*), verteilen. **4** ~ (i dividendi p. es.) (*finanz.*), verteilen, ausschütten. **5** ~ (suddividere) (*gen.*), einteilen.

distribuito (ripartito) (*gen.*), verteilt. **2** ~ (utile p. es.) (*finanz.*), ausgeschüttet. **3 uniformemente** ~ (uniformemente ripartito) (*gen.*), gleichmässig verteilt.

distributivo (*mat.*), distributiv.

distributore (ripartitore) (*gen.*), Verteiler (*m.*). **2** ~ (parte fissa di una turbina) (*macch.*), Leitrad (*n.*). **3** ~ (di un convertitore di coppia) (*mot.*), Leitrad (*n.*). **4** ~ (di accensione) (*aut. - elett.*), Verteiler (*m.*). **5** ~ (di coppia, per veicoli a doppia trazione, anteriore e posteriore) (*aut.*), Verteilergetriebe (*n.*). **6** ~ (*oleoidr. - tubaz.*), Wegeventil (*n.*). **7** ~ (paniera di colata, «tundish», nella colata continua) (*fond.*), Zwischengefäss (*n.*), Zwischenbehälter (*m.*), Zwischenpfanne (*f.*). **8** ~ (stazione di rifornimento) (*aut.*), Füllstation (*f.*), Füllstelle (*f.*), Tankstelle (*f.*). **9** ~ (colonnina del distributore) (*aut.*), Zapfsäule (*f.*), Tanksäule (*f.*), Rechenkopfsäule (*f.*). **10** ~ (concessionario p. es.) (*comm.*), Absatzhändler (*m.*). **11** ~ (a gettone od a moneta) (*macch. - comm.*), Verkaufsautomat (*m.*). **12** ~ (per nastro adesivo p. es.) (*app.*), Spendegerät (*n.*). **13** ~ **ad uno spigolo pilota** (*oleoidr.*), Wegeventil mit einer Steuerkante, Regelventil mit einer Steuerkante. **14** ~ **a fodero** (di un motore a fodero) (*mot.*), Hülsenschieber (*m.*). **15** ~ **a gettone** (distributore a moneta) (*macch. - comm.*), Münzautomat (*m.*), Automat (*m.*). **16** ~ **a moneta** (distributore a gettone) (*macch.*), Münzautomat (*m.*), Automat (*m.*). **17** ~ **automatico** (a moneta p. es.) (*macch. - comm.*), Selbstverkäufer (*m.*), Automat (*m.*), Warenautomat (*m.*). **18** ~ **automatico a cassetti** (di prodotti alimentari p. es.) (*macch.*), Gefachautomat (*m.*). **19** ~ **automatico di bibite** (*macch. - comm.*), Getränkeautomat (*m.*). **20** ~ **automatico di francobolli** (*posta*), Markengeber (*m.*), Briefmarkenautomat (*m.*). **21** ~ **automatico di generi alimentari** (*macch. comm.*), Speiseautomat (*m.*). **22** ~ **con correttore di anticipo a depressione** (*aut. - mot.*), Unterdruckzündverteiler (*m.*). **23** ~ **d'acqua** (a colonna, in una stazione) (*ferr.*),
Wasserkran (*m.*). **24** ~ **del vapore** (*macch.*), Dampfsteuereinrichtung (*f.*). **25** ~ **di accensione** (*mot. - aut.*), Zündverteiler (*m.*). **26** ~ **di aria compressa** (colonnina dell'aria compressa) (*aut.*), Luftsäule (*f.*). **27** ~ **di benzina** (colonnina del distributore) (*aut.*), Benzinpumpe (*f.*), Benzinzapfsäule (*f.*). **28** ~ **di biglietti** (*ferr. - ecc. - macch.*), Kartengeber (*m.*), Fahrkartenautomat (*m.*). **29** ~ **di calcestruzzo** (*costr. strad.*), Betonverteilerkübel (*m.*). **30** ~ **di gas** (stazione di rifornimento di gas) (*aut.*), Gastankstelle (*f.*). **31** ~ **di gas a moneta** (contatore del gas a gettone) (*strum.*), Gasautomat (*m.*), Münzgasmesser (*m.*). **32** ~ **di nastro adesivo** (*imball.*), Klebestreifengeber (*m.*), Klebestreifenspendegerät (*n.*). **33** ~ **di portata** (ripartitore di portata, di un sistema di iniezione) (*mot.*), Mengenteiler (*m.*). **34** ~ **di sabbia** (spandisabbia) (*macch. costr. strad.*), Sandstreuer (*m.*). **35** ~ **-dosatore** (*fond. - ecc.*), Zuteiler (*m.*). **36** ~ **per la trazione su tutte le ruote** (distributore di coppia, di un autoveicolo industriale) (*veic.*), Allradverteiler (*m.*). **37** ~ **rotante** (per la sabbia p. es.) (*att.*), Rotorstreuer (*m.*), Sandwurfteller (*m.*). **38** ~ **-selettore** (selettore a cassetto, d'un cambio automatico p. es.) (*macch.*), Wählschieber (*m.*). **39** ~ **singolizzatore** (singolarizzatore, per inoltrare pezzi singoli in una linea a trasferta p. es.) (*macch.*), Vereinzelungsvorrichtung (*f.*), Vereinzeler (*m.*). **40 addetto al** ~ (benzinaio) (*lav. - aut.*), Tankwart (*m.*). **41 alberino del** ~ (*mot. - aut. - elett.*), Verteilerantriebsspindel (*f.*), Verteilerwelle (*f.*), Zündverteilerspindel (*f.*). **42 calotta del** ~ (di accensione) (*mot. - aut.*), Verteilerscheibe (*f.*), Zündverteilerdeckel (*m.*). **43 camma del** ~ (di accensione) (*aut. - mot.*), Verteilernocken (*m.*). **44 carrello del** ~ (nella colata continua) (*fond.*), Zwischenpfannewagen (*m.*), Zwischengefässwagen (*m.*), Zwischenbehälterwagen (*m.*). **45 colonnina del** ~ (*aut.*), Tanksäule (*f.*), Zapfsäule (*f.*). **46 contatto del** ~ (*mot. - aut.*), Verteilerschleifkontakt (*m.*), Verteilerbürste (*f.*). **47 settore del** ~ (*aut. - mot.*), Verteilersegment (*n.*). **48 spazzola del** ~ (di accensione) (*aut. - mot. - elett.*), Verteilerläufer (*m.*), Zündverteilerfinger (*m.*).

distributrice (*macch.*), Verteiler (*m.*). **2** ~ **di pietrisco** (spandipietrisco) (*macch. costr. strad.*), Schotterverteiler (*m.*).

distribuzione (ripartizione) (*gen.*), Verteilung (*f.*). **2** ~ (suddivisione) (*gen.*), Einteilung (*f.*). **3** ~ (di un mot. a comb. interna) (*mot.*), Steuerung (*f.*), Ventilsteuerung (*f.*). **4** ~ (*macch. a vap.*), Steuerung (*f.*). **5** ~ (di energia elettrica) (*elett.*), Verteilung (*f.*). **6** ~ (degli elettroni in un metallo p. es.) (*fis. atom.*), Verteilung (*f.*). **7** ~ (del terreno) (*agric.*), Umlegung (*f.*), Verteilung (*f.*). **8** ~ **a cassetto** (*macch. a vap. - ecc.*), Schiebersteuerung (*f.*). **9** ~ **a cassetto piano** (*macch.*), Flachschiebersteuerung (*f.*). **10** ~ **ad albero a camme** (*mot. - aut.*), Nockenwellensteuerung (*f.*). **11** ~ **ad anello** (di energia elettrica) (*elett.*), Ringverteilung (*f.*). **12** ~ **a fodero** (di un mot. a comb. interna) (*mot.*), Hülsensteuerung (*f.*). **13** ~ **a glifo** (*macch.*),

Schwingensteuerung (f.), Kulissensteuerung (f.). **14 ~ a valvole** (macch. a vap. - ecc.), Ventilsteuerung (f.). **15 ~ binomiale** (nel controllo di qualità p. es.) (stat. - tecnol. mecc.), Binomialverteilung (f.). **16 ~ del carico** (ripartizione del carico) (ed. - ecc.), Lastverteilung (f.), Lastausgleich (m.). **17 ~ della frequenza** (stat.), Häufigkeitsverteilung (f.). **18 ~ delle masse** (ing. civ.), Massenverteilung (f.). **19 ~ dell'energia elettrica** (elett.), Elektrizitätsverteilung (f.), Stromverteilung (f.). **20 ~ delle sollecitazioni** (sc. costr.), Spannungsverteilung (f.). **21 ~ del materiale** (per la preparazione allo stampaggio) (fucin. a stampo), Massenverteilung (f.). **22 ~ del vapore** (macch.), Dampfsteuerung (f.). **23 ~ di Poisson** (stat.), Poisson-Verteilung (f.). **24 ~ (di probabilità) t** (stat.), t-Verteilung (f.). **25 ~ gaussiana** (distribuzione normale) (stat.), Gauss'sche Normalverteilung (f.). **26 ~ di Weibull** (stat.), Weibull-Verteilung (f.). **27 ~ RRS** (granulometria secondo Rosin, Rammler e Sperling) (fis. - statist.), RRS-Verteilung (f.). **28 ~ normale** (stat. - mat.), Normalverteilung (f.). **29 ~ spettrale relativa di energia** (d'una radiazione) (ott.), Strahlungsfunktion (f.). **30 ~ angolo di ~** (di un proiettore) (aut.), Ausstrahlungswinkel (m.). **31 camera di ~ del vapore** (macch.), Dampfkasten (m.). **32 canale di ~** (delle merci) (comm.), Absatzweg (m.). **33 cassetta di allacciamento per ~ domestica** (elett.), Hausanschlusskasten (m.). **34 cassetta di ~** (elett.), Verteilungskasten (m.). **35 cassetto di ~** (macch.), Schieber (m.). **36 cassetto di ~** (macch. a vapore), Schiebekammer (f.), Schieber (m.). **37 catena della ~** (aut. - mot.), Steuerkette (f.). **38 comando ~** (mot.), Steuerungsantrieb (m.), Nockenwellenantrieb (m.). **39 condotto di ~** (d'una centrale idraulica; tubazione di distribuzione) (idr.), Verteilleitung (f.). **40 coperchio scatola ~** (mot. aut.), Steuergehäusedeckel (m.). **41 diagramma della ~** (di un mot. a comb. interna) (mot.), Steuerungsdiagramm (n.). **42 diagramma della ~** (macch. a vapore), Schieberdiagramm (n.). **43 ellisse della ~** (grafico che rappresenta la relazione fra moto dello stantuffo e del cassetto) (macch. a vapore), Schieberellipse (f.). **44 fattore di ~** (d'un avvolgimento) (macch. elett.), Zonenfaktor (m.). **45 impianto di ~** (elett.), Verteilungsanlage (f.), Schaltanlage (f.). **46 impianto ~ lettere** (posta), Briefverteilanlage (f.). **47 linea di ~** (elett.), Verteilungsleitung (f.). **48 magazzino di ~** (comm. - ecc.), Auslieferungslager (n.). **49 meccanismo della ~** (mot.), Steuerungsgetriebe (n.). **50 punto di ~** (elett.), Speisepunkt (m.). **51 quadretto di ~** (del cruscotto portaapparecchi) (aut.), Schaltkasten (m.). **52 quadro di ~** (elett.), Verteilungstafel (f.). **53 rete di ~** (elett.), Verteilungsnetz (n.). **54 scatola di ~** (elett.), Verteilungsdose (f.). **55 tubazione di ~** (d'una centrale idraulica; condotto di distribuzione) (idr.), Verteilleitung (f.).

distruggere (gen.), zerstören.
distruttivo (gen.), zerstörend. **2 non ~** (tecnol.), zerstörungsfrei. **3 prova non distruttiva** (con raggi X p. es.) (tecnol.), zerstörungsfreie Prüfung.
distruttore (app.), Zerstörer (m.), Vernichter (m.). **2 ~ di documenti** (apparecchio per distruggere documenti) (app. - uff.), Aktenvernichter (m.).
distruzione (gen.), Zerstörung (f.). **2 ~** (chim.), Zertrümmerung (f.).
disturbare (gen.), stören. **2 ~** (radio - telev.), stören.
disturbo (radio - ecc.), Störung (f.). **2 ~ atmosferico** (radio), atmosphärische Störung. **3 ~ di accensione** (disturbo dovuto alle scintille di accensione) (aut. - radio), Zündstörung (f.). **4 disturbi di ricezione** (radio - ecc.), Empfangsstörungen (f. pl.). **5 ~ dovuto alle candele** (radio - aut.), Zündkerzenstörung (f.). **6 ~ telefonico** (telef.), Fernsprechstörung (f.). **7 campo di ~** (campo perturbatore) (radio - ecc.), Störfeld (n.). **8 echi di ~** (radar), Störung (f.). **9 fattore di ~** (radio - ecc.), Störfaktor (m.). **10 filtro soppressore di disturbi** (radio - ecc.), Störfilter (m.). **11 frequenza di ~** (radio), Störfrequenz (f.). **12 incidenza di ~** (sensibilità ai disturbi) (elett. - ecc.), Störanfälligkeit (f.). **13 larghezza banda (di frequenze) di ~** (radio - ecc.), Störbreite (f.). **14 limitazione del ~** (dell'immagine p. es.) (telev. - ecc.), Störbegrenzung (f.). **15 livello del ~** (radio), Störpegel (m.). **16 punto di ~** (impurità, di un cristallo semiconduttore) (fis.), Störstelle (f.). **17 raggio d'azione del ~** (radio), Störreichweite (f.). **18 rapporto segnale- ~** (radio - ecc.), Störabstand (m.), Geräuschabstand (m.). **19 sensibilità ai disturbi** (incidenza di disturbo) (elett. - ecc.), Störanfälligkeit (f.). **20 sicuro da disturbi** (radio), störsicher. **21 soppressore di disturbi** (app.), Störsperre (f.). **22 sorgente di ~** (radio), Störquelle (f.). **23 tensione di ~** (radio), Störspannung (f.). **24 tensione di ~** (tensione psofometrica) (elettroacus.), Rauschspannung (f.). **25 tiro di ~** (artiglieria), Störungsfeuer (n.). **26 trasmettitore di disturbi** (radio - milit.), Störsender (m.).
disuguaglianza (mat.), Ungleichung (f.).
disuniforme (irregolare, non uniforme) (gen.), ungleichmässig.
disuniformità (gen.), Ungleichmässigkeit (f.). **2 coefficiente di ~** (illum.), Ungleichmässigkeitsfaktor (m.).
disuso (gen.), Entwöhnung (f.). **2 cadere in ~** (gen.), abkommen, ausser Gebrauch kommen.
« dither » (segnale periodico, in servovalvole p. es.) (elettroidr.), « Dither ».
dito (gen.), Finger (m.). **2 prova col ~** (per determinare il grado di adesività di un adesivo spalmato) (tecnol.), Fingerprobe (f.). **3 prova col ~** (per controllare la tensione di una cinghia) (mecc.), Daumenprobe (f.).
ditta (comm.), Firma (f.), Haus (n.). **2 ~ commerciale** (casa commerciale) (comm.), Handelshaus (n.). **3 ~ di trasporti** (trasp.), Fuhrgewerbe (n.), Transportfirma (f.).
dittafono (macch. per uff.), Diktiergerät (n.), Diktiermaschine (f.).
divano (mobile), Liege (f.), Liegesofa (n.), Diwan (m.). **2 ~** (di un motoscafo) (nav.), Polsterbank (f.).

divergente

divergente (*ott. - ecc.*), divergent. 2 ~ (dispositivo per tenere in posizione una rete a strascico) (*pesca*), Scherbrett (*n.*). 3 ~ (supercritico, reattore nucleare) (*fis. nucl.*), überkritisch. 4 ~ (discorde, opinioni) (*gen.*), auseinandergehend.
divergenza (*gen.*), Divergenz (*f.*). 2 ~ (perturbazione della stabilità) (*aer.*), Divergenz (*f.*). 3 ~ (inclinazione positiva, delle ruote posteriori di una autovettura, divergenti verso l'alto) (*aut.*), O-Stellung (*f.*), Nachspur (*f.*). 4 ~ **aeroelastica** (*aer.*), aeroelastische Divergenz, aeroelastisches Auskippen. 5 ~ **laterale** (divergenza trasversale) (*aer.*), Querdivergenz (*f.*). 6 ~ **longitudinale** (*aer.*), Längsdivergenz (*f.*). 7 ~ **superficiale** (nell'analisi vettoriale) (*mat.*), Flächendivergenz (*f.*), Sprungdivergenz (*f.*). 8 ~ **trasversale** (divergenza laterale) (*aer.*), Querdivergenz (*f.*). 9 **angolo di** ~ (del fascio d'elettroni) (*telev.*), Streuungswinkel (*m.*).
divergere (*gen.*), divergieren, auseinandergehen.
diversificazione (della produzione p. es.) (*ind.*), Diversifikation (*f.*).
diversione (*aer. - navig.*), Umleitung (*f.*). 2 ~ (deviazione) (*traff. strad.*), Umgehung (*f.*). 3 ~ **stradale** (strada) (*strad.*), Umgehungsstrasse (*f.*), Entlastungsstrasse (*f.*).
« diversity » (ricezione diversity) (*elettronica*), Mehrfachempfang (*m.*), Diversity-Empfang (*m.*).
diversivo (canale per la derivazione di parte della piena) (*costr. idr.*), Umfluter (*m.*), Flutkanal (*m.*).
dividendo (*s. - mat.*), Dividend (*m.*). 2 **dividendi** (*finanz.*), Dividende (*f. pl.*). 3 **dividendi straordinari** (*finanz.*), Dividendenbonus (*m.*). 4 **acconto sui dividendi** (*finanz.*), Abschlagsdividende (*f.*). 5 **cedola di** ~ (*finanz.*), Dividendenabschnitt (*m.*), Dividendenschein (*m.*). 6 **dichiarazione di** ~ (*finanz.*), Dividendenerklärung (*f.*). 7 **fondo (di riserva) per dividendi** (*finanz.*), Dividendenfonds (*m.*). 8 **pagamento dei dividendi** (*finanz.*), Dividendenzahlung (*f.*), Dividendenverteilung (*f.*).
dividere (*mat.*), teilen, dividieren. 2 ~ (separare, staccare) (*gen.*), trennen. 3 ~ (eseguire la divisione) (*lav. macch. ut.*), einteilen. 4 ~ **per** (*mat.*), teilen durch.
divieto (*gen.*), Verbot (*n.*). 2 ~ **di inversione di marcia** (vietata l'inversione di marcia) (*traff. strad. - aut.*), Wenden verboten. 3 ~ **di parcheggio** (*traff. strad.*), Parkverbot (*n.*), Stationierungsverbot (*n.*). 4 ~ **di passaggio** (*gen.*), Durchfahrtsverbot (*n.*). 5 ~ **di sorpasso** (*traff. strad.*), Überholverbot (*n.*). 6 ~ **di sosta** (sosta vietata) (*traff. strad.*), Halteverbot (*n.*). 7 ~ **di svolta a sinistra** (svolta a sinistra vietata) (*traff. strad. - aut.*), Wenden nach links verboten. 8 ~ **di transito** (divieto di passaggio) (*gen.*), Durchfahrtsverbot (*n.*). 9 ~ **di transito** (*traff. strad.*), Durchfahrtsverbot (*n.*), Verkehrsverbot (*n.*). 10 **segnale di** ~ (*traff. strad. - ecc.*), Verbotsschild (*n.*).
divisa (*finanz.*), Devise (*f.*). 2 **traffico di divise** (*finanz.*), Devisenschiebung (*f.*).
divisibile (*gen.*), einteilbar. 2 ~ (*mat.*), teilbar.

divisibilità (*mat.*), Teilbarkeit (*f.*).
divisione (*gen.*), Abtrennung (*f.*), Trennung (*f.*). 2 ~ (*mat.*), Division (*f.*). 3 ~ (con disco divisore) (*lav. macch. ut.*), Teilen (*n.*), Teilung (*f.*). 4 ~ (ufficio, sezione) (*leg. - amm.*), Dezernat (*n.*). 5 ~ **combinata** (indessaggio combinato, con due diversi cerchi di fori) (*lav. macch. ut.*), Verbandteilen (*n.*). 6 ~ **dello stampo** (*ut. fucinatura*), Gesenkteilung (*f.*). 7 ~ **dello stampo per pressofusione** (*ut. - fond.*), Druckgiessformteilung (*f.*). 8 ~ **di colonna** (in una macchina a schede perforate) (*elab. dati*), Spaltenaufteilung (*f.*). 9 ~ **differenziale** (*macch. ut.*), Differentialteilung (*f.*), Ausgleichsteilen (*n.*). 10 ~ **di frequenza** (*elett.*), Frequenzteilung (*f.*). 11 ~ **diretta** (*lav. macch. ut.*), unmittelbares Teilen, direktes Teilen. 12 ~ **di tempo** (time-sharing) (*calc.*), Zeitmultiplexbetrieb (*m.*), Time-sharing (*n.*). 13 **albero per la** ~ (*lav. macch. ut.*), Teilwelle (*f.*). 14 **con cento divisioni** (scala, centigrada) (*strum.*), hundertteilig. 15 **eseguire la** ~ (dividere) (*lav. macch. ut.*), einteilen. 16 **fresatura a** ~ (fresatura di dentature p. es.) (*lav. macch. ut.*), Teilverfahren (*n.*). 17 **macchina per divisioni lineari** (*macch.*), Längenteilmaschine (*f.*). 18 **motore per la** ~ (*lav. macch. ut.*), Teilmotor (*m.*). 19 **ruota di cambio per la** ~ (*macch. ut.*), Teilwechselrad (*n.*). 20 **tabella per la** ~ (*lav. macch. ut.*), Teiltabelle (*f.*), Teiltafel (*f.*).
diviso (*gen.*), geteilt. 2 ~ (spaccato, in due pezzi, cuscinetto p. es.) (*mecc.*), geteilt. 3 ~ **per** (*mat.*), geteilt durch.
divisore (*mat.*), Teiler (*m.*), Divisor (*m.*). 2 ~ (testa a dividere, apparecchio per dividere) (*mecc. - macch. ut.*), Teilgerät (*n.*), Teilkopf (*m.*), Indexiervorrichtung (*f.*). 3 ~ **automatico** (*macch. ut.*), Teilautomat (*m.*). 4 ~ **comune** (*mat.*), gemeinschaftlicher Teiler. 5 ~ **differenziale** (testa a dividere differenziale) (*macch. ut.*), Differentialteilgerät (*n.*). 6 ~ **di portata** (*oleoidr.*), Stromteilerventil (*n.*). 7 ~ **di tensione** (*app. elett.*), Spannungsteiler (*m.*). 8 ~ **ottico** (testa a dividere ottica) (*lav. macch. ut.*), optischer Teilkopf. 9 ~ **universale** (testa a dividere universale) (*lav. macch. ut.*), Universalteilkopf (*m.*). 10 **disco** ~ (*macch. ut.*), Teilscheibe (*f.*). 11 **massimo comun** ~ (*mat.*), grösster gemeinsamer Teiler. 12 **ruota di cambio del** ~ (ruota di cambio divisoria) (*macch. ut.*), Teilwechselrad (*n.*).
divisorio (muro divisorio) (*ed.*), Trennmauer (*f.*), Trennwand (*f.*). 2 ~ (tramezza, d'una scatola) (*imball.*), Steg (*m.*). 3 **vetro** ~ (*uff. - ed.*), Trennscheibe (*f.*).
divulgazione (di un'invenzione) (*leg.*), Offenbarung (*f.*).
dizionario (*tip.*), Wörterbuch (*n.*). 2 ~ **tecnico** (*tip.*), Fachwörterbuch (*n.*).
dizione (*radio - ecc. - pers.*), Aussprache (*f.*).
DL (diode logic, circuito logico a diodi) (*elettronica*), DL-Schaltung (*f.*).
dm² (decimetro quadrato) (*misura*), qdm, Quadratdezimeter (*m.*).
DMSO (dimetil-solfossido, solvente) (*chim.*), (DMSO, Dimethyl-Schwefel-Oxyd (*n.*).
dn (decineper) (*unità elett.*), dn, Dezineper (*n.*).

DNA (acido deossiribonucleico) (*chim.*), DNS, Desoxyribonucleinsäure (*f.*).
doccia (canale di gronda, grondaia) (*ed.*), Dachrinne (*f.*). 2 ~ (per bagno) (*ed.*), Duschanlage (*f.*), Dusche (*f.*). 3 ~ di colata (di un forno) (*fond.*), Giessrinne (*f.*). 4 ~ per spegnimento (*tratt. term.*), Abschreckbrause (*f.*). 5 cabina per ~ (*ed.*), Duschkabine (*f.*).
doccione («gargouille», di gronda) (*arch.*), Wasserspeier (*m.*).
docente (*università*), Dozent (*m.*).
«docking» (agganciamento, di due veicoli spaziali in volo) (*astronautica*), Docking (*n.*).
docimasia (metodo per determinare i costituenti di minerali, ecc.) (*min. - metall.*), Probierkunst (*f.*), Dokimasie (*f.*).
documentalista (di una biblioteca tecnica p. es.) (*ind. - ecc.*), Dokumentar (*m.*).
documentare (*gen.*), beurkunden.
documentario (film documentario) (*cinem.*), Dokumentarfilm (*m.*).
documentato (*gen.*), beurkundet. 2 prova documentata (*gen.*), Beurkundung (*f.*), urkundlicher Beweis.
documentazione (documento) (*gen.*), Urkunde (*f.*), Unterlage (*f.*). 2 ~ (raccolta e distribuzione di informazioni tecniche in un'azienda) (*ind.*), Dokumentation (*f.*). 3 ~ con piante (per le reti di distribuzione dei servomezzi urbani p. es.) (*top. - ed. - ecc.*), Planunterlage (*f.*). 4 centro di ~ (*ind. - ecc.*), Dokumentationsstelle (*f.*). 5 centro di ~ meccanizzato (*doc.*), Zentralstelle für maschinelle Dokumentation. 6 servizio (di) ~ (*ind. - doc.*), Dokumentationsdienst (*m.*).
documento (documentazione) (*gen.*), Urkunde (*f.*), Unterlage (*f.*). 2 ~ (*leg. - ecc.*), Urkunde (*f.*), Dokument (*n.*). 3 ~ (atto, ecc.) (*uff. - ecc.*), Akte (*f.*), Dokument (*n.*). 4 ~ (bolla, buono, di spedizione p. es.) (*gen.*), Schein (*m.*). 5 ~ coi dati di entrata (*calc. - elab. dati*), Eingabebeleg (*m.*). 6 ~ coi dati di uscita (*calc. - elab. dati*), Ausgabebeleg (*m.*). 7 documenti di bordo (*nav.*), Schiffspapiere (*n. pl.*). 8 ~ d'identità (*comm. - ecc.*), Ausweis (*m.*), Ausweiskarte (*f.*), Ausweispapier (*n.*), Identitätsausweis (*m.*). 9 documenti di spedizione (*comm. - trasp.*), Versanddokumente (*n. pl.*), Versandpapiere (*n. pl.*). 10 giustificativo (*amm.*), Beleg (*m.*), Beweisstück (*n.*). 11 apparecchio per distruggere documenti (*app. - uff.*), Aktenvernichter (*m.*). 12 classificatore di documenti (selezionatore di documenti) (*app.*), Belegsortierer (*m.*). 13 contro documenti di spedizione (condizione di fornitura) (*comm.*), gegen Versanddokumente. 14 distruttore di documenti (apparecchio per distruggere doc.) (*app. - uff.*), Aktenvernichter (*m.*). 15 lettore di documenti (*app.*), Belegleser (*m.*). 16 selezionatore di documenti (classificatore di documenti) (*app.*), Belegsortierer (*m.*).
dodecaedro (*geom.*), Zwölfflächner (*m.*), Dodekaeder (*n.*).
dodecafase (*elett.*), Zwölphasen... 2 connessione ~ (*elett.*), Zwölphasenschaltung (*f.*).
dodecagono (*geom.*), Zwölfeck (*n.*).
doga (di una botte) (*ind.*), Daube (*f.*), Fassdaube (*f.*).

dogana (dazio d'entrata o di uscita da uno Stato) (*finanz. - comm.*), Zoll (*m.*). 2 ~ (ufficio doganale) (*finanz.*), Zollamt (*n.*). 3 ~ (posto di dogana) (*finanz.*), Zollstation (*f.*), Zollstelle (*f.*). 4 barriera della ~ (*finanz.*), Zollschranke (*f.*). 5 merce schiava in ~ (*comm.*), Zollgut (*n.*). 6 schiavo di ~ (non sdoganato) (*comm.*), unverzollt. 7 soggetto a ~ (*comm.*), zollpflichtig.
doganale (*finanz.*), Zoll... 2 autorità doganali (posto di dogana) (*finanz.*), Zollbehörde (*f.*). 3 dichiarazione ~ (*finanz. - comm.*), Zollinhaltserklärung (*f.*). 4 fattura ~ (*comm.*), Zollrechnung (*f.*). 5 magazzino ~ (magazzino franco) (*finanz. - comm.*), Zollager (*n.*), Zollniederlager (*n.*). 6 tariffa ~ (*comm. - finanz.*), Zolltarif (*f.*).
doganiere (*finanz.*), Zollbeamter (*m.*).
dogger (piano mediano del periodo giurassico) (*geol.*), Dogger (*m.*).
dolce (*gen.*), süss. 2 ~ (di acqua, con pochi sali) (*chim.*), weich. 3 ~ (acciaio p. es.) (*metall.*), weich. 4 ~ (funzionamento, di una macch. p. es.) (*mecc. - macch.*), welch. 5 ~ (sterzo) (*aut.*), leichtgängig. 6 acqua ~ (*chim. - ecc.*), Süsswasser (*n.*). 7 molleggio ~ (sospensione dolce) (*veic.*), weiche Federung.
dolcificante (saccarina p. es.) (*chim.*), Süssstoff (*m.*).
dolerite (varietà di basalto) (*min.*), Dolerit (*m.*).
dolina (depressione chiusa nelle regioni calcaree) (*geol. - geogr.*), Doline (*f.*).
dollaro (unità di reattività, di un reattore nucleare) (*fis. atom.*), Dollar (*m.*). 2 area del ~ (*finanz.*), Dollarzone (*f.*), Dollarwährungsgebiet (*n.*).
dolomite [$MgCa(CO_3)_2$] (*min.*), Dolomit (*m.*). 2 ~ stabilizzata (*min. - fond.*), stabilisierter Dolomit.
doma (forma di cristallo) (*cristallografia*), Doma (*n.*).
domanda (*gen.*), Frage (*f.*). 2 ~ (per brevetto p. es.) (*leg. - ecc.*), Anmeldung (*f.*). 3 ~ (*comm.*), Nachfrage (*f.*), Bedarf (*m.*). 4 ~ di ammissione (*gen.*), Aufnahmegesuch (*n.*). 5 ~ di assunzione (*lav. - pers.*), Bewerbung (*f.*). 6 ~ di concessione (*min.*), Mutung (*f.*). 7 ~ d'impiego (*lav. - pers.*), Stellengesuch (*n.*). 8 ~ di ossigeno biochimica (fabbisogno biochimico di ossigeno, BOD) (*ecol.*), biochemischer Sauerstoffbedarf, BSB, BOD. 9 ~ di risarcimento (*comm.*), Ersatzforderung (*f.*). 10 ~ d'iscrizione (nel registro del catasto p. es.) (*leg.*), Eintragungsantrag (*m.*). 11 ~ ed offerta (*comm.*), Angebot und Nachfrage. 12 ~ riconvenzionale (*leg.*), Widerklage (*f.*). 13 data (di presentazione) della ~ (*leg.*), Anmeldetag (*m.*). 14 massima ~ (*elett.*), Bedarfsspitze (*f.*). 15 su ~ (a richiesta) (*gen.*), auf Verlangen. 16 termine di presentazione della ~ (*leg.*), Anmeldefrist (*f.*).
domare (soffocare, un pozzo in eruzione) (*min. - ind. chim.*), totpumpen.
domestica (cameriera, collaboratrice familiare) (*lav.*), Hausgehilfin (*f.*).
domestico (impianto p. es.) (*a.-gen.*), häuslich. 2 ~ (servitore) (*s. - lav.*), Hausgehilfe (*m.*).
domicilio (*gen.*), Niederlassung (*f.*), Wohnsitz (*m.*). 2 ~ (*leg.*), Wohnsitz (*m.*), Domizil (*n.*).

dominante

Wohnort (*m.*). 3 ~ (abitazione) (*ed.*), Behausung (*f.*), Wohnung (*f.*). 4 a ~ (spedizione) (*trasp.*), zuzustellend. 5 cambio di ~ (trasloco) (*leg.*), Wohnsitzwechsel (*m.*), Verzug (*m.*). 6 servizio di presa e consegna a ~ (*trasp.*), Abhol- und Zustelldienst (*m.*).
dominante (*gen.*), beherrschend, dominierend.
dominio (campo di un materiale ferromagnetico) (*elett.*), Domäne (*f.*). 2 riservato ~ (*comm. - leg.*), Eigentumsvorbehalt (*m.*).
dominato (*gen.*), beherrscht, dominiert.
domo salino (*geol.*), Salzdom (*m.*).
donatore (*gen.*), Schenker (*m.*), Spender (*m.*). 2 ~ (*chim.*), Donor (*m.*), Donator (*m.*). 3 ~ di elettroni (elettrondonatore) (*chim.*), Elektronendonor (*m.*). 4 ~ di sangue (*med.*), Blutspender (*m.*).
donazione (*leg. - finanz.*), Schenkung (*f.*).
donna di pulizia (*lav.*), Reinigungsfrau (*f.*).
dopoborsa (*finanz.*), Abendbörse (*f.*).
doppiaggio (*cinem.*), Synchronization (*f.*), Synchronisierung (*f.*), Nachsynchronisierung (*f.*). 2 studio di ~ (*cinem.*), Synchronisierungsatelier (*n.*).
doppiare (avvolgere assieme) (*ind. tess.*), dublieren, doublieren. 2 ~ (*cinem.*), synchronisieren, nachsynchronisieren.
doppiatore (*cinem.*), Synchronsprecher (*m.*).
doppiatrice (per lamiere) (*macch. - metall.*), Doppler (*m.*), Blechdoppler (*m.*). 2 ~ per lamiere (*macch. ut. lav. lam.*), Blechdoppler (*m.*), Blechdoppelmaschine (*f.*).
doppiatura (binatura) (*ind. tess.*), Doublieren (*n.*), Fachen (*n.*). 2 ~ (ripiegatura, di lamiere) (*metall.*), Doppeln (*n.*). 3 ~ (ripiegatura, su pezzi forgiati p. es.) (*difetto - metall.*), Dopplung (*f.*).
doppietta (*fis.*), *vedi* dipolo. 2 ~ (fucile a due canne) (*arma*), Doppelflinte (*f.*), Doppelbüchse (*f.*), Zwilling (*m.*).
« doppietto » (cambio marcia con « doppietto », cambio marcia con doppio azionamento della frizione) (*aut.*), Doppeltkuppeln (*n.*). 2 accelerata nel ~ (accelerata nel cambiare marcia a doppia frizione, accelerata tra i due azionamenti della frizione) (*aut.*), Zwischengas (*n.*). 3 cambiare con ~ (cambiare marcia con doppio azionamento della frizione) (*aut.*), doppeltkuppeln.
doppino (circuito a due fili) (*telef.*), Schleife (*f.*). 2 ~ d'oscillografo (elettronica), Oszillographenschleife (*f.*). 3 a ~ (bifilare; avvolgimento) (*elett.*), zweigängig. 4 attenuazione di ~ (*telef.*), Schleifendämpfung (*f.*). 5 collegare a ~ (*telef.*), schleifen. 6 galvanometro a ~ (*elett.*), Schleifengalvanometer (*n.*). 7 resistenza del ~ (*telef.*), Schleifenwiderstand (*m.*). 8 sistema a ~ (sistema bifilare) (*telef.*), Schleifensystem (*n.*).
doppio (*gen.*), doppelt, zweifach. 2 ~ duo (laminatoio a quattro cilindri) (*lamin.*), Vierwalzenwalzwerk (*n.*).
doppiologaritmico (bilogaritmico) (*mat.*), doppeltlogarithmisch.
doppiopunto (*tip.*), Doppelpunkt (*m.*), Kolon (*n.*).
dorare (placcare con oro) (*metall.*), vergolden, mit Gold überziehen. 2 ~ (*vn.*), vergolden.
doratura (placcatura con oro) (*tecnol.*), Vergoldung (*f.*). 2 ~ (*vn.*), Vergoldung (*f.*). 3 ~ per immersione (doratura a bagno) (*chim.*), Sudvergoldung (*f.*).
dormiente (trave) (*ed.*), Streichbalken (*m.*), Streifbalken (*m.*). 2 ~ (*costr. nav.*), Balkweger (*m.*).
dormire (morire sul pezzo, detto della mola che gira con avanzamento zero) (*lav. macch. ut.*), ausfunken.
dorsale (dosso, crinale) (*geogr.*), Rücken (*m.*), Bergrücken (*m.*).
dorso (di un libro p. es.) (*tip. - ecc.*), Rücken (*m.*). 2 ~ (stile di nuoto) (*sport*), Rücken (*n.*). 3 macchina per l'arrotondamento del ~ (*macch. - legatoria*), Rückenrundemaschine (*f.*).
dosaggio (*ed. - ecc.*), *vedi* dosatura.
dosare (*gen.*), dosieren, zumessen, zuteilen.
dosatore (impianto di dosatura, per il calcestruzzo p. es.) (*macch.*), Zuteilanlage (*f.*), Dosieranlage (*f.*), Verwiegeanlage (*f.*). 2 disco ~ (*app.*), Zuteilteller (*m.*).
dosatura (operazione) (*ed. - ecc.*), Abmessung (*f.*), Zuteilung (*f.*), Dosierung (*f.*). 2 ~ (proporzione delle dosi) (*ed. - ecc.*), Mischungsverhältnis (*n.*), Mengenverhältnis (*n.*). 3 ~ gravimetrica (*ed.*), Gewichtsabmessung (*f.*), Gewichtsteilmischung (*f.*), Gewichtszuteilung (*f.*). 4 impianto di ~ (per il calcestruzzo p. es.) (*macch.*), Verwiegeanlage (*f.*), Zuteilanlage (*f.*), Dosieranlage (*f.*).
dose (*gen.*), Dosis (*f.*). 2 ~ (*med.*), Gabe (*f.*), Dosis (*f.*). 3 ~ assorbita (*fis. atom.*), Energiedosis (*f.*). 4 ~ cutanea (*radioatt.*), Hautdosis (*f.*). 5 ~ di radiazioni (*radioatt.*), Strahlungsdosis (*f.*). 6 ~ emergente (*radioatt.*), Austrittsdosis (*f.*). 7 ~ in funzione del tempo (*radioatt.*), Dosisleistung (*f.*), Dosis pro Zeit. 8 ~ ionica (*fis. atom.*), Ionendosis (*f.*). 9 ~ letale (*fis. atom. - radioatt.*), letale Dosis. 10 ~ letale 50% (*radioatt.*), Dosis letalis 50%, DL 50. 11 ~ massima tollerata (*radioatt.*), Toleranzdosis (*f.*). 12 ~ tollerata (*fis. atom. - radioatt.*), zulässige Dosis, Verträglichkeitsdosis (*f.*). 13 curva ~ -effetto (*fis. atom. - radioatt.*), Dosiswirkungskurve (*f.*). 14 intensità della ~ (*fis. atom. - radioatt.*), Dosisleistung (*f.*).
dosimetro (*app. - fis. atom. - radioatt.*), Dosismesser (*m.*), Dosimeter (*n.*). 2 ~ a pellicola (*app. fis. atom. - radioatt.*), Filmdosimeter (*n.*). 3 ~ a pellicola da anello (*app. fis. atom. - radioatt.*), Fingerring--Filmdosimeter (*n.*). 4 ~ a penna (dosimetro da tasca o tascabile) (*app. fis. atom. - radioatt.*), Taschendosimeter (*n.*). 5 ~ chimico (*app. fis. atom. - radioatt.*), chemisches Dosimeter. 6 ~ da tasca (dosimetro a penna, dosimetro tascabile) (*app. fis. atom. - radioatt.*), Taschendosimeter (*n.*). 7 ~ integratore (*app. fis. atom. - radioatt.*), integrierendes Dosimeter. 8 ~ tascabile (dosimetro da tasca, dosimetro a penna) (*app. fis. atom. - radioatt.*), Taschendosimeter (*n.*).
dosso (dorsale, crinale) (*geogr.*), Rücken (*m.*), Bergrücken (*m.*).
dotazione (*gen.*), Apparatur (*f.*). 2 ~ (utensili, ecc.) (*aut. - mot. - ecc.*), Ausstattung (*f.*), Ausrüstung (*f.*). 3 ~ accessori (corredo ac-

cessori di dotazione, di una macchina utensile) (*macch. ut.*), Ausstattung (*f.*). 4 ~ attrezzi (*mot. - aut. - ecc.*), Werkzeugausrüstung (*f.*). 5 ~ **attrezzi** (borsa attrezzi) (*aut.*), Bordwerkzeuge (*n. pl.*). 6 ~ **parti di ricambio** (*mot. - ecc.*), Ersatzteilkasten (*m.*). 7 ~ **utensili** (dotazione attrezzi) (*mot. - aut.*), Werkzeugausrüstung (*f.*).
dote (coke di riscaldo, di un cubilotto) (*fond.*) Füllkoks (*m.*).
dottore (medico) (*med.*), Doktor (*m.*), Arzt (*m.*). 2 ~ **in legge** (*scuola*), Doktor der Rechte, Doktor der Rechtswissenschaft. 3 ~ **in scienze commerciali** (*pers. - comm.*), Diplomkaufmann (*m.*). 4 ~ **in scienze politiche** (*scuola*), Doktor der Staatswissenschaften.
dottoressa (*med.*), Ärztin (*f.*).
dovere (*s. - leg. - ecc.*), Pflicht (*f.*). 2 ~ **professionale** (*lav.*), Standespflicht (*f.*).
dozzina (*mis.*), Dutzend (*n.*).
dpt (diottria) (*ott.*), dpt, Dioptrie (*f.*).
« **dracken** » (pallone osservatorio) (*aer.*), Drachenballon (*m.*).
draga (escavatore subacqueo) (*macch. mov. terra*), Nassbagger (*m.*). 2 ~ **a catena di tazze** (*macch. costr. idr.*), Eimerbagger (*m.*), Eimernassbagger (*m.*). 3 ~ **a secchie** (draga a catena di tazze) (*macch mov. terra*), Eimerbagger (*m.*), Eimernassbagger (*m.*). 4 ~ **aspirante** (*nav.*), Spülschiff (*n.*), Pumpenschiff (*n.*), Spüler (*m.*). 5 ~ **aspirante semovente** (*nav.*), Hopperbagger (*m.*). 6 ~ **a tazze** (*macch. mov. terra*), Eimerbagger (*m.*), Eimernassbagger (*m.*). 7 ~ **galleggiante** (*macch. mov. terra*), Schwimmbagger (*m.*). 8 ~ **per sabbia** (*macch. mov. terra*), Sandbagger (*m.*). 9 ~ **succhiante** (*macch. mov. terra*), Saugbagger (*m.*). 10 **tazza per** ~ (*macch. costr. idr.*), Baggereimer (*m.*).
dragaggio (*mov. terra*), Baggerung (*f.*), Nassbaggerung (*f.*).
dragamine (*mar. milit.*), Minenräumer (*m.*), Minenräumboot (*n.*), Räumboot (*n.*).
dragare (con escavatore subacqueo) (*mov. terra*), baggern. 2 ~ (regolare, un fiume, un corso d'acqua) (*costr. idr.*), begradigen, regulieren.
« **dragline** » (escavatore a benna raschiante, o strisciante, o trascinata) (*macch. mov. terra*), Eimerseilbagger (*m.*), Schürfkübelbagger (*m.*), Zugkübelbagger (*m.*), Schleppschaufelbagger (*m.*).
« **drawback** » (restituzione di dazio, rimborso fiscale) (*comm.*), Rückzoll (*m.*), Zollrückerstattung (*f.*).
drenaggio (prosciugamento) (*agric. - ecc.*), Dränung (*f.*), Entwässerung (*f.*). 2 ~ **con condotti disposti trasversalmente** (alle linee di massima pendenza) (*agric.*), Querdränung (*f.*). 3 ~ **con condotti secondo le linee di massima pendenza** (*agric.*), Längsdränung (*f.*). 4 ~ **del terreno** (*agric.*), Bodenentwässerung (*f.*). 5 **bobina di** ~ (induttanza protettiva) (*elett.*), Erdungsdrosselspule (*f.*). 6 **conduttanza di** ~ (*ed.*), Sickerleitung (*f.*), Dränleitung (*f.*). 7 **galleria di** ~ (fognolo) (*ing. civ.*), Durchlass (*m.*), Abzugskanal (*m.*). 8 **pozzo di** ~ (*ed.*), Dränageschacht (*m.*). 9

sistema di ~ (*agric. - ecc.*), Dränsystem (*n.*). 10 **tubo di** ~ (*agric.*), Dränrohr (*n.*), Dränagerohr (*n.*), Drainagerohr (*n.*).
drenare (prosciugare) (*agric. - ecc.*), drainieren, entwässern.
drenatore (*macch. mov. terra*), Drängrabenmaschine (*f.*).
drierite (solfato di calcio, sostanza essiccante) (*chim. - ind.*), Drierite (*m.*).
« **drilling** » (fucile a tre canne) (*arma da fuoco*), dreiläufige Büchse, Drilling (*m.*).
dritta (lato destro di una nave) (*nav.*), Steuerbord (*n. - m.*).
dritto (*nav.*), Steven (*m.*). 2 ~ (parte anteriore) (*gen.*), Avers (*m.*), Vorderseite (*f.*). 3 ~ **dell'elica** (*nav.*), Schraubensteven (*m.*). 4 ~ **del timone** (asse del timone, anima del timone) (*nav.*), Ruderschaft (*m.*), Rudersteven (*m.*). 5 ~ **di deriva** (*aer.*), Flossenträger (*m.*). 6 ~ **di poppa** (*nav.*), Hintersteven (*m.*), Achtersteven (*m.*).
« **drive-in** » (autocinema, cinema-parcheggio) (*aut. - cinem.*), Auto-Kino (*n.*).
drizza (manovra corrente) (*nav.*), Fall (*m.*).
drogare (un semiconduttore) (*elettronica*), dotieren, dopen.
drogatura (di un semiconduttore) (*elettronica*), Dotieren (*n.*), Dopen (*n.*). 2 ~ **n** (drogatura negativa, d'un semiconduttore) (*elettronica*), n-Dotierung (*f.*), negativ-Dotierung (*f.*). 3 ~ **negativa** (drogatura n, d'un semiconduttore) (*elettronica*), n-Dotierung (*f.*).
droogmansite (*min. - fis. atom.*), Droogmansit (*m.*).
drusa (gruppo di cristalli impiantati su una base comune) (*min.*), Druse (*f.*).
DTL (diode-transistor logic, circuito logico a diodi e transistori) (*elettronica*), DTL-Schaltung (*f.*).
dualità (*mat.*), Dualität (*f.*). 2 **legge di** ~ (principio di dualità) (*mat.*), Dualitätsprinzip (*n.*).
« **dummy** » (falsa informazione, informazione priva di significato) (*calc. - elab. dati*), Attrappe (*f.*).
duna (*geogr.*), Düne (*f.*). 2 ~ **di sabbia** (*geol.*), Sanddüne (*f.*).
dunite (*min.*), Dunit (*m.*).
duo (laminatoio duo, laminatoio a due cilindri) (*lamin.*), Duo-Walzwerk (*n.*), Zweiwalzen-Walzwerk (*n.*). 2 ~ (gabbia a duo od a due cilindri) (*lamin.*), Duogerüst (*n.*), Duowalzenständer (*m.*). 3 ~ **per finitura** (gabbia a due cilindri per finitura) (*lamin.*), Duofertiggerüst (*n.*). 4 ~ **reversibile** (*lamin.*), Reversierduo (*n.*), Reversierduowalzwerk (*n.*), Umkehrduo (*n.*). 5 **doppio** ~ (laminatoio a quattro cilindri) (*lamin.*), Vierwalzenwalzwerk (*n.*), Doppelduowalzwerk (*n.*).
duomo (chiesa cattedrale) (*arch.*), Dom (*m.*). 2 ~ (collettore di vapore) (*cald. - ferr.*), Dampfdom (*m.*). 3 ~ **di caldaia** (*cald.*), Kesseldom (*m.*). 4 ~ **salino** (domo salino) (*geol.*), Salzdom (*m.*).
duplex (collegamento telefonico) (*telef.*), Zweieranschluss (*m.*). 2 **allacciamento per** ~ (*telef.*), Zweieranschluss (*m.*). 3 **cassetta per** ~ (*telef.*), Zweieranschlussdose (*f.*).

duplicare (riprodurre) (*gen.*), vervielfältigen, reproduzieren.
duplicato (copia) (*uff. - ecc.*), Duplikat (*n.*), Doppel (*n.*), Kopie (*f.*), Abschrift (*f.*).
duplicatore (*macch.*), Vervielfältiger (*m.*), Vervielfältigungsapparat (*m.*). **2 ~ per ufficio** (*macch. uff.*), Bürodrucker (*m.*), Vervielfältigungsapparat (*m.*), Vervielfältiger (*m.*).
« durabon » (carbone molto duro e resistente all'usura; impiegato p. es. come materiale per cuscinetti) (*mater.*), Durabon (*m.*).
duralluminio (*metall.*), Dural (*n.*), Duraluminium (*n.*).
durame (*legno*), Kern (*m.*). **2 falso ~** (*difetto del legno*), Falschkern (*m.*).
durata (*gen.*), Dauer (*f.*). **2 ~** (di una macchina, ecc.) (*tecnol. - amm.*), Lebensdauer (*f.*). **3 ~** (durevolezza) (*gen.*), Haltbarkeit (*f.*), Dauerhaftigkeit (*f.*). **4 ~** (delle spazzole di macch. elettrica o di organi mecc. ecc. da sostituire dopo un dato tempo per usura p. es.) (*macch. elett. - ecc.*), Standzeit (*f.*). **5 ~** (di valvole termoioniche p. es.) (*elettronica - ecc.*), Brenndauer (*f.*). **6 ~ d'arco** (d'un interruttore) (*elett.*), Lichtbogendauer (*f.*). **7 ~ degli impulsi** (larghezza degli impulsi) (*elettronica*), Pulsebreite (*f.*). **8 ~ del ciclo** (in servizio intermittente) (*macch. - elett.*), Spieldauer (*f.*). **9 ~ del contatto** (di ruote dentate) (*mecc.*), Eingriffsdauer (*f.*). **10 ~ della frenata** (*veic.*), Bremszeit (*f.*). **11 ~ della lavorazione** (*tecnol.*), Bearbeitungszeit (*f.*). **12 ~ della posa** (*fot. - radioatt.*), Belichtungsdauer (*f.*). **13 ~ della presa** (*mur.*), Abbindezeit (*f.*). **14 ~ dell'arco** (d'un fusibile) (*elett.*), Löschdauer (*f.*), Löschzeit (*f.*). **15 ~ della regolazione** (tempo di ristabilimento, nella regolazione del numero di giri p. es.) (*mot.*), Regeldauer (*f.*). **16 ~ della ricottura** (*tratt. term.*), Glühdauer (*f.*). **17 ~ della tempra** (*tratt. term.*), Abschreckdauer (*f.*). **18 ~ del lavoro** (*lav.*), Betriebsdauer (*f.*). **19 ~ dell'esposizione** (*fot. - radioatt.*), Belichtungsdauer (*f.*). **20 ~ dell'impronta** (durata dell'incisione, numero dei pezzi fucinati prima della reincisione) (*fucinatura*), Standmenge (*f.*), Standzeit (*f.*). **21 ~ dell'impulso d'urto** (*sc. costr.*), Stosshärte (*f.*), Schlaghärte (*f.*). **22 ~ dell'incisione** (durata dell'impronta, numero dei pezzi fucinati prima della reincisione) (*fucinatura*), Standmenge (*f.*), Standzeit (*f.*). **23 ~ dell'onda fino all'emivalore** (d'una tensione impulsiva) (*elett.*), Rückenhalbwertzeit (*f.*). **24 ~ dello spegnimento** (*tratt. term.*), Abschreckdauer (*f.*). **25 ~ del quadro** (*telev.*), Teilbilddauer (*f.*). **26 ~ del servizio** (di una macchina) (*macch.*), Betriebsdauer (*f.*). **27 ~ del viaggio** (tempo netto più tempo di attesa) (*trasp.*), Fahrzeit (*f.*). **28 ~ del volo** (*aer.*), Flugdauer (*f.*). **29 ~ del volo** (tra inizio del decollo ed arresto) (*aer.*), Blockzeit (*f.*). **30 ~ di immagazzinamento** (di una vernice, adesivo, ecc.) (*ind. chim.*), Lagerfähigkeit (*f.*). **31 ~ di inserzione** (*macch. elett.*), Einschaltdauer (*f.*). **32 ~ d'interdizione** (*elettronica*), Sperrzeit (*f.*). **33 ~ di soleggiamento** (insolazione, eliofania) (*geogr. - meteor.*), Sonnenscheindauer (*f.*). **34 ~ d'occupazione** (*telef.*), Belegungsdauer (*f.*). **35 ~ (massima) di memorizzazione** (*elettronica*), Speicherdauer (*f.*). **36 ~ media di esercizio senza guasti** (MTBF, *m*ean *t*ime *b*etween *f*ailures) (*macch. - ecc.*), mittlere ausfallfreie Betriebsdauer, MTBF. **37 ~ totale** (somma dei singoli periodi di affilatura) (*ut.*), Nutzungsvermögen (*n.*), Lebensdauer (*f.*). **38 ~ tra due affilature successive** (durata utile di un utensile da taglio) (*ut.*), Standzeit (*f.*). **39 ~ tra due puliture** (consecutive, di isolatori p. es.) (*elett. - ecc.*), Standzeit (*f.*). **40 ~ utile** (durata tra due affilature successive, di un utensile da taglio) (*ut.*), Standzeit (*f.*). **41 di breve ~** (*gen.*), kurzlebig. **42 prova accelerata di ~** (di un apparecchio p. es.) (*tecnol.*), beschleunigter Lebensdauertest. **43 prova della ~ tra due affilature** (consecutive) (*ret.*), Standzeitversuch (*m.*), Verschleiss-Standzeitversuch (*m.*). **44 spia indicatrice di ~** (*telef.*), Zeitlampe (*f.*).
duraturo (durevole) (*gen.*), haltbar, dauerhaft.
durevolezza (durata) (*gen.*), Haltbarkeit (*f.*), Dauerhaftigkeit (*f.*).
durezza (dell'acciaio p. es.) (*tecnol. mecc.*), Härte (*f.*). **2 ~** (dell'acqua) (*chim.*), Härte (*f.*). **3 ~** (nella prova delle verniciature) (*vn.*), Härte (*f.*). **4 ~** (grado di durezza) (*metall.*), Härtegrad (*m.*). **5 ~** (penetrazione, di una radiazione) (*fis.*), Härte (*f.*), Härtegrad (*m.*). **6 ~ a cuore** (durezza del nocciolo) (*metall.*), Kernhärte (*f.*). **7 ~ ad elevata temperatura** (*metall.*), Warmhärte (*f.*). **8 ~ alla deformazione** (della gomma, forza di compressione che produce una data deformazione sul provino) (*tecnol.*), Defohärte (*f.*). **9 ~ all'impronta** (*tecnol. mecc.*), Eindruckhärte (*f.*). **10 ~ Brinell** (*tecnol. mecc.*), Brinellhärte (*f.*). **11 ~ carbonica** (durezza temporanea, dell'acqua) (*chim.*), Karbonathärte (*f.*), vorübergehende Härte, temporäre Härte, schwindende Härte. **12 ~ con penetratore a sfera** (di resine sintetiche) (*tecnol.*), Kugeleindruckhärte (*f.*). **13 ~ da calcio** (dell'acqua) (*idr.*), Kalkhärte (*f.*). **14 ~ della radiazione** (grado di durezza della radiazione) (*fis.*), Strahlungshärtegrad (*m.*). **15 ~ del nocciolo** (durezza a cuore) (*metall.*), Kernhärte (*f.*). **16 ~ determinata con apparecchio a pendolo** (durezza « rocker », di vernici) (*vn.*), Schaukelhärte (*f.*), Rockerhärte (*f.*), Pendelhärte (*f.*). **17 ~ IR** (della gomma, durezza International-Rubber) (*tecnol.*), IR-Härte (*f.*). **18 ~ Knoop** (*tecnol. mecc.*), Knoop-Härte (*f.*). **19 ~ massima** (dopo la tempra) (*tratt. term.*), Aufhärtung (*f.*). **20 ~ misurata con matite** (di vernici) (*vn.*), Bleistifthärte (*f.*). **21 ~ permanente** (dell'acqua) (*chim.*), bleibende Härte. **22 ~ provata con la lima** (*tecnol. mecc.*), Feilenhärte (*f.*). **23 ~ residua** (nell'addolcimento dell'acqua) (*ind.*), Resthärte (*f.*). **24 ~ (rilevata con apparecchio) Monotron** (procedimento ad impronta di sfera) (*tecnol.*), CD-Härte (*f.*). **25 ~ « rocker »** (di vernici, durezza determinata con apparecchio a pendolo) (*vn.*), Schaukelhärte (*f.*), Rocker-Härte (*f.*), Pendelhärte (*f.*). **26 ~ Rockwell** (*tecnol. mecc.*), Rockwell-Härte (*f.*). **27 ~ sclerometrica** (*tecnol. mecc.*), Ritzhärte (*f.*), Sklero-

meterhärte (*f.*). 28 ~ **Shore** (*tecnol. mecc.*), Shorehärte (*f.*), Rücksprunghärte (*f.*). 29 ~ **Shore A** (misurata con penetratore a tronco di cono) (*tecnol. mecc.*), Shore-A-Härte (*f.*), Sh.A. 30 ~ **Shore D** (misurata con penetratore a cono arrotondato) (*tecnol. mecc.*), Shore-D-Härte (*f.*), Sh.D. 31 ~ **superficiale** (tempra superficiale) (*tratt. term.*), Randhärte (*f.*). 32 ~ **temporanea** (durezza carbonica, dell'acqua) (*chim.*), vorübergehende Härte, temporäre Härte, schwindende Härte, Karbonathärte (*f.*). 33 ~ **totale** (dell'acqua) (*idr.*), Gesamthärte (*f.*). 34 ~ **Vickers** (*tecnol. mecc.*), Vickershärte (*f.*), Pyramideneindruckhärte (*f.*). 35 ~ **Waltzmann** (*tecnol. mecc.*), Schubhärte (*f.*), Kugelschubhärte (*f.*). 36 **grado di** ~ (dell'acqua, grado idrometrico) (*chim.*), Härtegrad (*m.*). 37 **misuratore della** ~ **di radiazioni** (*app.*), Strahlenhärtemesser (*m.*). 38 **numero di** ~ **Brinell** (*tecnol. mecc.*), Brinellzahl (*f.*). 39 **prova di** ~ (*tecnol. mecc.*), Härteprüfung (*f.*), Härteversuch (*m.*). 40 **prova della** ~ **a cuore** (per valutare il comportamento di acciai da cementazione) (*tecnol.*), Blindhärteversuch (*m.*). 41 **prova di** ~ **con piramide** (di diamante; prova Vickers p. es.) (*tecnol. mecc.*), Pyramiden-Härteprüfung (*f.*). 42 **prova di** ~ **con sfera rotolante** (*tecnol. mecc.*), Rollhärteprüfung (*f.*). 43 **prova di** ~ **IRH** (per gomma, International Rubber Hardness) (*tecnol.*), IRH-Härteprüfung (*f.*). 44 **prova di** ~ **Rockwell** (*tecnol. mecc.*), Rockwell-Härteversuch (*m.*). 45 **prova di** ~ **Rockwell con cono di diamante** (*tecnol. mecc.*), Rockwell-Härteversuch mit Diamantkegel. 46 **prova di** ~ **Rockwell con sfera di acciaio** (*tecnol. mecc.*), Rockwell-Härteversuch mit Stahlkugel. 47 **scala di** ~ (*min.*), Härteskala (*f.*), Härtereihe (*f.*).

duro (*gen.*), hart. 2 ~ (funzionamento) (*mot. - macch.*), rauh. 3 ~ (sterzo) (*aut.*), schwergängig, schwer. 4 ~ (penetrante, di raggio) (*fis.*), hart. 5 ~ (di comando) (*difetto - aut. - ecc.*), schwergängig. 6 ~ (acqua) (*chim. - ecc.*), hart.

durometro (*app.*), Härteprüfer (*m.*). 2 ~ **a rimbalzo** (scleroscopio) (*app.*), Fallhärteprüfer (*m.*), Skleroskop (*n.*).

duttile (che si lascia deformare in modo da poter essere ridotto in filo sottile) (*metall.*), ziehbar, dehnbar.

duttilità (*metall.*), Ziehbarkeit (*f.*), Dehnbarkeit (*f.*), Duktilität (*f.*).

Dy (disprosio) (*chim.*), Dy, Disprosium (*n.*).

E

E (forza elettromotrice) (*fis.*), E, EMK, elektromotorische Kraft. **2** ~ (modulo di elasticità) (*sc. costr.*), E, Elastizitätmodul (*m.*). **3** ~ (grado Engler) (*unità - chim. fis.*), E, Englergrad (*m.*). **4** ~ (est) (*geogr.*), O, Osten (*m.*). **5** ~ (illuminamento) (*illum.*), E, Beleuchtungsstärke (*f.*). **6** ~ (irradiamento, emittenza raggiante) (*fis.*), E$_e$, Bestrahlungsstärke (*f.*). **7** ~ (campo elettrico) (*elett.*), E, elektrische Feldstärke.
e (carica elementare) (*fis.*), e. **2** ~ (base dei logaritmi naturali = 2,71828...) (*mat.*), e.
ebanista (*lav.*), Ebenist (*m.*).
ebanitare (*ind.*), ebonieren.
ebanite (*ind. chim.*), Hartgummi (*m.*). **2** ~ **espansibile** (*mater.*), Quellgummi (*m.*).
ebano (legno) (*legno*), Ebenholz (*n.*). **2** ~ (pianta) (*legno*), Ebenbaum (*m.*).
ebollizione (*fis.*), Sieden (*n.*), Kochen (*n.*). **2** ~ (della batteria) (*elettrochim.*), Gasen (*n.*), Blasenbildung (*f.*). **3** ~ (*chim.*), Kochen (*n.*). **4** ~ (di un bagno d'acciaio p. es.) (*metall.*), Kochung (*f.*). **5 ad elevato punto di** ~ («altobollente») (*chim.*), hochsiedend. **6 punto di** ~ (temperatura di ebollizione) (*fis.*), Siedepunkt (*m.*), Kochpunkt (*m.*). **7 punto di** ~ **iniziale** (*chim.*), Anfangssiedepunkt (*m.*). **8 temperatura di** ~ (punto di ebollizione) (*fis.*), Siedepunkt (*m.*), Kochpunkt (*m.*).
EBR (effetto biologico relativo, efficacia biologica relativa) (*radiobiologia*), RBW, relative biologische Wirksamkeit.
ebulliometro (*app.*), Siedepunktmesser (*m.*).
ebullioscopia (*chim. - fis.*), Ebullioskopie (*f.*).
ebullioscopio (*app. fis.*), Ebullioskop (*n.*).
eccedente (*gen.*), überschüssig.
eccedenza (eccesso) (*gen.*), Überschuss (*m.*). **2** ~ **attiva** (utile di esercizio, d'un bilancio) (*finanz.*), Überschuss (*m.*). **3** ~ **attiva dell'esercizio** (*finanz.*), Betriebsüberschuss (*m.*). **4** ~ **contabile** (*contab.*), Rechnungsüberschuss (*m.*). **5** ~ **di magazzino** (*ind.*), Plusbestand (*m.*), Überbestand (*m.*). **6** ~ **di produzione** (sovrapproduzione) (*ind.*), Produktionsüberschuss (*m.*). **7** ~ **passiva** (*finanz.*), Verlustsaldo (*m.*). **8 contatore di** ~ (*app. elettrico*), Spitzenzähler (*m.*).
eccentricità (*mecc.*), Exzentrizität (*f.*), Unmittigkeit (*f.*). **2 errore di** ~ (*mecc.*), Mittigkeitsabweichung (*f.*). **3 valore doppio dell'**~ (misurato su un disco rotante p. es.) (*mecc.*), Schlag (*m.*).
eccentrico (*a. - gen.*), exzentrisch, ausmittig, aussermittig. **2** ~ (camma) (*s. - mecc.*), Nocken (*m.*). **3 fusto** ~ (*difetto - legn.*), exzentrischer Wuchs. **4 lobo dell'** ~ (lobo della camma) (*mecc.*), Nockenbuckel (*m.*). **5 meccanismo a** ~ (per la trasformazione di un movimento) (*mecc.*), Kurvengetriebe (*n.*). **6 orbita eccentrica** (d'un elettrone) (*fis.*), Tauchbahn (*f.*).

eccesso (eccedenza) (*gen.*), Überschuss (*m.*). **2** ~ **centripeto** (eccesso della forza centripeta rispetto a quella centrifuga) (*ferr.*), Abtriebsüberschuss (*m.*). **3** ~ **d'aria** (*comb.*), Luftüberschuss (*m.*). **4** ~ **di penetrazione** (al vertice, d'un giunto saldato) (*tecnol. mecc.*), Wurzelüberhöhung (*f.*), Durchschweissung (*f.*). **5** ~ **di peso** (*gen.*), Übergewicht (*n.*). **6 codice ad** ~ **tre** (*calc.*), Überschuss-3-Code (*m.*). **7 indice d'**~ **d'aria** (rapporto tra la quantità di aria nel cilindro e quantità necessaria per la combustione della miscela) (*mot.*), Verbrennungsluftverhältnis (*n.*).
eccetto (salvo) (*gen.*), abgesehen (von).
eccettuato (*gen.*), mit Ausnahme von, ausgenommen.
eccezionalmente (in via eccezionale) (*gen.*), ausnahmsweise.
eccezione (*gen.*), Ausnahme (*f.*). **2** ~ (obbiezione) (*leg.*), Einwand (*m.*), Einwendung (*f.*). **3 ad** ~ **di** (*gen.*), mit Ausnahme von, ausgenommen. **4 sollevare** ~ (*leg.*), Einwand erheben.
eccitabile (*elett. - ecc.*), erregbar.
eccitare (*elett. - ecc.*), erregen. **2** ~ (stimolare, un processo) (*gen.*), anstossen, erregen.
eccitato (*elett. - ecc.*), erregt. **2 stato** ~ (dell'atomo) (*fis.*), angeregter Zustand.
eccitatore (*elett. - ecc.*), Erreger (*m.*). **2** ~ (di vibrazioni) (*app.*), Erreger (*m.*). **3** ~ (radiatore attivo, di un'antenna) (*radio*), aktiver Strahler. **4** ~ **di vibrazioni** (*app.*), Schwingerreger (*m.*). **5** ~ **statico** (*elett.*), statischer Erreger. **6 tubo** ~ (*elettronica*), Treiberröhre (*f.*), Erregerröhre (*f.*).
eccitatrice (dinamo) (*elett.*), Erreger (*m.*), Erregermaschine (*f.*), Erregerdynamo (*f.*).
eccitazione (*elett. - ecc.*), Erregung (*f.*). **2** ~ (di vibrazioni) (*fis. - aut. - ecc.*), Erregung (*f.*). **3** ~ (attrazione, di un relè) (*elett.*), Anzug (*m.*). **4** ~ (stimolazione, di un processo) (*gen.*), Anstossen (*n.*). **5** ~ **ad impulso** (in generatori a dente di sega) (*radio*), Stosserregung (*f.*). **6** ~ **anticompound** (eccitazione differenziale) (*elett.*), Gegenverbunderregung (*f.*), Gegenkompoundierung (*f.*). **7** ~ **compound** (*macch. elett.*), Verbunderregung (*f.*), Kompoundierung (*f.*). **8** ~ **del campo** (*elett.*), Felderregung (*f.*). **9** ~ **differenziale** (eccitazione anticompound) (*elett.*), Gegenverbunderregung (*f.*), Gegenkompoundierung (*f.*). **10** ~ **impulsiva** (aumento rapido della tensione eccitatrice) (*elett.*), Stosserregung (*f.*). **11** ~ **impulsiva** (di vibrazioni) (*prove - ecc.*), Stosserregung (*f.*). **12** ~ **in derivazione** (*elett.*), Nebenschlusserregung (*f.*). **13** ~ **indipendente** (*elett.*), Fremderregung (*f.*). **14** ~ **in parallelo** (*elett.*), Nebenschlusserregung (*f.*). **15** ~ **in serie** (*elett.*), Reihenschlusserregung (*f.*). **16** ~ **ipercompound** (eccitazione sovracompensata) (*elett.*), Überverbunderre-

gung (*f.*), Überkompoundierung (*f.*). **17 ~ (o diseccitazione) in presenza di luce** (d'un relè, quando la luce colpisce una fotocellula p. es.) (*elett. - ott.*), Hellschaltung (*f.*). **18 ~ per urto** (*fis. atom.*), Stosserregung (*f.*). **19 ~ rettangolare** (di vibrazioni) (*prove - ecc.*), Rechteckerregung (*f.*). **20 ~ separata** (*elett.*), Fremderregung (*f.*). **21 ~ sovracompensata** (eccitazione ipercompound) (*elett.*), Überverbunderregung (*f.*), Überkompoundierung (*f.*). **22 ~ statica** (*elett.*), statische Erregung. **23 ad ~ indipendente** (ad eccit. separata) (*elett.*), fremderregt. **24 ad ~ separata** (*elett.*), fremderregt. **25 banda di ~** (*elett.*), Erregungsband (*n.*), Anregungsband (*n.*). **26 elettrodo di ~** (*elett.*), Reizelektrode (*f.*). **27 flusso di ~** (d'un relè) (*elett.*), Steuerfluss (*m.*). **28 frequenza d'~** (di vibrazioni) (*mecc.*), Erregerfrequenz (*f.*). **29 legge del flusso di ~ magnetica** (legge di Biot e Savart) (*elett.*), Durchflutungsgesetz (*n.*). **30 luminescenza di ~** (*elett.*), Anregungsleuchten (*n.*). **31 motore ad ~ composta** (motore compound) (*elett.*), Verbundmotor (*m.*). **32 tempo di ~** (*elett.*), Erregungszeit (*f.*), Anregungszeit (*f.*). **33 tempo di ~** (d'un relè) (*elett.*), Anzugszeit (*f.*). **34 tensione di ~** (*elett.*), Erregerspannung (*f.*). **35 tensione di ~** (tensione di attrazione, d'un relè) (*elett.*), Ansprechspannung (*f.*), Ansaugspannung (*f.*), Anzugsspannung (*f.*).
eccitone (*fis. atom.*), Exziton (*n.*).
echi (*fis. - ecc.*), Echos (*n. - pl.*). **2 ~ di disturbo** (*radar*), Störung (*f.*).
echino (*arch.*), Igelwulst (*m.*), Echinus (*m.*).
ECL (emitter-coupled logic, circuito logico ad accoppiamento di emettitori) (*elettronica*), ECL-Schaltung (*f.*).
eclissi (*astr.*), Finsternis (*f.*). **2 ~ lunare** (*astr.*), Mondfinsternis (*f.*). **3 ~ lunare parziale** (*astr.*), partielle Mondfinsternis. **4 ~ lunare totale** (*astr.*), totale Mondfinsternis. **5 ~ parziale** (*astr.*), partielle Finsternis. **6 ~ solare** (*astr.*), Sonnenfinsternis (*f.*). **7 ~ solare anulare** (*astr.*), ringförmige Sonnenfinsternis. **8 ~ solare parziale** (*astr.*), partielle Sonnenfinsternis. **9 ~ solare totale** (*astr.*), totale Sonnenfinsternis. **10 ~ totale** (*astr.*), totale Finsternis.
eclittica (*astr.*), Ekliptik (*f.*).
eclogite (*min.*), Eklogit (*m.*).
eco (*acus. - radar*), Echo (*n.*). **2 echi da banchi di nebbia** (*radar*), Nebelechos (*n. pl.*). **3 ~ dalle nubi** (*radar*), Wolkenecho (*n.*). **4 ~ dal mare** (*radar*), See-Echo (*n.*), Seegangecho (*n.*), Meeresecho (*n.*). **5 ~ di terra** (*radar*), Bodenecho (*n.*). **6 ~ falso** (eco indiretto) (*acus. - ecc.*), Falschecho (*n.*), Umwegecho (*n.*). **7 ~ fisso** (o permanente) (*radar*), Festecho (*n.*), Festzeichen (*n.*), Festzacke (*f.*). **8 ~ indiretto** (eco falso) (*acus. - ecc.*), Falschecho (*n.*), Umwegecho (*n.*). **9 ~ intermittente** (*radar*), Flatterecho (*n.*). **10 ~ lunare** (*radar*), Mondecho (*n.*). **11 ~ meteorico** (*radar*), Meteorecho (*n.*). **12 ~ multiplo** (*acus. - radar*), Mehrfachecho (*n.*), Vielfachecho (*n.*). **13 ~ permanente** (eco fisso) (*radar*), Festecho (*n.*), Festzeichen (*n.*), Festzacke (*f.*). **14 ~ (riflesso) dal punto difettoso** (nel controllo delle saldature con ultrasuoni) (*tecnol. mecc.*), Fehlstellenecho (*n.*). **15 ~ sonoro** (*acus.*), Schallecho (*n.*). **16 guizzo d'~** (cuspide, segnale di ritorno) (*radar*), Blip (*m.*). **17 procedimento ad ~** (procedimento ad ultrasuoni, nella prova dei materiali mediante impulsi d'onde ultrasonore) (*tecnol.*), Echo-Verfahren (*n.*). **18 ricevitore d'~** (*radar*), Echoempfänger (*m.*). **19 soppressore d'~** (*radar*), Echosperre (*f.*). **20 trappola per echi** (*telev.*), Echofalle (*f.*). **21 verifica per ~** (controllo mediante trasmissione di ritorno di segnali) (*calc. - macch. ut. c/n*), Echoprüfung (*f.*).
ecogoniometria (*acus. - nav.*), Schallortung (*f.*), Unterwasser-Schallortung (*f.*).
ecogoniometro (*app. - acus.*), Unterwasser-Schallortung (*f.*).
ecografo (*app. - nav.*), Echograph (*m.*), Lotschreiber (*m.*).
ecogramma (*radar - nav.*), Echogramm (*n.*).
ecologia (*ecol.*), Ökologie (*f.*).
ecometria (*nav.*), Echolotung (*f.*).
ecometro (ecoscandaglio, scandaglio acustico, ecosonda) (*app. nav.*), Echolot (*n.*), Ultraschall-Echolot (*n.*), Schallot (*n.*).
economia (scienza), Wirtschaft (*f.*). **2 ~ (risparmio)** (*amm. - ecc.*), Einsparung (*f.*), Ersparnis (*f.*). **3 ~ controllata** (*finanz.*), gelenkte Wirtschaft, Zwangswirtschaft. **4 ~ dei trasporti** (*trasp.*), Transportökonomik (*f.*). **5 ~ delle acque** (governo delle acque, disciplina delle acque) (*idr.*), Wasserwirtschaft (*f.*). **6 ~ dell'energia** (*ind.*), Energiewirtschaft (*f.*). **7 ~ domestica** (*amm. - ecc.*), Hauswirtschaft (*f.*). **8 ~ finanziaria** (*sc.*), Finanzwirtschaft (*f.*), Finanzgebahrung (*f.*). **9 ~ nazionale** (*amm.*), Volkswirtschaft (*f.*). **10 ~ pianificata** (*amm. - finanz.*), Planwirtschaft (*f.*). **11 lavoro ad ~** (*lav.*), Zeitlohnarbeit (*f.*), Stundenlohnarbeit (*f.*). **12 salario ad ~** (*lav.*), Zeitlohn (*m.*). **13 stimolare l'~** (*gen.*), die Wirtschaft anreizen, die Wirtschaft ankurbeln.
economicità (convenienza economica, di un processo) (*tecnol.*), Wirtschaftlichkeit (*f.*).
economico (*amm.*), wirtschaftlich. **2 ~ (a buon prezzo)** (*comm.*), billig. **3 ~ (che fa risparmiare)** (*gen.*), sparsam. **4 bene ~** (*finanz.*), Wirtschaftsgut (*n.*). **5 consiglio ~** (*finanz.*), Wirtschaftsrat (*m.*). **6 consiglio ~ e sociale** (*finanz.*), Wirtschafts- und Sozialrat (*m.*). **7 geografia economica** (*geogr.*), Wirtschaftsgeographie (*f.*). **8 modello ~** (*econ.*), Wirtschaftsmodell (*n.*). **9 miracolo ~** (*finanz.*), Wirtschaftswunder (*n.*). **10 operatore ~** (*econ.*), Wirtschaftsfachmann (*m.*). **11 pianificazione economica** (*finanz.*), Wirtschaftsplanung (*f.*). **12 piano ~** (*finanz.*), Wirtschaftsplan (*m.*). **13 politica economica** (*finanz.*), Wirtschaftspolitik (*f.*).
economista (*finanz.*), Wirtschaftler (*m.*).
economizzatore (termico) (*cald.*), Ekonomiser (*m.*).
economo (amministratore) (*lav.*), Ökonom (*m.*), Gutsverwalter (*m.*).
ecoscandaglio (scandaglio acustico, ecometro, ecosonda) (*app. nav.*), Echolot (*n.*), Ultraschall-Echolot (*n.*), Schallot (*n.*).

ecosonda (scandaglio acustico, ecoscandaglio, ecometro) (*app. nav.*), Echolot (*n.*), Ultraschall-Echolot (*n.*), Schallot (*n.*).
ECTL (emitter-coupled transistor logic, circuito logico a transistori con accoppiamento di emettitori) (*elettronica*), ECTL-Schaltung (*f.*).
eczema (malattia professionale provocata p. es. da lubrorefrigerante) (*med.*), Ekzem (*n.*).
edicola (chiosco) (*ed.*), Kiosk (*m.*). 2 ~ (chiosco del giornalaio) (*giorn.*), Zeitungskiosk (*m.*).
edificabile (fabbricabile, fabbricativo; terreno) (*ed.*), bebaubar. 2 **distanza ~ dal ciglio della strada** (distacco dell'edificio dal filo stradale) (*ed.*), Gebäudeabstand (*m.*).
edificabilità (tecnica, di un terreno situato in una zona con infrastrutture) (*ed.*), Baureife (*f.*).
edificare (coprire con edifici, un terreno) (*ed.*), bebauen.
edificio (costruzione edile) (*ed.*), Bauwerk (*n.*). 2 ~ (fabbricato) (*ed.*), Gebäude (*n.*), Bau (*m.*). 3 **edifici** (fabbricati) (*ed.*), Bauten (*m. pl.*). 4 ~ **a scala centrale** (ed ascensori) (*ed.*), Punkthaus (*n.*). 5 ~ **a sezione rettangolare** (*ed.*), Scheibenhaus (*n.*). 6 ~ **della stazione** (*ferr.*), Empfangsgebäude (*n.*). 7 ~ **funzionale** (costruzione funzionale) (*ed.*), Zweckbau (*m.*). 8 ~ **industriale** (*ed. - ind.*), Industriegebäude (*n.*). 9 ~ **pubblico** (*ed.*), öffentliches Gebäude. 10 **distacco dell'~ dal filo stradale** (distanza edificabile dal ciglio della strada) (*ed.*), Gebäudeabstand (*n.*). 11 **distacco dell'~ dal fondo finitimo** (distanza regolamentare dall'immobile attiguo) (*ed.*), Bauwich (*m.*).
edile (*a. - ed.*), Bau... 2 **cantiere ~** (*ed.*), Baustelle (*f.*), Bauplatz (*m.*). 3 **impresa ~** (*ed.*), Bauunternehmung (*f.*). 4 **lavori edili** (*ed.*), Bauarbeiten (*f. pl.*), Bauleistungen (*f. pl.*). 5 **manovale ~** (*ed.*), Bauhelfer (*m.*). 6 **operaio ~** (*lav. - ed.*), Bauarbeiter (*m.*). 7 **perito ~** (*lav. - ed.*), Bausachverständiger (*m.*).
edilizia (*ed.*), Bauwesen (*n.*), Hochbau (*m.*). 2 ~ **abitativa** (*ed.*), Wohnungsbau (*m.*). 3 ~ **ad isolati** (*ed.*), Blockbau (*m.*). 4 ~ **agricola** (*ed.*), Landbautechnik (*f.*). 5 ~ **industriale** (*ed. - ind.*), Industriebauwesen (*n.*). 6 **cooperativa ~** (*ed.*), Wohnungsbaugenossenschaft (*f.*). 7 **densità ~** (densità di costruzione) (*ed.*), Baudichte (*f.*), Besiedlungsdichte (*f.*). 8 **regolamento edilizio** (*ed.*), Bauordnung (*f.*), Baugesetz (*n.*). 9 **tipo di ~** (ad isolati p. es.) (*ed.*), Bebauungsart (*f.*).
editore (*comm. - tip.*), Verlag (*m.*), Verleger (*m.*), Verlagsbuchhändler (*m.*).
editoria (*comm. - tip.*), Verlag (*m.*), Verlagsbuchhandel (*m.*), Verlagswesen (*n.*).
edizione (di libri) (*tip.*), Ausgabe (*f.*), Auflage (*f.*). 2 ~ **completamente rinnovata ed ampliata** (*tip.*), völlig neu bearbeitete und erweiterte Auflage. 3 ~ **della sera** (*giorn.*), Abendausgabe (*f.*). 4 ~ **di grande formato** (*tip.*), Bibliothekausgabe (*f.*). 5 ~ **di lusso** (di un libro) (*tip. - legatoria*), Prachtausgabe (*f.*), Luxusausgabe (*f.*). 6 ~ **riveduta** (*tip.*), durchgesehene Auflage, revidierte Auflage. 7 ~ **riveduta** (rielaborazione, d'una norma p. es.) (*tecnol.*), Neufassung (*f.*). 8 ~ **speciale** (*tip.*), Sonderabzug (*m.*), Sonderdruck (*m.*). 9 ~ **straordinaria** (*giorn.*), Extrablatt (*n.*). 10 ~ **tascabile** (di un libro) (*tip.*), Taschenausgabe (*f.*). 11 **nuova ~** (*tip.*), Neuauflage (*f.*), Neuausgabe (*f.*). 12 **prima ~** (*tip.*), Originalausgabe (*f.*), Erstausgabe (*f.*).
eduzione (estrazione di acqua dalle miniere) (*min.*), Wasserhaltung (*f.*), Lösen (*n.*). 2 **impianto di ~** (impianto di prosciugamento) (*min.*), Wasserhaltung (*f.*). 3 **pompa di ~** (pompa di prosciugamento) (*min.*), Wasserhaltungsmaschine (*f.*).
EEMU (Esposizione Europea della Macchina Utensile) (*macch. ut.*), EWA, Europäische Werkzeugmaschinenausstellung.
effervescente (*gen.*), brausend, aufbrausend. 2 ~ (non calmato, di acciaio) (*metall.*), unberuhigt.
effervescenza (*chim. - ecc.*), Aufbrausen (*n.*). 2 **acciaio ad ~ bloccata** (mediante copertura od aggiunta di alluminio p. es.) (*metall.*), gedeckter Stahl.
effettivo (*gen.*), tatsächlich, wirklich, effektiv. 2 ~ (reale) (*gen.*), wirklich.
effetto (*gen.*), Effekt (*m.*), Wirkung (*f.*). 2 ~ (azione, influenza) (*gen.*), Einfluss (*m.*). 3 ~ **accelerato** (*cinem.*), Zeitraffung (*f.*). 4 ~ **acustico** (*acus.*), akustischer Effekt. 5 ~ **a fior di ghiaccio** (*vn.*), Eisblumeneffekt (*m.*). 6 ~ **a rilievo** (effetto plastico) (*vn.*), Plastikeffekt (*m.*). 7 ~ **aspirante** (*gen.*), Sogwirkung (*f.*). 8 ~ **autosterzante** (*aut.*), Eigenlenkverhalten (*n.*). 9 ~ **Barkhausen** (*elett.*), Barkhausen-Effekt (*m.*). 10 ~ **Bauschinger** (nelle prove di resistenza con interruzioni nell'applicazione del carico) (*metall.*), Bauschinger-Effekt (*m.*). 11 ~ **Beck** (nelle lampade ad arco) (*elett.*), Beck-Effekt (*m.*). 12 ~ **biologico della radiazione** (*fis. nucl. - radioatt.*), biologischer Strahlungseffekt. 13 ~ **bucciato** (effetto goffrato) (*vn.*), körnige Textur. 14 ~ **calandra** (orientamento della molecola del caucciù nella direzione di calandratura) (*ind. gomma*), Kalandereffekt (*m.*). 15 ~ **capillare** (*fis.*), Kapillarwirkung (*f.*). 16 ~ **collaterale** (*gen.*), Nebenwirkung (*f.*), Begleiteffekt (*m.*). 17 ~ **Compton** (*fis.*), Comptoneffekt (*m.*). 18 ~ **corona** (*elett.*), Korona (*f.*), Koronawirkung (*f.*). 19 ~ **cuscinetto** (distorsione a cuscinetto) (*difetto della telev.*), Kissenverzeichnung (*f.*). 20 ~ **d'aeroplano** (disturbo) (*radio - telev.*), Flugzeugeffekt (*m.*). 21 ~ **delle punte** (*elett.*), Spitzenwirkung (*f.*). 22 ~ **(del) suolo** (di un elicottero) (*aer.*), Bodeneffekt (*m.*). 23 ~ **di accumulo dei portatori** (di carica, nei tiristori) (*elettronica*), Trägerspeichereffekt (*m.*), TSE. 24 ~ **di coincidenza** (fenomeno acustico verificantesi nell'incidenza di onde sonore oblique su pareti sottili) (*acus. - ed.*), Koinzidenz-Effekt (*m.*), Spuranpassung-Effekt (*m.*). 25 ~ **di Foucault** (*elett.*), Wirbelstromeffekt (*m.*). 26 ~ **di intaglio** (invito a rottura, di un pezzo p. es.) (*mecc.*), Kerbwirkung (*f.*). 27 ~ **di latitudine** (cambiamento di intensità dei raggi cosmici) (*geofis.*), Breiteneffekt (*m.*). 28 ~ **di legame chimico** (*chim. - fis. atom.*), Einfluss der chemischen Bindung. 29 ~ **di Magnus** (fenomeno di Magnus) (*aerodin. -*

idr.), Magnus-Effekt (*m.*). **30 ~ di megafono** (fenomeno manifestantesi in motori veloci, dipendente dalla forma del tubo di scarico e che consente buoni riempimenti dei cilindri) (*mot.*), Megaphoneffekt (*m.*). **31 ~ dinamico** (*mecc.*), Kraftwirkung (*f.*). **32 ~ dinamico** (di una presa d'aria dinamica) (*aer. - aerodin.*), Ramming-Effekt (*m.*). **33 ~ dinamico dell'aria** (nella prova di veicoli) (*aut.*), Fahrtwind (*m.*). **34 ~ (di) parete** (nella ionizzazione) (*elettronica*), Wandeffekt (*m.*). **35 ~ di prossimità** (*elett. - ecc.*), Nahewirkung (*f.*). **36 ~ direttivo** (direttività, di un'antenna) (*radio*), Richtwirkung (*f.*). **37 ~ di rilievo** (effetto stereoscopico, effetto plastico) (*difetto telev.*), Bildplastik (*f.*), Plastik (*f.*). **38 ~ di scia** (di una nave) (*nav.*), Strömungsverhältnis (*n.*). **39 ~ di spigolo** (invito a rottura dovuto a spigolo vivo) (*mecc.*), Kantenspannung (*f.*). **40 ~ di trascinamento** (d'un circuito oscillante, sulla frequenza di un oscillatore accoppiato) (*radio - telev.*), Zieherscheinung (*f.*). **41 ~ di tunnel** (*fis.*), Tunneleffekt (*m.*). **42 ~ Doppler** (*fis. - radar*), Dopplereffekt (*m.*). **43 ~ Edison** (*elett.*), Edisoneffekt (*m.*). **44 ~ elettrocinetico** (*fis. atom.*), elektrokinetischer Effekt. **45 ~ Faraday** (rotazione magnetica, potere rotatorio magnetico) (*ott.*), Faraday-Effekt (*m.*), Magnetorotation (*f.*), magnetische Drehung der Polarisationsebene. **46 ~ fotoelettrico** (*fis.*), Photoeffekt (*m.*), photoelektrischer Effekt. **47 ~ fotoelettrico esterno** (*fis.*), äusserer Photoeffekt. **48 ~ fotoelettrico interno** (*fis.*), innerer Photoeffekt. **49 ~ fotoelettrico nucleare** (fotodisintegrazione, fotodissociazione, d'un nucleo) (*fis. atom.*), Photodissoziation (*f.*). **50 ~ giroscopico** (*fis.*), Kreiselwirkung (*f.*). **51 ~ goffrato** (effetto bucciato) (*vn.*), körnige Textur. **52 ~ Hall** (*elett.*), Hall-Effekt (*m.*). **53 ~ iridescente** (effetto policromatico) (*vn.*), irisierender Metalleffekt. **54 ~ isola** (*elettronica*), Inselbildung (*f.*). **55 ~ Johnson** (rumore di agitazione termica) (*radio*), termisches Rauschen. **56 ~ Joule** (*elett.*), Joule-Effekt (*m.*). **57 ~ Kerr** (*fis.*), Kerreffekt (*m.*). **58 ~ Kerr elettroottico** (*fis.*), elektrooptischer Kerreffekt. **59 ~ Kerr magnetoottico** (*fis.*), magnetooptischer Kerreffekt. **60 ~ legale** (*leg.*), Rechtswirkung (*f.*), rechtliche Wirkung. **61 ~ Lenard** (manifestantesi quando le cariche vengono separate, p. es. a sèguito di brusca nebulizzazione d'una cascata d'acqua) (*elett.*), Balloelektrizität (*f.*), Lenard-Effekt (*m.*). **62 ~ locale** (di rumori p. es.) (*telef.*), Rückhören (*n.*). **63 ~ Lussemburgo** (intermodulazione, tra stazioni di radiodiffusione) (*radio*), Luxemburg-Effekt (*m.*). **64 ~ martellato** (*vn.*), Hammereffekt (*m.*). **65 ~ metallizzato** (*vn.*), Metalleffekt (*m.*). **66 ~ metallizzato policromo** (*vn.*), irisierender Metalleffekt. **67 ~ microfonico** (disturbo) (*radio*), Mikrophonie (*f.*). **68 ~ neve** (neve, piccoli punti luminosi sullo schermo) (*difetto - telev.*) Schnee (*m.*). **69 ~ notte** (*fis. - radiogoniometria*), Nachteffekt (*m.*), Dämmerungseffekt (*m.*). **70 ~ oligodinamico** (dell'argento p. es.) (*metall.*), oligodynamische Wirkung. **71 ~ ottico** (*ott.*), optischer Effekt. **72 ~ pelle** (effetto pellicolare) (*elett.*), Hauteffekt (*m.*), Hautwirkung (*f.*), Skineffekt (*m.*). **73 ~ pellicolare** (effetto pelle) (*elett.*), Hautwirkung (*f.*), Skineffekt (*m.*), Hauteffekt (*m.*). **74 ~ Peltier** (*fis. - elett.*), Peltiereffekt (*m.*). **75 ~ piezoelettrico** (*elett.*), Piezoeffekt (*m.*). **76 ~ pioggia** (*tecn. cinem.*), Regenstreifen (*m.*). **77 ~ plastico** (effetto a rilievo) (*vn.*), Plastikeffekt (*m.*). **78 ~ plastico** (effetto di rilievo, effetto stereoscopico) (*difetto telev.*), Plastik (*f.*), Bildplastik (*f.*). **79 ~ policromatico** (effetto iridescente) (*vn.*), irisierender Metalleffekt. **80 ~ pompante** (*mecc. - macch.*), Pumpwirkung (*f.*). **81 ~ pulsante** (*fis.*), Stosswirkung (*f.*). **82 ~ Purkinje** (effetto Purkine) (*ott.*), Purkinje-Phänomenon (*n.*). **83 ~ raggrinzante** (*vn.*), Runzeleffekt (*m.*). **84 ~ Raman** (*ott.*), Raman-Effekt (*m.*). **85 ~ retroattivo** (*leg.*), Rückwirkung (*f.*). **86 ~ sale** (effetto catalitico) (*chim.*), Salzeffekt (*m.*). **87 ~ scenico** (*teatro*), Bühneneffekt (*m.*). **88 ~ schermante** (*elett.*), Abschirmwirkung (*f.*). **89 ~ screpolante** (*vn.*), Reisseffekt (*m.*). **90 ~ secondario** (*gen.*), Nachwirkung (*f.*). **91 ~ Seebeck** (effetto termoelettrico) (*elett.*), Seebeck-Effekt (*m.*). **92 ~ serra** (dovuto alla diversità di trasparenza del vetro per la luce solare e la radiazione ultrarossa) (*term. - ed.*), Treibhauseffekt (*m.*), Glashauseffekt (*m.*). **93 ~ Stark** (*ott.*), Starkeffekt (*m.*). **94 ~ stereofonico** (*acus.*), Raumwirkung (*f.*). **95 ~ stereoscopico** (effetto di rilievo, effetto plastico) (*difetto telev.*), Bildplastik (*f.*), Plastik (*f.*). **96 ~ sterzante da rollìo** (effetto sterzante causato da rollìo) (*veic.*), Roll-Lenken (*n.*). **97 ~ sterzo** (cambiamento della direzione, provocato dalla cinematica della sospensione delle ruote) (*veic.*), Lenkwirkung (*f.*), Lenkeffekt (*m.*). **98 ~ « stick-slip »** (d'una slitta p. es.) (*macch.*), Stick-Slip-Effekt (*m.*). **99 ~ termico** (rumore) (*difetto radio*), Schroteffekt (*m.*). **100 ~ termoelettrico** (*fis.*), thermoelektrischer Effekt. **101 ~ termoelettrico** (effetto Seebeck) (*elett.*), Seebeck-Effekt (*m.*). **102 ~ termoionico** (*elettronica*), glühelektrischer Effekt. **103 ~ termomagnetico** (*elett.*), thermomagnetischer Effekt. **104 ~ Thomson** (*elett.*), Thomsoneffekt (*m.*). **105 ~ Tyndall** (nella dispersione della luce da particelle sospese) (*ott.*), Tyndalleffekt (*m.*). **106 ~ valanga** (*elettronica*), Lawineneffekt (*m.*). **107 ~ valvolare** (d'un raddrizzatore o di un convertitore di corrente) (*elett.*), Ventilwirkung (*f.*). **108 ~ Zeeman** (separazione delle righe spettrali in un campo magnetico) (*fis.*), Zeemaneffekt (*m.*). **109 ~ Zener** (*elettronica*), Zener-Effekt (*m.*). **110 a doppio ~** (*macch.*), doppeltwirkend. **111 a semplice ~** (*macch.*), einfachwirkend. **112 avere ~ su** (agire su, influenzare) (*gen.*), einwirken. **113 con ~ dal...** (*gen.*), mit Wirkung ab..., mit Wirkung vom... **114 con ~ immediato** (*gen.*), mit sofortiger Wirkung. **115 doppio ~** (*macch.*), Doppelwirkung (*f.*). **116 perdite per ~ Joule** (*elett.*), Stromwärmeverlust (*m.*). **117 scarica per ~ corona** (scarica a effluvio) (*elett.*), Koronaentladung (*f.*), Sprühentladung (*f.*).

effettuabile (eseguibile, realizzabile) (*gen.*), tunlich.

effettuabilità (eseguibilità, realizzabilità) (*gen.*), Tunlichkeit (*f.*).
efficace (*gen.*), wirksam. **2 altezza ~** (di antenna) (*radio*), wirksame Höhe. **3 tensione ~** (*elett.*), effektive Spannung. **4 valore ~** (*mat. - elett.*), Effektivwert (*m.*), effektiver Wert.
efficacia (*gen.*), Wirksamkeit (*f.*). **2 ~** (efficienza, del lavoro, produzione p. es.) (*gen.*), Effektivität (*f.*). **3 coefficiente di ~** (rapporto tra tempo assegnato e tempo impiegato) (*analisi tempi*), Zeitgrad (*m.*).
efficiente (*gen.*), leistungsfähig, effektiv, wirksam.
efficienza (*gen.*), Leistungsfähigkeit (*f.*). **2 ~** (*mecc.*), Gütegrad (*m.*), Wirkungsgrad (*m.*). **3 ~** (efficacia, del lavoro, produzione p. es.) (*gen.*), Effektivität (*f.*). **4 ~** (d'una colonna a riempimento) (*ind. chim.*), Wertungszahl (*f.*). **5 ~** (aerodinamica, rapporto tra il coefficiente di portanza ed il coefficiente di resistenza) (*aer. - aerodin.*), Gleitzahl (*f.*). **6 ~ luminosa** (rapporto fra flusso luminoso in lumen ed energia assorbita in watt) (*illum.*), Lichtausbeute (*f.*). **7 analisi dell'~** (*tecnica della progr.*), Effizienzanalyse (*f.*). **8 mantenere in ~** (*gen.*), erhalten. **9 tenere in ~** (una macchina, ecc.) (*macch. - ecc.*), instandhalten.
efflorescenza (*gen.*), Effloreszenz (*f.*). **2 ~** (di murature) (*mur.*), Mauerfrass (*m.*), Salpeterfrass (*m.*), Ausblühung (*f.*), Ausschlag (*m.*). **3 ~** (difetto di vn.), Ausblühung (*f.*). **4 ~** (*min.*), Anflug (*m.*).
effluente (*a. - idr. - ecc.*), ausfliessend.
effluire (*idr. - ecc.*), ausfliessen, auslaufen.
efflusso (*idr.*), Ausfluss (*m.*), Abfluss (*m.*). **2 ~ rigurgitato** (*idr.*), rückgestauerter Abfluss. **3 coefficiente di ~** (*idr.*), Ausflusskoeffizient (*m.*), Ausflussbeiwert (*m.*). **4 luce di ~** (*idr.*), Ausflussöffnung (*f.*). **5 sezione di ~** (*idr.*), Abflussquerschnitt (*m.*). **6 velocità di ~** (*idr.*), Ausflussgeschwindigkeit (*f.*).
effluvio (scarica per effetto corona, scarica a effluvio) (*elett.*), Sprühentladung (*f.*), Koronaentladung (*f.*). **2 ~** (luminescenza) (*elett.*), Glimmen (*n.*). **3 esente da ~** (esente da scariche luminescenti) (*elett.*), glimmfrei.
effrazione (scasso) (*leg.*), Einbruch (*m.*).
effusione (*fis.*), Effusion (*f.*). **2 ~** (*geol.*), Effusion (*f.*), Lavaausschluss (*m.*). **3 ~ molecolare** (*fis.*), Molekulareffusion (*f.*).
effusore (ugello del getto, di un motore a getto, razzo, ecc.) (*mot. - aer.*), Düse (*f.*), Strahldüse (*f.*), Schubdüse (*f.*), Antriebsdüse (*f.*). **2 ~ ad area variabile** (di un motore a reazione) (*mot.*), Strahldüse mit veränderlicher Fläche. **3 ~ orientabile** (di propulsori per decollo corto e verticale) (*mot. a getto*), Schwenkdüse (*f.*), Schwenkschubdüse (*f.*). **4 ~ regolabile** (*mot. a getto*), Verstellschubdüse (*f.*). **5 ~ riduttore di spinta** (*mot. a getto*), Strahlbremse (*f.*). **6 ~ subsonico** (effusore convergente) (*mot. a getto*), C-Düse (*f.*). **7 ~ supersonico regolabile** (per aerei supersonici) (*mot. a getto*), C-D-Düse (*f.*).
EFTA (Associazione Europea di Libero Scambio, « European Free Trade Association ») (*comm.*), EFTA, Europäische Freihandelsvereinigung.
EHF (frequenza estremamente alta, 30.000 Mc/s) (*elett.*), EHF.
eiettore (*app.*), Ejektor (*m.*), Strahlpumpe (*f.*). **2 ~ a getto di vapore** (*macch.*), Dampfstrahlgebläse (*n.*). **3 ~ d'aria a getto di vapore** (*macch.*), Dampfstrahlluftsauger (*m.*). **4 ~ idraulico** (*macch.*), Druckwassersaugstrahlpumpe (*f.*), Druckwasserejektor (*m.*).
einsteinio (elemento chimico artificiale) (*E - chim. - radioatt.*), Einsteinium (*n.*).
eka- (prefisso per elementi chimici, ekaboro p. es.) (*chim.*), Eka-.
elaborare (un progetto p. es.) (*gen.*), durcharbeiten, ausarbeiten. **2 ~** (dei dati p. es.) (*mat. - ecc.*), verarbeiten, ausarbeiten. **3 ~ un piano** (*gen.*), einen Plan ausarbeiten.
elaboratore (calcolatore elettronico, elaboratore elettronico di dati) (*calc.*), elektronische Datenverarbeitungsanlage, EDVA, Rechner (*m.*), Computer (*m.*).
elaborazione (*gen.*), Ausarbeitung (*f.*), Durcharbeitung (*f.*). **2 ~** (di dati p. es.) (*mat. - ecc.*), Verarbeitung (*f.*). **3 ~ a lotti** (*calc.*), Stapelverabeitung (*f.*). **4 ~ a priorità** (*calc.*), Vorrang-Verarbeitung (*f.*). **5 ~ chimica** (trattamento chimico) (*chim.*), chemische Bearbeitung. **6 ~ dati** (*elab. dati - calc.*), Datenverarbeitung (*f.*), DV. **7 ~ dati di processo** (*elab. dati*), Prozessdatenverarbeitung (*f.*), PDV. **8 ~ dati integrata** (trattamento integrato di dati) (*calc.*), integrierte Datenverarbeitung, IDV. **9 ~ delle informazioni** (*calc.*), Informationsverarbeitung (*f.*). **10 ~ diretta** (elaborazione in linea, elaborazione on-line) (*calc.*), On-line-Verarbeitung (*f.*), On-line-Betrieb (*m.*). **11 ~ elettronica dei dati** (*calc.*), elektronische Datenverarbeitung, EDV. **12 ~ indiretta** (elaborazione off-line) (*calc.*), Off-line-Verarbeitung (*f.*), Off-line-Betrieb (*m.*). **13 ~ in linea** (elaborazione on-line, elaborazione diretta) (*calc.*), On-line-Verarbeitung (*f.*), On-line-Betrieb (*m.*). **14 ~ in tempo reale** (*calc.*), Echtzeitverarbeitung (*f.*). **15 ~ off-line** (elaborazione indiretta) (*calc.*), Off-line-Verarbeitung (*f.*), Off-line-Betrieb (*m.*). **16 ~ on-line** (elaborazione in linea, elaborazione diretta) (*calc.*), On-line-Verarbeitung (*f.*), On-line-Betrieb (*m.*). **17 fase di ~** (esecuzione di un programma) (*elab. dati*), Programmdurchlauf (*m.*). **18 impianto per l'~ dei dati** (elaboraztore di dati) (*calc.*), Datenverarbeitungsanlage (*f.*), DVA. **19 servizio ~ dati** (centro di calcolo) (*calc.*), Datendienst (*m.*).
elastanza (reciproco della capacità) (*elett.*), Elastanz (*f.*).
« elasticato » (*mecc. - ecc.*), abgefedert.
elasticità (*fis. - ecc.*), Elastizität (*f.*). **2 ~** (di funzionamento p. es.) (*macch. - ecc.*), Anpassungsfähigkeit (*f.*). **3 ~** (proprietà d'un motore endotermico per autovetture) (*aut. - mot.*), Elastizität (*f.*). **4 ~ a torsione** (*mecc.*), Drehelastizität (*f.*). **5 ~ del motore** (d'un autoveicolo) (*mot. - aut.*), Motorelastizität (*f.*). **6 ~ di funzionamento** (*mot. - ecc.*), Anpassungsfähigkeit im Betriebsverhalten. **7 ~ di volume** (elasticità volumica) (*sc. costr.*), Volu-

menelastizität (*f.*). **8 ~ d'urto** (della gomma) (*ind. gomma*), Stosselastizität (*f.*). **9 ~ residua** (elasticità susseguente) (*sc. costr.*), elastische Nachwirkung. **10 ~ susseguente** (elasticità residua) (*sc. costr.*), elastische Nachwirkung. **11 ~ volumica** (elasticità di volume) (*sc. costr.*), Volumenelastizität (*f.*). **12 grado di ~** (nelle deformazioni, rapporto tra energia mecc. reversibile e lavoro di deformazione interno totale; è uguale a 1 per corpi completamente elastici) (*sc. costr.*), Elastizitätsgrad (*m.*). **13 limite di ~** (limite elastico) (*sc. costr.*), Elastizitätsgrenze (*f.*), elastische Grenze. **14 limite di ~ a flessione** (*tecnol. mecc.*), Federbiegegrenze (*f.*). Biege-Elastizitätsgrenze (*f.*). **15 limite di ~ apparente** (*sc. costr.*), technische Elastizitätsgrenze. **16 limite di ~ tangenziale** (*sc. costr.*), Schubelastizitätsgrenze (*f.*). **17 modulo di ~** (*sc. costr.*), Elastizitätsmodul (*m.*). **18 modulo di ~** (a tensione normale, modulo di elasticità normale, modulo di Young, modulo E) (*sc. costr.*), Elastizitätsmodul (*m.*), E-Modul (*m.*). **19 modulo di ~ a compressione** (*sc. costr.*), Druckmodul (*m.*). **20 modulo di ~ a tensione tangenziale** (modulo di elasticità tangenziale) (*sc. costr.*), Scherungsmodul (*m.*), Schubmodul (*m.*), Gleitmodul (*m.*), G-Modul (*m.*). **21 modulo di ~ tangenziale** (modulo di elasticità a tensione tangenziale) (*sc. costr.*), Gleitmodul (*m.*), Schubmodul (*m.*), Scherungsmodul (*m.*), G-Modul (*m.*). **22 perdita di ~** (snervamento di una molla, quando viene superato il limite di snervamento) (*mecc. - metall.*), Nachsetzen (*n.*), Erlahmung (*f.*). **23 prova di ~ a trazione** (per tessili) (*tecnol.*), Zugelastizitätsversuch (*m.*).

elastico (flessibile) (*a. - gen.*), elastisch. **2 ~** (elastomero p. es.) (*a. - tecnol.*), gummielastisch. **3 ~** (molleggiato) (*a. - mecc.*), federnd, gefedert. **4 ~** (*s. - ind.*), Gummiband (*n.*). **5 ~ ad anello** (*comm. - ecc.*), Packring (*m.*), Gummiring (*m.*). **6 allungamento ~** (*sc. costr.*), elastische Dehnung. **7 cedimento ~** (deformazione elastica) (*mecc. - sc. costr.*), Einfederung (*f.*). **8 deformazione elastica** (*tecnol.*), elastische Verformung. **9 giunto ~** (giunto parastrappi) (*macch.*), elastische Kupplung. **10 linea elastica** (*sc. costr.*), elastische Linie. **11 pacco ~** (formato da dischi di gomma p. es.) (*mecc. - ecc.*), Federpaket (*n.*). **12 peso ~** (d'un traliccio p. es.) (*sc. costr.*), elastisches Gewicht, W-Gewicht (*n.*), W-Kraft (*f.*). **13 resa elastica** (rimbalzo, della gomma) (*ind. gomma*), Rückprall-Elastizität (*f.*). **14 ritorno ~** (*tecnol.*), Rückfederung (*f.*), Rücksprung (*m.*). **15 sospensione elastica** (*aut. - ecc.*), elastische Aufhängung. **16 spina elastica** (cilindro cavo di acciaio per molle, con estremità coniche) (*mecc.*), Spannhülse (*f.*), Spannstift (*m.*).

elastomero (prodotto analogo al caucciù) (*chim.*), Elastomer (*n.*). **2 ~ sintetico** (gomma sintetica, SK) (*ind. chim.*), Synthese-Kautschuk (*m.*), SK.

elastoplastico (*sc. costr. - ecc.*), elastoplastisch, elastisch-plastisch. **2 materiale ~** (*tecnol.*), elastisch-plastischer Werkstoff.

elastostatica (*sc. costr.*), Elastostatik (*f.*).

elektron (lega di magnesio con dal 10 al 3% di alluminio) (*lega*), Elektron (*n.*). **2 getto in ~** (fusione in elektron) (*mecc. - fond.*), Elektrongussstück (*n.*).

electrum (lega oro-argento, 75% Au e 25% Ag) (*lega*), Elektrum (*n.*).

elementare (*gen.*), elementar.

elemento (*gen.*), Element (*n.*). **2 ~** (chimico) (*chim.*), Grundstoff (*m.*), Element (*n.*). **3 ~** (parte componente) (*gen.*), Glied (*n.*). **4 ~** (organo, dispositivo) (*mecc.*), Organ (*n.*). **5 ~** (di batteria di accumulatori, accumulatore, pila secondaria) (*elett.*), Sammlerzelle (*f.*), Akkumulatorzelle (*f.*). **6 ~** (pila, coppia voltaica) (*elett.*), Element (*n.*), galvanisches Element, Primärelement (*n.*). **7 ~** (nel controllo della qualità) (*tecnol. mecc.*), Probeeinheit (*f.*). **8 elementi** (particolari) (*gen.*), Einzelheiten (*f. pl.*). **9 ~ accompagnatore** (del ferro p. es.) (*metall.*), Begleitelement (*n.*), Begleiter (*m.*). **10 ~ accompagnatore dell'acciaio** (zolfo, fosforo, ecc.) (*metall.*), Stahlbegleiter (*m.*). **11 ~ a combustibile liquido** (per generare energia elettrica) (*elett.*), Flüssigbrennstoff-Element (*n.*). **12 ~ ad ossido di rame** (*elett.*), Kupronelement (*n.*), Kuprooxydelement (*n.*). **13 ~ a liquido aggiunto** (per batterie di riserva, con aggiunta dell'elettrolita prima del prelevamento della corrente) (*elett.*), Füllelement (*n.*). **14 ~ alligante** (*metall.*), Zusatzelement (*n.*), Legierungszusatz (*m.*). **15 ~ AND** (porta AND, circuito AND) (*elab. dati*), UND-Gatter (*n.*). **16 ~ barosensibile** (sensore di pressione, elemento manosensibile, elemento sensibile alla pressione) (*app.*), Druckfühler (*m.*). **17 ~ Bunsen** (*elett.*), Bunsenelement (*n.*). **18 elementi chimici** (*chim.*), chemische Elemente (*n. pl.*), Grundstoffe (*m. pl.*). **19 ~ del radiatore** (*mot. - aut.*), Kühlerteilblock (*m.*). **20 ~ determinante** (*gen.*), Bestimmungsstück (*n.*). **21 ~ di batteria di accumulatori** (*elett.*), Akkumulatorenzelle (*f.*), Akkumulatorzelle (*f.*), Sammlerzelle (*f.*). **22 ~ (di batteria) solare** (cella solare, pila solare) (*elett.*), Sonnenzelle (*f.*). **23 ~ di combustibile** (di reattore nucleare) (*comb.*), Brennstoffelement (*n.*). **24 ~ di contatto** (contatto, d'un app. elettrico) (*elett.*), Schaltstück (*n.*), Kontaktstück (*n.*). **25 elementi di macchine** (organi di macchine) (*macch.*), Maschinenelemente (*n. pl.*). **26 ~ di segnale** (intervallo unitario, intervallo elementare) (*telegr.*), Schritt (*m.*), Schrittlänge (*f.*). **27 ~ doppio** (di un'accumulatore) (*elett.*), Doppelzelle (*f.*). **28 ~ fertile** (*fis. nucl.*), Brutstoff (*m.*). **29 ~ filtrante** (elemento del filtro, cartuccia del filtro) (*mot. - ecc.*), Filtereinsatz (*m.*). **30 elementi fondamentali** (tratti fondamentali, d'un procedimento, di una scienza, ecc.) (*gen.*), Grundzüge (*m. pl.*). **31 ~ indicatore** (*radioatt.*), Spürelement (*n.*). **32 ~ irreversibile** (*gen.*), rückwirkungsfreies Glied. **33 ~ legante** (elemento aggiunto per formare la lega) (*metall.*), Legierungszusatz (*m.*), Zusatzelement (*n.*). **34 ~ logico** (*elab. dati*), logisches Element, Verknüpfungselement (*n.*), Verknüpfungsglied (*n.*). **35 ~ logico** (circuito logico, porta) (*elettronica - elab. dati*), Gatter (*n.*). **36 ~ manosensibile** (sensore di pressione, elemento barosensibile, elemento sensibile alla pressione) (*app.*), Druckfühler (*m.*). **37 ~ marcato** (isotopo indicatore, isotopo tracciante) (*radioatt. - biol. - ind.*), Leitisotop (*n.*). **38 ~ mobile** (*metrol.*), bewegliches Organ. **39 ~ non conforme** (nel controllo della qualità) (*tecnol. mecc.*), fehlerhaftes Stück. **40 ~ NOT** (negatore, circuito NOT) (*elab. dati*), Inverter-Gatter (*n.*), NICHT-Schaltung (*f.*), Negator (*m.*). **41 ~ OR** (circuito OR, porta OR) (*elab. dati*), ODER-Gatter (*n.*). **42 oscillante** (*mecc.*), Schwinger (*m.*). **43 ~ portante** (di una struttura) (*ed. - ecc.*), Tragelement (*n.*). **44 ~ portante** (portatore di carica) (*elett.*), Ladungsträger (*m.*), Träger (*m.*). **45 ~ prefabbricato** (di cemento armato p. es.) (*ed.*), Formling (*m.*), Fertigteil (*m.*). **46 ~ prefabbricato** (di una nave) (*costr. nav.*), Sektion (*f.*), Schiffsteil (*m.*). **47 ~ prefabbricato di cemento armato** (*ed.*), Fertigbetonteil (*m.*), Betonfertigteil (*m.*). **48 ~ prefabbricato in materiale da costruzione leggero** (*ed.*), Leichtbaufertigteil (*m.*). **49 ~ primario** (pila) (*elett.*), galvanisches Element, Primärelement (*n.*). **50 ~ radiante** (di antenna) (*radio*), Strahlungselement (*n.*). **51 ~ radioattivo** (*radioatt.*), Radioelement (*n.*). **52 ~ reversibile** (*elett.*), Kehrelement (*n.*). **53 ~ riscaldante** (corpo riscaldante) (*term. - ecc.*), Heizkörper (*m.*). **54 ~ rotolante** (corpo rotolante, sfera o rullo di cuscinetti volventi) (*mecc.*), Wälzkörper (*m.*). **55 ~ sensibile** (sensore, sonda; termosonda p. es.) (*app.*), Fühler (*m.*), Sensor (*m.*). **56 ~ sensibile** (tastatore, di un comparatore o minimetro p. es.) (*strum. - ecc.*), Fühler (*m.*), Fühlglied (*n.*). **57 ~ sensibile** (rilevatore dello scarto) (*regol.*), Abgriffsystem (*n.*). **58 ~ sensibile alla pressione** (sensore di pressione, elemento barosensibile, elemento manosensibile) (*app.*), Druckfühler (*m.*). **59 ~ sollecitato a trazione** (*ed.*), gezogener Bauteil. **60 ~ standard** (di movimento) (*studio del lavoro*), Standardelement (*n.*). **61 ~ strutturale** (*gen.*), struktureller Teil. **62 ~ strutturale** (*ed. - ecc.*), Bauteil (*n.*). **63 ~ tergente in gomma** (di un tergicristallo) (*aut.*), Wischgummi (*m.*). **64 ~ termosensibile** (termorivelatore, sonda termica, di un teletermometro) (*app.*), Wärmefühler (*m.*), Temperaturfühler (*m.*). **65 ~ transuranico** (*chim.*), Transuran (*n.*). **66 metodo degli elementi finiti** (*mat. - ecc.*), Methode der finiten Elemente. **67 profondità d'~** (di uno scambiatore di calore) (*term.*), Blocktiefe (*f.*). **68 sistema periodico degli elementi** (sistema di Mendelejeff) (*chim.*), periodisches System der Elemente, Mendelejeffssystem (*n.*).

elemi (resina vegetale) (*tecnol. - farm.*), Elemi (*n.*).

elencare (in un elenco) (*gen.*), aufführen.

elenco (lista, distinta) (*gen.*), Liste (*f.*), Verzeichnis (*n.*). **2 ~ degli abbonati al telefono** (guida del telefono) (*telef.*), Fernsprechbuch (*n.*), Telephonabonnentenverzeichnis (*n.*), Telephonbuch (*n.*), Fernsprechverzeichnis (*n.*). **3 ~ degli azionisti** (*finanz.*), Liste der Aktionäre, Aktionärverzeichnis (*n.*). **4 ~ dei fornitori** (*comm.*), Lieferantenliste (*f.*), Bezugsquellenverzeichnis (*n.*). **5 ~ dell'equipaggio** (*nav.*), Musterrolle (*f.*). **6 ~ di indirizzi** (*comm.*), Postliste (*f.*). **7 ~ parti di ricambio soggette ad usura** (*mecc. - ecc.*), Verschleissteilliste (*f.*). **8 ~ per la spunta** (*comm. - ecc.*), Prüfliste (*f.*). **9 ~ telefonico** (degli abbonati, guida del telefono) (*telef.*), Fernsprechbuch (*n.*), Telephonbuch (*n.*), Fernsprechverzeichnis (*n.*), Telephonabonnentenverzeichnis (*n.*).

eleolite (tipo di nefelina) (*min.*), Eläolith (*m.*).

elettore (*politica - ecc.*), Wahlberechtigter (*m.*), Wähler (*m.*).

« elettrauto » (elettricista per autoveicoli) (*aut. - lav.*), Kraftfahrzeugelektriker (*m.*), Autoelektriker (*m.*).

elettrete (materia con polarizzazione dielettrica permanente) (*elett.*), Elektret (*n.*).

elettricista (*lav. - elett.*), Elektriker (*m.*), Elektrotechniker (*m.*). **2 ~ industriale** (montatore elettricista, elettricista montatore) (*lav.*), Elektromonteur (*m.*). **3 ~ montatore** (elettricista industriale, montatore elettricista) (*lav.*), Elektromonteur (*m.*). **4 ~ per autoveicoli** (« elettrauto ») (*lav.*), Kraftfahrzeugelektriker (*m.*), Autoelektriker (*m.*).

elettricità (*elett.*), Elektrizität (*f.*). **2 ~ atmosferica** (*meteor. - elett. - radio*), Luftelektrizität (*f.*), atmosphärische Elektrizität. **3 ~ dello stesso segno** (*elett.*), gleichnamige Elektrizität. **4 ~ di contatto** (elettricità per contatto) (*elett.*), Berührungselektrizität (*f.*). **5 ~ dinamica** (*elett.*), strömende Elektrizität, dynamische Elektrizität. **6 ~ di segno opposto** (*elett.*), ungleichnamige Elektrizität. **7 ~ di strofinio** (elettricità per strofinio, triboelettricità) (*elett.*), Reibungselektrizität (*f.*), Triboelektrizität (*f.*). **8 ~ indotta** (*elett.*), Induktionselektrizität (*f.*). **9 ~ latente** (*elett.*), gebundene Elektrizität. **10 ~ negativa** (*elett.*), Minuselektrizität (*f.*), negative Elektrizität. **11 ~ per strofinio** (elettricità di strofinio, triboelettricità) (*elett.*), Reibungselektrizität (*f.*), Triboelektrizität (*f.*). **12 ~ statica** (*elett.*), statische Elektrizität. **13 neutralizzatore di ~ statica** (*app.*), Entelektrisator (*m.*).

elettrico (*elett.*), elektrisch. **2 contatore ~** (*strum. elett.*), Stromzähler (*m.*), Stromverbrauchszähler (*m.*).

elettrificare (*ferr.*), elektrifizieren.

elettrificazione (*ferr.*), Elektrifizierung (*f.*), Elektrifikation (*f.*).

elettrizzabilità (statica, tendenza d'una pellicola fotografica a caricarsi elettrostaticamente) (*fot. - elett.*), Verblitzbarkeit (*f.*).

elettrizzazione (*elett.*), Elektrisierung (*f.*).

elettroacustica (*elettroacus.*), Elektroakustik (*f.*).

elettroacustico (*elettroacus.*), elektroakustisch. **2 trasduttore ~** (*acus.*), elektroakustischer Wandler.

elettroanalisi (*elettrochim.*), Elektroanalyse (*f.*).

elettrobiologia (*biol.*), Elektrobiologie (*f.*).

elettrobus (*veic. elett.*), Elektrobus (*m*). **2 ~ a ruota libera** (elettrobus a volano accumulatore, girobus) (*veic. elett.*), Elektrogyro (*m.*), Gyrobus (*m.*). **3 ~ a volano accumula-

tore (elettrobus a ruota libera, girobus) (*veic. elett.*), Elektrogyro (*m.*), Gyrobus (*m.*).
elettrocalamita (elettromagnete) (*elett.*), Elektromagnet (*m.*).
elettrocapillarità (*elett.*), Elektrokapillarität (*f.*).
elettrocardiografo (*app. elett. - med.*), Elektrokardiograph (*m.*).
elettrocardiogramma (*elett. - med.*), Elektrokardiogramm (*n.*).
elettrocauterio (*med.*), Glühkauter (*m.*).
elettrocauterizzazione (*med.*), Glühkauterisation (*f.*).
elettrochimica (*elettrochim.*), Elektrochemie (*f.*).
elettrochimico (*elettrochim.*), elektrochemisch. 2 **lavorazione elettrochimica** (*tecnol. mecc.*), elektrochemische Bearbeitung.
elettrochimografo (*strum. radioatt.*), Elektrokymograph (*m.*).
elettrochirurgia (*med.*), Elektrochirurgie (*f.*).
elettrocinetico (*elett.*), elektrokinetisch.
elettrocomandato (*elett.*), elektrisch angetrieben, elektrisch betätigt.
elettrocromatografia (cromatografia elettrica) (*tecnol.*), Elektrochromatographie (*f.*).
elettrodepositare (elettroplaccare) (*elettrochim.*), galvanisieren, elektroplattieren, galvanisch niederschlagen.
elettrodeposizione (elettroplaccatura, galvanostegia) (*elettrochim.*), Elektroplattierung (*f.*), Galvanisieren (*n.*).
elettrodialisi (*elettrochim.*), Elektrodialyse (*f.*).
elettrodializzatore (*app. chim.*), Elektrodialysator (*m.*).
elettrodinamica (*elett.*), Elektrodynamik (*f.*). 2 ~ **quantistica** (*fis.*), Quantenelektrodynamik (*f.*).
elettrodinamico (*elett.*), elektrodynamisch. 2 **bilancia elettrodinamica** (*app.*), elektrodynamische Waage, Stromwaage (*f.*). 3 **forza elettrodinamica** (forza di Lorentz) (*elett.*), elektrodynamische Kraft, Lorentz-Kraft (*f.*), magnetische Wirbelkraft, Stromkraft (*f.*).
elettrodinamometro (dinamometro elettrico) (*macch.*), Elektrodynamometer (*n.*).
elettrodo (*elett. - radio*), Elektrode (*f.*). 2 ~ (per saldatura) (*tecnol. mecc.*), Elektrode (*f.*). 3 ~ **acceleratore** (*fis. atom.*), Beschleunigungselektrode (*f.*). 4 ~ **a disco** (elettrodo a rullo, per saldatura a resistenza) (*tecnol. mecc.*), Rollenelektrode (*f.*), Kontaktrolle (*f.*). 5 ~ **a massa** (di una candela p. es.) (*elett. - aut.*), Masseelektrode (*f.*). 6 ~ **a mosaico** (*elettronica*), Mosaikelektrode (*f.*). 7 ~ **a nastro** (elettrodo nastriforme) (*saldatura*), Bandelektrode (*f.*). 8 ~ **a rullo** (elettrodo a disco, per saldatura a resistenza) (*tecnol. mecc.*), Rollenelektrode (*f.*). 9 ~ **ausiliario** (*elett. - ecc.*), Hilfselektrode (*f.*). 10 ~ **bersaglio** (elettrodo bombardato) (*elettronica*), Auftreffelektrode (*f.*), Pralltreffplatte (*f.*), Auftreffplatte (*f.*). 11 ~ **bombardato** (*elettronica*), Prallplatte (*f.*), Auftreffplatte (*f.*), Auftreffelektrode (*f.*). 12 ~ **caldo** (*illum. - ecc.*), Glühelektrode (*f.*). 13 ~ **centrale** (di una candela di accensione) (*mot. - elett.*), Mittelelektrode (*f.*). 14 ~ **collettore** (d'un transistor) (*elettronica*), Kollektorelektrode (*f.*). 15 ~ **collettore** (di un iconoscopio p. es.) (*telev. - radio*), Sammelelektrode (*f.*), Kollektor (*m.*). 16 ~ **con anima** (per saldatura) (*tecnol. mecc.*), Seelenschweisselektrode (*f.*). 17 ~ **consumabile** (*elett.*), Abschmelzelektrode (*f.*). 18 ~ **deflettore** (di un ciclotrone) (*fis. atom.*), Ablenkelektrode (*f.*). 19 ~ **d'emissione secondaria** (dinodo) (*elettronica*), Prallanode (*f.*), Dynode (*f.*). 20 ~ **di accensione** (di una lampada) (*illum.*), Zündelektrode (*f.*). 21 ~ **di base** (d'un transistore) (*elettronica*), Basiselektrode (*f.*). 22 ~ **di candela** (*mot.*), Kerzenelektrode (*f.*). 23 ~ **di carbone** (*elett.*), Kohlenelektrode (*f.*). 24 ~ **di carbone** (carbone, d'una lampada ad arco) (*elett.*), Kohlenelektrode (*f.*), Kohlestift (*m.*), Kohle (*f.*). 25 ~ **di comando** (d'un tiristore p. es.) (*elettronica*), Steuerelektrode (*f.*). 26 ~ **di contatto** (per saldare) (*tecnol. mecc.*), Kontaktelektrode (*f.*). 27 ~ **di eccitazione** (*elett.*), Reizelektrode (*f.*). 28 ~ **di lampada ad arco** (carbone di lampada ad arco) (*elett. - tecnol.*), Lichtbogenkohle (*f.*), 29 ~ **di massa** (di una candela) (*elett. - mot.*), Masseelektrode (*f.*). 30 ~ **di mercurio** (*elett.*), Quecksilberelektrode (*f.*). 31 ~ **di Wehnelt** (elettrodo modulatore) (*elettronica*), Wehneltelektrode (*f.*), Steuerelektrode (*f.*). 32 ~ **estruso** (fabbricato sulla pressa per estrusione) (*tecnol. mecc.*), Presselektrode (*f.*), Mantelelektrode (*f.*). 33 ~ **focalizzatore** (*telev. - radio*), Linsenelektrode (*f.*), Bündelungselektrode (*f.*). 34 ~ **indifferente** (*elett.*), passive Elektrode. 35 ~ **modulatore** (elettrodo di Wehnelt) (*elettronica*), Steuerelektrode (*f.*), Wehneltelektrode (*f.*). 36 ~ **nastriforme** (elettrodo a nastro) (*saldatura*), Bandelektrode (*f.*). 37 ~ **negativo** (*elett.*), negative Elektrode, Kathode (*f.*). 38 ~ **non rivestito** (per saldatura) (*tecnol. mecc.*), nichtumhüllte Schweisselektrode. 39 ~ **normale** (*elettrochim.*), Normalelektrode (*f.*). 40 ~ **nudo** (*elett.*), blanke Elektrode, nackte Elektrode. 41 ~ **nudo** (filo di apporto nudo, per saldatura) (*tecnol. mecc.*), nackter Schweissdraht. 42 ~ **per foratura** (nell'elettroerosione) (*tecnol. mecc.*), Bohrelektrode (*f.*). 43 ~ **per saldatura** (*tecnol. mecc.*), Schweisselektrode (*f.*). 44 ~ **positivo** (*elett.*), positive Elektrode, Anode (*f.*). 45 ~ **reversibile** (*elett.*), umkehrbare Elektrode. 46 ~ **rivestito** (*tecnol. mecc.*), Mantelelektrode (*f.*), umhüllte Elektrode. 47 ~ **rivestito ad immersione** (*elett. - tecnol.*), Tauchelektrode (*f.*). 48 ~ **sagomato** (per elettroerosione) (*tecnol. mecc.*), Formelektrode (*f.*). 49 ~ **Söderberg** (nei forni ad arco) (*metall.*), Söderberg-Elektrode (*f.*). 50 ~ **sgrossatore** (per elettroerosione) (*tecnol.*), Schruppelektrode (*f.*). 51 ~ **vibrante** (sonotrodo, elettrodo ultrasonico, nella saldatura ad ultrasuoni) (*tecnol. mecc.*), Sonotrode (*f.*). 52 **alimentatore dell'~** (di carbone, d'una lampada ad arco, per compensare il consumo) (*elett.*), Kohlennachschubeinrichtung (*f.*). 53 **avanzamento degli elettrodi** (di carbone, d'una lampada ad arco) (*elett.*), Kohlenvorschub (*m.*). 54 **corrente di fuga di un** ~ (*elett.*), Elektrodenfehlstrom (*m.*). 55 **dissipazione d'**~ (*elett.*), Elektrodenverlustleistung (*f.*). 56 **distanza tra**

elettrodomestico

gli elettrodi (distanza tra le puntine, spazio esplosivo, di candela p. es.) (*elett. - mot.*), Elektrodenabstand (*m.*). **57 filo-** ~ (filo di apporto, per saldatura) (*tecnol. mecc.*), Elektrodendraht (*m.*). **58 formazione d'arco tra elettrodi** (scarica tra elettrodi) (*elett.*), Elektrodenüberschlag (*m.*). **59 forza dell'**~ (pressione sull'elettrodo) (*saldatura*), Elektrodendruck (*m.*). **60 polarizzazione di** ~ (tensione di riposo dell'elettrodo) (*elett.*), Elektrodenvorspannung (*f.*). **61 potenziale di** ~ (*elettronica*), Elektrodenpotential (*n.*). **62 pressione sull'**~ (forza dell'elettrodo) (*saldatura*), Elektrodendruck (*m.*). **63 rivestimento dell'**~ (*elett.*), Elektrodenmantel (*m.*), Elektrodenumhüllung (*f.*). **64 scarica tra elettrodi** (formazione d'arco tra elettrodi) (*elett.*), Elektrodenüberschlag (*m.*). **65 tensione di** ~ (*elettronica*), Elektrodenspannung (*f.*). **66 tensione di riposo dell'**~ (polarizzazione di elettrodo) (*elett.*), Elektrodenvorspannung (*f.*).

elettrodomestico (apparecchio elettrodomestico) (*s. - app. elett.*), elektrisches Haushaltgerät, Elektro-Haushaltgerät (*n.*).

elettrodotto (linea per correnti forti) (*elett.*), Starkstromleitung (*f.*), Fernleitung (*f.*). **2 legge sulla servitù di** ~ (*elett.*), Starkstromwegegesetz (*n.*). **3 servitù di** ~ (*elett.*), Leitungsrecht (*n.*).

elettroencefalogramma (*med.*), Elektroencephalogramm (*n.*), Hirnstromdiagramm (*n.*).

elettroerosione (asportazione di metalli mediante scintille) (*lav. mecc. - elett.*), Funkenerosion (*f.*), Elektroerosion (*f.*), Erodieren (*n.*). **2** ~ **a multivibratore** (*tecnol. mecc.*), Kippkreisverfahren (*n.*). **3** ~ **di finitura** (*lav. mecc. - elett.*), Schlichterodieren (*n.*). **4 lavorare ad** ~ (*tecnol. mecc. - elett.*), elektroerosiv bearbeiten, elektrobearbeiten, befunken. **5 macchina per** ~ (eroditrice) (*macch.*), Funkenerodiermaschine (*f.*), Erodiermaschine (*f.*).

elettroerosivo (*mecc.*), elektroerosiv.
elettrofilo (*a. - chim.*), elektrophil.
elettrofiltro (*app.*), Elektrofilter (*m.*). **2** ~ **ad umido** (per la depurazione dei gas) (*ind. chim.*), Nasselektrofilter (*m.*).
elettrofisica (*fis.*), Elektrophysik (*f.*).
elettrofisico (*fis.*), elektrophysikalisch.
elettroforesi (fenomeno elettrocinetico) (*elettrochim.*), Elektrophorese (*f.*).
elettroforetico (*elettrochim.*), elektrophoretisch. **2 verniciatura elettroforetica** (*tecnol.*), elektrophoretische Lackierung.
elettroformatura (galvanoplastica) (*elettrochim.*), Elektroformierung (*f.*), Galvanoplastik (*f.*).
elettroforo (*app. fis.*), Elektrophor (*m.*).
elettrogeno (*elett.*), elektrizitätserzeugend. **2 gruppo** ~ **carrellato** (*elett. - veic.*), Generatoranhänger (*m.*).
elettroinstallatore (*lav. - elett.*), Elektroinstallateur (*m.*), Elektromonteur (*m.*).
elettrolisi (*elettrochim.*), Elektrolyse (*f.*).
elettrolita (conduttore di seconda classe) (*elettrochim.*), Elektrolyt (*m.*), Ionenleiter (*m.*), Leiter zweiter Klasse.
elettrolitico (*elettrochim.*), elektrolytisch. **2** ~ (galvanico) (*elettrochim.*), galvanisch. **3** ~ (lavorazione) (*elettromecc.*), elektrolytisch, anodenmechanisch. **4 cella elettrolitica** (*elettrochim.*), Elektrolysezelle (*f.*). **5 contatore** ~ (*app.*), Elektrolytzähler (*m.*).
elettrolizzatore (*app.*), Elektrolyseur (*m.*).
elettroluminescente (*elett. ott.*), elektroluminös, elektroleuchtend. **2 pannello** ~ (*ott.*), Elektrolumineszenzplatte (*f.*), Leuchtplatte (*f.*).
elettroluminescenza (da una scarica in gas rarefatti p. es., luce fredda) (*elett.*), Elektrolumineszenz (*f.*), kaltes Leuchten.
elettromagnete (elettrocalamita) (*elett.*), Elektromagnet (*m.*). **2** ~ **di commutazione** (*elett.*), Schaltmagnet (*m.*). **3** ~ **di rotazione** (*telef.*), Drehmagnet (*m.*). **4** ~ **di sollevamento** (magnete di sollevamento) (*app. di sollev.*), Hebemagnet (*m.*), Elektrohebemagnet (*m.*), Hebeelektromagnet (*m.*), Hubmagnet (*m.*). **5** ~ **stampante** (elettromagnete impressore) (*telegr.*), Druckmagnet (*m.*).
elettromagnetico (*elett.*), elektromagnetisch. **2 azionamento** ~ (comando elettromagnetico) (*elett.*), Magnetantrieb (*m.*). **3 relè** ~ (relè a solenoide, relè a bobina mobile) (*elett.*), elektromagnetisches Relais.
elettromagnetismo (*elett.*), Elektromagnetismus (*m.*).
elettromeccanica (*elettromecc.*), Elektromechanik (*f.*).
elettromeccanico (*elettromecc.*), elektromechanisch.
elettrometallurgia (*metall.*), Elektrometallurgie (*f.*).
elettrometrico (*fis.*), elektrometrisch. **2 tubo** ~ (*elettronica*), Elektrometerröhre (*f.*).
elettrometro (voltmetro elettrostatico, voltametro elettrostatico, per misurare le tensioni elettriche) (*strum. elett.*), Elektrometer (*n.*). **2** ~ **a condensatore** (per la misurazione di irradiazioni) (*strum. - radioatt.*), Kondensatorelektrometer (*n.*). **3** ~ **a filo** (*strum. - elett.*), Fadenelektrometer (*n.*). **4** ~ **a foglie** (*elett.*), Plattenelektrometer (*n.*). **5** ~ **a quadrante** (elettrometro di Kelvin) (*elett.*), Quadrantenelektrometer (*n.*). **6** ~ **di Braun** (*strum. - elett.*), Braunsches Elektrometer. **7** ~ **di Kelvin** (elettrometro a quadrante) (*elett.*), Quadrantenelektrometer (*n.*).
elettromiografia (*med.*), Elektromyographie (*f.*).
elettromiogramma (*med.*), Elektromyogramm (*n.*), EMG.
elettromotore (*a. - elett.*), elektromotorisch.
elettromotrice (*ferr. elett.*), elektrischer Triebwagen, Elektrotriebwagen (*m.*). **2** ~ **ad accumulatori** (*ferr.*), Speicher-Triebwagen (*m.*). **3** ~ **autonoma** (autoelettromotrice, automotrice diesel-elettrica p. es.) (*veic. ferr.*), Brennkraft-Elektrofahrzeug (*n.*).
elettronaccettore (accettore di elettroni) (*chim.*), Elektronenakzeptor (*m.*).
elettronave (nave a propulsione elettrica) (*nav.*), Elektroschiff (*n.*).
elettrondonatore (donatore di elettroni) (*chim.*), Elektronendonor (*m.*).
elettrone (elettrone negativo) (*elettronica*), Elektron (*n.*). **2** ~ **di conduzione** (nella

tecnica dei semiconduttori p. es.) (*elettronica*), Leitungselektron (*n.*). **3 ~ di valenza** (nella tecnica dei semiconduttori p. es.) (*elettronica*), Valenzelektron (*n.*). **4 ~ legato** (*fis. atom.*), gebundenes Elektron. **5 ~ libero** (*fis. atom.*), freies Elektron. **6 ~ metastatico** (*fis. atom.*), metastatisches Elektron. **7 ~ orbitale** (*fis.*), kreisendes Elektron. **8 ~ periferico** (elettrone di valenza, elettrone di conduzione) (*fis.*), kernfernes Elektron. **9 ~ pesante** (mesone, mesotone) (*fis. atom.*), Meson (*n.*). **10 ~ secondario** (*fis. atom.*), Sekundärelektron (*n.*). **11 ~ su orbita interna** (*fis.*), kernnahes Elektron. **12 ~ veloce** (*fis. atom.*), schnelles Elektron. **13 accumulo di elettroni** (*elettronica*), Elektronenstauung (*f.*). **14 cattura di elettroni** (*fis.*), Elektroneneintritt (*m.*). **15 deriva di elettroni** (migrazione di elettroni) (*fis.*), Elektronenwanderung (*f.*). **16 migrazione di elettroni** (deriva di elettroni) (*fis.*), Elektronenwanderung (*f.*). **17 moltiplicatore di elettroni** (*app.*), Elektronenvervielfacher (*m.*). **18 tempo di rotazione di un ~** (*elettronica*), Elektronenumlaufzeit (*f.*). **19 traiettoria dell'~** (*elettronica*), Elektronenbahn (*f.*).
elettronegatività (*chim. - metall.*), Elektronegativität (*f.*).
elettronegativo (*elett.*), elektronegativ.
elettronica (*elettronica*), Elektronik (*f.*). **2 ~ industriale** (*elettronica*), industrielle Elektronik.
elettronico (*elettronica*), elektronisch. **2 apparecchiatura elettronica** (impianto elettronico) (*elettronica*), Elektronik (*f.*). **3 calcolatore ~** (*calc.*), Elektronenrechner (*m.*). **4 corteccia elettronica** (*elettronica*), Elektronenschale (*f.*). **5 cucina elettronica** (elettrodomestico) (*app.*), Elektronenherd (*n.*). **6 discontinuità elettronica** (*elettronica*), Elektronensprung (*m.*). **7 macchina elettronica didattica** (macch. elettronica per insegnare) (*macch.*), Elektronik-Lehrgerät (*n.*). **8 matrice elettronica** (*macch. da stampa*), elektronische Matrize. **9 plasma ~** (*fis.*), Elektronenplasma (*n.*). **10 relè ~** (*elett.*), Relaisröhre (*f.*), elektronisches Relais. **11 repertorio ~** (*elettronica*), Elektronenkatalog (*m.*). **12 scansione elettronica** (*telev.*), Elektronenabtastung (*f.*). **13 tecnico ~** (*pers.*), Elektroniktechniker (*m.*).
elettroosmosi (*chim.*), Elektroosmose (*f.*).
elettroottica (*elettroott.*), Elektrooptik (*f.*).
elettroplaccare (elettrodepositare) (*elettrochim.*), elektroplattieren.
elettroplaccatura (elettrodeposizione) (*elettrochim.*), Elektroplattierung (*f.*).
elettropneumatico (comando p. es.) (*elett.*), elektropneumatisch. **2 regolatore ~** (*app.*), elektropneumatischer Regler.
elettropompa (*macch.*), Elektropumpe (*f.*). **2 ~ sommersa** (*macch.*), Elektro-Tauchpumpe (*f.*).
elettropositivo (*elett.*), elektropositiv.
elettroricalcatrice (*macch. fucin.*), Elektrostauchmaschine (*f.*), Elektrostauchanlage (*f.*).
elettrosaldatore (*op.*), E-schweisser (*m.*).
elettroscopio (*strum. elett.*), Elektroskop (*n.*).

2 ~ a foglie (*strum. elett.*), Blattelektroskop (*n.*). **3 ~ a foglie d'oro** (*strum.*), Goldblattelektroskop (*n.*).
elettroscoria (*tecnol. - metall.*), Elektroschlacke (*f.*). **2 impianto di rifusione ad ~** (*metall.*), Elektroschlakeumschmelzanlage (*f.*). **3 rifusione ad ~** (*metall.*), Elektroschlakke-Umschmelz-Verfahren (*n.*). **4 saldatura ad ~** (*tecnol. mecc.*), Elektroschlacke-Schweissen (*n.*).
« elettroshock » (scossa elettrica) (*med. - elett.*), elektrischer Schlag, Elektroschock (*m.*). **2 ~** (elettroshockterapia) (*med.*), Elektroschockbehandlung (*f.*).
elettrosintesi (*chim.*), Elektrosynthese (*f.*).
elettrostatica (*elett.*), Elektrostatik (*f.*).
elettrostatico (*elett.*), elektrostatisch. **2 accoppiamento ~** (*elett. - fis.*), elektrostatische Kupplung. **3 memorizzazione elettrostatica** (*calc.*), elektrostatische Speicherung. **4 precipitatore ~** (*app.*), elektrostatischer Gasreiniger. **5 spostamento ~** (*elett.*), elektrostatische Verschiebung. **6 spruzzatura elettrostatica** (verniciatura a spruzzo elettrostatica) (*vn.*), Rangsburgverfahren (*n.*). **7 verniciatura a spruzzo elettrostatica** (spruzzatura elettrostatica) (*vn.*), Rangsburgverfahren (*n.*).
elettrostenolisi (*elettrochim.*), Elektrostenolyse (*f.*).
elettrostrizione (deformazione elastica di un dielettrico nel campo elettrico) (*elett.*), Elektrostriktion (*f.*).
elettrotassi (galvanotattismo, elettrotattismo) (*elett. - biol.*), Elektrotaxis (*f.*), Galvanotaxis (*f.*).
elettrotattismo (elettrotassi, galvanotattismo) (*elett. - med.*), Elektrotaxis (*f.*), Galvanotaxis (*f.*).
elettrotecnica (*elett.*), Elektrotechnik (*f.*).
elettrotecnico (*a. - elett.*), elektrotechnisch. **2 ~** (*s. - lav. elett.*), Elektrotechniker (*m.*).
elettroterapia (*med.*), Elektrotherapie (*f.*).
elettrotermia (generazione di calore mediante elettricità) (*elett. - term.*), Elektrowärme (*f.*).
elettrotermico (relè p. es.) (*fis. - ecc.*), elektrothermisch.
elettrotipia (galvanoplastica) (*tip.*), Elektrotypie (*f.*), Galvanotypie (*f.*).
elettrotonico (*elett. - med.*), elektrotonisch.
elettrotono (*elett. - med.*), Elektrotonus (*m.*).
elettrotreno (*ferr. elett.*), Elektrotriebzug (*m.*).
elettrotropismo (galvanotropismo) (*elett. - biol.*), Elektrotropismus (*m.*), Galvanotropismus (*m.*).
elettrovalenza (legame ionico, legame eteropolare) (*chim.*), Elektrovalenz (*f.*).
elettroventilatore (*app. elett.*), Elektroventilator (*m.*), Elektrolüfter (*m.*).
elettroverniciatura (*vn.*), Elektrolackierung (*f.*). **2 ~ ad immersione** (*vn.*), Elektrotauchlackierung (*f.*).
elevare (alzare, il prezzo p. es.) (*gen.*), erhöhen. **2 ~** (a potenza) (*mat.*), erheben. **3 ~ al cubo** (elevare alla terza potenza) (*mat.*), in die dritte Potenz erheben, kubieren. **4 ~ alla n.ma potenza** (*mat.*), in die n-te Potenz erheben. **5 ~ alla seconda potenza** (elevare al quadrato) (*mat.*), quadrieren, in die zweite Potenz erheben. **6 ~ alla terza potenza** (ele-

vare al cubo) (*mat.*), in die dritte Potenz erheben, kubieren. **7 ~ al quadrato** (elevare alla seconda potenza) (*mat.*), quadratisch erhöhen, ins Quadrat erheben, quadrieren, in die zweite Potenz erheben. **8 ~ a potenza** (*mat.*), potenzieren. **9 ~ la temperatura di 10°** (*term.*), die Temperatur um 10° erhöhen. **10 ~ la tensione** (*elett.*), aufspannen.

elevatissimo (grado di applicazione) (*lav. - studio dei tempi*), übermässig.

elevato (alto, prezzo p. es.) (*gen.*), hoch. **2 ~** (fatto più alto) (*gen.*), erhöht. **3 ~** (a, alla, nella elevazione a potenza) (*mat.*), erhoben in die..., hoch. **4 cinque ~ alla meno due** (cinque alla meno due) (*mat.*), fünf hoch minus zwei. **5 cinque ~ alla quinta** (potenza, cinque alla quinta) (*mat.*), fünf hoch fünf, fünf in die fünfte Potenz erhoben. **6 di elevate prestazioni** (*gen.*), leistungsfähig.

elevatore (a tazze p. es.) (*macch. ind.*), Elevator (*m.*), Becherwerk (*n.*). **2 ~** (carrello elevatore, a forca p. es.) (*macch. ind.*), Stapler (*m.*), Höhenförderer (*m.*). **3 ~** (a carrello p. es., per autorimessa) (*att. - aut.*), Heber (*m.*). **4 ~** (trasportatore verticale) (*trasp. ind.*), Senkrechtförderer (*m.*). **5 ~** (piano elevatore) (*lamin.*), Hebetisch (*m.*). **6 ~** (montacarichi) (*app. di sollev.*), Aufzug (*m.*). **7 ~ a bilancini** (*macch. ind.*), Umlaufförderer (*m.*), Pendelbecherwerk (*n.*). **8 ~ a carrello** (per autorimessa) (*att. aut.*), Autoheber (*m.*), Rangierheber (*m.*). **9 ~ a catena di tazze** (elevatore a noria) (*trasp. ind.*), Kettenbecherwerk (*n.*). **10 ~ a forca** (carrello elevatore a forca) (*veic. trasp. ind.*), Gabelstapler (*m.*), Gabelkarren (*m.*). **11 ~ a fune** (*macch. ind.*), Seilbecherwerk (*n.*). **12 ~ a noria** (elevatore a catena di tazze) (*trasp. ind.*), Kettenbecherwerk (*n.*). **13 ~ a tazze** (*macch. ind.*), Becherwerk (*n.*), Elevator (*m.*). **14 ~ idraulico** (app. di sollevamento idraulico, martinetto idraulico) (*macch.*), hydraulisches Hebezeug. **15 ~ inclinato** (per il caricamento di altiforni) (*macch. ind.*), Schrägaufzug (*m.*). **16 ~ mobile** (*macch. ind.*), fahrbares Becherwerk. **17 ~ per ceneri** (*macch. ind.*), Aschenaufzug (*m.*). **18 ~ per fieno** (insilatore per fieno) (*macch. agric.*), Heulader (*m.*). **19 ~ pneumatico** (*macch. ind.*), Fördergebläse (*n.*). **20 ~ -scaffalatore** (per servire magazzini con scaffalature alte) (*app. ind.*), Stapellift (*m.*), Regalstapler (*m.*), Regalförderzeug (*n.*). **21 ~ trasportabile** (*macch. ind.*), fahrbares Becherwerk. **22 diodo ~** (diodo amplificatore, diodo di guadagno, nel dispositivo deflessore) (*telev.*), Booster-Diode (*f.*), Schaltdiode (*f.*).

elevazione (*gen.*), Erhöhung (*f.*), Erhebung (*f.*). **2 ~** (*mat.*), Erhebung (*f.*). **3 ~** (alzata) (*dis.*), Aufriss (*m.*). **4 ~ a potenza** (*mat.*), Potenzieren (*n.*). **5 ~ della tensione** (*elett.*), Aufspannung (*f.*). **6 angolo di ~** (*balistica*), Erhöhungswinkel (*m.*). **7 angolo di ~** (*geod. - top. - ecc.*), Elevationswinkel (*m.*). **8 vista in ~** (*dis.*), Ansicht im Aufriss.

elezione (della commissione interna p. es.) (*organ. lav. - ecc.*), Wahl (*f.*).

elica (linea) (*mat. - geom.*), Schraubenlinie (*f.*). **2 ~** (aerea o navale) (*aer. - nav.*), Schraube (*f.*). **3 ~** (di una pompa ad elica) (*macch.*), Flügelrad (*n.*). **4 ~ a cicloide** (*nav.*), *vedi* elic Voith-Schneider. **5 ~ a conchiglia** (*nav.*), Ohrmuschelschraube (*f.*). **6 ~ a due pale** (elica bipala) (*aer.*), Zweiblattluftschraube (*f.*). **7 ~ aerea** (*aer.*), Luftschraube (*f.*), Propeller (*m.*). **8 ~ a giri costanti** (*aer.*), Luftschraube mit gleichbleibender Drehzahl, Propeller mit konstanter Drehzahl. **9 ~ anticoppia** (rotore anticoppia, di un elicottero) (*aer.*), Gegenlaufrotor (*m.*). **10 ~ anticoppia** (elica di coda, di un elicottero) (*aer.*), Heckrotor (*m.*). **11 ~ a passo fisso** (*aer. - nav.*), Starrschraube (*f.*). **12 ~ a passo fisso** (*aer.*), festesthender Propeller, feste Luftschraube. **13 ~ a passo reversibile** (elica frenante) (*aer.*), Luftschraube mit umkehrbarer Steigung, Umkehrluftschraube (*f.*). **14 ~ a passo reversibile** (elica a passo variabile) (*aer. - nav.*), Drehflügelschraube (*f.*), Umsteuerschraube (*f.*), Wendeschraube (*f.*). **15 ~ a passo variabile** (elica a passo reversibile) (*aer. - nav.*), Drehflügelschraube (*f.*), Umsteuerschraube (*f.*), Wendeschraube (*f.*). **16 ~ a tre pale** (elica tripala) (*nav. - aer.*), Dreiflügelschraube (*f.*), Dreiblattschraube (*f.*). **17 ~ bipala** (elica a due pale) (*aer.*), Zweiblattluftschraube (*f.*). **18 eliche coassiali** (*aer.*), Doppelluftschrauben (*f. pl.*). **19 ~ con mantello** (elica intubata, elica Kort) (*nav.*), Mantelschraube (*f.*), Düsenpropeller (*m.*). **20 eliche controrotanti** (di un aeroplano) (*aer.*), Gegenlaufschrauben (*f. pl.*), gegenläufige Schrauben (*f. pl.*). **21 ~ degli intagli** (elica delle gole, di una fresa a vite p. es.) (*ut.*), Spannutenschraube (*f.*). **22 ~ del solcometro** (*att. nav.*), Logpropeller (*m.*). **23 ~ di coda** (elica anticoppia, di un elicottero) (*aer.*), Heckrotor (*m.*). **24 ~ di prova** (elica frenante, per prove al freno, mulinello) (*aer.*), Bremsluftschraube (*f.*). **25 ~ di quota** (rotore principale, di un elicottero) (*aer.*), Hubschraube (*f.*), Tragschraube (*f.*), Hauptrotor (*m.*), Hauptdrehflügel (*m.*). **26 ~ frenante** (elica a passo reversibile) (*aer.*), Luftschraube mit umkehrbarer Steigung, Umkehrluftschraube (*f.*). **27 ~ in bandiera** (*aer.*), auf Segelstellung gefahrene Luftschraube. **28 ~ in legno** (*aer.*), Holzpropeller (*m.*), Holzluftschraube (*f.*). **29 eliche in tandem** (*acr.*), Tandemluftschrauben (*f. pl.*). **30 eliche in tandem controrotanti** (*aer.*), gegenläufige Tandemluftschrauben. **31 ~ intubata** (elica con mantello, elica Kort) (*nav.*), Mantelschraube (*f.*), Düsenpropeller (*m.*). **32 ~ Kort** (elica intubata) (*nav.*), Düsenpropeller (*m.*), Mantelschraube (*f.*). **33 ~ marina** (*nav.*), Schiffsschraube (*f.*), Schiffspropeller (*m.*). **34 ~ messa in bandiera** (*aer.*), auf Segelstellung gefahrene Luftschraube. **35 ~ metallica** (*aer.*), Metall-Luftschraube (*f.*), Metallpropeller (*m.*). **36 ~ per prove** (al freno) (elica di prova, elica frenante, mulinello) (*aer.*), Bremsluftschraube (*f.*). **37 ~ propulsiva** (*aer.*), Druckluftschraube (*f.*), Schubschraube (*f.*), Druckschraube (*f.*). **38 ~ quadripala** (*nav. - aer.*), vierflügelige Schraube. **39 ~ quadripala** (*aer.*), vierflügelige Luftschraube, Vierblattluftschraube (f.). **40 ~ supercavitante** (per navi molto veloci) (nav.), vollkavietierender Propeller. **41 ~ trattiva** (aer.), Zugschraube (f.), Zugpropeller (m.). **42 ~ tripala** (a tre pale) (nav. - aer.), Dreiblattschraube (f.), Dreiflügelschraube (f.), dreiflügelige Schraube. **43 ~ Voith-Schneider** (tipo di elica a pale orientabili descriventi una cicloide, elica a cicloide) (nav.), Voith-Schneider-Propeller (m.), VSP. **44 agitatore ad ~** (app.), Propellerrührer (m.). **45 albero dell'~** (albero portaelica) (nav.), Schraubenwelle (f.). **46 angolo d'~** (di ruota dentata) (mecc.), Schrägungswinkel (m.). **47 con scanalatura ad ~** (fresa a vite p. es.) (ut. - ecc.), spiralgenutet. **48 disco dell' ~** (superficie del disco dell'elica) (nav.), Propellerdiskfläche (f.). **49 dritto dell'~** (nav.), Schraubensteven (m.). **50 flusso dell' ~** (aer.), Schraubenstrahl (m.). **51 molla ad ~** (molla elicoidale) (mecc.), Schraubenfeder (f.). **52 motore (di azionamento) dell'~** (motore elettrico che aziona l'elica negli apparati propulsori dieselelettrici) (nav.), Propellermotor (m.). **53 mozzo dell'~** (nav. - aer.), Schraubennabe (f.). **54 pala d' ~** (nav. - aer.), Schraubenflügel (m.). **55 passo dell' ~ degli intagli** (di una fresa a vite p. es.) (ut.), Spannutensteigung (f.). **56 pozzo dell' ~** (nav.), Schraubenbrunnen (m.), Schraubenrahmen (m.). **57 propulsore ad ~** (aer.), Propellertriebwerk (n.). **58 punta ad ~** (punta elicoidale) (ut.), Wendelbohrer (m.), Spiralbohrer (m.). **59 scia dell' ~** (nav.), Schraubenwasser (n.). **60 spinta dell' ~** (nav. - aer.), Schraubenschub (m.). **61 superficie della pala dell' ~** (nav. - aer.), Schraubenblattfläche (f.). **62 tunnel dell' ~** (nav.), Schraubentunnel (m.). **63 vibrazione aeroelastica dell'~** (aer.), Propellerflattern (n.).

elicoidale (gen.), schraubenförmig. **2 movimento ~ istantaneo** (mecc.), Schrotung (f.). **3 rampa ~** (di un'autorimessa) (ed. - aut.), Wendelrampe (f.). **4 ruota ~** (ruota dentata elicoidale) (mecc.), Schrägrad (n.), Schrägzahnrad (n.).

elicoide (di una vite senza fine p. es.) (geom. - mecc.), Schraubenfläche (f.). **2 ~ ad evolvente** (per viti motrici p. es.) (geom. - mecc.), Evolventenschraubenfläche (f.).

elicottero (aer.), Hubschrauber (m.), Helikopter (m.). **2 ~ a due eliche di quota (coassiali)** (aer.), Doppelhubschrauber (m.). **3 ~ a due rotori (coassiali)** (aer.), Doppelschrauber (m.). **4 ~ anfibio** (aer.), Amphibienhubschrauber (m.), Amphibienhelikopter (m.). **5 ~ a più rotori** (aer.), mehrrotoriger Hubschrauber.

elidersi (annullarsi) (mat.), sich aufheben.

eliminare (sopprimere, togliere) (gen.), beseitigen. **2 ~** (disinserire, disinnestare) (gen.), ausschalten. **3 ~** (mat.), ausscheiden, beseitigen. **4 ~ il giuoco** (mecc.), das Spiel beseitigen. **5 ~ lo stagno** (da cascami di latta) (metall.), entzinnen (n.).

eliminatoria (sport), Vorkampf (m)

eliminazione (soppressione) (gen.), Beseitigung (f.). **2 ~** (mat.), Ausscheiden (n.). Beseitigung (f.). **3 ~** (disinserzione, disinnesto) (gen.), Ausschaltung (f.). **4 ~ dei rifiuti** (fis. nucl.), Abfällebeseitigung (f.). **5 ~ del cloro** (declorazione) (chim. - metall.), Entchloren (n.). **6 ~ dell'antimonio** (deantimoniazione, nell'affinazione del piombo) (metall.), Entwismutung (f.). **7 ~ dell'aria** (da confezioni) (comm.), Evakuiren (n.). **8 ~ della silice** (desilicazione) (ed. - idr.), Entkieselung (f.). **9 ~ delle basi** (da acqua p. es.) (chim.), Entbasung (f.). **10 ~ del piombo** (metall.), Entbleien (n.). **11 ~ di errori** (calc. - ecc.), Störbeseitigung (f.).

elinvar (lega di ferro-nichel-cromo) (metall.), Elinvarlegierung (f.).

elio (He - chim.), Helium (n.).

eliocentrico (sistema, con il centro nel sole) (astr.), heliozentrisch.

eliofania (insolazione, soleggiamento) (meteor. - geogr.), Sonnenscheindauer (f.).

eliografia (riproduzione su fondo bianco) (dis.), Weisspause (f.). **2 ~** (procedimento per la produzione di lastre litografiche) (tip.), Heliographie (f.). **3 ~ blu** (copia eliografica blu, disegno blu su fondo bianco) (dis.), Blaupause (f.).

eliografo (per telegrafia ottica) (strum.), Lichttelegraph (m.).

elioincisione (tip.), Heliogravüre (f.).

eliometro (astr. - strum.), Heliometer (n.), Sonnenmesser (m.).

elioscopio (app. astr.), Helioskop (n.).

elioterapia (med.), Heliotherapie (f.), Sonnenbad (n.).

eliotropio (farm.), Heliotrop (n.), Sonnenwende (f.).

eliplano (aer.), vedi convertiplano.

eliporto (aer.), Hubschrauberflughafen (m.), Helikopterflugplatz (m.).

elkonit (bronzo col 33,3-66,6% W, resto Cu) (lega), Elkonit (n.).

ellisse (geom.), Ellipse (f.). **2 ~ centrale** (sc. costr.), Zentralellipse (f.). **3 ~ della distribuzione** (grafico che rappresenta la relazione fra moto dello stantuffo e del cassetto) (macch. a vapore), Schieberellipse (f.). **4 ~ d'inerzia** (sc. costr.), Trägheitsellipse (f.). **5 ~ primitiva** (di una ruota dentata ellittica) (mach.), Teilellipse (f.).

ellissografo (geom. - att.), Ellipsenzirkel (m.).

ellissoide (geom.), Ellipsoid (n.). **2 ~ di rivoluzione** (geom.), Umdrehungsellipsoid (n.), Rotationsellipsoid (n.).

ellittico (geom.), elliptisch. **2 foro ~** (foro eccentrico, di un cuscinetto, per ottenere una maggior stabilità dell'albero attraverso un maggior attrito sui velubri) (mecc.), Zitronenbohrung (f.).

elmet (bronzo col 33,3% W, resto Cu) (lega), Elmet (n.).

elongazione (astr.), Elongation (f.). **2 ~** (distanza di un punto oscillante dal centro di oscillazione) (fis.), Elongation (f.). **3 ~** (escursione, dell'indice di uno strumento, o di un punto oscillante) (strum.), Ausschlag (m.). **4 ~ istantanea** (acus.), Augenblickswert (m.), Ausschlag (m.).

eludere (il problema p. es.) (gen.), ausweichen.

elusione (aggiramento) (leg. - ecc.), Umgehung (f.).

elvite (*min.*), Helvit (*m.*).
eman (unità per la concentrazione radiologica di acque sorgive; 1 eman = 10^{-10} c/l = 0,275 unità Mache) (*radioatt.*), Eman (*n.*).
emanazione (*radioatt.*), Emanation (*f.*). **2** ~ (di gas p. es.) (*gen.*), Emanation (*f.*), Ausströmung (*f.*). **3** ~ (*leg.*), Emanation (*f.*). **4** ~ **di attinio** (attinon) (*radioatt.*), Aktiniumemanation (*f.*), Aktinon (*n.*). **5** ~ **di radio** (radon, niton) (*radioatt.*), Radiumemanation (*f.*), Radon (*n.*), Niton (*n.*). **6** ~ **di torio** (*radioatt.*), Thoriumemanation (*f.*), Thoron (*n.*).
ematite (Fe_2O_3) (*min.*), Eisenglanz (*m.*), Hämatit (*m.*).
embargo (sequestro, di navi) (*nav.*), Beschlag (*m.*), Embargo (*n.*). **2 mettere l'** ~ (*nav.*), beschlagnahmen, beschlagen.
embrice (tegola piana) (*ed.*), Flachpfanne (*f.*). **2** ~ **di gronda** (di un tetto) (*ed.*), Schlussziegel (*m.*).
emendamento (di un progetto di legge) (*leg.*), Abänderung (*f.*), Emendation (*f.*), Gesetznachtrag (*m.*), Novelle (*f.*).
emeralopia (cecità scotopica) (*ott.*), Hemeralopie (*f.*).
emergente (raggio di luce p. es.) (*ott.*), ausfallend.
emergenza (situazione critica) (*gen.*), Not (*f.*), Dringlichkeit (*f.*). **2 barra di** ~ (barra di sicurezza) (*fis. atom.*), Abschaltstab (*m.*). **3 illuminazione di** ~ (*illum.*), Notbeleuchtung (*f.*). **4 impianto di** ~ **ad intervento immediato** (*elett.*), Sofortbereitschaftsanlage (*f.*). **5 impianto di** ~ **a rapido intervento** (*elett.*), Schnellbereitschaftsanlage (*f.*). **6 luce di** ~ (spia luminosa di emergenza) (*elett. - ecc.*), Paniklampe (*f.*). **7 pompa di** ~ (*macch.*), Reservepumpe (*f.*). **8 riparazione di** ~ (*mecc. - ecc.*), Dringlichkeitsreparatur (*f.*). **9 sbarra collettrice di** ~ (*elett.*), Reservesammelschiene (*f.*). **10 situazione di** ~ (*gen.*), Notstand (*m.*). **11 spia luminosa di** ~ (luce di emergenza) (*elett. - ecc.*), Paniklampe (*f.*). **12 spinta d'** ~ (*mot. - a getto*), Überschub (*m.*), Notschub (*m.*). **13 stato di** ~ (*gen.*), Ausnahmezustand (*m.*).
emergere (*gen.*), auftauchen. **2** ~ (di un sommergibile) (*mar. milit.*), auftauchen.
emersione (*gen.*), Auftauchen (*n.*). **2** ~ (di un sommergibile) (*mar. milit.*), Auftauchen (*n.*). **3 dislocamento in** ~ (d'un sommergibile) (*mar. milit.*), Überwasserverdrängung (*f.*). **4 navigazione in** ~ (d'un sommergibile) (*mar. milit.*), Überwasserfahrt (*f.*). **5 velocità in** ~ (velocità in superficie, di un sottomarino) (*mar. milit.*), Überwassergeschwindigkeit (*f.*).
emetico (*s. - farm.*), Emetikum (*n.*), Brechmittel (*n.*). **2** ~ (*a. - med.*), emetisch. **3 sale** ~ (tartrato doppio d'antimonio e potassio, per mordenzatura di tessuti) (*chim. - ind. tess.*), Brechweinstein (*m.*).
emettenza (radianza specifica, $\frac{d\Phi}{dA}$) (*fis.*), spezifische Ausstrahlung. **2** ~ **luminosa** (M, radianza luminosa) (*illum.*), spezifische Lichtausstrahlung. **3** ~ **raggiante** (E, irradianza) (*fis.*), Bestrahlungsstärke (*f.*).
emettere (*gen.*), emittieren, ausgeben. **2** ~ (radiazioni p. es.) (*fis.*), ausstrahlen. **3** ~ (cedere, calare, p. es.) (*term.*), abgeben. **4** ~ (formulare, una sentenza) (*leg.*), fällen. **5** ~ **giudizio** (*leg.*), richten.
emettitore (di neutroni lenti p. es.) (*fis. atom.*), Emitter (*m.*). **2** ~ (di transistori) (*elettronica*), Emitter (*m.*). **3** ~ **di luce** (d'un impianto a fotocellule p. es.) (*ott.*), Lichtsender (*m.*). **4** ~ **d'impulsi** (*fis.*), Pulsgeber (*m.*), Pulsgenerator (*m.*). **5** ~ **d'impulsi** (di selezione) (*telef.*), Zahlengeber (*m.*). **6** ~ **d'impulsi di corrente** (*elett.*), Stromstossender (*m.*), Stromstossgeber (*m.*). **7** ~ **di raggi beta** (*radioatt.*), Betastrahler (*m.*). **8 circuito** ~ (*elettronica*), Emitterschaltung (*f.*).
emicellulosa (*chim.*), Halbzellstoff (*m.*).
emigrante (*lav.*), Auswanderer (*m.*).
emigrare (*lav.*), auswandern.
emigrazione (*lav. - ecc.*), Auswanderung (*f.*), Wanderung (*f.*).
emisfera (*geom.*), Halbkugel (*f.*).
emisferico (*geom. - ecc.*), halbkuglig.
emisfero (*geol.*), Hemisphäre (*f.*), Erdhalbkugel (*f.*).
emissario (di fogna, collettore generale) (*ed.*), Hauptsammler (*m.*). **2** ~ (opera di scarico) (*ing. civ.*), Auslaufbauwerk (*n.*). **3** ~ (tubazione di presa) (*idr.*), Entnahmeleitung (*f.*).
emissione (di radiazioni p. es.) (*fis.*), Emission (*f.*), Ausstrahlung (*f.*). **2** ~ (uscita di dati da un calcolatore) (*macch. calc.*), Ausgabe (*f.*). **3** ~ (di azioni p. es.) (*finanz.*), Emission (*f.*), Ausgabe (*f.*). **4** ~ **acustica** (*acus.*), Schallsendung (*f.*). **5** ~ **dallo scarico** (di gas) (*mot. - aut.*), Auspuffemission (*f.*). **6** ~ **di azioni** (*finanz.*), Aktienausgabe (*f.*). **7** ~ **di calore** (*fis.*), Wärmeabgabe (*f.*). **8** ~ **di campo** (di elettroni) (*elettronica*), Feldemission (*f.*). **9** ~ **di elettroni** (*elettronica*), Elektronenemission (*f.*). **10** ~ **di griglia** (*elettronica*), Gitteremission (*f.*). **11** ~ **di onde** (*radar - ecc.*), Wellenausstrahlung (*f.*). **12** ~ **di radiazioni** (irraggiamento) (*fis.*), Irradiation (*f.*), Ausstrahlung (*f.*). **13** ~ **di sostanze nocive** (*aut. - ecc.*), Schadstoffemission (*f.*). **14** ~ **dispersa** (*elettronica*), Streuemission (*f.*). **15** ~ **primaria** (*radio - radar*), Primärstrahlung (*f.*). **16** ~ **quantica** (*fis.*), Quantenemission (*f.*). **17** ~ **secondaria** (*fis.*), Sekundäremission (*f.*). **18** ~ **termoelettronica** (*elettronica*), Glühemission (*f.*). **19** ~ **termoionica** (*radio*), Glühemission (*f.*). **20 costante di** ~ (costante di Stefan-Boltzmann, per un corpo nero = 4,96 kcal/m^2h grado^{-4}) (*fis.*), Strahlungszahl (*f.*). **21 data di** ~ (*gen.*), Ausstellungstag (*m.*). **22 fattore di** ~ (di un radiatore termico) (*fis.*), halbräumlicher Emissionsgrad. **23 intensità di** ~ (intensità energetica, densità del flusso irradiato in una determinata direzione, misurata in W/sr) (*fis. - illum.*) Strahlstärke (*f.*). **24 livello di** ~ (livello di trasmissione) (*radio - ecc.*), Sendepegel (*m.*). **25 spettro di** ~ (*ott.*), Emissionsspektrum (*n.*). **26 velocità di** ~ (di elettroni) (*elettronica*), Austrittgeschwindigkeit (*f.*).
emissività (di radiazioni p. es.) (*fis.*), Emissionsvermögen (*n.*), Ausstrahlungsvermögen (*n.*), Strahlungskraft (*f.*). **2** ~ **specifica** (J/m^2, potere emissivo) (*fis.*), Bestrahlung (*f.*).

emitron (tipo speciale di iconoscopio) (*telev.*), Emitron (*n.*).
emitropia (nei cristalli) (*min.*), Zwillingsbildung (*f.*).
emittenza (*fis.*), *vedi* emettenza.
emivalore (*fis.*), Halbwert (*m.*). **2 durata dell'onda fino all'~** (d'una tensione impulsiva) (*elett.*), Rückenhalbwertzeit (*f.*).
emodina (*chim.*), Emodin (*n.*).
emoglobina (*biochim. - med.*), Hämoglobin (*n.*), Blutfarbstoff (*m.*).
emolliente (rammollitore, per resine sintetiche p. es.) (*s. - ind. chim.*), Weichmacher (*m.*).
empirico (*gen.*), empirisch. **2 regola empirica** (*gen.*), empirische Regel.
emporio (grande magazzino) (*comm. - ed.*), Kaufhaus (*n.*), Warenhaus (*n.*), Kaufetage (*f.*).
emulsificante (emulsionante) (*s. - fis. - chim.*), Emulgator (*m.*). **2 ~** (emulsivo, emulsionante) (*a. - fis. - chim.*), emulgierend.
emulsina (miscela di enzimi) (*chim.*), Emulsin (*n.*).
emulsionabilità (*fis. - chim.*), Emulgierbarkeit (*f.*).
emulsionante (emulsificante) (*s. - fis. - chim.*), Emulgator (*m.*). **2 ~** (emulsivo, emulsificante) (*a. - fis. - chim.*), emulgierend.
emulsionare (*fis. - chim.*), emulgieren.
emulsionatore (di un carburatore) (*mot.*), Mischrohr (*n.*), Vorverstäuber (*m.*).
emulsione (soluzione colloidale) (*chim.*), Emulsion (*f.*). **2 ~** (fotografica) (*fot.*), Beschichtungsstoff (*m.*), Emulsion (*f.*), Gelatine (*f.*), Schicht (*f.*). **3 ~ al bromuro di argento** (*fot.*), Bromsilbergelatine (*f.*). **4 ~ bituminosa** (*costr. strad.*), Bitumenemulsion (*f.*). **5 ~ di acqua in olio** (*chim.*), Wasser-in-Öl-Emulsion (*f.*), WO-E. **6 ~ di olio in acqua** (*chim.*), Öl-in-Wasser-Emulsion (*f.*), OW-E. **7 ~ di catrame** (*costr. strad.*), Teeremulsion (*f.*). **8 ~ legante** (*costr. strad. - ecc.*), Binder (*m.*), Emulsionsbindemittel (*n.*). **9 lato ~** (di una pellicola) (*fot.*), Schichtseite (*f.*). **10 polimerizzato in ~** (*ind. chim.*), Emulsions-Polymerisat (*n.*). **11 polimerizzazione in ~** (*ind. chim.*), Emulsions-Polymerisation (*f.*). **12 supporto dell'~** (di una pellicola) (*fot.*), Schichtträger (*m.*).
emulsivo (emulsionante, emulsificante) (*fis. - chim.*), emulgierend.
emungimento (estrazione di acqua da falde sotterranee) (*idr.*), Entwässerung (*f.*).
emuntore (canale di raccolta) (*idr.*), Vorfluter (*m.*).
enantiomòrfo (*min. - chim.*), enantiomorph.
enantiotropia (*chim.*), Enantiotropie (*f.*).
enargite (Cu₃AsS₄) (*min.*), Enargit (*m.*).
encefalografo (*app. - med.*), Encephalograph (*m.*), Gehirnschreiber (*m.*).
encomio (*gen.*), Lob (*n.*), Enkomium (*n.*). **2 discorso di ~** (panegirico) (*gen.*), Lobrede (*f.*), Laudatio (*f.*).
endogas (atmosfera protettiva in un generatore endotermico) (*tratt. term.*), Endogas (*n.*).
endosmosi (*fis.*), Endosmose (*f.*).
endotermico (*fis.*), endotherm, wärmeverzehrend, wärmeaufnehmend.

ENE (est-nord-est) (*geogr.*), ONO, Ostnordost (*m.*).
energetica (scienza dell'energia e delle sue conversioni) (*chim.*), Energetik (*f.*).
energetico (*fis.*), Energie... **2 densità energetica** (*fis.*), Energiedichte (*f.*). **3 flusso ~** (Φ_e, W, potenza radiante) (*fis.*), Strahlungsfluss (*m.*). **4 intensità energetica** (I_e, W/sr) (*fis.*), Strahlstärke (*f.*). **5 radianza energetica** (M_e, W/m²) (*fis.*), spezifische Ausstrahlung.
energia (*fis.*), Energie (*f.*). **2 ~ atomica** (energia nucleare) (*fis. nucl.*), Kernenergie (*f.*), Atomenergie (*f.*). **3 ~ cinetica** (*fis.*), Bewegungsenergie (*f.*), kinetische Energie. **4 ~ a bassa tariffa** (*elett.*), Niedertarif-Strom (*m.*), NT-Strom (*m.*). **5 ~ accumulabile in serbatoio** (espressa in GWh) (*elett. - idr.*), Speicherinhalt (*m.*). **6 ~ assorbita** (energia elettrica prelevata) (*elett.*), Abnahme (*f.*). **7 ~ cinetica angolare** (di un corpo rotante) (*mecc.*), Rotationsenergie (*f.*). **8 ~ (cinetica) di rotazione** (*mecc.*), Drehenergie (*f.*). **9 ~ del campo** (*fis.*), Feldenergie (*f.*). **10 ~ del campo di gravitazione** (energia di gravitazione) (*fis.*), Gravitationsenergie (*f.*). **11 ~ di deformazione** (*sc. costr.*), Arbeitsvermögen (*n.*). **12 ~ di gravitazione** (energia del campo di gravitazione) (*fis.*), Gravitationsenergie (*f.*). **13 ~ di legame** (*chim. - fis. atom.*), Bindungsenergie (*f.*). **14 ~ di posizione** (energia potenziale, energia di riposo, energia propria) (*fis.*), Lageenergie (*f.*), potentielle Energie (*f.*), Ruheenergie (*f.*), Eigenenergie (*f.*). **15 ~ di quiete** (equivalente energetico della massa a riposo) (*fis.*), Ruhenergie (*f.*). **16 ~ di riposo** (energia propria, energia potenziale) (*fis.*), Ruheenergie (*f.*), Eigenenergie (*f.*), potentielle Energie, Lageenergie (*f.*). **17 ~ di sùpero** (eccesso di energia disponibile, di una centrale elettrica) (*costr. idr.*), Überschussenergie (*f.*). **18 ~ d'urto** (energia cinetica) (*sc. costr.*), Schlagenergie (*f.*). **19 ~ elettrica** (*elett.*), elektrische Energie. **20 ~ elettrica (a tariffa) notturna** (corrente notturna) (*elett.*), Nachtstrom (*m.*). **21 ~ erogata** (prelevata da un'utenza dalla sbarra omnibus d'una centrale p. es.) (*elett.*), Abgabe (*f.*). **22 ~ interna** (U, energia latente) (*termod.*), innere Energie, gebundene Energie, U. **23 ~ intrinseca** (energia propria) (*fis.*), Eigenenergie (*f.*). **24 ~ latente** (energia interna, U) (*termod.*), gebundene Energie, innere Energie, U. **25 ~ luminosa** (*fis.*), Lichtmenge (*f.*). **26 ~ nucleare** (energia atomica) (*fis. nucl.*), Kernenergie (*f.*). **27 ~ nucleare di legame** (*fis. nucl.*), Kernbindungsenergie (*f.*). **28 ~ oscillatoria** (*fis.*), Schwingungsenergie (*f.*). **29 ~ potenziale** (energia di posizione, energia di riposo, energia propria) (*fis.*), Lageenergie (*f.*), potentielle Energie, Ruheenergie (*f.*), Eigenenergie (*f.*). **30 ~ prelevata** (energia elettrica assorbita) (*elett.*), Abnahme (*f.*). **31 ~ primaria** (del petrolio, del carbone, dell'acqua, ecc.) (*fis.*), Primärenergie (*f.*). **32 ~ propria** (energia potenziale, energia di posizione, energia di riposo) (*fis.*), Ruhenergie (*f.*), Eigenenergie (*f.*), Lageenergie (*f.*), potentielle Energie. **33 ~ radiante** (*fis.*), Strahlungsmenge (*f.*), strahlende Energie. **34 ~ radiante perturbatrice**

enfiteusi

(*fis.*), Störstrahlungsenergie (*f.*). 35 ~ **solare** (*geofis.*), Sonnenenergie (*f.*). 36 ~ **sonora** (*acus.*), Schallenergie (*f.*). 37 ~ **termica** (energia calorifica) (*fis.*), Wärmeenergie (*f.*). 38 ~ **vibratoria** (energia oscillatoria, d'un sistema oscillante) (*fis.*), Schwingungsenergie (*f.*). 39 **accumulazione di** ~ (*fis.*), Energiespeicherung (*f.*). 40 **ad assorbimento di** ~ (zona d'impatto di un'autovettura p. es.) (*aut.*), energie-vernichtend. 41 **alimentazione di** ~ **elettrica a sbarra singola** (fornitura ad una utenza) (*elett.*), einschienige Versorgung. 42 **autoproduzione di** ~ (*elett.*), Energie-Eigenerzeugung (*f.*). 43 **banda di** ~ (di un semiconduttore) (*elettronica*), Energieband (*n.*). 44 **centrale ad** ~ **solare** (*elett.*), Sonnenkraftwerk (*n.*). 45 **conservazione dell'** ~ (*fis.*), Erhaltung der Energie. 46 **consumo di** ~ (*elett. - ecc.*), Energieverbrauch (*m.*). 47 **contratto di fornitura d'**~ **elettrica** (*elett.*), Energielieferungsvertrag (*m.*), Stromlieferungsvertrag (*m.*). 48 **convertitore di** ~ (app. che trasforma energia chimica, solare o nucleare in energia elettrica) (*fis.*), Energiewandler (*m.*), Energiekonverter (*m.*). 49 **dissipazione di** ~ (*fis.*), Energievernichtung (*f.*), Energieverschwendung (*f.*). 50 **distribuzione spettrale relativa di** ~ (d'una radiazione) (*ott.*), Strahlungsfunktion (*f.*). 51 **eccesso di** ~ **disponibile** (energia di sùpero, di una centrale elettrica) (*costr. idr.*), Überschussenergie (*f.*). 52 **fluttuazione dell'**~ (**elettrica**) **offerta** (*elett.*), Energieangebots-Schwankung (*f.*). 53 **fonti di** ~ (*elett. - ecc.*), Energiequellen (*f. pl.*). 54 **livello di** ~ (livello energetico, degli elettroni) (*elettronica*), Energieterm (*m.*). 55 **producibilità di** ~ (d'una centrale) (*elett.*), Arbeitsvermögen (*n.*). 56 **produzione, trasporto e distribuzione di** ~ **elettrica** (*elett.*), Elektrizitätsversorgung (*f.*). 57 **quantità di** ~ **radiante** (*fis.*), Strahlungsmenge (*f.*). 58 **quanto di** ~ (*fis.*), Energiequantum (*n.*), Wirkungsquantum (*n.*). 59 **società fornitrice di** ~ (società che fornisce corrente, vapore, ecc. agli stabilimenti di lavorazione) (*ind.*), Energiebetrieb (*m.*). 60 **trasformazione dell'**~ (*fis.*), Energieumwandlung (*f.*). 61 **utente di** ~ **elettrica** (*comm.*), Stromabnehmer (*m.*).

enfiteusi (diritto di godimento su un fondo altrui) (*leg. - agric.*), Erbpacht (*f.*). 2 **contratto d'**~ (*leg. - agric.*), Erbzinsvertrag (*m.*).

enfiteuta (*leg. - agric.*), Erbpächter (*m.*).

enneodo (valvola termoionica a più elettrodi, rivelatore di segnali di alta frequenza modulati in ampiezza) (*elettronica*), Enneode (*f.*).

ennuplo (*mat.*), n-Tupel (*n.*).

entalpia (contenuto termico) (*fis.*), Enthalpie (*f.*), Wärmeinhalt (*m.*). 2 ~ **di formazione** (*termodin.*), Bildungsenthalpie (*f.*).

entasi (convessità del fusto di una colonna) (*arch.*), Schwellung (*f.*).

ente (*comm.*), Anstalt (*f.*). 2 ~ **appaltante** (committente di un fabbricato, di un'opera edilizia) (*ed.*), Bauherr (*m.*), Bauherrschaft (*f.*). 3 ~ **locale** (*finanz.*), Gebietskörperschaft (*m.*). 4 ~ **per il controllo della combustione** (ente per il controllo delle caldaie) (*cald.*), Kesselüberwachungsverein (*m.*). 5 ~ **statale** (*amm.*), staatliche Instanz.

entrare (*gen.*), eintreten. 2 ~ (nel porto) (*nav. - veic.*), einfahren. 3 ~ (arrivare, di un treno in stazione p. es.) (*gen.*), einlaufen, einfahren. 4 ~ **in contatto** (prendere contatto) (*gen.*), Kontakt aufnehmen. 5 ~ **in vigore** (di una legge p. es.) (*leg.*), in Kraft treten, wirksam werden. 6 ~ **in vite** (*aer.*), abtrudeln.

entrata (ingresso, atto di entrare) (*gen.*), Eintritt (*m.*). 2 ~ (ingresso) (*gen.*), Eingang (*m.*). 3 ~ (di corrente, ecc.) (*elett. - ecc.*), Eingang (*m.*). 4 ~ (immissione, ingresso, di acqua in una turbina p. es.) (*mot.*), Beaufschlagung (*f.*). 5 ~ (immissione, di dati in un calcolatore) (*calc.*), Eingabe (*f.*). 6 ~ (salita, di una vettura) (*tramvai - ecc.*), Einstieg (*m.*). 7 ~ (di un veicolo, o di nave in porto p. es.) (*gen.*), Einfahrt (*f.*), Hineinfahren (*n.*). 8 ~ (di denaro) (*comm.*), Eingang (*m.*). 9 ~ (incasso, di denaro) (*comm.*), Einnahme (*f.*). 10 ~ **aria** (aria immessa) (*ventilazione*), Zuluft (*f.*). 11 ~ **aria** (accidentale, nel condensatore p. es.) (*term. - ecc.*), Lufteinbruch (*m.*). 12 ~ **centrale** (salita centrale, di un tram p. es.) (*veic.*), Mitteleinstieg (*m.*). 13 ~ **dei dati di percorso** (immissione dei dati di percorso, nel comando d'un trasportatore continuo) (*trasp. ind.*), Zieleingabe (*f.*). 14 ~ **in porto** (approdo, di navi) (*nav.*), Einfahrt (*f.*). 15 ~ **in servizio** (*lav.*), Diensttritt (*m.*). 16 ~ **in sincronismo** (*fis. - ecc.*), Intrittfallen (*n.*). 17 ~ **in vigore** (*leg. - ecc.*), Inkrafttreten (*n.*), Wirksamwerden (*n.*). 18 ~ **lorda** (incasso lordo) (*comm.*), Bruttoeinnahme (*f.*). 19 ~/**uscita** (di dati) (*calc.*), Ein/Ausgabe (*f.*), E/A. 20 **corrente di** ~ (*elett.*), ankommender Strom. 21 **dati di** ~ (dati d'ingresso) (*calc.*), Eingabedaten (*n. pl.*). 22 **documento coi dati di** ~ (*calc.*), Eingabebeleg (*m.*). 23 **flangia di** ~ (di un cambio p. es.) (*aut. - mecc.*), Antriebsflansch (*m.*). 24 **in** ~ (*gen.*), ankommend. 25 **lato (di)** ~ (*gen.*), Eintrittseite (*f.*). 26 **lato (di)** ~ (di una macch., ecc.) (*macch. - mecc.*), Antriebsseite (*f.*). 27 **lato (di)** ~ (*lamin.*), Einstichseite (*f.*), Eintrittseite (*f.*). 28 **lato** ~ (di una broccia p. es.) (*ut.*), Einlaufende (*n.*). 29 **programma di** ~ (*calc.*), Eingabeprogramm (*n.*). 30 **registrare in** ~ (*contabilità*), in Einnahme bringen. 31 **sportello di** ~ (*aer.*), Eingangsluke (*f.*). 32 **unità di** ~ (*calc.*), Eingabewerk (*n.*).

entrobordo (*nav.*), innenbords.

entropia (*termodin.*), Entropie (*f.*). 2 ~ (nella teoria della informazione, contenuto medio di informazione) (*elettronica*), Entropie (*f.*).

entropico (*termodin.*), Entropie... 2 **diagramma** ~ (*termodin.*), Entropiediagramm (*n.*), Wärmebild (*n.*), Wärmediagramm (*n.*).

enumerazione (*gen.*), Aufzählung (*f.*). 2 ~ (metodo della ricerca operativa) (*organ. ind. - mat.*), Enumeration (*f.*).

enunciato (di un problema p. es.) (*s. - mat.*), Ansatz (*m.*).

enzima (fermento) (*biochim. - ind. chim.*), Gärungserreger (*m.*), Gärungspilz (*m.*), Ferment (*n.*), Enzym (*n.*).

eocene (periodo del terziario) (*geol.*), Eozän (*n.*).

eogiurassico (lias) (*geol.*), Lias (*m. - f.*).
eosina (*tintura*), Eosin (*n.*).
EP (epossido, resina epossidica) (*chim.*), EP, Epoxydharz (*n.*). **2** ~ (extreme pressure, olio lubrificante p. es.) (*ind.*) *chim.*), EP.
epicentro (di un terremoto) (*geol.*), Epizentrum (*n.*).
epicicloidale (*geom.*), epizyklisch. **2 cambio** ~ (*macch.*), Umlauf-Wechselgetriebe (*n.*). **3 gruppo** ~ (di un ponte posteriore p. es.) (*mecc. - veic.*), Planetentrieb (*m.*). **4 ruotismo** ~ (*mecc.*), Umlaufgetriebe (*m.*).
epicicloide (*geom.*), Epizykloide (*f.*). **2** ~ **allungata** (palloide; curva simile all'evolvente, profilo dei fianchi nelle ruote dentate coniche a spirale) (*mecc.*), Palloid (*f.*).
epidemia (*med.*), Epidemie (*f.*), Massenkrankheit (*f.*). **2 scoppio di una** ~ (*med.*), Ausbruch einer Epidemie.
epidiascopio (apparecchio di proiezione) (*ott.*), Epidiaskop (*n.*).
epilàmina (strato di adsorbimento superficiale, per trattenere meglio l'olio) (*lubrif. - ecc.*), Epilam (*n.*).
episcopico (*ott.*), episkopisch.
episcopio (*app. ott.*), Episkop (*n.*).
epitassia (mutuo orientamento del reticolo cristallino di due materiali, di cui uno cresce sull'altro, p. es. strato di ossido) (*tecnol. - metall. - elettronica*), Epitaxie (*f.*).
epitassiale (*fis. chim.*), epitaxial, epitaktisch. **2 disco** ~ (di un circuito integrato) (*elettronica*), Epitaxialscheibe (*f.*). **3 transistore** ~ (*elettronica*), Epitaxialtransistor (*m.*).
epitermico (neutrone o reattore) (*fis. atom.*), epitherm.
epitrocoide (*geom.*), Epitrochoide (*f.*).
epoca (*gen.*), Zeit (*f.*). **2** ~ **del ferro** (età del ferro) (*geol.*), Eisenzeit (*f.*).
eptano (C_7H_{16}) (idrocarburo) (*chim.*), Heptan (*n.*).
eptodo (valvola elettronica con 7 elettrodi) (*radio*), Heptode (*f.*).
epuratore (separanodi) (*mft. carta*), Knotenfänger (*m.*).
equalizzatore (*elettroacus. - elettronica*), Entzerrer (*m.*). **2** ~ **di eco** (in un impianto a frequenza portante p. es.) (*radio*), Echo-Entzerrer (*m.*).
equalizzazione (*elettroacus. - elettronica*), Entzerrung (*f.*).
equatore (*geogr.*), Äquator (*m.*). **2** ~ **celeste** (*astr.*), Himmelsäquator (*m.*). **3** ~ **magnetico** (*geogr.*), magnetischer Äquator (*m.*). **4** ~ **termico** (*meteor.*), thermischer Äquator (*m.*). **5** ~ **terrestre** (*geogr.*), Erdäquator (*m.*).
equatoriale (*a. - geogr.*), äquatorial. **2** ~ (*s. - strum. astr.*), Äquatoreal (*n.*), Äquatorial (*n.*).
equazione (*mat. - fis.*), Gleichung (*f.*). **2** ~ **algebrica** (*mat.*), algebraische Gleichung. **3** ~ **binomia** (*mat.*), binomische Gleichung, zweigliedrige Gleichung. **4** ~ **biquadratica** (equazione di quarto grado) (*mat.*), biquadratische Gleichung. **5** ~ **dei colori** (*ott.*), Farbgleichung (*f.*). **6** ~ **dei gas** (*fis.*), Gasgleichung (*f.*). **7** ~ **dei momenti** (*sc. costr.*), Momentengleichung (*f.*). **8** ~ **dei telegrafisti** (equaz. differenziale parziale che descrive la relazione temporale e locale della tensione o della corrente su una linea) (*telegr.*), Telegraphengleichung (*f.*). **9** ~ **dei tre momenti** (*sc. costr.*), Dreimomentengleichung (*f.*), Clapeyron'sche Gleichung. **10** ~ **della parabola** (*geom.*), Parabelgleichung (*f.*). **11** ~ **dell'energia** (*fis.*), Arbeitsgleichung (*f.*). **12 equazioni del quadripolo** (*elett.*), Vierpolgleichungen (*f. pl.*). **13** ~ **del tempo** (differenza tra tempo solare medio e reale) (*astr.*), Zeitgleichung (*f.*). **14** ~ **di Bernoulli** (*idr.*), Bernoullische Gleichung. **15** ~ **di continuità** (*mat. - fis.*), Kontinuitätsgleichung (*f.*). **16** ~ **di Einstein** (*fis. atom.*), Einsteinische Gleichung. **17** ~ **differenziale** (*mat.*), Differentialgleichung (*f.*). **18** ~ **di moto ondulatorio** (*fis. mat.*), Wellengleichung (*f.*). **19** ~ **di primo grado** (*mat.*), lineare Gleichung, Gleichung ersten Grades. **20** ~ **di quarto grado** (equazione biquadratica) (*mat.*), biquadratische Gleichung. **21** ~ **di secondo grado** (*mat.*), quadratische Gleichung, Gleichung zweiten Grades. **22** ~ **di terzo grado** (*mat.*), kubische Gelichung, Gleichung dritten Grades. **23** ~ **di stato** (*chim.*), Zustandsgleichung (*f.*). **24** ~ **funzionale** (*mat.*), Funktionalgleichung (*f.*). **25** ~ **normale** (*mat.*), Normalgleichung (*f.*). **26** ~ **secolare** (*mat.*), Säkulargleichung (*f.*). **27** ~ **trinomia** (*mat.*), trinomische Gleichung, dreigliedrige Gleichung. **28 impostare una** ~ (*mat.*), eine Gleichung ansetzen. **29 risolvere un'** ~ **rispetto ad n** (*mat.*), eine Gleichung nach n auflösen. **30 soddisfare un'** ~ (*mat.*), eine Gleichung genügen.
equiangolarità (*mecc.*), Gleichwinkligkeit (*f.*). **2 errore di** ~ (*mecc. - metrologia*), Abweichung von der Gleichwinkligkeit, Ungleichwinkligkeit (*f.*).
equiangolo (*geom.*), gleichwinklig.
equidistante (equidistanziato) (*gen.*), gleichabständig, äquidistant, in gleichem Abstand.
equidistanza (*gen.*), gleich weite Entfernung, Äquidistanz (*f.*).
equidistanziato (equidistante) (*gen.*), gleichabständig, äquidistant, in gleichem Abstand.
equifase (*elett.*), phasengleich. **2 zona** ~ (*radar*), Überschneidungsgebiet (*n.*).
equilatero (*geom.*), gleichseitig.
equilibramento (*mecc. - ecc.*), vedi equilibratura.
equilibrare (*gen.*), ausgleichen, abgleichen. **2** ~ (*mecc.*), ausgleichen, auswuchten. **3** ~ (il carico) (*elett.*), ausgleichen, ausbalancieren. **4** ~ **staticamente** (*mecc.*), statisch auswuchten. **5 corpo da** ~ (particolare da equilibrare) (*mecc.*), Wuchtkörper (*m.*).
equilibrato (*mecc.*), ausgewuchtet, ausgeglichen. **2** ~ (carico) (*elett.*), ausgeglichen, balanciert. **3** ~ (fasato) (*elett.*), phasengleich. **4** ~ **dinamicamente** (*mecc.*), dynamisch ausgewuchtet. **5** ~ **verso terra** (simmetrico verso terra, linea p. es.) (*elett.*), erdsymmetrisch. **6 con carico** ~ (*elett.*), gleichbelastet.
equilibratore (timone di quota, timone di profondità) (*aer.*), Höhenruder (*n.*). **2** ~ (*app. - mecc.*), Ausgleicher (*m.*), Ausgleichapparat (*m.*). **3** ~ (dispositivo antidistorsioni) (*telef.*), Entzerrer (*m.*). **4** ~ **(di attenuazione) in serie** (*telef. - ecc.*), Längsentzerrer (*m.*).

equilibratrice (macchina per equilibratura) (*macch.*), Auswuchtmaschine (*f.*). 2 ~ **per pneumatici** (*aut.*), Reifenauswuchtmaschine (*f.*).
equilibratura (*mecc.*), Ausgleich (*m.*), Auswuchten (*n.*). 2 ~ (del carico) (*elett.*), Ladungsausgleich (*n.*), Ausbalancierung (*f.*). 3 ~ (dell'elica p. es.) (*aer. - ecc.*), Auswuchten (*n.*), Ausgleich (*m.*). 4 ~ (*telef.*), Nachbildung (*f.*). 5 ~ **dei momenti** (*mecc. - ecc.*), Momentausgleich (*m.*). 6 ~ **della pressione** (compensazione della pressione) (*gen.*), Druckausgleich (*m.*). 7 ~ **delle masse** (*mecc. - ecc.*), Massenausgleich (*m.*). 8 ~ **dinamica** (equilibramento dinamico, dell'elica p. es.) (*mecc. - aer.*), dynamisches Auswuchten. 9 ~ **statica** (*mecc.*), statisches Auswuchten. 10 **banco per** ~ (supporto per equilibratura, di un'elica p. es.) (*mecc. - ecc.*), Gleichgewichtswaage (*f.*). 11 **difetto di** ~ (*telef.*), Nachbildungsfehler (*m.*). 12 **supporto per** ~ (banco per equilibratura, di un'elica p. es.) (*mecc. - ecc.*), Gleichgewichtswaage (*f.*).
equilibrio (*fis. - mecc.*), Gleichgewicht (*n.*). 2 ~ **delle fasi** (*metall.*), Phasengleichgewicht (*n.*). 3 ~ **delle forze** (*mecc. - ecc.*), Kräftegleichgewicht (*n.*). 4 ~ **dinamico** (*mecc.*), dynamisches Gleichgewicht. 5 ~ **indifferente** (*mecc.*), indifferentes Gleichgewicht, gleichgültiges Gleichgewicht. 6 ~ **instabile** (*fis. - mecc.*), labiles Gleichgewicht, unsicheres Gleichgewicht. 7 ~ **metastabile** (*mecc.*), metastabiles Gleichgewicht. 8 ~ **radioattivo** (*fis. - chim.*), radioaktives Gleichgewicht. 9 ~ **stabile** (*mecc.*), stabiles Gleichgewicht. 10 ~ **statico** (*mecc.*), statisches Gleichgewicht. 11 ~ **termico** (*term.*), Temperaturgleichgewicht (*n.*), thermisches Gleichgewicht. 12 ~ **termodinamico** (*termodin.*), thermodynamisches Gleichgewicht. 13 **posizione di** ~ (*gen.*), Gleichgewichtslage (*f.*).
equilibrometro (misuratore di equilibramento) (*telef.*), Nachbildungsmesser (*m.*).
equimolare (di uguale concentrazione molare) (*chim.*), gleichmolar.
equinoziale (*astr.*), äquinoktial.
equinozio (*astr.*), Tag- und Nachtgleiche (*f.*), Äquinoktium (*n.*). 2 ~ **d'autunno** (il 23 settembre) (*astr.*), Herbstäquinoktium (*n.*), Herbstpunkt (*n.*), Herbsttagundnachtgleiche (*f.*). 3 ~ **di primavera** (21 marzo) (*astr.*), Frühlingsäquinoktium (*n,*), Frühlingspunkt (*m.*), Widderpunkt (*m.*).
equipaggiamento (*gen.*), Ausrüstung (*f.*). 2 ~ **a contattori** (*ferr. elett.*), Schützensteuerung (*f.*). 3 ~ **da montagna** (*sport.*), alpine Ausrüstung, Hochgebirgausrüstung (*f.*). 4 ~ **di linea** (d'un sistema telefonico p. es.) (*telef.*), Streckengeräte (*n. pl.*). 5 ~ **normale** (*macch.*), Normalbehör (*n.*). 6 ~ **per saldatura** (*tecnol. mecc.*), Schweissausrüstung (*f.*). 7 **piano di** ~ (*elett. - ecc.*), Ausrüstungsplan (*m.*), Bestückungsplan (*m.*).
equipaggiare (attrezzare) (*gen.*), ausstatten, ausrüsten. 2 ~ (dotare di attrezzi, macchine utensili) (*lav. macch. ut.*), ausrüsten, bestücken. 3 ~ (fornire di equipaggio) (*nav. - ecc.*), bemannen, belegen.
equipaggiato (attrezzato) (*gen.*), ausgerüstet.

equipaggio (*nav. - aer.*), Mannschaft (*f.*), Besatzung (*f.*). 2 ~ (parte mobile di uno strumento) (*strum.*), bewegliches System. 3 ~ **dell'aereo** (*aer.*), Flugzeugbesatzung (*f.*). 4 ~ **della nave** (*nav.*), Schiffsbesatzung (*f.*). 5 ~ **di misura** (equipaggio mobile di un apparecchio di misura) (*strum.*), Messwerk (*n.*). 6 ~ **di misura a bobine incrociate** (*app.*), Kreuzspulmesswerk (*n.*). 7 ~ **marittimo** (*nav.*), Schiffsmannschaft (*f.*). 8 **senza** ~ (*nav. - aer.*), unbemannt.
equiparazione (di diritti p. es.) (*gen.*), Gleichstellung (*f.*).
equipartizione (*gen.*), Gleichverteilung (*f.*). 2 **teorema dell'**~ (dell'energia) (*fis.*), Gleichverteilungssatz (*m.*), Äquipartitionstheorem (*n.*).
equipotenziale (*fis.*), equipotential, äquipotentiell. 2 **linea** ~ (*elett.*), Äquipotentiallinie (*f.*), Niveaulinie (*f.*).
equisegnale (*radio*), gleichsignalig.
equispesso (solido geometrico, nel quale tutti i diametri sono uguali e che tuttavia non è un cilindro) (*mecc. - geom.*), Gleichdick (*n.*).
equitazione (*sport*), Reitkunst (*f.*).
equivalente (*a. - gen.*), gleichwertig, äquivalent. 2 ~ (*s. - chim. - fis.*), Äquivalent (*n.*). 3 ~ (grammo-equivalente) (*s. - chim.*), Äquivalent (*n.*), Gramm-Äquivalent (*n.*), Val. 4 ~ (attenuazione residua) (*s. - telef.*), Restdämpfung (*f.*). 5 ~ **chimico** (*chim.*), chemisches Äquivalent. 6 ~ **del lavoro** (*fis.*), Arbeitsäquivalent (*n.*). 7 ~ **di riferimento di ricezione** (*telef.*), Empfangsbezugdämpfung (*f.*). 8 ~ **di riferimento di trasmissione** (*telef.*), Sendebezugsdämpfung (*f.*). 9 ~ **elettrico del calore** (1 kcal = $1{,}16 \cdot 10^{-3}$ kWh) (*fis.*), elektrisches Wärmeäquivalent. 10 ~ **elettrochimico** (*elettrochim.*), elektrochemisches Äquivalent. 11 ~ **energetico della massa** (*fis.*), Masse-Energie-Äquivalent (*n.*). 12 ~ **in acqua** (capacità termica, d'un calorimetro) (*term.*), Wasserwert (*m.*), Wärmekapazität (*f.*). 13 ~ **meccanico** (*fis.*), mechanisches Äquivalent. 14 ~ **meccanico del calore** (1 kcal = 426,94 mkp) (*fis.*), mechanisches Wärmeäquivalent. 15 ~ **meccanico della luce** (equivalente meccanico dell'unità di luce: 1 lumen = ca. 0,00144 watt) (*fis.*), Lichtäquivalent (*n.*). 16 ~ **roentgen biologico** (rem = roentgen *equivalent man*, unità della dose assorbita) (*radioatt.*), biologisches Röntgenäquivalent, rem. 17 ~ **termico** (equivalente del calore) (*termodin.*), Wärmeäquivalent (*n.*). 18 ~ **termico del lavoro** (*fis.*), kalorisches Arbeitsäquivalent. 19 **fattore di** ~ (*telef.*), Restdämpfungsfaktor (*m.*). 20 **funzione** ~ (della linea caratteristica) (*macch. - ecc.*), Ersatzfunktion (*f.*). 21 **momento** ~ (nel calcolo di alberi) (*mecc.*), Vergleichsmoment (*n.*). 22 **sistema** ~ (*macch. - mot. - ecc.*), Ersatzsystem (*n.*).
equivalenza (*gen.*), Äquivalenz (*f.*), Gleichwertigkeit (*f.*). 2 ~ (*mat. - ecc.*), Gleichwertigkeit (*f.*). 3 ~ (*min.*), Gleichfälligkeit (*f.*). 4 **classi di** ~ (*mat.*), Äquivalenzklassen (*f.*). 5 **classificazione per** ~ (*min.*), Gefälligkeitsklassierung (*f.*). 6 **coefficiente di** ~ (*metall.*), Gleichwertigkeitskoeffizient (*m.*), Äquivalenz-

koeffizient (*m.*). **7 (principio dell')** ~ **tra massa ed energia** ($E = mc^2$, in cui c è la velocità della luce in cm/sec, E l'energia in erg ed m = massa in g) (*fis.*), Äquivalenz von Masse und Energie.

equo (giusto, ragionevole; prezzo p. es.) (*comm. - ecc.*), mässig.

Er (erbio) (*chim.*), Er, Erbium (*n.*).

era (*gen.*), Zeitalter (*n.*). **2** ~ **spaziale** (*astronautica*), Raumfahrtzeitalter (*n.*).

eraclit (pannello leggero in lana di legno) (*ed.*), Heraklith (*n.*).

erba (*agric.*), Gras (*n.*). **2** ~ **medica** (trifoglio) (*agric.*), Pfriemengras (*n.*), Spartgras (*n.*).

erbettamento (disturbo nelle prove con ultrasuoni) (*n. - metall.*), Gras (*n.*).

erbicida (diserbante) (*ferr. - ecc.*), Unkrautvertilgungsmittel (*n.*).

erbio (*Er - chim.*), Erbium (*n.*).

eredità (in seguito a fusioni ripetute) (*metall. - fond.*), Vererbung (*f.*). **2 accettazione di** ~ (adizione) (*finanz.*), Übernahme (*f.*). **3 lasciare in** ~ (legare) (*leg.*), vererben, vermachen. **4 rinuncia all'**~ (*leg.*), Erbverzicht (*f.*).

erezione (costruzione) (*ed.*), Bauen (*n.*), Erbauen (*n.*). **2** ~ (installazione, di una antenna p. es.) (*gen.*), Errichtung (*f.*).

erg (unità di misura del lavoro, 1 erg = 1 dyn·cm) (*unità di mis.*), Erg (*n.*).

ergodico (*stat. - mecc.*), ergodisch.

ergometro (app. per la misura del lavoro mecc.) (*strum.*), Ergmeter (*m.*), Ergometer (*m.*). **2** ~ (per confrontare la capacità di prestazione umana) (*app.*), Ergometer (*n.*).

ergonometrico (*gen.*), ergonometrisch.

ergonomia (adattamento del lavoro all'uomo) (*scienza*), Ergonomie (*f.*).

ergonomico (mezzo di lavoro, p. es. studiato in modo adatto alla capacità di prestazione dell'uomo) (*lav. - ecc.*), ergonomisch.

erigere (*gen.*), errichten, aufrichten. **2** ~ (costruire) (*ed.*), erbauen, aufbauen.

eriofloro (fibra tessile) (*tess. - bot.*), Wollgras (*n.*), Eriophorumfaser (*f.*).

eriometro (app. per la misura del diametro delle fibre) (*app. tess.*), Eriometer (*n.*).

erl (erlang) (*unità telef.*), Erl (*n.*), Erlang (*n.*).

erlang (erl, misura dell'intensità del traffico) (*unità - telef.*), Erlang (*n.*), Erl (*n.*).

erlangmetro (*app. - telef.*), Erlangmeter (*n.*).

ermeticità (tenuta ermetica, tenuta stagna) (*tecnol.*), Dichtigkeit (*f.*). **2 mancanza di** ~ (anermeticità, mancanza di tenuta) (*mecc. - ecc.*), Undichtigkeit (*f.*), Undichtheit (*f.*).

ermetico (stagno, a tenuta di aria p. es.) (*a. - tecnol.*), dicht. **2** ~ (a tenuta d'aria) (*a. - gen.*), luftdicht. **3** ~ (mastice) (*s. - mecc.*), Dichtmasse (*f.*), Dichtungsmasse (*f.*). **4** ~ **alla polvere** (a tenuta di polvere, stagno alla polvere) (*app. - ecc.*), staubdicht. **5 non** ~ (anermetico, non stagno) (*gen.*), undicht.

« ermetizzare » (chiudere a tenuta, rendere stagno) (*mecc. - ecc.*), dichten, abdichten.

« ermetizzazione » (*mecc.*), Abdichtung (*f.*), Dichtung (*f.*). **2** ~ **mediante fusione** (di una valvola termoionica, p. es.) (*elett.*), Abschmelzen (*n.*), Abschmelzung (*f.*).

erodere (*gen.*), abfressen, ausfressen. **2** ~ (dilavare, la riva p. es.) (*geol.*), auswaschen.

eroditrice (per elettroerosione) (*macch.*), Erosionsmaschine (*f.*), Erodiermaschine (*f.*).

erogare (*gen.*), abgeben, liefern. **2** ~ **corrente** (*elett.*), Strom abgeben.

erogato (potenza p. es.) (*mot. - ecc.*), abgegeben, geliefert.

erogazione (*gen.*), Lieferung (*f.*). **2** ~ **specifica** (portata derivabile da un serbatoio in un determinato periodo) (*idr. - elett.*), Abarbeitung (*f.*). **3 crisi di** ~ (*elett.*), Versorgungsengpass (*m.*). **4 ripristino dell'**~ (di elettricità) (*elett.*), Wiederversorgung (*f.*).

erosione (*geol. - ecc.*), Erosion (*f.*). **2** ~ (*mecc.*), Ausfressung (*f.*). **3** ~ (*vn.*), Erosion (*f.*). **4** ~ (dilavamento, di rocce p. es.) (*geol.*), Auswaschung (*f.*). **5** ~ **abrasiva** (*mecc.*), abrasive Erosion. **6** ~ **da fluido** (usura da corrente fluida) (*mecc.*), Strömungsverschleiss (*m.*). **7** ~ **sotterranea** (scalzamento) (*geol.*), Unterspülung (*f.*), Auskolkung (*f.*), Unterwaschung (*f.*). **8** ~ **usura da** ~ (causata p. es. da sabbia in una corrente liquida) (*mecc. - ecc.*), Spülverschleiss (*m.*).

eroso (*mecc.*), ausgefressen. **2** ~ (dilavato, riva o sponda p. es.) (*geol.*), ausgewaschen.

erpicare (*agric.*), eggen.

erpice (*macch. agric.*), Egge (*f.*). **2** ~ **a catene** (*macch. agric.*), Kettenegge (*f.*). **3** ~ **a denti flessibili** (*macch. agric.*), Federzahnegge (*f.*). **4** ~ **a dischi** (*macch. agric.*), Scheibenegge (*f.*). **5** ~ **a maglie** (*macch. agric.*), Netzegge (*f.*). **6** ~ **a stella** (*macch. agric.*), Walzenkrümelegge (*f.*). **7** ~ **rigido** (*macch. agric.*), starre Egge. **8** ~ **snodato** (*macch. agric.*), Gelenkegge (*f.*). **9 disco di** ~ (*macch. agric.*), Eggenteller (*m.*).

errata-corrige (*tip.*), Druckfehlerverzeichnis (*n.*), Berichtigungen (*f. pl.*).

erratico (*geol.*), erratisch.

errato (sbagliato) (*gen.*), falsch, irrig. **2** ~ (sbagliato; un risultato) (*mat.*), fehlerhaft.

errore (*mat. - ecc.*), Fehler (*m.*), Irrtum (*m.*). **2** ~ (differenza tra una superficie lavorata e forma geometrica della superficie) (*mecc.*), Abweichung (*f.*). **3** ~ **accidentale** (*mis.*), Zufallsfehler (*m.*), zufälliger Fehler. **4** ~ **ammissibile** (errore tollerato) (*gen.*), zulässiger Fehler. **5** ~ **angolare** (errore di equiangolarità) (*mecc.*), Abweichung von der Gleichwinkligkeit. **6** ~ **assoluto** (*mat.*), absoluter Fehler. **7** ~ **casuale** (errore accidentale) (*gen.*), Zufallsfehler (*m.*). **8** ~ **contabile** (*contabilità*), Buchungsfehler (*m.*). **9** ~ **cumulativo** (di misurazioni) (*mecc.*), Sammelfehler (*m.*), Summenfehler (*m.*). **10** ~ **da attrito** (errore dovuto all'attrito, di app. misuratori elettrici) (*metrologia*), Reibungsfehler (*m.*). **11** ~ **da errata relazione tra le rotazioni** (dell'utensile e del pezzo; d'una dentatrice) (*mecc.*), Wälzdrehfehler (*m.*). **12** ~ **dell'angolo d'elica** (di ruote dentate) (*mecc.*), Schrägungswinkelfehler (*m.*). **13** ~ **dello strumento** (errore strumentale) (*strum.*), Instrumentenfehler (*m.*). **14** ~ **del passo singolo** (di una ruota dentata) (*mecc.*), Einzelteilungsfehler (*m.*). **15** ~ **del passo (sul cerchio) primitivo** (*mecc.*), Teilkreisteilungs-

errore

fehler (*m.*). **16 ~ del profilo del fianco** (di un dente) (*mecc.*), Flankenformfehler (*m.*). **17 ~ di allineamento** (*mecc.*), Fluchtabweichung (*f.*), Abweichung vom Fluchten. **18 ~ di battuta** (errore di battitura) (*uff.*), Tippfehler (*m.*), Verschreiben (*n.*). **19 ~ di calcolo** (*mat. - ecc.*), Rechenfehler (*m.*), Verrechnen (*n.*). **20 ~ di cilindricità** (*mecc.*), Abweichung von der Zylinderform. **21 ~ di circolarità** (*mecc.*), Abweichung vom Kreis, Kreisformfehler (*m.*). **22 ~ di coassialità** (*mecc.*), Abweichung von der Koaxialität. **23 ~ di complanarità angolare** (errore di oscillazione assiale, di un disco rotante p. es.) (*mecc.*), Planlaufabweichung (*f.*), Axialschlag (*m.*). **24 ~ di concentricità** (*mecc.*), Abweichung von der Konzentrizität. **25 ~ di concentricità** (errore di oscillazione radiale, di un disco rotante p. es.) (*mecc.*), Rundlaufabweichung (*f.*), Radialschlag (*m.*). **26 ~ di copiatura** (*uff.*), Abschreibfehler (*m.*). **27 ~ di definizione** (mancanza di definizione, di una immagine) (*ott.*), Unschärfe (*f.*). **28 ~ di direzione dei fianchi** (di ruote dentate, scostamento della linea caratteristica dei fianchi dalla sua direzione nominale) (*mecc.*), Flankenrichtungsfehler (*m.*). **29 ~ di direzione del dente** (*mecc.*), Zahnrichtungsfehler (*m.*). **30 ~ di equiangolarità** (*mecc. - metrologia*), Ungleichwinkligkeit (*f.*), Gleichwinkligkeitsabweichung (*f.*), Abweichung von der Gleichwinkligkeit. **31 ~ di forma** (*mecc.*), Formabweichung (*f.*). **32 ~ di forma tollerabile** (tolleranza di forma) (*mecc.*), Formtoleranz (*f.*), zulässige Formabweichung. **33 ~ di latitudine** (*navig.*), Breitenfehler (*m.*). **34 ~ di lettura** (*strum. - ecc.*), Ablesefehler (*m.*), Ablesungsfehler (*m.*). **35 ~ di manovra** (*gen.*), Bedienungsfehler (*m.*). **36 ~ dimensionale** (errore di misura) (*mecc. - ecc.*), Massfehler (*m.*). **37 ~ dimensionale tollerabile** (tolleranza dimensionale) (*mecc.*), Masstoleranz (*f.*), zulässige Massabweichung. **38 ~ di misura** (errore dimensionale) (*mecc. - ecc.*), Massfehler, Messfehler (*m.*). **39 ~ di misura** (errore di misurazione) (*mecc. - ecc.*), Messfehler, Messungsfehler (*m.*). **40 ~ di misurazione** (errore di misura) (*mecc. - ecc.*), Messfehler (*m.*), Messungsfehler (*m.*). **41 ~ di nastro** (perforato) (*elab. dati*), Bandfehler (*m.*). **42 ~ d'inclinazione** (*mecc.*), Abweichung von der Neigung. **43 ~ d'indessaggio** (errore di divisione) (*lav. macch. ut.*), Teilungsfehler (*m.*), Indexierfehler (*m.*). **44 ~ d'indessaggio** (errore di rotazione, nella lavorazione su tornio a torretta p. es.) (*lav. macch. ut.*), Schaltfehler (*m.*). **45 ~ d'indicazione** (*strum.*), Fehlangabe (*f.*). **46 ~ d'indicazione del tachimetro** (scarto d'indicazione del tachimetro, scarto al tachimetro) (*strum. - aut.*), Tachometerabweichung (*f.*). **47 ~ di normalità** (errore di oscillazione assiale, di un disco rotante p. es.) (*mecc.*), Planlaufabweichung (*f.*), Axialschlag (*m.*). **48 ~ d'instradamento** (*telef.*), Leitfehler (*m.*). **49 ~ d'inversione** (d'uno strumento misuratore) (*strum.*), Umkehrspanne (*f.*). **50 ~ di ondulazione** (ondulazione, di una superficie tecnica) (*mecc.*), Welligkeit (*f.*), Welle (*f.*). **51 ~ di ortogonalità** (*mecc.*), Abweichung von der Rechtwinkligkeit. **52 ~ di ortoplanarità** (errore di oscillazione assiale, di un organo rotante) (*mecc.*), Planlaufabweichung (*f.*), Axialschlag (*m.*). **53 ~ di oscillazione assiale** (di un disco rotante p. es.) (*mecc.*), Axialschlag (*m.*), Planlaufabweichung (*f.*). **54 ~ di oscillazione radiale** (di un disco rotante p. es.) (*mecc.*), Radialschlag (*m.*), Rundlaufabweichung (*f.*). **55 ~ di parallelismo** (*mecc.*), Abweichung von der parallelen Lage, Unparallelität (*f.*). **56 ~ di passo** (di una vite, ruota elicoidale, ecc.) (*mecc.*), Steigungsfehler (*m.*). **57 ~ di passo cumulativo** (su un certo settore di una ruota dentata) (*mecc.*), Summenteilungsfehler (*m.*). **58 ~ di passo cumulativo** (di una ruota elicoidale p. es.) (*mecc.*), Summensteigungsfehler (*m.*). **59 ~ di passo dell'intaglio ad elica** (errore di passo della gola elicoidale, di creatori p. es.) (*ut.*), Nutenteilungsfehler (*m.*). **60 ~ di passo nominale** (di una vite p. es.) (*mecc.*), Sollsteigungsfehler (*m.*). **61 ~ di pianparallelismo** (*mecc.*), Abweichung von der Planparallelität. **62 ~ di pilotaggio** (*aer.*), Steuerfehler (*m.*). **63 ~ di planarità** (di una superficie tecnica) (*mecc. - metrologia*), Unebenheit (*f.*), Abweichung von der Ebene, Abweichung von der Ebenheit. **64 ~ di polarizzazione** (effetto notte, nel radiogoniometraggio) (*radio - navig.*), Dämmerungseffekt (*m.*). **65 ~ di posizionamento** (*mecc. - ecc.*), Positionierungsfehler (*m.*). **66 ~ di posizionamento** (ritardo di posizionamento dovuto alla differenza tra posizione effettiva e nominale) (*macch. ut. c/n*), Schleppfehler (*m.*). **67 ~ di posizione** (di un pezzo p. es.) (*mecc.*), Lageabweichung (*f.*). **68 ~ di posizione tollerabile** (tolleranza di posizione) (*mecc.*), Lagetoleranz (*f.*), zulässige Lageabweichung. **69 ~ di rettilineità** (*mecc.*), Abweichung von der Geraden. **70 ~ di rilevamento** (radiogoniometrico p. es.) (*radio - ecc.*), Peilfehler (*m.*). **71 ~ di rugosità** (rugosità, errore microgeometrico, di una superficie lavorata, dovuto all'azione dell'utensile) (*mecc.*), Rauheit (*f.*). **72 ~ di simmetria** (*mecc.*), Abweichung von der Symmetrie. **73 ~ di stampa** (refuso) (*tip.*), Druckfehler (*m.*). **74 ~ dovuto ad arrotondamenti** (*mat. - ecc.*), Rundungsfehler (*m.*), Abrundungsfehler (*m.*). **75 ~ dovuto all'attrito** (errore da attrito, di app. misuratori elettrici) (*metrologia*), Reibungsfehler (*m.*). **76 ~ dovuto alla rotazione della terra** (nelle appar. giroscopiche) (*app.*), Erddrehfehler (*m.*). **77 ~ dovuto alla sospensione cardanica** (nei giroscopi) (*app.*), Kardanfehler (*m.*). **78 ~ medio** (*gen.*), mittlerer Fehler. **79 ~ medio quadratico** (radice quadrata della media di tutti gli errori al quadrato) (*mat.*), mittlerer Fehler. **80 ~ microgeometrico** (rugosità, di una superficie lavorata, dovuto all'azione dell'utensile) (*mecc.*), Rauheit (*f.*). **81 ~ parallattico** (*astr.*), Parallaxenfehler (*m.*). **82 ~ periodico** (d'una filettatura) (*mecc.*), Taumelfehler (*m.*), periodischer Fehler. **83 ~ periodico** (di una dentatura) (*mecc.*), zyklischer Fehler, periodisch wiederkehrender Fehler. **84 ~ piramidale** (*ott.*), Pyramidalfehler (*m.*). **85 ~ probabile** (*mat. - ecc.*), wahrscheinlicher

Fehler. **86** ~ **quadrantale** (della bussola) (*nav.*) Viertelfehler (*m.*). **87** ~ **relativo** (*mat.*), relativer Fehler. **88** ~ **sistematico** (*mis. - ecc.*), systematischer Fehler, regelmässiger Fehler. **89** ~ **statistico** (*fis.*), statistischer Fehler. **90** ~ **strumentale** (errore dello strumento) (*strum.*), Instrumentenfehler (*m.*). **91** ~ **tipo** (nei controlli della qualità) (*tecnol. mecc. - stat.*), Standardfehler (*m.*). **92** ~ **tollerato** (errore ammissibile) (*gen.*), zulässiger Fehler. **93** ~ **totale di divisione** (errore di passo totale, errore cumulativo massimo, di una ruota dentata) (*mecc.*), Gesamtteilungsfehler (*m.*). **94 banda di** ~ (*strum. - ecc.*), Fehlerband (*n.*). **95 codice riconoscimento errori** (*calc.*), Fehlererkennungscode (*m.*). **96** ~ **curva degli errori** (curva di Gauss) (*mat. - stat.*), Fehlerkurve (*f.*). **97 eliminazione degli errori** (*calc.*), Störbeseitigung (*f.*). **98 fonte di errori** (*gen.*), Fehlerquelle (*f.*). **99 frequenza degli errori** (*stat.*), Fehlerhäufigkeit (*f.*). **100 funzione dell'**~ (funzione di Gauss) (*mat. - stat.*), Fehlerfunktion (*f.*). **101 individuare un** ~ (*mat.*), einen Fehler eingrenzen. **102 legge di distribuzione degli errori** (legge di Gauss) (*mat. - stat.*), Fehlerfunktiongesetz (*n.*). **103 legge di frequenza degli errori** (di Gauss) (*mat. - stat.*), Fehlergesetz (*n.*). **104 probabilità di** ~ (*gen.*), Irrtumswahrscheinlichkeit (*f.*). **105 salvo errori ed omissioni** (S. E. & O.) (*amm.*), Irrtum und Auslassungen vorbehalten. **106 teoria degli errori** (*stat. - mat.*), Fehlertheorie (*f.*).

eru (earth rate unit, unità della velocità di rotazione siderale terrestre; 1 eru=15,041°/h) (*unità di mis.*), Eru (*n.*).

eruzione (*geol.*), Durchbruch (*m.*), Ausbruch (*m.*), Eruption (*f.*). **2** ~ **di gas** (*min.*), Bläser (*m.*). **3 canale di** ~ (di un vulcano) (*geol.*), Eruptionskanal (*m.*), Schlot (*m.*).

esaatomico (*fis. - chim.*), sechsatomig.

esaedrico (*geom.*), hexaedrisch.

esaedro (*geom.*), Hexaeder (*n.*).

esafase (*elett.*), sechsphasig. **2 collegamento** ~ (*elett.*), Sechsphasenschaltung (*f.*).

esafluoruro di cloropropano (mezzo criogenico, R 216) (*tecnica frigor.*), Hexafluordichlorpropan (*n.*).

esagonale (*geom. - ecc.*), sechswinklig.

esagono (*geom. - mecc. - ecc.*), Sechskant (*m.*). **2** ~ **cavo** (esagono incassato, di una vite) (*mecc.*), Innensechskant (*m.*). **3** ~ **incassato** (esagono cavo, di una vite) (*mecc.*), Innensechskant (*m.*).

esalazione (*chim.*), Exhalation (*f.*), Ausdünstung (*f.*). **2** ~ (vapore) (*fis.*), Dunst (*m.*).

esalina ($C_6H_{11}OH$) (cicloesanolo) (*chim.*), Hexalin (*n.*), Zyklohexanol (*n.*).

esaltarsi (di una oscillazione p. es.) (*fis.*), aufklingen.

esaltazione (di oscillazioni p. es.) (*fis.*), Überhöhung (*f.*). **2** ~ **dei toni bassi** (*acus.*), Tiefenanhebung (*f.*).

esame (*gen.*), Examen (*n.*), Prüfung (*f.*). **2** ~ (prova) (*tecnol.*), Untersuchung (*f.*), Versuch (*m.*), Prüfung (*f.*). **3** ~ (*scuola - ecc.*), Prüfung (*f.*), Examen (*n.*). **4** ~ **attitudinale** (prova attitudinale, « test » attitudinale) (*pers. - psicotec.*), Eignungsprüfung (*f.*). **5** ~ **dei libri** (verifica dei libri) (*contabilità*), Buchprüfung (*f.*). **6** ~ **del terreno** (*ed.*), Bodenuntersuchung (*f.*). **7** ~ **di abilitazione** (*pers. - ecc.*), Befähigungsprüfung (*f.*), Fähigkeitsprüfung (*f.*). **8** ~ **di abilitazione** (da eseguirsi con capolavoro tecnico) (*lav.*), Gesellenprüfung (*f.*). **9** ~ **di guida** (*aut.*), Fahrprüfung (*f.*). **10** ~ **di idoneità** (prova di idoneità, per il personale di volo p. es.) (*aer. - psicotec.*), Eignungsprüfung (*f.*). **11** ~ **di laurea** (*scuola*), Doktorprüfung (*f.*), Doktorexamen (*n.*). **12** ~ **di maturità** (*scuola*), Matur (*n.*), Reifeprüfung (*f.*). **13** ~ **di Stato** (*scuola*), Staatsexamen (*n.*), Staatsprüfung (*f.*). **14** ~ **macroscopico** (*metall.*), makroskopische Untersuchung. **15** ~ **medico** (*med.*), ärztliche Untersuchung. **16** ~ **orale** (*scuola*), mündliche Prüfung. **17 esami psicotecnici** (*psicotecnica - pers.*), psychotechnische Eignungsprüfungen. **18** ~ **psicotecnico di idoneità** (*aer. - ecc.*), psychotechnische Eignungsprüfung. **19** ~ **radiografico** (controllo radiografico) (*metall.*), Röntgenprüfung (*f.*), Röntgenuntersuchung (*f.*). **20** ~ **schermografico** (schermografia) (*pers. - med.*), Röntgenuntersuchung (*f.*), Schirmbilduntersuchung (*f.*). **21** ~ **scritto** (*scuola*), schriftliche Prüfung. **22 in** ~ (in visione) (*gen.*), zur Ansicht.

esametilentetrammina (urotropina) (*chim. - farm.*), Hexamethylentetramin (*n.*).

esaminare (analizzare) (*tecnol.*), untersuchen. **2** ~ (*pers. - scuola*), prüfen, examinieren. **3** ~ (dei conti p. es.) (*contabilità - ecc.*), durchgehen. **4** ~ (i libri) (*amm.*), einsehen.

esamotore (*a. - aer.*), sechsmotorig.

esanitrodifenilammina (*esplosivo*), Hexamin (*n.*), Hexanitrodiphenylamin (*n.*).

esano (C_6H_{14}) (idrocarburo) (*chim.*), Hexan (*n.*).

esattezza (*gen.*), Genauigkeit (*f.*), Exaktheit (*f.*). **2** ~ **dello sterzo** (*aut.*), Lenk-Exaktheit (*f.*).

esatto (giusto) (*mat.*), richtig. **2** ~ (preciso) (*gen.*), exakt, genau. **3 scienza esatta** (*sc.*), strenge Wissenschaft.

esattore (di tasse p. es.) (*lav.*), Einnehmer (*m.*), Einzieher (*m.*).

esattoria (*finanz.*), Hebestelle (*f.*).

esauriente (dettagliato, completo; informazione p. es.) (*gen.*), ausführlich. **2** ~ (approfondito, esame, prova p. es.) (*gen.*), ausführlich, eingehend.

esaurientemente (dettagliatamente, informare p. es.) (*gen.*), ausführlich.

esaurimento (di minerale) (*min.*), Erschöpfung (*f.*), Vertaubung (*f.*). **2** ~ (vuotamento dell'acqua di sentina p. es.) (*nav.*), Ausleeren (*n.*), Auspumpen (*n.*). **3** ~ (fisiologico) (*lav. - med.*), Erschöpfung (*f.*), Kraftlosigkeit (*f.*), Erschöpftsein (*n.*). **4 colonna di** ~ (*ind. chim.*), Abtriebsäule (*f.*).

esaurire (*gen.*), erschöpfen. **2** ~ (giacimenti) (*min.*), erschöpfen, abbauen.

esaurito (*gen.*), erschöpft. **2** ~ (*min.*), abgebaut, erschöpft. **3** ~ (*comm.*), ausverkauft. **4** ~ (libro, edizione) (*comm.*), vergriffen, ausverkauft. **5** ~ (totalmente occupato, teatro p. es.) (*gen.*), ausverkauft, voll besetzt.

esavalente (*chim.*), sechswertig.

esazione (di tasse p. es.) (*finanz.*), Einnahme (*f.*), Einzug (*m.*). **2 spese di ~** (*amm.*), Inkassospesen (*f. pl.*).
esborso (*comm.*), Ausabe (*f.*), Auslegen (*n.*).
escavatore (*macch. mov. terra*), Bagger (*m.*), Trockenbagger (*m.*). **2 ~ a badilone** (escavatore a cucchiaia) (*macch. mov. terra*), Löffelbagger (*m.*). **3 ~ a benna mordente** (escavatore a benna prensile) (*macch. mov. terra*), Greifbagger (*m.*). **4 ~ a benna prensile** (escavatore a benna mordente) (*macch. mov. terra*), Greifbagger (*m.*). **5 ~ a benna strisciante** (escavatore a benna raschiante, escavatore a benna trascinata, «dragline») (*macch. mov. terra*), Eimerseilbagger (*m.*), Schürfkübelbagger (*m.*), Zugkübelbagger (*m.*), Schleppschaufelbagger (*m.*). **6 ~ a benna trascinata** (escavatore a benna raschiante o strisciante, «dragline») (*macch. mov. terra*), Eimerseilbagger (*m.*), Schürfkübelbagger (*m.*), Zugkübelbagger (*m.*), Schleppschaufelbagger (*m.*). **7 ~ a catena di tazze** (*macch. mov. terra*), Eimerbagger (*m.*), Eimerkettenbagger (*m.*), Eimertrockenbagger (*m.*). **8 ~ a cingoli** (*macch. movim. terra*), Raupenbagger (*m.*). **9 ~ a cucchiaia** (*macch. mov. terra*), Löffelbagger (*m.*). **10 ~ a cucchiaia livellatrice** (*macch. mov. terra*), Flachlöffelbagger (*m.*), Planierbagger (*m.*). **11 ~ a cucchiaia rovescia** (*macch. mov. terra*), Tieflöffelbagger (*m.*). **12 ~ a cucchiaia spingente** (*macch. mov. terra*), Hochlöffelbagger (*m.*). **13 ~ ad azionamento idraulico** (*macch. mov. terra*), Hydro-Bagger (*m.*), hydraulischer Bagger. **14 ~ a fresa** (*macch. mov. terra*), Fräserbagger (*m.*). **15 ~ a pala** (escavatore a cucchiaia) (*macch. mov. terra*), Löffelbagger (*m.*). **16 ~ a pompa aspirante** (*macch. mov. terra*), Saugbagger (*m.*). **17 ~ con ruota a tazze** (escavatore a ruota di tazze) (*macch. mov. terra*), Schaufelradbagger (*m.*). **18 ~ in superficie** (*macch. mov. terra*), Flachbagger (*m.*). **19 ~ livellatore** (*macch. mov. terra*), Planierbagger (*m.*). **20 ~ (montato) su ruote gommate** (*macch. mov. terra*), Pneubagger (*m.*), Autobagger (*m.*), gummibereifter Bagger. **21 ~ subacqueo** (draga) (*macch. mov. terra*), Nassbagger (*m.*). **22 ~ universale** (*macch. mov. terra*), Mehrzweckbagger (*m.*), Universalbagger (*m.*). **23 braccio dell' ~** (*macch. mov. terra*), Baggerausleger (*m.*). **24 tazza per ~** (*macch. mov. terra*), Baggereimer (*m.*), Trockenbaggereimer (*m.*).
escavatorista (*lav.*), Baggerführer (*m.*).
escavatrice (escavatore) (*macch. mov. terra*), Bagger (*m.*), Trockenbagger (*m.*). **2 ~,** vedi anche escavatore.
escavazione (*ed. - ecc.*), Ausgrabung (*f.*). **2 ~** (con escavatore) (*mov. terra*), Baggerung (*f.*), Ausbaggerung (*f.*). **3 ~** (scavo, di un pozzo) (*min.*), Senken (*n.*). **4 ~ a getto d'acqua** (scavo a getto d'acqua) (*mov. terra*), Druckstrahlbaggerung (*f.*). **5 ~ a getto d'acqua** (scavo a getto d'acqua) (*min.*), Schwemmabbau (*m.*). **6 ~ di roccia** (*ed.*), Felsbaggerung (*f.*). **7 ~ subacquea** (*mov. terra*), Nassbaggerung (*f.*). **8 ~ superficiale** (*mov. terra*), Flachbaggerung (*f.*).
escludendo (*gen.*), ausschliesslich, ausschl.
escludere (*gen.*), ausschliessen. **2 ~** (disinserire, disinnestare) (*mecc. - elett.*), ausschalten. **3 ~** (un apparecchio da un circuito p. es., mediante derivazione parallela) (*elett.*), überbrücken.
escludibile (disinseribile) (*elett.*), abschaltbar.
esclusione (*gen.*), Ausschliessung (*f.*), Ausschluss (*m.*). **2 ~** (disinnesto, disinserzione) (*mecc. - elett.*), Ausschaltung (*f.*). **3 ~** (d'un apparecchio, da un circuito p. es. mediante derivazione in parallelo) (*elett.*), Überbrükkung (*f.*). **4 ~ delle vie legali ordinarie** (*leg.*), Ausschluss des ordentlichen Rechtweges. **5 ad ~ di** (*gen.*), ausschliesslich, ausschl. **6 circuito di ~** (circuito disinseritore) (*autom. - ecc.*), Abschaltkreis (*m.*). **7 posizione di ~** (*elett.*), Abschaltstellung (*f.*). **8 relè di ~** (relè disgiuntore) (*elett.*), Trennrelais (*n.*).
esclusività (*comm.*), Ausschliesslichkeit (*f.*).
esclusivo (*comm.*), ausschliesslich. **2 diritto ~** (*leg.*), Alleinberechtigung (*f.*). **3 OR ~** (antivalenza) (*calc.*), ausschliessliches ODER, exclusives ODER.
escursione (ampiezza, di una oscillazione) (*fis.*), Ausschlag (*m.*), Amplitüde (*f.*), Ausschlagweite (*f.*). **2 ~** (differenza tra il valore massimo e minimo di una variabile) (*stat.*), Spannweite (*f.*). **3 ~ del pendolo** (ampiezza dell'oscillazione del pendolo) (*fis.*), Pendelausschlag (*m.*). **4 ~ di molleggio** (escursione elastica, di una ruota d'autoveicolo) (*aut.*), Durchfedern (*n.*). **5 ~ elastica** (freccia elastica, di una sospensione p. es.) (*aut. - ecc.*), Federweg (*n.*).
escussione (di un teste) (*leg.*), Vernehmung (*f.*). **2 senza beneficio di ~** (cauzione) (*comm.*), selbstschuldnerisch.
ESE (est-sud-est) (*geogr.*), OSO, Ostsudosten (*m.*).
esecutivo (*gen.*), ausführend. **2 comitato ~** (*gen.*), Vollzugausschuss (*m.*).
esecuzione (*gen.*), Ausführung (*f.*), Durchführung (*f.*). **2 ~** (tipo di costruzione p. es.) (*gen.*), Ausführung (*f.*). **3 ~** (evasione, di una commissione) (*comm.*), Erledigung (*f.*), Effektuierung (*f.*). **4 ~** (di un inventario p. es.) (*amm.*), Aufnahme (*f.*), Aufstegung (*f.*). **5 ~ a giorno** (esecuzione per impiego all'aperto) (*macch. - ecc.*), Freiluftausführung (*f.*). **6 ~ corrente** (esecuzione normale) (*ind.*), Normalausführung (*f.*). **7 ~ della spoglia** (spogliatura) (*mecc.*), Freischneiden (*n.*), Hinterdrehen (*n.*). **8 ~ dell'inventario** (*amm.*), Inventaraufnahme (*f.*), Inventur (*f.*). **9 ~ destra** (tipo di costruzione di un accessorio comandato dal motore p. es.) (*macch. - mot.*), Rechtsausführung (*f.*). **10 ~ di gole** (*lav. macch. ut.*), Einstechen (*n.*). **11 ~ di gole interne** (*lav. macch. ut.*), Inneneinstechen (*n.*). **12 ~ di nervatura a stampo** (nervatura continua, rilievo su corpi cilindrici di lamiera) (*tecnol. mecc.*), Stanzsicken (*n.*). **13 ~ di rilievo** (circolare, su corpi cilindrici di lamiera) (*lav. di lamiere*), Sicken (*n.*), Sieken (*n.*). **14 ~ di rilievo con rullo** (su corpi cilindrici di lamiera) (*tecnol. mecc.*), Rollsicken (*n.*). **15 ~ di una svasatura** (con allargatore a punta) (*mecc.*), Ansenken (*n.*). **16 ~ forzata** (*leg.*), Zwangsvollstreckung (*f.*), Zwangsbeitreibung (*f.*). **17 ~ leggera** (*mecc. - ecc.*), leichte

Ausführung. 18 ~ **modulare** (costruzione modulare, costruzione ad elementi componibili) (*app. - ecc.*), Kastenbauform (*f.*), Modularbauweise (*f.*). 19 ~ **monoblocco** (*macch.*), Monoblockausführung (*f.*). 20 ~ **normale** (esecuzione corrente) (*ind.*), Normalausführung (*f.*). 21 ~ **normale** (tipo unificato) (*tecnol.*), Standardausführung (*f.*). 22 ~ **per ambienti umidi** (tipo per ambienti umidi) (*elett.*), Feuchte-Räume-Ausführung (*f.*), FR-Ausführung (*f.*). 23 ~ **per funzionamento all'aperto** (esecuzione per impiego all'aperto) (*macch. - ecc.*), Freiluftausführung (*f.*). 24 ~ **per impiego all'aperto** (*macch. - ecc.*), Freiluftausführung (*f.*). 25 ~ **pesante** (costruzione per servizi pesanti) (*macch.*), schwere Ausführung. 26 ~ **regolamentare** (*gen.*), Regelausführung (*f.*). 27 ~ **sinistra** (tipo di costruzione di un accessorio comandato dal motore p. es.) (*macch. - mot.*), Linksausführung (*f.*). 28 ~ **speciale** (*ind. - comm.*), Sonderausführung (*f.*). 29 in ~ **chiusa** (*mot. elett.*), gekapselt.

esegesi (esposizione critica, di un'opera) (*tip.*), Quellenkritik (*f.*).

esegetico (*tip.*), quellenkritisch. 2 lavoro ~ (*tip.*), quellenkritische Arbeit.

eseguibile (effettuabile, realizzabile) (*gen.*) tunlich, ausführbar.

eseguibilità (effettuabilità, realizzabilità) (*gen.*), Tunlichkeit (*f.*), Ausführbarkeit (*f.*).

eseguire (un lavoro) (*gen.*), ausführen, durchführen. 2 ~ (costruire, preparare, approntare) (*gen.*), fertigen, herstellen. 3 ~ (evadere, una commissione) (*comm.*), erledigen, effektuieren. 4 ~ **cave per chiavette** (eseguire sedi per chiavette) (*mecc.*), nuten, Keilnuten herstellen. 5 ~ **gole** (*lav. macch. ut.*), einstechen. 6 ~ **la divisione** (dividere) (*lav. macch. ut.*), einteilen. 7 ~ **la lettura** (di un contatore) (*strum. - ecc.*), ablesen. 8 ~ **la linguetta** (lavorare la linguetta) (*falegn.*), federn. 9 ~ **riporti duri** (con saldatura di riporto) (*tecnol. mecc.*), schweisshärten. 10 ~ **scanalature a V** (*gen.*), ausvauen. 11 ~ **sedi per chiavette** (eseguire cave per chiavette) (*mecc.*), nuten, Keilnuten herstellen. 12 ~ **tacche** (od intagli) (*falegn. - ecc.*), einzahnen. 13 ~ **una lettura** (*strum.*), eine Ablesung nehmen, ablesen. 14 ~ **una svasatura conica** (con allargatore a punta) (*mecc.*), ansenken. 15 ~ **un lavoro** (*gen.*), eine Arbeit ausführen, eine Arbeit durchführen. 16 ~ **un rilevamento** (rilevare la direzione) (*nav.*), peilen, die Richtung bestimmen. 17 ~ **un rilievo** (su un corpo cilindrico cavo di lamiera) (*lav. di lamiere*), sicken. 18 ~ **un sottosquadro** (*mecc.*), hinterstechen.

esempio (*gen.*), Beispiel (*n.*). 2 ~ **numerico** (*gen.*), Zahlenbeispiel (*n.*). 3 per ~ (p. es.) (*gen.*), zum Beispiel, z. B.

esemplare (di un libro p. es.) (*gen.*), Exemplar (*n.*).

esentare (da tasse p. es.) (*gen.*), befreien.

esente (*gen.*), frei. 2 ~ **da** (tasse p. es.) (*finanz.*), frei von. 3 ~ **da cricche e da pori** (lamiera p. es.) (*metall. - ind.*), riss- und porenfrei, RP. 4 ~ **da cricche, da pori e lucido** (acciaio laminato) (*metall.*), riss- und porenfrei, glänzend; RPG. 5 ~ **da dazio** (*comm.*), zollfrei, abgabenfrei. 6 ~ **da tassa** (*comm.*), abgabenfrei. 7 ~ **da vibrazioni** (*macch. - mot.*), erschütterungsfrei.

esenzione (da tasse p. es.) (*gen.*), Befreiung (*f.*), Freiheit (*f.*). 2 ~ **dalle tasse** (*finanz.*), Steuerfreiheit (*f.*), Abgabenfreiheit (*f.*).

esercire (gestire, una linea di autobus p. es.) (*comm.*), betreiben.

esercitare (*gen.*), ausüben, üben. 2 ~ **una professione** (*lav.*), einen Beruf ausüben.

esercitarsi (*gen.*), sich üben. 2 ~ **alla guida** (*aut.*), sich einfahren.

esercitazione (*gen.*), Übung (*f.*). 2 ~ **di tiro** (*artiglieria*), Übungsschiessen (*n.*). 3 **granata da** ~ (*espl. - milit.*), Übungsgranate (*f.*).

esercito (*milit.*), Heer (*n.*).

esercizio (*gen.*), Übung (*f.*). 2 ~ (di una linea di autobus p. es.) (*aut. - ferr. - ecc.*), Betrieb (*m.*). 3 ~ (anno fiscale o finanziario) (*finanz.*), Betriebsjahr (*n.*), Wirtschaftsjahr (*n.*), Geschäftsjahr (*n.*), Finanzjahr (*n.*). 4 ~ (di un diritto p. es.) (*leg. - ecc.*), Ausübung (*f.*). 5 ~ (*trasp.*), Fahrbetrieb (*m.*). 6 ~ **delle ferrovie** (*ferr.*), Eisenbahnbetrieb (*m.*). 7 ~ **del traghetto** (*nav.*), Fährbetrieb (*m.*). 8 ~ **d'una professione** (*lav.*), Ausübung eines Gewerbes, Ausübung eines Berufes. 9 ~ **finanziario** (anno finanziario) (*amm.*), Finanzjahr (*n.*), Wirtschaftsjahr (*n.*), Geschäftsjahr (*n.*). 10 ~ **funicolare** (*trasp.*), Seilbahnbetrieb (*m.*). 11 ~ **in connessione** (di reti elettriche) (*elett.*), Verbundbetrieb (*m.*). 12 **ad** ~ **statale** (esercito dallo Stato) (*amm.*), staatlich betrieben. 13 **a temperatura d'**~ (*mot. - macch. - ecc.*), betriebswarm. 14 **conduzione dell'**~ (di un'azienda elettrica p. es.) (*ind.*), Betriebsführung (*f.*). 15 **direttore d'**~ (di un'azienda elettrica p. es.) (*ind. elett.*), Betriebsführer (*m.*). 16 **disavanzo di** ~ (*finanz.*), Betriebsfehlbetrag (*m.*). 17 **eccedenza attiva dell'**~ (*finanz.*), Betriebsüberschuss (*m.*). 18 **in** ~ (miniera) (*min.*), befahren. 19 **in normali condizioni di** ~ (*gen.*), betriebsmässig. 20 **materiale di** ~ (*ind.*), Betriebsstoff (*m.*). 21 **nell'esercizio delle sue funzioni** (*lav.*), in Ausübung seines Dienstes. 22 **numero di giri d'**~ (*macch.*), Betriebsdrehzahl (*f.*). 23 **perdita d'**~ (*ind.*), Betriebsverlust (*m.*). 24 **periodo d'**~ (periodo di funzionamento) (*macch. - ecc.*), Betriebsperiode (*f.*). 25 **spesa di** ~ (*amm.*), betrieblicher Aufwand. 26 **spese di** ~ (*amm.*), Betriebsspesen (*f. pl.*). 27 **tensione di** ~ (*elett.*), Betriebsspannung (*f.*). 28 **utile di** ~ (eccedenza, d'un bilancio) (*finanz.*), Überschuss (*m.*). 29 **valore d'**~ (valore nominale, punto di lavoro; valore raggiunto dalla grandezza regolata in condizioni di funzionamento normali) (*regolaz.*), Betriebspunkt (*m.*).

esergetico (*fis.*), exergetisch.

esergia (parte di energia trasformabile in energia pregiata) (*fis.*), Exergie (*f.*).

esibire (presentare, produrre) (*gen.*), vorzeigen, aufweisen, zeigen, vorweisen.

esigente (compratore p. es.) (*comm. - ecc.*), anspruchsvoll.

esigenza (*gen.*), Forderung (*f.*), Anforderung (*f.*), Erfordernis (*n.*). 2 **soddisfare le esigenze**

esigere

(*gen.*), die Forderungen erfüllen, den Anforderungen entsprechen.
esigere (*gen.*), anfordern. 2 ~ (richiedere, abbisognare, necessitare) (*gen.*), bedürfen.
esigibile (*finanz.*), eintreibbar.
esilità (*gen.*), Feingliedrigkeit (*f.*). 2 caratteristica di ~ (di un fucinato, rapporto tra peso del pezzo e peso del solido di ingombro) (*fucinatura*), Feingliedrigkeitskennwert (*m.*).
esistenza (*gen.*), Bestand (*m.*). 2 ~ (di magazzino, giacenza, scorta) (*amm. - ind.*), Bestand (*m.*), Lagerbestand (*m.*). 3 ~ di magazzino (giacenza a magazzino, scorta di magazzino) (*ind.*), Lagerbestand (*m.*). 4 ~ risultante dalle schede (giacenza risultante dalle schede di magazzino) (*ind. - amm.*), Kartei-Bestand (*m.*).
esito (*gen.*), Ergebnis (*n.*), Erfolg (*m.*). 2 ~ della prova (*tecnol.*), Prüferfolg (*m.*).
esòdo (tubo elettronico a sei elettrodi) (*elettronica*), Hexode (*f.*).
ésodo (fuga, di capitali) (*finanz.*), Abwanderung (*f.*), Kapitalflucht (*f.*). 2 ~ dalla campagna (*lav.*), Landflucht (*f.*).
esoelettrone (elettrone di piccola energia) (*fis.*), Exoelektron (*n.*). 2 emissione di esoelettroni (*fis.*), Exoelektronenemission (*f.*).
esogeno (*fis.*), exogen.
esonerare (da impegni p. es.) (*gen.*), befreien.
esonero (*lav. - ecc.*), Entlastung (*f.*), Befreiung (*f.*).
esosfera (*geofis.*), Exosphäre (*f.*).
esosmosi (*fis.*), Exosmose (*f.*).
esotermico (*fis. - chim.*), warmabgebend, warmerzeugend, wärmegebend, exotherm.
espandersi (*fis.*), sich ausdehnen, expandieren.
espanditura (espansione) (*gen.*), vedi espansione. 2 ~ da pressoflessione (rigonfiamento da pressoflessione) (*lav. lamiera*), Knickbauchen (*n.*).
espansibile (un gas) (*fis.*), dehnbar. 2 alesatore ~ (alesatore registrabile) (*ut.*), Spreizreibahle (*f.*).
espansione (aumento di volume dei gas p. es.) (*fis.*), Expansion (*f.*), Ausdehnung (*f.*). 2 ~ (di una fabbrica p. es.) (*ed. - ecc.*), Ausbau (*m.*), Erweiterung (*f.*), Ausdehnung (*f.*). 3 ~ (di materiali plastici, uretanici p. es.) (*tecnol.*), Treibverfahren (*n.*), Schäumen (*n.*). 4 ~ adiabatica (*termodin.*), adiabatische Expansion. 5 ~ chimica (di materiali plastici) (*tecnol.*), chemisches Treibverfahren. 6 ~ della dinamica (*acus.*), Dynamikdehnung (*f.*). 7 ~ dell'Universo (*astr.*), Expansion des Raumes, Ausdehnung des Weltalls. 8 ~ fisica (di materiali plastici) (*tecnol.*), physikalisches Treibverfahren. 9 ~ polare (scarpa polare) (*elett.*), Polschuh (*m.*). 10 agente di ~ (agente espansore, per produrre gomma o materia plastica espansa) (*chim. ind.*), Blähmittel (*n.*). 11 camera di ~ (*macch.*), Ausdehnungsraum (*m.*). 12 camera di ~ (vaso di espansione) (*ed. - riscald.*), Expansionsgefäss (*n.*), Ausdehnungsgefäss (*n.*), Überlaufgefäss (*n.*). 13 camera di ~ (d'una centrale) (*idr. - elett.*), Schwallkammer (*f.*). 14 chiodo ad ~ (*mecc. - ecc.*), Spreizniete (*f.*). 15 coefficiente di ~ (nelle misure della portata di gas) (*fis.*), Expansionszahl (*f.*). 16 corsa di ~ (*mot.*), Ausdehnungshub (*m.*). 17 curva di ~ (*mot. - ecc.*), Expansionslinie (*f.*). 18 fase di ~ (*mot.*), Ausdehnungshub (*m.*). 19 innesto ad ~ (*mecc.*), Spreizringkupplung (*f.*). 20 lavoro di ~ (*fis.*), Ausdehnungsarbeit (*f.*). 21 piano di ~ (piano di sviluppo, di un'industria p. es.) (*gen.*), Ausweitungsplan (*m.*). 22 p.m.i. di ~ (punto morto inferiore di espansione) (*mot.*), Expansions-UT (*m.*), Dehnungs-UT (*m.*). 23 possibilità di ~ (di uno stabilimento p. es.) (*ed. - ecc.*), Ausbaumöglichkeit (*f.*). 24 procedimento di ~ (per la gomma p. es.) (*ind. chim.*), Schäumverfahren (*n.*). 25 punto morto inferiore di ~ (p.m.i. di espansione) (*mot.*), Expansions-UT (*m.*), Dehnungs-UT (*m.*). 26 triplice ~ (*macch.*), Dreifachexpansion (*f.*). 27 vaso di ~ (serbatoio di espansione di un impianto di riscaldamento) (*term.*), Überlaufgefäss (*n.*), Expansionsgefäss (*n.*).
espanso (gomma p. es.) (*a. - ind. chim.*), verschäumt. 2 ~ (materiale plastico espanso) (*s. - ind. chim.*), Schaumstoff (*m.*), Schaumkunststoff (*m.*). 3 ~ poliuretanico (*ind. chim.*), Polyurethan-Schaumstoff (*m.*), PUR-Schaumstoff (*m.*). 4 ~ rigido (materiale plastico espanso rigido) (*ind. chim.*), Hartschaumstoff (*m.*). 5 imballaggio con materiale (plastico) ~ (*ind.*), Schaumstoffpackung (*f.*). 6 imbottito con ~ (parete di autovettura p. es.) (*sicurezza aut. - ecc.*), geschäumt.
espansore (per bloccare particolari mecc. p. es.) (*mecc. - ecc.*), Spreizer (*m.*). 2 ~ (per anelli di tenuta su pistoni) (*mecc. - mot.*), Spannband (*n.*). 3 ~ (agente di espansione, per produrre gomma o materia plastica espanse) (*chim. ind.*), Blähmittel (*n.*). 4 ~ (amplificatore telefonico) (*app. - telef.*), Dehner (*m.*). 5 ~ della dinamica (espansore di volume) (*acus.*), Dynamikdehner (*m.*), Dynamikexpander (*m.*).
espediente (*gen.*), Notbehelf (*m.*), Behelf (*m.*).
espellere (*gen.*), ausstossen, auswerfen. 2 ~ (un pezzo da una pressa p. es.) (*mecc. - ecc.*), auswerfen. 3 ~ (bussole p. es., a pressione) (*mecc.*), auspressen. 4 ~ (con punzone p. es.) (*gen.*), herausschlagen, herausstossen. 5 ~ (dei gas) (*mot.*), ausfegen. 6 ~ col martello (un cuneo p. es.) (*mecc. - ecc.*), abhämmern.
esperienza (*gen.*), Erfahrung (*f.*).
esperimento (*ind. - ecc.*), Experiment (*n.*).
esperto (specialista) (*lav.*), Fachmann (*m.*). 2 ~ di «layout» (*pers.*), Layouter (*m.*). 3 sottoporre ad un ~ (sottoporre ad un perito) (*gen.*), begutachten lassen.
esplicito (*mat.*), explizit.
esplodere (*espl.*), explodieren.
esploditore (detonatore) (*espl. - min.*), Zündmaschine (*f.*). 2 ~ a dinamo (*espl. - min.*), dynamoelektrische Zündmaschine. 3 ~ a condensatore (*espl. - min.*), Kondensator-Zündmaschine (*f.*).
esplorare (*telev. - radar*), abtasten. 2 ~ (*min.*), schürfen, ausrichten.
esplorato (*telev. - radar*), abgetastet.
esploratore (sonda) (*app.*), Sonde (*f.*). 2 ~ a filo caldo (sonda a filo caldo, per correnti fluide) (*app.*), Hitzdrahtsonde (*f.*). 3 ~ di

corrente (sonda di corrente) (app.), Strömungssonde (f.).
esplorazione (analisi, scansione) (telev. - radar), Abtasten (n.), Abtastung (f.). 2 ~ (min.), Schürfen (n.), Ausrichtung (f.). 3 ~ **a spirale** (radar - telev.), spiralförmige Abtastung, Wendelabtastung (f.). 4 ~ **conica** (radar), Kegelabtastung (f.), konische Abtastung. 5 ~ **elettronica** (scansione, analisi elettronica) (telev.), elektronische Abtastung. 6 ~ **elicoidale** (radar), Schraubenlinienabtastung (f.). 7 ~ **progressiva** (telev.), fortlaufende Abtastung. 8 **velocità di** ~ (telev.), Abtastgeschwindigkeit (f.).
esplosione (espl. - chim. - mot.), Explosion (f.). 2 ~ **atomica** (fis. atom.), Atomexplosion (f.). 3 ~ **nel basamento** (esplosione nel carter motore, di un mot. Diesel) (mot. Diesel), Explosion im Kurbelkasten, Kurbelkastenexplosion (f.). 4 ~ **nel carter motore** (esplosione nel basamento, di un mot. Diesel) (mot. Diesel), Explosion im Kurbelkasten, Kurbelkastenexplosion (f.). 5 ~ **nucleare** (fis. atom.), Kernexplosion (f.). 6 **fase di** ~ (mot.), Explosionshub (m.). 7 **foggiare ad** ~ (formare con esplosioni, lamiera p. es.) (tecnol. mecc.), explosionsformgeben. 8 **leggera** ~ (reazione esplosiva, non violenta) (comb.), Verpuffung (f.). 9 **placcato ad** ~ (tecnol. mecc.), explosionsplattiert. 10 **placcatura ad** ~ (tecnol. mecc.), Explosionsplattieren (n.). 11 **saldatura ad** ~ (tecnol. mecc.), Explosionsschweissen (n.).
esplosivo (s. - espl.), Explosivstoff (m.), Sprengstoff (m.). 2 ~ (a. - espl.), explosiv. 3 **esplosivi al clorato** (espl.), Chloratsprengstoffe (m. pl.). 4 ~ **da mina** (espl. - min.), Sprengmittel (n.). 5 ~ **da mina al nitrato di ammonio** (espl. - min.), Sprengsalpeter (m.). 6 ~ **da mina dirompente** (min.), brisantes Gesteins-Sprengmittel. 7 ~ **da miniera** (min. - espl.), Wettersprengstoff (m.). 8 **distanza esplosiva** (tra due elettrodi p. es.) (elett.), Überschlagstrecke (f.). 9 **foggiatura con esplosivi** (tecnol. mecc.), Explosionsumformung (f.). 10 **giornale per la registrazione dell'**~ **impiegato** (min.), Schiessbuch (n.). 11 **tubo di** ~ (min. - espl.), Sprengpatrone (f.).
esponente (mat.), Exponent (m.), Hochzahl (f.). 2 ~ **della potenza** (mat.), Potenzexponent (n.). 3 ~ **della radice** (mat.), Wurzelexponent (m.). 4 ~ **di acidità** (chim.), vedi valore di pH. 5 ~ **d'incrudimento** (misura dell'aumento della durezza e della resistenza con la deformazione) (tecnol. mecc.), Verfestigungs-Exponent (m.), n-Wert (m.).
esponenziale (mat.), exponential. 2 **funzione** ~ (mat.), Exponentialfunktion (f.), exp. 3 **legge** ~ (mat.), Potenzgesetz (n.). 4 **serie** ~ (mat.), Potenzreihe (f.).
esporre (gen.), aussetzen, ausstellen. 2 ~ (un prodotto) (comm.), ausstellen. 3 ~ (fot. - radioatt.), belichten, exponieren. 4 ~ (un prezzo) (comm.), aussetzen. 5 ~ (ad un pericolo p. es.) (gen.), aussetzen. 6 ~ **a radiazioni ultrasonore** (irradiare acusticamente) (acus.), beschallen.
esportare (comm.), ausführen.
esportatore (comm.), Exporteur (m.).

esportazione (comm.), Export (m.), Ausfuhr (f.). 2 **dazio di** ~ (comm.), Exportzoll (m.), Ausfuhrzoll (m.). 3 **licenza di** ~ (comm.), Exportlizenz (f.). 4 **permesso di** ~ (comm.), Ausfuhrbewilligung (f.). 5 **premio di** ~ (comm.), Exportprämie (f.), Exportvergütung (f.).
esposimetro (fot.), Belichtungsmesser (m.). 2 ~ **incorporato** (fot. - cinem.), eingebauter Belichtungsmesser.
espositore (comm.), Aussteller (m.). 2 ~ (ad una fiera campionaria) (comm.), Messfierant (m.).
esposizione (gen.), Ausstellung (f.), Aussetzung (f.). 2 ~ (fiera, mostra) (comm.), Messe (f.), Handelsmesse (f.), Ausstellung (f.). 3 ~ (fot.), Belichtung (f.), Exposition (f.). 4 ~ (rappresentazione, descrizione) (gen.), Darstellung (f.). 5 ~ **aeronautica** (mostra aeronautica) (comm.), Luftfahrtausstellung (f.). 6 ~ **agli agenti atmosferici** (per prove p. es.) (tecnol. - ecc.), Bewitterung (f.). 7 ~ **industriale** (comm.), Gewerbeausstellung (f.). 8 ~ **ionizzante** (dose ionica prodotta da radiazioni fotoniche) (fis. atom.), Gleichgewichtsionendosis (f.). 9 ~ **itinerante** (comm.), Wanderausstellung (f.). 10 ~ **mondiale** (esposizione universale) (comm. - ecc.), Weltausstellung (f.). 11 **durata dell'**~ (fot. - radioatt.), Belichtungsdauer (f.). 12 **in** ~ (comm.), ausgestellt. 13 **indice di** ~ (ricavato dall'abbinamento della diaframmatura e del tempo di esposizione) (fot.), Lichtwert (m.). 14 **materiale da** ~ (comm.), Exponat (n.).
esposto (comm.), ausgestellt. 2 ~ (fot.), belichtet.
espressamente (gen.), ausdrücklich. 2 ~ **o tacitamente** (gen.), ausdrücklich oder stillschweigend.
espressione (gen.), Ausdruck (m.). 2 ~ (mat.), Ausdruck (m.). 3 ~ **algebrica** (mat.), Buchstabenausdruck (m.). 4 ~ **tra parentesi** (mat.), Klammerausdruck (m.).
espresso (lettera espresso) (posta), Eilbrief (m.).
esprimere (opinioni p. es.) (gen.), ausdrücken äussern, aussprechen. 2 **modo di esprimersi** (gen.), Ausdrückweise (f.).
espropriare (ed. - leg.), enteignen, expropriieren.
espropriazione (ed. - leg.), Enteignung (f.), Expropriation (f.).
esproprio (leg.), vedi espropriazione.
espulsione (gen.), Ausstossen (n.), Auswerfen (n.). 2 ~ (di un pezzo da una pressa p. es.) (mecc.), Auswerfen (n.). 3 ~ (di una bussola p. es., a pressione) (mecc.), Auspressen (n.).
espulsore (disp.), Ausstossvorrichtung (f.), Auswerfer (m.), Austreiber (m.). 2 ~ (di uno stampo p. es.) (mecc.), Auswerfer (m.). 3 ~ (dispositivo per espellere utensili con gambo conico p. es.) (ut.), Austreiber (m.). 4 **impronta** ~ (su pezzo forgiato) (fucin.), Auswerfmarke (f.). 5 **perno** ~ (di uno stampo per pressofusione) (ut. fond.), Auswerfstift (m.).
essenza (chim.), Essenz (f.). 2 ~ **di mandorle amare** ($C_6H_5NO_2$) (essenza di mirbana, nitrobenzolo, nitrobenzene) (chim.), Nitrobenzol (n.), Mirbanöl (n.). 3 ~ **di mirbana** ($C_6H_5NO_2$)

essiccabilità

(essenza di mandorle amare, nitrobenzolo, nitrobenzene) (*chim.*), Nitrobenzol (*n.*), Mirbanöl (*n.*). 4 ~ **di trementina** (olio essenziale di trementina) (*chim.*), Terpentinöl (*n.*).
essiccabilità (*vn.*), Trockenkraft (*f.*).
essiccamento (*gen.*), Austrocknung (*f.*), Trocknung (*f.*). 2 ~ (*ind. legno*), Austrocknung (*f.*). 3 ~ (*gen.*), vedi anche essiccazione. 4 ~ **a convezione** (*ind.*), Konvektionstrocknung (*f.*). 5 ~ **a radiazione** (*tecnol.*), Strahlungstrocknen (*n.*). 6 ~ **a raggi infrarossi** (per vernici p. es.) (*vn. - ecc.*), Dunkelstrahlung (*f.*). 7 ~ **del fango** (*ed.*), Schlammtrocknung (*f.*). 8 ~ **fuori polvere** (*vn.*), staubfreies Trocknen. 9 **impianto di ~ a raggi infrarossi** (per vernici) (*vn. - ecc.*), Dunkelstrahler (*m.*).
essiccante (*s. - ind. chim.*), Trocknungsmittel (*n.*), Austrockner (*m.*). 2 ~ (*a. - chim. - ecc.*), austrocknend. 3 ~ **all'aria** (*vn.*), lufttrocknend, lufttr.
essiccare (*gen.*), austrocknen, trocknen. 2 ~ (*ind. legno*), austrocknen. 3 ~ (vapore p. es.) (*cald.*), entwässern. 4 ~ (*ind. birra*), abdorren, trocknen. 5 ~ **a pressione** (*ind.*), trockenpressen. 6 ~ **in aria** (*ind.*), lufttrocknen.
essiccato (*gen.*), getrocknet, ausgetrocknet, trocken. 2 ~ (stagionato) (*legno*), trocken. 3 ~ **all'aria** (*ind.*), luftgetrocknet. 4 ~ **all'essiccatoio** (essiccato al forno) (*ind.*), ofengetrocknet. 5 ~ **in forno** (essiccato all'essiccatoio) (*ind.*), ofengetrocknet, ofentrocken.
essiccatoio (app. od impianto di essiccazione) (*app.*), Trockner (*m.*), Trocknungsanlage (*f.*). 2 ~ (forno di essiccazione) (*app. ind.*), Trockenofen (*m.*), Darrbühne (*f.*), Darre (*f.*), Darrofen (*m.*). 3 ~ (per mattoni p. es.) (*app.*), Trockengerüst (*n.*). 4 ~ **a cilindri** (per cellulosa, carta e mat. tessili sotto forma di nastro) (*macch.*), Zylindertrockner (*m.*). 5 ~ **ad aria calda** (*app.*), Heisslufttrockner (*m.*). 6 ~ **ad armadio** (*app.*), Trockenschrank (*m.*). 7 ~ **ad aspirazione** (*macch. tess. - ecc.*), Absaugemaschine (*f.*), Saugtrockner (*m.*). 8 ~ **a depressione** (*app.*), Saugtrockner (*m.*). 9 ~ **a fluidizzazione** (essiccatoio a letto fluido, in cui il materiale si trova sospeso nella corrente d'aria) (*ind.*), Flugtrockner (*m.*), Fluidalbett-Trockner (*m.*), Wirbelschichttrockner (*m.*). 10 ~ **a galleria** (essiccatoio a tunnel) (*ind.*), Trockentunnel (*m.*), Tunneltrockner (*m.*). 11 ~ **a letto fluido** (essiccatoio a fluidizzazione) (*ind.*), Fluidalbett-Trockner (*m.*), Flugtrockner (*m.*), Wirbelschichttrockner (*m.*). 12 ~ **a nastro** (*app.*), Bandtrockner (*m.*). 13 ~ **a polverizzazione** (*app.*), Zerstäubungstrockner (*m.*). 14 ~ **a raggi infrarossi** (essiccatoio a raggi ultrarossi) (*app. ind.*), Infrarottrocknungsanlage (*f.*). 15 ~ **a raggi ultrarossi** (essiccatoio a raggi infrarossi) (*app. ind.*), Infrarottrocknungsanlage (*f.*). 16 ~ **a (riscaldamento per) convezione** (*app.*), Konvektionstrockner (*m.*). 17 ~ **a tamburo** (*app. tess.*), Trommeltrockner (*m.*). 18 ~ **a tunnel** (essiccatoio a galleria) (*app. ind.*), Tunneltrockner (*m.*), Trockentunnel (*m.*). 19 ~ **continuo a paternoster per anime** (*fond.*), Paternoster-Kerntrocken-Durchlaufofen (*m.*). 20 ~ **per anime** (*app. fond. - forno*), Kerntrockenofen (*m.*). 21 ~ **per flani** (*app. tip.*), Matertrockner (*m.*). 22 ~ **per laterizi** (*app.*), Ziegelscheune (*f.*). 23 ~ **per legno** (*app.*), Holztrockner (*m.*). 24 ~ **per tabacco** (*app.*), Tabakscheune (*f.*). 25 ~ **sotto vuoto** (*app.*), Vakuumtrockner (*m.*). 26 ~ **tubolare** (*app.*), Röhrentrockner (*m.*).
essiccatore (*app.*), Trockner (*m.*). 2 ~ (app. di laboratorio) (*app. chim.*), Austrockner (*m.*), Exsikkator (*m.*). 3 ~ (*ind.*), vedi anche essiccatoio.
essiccazione (essiccamento) (*ind. - vn.*), Trocknen (*n.*), Austrocknen (*n.*). 2 ~ (*gen.*), vedi anche essiccamento. 3 ~ **a contatto** (su superfici metalliche riscaldate) (*ind. tess.*), Kontakttrocknung (*f.*). 4 ~ **ad induzione** (*ind.*), induktive Trocknung. 5 ~ **al cannello** (della superficie umida di una forma) (*fond.*), Abflammen (*n.*). 6 ~ **a raggi ultrarossi** (essiccazione con raggi infrarossi) (*vn.*), Infrarottrocknung (*f.*). 7 ~ **con ultrasuoni** (*ind.*), Ultraschalltrocknung (*f.*). 8 ~ **del legname** (essiccazione artificiale) (*ind. del legno*), Holztrocknung (*f.*). 9 ~ **della vernice** (*vn.*), Lacktrocknung (*f.*). 10 ~ **in forno** (*ind.*), Ofentrocknung (*f.*). 11 ~ **naturale** (essiccazione in aria) (*ind.*), Lufttrocknung (*f.*). 12 ~ **per contatto** (essiccazione per conduzione, su superfici metalliche riscaldate) (*ind.*), Kontakttrocknung (*f.*). 13 ~ **per convezione** (con aria calda p. es.) (*ind.*), Konvektionstrocknung (*f.*). 14 ~ **preliminare** (pre-essiccazione) (*ind. cuoio*), Abwelken (*n.*). 15 ~ **sotto vuoto** (*ind.*), Vakuumtrocknen (*n.*). 16 **camera di ~** (*ind.*), Trockenkammer (*f.*). 17 **camera di ~** (*ind. birra*), Darrsau (*f.*), Heizkammer (*f.*). 18 **fessura da rapida ~** (difetto del legno) (*legno*), Luftriss (*m.*). 19 **forno di ~** (essiccatoio) (*ind.*), Trockenofen (*m.*), Darrbühne (*f.*), Darre (*f.*), Darrofen (*m.*). 20 **impianto di ~** (*ind.*), Trockenanlage (*f.*), Trocknerei (*f.*). 21 **tempo di ~** (tempo che deve trascorrere tra l'applicazione di un adesivo e l'elemento da far aderire) (*ind. chim.*), Trockenzeit (*f.*).
essudazione (*gen.*), Ausschwitzen (*n.*). 2 ~ **eutettica** (*metall.*), eutektisches Ausschwitzen.
estensigrafo (tensiografo) (*strum. - tecnol. mecc.*), Dehnungsschreiber (*m.*).
estensimetro (tensiometro) (*strum. - tecnol. mecc.*), Dehnungsmesser (*m.*), Mess-streifen (*m.*). 2 ~ **a resistenza** (*strum. - tecnol. mecc.*), Widerstandsdehnungsstreifen (*m.*), Widerstandsmess-streifen (*m.*). 3 ~ **a rosetta** (per misure pluridirezionali) (*strum.*), Dehnungsmessrosette (*f.*), DMS-Rosette (*f.*). 4 ~ **dinamico** (*strum. - tecnol. mecc.*), dynamischer Dehnungsmesser. 5 ~ **elettrico** (*strum. - tecnol. mecc.*), elektrischer Dehnungsmesser. 6 ~ **meccanico** (*strum. - tecnol. mecc.*), mechanischer Dehnungsmesser. 7 ~ **statico** (*strum. - tecnol. mecc.*), statischer Dehnungsmesser.
estensione (*gen.*), Erstreckung (*f.*). 2 ~ (della sospensione, degli ammortizzatori) (*aut.*), Ausfederung (*f.*).
estere (etere sale, etere composto) (*chim.*),

Ester (*m.*). 2 ~ dell'acido p-idrossibenzoico (per conservazione di alimenti) (*chim.*), PHB-Ester (*m.*). 3 **numero di** ~ (differenza tra numero di saponificazione e numero di neutralizzazione) (*chim.*), Esterzahl (*f.*).

esterificazione (*chim.*), Veresterung (*f.*). 2 **numero di** ~ (differenza fra numero di saponificazione e numero di neutralizzazione) (*chim.*), Esterzahl (*f.*).

esterno (*a. - gen.*), äusserlich, äusserer, Aussen... 2 ~ (ripresa esterna) (*s. - cinem.*), Freilichtaufnahme (*f.*), Aussenaufnahme (*f.*). 3 ~ (di un edificio) (*s. - arch. - ecc.*), Aussenansicht (*f.*). 4 ~ (lato esterno) (*s. - gen.*), Aussenseite (*f.*). 5 **all'** ~ (all'aria aperta) (*gen.*), im Freien. 6 **brocciatrice per esterni** (*macch. ut.*), Aussenräummaschine (*f.*). 7 **impianto** ~ (impianto a giorno) (*elett.*), Freiluft-Anlage (*f.*). 8 **particolare dall'** ~ (pezzo non fabbricato nello stabilimento ma acquistato all'esterno) (*ind.*), Auswärtsteil (*m.*).

estero (*s. - comm.*), Ausland (*n.*). 2 ~ (*a. - comm. - ecc.*), ausländisch, auswärtig. 3 **all'** ~ (*comm. - ecc.*), im Ausland.

estetista (*lav.*), Kosmetikerin (*f.*), Schönheitspflegerin (*f.*).

estimo (*agric. - ecc.*), Schätzung (*f.*).

estinguere (*gen.*), löschen, auslöschen. 2 ~ (un debito) (*finanz.*), auslöschen, tilgen.

estinguersi (di oscillazioni) (*fis. - ecc.*), abklingen.

estintore (*app. - antincendio*), Feuerlöschgerät (*n.*), Feuerlöscher (*m.*), Löscher (*m.*). 2 ~ **ad anidride carbonica** (*app.*), Kohlensäurelöscher (*m.*). 3 ~ **a schiuma** (*app.*), Schaumfeuerlöscher (*m.*), Schaumlöscher (*m.*). 4 ~ **a secco** (*app.*), Trockenlöscher (*m.*).

estinzione (*gen.*), Löschen (*n.*), Löschung (*f.*), Auslöschung (*f.*). 2 ~ (della calce) (*ed. - mur.*), Auslöschung (*f.*). 3 ~ (della luce) (*ott.*), Extinktion (*f.*). 4 ~ (di un debito) (*finanz.*), Ablösung (*f.*). 5 ~ **dell'arco** (*elett.*), Lichtbogenlöschung (*f.*). 6 **bobina di** ~ (bobina di spegnimento, bobina spegniarco) (*elett.*), Löschdrossel (*f.*). 7 **tensione di** ~ (tensione di deionizzazione, d'un arco) (*elett.*), Löschspannung (*f.*).

estirpatore (*macch. agric.*), Rodemaschine (*f.*). 2 ~ (di ceppi) (*macch.*), Stumpfzieher (*m.*), Wurzelzieher (*m.*). 3 ~ **per bietole** (macchina per la raccolta delle bietole) (*macch. agric.*), Rübenerntemaschine (*f.*).

estivo (*gen.*), Sommer..., sommerlich. 2 **argine** ~ (*costr. idr.*), Sommerdeich (*m.*).

estradizione (d'una persona) (*leg.*), Auslieferung (*f.*). 2 **domanda di** ~ (*leg.*), Auslieferungsantrag (*m.*). 3 **processo di** ~ (*leg.*), Auslieferungsverfahren (*n.*).

estradosso (*arch.*), äussere Fläche. 2 ~ **dell'arco** (*arch.*), Bogenrücken (*m.*), äussere Bogenfläche. 3 ~ **della volta** (*ed.*), äussere Gewölbefläche, Gewölberücken (*n.*).

estraente (solvente) (*s. - ind. - chim.*), Extraktionsmittel (*n.*), Lösungsmittel (*n.*).

estraibile (amovibile, asportabile) (*mecc. - ecc.*), herausnehmbar.

estraneità (per la classificazione di particelle elementari) (*fis.*), Strangeness (*f.*), Fremdheitsquantenzahl (*f.*).

estraneo (*chim. - ecc.*), fremd.

estrapolare (*mat.*), extrapolieren.

estrapolazione (*mat.*), Extrapolation (*f.*).

estrarre (*gen.*), herausziehen, herausnehmen. 2 ~ (il modello p. es., dalla forma) (*fond.*), herausziehen, ausheben, abheben. 3 ~ (dalla pressa) (*tecnol. mecc.*), ausheben. 4 ~ (una ruota dall'asse p. es.) (*mecc.*), abziehen. 5 ~ (mandar fuori, il mandrino d'un trapano p. es.) (*macch. ut. - ecc.*), ausfahren, ausbringen. 6 ~ (scavare, minerale) (*min.*), fördern, ausfördern. 7 ~ (*chim.*), entziehen. 8 ~ (il carrello) (*aer.*), ausfahren. 9 ~ **a secco** (argento) (*metall.*), abtreiben. 10 ~ **con la pressa** (bussole p. es.) (*mecc.*), auspressen. 11 ~ **dalla memoria** (leggere) (*elab. dati*), ausspeichern. 12 ~ **la polvere** (*gen.*), ausstäuben. 13 ~ **la radice** (*mat.*), wurzelziehen, radizieren. 14 ~ **per centrifugazione** (*ind.*), abschleudern. 15 ~ **per fusione** (*metall.*), ausschmelzen. 16 ~ **pompando** (l'aria da un recipiente p. es.) (*gen.*), abpumpen, auspumpen.

estratto (*s. - chim.*), Extrakt (*m.*). 2 ~ (ricavato da sostanze aromatiche vegetali p. es.) (*s. - ind. chim. - farm. - ecc.*), Auszug (*m.*), Extrakt (*m.*). 3 ~ (di libro p. es.) (*tip. - ecc.*), Extrakt (*m.*), Auszug (*m.*). 4 ~ (di una norma p. es.) (*tecnol. - ecc.*), Auswahlblatt (*n.*). 5 ~ (di un articolo p. es.) (*giorn. - ecc.*), Auszug (*m.*). 6 ~ (ristampa, di articolo) (*tip.*), Separatdruck (*m.*), Separatum (*n.*). 7 ~ **conto** (*contabilità*), Kontoauszug (*m.*), Rechnungsauszug (*m.*). 8 ~ **del registro** (*leg.*), Rollenauszug (*m.*).

estrattore (nelle lavorazioni meccaniche) (*att.*), Ausziehvorrichtung (*f.*), Ausziehwerkzeug (*n.*), Auszieher (*m.*). 2 ~ (per ruote p. es.) (*ut.*), Abziehvorrichtung (*f.*), Abziehwerkzeug (*n.*), Abzieher (*m.*). 3 ~ (attrezzo di laboratorio) (*chim.*), Extraktor (*m.*). 4 ~ (aspiratore, di fumi p. es.) (*app. ind.*), Saugapparat (*m.*), Exhaustor (*m.*), Absauger (*m.*), Aspirator (*m.*). 5 ~ **a vite** (*mecc.*), Abziehschraube (*f.*). 6 ~ **centrifugo** (*app.*), Zentrifugalextraktor (*m.*). 7 ~ **di coni** (cacciaconi) (*macch. ut.*), Konustreiber (*m.*). 8 ~ **di maschi** (dispositivo per l'estrazione dei maschi, di uno stampo per pressofusione) (*fond.*), Kernzug (*m.*). 9 ~ **di Soxhlet** (*app. chim.*), Soxhlet-Apparat (*m.*). 10 ~ **per bussole** (*ut.*), Buchsenzieher (*m.*). 11 ~ **per cerchioni** (leva per smontare cerchioni, leva cavafascioni) (*veic.*), Felgenabziehhebel (*m.*). 12 ~ **per chiodi** (piede di cervo, tirachiodi) (*ut.*), Nagelzieher (*m.*). 13 ~ **per pali** (*macch.*), Pfahlzieher (*m.*), Pfahlauszieher (*m.*). 14 ~ **per ruote** (*ut. aut.*), Radabzieher (*m.*). 15 ~ **per viti** (rotte) (*ut.*), Schraubenausdreher (*m.*). 16 **impronta** ~ (su pezzo forgiato p. es.) (*fucin. - ecc.*), Auswerfmarke (*f.*).

estrazione (*gen.*), Ausziehung (*f.*). 2 ~ (del modello p. es., dalla forma) (*gen.*), Herausziehen (*n.*), Ausheben (*n.*), Abhebung (*f.*). 3 ~ (*chim. - ecc.*), Extraktion (*f.*). 4 ~ (del minerale) (*min.*), Förderung (*f.*), Gewinnung (*f.*). 5 ~ (mediante aspirazione) (*ind.*), Absaugung (*f.*). 6 ~ (della cellulosa) (*ind. carta*),

estremale

Aufschluss (*m.*). **7 ~ a fune** (*min.*), Seilförderung (*f.*). **8 ~ a gabbia** (*min.*), Gestellförderung (*f.*). **9 ~ a giorno** (*min.*), Förderung im Tagebau, Tagebau (*m.*). **10 ~ a giorno del minerale** (*min.*), Erztagebau (*m.*). **11 ~ con bisolfito di calcio** (della cellulosa), (*ind. carta*), Calciumbisulfitaufschluss (*m.*). **12 ~ con « skip »** (*min.*), Skipförderung (*f.*). **13 ~ da fase liquida** (*chim.*), Extraktion aus flüssiger Phase. **14 ~ da fase solida** (*chim.*), Extraktion aus fester Phase. **15 ~ da liquido** (estr. da fase liquida) (*chim.*), Extraktion aus flüssiger Phase, Solvent-Extraktion (*f.*). **16 ~ dalla forma** (sformatura, di un modello) (*fond.*), Entformung (*f.*). **17 ~ dallo stampo** (di un pezzo, nello stampaggio ad iniezione di mat. plastici p. es.) (*tecnol.*), Entformung (*f.*). **18 ~ dei maschi** (da uno stampo per pressofusione) (*fond.*), Kernzug (*m.*). **19 ~ dei minerali** (industria mineraria) (*ind. min.*), Bergbau (*m.*). **20 ~ dei grassi** (*chim.*), Fettentziehung (*f.*), Fettentzug (*m.*), Fettextrahierung (*f.*). **21 ~ del carbone** (*min.*), Kohlenförderung (*f.*). **22 ~ della cellulosa** (*ind. carta*), Zellstoffaufschluss (*m.*). **23 ~ delle acque** (prosciugamento, eduzione) (*min.*), Wasserhaltung (*f.*), Lösen (*n.*). **24 ~ delle fumane** (dei vapori, da una fabbrica di calce p. es.) (*ind.*), Brüdenabzug (*m.*), Dampfabzug (*m.*). **25 ~ del lievito** (*ind. birra*), Hefereinzucht (*f.*), Hefegewinnung (*f.*). **26 ~ del modello** (*formatura - fond.*), Modellaushub (*m.*), Modellabhebung (*f.*). **27 ~ del petrolio** (*min.*), Erdölgewinnung (*f.*), Erdölförderung (*f.*). **28 ~ di radice** (*mat.*), Wurzelziehen (*n.*), Radizieren (*n.*). **29 ~ liquido-liquido** (*chim.*), Flüssig-Flüssig-Extraktion (*f.*). **30 ~ liquido-metallo-metallo** (*chim.*), Flüssig-Metall-Metall-Extraktion (*f.*). **31 ~ mediante sollevamento** (*gen.*), Abheben (*n.*), Ausheben (*n.*). **32 ~ per fusione** (*metall.*), Ausschmelzen (*n.*), Ausschmelzung (*f.*). **33 ~ vapori** (aspirazione vapori) (*ind.*), Dämpfeabsaugung (*f.*). **34 ~ verticale** (*min.*), Seigerförderung (*f.*). **35 addetto alla macchina di ~** (macchinista) (*min.*), Fördermaschinist (*m.*). **36 candela di ~** (per togliere il pezzo dallo stampo) (*att. lav. lamiera*), Drückstift (*m.*). **37 forza di ~** (d'una vite p. es.) (*mecc.*), Ausziehkraft (*f.*). **38 gabbia di ~** (da un pozzo) (*min.*), Schachtfördergestell (*n.*). **39 galleria di ~ dell'aria** (*ind. min.*), Abwetterstollen (*m.*). **40 lavori di ~ mediante esplosivi** (coltivazione con esplosivi) (*min.*), Schiessarbeit (*f.*). **41 lavoro di ~ (elettronico)** (potenziale di uscita, lavoro necessario per l'estrazione di un elettrone da un metallo) (*elettronica*), Austrittsarbeit (*f.*), Austrittspotential (*n.*). **42 piastra di ~** (per l'azionamento della candela di estrazione) (*att. lav. lamiera*), Drückplatte (*f.*). **43 piattaforma oscillante per gabbie di ~** (pianerottolo oscillante per gabbie di estrazione) (*min.*), Schwingbühne (*f.*), Förderkorbanschlussbühne (*f.*). **44 pozzo di ~** (*min.*), Förderschacht (*m.*).

estremale (*mat.*), extremal. **2 sistema ~** (*mat.*), Extremalsystem (*n.*). **3 sistema ~ a gradienti** (*mat.*), Schrittextremalsystem (*n.*).

estremità (*gen.*), Ende (*n.*). **2 ~** (di un albero p. es.) (*mecc.*), Ende (*n.*). **3 ~** (di una vite) (*mecc.*), Schraubenende (*n.*), Ende (*n.*). **4 ~** (di una trave p. es.) (*ed.*), Kopf (*m.*), Balkenkopf (*m.*). **5 ~** (codolo, di un mandrino p. es.) (*mecc. - ecc.*), Stummel (*m.*). **6 ~ a bicchiere** (di un tubo) (*tubaz.*), Muffenende (*n.*). **7 ~ a calotta** (di una vite) (*mecc.*), Schraubenende mit Linsenkuppe, Linsenkuppe (*f.*). **8 ~ a corona tagliente** (di una vite) (*mecc.*), Ringschneide (*f.*), Schraubenende mit Ringschneide. **9 ~ a nocciolo sporgente** (di una vite) (*mecc.*), Schraubenende mit Zapfen, Zapfen (*m.*). **10 ~ a nocciolo sporgente con foro per copiglia** (di una vite) (*mecc.*), Schraubenende mit Splintzapfen, Splintzapfen (*m.*). **11 ~ a nocciolo sporgente conico** (di una vite) (*mecc.*), Schraubenende mit Kegelzapfen, Kegelzapfen (*m.*). **12 ~ a punta** (di una vite) (*mecc.*), Schraubenende mit Spitze, Spitze (*f.*). **13 ~ con foro per copiglia** (di una vite) (*mecc.*), Schraubenende mit Splintloch. **14 ~ d'albero** (codolo) (*mecc.*), Wellenende (*n.*), Wellenstummel (*m.*). **15 ~ d'albero sporgente** (*mecc.*), vorstehendes Wellenende. **16 ~ della trave** (*ed.*), Balkenkopf (*m.*). **17 ~ esterna** (del dente d'un ingranaggio conico) (*mecc.*), Ferse (*f.*). **18 ~ libera dell'albero** (*macch.*), freies Wellenende. **19 ~ piana** (di una vite) (*mecc.*), Schraubenende ohne Kuppe. **20 ~ piana a colletto** (di una vite) (*mecc.*), Kernansatz (*m.*), Schraubenende mit Kernansatz. **21 ~ piana con smusso** (di una vite) (*mecc.*), Kegelkuppe (*f.*), Schraubenende mit Kegelkuppe. **22 ~ sporgente dell'albero** (*mecc.*), vorstehendes Wellenende. **23 ~ tonda** (di una vite) (*mecc.*), Rundkuppe (*f.*).

estremo (*a. - gen.*), äusserst. **2 ~** (estremità) (*s. - gen.*), Ende (*n.*).

estrinseco (esterno) äusserlich. **2 conduzione estrinseca** (*elettronica*), Störleitung (*f.*). **3 semiconduttore ~** (*elettronica*), Störhalbleiter (*m.*).

estrudere (profilati, tubi, ecc., metallici) (*tecnol. mecc.*), fliesspressen. **2 ~** (dei fori da filettare p. es. con punzone estrusore) (*tecnol. mecc.*), durchziehen. **3 ~ a freddo** (*tecnol. mecc.*), kaltfliesspressen. **4 ~ a percussione** (*tecnol. mecc.*), schlagfliesspressen. **5 ~ a rimonta** (sottoporre ad estrusione inversa) (*tecnol. mecc.*), gegenfliesspressen. **6 ~ in avanti** (sottoporre ad estrusione diretta) (*tecnol. mecc.*), strangpressen, gleichfliesspressen. **7 macchina per ~** (estrusore, per mat. plastiche) (*macch. - tecnol.*), Extruder (*m.*), Strangpresse (*f.*). **8 pressa per ~** (con procedimento diretto) (*macch.*), Strangpresse (*f.*). **9 pressa per ~** (con procedimento inverso) (*macch.*), Spritzpresse (*f.*). **10 pressa per ~ a vitone** (*macch.*), Strangpresse mit Schnecke.

estrusione (di profilati, tubi, ecc., metallici) (*tecnol. mecc.*), Fliesspressen (*n.*) **2 ~** (di materie artificiali p. es.) (*tecnol.*), Extrusion (*f.*). **3 ~ a caldo** (*tecnol. mecc.*), Warmfliesspressen (*n.*). **4 ~ a coppa** (*tecnol. mecc.*), Napf-Fliesspressen (*n.*). **5 ~ adiabatica** (senza asporto del calore generato nella zona deformata) (*tecnol. mecc.*), adiabatisches Fliesspressen. **6** ~ **a due pressioni** (*tecnol. mecc.*), Doppeldruckverfahren (*n.*). **7** ~ **a freddo** (*tecnol. mecc.*), Kaltfliesspressen (*n.*). **8** ~ **a percussione** (stampaggio a percussione, stampaggio a pressione dinamica, di ruote dentate p. es.) (*tecnol. mecc.*), Schlagfliesspressen (*n.*). **9** ~ **a rimonta** (estrusione indiretta, estrusione inversa) (*tecnol. mecc.*), Gegenfliesspressen (*n.*). **10** ~ **di corpi cavi** (estrusione di tubi) (*tecnol. mecc.*), Hohlfliesspressen (*n.*). **11** ~ **di pezzi pieni** (*tecnol. mecc.*), Vollfliesspressen (*n.*). **12** ~ **diretta** (estrusione in avanti, procedimento in cui il metallo viene forzato attraverso un foro dalla pressione di uno stantuffo) (*tecnol. mecc.*), Vorwärts-Fliesspressen (*n.*), Gleichfliesspressen (*n.*), Neumeyerverfahren (*n.*). **13** ~ **diretta di barre** (*tecnol. mecc.*), Vollfliesspressen (*n.*) **14** ~ **diretta lunga** (estrusione diretta di pezzi lunghi) (*tecnol. mecc.*), Strangpressen (*n.*). **15** ~ **di tubi** (estrusione di corpi cavi) (*tecnol. mecc.*), Hohlfliesspressen (*n.*). **16** ~ **in avanti** (*tecnol. mecc.*), vedi estrusione diretta. **17** ~ **indiretta** (estrusione inversa, di metalli) (*tecnol. mecc.*), Gegenfliesspressen (*n.*), Rückwärts-Fliesspressen (*n.*), Hookerverfahren (*n.*) **18** ~ **in stampo** (procedimento nel quale il metallo non effluisce in uno spazio libero bensì entro uno stampo con estremità aperta) (*tecnol. mecc.*), Form-Fliesspressen (*n.*). **19** ~ **inversa** (estrusione indiretta) (*tecnol. mecc.*), Rückwärts-Fliesspressen (*n.*), Gegenfliesspressen (*n.*). **20** ~ **laterale** (trasversalmente al moto del punzone) (*tecnol. mecc.*), Querfliesspressen (*n.*). **21** ~ **mista** (nella quale il materiale scorre secondo il verso ed inversamente al movimento del punzone) (*tecnol. mecc.*), Mischpressen (*n.*). **22** ~ **per urto** (per tubetti di alluminio, ecc.) (*tecnol. mecc.*), Schalgfliesspressen (*n.*). **23 forza di** ~ (*tecnol. mecc.*), Fliesspresskraft (*f.*), Presskraft (*f.*), Pressdruck (*m.*). **24 macchina per** ~ **indiretta** (di metalli) (*macch.*), Spritzmaschine (*f.*). **25 patinare ad** ~ (*mft. carta*), extrusionbeschichten. **26 rigature ad** ~ (difetto) (*tecnol. mecc.*), Pressriefen (*f. pl.*) **27 testa di** ~ **lastre** (per mater. plast.) (*macch.*), Plattenspritzkopf (*m.*). **28 testa di** ~ **piana** (per foglie o lastre di plastica) (*macch.*), Breitschlitzdüse (*f.*).

estruso (*a. - tecnol. mecc.*), fliessgepresst. **2** ~ (particolare estruso) (*s. - tecnol. mecc.*), Fliesspressteil (*m.*). **3** ~ (profilato estruso) (*s. - tecnol. mecc.*), Pressprofil (*n.*). **4** ~ **in avanti** (*tecnol. mecc.*), gleichfliessgepresst. **5 profilato** ~ (in avanti) (*tecnol. mecc.*), Fliesspressprofil (*n.*).

estrusore (pressa per estrusione, pressa per estrudere) (*macch.*), Fliessdruckpresse (*f.*). **2** ~ (per lavoraz. di gomma o mat. plastici p. es.) (*macch.*), Extruder (*m.*), Strangpresse (*f.*). **3** ~ **a depressione** (macchina per estrusioni a depressione, per porcellana) (*macch.*), Vakuumpresse (*f.*). **4** ~ **a doppia vite** (per lavorazione della gomma e delle materie plastiche) (*macch.*), Bitruder (*m.*), Doppelschneckenpresse (*f.*). **5** ~ **ad una vite** (per mat. plast. e gomme) (*macch.*), Einschneckenpresse (*f.*). **6** ~ **a tre pressioni** (per produrre pezzi estrusi p. es.) (*macch. ut.*), Dreidruckpresse (*f.*). **7** ~ **a vite** (macchina per estrusione a vite, per materie plastiche) (*macch.*), Schnekkenpresse (*f.*). **8** ~ **per tubi** (macchina per l'estrusione di tubi) (*macch.*), Rohrpresse (*f.*), Röhrenpresse (*f.*), Rohrstrangpresse (*f.*). **9 punzone** ~ (*ut. lav. lamiera*), Durchzug (*m.*), Durchziehstempel (*m.*).

estuario (di un fiume) (*geogr.*), Schlauchmündung (*f.*), Trichtermündung (*f.*), Ästuarium (*n.*).

età (*gen.*), Alter (*n.*). **2** ~ (*geol.*), Zeit (*f.*), Alter (*n.*). **3** ~ **del ferro** (epoca del ferro) (*geol.*), Eisenzeit (*f.*). **4** ~ **della pietra** (*geol.*), Steinzeit (*f.*). **5** ~ **di Fermi** (*fis. atom.*), Fermi-Alter (*n.*). **6** ~ **pensionabile** (*lav.*), Rentenalter (*n.*). **7** ~ **stratigrafica** (*geol.*), stratigraphisches Alter. **8 limiti di** ~ (per il servizio) (*lav. - pers.*), Dienstaltersgrenze (*f.*), Altersgrenze (*f.*).

etalon (*app. ott.*), Etalon (*n.*).
etano (CH_3-CH_3) (*chim.*), Äthan (*n.*).
etanolo (C_2H_5OH) (alcool etilico) (*chim.*), Äthylalkohol (*m.*).
etere (*chim.*), Äther (*m.*). **2** ~ **cosmico** (*fis.*), Lichtäther (*m.*). **3** ~ **etilico** (*chim.*), Äthyläther (*m.*). **4** ~ **fenolico** (*chim.*), Phenoläther (*m.*). **5** ~ **metilico** (*chim.*), Methyläther (*m.*).
etereo (*chim.*), ätherisch.
« eternit » (cemento-amianto, fibrocemento) (*ed.*), Asbestzement (*m.*), Eternit (*n.*). **2 copertura di** ~ **ondulato** (*ed.*), Wellasbestzementdeckung (*f.*). **3 lastra di** ~ **ondulata** (*ed.*), Wellasbestzementplatte (*f.*).
etero-angolarità (discordanza angolare, errore di angolarità) (*mecc.*), Ungleichwinkligkeit (*f.*).
eterociclico (*chim. - ecc.*), heterozyklisch.
eterocromo (*ott.*), heterochrom, verschiedenfarbig.
eterodina (ricevitore ad eterodina) (*radio*), Heterodynempfänger (*m.*), Schwebungsempfänger (*m.*), Überlagerungsempfänger (*m.*). **2 ricezione ad** ~ (*radio*), Heterodynempfang (*m.*), Überlagerungsempfang (*m.*), Schwebungsempfang (*m.*).
eterogeneità (*fis.*), Inhomogenität (*f.*), Heterogenität (*f.*).
eterogeneo (*gen.*), heterogen, ungleichartig. **2 reattore** ~ (*fis. atom.*), heterogener Reaktor.
eteromorfo (*gen.*), heteromorph.
eteropolare (*chim.*), heteropolar.
eteropolimerizzato (copolimerizzato) (*s. - ind. chim.*), Misch-Polymerisat (*n.*).
eteropolimerizzazione (copolimerizzazione, con monomeri di natura diversa) (*ind. chim.*), Misch-Polymerisation (*f.*).
eterostatico (*elett.*), heterostatisch.
etichetta (*trasp. - ecc.*), Etikette (*f.*), Zettel (*m.*), Klebzettel (*m.*). **2** ~ **a decalco** (*imball.*), Abziehetikett (*n.*). **3** ~ **adesiva** (*ind. - ecc.*), Klebzettel (*m.*). **4** ~ **autoadesiva e termocollante** (*trasp. ecc.*), selbsklebende und warmklebende Etikette. **5** ~ **termoadesiva** (*ind.*), Heissklebeetikette (*f.*).
etichettare (*gen.*), bezetteln.
etichettatrice (*macch.*), Etikettiermaschine (*f.*).
etilammina (*chim.*), Äthylamin (*n.*).

etilcellulosa (*chim.*), Äthylzellulose (*f.*).
etile (C_2H_5) (*chim.*), Äthyl (*n.*).
etilene (CH_2-CH_2) (*chim.*), Äthylen (*n.*).
etilizzare (mettere del piombo nella benzina) (*mot. - aut.*), aufbleien.
etilizzato (benzina) (*mot. - aut.*), verbleit, gebleit.
ETRTO (European Tire and Rim Technical Organisation, Organizzazione Tecnica Europea per Pneumatici e Cerchioni) (*veic.*), ETRTO, Europäische Technische Reifen- und Felgen-Organisation.
etrusco (bastone, grottesco, lapidario, carattere) (*tip.*), grotesk.
ettaro (*ha - mis.*), Hektar (*n.*).
ettogrammo (*mis.*), Hektogramm (*n.*).
ettolitro (*hl - mis.*), Hektoliter (*m.*).
ettometro (*mis.*), Hektometer (*m.*), hm.
Eu (europio) (*chim.*), Eu, Europium (*n.*).
euclasio (*min.*), Euklas (*m.*).
euclideo (*geom. - astr.*), euklidisch.
eucolloide (macromolecola con peso molecolare superiore a 1000) (*chim.*), Eukolloid (*n.*).
eudiometro (per la misurazione dei gas) (*app. chim.*), Eudiometer (*n.*).
eufòtide (*min.*), vedi gabbro.
eugenol (allilguaiacolo) (*chim. - farm.*), Eugenol (*n.*).
eupateoscopio (app. per misurare il potere raffreddante dell'atmosfera) (*app.*), Eupatheoskop (*n.*).
EURATOM (Comunità Europea per l'Energia Atomica) (*fis. atom.*), EURATOM, Europäische Atomgemeinschaft.
euristico (processo che ha la possibilità di risolvere un problema, che però non garantisce la soluzione) (*calc. - mat.*), heuristisch.
europio (*Eu - chim.*), Europium (*n.*).
eurotrone (*fis. atom. - app.*), Eurotron (*n.*), Protonensynchroton (*n.*).
eurovisione (*telev.*), Eurovision (*f.*).
eutettico (*s. - chim. - metall.*), Eutektikum (*n.*). 2 ~ (*a. - chim. - metall.*), eutektisch. 3 essudazione eutettica (*metall.*), eutektisches Ausschwitzen.
eutettoide (*s. - chim. - metall.*), Eutektoid (*n.*). 2 ~ (*a. - chim. - metall.*), eutektoidisch.
eutropia (variazione della forma cristallina col numero atomico) (*chim.*), Eutropie (*f.*).
EVA (etilenacetato di vinile) (*chim. ind.*), EVA Äthylen-Vinylacetat (*n.*).
evadere (sottrarsi ad un obbligo p. es.) (*leg.*), hinterziehen. 2 ~ (eseguire) (*gen.*), abfertigen, ausführen. 3 ~ (una commissione, un'ordinazione) (*comm.*), abfertigen, ausführen. 4 ~ (fuggire dal carcere p. es.) (*gen.*), ausbrechen. 5 ~ **un ordine** (*comm.*), eine Bestellung ausführen, eine Bestellung abfertigen.
evanescenza (affievolimento, «fading») (*radio*), Fading (*n.*), Schwundeffekt (*m.*), Fadingeffekt (*m.*).
evaporare (passare dallo stato liquido a quello aeriforme) (*fis.*), verdampfen, eindampfen.
evaporatore (*app.*), Evaporator (*m.*), Verdampfer (*m.*). 2 ~ (congelatore, di macch. frigorifera) (*app.*), Verdampfer (*m.*), Abkühler (*m.*). 3 ~ **a film sottile** (*app.*), Dünnschicht-Verdampfer (*m.*), Film-Verdampfer (*m.*). 4 ~ **sotto vuoto** (*att.*), Unterdruckverdampfer (*m.*). 5 ~ **rapido** (*app. chim.*), Schnellverdampfer (*m.*).
evaporazione (passaggio dallo stato liquido a quello aeriforme) (*fis.*), Verdampfung (*f.*). 2 ~ (lenta, delle acque naturali p. es.) (*fis. - meteor.*), Verdunstung (*f.*), langsame Verdampfung. 3 **ad elevato punto di** ~ (*fis. - chim.*), hochdampfend. 4 **indice di** ~ (*chim. - fis.*), Verdunstungszahl (*f.*).
evaporimetro (*app. fis.*), Verdampfungsmesser (*m.*), Evaporimeter (*n.*). 2 ~ **a bilancia** (*app.*), Verdunstungswaage (*f.*).
evasione (atto di sottrarsi ad un obbligo p. es.) (*leg.*), Hinterziehung (*f.*). 2 ~ (esecuzione) (*gen.*), Abfertigung (*f.*), Ausführung (*f.*). 3 ~ (di un'ordinazione) (*comm.*), Abfertigung (*f.*), Ausführung (*f.*). 4 ~ **fiscale** (*finanz.*), Steuerhinterziehung (*f.*), Steuerflucht (*f.*).
evasivo (una risposta p. es.) (*gen.*), ausweichend.
evaso (fascicolo di pratiche p. es.) (*uff. - ecc.*), erledigt.
evento (*gen.*), Ereignis (*n.*). 2 ~ (verificarsi di uno stato, nella tecnica della programmazione reticolare) (*prog.*), Ereignis (*n.*). 3 ~ (nodo di un diagramma reticolare) (*progr.*), Knoten (*m.*). 4 ~ **bellico** (*milit.*), Kriegsereignis (*n.*). 5 ~ **fortuito** (*gen.*), zufälliges Ereignis. 6 **algebra degli eventi** (*mat.*), Ereignisalgebra (*f.*). 7 **orientato da** ~ (nella tecnica di programmazione reticolare) (*progr.*), knotenorientiert.
eventualmente (*gen.*), gegebenenfalls, eventuell.
everbrite (lega con 60-63% Cu, 30% Ni, 3-7% Fe, 0-3% Cr, Mn) (*lega*), Everbrite (*n.*).
everdur (lega di rame con 3-6% Si e 1-5% Mn) (*lega*), Everdur (*n.*).
evidente (*gen.*), anschaulich. 2 ~ (chiaro, perspicuo; un calcolo, un risultato, ecc.) (*gen.*), übersichtlich.
evidenza (*gen.*), Evidenz (*f.*). 2 **tenere in** ~ (*gen.*), in Evidenz halten.
evitare (*gen.*), vermeiden.
evoluta (sviluppata, linea) (*geom.*), Evoluto (*f.*).
evoluzione (sviluppo) (*gen.*), Evolution (*f.*), Entwicklung (*f.*). 2 **curva di** ~ (d'una nave, traiettoria del suo baricentro per effetto delle forze sviluppate dal timone) (*nav.*), Drehkreis (*m.*).
evolvente (*geom. - mecc.*), Evolvente (*f.*). 2 ~ **teorica** (di ruota dentata) (*mecc.*), reine Evolvente. 3 **dentatura a** ~ (*mecc.*), Evolventenverzahnung (*f.*). 4 **dente ad** ~ (di ingranaggio) (*mecc.*), Evolventenzahn (*m.*). 5 **elicoide ad** ~ (di una vite motrice p. es.) (*geom. - mecc.*), Evolventenschraubenfläche (*f.*). 6 **ingranaggio ad** ~ (*mecc.*), Evolventenräderpaarung (*f.*). 7 **ruota (dentata) ad** ~ (*mecc.*), Evolventenrad (*n.*).
evolventimetro (per ruote dentate) (*app.*), Evolventenprüfmaschine (*f.*).
EXAPT (ampliamento del sistema di programmazione APT [automatically programmed tool]) (*autom.*), EXAPT.

exequatur (*leg.*), Exequatur (*n.*), Zwangsvollstreckung (*f.*).
ex iure (*leg.*), von Rechts wegen, V.R.w.
exlibris (*tip.*), Exlibris (*n.*), Bucheignerzeichen (*n.*).
exogas (atmosfera protettiva in un generatore esotermico) (*tratt. term.*), Exogas (*n.*).
extra (*a. - gen.*), extra, Extra..., Sonder... 2 ∼ (particolare extra, accessorio p. es., di una fornitura) (*s. - comm.*), Sonderteil (*m.*), Extrateil (*m.*). 3 ∼ **a richiesta** (extra a pagamento, di accessori speciali p. es.) (*aut. - ecc.*), Sonderausrüstung (*f.*).
extracontrattuale (*comm.*), ausserverträglich.
extracorrente (*elett.*), Extrastrom (*m.*). 2 ∼ **di apertura** (*elett.*), Öffnungsextrastrom (*m.*), Unterbrechungsextrastrom (*m.*). 3 ∼ **di chiusura** (*elett.*), Schliessungsextrastrom (*m.*).
extracorsa (sovracorsa, dell'utensile fino al punto d'inversione) (*lav. macch. ut.*), Überlauf (*m.*). 2 ∼ (d'un ascensore p. es.) (*ed. - ecc.*), Überfahrweg (*m.*).
extradolce (acciaio) (*metall.*), extraweich, totweich.
extragalattico (*astr.*), extragalaktisch, anagalaktisch.
extragiudiziale (*leg.*), aussergerichtlich.
extrapotenza (potenza massima, non impiegabile in esercizio) (*mot.*), Höchstleistung (*f.*). 2 ∼ **di combattimento** (dei motori aer. p. es.) (*mot. aer. - ecc.*), Kampfhöchstleistung (*f.*).
extraprecisione (di cuscinetti a sfere p. es.) (*mecc.*), « Gyroskop »-Qualität (*f.*), Super-Präzisions-Qualität (*f.*).
extraprezzo (sovrapprezzo, supplemento di prezzo) (*comm.*), Extrapreis (*m.*), Preisaufschlag (*m.*), Zuschlag (*m.*).
extraterrestre (*astronautica*), ausserirdisch.

F

F (fluoro) (*chim.*), F, Fluor (*n.*). **2** ~ (forza) F, Kraft (*f.*). **3** ~ (ferrite) (*tratt. term.*), F, Ferrit (*n.*). **4** ~ (fattore di suddivisione) (*costr. nav.*), F, Abteilungsfaktor (*m.*). **5** ~ (farad) (*unità elett.*), F, Farad (*n.*).
f (frequenza) (*elett.*), F, Frequenz (*f.*).
fabbisogno (*gen.*), Bedarf (*m.*). **2** ~ **biochimico di ossigeno** (BOD) (*ecologia*), biochemischer Sauerstoffbedarf, BSB. **3** ~ **di materiali** (*ind.*), Werkstoffbedarf (*m.*). **4** ~ **di materie prime** (*ind.*), Rohstoffbedarf (*m.*). **5** ~ **di personale** (richiesta di personale) (*pers.*), Personalaufwand (*m.*). **6** ~ **di potenza** (potenza necessaria) (*macch.*), Kraftbedarf (*m.*), Leistungsbedarf (*m.*). **7** ~ **proprio** (d'una centrale; energia richiesta dai dispositivi ausiliari) (*elett. - ecc.*), Eigenbedarf (*m.*).
fabbrica (stabilimento) (*ind. - ed.*), Fabrik (*f.*), Betrieb (*m.*), Werk (*n.*). **2** ~ **di automobili** (*ind.*), Automobilfabrik (*f.*), Automobilwerk (*n.*). **3** ~ **di birra** (*ind. chim.*), Bierbrauerei (*f.*). **4** ~ **di caldaie** (*cald.*), Kesselbauanstalt (*f.*), Kesselschmiede (*f.*). **5** ~ **di carrozzerie** (carrozzeria, carrozziere) (*aut.*), Karosseriefabrik (*f.*). **6** ~ **di ghiaccio** (*ind.*), Eisfabrik (*f.*). **7** ~ **di motori** (*ind.*), Motorenfabrik (*f.*). **8 attrezzatura di** ~ (*ind.*), Fabrikeinrichtung (*f.*). **9 direzione di** ~ (*ind.*), Fabrikleitung (*f.*). **10 franco** ~ (franco stabilimento) (*comm.*), ab Werk. **11 marchio di** ~ (*leg.*), Fabrikmarke (*f.*), Warenzeichen (*n.*). **12 nuovo di** ~ (*comm.*), fabrikneu.
fabbricabile (*gen.*), bebaubar. **2 area** ~ (*ed.*), Baugelände (*f.*).
fabbricante (produttore) (*ind.*), Hersteller (*m.*).
fabbricare (produrre, preparare) (*ind.*), herstellen, erzeugen, anfertigen. **2** ~ (*ed.*), bauen.
fabbricativo (edificabile, fabbricabile; terreno) (*ed.*), bebaubar.
fabbricato (edificio, casa) (*s. - ed.*), Gebäude (*n.*), Haus (*n.*). **2** ~ (*a. - ed. - ecc.*), bebaut. **3** ~ **annesso** (*ed.*), Nebengebäude (*n.*). **4** ~ **industriale** (stabilimento industriale) (*ind.*), Fabrikgebäude (*n.*), Industriegebäude (*n.*). **5** ~ **per uffici** (*ed. - komm.*), Geschäftshaus (*n.*). **6 non** ~ (scoperto, di terreno p. es.) (*ed.*), unbebaut.
fabbricazione (produzione) (*ind.*), Fertigung (*f.*), Herstellung (*f.*). **2** ~ (*ind.*), vedi anche produzione e lavorazione. **3** ~ **degli utensili** (*ut.*), Werkzeugbau (*m.*), Werkzeugherstellung (*f.*). **4** ~ **di massa** (*ind.*), Massenfertigung (*f.*), Massenerzeugung (*f.*). **5** ~ **di prodotti singoli** (produzione singola) (*ind.*), Einzelfertigung (*f.*). **6** ~ **di prodotti speciali** (*ind.*), Sortenfertigung (*f.*). **7** ~ **in grande serie** (*ind.*), Gross-serienfertigung (*f.*). **8** ~ **in serie** (*ind.*), Serienfertigung (*f.*). **9 ciclo di** ~ (ciclo di lavorazione) (*ind.*), Fertigungsplan (*m.*). **10 costo di** ~ (*amm.*), Erzeugungskosten (*f. pl.*), Herstellungskosten (*f. pl.*). **11 difetto di** ~ (*ind.*), Fertigungsfehler (*m.*), Fabrikationsfehler (*m.*). **12 numero di** ~ (*ind.*), Werknummer (*f.*). **13 processo di** ~ (*ind. - tecnol.*), Herstellungsverfahren (*n.*).
fabbro (*lav.*), Schmied (*m.*), Schlosser (*m.*). **2** ~ **ferraio** (*lav.*), Konstruktionsschlosser (*m.*), Eisenschmied (*m.*), Hammerschmied (*m.*). **3 garzone di** ~ (battimazza) (*lav.*), Zuschläger (*m.*).
facce-centrato (*min. - metall.*), flächenzentriert.
faccetta (fascetta, di una punta da trapano) (*ut.*), Fase (*f.*), Facette (*f.*). **2** ~ **rialzata** (fascetta rialzata, faccetta sporgente, di punta da trapano p. es.) (*ut.*), hochstehende Facette. **3** ~ **sporgente** (faccetta rialzata, fascetta rialzata, di una punta da trapano p. es.) (*ut.*), hochstehende Facette.
faccettare, *vedi* sfaccettare.
facchinaggio (spesa) (*comm.*), Trägerlohn (*m.*), Traglohn (*m.*).
facchino (portabagagli) (*lav.*), Träger (*m.*), Gepäckträger (*m.*).
faccia (*gen.*), Gesicht (*n.*). **2** ~ (fianco addendum, costa, di un dente di ingranaggio) (*mecc.*), Kopfflanke (*f.*). **3** ~ (di una moneta) (*gen.*), Avers (*m.*), Kopfseite (*f.*). **4** ~ (del pistone d'un motore Wankel) (*mot.*), Flanke (*f.*). **5** ~ **vicinale** (*cristallografia*), Vizinalfläche (*f.*).
facciata (di un edificio) (*arch.*), Fassade (*f.*), Façade (*f.*), Front (*f.*), Vorderseite (*f.*). **2** ~ (di un edificio, parte verso strada) (*ed.*), Vorderseite (*f.*), Strassenfront (*f.*), Strassenseite (*f.*).
facies (caratteristiche di una roccia sedimentaria) (*geol.*), Fazies (*f. pl.*).
facile (non difficile) (*gen.*), leicht.
facilità (*gen.*), Leichtigkeit (*f.*). **2** ~ **d'impiego** (semplicità di uso, di macchine o di impianti) (*macch. - ecc.*), Bedienbarkeit (*f.*).
facilitare (rendere più facile) (*gen.*), erleichtern, leichter machen.
facilitazione (agevolazione) (*gen.*), Erleichterung (*f.*).
facoltà (*università*), Fakultät (*f.*). **2** ~ **di medicina** (*università*), medizinische Fakultät. **3** ~ **mentale** (*leg.*), geistige Fähigkeit.
facoltativo (*gen.*), fakultativ, wahlfrei, freiwillig.
facsimile (riproduzione fedele) (*s. - tip. - ecc.*), Faksimile (*n.*).
« fader » (potenziometro di dissolvenza) (*telev.*) Überblender (*m.*).
« fading » (affievolimento, evanescenza) (*radio*), Fading (*n.*), Schwundeffekt (*m.*), Fadingeffekt (*m.*), Schwund (*m.*). **2** ~ **da polarizzazione** (sullo schermo radar) (*radar*), Polarisationsfading (*n.*), Polarisationssch-

wund (*m.*). **3 ~ di ampiezza** (affievolimento d'ampiezza) (*radio*), Amplitudenfading (*m.*), Amplitudenschwund (*m.*). **4 ~ termico** (diminuzione dell'azione frenante al riscaldarsi dei freni) (*aut.*), Wärmefading (*n.*).
faggio (*legno*), Buche (*f.*). **2 di ~** (*a. - legno*), buchen, büchen. **3 legno di ~** (*legno*), Buchenholz (*n.*).
faglia (paraclasi) (*geol.*), Verwerfung (*f.*), Bruch (*m.*), Sprung (*m.*). **2 ~ a gradini** (*geol.*), Staffelbruch (*m.*). **3 ~ di accompagnamento** (*geol.*), Begleitverwerfer (*m.*), Nebenverwerfung (*f.*). **4 ~ di carreggiamento** (*geol.*), Überschiebung (*f.*). **5 linea di ~** (*geol.*), Bruchlinie (*f.*), Verwerfungslinie (*f.*).
Fahrenheit (F) (*unità di temperat.*), Fahrenheit (*n.*). **2 grado ~** (1 °F = 5/9 °C) (*unità di mis.*), Fahrenheitgrad (*n.*). **3 scala ~** (*fis.*), Fahrenheitskala (*f.*).
« **fail-safe** » (tipo di costruzione il cui guasto non provoca conseguenze contrarie alla sicurezza dell'impianto p. es.) (*macch. - ecc.*), ausfallsicher, « fail-safe ».
falca (battente di boccaporto) (*nav.*), Setzbord (*n.*).
falcato (*gen.*), sichelförmig.
falce (*ut. agric.*), Sense (*f.*). **2 ~** (area delimitata da due archi) (*geom.*), Sichel (*f.*). **3 ~ di luna** (*astr.*), Mondsichel (*f.*). **4 lama della ~** (*att.*), Dengel (*m.*).
falcetto (falciola) (*ut. - agric.*), Sichel (*f.*), Heppe (*f.*), Gertel (*m.*).
falciare (*agric.*), mähen.
falciatore (*lav. agric.*), Mäher (*m.*), Schnitter (*m.*).
falciatrice (*macch. agric.*), Mähmaschine (*f.*), Mäher (*m.*). **2 ~ per prati** (*macch. agric.*), Rasenmäher (*m.*).
falciola (falcetto) (*ut. agric.*), Sichel (*f.*), Heppe (*f.*), Gertel (*m.*).
falcone (*macch. ed.*), Derrickkran (*m.*).
falda (*geol.*), Schicht (*f.*). **2 ~** (di un tetto) (*ed.*), Walmfläche (*f.*). **3 ~** (d'una scatola di cartone) (*trasp. - imball.*), Klappe (*f.*). **4 ~ acquifera** (nappa acquifera) (*geol.*), Grundwasserleiter (*m.*). **5 ~ captiva** (*geol.*), gespantes Grundwasser. **6 ~ di ravvenamento** (*idr.*), künstliches Grundwasser. **7 ~ freatica** (falda libera) (*geol.*), ungespanntes Grundwasser, freies Grundwasser. **8 ~ libera** (falda freatica) (*geol.*), freies Grundwasser, ungespanntes Grundwasser. **9 abbassamento della ~** (per eventi naturali) (*idr. - geol.*), Grundwasserabsinken (*n.*). **10 acqua di ~** (*geol.*), Schichtenwasser (*n.*), Schichtwasser (*n.*). **11 ad una ~** (tetto p. es.) (*ed.*), einhängig. **12 arricchimento (artificiale) della ~** (*costr. idr.*), Grundwasseranreicherung (*f.*). **13 cilindro per ~** (di una carda) (*macch. tess.*), Wickelwalze (*f.*). **14 livello della ~** (*geol. - idr.*), Grundwasserspiegel (*m.*).
falegname (*lav.*), Tischler (*m.*), Schreiner (*m.*).
falegnameria (*falegn.*), Tischlerei (*f.*), Schreinerei (*f.*).
falla (via d'acqua) (*nav.*), Leck (*n.*), Leckstelle (*f.*). **2 ~ dell'argine** (rottura dell'argine) (*costr. idr.*), Dammbruch (*m.*).
fallimento (*finanz. - comm.*), Konkurs (*m.*). **2 dichiarazione di ~** (*comm.*), Konkurserklärung (*f.*).
fallire (*comm.*), fallieren. **2 ~** (mancare) (*gen.*), versagen.
fallito (*finanz.*), Bankbrüchiger (*m.*).
« **fall out** » (scarti radioattivi) (*fis. nucl.*), « fall out », Abfall (*m.*).
falso (*gen.*), falsch, unwahr. **2 ~** (finto) (*ed.*), blind.
famiglia (di curve p. es.) (*geom.*), Schar (*f.*). **2 ~ di piani** (*geom.*), Ebenenschar (*f.*).
familiare (giardiniera, autoveicolo per servizio promiscuo) (*veic. - aut.*), Kombiwagen (*m.*), Kombinationskraftwagen (*m.*), Kombi (*m.*). **2 ~ con coda a semisbalzo** (autovettura familiare con coda a semisbalzo) (*carrozz. aut.*), Kombi mit Stufenheck. **3 ~ con porta posteriore piana** (autovettura familiare con porta posteriore piana) (*carrozz. - aut.*), Kombi mit Steilwand.
fanale (lanterna) (*illum.*), Laterne (*f.*). **2 ~** (segnale ottico, prescritto per navi ed aerei) (*nav. - aer.*), Lichtführung (*f.*), Licht (*n.*). **3 ~ anteriore** (di una locomotiva p. es.) (*ferr.*), Kopfscheinwerfer (*m.*). **4 ~ di coda** (*ferr.*), Schlusslicht (*n.*), Schlussleuchte (*f.*), Rücklicht (*n.*). **5 ~ di dritta** (luce verde, nella direzione di rotta) (*nav.*), Steuerbord-Seitenlaterne (*f.*). **6 ~ di fonda** (bianco, visibile da tutte le parti, per navi e barche a vela) (*nav.*), Ankerlicht (*n.*). **7 ~ di gabbia** (*nav.*), Marslaterne (*f.*). **8 ~ di illuminazione stradale** (*strad.*), Strassenlampe (*f.*). **9 ~ di poppa** (*nav.*), Hecklaterne (*f.*). **10 fanali di posizione** (fanali di via, luci di posizione, luci di via, luci di navigazione) (*nav. - navig.*), Positionslichter (*n. pl.*), Positionslampen (*f. pl.*), Positionslaternen (*f. pl.*). **11 ~ di rimorchio** (*nav.*), Schlepplaterne (*f.*). **12 ~ di testa d'albero** (*nav.*), Topplaterne (*f.*). **13 ~ di via** (di un velivolo) (*aer.*), Flugzeugpositionslicht (*n.*). **14 fanali di via** (fanali di posizione, luci di posizione, luci di navigazione, luci di via) (*nav. - navig.*), Positionslichter (*n. pl.*), Positionslampen (*f. pl.*), Positionslaternen (*f. pl.*). **15 ~ di via di sinistra** (rosso, nella direzione di rotta) (*nav.*), Backbord-Seitenlampe (*f.*).
fanalino (*illum.*), Leuchte (*f.*), Licht (*n.*). **2 ~ anteriore laterale** (luce sui parafanghi) (*aut.*), Seitenleuchte (*f.*), Kotflügelleuchte (*f.*). **3 ~ sui parafanghi** (*aut.*), Kotflügelleuchte (*f.*).
fanerocristallino (*min.*), phanerokristallin.
fanghiglia (melma) (*min.*), Pochschlamm (*m.*).
fango (*gen.*), Schlamm (*m.*). **2 ~** (di caldaia) (*cald.*), Schlamm (*m.*), Kesselschlamm (*m.*). **3 ~** (*min.*), Dreck (*m.*), Schlamm (*m.*). **4 ~** (prodotto della concentrazione per via umida) (*metall. - min.*), Schlich (*m.*). **5 ~** (bagno di fango) (*med.*), Schlammbad (*n.*). **6 ~ anodico** (*elettrochim.*), Anodenschlamm (*m.*). **7 ~ attivo** (*ind. chim. - ing. civ.*), Belebtschlamm (*m.*), aktiver Schlamm, Gärschlamm (*m.*). **8 ~ calcareo** (di zuccherificio) (*ind. chim.*), Scheideschlamm (*m.*). **9 ~ delle acque di fogna** (residuato dalla chiarificazione) (*ed.*), Abwasserschlamm (*m.*), Klärschlamm (*m.*). **10 ~ digerito** (nel trattamento delle ac-

fangoso

que di rifiuto) (*ed.*), Faulschlamm (*m.*). **11 ~ elettrolitico** (*elettrochim.*), Elektrolysenschlamm (*m.*). **12 ~ galleggiante** (cappellaccio) (*ed.*), Schwimmschlamm (*m.*), Schwimmdecke (*f.*). **13 ~ per perforazioni** (o per trivellazioni) (*min.*), Bohrtrübe (*f.*), Bohrschlamm (*m.*). **14 ~ per trivellazioni** (o per perforazioni) (*min.*), Bohrtrübe (*f.*), Bohrschlamm (*m.*). **15 ~ radioattivo** (*radioatt.*), radioaktiver Schlamm. **16 ~ ringonfiato** (*idr. - ed.*), Blähschlamm (*m.*). **17 bacino a ~ attivato** (bacino d'aerazione, per trattamento delle acque di rifiuto) (*ed.*), Belebungsbecken (*n.*), Lüftungsbecken (*n.*). **18 bagno di ~** («fango») (*med.*), Schlammbad (*n.*). **19 digestione del ~** (*ed.*), Schlammfaulung (*f.*). **20 essiccamento del ~** (*ed.*), Schlammtrocknung (*f.*). **21 immissione di ~** (per combattere incendi) (*min.*), Verschlammung (*f.*). **22 valvola scaricatrice dei fanghi** (*cald.*), Schlammventil (*m.*). **23 vasca per digestione del ~** (digestore dei fanghi) (*ed.*), Schlammfaulbehälter (*m.*).
fangoso (*gen.*), schlammig.
fannullone (*lav.*), Faulenzer (*m.*), Tachinierer (*m.*) (*austr.*).
fanotron (valvola termoionica) (*elettronica*), Phanotron (*n.*).
fantasia (*gen.*), Phantasie (*f.*). **2 stampa di ~** (*tip.*), Zierdruck (*m.*). **2 filato ritorto ~** (ritorto fantasia) (*tess.*), Zierzwirn (*m.*), Effektzwirn (*n.*).
fante (soldato di fanteria) (*milit.*), Schütze (*m.*).
fanteria (*milit.*), Infanterie (*f.*).
fantina (testa motrice del tornio) (*macch. ut.*), Spindelkopf (*n.*).
FAO (Organizzazione delle Nazioni Unite per l'Alimentazione e l'Agricoltura) (*agric.*), FAO, Ernährungs- und Landwirtschafts-Organisation der Vereinten Nationen.
farad (unità di misura della capacità) (*mis. elett.*), Farad (*n.*). **2 micro-micro- ~** (picofarad, 10^{-12} farad) (*unità di mis.*), Picofarad (*n.*).
Faraday (farad) (*mis. elett.*), Faraday (*n.*), Farad (*n.*). **2 gabbia di ~** (gabbia schermata) (*elett.*), Schirmkäfig (*m.*), Abschirmkäfig (*m.*).
faradimetro (*app. elett.*), Faradimeter (*n.*).
faradizzazione (elettroterapia con correnti d'induzione) (*elett. - med.*), Faradisation (*f.*).
fardellatrice (*macch.*), Bündelmaschine (*f.*).
farfalla (valvola a farfalla, di un carburatore p. es.) (*mot.*), Klappe (*f.*), Drossel (*f.*). **2 ~** (tipo di nuoto) (*sport*), Delphin (*m.*). **3 ~** (valvola del gas a farfalla, di un carburatore) (*mot.*), Gasdrossel (*f.*). **4 ~ dello starter** (valvola di chiusura dell'aria) (*mot. - aut.*), Startklappe (*f.*), Luftklappe (*f.*).
fare (*gen.*), machen. **2 ~ cuocere** (*gen.*), abkochen. **3 ~ funzionare** (condurre, un forno p. es.) (*metall. - ecc.*), führen, fahren, betreiben. **4 ~ fuoco** (arma da fuoco), abfeuern. **5 ~ il pieno** (riempire, di carburante) (*aut.*), nachfüllen. **6 ~ il punto** (determinare la posizione) (*nav.*), orten. **7 ~ marciare** (fare funzionare, un forno p. es.) (*gen.*), fahren, betreiben. **8 ~ presa** (del calcestruzzo, del cemento) (*mur.*), abbinden. **9 ~ quadrare** (un conto) (*amm.*), bereinigen. **10 ~ ricerche** (*min.*), durchörtern, durch-

suchen. **11 ~ saltare** (con mine) (*min.*), abtun, sprengen. **12 ~ un giunto a mortasa** (unire a mortasa) (*falegn.*), einstemmen.
farina (*ind.*), Mehl (*n.*). **2 ~ fossile** (terra d'infusori, tripolo, tripoli, diatomite) (*min.*), Kieselgur (*f.*), Infusorienerde (*f.*), Diatomeenerde (*f.*), Tripel (*m.*), Tripelerde (*f.*).
farmaceutica (farmacologia, farmacia) (*farm.*), Pharmazeutik (*f.*), Pharmazie (*f.*).
farmaceutico (*farm.*), pharmazeutisch. **2 specialità farmaceutica** (*farm.*), Arzneispezialität (*f.*).
farmacia (scienza), Pharmazie (*f.*), Pharmazeutik (*f.*). **2 ~** (negozio) (*farm. - comm.*), Apotheke (*f.*).
farmacista (*farm.*), Apotheker (*m.*).
farmaco (prodotto farmaceutico, medicina, medicamento) (*med.*), Heilmittel (*n.*), Medikament (*n.*).
faro (luce di riferimento) (*aer. - nav. - navig.*), Feuer (*n.*), Leuchtfeuer (*n.*). **2 ~** (marittimo) (*nav.*), Feuerturm (*m.*), Leuchtturm (*m.*). **3 ~** (proiettore) (*aut.*), Fernscheinwerfer (*m.*). **4 ~ a bagliori** (*nav.*), Blitzfeuer (*n.*). **5 ~ a luce intermittente** (*nav. - aer.*), Blinkfeuer (*n.*). **6 ~ di aeroporto** (aerofaro) (*aer.*), Flugplatzfeuer (*n.*). **7 ~ di atterraggio** (*aer.*), Landefeuer (*n.*). **8 ~ di pericolo** (*aer.*), Gefahrenfeuer (*n.*). **9 ~ di porto** (*nav.*), Hafenfeuer (*n.*). **10 ~ fendinebbia** (fendinebbia, proiettore fendinebbia) (*aut.*), Nebellicht (*n.*). **11 ~ rotante** (*nav. - ecc.*), Drehfeuer (*n.*). **12 guardiano del ~** (*lav.*), Leuchtturmwärter (*m.*).
farro (*agric.*), Blicken (*m.*), Spelt (*m.*), Spelz (*m.*), Dinkel (*m.*), Fesen (*m.*), Vesen (*m.*), Schwabenkorn (*n.*).
FAS (franco lungobordo) (*comm. - trasp.*), FAS, frei Längsseite Seeschiff.
fasare (mettere in fase) (*elett.*), in Phase bringen.
fasato (equilibrato) (*elett.*), phasengleich.
fasatura (messa in fase, della distribuzione) (*aut. - mot.*), Steuerzeiten (*f. pl.*). **2 ~** (di macchine) (*macch.*), Taktierung (*f.*). **3 ~ dell'accensione** (*mot. - aut.*), Zündungseinstellung (*f.*).
fascetta (per il fissaggio di tubi p. es.) (*tubaz. - mecc.*), Schelle (*f.*). **2 ~** (faccetta, di una punta da trapano p. es.) (*ut.*), Fase (*f.*), Facette (*f.*). **3 ~** (striscia di carta per la spedizione di stampe) (*posta*), Streifband (*n.*). **4 ~** (di carta p. es.) (*gen.*), Umband (*n.*). **5 ~ di fissaggio** (*mecc.*), Befestigungslasche (*f.*), Befestigungsschelle (*f.*). **6 ~ per cavi** (serracavi) (*elett.*), Kabelband (*n.*), Kabelschelle (*f.*). **7 ~ per tubi flessibili** (*tubaz.*), Schlauchschelle (*f.*). **8 ~ rialzata** (faccetta rialzata o sporgente, di punta da trapano p. es.) (*ut.*), hochstehende Facette (*f.*).
fascettare (*imball. - ecc.*), umbinden.
fascia (*gen.*), Bandage (*f.*), Band (*n.*). **2 ~** (cintura) (*gen.*), Gürtel (*m.*), Band (*n.*). **3 ~** (staffa intermedia) (*fond.*), mittlerer Formkasten. **4 ~** (*ed. - arch.*), Bandgesims (*n.*). **5 ~** (benda) (*med.*), Binde (*f.*). **6 ~ di fissaggio** (*mecc. - ecc.*), Halteband (*n.*). **7 ~ di protezione** (*gen.*), Schutzband (*n.*), Schutzgürtel (*m.*). **8 ~ di sostegno** (staffa)

(*mecc.*), Haltebügel (*m.*). **9 ~ di Van Allen** (attorno alla Terra, di alta radioattività) (*geofis. - radioatt.*), Van-Allen-Gürtel (*m.*), Strahlungsgürtel (*m.*). **10 ~ elastica** (anello di tenuta, segmento, anello elastico, di pistone p. es.) (*mot. - mecc.*), Ring (*m.*), Kolbenring (*m.*). **11 ~ elastica** (*ind. tess. - med.*), elastische Binde. **12 ~ elastica con smusso** (anello di tenuta con smusso) (*mot.*), Minutenring (*m.*). **13 ~ elastica cromata** (anello elastico cromato, segmento cromato) (*mot.*), verchromter Kolbenring. **14 ~ elastica di tenuta** (anello elastico di tenuta, segmento di tenuta) (*mot.*), Kompressionsring (*m.*), Verdichtungsring (*m.*). **15 ~ elastica incollata** (anello elastico incollato, segmento incollato) (*mot. - mecc.*), verklebter Kolbenring. **16 ~ elicoidale** (di una punta ad elica) (*ut.*), Steg (*m.*). **17 ~ superiore** (tra cielo e sedi dei segmenti, d'un pistone) (*mot.*), Feuersteg (*m.*). **18 larghezza della ~ elicoidale** (di una punta ad elica) (*ut.*), Stegbreite (*f.*).

fasciame (*costr. nav.*), Schiffshaut (*f.*), Haut (*f.*). **2 ~** (in legno) (*costr. nav.*), Beplankung (*f.*). **3 ~** (mantello, carcassa, di un forno) (*metall. - fond.*), Mantel (*m.*). **4 ~ a comenti appaiati** (fasciame a paro) (*costr. nav.*), Kraweelbeplankung (*f.*), Karwelbeplankung (*f.*). **5 ~ a paro** (fasciame a comenti appaiati) (*costr. nav.*), Kraweelbeplankung (*f.*), Karwelbeplankung (*f.*). **6 ~ a semplice ricoprimento** (*costr. nav.*), Klinkerbeplankung (*f.*). **7 ~ del forno** (carcassa del forno, involucro del forno, mantello del forno) (*forno - metall.*), Ofenmantel (*m.*). **8 ~ esterno** (*costr. nav.*), Aussenhaut (*f.*). **9 ~ interno** (*costr. nav.*), Wegerung (*f.*), Wägerung (*f.*), Binnenhaut (*f.*). **10 ~ interno** (in legno) (*costr. nav.*), innere Beplankung. **11 ~ metallico** (*costr. nav.*), Blechbeplankung (*f.*), Beplattung (*f.*). **12 ~ sovrapposto** (fasciame a semplice ricoprimento) (*costr. nav.*), Klinkerbeplankung (*f.*). **13 a ~ cucito** (a fasciame sovrapposto, con fasciame a semplice ricoprimento) (*nav.*), geklinkert, klinkergebaut. **14 a ~ sovrapposto** (a fasciame cucito, con fasciame a semplice ricoprimento) (*nav.*), geklinkert, klinkergebaut. **15 con ~ a semplice ricoprimento** (a fasciame cucito o sovrapposto) (*nav.*), geklinkert, klinkergebaut. **16 corso di ~** (*costr. nav.*), Gang (*m.*). **17 corso di ~ della carena** (*costr. nav.*), Bodengang (*m.*). **18 doppio ~** (*costr. nav.*), doppelte Beplankung. **19 doppio ~ a paro con fasciame interno diagonale** (*costr. nav.*), Diagonalkraweelbeplankung (*f.*), Diagonalkarwelbeplankung (*f.*). **20 nave a doppio ~** (laterale) (*costr. nav.*), Zweihüllenschiff (*n.*). **21 sistema a ~ a paro** (sistema a comenti appaiati) (*costr. nav.*), Karwelsystem (*n.*), Kraweelsystem (*n.*). **22 sistema a ~ cucito** (sistema a fasciame sovrapposto, sistema a doppio ricoprimento) (*costr. nav.*), Klinkersystem (*n.*).

fasciare (*gen.*), umwickeln, umbandeln. **2 ~** (con corsi di legno) (*costr. nav.*), beplanken. **3 ~** (con lamiera) (*costr. nav.*), beplatten. **4 ~** (un cavo elettrico) (*elett.*), umbandeln. **5 ~** (una fune d'acciaio con tessuto) (*nav.*), schmarten, schmachten, umwickeln. **6 ~** (una ferita p. es.) (*med.*), wickeln. **7 ~ internamente** (*costr. nav.*), wegern.

fasciato (cavo p. es.) (*elett. - ecc.*), umbandelt. **2 ~** (in legno) (*costr. nav.*), beplankt. **3 ~** (con lamiera) (*costr. nav.*), beplattet.

fasciatrice (nastratrice, per confezioni) (*macch.*), Einwickelmaschine (*f.*).

fasciatura (rivestimento) (*gen.*), Bewicklung (*f.*), Bandage (*f.*). **2 ~** (di cavi p. es.) (*elett. - ecc.*), Umbandelung (*f.*). **3 ~** (di una ferita p. es.) (*med.*), Verband (*m.*). **4 ~ di protezione** (di una fune p. es.) (*nav.*), Tauwerkfender (*m.*).

fascina (legno), Bund (*m.*), Reisigwelle (*f.*), Reisigbündel (*n.*). **2 ~** (*costr. idr.*), Faschine (*f.*), Astwerkbündel (*n.*), Zweigebündel (*n.*). **3 arbusti per fascine** (*costr. idr.*), Reisig (*n.*). **4 gettata di fascine** (*costr. idr.*), Senkstückmatratze (*f.*). **5 proteggere con fascine** (o con fascinate) (*costr. idr.*), berauhwehren.

fascinata (mantellatura, di protezione di una sponda p. es.) (*costr. idr.*), Faschinat (*n.*), Packwerk (*n.*), Faschinenpackwerk (*n.*). **2 proteggere con ~** (o con fascine) (*costr. idr.*), berauhwehren.

fascio (*gen.*), Bündel (*n.*). **2 ~** (di curve p. es.) (*geom.*), Bündel (*n.*). **3 ~** (di raggi di luce p. es.) (*fis.*), Bündel (*n.*). **4 ~** (di particelle) (*radioatt.*), Bündel (*n.*). **5 ~ anabbagliante** (luce anabbagliante) (*aut.*), Abblendlicht (*n.*). **6 ~ anabbagliante asimmetrico** (*aut.*), asymmetrisches Abblendbündel (*n.*). **7 ~ binato** (coppia di fasci, di conduttori elettrici) (*elett.*), Zweierbündel (*n.*). **8 ~ convogliato** (di onde ultracorte) (*elettronica*), Richtstrahl (*m.*). **9 ~ di linee** (*telef.*), Leitungsbündel (*n.*). **10 ~ di linee di forza** (*elett.*), Kraftlinienbündel (*n.*). **11 ~ di profondità** (abbagliante, luce abbagliante, proiettore) (*aut.*), Fernlicht (*n.*). **12 ~ di raggi** (*fis.*), Strahlenbündel (*n.*). **13 ~ direttivo a frequenza portante** (*elettronica*), Trägerfrequenzrichtstrahl (*m.*), TFR. **14 ~ elettronico** (pennello elettronico) (*fis.*), Elektronenbündel (*n.*), Elektronenstrahl (*m.*). **15 ~ laser** (raggio laser) (*ott.*), Laserstrahl (*m.*). **16 ~ luminoso** (pennello luminoso) (*illum.*), Lichtbündel (*n.*), Lichtbüschel (*n.*). **17 ~ polarizzato** (*radioatt. - ecc.*), polarisierter Strahl. **18 ~ quadrinato** (bicoppia, di conduttori elettrici) (*elett.*), Viererbündel (*n.*). **19 ~ rotante** (*radio*), Drehfunkbake (*f.*). **20 ~ trinato** (terna di fasci, di conduttori elettrici) (*elett.*), Dreierbündel (*n.*). **21 ~ tubiero** (*cald.*), Rohrbündel (*n.*). **22 allineamento del ~** (nell'ortinoscopio) (*elettronica*), Strahlausrichtung (*f.*). **23 apertura del ~** (*fis.*), Bündeldurchschnitt (*m.*), Bündelquerschnitt (*m.*). **24 conduttore a ~** (*elett.*), Bündelleitung (*f.*). **25 corrente del ~** (corrente catodica) (*elettronica*), Strahlstrom (*m.*). **26 formare fasci** (*gen.*), bündeln. **27 larghezza del ~** (*radar - ecc.*), Bündelbreite (*f.*). **28 posa a ~** (di conduttori elettrici) (*elett.*), Bündellegung (*f.*). **29 scansione con ~ elettronico** (*elettronica*), Strahlabtastung (*f.*). **30 soppressione del ~** (elettronico) (*telev.*), Strahlaustastung (*f.*).

fase (di un fenomeno sinusoidale p. es.) (*fis. - elett. - ecc.*), Phase (*f.*). **2 ~** (forma, stato)

fase

(*fis.*), Erscheinungsform (*f.*), Phase (*f.*), Aggregatzustand (*m.*). **3 ~** (corsa, di un mot. a comb. interna) (*mot.*), Hub (*m.*), Takt (*m.*). **4 ~ ausiliaria** (d'un motore ad induzione monofase) (*mot. elett.*), Hilfsphase (*f.*). **5 ~ χ** (*metall.*), Chi-Phase (*f.*). **6 ~ di aspirazione** (corsa di ammissione) (*mot.*), Einlasshub (*m.*), Ansaughub (*m.*). **7 ~ di combustione** (*mot.*), Verbrennungshub (*m.*). **8 ~ di compressione** (corsa di compressione) (*mot.*), Verdichtungshub (*m.*), Verdichtungstakt (*m.*). **9 ~ di elaborazione** (esecuzione di un programma) (*elab. dati*), Programmdurchlauf (*m.*). **10 ~ di espansione** (corsa di espansione) (*mot.*), Expansionshub (*m.*), Expansionstakt (*m.*). **11 ~ di esplosione** (*mot.*), Explosionshub (*m.*). **12 ~ di forza viva** (fase di inerzia, prima dell'applicazione dei freni) (*ferr.*), Auslaufen (*n.*). **13 ~ di rilascio** (fase di trascinamento; del motore da parte delle ruote, lungo una discesa p. es.) (*mot.*), Schubbetrieb (*m.*). **14 ~ di riscaldamento** (fra partenza a freddo e raggiungimento dello stato termico di regime) (*mot.*), Warmlaufphase (*f.*). **15 ~ di scarico** (*mot.*), Auslasshub (*m.*), Auspufftakt (*m.*). **16 ~ dispersa** (*fis. - chim.*), disperse Phase. **17 fasi equilibrate** (*elett.*), gleichbelastete Phasen. **18 ~ liquida** (*metall.*), Liquidus (*m.*). **19 ~ mista** (*metall.*), Mischphase (*f.*). **20 ~ solida** (*chim.*), feste Phase. **21 accensione in ~** (*mot.*), scharfe Zündung. **22 accumulo di ~** (di elettroni) (*elettronica*), Phaseneinsortierung (*f.*). **23 a due fasi** (bifase, motore p. es.) (*elett.*), zweiphasig, zweisträngig. **24 a quattro fasi** (tetrapolare) (*elett.*), vierphasig. **25 caratteristica di ~ in funzione della frequenza** (risposta di fase; p. es. nei quadripoli, relativa allo sfasamento tra tensione d'entrata e d'uscita) (*elett. - ecc.*), Phasengang (*m.*). **26 circuito comparatore di ~** (*telev.*), Phasenvergleichsschaltung (*f.*). **27 comando a ritardo di ~** (*elettronica*), Phasenanschnittsteuerung (*f.*). **28 comparatore di ~** (sincroscopio) (*elett.*), Phasenvergleicher (*m.*), Phasenindikator (*m.*), Synchroscop (*n.*). **29 convertitore di ~** (*elett.*), Phasenumformer (*m.*). **30 costante di ~** (*elett.*), Phasenkonstante (*f.*). **31 costante di ~** (*fis. - acus.*), Phasenkonstante (*f.*), Kreiswellenzahl (*f.*). **32 costante di ~** (*telef.*), Winkelkonstante (*f.*). **33 defocalizzazione di ~** (*elettronica*), Phasendefokussierung (*f.*). **34 deviazione di ~** (nella modulazione di fase) (*elettronica*), Phasenhub (*m.*). **35 differenza di ~** (sfasamento) (*elett.*), Phasendifferenz (*f.*), Phasenverschiebung (*f.*). **36 discriminatore di ~** (*elettronica*), Phasendiskriminator (*m.*). **37 distorsione di ~** (*elett. - ecc.*), Phasenverzerrung (*f.*). **38 focalizzazione di ~** (*elettronica*), Phasenfokussierung (*f.*), Ballung (*f.*). **39 impedenza di ~** (*elett.*), Drehfeldimpedanz (*f.*). **40 in ~** (*elett.*), gleichphasig, in gleicher Phase, phasengleich. **41 in opposizione di ~** (in controfase) (*gen.*), gegenphasig, in entgegengesetzter Phase. **42 modulazione di ~** (*radio*), Phasenmodulation (*f.*). **43 morsetto di ~** (*elett.*), Phasenklemme (*f.*), Strangklemme (*f.*). **44 oscillazione modulata in ~** (*fis.*), phasenmodulierte Schwingung. **45 ponte di ~** (*elettronica*), Phasenbrücke (*f.*), Toulonbrücke (*f.*). **46 posizione di ~** (*elett.*), Phasenlage (*f.*). **47 protezione contro mancanza di ~** (*elett.*), Phasenausfallschutz (*m.*). **48 protezione differenziale di ~** (*elett.*), Phasenvergleichsschutz (*f.*). **49 risposta di ~** (caratteristica di fase in funzione della frequenza; p. es. nei quadripoli, relativa allo sfasamento tra tensione d'entrata e di uscita) (*elett. - ecc.*), Phasengang (*m.*). **50 ritardo di ~** (*elett.*), Phasenverzögerung (*f.*). **51 ritardo di ~** (d'un tiratron p. es.) (*elettronica*), Phasenanschnitt (*m.*), Phasennacheilung (*f.*). **52 selezione di ~** (degli elettroni) (*elettronica*), Phasenaussortierung (*f.*). **53 sequenza delle fasi** (*elett. - ecc.*), Phasenfolge (*f.*). **54 spostamento di ~** (*elett.*), Phasenverschiebung (*f.*). **55 squilibrio di ~** (*elett.*), Phasenunsymmetrie (*f.*). **56 stadio invertitore di ~** (*elettronica*), Phasenumkehrstufe (*f.*). **57 tubo invertitore di ~** (*elettronica*), Phasenumkehrröhre (*f.*), Umkehrröhre (*f.*). **58 velocità di ~** (di un'onda sinusoidale) (*elettronica*), Phasengeschwindigkeit (*f.*).

fasometro (cosfimetro) (*strum. elett.*), Phasenmesser (*m.*).

« fastback » (tipo di coda di carrozzeria di linea ininterrotta dal tetto all'estremità posteriore) (*aut.*), Fliessheck (*n.*), « Fastback » (*n.*).

« fastener » (collegatore, organo di collegamento; vite p. es., ecc.) (*mecc.*), Fastener (*m.*).

fastigio (*arch.*), Giebel (*m.*).

fatica (*metall. - ecc.*), Ermüdung (*f.*). **2 ~** (affaticamento) (*lav.*), Ermüdung (*f.*). **3 ~ da corrosione** (*metall. - tecnol. mecc.*), Korrosionsermüdung (*f.*). **4 ~ del materiale** (affaticamento del materiale) (*tecnol. mecc.*), Materialermüdung (*f.*), Werkstoffermüdung (*f.*). **5 ~ fisica** (fatica muscolare) (*lav.*), Muskelermüdung (*f.*). **6 ~ muscolare** (fatica fisica) (*lav.*), Muskelermüdung (*f.*). **7 ~ per corrosione** (*metall.*), Korrosionsermüdung (*f.*). **8 ~ strutturale** (*metall.*), Strukturermüdung (*f.*). **9 ~ termica** (*tecnol. mecc.*), thermische Ermüdung. **10 apparecchio per prove di ~ a flessione** (*app. - tecnol.*), Dauerbiegeprüfer (*m.*). **11 corrosione per ~** (*tecnol. mecc.*), Korrosion-Ermüdung (*f.*), Schwingungsriss-Korrosion (*f.*). **12 frattura da ~** (difetto - *metall.*), Ermüdungsbruch (*m.*). **13 limite di ~** (*tecnol. mecc. - prova di mater.*), Dauerfestigkeit (*f.*). **14 limite di ~ a ciclo alterno simmetrico per trazione-compressione** (*prove mater.*), Zug-Druck-Wechselfestigkeit (*f.*). **15 limite di ~ a trazione** (*tecnol. mecc.*), Dauerzugfestigkeit (*f.*). **16 limite di ~ di provino intagliato** (*prove mater.*), Kerbdauerschwingfestigkeit (*f.*). **17 limite di ~ per sollecitazione assiale a ciclo dallo zero** (*prove mater.*), Zugschwellfestigkeit (*f.*). **18 limite di ~ per sollecitazione d'urto** (resistenza ad urti ripetuti) (*tecnol. mecc.*), Dauerschlagfestigkeit (*f.*). **19 limite di ~ per torsione a ciclo alterno simmetrico** (*tecnol. mecc.*), Torsionswechselfestigkeit (*f.*). **20 limite di ~ torsionale** (limite di fatica per sollecitazioni di torsione) (*tecnol. mecc.*), Drehschwingungsfestigkeit (*f.*). **21 limite di snervamento a ~ a ciclo**

alterno simmetrico (*tecnol. mecc.*), Wechselfliessgrenze (*f.*). **22 macchina per prove di ~** (*macch.*), Dauerschwingprüfmaschine (*f.*). **23 macchina per prove di ~ a flessione alternata** (*macch.*), Wechselbiegemaschine (*f.*). **24 macchina per prove di ~ a torsione** (*macch.*), Torsator (*m.*). **25 maggiorazione per ~** (dei tempi normali p. es.) (*cronotecnica*), Ermüdungszuschlag (*m.*), Erholungszuschlag (*m.*). **26 prova di ~** (*tecnol. mecc.*), Dauerschwingversuch (*m.*), Dauerversuch (*m.*). **27 prova di ~ ad urti alterni** (in cui il provino viene girato di 180° tra urti successivi) (*tecnol. mecc.*), Wechselschlagversuch (*m.*). **28 prova di ~ a flessione su provino piano** (*prove mater.*), Flachbiegeversuch (*m.*). **29 prova di ~ a torsione** (di assali p. es.) (*prove mater.*), Torsionschwingversuch (*m.*), Verdrehschwingversuch (*m.*). **30 prova di ~ con aumento multiplo del carico** (*prove mater.*), Mehrstufen-Dauerschwingversuch (*m.*). **31 prova di ~ in condizioni effettive d'esercizio** (*tecnol. mecc. - prove mater.*), Betriebsschwingversuch (*m.*). **32 provino di ~** (*metall.*), Schwingprobe (*f.*), Dauerläufer (*m.*). **33 resistente a ~** (*metall.*), dauerfest. **34 resistenza a ~** (*metall.*), Zeitschwingfestigkeit (*f.*), Zeitfestigkeit (*f.*). **35 resistenza a ~ a ciclo alterno simmetrico** (*sc. costr.*), Wechselfestigkeit (*f.*). **36 resistenza a ~ a flessione a ciclo dallo zero** (*metall.*), Biegeschwellfestigkeit (*f.*). **37 resistenza a ~ per flessione piana a ciclo alterno simmetrico** (resistenza a flessione alternata) (*sc. costr.*), Wechselbiegefestigkeit (*f.*). **38 resistenza alla ~ per flessione rotante** (*sc. costr.*), Umlaufbiegewechselfestigkeit (*f.*). **39 resistenza a ~ per torsione a ciclo dallo zero** (*prove mater.*), Verdrehschwellfestigkeit (*f.*). **40 rottura di ~** (*metall.*), Dauerschwingbruch (*m.*), Dauerbruch (*m.*). **41 sollecitazione di ~** (*prove mater.*), Dauerbeanspruchung (*f.*), Dauerschwingbeanspruchung (*f.*). **42 sollecitazione di ~ a flessione piana a ciclo alterno simmetrico** (*sc. costr.*), Wechselbiegebeanspruchung (*f.*), Wechselbiegung (*f.*). **43 tempo aggiuntivo per ~** (maggiorazione dei tempi normali) (*cronotecnica*), Erholungszuschlag (*m.*), Ermüdungszuschlag (*m.*). **44 usura da ~** (*mecc.*), Verschleiss durch Ermüdung.
faticoso (*gen.*), ermüdend, anstrengend.
fatiscente (pericolante, cadente, costruzione) (*gen.*), baufällig.
fattibilità (*gen.*), Durchfürbahrkeit (*f.*).
fattore (coefficiente) (*mat. - ecc.*), Faktor (*m.*), Koeffizient (*m.*). **2 ~** (castaldo) (*lav. amm. agric.*), Faktor (*m.*). **3 ~ balistico** (sovraelongazione, d'uno strumento di misura elettrico) (*strum.*), Überschwingung (*f.*). **4 ~ cielo** (*ott. - illum.*), Himmelslichtfaktor (*m.*). **5 fattori della produzione** (*ind.*), Produktionsfaktoren (*m. pl.*). **6 ~ di accoppiamento** (*fis.*), Kopplungsgrad (*m.*), Kopplungskoeffizient (*m.*). **7 ~ di accorciamento** (d'un avvolgimento) (*elett.*), Sehnungsfaktor (*m.*). **8 ~ di accumulazione** (*fis. nucl. - radioatt.*), Zuwachs-Faktor (*m.*). **9 ~ di adattamento** (*elett.*), Anpassungsfaktor (*m.*). **10 ~ di amplificazione** (*radio*), Verstärkungsgrad (*m.*). **11 ~ di assorbimento** (potere assorbente) (*fis. - chim.*), Saugfähigkeit (*f.*). **12 ~ di assorbimento** (*illum.*), Absorptionsgrad (*m.*). **13 ~ di avvolgimento** (d'una bobina) (*elett.*), Wikkelfaktor (*m.*), Wicklungsfaktor (*m.*). **14 ~ di bontà** (Q, fattore di merito, fattore di qualità) (*fis.*), Gütefaktor (*m.*), Q-Faktor (*m.*), Q. **15 ~ di carico** (di cuscinetti volventi, capacità di carico) (*mecc.*), Tragzahl (*f.*). **16 ~ di carico** (*elett.*), Lastfaktor (*m.*). **17 ~ di carico dinamico** (capacità di carico dinamico di cuscinetti volventi) (*mecc.*), dynamische Tragzahl. **18 ~ di comando** (d'un tubo termoionico) (*elettronica*), Steuerfaktor (*m.*), Steuerausbeute (*f.*). **19 ~ di concentrazione delle sollecitazioni** (coefficiente di forma, indice di forma) (*prove mater.*), Formzahl (*f.*), Formziffer (*f.*). **20 ~ di correzione** (*gen.*), Korrektionsfaktor (*m.*). **21 ~ di correzione** (per la potenza di un mot. a comb. interna) (*mot.*), Umrechnungsfaktor (*m.*), Korrektionsfaktor (*m.*). **22 ~ di costo** (*organ. lav.*), Kostenträger (*m.*). **23 ~ di cresta** (*elett.*), Spitzenfaktor (*m.*), Scheitelfaktor (*m.*). **24 ~ di diffusione** (*illum.*), Streuvermögen (*n.*). **25 ~ di dispersione** (*fis. - elett.*), Streufaktor (*m.*), Streuziffer (*f.*), Streugrad (*m.*), Streukoeffizient (*m.*). **26 ~ di distorsione** (*elettronica*), Klirrfaktor (*m.*), Verzerrungsmass (*n.*). **27 ~ di distribuzione** (d'un avvolgimento) (*macch. elett.*), Zonenfaktor (*m.*). **28 ~ di disturbo** (*radio - ecc.*), Störfaktor (*m.*). **29 ~ di equivalente** (*telef.*), Restdämpfungsfaktor (*m.*). **30 ~ di fessura** (di un tubo elettronico) (*elettronica*), Spaltfaktor (*m.*). **31 ~ di luce diurna** (*illum.*), Tageslichtquotient (*m.*). **32 ~ di luminanza energetica** (fattore di radianza) (*ott.*), Leuchtdichtefaktor (*m.*), Strahldichtefaktor (*m.*). **33 ~ d'imbutitura** (rapporto fra raggio negli angoli del pezzo da ottenere e raggio dello sviluppo di partenza) (*lav. lamiera*), Ziehfaktor (*m.*). **34 ~ di merito** (fattore di qualità) (*elett.*), Gütefaktor (*m.*), Gütezahl (*f.*), Güteziffer (*f.*), Q-Faktor (*m.*). **35 ~ d'incertezza** (*gen.*), Unsicherheitsfaktor (*m.*). **36 ~ di perdita** (*elett.*), Verlustfaktor (*m.*). **37 ~ di perdita** (del dielettrico) (*elett.*), dielektrischer Verlustfaktor. **38 ~ di permeabilità** (nella magnetizzazione) (*elett.*), Scherungsfaktor (*m.*). **39 ~ di pienezza** (di una superficie lavorata, nelle misure delle rugosità) (*mecc.*), Völligkeitsgrad (*m.*). **40 ~ di portanza** (frazione portante, per la determinazione del grado di finitura di una superficie tecnica) (*mecc.*), Traganteil (*m.*), Flächentraganteil (*m.*). **41 ~ di potenza** (cosfi, cos φ) (*elett.*), Leistungsfaktor (*m.*), Wirkfaktor (*m.*), cos φ. **42 ~ di potenza in ritardo** (cosfi in ritardo) (*elett.*), nacheilender Leistungsfaktor. **43 ~ di potenza reattiva** (sen φ) (*elett.*), Blindfaktor (*m.*), Blindleistungsfaktor (*m.*), sin φ. **44 ~ di potenza 1** (*elett.*), Leistungsfaktor Eins. **45 ~ di purezza colorimetrica** (*ott.*), spektrale Farbdichte. **46 ~ di purezza di eccitazione** (*ott.*), spektraler Farbanteil. **47 ~ di qualità** (Q, fattore di merito, fattore di bontà) (*fis.*), Gütefaktor (*m.*), Q-Faktor (*m.*), Q. **48 ~ di radianza** (fattore di luminanza energetica) (*ott.*), Strahldichtefaktor (*m.*), Leuchtdichtefaktor (*m.*). **49 ~ di rego-**

fattoria

lazione (rapporto fra grandezza regolante e campo di regolazione) (*regol.*), Stellfaktor (*m.*). **50 ~ di riduzione** (d'un cavo) (*telef. - ecc.*), Mantelschutzfaktor (*m.*). **51 ~ di riempimento** (di avvolgimenti) (*elett.*), Füllfaktor (*m.*). **52 ~ di riempimento (o di pienezza)** (d'una fune, rapporto fra la somma delle sezioni di tutti i fili singoli e la sezione nominale) (*metall.*), Füllfaktor (*m.*), Füllungsfaktor (*m.*). **53 ~ di riflessione** (riflettenza) (*ott.*), Reflexionsgrad (*m.*). **54 ~ di riflessione acustica** (rapporto tra le pressioni acustiche dell'onda riflessa ed incidente) (*acus.*), Schallreflexionsfaktor (*m.*). **55 ~ di riflessione diffusa** (albedo) (*ott.*), Hellbezugswert (*m.*), Albedo (*f.*). **56 ~ di rumore** (*radio - ecc.*), Rauschfaktor (*m.*). **57 ~ di schermatura** (*elett.*), Abschirmfaktor (*m.*). **58 ~ di scia** (*nav.*), Logziffer (*f.*). **59 ~ di sfasamento** (*elett.*), Verschiebungsfaktor (*m.*). **60 ~ di simultaneità** (*elett. - ecc.*), Gleichzeitigkeitsfaktor (*m.*). **61 ~ di smorzamento** (nell'apertura d'un circuito, rapporto fra il valore massimo della tensione transistoria ed il picco della tensione di risalita) (*elett.*), Überschwingfaktor (*m.*). **62 ~ d'isolamento (acustico)** (perdita per trasmissione) (*acus.*), Dämmzahl (*f.*). **63 ~ di suddivisione** (rapporto fra distanza massima separante due paratie e lunghezza allagabile) (*costr. nav.*), Abteilungsfaktor (*m.*). **64 ~ di trasmissione** (*radio - ecc.*), Übertragungsfaktor (*m.*). **65 ~ di trasmissione** (di un corpo) (*ott.*), Durchlassgrad (*m.*), Transmissionsgrad (*m.*). **66 ~ di trasmissione interna** (*ott.*), Durchsichtigkeitsgrad (*m.*). **67 ~ di udibilità** (*radio*), Hörbarkeitsfaktor (*m.*). **68 ~ di uniformità** (di illuminazione) (*ott. - illum.*), Gleichmässigkeit (*f.*), Gleichmässigkeitsgrad (*m.*). **69 ~ di utilizzazione** (*illum.*), Beleuchtungswirkungsgrad (*m.*). **70 ~ di utilizzazione** (di un motore elettrico p. es.) (*elett.*), Auslastungsfaktor (*m.*). **71 ~ di vantaggio** (di un reattore) (*fis. atom.*), Überhöhungsfaktor (*m.*). **72 ~ di vuoto** (d'un tubo termoionico) (*elettronica*), Vakuumfaktor (*m.*). **73 ~ di Watson** (caratterizzante un petrolio) (*min.*), Watson-Faktor (*m.*), VOP-Faktor (*m.*). **74 ~ d'urto** (coefficiente d'urto, carico supplementare per veicoli ferrov.) (*ferr.*), Stossfaktor (*n.*). **75 ~ quantico di oscillazione** (*fis.*), Schwingungsquantenzahl (*f.*). **76 ~ rame** (*macch. elett.*), Kupferfüllfaktor (*m.*). **77 ~ schermante** (*elett.*), Abschirmfaktor (*m.*). **78 ~ spettrale di assorbimento** (*ott.*), spektraler Absorptionsgrad. **79 ~ spettrale di riflessione** (*ott.*), spektraler Reflexionsgrad. **80 ~ spettrale di riflettenza** (*ott.*), spektraler Remissionsgrad. **81 ~ spettrale di trasmissione** (*ott.*), spektraler Durchlassgrad. **82 ricerca dei fattori influenti** (ricerca fattoriale) (*tecnol.*), Einflussuntersuchung (*f.*).
fattoria (podere, casa colonica con fabbricati annessi e campi) (*agric.*), Hof (*m.*), Bauernhof (*m.*), Gehöft (*n.*).
fattoriale (*mat. - ecc.*), Faktoren... **2 ricerca ~** (ricerca dei fattori influenti) (*tecnol.*), Einflussuntersuchung (*f.*).
fattorino (*lav.*), Bote (*m.*), Zusteller (*m.*). **2 ~ di banca** (*lav.*), Bankbote (*m.*). **3**
~ di ufficio (*lav.*), Bürobote (*m.*), Bote (*m.*).
fattorizzazione (*mat.*), Faktorisierung (*f.*).
fattura (*amm. - comm.*), Rechnung (*f.*), Faktur(a) (*f.*). **2 ~ consolare** (*comm.*), Konsulatsrechnung (*f.*), Konsulatsfaktura (*f.*). **3 ~ dettagliata** (*amm.*), spezifizierte Rechnung. **4 ~ doganale** (*comm. - finanz.*), Zollrechnung (*f.*), Zollfaktur (*f.*). **5 ~ proforma** (*comm.*), Proformarechnung (*f.*). **6 importo di ~** (fatturato) (*amm.*), Fakturbetrag (*m.*), Fakturabetrag (*m.*). **7 macchina per fatture** (fatturatrice) (*macch.*), Fakturiermaschine (*f.*), Rechnungsschreibmaschine (*f.*). **8 90 giorni fine mese data ~** (pagamento) (*amm. - comm.*), 90 Tage, Ende des Monates des Fakturendatums. **9 prezzo di ~** (*comm.*), Rechnungsbetrag (*m.*).
fatturare (*amm. - contabilità*), fakturieren.
fatturato (importo di fattura) (*s. - amm. - comm.*), Fakturabetrag (*m.*). **2 ~** (giro di affari) (*s. - comm.*), Umsatz (*m.*), Umschlag (*m.*). **3 ~** (*a. - amm. - comm.*), fakturiert. **4 ~** (prodotto della reazione con il solfo di oli non saturi) (*ind. della gomma*), Faktis (*m.*).
fatturatrice (macchina per fatture) (*amm. - macch.*), Fakturiermaschine (*f.*), Rechnungsschreibmaschine (*f.*).
fatturazione (*amm. - contabilità*), Fakturieren (*n.*).
fatturista (*m. - lav. - pers.*), Fakturist (*m.*). **2 ~** (*f. - lav. - pers.*), Fakturistin (*f.*).
favore (gusto, per un articolo, presso il pubblico) (*comm.*), Geschmack (*m.*).
fayalite ($(FeO)_2SiO_2$) (*metall. - min.*), Fayalit (*m.*).
fazzoletto (lamiera d'angolo) (*ed. - carp.*), Eckblech (*n.*), Eckplatte (*f.*), Knotenblech (*n.*).
Fe (ferro) (*chim.*), Fe, Eisen (*n.*).
febbre (*med.*), Fieber (*n.*). **2 ~ dei fonditori** (*ind. - med.*), Giessfieber (*n.*), Metalldampffieber (*n.*), Zinkfieber (*n.*). **3 ~ del lunedi mattina** (bissinosi, malattia professionale) (*med. - ind. tess.*), Baumwollstaublunge (*f.*).
fecondazione (*fis. nucl.*), Befruchtung (*f.*).
fedeltà (di riproduzione) (*radio - elettroacus.*), Wiedergabetreue (*f.*). **2 ~** (di trasmissione) (*elettroacus.*), Übertragungsgüte (*f.*). **3 ~ cromatica** (*tel.*), Farbentreue (*f.*). **4 premio di ~** (*lav.*), Treueprämie (*f.*).
« feeder » (alimentatore) (*elett. - radio*), Speiseleitung (*f.*), Feeder (*n.*).
feldspato (gruppo di silicati) (*min.*), Feldspat (*m.*).
fellandrene ($C_{10}H_{16}$, profumo per saponi) (*chim.*), Phellandren (*n.*).
felpa (tessuto) (*tess.*), Plüsch (*m.*).
felsite (min. di quarzo e di feldspato) (*min.*), Felsit (*m.*).
feltrabilità (*tess.*), Verfilzbarkeit (*f.*).
feltrare (*ind. tess.*), verfilzen.
feltrato (lana p. es.) (*tess.*), filzig.
feltratrice (*macch.*), Filzmaschine (*f.*).
feltratura (*ind. tess.*), Verfilzen (*n.*), Verfilzung (*f.*), Filzen (*n.*).
feltro (*tess. - ecc.*), Filz (*m.*). **2 ~** (per l'irrigidimento di resine p. es.) (*ind. chim.*), Matte

(*f.*). 3 ~ **di crine** (*tess.*), Haarfilz (*m.*). 4 ~ **di vetro** (*ind. chim.*), Glasmatte (*f.*). 5 ~ **pressato** (*ind. tess.*), Fressfilz (*m.*). 6 ~ **umido** (*mft. carta*), Nassfilz (*m.*). 7 **cartone** ~ **grezzo** (per tetti) (*ind. carta - ed.*), Rohfilzpappe (*f.*). 8 **rivestimento di** ~ (tubolare, per cilindri di macchina continua, p. es.) (*mft. carta*), Manchon (*m.*), Filzschlauch (*m.*), Filzärmel (*m.*).
F.E.M. (Fédération Européenne de la Manutention, Federazione Europea Trasporti Industriali) (*trasp. ind.*), F.E.M., Europäische Vereinigung der Fördertechnik.
f.e.m. (forza elettromotrice) (*fis.*), E, EMK, elektromotorische Kraft.
femminella (del timone) (*nav.*), Ruderöse (*f.*).
femto- (f, = 10^{-15}) (*unità di mis.*), Femto-, f.
fenacetina [$C_6H_4(NH.CH_3CO)OC_2H_5$] (*farm.*), Phenazetin (*n.*).
fenantrene ($C_{14}H_{10}$) (*chim.*), Phenanthren (*n.*).
fenato (*chim.*), Phenat (*n.*).
fendersi (*gen.*), aufspalten, reissen. 2 ~ (spaccarsi, di legname p. es.) (*ed. - ecc.*), reissen.
fendinebbia (luce fendinebbia, faro fendinebbia, proiettore fendinebbia) (*aut.*), Nebellicht (*n.*), Nebelscheinwerfer (*m.*).
fenditura (feritoia, ecc.) (*gen.*), Schlitz (*m.*). 2 ~ (luce, di una fascia elastica) (*mot. - mecc.*), Stoss (*m.*), Stoss·spiel (*m.*).
fenilammina ($C_6H_5NH_2$) (anilina) (*chim.*), Phenylamin (*n.*), Anilin (*n.*).
fenile (*chim.*), Phenyl (*n.*).
fenilidrazina ($C_6H_5-NH-NH_2$) (*chim.*), Phenylhydrazin (*n.*).
fenolformaldeide (resina fenolica, PF) (*chim.*) Phenolformaldehyd (*n.*), PF.
fenolftaleina (*chim.*), Phenolphtalein (*n.*).
fenolo ($C_6H_5.OH$) (fenolo ordinario, acido carbolico, acido fenico) (*chim.*), Phenol (*n.*), Karbolsäure (*f.*), Monoxydbenzol (*n.*). 2 ~ (ossibenzolo, fenolo propriamente detto) (*chim.*), Phenol (*n.*), Oxybenzol (*n.*).
fenomeno (manifestazione) (*gen.*), Erscheinung (*f.*). 2 ~ **accompagnatorio** (fenomeno collaterale) (*fis.*), Begleiterscheinung (*f.*). 3 **fenomeni carsici** (carsismo) (*geol.*), Karsterscheinungen (*f. pl.*). 4 ~ **collaterale** (fenomeno accompagnatorio) (*fis.*), Begleiterscheinung (*f.*). 5 ~ **di Magnus** (effetto di Magnus) (*aerodin. - idr.*), Magnus-Effekt (*m.*). 6 ~ **luminoso** (*ott.*), Leuchterscheinung (*f.*), Lichterscheinung (*f.*).
fenoplasto (bakelite, resina fenolica) (*chim.*), Phenolharz (*n.*), Phenoplast (*n.*).
fergusonite (bragite) (*min.*), Fergusonit (*m.*), Bragit (*m.*).
ferie (*lav. - pers.*), Ferien (*f. pl.*), Arbeitspause (*f.*). 2 ~ **annuali** (*lav. - pers.*), Betriebsferien (*f. pl.*). 3 ~ **collettive** (ferie annuali, « chiusura » dello stabilimento) (*pers.*), Betriebsferien (*f. pl.*). 4 ~ **estive** (*lav. - pers.*), Sommerferien (*f. pl.*). 5 ~ **retribuite** (*pers. - lav.*), bezahlter Urlaub. 6 **chiusura per** ~ **dello stabilimento** (*ind.*), Werkferien (*f. pl.*).
ferimento (*milit. - ecc.*), Verwundung (*f.*). 2 ~ (lesione) (*med.*), Schaden (*m.*).
ferire (*milit. - ecc.*), verwunden.
ferita (*med.*), Verletzung (*f.*). 2 ~ **mortale** (*med.*), tödliche Verletzung.

ferito (*a. - med.*), verletzt. 2 ~ (*s. - med.*), Verletzter (*m.*).
feritoia (fessura) (*gen.*), Schlitz (*m.*). 2 ~ (di ventilazione, di un cofano p. es.) (*lav. lamiera - ecc.*), Schlitz (*m.*), Kieme (*f.*). 3 ~ (*milit.*), Schiess·scharte (*f.*). 4 ~ **di ventilazione** (*veic. - ecc.*), Luftschlitz (*m.*), Lüftungsschlitz (*m.*). 5 ~ **per l'aria di raffreddamento** (*aut. - ecc.*), Kühlluftschlitz (*m.*).
ferma-ante (di una finestra) (*ed.*), Sturmhaken (*m.*), Vorreiber (*m.*), Fensterreiber (*m.*).
fermacofano (*aut.*), Haubenschloss (*n.*), Haubenverschluss (*m.*), Haubenhalter (*m.*).
fermafuliggine (separatore di fuliggine) (*comb. - app.*), Russfänger (*m.*).
fermaglio (*uff.*), Klammer (*f.*), Briefklammer (*f.*).
fermaporta (*aut. - ecc.*), Feststeller (*m.*), Türfeststeller (*m.*).
fermare (bloccare, assicurare, fissare) (*mecc.*), festhalten. 2 ~ (un motore, una macchina p. es.) (*mot. - macch.*), abstellen. 3 ~ (arrestare, mettere fuori servizio) (*mot. - macch.*), ausser Betrieb setzen. 4 ~ **con filo** (fissare con filo, frenare con filo) (*mecc.*), mittels Draht sichern.
fermarsi (*gen.*), halten, stehen bleiben. 2 ~ (arrestarsi) (*mecc. - mot.*), zur Ruhe kommen. 3 ~ (arrestarsi, di veicolo) (*veic.*), stoppen, abstoppen.
fermasabbia (dissabbiatore, separatore di sabbia, collettore di sabbia) (*costr. idr.*), Sandfang (*m.*).
fermascambio (*ferr.*), Zungenriegel (*m.*), Weichenriegel (*m.*).
fermascorie (*fond.*), Schlackenschütze (*f.*). 2 ~ **(a pozzetto) tangenziale** (*fond.*), Wirbler (*m.*), Schaumtrichter (*m.*).
fermastampo (lardone) (*lavoraz. di lamiere*), Froschleiste (*f.*).
fermata (luogo di fermata) (*tram - ecc.*), Haltestelle (*f.*), Haltepunkt (*m.*). 2 ~ (il fermarsi) (*ferr.*), Aufenthalt (*m.*). 3 ~ **del tram** (*trasp.*), Strassenbahnhaltestelle (*f.*). 4 ~ **facoltativa** (*veic. - trasp.*), Bedarfshaltestelle (*f.*). 5 **senza fermate** (*ferr.*), aufenthaltlos.
fermentare (*chim.*), gären, vergären.
fermentativo (*chim.*), gärungserregend.
fermentazione (*ind. chim.*), Gären (*n.*), Gärung (*f.*), Vergärung (*f.*). 2 ~ **alcolica** (*ind. chim.*), alkoholische Gärung. 3 **processo di** ~ **-digestione** (per acque di rifiuto) (*ed.*), Gärfaulverfahren (*n.*). 4 **prodotto di** ~ (*ind.*), Gärerzeugnis (*n.*). 5 **tino di** ~ (*app.*), Gärbottich (*m.*).
fermento (enzima) (*ind. chim.*), Gärungserreger (*m.*), Gärungspilz (*m.*), Ferment (*n.*), Enzym (*n.*), Gärmittel (*n.*).
fermio (elemento chimico artificiale) (*Fm - chim.*), Fermium (*n.*).
fermioni (particelle che si comportano secondo la statistica di Fermi) (*fis.*), Fermionen (*n. pl.*).
fermo (immobile) (*a. - gen.*), still, ruhig, bewegungslos, unbeweglich. 2 ~ (fisso, serrato) (*a. - mecc.*), fest, fix. 3 ~ (un'ordinazione p. es.) (*a. - comm.*), fest. 4 ~ (dispositivo di arresto, arresto) (*s. - mecc. - ecc.*), Feststellvorrichtung (*f.*). 5 ~ (blocco) (*s. -*

« ferodo »

mecc.), Sperrung (*f.*). **6 ~ (per ante di finestre)** (*ed. - carp.*), Vorreiber (*m.*), Fensterreiber (*m.*), Sturmhaken (*m.*). **7 ~ per vite** (*mecc.*), Schraubensicherung (*f.*). **8 ~ posta** (*posta*), postlagernd. **9 partenza da ~** (*aut.*), stehender Start.
« ferodo » (guarnizione o rivestimento del freno) (*aut. - ecc.*), Bremsbelag (*m.*).
ferraglia (*gen.*), Eisenabfall (*m.*), Abfalleisen (*m.*).
ferraiolo (operaio specializzato che pone in opera le armature del cemento armato) (*lav. ed.*), Bauschlosser (*m.*), Monteur der Bewehrung.
ferramenta (*ind. metall.*), Kleineisen (*n.*), Eisenkurzwaren (*f. pl.*), Eisenwaren (*f. pl.*), Metallwaren (*f. pl.*). **2 ~** (per finestre, mobili, vetture ecc.) (*ed. - ecc.*), Beschläge (*m. pl.*).
ferrare (un cavallo) (*fabbro*), beschlagen. **2 ~** (una porta) (*ed. - carp.*), beschlagen.
ferratura (di una porta p. es.) (*ed. - carp.*), Beschlagen (*n.*).
ferravecchio (rigattiere) (*comm.*), Trödler (*m.*).
ferri (per armatura) (*c. a. - ed.*), Bewehrungseisen (*n.*), Armierungseisen (*n.*).
ferricianuro (*chim.*), Ferrizyanid (*n.*), Eisenzyanid (*n.*). **2 ~ di ferro** (*chim.*), Ferrizyaneisen (*n.*). **3 ~ di potassio** (*chim.*), Zyaneisenkalium (*n.*), Kaliumeisenzyanid (*n.*), Ferrizyankalium (*n.*).
ferricloruro (cloruro di ferro) (*chim.*), Ferrichlorid (*n.*), Eisenchlorid (*n.*).
ferriera (acciaieria) (*metall.*), Eisenhütte (*f.*), Hüttenwerk (*n.*), Hütte (*f.*). **2 ~** (stabilimento siderurgico) (*ind.*), Eisenwerk (*n.*).
ferrifero (*min.*), eisenschüssig, eisenhaltig.
ferrite (ferro-α) (*metall.*), Ferrit (*n.*). **2 antenna in ~** (*radio*), Ferritantenne (*f.*). **3 banda di ~** (banda decarburata) (*difetto metall.*), Ferritstreifen (*m.*). **4 nucleo di ~** (per bobine ad alta frequenza) (*elett.*), Ferritkern (*m.*).
ferritico (*metall. - chim.*), ferritisch.
ferrizzazione (*idr. - chim.*), Beeisenung (*f.*), Vereisenung (*f.*).
ferro (elemento) (*Fe - chim. - metall.*), Eisen (*n.*). **2 ~** (barra di ferro) (*ind. metall.*), Eisen (*n.*). **3 ~** (lama, d'una pialla) (*ut.*), Eisen (*n.*), Messer (*n.*). **4 ~** (ancorotto) (*nav.*), Suchanker (*m.*), Wurfanker (*m.*). **5 ~ a bulbo** (*ind. metall. - ed.*), Wulsteisen (*n.*). **6 ~ a C** (*ed. - ind. metall.*), U-Eisen (*n.*). **7 ~ a C di acciaio** (profilato a C di acciaio, ferro a canale) (*metall.*), U-Stahl (*m.*). **8 ~ a doppio T** (trave a doppio T) (*ind. metall.*), I-Eisen (*n.*), Doppel-T-Eisen (*n.*). **9 ~ a grano fine** (*metall.*), Feinkorneisen (*n.*). **10 ~ a T** (trave a T) (*ed. - ind. metall.*), T-Eisen (*n.*). **11 ~ a T a bulbo** (*ind. metall.*), Flanschwulsteisen (*n.*). **12 ~ a T ad ala larga** (*ind. metall.*), breitfüssiges T-Eisen. **13 ~ a Z** (ferro a zeta) (*ed. - ind. metall.*), Z-Eisen. **14 ~ -carbonile** (*chim.*), Carbonyleisen (*n.*), Eisencarbonyl (*n.*). **15 ~ commerciale** (*ind. metall.*), Handelseisen (*n.*), technisches Eisen. **16 ~ da calafato** (*ut. nav.*), Kalfatereisen (*n.*), Kalfateisen (*n.*). **17 ~ da pialla** (*ut.*), Hobeleisen (*n.*). **18 ~ da soffio** (canna o tubo da soffio) (*att. - mft. vetro*), Glasbläsereisen (*n.*), Glasbläserpfeife (*f.*), Blasrohr (*n.*). **19 ~ da stiro** (*att.*), Bügeleisen (*n.*), Plätteisen (*n.*). **20 ~ da stiro con termostato** (*app.*), Reglerbügeleisen (*n.*). **21 ~ della pialla** (*ut.*), Hobeleisen (*n.*). **22 ~ dolce** (*metall.*), weiches Eisen. **23 ~ e controferro** (da pialla) (*ut.*), Doppelhobeleisen (*n.*). **24 ~ elettrolitico** (ferro ottenuto per elettrolisi, purezza 99,9%) (*metall.*), Elektrolyteisen (*n.*). **25 ~ fragile a caldo** (*metall.*), rotbrüchiges Eisen, heissbrüchiges Eisen. **26 ~ fragile a freddo** (*metall.*), kaltbrüchiges Eisen. **27 ~ fucinabile** (ferro malleabile) (*metall.*), schmiedbares Eisen. **28 ~ fuso** (ferro omogeneo, acciaio dolce) (*metall.*), Flusseisen (*n.*). **29 ~ gamma** (*metall.*), Gammaeisen (*n.*). **30 ~ inclinato** (resistente al taglio, nel calcestruzzo) (*ed.*), Schrägeisen (*n.*), Schubeisen (*n.*). **31 ~ malleabile** (ferro fucinabile) (*metall.*), schmiedbares Eisen. **32 ~ meteorico** (*metall.*), Meteoreisen (*n.*). **33 ~ omogeneo** (acciaio dolce, non legato) (*metall.*), Flusseisen (*n.*), Fluss-stahl (*m.*). **34 ~ pastoso** (*metall.*), teigiges Eisen. **35 ~ per lisciare** (*ut. mur.*), Glätteisen (*n.*). **36 ~ per marcare a fuoco** (*ut.*), Brandeisen (*n.*). **37 ~ per piegare** (*ut.*), Biegezange (*f.*). **38 ~ per scarnare** (coltello per scarnare) (*ut. - ind. cuoio*), Scherdegen (*m.*). **39 ~ per sfiorare** (*ut. - ind. cuoio*), Abnarbeisen (*n.*). **40 ~ piatto** (barra piatta, piatto) (*ind. metall.*), Flachstahl (*m.*), Flacheisen (*n.*). **41 ~ piatto a bulbo** (piatto a bulbo, barra piatta a bulbo) (*ind. metall.*), Flachwulsteisen (*n.*). **42 ~ piatto largo** (largo piatto) (*ind. metall.*), Breiteisen (*n.*). **43 ~ puddellato** (*metall.*), Puddeleisen (*n.*). **44 ~ saldato** (*metall.*), Schweisseisen (*n.*), Schweissstahl (*m.*). **45 ~ spugnoso** (*metall.*), Eisenschwamm (*m.*), luckiges Eisen. **46 ~ tondo** (tondino) (*ed.*), Rundeisen (*n.*). **47 ~ Zores** (*ind. metall. - ed.*), Zoreseisen (*n.*), Belageisen (*n.*). **48 a ~ saturo** (bobina d'induttanza p. es.) (*elett.*), eisengesättigt. **49 armatura in ~** (*ed.*), Eisenbewehrung (*f.*). **50 barra di ~** (*metall.*), Eisenstab (*m.*). **51 carburo di ~** (FeC$_3$) (*metall.*), Eisenkarbid (*n.*). **52 copertura in ~** (*ed.*), Eisenbedachung (*f.*). **53 di ~** (ferroso) (*metall.*), eisern. **54 distanza tra i ferri** (nella posa dell'armatura) (*ed.*), Eisenabstand (*m.*). **55 epoca del ~** (età del ferro) (*geol.*), Eisenzeit (*f.*). **56 età del ~** (epoca del ferro) (*geol.*), Eisenzeit (*f.*). **57 filo di ~** (*ind. metall.*), Eisendraht (*m.*). **58 lamiera di ~** (*ind. metall.*), Eisenblech (*n.*). **59 limatura di ~** (*metall.*), Eisenfeilspäne (*m. pl.*). **60 minerale di ~** (*min.*), Eisenerz (*n.*). **61 ossido di ~** (*metall.*), Eisenoxyd (*n.*). **62 piano del ~** (piano di riferimento, per veicoli ferrov.) (*ferr.*), Schienenoberkante (*f.*). **63 pirite di ~** (FeS$_2$) (*min.*), Eisenkies (*m.*), Schwefelkies (*m.*), Pyrit (*m.*). **64 rottame di ~** (*metall.*), Eisenschrott (*m.*), Abfalleisen (*n.*), Alteisen (*n.*), altes Eisen. **65 solfuro di ~** (*metall.*), Eisensulfid (*n.*), Eisenschwefel (*m.*), Schwefeleisen (*n.*). **66 traliccio di ~** (intelaiatura di ferro) (*ed.*), Eisenfachwerk (*n.*). **67 trave in ~** (*ind. metall. - ed.*), Eisenträger (*m.*), Stahlträger (*m.*).

ferroboro (*metall.*), Ferrobor (*n.*).
ferro-carbonile (antidetonante) (*chim. - mot.*), Eisencarbonyl (*n.*), Carbonyleisen (*n.*).
ferrocianuro (*chim.*), Eisenzyanür (*n.*), Zyaneisen (*n.*). 2 ~ **di ferro** (blu di Prussia) (*chim. - colore*), Ferrozyaneisen (*n.*), Berlinerblau (*n.*), Preussisch-Blau (*n.*). 3 ~ **di potassio** (*chim. - colore*), Ferrozyankalium (*n.*).
ferrocoke (*comb.*), Ferrokoks (*m.*).
ferrocromato (sidercromo) (*chim.*), Ferrochrom (*n.*).
ferroelettrico (*fis.*), ferroelektrisch.
ferroelettricità (*elett.*), Ferroelektrizität (*f.*).
ferrofil (tipo di filato di carta) (*mft. carta*), Ferrofil (*m.*), Ferrozellin (*m.*).
ferrolega (*metall.*), Ferrolegierung (*f.*).
ferromagnetico (*elett.*), ferromagnetisch. 2 **materiali ferromagnetici** (Fe, Co, Ni) (*elett.*), Ferromagnetika (*f. pl.*).
ferromagnetismo (*elett.*), Ferromagnetismus (*m.*).
ferro-manganese (*lega*), Manganeisen (*n.*), Ferromangan (*n.*), Eisenmangan (*n.*).
ferrometro (per determinare le perdite nel ferro) (*app. elett.*), Ferrometer (*n.*).
ferroso (di ferro) (*metall.*), eisern. 2 **ferrosi** (metalli ferrosi) (*metall.*), Eisenmetalle (*n. pl.*).
ferrotipia (*fot.*), Ferrotypie (*f.*), Blechphotographie (*f.*).
ferrovanadio (*metall.*), Vanadineisen (*n.*).
ferrovia (*ferr.*), Eisenbahn (*f.*). 2 ~ **a cremagliera** (ferrovia a dentiera) (*ferr.*), Zahnradeisenbahn (*f.*), Zahnradbahn (*f.*). 3 ~ **ad aderenza** (*ferr.*), Reibungseisenbahn (*f.*), Adhäsionseisenbahn (*f.*), Reibungsbahn (*f.*). 4 ~ **a dentiera** (ferrovia a cremagliera) (*ferr.*), Zahnradeisenbahn (*f.*), Zahnradbahn (*f.*). 5 ~ **a doppio binario** (*ferr.*), doppelgleisige Eisenbahn, zweigleisige Eisenbahn, doppelspurige Eisenbahn. 6 ~ **ad una sola rotaia inferiore** (ferrovia Alweg, con veicoli a cavallo della rotaia) (*ferr.*), Alweg-Bahn (*f.*). 7 ~ **ad un binario** (*ferr.*), Eingeleisebahn (*f.*), eingleisige Bahn, einspurige Bahn. 8 ~ **aerea** (ferrovia elevata, ferrovia sospesa) (*ferr.*), Schienenhängebahn (*f.*). 9 ~ **a levitazione** (su cuscino d'aria p. es.) (*ferr.*), Schwebebahn (*f.*), Gleiteisenbahn (*f.*). 10 ~ **a levitazione magnetica** (*ferr.*), Magnetschwebebahn (*f.*). 11 ~ **al servizio di un porto** (*ferr. - nav.*), Hafenbahn (*f.*). 12 ~ **Alweg** (ferr. monorotaia con veicoli a cavallo della rotaia) (*ferr.*), Alweg-Bahn (*f.*). 13 ~ **a scartamento largo** (*ferr.*), Breiteisenbahn (*f.*), Breitspureisenbahn (*f.*). 14 ~ **a scartamento normale** (*ferr.*), Normaleisenbahn (*f.*), Normalspurbahn (*f.*), Normalspureisenbahn (*f.*), Regeleisenbahn (*f.*). 15 ~ **a scartamento ridotto** (*ferr.*), Schmalspurbahn (*f.*), Kleinbahn (*f.*), Schmalspureisenbahn (*f.*). 16 ~ **a vapore** (*ferr.*), Dampfbahn (*f.*). 17 ~ **cedente** (*traff. ferr.*), Vorbahn (*f.*). 18 ~ **circolare urbana** (*ferr.*), Ringbahn (*f.*). 19 ~ **da miniera** (scartamento da 500 a 600 mm) (*min.*), Grubenbahn (*f.*). 20 ~ **Decauville** (*ed. - ecc.*), Feldbahn (*f.*). 21 ~ **dello Stato** (*ferr.*), Staatsbahn (*f.*), Staatseisenbahn (*f.*). 22 ~ **di montagna** (*ferr.*), Gebirgsbahn (*f.*), Bergbahn (*f.*). 23 ~ **di stabilimento** (*ind.*), Werkbahn (*f.*). 24 ~ **elettrica** (*ferr.*), elektrische Bahn. 25 ~ **elevata** (*ferr.*), Hochbahn (*f.*). 26 ~ **elevata** (ferrovia sospesa, ferrovia aerea) (*ferr.*), Schienenhängebahn (*f.*). 27 **ferrovie federali** (*ferr.*), Bundesbahnen (*f. pl.*). 28 ~ **funicolare** (*ferr.*), Schienenseilbahn (*f.*). 29 ~ **in concessione** (*ferr.*), Konzessionseisenbahn (*f.*). 30 ~ **industriale** (*ferr.*), Werkeisenbahn (*f.*), Industriebahn (*f.*), Fabrikbahn (*f.*). 31 ~ **locale** (ferrovia suburbana) (*ferr.*), Vorortsbahn (*f.*). 32 ~ **monofase** (*ferr. elett.*), Einphasenbahn (*f.*). 33 ~ **monorotaia** (*trasp.*), Einschienenbahn (*f.*). 34 ~ **pensile** (ferrovia sospesa) (*ferr.*), Schienenhängebahn (*f.*). 35 ~ **portatile** (ferrovia Decauville) (*trasp.*), Feldbahn (*f.*). 36 ~ **portuale** (*ferr. - nav.*), Hafenbahn (*f.*). 37 ~ **principale** (*ferr.*), Haupteisenbahn (*f.*), Hauptbahn (*f.*). 38 ~ **privata** (*ferr.*), Privatbahn (*f.*). 39 ~ **privata** (di un'industria) (*ferr.*), Industriebahn (*f.*), Fabrikbahn (*f.*), Werkeisenbahn (*f.*). 40 ~ **secondaria** (*ferr.*), Nebenbahn (*f.*), Nebeneisenbahn (*f.*). 41 ~ **sopraelevata** (*trasp.*), Hochbahn (*f.*). 42 ~ **sospesa** (ferrovia aerea, ferrovia elevata) (*ferr.*), Schienenhängebahn (*f.*). 43 ~ **sotterranea** (metropolitana, sotterranea) (*ferr.*), Untergrundbahn (*f.*), U-Bahn (*f.*). 44 ~ **suburbana** (ferrovia vicinale) (*ferr.*), Vizinalbahn (*f.*). 45 ~ **suburbana** (ferrovia locale) (*ferr.*), Vorortsbahn (*f.*). 46 ~ **tipo Decauville** (*trasp.*), Feldbahn (*f.*). 47 ~ **urbana** (metropolitana p. es.) (*ferr.*), Stadtbahn (*f.*), S-Bahn (*f.*), Schnellbahn (*f.*). 48 ~ **vicinale** (ferrovia suburbana) (*ferr.*), Vizinalbahn (*f.*). 49 **corpo stradale della** ~ (*ferr.*), Eisenbahnerdkörper (*m.*). 50 **costruzione di ferrovie** (*ferr.*), Eisenbahnbau (*m.*). 51 **per** ~ (*ferr. - trasp.*), per Eisenbahn, mit der Eisenbahn.
ferroviere (*lav. ferr.*), Eisenbahner (*m.*).
ferruginoso (di acqua p. es.) (*geol. - ecc.*), eisenhaltig.
fertile (*agric.*), fruchtbar, fertil. 2 ~ (reattore) (*fis. atom.*), brütbar, fruchtbar. 3 ~ (fruttifero, contenente minerale utile) (*min.*), erzhaltig.
fertilità (*agric.*), Fertilität (*f.*), Fruchtbarkeit (*f.*).
fertilizzante (concime) (*agric.*), Dünger (*m.*). 2 ~ **potassico** (*agric.*), Kalidünger (*m.*), Kalidüngersalz (*n.*).
fertilizzare (concimare) (*agric.*), düngen. 2 ~ (un reattore) (*fis. atom.*), brüten.
fertilizzazione (concimazione) (*agric.*), Düngung (*f.*). 2 ~ (rigenerazione) (*fis. nucl.*), Brutvorgang (*m.*), Brüten (*n.*).
fertirrigazione (*agric.*), düngende Bewässerung.
fessura (*gen.*), Schlitz (*m.*), Spalt (*m.*). 2 ~ (*ott.*), Schlitz (*m.*), Spalt (*m.*). 3 ~ (crepa, di un muro) (*mur.*), Bruch (*m.*), Riss (*m.*). 4 ~ (incrinatura) (*gen.*), Riss (*m.*), Spalt (*m.*). 5 ~ (fessurazione) (*legno*), Riss (*m.*), Holzriss (*m.*). 6 ~ (crepa, nella roccia p. es.) (*gen.*), Kluft (*f.*), Spalte (*f.*). 7 ~ **anulare** (*mecc. - ecc.*), Ringspalt (*m.*). 8 ~ **da rapida essiccazione** (difetto del legno) (*legno*), Luftriss (*m.*). 9 ~ **di guida** (*mecc.*), Führungs-

fessurato

schlitz (*m*.). **10 ~ di raffreddamento** (per raffreddare il calcestruzzo durante la presa) (*ed.*), Kühlspalt (*m*.). **11 ~ di ventilazione** (del cofano del motore p. es.) (*aut. - ecc.*), Luftschlitz (*m*.). **12 ~ per l'introduzione della moneta** (*telef. - ecc.*), Geldeinwurfschlitz (*m*.). **13 a ~** (*gen.*), schlitzförmig, geschlitzt. **14 a fessure** (sfinestrato) (*gen.*), geschlitzt. **15 ala a ~** (*aer.*), Schlitzflügel (*m*.), Spaltflügel (*m*.). **16 alettone a ~** (*aer.*), Spaltquerruder (*n*.). **17 ipersostentatore a ~** (*aer.*), Spaltklappe (*f.*). **18 larghezza di ~** (per registrazioni) (*elettroacus.*), Spaltbreite (*f.*).
fessurato (incrinato) (*gen.*), rissig. **2 ~** (spaccato) (*mecc. - ecc.*), gespalten. **3 ~** (*legno*), gesprungen.
fessurazione (*gen.*), Zerklüftung (*f.*), Zerspaltung (*f.*).
festa (giorno festivo) (*lav.*), Feiertag (*m*.). **2 ~ nazionale** (*lav.*), Nationalfeiertag (*m*.).
« festival » (*cinem. - ecc.*), Festspiel (*n*.), Festival (*m*.). **2 ~ cinematografico** (*cinem.*), Filmfestspiel (*n*.), Filmfestival (*m*.).
festonatura (difetto *vn.*), Gardinenbildung (*f.*).
festone (*arch.*), Feston (*n*.), Girlande (*f.*).
FET (field effect transistor, transistore ad effetto di campo) (*elettronica*), FET, Feldeffekttransistor (*m*.).
fettuccia (*ind. zucchero*), Schnitzel (*m. - n*.). **2 ~ di bietola** (*ind. chim.*), Rübenschnitzel (*m. - n*.).
fettucciatrice (trinciatrice per bietole) (*ind. chim. - macch.*), Rübenschnitzelmaschine (*f.*)
FIA (Féderation International de l'Automobile, Federazione Internazionale dell'Automobile) (*aut.*), F.I.A.
fiaccola (torcia, lampada, per saldatura p. es.) (*att.*), Gebläselampe (*f.*).
fiala (*mft. del vetro*), Phiole (*f.*), Ampulle (*f.*).
fiamma (*chim. - comb.*), Flamme (*f.*). **2 ~** (banda, difetto superficiale di alluminio anodizzato p. es.) (*tecnol.*), Schliere (*f.*). **3 ~ a plasma** (per saldature p. es.) (*tecnol. mecc.*), Plasmaflamme (*f.*). **4 ~ oscillante** (fiamma tremolante) (*comb.*), flackernde Flamme. **5 ~ ossidante** (*chim.*), oxydierende Flamme, Oxydierungsflamme (*f.*), Oxydationsflamme (*f.*). **6 ~ ossidrica** (cannello ossidrico) (*app.*), Sauerstoffgebläse (*n*.), Knallgasgebläse (*n*.). **7 ~ riducente** (*chim.*), reduzierende Flamme, Reduktionsflamme (*f.*). **8 ~ tremolante** (fiamma oscillante) (*comb.*), flackernde Flamme. **9 a corta ~** (carbone) (*comb.*), kurzflammig, gasarm. **10 a lunga ~** (di carbone) (*comb.*), langflammig. **11 dare ritorni di ~** (*mot.*), zurückschlagen, rückschlagen, zurückknallen. **12 fotometria a ~** (metodo di analisi spettrale) (*ott.*), Flammenphotometrie (*f.*). **13 placcatura alla ~** (*tecnol. mecc.*), Flammplattierung (*f.*). **14 punto di ~** (punto di infiammabilità) (*ind. chim.*), Flammpunkt (*m*.). **15 punto di ~ in vaso aperto** (punto di infiammabilità in vaso aperto) (*ind. chim.*), Flammpunkt im offenen Tiegel. **16 ritorno di ~** (*mot.*), Zurückschlagen (*n*.). **17 ritorno di ~** (*saldatura*), Flammenrückschlag (*m*.). **18 spruzzatura alla ~** (di mater. plast.) (*tecnol.*), Flammspritzen (*n*.). **19 stabilizzatore di ~** (*comb.*), Flammenhalter (*m*.). **20 stabi**lizzazione della ~ (*comb.*), Flammenhaltung (*f.*). **21 sverniciare alla ~** (*vn.*), abbrennen. **22 sverniciatura alla ~** (*vn.*), Abbrennen (*n*.), Flammenreinigung (*f.*). **23 velocità di propagazione della ~** (*mot.*), Zündgeschwindigkeit (*f.*), Fortpflanzungsgeschwindigkeit (*f.*).
fiammeggiamento (difetto *vn.*), Ausschwimmen (*n*.).
fiammifero (*comb.*), Zündholz (*n*.), Streichholz (*n*.). **2 ~ al fosforo** (*com.*), Phosphorstreichholz (*n*.), Phosphorzündholz (*n*.). **3 ~ a sfregamento** (*ind.*), Streichholz (*n*.), Reibzündhölzchen (*n*.). **4 ~ di legno** (*comb.*), Zündholz (*n*.). **5 ~ di sicurezza** (svedese) (*ind.*), Sicherheitsstreichholz (*n*.), Sicherheitszündholz (*n*.). **6 scatola di fiammiferi** (di legno) (*comb.*), Zündholzschachtel (*f.*).
fiancata (di un veicolo) (*veic.*), Seitenwand (*f.*). **2 ~** (sponda laterale, di un autocarro) (*veic.*), Seitenwand (*f.*). **3 ~ del bancale** (di un tornio p. es.) (*macch. ut.*), Bettwange (*f.*). **4 ~ della carrozzeria** (di un autobus p. es.) (*aut.*), Aufbauseitenwand (*f.*).
fianco (di un dente p. es.) (*mecc. - ecc.*), Flanke (*f.*). **2 ~** (di un arco) (*ed.*), Schenkel (*m*.). **3 ~** (longarina, di una scala) (*ed.*), Wange (*f.*). **4 ~** (d'un pneumatico) (*aut.*), Seitengummi (*m*.). **5 ~** (gamba, ala, lembo, di una piega) (*geol.*), Flügel (*m*.), Schenkel (*m*.). **6 ~ addendum** (di un dente di ruota dentata) (*mecc.*), Kopfflanke (*f.*). **7 ~ anteriore** (d'un particolare mobile) (*gen.*), Vorflanke (*f.*). **8 ~ attivo** (fianco in tiro, fianco conduttore, del dente di una ruota dentata) (*mecc.*), Brust (*f.*). **9 ~ attivo** (profilo attivo di un dente di ingranaggio) (*mecc.*), Grifflänge (*f.*), wirksames Profil. **10 ~ bombato** (di un dente) (*mecc.*), ballige Flanke. **11 ~ condotto** (fianco trascinato del dente d'un ingranaggio)(*mecc.*), Rücken (*m*.). **12 ~ coniugato** (di denti di ingranaggi) (*mecc.*), Gegenflanke (*f.*). **13 ~ dedendum** (di un dente di ingranaggio) (*mecc.*), Fussflanke (*f.*). **14 ~ del cerchione** (spalla del cerchione) (*aut.*), Felgenschulter (*f.*). **15 ~ del dente** (di ingranaggio) (*mecc.*), Zahnflanke (*f.*). **16 ~ del filetto** (*mecc.*), Gewindeflanke (*f.*). **17 ~ (del filtro) di Nyquist** (*telev.*), Nyquist-Flanke (*f.*). **18 ~ destro** (di un dente) (*mecc.*), Rechtsflanke (*f.*). **19 ~ destro** (di un creatore) (*ut.*), Rechtsflanke (*f.*), Rechtsschneide (*f.*). **20 ~ di alzata** (di una camma, tratto di alzata) (*aut. - mecc.*), Anlauf (*m*.). **21 ~ di chiusura** (d'una camma, tratto di chiusura) (*aut. - mecc.*), Ablauf (*m*.). **22 ~ di piede** (fianco dedendum, di dente di ingranaggio) (*mecc.*), Fussflanke (*f.*). **23 ~ incastrato** (zoccolo, fianco verso parete, di una scala) (*ed.*), Wandwange (*f.*). **24 ~ in tiro** (fianco attivo, fianco conduttore, del dente di ruota dentata) (*mecc.*), Brust (*f.*). **25 ~ libero** (fianco non incastrato, fianco verso tromba, di una scala) (*ed.*), Freiwange (*f.*), Lichtwange (*f.*). **26 ~ opposto** (di dente di ingranaggi) (*mecc.*), entgegengesetzte Flanke. **27 ~ posteriore** (d'una parte mobile) (*gen.*), Nachflanke (*f.*). **28 ~ principale** (di un ut. da tornio) (*ut. - mecc.*), Hauptfreifläche (*f.*). **29 ~ secondario** (tagliente secondario, di un untensile da tor-

nio) (*ut.*), Nebenfreifläche (*f.*). **30 ~ sinistro** (di una nave) (*nav.*), Backbord (*n.*). **31 ~ trascinato** (fianco condotto, del dente d'un ingranaggio) (*mecc.*), Rücken (*m.*). **32 controllo di un solo ~** (dei denti d'un ingranaggio) (*mecc.*), Einflankenprüfung (*f.*). **33 direttrice del ~** (di dente di ingranaggio) (*mecc.*), Flankenlinie (*f.*). **34 errore del profilo del ~** (di un dente) (*mecc.*), Flankenformfehler (*m.*). **35 prova di rotolamento sui due fianchi** (per ingranaggi) (*mecc.*), Zweiflankenwälzprüfung (*f.*).

fibbia (dispositivo di chiusura, di una cintura p. es.) (*gen.*), Schnalle (*f.*).

fiberfrax (fibra ceramica, materiale isolante) (*chim.*), Fiberfrax (*m.*).

fibra (*tess. - tecnol. - ecc.*), Faser (*f.*). **2 ~** (vulcanizzata p. es.) (*ind. chim.*), Fiber (*f.*). **3 ~** (lunghezza della fibra di cotone p. es.) (*tess.*), Stapel (*m.*). **4 ~ artificiale** (*ind. tess.*), Kunstfaser (*f.*), Chemiefaser (*f.*). **5 ~ ceramica** (fiberfrax, materiale isolante)(*chim.*), Fiberfrax (*m.*). **6 ~ chimica** (fibra tecnica, fibra artificiale) (*tess.*), Chemiefaser (*f.*), chemische Faser. **7 ~ conduttrice di luce** (fibra fotoconduttrice, fibra ottica, fotoguida) (*ott.*), Lichtleitfaser (*f.*), Optikfaser (*f.*). **8 ~ del legno** (*legno*), Holzfaser (*f.*). **9 ~ di aloe** (fibra di agave americana) (*tess.*), Aloefaser (*f.*). **10 ~ di cocco** (*tess.*), Kokosfaser (*f.*). **11 ~ di lava** (*min.*), Lavafaser (*f.*), Lavawolle (*f.*). **12 ~ di ortica** (*tess.*), Nesselfaser (*f.*). **13 ~ di vetro** (*ind. vetro - tecnol.*), Glasfaser (*f.*). **14 ~ fotoconduttrice** (fibra conduttrice di luce, fibra ottica, fotoguida) (*ott.*), Lichtleitfaser (*f.*), Optikfaser (*f.*). **15 ~ G.-E.** (ricavata da un polimerizzato misto; 70% acrilonitrile, 25% acetato di etile, 5% metacrilato di etile) (*ind. chim.*), G.-E.-Faser (*f.*). **16 ~ lignificata** (fibra cellulosica, p. es. lino, canapa, ecc.) (*tess.*), Bastfaser (*f.*). **17 ~ minerale** (lana minerale p. es., ricavata da rocce sedimentarie mediante fusione e soffiaggio; materiale molto resistente al calore) (*term. - acus. - ecc.*), Gesteinsfaser (*f.*), Steinfaser (*f.*). **18 ~ naturale** (*ind. tess.*), Naturfaser (*f.*). **19 ~ neutra** (asse neutro) (*sc. costr.*), neutrale Faser, neutrale Achse, Neutralachse (*f.*), Neutralfiber (*f.*). **20 ~ ottica** (guida di luce, conduttore di luce) (*ott.*), Optikfaser (*f.*), Lichtleitfaser (*f.*). **21 ~ poliammidica** (*chim.*), Polyamid-Faserstoff (*m.*). **22 ~ sintetica** (*ind. chim.*), synthetische Faser. **23 ~ superficiale** (*metall.*), Randfaser (*f.*). **24 ~ tecnica** (fibra chimica, fibra artificiale) (*tess.*), Chemiefaser (*f.*), chemische Faser (*f.*). **25 ~ tesa** (di un pezzo) (*mecc.*), Zugfaser (*f.*). **26 ~ tessile** (*ind. tess.*), Textilfaser (*f.*), Spinnfaser (*f.*). **27 ~ tessile artificiale** (fibra tessile cellulosica, raion p. es.) (*ind. tess.*), Zellwolle (*f.*). **28 ~ trasversale** (*gen.*), Querfaser (*f.*). **29 ~ vegetale** (*ind. tess.*), Pflanzenfaser (*f.*). **30 ~ vulcanizzata** (*chim.*), Vulkanfiber (*f.*). **31 a ~ corta** (*tess.*), kurzfaserig, kurzstapelig. **32 a ~ diritta** (*metall. - ecc.*), gerardfaserig. **33 a ~ lunga** (*tess. - ecc.*), langfaserig. **34 a ~ ondulata** (*legno*), krummfaserig, wimmerig. **35 andamento delle fibre** (orientamento o direzione delle fibre) (*metall. - ecc.*), Faserrichtung (*f.*). **36 armato con ~ di vetro** (materia plastica, per carrozzerie p. es.) (*ind. chim.*), glasfaserverstärkt. **37 cascami di ~ di vetro** (*ind. mat. plast.*), Glasfaservliese (*m. pl.*). **38 direzione della ~** (andamento od orientamento delle fibre) (*metall. - ecc.*), Faserrichtung (*f.*). **39 lunghezza della ~** (*tess.*), Stapel (*m.*). **30 lungo la ~** (nel senso della fibra, secondo la fibra) (*legno - ecc.*), entlang der Faser, mit der Faser. **41 nel senso della ~** (secondo la fibra, lungo la fibra) (*legno - ecc.*), entlang der Faser, mit der Faser. **42 orientamento delle fibre** (andamento o direzione delle fibre) (*metall. - ecc.*), Faserrichtung (*f.*). **43 ottica delle fibre** (*ott.*), Faseroptik (*f.*). **44 ottica delle fibre di vetro** (*ott.*), Glasfaseroptik (*f.*). **45 secondo la ~** (lungo la fibra, nel senso della fibra) (*legno - ecc.*), entlang der Faser, mit der Faser. **46 trasversalmente alla ~** (*legno - ecc.*), quer zur Faser.

fibrillare (*gen.*), feinfaserig.

fibrillazione (cardiaca) (*med.*), Herzflimmern (*n.*).

fibrillizzatore (per mater. plast.) (*macch.*), Fibrilliereinrichtung (*f.*).

fibrillizzazione (di mat. plast.) (*tecnol.*), Fibrillieren (*n.*).

fibrocemento (eternit) (*ed.*), Asbestzement (*m.*), Eternit (*m.*).

fibroina (*tess.*), Fibroin (*n.*), Seide (*f.*).

fibroso (*gen.*), faserig. **2 ~** (struttura) (*metall.*), sehnig.

FID (flame ionisation detector, per gascromatografia p. es.) (*app. chim.*), FID, Flammenionisationsdetektor (*m.*).

fideiussione (*finanz. - leg.*), Bürge (*m.*), Bürgschaft (*f.*).

fideiussore (*leg. - finanz.*), Bürge (*m.*), Bürgschaftleister (*m.*).

fido (*s. - finanz. - comm.*), Kredit (*m.*).

fiducia (*gen.*), Vertrauen (*n.*). **2 intervallo di ~** (*stat.*), Vertrauensintervall (*n.*).

fiduciario (*finanz.*), treuhänderisch. **2 amministrazione fiduciaria** (*finanz.*), Treuhandbuchführung (*f.*). **3 deposito ~** (*finanz.*), Treuhandguthaben (*n.*). **4 rapporto ~** (*finanz.*), Treuhandverbindlichkeit (*f.*).

fienile (*ed. - agric.*), Scheune (*f.*).

fieno (*agric.*), Heu (*n.*).

fiera (esposizione, mostra) (*comm.*), Messe (*f.*), Handelsmesse (*f.*), Ausstellung (*f.*). **2 ~ campionaria** (*comm.*), Mustermesse (*f.*).

figura (*gen.*), Figur (*f.*). **2 ~** (illustrazione, di un libro p. es.) (*tip. - ecc.*), Bild (*n.*). **3 ~** (statura) (*gen.*), Gestalt (*f.*). **4 figure acustiche di Chladni** (*acus.*), Schwingungsfiguren (*f. pl.*). **5 ~ di attacco acido** (*metall.*), Ätzbild (*n.*). **6 ~ di contatto** (portanza, superficie di lavoro, sui denti di ruote dentate p. es.) (*mecc.*), Tragbild (*n.*). **7 ~ piana** (*geom.*), ebene Figur. **8 ~ sonora** (ottenuta su una lamiera vibrante cosparsa di sabbia fine p. es.) (*fis. - acus.*), Klangfigur (*f.*).

figurato (schema di circuiti p. es.) (*elett. - ecc.*), bildlich.

fila (di elementi susseguentisi) (*gen.*), Reihe (*f.*). **2 ~ di chiodi** (*mecc.*), Nietreihe (*f.*). **3 ~ di dipoli** (antenna collineale) (*radio - ecc.*), Dipolreihe (*f.*). **4 ~ di sfere** (giro di

filabile

sfere, corona di sfere, di un cuscinetto a sfere) (*mecc.*), Kugelreihe (*f.*). **5 a due file** (*gen.*), zweireihig. **6 a due file** (di palette, turbina) (*macch.*), zweikränzig. **7 ad una ~** (*gen.*), einreihig. **8 a più file** (*gen.*), mehrreihig.

filabile (*ind. tess.*), spinnbar, spinnfähig.

filaccia (per la pulitura di macchine p. es.) (*macch. - ecc.*), Putzwolle (*f.*).

filamento (di lampadina elettrica p. es.) (*elett. - illum.*), Faden (*m.*), Leuchtdraht (*m.*), Glühdraht (*m.*). **2 ~ a doppia spirale** (filamento bispirale, di una lampada) (*illum.*), Doppelwendel (*f.*). **3 ~ a festoni** (di una lampada) (*illum.*), Zickzackwendel (*f.*). **4 ~ anabbagliante** (di proiettore) (*aut.*), Abblendfaden (*m.*). **5 ~ a ossidi** (elettronica), Oxydfaden (*m.*). **6 ~ a spirale semplice** (di una lampada) (*elett. - illum.*), Einfachwendel (*f.*). **7 ~ caldo** (radio - ecc.), Heizfaden (*m.*), Heizer (*m.*). **8 ~ diritto** (*illum.*), geradliniger Leuchtdraht. **9 ~ di tungsteno** (*illum.*), Wolframglühdraht (*m.*). **10 ~ incandescente** (di una lampadina) (*illum.*), Glühfaden (*m.*). **11 ~ metallico** (*elett.*), Metallfaden (*m.*). **12 formazione di filamenti** (*difetto vn.*), Spinngewebebildung (*f.*). **13 lampada a due filamenti** (*elett. - aut.*), Zweifadenlampe (*f.*).

filanda (stabilimento per la trattura della seta) (*ind. tess.*), Seidenspinnerei (*f.*), Seidenhasplerei (*f.*).

filare (*v. - ind. tess.*), spinnen. **2 ~** (un cavo) (*v. - nav.*), fieren, abfieren. **3 ~** (fila, di alberi p. es.) (*s. - gen.*), Reihe (*f.*). **4 carta da ~** (*ind. carta*), Spinnpapier (*n.*). **5 lastricato con pietre a filari** (*costr. strad.*), Reihenpflaster (*n.*).

filatelia (*filatelia*), Philatelie (*f.*), Briefmarkenkunde (*f.*).

filatelico (*filatelia*), Philatelist (*m.*), Briefmarkensammler (*m.*).

filato (*ind. tess.*), Garn (*n.*). **2 ~** (filato ritorto, ritorto) (*ind. tess.*), Zwirn (*m.*). **3 ~ bouclé** (*ind. tess.*), Bouclégarn (*n.*). **4 ~ d'effetto** (con cappi, noduli, ecc.) (*ind. tess.*), Effektengarn (*n.*). **5 ~ di contrassegno** (filo di contrassegno, per individuare conduttori p. es.) (*elett.*), Beilauffaden (*m.*), Kennfaden (*m.*). **6 ~ di lana** (*ind. tess.*), Wollgarn (*n.*). **7 ~ di lana cardata** (*ind. tess.*), Streichgarn (*n.*). **8 ~ di stoppa** (*ind. tess.*), Towgarn (*n.*), Werggarn (*n.*), Hedegarn (*n.*). **9 ~ di vetro** (*ind. vetro*), Glasgarn (*n.*). **10 ~ doppio** (*ind. tess.*), Grobfaden (*m.*), Doppelfaden (*m.*). **11 ~ fantasia** (ritorto fantasia) (*ind. tess.*), Phantasiezwirn (*m.*). **12 ~ fiammato** (filato flammé) (*ind. tess.*), Flammengarn (*n.*), flammiertes Garn, geflammtes Garn. **13 ~ Gobelin** (*ind. tess.*), Gobelingarn (*n.*). **14 ~ misto** (*ind. tess.*), Mischgarn (*n.*). **15 ~ mouliné** (*ind. tess.*), Moulinégarn (*n.*). **16 ~ ondé** (*ind. tess.*), Ondégarn (*n.*). **17 ~ per lamé** (*ind. tess.*), Lahn (*m.*), Plätte (*f.*), Rausch (*m.*), Metallfaden (*m.*). **18 ~ pettinato** (*ind. tess.*), Kammgarn (*n.*). **19 ~ regolare** (*ind. tess.*), gleichmässiges Garn. **20 ~ ritorto** (filato, ritorto) (*ind. tess.*), Zwirn (*m.*). **21 ~ ritorto fantasia** (ritorto fantasia) (*ind. tess.*), Zierzwirn (*m.*), Effektzwirn (*m.*). **22 ~ voluminizzato** (*ind. tess.*), Bauschgarn (*n.*), gebauschtes Garn. **23 torsione del ~** (*ind. tess.*), Garndrehung (*f.*).

filatoio (*macch. tess.*), Spinner (*m.*), Spinnmaschine (*f.*). **2 ~ ad anelli** (*macch. tess.*), Ringspinner (*m.*), Ringspinnmaschine (*f.*), Ringdrossel (*f.*). **3 ~ ad umido** (per seta artificiale) (*macch. tess.*), Nass-spinnmaschine (*f.*). **4 ~ automatico** (*macch. tess.*), Selbstspinner (*m.*), Selfaktor (*m.*). **5 ~ automatico intermittente** (*macch. tess.*), Mulemaschine (*f.*), Selfaktor (*m.*), Mulespinnmaschine (*f.*). **6 ~ continuo** (*macch. tess.*), Stetigspinner (*m.*). **7 ~ continuo ad alette** (*macch. tess.*), Flügelspinnmaschine (*f.*). **8 ~ in fino** (*macch. tess.*), Feinspinnmaschine (*f.*). **9 ~ in grosso** (*macch. tess.*), Vorspinnmaschine (*f.*). **10 ~ intermittente** (*macch. tess.*), Wagenspinner (*m.*), Selfaktor (*m.*), Wagenspinnmaschine (*f.*).

filatore (*lav. ind. tess.*), Spinner (*m.*).

filatrice (*lav. ind. tess.*), Spinnerin (*f.*).

filatura (*ind. tess.*), Spinnen (*n.*), Spinnerei (*f.*). **2 ~ ad anelli** (*ind. tess.*), Ringspinnen (*n.*). **3 ~ ad umido** (*ind. tess.*), Nass-spinnen (*n.*). **4 ~ a mano** (*ind. tess.*), Handspinnen (*n.*). **5 ~ a pettine** (*ind. tess.*), Kammgarnspinnerei (*f.*). **6 ~ a secco** (*ind. tess.*), Trockenspinnen (*n.*). **7 ~ del cotone** (*ind. tess.*), Baumwollspinnerei (*f.*). **8 ~ della lana** (*ind. tess.*), Wollspinnerei (*f.*). **9 ~ della seta** (*ind. tess.*), Seidenspinnerei (*f.*). **10 ~ di preparazione** (filatura in grosso) (*ind. tess.*), Vorspinnen (*n.*). **11 ~ in fino** (*ind. tess.*), Feinspinnen (*n.*). **12 ~ in grosso** (filatura di preparazione) (*ind. tess.*), Vorspinnen (*n.*). **13 ~ meccanica** (*ind. tess.*), Maschinenspinnerei (*f.*), mechanisches Spinnen. **14 caposala di ~** (*lav.*), Spinnmeister (*m.*). **15 macchina per la ~ del raion cuproammoniacale** (*macch. tess.*), Kupra-Spinnmaschine (*f.*). **16 stabilimento di ~** (*ind. tess.*), Spinnerei (*f.*). **17 torsione di ~** (*ind. tess.*), Spinndrehung (*f.*).

fileggiare (sbattere, di vele) (*nav.*), schlagen.

filettare (tagliare filetti) (*mecc.*), schneiden, gewindeschneiden. **2 ~ al pettine** (filettare con pettine) (*lav. macch. ut.*), strählen, strehlen. **3 ~ mediante rullatura** (*mecc.*), Gewinde rollen. **4 accessorio per ~** (*lav. macch. ut.*), Gewindeschneidvorrichtung (*f.*). **5 pettine per ~** (*ut.*), Strähler (*m.*), Gewindestrehler (*m.*), Strehler (*m.*). **6 rullo per ~** (*ut. mecc.*), Gewindewalze (*f.*).

filettato (*mecc.*), geschnitten. **2 ~ al pettine** (di filettatura) (*mecc.*), gestrählt. **3 ~ con filiera** (*mecc.*), geschnitten.

filettatrice (*macch. ut.*), Gewindeschneidmaschine (*f.*). **2 ~ a mulinello** (*macch. ut.*), Gewindeschälmaschine (*f.*). **3 ~ a rulli** (rullatrice di filetti) (*macch.*), Gewinderollmaschine (*f.*), Walzmaschine (*f.*), Gewindewalzmaschine (*f.*). **4 ~ a rulli a freddo** (rullatrice per filettature a freddo) (*macch. ut.*), Kaltgewindewalzmaschine (*f.*).

filettatura (filetto) (*mecc.*), Gewinde (*n.*). **2 ~** (taglio di filettature) (*lavoraz. mecc.*), Gewindeschneiden (*n.*). **3 ~ a creatore** (filettatura a generazione) (*mecc.*), Gewindewälzen (*n.*), Gewindewälzfräsen (*n.*). **4 ~ ad arco di cerchio** (filettatura tonda) (*mecc.*), Rundgewinde (n.). 5 ~ a dente di sega (mecc.), Sägengewinde (n.), Sägezahngewinde (n.), Spitzgewinde (n.). 6 ~ a due principi (mecc.), zweigängiges Gewinde. 7 ~ ad un principio (mecc.), eingängiges Gewinde. 8 ~ a generazione (filettatura a creatore) (mecc.), Gewindewälzen (n.), Gewindewälzfräsen (n.). 9 ~ alla rullatrice (rullatura di organi filettati) (mecc.), Gewinderollen (n.), Gewindewalzen (n.). 10 ~ al pettine (mecc.), Strählen (n.), Strehlen (n.), Gewindestrehlen (n.). 11 ~ a mulinello (con uno o più utensili piazzati eccentricamente al pezzo) (mecc.), Wirbeln (n.). 12 ~ a passo Edison (elett.), Edisongewinde (n.). 13 ~ a passo grosso (mecc.), Grobgewinde (n.). 14 ~ a più principi (mecc.), mehrgängiges Gewinde. 15 ~ a rulli (rullatura di filetti) (tecnol. mecc.), Gewindewalzen (n.), Gewinderollen (n.). 16 ~ a spirale (per la piattaforma d'un tornio p. es.) (mecc.), Plangewinde (n.). 17 ~ automaschiante (filettatura che taglia il profilo coniugato durante l'avvitamento) (mecc.), Schneidgewinde (n.). 18 ~ automaschiante (per viti) da lamiera (mecc.), Blechschneidgewinde (n.). 19 ~ cilindrica (mecc.), Zylindergewinde (n.). 20 ~ conica (mecc.), kegeliges Gewinde. 21 ~ con pettine (mecc.), Gewindestrehlen (n.), Strehlen (n.). 22 ~ destra (filettatura destrorsa) (mecc.), Rechtsgewinde (n.), rechtsgängiges Gewinde. 23 ~ destrorsa (mecc.), rechtsgängiges Gewinde, Rechtsgewinde (n.). 24 ~ di raccordo (per tubi) (tubaz.), Anschlussgewinde (n.). 25 ~ Edison (elett.), Edison-Gewinde (n.), E. 26 ~ esterna (vite) (mecc.), Aussengewinde (n.). 27 ~ filettante ad asportazione (filettatura automaschiante, che taglia la sede filettata nel pezzo accoppiato durante l'avvitamento) (mecc.), Schneidgewinde (n.). 28 ~ fine (mecc.), Feingewinde (n.). 29 ~ fine Whitworth (mecc.), Whitworth-Feingewinde (n.). 30 ~ gas (mecc.), Gasgewinde (n.). 31 ~ grossolana (mecc.), Grobgewinde (n.), grobgängiges Gewinde. 32 ~ incompleta (smussatura, di una vite) (mecc.), Anschnitt (n.), Gewindeauslauf (m.). 33 ~ in pollici (mecc.), Zollgewinde (n.). 34 ~ interna (madrevite) (mecc.), Innengewinde (n.). 35 ~ metrica (mecc.), metrisches Gewinde. 36 ~ metrica a passo grosso (mecc.), metrisches Regelgewinde. 37 ~ metrica fine (mecc.), metrisches Feingewinde. 38 ~ metrica ISO (mecc.), metrisches ISO-Gewinde. 39 ~ normale (mecc.), Einheitsgewinde (n.). 40 ~ per (vite da) legno (mecc.), Holzgewinde (n.). 41 ~ ribassata (mecc.), abgeflachtes Gewinde. 42 ~ rullata (mecc.), gewalztes Gewinde, gerolltes Gewinde 43 ~ Sellers (mecc.), Sellersgewinde (n.). 44 ~ sinistrorsa (filettatura sinistra) (mecc.), Linksgewinde (n.), linksgängiges Gewinde. 45 ~ speciale (mecc.), Sondergewinde (n.). 46 ~ tonda (filettatura ad arco di cerchio) (mecc.), Rundgewinde (n.). 47 ~ trapezia (filettatura trapezoidale) (mecc.), Trapezgewinde (n.). 48 ~ trapezoidale (filettatura trapezia) (mecc.), Trapezgewinde (n.). 49 ~ triangolare (mecc.), Dreieckgewinde (n.). 50 ~ Whitworth (mecc.), Whitworthgewinde (n.). 51 altezza di ~ (mecc.), Gewindetiefe (f.). 52 diametro esterno della ~ (mecc.), Gewindeaussendurchmesser (m.), äusserer Gewindedurchmesser. 53 fresa per ~ (ut.), Gewindefräser (m.). 54 indicatore della ~ (indicatore della posizione di ripresa della filettatura, di un tornio) (macch. ut.), Gewindeuhr (f.). 55 profondità di ~ (distanza, normale all'asse tra il punto più esterno e quello più interno del filetto) (mecc.), Gewindetiefe (f.). 56 solco della ~ (vano della filettatura) (mecc.), Gewindelücke (f.). 57 vano della ~ (solco della filettatura) (mecc.), Gewindelücke (f.).

filetto (filettatura, di una vite) (mecc.), Gewinde (n.). 2 ~ (spira, di una vite) (mecc.), Gewindegang (m.), Schraubengang (m.), Schraubenwindung (f.). 3 ~ (fluido) (mecc. dei fluidi), Faden (m.). 4 ~ (att. tip.), Messinglinie (f.). 5 ~ (tra le colonne) (tip.), Spaltenlinie (f.). 6 ~ ad arco di cerchio (mecc.), Rundgewinde (n.). 7 ~ di vernice (vn.), Anstrichstreifen (m.), Anstrichmarkierungsstreifen (m.). 8 ~ fluido (mecc. dei fluidi), Stromfaden (m.). 9 filetti incompleti (di una vite, smussatura del filetto) (mecc.), Gewindeauslauf (m.). 10 ~ maschio (vite, filetto esterno) (mecc.), Aussengewinde (n.). 11 ~ per cordonare (un cartoncino p. es.) (ut. ind. carta), Rillinie (f.), Riller (m.). 12 ~ perforatore (att. tip.), Perforierlinie (f.). 13 ~ quadrato (mecc.), Flachgewinde (n.), flaches Gewinde. 14 ~ rettangolare (mecc.), Flachgewinde (n.). 15 ~ riportato (sede filettata di riporto) (mecc.), Gewindeeinsatz (m.). 16 ~ riportato (« Heli-Coil ») (mecc.), Drahtwendel (m.). 17 ~ triangolare (mecc.), Spitzgewinde (n.). 18 ~ vorticoso (mecc. dei fluidi), Wirbelfaden (m.). 19 a due filetti (a due principii, una vite) (mecc.), doppelgängig. 20 ad un ~ (ad un principio, di viti) (mecc.), eingängig. 21 a ~ rettangolare (mecc.), flachgängig. 22 a ~ triangolare (mecc.), scharfgängig. 23 altezza del ~ (altezza del triangolo generatore) (mecc.), Gewindehöhe (f.). 24 altezza utile del ~ (ricoprimento) (mecc.), Gewindetragtiefe (f.). 25 andamento dei filetti fluidi (aerodin. - ecc.), Stromlinienbild (n.), Strömungsbild (n.). 26 angolo del ~ (angolo dei fianchi) (mecc.), Flankenwinkel (m.). 27 fianco del ~ (mecc.), Gewindeflanke (f.). 28 semiangolo del ~ (mecc.), Teilflankenwinkel (m.), halber Flankenwinkel. 29 smussatura del ~ (filetto incompleto) (mecc.), Gewindeauslauf (m.).

filiale (comm.), Zweigniederlassung (f.), Filiale (f.). 2 direttore di ~ (comm. - pers.), Filialeleiter (m.).

filiera (per filettare) (ut.), Schneideisen (n.). 2 ~ (per seta artificiale) (ind. tess.), Spinndüse (f.). 3 ~ (trafila) (ut.), Drahtzieheisen (n.), Drahteisen (n.), Zugmatrize (f.). 4 ~ (matrice, per estrusione di mat. plastiche) (tecnol. mecc.), Matrize (f.). 5 ~ a cricco (ut.), Ratschenkluppe (f.), Ratschenschneidkluppe (f.). 6 ~ aperta (filiera regolabile) (ut.), offenes Schneideisen, geschlitztes Schneideisen. 7 ~ a pettini (per filettare) (ut.), Strehlbacken- Gewindeschneider (m.). 8 ~ chiusa (ut.), geschlossenes Schneideisen, ungeteiltes

filiforme

Schneideisen. 9 ~ **di diamante** (per la trafilatura di fili) (*ut. - tecnol. mecc.*), Diamantdrahtziehstein (*m.*). 10 ~ **per l'ultima passata** (per la trafilatura di fili) (*tecnol. mecc. - ut.*), Feinzugmatrize (*f.*). 11 ~ **regolabile** (filiera aperta) (*ut.*), offenes Schneideisen, geschlitztes Schneideisen. 12 ~ **tonda aperta** (filiera tonda regolabile) (*ut.*), verstellbares rundes Schneideisen. 13 **piastra** ~ (per trafilare) (*tecnol. mecc.*), Ziehlochplatte (*f.*). 14 **produzione per** ~ (nella trafilatura p. es.) (*tecnol. mecc.*), Steinleistung (*f.*).

filiforme (*gen.*), fadenförmig.

filigrana (*mft. carta*), Papierzeichen (*n.*), Wasserzeichen (*n.*). 2 ~ (*lavoraz. del metallo*), Filigran (*n.*).

film (pellicola) (*fot. - cinem.*), Film (*m.*). 2 ~ (spettacolo cinematografico, proiezione cinematografica) (*cinem.*), Kinovorführung (*f.*), Filmschau (*f.*), Film (*m.*). 3 ~ (strato, pellicola di vernice p. es.) (*vn. - ecc.*), Film (*m.*), Anstrichfilm (*m.*). 4 ~ (foglia sottile di mat. plastica) (*ind. mat. plast.*), Film (*m.*), dünne Folie, Feinfolie (*f.*). 5 ~ **a colori** (pellicola a colori) (*cinem. - fot.*), Farbfilm (*m.*), Farbenfilm (*m.*). 6 ~ **a grande schermo** (film a schermo panoramico) (*cinem.*), Breitwandfilm (*m.*). 7 ~ **a passo ridotto** (pellicola a passo ridotto, 16 mm e 8 mm) (*cinem.*), Schmalfilm (*m.*). 8 ~ **a schermo panoramico** (film a grande schermo) (*cinem.*), Breitwandfilm (*m.*). 9 ~ **a serie** (*cinem.*), Fortsetzungsfilm (*m.*). 10 ~ **bidimensionale** (2 D, film non stereoscopico) (*cinem.*), Flachfilm (*m.*). 11 ~ **con didascalie** (*cinem.*), Film mit Untertiteln. 12 ~ **culturale** (film educativo) (*cinem.*), Kulturfilm (*m.*). 13 ~ **didattico** (*cinem.*), Lehrfilm (*m.*). 14 ~ **documentario** (documentario) (*cinem.*), Dokumentarfilm (*m.*). 15 ~ **educativo** (film culturale) (*cinem.*), Kulturfilm (*m.*). 16 ~ **in rilievo** (film stereoscopico) (*cinem.*), dreidimensionaler Film. 17 ~ **istruttivo** (*cinem.*), Lehrfilm (*m.*). 18 ~ **muto** (*cinem.*), Stummfilm (*m.*), stummer Film. 19 ~ **negativo** (*cinem.*), Negativfilm (*m.*). 20 ~ **non in rilievo** (film non stereoscopico) (*cinem.*), Flachfilm (*m.*). 21 ~ **non stereoscopico** (film non in rilievo) (*cinem.*), Flachfilm (*m.*). 22 ~ **panoramico** (*cinem.*), Panoramafilm (*m.*). 23 ~ **per grande schermo** (film panoramico) (*cinem.*), Breitfilm (*m.*), Breitwandfilm (*m.*). 24 ~ **piano** (*ind. mat. plast.*), Flachfolie (*f.*). 25 ~ **positivo vergine** (*cinem.*), Positivfilm (*m.*). 26 ~ **pubblicitario** (*comm. - cinem.*), Werbefilm (*m.*). 27 ~ **soffiato** (tubolare soffiato) (*ind. mat. plast.*), Schlauchfolie (*f.*), Blasfolie (*f.*). 28 ~ **sonoro** (*cinem.*), Tonfilm (*m.*). 29 ~ **stereoscopico** (film tridimensionale, film 3 D) (*cinem.*), dreidimensionaler Film, 3 D-Film (*m.*), Stereofilm (*m.*). 30 ~ **3 D** (film tridimensionale o stereoscopico) (*cinem.*), dreidimensionaler Film, 3 D-Film (*m.*). 31 ~ **tridimensionale** (film stereoscopico, film 3 D) (*cinem.*), dreidimensionaler Film, 3 D-Film (*m.*). 32 ~ **tubolare** (soffiato, in mater. plast.) (*ind. mat. plast.*), Schlauchfolie (*f.*), Blasfolie (*f.*). 33 **analizzatore di** ~ (per telecinema) (*telev.*), Filmabtaster (*m.*). 34 **girare un** ~ (filmare) (*cinem.*), filmen, verfilmen. 35 **scatola per** ~ (« pizza ») (*cinem.*), Filmkassette (*f.*). 36 **stiro del** ~ **tubolare** (*ind. mat. plast.*), Schlauchfolienreckung (*f.*). 37 **teoria del** « ~ » (sul flusso d'una sostanza lungo una superficie fissa) (*chim.*), Filmtheorie (*f.*).

filmare (girare un film) (*cinem.*), filmen, verfilmen.

filo (*gen.*), Faden (*m.*). 2 ~ (conduttore) (*elett.*), Leitung (*f.*), Drahtleitung (*f.*), Draht (*m.*), Leiter (*m.*). 3 ~ (*ind. tess.*), Faden (*m.*). 4 ~ (metallico) (*ind. metall.*), Draht (*m.*). 5 ~ (spigolo, linea di riferimento per misure) (*arch. - ecc.*), Kante (*f.*). 6 ~ (taglio, di un coltello) (*ut.*), Schneide (*f.*), Schneidkante (*f.*). 7 ~ (tagliente) (*ut.*), Schneidkante (*f.*). 8 ~ (affilatezza) (*ut.*), Schärfe (*f.*). 9 ~ (stria lunga e marcata) (difetto del vetro), Fadenschliere (*f.*). 10 ~ **a coltello** (di una squadra p. es.) (*mecc.*), Haarmesskante (*f.*). 11 ~ **aereo** (*elett.*), Freileitungsdraht (*m.*), Oberleitungsdraht (*m.*). 12 ~ **animato** (per saldatura ad arco) (*tecnol. mecc.*), Fülldraht (*m.*), Seelenschweissdraht (*m.*). 13 ~ **a piombo** (*att. mur.*), Senkblei (*n.*), Senkel (*m.*), Senklot (*n.*), Lot (*n.*). 14 ~ **armonico** (*ind. metall.*), Drahtsaite (*f.*), Saitendraht (*m.*), Klavierdraht (*m.*), Klaviersaite (*f.*). 15 ~ **a sezione quadrangolare** (filo metallico) (*ind. metall.*), Vierkantdraht (*m.*). 16 ~ **capillare** (filo di Wollaston) (*elett.*), Haardraht (*m.*). 17 ~ **conduttore** (*elett.*), Leitungsdraht (*m.*), Drahtleitung (*f.*). 18 ~ **crudo** (*ind. metall.*), ungeglühter Draht. 19 ~ **cucirino** (*ind. tess.*), Nähfaden (*m.*), Nähgarn (*n.*), Nähzwirn (*m.*). 20 ~ **da campanello** (*elett.*), Klingeldraht (*m.*). 21 ~ **del muro** (spigolo del muro) (*mur.*), Mauerkante (*f.*), Mauerflucht (*f.*). 22 ~ **del telegrafo** (*telegr.*), Telegraphendraht (*m.*). 23 ~ **di accensione** (*mot. - aut.*), Zündleitung (*f.*). 24 ~ **di acciaio** (*ind. metall.*), Stahldraht (*m.*). 25 ~ **di acciaio per molle** (*ind. metall.*), Federstahldraht (*m.*). 26 ~ **di acciaio ramato** (filo con anima di acciaio e rivestimento di rame) (*elett.*), Stahl-Kupfer-Draht (*m.*), Staku-Draht (*m.*). 27 ~ **di accompagnamento** (per messa a terra p. es.) (*elett. - radio*), Beidraht (*m.*), Beilaufdraht (*m.*). 28 ~ **di alimentazione** (*elett.*), Zuführungsleitung (*f.*), Zuführungsdraht (*m.*). 29 ~ **di amianto** (*ind.*), Absestgarn (*n.*). 30 ~ **di ancoraggio** (*mecc. - ecc.*), Spanndraht (*m.*), Ankerdraht (*m.*). 31 ~ **di apporto** (filo-elettrodo, per saldatura) (*tecnol. mecc.*), Schweissdraht (*m.*), Elektrodendraht (*m.*). 32 ~ **di apporto con anima** (filo elettrodo con anima, per saldatura) (*tecnol. mecc.*), Seelen-Elektrodendraht (*m.*). 33 ~ **di apporto nudo** (elettrodo nudo) (*tecnol. mecc.*), nackter Schweissdraht. 34 ~ **di avvolgimento** (*elett.*), Wickeldraht (*m.*). 35 ~ **di collegamento** (*telef.*), Schaltdraht (*m.*). 36 ~ **di connessione volante** (*telef.*), Überführungsdraht (*m.*). 37 ~ **di contatore** (filo di conteggio, delle conversazioni) (*telef.*), Zählader (*f.*). 38 ~ **di contatto** (aereo) (*veic. elett.*), Fahrdraht (*m.*). 39 ~ **di contrassegno** (filato di contrassegno, per individuare conduttori p. es.) (*elett.*), Beilauffaden (*m.*), Kennfaden (*m.*). **40 ~ di derivazione** (*elett.*), Ableitungsdraht (*m.*). **41 ~ di fase** (filo di linea) (*elett.*), Phase (*f.*), Leiter (*m.*). **42 ~ di fermo** (o di sicurezza, di un dado per es.) (*mecc.*), Bindedraht (*m.*). **43 ~ di ferro** (*ind. metall.*), Eisendraht (*m.*). **44 ~ di ferro per legacci** (per fissare tondini da cemento armato) (*ed.*), Bindedraht (*m.*). **45 ~ di gomma** (*ind. tess.*), Gummifaden (*m.*), Latexfaden (*m.*). **46 ~ di guardia** (*elett.*), Schutzdraht (*m.*). **47 ~ di lana** (fiocco di lana, per rendere visibile il flusso intorno ad una vettura) (*aut. - prove aerodin.*), Wollfaden (*m.*). **48 ~ di legatura** (per fogli p. es.) (*tip. - uff. - ecc.*), Bindedraht (*m.*), Wickeldraht (*m.*). **49 ~ di linea** (filo di fase) (*elett.*), Phase (*f.*), Leiter (*m.*). **50 ~ di lino** (*ind. tess.*), Leinengarn (*m.*). **51 ~ di massa** (filo di terra) (*elett.*), Erddraht (*m.*), Erdungsdraht (*m.*), Erdleiter (*m.*), Erder (*m.*). **52 ~ di massa** (cavetto di massa) (*elett. - aer.*), Abbindedraht (*m.*). **53 ~ di misura** (d'un ponte, reocordo) (*app. elett.*), Messdraht (*m.*). **54 ~ di ordito** (*tess.*), Kettfaden (*m.*), Kettgarn (*n.*). **55 ~ di ordito a torsione forte** (filo per catena a torsione forte) (*tess.*), Hartwater (*n.*). **56 ~ di ottone** (*ind. metall.*), Messingdraht (*m.*). **57 ~ di piombo** (*metall.*), Bleidraht (*m.*). **58 ~ di plastica** (monofil) (*ind. chim.*), Monofil (*n.*), Chemiedraht (*m.*). **59 ~ di platino** (*att. chim.*), Platindraht (*m.*). **60 ~ di rame** (*elett. - metall.*), Kupferdraht (*m.*). **61 ~ di rame con doppio rivestimento di cotone** (*elett.*), Kuperferdraht mit doppelter Baumwollumflechtung, CuBB. **62 ~ di rame con doppio rivestimento di seta** (*elett.*), Kupperdraht mit doppelter Seidenumflechtung, CuSS. **63 ~ di rame con rivestimento semplice di cotone** (*elett.*), Kupferdraht mit einfacher Baumwollumflechtung, CuB. **64 ~ di rame con rivestimento semplice di seta** (*elett.*), Kupferdraht mit einfacher Seidenumflechtung, CuS. **65 ~ di rame crudo** (*metall.*), Hartkupferdraht (*m.*). **66 ~ di rame smaltato** (*elett.*), Kupferlackdraht (*m.*), CuL. **67 ~ di ripartizione** (*telef.*), Rangierdraht (*m.*). **68 ~ di ritorno** (conduttore di ritorno) (*elett.*), Rückleitung (*f.*). **69 ~ di sezione semicircolare** (*ind. metall.*), Halbrunddraht (*m.*). **70 ~ di sezione speciale** (*ind. metall.*), Dessindraht (*m.*), Fassondraht (*m.*), Formdraht (*m.*). **71 ~ di sicurezza** (o di fermo, di un dado p. es.) (*mecc.*), Bindedraht (*m.*). **72 ~ distintivo** (filo di contrassegno, per cavi) (*elett.*), Kennfaden (*m.*). **73 ~ di terra** (filo di massa) (*elett.*), Erdleiter (*m.*), Erdungsdraht (*m.*), Erder (*m.*), Erddraht (*m.*). **74 ~ di trama** (*ind. tess.*), Einschlagfaden (*m.*), Schussfaden (*m.*). **75 ~ di vetro** (vetro filato) (*mft. vetro*), Glasfaden (*m.*). **76 ~ di Wollaston** (filo di platino o di oro del diametro di 0,0015 mm, usato per app. di mis. di precisione) (*elett.*), Wollastondraht (*m.*), Haardraht (*m.*). **77 ~ -elettrodo** (filo di apporto, per saldatura) (*tecnol. mecc.*), Elektrodendraht (*m.*), Schweissdraht (*m.*). **78 ~ -elettrodo con anima** (filo di apporto con anima, per saldatura) (*tecnol. mecc.*), Seelen-Elektrodendraht (*m.*). **79 ~ fusibile** (fusibile, filo per valvole) (*elett.*), Schmelzdraht (*m.*), Sicherungsdraht (*m.*). **80 ~ impermeabilizzato** (*elett.*), Anthygronleitung (*f.*). **81 ~ in matasse** (*ind. tess.*), Strähngarn (*n.*). **82 ~ isolato in gomma** (*elett.*), Gummiaderleitung (*f.*), Gummischlauchleitung (*f.*). **83 fili liberi** (slegature, fili che hanno saltato punti e sono quindi rimasti liberi nel tessuto) (*difetto - ind. tess.*), Flottung (*f.*), Flottieren (*n.*) **84 ~ lucido** (*ind. metall.*), Blankdraht (*m.*). **85 ~ lucido** (*ind. tess.*), Glanzgarn (*n.*), Lüstergarn (*m.*), Eisengarn (*n.*). **86 ~ magnetico** (*elettroacus.*), Tondraht (*m.*), Magnetdraht (*m.*), Magnettondraht (*m.*). **87 ~ magnetico** (ad elementi magnetici incorporati) (*elettroacus.*), Massedraht (*m.*). **88 ~ (metallico) fasciato** (*ind. metall.*), Manteldraht (*m.*). **89 ~ negativo** (*elett.*), Minusdraht (*m.*), Minusader (*f.*). **90 ~ non pupinizzato** (*telef.*), unbespulte Leitung, U-Leitung (*f.*). **91 ~ non selettivo** (*ott.*), Echtgraufilter (*m.*), aselektiver Filter. **92 ~ nudo** (*elett. - ecc.*), blanker Draht. **93 ~ orizzontale** (d'una matrice di memoria p. es.) (*calc.*), x-Draht (*m.*). **94 ~ per brasare** (*tecnol. mecc.*), Lötdraht (*m.*). **95 ~ per cablaggi** (di app. elettrici) (*elett.*), Schaltdraht (*m.*). **96 ~ per catena a torsione forte** (filo di ordito a torsione forte) (*ind. tess.*), Hartwater (*n.*). **97 ~ per comandi** (*elett.*), Steuerleitung (*f.*). **98 ~ per cuciture a punti metallici** (*ind. metall.*), Nähdraht (*m.*). **99 ~ per funi metalliche** (*ind. metall.*), Seildraht (*m.*). **100 ~ per imbastitura** (*ind. tess.*), Heftfaden (*m.*). **101 ~ per legature** (filo di fermo) (*mecc.*), Bindedraht (*m.*). **102 ~ per molle** (*ind. metall.*), Federdraht (*m.*). **103 ~ per punti (metallici)** (*legatoria*), Heftdraht (*m.*). **104 ~ per raggi** (*ind. metall.*), Speichendraht (*m.*). **105 ~ per registrazione magnetica** (filo magnetico) (*elettroacus.*), Magnettondraht (*m.*). **106 ~ per resistenze** (filo per resistori) (*elett. - ind. metall.*), Widerstandsdraht (*m.*). **107 ~ per resistori** (filo per resistenze, di riscaldamento p. es.) (*elett. - ind. metall.*), Widerstandsdraht (*m.*). **108 ~ per ricamo** (*ind. tess.*), Stickgarn (*n.*). **109 ~ per saldatura ad arco sommerso** (*saldatura*), Schweissdraht für das Unterpulverschweissen. **110 ~ per spazzole** (*ind. metall.*), Bürstendraht (*m.*). **111 ~ per termocoppie** (filo a sezione circolare) (*elett.*), Thermodraht (*m.*). **112 ~ per tessuti** (*ind. tess.*), Webgarn (*n.*). **113 ~ per valvole** (filo fusibile, fusibile) (*elett.*), Schmelzdraht (*m.*), Sicherungsdraht (*m.*). **114 ~ piatto** (piattina) (*ind. metall.*), Plätt (*m.*), flachgewalzter Draht. **115 ~ profilato** (*ind. metall.*), Profildraht (*m.*). **116 ~ provvisorio** (filo volante) (*elett.*), fliegende Leitung. **117 ~ ricotto** (*ind. metall.*), geglühter Draht. **118 ~ rivestito** (*elett. - ecc.*), umsponnener Draht. **119 ~ rivestito con vernice isolante** (filo verniciato) (*elett.*), Lackdraht (*m.*). **120 ~ rivestito di seta e cotone** (*elett.*), Seidenbaumwolldraht (*m.*). **121 ~ scendente** (d'un impianto parafulmini) (*elett. - ed.*), Falleitung (*f.*). **122 ~ smaltato** (*elett.*), Lackdraht (*m.*), Emaildraht (*m.*). **123 ~ smaltato isolato con carta** (*elett.*), Lackpapierdraht (*m.*), LP. **124 ~ smaltato rivestito di seta** (*elett.*), Seidenlackdraht (*m.*). **125 ~ sottogomma** (*elett.*),

filobus

gummiisolierter Draht. 126 ~ **sotto tensione** (*elett.*), Draht unter Spannung. 127 ~ **spinato** (o spinoso) (*ind. metall.*), Stacheldraht (*m.*). 128 ~ **spinoso** (o spinato) (*ind. metall.*), Stacheldraht (*m.*). 129 ~ **stagnato a caldo** (*ind. metall.*), feuerverzinnter Draht. 130 ~ **stirato** (*ind. metall.*), Streckdraht (*m.*). 131 ~ **telefonico** (*telef.*), Fernsprechleitung (*f.*). 132 ~ **temprato in acqua** (*metall.*), Wasserdraht (*m.*). 133 ~ **tondo** (*elett.*), Runddraht (*m.*). 134 ~ **trafilato** (*ind. metall.*), gezogener Draht. 135 ~ **verniciato** (filo rivestito con vernice isolante) (*elett.*), Lackdraht (*m.*). 136 ~ **verticale** (d'una matrice di memoria p. es.) (*elab. dati*), y-Draht (*m.*). 137 ~ **volante** (filo provvisorio) (*elett.*), fliegende Leitung. 138 ~ **zincato** (*ind. metall.*), verzinkter Draht. 139 ~ **zincato** (di acciaio) (*metall.*), verzinkter Stahldraht. 140 **a due fili** (metallici) (*gen.*), zweidrähtig. 141 **a due fili** (bifilare, bipolare) (*elett.*), zweiadrig, bifilar. 142 **ad un** ~ (monofilo) (*gen.*), einfädig, monofil, monofädig. 143 **a più fili** (*gen.*), multifil. 144 **a più fili** (*elett.*), vieladrig. 145 **a tre fili** (*elett.*), dreidrähtig. 146 **asta a forcella per (la posa dei) fili** (*telef. - ecc.*), Drahtgabel (*f.*). 147 **avvisatore di rottura del** ~ (*app.*), Drahtbruchmelder (*m.*). 148 **che ha perduto il** ~ (non affilato, consumato) (*ut.*), unscharf, stumpf. 149 **condensatore a** ~ (per riportare allo stato liquido il vapore del mezzo refrigerante) (*macch. frigor.*), Drahtverflüssiger (*m.*). 150 **fusibile a** ~ (*elett.*), Drahtsicherung (*f.*). 151 **galvanometro a** ~ (*strum. elett.*), Saitengalvanometer (*n.*). 152 **indice a** ~ (*strum.*), Fadenzeiger (*m.*). 153 **infilare un** ~ (*gen.*), durchfädeln. 154 **linea di contatto a doppio** ~ (*veic. elett.*), doppelter Fahrdraht. 155 **perdere il** ~ (*ut.*), stumpf werden, abstumpfen. 156 **perdita del** ~ (d'un utensile) (*ut.*), Abstumpfen (*n.*), Stumpfwerden (*n.*). 157 **rotolo di** ~ (*metall.*), Drahtrolle (*f.*). 158 **senza fili** (*radio*), drahtlos. 159 **sistema a due fili** (*elett.*), Zweileitersystem (*n.*). 160 **sistema a quattro fili** (*elett.*), Vierleitersystem (*n.*). 161 **sistema a tre fili** (*elett.*), Dreidrahtsystem (*n.*), Dreileitersystem (*n.*). 162 **sonda a** ~ **caldo** (esploratore a filo caldo, per correnti fluide) (*app.*), Hitzdrahtsonde (*f.*). 163 **su** ~ (trasmissione) (*telecomunicazioni*), drahtgebunden. 164 **telegrafia su** ~ (*telegr.*), Drahttelegraphie (*f.*). 165 **trasposizione dei fili** (*telef.*), Leitungskreuzung (*f.*). 166 **trecciatrice per fili** (*macch.*), Drahtumflechtmaschine (*f.*).

filobus (*veic. elett.*), Oberleitungsommibus (*m.*), Obus (*m.*), Trolleybus (*m.*). 2 ~ **articolato** (*veic. elett.*), Gelenkobus (*m.*), Gelenkoberleitungsomnibus (*m.*). 3 **presa di corrente per** ~ (*veic. elett.*), Obusstromabnehmer (*m.*).

filodiffusione (*radio - telef.*), Drahtfunk (*n.*), Drahtrundfunk (*m.*). 2 **presa per** ~ (*radio*), Drahtfunk-Anschaltdose (*f.*), DDa.

filogenesi (*biol.*), Stammesgeschichte (*f.*).

filogenetico (*biol.*), stammgeschichtlich.

filone (metallifero p. es.) (*min.*), Erzader (*f.*), Ader (*f.*), Erzgang (*m.*), Gang (*m.*). 2 ~ **di carbone** (strato di carbone) (*min.*), Kohlenflöz (*n.*). 3 ~ **d'oro** (*min.*), Goldader (*f.*). 4 ~ **eruttivo** (dicco) (*min.*), Gesteinsgang (*m.*).

filosello (cascame di seta) (*tess.*), Filoselle (*n.*).
filovia (*trasp. aut.*), gleislose Bahn.
filtraggio (*ind. - ecc.*), Filtern (*n.*), Filtrieren (*n.*), Filtration (*f.*). 2 ~ **a vuoto** (*chim.*), Nutschen (*n.*). 3 **bacino di** ~ (per acqua potabile) (*ind.*), Filtrierbecken (*n.*).
filtrare (*gen.*), filtern, filtrieren. 2 ~ (*radio*), aussieben. 3 ~ (*elettronica*), sieben. 4 ~ (trafilare, di liquido p. es.) (*gen.*), sickern. 5 ~ **a vuoto** (*chim.*), nutschen. 6 ~ **con bobina di arresto** (*elett.*), verdrosseln.
filtrato (*s. - chim. - ecc.*), Filtrat (*n.*). 2 **primo** ~ (*s. - ind. chim.*), Erstfiltrat (*n.*).
filtrazione (*gen.*), Filtration (*f.*), Filtern (*n.*), Filtrieren (*n.*). 2 ~ (del liquido refrigerante, mediante filtro magnetico) (*lav. macch. ut.*), Reinigung (*f.*). 3 ~ **a candela** (di acqua, mediante corpi cavi di materiali solidi porosi) (*cald. - ecc.*), Kerzenfiltration (*d.*). 4 ~ **primaria** (filtrazione propria) (*radioatt.*), Eigenfilterung (*f.*). 5 ~ **propria** (filtrazione primaria) (*radioatt.*), Eigenfilterung (*f.*). 6 ~ **su letto di materiale sciolto** (per acqua) (*cald. - ecc.*), Anschwemmfiltration (*f.*). 7 **bacino di** ~ (per acqua potabile p. es.) (*ind.*), Filtrierbecken (*n.*). 8 **residuo di** ~ (*tecnol.*). Filterkuchen (*m.*). 9 **vasca di** ~ (bacino di filtrazione) (*ed.*), Filterbecken (*n.*).
filtro (*gen.*), Filter (*m. - n.*). 2 ~ (ottico, acustico) (*fis.*), Filter (*m.*). 3 ~ (*radio*), Sieb (*n.*). 4 ~ **a bicchiere** (*mot.*), Becherfilter (*m.*). 5 ~ **a candela** (di materiale poroso) (*app.*), Kerzenfilter (*m.*). 6 ~ **a carta** (*chim.*), Papierfilter (*m.*). 7 ~ **a cartuccia** (per l'olio) (*mot. - aut.*), Wechselfilter (*m.*). 8 ~ **a catena** (per lasciar passare o per arrestare una determinata banda di frequenza) (*radio*), Siebkette (*f.*), Sperrkette (*f.*). 9 ~ **a cristallo** (*radio*), Kristallsiebkette (*f.*). 10 ~ **a cristallo** (filtro a quarzo) (*radio*), Kristallfilter (*m.*), Quarzfilter (*m.*). 11 ~ **acustico** (*elettroacus.*), akustischer Filter. 12 ~ (ad elemento filtrante) **pieghettato** (*chim. - ecc.*), Faltenfilter (*m.*). 13 ~ **ad eliminazione di banda** (*radio*), Bandsperrfilter (*m.*). 14 ~ **a depressione** (*app. chim.*), Saugfilter (*m.*), Nutsche (*f.*). 15 ~ **a imbuto** (*app. chim.*), Büchnertrichter (*m.*), Nutsche (*f.*). 16 ~ **a maglia fine** (filtro a maglia stretta) (*mot. - ecc.*), Feinfilter (*m.*). 17 ~ **a manica** (tubo filtrante, per depurazione a secco) (*app.*), Schlauchfilter (*m.*). 18 ~ **a nastro** (trasportatore, per il refrigerante p. es.) (*app.*), Bandfilter (*m.*). 19 ~ **a nastro magnetico** (per refrigerante p. es.) (*app.*), Magnetbandfilter (*m.*). 20 ~ **antipolvere** (*app.*), Staubsieb (*n.*). 21 ~ **antiradiodisturbi** (dispositivo antiradiodisturbi) (*radio*), Entstörer (*m.*), Störschutzeinrichtung (*f.*). 22 ~ **antiriflessione** (*telev.*), Reflexschutzfilter (*m.*). 23 ~ **antiriflesso di fondo** (intelaiatura trasparente attorno allo schermo del tubo catodico per evitare riflessi di luce del fondo) (*telev.*), Streulichtfilter (*m.*). 24 ~ **a ponte** (filtro differenziale) (*radio*), Brückenfilter (*m.*). 25 ~ **a portata parziale** (filtro dell'olio) (*mot.*), Nebenstromfilter (*m.*). 26 ~ **a portata totale** (filtro sulla tubaz. principale dell'olio) (*mot. - aut.*), Hauptstromfilter (*m.*). 27 ~ **a quarzo** (*fis.*), Quarzfilter (*m.*). 28 ~ **a rete** (*mot.*),

Siebfilter (*m.*). **29 ~ a reticella metallica** (*mot. - ecc.*), Drahtgazefilter (*m.*). **30 ~ arrestabanda** (filtro eliminatore di banda) (*radio*), Bandsperrfilter (*m.*). **31 ~ aspirante** (*app. chim.*), Nutsche (*f.*), Nutschenfilter (*m.*), Saugfilter (*m.*). **32 ~ autopulitore** (filtro lamellare, per olio lubrificante) (*mot.*), Spaltfilter (*m.*). **33 ~ campione** (*acus.*), Bewertungsfilter (*m.*). **34 ~ centrifugo** (*mot. - ecc.*), Schleuderfilter (*m.*). **35 ~ centrifugo dell'olio** (*app.*), Zentrifugalölfilter (*m.*). **35 ~ colorato** (filtro selettivo) (*fot. - ott.*), Farbfilter (*m.*). **37 ~ d'ampiezza** (*telev.*), Amplitudensieb (*n.*), Amplitudenfilter (*m.*). **38 ~ del carburante** (filtro del combustibile) (*mot.*), Kraftstoffilter (*m.*). **39 ~ del combustibile** (filtro del carburante) (*mot.*), Kraftstoffilter (*m.*). **40 ~ della benzina** (*mot.*), Benzinfilter (*m.*). **41 ~ dell'aria** (*mot. - ecc.*), Luftfilter (*m.*). **42 ~ dell'aria** (depuratore dell'aria) (*app.*), Luftreiniger (*m.*). **43 ~ dell'aria a bagno d'olio** (filtro per l'aria a bagno d'olio) (*mot.*), Ölbadluftfilter (*m.*). **44 ~ dell'aria a velo d'olio** (*mot.*), ölbenetzter Zellenluftfilter, ölbenetzter Zellenfilter. **45 ~ dell'aria centrifugo** (*aut. - mot.*), Schleuderluftfilter (*m.*), Wirbelluftfilter (*m.*). **46 ~ dell'aria centrifugo a secco** (*mot. - aut.*), Trockenschleuder-Luftfilter (*m.*). **47 ~ dell'olio** (*mot. - aut.*), Ölfilter (*m.*). **48 ~ dell'olio a portata parziale** (filtro in derivazione) (*mot. - aut.*), Nebenstromölfilter (*m.*). **49 ~ dell'olio a portata totale** (*mot. - aut.*), Hauptstromölfilter (*m.*), Ölfilter im Hauptstrom. **50 ~ dell'olio lubrificante** (*mot. - macch.*), Schmierölfilter (*m.*). **51 ~ di armonica** (*fis.*), Oberwellenfilter (*m.*), Oberwellensieb (*n.*). **52 ~ di banda** (*elett. - radio*), Bandpass (*m.*), Bandpassfilter (*m.*). **53 ~ differenziale** (filtro a ponte) (*radio*), Brückenfilter (*m.*). **54 ~ di formanti** (di frequenze formanti) (*acus.*), Formantenfilter (*m.*). **55 ~ di luce** (filtro ottico, filtro selettivo) (*ott. - fot.*), Farbfilter (*m.*), Lichtfilter (*m.*). **56 ~ di ottave** (*acus.*), Oktavfilter (*m.*). **57 ~ di terza** (*acus.*), Terzsieb (*n.*). **58 ~ di tessuto** (*ventilaz. - mot.*), Tuchfilter (*m.*). **59 ~ di transito** (*telef.*), Durchschaltfilter (*m.*). **60 ~ d'onda** (filtro di frequenza) (*radio*), Frequenzsieb (*n.*). **61 ~ d'onde** (*fis.*), Wellenfilter (*m.*). **62 ~ elettrostatico** (precipitatore elettrostatico) (*app. ind. - ecc.*), elektrostatischer Filter, Elektrofilter (*m.*). **63 ~ eliminatore di banda** (filtro arrestabanda) (*radio*), Bandsperrfilter (*m.*). **64 ~ giallo** (*fot.*), Gelbfilter (*m.*), Gelbscheibe (*f.*). **65 ~ grigio** (filtro non selettivo, filtro neutro) (*ott.*), Graufilter (*m.*). **66 ~ in derivazione** (filtro a portata parziale, per olio) (*mot. - aut.*), Nebenstromfilter (*m.*). **67 ~ lamellare** (filtro autopulitore, per olio lubrificante) (*mot.*), Spaltfilter (*m.*). **68 ~ livellatore di corrente** (*elett.*), Stromglätter (*n.*). **69 ~ magnetico** (*app.*), Magnetfilter (*m.*). **70 ~ neutro** (filtro grigio) (*ott.*), Neutralfilter (*m.*), Graufilter (*m.*). **71 ~ neutro a trasmissione crescente** (gradualmente, cono fotometrico) (*ott.*), Graukeil (*m.*). **72 ~ neutro a trasmissione scaglionata** (*ott.*), Graustufenkeil (*m.*), Grautreppe (*f.*). **73 ~ non selettivo** (filtro grigio) (*ott.*), Graufilter (*m.*). **74 ~ ottico** (filtro di luce, filtro selettivo) (*ott. - fot.*), Farbfilter (*m.*), Lichtfilter (*m.*). **75 ~ passa-alto** (*radio*), Hochpassfilter (*m.*), Hochpass (*m.*). **76 ~ passabanda** (*radio*), Bandfilter (*m.*), Bandpassfilter (*m.*). **77 ~ passabasso** (*radio*), Tiefpassfilter (*m.*). **78 ~ per birra** (*ind. chim.*), Bierfilter (*m.*). **79 ~ per CO** (nelle maschere antigas) (*app. - min.*), CO-Filter-Selbstretter (*m.*), Selbstretter (*m.*). **80 ~ per l'aria** (filtro dell'aria) (*ventilaz. - mot.*), Luftfilter (*m.*). **81 ~ per l'aria a bagno d'olio** (filtro dell'aria a bagno d'olio) (*mot.*), Ölbadluftfilter (*m.*). **82 ~ per respiratore** (*app.*), Atemfilter (*m.*). **83 ~ polarizzatore** (*fot.*), Neutralgraufilter (*m.*). **84 ~ RC** (filtro resistenza-capacità) (*radio*), RC-Filter (*m.*), Widerstand-Kapazität-Filter (*m.*). **85 ~ resistenza-capacità** (filtro RC) (*radio*), Widerstand-Kapazität-Filter (*m.*), RC-Filter (*m.*). **86 ~ rosso** (*fot.*), Rotfilter (*m.*). **87 ~ selettivo** (filtro luce) (*ott. - fot.*), Farbfilter (*m.*), Lichtfilter (*m.*). **88 ~ selettivo** (filtro colorato) (*fot. - ott.*), Farbfilter (*m.*). **89 ~ separatore** (per separare due campi di frequenza) (*elett.*), Frequenzweiche (*f.*), elektrische Weiche. **90 ~ separatore di linea** (per separare due campi di frequenza) (*telef.*), Leitungswache (*f.*), Frequenzwache (*f.*). **91 ~ soppressore di armoniche** (*app.*), Oberwellensperrfilter (*m.*). **92 ~ soppressore di disturbi** (*radio - ecc.*), Störfilter (*m.*). **93 ~ soppressore di rumore** (*radio - ecc.*), Rauschsperre (*f.*). **94 ~ sottrattivo** (*fot.*), Subtraktivfilter (*m.*). **95 ~ sulla mandata** (filtro dell'olio p. es.) (*mot.*), Pressfilter (*m.*). **96 ~ (sulla tubazione) principale** (filtro a portata totale, per olio) (*mot. - aut.*), Hauptstromfilter (*m.*). **97 ~ Zobel** (di un passabasso) (*elettronica*), Zobel-Filter (*m.*), Zobel-Halbglied (*n.*). **98 carta da ~** (carta filtro) (*chim.*), Filterpapier (*n.*). **99 cartuccia del ~** (elemento del filtro, elemento filtrante) (*mot. - ecc.*), Filtereinsatz (*m.*). **100 circuito ~** (circuito filtrante) (*radio*), Filterkreis (*m.*). **101 elemento del ~** (cartuccia del filtro, elemento filtrante) (*mot. - ecc.*), Filtereinsatz (*m.*). **102 fianco del ~ di Nyquist** (*telev.*), Nyquist-Flanke (*f.*). **103 perdita di carico nel ~** (*idr.*), Filterwiderstand (*m.*). **104 reticella del ~** (reticella per filtri) (*mot. - ecc.*), Filtergewebe (*n.*). **105 sabbia da ~** (*ed.*), Filtersand (*m.*).

filtropressa (*macch.*), Filterpresse (*f.*).
filzuolo (matassina) (*ind. tess.*), Fitze (*f.*).
finale (*s. - sport*), Endlauf (*m.*).
finanza (*finanz.*), Finanz (*f.*). **2 alta ~** (*finanz.*), Hochfinanz (*f.*), Haute Finance. **3 guardia di ~** (*milit.*), Finanzer (*m.*), Zollwächter (*m.*). **4 intendenza di ~** (*finanz.*), Finanzamt (*n.*).
finanziamento (*finanz.*), Finanzierung (*f.*).
finanziare (*finanz.*), finanzieren.
finanziario (*finanz.*), finanziell. **2 disposizioni finanziarie** (*finanz.*), Finanzvorschriften (*f. pl.*). **3 esercizio ~** (*amm.*), Betriebsjahr (*n.*), Rechnungsjahr (*n.*). **4 investimenti finanziari** (*amm.*), Finanzanlagen (*f. pl.*).
finanziere (*finanz.*), Finanzer (*m.*).
fine (*s. - gen.*), Schluss (*m.*), Ende (*n.*). **2 ~** (scopo) (*s. - gen.*), Zweck (*m.*), Ziel (*n.*).

finemente

3 ~ (*a. - gen.*), fein. 4 ~ **chiusura (valvola di) ammissione** (di motori a combustione interna) (*mot.*), Einlass schliesst. 5 ~ **chiusura (valvola di) scarico** (di motore a combustione interna) (*mot.*), Auslass schliesst. 6 ~ **corsa** (arresto, scontro di fine corsa) (*mecc. - macch. ut.*), Endanschlag (*m.*). 7 ~ **corsa** (interruttore di fine corsa) (*elettromecc. - macch. ut.*), Endschalter (*m.*), Endausschalter (*m.*). 8 ~ **corsa di emergenza** (interruttore di extracorsa, d'un ascensore) (*elett.*), Notendschalter (*m.*). 9 ~ **corsa magnetico** (interruttore di fine corsa magnetico) (*elett.*), Magnetendschalter (*m.*). 10 ~ **corsa dell'avanzamento trasversale** (scontro dell'avanzamento trasversale) (*macch. ut.*), Queranschlag (*m.*). 11 ~ **del blocco** (*elabor. dati - macch. ut. c/n*), Satzende (*f.*). 12 ~ **imprevista** (d'un programma p. es.) (*elabor. dati*), Sackgasse (*f.*). 13 **senza ~** (continuo) (*gen.*), endlos. 14 **verso la ~** (*gen.*), gegen Ende.

finemente (*gen.*), fein. 2 ~ **disperso** (*metall. - chim.*), fein verteilt.

finestra (apertura e serramento) (*ed.*), Fenster (*n.*). 2 ~ (apertura) (*ed.*), Fensteröffnung (*f.*). 3 ~ (asola, nella lavorazione delle lamiere p. es.) (*lav. lamiera*), Schlitzloch (*n.*), Langloch (*n.*). 4 ~ (apertura, sfinestratura) (*mecc.*), Durchbrechung (*f.*), Fenster (*n.*). 5 ~ **a battente orizzontale** (ruotante su cerniere superiori) (*ed.*), Klappflügelfenster (*n.*). 6 ~ **a battente verticale** (ruotante su cerniere laterali a perno verticale) (*ed.*), Drehflügelfenster (*n.*). 7 ~ **a battenti** (*ed.*), Flügelfenster (*n.*). 8 ~ **a battenti montati su cerniere laterali a perno verticale** (finestra a battenti verticali) (*ed.*), Drehflügelfenster (*n.*). 9 ~ **a battenti ruotanti su cerniere inferiori a perno orizzontale** (finestra ribaltabile a cerniere inferiori) (*ed.*), Kippflügelfenster (*n.*). 10 ~ **a battenti ruotanti su cerniere superiori a perno orizzontale** (finestra a battente orizzontale) (*ed.*), Klappflügelfenster (*n.*). 11 ~ **a bilico** (finestra con telaio a bilico) (*ed.*), Schwingfenster (*n.*), Kippfenster (*n.*), Klappfenster (*n.*). 12 ~ **a bilico orizzontale** (*ed.*), Schwingflügelfenster (*n.*). 13 ~ **a bilico verticale** (*ed.*), Wendeflügelfenster (*n.*). 14 ~ **ad arco** (*ed.*), Bogenfenster (*n.*). 15 ~ **ad intelaiatura metallica** (in lega leggera) (*ed.*), Metallfenster (*n.*), Leichtmetallfenster (*n.*). 16 ~ **ad un battente** (*ed.*), einflügeliges Fenster. 17 ~ **a libro** (scorrevole) (*ed.*), Falt-Schiebe-Fenster (*n.*). 18 ~ **allungata** (asola, nella lamiera p. es.) (*mecc. - ecc.*), Schlitzloch (*n.*), Langloch (*n.*), Langschlitz (*m.*). 19 ~ **a lunetta** (rosta a lunetta, lunetta a ventaglio, su porta p. es.) (*arch.*), Fächerfenster (*n.*). 20 ~ **antiradiazioni** (*radioatt. - ed.*), strahlensicheres Fenster. 21 ~ **a rosone** (*arch.*), Fensterrose (*f.*), Rose (*f.*). 22 ~ **a saliscendi** (finestra scorrevole verticalmente) (*ed.*), Fallfenster (*n.*), Aufziehfenster (*n.*), Vertikal-Schiebeflügelfenster (*n.*). 23 ~ **a saliscendi a scomparsa** (nel parapetto) (*ed.*), Versenkfenster (*n.*), Senkrecht-Schiebe-Fenster (*m.*). 24 ~ **a scorrimento verticale** (finestra a saliscendi) (*ed.*), Aufziehfenster (*n.*), Fallfenster (*n.*). 25 ~ **a telaio** (*ed.*), Zargenfenster (*n.*). 26 ~ **a telai scorrevoli orizzontalmente** (*ed.*), Horizontal-Schiebeflügelfenster (*n.*). 27 ~ **a telai scorrevoli verticalmente** (finestra a saliscendi) (*ed.*), Vertikal-Schiebeflügelfenster (*n.*). 28 ~ **a vetri** (*ed.*), Glasfenster (*n.*). 29 ~ **circolare** (finestra rotonda, rosone) (*arch.*), Radfenster (*n.*), Rosenfenster (*n.*), Rundfenster (*n.*). 30 ~ **con telaio a bilico** (finestra a bilico) (*ed.*), Schwingfenster (*n.*), Kippfenster (*n.*), Klappfenster (*n.*). 31 ~ **d'angolo** (*ed.*), Eckfenster (*n.*). 32 ~ **da solaio** (lucernario) (*ed.*), Deckenfenster (*n.*), Oberlicht (*n.*). 33 ~ **dello shed** (di un tetto) (*ed.*), Oberlichtband (*n.*). 34 ~ **del lucernario** (*ed.*), Oberlichtfenster (*n.*). 35 ~ **del tetto** (*ed.*), Dachliegefenster (*n.*). 36 ~ **di accoppiamento** (nelle guide d'onda) (*elettronica*), Kopplungsfenster (*n.*). 37 ~ **di grandi dimensioni** (finestra panoramica) (*ed.*), Aussichtsfenster (*n.*), breites Fenster. 38 ~ **doppia** (*ed.*), Doppelfenster (*n.*). 39 ~ **inferriata** (*ed.*), Gitterfenster (*n.*). 40 ~ **metallica** (*ed.*), Metallfenster (*n.*). 41 ~ **panoramica** (*ed.*), Aussichtsfenster (*n.*), breites Fenster. 42 ~ **per edifici industriali** (con telaio metallico o di calcestruzzo) (*ed.*), Fabrikfenster (*n.*). 43 ~ **ribaltabile a cerniere inferiori** (*ed.*), Kippflügelfenster (*n.*). 44 ~ **ribaltabile a cerniere superiori** (*ed.*), Klappflügelfenster (*n.*). 45 ~ **rotonda** (finestra circolare, rosone) (*arch.*), Radfenster (*n.*), Rosenfenster (*n.*), Rundfenster (*n.*). 46 ~ **scorrevole** (*ed.*), Schiebefenster (*n.*). 47 ~ **scorrevole orizzontalmente** (*ed.*), Waagrecht-Schiebefenster (*n.*). 48 ~ **scorrevole verticalmente** (*ed.*), herablassbares Fenster, versenkbares Fenster, Fallfenster (*n.*). 49 ~ **semicircolare** (*ed.*), Halbkreisbogenfenster (*n.*). 50 ~ **stratificata** (*ed.*), Verbundfenster (*n.*). 51 ~ **stratificata con interfilm** (per isolamento) (*ed.*), Folienverbundfenster (*n.*). 52 ~ **sul tetto** (*ed.*), Dachfenster (*n.*), Dachluke (*f.*). 53 **architrave di ~** (*ed.*), Fenstersturz (*m.*). 54 **battente di ~** (*ed.*), Fensterflügel (*m.*). 55 **battuta della ~** (*falegn. - ed.*), Fensteranschlag (*m.*), Fensterfalz (*m.*). 56 **davanzale della ~** (*ed.*), Fensterbank (*f.*), Sohlbank (*f.*), Fenstersims (*n.*). 57 **doppia ~** (*ed.*), Doppelfenster (*n.*). 58 **finta ~** (*ed.*), Blendfenster (*n.*). 59 **infisso di ~** (*ed.*), Fensterzarge (*f.*), Fenstereinfassung (*f.*), Fensterfutter (*n.*). 60 **ordine di finestre** (finestrato) (*ed.*), Fensterband (*n.*). 61 **stipite della ~** (*ed.*), Fensterleibung (*f.*). 62 **telaio di ~** (*ed.*), Fensterrahmen (*m.*). 63 **vetro per finestre** (*ed.*), Fensterglas (*n.*), Scheibenglas (*n.*).

finestrato (ordine di finestre) (*s. - ed.*), Fensterband (*n.*).

finestrino (di una vettura p. es.) (*aut. - ferr.*), Fenster (*n.*). 2 ~ (di un proiettore cinematografico) (*app. - cinem.*), Filmfenster (*n.*), Bildfenster (*n.*), Fenster (*n.*). 3 ~ (di uno strumento p. es.) (*strum. - ecc.*), Guckfenster (*n.*). 4 ~ **abbassabile** (con comando a manovella) (*aut.*), Kurbelfenster (*n.*). 5 ~ **deflettore** (finestrino girevole, voletto) (*aut.*), Ausstellfenster (*n.*), Schwenkfenster (*n.*). 6 ~ **di chiara visione** (*nav.*), Klarsichtscheibe (*f.*).

finitura

7 ~ **girevole** (deflettore, voletto) (*aut.*), Schwenkfenster (*n.*), Ausstellfenster (*n.*). 8 ~ **laterale** (*veic. - aut.*), Seitenfenster (*n.*). 9 ~ **orientabile** (deflettore, voletto) (*aut.*), Ausstellfenster (*n.*), Schwenkfenster (*n.*). 10 ~ **posteriore** («lunotto») (*aut.*), Rückwandfenster (*n.*), Fondfenster (*n.*). 11 ~ **scorrevole** (*aut.*), Schiebefenster (*n.*). 12 ~ **sollevabile** (*aut.*), Hebefenster (*n.*). 13 **abbassare il** ~ (aprirlo) (*aut.*), das Fenster aufmachen. 14 **cristallo del** ~ (*aut.*), Fensterglas (*n.*). 15 **intelaiatura del** ~ (*aut.*), Fensterlauf (*m.*). 16 **vetro del** ~ (*aut.*), Fensterscheibe (*f.*).

finezza (della forma, di una nave) (*nav.*), Feinheit (*f.*), Schlankheit (*f.*), Schärfe (*f.*), Völligkeit (*f.*). 2 ~ (*aerodin.*), Schlankheit (*f.*). 3 ~ (di un tessuto p. es.) (*ind. tess. - ecc.*), Feinheit (*f.*). 4 ~ (dell'argento) (*metall.*), Lötigkeit (*f.*). 5 ~ **del retino** (numero di linee/cm del retino) (*tip.*), Rasterfeinheit (*f.*), Rasterweite (*f.*), Linienzahl/cm (*f.*). 6 ~ **di forma** (*nav.*), Feinheit der Form, Schlankheit der Form. 7 ~ **prescritta** (*ind. tess.*), Sollfeinheit (*f.*). 8 **coefficiente di** ~ (*nav.*), Völligkeitsgrad (*m.*). 9 **coefficiente di** ~ **longitudinale di carena** (*nav.*), Schärfegrad (*m.*), prismatischer Völligkeitsgrad. 10 **coefficiente di** ~ **totale di carena** (*nav.*), Block-Völligkeitsgrad (*m.*). 11 **rapporto di** ~ (*aer. - nav.*), Schlankheitsverhältnis (*n.*).

fini (minerale minuto) (*min.*), Feinerz (*n.*).

finire (*gen.*), fertigen, beenden, fertigstellen, beendigen. 2 ~ (una superficie p. es.) (*mecc.*), fertigen, fertigbearbeiten. 3 ~ (*ed. - ecc.*), ausbauen, zu Ende bauen. 4 ~ (lavorare di precisione) (*mecc. - ecc.*), fein bearbeiten. 5 ~ (a freddo, una lamiera al laminatoio p. es.) (*lamin.*), polieren, dressieren. 6 ~ **a disegno** (finire a misura) (*mecc.*), auf Fertigmass bearbeiten. 7 ~ **alla fresatrice** (finire di fresa) (*lav. macch. ut.*), fertigfräsen. 8 ~ **al laminatoio** (*lamin.*), fertigwalzen. 9 ~ **alla piallatrice** (*lav. macch. ut.*), fertighobeln. 10 ~ **al tornio** (*mecc.*), fertigdrehen. 11 ~ **al tornio** (tornire fino) (*lav. macch. ut.*), schlichtdrehen. 12 ~ **a misura** (finire a disegno) (*mecc.*), auf Fertigmass bearbeiten. 13 ~ **di elettroerosione** (*mecc.*), Feinerodieren (*n.*). 14 ~ **di fresa** (finire alla fresatrice) (*lav. macch. ut.*), fertigfräsen. 15 ~ **di lappatura** (*lav. macch. ut.*), fertigläppen. 16 ~ **di macchina** (*lav. macch. ut.*), fertigbearbeiten. 17 ~ **di precisione** (*lav. macch. ut.*), feinen. 18 ~ **di rettifica** (*lav. macch. ut.*), fertigschleifen. 19 ~ **di sgrosso** (sgrossare) (*mecc.*), grobschlichten.

finissaggio (per tessili) (*ind. tess.*), Ausrüstung (*f.*), Fertigbehandlung (*f.*). 2 ~ (*ind. cuoio*), Ausputz (*m.*). 3 ~ **antifeltrante** (*ind. tess.*), Antifilzausrüstung (*f.*).

finito (di un pezzo p. es.) (*mecc.*), fertig. 2 ~ (una superficie p. es.) (*mecc.*), abgearbeitet. 3 ~ (*a. - mat.*), endlich, finit. 4 ~ (una seduta p. es.) (*gen.*), aus. 5 ~ **di rullatura** (di filettatura) (*mecc.*), fertig gerollt. 6 **campo** ~ (*mat.*), endlicher Körper. 7 **metodo degli elementi finiti** (*mat.*), Finit-Element-Methode (*f.*).

finitore (utensile finitore) (*ut. mecc.*), Endbearbeitungswerkzeug (*n.*). 2 **tratto** ~ (tratto calibratore, tratto cilindrico, d'una broccia) (*ut.*), Glätteil (*m.*), Schlichtteil (*m.*).

finitrice (*macch. tess.*), Finishmaschine (*f.*), Finisher (*m.*). 2 ~ (stradale) (*macch. costr. strad.*), Fertiger (*m.*), Deckenfertiger (*m.*), Strassenfertiger (*m.*). 3 ~ **-livellatrice** (*macch. costr. strad.*), Nivellier-Fertiger (*m.*). 4 ~ **per pavimenti** (*macch. ed.*), Estrichglättmaschine (*f.*). 5 ~ **stradale** (*macch. costr. strad.*), Deckenfertiger (*m.*), Strassenfertiger (*m.*), Fertiger (*m.*).

finitura (completamento, ultimazione) (*gen.*), Fertigstellung (*f.*). 2 ~ (operazione di finitura) (*mecc.*), Fertigbearbeitung (*f.*). 3 ~ (superficiale, grado di finitura) (*mecc.*), Güte (*f.*), Beschaffenheit (*f.*). 4 ~ (di laminati di acciaio; taglio a misura, raddrizzatura, controllo, sortitura) (*metall.*), Zurichten (*n.*). 5 ~ (esterna) (*gen.*), Beschaffenheit (*f.*). 6 ~ (*ed. - ecc.*), Ausbau (*m.*), Vervollkommnung (*f.*). 7 ~ (per tessili) (*ind. tess.*), Ausrüstung (*f.*), Fertigbehandlung (*f.*), Finish (*m. - n.*). 8 ~ (aspetto, di una superficie verniciata) (*vn.*), Überzug (*m.*). 9 ~ **a freddo** (di lamiere p. es., al laminatoio) (*lamin.*), Polieren (*n.*), Dressieren (*n.*). 10 ~ **a freddo alla pressa** (*tecnol. mecc.*), Kaltnachpressen (*n.*). 11 ~ **alla fresatrice** (finitura di fresa) (*lav. macch. ut.*), Fertigfräsen (*n.*). 12 ~ **alla lappatrice** (*lav. macch. ut.*), Fertigläppen (*n.*). 13 ~ **alla piallatrice** (*lav. macch. ut.*), Fertighobeln (*n.*). 14 ~ **alla rettificatrice** (*lav. macch. ut.*), Fertigschleifen (*n.*). 15 ~ **al tornio** (tornitura di finitura) (*lav. macch. ut.*), Fertigdrehen (*n.*). 16 ~ **a pelle d'uovo** (*vn.*), Schleiflackausführung (*f.*). 17 ~ **a smalto** (verniciatura a smalto) (*vn.*), Lacküberzug (*m.*). 18 ~ **a specchio** (operazione di finitura) (*mecc.*), Spiegelschliff (*m.*). 19 ~ **a specchio** (di lamiere p. es.) (*mecc.*), Spiegelglätte (*f.*), Hochglanzpolitur (*f.*). 20 ~ **a tampone** (di legno) (*vn.*), Ballenlackierung (*f.*), Schellackpolitur (*f.*). 21 ~ **di fresa** (finitura alla fresatrice) (*lav. macch. ut.*), Fertigfräsen (*n.*). 22 ~ **di macchina** (*lav. macch. ut.*), Fertigbearbeitung (*f.*). 23 ~ **di rettifica** (*mecc.*), Schliff (*m.*). 24 ~ **di rettifica incrociata** (*mecc.*), Kreuzschliff (*m.*). 25 ~ **esterna** (*mur. - ed.*), Aussenanstrich (*m.*). 26 ~ **ghiacciata** (superficie ghiacciata) (*vn.*), Eisblumenlackierung (*f.*). 27 ~ **interna** (sellatura, abbigliamento, di un'autovettura) (*aut.*), Verkleidung (*f.*), Innenausstattung (*f.*). 28 ~ **semimatta** (*vn. - ecc.*), Eierschalenglanz (*m.*). 29 ~ **speculare** (finitura a specchio) (*tecnol.*), Hochglanzpolitur (*f.*), Spiegelglätte (*f.*). 30 ~ **superficiale** (natura della superficie) (*mecc.*), Oberflächenbeschaffenheit (*f.*), Oberflächenzustand (*m.*), Flächengüte (*f.*). 31 ~ **superficiale a rulli** (*tecnol. mecc.*), Oberflächen-Feinwalzen (*n.*). 32 ~ **superficiale di tornitura** (aspetto della superficie tornita) (*lav. macch. ut.*), Drehbild (*n.*). 33 **camma per la** ~ (*macch. ut.*), Schlichtkurve (*f.*). 34 **elettroerosione di** ~ (*mecc.*), Schlichterodieren (*n.*). 35 **grado di** ~ **superficiale** (*mecc.*), Bearbeitungsgüte (*f.*). 36 **operazione di** ~ (*mecc.*), Fertigbearbeitung (*f.*). 37 **pas-**

fino

sata di ~ (*lav. macch. ut.*), Schlichtdurchgang (*m.*). **38 passata di** ~ (*lamin.*), Schlichtstich (*m.*). **39 passata di** ~ (nella trafilatura dei fili) (*tecnol. mecc.*), Feinzug (*m.*), Fertigzug (*m.*). **40 reparto di** ~ (nel quale i prodotti vengono approntati per la spedizione) (*ind. metall.*), Zurichterei (*f.*), Adjustage (*f.*). **41 sistema di rilevamento della ~ superficiale con tre sfere** (sistema E) (*mecc.*), E-System (*n.*). **42 tornitura di** ~ (finitura al tornio) (*mecc.*), Fertigdrehen (*n.*). **43 utensile per** ~ (utensile finitore) (*ut.*), Endbearbeitungswerkzeug (*n.*).
fino (*metall.*), fein, rein.
finto (falso, finestra p. es.) (*ed.*), blind, falsch.
fiocco (*gen.*), Flocke (*f.*). **2** ~ (piccolo ammasso di fibre tessili, di filatura) (*tess.*), Faserbüschel (*n.*). **3** ~ (fibra tessile) (*tess. - ind. chim.*), Stapelfaser (*f.*), Chemiefaser (*f.*). **4** ~ (di lana) (*ind. lana*), Stapel (*m.*). **5** ~ (difetto da deformazione plastica a caldo) (*difetto - metall.*), Flockenriss (*m.*). **6** ~ (vela triangolare) (*nav.*), Klüver (*m.*). **7** ~ **a cavolfiore** (*ind. lana*), Blumenkohlstapel (*m.*). **8** ~ **a pallone** (pallone, «spinnaker», vela) (*nav.*), Spinnaker (*m.*). **9** ~ **a punte quadre** (*ind. lana*), Quaderstapel (*m.*), Panzerstapel (*m.*). **10** ~ **crespo** (fiocco crespato) (*ind. lana*), Kreppstapel (*m.*). **11** ~ **curvato** (*ind. lana*), hängender Stapel. **12** ~ **di lana** (*ind. lana*), Wollstapel (*m.*). **13** ~ **di lana** (filo di lana, per rendere visibile il flusso intorno ad una vettura) (*aut. - prove aerodin.*), Wollfaden (*m.*). **14** ~ **di neve** (*meteor.*), Schneeflocke (*f.*). **15** ~ **feltrato** (*ind. lana*), Brettstapel (*m.*). **16** ~ **torto** (*ind. lana*), Zwirnstapel (*m.*).
fiocina (*att.*), Harpune (*f.*).
fiordo (*geogr.*), Fjord (*m.*).
fioretto (da roccia, barra di acciaio) (*ut. min.*), Gesteinsbohrer (*m.*). **2** ~ (asta per manovrare a mano app. elett. sotto tensione) (*elett.*), Betätigungsstange (*f.*), Schaltstange (*f.*), Stange (*f.*). **3** ~ **carotatore diamantato** (*ut. min.*), Diamant-Kernbohrer (*m.*). **4** ~ **diamantato** (*ut. min.*), Diamantbohrer (*m.*).
firma (*uff. - ecc.*), Signatur (*f.*), Unterschrift (*f.*), Unterzeichnung (*f.*). **2** ~ **in bianco** (*leg.*), Blankett (*n.*), Blankounterschrift (*f.*).
firmamento (*astr.*), Firmament (*n.*), Himmelsgewölbe (*n.*).
firmare (*uff. - ecc.*), signieren, unterzeichnen, unterschreiben.
firmatario (*gen.*), Signatar (*m.*).
firmato (*gen.*), unterschrieben, gezeichnet. **2** ~ (contratto, concluso, stipulato) (*comm.*), abgeschlossen.
« firn » (neve granulosa) (*meteor.*), Firn (*m.*).
fiscale (*finanz.*), fiskalisch. **2 evasione** ~ (*finanz.*), Steuerflucht (*f.*). **3 onere** ~ (*finanz.*), steuerliche Belastung. **4 periodo** ~ (*amm.*), Bilanzperiode (*f.*). **5 pressione** ~ (*finanz.*), Steuerbelastung (*f.*), Steuerdruck (*m.*). **6 sgravio** ~ (*finanz.*), Steuernachlass (*m.*).
fiscalità (*finanz.*), Steuerwesen (*n.*).
fischietto (*segnale*), Pfeife (*f.*).
fischio (*segnale*), Pfeife (*f.*). **2** ~ (sibilo) (*acus.*), Pfiff (*m.*). **3** ~ (dell'arco) (*elett.*), Zischen (*n.*). **4** ~ **a vapore** (*ferr.*), Dampfpfeife (*f.*). **5** ~ **a vapore** (sirena a vapore) (*nav.*), Dampfpfeife (*f.*). **6** ~ **di Galton** (per generare ultrasuoni) (*app.*), Galtonpfeife (*f.*). **7** ~ **di interferenza** (*radio*), Überlagerungspfeifen (*n.*). **8** ~ **microfonico** (*elettroacus.*), Mikrophonie (*f.*), Klingen (*n.*). **9 punto d'innesco del** ~ (negli amplificatori di potenza) (*radio - ecc.*), Pfeifpunkt (*m.*), Pfeifgrenze (*f.*).
fisco (*finanz.*), Fiskus (*m.*).
fisica (*fis.*), Physik (*f.*). **2** ~ **atomica** (*fis. atom.*), Atomphysik (*f.*). **3** ~ **matematica** (fisica teorica) (*fis.*), theoretische Physik. **4** ~ **nucleare** (*fis. nucl.*), Kernphysik (*f.*). **5** ~ **sperimentale** (*fis.*), Experimentalphysik (*f.*). **6** ~ **teorica** (fisica matematica) (*fis.*), theoretische Physik.
fisico (*a. - fis.*), physikalisch. **2** ~ (*s. - fis.*), Physiker (*m.*). **3** ~ **-chimico** (*chim. - fis.*), physikochemisch.
fissaggio (*mecc. - ecc.*), Befestigung (*f.*). **2** ~ (*fot.*), Fixieren (*n.*). **3 attrezzo di** ~ (*mecc.*), Aufspannvorrichtung (*f.*). **4 bagno di** ~ (*fot.*), Fixierbad (*n.*). **5 cava di** ~ (*macch. ut.*), Aufspannschlitz (*m.*). **6 dado** ~ **ruota** (*aut.*), Radbefestigungsmutter (*f.*). **7 dispositivo di** ~ (*mecc.*), Aufspannvorrichtung (*f.*). **8 fascia di** ~ (*mecc. - ecc.*), Halteband (*n.*). **9 linguetta** ~ **coppa** (copriruota) (*aut.*), Radkappenklammer (*m.*). **10 perno di** ~ (spina di fissaggio) (*mecc.*), Fixierstift (*m.*), Fixierbolzen (*m.*). **11 scanalatura di** ~ (*macch. ut.*), Aufspannschlitz (*m.*). **12 spina di** ~ (perno di fissaggio) (*mecc.*), Fixierstift (*m.*), Fixierbolzen (*m.*). **13 squadretta di** ~ (in lamiera p. es.) (*disp.*), Befestigungswinkel (*m.*). **14 vite di** ~ (*mecc.*), Befestigungsschraube (*f.*). **15 vite** ~ **ruota** (*aut.*), Radbefestigungsbolzen (*m.*).
fissanodi (*vn.*), Knotenlack (*m.*).
fissare (assicurare) (*mecc. - ecc.*), festmachen, befestigen, sichern, fixieren. **2** ~ (stabilire, definire, un prezzo p. es.) (*gen.*), festlegen, bestimmen, festsetzen. **3** ~ (assicurare, un bullone, dado, con filo p. es.) (*mecc.*), sichern, kontern. **4** ~ (bloccare) (*mecc. - ecc.*), sperren. **5** ~ (*fot. - ecc.*), fixieren. **6** ~ **con calzatoie** (assicurare con calzatoie, un veicolo su carro ferroviario p. es.) (*ferr. - aut.*), verklotzen. **7** ~ **con cavicchi** (incavicchiare) (*gen.*), pflöcken. **8** ~ **con caviglie** (incavigliare) (*mur.*), dübeln. **9** ~ **con chiavetta** (inchiavettare) (*mecc.*), keilen. **10** ~ **con chiodi** (*tecnol. mecc.*), annieten. **11** ~ **con cuneo** (*gen.*), ankeilen. **12** ~ **con filo** (frenare con filo, fermare con filo) (*mecc.*), mittels Draht sichern. **13** ~ **con fune** (*gen.*), anseilen. **14** ~ **con grappe** (assicurare o fissare con ramponi) (*carp.*), verklammern. **15** ~ **con mastice** (*gen.*), festkitten. **16** ~ **con picchetti** (*gen.*), anpfählen. **17** ~ **con ramponi** (assicurare con ramponi, fissare con grappe) (*carp.*), verklammern. **18** ~ **con vernice** (un apparecchio p. es.) (*gen.*), lacksichern. **19** ~ **con viti** (*mecc. - ecc.*), verbolzen. **20** ~ **con viti** (applicare mediante viti) (*mecc.*), aufschrauben. **21** ~ **mediante vulcanizzazione** (incollare dei pezzi di gomma su metallo) (*tecnol. mecc.*), anvulkanisieren.
fissativo (*ind. chim.*), Fixativ (*n.*), Fixiermittel (*n.*). **2** ~ (*vn.*), Fixativ (*n.*).

fissato (*mecc.*), gesichert, befestigt. **2 ~ con caviglia** (incavigliato) (*carp. - falegn.*), gedübelt. **3 ~ con grano** (fissato con spina) (*mecc.*), gedübelt. **4 ~ con spina** (fissato con grano) (*mecc.*), gedübelt. **5 ~ mediante chiavetta** (inchiavettato) (*mecc.*), festgekeilt. **6 ~ per contratto** (*comm.*), dingfest, festgesetzt, bestimmt.
fissatore (*fot.*), Fixiermittel (*n.*).
fissazione (*gen.*), Fixieren (*n.*), Bindung (*f.*), Abbinden (*n.*). **2 ~ della polvere** (*vn.*), Entstauben (*n.*). **3 ~ dell'azoto** (nell'acciaio) (*metall.*), Bindung des Stickstoffes.
fissile (uranio o plutonio p. es.) (*fis. atom.*), spaltbar.
fissio (*fis. atom.*), Fissium (*n.*).
fissionabilità (*fis. atom.*), Spaltbarkeit (*f.*).
fissionare (*fis. atom.*), spalten.
fissione (di atomi) (*fis. atom.*), Spaltung (*f.*). **2 ~ a neutroni rapidi** (fissione a neutroni veloci) (*fis. atom.*), Schnellspaltung (*f.*), Spaltung durch schnelle Neutronen. **3 ~ dell'atomo** (*fis. atom.*), Atomspaltung (*f.*). **4 ~ dovuta a neutroni veloci** (fissione rapida, fissione a neutroni veloci) (*fis. atom.*), Schnellspaltung (*f.*), Spaltung durch schnelle Neutronen. **5 ~ nucleare** (scissione nucleare) (*fis. nucl.*), Kernspaltung (*f.*). **6 ~ rapida** (fissione dovuta a neutroni veloci) (*fis. atom.*), Schnellspaltung (*f.*), Spaltung durch schnelle Neutronen. **7 ~ spontanea** (*fis. atom.*), spontane Spaltung. **8 camera di ~** (*fis. atom.*), Spaltkammer (*f.*). **9 catena di ~** (*fis. atom.*), Spaltungskette (*f.*). **10 prodotto di ~** (*fis. atom.*), Spaltprodukt (*n.*). **11 reazione di ~** (*fis. atom.*), Aufspaltreaktion (*f.*). **12 resa di ~** (*fis. atom.*), Spaltausbente (*f.*). **13 resa di ~ a catena** (*fis. atom.*), Isobarenausbeute (*f.*). **14 resa di ~ primaria** (*fis. atom.*), primäre Spaltausbeute, Fragmentausbeute (*f.*). **15 zona di ~** (zona attiva; zona centrale d'un reattore) (*fis. nucl.*), Spaltzone (*f.*), aktive Zone.
fisso (fermo, serrato) (*mecc.*), fest, fix. **2 ~** (di installazione) (*macch. - ecc.*), standfest, ortsfest, stationär. **3 ~** (particolare incorporato) (*macch. - ecc.*), fest eingebaut. **4 ~** (frequenza) (*elett.*), fest.
fittezza (di maglia, di un vaglio p. es.) (*ind.*), Siebgrösse (*f.*).
fittizio (*gen.*), fiktiv. **2 attività fittizia** (nella programmazione reticolare) (*progr.*), Scheinvorgang (*m.*). **3 indirizzo ~** (*calc.*), Scheinadresse (*f.*). **4 istruzione fittizia** (*calc.*), Scheinbefehl (*m.*), Blindbefehl (*m.*).
fitto (folto, un bosco p. es.) (*gen.*), dicht. **2 ~** (nebbia p. es.) (*meteor.*), dicht.
fiume (*geogr.*), Fluss (*m.*). **2 ~ navigabile** (*nav. - geogr.*), schiffbarer Strom. **3 letto del ~** (*idr.*), Flussbett (*n.*), Strombett (*n.*). **4 sabbia di ~** (*geol.*), Fluss-sand (*m.*).
flabello (elemento mobile di lamiera, per la regolazione dell'aria di ventilazione o di raffreddamento) (*macch. - aer. - ecc.*), Kieme (*f.*), Kiemenplatte (*f.*).
flacone (*chim. - farm.*), Flakon (*n. - m.*), Fläschen (*n.*).
flagello sociale (*med. - ecc.*), Volksplage (*f.*).

flammare (temprare alla fiamma) (*tratt. term.*), brennhärten, flammhärten.
flammatura (tempra · alla fiamma) (*tratt. term.*), Brennhärten (*n.*), Flammhärten (*n.*).
flan (flano, foglio di carta a più strati usato per fare forme) (*tip.*), Matrize (*f.*), Mater (*f.*).
flanella (*ind. tess.*), Flanell (*m.*).
flangia (di un tubo p. es.) (*mecc. - tubaz.*), Flansch (*m.*). **2 ~ a vite** (flangia filettata, flangia per attacco a vite) (*mecc. - tubaz.*), Gewindeflansch (*m.*). **3 ~ brasata** (a dolce od a forte) (*mecc.*), aufgelöteter Flansch. **4 ~ cieca** (*mecc. - tubaz.*), Blindflansch (*m.*). **5 ~ con incameratura per guarnizione** (*mecc.*), Flansch mit Eindrehung für Dichtung. **6 ~ da brasare** (a dolce od a forte) (*mecc. - tubaz.*), Lötflansch (*m.*). **7 ~ da saldare** (flangia sciolta da saldare, di un tubo) (*mecc. - tubaz.*), Vorschweissflansch (*m.*). **8 ~ di accoppiamento** (*mecc.*), Kupplungsflansch (*m.*). **9 ~ di attacco** (*mecc.*), Anbauflansch (*m.*). **10 ~ di entrata** (del cambio p. es.) (*mecc.*), Antriebsflansch (*m.*). **11 ~ di fusione** (*mecc.*), angegossener Flansch. **12 ~ di uscita** (del cambio p. es.) (*mecc.*), Abtriebsflansch (*m.*). **13 ~ incorporata** (direttamente per fusione o saldata, su una scatola p. es.) (*mecc.*), Stockflansch (*m.*). **14 ~ mandrinata** (*mecc.*), Walzflansch (*m.*), aufgewalzter Flansch. **15 ~ mobile** (*mecc.*), loser Flansch. **16 ~ ovale** (*mecc. - tubaz.*), Ovalflansch (*m.*), ovaler Flansch. **17 ~ rullata** (flangia mandrinata) (*mecc.*), Walzflansch (*m.*). **18 ~ saldata** (per fusione) (*mecc. - tubaz.*), aufgeschweisster Flansch. **19 ~ saldata** (flangia brasata) (*tubaz.*), Auflötflansch (*m.*). **20 ~ su getti** (solidale ad una scatola p. es., fusa con la scatola) (*mecc.*), Stockflansch (*m.*). **21 giunto a ~** (*mecc.*), Flanschkupplung (*f.*), Scheibenkupplung (*f.*).
flangiare (*mecc. - tubaz.*), flanschen. **2 ~** (a caldo) (*fucinatura*), bördeln.
flangiato (*mecc. - tubaz.*), geflanscht. **2 albero ~** (*mecc.*), Flanschwelle (*f.*).
flangiatura (bordatura) (*mecc.*), Flanschen (*n.*). **2 ~** (a caldo) (*fucinatura*), Bördeln (*n.*). **3 prova di ~** (o di slabbratura) (*tecnol. mecc.*), Bördelprobe (*f.*).
flano (flan, foglio di carta a più strati usato per fare forme) (*tip.*), Matrize (*f.*), Mater (*f.*).
« flap » (ipersostentatore, deflettore) (*aer.*), Klappe (*f.*). **2 ~** (ipersostentatore di atterraggio) (*aer.*), Landeklappe (*f.*). **3 ~** (*aer.*), vedi anche ipersostentatore.
« flash » (lampo di luce) (*fot.*), Lichtblitz (*m.*), Blitzlicht (*n.*). **2 ~** (strato finale di un cuscinetto, spessore 1 μm) (*mecc.*), « Flash » (*m.*). **3 ~ elettronico** (*fot.*), Elektronenblitz (*m.*).
flegma (flemma, residuo della distillazione dell'alcool) (*chim.*), Phlegma (*n.*).
flemma (flegma, residuo della distillazione dell'alcool) (*chim.*), Phlegma (*n.*).
flessibile (pieghevole) (*a. - gen.*), biegbar, biegsam. **2 ~** (albero flessibile, trasmissione flessibile) (*s. - mecc.*), Federwelle (*f.*), biegsame Welle, Saite (*f.*), Antriebsaite (*f.*). **3 ~** (tubo flessibile) (*s. - tubaz.*), Schlauch (*m.*). **4 ~** (plastificato, PVC p. es.) (*a. - chim.*),

flessibilità

weich. 5 ~ **comando contagiri** (*aut. - mot.*), Zählersaite (*f.*). 6 ~ **del tachimetro** (*strum.*), Tachometerwelle (*f.*). 7 ~ **metallico** (tubo flessibile metallico) (*tubaz.*), Metallschlauch (*m.*). 8 ~ **albero** ~ (trasmissione flessibile) (*mecc.*), biegsame Welle. 9 **tubo** ~ (*tubaz.*), Schlauch (*m.*).

flessibilità (piegabilità) (*gen.*), Biegsamkeit (*f.*). 2 ~ (di impiego, versatilità) (*gen.*), Anpassungsfähigkeit (*f.*). 3 ~ (di una vernice) (*vn.*), Biegsamkeit (*f.*). 4 ~ (capacità di adattamento di impianti, fabbricati, ecc.) (*ind.*), Flexibilität (*f.*). 5 ~ (molleggio specifico, elasticità, di una molla $= \frac{df}{dP}$) (*mecc.*) Federweichheit (*f.*), spezifische Federung. 6 ~ **crescente** (con la deformazione, di una molla; rigidezza decrescente) (*mecc.*), degressive Federung. 7 ~ **decrescente** (con la deformazione, di una molla; rigidezza crescente) (*mecc.*), progressive Federung. 8 ~ **di funzionamento** (elasticità di funzionamento) (*mot. - ecc.*), Anpassungsfähigkeit im Betriebsverhalten.

flessione (piegatura) (*gen.*), Biegung (*f.*), Beugung (*f.*). 2 ~ (sollecitazione) (*sc. costr.*), Biegung (*f.*). 3 ~ (caduta, diminuzione, dei prezzi) (*comm.*), Sinken (*n.*). 4 ~ **a carico di punta** (pressoflessione) (*sc. costr.*), Knicken (*n.*). 5 ~ **combinata** (sollecitazioni di flessione e taglio combinate) (*sc. costr.*), Biegeschubspannung (*f.*). 6 ~ **semplice** (*sc. costr.*), reine Biegung. 7 **deformazione da** ~ (*prove mater.*), Biegeverformung (*f.*). 8 **macchina per prove di fatica a** ~ **alternata** (*macch.*), Wechselbiegemaschine (*f.*). 9 **macchina per prove di** ~ (*macch.*), Biegeprüfmaschine (*f.*). 10 **macchina per prove di** ~ **rotante** (*macch.*), Umlaufbiegemaschine (*f.*). 11 **nodo resistente a** ~ (d'un traliccio) (*ed.*), Steifknoten (*m.*). 12 **prova a** ~ **piana** (*tecnol. mecc.*), Flachbiegeversuch (*m.*). 13 **prova a** ~ **rotante** (*sc. costr.*), Umlaufbiegeversuch (*m.*). 14 **prova di** ~ (*tecnol. mecc.*), Biegeversuch (*m.*). 15 **prova di** ~ **alternata** (*tecnol. mecc.*), Hin- und Herbiegeversuch (*m.*). 16 **resistente a** ~ (*mecc.*), biegestarr, biegesteif. 17 **resistenza alla** ~ (rigidità alla flessione) (*mecc.*), Biegesteife (*f.*), Biegesteifigkeit (*f.*). 18 **resistenza a** ~ **alternata** (resistenza a fatica per flessione piana a ciclo alterno simmetrico) (*sc. costr.*), Wechselbiegefestigkeit (*f.*). 19 **resistenza alla fatica per** ~ **rotante** (*sc. costr.*), Umlaufbiegewechselfestigkeit (*f.*). 20 **rigidità alla** ~ (resistenza alla flessione) (*mecc.*), Biegesteife (*f.*), Biegesteifigkeit (*f.*). 21 **sollecitazione di fatica a** ~ **piana a ciclo alterno simmetrico** (*sc. costr.*), Wechselbiegebeanspruchung (*f.*), Wechselbiegung (*f.*). 22 **sollecitazione di** ~ (*sc. costr.*), Biegespannung (*f.*). 23 **sollecitazione di** ~ **alternata** (*sc. costr. - prove mater.*), Biegewechselbeanspruchung (*f.*), Biegewechselbelastung (*f.*). 24 **vibrazione di** ~ (vibrazione flessoria) (*mecc. - ecc.*), Biegungsschwingung (*f.*).

flesso (punto di flesso) (*mat.*), Wendepunkt (*m.*).

flesso-torsione (*sc. costr.*), Biegetorsion (*f.*).

flettere (piegare) (*gen.*), biegen, beugen.

flettersi (*gen.*), sich biegen. 2 ~ **a carico di punta** (pressoflettersi) (*sc. costr.*), knicken.

Flettner, aletta ~ (*aer.*), Flettnerruder (*n.*), Flettnerhilfsruder (*n.*).

FLK (sigla di norme svedesi) (*norm.*), FLK.

flint (pietra focaia) (*min.*), Flint (*m.*), Flintstein, Feuerstein (*m.*). 2 ~ (vetro d'ottica) (*ind. vetro*), Flintglas (*n.*), Flint (*n.*). 3 ~ **-barite** (tipo di vetro d'ottica numero di Abbe 49,45-43,92) (*ott.*), Barit-Flint (*n.*). 4 ~ **-barite pesante** (tipo di vetro d'ottica numero di Abbe 42,51-34,95) (*ott.*), Barit-Schwer-Flint (*n.*).

« **flip-flop** » (multivibratore bistabile) (*elettronica*), Kippschaltung (*f.*), Flipflop (*m.*).

flocculante (coagulante) (*s. - chim.*), Flokkungsmittel (*n.*).

flocculare (*v. - chim.*), flocken, ausflocken.

flocculato (*chim.*), ausgeflockt.

flocculazione (*chim.*), Flockung (*f.*), Ausflocken (*n.*).

floscio (dirigibile p. es.) (*aer. - ecc.*), unstarr.

flotta (*nav. - mar. milit.*), Flotte (*f.*). 2 ~ **baleniera** (*nav. - pesca*), Walfangflotte (*f.*). 3 ~ **cisterniera** (*nav.*), Tankerflotte (*f.*). 4 ~ **mercantile** (marina mercantile) (*nav. - comm.*), Handelsflotte (*f.*), Handelsmarine (*f.*).

flottamento (di un idrovolante) (*aer.*), Rollen (*n.*).

flottante (di boccola p. es.) (*mecc.*), schwimmend, schwimmend gelagert. 2 **asse** ~ (*mecc.*), Schwebeachse (*f.*). 3 **tavola** ~ (*macch. ut.*), Schwimmtisch (*m.*).

flottazione (*min.*), Flotation (*f.*), Schwimmaufbereitung (*f.*). 2 ~ **a schiuma** (*min.*), Schaumflotation (*f.*). 3 ~ **con tavola di arricchimento** (flottazione selettiva, flottazione differenziale) (*min.*), Herdflotation (*f.*), selektive Flotation. 4 ~ **differenziale** (flottazione selettiva, flottazione con tavola di arricchimento) (*min.*), Herdflotation (*f.*), selektive Flotation. 5 ~ **di minerali contenenti ossidi** (*min.*), Oxydflotation (*f.*). 6 ~ **di sferoidi** (*fond.*), Sphärolitenflotation (*f.*). 7 ~ **selettiva** (flottazione differenziale, flottazione con tavola di arricchimento) (*min.*), Herdflotation (*f.*), selektive Flotation. 8 **agente di** ~ (*min.*), Flotationsmittel (*n.*), Schwimmittel (*n.*). 9 **agente di** ~ **attivante** (agente di flottazione vivificante) (*min.*), aktivierendes Schwimmittel, belebendes Schwimmittel. 10 **agente di** ~ **deprimente** (*min.*), drückendes Schwimmittel (*n.*), passivierendes Schwimmittel (*n.*), Flotationsgift (*m.*). 11 **agente di** ~ **regolatore** (*min.*), regelndes Schwimmittel. 12 **agente di** ~ **vivificante** (agente di flottazione attivante) (*min.*), belebendes Schwimmittel, aktivierendes Schwimmittel. 13 **celle di** ~ (*min.*), Flotationszellen (*f. pl.*). 14 **cella di** ~ **Ekof** (app. di flottazione ad aria compressa) (*min.*), Ekof-Gerät (*n.*). 15 **cella di** ~ **standard M.S.** (per separare minerali, cella standard Minerals Separation) (*min.*), M.S.-Standardgerät (*n.*). 16 **sostanza per** ~ (agente schiumatore) (*min.*), Flotationsstoff (*m.*), Schäumer (*m.*). 17 **torbida di** ~ (*min.*), Flotationstrübe (*f.*).

flottiglia (*mar. milit.*), Flottille (*f.*), Flotte (*f.*). 2 ~ **da pesca** (*pesca*), Fischereiflotte (*f.*).

« flou » (sfocatura) (*difetto fot.*), Verschwimmen (*n.*).
fluenza (integrale di tempo della densità di flusso, flusso neutronico integrato) (*fis. atom.*), Fluenz (*f.*).
fluidica (*s. - scienza*), Fluidik (*f.*).
fluidico (comando p. es.) (*macch. - ecc.*), fluidisch. **2 calcolatore** ~ (calcolatore a fluido) (*calc.*), Fluidik-Rechner (*m.*), Flüssigkeitsrechner (*m.*).
fluidità (scorrevolezza) (*gen.*), Fliessfähigkeit (*f.*). **2** ~ (*chim.*), Dünnflüssigkeit (*f.*). **3** ~ (reciproco della viscosità dinamica) (*fis. - chim.*), Fluidität (*f.*). **4 unità della** ~ (rhe; unità del sistema CGS per la fluidità, 1 rhe = 1 poise^{-1}) (*unità*), Einheit der Fluidität, rhe.
fluidizzazione (processo a letto fluido, processo di fluidizzazione) (*ind. chim. - ecc.*), Wirbelschichtverfahren (*n.*), Wirbelfliessverfahren (*n.*). **2 reattore a** ~ (reattore a letto fluidizzato, nel quale i materiali solidi cadono in controcorrente attraverso il gas) (*ind. chim.*), Rieselreaktor (*m.*), Rieselwolkenreaktor (*m.*).
fluido (*a. - fis.*), flüssig, fluid. **2** ~ (ponderabile, liquido od aeriforme) (*s. - chim. - fis.*), Fluid (*n.*). **3** ~ (fuso, colabile) (*a. - metall.*), schmelzflüssig. **4** ~ **antighiaccio** (soluzione antighiaccio) (*aer.*), Enteisungsmittel (*n.*), Enteisungsflüssigkeit (*f.*). **5** ~ **da taglio** (lubrorefrigerante) (*lav. macch. ut.*), Schneidflüssigkeit (*f.*). **6** ~ **per rettifica** (*lav. macch. ut.*), Schleifflüssigkeit (*f.*). **7 erosione da** ~ (*mecc.*), Strömungsverschleiss (*m.*).
fluidodinamico (*idr. - ecc.*), Strömungs... **2 condizioni fluidodinamiche** (d'un impianto, ecc.) (*idr. - ecc.*), Strömungsverhältnisse (*n. pl.*). **3 macchina fluidodinamica** (pompa, turbina, ecc.) (*macch.*), Strömungsmaschine (*f.*).
fluitare (*trasp. - idr.*), triften.
fluitazione (trasporto di tronchi con fiumi) (*trasp. - idr.*), Trift (*f.*), Holztrift (*f.*), Triftung (*f.*).
fluodinamica (scienza del moto dei liquidi e dei gas che investono dei corpi, in tubi, ecc.) (*sc.*), Strömungslehre (*f.*).
fluodinamico (*idr. - ecc.*), vedi fluidodinamico.
fluorescente (*ott.*), fluoreszierend. **2 lampada** ~ (*app. illum.*), Leuchtstofflampe (*f.*). **3 sostanza** ~ (*ott.*), fluoreszierender Stoff. **4 tubo** ~ (*app. illum.*), Leuchtstoffröhre (*f.*).
fluorescenza (*fis.*), Fluoreszenz (*f.*). **2** ~ **d'urto** (*fis. atom.*), Stossfluoreszenz (*f.*).
fluorescina (usata come indicatore per analisi chimiche) (*chim.*), Fluoreszein (*n.*).
fluorite (CaF$_2$) (spatofluore) (*min.*), Fluorit (*m.*), Flusspat (*m.*).
fluoro (F - *chim.*), Fluor (*n.*). **2 silicati di** ~ (fluosilicati, per l'indurimento del calcestruzzo) (*ed. - chim.*), Fluate (*n. pl.*), Fluorsilikate (*n. pl.*).
fluorocarburo (*chim.*), Fluorcarbon (*n.*).
fluoroforo (gruppo fluoroforo, gruppo fluorogeno) (*s. - chim.*), Fluorophor (*m.*), Fluoreszenzträger (*m.*).
fluorogeno (fluoroforo) (*a. - chim.*), fluorogen, fluorophor.
fluorometria (*fis.*), Fluorometrie (*f.*).

fluorometro (misuratore di fluorescenza) (*app. - fis.*), Fluorometer (*n.*), Fluoreszenzmesser (*m.*).
fluoroscopia (controllo a penetrazione di liquido fluorescente nelle incrinature sulla superficie di un pezzo) (*metall. - tecnol. mecc.*), Fluoreszenz-Prüfung (*f.*).
fluoroscopio (*ott.*), Fluoroskop (*m.*).
fluorosi (malattia professionale) (*med. - lav.*), Fluorose (*f.*).
fluorurare (*chim.*), fluoridieren.
fluoruro (*chim.*), Fluorid (*n.*). **2** ~ **di calcio** (spatofluore) (*min.*), Kalziumfluorid (*n.*), Flusspat (*m.*).
fluosilicato (silicato di fluoro) (*chim.*), Fluorsilikat (*n.*). **2 fluosilicati** (silicati di fluoro, usati per l'indurimento del calcestruzzo) (*ed. - chim.*), Fluorsilikate (*n. pl.*), Fluate (*n. pl.*). **3** ~ **di potassio** (*chim.*), Kieselfluorkalium (*n.*). **4 applicazione di fluosilicati** (alla superficie di calcestruzzo) (*ed.*), Fluatieren (*n.*).
fluotornitura (foggiatura della lamiera fra rulli con riduzione dello spessore) (*tecnol. mecc.*), Streckdrücken (*n.*), Streckplanieren (*n.*).
fluotornitrice (*macch. ut.*), Streckdrückmaschine (*f.*).
flussato (di bitume) (*costr. strad.*), gefluxt.
flussimetro (misuratore di portata) (*app.*), Durchflussmesser (*m.*). **2** ~ **a variazione di sezione** (rotametro, per misurare gas p. es.) (*app.*), Rotameter (*n.*).
flusso (passaggio) (*gen.*), Durchfluss (*m.*). **2** ~ (*fis. - elett.*), Fluss (*m.*). **3** ~ (fondente, per la brasatura) (*tecnol. mecc.*), Flussmittel (*n.*). **4** ~ (di fluidi) (*idr. - mecc. dei fluidi*), Fliessen (*n.*), Fluss (*m.*). **5** ~ (scia, di un'elica) (*aer.*), Nachstrom (*m.*). **6** ~ (marea montante) (*mare*), Flut (*f.*). **7** ~ (archivio, insieme di record) (*elab. dati*), Datenkartei (*f.*). **8** ~ **acido per brasatura** (fondente acido per brasatura) (*tecnol. mecc.*), Lötwasser (*n.*). **9** ~ **assiale** (*mecc. dei fluidi - macch.*), Achsialfluss (*m.*). **10** ~ **conservativo** (*elett.*), quellenfreier Fluss. **11** ~ **dell'elica** (*aer.*), Propellernachstrom (*m.*). **12** ~ **del materiale** (in un ciclo di lavorazione) (*ind.*), Stofffluss (*m.*), Materialfluss (*m.*). **13** ~ **del materiale** (nella deformazione) (*fucinatura*), Stofffluss (*m.*). **14** ~ **del metallo** (scorrimento del metallo, durante la deformazione) (*fucinatura*), Werkstofffluss (*m.*). **15** ~ **di calore** (flusso termico) (*fis.*), Wärmestrom (*m.*). **16** ~ **di cassa** (cash flow) (*finanz.*), Cash-flow (*n.*). **17** ~ **di eccitazione** (d'un relè) (*elett.*), Steuerfluss (*m.*). **18** ~ **di energia acustica** (P, potenza acustica, misurata in W) (*acus.*), Schalleistung (*f.*). **19** ~ **di forze** (*fis.*), Kraftfluss (*m.*), Kräftefluss (*m.*). **20** ~ **d'induzione** (*elett.*), Induktionsfluss (*m.*). **21** ~ **disperso** (*elett.*), Streufluss (*m.*). **22** ~ **di spostamento** (flusso elettrico) (*elett.*), Verschiebungsfluss (*m.*), elektrischer Verschiebungsfluss, elektrischer Fluss. **23** ~ **di velocità acustica** (q, U, m³/s) (*acus.*), Schallfluss (*m.*), Volumenschnelle (*f.*). **24** ~ **elettrico** (flusso di spostamento) (*elett.*), elektrischer Fluss, elektrischer Verschiebungsfluss, Verschiebungsfluss (*m.*). **25**

flussometro

~ **emisferico superiore** (*illum.*), oberer halbräumlicher Lichtstrom. **26** ~ **energetico** (Φ_e, W, potenza radiante) (*fis.*), Strahlungsfluss (*m.*), Strahlungsleistung (*f.*). **27** ~ **estraneo** (magnetico, d'induzione) (*elett.*), Fremdfluss (*m.*). **28** ~ **in polvere** (polvere fondente, per saldare)(*tecnol. mecc.*), Schweisspulver (*n.*). **29** ~ **laminare** (*idr. - mecc. dei fluidi*), laminares Fliessen. **30** ~ **luminoso** (in lumen) (*ott.*), Lichtstrom (*m.*). **31** ~ **luminoso sferico** (*illum.*), Gesamtlichtstrom (*m.*). **32** ~ **luminoso utile** (*ott.*), Nutzlichtstrom (*m.*), Lichtleistung (*f.*). **33** ~ **magnetico** (*elett.*), magnetischer Fluss, Magnetfluss (*m.*). **34** ~ **neutronico** (*fis.*), Neutronenfluss (*m.*). **35** ~ **neutronico integrato** (fluenza) (*fis. atom.*), Fluenz (*f.*). **36** ~ **per brasatura** (*tecnol. mecc.*), Lötflussmittel (*n.*). **37** ~ **per saldatura ad arco sommerso** (fondente per saldatura ad arco sommerso) (*tecnol. mecc.*), UP-Schweisspulver (*n.*). **38** ~ **per saldatura in polvere** (*tecnol. mecc.*), Schweisspulver (*n.*). **39** ~ **per spira** (flusso d'induzione per spira) (*elett.*), Windungsfluss (*m.*). **40** ~ **su nastro** (archivio su nastro, dati memorizzati su nastro) (*elab. dati*), Banddatei (*f.*). **41** ~ **termico** (flusso di calore) (*fis.*), Wärmestrom (*m.*). **42 densità di** ~ (*fis.*), Flussdichte (*f.*). **43 densità di** ~ **termico** (*fis.*), Wärmestromdichte (*f.*). **44 legge del** ~ **di eccitazione magnetica** (legge di Biot e Savart) (*elett.*), Durchflutungsgesetz (*n.*). **45 linea di** ~ (*fis.*), Flusslinie (*f.*). **46 linea di** ~ (*mecc. dei fluidi*). Stromlinie (*f.*). **47 procedimento a** ~ **termico** (nella prova non distruttiva dei materiali) (*tecnol. mecc.*), Wärmeflussverfahren (*n.*).

flussometro (contatore, misuratore di portata) (*app.*), Mengenmesser (*m.*), Mengenmeter (*n.*), Durchflussmeter (*m.*). **2** ~ (misuratore di flusso magnetico p. es.) (*app. - elett.*), Flussmeter (*m.*). **3** ~ **a strozzamento** (misuratore di portata a strozzamento) (*app. - idr.*), Drosselmessgerät (*n.*), Drosselgerät für Durchflussmessung.

« flutter » (sbattimento, vibrazione aeroelastica, autovibrazione) (*aer.*), Flattern (*n.*).

fluttuante (oscillante, numero di giri p. es.) (*mot.*), schwankend. **2** ~ (oscillante, prezzo p. es.) (*comm.*), schwankend.

fluttuare (oscillare, di prezzi p. es.) (*gen.*), schwanken.

fluttuazione (oscillazione, dei prezzi p. es.) (*gen.*), Schwankung (*f.*). **2** ~ (variazione periodica dell'ampiezza di una oscillazione) (*fis.*), Schwebung (*f.*). **3** ~ (del numero di giri di un motore) (*mot.*), Schwankung (*f.*). **4** ~ (del corso dei cambi) (*finanz.*), Floaten (*n.*). **5** ~ **della frequenza** (*elett.*), Frequenzschwankung (*f.*). **6 fluttuazioni della rete** (*elett.*), Netzflimmern (*n.*). **7** ~ **della velocità** (*macch.*), Geschwindigkeitsschwankung (*f.*). **8** ~ **dell'energia** (elettrica) **offerta** (*elett.*), Energieangebots-Schwankung (*f.*). **9** ~ **del numero di giri** (pendolamento del numero di giri) (*mot.*), Drehzahlschwankung (*f.*). **10** ~ **di tensione** (*elett.*), Spannungsschwankung (*f.*). **11** ~ **stagionale** (*comm.*), Saisonschwankung (*f.*).

fluviale (*geogr.*), fluvial. **2 rimorchiatore** ~ (*nav.*), Remorqueur (*m.*), Fluss-schlepper (*m.*).

fluvioglaciale (*geol.*), fluvioglazial.

fluviometro (*app.*), Flusspegel (*m.*), Wasserstandmesser (*m.*).

Fm (fermio) (*radioatt.*), Fm, Fermium (*n.*).

fm (fermi, unità di mis. di lunghezza = 10^{-15} m) (*mis.*), fm.

FMI (Fondo Monetario Internazionale) (*finanz.*), IWF, Internationaler Währungsfonds.

focaccia (nella metallurgia delle polveri) (*metall.*), Kuchen (*m.*).

focale (*a. - ott.*), fokal. **2** ~ (distanza focale, di una macchina fotografica) (*s. - ott.*), Brennweite (*f.*). **3 a lunga** ~ (a lunga distanza focale) (*ott.*), langbrennweitig.

focalizzare (mettere a fuoco) (*ott.*), fokussieren, scharf einstellen.

focalizzatore (di raggi elettronici) (*app.*), Fokalisator (*m.*).

focalizzazione (messa a fuoco) (*ott.*), Fokussierung (*f.*), Scharfeinstellung (*f.*). **2** ~ **di fase** (compressione di elettroni, nei klystron p. es.) (*elettronica*), Phasenfokussierung (*f.*), Paketbildung (*f.*), Ballung (*f.*). **3** ~ **direzionale** (*elettronica*), Richtungsfokussierung (*f.*). **4** ~ **magnetica** (di un raggio elettronico mediante campo magnetico) (*elettronica*), magnetische Fokussierung. **5 bobina di** ~ (*elettronica*), Konzentrationsspule (*f.*).

foce (di un fiume) (*geogr.*), Mündung (*f.*).

fochino (fuochino, autorizzato ai brillamenti; brillatore di mine) (*lav. - min.*), Schiessberechtigter (*m.*).

focolaio (forno - cald. - comb.), vedi focolare.

focolare (*cald. - comb.*), Feuerung (*f.*), Feuerraum (*m.*). **2** ~ **a bruciatori di angolo** (che brucia polvere di carbone in una camera a tubi d'acqua quadrata) (*comb.*), Eckenfeuerung (*f.*). **3** ~ **a (carbone) polverizzato** (*comb. - cald.*), Staubfeuerung (*f.*), Brennstaubfeuerung (*f.*). **4** ~ **a ciclone** (*comb.*), Zyklonfeuerung (*f.*). **5** ~ **a gas** (di un forno o caldaia ecc.) (*cald. - ecc.*), Gasfeuerung (*f.*). **6** ~ **a griglia** (*comb.*), Rostfeuerung (*f.*). **7** ~ **a polverino di carbone** (focolare a polverizzato) (*cald. - comb.*), Staubfeuerung (*f.*), Brennstaubfeuerung (*f.*). **8** ~ **a polverizzato** (focolare a polverino di carbone) (*comb. - cald.*), Staubfeuerung (*f.*), Brennstaubfeuerung (*f.*). **9** ~ **a tiraggio forzato** (*comb.*), Feuerung mit Druckluft. **10** ~ **con griglia a catena** (*cald.*), Kettenrostfeuerung (*f.*). **11** ~ **con tiraggio a pressione** (*comb.*), Unterwindfeuerung (*f.*). **12** ~ **esterno** (*cald.*), Aussenfeuerung (*f.*). **13** ~ **interno** (*cald.*), Innenfeuerung (*f.*). **14** ~ **per carbone** (*cald. - ecc.*), Kohlenfeuerung (*f.*). **15 cielo del** ~ (*cald.*), Feuerungsdecke (*f.*). **16 fronte del** ~ (*forno - cald.*), Feuergeschränk (*n.*).

focometro (per misurare la distanza focale delle lenti) (*app. ott.*), Fokometer (*n.*).

fodera (rivestimento interno) (*gen.*), Futter (*n.*). **2** ~ (involucro) (*gen.*), Hülle (*f.*).

foderato (rivestito internamente) (*gen.*), gefüttert, ausgefüttert.

fodero (guaina) (*gen.*), Hülle (*f.*). **2** ~ (di un motore con valvole a fodero) (*mot.*), Hülse

(f.). 3 ~ del cassetto (di macchine a vapore alternative) (macch.), Schieberbuchse (f.). 4 motore a ~ (motore a c. i. con valvole a fodero) (mot.), Hülsenschiebermotor (m.).
foggiabile (plasmabile) (gen.), bildsam.
foggiabilità (lavorabilità, plasticità, di un pezzo metallico) (fucinatura - ecc.), Bildsamkeit (f.), Plastizität (f.), Verformbarkeit (f.). 2 ~ a caldo (plasticità a caldo) (tecnol. mecc.), Warmverformbarkeit (f.), Warmbildsamkeit (f.). 3 ~ a freddo (tecnol. mecc.), Kaltverformbarkeit (f.), Kaltbildsamkeit (f.).
foggiare (formare, deformare plasticamente) (metall. - tecnol. mecc.), formen, verformen, umformen. 2 ~ a freddo (formare a freddo) (tecnol. mecc.), kaltverformen. 3 ~ al tornio (mft. ceramica), drehen.
foggiatrice (macch.), Former (m.). 2 ~ meccanica (per lamiere, per lavori di bordatura p. es.) (macch. lav. lamiera), Kraftformer (m.).
foggiatura (formatura) (tecnol. mecc.), Formgebung (f.), Formung (f.), Umformen (n.). 2 ~ (tecnol.), vedi anche formatura. 3 ~ ad asportazione (foggiatura con asportazione di truciolo) (lav. macch. ut.), zerspanende Formgebung. 4 ~ a deformazione (formatura senza asportazione di truciolo) (tecnol. mecc.), spanlose Formung, spanlose Formgebung. 5 ~ a freddo (formatura a freddo) (tecnol. mecc.), Kaltformgebung (f.), Kaltformung (f.). 6 ~ al tornio (ceramica), Drehen (n.). 7 ~ a stampo (formatura a stampo) (lav. lamiera), Formstanzen (n.). 8 ~ a stiro (formatura a stiro, stiro-formatura) (lav. lamiera), Streckformen (n.). 9 ~ con asportazione di truciolo (formatura con asportazione di truciolo) (tecnol. mecc.), spanabhebende Formung, zerspanende Formung. 10 ~ con esplosivi (tecnol. mecc.), Explosionsumformung (f.). 11 ~ di corpi cavi (soffiatura di corpi cavi; per produrre bottiglie, ecc., di resine termoplastiche) (tecnol.), Holkörperblasen (n.), Blasformen (n.), Extrusionsblasen (n.). 12 ~ plastica (lavorazione a deformazione plastica) (tecnol. mecc.), spanlose Formung, spanlose Formgebung, spanlose Bearbeitung. 13 ~ senza asportazione di truciolo (formatura senza asportazione di truciolo) (tecnol. mecc.), spanlose Formung, spanlose Formgebung, spanlose Bearbeitung. 14 stampo per ~ (stampo per formatura) (ut. lav. lamiera), Formstanze (f.). 15 tecnica della ~ (tecnica della trasformazione plastica) (fucinatura - ecc.), Umformtechnik (f.).
foglia (di una molla) (mecc.), Blatt (n.). 2 ~ (ind. mat. plast.), Folie (f.). 3 ~ di molla a balestra (mecc.), Federblatt (n.). 4 ~ estrusa (ind. mat. plast.), gespritzte Folie. 5 ~ madre (o principale o maestra, di una molla a balestra) (mecc.), Hauptblatt (n.). 6 ~ maestra (o principale o madre, di una molla a balestra) (mecc.), Hauptblatt (n.). 7 ~ principale (o maestra o madre, di una molla a balestra) (mecc.), Hauptblatt (n.). 8 ~ sottile (film) (ind. mat. plast.), dünne Folie, Film (m.). 9 a forma di ~ (gen.), blattartig, blattförmig.

fogliazione (geol.), Schieferung (f.).
foglietto (di carta) (gen.), Zettel (m.), Papierblatt (n.), Blättchen (n.).
foglio (gen.), Blatt (n.). 2 ~ (di carta) (ind. carta - tip.), Bogen (m.). 3 ~ (formato di carta da 21×33 cm e da 21×29,7 cm) (mft. carta), Folio (n.). 4 ~ antiscartino (interfoglio) (tip.), Durchschussblatt (n.), Einschussbogen (m.), Schmutzbogen (m.), Abschmutzbogen (m.). 5 fogli caratteristiche (macch. - ecc.), Datenblätter (n. pl.). 6 ~ da disegno (dis.), Zeichenbogen (m.). 7 ~ d'alluminio (tip.), Aluminiumfolie (f.). 8 ~ di carta (mft. carta), Papierbogen (m.). 9 ~ di carta da lettere (mft. carta), Briefbogen (m.). 10 ~ di codifica (calc.), Programmblatt (n.), Formblatt (n.). 11 ~ di istruzioni (mecc. - ecc.), Arbeitskarte (f.), Unterweisungskarte (f.). 12 ~ di maestra (tip.), Deckel (m.), Pressdeckel (m.). 13 ~ di mappa (top. - ed.), Mappenblatt (n.). 14 fogli di plastica trasparente (ind. chim.), Transparentfolien (f. pl.). 15 ~ estruso (foglia estrusa) (ind. mater. plast.), gespritzte Folie. 16 ~ per bozze (tip.), Abziehbogen (m.). 17 ~ per impiallacciatura (falegn.), Furnier (n.), Furnierblatt (n.). 18 ~ protocollo (ind. carta), Protokollbogen (m.).
fogna (canale di fognatura) (ed.), Abwasserkanal (m.).
fognatura (sistema di fognatura) (ed.), Kanalisation (f.), Stadtentwässerung (f.). 2 ~ separata (ed.), Trennkanalisation (f.). 3 ~ urbana (ing. civ.), Stadtkanalisation (f.), Stadtkanalisierung (f.). 4 canale di ~ (ed.), Abwasserkanal (m.). 5 collettore di ~ (ing. civ. - ed.), Sammler (m.). 6 costruire la ~ (ed.), kanalisieren. 7 impianto di ~ (ed.), Kanalisationsanlage (f.), Abwasseranlage (f.). 8 rete di ~ (ed.), Abwassernetz (n.), Kanalnetz (n.). 9 senza ~ (ed.), nichtkanalisiert.
fognolo (chiavica) (costr. strad.), Entwässerungsstollen (m.), Graben (m.). 2 ~ (galleria di drenaggio) (ing. civ.), Durchlass (m.), Abzugkanal (m.).
fohn (vento caldo secco, discendente) (meteor.), Föhn (m.).
folgorazione (elett.), Fulguration (f.).
follare (ind. tess.), walken.
follatura (ind. tess.), Walken (n.).
folle (posizione della frizione) (aut.), Leergang (m.), Leerlauf (m.), Freilauf (m.). 2 cilindro ~ (macch. da stampa - ecc.), Loswalze (f.). 3 marcia in ~ (aut. - ecc.), Freilauf (m.), Leerlauf (m.), Freilauffahrt (f.). 4 posizione di ~ (di un cambio p. es.) (mecc.), Neutralstellung (f.). 5 rullo ~ (macch.), Losrolle (f.). 6 ruota ~ (ruota dentata di un cambio p. es.) (mecc.), Losrad (n.).
follone (macch. tess.), Walke (f.), Walkmühle (f.), Walkmaschine (f.). 2 terra da ~ (terra da sbianca, terra da candeggio) (ind. chim.), Bleicherde (f.).
folto (fitto, un bosco p. es.) (gen.), dicht.
fon (phon, unità di intensità sonora) (acus.) Phon (n.). 2 ~ (asciugacapelli, ad aria calda) (app. elett.), Fön (m.), Heissluftdusche (f.).
fonda (nav.), Liegeplatz (m.). 2 essere alla ~ (nav.), vor Anker liegen.
fondamenta (ed.), vedi fondazione.

fondamentale *(fis. - ecc.)*, fundamental, grundlegend. 2 **colore ~** *(ott.)*, Grundfarbe *(f.)*. 3 **grandezza ~** (della dinamica p. es.) *(fis.)*, Grundgrösse *(f.)*. 4 **unità ~** *(unità)* Grundeinheit *(f.)*, Basiseinheit *(f.)*.

fondamento (principio fondamentale p. es.) *(gen.)*, Grundlage *(f.)*. 2 **~** (motivazione, giustificazione) *(gen.)*, Begründung *(f.)*.

fondare (motivare, giustificare) *(gen.)*, begründen.

fondazione *(ed.)*, Fundament *(n.)*, Gründung *(f.)*. 2 **~** (di un maglio p. es.) *(macch. - ed.)*, Fundament *(n.)*, Gründung *(f.)*. 3 **~** (d'altoforno) *(metall.)*, Stubben *(m.)*. 4 **~** (costituzione, di una società) *(comm.)*, Gründung *(f.)*. 5 **~** (istituto per promuovere ricerche p. es.) *(ricerca - ecc.)*, Stiftung *(f.)*. 6 **~ a congelamento** (del terreno) *(ed.)*, Gefriergründung *(f.)*. 7 **~ a griglia** *(ed.)*, Rostgründung *(f.)*. 8 **~ antivibrante per maglio** (fondazione elastica per maglio) *(macch. fucinatura - ed.)*, federnd aufgehängtes Hammerfundament. 9 **~ a platea** *(ed.)*, Plattengründung *(f.)*. 10 **~ a pozzi** *(ed.)*, Brunnengründung *(f.)*. 11 **~ a pozzi per affondamento** *(ed.)*, Senkbrunnengründung *(f.)*. 12 **~ a riseghe** *(ed.)*, abgetrepptes Fundament. 13 **~ a solettone** *(ed.)*, Flachgründung *(f.)*. 14 **~ con cassone autoaffondante** *(ed.)*, Senkkastengründung *(f.)*. 15 **~ con cassone galleggiante** *(ed.)*, Schwimmkastengründung *(f.)*. 16 **~ con cassone pneumatico** *(ed.)*, Druckluftgründung *(f.)*. 17 **~ con iniezione di cemento** *(ing. civ.)*, Versteinerungsgründung *(f.)*. 18 **~ con pietrame alla rinfusa** *(costr. idr.)*, Blockwurf *(m.)*. 19 **~ elastica** (fondazione oscillante, d'un maglio) *(macch.)*, Schwingfundament *(n.)*. 20 **~ elastica per maglio** (fondazione antivibrante per maglio) *(macch. fucinatura - ed.)*, federnd aufgehängtes Hammerfundament. 21 **~ immediata** (fondazione superficiale) *(ed.)*, offene Gründung. 22 **~ oscillante** (fondazione elastica, d'un maglio) *(macch.)*, Schwingfundament *(n.)*. 23 **~ per maglio** *(macch. fucinatura - ed.)*, Hammerfundament *(n.)*. 24 **~ pneumatica** (per fondamenta sotto acqua) *(ed. - costr. idr.)*, Druckluftgründung *(f.)*, Druckluftfundamentierung *(f.)*. 25 **~ profonda** *(ed.)*, Tieffundation *(f.)*, Tiefgründung *(f.)*. 26 **~ rigida** *(ed. - macch.)*, starre Gründung. 27 **~ subacquea** *(ed.)*, Unterwassergründung *(f.)*. 28 **~** (subacquea) **in pietrame alla rinfusa** (gettata, sulla riva di un lago p. es.) *(costr. idr.)*, Koffer *(m.)*. 29 **~ su calcestruzzo e palafitte** *(ed.)*, Gründung auf Beton und Pfahlrost. 30 **~ su pali** *(ed.)*, Pfahlgründung *(f.)*. 31 **~ superficiale** (fondazione immediata) *(ed.)*, offene Gründung. 32 **~ superficiale in terreno acquifero** *(ed.)*, offene Gründung im Wasser. 33 **~ superficiale in terreno asciutto** *(ed.)*, offene Gründung im Trockenen. 34 **~ su roccia** *(ed.)*, Felsgründung *(f.)*. 35 **adatto al terreno di ~** *(ed.)*, baugrundgemäss. 36 **blocco di~** (di una macchina p. es.) *(ed.)*, Fundamentblock *(m.)*. 37 **bullone di ~** (chiavarda di fondazione) *(ed. - macch.)*, Fundamentschraube *(f.)*. 38 **chiavarda di ~** (bullone di fondazione) *(ed.)*, Fundamentanker *(m.)*, Fundamentbolzen *(m.)*, Fundamentschraube *(f.)*. 39 **eseguire le fondazioni** *(ed.)*, gründen. 40 **muro di ~** *(ed.)*, Fundamentmauer *(f.)*, Grundmauer *(f.)*. 41 **scavo per le fondazioni** *(ed.)*, Fundamentaushub *(m.)*. 42 **spese di ~** (spese di costituzione) *(finanz.)*, Gründungsspesen *(f. pl.)*.

fondello (di un proietto p. es.) *(mecc.)*, Bodenscheibe *(f.)*. 2 **~** (di una lampada) *(illum. - elett.)*, Bodenkontakt *(m.)*.

fondente (per la fusione dei metalli) *(metall. - fond.)*, Zuschlagstoff *(m.)*, Flussmittel *(n.)*, Schmelzzusatz *(m.)*. 2 **~** (flusso, per la brasatura p. es.) *(tecnol. mecc.)*, Flussmittel *(n.)*. 3 **~ acido per brasatura** (flusso acido per brasatura) *(tecnol. mecc.)*, Lötwasser *(n.)*. 4 **~ per brasatura** (flusso) *(tecnol. mecc.)*, Lötflussmittel *(n.)*. 5 **~ per saldatura** *(tecnol. mecc.)*, Schweissmittel *(n.)*. 6 **~ per saldatura ad arco sommerso** (flusso per saldatura ad arco sommerso) *(tecnol. mecc.)*, UP-Schweisspulver *(n.)*. 7 **aggiungere il ~** *(metall. - fond.)*, zuschlagen. 8 **calcare ~** (castina) *(metall. - fond.)*, Zuschlagkalkstein *(m.)*.

fondere *(fis. - metall.)*, schmelzen. 2 **~** (di neve) *(meteor.)*, schmelzen, auftauen.

fonderia *(fond.)*, Giesserei *(f.)*. 2 **~ a pressione** (officina di pressofusione, officina di pressocolatura) *(fond.)*, Druckgiesserei *(f.)*. 3 **~ artistica** (fonderia d'arte) *(fond.)*, Kunstgiesserei *(f.)*. 4 **~ d'arte** (fonderia artistica) *(fond.)*, Kunstgiesserei *(f.)*. 5 **~ di acciaio** *(fond.)*, Stahlgiesserei *(f.)*. 6 **~ di bronzo** *(fond.)*, Bronzegiesserei *(f.)*. 7 **~ di caratteri** (da stampa) *(fond. - tip.)*, Schriftgiesserei *(f.)*. 8 **~ di ghisa** *(fond.)*, Eisengiesserei *(f.)*. 9 **~ di ghisa grigia** *(fond.)*, Graugiesserei *(f.)*. 10 **~ di ghisa malleabile** *(fond.)*, Tempergiesserei *(f.)*. 11 **~ di metalli non ferrosi** *(fond.)*, Metallgiesserei *(f.)*. 12 **~ di ottone** *(fond.)*, Messinggiesserei *(f.)*, Gelbgiesserei *(f.)*. 13 **~ di piombo** *(fond.)*, Bleigiesserei *(f.)*. 14 **~ di pressofusione** (fonderia per pressocolature) *(fond.)*, Druckgiesserei *(d.)*. 15 **~ in proprio** (fonderia per conto proprio) *(fond.)*, Eigengiesserei *(f.)*. 16 **~ per colata in terra** *(fond.)*, Sandgiesserei *(f.)*. 17 **~ per conto proprio** (fonderia in proprio) *(fond.)*, Eigengiesserei *(f.)*. 18 **~ per conto terzi** (fonderia per lavorazione a commessa) *(fond.)*, Kundengiesserei *(f.)*. 19 **~ per lavorazione a commessa** (fonderia per lavorazione per conti terzi) *(fond.)*, Kundengiesserei *(f.)*. 20 **impianto per la preparazione delle terre da ~** *(fond.)*, Sandaufbereitungsanlage *(f.)*. 21 **molazza (per terra) da ~** (mescolatore per terra da fonderia) *(macch. fond.)*, Sandmischer *(m.)*. 22 **nero di ~** *(fond.)*, Schwärze *(f.)*, Schlichte *(f.)*. 23 **ritorni di ~** (boccame staccato dopo la solidificazione dei getti e rinviato alla fusione) *(fond.)*, Kreislaufmaterial *(n.)*. 24 **scarti di ~** (scarti dovuti a difetti verificatisi nel processo di colata) *(fond.)*, Umlaufschrott *(m.)*. 25 **terra da ~** *(fond.)*, Sand *(m.)*, Formsand *(m.)*.

fondersi *(gen.)*, verschmelzen. 2 **~** (di un cuscinetto p. es.) *(mecc.)*, ausschmelzen. 3 **~** (bruciarsi, saltare, di valvole p. es.) *(elett.)*, durchschmelzen.

fondiario (*agric. - ecc.*), Boden...
fondina (*arma da fuoco*), Pistolentasche (*f.*).
fondiscoria (per aggregare la scoria galleggiante) (*fond.*), Krätzeausschmelzmittel (*n.*).
fóndita (colata, fusione) (*fond. - tip.*), Giessen (*n.*). **2 prendere in ~** (incorporare durante la colata, una canna cilindro in un basamento di lega leggera p. es.) (*fond. - mot.*), eingiessen. **3 preso in ~** (incorporato durante la colata, detto della canna cilindro in un basamento di lega leggera p. es.) (*fond. - mot.*), eingegossen.
fonditore (*lav. - fond.*), Giesser (*m.*). **2 ~ di bronzo** (*lav. fond.*), Erzgiesser (*m.*), Broncegiesser (*m.*), Bronzegiesser (*m.*). **3 ~ di ghisa** (*lav.*), Eisengiesser (*m.*). **4 ~ di metalli non ferrosi** (*lav. fond.*), Metallgiesser (*m.*). **5 ~ di ottone** (*lav.*), Gelbgiesser (*m.*). **6 ~ di stagno** (*lav.*), Zinngiesser (*m.*). **7 febbre dei fonditori** (*ind. - med.*), Giessfieber (*n.*), Metalldampffieber (*n.*), Zinkfieber (*n.*).
fonditrice (*macch. fond.*), Giessmaschine (*f.*). **2 ~ di caratteri** (*macch. fond. - tip.*), Schriftgiessmaschine (*f.*), Typengiessmaschine (*f.*). **3 ~ di righe** (*macch. fond. - tip.*), Zeilengiessmaschine (*f.*).
fondo (di un recipiente p. es.) (*gen.*), Grund (*m.*), Boden (*m.*). **2 ~** (mano di fondo, prima mano) (*vn.*), Grundierung (*f.*), Grundanstrich (*m.*). **3 ~** (stucco, prodotto verniciante molto caricato per livellare le irregolarità della superficie grezza da verniciare) (*vn.*), Spachtelmasse (*f.*), Spachtelkitt (*m.*). **4 ~** (staffa inferiore) (*fond. - formatura*), Unterkasten (*m.*), unterer Formkasten. **5 ~** (piede, base, del dente di una ruota dentata) (*mecc.*), Fuss (*m.*). **6 ~** (di una filettatura triangolare) (*mecc.*), Rundung (*f.*). **7 ~** (d'un serbatoio a pressione o d'una caldaia) (*cald. - ecc.*), Boden (*m.*). **8 ~** (di caldaia) (*cald.*), Kesselboden (*m.*). **9 ~** (piastra di fondo) (*cald.*), Hinterboden (*m.*). **10 ~** (di un pozzo) (*min.*), das Tiefste. **11 ~** (di un canale) (*idr.*), Sohle (*f.*). **12 ~** (terreno, lotto) (*ed.*), Grundstück (*n.*). **13 ~** (capitale) (*amm. - finanz.*), Fonds (*m.*). **14 ~ a colla** (stucco a colla) (*vn.*), Leimspachtel (*m.*). **15 ~ alla nitro** (stucco alla nitro) (*vn.*), Nitrospachtel (*m.*). **16 ~ ammortamento** (*finanz.*), Tilgungskasse (*f.*), Tilgungsfonds (*m.*), Ablösungsfonds (*m.*). **17 ~ a pennello** (stucco a pennello) (*vn.*), Streichspachtel (*m.*). **18 ~ apribile** (di un recipiente) (*trasp.*), Fallboden (*m.*). **19 ~ apribile** (automaticamente, d'uno skip p. es.) (*min.*), Bodenverschluss (*m.*). **20 ~ apribile** (di un forno p. es.) (*forno - ecc.*), Losboden (*m.*). **21 ~ a spatola** (stucco a spatola) (*vn.*), Messerspachtel (*m.*), Ziehspachtel (*m.*). **22 ~ a spruzzo** (stucco a spruzzo) (*vn.*), Spritzspachtel (*m.*). **23 ~ confinante** (fondo finitimo) (*ed.*), Anliegergrundstück (*n.*), Nachbargrundstück (*n.*). **24 ~ dello smusso** (vertice della saldatura, di un giunto saldato) (*tecnol. mecc.*), Nahtwurzel (*f.*). **25 ~ del mare** (*geol.*), Meeresgrund (*m.*). **26 ~ di ammortamento** (*amm.*), Tilgungsfonds (*m.*), Ablösungsfonds (*m.*). **27 ~ di assistenza** (*lav. - ecc.*), Unterstützungsfonds (*m.*). **28 ~ di esercizio** (*amm.*), Betriebsfonds (*m.*). **29 ~ di previdenza** (*lav.*), Versorgungsfonds (*m.*). **30 ~ di riserva** (*amm.*), Reservefonds (*m.*), Dispositionsfonds (*m.*). **31 ~ finitimo** (terreno finitimo, immobile finitimo) (*ed.*), Anliegergrundstück (*n.*), Nachbargrundstück (*n.*). **32 ~ forato** (d'un convertitore) (*metall.*), Nadelboden (*m.*). **33 ~ Monetario Internazionale** (FMI) (*finanz.*), Internationaler Währungsfonds, IWF. **34 ~ pensioni** (*pers. - lav.*), Pensionsfonds (*m.*), Pensionskasse (*f.*). **35 ~ per la disoccupazione** (*pers.*), Arbeitslosenunterstützungsfonds (*m.*). **36 ~ piatto** (*cald.*), Flachboden (*m.*). **37 ~ piatto** (carena piatta) (*nav.*), Flachkiel (*m.*). **38 ~ roccioso** (*ed.*), Felsgrund (*m.*). **39 ~ rustico** (*agric.*), Landgut (*n.*). **40 ~ saldato** (*tecnol. mecc.*), angeschweisster Boden. **41 ~ scala** (d'uno strumento di misura) (*strum.*), Vollausschlag (*m.*). **42 ~ scocca** (*aut.*), Aufbauboden (*m.*). **43 ~ sintetico anticorrosione** (wash-primer) (*vn.*), Haftgrundmittel (*n.*). **44 angolo di ~** (di una ruota dentata conica) (*mecc.*), Fusskegelwinkel (*m.*). **45 cono di ~** (di una ruota dentata conica) (*mecc.*), Fusskegel (*m.*). **46 contenitore a ~ apribile** (recipiente a fondo apribile) (*trasp.*), Fallbodenbehälter (*m.*). **47 dar ~ all'àncora** (*nav.*), ankern. **48 doppio ~** (*gen.*), Blindboden (*m.*). **49 doppio ~** (*costr. nav.*), Doppelboden (*m.*). **50 gara di ~** (di sci p. es.) (*sport*), Langlauf (*m.*). **51 recipiente a ~ apribile** (contenitore a fondo apribile) (*trasp.*), Fallbodenbehälter (*m.*). **52 soglia di ~** (*costr. idr.*), Sohlschwelle (*f.*), Grundschwelle (*f.*). **53 sottostampa di ~** (*tip.*), Tonunterdruck (*m.*).
fondovalle (*geol.*), Sohle (*f.*).
fonetica (*acus.*), Lautlehre (*f.*), Phonetik (*f.*).
fonoassorbente (materiale) (*acus. - ed. - vn.*), schallschluckend. **2 materiale ~** (materiale antiacustico, materiale per isolamento acustico) (*tecnol.*), schallschluckendes Material, akustisches Material. **3 potere ~** (coefficiente di assorbimento acustico) (*acus.*), Schallabsorptionsgrad (*m.*).
fonoassorbenza (*acus.*), Schallabsorption (*f.*). **2 indice di ~** (nell'edilizia, espressa in dB) (*acus. - ed.*), Schallschutzmass (*n.*).
fonocardiogramma (*med.*), Herztonaufzeichnung (*f.*).
fonoelasticità (procedimento per determinare sollecitazioni meccaniche mediante onde ultrasonore) (*sc. costr. - metall.*), Spannungsakustik (*f.*).
fonoelastico (*metall. - sc. costr.*), spannungsakustisch.
fonoelettrocardiografia (*med.*), Herztonaufnahme (*f.*).
fonografo (per la registrazione del suono) (*acus.*), Phonograph (*m.*). **2 ~** (grammofono) (*app. acus.*), Grammophon (*n.*), Plattenspieler (*m.*).
fonogramma (*telef.*), Fernsprechbericht (*m.*).
fonoincisore (*acus.*), Phonostecher (*m.*).
fonolite (roccia magmatica effusiva) (*geol. - min.*), Phonolith (*m.*), Klingstein (*m.*).
fonolocalizzazione (localizzazione acustica) (*acus.*), Horchortung (*f.*).
fonometria (*acus.*), Schallmessung (*f.*).

fonometro (misuratore del livello sonoro) (*strum. acus.*), Schallmesser (*m.*), Lautstärkemesser (*m.*), Phonometer (*n.*).
fonone (quanto acustico) (*fis.*), Phonon (*n.*).
fonorilevatore (fonorivelatore, « pick-up ») (*elettroacus.*), Pick-up (*m.*), elektrischer Tonabnehmer, Tonabnehmer (*m.*).
fonorivelatore (fonorilevatore, « pick-up ») (*elettroacus.*), Pick-up (*m.*), elektrischer Tonabnehmer, Tonabnehmer (*m.*). 2 ~ **piezoelettrico** (*acus.*), Kristalltonabnehmer (*m.*).
fonospettroscopia (spettroscopia acustica) (*acus.*), Schallspektroskopie (*f.*).
fonotecnica (vibrotecnica; tecnica che si occupa della generazione e propagazione di processi vibratori) (*acus.*), Schalltechnik (*f.*).
fonovaligia (*elettroacus.*), Koffergrammophon (*n.*), Phonokoffer (*m.*).
fontana (*ed. - arch.*), Fontäne (*f.*), Wasserstrahl (*m.*), Brunnen (*m.*).
fontanazzo (*costr. idr.*), Kuverwasser (*n.*), Drängewasser (*n.*), Qualm (*m.*), Qualmwasser (*n.*).
fontanella (*ed.*), Brunnen (*m.*). 2 ~ **a spillo** (beverino, zampillo) (*ed.*), Trinkbrunnen (*m.*), Trinkbecken (*n.*).
fontaniere (*lav.*), Brunnenmacher (*m.*), Brunnenmeister (*m.*).
fonte (sorgente) (*gen.*), Quelle (*f.*). 2 ~ **di energia elettrica** (*elett.*), Elektrizitätsquelle (*f.*). 3 ~ **di errori** (*gen.*), Fehlerquelle (*f.*). 4 ~ **di reddito** (*finanz.*), Einkommensquelle (*f.*).
foraggio (*agric.*), Futter (*n.*). 2 ~ **insilato** (*agric.*), Silage (*f.*).
forare (*gen.*), lochen. 2 ~ (punzonare) (*lav. lamiera*), lochen, lochstanzen, durchbrechen. 3 ~ (un pezzo) (*fucinatura*), durchlochen, lochen. 4 ~ (una parete, con scalpello p. es.; scalpellare un foro) (*mur. - ecc.*), stemmen. 5 ~ (un biglietto p. es.) (*ferr. - ecc.*), knipsen, lochen. 6 ~ **al trapano** (trapanare, mediante punta) (*lav. macch. ut.*), bohren. 7 ~ **con foro passante** (perforare) (*mecc.*), durchbohren. 8 ~ **con punta da centri** (*lav. mecc.*), anbohren. 9 ~ **di sgrosso** (sgrossare al trapano) (*lav. macch. ut.*), vorbohren. 10 ~ **fuori centro** (forare scentrato) (*difetto - mecc.*), verbohren. 11 ~ **scentrato** (forare fuori centro) (*difetto - mecc.*), verbohren. 12 **accessorio per** ~ (dispositivo per forare) (*macch. ut.*), Bohreinrichtung (*f.*). 13 **dispositivo per** ~ (accessorio per forare) (*macch. ut.*), Bohreinrichtung (*f.*).
forato (*gen.*), gelocht. 2 ~ (cavo, un albero p. es.) (*mecc.*), durchbohrt. 3 ~ **al trapano** (*mecc.*), ausgebohrt.
foratrice (perforatrice) (*macch.*), Lochmaschine (*f.*). 2 ~ **automatica** (trapano automatico) (*macch. ut.*), Bohrautomat (*m.*). 3 ~ **elettroerosiva** (foratrice ad elettroerosione) (*macch. ut.*), Elektrofunken-Bohrmaschine (*f.*). 4 ~ **elettroerosiva a copiare** (foratrice elettroerosiva per riproduzioni) (*macch. ut.*), Elektrofunkennachform-Bohrmaschine (*f.*). 5 **unità** ~ (nei sistemi modulari) (*macch. ut.*), Spindeleinheit (*f.*), Ausbohreinheit (*f.*).
foratura (*gen.*), Lochen (*n.*). 2 ~ (al trapano) (*lav. macch. ut.*), Bohren (*n.*). 3 ~ (punzonatura) (*lav. lamiera*), Lochen (*n.*), Lochung (*f.*). 4 ~ (di un pezzo) (*fucinatura*), Lochen (*n.*), Durchlochen (*n.*). 5 ~ (di pneumatico) (*aut.*), Durchschlag (*m.*), Reifenpanne (*f.*), Reifenschaden (*m.*). 6 ~ (scalpellatura, di un foro) (*mur. - ecc.*), Stemmarbeit (*f.*). 7 ~ **a bombardamento ionico** (per l'esecuzione di fori molto piccoli) (*mecc.*), Ionenstrahlen (*n.*). 8 ~ **a caldo** (*fucinatura*), Warmlochen (*n.*). 9 ~ **ad elettroerosione** (foratura elettroerosiva) (*tecnol. mecc.*), elektroerosives Bohren. 10 ~ **ad ultrasuoni** (*tecnol. mecc.*), Ultraschallbohren (*n.*). 11 ~ **al trapano** (trapanatura, mediante punta) (*lav. macch. ut.*), Bohren (*n.*). 12 ~ **a ribaltamento** (con tavola girevole che viene ribaltata di 180° dopo la prima foratura) (*lav. masch. ut.*), Umschlagbohren (*n.*). 13 ~ **con punta a corona** (con punta cava) (*lav. masch. ut.*), Kernbohren (*n.*), Auskesselung (*f.*). 14 ~ **con punta da centri** (*mecc.*), Anbohrung (*f.*). 15 ~ **con utensile a tazza** (o tubolare) (*lav. macch. ut.*), Kernbohren (*n.*). 16 ~ **con utensile tubolare** (o a tazza) (*lav. macch. ut.*), Kernbohren (*n.*). 17 ~ **di pneumatico** (*aut.*), Reifenpanne (*f.*). 18 ~ **elettroerosiva** (foratura ad elettroerosione) (*tecnol. mecc.*), elektroerosives Bohren. 19 ~ **elettrolitica** (*tecnol. mecc.*), Elysierbohren (*n.*), elektrochemisches Bohren. 20 ~ **fuori centro** (foratura scentrata) (*difetto - lav. macch. ut.*), Verbohren (*n.*). 21 ~ **passante** (perforazione) (*mecc.*), Durchbohren (*n.*), Durchbohrung (*f.*). 22 ~ **scentrata** (foratura fuori centro) (*difetto - lav. macch. ut.*), Verbohren (*n.*). 23 ~ **senza sfrido** (foratura-slabbratura, di una lamiera) (*lav. lamiera*), Stechen (*n.*). 24 **bava di** ~ (*lav. macch. ut.*), Bohrgrat (*m.*). 25 **calibro per** ~ (*ut.*), Bohrlehre (*f.*). 26 **cannotto del mandrino di** ~ (*macch. ut.*), Bohrpinole (*f.*). 27 **diametro di** ~ (*lav. macch. ut.*), Bohrdurchmesser (*n.*). 28 **elettrodo per** ~ (nell'elettroerosione) (*tecnol. mecc.*), Bohrelektrode (*f.*). 29 **maschera per** ~ (*att. lav. macch. ut.*), Bohrvorrichtung (*f.*). 30 **profondità di** ~ (al trapano) (*lav. macch. ut.*), Bohrtiefe (*f.*). 31 **schema di** ~ (*lav. macch. ut.*), Bohrbild (*n.*), Ausbohrplan (*m.*).
foratura-slabbratura (foratura senza sfrido, di una lamiera) (*lav. lamiera*), Stechen (*n.*).
forbici (*ut.*), Schere (*f.*). 2 ~ **da lattoniere** (cesoie a mano per lamiera) (*ut.*), Handblechschere (*f.*). 3 ~ **da sarto** (*ut.*), Schneiderschere (*f.*), Stoffschere (*f.*). 4 ~ **per carta** (*ut. - uff.*), Papierschere (*f.*). 5 ~ **tagliafilo** (tronchesine) (*ut.*), Drahtschere (*f.*).
forca (di un elevatore) (*trasp. ind.*), Gabel (*f.*). 2 ~ (*att. agric.*), Gabel (*f.*), Forke (*f.*). 3 ~ **a due denti** (per palette piane, ecc.) (*trasp. ind.*), Zweizinkengabel (*f.*).
forcella (*mecc.*), Gabel (*f.*). 2 ~ (di una crociera cardanica, di un giunto snodato) (*mecc. - aut.*), Gabelstück (*n.*), Gabelgelenk (*n.*). 3 ~ (della bicicletta) (*veic.*), Gabel (*f.*). 4 ~ (distanza tra due tiri) (*milit.*), Gabel (*f.*). 5 ~ (terminale a forcella) (*telef. - elett.*), Gabel (*f.*). 6 ~ (sella, insellatura, fra due montagne) (*geogr.*), Scharte (*f.*), Einsattelung (*f.*). 7 ~ **del cambio** (*mecc. - aut.*), Schaltgabel (*f.*).

8 ~ di comando (di una frizione p. es.) (*mecc. - aut.*), Schaltgabel (*f.*). 9 ~ di disinnesto (della frizione p. es.) (*aut. - mot.*), Ausrückgabel (*f.*). 10 ~ disinnesto frizione (*aut.*), Kupplungsgabel (*f.*), Ausrückgabel (*f.*). 11 ~ spostacinghia (*mecc.*), Ausrückgabel (*f.*). 12 ~ telescopica (per motocicli) (*veic.*), Teleskopgabel (*f.*), Telegabel (*f.*). 13 a ~ (biforcato, a forchetta) (*mecc. - ecc.*), gabelförmig, gegabelt. 14 asta a ~ per (la posa dei) fili (*telef. - ecc.*), Drahtgabel (*f.*). 15 fare ~ (*milit.*), gabeln. 16 puntello a ~ (puntello a Y) (*ed.*), Y-Strebe (*f.*). 17 supporto a ~ (*mecc.*), Gabellager (*n.*).
forchetta (*mecc. - ecc.*), vedi forcella.
forchettone (di una sivierina) (*fond.*), Traggabel (*f.*).
forcipe (*app. med.*), Geburtszange (*f.*).
« fordaggio » (fordage, pagliolo di stiva) (*nav.*), Garnier (*f.*), Garnierung (*f.*), Dunnage (*f.*).
forellino (*difetto - carta*), Sandloch (*n.*).
foresta (*agric. - legno*), Forst (*m.*), Wald (*m.*). 2 ~ (*geogr.*), Wald (*m.*).
forestale (*agric.*), forstwirtschaftlich.
forestiero (*s. - comm.*), Ausländer (*m.*).
foretto (gattuccio) (*ut. - falegn.*), Stichsäge (*f.*), Lochsäge (*f.*).
forfait (*comm. - finanz.*), Pauschale (*f. - n.*). 2 a ~ (forfettario) (*comm. - finanz.*), pauschal.
forfetizzazione (*comm.*), Pauschalierung (*f.*).
forfettario (a forfait) (*comm. - finanz.*), pauschal.
forgia (fucina) (*att. di fucinatura*), Schmiedeesse (*f.*), Schmiedefeuer (*n.*).
forgiare (*tecnol. mecc.*), vedi fucinare.
forgiatrice (*macch.*), vedi fucinatrice.
forgiatura (*tecnol. mecc.*), vedi fucinatura.
forma (*gen.*), Form (*f.*), Gestalt (*f.*). 2 ~ (contorno, sagoma) (*gen.*), Fasson (*f.*), Form (*f.*). 3 ~ (di fonderia) (*fond.*), Form (*f.*), Gussform (*f.*), Giessform (*f.*). 4 ~ (tipografica) (*tip.*), Form (*f.*), Druckform (*f.*). 5 ~ (stato, fase) (*fis.*), Erscheinungsform (*f.*). 6 ~ (di cristalli; geometria, morfologia) (*min.*), Tracht (*f.*). 7 ~ (di società) (*comm. - finanz.*), Mantel (*m.*). 8 ~ ad otto (di una curva caratteristica in un diagramma p. es.) (*gen.*), Achterform (*f.*). 9 ~ aerodinamica (*veic. - aerodin.*), Stromform (*f.*), Stromlinienform (*f.*). 10 ~ a guscio (*fond.*), Maskenform (*f.*). 11 ~ aperta (forma in fossa) (*fond.*), offene Form. 12 ~ a sbalzo (*aut. - carrozz.*), Pontonform (*f.*), abgesetztes Heck. 13 ~ a secco (forma di terra essiccata) (*fond.*), gebrannte Form, Trockengussform (*f.*). 14 ~ a spirale (per prove di colata) (*fond. - prove*), Giessspirale (*f.*), Spiralform (*f.*). 15 ~ a T (*tecnol.*), T-Form (*f.*). 16 ~ costruttiva (di un motore p. es.) (*ind.*), Bauform (*f.*). 17 ~ del pezzo ad un determinato momento (della deformazione) (*fucinatura*), Augenblicksform (*f.*). 18 ~ di terra essiccata (forma a secco) (*fond.*), gebrannte Form, Trockengussform (*g.*). 19 ~ d'onda (*fis.*), Wellenform (*f.*). 20 ~ essiccata (*fond.*), gebrannte Form. 21 ~ in fossa (forma aperta) (*fond.*), offene Form. 22 ~ in staffa (*fond.*), geschlossene Form. 23 ~ intermedia (sbozzato, nella soffiatura) (*mft.*

vetro*), Külbel (*m.*). 24 ~ in terra (*fond.*), Sandform (*f.*). 25 ~ in verde (*fond.*), Form aus grünem Sand, Grünsandform (*f.*), Nassgussform (*f.*). 26 ~ metallica (conchiglia) (*fond.*), Metallform (*f.*), Kokille (*f.*). 27 ~ per bramme (*metall.*), Brammenkokille (*f.*). 28 ~ per carta a mano (*ind. carta*), Schöpfform (*f.*). 29 ~ per getti di acciaio (*fond.*), Stahlgussform (*f.*). 30 ~ per getti singoli (*fond.*), Einzelgussform (*f.*). 31 ~ permanente (conchiglia) (*fond.*), Dauerform (*f.*), Kokille (*f.*), eiserne Form. 32 ~ per stiro-imbutitura (*ut.*), Streckziehform (*f.*). 33 ~ per tornitura in lastra (forma per imbutitura al tornio) (*tecnol. mecc.*), Drückform (*f.*). 34 ~ per vetro (*mft. vetro*), Glasform (*f.*). 35 ~ scalare (di un conto) (*finanz.*), Staffelform (*f.*). 36 ~ semipermanente (*fond.*), Halbdauerform (*f.*). 37 ~ temporanea (*fond.*), verlorene Form. 38 ~ tipografica (*tip.*), Druckform (*f.*), Form (*f.*). 39 caricamento della ~ (*fond.*), Formbelastung (*f.*), Formbeschwerung (*f.*). 40 dare ~ (*gen.*), Gestalt geben. 41 dati di ~ (d'un pezzo) (*lav. macch. ut. c/n*), Formangaben (*f. pl.*). 42 di ~ complessa (*mecc. - ecc.*), formschwierig. 43 errore di ~ (*mecc.*), Formabweichung (*f.*). 44 estrazione dalla ~ (sformatura, di un modello) (*fond.*), Entformung (*f.*). 45 getto in ~ di terra (*fond.*), Sandguss (*m.*). 46 indice di ~ (coefficiente di forma, fattore di concentrazione delle sollecitazioni) (*prove mater.*), Formzahl (*f.*), Formziffer (*f.*). 47 mezza ~ (mezza staffa) (*fond.*), Formhälfte (*f.*). 48 piano di divisione della ~ (d'una staffa) (*fond.*), Formteilung (*f.*). 49 prendere ~ (*gen.*), Gestalt nehmen. 50 tolleranza di ~ (errore di forma ammesso) (*mecc.*), Formtoleranz (*f.*), zulässige Formabweichung.
formaggella (risalto anulare su un pezzo fuso per un collegamento a vite p. es.) (*mecc. - fond.*), Auflage (*f.*), Auge (*n.*), Warze (*f.*), Ansatz (*m.*). 2 ~ (supporto per crogiuolo) (*fond.*), Bodenstein (*m.*), Ziegeluntersatz (*m.*). 3 ~ per dado (su un getto) (*mecc. - fond.*), Mutternauflage (*f.*).
formaldeide (H—COH) (aldeide formica) (*chim.*), Formaldehyd (*n.*).
formale (*gen.*), förmlich.
formalina (*chim.*), Formalin (*n.*).
formalità (*gen.*), Formalität (*f.*).
formanti (frequenze formanti) (*s. - acus.*), Formanten (*m. pl.*).
formare (*gen.*), bilden, formen. 2 ~ (*fond.*), formen. 3 ~ (foggiare) (*metall. - tecnol. mecc.*), formen, verformen. 4 ~ a freddo (foggiare a freddo) (*tecnol. mecc.*), kaltverformen. 5 ~ a sagoma (formare a bandiera) (*fond.*), schablonieren. 6 ~ con esplosivi (foggiare ad esplosione, lamiera p. es.) (*tecnol. mecc.*), explosionsformgeben. 7 ~ trefoli (*funi*), verlitzen.
formarsi (*gen.*), sich bilden, sich formen. 2 ~ di brina (*meteor.*), bereifen, beeisen. 3 ~ di scaglie (difetto di vn.), abblättern. 4 ~ di un'immagine (*ott.*), abbilden. 5 ~ di vaiolatura (*mecc. - ecc.*), anfressen, Grübchenbilden.

« format » (disposizione sistematica di dati) (*calc. - elab. dati*), Format (*n.*).
formato (*s. - gen.*), Format (*n.*). **2** ~ (*mft. carta*), Format (*n.*), Mass (*n.*), Normgrösse (*f.*). **3** ~ **in dodicesimo** (*tip.*), Duodezformat (*n.*). **4** ~ **in quarto** (foglio di carta da 22,5×28,5 cm) (*mft. carta*), Quart (*n.*), Quartformat (*n.*). **5** ~ **in quarto** (formato di libro) (*tip.*), Quart (*n.*), Quartformat (*n.*). **6** ~ **normale** (di prodotti cartari p. es.) (*ind. carta - ecc.*), Normformat (*n.*). **7** ~ **normale** (per laterizi p. es.) (*ed.*), Normalformat (*m.*). **8** ~ **normale** (*gen.*), Einheitsform (*f.*), Grundform (*f.*), Normalformat (*n.*). **9** ~ **tascabile** (*tip.*), Taschenformat (*n.*). **10** ~ **unificato** (formato DIN) (*carta - ecc.*), DIN-Format (*n.*). **11 di grande** ~ (*gen.*), grossformatig. **12 lamiera a** ~ (lamiera tagliata a formato e fornita per successive lavorazioni) (*lav. lamiera*), Zuschnitt (*m.*). **13 separatrici di formati** (d'un impianto di smistamento delle lettere) (*macch. - posta*), Formattrennmaschine (*f.*). **14 tagliare a** ~ (*lav. lamiera*), zuschneiden **15 taglio a** ~ (taglio a misura, di laminati di acciaio) (*metall.*), Zuschneiden (*n.*).
formatore (*lav. fond.*), Former (*m.*), Formenbauer (*m.*). **2** ~ (elemento alligante p. es., formatore di ferrite p. es.) (*metall.*), Bildner (*m.*). **3** ~ **di opinioni** (*stampa - ecc.*), Meinungsbildner (*m.*).
formatrice (*macch. - fond.*), Formmaschine (*f.*). **2** ~ **a candele ad abbassamento** (della placca modello) (*macch. - fond.*), Absenkformmaschine (*f.*). **3** ~ **a candele di sollevamento** (della staffa) (*macch. - fond.*), Abhebeformmaschine (*f.*). **4** ~ **a compressione** (*macch. - fond.*), Pressformmaschine (*f.*). **5** ~ **a compressione ad aria compressa** (formatrice pneumatica a compressione) (*macch. - fond.*), Formmaschine mit Druckluftpressung, Druckluftpressformmaschine (*f.*). **6** ~ **a compressione con ribaltamento della tavola** (*macch. fond.*), Pressformmaschine mit Wendeplatte. **7** ~ **a compressione con sollevamento a candele** (*macch. fond.*), Pressformmaschine mit Stiftenabhebung. **8** ~ **ad aria compressa** (*macch. - fond.*), Formmaschine mit Druckluftpressung. **9** ~ **ad estrazione** (del modello) (*macch. - fond.*), Formmaschine mit Modellaushebung. **10** ~ **ad estrazione automatica del modello** (*macch. - fond.*), Formmaschine mit selbsttätiger Modellaushebung. **11** ~ **ad estrazione** (dal basso) (con sfilamento del modello dalla placca) (*macch. - fond.*), Durchziehformmaschine (*f.*). **12** ~ **ad estrazione del modello ad aria compressa** (*macch. - fond.*), Abhebeformmaschine mit Druckluftpressung. **13** ~ **ad estrazione del modello per ribaltamento** (*macch. - fond.*), Abhebeformmaschine mit Wendeplatte. **14** ~ **a pettine** (*macch. - fond.*), Abstreifformmaschine (*f.*). **15** ~ **a piattaforma girevole** (*macch. - fond.*), Drehtischformmaschine (*f.*). **16** ~ **a pressione con piastra ribaltabile** (*macch. - fond.*), Wendeplattenpressformmaschine (*f.*). **17** ~ **a ribaltamento** (*macch. - fond.*), Wendeformmaschine (*f.*). **18** ~ **a ribaltamento (della placca)** (*macch. fond.*), Wendeplattenformmaschine (*f.*). Formmaschine mit Wendeplatte. **19** ~ **a rotazione** (rotoformatrice, per corpi cavi di mater. plast.) (*mecc.*), Rotationsmaschine (*f.*). **20** ~ **a scossa** (*macch. - fond.*), Rüttelformmaschine (*f.*), Rüttler (*m.*). **21** ~ **a scossa a ribaltamento** (formatrice a scossa ribaltabile) (*macch. - fond.*), Rüttelwendeformmaschine (*f.*). **22** ~ **a scossa con estrazione manuale del modello** (*macch. - fond.*), Rüttelformmaschine mit Handhebelmodellabhebung. **23** ~ **a scossa con piastra ribaltabile** (*macch. - fond.*), Wendeplattenrüttler (*m.*). **24** ~ **a scossa con sformatura a candele** (*macch. - fond.*), Rüttelformmaschine mit Stiftenabhebung. **25** ~ **a scossa e compressione** (*macch. - fond.*), Rüttelpressformmaschine (*f.*). **26** ~ **a scossa e compressione con sformatura a candele** (*macch. - fond.*), Rüttelpressformmaschine mit Stiftenabhebung. **27** ~ **a scossa ribaltabile** (formatrice a scossa a ribaltamento) (*macch. - fond.*), Rüttelwendeformmaschine (*f.*). **28** ~ **con estrazione a candele** (*macch. - fond.*), Formmaschine mit Stiftenabhebung. **29** ~ **con piattaforma girevole** (*macch. - fond.*), Drehtischformmaschine (*f.*). **30** ~ **e sformatrice a scossa ribaltabile** (*macch. - fond.*), Rüttelwendeformmaschine mit Abhebevorrichtung. **31** ~ **idraulica** (*macch. - fond.*), hydraulische Formmaschine. **32** ~ **lanciaterra** (macchina lanciaterra, per formare) (*macch. fond.*), Schleuderformmaschine (*f.*), Schleudermaschine (*f.*), Sandslinger (*m.*). **33** ~ **per anime** (*macch. - fond.*), Kernformmaschine (*f.*). **34** ~ **per anime soffiate** (*macch. fond.*), Kernblasmaschine (*f.*). **35** ~ **per anime sparate** (*macch. fond.*), Kernschiessmaschine (*f.*). **36** ~ **per ingranaggi** (*macch. - fond.*), Zahnräderformmaschine (*f.*). **37** ~ **pneumatica a compressione** (formatrice a compressione ad aria compressa) (*macch. - fond.*), Druckluftpressformmaschine (*f.*), Formmaschine mit Druckluftpressung.
formatura (*fond.*), Formen (*n.*), Formerei (*f.*). **2** ~ (foggiatura) (*tecnol. mecc.*), Formung (*f.*), Formgebung (*f.*). **3** ~ (foggiatura) (*fucinatura*), Umformen (*n.*). **4** ~ (*tecnol.*), vedi anche foggiatura. **5** ~ **a bandiera** (formatura a sagoma) (*fond.*), Formen mit Schablonen, Schablonenformen (*n.*), Schablonieren (*n.*). **6** ~ **a cera persa** (*fond.*), Formen mit Ausschmelzmodellen. **7** ~ **a compressione** (*fond.*), Pressung (*f.*). **8** ~ **a compressione** (di materie plastiche, stampaggio a compressione) (*tecnol.*), Formpressen (*n.*). **9** ~ **ad asportazione** (formatura con asportazione di truciolo) (*tecnol. mecc.*), spanabhebende Formung, zerspanende Formung. **10** ~ **a deformazione** (formatura senza asportazione di truciolo) (*tecnol. mecc.*), spanlose Formung. **11** ~ **ad immersione** (per produrre articoli di gomma a pareti sottili) (*ind. gomma*), Tauchen (*n.*). **12** ~ **a freddo** (foggiatura a freddo) (*tecnol. mecc.*), Kaltformgebung (*f.*), Kaltformung (*f.*). **13** ~ **a guscio** (*fond.*), Maskenformverfahren (*n.*), Formmaskenverfahren (*n.*), Croningverfahren (*n.*). **14** ~ **allo scoperto** (formatura in fossa) (*fond.*), Herdformerei (*f.*), Herdformen (*n.*), Grubenformen (*n.*).

15 ~ a macchina (formatura meccanica) (fond.), Formen mit Maschinen, Maschinenformen (n.). 16 ~ a mano (fond.), Handformerei (f.). 17 ~ a motta (formatura senza staffa) (fond.), kastenloses Formen. 18 ~ a sagoma (formatura a bandiera) (fond.), Formen mit Schablonen, Schablonenformen (n.), Schablonieren (n.). 19 ~ a secco (fond.), Trockensandformen (n.). 20 ~ a stampo (stampaggio) (lav. lamiera), Formstanzen (n.). 21 ~ a stiro (foggiatura a stiro, stiro-formatura) (lav. lamiera), Streckformen (n.). 22 ~ a verde (fond.), Nassgussformen (n.), Nassgussformerei (f.), Grünsandformen (n.), Nassformen (n.). 23 ~ con asportazione di truciolo (foggiatura con asportazione di truciolo) (tecnol. mecc.), spanabhebende Formung, zerspanende Formung. 24 ~ con placca modello (fond.), Modellformplattenformerei (f.). 25 ~ con terra refrattaria (per forme a secco, formatura con terra grassa, formatura con «chamotte») (fond.), Masseformerei (f.). 26 ~ di anime (fond.), Kernformerei (f.). 27 ~ in fossa (formatura allo scoperto) (fond.), Herdformerei (f.), Herdformen (n.), Grubenformen (n.). 28 ~ in staffa (fond.), Kastenformerei (f.). 29 ~ in terra (fond.), Sandformerei (f.). 30 ~ in terra grassa (fond.), Lehmformerei (f.). 31 ~ in verde (formatura a verde) (fond.), Nassgussformerei (f.), Nassgussformen (n.), Grünsandformen (n.), Nassformen (n.). 32 ~ libera (formatura senza modello) (fond.), freie Formerei. 33 ~ meccanica (formatura a macchina) (fond.), Formen mit Maschinen, Maschinenformen (n.). 34 ~ senza asportazione di truciolo (foggiatura senza asportazione di truciolo) (tecnol. mecc.), spanlose Formung. 35 ~ senza modello (formatura libera) (fond.), freie Formerei. 36 ~ senza staffa (formatura a motta) (fond.), kastenloses Formen. 37 capannone ~ (fond.), Formhalle (f.). 38 reparto ~ (fond.), Formerei (f.). 39 stampo per ~ (ut. lav. lamiera), Formstanze (f.).

formazione (fis. - ecc.), Bildung (f.). 2 ~ (geol.), Formation (f.). 3 ~ (metall.), Bildung (f.). 4 ~ (di un accumulatore p. es.) (elett.), Formierung (f.), Formieren (n.). 5 ~ (intreccio, avvolgimento) (funi), Seilschlag (m.). 6 ~ (aer. milit. - aer.), Verband (m.), Formation (f.). 7 ~ (del personale, istruzione, ecc.) (pers. - ind.), Ausbildung (f.). 8 ~ a livello universitario (pers. - ecc.), akademische Ausbildung. 9 ~ al posto di lavoro (pers. - ind.), Ausbildung am Arbeitsplatz. 10 ~ degli apprendisti (organ. lav.), Lehrlingsausbildung (f.). 11 ~ dei capi (pers. - lav.), Führerausbildung (f.). 12 ~ dei quadri direttivi (pers. - ind.), Kaderausbildung (f.). 13 ~ di acqua (nell'impianto di scarico p. es.) (mot. - ecc.), Wasserbildung (f.). 14 ~ di allineamenti (formazione di bande, nella struttura) (metall.), Zeiligkeit (f.). 15 ~ di arco (elett.), Lichtbogenbildung (f.). 16 ~ di bande (formazione di allineamenti, nella struttura) (metall.), Zeiligkeit (f.). 17 ~ di bolle (o di bollicine o vescicole) (difetto vn.), Bläschenbildung (f.). 18 ~ di bollicine (o di bolle o vescicole) (difetto vn.), Bläschenbildung (f.). 19 ~ di cavità (nel calcestruzzo) (difetto - mur.), Nesterbildung (f.). 20 ~ di circuiti virtuali (virtualizzazione) (telef.), Vierverbindung (f.). 21 ~ di coppie (formazione di un elettrone ed un positrone mediante trasformazione di un quanto di luce) (fis. nucl.), Paarbildung (f.), Paarerzeugung (f.). 22 ~ di depositi (geol.), Ablagerung (f.). 23 ~ di filamenti (difetto vn.), Spinngewebebildung (f.). 24 ~ di fuga (formazione di via di dispersione) (elett.), Kriechspurbildung (f.). 25 ~ di funghi (tecnol. - elett.), Pilzbildung (f.). 26 ~ di ghiaccio (aer. - ecc.), Vereisung (f.), Eisbildung (f.). 27 ~ di grinze (nell'imbutitura di lamiere) (tecnol. mecc.), Faltenbildung (f.). 28 ~ di nuclei (di cristalli, germinazione) (metall.), Keimbildung (f.). 29 ~ di orecchie (nella imbutitura profonda) (difetto lav. lamiera), Zipfelbildung (f.). 30 ~ di ozono (elett.), Ozonbildung (f.). 31 ~ di pelle (difetto di vn.), Hautbildung (f.), Hautziehen (n.). 32 ~ di puntine (sulla superficie di lamiere zincate) (difetto - tecnol. mecc.), Pickelbildung (f.). 33 ~ di scoria (scorificazione) (metall.), Schlackenbildung (f.). 34 ~ di scoria (sulla superfice d'un pezzo, causata da ossidazione; «calaminatura») (difetto metall.), Verzunderung (f.). 35 ~ di vescicole (o di bolle o bollicine) (difetto vn.), Bläschenbildung (f.). 36 ~ di via di dispersione (elett.), Kriechspurbildung (f.). 37 ~ di volo (aer.), Flugformation (f.). 38 ~ di volta (in un forno) (metall. - forno), Hängen (n.), Hängenbleiben (n.), Anwüchse (m. pl.). 39 ~ di vortici (mecc. dei fluidi), Wirbelbildung (f.). 40 ~ in linea (di navi) (mar. milit.), Kiellinie (f.). 41 ~ professionale (istruzione professionale) (pers. - lav.), Fachausbildung (f.), Berufsausbildung (f.). 42 ~ (professionale) degli apprendisti (organ. del lav.), Lehrlingsausbildung (f.). 43 ~ (professionale) dei capi (organ. pers.), Ausbildung der Führungskräfte.

formella (piastrella, per pavimenti, ecc.) (ed. - arch.), Fliese (f.), Platte (f.). 2 ~ (cassettone, di soffitto p. es.) (arch.), Kassette (f.).

formiato (chim.), Formiat (n.).

formula (mat. - chim.), Formel (f.). 2 ~ approssimata (mat. - ecc.), Näherungsformel (f.). 3 ~ chimica (chim.), chemische Formel. 4 ~ di chiusura (formula di saluto, di una lettera) (uff.), Schlussformel (f.). 5 ~ di correzione del prezzo (per forniture) (comm.), Preisgleitklausel (f.). 6 ~ di costituzione (formula di struttura) (chim.), Strukturformel (f.). 7 ~ di Eulero del carico di punta critico (sc. costr.), Eulersche Knickformel. 8 ~ di saluto (formula di chiusura, di una lettera) (uff.), Schlussformel (f.). 9 ~ di struttura (formula di costituzione) (chim.), Strukturformel (f.). 10 ~ empirica (mat. - ecc.), empirische Formel. 11 ~ KR (formula di ammissione a regate per imbarcazioni a vela) (nav. - sport), KR-Formel (f.). 12 ~ per la (determinazione della) potenza fiscale (aut.), Steuerformel (f.). 13 ~ uno (per vetture da corsa) (sport - aut.), Formel-1 (f.). 14 vettura

formulare

di ~ uno (*aut. - sport*), Formel-1-Rennwagen (*m.*).
formulare (pronunciare, una sentenza) (*leg.*), fällen.
formulario (libro contenente formule) (*tip. - ecc.*), Formularbuch (*n.*), Formelbuch (*n.*), Formelsammlung (*f.*). 2 ~ (modulo) (*gen.*), Formblatt (*n.*), Formular (*n.*), Vordruck (*m.*).
formulazione (*gen.*), Formulierung (*f.*), Erarbeitung (*f.*), Fassung (*f.*).
fornace (per laterizi) (*forno*), Ofen (*m.*), Brennofen (*m.*), Ziegelei (*f.*), Backsteinofen (*m.*). 2 ~ **solare** (forno solare) (*forno*), Sonnenofen (*m.*). 3 ~ **solare a pannelli** (collettore a pannelli per convertire la radiazione del sole in calore) (*diap.*), Plattensammler (*m.*).
fornaio (*lav.*), Bäcker (*m.*).
fornaiolo (fornista) (*lav. - metall.*), Ofenmann (*m.*), Erhitzer (*m.*). 2 ~ **per forni di tempra** (*lav. - metall.*), Härter (*m.*).
fornello (*app.*), Kocher (*m.*). 2 ~ (per la discesa di minerali o della ripiena) (*min.*), Rolloch (*n.*), Förderrolle (*f.*), Sturzrolle (*f.*). 3 ~ **a benzina** (*camping - ecc.*), Benzinkocher (*m.*). 4 ~ **a spirito** (*app.*), Spirituskocher (*m.*). 5 ~ **elettrico** (*app.*), Kochplatte (*f.*), elektrische Kochplatte, Elektroherd (*m.*).
fornire (*comm.*), liefern, verkaufen. 2 ~ **ed installare** (fornire in opera) (*ind.*), liefern und einbauen. 3 ~ **in opera** (fornire ed installare) (*ind.*), liefern und einbauen.
fornista (*lav.*), Ofenmann (*m.*).
fornito (*comm.*), geliefert. 2 viscosità come ~ (di una vernice p. es.) (*chim. - comm.*), Anlieferungsviskosität (*f.*).
fornitore (*ind. - comm.*), Lieferant (*m.*). 2 ~ **dello Stato** (*ind.*), Staatslieferant (*m.*). 3 **campione del** ~ (*comm.*), Kontramuster (*n.*), Gegenmuster (*n.*).
fornitura (*comm.*), Lieferung (*f.*). 2 ~ **alle aziende del gruppo** (da parte di azienda formante parte dello stesso gruppo) (*comm.*), Konzernumsatz (*m.*). 3 ~ **a terzi** (*comm.*), Fremdumsatz (*m.*). 4 ~ **di energia elettrica** (*elett.*), Elektrizitätsversorgung (*f.*), Stromversorgung (*f.*). 5 **compreso nella** ~ (*comm.*), mitgeliefert. 6 **condizioni di** ~ (tecniche p. es.) (*comm. - tecnol.*), Lieferbedingungen (*f. pl.*), Lieferungsbedingungen (*f. pl.*). 7 **contratto di** ~ (*comm.*), Liefervertrag (*m.*). 8 **contratto di** ~ **d'energia elettrica** (*elett.*), Stromlieferungsvertrag (*m.*).
forno (per metalli p. es.) (*ind. - forno*), Ofen (*m.*). 2 ~ **a bacino** (*mft. del vetro - forno*), Schmelzwanne (*f.*), Glasschmelzwanne (*f.*), Wannenofen (*m.*). 3 ~ **a cadenza** (lungo forno a spinta, per billette) (*metall.*), Taktofen (*m.*). 4 ~ **a camera** (per riscaldo di spezzoni di barre, ecc.) (*fucin. - forno*), Kammerofen (*m.*). 5 ~ **a camera** (*ceramica*), Kammerofen (*m.*). 6 ~ **a camere orizzontali** (per cokefazione) (*ind. chim.*), Horizontalkammerofen (*m.*). 7 ~ **a campana** (*metall.*), Haubenofen (*m.*). 8 ~ **a circolazione d'aria** (*forno*), Luftumwälzofen (*m.*). 9 ~ **a combustione mista** (in cui il materiale da trattare ed il combustibile sono mescolati) (*forno*), Mischfeuerofen (*m.*). 10 ~ **a crogioli** (forno a padelle, per vetro) (*mft. del vetro - forno*), Hafenofen (*m.*). 11 ~ **a crogiolo** (*forno - metall.*), Tiegelofen (*m.*), Tiegelschmelzofen (*m.*). 12 ~ **a crogiolo a coke** (*forno - metall.*), Kokstiegelofen (*m.*). 13 ~ **a crogiolo a gas** (*forno - metall.*), Gastiegelofen (*m.*). 14 ~ **a crogiolo a nafta** (*forno - metall.*), Öl-Tiegelofen (*m.*). 15 ~ **a crogiolo elettrico** (*forno - metall.*), Elektrotiegelofen (*m.*). 16 ~ **ad anello** (*forno*), Ringofen (*m.*). 17 ~ **ad arco** (*metall. - forno*), Lichtbogenofen (*m.*). 18 ~ **ad arco a resistenza** (*forno*), kombinierter Lichtbogen-Widerstandsofen. 19 ~ **ad arco diretto** (*metall. - forno*), direkter Lichtbogenofen, Direkt-Lichtbogenofen (*m.*). 20 ~ **ad arco indiretto** (*metall. - forno*), indirekter Lichtbogenofen, Indirekt-Lichtbogenofen (*m.*). 21 ~ **ad arco in serie** (*forno*), Doppellichtbogenofen (*m.*). 22 ~ **a fascio elettronico** (*metall.*), Elektronenstrahlofen (*m.*). 23 ~ **a fuoco continuo** (*forno*), Dauerbrenner (*m.*). 24 ~ **a induzione** (*forno - metall.*), Induktionsofen (*m.*). 25 ~ **a induzione a bassa frequenza** (*metall. - forno*), Niederfrequenz-Induktionsofen (*m.*). 26 ~ **a induzione ad alta frequenza** (*metall. - forno - tratt. term.*), Hochfrequenz-Induktionsofen (*m.*). 27 ~ **a doppia suola** (*forno - metall.*), Brillenofen (*m.*). 28 ~ **a galleria** (forno a tunnel) (*forno*), Kanalofen (*m.*), Tunnelofen (*m.*). 29 ~ **a gas** (*forno*), Gasofen (*m.*). 30 ~ **a longheroni mobili** (*forno - metall.*), Schrittmacherofen (*m.*), Balkenherdofen (*m.*). 31 ~ **a manica** (forno a tino) (*metall. - forno*), Schachtofen (*m.*). 32 ~ **a muffola** (*ceramica - forno - ecc.*), Muffelofen (*m.*). 33 ~ **a nafta** (*forno*), Ölofen (*m.*). 34 ~ **a padelle** (forno a crogioli) (*mft. del vetro - forno*), Hafenofen (*m.*). 35 ~ **a più suole sovrapposte** (*forno*), Tellerofen (*m.*). 36 ~ **a plasma** (*metall.*), Plasmaofen (*m.*). 37 ~ **a polverizzato di carbone** (*forno*), Kohlenstaubofen (*m.*). 38 ~ **a pozzo** (nel quale i lingotti d'acciaio vengono riscaldati prima della laminazione p. es.) (*forno-metall.*), Tiefofen (*m.*). 39 ~ **a resistenza** (*metall. - forno*), Widerstandsofen (*m.*). 40 ~ **a resistenza diretta** (*metall. - forno*), Direkt-Widerstandsofen (*m.*). 41 ~ **a resistenza indiretta** (*metall. - forno*), Indirekt-Widerstandsofen (*m.*). 42 ~ **a ricupero** (*forno*), Abgasspeicherofen (*m.*). 43 ~ **a ripiani** (per panetteria p. es.) (*forno*), Etagenbackofen (*m.*). 44 ~ **a riverbero** (*metall. - forno*), Flammofen (*m.*). 45 ~ **a riverbero a gas** (*forno*), Gasflammofen (*m.*). 46 ~ **a spingitoio** (*metall. - forno*), Stossofen (*m.*). 47 ~ **a spinta** (forno a spingitoio) (*forno*), Stossofen (*m.*). 48 ~ **a storta** (per gas p. es.) (*forno*), Retortenofen (*m.*), Kammerofen (*m.*). 49 ~ **a suola a rulli** (*metall. - ecc.*), Rollofen (*m.*). 50 ~ **a suola carrellata** (*forno*), Wagenherdofen (*m.*). 51 ~ **a suola mobile** (*forno*), Herdwagenofen (*m.*). 52 ~ **a suola rotante** (*forno - metall.*), Drehherdofen (*m.*). 53 ~ **a tino** (forno a manica) (*metall.-forno*), Schachtofen (*m.*). 54 ~ **a tino basso** (bassoforno) (*forno - metall.*), Niederschachtofen (*m.*). 55 ~ **a transito** (*forno*), Durchziehofen (*m.*). 56 ~ **a travi mobili** (*forno - metall.*), Hubbalkenofen (*m.*). 57 ~ **a tunnel** (forno a galleria)

(*forno*), Kanalofen (*m.*), Tunnelofen (*m.*). **58** ∼ **a vasca** (*forno - metall.*), Kesselofen (*m.*). **59** ∼ **bergamasco** (forno contese, forno catalano, basso fuoco) (*forno*), Luppenfeuer (*n.*). **60** ∼ **catalano** (basso fuoco, forno contese, forno bergamasco) (*forno*), Luppenfeuer (*n.*). **61** ∼ **circolare** (*forno*), Rundofen (*m.*). **62** ∼ **con suola a rulli** (*forno*), Rollenherdofen (*m.*). **63** ∼ **contese** (forno catalano, forno bergamasco, basso fuoco) (*forno*), Luppenfeuer (*n.*). **64** ∼ **continuo** (*forno*), Durchlaufofen (*m.*). **65** ∼ **continuo (con trasportatore) a nastro di acciaio** (*forno - metall.*), Stahlband-Durchlaufofen (*m.*). **66** ∼ **da banco** (*forno - tecnol.*), Werkbankofen (*m.*). **67** ∼ **da coke** (*forno - ind. chim.*), Verkokungsofen (*m.*), Koksofen (*m.*). **68** ∼ **di affinamento** (forno di affinazione) (*metall.*), Feinofen (*m.*), Frischofen (*m.*). **69** ∼ **di affinazione** (forno di affinamento) (*metall.*), Feinofen (*m.*), Frischofen (*m.*). **70** ∼ **di arrostimento** (per minerali) (*min. - metall.*), Röstofen (*m.*). **71** ∼ **di attesa** (*forno - metall.*), Wärmehalteofen (*m.*), Schöpfofen (*m.*). **72** ∼ **di calcinazione** (*ind. chim.*), Brennofen (*m.*), Kalkbrennofen (*m.*). **73** ∼ **di coppellazione** (*metall.*), Kapellenofen (*m.*). **74** ∼ **di cottura** (*forno*), Backofen (*m.*). **75** ∼ **di cottura** (per ceramica p. es.) (*forno*), Einbrennofen (*m.*), Brennofen (*m.*). **76** ∼ **di cottura a gas** (*forno*), Gasbackofen (*m.*). **77** ∼ **di essiccazione** (*forno*), Trockenofen (*m.*). **78** ∼ **di essiccazione** (essiccatoio) (*ind.*), Darrbühne (*f.*), Darre (*f.*), Darrofen (*m.*). **79** ∼ **d'incenerimento** (inceneritore, impianto d'incenerimento) (*comb.*), Verbrennungsofen (*m.*), Veraschungsanlage (*f.*). **80** ∼ **di nitrurazione** (*tratt. term.*), Nitrierofen (*m.*). **81** ∼ **di poppa** (*nav.*), Gilling (*f.*), Gillung (*f.*), Gillungsheck (*n.*). **82** ∼ **di preriscaldo** (*forno*), Anwärmofen (*m.*). **83** ∼ **di puddellaggio** (*metall. - forno*), Puddelofen (*m.*). **84** ∼ **di ricottura** (*forno - tratt. term.*), Ausglühofen (*m.*), Glühofen (*m.*). **85** ∼ **di ricottura** (*mft. di vetro - forno*), Kühlofen (*m.*), Glühofen (*m.*). **86** ∼ **di ricottura a torre** (forno continuo) (*metall. - forno*), Turmglühofen (*m.*). **87** ∼ **di ricottura continuo** (*tratt. term.*), Glühstrasse (*f.*). **88** ∼ **di ricottura del vetro** (*mft. vetro - forno*), Glaskühlofen (*m.*). **89** ∼ **di riduzione** (*metall.*), Verhüttungsofen (*m.*), Reduktionsofen (*m.*). **90** ∼ **di rinvenimento** (*forno - tratt. term.*), Anlassofen (*m.*). **91** ∼ **di riscaldo** (per pezzi da fucinare o laminare p. es.) (*forno*), Wärmofen (*m.*), Zwischenwärmofen (*m.*), Nachwärmofen (*m.*). **92** ∼ **di riscaldo** (*mft. vetro*), Einbrennofen (*m.*), Auftreibofen (*m.*). **93** ∼ **discontinuo** (*metall. - forno*), Kammerofen (*m.*). **94** ∼ **elettrico** (*forno - metall.*), elektrischer Ofen, Elektroofen (*m.*). **95** ∼ **elettrico di attesa** (*forno - metall.*), elektrischer Warmhalteofen (*m.*). **96** ∼ **fusorio** (*metall. - forno*), Schmelzofen (*m.*). **97** ∼ **fusorio a riverbero** (*forno*), Schmelzflammofen (*m.*). **98** ∼ **fusorio elettronico** (forno sotto vuoto in cui il metallo da colare viene fuso da elettroni liberi) (*metall.*), Elektronenstrahlschmelzofen (*m.*). **99** ∼ **inclinabile** (*forno*), Kippofen (*m.*), Schaukelofen (*m.*), kippbarer Ofen. **100** ∼ **industriale** (*forno*), Industrieofen (*m.*). **101** ∼ **intermittente** (*forno*), Charge-Ofen (*m.*), periodischer Ofen. **102** ∼ **Martin** (*forno-metall.*), Martinofen (*m.*). **103** ∼ **Martin-Siemens** (*forno-metall.*), Siemens-Martinofen (*m.*), SM-Ofen (*m.*), Herdofen (*m.*). **104** ∼ **multiplo** (*forno*), Etagenofen (*m.*). **105** ∼ **per bonifica** (*forno - metall.*), Vergüteofen (*m.*). **106** ∼ **per brunitura** (*forno - tecnol. mecc.*), Schwarzbrennofen (*m.*). **107** ∼ **per calce** (*forno*), Kalkofen (*m.*). **108** ∼ **per cementazione** (*tratt. term. - forno*), Einsatzofen (*m.*). **109** ∼ **per cementazione (in fase) gassosa** (*tratt. term. - forno*), Gaszementierofen (*m.*). **110** ∼ **per cemento** (*forno*), Zementofen (*m.*). **111** ∼ **per distensione** (forno per ricottura di distensione) (*tratt. term. - forno*), Entspannungsofen (*m.*). **112** ∼ **per distillazione a bassa temperatura** (*forno*), Schwelofen (*m.*). **113** ∼ **per fucinatura** (*forno*), Schmiedeofen (*m.*). **114** ∼ **per laterizi** (*ind. ed.*), Backsteinofen (*m.*), Ziegelei (*f.*). **115** ∼ **per nitrurazione** (*tratt. term. - forno*), Nitrierofen (*m.*). **116** ∼ **per ricottura** (*forno - tratt. term.*), Glühofen (*m.*). **117** ∼ **per ricottura di distensione** (forno per distensione) (*forno - tratt. term.*), Entspannungsofen (*m.*). **118** ∼ **per ricottura in bianco** (*forno - tratt. term.*), Blankglühofen (*m.*). **119** ∼ **per ricottura in cassetta** (*forno - tratt. term.*), Kistenglühofen (*m.*). **120** ∼ **per rinvenimento** (*forno - tratt. term.*), Anlassofen (*m.*). **121** ∼ **per smaltatura** (*forno*), Emaillierofen (*m.*). **122** ∼ **per tempra** (*forno - tratt. term.*), Härteofen (*m.*). **123** ∼ **per tempra a gas** (*forno - tratt. term.*), Gashärteofen (*m.*). **124** ∼ **per trattamenti termici** (*forno - tratt. term.*), Warmbehandlungsofen (*m.*). **125** ∼ **per verniciatura** (*vn.*), Lakkierofen (*m.*). **126** ∼ **rotante** (forno rotativo) (*forno*), Drehofen (*m.*), Rotierofen (*m.*). **127** ∼ **rotativo** (forno rotante) (*forno*), Drehofen (*m.*), Rotierofen (*m.*). **128** ∼ **rotativo** (tubolare, per cemento p. es.) (*forno*), Drehrohrofen (*m.*), Drehrohr (*n.*), Drehofen (*m.*). **129** ∼ **rotativo** (forno a suola rotante) (*forno - metall.*), Drehherdofen (*m.*). **130** ∼ **rotativo per cemento** (*forno*), Zementdrehofen (*m.*). **131** ∼ **rovesciabile** (*metall. - forno*), Kippofen (*m.*). **132** ∼ **solare** (fornace solare) (*forno*), Sonnenofen (*m.*). **133** ∼ **tubolare** (*forno*), Röhrenofen (*m.*). **134 alto** ∼ (*metall. - forno*), Hochofen (*m.*). **135 alto** ∼ **elettrico** (*metall. - forno*), elektrischer Hochofen. **136 carcassa del** ∼ (involucro del forno, fasciame del forno, mantello del forno) (*forno - metall.*), Ofenmantel (*m.*). **137 carica del** ∼ (*metall. - forno*), Ofeneinsatz (*m.*). **138 corazza del** ∼ (*altoforno*), Ofenpanzer (*m.*). **139 cuocere al** ∼ (*ind.*), backen. **140 fasciame del** ∼ (involucro del forno, mantello del forno, carcassa del forno) (*forno - metall.*), Ofenmantel (*m.*). **141 gas d'alto** ∼ (*metall. - forno*), Hochofengas (*n.*). **142 incrostazione di** ∼ (*forno - metall.*), Ofenbruch (*m.*). **143 involucro del** ∼ (carcassa del forno, fasciame del forno, mantello del forno) (*forno - metall.*), Ofenmantel (*m.*). **144 mantello del** ∼ (fasciame del forno, involucro del forno, carcassa del forno) (*forno - metall.*), Ofenmantel (*m.*). **145 piastra di ghisa per forni** (spessore

foro

3-6 mm) (*forno - fond.*), Ofenguss (*m.*), Ofenplatte aus Gusseisen.
foro (*gen.*), Loch (*n.*). **2** ~ (apertura) (*gen.*), Öffnung (*f.*). **3** ~ (eseguito al trapano p. es.) (*mecc.*), Bohrung (*f.*). **4** ~ (*leg.*), Gerichtsstand (*m.*). **5** ~ (per il manico, asola, di un martello, di una scure) (*ut.*), Öhr (*n.*), Öse (*f.*). **6** ~ **a gradini** (foro a più diametri) (*mecc.*), abgesetzte Bohrung, abgestufte Bohrung. **7** ~ **a più diametri** (foro a gradini) (*mecc.*), abgesetzte Bohrung, abgestufte Bohrung. **8** ~ **base** (*mecc.*), Einheitsbohrung (*f.*). **9** ~ **calibrato** (*mecc.*), Passloch (*n.*). **10** ~ **cieco** (*mecc. - ecc.*), blindes Loch, Blindbohrung (*f.*), Sackloch (*n.*), Grundloch (*n.*). **11** ~ **conico** (*mecc.*), Kegelbohrung (*f.*). **12** ~ **da centro** (*mecc.*), Zentrierbohrung (*f.*). **13** ~ **da mina** (*espl. - min.*), Schiessloch (*n.*), Bohrloch (*n.*), Sprengloch (*n.*). **14** ~ **da mina carico** (*min.*), Schuss (*m.*). **15** ~ **dell'olio** (foro per l'olio) (*macch.*), Ölbohrung (*f.*). **16** ~ **del minimo** (di un carburatore) (*mot.*), Leerlaufbohrung (*f.*). **17** ~ **di alleggerimento** (nella lamiera p. es.) (*tecnol. mecc.*), Erleichterungsloch (*n.*). **18** ~ **di assaggio** (per analisi del suolo) (*ed.*), Schürfloch (*n.*). **19** ~ **di colata** (di una forma) (*fond.*), Eingussloch (*n.*). **20** ~ **di colata** (foro di spillatura, di un forno) (*fond. - forno*), Abstichloch (*n.*), Stichloch (*n.*), Stich (*m.*). **21** ~ **di divisione** (di un disco divisore) (*mecc. - macch. ut.*), Teilloch (*n.*). **22** ~ **di efflusso** (foro di uscita, sbocco, di un tubo) (*tubaz.*), Mündung (*f.*). **23** ~ **di entrata** (luce di entrata) (*gen.*), Einlassöffnung (*f.*). **24** ~ **di entrata** (per i cavi di alimentazione p. es.) (*app. elett.*), Einführungsöffnung (*f.*). **25** ~ **di guida** (*mecc.*), Führungsloch (*n.*). **26** ~ **di levata** (foro di prelievo, d'un forno fusorio) (*ind. vetr.*), Arbeitsloch (*n.*). **27** ~ **di « indessaggio »** (foro di posizionamento) (*lav. macch. ut.*), Indexbohrung (*f.*). **28** ~ **d'ingresso** (luce di ammissione, del compressore p. es.) (*macch.*), Eintrittsöffnung (*f.*). **29** ~ **di posizionamento** (foro di « indessaggio ») (*lav. macch. ut.*), Indexbohrung (*f.*). **30** ~ **di pulizia** (foro di pulitura) (*cald. - ecc.*), Putzöffnung (*f.*), Reinigungsöffnung (*f.*). **31** ~ **di riempimento** (*macch. - ecc.*), Einfüllöffnung (*f.*), Einfülloch (*n.*). **32** ~ **di riferimento** (*mecc.*), Bezugsbohrung (*f.*). **33** ~ **di scarico** (*gen.*), Abflussöffnung (*f.*), Auslauföffnung (*f.*). **34** ~ **di scarico** (luce di scarico) (*mot. - ecc.*), Auslassöffnung (*f.*). **35** ~ **(di scarico) dei trucioli** (d'una filiera per filettare) (*ut.*), Spanloch (*n.*), Schneidzahnloch (*n.*). **36** ~ **di scolo** (*ed.*), Tropfloch (*n.*). **37** ~ **di sfiato** (di una batteria, mot., ecc.) (*mot. - ecc.*), Belüftungsloch (*n.*), Entlüftungsloch (*n.*). **38** ~ **di sfiato** (piccolo foro in un punzone, per scaricare l'aria) (*tecnol. mecc.*), Luftloch (*n.*). **39** ~ **d'ispezione** (*cald. - ecc.*), Kontrollöffnung (*f.*), Schauloch (*n.*), Handloch (*n.*). **40** ~ **di spia** (*macch. - ecc.*), Einguck (*m.*), Schauloch (*n.*), Gucköffnung (*f.*). **41** ~ **di spillatura** (dell'altoforno p. es.) (*forno - fond.*), Stichloch (*n.*), Abstichloch (*n.*), Stich (*m.*). **42 fori di spillo** (difetto di vn.) (*m. pl.*), Krater (*m. pl.*), Kratererscheinung (*f.*). **43** ~ **di trascinamento** (del nastro perforato) (*elab. dati*), Transportloch (*n.*). **44** ~ **di uscita** (*idr.*), Auslauföffnung (*f.*), **45** ~ **ellittico** (foro eccentrico, di un cuscinetto, per ottenere la voluta stabilità dell'albero attraverso l'aumento di attrito nel velubro) (*mecc.*), Zitronenbohrung (*f.*). **46** ~ **filettato** (*mecc.*), Gewindeloch (*n.*), Gewindebohrung (*f.*), Schraubenloch (*n.*). **47** ~ **(ottenuto) di fusione** (*fond.*), gegossenes Loch. **48** ~ **passante** (*mecc.*), Durchgangsloch (*n.*). **49** ~ **per copiglia** (di una vite p. es.) (*mecc.*), Splintloch (*n.*). **50** ~ **per il manico** (asola, di una scure, di un martello) (*ut.*), Öse (*f.*), Öhr (*n.*). **51** ~ **per l'olio** (foro dell'olio) (*macch.*), Ölbohrung (*f.*). **52** ~ **punzonato** (*lav. lamiera*), Stanzloch (*n.*), gestanztes Loch. **53** ~ **quadro** (*gen.*), Vierkantloch (*n.*). **54** ~ **spia** (*macch. - ecc.*), Einguck (*m.*), Schauloch (*n.*), Gucköffnung (*f.*). **55** ~ **trapanato** (con punta da trapano) (*mecc.*), ausgebohrtes Loch, Bohrloch (*n.*). **56** ~ **trivellato** (*min.*), Bohrloch (*n.*), Bohrung (*f.*). **57 carica per** ~ **di spillatura** (carica esplosiva per aprire il foro di spillatura) (*forno - metall.*), Abstichladung (*f.*). **58 chiusura del** ~ **d'ispezione** (*macch. - ecc.*), Handlochverschluss (*m.*). **59 interasse fori** (*lav. macch. ut.*), Bohrungsabstände (*f. pl.*). **60 profondità del** ~ **filettato** (*mecc.*), Gewindelochtiefe (*f.*). **61 sensibilità al** ~ (sensibilità in corrispondenza del foro, caso particolare della sensibilità all'intaglio) (*metall.*), Lochempfindlichkeit (*f.*). **62 spostamento di un** ~ (nella divisione) (*mecc. - lav. macch. ut.*), Einlochschaltung (*f.*).
forte (*a. - gen.*), stark. **2** ~ (fortezza) (*s. - costr. milit.*), Festung (*f.*). **3 corrente** ~ (*elett.*), Starkstrom (*m.*).
fortezza (*costr. milit.*), Festung (*f.*). **2** ~ **volante** (*aer.*), fliegende Festung.
« forticel » (mater. plastico) (*mater.*), « Forticel » (*n.*).
fortificare (una città p. es.) (*milit.*), befestigen.
fortificazione (*milit.*), Befestigung (*f.*). **2** ~ (fortezza) (*ed. - milit.*), Festung (*f.*).
fortino (« bunker ») (*milit.*), Bunker (*m.*), betonierter Schutzraum.
FORTRAN (Formula Translator, linguaggio di programmazione dell'elabor. dati) (*progr.*), FORTRAN.
fortuito (evento p. es.) (*gen.*), zufällig.
fortunale (*meteor.*), orkanartiger Sturm.
forza (*fis. - ecc.*), Kraft (*f.*). **2** ~ (di un bagno di acido) (*chim. - ecc.*), Stärke (*f.*). **3** ~ **aerodinamica** (*aerodin.*), Luftkraft (*f.*). **4** ~ **antagonista** (*mecc.*), Gegenkraft (*f.*). **5** ~ **ascensionale** (*aer.*), Hubkraft (*f.*), Auftrieb (*m.*). **6** ~ **ascensionale dinamica** (di un aerostato) (*aer.*), dynamischer Auftrieb. **7** ~ **ascensionale disponibile** (di un aerostato) (*aer.*), verfügbarer Auftrieb. **8** ~ **ascensionale falsa** (di un aerostato, dovuta al calore differenziale) (*aer.*), falscher Auftrieb. **9** ~ **ascensionale netta** (di un aerostato) (*aer.*), reiner Auftrieb. **10** ~ **ascensionale residua** (di un aerostato) (*aer.*), verfügbarer Auftrieb. **11** ~ **ascensionale statica** (spinta statica) (*aer.*), statischer Auftrieb. **12** ~ **ascensionale totale** (di un aerostato) (*aer.*),

Gesamtauftrieb (*m.*). **13 ~ assiale** (spinta assiale) (*mecc.*), Längskraft (*f.*). **14 ~ attiva** (componente della forza di taglio) (*lav. macch. ut.*), Aktivkraft (*f.*). **15 ~ centrale** (d'un campo di forze) (*mecc.*), Zentralkraft (*f.*). **16 ~ centrifuga** (*mecc.*), Schleuderkraft (*f.*), Fliehkraft (*f.*), Zentrifugalkraft (*f.*). **17 ~ centripeta** (*mecc.*), Zentripetalkraft (*f.*). **18 ~ centripeta** (componente della forza di gravità diretta verso l'interno della curva e generata rialzando il binario) (*ferro*), Abtriebskraft (*f.*). **19 ~ coercitiva** (*elett.*), Koerzitivkraft (*f.*). **20 ~ componente** (componente) (*mecc.*), Seitenkraft (*f.*), Komponente (*f.*). **21 ~ controelettromotrice** (*elett.*), elektromotorische Gegenkraft, gegenelektromotorische Kraft. **22 ~ dell'elettrodo** (pressione sull'elettrodo) (*saldatura*), Elektrodendruck (*m.*). **23 ~ del vento** (intensità del vento) (*meteor.*), Windstärke (*f.*). **24 ~ di adesione** (*mecc. - ecc.*), Adhäsionsvermögen (*n.*). **25 ~ di attrazione** (*fis. nucl. - ecc.*), Anziehungskraft (*f.*), Anziehkraft (*f.*). **26 ~ di attrazione** (d'un magnete) (*elett.*), Zugkraft (*f.*). **27 ~ di attrito** (*mecc.*), Reibungskraft (*f.*). **28 ~ di avanzamento** (esercitata sull'asta della trivella) (*min.*), Vorschubkraft (*f.*). **29 ~ di avviamento allo spunto** (di un motore lineare) (*mot. elett.*), Anzugskraft (*f.*). **30 ~ di calettamento** (forza di accoppiamento, da ritiro o contrazione) (*metall.-tecnol. mecc.*), Schrumpfkraft (*f.*). **31 ~ di chiusura** (nella saldatura p. es.) (*tecnol. mecc.*), Schliesskraft (*f.*). **32 ~ di chiusura** (forza di compressione, capacità, potenza, di una pressa) (*macch.*), Druckkraft (*f.*). **33 ~ di chiusura** (di uno stampo per pressofusione) (*fond.*), Schliessdruck (*m.*). **34 ~ di coesione** (*chim. - fis.*), Kohäsionskraft (*f.*). **35 ~ di compressione** (*sc. costr.*), Druckkraft (*f.*). **36 ~ di compressione** (forza di chiusura, capacità, potenza, di una pressa) (*macch.*), Druckkraft (*f.*). **37 ~ di (compressione applicata durante la) saldatura** (*tecnol. mecc.*), Schweisspresskraft (*f.*). **38 ~ di contatto** (sugli elettrodi di saldatura) (*tecnol. mecc.*), Kontaktdruck (*m.*). **39 ~ di corpo** (corpo, di un carattere) (*tip.*), Kegel (*m.*), Kegelstärke (*f.*). **40 ~ di deformazione** (*fucinatura*), Formänderungskraft (*f.*), Umformkraft (*f.*). **41 ~ di estrazione** (d'una vite p. es.) (*mecc.*), Ausziehkraft (*f.*). **42 ~ di estrusione** (*tecnol. mecc.*), Fliesspresskraft (*f.*). **43 ~ di gravità** (*fis.*), Erdanziehungskraft (*f.*), Schwerkraft (*f.*), Erdschwere (*f.*). **44 ~ di iniezione** (forza sullo stantuffo, di una macchina per pressofusione) (*fond.*), Kolbenkraft (*f.*). **45 ~ di linea** (*fis.*), Linienkraft (*f.*). **46 ~ di Lorentz** (forza elettrodinamica) (*elett.*), Lorentz-Kraft (*f.*), elektrodynamische Kraft, magnetische Wirbelkraft, Stromkraft (*f.*). **47 ~ di misura** (forza di contatto, tra stilo e pezzo, di un minimetro) (*metrol.*), Messkraft (*f.*). **48 ~ di inerzia** (inerzia, forza in un corpo in movimento) (*mecc.*), Schwungkraft (*f.*), Schwung (*m.*), Trägheit (*f.*). **49 ~ d'inerzia di massa** (forza dovuta alla massa) (*fis. - mecc.*), Massenkraft (*f.*). **50 ~ di penetrazione** (*gen.*), Durchschlagskraft (*f.*). **51 ~ di repulsione** (*gen.*), Abstossungskraft (*f.*). **52 ~ di ricalcatura** (di una saldatrice di testa p. es.) (*tecnol. mecc.*), Stauchkraft (*f.*). **53 ~ direttiva** (*radio*), Direktionskraft (*f.*). **54 ~ di richiamo** (sull'elettrodo) (*tecnol. mecc.*), Rückführungskraft (*f.*). **55 ~ dirompente** (forza esplosiva) (*espl.*), Sprengkraft (*f.*). **56 ~ di sbloccaggio** (*mecc.*), Lösekraft (*f.*). **57 ~ di scorrimento** (di una frizione) (*macch.*), Rutschkraft (*f.*). **58 ~ di serraggio** (di un attrezzo, ecc.) (*mecc.*), Spannkraft (*f.*). **59 ~ di serraggio** (per ottenere la tenuta di un giunto) (*tubaz.*), Vorspannkraft (*f.*). **60 ~ di sollevamento della fune** (*trasp. ind.*), Seilzug (*m.*), Seilzugkraft (*f.*). **61 ~ di superficie** (pressione p. es.) (*fis.*), Flächenkraft (*f.*). **62 ~ di taglio** (*mecc.*), Querkraft (*f.*), Scherkraft (*f.*). **63 ~ di taglio massima** (possibile, di una piallatrice) (*macch. ut.*), Durchzugkraft (*f.*). **64 ~ di trascinamento** (sollecitazione che provoca un movimento di detriti p. es.) (*idr. - ecc.*), Schleppkraft (*f.*), Schleppspannung (*f.*) **65 ~ di trazione** (*mecc.*), Zugkraft (*f.*). **66 ~ d'urto** (*fis.*), Stosskraft (*f.*). **67 ~ di volume** (forza gravitazionale p. es.) (*fis.*), Volumenkraft (*f.*). **68 ~ di volume** (forza di massa) (*fis. - mecc.*), Massenkraft (*f.*). **69 ~ dovuta alla massa** (forza d'inerzia) (*fis. - mecc.*), Massenkraft (*f.*). **70 ~ elastica** (*mecc.*), Federkraft (*f.*). **71 ~ elettrodinamica** (forza di Lorentz) (*elett.*), Stromkraft (*f.*), elektrodynamische Kraft, magnetische Wirbelkraft, Lorentz-Kraft (*f.*). **72 ~ elettromotrice** (f.e.m.) (*elett.*), elektromotorische Kraft, EMK. **73 ~ elettromotrice indotta** (*elett.*), induzierte elektromotorische Kraft. **74 ~ elettromotrice psofometrica** (*elett. - telef.*), Geräusch-EMK (*f.*). **75 ~ elettromotrice termoelettrica** (f.e.m. termoelettrica) (*elett.*), Thermokraft (*f.*), thermoelektrische Kraft. **76 ~ esplosiva** (forza dirompente) (*espl.*), Sprengkraft (*f.*). **77 ~ fotoelettromotrice** (su strati limite) (*elett.*), lichtelektrische Spannung. **78 ~ frenante** (*veic. - ecc.*), Bremskraft (*f.*). **79 ~ idraulica** (carbone bianco) (*idr.*), Wasserkraft (*f.*). **80 ~ intramolecolare** (*chim. - fis.*), Intermolekularkraft (*f.*). **81 ~ laterale** (dovuta alla sterzata) (*aut.*), Führungskraft (*f.*). **82 ~ laterale** (forza trasversale, dovuta al vento p. es.) (*aut.- ecc.*), Querkraft (*f.*). **83 ~ laterale** (su un pneumatico) (*aut.*), Seitenführungskraft (*f.*). **84 ~ maggiore** (*leg. - ecc.*), höhere Gewalt. **85 ~ magnetomotrice** (*fis.*), magnetomotorische Kraft. **86 ~ massima** (applicabile; nelle presse idrauliche, la forza risultante dall'area del pistone e dalla pressione idr. max.) (*macch.*), Presskraft (*f.*). **87 ~ massima** (sopportabile; da una pressa meccanica) (*macch.*), Presskraft (*f.*). **88 ~ mordente** (di una benna p. es.) (*macch. mov. terra*), Reisskraft (*f.*). **89 ~ motrice** (*mecc.*), Betriebskraft (*f.*), Triebkraft (*f.*). **90 ~ normale** (nella rettifica) (*lav. macch. ut.*), Zustellkraft (*f.*), Abdrängkraft (*f.*), Normalkraft (*f.*). **91 ~ opposta** (forza antagonista) (*mecc.*), Gegenkraft (*f.*). **92 ~ orizzontale** (di un terremoto) (*geol.*), Erschütterungszahl (*f.*). **93 ~ passiva** (reazione, componente della forza di taglio) (*lav. macch. ut.*), Passivkraft (*f.*),

forzare

Schaftkraft (*f.*), Rückkraft (*f.*). **94** ~ **perturbatrice** (*gen.*), Störkraft (*f.*). **95** ~ **per unità di deformazione** («indice elastico», di una pressa p. es.) (*sc. costr.*), Federzahl (*f.*). **96** ~ **portante** (di un avviatore elett.) (*elettromecc.*), Tragkraft (*f.*). **97** ~ **risultante** (risultante) (*mecc.*), resultierende Kraft, Resultante (*f.*). **98** ~ **rotatoria** (*mecc.*), Drehkraft (*f.*). **99** ~ **sostenitrice** (di velivoli a decollo verticale p. es.) (*aer.*), Hubkraft (*f.*). **100** ~ **stabilizzatrice** (*mecc. - ecc.*), Richtkraft (*f.*). **101** ~ **succhiante** (di un mot. elett. di avviamento) (*elettromecc.*), Saugkraft (*f.*). **102** ~ **tangenziale** (*mecc.*), Schwungkraft (*f.*), Tangentialkraft (*f.*). **103** ~ **tangenziale** (forza periferica, sul pneumatico) (*aut.*), Umfangskraft (*f.*). **104** ~ **trasversale** (forza laterale, nella brocciatura, componente normale all'asse della broccia) (*lav. macch. ut.*), Abdrängkraft (*f.*). **105** ~ **trasversale** (forza laterale, dovuta al vento p. es.) (*aut. - ecc.*), Querkraft (*f.*). **106** ~ **vincolare** (vincolo, di un giroscopio per navig. inerziale) (*qpp.*), Fesselung (*f.*). **107 a tutta** ~ (*nav.*), in voller Fahrt. **108 avanti a tutta** ~ (tutta forza) (*nav.*), äusserste Kraft, A.K. **109 eccesso della** ~ **centripeta** (rispetto a quella centrifuga, in curva) (*ferr.*), Abtriebsüberschuss (*m.*). **110 in** ~ (teso, tirato a fondo, una vela p. es.) (*gen.*), straff, gespannt, straffgespannt, prall. **111 mettere in** ~ (mettere sotto carico, una molla) (*mecc.*), spannen. **112 mezza** ~ (*nav.*), halbe Kraft. **113 presa di** ~ (presa di moto, presa di movimento) (*mecc.*), Nebenantrieb (*m.*), Aussenantrieb (*m.*), Abtrieb (*m.*). **114 tutta** ~ (*nav.*), äusserste Kraft, A.K.

forzare (inserire a forza) (*mecc.*), eintreiben. **2** ~ (inserire a forza, a pressione) (*mecc. - ecc.*), einpressen. **3** ~ **fuori** (bussole p. es.) (*mecc.*), auspressen.

forzato (indotto) (*gen.*), erzwungen. **2** ~ (di cerchione di ruota p. es.) (*mecc. - ecc.*), aufgepresst, aufgezogen. **3** ~ (accelerato, spinto, l'andamento del forno p. es.) (*metall. - ecc.*), forciert. **4** ~ (oscillazione p. es.) (*fis.*), aufgedrückt. **5** ~ **a caldo** (un cerchione di ferro p. es.) (*mecc. - ecc.*), aufgeschrumpft, geschrumpft. **6 lubrificazione forzata** (*mot.*), Zwangsschmierung (*f.*).

forzatura (sforzatura, rigonfiamento, della forma) (*difetto di fond.*), Treiben (*n.*).

foschia (*meteor.*), Mist (*m.*), leichter Nebel.

fosfatare (fosfatizzare, realizzare uno strato protettivo su superficie metallica) (*metall.*), phosphatieren.

fosfatazione (fosfatizzazione, realizzazione di uno strato protettivo su superficie metallica) (*metall.*), Phosphatieren (*n.*). **2** ~ **a spruzzo** (*tecnol. mecc.*), Spritzphosphatieren (*n.*).

fosfatico (*chim.*), phosphatisch.

fosfatizzare (fosfatare, realizzare uno strato protettivo su superficie metallica) (*metall.*), phosphatieren.

fosfatizzazione (fosfatazione, realizzazione di uno strato protettivo su superficie metallica) (*metall.*), Phosphatieren (*n.*).

fosfato (*chim.*), Phosphat (*n.*). **2** ~ **bisodico** (*chim.*), Dinatriumphosphat (*n.*). **3** ~ **di calcio** (*chim.*), Kalziumphosphat (*n.*). **4** ~ **tricalcico** $[Ca_3(PO_4)_2]$ (*ind. chim.*), Trikalziumphosphat (*n.*).

fosfina (*chim.*), Phosphin (*n.*).

fosforescenza (*ott.*), Phosphoreszenz (*f.*).

fosforilazione (*chim.*), Phosphorylierung (*f.*).

fosforismo (malattia professionale) (*med. - lav.*), Phosphor-Erkrankung (*f.*).

fosforite (*min. - geol.*), Phosphorit (*m.*).

fósforo (elemento) (*P - chim.*), Phosphor (*m.*). **2** ~ **bianco** (fosforo giallo, fosforo comune) (*chim.*), weisser Phosphor, gelber Phosphor. **3** ~ **comune** (fosforo giallo, fosforo bianco) (*chim.*), weisser Phosphor, gelber Phosphor. **4** ~ **giallo** (fosforo bianco, fosforo comune) (*chim.*), gelber Phosphor, weisser Phosphor. **5** ~ **rosso** (*chim.*), roter Phosphor. **6 sale di** ~ ($NaNH_4HPO_4 \cdot 4 H_2O$) (sale microcosmico) (*chim.*), Phosphorsalz (*n.*), Natrium-ammoniumhydrophosphat (*n.*).

fosfòro (materia fosforescente) (*ott.*), Phosphor (*m.*).

fosforoscopio (*app. - ott.*), Phosphoroscope (*n.*).

fosforoso (*chim. - ecc.*), phosphorhaltig.

fosfuro (*chim.*), Phosphid (*n.*).

fosgene ($COCl_2$) (cloruro di carbonile, ossicloruro di carbonio, liquido velenosissimo) (*chim.*), Phosgen (*n.*).

fossa (*gen.*), Grube (*f.*). **2** ~ (per riparazioni, di autorimessa) (*aut.*), Grube (*f.*), Ausbesserungsgrube (*f.*), Reparaturgrube (*f.*). **3** ~ (*fond.*), Grube (*f.*). **4** ~ **assorbente** (fossa filtrante, per acque di rifiuto) (*ed.*), Sickergrube (*f.*). **5** ~ **da concia** (*ind. cuoio*), Versenkgrube (*f.*). **6** ~ **del vano di corsa** (nel pozzo di un ascensore) (*ed.*), Schachtgrube (*f.*). **7** ~ **del volano** (fossa per il volano, di un grosso mot. p. es.) (*mot. - macch.*), Schwungradgrube (*f.*). **8** ~ **di attesa** (per lingotti d'acciaio, fossa di permanenza) (*metall.*), Ausgleichsgrube (*f.*), Wärmeausgleichsgrube (*f.*). **9** ~ **di colata** (di fonderia, per getti) (*fond.*), Giessgrube (*f.*). **10** ~ **di colata** (per la raccolta della spillata) (*fond. - forno*), Abstechherd (*m.*), Abstichgrube (*f.*). **11** ~ **di ossidazione** (per depurare acque di rifiuto) (*ed.*), Oxydationsgraben (*m.*), Schlängelgraben (*m.*). **12** ~ **di permanenza** (fossa di attesa, fossa di livellamento termico) (*metall.*), Wärmeausgleichgrube (*f.*). **13** ~ **esplorativa** (per prospezione degli strati prossimi alla superficie) (*ed.*), Schurf (*m.*), Schürfgrube (*f.*). **14** ~ **filtrante** (fossa assorbente, per acque di rifiuto) (*ed.*), Sickergrube (*f.*). **15** ~ **marina** (*mare*), Untiefe (*f.*). **16** ~ **per controlli** (*ferr.*), Untersuchungsgrube (*f.*). **17** ~ **per ingrassaggio** (fossa per riparazioni, fossa di autoofficina) (*aut.*), Schmiergrube (*f.*). **18** ~ **per prove di centrifugazione** (pozzo per prove di centrifugazione) (*mecc.*), Schleudergrube (*f.*). **19** ~ **per riparazioni** (di un'autorimessa) (*aut.*), Reparaturgrube (*f.*), Ausbesserungsgrube (*f.*). **20** ~ **per turbina** (di una centrale elettrica p. es.) (*ed. - macch.*), Turbinengrube (*f.*). **21** ~ **raccolta scorie** (*ferr.*), Entschlackungsgrube (*f.*), Ausschlackgrube (*f.*). **22** ~ **settica** (*ed.*), Faulbehälter (*m.*), Faulbecken (*n.*), Faulgrube (*f.*). **23** ~ **tettonica** («graben») (*geol.*), Graben (*m.*). **24** ~ **volano** (*lamin.*), Schlingengrube (*f.*). 25 colato in ~ (*fond.*), offen gegossen. 26 mettere in ~ (nella concia) (*ind. cuoio*), versenken.

fossato (fosso) (*gen.*), Graben (*m.*). 2 ~ anticarro (*milit.*), Panzergraben (*m.*). 3 ~ laterale (della strada) (*costr. strad.*), Strassengraben (*m.*).

fossetto (*costr. strad.*), Graben (*m.*). 2 ~ di scolo (*ed. - ing. civ.*), Entwässerungsgraben (*m.*), Abflussgraben (*m.*).

fossile (*s. - geol.*), Fossil (*n.*). 2 ~ caratteristico (fossile guida) (*geol.*), Leitfossil (*n.*).

fossilizzare (petrificare) (*geol.*), versteinern.

fossilizzazione (petrificazione) (*geol.*), Versteinerung (*f.*).

fosso (trincea) (*mov. terra*), Graben (*m.*). 2 ~ di drenaggio (*costr. idr.*), Drängraben (*m.*), Entwässerungsgraben (*m.*). 3 ~ di raccolta (di una area di drenaggio) (*idr. - costr. idr.*), Fanggraben (*m.*). 4 ~ di scarico (*costr. idr.*), Entwässerungsgraben (*m.*), Vorfluter (*m.*). 5 ~ di scolo (*ed. - ing. civ.*), Abflussgraben (*m.*), Entwässerungsgraben (*m.*). 6 ~ di scolo (fosso di drenaggio) (*agric.*), Drängraben (*m.*).

fosterite (2 MgO . SiO$_2$, materiale refrattario) (*metall.*), Fosterit (*m.*).

fot (phot, unità di radiazione luminosa specifica = 10^4 lux) (*ott.*), Phot (*n.*).

foto (fotografia) (*fot.*), Bild (*n.*). 2 ~ murale (*fot.*), Wandbild (*n.*).

fotoacustico (*ott. - acus.*), photoakustisch, Lichtton... 2 generatore ~ (*app.*), Lichttongenerator (*m.*).

fotocamera (*fot.*), Kamera (*f.*). 2 ~ automatica per incidenti (per fotografare il quadro di bordo all'atto dell'incidente, d'un velivolo) (*fot. - aer.*), Unfallkamera (*f.*).

fotocartografo (restitutore per fotogrammetria) (*app. fotogr.*), Photokartograph (*m.*).

fotocatodo (*fis.*), Photokathode (*f.*).

fotocellula (cellula fotoelettrica) (*fis.*), Photozelle (*f.*), lichtelektrische Zelle. 2 ~ ad alto vuoto (cellula fotoelettrica ad alto vuoto) (*telev.*), Hochvakuumzelle (*f.*). 3 ~ al cesio (*fis.*), Caesiumphotozelle (*f.*). 4 ~ a metalli alcalini (*elettrochim.*), Alkalizelle (*f.*), Alkalifotozelle (*f.*). 5 ~ a selenio (cellula a selenio) (*elett.*), Selenzelle (*f.*).

fotochimica (*chim. - fis.*), Photochemie (*f.*).

fotochimico (*ott. - chim.*), lichtchemisch, photochemisch.

fotocollografia (fototipia, procedimento di stampa a matrice piana) (*tip.*), Lichtdruck (*m.*).

fotocompositrice (compositrice fotomeccanica) (*macch. da stampa*), Fotosetter (*m.*), Photosetzmaschine (*f.*). 2 ~ intertype (*macch. da stampa*), Intertype-Photosetter (*m.*), Intertype-Setzmaschine (*f.*).

fotoconduttività (*elett.*), Photoleitfähigkeit (*f.*).

fotoconduttivo (*ott.*), lichtleitend.

fotoconduttore (*fis.*), Photoleiter (*m.*), Photowiderstand (*m.*). 2 ~ a fascio (di fibre ottiche) (*ott.*), Lichtleitbündel (*n.*). 3 bacchetta fotoconduttrice (*ott.*), Lichtleitstab (*m.*).

fotocopia (copia fotografica) (*fot.*), Photokopie (*f.*), Fotokopie (*f.*).

fotocopiare (*fot. - ecc.*), photokopieren.

fotocronaca (*fot. - giorn. - ecc.*), Bildbericht (*m.*).

fotocronista («fotoreporter») (*fot. - giorn.*), Photoreporter (*m.*).

fotodecomposizione (*chim. - fis.*), photochemische Zersetzung.

fotodiodo (diodo foto-elettronico) (*elettronica*), Photodiode (*f.*). 2 ~ planare al silicio (*elettronica*), Silizium-Planar-Photodiode (*f.*).

fotodisintegrazione (*fis.*), Lichtzerfall (*m.*). 2 ~ (d'un nucleo; fotodissociazione, effetto fotoelettrico nucleare) (*fis. atom.*), Photodissoziation (*f.*).

fotodissociazione (d'un nucleo; fotodisintegrazione, effetto fotoelettrico nucleare) (*fis. atom.*), Photodissoziation (*f.*).

fotoelasticità (*sc. costr.*), Photoelastizität (*f.*), Spannungsoptik (*f.*).

fotoelastico (*sc. costr.*), photoelastisch, spannungsoptisch.

fotoelettrica (proiettore fotoelettrico) (*s. - milit. - ott.*), Scheinwerfer (*m.*). 2 ~ controaerea (proiettore controaereo) (*milit. - ott.*), Flakscheinwerfer (*m.*).

fotoelettricità (*fis.*), Photoelektrizität (*f.*).

fotoelettrico (*fis.*), lichtelektrisch, photoelektrisch. 2 effetto ~ (*fis.*), lichtelektrischer Effekt, photoelektrischer Effekt. 3 relè ~ (*elett.*), Photo-Relais (*n.*). 4 resistenza fotoelettrica (fotoresistenza) (*ott. - elett.*), lichtelektrischer Widerstand.

fotoelettrone (*fis.*), Photoelektron (*n.*).

fotoemissione (*fis.*), Photoemission (*f.*).

fotofissione (*fis. atom.*), Photospaltung (*f.*).

fotoforesi (*fis.*), Photophorese (*f.*).

fotogenico (*fot. - cinem.*), photogen.

fotografare (*fot.*), photographieren, aufnehmen.

fotografia (processo) (*fot.*), Photographie (*f.*), Fotographie (*f.*). 2 ~ (copia fotografica) (*fot.*), Lichtbild (*n.*), Photographie (*f.*). 3 ~ a colori (*fot.*), Farbenphotographie (*f.*), Farbphotographie (*f.*). 4 ~ aerea (aerofotografia) (*fotogr.*), Luftaufnahme (*f.*), Flugbild (*n.*), Luftbild (*n.*), Aerophotographie (*f.*). 5 ~ (aerea) verticale (*fot. - aer.*), Senkrechtbild (*n.*). 6 ~ a raggi ultrarossi (*fot.*), Thermographie (*f.*). 7 ~ in controluce (controluce) (*fot.*), Gegenlichtaufnahme (*f.*). 8 ~ polaroid (*fot.*), Polaroid-Photographie (*f.*), Sofortbild-Photographie (*f.*). 9 ~ stereoscopica (*fot.*), Raumbildfotographie (*f.*).

fotografico (*fot.*), photographisch.

fotografo (*fot.*), Photograph (*m.*).

fotogramma (immagine singola) (*cinem.*), Filmbild (*n.*), Einzelbild (*n.*), Bild (*n.*), Kinobild (*n.*). 2 ~ aereo (*aer. - fotogr.*), Luftmessbild (*n.*). 3 fotogrammi al secondo (*cinem.*), Bilder/sec. 4 numero di fotogrammi al secondo (velocità di ripresa) (*cinem.*), Gangzahl (*f.*). 5 sequenza di fotogrammi (sequenza d'immagini) (*cinem.*), Bildreihe (*f.*).

fotogrammetria (*fotogr.*), Messbildverfahren (*n.*), Lichtbildmessung (*f.*), Photogrammetrie (*f.*). 2 ~ aerea (aerofotogrammetria) (*fotogr.*), Luftphotogrammetrie (*f.*), Luftbildmessung (*f.*). 3 ~ stereoscopica (stereofotogrammetria) (*fotogr.*), Stereophotogrammetrie (*f.*), Raum-

fotogrammetrico

bildmessung (f.). 4 ~ **terrestre** (fotogr.), Erdphotogrammetrie (f.), Erdbildmessung (f.), terrestrische Photogrammetrie.
fotogrammetrico (fotogr.), photogrammetrisch.
fotoguida (fibra ottica, guida di luce, conduttore di luce) (ott.), Optikfaser (f.).
fotoincisione (fot. - tip.), Photogravüre (f.).
fotoisolato (relè p. es.) (ott. - ecc.), lichtisoliert.
fotolampo (fot.), Photoblitz (m.).
fotolisi (chim.), Photolyse (f.).
fotolito (fotolitografia) (tip.), Photolithographie (f.), Lichtsteindruck (m.).
fotolitografia (fotolito) (tip.), Photolithographie (f.), Lichtsteindruck (m.).
fotoluminescenza (ott.), Photolumineszenz (f.).
fotomeccanico (tip.), photomechanisch. 2 **procedimenti fotomeccanici** (tip.), Reproduktionstechnik (f.).
fotometria (ott.), Photometrie (f.). 2 ~ **a fiamma** (metodo di analisi spettrale) (ott.), Flammenphotometrie (f.). 3 ~ **eterocromatica** (ott.), heterochrome Photometrie.
fotometrico (ott.), photometrisch.
fotometro (app. - ott.), Photometer (n.), Lichtmesser (m.). 2 ~ **a macchia d'olio** (fotometro di Bunsen) (strum. ott.), Fettfleckphotometer (n.), Bunsenphotometer (n.). 3 ~ **a sfarfallamento** (strum. ott.), Flimmerphotometer (n.). 4 ~ **con diaframma a fessura** (app. ott.), Spaltblendenphotometer (n.). 5 ~ **di Bunsen** (fotometro a macchia d'olio) (strum. ott.), Fettfleckphotometer (n.), Bunsenphotometer (n.). 6 ~ **di Ulbricht** (app. ott.), Ulbricht'sches Photometer. 7 ~ **elettronico** (elettronica), Röhrenphotometer (n.). 8 ~ **fisico** (app. ott.), physikalisches Photometer.
fotomitragliatrice (aer. milit. - fot.), MG-Kamera (f.).
fotomoltiplicatore (moltiplicatore elettronico) (elettronica), Photovervielfacher (m.).
fotomontaggio (fot.), Photomontage (f.).
fotomosaico (mosaico) (elettronica), Mosaik (n.).
fotone (quanto di luce) (fis.), Photon (n.), Lichtquant (n.). 2 **propulsione a fotoni** (propulsione a getto a fotoni) (mot. a getto), Photonenstrahlantrieb (m.). 3 **razzo a fotoni** (mot.), Photonrakete (f.).
fotoneutrone (fis. atom.), Photoneutron (n.).
fotopila (fis.), Photoelement (n.), Sperrschichtzelle (f.).
« **fotoreporter** » (fotocronista) (fot. - giorn.), Photoreporter (m.).
fotoresistenza (resistenza fotoelettrica) (ott. - elett.), lichtelektrischer Widerstand.
fotosensibile (sensibile alla luce) (fis.), lichtempfindlich.
fotoservizio (fot. - giorn.), Bilddienst (m.).
fotosfera (strato esterno del sole) (astr.), Photosphäre (f.).
fotosintesi (chim.), Photosynthese (f.).
fototeca (archivio fotografico) (fot.), Bildarchiv (n.).
fototelegrafia (telegr.), Bildtelegraphie (f.). 2 ~ (telegrafia facsimile) (telegr.), Faksimiletelegraphie (f.).

fototeodolite (strum. top.), Bildtheodolit (m.), Phototheodolit (m.).
fototipia (fotocollografia, procedimento di stampa a matrice piana) (tip.), Lichtdruck (m.).
fototransistore (elettronica), Phototransistor (m.).
fototropia (nei cristalli, variazione di colore da assorbimento di luce) (ott.), Phototropie (f.).
fototropico (cambiante colore in presenza di luce) (fis.), phototropisch. 2 **vetro** ~ (cambia colore in funzione della luce) (ind. vetro - aut.), phototropisches Glas.
fototubo (elettronica), Photoröhre (f.).
fotozincotipia (autotipia) (ind. graf.), Autotypie (f.).
« **foulard** » (ind. tess.), Foulard (m.). 2 ~ (macch. ind. tess.), Klotzmaschine (f.).
fourier (unità di mis. della resistenza termica = k²/w) (term.), Fourier (n.).
fovea (ott.), Netzhautgrube (f.).
« **foyer** » (ridotto, di un teatro) (arch.), Foyer (n.).
Fr (francio) (chim.), Fr, Francium (m.). 2 ~ (mis.), vedi franklin.
fracassarsi (gen.), sich zertrümmern. 2 ~ **in atterraggio** (aer.), bruchlanden.
fractocumulo (meteor.), Fraktokumulus (m.).
fractografia (metall.), Fraktographie (f.).
fractostrato (nuberotta) (meteor.), Fraktostratus (m.).
fragile (gen.), zerbrechlich, brüchig. 2 ~ (fis.) spröde. 3 ~ (metall. - ecc.), brüchig, zerbrechlich. 4 ~ **a caldo** (metall.), heissbrüchig, rotbrüchig, warmbrüchig. 5 ~ **a caldo ed a freddo** (metall.), faulbrüchig. 6 ~ **a freddo** (metall.), kaltbrüchig. 7 ~ **al calor rosso** (metall.), rotbrüchig. 8 **rottura** ~ (metall.), Sprödbruch (m.). 9 **suscettibilità alla rottura** ~ (metall.), Sprödbruchempfindlichkeit (f.).
fragilità (frangibilità) (gen.), Brechbarkeit (f.), Zerbrechlichkeit (f.). 2 ~ (fis.), Sprödigkeit (f.), Sprödheit (f.). 3 ~ (metall. - ecc.), Brüchigkeit (f.), Sprödigkeit (f.). 4 ~ **a caldo** (metall.), Rotbrüchigkeit (f.), Warmbrüchigkeit (f.). 5 ~ **a freddo** (metall.), Kaltbrüchigkeit (f.), Kaltsprödigkeit (f.). 6 ~ **al blu** (fragilità al calor blu) (metall.), Blaubrüchigkeit (f.), Blausprödigkeit (f.). 7 ~ **al calor rosso** (metall.), Rotbrüchigkeit (f.). 8 ~ **all'intaglio** (metall.), Brüchigkeit beim Kerben. 9 ~ **caustica** (difetto - metall.), Laugensprödigkeit (f.), Laugenbrüchigkeit (f.), Beizsprödigkeit (f.). 10 ~ **da idrogeno** (da decapaggio) (metall.), Wasserstoffkrankheit (f.), Wasserstoffsprödigkeit (f.). 11 ~ **da invecchiamento** (metall. - difetto), Alterungssprödigkeit (f.). 12 ~ **da ossigeno** (infragilimento da ossigeno) (metall. - tecnol. mecc.), Sauerstoffversprödung (f.). 13 ~ **di (o da) rinvenimento** (tratt. term.), Anlasssprödigkeit (f.). 14 ~ **reotropica** (metall.), rheotropische Brüchigkeit.
frammentazione (difetto - metall.), Bruchstückbildung (f.).
frammento (gen.), Bruchstück (n.), Bröckel (n.). 2 ~ (geol. - ecc.), Fragment (n.). 3

frammenti (*gen.*), Bruchstücke (*n. pl.*), Trümmer (*n. pl.*). 4 ~ **veloce** (nel reattore) (*fis. atom.*), schnelles Bruchstück.
frana (*geol.*), Sturz (*m.*), Rutsch (*m.*). 2 ~ **di disgregazione** (*geol.*), Mure (*f.*), Muhre (*f.*), Murgang (*m.*).
franamento (*geol.*), Sturz (*m.*), Rutsch (*m.*). 2 **frammenti di raschiatura** (raschiatura) (*mecc.*), Abgekratztes (*n.*), Abschabsel (*n.*).
franare (*geol. - min.*), rutschen, einstürzen.
franchigia (postale p. es.) (*finanz.*), Gebührenfreiheit (*f.*), Taxfreiheit (*f.*). 2 ~ **postale** (*posta*), Postfreiheit (*f.*). 3 **in** ~ **postale** (*posta*), postfrei, portofrei.
francio (elemento chimico del gruppo dei metalli alcalini) (*Fr - chim.*), Francium (*n.*).
franco (*a. - trasp. - comm.*), frei. 2 ~ (consegna p. es.) (*a. - comm.*), ab, frei, franko. 3 ~ (margine di spazio tra l'ingombro massimo del veicolo e le strutture fisse lungo il binario) (*s. - ferr.*), Lichtraum (*m.*), lichter Raum. 4 ~ (distanza tra coronamento e livello di massimo invaso, di una diga) (*s. - costr. idr.*), Freibord (*n.*). 5 ~ **a bordo** (*trasp. - comm.*), frei an Bord. 6 ~ **a piè d'opera** (franco cantiere) (*trasp.*), frei Baustelle, frei Verwendungsstelle. 7 ~ **banchina** (*comm.*), ab Kai. 8 ~ **cantiere** (franco a piè d'opera) (*trasp.*), frei Baustelle, frei Verwendungsstelle. 9 ~ **dal suolo** (altezza libera dal suolo) (*veic.*), Bodenfreiheit (*f.*). 10 ~ **di porto** (*trasp. - comm.*), frachtfrei, franko, einschliesslich Porto, portofrei. 11 ~ **di spese** (*amm.*), spesenfrei. 12 ~ **fabbrica** (franco stabilimento) (*comm.*), ab Werk, ab Fabrik. 13 ~ **stabilimento** (franco fabbrica) (*comm.*), ab Werk. 14 ~ **stazione** (*trasp.*), frei Bahnhof, franko Bahnhof. 15 ~ **vagone** (*ferr.*), bahnfrei.
francobollo (*posta*), Briefmarke (*f.*). 2 **cassa francobolli** (*amm.*), Portokasse (*f.*).
frangente (colpo di mare) (*mare*), Brecher (*m.*), Brechsee (*f.*), Sturzwelle (*f.*), Sturzsee (*f.*).
frangia (*tess.*), Franje (*f.*), Franse (*f.*), Franze (*f.*). 2 ~ (difetto telev.), Franse (*f.*). 3 ~ **colorata** (*ott.*), Farbsaum (*m.*), Farbrand (*m.*). 4 **frange di diffrazione** (*ott.*), Beugungsfransen (*f. pl.*). 5 ~ **di interferenza** (difetto telev.), Fransenwirkung (*f.*).
frangiatura (dell'isolamento) (*elett.*), Fiederung (*f.*).
frangibile (*gen.*), brechbar, zerbrechlich.
frangibilità (fragilità) (*gen.*), Brechbarkeit (*f.*), Zerbrechlichkeit (*f.*).
frangiflutti (antemurale) (*costr. mar.*), Wellenbrecher (*m.*), Flutbrecher (*m.*). 2 ~ (paratia in autobotte per stabilizzare il liquido durante il trasporto) (*veic.*), Schwallwand (*f.*).
frangizolle (*macch. agric.*), Schollenbrecher (*m.*).
franklin (Fr, 1 Fr = 1/3 10^{-9} C, unità di carica elettrica) (*unità - elett.*), Franklin (*n.*).
franklinite ($ZnOFe_2O_3$) (*min.*), Franklinit (*m.*).
franklinizzazione (*elett. - med.*), Franklinisation (*f.*).
frantoio (*macch.*), Brecher (*m.*). 2 ~ (per pietre) (*macch.*), Steinbrecher (*m.*), Brecher (*m.*). 3 ~ **a cilindri** (*macch.*), Brechwalzwerk (*n.*), Walzwerk (*n.*), Walzenbrecher (*m.*).

4 ~ **a martelli** (*macch.*), Hammerbrecher (*m.*). 5 ~ **a mascelle** (*macch.*), Backenbrecher (*m.*), Backenquetsche (*f.*). 6 ~ **a sfere** (mulino a palle od a sfere) (*macch.*), Kugelmühle (*f.*). 7 ~ **per minerali** (*macch. min.*), Erzbrecher (*m.*), Erzquetschmaschine (*f.*). 8 ~ **per olio** (torchio per olio) (*macch.*), Ölpresse (*f.*), Ölmühle (*f.*). 9 ~ **rotativo** (per minerali) (*macch. - min.*), Kreiselbrecher (*m.*). 10 ~ **rotativo a cono** (*macch. - min.*), Kegelbrecher (*m.*).
frantumare (carbone p. es.) (*min. - ecc.*), brechen, zerkleinern. 2 ~ (di minerali) (*min.*), brechen, quetschen, pochen.
frantumazione (*ind.*), Grobmahlung (*f.*). 2 ~ (di minerali) (*min.*), Brechen (*n.*), Pochen (*n.*). 3 ~ **del minerale** (*min.*), Erzpochen (*n.*). 4 **impianto di** ~ **ad urto** (*metall. - macch.*), Schlagwerk (*n.*).
frassino (legno di frassino) (*legno*), Eschenholz (*n.*).
frastagliato (rottura p. es.) (*metall. - ecc.*), zackig. 2 ~ (dentellato) (*difetto di ut.*), schartig.
frastagliatura (tacche, dentelli, sul filo di un ut.) (*ut.*), Scharte (*f.*), Schartigkeit (*f.*).
frastuono (rumore forte) (*acus.*), Lärm (*m.*).
fratazzare (talocciare, piallettare) (*mur.*), glattputzen.
fratazzo (taloccia, pialletto) (*ut. mur.*), Reibebrett (*n.*), Streichbrett (*n.*).
frattura (rottura) (*gen.*), Bruch (*m.*), Brechung (*f.*). 2 ~ (rottura) (prova di mater.), Bruch (*m.*). 3 ~ (*min.*), Bruch (*m.*). 4 ~ (*metall. - ecc.*), vedi anche rottura. 5 ~ **a cono** (tipo di frattura nella prova di trazione) (prove mater.), Schubkegel (*m.*). 6 ~ **a coppa** (*metall.*), Becherbruch (*m.*), Näpfchenbruch (*m.*). 7 ~ **a fischietto** (difetto - *metall.*), Pfeifenbruch (*m.*). 8 ~ **a grano fine** (*metall.*), feinkörniger Bruch. 9 ~ **a grano grosso** (*metall.*), grobkörniger Bruch. 10 ~ **a punte** (difetto - *metall.*), spitzer Bruch. 11 ~ **a raggiera** (difetto - *metall.*), Nabenbruch (*m.*). 12 ~ **a semicoppa** (difetto - *metall.*), Halbnäpfchenbruch (*m.*). 13 ~ **concoide** (*metall. - ecc.*), muscheliger Bruch. 14 ~ **cristallina** (*metall.*), kristalliner Bruch, kristallinischer Bruch, körniger Bruch. 15 ~ **da incollamento** (difetto - *metall.*), Bruch durch Verklebung. 16 ~ **da fatica** (difetto - *metall.*), Ermüdungsbruch (*m.*), Dauerbruch (*m.*). 17 ~ **da scorrimento** (*metall.*), Schiebungsbruch (*m.*). 18 ~ **di separazione** (o per separazione) (*metall.*), Trennungsbruch (*m.*). 19 ~ **fibrosa** (*metall.*), faseriger Bruch, sehniger Bruch. 20 ~ **fine** (frattura a struttura fine, di una rottura per fatica, rottura progressiva) (*metall. - tecnol. mecc.*), Dauerschwinganriss (*m.*). 21 ~ **infracristallina** (rottura intercristallina) (*metall.*), Korngrenzenbruch (*m.*). 22 **infragranulare** (frattura infracristallina, frattura intergranulare) (difetto - *metall.*), Korngrenzenbruch (*m.*). 23 ~ **legnosa** (difetto - *metall.*), holziger Bruch. 24 ~ **nera** (dell'acciaio, da formazione di grafite) (difetto - *metall.*), Schwarzbruch (*m.*). 25 ~ **per fatica** (rottura per fatica) (*metall.*), Dauerbruch (*m.*), Dauerschwingbruch (*m.*).

fratturare

26 ~ **per scorrimento** (*metall.*), Schiebungsbruch (*m.*). 27 ~ **per separazione** (o di separazione) (*metall.*), Trennungsbruch (*m.*). 28 ~ **piatta** (*difetto - metall.*), flacher Bruch. 29 ~ **scheggiata** (*metall. - ecc.*), splitteriger Bruch, Splitterbruch (*m.*). 30 ~ **sericea** (frattura setacea) (*difetto - metall.*), seidiger Bruch. 31 ~ **squamosa** (*difetto - metall.*), schuppiger Bruch. 32 ~ **stratificata** (*metall.*), schieferiger Bruch. 33 ~ **trotata** (*difetto - metall.*), melierter Bruch, gemaserter Bruch. 34 **aspetto della** ~ (*metall.*), Bruch (*m.*), Bruchgefüge (*n.*), Bruchaussehen (*n.*). 35 **struttura della** ~ (*metall.*), Bruchgefüge (*n.*).

fratturare (*gen.*), zerbrechen.

fraudolento (*leg.*), betrügerisch. 2 **bancarotta fraudolenta** (*leg.*), betrügerischer Bankrott.

frazionamento (*gen.*), Teilung (*f.*). 2 **colonna di** ~ (*ind. chim.*), Fraktionierturm (*m.*).

frazionare (tagliare a pezzi) (*metall. - ecc.*), zerteilen.

frazionario (numero) (*mat.*), gebrochen.

frazionato (*chim.*), fraktioniert.

frazionatore (convertitore continua-continua, per la regolazione della corrente di un motore) (*veic. elett.*), Gleichstromsteller (*m.*).

frazione (*mat.*), Bruch (*m.*). 2 ~ (*chim.*), Fraktion (*f.*). 3 ~ (d'un secondo p. es.) (*mecc. - ecc.*), Bruchteil (*m.*). 4 ~ **continua** (*mat.*), Kettenbruch (*m.*). 5 ~ **decimale** (*mat.*), Dezimalbruch (*m.*), Zehnerbruch (*m.*). 6 ~ **di conversione** (*fis. nucl.*), Konversionsfaktor (*m.*). 7 ~ **di valore inferiore all'unità** (frazione propria) (*mat.*), echter Bruch. 8 ~ **di valore superiore all'unità** (frazione impropria) (*mat.*), unechter Bruch. 9 ~ **impropria** (frazione di valore superiore all'unità) (*mat.*), unechter Bruch. 10 ~ **molare** (*fis. atom.*), Molenbruch (*m.*). 11 ~ **portante** (fattore di portanza, per la determinazione del grado di finitura di una superficie tecnica) (*mecc.*), Traganteil (*m.*). 12 ~ **portante del profilo** (nella misurazione della rugosità di superfici tecniche) (*mecc.*), Profiltraganteil (*m.*). 13 ~ **propria** (frazione di valore inferiore all'unità) (*mat.*), echter Bruch. 14 ~ **ristretta** (distillato d'un olio minerale con limiti d'ebollizione ristretti) (*min. - ind. chim.*), Herzschnitt (*m.*). 15 **lineetta di** ~ (*mat.*), Bruchstrich (*m.*).

freatico (*geol.*), wasserführend. 2 **falda freatica** (*geol.*), wasserführende Bodenschicht.

freccia (*gen.*), Pfeil (*m.*). 2 ~ (per indicare la direzione di un movimento) (*mecc. - dis.*), Pfeil (*m.*). 3 ~ (monta, di un arco p. es.) (*ed.*), Stich (*m.*). 4 ~ (indicatore di direzione a braccio oscillante) (*aut.*), Pendelwinker (*m.*), Winker (*m.*), Fahrtrichtungszeiger (*m.*). 5 ~ (di una molla a balestra) (*veic.*), Sprengung (*f.*). 6 ~ (di una linea di trasmissione aerea) (*elett. - ecc.*), Durchhang (*m.*). 7 ~ (angolo di freccia, delle ali d'un aereo) (*aer.*), Pfeilung (*f.*). 8 ~ (attività, d'un grafico reticolare per programmi) (*progr.*), Pfeil (*m.*). 9 ~ **dell'arco** (*geom.*), Bogenhöhe (*f.*), Bogenpfeil (*m.*). 10 ~ **dell'arco** (monta dell'arco) (*arch.*), Bogenstich (*m.*). 11 ~ **della volta** (monta della volta) (*arch.*), Gewölbestich (*m.*). 12 ~ **d'inflessione** (inflessione, per effetto del carico) (*sc. costr.*), Durchbiegung (*f.*). 13 ~ **d'inflessione alla rottura** (freccia massima alla rottura per flessione) (*sc. costr.*), Bruchdurchbiegung (*f.*). 14 ~ **elastica** (escursione elastica, di una sospensione p. es.) (*aut. - ecc.*), Federweg (*n.*). 15 **a** ~ (di ala p. es.) (*aer.*), gepfeilt, pfeilförmig. 16 **ruota a** ~ (ruota dentata a cuspide, ruota bielicoidale) (*mecc.*), Pfeilrad (*n.*), Pfeilzahnrad (*n.*).

freddo (*s. - fis.*), Kälte (*f.*). 2 ~ (*a. - fis. - ecc.*), kalt. 3 ~ **a** (prova p. es.) (*tecnol.*), in kaltem Zustand. 4 **a** ~ (*chim.*), auf kaltem Weg.

«freezer» (congelatore) (*app. frigor.*), Gefrierschrank (*m.*).

fregata (nave da guerra a tre alberi) (*nav.*), Fregatte (*f.*).

fregio (*arch.*), Fries (*m.*). 2 ~ (applicato su lamiera p. es., di una carrozzeria) (*aut. - ecc.*), Zierteil (*m.*), Zierleiste (*f.*), Zierstab (*m.*), Verzierung (*f.*).

frenare (*aut. - ecc.*), bremsen. 2 ~ **con filo** (fermare con filo, fissare con filo) (*mecc.*), mittels Draht sichern.

frenata (*aut.*), Bremsung (*f.*). 2 **compensazione picchiata da** ~ (nei veicoli stradali) (*veic.*), Bremsnickausgleich (*m.*). 3 **durata della** ~ (tempo di frenatura) (*veic.*), Bremszeit (*f.*), Bremsdauer (*f.*). 4 **grafico dello spazio di** ~ (*aut.*), Bremswegkurve (*f.*). 5 **regolatore di** ~ (che impedisce il bloccaggio delle ruote) (*veic.*), Gleitschutzregler (*m.*), Blockierregler (*m.*). 6 **scorrimento da** ~ (strisciamento relativo da frenata) (*aut.*), Bremsschlupf (*m.*). 7 **strisciamento relativo da** ~ (scorrimento da frenata) (*aut.*), Bremsschlupf (*m.*). 8 **spazio di** ~ (*aut.*), Bremsweg (*m.*). 9 **tratto di** (**sicurezza di**) ~ (tratto dietro ad un segnale principale da tenere libero per il caso che un treno inavvertitamente prosegua oltre) (*ferr.*), Durchrutschweg (*m.*).

frenato (*gen.*), gebremst.

frenatore (*lav.*), Bremser (*m.*).

frenatura (*aut. - ecc.*), Bremsung (*f.*), Bremsen (*n.*). 2 ~ **a corrente continua** (*elett.*), Gleichstrombremsung (*f.*). 3 ~ **ad accumulazione di energia** (*ferr. elett.*), Speicherbremsung (*f.*). 4 ~ **a fondo** (*veic.*), Vollbremsung (*f.*). 5 ~ **a ricupero** (*elett.*), Nutzbremsung (*f.*). 6 ~ **a resistenza** (frenatura reostatica) (*veic. elett.*), Widerstandsbremsung (*f.*). 7 ~ **automatica** (*ferr.*), Zwangsbremsung (*f.*). 8 ~ **di arresto** (*veic.*), Haltbremsung (*f.*), Zielbremsung (*f.*). 9 ~ **di arresto in un determinato punto** (su rampa di lancio) (*ferr.*), Zielbremsung (*f.*). 10 ~ **elettrica** (*veic.*), elektrische Bremsung. 11 ~ **elettrica a controcorrente** (*elett.*), Gegenstrombremsung (*f.*). 12 ~ **elettrica a ricupero** (*veic. elett.*), Nutzbremsung (*f.*). 13 ~ **elettromagnetica** (*elett.*), elektromagnetische Bremsung. 14 ~ **in funzione del carico** (*ferr.*), Lastabbremsung (*f.*). 15 ~ **rapida** (*mecc.*), Schnellbremsung (*f.*). 16 ~ **reostatica** (frenatura a resistenza) (*veic.*), Widerstandsbremsung (*f.*). 17 **coefficiente di** ~ (rapporto tra forza frenante e peso del veicolo) (*aut.*), Abbremsung (*f.*). 18 **decelerazione di** ~ (rallentamento di frenatura) (*aut. - ecc.*), Bremsverzögerung (*f.*). 19 **lavoro**

di ~ (*aut. - ecc.*), Bremsarbeit (*f.*). **20 limitatore della forza di** ~ (*aut.*), Bremskraftbegrenzer (*m.*). **21 picchiata da** ~ (dell'assale anteriore d'un automezzo) (*aut.*), Bremstauchen (*n.*), Bremsnicken (*n.*). **22 prova di** ~ (per stabilire il coefficiente di attrito della strada) (*costr. strad.*), Auslaufversuch (*m.*), Bremsversuch (*m.*). **23 registratore dei tempi di** ~ (frenografo, decelerografo) (*app. - aut.*), Bremsschreiber (*m.*). **24 regolatore** ~ **rimorchio** (*veic.*), Anhängerbremskraftregler (*m.*). **25 reostato di** ~ (*elett.*), Bremswiderstand (*m.*). **26 spazio di** ~ (percorso durante la frenata, distanza di arresto) (*veic.*), Bremsweg (*m.*), Bremsstrecke (*f.*). **27 tempo di** ~ (dall'inizio alla fine del processo di frenata) (*aut.*), Bremsdauer (*f.*).

frenello (fune o catena per il comando del timone) (*nav.*), Ruderreep (*n.*).

freno (*veic. - macch.*), Bremse (*f.*). **2** ~ (per prove al freno) (*mot.*), Bremse (*f.*). **3** ~ (di un cannone) (*arma da fuoco*), Rücklaufbremse (*f.*). **4** ~ **a ceppi** (*veic.*), Backenbremse (*f.*). **5** ~ **a ceppi esterni** (*veic.*), Aussenbackenbremse (*f.*). **6** ~ **a ceppi interni** (o ad espansione) (*veic.*), Innenbackenbremse (*f.*). **7** ~ **a conchiglia** (su telaio da tessitura) (*mecch. tess.*), Muldenbremse (*f.*). **8** ~ **a controcorrente** (nel quale la corrente del motore viene invertita) (*elett.*), Gegenstrombremse (*f.*). **9** ~ **a contropedale** (della bicicletta) (*veic.*), Rücktrittbremse (*f.*). **10** ~ **a controvapore** (*ferr.*), Gegendampfbremse (*f.*). **11** ~ **a correnti di Foucault** (*elettromecc.*), Wirbelstrombremse (*f.*). **12** ~ **(ad accumulo di energia) a molla** (*veic. - ecc.*), Federspeicherbremse (*f.*). **13** ~ **ad aria compressa** (*veic. - ferr.*), Luftbremse (*f.*), Luftdruckbremse (*f.*), Druckluftbremse (*f.*). **14** ~ **ad attrito** (*veic. - mecc.*), Reibungsbremse (*f.*). **15** ~ **ad attrito secco** (freno meccanico) (*veic. - mecc.*), mechanische Reibungsbremse. **16** ~ **ad azionamento separato** (freno ad inerzia o forza viva di un rimorchio p. es.) (*veic.*), Fremdkraftbremsanlage (*f.*). **17** ~ **ad azione avvolgente e svolgente** (*aut.*), An- und Ablaufbackenbremse (*f.*). **18** ~ **(ad azione) proporzionale al carico** (*veic.*), lastabhängige Bremse. **19** ~ **a depressione** (*mecc. - veic.*), Vakuumbremse (*f.*), Saugluftbremse (*f.*), Unterdruckbremse (*f.*). **20** ~ **ad espansione** (a ceppi interni) (*veic.*), Innenbackenbremse (*f.*). **21** ~ **ad inerzia** (di un rimorchio) (*veic.*), Auflaufbremse (*f.*). **22** ~ **a dischi** (*mecc.*), Lamellenbremse (*f.*). **23** ~ **a disco** (*veic. - aut.*), Scheibenbremse (*f.*). **24** ~ **a disco con servofreno a depressione** (*aut.*), Scheibenbremse mit Vakuum-Unterstützung. **25** ~ **a disco (del tipo) a pinza** (*aut.*), Zangenbremse (*f.*). **26** ~ **a doppio ceppo avvolgente** (o svolgente, freno duplex) (*veic.*), Duplexbremse (*f.*). **27** ~ **a doppio effetto** (*veic.*), doppeltwirkende Bremse. **28** ~ **a due ceppi** (*veic.*), Doppelbackenbremse (*f.*), Zweibackenbremse (*f.*). **29** ~ **a due circuiti** (impianto frenante a due circuiti) (*aut.*), Zweikreisbremse (*f.*), Zweikreisbremsanlage (*f.*). **30** ~ **a due condotte** (per rimorchi, azionato da un aumento di pressione) (*aut.*), Zweileitungsbremse (*f.*). **31** ~ **ad una condotta** (per rimorchi, azionato dalla caduta di pressione) (*aut.*), Einleitungsbremse (*f.*). **32** ~ **ad un ceppo avvolgente ed uno svolgente** (freno simplex) (*veic.*), Simplexbremse (*f.*). **33** ~ **ad un circuito** (impianto frenante ad un circuito) (*aut.*), Einkreisbremse (*f.*), Einkreisbremsanlage (*f.*). **34** ~ **aerodinamico** (aerofreno, superficie per diminuire la velocità di un aereo) (*aer.*), Luftbremse (*f.*), Bremsklappe (*f.*). **35** ~ **a fune** (*mecc.*), Seilbremse (*f.*). **36** ~ **a ganasce interne** (freno ad espansione) (*aut.*), Innenbackenbremse (*f.*). **37** ~ **a leva** (*mecc. - veic.*), Hebelbremse (*f.*). **38** ~ **a mano** (freno di blocco) (*aut. - ecc.*), Handbremse (*f.*). **39** ~ **a mano** (freno di emergenza, freno di soccorso) (*veic.*), Handbremse (*f.*), Notbremse (*f.*). **40** ~ **a mano** (freno di stazionamento per carrelli industriali) (*veic.*), Standbremse (*f.*). **41** ~ **a mano a leva** (*aut.*), Stockhandbremse (*f.*). **42** ~ **a nastro** (*mecc.*), Bandbremse (*f.*). **43** ~ **a nastro ad espansione** (*mecc.*), Expansionsbandbremse (*f.*). **44** ~ **anteriore** (freno sulle ruote anteriori) (*aut.*), Vorderradbremse (*f.*). **45** ~ **a pedale** (freno di esercizio) (*aut.*), Fussbremse (*f.*), Betriebsbremse (*f.*). **46** ~ **a quattro ceppi** (*veic.*), Vierbackenbremse (*f.*). **47** ~ **a resistenza** (in cui l'energia cinetica viene adoperata per generare corrente elettrica) (*veic. elett.*), Kurzschlussbremse (*f.*). **48** ~ **a solenoide** (*elett.*), Solenoidbremse (*f.*). **49** ~ **a strappo** (freno di sicurezza di un rimorchio in caso di distacco accidentale dalla motrice) (*aut.*), Abreissbremse (*f.*). **50** ~ **a tamburo** (*aut. - mecc.*), Trommelbremse (*f.*). **51** ~ **a tamburo a tre ceppi** (*aut.*), Dreibacken-Trommelbremse (*f.*). **52** ~ **a tre ceppi** (*aut.*), Dreibackenbremse (*f.*). **53** ~ **a tre circuiti** (*aut.*), Dreikreisbremse (*f.*). **54** ~ **ausiliario** (*mecc.*), Zusatzbremse (*f.*). **55** ~ **a vite** (*mecc.*), Spindelbremse (*f.*). **56** ~ **azionato da cavo Bowden** (con trasmissione flessibile) (*mecc.*), Bowdenbremse (*f.*). **57** ~ **centrifugo** (*mecc. - macch.*), Fliehkraftbremse (*f.*), Zentrifugalbremse (*f.*). **58** ~ **continuo** (rallentatore) (*aut.*), Dauerbremse (*f.*), Dauerbremsanlage (*f.*). **59** ~ **con trasmissione flessibile** (azionato da cavo Bowden) (*mecc.*), Bowdenbremse (*f.*). **60** ~ **della fune portante** (di una funivia) (*trasp.*), Tragseilbremse (*f.*). **61** ~ **di blocco** (freno a mano) (*veic.*), Feststellbremse (*f.*), Handbremse (*f.*). **62** ~ **di emergenza** (freno di soccorso) (*veic.*), Notbremse (*f.*), Sicherheitsbremse (*f.*). **63** ~ **(di emergenza) per distacco (del rimorchio)** (*veic.*), Auslassbremse (*f.*). **64** ~ **di esercizio** (freno a pedale) (*aut.*), Betriebsbremse (*f.*), Fussbremse (*f.*). **65** ~ **differenziale** (*mecc.*), Differentialbremse (*f.*). **66** ~ **dinamometrico** (*mecc. - mot.*), Bremsdynamometer (*n.*), Bremse (*f.*). **67** ~ **dinamometrico Froude** (*mecc. - mot.*), Froudesche Bremse, Froudescher Zaum. **68** ~ **dinamometrico idraulico** (freno idraulico) (*mot.*), hydraulische Wirbelbremse. **69** ~ **dinamometrico Prony** (*mot.*), Pronyscher Zaum, Zaum. **70** ~ **dinamometrico vorticellare** (freno idraulico

freno

di Froude p. es.) (*macch. - mot.*), Wirbelkammerbremse (*f.*). **71** ~ **di parcheggio** (*aut.*), Parkbremse (*f.*). **72** ~ **di picchiata** (*aer.*), Sturzflugbremse (*f.*). **73** ~ **di soccorso** (freno di emergenza) (*aut.*), Notbremse (*f.*). **74** ~ **di stazionamento** (freno di blocco) (*aut.*), Feststellbremse (*f.*). **75** ~ **di stazionamento** (freno a mano per carrelli industriali) (*veic.*), Standbremse (*f.*). **76** ~ **duplex** (freno a doppio ceppo avvolgente o svolgente) (*veic.*), Duplexbremse (*f.*). **77** ~ **elettrico** (*veic. - ecc.*), elektrische Bremse. **78** ~ **elettrico a pattini** (*elett. - ferr.*), elektromagnetische Schienenbremse. **79** ~ **elettrodinamico** (freno elettromagnetico) (*elett.*), Wirbelstrombremse (*f.*). **80** ~ **elettropneumatico** (*veic.*), elektrische Luftdruckbremse. **81** ~ **idraulico** (*aut. - veic.*), hydraulische Bremse. **82** ~ **idraulico** (freno dinamometrico idraulico, per prove al freno) (*mot.*), hydraulische Wirbelbremse. **83** ~ **idropneumatico** (*veic.*), hydropneumatische Bremse. **84** ~ **meccanico** (*mecc.*), mechanische Bremse. **85** ~ **meccanico** (freno ad attrito secco) (*veic.*), mechanische Reibungsbremse. **86** ~ **moderabile** (*veic.*), abstufbare Bremse. **87** ~ **motore** (valvola a farfalla azionata p. es. da aria compressa, per la chiusura dello scarico) (*mot. - aut.*), Motorbremse (*f.*), Auspuffbremse (*f.*). **88** ~ **per autoveicoli** (*aut.*), Autobremse (*f.*). **89** ~ **per veicoli ferroviari** (*ferr.*), Eisenbahnbremse (*f.*). **90** ~ **Prony** (*mot.*), Prony'sche Bremse, Bremszaum (*m.*), Prony'scher Zaum. **91** ~ **raffreddato ad aria** (*veic.*), luftgekühlte Bremse. **92** ~ **rapido** (*mecc.*), Schnellbremse (*f.*). **93** ~ **simplex** (ad un ceppo avvolgente ed uno svolgente) (*veic.*), Simplexbremse (*f.*). **94** ~ **sul cerchione** (*veic.*), Felgenbremse (*f.*), Reifenbremse (*f.*). **95** ~ **sulla rotaia** (*ferr.*), Schienenbremse (*f.*). **96** ~ **sulla ruota** (*veic.*), Radbremse (*f.*). **97** ~ **sulla trasmissione** (*veic.*), Getriebebremse (*f.*). **98** ~ **sulle quattro ruote** (*aut.*), Vierradbremse (*f.*). **99** ~ **sulle ruote anteriori** (freno anteriore) (*aut.*), Vorderradbremse (*f.*). **100** ~ **sulle ruote posteriori** (*veic.*), Hinterradbremse (*f.*). **101** ~ **su rotaia** (*ferr.*), Schienenbremse (*f.*). **102** ~ **su rotaia** (al termine d'una sella di lancio) (*ferr.*), Talbremse (*f.*). **103** ~ **su tutte le ruote** (*veic.*), Allradbremse (*f.*). **104 bollettino della prova al** ~ (certificato della prova al freno) (*mot.*), Bremsattest (*n.*), Bremszeugnis (*n.*). **105 braccio del** ~ (di un dinamometro) (*prove - mot.*), Waagebalken (*m.*), Hebelarm (*m.*). **106 ceppo del** ~ (*aut. - ecc.*), Bremsbacke (*f.*). **107 certificato della prova al** ~ (*mot.*), Bremsattest (*n.*), Bremszeugnis (*n.*). **108 cilindretto del** ~ (*aut.*), Radbremszylinder (*m.*). **109 cilindro del** ~ (di un freno ad aria compressa) (*ferr. - ecc.*), Bremszylinder (*m.*). **110 compensazione del** ~ (*aut. - ecc.*), Bremsausgleich (*m.*). **111 disco del** ~ (d'un freno a disco) (*aut.*), Bremsscheibe (*f.*). **112 dispositivo di allentamento del** ~ (*macch. - veic.*), Bremslüftgerät (*n.*). **113 guarnizione del** ~ (rivestimento del freno, « ferodo ») (*aut. - ecc.*), Bremsbelag (*m.*), Bremsfutter (*n.*). **114 liquido dei freni** (*aut.*), Bremsflüssigkeit (*f.*). **115 mollare il** ~ (allentare il freno, rilasciare il freno) (*veic. - macch.*), die Bremse lüften. **116 motore con** ~ (*elett.*), Bremsmotor (*m.*). **117 pinza del** ~ (d'un freno a disco) (*aut.*), Bremszange (*f.*). **118 pedale del** ~ (*aut.*), Bremspedal (*n.*). **119 prova al** ~ (*mot.*), Bremsprobe (*f.*). **120 provare al** ~ (*mot.*), abbremsen. **121 rivestimento del** ~ (guarnizione del freno, « ferodo ») (*aut. - ecc.*), Bremsbelag (*m.*), Bremsfutter (*n.*). **122 tamburo del** ~ (*aut.*), Bremstrommel (*f.*). **123 tirante del** ~ (*veic.*), Bremsgestänge (*n.*). **124 tiranteria del** ~ (*veic.*), Bremsgestänge (*n.*). **125 tubazione del** ~ (*ferr.*), Bremsleitung (*f.*). **126 valvola comando freni rimorchio** (*veic.*), Anhängerbremsventil (*n.*), Anhängersteuerventil (*n.*).

frenografo (decelerografo, registratore dei tempi di frenatura) (*app. - aut.*), Bremsschreiber (*m.*).

freno-motore (*aut.*), Motorbremse (*f.*), Auspuffbremse (*f.*).

Freon (composto di fluoro per macchine frigorifere) (*chim. - refrigerazione*), Freon (*n.*). **2** ~ **12** (CCl_2F_2) (frigene, diclorodifluorometano) (*chim. - refrigerazione*), Freon 12, Frigen (*n.*).

frequenta (steatite, mat. isolante) (*elett.*), Frequenta (*m.*).

frequenza (*gen.*), Häufigkeit (*f.*). **2** ~ (*elett. - ecc.*), Frequenz (*f.*). **3** ~ (*stat.*), Häufigkeit (*f.*). **4** ~ **acustica** (audiofrequenza, da 6 a 20.000 Hz) (*acus.*), Tonfrequenz (*f.*), Audiofrequenz (*f.*). **5** ~ **angolare** (velocità angolare elettrica) (*elett.*), Winkelfrequenz (*f.*). **6** ~ **antirisonante** (*elett.*), Antiresonanzfrequenz (*f.*). **7** ~ **assegnata** (per trasmissioni p. es.) (*radio - telev. - ecc.*), Kennfrequenz (*f.*). **8** ~ **assoluta** (nel controllo di qualità) (*stat.*), Klassenhäufigkeit (*f.*). **9** ~ **ausiliaria portante** (*elett. - radio*), Hilfsträger (*m.*). **10** ~ **base** (*telev.*), Mutterfrequenz (*f.*). **11** ~ **campione** (frequenza di riferimento) (*elett.*), Normalfrequenz (*f.*), Eichfrequenz (*f.*). **12** ~ **campione** (campione di frequenza) (*elett.*), Frequenz-Normal (*n.*). **13** ~ **caratteristica** (*fis.*), Kennfrequenz (*f.*). **14** ~ **circolare** (pulsazione, frequenza di un'oscillazione per 2π) (*mecc.*), Kreisfrequenz (*f.*). **15** ~ **critica** (frequenza di vibrazione) (*mecc.*), Schnarrfrequenz (*f.*). **16** ~ **cumulativa** (*stat.*), Summenhäufigkeit (*f.*). **17** ~ **cumulativa assoluta** (*stat.*), absolute Summenhäufigkeit, kumulierte Besetzungszahl. **18** ~ **d'eccitazione** (di vibrazioni) (*mecc.*), Erregerfrequenz (*f.*). **19** ~ **degli errori** (*stat.*), Fehlerhäufigkeit (*f.*). **20** ~ **degli impulsi** (*elett. - ecc.*), Impulshäufigkeit (*f.*). **21** ~ **dei cambi** (di marcia, numero dei cambi di marcia) (*aut. - mecc.*), Schalthäufigkeit (*f.*). **22** ~ **dei guasti** (tasso di guasto; d'un motore p. es., in un anno p. es.) (*macch. - ecc.*), Ausfallrate (*f.*). **23** ~ **dei passi** (d'un motore a passi) (*elett.*), Schrittfrequenz (*f.*). **24** ~ **dei punti** (*telev.*), Punktfrequenz (*f.*). **25** ~ **della rete** (frequenza di rete) (*elett.*), Netzfrequenz (*f.*). **26** ~ **della linea** (di scansione) (*telev.*), Zeilenfrequenz (*f.*). **27** ~ **delle interruzioni** (d'un interruttore) (*elett.*), Schaltfrequenz (*f.*), Schalthäufigkeit (*f.*). **28** ~ **delle manovre** (numero delle manovre, di un comando) (gen.), Schalthäufigkeit (f.). 29 ~ del segnale elementare (telegr.), Schrittfrequenz (f.), Schrittgeschwindigkeit (f.). 30 ~ di armonica (fis.), Oberschwingungsfrequenz (f.). 31 ~ di battimento (radio), Schwebungsfrequenz (f.). 32 ~ di campionatura (di un regolatore) (elett.), Abtastfrequenz (f.). 33 ~ di 50 Hz (frequenza di 50 periodi) (elett.), Frequenz von 50 Hz. 34 ~ di colpi (tempo tra due colpi successivi, di un maglio) (fucinatura) Schlagfolgezeit (f.). 35 ~ di combinazione (frequenza somma o differenza nell'intermodulazione) (elettronica), Kombinationsfrequenz (f.). 36 ~ di commutazione (frequenza di operazioni, d'un relè) (elett.), Schalthäufigkeit (f.). 37 di commutazione dei colori (telev.), Farbschaltfrequenz (f.). 38 ~ di distorsione (armonica) (radio - ecc.), Klirrfrequenz (f.). 39 ~ di disturbo (radio), Störfrequenz (f.). 40 ~ di esercizio (elett.), Betriebsfrequenz (f.). 41 ~ differenziale (elett.), Differenzfrequenz (f.). 42 ~ di fusione (di immagini) (ott.), Verschmelzungsfrequenz (f.). 43 ~ d'immagine (cinem. - telev.), Bildfrequenz (f.), Bildwechselfrequenz (f.). 44 ~ di modulazione (frequenza di trasposizione) (telef.), Umsetzerfrequenz (f.). 45 ~ d'interdizione (frequenza di taglio) (radio), Abschneidefrequenz (f.), Trennfrequenz (f.), Grenzfrequenz (f.). 46 ~ d'interrogazione (milit. - radio), Abfragefrequenz (f.). 47 ~ di interruzione (delle oscillazioni di un circuito) (elettronica), Pendelfrequenz (f.). 48 ~ di operazioni (frequenza di commutazione, d'un relè) (elett.), Schalthäufigkeit (f.). 49 ~ di oscillazione (fis.), Schwingungszahl (f.), Frequenz (f.). 50 ~ di pulsazione (del cuore, « polso ») (lav. - med.), Pulsfrequenz (f.). 51 ~ di quadro (frequenza di scansione verticale) (telev.), Teilbildfrequenz (f.), Rasterfrequenz (d.). 52 ~ di rete (frequenza della rete) (elett.), Netzfrequenz (f.). 53 ~ di riferimento (frequenza campione) (elett.), Normalfrequenz (f.), Eichfrequenz (f.). 54 ~ di rilassamento (elettronica), Kippfrequenz (f.). 55 ~ di ripetizione (d'impulsi) (telef.), Taktfrequenz (f.). 56 ~ di ripetizione degli impulsi (radio - ecc.), Pulsfolgefrequenz (f.). 57 ~ di risonanza (radio - telev.), Resonanzfrequenz (f.). 58 ~ di scansione (telev.), Kipperfrequenz (f.). 59 ~ di scansione verticale (frequenza di quadro) (telev.), Teilbildfrequenz (f.), Rasterfrequenz (f.). 60 ~ di scintillazione (telev.), Flackerfrequenz (f.). 61 ~ di sfarfallamento (telev.), Flimmerfrequenz (f.). 62 ~ di taglio (radio), Grenzfrequenz (f.), Trennfrequenz (f.), Abschneidefrequenz (f.). 63 ~ di trasposizione (frequenza di modulazione) (telef.), Umsetzerfrequenz (f.). 64 ~ di vibrazione (fis. - ecc.), Schwingungsfrequenz (f.). 65 ~ di vibrazione (frequenza critica) (mecc.), Schnarrfrequenz (f.). 66 ~ di vobulazione (elettronica), Wobbelfrequenz (f.). 67 ~ fondamentale (fis.), Grundfrequenz (f.), Kennfrequenz (f.). 68 frequenze formanti (formanti) (acus.), Formanten (m. pl.), 69 ~ giromagnetica (girofrequenza) (elettronica), Gyrofrequenz (f.). 70 ~ immagine (in supereterodina) (radio), Spiegelfrequenz (f.). 71 ~ industriale (50 o 60 Hz) (elett.), Betriebsfrequenz (f.), technische Frequenz. 72 ~ intermedia (radio), Zwischenfrequenz (f.). ZF. 73 ~ limite (di un filtro) (elettroacus.), Eckfrequenz (f.). 74 ~ musicale (frequenza acustica) (fis. - elett.), Tonfrequenz (f.). 75 ~ naturale (frequenza propria) (fis.), Eigenfrequenz (f.). 76 ~ nominale (elett. - ecc.), Nennfrequenz (f.). 77 ~ nominale (di radiotrasmettitori) (radio), Sollfrequenz (f.). 78 ~ pilota (elett. - ecc.), Steuerfrequenz (f.). 79 ~ pilota (per telemisura) (elett.), Leitfrequenz (f.). 80 ~ pilota (radio - telef.), Pilotfrequenz (f.). 81 ~ pilota interstiziale (telef.), Lückenpilotfrequenz (f.). 82 ~ portante (frequenza vettrice) (radio), Trägerfrequenz (f.). 83 ~ portante d'immagine (telev.), Bildträgerfrequenz (f.). 84 ~ principale (elett.), Schwerpunktfrequenz (f.). 85 ~ propria (frequenza naturale) (fis.), Eigenfrequenz (f.). 86 ~ relativa (stat.), relative Häufigkeit. 87 ~ subaudio (al disotto dei 30 Hz) (fis.), Tiefstfrequenz (f.). 88 ~ superacustica (acus.), Überhörfrequenz (f.). 89 ~ superelevata (SHF, 3000-30.000 MHz) (elett.), superhohe Frequenz, SHF. 90 ~ telefonica (telef.), Fernsprechfrequenz (f.). 91 ~ telegrafica (telegr. - ecc.), Telegraphierfrequenz (f.). 92 ~ torsionale naturale (mecc.), Dreheigenfrequenz (f.). 93 ~ ultraelevata (superiore ai 300 MHz) (radio - telev.), ultrahohe Frequenz (f.), UHF. 94 ~ vettrice (frequenza portante) (radio), Trägerfrequenz (f.). 95 ~ video (videofrequenza) (telev.), Videofrequenz (f.). 96 ~ vocale (frequenza telefonica, audiofrequenza) (elettroacus.), Sprechfrequenz (f.), Tonfrequenz (f.). 97 a comando di ~ (mot. elett.), frequenzgesteuert. 98 ad alta ~ (elett.), hochfrequent. 99 a ~ acustica (di frequenza acustica, audiofrequente) (acus.), hörfrequent. 100 alta ~ (fis. - ecc.), Hochfrequenz (f.), HF. 101 altissima ~ (fis. - ecc.), sehr hohe Frequenz, VHF. 102 altoparlante per basse frequenze (altoparlante per toni bassi) (app.), Tieftonlautsprecher (m.). 103 a modulazione di ~ (radio), frequenzmoduliert. 104 a (o di) ~ vocale (ad [o di] audiofrequenza, audio) (elettroacus.), tonfrequent. 105 banda di ~ (elett. - ecc.), Frequenzband (n.). 106 banda di ~ dell'antenna (radio), Antennenbandbreite (f.). 107 banda di frequenze vocali (radio), Sprachband (n.). 108 bassa ~ (fis. - ecc.), Niederfrequenz (f.), NF. 109 canale di ~ (radio - ecc.), Frequenzkanal (m.). 110 circuito a ~ intermedia (telev.), ZF-Kreis (m.), Zwischenfrequenz-Kreis (m.). 111 contatore di ~ media (di un contatore di radioattività, p. es.) (app. - elettronica), Ratemeter (n.). 112 correttore di ~ (sintonizzatore, d'un oscillatore) (app.), Nachstimm-Element (n.). 113 curva della ~ cumulativa (stat.), Summenkurve (f.). 114 deriva di ~ (elett.), Frequenzdrift (n.), Frequenzgleiten (n.). 115 di ~ acustica (a frequenza acustica, audiofrequente) (acus.), hörfrequent. 116 discriminatore di ~ (elett.), Frequenzdiskriminator (m.). 117 distribuzione della ~ (stat.), Häufigkeitsverteilung (f.). 118 divisione di ~ (elett.), Frequenzteilung (f.). 119 doppia ~ (elett.), Doppel-

frequenzimetro

frequenz (f.). **120 fascio direttivo a ~ portante** (*elettronica*), Trägerfrequenzrichtstrahl (*m.*), TFR. **121 generatore della ~ pilota** (*radio*), Pilotfrequenzgenerator (*m.*), Pilotgenerator (*m.*). **122 indicatore di ~** (*elett.*), Frequenzzeiger (*m.*), FZ. **123 interlacciamento di ~** (*telev.*), Frequenzverkämmung (*f.*). **124 intervallo di ~** (*radio*), Frequenzabstand (*m.*). **125 media ~** (*fis. - ecc.*), Mittelfrequenz (*f.*), MF. **126 modulatore di ~** (*radio*), Frequenzmodler (*m.*). **127 modulazione di ~** (MF) (*radio*), Frequenzmodulation (*f.*), FM. **128 modulazione di ~ a canale unico** (*radio*), Einzelkanal-Frequenzmodulation (*f.*), EFM. **129 multiplex di ~** (sistema di trasmissione) (*radio - ecc.*), Frequenzmultiplex (*n.*). **130 oscillazione modulata in ~** (*fis.*), frequenzmodulierete Schwingung. **131 protezione a minimo di ~** (*elett.*), Unterfrequenzschutz (*m.*). **132 regolatore automatico di ~** (*elett.*), Frequenzselbststeuerung (*f.*). **133 salto di ~** (*elett.*), Frequenzsprung (*m.*), Frequenzspringen (*n.*). **134 separatore di ~** (*elett.*), Frequenzweiche (*f.*). **135 slittamento di ~** (nei tubi termoionici) (*elettronica*), Stromverstimmung (*f.*). **136 spettro della ~** (*fis.*), Frequenzspektrum (*n.*). **137 stabilità della ~** (*elett.*), Frequenzkonstant (*f.*). **138 stabilizzazione della ~** (*elett.*), Frequenzkonstanthaltung (*f.*). **139 telefonia a ~ portante** (*telef.*), Trägerfrequenzfernsprechen (*n.*). **140 telegrafia a due frequenze** (*telegr.*), Doppeltontelegraphie (*f.*). **141 telegrafia ad una ~** (*telegr.*), Eintontelegraphie (*f.*). **142 trascinamento di ~** (influsso sulla frequenza di un oscillatore) (*elettronica*), Frequenzziehen (*n.*). **143 traspositore di ~** (*elett.*), Frequenzumsetzer (*m.*). **144 tubo convertitore di ~** (tubo mescolatore) (*elettronica*), Mischröhre (*f.*). **145 variabilità con la ~** (selettività di una fotocellula p. es.) (*elettronica*), Frequenzabhängigkeit (*f.*), Frequenzfehler (*m.*). **146 variatore di ~** (*app.*), Frequenzwandler (*m.*).

frequenzimetro (*strum. elett.*), Frequenzmesser (*m.*). **2 ~ a lamelle** (*strum. elett.*), Zungenfrequenzmesser (*m.*). **3 ~ a lamelle vibranti** (*app. elett.*), Zungenfrequenzmesser (*m.*). **4 ~ semplice** (con 13 lamelle) (*app. elett.*), Einfach-Frequenzmesser (*m.*).

fresa (utensile a moto di taglio rotatorio) (*ut. - mecc.*), Fräser (*m.*). **2 ~** (fresatrice) (*macch. ut.*), Fräsmaschine (*f.*). **3 ~** (zappatrice rotante) (*macch. agric.*), Fräse (*f.*), Bodenfräse (*f.*). **4 ~ a bicchiere** (fresa a tazza) (*ut.*), Hohlfräser (*m.*). **5 ~ a candela** (*ut.*), Fingerfräser (*m.*), Schaftfräser (*m.*). **6 ~ a codolo** (fresa a gambo) (*ut.*), Schaftfräser (*m.*). **7 ~ a codolo per asole** (fresa a gambo per finestre) (*ut.*), Langlochfräser (*m.*). **8 ~ a coltelli** (fresa a denti riportati, fresa a lame riportate) (*ut.*), Fräser mit eingesetzten Messern, Messerkopf (*m.*). **9 ~ a coltelli riportati orientabili** (*ut.*), Kippstollenfräser (*m.*). **10 ~ ad angolo** (*ut.*), Winkelfräser (*m.*). **11 ~ ad angolo doppio** (fresa biconica) (*ut.*), doppelseitiger Winkelfräser. **12 ~ ad angolo doppio simmetrica** (fresa biconica simmetrica) (*ut.*), Prismenfräser (*m.*). **13 ~ ad angolo semplice** (*ut.*), einseitiger Winkelfräser. **14 ~ a denti alterni** (fresa a denti incrociati) (*ut.*), kreuzverzahnter Fräser. **15 ~ a denti diritti** (*ut.*), geradverzahnter Fräser. **16 ~ a denti fresati** (*ut.*), Fräser mit gefrästen Zähnen. **17 ~ a denti incrociati** (fresa a denti alterni) (*ut.*), kreuzverzahnter Fräser. **18 ~ a denti riportati** (fresa a coltelli, fresa a lame riportate) (*ut.*), Fräser mit eingesetzten Messern, Messerkopf (*m.*). **19 ~ a denti spogliati** (fresa a spoglia, fresa a profilo costante) (*ut.*), hinterdrehter Fräser. **20 ~ a disco** (*ut.*), Scheibenfräser (*m.*). **21 ~ a disco a denti riportati** (fresa a disco a lame riportate) (*ut.*), Scheibenfräser mit eingesetzten Messern. **22 ~ a disco a lame riportate** (fresa a disco a denti riportati) (*ut.*), Scheibenfräser mit eingesetzten Messern. **23 ~ a disco doppia** (fresa a due dischi) (*ut.*), Doppelscheibenfräser (*m.*). **24 ~ a due dischi** (fresa a disco doppia) (*ut.*), Doppelscheibenfräser (*m.*). **25 ~ ad un tagliente** (*ut.*), Frässtichel (*m.*), Einschneidefräser (*m.*). **26 ~ a gambo** (fresa a codolo) (*ut.*), Schaftfräser (*m.*). **27 ~ a gambo cilindrico** (*ut.*), Schaftfräser mit Zylinderschaft. **28 ~ a gambo conico** (*ut.*), Schaftfräser mit Kegelschaft. **29 ~ a gambo per asole** (fresa a codolo per finestre) (*ut.*), Langlochfräser (*m.*). **30 ~ a gambo per cave a T** (*ut.*), Schaftfräser für T-Nuten. **31 ~ a lame riportate** (fresa a denti riportati, fresa a coltelli) (*ut.*), Fräser mit eingesetzten Messern, Messerkopf (*m.*). **32 ~ a lima** (*ut.*), Fräserfeile (*f.*). **33 ~ a manicotto** (*ut.*), Aufsteckfräser (*m.*). **34 ~ a manicotto per filettature** (*ut.*), Aufsteck-Gewindefräser (*m.*). **35 ~ a modulo** (fresa modulare, fresa per ingranaggi) (*ut.*), Modulfräser (*m.*). **36 ~ a profilo** (fresa sagomata) (*ut.*), Formfräser (*m.*). **37 ~ a profilo costante** (fresa a spoglia, fresa a denti spogliati) (*ut.*), hinterdrehter Fräser. **38 ~ a profilo semicircolare** (fresa a raggio) (*ut.*), Halbkreisfräser (*m.*). **39 ~ a profilo semicircolare concavo** (fresa a raggio concava) (*ut.*), nach innen gewölbter Halbkreisfräser. **40 ~ a profilo semicircolare convesso** (fresa a raggio convessa) (*ut.*), nach aussen gewölbter Halbkreisfräser. **41 ~ a quarto di cerchio concava** (*ut.*), Viertelkreisfräser (*m.*). **42 ~ a raggio** (fresa a profilo semicircolare) (*ut.*), Halbkreisfräser (*m.*). **43 ~ a raggio concava** (fresa a profilo semicircolare concavo) (*ut.*), nach innen gewölbter Halbkreisfräser. **44 ~ a raggio concava a quarto di cerchio** (*ut.*), Viertelkreisfräser (*m.*). **45 ~ a raggio convessa** (fresa a profilo semicircolare convesso) (*ut.*), nach aussen gewölbter Halbkreisfräser. **46 ~ a riccio con gambo** (*ut.*), Igelschaftfräser (*m.*). **47 ~ a rullo** (fresa cilindrica) (*ut.*), Walzenfräser (*m.*). **48 ~ a spianare** (fresa per spianare) (*ut.*), Oberflächenfräser (*m.*), Planfräser (*m.*). **49 ~ a spoglia** (fresa a profilo costante, fresa a denti spogliati) (*ut.*), hinterdrehter Fräser. **50 ~ a tazza** (fresa a bicchiere) (*ut.*), Hohlfräser (*m.*), Topffräser (*m.*). **51 ~ a vite** (creatore) (*ut.*), Wälzfräser (*m.*), Abwälzfräser (*m.*). **52 ~ a vite per ruote a vite** (*ut.*), Schneckenradab-

fresatrice

wälzfräser (*m.*). **53** ~ **biconica** (fresa ad angolo doppio) (*ut.*), doppelseitiger Winkelfräser. **54** ~ **biconica simmetrica** (fresa ad angolo doppio simmetrica) (*ut.*), Prismenfräser (*m.*). **55** ~ **cilindrica** (fresa a rullo) (*ut.*), Walzenfräser (*m.*). **56** ~ **cilindrica a denti riportati** (*ut.*), Messerkopf (*m.*). **57** ~ **cilindrica frontale** (fresa cilindrico-frontale) (*ut.*), Walzenstirnfräser (*m.*). **58** ~ **composita** (fresa multipla, gruppo di frese) (*ut.*), Fräsersatz (*m.*), Satzfräser (*m.*). **59** ~ **conica** (*ut.*), Kegelfräser (*m.*). **60** ~ **doppia a incastri regolabile** (*ut.*), gekuppelter und verstellbarer Fräser. **61** ~ **finitrice** (*ut.*), Schlichtfräser (*m.*). **62** ~ **frontale** (*ut.*), Stirnfräser (*m.*). **63** ~ **frontale ad angolo** (*ut.*), Winkelstirnfräser (*m.*). **64** ~ **generatrice** (*ut.*), Erzeugungsfräser (*m.*). **65** ~ **modulare** (fresa a modulo, fresa per ingranaggi) (*ut.*), Modulfräser (*m.*), Fräser für Zahnräder. **66** ~ **multipla** (gruppo di frese) (*ut.*), Satzfräser (*m.*), Fräsersatz (*m.*). **67** ~ **per asole** (*ut.*), Schlitzfräser (*m.*). **68** ~ **per cave** (fresa per scanalature) (*ut.*), Nutenfräser (*m.*). **69** ~ **per chiavi** (per fresare l'apertura di chiavi fisse) (*ut.*), Schlüsselfräser (*m.*). **70** ~ **per collettori** (fresa per mica) (*ut.*), Glimmerfräser (*m.*). **71** ~ **per cremagliere** (*ut.*), Zahnstangenfräser (*m.*). **72** ~ **per filettare** (fresa per filettature) (*ut.*), Gewindefräser (*m.*). **73** ~ **per filettature** (fresa per filettare) (*ut.*), Gewindefräser (*m.*). **74** ~ **per filettature trapezie** (*ut.*), Trapezgewindefräser (*m.*). **75** ~ **per gallerie** (*macch. mov. terra*), Tunnelfräser (*m.*). **76** ~ **per ingranaggi** (fresa modulare) (*ut.*), Fräser für Zahnräder, Modulfräser (*m.*). **77** ~ **per intagli** (di viti) (*ut.*), Schlitzfräser (*m.*). **78** ~ **per lamare** (*ut.*), Anflächsenker (*m.*). **79** ~ **per mica** (per collettori di macch. elett.) (*ut.*), Glimmerfräser (*m.*). **80** ~ **per ravvivare** (fresa per ripassare mole) (*ut.*), Abdrehfräser (*m.*). **81** ~ **per** (ripassatura) **sedi valvola** (*ut. - mot.*), Ventilsitzfräser (*m.*). **82** ~ **per scanalature** (*ut.*), Nutenfräser (*m.*). **83** ~ **per scanalature a T** (fresa a gambo) (*ut.*), Schaftfräser für T-Nuten. **84** ~ **per sgrossare** (*ut.*), Vorschneidfräser (*m.*), Schruppfräser (*m.*). **85** ~ **per spianare** (fresa a spianare) (*ut.*), Oberflächenfräser (*m.*), Planfräser (*m.*). **86** ~ **per stampi** (*ut.*), Gesenkfräser (*m.*). **87** ~ **per svasare** (fresa per svasature, allargatore a punta) (*ut.*), Spitzsenker (*m.*). **88** ~ **per troncare** (*ut.*), Schlitzfräser (*m.*). **89** ~ **per viti senza fine** (*ut.*), Schneckenfräser (*m.*). **90** ~ **rasatrice monospira** (fresa rasatrice ad un tagliente) (*ut.*), Schälfräser (*m.*). **91** ~ **rotativa** (*ut.*), Rotierfräser (*m.*), Rotorfräser (*m.*). **92** ~ **sagomata** (fresa a profilo) (*ut.*), Formfräser (*m.*). **93** ~ **tangenziale** (fresa cilindrica) (*ut.*), Walzenfräser (*m.*). **94 corpo della** ~ (*ut.*), Fräserkörper (*m.*). **95 gruppo di frese** (fresa multipla) (*ut.*), Satzfräser (*m.*), Fräsersatz (*m.*).

fresalesatrice (fresatrice-alesatrice) (*macch. ut.*), Fräs-und-Bohrmaschine (*f.*).

fresare (*lav. macch. ut.*), fräsen. **2** ~ (incidere, lo stampo) (*mecc. - fucinatura*), einfräsen, ausfräsen. **3** ~ **a misura** (*lav. macch. ut.*), auf Mass fräsen. **4** ~ **a spoglia** (spogliare alla fresa o con fresa) (*lav. macch. ut.*), hinterfräsen. **5** ~ **a va e vieni** (*lav. mecc. - macch. ut.*), pendelfräsen. **6** ~ **con creatore** (fresare con fresa a vite) (*lav. macch. ut.*), wälzfräsen, abwälzen. **7** ~ **con fresa a vite** (fresare con creatore) (*lav. macch. ut.*), wälzfräsen, abwälzen. **8** ~ **di sgrosso** (sgrossare di fresa) (*lav. macch. ut.*), vorfräsen.

fresato (*lav. macch. ut.*), gefräst, ausgefräst.

fresatore (*lav.*), Fräser (*m.*). **2** ~ **attrezzista** (*lav.*), Werkzeugfräser (*m.*).

fresatrice («fresa») (*macch. ut.*), Fräsmaschine (*f.*). **2** ~ **a catena** (*macch. lav. legno*), Kettenfräsmaschine (*f.*). **3** ~ **a comando numerico** (*macch. ut.*), NC-Fräsmaschine (*f.*), numerisch gesteuerte Fräsmaschine. **4** ~ **a copiare** (fresatrice per riproduzioni) (*macch. ut.*), Kopierfräsmaschine (*f.*), Nachformfräsmaschine (*f.*). **5** ~ **a copiare per stampi** (fresatrice a riproduzione per stampi) (*macch. ut.*), Gesenkkopiermaschine (*f.*). **6** ~ **a creatore** (fresatrice a generazione) (*macch. ut.*), Wälzfräsmaschine (*f.*), Abwälzfräsmaschine (*f.*). **7** ~ **a creatore automatica** (*macch. ut.*), Wälzfräsautomat (*m.*). **8** ~ **a due teste** (*macch. ut.*), Zwillingsfräsmaschine (*f.*). **9** ~ **a generazione** (fresatrice a creatore) (*macch. ut.*), Wälzfräsmaschine (*f.*), Abwälzfräsmaschine (*f.*). **10** ~ **-alesatrice** (*macch. ut.*), Fräs- und Bohrmaschine (*f.*). **11** ~ **a mensola** (*macch. ut.*), Konsolfräsmaschine (*f.*). **12** ~ **a pantografo per stampi** (*macch. ut.*), Pantographgesenkfräsmaschine (*f.*). **13** ~ **a pialla** (*macch. ut.*), Fräs- und Hobelmaschine (*f.*). **14** ~ **a pialla con due montanti** (fresatrice a portale) (*macch. ut.*), Langfräsmaschine (*f.*), Portalfräsmaschine (*f.*), Doppelständerfräsmaschine (*f.*). **15** ~ **a portale** (fresatrice a pialla, con due montanti) (*macch. ut.*), Portalfräsmaschine (*f.*), Langfräsmaschine (*f.*), Doppelständerfräsmaschine (*f.*). **16** ~ **a riproduzione** (fresatrice a copiare) (*macch. ut.*), Kopierfräsmaschine (*f.*), Nachformfräsmaschine (*f.*). **17** ~ **a riproduzione per stampi** (fresatrice a copiare per stampi) (*macch. ut.*), Gesenkkopiermaschine (*f.*). **18** ~ **a tamburo** (*macch. ut.*), Schalttrommelfräsmaschine (*f.*). **19** ~ **automatica** (*macch. ut.*), Fräsautomat (*m.*). **20** ~ **continua** (con portapezzi a tamburo (*macch. ut.*), Trommelfräsmaschine (*f.*). **21** ~ **-dentatrice** (dentatrice a fresa) (*macch. ut.*), Zahnradfräsmaschine (*f.*). **22** ~ **di sedi di chiavetta** (*macch. ut.*), Keilnutenfräsmaschine (*f.*). **23** ~ **in tondo** (fresatrice per superfici cilindriche, per alberi a gomito p. es.) (*macch. ut.*), Rundfräsmaschine (*f.*). **24** ~ **orizzontale** (*macch. ut.*), Waagerechtfräsmaschine (*f.*). **25** ~ **per calibri** (di laminazione) (*lamin. - macch. ut.*), Kaliberfräsmaschine (*f.*). **26** ~ **per camme** (fresatrice per eccentrici) (*macch. ut.*), Nockenfräsmaschine (*f.*), Kurvenfräsmaschine (*f.*). **27** ~ **per cave da linguette** (*macch. ut.*), Passnutenfräsmaschine (*f.*). **28** ~ **per clisé** (*macch. ut.*), Rautingfräsmaschine (*f.*). **29** ~ **per copiare** (fresatrice per riproduzioni, fresatrice riproduttrice) (*macch. ut.*), Kopierfräsmaschine (*f.*), Nachformfräsmaschine (*f.*). **30** ~ **per dentiere** (*macch. ut.*), Zahnstangenfräsma-

fresatura

schine (*f.*). **31 ~ per eccentrici** (fresatrice per camme) (*macch. ut.*), Nockenfräsmaschine (*f.*). **32 ~ per filettature** (*macch. ut.*), Gewindefräsmaschine (*f.*), Teilfräsmaschine (*f.*). **33 ~ per incastri a coda di rondine** (*macch. lav. legno*), Zinkenmaschine (*f.*). **34 ~ per ingranaggi** (dentatrice) (*macch. ut.*), Räderfräsmaschine (*f.*), Zahnradfräsmaschine (*f.*). **35 ~ per ingranaggi conici** (*macch. ut.*), Kegelradfräsmaschine (*f.*). **36 ~ per legno** (taboretto) (*macch. lav. del legno*), Holzfräsmaschine (*f.*). **37 ~ per pezzi lunghi** (per pezzi di particolare lunghezza) (*macch. ut.*), Langfräsmaschine (*f.*). **38 ~ per riproduzioni** (fresatrice riproduttrice, fresatrice per copiare) (*macch. ut.*), Kopierfräsmaschine (*f.*), Nachformfräsmaschine (*f.*). **39 ~ per scanalature** (*macch. ut.*), Nutenfräsmaschine (*f.*), Stichfräsmaschine (*f.*). **40 ~ per smussatura imbocco denti** (*macch. ut.*), Zahnkanten-Fräsmaschine (*f.*). **41 ~ per spianare** (fresatrice per superfici piane) (*macch. ut.*), Planfräsmaschine (*f.*). **42 ~ per spogliare** (*macch. ut.*), Hinterfräsmaschine (*f.*). **43 ~ per stampi** (*macch. ut.*), Gesenkfräsmaschine (*f.*). **44 ~ per superfici cilindriche** (fresatrice in tondo, per alberi a gomito p. es.) (*macch. ut.*), Rundfräsmaschine (*f.*). **45 ~ per superfici piane** (fresatrice per spianare) (*macch. ut.*), Planfräsmaschine (*f.*). **46 ~ planetaria per filettature** (*macch. ut.*), Planetengewindefräsmaschine (*f.*). **47 ~ riproduttrice** (fresatrice per copiare, fresatrice per riproduzioni) (*macch. ut.*), Kopierfräsmaschine (*f.*), Nachformfräsmaschine (*f.*). **48 ~ universale** (*macch. ut.*), Universalfräsmaschine (*f.*). **49 ~ verticale** (*macch. ut.*), Senkrechtfräsmaschine (*f.*). **50 grossa ~ orizzontale** (*macch. ut.*), Fräswerk (*n.*). **51 tavola orientabile per fresatrici** (*macch. ut.*), Schwenkfrästisch (*m.*).

fresatura (*lav. macch. ut.*), Fräsen (*n.*). **2 ~** (incisione, di stampi) (*mecc. - fucinatura*), Einfräsung (*f.*). **3 ~ a caldo** (*metall. - mecc.*), Heissfräsen (*n.*). **4 ~ a copiare** (fresatura a riproduzione) (*lav. macch. ut.*), Nachformfräsen (*n.*), Kopierfräsen (*n.*). **5 ~ a creatore** (fresatura a generazione, fresatura ad inviluppo) (*lav. macch. ut.*), Abwälzfräsen (*n.*), Wälzfräsen (*n.*). **6 ~ a creatore diagonale** (*lav. macch. ut.*), Diagonalwälzfräsen (*n.*). **7 ~ a creatore di filettature** (filettatura a creatore) (*lav. macch. ut.*), Gewindewälzfräsen (*n.*). **8 ~ ad angolo** (*lav. macch. ut.*), winkliges Fräsen. **9 ~ ad immersione** (fresatura a tuffo) (*lav. macch. ut.*), Tauchfräsen (*n.*), Tauchfräsarbeit (*f.*). **10 ~ ad inviluppo** (fresatura a creatore, fresatura a generazione) (*lav. macch. ut.*), Abwälzfräsen (*n.*), Wälzfräsen (*n.*). **11 ~ a diversi livelli** (di superfici a diversi livelli) (*lav. macch. ut.*), Stufenfräsen (*n.*), Absatzfräsen (*n.*). **12 ~ a generazione** (fresatura ad inviluppo, fresatura a creatore) (*lav. macch. ut.*), Abwälzfräsen (*n.*), Wälzfräsen (*n.*). **13 ~ anticonvenzionale** (fresatura concorrente, fresatura unidirezionale, fresatura concorde) (*lav. macch. ut.*), Gleichlauffräsen (*n.*). **14 ~ a quadrangolo** (con percorso dell'utensile secondo un quadrangolo) (*lav. macch. ut.*), Viereckfräsen (*n.*). **15 ~ a riproduzione** (fresatura a copiare) (*lav. macch. ut.*), Nachformfräsen (*n.*), Kopierfräsen (*n.*). **16 ~ a sagoma** (fresatura di profili, fresatura con fresa sagomata) (*lav. macch. ut.*), Formfräsen (*n.*). **17 ~ a spazzolamento** (fresatura a va e vieni, fresatura pendolare, per superfici curve) (*lav. macch. ut.*), Pendelfräsen (*n.*). **18 ~ a spianare** (fresatura in piano) (*lav. macch. ut.*), Flächenfräsen (*n.*), Planfräsen (*n.*). **19 ~ a tuffo** (fresatura ad immersione) (*lav. macch. ut.*), Tauchfräsen (*n.*), Tauchfräsarbeit (*f.*). **20 ~ (a tuffo) di filettatura corta** (*lav. macch. ut.*), Kurzgewindefräsen (*n.*). **21 ~ a tuffo e longitudinale** (di ruote dentate p. es.) (*lav. macch. ut.*), Tauchlängsfräsen (*n.*). **22 ~ a vai e vieni** (fresatura pendolare, fresatura a spazzolamento, per superfici curve) (*lav. macch. ut.*), Pendelfräsen (*n.*). **23 ~ bidirezionale** (fresatura discorde, fresatura convenzionale, fresatura contrapposta) (*lav. macch. ut.*), Gegenlauffräsen (*n.*). **24 ~ chimica** (*mecc.*), chemisches Fräsen. **25 ~ cilindrica** (fresatura in tondo) (*lav. macch. ut.*), Rundfräsen (*n.*). **26 ~ concorde** (fresatura concorrente, fresatura anticonvenzionale, fresatura unidirezionale) (*lav. macch. ut.*), Gleichlauffräsen (*n.*). **27 ~ concorrente** (fresatura concorde, fresatura anticonvenzionale, fresatura unidirezionale) (*lav. macch. ut.*), Gleichlauffräsen (*n.*). **28 ~ con fresa monodente** (*lav. macch. ut.*), Einzelzahnfräsen (*n.*), Schlagzahnfräsen (*n.*). **29 ~ con fresa sagomata** (fresatura a sagoma, fresatura di profili) (*lav. macch. ut.*), Formfräsen (*n.*). **30 ~ contrapposta** (fresatura discorde, fresatura bidirezionale, fresatura convenzionale) (*lav. macch. ut.*), Gegenlauffräsen (*n.*). **31 ~ convenzionale** (fresatura discorde, fresatura contrapposta, fresatura bidirezionale) (*lav. macch. ut.*), Gegenlauffräsen (*n.*). **32 ~ del contorno** (di uno stampo per fucinatura) (*lav. macch. ut.*), Umrissfräsen (*n.*). **33 ~ dello stampo** (*lav. macch. ut.*), Gesenkfräsen (*n.*). **34 ~ di cave** (per chiavette) (fresatura di sedi per chiavette) (*lav. macch. ut.*), Nutenfräsen (*n.*), Keilnutenfräsen (*n.*). **35 ~ di cremagliere** (*lav. macch. ut.*), Zahnstangenfräsen (*n.*). **36 ~ di precisione** (fresatura fine) (*lav. macch. ut.*), Feinfräsen (*n.*). **37 ~ di profili** (fresatura a sagoma, fresatura con fresa sagomata) (*lav. macch. ut.*), Formfräsen (*n.*). **38 ~ discontinua** (fresatura programmata d'una superficie discontinua) (*lav. macch. ut.*), Sprungfräsen (*n.*). **39 ~ discorde** (fresatura contrapposta, fresatura convenzionale, fresatura bidirezionale) (*lav. macch. ut.*), Gegenlauffräsen (*n.*). **40 ~ di sedi per chiavette** (*lav. macch. ut.*), Keilnutenfräsen (*n.*). **41 ~ di spallamenti** (*lav. macch. ut.*), Ansatzfräsen (*n.*). **42 ~ di stampi** (*lav. macch. ut.*), Gesenkfräsen (*n.*). **43 ~ di superfici cilindriche** (fresatura in tondo) (*lav. macch. ut.*), Rundfräsen (*n.*). **44 ~ di superfici piane** (fresatura in piano) (*lav. macch. ut.*), Flächenfräsen (*n.*), Planfräsen (*n.*). **45 ~ fine** (fresatura di precisione) (*lav. macch. ut.*), Feinfräsen (n.). 46 ~ frontale (lav. macch. ut.), Stirnfräsen (n.), Stirnflächenfräsen (n.). 47 ~ in piano (fresatura a spianare, fresatura di superfici piane) (lav. macch. ut.), Flächenfräsen (n.), Planfräsen (n.). 48 ~ in tondo (fresatura di superfici cilindriche) (lav. macch. ut.), Rundfräsen (n.). 49 ~ pendolare (fresatura a va e vieni, fresatura a spazzolamento, per superfici curve) (lav. macch. ut.), Pendelfräsen (n.). 50 ~ periferica (lav. macch. ut.), Umfangsfräsen (n.). 51 ~ per riprodurre (fresatura a riproduzione) (lav. macch. ut.), Nachformfräsen (n.), Kopierfräsen (n.). 52 ~ tangenziale (fresatura cilindrica, fresatura con fresa cilindrica) (lav. macch. ut.), Walzfräsen (n.), Walzen (n.). 53 ~ tangenziale (con creatore ad un dente) (lav. macch. ut.), Schlagfräsen (n.). 54 ~ unidirezionale (fresatura concorde, fresatura anticonvenzionale, fresatura concorrente) (lav. macch. ut.), Gleichlauffräsen (n.). 55 accessorio per ~ (macch. ut.), Fräseinrichtung (f.). 56 accessorio per la ~ di cremagliere (macch. ut.), Zahnstangenfräseinrichtung (f.). 57 attrezzo per ~ (att. lav. macch. ut.), Fräsvorrichtung (f.).

fresco (gen.), frisch. 2 ~ (pittura a fresco) (vn.), Fresko (n.), Freske (f.), Freskomalerei (f.).

fresetta (da dentista) (ut. da dentista), Bohrer (m.). 2 ~ sferica (ut.), Kugelfräser (m.).

Fresnel, lente di ~ (ott.), Fresnellinse (f.), Ringlinse (f.), Gürtellinse (f.), Fresnelsche Linse.

« **fretting** » (usura da contatto, usura da sfregamento, usura tra due superfici soggette a moto oscillatorio relativo di piccola ampiezza) (metall.), Schwingreibverschleiss (m.), Passungsverschleiss (m.).

« **fretting corrosion** » (usura da contatto con predominante reazione chimica, corrosione da sfregamento, ossidazione per attrito) (metall.), Reibkorrosion (f.), Reiboxydation (f.).

friabile (gen.), bröckelig, zerreiblich, zerbröckelnd. 2 ~ (di minerale) (min.), mulmig.

frigene (CCl_2F_2) (Freon 12, diclorodifluorometano) (chim. - frigoriferi), Freon 12, Frigen (n.).

friggìo (radio - difetto), Prasseln (n.).

frigocilindro (come scambiatore termico p. es.) (ind.), Kühlwalze (f.).

frigoria (fr, unità termica; 1 fr = 1 kcal) (unità di mis.), frigorie (f.), fr.

frigorifero (armadio frigorifero) (s. - app. domestico), Kühlschrank (m.). 2 ~ (magazzino frigorifero) (ind.), Kühlraum (m.). 3 ~ (a. - term.), kälteerzeugend. 4 ~ (criogeno) (a. - fis.), kryogen. 5 ~ a compressore (app.), Kompressionskühlschrank (m.). 6 ~ ad assorbimento (app.), Abosrptionskühlschrank (m.). 7 ~ domestico (app. elett.), Heimfroster (m.), Haushalt-Kühlschrank (m.). 8 conservazione in ~ (ind. freddo), Kühllagerung (f.). 9 macchina frigorifera (macch.), Kältemaschine (f.), Kühlmaschine (f.). 10 macchina frigorifera ad ammoniaca (macch.), Ammoniakkältemaschine (f.).

frigorigrafo (per registrare l'entità del raffreddamento) (app.), Frigorigraph (m.).

frigorimetro (per misure di confortevolezza ambientale p. es.) (app.), Frigorimeter (m.).

frisata (capo di banda) (nav.), Schandeckel (m.).

fritta (mft. vetro), Fritte (f.), Glasmasse (f.).

frizione (innesto a frizione) (mecc. - aut. - mot.), Reibungskupplung (f.), Kupplung (f.). 2 ~ a comando pneumatico (di una pressa, p. es.) (macch.), Druckluftkupplung (f.), Pressluftkupplung (f.). 3 ~ a cono (mecc.), Konuskupplung (f.). 4 ~ ad aria compressa (frizione pneumatica, per una pressa p. es.) (macch.), Pressluftkupplung (f.), Druckluftkupplung (f.). 5 ~ a dischi (mecc.), Lamellenkupplung (f.), Mehrscheibenkupplung (f.). 6 ~ a disco a secco (mecc. - aut.), Trockenscheibenkupplung (f.). 7 ~ a secco (mecc.), Trockenkupplung (f.). 8 ~ automatica (aut.), selbsttätige Kupplung, automatische Kupplung. 9 ~ centrifuga (mecc.), Fliehkraftkupplung (f.). 10 ~ che strappa (aut.), harte Kupplung, reissende Kupplung. 11 ~ monodisco (mecc. - aut.), Einscheibenkupplung (f.). 12 ~ monodisco a secco (aut. - mecc.), Einscheiben-Trockenkupplung (f.). 13 ~ pneumatica (frizione ad aria compressa, per una pressa p. es.) (macch.), Pressluftkupplung (f.), Druckluftkupplung (f.). 14 ammortizzatore a ~ (ammortizzatore ad attrito) (mecc.), Reibungsdämpfer (m.). 15 bilanciere a ~ (macch.), Reibspindelpresse (f.), Reibtriebspindelpresse (f.) 16 far slittare la ~ (aut.), die Kupplung schleifen lassen. 17 giunto a ~ (giunto di sicurezza) (macch.), Rutschkupplung (f.), Sicherheitskupplung (f.). 18 innestare la ~ (aut. - ecc.), die Kupplung einschalten. 19 leva della ~ (di un gruppo Diesel p. es.) (mecc.), Kupplungshebel (m.). 20 meccanismo a ruote di ~ (rotismo a frizione) (mecc.), Reibradgetriebe (n.). 21 pedale della ~ (aut.), Kupplungspedal (n.). 22 pressa a ~ a vite (bilanciere) (macch.), Reibspindelpresse (f.), Schwungradspindelpresse (f.). 23 rotismo a ~ (meccanismo a ruote di frizione) (mecc.), Reibraggetriebe (n.). 24 ruota di ~ (mecc.), Reibungsrad (m.). Reibrad (n.), Friktionsrad (n.). 25 scatola della ~ (aut. - ecc.), Kupplungsgehäuse (n.). 26 slittamento della ~ (mecc. - aut.), Kupplungsschlupf (m.). 27 tiranteria della ~ (veic. - ecc.), Kupplungsgestänge (n.). 28 trasmissione a coni di ~ (mecc.), Reibkegelgetriebe (n.). 29 trasmissione a ruote di ~ (mecc.), Reibscheibenantrieb (m.).

frode (leg.), Betrug (m.).

froldo (argine in froldo, senza golena) (costr. idr.), Schardeich (m.).

frontale (gen.), Stirn... 2 campo ~ di fuga (macch. elett.), Stirnstreufeld (n.). 3 connessione ~ (d'una bobina rotorica p. es.) (macch. elett.), Stirnverbindung (f.). 4 dentatura ~ (mecc.), Stirnverzahnung (f.). 5 dispersione ~ (macch. elett.), Stirnstreuung (f.).

frontalino (ed.), Stirnbrett (n.).

frontalmente (gen.), stirnseitig.

fronte (lato anteriore) (gen.), Stirnseite (f.). 2 ~ (facciata) (ed.), Stirn (f.). 3 ~ (superficie di separazione tra masse di aria fredda e calda) (meteor.), Front (f.). 4 ~ caldo

frontiera

(*meteor.*), Warmfront (*f.*). **5 ~ di abbattimento** (fronte di coltivazione) (*min.*), Abbaustoss (*m.*). **6 ~ di aria fredda** (fronte freddo) (*meteor.*), Kaltluftfront (*f.*), Einbruchsfront (*f.*). **7 ~ di attacco** (fronte di abbattimento) (*min.*), Abbaustoss (*m.*). **8 ~ di avanzamento** (fronte di abbattimento) (*min.*), Abbaustoss (*m.*). **9 ~ di avanzamento** (nella costruzione di gallerie) (*costr. strad. - ing. civ.*), Brust (*f.*), Vortriebstelle (*f.*), Einbaustelle (*f.*). **10 ~ di coltivazione** (*min.*), Abbaustoss (*m.*). **11 ~ d'onda** (*fis.*), Wellenfront (*f.*). **12 ~ freddo** (*meteor.*), Kaltfront (*f.*). **13 a lunga ~** (coltivazione) (*min.*), langfrontartig. **14 visto di ~** (visto dal lato anteriore) (*mot. - ecc.*), von vorn gesehen.
frontiera (*geogr.*), Grenze (*f.*). **2 reso ~...** (*comm. - trasp.*), geliefert Grenze...
frontispizio (di un libro) (*tip.*), Titelblatt (*n.*), Frontispiz (*n.*). **2 ~** (frontone) (*arch.*), Frontispiz (*n.*), Ziergiebel (*m.*), Giebel (*m.*).
frontogenesi (*meteor.*), Frontogenese (*f.*).
frontolisi (*meteor.*), Frontolysis (*f.*).
frontone (frontispizio) (*arch.*), Ziergiebel (*m.*), Giebel (*m.*).
frottatoio (*macch. tess.*), Würgelapparat (*m.*), Nitschelwerk (*n.*), Frottierzeug (*n.*).
frullo (*aer.*), schnelle Rolle. **2 ~ orizzontale** (vite orizzontale) (*aer.*), Rolle (*f.*). **3 mezzo ~ orizzontale** (*aer.*), halbe Rolle.
frumento (grano) (*agric.*), Weizen (*m.*).
fruscío (raschio) (*elettroacus. - acus. - difetto*), Kratzen (*n.*), Kratzgeräusch (*n.*). **2 ~ della puntina** (*elettroacus.*), Plattengeräusch (*n.*).
frusta (*gen.*), Peitsche (*f.*).
frustagno (fustagno) (*tess.*), Barchent (*m.*).
frutta (*agric.*), Obst (*n.*). **2 succo di ~** (sugo di frutta) (*ind.*), Saft (*m.*).
fruttare (rendere, denaro) (*comm.*), einbringen.
fruttifero (*gen.*), ergiebig. **2 ~** (fertile, contenente minerale utile) (*min.*), erzhaltig, gehaltsvoll, reich. **3 buono ~ postale** (*finanz.*), Postsparzertifikat (*n.*).
frutto (*gen.*), Frucht (*f.*). **2 frutti pendenti** (*leg. - agric.*), Ernte auf dem Halm.
fuchsina (fucsina, fuxina, colorante artificiale) (*chim.*), Fuchsin (*n.*).
fucile (arma portatile) (*arma da fuoco*), Gewher (*n.*). **2 ~ a canna liscia** (da caccia) (*arma da fuoco*), Flinte (*n.*). **3 ~ (a caricamento) automatico** (*arma da fuoco*), Selbstladegewehr (*n.*). **4 ~ a caricatore** (*arma da fuoco*), Mehrlader (*m.*), Mehrladegewehr (*n.*), Magazingewehr (*n.*). **5 ~ ad aria compressa** (*app.*), Windbüchse (*f.*), Luftgewehr (*n.*). **6 ~ a due canne** (doppietta) (*arma da fuoco*), Doppelbüchse (*f.*), Doppelflinte (*f.*), Zwilling (*m.*). **7 ~ a ripetizione** (*arma da fuoco*), Magazinlader (*m.*), Repetierbüchse (*f.*). **8 ~ a tre canne** (« drilling ») (*arma da fuoco*), dreiläufige Büchse, Drilling (*m.*). **9 ~ automatico** (*arma da fuoco*), Selbstlader (*m.*), Selbstladegewehr (*n.*), Sturmgewehr (*n.*), automatisches Gewehr. **10 ~ da caccia** (*arma da fuoco*), Jagdgewehr (*n.*). **11 ~ mitragliatore** (« mitra ») (*arma da fuoco*), Maschinengewehr (*n.*).
fucina (apparecchio per il riscaldamento dei pezzi da fucinare) (*app. - fucinatura*), Esse (*f.*), Schmiede (*f.*). **2 ~** (reparto od impianto fucinatura) (*fucinatura - ed.*), Hammerwerk (*n.*), Hammerschmiede (*f.*), Schmiedeabteilung (*f.*). **3 ~ da campo** (*app. - fucinatura*), Feldschmiede (*f.*). **4 ~ di fabbro** (*fucinatura*), Schmiede (*f.*), Schmitte (*f.*). **5 ~ per stampaggio** (*ind.*), Gesenkschmiede (*f.*). **6 ~ portatile** (*fucinatura*), Feldschmiede (*f.*). **7 reparto ~** (reparto fucinatura) (*ind.*), Schmiedeabteilung (*f.*).
fucinabile (*fucinatura*), schmiedbar.
fucinabilità (*fucinatura*), Schmiedbarkeit (*f.*).
fucinare (*fucinatura*), schmieden. **2 ~ a cuore** (fucinare completamente) (*fucinatura*), durchschmieden. **3 ~ a freddo** (*fucinatura*), kaltschmieden. **4 ~ alla macchina** (*fucinatura*), maschinenschmieden. **5 ~ a mano** (*fucinatura*), handschmieden. **6 ~ al maglio** (*fucinatura*), schlagen, hammerschmieden. **7 ~ a stampo** (*fucinatura*), gesenkschmieden. **8 ~ a stampo alla pressa** (stampare a caldo od a freddo alla pressa) (*tecnol. mecc.*), pressen. **9 ~ completamente** (fucinare a cuore) (*fucinatura*), durchschmieden. **10 ~ dalla barra** (*fucinatura*), von der Stange schmieden. **11 ~ dallo spezzone troncato** (*fucinatura*), vom Spaltstück schmieden. **12 ~ di precisione** (*fucinatura*), feinschmieden, genauschmieden. **13 ~ in una calda** (*fucinatura*), schmieden in einer Hitze. **14 ~ male** (*fucinatura*), zerschmieden. **15 ~ senza stampo** (*fucinatura*), freiformschmieden. **16 gru per lingotti da ~** (*macch. ind.*), Schmiedekran (*m.*).
fucinato (*a. - fucinatura*), geschmiedet. **2 ~** (pezzo fucinato) (*s. - fucinatura*), Schmiedestück (*n.*). **3 ~ a cuore** (fucinato completamente) (*fucinatura*), durchgeschmiedet. **4 ~ a freddo** (*fucinatura*), kaltgeschmiedet. **5 ~ a mano** (*fucinatura*), handgeschmiedet. **6 ~ a stampo** (pezzo fucinato a stampo) (*s. - fucinatura*), Gesenkschmiedestück (*n.*). **7 ~ a stampo** (stampato) (*a. - fucinatura*), gesenkgeschmiedet. **8 ~ a stampo alla pressa** (pezzo fucinato a stampo alla pressa, pezzo stampato alla pressa) (*fucinatura*), Pressteil (*m.*), Pressung (*f.*). **9 ~ completamente** (fucinato a cuore) (*fucinatura*), durchgeschmiedet. **10 ~ con tolleranze correnti** (fucinato corrente) (*s. - fucinatura*), handelsübliches Schmiedestück, Normal-Schmiedestück (*n.*). **11 ~ corrente** (fucinato con tolleranze correnti) (*s. - fucinatura*), handelsübliches Schmiedestück, Normal-Schmiedestück (*n.*). **12 ~ di precisione** (pezzo fucinato di precisione) (*s. - fucinatura*), Genauschmiedestück (*n.*). **13 ~ libero** (pezzo fucinato senza stampo) (*s. - fucinatura*), Freiformschmiedestück (*n.*). **14 ~ male** (*a. - fucinatura*), zerschmiedet. **15 ~ senza stampo** (*a. - fucinatura*), freiformgeschmiedet. **16 ~ senza stampo** (pezzo fucinato senza stampo) (*s. - fucinatura*), Freiformschmiedestück (*n.*). **17 pezzo ~ di precisione** (*fucinatura*), Genauschmiedestück (*n.*).
fucinatore (*lav.*), Schmied (*m.*). **2 ~ (al maglio)** (*fucinatura - lav.*), Hammerführer (*m.*), Hammerschmied (*m.*). **3 ~ a stampo** (*lav.*), Gesenkschmied (*m.*). **4 tenaglie da ~** (*ut. fucinatura*), Stockzange (*f.*).

fucinatrice (*macch. - fucinatura*), Schmiedemaschine (*f.*). 2 ~ **a rulli** (sbozzatrice a rulli, laminatoio sbozzatore per fucinati) (*macch. - fucinatura*), Schmiedewalze (*f.*), Reckwalze (*f.*). 3 ~ **orizzontale** (*macch. - fucinatura*), Stauchmaschine (*f.*), Waagerecht-Schmiedemaschine (*f.*).

fucinatura (*fucinatura*), Schmieden (*n.*). 2 ~ **a freddo in matrice** (stampaggio a freddo) (*tecnol. mecc.*), Kaltgesenkschmieden (*n.*). 3 ~ **al maglio** (*fucinatura*), Hammerschmieden (*n.*), Hämmern (*n.*). 4 ~ **a mano** (*fucinatura*), Handschmieden (*n.*). 5 ~ **a stampo** (stampaggio, stampatura) (*fucinatura*), Gesenkschmieden (*n.*). 6 ~ **cava** (*fucinatura*), Hohlschmieden (*n.*). 7 ~ **con berta** (*fucinatura*), Fallhammerschmieden (*n.*). 8 ~ **con l'asse del pezzo parallelo alla direzione del colpo** (fucinatura parallela) (*fucinatura*), Längsschmieden (*n.*). 9 ~ **con l'asse del pezzo trasversale alla direzione del colpo** (fucinatura trasversalmente alla fibra) (*fucinatura*), Querschmieden (*n.*). 10 ~ **delle polveri** (fucinatura di pezzi sinterati, entro stampi e senza bava) (*tecnol. mecc.*), Pulverschmieden (*n.*). 11 ~ **di pezzi sinterati** (entro stampi e senza bava; fucinatura delle polveri) (*tecnol. mecc.*), Pulverschmieden (*n.*). 12 ~ **di precisione** (*fucinatura*), Genauschmieden (*n.*). 13 ~ **di finitura** (stampaggio di finitura) (*fucinatura*), Fertigschmieden (*n.*). 14 ~ **libera** (*fucinatura*), Freiformschmieden (*n.*). 15 ~ **meccanica** (*fucinatura*), Maschinenschmieden (*n.*). 16 ~ **multipla** (nella quale più pezzi uguali vengono stampati contemporaneamente) (*fucinatura*), Mehrfachschmieden (*n.*). 17 ~ **parallela** (fucinatura con l'asse del pezzo parallelo alla direzione del colpo) (*fucinatura*), Längsschmieden (*n.*). 18 ~ **trasversalmente alla fibra** (fucinatura con l'asse del pezzo trasversale alla direzione del colpo) (*fucinatura*), Querschmieden (*n.*). 19 **attrezzo per** ~ **libera** (*ut.*), Schmiedesattel (*m.*). 20 **forno per** ~ (*forno*), Schmiedeofen (*m.*). 21 **impianto a giostra per** ~ (*macch.*), Karussell-Schmiedeanlage (*f.*). 22 **piega di** ~ (*difetto - fucin.*), Schmiedefalte (*f.*). 23 **pressa per** ~ (*macch. fucinatura*), Gesenkschmiedepresse (*f.*). 24 **rapporto** (**di deformazione**) **di** ~ (*fucin.*), Verschmiedungsgrad (*m.*). 25 **reparto** ~ (reparto fucina) (*ind.*), Schmiedeabteilung (*f.*). 26 **temperatura di fine** ~ (temperatura del pezzo dopo l'ultima operazione) (*fucinatura*), Ablegetemperatur (*f.*).

fucsina (fuxina, colorante artificiale) (*chim.*), Fuchsin (*n.*).

fuga (perdita) (*gen.*), Leck (*n.*), Undichtigkeit (*f.*). 2 ~ (imballamento, del motore p. es.) (*mot.*), Durchgehen (*n.*). 3 ~ (fuori giri) (*macch. - mot.*), Übertouren (*f. pl.*). 4 ~ (perdita, di un reattore) (*fis. atom.*), Leckfaktor (*m.*), Leckage (*f.*), Leckverlust (*m.*). 5 ~ (esodo, di capitali) (*finanz.*), Abwanderung (*f.*). 6 ~ (**del metallo**) **dalla forma** (difetto di fonderia, fuga durante e dopo la colata) (*metall.*), Auslaufen (*n.*). 7 ~ **di capitali** (*finanz.*), Kapitalflucht (*f.*), Abwanderung (*f.*). 8 ~ **di radiazioni** (*fis. atom.*), Durchlassstrahlung (*f.*), Leckstrahlung (*f.*). 9 ~ **superficiale** (dispersione superficiale) (*elett.*), Kriechen (*n.*), Oberflächenableitung (*f.*). 10 **campo frontale di** ~ (*macch. elett.*), Stirnstreufeld (*n.*). 11 **corrente di** ~ (corrente di dispersione) (*elett.*), Leckstrom (*m.*). 12 **corrente di** ~ (corrente di dispersione superficiale) (*elett.*), Kriechstrom (*m.*). 13 **formazione di** ~ (formazione di via di dispersione) (*elett.*), Kriechspurbildung (*f.*). 14 **punto di** ~ (*dis.*), Verschwindepunkt (*m.*). 15 **velocità di** ~ (di una macch. elett. p. es.) (*macch.*), Schleuderdrehzahl (*f.*).

fugacità (funzione di sistemi gassosi connessa all'equilibrio dei gas) (*fis. - chim.*), Fugazität (*f.*).

fulcro (della leva) (*mecc.*), Hebelstütze (*f.*), Drehpunkt (*m.*). 2 ~ (punto di articolazione) (*mecc.*), Schwenkpunkt (*m.*). 3 ~ (perno fisso) (*mecc.*), Drehzapfen (*m.*), Drehbolzen (*m.*). 4 ~ **della leva** (*mecc.*), Hebeldrehpunkt (*m.*), Hebelstütze (*f.*).

fuliggine (nerofumo) (*comb.*), Russ (*m.*). 2 **separatore di** ~ (fermafuliggine) (*comb. - app.*), Russfänger (*m.*).

fuligginoso (*gen.*), russig.

fulminato (sale dell'acido fulminico) (*s. - espl.*), Fulminat (*n.*). 2 ~ **di mercurio** [$Hg(CNO)_2$] (*chim. - espl.*), Knallquecksilber (*n.*), knallsaures Quecksilber.

fulminazione (*elett.*), elektrischer Unfall.

fulmine (lampo) (*meteor.*), Blitz (*m.*). 2 ~ **ascendente** (dal suolo verso la nuvola) (*meteor.*), Aufwärtsblitz (*m.*). 3 ~ **discendente** (dalla nuvola verso terra) (*meteor.*), Abwärtsblitz (*m.*). 4 ~ **globulare** (fulmine sferico) (*meteor.*), Kugelblitz (*m.*). 5 ~ **sferico** (fulmine globulare) (*meteor.*), Kugelblitz (*m.*).

fumaiolo (camino) (*ed.*), Esse (*f.*), Schornstein (*m.*), Kamin (*n.*). 2 ~ (di una locomotiva o nave) (*nav. - ferr.*), Schornstein (*m.*). 3 ~ (di una nave) (*nav.*), Schiffsschornstein (*m.*).

fumana (vapori) (*gen.*), Schwaden (*m.*), Schwadem (*m.*).

fumare (*gen.*), rauchen. 2 ~ (esalare vapori) (*fis.*), dampfen.

fumarola (emanazione di gas sul fianco di un vulcano) (*geol.*), Fumarole (*f.*).

fumetto (*tip. - giorn.*), Blase (*f.*).

fumi (gas combusti, prodotti della combustione) (*comb.*), Verbrennungsgase (*n. pl.*), Verbrennungsprodukte (*n. pl.*), Abgase (*n. pl.*).

fumista (*lav.*), Ofensetzer (*m.*).

fumo (*comb.*), Rauch (*m.*). 2 ~ **allo scarico** (*mot.*), Auslasswolke (*f.*), Auslassrauch (*m.*). 3 ~ **denso** (*comb.*), Qualm (*m.*), dicker Rauch. 4 **fumi di zinco** (*metall.*), Zinkrauch (*m.*). 5 ~ **d'olio** (*aut. - mot.*), Ölqualm (*m.*), Ölrauch (*m.*). 6 **analizzatore dei fumi** (analizzatore dei prodotti della combustione) (*app.*), Rauchgasanlysator (*m.*), Rauchgasprüfer (*m.*). 7 **caldaia ad un giro di** ~ (*calc.*), Einzugkessel (*m.*). 8 **caldaia a tubi di** ~ (*cald.*), Rauchröhrenkessel (*m.*). 9 **camera a** ~ (*cald.*), Rauchkammer (*f.*). 10 **cappa di aspirazione del** ~ (di una fucina p. es.) (*comb.*), Rauchhaube (*f.*). 11 **condotto del** ~ (*comb.*), Rauchzug (*m.*), Zugkanal (*m.*). 12 **cortina di** ~

fumogeno

(*milit.*), Rauchschleier (*m.*), Rauchvorhang (*m.*). **13 giro di** ~ (d'una caldaia) (*cald.*), Kesselzug (*m.*). **14 limite del** ~ (limite di fumosità, di un motore Diesel) (*mot.*), Rauchgrenze (*f.*). **15 pennacchio di** ~ (*comb.*), Rauchfahne (*f.*). **16 scrittura (aerea) mediante** ~ (*comm. - aer.*), Rauchschreiben (*n.*). **17 senza** ~ (*gen.*), rauchfrei. **18 stendere cortine di** ~ (*milit.*), vernebeln. **19 tubo di** ~ (*cald.*), Rauchrohr (*n.*).

fumogeno (*gen.*), raucherzeugend. **2 sostanza fumogena per scrittura aerea** (*comm. - aer.*), Rauchschriftmasse (*f.*).

fumosità (*mot.*), Rauch (*m.*), Trübung (*f.*), Wolke (*f.*). **2** ~ **allo scarico** (*mot.*), Auslasswolke (*f.*), Auspuffwolke (*f.*), Abgastrübung (*f.*). **3 limite di** ~ (limite del fumo di un motore Diesel) (*mot.*), Rauchgrenze (*f.*).

fune (metallica) (*trasp. - macch. - ecc.*), Seil (*n.*), Drahtseil (*n.*). **2** ~ (corda) (*funi*), Seil (*n.*), Schnur (*f.*). **3** ~ **a cappio** (braca) (*trasp. - app. di soll.*), Schlingenseil (*n.*). **4** ~ **ad avvolgimento parallelo** (fune parallela, fune Lang, fune Albert) (*funi*), Gleichschlagseil (*n.*), Längsschlagseil (*n.*). **5** ~ **Albert** (fune Lang, fune ad avvolgimento parallelo, fune parallela) (*funi*), Gleichschlagseil (*n.*), Längsschlagseil (*n.*). **6** ~ **a spirale** (fune spiroidale) (*funi*), Spiraldrahtseil (*n.*), Spiralseil (*n.*). **7** ~ **a trefoli** (*funi*), Litzenseil (*n.*). **8** ~ **a trefoli antigirevoli** (fune a trefoli piatti) (*funi*), Flachlitzenseil (*n.*). **9** ~ **a trefoli incrociata** (fune incrociata) (*funi*), Kreuzschlagseil (*n.*). **10** ~ **a trefoli intrecciati** (di sezione quadrata) (*funi*), Quadratseil (*n.*). **11** ~ **a trefoli parallela** (fune parallela) (*funi*), Gleichschlagseil (*n.*), Längsschlagseil (*n.*). **12** ~ **a trefoli piatti** (fune a trefoli antigirevoli) (*funi*), Flachlitzenseil (*n.*). **13** ~ **a trefoli tondi** (*funi*), Rundlitzenseil (*n.*). **14** ~ **chiusa** (*funi*), verschlossenes Seil. **15** ~ **da rimorchio** (cavo da rimorchio) (*veic.*), Schleppkabel (*n.*), Schleppseil (*n.*). **16** ~ **da rimorchio** (cavo da rimorchio) (*nav.*), Schleppleine (*f.*). **17** ~ **di acciaio** (*ind. metall.*), Stahldrahtseil (*n.*). **18** ~ **di ancoraggio** (*ed.*), Abspannseil (*n.*), Trosse (*f.*), Ankerseil (*n.*). **19** ~ **di arresto** (fune di sicurezza) (*macch. ind.*), Abfangseil (*n.*). **20** ~ **di arresto** (sul ponte di una portaerei) (*aer.*), Landeseil (*n.*), Bremsseil (*n.*). **21** ~ **di canapa** (*funi*), Hanfseil (*n.*). **22** ~ **di compensazione** (di un ascensore) (*ed.*), Ausgleichseil (*n.*). **23** ~ **di estrazione** (*min.*), Förderseil (*n.*). **24** ~ **di ormeggio** (*nav.*), Anlegeseil (*n.*). **25** ~ **di sicurezza** (di una funivia p. es.) (*trasp.*), Sicherheitsseil (*n.*), Hilfsseil (*n.*). **26** ~ **di sicurezza** (fune di arresto) (*macch. ind.*), Abfangseil (*n.*). **27** ~ **di sollevamento** (*macch. ind.*), Förderseil (*n.*). **28** ~ **di sospensione** (di un ponte sospeso) (*costr. di ponti*), Tragkabel (*n.*), Tragseil (*n.*), Hängeseil (*n.*). **29** ~ **di strappo** (di un paracadute) (*aer.*), Abreissleine (*f.*), Reiss·schnur (*f.*). **30** ~ **di strappo d'emergenza** (*elett. - ecc.*), Not-Reissleine (*f.*). **31** ~ **di vincolo** (di un paracadute) (*aer.*), Aufziehleine (*f.*). **32** ~ **incrociata** (fune a trefoli incrociata) (*funi*), Kreuzschlagseil (*n.*). **33** ~ **inerte** (fune preformata, fune Tru-lay) (*funi*), drallarmes Seil, drallfreies Seil, Tru-lay-Seil (*n.*). **34** ~ **intrecciata** (*funi*), Flechtseil (*n.*), geflochtenes Seil. **35** ~ **(intrecciata a sezione) quadrata** (corda intrecciata a sezione quadrata) (*trasp. - ecc.*), Quadratseil (*n.*). **36** ~ **Lang** (fune Albert, fune ad avvolgimento parallelo, fune parallela) (*funi*), Gleichschlagseil (*n.*), Längsschlagseil (*n.*). **37** ~ **metallica** (*trasp. - macch. - ecc.*), Drahtseil (*n.*). **38** ~ **parallela** (fune ad avvolgimento parallelo, fune Lang, fune Albert) (*funi*), Gleichschlagseil (*n.*), Längsschlagseil (*n.*). **39** ~ **per ponti** (fune di sospensione per ponti) (*costr. di ponti*), Brückenkabel (*n.*). **40** ~ **per rimorchio** (*aut.*), Abschleppseil (*n.*). **41** ~ **per trivellazioni** (di pozzi petroliferi) (*ind. min.*), Bohrseil (*n.*). **42** ~ **piatta** (*funi*), Flachseil (*n.*), Bandseil (*n.*). **43** ~ **portante** (di una funivia) (*trasp.*), Tragseil (*n.*). **44** ~ **portante e traente** (di una funivia) (*trasp.*), Trag- und Zugseil (*n.*). **45** ~ **preformata** (fune inerte, fune Tru-lay) (*funi*), drallarmes Seil, drallfreies Seil, Tru-lay-Seil (*n.*). **46** ~ **semichiusa** (*funi*), halbverschlossenes Seil. **47** ~ **spiroidale** (fune a spirale) (*funi*), Spiralseil (*n.*), Spiraldrahtseil (*n.*). **48** ~ **tonda** (*funi*), Rundseil (*n.*). **49** ~ **traente** (di un impianto di estrazione a fune p. es.) (*trasp. ind.*), Zugseil (*n.*). **50** ~ **traente** (di una funivia) (*funi - trasp.*), Treibseil (*n.*), Zugseil (*n.*). **51** ~ **trapezoidale** (*fune*), Trapezseil (*n.*). **52** ~ **Tru-lay** (fune inerte, fune preformata) (*funi*), drallarmes Seil, drallfreies Seil, Tru-lay-Seil (*n.*). **53** ~ **vegetale** (di canapa, Manila ecc.) (*nav. - ecc.*), Faserseil (*n.*). **54 calare con** ~ (un carico p. es.) (*ed. - ecc.*), abseilen. **55 estremità aperta della** ~ (estremità sciolta della fune, da impiombare) (*funi*), Seilbesen (*m.*). **56 forza di sollevamento della** ~ (*trasp. ind.*), Seilzug (*m.*), Seilzugkraft (*f.*). **57 intagliatore a** ~ (*min.*), Seilschrämgerät (*n.*). **58 interruttore per allentamento funi** (interruttore per fune allentata, d'un ascensore) (*elett. - ed.*), Schlaffseilschalter (*m.*). **59 macchina per la fabbricazione delle funi** (*macch.*), Seilmaschine (*f.*). **60 manicotto della (testa fusa della)** ~ (*funi*), Seilmuffe (*f.*). **61 occhio della** ~ (alla sua estremità) (*trasp. - ecc.*), Seilkausche (*f.*). **62 testa (fusa) della** ~ (*funi*), Seilkopf (*m.*). **63 trasmissione a** ~ (*mecc.*), Seilantrieb (*m.*), Seiltrieb (*m.*).

fungicida (antifungo, per app. ottici p. es.) (*s. - ott. - ecc.*), Fungizid (*n.*).

fungiforme (a fungo) (*gen.*), pilzförmig.

fungo (*botanica - ecc.*), Pilz (*m.*). **2** ~ (da esplosione atomica) (*fis. atom.*), Pilz (*m.*). **3** ~ **della rotaia** (*ferr.*), Schienenkopf (*m.*). **4** ~ **della valvola** (testa della valvola, di un motore a comb. interna) (*mot. - mecc.*), Ventilteller (*m.*). **5 a** ~ (fungiforme) (*gen.*), pilzförmig.

funicella (*gen.*), Schnur (*f.*). **2** ~ **da muratori** (*app.*), Mauerschnur (*f.*).

funicolare (impianto di trasporto a trazione funicolare) (*trasp.*), Kabelbahn (*f.*), Seilbahn (*f.*), Drahtseilbahn (*f.*). **2** ~ (ferrovia funicolare, con carrozze su binario, funicolare terrestre) (*trasp.*), Standseilbahn (*f.*), Schie-

nenseilbahn (*f.*). **3 ~ aerea** (*trasp.*), Luftseilbahn (*f.*). **4 ferrovia ~** (funicolare terrestre) (*ferr.*), Schienenseilbahn (*f.*), Standseilbahn (*f.*).
funivia (per trasporto persone) (*trasp.*), Seilbahn (*f.*), Kabelbahn (*f.*), Seilschwebebahn (*f.*). **2 ~ ausiliaria** (*trasp.*), Montagebahn (*f.*). **3 ~ a vai e vieni** (*trasp.*), Pendelbahn (*f.*). **4 ~ continua** (*trasp.*), Umlaufseilbahn (*f.*). **5 ~ continua ad agganciamento automatico** (*trasp.*), Umlaufseilbahn mit selbsttätiger Klemmvorrichtung. **6 ~ monofune** (*trasp.*), Einseilbahn (*f.*), Umlaufbahn (*f.*).
funtore (*mat.*), Funktor (*m.*).
funzionale (*gen.*), funktionstüchtig, funktionell, zweckgemäss. **2 ~** (funzione di funzioni) (*s. - mat.*), Funktional (*f.*). **3 costruzione ~** (edificio funzionale) (*ed.*), Zweckbau (*m.*). **4 sistema ~** (*organ.*), Funktionssystem (*n.*), Stabsystem (*n.*). **5 unità ~** (*elettronica - calc. - ecc.*), Funktionseinheit (*f.*).
funzionalità (*gen.*), Zweckmässigkeit (*f.*), Funktionstüchtigkeit (*f.*). **2 « ~ »** (valenza di polimerizzazione, nella chimica macromolecolare) (*chim.*), Funktionalität (*f.*). **3 ~ strutturale** (di un edificio) (*arch.*), Tektonik (*f.*).
funzionamento (di una macchina, di un motore p. es.) (*macch. - mot.*), Betrieb (*m.*). Funktionieren (*n.*), Lauf (*m.*), Gang (*m.*). **2 ~ a corrente alternata e continua** (*elett.*), Allstrombetrieb (*m.*). **3 ~ a gas** (di vettura con alimentazione a gas e benzina p. es.) (*mot. - aut. - ecc.*), Gasbetrieb (*m.*). **4 ~ al minimo** (minimo, di un motore a combustione interna) (*mot.*), Leerlauf (*m.*). **5 ~ al suolo** (di motori per aerei) (*aer.*), Bodenlauf (*m.*). **6 ~ a secco** (funzionamento senza lubrificazione, di un cuscinetto p. es.) (*mecc.*), Trockenlauf (*m.*). **7 ~ a vuoto** (di una macchina) (*macch.*), Leerlauf (*m.*). **8 ~ con sovralimentazione statica** (*mot.*), Staubetrieb (*m.*). **9 ~ continuo** (servizio continuo, di 24 ore su 24) (*mot.*), Tag- und Nachtbetrieb (*m.*). **10 ~ dissimmetrico** (di un amplificatore) (*elett.*), Eintaktbetrieb (*m.*). **11 ~ dolce** (funzionamento regolare, di una macch.) (*mecc. - macch.*), ruhiger Lauf, leichter Gang. **12 ~ dolce** (funzionamento regolare) (*mot.*), Rundlauf (*m.*), ruhiger Lauf. **13 ~ duro** (funzionamento irregolare) (*mot. - macch.*), rauher Gang, harter Gang. **14 ~ in cascata** (funzionamento in serie) (*calc.*), Serienbetrieb (*m.*). **15 ~ in comune** (funzionamento in connessione; di componenti meccanici, elettrici, ecc.) (*mecc. - ecc.*), Zusammenarbeit (*f.*), gemeinsamer Betrieb. **16 ~ in parallelo** (marcia in parallelo) (*elett.*), Parallelbetrieb (*m.*). **17 ~ in serie** (*elett. - calc. - ecc.*), Serienbetrieb (*m.*). **18 ~ in tampone** (di accumulatori) (*elett.*), Pufferbetrieb (*m.*). **19 ~ intermittente** (*mot. - ecc.*), Aussetzbetrieb (*m.*), Aussetzerbetrieb (*m.*), aussetzender Betrieb. **20 ~ irregolare** (funzionamento duro) (*mot. - macch.*), rauher Gang, harter Gang. **21 ~ irregolare** (galoppo) (*mot.*), Galoppieren (*n.*). **22 ~ regolare** (funzionamento dolce, di una macch.) (*mecc. - macch.*), ruhiger Lauf, leichter Gang. **23 ~ regolare** (funzionamento dolce) (*mot.*), Rundlauf (*m.*), ruhiger Lauf. **24 ~ serie-parallelo** (*elett.*), Parallel-Serien-Betrieb (*m.*). **25 ~ silenzioso** (marcia silenziosa, di un motore p. es.) (*mot. - ecc.*), geräuschloser Lauf. **26 ~ singolo** (*elett.*), Einzelbetrieb (*m.*). **27 campo di ~** (*macch. - ecc.*), Betriebsbereich (*m.*). **28 campo di ~** (campo di risposta, di un relè p. es.) (*elett. - ecc.*), Ansprechbereich (*m.*). **29 caratteristica di ~** (*macch. - ecc.*), Betriebskennlinie (*f.*). **30 cerchio primitivo di ~** (di ruote dentate) (*mecc.*), Betriebswälzkreis (*m.*). **31 decorso del ~** (di una centrale p. es.) (*elett. - ecc.*), Arbeitsablauf (*m.*). **32 di sicuro ~** (*macch. - ecc.*), betriebssicher. **33 inconveniente di ~** (*macch. - ecc.*), Betriebsstörung (*f.*). **34 mancato ~** (d'un dispositivo di protezione elettr., p. es.) (*elett. - ecc.*), Versager (*m.*). **35 ore di ~** (d'una macchina, giornaliere o settimanali) (*elett. - ecc.*), Betriebszeit (*f.*). **36 ore di ~ del motore** (*mot.*), Motorbetriebsstunden (*f. pl.*). **37 periodo di ~** (periodo di esercizio) (*macch. - ecc.*), Betriebsperiode (*f.*). **38 posizione di ~** (*macch. - ecc.*), Betriebsstellung (*f.*). **39 prova del ~** (*macch.*), Funktionsprüfung (*f.*). **40 rapporto di ~** (di un'elica, rapporto tra velocità di avanzamento e velocità periferica) (*nav.*), Fortschrittsziffer (*f.*). **41 regimi di ~** (gamma delle velocità) (*mot.*), Drehzahlbereich (*m.*). **42 soglia di ~** (soglia di risposta, di un relè p. es.) (*elett. - ecc.*), Ansprechschwelle (*f.*). **43 valore di ~** (d'un relè p. es.) (*elett. - ecc.*), Arbeitswert (*m.*).
funzionare (*gen.*), arbeiten, funktionieren. **2 ~** (essere in moto, marciare) (*macch. - mecc.*), laufen, funktionieren. **3 ~ al minimo** (girare al minimo, di un motore a combustione interna) (*mot.*), leerlaufen. **4 ~ a vuoto** (*mot. - macch.*), leerlaufen, unbelastet laufen. **5 ~ in parallelo con...** (*elett.*), parallel laufen mit... **6 ~ insieme** (di componenti meccanici, elettrici, ecc.) (*mecc. - ecc.*), zusammenarbeiten. **7 ~ irregolarmente** (*mot.*), unruhig laufen. **8 ~ regolarmente** (*mot.*), ruhig laufen. **9 far ~** (far marciare, un forno p. es.) (*gen.*), fahren, betreiben. **10 non ~** (guastarsi) (*mecc. - macch.*), versagen.
funzionario (*pers.*), Beamter (*m.*).
funzione (*mat.*), Funktion (*f.*). **2 ~** (*pers.*), Amt (*n.*), Stellung (*f.*). **3 ~ ad un valore** (funzione monodroma, funzione univoca, funzione uniforme) (*mat.*), eindeutige Funktion. **4 ~ a gradini** (*mat.*), Schrittfunktion (*f.*). **5 ~ algebrica** (*mat.*), algebraische Funktion. **6 ~ alternata** (grandezza alternata; grandezza il cui valore istantaneo è una funzione periodica del tempo con valore medio nullo) (*fis.*), Wechselgrösse (*f.*). **7 ~ a più valori** (funzione polidroma, funzione pluriunivoca, funzione pluriforme) (*mat.*), mehrdeutige Funktion. **8 ~ ausiliaria** (funzione M) (*mat. - ecc.*), Zusatzfunktion (*f.*), M-Funktion (*f.*). **9 ~ autocorrelatrice** (*calc.*), Autokorrelationsfunktion (*f.*). **10 ~ cilindrica** (funzione di Bessel di prima specie) (*mat.*), Zylinderfunktion (*f.*). **11 ~ circolare** (*mat.*), Kreisfunktion (*f.*). **12 ~ composta** (funzione di funzione) (*mat.*), Funktion von Funktionen, Funktionenfunktion (*f.*). **13 ~ correlatrice** (*calc.*), Korrelationsfunktion (*f.*). **14 ~ dell'errore**

funzione

(funzione di Gauss) (*mat. - stat.*), Fehlerfunktion (*f.*). **15 ~ derivata** (*mat.*), abgeleitete Funktion. **16 ~ di autocorrelazione** (*mat.*), Autokorrelationsfunktion (*f.*). **17 ~ di Bessel di prima specie** (funzione cilindrica) (*mat.*), Zylinderfunktion (*f.*). **18 ~ di commutazione** (*mat.*), Schaltfunktion (*f.*). **19 ~ di Dirac** (funzione delta, funzione impulsiva) (*fis.*), Dirac-Funktion (*f.*), Einheitsimpulsfunktion (*f.*). **20 ~ di funzione** (funzione composta) (*mat.*), Funktion von Funktionen, Funktionenfunktion (*f.*). **21 ~ di Gauss** (funzione dell'errore) (*mat. - stat.*), Fehlerfunktion (*f.*). **22 ~ di sblocco** (*calc.*), Auslösefunktion (*f.*). **23 ~ di trasferimento** (*mat. - ecc.*), Übergangsfunktion (*f.*). **24 ~ di trasferimento** (funzione di trasmissione) (*radio - ecc.*), Übertragungsfunktion (*f.*). **25 ~ di trasmissione** (funzione di trasferimento) (*radio - ecc.*), Übertragungsfunktion (*f.*). **26 ~ ellittica** (*mat.*), elliptische Funktion. **27 ~ equivalente** (della curva caratteristica) (*macch. - ecc.*), Ersatzfunktion (*f.*). **28 ~ esplicita** (*mat.*), entwickelte Funktion, explizite Funktion. **29 ~ esponenziale** (*mat.*), Exponentialfunktion (*f.*), Potenzfunktion (*f.*), exp. **30 ~ fattoriale** (*mat.*), Fakultät (*f.*). **31 ~ implicita** (*mat.*), unentwickelte Funktion, implizite Funktion. **32 ~ importanza** (*fis. atom.*), Einflussfunktion (*f.*). **33 ~ impulsiva unitaria** (*mat.*), Sprungfunktion (*f.*), Einheitssprung (*m.*). **34 ~ inversa** (*mat.*), inverse Funktion. **35 ~ iperbolica** (*mat.*), Hyperbelfunktion (*f.*). **36 ~ lineare** (*mat.*), lineare Funktion. **37 ~ logica** (*mat. - calc.*), logische Funktion. **38 ~ M** (funzione ausiliaria) (*calc.*), M-Funktion (*f.*), Zusatzfunktion (*f.*). **39 ~ monodroma** (funzione ad un valore, funzione univoca, funzione uniforme) (*mat.*), eindeutige Funktion. **40 ~ monotona crescente** (*mat.*), monoton zunehmende Funktion. **41 ~ ondulatoria** (*fis.*), Wellenfunktion (*f.*). **42 ~ pluriforme** (funzione a più valori, funzione polidroma, funzione pluriunivoca) (*mat.*), mehrdeutige Funktion. **43 ~ pluriunivoca** (funzione a più valori, funzione polidroma, funzione pluriforme) (*mat.*), mehrdeutige Funktion. **44 ~ polidroma** (funzione a più valori, funzione pluriunivoca, funzione pluriforme) (*mat.*), mehrdeutige Funktion. **45 ~ potenziale** (*mat.*), Potentialfunktion (*f.*). **46 ~ preparatoria** (*lav. macch. ut. c/n*), Wegbedingung (*f.*). **47 ~ quasi-periodica** (*mat.*), fastperiodische Funktion. **48 ~ semplice** (*mat.*), schlichte Funktion. **49 ~ sferica** (*mat.*), Kugelfunktion (*f.*). **50 ~ teta** (funzione theta, funzione θ) (*mat.*), Thetafunktion (*f.*), θ-Funktion (*f.*). **51 ~ trascendente** (*mat.*), transzendente Funktion. **52 ~ trigonometrica** (*mat.*), trigonometrische Funktion, Kreisfunktion (*f.*), Winkelfunktion (*f.*). **53 ~ uniforme** (funzione univoca, funzione monodroma, funzione ad un valore) (*mat.*), eindeutige Funktion. **54 ~ univoca** (funzione monodroma, funzione uniforme, funzione ad un valore) (*mat.*), eindeutige Funktion. **55 ~ vettoriale** (*mecc.*), Vektorfunktion (*f.*). **56 generatore di funzioni** (di un calc. analogico) (*calc.*), Funktionsgeber (*m.*), Funktionsgenerator (*m.*). **57 grafico di ~ sinusoidale** (d'argomento complesso) (*mat.*), Sinusrelief (*n.*). **58 ~ vettoriale** (*mecc.*), Vektorfunktion (*f.*). **59 in ~ di** (in dipendenza di..., nei diagrammi p. es.) (*mat. - ecc.*), über, gegen. **60 in ~ di** (in carica, nelle funzioni di) (*leg. - ecc.*), amtierend. **61 in ~ di** (*gen.*), in Abhängigkeit von. **62 nell'esercizio delle sue funzioni** (*lav.*), in Ausübung seines Dienstes. **63 rimessa in ~** (*mecc. - ecc.*), Wiedereingangsetzung (*f.*).

fuochino (fochino, autorizzato ai brillamenti, brillatore di mine) (*min. - lav.*), Schiessberechtigter (*m.*), Schiessmeister (*m.*), Sprengmeister (*m.*).

fuochista (*cald. - ferr. - lav.*), Heizer (*m.*), Feuermann (*m.*). **2 ~** (di locomotiva a vapore) (*ferr. - lav.*), Lokomotivheizer (*m.*). **3 ~ di gasogeni** (*lav.*), Gasstocher (*m.*).

fuoco (*gen.*), Feuer (*n.*). **2 ~** (di un sistema ottico) (*ott.*), Brennpunkt (*m.*), Fokus (*m.*). **3 ~** (di una parabola p. es.) (*geom.*), Brennpunkt (*m.*). **4 ~** (tiro, di pezzi d'artiglieria p. es.) (*milit.*), Feuer (*n.*), Geschützfeuer (*n.*). **5 ~ aerodinamico** (di un ala p. es.) (*aer. - aerodin.*), Neutralpunkt (*m.*), Brennpunkt (*m.*). **6 ~ artificiale** (*ind. chim.*), Feuerwerk (*n.*). **7 ~ di sbarramento** (tiro di sbarramento) (*artiglieria*), Sperrfeuer (*n.*). **8 ~ di St. Elmo** (*meteor.*), Elmsfeuer (*n.*), Elisfeuer (*n.*), Sankt-Elms-Feuer (*n.*). **9 ~ fisso** (*fot. - cinem.*), Fixfokus (*m.*). **10 ~ isofase** (*segnale - navig.*), Gleichtaktfeuer (*n.*). **11 ~ lineare** (*ott.*), Strichfokus (*m.*). **12 ~ ritmato** (segnale) (*navig. - nav.*), Taktfeuer (*n.*). **13 attizzare il ~** (*comb.*), Feuer anschüren. **14 ~ basso** (forno catalano, forno contese, forno bergamasco) (*forno*), Luppenfeuer (*n.*). **15 condotta del ~** (direzione o regolazione del tiro) (*milit.*), Feuerleitung (*f.*). **16 dar ~** (*gen.*), anfeuern, anzünden, anbrennen. **17 messa a ~** (focalizzazione) (*ott.*), Fokussierung (*f.*), Scharfeinstellung (*f.*). **18 messa a ~ telemetrica** (*fot.*), Entfernungsmess-scharfeinstellung (*f.*). **19 mettere a ~** (focalizzare) (*ott.*), scharfeinstellen, focussieren, auf den Brennpunkt einstellen.

fuori (*avv. - gen.*), aussen. **2 ~ bordo** (*nav.*), aussenbord. **3 « ~ giri »** (numero di giri superiore al limite prescritto, ottenuto nelle prove di autovetture p. es.) (*mot. - aut.*), Überdrehzahl (*f.*), Übertouren (*f. pl.*). **4 di ~** (*avv. gen.*), aussen.

« fuoribordo » (motore fuoribordo) (*mot. nav.*), Aussenbordmotor (*m.*). **2 ~** (scafo con motore fuoribordo) (*nav.*), Aussenbordmotorboot (*n.*).

fuoriserie (modello fuoriserie) (*gen.*), Spezialmodell (*n.*). **2 ~** (vettura fuoriserie) (*aut.*), Sonderwagen (*m.*). **3 carrozzeria ~** (*aut.*), Sonderaufbau (*m.*), Sonderkarosserie (*f.*).

furano (*chim.*), Furan (*n.*).

furfurolo ($C_5H_4O_2$) (*chim.*), Furfurol (*n.*), Furol (*n.*).

furgoncino (*veic.*), Kleintransporter (*m.*), Packwagen (*m.*).

furgone (autofurgone) (*veic.*), Lieferwagen (*m.*), Lieferauto (*n.*), Kastenwagen (*m.*), Kofferwagen (*m.*), Transporter (*m.*). **2 ~**

per traslochi (furgone per trasporto di mobili) (*veic.*), Möbelwagen (*m.*).
furto (*leg.*), Diebstahl (*m.*). **2 ~ con scasso** (*leg.*), Einbruchdiebstahl (*m.*). **3 assicurazione contro i furti** (*leg. - comm.*), Diebstahlversicherung (*f.*).
fusello (*veic.*), Achsschenkel (*m.*), Achszapfen (*m.*). **2 collarino del ~** (*veic. ferr.*), Achsschenkelbund (*m.*).
fuselolo (olio di fusel) (*chim.*), Füselöl (*n.*).
fusibile (*a. - fis.*), schmelzbar. **2 ~** (filo p. es.) (*s. - elett.*), Schmelzeinsatz (*m.*), Abschmelzsicherung (*f.*). **3 ~** (filo fusibile, filo per valvole) (*s. - elett.*), Schmelzdraht (*m.*), Sicherungsdraht (*m.*). **4 ~ a cartuccia** (valvola fusibile a cartuccia) (*elett.*), Patronensicherung (*f.*), Sicherungspatrone (*f.*). **5 ~ ad azione ritardata** (valvola ad azione ritardata) (*elett.*), träge Sicherung. **6 ~ a filo** (*elett.*), Drahtsicherung (*d.*). **7 ~ a filo sottile** (fusibile per correnti deboli) (*elett.*), Feinsicherung (*f.*). **8 ~ a piastrina** (piastrina fusibile) (*elett.*), Abschmelzstreifen (*m.*). **9 ~ a scatto** (*elett.*), Springsicherung (*f.*). **10 ~ a tabacchiera** (valvola a tabacchiera) (*elett.*), Dosensicherung (*f.*). **11 ~ a tappo** (valvola fusibile a tappo) (*elett.*), Stöpselsicherung (*f.*). **12 ~ di piombo** (*elett.*), Bleisicherung (*f.*). **13 ~ lento** (fusibile ritardato) (*elett.*), träge Sicherung. **14 ~ per correnti deboli** (fusibile a filo sottile) (*elett.*), Schwachstromsicherung (*f.*), Feinsicherung (*f.*). **15 ~ per correnti forti** (*elett.*), Starkstromsicherung (*f.*), Grobsicherung (*f.*). **16 ~ principale** (*elett.*), Hauptsicherung (*f.*), HSi. **17 ~ rapido** (che risponde immediatamente anche a brevi punte di corrente) (*elett.*), flinke Sicherung. **18 ~ rigenerabile** (*elett.*), Rücklötsicherung (*f.*), rücklötbare Sicherung. **19 ~ ritardato** (fusibile lento) (*elett.*), träge Sicherung. **20 ~ tubolare** (*elett.*), Röhrensicherung (*f.*), Rohrsicherung (*f.*). **21 filo ~** (*elett.*), Abschmelzdraht (*m.*). **22 non ~** (infusibile) (*chim. - fis.*), unschmelzbar.
fusibilità (*fis.*), Schmelzbarkeit (*f.*).
fusiforme (*gen.*), spindelförmig.
fusinite (componente strutturale del carbone fossile) (*min.*), Fusinit (*m.*).
fusione (passaggio dallo stato solido allo stato liquido) (*fis.*), Schmelzen (*n.*). **2 ~** (accoppiamento di nuclei atomici con reazione esoenergetica) (*fis. atom.*), Fusion (*f.*), Kernfusion (*f.*). **3 ~** (*metall.*), Ausschmelzen (*n.*), Ausschmelzung (*f.*). **4 ~** (riduzione, di minerali) (*fond.*), Fusion (*f.*), Erzschmelzung (*f.*). **5 ~** (di un cuscinetto, dovuta a scarsa lubrificazione) (*mecc. - mot.*), Auslaufen (*n.*), Ausschmelzen (*n.*). **6 ~** (procedimento di fusione, colata, procedimento di colata) (*fond.*), Giessverfahren (*n.*). **7 ~** (getto, pezzo fuso) (*fond.*), Guss (*m.*), Gusstück (*n.*). **8 ~** (carbonizzazione, dei contatti) (*elett.*), Schmoren (*n.*). **9 ~** (di società) (*finanz.*), Fusion (*f.*), Verflechtung (*f.*). **10 ~ a cera persa** (*fond.*), Wachsausschmelzverfahren (*n.*), verlorener Formabguss. **11 ~ a cera persa industriale** (microfusione) (*fond.*), Präzisionsguss (*m.*), Investmentguss (*m.*). **12 ~ a levitazione** (fusione in letto fluido) (*metall.*), Schwebeschmelzen (*n.*). **13 ~ artistica** (getto artistico) (*fond.*), Kunstguss (*m.*). **14 ~ a zone** (*metall.*), Zonenschmelzen (*n.*). **15 ~ centrifuga** (colata centrifuga, centrifugazione, di tubi p. es.) (*fond. - ed.*), Schleudern (*n.*), Schleuderguss (*m.*), Zentrifugalguss (*m.*). **16 ~ centrifuga in conchiglia** (colata centrifuga in conchiglia) (*fond.*), Kokillenschleuderguss (*m.*). **17 ~ dei rottami** (*fond. - metall.*), Schrottverhüttung (*f.*). **18 ~ di precisione** (microfusione, procedimento) (*fond.*), Genaugiessverfahren (*n.*), Präzisionsguss (*m.*). **19 ~ di precisione** (microfuso, pezzo microfuso) (*fond.*), Genauguss (*m.*), Präzisionsguss (*m.*). **20 ~ in conchiglia** (colata in conchiglia, procedimento) (*fond.*), Kokillenguss (*m.*). **21 ~ in conchiglia per gravità a rovesciamento** (colata in conchiglia per gravità a rovesciamento) (*fond.*), Sturzguss (*m.*). **22 ~ in forma temporanea** (fusione in staffa, colata in staffa) (*fond.*), Formguss (*m.*), Kastenguss (*m.*). **23 ~ in letto fluido** (fusione a levitazione) (*metall.*), Schwebeschmelzen (*n.*). **24 ~ in staffa** (colata in staffa, fusione in forma temporanea) (*fond.*), Formguss (*m.*), Kastenguss (*m.*). **25 ~ nucleare** (*fis. atom.*), Kernfusion (*f.*), Kernverschmelzung (*f.*). **26 ~ sotto pressione** (pressofusione, colata sotto pressione) (*fond.*), Druckguss (*m.*). **27 ~ sotto vuoto** (*metall.*), Vakuumschmelzen (*n.*). **28 ~ tubolare** (tubo di fusione) (*fond.*), Röhrenguss (*m.*). **29 a basso punto di ~** (*chim.*), niedrigschmelzend. **30 ad elevato punto di ~** («altofondente») (*metall. - ecc.*), hochschmelzend, schwerschmelzbar. **31 applicare di ~** (*fond.*), angiessen. **32 calcolo del letto di ~** (*metall.*), Möllerberechnung (*f.*), Beschickungsberechnung (*f.*). **33 calo di ~** (*metall.*), Abbrand (*m.*). **34 calore di ~** (*fis.*), Schmelzwärme (*f.*). **35 di difficile ~** (minerale p. es.) (*gen.*), strengflüssig, streng. **36 frequenza di ~** (di immagini) (*ott.*), Verschmelzungsfrequenz (*f.*). **37 (incorporato) di ~** (*fond.*), eingegossen. **38 periodo di ~** (*mettal.*), Einschmelzzeit. (*f.*). **39 propulsione a ~** (propulsione a razzo mediante energia di fusione nucleare) (*fis. atom. - astronautica*), Fusionsantrieb (*m.*). **40 punto di ~** (*fis.*), Schmelzpunkt (*m.*), Schmelztemperatur (*f.*). **41 rivestimento per ~** (rivestimento con materiale fuso) (*tecnol.*), Aufschmelzüberzug (*m.*). **42 scarto di ~** (*metall.*), Schmelzausschuss (*m.*). **43 tempo di ~** (d'una valvola fusibile) (*elett. - ecc.*), Schmelzzeit (*f.*). **44 zona di ~** (d'un cubilotto) Schmelzzone (*f.*).
fusite (carbone fossile molto fibroso) (*min.*), Fusit (*m.*).
fuso (liquefatto, di metallo p. es.) (*a. - fis.*), erschmolzen, geschmolzen. **2 ~** (*a. - metall. - fond.*), geschmolzen. **3 ~** (fluido, colabile) (*a. - fond. - metall.*), schmelzflüssig, flüssig. **4 ~** (colato) (*a. - fond.*), gegossen. **5 ~** (operatore, mandrino, albero che aziona l'utensile od il pezzo) (*s. - lav. macch. ut.*), Spindel (*f.*), Arbeitsspindel (*f.*), Hauptspindel (*f.*). **6 ~** (di autoveicolo) (*s. - veic.*), Achsschenkel (*m.*), Achszapfen (*m.*). **7 ~** (d'asse ferroviario) (*s. - ferr. - veic.*), Achsenende (*n.*), Achszapfen (*m.*). **8 ~** (per l'av-

volgimento del filo) (*s. - macch. tess.*), Spindel (*f.*). 9 ~ (di una volta) (*s. - arch.*), Wange (*f.*). 10 ~ (orario) (*s. - astr.*), Zone (*f.*), Zeitzone (*f.*), Stundenwinkel (*m.*). 11 ~ **a cuscinetti a rulli** (*macch. tess.*), Rollenlagerspindel (*f.*). 12 ~ **ad aletta** (*macch. tess.*), Flügelspindel (*f.*). 13 ~ **a snodo** (*aut.*), Achsschenkel (*m.*), Lenkzapfen (*m.*). 14 ~ **a snodo dello sterzo** (*aut.*), Steuerschenkel (*m.*), Lenkschenkel (*m.*). 15 ~ **cavo** (mandrino cavo) (*mecc.*), Hohlspindel (*f.*). 16 ~ **dell'àncora** (*nav.*), Ankerrute (*f.*), Ankerschaft (*m.*). 17 ~ **di ritorcitoio** (*macch. tess.*), Zwirnspindel (*f.*). 18 ~ **ed incandescente** (*metall.*), glutflüssig. 19 ~ **in conchiglia** (colato in conchiglia) (*fond.*), in Kokille gegossen. 20 ~ **integralmente** (col pezzo principale) (*fond.*), angegossen. 21 ~ **operatore** (mandrino operatore, di un tornio) (*macch. ut.*), Spindel (*f.*), Drehspindel (*f.*), Arbeitsspindel (*f.*), Hauptspindel (*f.*). 22 ~ **orario** (*astr.*), Zeitzone (*f.*), Stundenwinkel (*m.*). 23 ~ **portafresa** (mandrino portafresa) (*macch. ut.*), Frässpindel (*f.*). 24 ~ **portamola** (mandrino portamola) (*macch. ut.*), Schleifspindel (*f.*). 25 ~ **portapezzo** (mandrino portapezzo) (*macch. ut.*), Werkstückspindel (*f.*). 26 ~ **portautensile** (*macch. ut.*), Werkzeugspindel (*f.*). 27 ~ **sotto pressione** (pressofuso, colato sotto pressione) (*fond.*), druckgegossen. 28 **ad un** ~ (ad un mandrino, monofuso, monomandrino) (*macch. ut.*), einspindlig. 29 **banco a fusi** (*macch. tess.*), Spindelbank (*f.*). 30 **olio per fusi** (*macch. tess.*), Spindelöl (*n.*). 31 **ora del** ~ **orario** (*astr.*), Zonenzeit (*f.*).

fusoliera (di un aeroplano) (*aer.*), Rumpf (*m.*), Flugzeugrumpf (*m.*). 2 ~ **a struttura monoguscio** (fusoliera a rivestimento resistente, fusoliera a rivestimento portante) (*aer.*), Schalenrumpf (*m.*). 3 ~ **tubolare** (*aer.*), Rohrrumpf (*m.*). 4 **velivolo a doppia** ~ (*aer.*), Zweirumpfflugzeug (*n.*).

fustagno (frustagno) (*tess.*), Barchent (*m.*).

fustella (*ut.*), Stanzform (*f.*), Locheisen (*n.*), Lochstahl (*m.*).

fustellare (cartone, ecc.) (*tecnol.*), stanzen.

fustellatrice (punzonatrice) (*macch. lav. - lamiera*), Stanzmaschine (*f.*), Lochstanze (*f.*). 2 ~ (per cartone, ecc.) (*macch.*), Stanzpresse (*f.*), Stanze (*f.*). 3 ~ **automatica** (per cartone, ecc.) (*macch.*), Stanzautomat (*m.*).

fustellatura (di cartone, ecc.) (*tecnol.*), Stanzen (*n.*).

fusto (barile, botte, recipiente di legno chiuso) (*gen.*), Fass (*n.*). 2 ~ (recipiente, di lamiera d'acciaio) (*ind.*), Fass (*n.*). 3 ~ (di una colonna) (*arch.*), Schaft (*m.*). 4 ~ (corpo, di una biella) (*mot. - mecc.*), Schaft (*m.*). 5 ~ (di un utensile) (*ut.*), Schaft (*m.*). 6 ~ (stelo, di una chiave per serratura) (*ed. - mecc.*), Schaft (*m.*). 7 ~ **della biella** (corpo della biella) (*mot.*), Pleuelschaft (*m.*). 8 ~ **della colonna** (*arch.*), Säulenschaft (*m.*). 9 ~ **di benzina** (*ind. - carburanti*), Benzinfass (*n.*). 10 ~ **eccentrico** (*difetto - legno*), exzentrischer Wuchs.

futuro (*s. - gen.*), Zukunft (*f.*). 2 ~ (*a. - gen.*), künftig. 3 **angolo di direzione** ~ (nel tiro controaereo p. es.) (*artiglieria*), Treffseitenwinkel (*m.*). 4 **distanza futura** (nel tiro controaereo p. es.) (*artiglieria*), Treffentfernung (*f.*). 5 **punto** ~ (nel tiro controaereo p. es.) (*artiglieria*), Treffort (*m.*), Treffpunkt (*m.*). 6 **quota futura** (nel tiro controaereo p. es.) (*artiglieria*), Treffhöhe (*f.*). 7 **sito** ~ (angolo di sito futuro, nel tiro controaereo) (*artiglieria*), Treffhöhenwinkel (*m.*).

fuxina (fucsina, colorante artificiale) (*chim.*), Fuchsin (*n.*).

G

G (giga-; 10⁹) (*mis.*), G, giga-. 2 ~ (modulo di elasticità tangenziale) (*sc. costr.*), G, Schubmodul (*m.*). 3 ~ (1/R, conduttanza) (*elett.*), G, Leitwert (*m.*). 4 ~ (gauss) (*mis. elett.*), G, Gauss (*n.*).

g (grammo) (*unità di mis.*), g, Gramm (*n.*). 2 ~ (accelerazione di gravità) (*unità di mis.*), g, Fallbeschleunigung (*f.*).

Ga (gallio) (*chim.*), Ga, Gallium (*n.*).

gabardine (tessuto con superficie a disegno diagonale) (*tess.*), Gabardine (*m.*).

gabbia (*gen.*), Käfig (*m.*). 2 ~ (di un cuscinetto a sfere p. es.) (*mecc.*), Käfig (*m.*). 3 ~ (a cilindri, laminatoio) (*lamin.*), Gerüst (*n.*), Ständer (*m.*), Walzengerüst (*n.*), Walzenständer (*m.*). 4 ~ (*elett.*), Käfig (*m.*). 5 ~ (di estrazione) (*min.*), Gestell (*n.*), Förderkorb (*m.*), Fahrkorb (*m.*), Fördergestell (*n.*). 6 ~ (d'imballaggio) (*trasp.*), Lattenkiste (*f.*), Lattenverschlag (*m.*), Verschlag (*m.*). 7 ~ (coffa) (*nav.*), Mars (*m.*), Mastkorb (*m.*). 8 ~ **a cilindri** (gabbia) (*lamin.*), Gerüst (*n.*), Walzengerüst (*n.*), Walzenständer (*m.*). 9 ~ **a cilindri verticali** (gabbia rifinitrice degli orli, gabbia per rifilatura) (*lamin.*), Stauchgerüst (*n.*). 10 ~ **a due cilindri** (gabbia duo, duo) (*lamin.*), Duogerüst (*n.*), Duowalzenständer (*m.*). 11 ~ **aperta** (gabbia con cappello) (*lamin.*), Kappenständer (*m.*). 12 ~ **a pignoni** (*lamin.*), Kammwalzengerüst (*n.*), Kammwalzenständer (*m.*). 13 ~ **a pignoni per duo** (*lamin.*), Zweikammwalzengerüst (*n.*). 14 ~ **a pignoni per trio** (*lamin.*), Dreikammwalzengerüst (*n.*). 15 ~ **a rulli** (di cuscinetto volvente) (*mecc.*), Walzenkäfig (*m.*), Walzenkranz (*m.*). 16 ~ **a rullini** (cuscinetto) (*mecc.*), Nadelkäfig (*m.*). 17 ~ **a tre cilindri** (trio) (*lamin.*), Triogerüst (*n.*). 18 ~ **a tre cilindri per lamiere** (trio per lamiere) (*lamin.*), Blechtrio (*n.*). 19 ~ **a vetri** (tromba a vetri, di una scala p. es.) (*ed.*), Lichtschacht (*m.*). 20 ~ **blooming** (gabbia sbozzatura lingotti) (*lamin.*), Blockgerüst (*n.*), Blockwalzgerüst (*n.*). 21 ~ **con cappello** (gabbia aperta) (*lamin.*), Kappenständer (*m.*). 22 ~ **dei cilindri** (*lamin.*), Walzengerüst (*n.*), Walzenständer (*m.*). 23 ~ **delle sfere** (distanziatrice delle sfere, di un cuscinetto) (*mecc.*), Kugelkäfig (*m.*), Kugelhalter (*m.*). 24 ~ **descagliatrice** (gabbia rompiscaglie, gabbia rompiscorie) (*lamin.*), Zunderbrechgerüst (*n.*). 25 ~ **di estrazione** (da un pozzo) (*min.*), Förderkorb (*m.*), Fördergestell (*n.*), Schachtfördergestell (*n.*). 26 ~ **di Faraday** (*elett.*), Faraday'scher Käfig, Faraday-Käfig (*m.*). 27 ~ **di laminazione** (gabbia di laminatoio) (*lamin.*), Walzgerüst (*n.*). 28 ~ **di scoiattolo** (*elett.*), Käfig (*m.*). 29 ~ **di treno universale** (*lamin.*), Universalgerüst (*n.*). 30 ~ **doppio duo** (gabbia quarto, laminatoio doppio duo) (*lamin.*), Quarto-Walzgerüst (*n.*). 31 ~ **duo** (gabbia a due cilindri, « duo ») (*lamin.*), Duogerüst (*n.*), Duowalzenständer (*m.*). 32 ~ **duo finitrice** (*lamin.*), Duo-Fertiggerüst (*n.*). 33 ~ **duo per lamiere** (*lamin.*), Blechduo (*n.*). 34 ~ **finitrice** (*lamin.*), Fertiggerüst (*n.*). 35 ~ **finitrice a freddo** (per lamiere) (*lamin.*), Poliergerüst (*n.*). 36 ~ **per billette** (*lamin.*), Knüppelgerüst (*n.*). 37 ~ **per laminazione a freddo** (*lamin.*), Kaltwalzen-Gerüst (*n.*). 38 ~ **per i rulli della ruota libera** (*veic. - mecc.*), Freilaufklemmrollenkäfig (*m.*). 39 ~ **per lamiere sottili** (*lamin.*), Feinblechgerüst (*n.*). 40 ~ **per lingotti** (gabbia blooming) (*lamin.*), Blockwalzgerüst (*n.*), Blockwalzenständer (*m.*), Blockgerüst (*n.*). 41 ~ **per rifilatura** (gabbia rifinitrice degli orli, gabbia a cilindri verticali) (*lamin.*), Stauchgerüst (*n.*). 42 ~ **per sbozzatura** (*lamin.*), Vorwalzgerüst (*n.*). 43 ~ **per sfere** (di un cuscinetto a sfere) (*mecc.*), Kugelkäfig (*m.*). 44 ~ **portarulli** (cuscinetto) (*mecc.*), Walzenkäfig (*m.*). 45 ~ **quarto** (gabbia doppio duo, laminatoio doppio duo) (*lamin.*), Quarto-Walzgerüst (*n.*). 46 ~ **rifinitrice degli orli** (gabbia a cilindri verticali, gabbia per rifilatura) (*lamin.*), Stauchgerüst (*n.*). 47 ~ **rompiscaglie** (gabbia rompiscorie, gabbia descagliatrice) (*lamin.*), Zunderbrechgerüst (*n.*). 48 ~ **schermata** (gabbia di Faraday) (*elett.*), Schirmkäfig (*m.*). 49 ~ **sbozzatura lingotti** (gabbia blooming) (*lamin.*), Blockgerüst (*n.*), Blockwalzgerüst (*n.*). 50 ~ **trio** (trio, gabbia a tre cilindri) (*lamin.*), Triogerüst (*n.*). 51 **ad una** ~ (*lamin.*), eingerüstig. 52 **allungamento della** ~ (dovuto al sobbalzo dei cilindri) (*lamin.*), Ständerdehnung (*f.*). 53 **avvolgimento a** ~ (di scoiattolo) (*elett.*), Käfigwicklung (*f.*). 54 **cappello della** ~ (testa della gabbia) (*lamin.*), Ständerkopf (*m.*). 55 **rotore a** ~ (di scoiattolo) (*elett.*), Käfiganker (*m.*). 56 **testa della** ~ (cappello della gabbia) (*lamin.*), Ständerkopf (*m.*).

gabbione (per la protezione delle sponde) (*costr. idr.*), Weidenkorb (*m.*).

gabbro (eufòtide, roccia intrusiva basica) (*min.*), Gabbro (*m.*).

gabinetto (latrina) (*ed.*), Abort (*m.*). 2 ~ (di fisica) (*fis.*), Kabinett (*n.*). 3 ~ **dentistico** (*med.*), Zahnatelier (*n.*).

gadolinio (Gd - *chim.*), Gadolinium (*n.*).

gadolinite (*min.*), Gadolinit (*m.*).

gaede (unità della capacità di aspirazione e della portata d'una pompa, = 1 Torr. l/s) (*unità di mis.*), Gaede (*m.*).

gaettone (*nav.*), Freiwache (*f.*).

gaffa (gancio d'accosto, mezzo marinaio) (*nav.*), Gaff (*n.*), Landungshaken (*m.*), Bootshaken (*m.*).

gagate (giaietto, carbone piceo) (*comb.*), Gagat (*m.*).

gal

gal (unità di accelerazione, 1 gal = 1 cm/s²) (*geofis.*), Gal (*n.*).
galalite (*ind. chim.*), Galalith (*m.*), Kunsthorn (*n.*).
galassia (via lattea) (*astr.*), Galaxis (*f.*), Milchstrasse (*f.*). **2 galassie** (sistemi stellari) (*astr.*), Galaxien (*f. pl.*).
galattico (*astr.*), galaktisch.
galattometro (*strum.*), Galaktometer (*n.*), Milchwaage (*f.*).
galattosio ($C_6H_{12}O_6$) (*chim.*), Galaktose (*f.*).
galaverna (forma di brina, simbolo internazionale V) (*meteor.*), Rauhreif (*m.*).
galena (PbS) (*min.*), Bleiglanz (*m.*), Galenit (*m.*).
galleggiabilità (spinta di galleggiamento) (*nav.*), Schwimmfähigkeit (*f.*), Tragvermögen (*m.*). **2 riserva di ~** (d'una nave) (*nav.*), Flutbarkeit (*f.*).
galleggiamento (*fis.*), Schwimmen (*n.*). **2 linea di ~** (linea d'acqua) (*costr. nav.*), Wasserlinie (*f.*). **3 linea di ~ a carico** (*costr. nav.*), Ladewasserlinie (*f.*). **4 linea di ~ di progetto** (*costr. nav.*), Konstruktionswasserlinie (*f.*). **5 piano di ~** (*nav.*), Schwimmebene (*f.*). **6 pianta delle linee di ~** (piano di costruzione orizzontale) (*costr. nav.*), Wasserlinienriss (*m.*). **7 riserva di ~** (*nav.*), Reserveauftrieb (*m.*), Reservedeplacement (*n.*). **8 spinta di ~** (galleggiabilità) (*nav.*), Schwimmfähigkeit (*f.*).
galleggiante (*a. - fis.*), schwimmend. **2 ~** (di un carburatore) (*s. - mot. - aut.*), Schwimmer (*m.*). **3 ~** (di un idrovolante p. es.) (*s. - aer.*), Schwimmer (*m.*). **4 ~** (di una cassetta di cacciata p. es.) (*s. - ed.*), Schwimmer (*m.*). **5 ~ alare** (di un idrovolante) (*aer.*), Seitenschwimmer (*m.*), Flügelschwimmer (*m.*), Stützschwimmer (*m.*). **6 ~ a tamburo** (di un carburatore) (*aut. - mot.*), Trommelschwimmer (*m.*). **7 ~ del carburatore** (*mot. - aut.*), Vergaserschwimmer (*m.*). **8 ~ laterale** (galleggiante alare, di un idrovolante) (*aer.*), Stützschwimmer (*m.*), Seitenschwimmer (*m.*), Flügelschwimmer (*m.*). **9 materiali galleggianti** (trasportati; più leggeri dell'acqua, alla superficie d'una corrente) (*idr.*), Schwemmsel (*n.*).
galleggiare (*fis.*(, schwimmen.
galleria (tunnel) (*ing. civ.*), Tunnel (*m.*). **2 ~** (*min.*), Stollen (*m.*). **3 ~** (del vento) (*aer. - aerodin.*), Kanal (*m.*), Windkanal (*m.*). **4 ~** (corridoio coperto) (*arch.*), Galerie (*f.*). **5 ~** (d'arte) (*arte*), Galerie (*f.*), Kunstsammlung (*f.*). **6 ~** (di un teatro) (*arch.*), Galerie (*f.*). **7 ~ a circuito aperto** (galleria del vento a circuito aperto) (*aer. - aerodin.*), offener Windkanal. **8 ~ a circuito chiuso** (galleria del vento a circuito chiuso) (*aer. - aerodin.*), geschlossener Windkanal. **9 ~ a pelo libero** (condotta in roccia a pelo libero) (*costr. idr.*), Freispiegelstollen (*m.*). **10 ~ ausiliaria** (*min.*), Hilfsstollen (*m.*). **11 ~ canale** (*ing. civ.*), Schiffstunnel (*m.*). **12 ~ dell'asse** (tunnel dell'asse) (*nav.*), Wellentunnel (*m.*). **13 ~ del vento** (*aer. - aerodin.*), Windkanal (*m.*). **14 ~ del vento ad elio** (per prove ipersoniche) (*aer.*), Heliumkanal (*m.*). **15 ~ del vento a densità variabile** (*aer. - aerodin.*), Windkanal für veränderliche Luftdichte. **16 ~ del vento a vena aperta** (galleria del vento a vena libera) (*aerodin.*), offener Windkanal, Freistrahlwindkanal (*m.*), **17 ~ del vento per volo libero** (*aer.*), Freiflugwindkanal (*m.*). **18 ~ del vento supersonica** (galleria del vento ultrasonora) (*aer.*), Überschallwindkanal (*m.*). **19 ~ del vento ultrasonora** (galleria del vento supersonica) (*aer.*), Überschallwindkanal (*m.*). **20 ~ del vento verticale** (*aer.*), Trudelkanal (*m.*). **21 ~ di accesso** (*min.*), Zugangsstollen (*m.*). **22 ~ di carico in roccia** (per impianto idroelettrico, condotta forzata in roccia) (*idr.*), Druckstollen (*m.*). **23 ~ di drenaggio** (fognolo) (*ing. civ.*), Durchlass (*m.*), Abzugskanal (*m.*). **24 ~ di estrazione dell'aria** (*ind. min.*), Abwetterstollen (*m.*). **25 ~ di lancio** (galleria per prove di centrifugazione) (*macch.*), Schleuderstand (*m.*), Übertourenstand (*m.*). **26 ~ di livello** (livello) (*min.*), Stollen (*m.*). **27 ~ di livello superiore** (livello superiore, d'una miniera) (*min.*), Wettersohle (*f.*). **28 ~ di miniera** (livello) (*min.*), Stollen (*m.*). **29 ~ d'immissione dell'aria** (*min.*), Frischwetterstollen (*m.*). **30 ~ di presa** (condotta in roccia di presa di un impianto idroelettrico) (*costr. idr.*), Entnahmestollen (*m.*), Zuleitungsstollen (*m.*). **31 ~ d'ispezione** (in dighe) (*idr. - ing. civ.*), Besichtigungsgang (*m.*), Kontrollgang (*m.*). **32 ~ di ventilazione** (*min.*), Ventilationsstollen (*m.*). **33 ~ doppia** (galleria gemella) (*ing. civ.*), Doppeltunnel (*m.*), Zwillingstunnel (*m.*). **34 ~ in pressione** (condotta forzata in roccia) (*idr.*), Druckstollen (*m.*). **35 ~ paravalanghe** (*ing. civ.*), Lawinengalerie (*f.*). **36 ~ principale** (di una miniera) (*min.*), Erbstollen (*m.*). **37 ~ stradale** (tunnel stradale) (*ing. civ.*), Strassentunnel (*m.*). **38 ~ subacquea** (*ing. civ.*), Unterwassertunnel (*m.*). **39 ~ superficiale** (*min.*), Rösche (*f.*). **40 ~ traversobanco** (*min.*), Querstollen (*m.*). **41 armamento di ~** (*ing. civ.*), Tunnelzimmerung (*f.*). **42 forno a ~** (forno a tunnel) (*forno*), Tunnelofen (*m.*). **43 fresa per (lo scavo di) gallerie** (*macch. movim. terra*), Tunnelfräser (*m.*). **44 imbocco di ~** (*ing. civ.*), Tunneleingang (*f.*). **45 imbocco della ~** (*min.*), Stollenmund (*m.*). **46 in ~** (sotterraneo) (*min.*), unter Tage. **47 ingresso d'una ~** (opera d'ingresso) (*ing. civ.*), Portal (*n.*). **48 lavoro in ~** (*min.*), Stollenarbeit (*f.*). **49 pavimento della ~** (*ing. civ.*), Tunnelsohle (*f.*). **50 rivestimento di ~** (*ind. civ.*), Tunnelauskleidung (*f.*).
galletto (dado ad alette) (*mecc.*), Flügelmutter (*f.*). **2 ~** (vite ad alette) (*mecc.*), Daumenschraube (*f.*).
gallio (Ga - *chim.*), Gallium (*n.*).
galloccia (castagnola, tacchetto, tacco) (*nav.*), Klampe (*f.*).
gallone (unità di mis.), Gallone (*f.*).
« galoche » (soprascarpa in gomma, galoscia, caloscia) (*ind. gomma*), Galosche (*f.*), Gummiüberschuh (*m.*).
galoppare (di un mot. a c. i.) (*difetto di mot.*), stottern, galoppieren.
galoppino (puleggia guidacinghia, rullo guidacinghia) (*mecc.*), Leitrolle (*f.*), Ablenkrolle

(f.), Führungsrolle (f.). 2 ~ (ruota dentata folle di rinvio) (mecc.), Leerlaufrad (n.), Losrad (n.). 3 ~ **guidacinghia** (rullo guidacinghia) (mecc.), Riemenleitrolle (f.). 4 ~ **tendicatena** (rocchetto tendicatena) (mecc.), Führungskettenrad (n.).

galoppo (funzionamento irregolare) (mot.), Galoppieren (n.), Stottern (n.). 2 ~ (beccheggio, di una locomotiva) (ferr.), Galoppieren (n.).

galoscia (caloscia, soprascarpa impermeabile) (ind. gomma), Galosche (f.).

galvanico (elett.), galvanisch. 2 ~ (elettrolitico) (elettrochim.), galvanisch. 3 **corrente galvanica** (elett.), galvanischer Strom. 4 **rivestimento** ~ (elettrochim.), galvanischer Überzug.

galvanizzare (elettrodepositare) (elettrochim.), galvanisieren.

galvanizzazione (elettrodeposizione) (elettrochim.), Galvanisieren (n.).

galvano (copia di matrice, di rame p. es., ottenuta galvanicamente) (tip. - ind.), Galvano (n.).

galvanocaustica (med.), Galvanokaustik (f.).

galvanometro (strum. elett.), Galvanometer (n.). 2 ~ **(a bobina mobile) per oscillografi** (app.), Spulenschwinger (m.). 3 ~ **ad ago (mobile)** (strum. elett.), Nadelgalvanometer (n.). 4 ~ **ad indice ottico** (galvanometro a punto luminoso) (strum. elett.), Lichtmarkengalvanometer (n.). 5 ~ **a doppino** (elett.), Schleifengalvanometer (n.). 6 ~ **a filo** (strum. elett.), Saitengalvanometer (n.). 7 ~ **a filo caldo** (strum. elett.), Hitzdrahtgalvanometer (n.). 8 ~ **a punto luminoso** (galvanometro ad indice ottico) (strum. elett.), Lichtmarkengalvanometer (n.). 9 ~ **a specchi** (strum. elett.), Spiegelgalvanometer (n.). 10 ~ **astatico** (strum. elett.), astatisches Galvanometer. 11 ~ **a vibrazione** (app.), Vibrationsgalvanometer (n.). 12 ~ **balistico** (strum. elett.), ballistisches Galvanometer, Stossgalvanometer (n.).

galvanoplastica (elettrochim.), Galvanoplastik (f.). 2 ~ (elettrotipia) (tip.), Elektrotypie (f.), Galvanotypie (f.). 3 ~ (elettroformatura) (elettrochim.), Galvanoplastik (f.), Elektroformierung (f.).

galvanoscopio (strum. elett.), Galvanoskop (n.).

galvanostegia (elettrodeposizione) (elettrochim.), Galvanisieren (n.), Elektroplattieren (n.), Galvanostegie (f.). 2 **trattare con** ~ (trattare elettroliticamente, placcare elettroliticamente) (elettrochim.), elektroplattieren.

galvanotassi (galvanotattismo, elettrotassi, elettrotattismo) (elett.), Galvanotaxis (f.).

galvanotattismo (galvanotassi, elettrotassi, elettrotattismo) (elett.), Galvanotaxis (f.).

galvanotecnica (elettrochim.), Galvanotechnik (f.).

galvanotipia (tip.), Galvanotypie (f.).

galvanotropismo (elettrotropismo) (elett. - biol.), Galvanotropismus (m.), Elektrotropismus (m.).

gamba (gen.), Bein (n.). 2 ~ (fianco, ala, lembo, di una piega) (geol.), Flügel (m.), Schenkel (m.). 3 ~ (di un compasso) (strum.), Schenkel (m.). 4 ~ (di un quadro di armamento) (min.), Stempel (m.). 5 ~ **ammortizzatrice** (del carrello, gamba elastica) (aer.), Federbein (n.). 6 ~ **elastica con ammortizzatore oleopneumatico** (del carrello) (aer.), Ölstrebe (f.). 7 ~ **elastica con ammortizzatore pneumatico** (del carrello) (aer.), Luftfederbein (n.). 8 ~ **telescopica** (app. - ecc.), Teleskopbein (n.). 9 **mezza** ~ (di un quadro) (min.), Möppel (m.). 10 **spazio minimo effettivo per la** ~ (di un'autovettura) (aut.), wirksame Beinlänge. 11 **spazio massimo effettivo per la** ~ **-acceleratore** (di un'autovettura) (aut.), wirkende Gaspedal-Beinlänge.

gambo (codolo) (ut.), Schaft (m.). 2 ~ (parte liscia, parte non filettata, di un prigioniero p. es.) (mecc.), Schaft (m.). 3 ~ (di un chiodo o rivetto) (mecc.), Schaft (m.). 4 ~ (di una chiave doppia per dadi p. es.) (ut. mecc.), Schaft (m.). 5 ~ **cavo** (ut. - mecc.), durchbohrter Schaft. 6 ~ **cilindrico** (codolo cilindrico) (ut.), Zylinderschaft (m.). 7 ~ **conico** (codolo conico) (ut.), Kegelschaft (m.). 8 ~ **conico Morse** (codolo conico Morse) (ut. - mecc.), Morsekegelschaft (m.). 9 ~ **del chiodo** (mecc.), Nietschaft (m.). 10 ~ **dell'ago** (gen.), Nadelschaft (m.). 11 ~ **della vite** (mecc.), Schraubenschaft (m.). 12 ~ **dell'utensile** (ut.), Werkzeugschaft (m.). 13 ~ **quadro** (stelo quadro) (mecc. - ecc.), Vierkantschaft (m.). 14 **lunghezza del** ~ **della vite** (mecc.), Schraubenlänge (f.).

gamma (γ, lettera greca) (tip.), Gamma (n.). 2 ~ (campo, banda) (gen.), Bereich (m.). 3 ~ **delle velocità** (regimi di funzionamento) (mot.), Drehzahlbereich (m.). 4 ~ **di frequenze** (elett. - ecc.), Frequenzbereich (m.). 5 ~ **di sincronizzazione** (telev.), Haltebereich (m.), Synchronisationsbereich (m.). 6 ~ **d'onde** (radio), Wellenbereich (m.). 7 ~ **d'onde decimetriche** (radio), Dezi-Bereich (m.). 8 **controllo con raggi** ~ (di acciaio p. es.) (tecnol. mecc.), Gammadurchstrahlung (f.). 9 **valore** ~ (telev.), Gammawert (m.).

gammagrafia (ricerca di difetti interni mediante raggi gamma) (metall.), Gammagraphie (f.).

ganasce (gen.), Backen (f. pl.). 2 ~ **(del freno) avvolgenti** (ceppi avvolgenti) (aut.), Anlaufbremsbacken (f. pl.). 3 ~ **(del freno) svolgenti** (ceppi svolgenti) (aut.), Ablaufbremsbacken (f. pl.). 4 ~ **prensili** (app. di sollev. - trasp.), Klammer (f.). 5 **a** ~ (a stecche, «steccato», giunto di rotaie) (ferr.), verlascht.

ganascia (gen.), Backe (f.). 2 ~ (di una morsa) (mecc.), Backe (f.), Spannbacke (f.). 3 ~ (stecca, che unisce due rotaie) (ferr.), Lasche (f.), Schienenlasche (f.). 4 ~ (di un freno) (mecc. - veic.), Backe (f.). 5 ~ (di un mandrino) (mecc.), Spannbacke (f.). 6 ~, vedi anche ganasce. 7 ~ **portamatrici** (portamatrici, d'una fucinatrice orizzontale) (macch.), Klemmbacke (f.). 8 ~ **portamatrici fissa** (portamatrici fissa) (macch. fucin.), feste Klemmbacke. 9 ~ **portamatrici mobile** (portamatrici mobile) (macch. fucin.), bewegliche Klemmbacke. 10 **falsa** ~ (ganascia

gancio

sovrapposta, di una morsa p. es.) (*macch. ut.*), Aufsatzbacke (*f.*).
gancio (*mecc. - ecc.*), Haken (*m.*). 2 ~ (attacco, aggancio) (*ferr.*), Kupplung (*f.*). 3 ~ («crochet») (*fond.*), Haken (*m.*). 4 ~ ad occhiello (*trasp. - app. di sollev.*), Ösenhaken (*m.*). 5 ~ a mano (*trasp. - app. di sollev.*), Handhaken (*m.*). 6 ~ a molinello (gancio girevole, gancio a perno, di una gru p. es.) (*app. di sollev.*), Haken mit Drehgelenk, Wirbelhaken (*m.*). 7 ~ a perno (gancio a molinello, gancio girevole, di una gru p. es.) (*app. di sollev.*), Haken mit Drehgelenk, Wirbelhaken (*m.*). 8 ~ ausiliario (gancio da braga) (*app. di sollev.*), Schlaufenhaken (*m.*). 9 ~ **commutatore** (commutatore a gancio, d'un app. telefonico) (*telef.*), Hakenumschalter (*m.*). 10 ~ **da braga** (gancio ausiliario) (*app. di sollev.*), Schlaufenhaken (*m.*). 11 ~ da carico (gancio di sollevamento) (*app. di sollev.*), Lasthaken (*m.*). 12 ~ d'accosto (gaffa, mezzo marinaio) (*nav.*), Gaff (*n.*), Landungshaken (*m.*), Bootshaken (*m.*). 13 ~ da fune (*app. di sollev.*), Seilhaken (*m.*). 14 ~ da muro (*ed.*), Mauerhaken (*m.*). 15 ~ della grondaia (*ed.*), Rinneneisen (*n.*), Rinnenhaken (*m.*). 16 ~ di ricupero (pescatore) (*ut. min.*), Hakenfänger (*m.*). 17 ~ di riserva (per l'accoppiamento di veicoli) (*ferr.*), Sicherheitshaken (*m.*). 18 ~ di sollevamento (gancio da carico) (*app. di sollev.*), Lasthaken (*m.*), Aufzughaken (*m.*). 19 ~ di sospensione (per conduttori di linea aerea p. es.) (*elett.*), Traghaken (*m.*). 20 ~ di traino (dispositivo di traino) (*veic.*), Schleppeinrichtung (*f.*), Schlepphaken (*m.*), Zughaken (*m.*), Abschleppkupplung (*f.*). 21 ~ di traino (di un cannone) (*artiglieria*), Protzhaken (*m.*). 22 ~ di traino per rimorchio (*veic.*), Anhängerkupplung (*f.*), Anhängerzughaken (*m.*). 23 ~ **di trazione** (per veicoli ferroviari) (*ferr.*), Zughaken (*m.*). 24 ~ doppio (*app. di sollev.*), Doppelhaken (*m.*). 25 ~ girevole (gancio a perno, gancio a molinello, di una gru p. es.) (*mecc.*), Haken mit Drehgelenk, Wirbelhaken (*m.*). 26 ~ per quadri (*carp.*), Bilderhaken (*m.*), Wandhaken (*m.*). 27 ~ **per rimorchio** (*nav.*), Schlepphaken (*m.*). 28 ~ **per veicoli ferroviari** (attacco, aggancio) (*ferr.*), Eisenbahnkupplung (*f.*). 29 ~X (*mecc. - ed.*), X-Haken (*m.*), Bilderhaken (*m.*). 30 **corsa massima del** ~ (altezza massima di sollevamento) (*app. di sollev.*), Hakenweg (*m.*). 31 trazione al ~ (*ferr. - aut.*), Zug am Zughaken.
ganga (*min.*), Gangart (*f.*), gangerz, (*n.*), Muttererz (*n.*), Nebengestein (*n.*).
ganistro (materiale refrattario per rivestimento) (*metall.*), Dinasstein (*m.*).
gara (*gen.*), Wettbewerb (*m.*).
«garage» (autorimessa) (*aut.*), Garage (*f.*). 2 ~ a più piani (autorimessa a più piani) (*aut.*), Stockwerksgarage (*f.*). 3 ~ a rampe (autorimessa a rampe) (*aut. - ed.*), Rampengarage (*f.*). 4 mettere in ~ (mettere in autorimessa) (*aut.*), (das Fahrzeug) einstellen, garagieren (*austr. - svizz.*).
«garagista» (*lav.*), Garagenwärter (*m.*).
garantire (*comm.*), garantieren, gewährleisten. 2 ~ (avallare) (*finanz.*), bürgen.

garantito (*comm. - ecc.*), gewährleistet, garantiert.
garanzia (*comm. - leg.*), Garantie (*f.*), Gewähr (*f.*). 2 ~ (cauzione) (*finanz.*), Bürgschaft (*f.*). 3 ~ **bancaria** (*finanz.*), Bankgarantie (*f.*), Bankbürgschaft (*f.*). 4 **certificato di** ~ (*comm.*), Garantieschein (*m.*). 5 **periodo di** ~ (*comm.*), Garantiefrist (*f.*), Garantiezeit (*f.*). 6 **riserva di** ~ (riserva di copertura) (*comm.*), Deckungsrücklage (*f.*), Deckungsrücklass (*m.*). 7 **tessera di** ~ (di un'autovettura, per le operazioni e riparazioni in periodo di garanzia) (*aut.*), Garantieschein (*m.*).
garbo (*att. - costr. nav.*), Schablone (*f.*).
gargamo (*idr.*), Schütznut (*f.*), Führungsnut (*f.*).
«gargouille» (doccione, di gronda) (*arch.*), Wasserspeier (*m.*).
garitta (per il frenatore p. es.) (*ferr.*), Schutzhäuschen (*n.*), Häuschen (*n.*). 2 ~ del frenatore (cabina) (*ferr.*), Bremserhäuschen (*n.*).
garnettatrice («garnett», sfilacciatrice) (*ind. tess.*), Garnettmaschine (*f.*).
garza (*ind. tess.*), Gaze (*f.*).
garzare (*ind. tess.*), rauhen.
garzatrice (*macch. ind. tess.*), Rauher (*m.*), Rauhmaschine (*f.*).
garzatura (*ind. tess.*), Rauhen (*n.*).
garzone (*lav.*), Bursche (*m.*). 2 ~ di fabbro (battimazza) (*lav.*), Zuschläger (*m.*).
gas (*fis.*), Gas (*n.*). 2 ~ (miscela di gas in una miniera) (*min.*), Wetter (*n.*). 3 ~ **ad alta pressione** (*ind.*), Pressgas (*n.*), Hochdruckgas (*n.*). 4 ~ **combusti** (fumi, prodotti della combustione) (*comb.*), Verbrennungsgase (*n. pl.*), Verbrennungsprodukte (*n. pl.*), Heizgase (*n. pl.*), Abgase (*n. pl.*). 5 ~ **combustibile** (*comb.*), Brenngas (*n.*). 6 ~ **compresso** (*fis.*), Druckgas (*n.*). 7 ~ **d'acqua** (*ind. chim.*), Wassergas (*n.*). 8 ~ **d'alto forno** (*metall. - forno*), Hochofengas (*n.*). 9 ~ **d'aria** (*ind.*), Luftgas (*n.*). 10 ~ **degenere** (*fis. - astrofis.*), entartetes Gas. 11 ~ **di bocca** (gas d'altoforno) (*metall.*), Gichtgas (*n.*). 12 ~ **di città** (gas illuminante) (*comb.*), Stadtgas (*n.*), Leuchtgas (*n.*). 13 ~ **di cokeria** (*ind. chim.*), Kokereigas (*n.*). 14 ~ **di cokeria** (gas illuminante) (*ind. chim.*), Kokereigas (*n.*), Stadtgas (*n.*), Leuchtgas (*n.*). 15 ~ **di fogna** (*chim. - ing. civ.*), Klärgas (*n.*), Faulgas (*n.*). 16 ~ **di fognatura** (*ed.*), Kanalgase (*n. pl.*). 17 ~ **di gasogeno** (gas di generatore) (*ind. chim. - ecc.*), Erzeugergas (*n.*), Generatorgas (*n.*). 18 ~ **di generatore** (gas di gasogeno) (*ind. chim. - ecc.*), Erzeugergas (*n.*), Generatorgas (*n.*). 19 ~ **di miniera** («grisou») (*min.*), Schlagwetter (*n.*). 20 ~ **di raffineria** (*ind. chim.*), Raffineriegas (*n.*). 21 ~ **di riempimento** (per lampade ad incandescenza) (*illum.*), Füllgas (*n.*). 22 ~ **di scarico** (*mot.*), Abgas (*n.*), Auspuffgas (*n.*). 23 ~ **distillato a bassa temperatura** (*ind. chim.*), Schwelgas (*n.*). 24 ~ **di torba** (*ind. chim.*), Torfgas (*n.*). 25 ~ **Dowson** (gas misto) (*chim.*), Mischgas (*n.*). 26 ~ **esilarante** (ossidulo di azoto, protossido d'azoto, N_2O) (*chim.*), Lachgas (*n.*), Stickstoffoxydul (*n.*), Stickoxydul (*n.*). 27 ~ **finale di raffineria** (*ind. chim.*), Raffinerieendgas (*n.*), Raffgas (*n.*). 28 ~ **grezzo** (altoforno),

Rohgas (*n.*). 29 ~ **illuminante** (gas di città) (*comb.*), Stadtgas (*n.*), Leuchtgas (*n.*). 30 ~ **in bombole** (*ind. chim.*), Flaschengas (*n.*). 31 ~ **indicatore** (gas rivelatore) (*chim.*), Spürgas (*n.*). 32 ~ **inerte** (gas per atmosfere protettive) (*forno*), Inertgas (*n.*), Schutzgas (*n.*). 33 ~ **inerte** (gas nobile) (*chim.*), Edelgas (*n.*). 34 ~ **lacrimogeno** (*chim.*), Reizgas (*n.*), Tränengas (*n.*). 35 ~ **liquefatto** (gas liquido) (*comb.*), Flüssiggas (*n.*). 36 ~ **liquido** (gas liquefatto) (*comb.*), Flüssiggas (*n.*). 37 ~ **misto** (gas Dowson) (*chim.*), Mischgas (*n.*). 38 ~ **Mond** (tipo di gas misto) (*chim.*), Mondgas (*m.*). 39 ~ **naturale** (*geol.*), Naturgas (*n.*), Erdgas (*n.*). 40 ~ **naturale liquefatto** (GNL) (*comb.*), Flüssigerdgas (*n.*). 41 ~ **naturale umido** (*min.*), Nassgas (*n.*). 42 ~ **neutronico** (*fis.*), Neotronengas (*n.*). 43 ~ **nitroso** (*chim.*), nitroses Gas. 44 ~ **nobile** (*chim.*), Edelgas (*n.*). 45 ~ **occluso** (*fis. chim.*), Absorptionsgas (*n.*), eingeschlossenes Gas. 46 ~ **per autotrazione** (*aut.*), Kraftgas (*n.*), Treibgas (*n.*). 47 ~ **perfetto** (*fis.*), ideales Gas. 48 ~ **per riscaldamento** (*riscald.*), Heizgas (*n.*). 49 ~ **povero** (*chim.*), Magergas (*n.*), Schwachgas (*n.*), Armgas (*n.*). 50 ~ **protettivo** (atmosfera protettiva) (*forno - metall.*), Schutzgas (*n.*). 51 ~ **rarefatto** (*fis.*), verdünntes Gas. 52 ~ **reale** (*fis.*), reales Gas. 53 ~ **residuo** (nel cilindro di un mot. a comb. interna) (*mot.*), Restgas (*n.*), Abgasrest (*m.*). 54 ~ **ricco** (*chim.*), Starkgas (*n.*). 55 ~ **rivelatore** (gas indicatore) (*chim.*), Spürgas (*n.*). 56 ~ **tecnico** (gas industriale, gas per riscaldamento p. es.) (*ind.*), technisches Gas. 57 ~ **-veicolo** (*riscald. - ecc.*), Trägergas (*n.*). 58 ~ **velenoso** (*chim. - ecc.*), Giftgas (*n.*). 59 **addetto all'analisi del** ~ (*lav. min.*), Wettermann (*m.*). 60 **a** ~ (*forno*), gasgeheizt. 61 **a** ~ **ridotto** (*mot.*), gedrosselt. 62 **analisi del** ~ (*chim.*), Gasanalyse (*f.*). 63 **aprire il** ~ («dare gas», accelerare) (*mot.*), Gas geben. 64 **a tenuta di** ~ (stagno al gas) (*ind.*), gasdicht. 65 **bombola per** ~ (*ind. chim.*), Gasflasche (*f.*). 66 **combustione a** ~ (*comb.*), Gasfeuerung (*f.*). 67 **conduttura del** ~ (*ed.*), Gasleitung (*f.*). 68 **contatore del** ~ (*app.*), Gaszähler (*m.*). 69 **contatore del** ~ **a gettone** (distributore di gas a moneta) (*strum.*), Gasautomat (*m.*), Münzgasmesser (*m.*). 70 **contorista verificatore del** ~ (letturista del gas) (*lav.*), Gasmann (*m.*), Gaserer (*m. - austr.*), 71 **distributore di** ~ **a moneta** (contatore del gas a gettone) (*strum.*), Gasautomat (*m.*), Münzgasmesser (*m.*). 72 **equazione dei** ~ (*fis.*), Gasgleichung (*f.*). 73 **focolare a** ~ (di un forno o caldaia, ecc.) (*cald. - ecc.*), Gasfeuerung (*f.*). 74 **forno a** ~ (*forno*), Gasofen (*m.*). 75 **funzionamento a** ~ (di una vettura alimentata a benzina ed a gas p. es.) (*mot. - aut. - ecc.*), Gasbetrieb (*m.*). 76 **illuminazione a** ~ (*illum.*), Gasbeleuchtung (*f.*). 77 **impianto del** ~ (*ed.*), Gasanlage (*f.*). 78 **impianto di** ~ **a freddo** (d'un veicolo spaziale, per governare l'assetto mediante getti di gas) (*astronautica*), Kaltgasanlage (*f.*). 79 **inclusioni di** ~ (*tecnol.*), Gaseinschlüsse (*m. pl.*). 80 **leggi dei** ~ (*chim. - fis.*), Gasgesetze (*n. pl.*). 81 **letturista del** ~ (contorista verificatore del gas) (*lav.*), Gasmann (*m.*), Gaserer (*m. - austr.*). 82 **liquefazione del** ~ (*ind. chim.*), Gasverflüssigung (*f.*). 83 **officina del** ~ (officina di produzione di gas) (*ind. chim.*), Gaswerk (*n.*). 84 **produzione di** ~ (*ind. chim.*), Gaserzeugung (*f.*). 85 **recipiente per** ~ (serbatoio per gas) (*ind.*), Gasbehälter (*m.*). 86 **rivelatore (di fughe) di** ~ (*app.*), Gasanzeiger (*m.*), Gasdetektor (*m.*). 87 **separatore di** ~ (nella lavorazione del petrolio grezzo) (*chim.*), Gasabscheider (*m.*). 88 **sviluppo di** ~ (*chim.*), Gasentwicklung (*f.*). 89 **torcia del** ~ **di bocca** (di altoforno) (*metall.*), Gichtgasfackel (*f.*). 90 **triodo a** ~ (*elettronica*), gasgefüllte Triode. 91 **turbina a** ~ (*mot.*), Gasturbine (*f.*). 92 **tutto** ~ (pieno gas) (*mot.*), Vollgas (*n.*).

gasaggio (di un bagno liquido) (*metall. - fond.*), Gasanreicherung (*f.*).
gasatura (bruciatura) (*ind. tess.*), Gasen (*n.*), Sengen (*n.*).
gasbeton (calcestruzzo poroso, o soffiato, o spugnoso) (*mur.*), Gasbeton (*m.*).
gas-cromatografia (cromatografia in fase gassosa) (*ind. chim.*), Gaschromatographie (*f.*).
gascromatogramma (*ind. chim.*), Gaschromatogramm (*n.*).
gasdinamica (dinamica dei gas) (*fis.*), Gasdynamik (*f.*).
gasdotto (*tubaz.*), Gasfernleitung (*f.*).
gasificare (*chim.*), vergasen.
gasificatore (di carbone p. es.) (*app.*), Vergaser (*m.*).
gasificazione (*chim.*), Vergasung (*f.*), Gasbildung (*f.*). 2 ~ **della torba** (*ind. chim.*), Torfvergasung (*f.*). 3 ~ **a letto fluido** (di combustibili solidi p. es.) (*ind. chim.*), Schwebevergasung (*f.*). 4 ~ **di oli minerali** (*min.*), Ölvergasung (*f.*).
gasista («idraulico», installatore) (*lav.*), Gasinstallateur (*m.*).
gasogeno (*app.*), Gaserzeuger (*m.*), Gasgenerator (*m.*), Generator (*m.*). 2 **veicolo a** ~ (*veic.*), Generatorfahrzeug (*n.*).
gasolio (combustibile per motori Diesel) (*comb.*), Gasöl (*n.*), Treiböl (*n.*), Dieselöl (*n.*).
gasometro (*ind. chim.*), Gasbehälter (*m.*), Gasometer (*m.*). 2 ~ **a campana** (*ind. chim.*), Glockengasbehälter (*m.*), Glockengasspeicher (*m.*). 3 ~ **a secco** (*ind. chim.*), trockener Gasbehälter, Scheibengasbehälter (*m.*). 4 ~ **a tenuta idraulica** (gasometro a umido) (*ind. chim.*), nasser Gasbehälter. 5 ~ **a umido** (gasometro a tenuta idraulica) (*ind. chim.*), nasser Gasbehälter. 6 ~ **sferico** (*ind. chim.*), Kugelgasbehälter (*m.*), Hochdruckgaskugelspeicher (*m.*). 7 ~ **telescopico** (*ind. chim.*), mehrfacher Gasbehälter, Teleskopbehälter (*m.*).
gassa (*nav.*), Auge (*n.*).
gassato (bibita) (*ind.*), carbonisiert.
gassoso (*fis.*), gasförmig.
GATT (Accordo Generale Tariffario per le Dogane ed il Commercio) (*comm.*), GATT, Allgemeines Zoll- und Handelsabkommen.
gattuccio (foretto, sega da traforo) (*ut. - falegn.*), Stichsäge (*f.*), Lochsäge (*f.*).
gauss (unità elett.), Gauss (*n.*).
gavitello (*nav.*), Boje (*f.*). 2 ~ **dell'àncora**

gavone (nav.), Ankerboje (f.). 3 cavo del ~ (nav.), Bojereep (n.).
gavone (nav.), Piek (f.). 2 ~ di poppa (nav.), Achterpiek (f.). 3 ~ (di poppa) per cavi (da rimorchio) (pozzo per cavi) (nav.), Kabelgatt (n.).
gazzetta (giorn.), Zeitung (f.). 2 ~ ufficiale (giorn. - tip. - leg.), Staatsanzeiger (m.), Amtsblatt (n.). 3 ~ ufficiale legislativa (leg. - tip.), Gesetzblatt (n.).
Gb (gilbert) (unità di mis.), Gb, Gilbert (n.).
gcm (grammo-centimetro) (mis.), cmg, Zentimetergramm (n.).
GD² (momento d'inerzia, di un volano p. es.) (mecc.), GD², J, Trägheitsmoment (n.).
Gd (gadolinio) (chim.), Gd, Gadolinium (n.).
Ge (germanio) (chim.), Ge, Germanium (n.).
Geiger, contatore di ~ (strum. radioatt.), Geigerzähler (m.), Geiger-Müller-Zählrohr (n.), Geiger'scher Spitzenzähler.
geiser (fonte calda) (geol.), Geysir (m.), Geiser (m.).
gel (gelo) (chim. - fis.), Gel (n.). 2 ~ di allumina (impiegato come riempitivo nella gomma) (chim.), Tonerdegel (n.).
gelare (congelare) (fis.), frieren, gefrieren.
gelata (meteor.), Frieren (n.). 2 ~ (solidificazione del metallo nel forno) (fond. - metall.), Einfrieren (n.).
gelatina (chim.), Gallert (n.), Gallerte (f.), Gelatine (f.). 2 ~ esplosiva (espl.), Sprenggelatine (f.). 3 ~ gomma (gomma; 93% di nitroglicerina e 7% di cotone collodio) (espl.), Sprenggelatine (f.).
gelatinizzazione (gelificazione) (chim. - fis.), Gelatinierung (f.). 2 ~ (difetto vn.), Gelatinieren (n.), Gelieren (n.).
gelatinoso (chim.), gallertartig.
gelato (a. - fis.), gefrischt. 2 ~ (solidificato, di metallo nel forno) (a. - metall.), gefrischt. 3 ~ (ghiacciato) (a. - meteor.), vereist. 4 ~ (s. - ind.), Speiseeis (n.). 5 macchina per la fabbricazione dei gelati (ind.), Eismaschine (f.).
gelcromatografia (chim.), Gelchromatographie (f.).
gelicidio (geofis.), Glatteis (n.).
gelificazione (gelatinizzazione) (chim. - fis.), Gelatinierung (f.). 2 ~ (difetto vn.), Gelieren (n.), Gelatinieren (n.). 3 ~ sotto pressione (procedimento di colata di materie plastiche) (tecnol.), Druckgelierverfahren (n.).
gelo (freddo intenso) (fis. - meteor.), Frost (m.). 2 ~ (ghiaccio) (fis. - meteor.), Eis (n.). 3 ~ (gel) (chim. - fis.), Gel (n.). 4 ~ di silice (silicagel) (ind. chim.), Kieselgel (n.), Silicagel (n.). 5 cretto da ~ (difetto - legno), Frostriss (m.). 6 incrinato da ~ (gen.), frostrissig. 7 resistenza al ~ (di pietre naturali) (ed.), Frostbeständigkeit (f.).
gelosia (persiana) (ed.), Fensterladen (m.). 2 ~ a battenti (persiana a battenti) (ed.), Klappladen (m.).
geminato (cristallo) (s. - min.), Zwillingskristalle (m. pl.), Zwillinge (m. pl.).
geminazione (di cristalli) (min.), Zwillingung (f.). 2 asse di ~ (di cristalli) (min.), Zwillingsachse (f.).
generale (a. - gen.), allgemein. 2 ~ (s. - milit.), General (m.). 3 di validità ~ (gen.), allgemein gültig.
generalità (gen.), Allgemeines (n.).
generare (produrre) (gen.), erzeugen. 2 ~ (un profilo dentato) (mecc.), wälzen. 3 ~ (sviluppare, un gas p. es.) (chim.), entwickeln. 4 ~ (creare, instaurare; un campo magnetico, p. es.) (gen.), aufbauen.
generato (profilo di un dente) (mecc.), ausgewälzt.
generatore (macch. elett.), Generator (m.). 2 ~ (di gas, gasogeno) (app.), Gaserzeuger (m.). 3 ~ (di vapore, caldaia) (cald.), Erzeuger (m.), Kessel (m.). 4 ~ (programma) (calc.), Generator (m.), Generierprogramm (n.). 5 ~ acustico (acus.), Schallerzeuger (m.), Schallgeber (m.). 6 ~ ad indotto rotante (macch. elett.), Generator mit feststehendem Feld. 7 ~ a doppia estremità d'albero (libera) (generatore a doppia sporgenza d'albero) (macch. elett.), Generator mit zwei Wellenenden. 8 ~ a doppia sporgenza d'albero (generatore a doppia estremità d'albero [libera]) (macch. elett.), Generator mit zwei Wellenenden. 9 ~ a rapida vaporizzazione (cald.), Blitzkessel (m.). 10 ~ asincrono (macch. elett.), Asynchrongenerator (m.). 11 ~ asincrono trifase (di corrente alternata) (macch. elett.), Drehstrom-Asynchron-Generator (m.), Asynchrondrehstromgenerator (m.). 12 ~ a spazzole intermedie (per corrente continua; ha indotto bipolare e due gruppi di spazzole) (macch. elett.), Zwischenbürstenmaschine (f.). 13 ~ campione (elett.), Normalgenerator (m.). 14 ~ d'asse (ferr. elett.), Achsgenerator (m.). 15 ~ della frequenza pilota (radio), Pilotfrequenzgenerator (m.), Pilotgenerator (m.). 16 ~ di acetilene (app.), Azetylenentwickler (m.). 17 ~ di alimentazione (fornisce corrente continua al motore di gruppi Leonard) (elett.), Steuergenerator (m.). 18 ~ di alta tensione (macch. elett.), Hochspannungsgenerator (m.), Hochspannungserzeuger (m.). 19 ~ di armoniche (fis.), Oberschwingungserzeuger (m.), Oberschwingungsgenerator (m.), Oberwellenerzeuger (m.). 20 ~ di audiofrequenza (generatore di frequenze vocali) (acus.), Tonfrequenzgenerator (m.), Tongenerator (m.). 21 ~ di coppia (app.), Drehmomenterzeuger (m.), Momentengeber (m.), Torquer (m.). 22 ~ di corrente (macch. elett.), Stromerzeuger (m.), Stromgenerator (m.). 23 di corrente a denti di sega (elettronica), Stromkippgerät (n.). 24 ~ di corrente continua (dinamo) (macch. elett.), Gleichstromgenerator (m.). 25 ~ di corrente impulsiva (elett.), Stossstromerzeuger (m.). 26 ~ di curve (app.), Kurvengenerator (m.). 27 ~ di deflessione (elettronica), Ablenkgenerator (m.). 28 ~ di doppia corrente (macch. elett.), Doppelstromgenerator (m.). 29 ~ differenziale (elett.), Antikompoundgenerator (m.). 30 ~ di frequenza intermedia (radio), Zwischenfrequenzgenerator (m.). 31 ~ di frequenza naturale (elett.), Eigenfrequenz-Generator (m.), Eichsender (m.). 32 ~ di frequenze vocali (generatore di audiofrequenza) (acus.), Tonfrequenzgenerator (m.), Tongenerator (m.). 33 ~ di funzioni (di un

calc. analogico) (*calc.*), Funktionsgeber (*m.*), Funktionsgenerator (*m.*). **34** ~ **di gas** (gasogeno) (*app.*), Gaserzeuger (*m.*). **35** ~ **di impulsi** (*elett.*), Impulsgeber (*m.*), Impulsgenerator (*m.*), Pulsgenerator (*m.*). **36** ~ **di impulsi di corrente** (generatore di corrente impulsiva) (*macch. elett.*), Stoss-stromerzeuger (*m.*). **37** ~ **di impulsi di sincronizzazione** (*telev.*), Taktgeber (*m.*). **38** ~ **di impulsi di tensione** (generatore di tensione impulsiva) (*macch. elett.*), Stoss-spannungsgenerator (*m.*). **39** ~ **di impulsi rettangolari** (*fis. - elettronica*), Rechteckgenerator (*m.*). **40** ~ **di impulsi temporizzatori** (*elabor. dati*), Taktimpulsgenerator (*m.*), Taktimpulsgeber (*m.*). **41** ~ **di marche di distanza** (generatore marcatore) (*radar*), Markierungsgenerator (*m.*). **42** ~ **di misura** (generatore di segnali per misure) (*elett.*), Mess-sender (*m.*). **43** ~ **di neutroni** (*fis. atom.*), Neutronengenerator (*m.*), Neutronenerzeuger (*m.*), Reaktor (*m.*). **44** ~ **di oscillazioni di rilassamento** (generatore di tensioni a denti di sega) (*elettronica*), Kippgerät (*n.*), Kippschwingungsgenerator (*m.*). **45** ~ **di programmi per prospetti** (RPG) (*calc.*), Report-Programm-Generator (*m.*), RPG. **46** ~ **di radiofrequenza** (oscillatore) (*radio*), Hochfrequenzgenerator (*m.*). **47** ~ **di rumore** (*acus.*), Rauschgenerator (*m.*). **48** ~ **di segnali per misure** (generatore di misura) (*elett.*), Mess-sender (*m.*). **49** ~ **di tensioni a denti di sega** (generatore di oscillazioni di rilassamento) (*elettronica*), Sägezahngenerator (*m.*), Kippgerät (*n.*), Kippschwingungsgenerator (*m.*). **50** ~ **di tensione impulsiva** (*elett.*), Stoss-spannungsgenerator (*m.*). **51** ~ **di ultrasuoni** (*acus.*), Ultraschallgenerator (*m.*). **52** ~ **di Van de Graaff** (di altissime tensioni) (*fis.*), Bandgenerator (*m.*). **53** ~ **di vibrazioni** (nell'elettroerosione) (*app.*), Schwingungserzeuger (*m.*). **54** ~ **di vapore** (*cald.*), Dampferzeuger (*m.*), Dampfkessel (*m.*). **55** ~ **eteropolare** (*macch. elett.*), Wechselpolgenerator (*m.*). **56** ~ **fotoacustico** (*app.*), Lichttongenerator (*m.*). **57** ~ **magneto-elettrico** (*elett.*), Kurbelinduktor (*m.*). **58** ~ **marcatore** (generatore di marche di distanza) (*radar*), Markierungsgenerator (*m.*). **59** ~ **omopolare** (dinamo aciclica, dinamo unipolare) (*macch. elett.*), Gleichpolgenerator (*m.*). **60** ~ **per autoproduzione** (*elett.*), Hausgenerator (*m.*). **61** ~ **RC** (*radio*), RC-Generator (*m.*), Widerstand-Kapazität-Generator (*m.*). **62** ~ **sincrono** (*macch. elett.*), Synchrongenerator (*m.*). **63** ~ **trifase** (*macch. elett.*), Drehstromgenerator (*m.*). **64 gruppo** ~ **ausiliario** (turbogeneratore per azionamento di app. ausil., ecc., di una centrale) (*elett.*), Hausmaschine (*f.*). **65 programma** ~ (*calc.*), Generierprogramm (*n.*), Generierer (*m.*), Generator (*m.*).

generatrice (linea generatrice) (*mecc. - geom.*), Erzeugende (*f.*). 2 ~ (del cilindro primitivo di una ruota dentata p. es.) (*mecc.*), Mantellinie (*f.*). 3 ~ (macchina generatrice di c.c.) (*macch. elett.*), *vedi* dinamo. 4 ~ **del cono di fondo** (di una ruota dentata conica) (*mecc.*), Fusskegelmantellinie (*f.*).

generazione (di corrente) (*elett.*), Erzeugung

(*f.*). 2 ~ (sviluppo, di gas) (*chim.*), Entwicklung (*f.*). 3 ~ (di dentature) (*mecc.*), Wälzvorgang (*m.*). 4 ~ **del freddo** (*ind. del freddo*), Kälteerzeugung (*f.*). 5 ~ **iniziale** (d'ingranaggi) (*lav. macch. ut.*), Einwälzen (*n.*). 6 **angolo di** ~ (di ingranaggi) (*mecc.*), Wälzwinkel (*m.*). 7 **avanzamento di** ~ (nel taglio d'ingranaggi) (*lav. macch. ut.*), Wälzvorschub (*n.*). 8 **movimento di** ~ (nella lavorazione degli ingranaggi) (*lav. macch. ut.*), Wälzbewegung (*f.*). 9 **procedimento di** ~ (di ingranaggi) (*mecc.*), Wälzvorgang (*m.*). 10 **rapporto di** ~ (nel taglio d'ingranaggi) (*mecc.*), Wälzverhältnis (*n.*).

genere (specie) (*gen.*), Art (*f.*), Sorte (*f.*). 2 ~ **alimentare** (prodotto alimentare) (*ind.*), Nahrungsmittel (*n.*), Lebensmittel (*n.*). 3 ~ **di prima necessità** (*comm.*), Lebensbedürfnis (*n.*), Bedarfsartikel (*m.*).

generico (*gen.*), allgemein.

genio (*milit.*), Pionierdienst (*m.*).

gente di mare (marinai) (*nav.*), Schiffsleute (*pl.*).

genuinità (autenticità) (*gen.*), Echtheit (*f.*).

genuino (vero, autentico) (*gen.*), echt, unverfälscht.

geoacustica (*geofis.*), Geoakustik (*f.*).

geochimico (*geol. - chim.*), geochemisch.

geode (aggruppamento di cristalli in una cavità di roccia eruttiva) (*min.*), Geode (*f.*), Mandelraum (*m.*).

geodesia (*geol.*), Geodäsie (*f.*), Erdmessung (*f.*).

geodeta (*geol.*), Geodät (*m.*), Erdmesser (*m.*).

geodetico (*geol.*), geodätisch.

geodimetro (telemetro geodetico) (*strum.*), Geodimeter (*n.*).

geodinamica (*geofis.*), Geodynamik (*f.*).

geoelettrico (*geol.*), geoelektrisch. 2 (scienza dei) metodi di prospezione geoelettrici (*geol. - min.*), Geoelektrik (*f.*).

geofisica (*geofis.*), Geophysik (*f.*).

geofisico (*geofis.*), geophysikalisch.

geofono (*app. acus.*), Geophon (*n.*), Erdhörer (*m.*). 2 ~ (sismostetoscopio) (*app. geol.*), Seismophon (*n.*), Geophon (*n.*).

geografia (*geogr.*), Geographie (*f.*), Erdkunde (*f.*). 2 ~ **economica** (*geogr.*), Wirtschaftsgeographie (*f.*).

geografico (*geogr.*), geographisch.

geoide (*geol. - top.*), Geoid (*n.*).

geologia (*geol.*), Geologie (*f.*). 2 ~ **strutturale** (geologia tettonica) (*geol.*), Geotektonik (*f.*). 3 ~ **tettonica** (geologia strutturale) (*geol.*), Geotektonik (*f.*).

geologico (*geol.*), geologisch.

geomagnetismo (*geofis.*), Geomagnetismus (*m.*), Erdmagnetismus (*m.*).

geomeccanica (*geol.*), Felsmechanik (*f.*), Geomechanik (*f.*).

geometra (agrimensore) (*top.*), Geometer (*m.*), Feldmesser (*m.*), Vermesser (*m.*), Vermessungsingenieur (*m.*). 2 **catena da** ~ (*att. top.*), Feldmesskette (*f.*).

geometria (*geom.*), Geometrie (*f.*). 2 ~ (di cristalli; forma, morfologia) (*min.*), Tracht (*f.*). 3 ~ **analitica** (*geom.*), analytische Geometrie. 4 ~ **dello sterzo** (registrazione dello sterzo e delle ruote anteriori) (*aut.*), Lenkgeometrie (*f.*). 5 ~ **descrittiva** (*geom.*), darstellende Geo-

geometrico

metrie. 6 ~ **ellittica** (*geom.*), elliptische Geometrie, nichteuklidische Geometrie, absolute Geometrie. 7 ~ **euclidea** (geometria generale) (*geom.*), euklidische Geometrie. 8 ~ **generale** (geometria euclidea) (*geom.*), euklidische Geometrie. 9 ~ **piana** (*geom.*), ebene Geometrie. 10 ~ **proiettiva** (*geom.*), projektive Geometrie. 11 ~ **riemanniana** (*geom.*), Riemannsche Geometrie. 12 ~ **solida** (stereometria) (*geom.*), Stereometrie (*f.*).
geometrico (*geom.*), geometrisch. 2 **progressione geometrica** (*mat.*), geometrische Reihe (*f.*).
geotermica (*s. - geofis.*), Geothermik (*f.*).
geotermico (*geol.*), geothermisch.
geotermometro (*strum.*), Erdwärmemesser (*m.*).
gerarchico (*gen.*), instanzmässig. 2 **classificazione gerarchica** (*organ.*), hierarchische Aufgliederung. 3 **posizione gerarchica** (*organ.*), Linienstelle (*f.*). 4 **sistema** ~ (organizzazione gerarchica) (*organ.*), Liniensystem (*n.*). 5 **via gerarchica** (*gen.*), Instanzweg (*m.*).
gerla (*att.*), Tragkorb (*m.*).
Gerber, trave ~ (*ed.*), Gerberträger (*m.*), Gelenkträger (*m.*).
germanio (*Ge - chim.*), Germanium (*n.*). 2 ~ **tipo n** (transistore) (*elettronica*), n-Ge (*n.*).
germe (*gen.*), Keim (*m.*), Keimling (*m.*). 2 ~ **cristallino** (*fis. - chim.*), Kristallkeim (*m.*), Impfkristall (*n.*). 3 ~ **di cristallizzazione** (germe cristallino) (*min. - ecc.*), Impfkrystall (*n.*), Kristallkeim (*m.*). 4 ~ **patogeno** (*med.*), Krankheitskeim (*m.*).
germicida (*a. - chim. - ecc.*), bakterientötend.
germinazione (formazione di germi cristallini) (*metall.*), Keimbildung (*f.*).
gessatore (stuccatore) (*lav. - ed.*), Gipser (*m.*).
gessetto (gesso da lavagna) (*scuola*), Schreibkreide (*f.*).
gesso (*min.*), Gyps (*m.*), Gips (*m.*). 2 ~ (*ed.*), Gipskalk (*m.*). 3 ~ **a lenta presa** (gesso morto, ottenuto mediante cottura fino a 780°) (*ed.*), Putzgips (*m.*). 4 ~ **allumato** (falso alabastro) (*ed.*), Marmorgips (*m.*). 5 ~ **anidro** ($CaSO_4$) (solfato di calcio, anidrite solubile) (*min.*), Kalziumsulfat (*n.*), Gips (*m.*). 6 ~ **cellulare** (*ed.*), Porengips (*m.*). 7 ~ **-cemento** (*ed.*), Gipskitt (*m.*). 8 ~ **cotto** (*ed.*), gebrannter Gips. 9 ~ **cristallizzato** (*ed.*), kristallinischer Gips, Marienglas (*n.*). 10 ~ **da calco** (gesso da modello, ottenuto a temperature fino a 80°) (*tecnol.*), Modellgips (*m.*), Formgips (*m.*). 11 ~ **da intonaco** (*mut.*), Putzgips (*m.*). 12 ~ **da lavagna** (gessetto) (*scuola*), Schreibkreide (*f.*). 13 ~ **da malta** (*ed.*), Mörtelgips (*m.*). 14 ~ **da modello** (gesso da calco, ottenuto a temperature fino a 80°) (*tecnol.*), Modellgips (*m.*), Formgips (*m.*). 15 ~ **da muratori** (*ed.*), Mauergips (*m.*). 16 ~ **da pavimenti** (gesso idraulico, ottenuto mediante cottura fino a 1000°) (*ed.*), Estrichgips (*m.*). 17 ~ **da sarti** (*att.*), Schneiderkreide (*f.*). 18 ~ **da stucchi** (scagliola, ottenuto a temperature fino a 300 °C) (*mur.*), Stuckgips (*m.*). 19 ~ **duro** (per intonaco) (*ed.*), Hartgips (*m.*). 20 ~ **duro da intonaco** (*ed.*), Hartputzgips (*m.*). 21 ~ **idraulico** (gesso da pavimenti, ottenuto mediante cottura

1424

fino a 1000°) (*ed.*), Estrichgips (*m.*). 22 ~ **morto** (gesso a lenta presa, ottenuto mediante cottura fino a 780°) (*ed.*), Putzgips (*m.*). 23 ~ **per edilizia** (gesso da costruzione) (*ed.*), Baugips (*m.*). 24 **calco in** ~ (*gen.*), Gipsabguss (*m.*), Gipsabdruck (*m.*). 25 **malta di** ~ (stucco) (*ed.*), Gipsmörtel (*m.*), Stuck (*m.*). 26 **modello in** ~ (*tecnol. - ecc.*), Gipsmodell (*n.*).
gessoso (*gen.*), kreidig.
gestione (esercizio) (*amm.*), Betrieb (*m.*), Betriebsführung (*f.*). 2 ~ **contabile** (di una ditta) (*amm.*), Rechnungsführung (*f.*). 3 ~ **dati** (*elab. dati*), Datenverwaltung (*f.*), Datenorganisation (*f.*). 4 ~ **dei materiali** (*ind.*), Materialwirtschaft (*f.*). 5 ~ **delle scorte** (*ind.*), Bestandsführung (*f.*). 6 **simulazione di** ~ (gioco d'impresa) (*ind. - pers.*), Unternehmensspiel (*n.*).
gestire (esercire, una linea di autobus p. es.) (*comm.*), betreiben.
gestore (*ind. - ecc.*), Geschäftsführer (*m.*).
gettare (lanciare, buttare) (*gen.*), werfen. 2 ~ (l'ancora) (*nav.*), fällen, werfen. 3 ~ (un ponte p. es.) (*ed.*), schlagen. 4 ~ (una fondazione subacquea) (*costr. idr. - costr. strad.*), koffern, auskoffern. 5 ~ **a rottame** (*ind.*), zum Abfall werfen. 6 ~ **il calcestruzzo** (*mur.*), betonieren. 7 ~ **in mare** (*nav.*), über Bord werfen. 8 ~ **l'ancora** (*nav.*), den Anker fallen lassen, (den) Anker werfen. 9 ~ **un ponte** (*costr. ponii - ecc.*), überbrücken.
gettata (di calcestruzzo) (*ing. civ.*), Betonierung (*f.*), Betonschüttung (*f.*). 2 ~ (fondazione subacquea in pietrame alla rinfusa, sulla riva di un lago p. es.) (*costr. idr.*), Steinschüttung (*f.*), Koffer (*m.*). 3 ~ **a scogliera** (*costr. idr.*), Steinbettung (*f.*), Steinschüttung (*f.*). 4 ~ **di calcestruzzo** (*ing. civ.*), Betonierung (*f.*), Betonschüttung (*f.*). 5 ~ **di fascine** (*costr. idr.*), Sinkstückmatratze (*f.*). 6 ~ **di pietrame** (scogliera) (*costr. idr.*), Steinschüttung (*f.*). 7 **altezza della** ~ (di una massa da costipare) (*ed. - costr. idr.*), Schütthöhe (*f.*).
« getter » (assorbitore, per togliere tracce di gas in un tubo a vuoto) (*elettronica*), Getter (*m.*), Fangstoff (*m.*). 2 **pompa con** ~ **di titanio** (pompa con assorbitore di titanio) (*macch.*), Titangetterpumpe (*f.*).
« getterizzazione » (assorbimento) (*elettronica - tecnica del vuoto*), Gettern (*n.*).
gettito (di tasse) (*finanz.*), Abwurf (*m.*), Aufkommen (*n.*), Einnahmen (*f. pl.*). 2 ~ **delle imposte** (*finanz.*), Steuereinnahmen (*f. pl.*), Steueraufkommen (*n.*).
getto (pezzo ottenuto con colata) (*fond.*), Guss·stück (*n.*), Guss (*m.*). 2 ~ (di acqua, gas, ecc.) (*fis.*), Strahl (*m.*). 3 ~ (spruzzatore, di un carburatore) (*mot.*), Düse (*f.*), Vergaserdüse (*f.*). 4 ~ (di gas, di un turbogetto p. es.) (*aer.*), Strahl (*m.*). 5 ~ **a fori multipli** (*mot. - ecc.*), Mehrlochdüse (*f.*). 6 ~ **artistico** (*arte - fond.*), Kunstguss (*m.*). 7 ~ **calibratore dell'aria** (correttore dell'aria, di un carburatore) (*mot.*), Luftkorrekturdüse (*f.*). 8 ~ **calibratore dell'aria del minimo** (di un carburatore) (*mot.*), Starterluftdüse (*f.*). 9 ~ **calibratore dell'aria principale** (del carbura-

ratore) (*mot.*), Hauptluftdüse (*f.*). **10 ~ cavo** (*fond.*), Hohlguss (*m.*). **11 ~ cavo** (getto con anima) (*fond.*), Kernguss (*m.*). **12 ~ centrifugato** (getto ottenuto per centrifugazione) (*fond.*), Schleuderguss (*m.*). **13 ~ colato in conchiglia** (getto conchigliato) (*fond.*), Kokillenguss (*m.*). **14 ~ colato in forma di terra** (*fond.*), Sandguss (*m.*). **15 ~ colato in forma permanente** (*fond.*), Dauerformguss (*m.*). **16 ~ colato in semiconchiglia** (getto semiconchigliato) (*fond.*), Halbkokillenguss (*m.*). **17 ~ colato in staffa** (*fond.*), Kastenguss (*m.*). **18 ~ colato in terra** (*fond.*), Sandguss (*m.*). **19 ~ compensatore** (di un carburatore) (*mot.*), Ausgleichdüse (*f.*). **20 ~ con anima** (getto cavo) (*fond.*), Kernguss (*m.*). **21 ~ conchigliato** (getto colato in conchiglia) (*fond.*), Kokillenguss (*m.*), Schalenguss (*m.*). **22 ~ conchigliato di alluminio** (*fond.*), Aluminiumkokillenguss (*m.*), Aluminiumschalenguss (*m.*). **23 ~ con soffiature** (difetto fond.), blasiger Guss. **24 ~ coricato** (*fond.*), liegender Guss. **25 ~ d'acqua** (*idr.*), Wasserstrahl (*m.*). **26 ~ della pompa di accelerazione** (di un carburatore) (*mot. - aut.*), Pumpendüse (*f.*). **27 ~ del minimo** (di un carburatore) (*mot.*), Leerlaufdüse (*f.*). **28 ~ di acciaio** (*fond.*), Stahlguss (*m.*). **29 ~ di alluminio** (*fond.*), Aluminiumguss (*m.*). **30 ~ di arricchimento** (*mot.*), Anreicherungsdüse (*f.*). **31 ~ di avviamento** (starter, di un carburatore) (*mot.*), Starterkraftstoffdüse (*f.*). **32 ~ di decollo** (di un carburatore di motore aer.) (*mot. - aer.*), Abflugdüse (*f.*). **33 ~ difettoso** (*fond.*), Fehlguss (*m.*). **34 ~ di gas** (*aer. - ecc.*), Gasstrahl (*m.*), Jet (*m.*). **35 ~ di ghisa** (*fond.*), Eisenguss (*m.*). Eisenguss·stück (*n.*). **36 ~ di ghisa acciaiosa** (*fond.*), Festigkeitsguss (*m.*). **37 ~ di ghisa a grafite lamellare** (*fond.*), Guss·stück aus Gusseisen mit Lamellengraphit, GGL. **38 ~ di ghisa a grafite sferoidale** (*fond.*), Guss·stück aus Gusseisen mit Kugelgraphit, Sphäroguss (*m.*), GGG. **39 ~ di ghisa bianca** (*fond.*), Weissguss (*m.*), Vollhartguss (*m.*). **40 ~ di ghisa conchigliata** (*fond.*), Schalenhartguss (*m.*). **41 ~ di ghisa grigia** (*fond.*), Grauguss (*m.*), GG. **42 ~ di ghisa malleabile** (*fond.*), Temperguss (*m.*), GT. **43 ~ di ghisa sferoidale** (*fond.*), Sphäroguss (*m.*). **44 ~ di metallo non ferroso** (*fond.*), NE-Metallguss (*m.*), Nichteisen-Metallguss (*m.*). **45 ~ di ottone** (*fond.*), Messingguss (*m.*). **46 ~ di potenza** (del carburatore) (*mot. aer.*), Hochleistungsdüse (*f.*), Zusatzdüse (*f.*). **47 ~ di scarto** (*fond.*), Wrackguss (*m.*). **48 ~ di vapore** (*macch.*), Dampfstrahl (*m.*). **49 ~ grezzo** (*fond.*), Rohling (*m.*). **50 ~ incompleto** (difetto di fond.), mangelhaft ausgelaufener Abguss, unvollständiger Guss, Ungänze (*f.*). **51 ~ (incompleto) con saldature fredde** (difetto - fond.), Kaltguss (*m.*). **52 ~ in conchiglia** (getto conchigliato, getto colato in conchiglia) (*fond.*), Schalenguss (*m.*), Kokillenguss (*m.*). **53 ~ in forma di terra** (getto colato in terra) (*fond.*), Sandguss (*m.*). **54 ~ in forma permanente** (getto colato in forma permanente) (*fond.*), Dauerformguss (*m.*). **55 ~ in ghisa** (getto di ghisa) (*fond.*), Eisenguss (*m.*), Eisenguss·stück (*n.*). **56 ~ in metallo non ferroso** (getto di metallo non ferroso) (*fond.*), NE-Metallguss (*m.*), Nichteisen-Metallguss (*m.*). **57 ~ in staffa** (*fond.*), Kastenguss (*m.*). **58 ~ libero** (di liquidi o gas) (*idr. - ecc.*), Freistrahl (*m.*). **59 ~ microfuso** (microfuso) (*fond.*), Genauguss (*m.*), Präzisionsguss (*m.*). **60 ~ ottenuto di pressofusione** (pressogetto, pressofuso) (*fond.*), Druckguss (*m.*). **61 ~ ottenuto in staffa** (*fond.*), Kastenguss (*m.*). **72 ~ ottenuto per centrifugazione** (getto centrifugato) (*fond.*), Schleuderguss (*m.*). **63 ~ per carichi parziali** (di un carburatore) (*mot.*), Teillastdüse (*f.*). **64 ~ per l'avviamento** (*mot.*), Anlassdüse (*f.*). **65 ~ polverizzato** (getto antincendio polverizzato in determinata forma) (*antincendi*), Sprühstrahl (*m.*). **66 ~ pompa di accelerazione** (di un carburatore) (*mot.*), Beschleunigerpumpendüse (*f.*). **67 ~ poroso** (difetto di fond.), poröser Guss. **68 ~ pressofuso** (pressogetto, getto ottenuto con pressofusione) (*fond.*), Druckguss (*m.*). **69 ~ principale** (di un carburatore) (*mot.*), Hauptdüse (*f.*). **70 ~ propulsivo** (di un mot. a getto) (*mot.*), Treibstrahl (*m.*). **71 ~ scartato** (scarto) (*fond.*), Ausschuss (*m.*). **72 ~ semiconchigliato** (getto colato in semiconchiglia) (*fond.*), Halbkokillenguss (*m.*). **73 ~ soffiato** (con soffiature) (difetto di fond.), blasiger Guss. **74 ~ spostato** (spostato, sdetto) (difetto di fond.), versetzter Guss. **75 ~ starter** (getto di avviamento, di un carburatore) (*mot.*), Starterkraftstoffdüse (*f.*). **76 ~ supplementare** (di un carburatore) (*mot.*), Zusatzdüse (*f.*). **77 ago del ~** (di un carburatore) (*mot.*), Düsennadel (*f.*). **78 a propulsione a ~** (*aer.*), strahlangetrieben. **79 deviatore del ~** (nelle turbine idrauliche o nei motori a getto) (*idr. - mot.*), Strahlablenker (*m.*). **80 deviazione del ~** (di turbine idrauliche) (*idr.*), Strahlablenkung (*f.*). **81 deviazione del ~** (deviazione della spinta) (*mot. a getto*), Schubablenkung (*f.*). **82 motore a ~** (mot. a reazione, reattore) (*mot.*), Düsentriebwerk (*n.*), Strahltriebwerk (*n.*). **83 peso lordo del ~** (peso del getto con colate e montanti, peso della carica) (*fond.*), Einsatzgewicht (*n.*). **84 propulsione a ~** (propulsione a reazione) (*aer.*), Strahlantrieb (*m.*), Düsenantrieb (*m.*). **85 protetto contro il ~ di manichetta** (*macch. elett.*), strahlwassergeschützt. **86 rumore del ~** (mot. a getto), Strahllärm (*m.*), Strahlgeräusch (*n.*). **87 spinta del ~** (*mot. a getto - aer.*), Strahlschub (*m.*). **88 usura da ~** (provocata da una corrente gassosa che contiene particelle solide) (*mecc.*), Strahlverschleiss (*m.*). **89 valvola del ~ supplementare** (di un carburatore) (*mot.*), Zusatzventil (*n.*).

gettone (per distributori automatici p. es.) (*gen.*), Münze (*f.*), Einwurfsmünze (*f.*). **2 gettoni di presenza** (*amm.*), Anwesenheitsgelder (*n. pl.*). **3 bocchetta per introdurre il ~** (fessura per introdurre il gettone) (*telef. - ecc.*), Münzeinwurf (*m.*).

gettosostentatore (sostentatore a getto) (*aer.*), Hubstrahler (*m.*).

gettosostentazione (*aer.*), Hubstrahlen (*n.*),

GeV

2 turbina per ~ a due circuiti (*mot. - aer.*), Zweikreis-Hubstrahl-Turbine (*f.*).
GeV (gigavoltelettrone, 10⁹ voltelettrone) (*elett.*), GeV, Gigaelektronenvolt (*n.*).
gf (grammo forza, grammo peso) (*mis.*), Pond (*n.*), p.
gherlino (gomena) (*nav.*), Kabeltau (*n.*), Trosse (*f.*).
ghiacciaia (*app.*), Eisschrank (*m.*).
ghiacciaio (*geol.*), Gletscher (*m.*). 2 detriti asportati dal ~ (*geol.*), Gletscherschliff (*m.*).
ghiacciato (gelato) (*meteor.*), vereist. 2 vetro ~ (*ind. vetro*), Eisglas (*n.*).
ghiaccio (*fis.*), Eis (*n.*). 2 ~ artificiale (*ind.*), Kunsteis (*n.*). 3 ~ con inclusione di aria (ghiaccio torbido, ghiaccio opaco) (*ind.*), (*ind.*), Trübeis (*n.*). 4 ~ galleggiante (*mare*), Treibeis (*n.*), Trifteis (*n.*), Drifteis (*n.*). 5 ~ in blocchi (*ind. del ghiaccio*), Blockeis (*n.*). 6 ~ in cubetti (*app. elettrodomestico*), Eiswürfel (*m.*). 7 ~ in stanghe (ghiaccio in stecche) (*ind.*), Zelleneis (*n.*), Stangeneis (*n.*). 8 ~ in stecche (ghiaccio in stanghe) (*ind.*), Zelleneis (*n.*), Stangeneis (*n.*). 9 ~ opaco (ghiaccio torbido, ghiaccio con inclusione di aria) (*ind.*), Trübeis (*n.*). 10 ~ secco (*ind. - fis. chim.*), Trockeneis (*n.*). 11 ~ torbido (ghiaccio opaco, ghiaccio con inclusione di aria) (*ind.*), Trübeis (*n.*). 12 ~ trasparente (*fis.*), Klareis (*n.*), Kristalleis (*n.*). 13 blocco di ~ galleggiante (« iceberg ») (*geogr.*), Eisberg (*m.*). 14 borsa da ~ (*ind. gomma - med.*), Eisbeutel (*m.*), Eisblase (*f.*). 15 fabbrica di ~ (*ind.*), Eisfabrik (*f.*). 16 formazione di ~ (*aer.*), Eisbildung (*f.*). 17 impianto per la produzione del ~ (*ind.*), Eisgenerator (*m.*). 18 indicatore di formazione di ~ (*strum. - aer.*), Eisbildungsanzeiger (*m.*). 19 lastrone di ~ (*geogr.*), Eisscholle (*f.*). 20 punto fisso del ~ (*fis.*), Eispunkt (*m.*).
ghiaccioli (*difetto fond.*), harte Stellen.
ghiaia (*ed.*), Kies (*m.*), Graup (*m.*). 2 ~ di cava (*ed.*), Grubenkies (*m.*). 3 ~ di fiume (*ed.*), Flusskies (*m.*). 4 ~ di pomice (*ed.*), Bimskies (*m.*). 5 ~ frantumata (*ed.*), Schlagkies (*m.*). 6 ~ grossa (20-10 mm) (*ed.*), grosser Graup. 7 ~ media (10-5 mm) (*ed.*), mittlerer Graup. 8 ~ molto grossa (70-20 mm) (*ed.*), Grobkies (*m.*). 9 ~ naturale (*ed.*), Rundkies (*m.*). 10 ~ per calcestruzzo (*ed.*), Betonkies (*m.*). 11 piccola (5-2 mm) (*ed.*), kleiner Graup. 12 ~ sabbiosa (sabbia ghiaiosa) (*ed.*), Kiessand (*m.*).
ghiaietto (7-30 mm) (*ed.*), Feinkies (*m.*). 2 ~ per giardini (*ed.*), Gartenkies (*m.*).
ghiaino (da 4-12 mm) (*ed.*), Grand (*m.*).
ghiaione (di montagna) (*geol. - geogr.*), Halde (*f.*), Schutthalde (*f.*), Geröllhalde (*f.*), Felsgeröll (*n.*).
ghiaioso (*geol.*), kiesig.
ghianda (*legno - ecc.*), Eichel (*f.*).
ghiandola (*med.*), Drüse (*f.*).
ghiera (dado cilindrico ad intagli radiali) (*mecc.*), Nutmutter (*f.*). 2 ~ (anello metallico, per manopole p. es.) (*mecc. - ecc.*), Zwinge (*f.*). 3 ~ (di un palo p. es.) (*ed.*), Stulp (*m.*). 4 ~ (del pozzo, vera, puteale) (*arch. - idr.*), Brunnenkranz (*m.*). 5 ~ filettata (ghiera, dado cilindrico ad intagli radiali) (*mecc.*), Nutmutter (*f.*).
ghindazzo (cavobuono) (*nav.*), Windreep (*n.*).
ghisa (ghisa di seconda fusione) (*fond.*), Gusseisen (*n.*), Eisenguss (*m.*). 2 ~ (di prima fusione) (*fond. - metall.*), Roheisen (*n.*). 3 ~ acciaiosa (*fond.*), hochwertiges Gusseisen, Stahleisen (*n.*). 4 ~ aciculare (*fond.*), Gusseisen mit Nadelstruktur. 5 ~ a cuore bianco (ghisa malleabile a cuore bianco) (*fond.*), Weissknerguss (*m.*). 6 ~ a cuore nero (ghisa malleabile a cuore nero) (*fond.*), Schwarzkernguss (*m.*). 7 ~ ad alta resistenza (*fond.*), hochfestes Gusseisen. 8 ~ ad alto contenuto di silicio (*fond.*), Bohrguss (*m.*). 9 ~ affinata al forno elettrico (ghisa elettrica) (*fond.*), Elektro-Roheisen (*n.*). 10 ~ aggiunta (aggiunta di ghisa, alla carica per ottenere determinati effetti) (*metall.*), Zusatzeisen (*n.*). 11 ~ (a grafite) sferoidale (ghisa nodulare) (*fond.*), Sphäroguss (*m.*), Kugelgraphitguss (*m.*), GGG. 12 ~ a grano grosso (*metall.*), Grobkorneisen (*n.*). 13 ~ austenitica (*fond.*), austenitisches Gusseisen. 14 ~ bainitica (*fond.*), bainitisches Gusseisen. 15 ~ bianca (*fond.*), Weisseisen (*n.*), Weissguss (*m.*). 16 ~ bianca da malleabilizzazione (*fond.*), Temperrohguss (*m.*). 17 ~ calda (*fond.*), heisses Gusseisen. 18 ~ composita (ghisa per cilindri da laminatoio con mantello e nucleo aventi proprietà diverse) (*fond.*), Verbundguss (*m.*). 19 ~ conchigliata (bianca all'esterno e grigia in cuore) (*fond.*), Schalengusseisen (*n.*), Kokillenguss (*m.*), Hartguss (*m.*). 20 ~ (conchigliata) per cilindri (di laminatoio) (*fond.*), Walzenguss (*m.*). 21 ~ da fonderia (ghisa di seconda fusione) (*fond.*), Giessereieisen (*n.*), Giessereiroheisen (*n.*), Kupolofeneisen (*n.*), Gusseisen (*n.*). 22 ~ da getti (ghisa da fonderia) (*fond.*), Giessereiroheisen (*n.*), Giessereieisen (*n.*), Gusseisen (*n.*), Kupolofeneisen (*n.*). 23 ~ d'alto forno (ghisa di prima fusione) (*fond.*), Roheisen (*n.*), Hochofenguss (*m.*). 24 ~ d'alto forno elettrico (*fond.*), Elektro-Roheisen (*n.*). 25 ~ da tempra inversa (ghisa difettosa con cementite) (*fond.*), umgekehrter Hartguss. 26 ~ di prima fusione (ghisa d'alto forno) (*fond.*), Roheisen (*n.*), Hochofenguss (*m.*). 27 ~ di seconda fusione (ghisa da fonderia) (*fond.*), Gusseisen (*n.*), Kupolofeneisen (*n.*),Giessereieisen (*n.*).28 ~ elettrica (ghisa affinata al forno elettrico) (*fond.*), Elektro-Roheisen (*n.*). 29 ~ ematite (*fond.*), Hämatit-Roheisen (*n.*). 30 ~ eutettica (*fond.*), eutektisches Gusseisen. 31 ~ ferritica (*fond.*), ferritisches Gusseisen. 32 ~ fosforosa (*fond.*), Phosphor-Roheisen (*n.*). 33 ~ grafitosa (*fond.*), graphitisches Gusseisen. 34 ~ grigia (*fond.*), Grauguss (*m.*), GG. 35 ~ grigia speciale (con determinate proprietà magnetiche) (*fond.*), Sondergrauguss (*m.*). 36 ~ in pani (ghisa di prima fusione, ghisa d'altoforno) (*fond.*), Masseleisen (*n.*), Blockguss (*n.*). 37 ~ ipereutettica (*fond.*), übereutektisches Gusseisen. 38 ~ ipoeutettica (*fond.*), untereutektisches Gusseisen. 39 ~ lamellare (ghisa a grafite lamellare) (*fond.*), Gusseisen mit Lamellengraphit, GGL. 40 ~ malleabile (*fond.*), Temperguss (*m.*), GT. 41 ~ malleabile

a cuore bianco (ghisa malleabile bianca) (*fond.*), weisser Temperguss, Weisskernguss (*m.*), Weisskerntemperguss (*m.*). **42 ~ malleabile a cuore nero** (*fond.*), Schwarzkernguss (*m.*), Schwarzkerntemperguss (*m.*), schwarzer Temperguss. **43 ~ malleabile bianca** (ghisa malleabile a cuore bianco) (*fond.*), weisser Temperguss, Weisskernguss (*m.*), Weisskerntemperguss (*m.*). **44 ~ malleabile nera** (ghisa malleabile a cuore nero) (*fond.*), schwarzer Temperguss, Schwarzkernguss (*m.*), Schwarzkerntemperguss (*m.*), GTS. **45 ~ malleabile perlitica** (*fond.*), perlitischer Temperguss, GTP. **46 ~ martensitica** (*fond.*), martensitisches Gusseisen. **47 ~ meccanica** (*fond.*), Maschinenguss (*m.*), Bauguss (*m.*). **48 ~ meehanite** (meehanite, contenente siliciuro di calcio) (*fond. - metall.*), Meehanit-Gusseisen (*n.*). **49 ~ nihard** (ghisa dura con 3,5% Ni, 1,5% Cr e 0-0,5% Mo) (*fond.*), Nihard-Gusseisen (*n.*). **50 ~ nodulare** (ghisa a grafite sferoidale) (*fond.*), Sphäroguss (*m.*), Kugelgraphitguss (*m.*). **51 ~ perlitica** (*fond.*), Perlitguss (*m.*), perlitisches Gusseisen. **52 ~ per ricarburare** (nella produzione di acciaio) (*metall.*), Rückkohleisen (*n.*). **53 ~ refrattaria** (*fond.*), feuerbeständiger Guss. **54 ~ sferoidale** (ghisa a grafite sferoidale) (*fond.*), Sphäroguss (*m.*). **55 ~ siliciosa** (*fond.*), Glanzeisen (*n.*). **56 ~ sorbitica** (*fond.*), sorbitisches Gusseisen. **57 ~ speciale** (*fond.*), Sonderroheisen (*n.*), Spezialroheisen (*n.*). **58 ~ speculare** (« spiegel », « spiegeleisen ») (*fond.*), Spiegeleisen (*n.*). **59 ~ trotata** (*fond.*), halbiertes Gusseisen. **60 carro per la ~** (carro trasporto siviere, carro porta-secchie; per l'invio della ghisa dall'altoforno all'acciaieria) (*metall.*), Roheisenwagen (*m.*). **61 di ~** (*fond. - ecc.*), gusseisern. **62 fonderia di ~** (*ind. fond.*), Eisengiesserei (*f.*). **63 getto di ~ a grafite lamellare** (*fond.*), Guss·stück aus Gusseisen mit Lamellengraphit, GGL. **64 getto in ~ a grafite sferoidale** (*fond.*), Guss·stück aus Gusseisen mit Kugelgraphit, GGG. **65 getto di ~ bianca** (*fond.*), Weissguss (*m.*), Vollhartguss (*m.*). **66 getto di ~ grigia** (*fond.*), Grauguss (*m.*), GG. **67 getto di ~ malleabile** (*fond.*), Temperguss (*m.*), GT. **68 getto in ~** (*fond.*), Eisenguss (*m.*), Gusstück (*n.*). **69 mescolatore della ~** (*metall.*), Roheisenmischer (*m.*). **70 pane di ~** (*fond.*), Roheisenmassel (*f.*), Eisenmassel (*f.*). **71 rottami di ~** (*fond.*), Gussschrott (*m.*), Gussbruch (*m.*). **72 siviera della ~** (*metall.*), Roheisenpfanne (*f.*). **73 tubo di ~** (*tubaz.*), Gussrohr (*n.*), Gusseisenrohr (*n.*).

giacchetto (giubbetto di salvataggio) (*nav.*), Schwimmweste (*f.*).

giacchio (rete da lancio) (*att. pesca*), Wurfnetz (*n.*).

giacente (immagazzinato, di merci p. es.) (*ind.*), eingelagert.

giacenza (esistenza di magazzino, scorta) (*amm.*), Bestand (*m.*), Lagerbestand (*m.*). **2 ~** (scorte) (*amm. - ind. - ecc.*), Vorräte (*m. pl.*). **3 ~ effettiva** (d'un magazzino) (*ind.*), körperlicher Bestand. **4 ~ minima** (scorta minima) (*ind. - amm.*), Mindestbestand (*m.*), Mindestlager (*n.*). **5 ~ minima** (per imprevisti, scorta minima per imprevisti) (*ind. - amm.*), eiserner Bestand. **6 ~ ottimale** (*amm. - ind.*), optimaler Bestand. **7 ~ prodotti finiti** (scorta prodotti finiti) (*ind.*), Fertigwarenbestand (*m.*). **8 ~ risultante dalle schede** (di magazzino) (*ind. - amm.*), Kartei-Bestand (*m.*). **9 rotazione delle giacenze** (rotazione delle scorte) (*ind. - amm.*), Lagerumschlag (*m.*). **10 tempo di ~** (di materiali, senza che subiscano trasformazioni) (*ind. - studio tempi*), Liegezeit (*f.*).

giacere (*gen.*), liegen.

giacimento (di minerali) (*min. - geol.*), Lagerstätte (*f.*), Lager (*n.*), Vorkommen (*n.*). **2 ~ a filone** (*min.*), gangartige Lagerstätte. **3 ~ alluvionale** (*min.*), Seife (*f.*), lockere Ablagerung. **4 ~ carbonifero** (giacimento di carbone) (*geol.*), Kohlenlager (*n.*), Kohlenbett (*n.*). **5 ~ di carbone** (giacimento carbonifero) (*geol.*), Kohlenlager (*n.*), Kohlenbett (*n.*). **6 ~ di dislocazione** (*geol.*), Verdrängungslagerstätte (*f.*). **7 ~ di minerale** (*geol - min.*), Erzvorkommen (*n.*), Erzlager (*n.*). **8 ~ di petrolio** (giacimento petrolifero) (*min.*), Erdöllagerstätte (*f.*), Öllagerstätte (*f.*), Ölträger (*m.*). **9 ~ (di petrolio) in fase gassosa** (*min.*), Kondensatlagerstätte (*f.*). **10 ~ di sali potassici** (giacimento potassico) (*min.*), Kalilager (*n.*). **11 ~ dislocato** (*min.*), verworfene Lagerstätte, gestörte Lagerstätte. **12 ~ non coltivato** (*min.*), Gänze (*f.*). **13 ~ petrolifero** (*min.*), Erdöllagerstätte (*f.*), Ölträger (*m.*), Öllagerstätte (*f.*). **14 ~ potassico** (giacimento di sali potassici) (*min.*), Kalilager (*n.*). **15 ~ ricco** (*min.*), Erzkörper (*m.*), Erzfall (*m.*). **16 ~ stratificato** (*min.*), geschichtete Lagerstätte. **17 pressione nel ~** (in giacimenti di petrolio e metano) (*min.*), Lagerstättendruck (*m.*).

giacinto (tipo di zircone) (*min.*), Hyazinth (*m.*).

giaietto (gagate, carbone piceo) (*comb.*), Gagat (*m.*).

giallo (*a. - colore*), gelb. **2 ~** (*s. - colore*), Gelb (*n.*). **3 ~ -cromo** (*s. - colore*), Chromgelb (*n.*). **4 ~ di cadmio** (CdS) (solfuro di cadmio) (*chim.*), Kadmiumgelb (*n.*), Kadmiumsulfid (*n.*). **5 ~ limone** (*colore*), Zitronengelb (*n.*). **6 ~ ocra** (*colore*), Ockergelb (*n.*), Berggelb (*n.*).

giardinaggio (*agric. - ecc.*), Gartenbau (*m.*).

giardiniera (autoveicolo per servizio promiscuo) (*veic.*), Kombi (*m.*), Kombiwagen (*m.*), Kombinationskraftwagen (*m.*).

giardiniere (*lav.*), Gärtner (*m.*).

giardino (*ed.*), Garten (*m.*). **2 ~ all'inglese** (*ed.*), englischer Garten. **3 ~ all'italiana** (*ed.*), italienischer Garten. **4 ~ pensile** (*ed.*), Dachgarten (*m.*).

giasmone (jasmone, iasmone) (*chim.*), Jasmon (*n.*).

gibbsite ($Al_2O_3 \cdot 3\, H_2O$) (*min.*), Gibbsit (*m.*).

giga (1 miliardo [di volte], 10^9) (*unità di mis.*), giga.

gigawatt (GW) (*unità elett.*), gigawatt, GW.

gilbert (unità dell'intensità di corrente nel sistema di misure elettromagnetico, Gb $= \dfrac{10}{4\pi}$ A) (*elett.*), Gilbert (*n.*).

« gill-box » (stiratoio a barrette di pettini) (*macch. tess.*), Gillspinnmaschine (*f.*).
gilsonite (uintaite) (*min.*), Gilsonit (*m.*).
gincana (gymkhana) (*aut. - ecc. - sport*), Gymkhana (*n.*).
ginnastica (*sport*), Turnen (*n.*). **2 ~ agli attrezzi** (*sport*), Geräteturnen (*n.*).
ginnatura (sgranatura, del cotone) (*tess.*), Egrenieren (*n.*), Entkörnung (*f.*).
ginniera (sgranatrice, per cotone) (*macch. tess.*), Egreniermaschine (*f.*), Entkörnungsmaschine (*f.*).
ginocchio (curva della carena da verticale ad orizzontale) (*costr. nav.*), Kimm (*f.*). **2 linea del ~** (delimitazione di una superficie esterna piana della nave da cui ha inizio la curvatura della carena) (*costr. nav.*), Einlauflinie (*f.*). **3 tensione di ~** (tensione di saturazione, nei transistori) (*elettronica*), Kniespannun (*f.*).
giocattolo (*ind.*), Spielzeug (*n.*).
gioco (giuoco, differenza dimensionale, tra albero e foro p. es.) (*mecc.*), Spiel (*n.*). **2 ~** (lasco, movimento perduto, fra due pezzi di una macchina p. es.) (*mecc.*), toter Gang, Totgang (*m.*), Totlauf (*m.*). **3 ~** (di un comando a tiranti p. es.) (*mecc. - ecc.*), Spiel (*n.*), toter Gang. **4 ~** (dello sterzo) (*aut.*), toter Gang, Spiel (*n.*). **5 ~** (del giunto tra le rotaie) (*ferr.*), Schienenlücke (*f.*). **6 ~ a caldo** (di un accoppiamento) (*mecc.*), Warmspiel (*n.*). **7 ~ a freddo** (di un accoppiamento) (*mecc.*), Kaltspiel (*n.*). **8 ~ alla sommità** (del filetto) (*mecc.*), Spitzenspiel (*n.*). **9 ~ al vertice della paletta** (rispetto alla cassa) (*turb. - ecc.*), Schaufelspiel (*n.*). **10 ~ assiale** (di un cuscinetto p. es.) (*mecc.*), axiales Spiel, Axialspiel (*n.*), Längsspiel (*n.*), Endspiel (*n.*). **11 ~ circolare** (gioco sui fianchi, di ingranaggi) (*mecc.*), Flankenspiel (*n.*). **12 ~ del cuscinetto** (*mecc.*), Lagerspiel (*n.*), Lagerluft (*f.*). **13 ~ della valvola** (*mot.*), Ventilspiel (*n.*). **14 ~ della valvola a caldo** (*mot.*), Ventilspiel warm. **15 ~ dello sterzo** (*aut.*), Lenkungsspiel (*n.*). **16 ~ d'esercizio** (gioco in funzionamento, di un cuscinetto p. es.) (*mecc.*), Betriebsspiel (*n.*). **17 ~ di avvitamento** (gioco sui fianchi, del filetto) (*mecc.*), Flankenabstand (*m.*), Flankenspiel (*n.*). **18 ~ di brasatura** (*tecnol. - mecc.*), Lötspalt (*m.*). **19 ~ di entrata** (di un creatore p. es.) (*ut.*), Eintrittsspiel (*n.*). **20 ~ di montaggio** (di un accoppiamento) (*mecc.*), Einbauspiel (*n.*). **21 ~ di ingranamento** (gioco sui fianchi, di ingranaggi) (*mecc.*), Flankenspiel (*n.*), Eingriffsflankenspiel (*n.*). **22 ~ d'impresa** (simulazione di gestione) (*ind. - pers.*), Unternehmensspiel (*n.*). **23 ~ effettivo** (gioco reale, di un accoppiamento) (*mecc.*), Istspiel (*n.*). **24 ~ ellittico** (gioco da foro ellittico, di un cuscinetto) (*mecc.*), Zitronenspiel (*n.*). **25 ~ in Borsa** (*finanz.*), Börsenspiel (*n.*). **26 ~ in cresta** (gioco alla sommità del filetto) (*mecc.*), Spitzenspiel (*n.*). **27 ~ in esercizio** (di un accoppiamento) (*mecc.*), Betriebsspiel (*n.*). **28 ~ in funzionamento** (gioco d'esercizio, di un cuscinetto p. es.) (*mecc.*), Betriebsspiel (*n.*). **29 ~ iniziale** (*mecc.*), Anfangsspiel (*n.*). **30 ~ massimo** (di un accoppiamento, differenza tra limite superiore del foro e limite inferiore dell'albero p. es.) (*mecc.*), Grösstspiel (*n.*). **31 ~ minimo** (di un accoppiamento, differenza tra limite inferiore del foro e limite superiore dell'albero p. es.) (*mecc.*), Kleinstspiel (*n.*). **32 ~ primitivo** (di ingranaggi) (*mecc.*), Verdrehflankenspiel (*n.*). **33 ~ radiale** (di un cuscinetto volvente) (*mecc.*), Radialspiel (*n.*). **34 ~ radiale** (di un cuscinetto liscio, differenza tra diametro del foro e diametro del perno) (*mecc.*), Lagerspiel (*n.*). **35 ~ reale** (*mecc.*), vedi gioco effettivo. **36 ~ relativo** (rapporto tra gioco e diametro nominale, di un accoppiamento albero-foro per es.) (*mecc.*), bezogenes Spiel. **37 ~ sui fianchi** (del filetto, gioco di avvitamento) (*mecc.*), Flankenabstand (*m.*), Flankenspiel (*n.*). **38 ~ sui fianchi (del dente)** (gioco di ingranamento, di ruote dentate) (*mecc.*), Flankenspiel (*n.*). **39 ~ sul fondo** (di ruote dentate) (*mecc.*), Kopfspiel (*n.*). **40 ~ sulla linea di azione** (di ingranaggi) (*mecc.*), Eingriffsflankenspiel (*n.*). **41 ~ totale** (d'un cuscinetto volvente; comprende la deformazione elastica) (*mecc.*), Lagerspiel (*n.*), Lagerluft (*f.*). **42 ~ tra ceppi e tamburo** (del freno) (*aut.*), Lüftungsspiel (*n.*). **43 ~ tra i taglienti** (nelle cesoie) (*tecnol. mecc.*), Schneidspalt (*m.*), Schnittspalt (*m.*). **44 ~ tra le punte dell'anello elastico** (luce del segmento, luce dell'anello elastico) (*mot.*), Kolbenringstosspiel (*n.*). **45 area per giochi** (di bambini) (*ed.*), Spielplatz (*m.*), Spielfläche (*f.*). **46 assenza di ~** (*mecc.*), Spielfreiheit (*f.*). **47 aver ~** (*mecc.*), Spiel haben. **48 compensazione del ~** (*mecc.*), Spielausgleich (*m.*). **49 misuratore di ~ assiale** (indicatore di gioco assiale, di una turbina p. es.) (*pap.*), Axialmessgerät (*n.*), Axialspielmessgerät (*n.*). **50 riduzione del ~** (registrazione del gioco) (*mecc.*), Spielverringerung (*f.*). **51 senza ~** (*mecc.*), spielfrei. **52 senza ~** (senza lasco) (*mecc.*), totgangfrei, frei vom toten Gang. **53 teoria dei giochi** (*mat.*), Spieltheorie (*f.*), Theorie der Spiele.
giogo (della bilancia) (*app.*), Waagebalken (*m.*). **2 ~** (giogo magnetico) (*elett.*), Joch (*n.*), Magnetjoch (*n.*). **3 ~ del trasformatore** (*elett.*), Transformatorjoch (*n.*).
gioielleria (arte orafa, arte di lavorare i gioielli) (*arte*), Juwelierarbeit (*f.*).
giornalaio (*lav.*), Zeitungsverkäufer (*m.*).
giornale (*giorn.*), Zeitung (*f.*), Blatt (*n.*). **2 ~** (quotidiano) (*giorn.*), Journal (*n.*), Tageszeitung (*f.*). **3 ~** (*contabilità*), Tagebuch (*n.*). **4 ~ aziendale** (*organ. lav. - ind.*), Betriebszeitung (*f.*), Werkzeitung (*f.*), Werkzeitschrift (*f.*). **5 ~ cinematografico** (cinegiornale) (*cinem.*), Wochenschau (*f.*), Reportagefilm (*n.*). **6 ~ dei lavori** (tenuto dal direttore dei lavori) (*ed.*), Bautagebuch (*n.*). **7 ~ della sera** (*giorn.*), Abendblatt (*n.*). **8 ~ dell'esplosivo impiegato** (per la registrazione dell'esplosivo impiegato) (*min.*), Schiessbuch (*n.*). **9 ~ di bordo** (*navig. - nav. - aer.*), Tagebuch (*n.*), Logbuch (*n.*), Bordbuch (*n.*), Journal (*n.*). **10 ~ di bordo** (*nav.*), Schiffstagebuch (*n.*), Schiffjournal (*n.*), Logbuch (*n.*). **11 ~**

di bordo (*aer.*), Flugbuch (*n.*), Bordbuch (*n.*). 12 ~ di cassa (*amm.*), Kassajournal (*n.*). 13 ~ murale (per informazioni, in una fabbrica p. es.) (*ind.*), Aushang (*m.*). 14 ~ radio (*radio*), Rundfunknachrichten (*f. pl.*). 15 servizio ritagli giornali (ufficio ritagli da giornali) (*giorn. - comm.*), Zeitungsausschnittbüro (*n.*).

giornaliero (*a. - gen.*), täglich. 2 ~ (lavoratore a giornata) (*s. - lav.*), Taglöhner (*m.*), Tagelöhner (*m.*), Tagner (*m.*).

giornata (*lav. - ecc.*), Tag (*m.*). 2 ~ di ferie (turno di ferie) (*lav.*), Urlaubsschicht (*f.*). 3 ~ di otto ore (*lav.*), Achtstundentag (*m.*). 4 ~ lavorativa (*lav.*), Arbeitstag (*m.*), Werktag (*m.*). 5 ~ lavorativa non lavorata (turno non prestato) (*lav.*), Feierschicht (*f.*). 6 ~ lavorativa non lavorata per malattia (*lav.*), Krankfeierschicht (*f.*).

giorno (*astr. - ecc.*), Tag (*m.*). 2 ~ astronomico (*astr.*), astronomischer Tag. 3 ~ della liquidazione (*borsa*), Abrechnungstag (*m.*). 4 ~ di chiusura (*amm.*), Abschlusstag (*m.*). 5 ~ di paga (*lav.*), Zahltag (*m.*), Tag der Lohnzahlung. 6 ~ di riposo (*lav.*), Rasttag (*m.*). 7 ~ festivo (*lav.*), Feiertag (*m.*), Festtag (*m.*). 8 ~ lavorativo (*lav.*), Arbeitstag (*m.*). 9 ~ sidereo (*astr.*), Sterntag (*m.*). 10 ~ solare (*astr. - geofis.*), Sonnentag (*m.*). 11 ~ solare (per il calcolo dei termini di consegna di forniture) (*comm. - ecc.*), Kalendertag (*m.*). 12 ~ solare medio (*astr. - geofis.*), mittlerer Sonnentag. 13 ~ solare vero (*astr. - geofis.*), wahrer Sonnentag. 14 a ~ (scavo p. es.) (*min. - ing. civ.*), über Tage. 15 a ~ (*elett.*), Freiluft..., auf Putz. 16 impianto a ~ (impianto esterno) (*elett.*), Freiluft-Anlage (*f.*). 17 ordine del ~ (di un'assemblea) (*gen.*), Tagesordnung (*f.*).

giostra (tavola girevole di macch. ut. ecc.) (*macch. ut. - ecc.*), Karussell (*n.*). 2 pressa a ~ (per mater. plast.) (*macch.*), Rundläufer-Presse (*f.*), Karussell-Presse (*f.*). 3 procedimento a ~ (per radioscopia simultanea di più pezzi p. es.) (*prove mater.*), Karussellverfahren (*n.*).

girabacchino (menaruòla, girabecchino, trapano a mano) (*ut.*), Bohrkurbel (*f.*), Bohrwinde (*f.*).

giradischi (apparecchio) (*elettroacus.*), Plattenspieler (*m.*). 2 ~ automatico a gettone (*app. elettroacus.*), Musikautomat (*m.*), Musikbox (*f.*). 3 piatto del ~ (*elettroacus.*), Plattenteller (*m.*), Drehteller (*m.*).

giraffa (*cinem.*), Galgen (*m.*). 2 ~ portamicrofono (*radio - telev.*), Mikrophongalgen (*m.*).

girafiliera (portafiliera) (*ut.*), Kluppe (*f.*), Schneidkluppe (*f.*), Gewindeschneidkluppe (*f.*).

giralingotti (*app. - lamin. - fucinatura*), Wender (*m.*), Wendeflasche (*f.*), Blockkipper (*m.*), Kantvorrichtung (*f.*).

giramaschi (*ut.*), Windeisen (*n.*), Wendeeisen (*n.*).

girante (di una turbina o pompa) (*mot.*), Läufer (*m.*), Laufrad (*n.*). 2 ~ (*finanz. - comm.*), Indossant (*m.*), Girant (*m.*). 3 ~ a disco obliquo (di una pompa) (*mecc.*), Taumelscheibe (*f.*). 4 ~ condotta (di un giunto idraulico p. es.) (*macch.*), Abtriebrad (*n.*). 5 ~ della pompa (*macch.*), Pumpenrad (*n.*). 6 ~ della turbina (*mot.*), Turbinenläufer (*m.*). 7 ~ turbina (di un variatore di coppia idraulico) (*macch. - veic.*), Turbinenrad (*n.*).

girare (ruotare) (*gen.*), drehen, umdrehen. 2 ~ (funzionare, marciare) (*mot. - macch.*), laufen. 3 ~ (orientare un braccio orientabile di macch. p. es.) (*gen.*), schwenken. 4 ~ (un assegno p. es.) (*finanz. - comm.*), indossieren, girieren. 5 ~ (un film) (*cinem.*), drehen. 6 ~ al minimo (funzionare al minimo, di un motore a combustione interna) (*mot.*), leerlaufen. 7 ~ a vuoto (funzionare a vuoto, senza carico) (*mot.*), leerlaufen. 8 ~ a vuoto (slittare, di ruote all'avviamento p. es.) (*ferr. - ecc.*), durchdrehen, rutschen. 9 ~ centrato (ruotare centrato, di un albero p. es.) (*mecc.*), rundlaufen. 10 ~ concentrico (girare centrato) (*mecc. - ecc.*), rundlaufen. 11 ~ eccentrico (*mecc.*), unrundlaufen. 12 ~ in cuscinetti (*mecc.*), lagern. 13 ~ scentrato (ruotare scentrato, di un albero p. es.) (*mecc.*), unrundlaufen, schlagen. 14 ~ scentrato (sfarfallare, di ruote p. es.) (*mecc. - veic.*), flattern, taumeln, schwankend drehen. 15 ~ verso l'esterno (orientare verso l'esterno) (*v.t. - gen.*), ausschwenken, nach aussen schwenken. 16 far ~ (ruotare, virare, un motore a mano p. es.) (*macch. - ecc.*), durchdrehen. 17 « far ~ » (suonare, un disco) (*elettroacus.*), spielen.

girata (di un assegno p. es.) (*comm. - finanz.*), Indossament (*n.*), Giro (*m.*). 2 ~ in bianco (*finanz.*), Blankogiro (*m.*), Blankoindossament (*n.*).

giratario (*finanz. - comm.*), Indossatar (*m.*), Giratar (*m.*), Girat (*m.*).

giratore (tipo di quadripolo) (*elett.*), Gyrator (*m.*).

giratubi (*ut.*), Rohrzange (*f.*). 2 ~ a catena (chiave a catena per tubi) (*ut.*), Kettenrohrzange (*f.*).

giraviti (avvitatrice) (*ut.*), Schrauber (*m.*), Schraubenzieher (*m.*). 2 ~ (*ut.*), vedi anche avvitatrice. 3 ~ ad impulsi (avvitatrice ad impulsi elettr. o a mano) (*app.*), Schlagschrauber (*ut.*). 4 ~ elettrico (avvitatrice elettrica) (*ut.*), Elektroschraubenzieher (*m.*), Elektroschrauber (*m.*). 5 pistola ~ (ad azionamento pneumatico) (*app.*), Eindrehpistole (*f.*).

girello (cipollatura) (*difetto legno*), Ringschäle (*f.*), Kernschäle (*f.*).

girevole (*gen.*), drehbar. 2 ~ (orientabile) (*mecc. - macch. ut.*), schwenkbar. 3 ~ (brandeggiabile, braccio d'una gru p. es.) (*app. di sollev. - ecc.*), ausschwenkbar.

giro (di un albero p. es.) (*mecc.*), Umdrehung (*f.*). 2 ~ (rotazione completa, nelle prove di torsione dei fili metallici p. es.) (*tecnol. mecc.*), Verwindung (*f.*). 3 ~ (di un circuito) (*aut. - sport - ecc.*), Runde (*f.*). 4 giri (numero di giri) (*mot. - macch.*), Touren (*f. pl.*), Drehzahl (*f.*), Tourenzahl (*f.*), Umdrehungszahl (*f.*). 5 giri al minuto (giri/min., giri/1') (*mot. - ecc.*), Umdrehungen je Minute, Umdrehungen pro Minute, Upm, U/min. 6 ~ di affari (*comm.*), Umsatz (*m.*), Umschlag

girobus

(*m.*). **7** ~ **di sfere** (fila di sfere, corona di sfere, di un cuscinetto a sfere) (*mecc.*), Kugelreihe (*f.*). **8** ~ **più veloce** (*aut. - sport*), schnellste Runde. **9 a basso numero di giri** (*mot. - ecc.*), niedertourig. **10 a** ~ **di posta** (a volta di corriere) (*posta - uff.*), postwendend. **11 aumento del numero di giri** (*mot.*), Drehzahlerhöhung (*f.*). **12 caduta del numero di giri** (caduta di giri) (*mot.*), Drehzahlabfall (*m.*). **13 caduta di giri** (caduta del numero di giri) (*mot.*), Drehzahlabfall (*m.*). **14 di** ~ (di rotazione, motore p. es., per revisione ecc.) (*aut. - ecc.*), Austausch... **15 dispositivo di controllo (automatico) del numero di giri** (*app.*), Drehzahlwächter (*m.*). **16 « fuori giri »** (nelle prove su strada di autovetture p. es.) (*mot. - aut.*), Überdrehzahl (*f.*). **17 gruppo di** ~ (gruppo di rotazione, motore, cambio, ecc., nella riparazione delle aut. p. es.) (*aut. - ecc.*), Austauschaggregat (*n.*). **18 massimo numero di giri** (velocità massima, regime massimo) (*mot. - ecc.*), Höchstdrehzahl (*f.*). **19 motore di** ~ (motore di rotazione, per revisione, ecc.) (*aut. - ecc.*), Austauschmotor (*n.*). **20 numero di giri** (*mot. - ecc.*), Drehzahl (*f.*), Umdrehungszahl (*f.*), Tourenzahl (*f.*), Touren (*f. pl.*). **21 numero di giri a carico** (velocità sotto carico) (*mot.*), Drehzahl bei Belastung, Lastdrehzahl (*f.*). **22 numero di giri a pieno carico** (velocità a pieno carico) (*mot.*), Vollastdrehzahl (*f.*). **23 numero di giri critico** (velocità critica, di un albero) (*mecc. - mot.*), kritische Drehzahl. **24 numero di giri massimo** (*macch.*), höchste Drehzahl, Enddrehzahl (*f.*). **25 numero di giri nominale** (*mot.*), Nenndrehzahl (*f.*). **26 numero di giri regolabile** (velocità angolare regolabile) (*mot.*), regelbare Drehzahl. **27 numero di giri uniorario** (velocità uniorara, numero di giri consentito per un'ora) (*mot.*), Stundendrehzahl (*f.*). **28 quarto di** ~ (*mecc. - ecc.*), Vierteldrehung (*f.*). **29 regolatore del numero di giri** (regolatore di giri o di velocità) (*mot.*), Drehzahlregler (*m.*). **30 regolatore di giri** (regolatore del numero di giri, regolatore di velocità) (*mot.*), Drehzahlregler (*m.*). **31 regolazione del numero di giri** (regolazione della velocità angolare) (*mot.*), Drehzahlregelung (*f.*). **32 regolazione micrometrica del numero di giri** (microregolazione di giri) (*mecc.*), Drehzahlfeinstellung (*f.*). **33 scarto di giri** (variazione del numero di giri, di un mot., dal valore nominale) (*mot. - ecc.*), Drehzahlabweichung (*f.*). **34 tenere il motore su di giri** (*mot. - aut.*), den Motor bei hohen Drehzahlen halten. **35 variatore automatico del numero di giri** (*mecc.*), Drehzahlautomatik (*f.*). **36 variazione continua del numero di giri** (*mot.*), stufenlose Drehzahlregelung. **37 variazione del numero di giri** (di un mot. p. es.) (*mot. - ecc.*), Drehzahländerung (*f.*).

girobus (elettrobus a ruota libera, elettrobus a volano accumulatore) (*veic. elett.*), Elektrogyro (*m.*), Gyrobus (*m.*).

girobussola (bussola giroscopica) (*strum.*), Kreiselkompass (*m.*). **2** ~ **ripetitrice** (bussola giroscopica ripetitrice) (*strum.*), Kreiseltochterkompass (*m.*).

giroconto (*finanz.*), Girokonto (*n.*). **2** ~ **interno** (*amm.*), interne Verrechnung.

girodirezionale (*s. - strum. aer.*), vedi giroscopio direzionale.

girofrequenza (frequenza giromagnetica) (*elettronica*), Gyrofrequenz (*f.*).

giroide (asse di simmetria, d'un cristallo) (*min.*), Gyroide (*f.*).

giromagnetico (*fis.*), kreiselmagnetisch, gyromagnetisch.

girometro (giroscopio vincolato, per misurare ed indicare velocità angolari) (*app. - navig.*), Wendekreisel (*m.*), Drehgeschwindigkeitsmesskreisel (*m.*).

giroorizzonte (orizzonte artificiale) (*strum. aer.*), Kreiselhorizont (*m.*), künstlicher Horizont.

giropilota (autopilota) (*app. aer.*), Kreiselsteuergerät (*n.*).

giroscopico (*strum.*), Kreisel... **2 momento** ~ (coppia giroscopica) (*aut.*), Kreiselmoment (*n.*).

giroscopio (*app.*), Kreisel (*m.*), Kreiselgerät (*n.*), Gyroskop (*n.*). **2** ~ **direzionale** (*strum. aer.*), Richtkreisel (*m.*), Kurskreisel (*m.*). **3** ~ **flottante** (con supporto cardanico sospeso in un liquido) (*app.*), Schwimmkreisel (*m.*). **4** ~ **integratore** (*app.*), Integrierkreisel (*m.*), I-Wendekreisel (*m.*). **5** ~ **libero** (con tre gradi di libertà) (*app.*), kräftefreier Kreisel. **6** ~ **misuratore di velocità angolare** (giroscopio vincolato, girometro) (*app.*), Drehgeschwindigkeitsmesskreisel (*m.*), Wendekreisel (*m.*). **7** ~ **(sferico) su cuscinetti a gas o pneumostatici** (usato per navigazione inerziale) (*app.*), Gaskreisel (*m.*). **8** ~ **vincolato** (girometro, per misurare ed indicare velocità angolari) (*app.*), Wendekreisel (*m.*), Drehgeschwindigkeitsmesskreisel (*m.*). **9 dispositivo bloccaggio** ~ (*disp.*), Kreiselarretierung (*f.*), Kreiselfeststeller (*m.*).

girostabilizzatore (*app.*), Kreisel (*m.*). **2** ~ **antirollìo** (stabilizzatore giroscopico antirollìo) (*nav.*), Schlingerkreisel (*m.*). **3** ~ **per navi** (stabilizzatore giroscopico per navi) (*nav.*), Schiffskreisel (*m.*).

girostato (*mecc.*), Gyrostat (*m.*).

gita (*gen.*), Ausflug (*m.*). **2** ~ **aziendale** (*ind.*), Betriebsausflug (*m.*).

gittata (arma da fuoco), Tragweite (*f.*), Schussweite (*f.*).

giubbetto (*ind. tess.*), Weste (*f.*). **2** ~ **di salvataggio** (giacchetto di salvataggio) (*nav.*), Schwimmweste (*f.*).

giudice (*leg.*), Richter (*m.*). **2** ~ **d'arrivo** (*sport*), Zielrichter (*m.*). **3** ~ **di pace** (arbitro) (*leg.*), Schiedsrichter (*m.*), Friedensrichter (*m.*). **4** ~ **tavolare** (*leg. - ed.*), Grundbuchrichter (*m.*).

giudiziario (*leg.*), richterlich. **2 casellario** ~ (*leg.*), Strafregister (*n.*). **3 circoscrizione giudiziaria** (*leg.*), Gerichtsbezirk (*m.*). **4 polizia giudiziaria** (*leg.*), gerichtliche Polizei. **5 ufficiale** ~ (*leg.*), Gerichtsbeamter (*m.*), Justizbeamter (*m.*).

giudizio (*gen.*), Urteil (*n.*). **2 chiamare in** ~ (*leg.*), vor Gericht laden. **3 costituirsi in** ~ (*leg.*), sich auf die Klage einlassen. **4 criterio**

giunto

di ~ (criterio di valutazione) (*gen.*), Beurteilungsmass·stab (*m.*).
giuntare (di pellicole p. es.) (*cinem.*), kleben, zusammenkleben. **2** ~ **a testa fusa** (collegare a tenuta, a testa fusa) (*elett.*), vergiessen.
giuntatrice (per pellicole) (*cinem.*), Klebepresse (*f.*).
giuntista (specializzato nella giunzione di cavi per telecomunicazioni) (*lav.*), Kabelverbinder (*m.*).
giunto (tra alberi di un motore e di una pompa p. es.) (*mecc.*), Kupplung (*f.*). **2** ~ (collegamento, unione) (*gen.*), Verbindung (*f.*). **3** ~ (punto di giunzione) (*gen.*), Verbindungsstelle (*f.*), Stoss (*m.*), Fuge (*f.*). **4** ~ (tra due pezzi, rotaie, ecc.) (*mecc. - ecc.*), Stoss (*m.*). **5** ~ (delle strutture in acciaio, legname o muratura) (*ed. - ing. civ.*), Fuge (*f.*). **6** ~ (di dilatazione, di una struttura di calcestruzzo armato p. es.) (*ed. - ing. civ.*), Fuge (*f.*). **7** ~ (saldato, saldatura) (*tecnol. mecc.*), Naht (*f.*). **8** ~ (giunzione, unione, commettitura, di legname) (*falegn.*), Holzverbindung (*f.*), Verband (*m.*). **9** ~ (unione), *vedi anche* giunzione, unione. **10** ~ **a bicchiere** (*tubaz.*), Muffen-Verbindung (*f.*), Rohrendmuffe (*f.*). **11** ~ **a cerniera** (*mecc.*), Drehgelenk (*n.*). **12** ~ **a coda di rondine** (incastro a coda di rondine) (*falegn. - mecc.*), Schwalbenschwanz-Verbindung (*f.*). **13** ~ **a crociera** (giunto cardanico, snodo cardanico, giunto a crociera) (*mecc.*), Kardangelenk (*n.*), Kreuzgelenk (*n.*). **14** ~ (**ad angolo**) **a dente** (su legno) (*carp.*), Versatz (*m.*), Versatzung (*f.*). **15** ~ **a dardo di Giove** (giunto di Gibilterra) (*carp.*), Hakenblatt (*n.*). **16** ~ **a denti** (*mecc.*), Zahnkupplung (*f.*). **17** ~ **a denti** (unione a denti, incastro a pettine, giunzione a denti) (*carp. - falegn.*), Kamm (*m.*). **18** ~ **a denti di sega radiali** (giunto Hirth, per alberi a gomiti p. es.) (*mecc.*), Hirth-Zahn-Kupplung (*f.*). **19** ~ **ad innesto monogiro** (o monociclo, per macch. addizionatrici p. es.) (*macch.*), Eintourenkupplung (*f.*). **20** ~ **a dischi** (*mecc.*), Scheibenkupplung (*f.*). **21** ~ **a doppio dente** (per legno) (*carp.*), Doppelversatz (*m.*). **22** ~ **a flangia** (di alberi) (*mecc.*), Flanschkupplung (*f.*), Scheibenkupplung (*f.*). **23** ~ **a flangia** (di tubi) (*tubaz.*), Flanschverbindung (*f.*). **24** ~ **a ginocchiera** (*mecc.*), Kniegelenk (*n.*). **25** ~ **a gusci** (giunto a viti) (*mecc.*), Schalenkupplung (*f.*). **26** ~ **a K** (giunto saldato su lembi preparati a K) (*tecnol. mecc.*), K-Naht (*f.*). **27** ~ **a manicotto** (*mecc.*), Muffenkupplung (*f.*). **28** ~ **a manicotto** (manicotto) (*tubaz.*), Verbindungsmuffe (*f.*). **29** ~ **a manicotto filettato** (*mecc.*), Gewindekupplung (*f.*). **30** ~ **a maschio e femmina** (*falegn.*), Kerbenfügung (*f.*), Anschlitzung (*f.*). **31** ~ **a merli** (immorsatura) (*falegn. - ecc.*), Verschränkung (*f.*). **32** ~ **a mezzo legno** (*falegn.*), Überblattung (*f.*), Anblattung (*f.*), Verfalzung (*f.*). **33** ~ **a mezzo legno con risalto** (giunto a dardo di Giove, giunto di Gibilterra) (*carp.*), Hakenblatt (*n.*). **34** ~ **anelastico** (giunto rigido) (*mecc.*), unelastische Kupplung. **35** ~ **a paro** (*falegn. - ecc.*), bündige Fuge, Vollfuge (*f.*). **36** ~ **a perni di gomma** (*mecc.*), Gummibolzenkupplung (*f.*), Bolzenkupplung (*f.*). **37** ~ **appoggiato** (di rotaie) (*ferr.*), aufliegender Stoss, fester Stoss. **38** ~ **articolato** (giunto snodato, giunto a snodo, giunto cardanico) (*mecc.*), Gelenkkupplung (*f.*). **39** ~ **articolato** (articolazione, di un compasso p. es.) (*strum. - dis. - ecc.*), Kippgelenk (*n.*). **40** ~ **articolato scorrevole** (articolazione scorrevole) (*mecc.*), Drehschubgelenk (*n.*). **41** ~ **a ruota libera** (giunto unidirezionale, di una bicicletta p. es.) (*mecc.*), Freilaufkupplung (*f.*). **42** ~ **a saltarelli** (giunto di sicurezza) (*mecc.*), Nockenratsche (*f.*). **43** ~ **a sfere** (con piccole sfere costituenti l'organo di accoppiamento tra le due superfici, giunto di sicurezza) (*mecc.*), Kugelratsche (*f.*). **44** ~ **a snodo** (giunto snodato, giunto articolato, giunto cardanico) (*mecc.*), Gelenkkupplung (*f.*). **45** ~ **a snodo con forcella scorrevole** (giunto cardanico scorrevole) (*mecc.*), Schubgelenk (*n.*). **46** ~ **a snodo omocinetico** (snodo omocinetico, per collegare due alberi che devono girare allo stessa velocità angolare anche se non allineati) (*mecc.*), Gleichlaufgelenk (*n.*), Gleichganggelenk (*n.*), homokinetisches Gelenk. **47** ~ **a sovrapposizione** (di saldatura p. es.) (*tecnol. mecc.*), Überlappstoss (*m.*), überlappter Stoss. **48** ~ **a spina tranciabile** (giunto di sicurezza) (*mecc.*), Brechbolzen-Kupplung (*f.*). **49** ~ **a T** (di saldatura) (*tecnol. mecc.*), T-Stoss (*m.*). **50** ~ **a tenone e mortisa** (unione a tenone e mortisa) (*falegn.*), Verzapfung (*f.*). **51** ~ **a torsione** (*elett.*), Würgebund (*m.*), Würgeverbindung (*f.*). **52** ~ **a viti** (giunto a gusci) (*mecc.*), Schalenkupplung (*f.*). **53** ~ **brasato** (*tecnol. mecc.*), Lötfuge (*f.*). **54** ~ **caldo** (d'una termocoppia) (*metall.*), Mess·stelle (*f.*). **55** ~ **cardanico** (giunto snodato, giunto a snodo, giunto articolato) (*mecc.*), Gelenkkupplung (*f.*), Kardangelenk (*n.*), Kreuzgelenk (*n.*). **56** ~ **cardanico scorrevole** (giunto a snodo con forcella scorrevole) (*mecc.*), Schubgelenk (*n.*). **57** ~ **centrifugo** (*mecc.*), Fliehkraftkupplung (*f.*). **58** ~ **chiodato** (chiodatura) (*mecc.*), Nietung (*f.*), Nietverbindung (*f.*). **59** ~ **compensatore a tubo ondulato** (giunto di dilatazione a tubo ondulato) (*tubaz.*), Wellrohrkompensator (*m.*), Wellrohr-Dehnungsausgleicher (*m.*). **60** ~ **completo** (giunto esteso a tutta la superfice della lastra, d'una pavimentazione strad. in calcestruzzo) (*costr. strad.*), Raumfuge (*f.*). **61** ~ **d'angolo** (nelle saldature p. es.) (*tecnol. mecc.*), Winkelstoss (*m.*), Eckstoss (*m.*). **62** ~ **della rotaia** (*ferr.*), Schienenstoss (*m.*). **63** ~ **di dilatazione** (*mecc. - tubaz.*), Dehnungsverbindung (*f.*), Ausgleichverbindung (*f.*). **64** ~ **di dilatazione** (tra i lastroni di cemento di una strada p. es.) (*ed. - ecc.*), Wärmedehnungsfuge (*f.*). **65** ~ **di dilatazione a tubo ondulato** (giunto compensatore a tubo ondulato) (*tubaz.*), Wellrohrdehnungsausgleicher (*m.*), Wellrohrkompensator (*m.*). **66** ~ **di Gibilterra** (giunto a dardo di Giove) (*carp.*), Hakenblatt (*n.*). **67** ~ **di Oldham** (*mecc.*), Oldham-Kupplung (*f.*). **68** ~ **di sicurezza** (*mecc.*), Sicherheitskupplung (*f.*). **69** ~ **di sicurezza** (giunto a slittamento, giunto limi-

giunto

tatore di coppia, contro il sovraccarico ecc.) (*mecc.*), Sicherheitskupplung (*f.*), Rutschkupplung (*f.*), Überlastungskupplung (*f.*), Drehmomentbegrenzer (*m.*). **70** ~ **di sicurezza** (con spina di sicurezza tranciabile) (*mecc.*), Abscherkupplung (*f.*). **71** ~ **di sicurezza a slittamento** (*macch.*), Schlupfkupplung (*f.*). **72** ~ **di spigolo** (di saldatura) (*tecnol. mecc.*), Eckstoss (*m.*). **73** ~ **di testa** (di una saldatura p. es.) (*tecnol. mecc.*), Stumpfstoss (*m.*), stumpfer Stoss. **74** ~ **di testa con bandelle** (*falegn.*), stumpfe Pfropfung mit Schienen. **75** ~ **di testa con coprigiunto** (*tecnol. mecc.*), gelaschter Stoss. **76** ~ **di un muro** (commessura di un muro) (*mur.*), Mauerfuge (*f.*). **77** ~ **elastico** (giunto parastrappi) (*mecc. - macch.*), elastische Kupplung. **78** ~ **elastico con anello di gomma (o pneumatico)** (*mecc.*), Gummiwulst-Kupplung (*f.*). **79** ~ **elastico « Giubo »** (con anello esagonale o ottagonale di gomma) (*mecc.*), Polygonkupplung (*f.*). **80** ~ **elastico Hardy** (*mecc.*), Hardyscheibe (*f.*). **81** ~ **elastico torsionale** (giunto per l'assorbimento delle vibrazioni torsionali) (*mecc.*), Torsionsdämpfer (*m.*). **82** ~ **Elco** (tipo di giunto torsionale con bussole elastiche soggette a compressione) (*mecc.*), Elco-Kupplung (*f.*). **83** ~ **elettromagnetico** (giunto magnetico) (*mecc.*), Magnetkupplung (*f.*), elektromagnetische Kupplung. **84** ~ **esteso a tutta la superficie** (della lastra; d'una pavimentazione stradale in calcestruzzo) (*costr. strad.*), Raumfuge (*f.*). **85** ~ **fisso** (giunto rigido) (*mecc.*), feste Kupplung. **86** ~ **(flessibile) a nastro metallico** (*mecc.*), Bibby-Kupplung (*f.*), Metallbandkupplung (*f.*). **87** ~ **Föttinger** (giunto idraulico) (*mecc.*), Föttinger-Kupplung (*f.*), hydraulische Kupplung. **88** ~ **freddo** (ripresa, saldatura fredda, piega fredda) (*difetto di fond.*), Kaltschweissung (*f.*), Kaltschweisse (*f.*), Schweiss-stelle (*f.*). **89** ~ **freddo** (saldatura fredda, piega fredda) (*difetto di fucinatura*), Kaltschweissung (*f.*). **90** ~ **freddo** (di una coppia termoelettrica) (*strum.*), kalte Lötstelle, Vergleichsstelle (*f.*). **91** ~ **Hirth** (giunto a denti di sega radiali, per alberi a gomiti p. es.) (*mecc.*), Hirth-Zahn-Kupplung (*f.*). **92** ~ **idraulico** (giunto idrodinamico) (*mecc.*), Flüssigkeitskupplung (*f.*), Strömungskupplung (*f.*), hydraulische Kupplung. **93** ~ **idraulico** (giunto Föttinger) (*mecc.*), Flüssigkeitskupplung (*f.*), hydraulische Kupplung. **94** ~ **idrodinamico** (giunto idraulico) (*mecc.*), Flüssigkeitskupplung (*f.*), hydraulische Kupplung. **95** ~ **imbastito** (giunto puntato, con punti di saldatura) (*tecnol. mecc.*), Heftschweisse (*f.*). **96** ~ **in chiave** (*ed.*), Scheitelfuge (*f.*). **97** ~ **incollato** (*tecnol.*), Klebfuge (*f.*), Klebverbindung (*f.*). **98** ~ **limitatore di coppia** (giunto di sicurezza, giunto a slittamento, contro i sovraccarichi, ecc.) (*mecc.*), Drehmomentbegrenzer (*m.*), Sicherheitskupplung (*f.*), Rutschkupplung (*f.*), Überlastungskupplung (*f.*). **99** ~ **longitudinale** (di una pavimentazione in cemento p. es.) (*costr. strad. - ecc.*), Längsfuge (*f.*). **100** ~ **magnetico** (giunto elettromagnetico) (*mecc.*), Magnetkupplung (*f.*), elektromagnetische Kupplung.

101 ~ **obliquo** (unione obliqua) (*falegn.*), Gehrfuge (*f.*). **102** ~ **Oldham** (*mecc.*), Oldham-Kupplung (*f.*). **103** ~ **oleodinamico** (giunto idraulico) (*mot.*), Flüssigkeitskupplung (*f.*), hydraulische Kupplung. **104** ~ **omocinetico** (giunto a snodo omocinetico, per collegare alberi che devono girare alla stessa velocità anche se non allineati) (*mecc.*), Gleichganggelenk (*n.*), homokinetisches Gelenk, Gleichlaufgelenk (*n.*). **105** ~ **omocinetico Weiss-Bendix** (*mecc.*), Weiss-Bendix-Gleichganggelenk (*n.*). **106** ~ **parastrappi** (giunto elastico) (*mecc. - macch.*), elastische Kupplung. **107** ~ **parziale** (d'una pavimentazione stradale in calcestruzzo; giunto limitato alla parte superiore della lastra) (*costr. strad.*), Scheinfuge (*f.*). **108** ~ **per alberi** (*mecc.*), Wellenkupplung (*f.*). **109** ~ **per funi** (*mecc.*), Seilkupplung (*f.*). **110** ~ **per l'assorbimento delle vibrazioni torsionali** (giunto elastico torsionale) (*mecc.*), Torsionsdämpfer (*m.*). **111** ~ **per tubi** (*tubaz.*), Rohrverbindung (*f.*). **112** ~ **per tubi flessibili** (*tubaz.*), Schlauchkupplung (*f.*). **113** ~ **puntato** (giunto imbastito, con punti di saldatura) (*tecnol. mecc.*), Heftschweisse (*f.*). **114** ~ **rigido** (giunto fisso) (*mecc.*), feste Kupplung. **115** ~ **rigido** (giunto anelastico) (*mecc.*), unelastische Kupplung. **116** ~ **saldato** (*tecnol. mecc.*), Schweisstoss (*m.*). Schweisse (*f.*), Schweissnaht (*f.*). **117** ~ **saldato (a dolce od a forte)** (saldatura dolce o forte, giunto brasato) (*tecnol. mecc.*), Lötfuge (*f.*), Lötstelle (*f.*), Lötverbindung (*f.*). **118** ~ **saldato a paro** (saldatura a paro) (*saldatura*), Flachnaht (*f.*). **119** ~ **saldato a punti** (*tecnol. mecc.*), Punktnaht (*f.*). **120** ~ **saldato a T su tre lamiere** (saldatura a T su tre lamiere) (*tecnol. mecc.*), Dreiblechschweissung (*f.*). **121** ~ **saldato a V** (saldatura a V) (*tecnol. mecc.*), V-Stoss (*m.*). **122** ~ **sferico** (snodo sferico) (*mecc.*), Kugelgelenk (*n.*). **123** ~ **snodato** (giunto articolato, giunto a snodo, giunto cardanico) (*mecc.*), Gelenkkupplung (*f.*). **124** ~ **sospeso** (di rotaie) (*ferr.*), freitragender Stoss. schwebender Stoss. **125** ~ **trasversale** (*ed.-ecc.*), Querfuge (*f.*). **126** ~ **unidirezionale** (ruota libera, di una trasmissione, bicicletta, ecc.) (*mecc. - veic.*), Freilaufkupplung (*f.*). **127** ~ **universale** (giunto a snodo, giunto cardanico) (*mecc.*), Kreuzgelenk (*n.*), Gelenkkupplung (*f.*), Universalgelenk (*n.*). **128 eseguire un** ~ (*mur.*), fugen. **129 fare un** ~ **a mortasa** (unire a mortasa) (*falegn.*), einstemmen. **130 malta per giunti** (*ed.*), Fugenfüller (*n.*). **131 pasta per (lutare) giunti** (*metall. - forno*), Ausfugmasse (*f.*). **132 piastra del** ~ (di rotaie, sulla traversina) (*ferr.*), Stossplatte (*f.*). **133 senza giunti** (senza giunzioni) (*gen.*), fugenlos.

giunzione (unione, collegamento) (*gen.*), Verbindung (*f.*). **2** ~ (giunto, unione, commettitura, del legname) (*falegn.*), Verband (*m.*), Holzverbindung (*f.*). **3** ~ (di pellicole) (*cinem.*), Kleben (*n.*), Klebung (*f.*). **4** ~ (nei semiconduttori) (*elettronica*), Übergang (*m.*). **5** ~ (dei due tronchi di galleria, incontro dei due fronti di avanzamento) (*ing. civ.*), Durchschlag (*m.*). **6** ~ (di elementi di legno p. es.) (*falegn. - ecc.*), vedi anche unione. **7**

~ a bicchiere (*tubaz.*), Muffenkupplung (*f.*). 8 ~ a code (unione a code, immorsatura) (*falegn.*), Verkämmung (*f.*). 9 ~ a code diritte (unione a code diritte, immorsatura diritta) (*falegn.*), gerade Verkämmung. 10 ~ a code di rondine (unione a code di rondine, immorsatura a code di rondine) (*falegn.*), schwalbenschwanzförmige Verkämmung, schwalbenschwanzförmige Holzverbindung. 11 ~ a coprigiunto (unione a coprigiunto) (*mecc.*), Überlaschung (*f.*). 12 ~ ad alta resistenza con bulloni precaricati (collegamento ad alta resistenza con precarico) (*carpent.*), HV-Verbindung (*f.*). 13 ~ a denti (giunto a denti, unione a denti, incastro a pettine) (*carp.*), Kamm (*m.*). 14 ~ a linguette incastrate e ripiegate (giunzione ad inserzione delle sporgenze di un pezzo nelle asole dell'altro e ripiegamento delle sporgenze) (*tecnol. mecc.*), Verlappen (*n.*). 15 ~ a manicotto (*elett. - ecc.*), Vermuffung (*f.*). 16 ~ a maschio e femmina (*falegn.*), Anschlitzung (*f.*), Kerbenfügung (*f.*). 17 ~ a mezzo legno (unione a mezzo legno) (*falegn.*), Verblattung (*f.*), Überblattung (*f.*), Verfalzung (*f.*). 18 ~ a tenone e mortisa (unione a tenone e mortisa, incastro a tenone e mortisa) (*falegn. - carp.*), Verzapfung (*f.*), einfache gerade Zapfenholzverbindung. 19 ~ a testa fusa (*funi*), Verguss (*m.*). 20 ~ di funi (*funi*), Seilverbindung (*f.*). 21 ~ gomma-metallo (legame gomma-metallo) (*tecnol.*), Gummimetallverbindung (*f.*). 22 ~ ibrida (circuito ibrido) (*elettronica*), Hybridschaltung (*f.*). 23 ~ obliqua (unione obliqua) (*falegn.*), Schäften (*n.*). 24 ~ per funi (*mecc. - ecc.*), Seilverbindung (*f.*). 25 ~ pn (d'un transistore) (*elettronica*), pn-Übergang (*m.*). 26 ~ pp (giunzione positivo-positivo) (*elettronica*), pp-Übergang (*m.*). 27 diodo a ~ (*elettronica*), Flächendiode (*f.*). 28 linea di ~ (difetto d'un pezzo di mat. plast. stampato ad iniezione) (*tecnol.*), Fliessnaht (*f.*), Bindenaht (*f.*). 29 piastrina di ~ (*elett.*), Verbindungslasche (*f.*). 30 raddrizzatore a ~ (raddrizzatore a contatto superficiale) (*elettronica*), Flächengleichrichter (*m.*). 31 saldatura di ~ (*tecnol. mecc.*), Verbindungsschweissen (*n.*). 32 senza giunzioni (*gen.*), fugenlos. 33 transistore a ~ (*elettronica*), Flächentransistor (*m.*).
giuoco (*mecc. - ecc.*), vedi gioco.
giura (periodo giurassico) (*geol.*), Jura (*m.*). 2 ~ bianco (giura superiore, malm) (*geol.*), Malm (*m.*), oberster Jura, weisser Jura. 3 ~ superiore (giura bianco, malm) (*geol.*), Malm (*m.*), oberster Jura, weisser Jura.
giuramento (*leg.*), Beschwörung (*f.*), Eid (*m.*). 2 prestare ~ (*leg.*), einen Eid ablegen, beschwören.
giurare (*leg.*), beschwören.
giurassico (giura) (*s. - geol.*), Jura (*m.*).
giurato (dichiarazione p. es.) (*a. - leg.*), beschworen. 2 giurati (giuria) (*leg.*), Geschworene (*m. pl.*). 3 capo dei giurati (presidente della giuria) (*leg.*), Geschworenenobmann (*m.*).
giuria (giurati) (*leg.*), Geschworene (*m. pl.*). 2 presidente della ~ (capo dei giurati) (*leg.*), Geschworenenobmann (*m.*). 3 verdetto della ~ (*leg.*), Geschworenenspruch (*m.*).
giuridico (*leg.*), rechtlich, Rechts... 2 atto ~ (*leg.*), Rechtsgeschäft (*n.*). 3 base giuridica (*leg.*), Rechtsgrundlage (*f.*). 4 vizio ~ (*leg.*), Rechtsmangel (*m.*).
giurisdizione (*leg.*), Amtsbezirk (*m.*), Gerichtsbezirk (*m.*).
giurisprudenza (*leg.*), Rechtswissenschaft (*f.*), Rechtslehre (*f.*), Jurisprudenz (*f.*).
giurista (*leg.*), Rechtsgelehrter (*m.*), Jurist (*m.*).
giustapposizione (*gen.*), Aneinanderlagerung (*f.*).
giustezza (*tip.*), Justierung (*f.*), Ausschliessung (*f.*). 2 messa a ~ (*tip.*), Ausschliessung (*f.*), Justierung (*f.*). 3 mettere a ~ (giustificare) (*tip.*), ausschliessen, justieren.
giustificare (disporre i caratteri in modo da completare la riga) (*tip.*), ausschliessen, justieren. 2 ~ (motivare, fondare) (*gen.*), begründen.
giustificativo (di un conto p. es.) (*amm.*), Beleg (*m.*), Beweisstück (*n.*).
giustificazione (messa a giustezza, della lunghezza delle righe) (*tip.*), Justierung (*f.*), Ausschliessung (*f.*). 2 ~ (motivazione, fondamento) (*gen.*), Begründung (*f.*).
giustizia (*leg.*), Gericht (*n.*). 2 ~ (*gen.*), Gerechtigkeit (*f.*). 3 ~ sociale (*leg. - ecc.*), soziale Gerechtigkeit. 4 ~ sommaria (*leg.*), Bagatelljustiz (*f.*), Bagatellgerichtsbarkeit (*f.*). 5 palazzo di ~ (*ed. - leg.*), Gerichtsgebäude (*n.*).
giusto (*gen.*), richtig. 2 ~ (regolare, corretto) (*gen.*), korrekt, richtig, einwandfrei. 3 ~ (esatto) (*mat.*), richtig. 4 ~ (conveniente, adeguato, prezzo p. es.) (*comm.*), angemessen, mässig.
Gl (glucinio) (*chim.*), Gl, Glucinium (*n.*).
glaciale (*geogr. - geol.*), eisig, glazial. 2 periodo ~ (pleistocene) (*geol.*), Eiszeit (*f.*), Pleistozän (*n.*).
glassina (carta pergamina) (*mft. carta*), Kristallpapier (*n.*).
glaciologia (*geol.*), Gletscherkunde (*f.*).
gliceride (*chim.*), Glyzerinester (*m.*), Glyzerid (*n.*).
glicerina [$CH_2(OH) \cdot CH(OH) \cdot CH_2(OH)$] (*chim.*), Glyzerin (*n.*), Ölsüss (*n.*).
glicina ($H_2N \cdot CH_2 \cdot COOH$) (glicocolla, zucchero di colla, acido amminoacetico) (*chim.*), Glykokoll (*n.*), Glyzin (*n.*), Leimsüss (*n.*), Leimzucker (*m.*), Aminoessigsäure (*f.*).
glicocolla ($H_2N \cdot CH_2 \cdot COOH$) (glicina, zucchero di colla, acido amminoacetico) (*chim.*), Glykokoll (*n.*), Glyzin (*n.*), Leimsüss (*n.*), Leimzucker (*m.*), Aminoessigsäure (*f.*).
glicole (glicol, alcool bivalente) (*chim.*), Glykol (*n.*). 2 ~ etilenico ($CH_2OH \cdot CH_2OH$) (etandiolo) (*chim.*), Äthylenglykol (*n.*).
glifo (organo di comando) (*macch. a vap.*), Kulisse (*f.*). 2 ~ (*mecc. - macch.*), Schlitzkurve (*f.*), Kulisse (*f.*). 3 distribuzione a ~ (*macch. a vap.*), Kulissensteuerung (*f.*), Schwingensteuerung (*f.*).
gliptal (mater. plastica) (*ind. chim.*), Glyptal (*n.*).
gliptogenesi (disaggregazione, disgregazione) (*geol.*), Verwitterung (*f.*).

globo

globo (*gen.*), Globus (*m.*), 2 ~ (*illum.*), Leuchtenglobe (*f.*).
globoidale (*geom.*), globoidal. 2 **ingranaggio a vite** ~ (*mecc.*), Globoidschneckengetriebe (*n.*).
globoide (superficie di rivoluzione) (*geom.*), Globoid (*n.*).
globulare (sferoidale) (*metall.*), rundkörnig.
globulitico (stato strutturale) (*metall.*), globulitisch.
globulo (*gen.*), Körperchen (*n.*), Körnchen (*n.*). 2 ~ **del sangue** (*med.*), Blutkörperchen (*n.*).
glossmetro (lucentimetro) (*app. ott.*), Glanzmesser (*m.*).
glucoside (*chim.*), Glykosid (*n.*).
glucosio ($C_6H_{12}O_6$) (destrosio, zucchero d'uva) (*chim.*), Glukose (*f.*), Glykose (*f.*), Dextrose (*f.*), Traubenzucker (*m.*).
gneiss (roccia) (*min.*), Gneis (*m.*).
GNL (gas naturale liquefatto) (*comb.*), Flüssigerdgas (*n.*).
gobba (di lamiere p. es.) (*metall.*), Ausbeulung (*f.*).
goccia (*fis. - ecc.*), Tropfen (*m.*). 2 ~ (gocciolina) (*difetto del vetro*), Träne (*f.*). 3 ~ **di brasatura** (*tecnol. mecc.*), Lötperle (*f.*). 4 ~ **di fondente** (*tecnol. mecc.*), Schmelzperle (*f.*). 5 ~ **di trasudazione** (perla di trasudazione, sulla superficie di getti) (*fond.*), Schwitzkugel (*f.*), Schwitzperle (*f.*). 6 **gocce fredde** (difetto di fond.), Phosphidperlen (*f. pl.*), Spritzkugeln (*f. pl.*). 7 **lubrificazione a** ~ (*mecc.*), Tropfenschmierung (*f.*). 8 **oliatore a** ~ (*app.*), Tropföler (*m.*).
gocciolamento (*gen.*), Tropfen (*n.*). 2 **concrezione calcarea da** ~ (stalattite o stalagmite) (*min.*), Tropfstein (*m.*). 3 **punto di** ~ (di un grasso) (*chim.*), Tropfpunkt (*m.*).
gocciolare (*gen.*), tropfen, tröpfeln. 2 ~ (grondare) (*gen.*), sickern.
gocciolatoio (di una modanatura p. es.) (*ed.*), Unterschneidung (*f.*). 2 ~ (grondaia) (*carrozz. aut.*), Tropfrinne (*f.*). 3 ~ (sgocciolatoio) (*app.*), Abtropfgestell (*n.*).
gocciolina (goccia) (*difetto del vetro*), Träne (*f.*).
godere (di un diritto p. es.) (*gen.*), geniessen.
godimento (d'un diritto p. es.) (*gen.*), Genuss (*m.*). 2 **azione di** ~ (*finanz.*), Genussaktie (*f.*), Genuss-Schein (*m.*). 3 **certificato di** ~ (buono di godimento, azione di godimento) (*finanz.*), Genuss-Schein (*m.*), Genussaktie (*f.*).
godronato (zigrinato) (*mecc.*), gerändelt, gekordelt.
godronatura (intaccatura, di cilindri per migliorare la presa sul laminato) (*lamin.*), Kordieren (*n.*), Schärfen (*n.*).
goethite ($FeO \cdot H_2O$) (*min.*), Goethit (*m.*).
goffrare (imprimere dei disegni in rilievo su tessuto p. es.) (*ind. tess. - cuoio*), prägen, gaufrieren.
goffratrice (*macch.*), Gaufriermaschine (*f.*).
goffratura (stampaggio di disegni in rilievo su tessuti p. es., con cilindri riscaldati) (*ind. tess. - cuoio*), Prägen (*n.*), Prägedruck (*m.*), Gaufrieren (*n.*). 2 ~ (stampaggio in rilievo) (*tecnol. mecc.*), Gaufrieren (*n.*), Prägen (*n.*).
go-kart (kart, piccola vettura da corsa) (*veic. - sport*), Go-Kart (*n.*).

gola (*gen.*), Kehle (*f.*). 2 ~ (cava, scanalatura) (*mecc.*), Hohlkehle (*f.*), Rille (*f.*), Kehle (*f.*). 3 ~ (di una puleggia p. es.) (*mecc. - ecc.*), Rille (*f.*). 4 ~ (di tornitura interna p. es.) (*mecc.*), Rille (*f.*). 5 ~ (di una vite) (*mecc.*), Rille (*f.*). 6 ~ (di un albero) (*mecc.*), Hals (*m.*). 7 ~ (intaglio di un maschio, punta elicoidale, ecc.) (*ut.*), Nute (*f.*). 8 ~ (di una cesoia p. es.) (*macch.*), Maul (*m.*). 9 ~ (scanalatura circolare alla estremità di corpi cavi di lamiera) (*tubaz. - lav. di lamiere*), Sicke (*f.*). 10 ~ (modanatura) (*arch.*), Karnies (*m.*). 11 ~ (di una valle) (*geogr.*), Schlucht (*f.*). 12 ~ **della filettatura** (*mecc.*), Gewinderille (*f.*). 13 ~ **di rotolamento** (di un cuscinetto a sfere p. es.) (*mecc.*), Laufrille (*f.*). 14 ~ **(di rotolamento) delle sfere** (di un cuscinetto a sfere) (*mecc.*), Kugelrille (*f.*). 15 ~ **per lo scarico della mola** (nella rettifica di uno spallamento p. es.) (*lav. macch. ut.*), Schleifauslaufrille (*f.*). 16 ~ **rovescia** (*arch.*), verkehrtes Karnies. 17 ~ **trapezoidale** (per cinghie) (*mecc.*), Keilrille (*f.*). 18 **a due gole** (maschio p. es., a due scanalature) (*ut.*), zweinutig. 19 **a gole** (a solchi, scanalato) (*gen.*), gerillt. 20 **a tre gole** (punta da trapano p. es.) (*ut.*), dreinutig. 21 **esecuzione di gole** (*lav. macch. ut.*), Aushalsen (*n.*). 22 **esecuzione di gole** (esecuzione di scanalature, su corpi cilindrici di lamiera) (*lav. di lamiere*), Sicken (*n.*), Sieken (*n.*). 23 **eseguire gole** (*lav. macch.-ut.*), aushalsen. 24 **utensile per gole** (*ut.*), Aushalsestahl (*m.*).
golena (zona tra l'argine principale ed il fiume) (*costr. idr.*), Vorland (*n.*), Aussendeichland (*n.*), Heller (*m.*).
goletta (a due alberi) (*nav.*), Schoner (*m.*).
golf (gioco) (*sport*), Golf (*n.*), Golfspiel (*n.*). 2 **vetturetta per** ~ (*veic. - sport*), Golfwagen (*m.*).
golfare (vite ad occhio, vite ad anello, per il sollevamento di una macch. p. es.) (*macch. - mecc.*), Ösenschraube (*f.*), Transportöse (*f.*), Transportierring (*m.*), Ringschraube (*f.*). 2 ~ **con foro filettato** (dado a golfare, golfare con foro di fissaggio filettato) (*mecc.*), Ringmutter (*f.*).
gomena (gherlino, cavo torticcio) (*nav.*), Trosse (*f.*). 2 ~ **da rimorchio** (*nav.*), Zugleine (*f.*), Ziehleine (*f.*). 3 ~ **dell'àncora** (*nav.*), Ankertrosse (*f.*).
gomito (curva) (*tubaz.*), Knie (*n.*), Kniestück (*n.*), Rohrknie (*n.*), Winkelstück (*n.*). 2 ~ (*mecc.*), Durchkröpfung (*f.*), Kröpfung (*f.*). 3 ~ (manovella, di un albero a gomiti) (*mot. - mecc.*), Kurbel (*f.*), Kurbelkröpfung (*f.*). 4 ~ **di manovella** (*mot. - mecc.*), Kurbelkröpfung (*f.*). 5 **sbozzare i gomiti** (nella forgiatura libera di alberi a manovella p. es.) (*tecnol. mecc.*), Durchsetzen (*n.*).
gomitolo (*tess.*), Knäuel (*m.*).
gomma (*chim.*), Gummi (*m.*). 2 ~ (elastica, gomma naturale, cauccíù) (*ind. gomma*), Kautschuk (*m.*), Gummi (*m.*). 3 ~ (pneumatico) (*veic.*), Luftreifen (*m.*), Reifen (*m.*). 4 ~ (gelatina gomma; 93% di nitroglicerina e 7% di cotone collodio) (*espl.*), Sprenggelatine (*f.*). 5 ~ (sostanze resinose contenute nelle benzine) (*comb.*), Gum (*n.*). 6 ~ **adra-**

gante (*chim.*), Tragant(h) (*m.*). **7** ~ **allo stirene-butadiene** (SBR) (*ind. chim.*), Styrol-Butadien-Kautschuk (*m.*), SBR. **8** ~ **-amianto** (per guarnizioni) (*mecc.*), It-Füllung (*f.*). **9** ~ **a terra** (pneumatico a terra) (*aut.*), luftleerer Reifen. **10** ~ **butilica** (*chim.*), Butylkautschuk (*m.*). **11** ~ **cellulare** (*ind. gomma*), Zellgummi (*m.*). **12** ~ **clorurata** (*ind. chim.*), Chlorkautschuk (*m.*). **13** ~ **d'India** (*ind.*), Gummielastikum. **14** ~ **elastica** (gomma naturale, gomma greggia, cauccìu) (*ind. gomma*), Naturkautschuk (*m.*), NR. **15** ~ **elastica** (vulcanizzato elastico, gomma vulcanizzata con poco zolfo) (*ind. chim.*), Weichgummi (*m.*). **16** ~ **elastica tipo crêpe** (*ind. gomma*), Crepe-Kautschuk (*m.*). **17** ~ **fredda** (cauccìu artificiale, polimerizzato a temperature basse e con catalizzatori) (*ind. gomma*), Tieftemperaturkautschuk (*m.*). **18** ~ **greggia** (gomma elastica, gomma naturale, ʻcauccìu) (*ind. gomma*), Naturkautschuk (*m.*), NR. **19** ~ **greggia** (gomma non vulcanizzata) (*ind. gomma*), Rohgummi (*m.*). **20** ~ **in fogli** (*ind.*), Gummi in Blättern. **21** ~ **lacca** (*ind. chim.*), Gummilack (*m.*). **22** ~ **lacca** (*vn.*), Schellack (*m.*). **23** ~ **-metallo** (legame gomma-metallo, gomma vulcanizzata su metallo p. es.) (*tecnol.*), Schwingmetall (*n.*). **24** ~ **naturale** (gomma elastica, gomma greggia, cauccìu) (*ind. gomma*), Naturkautschuk (*m.*), NR. **25** ~ **non vulcanizzata** (gomma greggia) (*ind. gomma*), Rohgummi (*m.*). **26** ~ **para** (para) (*ind. chim.*), Paragummi (*m.*). **27** ~ **per cancellare** (*uff.*), Radiergummi (*m.*). **28** ~ **per carrelli** (adibiti a trasporti interni) (*veic. - ind.*), Industriereifen (*m.*). **29** ~ **piena** (*veic.*), Vollgummireifen (*m.*), Vollreifen (*m.*). **30** ~ **piena larga** (gomma piena di doppia larghezza) (*veic.*), Blockreifen (*m.*). **31** ~ **piombifera** (*radioatt.*), Bleigummi (*m.*). **32** ~ **resina** (*ind. chim.*), Gummiharz (*n.*). **33** ~ **rigenerata** (*ind. chim.*), Regeneratgummi (*m.*). **34** ~ **siliconica** (SIR) (*ind. chim.*), Silikon-Kautschuk (*m.*), SIR. **35** ~ **sintetica** (*ind. gomma*), Kunstkautschuk (*m.*), synthetischer Kautschuk. **36** ~ **sintetica tedesca** (buna) (*ind. chim.*), Buna(*n.*),Butadien-Natrium-Kunstkautschuk (*m.*). **37** ~ **spugnosa** (spuma di gomma) (*ind. gomma*), Schaumgummi (*m.*), Schwammgummi (*m.*). **38** ~ **stirenbutadienica** (gomma allo stirene-butadiene) (*ind. chim.*), Styrolbutadienkautschuk (*m.*). **39** ~ **vulcanizzata** (*ind. chim.*), vulkanisierter Gummi. **40** con ~ **piena** (*veic.*), vollgummibereift. **41** cordone isolato in ~ (*elett.*), Gummiaderschnur (*f.*), Zimmerschnur (*f.*). **42** filo di ~ (*ind. tess.*), Gummifaden (*m.*), Latexfaden (*m.*). **43** giunzione ~ **-metallo** (legame gomma-metallo) (*tecnol.*), Gummimetallverbindung (*f.*). **44** guarnizione di ~ (*mecc.*), Gummidichtung (*f.*). **45** montare le gomme (*aut.*), bereifen. **46** sotto ~ (*elett.*), gummiisoliert. **47** spuma di ~ (gomma spugnosa) (*ind. gomma*), Schaumgummi (*m.*), Schwammgummi (*m.*).

gommatrice (per tessuti) (*macch.*), Streichmaschine (*f.*).

gommatura (di tessuti) (*ind. tess.*), Gummieren (*n.*). **2** ~ (*aut. - veic.*), Bereifung (*f.*), Luftbereifung (*f.*). **3** ~ **a pneumatici gemelli** (*aut.*), Zwillingsbereifung (*f.*).

gommone (canotto pneumatico) (*nav.*), Schlauchboot (*n.*).

gondola (navicella, di un dirigibile) (*aer.*), Gondel (*f.*), Motorengondel (*f.*). **2** ~ **motore** (*aer. mot.*), Motorengondel (*f.*), Motorgondel (*f.*).

gonfiabile (con aria p. es.) (*gen.*), aufblasbar.

gonfiaggio (di una gomma) (*aut. - ecc.*), Aufpumpen (*n.*). **2 bombola per ~ pneumatici** (*veic.*), Reifenfüllflasche (*f.*). **3 pressione di ~** (del pneumatico) (*aut.*), Reifenluftdruck (*m.*).

gonfiamento (ingrossamento) (*gen.*), Anschwellen (*n.*). **2** ~ (del modello, a causa dell'umidità) (*difetto di fond.*), Aufquellen (*n.*). **3** ~ (di una gomma p. es.) (*aut. - ecc.*), Aufpumpen (*n.*). **4** ~ (di un aerostato) (*aer.*), Aufblasen (*n.*).

gonfiare (una gomma) (*aut. - ecc.*), aufpumpen, aufblasen. **2** ~ (un fango p. es.) (*idr. - ecc.*), blähen.

gonfiarsi (ingrossare) (*gen.*), quellen, schwellen, aufquellen.

gonfiato (un pneumatico p. es.) (*aut. - ecc.*), aufgepumpt, aufgeblasen. **2** ~ (di un pezzo p. es.) (*difetto di fond.*), gequollen.

goniometria (*geom. - ecc.*), Winkelmessen (*n.*), Goniometrie (*f.*).

goniometro (*strum.*), Winkelmesser (*m.*), Goniometer (*m. - n.*). **2** ~ (rapportatore) (*strum.*), Gradbogen (*m.*), Winkelmesser (*m.*). **3** ~ **ad applicazione** (*strum.*), Anlegegoniometer (*m. - n.*), Kontaktgoniometer (*m. - n.*). **4** ~ **ad interferenza** (*strum.*), Interferenzgoniometer (*m. - n.*). **5** ~ **a riflessione** (*strum.*), Reflexionsgoniometer (*m. - n.*). **6** ~ **a tubi contatori** (*strum.*), Zählrohrgoniometer (*m. - n.*). **7** ~ **d'interferenza a tubi contatori** (*strum.*), Zählrohr-Interferenz-Goniometer (*m. - n.*). **8** ~ **ottico** (*strum.*), optischer Winkelmesser.

gora (*idr.*), Mühlgraben (*m.*).

gorgogliamento (*chim.*), Durchblasen (*n.*). **2** ~ (di un bagno metall.) (*fond.*), Begasung (*f.*).

gorgogliare (di liquidi) (*gen.*), brodeln.

gorgogliatore (di lavaggio, «scrubber», per gas) (*app. chim.*), Skrubber (*m.*), Wascher (*m.*), Gaswascher (*m.*).

gorgoglio (*acus.*), Brodelstörung (*f.*).

gotico (*a. - arch.*), gotisch. **2** ~ (*s. - arch.*), Gotik (*f.*). **3** ~ **rotondo** (*tip.*), Rotunda (*f.*), Rundgotisch (*n.*). **4 arco ~** (*arch.*), Spitzbogen (*m.*). **5 legatura gotica** (di un muro) (*mur.*), gotischer Verband.

gottazza (vuotazza, sassola, sessola) (*nav.*), Kahnschaufel (*f.*).

governare (*nav.*), steuern.

governatore (di una banca) (*finanz.*), Governeur (*m.*).

governo (pilotaggio) (*aer. - nav.*), Steuerung (*f.*). **2** ~ (*leg. - ecc.*), Regierung (*f.*). **3** ~ **delle acque** (disciplina delle acque, economia delle acque) (*idr.*), Wasserwirtschaft (*f.*). **4 membro del ~** (*pers.*), Regierungsmitglied (*n.*).

gp (grammo-peso, pond, peso dell'unità di massa; 1 g nella località di accelerazione gravitazionale normale) (*unità mis.*), p, Pond (*n.*).

GPL (gas di petrolio liquefatto) (*ind. chim.*), Flüssiggas (*n.*).
Gr (numero di Grashof, rapporto tra forza di sostentamento idrostatico e viscosità) (*mecc. - dei fluidi*), Gr, Grashof-Zahl (*f.*).
« graben » (forza tettonica) (*geol.*), Graben (*m.*).
gradazione (*fot. - ecc.*), Gradation (*f.*). **2** ~ (della tonalità di colori) (*ott.*), Abstufung (*f.*). **3** ~ **di colore** (*ott.*), Farbstufe (*f.*).
gradevole (aspetto p. es.) (*gen.*), gefällig.
gradiente (di temperatura p. es.) (*fis.*), Gefälle (*n.*), Gradient (*m.*). **2** ~ **alternato** (*fis. nucl.*), alternierender Gradient. **3** ~ **di tensione** (*elett.*), Spannungsgefälle (*n.*). **4** ~ **geotermico** (*geol. - geofis.*), Erdwärmetiefenstufe (*f.*), Tiefenstufe (*f.*). **5** ~ **manometrico** (*fis.*), Drucksteigung (*f.*). **6** ~ **superficiale** (*mat.*), Flächengradient (*m.*), Sprunggradient (*m.*). **7** ~ **termico** (*meteor. - ecc.*), Temperaturgradient (*m.*), Wärmegefälle (*n.*). **8 sistema estremale a gradienti** (*mat.*), Schrittextremalsystem (*n.*).
gradina (martello largo) (*mur. - ut.*), Schellhammer (*m.*).
gradinata (*gen.*), Treppe (*f.*). **2 a** ~ (*gen.*), treppenförmig, abgetreppt.
gradino (di una scala) (*ed.*), Stufe (*f.*). **2** ~ (redan, dello scafo di un idrovolante) (*aer.*), Stufe (*f.*). **3** ~ (di un veicolo p. es.) (*veic. - ecc.*), Tritt (*m.*). **4** ~ (di un albero p. es.) (*mecc.*), Absatz (*m.*), Ansatz (*m.*). **5** ~ (di un muro) (*ed.*), Absatz (*m.*), Mauerabsatz (*m.*). **6** ~ (*min.*), Strossenstoss (*m.*). **7** ~ **a sezione triangolare** (scalino a sezione triangolare) (*ed.*), Dreieckstufe (*f.*). **8** ~ **di fondazione** (risega di fondazione) (*ed.*), Grundbank (*f.*), Fundamentabsatz (*m.*). **9** ~ **d'invito** (primo gradino, di una scala) (*ed.*), Antrittstufe (*f.*). **10** ~ **di pianerottolo** (ultimo gradino, di una scala) (*ed.*), Austrittstufe (*f.*). **11** ~ **guidatruciolo** (*ut.*), Spanleitstufe (*f.*), Spantreppe (*f.*), Spanstufe (*f.*). **12** ~ **in ferro** (murato nella parete, per salire lungo una ciminiera p. es.) (*ed.*), Steigeisen (*n.*). **13** ~ **massiccio** (scalino massiccio) (*ed.*), Blockstufe (*f.*), Klotzstufe (*f.*). **14 a gradini** (*gen.*), stufenförmig, abgestuft. **15** ~ **a gradini** (punta da trapano, p. es.) (*ut.*), abgesetzt. **16 a quattro gradini** (*ed.*), vierstufig. **17 cilindro a gradini** (*lamin.*), Staffelwalze (*f.*). **18 primo** ~ (gradino d'invito, di una scala) (*ed.*), Antrittstufe (*f.*). **19 resistenza a gradini** (*elett.*), Stufenwiderstand (*m.*). **20 stantuffo a** ~ (*macch.*), Stufenkolben (*m.*). **21 ultimo** ~ (gradino di pianerottolo, di una scala) (*ed.*), Austrittstufe (*f.*).
grado (*gen.*), Grad (*m.*). **2** ~ (*milit.*), Rang (*m.*). **3** ~ **API** (indicazione della densità di carburanti ed oli secondo l'American Petroleum Institute) (*mot.*), API-Grad (*m.*). **4** ~ **ASA** (grado di sensibilità) (*fot.*), ASA-Grad (*m.*). **5** ~ **Brix** (*ind. chim.*), Brixgrad (*m.*). **6** ~ **Celsius** (°C, grado centigrado) (*fis.*), Celsius-Grad (*m.*). **7** ~ **centesimale** (centesima parte di un angolo retto) (*geom.*), Neugrad (*m.*). **8** ~ **centigrado** (*fis.*), Zentigrad (*m.*). **9** ~ **centigrado** (grado Celsius, °C) (*fis.*), Celsius-Grad (*m.*). **10** ~ **di allungamento** (grado di stiro, nella fucinatura o nella lav. di mater. plastici) (*tecnol.*), Streckgrad (*m.*), Reckgrad (*m.*), Reckverhältnis (*n.*). **11** ~ **di applicazione** (*lav. - analisi tempi*), Anstrengungsgrad (*m.*). **12** ~ **di arco** (misura angolare) (*mis. - geom.*), Bogengrad (*m.*). **13** ~ **di autoregolazione** (grado di compenso; rapporto fra variazione della grandezza regolatrice e quella della grandezza regolata) (*regolaz.*), Selbstregelfaktor (*m.*). **14** ~ **di bianco** (*ind. carta*), Weissgehalt (*m.*). **15** ~ **di bontà** (di un motore p. es.) (*mot. - ecc.*), Gütegrad (*m.*). **16** ~ **di depolverazione** (di filtri o apparecchi che trattengono la polvere) (*app.*), Entstaubungsgrad (*m.*), Abscheidegrad (*m.*). **17** ~ **di dissipazione acustica** (*acus.*), Schall-Dissipationsgrad (*m.*), Verwärmgrad (*m.*). **18** ~ **di durezza** (durezza) (*metall.*), Härtegrad (*m.*). **19** ~ **di durezza** (grado idrometrico, dell'acqua) (*chim.*), Härtegrad (*m.*). **20** ~ **di durezza della radiazione** (*fis.*), Strahlungshärtegrad (*m.*). **21** ~ **(di durezza) tedesco** (per l'acqua) (*unità di mis.*), deutsche Härte, deutscher Grad, dH, d, 1° d, D.G. **22** ~ **di finitura** (grado di lavorazione) (*mecc.*), Fertigungsgrad (*m.*). **23** ~ **di finitura superficiale** (d'un pezzo) (*mecc.*), Schliffgüte (*f.*), Flächengüte (*f.*). **24** ~ **di ingiallimento** (*vn.*), Gilbungsgrad (*m.*). **25** ~ **di insensibilità** (di un regolatore di giri p. es.) (*mot. - ecc.*), Regelunempfindlichkeit (*f.*). **26** ~ **di irregolarità** (*mot.*), Ungleichförmigkeitsgrad (*m.*). **27** ~ **di lavaggio** (di un mot. a c. i., rapporto tra carica fresca e la somma dei gas residui più carica fresca) (*mot.*), Spülgrad (*m.*). **28** ~ **di lavorazione** (grado di finitura) (*mecc.*), Bearbeitungsgrad (*m.*), Fertigungsgrad (*m.*). **29** ~ **di libertà** (*sc. costr.*), Freiheitsgrad (*m.*). **30** ~ **di maturità** (grado di normalità; rapporto fra resistenza a trazione raggiunta e resistenza normale, nella prova di ghise) (*metall. - fond.*), Reifegrad (*m.*), RG. **31** ~ **di normalità** (grado di maturità; rapporto fra resistenza a trazione raggiunta e resistenza normale, nella prova di ghise) (*metall. - fond.*), Reifegrad (*m.*), RG. **32** ~ **di pericolosità** (d'un incrocio p. es.) (*traff. strad. - ecc.*), Gefahrengrad (*m.*). **33** ~ **di polimerizzazione** (*ind. chim.*), Polymerisation-Grad (*m.*). **34** ~ **di precisione** (di lavorazione) (*mecc.*), Gütegrad (*m.*). **35** ~ **di precisione** (di un accoppiamento p. es.) (*mecc.*), Gütegrad (*m.*). **36** ~ **di purezza** (*chim.*), Reinheitsgrad (*m.*). **37** ~ **di raffinazione** (nella prova di oli isolanti) (*chim.*), Sk-Zahl (*f.*), Raffinationsgrad (*m.*). **38** ~ **di regolarità** (d'una variabile regolata; grado di staticità, statismo, staticità) (*regolaz.*), Regelgüte (*f.*). **39** ~ **di reversibilità** (*ind.*), Reversibilitätsgrad (*m.*), Gütezahl (*f.*). **40** ~ **di ricalcatura** (*fucin. - ecc.*), Stauchgrad (*m.*). **41** ~ **di ricoprimento** (di ruote dentate) (*mecc.*), Überdeckungsgrad (*m.*), Eingriffsdauer (*f.*). **42** ~ **di riempimento** (rapporto tra carica immessa e carica teorica) (*mot.*), Luftaufwand (*m.*). **43** ~ **di riempimento** (rendimento volumetrico) (*mot.*), Füllungsgrad (*m.*), volumetrischer Wirkungsgrad. **44** ~ **di riempimento** (rapporto tra sezione metallica e superficie del cerchio circoscritto)

(*funi*), Füllgrad (*m.*). **45 ~ di riempimento** (nel trasporto di mater. sfusi) (*trasp. ind.*), Füllungsgrad (*m.*). **46 ~ di riflessione** (*acus.*), Rückwurfgrad (*m.*). **47 ~ di riposo** (nelle prove di fatica, rapporto fra sollecitazione media e superiore) (*prove mater.*), Ruhegrad (*m.*). **48 ~ di secchezza** (di una vernice) (*vn.*), Trockengrad (*m.*). **49 ~ di secchezza** (del legno) (*ind. legno*), Trockenheitsgrad (*m.*). **50 ~ di sicurezza** (coefficiente di sicurezza) (*sc. costr.*), Sicherheitsfaktor (*m.*), Sicherheitskoeffizient (*m.*), Sicherheitszahl (*f.*). **51 ~ di sicurezza** (*macch.*), Sicherheitsgrad (*m.*). **52 ~ di stabilità** (*fis.*), Stabilitätsgrad (*m.*). **53 ~ di staticità** (d'una variabile regolata; grado di regolarità, statismo, staticità) (*regolaz.*), Regelgüte (*f.*). **54 ~ di stiro** (di mater. plastici o nella fucinatura) (*tecnol.*), Reckgrad (*m.*), Reckverhältnis (*n.*), Streckgrad (*m.*). **55 ~ di utilizzazione** (d'un impianto) (*ind.*), Nutzungsgrad (*m.*), Ausnutzungsgrad (*m.*). **56 ~ di utilizzo dello spazio** (nei magazzini) (*ind.*), Raumnutzungsgrad (*m.*). **57 ~ Engler** (per la viscosità di un lubrificante) (*chim.*), Englergrad (*m.*). **58 ~ Fahrenheit** (1 °F = = ⁵/₉ °C) (*unità di mis.*), Fahrenheitgrad (*m.*). **59 ~ idrometrico** (grado di durezza, dell'acqua) (*chim.*), Härtegrad (*m.*). **60 ~ igrometrico** (grado di umidità) (*meteor.*), Feuchtigkeitsgehalt (*m.*). **61 ~ sessagesimale** (novantesima parte di un angolo retto) (*geom. - ecc.*), Altgrad (*m.*). **62 ~ tedesco** (1° d, DG., unità di misura della durezza di un'acqua) (*unità mis.*), deutsche Härte, deutscher Grad, d, 1° d, D,G., dH. **63 ~ termico** (grado termometrico) (*fis.*), Wärmegrad (*m.*). **64 ~ termico** (delle candele di accensione) (*aut. - mot.*), thermischer Grad, Wärmewert (*m.*). **65 a gradi** (*gen.*), absatzweise.
graduale (*gen.*), allmählich.
gradualmente (*gen.*), gradweise, schrittweise.
graduare (*strum. - ecc.*), graduieren. **2 ~** (moderare, la frenata) (*ferr.*), abstufen.
graduato (*gen.*), graduiert, Skalen... **2 anello ~** (*strum.*), Skalenring (*m.*). **3 arco ~** (*strum. - ecc.*), Skalenbogen (*m.*). **4 disco ~** (*mecc. - ecc.*), Skalenscheibe (*f.*). **5 scala graduata** (*strum. - ecc.*), Gradskala (*f.*).
graduatore (del tempo di scoppio) (*app. - espl.*), Zünderstellmaschine (*f.*).
graduazione (*gen.*), Gradteilung (*f.*), Gradeinteilung (*f.*). **2 ~** (*strum. - ecc.*), Skalenteilung (*f.*), Strichteilung (*f.*), Teilstrich (*m.*). **3 ~ del tempo** (*gen.*), Zeitstaffelung (*f.*). **4 segno di ~** (*strum.*), Ablesestrich (*m.*), Teilstrich (*m.*). **5 valvola di ~** (del freno) (*ferr.*), Abstufungsventil (*n.*).
graffa (grappa, gancio a U, per unire elementi di costruzione) (*ed.*), Krampe (*f.*). **2 ~** ({) (segno tipografico) (*tip.*), geschwungene Klammer, Akkolade (*f.*). **3 ~** (per cavi p. es.) (*elett. - ecc.*), Kralle (*f.*). **4 ~ per cinghie** (*mecc.*), Riemenschloss (*n.*), Riemenverbinder (*m.*), Riemenhaken (*m.*).
graffatura (aggraffatura, di lamiera) (*tecnol. mecc.*), Falzen (*n.*), Falz (*m.*). **2 ~ doppia** (aggraffatura doppia, di lamiere) (*tecnol. mecc.*), doppelter Falz. **3 ~ semplice** (aggraffatura semplice, di lamiere) (*tecnol. mecc.*), einfacher Falz.
graffiare (scalfire) (*gen.*), verkratzen, schrammen. **2 ~** (rigare, una superficie) (*difetto di lav. mecc.*), verkratzen.
graffiatura (graffio, su una superficie lavorata p. es.) (*difetto mecc.*), Kratzer (*m.*). **2 ~ di cilindro** (graffiatura di laminazione) (*lamin.*), Walzstrieme (*f.*). **3 ~ di laminazione** (graffiatura di cilindro) (*lamin.*), Walzstrieme (*f.*).
graffietto (truschino) (*ut. - mecc.*), Parallelreisser (*m.*), Reissmass (*n.*), Strichmass (*n.*). **2 ~ con nonio** (truschino con nonio) (*ut. - mecc.*), Parallelreisser mit Nonius.
graffio (di una pellicola p. es.) (*gen.*), Kratzer (*m.*), Schramme (*f.*). **2 ~** (graffiatura, su una superficie lavorata p. es.) (*difetto mecc.*), Kratzer (*m.*). **3 graffi a spirale** (difetto di rettifica) (*lav. macch. - ut.*), Vorschubspiralen (*f. pl.*).
graffito (specie di pittura murale) (*arte - arch.*), Sgraffito (*m.*), Kratzputz (*m.*).
grafica (arte), Graphik (*f.*). **2 ~ pubblicitaria** (*comm.*), Werbegraphik (*f.*).
grafico (*a. - gen.*), graphisch, zeichnerisch. **2 ~** (*a. - dis. - ecc.*), graphisch. **3 ~** (*s. - mecc. - ecc.*), Bild (*n.*), Kurvenbild (*n.*). **4 ~** (traccia, della penna di uno strum. registratore) (*strum.*), Schriebe (*f.*). **5 ~** (rappresentazione grafica) (*dis. - ecc.*), graphische Darstellung. **6 ~ avanzamento lavori** (relativo ai lavori da eseguire su binari, ecc. di un tronco ferrov., in un anno p. es.) (*ferr. - ecc.*), Baubetriebsplan (*m.*). **7 ~ carico pagante-autonomia** (*aer.*), Nutzlast-Reichweiten-Diagramm (*n.*). **8 ~ dei movimenti (di terra)** (curva delle aree, diagramma delle masse) (*ing. civ.*), Massenplan (*m.*), Transportplan (*m.*). **9 ~ dei tempi** (diagramma dei tempi di reazione p. es.) (*aut. - ecc.*), Zeitkennbild (*n.*). **10 ~ della torsione** (diagramma della torsione) (*sc. costr.*), Torsiongramm (*n.*). **11 ~ delle forze** (diagramma delle forze di azionamento p. es.) (*mecc. - ecc.*), Kraftkennbild (*n.*). **12 ~ di funzione sinusoidale** (d'argomento complesso) (*mat.*), Sinusrelief (*n.*). **13 ~ pubblicitario** (*pers.*), Werbegraphiker (*m.*). **14 ~ reticolare** (reticolo) (*progr.*), Netzplan (*m.*). **15 ~ verifica ingranamento** (di un creatore p. es.) (*ut. - ecc.*), Eingriffsprüfbild (*n.*). **16 calcolo ~** (*mat.*), zeichnerisches Rechnen, graphische Rechnung, statische Zeichnung. **17 soluzione grafica** (*mat. - ecc.*), zeichnerische Lösung.
grafitare (*chim. - mecc.*), graphitieren.
grafitato (*chim. - mecc.*), graphitiert.
grafite (*chim. - metall. - ecc.*), Graphit (*m.*). **2 ~** (piombaggine) (*ind.*), Graphitschwarz (*n.*), Schwärze (*f.*). **3 ~ a fiocchi** (grafite flocculare) (*metall.*), Flockengraphit (*m.*). **4 ~ a frattura concoide** (carbone di storta a frattura concoide) (*min.*), Muschelgraphit (*m.*). **5 ~ colloidale** (*mecc. - chim.*), kolloidaler Graphit, Kolloidgraphit (*m.*). **6 ~ colloidale** (deposito, in un tubo termoionico) (*elettronica*), Schwärzungsbelag (*m.*). **7 ~ flocculare** (grafite in fiocchi) (*metall.*), Flockengraphit (*m.*). **8 ~ in fiocchi** (grafite flocculare) (*metall.*), Flockengraphit (*m.*). **9 ~ ipereutettica**

grafitico 1438

(grafite primaria, schiuma di grafite) (*fond.*), Garschaumgraphit (*m.*). **10 ~ nodulare** (grafite sferoidale) (*fond.*), Knötchengraphit (*m.*), Knotengraphit (*m.*). **11 ~ primaria** (grafite ipereutettica, schiuma di grafite) (*fond.*), Garschaumgraphit (*m.*). **12 ~ sferoidale** (grafite nodulare) (*fond.*), Knötchengraphit (*m.*), Knotengraphit (*m.*). **13 moderatore a ~** (di un reattore p. es.) (*fis. atom.*), Graphitbremse (*f.*), Graphitmoderator (*m.*). **14 reattore moderato a ~** (*fis. atom.*), graphitmoderierter Reaktor. **15 schiuma di ~** (grafite primaria, grafite ipereutettica) (*fond.*), Garschaumgraphit (*m.*). **16 separazione della ~** (*metall.*), Graphitausscheidung (*f.*).
grafitico (*metall.*), graphitisch, graphithaltig.
grafitizzare (*tratt. term.*), graphitglühen.
grafitizzazione (ricottura di grafitizzazione) (*tratt. term.*), Graphitglühen (*n.*). **2 ~** (della cementite) (*fond.*), Spongiose (*f.*), Graphitierung (*f.*).
grafo (complesso unidimensionale assoluto) (*mat.*), Graph (*m.*). **2 teoria dei grafi** (base teorica della programmazione reticolare) (*mat. - progr.*), Graphentheorie (*f.*).
grafometro (*strum. - nav.*), Graphometer (*n.*), Peilaufsatz (*m.*), Tochterkompass mit Peilaufsatz.
grammatura (peso specifico della carta) (*mft. carta*), Gramm (*n.*). **2 ~** (nello stampaggio ad iniezione di materie plastiche, peso iniettato per stampata) (*tecnol.*), Schussgewicht (*n.*), Spritzleistung (*f.*).
grammo (g - unità di mis.), Gramm (*n.*). **2 ~ -atomo** (*chim.*), Grammatom (*n.*), Atomgramm (*m.*). **3 ~ caloria** (piccola caloria) (*unità di mis.*), Grammkalorie (*f.*), kleine Kalorie. **4 ~ -equivalente** (*chim.*), Grammäquivalent (*n.*). **5 ~ -peso** (peso dell'unità di massa, 1 g nella località di accelerazione normale di caduta) (*unità di mis.*), Pond (*n.*). **6 ~ -rad** (unità della dose integrale = 10^2 erg) (*radioatt.*), Gramm- rad (*n.*). **7 ~ -roentgen** (unità della dose integrale) (*radioatt.*), Gramm-Röntgen (*n.*).
grammocaloria (piccola caloria, cal.) (*unità di mis.*), Grammkalorie (*f.*), kal.
grammofono (*app. elettroacus.*), Sprechmaschine (*f.*), Grammophon (*n.*).
grammomolecola (mole) (*chim.*), Grammolekül (*n.*).
gramola (maciulla) (*macch. tess.*), Brechbank (*f.*), Flachsbreche (*f.*), Breche (*f.*), Brake (*f.*).
gramolada (vedretta, nevato) (*geol.*), Firnfeld (*n.*).
gramolare (maciullare, la canapa p. es.) (*ind. tess.*), brechen, braken.
grana (struttura) (*metall. - ecc.*), Korn (*n.*), Körnung (*f.*), Gefüge (*n.*). **2 ~** (di una mola, indicata con un numero) (*ut.*), Struktur (*f.*), Gefüge (*n.*). **3 ~** (dello strato sensibile di una pellicola) (*fot.*), Korn (*n.*). **4 ~** (*ind. cuoio*) Narbenschicht (*f.*). **5 a ~ compatta** (a grana fine) (*metall.*), dicht, feinkörnig. **6 a ~ fine** (a grana compatta) (*metall.*), dicht, feinkörnig. **7 a ~ grossa** (*metall. - ecc.*), grobkörnig. **8 a ~ media** (una mola p. es.) (*tecnol.*), mittelkörnig. **9 grossezza della ~** (grana) (*ut.*), Körnung (*f.*).

granaio (« solaio ») (*ed. - agric.*), Kornboden (*m.*), Kornspeicher (*m.*).
granata (*espl.*), Granate (*f.*), Geschoss (*n.*). **2 ~ anticarro** (granata perforante) (*milit. - espl.*), Panzergeschoss (*n.*), Panzergranate (*f.*). **3 ~ a pallettoni** (« schrapnell ») (*espl. - milit.*), Schrapnell (*n.*). **4 ~ a percussione** (*espl.*), Aufschlaggranate (*f.*). **5 ~ da esercitazione** (*milit.*), Exerziergeschoss (*n.*), Übungsgeschoss (*n.*), Übungsgranate (*f.*). **6 ~ dirompente** (*espl.*), Sprenggeschoss (*n.*), Sprenggranate (*f.*). **7 ~ perforante** (granata anticarro) (*milit. - espl.*), Panzergeschoss (*n.*), Panzergranate (*f.*).
granato (*min.*), Granat (*m.*).
grandangolare (*ott. - fot.*), weitwinkelig. **2 obiettivo ~** (*ott. - fot.*), Weitwinkelobjektiv (*n.*).
grande (grosso) (*gen.*), gross.
grandezza (grossezza) (*gen.*), Grösse (*f.*). **2 ~** (*mat.*), Grösse (*f.*). **3 ~** (di un vettore) (*fis.*), Grösse (*f.*), Betrag (*m.*). **4 ~ alternata** (funzione alternata; grandezza il cui valore istantaneo è una funzione periodica del tempo con valore medio nullo) (*fis.*), Wechselgrösse (*f.*). **5 ~ apparente** (*astr.*), scheinbare Grösse. **6 ~ caratteristica** (parametro) (*mecc. - ecc.*), Kenngrösse (*f.*). **7 ~ del campione** (numero delle unità nel campionamento, per il controllo della qualità) (*tecnol. mecc.*), Stichprobenumfang (*m.*). **8 ~ determinante** (*fis.*), Bestimmungsgrösse (*f.*). **9 ~ di comando** (grandezza pilota, valore desiderato della grandezza regolata) (*regol.*), Führungsgrösse (*f.*). **10 ~ fisica** (grandezza misurabile) (*mis.*), Messgrösse (*f.*). **11 ~ fondamentale** (della dinamica p. es.) (*fis.*), Grundgrösse (*f.*), Fundamentalgrösse (*f.*). **12 ~ naturale** (*dis.*), wirkliche Grösse. **13 ~ normale** (*gen.*), Regelgrösse (*f.*). **14 ~ perturbatrice** (d'un regolatore p. es.) (*elettronica - ecc.*), Störgrösse (*f.*). **15 ~ pilota** (*regol.*), vedi grandezza di comando. **16 ~ pseudoscalare** (*mat.*), Pseudoskalar (*m.*). **17 ~ regolante** (variabile regolante, nei processi di regolazione) (*regol.*), Stellgrösse (*f.*). **18 ~ regolata** (variabile regolata, nei processi di regolazione) (*macch.*), Regelgrösse (*f.*). **19 ~ scalare** (*fis.*), Skalargrösse (*f.*), Skalar (*m.*). **20 ~ transitoria** (*elett. - fis.*), flüchtige Grösse. **21 ~ variabile** (*fis.*), Wechselgrösse (*f.*). **22 in ~ naturale** (in scala 1 : 1) (*gen.*), in natürlicher Grösse. **23 in ~ naturale** (in scala naturale, in scala 1 : 1) (*dis.*), in grossem Masstab, im Masstab 1 : 1. **24 introduzione di ~ perturbatrice** (*regol.*), Störgrössenaufschaltung (*f.*). **25 ordine di ~** (*gen.*), Grössenordnung (*f.*). **26 valore della ~ perturbatrice** (*regol.*), Störwert (*m.*).
grandinare (*meteor.*), hageln.
grandinata (*meteor.*), Hagelschauer (*m.*).
grandine (*meteor.*), Hagel (*m.*). **2 grano di ~** (*meteor.*), Hagelkorn (*n.*), Hagelschlosse (*f.*).
granello (*gen.*), Korn (*n.*). **2 ~ di polvere** (*gen.*), Staubkorn (*n.*).
graniglia (per la pulitura di pezzi) (*tecnol. mecc.*), Kies (*m.*). **2 ~** (*ed. - ecc.*), Korngemisch (*n.*). **3 ~ di acciaio** (*tecnol. mecc.*), Stahlkies (*m.*), Stahlsand (*m.*). **4 ~ di ac-

ciaio angolosa (*tecnol. mecc.*), Diamantstahlsand (*m.*). **5 ~ metallica** (*tecnol. mecc.*), Metallsand (*m.*), Granalie (*f.*). **6 ~ metallica** (ricavata da filo, «cut-wire») (*tecnol. mecc.*), Drahtkorn (*n.*).
granigliare (un getto di ghisa p. es. con graniglia metallica p. es.) (*fond.*), strahlen, abblasen.
granigliato (*tecnol. mecc.*), gestrahlt, bestrahlt. **2 ~** (con graniglia di acciaio) (*tecnol. mecc.*), mit Stahlkies bestrahlt.
granigliatrice (sabbiatrice a graniglia metallica) (*macch.*), Granaliengebläse (*n.*).
granigliatura (*tecnol. mecc.*), Strahlen (*n.*), Abblasen (*n.*). **2 ~ centrifuga** (*tecnol. mecc.*), Schleuderstrahlen (*n.*). **3 ~ con graniglia di acciaio** (*tecnol. mecc.*), Stahlkornstrahlen (*n.*), Stahlsanden (*n.*).
granire (sollevare la grana) (*ind. cuoio*), aufkrausen. **2 ~** (zigrinare) (*ind. cuoio*), chagrinieren. **3 macchina per ~** (macch. per zigrinare) (*ind. cuoio*), Chagriniermaschine (*f.*).
granitizzazione (*min.*), Granitisation (*f.*).
granito (roccia magmatica intrusiva acida) (*min.*), Granit (*m.*). **2 masso di ~** (*geol. - min.*), Granitblock (*m.*).
granitoio (*tip.*), Granuliermaschine (*f.*).
granitrice (macchina per granire) (*ind. cuoio*), Chagriniermaschine (*f.*).
grano (spina, di riferimento, di registro, o di fissaggio) (*mecc.*), Dübel (*m.*), Stift (*m.*), Zapfen (*m.*). **2 ~** (cristallo) (*metall. - min.*), Korn (*n.*). **3 ~** (frumento) (*agric.*), Korn (*n.*), Getreide (*n.*), Weizen (*m.*). **4 ~ abrasivo** (*mecc.*), Schleifkorn (*n.*). **5 ~ colonnare** (*metall.*), Stengelkorn (*n.*). **6 ~ di fissaggio** (spina, di uno stampo p. es.) (*ut. - pers.*), Haltestein (*m.*). **7 ~ filettato** (vite di arresto, vite di fermo) (*mecc.*), Gewindestift (*m.*), Stellschraube (*f.*). **8 ~ fine** (*metall. - min.*), Feinkorn (*n.*), feines Korn. **9 ~ grosso** (*metall.*), Grobkorn (*n.*), grobes Korn. **10 ~ primario** (dell'acciaio p. es.) (*metall.*), Primärkorn (*n.*). **11 a ~ fine** (*metall.*), feinkörnig. **12 a ~ grosso** (*metall.*), grobkörnig. **13 a ~ omogeneo** (*metall.*), gleichgekörnt. **14 a grani orientati** (lamiera p. es.) (*metall.*), kornorientiert. **15 dimensione del ~ austenitico (McQuaid)** (*metall.*), McQuaid-Ehn-Korngrösse (*f.*), Ehn-Korngrösse (*f.*). **16 finezza del ~** (*metall.*), Kornfeinheit (*f.*). **17 grossezza del ~** (d'un acciaio p. es.) (*metall.*), Korngrösse (*f.*). **18 grossezza del ~ McQuaid-Ehn** (*metall.*), McQuaid-Ehn-Korngrösse (*f.*). **19 ingrossamento del ~** (dovuto ad eccessiva durata del riscaldamento) (*tratt. term.*), Überzeiten (*n.*).
granodizzazione (procedimento per proteggere superfici metalliche) (*tecnol.*), Granodieren (*n.*).
granoturco (mais) (*agric.*), Mais (*m.*), Welschkorn (*n.*), türkischer Weizen.
Gran Premio (*aut. - sport*), Grosser Preis.
Granturismo (*aut. - sport*), Grand Touring, GT. **2 classe ~** (*aut. - sport*), GT-Klasse (*f.*).
granulare (*a. - gen.*), körnig. **2 ~** (*v. - gen.*), körnen. **3 ~** (*v. - mur.*), aufrauhen. **4 retino ~** (*tip.*), Kornraster (*m.*).
granulato (*metall.*), granuliert, gekörnt. **2 granulati** (di mater. plastica p. es.) (*ind.*), Granulate (*n. pl.*).
granulatrice (*macch.*), Granulator (*m.*), Backenbrecher (*m.*), Granuliermaschine (*f.*).
granulazione (*metall.*), Granulierung (*f.*), Körnung (*f.*). **2 ~** (per mater. plastiche) (*tecnol.*), Granulierverfahren (*n.*). **3 ~** (di materiale che passa da grano fine a grano grosso) (*metall. - min.*), Krümeln (*n.*), Granulieren (*n.*). **4 ~ della scoria** (*metall.*), Schlackengranulierung (*f.*). **5 curva di ~** (curva granulometrica) (*ed. - ecc.*), Sieblinie (*f.*), Siebkurve (*f.*).
granulo (di mat. plastica) (*tecnol.*), Granulatkorn (*n.*). **2 ~ fuori misura** (analisi granulometrica), Fehlkorn (*n.*).
granulometria (*fis. - mater.*), Granulometrie (*f.*). **2 ~** (composizione granulometrica) (*ed. - mater.*), Kornaufbau (*m.*), Kornzusammensetzung (*f.*). **3 ~ anormale** (granulometria discontinua) (*ed.*), Ausfallkörnung (*f.*).
granulosità (*fis.*), Granulation (*f.*).
grappa (graffa, gancio a U, per unire elementi di costruzione) (*ed.*), Krampe (*f.*), Klammer (*f.*), Bauklammer (*f.*). **2 ~** (staffa prensile per salire su pali) (*att.*), Klettereisen (*n.*). **3 ~ a tenaglia** (*ed. - app. di sollev.*), Adlerzange (*f.*). **4 ~ per fondazioni** (*ed.*), Grundzange (*f.*).
grappino (*nav.*), Wurfhaken (*m.*), Wurfanker (*m.*).
grappolo (gruppo, di cristalli) (*min.*), Büschel (*n.*).
grassetto (*a. - tip.*), schmalfett, stark.
grasso (animale o vegetale) (*s. - chim.*), Fett (*n.*). **2 ~** (*a. - chim. - ecc.*), fett, fettig. **3 ~** (grasso lubrificante) (*s. - mecc. - ind. chim.*), Schmierfett (*n.*), Schmiere (*f.*). **4 ~** (ricco, di miscela) (*a. - mot. - aut.*), fett, überfett. **5 ~ alimentare** (*ind.*), Speisefett (*n.*). **6 ~ animale** (*chim.*), tierisches Fett. **7 ~ antiacido** (*chim.*), Säureschutzfett (*n.*). **8 ~ antigelo** (*ind. chim.*), Antigefrierfett (*n.*). **9 ~ antiruggine** (*mecc.*), Rostschutzfett (*n.*). **10 ~ consistente** (*ind. chim.*), konsistentes Fett. **11 ~ lubrificante** (grasso per macchine) (*mecc. - ind. chim.*), Schmierfett (*n.*). **12 ~ naturale** (sudicio) (*ind. lana*), Schweiss (*m.*). **13 ~ per alte temperature** (*ind. chim.*), Hochtemperaturfett (*n.*). **14 ~ per basse temperature** (*mot. - ecc. - ind. chim.*), Tieftemperaturfett (*n.*), Kältefett (*n.*). **15 ~ per cuscinetti a rotolamento** (*ind. chim.*), Wälzlagerfett (*n.*). **16 ~ per cuscinetti a strisciamento** (*ind. chim.*), Gleitlagerfett (*n.*), Staufferfett (*n.*). **17 ~ per cuscinetti per alte temperature** (*ind. chim.*), Heisslagerfett (*n.*). **18 ~ per macchine** (grasso lubrificante) (*mecc. - ind. chim.*), Schmierfett (*n.*). **19 separatore di ~** (*chim. - ecc.*), Fettabscheider (*m.*).
grata (griglia) (*gen.*), Gatter (*n.*), Gitter (*n.*).
graticcio (traliccio) (*ed.*), Gitter (*n.*), Gitterwerk (*n.*). **2 ~ di legno** (*gen.*), Holzhürde (*f.*).
graticola (*att.*), Rassel (*f.*), Gitterreibe (*f.*), Rost (*m.*). **2 ~** (*comb. - cald. - ecc.*), vedi griglia.
gratifica (*gen.*), Extravergütung (*f.*). **2 ~** (*pers.*), Gratifikation (*f.*).

gratile

gratile (ralinga, orlo di vela rinforzato con corda) (*nav.*), Lick (*n.*).
grattacielo (*ed.*), Hochhaus (*n.*), Wolkenkratzer (*m.*).
grattamento (rumore, di cambio ad ingranaggi p. es.) (*mecc. - acus.*), Kratzen (*n.*).
grattare (far rumore) (*mecc.*), kratzen.
grattino (*att. dis.*), Schmirgelblock (*m.*).
grattugia (*ut.*), Reisse (*f.*), Reibe (*f.*), Reibeisen (*n.*).
grattugiare (*gen.*), reiben.
gratuità (*gen.*), Unentgeltlichkeit (*f.*).
gratuito (*gen.*), unentgeltlich. 2 ~ **patrocinio** (*leg.*), Armenrecht (*n.*).
gravame (ipoteca p. es.) (*finanz.*), Belastung (*f.*). 2 ~ **di lavoro** (carico fisico e psichico) (*studio del lav.*), Belastung (*f.*).
gravare (di ipoteche p. es.) (*finanz. - ecc.*), belasten.
gravato (da ipoteca p. es.) (*finanz.*), belastet. 2 non ~ (proprietà p. es.) (*leg.*), unbelastet.
grave (*s. - fis.*), Körper (*m.*). 2 **caduta libera di un** ~ (*fis.*), freier Fall eines Körpers.
gravimetria (*fis.*), Schweremessung (*f.*), Gravimetrie (*f.*).
gravimetrico (*chim.*), gravimetrisch.
gravimetro (*app. fis.*), Schweremesser (*m.*), Gravimeter (*n.*). 2 ~ **astatico** (*app.*), astasiertes Gravimeter. 3 ~ **non astatico** (*app.*), nichtastasiertes Gravimeter.
gravina (piccone) (*ut.*), Picke (*f.*), Spitzhacke (*f.*).
gravità (forza di gravità) (*fis.*), Schwerkraft (*f.*), Schwere (*f.*), Anziehungskraft (*f.*). 2 **accelerazione di** ~ (gravità) (*fis.*), Fallbeschleunigung (*f.*). 3 **centro di** ~ (baricentro) (*fis.*), Schwerpunkt (*m.*). 4 **forza di** ~ (gravità) (*fis.*), Schwerkraft (*f.*), Schwere (*f.*), Anziehungskraft (*f.*). 5 **onda di** ~ (onda ordinaria, molto lunga) (*mar.*), Schwerewelle (*f.*). 6 **tubo trasportatore a** ~ (*trasp. ind.*), Fallrohr (*n.*).
gravitazionale (*fis.*), Schwere... 2 **potenziale del campo** ~ (*geofis.*), Schwerepotential (*n.*), Potential des Schwerefeldes.
gravitazione (attrazione reciproca tra le masse) (*fis.*), Massenanziehung (*f.*), Gravitation (*f.*). 2 ~ **terrestre** (*fis.*), Erdanziehung (*f.*). 3 **legge della** ~ (*fis.*), Gravitationsgesetz (*n.*).
gravitoni (*fis.*), Gravitationsquanten (*n. pl.*), Gravitonen (*n. pl.*).
gravoso (oneroso) (*finanz. - ecc.*), beschwerlich, schwer, drückend. 2 **per servizio** ~ (per servizio pesante) (*macch. - ecc.*), hochbelastbar.
« graywacke » (grovacca, roccia sedimentaria) (*min.*), Grauwacke (*f.*).
grazia (terminazione, piccola righetta al piede dei caratteri) (*tip.*), Serif (*f.*), Serife (*f.*).
greca (riga spezzata ad angoli retti) (*arch.*), Mäander (*m.*), Zierband (*n.*).
greggio (particolare greggio) (*s. - ind.*), Rohteil (*m.*), Rohling (*m.*). 2 ~ (grezzo) (*a. - mecc.*), roh, unbearbeitet. 3 ~ (petrolio greggio) (*s. - min.*), Roherdöl (*n.*), Rohöl (*n.*). 4 ~ (*s. - fond.*), Rohling (*m.*), Rohteil (*m.*). 5 ~ (petrolio p. es.) (*a. - ind. chim.*), roh. 6 ~ **a base mista** (petrolio a base mista) (*min.*), gemischtes Erdöl. 7 ~ **a base naftenica** (petrolio a base naftenica) (*min.*), naphtenisches Erdöl. 8 ~ **a base paraffinica** (petrolio a base paraffinica) (*min.*), paraffinisches Erdöl. 9 ~ **acquistato all'esterno** (greggio da esterno) (*ind.*), Rohteil von auswärts. 10 ~ **conchigliato** (*fond.*), Kokillengussrohling (*m.*). 11 ~ **da esterno** (greggio acquistato all'esterno) (*ind.*), Rohteil von auswärts. 12 ~ **pressofuso** (*fond.*), Druckgussrohling (*m.*).
greisen (roccia) (*min.*), Greisen (*m.*).
grembiale (di un tornio) (*macch. ut.*), Schlosskasten (*m.*), Schlossplatte (*f.*).
grembiule (indumento lav.), Schürze (*f.*).
grès (prodotto ceramico a pasta compatta) (*ceramica*), Steinzeug (*n.*), Tonzeug (*n.*).
grex (titolo decimale in g/10 km, di filati e fibre) (*tess.*), grex, Decimaltiter (*m.*).
grezzo (greggio) (*a. - mecc.*), roh, unbearbeitet. 2 ~ (seta p. es.) (*tess.*), roh. 3 ~, vedi anche greggio.
gridare (stridere, di filo metallico) (*tecnol. mecc.*), schreien.
griffa (morsetto di una piattaforma portapezzo) (*macch. ut.*), Backe (*f.*), Spannkloben (*m.*), Spannbacke (*f.*), Kloben (*m.*). 2 ~ **di avviamento** (innesto a denti per l'avviamento) (*aut. - mot.*), Andrehklaue (*f.*). 3 ~ **di trascinamento** (innesto a denti di trascinamento) (*mecc.*), Mitnehmerklaue (*f.*). 4 ~ **per autocentrante** (morsetto per piattaforma) (*macch. ut.*), Planscheibenkloben (*m.*).
grigio (colore grigio) (*s. - colore*), Grau (*n.*). 2 ~ (*a. - colore*), grau. 3 ~ **cenere** (*colore*), aschgrau. 4 ~ **perla** (*colore*), perlgrau. 5 **scala del** ~ (*ott.*), Grauleiter (*f.*).
griglia (grata) (*gen.*), Gatter (*n.*), Gitter (*n.*). 2 ~ (di un focolare) (*cald. - comb.*), Rost (*m.*), Feuerrost (*m.*). 3 ~ (di un tubo elettronico) (*radio*), Gitter (*n.*), Zwischenelektrode (*f.*). 4 ~ (di protezione) (*gen.*), Gitter (*n.*), Schutzgitter (*n.*). 5 ~ (del radiatore) (*aut.*), Gitter (*n.*). 6 ~ (letto caldo, letto metallico, per lingotti o laminati a caldo) (*lamin.*), Warmbett (*n.*), Gitterrost (*m.*). 7 ~ (di una condotta di centrale idroelettrica) (*costr. idr.*), Rechen (*m.*), Gitter (*n.*). 8 ~ (graticola) (*att.*), Rost (*m.*), Bratrost (*m.*). 9 ~ **a barrotti mobili** (griglia a sbarre mobili) (*comb.*), Schürr-Rost (*m.*). 10 ~ **a catena** (*cald. - comb.*), Kettenrost (*m.*). 11 ~ **ad alimentazione automatica** (griglia a scossa) (*comb. - cald.*), Schüttelrost (*m.*). 12 ~ **a gradinata** (griglia multipla) (*comb. - cald.*), Staffelrost (*m.*), Treppenrost (*m.*), Etagenrost (*m.*). 13 ~ **a gradini** (*comb. - cald.*), Etagenrost (*m.*), Staffelrost (*m.*), Treppenrost (*m.*). 14 ~ **a nido d'api** (*elettronica*), Wabengitter (*n.*). 15 ~ **a quadro** (nei triodi a faro p. es.) (*elettronica*), Spanngitter (*n.*). 16 ~ **a sbarre mobili** (griglia a barrotti mobili) (*comb.*), Schürr-Rost (*m.*). 17 ~ **a scossa** (*cald. - comb.*), Schüttelrost (*m.*). 18 ~ **del radiatore** (calandra) (*aut.*), Kühlerverkleidung (*f.*), Kühlerattrappe (*f.*), Gitter (*n.*). 19 ~ **di accumulatori** (*elett.*), Akkumulatorengitter (*n.*). 20 ~ **di arresto** (griglia di soppressione) (*elettronica*), Brems-

gitter (*n.*). 21 ~ **di carica spaziale** (*elettronica*), Raumladegitter (*n.*). 22 ~ **di comando** (griglia di campo, griglia pilota, di un tubo elettronico) (*elettronica*), Steuergitter (*n.*). 23 ~ **di soppressione** (di un tubo elettronico) (*elettronica*), Bremsgitter (*n.*). 24 ~ **di ventilazione** (*ventilaz.*), Lüftungsgitter (*n.*). 25 ~ **inclinata** (*cald. - comb.*), Schrägrost (*m.*). 26 ~ **mobile** (*comb. - cald.*), Wanderrost (*m.*), beweglicher Rost. 27 ~ **multipla** (griglia a gradinata) (*comb. - cald.*), Staffelrost (*m.*), Etagenrost (*m.*), Treppenrost (*m.*). 28 ~ **orizzontale** (*comb. - cald.*), Planrost (*m.*). 29 ~ **parasassi** (*veic.*), Steinschutzgitter (*n.*). 30 ~ **piana** (griglia orizzontale) (*cald. - ecc.*), Planrost (*m.*). 31 ~ **pilota** (griglia di campo, griglia di comando, di un tubo elettronico) (*elettronica*), Steuergitter (*n.*). 32 ~ **raffreddata a pioggia** (griglia raffreddata ad acqua) (*comb. - cald.*), Rieselrost (*m.*). 33 ~ **rotante** (griglia rotativa) (*comb.*), Drehrost (*m.*). 34 ~ **schermo** (griglia schermante, di un tubo elettronico) (*elettronica*), vedi griglia-schermo. 35 ~ **scorrevoie** (*comb.*), Schieberost (*m.*). 36 ~ **subalimentata a spinta** (griglia meccanica) (*cald.*), Unterschubrost (*m.*). 37 **barra per griglie** (*ind. metall.*), Roststabeisen (*n.*). 38 **barrotto di** ~ (*comb.*), Roststab (*m.*). 39 **batteria di** ~ (*elett.*), Gitterbatterie (*f.*). 40 **circuito con** ~ **a massa** (*elettronica*), Gitterbasis-schaltung (*f.*). 41 **circuito d'interdizione di** ~ (*elettronica*), Gittersperre (*f.*), Gittersperrschaltung (*f.*). 42 **dissipazione di** ~ (*elettronica*), Gitterverlustleistung (*f.*), Gitterbelastung (*f.*). 43 **emissione di** ~ (*elettronica*), Gitteremission (*f.*). 44 **manipolazione di** ~ (*elettronica*), Gittertastung (*f.*). 45 **materiale trattenuto dalle griglie** (d'una centrale idr.) (*elett. - idr.*), Rechengut (*n.*). 46 **polarizzazione di** ~ (*radio*), Gittervorspannung (*f.*). 47 **potenza dissipata dalla** ~ **di comando** (*elettronica*), Steuergitterverlustleistung (*f.*). 48 **rapporto di** ~ (rapporto tra superficie libera e superficie di combustione) (*comb.*), Rostverhältnis (*n.*). 49 **superficie di** ~ (in m²) (*comb. - cald.*), Rostfläche (*f.*), Brennfläche (*f.*). 50 **superficie utile di** ~ (*comb. - cald.*), wirksame Rostfläche. 51 **tensione critica di** ~ (*elettronica*), Gitterzündspannung (*f.*). 52 **tensione inversa di** ~ (*elettronica*), Gittergegenspannung (*f.*).

grigliare (*gen.*), vergittern.

griglia-schermo (di un tubo elettronico) (*elettronica*), Schirmgitter (*n.*). 2 **coefficiente di penetrazione** ~ (*elettronica*), Schirmgitterdurchgriff (*m.*). 3 **modulazione di** ~ (*elettronica*), Schirmgittermodulation (*f.*). 4 **polarizzazione di** ~ (*elettronica*), Schirmgitterpotential (*n.*). 5 **tensione di** ~ (*elettronica*), Schirmgitterspannung (*f.*).

grigliato (per marciapiedi, pavimenti ecc.) (*ind. metall.*), Gitterrost (*m.*). 2 ~ (schermo per lampada) (*illum.*), Raster (*m.*). 3 ~ (carbone grigliato, carbone crivellato) (*s. - comb.*), Stückkohle (*f.*). 4 ~ **di protezione** (*ed. - ecc.*), Abdeckgitter (*n.*). 5 ~ **per pavimentazioni** (*ed.*), Rostfussboden (*m.*).

grilletto (*arma da fuoco*), Drücker (*m.*), Abzug (*m.*).

grimaldello (*ut.*), Nachschlüssel (*m.*), Dietrich (*m.*).

grindometro (per la determinazione della finezza del grano) (*app.*), Grindometer (*n.*).

grinza (ruga) (*gen.*), Runzel (*f.*), Schrumpel (*f.*). 2 ~ (da imbutitura p. es.) (*difetto lav. lamiera*), Falte (*f.*), Fältchen (*n.*). 3 **a grinze** (lamiera p. es.) (*tecnol.*), faltig. 4 **formazione di grinze** (*difetto lamin.*), Fältchenbildung (*f.*).

grippaggio (grippatura, di un pistone p. es.) (*mot. - mecc.*), Fressen (*n.*). 2 ~ (grippatura, di un cuscinetto p. es.) (*mecc.*), Fressen (*n.*). 3 ~ **del pistone** (grippatura del pistone) (*mecc.*), Kolbenfressen (*n.*). 4 **carico limite di** ~ (di lubrificanti) (*mot. - mecc.*), Fresslastgrenze (*f.*). 5 **resistenza al** ~ (*mecc.*), Fresstragfähigkeit (*f.*). 6 **segni di** ~ (*mecc.*), Fressspuren (*f. pl.*). 7 **sicurezza contro il** ~ (d'un pistone p. es.) (*mot. - mecc.*), Fress-Sicherheit (*f.*).

grippare (di un pistone p. es.) (*mot. - mecc.*), fressen, festfressen.

gripparsi (incollarsi, bloccarsi) (*mecc.*), festfahren, fressen, festsitzen.

grippato (pistone p. es.) (*mot. - mecc.*), festgefressen, gefressen.

grippatura (grippaggio, di un pistone p. es.) (*mot. - mecc.*), vedi grippaggio.

grippature (difetto nell'ossidazione anodica p. es.) (*tecnol.*), Scheuerstellen (*f. pl.*).

grisella (pezzo di cavo steso trasversalmente alle sartie) (*nav.*), Webeleine (*f.*). 2 **mettere le griselle** (*nav.*), ausweben.

« grisellare » (mettere le griselle) (*nav.*), ausweben.

« grisou » (grisù) (*min.*), Grubengas (*n.*), Grubenwetter (*n.*), Schlagwetter (*n.*), schlagendes Wetter. 2 **indicatore di** ~ (*strum. - min.*), Schlagwetteranzeiger (*m.*), Wetterzeiger (*m.*).

gronda (parte del tetto che aggetta) (*ed.*), Traufe (*f.*). 2 ~ (grondaia, canale di gronda, doccia) (*ed.*), Dachrinne (*f.*). 3 **canale di** ~ (grondaia, doccia) (*ed.*), Dachrinne (*f.*). 4 **cornicione di** ~ (*ed.*), Hauptgesims (*n.*), Dachgesims (*n.*).

grondaia (canale di gronda, doccia) (*ed.*), Dachrinne (*f.*). 2 ~ (gocciolatoio) (*carrozz. aut.*), Tropfrinne (*f.*).

grondare (gocciolare) (*gen.*), sickern.

groppo (raffica di vento) (*meteor.*), Bö (*f.*). 2 ~ **trasversale** (raffica trasversale) (*aer.*), Seitenwindbö (*f.*).

grossezza (grandezza) (*gen.*), Grösse (*f.*). 2 ~ (della ghiaia p. es.) (*ed.*), Körnung (*f.*). 3 ~ **del grano** (d'un acciaio p. es.) (*metall.*), Korngrösse (*f.*). 4 ~ **della grana** (di una mola p. es.) (*ut.*), Korngrösse (*f.*). 5 **di media** ~ (ghiaia p. es.) (*ed.*), mittelkörnig.

grossista (commerciante all'ingrosso) (*comm.*), Grossist (*m.*), Grosshändler (*m.*).

grosso (grande) (*gen.*), gross.

grossolano (lavorazione meccanica) (*mecc.*), grob.

grotta (*geol.*), Höhle (*f.*).

grottesco (bastone, lapidario, etrusco; carattere) (*a. - tip.*), grotesk.

groupage (traffico di groupage) (*ferr.*), Sammelgutverkehr (*m.*).

grovacca («graywacke», roccia sedimentaria) (*min.*), Grauwacke (*f.*).
grover (*mecc.*), vedi rosetta elastica.
gru (*macch. ind.*), Kran (*m.*). 2 ~ (di bordo, per l'àncora e le imbarcazioni p. es.) (*nav.*), Davit (*m.*). 3 ~ **a bandiera** (gru a braccio) (*macch. ind.*), Auslegerkran (*m.*). 4 ~ **a benna** (*macch. ind.*), Krangreifer (*m.*), Greiferkran (*m.*). 5 ~ **a benna mordente** (gru a benna prensile) (*macch. ind.*), Greiferkran (*m.*). 6 ~ **a benna prensile** (gru a benna mordente) (*macch. ind.*), Greiferkran (*m.*). 7 ~ **a braccio** (*macch. ind.*), Auslegerkran (*m.*). 8 ~ **a braccio girevole** (gru girevole) (*macch. ind.*), Schwenkkran (*m.*), Drehkran (*m.*). 9 ~ **a braccio retrattile** (*macch. ind.*), Wippkran (*m.*), Derrickkran (*m.*). 10 ~ **a carroponte** (gru a ponte scorrevole, carroponte) (*macch. ind.*), Brückenkran (*m.*), Laufkran (*m.*), Brückenlaufkran (*m.*). 11 ~ **a cavalletto** (*macch. ind.*), Bockkran (*m.*). 12 ~ **a cavalletto fissa** (*macch. ind.*), feststehender Bockkran. 13 ~ **a cavalletto mobile** (*macch. ind.*), fahrbarer Bockkran. 14 ~ **a colonna girevole** (*macch. di porto*), Drehsäule (*f.*), Blocksäule (*f.*). 15 ~ **a funi** (Blondin) (*macch. ind.*), Kabelkran (*m.*). 16 ~ **allungabile** (*macch. - ed.*), Kletterkran (*m.*), Stockwerkskran (*m.*). 17 ~ **a martello** (*macch. ind.*), Hammerkran (*m.*). 18 ~ **a mensola** (gru da parete) (*macch. ind.*), Konsolkran (*m.*). 19 ~ **a mensola scorrevole** (*macch. ind.*), Wandlaufkonsolkran (*m.*). 20 ~ **a ponte** (carroponte, gru a ponte scorrevole) (*macch. ind.*), Brückenkran (*m.*), Laufkran (*m.*), Brückenlaufkran (*m.*). 21 ~ **a ponte a vie di corsa superiori** (*macch. ind.*), Deckenkran (*m.*), Hängekran (*m.*). 22 ~ **a ponte con carrello trasloelevatore** (gru d'impilaggio, per scaffalature alte) (*trasp. ind.*), Stapelkran (*m.*). 23 ~ **a ponte scorrevole** (gru a carroponte) (*macch. ind.*), Laufkran (*m.*), Brückenkran (*m.*), Brückenlaufkran (*m.*). 24 ~ **a ponte scorrevole con sovrastante gru a braccio** (*macch. ind.*), Brücken-Auslegerkran (*m.*). 25 ~ **a ponte scorrevole con sovrastante gru girevole** (*macch. ind.*), Brücken-Drehkran (*m.*). 26 ~ **a portale** (*macch. ind.*), Portalkran (*m.*). 27 ~ **a portale con vie di corsa inclinate** (*macch. ind.*), Schrägbahn-Entlader (*m.*). 28 ~ **a portico** (gru a cavalletto) (*macch. ind.*), Bockkran (*m.*). 29 ~ **a tenaglia** (per lingotti p. es.) (*metall.*), Zangenkran (*m.*). 30 ~ **a torre** (gru girevole a torre) (*macch. ed.*), Turmdrehkran (*m.*), Turmkran (*m.*). 31 ~ **a tre gambe** (*macch. ind.*), Dreibeinkran (*m.*). 32 ~ **a velocipede** (*macch. ind.*), Einschienenkran (*m.*), Velozipedkran (*m.*). 33 ~ **d'àncora** (*nav.*), Ankerdavit (*m.*). 34 ~ **da officina** (*ind.*), Werkstattkran (*m.*). 35 ~ **da parete** (*macch. ind.*), Wandkran (*m.*). 36 ~ **da scalo** (*costr. nav.*), Hellingkran (*m.*), Helgenkran (*m.*). 37 ~ **d'imbarcazione** (*nav.*), Bootsdavit (*m.*). 38 ~ **d'impilaggio** (gru a ponte con carrello trasloelevatore, per scaffalature alte) (*trasp. ind.*), Stapelkran (*m.*). 39 ~ **ferroviaria** (carro gru) (*ferr.*), Kranwagen (*m.*), Eisenbahnkran (*m.*). 40 ~ **galleggiante** (*macch. ind.*), Schwimmkran (*m.*), Pontonkran (*m.*). 41 ~ **girevole** (*macch. ind.*), Drehkran (*m.*). 42 ~ **girevole a benna** (prensile) (*macch. ind.*), Greiferdrehkran (*m.*). 43 ~ **girevole a braccio** (*macch. ind.*), Auslegerdrehscheibenkran (*m.*). 44 ~ **girevole a braccio retrattile** (*macch. ind.*), Wippdrehkran (*m.*). 45 ~ **girevole a colonna** (*macch. ind.*), Säulendrehkran (*m.*). 46 ~ **girevole a torre** (gru a torre) (*macch. ed.*), Turmdrehkran (*m.*). 47 ~ **girevole da parete** (*macch. ind.*), Wanddrehkran (*m.*). 48 ~ **girevole fissa** (gru fissa a braccio girevole) (*macch. ind.*), Schwenkarmkran (*m.*). 49 ~ **girevole mobile** (*macch. ind.*), Drehlaufkran (*m.*). 50 ~ **girevole per costruzioni edili** (*macch. ed.*), Baudrehkran (*m.*). 51 ~ **girevole su carro ferroviario** (*ferr. - macch. ind.*), Wagendrehkran (*m.*). 52 ~ **idraulica** (colonna idraulica, per l'acqua di alimento delle locomotive) (*ferr.*), Wasserkran (*m.*). 53 ~ **impilatrice** (*macch. ind.*), vedi gru d'impilaggio. 54 ~ **mobile** (*macch. ind.*), Fahrkran (*m.*), fahrbarer Kran. 55 ~ **per caricamento** (*macch. ind.*), Einsetzkran (*m.*). 56 ~ **per (la colata del) convertitore** (*metall.*), Konverterkran (*m.*), Konverter-Giesskran (*m.*). 57 ~ **per lingotti da fucinare** (*macch. ind.*), Schmiedekran (*m.*). 58 ~ **per ricuperi** (*macch. - nav.*), Bergungskran (*m.*). 59 ~ **per siviere** (*macch. - fond.*), Giessereikran (*m.*). 60 ~ **per slingottare** (gru per strippaggio lingotti, gru slingottatrice) (*metall. - macch. ind.*), Abstreifkran (*m.*), Blockabstreifkran (*m.*), Stripperkran (*m.*). 61 ~ **per strippaggio (dei) lingotti** (*macch. - metall.*), Blockabstreifkran (*m.*). 62 ~ **su semirimorchio** (*macch. ind.*), Sattelkran (*m.*). 63 **braccio della ~** (*macch. ind.*), Kranausleger (*m.*), Kranarm (*m.*). 64 **carro ~** (*ferr.*), Kranwagen (*m.*). 65 **carro ~ per la posa di prefabbricati** (*costr. ferr.*), Vorbaukranwagen (*m.*).
gruista (manovratore della gru) (*lav.*), Kranführer (*m.*).
grumello (nodo, nodulo, nel tessuto) (*tess.*), Noppe (*f.*), Noppen (*m.*), Knoten (*m.*).
grumo (*gen.*), Butzen (*m.*), Butze (*f.*). 2 ~ (nodulo) (*difetto della carta*), Knollen (*m.*).
gruppo (*gen.*), Gruppe (*f.*). 2 ~ (industriale, formato da motore e macchina operatrice) (*macch.*), Aggregat (*n.*). 3 ~ (di macchine, turbina e generatore p. es.) (*macch.*), Satz (*m.*), Maschinensatz (*m.*), Aggregat (*n.*). 4 ~ (*mat.*), Gruppe. 5 ~ (grappolo, di cristalli) (*min.*), Büschel (*n.*). 6 ~ (*chim.*), Gruppe (*f.*). 7 ~ (comitato, di esperti) (*gen.*), Gremium (*n.*). 8 ~ (*artiglieria - aeron.*), Gruppe. 9 ~ **abeliano** (gruppo commutativo, gruppo permutabile) (*mat.*), Abelsche Gruppe. 10 ~ **assali** (*veic.*), Achsaggregat (*n.*). 11 ~ **ausiliario** (gruppo di emergenza) (*nav. - elett. - ecc.*), Hilfsaggregat (*n.*), Zusatzaggregat (*n.*). 12 ~ **ausiliario di bordo** (gruppo elettrogeno) (*elett. - nav.*), Bordhilfsaggregat (*n.*). 13 ~ **cambio-differenziale** (di una vettura p. es.) (*aut.*), Transaxialgetriebe (*n.*). 14 ~ **carbossilico** (*chim.*), Karboxylgruppe (*f.*). 15 ~ **carica-batterie** (*elett.*), Ladesatz (*m.*), Ladeaggregat (*n.*). 16 ~ **commutativo** (gruppo

abeliano, gruppo permutabile) (*mat.*), Abelsche Gruppe. 17 ~ **convertitore di coppia-frizione** (*aut.*), Wandlerschaltkupplung (*f.*), WSK. 18 ~ **da innesto** (unità da innesto, unità modulare prevista per l'allacciamento a spine) (*elettronica*), Einschub (*m.*). 19 ~ **di accoppiamento** (gruppo di collegamento; di trasformatori funzionanti in parallelo p. es.) (*elett.*), Schaltgruppe (*f.*). 20 ~ **(di) chiusura** (unità di chiusura, d'una macchina per stampaggio ad iniezione o per pressofusione) (*macch.*), Schliesseinheit (*f.*). 21 ~ **di collegamento** (gruppo di accoppiamento; di trasformatori funzionanti in parallelo p. es.) (*elett.*), Schaltgruppe (*f.*). 22 ~ **di comando** (*app.*), Steuersatz (*m.*). 23 ~ **di denti** (d'una broccia, denti sgrossatori, ecc.) (*ut.*), Zahnfolge (*f.*), Zahngruppenfolge (*f.*). 24 ~ **di emergenza** (gruppo ausiliario) (*nav.* - *ecc.*), Hilfsaggregat (*n.*), Notaggregat (*n.*). 25 ~ **di frese** (fresa multipla) (*ut.*), Satzfräser (*m.*). 26 ~ **di lavoro** (gruppo di studio, di una associazione p. es.) (*tecnol.*), Arbeitsgruppe (*f.*), Arbeitsgemeinschaft (*f.*). 27 ~ **di regolazione** (per convertitori di frequenza p. es.) (*elett.*), Regelsatz (*m.*). 28 ~ **di relè** (parte di centrale) (*telef.*), Relaissatz (*m.*). 29 ~ **di riserva** (gruppo di emergenza) (*macch.*), Notaggregat (*n.*). 30 ~ **di studio** (gruppo di lavoro, di una associazione p. es.) (*tecnol.*), Arbeitsgruppe (*f.*), Arbeitsgemeinschaft (*f.*). 31 ~ **economico** (*finanz.*), Konzern (*m.*). 32 ~ **elettrogeno** (*elett.*), Generatorsatz (*m.*), Elektroaggregat (*n.*), Generator-Aggregat (*n.*). 33 ~ **elettrogeno a benzina** (*elett.*), Benzinaggregat (*n.*), benzinelektrisches Aggregat. 34 ~ **elettrogeno a rapido intervento** (gruppo d'emergenza con generatore a funzionamento continuo) (*elett.*), Schnellbereitschaftsaggregat (*n.*). 35 ~ **(elettrogeno) ausiliario di bordo** (*elett.* - *nav.*), Bordhilfsaggregat (*n.*). 36 ~ **elettrogeno carrellato** (*elett.* - *veic.*), Generatoranhänger (*m.*). 37 ~ **elettrogeno con motore a benzina** (*elett.*), Benzinaggregat (*n.*), benzinelektrisches Aggregat. 38 ~ **elettrogeno con motore Diesel** (*elett.*), Dieselgenerator (*m.*), diesel-elektrisches Aggregat. 39 ~ **elettrogeno con turbina a vapore** (gruppo turbogeneratore, turboalternatore) (*macch.*), Dampfturbogruppe (*f.*). 40 ~ **elettrogeno di continuità** (gruppo d'emergenza con generatore a funzionamento continuo) (*elett.*), Schnellbereitschaftsaggregat (*n.*). 41 ~ **elettrogeno di emergenza** (*elett.*), Notstromaggregat (*n.*). 42 ~ **(elettrogeno) di riserva** (*elett.*), Notaggregat (*n.*). 43 ~ **elettrogeno per illuminazione** (*elett.*), Lichtaggregat (*n*). 44 ~ **epicicloidale** (di un ponte posteriore) (*veic.*), Planetentrieb (*m.*). 45 ~ **finanziario** (*finanz.*), Finanzgruppe (*f.*). 46 ~ **finito** (*mat.*); endliche Gruppe. 47 ~ **fluoroforo** (fluoroforo, gruppo fluorogeno) (*chim.*), Fluorophor (*m.*). 48 ~ **funzionale** (*chim.*), funktionelle Gruppe. 49 ~ **generatore a turbina** (*macch.*), Turbo-Aggregat (*n.*). 50 ~ **generatore ausiliario** (turbogeneratore per azionamento di app. ausiliari ecc., d'una centrale) (*elett.*), Hausmaschine (*f.*), Hausturbosatz (*m.*). 51 ~ **industriale** (*mot.*), Industrie-Aggregat (*n.*). 52 ~ **industriale a più motori accoppiati** (*mot.*), mehrfaches Industrieaggregat. 53 ~ **industriale carrellato rimorchiabile** (su strada) (*veic.*), Arbeitsanhänger (*m.*). 54 ~ **infinito** (*mat.*), unendliche Gruppe. 55 ~ **metilolico** (*chim.*), Methylolgruppe (*f.*). 56 ~ **motocompressore** (motocompressore) (*macch.*), Kompressoraggregat (*n.*). 57 ~ **motopompa** (*macch.*), Pumpenaggregat (*n.*). 58 ~ **motopropulsore** (*aer.*), Triebwerk (*n.*). 59 ~ **motore** (*mot.*), Aggregat (*n.*). 60 ~ **motore a due motori accoppiati** (*mot.*), Zwillingsaggregat (*n.*). 61 ~ **motore a quattro motori accoppiati** (*mot.*), Vierlingsaggregat (*n.*). 62 ~ **motore-cambio** (motore-cambio, blocco motore-cambio) (*mot.* - *aut.*), Motorgetriebeblock (*m.*). 63 ~ **permutabile** (gruppo abeliano, gruppo commutativo) (*mat.*), Abelsche Gruppe. 64 ~ **quadrinomio** (gruppo trirettangolo) (*mat.*), Vierergruppe (*f.*). 65 ~ **raddrizzatore** (*elett.*), Gleichrichtersatz (*m.*). 66 ~ **sanguigno** (*med.*), Blutgruppe (*f.*). 67 ~ **solforico** (*chim.*), Sulfogruppe (*f.*). 68 ~ **turbogeneratore** (gruppo elettrogeno con turbina a vapore, turboalternatore) (*macch.*), Turbosatz (*m.*), Dampfturbosatz (*m.*). 69 ~ **Ward-Leonard** (*elett.*), Leonardsatz (*m.*), Ward-Leonard-Antrieb (*m.*). 70 **selettore di ~** (*telef.*), Gruppenwähler (*m.*). 71 **selezione di ~** (*telef.*), Gruppenwahl (*f.*). 72 **teoria dei gruppi** (*mat.* - *ecc.*), Gruppentheorie (*f.*). 73 **trasposizione di ~** (*telef.*), Gruppenumsetzung (*f.*).

guadagno (utile) (*comm.*), Nutzen (*m.*), Ertrag (*m.*), Gewinn (*m.*). 2 ~ (amplificazione) (*radio*), Gewinn (*m.*), Verstärkung (*f.*). 3 ~ **di antenna** (*radio*), Antennengewinn (*m.*), Richtungsgewinn (*m.*). 4 ~ **di potenza** (di un'antenna) (*radio*), Leistungsgewinn (*m.*). 5 ~ **di quota** (*aer.*), Höhengewinn (*m.*). 6 ~ **di surrigenerazione** (*fis. atom.*), Brutgewinn (*m.*). 7 ~ **lordo** (*comm.*), Bruttogewinn (*m.*), 8 **diodo di ~** (diodo elevatore) (*elettronica*), Spardiode (*f.*). 9 **misuratore di ~** (*app. radio*), Verstärkungsmesser (*m.*).

guadare (*veic.* - *ecc.*), durchwaten, waten.

guado (di un corso d'acqua) (*veic.* - *ecc.*), Durchwaten (*n.*), Waten (*n.*). 2 ~ (pastello) (*ind. chim.*), Indigosodasulfat (*n.*). 3 ~ **superabile** (da un veicolo senza alcun pregiudizio per il suo funzionamento) (*veic.*), Watfähigkeit (*f.*).

guaina (di un cavo) (*elett.*), Mantel (*m.*). 2 ~ **di protezione per cavi** (involucro di protezione per cavi, contro l'umidità p. es.) (*elett.*), Kabelmantel (*m.*). 3 ~ **elicoidale antipiega** (guaina metallica di protezione contro le piegature, di un cordone di app. elett.) (*elett.*), Knickschutzspirale (*f.*). 4 ~ **isolante** (rivestimento isolante) (*elett.*), Isolierhülle (*f.*). 5 ~ **metallica** (di un cavo di accensione) (*elett.*), Metallummantelung (*f.*). 6 ~ **metallica intrecciata** (per cavi, calza metallica) (*elett.*), Umklöppelung (*f.*). 7 ~ **ondulata** (di un cavo p. es.) (*elett.* - *ecc.*), Balgenmantel (*m.*). 8 ~ **per molla a balestra** (*veic.* - *aut.*), Federgamasche (*f.*). 9 ~ **protettiva** (di un cavo p. es.) (*elett.* - *ecc.*), Schutzhülle (*f.*), Schutzmantel (*m.*). 10 ~

gualcire

schermante (calza schermante) (*mot. - radio*), Entstörschlauch (*m.*). **11 togliere la ~** (di un cavo) (*elett.*), abmanteln. **12 togliere la ~ isolante** (dalle estremità di un conduttore, p. es., spelare) (*elett.*), abisolieren.
gualcire (*tess. - ecc.*), krümpeln, knittern.
gualcirsi (*tess. - ecc.*), krumpfen.
gualcito (*gen.*), knittig.
gualcitura (*gen.*), Knitter (*m.*), Krumpel (*m.*), Krümpel (*m.*), knitterige Falte. **2 ~ da rotolamento** (di un pneumatico) (*aut.*), Walken (*n.*).
guancia (*gen.*), Wange (*f.*).
guardacoste (nave guardacoste) (*nav.*), Küstenwachtschiff (*n.*), Auslieger (*m.*).
guardafili (*lav.*), Drahtleger (*m.*).
guardalato (parabordo) (*nav.*), Bootsfender (*m.*).
guardalinee (*lav. ferr.*), Streckenwärter (*m.*), Gleisaufseher (*m.*).
guardapiano (riga per il controllo delle superfici) (*ut. mecc.*), Haarlineal (*n.*).
guardaroba (mobile), Kleiderschrank (*m.*).
guardia (*milit.*), Wache (*f.*). **2 ~ campestre** (*agric.*), Flurschütz (*m.*). **3 ~ forestale** (*lav.*), Forstaufseher (*m.*). **4 ~ medica** (pronto soccorso) (*med.*), Unfallwache (*f.*). **5 corda di ~** (conduttore di guardia, conduttore di terra, per proteggere una linea aerea dalle scariche atmosferiche) (*elett.*), Schutzseil (*n.*), Blitzschutzseil (*n.*), Erdseil (*n.*). **6 filo di ~** (*elett.*), Schutzdraht (*m.*). **4 servizio di ~** (*milit.*), Wache (*f.*), Wachdienst (*m.*).
guardiablocco (*lav. ferr.*), Blockwärter (*m.*).
guardiano (*lav.*), Wächter (*m.*). **2 ~** (portiere, di uno stabilimento p. es.) (*lav.*), Pförtner (*m.*). **3 ~ del faro** (*lav.*), Leuchtturmwärter (*m.*). **4 ~ notturno** (*lav.*), Nachtwächter (*m.*).
guardiatrama (arresto automatico per la rottura del filo) (*macch. tess.*), Fadenwächter (*m.*), Schusswächter (*m.*).
«guardrail» (sicurvia) (*strad. - aut.*), Leitplanke (*f.*).
guarnitura (anello metallico p. es.) (*gen.*), Beschlag (*m.*). **2 ~** (montaggio delle guarnizioni, dei freni) (*aut.*), Belegen (*n.*). **3 ~ per freni** (guarnizione per freni) (*mecc.*), Bremsbelag (*m.*). **4 guarniture metalliche** (ferramenta, per mobili, veicoli, ecc.) (*ed. - ecc.*), Beschläge (*m. - pl.*).
guarnizione (elemento di tenuta tra superfici metalliche) (*mecc. - tubaz.*), Dichtung (*f.*), Packung (*f.*). **2 ~** (del ceppo del freno p. es.) (*mecc.*), Belag (*m.*). **3 ~** (scardasso) (*macch. tess.*), Kardenbelag (*m.*). **4 ~** (di tessuto p. es.) (*tess. - ecc.*), Besatz (*m.*). **5 ~ ad anello** (per tubazioni p. es.) (*mecc. - ecc.*), Dichtungsring (*m.*), Dichtring (*m.*). **6 ~ ad anello con molla** (*mecc.*), Federringdichtung (*f.*). **7 ~ ad anello con scanalatura** (*mecc.*), Nutring (*m.*), Nut-Manschette (*f.*). **8 ~ ad anello con spigolo di tenuta** (guarnizione anulare a labbro) (*mecc.*), Lippenring (*m.*), Lippenringmanschette (*f.*). **9 ~ ad anello di sezione circolare** (anello di tenuta a sezione circolare) (*mecc.*), Rundschnurring (*m.*), O-Ring (*m.*). **10 ~ ad anello ondulato** (*mecc.*), Welldichtring (*m.*). **11 ~ ad anello per alberi** (*mecc.*), Wellendichtring (*m.*). **12 ~ a listello** (listello di tenuta) (*mecc.*), Dichtleiste (*f.*). **13 ~ anulare a labbro** (guarnizione anulare con tenuta a spigolo) (*mecc.*), Lippenringmanschette (*f.*). **14 ~ anulare a tazza** (*mecc.*), Topfmanschette (*f.*), Dachmanschette (*f.*), Napfmanschette (*f.*). **15 ~ anulare con gola** (*mecc.*), Nutringmanschette (*f.*). **16 ~ anulare con tenuta a spigolo** (guarnizione anulare a labbro) (*mecc.*), Lippenringmanschette (*f.*). **17 ~ a tazza** (guarnizione anulare a tazza) (*mecc. - ecc.*), Topfmanschette (*f.*), Napfmanschette (*f.*), Dachmanschette (*f.*). **18 ~ con camera di pressione** (per migliorare la tenuta; guarnizione speciale profilata di acciaio al Cr-Mo) (*mecc.*), Balglinse (*f.*). **19 ~ del freno** («ferodo», guarnizione di attrito del freno) (*aut. - ecc.*), Bremsbelag (*m.*). **20 ~ della frizione** (rivestimento della frizione) (*aut. - mecc.*), Kupplungsbelag (*m.*). **21 ~ della porta** (*aut. - ecc.*), Türdichtung (*f.*). **22 ~ della testata** (*mot.*), Zylinderkopfdichtung (*f.*), Zylinderdichtung (*f.*). **23 ~ dello statore** (di un mot. Wankel) (*mot.*), Manteldichtung (*f.*). **24 ~ di agglomerato** (in rame od acciaio dolce con riempimento di amianto oppure gomma e amianto) (*mecc.*), Fülldichtung (*f.*). **25 ~ di amianto** (*mecc. - ecc.*), Asbestpackung (*f.*). **26 ~ di canapa** (*mecc. - tubaz.*), Hanfdichtung (*f.*). **27 ~ di cuoio** (*mecc.*), Lederpackung (*f.*). **28 ~ di feltro** (*mecc. - ecc.*), Filzdichtung (*f.*). **29 ~ di fibra** (*mecc.*), Fiberpackung (*f.*). **30 ~ di gomma** (*mecc.*), Gummidichtung (*f.*). **31 ~ di gomma-amianto** (*mecc.*), Asbest-Gummi-Dichtung (*f.*), It-Dichtung (*f.*). **32 ~ di klingerite** (*mecc.*), Klingerit-Dichtung (*f.*). **33 ~ di rame-amianto** (*mecc.*), Kupferasbestdichtung (*f.*). **34 ~ in gomma ad anello di sezione circolare** (anello torico di guarnizione in gomma) (*mecc.*), Rundgummidichtung (*f.*), Rundschnurring (*m.*), O-Ring (*m.*). **35 ~ metallica** (di tenuta) (*mecc.*), Metalldichtung (*f.*). **36 ~ metallica** (anello metallico ornamentale p. es.) (*gen.*), Beschlag (*m.*). **37 ~ (metallica) a lente** (di rame, ecc.) (*tubaz.*), Linsendichtung (*f.*). **38 ~ mista** (di materiale metallico e non) (*mecc. - tubaz.*), Metall-Weichstoff-Packung (*f.*). **39 ~ non metallica** (di gomma, cartone, amianto, materiali fibrosi) (*mecc. - tubaz.*), Weichdichtung (*f.*), Weichstoffpackung (*f.*). **40 ~ OR** (anello torico, guarnizione ad anello in gomma di sezione circolare, O-Ring) (*mecc.*), Rundschnurring (*m.*), Rundgummidichtung (*m.*), O-Ring (*m.*). **41 ~ per alberi** (guarnizione radiale per alberi) (*mecc.*), Wellendichtung (*f.*). **42 ~ per carda** (scardasso) (*ind. tess.*), Kratzenbeschlag (*m.*). **43 ~ piana** (*mecc.*), Flachdichtung (*f.*). **44 ~ piana con rilievi** (ai margini) (*mecc.*), Sickendichtung (*f.*). **45 ~ piatta** (guarnizione piana) (*mecc.*), Flachdichtung (*f.*). **46 ~ plastica** (di materiale plasmabile, tenuta plastica) (*mecc. - tubaz.*), Knetpackung (*f.*). **47 ~ radiale** (per alberi rotanti) (*mecc.*), Radialdichtung (*f.*), Radial-Wellendichtung (*f.*). **48 ~ radiale** (a cappello) (*mecc.*), Hutmanschette (*f.*). **49 ~ radiale per alberi** (guarnizione per alberi)

(*mecc.*), Wellendichtung (*f.*). **50 foglio di ~ in gomma-amianto** (*mecc.*), It-Platte (*f.*). **51 materiale per ~** (*mecc. - ecc.*), Dichtungsmaterial (*n.*). **52 montaggio delle guarnizioni** (guarnitura, dei freni) (*aut.*), Belegen (*n.*).

guastarsi (avariarsi) (*v. i. - mecc. - ecc.*), brechen. **2 ~** (non funzionare) (*mecc. - macch.*), versagen.

guasto (avaria, anomalia, inconveniente di funzionamento) (*s. - macch. - ecc.*), Störung (*f.*), Defekt (*m.*), Panne (*f.*). **2 ~** (avaria, di una autovettura p. es.) (*s. - veic.*), Panne (*f.*), Störung (*f.*), Schaden (*m.*). **3 ~** (motore p. es.) (*a. - mot. - ecc.*), ausgefallen. **4 ~ a distanza** (guasto distanziometrico, « guasto chilometrico ») (*elett.*), Abstandkurzschluss (*m.*). **5 guasti alle macchine** (*macch.*), Maschinenschäden (*m. pl.*). **6 ~ « chilometrico »** (guasto a distanza, guasto distanziometrico) (*elett.*), Abstandkurzschluss (*m.*). **7 ~ distanziometrico** (guasto a distanza, « guasto chilometrico ») (*elett.*), Abstandkurzschluss (*m.*). **8 ~ in centrale** (*telef. - ecc.*), Amtsfehler (*m.*). **9 addetto al servizio guasti** (riparatore) (*lav.*), Störungssucher (*m.*). **10 apparecchio per la ricerca dei guasti** (cercaguasti) (*elett.*), Störungssucher (*m.*). **11 circuito di protezione contro le correnti di ~** (*elett.*), Fehlstromschutzschaltung (*f.*). **12 corrente di ~** (corrente di dispersione) (*elett.*), Fehlerstrom (*m.*). **13 frequenza dei guasti** (tasso di guasto; d'un motore p. es., in un anno p. es.) (*macch. - acc.*), Ausfallrate (*f.*). **14 interruttore di sicurezza per correnti di ~** (*app. elett.*), Fehlerstromschutzschalter (*m.*). **15 personale addetto ai guasti** (squadra riparatori) (*telef. - ecc.*), Störungspersonal (*n.*), Störungstrupp (*m.*). **16 previsione di guasti** (*gen.*), Störungsvorhersage (*f.*). **17 probabilità di ~** (*mecc. - ecc.*), Ausfallwahrscheinlichkeit (*f.*). **18 probabilità di ~** (tasso di guasto, d'un motore p. es., in un anno p. es.) (*macch. - ecc.*), Ausfallrate (*f.*). **19 protezione a tensione di ~** (*elett.*), Fehlerspannungsschutzschaltung (*f.*), FU-Schutzschaltung (*f.*). **20 registratore di guasti** (*app.*), Störungsschreiber (*m.*). **21 ricerca guasti** (*gen.*), Störungssuche (*f.*). **22 segnalazione di ~** (*elett. - ecc.*), Fehlermeldung (*f.*). **23 segnalazione guasti** (*gen.*), Störungsmeldung (*f.*). **24 segnale di ~** (*elett. - ecc.*), Ausfallwarnzeichen (*m.*). **25 sensibilità ai guasti** (*macch. - ecc.*), Störanfälligkeit (*f.*). **26 servizio guasti** (*telef. - ecc.*), Störungsdienst (*m.*). **27 sicurezza contro i guasti** (*mecc. - ecc.*), Ausfallsicherheit (*f.*). **28 sicuro contro i guasti** (costruzione) (*mecc. - ecc.*), ausfallsicher. **29 tasso di ~** (probabilità di guasto; d'un motore p. es., in un anno p. es.) (*macch. - ecc.*), Ausfallrate (*f.*). **30 tempo di ~** (d'un particolare costruttivo) (*macch.*), Versagenzeit (*f.*). **31 tensione di ~** (potenziale verso terra) (*elett.*), Fehlerspannung (*f.*).

guglia (di stile gotico) (*arch.*), Fiale (*f.*). **2 punta della ~** (parte superiore della guglia nell'arte gotica) (*arch.*), Riesen (*m.*). **3 tetto a ~** (tetto piramidale) (*ed.*), Turmdach (*n.*), Pyramidendach (*n.*).

guerra (*milit.*), Krieg (*m.*). **2 ~ di posizione** (*milit.*), Stellungskrieg (*m.*). **3 danni di ~** (*leg. - finanz.*), Kriegsschäden (*m. pl.*).

guida (di scorrimento, di una macch. ut., pressa, ecc.) (*mecc. - macch.*), Führung (*f.*), Bahn (*f.*), Führungsbahn (*f.*), Gleitbahn (*f.*). **2 ~** (sterzo) (*aut.*), Lenkung (*f.*). **3 ~** (condotta, di un automobile) (*aut.*), Führung (*f.*). **4 ~** (di razzi p. es.) (*astronautica*), Lenkung (*f.*). **5 ~** (guida inferiore) (*lamin.*), Hund (*m.*), Einführungshund (*m.*). **6 ~** (tinta guida, mano di guida, nella verniciatura di carrozzerie p. es., applicata sopra lo stucco prima della carteggiatura) (*vn.*), Kontrollfarbe (*f.*), Leitfarbe (*f.*). **7 ~** (parte liscia cilindrica di una broccia) (*ut.*), Aufnahme (*f.*). **8 ~** (*lav.*), Führer (*m.*). **9 ~** (turistica, Baedeker p. es.) (*tip. - geogr.*), Reiseführer (*m.*). **10 ~** (manuale) (*gen.*), Führer (*m.*), Handbuch (*n.*). **11 ~ a coda di rondine** (*mecc.*), Schwalbenschwanzführung (*f.*). **12 ~ a colonne** (guidastampi a colonne) (*ut. lav. lamiera*), Säulenführung (*f.*). **13 ~ a cremagliera** (comando sterzo a cremagliera, comando sterzo a pignone e cremagliera) (*aut.*), Zahnstangenlenkung (*f.*). **14 ~ a destra** (*aut.*), Rechtslenkung (*f.*). **15 ~ alpina** (*sport*), Bergführer (*m.*). **16 ~ a rotolamento** (*macch.*), Walzführung (*f.*). **17 ~ a sinistra** (*aut.*), Linkslenkung (*f.*). **18 ~ a V** (guida prismatica) (*macch. ut.*), Prismenführung (*f.*), V-Bahn (*f.*). **19 guide a V del bancale** (guide prismatiche, di un tornio) (*macch. ut.*), Bettführungsprismen (*n. pl.*). **20 ~ a vite e madrevite** (comando sterzo a vite e madrevite) (*aut.*), Schraubenlenkung (*f.*). **21 ~ a vite e madrevite con circolazione di sfere** (*aut.*), Kugelumlauflenkung (*f.*), Schneckenlenkung mit kugelgelagerter Mutter. **22 ~ a V rovescio** (*macch. ut. - mecc.*), Dachprismenführung (*f.*). **23 ~ cava** (guida d'onda, per la trasmissione di onde elettromagnetiche) (*radio*), Hohlleiter (*m.*). **24 ~ d'angolo** (nel pozzo, per le gabbie di estrazione) (*min.*), Eckführung (*f.*). **25 ~ del bancale** (*macch. ut.*), Bettbahn (*f.*). **26 ~ (della) barra** (in un tornio p. es.) (*macch. ut.*), Stangenführung (*f.*). **27 ~ della barra** (nella colata continua) (*fond.*), Strangführung (*f.*). **28 guide del laminatoio** (*lamin.*), Walzwerkführungen (*f. pl.*). **29 ~ della testa a croce** (*macch.*), Kreuzkopfführung (*f.*). **30 ~ dello slittone** (di una pressa) (*macch.*), Stösselführung (*f.*). **31 ~ del parasale** (*ferr.*), Bügelgleitbacke (*f.*). **32 ~ del telefono** (elenco degli abbonati al telefono) (*telef.*), Fernsprechbuch (*n.*), Telephonabonnentenverzeichnis (*n.*), Telephonbuch (*n.*), Fernsprechverzeichnis (*n.*). **33 guide del tornio** (*macch. ut.*), Drehbankführungen (*f.*) pl.). **34 ~ di entrata** (*lamin.*), Einführung (*f.*). **35 ~ di luce** (fibra ottica, fotoguida, conduttore di luce) (*ott.*), Optikfaser (*f.*). **36 ~ di rotolamento** (*mecc. - falegn.*), Rollschiene (*f.*). **37 ~ di torsione** (*lamin.*), Drallführung (*f.*). **38 ~ di uscita** (*lamin.*), Ausführung (*f.*). **39 ~ d'onda** (guida cava, per la trasmissione di onde elettromagnetiche) (*radio*), Hohlleiter (*m.*). **40 ~ d'onda** (tubo di preparazione, di un acceleratore lineare) (*elettronica*), Driftrohr (*n.*). **41 ~**

guida

d'onda ad alta frequenza (*radio - ecc.*), HF-Hohlleiter (*m.*). 42 ~ d'onda articolata (*elettronica*), Gliederhohlleiter (*m.*). 43 ~ d'onda circolare (guida d'onda a sezione circolare) (*radio - ecc.*), Rund-Hohlleiter (*m.*). 44 ~ d'onda rettangolare (guida d'onda a sezione rettangolare) (*radio - ecc.*), Rechteck-Hohlleiter (*m.*). 45 ~ d'onda unifilare (*elettronica*), Drahtwellenleiter (*m.*). 46 ~ elicoidale (*mecc.*), Drallführung (*f.*). 47 ~ elicoidale (di un gasometro a campana p. es.) (*mecc. - ecc.*), Schrägführung (*f.*). 48 ~ esterna (limousine) (*aut.*), Brougham (*m.*). 49 ~ inerziale (*navig.*), Trägheitslenkung (*f.*). 50 ~ inferiore (d'un mandrino p. es.) (*lav. macch. ut.*), Unterführung (*f.*). 51 ~ inferiore (*lamin.*), Einführungshund (*m.*), unterer Führung, Hund (*m.*). 52 ~ interna (berlina) (*aut.*), Innenlenker (*m.*). 53 ~ laterale (per la striscia di lamiera) (*lav. lamiera*), Anlegeleiste (*f.*). 54 ~ longitudinale (*macch. ut.*), Langführung (*f.*). 55 ~ piana (guida rettangolare) (*macch. ut.*), Flachführung (*f.*), Flachbahn (*f.*). 56 ~ prismatica (guida a V) (*macch. ut.*), Prismenführung (*f.*), V-Bahn (*f.*). 57 guide prismatiche del bancale (guide a V, di un tornio p. es.) (*macch. ut.*), Bettführungsprismen (*n. pl.*). 58 ~ rettangolare (guida piana) (*macch. ut.*), Flachführung (*f.*). 59 ~ sportiva (modo di guidare) (*aut.*), sportliche Fahrweise. 60 ~ superiore (del mandrino d'una alesatrice p. es.) (*lav. macch. ut.*), Oberführung (*f.*). 61 ~ tubolare (*mecc. - ecc.*), Führungsrohr (*n.*). 62 assetto di ~ (in una autovettura) (*aut.*), Sitzposition (*f.*). 63 autocarro con ~ a destra (*aut.*), Rechtslenker (*m.*). 64 autocarro con ~ a destra di tipo orizzontale (*aut.*), Rechtslenker liegend. 65 autocarro con ~ a destra di tipo verticale (*aut.*), Rechtslenker stehend. 66 autoveicolo con ~ a destra (*aut.*), Rechtslenker (*m.*). 67 autoveicolo con ~ a destra di tipo orizzontale (*aut.*), Rechtslenker liegend. 68 autoveicolo con ~ a destra di tipo verticale (*aut.*), Rechtslenker stehend. 69 con ~ a destra (*veic.*), rechtsgelenkt. 70 con ~ a sinistra (*veic.*), linksgelenkt. 71 esame di ~ (*aut.*), Fahrprüfung (*f.*). 72 istruttore di ~ (*aut.*), Fahrlehrer (*m.*). 73 parete di ~ (d'una corrente) (*costr. idr.*), Leitwand (*f.*). 74 posto di ~ (sedile del conducente, posto del conducente) (*aut. - ecc.*), Fahrersitz (*m.*). 75 riprendere il controllo della ~ (di una autovettura che sbanda) (*aut.*), abfangen. 76 sicurezza di ~ (*aut.*), Fahrsicherheit (*f.*). 77 simulatore di ~ (*aut.*), Fahrsimulator (*m.*). 78 tinta ~ (mano di guida, applicata sopra lo stucco prima della carteggiatura) (*vn.*), Kontrollfarbe (*f.*), Leitfarbe (*f.*).

guidabarra (silenzioso; tubo guidabarra, d'un tornio automatico) (*macch. ut.*), Stangenführungsrohr (*n.*).

guidacinghia (galoppino) (*mecc.*), Führungsrolle (*f.*), Riemenführer (*m.*).

guidacristallo (canalino di guida del finestrino) (*aut.*), Fensterführung (*f.*), Fensterführungsschiene (*f.*).

guidafilo (*macch. tess.*), Garnführer (*m.*), Fadenführer (*m.*). 2 ~ (per bobinatrici) (*elett. - ecc.*), Drahtführer (*m.*), Drahtführung (*f.*).

guidalama (di sega a nastro) (*macch. lav. legno*), Sägeblattführung (*f.*).

guidare (condurre) (*gen.*), leiten, führen. 2 ~ (un veicolo) (*aut.*), führen, fahren.

guidasiluri (giroscopio stabilizzatore della rotta) (*app. - milit.*), Geradläufer (*m.*), Kurskreisel (*m.*), Geradelaufapparat (*m.*).

guidastampi (*ut. - tecnol. mecc.*), Gesenkführung (*f.*). 2 ~ a colonne (*ut. lav. lamiera*), Säulenführung (*f.*). 3 colonna ~ (*ut. fucinatura*), Führungssäule (*f.*).

guidato (un missile p. es.) (*aer. - milit.*), gesteuert. 2 ~ con timone (guidato a mano con timone, carrello elevatore) (*trasp. ind.*), deichselgeführt.

guidatore (conducente, autista) (*aut.*), Fahrer (*m.*).

guidatruciolo (gradino guidatruciolo) (*ut.*), Spanleitstufe (*f.*), Spantreppe (*f.*), Spanstufe (*f.*).

guidavalvola (*mot.*), Ventilführung (*f.*). 2 ~ di scarico (*mot.*), Auslassventilführung (*f.*).

guidone (*nav.*), Wimpel (*m.*), Stander (*m.*).

guidoslitta (*sport*), Bob (*m.*), Lenkschlitten (*m.*).

guizzo (su uno schermo radar p. es.) (*elettronica - radar*), Zacke (*f.*), Impulsspitze (*f.*).

guscio (*gen.*), Schale (*f.*), Hülle (*f.*). 2 ~ (di un cuscinetto) (*mecc.*), Schale (*f.*). 3 ~ (semichiocciola, nel grembiale d'un tornio) (*macch. ut.*), Mutterbacke (*f.*), Mutterschlosshälfte (*f.*). 4 ~ (doppia pelle, d'un lingotto) (*difetto - metall.*), Doppelhaut (*f.*). 5 nucleo a ~ (*elett.*), Schalenkern (*m.*). 6 struttura a ~ (costruzione a guscio) (*aer.*), Schalenbauweise (*f.*).

gusto (favore, per un articolo presso il pubblico) (*comm.*), Geschmack (*m.*).

guttaperca (*ind.*), Guttapercha (*f.*).

gymkhana (gincana) (*aut. - ecc. - sport*), Gymkhana (*n.*).

Gz (numero di Grätz, rapporto tra le quantità di calore trasportate per convezione e per conduzione) (*term.*), Gz, Grätz-Zahl (*f.*).

H

H (idrogeno) (*chim.*), H, Wasserstoff (*m.*). **2** ~ (campo magnetico) (*elett.*), H, magnetische Feldstärke. **3** ~ (lx · s, quantità di illuminamento) (*illum.*), H, Belichtung (*f.*). **4 banda** ~ (7050-10 000 MHz) (*radio - ecc.*), H-Band (*n.*).

h (etto... = 10^2) (*unità di mis.*), h, Hekto... **2** ~ (ora) (*unità di mis.*), h, Stunde (*f.*). **3** ~ (henry) (*unità di mis.*), H, Henry (*n.*). **4** ~ (quanto di Planck = $6{,}62 \cdot 10^{-34}$ W$_s^2$) (*fis.*), h.

Ha (hahnio) (*chim.*), Ha, Hahnium (*n.*).

hahnio (*Ha - chim.*), Hahnium (*n.*).

« hall » (atrio, di un albergo) (*ed.*), Halle (*f.*), Vestibül (*n.*).

hälleflinta (*min.*), Hälleflint (*m.*).

« handicap » (svantaggio) (*gen.*), Handikap (*n.*).

« hangar » (aviorimessa, per aeroplani) (*aer.*), Flugzeughalle (*f.*), Flugzeughangar (*m.*), Flugzeugschuppen (*m.*). **2** ~ **per dirigibili** (rimessa per dirigibili) (*aer.*), Luftschiffhalle (*f.*).

hardenite (martensite a struttura finissima) (*metall.*), Hardenit (*n.*).

« hardtop » (cupoletta rigida mobile) (*aut.*), Hardtop.

« hardware » (complesso degli elementi fisici costituenti l'impianto) (*calc. - ecc.*), Hardware (*f.*).

« hastalloy » (lega speciale di nichel) (*metall.*), Hastalloy (*n.*), Hastelloy (*n.*).

He (elio) (*chim.*), He, Helium (*n.*).

Hefner, candela ~ (*mis. illum.*), Hefnerkerze (*f.*).

« heli-coil » (filetto riportato) (*mecc.*), Drahtwendel (*m.*).

henry (unità di induzione) (*unità di mis.*), Henry (*n.*).

hertz (Hz, unità di mis. della frequenza) (*elett.*), hertz (*n.*), Hz.

HET (*chim.*), *vedi* acido clorendico.

HF (alta frequenza 3000 kc/s) (*elett.*), HF.

Hf (afnio) (*chim.*), Hf, Hafnium (*n.*).

Hg (mercurio) (*chim.*), Hg, Quecksilber (*n.*).

« hipersil » (lamiera per trasformatori ad alto tenore di silicio) (*metall. - elett.*), Hipersil (*n.*).

Ho (olmio) (*chim.*), Ho, Holmium (*n.*).

« holding » (società finanziaria di controllo) (*finanz.*), Dachgesellschaft (*f.*), Holdinggesellschaft (*f.*).

honoris causa, honoris causa, h. c., ehrenhalber, e. h.

« horst » (massiccio, pilastro) (*geol.*), Horst (*m.*).

« hostaflon » (mat. plast., marchio di fabbrica) (*ind. chim.*), « Hostaflon » (*n.*).

« hostess » (assistente di volo) (*aer.*), Luftstewardess (*f.*).

humus (*agric.*), Humus (*m.*).

« hydroforming » (*chim.*), Hydroformen (*n.*), Hydroformierungsprozess (*m.*).

hydronalium (*metall.*), *vedi* idronalio.

hyl (unità di massa = 1 ps^2/m = 9,80665 g) (*unità di mis.*), hyl.

hyle (unità di massa = 1 s^3 VA/cm^2 = 1 s^3 W/cm^2 = 10^7g) (*unità*) hyle.

I

I (iodio) (*chim.*), I, Jod (*n.*). **2** ~ (corrente, intensità di corrente) (*elett.*), I, Strom (*m.*), Stromstärke (*f.*). **3** ~ (momento d'inerzia) (*sc. costr.*), I, Trägheitsmoment (*n.*). **4** ~ (intensità luminosa) (*illum.*), I, Lichtstärke (*f.*). **5** ~ (intensità energetica) (*fis.*), I$_e$, Strahlstärke (*f.*). **6** ~ (J, intensità acustica) (*acus.*), I, J, Schallintensität (*f.*), Schallstärke (*f.*).
ialite (*min.*), Hyalit (*m.*).
iarda (*mis.*), Yard (*n.*).
iasmone (jasmone, giasmone) (*chim.*), Jasmon (*n.*).
ibrido (*gen.*), hybrid. **2 calcolatore** ~ (calcolatore analogico-numerico) (*calc.*), hybrider Rechner, Hybridrechner (*m.*). **3 circuito** ~ (giunzione ibrida, circuito integrato p. es.) (*elettronica*), Hybridschaltung (*f.*).
ICAO (International Civil Aviation Organisation) (*aer.*), ICAO.
« iceberg » (blocco di ghiaccio galleggiante) (*geogr.*), Eisberg (*m.*).
ichor (stadio di granitizzazione) (*min.*), Ichor (*m.*).
iconoscopio (tubo elettronico per riprese televisive) (*telev.*), Ikonoskop (*n.*). **2** ~ **ad immagine** (*telev.*), Zwischenbildikonoskop (*n.*), Image-Ikonoskop (*n.*), Superikonoskop (*n.*). **3 super-** ~ (*telev.*), Bildwandler-Ikonoskop (*n.*).
icosaedro (*geom.*), Ikosaeder (*m.*), Zwanzigflächner (*m.*).
icositetraedro (*geom.*), Ikositetraeder (*n.*).
idem (c.s., come sopra) (*gen.*), ditto, do.
idempotente (numero ciascuna potenza positiva del quale è uguale al numero stesso) (*mat.*), idempotent.
identico (*mat.*), identisch.
identificatore (*telef.*), Identifizierer (*m.*), Auswerter (*m.*). **2** ~ **di zona** (*telef. - ecc.*), Zonenauswerter (*m.*), Zonenidentifizierer (*m.*).
identificazione (*gen.*), Identifizierung (*f.*). **2** ~ **con colori** (colori distintivi) (*elett. - ecc.*), Farbkennzeichnung (*f.*).
identità (*mat.*), Identität (*f.*). **2 dimostrare la propria** ~ (mediante un passaporto p. es.) (*leg. - ecc.*), sich ausweisen.
ideogramma (*dis.*), Ideogramm (*n.*).
idiocromatico (*min.*), idiochromatisch, eigenfarbig.
idiomorfo (automorfo) (*min.*), idiomorph, eigengestaltig.
idiostatico (*elett.*), idiostatisch.
idoneità (attitudine, capacità) (*gen.*), Fähigkeit (*f.*), Tüchtigkeit (*f.*). **2** ~ (attitudine, l'essere adatto, ad un dato lavoro) (*pers. - ecc.*), Eignung (*f.*), Tüchtigkeit (*f.*). **3** ~ (al servizio militare) (*milit. - aer.*), Tauglichkeit (*f.*). **4** ~ **al lavoro** (*lav.*), Arbeitsfähigkeit (*f.*). **5** ~ **al servizio** (*lav. - ecc.*), Dienstfähigkeit (*f.*). **6 esame di** ~ (prova di idoneità, per il personale volante p. es.) (*aer. - ecc.*), Eignungsprüfung (*f.*).
idoneo (abile, adatto) (*gen.*), fähig, tüchtig. **2** ~ (adatto allo scopo) (*gen.*), zweckmässig, zweckentsprechend. **3** ~ (abile, al servizio militare) (*milit.*), tauglich. **4** ~ **alla navigazione aerea** (*aer.*), lufttüchtig. **5** ~ **al lavoro** (*lav.*), arbeitsfähig. **6** ~ **al servizio** (*gen.*), dienstfähig. **7 non** ~ (inadatto, improprio) (*gen.*), ungeeignet.
idrante (idrante antincendio) (*app. antincendio*), Feuerhydrant (*m.*), Hydrant (*m.*). **2** ~ **a colonnina** (*app. anticendio*), Überflurhydrant (*n.*). **3 chiusino per** ~ (*app. antincendio*), Hydrantkappe (*f.*). **4 veicolo con idranti** (*veic.*), Wasserwerfer (*m.*).
idrargillite [$Al(OH)_3$] (*min.*), Hydrargillit (*m.*).
idrargismo (malattia professionale; mercurialismo, avvelenamento cronico da mercurio) (*med. - ind.*), Merkurialismus (*n.*), Quecksilbervergiftung (*f.*).
idratazione (formazione di un idrato) (*chim.*), Hydratation (*f.*), Hydratisieren (*n.*).
idrato (*chim.*), Hydrat (*n.*). **2** ~ **di ammonio** (*chim.*), Ammoniumhydroxyd (*n.*). **3** ~ **di calcio** [$Ca(OH)_2$] (*chim.*), Kalziumhydroxyd (*n.*). **4 idrati di carbonio** (*chim.*), Kohlenhydrate (*n. pl.*). **5** ~ **gassoso** (per produrre acqua dolce dal mare) (*chim.*), Gashydrat (*n.*).
idraulica (scienza) (*s. - idr.*), Hydraulik (*f.*).
idraulico (*a. - idr. - ecc.*), hydraulisch. **2** ~ (installatore e riparatore di impianti ed app.) (*s. - lav.*), Spengler (*m.*), Klempner (*m.*), Flaschner (*m.*). **3** ~ (malta) (*mur.*), unterwasserhärtend. **4 ariete** ~ (*macch. idr.*), hydraulischer Widder, Stossheber (*m.*). **5 brocciatrice orizzontale idraulica** (*macch. ut.*), hydraulische Waagerechträummaschine. **6 freno** ~ (*veic. - aut.*), hydraulische Bremse. **7 freno** ~ (per la prova di mot. a c. i.) (*mot.*), Wasserbremse (*f.*). **8 motore** ~ (*mot.*), Wasserkraftmaschine (*f.*). **9 prova idraulica** (prova di pressatura, di getti p. es.) (*tecnol.*), Wasserdruckprobe (*f.*). **10 regolatore** ~ (*app.*), hydraulischer Regler. **11 schema** ~ (*macch. - ecc.*), Hydraulikschaltplan (*m.*), hydraulischer Schaltplan.
idrazina (N_2H_4) (*chim.*), Hydrazin (*n.*). **2** ~ **idrata** ($N_2H_4 \cdot H_2O$) (*chim.*), Hydrazinhydrat (*n.*).
idrico (*idr. - ecc.*), Wasser... **2 approvvigionamento** ~ (*idr. - ecc.*), Wasserversorgung (*f.*).
idroboracite ($CaMgB_6O_{11} \cdot 6H_2O$) (*min.*), Hydroborazit (*m.*).
idrocarburo (*chim.*), Kohlenwasserstoff (*m.*). **2 idrocarburi aromatici** (*chim.*), aromatische Kohlenwasserstoffe (*m. pl.*). **3 idrocarburi saturi** (*chim.*), gesättigte Kohlenwasserstoffe (*m. pl.*).

idrochinone (*chim.*), Hydrochinon (*n.*).
idrociclone (*app.*), Hydrozyklon (*m.*).
idrodinamica (*s. - mecc. dei fluidi*), Hydrodynamik (*f.*).
idrodinamico (*mecc. dei fluidi*), hydrodynamisch. 2 **urto** ~ (*nav.*), hydrodinamischer Stoss, « Slamming ».
idrodolomite (idromagnocalcite) (*min.*), Hydrodolomit (*m.*), Hydromagnokalzit (*m.*).
idroelettrico (*elett.*), hydroelektrisch. 2 **impianto** ~ (*elett.*), Wasserkraftanlage (*f.*).
idroestrattore (centrifuga) (*macch.*), Trockenschleuder (*f.*), Zentrifuge (*f.*), Zentrifugaltrockner (*m.*), Schleudertrockner (*m.*). 2 ~ **(centrifugo) oscillante** (centrifuga oscillante, per tessuti) (*macch.*), Pendelzentrifuge (*f.*).
idroestrazione (centrifuga) (*ind.*), Schleudern (*n.*), Wasserabscheidung (*f.*).
idrofilo (*chim. - ecc.*), hydrofil, wasseranziehend.
idrofinitura (procedimento usato per la finitura di superfici metalliche, quali l'impronta di uno stampo, mediante getto di acqua e polvere abrasiva) (*mecc.*), Druckstrahlläppen (*n.*), Flüssigkeitshonen (*n.*), Strahlläppen (*n.*), Hydroläppen (*n.*).
idrofobizzazione (trattamento di impermeabilizzazione di tessuti) (*ind. tess.*), Hydrophobieren (*n.*).
idrofono (ricevitore subacqueo di onde elastiche) (*app.*), Unterwasserhorchgerät (*n.*). 2 ~ (tipo di sismografo) (*app.*), Hydrophon (*m.*).
idrogelo (soluzione colloidale) (*chim.*), Hydrogel (*n.*), wässeriges Gel.
idrogenare (*chim.*), hydrieren.
idrogenazione (*chim.*), Hydrieren (*n.*). 2 ~ (di grassi) (*chim.*), Hydrieren (*n.*), Härtung (*f.*). 3 ~ **del carbone** (*ind. chim.*), Kohlehydrierung (*f.*), Kohleverflüssigung (*f.*). 4 **acciaio per impianti di** ~ (acciaio resistente all'idrogeno sotto pressione) (*metall. - ind. chim.*), Hydrierstahl (*m.*).
idrogenione (ione di idrogeno) (*chim.*), Wasserstoffion (*n.*).
idrogeno (*H - chim.*), Wasserstoff (*m.*), Hydrogen (*n.*). 2 ~ **atomico** (idrogeno nascente) (*chim.*), atomarer Wasserstoff, naszierender Wasserstoff. 3 ~ **nascente** (idrogeno atomico) (*chim.*), naszierender Wasserstoff, atomarer Wasserstoff. 4 ~ **pesante** (deuterio) (*chim.*), schwerer Wasserstoff, Deuterium (*n.*). 5 ~ **solforato** (*chim.*), Schwefelwasserstoff (*m.*). 6 **bomba all'** ~ (*fis. atom. - espl.*), Wasserstoffbombe (*f.*). 7 **fragilità da** ~ (da decapaggio) (*metall.*), Wasserstoffsprödigkeit (*f.*), Wasserstoffkrankheit (*f.*).
idrogetto, propulsione ad ~ (di una imbarcazione) (*nav.*), Rückstossantrieb (*m.*).
idrografia (*idr.*), Hydrographie (*f.*), Gewässerkunde (*f.*).
idrografico (*idr.*), hydrographisch. 2 **bacino** ~ (bacino imbrifero) (*idr.*), Einzugsgebiet (*n.*), Abflussgebiet (*n.*), Entwässerungsgebiet (*n.*).
idroimbutitura (con membrana e liquido in pressione) (*lav. lamiera*), hydrostatisches Ziehen.
idrolappatura (idrofinitura) (*tecnol. mecc.*), Hydroläppen (*n.*).
idrolisi (*chim.*), Hydrolyse (*f.*).

idrolizzare (*fis. - chim.*), hydrolysieren.
idrolizzato (*fis. - chim.*), hydrolysiert.
idrologia (*geol.*), Hydrologie (*f.*).
idrolucidatura (*tecnol. mecc.*), Hydropolieren (*n.*).
idromagnocalcite (idrodolomite) (*min.*), Hydromagnokalzit (*n.*), Hydrodolomit (*m.*).
idromeccanica (*idr.*), Hydromechanik (*f.*).
idrometallurgia (metallurgia per via umida) (*metall.*), Hydrometallurgie (*f.*), Nassmetallurgie (*f.*).
idrometria (*idr.*), Wassermesswesen (*n.*), Hydrometrie (*f.*), Wassermessung (*f.*).
idrometro (per fiumi p. es.) (*strum.*), Pegel (*m.*). 2 ~ (fluviometro) (*app.*), Flusspegel (*m.*). 3 ~ **a tazze** (*app. idr.*), Tassenpegel (*m.*).
idromotore (motore idraulico, per convertire energia idraulica in moto rotativo) (*mot. - oleoidr.*), Hydromotor (*m.*). 2 ~ **a cilindrata variabile** (motore idraulico oscillante, motore idraulico a cilindrata variabile) (*mot. - oleoidr.*), Winkelmotor (*m.*). 3 ~ **a pistoni radiali e rotore eccentrico** (motore idraulico a pistoni radiali e rotore eccentrico) (*mot. - oleoidr.*), Radialkolbenmotor (*m.*). 4 ~ **a portata fissa** (motore idraulico a portata fissa) (*mot. - oleoidr.*), Konstantmotor (*m.*).
idronalio (lega d'alluminio) (*metall.*), Hydronalium (*n.*).
idropittura (pittura ad acqua) (*vn.*), Wasserfarbe (*f.*).
idroplano (idroscivolante) (*nav.*), Hydroplan (*m.*), Gleitboot (*n.*).
idropneumatico (comando p. es.) (*macch.*), lufthydraulisch, hydropneumatisch.
idropompa (pompa idraulica) (*oleoidr. - macch.*), Hydropumpe (*f.*). 2 ~ (*oleoidr. - macch.*), vedi anche pompa idraulica.
idropulsatore (per prove vibratorie) (*app. - prove*), Hydropulsanlage (*f.*).
idrorepellente (*tecnol.*), wasserabweisend, wasserabstossend.
idrorepellenza (*tecnol.*), Wasserabstossungsvermögen (*n.*).
idroscalo (*aer.*), Seeflughafen (*m.*), Wasserflughafen (*m.*).
idroscivolante (motoscafo veloce con elica aerea) (*nav.*), Gleitboot (*n.*).
idrosfera (*geogr.*), Hydrosphäre (*f.*).
idrosole (*chim.*), Hydrosol (*n.*), wässeriges Sol.
idrosolubile (solubile in acqua) (*chim.*), wasserlöslich.
idrossido (*chim.*), Hydroxyd (*n.*). 2 ~ **di ferro** (per depurazione di gas p. es.) (*chim.*), Eisenhydroxyd (*n.*). 3 ~ **di sodio** (NaHO, soda caustica) (*chim.*), Natriumhydroxyd (*n.*).
idrossilammina (NH_2OH) (*chim.*), Hydroxylamin (*n.*).
idrossile (ossidrile, gruppo idrogeno-ossigeno) (*chim.*), Hydroxylgruppe (*f.*).
idrossilione (*chim.*), Hydroxylion (*n.*).
idrostatica (parte della meccanica dei fluidi) (*s. - idr.*), Hydrostatik (*f.*).
idrostatico (*idr.*), hydrostatisch. 2 **carico** ~ (carico piezometrico) (*idr.*), Ruhwasserdruck (*m.*), hydrostatischer Druck.
idrosterzo (*aut.*), Hydrolenkung (*f.*). 2 ~ **a circolazione di sfere** (*aut.*), Kugelmutter-Hydrolenkung (*f.*).

idroterapia (*med.*), Wasserbehandlung (*f.*), Wasserheilverfahren (*n.*), Wasserkur (*f.*).
idrotimetria (procedimento per la determinazione della durezza dell'acqua) (*chim.*), Hydrotimetrie (*f.*).
idrotimetro (per la determinazione della durezza dell'acqua) (*strum. chim.*), Hydrotimeter (*n.*).
idrovia (*trasp. - idr.*), Wasserweg (*m.*).
idrovolante (*aer.*), Wasserflugzeug (*n.*), Seeflugzeug (*n.*), Flugboot (*n.*). 2 ~ **a due scafi** (*aer.*), Zweischwimmerflugzeug (*n.*). 3 ~ **a galleggianti** (*aer.*), Schwimmerflugzeug (*n.*). 4 ~ **a scafo** (*aer.*), Einschwimmerflugzeug (*n.*), Flugboot (*n.*). 5 **carrello di alaggio per idrovolanti** (*aer.*), Wasserflugzeugschleppwagen (*m.*).
idrovora (impianto di sollevamento di grandi quantità di acqua con bassa prevalenza) (*idr.*), Schöpfwerk (*n.*), Wasserhaltung (*f.*). 2 ~ (pompa idrovora, pompa di prosciugamento) (*min.*), Wasserhaltungsmaschine (*f.*). 3 **impianto idrovoro** (impianto di prosciugamento) (*min. - ed.*), Wasserhaltung (*f.*), Schöpfwerk (*n.*).
IEC (International Electrotechnical Commission) (*elett.*), IEC.
IFIP (International Federation of Information Processing) (*calc. - ecc.*), IFIP.
IFRP (International Frequency Registration Board) (*radio - ecc.*), IFRP.
igiene (*med.*), Hygiene (*f.*). 2 ~ **del lavoro** (*lav.*), Arbeitshygiene (*f.*).
igienico (*med. - ecc.*), hygienisch, gesundheitlich. 2 **impianti igienico-sanitari** (*ed.*), sanitäre Einrichtungen.
igienista (*med. - ecc.*), Hygieniker (*m.*).
ignifugo (materiale che non s'incendia dopo 30 minuti ed impedisce la propagazione del fuoco) (*prova - comb.*), feuerhemmend.
ignitore (puntina d'accensione, d'un ignitrone p. es.) (*elettronica*), Zündstift (*m.*). 2 ~ (anodo d'accensione) (*elett.*), Anlassanode (*f.*). 3 **comando mediante** ~ (negli ignitroni) (*elettronica*), Zündstiftsteuerung (*f.*).
ignitrone (raddrizzatore di semionda con adescamento indipendente dell'arco) (*elett.*), Ignitron (*n.*). 2 **comando a** ~ (di una saldatrice p. es.) (*tecnol. mecc.*), Ignitronsteuerung (*f.*).
ignizione (*comb.*), Zündung (*f.*). 2 **qualità di** ~ (di un mot. Diesel) (*mot.*), Zündwilligkeit (*f.*).
ignorare (saltare, un blocco di nastro perforato p. es.) (*elab. dati*), überlesen.
igrografo (*strum.*), Feuchtigkeitsschreiber (*m.*), Hygrograph (*m.*).
igrometro (*strum. meteor.*), Feuchtigkeitsmesser (*m.*), Hygrometer (*n.*). 2 ~ **a capello** (*strum.*), Haarhygrometer (*n.*), Haarfeuchtigkeitsmesser (*m.*), Fadenhygrometer (*n.*). 3 ~ **a condensazione** (*strum.*), Kondensationshygrometer (*n.*), Taupunkthygrometer (*n.*). 4 ~ **ad assorbimento** (*strum.*), Einsaugungshygrometer (*n.*).
igroscopicità (*chim.*), hygroskopische Eigenschaft, Hygroskopizität (*f.*).
igroscopico (*chim.*), hygroskopisch, wasseranziehend.

illegale (*leg.*), gesetzwidrig, gesetzlos.
illimitato (*gen.*), unbegrenzt.
illinio (*Il - chim.*), Illinium (*n.*), Promethium (*n.*).
illium (illio, lega speciale di Ni) (*metall.*), Illium (*n.*).
illuminamento (E, lx, intensità di illuminazione, rapporto tra flusso luminoso ed area della superficie) (*illum.*), Beleuchtungsstärke (*f.*). 2 ~ **energetico** (E, W/m², irradiamento), Bestrahlungsstärke (*f.*). 3 **quantità di** ~ (H, lx · s, prodotto dell'illuminamento per la durata del procedimento di illuminazione) (*illum.*), Belichtung (*f.*).
illuminante (*illum.*), beleuchtend. 2 **corpo** ~ (*illum. - ed.*), Beleuchtungskörper (*m.*). 3 **razzo** ~ (*aer. milit. - ecc.*), Leuchtrakete (*f.*).
illuminare (*illum.*), beleuchten, leuchten. 2 ~ (un aeroporto, mettere i segnali luminosi) (*aer.*), befeuern.
illuminatore (*app. ott.*), Illuminator (*m.*).
illuminazione (*illum.*), Beleuchtung (*f.*). 2 ~ (di aeroporto, per l'atterraggio ecc.) (*aer.*), Befeuerung (*f.*). 3 ~ **a campo oscuro** (di un microscopio) (*ott.*), Dunkelfeldbeleuchtung (*f.*). 4 ~ **a fluorescenza** (*illum.*), fluoreszente Beleuchtung. 5 ~ **a gas** (*illum.*), Gasbeleuchtung (*f.*). 6 ~ **a largo fascio luminoso** (illuminazione per proiezione) (*illum.*), Flutlichtbeleuchtung (*f.*). 7 ~ **architettonica** (*illum. - arch.*), Lichtarchitektur (*f.*). 8 ~ **dall'alto** (*illum.*), Auflicht (*n.*). 9 ~ **dal soffitto** (*ed.*), Deckenbeleuchtung (*f.*). 10 ~ **decorativa** (*illum.*), Schmuckbeleuchtung (*f.*). 11 ~ **della scala** (*ed. - illum.*), Treppenbeleuchtung (*f.*). 12 ~ **del palcoscenico** (*teatro - illum.*), Bühnenbeleuchtung (*f.*). 13 ~ **del posto di lavoro** (*illum.*), Platzbeleuchtung (*f.*), Arbeitsplatzbeleuchtung (*f.*). 14 ~ **di ambienti chiusi** (*illum. - ed.*), Innenraumbeleuchtung (*f.*). 15 ~ **di emergenza** (*illum.*), Notbeleuchtung (*f.*), Panikbeleuchtung (*f.*). 16 ~ **diffusa** (*illum.*), gestreute Beleuchtung, diffuse Beleuchtung. 17 ~ **di locali aperti** (*illum.*), Aussenbeleuchtung (*f.*). 18 ~ **di piste d'atterraggio** (*aer.*), Landepistenbefeuerung (*f.*). 19 ~ **diretta** (*illum.*), direkte Beleuchtung, unmittelbare Beleuchtung. 20 ~ **di veicoli** (*illum. - veic.*), Fahrzeugbeleuchtung (*f.*). 21 ~ **esterna** (*illum.*), Aussenbeleuchtung (*f.*). 22 ~ **generale** (*illum.*), allgemeine Beleuchtung. 23 ~ **in cornice** (con lampade nascoste che illuminano il soffitto e la parte superiore della parete) (*illum.*), Voutenbeleuchtung (*f.*). 24 ~ **indiretta** (*illum.*), indirekte Beleuchtung. 25 ~ **intensa** (*illum.*), helle Beleuchtung. 26 ~ **lenti** (per leggere un nonio p. es.) (*strum.*), Lupenbeleuchtung (*f.*). 27 ~ **mobile** (*illum.*), Versatzbeleuchtung (*f.*). 28 ~ **per proiezione** (*illum.*), Anstrahlung (*f.*), Fluchtlichtbeleuchtung (*f.*). 29 ~ **pubblicitaria** (*illum. - comm.*), Reklamebeleuchtung (*f.*). 30 ~ **semidiretta** (prevalentemente diretta) (*illum.*), halbdirekte Beleuchtung. 31 ~ **semi-indiretta** (prevalentemente indiretta) (*illum.*), halbindirekte Beleuchtung. 32 ~ **stradale** (*strad. - illum.*), Strassenbeleuchtung (*f.*). 33 ~ **uniforme** (*illum.*), gleichförmige Beleuch-

tung. **34 apparecchio di ~** (*app. illum.*), Leuchte (*f.*). **35 apparecchio d'~ a ripartizione intensiva** (*illum.*), Tiefstrahler (*m.*). **36 apparecchio di ~ a ripartizione obliqua** (apparecchio di illuminazione a ripartizione asimmetrica) (*illum.*), Schrägstrahler (*m.*). **37 apparecchio di ~ asimmetrico** (apparecchio di illuminazione a ripartizione asimmetrica della luce) (*illum.*), asymmetrische Leuchte. **38 batteria per ~** (*aut. - ecc.*), Lichtbatterie (*f.*). **39 Commissione Internazionale per l'~** (*illum.*), Internationale Beleuchtungskommission, IBK. **40 intensità di ~** (illuminamento) (*illum.*), Beleuchtungsstärke (*f.*). **41 piano degli apparecchi d'~** (d'una fabbrica, altezza dal suolo alla quale sono disposti gli app.) (*ind. - illum.*), Beleuchtungsebene (*f.*). **42 proiettore per ~** (*app. illum.*), Flutlichtscheinwerfer (*m.*).
illuminometro (app. per la misurazione diretta dell'illuminamento) (*app. di illum.*), Beleuchtungsmesser (*m.*).
illuminotecnica (tecnica dell'illuminazione) (*illum.*), Lichttechnik (*f.*).
illusione ottica (*ott.*), optische Täuschung, Sehtäuschung (*f.*).
illustrare (un articolo p. es. con figure) (*tip.*), mit Abbildungen versehen.
illustrazione (figura) (*gen.*), Abbildung (*f.*), Bild (*n.*). **2 ~** (figura, di un libro p. es.) (*tip.*), Bild (*n.*), Abbildung (*f.*). **3 ~ pubblicitaria** (*comm.*), Reklamebild (*n.*).
ilmenite (FeTiO$_3$) (*min.*), Ilmenit (*m.*).
image-orticon (orticon ad immagine) (*telev.*), Image-Orthikon (*n.*), Superorthikon (*n.*), Zwischenbildorthikon (*n.*), Orthikon mit Vorabbildung, Bildorthikon (*n.*).
imballaggio (imballo) (*trasp.*), Verpackung (*f.*). **2 ~**, vedi anche imballo. **3 ~ a perdere** (*comm.*), Einweg-Packung (*f.*), Eingebrauchs-Packung (*f.*). **4 ~ a rendere** (imballo a rendere) (*comm.*), Dauerpackung (*f.*), Leihemballage (*f.*). **5 ~ con materiale espanso** (*imball. - ind.*), Schaumstoffpackung (*f.*). **6 ~ metallico** (*trasp.*), Metallverpackung (*f.*). **7 ~ non a perdere** (imballaggio a rendere) (*trasp. - comm.*), Dauerpackung (*f.*). **8 ~ per trasporto marittimo** (*trasp. - comm.*), Überseeverpackung (*f.*), seemässige Verpackung. **9 catena d'~** (linea d'imballaggio) (*macch. imball.*), Verpackungsstrasse (*f.*), Verpackungslinie (*f.*), Packstrasse (*f.*). **10 macchina per imballaggi** (*macch. imball.*), Packmaschine (*f.*). **11 macchina per ~ « skin »** (con foglio di resina termoplastica) (*macch. - imball.*), Hautverpackungsmaschine (*f.*). **12 servizio imballaggi** (*ind. - imball.*), Packerei (*f.*). **13 tecnica dell'~** (*imball.*), Verpackungstechnik (*f.*).
imballamento (fuga, del motore) (*mot.*), Durchgehen (*n.*), Überdrehen (*n.*).
imballare (in casse, ecc.) (*trasp.*), verpacken. **2 ~** (un motore, farlo girare a velocità eccessiva, a vuoto) (*mot.*), durchgehen lassen, überdrehen. **3 ~** (in balle, confezionare balle) (*trasp.*), einballen, in Ballen verpacken. **4 ~ in casse** (incassare) (*trasp.*), in Kisten verpacken. **5 ~ in gabbie** (ingabbiare) (*trasp.*), in Verschläge verpacken. **6 ~ per trasporto marittimo** (*trasp.*), seemässig verpacken.

imballarsi (andare fuori giri) (*mot.*), durchgehen.
imballatore (*lav. - trasp.*), Einpacker (*m.*), Packer (*m.*). **2 ~** (addetto alla confezione di balle) (*lav.*), Einballierer (*m.*), Ballenbinder (*m.*).
imballo (imballaggio) (*trasp.*), Verpackung (*f.*), Einpackung (*f.*). **2 ~** (confezione di balle) (*trasp.*), Einballierung (*f.*). **3 ~** (*imball.*), vedi anche imballaggio. **4 ~ a perdere** (*comm.*), Einweg-Packung (*f.*), Eingebrauchs-Packung (*f.*). **5 ~ marittimo** (imballo per trasporto marittimo) (*trasp.*), Seeverpackung (*f.*), seemässige Verpackung. **6 ~ per trasporto interno** (*trasp.*), Inlandverpackung (*f.*). **7 ~ per trasporto marittimo** (*trasp.*), seemässige Verpackung, Überseeverpackung (*f.*). **8 carta da ~** (*mft. della carta*), Einwickelpapier (*n.*), Emballagepapier (*n.*). **9 senza ~** (*comm. - trasp.*), unverpackt.
imbandierare (*gen.*), flaggen, beflaggen.
imbando (maggior lunghezza percentuale di un cavo posato) (*nav. - elett.*), Lose (*n.*). **2 ~ di cavo** (*elett.*), Kabelzuschlag (*m.*).
imbarcadero (pontile) (*nav.*), Landesteg (*m.*), Bootsteg (*m.*), Anlegesteg (*m.*).
« imbarcamento » (svergolatura, del legno p. es.) (*ed. - ecc.*), Werfen (*n.*), Verwerfung (*f.*).
imbarcare (*nav.*), einschiffen.
imbarcarsi (*nav.*), sich einschiffen. **2 ~** (deformarsi, storcersi) (*mecc. - ecc.*), verziehen, verwerfen, sich werfen.
imbarcazione (*nav.*), Boot (*n.*). **2 ~ a fasciame sovrapposto** (imbarcazione con fasciame a semplice ricoprimento) (*nav.*), Klinkerboot (*n.*). **3 ~ a remi** (barca a remi) (*nav.*), Riemenboot (*n.*), Ruderboot (*n.*). **4 ~ con fasciame a semplice ricoprimento** (imbarcazione a fasciame sovrapposto) (*nav.*), Klinkerboot (*n.*). **5 ~ da corsa** (*nav.*), Rennboot (*n.*). **6 ~ da diporto** (*nav.*), Vergnügungsboot (*n.*). **7 ~ da diporto** (panfilo, « yacht ») (*nav.*), Yacht (*f.*). **8 ~ di salvataggio** (lancia di salvataggio) (*nav.*), Rettungsboot (*n.*). **9 gru delle imbarcazioni** (*nav.*), Bootskran (*m.*), Davit (*m.*). **10 ponte delle imbarcazioni** (ponte lance) (*nav.*), Bootsdeck (*n.*).
imbarco (*nav.*), Einschiffung (*f.*). **2 passerella d'~ su velivolo** (*aer.*), Flugsteige (*f.*).
imbardare (*aer.*), gieren. **2 ~** (oscillare attorno all'asse baricentrico normale, di una autovettura) (*difetto aut.*), schleudern.
imbardata (rotazione di un velivolo attorno al suo asse verticale baricentrico) (*aer.*), Gieren (*n.*). **2 ~** (oscillazione attorno all'asse baricentrico normale, di un'autovettura) (*difetto aut.*), Gieren (*n.*), Schleudern (*n.*). **3 angolo d'~** (*aut. - aer.*), Gierwinkel (*m.*). **4 angolo d'~** (nelle prove aerodin. di autovetture) (*aut.*), Anströmwinkel (*m.*). **5 indicatore d'~** (*strum. aer.*), Gierungsmesser (*m.*). **6 momento d'~** (*aer.*), Giermoment (*n.*). **7 momento d'~ da rollio** (*aer.*), Roll-Giermoment (*n.*).
imbastire (puntare) (*saldatura*), heften, heftpunkten, heftschweissen, anheften.

imbastito (puntato) (*tecnol. mecc.*), heftgeschweisst.
imbastitura (puntatura, saldatura di puntatura) (*tecnol. mecc.*), Heftschweissen (*n.*). 2 ~ **a punti** (puntatura) (*tecnol. mecc.*), Punktheften (*n.*).
imbatto (impatto) (*gen.*), Anprall (*m.*). 2 **punto d'** ~ (*artiglieria*), Treffpunkt (*m.*).
imbiancamento (di una superficie verniciata) (*difetto vn.*), Anlaufen (*n.*).
imbiancare (le pareti) (*mur. - ed.*), anweissen, tünchen.
imbiancatore (olandese imbiancatrice) (*macch. ind. carta*), Bleichholländer (*m.*).
imbiancatura (delle pareti) (*mur.*), Tünchen (*n.*), Anweissen (*n.*).
imbianchimento (*chim.*), vedi candeggio.
imbianchino («pittore», verniciatore) (*lav. - ed.*), Weissner (*m.*), Anstreicher (*m.*), Tüncher (*m.*), Maler (*m.*). 2 **pennello da** ~ (*ut. mur.*), Streichbürste (*f.*).
imbibizione (*chim.*), Imbibition (*f.*), Quellung (*f.*). 2 **potere di** ~ (di un tessuto) (*tecnol. tess.*), Wasserrückhaltvermögen (*n.*), Quellwert (*m.*).
imbiellaggio (accoppiamento di due o più bielle su un unico perno di manovella di motori a V p. es.) (*mot.*), Angriff der Pleuelstangen.
imbiettare (*mecc.*), aufkeilen.
imbiettato (*mecc.*), aufgekeilt.
imbiettatura (*mecc.*), Aufkeilung (*f.*).
imboccare (ingranare, delle ruote dentate p. es.) (*mecc.*), eingreifen, ineinanderfassen.
imboccatura (imbocco) (*gen.*), Einmündung (*f.*). 2 ~ (bocchino, bocchetta) (*tubaz.*), Tülle (*f.*). 3 ~, vedi anche imbocco. 4 ~ **del canale** (imbocco del canale) (*costr. idr.*), Kanaleinfahrt (*f.*). 5 **ad** ~ **svasata** (*gen.*), glockenförmig aufgeweitet.
imbocco (di strada p. es.) (*strada - ecc.*), Einmündung (*f.*). 2 ~ (ingranamento, presa, dei denti degli ingranaggi) (*mecc.*), Eingriff (*m.*). 3 ~ (di ingranaggi) (*mecc.*), vedi anche ingranamento. 4 ~ (inizio taglio, di un creatore p. es.) (*ut.*), Anschnitt (*m.*). 5 ~ (tratto attivo, di un maschio per filettare) (*ut.*), Anschnitt (*m.*). 6 ~ **a tromba** (di condotte forzate) (*idr.*), Einlauftrompete (*f.*). 7 ~ **corretto** (di un maschio) (*ut.*), Schälanschnitt (*m.*). 7 ~ **corto** (tratto attivo corto, di un maschio per filettare) (*ut.*), kurzer Anschnitt. 9 ~ **dei denti** (ingranamento dei denti, di ingranaggi) (*mecc.*), Zahneingriff (*m.*). 10 ~ **del canale** (imboccatura del canale) (*costr. idr.*), Kanaleinfahrt (*f.*). 11 ~ **della galleria** (*min. - ecc.*), Stollenmund (*m.*). 12 ~ **di galleria** (*ing. civ.*), Tunneleingang (*m.*). 13 ~ **di trafilatura** (di una matrice per imbutitura) (*ut. lav. lamiera*), Ziehkante (*f.*). 14 ~ **lungo** (tratto attivo lungo, di un maschio per filettare) (*ut.*), langer Anschnitt. 15 ~ **medio** (tratto attivo medio, di un maschio per filettare) (*ut.*), Schälanschnitt (*m.*). 16 **affilatrice per imbocchi** (affilatrice per imbocchi di maschi filettatori) (*macch. ut.*), Anschnitt-Schleifmaschine (*f.*). 17 **angolo d'**~ (di mulini a cilindri) (*min.*), Einzugswinkel (*m.*). 18 **conicità d'**~ (angolo del tratto attivo, di un maschio per filettare) (*ut.*), Anschnittwinkel (*m.*). 19 **lunghezza d'**~ (lunghezza del tratto attivo, di un maschio per filettare) (*ut.*), Anschnittlänge (*f.*).
imboccolare (imbussolare) (*mecc.*), büchsen, ausbüchsen.
imbonimento (*idr.*), vedi colmata.
imbottigliamento (*ind.*), Einfüllung (*f.*).
imbottigliare (*ind.*), einfüllen. 2 **macchina per** ~ (imbottigliatrice) (*birreria - ecc.*), Flaschenfüllmaschine (*f.*), Einfüllmaschine (*f.*).
imbottigliatrice (macchina per imbottigliare) (*macch.*), Flaschenfüllmaschine (*f.*), Einfüllmaschine (*f.*).
imbottire (tappezzare, dei mobili p. es.) (*gen.*), polstern, auspolstern.
imbottito (*gen.*), gepolstert. 2 ~ **con espanso** (parete di autovettura p. es.) (*sicurezza aut. - ecc.*), geschäumt.
imbottitura (*gen.*), Polsterung (*f.*), Wattierung (*f.*). 2 ~ (di un cruscotto p. es.) (*aut.*), Polsterung (*f.*). 3 ~ **sagomata** (*imball.*), geformte Polsterung. 4 **materiali d'**~ (*ind. - imball.*), Polsterstoffe (*m. pl.*).
imbozzato (*nav.*), gemeeert vorn und achter.
imbozzimare (*ind. tess.*), schlichten, glätten.
imbozzimatore (*lav.*), Schlichter (*m.*).
imbozzimatrice (*macch. tess.*), Schlichtmaschine (*f.*).
imbozzimatura (*ind. tess.*), Schlichten (*n.*), Glätten (*n.*). 2 **togliere l'** ~ (togliere l'appretto) (*ind. tess.*), entschlichten.
imbozzolatura (rivestimento con involucro plastico protettivo) (*trasp. - vn.*), Kokonverfahren (*n.*).
imbragare (una cassa p. es.) (*trasp.*), anschlagen. 2 ~ **qui!** (scritta su una cassa p. es.) (*trasp.*), hier anschlagen! 3 **rete per** ~ (*trasp.*), Brook (*m. - f.*).
imbragatura (*trasp. - app. di sollev.*), Schlinge (*f.*), Anschlaggerät (*n.*).
imbrattamento (di candele p. es.) (*mot. - ecc.*), Verschmutzung (*f.*). 2 ~ **da petrolio** (di coste, da scarichi di navi cisterna) (*ecol.*), Ölpest (*f.*).
imbrattarsi (di candele p. es.) (*mot. - aut. - ecc.*), verschmutzen.
imbrigliatura (briglie, di un torrente) (*costr. idr.*), Murverbauung (*f.*).
imbroncare (disporre verticali i pennoni) (*nav.*), auftoppen.
imbullonare (fissare con viti) (*mecc. - ecc.*), verschrauben, verbolzen.
imbullonatura (collegamento a vite) (*mecc.*), Verschraubung (*f.*), Verbolzung (*f.*).
imbussolamento (*mecc.*), Ausbüchsen (*n.*).
imbussolare (imboccolare) (*mecc.*), büchsen, ausbüchsen.
imbutibilità (d'una lamiera, idoneità allo stampaggio medio) (*ind. metall.*), Ziehgüte (*f.*). 2 ~ **profonda** (idoneità allo stampaggio profondo, d'una lamiera) (*ind. - metall.*), Tiefziehgüte (*f.*).
imbutiforme (*gen.*), trichterförmig.
imbutire (*lav. lamiera*), tiefziehen, ziehen. 2 ~ **al tornio** (tornire in lastra) (*lav. macch. ut.*), drücken.

imbutito (di lamiera) (*a. - tecnol. mecc.*), gezogen, tiefgezogen. 2 ~ (pezzo imbutito) (*s. - lav. lamiera*), Ziehteil (*m.*), Tiefziehteil (*m.*). 3 ~ **cilindrico** (bossolo) (*s. - lav. lamiera*), Hülse (*f.*).

imbutitrice (in lastra, tornio in lastra, per lavorazione di lamiere) (*macch. ut.*), Drückbank (*f.*), Drückmaschine (*f.*).

imbutitura (trasformazione di una lamiera piana in un corpo cavo senza variazione teorica dello spessore) (*lav. lamiera*), Tiefziehen (*n.*), Ziehen (*n.*). 2 ~ **al tornio** (tornitura in lastra) (*lav. macch. ut.*), Drücken (*n.*). 3 ~ **con premilamiera** (*lav. lamiera*), Ziehen mit Blechhaltung. 4 ~ **con stiro** (ossia con diminuzione dello spessore della lamiera) (*lav. lamiera*), Abstreckziehen (*n.*). 5 ~ **con tampone di gomma** (*lav. lamiera*), Gummiziehen (*n.*). 6 ~ **dello sviluppo** (prima operazione di imbutitura) (*lav. lamiera*), Erstziehen (*n.*), Vorzug (*m.*). 7 ~ **finale** (operazione finale di imbutitura) (*lav. lamiera*), Fertigziehen (*n.*). 8 ~ **Hydroform** (con cuscino idraulico invece della matrice) (*lav. lamiera*), Hydroformverfahren (*n.*). 9 ~ **idromeccanica** (*lav. - lamiera*), hydromechanisches Tiefziehen. 10 ~ **idrostatica** (nella quale la lamiera viene spinta entro la matrice sotto pressione idrostatica) (*lav. - lamiera*), hydrostatisches Tiefziehen. 11 ~ **in più passaggi** (*lav. lamiera*), Ziehen bei mehreren Ziehstufen. 12 ~ **intermedia** (operazione intermedia di imbutitura) (*lav. lamiera*), Zwischenziehen (*n.*), Nachzug (*m.*), Ziehen im Weiterschlag. 13 ~ **inversa** (operazione intermedia di imbutitura in direzione opposta a quella dell'operazione precedente) (*lav. lamiera*), Stülpziehen (*n.*). 14 ~ **normale** (con premilamiera, in una sola operazione) (*lav. lamiera*), Tiefziehen im Anschlag. 15 ~ **ovale al tornio** (*lav. lamiera*), Ovaldrücken (*n.*). 16 ~ **poco profonda** (*lav. lamiera*), Flachziehen (*n.*). 17 ~ **profonda** (*lav. lamiera*), Tiefziehen (*n.*). 18 **profonda** ~ **in più passaggi** (*lav. lamiera*), Tiefziehen im Weiterschlag. 19 ~ **progressiva** (esecuzione contemporanea di più operazioni sulla stessa macchina) (*lav. lamiera*), Stufenziehpressen (*n.*), Stufenziehverfahren (*n.*). 20 ~ **semplice** (imbutitura senza premilamiera, con spessore circa invariato della lamiera) (*lav. lamiera*), Ziehen ohne Blechhaltung. 21 ~ **senza premilamiera** (*lav. lamiera*), Tiefziehen ohne Blechhalter. 22 **cartone per** ~ (*ind. carta*), Ziehpappe (*f.*). 23 **fattore d'**~ (rapporto fra raggio negli angoli del pezzo da ottenere e raggio dello sviluppo di partenza) (*lav. lamiera*), Ziehfaktor (*m.*). 24 **fondello del provino di** ~ (*tecnol. mecc.*), Napfboden (*m.*). 25 **forma per** ~ (al tornio) (*tecnol. mecc.*), Drückform (*f.*). 26 **lamiera per** ~ (*ind. metall.*), Ziehblech (*n.*). 27 **lamiera speciale per** ~ (*ind. metall.*), Sondertiefziehblech (*n.*). 28 **lubrificante per** ~ (*lav. lamiera*), Ziehschmiermittel (*n.*). 29 **matrice per** ~ (*ut. lav. lamiera*), Ziehring (*m.*). 30 **orlo del provino di** ~ (*tecnol. mecc.*), Napfzarge (*f.*). 31 **pressa per** ~ (*macch. lav. lamiera*), Ziehpresse (*f.*). 32 **prima operazione di** ~ (imbutitura dello sviluppo) (*lav. lamiera*), Erstziehen (*n.*), Vorzug (*m.*). 33 **prima** ~ (prima fase di imbutitura profonda) (*lav. lamiera*), Anschlag (*m.*). 34 **prova di** ~ (*lav. lamiera*), Tiefziehversuch (*m.*), Tiefungsversuch (*m.*). 35 **prova di laminazione** (a freddo) **ed** ~ (su nastri di lamiera) (*tecnol. mecc.*), Walzziehversuch (*m.*). 36 **provino di** ~ (*lav. lamiera*), Napf (*m.*), Tiefziehprobe (*f.*). 37 **punzone per** ~ (*ut. lav. lamiera*), Ziehstempel (*m.*). 38 **rapporto di** ~ (nella imbutitura profonda, rapporto tra diametro dello sviluppo e diametro del punzone) (*lav. lamiera*), Ziehverhältnis (*n.*). 39 **rulli per** ~ **al tornio** (*lav. lamiera*), Drückrollen (*f. pl.*). 40 **sforzo d'**~ (*lav. lamiera*), Ziehkraft (*f.*). 41 **stampo per** ~ (*ut. lav. lamiera*), Ziehwerkzeug (*n.*), Zug (*m.*). 42 **stampo per** ~ **dello sviluppo** (stampo per la prima operazione di imbutitura) (*ut. lav. lamiera*), 1. Zug (*m.*). 43 **stampo per** ~ **finale** (stampo per l'operazione finale di imbutitura) (*ut. lav. lamiera*), Fertigzug (*m.*). 44 **stampo per** ~ **inversa** (*ut. lav. lamiera*), Stülpzug (*m.*). 45 **stampo progressivo per** ~ (*ut. lav. lamiera*), Stufenziehwerkzeug (*n.*). 46 **velocità di** ~ (*lav. lamiera*), Ziehgeschwindigkeit (*f.*). 47 **velubro d'**~ (*lav. lamiera*), Ziehfilm (*m.*).

imbuto (*app.*), Trichter (*m.*). 2 ~ (di una carda) (*macch. tess.*), Trichter (*m.*), Bandtrichter (*m.*). 3 ~ **di colata** (*fond.*), Trichter (*m.*), Trichterkasten (*m.*). 4 ~ **di depressione** (*idr.*), Senkungstrichter (*m.*). 5 ~ **di presa** (di un pozzo) (*costr. idr.*), Entnahmetrichter (*m.*). 6 ~ **di sfioro** (imbuto di tracimazione) (*costr. idr.*), Ablauftrichter (*m.*). 7 ~ **di tracimazione** (imbuto di sfioro) (*costr. idr.*), Ablauftrichter (*m.*). 8 ~ **separatore** (*app. chim.*), Scheidetrichter (*m.*).

imitare (*gen.*), nachahmen.

imitazione (*gen.*), Nachahmung (*f.*).

immagazzinaggio (immagazzinamento) (*ind.*), Einlagerung (*f.*).

immagazzinamento (immagazzinaggio) (*ind.*), Einlagerung (*f.*). 2 ~ **alla rinfusa** (*ind.*), lose Aufbewahrung. 3 ~ **in atmosfera gassosa** (di viveri) (*ind.*), Gaslagerung (*f.*). 4 **durata di** ~ (di una vernice p. es.) (*ind. chim.*), Lagerfähigkeit (*f.*). 5 **periodo d'**~ (tempo di giacenza a magazzino) (*ind.*), Lagerzeit (*f.*).

immagazzinare (mettere a magazzino) (*ind.*), lagern, einlagern, in Lager setzen.

immagazzinato (giacente, di merci p. es.) (*ind.*), eingelagert, gelagert.

immaginario (numero) (*mat.*), imaginär.

immagine (figura, quadro, illustrazione) (*gen.*), Bild (*n.*). 2 ~ (*ott.*), Bild (*n.*). 3 ~ **a colori** (*telev.*), Farbbild (*n.*). 4 ~ **acustica** (*acus.*), Lautbild (*n.*). 5 ~ **ad alta definizione** (*telev.*), scharfes Bild, hochzeiliges Bild. 6 ~ **a forte contrasto** (*telev. - ott.*), kontrastreiches Bild, hartes Bild. 7 ~ **capovolta** (*telev. - ecc.*), Kehrbild (*n.*), verkehrtes Bild, kopfstehendes Bild. 8 ~ **definita** (immagine nitida) (*ott.*), scharfes Bild. 9 ~ **delle linee di forza** (spettro magnetico) (*fis.*), Kraftlinienbild (*b.*). 10 ~ **di carica** (*elettronica*), Ladungsbild (*n.*). 11 ~ **d'ombra** (ombra, nella prova dell'indice di rifrazione con procedimento a proiezione p. es.) (*ott.*), Schattenbild (*n.*). 12 ~ **diretta**

immagine

(*telev.*), Direktabbildung (*f.*). **13 ~ fissa** (*ott.*), Stehbild (*n.*). **14 ~ in bianco e nero** (*telev.*), Schwarzweissbild (*n.*). **15 ~ latente** (*ott.*), latentes Bild. **16 ~ morbida** (senza contrasto) (*ott.*), weiches Bild. **17 ~ multipla** (difetto telev.), Mehrfachbild (*n.*). **18 ~ negativa** (*fot. - ecc.*), Negativbild (*n.*), Umkehrbild (*n.*). **19 ~ nitida** (immagine definita) (*fot. - ecc.*), scharfes Bild. **20 ~ non distorta** (immagine ortoscopica, immagine rettolineare) (*ott.*), unverzeichnetes Bild. **21 ~ ondulata** (difetto - telev.), welliges Bild. **22 ~ ortoscopica** (immagine rettolineare, immagine non distorta) (*ott.*), unverzeichnetes Bild. **23 ~ piatta** (*ott.*), flaches Bild. **24 ~ panoramica** (*cinem. - ott.*), Panoramabild (*n.*), Rundbild (*n.*). **25 ~ poco luminosa** (*telev.*), lichtschwaches Bild. **26 ~ reale** (*ott.*), reelles Bild, wirkliches Bild, echtes Bild. **27 ~ rettolineare** (immagine ortoscopica, immagine non distorta) (*ott.*), unverzeichnetes Bild. **28 ~ riflessa** (immagine speculare, immagine simmetrica) (*ott.*), Spiegelbild (*n.*). **29 ~ riflessa** (doppia immagine) (*difetto - telev.*), Echo (*n.*), Echobild (*n.*), Doppelbild (*n.*). **30 ~ rovescia** (*ott.*), Gegenbild (*n.*). **31 ~ sdoppiata** (difetto telev.), geteiltes Bild, Bildvervielfachung (*f.*). **32 ~ senza contrasto** (morbida) (*ott.*), weiches Bild, flaues Bild. **33 ~ sfuocata** (*fot. - ecc.*), verschwommenes Bild. **34 ~ simmetrica** (immagine speculare, immagine riflessa) (*ott.*), Spiegelbild (*n.*). **35 ~ sovraesposta** (*fot. - ecc.*), verbranntes Bild. **36 ~ speculare** (immagine riflessa, immagine simmetrica) (*ott.*), Spiegelbild (*n.*). **37 ~ stereoscopica** (immagine tridimensionale) (*ott.*), Raumbild (*n.*), Stereobild (*n.*). **38 ~ susseguente** (nelle prove dei colori) (*ott.*), Nachbild (*n.*). **39 ~ televisiva** (*telev.*), Fernsehbild (*n.*). **40 ~ tridimensionale** (immagine stereoscopica) (*ott.*), Raumbild (*n.*), Stereobild (*n.*). **41 ~ troncata** (difetto telev.), abgeschnittenes Bild. **42 ~ virtuale**, scheinbares Bild, virtuelles Bild. **43 campo d'~** (*telev.*), Bildfeld (*n.*). **44 centratura dell'~** (*telev.*), Zentrierwinkel (*m.*). **45 convertitore di ~** (*telev.*), Bildwandler (*m.*). **46 definizione agli orli dell'~** (*telev.*), Eckenschärfe (*f.*). **47 definizione dell'~** (nitidezza dell'immagine) (*fot. - ecc.*), Bildschärfe (*f.*). **48 difetto dell'~** (*ott.*), Abbildungsfehler (*m.*). **49 doppia ~** (difetto telev.), Doppelbild (*n.*). Echobild (*n.*). **50 elemento d'~** (punto d'immagine) (*telev.*), Bildpunkt (*m.*). **51 falsa ~** (difetto telev.), Geisterbild (*n.*). **52 formarsi di un ~** (*ott.*), abbilden. **53 frequenza d'~** (*telev.*), Vollbildfrequenz (*f.*). **54 frequenza ~** (in supereterodina) (*radio*), Spiegelfrequenz (*f.*). **55 impulso di sincronizzazione dell'~** (*telev.*), Bildsynchronisationsimpuls (*m.*), Bildsynchronisierungsimpuls (*m.*). **56 nitidezza dell'~** (definizione dell'immagine) (*fot. - ecc.*), Bildschärfe (*f.*). **57 punto d'~** (elemento d'immagine) (*telev.*), Bildpunkt (*m.*). **58 radiotrasmissione di immagini** (*radio*), drahtlose Bildübertragung. **59 rapporto d'~** (rapporto larghezza-altezza dell'immagine) (*telev.*), Bildseitenverhältnis (*n.*). **60 regolazione orizzontale dell'~** (*telev.*), Bildseitenverschiebung (*f.*). **61 regolazione verticale dell'~** (*telev.*), Bildsynchronisiereinstellung (*f.*). **62 sequenza d'immagini** (sequenza di fotogrammi) (*cinem.*), Bildreihe (*f.*). **63 sincronizzazione dell'~** (*telev.*), Bildsynchronisation (*f.*). **64 sintesi dell'~** (*telev.*), Bildsynthese (*f.*), Bildaufbau (*m.*). **65 tubo convertitore d'~** (*telev.*), Bildwandlerröhre (*f.*).

immatricolare (*gen.*), immatrikulieren, einschreiben. **2 ~** (una vettura p. es.) (*aut.*), zulassen, immatrikulieren.

immatricolato (*gen.*), immatrikuliert, eingeschrieben. **2 ~** (vettura p. es.) (*aut.*), zugelassen, immatrikuliert.

immatricolazione (di una vettura p. es.) (*aut. - ecc.*), Zulassung, Immatrikulation (*f.*), Einschreibung (*f.*). **2 di nuova ~** (*aut.*), neu immatrikuliert. **3 numero di ~** (numero di targa) (*aut.*), Zulassungsnummer (*f.*). **4 nuova ~** (*aut.*), Neuzulassung (*f.*). **5 regolamento per l'~** (*traff. strad. - aut.*), Strassenverkehrs-Zulassungs-Ordnung (*f.*), St VZO. **6 tassa d'~** (*aut.*), Zulassungsgebühr (*f.*).

immediato (*gen.*), sofortig. **2 ~** (diretto) (*gen.*), unmittelbar. **3 ~** (*fis. atom.*), prompt.

Immelmann (gran volta imperiale, virata imperiale) (*aer.*), Immelmann-Kurve (*f.*), Immelmann-Turn (*m.*).

immergere (immergersi) (*gen.*), tauchen, eintauchen.

immersione (*gen.*), Eintauchen (*n.*), Tauchen (*n.*). **2 ~** (pescaggio) (*costr. nav.*), Tiefgang (*m.*). **3 ~** (di uno strato) (*geol.*), Fallen (*n.*). **4 ~** (movimento di immersione, di una mola p. es.) (*lav. macch. ut.*), Eintauchen (*n.*). **5 ~** (*tecnol.*), Tauchprozess (*m.*), Tauchvorgang (*m.*). **6 ~** (d'un sommergibile p. es.) (*gen.*), Tauchen (*n.*). **7 ~ a carico** (pescaggio a carico) (*nav.*), Ladetiefgang (*m.*). **8 ~ a nave scarica** (pescaggio a nave scarica) (*nav.*), Leertiefgang (*m.*). **9 ~ a pieno carico** (pescaggio a pieno carico) (*costr. nav.*), Tiefgang beladen. **10 ~ a poppa** (pescaggio a poppa) (*costr. nav.*), hinterer Tiefgang (*m.*). **11 ~ a prua** (pescaggio a prua) (*costr. nav.*), vorderer Tiefgang (*m.*). **12 ~ di progetto** (*costr. nav.*), Konstruktionstiefgang (*m.*). **13 ~ in latte di calce** (neutralizzazione in latte di calce) (*tecnol. mecc.*), Kälken (*n.*). **14 ~ massima permessa** (per navi passeggeri) (*nav.*), Schottentiefgang (*m.*). **15 ~ omogenea** (*ott.*), homogene Immersion. **16 ~ rapida** (di un sommergibile) (*mar. mil.*), Schnelltauchen (*n.*). **17 ~ sotto carico** (pescaggio sotto carico) (*nav.*), Ladetiefgang (*m.*). **18 angolo di ~** (di uno strato) (*geol.*), Einfallwinkel (*m.*). **19 direzione ed ~** (di uno strato) (*geol.*), Streichen und Fallen, S. u. F. **20 formatura ad ~** (per produrre articoli di gomma a pareti sottili) (*ind. gomma*), Tauchen (*n.*). **21 marca d'~** (*nav.*), Tieflademarke (*f.*), Tiefgangmarke (*f.*), Ahming (*f.*). **22 movimento di ~** (di una mola p. es.) (*lav. macch. ut.*), Eintauchen (*n.*). **23 navigazione in ~** (d'un sommergibile) (*mar. milit.*), Unterwasserfahrt (*f.*). **24 patinatura per ~** (*ind. carta*), Tauchbeschichtung (*f.*). **25 periodo di ~** (*tratt. term. - ecc.*), Tauchdauer (*f.*). **26 scala di ~** (marche di immersione) (*nav.*), Ahming (*f.*), Tiefgangmarke (*f. pl.*).

immerso (gen.), getaucht, eingetaucht. 2 ~ (bagnato dall'acqua) (nav.), wasserbenetzt. 3 ~ **in olio** (trasformatore) (elett.), Ölgekapselt.
immettere (introdurre) (gen.), hineinlegen, einfahren, einführen, hineinsetzen. 2 ~ (inserire, infilare) (gen.), hineinstecken. 3 ~ (informazioni) (calc.), eingeben. 4 ~ **aria** (gen.), fluten.
immigrazione (comm. - lav.), Immigration (f.), Einwanderung (f.).
immissione (gen.), Hineinlegen (n.), Hineinstecken (n.), Hineinsetzen (n.). 2 ~ (entrata, di dati in un calcolatore) (macch. calc.), Eingabe (f.). 3 ~ (entrata, ingresso, di acqua p. es. in una turbina) (mot.), Beaufschlagung (f.). 4 ~ (di calore) (fis.), Eintrag (m.). 5 ~ **dei dati di percorso** (entrata dei dati di percorso, nel comando d'un trasportatore continuo) (trasp. ind.), Zieleingabe (f.).
immobile (statico) (a. - gen.), ruhend, ruhig, unbewegt. 2 ~ (lotto di terreno) (ed.), Grundstück (n.), Immobilie (f.). 3 **immobili** (beni immobili) (s. - finanz.), Liegenschaften (f. pl.), Immobilien (f. pl.). 4 ~ **finitimo** (fondo finitimo, terreno finitimo) (ed.), Nachbargrundstück (n.).
immobilizzare (capitali) (finanz.), immobilisieren.
immondizie (rifiuti) (gen.), Müll (m.), Kehricht (m.), Haushaltabfälle (m. pl.).
immorsare (commettere a dente) (tecnol.), verzahnen, verschränken. 2 ~ (congiungere a code) (falegn.), verkämmen.
immorsatura (di un muro p. es.) (tecnol.), Verzahnung (f.), Verschränkung (f.). 2 ~ (giunzione a code, unione a code) (falegn.), Verkämmung (f.). 3 ~ **a code di rondine** (unione a code di rondine, giunzione a code di rondine) (falegn.), schwalbenschwanzförmige Verkämmung. 4 ~ **diritta** (giunzione a code diritte, unione a code diritte) (falegn.), gerade Verkämmung.
immurato (murato) (ed.), eingemauert.
impaccare (impacchettare, per il trasporto p. es.) (gen.), packen, verpacken.
impacchettamento («bunching», di elettroni in un clistron p. es.) (elettronica), Ballung (f.), Paketbildung (f.), Phasenfokussierung (f.).
impacchettare (impaccare, per trasporto p. es.) (gen.), packen, verpacken. 2 ~ (fogli di lamiera) (metall.), paketieren. 3 ~ (pacchettare, rottami p. es.) (metall. - ecc.), paketieren.
impacchettatrice (pacchettatrice, pressa per rottami p. es.) (metall. - macch.), Paketierpresse (f.), Paketpresse (f.).
impacchettatura (trasp.), Verpacken (n.). 2 ~ (di fogli di lamiera) (metall.), Paketieren (n.). 3 ~ (pacchettatura, di rottami p. es.) (lav. di lamiere - ecc.), Paketieren (n.). 4 ~ **di rottami** (metall.), Schrottpaketieren (n.).
impaginare (tip.), umbrechen.
impaginato (a. - tip.), umbrochen. 2 ~ (s. - tip.), Umbruch (m.).
impaginatore (lav. - tip.), Metteur (m.).
impalcatura (ponteggio) (ed.), Gerüst (n.), Baugerüst (n.), Arbeitsgerüst (n.). 2 ~ **di caricamento** (piano di caricamento, per l'alimentazione di grandi forni) (metall.), Bühne (f.). 3 ~ **di montaggio** (incastellatura di montaggio) (ind.), Montagegerüst (n.). 4 ~ **in legno** (ponteggio in legno) (ed.), Holzgerüst (n.). 5 ~ **in tubi metallici** (ponteggio in tubi metallici) (ed.), Stahlrohrgerüst (n.). 6 ~ **mobile** (ponteggio mobile) (ed.), fliegendes Gerüst. 7 ~ **mobile** (per la carica di un reattore p. es.) (fis. atom. - ecc.), Galerie (f.). 8 ~ **sospesa** (per facciata, per pulire finestre p. es.) (app. di sollev. - ed.), Fassadenaufzug (m.), Schwebebühne (f.). 9 **addetto alle impalcature** (ponteggiatore, pontaiolo, pontatore) (lav. - ed.), Gerüster (m.), Gerüstarbeiter (m.). 10 **montare l'**~ (montare un ponteggio) (ed.), rüsten, ein Gerüst erstellen. 11 **smontare l'**~ (smontare il ponteggio) (ed.), abrüsten.
impalmare (collegare due funi metalliche) (trasp. - ecc.), spleissen.
impalmatura (giunzione di due funi metalliche) (trasp. - ecc.), Spleiss (m.).
impaludamento (geol.), Versumpfung (f.).
impanarsi (impastarsi, intasarsi, di una mola) (ut.), verschmieren.
impanato (intasato, di una mola) (ut.), verschmiert, blank.
impariglio (appariglio, di cilindri e pistoni p. es. in combinazioni che rispettano le tolleranze prescritte) (mot. - ecc.), Komplettieren (n.).
impastare (pane p. es.) (gen.), kneten. 2 ~ (pastigliare, piastre per accumulatori) (elett.), pasten, pastieren. 3 ~ (la malta) (ed. - mur.), anmachen. 4 ~ (intasare, la lima p. es.) (mecc.), verschmieren.
impastarsi (impanarsi, intasarsi, di una mola) (ut.), verschmieren. 2 ~ (agglomerarsi, di trucioli) (lav. macch. ut.), zusammenballen.
impastatrice (per il pane p. es.) (macch.), Knetmaschine (f.).
impasto (legante, agglomerante, cemento, di una mola) (ut.), Bindung (f.). 2 ~ (di calcestruzzo, ecc.) (ed. - mur.), Mischung (f.). 3 ~ (di una mola) (ut.), vedi anche agglomerante. 4 ~ **al silicato** (di una mola) (ut.), Silikatbindung (f.). 5 ~ **ceramico** (impasto vetrificato, di una mola) (ut.), keramische Bindung. 6 ~ **di gomma** (cemento di gomma, impasto elastico, cemento elastico, di una mola) (ut.), Gummibindung (f.). 7 ~ **di resina sintetica** (impasto resinoide, di una mola) (ut.), Kunstharzbindung (f.). 8 ~ **elastico** (impasto di gomma, cemento di gomma, cemento elastico, di una mola) (ut.), Gummibindung (f.). 9 ~ **minerale** (cemento minerale, di una mola) (ut.), mineralische Bindung. 10 ~ **normale** (di calcestruzzo) (ed. - mur.), Normalmischung (f.). 11 ~ **resinoide** (di resina sintetica, di una mola) (ut.), Kunstharzbindung (f.). 12 ~ **umido** (argilla umida) (ceramica), Schlicker (m.), feuchte Tonmasse. 13 ~ **vegetale** (di una mola) (ut.), vegetabile Bindung. 14 ~ **vetrificato** (impasto ceramico, di una mola) (ut.), keramische Bindung. 15 **con** ~ **resinoide** (mola) (ut.), kunstharzgebunden.
impatto (imbatto) (gen.), Anprall (m.). 2

impeciare

angolo di ~ (di una bomba) (*milit.*), Auftreffwinkel (*m.*). **3 punto di ~** (*artiglieria*), Treffpunkt (*m.*).
impeciare (coprire con pece) (*nav. - ecc.*), pichen, bepichen.
impedenza (*elett. - radio*), Impedanz (*f.*), Scheinwiderstand (*m.*). **2 ~ a circuito aperto** (*elett.*), Leerlaufimpedanz (*f.*). **3 ~ acustica** (rapporto tra pressione acustica e velocità acustica) (*acus.*), Schallimpedanz (*f.*). **4 ~ caratteristica** (d'un conduttore o di un cavo) (*elett. - telecom.*), Wellenwiderstand (*m.*). **5 ~ cinetica** (impedenza dinamica) (*elett.*), Bewegungsscheinwiderstand (*m.*). **6 ~ di adattamento** (*elett.*), Anpassungsimpedanz (*f.*). **7 ~ di base** (d'antenna) (*radio*), Fusspunktwiderstand (*m.*). **8 ~ di campo inversa** (*elett.*), Gegenimpedanz (*f.*). **9 ~ di fase** (*elett.*), Drehfeldimpedanz (*f.*). **10 ~ dinamica** (impedenza cinetica) (*elett.*), Bewegungsscheinwiderstand (*m.*). **11 ~ immagine** (*radio - ecc.*), Kennimpedanz (*f.*). **12 ~ immagine** (d'un quadripolo) (*elett. - radio*), Kennwiderstand (*m.*), Wellenwiderstand (*m.*). **13 ~ in serie** (*elett.*), Längsimpedanz (*f.*). **14 ~ iterativa** (d'un quadripolo) (*elett. - ecc.*), Kettenimpedanz (*f.*), Kettenwidersatnd (*m.*). **15 ~ meccanica** (Ns/m) (*acus.*), Schallstrahlungsimpedanz (*f.*). **16 ~ omopolare** (*elett.*), Nullimpedanz (*f.*). **17 ~ reciproca** (ammettenza) (*elett.*), Scheinleitwert (*m.*), Admittanz (*f.*). **18 ~ terminale** (*elett.*), Abschlussimpedanz (*f.*), Abschluss-Scheinwiderstand (*m.*). **19 a bassa ~ acustica** (materiale o mezzo) (*acus.*), schallweich. **20 adattamento di impedenze** (*elett.*), Scheinwiderstandsanpassung (*f.*). **21 ad elevata ~ acustica** (materiale o mezzo) (*acus.*), schallhart. **22 convertitore d'~** (*elett. - telef.*), Widerstandskonverter (*m.*). **23 matrice d'~** (*elettronica*), Impedanzmatrix (*f.*), Scheinwiderstandsmatrix (*f.*). **24 misuratore d'~** (*app.*), Scheinwiderstandsmesser (*m.*). **25 protezione ad ~** (protezione a distanza) (*elett.*), Impedanzschutz (*m.*). **26 relè ad alta ~** (*elett.*), Drosselrelais (*n.*). **27 relè d'~** (relè distanziometrico) (*elett.*), Impedanzrelais (*n.*), Distanzrelais (*n.*).
impedimento (ostacolo) (*gen.*), Verhinderung (*f.*), Hindernis (*n.*). **2 ~ sterico** (*chim.*), sterische Hinderung.
impedire (*gen.*), verhindern.
impegnarsi (*gen.*), sich verpflichten, versprechen. **2 ~** (innestarsi, di un nottolino) (*mecc.*), einfallen.
impegnativo (un'offerta p. es.) (*comm. - ecc.*), verbindlich, bindend. **2 ~** (lavoro, opera, p. es.) (*gen.*), anspruchsvoll. **3 non ~** (*comm.*), unverbindlich.
impegno (obbligo) (*leg. - ecc.*), Verpflichtung (*f.*), Verbindlichkeit (*f.*). **2 ~** (intensità con cui un lavoro viene eseguito, caratterizzante il grado delle prestazioni umane) (*lav.*), Einsatz (*m.*). **3 impegni** (i debiti di un'impresa) (*finanz. - amm.*), Verbindlichkeiten (*f. pl.*). **4 ~ contrattuale** (*comm.*), Vertragsverpflichtung (*f.*), **5 assumersi un ~** (prendere un impegno) (*gen.*), eine Verpflichtung eingehen, eine Verpflichtung übernehmen. **6 senza ~** (*leg. - comm. - ecc.*), ohne Verpflichtung, ohne Verbindlichkeit, unverbindlich.
impellicciatura (*falegn.*), *vedi* impiallacciatura.
impennaggio (insieme dei piani di coda fissi e mobili, di un velivolo) (*aer.*), Leitwerk (*n.*). **2 ~ a T** (con impennaggio orizzontale situato in alto) (*aer.*), T-Leitwerk (*n.*). **3 ~ a V** (*aer.*), V-Leitwerk (*n.*). **4 ~ orizzontale** (di un aeroplano, costituito da stabilizzatore fisso ed equilibratore mobile) (*aer.*), Höhenleitwerk (*n.*). **5 ~ verticale** (costituito dalla deriva fissa e dal timone di direzione) (*aer.*), Seitenleitwerk (*n.*). **6 doppio ~** (*aer.*), Doppelkreuzleitwerk (*n.*). **7 superficie di ~** (*aer.*), Leitfläche (*f.*).
impennata (cabrata, fenomeno che si verifica generalmente quando viene superato un'angolo d'incidenza critico) (*aer.*), Aufbäumen (*n.*).
imperiale (*veic.*), Deck (*n.*).
impermeabile (*a. - gen.*), undurchlässig. **2 ~ all'acqua** (*gen.*), wasserdicht, wasserundurchlässig. **3 malta ~** (malta isolante) (*ed.*), Sperrmörtel (*m.*).
impermeabilità (*gen.*), Undurchlässigkeit (*f.*).
impermeabilizzante (per calcestruzzo p. es.) (*ed.*), Sperrmittel (*n.*).
impermeabilizzare (contro l'umidità p. es.) (*elett. - ecc.*), abdichten.
impermeabilizzazione (*ed. - ecc.*), Abdichtung (*f.*). **2 ~** (*tess. - aer.*), Abdichtung (*f.*). **3 ~ del terreno** (*ed.*), Bodenabdichtung (*f.*).
imperniato (*mecc.*), angelenkt.
impettinatura (preparazione per la tessitura) (*ind. tess.*), Kammstechen (*n.*), Reihen (*n.*), Blattstechen (*n.*).
impiallacciare (*falegn.*), furnieren. **2 pressa per ~** (pressa per impiallacciature) (*macch.*), Furnierpresse (*f.*).
impiallacciato (*falegn.*), furniert.
impiallacciatura (*falegn.*), Furnieren (*n.*).
impiantista (*elett. - lav.*), Anlagenfahrer (*m.*).
impianto (*elett. - ecc.*), Anlage (*f.*). **2 impianti** (attrezzamento, mezzi di produzione) (*ind.*), Betriebsanlagen (*f. pl.*). **3 ~ ad intervento immediato** (*macch.*), Sofortbereitschaftsanlage (*f.*). **4 ~ a due circuiti** (sistema a due circuiti, per i freni) (*aut.*), Zweikreissystem (*n.*). **5 ~ a giorno** (*min.*), Tagesanlage (*f.*), Anlage über Tag. **6 ~ al suolo** (infrastruttura) (*aer.*), Bodenanlage (*f.*). **7 ~ antighiaccio** (antighiaccio) (*aer.*), Vereisungsschutzgerät (*n.*), Vereisungsschutzanlage (*f.*). **8 ~ antincendio** (*ed.*), Löschanlage (*f.*), Feuerlöschanlage (*f.*). **9 impianti ausiliari** (*ind.*), Hilfsbetriebe (*m. pl.*), Nebeneinrichtungen (*f. pl.*). **10 ~ automatico** (apparecchiatura automatica, attrezzatura automatica) (*app. - ecc.*), Automatik (*f.*). **11 ~ autonomo** (*macch. - ecc.*), unabhängige Anlage. **12 ~ cercapersone** (*acus.*), Personensuchanlage (*f.*), Personenrufanlage (*f.*). **13 ~ chimico** (*ind. chim.*), chemische Anlage. **14 ~ ciclico** (per verniciare p. es.) (*ind.*), Taktanlage (*f.*). **15 ~ con neutro a massa** (*elett.*), genullte Anlage. **16 ~ continuo di candeggio** (*macch. tess.*), Continue-Bleichanlage (*f.*). **17 ~ del gas** (*ed.*), Gasanlage (*f.*). **18 ~ dell'aria compressa** (*ind.*), Druckluftanlage (*f.*). **19 ~**

di accensione (*mot.*), Zündanlage (*f.*), Zündungssystem (*n.*). **20 ~ di accensione a batteria** (*mot. - aut.*), Batteriezünder (*m.*), Batteriezündanlage (*f.*). **21 ~ di accensione schermato** (*mot.*), abgeschirmtes Zündungssystem. **22 ~ di affinazione** (*metall.*), Frischwerk (*n.*). **23 ~ di alimentazione del combustibile** (*mot. - aut.*), Kraftstoffanlage (*f.*), Brennstoff-Förderanlage (*f.*). **24 ~ di apparecchi intercomunicanti** (*telef.*), Reihenanlage (*f.*). **25 ~ di arricchimento** (dei minerali) (*min.*), Aufbereitungsanlage (*f.*). **26 ~ di arrostimento dei minerali** (*min.*), Erzrösterei (*f.*). **27 ~ di aspirazione** (*app. ind.*), Absauganlage (*f.*). **28 ~ di caldaia a vapore** (*cald.*), Dampfkesselanlage (*f.*). **29 ~ di candeggio** (*tess.*), Bleichanla., (*f.*). **30 ~ di carbonizzazione** (*ind. tessge* Karbonisieranlage (*f.*). **31 ~ di chiarificazione** (impianto di depurazione, delle acque di scarico) (*ing. civ.*), Kläranlage (*f.*). **32 ~ di citofoni** (*telef. - ed.*), Sprechanlage (*f.*). **33 ~ di colata continua** (*fond.*), Stranggiessanlage (*f.*). **34 ~ di comando centralizzato** (per frequenze acustiche p. es.) (*elett. - radio - ecc.*), Rundsteuerungsanlage (*f.*). **35 ~ di combustione** (*comb.*), Feuerung (*f.*), Feuerungsanlage (*f.*). **36 ~ di combustione a focolare a carbone** (*comb.*), Kohlenfeuerung (*f.*). **37 ~ di combustione a nafta** (*comb. - forno*), Ölfeuerung (*f.*). **38 ~ di combustione a polverino di carbone** (*comb. - forno*), Kohlenstaubfeuerung (*f.*). **39 ~ di combustione con soffiaggio di aria dal basso** (*comb. - forno*), Unterwindfeuerung (*f.*). **40 ~ di concia** (*ind. del cuoio*), Gerbanlage (*f.*). **41 ~ di condizionamento dell'aria** (impianto per aria condizionata) (*ed.*), Klimaanlage (*f.*). **42 ~ di congelazione** (per prodotti alimentari p. es.) (*ind.*), Gefrieranlage (*f.*), Gefrierapparat (*m.*). **43 ~ di «cracking»** (impianto di piroscissione) (*ind. chim.*), Crackanlage (*f.*), Krackanlage (*f.*). **44 ~ di decapaggio** (*metall.*), Beizanlage (*f.*). **45 ~ di depurazione** (impianto di chiarificazione, delle acque di scarico) (*ing. civ.*), Kläranlage (*f.*). **46 ~ di descagliatura a percussione** (eliminazione delle scorie dopo il decapaggio) (*metall.*), Polteranlage (*f.*). **47 ~ di diffusione gassosa** (per la separazione di isotopi) (*fis. nucl.*), Gasdiffusionsanlage (*f.*). **48 ~ di diffusione sonora per treni** (mediante altoparlanti) (*radio - ferr.*), Zugbeschallung (*f.*). **49 ~ di dissalazione** (dissalatore, per acqua marina) (*ind. chim.*), Entsalzungsanlage (*f.*). **50 ~ di distribuzione** (*elett.*), Verteilungsanlage (*f.*). **51 ~ di dosatura** (per il calcestruzzo p. es.) (*macch. - ed.*), Verwiegeanlage (*f.*), Dosieranlage (*f.*), Abmessanlage (*f.*), Zuteilanlage (*f.*). **52 ~ di emergenza** (*gen.*), Bereitschaftsanlage (*f.*), Ersatzanlage (*f.*). **53 ~ di emergenza ad intervento immediato** (*elett.*), Sofortbereitschaftsanlage (*f.*). **54 ~ di emergenza a rapido intervento** (*elett.*), Schnellbereitschaftsanlage (*f.*). **55 ~ di essiccazione** (*ind.*), Trockenanlage (*f.*), Trocknerei (*f.*). **56 ~ di estrazione** (dei minerali) (*min.*), Bergwerk (*n.*). **57 ~ di estrazione** (macchina di estrazione) (*min.*), Fördermaschine (*f.*). **58 ~ di fognatura** (*ed.*), Kanalisationsanlage (*f.*), Abwasseranlage (*f.*). **59 ~ di fognatura cittadina** (impianto urbano di fognatura) (*ing. civ.*), Stadtentwässerung (*f.*), Kanalisation (*f.*). **60 ~ di forza motrice** (apparato motore) (*mot.*), Kraftanlage (*f.*). **61 ~ di frantumazione** (per minerali) (*min.*), Quetsche (*f.*). **62 ~ (di frantumazione) ad urto** (*metall. - macch.*), Schlagwerk (*n.*). **63 ~ di gas a freddo** (d'un veicolo spaziale, per governarne l'arresto mediante getti di gas) (*astronautica*), Kaltgasanlage (*f.*). **64 ~ di lancio** (per smistamento di carri ferroviari) (*ferr.*), Ablaufanlage (*f.*), Ablaufstellwerk (*n.*). **65 ~ di illuminazione** (impianto luce) (*illum. elett.*), Lichtanlage (*f.*), Beleuchtungsanlage (*f.*). **66 ~ d'incenerimento** (forno d'incenerimento, inceneritore) (*comb.*), Veraschungsanlage (*f.*), Verbrennungsofen (*m.*). **67 ~ d'intercomunicazione di bordo** (*aer.*), Bordsprechanlage (*f.*). **68 ~ d'intercomunicazione telefonica in duplice** (impianto interfonico in duplice) (*telef.*), Gegensprechanlage (*f.*). **69 ~ di irrigazione a pioggia** (*agric.*), Regenanlage (*f.*). **70 ~ di irrigazione a scorrimento** (*agric.*), Rieselanlage (*f.*), Berieselungsanlage (*f.*). **71 ~ di lavaggio** (*aut. - ecc.*), Waschanlage (*f.*). **72 ~ di lavaggio** (per la lana) (*ind. tess.*), Wäscherei (*f.*). **73 ~ di lubrificazione** (*mecc. - macch.*), Schmierungsanlage (*f.*), Schmieranlage (*f.*), Schmierungssystem (*n.*), Schmiersystem (*n.*). **74 ~ di lubrificazione** (*mot. - ecc.*), Schmiersystem (*n.*), Schmierungssystem (*n.*). **75 ~ di miscelazione continua** (per calcestruzzo p. es.) (*ed.*), Stetigmischanlage (*f.*). **76 ~ di nebulizzazione** (*antincendio*), Sprinkler (*m.*), Sprinkleranlage (*f.*). **77 ~ di perforazione** (*min.*), Tiefbohranlage (*f.*). **78 ~ di perforazione a percussione** (impianto di trivellazione a percussione) (*min.*), Seilbohranlage (*f.*). **79 ~ di piroscissione** (impianto di «cracking») (*ind. chim.*), Krackanlage (*f.*). **80 ~ di pompaggio** (stazione di pompaggio) (*idr.*), Pumpanlage (*f.*). **81 impianti di produzione** (mezzi di produzione) (*ind.*), Betriebsanlagen (*f. pl.*), Erzeugungsanlagen (*f. pl.*). **82 ~ di proiettori** (di illuminazione) (proiettori di illuminazione) (*illum.*), Flutlichtanlage (*f.*). **83 ~ di prosciugamento** (impianto idrovoro) (*min. - ed.*), Wasserhaltung (*f.*). **84 ~ di rabbocco** (*ind. chim. - ecc.*), Nachfüllanlage (*f.*). **85 impianti di raffinazione del petrolio** (*ind. chim.*), Erdölraffinerieanlagen (*f. pl.*). **86 ~ di «reforming»** (*ind. chim.*), Reformieranlage (*f.*). **87 ~ di ricottura** (*tratt. term.*), Glühanlage (*f.*), Glüheinrichtung (*f.*). **88 ~ di rifornimento di sabbia** (*ferr.*), Besandungsanlage (*f.*). **89 ~ di rifusione ad elettroscoria** (*metall.*), Elektroschlackeumschmelzanlage (*f.*). **90 ~ di riscaldamento** (*ed.*), Heizanlage (*f.*), Heizung (*f.*). **91 ~ di riscaldamento a distanza** (centrale di riscaldamento, impianto di riscaldamento centrale per più isolati distanziati) (*riscald.*), Fernwärmeanlage (*f.*). **92 ~ di saldatura** (*tecnol. mecc.*), Schweissanlage (*f.*). **93 ~ di scaricamento** (*macch. ind.*), Entladeanlage (*f.*). **94 ~ di scaricamento** (per lo scaricamento delle merci da una nave) (*nav.*), Löschanlage (*f.*).

impianto

95 ~ **di scarico** (impianto gas di scarico) (*mot.*), Abgassystem (*n.*), Auspuffsystem (*n.*). 96 ~ **di schermatura** (schermaggio) (*radio - mot. - ecc.*), Entstörgeschirr (*n.*), Entstörungsanlage (*f.*). 97 ~ **discontinuo** (*ind.*), diskontinuierliche Anlage, Taktanlage (*f.*). 98 ~ **di segnalamento** (impianto di segnalazione) (*ferr. - traff. strad. - ecc.*), Signalanlage (*f.*). 99 ~ **di segnalamento ottico** (impianto di segnalazione ottica) (*ferr. - traff. strad. - ecc.*), Lichtsignalanlage (*f.*). 100 ~ **di segnalazione a distanza** (*elett.*), Fernmeldeanlage (*f.*). 101 ~ **di segnalazione ed arresto** (automatico) (*mot. - ecc.*), Warn- und Stoppanlage (*f.*). 102 ~ **di segnalazione ottica** (impianto di segnalamento ottico) (*ferr. - traff. strad. - ecc.*), Lichtsignalanlage (*f.*). 103 ~ **di separazione** (*ind. chim. - ecc.*), Scheideanlage (*f.*), Trennanlage (*f.*). 104 ~ **di smagnetizzazione** (*mar. - milit. nav.*), magnetischer Eigenschutz. 105 ~ **di smaltimento dei rifiuti** (*fis. nucl. - ecc.*), Abfallsanlage (*f.*). 106 ~ **di sollevamento** (*ind.*), Hebeanlage (*f.*). 107 ~ **di sollevamento per natanti** (per superare dislivelli fra canali) (*costr. nav.*), Schiffshebewerk (*n.*). 108 ~ **di spegnimento** (della calce) (*mur.*), Löschanlage (*f.*), Kalklöschanlage (*f.*). 109 ~ **distribuzione lettere** (*posta*), Briefverteilanlage (*f.*). 110 ~ **di telecomando e telecontrollo** (*elettromecc.*), Fernwirkanlage (*f.*). 111 ~ **di tempra** (*tratt. term.*), Härteanlage (*f.*). 112 ~ **di traduzioni simultanee** (*telef.*), Simultan-Dolmetscheranlage (*f.*). 113 ~ **di trasporto e distribuzione** (dell'energia elettrica) (*elett.*), Fortleitungs- und Verteilungsanlage (*f.*). 114 ~ **di trivellazione a percussione** (impianto di perforazione a percussione) (*min.*), Seilbohranlage (*f.*). 115 ~ **di trivellazione rotativo** (rotary) (*min.*), Rotationsbohranlage (*f.*), Rotary-Bohranlage (*f.*). 116 ~ **di tubazioni** (sistema di condutture) (*tubaz.*), Leitungsanlage (*f.*), Röhrensystem (*n.*). 117 ~ **di utilizzazione del calore assorbito dall'acqua di raffreddamento** (*forno - metall.*), Heisskühlanlage (*f.*). 118 ~ **di vagliatura del minerale** (*min.*), Erzsiebanlage (*f.*). 119 ~ **di ventilazione** (*ventilaz.*), Lüftungsanlage (*f.*). 120 ~ **domestico dell'acqua** (potabile) (*ed.*), Hauswasserversorgungsanlage (*f.*). 121 **impianti ed apparecchiature elettriche di bordo** (su aerei) (*aer.*), Bordelektrik (*f.*). 122 ~ **elettrico** (*aut. - elett. - mot. - ecc.*), elektrische Anlage. 123 ~ **elettrico a massa** (*elett. - mot. - ecc.*), elektrische Anlage mit Erdrückleitung. 124 ~ **elettrico isolato** (*elett. - mot. - ecc.*), ungeerdete elektrische Anlage. 125 ~ **esterno** (impianto a giorno) (*elett.*), Freiluft-Anlage (*f.*). 126 ~ **estrazione olio** (dai trucioli p. es.) (*ind. mecc.*), Ölentziehanlage (*f.*), Ölextraktionsanlage (*f.*). 127 **impianti ferroviari** (*ferr.*), Bahnanlagen (*f. pl.*), Bahnbetriebsanlagen (*f. pl.*). 128 **impianti fissi** (*ind.*), feste Anlagen (*f. pl.*). 129 ~ **Fretz-Moon** (per la produzione continua di tubi saldati) (*ind. metall.*), Fretz-Moon-Anlage (*f.*). 130 ~ **frigorifero** (*ind. del freddo*), Kälteanlage (*f.*), Kühlanlage (*f.*). 131 ~ **gas di scarico** (impianto di scarico) (*mot.*), Abgasanlage (*f.*). 132 ~ **idraulico** (di un velivolo p. es.) (*aer. - ecc.*), Hydraulikanlage (*f.*). 133 ~ **idrico autonomo** (*ed.*), Einzelwasserversorgung (*f.*). 134 ~ **idroelettrico** (*elett.*), Wasserkraftanlage (*f.*). 135 ~ **idropneumatico** (*ind.*), Druckwasserdruckluftanlage (*f.*). 136 ~ **idrovoro** (impianto di pompaggio per il sollevamento di grandi quantità di acqua con prevalenza ridotta) (*idr.*), Schöpfwerk (*n.*), Wasserhaltung (*f.*). 137 ~ **igienico-sanitario** (*ed.*), sanitäre Anlage. 138 **impianti igienico-sanitari** (*ed.*), sanitäre Einrichtungen. 139 ~ **incassato** (installazione incassata) (*elett.*), Anlage unter Putz, Verlegung unter Putz. 140 ~ **industriale** (*ind.*), Fabrikanlage (*f.*), Industrieanlage (*f.*). 141 ~ **in galleria** (*min.*), Anlage unter Tag. 142 ~ **interfonico ad altoparlante** (*telef.*), Gegenlautsprechanlage (*f.*). 143 ~ **interfonico in duplice** (impianto d'intercomunicazione telefonica in duplice) (*telef.*), Gegensprechanlage (*f.*). 144 ~ **interno** (*elett.*), Innenraum-Anlage (*f.*), Inneninstallation (*f.*). 145 ~ **interno** (impianto telefonico interno) (*telef.*), Nebenstellenanlage (*f.*). 146 ~ **luce** (impianto di illuminazione) (*illum. elett.*), Lichtanlage (*f.*). 147 ~ **mobile** (*ind.*), bewegliche Anlage. 148 ~ **monofase** (*elett.*), Einphasenanlage (*f.*). 149 ~ **montato in opera** (*macch. - ecc.*), an Ort und Stelle montierte Anlage. 150 ~ **motore** (impianto di forza motrice) (*mot.*), Kraftanlage (*f.*). 151 ~ **per aria condizionata** (impianto di condizionamento dell'aria) (*ed.*), Klimaanlage (*f.*). 152 ~ **per captazione polveri** (*ind.*), Entstaubungsanlage (*f.*). 153 ~ **per conferenze** (*telef.*), Sammelgesprächeinrichtung (*f.*), SGE. 154 ~ **per la colata dei pani** (canale di colata - trasportatore - siviera ecc.) (*fond. - metall.*), Masselgiessmaschine (*f.*). 155 ~ **per la fabbricazione di tubi saldati** (impianto per la saldatura di tubi) (*macch.*), Rohrschweissanlage (*f.*). 156 ~ **per la gettata del calcestruzzo** (*ed.*), Gussbetoneinrichtung (*f.*). 157 ~ **per la preparazione del calcestruzzo** (*ed.*), Betonmischanlage (*f.*), zentrale Mischstation, Betonfabrik (*f.*). 158 ~ **per la preparazione delle terre da fonderia** (*fond.*), Sandaufbereitungsanlage (*f.*). 159 ~ **per la produzione del ghiaccio** (*ind.*), Eisgenerator (*m.*). 160 ~ **per la saldatura di tubi** (impianto per la fabbricazione di tubi saldati) (*macch.*), Rohrschweissanlage (*f.*). 161 ~ **per l'elaborazione elettronica dei dati** (elaboratore elettronico dei dati) (*calc.*), elektronische Datenverarbeitungsanlage, EDVA. 162 ~ **per telemisura** (*elett.*), Fernmesseinrichtung (*f.*). 163 ~ **pilota** (impianto sperimentale) (*ind.*), Technikumsanlage (*f.*). 164 **impianti portuali** (*nav.*), Hafenanlagen (*f. pl.*). 165 ~ **prenotazione posti** (*trasp. - calc.*), Platzbuchungsanlage (*f.*). 166 ~ **protezione d'ambiente** (impianto d'allarme munito di contatti d'interruzione su porte, ecc.) (*ed.*), Raumschutzanlage (*f.*). 167 ~ **provvisorio** (*gen.*), fliegende Anlage. 168 ~ **radar GCA** (impianto radar per avvicinamento guidato da terra) (*aer. - navig.*), GCA-Radaranlage (*f.*). 169 ~ **radio di terra** (*radio*), Bodenfunkanlage (*f.*). 170 ~ **ricevente** (*radio - ecc.*), Empfangsanlage (*f.*). 171 ~ **sotterraneo** (*elett.*), Anlage unter Tag.

172 ~ **sperimentale** (impianto pilota) (*ind.*), Technikumsanlage (*f.*). **173** ~ **telefonico** (*telef.*), Fernsprechanlage (*f.*), Telephonanlage (*f.*). **174** ~ **telefonico a comunicazione alternata nei due sensi** (*telef.*), Wechselsprechanlage (*f.*). **175** ~ **telefonico automatico ferroviario** (*ferr. - telef.*), Bahnselbstanschlussanlage (*f.*), BASA. **176** ~ **(telefonico) interno** (*telef.*), Nebenstellenanlage (*f.*). **177** ~ **telefonico privato** (*telef.*), Fernsprechnebenstellenanlage (*f.*). **178** ~ **trifase** (*elett.*), Drehstromanlage (*f.*). **179** ~ **trifase a quattro fili** (*elett.*), Drehstrom-Vierleiteranlage (*f.*). **180** ~ **trifase a tre fili** (*elett.*), Drehstrom-Dreileiteranlage (*f.*). **181** ~ **trifase a tre fili (senza conduttore neutro)** (*elett.*), Drehstromanlage ohne Nulleiter. **182** ~ **troncabillette** (*macch. - fucin.*), Knüppelteilanlage (*f.*). **183** ~ **urbano di fognatura** (impianto di fognatura cittadina) (*ing. civ.*), Stadtentwässerung (*f.*), Kanalisation (*f.*). **184 direzione impianti** (di una ditta) (*ind.*), Anlagenabteilung (*f.*). **185 servizio impianti** (di una ditta) (*ind.*), Anlagenabteilung (*f.*).
impiegabilità (utilizzabilità, usabilità) (*gen.*), Brauchbarkeit (*f.*), Anwendbarkeit (*f.*). **2** ~ (utilizzabilità, di un materiale) (*tecnol. - ecc.*), Verwendbarkeit (*f.*), Brauchbarkeit (*f.*).
impiegare (utilizzare, usare, adoperare) (*gen.*), brauchen, verwenden, anwenden. **2** ~ (dare un lavoro) (*lav.*), beschäftigen.
impiegata (con stipendio mensile) (*pers.*), Angestellte (*f.*). **2** ~ **di ufficio** (*pers.*), Büroangestellte (*f.*), Bürogehilfin (*f.*).
impiegato (con stipendio mensile) (*s. - lav. - pers.*), Angestellter (*m.*). **2** ~ (di ufficio pubblico p. es.) (*s. - pers.*), Beamter (*m.*). **3** ~ (*a. - lav.*), angestellt. **4** ~ (occupato) (*lav.*), beschäftigt. **5** ~ **bancario** (*lav.*), Bankbeamter (*m.*), Bankangestellter (*m.*). **6** ~ **comunale** (impiegato del Comune) (*lav. - pers.*), städtischer Beamter. **7** ~ **del Comune** (impiegato comunale) (*lav. - pers.*), städtischer Beamter. **8** ~ **di banca** (*lav. - pers.*), Bankangestellter (*m.*). **9** ~ **di commercio** (*pers.*), kaufmännischer Angestellter. **10** ~ **di concetto** (*lav.*), geistiger Arbeiter, Kopfarbeiter (*m.*). **11** ~ **di magazzino** (*lav.*), Lagerist (*m.*). **12** ~ **di ufficio** (*lav.*), Büroangestellter (*m.*). **13** ~ **di ufficio legale** (*lav.*), Konzipient (*m.*) (*austr.*), Angestellter in einem Rechtsanwaltsbüro. **14** ~ **statale** (*lav. - pers.*), Staatsbeamter (*m.*).
impiego (uso, di una macchina p. es.) (*gen.*), Einsatz (*m.*), Gebrauch (*m.*), Verwendung (*f.*). **2** ~ (condotta, di una macchina) (*macch.*), Bedienung (*f.*). **3** ~ (posto) (*lav. - pers.*), Stelle (*f.*), Stellung (*f.*), Posten (*m.*). **4** ~ (occupazione) (*lav.*), Beschäftigung (*f.*). **5** ~ (utilizzo) (*gen.*), Nutzen (*m.*), Benützung (*f.*). **6** ~ **a mezza giornata** (*lav.*), Halbtagsbeschäftigung (*f.*). **7** ~ **a tempo parziale** (occupazione a tempo parziale) (*lav.*), Beschäftigung weniger als acht Stunden täglich. **8 campo di** ~ (campo di applicazione) (*tecnol.*), Verwendungsbereich (*m.*), Einsatzgebiet (*n.*). **9 condizioni di** ~ (*macch. - ecc.*), Einsatzbedingungen (*f. pl.*). **10 facilità di** ~ (semplicità di uso, di macchine od impianti) (*macch. - ecc.*), Bedienbarkeit (*f.*). **11 luogo di** ~ (*macch. -*

ecc.), Verwendungsstelle (*f.*), Aufstellungsort (*m.*). **12 pieno** ~ (piena occupazione) (*lav.*), Vollbeschäftigung (*f.*). **13 possibilità d'**~ (di una macchina) (*macch.*), Leistungsbereich (*m.*).
impilabile (accatastabile) (*trasp.*), stapelbar.
impilaggio (camera di ricupero) (*forno - metall.*), Gitterung (*f.*), Gitterwerk (*n.*). **2** ~ (accatastamento, di merci) (*trasp. ind.*), Stapeln (*n.*). **3 altezza d'**~ (*trasp. ind.*), Stapelhöhe (*f.*). **4 gru d'**~ (gru a ponte con carrello trasloelevatore, per scaffalature alte) (*macch. ind.*), Stapelkran (*m.*). **5 mattone di** ~ (*metall. - forno*), Gitterstein (*m.*).
impilare (accatastare) (*ind. - trasp.*), stapeln, aufstapeln. **2** ~ (legname p. es.) (*gen.*), schichten, aufschichten. **3** ~ (pezzi) (*lav. macch. ut.*), stapeln, paketieren.
impilatore (accatastatore) (*trasp. ind.*), Stapelförderer (*m.*), Stapler (*m.*), Aufstapler (*m.*). **2** ~ **a forca** (carrello elevatore a forca) (*veic. - ind.*), Gabelstapler (*m.*).
impiombare (congiungere due funi) (*nav. - ecc.*), spleissen.
impiombatura (giunzione di due funi) (*nav. - funi*), Spleiss (*m.*), Verspleissung (*f.*). **2** ~ **con catena** (*nav.*), Kettenspleiss (*m.*). **3** ~ **corta** (*nav.*), Kurzspleiss (*m.*). **4** ~ **lunga** (*nav.*), Langspleiss (*m.*). **5 caviglia per** ~ (*ut. nav.*), Spleissdorn (*m.*).
implicazione (inclusione, operazione d'implicazione condizionale) (*calc.*), Implikation (*f.*), ODER-NICHT.
implicito (funzione p. es.) (*mat.*), implizit.
implosione (opposto d'una esplosione) (*fis.*), Implosion (*f.*).
impluvio (*arch. - ed.*), vedi compluvio.
impolmonimento (difetto vn.), Gelbildung (*f.*).
impolverare (*gen.*), stauben, verstauben.
imponderabile (*a. - gen.*), unwägbar. **2 imponderabili** (gli) (*s. - gen.*), Imponderabilien (*n. pl.*).
imponibile (valore imponibile) (*s. - finanz.*), steuerbarer Wert, Veranlagungswert (*m.*). **2** ~ (tassabile) (*a. - finanz.*), steuerbar, steuerpflichtig. **3 determinare l'**~ (*finanz.*), einschätzen. **4 determinazione dell'**~ (*finanz.*), Einschätzung (*f.*). **5 stabilire l'**~ (tassare) (*finanz.*), veranlagen.
imporre (condizioni p. es.) (*gen.*), auferlegen.
importanza (*gen.*), Bedeutung (*f.*). **2 d'**~ **vitale** (*gen.*), lebenswichtig.
importare (*comm.*), einführen, importieren.
importato (*comm.*), eingeführt, importiert.
importatore (*comm.*), Einführer (*m.*), Importeur (*m.*).
importazione (*comm.*), Einfuhr (*f.*), Import (*m.*). **2** ~ **in conto lavorazione** (traffico in conto lavorazione) (*ind. - comm.*), Veredlungsverkehr (*m.*). **3 commercio di** ~ (*comm.*), Einfuhrhandel (*m.*). **4 dazio di** ~ (*comm.*), Einfuhrzoll (*m.*). **5 permesso di** ~ (*comm.*), Einfuhrerlaubnis (*f.*), Einfuhrbewilligung (*f.*), Einfuhrgenehmigung (*f.*). **6 quota di** ~ (*comm.*), Einfuhrquote (*f.*).
importo (somma) (*finanz. - ecc.*), Betrag (*m.*). **2** ~ **di fattura** (fatturato) (*amm.*), Fakturabetrag (*m.*). **3** ~ **totale** (*amm. - ecc.*), Gesamtbetrag (*m.*).

imposizione

imposizione (di condizioni p. es.) (*gen.*), Auferlegung (*f.*). 2 ~ (tassazione) (*finanz.*), Veranlagung (*f.*). 3 ~ **alla fonte** (*finanz.*), Quellensteuer (*f.*), Quellenabzug (*m.*).
imposta (superficie di contatto fra una struttura spingente ed il piedritto) (*ed. - arch.*), Auflagefläche (*f.*), Auflagerfläche (*f.*). 2 ~ (infisso) (*ed.*), vedi infisso. 3 ~ (tassa) (*finanz.*), Steuer (*f.*), Abgabe (*f.*). 4 ~ **cedolare** (*finanz.*), Dividendensteuer (*f.*), Dividendabgabe (*f.*), Couponsteuer (*f.*). 5 ~ **di consumo** (*finanz.*), Verbrauchssteuer (*f.*), Verbrauchsabgabe (*f.*), Konsumsteuer (*f.*). 6 ~ **di registro** (*finanz.*), Eintragungsgebühr (*f.*). 7 ~ **diretta** (*finanz.*), direkte Abgabe, direkte Steuer. 8 ~ **di successione** (*finanz.*), Erbengebühr (*f.*), Erbgebühr (*f.*), Erbschaftssteuer (*f.*). 9 ~ **comunale** (*finanz.*), Kommunalsteuer (*f.*). 10 ~ **fondiaria** (*finanz.*), Grundsteuer (*f.*), Grundstücksteuer (*f.*). 11 **imposte indirette** (*finanz.*), indirekte Steuern (*f. pl.*). 12 ~ **patrimoniale** (imposta sul patrimonio) (*finanz.*), Vermögensteuer (*f.*). 13 ~ **patrimoniale di perequazione** (*finanz.*), Lastenausgleichvermögenabgabe (*f.*). 14 ~ **progressiva** (*finanz.*), progressive Steuer. 15 ~ **sui fabbricati** (*finanz.*), Gebäudesteuer (*f.*). 16 ~ **sui profitti e capitali delle industrie** (*finanz. - ind.*), Gewerbesteuer (*f.*), Gewerbeertrag- und Gewerbekapitalsteuer. 17 ~ **sui profitti ipotecari** (*finanz.*), Hypothekengewinnabgabe (*f.*). 18 ~ **sui sovraprofitti** (*finanz.*), Übergewinnsteuer (*f.*). 19 ~ **sui tabacchi** (*finanz.*), Tabaksteuer (*f.*). 20 ~ **sulla benzina** (*aut. - finanz.*), Benzinsteuer (*f.*). 21 ~ **sull'acquisto di terreni** (*finanz.*), Grunderwerbsteuer (*f.*). 22 ~ **sulla rivalutazione del capitale** (*finanz.*), Lastenausgleichs-Vermögenabgabe (*f.*). 23 ~ **sull'entrata** (*finanz.*), Umsatzsteuer (*f.*). 24 ~ **sull'esercizio delle professioni** (*finanz.*), Gewerbesteuer (*f.*). 25 ~ **sulle società** (*finanz.*), Körperschaftsteuer (*f.*). 26 ~ **sul patrimonio** (imposta patrimoniale) (*finanz.*), Vermögensteuer (*f.*). 27 ~ **sul reddito** (*finanz.*), Einkommensteuer (*f.*). 28 ~ **sul reddito delle persone fisiche** (*finanz.*), Einkommensteuer für natürliche Personen. 29 ~ **sul valore aggiunto** (IVA) (*finanz.*), Mehrwertsteuer (*f.*), MW-Steuer (*f.*), MWS. 30 **concio di** ~ (*ed.*), Widerlagstein (*m.*). 31 **cuscinetto d'** ~ (*ed.*), Widerlagerkissen (*n.*). 32 **linea d'** ~ (*ed.*), Widerlagerlinie (*f.*).
impostare (la chiglia, mettere in cantiere, una nave) (*costr. nav.*), auf die Helling strecken, auflegen, auf Stapel legen. 2 ~ (una variabile, da regolare p. es.) (*elettromecc. - ecc.*), einstellen. 3 ~ (un'equazione p. es.) (*mat.*), ansetzen.
impostato (valore, da regolare p. es.) (*elettromecc. - ecc.*), eingestellt. 2 **portata impostata** (portata per la quale un regolatore del gas p. es. viene regolato) (*ind. chim. - ecc.*), Einstelldurchfluss (*m.*).
impostatore (predispositore; dispositivo che prestabilisce determinati valori base di operazioni) (*min. - elett. - ecc.*), Einsteller, Einstellregler (*m.*). 2 ~ **del valore nominale** (*app.*), Sollwerteinsteller (*m.*). 3 ~ **di correzione** (correttore) (*lav. macch. ut. a c/n*), Korrekturschalter (*m.*).
impostazione (di un problema p. es.) (*gen.*), Stellung (*f.*). 2 ~ (di un valore, da regolare p. es.) (*elettromecc. - ecc.*), Einstellung (*f.*). 3 ~ **della chiglia** (*costr. nav.*), Kiellegung (*f.*). 4 ~ **d'un problema** (*gen.*), Aufgabenstellung (*f.*). 5 **meccanismo d'**~ (dei valori d'entrata nelle addizionatrici p. es.) (*app.*), Einstellwerk (*n.*).
impoverimento (*fis. nucl. - ecc.*), Abreicherung (*f.*). 2 ~ **di ossigeno** (di un'acqua di rifiuto) (*biochim.*), Sauerstoffzehrung (*f.*), Sauerstoffschwund (*m.*).
impoverito (*fis. nucl. - ecc.*), abgereichert.
impraticabile (strada), unbefahrbar. 2 ~ (non praticabile, ciminiera p. es.) (*ed. - ecc.*), unbesteigbar.
imprecisione (*mecc. - ecc.*), Ungenauigkeit (*f.*).
impregnante (*s. - chim.*), Tränkmasse (*n.*), Tränkmittel (*n.*).
impregnare (legno p. es.) (*gen.*), tränken, imprägnieren.
impregnazione (del legno p. es.) (*gen.*), Tränkung (*f.*), Imprägnierung (*f.*). 2 ~ (di suolo assorbente p. es.) (*tecnol. - ed.*), Versiegelung (*f.*). 3 ~ **con cloruro di mercurio** (del legno) (*legno*), Kyanisieren (*n.*). 4 ~ **per instillazione** (con materiali plastici p. es.) (*tecnol.*), Träufelimpregnieren (*n.*), Beträufelung (*f.*).
imprenditore (*ind. - comm.*), Unternehmer (*m.*). 2 ~ **edile** (*ed.*), Bauunternehmer (*m.*).
imprenditoriale (*ind.*), unternehmerisch.
impresa (azienda) (*ind. - comm.*), Unternehmen (*n.*). 2 ~ **alla pari** (senza utili) (*ind.*), Grenzbetrieb (*m.*). 3 ~ **commerciale** (*comm.*), Handelsbetrieb (*m.*), Gewerbebetrieb (*m.*). 4 ~ **costruzioni** (impresa edile) (*ed.*), Baugeschäft (*n.*), Bauunternehmung (*f.*). 5 ~ **demolizioni** (*ed. - ecc.*), Abbruchunternehmung (*f.*). 6 ~ **di controllo** (*amm. - finanz.*), herrschendes Unternehmen. 7 ~ **di trasporti** (*trasp.*), Transportunternehmen (*n.*), Transportunternehmung (*f.*). 8 ~ **edile**, Hochbauunternehmen (*n.*), Bauunternehmung (*f.*). 9 ~ **in pareggio** (*ind.*), Grenzbetrieb (*m.*). 10 ~ **nazionalizzata** (*ind.*), Regiebetrieb (*m.*). 11 ~ **privata** (*ind. - amm.*), Privatunternehmen (*n.*). 12 ~ **statale** (*ind. - ecc.*), Staatsbetrieb (*m.*), Staatsunternehmen (*n.*).
impressionare (esporre) (*fot.*), belichten.
impressione (*gen.*), Eindruck (*m.*), Anschein (*m.*).
impresso (applicato, f.e.m., p es.) (*elett.*), eingeprägt.
impressore (stampatore) (*lav - tip.*), Drucker (*m.*). 2 ~ (dispositivo) (*telegr.*), Drucker (*m.*).
imprimatur (*tip.*), Druckbewilligung (*f.*), Druckerlaubnis (*f.*).
imprimere (*gen.*), eindrücken, einprägen. 2 ~ **un moto turbolento** (imprimere un moto vorticoso, ad un gas p. es.) (*gen.*), umwälzen.
imprimitività (*mat.*), Imprimitivität (*f.*).
imprimitivo (polinomio p. es.) (*mat.*), imprimitiv.
imprimitura (fondo sintetico anticorrosione, wash-primer) (*vn.*), Haftgrundmittel (*n.*).

impronta (gen.), Eindruck (m.), Abdruck (m.). 2 ~ («incisione», di uno stampo) (fucinatura), Gravur (f.). 3 ~ (cavità, d'uno stampo per iniezione di materie plastiche) (tecnol.), Formraum (m.). 4 ~ **della sfera** (impronta sferica, nella prova di durezza) (tecnol. mecc.), Kalotte (f.), Kugeleindruck (m.), Eindruckkalotte (f.). 5 ~ **dello stampo** (incisione) (ut.), Gesenkgravur (f.). 6 ~ **del pneumatico** (scolpitura del pneumatico) (aut.), Reifeneindruck (m.), Reifenprofil (n.). 7 ~ **di abbozzatura** (impronta di sbozzatura, incisione di sbozzatura) (fucinatura), Vorschmiedegravur (f.). 8 ~ **di abbozzatura** (impronta di prefinitura, incisione di sbozzatura, incisione di prefinitura) (fucinatura), letzte Vorschmiedegravur. 9 ~ **di cilindri** (di laminatoio) (difetto - lamin.), Walzennarbe (f.). 10 ~ **di finitura** (incisione di finitura, di uno stampo) (fucinatura), Fertiggravur (f.). 11 ~ **digitale** (leg.), Fingerabdruck (m.). 12 ~ **di preabbozzatura** (impronta di scapolatura, incisione di scapolatura) (fucinatura), Vorschmiedegravur zur groben Massenverteilung. 13 ~ **di prefinitura** (incisione di prefinitura, impronta di abbozzatura, incisione di abbozzatura) (fucinatura), letzte Vorschmiedegravur. 14 ~ **di sbozzatura** (incisione di sbozzatura) (fucinatura), Vorschmiedegravur (f.). 15 ~ **di sbozzatura** (impronta di prefinitura) (fucinatura), letzte Vorschmiedegravur. 16 ~ **di sbozzatura al laminatoio** (fucinatura), Rollgravur (f.). 17 ~ **di scapolatura** (incisione di scapolatura, impronta di preabbozzatura) (fucinatura), Vorschmiedegravur zur groben Massenverteilung. 18 ~ **di tenaglia** (su un fucinato) (difetto - metall.), Zangenabdruck (m.) 19 ~ **durometrica** (nelle prove di durezza) (tecnol. mecc.), Härteeindruck (m.). 20 ~ **espulsore** (impronta estrattore, su pezzo forgiato) (fucin.), Auswerfmarke (f.). 21 ~ **estrattore** (impronta espulsore, su pezzo forgiato) (fucin.), Auswerfmarke (f.). 22 ~ **per fucinatura** (incisione per fucinatura) (fucinatura), Schmiedegravur (f.). 23 ~ **per piegare** (incisione per piegare, di uno stampo) (fucinatura), Biegegravur (f.). 24 ~ **sferica** (impronta della sfera, nella prova di durezza) (tecnol. mecc.), Kalotte (f.), Kugeleindruck (m.), Eindruckkalotte (f.). 25 ~ **superficiale** (nella laminazione a freddo) (difetto lamin.), Oberflächeneindruck (m.). 26 esecuzione dell'~ (formatura della terra sul modello) (fond.), Einformen (n.). 27 eseguire l'~ (formare) (fond.), einformen. 28 **lunghezza di** ~ (di un respingente) (ferr.), Eindrucklänge (f.), Eindruckweg (m.). 29 **numero di impronte** (di uno stampo per l'iniezione di materie plastiche) (tecnol.), Fachzahl (f.), Formräumenzahl (f.). 30 **prova all'**~ (vn.), Eindruckversuch (m.). 31 **prova presenza zolfo con reattivo d'**~ (prova Baumann) (metall.), Schwefelabdruckprobe (f.), Baumannsche Schwefelprobe. 32 **rilevamento impronte di contatto** (con colore, per il controllo della planarità di una superficie tecnica p. es.) (mecc.), Tuschieren (n.).

improntare (uno stampo p. es.) (tecnol. mecc.), einsenken.

improntatore (ut.), Einsenk-Werkzeug (n.). 2 ~ **campione** (stampo campione per improntare a caldo) (ut. - fucin.), Urgesenk (n.).

improntatura (esecuzione dell'impronta di uno stampo mediante penetrazione di un punzone) (fucinatura), Einsenken (n.). 2 ~ (cavità piatta sul fianco del dente causata dalla pressione di piccole particelle metalliche) (difetto mecc.), Eindrückung (f.). 3 ~ **a caldo** (di stampi p. es.) (tecnol. mecc.), Warmeinsenken (n.). 4 ~ **a freddo** (di stampi p. es.) (tecnol. mecc.), Kalteinsenken (n.). 5 ~ **con rullo** («incisione» con rullo, della superficie d'un pezzo) (tecnol. mecc.), Wälzprägen (m.). 6 **profondità di** ~ (tecnol. mecc.), Einsenktiefe (f.). 7 **punzone di** ~ (per stampi) (fucinatura), Einsenkstempel (m.).

improntatrice (per stampi p. es.) (macch.), Einsenkpresse (f.).

improprio (non idoneo, inadatto) (gen.), ungeeignet. 2 ~ (non appropriato) (mecc. - ecc.), unsachgemäss. 3 **integrale** ~ (mat.), uneigentliches Integral.

impugnatura (manico, di utensile p. es.) (ut. - ecc.), Griff (m.), Handgriff (m.). 2 ~ (di una pialla) (ut.), Nase (f.), Handgriff (m.). 3 ~ **a pomello** (mecc.), Ballengriff (m.). 4 ~ **di sostegno** (maniglia di appiglio) (veic. - ecc.), Haltegriff (m.). 5 ~ **isolante** (di una pinza p. es.) (ut. - elett.), Isoliergriff (m.).

impulsimetro (misuratore d'impulsi) (app.), Impulsmesser (m.).

impulsivo (corrente p. es.) (elett.), Stoss...

impulso (gen.), Impuls (m.). 2 ~ (prodotto di massa e velocità) (fis.), Impuls (m.). 3 ~ (di corrente p. es.) (elett.), Impuls (m.), Puls (m.), Stoss (m.). 4 ~ **a dente di sega** (elettronica), Sägezahnimpuls (m.). 5 ~ **di blocco** (impulso d'interdizione) (elettronica), Sperrimpuls (m.). 6 ~ **di cancellazione** (impulso di soppressione) (telev.), Schwarzimpuls (m.), Austastimpuls (m.). 7 ~ **di chiusura** (impulso di corrente di chiusura) (elett.), Stromschliessungstoss (m.). 8 ~ **di comando** (elett.), Steuerimpuls (m.). 9 ~ **di comando** (impulso di porta, di un tiristore p. es.) (elettronica), Torimpuls (m.). 10 ~ **di conteggio** (telef. - ecc.), Zählimpuls (m.). 11 ~ **di corrente** (impulso elettrico) (elett. - telef.), Puls (m.), Stromstoss (m.). 12 ~ **di corrente** (corrente impulsiva) (elett.), Stosstrom (m.). 13 ~ **di interdizione** (impulso di blocco) (elettronica), Sperrimpuls (m.). 14 ~ **di pilotaggio** (di una memoria) (calc.), Ansteuerungsimpuls (m.). 15 ~ **di porta** (impulso di comando, di un tiristore p. es.) (elettronica), Torimpuls (m.). 16 ~ **di scatto** (impulso di sgancio) (elett.), Auslöseimpuls (m.). 17 ~ **di sgancio** (elett.), Auslöseimpuls (m.). 18 ~ **di sgancio** (elettronica), Auslöse-Impuls (m.), Trigger-Impuls (m.). 19 ~ **di sincronismo** (per la sincronizzazione della deflessione) (telev.), Synchronpuls (m.), Synchronimpuls (m.). 20 ~ **di sincronismo orizzontale** (telev.), Horizontalsynchronpuls (m.). 21 ~ **di sincronismo verticale** (telev.), Vertikalsynchronpuls (m.), vertikaler Synchronisationsimpuls. 22 ~ **di soppressione** (telev.), Austastimpuls (m.). 23 ~ **di soppressione orizzontale** (telev.), Zeilen-

impulso

austastimpuls (*m.*). **24 ~ di temporizzazione** (impulso temporizzatore) (*elettronica*), Zeitimpuls (*m.*), Taktimpuls (*m.*). **25 ~ di tensione** (tensione impulsiva) (*elett.*), Stossspannung (*f.*). **26 ~ di traslazione** (*calc.*), Schieberimpuls (*m.*). **27 ~ elementare** (*mecc.*), Impuls einer Punktmasse. **28 ~ lettore** (*elettronica*), Leseimpuls (*m.*). **29 ~ numerico** (*macch. calc.*), Ziffernimpuls (*m.*). **30 ~ presincronizzatore** (*telev.*), Vortrabant (*m.*). **31 ~ rettangolare** (*elettronica*), Rechteckimpuls (*m.*). **32 ~ sincronizzatore** (*elett. - telev.*), Gleichlaufimpuls (*m.*), Gleichlaufsignal (*n.*), Ausgleichimpuls (*m.*), Synchronisierungsimpuls (*m.*). **33 ~ sinusoidale** (*elettronica*), Sinusimpuls (*m.*). **34 ~ temporizzatore** (*app. - elett.*), Zeitimpuls (*m.*). **35 ~ totale** (di tutti i punti della massa) (*mecc.*), Gesamtimpuls (*m.*). **36 ~ triangolare** (*elettronica*), Nadelimpuls (*m.*). **37 ~ verticale** (impulso di sincronizzazione verticale) (*telev.*), Vertikal-Impuls (*m.*), V-Impuls (*m.*). **38 addensamento d'impulsi** (*elett.*), Impulsverdichtung (*f.*). **39 ampiezza degli impulsi** (*radio - ecc.*), Pulsamplitude (*f.*). **40 apparecchio di comando ad impulsi** (*elett.*), Impulssteuergerät (*n.*). **41 azionamento ad impulsi** (d'un elettromagnete p. es.) (*elett.*), Impulsbetrieb (*m.*), Tastbetrieb (*m.*). **42 cadenza degli impulsi** (*elett. - ecc.*), Impulsfolgefrequenz (*f.*). **43 camma degli impulsi** (di corrente, di un disco combinatore) (*telef.*), Stromstossflügel (*m.*). **44 circuito di impulsi** (*elett.*), Impulsstromkreis (*m.*). **45 coda dell'~** (*elett. - ecc.*), Impulsschwanz (*m.*). **46 comandato da impulsi di corrente** (*elett.*), stromstossgesteuert. **47 comando ad impulsi** (*elett. - ecc.*), Pulssteuerung (*f.*), Stosssteuerung (*f.*). **48 contatore d'impulsi** (*app.*), Impulszähler (*m.*). **49 contatto degli impulsi** (di corrente, di un disco combinatore) (*telef.*), Stromstosskontakt (*m.*). **50 convertitore di impulsi** (*app.*), Pulswandler (*m.*). **51 distanza tra gli impulsi** (scarto tra gli impulsi, intervallo tra gli impulsi) (*elett.*), Impulsabstand (*m.*). **52 durata dell'~** (larghezza dell'impulso) (*elett.*), Impulsdauer (*f.*), Impulsbreite (*f.*), Pulsbreite (*f.*). **53 durata dell'~ d'urto** (*sc. costr.*), Stosshärte (*f.*), Schlaghärte (*f.*). **54 eccitazione ad ~** (di un generatore a denti di sega) (*radio*), Stosserregung (*f.*). **55 emettitore d'impulsi** (di selezione) (*telef.*), Zahlengeber (*m.*). **56 emettitore d'impulsi di corrente** (*elett.*), Stromstossender (*m.*), Stromstossgeber (*m.*). **57 formatore degli impulsi** (variatore di forma degli impulsi) (*elett. - ecc.*), Impulsformer (*m.*). **58 frequenza degli impulsi** (*elett. - ecc.*), Impulshäufigkeit (*f.*). **59 frequenza di ripetizione degli impulsi** (*radio - ecc.*), Pulsfolgefrequenz (*f.*). **60 generatore d'impulsi** (impulsore) (*app.*), Impulsgenerator (*m.*), Impulsauslöser (*m.*), Impulsgeber (*m.*). **61 generatore d'impulsi di corrente** (*macch. elett.*), Stoss-stromerzeuger (*m.*). **62 generatore d'impulsi di tensione** (*macch. elett.*), Stoss-spannungsgenerator (*m.*). **63 generatore d'impulsi rettangolari** (*fis. - elettronica*), Rechteckgenerator (*m.*). **64 interruttore per corrente ad impulsi** (*app. elett.*), Stromstoss-schalter (*m.*). **65 larghezza dell'~** (durata dell'impulso) (*elett.*), Impulsbreite (*f.*), Impulsdauer (*f.*), Pulsbreite (*f.*). **66 manovra ad impulsi** (*elettromecc.*), Tippschaltung (*f.*). **67 metodo ad impulsi di varia durata** (per telecomando p. es.) (*elett.*), Impulsdauerverfahren (*m.*). **68 metodo ad impulsi intervallati** (per telecomando p. es.) (*elett.*), Impulsabstandverfahren (*n.*), Impulsintervallverfahren (*n.*). **69 metodo a frequenza d'impulsi** (per telecomando p. es.) (*elett.*), Impulsfrequenzverfahren (*n.*). **70 misuratore d'impulsi** (impulsimetro) (*app.*), Impulsmesser (*m.*). **71 modulazione d'ampiezza degli impulsi** (*radio - ecc.*), Impulsamplitudenmodulation (*f.*). **72 modulazione d'impulsi** (*radio - ecc.*), Pulsmodulation (*f.*). **73 numero d'impulsi** (del raddrizzamento, indice di ondulazione) (*elett.*), Pulszahl (*f.*). **74 procedimento a riflessione d'impulsi** (*elettronica - prove mater.*), Impuls-Reflexionsverfahren (*n.*), Impuls-Echo-Verfahren (*n.*). **75 prova ad impulsi** (di trasformatori) (*elett.*), Sprungwellenprobe (*f.*). **76 prova (con tensione) ad ~** (*elett.*), Stossprüfung (*f.*), Stoss-spannungsprüfung (*f.*). **77 regolatore ad impulsi** (*app.*), Pulssteller (*m.*). **78 saldatura ad ~** (saldatura a scarica di una grossa batteria di condensatori) (*tecnol. mecc.*), Impulsschweissen (*n.*). **79 scarto tra gli impulsi** (distanza tra gli impulsi) (*elett.*), Impulsabstand (*m.*). **80 separatore d'impulsi** (*app.*), Impulssieb (*n.*). **81 serie d'impulsi** (treno d'impulsi) (*elett. - ecc.*), Impulsserie (*f.*), Impulsreihe (*f.*), Impulszug (*m.*). **82 soppressore d'impulsi** (*app.*), Impulsunterdrücker (*m.*). **83 tempo di smorzamento dell'~** (*elett.*), Impulsabfallzeit (*f.*). **84 temporizzatore di impulsi di corrente** (*elett.*), Stromstosstakter (*m.*). **85 teorema dell'~** (*mecc.*), Impulssatz (*m.*). **86 trasmettitore d'impulsi** (*app.*), Impulssender (*m.*). **87 trasmettitore d'impulsi di conteggio** (*telef. - ecc.*), Zählimpulsgeber (*m.*), ZIG. **88 treno d'impulsi** (serie d'impulsi) (*elett. - ecc.*), Impulsreihe (*f.*), Impulsserie (*f.*), Impulszug (*m.*). **89 variatore di forma degli impulsi** (formatore degli impulsi) (*elett. - ecc.*), Impulsformer (*m.*).

impulsografo (registratore ad impulsi) (*app.*), Impulsschreiber (*m.*).

impulsore (generatore d'impulsi) (*app.*), Impulsgenerator (*m.*), Impulsauslöser (*m.*), Impulsgeber (*m.*).

impulsoscopio (*app.*), Impulszeitmesser (*m.*).

impuntamento (impuntatura) (*gen.*), Stemmen (*n.*). **2 ~** (inceppamento, d'una slitta) (*macch.*), Kanten (*n.*). **3 ~** (nelle macchine ad induzione) (*macch. elett.*), Schleichen (*n.*). **4 velocità d'~** (*macch. elett.*), Schleichdrehzahl (*f.*).

impurità (corpo estraneo p. es.) (*gen.*), Unreinigkeit (*f.*). **2 ~** (corpo estraneo) (*chim. - ecc.*), Fremdkörper (*m.*), Fremdstoff (*m.*). **3 ~** (punto di disturbo, di un cristallo semiconduttore) (*fis.*), Störstelle (*f.*). **4 ~ donatrice** (di un semiconduttore) (*fis.*), Donator (*m.*). **5 ~ ricevitrice** (di un semiconduttore) (*fis.*), Akzeptor (*m.*). **6 concentrazione massima di ~** (stabilita da leggi contro l'inquinamento atmosferico) (*ecol.*), Maximale Immissions-Konzentration, MIK.

imputare (contabilizzare, mettere in conto) (*amm.*), verbuchen.
imputato (accusato) (*leg.*), Beschuldigter (*m.*). 2 **banco degli imputati** (*leg.*), Anklagebank (*f.*).
imputazione (accusa) (*leg.*), Beschuldigung (*f.*), Imputation (*f.*).
In (indio) (*chim.*), In, Indium (*n.*).
inabile (*gen.*), unfähig, untauglich. 2 ~ **al servizio** (*gen.*), dienstuntauglich.
inabilità (*gen.*), Unfähigkeit (*f.*), Untauglichkeit (*f.*). 2 ~ **al lavoro** (*lav.*), Arbeitsunfähigkeit (*f.*), Erwerbsunfähigkeit (*f.*). 3 ~ **al servizio** (*lav. - ecc.*), Dienstunfähigkeit (*f.*). 4 ~ **temporanea** (*med. - lav.*), vorübergehende Arbeitsunfähigkeit.
inaccessibile (*gen.*), unzugänglich.
inaccessibilità (*gen.*), Unzugänglichkeit (*f.*).
inadatto (improprio, non idoneo) (*gen.*), ungeeignet.
inadeguato (*gen.*), unzulänglich, nicht ausreichend.
inadempienza (delle condizioni p. es.) (*comm. - ecc.*), Nichteinhaltung (*f.*), Nichterfüllung (*f.*).
inaffondabile (*nav.*), unversenkbar.
inalatore (di ossigeno p. es.) (*app. med.*), Inhalationsgerät (*n.*).
inalazione (*med.*), Einatmung (*f.*).
inamidare (insaldare, con l'amido) (*ind. tess.*), stärken.
inarcamento (curvatura, di un'ala) (*aer. - aerodin.*), Wölbung (*f.*).
inarcarsi (*gen.*), sich wölben.
inattaccabile (*chim.*), nicht angreifbar.
inattività (*gen.*), Unwirksamkeit (*f.*), Untätigkeit (*f.*). 2 ~ (di una vettura, mot., ecc.) (*aut. - mot. - ecc.*), Ausserdienststellung (*f.*). 3 ~ (d'un impianto) (*ind.*), Stillstand (*m.*). 4 **corrosione da** ~ (nei generatori di vapore) (*tecnol.*), Stillstandkorrosion (*f.*). 5 **tempo d'**~ (tempo passivo; suddiviso in tempo occupato per lavoro e per esigenze personali) (*studio lav.*), Ruhezeit (*f.*). 6 **tempo d'**~ (di un impianto, per revisione o guasto) (*macch. - elett. - ecc.*), Ausfallzeit (*f.*).
inattivo (*gen.*), unwirksam, untätig.
inaugurare (un'esposizione p. es.) (*comm.*), eröffnen, einweihen.
inaugurazione (di una mostra p. es.) (*comm.*), Eröffnung (*f.*). 2 **discorso d'** ~ (*gen.*), Antrittsrede (*f.*).
incagliamento (arrenamento) (*nav.*), Strandung (*f.*).
incagliarsi (dare in secco, arrenarsi) (*nav.*), stranden, aufsitzen.
incameratura (lavorazione di gole in fori) (*mecc.*), Einsenken (*n.*). 2 ~ (cavità tornita) (*mecc.*), Eindrehung (*f.*).
incamiciare (internamente, un cilindro p. es.) (*mecc. - ecc.*), einhülsen. 2 ~ (esternamente) (*mecc.*), umhüllen.
incamiciato (internamente, cilindro p. es.) (*mecc. - ecc.*), eingehülst. 2 ~ (esternamente) (*gen.*), umhüllt.
incamiciatura (interna di un cilindro p. es.) (*mecc. - ecc.*), Einhülsen (*n.*). 2 ~ (camicia, esterna) (*mecc.*), Umhüllung (*f.*). 3 ~ (per il combustibile di un reattore p. es.) (*fis. atom.*

- *ecc.*), Hülle (*f.*), Hülse (*f.*). 4 **rimozione della** ~ (*fis. atom.*), Enthüllen (*n.*).
incandescente (*metall. - ecc.*), glühend, weissglühend. 2 **fuso ed** ~ (*metall.*), glutflüssig.
incandescenza (*fis.*), Glühen (*n.*), Glut (*f.*). 2 **accensione per** ~ (*mot.*), Glühzündung (*f.*).
incannare (*ind. tess.*), winden, spulen.
incannatoio (incannatrice) (*macch. tess.*), Spulmaschine (*f.*).
incannatura (*ind. tess.*), Winden (*n.*), Spulen (*n.*). 2 **reparto** ~ (*ind. tess.*), Spulerei (*f.*).
incannicciata (*ed.*), Lattung (*f.*), Lattenrost (*m.*). 2 ~ (per il supporto dell'intonaco di un soffitto non portante) (*mur.*), Putzträger (*m.*), Rohrung (*f.*), Rohrgeflecht (*n.*). 3 ~ **di copertura** (tetto a cannicci) (*ed.*), Rohrdach (*n.*).
incanto (asta) (*comm.*), Auktion (*f.*), Versteigerung (*f.*).
incapsulamento (*gen.*), Kapselung (*f.*).
incapsulare (*gen.*), kapseln. 2 ~ (chiudere, un motore elettrico p. es.) (*elett.*), verschalen.
incapsulato (*gen.*), gekapselt. 2 ~ **in metallo** (app., impianto) (*elett.*), metallgekapselt.
incapsulatrice (*macch. - ind. farm.*), Einkapselmaschine (*f.*).
incapsulatura (*gen.*), Kapselung (*f.*). 2 ~ **a pressione** (*tecnol.*), Umpressung (*f.*).
incaricare (*gen.*), beauftragen.
incaricato (*a. - gen.*), beauftragt. 2 ~ (persona addetta ad una specifica mansione) (*s. - pers.*), Sachbearbeiter (*m.*). 3 ~ **d'affari** (*comm.*), Geschäftsträger (*m.*). 4 ~ **tecnico** (*lav.*), Spitzenfacharbeiter (*m.*).
incarico (*gen.*), Auftrag (*m.*). 2 ~ (mansioni svolte, mansioni esplicate) (*pers. - lav.*), Amtsbezeichnung (*f.*). 3 ~ (per un'attività giudiziaria) (*leg.*), Antrag (*m.*).
incartamento (fascicolo, pratica) (*uff. - ecc.*), Akte (*f. pl.*), Unterlage (*f.*).
incarto (involucro, per generi alimentari p. es.) (*imball.*), Packung (*f.*). 2 ~ **con stagnola** (avvolgimento con carta stagnola) (*imball.*), Aluminium-Packung (*f.*), Stanniolieren (*n.*).
incartonato (rilegato in cartone, libro) (*legatoria*), kartoniert. 2 ~ (confezionato in cartonaggio p. es.) (*imball.*), kartonisiert.
incartonatrice (macchina per spiegare, riempire e chiudere scatole di cartone pieghevoli) (*macch.*), Kartoniermaschine (*f.*).
incartonatura (*legatoria*), Kartonieren (*n.*).
incassare (riscuotere, del denaro) (*comm. - amm.*), einnehmen, einziehen, einkassieren, kassieren. 2 ~ (imballare in casse) (*trasp.*), in Kisten verpacken. 3 ~ (in un pannello p. es.) (*strum. - app.*), einlassen. 4 ~ (annegare, nel calcestruzzo p. es.) (*ed. - ecc.*), einbetten.
incassato (da incasso) (*strum.*), eingelassen. 2 ~ (sotto intonaco) (*elett.*), unter Putz. 3 **lampeggiatore** ~ (*aut.*), Einbaublinkleuchte (*f.*).
incassatura (allargamento, recesso) (*mecc.*), Senkung (*f.*). 2 ~ **cilindrica** (allargatura cilindrica, recesso cilindrico) (*mecc.*), zylindrische Aussenkung.
incasso (entrata, di denaro) (*comm. - amm.*), Einnahme (*f.*), Inkasso (*n.*). 2 ~ **netto** (*amm.*), Reineinnahme (*f.*), Nettoeinnahme (*f.*). 3 **da** ~ (incassato) (*strum.*), eingelassen.

incastellatura (di una pressa p. es.) (macch.), Gestell (n.), Rahmen (m.). 2 ~ (carter dell'albero a gomito e blocco cilindri) (mot.), Motorgehäuse (n.). 3 ~ (basamento, carter dell'albero a gomiti) (mot.), Kurbelgehäuse (n.). 4 ~ (di un motore a stella) (mot. aer.), Kurbelgehäuse (n.). 5 ~ (gabbia) (lamin.), Ständer (m.). 6 ~ (della macchina) (macch.), Maschinengestell (n.). 7 ~ a C (incastellatura a collo di cigno, d'una pressa) (macch.), C-Gestell (n.). 8 ~ a collo di cigno (incastellatura ad un montante, incastellatura frontale, di una pressa) (macch.), C-Gestell (n.), ausladendes Gestell. 9 ~ a due montanti (di una pressa) (macch.), Torgestell (n.). 10 ~ ad un montante (incastellatura frontale, incastellatura a collo di cigno, di una pressa) (macch.), ausladendes Gestell. 11 ~ dell'alto forno (forno), Hochofengerüst (n.). 12 ~ del maglio (montanti del maglio) (macch. fucinatura), Hammerständer (m.). 13 ~ di base (basamento) (macch.), Untergestell (n.). 14 ~ di lancio (per razzi) (milit. - ecc.), Startgerüst (n.), Startgestell (n.), Launcher (m.). 15 ~ di montaggio (impalcatura di montaggio) (att.), Montagegerüst (n.). 16 ~ di pressa (macch.), Pressegestell (n.). 17 ~ frontale (incastellatura ad un montante, incastellatura a collo di cigno, di una pressa) (macch.), ausladendes Gestell. 18 ~ mobile (di una pressa idraulica ad incastellatura mobile) (masch.), Laufrahmen (m.). 19 ad ~ aperta (a due montanti, una pressa p. es.) (macch.), durchbrochen. 20 sfiato dell'~ (sfiato del basamento) (mot.), Kurbelgehäuseentlüfter (m.).
incastonare (pietre preziose p. es.) (gen.), fassen, einsetzen.
incastonatura (di pietre preziose p. es.) (gen.), Fassung (f.), Einsetzen (n.).
incastrare (una trave) (ed.), einspannen. 2 ~ a coda di rondine (unire a coda di rondine, fare una giunzione a coda di rondine) (falegn.), zinken.
incastrato (ed.), eingespannt.
incastro (vincolo) (sc. costr. - mecc.), Einspannung (f.). 2 ~ (punto di incastro) (sc. costr.), Einspannungsstelle (f.), Einspannstelle (f.). 3 ~ (a denti) (carp.), Klaue (f.). 4 ~ a coda di rondine (falegn. - mecc.), Schwalbenschwanzverbindung (f.), Zinken (n.), Zinke (f.). 5 ~ a maschio e femmina (commettitura a maschio e femmina, con linguetta e scanalatura) (falegn.), Spundung (f.). 6 ~ a maschio e femmina a sezione quadrata (falegn.), Quadratspundung (f.). 7 ~ a pettine (giunto a denti, giunzione a denti, unione a denti) (carp.), Kamm (m.). 8 ~ a tenone e mortisa (unione o giunzione a tenone e mortisa) (falegn. - carp.), einfache gerade Zapfenholzverbindung. 9 eseguire incastri a coda di rondine (falegn.), einschwalben. 10 fresatrice per incastri a coda di rondine (macch. lav. legno), Zinkenmaschine (f.). 11 momento di ~ (sc. costr.), Einspannmoment (n.). 12 punto di ~ (incastro) (sc. costr. - ecc.), Einspannungsstelle (f.), Einspannstelle (f.).
incatramare (ed. - ecc.), verteeren.
incatramatura (ed. - ecc.), Verteerung (f.).

incatramista (catramatore) (lav. - ed.), Teerarbeiter (m.).
incavallatura (capriata) (costr. civ.), Binder (m.), Dachbinder (m.). 2 ~ a mansarda (ed.), Mansardenbinder (m.). 3 ~ Polonceau (costr. civ.), Polonceau-Binder (m.). 4 ~ tipo inglese (arch.), englischer Binder.
incavare (gen.), anshöhlen, vertiefen.
incavicchiare (fissare con cavicchi) (gen.), verdübeln, pflöcken.
incavigliare (carp.), verdübeln.
incavigliato (incavicchiato) (carp. - falegn.), gedübelt.
incavigliatura (caviglia, cavicchio, per collegare due pezzi di legno) (carp.), Dübel (m.).
incavo (cavità) (gen.), Aushöhlung (f.). 2 ~ (tacca, intaglio) (gen.), Kerbe (f.), Einschnitt (m.). 3 ~ (tacca di un arpionismo p. es.) (mecc.), Raste (f.), Lücke (f.). 4 ~ del bancale (interruzione) (macch. ut.), Bettkröpfung (f.). 5 ad ~ (a doppio banco, tornio p. es.) (macch. ut.), ausgespart, ausladend.
incendiare (gen.), in Brand setzen, in Brand stecken.
incendio (comb. - ecc.), Brand (m.). 2 ~ boschivo (agric.), Waldbrand (m.). 3 assicurazione contro gli incendi (finanz.), Brandversicherung (f.), Feuerversicherung (f.). 4 scoppio di ~ (ed. - ecc.), Brandausbruch (m.).
incenerimento (comb.), Veraschung (f.). 2 ~ dei fanghi (ed.), Schlammverbrennung (f.). 3 ~ dei rifiuti (combustione delle immondizie) (comb.), Müllverbrennung (f.). 4 forno d'~ (impianto d'incenerimento, inceneritore) (comb.), Verbrennungsofen (m.), Veraschungsanalage (f.). 5 impianto d'~ (forno d'incenerimento, inceneritore) (comb.), Veraschungsanlage (f.), Verbrennungsofen (m.). 6 impianto ~ rifiuti (comb. - forno), Müllverbrennungsanlage (f.), MVA.
inceneritore (forno d'incenerimento, impianto d'incenerimento) (comb.), Veraschungsanlage (f.), Verbrennungsofen (m.). 2 ~ di rifiuti (comb. - forno), Müllverbrennungsanlage (f.), MVA.
incentivo (gen.), Ansporn (m.), Anregung (f.). 2 ~ (lav.), Arbeitsanreiz (m.). 3 ~ di produzione (organ. lav.), Leistungsanreiz (m.).
inceppamento (difetto mecc. - ecc.), Klemmen (n.). 2 ~ (bloccaggio, della frizione) (difetto - aut.), Rupfen (n.). 3 ~ (impuntamento, d'una slitta) (macch.), Kanten (n.).
incepparsi (difetto mecc. - ecc.), klemmen.
incernierato (a cerniera) (mecc.), aufklappbar.
incertezza (non sicurezza) (gen.), Unsicherheit (f.). 2 ~ della misura (mecc. - ecc.), Messunsicherheit (f.). 3 fattore d'incertezza (gen.), Unsicherheitsfaktor (m.).
incettare (comm.), aufkaufen.
incettatore (comm.), Aufkäufer (m.).
inchiavettamento (calettamento con chiavetta) (mecc.), Verkeilung (f.), Keilung (f.).
inchiavettare (fissare con chiavetta) (mecc.), keilen, verkeilen, festkeilen.
inchiavettato (fissato mediante chiavetta) (mecc.), festgekeilt, gekeilt.
inchiavettatura (collegamento o calettamento con chiavetta) (mecc.), Keilung (f.), Verkeilung (f.).

inchiesta (rilevamento, per raccogliere informazioni) (*gen.*), Erhebung (*f.*), Untersuchung (*f.*). 2 ~ (*leg.*), Untersuchung (*f.*). 3 ~ (sulle opinioni) (*comm.*), Umfrage (*f.*). 4 commissione d'~ (*leg.-ecc.*), Untersuchungskommission (*f.*).
inchiodare (*carp.*), festnageln, benageln, annageln. 2 ~ (chiudere con chiodi p. es.) (*falegn. - ecc.*), vernageln.
inchiostrare (*tip.*), schwärzen, auftragen.
inchiostratore (rullo o cilindro inchiostratore) (*tip.*), Auftragwalze (*f.*), Schwärzrolle (*f.*). 2 ~ a mano (rullo a mano) (*att. tip.*), Reiber (*m.*). 3 rullo ~ (*tip.*), Schwärzrolle (*f.*), Auftragwalze (*f.*).
inchiostrazione (*tip.*), Auftragen (*n.*), Schwärzen (*n.*).
inchiostro (*uff. - tip.*), Tinte (*f.*). 2 ~ (da stampa) (*tip.*), Farbe (*f.*), Druckfarbe (*f.*). 3 ~ al bronzo (colore al bronzo) (*tip.*), Bronzefarbe (*f.*). 4 ~ da stampa (*tip.*), Druckfarbe (*f.*). 5 ~ da stampa (nero da stampa) (*tip.*), Druckerschwärze (*f.*), Druckerfarbe (*f.*). 6 ~ di china (*dis.*), Tusche (*f.*), chinesische Tusche, Ausziehtusche (*f.*). 7 ~ fluorescente (*tip.*), Leuchtfarbe (*f.*). 8 ~ indelebile (*ind. chim.*), unauslöschbare Tinte. 9 ~ per litografia (*tip.*), Steindruckfarbe (*f.*). 10 ~ per serigrafia (*tip.*), Siebdruckfarbe (*f.*). 11 ~ per stampigliatura (*trasp.*), Signierfarbe (*f.*). 12 ~ per timbri (*uff. - ind. chim.*), Stempelfarbe (*f.*), Stempeltinte (*f.*). 13 ~ simpatico (*ind. chim.*), sympathetische Tinte, Geheimtinte (*f.*). 14 punta per ~ (di un compasso) (*strum. dis.*), Tuscheinsatz (*m.*). 15 schizzo ripassato in ~ di china (schizzo ripassato in china) (*dis.*), Tusche-Skizze (*f.*).
incidente (raggio p. es.) (*a. - ott. - ecc.*), einfallend, auftreffend. 2 ~ (infortunio) (*s. - gen.*), Unfall (*m.*). 3 ~ stradale (*aut.*), Strassenverkehrsunfall (*m.*). 4 massimo ~ ipotizzabile (*fis. nucl.*), grösster anzunehmender Unfall, grösster glaubwürdiger Unfall, g.a.U.
incidenza (di raggi) (*ott.*), Einfall (*m.*), Einfallen (*n.*). 2 ~ (delle ruote anteriori di una automobile, positiva) (*aut.*), Nachlauf (*m.*). 3 ~ (negativa, delle ruote anteriori di un veicolo) (*aut.*), Vorlauf (*m.*). 4 ~ del pneumatico (*aut.*), Reifennachlauf (*m.*). 5 ~ di disturbo (sensibilità ai disturbi) (*elett. - ecc.*), Störanfälligkeit (*f.*). 6 ala ad ~ variabile (*aer.*), Verstellflügel (*m.*). 7 angolo d'~ (*ott.*), Einfallswinkel (*m.*). 8 angolo d'~ (di un'ala p. es.) (*aer.*), Anstellwinkel (*m.*). 9 angolo d'~ indotta (*aer.*), induzierter Anstellwinkel, Abwindwinkel (*m.*). 10 piano d'~ (*ott.*), Einfallsebene (*f.*). 11 regolatore automatico d'~ (*app. - aer.*), Aufbäumregler (*m.*).
incidere (uno stampo) (*ut. - fucinatura*), setzen, gravieren. 2 ~ (fresare, lo stampo) (*mecc. - fucinatura*), einfräsen, ausfräsen. 3 ~ (dei numeri su un pezzo di metallo) (*mecc.*), beschriften, gravieren. 4 ~ (punzonare, dei numeri su un pezzo p. es.) (*mecc.*), einschlagen, prägen. 5 ~ (con acidi, chimicamente) (*tip.*), ätzen. 6 ~ (intagliare) (*tecnol.*), gravieren. 7 ~ (un disegno su una lastra metallica) (*arte*), radieren. 8 ~ all'acquaforte (*tip.*), tiefätzen. 9 ~ chimicamente (*tip.*), einätzen, ätzen. 10 ~ in incavo (*tip.*), tiefätzen. 11 ~ in rilievo (*tip.*), hochätzen.
incisione (incavo, tacca) (*gen.*), Einschnitt (*m.*). 2 ~ (di stampi, operazione) (*ut. - fucinatura*), Setzen (*n.*), Gravieren (*n.*). 3 ~ (impronta, di uno stampo) (*fucinatura*), Gravur (*f.*). 4 ~ (fresatura, di stampi) (*mecc. - fucinatura*), Einfräsung (*f.*), Ausfräsen (*n.*). 5 ~ (*tecnol.*), Gravur (*f.*), Gravierung (*f.*). 6 ~ (chimica) (*tip. - ecc.*), Ätzung (*f.*), Ätzen (*n.*). 7 ~ (del cilindro per rotocalco) (*tip.*), Ätzen (*n.*). 8 ~ (di dati su un pezzo di metallo) (*mecc.*), Beschriftung (*f.*), Gravieren (*n.*). 9 ~ (marginale, solco marginale, difetto di saldatura) (*tecnol. mecc.*), Einbrandriefe (*f.*). 10 ~ (punzonatura, di un marchio su un pezzo p. es.) (*tecnol. mecc.*), Prägen (*n.*), Einschlagen (*n.*). 11 ~ all'acquaforte (*tip.*), Tiefätzung (*f.*). 12 ~ a reticolo (prova su verniciatura) (*vn.*), Gitterschnitt (*m.*). 13 ~ a rilievo (tipografia) (*tip*), Hochätzung (*f.*). 14 ~ a tratto (*tip.*), Strichätzung (*f.*). 15 ~ con acido (di stampi per fucinatura p. es.) (*ut. - chim.*), Ätzgravieren (*n.*). 16 ~ con rullo (improntatura con rullo, della superficie d'un pezzo) (*tecnol. mecc.*), Wälzprägen (*n.*). 17 ~ del suono (registrazione del suono) (*acus.*), Phonographie (*f.*), Schallaufzeichnung (*f.*). 18 ~ di abbozzatura (impronta di sbozzatura, incisione di sbozzatura) (*ut. fucinatura*), Vorschmiedegravur (*f.*). 19 ~ di abbozzatura (impronta di prefinitura) (*ut. fucinatura*), letzte Vorschmiedegravur. 20 ~ di finitura (impronta di finitura, di uno stampo) (*ut. fucinatura*), Fertiggravur (*f.*), Fertigschmiedegravur (*f.*). 21 ~ di prefinitura (impronta di prefinitura, incisione di abbozzatura, impronta di abbozzatura) (*ut. fucinatura*), letzte Vorschmiedegravur. 22 ~ di rullatura (di uno stampo) (*ut. fucinatura*), Rollgesenk (*n.*). 23 ~ di sbozzatura (incisione di abbozzatura, impronta di sbozzatura) (*ut. fucinatura*), Vorschmiedegravur (*f.*). 24 ~ di sbozzatura (incisione di prefinitura) (*ut. fucinatura*), letzte Vorschmiedegravur. 25 ~ di scapolatura (impronta di scapolatura, impronta di preabbozzatura) (*ut. fucinatura*), Vorschmiedegravur zur groben Massenverteilung. 26 ~ in incavo (*ind. graf.*), Tiefätzung (*f.*). 27 ~ in rilievo (*tip.*), Hochätzung (*f.*). 28 ~ per fucinatura (impronta per fucinatura) (*ut. fucinatura*), Schmiedegravur (*f.*). 29 ~ per piegare (impronta per piegare, di uno stampo) (*ut. fucinatura*), Biegegravur (*f.*). 30 ~ profonda (*ind. graf.*), Tiefätzung (*f.*). 31 bagno d'~ (*ind. graf.*), Ätzbad (*n.*). 32 liquido per incisioni (*ind. graf.*), Ätzflüssigkeit (*f.*), Ätzmittel (*n.*). 33 macchina per incisioni (*macch. grafica*), Ätzmaschine (*f.*). 34 testina d'~ (*acus.*), Schneidkopf (*m.*), Schneiddose (*f.*).
inciso (con acido) (*chim. - ecc.*), eingeätzt.
incisore (*lav.*), Graveur (*m.*). 2 ~ (*app. - acus.*), Schneider (*m.*). 3 ~ (*arte*), Radierer (*m.*). 4 ~ di timbri (*lav.*), Stempelschneider (*m.*).
inclemenza (del tempo) (*meteor.*), Unbilden (*f. pl.*).

inclinabile

inclinabile (*gen.*), neigbar. 2 ~ (orientabile, ribaltabile) (*mecc.*), kippbar, schrägstellbar, schrägverstellbar.
inclinare (*gen.*), neigen.
inclinato (*gen.*), geneigt. 2 ~ (obliquo) (*gen.*), geneigt, schräg, schief. 3 molto ~ (ripido, a forte pendenza) (*gen.*), steil. 4 piano ~ (*macch.*), schiefe Ebene.
inclinazione (*gen.*), Neigung (*f.*). 2 ~ (obliquità) (*gen.*), Schiefe (*f.*), Schrägheit (*f.*), Schräge (*f.*). 3 ~ (ruota, inclinazione delle ruote anteriori) (*aut.*), Sturz (*m.*), Radsturz (*m.*). 4 ~ (del perno del fuso a snodo, angolo del perno del fuso a snodo con la verticale, visto di fronte) (*aut.*), Spreizung (*f.*). 5 ~ (convergenza verso terra delle ruote posteriori di un'autovettura p. es.) (*aut.*), O-Stellung (*f.*). 6 ~ (angolo, di una ruota elicoidale cilindrica) (*mecc.*), Steigungswinkel (*m.*). 7 ~ (della generatrice rispetto all'asse del cono) (*mecc.*), Neigung (*f.*). 8 ~ (del mandrino portafresa) (*lav. macch. ut.*), Sturz (*m.*). 9 ~ (del rotore di macchine ad induzione) (*elett.*), Schrägung (*f.*). 10 ~ (di un tetto p. es.) (*ed.*), Abdachung (*f.*), Abschrägung (*f.*). 11 ~ (pendenza) (*min. - geol.*), Fallwinkel (*m.*), Einfallen (*n.*). 12 ~ (*magnetismo terrestre*), Inklination (*f.*). 13 ~ (*astr.*), Inklination (*f.*). 14 ~ (dell'albero di una nave p. es.) (*nav.*), Fall (*m.*), Neigung (*f.*). 15 ~ dei fusi a snodo (*aut.*), Unterachse (*f.*), Achsschenkelsturz (*m.*). 16 ~ del fondo di carena (rispetto al piano orizzontale) (*costr. nav.*), Aufkimmung (*f.*). 17 ~ negativa (divergenza verso terra, delle ruote posteriori di una autovettura) (*aut.*), X-Stellung (*f.*). 18 ~ positiva (delle ruote di un autoveicolo) (*aut.*), Sturz (*m.*), Radsturz (*m.*), O-Stellung (*f.*). 19 ~ trasversale (di un velivolo) (*aer.*), Querneigung (*f.*), Schräglage (*f.*). 20 angolo d' ~ (*geom.*), Neigungswinkel (*m.*). 21 angolo d' ~ (angolo di avanzamento, di una punta elicoidale) (*ut.*), Vorschubsteigungswinkel (*m.*). 22 calibro controllo ~ ruote (*app. aut.*), Sturzmesser (*m.*). 23 componente trasversale dell' ~ (delle ruote anteriori) (*aut.*), Sturzseitenkraft (*f.*). 24 errore di ~ (*mecc.*), Abweichung von der Neigung.
inclinometro (*strum.*), Inklinometer (*n.*). 2 ~ longitudinale (*strum. aer.*), Kippwinkelmesser (*m.*), Kippzeiger (*m.*).
includere (*gen.*), einschliessen.
inclusione (*min. - metall.*), Einschluss (*m.*). 2 ~ (implicazione, operazione d'implicazione condizionale) (*calc.*), Implikation (*f.*), ODER-NICHT. 3 **inclusioni allineate** (allineamento di inclusioni) (*difetto metall.*), zeilenartige Einschlüsse. 4 ~ d'aria (sacca di aria) (*gen.*), Lufteinschluss (*m.*). 5 **inclusioni dell'acciaio** (impurità generalmente non metalliche) (*metall.*), Stahleinschlüsse (*m. pl.*). 6 **inclusioni di aria** (nel calcestruzzo) (*ed.*), Lufteinschlüsse (*m. pl.*). 7 **inclusioni di gas** (*tecnol.*), Gaseinschlüsse (*m. pl.*). 8 ~ di sabbia (*difetto di fond.*), Sandeinschluss (*m.*). 9 ~ di scorie (*difetto - metall. - lamin.*), Schlakkeneinschluss (*m.*); Zundervernarbung (*f.*). 10 **inclusioni non metalliche** (*metall.*), nichtmetallische Einschlüsse (*pl.*). 11 **inclusioni solide non metalliche** (sonims; solid non metallic impurities) (*metall.*), Sonims (*pl.*). 12 **allineamento di inclusioni** (banda d'inclusioni) (*metall.*), Ausrichtung von Einschlüssen. 13 **banda d'inclusioni** (allineamento d'inclusioni) (*metall.*), Ausrichtung von Einschlüssen.
incluso (compreso) (*gen.*), inklusiv, einschliesslich. 2 ~ (compreso, le spese p. es.) (*comm.*), eingerechnet, mitgezählt, einbegriffen, mitgerechnet, inbegriffen.
incocciare (agganciare) (*nav.*), anhaken, einhaken.
incoerente (*gen.*), unzusammhängend. 2 ~ (di terreno p. es.) (*ed. - ecc.*), nichtbindig, inkohärent, rollig.
incoerenza (*mat.*), Inkohärenz (*f.*).
incognita (*s. - mat. - ecc.*), Unbekannte (*f.*). 2 ~ **iperstatica** (iperstatica) (*sc. costr.*), statisch überbestimmte Unbekannte, statisch unbestimmte Unbekannte.
incollaggio (incollamento, incollatura) (*gen.*), Leimung (*f.*). 2 ~ (giunto incollato, di pezzi metallici p. es.) (*tecnol.*), Klebverbindung (*f.*). 3 ~ **ad alta frequenza** (saldatura ad alta frequenza, con calore generato da a. f., di materie plastiche) (*tecnol.*), HF-Schweissen (*n.*).
incollamento (incollaggio, incollatura) (*gen.*), Leimung (*f.*). 2 ~ (di una valvola p. es.) (*difetto - mecc. - mot.*), Verklemmen (*n.*), Festsitzen (*n.*), Festkleben (*n.*), Klemmung (*f.*). 3 ~ (aderenza di contatto, tra fogli sottili di mat. plastica) (*ind. chim.*), Blocken (*n.*). 4 ~ **di metalli** (*tecnol.*), Metallverklebung (*f.*). 5 **frattura da** ~ (*difetto - metall.*), Bruch durch Verklebung.
incollare (*gen.*), leimen. 2 ~ **mediante vulcanizzazione** (incollare dei pezzi di gomma su metallo) (*tecnol. mecc.*), anvulkanisieren.
incollarsi (di una valvola p. es.) (*difetto - mecc. - mot.*), festsitzen, festkleben. 2 ~ (di fasce elastiche) (*difetto - mot.*), verpichen, festkleben.
incollatrice (*macch.*), Leimauftragmaschine (*f.*), Anleimmaschine (*f.*).
incollatura (incollaggio, incollamento) (*gen.*), Leimung (*f.*). 2 ~ (di metalli) (*tecnol. mecc.*), Kleben (*n.*). 3 ~ **del dorso** (*legatoria*), Rückenleimung (*f.*).
incolore (*gen.*), farblos.
incombenza (mansione) (*lav. - pers.*), Amt (*n.*).
incombustibile (*gen.*), unbrennbar. 2 ~ (refrattario) (*mater.*), feuerfest, feuerbeständig, unbrennbar. 3 ~ (refrattario, materiale che resiste al fuoco per 90 minuti) (*prova*), feuerbeständig. 4 **incombustibili** (sostanze d'un combustibile che non bruciano, ossia minerali ed umidità) (*s. - comb.*), Ballaststoffe (*m. pl.*).
incombustibilità (*fis.*), Unverbrennbarkeit (*f.*). 2 ~ (refrattarietà) (*mater.*), Feuerfestigkeit (*f.*). 3 **ad alta** ~ (materiale che resiste al fuoco per 2 ore) (*prova*), hochfeuerbeständig.
incombusto (*fis.*), unverbrannt. 2 ~ **sottogriglia** (*comb.*), Rostdurchfall (*m.*).
incominciare (*gen.*), anfangen, beginnen.
incommensurabile (*mat.*), inkommensurabel, nicht messbar.

incompatibile (*telev. - ecc.*), inkompatibel unverträglich.
incompatibilità (*chim.*), Unverträglichkeit (*f.*), Inkompatibilität (*f.*).
incompiuto (incompleto) (*gen.*), unvollendet.
incompletezza (mancanza, di materiale) (*fond.*), Unganzheit (*f.*).
incompleto (*gen.*), mangelhaft, unvollkommen. 2 ~ (combustione p. es.) (*gen.*), unvollkommen. 3 ~ (incompiuto) (*gen.*), unvollendet. 4 ~ (getto) (*difetto - fond.*), nicht ausgelaufen.
incomprimibile (*fis.*), unverdichtbar, nicht komprimierbar, inkompressibel.
incomprimibilità (*fis.*), Inkompressibilität (*f.*).
inconel (lega speciale di nichel) (*metall.*), Inconel (*n.*).
incongruenza (*mat.*), Inkongruenz (*f.*).
incontrare (*gen.*), begegnen, treffen.
incontrarsi (*gen.*), zusammentreffen, sich treffen. 2 ~ (di due gallerie p. es.) (*min.*), örtern.
incontro (*gen.*), Begegnung (*f.*), Zusammentreffen (*n.*).
inconveniente (*s. - gen.*), Mangel (*m.*). 2 ~ (*a. - gen.*), unvorteilhaft. 3 ~ (difetto, avaria) (*mecc.*), Störung (*f.*). 4 ~ di funzionamento (*macch. - ecc.*), Betriebsstörung (*f.*).
incoppigliare (incopigliare, copigliare) (*mecc.*), versplinten, splinten. 2 ~ un dado (*mecc.*), eine Mutter versplinten.
incorniciare (*gen.*), umrahmen, rahmen, einrahmen. 2 ~ (intelaiare) (*falegn.*), einfassen, einrahmen, fassen.
incorniciata (mantellatura, rivestimento a difesa di sponde) (*costr. idr.*), Packwerk (*n.*). 2 ~ di fascine (mantellatura, fascinata, per proteggere la riva di un fiume) (*costr. idr.*), Packfaschinenbau (*m.*), Flechtwerk (*n.*).
incorporabilità (*tecnol.*), Einbauvermögen (*n.*), Einbettvermögen (*n.*).
incorporamento (costruzione solidale) (*mecc.*), Einbau (*m.*). 2 ~ (di sostanze granulari nel materiale più dolce di una coppia) (*mecc.*), Einbettung (*f.*).
incorporare (in qualche cosa) (*gen.*), einbauen. 2 ~ (*comm. - finanz.*), einverleiben. 3 ~ durante la colata (prendere in fondita, le canne cilindro di un basamento di lega leggera p. es.) (*fond. - mot.*), eingiessen. 4 ~ durante lo stampaggio (parti metalliche p. es. entro materie plastiche) (*tecnol.*), einpressen.
incorporato (*gen.*), eingebaut. 2 ~ (regolatore di una dinamo p. es.) (*gen.*), eingebaut. 3 ~ di fusione (preso in fondita, detto di canna cilindro di ghisa p. es. incorporata nel basamento di alluminio durante la colata di questo) (*fond. - mot.*), eingegossen. 4 ~ durante la colata (preso in fondita, detto di una canna cilindro in un basamento di lega leggera p. es.) (*fond. - mot.*), eingegossen. 5 ~ durante l'iniezione (bussola filettata p. es., entro materie plastiche) (*tecnol.*), eingespritzt. 6 ~ durante lo stampaggio (parte metallica in materia plastica p. es.) (*tecnol.*), eingepresst.
incorporazione (*comm. - finanz.*), Einverleibung (*f.*), Inkorporation (*f.*).

incorsatoio (scorniciatore, per linguette) (*falegn. - ut.*), Federhobel (*m.*). 2 ~ (pialla per scanalature, pialletto per scanalature) (*ut. falegn.*), Falzhobel (*m.*), Nuthobel (*m.*).
incorsatura (rimettaggio, inserzione dell'ordito) (*ind. tess.*), Einzug (*m.*), Einfädeln (*n.*).
incrementale (*gen.*), inkremental. 2 sistema di misura ~ (*macch. ut. a c/n*), Inkrementalmessverfahren (*n.*).
incremento (*gen.*), Inkrement (*n.*), Zunahme (*f.*). 2 ~ (*mat. - ecc.*), Inkrement (*n.*). 3 ~ (dei denti di una broccia) (*ut.*), Steigung (*f.*). 4 ~ (nella disposizione dei denti d'una broccia) (*ut.*), Staffelung (*f.*). 5 ~ normale (d'una broccia; perpendicolare alla superficie lavorata) (*ut.*), Tiefenstaffelung (*f.*). 6 ~ totale (di una broccia, riferito alla lunghezza della parte dentata) (*ut.*), Andrückbetrag (*m.*). 7 tasso d'~ (*finanz. - ecc.*), Zuwachsrate (*f.*). 8 tasso d'~ annuale (*gen.*), jährliche Wachstumrate, jährliche Zuwachsrate. 9 tempo di ~ (nella frenatura, segue il tempo di reazione o di manovra) (*aut.*), Schwelldauer (*f.*).
increspare (raggrinzare) (*gen.*), kräuseln.
incriminazione (*leg.*), Bezichtigung (*f.*).
incrinarsi (*metall.*), rissig werden.
incrinato (fessurato, criccato) (*gen.*), rissig. 2 ~ (di vetro) (*mft. del vetro*), gesprungen. 3 ~ da gelo (*gen.*), frostrissig.
incrinatura (fessura) (*gen.*), Riss (*m.*), Spalt (*m.*). 2 ~ (cricca, di un pezzo) (*difetto - mecc. - metall.*), Riss (*m.*). 3 ~ (formazione di incrinature) (*mecc. - metall.*), Rissbildung (*f.*). 4 ~ a caldo (cricca a caldo) (*metall.*), Warmriss (*m.*), Wärmeriss (*m.*). 5 ~ al gelo (difetto di vn.), Kälteriss (*m.*). 6 ~ a pettine (incrinatura trasversale, perpendicolare al tagliente) (*ut.*), Kammrissbildung (*f.*), Querrissbildung (*f.*). 7 ~ capillare (cricca capillare) (*metall. - ecc.*), Haarriss (*m.*), Kapilarriss (*m.*). 8 ~ capillare (screpolatura, formazione di incrinature capillari) (*difetto vn.*), Haarrissbildung (*f.*). 9 ~ da gelo (*ed. - ecc.*), Frostriss (*m.*). 10 ~ da rettifica (*mecc.*), Schleifriss (*m.*). 11 ~ da ritiro (cricca da ritiro, di un getto) (*difetto di fond.*), Schrumpfungsriss (*m.*), Schwundriss (*m.*), Schwindriss (*m.*). 12 ~ da tempra (cricca da tempra, cricca da trattamento termico) (*tratt. term.*), Härteriss (*m.*). 13 ~ da tensioni interne (*mecc.*), Spannungsriss (*m.*). 14 ~ da trattamento termico (cricca da trattamento termico) (*tratt. term.*), Härteriss (*m.*). 15 ~ di distillazione (*tecnol. mecc.*), Dehnungsriss (*m.*). 16 ~ di fatica (cricca di fatica) (*metall.*), Ermüdungsriss (*m.*). 17 ~ di stagionatura (*mecc. - ut.*), Alterungsriss (*m.*). 18 ~ iniziale (cricca iniziale) (*metall. - ecc.*), Anriss (*m.*), Anbruch (*m.*). 19 ~ interna (cricca interna) (*metall. - mecc.*), Innenriss (*m.*). 20 ~ interna (del legno) (*legno - ecc.*), Kernriss (*m.*). 21 ~ superficiale (cricca superficiale) (*metall. - ecc.*), Oberflächenriss (*m.*). 22 ~ termica (*metall.*), Brandriss (*m.*), Wärmeriss (*m.*). 23 ~ trasversale (incrinatura a pettine, perpendicolare al tagliente) (*ut.*), Querrissbildung (*f.*), Kammrissbildung (*f.*). 24 piccole incrinature (su vetro) (*ind. vetro*), Einläufe (*m. pl.*).

incrinoscopia (rivelazione di incrinature) (*tecnol. mecc.*), Rissuntersuchung (*f.*), Rissprüfung (*f.*). **2 ~ all'eosina** (per controllo di pezzi di magnesio) (*tecnol.*), Eosinprüfung (*f.*). **3 ~ a penetrazione** (sistema di esame non distruttivo superficiale mediante diffusione di liquidi) (*tecnol. mecc.*), Eindringverfahren (*n.*). **4 ~ Magnaflux** (per metodi di prova magnetici) (*tecnol. mecc.*), Magnafluxrissprüfung (*f.*). **5 ~ magnetica** (rivelazione magnetica di incrinature, rivelazione di incrinature con procedimento magnetico) (*mecc.*), magnetische Rissprüfung (*f.*). **6 ~ magnetica** (incronoscopia a limatura di ferro) (*tecnol. mecc.*), Magnetpulverprüfung (*f.*).

incrinoscopio (metalloscopio, rivelatore di incrinature) (*app. - mecc. - metall.*), Rissprüfer (*m.*), Anrissucher (*m.*), Fehlersucher (*m.*). **2 ~ a radiazioni ultraviolette** (*tecnol. mecc.*), UV-Fluxgerät (*n.*). **3 ~ Magnaflux** (*app.*), Magnafluxgerät (*n.*). **4 ~ magnetico** (metalloscopio) (*app. mecc. - metall.*), magnetischer Anrissucher. **5 ~ magnetico** (magnetoscopio) (*prova di mater. - app.*), Magnetoskop (*n.*). **6 ~ magnetico** (metalloscopio a limatura di ferro) (*tecnol. mecc.*), Magnetpulveranrissucher (*m.*).

incrociare (*gen.*), kreuzen. **2 ~** (la cinghia) (*mecc.*), verschränken. **3 ~** (trasporre, i fili) (*telef.*), kreuzen.

incrociato (*gen.*), gekreuzt. **2 avvolgimento ~** (di una fune metallica) (*funi*), Kreuzschlag (*m.*).

incrociatore (*mar. milit.*), Kreuzer (*m.*). **2 ~ ausiliario** (*mar. milit.*), Hilfskreuzer (*m.*). **3 ~ corazzato** (*mar. milit.*), Panzerkreuzer (*m.*). **4 ~ da battaglia** (*mar. milit.*), Schlachtkreuzer (*m.*). **5 ~ lanciamissili** (*mar. milit.*), Lenkwaffenkreuzer (*m.*).

incrocio (stradale) (*strad.*), Kreuzung (*f.*), Übergang (*m.*). **2 ~** (sovrapposizione, ricoprimento, della distribuzione di un mot. a comb. interna) (*mot.*), Ventilüberdeckung (*f.*), Ventilüberschneidung (*f.*). **3 ~ a quadrifoglio** (quadrifoglio) (*traff. strad.*), Renaissance-Kreuzung (*f.*), Kleeblatt-Kreuzung (*f.*). **4 ~ con strada con diritto di precedenza** (*traff. - aut.*), Vorrangstrassenkreuzung (*f.*). **5 ~ inclinato** (crociamento inclinato) (*ferr.*), Kletterkreuzung (*f.*). **6 ~ stradale** (crocevia) (*strad.*), Kreuzung (*f.*), Strassenkreuzung (*f.*). **7 ~ stradale ad angolo retto** (crocevia ad angolo retto) (*strad.*), rechtwinklige Kreuzung, senkrechte Kreuzung. **8 ~ stradale con circolazione rotatoria** (crocevia con circolazione rotatoria) (*traff. strad.*), Kreuzung mit Kreisverkehr. **9 angolo d'~** (di assi) (*geom. - ecc.*), Kreuzungswinkel (*m.*). **10 tecnica dei punti d'~** (tecnica « crosspoint ») (*telef.*), Crosspoint-Technik (*f.*).

incrostare (*gen.*), verkrusten.

incrostato (*gen.*), verkrustet. **2 ~** (di olio secco p. es.) (*macch. - ecc.*), verharzt. **3 ~** (valvola p. es.) (*mot. - aut.*), verkokt.

incrostazione (*gen.*), Verkrustung (*f.*). **2 ~** (nei tubi p. es.) (*tubaz. - ecc.*), Anlagerung (*f.*), Inkrustation (*f.*). **3 ~** (di una caldaia) (*cald.*), Wasserstein (*m.*), Anlagerung (*f.*), Inkrustation (*f.*). **4 ~** (bava, residuo di colata in una siviera p. es.) (*metall. - fond.*), Bär (*m.*). **5 ~** (della carena) (*nav.*), Bewachsung (*f.*). **6 ~ della caldaia** (*cald.*), Kesselstein (*m.*), Kesselsteinansatz (*m.*). **7 ~ della carena** (*nav.*), Bewachsen des Bodens, Bodenbewuchs (*m.*). **8 ~ della siviera** (*fond.*), Pfannenbär (*m.*). **9 ~ di forno** (*forno - metall.*), Ofenbruch (*m.*). **10 ~ di sali** (deposito salino, su tubi p. es.) (*cald. - ecc.*), Versalzung (*f.*).

incrudimento (*metall. - mecc.*), Verfestigung (*f.*), Kaltverfestigung (*f.*), Festigung (*f.*), Kalthärten (*n.*). **2 ~ da scorrimento** (nella zona superficiale sollecitata a fatica) (*metall.*), Gleitverfestigung (*f.*). **3 ~ progressivo** (con forza deformatrice costante) (*metall.*), Wirkhärtung (*f.*). **4 esponente d'~** (misura dell'aumento della durezza e della resistenza con la deformazione) (*tecnol. mecc.*), Verfestigungs-Exponent (*m.*), n-Wert (*m.*).

incrudire (*metall.*), verfestigen, kaltverfestigen, kalthärten.

incubatrice (*app. agric.*), Brutapparat (*m.*), Ausbrütapparat (*m.*). **2 ~** (*app. med.*), Incubator (*m.*).

incubazione (*agric.*), Inkubation (*f.*), Bebrütung (*f.*).

incudine (*ut. fucinatura*), Amboss (*m.*). **2 ~** (basamento metallico, di un maglio) (*macch. fucin.*), Schabotte (*f.*). **3 ~ da banco** (*ut. fucinatura*), Bankamboss (*m.*). **4 ~ da fabbro** (*ut. fucinatura*), Schmiedeamboss (*m.*). **5 ~ da lattoniere** (*ut.*), Spengleramboss (*m.*). **6 ~ monocorno** (*fucina*), Hornamboss (*m.*). **7 ~ (monocorno) da lattoniere** (*ut.*), Galgenamboss (*m.*). **8 ~ per raddrizzare** (*ut.*), Richtamboss (*m.*). **9 ~ portastampi** (di un maglio) (*fucinatura*), Schabotte-Einsatz (*m.*). **10 corno dell'~** (*ut. fucinatura*), Ambosshorn (*n.*). **11 piano dell'~** (*ut. fucinatura*), Ambossbahn (*f.*). **12 sostegno dell'~** (ceppo dell'incudine) (*ut. fucinatura*), Ambossfutter (*n.*), Ambossbett (*n.*), Ambossklotz (*m.*), Ambossblock (*m.*), Ambossstock (*m.*). **13 stampo da ~** (*ut. fucinatura*), Ambossgesenk (*n.*). **14 superficie di appoggio dell'~** (*ut. fucinatura*), Ambossbahn (*f.*).

incudinetta (*arma da fuoco - ecc.*), Amboss (*m.*).

incurabile (*med.*), unheilbar.

incursione (aerea) (*aer. milit.*), Einflug (*m.*), Luftangriff (*m.*).

incurvamento (*gen.*), Biegen (*n.*). **2 ~** (di lamiere) (*metall.*), Ausbeulung (*f.*).

incurvare (*gen.*), biegen. **2 ~ cilindrico** (curvare cilindrico) (*lav. di lamiere*), rundbiegen.

indaco (indigotina, sostanza colorante) (*ind. chim.*), Indigo (*m.*). **2 ~ bianco** (*ind. chim.*), Indigoweiss (*n.*).

indagine (*gen.*), Nachforschung (*f.*).

indantrene (*ind. chim.*), Indanthren (*n.*). **2 colori all'~** (*ind. chim.*), Indanthrenfarbstoffe (*m. pl.*).

indebitamento (*comm.*), Verschuldung (*f.*).

indebolimento (*gen.*), Schwächung (*f.*), Abschwächung (*f.*).

indebolire (*gen.*), schwächen, abschwächen.

indegnità a succedere (*leg.*), Erbunwürdigkeit (*f.*).

indennità (gen.), Entschädigung (f.). 2 ~ **di alloggio** (lav. - pers.), Mietentschädigung (f.), Wohnungsgeldzuschuss (m.). 3 ~ **di contingenza** (caro-vita) (lav. - pers.), Teuerungszulage (f.). 4 ~ **di licenziamento** (pers. - lav.), Entlassungsgeld (n.), Abgangsentschädigung (f.). 5 ~ **di trasferta** (trasferta) (lav. - pers. - amm.), Auslösung (f.). 6 ~ **di trasferta** (diaria) (lav.), Taggeld (n.), Tagegeld (n.), Tagegelder (n. pl.), Diäten (f. pl.). 7 ~ **di trasloco** (lav. - ecc.), Umzugsentschädigung (f.). 8 ~ **di viaggio** (lav. - pers.), Fahrkostenentschädigung (f.), Reisevergütung (f.). 9 ~ **di volo** (aer. - pers.), Fliegerzulage (f.). 10 ~ **per lavoro sotterraneo** (min.), Schichtprämie (f.). 11 ~ **vestiario** (lav. - ecc.), Kleidergeld (n.).
indennizzare (risarcire un danno) (finanz. - ecc.), entschädigen.
indennizzo (risarcimento dei danni) (leg.), Schadenersatz (m.), Entschädigung (f.).
« indessaggio » (rotazione, di una torretta di tornio p. es. o posizionamento col divisore) (lav. macch. ut.), Schaltbewegung (f.), Indexieren (n.), Teilen (n.). 2 ~ **combinato** (divisione combinata, con due diversi cerchi di fori) (lav. macch. ut.), Verbundteilen (n.). 3 **errore d'~** (errore di rotazione, nella lavorazione su torni a torretta p. es.) (lav. macch. ut.), Schaltfehler (m.).
« indessare » (posizionare, con divisore) (macch. ut. - ecc.), indexieren, teilen, schalten.
indeteriorabile (resistente alla deteriorazione) (gen.), fäulnisbeständig.
indeterminatezza (gen.), Unbestimmtheit (f.).
indeterminato (gen.), unbestimmt. 2 **staticamente ~** (sc. costr.), statisch unbestimmt.
indeterminazione (gen.), Unbestimmtheit (f.). 2 **principio di ~** (fis.), Unbestimmtheitsrelation (f.), Unschärfebeziehung (f.).
indetonante (resistente alla detonazione, carburante) (ind. chim. - mot.), klopffest. 2 **potere ~** (di un carburante) (ind. chim. - mot.), Klopffestigkeit (f.).
« indexamento » (modifica dell'indirizzo) (calc.), Indizierung (f.), Indexierung (f.).
indicare (mostrare) (gen.), zeigen, anzeigen. 2 ~ (segnare, la temperatura p. es.) (strum. - ecc.), zeigen. 3 ~ **le dimensioni** (indicare le quote, scrivere le quote, quotare) (dis.), die Masse einschreiben. 4 ~ **le quote** (scrivere le quote, indicare le dimensioni, quotare) (dis.), die Masse einschreiben.
indicato (gen.), angezeigt, gezeigt. 2 ~ (potenza p. es.) (mot. - ecc.), indiziert.
indicatore (strumento indicatore) (strum.), Anzeigeinstrument (n.), Anzeiger (m.). 2 ~ (per la registrazione del diagramma di funzionamento di un motore) (app. mot.), Indikator (m.). 3 ~ (colorante) (chim.), Indikator (m.). 4 ~ (« tracciatore ») (chim. - fis. atom.), Tracer (m.), Indikator (m.). 5 ~ (cartello indicatore, stradale ecc.) (gen.), Weiser (m.). 6 ~ **a cristalli liquidi** (strum.), Flüssigkristallanzeiger (m.). 7 ~ **a distanza** (teleindicatore) (strum.), Fernanzeiger (m.). 8 ~ **a quadrante** (strum.), Uhr (f.). 9 ~ **del carico** (di lavoro, di una officina mecc. p. es.) (app.), Auslastungsanzeiger (m.). 10 ~ **della direzione di atterraggio** (negli aeroporti) (app. - aer.), Landeweiser (m.). 11 ~ **(della discesa) della carica** (d'un altoforno) (forno - metall.), Gichtanzeiger (m.). 12 ~ **dell'altezza delle nubi** (radar), Wolkenhöhenmesser (m.), Wolkenentfernungsmessgerät (n.). 13 ~ **della posizione del carrello** (di atterraggio) (strum. aer.), Fahrgestellanzeiger (m.). 14 ~ **della pressione di trivellazione** (strum. - min.), Drillometer (m.), Bohrdruckmesser (m.). 15 ~ **dell'inclinazione trasversale** (sbandometro, indicatore di sbandamento) (strum. aer.), Querneigungsmesser (m.). 16 ~ **del livello della benzina** (strum. aut.), Benzinstandsanzeiger (m.), Benzinuhr (f.), Treibstoffuhr (f.). 17 ~ **del passo** (di un'elica a passo variabile) (strum. nav.), Steigungsanzeiger (m.). 18 ~ **del punto morto** (att. - mot.), Totpunktanzeiger (m.). 19 ~ **di assetto** (strum. aer.), Trimmungsanzeiger (m.), Trimmanzeiger (m.). 20 ~ **di carico** (d'un serbatoio p. es.) (app.), Vorratsanzeiger (m.). 21 ~ **di deriva** (strum. aer.), Abtriftmesser (m.), Abdriftanzeiger (m.). 22 ~ **di deviazione** (dalla rotta) (radar - aer.), Ablageanzeiger (m.), Abweichungsanzeiger (m.). 23 ~ **di direzione** (app. aut.), Drehungszeiger (m.), Wendezeiger (m.), Richtungsanzeiger (m.). 24 ~ **di direzione a braccio oscillante** (freccia) (app. aut.), Pendelwinker (m.), Fahrtrichtungszeiger (m.). 25 ~ **di direzione a freccia** (app. aut.), Winker (m.), Pendelwinker (m.), Fahrtrichtungsanzeiger (m.). 26 ~ **di direzione giroscopico** (di volo) (app. - aer.), Gyrorektor (m.), Kreiselgradflugweiser (m.). 27 ~ **di dispersioni verso terra** (strum. elett.), Erdschlussanzeiger (m.), Erdschlussprüfer (m.). 28 ~ **di distanza** (radar), Abstandgeber (m.). 29 ~ **di formazione di ghiaccio** (strum. - aer.), Eisbildungsanzeiger (m.). 30 ~ **di frequenza** (elett.), Frequenzzeiger (m.), FZ. 31 ~ **di grisou** (strum. min.), Schlagwetteranzeiger (m.), Wetterzeiger (m.). 32 ~ **di incidenza** (strum. aer.), Anstellwinkelanzeiger (m.). 33 ~ **di isotopi** (chim.), Isotopenindikator (m.), Tracer (m.). 34 ~ **di livello** (app. - strum.), Standanzeiger (m.). 35 ~ **di livello** (della carica di un forno) (metall.), Teufenanzeiger (m.), Gichtsonde (f.). 36 ~ **di livello** (per telecomunicazioni, ipsometro) (metrol. - elett. - ecc.), Pegelzeiger (m.). 37 ~ **di livello ad asta** (idr.), Eichpfahl (m.), Eichstab (m.). 38 ~ **di livello del combustibile** (indicatore di livello del carburante) (strum. aut.), Kraftstoffmesser (m.), Kraftstoffmessuhr (f.). 39 ~ **di livello dell'acqua** (app.), Wasserstandsanzeiger (m.). 40 ~ **d'imbardata** (strum. aer.), Gierungsmesser (m.). 41 ~ **d'intasamento** (d'un filtro p. es.) (tubaz.), Verstopfungsanzeiger (m.). 42 ~ **di piano** (negli ascensori) (app. - trasp.), Stockwerkanzeiger (f.). 43 ~ **di polarità** (indicatore della direzione della corrente) (app. elett.), Stromrichtungsanzeiger (m.). 44 ~ **di portata** (misuratore di portata) (app. idr.), Durchflussanzeiger (m.). 45 ~ **di posizione** (per ascensori p. es.) (app.), Standortanzeiger (m.). 46 ~ **di pressione** (manometro) (strum.),

Manometer (*n.*), Druckanzeiger (*m.*). **47** ~ **di quota sul terreno** (*strum. aer.*), absoluter Höhenmesser. **48** ~ **di raffica** (*aer. - app.*), Windfühler (*m.*). **49** ~ **di rotta registratore** (*strum. aer.*), Flugbahnzeichner (*m.*). **50** ~ **di rottura** (indicatore d'interruzione, nel caso di fusibili p. es.) (*app. elett.*), Unterbrechungsmelder (*m.*). **51** ~ **di sbandamento** (sbandometro, indicatore dell'inclinazione trasversale) (*strum. aer.*), Querneigungsmesser (*m.*). **52** ~ **di scivolata** (*strum. aer.*), Seitenabrutschanzeiger (*m.*). **53** ~ **di segnale** (conferma di segnale) (*app.*), Signalrückmelder (*m.*). **54** ~ **di sintonia** (*radio*), Abstimmanzeigerröhre (*f.*). **55** ~ **di sintonia** (occhio magico) (*radio*), magisches Auge, magischer Fächer, magische Waage. **56** ~ **di stallo** (*strum. aer.*), Durchsackwarngerät (*n.*), Sackfluganzeiger (*m.*). **57** ~ **di tariffa** (*telef.*), Gebührenanzeiger (*m.*), Gebührenmelder (*m.*). **58** ~ **di tensione** (del filato) (*ind. tess.*), Spannungsfühler (*m.*). **59** ~ **di tipo A** (*radar*), A-Darstellung (*f.*). **60** ~ **di velocità media** (*strum. aut.*), Tachimedion (*n.*). **61** ~ **di virata** (indicatore di volta) (*strum. aer.*), Wendezeiger (*m.*). **62** ~ **di virata e sbandamento** (virosbandometro) (*strum. aer.*), Wende- und Querneigungszeiger (*m.*). **63** ~ **di zero** (*strum.*) Nullindikator (*m.*). **64** ~ **integratore** (*strum.*), integrierender Anzeiger. **65** ~ **ottico** (*strum.*), Sichtgerät (*n.*), Sichtmelder (*m.*). **66** ~ **ottico** (segnalatore ottico, piccola spia ad azionamento elettromagnetico) (*telef.*), Schauzeichen (*n.*). **67** ~ **radioattivo** (*app. radioatt.*), radioaktiver Indikator. **68** ~ **stradale** (*traff. strad.*), Wegweiser (*m.*). **69** ~ **stradale** (cartello) (*traff. strad.*), Strassenschild (*n.*). **70** ~ **topografico del terreno** (radar topografico, oscillografo panoramico) (*radar*), Kartenbildanzeiger (*m.*). **71 cartellino ~ per linea interurbana** (*telef.*), Fernklappe (*f.*). **72 diagramma dell'~** (diagramma pressione-corsa) (*mot.*), Indikator-Diagramm (*n.*). **73 elemento ~** (*radioatt.*), Spürelement (*n.*). **74 strumento ~** (*strum.*), Zeigerinstrument (*n.*).

indicatrice (*geom.*), Indikatrix (*f.*). **2** ~ **di diffusione** (*illum.*), Streuindikatrix (*f.*).

indicazione (*gen.*), Anzeige (*f.*). **2** ~ (della direzione p. es.) (*mecc. - ecc.*), Bezeichnung (*f.*). **3** ~ **a distanza** (teleindicazione) (*strum.*), Fernanzeige (*f.*). **4** ~ **delle quote** (*dis. mecc.*), Masseintragung (*f.*), Bemassung (*f.*). **5** ~ **delle tolleranze** (*dis. mecc.*), Tolerierung (*f.*). **6** ~ **impressa a fuoco** (*trasp. - ecc.*), Brandzeichen (*n.*). **7 errore d'~** (*strum.*), Fehlangabe (*f.*).

indice (alla fine di un libro p. es.) (*tip.*), Inhaltsverzeichnis (*n.*), Index (*m.*). **2** ~ (nomenclatore) (*gen.*), Namenverzeichnis (*n.*). **3** ~ (lancetta) (*strum.*), Zeiger (*m.*), Zeigefinger (*m.*). **4** ~ (di un numero) (*mat.*), Index (*m.*), Zeiger (*m.*). **5** ~ (coefficiente) (*mat. - ecc.*), Zahl (*f.*). **6** ~ (valore caratteristico) (*macch. - ecc.*), Kennwert (*m.*), Kennzahl (*f.*). **7** ~ (numero indice) (*statistica*), Indexzahl (*f.*), Indexziffer (*f.*). **8** ~ **a coltello** (*strum.*), Messerzeiger (*m.*). **9** ~ **acustico** (nei compressori) (*macch.*), Schallzahl (*f.*), Schallziffer (*f.*). **10** ~ **a filo** (*strum.*), Fadenzeiger (*m.*). **11** ~ **a lancetta** (*strum.*), Lanzenzeiger (*m.*). **12** ~ **analitico** (di un testo tecnico p. es.) (*tip.*), Stichwortverzeichnis (*n.*). **13** ~ **CBR** (California Bearing Ratio, caratteristica del terreno per valutare superfici destinate al traffico) (*costr. strad.*), CBR-Wert (*m.*). **14** ~ **dei prezzi** (*finanz.*), Preisindex (*m.*). **15 indici dei prezzi all'ingrosso ed al minuto** (*comm.*), Indizes der Gross- und Kleinhandelpreise. **16** ~ **del costo della vita** (*finanz.*), Lebenshaltungskostenindex (*m.*). **17** ~ **del fabbisogno di potenza** (indice di domanda, rapporto fra fabbisogno medio e massimo d'una rete, settimanale p. es.) (*elett.*), Leistungsziffer (*f.*). **18** ~ **dell'effetto di intaglio** (coefficiente di concentrazione delle sollecitazioni) (*mecc.*), Kerbwirkungszahl (*f.*). **19** ~ **del locale** (*illum.*), Raum-Index (*m.*). **20** ~ **di abitabilità** (di un'automobile) (*aut.*), Personenindexzahl (*f.*). **21** ~ **di acidità** (numero dei mg di KOH necessari alla neutralizzazione degli acidi liberi contenuti in 100 ml del saggio) (*chim.*), Säurewert (*m.*). **22** ~ **di affollamento** (numero delle persone abitanti in una data zona residenziale) (*ed.*), Behausungsziffer (*f.*). **23** ~ **di affollamento** (espresso dal numero dei m² per abitante) (*ed.*), Belegungsdichte (*f.*). **24** ~ **di alcalinità** (indice di basicità) (*chim.*), Alkalitäts-Index (*m.*). **25** ~ **di armatura** (rapporto fra peso del ferro e volume del calcestruzzo) (*ed.*), Bewehrungszahl (*f.*). **26** ~ **di basicità** (indice di alcalinità) (*chim.*), Alkalitäts-Index (*m.*). **27** ~ **di basicità della scoria** (CaO/SiO_2) (*metall.*), Schlackenzahl (*f.*), Schlackenziffer (*f.*). **28** ~ **di benessere** (catavalore, potere raffreddante climatico) (*meteor.*), Behaglichkeitsziffer (*f.*), Katawert (*m.*). **29** ~ **di bilancio** (*finanz.*), Bilanzkurs (*f.*). **30** ~ **di carico** (rapporto di carico, rapporto tra carico utile e peso a vuoto) (*veic.*), Nutzlastverhältnis (*n.*). **31** ~ **di consistenza** (di un materiale terroso agglomerante) (*ed.*), Zustandszahl (*f.*), Konsistenzzahl (*f.*). **32** ~ **di cubatura** (indice di fabbricabilità, m³ consentiti su 1 m² dell'area destinata all'edificio) (*ed.*), Baumassenzahl (*f.*), kubische Bauregel. **33** ~ **di direttività** (*acus.*), Richtungsmass (*n.*). **34** ~ **di domanda** (indice del fabbisogno di potenza, rapporto tra fabbisogno medio e massimo d'una rete, settimanale p. es.) (*elett.*), Leistungsziffer (*f.*). **35** ~ **di eccesso d'aria** (rapporto tra il peso di aria effettivamente esistente nel cilindro e quello occorrente per la combustione) (*mot.*), Verbrennungsluftverhältnis (*n.*). **36** ~ **Diesel** (di un gasolio: $\frac{\text{punto anilina in °F} \times \text{densità in gradi API}}{100}$) (*mot. - comb.*), Diesel-Index (*m.*). **37** ~ **di evaporazione** (*chim. - fis.*), Verdunstungszahl (*f.*). **38** ~ **di fabbricabilità** (indice di cubatura, m³ consentiti su 1 m² dell'area occupata dall'edificio) (*ed.*), Baumassenzahl (*f.*), kubische Bauregel. **39** ~ **di fonoassorbenza** (nell'edilizia, espresso in dB) (*acus.-ed.*), Schallschutzmass (*n.*). **40** ~ **di forma** (coefficiente di forma, fattore di concentrazione delle sollecitazioni) (*prove mater.*), Formzahl (*f.*), Formziffer (*f.*). **41** ~ **di intorbidamento** (di resine sintetiche trasparenti) (*chim.*), Trübungszahl (f.). **42 ~ di isolamento** (temperatura, di una candela p. es., alla quale il valore dell'isolamento è sceso ad 1 megaohm) (elett. - aut.), T-Wert (m.). **43 ~ di massa** (fis.), Massenwert (m.). **44 ~ di occupazione** (telef.), Belegungswert (m.). **45 ~ di ondulazione** (del raddrizzamento, numero d'impulsi) (elett.), Pulszahl (f.). **46 ~ di plasticità** (di materiali bituminosi; differenza di temperatura fra punto di rammollimento e punto di rottura) (chim.), Plastizitätsspanne (f.). **47 ~ di plasticità** (d'un terreno) (ed.), Plastizitätsgrad (m.). **48 ~ di produttività** (rapporto tra quantità di petrolio estratto in 24 ore e caduta di pressione provocata) (min.), Produktivitätsindex (m.), P.I. **49 ~ di qualità** (gen.), Güteziffer (f.), Gütekennziffer (f.). **50 di qualità** (prove mater.), Wertzahl (f.), Wertziffer (f.). **51 ~ di qualità d'una diga** (contenuto di energia del bacino diviso per la cubatura dello sbarramento) (costr. idr. - idr.), Güteziffer eines Speichers. **52 ~ di qualità** (stat. - ecc.), Volumenindex (m.). **53 ~ di raffinazione** (grado di raffinazione, per la prova di oli isolanti) (chim.), Sk-Zahl (f.), Raffinationsgrad (m.). **54 ~ di resistenza** (d'un pneumatico, numero delle tele, «ply rating») (ind. gomma - aut.), Lagenkennziffer (f.), Ply-Rating-Zahl (f.), PR-Zahl (f.). **55 ~ di ricambio d'aria** (ventilazione), Luftwechselzahl (f.), Luftleistung (f.). **56 ~ di riferimento** (indice regolabile) (strum.), Merkzeiger (m.). **57 ~ di rifrazione** (ott.), Brechungszahl (f.), Brechungsindex (m.). **58 ~ di rifrazione della luce** (ott.), Lichtbrechungsindex (m.). **59 ~ di rigonfiamento** (misura percentuale del rigonfiamento, di legno impregnato d'acqua) (legno), Quellmass (n.). **60 ~ di scoppio** (ind. carta), Berstfaktor (m.). **61 ~ di spianamento** (di un accoppiamento stabile) (mecc.), Glättungsgrösse (f.). **62 ~ di torsione** (dei fili metallici) (tecnol. mecc.), Verwindungszahl (f.). **63 ~ di tossicità** (prodotto di mortalità) (chim. - milit.), Tödlichkeitsprodukt (n.). **64 ~ di usura determinato con apparecchio a quattro sfere** (nella prova di olio lubrificante) (mecc.), Vier-Kugel-Apparat-Verschleiss-Durchmesser, VKA-VD. **65 ~ di utilizzazione della superficie** (d'un magazzino, ecc.) (ind.), Flächennutzungsgrad (m.). **66 ~ di viscosità** (chim.), Viskositätsindex (m.). **67 ~ d'urto** (fornisce l'aumento del carico statico d'una ruota dovuto alle irregolarità del fondo stradale) (veic.), Stossziffer (f.). **68 ~ elastico** (forza per unità di deformazione) (sc. costr.), Federzahl (f.). **69 ~ luminoso** (strum.), Lichtzeiger (m.), Leuchtzeiger (m.). **70 ~ NLGI** (numero del National Lubricating Grease Institute) (lubrif.), NLGI-Nummer (f.). **71 ~ numerico** (mat. - ecc.), Richtzahl (f.), Index (m.). **72 ~ regolabile** (indice di riferimento) (strum.), Merkzeiger (m.). **73 ~ termico** (d'una centrale di riscaldamento; rapporto tra quantità di calore ceduto in kcal e generazione utilizzabile di corrente in kWh) (elett.), Wärmekennzahl (f.). **74 deviazione dell'~** (strum. - app.), Zeigerausschlag (m.). **75 registro ~** (calc.), Indexregister (m.).

indietreggiare (andare in marcia indietro) (aut.), zurückfahren.
indietreggio (veic.), Rücklauf (m.). **2 ~** (arretramento, della telecamera p. es.) (cinem. - telev.), Zurückfahren (n.). **3 arresto ~** (aut.), Rückfahrsperre (f.), Rücklaufgesperre (f.).
indietro adagio (nav.), langsam zurück.
indietro tutto (nav.), vollzurück.
indifferente (chim. - mecc.), indifferent.
indigeno (locale) (a. - lav. - ecc.), eingeboren, einheimisch.
indigenza (gen.), Bedürftigkeit (f.).
indigoide (a. - chim.), indigoid, indigoartig.
indigotina (indaco) (ind. chim.), Indigo (m.).
indio (In - chim.), Indium (n.).
indipendente (gen.), unabhängig. **2 ~** (lavoro) (lav.), ungebunden. **3 ~ dal carico** (gen.), lastunabhängig.
indire (gen.), ansagen. **2 ~ un concorso di appalto** (comm.), für eine Submission ausschreiben.
indiretto (gen.), indirekt, mittelbar. **2 ~** (sterzo) (aut.), indirekt. **3 materiale ~** (ind. - amm.), Gemeinkostenmaterial (n.).
indirizzamento (calc.), Adressierung (f.).
indirizzare (posta - comm.), adressieren.
indirizzario (rubrica degli indirizzi, elenco indirizzi) (uff. - comm.), Adressbuch (n.), Postliste (f.), Zustellungsliste (f.).
indirizzo (posta - comm.), Adresse (f.). **2 ~** (calc.), Adresse (f.). **3 ~ base** (calc.), Basisadresse (f.). **4 ~ dell'abitazione** (indirizzo privato) (posta - ecc.), Wohnsitzadresse (f.). **5 ~ dell'ufficio** (posta - ecc.), Büroadresse (f.), Geschäftsadresse (f.). **6 ~ di macchina** (calc.), Maschinenadresse (f.). **7 ~ di rientro** (in un programma di macchina p. es.) (elab. dati), Rückkehradresse (f.). **8 ~ fittizio** (calc.), Scheinadresse (f.). **9 ~ postale** (comm.), Postadresse (f.). **10 ~ privato** (indirizzo dell'abitazione) (posta - ecc.), Wohnsitzadresse (f.). **11 ~ simbolico** (elabor. dati), symbolische Adresse, Pseudoadresse (f.). **12 ~ telegrafico** (comm.), Telegrammadresse (f.), Drahtadresse (f.), Drahtwort (n.). **13 cambio d'~** (posta - ecc.), Adressenänderung (f.). **14 istruzione a due indirizzi** (calc.), Zweiadressenbefehl (m.). **15 istruzione ad un ~** (calc.), Einadressbefehl (m.). **16 istruzione a più indirizzi** (calc.), Mehradressbefehl (m.). **17 istruzione senza ~** (calc.), adressenfreier Befehl. **18 modifica dell'~** (calc.), Indizierung (f.), Indexierung (f.). **19 registro d'~** (registro in cui è memorizzato un indirizzo) (calc.), Adress-Register (n.). **20 registro ~ dell'istruzione** (registro di sequenza delle istruzioni) (calc.), Befehlsfolgeregister (m.). **21 rubrica degli indirizzi** (indirizzario) (uff.), Adressbuch (n.). **22 senza ~** (ordine) (calc.), adressenfrei. **23 sezione indirizzi** (di una istruzione) (calc.), Adressteil (m.).
indistorto (esente da distorsione) (mecc. - tratt. term.), verzugfrei. **2 ~** (non distorto, senza distorsioni) (telev. - ecc.), einwandfrei. **3 ~** (gen.), verzerrungsfrei.
indiumizzazione (per cuscinetti p. es.) (mecc. - mot.), Indiumplattierung (f.).
individuare (un bersaglio) (radar), auffassen. **2 ~** (localizzare, un difetto p. es.) (gen.), auffinden.

individuo (leg.), Einzelperson (f.).
indolo (C_8H_7N) (composto organico) (chim.), Indol (n.).
indossile (chim.), Indoxyl (n.).
indotto (di un generatore p. es.) (s. - macch. elett.), Anker (m.). 2 ~ (forzato) (a. - gen.), erzwungen. 3 ~ (a. - elett.), induziert. 4 ~ **ad anello** (macch. elett.), Ringanker (m.) 5 ~ **ad H** (elett.), H-Anker (m.). 6 ~ **a doppio T** (macch. elett.), I-Anker (m.), Doppel-T-Anker (m.). 7 ~ **a poli salienti** (macch. elett.), Polanker (m.). 8 ~ **a stella** (macch. elett.), Sternanker (m.). 9 ~ **a tamburo** (macch. elett.), Trommelanker (m.). 10 ~ **del magnete** (di accensione) (elett. - mot.), Magnetanker (m.). 11 ~ **fisso** (macch. elett.), Statoranker (m.), feststehender Anker. 12 ~ **in corto circuito** (macch. elett.), Anker mit kurzgeschlossener Wicklung. 13 ~ **rotante** (macch. elett.), umlaufender Anker, drehender Anker. 14 **barra dell'**~ (elett.), Ankerstab (m.). 15 **campo dell'**~ (elett.), Ankerfeld (n.). 16 **campo (magnetico) opposto dell'**~ (elett.), Ankergegenfeld (n.). 17 **campo (magnetico) trasversale dell'**~ (elett.), Ankerquerfeld (n.). 18 **lamierino per indotti** (elett.), Ankerblech (n.).
indumento (ind. tess.), Anzug (m.). 2 ~ **protettivo** (vestito protettivo) (lav.), Schutzanzug (m.).
indurente (materiale plastico p. es.) (tecnol.), härtend. 2 ~ **a freddo** (adesivo p. es.) (tecnol.), kalthärtend.
indurimento (aumento di durezza) (gen.), Erhärtung (f.). 2 ~ (di una vernice) (vn.), Durchhärten (n.), Durchtrocknen (n.). 3 ~ **a caldo** (di mat. plast.) (chim.), Heisshärtung (f.), Hitzehärtung (f.). 4 ~ **a freddo** (di mat. plast., per aggiunta di acidi p. es.) (tecnol.), Kalthärtung (f.). 5 ~ **con acidi** (forti, di resoli fenolici) (ind. chim.), Säurehärtung (f.). 6 ~ **(contemporaneo) dell'intera superficie** (nella tempra ad induzione p. es.) (tratt. term.), Standhärtung (f.). 7 ~ **dei grassi** (chim.), Fetthärtung (f.). 8 ~ **indiretto** (di resine fenoliche) (chim.), Hexahärtung (f.). 9 ~ **per invecchiamento** (tratt. term.), Alterungszähigkeit (f.), Ausscheidungshärtung (f.), Härtung durch Altern. 10 ~ **per precipitazione** (invecchiamento artificiale p. es.) (tratt. term.), Ausscheidungshärtung (f.). 11 ~ **ripetuto** (di pezzi in materia plastica, mediante trattamento termico) (tecnol.), Nachhärtung (f.). 12 ~ **spettrale** (di particelle p. es.) (fis. atom.), spektrale Härtung. 13 ~ **superficiale** (metall.), Oberflächenhärtung (f.). 14 **macchina per l'**~ (di anime) (macch. - fond.), Härtemaschine (f.). 15 **tempo di** ~ (di una miscela resina-induritore) (ind. chim.), Härtezeit (f.), Härtungsdauer (f.).
indurire (gen.), erhärten, hart werden. 2 ~ (materiali plastici) (tecnol.), härten.
indurito (essiccato completamente, vernice) (vn.), durchgehärtet, durchgetrocknet, schleiffest.
induritore (per l'indurimento di resine sintetiche od adesivi) (ind. chim.), Härter (m.).
indurre (elett.), induzieren.
industria (ind.), Industrie (f.). 2 ~ **a domicilio** (ind.), Hausgewerbe (n.). 3 ~ **aeronautica** (ind. aer.), Luftfahrtindustrie (f.), Flugzeugindustrie (f.). 4 ~ **aerospaziale** (ind.), Luft- und Raumfahrtindustrie (f.). 5 ~ **alimentare** (industria dei prodotti alimentari, industria degli alimentari) (ind.), Lebensmittelindustrie (f.), Nahrungsmittelindustrie (f.). 6 ~ **automobilistica** (ind.), Automobilindustrie (f.), Kraftfahrzeugindustrie (f.), Autoindustrie (f.). 7 ~ **bellica** (industria degli armamenti) (ind.), Kriegsindustrie (f.), Rüstungsindustrie (f.). 8 ~ **calzaturiera** (ind.), Schuhindustrie (f.). 9 ~ **cartaria** (ind.), Papierindustrie (f.). 10 ~ **chiave** (ind.), Schlüsselindustrie (f.). 11 ~ **cinematografica** (ind.), Filmindustrie (f.). 12 ~ **degli abrasivi** (ind.), Schleifmittelindustrie (f.), Schleifindustrie (f.). 13 ~ **degli alimentari** (industria alimentare, industria dei prodotti alimentari) (ind.), Lebensmittelindustrie (f.), Nahrungsmittelindustrie (f.). 14 ~ **degli armamenti** (ind. - milit.), Rüstungsindustrie (f.). 15 ~ **dei coloranti** (ind.), Farbenindustrie (f.). 16 ~ **dei prodotti alimentari** (industria alimentare, industria degli alimentari) (ind.), Lebensmittelindustrie (f.), Nahrungsmittelindustrie (f.). 17 ~ **del cuoio** (ind.), Lederindustrie (f.). 18 ~ **del freddo** (ind. del freddo), Kälteindustrie (f.). 19 ~ **dell'abbigliamento** (ind.), Kleidungsindustrie (f.), Bekleidungsindustrie (f.). 20 ~ **dell'acciaio** (ind.), Stahlindustrie (f.). 21 ~ **di trasformazione** (ind.), Veredlungsindustrie (f.). 22 ~ **e commercio** (ind. - comm.), gewerbliche Wirtschaft. 23 ~ **elettrotecnica** (elett. - ind.), Elektrobau (m.). 24 ~ **estrattiva** (min.), Bergbau (m.), Montanindustrie (f.). 25 ~ **farmaceutica** (farm.), pharmazeutische Industrie. 26 ~ **grafica** (ind. graf.), graphische Industrie. 27 ~ **laniera** (ind. lana), Wollindustrie (f.). 28 ~ **manifatturiera** (industria trasformatrice) (ind.), Verarbeitungsindustrie (f.). 29 ~ **meccanica** (ind.), Maschinenindustrie (f.). 30 ~ **metalmeccanica** (metall. - mecc.), Metallindustrie (f.). 31 ~ **mineraria** (min.), Bergbau (m.), Bergbauindustrie (f.). 32 ~ **minero-metallurgica** (ind.), Montanindustrie (f.). 33 ~ **molitoria** (ind.), Mühlenbauindustrie (f.). 34 ~ **pesante** (ind.), Schwerindustrie (f.). 35 ~ **privata** (ind.), Privatindustrie (f.). 36 ~ **serica** (ind. tess.), Seidenindustrie (f.). 37 ~ **siderurgica** (ind. metall.), Eisenindustrie (f.). 38 ~ **siderurgica** (ferro ed acciaio) (metall.), Hüttenindustrie (f.). 39 ~ **sovvenzionata** (dallo Stato) (ind.), staatlich subventionierte Industrie. 40 ~ **sussidiaria** (ind.), Hilfsindustrie (f.). 41 ~ **tessile** (ind. tess.), Textilindustrie (f.), Webindustrie (f.), Webwarenindustrie (f.). 42 ~ **trasformatrice** (industria manifatturiera) (ind.), Verarbeitungsindustrie (f.). 43 ~ **vetraria** (ind.), Glasindustrie (f.). 44 **grande** ~ (ind.), Grossindustrie (f.), Grossunternehmung (f.). 45 **media** ~ (ind.), Mittelbetrieb (m.). 46 **piccola** ~ (piccola azienda) (ind.), Kleinbetrieb (m.), Kleinindustrie (f.). 47 **sorveglianza delle industrie** (controllo delle lavorazioni, per accertare l'osservanza delle norme di legge sulla protezione del lavoro) (lav.), Fabrik-

industriale (*a. - ind.*), industriell. 2 ~ (proprietario di un'industria) (*s. - finanz.*), Industrieller (*m.*). 3 **azienda** ~ (*ind.*), industrieller Betrieb. 4 **edificio** ~ (*ed.*), Betriebsgebäude (*n.*).

industrializzare (*ind.*), industrialisieren.

industrializzazione (*ind.*), Industrialisierung (*f.*).

induttanza (L) (*elett.*), (elettromagnetische) Induktivität, L. 2 ~ (bobina d'induttanza, induttore) (*elett.*), Drossel (*f.*), Drosselspule (*f.*). 3 ~ **capacità** (LC, d'un circuito) (*elettronica*), Induktivität-Kapazität (*f.*), L/C. 4 ~ **d'antenna** (bobina di sintonia d'antenna) (*radio*), Antennenabstimmspule (*f.*). 5 ~ **di commutazione** (*ferr. elett.*), Überschaltdrossel (*f.*). 6 ~ **di dispersione** (*elett.*), Streuinduktivität (*f.*). 7 ~ **in serie** (*elett.*), Reiheninduktivität (*f.*). 8 ~ **mutua** (coefficiente di mutua induzione) (*elett.*), Gegeninduktivität (*f.*). 9 ~ **propria** (coefficiente di autoinduzione, autoinduttanza) (*elett.*), Eigeninduktivität (*f.*), Selbstinduktion (*f.*), Selbstinduktionskoeffizient (*m.*). 10 ~ **protettiva** (bobina di drenaggio) (*elett.*), Erdungsdrosselspule (*f.*). 11 ~ **unitaria** (induttanza per unità di lunghezza) (*elett.*), Induktivitätsbelag (*m.*). 12 **accoppiatore ad** ~ **mutua variabile** (*radio*), Variokoppler (*m.*). 13 **bobina d'**~ (induttore) (*elett.*), Drossel (*f.*), Drosselspule (*f.*). 14 **bobina d'**~ **in aria** (induttore avvolto in aria) (*elett.*), eisenlose Drossel, Drossel mit Luftkern. 15 **bobina d'**~ **avvolta su nucleo** (*elett.*), Drossel mit Eisenkern. 16 **di bassa** ~ (*elett.*), winkelarm.

induttanzimetro (*app. elett.*), Induktivitätsmesser (*m.*).

induttività (permeabilità, in magnetismo) (*elett.*), Permeabilität (*f.*).

induttivo (*elett.*), induktiv. 2 **non** ~ (*elett.*), induktionsfrei.

induttore (per tempra ad induzione p. es.) (*elett. - tratt. term. - ecc.*), Induktor (*m.*). 2 ~ (bobina d'induttanza) (*elett.*), Drossel (*f.*), Drosselspule (*f.*). 3 ~ (parte di macchina elettrica) (*elett.*), Induktor (*m.*). 4 ~ **addizionale** (induttore in serie, bobina d'induttanza addizionale) (*elett.*), Vorsatzdrossel (*f.*). 5 ~ **a pettine** (di un motore lineare) (*elett.*), Induktorkamm (*m.*). 6 ~ **dell'antenna** (bobina d'induttanza dell'antenna) (*radio*), Antennendrossel (*f.*). 7 ~ **in serie** (induttore addizionale, bobina d'induttanza addizionale) (*elett.*), Vorschaltdrossel (*f.*). 8 ~ **variabile** (bobina d'induttanza regolabile) (*elett.*), Regeldrosselspule (*f.*).

induzione (magnetica, densità di flusso magnetico, B) (*elett.*), Induktion (*f.*), magnetische Flussdichte, B. 2 ~ **dielettrica** (spostamento dielettrico) (*elett.*), Verschiebungsdichte (*f.*), dielektrische Verschiebungsdichte (*f.*). 3 ~ **elettrostatica** (*elett.*), Influenz (*f.*), elektrostatische Induktion. 4 ~ **magnetica** (*elett.*), *vedi* induzione. 5 **a bassa** ~ (carico) (*elett.*), induktionsarm. 6 **bussola a** ~ (*strum. aer.*), Induktionskompass (*m.*). 7 **coefficiente di mutua** ~ (induttanza mutua) (*elett.*), Gegeninduktivität (*f.*). 8 **contatore ad** ~ (*app. elett.*), Induktionszähler (*m.*). 9 **flusso d'**~ (*elett.*), Induktionsfluss (*m.*). 10 **forno ad** ~ (forno - *metall.*), Induktionsofen (*m.*). 11 **motore a** ~ (motore asincrono) (*elett.*), Induktionsmotor (*m.*). 12 **mutua** ~ (*elett.*), Gegeninduktion (*f.*), gegenseitige Induktion. 13 **relè ad** ~ (*elett.*), Induktionsrelais (*n.*). 14 **riscaldamento a** ~ (*term. - metall.*), induktives Erwärmen, Induktionsheizung (*f.*). 15 **rocchetto d'**~ (*elett.*), Induktionsspule (*f.*). 16 **tempra a** ~ (*tratt. term.*), Induktionshärtung (*f.*).

inefficace (*gen.*), unwirksam.
inefficacia (*gen.*), Unwirksamkeit (*f.*).
inefficiente (*gen.*), unwirksam.
inefficienza (*gen.*), Unwirksamkeit (*f.*).
ineguaglianza (disparità) (*gen.*), Ungleichheit (*f.*).

inerbamento (di corsi d'acqua) (*costr. idr.*) Verkrautung (*f.*).

inerente (*gen.*), inhärent.

inerte (*gen.*), träge, träg. 2 ~ (gas) (*chim.*), edel. 3 ~ (insensibile, non reattivo) (*gen.*), reaktionsträge. 4 «**inerti**» **a granulazione anormale** (*ed.*), Ausfallkorngemisch (*n.*). 5 **calcestruzzo senza inerti fini** (*ed.*), Beton ohne Feinkorn. 6 **chimicamente** ~ (*chim.*), chemisch träge. 7 **materiale** ~ (inerte, nella preparazione del calcestruzzo) (*ed.*), Zuschlag (*m.*). 8 **segregazione degli inerti** (dal cemento) (*mur.*), Entmischung (*f.*).

inerzia (*fis.*), Trägheit (*f.*), Beharrungsvermögen (*n.*). 2 ~ (forza d'inerzia, in un corpo in movimento) (*mecc.*), Schwungkraft (*f.*), Schwung (*m.*). 3 ~ (delle masse) (*mecc.*), Massenträgheit (*f.*). 4 ~ **acustica** (di materiali) (*acus.*), Schallhärte (*f.*). 5 ~ **acustica** (prodotto della densità per la velocità delle onde di compressione) (*sismica*), Schallhärte (*f.*). 6 ~ **dell'indice** (di uno strumento) (*strum.*), Anzeigeträgheit (*f.*). 7 ~ **termica** (*term.*), Wärmeträgheit (*f.*). 8 **assi principali d'**~ (nella teoria dell'elasticità) (*sc. costr.*), Trägheits-Hauptachsen (*f. pl.*). 9 **comandato ad** ~ (*gen.*), beharrungsgesteuert. 10 **momento d'**~ (*mecc.*), Trägheitsmoment (*n.*). 11 **momento d'**~ (GD^2, d'un volano p. es.) (*mecc.*), Trägheitsmoment (*n.*), GD^2. 12 **momento d'**~ **di massa** (*mecc.*), Massenträgheitsmoment (*n.*). 13 **privo d'**~ (*strum. - ecc.*), trägheitsfrei.

inerziale (*mecc. - navig. - ecc.*), Inertial..., Trägheits... 2 **guida** ~ (*navig.*), Trägheitslenkung (*f.*). 3 **massa** ~ (*fis.*), Beharrungsmasse (*f.*). 4 **navigazione** ~ (*navig.*), Trägheitsnavigation (*f.*), Inertial-Navigation (*f.*). 5 **sistema** ~ (sistema di riferimento inerziale, terna d'assi inerziali) (*mecc.*), Inertialsystem (*n.*).

inesplorato (vergine) (*min.*), unverritzt.

inesploso (*espl.*), unexplodiert. 2 **carica inesplosa** (*espl.*), Versager (*m.*).

inevaso (non sbrigato) (*uff. - ecc.*), unerledigt, ausstehend. 2 **ordini inevasi** (*comm.*), Auftragsrückstand (*m.*).

infangamento (*geol. - ecc.*), Verschlammung (*f.*). 2 ~ (di porti) (*nav.*), Verschlickung (*f.*).

infarto (*med.*), Infarkt (*m.*). 2 ~ **cardiaco** (*med.*), Herzinfarkt (*m.*).

inferire (una vela) (*nav.*), marlen.
infermeria (*med. - ecc.*), Sanitätsposten (*m.*).
infermiera (*lav.*), Krankenpflegerin (*f.*), Krankenschwester (*f.*).
infermiere (*lav.*), Krankenpfleger (*m.*), Krankenwärter (*m.*).
infermità (*med.*), Gebrechlichkeit (*f.*).
inferriata (*ed.*), Stabgitter (*n.*), Eisengitter (*n.*).
infettivo (contagioso, malattia) (*med.*), ansteckend.
infezione (*med.*), Infektion (*f.*), Ansteckung (*f.*).
infiammabile (*gen.*), entzündlich, entzündbar, entflammbar. 2 ~ (*comb.*), leichtentzündlich, zündfähig, feuergefährlich. 3 materiale ~ (*comb.*), Zündstoff (*m.*).
infiammabilità (*gen.*), Entzündbarkeit (*f.*), Entzündlichkeit (*f.*), Entflammbarkeit (*f.*). 2 ~ (di un combustibile liquido) (*chim.*), Flammbarkeit (*f.*). 3 ~ (*comb.*), Zündfähigkeit (*f.*). 4 prova (del punto) di ~ (di oli p. es.) (*chim.*), Entflammungsprobe (*f.*). 5 punto di ~ (punto di fiamma) (*fis. - chim.*), Flammpunkt (*m.*), Entflammpunkt (*m.*). 6 punto di ~ in vaso aperto (punto di fiamma in vaso aperto) (*ind. chim.*), Flammpunkt im offenen Tiegel.
infiammare (accendere) (*gen.*), entzünden.
infiammazione (*gen.*), Entflammung (*f.*), Entzündung (*f.*).
infiggere (battere, piantare, dei pali) (*ed.*), einschlagen, schlagen, rammen, einrammen. 2 ~ il palo (battere il palo) (*ed.*), den Pfahl einrammen.
infila-aghi (d'una macchina per cucire) (*macch.*), Einfädler (*m.*).
infilamento (inserimento, in una colonna di veicoli) (*aut. - traff. strad.*), Einfädeln (*n.*).
infilare (inserire, immettere) (*gen.*), hineinstecken. 2 ~ (dei fili p. es.) (*ind. tess. - ecc.*), durchziehen. 3 ~ (dei tubi p. es.) (*mecc. - ecc.*), ineinanderschieben. 4 ~ (passare, un cavo attraverso un bozzello) (*nav.*), einscheren.
infilato (immesso, inserito) (*gen.*), hineingesteckt.
infiltrarsi (*gen.*), durchsickern.
infiltrazione (*gen.*), Durchsickern (*n.*), Durchsickerung (*f.*), Einsickerung (*f.*). 2 ~ capillare (in un corpo poroso) (*fis.*), Sickerung (*f.*). 3 ~ di fondo (sottoinfiltrazione, di una diga) (*costr. idr.*), Unterläufigkeit (*f.*). 4 ~ laterale (di acqua attraverso una diga) (*costr. idr.*), Umläufigkeit (*f.*).
infinito (*a. - mat. - ecc.*), unendlich. 2 ~ (*s. - mat.*), Unendlichkeit (*f.*). 3 all'~ (piano o retta p. es. infinitamente lontano) (*mat.*), uneigentlich.
infissione (battitura, di pali p. es.) (*ed.*), Einrammen (*n.*). 2 ~ di pali (battitura di pali, palificazione) (*ed.*), Einpfählung (*f.*), Pfählen (*n.*), Pfählung (*f.*).
infisso (di porta o di finestra) (*ed.*), Blendrahmen (*m.*), Einfassung (*f.*). 2 ~ di finestra (*ed.*), Fensterzarge (*f.*), Fenstereinfassung (*f.*), Fensterfutter (*n.*).
inflazione (*finanz.*), Inflation (*f.*).
inflessione (deviazione) (*gen.*), Ausbiegung (*f.*).
2 ~ (freccia di flessione, deformazione di flessione) (*sc. costr.*), Durchbiegung (*f.*). 3 ~ laterale dell'asta (sottoposta a carico di punta) (*sc. costr.*), Stabknickung (*f.*). 4 ~ permanente (*sc. costr.*), bleibende Durchbiegung. 5 freccia d' ~ alla rottura (freccia massima alla rottura per flessione) (*sc. costr.*), Bruchdurchbiegung (*f.*). 6 misuratore d'~ (deflettometro) (*strum.*), Durchbiegungsmesser (*m.*). 7 rapporto d'~ (rapporto tra resistenza a flessione e freccia d'inflessione alla rottura) (*sc. costr.*), Durchbiegungsziffer (*f.*).
inflettersi (*sc. costr.*), durchbiegen. 2 ~ (sotto carico di punta, una colonna p. es.) (*ed.*), einknicken, ausknicken.
infliggere (una multa p. es.) (*gen.*), auferlegen.
influenza (azione, effetto) (*gen.*), Einfluss (*m.*), Einwirkung (*f.*). 2 ~ induttiva (*elett. - ecc.*), induktive Beeinflussung. 3 ~ reciproca (interazione) (*gen.*), gegenseitige Beeinflussung. 4 fattore d'~ (*fis. atom.*), Einflussbilanz (*f.*), Einflussfunktion (*f.*), Einflusskonzeption (*f.*). 5 linee di ~ (*sc. costr.*), Einflusslinien (*f. pl.*). 6 sfera d'~ (*gen.*), Einfluss-Sphäre (*f.*), Einwirkungsbereich (*m.*).
influenzamento (*gen.*), Beeinflussung (*f.*).
influenzare (avere effetto su, agire su) (*gen.*), einwirken, beeinflussen.
inforcamento (di una paletta) (*trasp. ind.*), Gabeln (*n.*).
informare (comunicare) (*gen.*), mitteilen. 2 ~ (rendere noto) (*gen.*), unterrichten.
informatica (scienza e tecnica dei flussi informativi) (*scienza*), Informatik (*f.*).
informativo (*gen.*), informatorisch.
informazione (*gen.*), Information (*f.*), Auskunft (*f.*). 2 ~ (comunicazione) (*gen.*), Mitteilung (*f.*). 3 ~ (notizia) (*gen.*), Nachricht (*f.*). 4 ~ (*elab. dati - calc.*), Information (*f.*). 5 informazioni bancarie (*comm.*), Bankauskünfte (*f.*). 6 informazioni di lavorazione (nel comando numerico p. es.) (*lav. macch. ut.*), Arbeitsinformationen (*f. pl.*). 7 informazioni di movimento (tutte quelle che definiscono i movimenti delle slitte) (*macch. ut. c/n*), Weginformationen (*f. pl.*). 8 informazioni logiche (*macch. ut. c/n - ecc.*), Schaltinformationen (*f. pl.*). 9 ~ priva di significato (falsa informazione, « dummy ») (*calc.*), Attrappe (*f.*). 10 ~ semantica (*calc.*), semantische Information. 11 agenzia d'informazioni (*giorn.*), Nachrichtenbüro (*n.*). 12 agenzia d'informazioni (*pers. - ind. - ecc.*), Auskunftsbüro (*n.*). 13 assumere informazioni (*pers. - ecc.*), Auskünfte einholen, Auskünfte einziehen. 14 assunzione di informazioni (*gen.*), Informationsübernahme (*f.*). 15 blocco d'~ (gruppo di parole) (*calc.*), Block (*m.*). 16 capacità d'~ (capacità informativa; di prove, studi, ecc.) (*gen.*), Aussagefähigkeit (*f.*), Auskunftsfähigkeit (*f.*). 17 circuito d'~ (*elett. - ecc.*), Informationskreis (*m.*), Signalkreis (*m.*). 18 elaborazione delle informazioni (*calc.*), Informationsverarbeitung (*f.*). 19 falsa ~ (informazione priva di significato, « dummy ») (*calc.*), Attrappe (*f.*). 20 flusso d'informazioni (*ind. - ecc.*), Informationsfluss (*m.*). 21 insieme di informazioni (« record »; gruppo di dati cor-

relati che vengono trattati come un'unità) (*calc.*), Aufzeichnung (*f.*). **22 scienza dell'~** (*scienza*), Informationswissenschaft (*f.*). **23 supporto d'informazioni** (supporto di dati) (*elab. dati*), Informationsträger (*m.*), Datenträger (*m.*). **24 ufficio informazioni** (*uff.*), Auskunftei (*f.*), Auskunftstelle (*f.*), Auskunftsbüro (*n.*).

infornare (*forno*), in den Ofen schieben, einschiessen.

infornata (*forno - ecc.*), Schub (*m.*).

infornatrice (*metall. - forno*), Einsetzmaschine (*f.*).

infortunio (incidente) (*gen.*), Unfall (*m.*). **2 ~ sul lavoro** (*lav.*), Betriebsunfall (*m.*), Arbeitsunfall (*m.*). **3 assicurazione contro gli infortuni** (*finanz.*), Unfallversicherung (*f.*). **4 assicurazione contro gli infortuni sul lavoro** (*lav.*), Arbeitsunfallversicherung (*f.*).

infra-acustico (sub-audio) (*acus.*), infraakustisch.

infragilimento (*metall.*), Versprödung (*f.*). **2 ~ da fase sigma** (*metall.*), Sigma-Phasen-Versprödung (*f.*). **3 ~ da ossigeno** (fragilità da ossigeno) (*metall. - tecnol. mecc.*), Sauerstoffversprödung (*f.*). **4 ~ da rinvenimento** (*metall. - tratt. term.*), Anlassversprödung (*f.*).

infragilirsi (*gen.*), verspröden.

infrangibile (*gen.*), unzerbrechlich, bruchsicher.

infrarosso (ultrarosso) (*s. - ott.*), Infrarot (*n.*), Ultrarot (*n.*). **2 ~** (ultrarosso) (*a. - ott.*), infrarot, ultrarot. **3 radiatore ~** (*fis. - ecc.*), Infrarotstrahler (*m.*).

infrasonico (*acus.*), untertonfrequent.

infrastruttura (di impianti militari, come campi d'aviazione ecc.) (*milit. - aer.*), Infrastruktur (*f.*). **2 ~ primaria** (strade, acqua, gas, elett., ecc.) (*ed. - urb.*), Erschliessung (*f.*).

infrastrutturare (valorizzare un lotto di terreno dotandolo di strade, fognature, ecc.) (*ed.*), erschliessen.

infrastrutturazione (valorizzazione di un lotto di terreno dotandolo di strade, servizi, ecc.) (*ed.*), Erschliessung (*f.*). **2 spese di ~ primaria** (spese di urbanizzazione primaria, per strade, luce, gas, ecc.) (*ed.*), Erschliessungskosten (*f. pl.*).

infrazione (contravvenzione) (*leg.*), Zuwiderhandlung (*f.*), Übertretung (*f.*).

infruttifero (*finanz.*), unverzinslich.

infusibile (non fusibile) (*chim. - fis.*), unschmelzbar.

infusione (*chim.*), Infusion (*f.*).

infusori, terra d' ~ (tripoli, farina fossile) (*min.*), Infusorienerde (*f.*), Kieselgur (*f.*).

ingabbiamento (caricamento di una gabbia) (*min.*), Füllung (*f.*). **2 stazione d'~** (stazione di caricamento) (*min.*), Füllort (*m.*).

ingabbiare (imballare in gabbie) (*trasp.*), in Verschläge verpacken.

ingaggiare (dei marinai) (*nav.*), heuern, anheuern.

ingaggiatore (*nav.*), Heuerbaas (*m.*).

ingaggio (retribuzione per marinai) (*lav. - nav.*), Heuer (*f.*).

ingegnere (*pers.*), Ingenieur (*m.*), Diplom-Ingenieur (*m.*). **2 ~ calcolatore** (*sc. costr.*), Statiker (*m.*). **3 ~ capo** (*ind.*), Oberingenieur (*m.*), Chefingenieur (*m.*). **4 ~ chimico** (*chim.*), Chemotechniker (*m.*). **5 ~ civile** (*ed.*), Diplomingenieur des Bauingenieurfaches. **6 ~ consulente** (*tecnol.*), beratender Ingenieur. **7 ~ di fabbrica** (ingegnere d'officina) (*ind. - pers.*), Betriebsingenieur (*m.*). **8 ~ elettrotecnico** (*elett.*), Elektroingenieur (*m.*). **9 ~ meccanico** (*mecc.*), Maschinenbauingenieur (*m.*), Maschineningenieur (*m.*). **10 ~ minerario** (*min.*), Bergingenieur (*m.*), Bergbauingenieur (*m.*). **11 ~ navale** (*nav.*), Marineingenieur (*m.*), Schiffbauingenieur (*m.*).

ingegneria (*sc.*), Ingenieurwesen (*n.*). **2 ~ civile** (*sc.*), Bauingenieurwesen (*n.*). **3 ~ meccanica** (*scuola*), Maschinenbau (*m.*), Maschinenwesen (*n.*). **4 ~ sanitaria** (tecnica sanitaria) (*sc.*), Gesundheitstechnik (*f.*).

ingegno (di una chiave) (*mecc.*), Bart (*m.*), Schlüsselbart (*m.*).

ingessare (*mur. - ecc.*), eingipsen.

ingessatura (*mur.*), Gipsverband (*m.*).

inghiaiamento (*ing. civ.*), Verkiesung (*f.*), Überschüttung (*f.*), Schottern (*n.*). **2 ~ (del binario)** (*ferr.*), Einschotterung (*f.*), Verfüllen (*n.*).

inghiaiare (*ing. civ. - ferr.*), beschottern, schottern.

inghiaiata (*costr. strad.*), Kiesschüttung (*f.*), Kiesaufschüttung (*f.*). **2 ~** (massicciata, ballast) (*ferr.*), Eisenbahnschotter (*m.*), Gleisschotter (*m.*), Bettung (*f.*).

ingiallimento (difetto vn.) (*vn.*), Vergilbung (*f.*). **2 grado di ~** (*vn.*), Gilbungsgrad (*m.*).

ingiallire (*gen.*), vergilben.

ingiustificato (licenziamento p. es., senza motivo) (*gen.*), ungerechtfertig.

ingobbatura (di lamiere) (*metall.*), Ausbeulung (*f.*). **2 resistenza all'~** (di lastre, resistenza a pressoflessione) (*sc. costr.*), Beulfestigkeit (*f.*), Beulsicherheit (*f.*).

ingobbiare (rivestire una ceramica) (*ceramica*), engobieren.

ingobbio (rivestimento terroso sottile) (*ceramica - ed.*), Engobe (*f.*).

ingolfamento (invasamento, di un carburatore) (*mot. - aut.*), Überflutung (*f.*), Überschwemmung (*f.*).

ingolfare (invasare, un carburatore) (*mot. - aut.*), überfluten, überschwemmen.

ingolfato (invasato, del carburatore) (*mot.*), übergeflutet, überschwemmt, ersoffen.

ingombrante (materiale) (*gen.*), sperrig. **2 merce ~** (*trasp.*), Sperrgut (*n.*). **3 pezzo ~** (pezzo di forma complessa e voluminosa) (*mecc.*), sperriges Arbeitstück.

ingombro (spazio occupato) (*gen.*), Raumbedarf (*m.*). **2 ~ in larghezza** (larghezza fuori tutto) (*gen.*), grösste Breite. **3 ~ in pianta** (di una macchina p. es.) (*ind.*), Grundfläche (*f.*), Flächenbedarf (*m.*). **4 dimensioni di ~** (*gen.*), Aussenmass (*n.*), Einbaumasse (*n. pl.*). **5 fattore d'~** (di trucioli, rapporto fra lo spazio che essi occupano ed il volume asportato dal pezzo) (*lav. macch. ut.*), Auflockerungsfaktor (*m.*). **6 larghezza d'~** (*gen.*), Baubreite (*f.*). **7 superficie d'~** (*ind.*), Flurfläche (*f.*), Raumfläche (*f.*).

ingorgo (congestione) (*traff. strad.*), Stauung (*f.*), Stau (*m.*), Stockung (*f.*). **2 ~ del traf-**

fico (congestione del traffico) *(traff. strad.)*, Verkehrsstockung *(f.)*, Verkehrsstau *(m.)*.
ingovernabile (nave) *(nav.)*, manövrierunfähig.
ingranaggio (coppia di ruote dentate) *(mecc.)*, Räderpaar *(n.)*. **2** ~ (ruota dentata) *(mecc.)*, Zahnrad *(n.)*, Rad *(n.)*. **3** ~ *(mecc.)*, *vedi anche* ruota dentata. **4** ~ **a « chevron »** *(mecc.)*, *vedi* ingranaggio a freccia. **5** ~ **a cuspide** *(mecc.)*, *vedi* ingranaggio a freccia. **6** ~ **a dentatura esterna** (ruota dentata esterna) *(mecc.)*, Aussenrad *(n.)*, Aussenzahnrad *(n.)*. **7** ~ **a dentatura frontale** (corona dentata frontale, ruota piano-conica) *(mecc.)*, Planrad *(n.)*. **8** ~ **a dentatura interna** (ruota dentata interna) *(mecc.)*, Innenzahnrad *(n.)*, Innenrad *(n.)*. **9** ~ **a denti diritti** (ruota a denti diritti) *(mecc.)*, Geradzahnrad *(n.)*. **10** ~ **a denti elicoidali** (ruota elicoidale) *(mecc.)*, Schrägzahnrad *(n.)*. **11** ~ **ad evolvente** (ruota dentata ad evolvente) *(mecc.)*, Evolventenrad *(n.)*. **12** ~ **a freccia** (ruota dentata a cuspide, ingranaggio a « chevron », ingranaggio a spina di pesce) *(mecc.)*, Pfeilzahnrad *(n.)*, Pfeilrad *(n.)*. **13** ~ **a gradini** (ruote dentate di diametro diverso solidali sullo stesso albero) *(mecc.)*, Stufenrad *(n.)*. **14** ~ **a grappolo** (gruppo di ruote dentate) *(mecc.)*, Blockrad *(n.)*. **15** ~ **a lanterna** (ruota a lanterna) *(mecc.)*, Zapfenzahnrad *(n.)*. **16** ~ **a spina di pesce** *(mecc.)*, *vedi* ingranaggio a freccia. **17** ~ **a vite** (trasmissione a ruota elicoidale e vite senza fine) *(mecc.)*, Schneckengetriebe *(n.)*. **18** ~ **centrale** (ruota centrale, di un ruotismo epicicloidale) *(mecc.)*, Zentralrad *(n.)*, Sonnenrad *(n.)*. **19** ~ **cilindrico** (coppia cilindrica, coppia di ruote dentate cilindriche) *(mecc.)*, Stirnräderpaar *(n.)*. **20** ~ **cilindrico** (ruota dentata cilindrica) *(mecc.)*, Stirnrad *(n.)*. **21** ~ **cilindrico a dentatura esterna** (ruota cilindrica a dentatura esterna) *(mecc.)*, Aussen-Stirnrad *(n.)*. **22** ~ **cilindrico a dentatura esterna a denti diritti** (ruota dentata diritta esterna) *(mecc.)*, geradverzahntes Aussen-Stirnrad *(n.)*. **23** ~ **cilindrico a denti diritti** (ruota cilindrica a denti diritti) *(mecc.)*, Stirnrad mit geraden Zähnen, geradverzahntes Stirnrad. **24** ~ **cilindrico elicoidale** (ruota cilindrica elicoidale) *(mecc.)*, Schrägstirnrad *(n.)*. **25** ~ **(comando distribuzione) sull'albero a gomito** (ruota dentata comando distribuzione) *(mot.)*, Kurbelwellenrad *(n.)*. **26** ~ **con coefficiente di spostamento zero** (ingranaggio x-zero, costituito da due ruote con profilo spostato) *(mecc.)*, V-Null-Getriebe *(n.)*. **27** ~ **con contatti bassi** (ingranaggio con portate basse, ingranaggio con portanze basse) *(mecc.)*, Fussträger *(m.)*. **28** ~ **con denti ad arco di cerchio** (ruota con denti ad arco di cerchio) *(mecc.)*, Kreisbogenzahnrad *(n.)*. **29** ~ **con denti a spirale** (ruota con denti a spirale) *(mecc.)*, Spiralzahnrad *(n.)*. **30** ~ **condotto** (ruota dentata condotta) *(mecc.)*, angetriebenes Rad. **31** ~ **conduttore** (ruota motrice) *(mecc.)*, Antriebsrad *(n.)*. **32** ~ **con gambo** (ruota dentata con gambo) *(mecc.)*, Schaftrad *(n.)*. **33** **ingranaggi conici ad assi sghembi** (ruote coniche ad assi sghembi) *(mecc.)*, Schraubzahnräder *(n. pl.)*. **34** ~ **conico** (coppia conica, coppia di ruote dentate coniche) *(mecc.)*, Kegelräderpaar *(n.)*. **35** ~ **conico** (ruota dentata conica, ruota conica) *(mecc.)*, Kegelrad *(n.)*. **36** ~ **conico a denti diritti** (ruota conica a denti diritti) *(mecc.)*, Kegelstirnrad *(n.)*. **37** ~ **conico cicloidale** (ruota conica cicloidale) *(mecc.)*, Zykloidenkegelrad *(n.)*. **38** ~ **conico con denti a spirale** (ruota conica con denti a spirale) *(mecc.)*, Spiralkegelrad *(n.)*. **39** ~ **conico ipoide** (ruota conica ipoide) *(mecc.)*, Hypoidkegelrad *(n.)*. **40** ~ **con portanze alte** (sui denti, ingranaggio con contatti alti) *(mecc.)*, Kopfträger *(m.)*. **41** ~ **con portanze basse** (ingranaggio con portate basse, ingranaggio con contatti bassi) *(mecc.)*, Fussträger *(m.)*. **42** ~ **con spostamento zero** (ingranaggio x-zero, coppia di ruote dentate) *(mecc.)*, Nullgetriebe *(n.)*. **43** ~ **con spostamento zero** (del profilo, ruota x-zero, ruota dentata con spostamento zero) *(mecc.)*, Nullrad *(n.)*. **44** ~ **da tagliare** (ingranaggio greggio, ruota dentata da tagliare) *(mecc.)*, Zahnradrohling *(m.)*. **45** ~ **del cambio** (ruota dentata del cambio) *(mecc. - aut.)*, Wechselrad *(n.)*. **46 ingranaggi della distribuzione** *(mot.)*, Nockenwellengetriebe *(n.)*. **47** ~ **della 5ª (velocità)** (ruota dentata del moltiplicatore) *(aut.)*, Schnellgangrad *(n.)*. **48** ~ **della retromarcia** (ruota dentata della retromarcia, di un cambio di velocità) *(aut.)*, Rücklaufrad *(n.)*, Umkehrrad *(n.)*. **49** ~ **del moltiplicatore** (ruota dentata della quinta velocità) *(aut.)*, Schnellgangrad *(n.)*. **50** ~ **di cambio** (ruota di cambio) *(mecc.)*, Wechselrad *(m.)*. **51** ~ **di fibra** (ruota dentata di fibra) *(mecc.)*, Fiberrad *(n.)*, Fiberzahnrad *(n.)*. **52** ~ **elicoidale** (ruota elicoidale) *(mecc.)*, Schrägrad *(n.)*, Schrägzahnrad *(n.)*. **53** ~ **epicicloidale** (ruota epicicloidale) *(mecc.)*, Epizykloidenrad *(n.)*. **54** ~ **epicicloidale** (coppia di ruote dentate) *(mecc.)*, Planetengetriebe *(n.)*, Umlaufgetriebe *(n.)*. **55** ~ **greggio** (ingranaggio da tagliare, ruota dentata da tagliare) *(mecc.)*, Zahnradrohling *(m.)*. **56** ~ **in presa continua** (ruote dentate sempre in presa) *(aut.)*, Getrieberäder für ständigen Eingriff. **57** ~ **intermedio** (ruota dentata intermedia) *(mecc.)*, Zwischenrad *(n.)*. **58** ~ **ipoide** (coppia di ruote dentate ipoidi) *(mecc.)*, Schraubgetriebe *(n.)*, Hypoidgetriebe *(n.)*. **59** ~ **ipoide** (ruota dentata ipoide) *(mecc.)*, Hypoidrad *(n.)*, Schraubrad *(n.)*. **60** ~ **motore** (ruota dentata motrice) *(mecc.)*, Antriebsrad *(n.)*. **61** ~ **per la marcia indietro** (ruota dentata per la retromarcia) *(veic. - nav.)*, Rücklaufrad *(n.)*, Umkehrrad *(n.)*. **62** ~ **per la retromarcia** (ruota dentata per la marcia indietro) *(veic. - nav.)*, Rücklaufrad *(n.)*, Umkehrrad *(n.)*. **63** ~ **planetario** (ruota planetaria) *(mecc.)*, Sonnenrad *(n.)*. **64** ~ **planetario del differenziale** (ruota dentata planetaria) *(aut.)*, Achswellenkegelrad *(n.)*. **65** ~ **satellite** (ruota satellite, di un rotismo epicicloidale) *(mecc.)*, Planetenrad *(n.)*, Umlaufzahnrad *(n.)*, Umlaufrad *(n.)*. **66** ~ **scorrevole** (ruota dentata scorrevole) *(mecc.)*, verschiebbares Zahnrad, Schieberad *(n.)*. **67** ~ **sempre in presa** (ruote

dentate in presa continua) (aut.), Konstante (f.), Getrieberäder für ständigen Eingriff. **68 ~ spostato** (ingranaggio x, ruota spostata, ruota x) (mecc.), V-Rad (n.), Verschiebungsrad (n.). **69 ~ spostato** (coppia di ruote spostate) (mecc.), Verschiebung-Getriebe (n.), V-Getriebe (n.), V-Räderpaar (n.). **70 ~ stozzato** (ruota dentata stozzata) (mecc.), gestossenes Rad. **71 ~ x** (ingranaggio spostato, ruota x, ruota spostata) (mecc.), V-Rad (n.), Verschiebungsrad (n.). **72 ~ x-zero** (ingranaggio con spostamento zero dei profili, coppia di ruote dentate) (mecc.), V-Nullgetriebe (n.). **73 ~ x-zero** (ruota dentata con spostamento zero del profilo) (mecc.), V-Nullrad (n.). **74 asse dell' ~** (asse della ruota dentata) (mecc.), Radachse (f.). **75 banco prova resistenza ingranaggi** (macch.), Zahnradverspannungprüfstand (m.). **76 brocciatrice per ingranaggi conici** (macch. ut.), Kegelradräummaschine (f.). **77 controllo di un solo fianco dei denti di un ~** (mecc.), Einflankenprüfung (f.). **78 corpo di ~** (corpo della ruota dentata) (mecc.), Radkörper (m.). **79 dente di ~** (mecc.), Radzahn (m.). **80 macchina per la prova d'ingranaggi** (macch.), Zahnradprüfmaschine (f.). **81 macchina per provare la rumorosità di ingranaggi** (macch.), Zahnrad-Geräuschprüfmaschine (f.). **82 rettificatrice per ingranaggi** (macch. ut.), Zahnradschleifmaschine (f.). **83 rinvio ad ingranaggi** (mecc.), Zahnradvorgelege (n.). **84 rotismo ad ingranaggi** (mecc.), Zahnradgetriebe (n.). **85 sbozzo di ~** (ruota greggia fucinata) (fucinatura), geschmiedeter Zahnradrohling. **86 stozzatrice per ingranaggi** (macch. ut.), Zahnradstossmaschine (f.). **87 treno di ingranaggi** (mecc.), Getriebezug (m.).

ingranamento (presa, imbocco, di ruote dentate) (mecc.), Eingriff (m.), Kämmen (n.), Ineinandergreifen (n.). **2 ~** (grippatura, di un pistone p. es.) (mecc. - mot.), Fressen (n.). **3 ~** (di un creatore p. es.) (ut.), Eingriff (m.). **4 ~ ad angolo** (di ingranaggi) (mecc.), Schrägeingriff (m.). **5 ~ dei denti** (di ingranaggi) (mecc.), Zahneingriff (m.). **6 ~ della ruota dentata** (mecc.), Radeingriff (m.). **7 ~ graduale** (mecc.), allmählicher Eingriff. **8 altezza di ~** (o di contatto, di ruote dentate) (mecc.), Eingriffstiefe (f.). **9 angolo di ~** (angolo di pressione, di ruote dentate) (mecc.), Eingriffswinkel (m.). **10 campo di ~** (campo di azione, di ruote dentate o di un creatore p. es.) (mecc. - ut.), Eingriffsbereich (m.). **11 grafico verifica ~** (di ruote dentate o di un creatore) (mecc. - ut.), Eingriffsprüfbild (n.). **12 passo d' ~** (di un creatore o di ruota dentata) (mecc. - ut.), Eingriffsteilung (f.). **13 piano di ~** (piano di azione, di ruote dentate o di un creatore p. es.) (mecc. - ut.), Eingriffsebene (f.). **14 retta di ~** (retta d'azione, di una ruota dentata o di un creatore p. es.) (mecc. - ut.), Eingriffsgerade (f.).

ingranare (di ruote dentate) (v. i. - mecc.), eingreifen, kämmen, ineinandergreifen. **2 ~** (ruote dentate) (v. t. - mecc.), in Eingriff bringen.

ingrandimento (ott. - fot. - ecc.), Vergrösserung (f.). **2 ~** (ampliamento, di uno stabilimento p. es.) (ed. - ecc.), Ausbau (m.), Erweiterung (f.), Vergrösserung (f.). **3 ~ visuale** (ingrandimento in angolo visuale) (ott.), Lupenvergrösserung (f.). **4 apparecchio per ingrandimenti** (ingranditore) (fot. - ott.), Vergrösserer (m.), Vergrösserungsapparat (m.). **5 lente d' ~** (ott.), Lupe (f.), Vergrösserungsglas (n.). **6 lente d' ~** (telev.), Bildlupe (f.).

ingrandire (ott. - ecc.), vergrössern.

ingranditore (apparecchio per ingrandimenti) (fot. - ott.), Vergrösserer (m.), Vergrösserungsapparat (m.).

ingrassaggio (gen.), Einfetten (n.), Einfettung (f.). **2 ~** (con grasso lubrificante) (mecc.), Schmierung (f.). **3 pistola per ~** (app.), Abschmierpistole (f.). **4 pompa per ~** (tipo Tecalemit p. es.) (aut. - ecc. - ut.), Schmierpresse (f.). **5 siringa per ~** (pompa per ingrassaggio) (aut. - ecc. - ut.), Schmierpresse (f.).

ingrassare (gen.), einfetten. **2 ~** (mecc. - macch.), schmieren, fetten, einfetten.

ingrassatore (dispositivo di ingrassaggio o di lubrificazione) (app. - macch.), Fettbüchse (f.). **2 ~** (tipo stauffer) (app. - macch.), Fettpressbüchse (f.), Staufferbüchse (f.). **3 ~** (operaio addetto all'ingrassaggio) (lav.), Schmierer (m.). **4 ~** (raccordo per lubrificazione) (macch.), Schmiernippel (m.). **5 ~ a pressione** (app. - macch.), Lub-Hochdruckpresse (f.). **6 ~ a siringa** (app.), Schmierpresse (f.), Fettpresse (f.). **7 ~ a spinta** (app. - macch.), Stossdruckpresse (f.), Stosspresse (f.). **8 ~ a testa svasata** (macch.), Trichternippel (m.). **9 ~ a vite** (ingrassatore con coperchio a vite, stauffer) (macch.), Fettpressbüchse (f.), Staufferbüchse (f.). **10 ~ con coperchio a molla** (per la lubrificazione di veicoli ferr. p. es.) (mecc.), Schmiergefäss (n.). **11 ~ con coperchio a vite** (stauffer, ingrassatore a vite) (macch.), Staufferbüchse (f.), Fettpressbüchse (f.). **12 ~ stauffer** (ingrassatore con coperchio a vite) (macch.), Staufferbüchse (f.).

ingrasso (ind. cuoio), Fetten (n.).

ingratinare (ralingare) (nav.), lieken, anlieken, einlieken.

ingrediente (di una miscela) (chim. - ecc.), Bestandteil (m.), Ingrediens (n.). **2 ~ di mescola** (ind. gomma), Mischungszusatz (m.).

ingresso (entrata) (gen.), Eingang (m.). **2 ~** (entrata, atto di entrare) (gen.), Eintritt (m.). **3 ~** (di una casa, porta di ingresso) (ed.), Einfahrt (f.), Eingang (m.). **4 ~** (anticamera) (ed.), Vorraum (m.), Vorplatz (m.). **5 ~** (entrata, immissione, di acqua p. es. in una turbina) (mot.), Beaufschlagung (f.). **6 ~** (d'una galleria) (ing. civ.), Portal (n.). **7 ~ di servizio** (ed.), Nebentüre (f.). **8 ~ per i fornitori** (ind.), Lieferanteneingang (m.). **9 ~ principale** (ed.), Haupteingang (m.), Haupteinfahrt (f.). **10 ~ radiale** (in una turbina) (mot.), radiale Beaufschlagung. **11 biglietto d' ~** (gen.), Einlasskarte (f.), Eintrittskarte (f.). **12 chiocciola d' ~** (di una turbina idraulica) (mecc.), Einlaufspirale (f.). **13 dati d' ~** (dati di entrata) (calc.), Eingabedaten (n. pl.). **14 porta d' ~** (ed.), Eingangstür (f.). **15 scala d' ~** (ed.), Eingangs-

ingrossamento

treppe (*f.*). **16 vietato l'** ~**!** (*gen.*), Zutritt verboten!

ingrossamento (rigonfiamento) (*gen.*), Verdickung (*f.*), Wulst (*m.*), Schwellen (*n.*). **2** ~ (della ghisa p. es.) (*metall. - ecc.*), Wachsen (*n.*). **3** ~ **del grano** (*metall.*), Kornvergröberung (*f.*). **4** ~ **del grano** (dovuto ad eccessiva durata del riscaldamento) (*tratt. term.*), Überzeiten (*n.*).

ingrossare (gonfiarsi) (*gen.*), schwellen. **2** ~ (della ghisa p. es.) (*metall.*), wachsen.

ingrosso, commercio all' ~ (*comm.*), Engroshandel (*m.*).

ingualcibile (*tess.*), knitterfest. **2** ~ (antipiega) (*tess.*), krumpfecht.

ingualcibilità (capacità d'una stoffa di riassestarsi dopo aver subito gualcimenti) (*ind. tess.*), Bauschelastizität (*f.*).

inibitore (*chim.*), Inhibitor (*m.*), Hemmstoff (*m.*).

inibizione (di una reazione p. es.) (*chim.*), Hemmung (*f.*).

iniettare (*mot. - ecc.*), einspritzen. **2** ~ (cemento p..es.) (*ed.*), injizieren, einpressen.

iniettore (di combustibile) (*mot. Diesel*), Düse (*f.*), Einspritzventil (*n.*). **2** ~ (d'un motore a scoppio, per l'iniezione elettronica del carburante) (*mot.*), Einspritzventil (*n.*). **3** ~ (di elettroni, d'un betatrone) (*fis.*), Injektor (*f.*). **4** ~ (d'acqua per alimentazione di caldaie p. es.) (*app. - cald.*), Injektor (*m.*). **5** ~ **ad elica** (di un motore Diesel) (*mot. ecc.*), Dralldüse (*f.*). **6** ~ **a fori** (di un mot. Diesel) (*mot.*), Lochdüse (*f.*). **7** ~ **a pernetto** (di un mot. Diesel) (*mot.*), Zapfendüse (*f.*). **8** ~ **a vapore** (iniettore a getto di vapore) (*macch.*), Dampfspritze (*f.*), Dampfstrahlpumpe (*f.*). **9** ~ **idraulico** (pompa a getto di acqua) (*macch.*), Wasserstrahlpumpe (*f.*). **10** ~ **per l'avviamento** («cicchetto», di un mot. a comb. interna) (*mot.*), Einspritz-Anlasser (*m.*), Anlasseinspritzanlage (*f.*). **11 portata** ~ (quantità iniettata) (*mot.*), Einspritzmenge (*f.*).

iniezione (di combustibile, in un mot. Diesel p. es.) (*mot. - ecc.*), Einspritzung (*f.*). **2** ~ (nella pressofusione) (*fond.*), Schuss (*m.*). **3** ~ (stampaggio ad iniezione, di materiale termoplastico) (*tecnol.*), Spritzen (*n.*), Spritzgiessen (*n.*), Spritzguss (*m.*). **4** ~ (di cemento p. es.) (*ed. - ing. civ.*), Injektion (*f.*), Verpressung (*f.*), Einspritzung (*f.*). **5** ~ (nei raddrizzatori a cristallo) (*elettronica*), Injektion (*f.*). **6** ~ (insufflamento, di ossigeno p. es.) (*gen.*), Einblasen (*n.*). **7** ~ **a bassa pressione** (di cemento) (*ed. - ing. civ.*), Niederdruckeinspritzung (*f.*). **8** ~ **a canale caldo** (nello stampaggio delle materie plastiche) (*tecnol.*), Heisskanal-Anguss (*m.*). **9** ~ **a punto** (nello stampaggio delle materie plastiche) (*tecnol.*), Punktanguss (*m.*). **10** ~ **d'acqua** (a monte del compressore, per accrescere temporaneamente la spinta) (*mot. a getto*), Wassereinspritzung (*f.*). **11** ~ **di benzina** (*mot.*), Benzineinspritzung (*f.*). **12** ~ **di carburante** (iniezione di combustibile) (*mot.*), Kraftstoffeinspritzung (*f.*). **13** ~ **di cemento** (per chiudere fenditure nella montagna) (*min.*), Versteinung (*f.*). **14** ~ **di cemento** (*ing. civ.*), Zementeinspritzung (*f.*). **15** ~ **di combustibile** (*mot.*), Brennstoffeinspritzung (*f.*). **16** ~ **di malta** (*ed.*), Mörtelinjektion (*f.*), Mörteleinpressung (*f.*). **17** ~ **diretta** (*mot. Diesel*), direkte Einspritzung, unmittelbare Einspritzung. **18** ~ **elettronica** (di benzina) (*mot.*), elektronische Einspritzung. **19** ~ **nel cilindro** (del carburante) (*mot.*), Zylindereinspritzung (*f.*). **20** ~ **pneumatica** (*mot. Diesel*), Lufteinblasung (*f.*). **21** ~ **regolata dal tubo di aspirazione** (per motori ad iniezione di benzina) (*mot.*), Mengenteiler-Saugrohreinspritzung (*f.*). **22** ~ **sotto vuoto** (*fond.*), Vakuumdruckguss (*m.*), Vakuumstrahlgiessverfahren (*n.*). **23 avviamento con** ~ **d'acqua** (*mot. a getto*), nasser Start. **24 avviamento senza** ~ **d'acqua** (*mot. a getto*), trockener Start. **25 camera di** ~ (di una macchina per pressofusione) (*fond.*), Druckkammer (*f.*). **26 canale d'** ~ (nello stampaggio a iniezione delle materie plastiche) (*tecnol.*), Angusskanal (*m.*). **27 forza di** ~ (forza sullo stantuffo, di una macch. per pressofusione) (*fond.*), Kolbenkraft (*f.*). **28 gruppo (di)** ~ (unità d'iniezione, d'una macchina per stampaggio di materia plastica) (*macch.*), Spritzeinheit (*f.*). **29 incorporato durante l'** ~ (bussola filettata p. es., entro materie plastiche) (*tecnol. mecc.*), eingespritzt. **30 inizio** ~ (di una pompa d'iniezione) (*mot. Diesel - ecc.*), Einspritzbeginn (*m.*). **31 macchina ad** ~ (macchina per pressofusione) (*macch. fond.*), Druckgiessmaschine (*f.*). **32 macchina ad** ~ (per resine sintetiche) (*macch.*), Spritzgussmaschine (*f.*), Spritzmaschine (*f.*). **33 macchina ad** ~ **a camera fredda** (*macch. fond.*), Kaltkammermaschine (*f.*). **34 macchina ad** ~ **ad aria compressa** (macchina per pressofusione ad aria compressa) (*macch. fond.*), Druckluftgiessmaschine (*f.*). **35 malta per iniezioni** (*ed.*), Eindringmörtel (*m.*), Injektionsmörtel (*m.*), Einpressmörtel (*m.*), Verpressmörtel (*m.*). **36 materiali ottenuti da stampaggio ad** ~ (*tecnol.*), Spritzguss·stoffe (*m. pl.*). **37 materie per stampaggio ad** ~ (*tecnol.*), Spritzgussmassen (*f. pl.*), Spritzmassen (*f. pl.*). **38 messa in fase dell'** ~ (*mot. Diesel*), Spritzverstellung (*f.*). **39 numero d'iniezioni** (nella pressofusione o iniezione di mat. plast.) (*fond. - tecnol.*), Schusszahl (*f.*). **40 pezzo stampato ad** ~ (pezzo in materiale termoplastico stampato con procedimento ad iniezione) (*tecnol.*), Spritzguss (*m.*), Spritzgussteil (*m.*), Spritzteil (*m.*). **41 pompa d'** ~ (*mot.*), Einspritzpumpe (*f.*). **42 pompa d'** ~ **autonoma** (con proprio azionamento separato) (*mot.*), PE-Pumpe (*f.*). **43 pressione d'** ~ (*mot. Diesel*), Einspritzdruck (*m.*). **44 pressione d'** ~ (di una macch. per pressofusione) (*fond.*), Giessdruck (*m.*). **45 principio d'** ~ **ad accumulo d'aria** (principio Lanova) (*mot.*), Luftspeicherprinzip (*n.*), Lanova-Prinzip (*n.*). **46 procedimento di** ~ (di cemento p. es.) (*ed. - ing. civ.*), Einpressverfahren (*n.*), Injektionsverfahren (*n.*). **47 processo di** ~ **-soffiatura-stiro** (processo IBS, Injection-Blow-Stretch, per mat. plast.) (*tecnol.*), Spritz-Blas-Reckverfahren (*n.*), IBS-Verfahren (*n.*). **48 punto d'** ~ (nello stampaggio delle materie plastiche, strozzatura nello stampo all'entrata nella cavità) (tecnol.), Anschnitt (m.). **49 regolatore della fasatura di** ~ (di un motore Diesel) (mot.), Spritzversteller (m.). **50 soffiatura-** ~ (soffiatura di pezzi ottenuti a iniezione di mat. plast.) (tecnol.), Spritzblasverfahren (n.). **51 stampabile ad** ~ (mater. plastico) (tecnol.), spritzgiessbar. **52 stampaggio ad** ~ (di materie termoplastiche) (tecnol.), Spritzgiessen (n.), Spritzpressen (n.). **53 stampare ad** ~ (materie termoplastiche) (tecnol.), spritzgiessen, spritzpressen. **54 stantuffo d'**~ (d'una macchina per pressofusione) (fond.), Druckkolben (m.). **55 testa d'**~ (nel sondaggio con circolazione di acqua) (min.), Spülkopf (m.). **56 unità d'**~ (gruppo iniezione, d'una macchina per stampaggio di materie plastiche) (macch.), Spritzeinheit (f.).

ininfiammabile (comb.), unentzündlich, nicht entflammbar, nichtentzündbar.

iniziale (tip.), Anfangsbuchstabe (m.), Initiale (f.). **2 iniziali cubitali** (tip.), Versalien (pl.).

inizializzazione (lancio iniziale) (calc.), Bootstrap (m.), Ureingabe (f.).

iniziare (gen.), anfangen, beginnen. **2** ~ (il lavoro p. es.) (organ. lav.), aufnehmen, beginnen. **3** ~ (uno scavo) (min.), ansetzen. **4** ~ (avviare, trattative) (comm.), einleiten, anbahnen.

iniziativa (gen.), Initiative (f.). **2** ~ **privata** (ind. - finanz.), Privatiniziative (f.).

iniziatore (di programma) (calc.), Initiator (m.), Programminitiator (m.).

inizio (gen.), Anfang (m.). **2** ~ (del lavoro p. es.) (ind.), Aufnahme (f.), Arbeitsbeginn (m.). **3** ~ (innesco, di vibrazioni p. es.) (fis.), Einsatz (m.). **4** ~ **apertura (valvola di) ammissione** (di motori a combustione interna) (mot.), Einlass öffnet. **5** ~ **apertura (valvola di) scarico** (di motore a combustione interna) (mot.), Auslass öffnet. **6** ~ **mandata** (di pompa d'iniezione) (mot. Diesel), Förderbeginn (m.). **7** ~ **taglio** (imbocco, di un creatore p. es.) (mecc.), Anschnitt (m.).

innalzamento (gen.), Erhöhung (f.). **2** ~ (di corpi rocciosi durante la coltivazione) (min.), Hebung (f.). **3** ~ **(molare) del punto di ebollizione** (costante ebullioscopica, di soluzioni) (chim. - fis.), Siedepunktserhöhung (f.).

innalzare (gen.), erhöhen. **2** ~ **con soprassoglio** (un argine) (costr. idr.), aufkaden. **3** ~ **un muro** (mur.), aufmauern.

innaspare (bobinare) (ind. tess.), haspeln, wickeln.

innescante (s. - chim. - espl.), Zündstoff (m.), Initialsprengstoff (m.).

innescare (caricare, una pompa) (idr.), füllen. **2** ~ (una valvola elettronica) (radio), anheizen.

innescatore (iniettore, « cicchetto », per avviamento) (mot.), Anlasseinspritzanlage (f.).

innesco (adescamento, caricamento, di una pompa p. es.) (macch. - idr.), Füllung (f.), Füllen (n.). **2** ~ (di vibrazioni p. es.) (fis.), Aufschaukeln (n.). **3** ~ (innescante) (chim. - espl.), Zündstoff (m.), Initialsprengstoff (m.). **4** ~ (per spoletta p. es.) (app. - espl.), Zündapparat (m.). **5** ~ (di una valvola elettronica) (radio), Anheizen (n.). **6** ~ **ad ignitore sommerso** (nei raddrizzatori a vapore di mercurio; accensione ad immersione, accensione a contatto liquido) (elett.), Tauchzündung (f.). **7** ~ **di accensione** (nei tubi elettronici) (elett.), Zündeinsatz (m.). **8 angolo d'**~ (angolo di accensione, d'un raddrizzatore comandato p. es.) (elettronica), Zündwinkel (m.). **9 anodo d'**~ (anodo di accensione (elettronica), Zündanode (f.), Hilfsanode (f.). **10 anodo d'**~ (anodo d'eccitazione) (elettronica), Erregeranode (f.). **11 corrente d'**~ **di oscillazioni** (elett.), Anschwingstrom (m.). **12 punto d'**~ **del fischio** (negli amplificatori di potenza) (radio - ecc.), Pfeifpunkt (m.), Pfeifgrenze (f.). **13 striscia d'**~ (d'una lampada a scarica) (illum.), Zündstrich (m.). **14 tensione di** ~ (di una lampada) (illum.), Zündspannung (f.). **15 tensione di** ~ (di scintille p. es.) (elett.), Einsetzspannung (f.).

innestabile (giunto) (macch.), schaltbar. **2** ~ (ad innesto, a spina, ad innesto, di tipo a spina, di tipo ad innesto; esecuzione d'un app. elett. p. es.) (elett.), steckbar.

innestare (accoppiare con innesto) (mecc.), einschalten. **2** ~ (la frizione) (aut. - ecc.), einkuppeln, einschalten, kuppeln. **3** ~ (inserire, una spina) (elett.), stecken, einstecken. **4** ~ **in posizione** (una leva p. es. in una data posizione determinata da una tacca su un settore p. es.) (mecc.), einrasten. **5** ~ **la frizione** (aut. - ecc.), kuppeln, die Kupplung einschalten, einkuppeln. **6** ~ **la marcia** (aut.), den Gang einschalten. **7** ~ **la prima (marcia)** (aut.), den ersten Gang einschalten.

innestarsi (di frizione p. es.) (mecc.), einschalten. **2** ~ (impegnarsi, di un nottolino p. es.) (mecc.), einfallen.

innestato (mecc.), eingeschaltet, eingekuppelt.

innesto (organo di collegamento non fisso) (mecc.), Schaltkupplung (f.), ausrückbare Kupplung. **2** ~ (della frizione p. es., azione di innestare la frizione p. es.) (mecc. - aut.), Einschalten (n.), Einrücken (n.). **3** ~ (inserzione, di una spina in una presa p. es.) (elett.), Einstecken (n.). **4** ~ **a baionetta** (mecc.), Bajonettverschluss (m.). **5** ~ **a chiavetta girevole** (a chiavetta semicircolare girevole) (mecc.), Drehkeilkupplung (f.). **6** ~ **a comando idraulico** (mecc.), Schaltkupplung mit hydraulischer Betätigung. **7** ~ **a denti** (mecc.), Zahnkupplung (f.). **8** ~ **a denti frontali** (mecc.), Klauenkupplung (f.). **9** ~ **a denti per l'avviamento** (griffa di avviamento) (aut. - mot.), Andrehklaue (f.). **10** ~ **ad espansione** (mecc.), Spreizringkupplung (f.). **11** ~ **a doppio cono** (veic. - mecc.), Doppelkegelkupplung (f.). **12** ~ **a due mani** (d'una pressa p. es., per evitare lesioni accidentali alle mani stesse tenendole impegnate nel comando) (macch.), Zweihandeinrückung (f.). **13** ~ **a frizione** (frizione) (mecc. - aut.), Reibungskupplung (f.). **14** ~ **a frizione a cono** (mecc.), Kegelkupplung (f.). **15** ~ **a nottolini** (mecc.), Klinkenkupplung (f.). **16** ~ **a piuoli** (per alberi) (mecc.), Bolzenkupplung (f.). **17** ~ **a rulli a giro unico** (mecc.), Eintouren-Rollen-Kupplung (f.). **18** ~ **centrifugo** (mecc.),

innocuo

Zentrifugalkupplung (*f.*). 19 ~ **di avviamento** (*mot.*), Anwerfklaue (*f.*). 20 ~ **di avviamento (a frizione)** (*mecc.*), Anfahrkupplung (*f.*). 21 ~ **di sicurezza** (contro il sovraccarico) (*mecc.*), Überlastungskupplung (*f.*), Sicherheitskupplung (*f.*). 22 ~ **dolce** (d'una macchina) (*macch.*), Gängigkeit (*f.*). 23 ~ **elettromagnetico** (*elettromecc.*), Magnetkupplung (*f.*). 24 ~ **per traslazione rapida** (*macch. ut.*), Eilgangkupplung (*f.*). 25 **ad** ~ (innestabile, a spina, di tipo ad innesto, di tipo a spina; esecuzione d'un app. elett. p. es.) (*elett.*), steckbar. 26 **apparecchio da** ~ (amplificatore p. es.) (*elett.*), Einschub (*m.*). 27 **connettore ad** ~ (presa ad innesto (*elett.*), Steckvorrichtung (*f.*). 28 **contatto ad** ~ (presa di corrente a spina) (*elett.*), Steckkontakt (*m.*). 29 **dispositivo di** ~ (*mecc. - ecc.*), Einrückvorrichtung (*f.*). 30 **di tipo ad** ~ (innestabile, di tipo ad innesto, di tipo a spina; esecuzione d'un app. elett. p. es.) (*elett.*), steckbar. 31 **gruppo da** ~ (unità da innesto, unità modulare prevista per l'allacciamento a spina) (*elettronica*), Einschub (*m.*). 32 **morsetto ad** ~ (*elett.*), Steckklemme (*f.*). 33 **pannello da** ~ (*elett.*), Einschub (*m.*). 34 **polimerizzato ad** ~ (*s. - chim.*), Pfropfpolymerisat (*n.*). 35 **polimerizzazione ad** ~ (*ind. chim.*), Pfropfpolymerisation (*f.*). 36 **relè da** ~ (relè a spina) (*elett.*), Steckrelais (*n.*). 37 **sistema ad** ~ (di apparecchi) (*app.*), Einschiebbauweise (*f.*). 38 **striscia di prese ad** ~ (striscia di prese a spina) (*elett.*), Stekkerleiste (*f.*). 39 **unità da** ~ (gruppo da innesto, unità modulare prevista per l'allacciamento a spina) (*elettronica*), Einschub (*m.*). 40 **zoccolo da** ~ (*elett.*), Stecksockel (*m.*).
innocuo (*gen.*), unschädlich.
inoculante (*s. - fond.*), Impfstoff (*m.*).
inoculazione (*fond.*), Impfung (*f.*).
inoltrare (presentare, una domanda, un'offerta p. es.) (*comm.*), einreichen.
inoltro (presentazione, di un'offerta, di una domanda p. es.) (*comm.*), Einreichung (*f.*).
inondare (*idr.*), überschwemmen, überfluten. 2 ~ (di luce p. es.) (*illum. - ecc.*), durchfluten.
inondazione (*idr.*), Überflutung (*f.*), Überschwemmung (*f.*).
inorganico (*chim.*), anorganisch.
inossidabile (*metall.*), nichtrostend, rostfrei.
inquadrare (*gen.*), einrahmen.
inquadratura (di una scena) (*cinem.*), Bildausschnitt (*m.*).
inquinamento (dell'acqua p. es.) (*idr. - ventilazione*), Verschmutzung (*f.*), Verunreinigung (*f.*). 2 ~ (drogatura, di un semiconduttore) (*elettronica*), Dopen (*n.*), Dotieren (*n.*). 3 ~ **atmosferico** (*ind. - ecc.*), Luftverunreinigung (*f.*). 4 ~ **da acque luride** (di un fiume p. es.) (*ed.*), Abwasserlast (*f.*). 5 ~ **da gas di scarico** (inquinamento da emissioni dallo scarico) (*mot. - aut.*), Abgasvergiftung (*f.*). 6 ~ **dell'ambiente** (da emissioni di centrali elettronucleari p. es.) (*ecol.*), Umweltbelastung (*f.*), Umgebungsbelastung (*f.*). 7 ~ **termico** (delle acque p. es., provocato da centrali termiche o nucleari) (*ecol.*), Wärmebelastung (*f.*). 8 **limite d'**~ (di acque p. es.) (*idr. - ecc.*), Belastbarkeit (*f.*).
inquinante (*gen.*), verunreinigend. 2 **non** ~ (antinquinante, impianto chim., di comb. ecc.) (*ecol.*), umweltfreundlich. 3 **non** ~ (senza emissioni nocive dallo scarico) (*mot. - aut.*), abgasentgiftet.
insabbiamento (*gen.*), Besandung (*f.*). 2 ~ (*geol.*), Versandung (*f.*).
insabbiare (*gen.*), besanden.
insaccare (*gen.*), einsacken, sacken, versacken. 2 **macchina per** ~ (insaccatrice) (*macch.*), Absackmaschine (*f.*).
insaccarsi (di una lamiera p. es.) (*tecnol.*), ausbuchten.
insaccato (in sacchi, di cemento p. es.) (*ind.*), eingesackt.
insaccatrice (*macch.*), Absackmaschine (*f.*), Sackfüllmaschine (*f.*). 2 ~ **per cemento** (*macch.*), Zementpackmaschine (*f.*). 3 ~ **-pesatrice** (*macch.*), Sackwaage (*f.*), Sackfüllwaage (*f.*).
insaccatura (*trasp.*), Sacken (*n.*). 2 ~ (difetto di vn.), Gardinenbildung (*f.*). 3 **impianto di** ~ (*ind.*), Sackpackanlage (*f.*).
insacchettatura (*ind.*), Sackpacken (*n.*). 2 **impianto di** ~ (*ind.*), Sackpackanlage (*f.*).
insaldare (inamidare) (*ind. tess.*), stärken.
insalubre (*med. - ecc.*), ungesund.
insaponare (*gen.*), seifen, einseifen, mit Seife einreiben.
inscatolare (mettere in scatola) (*gen.*), einbüchsen, eindosen, einschachteln.
inscatolatrice (*macch. - imball.*), Einschachtelmaschine (*f.*), Kartoniermaschine (*f.*).
inscritto (iscritto) (*geom.*), einbeschrieben, eingeschrieben.
inscrivere (*geom.*), einschreiben.
insediamento (in un ufficio p. es.) (*gen.*), Bestallung (*f.*). 2 ~ (di nuove industrie p. es. in una data zona) (*ind. - ecc.*), Ansiedlung (*f.*), Einsiedlung (*f.*), Siedlung (*f.*). 3 **spostamento d'**~ (trasferimento d'insediamento) (*ed.*), Umsiedlung (*f.*).
insediare (mettere in un ufficio p. es.) (*gen.*), bestallen.
insegna (di un negozio, cartello) (*comm.*), Schild (*n.*), Aushängeschild (*n.*), Aushang (*m.*). 2 ~ (di una ditta) (*comm. - leg.*), Schild (*n.*), Zeichen (*n.*). 3 ~ **della compagnia di navigazione** (bandiera armatoriale) (*nav.*), Reedereiflagge (*f.*), Hausflagge (*f.*), Kontorflagge (*f.*). 4 ~ **di negozio** (*comm.*), Ladenschild (*n.*). 5 ~ **editoriale** (su una delle prime pagine di un libro) (*tip.*), Verlagssignet (*n.*), Verlagszeichen (*n.*), Signet (*n.*), Verlegerzeichen (*n.*). 6 ~ **luminosa** (pubblicitaria) (*elett. - comm.*), Leuchtreklameschild (*n.*). 7 ~ **pubblicitaria** (*comm.*), Reklameschild (*n.*).
insegnamento (istruzione) (*scuola*), Unterricht (*m.*).
insegnante (*s. - lav. - scuola*), Lehrer (*m.*). 2 **corpo degli insegnanti** (*scuola - ecc.*), Lehrerschaft (*f.*).
insegnare (*gen.*), lehren. 2 **macchina per** ~ ~ (*scuola - ecc.*), Lehrmaschine (*f.*), Lehrgerät (*n.*).
inseguimento (*gen.*), Verfolgung (*f.*). 2 ~ **automatico del bersaglio** (puntamento automatico) (*milit. - radio*), automatische Zielverfolgung, AZV.

inseguitore (*gen.*), Folger (*m.*), Verfolger (*m.*). **2 ~ catodico** (trasferitore catodico, amplificatore ad accoppiamento catodico) (*elettronica*), Kathodenfolger (*m.*).
insellamento (*nav.*), vedi insellatura.
insellarsi (*gen.*), durchhängen.
insellatura (insellamento) (*gen.*), Durchhängen (*n.*). **2 ~** (insellamento, del ponte di una nave, visto di fianco) (*nav.*), Sprung (*m.*), Decksprung (*m.*). **3 ~** (sella, tra due montagne) (*geogr.*), Einsattelung (*f.*). **4 ~** (avvallamento) (*gen.*), Einsenkung (*f.*).
insenatura (baia) (*geogr.*), Bucht (*f.*).
insensibile (*gen.*), unempfindlich. **2 ~** (inerte, non reattivo) (*gen.*), reaktionsträge. **3 ~ al vento** (*aut. - ecc.*), windunempfindlich.
insensibilità (*gen.*), Unempfindlichkeit (*f.*). **2 ~ al vento** (caratteristica di marcia, di una vettura p. es.) (*aut. - ecc.*), Windunempfindlichkeit (*f.*). **3 grado di ~** (di un regolatore) (*mot. - elettromecc.*), Regelungempfindlichkeit (*f.*).
inseparabile (*gen.*), untrennbar.
inserimento (di una clausola in un contratto p. es.) (*comm.*), Einfügung (*f.*). **2 ~** (inserzione) (*elett. - ecc.*), Einschaltung (*f.*). **3 ~** (infilamento, in una colonna di veicoli) (*aut. - traff. strad.*), Einfädeln (*n.*). **4 ~** (della centralinista p. es., per accertare se la conversione continua) (*telef.*), Aufschalten (*n.*). **5 ~**, vedi anche inserzione. **6 tensione di ~** (*elett.*), Anschluss·spannung (*f.*).
inserire (introdurre) (*gen.*), einsetzen, einlegen. **2 ~** (riportare, una sede di valvola p. es.) (*mecc.*), einsetzen, einfügen. **3 ~** (*elett.*), einschalten. **4 ~** (un anello Seeger p. es.) (*mecc.*), einfedern. **5 ~** (una clausola in un contratto p. es.) (*comm.*), einfügen. **6 ~** (infilare, immettere) (*gen.*), hineinstecken. **7 ~** (far scorrere in dentro) (*gen.*), einschieben. **8 ~ a forza** (forzare) (*mecc.*), eintreiben, einpressen. **9 ~ a monte** (preinserire, un accessorio p. es.) (*macch. elett. - ecc.*), vorschalten. **10 ~ e disinserire** (attaccare e staccare, chiudere ed aprire) (*elett.*), zu- und abschalten. **11 ~ fogli antiscartini** (*tip.*), durchschiessen. **12 ~ in parallelo** (mettere in parallelo, collegare in parallelo) (*elett.*), parallelschalten, nebeneinanderschalten. **13 ~ la trama** (*ind. tess.*), schiessen, eintragen, einschlagen.
inserito (*gen.*), eingesetzt, eingelegt. **2 ~** (*elett.*), eingeschaltet. **3 ~** (immesso, infilato) (*gen.*), hineingesteckt. **4 ~ a monte** (*macch. - ecc.*), vorgeschaltet. **5 ~ a valle** (organo di riduzione p. es.) (*mecc.*), nachgeschaltet. **6 ~ -disinserito** (*elett. - ecc.*), auf-zu, ein-aus. **7 ~ in parallelo** (messo in parallelo, collegato in parallelo) (*elett.*), parallelgeschaltet.
inseritore (*elett.*), Einschalter (*m.*).
inserto (*mecc. - ecc.*), Einsatz (*m.*). **2 ~ di stampo** (perno o bussola, ecc. inserito nello stampo) (*ut. fucinatura*), Gesenkeinsatz (*m.*). **3 ~ di stampo** (parte riportata dello stampo, nella pressofusione o iniezione di mat. plast.) (*fond. - ecc.*), Formeinsatz (*m.*). **4 ~ filettato** (bussola o sede filettata) (*mecc.*), Gewindebuchse (*f.*), «Ensat». **5 ~ filettato autofilettante** (bussola «Ensat») (*mecc.*), selbstschneidende Gewindebüchse, «Ensat». **6 ~ filmato** (*telev.*), Filmteil (*m.*). **7 ~ greggio** (placchetta non sagomata per fresa a denti riportati) (*ut.*), Blankett (*n.*).
inserviente (*lav.*), Diener (*m.*), Gehilfe (*m.*). **2 ~ di laboratorio** (*lav.*), Laboratoriumdiener (*m.*).
inserzione (*mecc. - ecc.*), Einsetzen (*n.*), Einfügen (*n.*). **2 ~** (riporto, di un pezzo) (*mecc.*), Einsatz (*m.*). **3 ~** (*elett.*), Einschaltung (*f.*). **4 ~** (dell'accensione p. es.) (*elett. - aut.*), Einschalten (*n.*). **5 ~** (di un anello Seeger p. es.) (*mecc.*), Einfedern (*n.*). **6 ~** (annuncio, in un giornale) (*giorn. - comm.*), Inserat (*n.*), Annonce (*f.*). **7 ~** (interposizione, intercalazione) (*gen.*), Zwischenschaltung (*f.*). **8 ~ a distanza** (teleinserzione, inserzione telecomandata) (*elett.*), Ferneinschalten (*n.*). **9 ~ a lampade (di sincronizzazione) accese** (per la messa in parallelo di macch. elett.) (*elett.*), Hellschaltung (*f.*). **10 ~ a lampade (di sincronizzazione) spente** (per la messa in parallelo di macchine elettriche) (*elett.*), Dunkelschaltung (*f.*). **11 ~ Aron** (metodo dei due wattmetri) (*elett.*), Aron-Methode (*f.*), Zweiwattmeter-Methode (*f.*), Zweileistungsmessermethode (*f.*). **12 ~ della trama** (*tess.*), Einschlag (*m.*), Eintrag (*m.*), Einschuss (*m.*), Schuss (*m.*). **13 ~ dell'ordito** (incorsatura, rimettaggio) (*ind. tess.*), Einzug (*m.*), Einfädeln (*n.*). **14 ~ errata** (manovra sbagliata, collegamento sbagliato) (*elett.*), Fehlschaltung (*f.*). **15 ~ -esclusione** (di un app. elett. p. es.) (*elett.*), Ein-Ausschalten (*n.*), ein - aus. **16 ~ graduale** (inserzione ritardata) (*elett.*), Langsameinschaltung (*f.*). **17 ~ in parallelo** (collegamento in parallelo, messa in parallelo) (*elett.*), Parallelschaltung (*f.*), Nebeneinanderschaltung (*f.*). **18 ~ progressiva** (messa in funzione progressiva; d'una catena di centrali, per soddisfare un fabbisogno di punta) (*elett.*), Schwellbetrieb (*m.*). **19 ~ ritardata** (inserzione graduale) (*elett.*), Langsameinschaltung (*f.*). **20 ~ telecomandata** (teleinserzione, inserzione a distanza) (*elett.*), Ferneinschalten (*n.*). **21 attenuazione di ~** (perdita di inserzione) (*radio - ecc.*), Einfügungsverlust (*m.*). **22 corrente d'~** (valore massimo istantaneo della corrente alla chiusura del circuito) (*elett.*), Einschaltstrom (*m.*). **23 durata dell'~** (periodo d'inserzione, di un motore) (*elett.*), Einschaltzeit (*f.*). **24 fare una ~** (su un giornale) (*giorn. - comm.*), annoncieren, inserieren. **25 perdita di ~** (attenuazione di inserzione) (*radio - ecc.*), Einfügungsverlust (*m.*). **26 periodo d'~** (durata dell'inserzione di un motore) (*elett.*), Einschaltzeit (*f.*). **27 rapporto d'~** (del motore d'un app. di sollev. p. es., rapporto tra tempo d'inserzione e somma di tale tempo e della pausa senza corrente, indicato in %) (*elett.*), Einschaltdauer (*f.*). **28 relè di ~** (*elett.*), Einschaltrelais (*n.*). **29 rete di ~** (*elett.*), Anschaltnetz (*n.*). **30 ritardo d'~** (ritardo di chiusura d'un interruttore; formato dal ritardo nella risposta e dal tempo di chiusura) (*elett.*), Einschaltverzug (*m.*). **31 tempo d'~** (tempo di chiusura d'un interruttore, somma del ritardo d'inserzione e della durata del saltellamento dei contatti) (*elett.*), Einschaltzeit (*f.*).

inserzionista

inserzionista (*comm. - giorn.*), Inserent (*m.*).
insetticida (*ind. chim.*), Insektengift (*n.*), Insektizid (*n.*).
insieme (*s. - mat.*), Menge (*f.*). 2 ~ (*s. - dis.*), vedi complessivo. 3 ~ **dei sottoinsiemi** (*mat.*), Potenzmenge (*f.*). 4 ~ **derivato** (*mat.*), abgeleitete Menge. 5 ~ **parzialmente ordinato** (*mat.*), telweise geordnete Menge. 6 ~ **vuoto** (*mat.*), leere Menge. 7 **teoria degli insiemi** (*mat.*), Mengenlehre (*f.*).
insilamento (*agric. - ecc.*), Silieren (*n.*).
insilare (*agric. - ecc.*), silieren.
insilatore (*macch.*), Lader (*m.*). 2 ~ **per fieno** (elevatore per fieno) (*macch. agric.*), Heulader (*m.*).
insinuarsi (di un liquido sotto un altro p. es. di diversa tensione superficiale p. es.) (*gen.*), unterwandern.
insolazione (soleggiamento, eliofania) (*meteor. - geogr.*), Sonnenscheindauer (*f.*).
insolubile (*chim.*), unlöslich. 2 ~ (un problema p. es.) (*mat. - ecc.*), unlösbar. 3 ~ **in acqua** (*chim.*), wasserunlöslich. 4 ~ **in olio** (*chim.*), ölfest.
insolvenza (insolvibilità) (*finanz.*), Insolvenz (*f.*), Zahlungsunfähigkeit (*f.*).
insolvibile (*finanz.*), zahlungsunfähig.
insolvibilità (*finanz.*), vedi insolvenza.
insonorizzante (antiacustico) (*a. - acus.*), schalldämpfend, schallschluckend.
insonorizzato (antiacustico) (*acus.*), schalldicht. 2 ~ (detto di ambiente per misurazione dei rumori) (*tecnol.*), schalltot. 3 **studio** ~ (*telev.*), schalltotes Studio.
insonorizzazione (silenziamento) (*acus.*), Schalldämmung (*f.*). 2 ~ (*ed. - ecc.*), Geräuschdämpfung (*f.*).
insostituibile (*gen.*), unersetzlich.
instabile (*gen.*), unstetig, unbeständig. 2 ~ (*nav.*), oberlastig, topplastig, rank.
instabilità (*gen.*), Unstetigkeit (*f.*), Unbeständigkeit (*f.*). 2 ~ (*aer. - ecc.*), Instabilität (*f.*). 3 ~ **dell'immagine** (*ott. - telev.*), Bildtanzen (*n.*), Bildzittern (*n.*). 4 ~ **di rollio** (*aer.*), Rollinstabilität (*f.*). 5 ~ **verticale** (dell'immagine) (difetto *telev.*), Tanzeffekt (*m.*).
installare (un impianto elettrico p. es.) (*elett. - ecc.*), installieren. 2 ~ (posare, dei tubi, dei cavi ecc.) (*elett. - tubaz.*), verlegen, installieren. 3 ~ (una macch. p. es.) (*macch. - ecc.*), aufstellen. 4 ~ (un motore per aereo) (*aer.*), einbauen.
installato (*elett. - ecc.*), installiert. 2 ~ **pronto per l'uso** (montato in opera pronto per l'uso) (*macch. - ecc.*), betriebsklar aufgestellt, betriebsfertig aufgestellt.
installatore (*lav. - elett. - ecc.*), Installateur (*m.*). 2 ~ (di macch. p. es.) (*lav.*), Aufsteller (*m.*). 3 ~ **di tubi** (tubista) (*lav.*), Rohrleger (*m.*), Rohrschlosser (*m.*).
installazione (di condutture, impianti elettrici, ecc.) (*elett. - ed. - ecc.*), Installation (*f.*). 2 ~ (posa, di tubi ecc.) (*elett. - tubaz.*), Verlegung (*f.*). 3 ~ (di macchine p. es.) (*macch. - ecc.*), Aufstellung (*f.*). 4 ~ (erezione, di una antenna p. es.) (*gen.*), Errichtung (*f.*). 5 **installazioni** (mezzi di produzione) (*ind.*), Betriebsanlagen (*f. pl.*). 6 ~ **all'aperto** (impianto) (*ind. - ecc.*), Freianlage (*f.*), Freiluft-

1482

anlage (*f.*). 7 ~ **incassata** (installazione sotto intonaco) (*elett.*), Unterputz-Ausführung (*f.*), UP-Ausführung (*f.*). 8 **installazioni portuali** (*nav.*), Hafeneinrichtungen (*f. pl.*). 9 ~ **sotto intonaco** (installazione incassata) (*elett.*), Unterputz-Ausführung (*f.*), UP-Ausführung (*f.*). 10 **apparecchiatura d'**~ (*elett.*), Installationsgerät (*n.*). 11 **costo di** ~ (*comm.*), Aufstellungskosten (*f. pl.*), Einrichtungskosten (*f. pl.*). 12 **disegno di** ~ (di un motore p. es.) (*dis.*), Einbauplan (*m.*). 13 **lavori di** ~ (*ed.*), Einrichtungsarbeiten (*f. pl.*), Installationsarbeiten (*f. pl.*). 14 **luogo di** ~ (di un motore Diesel p. es.) (*mot. - ecc.*), Aufstellungsort (*m.*). 15 **materiale da** ~ (per fabbricati di abitazione p. es.) (*elett. - ed.*), Installationsmaterial (*n.*). 16 **spese di** ~ (*comm.*), Einrichtungskosten (*f. pl.*).
instaurare (creare, generare; un campo magnetico p. es.) (*gen.*), aufbauen.
instazionario (non stazionario) (*fis.*), instationär.
instillare (*gen.*), einträufeln, beträufeln.
instillazione (*gen.*), Beträufelung (*f.*). 2 **impregnazione per** ~ (con resina sintetica) (*tecnol.*), Beträufelung (*f.*).
instradamento (di una conversazione) (*telef.*), Leitweglenkung (*f.*). 2 ~ (di un'istruzione) (*elab. dati*), Wegleitung (*f.*). 3 ~ (delle marce di un cambio) (*aut.*), Gasse (*f.*). 4 **carattere d'**~ (*calc.*), Leitvermerkszeichen (*n.*). 5 **leva indicatrice d'**~ (*ferr.*), Weganzeigehebel (*m.*). 6 **via d'**~ (*telef.*), Leitweg (*m.*).
insubbiare (avvolgere l'ordito attorno al subbio) (*ind. tess.*), bäumen, aufbäumen.
insubbiatrice (macchina per avvolgere catene) (*macch. tess.*), Bäummaschine (*f.*).
insufflamento (iniezione, di ossigeno p. es.) (*gen.*), Einblasen (*n.*).
insufflare (aria p. es.) (*gen.*), einblasen.
insufflazione (dall'alto, nel processo LD p. es.) (*metall.*), Aufblasen (*n.*). 2 **acciaieria ad** ~ **dall'alto** (acciaieria LD p. es.) (*metall.*), Aufblasstahlwerk (*n.*). 3 **processo d'**~ **dall'alto** (di soffiaggio dall'alto, processo LD p. es.) (*metall.*), Aufblasverfahren (*n.*).
insulina (*farm.*), Insulin (*n.*).
intaccare (con acido) (*gen.*), abätzen. 2 ~ (la vernice) (*mecc.*), greifen, angreifen. 3 ~ (con la lima) (*mecc.*), angreifen. 4 ~ (un capitale) (*finanz.*), angreifen.
intaccatura (intaglio) (*gen.*), Anschnitt (*m.*). 2 ~ (intaglio, operazione) (*lavoraz. di lamiere*), Einschneiden (*n.*). 3 ~ (corrosione) (*tecnol.*), Anfressen (*n.*). 4 ~ (di cilindri; esecuzione di sporgenze o rientranze della superficie per migliorare la presa sul laminato) (*lamin.*), Schärfen (*n.*).
intagliare (*gen.*), einschneiden. 2 ~ (la testa di una vite p. es.) (*mecc.*), schlitzen. 3 ~ (una tacca a V) (*mecc.*), kerben, einkerben. 4 ~ (un provino p. es. per prove di resilienza) (*mecc.*), einkerben. 5 ~ (tranciare parte di sviluppo) (*lav. lamiera*), ausklinken. 6 ~ (l'ala di una trave a doppio T p. es.) (*ed. - mecc.*), ausklinken. 7 ~ (incidere) (*tecnol.*), gravieren. 8 ~ (con macch. intagliatrice) (*min.*), schrämen. 9 ~ (legno od avorio p. es.) (*arte*), schnitzen. 10 **macchina**

per ~ (per travi a doppio T p. es.) (*macch.*), Ausklinkmaschine (*f.*).
intagliato (provino p. es., per prove di resilienza) (*mecc.*), gekerbt. **2 ~** (legno od avorio p. es.) (*arte*), geschnitzt.
intagliatore (di legno od avorio p. es.) (*lav. - arte*), Schnitzer (*m.*). **2 ~ a fune** (*min.*), Seilschrämgerät (*n.*).
intagliatrice (tagliatrice, tracciatrice, sottoescavatrice) (*macch. min.*), Schrämmaschine (*f.*). **2 ~ a braccio orientabile** (*macch. min.*), Schrämkerbmaschine (*f.*). **3 ~ a catena** (tagliatrice a catena, tracciatrice a catena, sottoescavatrice a catena) (*macch. min.*), Kettenschrämmaschine (*f.*). **4 ~ -caricatrice** (*macch. min.*), Schrämlader (*m.*). **5 ~ per teste di vite** (*masch. ut.*), Schraubenkopfschlitzmaschine (*f.*). **6 cavo per intagliatrici** (*elett. - min.*), Schrämkabel (*n.*).
intaglio (incavo, tacca) (*gen.*), Kerbe (*f.*), Einschnitt (*m.*), Kerbschnitt (*m.*). **2 ~** (di un provino intagliato p. es., per prove di resilienza) (*mecc.*), Kerbe (*f.*). **3 ~** (d'una fresa a creatore o di un maschio filettatore, gola scarico trucioli) (*ut.*), Zahnstollen (*m.*), Stollen (*m.*). **4 ~** (nella testa di una vite) (*mecc.*), Schlitz (*m.*), Schraubenschlitz (*m.*). **5 ~** (asportazione parziale di lamiera) (*lav. lamiera*), Einschneiden (*n.*). **6 ~** (tranciatura di parte dello sviluppo) (*lav. lamiera*), Ausklinkung (*f.*). **7 ~** (dell'ala di una trave a doppio T p. es.) (*ed. - mecc.*), Ausklinkung (*f.*). **8 ~** (sottoescavazione con macch. intagliatrice) (*min.*), Schram (*m.*), Schrämarbeit (*f.*). **9 ~** (nel legno o nell'avorio p. es.) (*arte*), Schnitzarbeit (*f.*). **10 ~ a croce** (della testa di una vite) (*mecc.*), Kreuzschlitz (*m.*). **11 ~ a V** (tacca a V) (*mecc. - ecc.*), Spitzkerb (*m.*), V-Kerbe (*f.*). **12 arte dell'~** (nel legno) (*arte*), Schnitzerei (*f.*). **13 effetto di ~** (diminuzione del limite di fatica dovuta all'intaglio) (*mecc.*), Kerbwirkung (*f.*). **14 fondo dell'~** (d'una barretta intagliata) (*prove mater.*), Kerbgrund (*m.*). **15 fragilità all'~** (*metall.*), Brüchigkeit beim Kerben. **16 indice dell'effetto di ~** (coefficiente di concentrazione delle sollecitazioni) (*mecc.*), Kerbwirkungszahl (*f.*). **17 macchina per l'esecuzione di intagli** (in lamiere) (*macch.*), Ausklinkmaschine (*f.*). **18 sensibilità all' ~** (*sc. costr.*), Kerbempfindlichkeit (*f.*). **19 senza ~** (liscio, barretta non intagliata) (*prove mater.*), glatt. **20 sollecitazione all'~** (*sc. costr.*), Kerbspannung (*f.*).
intarsio (*falegn.*), Einlegung (*f.*), Einlegearbeit (*f.*), Intarsia (*f.*). **2 lavoro di ~** (*falegn.*), Einlegearbeit (*f.*), eingelegte Arbeit.
intasamento (ostruzione, di un tubo p. es.) (*gen.*), Verstopfung (*f.*). **2 ~** (di fori da mina) (*min. - espl.*), Stopfen (*n.*), Versetzen (*n.*), Besatz (*m.*). **3 ~ del tubo** (ostruzione del tubo) (*tubaz.*), Rohrverstopfung (*f.*). **4 barra di ~** (calcatoio di caricamento, per fori da mina) (*min.*), Ladestock (*m.*). **5 indicatore d'~** (d'un filtro p. es.) (*tubaz.*), Verstopfungsanzeiger (*m.*). **6 materiale di ~** (*min.*), Stopfmaterial (*n.*).
intasare (ostruire, un tubo p. es.) (*gen.*), verstopfen. **2 ~** (un foro da mina) (*min. - espl.*), verstopfen, stopfen, versetzen, besetzen. **3 ~** (impastare, la lima p. es.) (*mecc.*), verschmieren.
intasarsi (impanarsi, impastarsi, di una mola) (*ut.*), verschmieren.
intasato (ostruito) (*gen.*), verstopft. **2 ~** (ostruito, filtro p. es.) (*mecc. - ecc.*), verstopft.
intasatore (per fori da mina) (*ut. min.*), Besatzstock (*m.*).
intavolare (avviare, iniziare, trattative) (*gen.*), anbahnen, einleiten.
integrafo (apparecchio per il tracciamento della curva integrale di una data curva) (*mat.*), Integraph (*m.*), Integriergerät (*n.*).
integrale (*mat.*), Integral (*n.*). **2 ~ definito** (*mat.*), bestimmtes Integral. **3 ~ di campo** (integrale multiplo) (*mat.*), mehrfaches Integral. **4 ~ di collisione** (*elettronica*), Stossintegral (*n.*). **5 ~ d'inviluppo** (di una superficie chiusa) (*mat.*), Hüllеintegral (*n.*). **6 ~ di linea chiusa** (circuitazione, d'un vettore) (*mat.*), Umlaufintegral (*n.*), Randintegral (*n.*). **7 ~ di superficie** (integrale superficiale) (*mat.*), Flächenintegral (*n.*). **8 ~ di tempo** (*mat.*), Zeitintegral (*n.*). **9 ~ di volume** (*mat.*), Volumenintegral (*n.*). **10 integrali ellittici** (*mat.*), elliptische Integrale. **11 ~ improprio** (*mat.*), uneigentliches Integral. **12 ~ indefinito** (*mat.*), unbestimmtes Integral. **13 ~ multiplo** (integrale di campo) (*mat.*), mehrfaches Integral. **14 ~ superficiale** (integrale di superficie) (*mat.*), Flächenintegral (*n.*).
integrando (*s. - mat.*), Integrand (*m.*).
integrare (*mat.*), integrieren, planimetrieren.
integrato (*gen.*), integriert.
integratore (*app. mat.*), Integrator (*m.*), Integriergerät (*n.*). **2 ~** (di indicatore p. es.) (*a. - strum.*), integrierend, summierend. **3 ~** (totalizzatore, di un contatore) (*s. - app.*), Zählwerk (*n.*), Summierungsgerät (*n.*). **4 ~** (circuito integratore) (*elettronica*), Integrationsschaltung (*f.*). **5 ~ -inversore** (*calc.*), Umkehrintegrator (*m.*). **6 contatore ~** (*app.*), Integralzähler (*m.*), integrierender Zähler. **7 wattmetro ~** (*strum.*), summierendes Wattmeter.
integrazione (*gen.*), Integration (*f.*). **2 ~** (calcolo di un integrale) (*mat.*), Integration (*f.*). **3 ~** (determinazione dell'arca racchiusa da una linea curva) (*mat.*), Planimetrieren (*n.*). **4 ~ economica** (*econ.*), Verflechtung (*f.*).
intelaiare (incorniciare) (*gen.*), einrahmen, einfassen.
intelaiatura (telaio) (*gen.*), Rahmen (*m.*), Gestell (*n.*). **2 ~** (ossatura) (*ed. - ecc.*), Rahmenwerk (*n.*), Skelett (*n.*), Rahmentragwerk (*n.*). **3 ~** (di finestre p. es.) (*ed. - carp.*), Einfassung (*f.*), Zarge (*f.*). **4 ~** (incastellatura) (*macch.*), Rahmengestell (*n.*). **5 ~ del finestrino** (*aut.*), Fensterlauf (*m.*). **6 ~ di sostegno** (struttura di sostegno) (*ed. - ecc.*), Stützrahmen (*m.*), Stützgerüst (*n.*). **7 ~ portante** (struttura portante) (*ed.*), Traggerüst (*n.*).
intelligenza (*gen.*), Intelligenz (*f.*). **2 ~** (collaborazionismo, col nemico) (*milit.*), Zusammenarbeit (*f.*). **3 quoziente d'~** (*psicotecn.*), Intelligenz-Quotient (*m.*). **4 reattivo ~** (*psicotecn.*), Intelligenz-Test (*m.*).

intelligibilità

intelligibilità (misura delle qualità di una comunicazione telefonica) (*elettroacus.*), Verständlichkeit (*f.*). 2 ~ **delle parole** (*telef.*), Wortverständlichkeit (*f.*). 3 ~ **di frasi** (*acus.*), Satzverständlichkeit (*f.*). 4 ~ **sillabica** (*elettroacus.*), Silbenverständlichkeit (*f.*).

intemperie (cattivo tempo) (*meteor.*), Unwetter (*n.*).

intempestivo (*gen.*), unzeitig. 2 scatto ~ (funzionamento intempestivo, di un dispositivo di sicurezza, per esempio) (*elett. - ecc.*), Fehlauslösung (*f.*).

intensificare (aumentare, la corrente p. es.) (*elett. - ecc.*), verstärken. 2 ~ (rinforzare) (*fot.*), verstärken.

intensimetro (per la misura di radiazioni) (*fis. atom. - radioatt.*), Dosisleistungsmesser (*m.*), Intensimeter (*n.*).

intensità (*fis.*), Intensität (*f.*). 2 ~ **acustica** (rapporto tra potenza sonora e sezione, misurata in erg/cm² · s) (*acus.*), Schallintensität (*f.*), Schallstärke (*f.*). 3 ~ **del colore** (*ott.*), Farbtiefe (*f.*). 4 ~ **della corrente di carica** (di una batteria) (*elett.*), Ladestromstärke (*f.*). 5 ~ **dell'ombra** (*ott. - illum.*), Schattigkeit (*f.*). 6 ~ **del polo** (nei magneti permanenti) (*elett.*), Polstärke (*f.*). 7 ~ **del suono** (*acus.*), vedi intensità acustica. 8 ~ **del vento** (forza del vento) (*meteor.*), Windstärke (*f.*). 9 ~ **di campo** (*elett.*), Feldstärke (*f.*). 10 ~ **di carica** (di una batteria) (*elett.*), Ladestromstärke (*f.*). 11 ~ **di corrente** (corrente, amperaggio) (*elett.*), Stromstärke (*f.*). 12 ~ **di corrente di rottura** (*elettronica*), Lawinenstromdichte (*f.*). 13 ~ **di emissione** (intensità energetica, densità del flusso irradiato in una determinata direzione, misurata in W/Sr) (*fis.*), Strahlstärke (*f.*). 14 ~ **di pallinatura** (misurata in Almen) (*tecnol. mecc.*), Strahlintensität (*f.*). 15 ~ **di percezione** (di vibrazioni meccaniche) (*veic. - med. - ecc.*), Warnehmungsstärke (*f.*), K-Wert (*m.*). 16 ~ **di radiazione** (*fis.*), Strahlungsintensität (*f.*). 17 ~ **di sabbiatura** (*tecnol. mecc.*), Strahlintensität (*f.*). 18 ~ **energetica** (*fis.*), vedi intensità di emissione. 19 ~ **luminosa** (in candele) (*ott.*), Lichtstärke (*f.*). 20 ~ **luminosa emisferica media** (*illum.*), mittlere hemisphärische Lichtstärke. 21 ~ **luminosa sferica media** (*illum.*), mittlere sphärische Lichtstärke, mittlere räumliche Lichtstärke. 22 ~ **orizzontale media** (intensità luminosa) (*illum.*), mittlere horizontale Lichtstärke. 23 ~ **sferica media** (intensità luminosa) (*illum.*), mittlere räumliche Lichtstärke, mittlere sphärische Lichtstärke. 24 ~ **sonora soggettiva** (misurata in sone) (*acus.*), Lautheit (*f.*). 25 **unità d'**~ **sonora soggettiva** (sone) (*acus.*), subjektive Lautheitseinheit, sone (*n.*).

intenso (vivo) (*colore*), lebhaft, tief, satt.

intenzionale (*gen.*), absichtlich.

interamente versato (capitale) (*finanz.*), volleingezahlt.

interasse (*mecc.*), Achsenabstand (*m.*), Mittenabstand (*m.*), Achsabstand (*m.*). 2 ~ (passo) (*veic.*), Achsstand (*m.*), Radstand (*m.*), Achsabstand (*m.*). 3 ~ **-base** (sistema di accoppiamento di dentature) (*mecc.*), Einheitsachsabstand (*m.*). 4 ~ **fori** (*lav. macch. ut.*), Bohrungsabstände (*f. pl.*). 5 ~ **medio** (interasse primitivo, di una coppia ruota-vite, somma del raggio medio della vite e del raggio primitivo della ruota) (*mecc.*), Nullachsabstand (*m.*). 6 ~ **nominale** (di una coppia ruota-vite, somma del raggio medio della vite e del raggio primitivo della ruota) (*mecc.*), Nullachsabstand (*m.*).

interatomico (*chim. - fis.*), zwischenatomar.

interazione (*gen.*), Zusammenwirkung (*f.*). 2 ~ (accoppiamento) (*fis.*), Kopplung (*f.*). 3 ~ **delle radioonde** (effetto Lussemburgo) (*radio*), Luxemburg-Effekt (*m.*). 4 ~ **di masse** (*fis.*), Massenkopplung (*f.*). 5 ~ **per attrito** (*fis.*), Reibungskopplung (*f.*). 6 **tempo d'**~ (*elettronica - ecc.*), Wechselwirkungszeit (*f.*).

interbanda (intervallo energetico, nei semiconduttori) (*elettronica*), Bandabstand (*m.*).

interbloccare (*elettromecc.*), verblocken.

interblocco (*elab. dati*), Satzlücke (*f.*).

intercalare (*gen.*), zwischenschalten.

intercalazione (interposizione, inserzione) (*gen.*), Zwischenschaltung (*f.*).

intercambiabile (*mecc. - ecc.*), austauschbar.

intercambiabilità (*mecc. - ecc.*), Austauschbarkeit (*f.*).

intercapedine (*gen.*), Luft (*f.*), Zwischenraum (*m.*). 2 **con** ~ (tetto) (*ed.*), zweischalig. 3 **senza** ~ (tetto) (*ed.*), einschalig.

intercarrier (sistema intercarrier, metodo della portante differenziale) (*telev.*), Differenzträger-Verfahren (*n.*).

intercettare (*gen.*), absperren. 2 ~ (un segnale p. es.) (*elettroacus.*), auffangen. 3 ~ (controllare, una conversazione) (*telef.*), mithören, abhören.

intercettatore (velivolo p. es.) (*milit.*), Verteidiger (*m.*). 2 **sifone** ~ (*ed. - tubaz.*), Siphon (*m.*), Geruchverschluss (*m.*). 3 **velivolo** ~ (*aer. militi.*), Verteidigungsflugzeug (*n.*).

intercettazione (*gen.*), Auffangen (*n.*). 2 ~ (*telef.*), Zwischenhören (*n.*). 3 ~ (di servizio) (*telef.*), Bescheidansage (*f.*). 4 **servizio d'**~ (*radio*), Horchdienst (*m.*). 5 **valvola di** ~ (*tubaz.*), Sperrventil (*n.*). 6 **volo di** ~ (*aer. milit.*), Sperrflug (*m.*).

intercettore (diruttore, su un ala) (*aer.*), Störklappe (*f.*), Spoiler (*m.*).

intercolunnio (*arch.*), Säulenabstand (*m.*).

intercomunicante (soffietto, mantice) (*s. - ferr.*), Faltenbalg (*m.*), Faltenbalgübergang (*m.*). 2 **impianto di apparecchi intercomunicanti** (*telef.*), Reihenanlage (*f.*).

intercomunicazione (*aer. - ecc.*), Eigenverständigung (*f.*). 2 **impianto d'**~ **di bordo** («intercom») (*aer. - ecc.*), Bordsprechanlage (*f.*). 3 **impianto d'**~ **telefonica in duplice** (impianto interfonico in duplice) (*telef.*), Gegensprechanlage (*f.*).

interconnessione (di reti p. es.) (*elett.*), Vermaschung (*f.*). 2 ~ (*telef.*), Verschränkung (*f.*). 3 ~ (d'un diagramma reticolare; complesso dei collegamenti fra i nodi) (*progr.*), Vermaschung (*f.*). 4 **grado d'**~ (d'un diagramma reticolare) (*progr.*), Vermaschungsgrad (*m.*). 5 **linea d'**~ (*elett.*), Verbundleitung (*f.*). 6 **rete d'**~ (*elett.*), Verbundnetz (*n.*).

intercontinentale (*gen.*), interkontinental. 2 razzo ~ (*milit.*), Interkontinentalrakete (*f.*).
intercorrelazione (*gen.*), Kreuzkorrelation (*f.*).
intercostale (*costr. nav.*), interkostal.
intercristallino (*metall.*), interkristallin.
interdendritico (*metall.*), interdendritisch. 2 cavità interdendritica (*difetto metall.*), interdendritischer Hohlraum.
interdipendenza (*gen.*), gegenseitige Abhängigkeit.
interdizione (blocco, di un comando, per sicurezza p. es.) (*elettromecc. - ecc.*), Riegel (*m.*), Blockierung (*f.*), Verriegelung (*f.*). 2 ~ (blocco, nei tiristori p. es.) (*elettronica*), Sperre (*f.*). 3 ~ (operazione di blocco, nei tiristori p. es.) (*elettronica*), Sperren (*n.*). 4 ~ (stato, nei tiristori p. es.) (*elettronica*), Sperrzustand (*m.*). 5 campo d'~ (della caratteristica d'un diodo al silicio p. es.) (*elettronica*), Sperrbereich (*m.*). 6 caratteristica della corrente d'~ (caratteristica della corrente inversa) (*elettronica*), Sperrkennlinie (*f.*). 7 circuito d'~ di griglia (*elettronica*), Gittersperre (*f.*), Gittersperrschaltung (*f.*). 8 corrente d'~ (corrente inversa, corrente di blocco; nei tiristori p. es.) (*elettronica*), Sperrstrom (*m.*). 9 difetto d'~ (in tubi a gas p. es.) (*difetto - elettronica*), Durchzündung (*f.*). 10 dispositivo di ~ (*elettromecc.*), Verriegelungseinrichtung (*f.*). 11 durata d'~ (*elettronica*), Sperrzeit (*f.*). 12 elemento di ~ (di un tiristore) (*elettronica*), Ausschalttor (*n.*). 13 impulso d'~ (impulso di blocco) (*elettronica*), Sperrimpuls (*m.*). 14 meccanismo di ~ (*elettromecc.*), Verriegelungsmechanismus (*m.*). 15 senso d'~ (senso di non conduzione, senso inverso; nei tiristori p. es.) (*elettronica*), Sperrichtung (*f.*). 16 tensione d'~ (tensione inversa, tensione di blocco; nei tiristori p. es.) (*elettronica*), Sperrspannung (*f.*). 17 tubo d'~ (tubo di blocco; ad alta frequenza, a scarica in atmosfera gassosa) (*radar*), Sperröhre (*f.*).
interessato (*a. - gen.*), interessiert. 2 ~ (*s. - gen.*), Interessent (*m.*). 3 ~ (partecipante) (*a. - gen.*), beteiligt.
interesse (*finanz.*), Zins (*m.*). 2 ~ (tasso di interesse) (*finanz.*), Zinsfuss (*m.*). 3 interessi bancari (*finanz.*), Bankzinsen (*m. pl.*). 4 ~ composto (*finanz.*), Zinseszins (*m.*). 5 interessi di mora (*finanz.*), Verzugszinsen (*m. pl.*). 6 risconto attivo per interessi (*amm.*), aktiv abgegrenzte Zinsen. 7 tasso d'~ (*finanz.*), Zinsfuss (*m.*).
interfaccia (canali di collegamento tra unità centrali e periferiche) (*calc.*), Schnittstelle (*f.*), « Interface » (*f.*).
interferenza (di onde p. es.) (*fis.*), Interferenz (*f.*). 2 ~ (di un accoppiamento, gioco negativo) (*mecc.*), Übermass (*n.*). 3 ~ (difetto di ruote dentate) (*mecc.*), Kanteneingriff (*m.*). 4 interferenze (disturbi) (*radio*), Fremdgeräusche (*n. pl.*). 5 ~ (sovrapposizione dell'audio di due o più canali) (*radio*), Störung (*f.*). 6 ~ di armonica (*fis.*), Oberwellenstörung (*f.*). 7 ~ effettiva (interferenza reale, di un accoppiamento) (*mecc.*), Istübermass (*n.*). 8 ~ effettiva (esistente dopo l'accoppiamento e spianamento della rugosità) (*mecc.*), Haftmass (*n.*). 9 ~ massima (di un accoppiamento, differenza tra limite superiore dell'albero e limite inferiore del foro p. es.) (*mecc.*), Grösstübermass (*n.*). 10 ~ minima (di un accoppiamento, differenza tra limite inferiore dell'albero e limite superiore del foro p. es.) (*mecc.*), Kleinstübermass (*n.*). 11 ~ reale (interferenza effettiva, di un accoppiamento) (*mecc.*), Istübermass (*n.*). 12 ~ tra ala e fusoliera (*aer.*), Flügel-Rumpfinterferenz (*f.*). 13 calo di ~ (di un accoppiamento bloccato, calo dovuto allo spianamento della rugosità superficiale) (*mecc.*), Übermassverlust (*m.*). 14 fischio d'~ (*radio*), Überlagerungspfeifen (*n.*). 15 frangia di ~ (*ott.*), Interferenzstreifen (*m.*). 16 riga d'~ (*ott.*), Röntgeninterferenzlinie (*f.*). 17 sollecitazione (radiale) da ~ (*tecnol. mecc.*), Pressung (*f.*), Fugendruck (*m.*), Radialspannung durch Übermass.
interferenziale (*gen.*), Interferenz... 2 rifrattometro ~ (*strum.*), Interferenz-Refraktometer (*n.*).
interferogramma (per prova di metalli p. es.) (*metall. - ecc.*), Interferenzdiagramm (*n.*).
interferometria (procedimento interferometrico, per misurare la rugosità di una superficie tecnica p. es.) (*tecnol. mecc. - ecc.*), Interferenzverfahren (*n.*). 2 ~ su martensite (*metall.*), Martensit-Interferenzverfahren (*n.*).
interferometro (*metall.*), Interferenzgerät (*n.*), Interferometer (*n.*). 2 ~ a laser (*strum. ott.*), Laser-Interferometer (*m.*). 3 ~ a onde multiple (*strum. - ott.*), Mehrstrahl-Interferometer (*n.*).
interfoglio (foglio antiscartino) (*tip.*), Durchschussblatt (*n.*).
interfonico (impianto) (*telef. - ecc.*), Sprechanlage (*f.*). 2 impianto ~ ad altoparlante (*telef.*), Gegenlautsprechanlage (*f.*). 3 impianto ~ in duplice (impianto d'intercomunicazione telefonica in duplice) (*telef.*), Gegensprechanlage (*f.*).
intergrani (*metall.*), Korngrenzen (*f. pl.*).
interlinea (per separare le righe dei caratteri) (*ut. tip.*), Durchschuss (*m.*), Reglette (*f.*). 2 ~ (distanza tra le linee) (*ind. graf.*), Zeilenabstand (*m.*). 3 ~ (*elab. dati*), Zeilentransport (*m.*). 4 ~ alta (cava-righe, ut. per trasportare le righe dal compositoio al vantaggio) (*ut. tip.*), Setzlinie (*f.*). 5 leva dell'~ (di una macch. per scrivere) (*macch. da uff.*), Zeilenabstandhebel (*m.*), Zeilenschalter (*m.*). 6 regolatore dell'~ (di una macch. per scrivere) (*macch. da uff.*), Zeileneinsteller (*m.*). 7 soppressione ~ (*elab. dati*), Zeilentransport-Unterdrückung (*f.*).
interlineare (le righe) (*tip.*), durchschiessen.
interlineato (*tip.*), durchschossen.
interloquire (*gen.*), dareinreden, dreinreden.
intermedio (*a. - gen.*), zwischenliegend, Zwischen... 2 ~ (di un pneumatico) (*s. - veic.*), Zwischenbau (*m.*). 3 albero ~ (*mecc. - nav.*), Zwischenwelle (*f.*). 4 cuscinetto ~ (*mecc.*), Zwischenlager (*n.*). 5 prodotto ~ (*ind.*), Zwischenerzeugnis (*n.*). 6 refrigeratore ~ (*macch.*), Zwischenkühler (*m.*).
intermerlo (di una fortificazione) (*arch. - milit.*), Scharte (*f.*).

intermittente (*gen.*), aussetzend. 2 ~ (a scatti, di movimento) (*mecc.*), ruckartig, ruckweise, intermittierend. 3 **avanzamento ~** (*lav. macch. ut.*), Ruckvorschub (*m.*). 4 **dispositivo per moto ~** (per moto a passi; meccanismo avanzamento film, croce di Malta p. es.) (*mecc.*), Schrittschaltwerk (*n.*). 5 **servizio ~** (funzionamento intermittente) (*macch. elett. - ecc.*), Aussetzbetrieb (*m.*).

intermittenza (*gen.*), Aussetzung (*f.*). 2 ~ (dello scorrimento) da variazione di attrito (movimento a scatti) (*mecc.*), Stotterbewegung (*f.*), Stick-Slip-Reibung (*f.*), Reibungsschwingung (*f.*). 3 **ad ~** (intermittente) (*gen.*), aussetzend. 4 **ad ~** (a scatti, movimento) (*mecc. - ecc.*), ruckartig, ruckweise. 5 **comando ~** (d'un moto) (*macch.*), Schrittschaltung (*f.*). 6 **(meccanismo di) comando ad ~** (nei distributori automatici) (*app.*), Stepper (*m.*), Schrittschaltwerk (*n.*).

intermodulazione (tra stazioni di radiodiffusione, effetto Lussemburgo) (*radio*), Kreuzmodulation (*f.*), Luxemburg-Effekt (*m.*). 2 **rumore d'~** (*radio*), Klirren (*n.*).

internazionale (*gen.*), international. 2 ~ (*telef.*), zwischenstaatlich, international.

interno (a. - *gen.*), innen. 2 ~ (trasporto p. es.) (a. - *ind.*), innerbetrieblich. 3 ~ (s. - *cinem.*), Innenaufnahme (*f.*). 4 ~ (numero telefonico di apparecchio derivato) (s. - *telef.*), Nebenanschluss (*m.*), Nebenstelle (*f.*), Klappe (*f.*) (*austr.*). 5 ~ (mezzala) (s. - *giuoco del calcio*), Innenstürmer (*m.*). 6 **impianto ~** (*elett.*), Innenraum-Anlage (*f.*).

intero (*gen.*), ganz, voll. 2 ~ (completo) (*gen.*), ganz, vollständig.

interpass, temperatura (nella saldatura) (*tecnol. mecc.*), Zwischenlagentemperatur (*f.*).

interpellare (un fabbricante, p. es., per una offerta, un chiarimento tecnico, ecc.) (*ind.*), abfragen.

interplanetario (*astr.*), interplanetarisch.

interpolatore (nelle macchine utensili a c/n p. es.) (*app.*), Interpolator (*m.*).

interpolazione (*mat.*), Interpolation (*f.*). 2 ~ **circolare** (*mat. - lav. macch. ut. a c.n.*), zirkulare Interpolation, Kreisinterpolation. 3 ~ **lineare** (interpolazione rettilinea) (*mat. - lav. macch. ut. a c.n.*), lineare Interpolation, Geradeninterpolation (*f.*).

interpolo (polo di commutazione, polo ausiliario, di una macch. a collettore) (*macch. elett.*), Wendepol (*m.*), Hilfspol (*m.*).

interponte (corridoio) (*nav.*), Zwischendeck (*n.*).

interporre (*gen.*), zwischenlegen.

interposizione (inserzione, intercalazione) (*gen.*), Zwischenschaltung (*f.*).

interpretare (una parola p. es.) (*uff. - leg. - ecc.*), auslegen. 2 ~ (chiarire il senso, la sostanza) (*leg. - ecc.*), ausdeuten. 3 ~ (valutare, analizzare; un risultato) (*gen.*), auswerten.

interpretativo (*gen.*), interpretativ. 2 **programma ~** (interprete, metaprogramma) (*elab. dati*), interpretatives Programm.

interpretazione (*gen.*), Interpretation (*f.*). 2 ~ (di una parola p. es.) (*uff. - leg. - ecc.*), Auslegung (*f.*), Ausdeutung (*f.*). 3 ~ **della legge** (*leg.*), Gesetzesauslegung (*f.*). 4 ~ **giuridica** (*leg.*), richterliche Auslegung. 5 ~ **soggettiva** (*gen.*), subjektive Ausdeutung. 6 **errata ~** (*gen.*), Missdeutung (*f.*).

interprete (*lav.*), Dolmetscher (*m.*), Dolmetsch (*m.*). 2 ~ (programma interpretativo, metaprogramma) (*elab. dati*), interpretatives Programm. 3 ~ **giurato** (*lav.*), verteidigter Dolmetscher. 4 **fare da ~** (*lav. - ecc.*), dolmetschen. 5 **scuola interpreti** (*scuola*), Dolmetscherschule (*f.*).

interpunzione (*tip.*), Interpunktion (*f.*).

interramento (*gen.*), Eingrabung (*f.*). 2 ~ (interrimento, di un porto p. es.) (*geol.*), Auflandung (*f.*), Aufschlämmung (*f.*), Verlandung (*f.*). 3 **profondità d'~** (di un cavo; profondità di posa, profondità del cunicolo) (*elett.*), Bettungstiefe (*f.*).

interrare (*gen.*), eingraben. 2 ~ (*tubaz. - ecc.*), in die Erde verlegen.

interrarsi (*idr. - ecc.*), einschlämmen, auflanden, verlanden.

interrato (cavo p. es.) (*elett.*), unterirdisch, erdverlegt. 2 **linea interrata** (*elett.*), erdverlegte Leitung, unterirdische Leitung. 3 **non ~** (scoperto, allo scoperto, conduttura) (*tubaz. - ecc.*), freiliegend, oberirdisch.

interrogare (*calc. - ecc.*), abfragen.

interrogatorio (*leg.*), Verhör (*n.*), Vernehmung (*f.*), Einvernahme (*f.*) (*austr. e svizz.*).

interrogazione (di una memoria magnetica p. es.) (*calc. - ecc.*), Abfragung (*f.*). 2 **frequenza di ~** (*radio - ecc.*), Abfragefrequenz (*f.*).

interrompere (*gen.*), unterbrechen, aussetzen. 2 ~ (la corrente p. es.) (*elett. - ecc.*), unterbrechen, ausschalten. 3 ~ (aprire, un circuito) (*elett.*), abschalten, ausschalten, öffnen. 4 ~ **l'accensione** (*mot.*), die Zündung ausschalten.

interrotto (*gen.*), unterbrochen. 2 ~ (corrente p. es.) (*elett.*), ausgeschaltet, unterbrochen. 3 ~ (aperto, circuito) (*elett.*), getrennt, auf. 4 ~ (discontinuo) (*fis.*), diskontinuierlich.

interruttore (*app. elett.*), Schalter (*m.*), Ausschalter (*m.*). 2 ~ **a bilico** (interruttore a levetta, od oscillante) (*app. elett.*), Kipphebelschalter (*m.*), Tumblerschalter (*m.*), Wippe (*f.*). 3 ~ **a chiave** (interruttore azionato a chiave) (*elett.*), Schlüsselschalter (*m.*). 4 ~ **a chiusura automatica** (congiuntore) (*app. elett.*), Selbsteinschalter (*m.*). 5 ~ **a chiusura serale (automatica)** (interruttore crepuscolare) (*app. elett.*), Dämmerungsschalter (*m.*). 6 ~ **a coltello** (*app. elett.*), Messerschalter (*m.*). 7 ~ **a coltello** (interruttore a leva) (*app. elett.*), Hebelschalter (*m.*). 8 ~ **a corrente zero** (*app. elett.*), Stromnulldurchgangsschalter (*m.*). 9 ~ **ad apertura automatica** (disgiuntore) (*app. elett.*), Selbstausschalter (*m.*). 10 ~ **ad apertura rapida** (interruttore a scatto) (*app. elett.*), Schnellschalter (*m.*). 11 ~ **ad aria compressa** (*app. elett.*), Druckluftschalter (*m.*). 12 ~ **ad autoformazione di gas** (*elett.*), Hartgasschalter (*m.*). 13 ~ **ad azione ritardata** (*app. elett.*), Verzögerungsschalter (*m.*). 14 ~ **a disinserzione graduale** (*app. elett.*), Langsamausschalter (*m.*). 15 ~ **a funicella** (interruttore a strappo) (*app. elett.*), Schnurschalter (*m.*). 16 ~ **a galleggiante**

(*app. elett.*), Schwimmerschalter (*m.*). **17** ~ **a getto d'olio** (*app. elett.*), Ölstrahlschalter (*m.*). **18** ~ **a getto libero** (*elett.*), Freistrahlschalter (*m.*). **19** ~ **a giorno** (interruttore per esterni) (*app. elett.*), Freiluftschalter (*m.*). **20** ~ **a grilletto** (*app. elett.*), Drückerschalter (*m.*). **21** ~ **a jack** (*elett.*), Knebelschalter (*m.*). **22** ~ **a lamina vibrante** (*elett.*), Zungenunterbrecher (*m.*). **23** ~ **a leva** (interruttore a coltello) (*app. elett.*), Hebelschalter (*m.*). **24** ~ **a levetta** (interruttore oscillante) (*app. elett.*), Kipphebelschalter (*m.*), Tumblerschalter (*m.*). **25** ~ **a martelletto** (per sveglie, campanelli, ecc.) (*elett.*), Selbstunterbrecher (*m.*), Wagnerscher Hammer. **26** ~ **a mercurio** (*app. elett.*), Quecksilberschalter (*m.*). **27** ~ **antinfortunio** (interruttore di sicurezza) (*elett. - lav.*), Unfalverhütungsschalter (*m.*). **28** ~ **a pedale** (*app. elett.*), Pedalschalter (*m.*), Fussschalter (*m.*). **29** ~ **a pedale** (interruttore da pavimento) (*app. elett.*), Tretschalter (*m.*). **30** ~ **a pedale per luci anabbaglianti** (commutatore a pedale per luci anabbaglianti) (*app. elett. - aut.*), Fussabblendschalter (*m.*). **31** ~ **a pedana** (pedana di contatto, per la luce di una cabina telef. p. es.) (*app. elett. - telef. - ecc.*) Tretkontaktbrett (*n.*). **32** ~ **a pressione** (pressostato) (*app. elett. - ecc.*), Druckschalter (*m.*). **34** ~ **a pulsante** (*app. elett.*), Druckknopfschalter (*m.*). **34** ~ **a pulsante luminoso** (*app. elett.*), Leuchttastschalter (*m.*). **35** ~ **a relè** (*app. elett.*), Relaisschalter (*m.*). **36** ~ **a richiusura automatica** (*elett.*), Schalter mit Wiedereinschaltvorrichtung. **37** ~ **a ritenuta** (interruttore senza richiamo) (*elett.*), Stellschalter (*m.*). **38** ~ **a scatto** (interruttore ad apertura rapida) (*app. elett.*), Schnellschalter (*m.*). **39** ~ **a scatto rapido** (*app. elett.*), Momentausschalter (*m.*), Augenblicksschalter (*m.*). **40** ~ **a scorrimento** (nel quale il collegamento dei contatti avviene mediante moto lineare) (*app. elett.*), Schiebeschalter (*m.*). **41** ~ **a sequenza** (*app. elett.*), Folgeschalter (*m.*). **42** ~ **a strappo** (*app. elett.*), Zugschalter (*m.*). **43** ~ **a strappo** (interruttore a funicella) (*app. elett.*), Schnurschalter (*m.*). **44** ~ **a tempo** (*app. elett.*), Zeitschalter (*m.*). **45** ~ **a tempo luci scale** (*app. elett.*), Treppenlichtzeitschalter (*m.*). **46** ~ **ausiliario** (*elett.*), Hilfsschalter (*m.*). **47** ~ **automatico** (*app. elett.*), Installations-Selbstschalter (*m.*), IS-Schalter (*m.*), Selbstausschalter (*m.*), Automat (*m.*). **48** ~ **automatico** (contro i sovraccarichi) (*app. elett.*), Überstromselbstschalter (*m.*). **49** ~ **automatico a bimetallo** (contro il surriscaldamento) (*app. elett.*), Bimetallauslöser (*m.*). **50** ~ **automatico differenziale** (interruttore di protezione) (*app. elett.*), Fehlerstrom-Schutzschalter (*m.*). **51** ~ **automatico (di sicurezza) per corsa obliqua** (del nastro di trasportatori) (*trasp. ind.*), Schieflaufschalter (*m.*). **52** ~ **automatico luci scala** (*app. elett.*), Treppenhausautomat (*m.*). **53** ~ **a vapore d'acqua** (interruttore di potenza per alta tensione con mezzo di spegnimento) (*elett.*), Wasserschalter (*m.*). **54** ~ **azionato da chiave** (interruttore a chiave) (*elett.*), Schlüsselschalter (*m.*). **55** ~ **azionato dalla pressione dell'olio** (nel circuito del lubrificante, che permette l'avviamento solo quando l'olio abbia raggiunto la pressione minima necessaria) (*mot.*), Öldruckschalter (*m.*). **56** ~ **centrifugo** (*app. elett.*), Fliehkraftschalter (*m.*). **57** ~ **chiuso** (*app. elett.*), geschlossener Schalter. **58** ~ **-commutatore** (*app. elett.*), Kombinationsschalter (*m.*). **59** ~ **con richiamo** (*elett.*), Tastschalter (*m.*), Taster mit Rückzugkraft. **60** ~ **con serratura** (*elett.*), Schloss-schalter (*m.*). **61** ~ **crepuscolare** (interruttore a chiusura serale automatica) (*app. elett.*), Dämmerungsschalter (*m.*). **62** ~ **da palo** (*elett.*), Mastschalter (*m.*). **63** ~ **da pavimento** (*app. elett.*), Tretschalter (*m.*). **64** ~ **decadale** (commutatore decadale, con 10 stati definiti) (*calc. - ecc.*), Dekadenschalter (*m.*). **65** ~ **di accensione** (*app. elett. - aut. - mot.*), Zündschalter (*m.*). **66** ~ **di arresto d'emergenza** (*elett.*), Not-Aus-Schalter (*m.*). **67** ~ **di avviamento** (*app. elett. - aut. - mot.*), Anlass-schalter (*m.*). **68** ~ **di avviamento** (*app. elett.*), Schaltanlasser (*m.*). **69** ~ **di corto circuito** (di esclusione dell'utenza) (*app. elett.*), Kurzschliesser (*m.*), Kurzschlusschalter (*m.*). **70** ~ **di emergenza** (*app. elett.*), Notstromschalter (*m.*), Notschalter (*m.*). **71** ~ **di esposizione** (di un apparecchio per riproduzioni) (*app. elett. - macch. uff. - ecc.*), Belichtungsschalter (*m.*). **72** ~ **di extracorsa** (fine-corsa di emergenza, d'un ascensore) (*elett.*), Notendschalter (*m.*). **73** ~ **di fine corsa** (fine corsa) (*app. elett. - macch. ut.*), Endschalter (*m.*). **74** ~ **di fine corsa magnetico** (fine corsa magnetico) (*macch. - elett.*), Magnetendschalter (*m.*). **75** ~ **di massima** (*app. elett.*), Maximalschalter (*m.*). **76** ~ **di massima corrente** (interruttore automatico contro sovraccarichi) (*app. elett.*), Überstromausschalter (*m.*). **77** ~ **di massima corrente e minima tensione** (*app. elett.*), Überstrom-Unterspannungsausschalter (*m.*). **78** ~ **di minima** (corrente) (*app. elett.*), Minimalausschalter (*m.*), Minimalautomat (*m.*), Unterstromausschalter (*m.*). **79** ~ **di minima** (di una dinamo, combinato con regolatore di tensione p. es.) (*mot. - aut.*), Rückstromschalter (*m.*). **80** ~ **di minima tensione** (*app. elett.*), Nullspannungsauslöser (*m.*). **81** ~ **d'interdizione** (*app. elett.*), Sperrschalter (*m.*). **82** ~ **di oscuramento** (*elett.*), Dunkelschalter (*m.*). **83** ~ **di parallelo** (*elett.*), Synchronisierschalter (*m.*), Synchronisierungsschalter (*m.*). **84** ~ **di potenza** (*app. elett.*), Leistungsschalter (*m.*). **85** ~ **di potenza automatico** (*app. elett.*), Leistungsschutzautomat (*m.*). **86** ~ **di pressione minima** (*elett.*), Unterdruckschalter (*m.*), Unterdruckwächter (*m.*). **87** ~ **di prossimità** (*elett.*), Annäherungsschalter (*m.*). **88** ~ **di protezione** (interruttore automatico) (*app. - elett.*), Schutzschalter (*m.*). **89** ~ **di protezione contro difetti di isolamento** (*app. elett.*), Fehlerspannungs-Schutzschalter (*m.*). **90** ~ **di protezione contro sovracorrenti** (*app.-elett.*), Überstrom-Schutzschalter (*m.*). **91** ~ **di rete** (interruttore principale, interruttore generale) (*app. elett.*), Netzschalter (*m.*), Hauptschalter (*m.*). **92** ~ **di sezione** (*elett. - ferr.*), Streckenausschalter (*m.*). **93** ~ **di sicurezza** (interruttore antinfortunio) (*elett. - lav.*), Unfallverhütungs-

interruttore

schalter (*m.*), UV-Schalter (*m.*). **94 ~ di sicurezza per correnti di dispersione** (*app. elett.*), Fehlerstromschutzschalter (*m.*). **95 ~ di sovraccarico** (*app. elett.*), Überlastauslöser (*m.*). **96 ~ di tipo incassato** (*elett.*), eingelassener Schalter. **97 ~ elettromagnetico** (*app. elett.*), Magnetschalter (*m.*). **98 ~ generale** (interruttore principale, interruttore di rete) (*app. elett.*), Hauptschalter (*m.*). **99 ~ graduale** (commutatore multiplo od a gradini) (*app. elett.*), Stufenschalter (*m.*). **100 ~ in aria** (*app. elett.*), Luftschalter (*m.*). **101 ~ in cassa d'olio** (*elett.*), Kesselölschalter (*m.*). **102 ~ incassato** (interruttore sotto intonaco) (*app. elett. - mur.*), Unterputzschalter (*m.*). **103 ~ in olio** (*app. elett.*), Ölschalter (*m.*). **104 ~ limitatore** (limitatore) (*app. - elett.*), Grenzschalter (*m.*). **105 ~ luce** (interruttore per circuito di illuminazione) (*app. elett.*), Lichtschalter (*m.*). **106 ~ luce a pulsante** (*app. elett.*), Lichttaster (*m.*), Lichtdrücker (*m.*). **107 ~ luce azionato dall'apertura della portiera** (*veic. - aut.*), Türlichtschalter (*m.*). **108 ~ luce doppio** (commutatore unipolare a più posizioni) (*app. elett.*), Serienschalter (*m.*). **109 ~ miniatura** (*app. elett.*), Miniaturschalter (*m.*). **110 ~ oscillante** (interruttore a levetta) (*app. elett.*), Kipphebelschalter (*m.*), Tumblerschalter (*m.*). **111 ~ per allentamento funi** (interruttore per fune allentata, d'un ascensore) (*elett. - ed.*), Schlaffseilschalter (*m.*). **112 ~ per alta tensione** (*app. elett.*), Hochspannungsschalter (*m.*). **113 ~ per circuito di illuminazione** (interruttore luce) (*app. elett.*), Lichtschalter (*m.*). **114 ~ per corrente impulsiva** (*app. elett.*), Stromstossschalter (*m.*). **115 ~ per esterni** (interruttore a giorno) (*app. elett.*), Freiluftschalter (*m.*). **116 ~ per fune allentata** (interruttore per allentamento funi, d'un ascensore) (*elett. - ed.*), Schlaffseilschalter (*m.*). **117 ~ per impianti nascosti** (interruttore per impianti incassati) (*app. elett.*), Schalter für Unterputzmontage. **118 ~ per installazioni interne** (*elett.*), Installationsschalter (*m.*). **119 ~ per lampeggiatori** (interruttore per luce intermittente) (*app. elett. - aut.*), Blinkschalter (*m.*), Blinkerschalter (*m.*). **120 ~ per segnale di direzione** (interruttore per lampeggiatori) (*app. elett. - aut.*), Blinkschalter (*m.*), Blinkerschalter (*m.*). **121 ~ per tensione zero** (*app. elett.*), Ruhestromauslöser (*m.*), Nullspannungsauslöser (*m.*). **122 ~ pneumatico** (*elett.*), Luftdruckschalter (*m.*). **123 ~ principale** (interruttore generale, interruttore di rete) (*app. elett.*), Hauptschalter (*m.*), Netzschalter (*m.*). **124 ~ rapido** (interruttore a scatto) (*app. elett.*), Schnappschalter (*m.*), Schnellschalter (*m.*). **125 ~ rotante** (commutatore rotante) (*app. elett.*), Drehschalter (*m.*). **126 ~ senza richiamo** (interruttore a ritenuta) (*elett.*), Stellschalter (*m.*). **127 ~ serie-parallelo** (*app. elett.*), Serienparallelschalter (*m.*), Reihen-Parallelschalter (*m.*). **128 ~ sotto gas compresso** (*app. elett.*), Druckgasschalter (*m.*). **129 ~ tachimetrico** (*app. elett.*), Drehzahlschalter (*m.*). **130 ~ termico** (interruttore termostatico) (*app. elett.*), Wärmeschalter (*m.*), Temperaturschalter (*m.*), Thermoschalter (*m.*). **131 ~ termico a tempo** (termointerruttore a tempo) (*app. elett.*), Thermozeitschalter (*m.*). **132 ~ termostatico** (interruttore termico) (*app. elett.*), Wärmeschalter (*m.*), Temperaturschalter (*m.*), Thermoschalter (*m.*). **133 cassa dell'~** (*elett.*), Schalterkessel (*m.*).

interruzione (*gen.*), Unterbrechung (*f.*), Aussetzung (*f.*). **2 ~** (*elett.*), Unterbrechung (*f.*), Ausschaltung (*f.*). **3 ~ del bancale** (incavo) (*macch. ut.*), Bettkröpfung (*f.*). **4 ~ di corrente** (*elett.*), Stromunterbrechung (*f.*). **5 ~ di emergenza** (di un reattore, spegnimento di emergenza) (*fis. atom.*), Schnellschluss (*m.*). **6 ~ di massima corrente** (interruzione per sovraccarico) (*elett.*), Überstromauslösung (*f.*). **7 ~ di oscillazione** (punto di disinnesco) (*elettronica*), Schwingloch (*n.*). **8 ~ per sovraccarico** (interruzione di massima corrente) (*elett.*), Überstromauslösung (*f.*). **9 ~ stradale** (*traff. strad.*), Sperrstelle (*f.*). **10 impulso di ~** (*elett.*), Abschaltspannung (*f.*). **11 posizione di ~** (*elett.*), Abschaltstellung (*f.*). **12 potere di ~** (di un interruttore) (*elett.*), Abschaltleistung (*f.*). **13 protezione d'~ di fase** (*elett.*), Leiterbruchschutz (*m.*). **14 punto d'~** (in un programma) (*calc.*), Zwischenstop (*m.*). **15 senza ~** (continuo, fornitura di energia elettrica p. es.) (*elett. - ecc.*), unterbrechungslos, unterbrechungsfrei.

intersecare (*geom.*), durchschneiden, schneiden.

intersecarsi (*geom.*), überschneiden, sich überschneiden, sich schneiden.

intersezione (di due rette p. es.) (*geom.*), Überschneidung (*f.*), Schnitt (*m.*). **2 ~** (di superfici) (*geom.*), Verschneidung (*f.*). **3 ~** (metodo di determinazione delle posizioni di singoli punti, nella triangolazione) (*top.*), Einschneiden (*n.*). **4 ~ all'indietro** (*top.*), Rückwärtseinschneiden (*n.*). **5 ~ diretta** (intersezione in avanti) (*top.*), Vorwärtseinschneiden (*n.*). **6 ~ in avanti** (intersezione diretta) (*top.*), Vorwärtseinschneiden (*n.*). **7 angolo d'~** (dei segni di levigatura, da sovrapposizione delle velocità assiale e periferica) (*lav. macch. ut.*), Überschneidungswinkel (*m.*). **8 punto di ~** (*geom.*), Schnittpunkt (*m.*). **9 punto d'~** (tra due rette di un generatore di funzioni) (*mat. - calc.*), Ecke (*f.*).

interstadio (*gen.*), Zwischenstufe (*f.*). **2 sistema ~** (*telef. - ecc.*), Zwischenleitungsanordnung (*f.*).

interstellare (*astr.*), interstellar.

interstizio (*gen.*), Spalt (*m.*). **2 ~** (di un reticolo cristallino) (*metall.*), Zwickel (*m.*). **3 ~** (in un cavo) (*elett.*), Zwickel (*m.*).

interurbano (*trasp.*), Überland... **2 autobus ~** (autobus di linea) (*aut.*), Überlandomnibus (*m.*). **3 centrale interurbana** (*telef.*), Fernamt (*n.*). **4 conversazione interurbana** (*telef.*), Weitverkehrsgespräch (*n.*). **5 traffico ~** (*traff. strad.*), Überlandverkehr (*m.*).

intervallo (di spazio) (*gen.*), Intervall (*n.*), Zwischenraum (*m.*). **2 ~** (di tempo) (*gen.*), Zwischenzeit (*f.*), Zeitraum (*m.*), Intervall (*n.*), Zeitabstand (*m.*). **3 ~** (pausa, nel lavoro) (*lav. - pers.*), Ruhepause (*f.*), Arbeitsunterbrechung (f.), Pause (f.). 4 ~ critico (*metall.*), kritisches Intervall. 5 ~ dei segnali (*telegr.*), Zeichenabstand (*m.*). 6 ~ di cancellazione (*telev.*), Austastlücke (*f.*). 7 ~ di distillazione (di un carburante) (*chim.*), Siedebereich (*m.*). 8 ~ di ebollizione (*metall. - ecc.*), Kochperiode (*f.*). 9 ~ di fiducia (*stat.*), Vertrauensintervall (*n.*). 10 ~ di mezzogiorno (*lav.*), Mittagspause (*f.*). 11 ~ di solidificazione (*metall.*), Erstarrungsbereich (*m.*), Erstarrungsintervall (*n.*). 12 ~ di soppressione (*telev.*), Austastlücke (*f.*). 13 ~ di tempo (*gen.*), Zeitabstand (*m.*), Zeitraum (*m.*), Zwischenzeit (*f.*). 14 ~ di trasformazione (*metall.*), Umwandlungsbereich (*m.*). 15 ~ elementare (intervallo unitario, elemento di segnale) (*telegr.*), Schritt (*m.*), Schrittlänge (*f.*). 16 ~ energetico (interbanda, nei semiconduttori) (*elettronica*), Bandabstand (*m.*). 17 ~ per la dilatazione (tra due rotaie) (*ferr.*), Wärmelücke (*f.*). 18 ~ termico (*metall.*), Temperaturgebiet (*n.*). 19 ~ unitario (intervallo elementare, elemento di segnale) (*telegr.*), Schritt (*m.*), Schrittlänge (*f.*). 20 ad intervalli (*gen.*), absatzweise. 21 segnale d'~ (*radio*), Pausenzeichen (*n.*). 22 trasmettitore del segnale d'~ (*radio*), Pausenzeichenmaschine (*f.*).

intervenire (in una faccenda, vertenza, ecc.) (*gen.*), eingreifen.

intervento (risposta, scatto, d'un automatismo di sicurezza p. es.) (*elett. - ecc.*), Ansprechen (*n.*). 2 ~ (chirurgico p. es.) (*med.*), Eingriff (*m.*). 3 ad ~ immediato (d'un gruppo elettrogeno d'emergenza p. es.) (*elett. - ecc.*), sofortbereit. 4 campo d'~ (d'un termostato p. es.) (*elett.*), Schaltbereich (*m.*), Schaltdifferenz (*f.*). 5 gruppo ad ~ rapido (*elett. - ecc.*), Schnellbereitschafts-Aggregat (*n.*). 6 impianto ad ~ immediato (*macch.*), Sofortbereitschaftsanlage (*f.*). 7 segnale d'~ (di una centralinista) (*telef.*), Aufforderungssignal (*n.*). 8 tensione d'~ (tensione di reazione, tensione di risposta) (*elett.*), Ansprechspannung (*f.*).

intervista (*gen.*), Unterredung (*f.*). 2 ~ (inchiesta, sull'opinione pubblica) (*comm.*), Umfrage (*f.*), Befragung (*f.*). 3 ~ dei candidati (*pers. - lav.*), Besprechung mit den Bewerbern. 4 ~ preassunzione (*pers.*), Einstellungsinterview (*n.*).

intervistare (*comm. - ecc.*), befragen.

intervistato (s. - *comm. - ecc.*), Befragter (*m.*).

intesa (convenzione, accordo) (*comm.*), Vereinbarung (*f.*), Abkommen (*n.*), Einvernehmen (*n.*), Einverständnis (*n.*).

intessere (*ind. tess.*), einweben.

intessitura (*ind. tess.*), Einwebung (*f.*). 2 ~ del nome (*ind. tess.*), Namenseinwebung (*f.*).

intestare (mettere testa a testa) (*falegn. - ecc.*), stumpfstossen. 2 ~ (*fucinatura*), anköpfen. 3 stampo per ~ (*ut.*), Anköpfer (*m.*).

intestatura (giunzione testa a testa) (*falegn. - ecc.*), Stumpfstoss (*m.*). 2 ~ (*fucinatura*), Anköpfarbeit (*f.*). 3 ~ dei corsi del fasciame (*costr. nav.*), Plankenstoss (*m.*).

intestazione (l'intestare, giunzione testa a testa) (*falegn. - ecc.*), Stumpfstossen (*n.*). 2 ~ della lettera (*uff.*), Briefkopf (*m.*).

intingere (*gen.*), tunken.

intonacare (*mur.*), putzen, verputzen. 2 ~ a finti conci (*mur.*), quadrieren.

intonacatore (intonachista) (*lav.*), Verputzer (*m.*).

intonacatrice (*macch. - mur.*), Verputzmaschine (*f.*). 2 ~ a spruzzo (*macch. - mur.*), Putzwerfer (*m.*), Putz-Spritz-Apparat (*m.*).

intonacatura (*mur.*), Verputzen (*n.*), Verputzarbeit (*f.*), Putzen (*n.*).

intonaco (*mur.*), Putz (*m.*). 2 ~ a cazzuola (*mur.*), Kellenputz (*m.*), Kellenwurf (*m.*). 3 ~ a due mani (*mur.*), Zweischichtenputz (*m.*). 4 ~ a finta pietra (*mur.*), Steinputz (*m.*). 5 ~ a gesso (*mur.*), Gipsputz (*m.*). 6 ~ a malta variegata (costituito da una miscela di malta con pietre naturali) (*mur.*), Edelputz (*m.*). 7 ~ a pennello (*mur.*), Pinselputz (*m.*). 8 ~ a proiezione (applicato con spazzola o macchina lanciamalta) (*mur.*), Spritzputz (*m.*), Besenputz (*m.*). 9 ~ a spazzola (intonaco pettinato) (*mur.*), Kammputz (*m.*). 10 ~ a spruzzo (*mur.*), Spritzputz (*m.*). 11 ~ civile (ultima mano di intonaco, stabilitura) (*mur.*), Oberputz (*m.*), Glattputz (*m.*), Schlichte (*f.*), Fassadenputz (*m.*). 12 ~ da soffitto (*mur.*), Deckenputz (*m.*). 13 ~ di calce (*mur.*), Kalkputz (*m.*). 14 ~ di cemento (*mur.*), Zementputz (*m.*). 15 ~ di fondo (rinzaffo, primo strato di intonaco) (*mur.*), Unterputz (*m.*), Putzgrund (*m.*), Berapp (*m.*), Rauhputz (*m.*). 16 ~ di malta (*mur.*), Mörtelputz (*m.*), Putzmörtel (*m.*). 17 ~ granuloso raschiato (*mur.*), Kratzputz (*m.*). 18 ~ lavabile (*mur.*), Waschputz (*m.*). 19 ~ liscio (*mur.*), fein verriebener Putz. 20 ~ per esterni (*mur.*), Aussenputz (*m.*). 21 ~ per interni (*mur.*), Innenputz (*m.*). 22 ~ pettinato (intonaco a spazzola) (*mur.*), Kammputz (*m.*). 23 ~ picchiettato (*mur.*), Stipp-Putz (*m.*), Besenputz (*m.*). 24 ~ rustico (*mur.*), Rauhputz (*m.*), Rapputz (*m.*), Berapp (*m.*). 25 dare la prima mano di ~ (*mur.*), berappen. 26 dare l'ultima mano di ~ (*mur.*), glattputzen. 27 installazione sotto ~ (installazione incassata) (*elett.*), Unterputz-Ausführung (*f.*), UP-Ausführung (*f.*). 28 linea nell'~ (*elett.*), Leitung im Putz. 29 linea sopra ~ (*elett.*), Leitung auf Putz. 30 linea sotto ~ (linea incassata, nel muro) (*elett.*), Leitung unter Putz, Unterputzleitung (*f.*). 31 malta da ~ (*mur.*), Putzmörtel (*m.*). 32 primo strato di ~ (rinzaffo, intonaco di fondo) (*mur.*), Unterputz (*m.*), Putzgrund (*m.*), Berappung (*f.*), Berapp (*m.*), Rauhputz (*m.*). 33 sotto ~ (*elett.*), unter Putz. 34 ultima mano di ~ (intonaco civile, stabilitura) (*mur.*), Glattputz (*m.*), Oberputz (*m.*), Schlichte (*f.*), Fassadenputz (*m.*).

intonare (colori) (*v.t. - ott.*), abstimmen.

intonazione (viraggio) (*fot.*), Tonung (*f.*). 2 ~ per solfurazione (viraggio per solfurazione) (*fot.*), Schwefel-Tonung (*f.*).

intorbidamento (*gen.*), Trübung (*f.*). 2 indice di ~ (di resine sintetiche trasparenti) (*chim.*), Trübungszahl (*f.*). 3 punto di ~ (temperatura, di un olio lubrificante, ecc.) (*chim.*), Trübungspunkt (*m.*).

intorno (*mat.*), Nachbarschaft (*f.*), Umgebung (*f.*).
intossicazione (*med. - ind.*), Vergiftung (*f.*). 2 ~ **da piombo** (saturnismo) (*med. - ind.*), Bleivergiftung (*f.*). 3 ~ **da zinco** (*ind. - med.*), Zinkvergiftung (*f.*). 4 **sintomo di** ~ (sintomo di avvelenamento) (*med.*), Vergiftungserscheinung (*f.*).
intra-atomico (*fis. atom.*), inneratomar, intraatomar.
intradosso (di un arco p. es.) (*arch.*), Leibung (*f.*), Laibung (*f.*). 2 ~ **dell'arco** (*arch.*), Bogenleibung (*f.*), innere Bogenfläche. 3 ~ **della volta** (*ed.*), innere Gewölbefläche.
intraeffetto (coefficiente di penetrazione, reciproco del fattore di amplificazione) (*elettronica*), Durchgriff (*m.*).
intraferro (traferro) (*macch. elett.*), Luftspalt (*m.*), Luftstrecke (*f.*).
intragalattico (*astr.*), intergalaktisch.
intralcio (*gen.*), Hindernis (*n.*), Störung (*f.*). 2 ~ **del traffico** (*traff. strad. - ecc.*), Verkehrsstörung (*f.*).
intramolecolare (*chim. - fis.*), intramolekular.
intraprendere (*gen.*), vornehmen.
intrecciare (*tess. - ecc.*), verflechten, flechten, umflechten.
intrecciato (corda ecc.) (*gen.*), geflochten.
intrecciatrice (*macch.*), Flechtmaschine (*f.*). 2 ~ **per funi** (macchina per intrecciare funi) (*macch.*), Seilflechtmaschine (*f.*).
intrinseco (semiconduttore) (*elettronica*), eigenleitend.
introdurre (*gen.*), einführen, einlegen. 2 ~ (un termine in una equazione p. es.) (*mat.*), einführen. 3 ~ **in una chiusa** (far entrare in una chiusa) (*nav. - navig.*), einschleusen, schleusen.
introduttivo (parole p. es.) (*gen.*), einleitend.
introduttore (cilindro introduttore, di una carda) (*macch. tess.*), Vorreisser (*m.*).
introduzione (*gen.*), Einführung (*f.*), Einbringung (*f.*). 2 ~ (prefazione) (*tip.*), Einleitung (*f.*), Vorrede (*f.*). 3 ~ (inserimento, d'una clausola p. es.) (*leg. - ecc.*), Aufnahme (*f.*). 4 ~ **di grandezza perturbatrice** (*regol.*), Störgrössenaufschaltung (*f.*). 5 ~ **in serie** (di un processo p. es.) (*ind.*), Einführung in die Serie. 6 ~ **mediante pipetta** (*gen.*), Einpipettieren (*n.*).
intrusione (*geol.*), Eindringen (*n.*). 2 ~ (deposito di minerali in un giacimento di costituzione diversa) (*min.*), Mittel (*n.*). 3 ~ (di materie plastiche) (*tecnol.*), Fliessgussverfahren (*n.*), Förderguss (*m.*), Intrusionsverfahren (*n.*).
intrusivo (minerale) (*geol. - min.*), eingedrungen.
intubamento (di un pozzo p. es.) (*min. - ecc.*), Verrohrung (*f.*).
intubare (*gen.*), verrohren.
inumidimento (*gen.*), Befeuchtung (*f.*), Anfeuchtung (*f.*).
inumidire (umettare) (*gen.*), feuchten, anfeuchten. 2 ~ (bagnare) (*gen.*), nässen, netzen, benetzen.
invalidazione (*gen.*), Nichtigerklärung (*f.*).
invalidità (*lav. - ecc.*), Invalidität (*f.*). 2 ~ **parziale** (*organ. lav.*), Teilinvalidität (*f.*). 3 ~ **temporanea** (*med. - lav.*), vorläufige Invalidität, vorübergehende Invalidität. 4 ~ **totale** (*lav. - ecc.*), Vollinvalidität (*f.*). 5 **assicurazione di** ~ (*lav.*), Invaliditätsversicherung (*f.*). 6 **pensione di** ~ (*lav.*), Invalidenrente (*f.*).
invalido (*lav. - ecc.*), Invalider (*m.*), Schwerbeschädigter (*m.*). 2 ~ **di guerra** (*lav.*), Kriegsbeschädigter (*m.*). 3 **sedia per invalidi** (*lav. - ecc.*), Versehrtenstuhl (*m.*).
invar (lega di ferro col 35,5% di nichelio) (*metall.*), Invar (*n.*).
invariabile (*gen.*), unveränderlich.
invariante (*a. - mat. - ecc.*), invariant. 2 ~ (*s. - mat. - ecc.*), Invariante (*f.*).
invarianza (*mat.*), Invarianz (*f.*).
invasamento (invaso) (*idr.*), Stauung (*f.*). 2 ~ (ingolfamento, di un carburatore) (*mot. - aut.*), Überflutung (*f.*), Überschwemmung (*f.*).
invasare (*idr.*), stauen. 2 ~ (ingolfare, un carburatore) (*mot. - aut.*), überfluten, überschwemmen.
invasatura (per il varo) (*costr. nav.*), Schlitten (*m.*), Ablaufschlitten (*m.*), Ablaufgerüst (*n.*).
invaso (*idr.*), Stauung (*f.*). 2 ~ **superiore al massimo normale** (di un bacino) (*idr.*), Überstau (*n.*). 3 **altezza d'** ~ (*idr.*), Stauhöhe (*f.*). 4 **bacino d'** ~ (*idr.*), Staubecken (*n.*). 5 **capacità d'** ~ (invaso, d'un bacino artificiale) (*idr.*), Stauraum (*m.*). 6 **capacità utile d'** ~ (*idr.*), nutzbares Stauraum, Speichernutzung (*f.*). 7 **diga d'** ~ (diga di ritenuta) (*costr. idr.*), Sperrdamm (*m.*). 8 **distanza d'** ~ (tra diga e limite d'invaso) (*idr.*), Stauweite (*f.*). 9 **limite d'** ~ (di un fiume a monte della diga) (*idr.*), Staugrenze (*f.*), Stauwurzel (*f.*). 10 **linea d'** ~ (curva d'invaso, del pelo dell'acqua tra diga e limite d'invaso) (*idr.*), Staulinie (*f.*), Staukurve (*f.*). 11 **livello d'** ~ (*idr.*), Staupegel (*m.*). 12 **livello di massimo** ~ (*idr.*), Stauziel (*n.*), Höchststau (*m.*).
invecchiabile (alluminio, lega leggera) (*tratt. term.*), aushärtbar.
invecchiabilità (*tratt. term.*), Aushärtefähigkeit (*f.*).
invecchiamento (*tratt. term.*), Altern (*n.*), Alterung (*f.*). 2 ~ (di un pressogetto di alluminio p. es.) (*fond. - tratt. term.*), Aushärten (*n.*), Auslagern (*n.*). 3 ~ (di valvole termoioniche) (*elettronica*), Alterung (*f.*). 4 ~ **accelerato** (*tratt. term.*), Kurzalterung (*f.*). 5 ~ **artificiale** (*tratt. term.*), künstliche Alterung, Auslagern (*n.*), Aushärten (*n.*). 6 ~ **artificiale** (invecchiamento a caldo, di leghe di alluminio) (*metall.*), Warmaushärtung (*f.*), Warmauslagern (*n.*). 7 ~ **artificiale a temperatura ambiente** (dell'acciaio, consistente in una ricottura di solubilizzazione, spegnimento e tenuta a temperatura ambiente) (*tratt. term.*), Kaltauslagern (*n.*). 8 ~ **con aumento di durezza** (*tratt. term.*), Alterungshärtung (*f.*). 9 ~ **della martensite** («maraging») (*tratt. term.*), Martensitaushärtung (*f.*), «Maraging» (*n.*). 10 ~ **dovuto a deformazioni plastiche** (invecchiamento da deformazione plastica) (*tratt. term.*), Reckaltern (*n.*), Stauchaltern (*n.*). 11 ~ **dovuto a rapido raffreddamento** (*tratt. term.*), Abschreckalterung (*f.*). 12 ~ **naturale** (*tratt. term.*), natürliche Alterung. 13

~ **naturale** (di leghe leggere, invecchiamento a temperatura ambiente) *(tratt. term.)*, Kaltaushärtung *(f.)*, Kaltauslagern *(n.)*. **14 durata dell'**~ (tempo d'invecchiamento) *(tratt. term.)*, Aushärtezeit *(f.)*. **15 fragilità da** ~ (*metall. - difetto*), Alterungssprödigkeit *(f.)*. **16 indurimento per** ~ *(tratt. term.)*, Alterungszähigkeit *(f.)*, Ausscheidungshärtung *(f.)*, Härtung durch Altern. **17 temperatura d'**~ *(tratt. term.)*, Aushärtetemperatur *(f.)*. **18 tempo d'**~ (durata dell'invecchiamento) *(tratt. term.)*, Aushärtezeit *(f.)*.
invecchiare *(tratt. term.)*, altern. **2** ~ **artificialmente** *(tratt. term.)*, aushärten, auslagern. **3** ~ **artificialmente** (invecchiare a caldo, leghe di alluminio) *(tratt. term.)*, warmaushärten.
invecchiato (stagionato) *(gen.)*, gealtert. **2** ~ *(tratt. term.)*, gealtert. **3** ~ **artificialmente** (lega d'alluminio da getti p. es.) *(fond. - tratt. term.)*, warmausgehärtet. **4** ~ **naturalmente** (lega d'alluminio da getti p. es.) *(fond. - tratt. term.)*, kaltausgehärtet. **5** ~ **parzialmente** (lega d'alluminio da getti p. es.) *(fond. - tratt. term.)*, teilausgehärtet.
inventare *(tecnol. - leg.)*, erfinden.
inventariare (fare l'inventario) *(amm. - contabilità)*, inventarisieren.
inventario (esistenza di magazzino) *(amm. - ind.)*, Bestand *(m.)*, Inventar *(n.)*. **2** ~ (esecuzione dell'inventario) *(amm. - ind.)*, Bestandsaufnahme *(f.)*, Inventur *(f.)*. **3** ~ (libro [esistenza di] magazzino) *(ind. amm.)*, Bestandsbuch *(n.)*. **4 articolo d'**~ *(amm. - ind.)*, Inventarstück *(n.)*. **5 chiuso per** ~ *(amm. - ind.)*, wegen der Inventur geschlossen. **6 esecuzione dell'** ~ *(amm. - ind.)*, Inventur *(f.)*. **7 fare l'** ~ (inventariare) *(amm. - contabilità)*, inventarisieren. **8 fare un** ~ *(amm.)*, ein Inventar aufnehmen.
inventivo *(leg. - ecc.)*, erfinderisch.
inventore *(leg.)*, Erfinder *(m.)*.
invenzione (trovato) *(leg.)*, Erfindung *(f.)*. **2** ~ **di un dipendente** (in servizio) *(lav.)*, Diensterfindung *(f.)*, Arbeitnehmererfindung *(f.)*. **3 brevetto d'** ~ *(leg.)*, Erfindungspatent *(n.)*.
invergare *(ind. tess.)*, einkreuzen, einlesen.
invergatura *(ind. tess.)*, Einlesen *(n.)*, Schränken *(n.)*, Kreuzgreifen *(n.)*. **2 bacchetta d'** ~ (verga) *(ind. tess.)*, Schiene *(f.)*, Kreuzschiene *(f.)*, Kreuzstab *(m.)*, Kreuzrute *(f.)*. **3 pettine d'** ~ *(macch. tess.)*, Lesekamm *(m.)*, Rispelkamm *(m.)*.
« **invernalizzato** » (resistente a basse temperature) *(tecnol.)*, winterfest.
inverno *(meteor.)*, Winter *(m.)*.
inversamente proporzionale *(mat.)*, umgekehrt proportional.
inversione (del senso di rotazione) *(macch.)*, Umkehr *(f.)*, Umschalten *(n.)*. **2** ~ (di marcia, di una nave p. es.) *(veic. - nav.)*, Umsteuerung *(f.)*. **3** ~ (del moto della tavola p. es.) *(lav. macch. ut.)*, Umsteuerung *(f.)*. **4** ~ (dello zucchero) *(chim. ind.)*, Inversion *(f.)*. **5** ~ (del gradiente termico nell'atmosfera) *(meteor.)*, Inversion *(f.)*. **6** ~ (d'un multivibratore) *(elettronica)*, Umkippen *(n.)*. **7** ~ **dei collegamenti** *(elett.)*, Umklemmen *(n.)*. **8** ~ **dei fili** *(elett.)*, Adernvertauschung *(f.)*. **9** ~ **del comando** *(aer.)*, Steuerungsumkehr *(f.)*. **10** ~ **dello zucchero** *(chim. ind.)*, Zuckerinversion *(f.)*. **11** ~ **del vapore** *(macch.)*, Dampfumsteuerung *(f.)*. **12** ~ **di corrente** *(elett.)*, Stromumkehrung *(f.)*, Stromwendung *(f.)*. **13** ~ **di marcia** (inversione del senso di rotazione) *(macch. - ecc.)*, Umschalten *(n.)*, Umsteuerung *(f.)*. **14** ~ **di movimento** *(gen.)*, Bewegungsumkehr *(f.)*. **15** ~ **di polarità** *(elett.)*, Umpolung *(f.)*. **16 campo d'**~ *(elett.)*, Wendefeld *(n.)*. **17 chiave d'**~ (invertitore) *(telef.)*, Wechsler *(m.)*. **18 circuito d'**~ *(elett.)*, Wendeschaltung *(f.)*. **19 comando d'**~ (del moto della tavola p. es.) *(macch. ut. - ecc.)*, Umsteuerung *(f.)*. **20 combinatore d'**~ (invertitore di marcia, per ferrovie elett.) *(app.)*, Fahrtwender *(m.)*. **21 commutatore d'**~ (per cambiare il senso di rotazione di motori elettrici) *(app.)*, Wendeschalter *(m.)*. **22 contattore d'**~ *(elett.)*, Wendeschütz *(m.)*. **23 divieto di** ~ **di marcia** (vietata l'inversione di marcia) *(traff. strad. - aut.)*, Wenden verboten. **24 errore d'**~ (d'uno strumento misuratore) *(strum.)*, Umkehrspanne *(f.)*. **25 frequenza delle inversioni** (di un invertitore) *(nav. - ecc.)*, Schalthäufigkeit *(f.)*. **26 leva di** ~ *(macch.)*, Umschalthebel *(m.)*. **27 macchina a vapore ad** ~ **di marcia** *(macch.)*, Umkehrdampfmaschine *(f.)*. **28 magnete d'**~ **della corsa** *(elett.)*, Umkehrhubmagnet *(m.)*. **29 numero delle inversioni** (frequenza delle inversioni) *(macch. - ecc.)*, Schalthäufigkeit *(f.)*. **30 punto di** ~ *(gen.)*, Wendepunkt *(m.)*. **31 ruota d'**~ (d'un cambio) *(masch. ut.)*, Umkehrrad *(n.)*. **32 semivalore di** ~ *(tecnica di mis.)*, Umkehrhalbspanne *(f.)*. **33 valore di** ~ *(tecnica di mis.)*, Umkehrspanne *(f.)*.
inverso *(gen.)*, umgekehrt.
inversore *(fot.)*, Inversor *(m.)*, Umbildgerät *(n.)*. **2** ~ **di corrente** *(elett.)*, Polwender *(m.)*.
invertasi (enzima) *(chim.)*, Invertase *(f.)*.
invertire *(gen.)*, umkehren, umwenden. **2** ~ (la corrente) *(elett.)*, umwenden, umkehren. **3** ~ **la marcia** (invertire il senso di rotazione) *(macch.)*, umschalten, umkehren. **4** ~ **la marcia** *(veic. - nav.)*, umsteuern. **5** ~ **la polarità** *(elett.)*, umpolen.
invertito *(gen.)*, verkehrt. **2** ~ (zucchero) *(chim.)*, invertiert.
invertitore (di marcia) *(mecc. - nav.)*, Wendegetriebe *(n.)*. **2** ~ (per convertire c.c. in c.a., ondulatore) *(app. elett.)*, Wechselrichter *(m.)*. **3** ~ (commutatore di polarità) *(app. elett.)*, Wender *(m.)*. Polumschalter *(m.)*. **4** ~ (negatore, circuito binario che inverte il significato d'un segnale in entrata) *(calc.)*, Inverter *(m.)*, Negator *(m.)*. **5** ~ (chiave di inversione) *(telef.)*, Wechsler *(m.)*. **6** ~ **ad ingranaggi** *(nav.)*, Zahnradwendegetriebe *(n.)*. **7** ~ (**a prismi**) **di Porro** *(ott.)*, Porrosches Umkehrsystem. **8** ~ **a vibratore** (per convertire c.c. in c.a.) *(elett.)*, Pendelwechselrichter *(m.)*. **9** ~ **con riduttore incorporato** (invertitore-riduttore) *(nav.)*, Wende-Untersetzungsgetriebe *(n.)*, Wendegetriebe mit Untersetzung. **10** ~ **del vapore** *(macch.)*, Dampfumsteuerung *(f.)*. **11** ~ **di marcia** *(nav. - ecc.)*, Wendegetriebe *(n.)*. **12** ~ **di**

investimento

marcia (combinatore d'inversione, per ferrovie elett.) (*app.*), Fahrtwender (*m.*). **13 ~ di polarità** (*elett.*), Polwechsler (*m.*), Polumschalter (*m.*), Wender (*m.*). **14 ~ di polarità** (amplificatore-invertitore) (*elett.*), Umkehrverstärker (*m.*). **15 ~ di spinta** (di un motore a getto) (*aer.*), Schubumkehrvorrichtung (*f.*). **16 ~ marino** (*nav.*), Schiffswendegetriebe (*n.*). **17 ~ -riduttore** (invertitore con riduttore incorporato) (*nav.*), Wende-Untersetzungsgetriebe (*m.*), Wendegetriebe mit Untersetzung. **18 ~ unipolare** (commutatore intermedio) (*app. elett.*), Kreuzschalter. **19 commutatore- ~** (*app. elett.*), Wendeschalter (*m.*), Umkerschalter (*m.*). **20 commutatore ~ di marcia** (per motori trifase p. es.) (*app. elett.*), Drehrichtungsumkehrschalter (*m.*). **21 stadio ~ di fase** (*elettronica*), Phasenumkehrstufe (*f.*). **22 tubo ~ di fase** (*elettronica*), Phasenumkehrröhre (*f.*), Umkehrröhre (*f.*).
investimento (di capitale in una società p. es.) (*comm.*), Einlage (*f.*), Geschäftseinlage (*f.*), Investition (*f.*), Anlage (*f.*). **2 investimenti di portafoglio** (*finanz.*), Portfolioinvestitionen (*f. pl.*). **3 investimenti finanziari** (*amm.*), Finanzanlagen (*f. pl.*). **4 ~ sicuro** (*finanz.*), sichere Anlage. **5 piano d'~** (*finanz.*), Investitionsvorhaben (*n.*).
investire (del denaro in una impresa) (*finanz.*), hineinstecken, einlegen, anlegen, investieren. **2 ~** (urtare) (*gen.*), anstossen, ausstossen. **3 ~** (con un veicolo p. es.) (*veic.*), anprallen, überfahren.
investito (capitale) (*finanz.*), angelegt, investiert.
invetriare (mettere i vetri) (*ed. - ecc.*), verglasen, einglasen.
invetriato (vetrato, a vetri, una porta p. es.) (*ed.*), verglast.
inviare (mandare) (*gen.*), senden, schicken.
inviluppante (*s. - geom.*), Umhüllende (*f.*), Umhüllungslinie (*f.*).
inviluppare (*geom.*), umhüllen.
inviluppo (linea di inviluppo) (*mat.*), Enveloppe (*f.*), Hüllkurve (*f.*), einhüllende Kurve. **2 ~ della modulazione** (*radio*), Modulationshüllkurve (*f.*). **3 cerchio ~** (*geom.*), Hüllkreis (*m.*). **4 curva ~** (inviluppo) (*geom. - ecc.*), Hüllkurve (*f.*). **5 linea di ~** (*mat.*), einhüllende Kurve, Enveloppe (*f.*). **6 sezione ~** (nella fresatura a creatore) (*lav. macch. ut.*), Hüllschnitt (*m.*). **7 superficie di ~** (*mat.*), Hüllfläche (*f.*), einhüllende Fläche.
invio (*gen.*), Beschickung (*f.*), Sendung (*f.*). **2 ~ in visione** (di un libro p. es., ad un potenziale acquirente, da parte dell'editore) (*comm.*), Ansichtsendung (*f.*), Probesendung (*f.*).
invitare (ad un concorso di appalto p. es.) (*comm.*), ausschreiben.
invito (ad un concorso di appalto o gara per fornitura) (*comm.*), Ausschreibung (*f.*), Ausschreiben (*n.*). **2 ~** (conicità, spoglia, di un modello o stampo p. es.) (*fond. - fucinatura*), Schräge (*f.*), Anzug (*m.*). **3 ~ a rottura** (spigolo vivo, ecc.) (*mecc.*), Spannungserhöher (*m.*). **4 ~ a rottura da intaglio** (effetto di intaglio, in un pezzo p. es.) (*mecc.*), Kerbwirkung (*f.*). **5 ~ a rottura dovuto a spigolo vivo** (effetto di spigolo) (*mecc.*), Kautenspannung (*f.*). **6 ~ dello stampo** (spoglia dello stampo, sformo dello stampo) (*ut. fucinatura*), Gesenkschräge (*f.*).
involgere (avviluppare) (*gen.*), einhüllen.
involo (decollo) (*aer.*), Abflug (*m.*), Start (*m.*).
involontario (*gen.*), unbeabsichtigt, unabsichtlich.
involucro (*gen.*), Umhüllung (*f.*), Hülle (*f.*). **2 ~** (di un aerostato) (*aer.*), Hülle (*f.*), Gashülle (*f.*). **3 ~ del forno** (mantello del forno, carcassa del forno, fasciame del forno) (*forno - metall.*), Ofenmantel (*m.*). **4 ~ di protezione per cavi** (guaina di protezione per cavi, contro l'umidità p. es.) (*elett.*), Kabelmantel (*m.*). **5 ~ metallico** (mantello, carcassa di lamiera, di un cubilotto p. es.) (*metall. - forno*), Blechmantel (*m.*), Mantel (*m.*). **6 ~ plastico protettivo** (*imball.*), Abstreifpackung (*f.*). **7 ~ plastico protettivo** (imbozzolatura, per macchine p. es.) (*imball.*), Cocoon-Verpackung (*f.*).
involuzione (proiettività tra forme di prima specie sovrapposte) (*mat.*), Involution (*f.*).
iodio (I - *chim.*), Jod (*n.*). **2 numero di ~** (colore espresso in iodio) (*chim. - vn.*), Jodfarbzahl (*f.*). **3 tintura di ~** (*farm.*), Jodtinktur (*f.*).
iodoformio (CHI_3) (*farm.*), Jodoform (*n.*), Trijodmethan (*n.*).
ione (*elett.*), Ion (*n.*). **2 ~ anfotero** (*chim. - fis.*), Zwitterion (*n.*). **3 ~ complesso** (*chim.*), Komplexion (*n.*), komplexes Ion. **4 ~ di idrogeno** (*chim.*), Wasserstoffion (*n.*). **5 ioni idronio** (ioni H_3O^+) (*elettrochim.*), Hydroniumionen (*n. pl.*), Hydroxoniumionen (*n. pl.*).
ionico (*chim. - ecc.*), ionisch, Jonen... **2 assorbimento ~** (pompaggio ionico) (*tecn. del vuoto*), Ionenpumpen (*n.*). **3 macchia ionica** (*elettronica*), Ionenfleck (*m.*). **4 pompa ionica** (*macch. - tecn. del vuoto*), Ionenpumpe (*f.*). **5 pompaggio ~** (assorbimento ionico) (*tecn. del vuoto*), Ionenpumpen (*n.*). **6 propulsore ~** (*elett.*), Ionentriebwerk (*n.*). **7 trappola ionica** (*elettronica*), Ionenfalle (*f.*). **8 valanga ionica** (*elettronica*), Ionenlawine (*f.*).
ionio (isotopo radioattivo del torio) (Io - *chim.*), Ionium (*n.*).
ionitrurazione (processo in cui l'azoto viene ionizzato da scariche luminescenti) (*tratt. term.*), Ionitrierverfahren (*n.*), Glimmnitrieren (*n.*).
ionizzabile (*chim.*), ionisierbar.
ionizzare (*chim. - fis.*), ionisieren.
ionizzato (*fis.*), ionisiert.
ionizzazione (*elett. - chim.*), Ionisation (*f.*), Ionisierung (*f.*). **2 ~ colonnare** (*elettronica*), Säulenionisation (*f.*), Kolonnenionisation (*f.*). **3 ~ cumulativa** (*fis.*), lawinenartige Ionisation. **4 ~ multipla** (*fis.*), Mehrfachionisation (*f.*). **5 ~ (per agitazione) termica** (*fis.*), thermische Ionisation. **6 ~ per urto** (*fis. atom.*), Stossionisation (*f.*). **7 ~ specifica** (*fis. atom.*), spezifische Ionisation. **8 camera di ~** (per misurare l'intensità di irradiazione di materie radioattive) (*fis.*), Ionisationskammer

irradiato

(f.). 9 camera di ~ portatile (fis. atom.), C.P.-Meter (n.), tragbare Ionisationskammer. 10 potenziale di ~ (fis.), Ionisationsspannung (f.). 11 tempo di ~ (fis. atom.), Aufbauzeit (f.), Ionisierungszeit (f.).
ionofono (altoparlante ionico) (elettroacus.), Ionen-Lautsprecher (m.), ionischer Lautsprecher.
ionoforesi (iontoforesi) (elett. - med.), Ionophorese (f.), Iontophorese (f.).
ionogeno (chim.), ionogen. 2 a dispersione ionogena (chim.), ionogendispers.
ionogramma (astr.), Ionogramm (n.).
ionometro (per misurare il valore di pH di una soluzione) (app. chim.), Ionometer (n.).
ionone (per profumi) (chim.), Jonon (n.).
ionosfera (a più di ca. 60 km di altitudine) (geofis.), Ionosphäre (f.).
ionosonda (app. - astr.), Ionosonde (f.).
iontoforesi (ionoforesi) (elett. - med.), Iontophorese (f.), Ionophorese (f.).
iperaffaticamento (lav.), Übermüdung (f.).
iperbole (geom.), Hyperbel (f.).
iperbolico (mat.), hyperbolisch.
iperboloide (geom.), Hyperboloid (n.). 2 ~ di rivoluzione (geom.), Umdrehungshyperboloid (n.), Rotationshyperboloid (n.).
ipercomplesso (a. - mat.), hyperkomplex.
ipercritico (fis. atom.), überkritisch. 2 caso ~ (nel funzionamento d'un impianto p. es.) (ind.), Schwarzfall (m.), überkritischer Fall.
iperdecarburato (decarburato in eccesso, acciaio) (metall.), ausgegart.
iperelastico (mecc.), überelastisch.
ipereutettico (metall.), übereutektisch.
ipereutettoide (metall.), übereutektoid.
ipergolico (propellente per razzi) (a. - chim. - aer.), hypergol.
ipergolo (propellente ipergolico, per razzi) (chim.), hypergoler Treibstoff.
ipernutrizione (sovranutrizione) (med.), Übernährung (f.).
iperone (particella elementare) (fis. nucl.), Hyperon (n.).
iperpiano (geom.), Hyperebene (f.).
ipersincrono (a velocità superiore a quella di sincronismo) (mot. elett.), übersynchron.
ipersonico (aer. - ecc.), Ultraschall...
ipersostentatore (deflettore, «flap») (aer.), Klappe (f.). 2 ~ a cerniera (aer.), Drehklappe (f.). 3 ~ ad uscita (ipersostentatore tipo Fowler) (aer.), Fowler-Klappe (f.). 4 ~ a fessura (aer.), Spaltklappe (f.). 5 ~ alare (aer.), Flügelklappe (f.). 6 ~ di atterraggio («flap») (aer.), Landeklappe (f.). 7 ~ di curvatura (ipersostentatore normale) (aer.), gewöhnliche Klappe. 8 ~ d'intradosso (aer.), Zap-Klappe (f.), Spreizklappe (f.). 9 ~ di richiamata (aer.), Abfangklappe (f.). 10 ~ normale (ipersostentatore di curvatura) (aer.), gewöhnliche Klappe. 11 ~ tipo Fowler (ipersostentatore ad uscita) (aer.), Fowler-Klappe (f.).
iperspazio (mat. - ecc.), Hyperraum (m.).
iperstatica (incognita iperstatica) (s. - sc. costr.), statisch überbestimmte Unbekannte, statisch unbestimmte Unbekannte.
iperstatico (sc. costr.), statisch überbestimmt, statisch unbestimmt.

ipoazotide (tetrossido d'azoto, N_2O_4; è un buon ossidante) (chim.), Stickstofftetroxyd (n.).
ipocentro (di un terremoto) (geol.), Hypozentrum (n.).
ipocicloide (geom.), Hypozykloide (f.).
ipoclorito (chim.), Hypochlorit (n.).
ipocloroso (acido) (chim.), unterchlorig.
ipoeutettico (metall.), untereutektisch.
ipoeutettoide (metall.), untereutektoidisch.
ipofosfito (chim.), Hypophosphit (n.).
ipoide, ingranaggio ~ (coppia ipoide) (mecc.), Schraubgetriebe (n.), Hypoidgetriebe (n.). 2 ruota dentata ~ (ruota ipoide) (mecc.), Hypoidrad (n.), Schraubenrad (n.).
iposcopio (doppio periscopio) (app. ott.), Hyposkop (n.).
iposincrono (subsincrono, a velocità inferiore a quella di sincronismo) (mot. elett.), untersynchron.
iposolfito (chim.), Hyposulphit (n.). 2 ~ di sodio (chim. - fot.), Natriumthiosulfat (n.), Fixiernatron (n.).
ipossiemia (anossiemia) (med.), Hypoxaemie (f.).
ipoteca (finanz.), Hypothek (f.). 2 prima ~ (finanz.), erste Hypothek.
ipotenusa (geom.), Hypotenuse (f.).
ipotesi (supposizione) (gen.), Annahme (f.), Voraussetzung (f.). 2 ~ (mat. - ecc.), Hypothese (f.). 3 ~ di accumulo di rotture (nelle prove di fatica) (prove mater.), Schadenakkumulation-Hypothese (f.).
ipotrochoide (geom.), Hypotrochoide (f.).
iprite [$(C_2H_4Cl)_2S$] (solfuro di etile biclorurato) (chim.), Yperit (n.), Senfgas (n.).
ipsofono (registratore automatico delle comunicazioni in assenza dell'utente) (telef.), Gesprächsaufnahmeeinrichtung (f.).
ipsografo (registratore di livello) (app. elett. - telef.), Pegelschreiber (m.).
ipsogramma (d'un collegamento per telecomunicazioni, diagramma del livello) (radio - ecc.), Pegeldiagramm (n.).
ipsometria (altimetria) (top.), Hypsometrie (f.), Höhenmessung (f.).
ipsometro (indicatore di livello, per telecomunicazioni) (metrol. - elett. - ecc.), Pegelzeiger (m.).
Ir (iridio) (chim.), Ir, Iridium (n.).
iraser (amplificatore di radiazioni infrarosse, infrared amplification by stimulated emission of radiations) (fis.), Iraser (m.).
irdomo (cupola di plastica per app. localizzatori ad infrarossi) (app. - aer.), Irdom (m.).
iride (ott.), Iris (f.).
iridescente (ott.), irisierend.
iridescenza (ott.), Irisieren (n.).
iridio (Ir - chim.), Iridium (n.).
irradiamento (emittenza raggiante, E, W/m^2) (fis.), Bestrahlungsstärke (f.), E_e. 2 ~ (energetico) solare (utilizzabile) (meteor. - ecc.), Sonneneinstrahlung (f.). 3 ~ ultravioletto (ott.), Ultraviolettbestrahlung (f.).
irradiare (irraggiare, emettere radiazioni) (fis.), strahlen, ausstrahlen. 2 ~ acusticamente (acus.), beschallen.
irradiato (superficie irradiata p. es.) (fis.), bestrahlt.

irraggiamento (emissione di radiazioni) (*fis.*), Ausstrahlung (*f.*), Strahlen (*n.*), Irradiation (*f.*).
irrazionale (un numero) (*mat.*), irrational.
irregolare (*gen.*), unregelmässig. 2 ~ (non uniforme, disuniforme) (*gen.*), ungleichmässig.
irregolarità (*gen.*), Unregelmässigkeit (*f.*). 2 ~ (scarto, scostamento da regolare, variazione della grandezza da regolare) (*macch.*), Regelabweichung (*f.*). 3 **grado di** ~ (del volano di un motore a comb. interna p. es.) (*mot.*), Ungleichförmigkeitsgrad (*m.*).
irrestringibile (tessuto p. es.) (*tecnol.*), schrumpfecht.
irreversibile (*fis. - chim. - ecc.*), nicht umkehrbar, irreversibel. 2 **elemento** ~ (*gen.*), rückwirkungesfreies Glied.
irreversibilità (*gen.*), Nichtumkehrbarkeit (*f.*).
irrevocabile (credito) (*comm.*), unwiderruflich.
irriducibile (*mat.*), ireduzibel.
irrigare (*agric.*), bewässern. 2 ~ **a pioggia** (*agric.*), beregnen. 3 ~ **per scorrimento** (*agric.*), berieseln.
irrigatore (*app. agric.*), Bewässerungsapparat (*m.*). 2 ~ **a pioggia** (*agric.*), Beregnungsvorrichtung (*f.*), Regner (*m.*), Sprinkler (*m.*).
irrigazione (*agric.*), Bewässerung (*f.*). 2 ~ **a pioggia** (*agric.*), Beregnung (*f.*). 3 ~ **a solchi** (*agric.*), Furchenrieselung (*f.*). 4 ~ **a velo d'acqua** (*agric.*), Berieselung (*f.*). 5 ~ **con acque superficiali** (*agric.*), Überflurbewässerung (*f.*). 6 ~ **con liquame** (*agric.*), Abwasserverrieselung (*f.*). 7 ~ **per scorrimento** (*agric.*), Berieselung (*f.*). 8 ~ **per sommersione** (*agric.*), Staubewässerung (*f.*), Überstauung (*f.*), Stauberieselung (*f.*). 9 ~ **per sommersione a scomparti** (*agric.*), Beckenbewässerung (*f.*). 10 ~ **sotterranea** (*agric.*), Dränbewässerung (*f.*), Untergrundbewässerung (*f.*). 11 **acqua di** ~ (acqua irrigua) (*agric.*), Bewässerungswasser (*n.*). 12 **canale di** ~ (canale irriguo) (*agric.*), Bewässerungskanal (*m.*). 13 **impianto di** ~ **a pioggia** (*agric.*), Regenanlage (*f.*). 14 **tempo di** ~ (a pioggia, tempo necessario per l'irrigazione di una data superficie) (*agric.*), Umlaufdauer (*f.*). 15 **traversa per** ~ (paratoia per irrigazione) (*agric. - costr. idr.*), Bewässerungswehr (*n.*).
irrigidimento (*gen.*), Befestigung (*f.*), Verstärkung (*f.*). 2 ~ (rinforzo) (*mecc. - ecc.*), Verstärkung (*f.*), Versteifung (*f.*). 3 ~ (*ed. - ecc.*), Versteifung (*f.*). 4 ~ **trasversale** (*ed. - ecc.*), Querversteifung (*f.*).
irrigidire (rinforzare) (*mecc. - ecc.*), festigen, versteifen, verstärken. 2 ~ (*ed. - ecc.*), versteifen.
irrigidito (*ed. - ecc.*), verstelft.
irrobustimento (irrigidimento) (*gen.*), Verstärkung (*f.*), Versteifung (*f.*). 2 **raccordo d'**~ (agli appoggi, di una trave) (*ed.*), Vaute (*f.*).
irrorazione (*agric. - ecc.*), Streuung (*f.*). 2 **velivolo per irrorazioni** (per lotta anticrittogamica p. es.) (*aer. - agric. - ecc.*), Streuflugzeug (*n.*).
irrotazionale (*mat. - mecc.*), wirbellos.
irruvidimento (*gen.*), Aufrauhung (*f.*), Anrauhung (*f.*). 2 ~ **antisdrucciolevole** (della superficie stradale) (*costr. strad.*), Anrauhung (*f.*), Abstumpfung (*f.*).
irruvidire (*gen.*), aufrauhen, anrauhen.
irruvidito (*gen.*), gerauht.
isalloterma (isoalloterma, linea isoalloterma) (*meteor.*), Isoallotherme (*f.*).
iscritto (inscritto) (*gen.*), einbeschrieben, eingeschrieben.
iscriversi (ad un esame p. es.) (*gen.*), sich melden. 2 ~ (per cercare lavoro p. es.) (*lav.*), sich melden. 3 ~ **all'anagrafe** (*gen.*), sich anmelden, sich in die Einwohnerkontrolle eintragen lassen.
iscrizione (*gen.*), Einschreibung (*f.*), Eintrag (*m.*). 2 ~ (dicitura, leggenda) (*gen.*), Beschriftung (*f.*). 3 ~ (scritta, su marmo, bronzo, ecc.) (*gen.*), Aufschrift (*f.*), Inschrift (*f.*). 4 ~ **in fascia** (raggi minimi di volta riferiti alle parti esternamente ed internamente più sporgenti del veicolo) (*aut.*), kleinster Aussen- und Innenwendekreisradius. 5 ~ **nei ruoli** (*leg.*). Stammrolleneintrag (*m.*). 6 ~ **preliminare** (per il trapasso di proprietà) (*leg.*), Vormerkung (*f.*). 7 ~ **tavolare** (*ed.*), Grundbucheintragung (*f.*). 8 **applicare le iscrizioni** (su un disegno) (*dis.*), beschriften. 9 **domanda d'**~ (nel registro del catasto p. es.) (*leg.*), Eintragungsantrag (*m.*). 10 **tassa d'**~ (*finanz.*), Einschreibegebühr (*f.*), Aufnahmegebühr (*f.*).
isentalpica (isoentalpica, curva) (*s. - termod.*), Isenthalpe (*f.*).
isentropica (isoentropica, linea) (*s. - termod.*), Isentrope (*f.*).
ISO (International Standardizing Organisation, Organizzazione Internazionale di Normalizzazione) (*tecnol. - ecc.*), ISO.
isoalloterma (isalloterma, linea isoalloterma) (*meteor.*), Isoallotherme (*f.*).
isoanomala (linea isoanomala) (*geofis.*), Isoanomale (*f.*).
isobara (linea isobarica, congiungente i punti di ugual pressione atmosferica) (*meteor. - geofis.*), Gleichdrucklinie (*f.*), Isobare (*f.*).
isobaro (*chim. - fis.*), isobar.
isobata (linea isobata, di un bacino, congiungente i punti di uguale profondità) (*geofis. - top.*), Isobathe (*f.*), Tieflinie (*f.*).
isobutano (trimetil-metano) (*chim.*), Isobutan (*n.*).
isocasmo (linea isocasmo, che collega luoghi di uguale frequenza dell'aurora boreale) (*geofis.*), Isochasme (*f.*).
isochinolina (*chim.*), Isochinolin (*n.*).
isoclina (linea isoclina, del campo magnetico terrestre, congiungente i punti di uguale inclinazione magnetica) (*geofis.*), Linie gleicher Inklination.
isocora (variazione di stato a volume costante) (*s. - termod.*), Isochore (*f.*).
isocrona (linea isocrona) (*s. - geogr. - ecc.*), Isochrone (*f.*).
isocronismo (*fis.*), Isochronismus (*m.*).
isocrono (*fis.*), isochron. 2 **regolatore** ~ (*app.*), isochroner Regler.
isodimorfismo (di cristalli) (*min.*), Isodimorphie (*f.*).
isodinamia (isodinamismo) (*biol.*), isodynamischer Zustand.
isodinamica (linea isodinamica, che collega

luoghi di uguale geomagnetismo) (s. - geofis.), Isodyname (f.).
isodinamico (fis.), isodynamisch.
isodinamismo (isodinamia) (biol.), isodynamischer Zustand.
isodose (fis. atom.), Isodose (f.).
isodromo (astatico, regolatore) (regol.), astatisch.
isoelettrico (elettrochim.), isoelektrisch.
isoentalpica (isentalpica, curva) (s. - termod.), Isenthalpe (f.).
isoentropica (isentropica, linea) (s. - termod.), Isentrope (f.).
isofase (gen.), gleichphasig. 2 **ripresa ~** (ripresa in perfetto sincronismo) (elettroacus.), Gleichtaktaufnahme (f.).
isofermione (fis.), Isofermion (n.).
isofota (curva isofota) (ott.), Lichtgleiche (f.). 2 ~ (isoluxa, curva di eguale illuminamento) (illum.), Beleuchtungsgleiche (f.).
isogona (curva congiungente i punti di uguale declinazione magnetica terrestre) (geofis.), Abweichungslinie (f.).
isoieta (linea isoieta, linea dei punti di uguale piovosità) (geogr. - meteor.), Regengleiche (f.), Isohyete (f.).
isoionico (chim.), isoionisch.
isoipsa (luogo dei punti di uguale altezza sopra di una superficie di riferimento) (top. - geogr.), Isohypse (f.), Höhenlinie (f.). 2 ~ (linea di andamento orizzontale sulla superficie inclinata di un giacimento) (geol.), Streichlinie (f.).
isola (geogr.), Insel (f.). 2 ~ (di una portaerei, sovrastruttura) (mar. milit.), Insel (f.). 3 ~ (salvagente, per pedoni) (traff. strad.), Schutzinsel (m.), Schutzstreifen (m.), Stützinsel (f.). 4 ~ **corallina** (geogr.), Koralleninsel (f.). 5 ~ **di guida** (del traffico) (traff. strad.), Leitinsel (f.). 6 ~ **per trivellazioni** (in acciaio, per eseguire trivellazioni profonde sottomarine) (ind. chim.), Bohr-Insel (f.). 7 **effetto ~** (elettronica), Inselbildung (f.).
isolamento (elett. - term. - ecc.), Isolierung (f.), Isolation (f.). 2 ~ (di vibrazioni p. es.) (gen.), Dämmung (f.), Isolierung (f.). 3 ~ **acustico** (acus. - ed. - ecc.), Schallisolierung (f.), Schallschutz (m.), Lärmschutz (m.). 4 ~ « **alfol** » (mediante fogli di alluminio con intercapedine) (term.), Alfol-Isolierung (f.). 5 ~ **a piattina** (elett.), Stegisolierung (f.). 6 ~ **dal freddo** (term.), Kälteisolierung (f.). 7 ~ **dalle vibrazioni** (mecc. - ecc.), Schwingungsdämmung (f.), Schwingungsisolierung (f.). 8 ~ **di sughero** (per tubi ecc.) (tubaz. - ecc.), Korkisolierung (f.). 9 ~ **in carta** (elett.), Papierisolation (f.). 10 ~ **termico** (fis. - ecc.), Wärmeisolierung (f.), Wärmedämmung (f.). 11 ~ **tropicale** (per app. destinati a funzionare in climi tropicali) (elett. - ecc.), Tropenisolation (f.), Tropenisolierung (f.). 12 **capannone con ~ acustico** (verso l'esterno, per la prova di motori p. es.) (acus. - ed. - prove), Lärmschutzhalle (f.). 13 **classe d'~** (elett.), Isolationsklasse (f.). 14 **fattore d'~ (acustico)** (perdita per trasmissione) (acus.), Dämmzahl (f.). 15 **indice di ~** (temperatura indice di isolamento, temperatura di una candela p. es., alla quale il valore dell'isolamento è sceso ad 1 megaohm) (elett. - aut.), T-Wert (m.). 16 **livello d'~** (elett.), Isolationspegel (m.). 17 **materiale per ~ acustico** (materiale antiacustico, materiale fonoassorbente) (tecnol.), akustisches Material, schallschluckendes Material. 18 **prova d'~ verso massa** (elett.), Körperschlussprüfung (f.). 19 **resistenza d'~** (elett.), Isolationswiderstand (m.).
isolante (materiale isolante) (s. - elett. - ecc.), Isolationsmaterial (n.), Isoliermaterial (n.), Isolierstoff (m.), Isolierungsstoff (m.). 2 ~ (a. - gen.), isolierend. 3 ~ (nonconduttore) (s. - elett.), Nichtleiter (m.), Isolator (m.). 4 ~ (materiale isolante, catrame, ecc., contro l'umidità p. es.) (ed.), Sperrstoff (m.). 5 ~ (per diminuire l'assorbimento degli smalti di finitura da parte dei fondi p. es.) (vn.), Absperrmittel (n.). 6 ~ (vernice, per conchiglie p. es.) (fond.), Anstrich (m.). 7 ~ **acustico** (materiale fonoassorbente) (acus. - ed. - ecc.), Schallschlucker (m.), Schall-Absorptions-Material (n.), Schallschluck-Material (n.), Schallschluckstoff (m.), Schallschutzstoff (m.). 8 ~ **bituminoso** (isolante idrofugo, contro l'umidità del terreno) (ed.), Voranstrichmittel (n.). 9 ~ **ceramico** (elett.), keramischer Isolierstoff (m.). 10 ~ **della candela** (mot.), Kerzenstein (m.). 11 ~ **per calcestruzzo** (additivo idrofugo per c.) (ed.), Betondichtungsmittel (n.), Betonsperrmittel (n.). 12 ~ **termico** (coibente, materiale coibente) (ed. - ecc.), Wärmeschutzstoff (m.), Dämmstoff (m.). 13 **additivo ~** (per rendere ermetico il calcestruzzo) (ed.), Sperrzusatz (m.). 14 **malta ~** (malta impermeabile) (ed.), Sperrmörtel (m.). 15 **materiale ~ per cavi** (elett.), Kabelmasse (f.). 16 **strato ~** (strato antivibrante, sotto l'incudine d'un maglio p. es.) (macch.), Dämmschicht (f.). 17 **tubo ~** (tubo « Bergmann ») (elett.), Isolierrohr (n.), Bergmannrohr (n.).
isolantite (isolante ceramico) (elett.), Isolantit (n.).
isolare (elett.), isolieren. 2 ~ (dal calore p. es.) (ed. - ecc.), dämmen, isolieren. 3 ~ **termicamente** (gen.), wärmeisolieren.
isolato (a. - elett. - ecc.), isoliert. 2 ~ (gruppo di edifici) (s. - ed.), Häuserblock (m.), Häusergruppe (f.), Baublock (m.), Block (m.). 3 ~ (non a massa, di impianto elett.) (elett.), nicht geerdet. 4 ~ **acusticamente** (acus.), schallisoliert. 5 ~ **in carta** (elett.), papierisoliert.
isolatore (elett.), Isolator (m.). 2 ~ **a barra** (elett.), Langstabisolator (m.). 3 ~ **a campana** (elett.), Glockenisolator (m.), Isolierglocke (f.). 4 ~ **a cappe** (elett.), Kappenisolator (m.). 5 ~ **a catena di cappe** (elett.), Kappenisolator (m.). 6 ~ **a fungo** (elett.), Pilzisolator (m.). 7 ~ **a gola** (isolatore a rocchetto) (elett.), Isolierrolle (f.). 8 ~ **a noce** (elett.), Eierisolator (m.). 9 ~ **a nucleo massiccio** (isolatore a nucleo pieno) (elett.), Vollkernisolator (m.), Motor-Isolator (m.). 10 ~ **a perno portante** (isolatore a perno rigido, isolatore rigido) (elett.), Stützenisolator (m.), Stützer (m.). 11 ~ **cilindrico** (elett.), Stabisolator (m.). 12 ~ **da interni** (elett.), Innenraumisolator (m.). 13 ~ **da nebbia** (elett.), Nebelisolator (m.). 14 ~ **di porcellana** (elett.),

isolinea

Porzellanisolator (*m.*). 15 ~ **di sezionamento** (*elett.*), Trennisolator (*m.*). 16 ~ **esterno** (*elett.*), Freileitungsisolator (*m.*). 17 ~ **in olio** (*elett.*), Ölisolator (*m.*). 18 ~ **passante** (*elett.*), Durchführungsisolator (*m.*), Tülle (*f.*). 19 ~ **passante conico** (*elett.*), Kegeltülle (*f.*). 20 ~ **passante di vetro** (*elett.*), Glasdurchführung (*f.*). 21 ~ **passante flessibile** (*elett.*), Schlauchtülle (*f.*). 22 ~ **rigido** (*elett.*), Stützisolator (*m.*). Stützer (*m.*). 23 ~ **sospeso** (*elett.*), Hängeisolator (*m.*). 24 **catena d'isolatori a noce** (*elett.*), Eierkette (*m.*). 25 **linea su isolatori** (*elett.*), Leitung auf Isolatoren.
isolinea (*meteor. - geogr.*), Iso-Linie (*f.*).
isoluxa (isofota, curva di eguale illuminamento) (*illum.*), Beleuchtungsgleiche (*f.*).
isomeria (*chim. - fis. nucl.*), Isomerie (*f.*). 2 ~ **dinamica** (equilibrio tautomerico) (*chim.*), Desmotropie (*f.*). 3 ~ **geometrica** (isomeria cis-trans) (*chim.*), geometrische Isomerie, Cis-trans-Isomerie (*f.*). 4 ~ **nello spazio** (stereoisomeria) (*chim.*), Stereoisomerie (*f.*). räumliche Isomerie. 5 ~ **nucleare** (*fis.*), Kernisomerie (*f.*), Stellungisomerie (*f.*). 6 ~ **strutturale** (*chim.*), Strukturisomerie (*f.*).
isomerico (*chim. - fis.*), isomer.
isomerizzazione (trasformazione strutturale d'una molecola) (*chim.*), Isomerisierung (*f.*).
isomero (nucleo p. es.) (*s. - fis. atom. - chim.*), Isomer (*n.*).
isometria (*dis.*), Isometrie (*f.*).
isometrico (*mis.*), isometrisch. 2 ~ (*dis.*), massgleich.
isomorfismo (*min.*), Isomorphie (*f.*).
isomorfo (*min.*), isomorph.
iso-ottano (*chim. - aut.*), Iso-Oktan (*n.*).
isopleta (linea isopleta) (*meteor.*), Isoplethe (*f.*).
isoprene (idrocarburo liquido) (*chim.*), Isopren (*n.*).
isoscele (*geom.*), gleichschenklig.
isoseisto (isosisto, linea isosista, linea isosismica) (*geofis.*), Isoseiste (*f.*).
isosisto (isoseisto, linea isosista, isosista, linea isosismica) (*geofis.*), Isoseiste (*f.*).
isospin (*fis.*), Isospin (*m.*).
isostasi (teoria geologica sull'equilibrio statico dei costituenti la litosfera) (*geofis.*), Isostasie (*f.*).
isostatico (*fis.*), isostatisch.
isotachia (linea, luogo dei punti di uguale velocità, di una corrente fluida) (*idr. - ecc.*), Isotache (*f.*).
isotattico (polimero) (*chim.*), isotaktisch. 2 **polimero** ~ (*ind. chim.*), isotaktisches Polymer.
isoterma (linea isoterma) (*fis. - geofis.*), Isotherme (*f.*).
isotermico (*fis. - termodin.*), isotherm, isothermisch. 2 **rimorchio** ~ (*veic.*), Thermoanhänger (*m.*).
isotono (nucleo atomico) (*fis. atom.*), Isoton (*m.*).
isotopico (*fis.*), isotop. 2 **spin** ~ (*fis.*), isotoper Spin.
isotopo (*chim.*), Isotop (*n.*). 2 ~ **indicatore** (isotopo tracciante, elemento marcato) (*radioatt. - biol. - ind.*), Leitisotop (*n.*). 3 ~ **stabile** (*fis. atom.*), stabiles Isotop. 4 ~ **tracciante** (isotopo indicatore, elemento marcato) (*radioatt. - biol. - ind.*), Leitisotop (*n.*). 5 **batteria ad isotopi** (*elett.*), Isotopenbatterie (*f.*). 6 **separazione degli isotopi** (*chim.*), Isotopentrennung (*f.*).
isotrone (app. per la separazione degli isotopi) (*app. fis.*), Isotron (*n.*).
isotropia (*fis.*), Isotropie (*f.*).
isotropico (*fis.*), isotrop.
isoventa (linea dei valori medi uguali della velocità del vento) (*meteor.*), Isovente (*f.*).
ispessimento (*gen.*), Verdickung (*f.*). 2 ~ (impolmonimento, di vernici) (*difetto di vn.*), Konsistenzzunahme (*f.*), Nachdicken (*n.*).
ispessire (rendere più denso) (*vn. - ecc.*), verdicken, eindicken.
ispettorato (*leg. - ecc.*), Inspektorat (*m.*). 2 ~ **del lavoro** (*lav.*), Arbeitsinspektion (*f.*), Gewerbeaufsichtamt (*n.*). 3 ~ **lavori edili** (ufficio per la sorveglianza e l'approvazione di costruzioni) (*ed.*), Bauamt (*n.*), Bauaufsichtamt (*n.*), Baubehörde (*f.*).
ispettore (*lav. - comm. - ecc.*), Inspektor (*m.*), Aufseher (*m.*). 2 ~ **ferroviario** (*ferr.*), Betriebsaufseher (*m.*). 3 ~ **minerario** (*lav.*), Bergrevierbeamter (*m.*).
ispezionare (*gen.*), beaufsichtigen, überprüfen, inspizieren. 2 ~ (verificare, una linea p. es.) (*telef. - ecc.*), begehen.
ispezionato (*gen.*), beaufsichtigt, überprüft, inspiziert. 2 ~ **e trovato in regola** (argine principale) (*costr. idr.*), schaufrei.
ispezione (*gen.*), Aufsicht (*f.*), Inspektion (*f.*). 2 ~ (controllo, per garantire la sicurezza di impianti) (*ind.*), Inspektion (*f.*). 3 ~ (verifica, di linee p. es.) (*telef. - ecc.*), Begehen (*n.*). 4 **chiusura del foro d'**~ (*macch. - ecc.*), Handlochverschluss (*m.*). 5 **galleria d'**~ (*idr. - ecc.*), Besichtigungsgang (*m.*), Kontrollgang (*m.*).
issare (*nav. - ecc.*), heissen, hissen, hochziehen. 2 ~ **la bandiera a mezz'asta** (*nav. - ecc.*), halbmastflaggen.
istantanea (*s. - fot.*), Schnappschuss (*m.*), Momentaufnahme (*f.*), Augenblicksaufnahme (*f.*).
istantaneo (*gen.*), augenblicklich. 2 ~ (*elett.*), rasch, flink.
istante (momento minimo di tempo) (*gen.*), Augenblick (*m.*). 2 ~ (momento nel quale avviene un dato fatto) (*gen.*), Zeitpunkt (*m.*). 3 ~ (richiedente) (*leg. - ecc.*), Anmelder (*m.*), Antragsteller (*m.*).
istanza (*leg.*), Instanz (*f.*).
isteresi (*elett.*), Hysterese (*f.*), Hysteresis (*f.*). 2 ~ **dielettrica** (*fis.*), dielektrische Hysterese. 3 ~ **elastica** (*sc. costr.*), Elastizitätshysteresis (*f.*). 4 ~ **elettrica** (*elett.*), dielektrische Hysterese. 5 ~ **magnetica** (*elett.*), magnetische Hysterese. 6 **perdita per** ~ **magnetica** (*elett.*), Ummagnetisierungsverlust (*m.*).
isteresimetro (*fis. - strum.*), Hysteresemesser (*m.*).
istituto (*comm. - ecc.*), Anstalt (*f.*), Institut (*n.*). 2 ~ (di ricerca p. es., d'una Università) (*tecnol.*), Institut (*n.*), Anstalt (*f.*). 3 ~ **bancario** (*finanz.*), Bankinstitut (*n*). 4 ~ **di credito** (*finanz.*), Kreditinstitut (*n.*), Kreditanstalt (*f.*). Kreditbank (*f.*). 5 ~ **di emissione** (di

banconote)(*finanz.*), Notenbank (*f.*). **6 ~ di pena** (*leg.*), Strafanstalt (*f.*). **7 ~ di ricerche** (*ind. - ecc.*), Forschungsanstalt (*f.*), Untersuchungsanstalt (*f.*). **8 ~ tecnico** (scuola tecnica) (*lav.*), Fachschule (*f.*). **9 ~ Tecnico di Ricerca** (*tecnol. - ecc.*), Technische Versuchs-Anstalt, TVA.

istituzione (istituto) (*gen.*), Anstalt (*f.*). **2 ~ pubblica** (luogo pubblico, biblioteca p. es.) (*ed.*), öffentliche Anstalt.

istmo (*geogr.*), Landenge (*f.*), Isthmus (*m.*), Erdenge (*f.*).

istogramma (diagramma a barre o colonne, grafico a colonne affiancate) (*stat.*), Histogramm (*n.*), Säulendiagramm (*n.*), Stabdiagramm (*n.*).

istradamento (*gen.*), *vedi* instradamento.

istruibile (sistema di comando automatico p. es.) (*gen.*), lernend.

istruire (*gen.*), anweisen, anleiten. **2 ~** (qualcuno in una materia) (*gen.*), unterrichten, belehren. **3 ~** (formare) (*scuola - lav.*), bilden, ausbilden. **4 ~ la procedura** (*leg.*), das Verfahren einleiten.

istruttore (*gen.*), Lehrer (*m.*). **2 ~** (*lav.*), Lehrmeister (*m.*). **3 ~ dei saldatori** (di fabbrica, addetto alla formazione e sorveglianza dei saldatori) (*lav.*), Lehrschweisser (*m.*). **4 ~ di guida** (*aut.*), Fahrlehrer (*m.*). **5 pilota ~** (*aer.*), Fluglehrer (*m.*), Fluginstruktor (*m.*).

istruttoria (*leg.*), Untersuchung (*f.*).

istruzione (*gen.*), Weisung (*f.*), Anweisung (*f.*), Anleitung (*f.*). **2 ~** (ordine) (*calc. - elab. dati*), Befehl (*m.*). **3 ~** (d'un processo) (*leg.*), Einleitung (*f.*). **4 ~** (insegnamento) (*scuola*), Unterricht (*m.*). **5 ~** (formazione) (*scuola - lav.*), Bildung (*f.*), Ausbildung (*f.*). **6 ~** (di una causa) (*leg.*), Klarstellung (*f.*). **7 ~ a due indirizzi** (*calc.*), Zweiadressenbefehl (*m.*). **8 ~ ad un indirizzo** (*calc.*), Einadressbefehl (*m.*). **9 ~ a più indirizzi** (*calc.*), Mehradressbefehl (*m.*). **10 ~ a virgola mobile** (*calc.*), Gleitkommabefehl (*m.*). **11 istruzioni di lubrificazione** (prescrizioni di lubrificazione) (*macch. ut. - ecc.*), Schmieranweisung (*f.*). **12 ~ di macchina** (*elab. dati*), Maschinenbefehl (*m.*). **13 ~ di montaggio** (*tecnol.*), Montageanweisung (*f.*). **14 ~ di montaggio, installazione e uso** (*macch. - ecc.*), Montage-, Einbau- und Bedienungsanleitung (*f.*). **15 istruzioni di montaggio, installazione e manutenzione** (*macch. - ecc.*), Montage- Einbau- und Wartungsanleitung (*f.*). **16 ~ di prova** (prescrizioni di prova) (*tecnol.*), Prüfanweisung (*f.*). **17 ~ di richiamo** (*elab. dati*), Rufbefehl (*m.*). **18 ~ di salto** (*calc.*), Sprungbefehl (*m.*), Verzweigungsbefehl (*m.*). **19 ~ di uscita** (*elab. dati*), Ansgabebefehl (*m.*). **20 ~ fittizia** (*calc.*), Scheinbefehl (*m.*), Blindbefehl (*m.*). **21 ~ logica** (*calc.*), logischer Befehl. **22 ~ non operativa** (*calc.*), Lehrbefehl (*m.*). **23 istruzioni per la manutenzione** (*mot. - ecc.*), Wartungsvorschriften (*f. pl.*), Wartungsanweisung (*f.*), Wartungsanleitung (*f.*). **24 istruzioni per l'impiego** (istruzioni per l'uso) (*macch. - ecc.*), Betriebsanleitung (*f.*), Bedienungsanweisung (*f.*). **25 istruzioni per l'uso** (o sull'uso) (*macch. - ecc.*), Bedienungsanweisung (*f.*), Betriebsanleitung (*f.*). **26 ~ professionale** (formazione professionale) (*organ. lav.*), Berufsausbildung (*f.*). **27 ~ senza indirizzo** (*calc.*), adressenfreier Befehl. **28 istruzioni sul funzionamento** (*mecc. - ecc.*), Betriebsanweisung (*f.*), Gebrauchsanweisung (*f.*). **29 ~ sul lavoro** (*organ. lav.*), Arbeitsunterweisung (*f.*). **30 istruzioni sull'uso** (*macch. - ecc.*), Bedienungsanweisung (*f.*), Bedienungsanleitung (*f.*). **31 istruzioni sull'uso e la manutenzione** (*macch. - mot.*), Betriebs- und Wartungsanweisung (*f.*). **32 ~ superiore** (*scuola*), höhere Bildung. **33 ~ tecnica** (o professionale) (*lav.*), Fachbildung (*f.*). **34 ~ universitaria** (*scuola - ecc.*), akademische Bildung. **35 avere un'~ universitaria** (*scuola - lav.*), akademisch gebildet sein. **36 blocco istruzioni** (blocco di dati) (*macch. ut. c/n*), Datenblock (*m.*). **37 contatore di istruzioni** (*calc.*), Befehlszähler (*m.*). **38 contatore-registratore di istruzioni** (*calc.*), Befehlszählerregister (*m.*). **39 corso di ~** (*pers. - lav.*), Ausbildungskurs (*m.*). **40 registro istruzioni** (*calc.*), Befehlsregister (*m.*). **41 registro di sequenza delle istruzioni** (registro indirizzo dell'istruzione) (*calc.*), Befehlsfolgeregister (*m.*). **42 servizio libretti d'~** (di una ditta) (*ind.*), Beschreibungsabteilung (*f.*).

iterazione (*mat. - ecc.*), Iteration (*f.*). **2 procedimento d'~** (*mat.*), Iterationsverfahren (*n.*).

itinerario (*gen.*), Itinerar (*n.*). **2 ~ tacheometrico** (poligonale tacheometrica) (*top.*), Tachymeterzug (*m.*). **3 leva d'~** (*ferr.*), Fahrstrassenhebel (*m.*).

itterbio (*Yb - chim.*), Ytterbium (*n.*).

ittiocolla (colla di pesce) (*ind.*), Fischleim (*m.*).

ittiolo (*farm.*), Ichthyol (*n.*), Ammonsulfoichthyolat (*n.*).

ittioscopio (*app. per la pesca*), Fischlot (*n.*), Fischlupe (*f.*).

ittrio (*Y - chim.*), Yttrium (*n.*).

iuta (*tess.*), Jute (*f.*). **2 sacco di ~** (*trasp. - tess.*), Jutesack (*m.*).

IVA (imposta sul valore aggiunto) (*finanz.*), MWS, MWSt, Mehrwertsteuer (*f.*), MW-Steuer (*f.*).

J

J (I, momento d'inerzia) (*sc. costr.*), I, J, Trägheitsmoment (*n.*). **2** ~ (S, densità di corrente) (*elett.*), S, elektrische Stromdichte. **3** ~ (I, intensità acustica) (*acus.*), J, I, Schallintensität (*f.*), Schallstärke (*f.*). **4 banda** ~ (5850-8200 MHz) (*radio - ecc.*), J-Band (*n.*).
j (joule) (*mis. - elett.*), j, Joule (*n.*).
« jack » (spina telefonica) (*telef.*), Anschalter (*m.*), Anschaltklinke (*f.*).
Jacquard (telaio Jacquard) (*macch. tess.*), Jacquardmaschine (*f.*). **2 cartoni per macchine** ~ (*ind. tess.*), Jacquardkarten (*f. pl.*).
jasmone (iasmone, giasmone) (*chim.*), Jasmon (*n.*).
« jeep » (vettura aperta, senza porte) (*aut.*), Jeep (*m.*).
« jet » (aviogetto di linea) (*aer.*), Jet (*m.*).
jodio (*chim.*), vedi iodio.
jole (*nav.*), Jolle (*f.*), Ruderboot (*n.*).
joule (unità di misura dell'energia elettrica, 1 J = 10^7 erg) (*elett.*), Joule (*n.*), Wattsekunde (*f.*). **2 effetto** ~ (*elett.*), Joulesche Wärme.
joulometro (*app. - elett.*), Joulemeter (*n.*).
jumbo (carro-jumbo, carrello porta-perforatrice) (*veic. - min.*), Bohrwagen (*m.*).
juta (iuta) (*tess.*), Jute (*f.*). **2 sacco di** ~ (*trasp. - tess.*), Jutesack (*m.*).

K

K (potassio) (*chim.*), K, Kalium (*n.*). 2 ~ (grado Kelvin) (*unità di mis.*), K. 3 **banda** ~ (11 000-33 000 MHz) (*radio - ecc.*), K-Band (*n.*).
k (chilo = 10^3)· (*mis.*), k. 2 ~ (costante di Boltzmann) (*fis.*), k, Boltzmannsche Konstante.
Kaldo, processo (processo Kalling-Domnarvet per la produzione di acciaio) (*metall.*), Kaldo-Verfahren (*n.*).
« kapok » (bambagia delle Indie, seta vegetale, lana vegetale) (*tess.*), Kapok (*m.*).
« kardex » (armadio per pratiche) (*uff.*), Aktenschrank (*m.*).
kart (go-kart, piccola vettura da corsa) (*veic. - sport*), Go-Kart (*n.*).
karting (kartismo) (*sport*), Karting (*n.*).
kartodromo (*sport*), Karting-Rennbahn (*f.*).
kb (kbar, chilobar) (*unità di mis.*), kb, kbar.
kcal (grande caloria, chilocaloria) (*term.*), kcal, Kilokalorie (*f.*).
Kelvin (*unità di mis. term.*), Kelvin (*n.*).
kerma (kinetic energy released in material) (*fis. atom.*), Kerma.
kgm (chilogrammetro) (*mis.*), mkg, Meterkilogramm (*n.*).
« kickdown » (passaggio a marcia inferiore e relativo dispositivo, nei cambi automatici) (*aut.*), Kickdown (*n.*).

« kieselgur » (farina fossile, terra d'infusori) (*geol.*), Kieselgur (*f.*), Infusorienerde (*f.*).
kilotex (ktex = $\dfrac{1 \text{ kg}}{1000 \text{ m}}$, unità di finezza) (*ind. tess.*), kilotex (*n.*).
keratina (*ind.*), *vedi* cheratina.
kerosene (*chim.*), Kerosin (*n.*).
« Kingston » (valvola di allagamento, valvola di mare) (*nav.*), Flutventil (*n.*), Kingstonventil (*n.*). 2 **valvola** ~ (valvola di allagamento, valvola di mare) (*nav.*), Kingstonventil (*n.*), Flutventil (*n.*).
Kipp, apparecchio di ~ (*chim.*), Kippscher Apparat.
kl (chilolitro) (*unità mis.*), kl, Kiloliter (*m.*).
« klaxson » (avvisatore elettrico a membrana) (*aut.*), Klaxon (*n.*).
klystron (*elettronica*), *vedi* clistron.
km (chilometro) (*unità mis.*), km, Kilometer (*m.*).
km² (chilometro quadrato) (*misura*), km², qkm, Quadratkilometer (*m.*).
kn (numero di Knudsen) (*gasdinamica*), Kn, Knudsen-Zahl (*f.*).
konel (lega di nichel) (*metall.*), Konel (*n.*).
Kr (cripto) (*chim.*), Kr, Krypton (*n.*).
krarupizzazione (*telef.*), Krarupisierung (*f.*).
kripto (cripto, Kr) (*chim.*), Krypton (*n.*), Kr.

L

L (induttanza) (*elett.*), L, Induktivität (*f.*). 2 ~ (autoinduttanza) (*elett.*), L, Selbstinduktivität (*f.*). 3 ~ (lambert, unità di densità di flusso luminoso) (*unità mis.*), L, Lambert (*n.*). 4 ~ (livello di pressione acustica) (*acus.*), Schallpegel (*m.*), Schalldruckpegel (*m.*). 5 ~ (luminanza, cd/m²) (*illum.*), L, Leuchtdichte (*f.*). 6 banda ~ (390-1550 MHz) (*radio - ecc.*), L-Band (*n.*).
l (litro) (*unità mis.*), l, Liter (*n.*). 2 ~ (lunghezza) (*mis.*), L, l, Länge (*f.*). 3 ~ (lumen) (*unità mis.*), l, Lumen (*n.*).
La (lantanio) (*chim.*), La, Lanthan (*n.*).
labbro (*gen.*), Lippe (*f.*). 2 ~ (distanza dei chiodi dai bordi esterni) (*mecc.*), Wurzelmass (*n.*). 3 ~ di tenuta (di una guarnizione per alberi) (*mecc.*), Dichtlippe (*f.*).
labile (di equilibrio) (*fis.*), labil.
labilità (*fis.*), Labilität (*f.*).
labiofono (microfono labiale) (*app. acus.*), Lippenmikrophon (*n.*).
labirinto (tenuta a labirinto) (*macch.*), Labyrinthdichtung (*f.*). 2 ~ di ingresso (in un reattore) (*fis. atom.*), Eintrittsschleuse (*f.*).
laboratorio (*chim. - ecc.*), Laboratorium (*n.*), Labor (*n.*). 2 ~ (suola, di un forno per metalli) (*metall. - forno*), Herd (*m.*). 3 ~ chimico (*chim.*), chemisches Laboratorium. 4 ~ di fabbrica (laboratorio industriale) (*ind.*), Betriebslaboratorium (*n.*), Betriebslabor (*n.*). 5 ~ di fisica (*fis.*), physikalisches Laboratorium. 6 ~ di ricerca (laboratorio per ricerche) (*ind. - ecc.*), Forschungslabor (*n.*), Versuchslabor (*n.*). 7 ~ fotografico (*fot.*), Fotolabor (*n.*), fotographisches Laboratorium 8 ~ industriale (laboratorio di fabbrica) (*ind.*), Betriebslaboratorium (*n.*), Betriebslabor (*n.*). 9 ~ per ricerche (*ind.*), Forschungslabor (*n.*), Versuchslaboratorium (*n.*). 10 ~ prove materiali (*ind.*), Werkstofflaboratorium (*n.*), Materialprüfungslaboratorium (*n.*). 11 ~ prove materiali (istituto per prove materiali) (*ind.*), Materialprüfungsanstalt (*f.*). 12 ~ sperimentale (laboratorio per ricerche) (*ind.*), Versuchslaboratorium (*n.*). 13 apparecchio per prove di ~ (*app.*), Labortester (*m.*). 14 attrezzi da ~ (*chim. - fis.*), Laborgeräte (*n. pl.*), 15 capsula da ~ (*att. chim.*), Laboratoriumsschale (*f.*). 16 inserviente di ~ (*lav.*), Laboratoriumdiener (*m.*). 17 prova di ~ (*tecnol. chim.*), Laboratoriumsprüfung (*f.*), Laboratoriumsversuch (*m.*), Laborprüfung (*f.*). 18 ricerche di ~ (*ind. - ecc.*), Laboratoriumsforschungen (*f. pl.*).
laborioso (attivo) (*lav.*), geschäftigt, tätig, betriebsam.
labradorite (*min.*), Labradorit (*m.*), Labradorstein (*m.*).
lacca (*vn. - chim.*), Farblack (*m.*). 2 ~ a tampone (lucido per legno) (*falegn.*), Politur (*f.*), Politurlack (*m.*). 3 ~ giapponese (*vn.*), Japanlack (*m.*). 4 gomma ~ (*vn.*), Schellack (*m.*).
laccare (*vn.*), japanieren.
laccio (stringa, spighetta) (*ind. tess.*), Schnürsenkel (*m.*).
laccolite (intrusione di roccia magmatica) (*geol.*), Lakkolith (*m.*).
lacerare (strappare, stracciare) (*gen.*), zerreissen.
lacerazione (*ind. carta - ecc.*), Durchreissen (*n.*). 2 prova di ~ (della gomma p. es.) (*tecnol.*), Weiterreissversuch (*m.*), Durchreissversuch (*m.*). 3 prova di ~ allo strappo (di carta) (*tecnol.*), Reissprüfung (*f.*). 4 resistenza alla ~ (di carta p. es.) (*tecnol.*), Weiterreissfestigkeit (*f.*), Weiterreisswiderstand (*m.*), Durchreisswiderstand (*m.*).
lacrimogeno, gas ~ (*chim.*), Reizgas (*n.*), Tränengas (*n.*).
lacuna (buco, difetto del reticolo cristallino) (*elettronica*), Loch (*n.*). 2 ~ elettronica (buco elettronico) (*elettronica*), Defektelektron (*n.*), Mangelektron (*n.*). 3 conduzione per lacune (conduzione per buchi) (*elettronica*), Löcherleitung (*f.*), Defektleitung (*f.*).
lagnanza (*gen.*), Klage (*f.*). 2 che non dà adito a lagnanze (esente da difetti) (*macch. - ecc.*), klaglos.
lago (*geogr.*), See (*m.*). 2 ~ artificiale (bacino d'invaso) (*idr.*), Stausee (*m.*), Sperrsee (*m.*). 3 ~ craterico (maar) (*geol.*), Maar (*n.*). 4 ~ di origine tettonica (*geol.*), tektonischer See. 5 ~ morenico (*geol.*), Moränensee (*m.*).
laguna (*geogr.*), Lagune (*f.*), Strandsee (*m.*).
lama (di un coltello p. es.) (*gen.*), Klinge (*f.*). 2 ~ (di una cesoia) (*macch. ut.*), Messer (*n.*), Klinge (*f.*). 3 ~ (di una scure) (*ut.*), Blatt (*n.*). 4 ~ (di una sega) (*ut.*), Blatt (*n.*), Sägeblatt (*n.*). 5 ~ (livellatrice) (*macch. mov. terra*), Hobelschar (*f.*), Schild (*m.*). 6 ~ (racla, per livellare masse da rivestimento) (*tecnol. mater. plast.*), Rakel (*m.*), Rakelmesser (*m.*). 7 ~ a disco (d'una sega) (*mecc.*), Scheibe (*f.*). 8 ~ angolabile (*macch. mov. terra*), Schwenkschild (*m.*), Schrägschild (*m.*). 9 ~ circolare (per sega) (*ut.*), Kreissägeblatt (*n.*). 10 ~ d'appoggio (del pezzo, nella rettifica senza centri) (*lav. macch. ut.*), Werkstückträger (*m.*). 11 ~ d'aria (dispositivo di livellamento per macchine rivestitrici) (*lav. mat. plast.*), Luftmesser (*n.*). 12 ~ da sega ad un taglio (per metalli) (*ut. - macch.*), einseitiges Sägeblatt. 13 ~ del coltello (*ut.*), Messerklinge (*f.*). 14 ~ della falce (*att.*), Dengel (*m.*). 15 ~ (della macchina) per giunti (*macch. per costr. strad.*), Fugenmesser (*n.*). 16 ~ di coltello (*ut.*), Messerklinge (*f.*). 17 ~ di sega (*ut.*), Sägeblatt (*n.*). 18 ~ di sega circolare a settori riportati (*ut.*), Segment-Kreissägeblatt (*n.*). 19 ~ laterale (di scavatrincee) (*macch. mov. terra*) Schälmesser (*n.*). 20 ~ per cesoie (*macch.*),

lamare (spianare, la sede di un dado p. es.) (*mecc.*), ansenken, nabensenken. **2** ~ (un pavimento di legno p. es.) (*ed.*), abhobeln. **3** fresa per ~ (*ut.*), Anflächsenker (*m.*).

lamatore (utensile per lamare) (*ut.*), Nabensenker (*m.*). **2** ~ **a manicotto** (*ut.*), Aufsteck-Nabensenker (*m.*).

lamatrice (per pavimenti di legno) (*macch.*), Hobelmaschine (*f.*). **2** ~ **per palchetti** (*macch.*), Parketthobelmaschine (*f.*).

lamatura (spianatura locale) (*mecc.*), Ansenken (*n.*), Nabensenken (*n.*). **2** ~ (di un pavimento di legno p. es.) (*ed.*), Abhobeln (*n.*).

lambert (unità della densità di flusso luminoso) (*illum. - fis.*), Lambert (*n.*).

lambire (*gen.*), vorbeistreichen, bespülen.

lambito (*gen.*), vorbeigestrichen, bespült. **2** ~ **dall'aria** (*gen.*), luftbespült.

lamé (tessuto di fili metallici) (*tess.*), Lamé (*m.*).

lamella (lamina) (*metall. - elett.*), Lamelle (*f.*), Blättchen (*n.*). **2** ~ (di un collettore) (*elett.*), Lamelle (*f.*), Segment (*n.*). **3** ~ **del diaframma** (*ott.*), Blendenlamelle (*f.*). **4** ~ **dell'otturatore** (*fot.*), Verschlusslamelle (*f.*). **5** ~ **di contatto** (contatto a lamella) (*elett. - ecc.*), Zungenkontakt (*m.*). **6 lamelle mobili** (d'un condensatore variabile) (*elett.*), Rotorpaket (*n.*). **7 a lamelle** (a lamierini, con pacco di lamierini, rotore p. es.) (*macch. elett.*), geblättert, lamelliert.

lamellare (lamelliforme) (*gen.*), blätterförmig, lamellar, blätterig, lamellenförmig.

lamelliforme (lamellare) (*gen.*), blätterförmig, lamellar, blätterig, lamellenförmig.

lametta (*gen.*), Klinge (*f.*). **2** ~ **per rasoio** (*att.*), Rasierklinge (*f.*).

lamiera (*metall.*), Blech (*n.*). **2** ~ (lamiera grossa per navi p. es.) (*costr. nav. - ecc.*), Platte (*f.*). **3** ~ **a C** (*ind. metall.*), Kanalblech (*n.*). **4** ~ **a formato** (lamiera tagliata a formato e fornita per successive lavorazioni) (*lav. lamiera*), Zuschnitt (*m.*). **5** ~ **anisotropa** (per carrozzerie p. es.) (*ind. metall. - ecc.*), anisotropes Blech. **6** ~ **anisotropa** (lamiera grossa, per navi p. es.) (*costr. nav. - ecc.*), anisotrope Platte. **7** ~ **antisdrucciolevole** (lamiera striata) (*ind. metall.*), Gleitschutzblech (*n.*). **8** ~ **a risalti** (*ind. metall.*), Warzenblech (*n.*). **9** ~ **bombata** (*ind. metall.*), Tonnenblech (*n.*). **10** ~ **blu** (*metall.*), Blauglanzblech (*n.*). **11** ~ **bugnata** (*metall.*), Raupenblech (*n.*), Waffelblech (*n.*). **12** ~ **circolare** (*ind. metall.*), Rundblech (*n.*). **13** ~ **con buone caratteristiche di piegatura** (*tecnol. mecc.*), Falzblech (*n.*). **14** ~ **d'angolo** (fazzoletto) (*ed. - carp.*), Eckblech (*n.*). **15** ~ **decapata** (*ind. metall.*), dekapiertes (*n.*), gebeiztes Blech. **16** ~ **deflettrice** (deflettore in lamiera) (*macch. - ecc.*), Prallblech (*n.*), Abweisungsblech (*n.*). **17** ~ **del ponte** (*costr. nav.*), Deckplatte (*f.*). **18** ~ **di acciaio** (*ind. metall.*), Stahlblech (*n.*). **19** ~ **(di acciaio) inossidabile** (*ind. metall.*), rostfreies Blech. **20** ~ **di alta qualità** (*ind. metall.*), Qualitätsblech (*n.*). **21** ~ **di chiglia** (*costr. nav.*), Kielgang (*m.*), Aussenplatte des Kiels. **22** ~ **di copertura (di protezione)** (*gen.*), Abdeckblech (*n.*). **23** ~ **di ferro** (*ind. metall.*), Eisenblech (*n.*). **24** ~ **di protezione** (riparo di lamiera) (*gen.*), Schutzblech (*n.*). **25** ~ **di rame** (*metall.*), Kupferblech (*n.*). **26** ~ **di rinforzo** (*ed. - mecc. - ecc.*), Verstärkungsblech (*n.*), Versteifungsblech (*n.*). **27** ~ **di scarto** (*ind. metall.*), Ausschussblech (*n.*). **28** ~ **di trincarino** (*costr. nav.*), Stringerplatte (*f.*). **29** ~ **di zinco** (*ind. metall.*), Zinkblech (*n.*). **30** ~ **finita** (*ind. metall.*), fertiges Blech. **31** ~ **finita a freddo** (*ind. metall.*), dressiertes Blech. **32** ~ **flangiata** (*ind. metall.*), Bördelblech (*n.*), Krempblech (*n.*). **33** ~ **forata** (o perforata) (*ind. metall.*), perforiertes Blech, gelochtes Blech, Lochblech (*n.*). **34** ~ **fuori misura** (scampolo di lamiera) (*ind. metall.*), Wildmassblech (*n.*). **35** ~ **greggia** (*ind. metall.*), Rohblech (*n.*). **36** ~ **grossa** (spessore più di mm 4,75) (*ind. metall.*), Grobblech (*n.*). **37** ~ **grossa perforata** (*ind. metall.*), Lochgrobblech (*n.*). **38** ~ **isotropa** (*ind. metall.*), isotropes Blech. **39** ~ **isotropa** (per navi p. es.) (*costr. nav. - ecc.*), isotrope Platte. **40** ~ **laminata a caldo** (*ind. metall.*), warmgewalztes Blech. **41** ~ **laminata a freddo** (*ind. metall.*), kaltgewalztes Blech. **42** ~ **liscia** (*ind. metall.*), Glattblech (*n.*), glattes Blech. **43** ~ **lucida** (*ind. metall.*), Hochglanzblech (*n.*), Glanzblech (*n.*). **44** ~ **media** (spessore da mm 3 a 4,75) (*ind. metall.*), Mittelblech (*n.*). **45** ~ **nera** (*ind. metall.*), schwarzes Blech, Schwarzblech (*n.*). **46** ~ **nervata** (*ind. metall.*), geripptes Blech, Rippenblech (*n.*). **47** ~ **ondulata** (*ind. metall.*), Wellblech (*n.*). **48** ~ **ondulata per saracinesche** (*ed.*), Jalousiewellblech (*n.*). **49** ~ **ortotropa** (*ind. - metall.*), orthotropes Blech. **50** ~ **ortotropa** (per navi p. es.) (*costr. nav. - ecc.*), orthotrope Platte. **51** ~ **paraspruzzi** (di una macchina utensile p. es.) (*macch. - ecc.*), Spritzblech (*n.*). **52** ~ **per caldaie** (*ind. metall.*), Kesselblech (*n.*). **53** ~ **per carrozzerie** (*aut. - ind. metall.*), Karosserieblech (*n.*). **54** ~ **per coperture** (*ed. - ind. metall.*), Bedachungsblech (*n.*). **55** ~ **per corazze** (*ind. metall.*), Panzerblech (*n.*), Panzerplattenblech (*n.*). **56** ~ **per costruzioni navali** (*ind. metall. - costr. nav.*), Schiffbaublech (*n.*), Schiffsblech (*n.*). **57** ~ **per focolari** (*ind. metall. - cald.*), Feuerblech (*n.*). **58** ~ **perforata** (*ind. metall.*), Lochblech (*n.*), gelochtes Blech, perforiertes Blech. **59** ~ **perforata** (per vagli a fori p. es.) (*ind. metall.*), Rundlochblech (*n.*), Siebblech (*n.*). **60** ~ **perforata sottile** (*ind. metall.*), Lochfeinblech (*n.*). **61** ~ **per imbutitura** (*ind. metall.*), Ziehblech (*n.*). **62** ~ **per imbutitura profonda** (*ind. metall.*), Tiefziehblech (*n.*). **63** ~ **per mobili (metallici)** (*ind. metall.*), Möbelblech (*n.*). **64** ~ **per molle** (*ind. metall.*), Federblech (*n.*). **65** ~ **per pavimentazioni** (*ed. - ecc.*), Belagblech (*n.*). **66** ~ **per relè** (lamierino per relè) (*metall. - elett.*), Relaisblech (*n.*). **67** ~ **per**

lamierino

resistenze (*elett. - metall.*), Widerstandsblech (*n.*). **68 ~ per serbatoi** (*ind. metall.*), Behälterblech (*n.*). **69 ~ per stampaggio** (alla pressa) (*ind. metall.*), Pressblech (*n.*). **70 ~ per trasformatori** (*ind. metall.*), Transformatorenblech (*n.*). **71 ~ per traslatori** (*metall.*), Übertragerblech (*n.*). **72 ~ per vagli** (*ind. metall.*), Siebblech (*n.*), Rüster (*m.*). **73 ~ piana** (*tecnol. mecc.*), Flachblech (*n.*). **74 ~ piombata** (*ind. metall.*), T-Blech (*n.*), Terne-Blech (*n.*), verbleites Blech. **75 ~ piombata di copertura** (*ed.*), Dachbedeckungsblech (*n.*). **76 ~ placcata** (ottenuta da laminazione a caldo di un pacco di tre lamiere p. es.) (*ind. metall. - lamin.*), plattiertes Blech. **77 ~ profilata** (o sagomata) (*ind. metall.*), Formblech (*n.*). **78 ~ rigata** (o antisdrucciolevole) (*ind. metall.*), Gleitschutzblech (*n.*). **79 ~ sagomata** (o profilata) (*ind. metall.*), Formblech (*n.*). **80 ~ sottile** (spessore meno di mm 3) (*ind. metall.*), Feinblech (*n.*). **81 ~ speciale per imbutitura** (*ind. metall.*), Sondertiefziehblech (*n.*). **82 ~ stagnata** (*ind. metall.*), verzinntes Blech, Weissblech (*n.*). **83 ~ stirata** (*ed. - ind. metall.*), gestrecktes Blech, Streckmetall (*n.*). **84 ~ striata** (*ind. metall.*), Riffelblech (*n.*). **85 ~ striata** (lamiera antisdrucciolevole) (*ind. metall.*), Gleitschutzblech (*n.*). **86 ~ zincata** (*ind. metall.*), verzinktes Blech. **87 articolo di ~ stampata** (*lav. lamiera*), Stanzartikel (*m.*). **88 attrezzo prensile per trasporto di lamiere** (*att.*), Klemme (*f.*), Ütze (*f.*). **89 doppiatrice per ~** (*macch. ut. lav. lam.*), Blechdoppler (*m.*), Blechdoppelmaschine (*f.*). **90 pannello di ~** (*metall. - ecc.*), Blechtafel (*f.*). **91 ricottura di lamiere in pacco** (ricottura di pacchi di lamiere) (*tratt. term.*), Sturzglühen (*n.*). **92 riparo di ~** (*gen.*), Blechschutz (*m.*), Schutzblech (*n.*). **93 ritagli di ~** (sfridi) (*lav. lamiera*), Blechschrott (*m.*). **94 rivestimento in ~ ondulata** (*ed. - ecc.*), Wellblechbekleidung (*f.*). **95 rivestimento in ~ ondulata** (di un velivolo) (*aer.*), Wellblechbeplankung (*f.*). **96 spessore di ~** (rondella, ecc.) (*mecc.*), Blechunterlage (*f.*), Blechzwischenlage (*f.*), Blechbeilage (*f.*). **97 spuntatura di ~** (*lamin.*), Stückblech (*n.*). **98 telaio in ~** (*aut.*), Blechrahmen (*m.*). **99 tubo di ~** (*ind. metall.*), Blechrohr (*n.*). **100 tubo di ~ ondulata** (*tubaz.*) Wellblechrohr (*n.*). **101 vite per ~** (*mecc.*), Blechschraube (*f.*).

lamierino (*ind. metall.*), Blech (*n.*), Feinblech (*n.*). **2 ~ magnetico** (*elett.*), Elektroblech (*n.*), Dynamoblech (*n.*). **3 ~ perforato** (lamiera sottile perforata) (*ind. metall.*), Lochfeinblech (*n.*). **4 ~ per indotti** (*elett.*), Ankerblech (*n.*). **5 ~ per nuclei** (di piccoli trasformatori p. es.) (*elett.*), Kernblech (*n.*). **6 ~ per trasformatori** (*elett.*), Transformatorenblech (*n.*). **7 ~ stagnato** (banda stagnata, latta) (*ind. metall.*), Weissblech (*n.*). **8 ~ statorico** (*elett.*), Statorblech (*n.*).

lamierista (lattoniere, battilastra) (*lav.*), Blechhämmerer (*m.*), Metallschläger (*m.*).

lamina (foglia sottilissima di metallo) (*metall.*), Blatt (*n.*), Folie (*f.*). **2 ~** (lamella) (*metall. - elett.*), Lamelle (*f.*), Blättchen (*n.*). **3 ~** (di legno, per compensato) (*falegn.*), Furnier (*n.*). **4 ~ di alluminio** (*tip. - ecc.*), Aluminiumfolie (*f.*). **5 ~ di quarzo** (*fis.*), Quarzplättchen (*n.*). **6 ~ di rame** (*metall.*), Kupferfolie (*f.*). **7 ~ sfogliata** (di legno) (*falegn.*), Schälfurnier (*n.*).

laminabilità (*metall. - lamin.*), Walzbarkeit (*f.*).

laminare (movimento, regime) (*a. - fis. - idr. - mecc. dei fluidi*), laminar. **2 ~** (al laminatoio) (*v. - lamin. - metall.*), walzen. **3 ~ a caldo** (*lamin. - metall.*), warmwalzen. **4 ~ a freddo** (*lamin.*), kaltwalzen. **5 ~ in una calda** (*lamin.*), in einer Hitze walzen. **6 corrente ~** (*mecc. dei fluidi*), laminares Fliessen. **7 moto ~** (*mecc. dei fluidi*), Laminarbewegung (*f.*), Gleiten (*n.*).

laminato (*a. - lamin. - metall.*), gewalzt. **2 ~** (profilato p. es.) (*s. - lamin. - ind. metall.*), Walzerzeugnis (*n.*). **3 ~** (pannello stratificato, stratificato) (*s. - ind. chim. - ecc.*), Verbundplatte (*f.*), Schichtpress-stoff (*m.*), Laminat (*n.*). **4 ~** (stratificato, vetro di sicurezza p. es.) (*s. - ind. chim.*), Schichtstoff (*m.*). **5 ~ a base carta** (laminato plastico di resina e carta) (*ind. chim.*), Hartpapier (*n.*), Hp. **6 ~ a base feltro di vetro** (laminato plastico di resina e feltro di vetro) (*ind. chim.*), Hartmatte (*f.*), Hm. **7 ~ a base tessuto** (laminato plastico di resina e tessuto) (*ind. chim.*), Hartgewebe (*n.*), Hgw. **8 ~ a caldo** (*lamin.*), heissgewalzt, warmgewalzt. **9 ~ a freddo** (*metall.*), kaltgewalzt. **10 ~ a freddo a passo di pellegrino** (*metall.*), kaltgepilgert. **11 ~ di acciaio** (*lamin. - ind. metall.*), Walzstahl (*m.*). **12 ~ di carta e resina** (stratificato di carta e resina, carta bachelizzata) (*tecnol.*), Hartpapier (*n.*). **13 ~ plastico** (stratificato plastico) (*ind. chim.*), geschichteter Press-stoff, Laminat (*n.*), Schichtpress-stoff (*m.*). **14 ~ tessuto-resina** (stratificato tessuto-resina, tela bachelizzata) (*tecnol.*), Hartgewebe (*n.*).

laminatoio (impianto di laminazione) (*lamin. - macch.*), Walzwerk (*n.*). **2 ~** (edificio) (*lamin. - ed.*), Walzwerkshalle (*f.*). **3 ~ abbozzatore per fucinati** (laminatoio sbozzatore per fucinati, sbozzatrice a rulli) (*macch. fucinatura*), Schmiedewalze (*f.*), Reckwalze (*f.*). **4 ~ a caldo** (*lamin.*), Warmwalzwerk (*n.*). **5 ~ ad alta velocità** (laminatoio rapido) (*lamin.*), Schnellwalzwerk (*n.*). **6 ~ ad eccentrici** (*lamin.*), Exzenterwalzwerk (*n.*). **7 ~ a doppio duo** (*lamin.*), Doppelduowalzwerk (*n.*). **8 ~ a due cilindri** (duo) (*lamin.*), Zweiwalzenwalzwerk (*n.*), Duo-Walzwerk (*n.*). **9 ~ a freddo** (*lamin.*), Kaltwalzwerk (*n.*). **10 a freddo con cilindri a gruppo** (*lamin.*) Mehrwalzen-Kalt-Walzwerk (*n.*), MKW. **11 ~ a passo del pellegrino** (laminatoio pellegrino, per tubi) (*lamin.*), Pilgerwalzwerk (*n.*), Pilgerschrittwalzwerk (*n.*). **12 ~ a quattro cilindri** (doppio duo) (*lamin.*), Vierwalzenwalzwerk (*n.*), Vierwalzwerk (*n.*). **13 ~ a tre cilindri** (trio) (*lamin.*), Dreiwalzenwerk (*n.*), Trio-Walzwerk (*n.*). **14 ~ blooming** (laminatoio sbozzatore, laminatoio per lingotti) (*lamin.*), Grobwalzwerk (*n.*), Blockwalzwerk (*n.*). **15 ~ continuo** (treno di laminazione, treno) (*lamin.*), kontinuierliches Walzwerk. **16 ~ descagliatore** (*lamin.*), Knick-

laminazione

walzwerk (*n.*), Vorsturz-Walzwerk (*n.*). **17 ~ doppio duo** (gabbia doppio duo, gabbia quarto) (*lamin.*), Quarto-Walzgerüst (*n.*). **18 ~ duo** (*lamin.*), Duo-Walzwerk (*n.*), Zweiwalzen-Walzwerk (*n.*). **19 ~ duo per lamiere** (*lamin.*), Duo-Blechwalzwerk (*n.*). **20 ~ duo sbozzatore** (*lamin.*), Duo-Blockwalzwerk (*n.*). **21 ~ finitore** (*lamin.*), Nachwalzwerk (*n.*), Fertigwalzwerk (*n.*). **22 ~ finitore a freddo** (treno finitore a freddo) (*lamin.*), Kaltnachwalzwerk (*n.*). **23 ~ finitore per vergella** (treno finitore per vergella) (*lamin.*), Drahtfertigstrecke (*f.*). **24 ~ obliquo** (laminatoio perforatore, per la produzione di tubi senza saldatura) (*lamin.*), Schrägwalzwerk (*n.*). **25 ~ pellegrino** (laminatoio a passo del pellegrino) (*lamin.*), Pilgerschrittwalzwerk (*n.*), Pilgerwalzwerk (*n.*). **26 ~ per barre** (*lamin.*), Stabstahlwalzwerk (*n.*). **27 ~ per bidoni** (*lamin.*), Platinenwalzwerk (*n.*). **28 ~ per billette** (*lamin.*), Knüppelwalzwerk (*n.*). **29 ~ per bramme** (*lamin.*), Brammenwalzwerk (*n.*). **30 ~ per cerchioni** (*lamin.*), Radreifenwalzwerk (*n.*). **31 ~ per dischi forati** (*lamin.*), Scheibenlochwalzwerk (*n.*). **32 ~ perforatore** (laminatoio obliquo, per tubi) (*lamin.*), Schrägwalzwerk (*n.*). **33 ~ per l'allargatura-lisciatura** (di tubi) (*lamin.*), Röhrenglättwalzwerk (*n.*). **34 ~ per lamiere** (*lamin.*), Blechwalzwerk (*n.*). **35 ~ per lamiere grosse** (*lamin.*), Grobblechwalzwerk (*n.*). **36 ~ per lamiere sottili** (*lamin.*), Feinblechwalzwerk (*n.*). **37 ~ per larghi nastri** (*lamin.*), Breitbandwalzwerk (*n.*). **38 ~ per lingotti** (treno « blooming » o sbozzatore, laminatoio sbozzatore) (*lamin.*), Blockwalzwerk (*n.*). **39 ~ per nastri** (*lamin.*), Bandwalzwerk (*n.*). **40 ~ per nastri stretti** (*lamin.*), Schmalbandstrasse (*f.*). **41 ~ per piccoli profilati** (di acciaio) (*lamin.*), Feinstahlwalzwerk (*n.*). **42 ~ per profilati** (*lamin.*), Profilwalzwerk (*n.*), Stabwalzwerk (*n.*). **43 ~ per profilati commerciali** (di ferro) (*lamin.*), Handelseisenwalzwerk (*n.*). **44 ~ per profilati di acciaio** (*lamin.*), Stabstahlwalzwerk (*n.*). **45 ~ per profilati leggeri** (di ferro) (*lamin.*), Feineisenwalzwerk (*n.*). **46 ~ per profilati normali** (*lamin.*), Grobeisenwalzwerk (*n.*), Handelseisenwalzwerk (*n.*). **47 ~ per profilati speciali** (*lamin.*), Formstahlwalzwerk (*n.*), Sonderwalzwerk (*n.*). **48 ~ per rotaie** (*lamin.*), Schienenwalzwerk (*n.*). **49 ~ per tubi** (*lamin.*), Rohrwalzwerk (*n.*). **50 ~ per vergella** (*lamin.*), Drahtwalzwerk (*n.*). **51 ~ pesante** (*lamin.*), Schwerwalzwerk (*n.*). **52 ~ planetario** (*lamin.*), Planetenwalzwerk (*n.*). **53 ~ rapido** (laminatoio ad alta velocità) (*lamin.*), Schnellwalzwerk (*n.*). **54 ~ reversibile** (*lamin.*), Reversierwalzwerk (*n.*), Umkehrwalzwerk (*n.*). **55 ~ reversibile a duo** (*lamin.*), Duoreversierwalzwerk (*n.*). **56 ~ reversibile per nastri** (*lamin.*), Umkehrbandwalzwerk (*n.*). **57 ~ reversibile trio** (trio reversibile) (*lamin.*), Trioreversierwalzwerk (*n.*). **58 ~ riduttore** (*lamin.*), Reduzierwalzwerk (*n.*). **59 ~ rompiscaglie** (*lamin.*), Vorsturz-Walzwerk (*lamin.*), Knickwalzwerk (*n.*). **60 ~ sbozzatore** (*lamin.*), Vorwalzwerk (*n.*), Grobwalzwerk (*n.*). **61 ~ sbozzatore** (treno sbozzatore o treno « blooming » per lingotti) (*lamin.*), Blockwalzwerk (*n.*). **62 ~ sbozzatore** (per fucinati, sbozzatrice a rulli) (*macch. fucinatura*), Schmiedewalze (*f.*), Reckwalze (*f.*). **63 ~ Sendzimir** (*lamin.*), Sendzimir-Walzwerk (*n.*). **64 ~ serpentaggio** (treno serpentaggio) (*lamin.*), Umsteckwalzwerk (*n.*). **65 ~ Steckel** (per lamiere e nastri) (*lamin.*), Steckelwalzwerk (*n.*). **66 ~ Stiefel** (laminatoio a spina con cilindri a dischi o coni) (*lamin.*), Stiefelwalzwerk (*n.*). **67 ~ tandem** (*lamin.*), Tandemstrasse (*f.*). **68 ~ trio** (trio) (*lamin.*), Triowalzwerk (*n.*). **69 ~ universale** (*lamin.*), Universalwalzwerk (*n.*). **70 guide del ~** (*lamin.*), Walzwerkführungen (*f. pl.*). **71 olio per ~** (*lamin.*), Walzöl (*n.*). **72 sbozzatura al ~** (per fucinati) (*fucinatura*), Reckwalzen (*n.*).

laminatore (*lav. - lamin.*), Walzer (*m.*).

laminatrice (*macch. fucin.*), Walzmaschine (*f.*). **2 ~ per anelli** (*macch. per la laminazione di anelli senza saldatura*) (*macch. fucin.*), Ringwalzmaschine (*f.*).

laminatura (stratificatura, nella lavorazione delle resine sintetiche) (*ind. chim.*), Laminieren (*n.*). **2 ~** (degli sci) (*sport*), Stahlkanten (*f. pl.*), Skibewehrung (*f.*).

laminazione (al laminatoio) (*lamin.*), Walzen (*n.*). **2 ~** (sbozzatura al laminatoio per fucinati) (*fucinatura*), Reckwalzen (*n.*). **3 ~** (trafilamento, perdita di compressione) (*mot.*), Durchblasen (*n.*). **4 ~ a caldo** (*lamin.*), Heisswalzen (*n.*). **5 ~ a diametro esterno costante** (di tubi, processo in cui il diametro esterno del tubo viene mantenuto costante nelle varie passate) (*lamin.*), Stopfenwalzen (*n.*). **6 ~ a diametro interno costante** (di tubi, procedimento in cui il diametro interno rimane costante nelle singole passate) (*lamin.*), Schwedenwalzen (*n.*). **7 ~ a freddo** (*lamin.*), Kaltwalzen (*n.*). **8 ~ a freddo a passo di pellegrino** (*lamin.*), Kaltpilgern (*n.*). **9 ~ a freddo di profilati** (leggeri) **da nastro** (*lamin.*) Bandprofilwalzung (*f.*). **10 ~ al laminatoio perforatore** (*lamin.*), *vedi* laminazione obliqua. **11 ~ la treno semicontinuo** (*lamin.*), Umwalzen (*n.*). **12 ~ a pacco** (di lamiere sottili) (*lamin.*), Sturzenwalzung (*f.*). **13 ~ a passo del pellegrino** (per la fabbricazione di tubi senza saldatura p. es.) (*lamin.*), Pilgerschrittverfahren (*n.*). **14 ~ a sezione variabile** (sbozzatura al laminatoio, di fucinati) (*fucinatura*), Reckwalzen (*n.*). **15 ~ di profilati** (*lamin.*), Formwalzen (*n.*). **16 ~ in calibro a losanga** (di un laminatoio sbozzatore p. es.) (*metall.*), Spiesskantenwalzen (*n.*). **17 ~ obliqua** (laminazione al laminatoio perforatore, per la produzione di tubi senza saldatura) (*lamin.*), Schrägwalzung (*f.*). **18 ~ trasversale** (*lamin.*), Querwalzen (*n.*). **19 bava di ~** (difetto di lamin.), Walzgrat (*m.*), Walzbart (*m.*). **20 cricca da ~** (difetto di lamin.), Walzriss (*m.*). **21 difetto di ~** (*lamin.*), Walzfehler (*m.*). **22 direzione di ~** (*lamin. - ind. metall.*), Walzrichtung (*f.*). **23 gabbia di ~** (gabbia di laminatoio) (*lamin.*), Walzgerüst (*n.*). **24 graffiatura di ~** (graffiatura di cilindro) (*lamin.*), Walzstrieme (*f.*). **25 linea di ~** (linea contatto cilindri) (*lamin.*), Walz-

lampada

linie (f.). **26 orlo di ~** (*lamin.*), Walzkante (f.). **27 paglia di ~** (*difetto - metall.*), Einwalzung (f.). **28 passata cieca di ~** (*metall.*), Blindstich (m.). **29 pelle di ~** (strato di ossidi nella lamin. a caldo) (*metall.*), Walzhaut (f.). **30 piano di ~** (*lamin.*), Walzebene (f.). **31 pressione di ~** (pressione del cilindro) (*lamin.*), Walzdruck (m.). **32 prova di ~ (a freddo) ed imbutitura** (su nastri di lamiera) (*tecnol. mecc.*), Walzziehversuch (m.). **33 rapporto di ~** (*lamin.*), Walzverhältnis (n.). **34 riga di ~** (*difetto di lamin.*), Walzriefe (f.). **35 ripiegatura di ~** (*difetto di lamin.*), überwaltzte Falte. **36 scoria da ~** (ossido da laminazione) (*lamin.*), Walzsinter (m.), Walzzunder (m.). **37 segno di ~** (*tecnol. mecc.*), Walzzeichen (n.). **38 sfogliatura di ~** (*difetto di lamin.*), Walzsplitter (m.). **39 tolleranza di ~** (*lamin.*), Walztoleranz (f.). **40 treno di ~** (*lamin.*), Walzstrasse (f.).

lampada (per illuminazione) (*app. illum.*), Lampe (f.). **2 ~** (torcia, fiaccola, per saldatura p. es.) (*att.*), Lötlampe (f.), Gebläselampe (f.). **3 ~** (lampadina) (*elett.*), Birne (f.), Lampe (f.), Glühbirne (f.). **4 ~** (*illum.*), *vedi anche* lampadina. **5 ~ a bagliore** (lampada ad effluvio) (*app. illum.*), Glimmlampe (f.). **6 ~ a benzina (per saldare)** (torcia a benzina per saldare, saldatoio a benzina) (*att.*), Benzinlötlampe (f.), Benzinlötgebläse (n.). **7 ~ a carburo** (*app. illum.*), Karbidlampe (f.). **8 ~ a catodo caldo** (*app. illum.*), Glühkathodenlampe (f.). **9 ~ ad acetilene** (*app. illum.*), Azetylenlampe (f.). **10 ~ ad alogenuri** (lampada a vapori di alogenuri) (*illum. - elett.*), Halogen-Metalldampflampe (f.). **11 ~ ad arco** (*app. illum.*), Bogenlampe (f.). **12 ~ ad arco a fiamma** (*app. illum.*), Effektkohlen-Bogenlampe (f.), Flammen-Bogenlampe (f.). **13 ~ ad arco al tungsteno** (*app. illum.*), Wolframbogenlampe (f.). **14 ~ ad arco a specchio** (*illum. - cinem.*), Spiegelbogenlampe (f.). **15 ~ ad arco chiuso** (*elett.*), Dauerbrandbogenlampe (f.). **16 ~ ad arco con carboni a fiamma** (*app. illum.*), Effektkohlen-Bogenlampe (f.), Flammen-Bogenlampe (f.). **17 ~ ad arco con elettrodi di carbone** (*app. illum.*), Kohle-Bogenlampe (f.), Reinkohlenbogenlampe (f.). **18 ~ ad arco con elettrodi di carbone a miccia** (*app. illum.*), Effektkohlen-Bogenlampe (f.), Flammen-Bogenlampe(f.). **19~ ad incandescenza** (*app. illum.*), Glühlampe (f.). **20 ~ ad incandescenza** (lampadina ad incandescenza) (*elett.-illum.*), Glühlampe (f.), Glühbirne (f.). **21 ~ ad incandescenza e luminescenza** (lampada a luce mista) (*app. illum.*), Mischlichtlampe (f.). **22 ~ a due filamenti** (*elett. - aut.*), Zweifadenlampe (f.). **23 ~ a (elettro-)luminescenza** (lampada luminescente a gas) (*app. illum.*), Gasentladungslampe (f.). **24 ~ a filamento** (*app. illum.*), Drahtlampe (f.). **25 ~ a filamento centrato** (*app. illum.*), Prefokus-Lampe (f.). **26 ~ a filamento di carbone** (*app. illum.*), Kohlenfadenlampe (f.). **27 ~ a filamento metallico** (*app. illum.*), Metalldrahtlampe (f.). **28 ~ a filamento rettilineo** (lampada tubolare a filamento rettilineo) (*app. illum.*), Soffittenlampe (f.). **29 ~ a fluorescenza** (*app. illum.*), Fluoreszenzlampe (f.), Leuchtstofflampe (f.). **30 ~ a gas illuminante** (*app. illum.*), Gaslampe (f.). **31 ~ a lampo** (*illum. - fot.*), Blitzlampe (f.). **32 ~ al neon** (tubo al neon) (*app. illum.*), Neonröhre (f.), Neonlampe (f.). **33 ~ al quarzo** (sole artificiale) (*app.*), Höhensonne (f.), künstliche Höhensonne, Quecksilberquarzlampe (f.). **34 ~ al tungsteno** (lampada con filamento di tungsteno) (*app. illum.*), Wolframlampe (f.), Wolframdrahtlampe (f.). **35 ~ a luce diretta** (per ripresa fotografica) (*app.*), Direktstrahler (m.). **36 ~ a luce miscelata** (lampada a luce mista) (*illum.*), Mischlichtlampe (f.), Verbundlampe (f.). **37 ~ a luce mista** (lampada ad incandescenza ed a luminescenza) (*app. illum.*), Mischlichtlampe (f.). **38 ~ a luce nera** (lampada di Wood, che suscita fluorescenza) (*ott.*), Schwarzglaslampe (f.). **39 ~ a luce pulsante** (*elett.*), Flackerlampe (f.). **40 ~ a luminescenza** (lampada luminescente a gas) (*app. illum.*), Gasentladungslampe (f.). **41 ~ anabbagliante** (*elett.*), Blendeschutzlampe (f.). **42 ~ a nastro di tungsteno** (*app. illum.*), Wolframbandleuchte (f.). **43 ~ a petrolio** (*app. illum.*), Petroleumlampe (f.). **44 ~ (a radiazione) ultravioletta** (*app.*), Ultraviolettlampe (f.). **45 ~ a raggi ultrarossi** (generatore di radiazioni ultrarosse, lampada con bassa temperatura di filamento, per essiccazione di vernici) (*fis.*), Dunkelstrahler (m.). **46 ~ a riempimento gassoso** (lampada a gas inerte) (*app. illum.*), gasgefüllte Lampe. **47 ~ a riflettore** (per irradiazione) (*app. illum.*), Strahlerlampe (f.). **48 ~ a scarica elettrica** (in cui scariche elettriche determinano l'emissione di luce da parte di sostanze solide, liquide o gassose) (*app. illum.*), Entladungslampe (f.). **49 ~ a stelo** (*app. illum.*), Stehlampe (f.). **50 ~ a torcia** (torcia) (*app. illum.*), Stablampe (f.), Taschenlampe (f.). **51 ~ a vapori di mercurio** (*app. illum.*), Quecksilberdampflampe (f.). **52 ~ a vapori di sodio** (*app. illum.*), Natriumdampflampe (f.). **53 ~ a vapori metallici** (*app. illum.*), Metalldampflampe (f.). **54 ~ a xeno** (*app. illum.*), Xenonlampe (f.). **55 ~ biluce** (per fari auto) (*aut.*), Biluxlampe (f.). **56 ~ con filamento a spirale semplice** (*elett. - illum.*), Einfachwendellampe (f.). **57 ~ con innesco a caldo** (*app. illum.*), Warmstartlampe (f.), Glühstartlampe (f.). **58 ~ con innesco a freddo** (*app. illum.*), Kaltstartlampe (f.). **59 ~ da cinema** (*cinem.*), Kinolampe (f.). **60 ~ da lavoro** (per disegnatori p. es.) (*app. illum.*), Arbeitslampe (f.). **61 ~ da minatore** (lampada da miniera) (*att. min.*), Grubenlampe (f.), Bergmannslampe (f.). **62 ~ da miniera** (lampada Davy, lampada di sicurezza) (*min.*), Sicherheitslampe (f.), Davy-Lampe (f.). **63 ~ Davy** (lampada da miniera, lampada di sicurezza) (*app. min.*), Davy-Lampe (f.), Sicherheitslampe (f.). **64 ~ di attesa** (*telef.*), Wartelampe (f.). **65 ~ di carico** (inserita a monte d'un circuito) (*elett.*), Vorschaltlampe (f.). **66 ~ di chiamata e fine** (conversazione) (*telef.*), Anruf- und Schlusslampe (f.), ASL. **67 ~ di emergenza** (*elett.*), Notleuchte (f.). **68 ~ di Nernst** (per luce bianca) (*fis.*), Nernstlampe (f.), Nernstbrenner (m.). **69** ~ **di occupato** (telef.), Besetztlampe (f.), Best. **70** ~ **di quarzo** (app.), Quarzlampe (f.). **71** ~ **di segnalazione** (segnalatore ottico) (elett.), Signallampe (f.), Leuchtmelder (m.). **72** ~ **di sicurezza** (per segnalare condizioni pericolose) (elett.), Panikleuchte (f.). **73** ~ **di sicurezza** (lampada da miniera) (att. min.), Wetterlampe (f.), Sicherheitslampe (f.). **74** ~ **di sicurezza Davy** (att. min.), Davy-Lampe (f.), Davy'sche Sicherheitslampe (f.). **75** ~ **di sincronismo** (lampada per parallelo) (elett.), Phasenlampe (f.), Synchronisierlampe (f.). **76** ~ **di ispezione** (aut. - ecc.), Handlampe (f.). **77** ~ **di Wood** (lampada a luce nera, che suscita fluorescenza) (ott.), Schwarzglaslampe (f.). **78** ~ **elettrica** (app. illum.), elektrische Lampe. **79** ~ **fluorescente** (app. illum.), Leuchtstofflampe (f.), Fluoreszenslampe (f.). **80** ~ **(fluorescente) per basse temperature** (app. illum.), Tieftemperaturlampe (f.). **81** ~ **germicida** (app. illum. - med.), Entkeimungslampe (f.). **82** ~ **in atmosfera gassosa** (app. illum.), gasgefüllte Lampe. **83** ~ **luminescente a gas** (app. illum.), Gasentladungslampe (f.). **84** ~ **miniatura** (app. illum.), Zwerglampe (f.). **85** ~ **opalina** (illum.), Opallampe (f.). **86** ~ **per camera oscura** (fot.), Dunkelkammerlampe (f.). **87** ~ **per luce solare** (app. illum.), Tageslichtlampe (f.). **88** ~ **per microscopio** (app. ott.), Mikroskopierlampe (f.). **89** ~ **per parallelo** (lampada di sincronismo) (elett.), Phasenlampe (f.), Syncronisierungslampe (f.). **90** ~ **per proiezione** (ott. - illum.), Lichtwurflampe (f.). **91** ~ **per quadro** (app.), Armaturenbrettlampe (f.), Skalenlampe (f.). **92** ~ **per riproduzioni** (app. tip.), Kopierlampe (f.), Pauslampe (f.). **93** ~ **per saldare** (att.), Lötlampe (f.). **94** ~ **portatile** (min. - ecc.), Handleuchte (f.). **95** ~ **-proiettore** (proiettore-lampada) (aut.), « Sealed-Beam-Scheinwerfer » (m.). **96** ~ **smerigliata** (app. illum.), mattierte Lampe. **97** ~ **spettroscopica** (ott.), Spektrallampe (f.). **98** ~ **spia** (spia luminosa) (mot. - ecc.), Kontrollampe (f.), Signallampe (f.). **99** ~ **tarata** (illum.), Vergleichslampe (f.). **100** ~ **tascabile** (« pila ») (app. illum.), Taschenlampe (f.). **101** ~ **tubolare** (elett. - illum.), Röhrenlampe (f.), Soffittenlampe (f.). **102 attacco della** ~ (zoccolo della lampada) (illum.), Lampensockel (m.). **103 nero di** ~ (nerofumo di lampada) (chim.), Lampenschwarz (n.). **104 sede** ~ (di un proiettore) (cinem.), Lampenhaus (n.).

lampadario (app. illum.), Kronleuchte (f.). **2** ~ (pendente) (elett. - ed.), Ampel (f.).

lampadina (app. illum.), Lampe (f.), Glühbirne (f.). **2** ~ (illum.), vedi anche lampada. **3** ~ **ad incandescenza** (elett.), Glühbirne (f.). **4** ~ **a due filamenti** (lampadina a doppio filamento) (aut. - elett.), Zweidrahtlampe (f.). **5** ~ **ad un filamento** (app. illum.), Eindrahtlampe (f.). **6** ~ **con attacco Edison** (app. illum.), Lampe mit Edisongewinde. **7** ~ **del posto** (d'operatrice) (telef.), Platzlampe (f.). **8** ~ **del proiettore** (aut. - elett.), Scheinwerferlampe (f.). **9** ~ **di linea libera** (telef.), Freilampe (f.). **10** ~ **d'occupato** (telef.), Besetztlampe (f.). **11** ~ **illuminazione cruscotto** (aut.), Instrumentenbrettlampe (f.).

lampeggiare (illum.), blinken.

lampeggiatore (luce a lampi) (illum. - ecc.), Blinkleuchte (f.), Blinklicht (n.). **2** ~ (indicatore di direzione) (aut.), Blinker (m.), Blinkleuchte (f.). **3** ~ **a luce rotante** (su autoambulanze e veicoli dei pompieri p. es.) (aut. - traff. strad.), Rundum-Kennleuchte (f.). **4** ~ **anteriore** (indicatore di direzione) (aut.), vorderer Blinker. **5** ~ **applicato** (indicatore di direzione) (aut.), Anbaublinkleuchte (f.). **6** ~ **da incrocio** (avvisatore a lampi di luce) (aut.), Lichthupe (f.). **7** ~ **di avvertimento (a luce rotante)** (avvisatore ottico rotante) (traff. strad.), Rundum-Kennleuchte (f.). **8** ~ **elettronico** (fot.), Elektronenblitz (m.). **9** ~ **incassato** (indicatore di direzione) (aut.), Einbaublinkleuchte (f.). **10 interruttore per lampeggiatori** (aut.), Blinkerschalter (m.). **11 tubo elettronico** ~ (illum. - fot.), Blitzröhre (f.).

lampeggio (ott.), Blinken (n.). **2** ~ **fari** (avvisatore a lampi di luce) (aut.), Lichthupe (f.).

lampisteria (ferr.), Lampenstube (f.), Lampisterie (f.).

lampo (fulmine) (meteor.), Blitz (m.). **2** ~ **diffuso** (meteor.), Flächenblitz (m.). **3** ~ **di luce** (« flash ») (fot.), Lichtblitz (m.), Blitzlicht (n.). **4 lampi di luce** (luce intermittente) (illum.), Blinklicht (n.). **5** ~ **elettronico** (fot.), Elektronenblitz (m.). **6 chiusura** ~ (ind. tess. - ecc.), Reissverschluss (m.).

lana (ind. tess.), Wolle (f.). **2** ~ **agnellina** (ind. lana), Lammwolle (f.). **3** ~ **arricciata** (ind. lana), gekräuselte Wolle. **4** ~ **brillante** (ind. lana), Glanzwolle (f.), Brillantwolle (f.). **5** ~ **calcinata** (tess.), Kalkwolle (f.), Kalkäscherwolle (f.). **6** ~ **carbonizzata** (ind. lana), karbonisierte Wolle, ausgekohlte Wolle. **7** ~ **cardata** (ind. tess.), Streichwolle (f.). **8** ~ **corta** (ind. lana), kurze Wolle. **9** ~ **da carda** (ind. tess.), Kratzwolle (f.), Krempelwolle (f.). **10** ~ **da pettine** (ind. lana), Kammwolle (f.). **11** ~ **da tappeti** (ind. lana), Teppichwolle (f.). **12** ~ **del dorso** (ind. lana), Rückenwolle (f.). **13** ~ **della testa** (ind. lana), Kopfwolle (f.). **14** ~ **delle pelli** (ind. lana), Hautwolle (f.). **15** ~ **di acciaio** (metall.), Stahlwolle (f.). **16** ~ **di agnello di un anno** (ind. lana), Jährlingswolle (f.). **17** ~ **di basalto** (per isolamento termico) (min.), Basaltwolle (f.). **18** ~ **di carda** (ind. tess.), Kratzwolle (f.). **19** ~ **di concia** (ind. lana), Gerberwolle (f.). **20** ~ **di media qualità** (ind. lana), Mittelwolle (f.). **21** ~ **di pecora** (ind. lana), Schafwolle (f.). **22** ~ **di qualità superiore** (ind. lana), hochedle Wolle. **23** ~ **di scarto** (ind. tess.), Klunkerwolle (f.), Abfallwolle (f.). **24** ~ **di scoria** (lana minerale) (ed. - acus.), Schlackenwolle (f.), Gesteinswolle (f.). **25** ~ **di tosa** (ind. lana), Schurwolle (f.). **26** ~ **di velli** (ind. lana), Vlieswolle (f.). **27** ~ **di vello da pettine** (ind. lana), Kammvlieswolle (f.). **28** ~ **di vetro** (mft. vetro), Glaswolle (f.). **29** ~ **dura** (ind. lana), harte Wolle, rauhe Wolle, harsche Wolle. **30** ~ **filabile** (ind. lana), Spinnerwolle (f.). **31** ~ **forte** (lana robusta) (ind. lana), nervige Wolle, kräftige

lana

Wolle. 32 ~ **greggia** (*ind. lana*), Rohwolle (*f.*). 33 ~ **incrociata** (*ind. lana*), Kreuzungswolle (*f.*), Kreuzzuchtwolle (*f.*), Crossbredwolle (*f.*). 34 ~ **intrecciata** (*ind. lana*), strickige Wolle, filzige Wolle. 35 ~ **lappolosa** (lana carica di sostanze vegetali) (*ind. lana*), Klettenwolle (*f.*), klettige Wolle, Samenwolle (*f.*). 36 ~ **liscia** (*ind. lana*), schlichte Wolle. 37 ~ **lucente** (*ind. lana*), Lüsterwolle (*f.*). 38 ~ **lunga** (*ind. lana*), langschurige Wolle. 39 ~ **maggenga** (lana tosata in primavera) (*ind. tess.*), Winterwolle (*f.*). 40 ~ **malata** (*ind. lana*), kranke Wolle. 41 ~ **matricina** (*ind. lana*), Kernwolle (*f.*), Oberwolle (*f.*), Mutterwolle (*f.*). 42 ~ **meccanica** (lana rigenerata) (*ind. tess.*), Kunstwolle (*f.*). 43 ~ **merino** (*ind. tess.*), Merino (*m.*), Merinowolle (*f.*). 44 ~ **minerale** (lana di scoria) (*ed. - acus.*), Mineralwolle (*f.*), Schlackenwolle (*f.*), Gesteinswolle (*f.*). 45 ~ **mista** (*ind. lana*), Mischwolle (*f.*). 46 ~ **morbida** (*ind. lana*), weiche Wolle. 47 ~ **morticina** (*ind. lana*), Sterblingswolle (*f.*), Pelzwolle (*f.*). 48 ~ **ondulata** (*ind. lana*), gewellte Wolle. 49 ~ **ordinaria** (*ind. lana*), geringe Wolle. 50 ~ **per maglieria** (lana per lavorazione a maglia) (*ind. tess.*), Strickwolle (*f.*). 51 ~ **pettinata** (*ind. tess.*), Kammgarnwolle (*f.*), Kammwolle (*f.*). 52 ~ **rigenerata** (*ind. tess.*), Altwolle (*f.*), Reisswolle (*f.*), Lumpenwolle (*f.*). 53 ~ **rigenerata** (lana meccanica) (*ind. tess.*), Kunstwolle (*f.*). 54 ~ **robusta** (lana forte) (*ind. lana*), nervige Wolle, kräftige Wolle. 55 ~ **sabbiosa** (*ind. lana*), Sandwolle (*f.*). 56 ~ **setacea** (*ind. lana*), Seidenwolle (*f.*). 57 ~ **sucida** (*ind. lana*), Schweisswolle (*f.*), Schmutzwolle (*f.*). 58 ~ **tosata** (*ind. tess.*), Schurwolle (*f.*), Scherwolle (*f.*). 59 ~ **tosata due volte l'anno** (*ind. lana*), Zweischurwolle (*f.*). 60 ~ **tosata in autunno** (*ind. lana*), Sommerwolle (*f.*). 61 ~ **tosata in primavera** (lana maggenga) (*ind. lana*), Winterwolle (*f.*). 62 ~ **tosata una volta all'anno** (lana di tosa annuale) (*ind. lana*), Einschurwolle (*f.*). 63 ~ **vegetale** (*tess.*), Waldwolle (*f.*). 64 ~ **vegetale** (« kapok », bambagia delle Indie, seta vegetale) (*ind. tess.*), Kapok (*m.*). 65 ~ **vellosa** (*ind. lana*), zottige Wolle. 66 **apritoio per** ~ (*macch. tess.*), Wollreisser (*m.*), Wollbrecher (*m.*). 67 **balla di** ~ (*ind. tess.*), Wollballen (*m.*). 68 **carta** ~ (*ind. carta*), Wollfilzpapier (*n.*). 69 **classificazione della** ~ (*ind. lana*), Wollsortierung (*f.*). 70 **cascame di** ~ (*ind. tess.*), Wollabfall (*m.*). 71 **di** ~ (*ind. tess.*), wollen, wollig. 72 **di pura** ~ (*ind. tess.*), reinwollen. 73 **filato di** ~ (*ind. tess.*), Wollgarn (*n.*). 74 **filatura della** ~ (*ind. tess.*), Wollspinnerei (*f.*). 75 **filo di** ~ (fiocco di lana, per rendere visibile il flusso intorno ad una vettura) (*aut. - prove aerodin.*), Wollfaden (*m.*). 76 **fiocco di** ~ (filo di lana, per rendere visibile il flusso intorno ad una vettura) (*aut. - prove aerodin.*), Wollfaden (*m.*). 77 **lavatura della** ~ (*ind. lana*), Wollwäscherei (*f.*), Wollwäsche (*f.*). 78 **percentuale di** ~ **pulita** (rendimento) (*ind. tess.*), Rendement (*n.*). 79 **pettinato di** ~ (tessuto pettinato di lana) (*ind. tess.*), Kammwollstoff (*m.*). 80 **pettinatura della** ~ (*ind. lana*), Wollkämmerei (*f.*). 81 **pettine da** ~ (*macch. tess.*), Wollkamm (*m.*). 82 **sucido di** ~ (*ind. lana*), Wollschweiss (*m.*), Schafschweiss (*m.*). 83 **tessuto di** ~ (*ind. tess.*), Wollstoff (*m.*). 84 **tosa della** ~ (*ind. lana*), Wollschur (*f.*).

lanceolato (*arch.*), lanzettlich, lanzettförmig.

lancetta (di uno strumento) (*strum.*), Anzeiger (*m.*), Zeiger (*m.*). 2 ~ (indice, di una bilancia p. es.) (*app.*), Zeiger (*m.*), Zunge (*f.*). 3 ~ **dei secondi** (*orologio*), Sekundenzeiger (*m.*). 4 ~ **delle ore** (*orologeria*), Stundenzeiger (*m.*). 5 **indice a** ~ (*strum.*), Lanzenzeiger (*m.*).

lancia (*nav.*), Barkasse (*f.*), Boot (*n.*). 2 ~ (del cannello) (*att.*), Schweissmundstück (*n.*). 3 ~ (nell'elaborazione dell'acciaio col processo utilizzante ossigeno) (*metall.*), Strahlrohr (*n.*), Lanze (*f.*). 4 ~ (arma antica) (*arma*) Lanze (*f.*). 5 ~ **anticendi** (battello anticendi) (*nav.*), Löschboot (*n.*). 6 ~ **di salvataggio** (imbarcazione di salvataggio) (*nav.*), Rettungsboot (*n.*). 7 ~ (**di salvataggio**) **armata** (di una nave di guerra) (*mar. milit.*), Kutter (*m.*). 8 ~ **per l'ossigeno** (nella produzione di acciaio) (*metall.*), Sauerstofflanze (*f.*). 9 ~ (**per servizio**) **di porto** (*nav.*), Hafenbarkasse (*f.*), Dienstboot (*n.*).

lancia-anse (fra cilindro ed aspo avvolgitore del nastro) (*lamin.*), Schlingenwerfer (*m.*), Schlingenerzeuger (*m.*), Wimmler (*m.*).

lanciafiamme (*milit.*), Flammenwerfer (*m.*).

lanciamine (*espl.*), Minenwerfer (*m.*).

lanciamissili (*mil.*), Flugkörperwerfer (*m.*), Lenkwaffenwerfer (*m.*). 2 **incrociatore** ~ (*mar. milit.*), Lenkwaffenkreuzer (*m.*).

lancianavetta (di telaio) (*macch. tess.*), Treiber (*m.*). 2 **albero** ~ (d'un telaio; albero secondario, albero dei cuori) (*macch. tess.*), Schlagwelle (*f.*), Unterwelle (*f.*).

lanciaolio (anello lanciaolio, per lubrificazione) (*mecc. - macch.*), Spritzring (*m.*).

lanciapigiata (macchina lanciapigiata) (*forno - metall.*), Torkretmaschine (*f.*).

lanciarazzi (*app.*), Raketenwerfer (*m.*). 2 ~ **di prua** (lanciarazzi prodiero) (*milit.*), Bugwerfer (*m.*). 3 ~ **multiplo** (*arma*), Salvengeschütz (*n.*).

lanciare (gettare) (*gen.*), werfen.

lanciarsi (col paracadute) (*aer.*), abspringen.

lanciasabbia (di una locomotiva, per aumentare l'aderenza) (*app. ferr.*), Sandstreuer (*m.*). 2 ~ **pneumatico** (*app. ferr.*), Pressluftsandstreuer (*m.*).

lanciasagole (*nav.*), Leinenwurfapparat (*m.*).

lanciasiluri (tubo lanciasiluri) (*mar. milit.*), Torpedorohr (*n.*). 2 ~ **poppiero** (tubo di lancio poppiero) (*mar. milit.*), Heckrohr (*n.*).

lanciaterra (*macch. fond.*), Formsandschleuder (*m.*), Sandslinger (*m.*), Sandschleudermaschine (*f.*).

lancio (*gen.*), Wurf (*m.*). 2 ~ (col paracadute) (*aer.*), Absprung (*m.*). 3 ~ (di un razzo) (*milit.*), Abschuss (*m.*). 4 ~ (*sport*), Werfen (*n.*). 5 ~ **a rimorchio** (partenza rimorchiata, di un aliante) (*aer.*), Seilstart (*m.*). 6 ~ **con apertura ritardata** (*aer.*), Absprung mit verzögerter Öffnung. 7 ~ **del disco** (*sport*), Diskuswerfen (*n.*). 8 ~ **del giavellotto** (*sport*), Speerwerfen (*n.*). 9 ~ **della navetta** (*macch.*

(tess.), Schützenwurf (m.). 10 ~ del martello (sport), Hammerwerfen (n.). 11 ~ del peso (sport), Kugelstossen (n.). 12 ~ di messaggi (aer.), Meldeabwurf (m.). 13 ~ iniziale (elab. dati), Ureingabe (f.), Bootstrap (m.). 14 base di ~ (di missili) (milit. - astronautica), Abschussbasis (f.). 15 impianto di ~ (per smistamento di carri ferroviari) (ferr.), Ablaufanlage (f.), Ablaufstellwerk (n.). 16 incastellatura di ~ (per razzi) (milit. - ecc.), Startgerüst (n.), Startgestell (n.), Launcher (m.). 17 pala caricatrice a ~ (macch. - min.), Wurfschaufellader (m.). 18 peso al ~ (d'un missile) (astronautica - ecc.), Startgewicht (n.). 19 razzo di ~ (d'un missile) (astronautica - ecc.), Startrakete (f.). 20 spese di ~ (di un nuovo prodotto p. es.) (comm.), Anlaufkosten (f. pl.). 21 stadio di ~ (d'un razzo a stadi) (mot. - ecc.), Startstufe (f.). 22 torre di ~ (di missili) (astronautica - milit.), Raketenmontageturm (m.).

landa (landra, spranga di ferro fissata alla murata) (nav.), Rüste (f.), Rüsteisen (n.). 2 ~ (terreno incolto di regioni fredde) (geol.), Heide (f.).

landra (landa, spranga di ferro fissata alla murata) (nav.), Rüste (f.), Rüsteisen (n.).

lanerie (ind. tess.), Wollwaren (f. pl.).

langley (ly = cal/cm²) (unità mis.), langley (n.), ly.

lanificio (opificio per la filatura della lana) (ind. tess.), Wollspinnerei (f.).

lanolina (ind. chim.), Lanolin (n.). 2 sapone alla ~ (ind. chim.), Lanolinseife (f.).

lantanio (La - chim.), Lanthan (n.).

lanterna (fanale) (illum.), Laterne (f.). 2 ~ (di una cupola) (arch.), Laterne (f.). 3 ~ (di un alternatore p. es.) (macch. elett.), Stern (m.). 4 ~ (armatura di anima) (fond.), Kernspindel (f.), Kernstange (f.). 5 ~ del collettore (macch. elett.), Kommutatorbuchse (f.). 6 ~ dell'indotto (macch. elett.), Ankerbüchse (f.), Ankerstern (m.). 7 ~ del rotore (macch. elett.), Rotorstern (m.). 8 ~ magica (ott.), Laterna magica, Zauberlaterne (f.). 9 ruota a ~ (ingranaggio a lanterna) (mecc.), Zapfenzahnrad (n.).

lanternino (lucernario) (ed.), Dachhaube (f.), Dachkappe (f.), Dachreiter (m.).

lapidare (lappare) (mecc.), läppen. 2 ~ (un utensile p. es., affilare con pietra abrasiva) (mecc.), abziehen.

lapidario (etrusco, grottesco, bastone, tipo di carattere) (tip.), grotesk.

lapidatrice (lappatrice) (macch. ut.), Läppmaschine (f.). 2 ~ per esterni (lappatrice per esterni) (macch. ut.), Flachläppmaschine (f.). 3 ~ per interni (lappatrice per interni) (macch. ut.), Innenläppmaschine (f.).

lapidatura (lappatura) (mecc.), Läppen (n.). 2 ~ (affilatura di un ut. p. es., con pietra abrasiva) (mecc.), Abziehen (n.).

lapidello (lappatore, utensile per levigare) (ut.), Läppdorn (m.). 2 ~ (pietra per lappare) (ut.), Läppstein (m.). 3 ~ (rettificatrice in piano) (macch. ut.), Planschleifmaschine (f.), Flächenschleifmaschine (f.). 4 ~ a disco (disco per lappatura) (ut.), Läppscheibe (f.).

lapidificazione (diagenesi) (geol.), Diagenese (f.).

lapislazzuli (min.), Lasurstein (m.), Lapislazuli (m.).

laplaciano (fis.), laplacesch.

lappare (mecc.), läppen. 2 pietra per ~ (lapidello) (ut.), Läppstein (m.).

lappatore (lapidello) (ut.), Läppdorn (m.). 2 utensile ~ (ut.), Läppwerkzeug (n.).

lappatrice (lapidatrice) (macch. ut.), Läppmaschine (f.). 2 ~ ad ultrasuoni (macch. ut.), Ultraschall-Läppmaschine (f.), Stossläppmaschine (f.). 3 ~ per esterni (lapidatrice per esterni) (macch. ut.), Flachläppmaschine (f.). 4 ~ per ingranaggi (macch. ut.), Zahnradläppmaschine (f.). 5 ~ per interni (lapidatrice per interni) (macch. ut.), Innenläppmaschine (f.), Bohrungsläppmaschine (f.).

lappatura (per la levigatura di superfici) (mecc.), Läppen (n.). 2 ~ ad immersione (nella quale il pezzo viene immerso in una corrente di miscela lappante) (mecc.), Tauchläppen (n.). 3 ~ ad ultrasuoni (mecc.), Ultraschall-Bearbeitung (f.), Stossläppen (n.). 4 ~ interna (in tondo) (lav. macch. ut.), Bohrungsläppen (n.). 5 ~ libera (lappatura senza centri) (lav. macch. ut.), spitzenloses Läppen, Läppen ohne Spitzen. 6 ~ senza centri (lappatura libera) (mecc.), Läppen ohne Spitzen, spitzenloses Läppen. 7 pasta per ~ (lav. macch. ut.), Läppaste (f.). 8 pietra per ~ (lapidello) (ut.), Läppstein (m.). 9 portapezzo per ~ (macch. ut.), Läppkäfig (m.).

lappola (ind. tess.), Klette (f.).

lardone (per guide del bancale p. es.) (macch. ut. - mecc.), Einstelleiste (f.), Stelleiste (f.). 2 ~ (di guida dello slittone, di una pressa) (macch.), Leiste (f.), Führungsleiste (f.). 3 ~ (d'una fucinatrice p. es.) (macch.), Verschleissleiste (f.). 4 ~ conico (macch. ut.), Keilleiste (f.). 5 ~ di registro (chiavetta di registro) (macch.), Nachstelleiste (f.). 6 ~ guidamazza (di una pressa) (macch.), Stössel-Führungsleiste (f.).

larghezza (gen.), Breite (f.), Weite (f.). 2 ~ banda (di frequenze) di disturbo (radio - ecc.), Störbreite (f.). 3 ~ degli impulsi (durata degli impulsi) (elettronica), Pulsbreite (f.). 4 ~ dei denti (d'un maschio filettatore) (ut.), Stegbreite (f.), Stollenbreite (f.), Zahnstollenbreite (f.). 5 ~ del canale (d'un cerchione) (veic.), Maulweite (f.). 6 ~ del dente (mecc.), Zahnbreite (f.). 7 ~ della dentatura di (una) ruota elicoidale (mecc.), Schneckenradbreite (f.). 8 ~ della pala (di un'elica p. es.) (aer. - nav.), Blattiefe (f.), Blattbreite (f.). 9 ~ della passata (larghezza di taglio) (lav. macch. ut.), Schnittbreite (f.). 10 ~ della pista (larghezza della traccia, d'un nastro magnetico) (elettroacus.), Spurbreite (f.). 11 ~ della traccia (larghezza della pista, d'un nastro magnetico) (elettroacus.), Spurbreite (f.). 12 ~ del vano (di una ruota dentata) (mecc.), Lückenweite (f.). 13 ~ del vano alla base (del dente) (mecc.), Grundlücke (f.). 14 ~ di appoggio (d'un pneumatico) (aut.), Latschbreite (f.). 15 ~ di banda (radio), Bandbreite (f.). 16 ~ di banda per il suono (radio), Tonbandbreite (f.). 17 ~ di

largo

dentatura (di una ruota dentata) (*mecc.*), Radbreite (*f.*). 18 ~ **d'ingombro** (o fuori tutto) (*gen.*), grösste Breite. 19 ~ **di sovrapposizione** (di una chiodatura) (*mecc.*), Lappenbreite (*f.*). 20 ~ **di taglio** (larghezza della passata (*lav. macch. ut.*), Schnittbreite (*f.*). 21 ~ **di taglio** (larghezza teorica del truciolo, larghezza teorica di truciolatura) (*mecc.*), Spanungsbreite (*f.*). 22 ~ **di truciolatura effettiva** (*lav. macch. ut.*), Wirkspanungsbreite (*f.*). 23 ~ **fuori tutto** (o d'ingombro) (*gen.*), grösste Breite. 24 ~ **massima** (*costr. nav.*), grösste Breite, Konstruktionsbreite (*f.*), Berechnungsbreite (*f.*). 25 ~ **massima fuori corazza** (*costr. nav.*), Konstruktionsbreite auf Aussenkante Panzer. 26 ~ **massima fuori fasciame** (*costr. nav.*), Konstruktionsbreite auf Aussenkante Planken. 27 ~ **massima fuori ossatura e dentro fasciame** (*costr. nav.*), Konstruktionsbreite auf Aussenkante Spanten, Konstruktionsbreite über Spanten. 28 ~ **nominale** (*ed. - ecc.*), Nennweite (*f.*). 29 ~ **sugli spigoli** (di un dado o della testa di vite esagonale) (*mecc.*), Eckenmass (*n.*). 30 ~ **teorica di truciolatura** (larghezza teorica del truciolo, larghezza di taglio) (*mecc.*), Spanungsbreite (*f.*).
largo (*gen.*), breit. 2 ~ (vento, obliquo da poppa) (*nav.*), raum. 3 ~ **piatto** (laminato) (*ind. metall.*), Breitflachstahl (*m.*). 4 **al** ~ (*mar.*), ablandig.
larice (*legno*), Lärche (*f.*). 2 ~ **d'America** («pitchpine») (*legno*), Pitchpine (*n.*), Pechkiefer (*f.*).
laringofono (microfono da laringe) (*radio - acus.*), Kehlkopfmikrophon (*n.*).
laringoscopio (*app. med.*), Laryngoskop (*n.*), Kehlkopfspiegel (*m.*).
lasciapassare (permesso) (*gen.*), Passkarte (*f.*), Passierschein (*m.*).
lasciare (*gen.*), lassen. 2 ~ **girare la mola (sul pezzo)** (ad avanzamento escluso) (*lav. macch. ut.*), ausfunken. 3 ~ **il freno** (allentare il freno) (*aut.*), die Bremse lösen. 4 ~ **morire la mola (sul pezzo)** (lasciare girare la mola sul pezzo ad avanzamento escluso) (*lav. macch. ut.*), ausfunken. 5 ~ **passare acqua** (*gen.*), lecken, Wasser durchlassen.
lasco (lento) (*a. - mecc.*), locker, lose, schlaff. 2 ~ (allentato) (*a. - nav.*), schlaff, locker. 3 ~ (movimento perduto, gioco, fra due pezzi di una macchina) (*s. - mecc.*), toter Gang, Totgang (*m.*), Totlauf (*m.*). 4 ~ (gioco, di un comando) (*s. - aer. - ecc.*), toter Gang, Totgang (*m.*), Totlauf (*m.*). 5 **senza** ~ (senza gioco) (*mecc.*), frei vom toten Gang.
laser (amplificatore di luce) (*app.*), Laser (*m.*). 2 ~ **a CO₂** (*app.*), CO₂-Laser (*m.*). 3 ~ **a colorante** (*app.*), Farbstofflaser (*m.*). 4 ~ **ad argo** (*fis.*), Argon-Ionen-Laser (*m.*). 5 ~ **a gas** (*app.*), Gaslaser (*m.*). 6 ~ **a rubino** (*app.*), Rubinlaser (*m.*). 7 ~ **a semiconduttore** (*app.*), Halbleiter-Laser (*m.*). 8 ~ **a stato solido** (*app.*), Festkörperlaser (*m.*). 9 **fascio** ~ (raggio laser) (*ott.*), Laserstrahl (*m.*). 10 **interferometro a** ~ (*ott.*), Laser-Interferometer (*m.*). 11 **macchina per taglio con** ~ (*macch.*), Laser-Brennschneidmaschine (*f.*). 12 **raggio** ~ (fascio laser) (*ott.*), Laserstrahl (*m.*). 13 **saldatura con** ~ (*tecnol. mecc.*), Laser-Schweisstechnik (*f.*). 14 **telemetro a** ~ (radar ottico) (*ott.*), Laser-Entfernungsmesser (*m.*), optisches Radar.
lastra (*gen.*), Platte (*f.*). 2 ~ (*fot.*), Platte (*f.*). 3 ~ (di mater. plastico, polistirolo p. es.) (*ind. chim.*), Platte (*f.*). 4 ~ **autocroma** (*fot.*), Autochrom (*n.*). 5 ~ **bimetallica** (*metall. - tip.*), Bimetallplatte (*f.*). 6 ~ **calcografica** (*calcografia*), Tiefdruckplatte (*f.*). 7 ~ **calcografica di acciaio** (*calcografia*), Stahlstichplatte (*f.*), Stahltiefdruckplatte (*f.*). 8 ~ **calcografica per racla** (*calcografia*), Rakeltiefdruckplatte (*f.*). 9 ~ **di ardesia** (*ed.*), Schieferplatte (*f.*). 10 ~ **di copertura** (tegola piatta) (*ed.*), Biberschwanz (*m.*), flacher Dachziegel. 11 ~ **di eternit** (*ed.*), Asbestzementplatte (*f.*). 12 ~ **di eternit ondulata** (*ed.*), Wellasbestzementplatte (*f.*). 13 ~ **di marmo** (*ed. - ecc.*), Marmorplatte (*f.*). 14 ~ **di pietra** (*ed.*), Steinplatte (*f.*). 15 ~ **di rame per rotocalco** (lastra calcografica di rame) (*calcografia*), Kupfertiefdruckplatte (*f.*). 16 ~ **di rivestimento** (*ed.*), Wandplatte (*f.*). 17 ~ **di vetro** (*mft. vetro - ed.*), Glasplatte (*f.*), Glastafel (*f.*), Glasscheibe (*f.*), Scheibe (*f.*), Tafel (*f.*). 18 ~ **forata precompressa** (di calcestruzzo, lastra Schäfer) (*ed.*), Schäferplatte (*f.*). 19 ~ **fotografica** (*fot.*), photographische Platte. 20 ~ **incisa** (meccanicamente, calcografia) (*ind. graf.*), Radierungsplatte (*f.*). 21 ~ **in materiale da costruzione leggero** (*ed.*), Leichtbauplatte (*f.*). 22 ~ **litografica** (*arti grafiche*), Lithographenschiefer (*m.*), Bildplatte (*f.*). 23 ~ **per la stampa a rotocalco** (lastra per la stampa calcografica) (*calcografia*), Rotationstiefdruckplatte (*f.*). 24 ~ **per stampa offset** (*arti grafiche*), Offsetdruckplatte (*f.*). 25 ~ **per la stampa rotativa** (*arti grafiche*), Rotationsdruckplatte (*f.*). 26 ~ **Schäfer** (lastra forata precompressa, di calcestruzzo) (*ed.*), Schäferplatte (*f.*). 27 ~ **spessa** (di vetro) (*ind. vetro*), Dickglas (*n.*). 28 ~ **zincografica** (*arti grafiche*), Zinkplatte (*f.*). 29 **macchina per la produzione di lastre** (in mater. plast.) (*mecc.*), Plattenanlage (*f.*). 30 **testa di estrusione lastre** (per mater. plast.) (*macch.*), Plattenspritzkopf (*m.*).
lastricare (selciare, pavimentare con pietre) (*costr. strad.*), pflastern, pflästern.
lastricato (lastrico, selciato, pavimentazione in pietra) (*costr. strad.*), Grosspflaster (*n.*), Steinpflaster (*n.*). 2 ~ **con pietre a filari** (*costr. strad.*), Reihenpflaster (*n.*).
lastrina (*gen.*), Platte (*f.*). 2 ~ **levigata** (di minerale preparato per osservazione al microscopio) (*ott.*), Dünnschliff (*m.*).
lastrone (*gen.*), Platte (*f.*). 2 ~ **di ghiaccio** (*geogr.*), Eisscholle (*f.*). 3 ~ **in calcestruzzo** (per pavimentazione stradale) (*costr. strad.*), Betonfeld (*n.*), Betondeckenplatte (*f.*).
latente (*fis.*), latent, gebunden.
latenza (*fis. - ecc.*), Latenz (*f.*).
laterale (*a. - gen.*), seitlich. 2 ~ (valvola di mot. a c. i.) (*a. - mot.*), stehend. 3 ~ (di palcoscenico) (*s. - teatro*), Seitenbühne (*f.*).
lateralmente (*gen.*), seitlich.

laterizio (mattone) (*mur.*), Ziegel (*m.*), Mauerziegel (*m.*), Ziegelstein (*m.*), Backstein (*m.*). **2 ~ da solaio** (mattone forato da solaio, volterrana) (*ed.*), Deckenziegel (*m.*). **3 ~ forato** (mattone forato) (*ed.*), Hohlstein (*m.*), Hohlziegel (*m.*). **4 ~ forato** (blocco forato, volterrana) (*mur.*), Langlochziegel (*m.*). **5 ~ pieno** (mattone pieno) (*mur.*), Vollstein (*m.*), Vollziegel (*m.*). **6 ~ sagomato** (*mur.*), Profilziegel (*m.*). **7 frantumi di ~** (*ed.*), Ziegelsplitt (*m.*).
latitanza (*leg.*), Flüchtigkeit (*f.*).
latitudine (*geogr.*), Breite (*f.*). **2 errore di ~** (*navig.*), Breitenfehler (*m.*). **3 grado di ~** (*geogr.*), Breitengrad (*m.*).
lato (fianco) (*gen.*), Seite (*f.*). **2 ~** (di un triangolo p. es.) (*geom.*), Seite (*f.*). **3 ~** (di un angolo) (*geom.*), Schenkel (*m.*). **4 ~** (ala, di un angolare) (*ind. metall.*), Schenkel (*m.*). **5 ~** (d'una rete) (*elett. - ecc.*), Strang (*m.*). **6 ~ accoppiamento** (di un motore p. es.) (*mot. - ecc.*), Kupplungsseite (*f.*), Antriebsseite (*f.*). **7 ~ ammissione** (lato aspirazione) (*mot.*), Einlasseite (*f.*). **8 ~ a monte** (di una diga p. es.) (*ed. - ecc.*), Bergseite (*f.*), Wasserseite (*f.*). **9 ~ anteriore** (*gen.*), Vorderseite (*f.*). **10 ~ aspirazione** (lato ammissione di un mot. a comb. interna) (*mot.*), Einlasseite (*f.*). **11 ~ aspirazione** (di una pompa p. es.) (*macch.*), Saugseite (*f.*). **12 ~ carne** (del cuoio) (*ind. cuoio*), Aasseite (*f.*). **13 ~ comando** (di un motore p. es.) (*mot. - ecc.*), Antriebsseite (*f.*). **14 ~ (dello) scarico** (*mot. - ecc.*), Auspuffseite (*f.*). **15 ~ di entrata** (*gen.*), Eintrittseite (*f.*). **16 ~ di entrata** (*lamin.*), Einstichseite (*f.*). **17 ~ di entrata** (una broccia p. es.) (*ut.*), Einlaufende (*n.*). **18 ~ d'inizio taglio** (di un creatore) (*ut.*), Anschnittseite (*f.*). **19 ~ di uscita** (*gen.*), Ausgangsseite (*f.*). **20 ~ di uscita** (di un creatore p. es.) (*ut. mecc.*), Auslaufseite (*f.*). **21 ~ di uscita** (nella rettifica senza punte) (*lav. macch. ut.*), Auslaufseite (*f.*). **22 ~ di uscita** (di un cambio p. es.) (*aut. - mecc.*), Abtriebseite (*f.*). **23 ~ elica** (di un motore d'aereo p. es.) (*mot.*), Andrehseite (*f.*). **24 ~ emulsione** (di una pellicola) (*fot.*), Schichtseite (*f.*). **25 ~ mandata** (di una pompa) (*macch.*), Druckseite (*f.*), Ausflusseite (*f.*). **26 ~ mandata** (di un compressore p. es.) (*macch.*), Druckseite (*f.*). **27 ~ mordente** (di un creatore) (*ut.*), Anschnittseite (*f.*). **28 ~ non passa** (di un calibro) (*mecc.*), Ausschussseite (*f.*). **29 ~ opposto al lato accoppiamento** (lato opposto al lato comando, di un motore) (*mot. - mot. elett.*), Nichtantriebsseite (*f.*). **30 ~ opposto al lato comando** (lato opposto al lato accoppiamento, di un motore) (*mot. - mot. elett.*), Nichtantriebsseite (*f.*). **31 ~ opposto al lato nastro** (lato superiore, della carta) (*ind. carta*), Oberseite (*f.*). **32 ~ passa** (di un calibro) (*ut.*), Gutseite (*f.*). **33 ~ pinza** (di un foglio di carta) (*tip.*), Greiferrand (*m.*). **34 ~ sopravento** (*nav.*), Luv (*f.*), Windseite (*f.*), Luvseite (*f.*). **35 ~ sottovento** (*meteor. - ecc.*), Unterwindseite (*f.*), Leeseite (*f.*), Windschatten (*m.*). **36 ~ tela** (lato della carta, in contatto con la tela metallica durante la fabbricazione) (*mft. carta*), Siebseite (*f.*). **37 ~ teso** (di una cinghia) (*mecc.*), Zugseite (*f.*). **38 ~ volano** (di un motore) (*mot.*), Schwungradseite (*f.*). **39 che tira da un ~** (freno) (*veic.*), schiefziehend, einseitig greifend. **40 (sul) ~ mandata** (sulla mandata, d'una pompa p. es.) (*macch.*), druckseitig.
latore (portatore) (*gen.*), Bringer (*m.*), Überbringer (*m.*).
latrina (*ed.*), Abort (*m.*). **2 ~ con sciacquone** (latrina con sistema a cacciata) (*ed.*), Klosett (*n.*), Spülabort (*m.*).
latta (banda stagnata) (*ind. metall.*), Weissblech (*n.*). **2 ~** (recipiente, bidone, per liquidi) (*gen.*), Kanne (*f.*). **3 ~ di benzina** (*ind. chim.*), Benzinkanne (*f.*). **4 scatola di ~** (*ind.*), Blechdose (*f.*).
lattato (*chim.*), Laktat (*n.*).
latte (*ind.*), Milch (*f.*). **2 ~ di calce** (bianco di calce, bianco) (*mur.*), Kalkanstrich (*m.*), Tünche (*f.*), Kalktünche (*f.*), Kalkmilch (*f.*). **3 ~ in polvere** (*ind.*), Milchpulver (*n.*), Trockenmilch (*f.*). **4 ~ magro** (latte scremato) (*ind.*), Magermilch (*f.*), entrahmte Milch. **5 ~ scremato** (latte magro) (*ind.*), entrahmte Milch, Magermilch (*f.*).
lattice (di gomma naturale) (*ind. chim.*), Latex (*m.*), Gummimilch (*f.*). **2 ~ artificiale** (lattice sintetico, lattice di gomma artificiale) (*ind. chim.*), synthetischer Latex. **3 ~ artificiale** (vulcanizzabile, lattice sintetico vulcanizzabile) (*ind. chim.*), Kautschuklatex (*m.*). **4 ~ artificiale** (non vulcanizzabile, lattice sintetico non vulcanizzabile) (*ind. chim.*), Kunststofflatex (*m.*). **5 ~ sintetico** (lattice artificiale) (*ind. chimica*), synthetischer Latex.
lattobutirrometro (*strum.*), Laktobutyrometer (*m.*).
lattodensimetro (lattoscopio) (*strum.*), Butyrometer (*n.*), Milchfettmesser (*m.*), Lactodensimeter (*n.*).
lattone (*chim.*), Lakton (*n.*).
lattoniere (battilastra) (*lav.*), Blechhämmerer (*m.*), Spengler (*m.*). **2 incudine da ~** (*ut.*), Spengleramboss (*m.*).
lattoscopio (lattodensimetro) (*strum.*), Butyrometer (*n.*), Milchfettmesser (*m.*), Lactodensimeter (*m.*).
lattosio ($C_{12}H_{22}O_{11}$) (zucchero di latte) (*chim.*), Lactose (*f.*), Milchzucker (*m.*).
lauegramma (lauediagramma) (*metall.*), vedi diagramma di Laue.
laurea (*scuola*), Doktortitel (*m.*), Promotion (*f.*). **2 ~** (diploma di laurea) (*scuola*), Doktordiplom (*n.*). **3 ~ ad honorem** (*scuola*), Ehrendoktorwürde (*f.*). **4 esame di ~** (*scuola*), Doktorprüfung (*f.*), Doktorexamen (*n.*). **5 tesi di ~** (*scuola*), Doktordissertation (*f.*), Dissertation (*f.*).
laureando (*scuola*), Doktorand (*m.*).
laureare (*università*), promovieren.
laurearsi (*scuola*), doktorieren.
laureato (*a. - scuola*), doktoriert, promoviert. **2 ~** (*s. - scuola*), Doktor (*m.*). **3 ~ honoris causa** (*scuola*), Ehrendoktor (*m.*). **4 ~ in economia aziendale** (*scuola*), Diplomkaufmann (*m.*), Dipl.-Kfm. (*m.*), Dkfm (*austr.*). **5 ~ in ingegneria** (ingegnere) (*lav.*), Diplomingenieur (*m.*), Dipl.-Ing.
lava (*geol.*), Lava (*f.*). **2 fibra di ~** (*min.*),

lavabile

Lavafaser (*f.*), Lavawolle (*f.*). **3 scoria di ~** (per calcestruzzo leggero) (*ed.*), Lavaschlacke (*f.*), Lavakratze (*f.*).

lavabile (*gen.*), waschbar. **2 ~** (resistente alla lavatura) (*vn. - ecc.*), waschecht.

lavabilità (*gen.*), Waschbarkeit (*f.*). **2 ~** (resistenza dei colori alla lavatura) (*ind. tess.*), Waschechtheit (*f.*). **3 ~** (di una vernice) (*vn.*), Waschechtheit (*f.*), Waschfestigkeit (*f.*).

lavabo (lavandino) (*app. ed.*), Waschbecken (*n.*), Küvette (*f.*). **2 ~ a colonna** (*ed.*), Säulenwaschtisch (*m.*).

lavabottiglie (macchina lavabottiglie) (*macch.*), Spülmaschine (*f.*).

lavacristallo (lavavetro) (*app. aut.*), Scheibenwascher (*m.*).

lavaggiatore (lavaggista, di autovetture p. es.) (*lav. - aut.*), Wascher (*m.*). **2 ~ di automezzi** (*lav. - aut.*), Wagenpfleger (*m.*), Wagenwascher (*m.*).

lavaggio (*gen.*), Wäsche (*f.*), Waschen (*n.*). **2 ~** (del cilindro di un mot. Diesel p. es.) (*mot.*), Spülen (*n.*), Spülung (*f.*). **3 ~** (di minerali) (*min.*), Waschen (*n.*), Schlämmen (*n.*), Läutern (*n.*). **4 ~** (di autovetture p. es.) (*aut.*), Waschen (*n.*). **5 ~** (a secco) (*ind. tess.*), Reinigen (*n.*). **6 ~ a controcorrente** (nei motori a due tempi) (*mot.*), Gegenstromspülung (*f.*). **7 ~ a controcorrente** (*ind. chim. - ecc.*), Rückspülung (*f.*), Gegenstromwäsche (*f.*). **8 ~ a controcorrente** (*min.*), Aufstromwäschen (*n.*). **9 ~ a corrente unidirezionale** (nei motori a due tempi) (*mot.*), Gleichstromspülung (*f.*). **10 ~ ad incrocio di corrente** (nei motori a due tempi) (*mot.*), Querstromspülung (*f.*). **11 ~ a pressione pulsante** (*mot.*), Druckwellenspülung (*f.*). **12 ~ a secco** (pulitura a secco) (*ind.*), Trockenreinigung (*f.*). **13 ~ attraverso luci** (nei motori Diesel a due tempi) (*mot.*), Schlitzspülung (*f.*). **14 ~ con « shampoo »** (« shampoo », di una autovettura) (*aut.*), Shampoonieren (*n.*). **15 ~ del benzolo** (*ind. chim.*), Benzolwäsche (*f.*). **16 ~ del minerale** (*min.*), Erzwaschen (*n.*), Erzschlämmen (*n.*). **17 ~ gassoso** (*ind. chim.*), Umspülen (*n.*), Umspülung (*f.*). **18 ~ trasversale** (di un motore Diesel a due tempi p. es.) (*mot.*), Querspülung (*f.*), Querstromspülung (*f.*). **19 acqua di ~** (*ind.*), Waschwasser (*n.*), Spülwasser (*n.*). **20 aria di ~** (*mot.*), Spülluft (*f.*). **21 compressore di ~** (*mot. Diesel*), Spülgebläse (*n.*). **22 grado di ~** (di un mot. a c. i., rapporto tra carica fresca e somma dei gas residui più carica fresca) (*mot.*), Spülgrad (*m.*). **23 impianto di ~** (per autovetture p. es.) (*aut. - ecc.*), Waschanlage (*f.*). **24 impianto di ~** (laveria, per minerali) (*min.*), Wäsche (*f.*), Erzwäsche (*f.*). **25 impianto di ~** (per lana) (*ind. tess.*), Wäscherei (*f.*). **26 luce di ~** (del cilindro di un mot. Diesel p. es.) (*mot.*), Spülschlitz (*m.*). **27 olio di ~** (per la coppa, nel cambio dell'olio) (*aut. - mot.*), Spülöl (*n.*). **28 periodo di ~ del filtro** (periodo tra due lavaggi successivi di un filtro) (*ind.*), Filterlaufzeit (*f.*). **29 pompa di ~** (di un mot. Diesel) (*mot.*), Spülluftpumpe (*f.*), Spülpumpe (*f.*). **30 porta di ~** (per tubazioni, attraverso la quale s'immette repentinamente il fluido allo scopo di pulirle) (*idr.*), Spültür (*f.*). **31 posto di ~** (*aut.*), Waschplatz (*m.*). **32 pozzetto di ~** (di uno stampo per pressofusione) (*fond.*), Durchflusssack (*m.*), Luftsack (*m.*). **33 pressione di ~** (di mot. a due tempi) (*mot.*), Spüldruck (*m.*). **34 recipiente di ~** (vasca di lavaggio) (*mecc.*), Waschkasten (*m.*). **35 scudo di ~** (spinto attraverso un canale) (*idr.*), Spülschild (*n.*). **36 stazione di ~** (d'una linea a trasferta) (*macch. - ut.*), Waschstation (*f.*). **37 torre di ~** (*ind. chim.*), Waschturm (*m.*). **38 vasca di ~** (dopo decapaggio p. es.) (*tecnol.*), Spülbehälter (*m.*).

lavaggista (lavaggiatore, di autovetture p. es.) (*lav. - aut.*), Wascher (*m.*).

lavagna (varietà di ardesia) (*geol. - ecc.*), Tafelschiefer (*m.*). **2 ~** (*att. scuola*), Tafel (*f.*), Wandtafel (*f.*), Schultafel (*f.*).

lavandaia (*lav.*), Wäscherin (*f.*).

lavanderia (*ed. - ind.*), Wäscherei (*f.*), Waschanstalt (*f.*). **2 ~** (di casa di abitazione p. es.) (*ed.*), Waschküche (*f.*). **3 ~ a secco** (lavanderia chimica) (*chim. - tess.*), chemische Waschanstalt. **4 ~ chimica** (lavanderia a secco) (*chim. - tess.*), chemische Waschanstalt.

lavandino (lavabo) (*ed.*), Waschbecken (*n.*), Küvette (*f.*).

lavare (*gen.*), waschen. **2 ~** (il cilindro di un mot. Diesel) (*mot.*), spülen. **3 ~** (il minerale) (*min.*), waschen, abschlämmen, abläutern. **4 ~** (la terra di fonderia) (*fond.*), abschlämmen. **5 ~** (una autovettura p. es.) (*aut. - ecc.*), waschen. **6 ~** (*ind. tess.*), waschen. **7 ~** (a secco) (*ind. tess.*), reinigen. **8 ~** (il ponte p. es.) (*nav.*), dweilen, aufwischen. **9 ~** (ferite p. es.) (*med.*), auswaschen. **10 ~ a doccia** (lavare a pioggia) (*gen.*), abbrausen. **11 ~ a pioggia** (lavare a doccia) (*gen.*), abbrausen. **12 ~ a secco** (pulire vestiti, con procedimento chimico) (*ind. tess.*), reinigen. **13 ~ a spruzzo** (*gen.*), abspritzen. **14 ~ con acqua** (*gen.*), wässern, waschen.

lavarulli (*macch. da stampa*), Walzenwaschmaschine (*f.*).

lavastoviglie (*app. elett.*), Geschirrspülmaschine (*f.*), Geschirrspüler (*m.*).

lavato (carbone lavato) (*s. - comb.*), Waschkohle (*f.*). **2 minuto ~** (di carbone) (*comb.*), Waschfeinkohle (*f.*).

lavatoio (*gen.*), Waschanlage (*f.*). **2 ~ della lana** (*ind. lana*), Wollwäscherei (*f.*), Wollwaschanlage (*f.*).

lavatrice (macchina lavatrice) (*macch.*), Waschmaschine (*f.*). **2 ~ domestica** (*macch.*), Haushaltwaschmaschine (*f.*). **3 ~ elettrica** (*macch.*), elektrische Waschmaschine. **4 ~ in largo** (macchina per il lavaggio in largo) (*macch. tess.*), Breitwaschmaschine (*f.*). **5 ~ per lana** (*macch. ind. lana*), Wollwaschmaschine (*f.*). **6 ~ per minerali** (*macch. min.*), Erzschlämmer (*m.*), Erzwaschmaschine (*f.*). **7 olandese ~** (*macch. ind. carta*), Waschholländer (*m.*).

lavatura (della lana p. es.) (*ind. tess.*), Waschen (*n.*). **2 ~, vedi anche** lavaggio. **3 ~ a secco** (lavatura chimica) (*chim. - tess.*), chemische Wäsche, chemische Reinigung. **4 ~ chimica** (lavatura a secco) (*chim. - tess.*), chemische

Wäsche, chemische Reinigung. 5 ~ **della lana** (*ind. lana*), Wollwäscherei (*f.*), Wollwäsche (*f.*).

lavavetro (lavacristallo) (*aut.*), Scheibenwascher (*m.*).

laveria (per minerali) (*min.*), Erzwäsche (*f.*), Erzwäscherei (*f.*), Waschwerk (*n.*), Wäsche (*f.*). 2 ~ **per carbone** (*min.*), Kohlenwaschanlage (*f.*), Kohlenwäsche (*f.*). 3 **sterile di** ~ (*min.*), Waschberge (*m. pl.*).

lavina (*geol.*), vedi valanga.

lavorabile (*mecc. - ecc.*), bearbeitbar. 2 **poco** ~ (di difficile lavorazione, difficile da lavorare) (*mecc.*), schwer bearbeitbar.

lavorabilità (ad asportazione di truciolo p. es.) (*mecc. - ecc.*), Bearbeitbarkeit (*f.*). 2 ~ (dall'ind. manifatturiera) (*ind. - ecc.*), Verarbeitbarkeit (*f.*). 3 ~ (plasticità, foggiabilità, di un pezzo metallico) (*fucinatura - ecc.*), Bildsamkeit (*f.*), Plastizität (*f.*). 4 **ricottura di** ~ (*tratt. term.*), Weichglühen (*n.*). 5 **sottoporre a ricottura di** ~ (*tratt. term.*), weichglühen. 6 **sottoposto a ricottura di** ~ (*tratt. term.*), weichgeglüht.

lavorare (*gen.*), arbeiten. 2 ~ (una superficie p. es.) (*mecc. - lav. macch. ut.*), bearbeiten. 3 ~ (foggiare) (*metall. - fucinatura*), bilden. 4 ~ **a caldo** (*tecnol. mecc. - ecc.*), warmbearbeiten. 5 ~ **a cottimo** (*lav.*), im Akkord arbeiten, gegen Stücklohn arbeiten. 6 ~ **ad asportazione di truciolo** (truciolare) (*lav. macch. ut.*), zerspanen, verspanen. 7 ~ **a deformazione** (lavorare senza asportazione di truciolo) (*tecnol.*), spanlos bearbeiten. 8 ~ **ad elettroerosione** (*tecnol. mecc.*), elektroerosiv bearbeiten, elektrobearbeiten, erodieren, befunken. 9 ~ **a freddo** (*mecc.*), kalt bearbeiten. 10 ~ **a giornata** (*lav.*), im Taglohn arbeiten. 11 ~ **a macchina** (*mecc.*), maschinell bearbeiten. 12 ~ **a maglia** (*ind. tess.*), stricken. 13 ~ **a pieno orario** (*lav.*), voll arbeiten. 14 ~ **a regola d'arte** (*tecnol.*), einwandfrei arbeiten. 15 ~ **a sbalzo** (sbalzare, lamiera) (*metall.*), treiben. 16 ~ **a stampo** (lamiera) (*lav. lamiera*), stanzen. 17 ~ **a stampo** (fucinare a stampo) (*fucinatura*), gesenkschmieden. 18 ~ **a turni** (*lav.*), in Schichten arbeiten. 19 ~ **con martellina americana** (martellinare) (*mur.*), krönelen. 20 ~ **con orario ridotto** (*lav.*), kurz arbeiten. 21 ~ **dal pieno** (ricavare dal pieno) (*lav. macch. ut.*), aus dem Vollen herausarbeiten, aus dem Vollen bearbeiten. 22 ~ **di precisione** (*mecc. - ecc.*), fein bearbeiten. 23 ~ **la linguetta** (eseguire la linguetta, per giunzioni a maschio e femmina) (*falegn.*), federn. 24 ~ **l'intera superficie** (*mecc. - lav. macch. ut.*), allseitig bearbeiten. 25 ~ **oltre l'orario** (*lav.*), nacharbeiten, länger arbeiten. 26 ~ **senza asportazione di truciolo** (lavorare a deformazione) (*mecc.*), spanlos bearbeiten. 27 ~ **senza interruzione** (*gen.*), durcharbeiten, ohne Unterbrechung arbeiten.

lavorativo (*lav.*), Arbeits... 2 **settimana lavorativa** (*lav.*), Arbeitswoche (*f.*).

lavorato (*gen.*), gearbeitet. 2 ~ (superficie tecnica) (*mecc. - lav. macch. ut.*), bearbeitet. 3 ~ **ad asportazione** (di truciolo, tagliato) (*mecc.*), geschnitten, zerspant. 4 ~ **a deformazione** (lavorato senza asportazione di truciolo) (*tecnol.*), spanlos bearbeitet. 5 ~ **dal pieno** (ricavato dal pieno) (*mecc.*), aus dem Vollen herausgearbeitet, aus dem Vollen bearbeitet. 6 ~ **di macchina** (tagliato) (*mecc.*), geschnitten, zerspant. 7 ~ **su tutte le superfici** (*mecc.*), allseitig bearbeitet. 8 **non** ~ (superficie) (*mecc.*), unbearbeitet. 9 **non** ~ (greggio) (*mecc. - ecc.*), unverarbeitet.

lavoratore (*lav.*), Arbeiter (*m.*). 2 ~ (dipendente) (*lav. - ind.*), Arbeitnehmer (*m.*). 3 ~ (*lav.*), vedi anche operaio. 4 ~ **a cottimo** (cottimista) (*lav.*), Akkordarbeiter (*m.*), Stückarbeiter (*m.*). 5 ~ **addetto a lavori pesanti** (*lav.*), Schwerarbeiter (*m.*). 6 ~ **a domicilio** (*lav.*), Heimarbeiter (*m.*). 7 ~ **adulto** (*lav.*), erwachsener Arbeiter. 8 ~ **a giornata** («giornaliero») (*lav.*), Taglöhner (*m.*), Tagelöhner (*m.*), Tagner (*m.*). 9 ~ **a giornata** (*lav. - min.*), Schichtlöhner (*m.*). 10 ~ **agricolo** (contadino) (*lav.*), Landarbeiter (*m.*), landwirtschaftlicher Arbeiter. 11 ~ **attivo** (*lav.*), aktiver Arbeiter. 12 ~ **avventizio** (*lav.*), Gelegenheitsarbeiter (*m.*). 13 ~ **dell'industria** (*lav.*), Industriearbeiter (*m.*). 14 ~ **irregolare** (*lav.*), Schleuderer (*m.*). 15 ~ **non qualificato** (*lav.*), unangelernter Arbeiter. 16 ~ **non specializzato** (*lav.*), ungelernter Arbeiter. 17 ~ **qualificato** (*lav.*), angelernter Arbeiter. 18 ~ **specializzato** (*lav.*), Facharbeiter (*m.*), gelernter Arbeiter. 19 ~ **stagionale** (*lav.*), Saisonarbeiter (*m.*). 20 ~ **straniero** (*lav.*), Gastarbeiter (*m.*). 21 **rappresentante dei lavoratori** (*lav.*), Arbeitervertreter (*m.*). 22 **sindacato dei lavoratori** (*lav.*), Arbeitergewerkschaft (*f.*), Arbeiterverband (*m.*), Arbeitnehmerverband (*m.*), Gewerkschaft (*f.*), Gewerkschaftsverein (*m.*), Arbeitskammer (*austr.*).

lavoratrice (*lav.*), Arbeiterin (*f.*). 2 ~ (dipendente) (*lav. - ind.*), Arbeitnehmerin (*f.*).

lavorazione (*gen.*), Bearbeitung (*f.*), Verarbeitung (*f.*), Fertigung (*f.*). 2 ~ (di metallo con macch. ut.) (*mecc. - macch. ut.*), Bearbeitung (*f.*). 3 ~ **a cadenza** (*organ. lav.*), Taktarbeit (*f.*). 4 ~ **a caldo** (*tecnol. mecc.*), Warmbearbeitung (*f.*). 5 ~ **a catena** (*ind.*), Fliessbandfertigung (*f.*), fliessende Fertigung. 6 ~ **ad asportazione** (di truciolo) (truciolatura) (*lav. macch. ut.*), Zerspanung (*f.*), Verspanung (*f.*), Spanen (*n.*), zerspanende Bearbeitung. 7 ~ **a deformazione** (plastica) (foggiatura plastica) (*tecnol. mecc.*), spanlose Formung, spanlose Bearbeitung. 8 ~ **a divisione singola** (procedimento a divisione singola) (*lav. macch. ut.*), Einzelteilverfahren (*n.*). 9 ~ **a flusso continuo** (*ind.*), fliessende Fertigung. 10 ~ **a freddo** (*metall. - mecc.*), Kaltbearbeitung (*f.*). 11 ~ **alla pressa** (*tecnol. mecc.*), Pressarbeit (*f.*). 12 ~ **all'esterno** (non eseguita nella propria azienda) (*ind.*), Fremdbearbeitung (*f.*). 13 ~ **a lotti** (lavorazione a partite) (*ind.*), satzweise Fertigung, Losfertigung (*f.*). 14 ~ **al tornio** (tornitura) (*lav. macch. ut.*), Drehen (*n.*), Dreharbeit (*f.*). 15 ~ **a maglia** (*ind. tess.*), Stricken (*n.*), Wirkerei (*f.*), Manufaktur (*f.*). 16 ~ **a mano** (*lav.*), Handarbeit (*f.*), Manufaktur (*f.*). 17 ~ **a mano** (di arti-

lavorazione

coli di pelle p. es.) (*artigianato*), Handarbeit (*f.*). **18 ~ a raggi (di energia)** (mediante raggi elettronici, laser e plasmici) (*tecnol.*), Energiestrahlen-Bearbeitung (*f.*). **19 ~ a sagoma** (riproduzione a sagoma, al tornio) (*lav. macch. ut.*), Schablonenarbeit (*f.*). **20 ~ a spoglia** (*mecc.*), Hinterdreharbeit (*f.*), Freiarbeitung (*f.*). **21 ~ a stampo** (della lamiera, con stampo e controstampo) (*lav. lamiera*), Stanzen (*n.*). **22 ~ a stampo** (di fucinati) (*fucinatura*), Gesenkschmieden (*n.*). **23 ~ con controstampo elastico** (lavorazione con controstampo di materiale elastico, della lamiera) (*tecnol. mecc.*), Elastikstanzen (*n.*). **24 ~ con martellina americana** (martellinatura) (*mur.*), Kröneln (*n.*). **25 ~ continua** (*tecnol.*), laufende Fertigung. **26 ~ dalla barra** (*lav. macch. ut.*), Bearbeitung von der Stange. **27 ~ della lamiera** (*lav. dei metalli*), Blechbearbeitung (*f.*). **28 ~ della linguetta** (per giunzioni a maschio e femmina) (*falegn.*), Federn (*n.*). **29 ~ del legno** (*lav. del legno*), Holzbearbeitung (*f.*). **30 ~ di massa** (lavorazione in massa) (*ind.*), Massenfertigung (*f.*). **31 ~ di più prodotti** (sulla stessa macchina) (*ind.*), Sortenfertigung (*f.*). **32 ~ di profili poligonali** (*lav. macch. ut.*), Polygonprofil-Herstellung (*f.*), Mehrkanten-Herstellung (*f.*). **33 ~ di sfacciatura** (spianatura) (*lav. macch. ut.*), Planarbeit (*f.*). **34 ~ elettrochimica** (*tecnol. mecc.*), elektrochemische Bearbeitung. **35 ~ elettroerosiva** (elettroerosione) (*tecnol. mecc.*), *vedi* elettroerosione. **36 ~ in conto deposito** (lavorazione per conto terzi, di materie prime o semilavorati forniti dal cliente) (*ind.*), Lohnveredelung (*f.*). **37 ~ in grande serie** (*ind.*), Gross-serienfertigung (*f.*). **38 ~ in piccola serie** (*ind.*), Kleinserienfertigung (*f.*). **39 ~ in serie** (*ind.*), Serienfertigung (*f.*). **40 ~ meccanica** (*mecc. - macch. ut.*), maschinelle Bearbeitung. **41 ~ meccanica a pacco** (*mecc. - macch. ut.*), paketweise (spanende) Bearbeitung. **42 ~ ottica** (lavorazione di particolari d'ottica, con utensili diamantati, ecc.) (*ott.*), optische Bearbeitung. **43 ~ per conto terzi** (lavorazione in conto deposito, di materie prime o semilavorati forniti dal cliente) (*ind.*), Lohnveredelung (*f.*). **44 ~ per corrosione elettrochimica** (*tecnol.*), elektrochemisches Senken. **45 ~ plastica a caldo** (foggiatura a caldo) (*tecnol. mecc.*), Warmverformung (*f.*). **46 ~ plastica a freddo** (foggiatura o formatura a freddo, di metalli mediante laminazione, trafilatura, ecc.) (*tecnol. mecc.*), Kaltrecken (*n.*). **47 ~ preliminare** (*mecc. - ecc.*), Vorbearbeitung (*f.*). **48 ~ senza asportazione di truciolo** (lavorazione a deformazione) (*tecnol. mecc.*), spanlose Bearbeitung, formgebende Bearbeitung. **49 ~ singola** (lavorazione di pezzi singoli) (*ind.*), Einzelfertigung (*f.*). **50 ~ successiva** (*tecnol.*), Weiterarbeitung (*f.*). **51 ~ su (macchina) transfer** (*lav. macch. ut.*), Transferbearbeitung (*f.*). **52 ~ su misura** (di abiti p. es.) (*ind.*), Massarbeit (*f.*), Einzelfertigung (*f.*). **53 ~ su pinza** (*lav. macch. ut.*), Spannarbeit (*f.*). **54 ~ su tornio a torretta** (*lav. macch. ut.*), Revolverarbeit (*f.*). **55 ~ tangenziale** (per produrre ruote elicoidali per viti motrici su fresatrici a creatore) (*lav. macch. ut.*), Tangentialverfahren (*n.*). **56 calibro di ~** (*ut.*), Arbeitslehre (*f.*). **57 centro di ~** (*macch. ut.*), Bearbeitungszentrum (*n.*). **58 centro di ~ modulare** (*macch. ut.*), Baukasten-Bearbeitungszenter (*m.*), Modular-Bearbeitungszentrum (*n.*). **59 ciclo di ~** (*ind.*), Fertigungsplan (*m.*), Fertigungsfolge (*f.*), Fertigungsablauf (*m.*). **60 controllo delle lavorazioni** (sorveglianza delle industrie, per accertare l'osservanza delle norme di legge sulla protezione del lavoro) (*lav.*), Arbeitsinspektion (*f.*), Fabrikinspektion (*f.*), Gewerbeaufsicht (*f.*). **61 copia di ~** (di un film) (*cinem.*), Arbeitskopie (*f.*), Schnittkopie (*f.*). **62 diagramma di ~** (*ind.*), Stoffflussbild (*n.*). **63 di difficile ~** (poco lavorabile, difficile da lavorare) (*mecc.*), schwer bearbeitbar. **64 durata della ~** (*tecnol.*), Bearbeitungszeit (*f.*). **65 fase di ~** (operazione) (*ind.*), Berabeitungsgang (*m.*), Verarbeitungsstufe (*f.*). **66 in ~** (pezzi p. es.) (*mecc. - ecc.*), in Arbeit befindlich. **67 informazioni di ~** (nel comando numerico p. es.) (*lav. macch. ut.*), Arbeitsinformationen (*f. pl.*). **68 lega per ~ su macchine automatiche** (lega automatica) (*metall.*), Automatenlegierung (*f.*). **69 linea di ~** (catena di lavorazione) (*ind.*), Fertigungsstrasse (*f.*). **70 linea di ~ a cadenza** (*organ. - lav.*), Taktstrasse (*f.*). **71 materiali di ~** (totalità dei materiali che servono per un dato processo di lavorazione) (*ind.*), Einsatz (*m.*). **72 metodo di ~** (procedimento di lavorazione) (*tecnol.*), Bearbeitungsverfahren (*n.*). **73 piano di ~** (d'una fabbrica, sul quale si trovano piazzate le macchine, ecc.) (*ind.*), Fertigungebene (*f.*), Produktionsebene (*f.*). **74 procedimento di ~** (metodo di lavorazione) (*tecnol.*), Bearbeitungsverfahren (*n.*). **75 schema di ~** (*ind.*), Arbeitsdiagramm (*n.*). **76 tecnica di ~** (*tecnol. mecc. - ecc.*), Bearbeitungstechnik (*f.*). **77 tempo di ~ più tempo di trasporto** (del materiale) (*studio dei tempi*), Veränderungszeit (*f.*). **78 tolleranza di ~** (*mecc.*), Bearbeitungstoleranz (*f.*).

lavoro (*gen.*), Arbeit (*f.*). **2 ~** (prodotto della forza e dello spostamento) (*fis.*), Arbeit (*f.*). **3 lavori accessori** (*ed. - ecc.*), Nebenleistungen (*f. pl.*). **4 ~ a contratto** (*lav.*), in Werkvertrag übernommene Arbeit, auf Kontrakt übernommene Arbeit. **5 ~ a cottimo** (*organ. lav.*), Stückarbeit (*f.*), Akkordarbeit (*f.*). **6 ~ ad economia** (*lav.*), Stundenlohnarbeit (*f.*), Zeitlohnarbeit (*f.*). **7 ~ ad economia** (con salario ad economia) (*min.*), Schichtarbeit (*f.*). **8 ~ a domicilio** (*lav.*), Heimarbeit (*f.*), Hausarbeit (*f.*). **9 ~ ad orario ridotto** (per evitare i licenziamenti p. es.) (*organ. lav.*), Kurzarbeit (*f.*). **10 ~ a forfait** (in cui la retribuzione viene concordata per il complesso del lavoro da svolgere) (*lav.*), Pensumarbeit (*f.*). **11 ~ a giorno** (*min.*), Übertagearbeit (*f.*). **12 ~ agricolo** (*lav.*), Landarbeit (*f.*), landwirtschaftliche Arbeit. **13 ~ a maglia** (*ind. tess.*), Strickarbeit (*f.*). **14 ~ a mano** (lavoro eseguito a mano, articolo eseguito a mano) (*ind.*), Handarbeit (*f.*). **15 ~ a più macchine** (di uno stesso operaio) (*lav. - ind.*), Mehrstellarbeit (*f.*), Mehrmaschinenbedienung (f.). **16 ~ a rete** (*ind. tess.*), Filament (*n.*), Netzarbeit (*f.*), Filetarbeit (*f.*). **17 ~ a sbalzo** (*metall.*), Treibarbeit (*f.*). **18 ~ a squadre** (*lav.*), Gemeinschaftsarbeit (*f.*). **19 ~ assorbito** (assorbimento di lavoro) (*mecc. - ecc.*), Arbeitsaufnahme (*f.*). **20 ~ a tempo parziale** (*lav.*), Teilzeitarbeit (*f.*). **21 ~ a turni** (*organ. lav.*), Schichtarbeit (*f.*). **22 ~ avventizio** (*lav.*), Aushilfsarbeit (*f.*), Ausweicharbeit (*f.*). **23 ~ collegiale** (di ingegneri p. es.) (*lav.*), Gemeinschaftsarbeit (*f.*). **24 lavori commerciali** (di stampa) (*tip.*), Akzidenzdruck (*m.*). **25 ~ di attrito** (*mecc.*), Reibungsarbeit (*f.*). **26 ~ di caduta** (di un utensile a percussione, energia potenziale) (*fis.*), Fallarbeit (*f.*). **27 ~ di carpenteria** (*carp.*), Zimmerarbeit (*f.*), Zimmermannarbeit (*f.*). **28 ~ di concetto** (*lav.*), geistige Arbeit, Kopfarbeit (*f.*). **29 lavori di costruzione** (lavori edili) (*ed.*), Bauarbeiten (*f. pl.*), Bauleistungen (*f. pl.*). **30 ~ di deformazione** (*sc. costr.*), Formänderungsarbeit (*f.*). **31 ~ di deformazione** (*fucinatura*), Formänderungsarbeit (*f.*), Umformarbeit (*f.*). **32 ~ di deformazione interno** (energia apportata durante la deformazione) (*tecnol. mecc.*), Formänderungsenergie (*f.*). **33 ~ di demolizione** (*ed.*), Abbrucharbeit (*f.*), Abbauarbeit (*f.*). **34 ~ di « équipe »** (lavoro di squadra) (*ind. - ecc.*), Stabsarbeit (*f.*). **35 ~ di fabbrica** (*lav.*), Fabrikarbeit (*f.*). **36 ~ di falegnameria** (*falegn.*), Tischlerarbeit (*f.*), Schreinerarbeit (*f.*). **37 ~ di frenatura** (*aut. - ecc.*), Bremsarbeit (*f.*). **38 ~ di gualcitura da rotolamento** (di un pneumatico) (*aut.*), Walkarbeit (*f.*). **39 lavori di installazione** (*ed. - ecc.*), Einrichtungsarbeiten (*f. pl.*), Installationsarbeiten (*f. pl.*). **40 ~ d'intaglio** (nel legno) (*arte*), Schnitzerei (*f.*). **41 lavori di manutenzione** (*ed. - ecc.*), Erhaltungsarbeiten (*f. pl.*), Unterhaltungsarbeiten (*f. pl.*), Unterhaltsarbeiten (*f. pl.*). **42 ~ di massa** (*lav. - ind.*), Massenarbeit (*f.*). **43 ~ di miniera** (*min.*), Bergarbeit (*f.*), Bergbau (*m.*). **44 ~ di officina** (*lav.*), Werkstattarbeit (*f.*). **45 ~ di precisione** (*lav.*), Feinarbeit (*f.*). **46 ~ di ricerca** (*ind. - ecc.*), Forschungsarbeit (*f.*). **47 ~ di rottura** (di un filato) (*ind. tess.*), Reissarbeit (*f.*). **48 ~ di scavo** (lavoro di sterro) (*mov. terra*), Erdarbeit (*f.*). **49 ~ di squadra** (*organ. lav.*), Teamarbeit (*f.*), Zusammenarbeit (*f.*). **50 ~ di squadra** (lavoro di « équipe ») (*ind. - ecc.*), Stabsarbeit (*f.*). **51 ~ di sterro** (lavoro di scavo) (*mov. terra*), Erdarbeit (*f.*). **52 ~ di ufficio** (*lav. - uff.*), Büroarbeit (*f.*). **53 ~ d'urto** (*sc. costr.*), Schlagarbeit (*f.*). **54 ~ d'urto** (energia cinetica del pistone d'un martello perforatore) (*min.*), Schlagarbeit (*f.*). **55 lavori edili** (lavori di costruzione) (*ed.*), Bauarbeiten (*f. pl.*), Bauleistungen (*f. pl.*). **56 ~ elastico** (lavoro assorbito e ceduto, applicando e togliendo il carico) (*mecc.*), Federarbeit (*f.*). **57 ~ eseguito a mano** (articolo eseguito a mano) (*ind.*), Handarbeit (*f.*). **58 ~ esterno** (*termod.*), äussere Arbeit. **59 ~ forzato** (*leg.*), Zwangsarbeit (*f.*). **60 ~ in ambiente surriscaldato** (in reparti di fonderia ecc.) (*lav.*), Hitzearbeit (*f.*). **61 ~ in arretrato** (*lav.*), Arbeitsrückstand (*m.*). **62 ~ in corso** (lavoro in corso di esecuzione) (*ind.*), laufende Arbeit. **63 lavori in corso** (*ed. - ecc.*), Arbeiten in Ausführung, Arbeiten in Gang. **64 lavori in corso** (segnalazione stradale) (*traff. strad. - aut.*), Strassenarbeiten (*f. pl.*), Baustelle! **65 ~ indipendente** (*lav.*), selbständige Arbeit. **66 ~ in galleria** (lavoro in sotterraneo) (*lav. min.*), Untertagearbeit (*f.*). **67 ~ in rilievo** (*ind.*), erhabene Arbeit. **68 ~ in serie** (*ind.*), Serienarbeit (*f.*). **69 ~ in superficie** (lavoro a giorno) (*lav. min.*), Übertagearbeit (*f.*). **70 ~ interno** (*termod.*), innere Arbeit. **71 ~ in terra** (opera in terra) (*ing. civ.*), Erdbauwerk (*n.*). **72 ~ manuale** (*lav.*), Handarbeit (*f.*). **73 ~ muscolare** (*lav.*), Muskelarbeit (*f.*). **74 ~ notturno** (tra le ore 20 e 6) (*lav.*), Nachtarbeit (*f.*). **75 ~ obbligatorio** (*lav.*), Arbeitsdienst (*m.*). **76 ~ per conto terzi** (*ind.*), Akzidenzarbeit (*f.*). **77 ~ preliminare** (lavoro preparatorio) (*gen.*), Vorarbeit (*f.*). **78 ~ preparatorio** (lavoro preliminare) (*gen.*), Vorarbeit (*f.*). **79 ~ preparatorio** (in miniera) (*min.*), Vorrichtungsarbeit (*f.*). **80 ~ professionale** (*lav.*), Berufsarbeit (*f.*). **81 lavori pubblici** (*ed. - ecc.*), öffentliche Arbeiten. **82 ~ retribuito** (*lav.*), Erwerbsarbeit (*f.*). **83 ~ sopra testa** (di saldatura p. es.) (*tecnol. mecc.*), Überkopfarbeit (*f.*). **84 ~ stagionale** (*lav.*), Saisonarbeit (*f.*). **85 lavori stradali** (*costr. strad.*), Strassenarbeiten (*f. pl.*). **86 ~ straordinario** (straordinario) (*lav.*), Überstunden (*f. pl.*), Überarbeit (*f.*). **87 ~ su più turni** (*organ. lav.*), Mehrschichtarbeit (*f.*). **88 ~ teorico** (lavoro ideale di deformazione senza attrito) (*lav. lamiera - ecc.*), ideelle Arbeit. **89 ~ utile** (*gen.*), Nutzarbeit (*f.*). **90 ~ virtuale** (*mecc. - ed.*), virtuelle Arbeit. **91 abile al ~** (*lav.*), arbeitsfähig. **92 abiti da ~** (indumenti di lavoro) (*lav.*), Arbeitskleidung (*f.*). **93 abito da ~** (*lav.*), Arbeitsanzug (*m.*). **94 analisi del ~** (*lav.*), Arbeitsanalyse (*f.*). **95 associazione dei datori di ~** (*ind.*), Arbeitgeberverband (*m.*). **96 assorbimento di ~** (*mecc. - ecc.*), Arbeitsaufnahme (*f.*). **97 assumere un ~** (*lav.*), eine Arbeit übernehmen. **98 carico di ~** (*ind.*), Arbeitsbelastung (*f.*), Arbeitslast (*f.*). **99 cessare il ~** (*lav.*), die Arbeit niederlegen. **100 comitato di ~** (di un ente tecnico p. es.) (*tecnol. - norm.*), Arbeitsausschuss (*m.*). **101 compagno di ~** (*lav.*), Arbeitskamerad (*m.*), Mitarbeiter (*m.*). **102 condizioni di ~** (*lav.*), Arbeitsbedingungen (*f. pl.*). **103 contratto di ~** (*lav.*), Werkvertrag (*m.*). **104 controversia di diritto del ~** (*leg. - lav.*), Arbeitssache (*f.*). **105 corsa di ~** (di una saldatrice di testa p. es.) (*tecnol. mecc.*), Arbeitsweg (*m.*). **106 dare fuori il ~ a** (subappaltare a) (*lav.*), die Arbeit vergeben (*m.*). **107 dare un ~** (impiegare) (*lav.*), beschäftigen. **108 datore di ~** (*ind.*), Arbeitgeber (*m.*). **109 descrizione del ~** (*organ. del lav.*), Tätigkeitsbeschreibung (*f.*). **110 diagramma del ~** (diagramma di Clapeyron) (*termod.*), Arbeitsdiagramm (*n.*), p, v-Diagramm (*n.*). **111 equivalente del ~** (*fis.*), Arbeitsäquivalent (*n.*). **112 equivalente termico del ~** (*fis.*), kalorisches Arbeitsäquivalent. **113 fabbisogno di ~** (*lav.*), Arbeits-

lavoro

bedarf (*m.*). **114 formazione al posto di** ~ (*pers. - ind.*), Ausbildung am Arbeitsplatz. **115 fronte del** ~ (*lav.*), Arbeitsfronte (*f.*). **116 giornale dei lavori** (tenuto dal direttore della costruzione) (*ed.*), Bautagebuch (*m.*). **117 grafico avanzamento lavori** (relativo ai lavori da eseguire su binari, ecc., di un tronco ferrov., in un anno p. es.) (*ferr. - ecc.*), Baubetriebsplan (*m.*). **118 gravame di** ~ (carico fisico e psichico) (*studio del lav.*), Belastung (*f.*). **119 gruppo di** ~ (gruppo di studio, di una associazione p. es.) (*tecnol.*), Arbeitsgemeinschaft (*f.*), Arbeitsgruppe (*f.*). **120 illuminazione del posto di** ~ (*lav. - illum.*), Arbeitsplatzbeleuchtung (*f.*). **121 inabile al** ~ (*lav.*), arbeitsunfähig. **122 indumenti di** ~ (abiti da lavoro) (*lav.*), Arbeitskleidung (*f.*). **123 infortunio sul** ~ (*lav.*), Arbeitsschädigung (*f.*). **124 ispettorato del** ~ (*lav.*), Gewerbeaufsichtamt (*n.*), Arbeitsinspektorat (*n.*). **125 ispettorato lavori edili** (ufficio per la sorveglianza e l'approvazione di costruzioni) (*ed.*), Bauamt (*n.*), Bauaufsichtsamt (*n.*), Baubehörde (*f.*). **126 libretto di** ~ (*lav.*), Arbeitsbuch (*ed.*). **127 lotto di lavori** (*ed.*), Baulos (*n.*). **128 maggiorazione per** ~ **gravoso** (supplemento per lavoro gravoso) (*lav.*), Erschwerniszulage (*f.*). **129 mettersi al** ~ (*lav.*), die Arbeit aufnehmen. **130 moto di** ~ (*lav. macch. ut.*), Arbeitsbewegung (*f.*). **131 numero dell'ordine di** ~ (*ind.*), Arbeitsauftragsnummer (*f.*). **132 offerta di** ~ (*lav.*), Arbeitsangebot (*n.*). **133 ora di** ~ (*lav. - pers.*), Arbeitsstunde (*f.*). **134 orario di** ~ (*lav.*), Arbeitsstunden (*f. pl.*), Arbeitszeit (*f.*). **135 orario di** ~ **continuato** (*lav.*), durchgehende Arbeitszeit. **136 organizzazione del** ~ (*lav.*), Arbeitsorganization (*f.*). **137 perdita del posto di** ~ (*lav.*), Verlust des Arbeitsplatzes. **138 permesso di** ~ (*lav.*), Arbeitserlaubnis (*f.*), Arbeitspass (*m.*). **139 preparatore lavori** (*lav.*), Arbeitsvorbereiter (*m.*). **140 punto di** ~ (valore d'esercizio, valore nominale; valore raggiunto dalla grandezza regolata in condizioni di funzionamento normali) (*regolaz.*), Betriebspunkt (*m.*). **141 rappresentante dei datori di** ~ (*lav.*), Arbeitgebervertreter (*m.*). **142 reddito da** ~ (*lav.*), Arbeitseinkommen (*n.*). **143 reddito da** ~ **dipendente** (*finanz.*), Einkommen aus unselbständiger Arbeit. **144 relè (a contatto di)** ~ (*elett.*), Arbeitsstromrelais (*n.*). **145 scomposizione del** ~ (in elementi) (*studio del lav.*), Arbeitszerlegung (*f.*). **146 sorveglianza dei lavori di costruzione** (sorveglianza di cantiere) (*ed.*), Baustellenüberwachung (*f.*), Bauaufsicht (*f.*). **147 sospendere il** ~ (*lav.*), die Arbeit einstellen. **148 suddivisione del** ~ **per quantità** (di pezzi, fra più persone) (*ind. - studio lav.*), Mengenteilung (*f.*). **149 supplemento per** ~ **gravoso** (maggiorazione per lavoro gravoso) (*lav.*), Erschwernizulage (*f.*). **150 tirare in lungo il** ~ (*lav.*), die Arbeit strecken, die Arbeit in die Länge ziehen. **151 ufficio provinciale del** ~ (*lav.*), Landesarbeitsgewerbe (*n.*). **152 valutazione del** ~ (*lav.*), Arbeitsbewertung (*f.*). **153 velocità di** ~ (dello slittone di una pressa p. es.) (*mecc.*), Arbeitsgeschwindigkeit (*f.*).

« layout » (planimetria) (*ind.*), « Layout » (*m.*), Lageplan (*m.*). **2 esperto di** ~ (*pers.*), Layouter (*m.*).

LC (induttanza/capacità) (*elett.*), L/C.

LD (elaborazione dell'acciaio ad iniezione di ossigeno secondo il metodo Linz e Donawitz) (*metall.*), LD, LD-Verfahren (*n.*).

LDAC (processo Linz-Donawitz-Arbed-CNRM, per la produzione dell'acciaio) (*metall.*), Linz-Donawitz-Arbed-CNRM-Verfahren (*n.*), LDAC.

« leasing » (finanziamento di investimenti mediante l'affitto di impianti, ecc.) (*finanz.*), « Leasing » (*n.*).

LED (light emitting diode, fotodiodo) (*elettronica*), LED, Lichtemissiondiode (*f.*).

ledeburite (struttura eutettica del ferro) (*metall.*), Ledeburit (*m.*).

lega (*metall.*), Legierung (*f.*). **2** ~ (associazione) (*gen.*), Verein (*m.*). **3** ~ **(adatta) per lavorazione plastica** (lega per fucinatura, lega di alluminio p. es.) (*metall.*), Knetlegierung (*f.*). **4** ~ **alni** (lega alluminio-nichel) (*metall.*), Alni-Legierung (*f.*). **5** ~ **Auer** (lega piroforica) (*metall.*), Auermetall (*m.*). **6** ~ **autarchica** (di acciaio p. es., dovutasi adottare in tempo di guerra p. es.) (*metall.*), Sparlegierung (*f.*). **7** ~ **automatica** (lega per lavorazioni su macchine automatiche) (*metall.*), Automatenlegierung (*f.*). **8** ~ **baros** (per resistori, 90% Ni e 10% Cr) (*elett.*), Baros (*n.*). **9** ~ **binaria** (*chim.*), binäre Legierung, Zweistofflegierung (*f.*). **10** ~ **Borschers** (lega speciale di nichel) (*metall.*), Borschers-Metall (*n.*). **11** ~ **brasante** (lega per brasature) (*tecnol. mecc.*), Lot (*n.*), Lötmetall (*n.*). **12** ~ **brasante a base di rame** (cuprolega brasante, cuprolega per brasature) (*tecnol. mecc.*), Kupferlot (*n.*). **13** ~ **brasante al rame fosforoso** (*tecnol.*). *mecc.*), Phosphorkupferlot (*n.*). **14** ~ **brasante forte** (lega per brasatura forte) (*tecnol. mecc.*), Hartlot (*n.*). **15** ~ **brasante piombo-stagno-cadmio** (*tecnol. mecc.*), Wischlot (*n.*). **16** ~ **corrix** (metallo corrix; 88% Cu, 9% Al, 3% Fe) (*metall.*), Corrix-Metall (*n.*). **17** ~ **cambrien** (bronzo d'alluminio, con l'88% di Cu ed il 12% di Al) (*lega*), Cambriens-Metall (*n.*). **18** ~ **camelia** (bronzo al piombo per cuscinetti radenti; 70% Cu, 15% Pb, 9-11% Zn, 5% Sn, < 1% Fe) (*lega*), Camelia-Metall (*n.*). **19** ~ **Davis** (67% Cu, 25-29% Ni, 2-6% Fe, 1-1,5% Mn) (*lega*), Davis-Metall (*n.*). **20** ~ **di alluminio** (*metall.*), Aluminiumlegierung (*f.*), Alulegierung (*f.*). **21** ~ **di alluminio di seconda fusione** (*metall.*), Standard-Legierung (*f.*). **22** ~ **di Heusler** (lega magnetica) (*metall.*), Heuslersche Legierung (*f.*). **23** ~ **di Wood** (50% bismuto, 25% piombo, 12,5% stagno e 12,5% cadmio) (*lega*), Woodsches Metall. **24** ~ **eutettica** (*metall.*), eutektische Legierung. **25** ~ **ferro-carbonio** (*metall.*), Eisenkohlenstofflegierung (*f.*). **26** ~ **leggera** (di alluminio e di magnesio p. es.) (*lega.*), Leichtmetall (*n.*). **27** ~ **madre** (*fond. - metall.*), Vorlegierung (*f.*). **28** ~ **navale** (*nav.*), Flottenlegierung (*m.*). **29** ~ **non ferrosa** (*lega*), NE-Legierung (*f.*), Nichteisenlegierung (*f.*). **30** ~ **oro-argento** (electrum,

75% Au e 25% Ag) (*lega*), Elektrum (*n.*). 31 ~ **per brasature** (lega brasante) (*tecnol. mecc.*), Lot (*n.*), Lötmetall (*n.*). 32 ~ **per brasatura ad argento** (*tecnol. mecc.*), Silberlot (*n.*). 33 ~ **per brasatura a ottone** (*tecnol. mecc.*), Messinglot (*n.*). 34 ~ **per brasatura a stagno** (*metall. - tecnol. mecc.*), Weisslot (*n.*). 35 ~ **per brasatura dolce** (lega per saldatura dolce) (*metall. - tecnol. mecc.*), Weichlot (*n.*). 36 ~ **per brasatura forte** (lega saldante forte) (*tecnol. mecc.*), Hartlot (*n.*). 37 ~ **per caratteri** (da stampa) (*tip. - metall.*), Letternmetall (*n.*), Typenmetall (*n.*), Schriftmetall (*n.*). 38 ~ **per fucinatura** (lega adatta per lavorazione plastica, lega di alluminio p. es.) (*metall.*), Knetlegierung (*f.*). 39 ~ **per getti** (di alluminio p. es.) (*fond. - metall.*), Gusslegierung (*f.*). 40 ~ **per lavorazioni su macchine automatiche** (lega automatica) (*metall.*), Automatenlegierung (*f.*). 41 ~ **per microfusioni** (di piombo e zinco, per getti molto precisi) (*fond.*), Spritzgusslegierung (*f.*). 42 ~ **per note (musicali)** (lega di piombo) (*metall.*), Notenmetall (*n.*). 43 ~ **per otturazioni** (di denti) (*med. - metall.*), Zahnplombe (*f.*). 44 ~ **per protesi dentaria** (*metall. - med.*), Dentallegierung (*f.*). 45 ~ **per resistori** (lega per resistenze) (*elett. - ind. metall.*), Widerstandslegierung (*f.*). 46 ~ **per saldatura** (a forte od a dolce, lega per brasatura) (*tecnol. mecc.*), Lot (*n.*), Lötmetall (*n.*). 47 ~ **per saldatura ad argento** (lega per brasatura ad argento) (*tecnol. mecc.*), Silberlot (*n.*). 48 ~ **per saldatura (a) dolce** (lega per brasatura dolce) (*tecnol. mecc.*), Weichlot (*n.*). 49 ~ **per saldatura a ottone** (lega per brasatura a ottone) (*tecnol. mecc.*), Messinglot (*n.*). 50 ~ **per saldatura a stagno** (lega per brasatura a stagno) (*tecnol. mecc.*), Weiss150t (*n.*). 51 ~ **per saldatura forte** (lega per brasatura forte) (*tecnol. mecc.*), Hartlot (*n.*). 52 ~ **per stampaggio** (lega adatta per lavorazione plastica) (*metall.*), Knetlegierung (*f.*). 53 ~ **per stereotipie** (lega di piombo) (*tip. - metall.*), Stereometall (*n.*). 54 ~ **riducente** (nella produzione di acciaio, lega d'alluminio) (*metall.*), Reduktionslegierung (*f.*). 55 ~ **Y** (lega d'alluminio da fonderia, AlCuNi, per getti resistenti al calore) (*lega*), Y-Legierung (*f.*). 56 ~ **zama** (lega di zinco ed alluminio) (*metall.*), Zamak (*n.*). 57 **ad alta** ~ (ad alto tenore di alligante, altolegato, acciaio p. es.) (*metall.*), hochlegiert.

legaccio (*gen.*), Binder (*m.*). 2 ~ **da ponte** (*ed.*), Gerüststrick (*m.*). 3 ~ **per tondini da cemento armato** (*ed.*), Betoneisenbinder (*m.*).

legale (*leg.*), legal, gerichtlich, gesetzlich. 2 ~ (conforme alla legge, regolamentare) (*leg.*), gesetzmässig. 3 **atto** ~ (*leg.*), Rechtsakt (*m.*). 4 **procedere per vie legali** (*leg.*), ein Rechtsverfahren einleiten. 5 **ricorso** ~ (*leg.*), Rechtsbehelf (*m.*). 6 **servizio** ~ (di una società) (*leg. - ind.*), Rechtsabteilung (*f.*). 7 **studio** ~ (*leg.*), Anwaltsbüro (*n.*), Anwaltskanzlei (*f.*). 8 **ufficio** ~ (*leg.*), Rechtsanwalt (*m.*). 9 **ufficio** ~ (d'una società, per consulenza della direzione) (*ind.*), Recht (*n.*).

legalizzare (autenticare, un documento) (*leg.*), beglaubigen, legalisieren.

legalizzato (autenticato) (*leg.*), beglaubigt, legalisiert. 2 **certificato** ~ (certificato autenticato) (*leg.*), beglaubigtes Zeugnis.

legalizzazione (autenticazione, di documenti) (*leg.*), Legalisation (*f.*), Legalisierung (*f.*), Beglaubigung (*f.*).

legame (vincolo) (*gen.*), Bindung (*f.*). 2 ~ (di un atomo) (*chim. - fis. nucl.*), Bindung (*f.*). 3 ~ **atomico** (*chim.*), atomare Bindung, Atombindung (*f.*). 4 ~ **chimico** (*chim.*), chemische Bindung. 5 ~ **covalente** (legame omopolare, covalenza) (*chim.*), homöopolare Bindung, unpolare Bindung, kovalente Bindung. 6 ~ ~ **di valenza** (*chim.*), Wertigkeitsbindung (*f.*), Valenzbindung (*f.*). 7 ~ **di valenza principale** (*chim.*), Hauptvalenzbindung (*f.*). 8 ~ **di valenza secondaria** (*chim.*), Nebenvalenzbindung (*f.*). 9 ~ **elettrostatico** (forza elettrostatica di attrazione) (*chim.*), Hauptvalenz (*f.*). 10 ~ **eteropolare** (legame polare o ionico) (*chim.*), heteropolare Bindung, ionogene Bindung, polare Bindung. 11 ~ **gomma-metallo** (giunzione gomma-metallo) (*tecnol.*), Gummimetallverbindung (*f.*). 12 ~ **ionico** (eteropolare o polare) (*chim.*), heteropolare Bindung, ionogene Bindung, polare Bindung. 13 ~ **metallico** (*chim.*), metallische Bindung. 14 ~ **omopolare** (o covalente, covalenza) (*chim.*), homöopolare Bindung, unpolare Bindung, kovalente Bindung. 15 ~ **polare** (ionico o eteropolare) (*chim.*), heteropolare Bindung, ionogene Bindung, polare Bindung.

legamento (anatomia), Band (*n.*).

legante (*s. - gen.*), Bindemittel (*n.*). 2 ~ (agglomerante, cemento, impasto, di una mola) (*ut.*), Bindung (*f.*). 3 ~ (agglomerante) (*ed.*), Bindemittel (*n.*), Binder (*m.*). 4 ~ (parte di un prodotto verniciante che provvede al legame reciproco e con il sottofondo dei pigmenti) (*vn.*), Bindemittel (*n.*). 5 **leganti** (in composti complessi, coordinati) (*s. pl. - chim.*), Liganden (*n. pl.*). 6 ~ (di una mola) (*ut.*), vedi anche agglomerante. 7 ~ (a **base) di catrame** (*costr. strad.*), Teerbinder (*m.*). 8 ~ **anidritico** (*ed.*), Anhydritbinder (*m.*). 9 ~ **a presa rapida** (*ed.*), Schnellstarrer (*m.*). 10 ~ **bituminoso** (*costr. strad.*), bituminöses Bindemittel. 11 ~ **idraulico** (*ed.*), hydraulisches Bindemittel. 12 ~ **misto** (idraulico) (*ed.*), Mischbinder (*m.*). 13 ~ **non idraulico** (*ed.*), unhydraulisches Bindemittel. 14 ~ **per anime** (*fond.*), Kernbindemittel (*n.*). 15 ~ **per malta** (*ed.*), Mörtelbindemittel (*n.*). 16 ~ **per vernici** (*vn.*), Farbbindemittel (*n.*).

legare (*gen.*), binden. 2 ~ (alligare) (*metall.*), legieren. 3 ~ (rilegare, libri) (*legatoria*), binden. 4 ~ (lasciare in eredità) (*leg.*), vererben, vermachen. 5 ~ **alla bodoniana** (*legatoria*), kartonieren. 6 ~ **con spago** (*gen.*), einschnüren, schnüren. 7 ~ **in brossura** (*legatoria*), broschieren. 8 ~ **insieme** (*gen.*), aneinanderbinden. 9 ~ **stretto** (*gen.*), festbinden.

legato (*gen.*), gebunden. 2 ~ (alligato) (*metall.*), legiert. 3 ~ (rilegato) (*legatoria*), gebunden. 4 ~ **in brossura** (*legatoria*), broschiert. 5 **poco** ~ (a basso tenore di alligante, di acciaio p. es.) (*metall.*), niedriglegiert.

legatore (rilegatore, di libri) (*lav. - legatoria*), Buchbinder (*m.*).
legatoria (*legatoria*), Buchbinderei (*f.*), Buchbinderwerkstatt (*f.*). **2 cartone per** ~ (*ind. carta*), Buchbinderpappe (*f.*). **3 macchina per** ~ (*macch. legatoria*), Buchbindereimaschine (*f.*).
legatrice (*macch. imball.*), Umschnürmaschine (*f.*), Umschnürungsmaschine (*f.*).
legatura (unione) (*gen.*), Bindung (*f.*). **2** ~ (rilegatura) (*legatoria*), Einband (*m.*), Bucheinband (*m.*), Bindung (*f.*), Band (*m.*). **3** ~ (caratteri fusi insieme) (*tip.*), Ligatur (*f.*). **4** ~ (delle matasse) (*ind. tess.*), Fitzen (*n.*), Masten (*n.*). **5** ~ (di funi) (*funi - naut.*), Abbindung (*f.*), Bändsel (*n.*). **6** ~ (disposizione dei mattoni in un muro, apparecchio) (*mur.*), Verband (*m.*). **7** ~ **a blocco** (*mur.*), Blockverband (*m.*). **8** ~ **a croce** (*mur.*), Kreuzverband (*m.*). **9** ~ **a filo metallico** (*legatoria*), Drahtbindung (*f.*). **10** ~ **a spirale** (*legatoria*), Spiralbindung (*f.*). **11** ~ **cartonata** (*legatoria*), Kartonageband (*m.*), Pappband (*m.*). **12** ~ **con spago** (*imball.*), Umschnürung (*f.*). **13** ~ **gotica** (*mur.*), gotischer Verband. **14** ~ **in brossura** (*legatoria*), Broschieren (*n.*). **15** ~ **in croce** (*nav. - funi*), Kreuzbändsel (*m.*). **16** ~ **in mezza pelle** (rilegatura in mezza pelle) (*legatoria*), Halblederband (*m.*), Halbfranzband (*m.*). **17** ~ **in mezza tela** (rilegatura in mezza tela) (*legatoria*), Halbleinenband (*m.*). **18** ~ **in pelle** (*legatoria*), Franzband (*m.*), Lederband (*m.*). **19** ~ **in tela** (rilegatura in tela) (*legatoria*), Leinwandbindung (*f.*), Leinwandband (*m.*), Leinenband (*m.*). **20** ~ **in tutta pelle** (rilegatura in tutta pelle) (*legatoria*), Ganzlederband (*m.*), Franzband (*m.*). **21** ~ **in tutta tela** (rilegatura in tutta tela) (*legatoria*), Ganzleinenband (*m.*). **22 filo di** ~ (*legatoria*), Bindedraht (*m.*), Wickeldraht (*m.*). **23 macchina per** ~ **a spirale** (*macch. legatoria*), Spiralbindungmaschine (*f.*). **24 macchina per** ~ **in brossura** (*macch. legatoria*), Einhängemaschine (*f.*).
legge (*leg.*), Gesetz (*n.*). **2** ~ (principio) (*fis. - mecc. - ecc.*), Gesetz (*n.*), Satz (*m.*), Grundsatz (*m.*). **3** ~ (giurisprudenza) (*leg.*), Rechtslehre (*f.*), Jurisprudenz (*f.*). **4** ~ **antitrust** (legge antimonopolio) (*finanz.*), Anti-Kartellgesetz (*n.*). **5** ~ **coercitiva** (*leg.*), Zwangsgesetz (*n.*). **6** ~ **del flusso di eccitazione magnetica** (legge di Biot e Savart) (*elett.*), Durchflutungsgesetz (*n.*). **7** ~ **della conservazione dell'energia** (principio della conservazione dell'energia) (*fis.*), Energiesatz (*m.*), Energieprinzip (*n.*). **8** ~ **della domanda ed offerta** (*comm.*), Gesetz von Angebot und Nachfrage. **9** ~ **della gravitazione** (*fis.*), Gravitationsgesetz (*n.*). **10** ~ **della gravitazione universale** (*fis.*), Newtonsches Gravitationsgesetz. **11** ~ **della similitudine** (*mat. - ecc.*), Ähnlichkeitssatz (*m.*). **12 leggi del moto** (*fis.*), Bewegungsgesetze (*n. pl.*). **13** ~ **di Biot e Savart** (legge del flusso di eccitazione magnetica) (*elett.*), Durchflutungsgesetz (*n.*), Biot-Savartsches Gesetz. **14** ~ **di distribuzione degli errori** (legge di Gauss) (*mat. - stat.*), Fehlerfunktiongesetz (*n.*). **15** ~ **di dualità** (principio di dualità) (*mat.*), Dualitätsprinzip (*n.*). **16** ~ **di frequenza degli errori** (di Gauss) (*mat.*), Fehlergesetz (*n.*). **17** ~ **di Gauss** (legge di distribuzione degli errori) (*mat. - stat.*), Fehlerfunktiongesetz (*n.*). **18 leggi di Keplero** (*astr.*), Keplersche Gesetze. **19** ~ **di Kirchhoff** (*chim.*), Kirchhoffsches Gesetz. **20** ~ **di Ohm** (*elett.*), Ohmsches Gesetz. **21** ~ **di Planck** (*fis.*), Plancksches Gesetz. **22** ~ **di similitudine** (*mat. - ecc.*), Ähnlichkeitssatz (*m.*). **23** ~ **esponenziale** (*mat.*), Potenzgesetz (*n.*). **24** ~ **fondamentale** (principio fondamentale) (*fis. - ecc.*), Hauptsatz (*m.*), Hauptgesetz (*n.*), Grundgesetz (*n.*). **25 leggi sulla caduta dei gravi** (*fis.*), Fallgesetze (*n. pl.*). **26** ~ **sulla servitù di elettrodotto** (*elett.*), Starkstromwegegesetz (*n.*). **27** ~ **sulle privative industriali** (*leg.*), Patentrecht (*n.*). **28** ~ **sulle società per azioni** (*leg.*), Aktiengesetz (*n.*). **29 applicazione della** ~ (*leg.*), Durchführung des Gesetzes. **30 conforme alla** ~ (legale, regolamentare) (*leg.*), gesetzmässig. **31 decreto** ~ (*leg.*), Gesetzesvorlage (*f.*). **32 interpretazione della** ~ (*leg.*), Gesetzesauslegung (*f.*). **33 progetto di** ~ (*leg.*), Gesetzesentwurf (*m.*).
leggenda (didascalia, di un'illustrazione p. es). (*tip.*), Erläuterung (*f.*), Zeichenerklärung (*f.*). **2** ~ (dicitura, iscrizione) (*gen.*), Beschriftung (*f.*). **3** ~ **di figura** (*tip.*), Bildunterschrift (*f.*).
leggere (*gen.*), lesen. **2** ~ (un contatore p. es.) (*strum. - ecc.*), ablesen. **3** ~ (eseguire una lettura) (*strum.*), eine Ablesung nehmen. **4** ~ (*calc.*), lesen.
leggerezza (*fis.*), Leichtigkeit (*f.*), Leichtheit (*f.*).
leggero (di piccolo peso) (*gen.*), leicht. **2 più** ~ **dell'aria** (*aer.*), leichter als Luft.
leggibile (*strum.*), ablesbar.
legislativo (*leg.*), gesetzgebend.
legislatore (*leg.*), Gesetzgeber (*m.*).
legislazione (*leg.*), Gesetzgebung (*f.*), Recht (*n.*). **2** ~ **ferroviaria** (diritto ferroviario) (*ferr. - leg.*), Eisenbahnrecht (*n.*). **3** ~ **sul lavoro** (*lav. - leg.*), Arbeitsrecht (*n.*), Arbeitsgesetzgebung (*f.*).
legna (legname da bruciare, legna da ardere) (*comb.*), Brennholz (*n.*).
legname (legno destinato ad essere lavorato od a servire per costruzioni) (*ed. - ecc.*), Bauholz (*n.*). **2** ~ (pezzo di legno da lavorare alla macch. ut.) (*lav. del legno*), Rohling (*m.*), unbearbeitetes Holz. **3** ~ **compresso parallelamente alle fibre** (*legno*), Formvollholz (*n.*), FVH. **4** ~ **compresso perpendicolarmente alle fibre** (*legno*), Pressvollholz (*n.*), PVH, Pressholz (*n.*). **5** ~ **da costruzione di medie dimensioni** (*ed.*), Riegelholz (*n.*), Mittelbauholz (*n.*). **6** ~ **essiccato in essiccatoio** (legno essiccato in essiccatoio, legname stagionato artificialmente) (*legno*), Darrholz (*n.*). **7** ~ **impregnato** (*legno*), Tränkvollholz (*n.*), getränktes Vollholz, TVH. **8** ~ **in tronchi** (legname tagliato e non squadrato) (*legno*), Blockware (*f.*). **9** ~ **in tronco scortecciato** (*legno*), Ganzholz (*f.*), Vollholz (*n.*). **10** ~ **per casseforme** (legname per armature) (*ed.*), Schalholz (*n.*). **11** ~ **per costruzioni navali** (*costr. nav.*), Schiffbauholz (*n.*). **12** ~ **per**

miniera (*min.*), Grubenholz (*n.*). **13** ~ **squadrato** (*ed. - ecc.*), Kantholz (*n.*), Eckholz (*n.*). **14** ~ **stagionato** (all'aria, legname stagionato naturalmente) (*legno*), lufttrockenes Holz, ausgewittertes Holz. **15** ~ **stagionato artificialmente** (legno essiccato in essiccatoio, legname essiccato in essiccatoio) (*legno*), Darrholz (*n.*). **16** ~ **tagliato** (tavole, ecc.) (*legno*), Schnittholz (*n.*). **17** ~ **tagliato e non squadrato** (legname in tronchi) (*legno*), Blockware (*f.*). **18 deposito di** ~ (*ind. legno*), Holzplatz (*m.*). **19 scivolo per** ~ (*legno*), Reiste (*f.*), Holzrutsche (*f.*).

legno (*legno*), Holz (*n.*). **2** ~ **a fibra compatta** (*legno*), Derbholz (*n.*). **3** ~ **artificiale** (xilolite, per pavimenti) (*ed.*), Steinholz (*n.*). **4** ~ **balsa** (*legno*), Balsa (*n.*), Balsaholz (*n.*). **5** ~ **compensato** (compensato) (*falegn.*), Sperrholz (*n.*). **6** ~ **compensato a molti strati** (più di cinque) (*falegn.*), Vielschichtsperrholz (*n.*), Multiplexplatte (*f.*). **7** ~ **d'acero** (*legno*), Ahornholz (*n.*). **8** ~ **di aghifoglie** (legno di conifere) (*legno*), Nadelholz (*n.*). **9** ~ **di betulla** (*legno*), Birkenholz (*n.*). **10** ~ **di campeggio** (*legno*), Blauholz (*n.*), Blutholz (*n.*), Kampescheholz (*n.*). **11** ~ **di cedro** (*legno*), Zedernholz (*n.*). **12** ~ **di conifere** (*legno*), Nadelholz (*n.*). **13** ~ **di faggio** (*legno*), Buchenholz (*n.*). **14** ~ **di frassino** (*legno*), Eschenholz (*n.*). **15** ~ **di latifoglie** (*legno*), Laubholz (*n.*). **16** ~ **di melo** (*legno*), Apfelbaumholz (*n.*). **17** ~ **di ontano** (ontano) (*legno*), Erlenholz (*n.*). **18** ~ **di palissandro** (palissandro) (*legno*), Palisanderholz (*n.*), Palisander (*m.*). **19** ~ **di pino marittimo** (*legno*), Strandkieferholz (*n.*). **20** ~ **di quercia** (*legno*), Eichenholz (*n.*). **21** ~ **di riempimento** (o di spessore) (*falegn.*), Füllholz (*n.*), Einlageholz (*n.*), Blindholz (*n.*). **22** ~ **di sandalo** (sandalo) (*legno*), Sandelholz (*n.*). **23** ~ **di spessore** (o di riempimento) (*falegn.*), Blindholz (*n.*). **24** ~ **di teck** (*legno*), Teakholz (*n.*), Tickholz (*n.*). **25** ~ **duro** (*legno - tecnol.*), Hartholz (*n.*), Eisenholz (*n.*). **26** ~ **duro americano** («pitchpine») (*legno*), Pechkiefer (*f.*), Pechtanne (*f.*). **27** ~ **essiccato in essiccatoio** (legname essiccato in essiccatoio, legname stagionato artificialmente) (*legno*), Darrholz (*n.*). **28** ~ **essiccato in forno** (*legno*), Darrholz (*n.*). **29** ~ **ferro** (legno santo) (*nav. - mecc.*), Pockholz (*n.*). **30** ~ **impregnato di olio** (*legno*), Ölholz (*n.*). **31** ~ **in ceppi** (*legno*), Blockholz (*n.*). **32** ~ **in fusti** (legno in tronchi) (*legno*), Stammholz (*n.*), Rundholz (*n.*). **33** ~ **in tronchi** (legno in fusti) (*legno*), Stammholz (*n.*), Rundholz (*n.*). **34** ~ **maturo** (*legno*), Reifholz (*n.*). **35** ~ **per sfogliati** (che si presta alla sfogliatura) (*legno*), Schälholz (*n.*). **36** ~ **santo** (legno ferro) (*nav. - mecc.*), Pockholz (*n.*). **37** ~ **stagionato all'aria** (legname stagionato naturalmente) (*legno*), ausgewittertes Holz, lufttrockenes Holz. **38** ~ **stratificato** (composto da diversi strati incollati) (*falegn.*), Lagenholz (*n.*), Sperrholz (*n.*). **39** ~ **tagliato trasversalmente alla fibra** (*falegn.*), Querholz (*n.*), Hirnholz (*n.*). **40 carpenteria di** ~ (*ed.*), Holzwerk (*m.*). **41 graticcio di** ~ (*gen.*), Holzhürde (*f.*), Holzgitter (*n.*). **42 impregnazione del** ~ **con cloruro di mercurio** (*legno*), Kyanisieren (*n.*). **43 olio di** ~ (*vn.*), Holzöl (*n.*), Tungöl (*n.*). **44 pannello di** ~ **compensato** (compensato) (*falegn.*), Sperrholz (*n.*), Sperrplatte (*f.*). **45 pezzo di** ~ (da lavorare alla macch. ut.) (*lav. del legno*), Rohling (*n.*), unbearbeitetes Holz. **46 trattare al** ~ **verde** (nell'affinazione del rame) (*metall.*), zähpolen.

LEM (modulo lunare) (*astronautica*), LEM, Mondlandeeinheit (*f.*).

lembo (di giunto saldato) (*tecnol. mecc.*), Kante (*f.*), Schweisskante (*f.*). **2** ~ (gamba, fianco, ala, di una piega) (*geol.*), Flügel (*m.*), Schenkel (*m.*). **3** ~ **da saldare** (*tecnol. mecc.*), Schweissfugenflanke (*f.*). **4** ~ **di ricoprimento** (residuo isolato di faglia di carreggiamento) (*geol.*), Klippe (*f.*). **5** ~ **graduato** (*strum.*), Limbusteilung (*f.*). **6** ~ **pieghevole** (pattella, patta, d'una scatola di cartone) (*imball.*), Lasche (*f.*). **7 preparazione dei lembi per la saldatura** (*tecnol. mecc.*), Schweissvorbereitung (*f.*).

lemma (*mat.*), Lemma (*n.*). **2** ~ (di un dizionario p. es.) (*tip.*), Stichwort (*n.*).

lemniscata (*geom.*), Lemniskate (*f.*), Schleifenlinie (*f.*).

lente (*ott.*), Linse (*f.*), Glaslinse (*f.*). **2** ~ (inclusione a forma di lente in rocce stratificate) (*geol.*), Linse (*f.*). **3** ~ (di una valvola a saracinesca) (*idr.*), Schieber (*m.*). **4** ~ (antenna a lente) (*radio*), Linsenantenne (*f.*). **5** ~ **a contatto** (*ott.*), Haftglas (*n.*), Kontaktschale (*f.*). **6** ~ **acromatica** (*ott.*), achromatische Linse, Achromat (*m.*). **7** ~ **a focale variabile** (trasfocatore) (*ott.*), Linse mit veränderlichem Fokus. **8** ~ **anastigmatica** (*ott.*), anastigmatische Linse, Anastigmat (*m.*). **9** ~ **aplanatica** (*ott.*), aplanatische Linse, Aplanat (*m.*). **10** ~ **ausiliaria** (*cinem.*), Vorsatzlinse (*f.*). **11** ~ **biconcava** (*ott.*), Bikonkavlinse (*f.*). **12** ~ **biconvessa** (*ott.*), Bikonvexlinse (*f.*). **13** ~ **bifocale** (*ott.*), Bifokalglas (*n.*), Zweistärkenglas (*n.*). **14** ~ **cilindrica** (da occhiali) (*ott.*), Zylinderglas (*n.*), Zylinderlinse (*f.*). **15** ~ **concava** (*ott.*), Hohllinse (*f.*), Konkavlinse (*f.*). **16** ~ **concavo-convessa** (*ott.*), Konkavkonvexlinse (*f.*). **17** ~ **convergente** (lente convessa) (*ott.*), Sammellinse (*f.*), Konvexlinse (*f.*). **18** ~ **convessa** (lente convergente) (*ott.*), Konvexlinse (*f.*), Sammellinse (*f.*). **19** ~ **convesso-concava** (*ott.*), Konvexkonkavlinse (*f.*). **20** ~ **cromatica** (*ott.*), Chromat (*m.*). **21** ~ **da occhiali** (*ott.*), Brillenglas (*n.*). **22** ~ **di Fresnel** (*ott.*), Fresnelsche Linse, Fresnellinse (*f.*). **23** ~ **di ingrandimento** (*ott.*), Lupe (*f.*), Vergrösserungsglas (*n.*). **24** ~ **(d'ingrandimento) con apparecchio d'illuminazione** (per l'oggetto) (*ott.*), Leuchtlupe (*f.*). **25** ~ **di saldatura** (formazione a lente nell'interno del giunto saldato) (*tecnol. mecc.*), Schweisslinse (*f.*). **26** ~ **divergente** (lente concava) (*ott.*), Zerstreuungslinse (*f.*), Konkavlinse (*f.*). **27** ~ **elettromagnetica** (*elettronica*), elektromagnetische Linse. **28** ~ **elettronica** (*elettronica*), Elektronenlinse (*f.*). **29** ~ **elettronica magnetica** (lente magnetica) (*telev.*), magnetische Elektronenlinse, magnetische Linse. **30** ~ **magnetica** (lente elettronica magnetica) (*telev.*),

lenticolare

magnetische Linse, magnetische Elektronenlinse. 31 ~ **per lettura** (*strum.*), Ableselupe (*f.*). 32 ~ **pianoconcava** (*ott.*), Plankonkavlinse (*f.*). 33 ~ **pianoconvessa** (*ott.*), Plankonvexlinse (*f.*). 34 ~ **semplice** (*ott.*), Einzellinse (*f.*). 35 ~ **torica** (*ott.*), torische Linse. 36 **preparazione dei grezzi per lenti** (*ott.*), Zurichten der Linsen.
lenticolare (*gen.*), linsenförmig.
lento (moto) (*gen.*), langsam. 2 ~ (lasco, accoppiamento) (*mecc.*), locker, lose. 3 ~ (di combustione) (*comb.*), schleichend. 4 ~ (a basso numero di giri) (*mot. - ecc.*), niedertourig.
lenzara (palamite, palangrese) (*pesca*), Langleine (*f.*).
lesena (parasta, sporgente da una parete) (*arch.*), Pfeilervorlage (*f.*), Lisene (*f.*), Wandpfeiler (*m.*).
lesina (ut. da calzolaio) (*ut.*), Pfriem (*m.*), Pfriemen (*m.*), Ahle (*f.*).
lesione (d'un operaio alla pressa p. es.) (*lav.*), Verletzung (*f.*), Schaden (*m.*).
letale (*fis. atom. - ecc.*), letal. 2 dose ~ 50% (*radioatt.*), Dosis letalis 50%, DL 50.
letame (stallatico) (*agric.*), Stalldünger (*m.*), Mist (*m.*).
lettera (*comm. - uff.*), Brief (*m.*). 2 ~ (dell'alfabeto) (*tip.*), Buchstabe (*m.*). 3 ~ (carattere) (*tip.*), Letter (*f.*). 4 ~ **accompagnatoria** (lettera di accompagnamento) (*uff. - ecc.*), Begleitbrief (*m.*). 5 ~ **aerea** (*posta*), Luftpostbrief (*m.*), Flugpostbrief (*m.*). 6 ~ **aperta** (su un giornale) (*giorn.*), offener Brief. 7 ~ **ascendente** (b, d, f, p.es.) (*tip.*), aufsteigender Buchstabe. 8 ~ **assicurata** (*posta*), Wertbrief (*m.*), Brief mit Wertangabe. 9 ~ **capovolta** (carattere capovolto) (*errore di stampa*), Fliegenkopf (*m.*). 10 ~ **circolare** (circolare) (*comm. - ecc.*), Rundschreiben (*n.*), Zirkular (*n.*). 11 ~ **commerciale** (lettera di affari) (*uff. - comm.*), Geschäftsbrief (*m.*). 12 ~ **d'affari** (lettera commerciale) (*uff.*), Geschäftsbrief (*m.*). 13 ~ **dell'aggiornamento** (lettera della modifica) (*dis. mecc.*), Änderungsbuchstabe (*m.*). 14 ~ **della modifica** (lettera dell'aggiornamento) (*dis. mecc.*), Änderungsbuchstabe (*m.*). 15 ~ **di accompagnamento** (lettera accompagnatoria) (*uff. - ecc.*), Begleitbrief (*m.*). 16 ~ **di affari** (lettera commerciale) (*uff. - comm.*), Geschäftsbrief (*m.*). 17 ~ **di assunzione** (*lav. - pers.*), Anstellungsbrief (*m.*), Anstellungsschreiben (*n.*). 18 ~ **di avviso** (notifica) (*gen.*), Meldebrief (*m.*). 19 ~ **di credito** (*comm.*), Kreditbrief (*m.*), Akkreditiv (*n.*). 20 ~ **di credito circolare** (*finanz.*), Reisekreditbrief (*m.*), Reiseakkreditiv (*n.*). 21 ~ **di credito irrevocabile** (*comm.*), unwiderrufliches Akkreditiv. 22 ~ **di dimissioni** (*lav. - pers.*), Abschiedsgesuch (*n.*). 23 ~ **di garanzia** (*comm.*), Revers (*m.*), schriftliche Garantieerklärung. 24 ~ **di presentazione** (*comm.*), Einführungsbrief (*m.*). 25 ~ **di rettifica** (*gen.*), Berichtigungsschreiben (*n.*). 26 ~ **di riferimento** (di una figura p. es.) (*gen.*), Kennbuchstabe (*m.*). 27 ~ **di scuse** (*comm.*), Entschuldigungsbrief (*m.*). 28 ~ **di sollecito** (sollecito) (*comm. - uff.*), Nachfassbrief (*m.*), Mahnbrief (*m.*). 29 ~ **di vettura** (*trasp.*), Frachtbrief (*m.*). 30 ~ **di vettura aerea** (*trasp.*), Luftfrachtbrief (*m.*). 31 ~ **di vettura di transito** (*trasp.*), Durchfrachtbrief (*m.*), Transitfrachtbrief (*m.*). 32 ~ **di vettura ferroviaria** (*ferr. - trasp.*), Eisenbahnfrachtbrief (*m.*). 33 ~ **espresso** (*posta*), Eilbrief (*m.*). 34 ~ **iniziale** (iniziale) (*tip.*), Anfangsbuchstabe (*m.*). 35 ~ **maiuscola** (*tip.*), grosser Buchstabe, Majuskel (*f.*). 36 ~ **minatoria** (*gen.*), Drohbrief (*m.*). 37 ~ **minuscola** (minuscola) (*tip.*), Kleinbuchstabe (*m.*), Minuskel (*f.*), kleiner Buchstabe. 38 ~ **ornata** (*tip.*), Zierbuchstabe (*m.*). 39 ~ **raccomandata** (*posta*), Einschreibebrief (*m.*), E-Brief (*m.*), R-Brief (*m.*). 40 ~ **stampata** (carattere) (*tip.*), Druckbuchstabe (*m.*). 41 **impianto distribuzione lettere** (*posta*), Briefverteilanlage (*f.*). 42 **in lettere** (un numero, su un assegno p. es.) (*finanz. - ecc.*), in Worten, i. W. 43 **riferimento di una** ~ (*uff.*), Aktenzeichen (*n.*). 44 **smistamento delle lettere** (*posta*), Briefbearbeitung (*f.*).
letterale (traduzione p. es.) (*gen.*), buchstäblich.
letteratura (*tip.*), Literatur (*f.*). 2 ~ **tecnica** (*ind. - tip.*), Fachliteratur (*f.*).
lettiga (autolettiga) (*veic.*), Krankenwagen (*m.*).
letto (*gen.*), Bett (*n.*). 2 ~ (alveo, di un fiume) (*geol.*), Flussbett (*n.*), Grund (*m.*). 3 ~ (cuccetta, nei treni) (*ferr.*), Liegeplatz (*m.*). 4 ~ (suola, piede, di una galleria) (*min.*), Sohle (*f.*). 5 ~ **batterico** (letto biologico, per acque di rifiuto) (*ed. - idr.*), biologischer Körper. 6 ~ **biologico** (letto batterico, per acque di rifiuto) (*ed. - idr.*), biologischer Körper. 7 ~ **biologico a piccola dosatura** (letto percolatore a piccola dosatura, per depurare acque di rifiuto) (*ed.*), Schwachlaststropfkörper (*m.*). 8 ~ **biologico intensivo** (percolatore intensivo) (*ed.*), Spültropfkörper (*m.*). 9 ~ **caldo** (letto metallico a griglia, per laminati a caldo) (*lamin.*), Gitterrost (*m.*), Warmbett (*n.*). 10 ~ **del fiume** (alveo) (*idr.*), Flussbett (*n.*). 11 ~ **di colata** (*fond.*), Giessbett (*n.*). 12 ~ **di colata per pani** (*fond.*), Masselbett (*n.*). 13 ~ **di fiume** (alveo) (*geogr.*), Flussbett (*n*), 14 ~ **di fusione** (carica, minerali con fondenti) (*metall.*), Möller (*m.*). 15 ~ **di fusione dell'altoforno** (*metall.*), Hochofenmöller (*m.*). 16 ~ **di malta** (*mur.*), Mörtelbett (*n.*). 17 ~ **di sabbia** (*ing. civ.*), Sandbettung (*f.*), Sandschüttung (*f.*), Sandkoffer (*m.*). 18 ~ **di sabbia** (di una fondazione) (*ed.*), Sandbett (*n.*). 19 ~ **di scolamento** (per depurare acque di rifiuto; letto percolatore, percolatore, biofiltro) (*ed.*), Tropfkörperanlage (*f.*). 20 ~ **di scoria** (*metall.*), Schlakenbett (*n.*). 21 ~ **drenato** (*ed.*), Sickerbecken (*n.*). 22 ~ **filtrante** (per acqua di scarico p. es.) (*ed.*), Filterbett (*n.*), Klärfilter (*m.*). 23 ~ **filtrante di ghiaia** (*ed.*), Kiesfilter (*m.*) 24 ~ **fluido** (per fluidizzazione, per il processo a letto fluido) (*ind chim - ecc.*), Fliessbett (*n.*), Wirbelfliessbett (*n.*). Fluidalbett (*n.*). 25 ~ **metallico** (griglia, per laminati a caldo) (*lamin.*), Gitterrost (*m.*), Warmbett (*n.*). 26 ~ **percolatore** (letto di scolamento, percolatore, biofiltro; per depurare acque di rifiuto) (*ed.*),

Tropfkörperanlage (f.). **27 ~ percolatore a piccola dosatura** (letto biologico a piccola dosatura, per depurare acque di rifiuto) (ed.), Schwachlasttropfkörper (m.). **28 ~ percolatore a torre** (per acque di rifiuto) (ed.), Turmtropfkörper (m.). **29 essiccatore a ~ fluido** (app.), Wirbelschichttrockner (m.). **30 processo a ~ fluido** (fluidizzazione) (ind. chim. - ecc.), Wirbelfliessverfahren (n.). **31 reattore a ~ fluidizzato** (reattore a fluidizzazione, nel quale i materiali solidi cadono in controcorrente attraverso il gas) (ind. chim.), Rieselreaktor (m.), Rieselwolkenreaktor (m.). **32 sinterazione a ~ fluido** (di materie plastiche) (tecnol.), Wirbelsintern (n.), Fliessbettverfahren (n.).

letto, approvato, sottoscritto (leg.), vorgelesen, genehmigt, unterschrieben; v.g.u.

lettone (particella di piccola massa, elettrone p. es.) (fis. atom.), Lepton (n.).

lettore (gen.), Leser (m.). **2 ~** (di schede perforate) (elettromecc.), Leser (m.), Ableser (m.), Abtaster (m.). **3 ~** (della zona) (telegr. - ecc.), Abfühlapparat (m.), Abgriffwerk (n.). **4 ~ alfanumerico** (calc.), alphanumerischer Leser. **5 ~ di caratteri** (elab. dati), Zeichenleser (m.), Zeichenlesegerät (n.). **6 ~ di contatori** (letturista) (lav.), Zählerableser (m.). **7 ~ di documenti** (app.), Belegleser (m.). **8 ~ di nastro** (elab. dati), Streifenleser (m.), Streifenabtaster (m.). **9 ~ di nastri perforati** (app.), Lochstreifenleser (m.). **10 ~ di schede** (automazione), Kartenleser (m.), Kartenabtaster (m.), Kartenableser (m.), Abfühler (m.). **11 ~ di schede perforate** (app.), Lochkartenleser (m.). **12 ~ in chiaro** (app.), Klarschriftlesegerät (n.).

lettrice (macch. elettronica), Lesemaschine (f.). **2 ~ di schede (perforate)** (macch.), Kartenlesemaschine (f.).

lettura (strum. - ecc.), Ablesung (f.). **2 ~** (calc. - ecc.), Lesen (n.). **3 ~ a distanza** (gen.), Fernablesung (f.). **4 ~ altimetrica (all')indietro** (top.), Rückblick (m.). **5 ~ avanti** (top.), Vorwärtseinschneiden (n.). **6 ~ di caratteri** (calc.), Zeichenlesen (n.). **7 ~ diretta** (strum.), unmittelbare Ablesung. **8 ~ distruttiva** (calc.), destruktives Lesen, löschendes Lesen. **9 ~ soggettiva** (strum.), subjektive Ablesung. **10 errore di ~** (strum. - ecc.), Ablesungsfehler (m.). **11 strumento a ~ diretta** (strum.), Instrument mit unmittelbarer Ablesung. **12 velocità di ~** (calc.), Lesegeschwindigkeit (f.).

letturista (lettore di contatori) (lav.), Zählerableser (m.). **2 ~ del gas** (contorista verificatore del gas) (lav.), Gasmann (m.), Gaserer (m. - austr.).

leucite [$KAl(SiO_3)_2$] (min.), Leuzit (m.).

leva (mecc.), Hebel (m.). **2 ~** (palanchino) (att.), Handspake (f.). **3 ~ a blocco** (di uno scambio p. es.) (ferr.), Riegelhebel (m.). **4 ~ a forcella** (leva a forchetta) (mecc.), Gabelhebel (m.). **5 ~ a forchetta** (leva a forcella) (mecc.), Gabelhebel (m.). **6 ~ a ginocchiera** (mecc.), Gelenkhebel (m.), Kniehebel (m.). **7 ~ a gomito** (mecc.), gekröpfter Hebel. **8 ~ a mano** (manetta) (mecc. - ecc.), Handhebel (m.). **9 ~ articolata** (mecc.), Gelenkhebel (m.), Kniehebel (m.). **10 ~ a squadra** (mecc.), rechtwinkliger Hebel, Winkelhebel (m.). **11 ~ azionabile con l'anca** (di un tornio a torretta p. es.) (macch. ut.), Hüfthebel (m.). **12 ~ cavafascioni** (leva per smontare cerchioni, estrattore per cerchioni) (veic.), Felgenabziehhebel (m.). **13 ~ comando ritorno rapido** (macch. ut.), Hebel für den schnellen Rückzug. **14 ~ del cambio** (aut. - ecc.), Getriebeschalthebel (m.), Schalthebel (m.). **15 ~ del cambio a « cloche »** (leva del cambio centrale) (aut.), Knüppelschalthebel (m.), Mittelschalthebel (m.). **16 ~ del cambio centrale** (leva a cloche) (aut.), Knüppelschalthebel (m.), Mittelschalthebel (m.). **17 ~ del cambio sul volante** (aut.), Lenkradfahrschalter (m.), Lenkradschalthebel (m.). **18 ~ del deviatoio** (leva dello scambio) (ferr.), Weichenstellhebel (m.). **19 ~ del gas** (manetta, di un motore di aereo) (aer.), Handgashebel (m.), Gashebel (m.). **20 ~ dell'acceleratore** (mot.), Gashebel (m.). **21 ~ dell'acceleratore a mano** (aut. - mot.), Gashandhebel (m.), Handgashebel (m.). **22 ~ del lampeggiatore** (aut.), Blinkerhebel (m.). **23 ~ dell'anticipo** (di accensione) (mot. - aut.), Verstellhebel (m.). **24 ~ dell'aria** (gen.), Lufthebel (m.). **25 ~ dell'aria** (manetta dell'aria, di una motocicletta) (veic.), Lufthebel (m.), Aussenzug-Lufthebel (m.). **26 ~ dello starter** (leva di chiusura dell'aria, di un carburatore) (mot.), Starterklappenhebel (m.). **27 ~ di accoppiamento** (leva di trascinamento) (mecc.), Mitnehmerhebel (m.). **28 ~ di arresto** (mecc. - ecc.), Abstellhebel (m.). **29 ~ di azionamento** (o di comando) (mecc.), Betriebshebel (m.), Steuerhebel (m.), Betätigungshebel (m.). **30 ~ di bloccaggio** (leva di serraggio) (mecc. - macch. ut.), Klemmhebel (m.), Spannhebel (m.). **31 ~ (di chiusura) dell'aria** (mot. - ecc.), Lufthebel (m.). **32 ~ di chiusura dell'aria** (leva dello starter, di un carburatore) (aut.), Starterklappenhebel (m.). **33 ~ di comando** (mecc.), Steuerhebel (m.). **34 ~ di comando** (su telai) (macch. tess.), Schemel (m.). **35 ~ di comando centrale** (macch.), Zentralbedienungshebel (m.). **36 ~ di commutazione** (elett.), Umschalthebel (m.). **37 ~ di disinnesto** (mecc.), Ausrückhebel (m.). **38 ~ di innesto** (macch.), Einrückhebel (m.). **39 ~ di inversione** (mecc.), Umschalthebel (m.). **40 ~ di lancio** (di una pressa p. es.) (macch.), Schwunghebel (m.). **41 ~ di scatto** (mecc.), Auslösehebel (m.), Ausrückhebel (m.). **42 ~ di serraggio** (leva di bloccaggio) (mecc. - macch. ut.), Spannhebel (m.), Klemmhebel (m.). **43 ~ d'itinerario** (ferr.), Fahrstrassenhebel (m.). **44 ~ di trascinamento** (leva di accoppiamento) (mecc.), Mitnehmerhebel (m.). **45 ~ indicatrice d'instradamento** (ferr.), Weganzeigehebel (m.). **46 ~ liberacarrello** (di una macch. per scrivere) (macch. per uff.), Wagenlöser (m.). **47 ~ liberacarta** (liberacarta di una macchina per scrivere) (macch. per uff.), Papierlöser (m.). **48 ~ liberarullo** (di una macch. per scrivere) (macch. per uff.), Walzenlöser (m.). **49 ~ oscillante** (mecc.), Schwinghebel (m.). **50 ~ per pneumatici** (leva per mon-

levagomme

taggio pneumatici) (*aut.*), Auflegehebel (*m.*), Montierhebel (*m.*), Reifenheber (*m.*). 51 ~ **per smontare cerchioni** (leva cavafascioni, estrattore per cerchioni) (*veic.*), Felgenabziehhebel (*m.*). 52 ~ **portacarattere** (martelletto, di una macch. per scrivere) (*macch. per uff.*), Typenhebel (*m.*). 53 ~ **premente** (*mecc.*), Andrückhebel (*m.*). 54 **braccio della** ~ (*mecc.*), Hebelarm (*m.*). 55 **distretto di** ~ (*milit.*), Aushebungsbezirk (*m.*). 56 **le nuove leve** (*lav. - ecc.*), Nachwuchs (*m.*), die jungen Kräfte.

levagomme (leva per pneumatici) (*ut. - aut.*), Reifenheber (*m.*).

levare (alzare) (*gen.*), heben. 2 ~ **l'àncora** (*nav.*), den Anker lichten.

levascorie (*fond.*), Schlackenschaufel (*f.*), Schlackenzieher (*m.*).

« **leveraggio** » (sistema di leve, sistema articolato) (*macch.*), Hebelsystem (*n.*), Hebelwerk (*n.*), Gelenkung (*f.*).

levetta (*mecc.*), Hebel (*m.*), Finger (*m.*). 2 ~ **amplificatrice** (di un comparatore o minimetro) (*strum.*), Fühlhebel (*m.*). 3 ~ **di comando** (o di innesto) (*mecc.*), Schaltfinger (*m.*). 4 ~ **di contatto** (astina di contatto) (*elett.*), Kontaktfinger (*m.*), Kontakthebel (*m.*). 5 ~ **di innesto** (o di comando) (*mecc.*), Schaltfinger (*m.*).

levigare (lisciare) (*mecc. - ecc.*), feinschleifen, glätten. 2 ~ (con macchina levigatrice) (*mecc. - macch. ut.*), honen, ziehschleifen. 3 ~ (lisciare, satinare, calandrare, cilindrare) (*mft. carta*), glätten. 4 ~ **una superficie esterna** (*lav. macch. ut.*), aussenhonen, ziehschleifen.

levigatezza (di una superficie) (*mecc.*), Schliff (*m.*).

levigatore (utensile levigatore) (*ut. - lav. macch. ut.*), Honwerkzeug (*n.*), Ziehschleifwerkzeug (*n.*), Honstein (*m.*).

levigatrice (*macch. ut.*), Honmaschine (*f.*). 2 ~ **a cilindri** (per legno) (*macch.*), Zylinderschleifmaschine (*f.*). 3 ~ **a rulli** (per dischi di freni p. es.) (*macch. ut.*), Glattwalzmaschine (*f.*). 4 ~ **per cilindri** (di motori a comb. interna) (*macch. ut.*), Zylinderhohnmaschine (*f.*). 5 ~ **per esterni** (*macch. ut.*), Aussenhonmaschine (*f.*), Ziehschleifmaschine (*f.*). 6 ~ **per interni** (*macch. ut.*), Innenhonmaschine (*f.*). 7 ~ **per legno** (smerigliatrice per legno) (*macch.*), Holzschleifmaschine (*f.*). 8 ~ **per pavimenti** (*macch. ed.*), Fussbodenschleifmaschine (*f.*).

levigatura (*lav. macch. ut.*), Honen (*n.*), Ziehschleifen (*n.*). 2 ~ (lisciatura, calandratura) (*mft. carta*), Glätten (*n.*). 3 ~ **a nastro** (*mecc.*), Bandschleifen (*n.*). 4 ~ **esterna** (*lav. macch. ut.*), Aussenhonen (*n.*), Ziehschleifen (*n.*). 5 ~ **interna** (*lav. macch. ut.*), Innenhonen (*n.*).

levitazione (sostentamento, di veicoli ferroviari p. es., sospensione a mezz'aria) (*ferr. - ecc.*), Schweben (*n.*), Aufhängung (*f.*). 2 ~ **magnetica** (di veic. ferr., sospensione a mezza aria per effetto della repulsione elettromagnetica) (*ferr.*), magnetische Aufhängung, Magnetschwebetechnik (*f.*). 3 **ferrovia a** ~ (su cuscino d'aria p. es.) (*ferr.*), Gleiteisenbahn (*f.*), Schwebebahn (*f.*). 4 **treno a** ~ **magnetica** (sospeso dalla repulsione elettromagnetica) (*ferr.*), Magnetschwebezug (*m.*).

levogiro (sinistrogiro) (*chim. - ott.*), linksdrehend.

levulosio (fruttosio) (*chim.*), Lävulose (*f.*), Fruchtzucker (*m.*).

LF (bassa frequenza, 30-300 kc/s) (*elett.*), LF.

Li (litio) (*chim.*), Li, Lithium (*n.*).

lias (eogiurassico, liassico) (*geol.*), Lias (*m. - f.*).

liassico (*geol.*), liassisch.

libbra (mis. di peso) (*unità di mis.*), Pfund (*n.*).

libelle (inclusioni liquide con bollicine di gas) (*min.*), Libellen (*f. pl.*).

liberacarrello (leva liberacarrello, di una macch. per scrivere) (*macch. per uff.*), Wagenlöser (*m.*).

liberacarta (leva liberacarta, di una macch. per scrivere) (*macch. per uff.*), Papierlöser (*m.*).

liberalizzazione (degli scambi) (*comm.*), Liberalisierung (*f.*).

liberare (*gen.*), freigeben, freimachen, befreien. 2 ~ (*chim.*), freisetzen. 3 ~ (scaricare, una molla p. es.) (*mecc.*), loslassen, entspannen. 4 ~ (disimpegnare) (*elettromecc.*), befreien.

liberarullo (leva liberarullo, di una macch. per scrivere) (*macch. da uff.*), Walzenlöser (*m.*). 2 **bottone** ~ (di macch. per scrivere) (*macch. da uff.*), Walzenstechknopf (*m.*).

liberazione (annullamento di blocco) (*ferr.*), Entblockung (*f.*). 2 ~ (di elettroni) (*elettronica*), Freiwerden (*n.*). 3 **circuito di** ~ (*elett. - ferr.*), Entblockungskreis (*m.*). 4 **tempo di** ~ (di un elettrone) (*elettronica*), Auslösezeit (*f.*).

libero (*gen.*), frei. 2 ~ (non combinato) (*chim. - metall.*), ungebunden. 3 ~ (sbloccato) (*ferr.*), entblockt, deblockiert. 4 **lampadina di linea libera** (*telef.*), Freilampe (*f.*). 5 **percorso** ~ (d'una particella) (*fis.*), Weglänge (*f.*). 6 **segnalazione di** ~ (*telef.*), Freimeldung (*f.*). 7 **segnale di** ~ (*telef.*), Freiton (*m.*).

libertà (*gen.*), Freiheit (*f.*). 2 ~ **di movimento** (*gen.*), Bewegungsfreiheit (*f.*). 3 ~ **di stampa** (*giorn. - ecc.*), Druckfreiheit (*f.*), Pressefreiheit (*f.*). 4 **grado di** ~ (*sc. costr.*), Freiheitsgrad (*m.*).

libraio (*comm.*), Buchhändler (*m.*).

librarsi (volare a punto fisso) (*aer.*), schweben.

libreria (mobile), Bücherschrank (*m.*), Bücherspind (*n.*), Regal (*n.*). 2 ~ (negozio) (*comm.*), Buchhandlung (*f.*). 3 ~ (di programmi p. es.) (*calc.*), vedi biblioteca.

libretto (*gen.*), Buch (*n.*). 2 ~ **degli assegni** (*finanz.*), Checkbuch (*n.*), Scheckbuch (*n.*). 3 ~ **della pensione** (*finanz. - lav.*), Rentenheft (*n.*). 4 ~ **delle misure** (*ed.*), Ausmassbuch (*n.*). 5 ~ **delle revisioni** (*cald.*), Revisionsbuch (*n.*). 6 ~ **di banca** (*finanz.*), Bankbuch (*n.*). 7 ~ **di campagna** (*top. - min.*), Feldbuch (*n.*). 8 ~ **di circolazione** (*aut.*), Kraftfahrzeugbrief (*m.*). 9 ~ **di conto corrente** (*finanz.*) Kontokorrentbuch (*n.*). 10 ~ **di deposito** (*finanz.*), Bankbuch (*n.*). 11 ~ **di lavoro** (*lav.*), Arbeitsbuch (*n.*). 12 ~ **di risparmio** (*finanz.*), Sparbuch (*n.*), Sparkassenbuch (*n.*). 13 ~ **d'istruzione** (*mot. - ecc.*), Betriebsanleitung

(f.). 14 ~ uso e manutenzione (aut. - macch. - ecc.), Bedienungs- und Wartungsanleitung (f.). 15 servizio libretti d'istruzione (di una ditta) (ind.), Beschreibungsabteilung (f.).
libro (tip.), Buch (n.). 2 ~ (contabile) (contabilità), Buch (n.). 3 ~ (sostanza fibrosa) (legno), Bast (m.). 4 ~ di cassa (amm.), Kassenbuch (n.), Kassabuch (n.). 5 ~ (di) magazzino (ind. - amm.), Lagerbuch (n.). 6 ~ (esistenza di) magazzino (inventario) (ind.), Bestandsbuch (n.). 7 ~ invenduto (libro poco venduto) (tip. - comm.), Krebs (m.). 8 ~ inventario (amm.), Bestandsbuch (n.), Inventarbuch (n.). 9 ~ magazzino (libro esistenza di magazzino, inventario) (ind.), Bestandsbuch (n.). 10 ~ mastro (contabilità), Hauptbuch (n.). 11 ~ paga (lav. - pers.), Lohnbuch (n.), Lohnliste (f.). 12 chiusura dei libri (contabilità), Bücherabschluss (m.). 13 dorso del ~ (legatoria), Buchrücken (m.). 14 tenere i libri (contabilità), die Bücher führen.
licciaiuola (stradatore, per lame di sega, pinza per stradare) (ut.), Schränkeisen (n.), Schränkzange (f.).
liccio (di un telaio) (ind. tess.), Litze (f.), Helfe (f.). 2 quadro dei licci (macch. tess.), Schaft (m.).
licenza (comm. - ecc.), Lizenz (f.). 2 ~ (milit.), Urlaub (m.). 3 ~ di commercio (comm.), Handelserlaubnis (f.). 4 ~ di convalescenza (lav. - med.), Erholungsurlaub (m.). 5 ~ di esportazione (comm.), Ausfuhrlizenz (f.), Exportlizenz (f.). 6 ~ di fabbricazione (ind.), Herstellerlizenz (f.). 7 ~ d'importazione (comm.), Importlizenz (f.). 8 ~ esclusiva (comm.), ausschliessliche Lizenz, Alleinlizenz (f.). 9 cedente di ~ (chi concede la licenza) (comm.), Lizenzgeber (m.). 10 concedere la ~ (comm.), lizenzieren. 11 contratto di ~ (comm.), Lizenzvertrag (m.). 12 diritti di ~ (« redevances ») (comm.), Lizenzgebühren (f. pl.). 13 franco (di) diritti di ~ (esente da diritti di licenza) (comm.), lizenzfrei. 14 produzione su ~ (ind.), Lizenzfertigung (f.). 15 provento di ~ (finanz.), Lizenzeinnahme (f.). 16 sotto ~ (ind. - comm.), in Lizenz.
licenziamento (pers. - lav.), Entlassung (f.). 2 ~ in massa (pers.), Massenentlassung (f.). 3 ~ in tronco (lav. - pens.), fristlose Entlassung, sofortige Entlassung. 4 indennità di ~ (pers.), Entlassungsgeld (n.).
licenziare (pers. - lav.), entlassen. 2 ~ (per la stampa p. es., autorizzare) (gen.), abfertigen, lizenzieren. 3 ~ (un carico) (trasp.), verschicken, abfertigen. 4 ~ per motivi disciplinari (pers.), aus disziplinären Gründen entlassen.
licenziataria (comm.), Lizenznehmerin (f.).
licenziatario (concessionario di licenza) (comm.), Lizenznehmer (m.), Lizenzinhaber (m.).
licenziato (lav. - pers.), entlassen.
licitazione (comm.), Lizitation (f.).
lidar (light detection and ranging, localizzazione telemetrica con laser) (radar - laser), Lidar (m.).
lido (spiaggia) (geogr.), Sandstrand (m.).
lievito (biochim.), Hefe (f.). 2 estrazione del ~ (birreria), Hefereinzucht (f.), Hefegewinnung (f.).
lignina (lignolo, lignone) (legno), Lignin (n.), Holzstoff (m.).
lignite (comb.), Braunkohle (f.), Lignit (m.). 2 ~ da caldaia (povera di lignite) (comb.), Feuerkohle (f.). 3 ~ salina (con oltre lo 0,5% di ossido di sodio) (comb.), Salzkohle (f.). 4 mattonella di ~ (bricchetta di lignite) (comb.), Braunkohlenbrikett (n.).
ligroina (comb.), Ligroin (n.).
lima (ut.), Feile (f.). 2 ~ abrasiva (stecca abrasiva) (ut.), Schmirgelfeile (f.), Schleiffeile (f.). 3 ~ a coda di topo (lima tonda) (ut.), Rattenschwanz (m.). 4 ~ a coltello (ut.), Messerfeile (f.). 5 ~ ad ago (ut.), Nadelfeile (f.). 6 ~ a denti fresati (ut.), Fräserfeile (f.). 7 ~ a foglia di salvia (ut.), Vogelzungenfeile (f.). 8 ~ a losanga (ut.), Rautenfeile (f.), Schwertfeile (f.), Rhombusfeile (f.). 9 ~ a mazzo (lima a pacco) (ut.), Packfeile (f.). 10 ~ a nastro (lima a segmenti, per smerigliatrici a nastro) (macch.), Kettenfeile (f.). 11 ~ a pacco (lima a mazzo) (ut.), Packfeile (f.). 12 lime a peso (lime vendute a peso) (ut. - comm.), Gewichtsfeilen (f. pl.). 13 ~ a punta (ut.), Spitzfeile (f.). 14 ~ a segmenti (lima a nastro per smerigliatrici a nastro) (macch.), Kettenfeile (f.). 15 ~ a taglio bastardo (ut.), Bastardfeile (f.). 16 ~ a taglio dolce (ut.), Schlichtfeile (f.). 17 ~ a taglio dolcissimo (ut.), extrafeine Feile. 18 ~ a taglio doppio (lima a tratti incrociati) (ut.), Kreuzhiebfeile (f.), Doppelhiebfeile (f.). 19 ~ a taglio extradolce (ut.), Doppelschlichtfeile (f.). 20 ~ a taglio grosso (ut.), Grobfeile (f.), grobe Feile, Schruppfeile (f.), Vorfeile (f.). 21 ~ a taglio incrociato (ut.), Kreuzhiebfeile (f.). 22 ~ a taglio mezzodolce (ut.), Halbschlichtfeile (f.). 23 ~ a taglio semplice (lima a tratti semplici) (ut.), einhiebige Feile. 24 ~ a tratti incrociati (lima a taglio doppio) (ut.), Kreuzhiebfeile (f.), Doppelhiebfeile (f.). 25 ~ a tratti semplici (lima a taglio semplice) (ut.), einhiebige Feile. 26 ~ bastarda (lima a taglio bastardo) (ut.), Bastardfeile (f.). 27 ~ con denti fresati (ut.), Fräserfeile (f.). 28 ~ con taglio a pacco (ut.), Packfeile (f.). 29 ~ curva (« rifloir », lima per stampi p. es.) (ut.), Riffelfeile (f.). 30 ~ da sgrosso (lima a taglio grosso) (ut.), Grobfeile (f.). 31 ~ diamantata (ut.), Diamantfeile (f.). 32 ~ mezzotonda (ut.), Halbrundfeile (f.). 33 ~ ovale (ut.), Ovalfeile (f.). 34 ~ per (affilare) seghe (ut.), Sägenfeile (f.). 35 ~ per chiavi (ut.), Schlüsselfeile (f.). 36 ~ per finitura (ut.), Ausgleichfeile (f.). 37 ~ per stampi (ut.), Gesenkmacherfeile (f.). 38 ~ per stampi (« rifloir », lima curva) (ut.), Riffelfeile (f.). 39 ~ per zigrinare (ut.), Kordierfeile (f.). 40 ~ piatta (ut.), flache Feile, Flachfeile (f.). 41 ~ quadra (ut.), Vierkantfeile (f.), vierkantige Feile. 42 ~ quadra con denti fresati (ut.), Vierkantfräserfeile (f.). 43 ~ rotante (limola) (ut.), Rotierfeile (f.), Feilscheibe (f.), rotierende Feile. 44 ~ rotonda (lima tonda) (ut.), Rundfeile (f.). 45 ~ tonda (lima rotonda) (ut.), Rundfeile (f.). 46 ~ triangolare

limaccioso

(*ut.*), Dreikantfeile (*f.*), dreikantige Feile. **47** ~ **triangolare piatta** (*ut.*), Prismafeile (*f.*). **48 codolo della** ~ (*ut.*), Feilenangel (*f.*). **49 colpo di** ~ (*mecc.*), Feilstrich (*m.*). **50 fresa a** ~ (*ut.*), Fräserfeile (*f.*). **51 lavorazione alla** ~ (limatura) (*mecc.*), Feilarbeit (*f.*), Feilen (*n.*). **52 segno di** ~ (*mecc.*), Feilstrich (*m.*). **53 taglio della** ~ (tratto della lima) (*ut.*), Feilenhieb (*m.*). **54 tratto della** ~ (taglio della lima) (*ut.*), Feilenhieb (*m.*). **55 utensile per tagliare lime** (*ut.*), Feilenhauer (*m.*).

limaccioso (*geol.*), schluffig.

limare (con lima, a mano) (*mecc.*), feilen. **2** ~ (alla limatrice) (*lav. macch. ut.*), hobeln. **3** ~ **via** (con lima) (*mecc.*), abfeilen.

limato (con lima) (*mecc.*), gefeilt.

limatrice (per metalli, con utensile tipo tornio) (*macch. ut.*), Hobler (*m.*), Kurzhobler (*m.*), Shapingmaschine (*f.*), Schnellhobler (*m.*), Waagerechtstossmaschine (*f.*). **2** ~ (per metalli, con utensile tipo lima) (*macch. ut.*), Feilmaschine (*f.*). **3** ~ **a moto alternativo** (*macch. ut.*), Hubfeilmaschine (*f.*). **4** ~ **a moto rotatorio** (limolatrice) (*macch. ut.*), umlaufende Feilmaschine. **5** ~ **a testa traslabile** (limatrice a testa spostabile trasversalmente) (*macch. ut.*), traversierender Schnellhobler.

limatura (con lima) (*mecc.*), Feilarbeit (*f.*), Feilen (*n.*). **2** ~ (con limatrice) (*lav. macch. ut.*), Hobeln (*n.*). **3** ~ (trucioli di limatura) (*mecc.*), Feilicht (*n.*), Feilspäne (*m. pl.*). **4** ~ **a macchina** (limatura meccanica) (*mecc.*), Maschinenfeilen (*n.*). **5** ~ **di ferro** (*metall.*), Eisenfeilspäne (*m. pl.*). **6** ~ **meccanica** (limatura a macchina) (*mecc.*), Maschinenfeilen (*n.*).

limitare (*gen.*), beschränken, begrenzen.

limitativo (restrittivo) (*gen.*), einschränkend.

limitato (*gen.*), beschränkt, begrenzt. **2 a campo molto** ~ (*gen.*), engumgrenzt.

limitatore (*app. elett. - radio - ecc.*), Begrenzer (*m.*). **2** ~ (interruttore limitatore) (*app. - elett.*), Grenzschalter (*m.*). **3** ~ **automatico di ampiezza** (*app. telef. - ecc.*), Kompander (*m.*). **4** ~ **della forza frenante** (*aut.*), Bremskraftbegrenzer (*m.*). **5** ~ **della pressione di alimentazione** (regolatore della pressione di alimentazione, di un motore) (*mot. aer.*), Ladedruckbegrenzer (*m.*), Ladedruckregler (*m.*). **6** ~ **di ampiezza** (di un segnale) (*app.*), Abkapper (*m.*), Begrenzer (*m.*). **7** ~ **di coppia** (*mecc.*), Drehmomentbegrenzer (*m.*). **8** ~ **di coppia** (giunto di sicurezza a slittamento, giunto limitatore) (*mecc.*), Rutschkupplung (*f.*). **9** ~ **di coppia a nottolini** (*mecc.*), Sperrkörper-Drehmomentbegrenzer (*m.*). **10** ~ **di corrente** (*app. elett.*), Strombegrenzer (*m.*). **11** ~ **di corrente impulsiva di corto circuito** (*app. elett.*), Is-Begrenzer (*m.*). **12** ~ **di corsa** (*mecc. - ecc.*), Hubbegrenzer (*m.*). **13** ~ **di corsa** (finecorsa) (*app. elett. - ecc.*), Endschalter (*m.*). **14** ~ **di innesto** (di un convertitore di coppia idraulico p. es.) (*mecc.*), Schaltbegrenzer (*m.*). **15** ~ **di luce** (d'un esposimetro) (*fot.*), Lichtbegrenzer (*m.*). **16** ~ **di scuotimento** (delle sospensioni) (*aut.*), Ausschlagbegrenzer (*m.*). **17** ~ **di tensione** (*app. elett.*), Spannungsbegrenzer (*m.*). **18** ~ **di velocità** (di un ascensore p. es.) (*ed. - ecc.*), Geschwindigkeitsbegrenzer (*m.*). **19** ~ **proporzionale di pressione** (*oleoidr.*), Druckstufenventil (*n.*). **20 relè** ~ **di carico** (*app. elett.*), Lastbegrenzungsrelais (*n.*).

limitazione (*gen.*), Begrenzung (*f.*). **2** ~ (restrizione) (*gen.*), Beschränkung (*f.*). **3** ~ (taglio, di frequenze) (*radio - ecc.*), Beschneiden (*n.*). **4** ~ **del disturbo** (dell'immagine p. es.) (*telev. - ecc.*), Störbegrenzung (*f.*). **5** ~ **di sterzata** (*aut.*), Lenkbegrenzung (*f.*).

limite (*gen.*), Grenze (*f.*). **2** ~ (*mat.*), Grenzwert (*m.*), Limes (*m.*). **3** ~ (limite dimensionale, limite di misura, limite superiore od inferiore di un campo di tolleranza) (*mecc.*), Grenzmass (*n.*). **4** ~ (d'una sollecitazione) (*sc. costr.*), Grenzlinie (*f.*). **5** ~ **del fumo** (limite di fumosità di un motore Diesel p. es.) (*mot.*), Rauchgrenze (*f.*). **6 limiti della classe** (*stat.*), Klassengrenzen (*f. pl.*). **7** ~ **della qualità media risultante** (nel controllo della qualità) (*tecnol. mecc.*), grösster Durchschlupf. **8** ~ **della velocità subsonica** (fra velocità subsonica e supersonica) (*aer.*), Schallgrenze (*f.*). **9** ~ **delle nevi** (*meteor. - geogr.*), Schneegrenze (*f.*). **10** ~ **di accensione** (di solventi per vernici) (*vn.*), Zündgrenze (*f.*), Explosionsgrenze (*f.*). **11** ~ **di accomodamento** (di materiali metallici) (*metall.*), Akkomodationsgrenze (*f.*). **12** ~ **di aderenza** (sul suolo) (*veic.*), Haftgrenze (*f.*). **13** ~ **di allungamento** (*metall. - tecnol. mecc.*), Dehngrenze (*f.*). **14** ~ **di allungamento** (per scorrimento) (*metall. - tecnol. mecc.*), Zeitdehngrenze (*f.*). **15** ~ **di carico** (*sc. costr.*), Belastungsgrenze (*f.*). **16** ~ **di controllo** (nel controllo della qualità) (*tecnol. mecc.*), Kontrollgrenze (*f.*). **17** ~ **di dispersione** (d'una prova su materiali p. es.) (*tecnol. - stat.*), Streugrenze (*f.*). **18** ~ **di elasticità** (limite elastico) (*sc. costr.*), Elastizitätsgrenze (*f.*). **19** ~ **di elasticità a flessione** (*tecnol. mecc.*), Federbiegegrenze (*f.*), Biege-Elastizitätsgrenze (*f.*). **20** ~ **di elasticità apparente** (*sc. costr.*), technische Elastizitätsgrenze (*f.*). **21** ~ **di elasticità tangenziale** (*sc. costr.*), Schubelastizitätsgrenze (*f.*). **22** ~ **di età** (*lav. - ecc.*), Altersgrenze (*f.*). **23** ~ **di età di pensionamento** (*lav. - pers.*), Pensionsalter (*n.*). **24** ~ **di fatica** (sollecitazione unitaria al disotto della quale un dato materiale resiste ad un numero infinito di cicli) (*tecnol. mecc.*), Dauerschwingfestigkeit (*f.*), Dauerfestigkeit (*f.*). **25** ~ **di fatica a ciclo dallo zero** (*tecnol. mecc.*), Schwellfestigkeit (*f.*). **26** ~ **di fatica per sollecitazioni d'urto** (*tecnol. mecc.*), Dauerschlagfestigkeit (*f.*). **27** ~ **di fatica per torsione a ciclo alterno simmetrico** (*sc. costr.*), Torsionswechselfestigkeit (*f.*). **28** ~ **di fatica torsionale** (*tecnol. mecc.*), Drehschwingungsfestigkeit (*f.*). **29** ~ **di fumosità** (limite del fumo, di un motore Diesel p. es.) (*mot.*), Rauchgrenze (*f.*). **30** ~ **di linearità** (*elett.*), Linearitätsgrenze (*f.*). **31** ~ **dimensionale** (limite di misura, limite superiore od inferiore, di un campo di tolleranza) (*mecc.*), Grenzmass (*n.*). **32** ~ **di misura** (limite dimensionale, limite superiore od inferiore di un campo di tolleranza) (*mecc.*), Grenzmass (*n.*). **33** ~ **d'inquinamento** (di acque p. es.)

(*idr. - ecc.*), Belastbarkeit (*f.*). **34 ~ d'invaso** (di un fiume a monte della diga) (*idr.*), Staugrenze (*f.*), Stauwurzel (*f.*). **35 ~ di plasticità** (d'un terreno) (*ed.*), Plastizitätsgrenze (*f.*). **36 ~ di pompaggio** (di un compressore centrifugo, tra regione stabile ed instabile) (*macch.*), Pumpgrenze (*f.*). **37 ~ di precaricamento** (di collegamenti a viti p. es.) (*macch.*), Vorspannungsgrenze (*f.*). **38 ~ di proporzionalità** (*sc. costr.*), Proportionalitätsgrenze (*f.*). **39 ~ di ribaltamento** (limite di rovesciamento) (*veic.*), Kippgrenze (*f.*). **40 ~ di rottura** (carico di rottura) (*sc. costr.*), Festigkeitsgrenze (*f.*), Bruchgrenze (*f.*). **41 ~ di rottura** (*prova di mater.*), Bruchgrenze (*f.*). **42 ~ di rovesciamento** (limite di ribaltamento) (*veic.*), Kippgrenze (*f.*). **43 ~ di scorrimento** (*metall. - tecnol. mecc.*), Zeitstandkriechgrenze (*f.*), Zeitkriechgrenze (*f.*). **44 ~ di sicurezza** (*radioatt.*), Freigrenze (*f.*), Radioaktivitätsgrenze (*f.*). **45 ~ di snervamento** (*sc. costr.*), Streckgrenze (*f.*), Fliessgrenze (*f.*). **46 ~ di snervamento a compressione** (*sc. costr.*), Stauchgrenze (*f.*), Quetschgrenze (*f.*). **47 ~ di snervamento a compressione con accorciamento permanente del 0,2%** (*sc. costr.*), 0,2-Stauchgrenze (*f.*). **48 ~ di snervamento ad alta temperatura** (*metall.*), Warmfliessgrenze (*f.*). **49 ~ di snervamento a fatica a ciclo alterno simmetrico** (*sc. costr.*), Wechselfliessgrenze (*f.*). **50 ~ di snervamento a flessione** (*sc. costr.*), Biegegrenze (*f.*). **51 ~ di snervamento alla torsione** (*sc. costr.*), Drehgrenze (*f.*). **52 ~ di snervamento convenzionale** (carico che produce un allungamento del 0,2%) (*sc. costr.*), 0,2-Dehngrenze (*f.*), 0,2-Grenze (*f.*). **53 ~ di snervamento convenzionale a compressione** (limite di snervamento a compressione con accorciamento permanente del 0,2%) (*sc. costr.*), 0,2-Stauchgrenze (*f.*). **54 ~ di snervamento inferiore** (*sc. costr.*), untere Streckgrenze. **55 ~ di snervamento per fatica** (convenzionale, carico di fatica di snervamento cui corrisponde una deformazione del 0,2%) (*sc. costr.*), Dauerschwing-Fliessgrenze (*f.*). **56 ~ di snervamento superiore** (corrispondente al primo piegamento brusco della curva carichi-allungamenti) (*sc. costr.*), obere Streckgrenze. **57 ~ di snervamento tangenziale** (*sc. costr.*), Schubfliessgrenze (*f.*). **58 ~ di velocità** (consentito dalla legge) (*veic.*), Höchstgeschwindigkeit (*f.*), Maximalgeschwindigkeit (*f.*). **59 ~ di viscosità** (*metall. - tecnol. mecc.*), *vedi* limite di scorrimento. **60 ~ elastico** (limite di elasticità) (*sc. costr.*), Elastizitätsgrenze (*f.*). **61 ~ inferiore** (dimensione limite inferiore, di un pezzo entro i limiti di tolleranza) (*mecc.*), Kleinstmass (*n.*). **62 ~ inferiore della velocità minima a vuoto** (numero di giri minimo a vuoto, di un motore regolato) (*mot.*), kleinste Leerlaufdrehzahl, untere Leerlaufdrehzahl. **63 ~ non passa** (di un calibro) (*mecc.*), Ausschussgrenze (*f.*). **64 ~ passa** (di un calibro) (*mecc.*), Gutgrenze (*f.*). **65 ~ superiore** (misura massima, dimensione massima, di un pezzo entro i limiti di tolleranza) (*mecc.*), Grösstmass (*n.*). **66 ~ superiore** (forza limite, nella deformazione plastica) (*tecnol. mecc.*), obere Schranke. **67 ~ superiore della velocità minima a vuoto** (numero di giri massimo a vuoto, di un mot. regolato) (*mot.*), obere Leerlaufdrehzahl. **68 sagoma ~** (*ferr.*), Lichtraumprofil (*n.*).
limnigrafia (limnografia, registrazione di onde stazionarie in acque lacustri) (*idr.*), Limnigraphie (*f.*).
limnigrafo (limnografo) (*app.*), Limnigraph (*m.*).
limnigramma (limnogramma) (*idr.*), Limnigramm (*n.*).
limnologia (studio delle acque lacustri come ambiente biologico) (*biol.*), Limnologie (*f.*).
limo (sedimento nei fiumi ecc.) (*geol.*), Schlick (*m.*), Schluff (*m.*).
limola (lima rotante) (*ut.*), Feilscheibe (*f.*), Rotierfeile (*f.*).
limolatrice (limatrice a moto rotatorio) (*macch. ut.*), umlaufende Feilmaschine.
limolatura (*mecc.*), umlaufendes Feilen, Rotierfeilen (*n.*). **2 ~** (di un pressogetto p. es.) (*fond.*), Rotierfeilen (*n.*), Schleifen (*n.*).
limone (*agric.*), Zitrone (*f.*).
limonite ($2 Fe_2O_3 \cdot 3 H_2O$) (*min.*), Limonit (*m.*), Brauneisen (*n.*).
limousine (berlina, guida interna) (*aut.*), Limousine (*f.*). **2 ~** (guida esterna, con posti anteriori scoperti) (*aut.*), Brougham (*m.*).
limpidezza (chiarezza, dell'acqua) (*gen.*), Klarheit (*f.*).
linac (linear accelerator, acceleratore lineare) (*fis.*), linac (*m.*).
lincrusta (rivestimento lavabile per pareti) (*ed.*), Linkrusta (*f.*), Lincrusta (*f.*).
linea (riga) (*gen.*), Linie (*f.*). **2 ~** (elettrica p. es.) (*elett. - telef.*), Linie (*f.*), Leitung (*f.*). **3 ~** (*dis. - geom.*), Linie (*f.*). **4 ~** (di macchine dello stesso tipo, di fresatrici p. es.) (*mecc. - macch. ut.*), Reihe (*f.*). **5 ~** (di lavorazione) (*mecc. - ecc.*), Strasse (*f.*), Fertigungsstrasse (*f.*), Bearbeitungsstrasse (*f.*). **6 ~** (di cilindri di un mot. a c. i.) (*mot.*), Reihe (*f.*). **7 ~** (di scansione) (*telev.*), Zeile (*f.*). **8 ~** (barra, nella colata continua) (*fond.*), Strang (*m.*). **9 ~** (di inclusioni nell'acciaio p. es.) (*difetto metall.*), Zeile (*f.*). **10 ~** (di trasporti pubblici p. es.) (*veic. - trasp.*), Linie (*f.*), Verkehrsstrecke (*f.*). **11 ~** (dell'alfabeto Morse) (*telegr.*), Strich (*m.*). **12 ~** (fronte) (*milit.*), Linie (*f.*). **13 ~ « a camera »** (per microonde) (*radio*), Kammerleitung (*f.*). **14 ~ a corrente alternata** (*elett.*), Wechselstromleitung (*f.*). **15 ~ ad alta tensione** (*elett.*), Hochspannungsleitung (*f.*). **16 ~ aerea** (linea di distribuzione aerea p. es.) (*elett.*), Freileitung (*f.*). **17 ~ aerea** (linea di contatto aerea, di filobus p. es.) (*trasp. elett.*), Oberleitung (*f.*). **18 ~ aerea** (aviolinea) (*trasp. aer.*), Fluglinie (*f.*), Luftverkehrslinie (*f.*). **19 ~ aerea a due fili** (per filobus) (*elett.*), Doppeloberleitung (*f.*), Zweidrahtoberleitung (*f.*). **20 ~ a fili paralleli** (linea di Lecher) (*elettronica*), Paralleldrahtleitung (*f.*), Lecher-Leitung (*f.*). **21 ~ agona** (linea di declinazione magnetica nulla, del campo magnetico terrestre) (*geofis.*), Agone (*f.*). agonische Kurve. **22 ~ a rulli** (trasportatore a rulli) (*macch. ind.*), Rollbahn (*f.*), Rollenförderer (*m.*), Rollgang (*m.*). **23 ~ a**

linea

tensione ultraelevata (≧ 420 kV) (*elett.*), Ultra-Hochspannungsleitung (*f.*), UH-Leitung (*f.*). **24 ~ a trattini** (tratteggiata, linea tratteggiata, per spigoli nascosti p. es.) (*dis.*), gestrichelte Linie, Strichlinie (*f.*). **25 ~ a tratto e doppio punto** (— ·· —) (*dis.*), Strich-Punkt-Punkt-Linie (*f.*). **26 ~ a tratto e punto** (*dis.*), Strichpunktlinie (*f.*). **27 ~ a tratto e punto sottile** (*dis.*), dünne Strichpunktlinie. **28 ~ a tratto e punto spessa** (*dis.*), dicke Strichpunktlinie. **29 ~ automobilistica** (*trasp. - aut.*), Kraftfahrlinie (*f.*). **30 ~ batimetrica** (linea isobata) (*geogr.*), Tiefenkurve (*f.*), Tiefenlinie (*f.*). **31 ~ bifilare** (*elett.*), Zweidrahtleitung (*f.*). **32 ~ circolare** (linea in circuito chiuso ad anello) (*elett.*), Ringleitung (*f.*). **33 ~ collettiva** (linea multipla) (*telef.*), Gemeinschaftsleitung (*f.*), Gesellschaftsleitung (*f.*). **34 ~ contatto cilindri** (linea di laminazione) (*lamin.*), Walzlinie (*f.*). **35 ~ continua** (*dis.*), Vollinie (*f.*). **36 ~ continua di bonifica** (di un reparto trattamenti termici) (*tratt. term.*), Durchlauf-Vergüterei (*f.*). **37 ~ continua sottile** (*dis.*), dünne Vollinie. **38 ~ continua spessa** (*dis.*), dicke Vollinie, starke Vollinie. **39 ~ curva** (*geom.*), krumme Linie. **40 ~ d'acqua** (linea di galleggiamento) (*costr. nav.*), Wasserlinie (*f.*). **41 ~ di acqua di progetto** (linea di galleggiamento a pieno carico normale, linea di galleggiamento di progetto) (*costr. nav.*), Konstruktionswasserlinie (*f.*). **42 ~ d'alberi** (linea d'assi) (*mecc. - nav.*), Wellenleitung (*f.*). **43 ~ d'assi** (linea d'alberi) (*nav.*), Wellenleitung (*f.*). **44 ~ di azione** (di una forza) (*mecc.*), Wirklinie (*f.*). **45 ~ d'azione** (di ruote dentate) (*mecc.*), Eingriffslinie (*f.*). **46 ~ dei centri di pressione** (di un arco) (*sc. costr.*), Drucklinie (*f.*). **47 ~ dei punti di uguale piovosità** (linea isoieta) (*geogr. - meteor.*), Regengleiche (*f.*), Isohyete (*f.*). **48 ~ del carico totale** (linea del carico idraulico) (*idr.*), Energielinie (*f.*). **49 ~ del ginocchio** (delimitazione di una superficie esterna piana della nave da cui ha inizio la curvatura della carena) (*costr. nav.*), Einlauflinie (*f.*). **50 ~ delle porpore** (di un diagramma cromatico) (*ott.*), Purpurlinie (*f.*), Purpurgerade (*f.*). **51 ~ delle tensioni tangenziali** (nel processo di deformazione, linea diretta secondo la massima tensione tangenziale) (*fucinatura*), Gleitlinie (*f.*). **52 ~ dello zero** (nei sistemi di accoppiamento, dei campi di tolleranza, corrispondente allo scostamento 0 ed alla dimensione nominale) (*mecc.*), Nullinie (*f.*). **53 ~ di abbonato** (linea di allacciamento dell'abbonato) (*telef.*), Auschlussleitung (*f.*). **54 ~ di abbonato** (linea di arrivo al centralino) (*telef.*), Amtsleitung (*f.*). **55 ~ di alimentazione** (*elett.*), Zuleitung (*f.*). **56 ~ di allacciamento** (*elett.*), Anschlussleitung (*f.*). **57 ~ di arresto** (prima della quale i veicoli devono fermarsi) (*aut. - traff. strad.*), Haltelinie (*f.*). **58 ~ di azione** (di una forza) (*mecc.*), Wirklinie (*f.*). **59 ~ di azione** (di ruote dentate) (*mecc.*), Eingriffslinie (*f.*). **60 ~ di bava** (di un fucinato a stampo) (*fucinatura*), Gratlinie (*f.*), Gratkante (*f.*), Gratnaht (*f.*). **61 ~ di bava** (di un getto) (*fond.*), Naht (*f.*), Saum (*m.*). **62 ~ di carico** (d'un triodo p. es.) (*elettronica*), Widerstandsgerade (*f.*). **63 ~ di cilindri** (bancata di cilindri) (*mot.*) Zylinderreihe (*f.*). **64 ~ di collimazione** (*ott.*), Kollimationslinie (*f.*). **65 ~ di colmo** (di un tetto) (*ed.*), Grat (*m.*), Gratlinie (*f.*). **66 ~ di compluvio** (compluvio, conversa) (*ed.*), Kehle (*f.*), Kehllinie (*f.*). **67 ~ di confine** (*geogr.*), Grenzlinie (*f.*). **68 ~ di confine** (linea di demarcazione) (*ed. - ecc.*), Grenzlinie (*f.*). **69 ~ di contatto** (*elett.*), Schleifleitung (*f.*). **70 ~ di contatto** (*mecc. - ecc.*), Berührungslinie (*f.*). **71 ~ di contatto** (di ingranaggi, linea di rotolamento) (*mecc.*), Wälzbahn (*f.*). **72 ~ di contatto a doppio filo** (*veic. elett.*), doppelter Fahrdraht. **73 ~ (di contatto) aerea** (di filobus p. es.) (*veic. elett.*), Fahrleitung (*f.*), Oberleitung (*f.*). **74 ~ di contatto aerea a catenaria** (*ferr. elett.*), Kettenfahrleitung (*f.*). **75 ~ di contorno** (*dis.*), Risslinie (*f.*), Umrisslinie (*f.*). **76 ~ di corda** (dell'ala) (*aer.*), Flügelsehne (*f.*). **77 ~ di cordonatura** (cordonatura) (*ind. carta - legatoria*), Rillinie (*f.*), Rille (*f.*). **78 ~ di crepa** (linea di strappo, linea di fessurazione, di una tensio-vernice) (*tecnol.*), Risslinie (*f.*). **79 ~ di danneggiamento** (curva di danno, nelle prove di fatica) (*tecnol. mecc. - prove mater.*), Schadenslinie (*f.*). **80 ~ di demarcazione** (linea di confine) (*ed. - ecc.*), Grenzlinie (*f.*). **81 ~ di derivazione** (*elett.*), Abzweigleitung (*f.*). **82 ~ di diramazione** (che parte unilateralmente da una rete) (*elett.*), Stichleitung (*f.*). **83 ~ di distribuzione** (*elett.*), Verteilungsleitung (*f.*). **84 ~ di faglia** (*geol.*), Bruchlinie (*f.*), Verwerfungslinie (*f.*). **85 ~ di fede** (*strum.*), Bezugslinie (*f.*), Basislinie (*f.*). **86 ~ di fede** (di una bussola) (*strum. nav.*), Steuerstrich (*m.*). **87 ~ di flusso** (di un campo vettoriale) (*fis.*), Flusslinie (*f.*). **88 ~ di flusso** (di una corrente fluida) (*mecc. dei fluidi*), Stromlinie (*f.*). **89 ~ di forza** (nei campi di forza) (*fis.*), Kraftlinie (*f.*). **90 linee di Fraunhofer** (*fis.*), Fraunhofer'sche Linien (*f. pl.*). **91 ~ di galleggiamento** (linea d'acqua) (*costr. nav.*), Wasserlinie (*f.*). **92 ~ di galleggiamento a carico** (*costr. nav.*), Tiefladelinie (*f.*), Ladewasserlinie (*f.*). **93 ~ di galleggiamento a carico normale** (linea di galleggiamento di progetto) (*costr. nav.*), Konstruktionswasserlinie (*f.*). **94 ~ di galleggiamento a nave scarica** (*costr. nav.*), Leichtladelinie (*f.*). **95 ~ di galleggiamento a pieno carico normale** (linea di galleggiamento di progetto, linea d'acqua di progetto) (*costr. nav.*), Konstruktionswasserlinie (*f.*). **96 ~ di galleggiamento di progetto** (linea d'acqua di progetto, linea di galleggiamento a pieno carico normale) (*costr. nav.*), Konstruktionswasserlinie (*f.*). **97 ~ di giunzione** (difetto d'un pezzo di mat. plast. stampato ad iniezione) (*tecnol.*), Fliessnaht (*f.*), Bindenaht (*f.*). **98 ~ di guida** (*dis. - ecc.*), Richtlinie (*f.*). **99 ~ di immersione** (di uno strato) (*geol. - min.*), Fallinie (*f.*). **100 ~ di imposta** (*ed.*), Kämpferlinie (*f.*), Widerlagerlinie (*f.*). **101 ~ di imposta della volta** (*arch.*), Gewölbeanfang (*m.*). **102 linee di influenza** (*sc. costr.*), Einflusslinien (*f. pl.*). **103 ~ di laminazione** (linea contatto cilindri) (*lamin.*), Walz-

linea

linie (f.). **104 ~ di lavorazione** (ind.), Fertigungsstrasse (f.). **105 ~ di lavorazione a cadenza** (organ. - lav.), Taktstrasse (f.). **106 ~ (di lavorazione) a trasferta** (tipo di impianto nel quale il pezzo passa automaticamente da una macch. ut. all'altra) (macch.), Maschinenstrasse (f.). **107 ~ di Lecher** (linea a fili paralleli) (elettronica), Lecher-Leitung (f.), Paralleldrahtleitung (f.). **108 ~ di livello** (di una superficie tecnica, nelle misure di rugosità) (tecnol. mecc.), Äquidistanzschnittlinie (f.). **109 linee di Lüder** (difetto dell'acciaio) (metall.), Lüdersche Linien (f. pl.). **110 ~ di massima pendenza** (nel drenaggio) (agric. - costr. idr.), Fallinie (f.). **111 ~ di imballaggio** (catena d'imballaggio) (macch. - imball.), Verpackunglinie (f.), Verpackungsstrasse (f.). **112 ~ di mira** (ott.), Sichtlinie (f.), Sehlinie (f.), Ziellinie (f.), Visierlinie (f.). **113 ~ di montaggio** (catena di montaggio) (ind.), Montageband (n.), Montagestrasse (f.). **114 ~ di navigazione** (navig.), Schiffahrtslinie (f.), Wasserstrecke (f.). **115 ~ d'interconnessione** (elett.), Verbundleitung (f.). **116 ~ d'intersezione** (geom. - ecc.), Schnittlinie (f.), Anschneidelinie (f.). **117 ~ di portanza nulla** (aer.), Linie des Nullauftriebes. **118 ~ di prenotazione** (telef.), Meldeleitung (f.). **119 ~ di presellatura** (tecnol. mecc.), Stemmnaht (f.). **120 ~ di produzione** (catena di produzione) (ind.), Fertigungsstrasse (f.). **121 ~ di protezione** (di messa a terra p. es.) (elett.), Schutzleitung (f.). **122 ~ di quota** (dis.), Masslinie (f.). **123 ~ di riferimento** (dis. - ecc.), Bezugslinie (f.). **124 linee di riposo** (sulla superficie di un pezzo rotto per fatica) (metall.), Rastlinien (f. pl.). **125 ~ di ritardo** (elettronica), Verzögerungsleitung (f.). **126 ~ di rotolamento** (linea di contatto, di ingranaggi) (mecc.), Wälzlinie (f.). **127 ~ di rottura** (di un particolare su un disegno, tracciata a mano libera) (dis.), Bruchlinie (f.), Freihandlinie (f.). **128 ~ di rottura** (d'una barretta per prove di trazione p. es.) (tecnol. mecc.), Risslinie (f.), Bruchlinie (f.). **129 ~ di saldatura a trasferta** (nella costruzione di carrozzerie p. es.) (tecnol. mecc.), Schweiss-Transferstrasse (f.). **130 ~ di scansione** (telev.), Abtastzeile (f.). **131 linee di scorrimento** (da sollecitazione protraentesi nel tempo) (metall. - tecnol. mecc.), Zeitstandlinien (f. pl.). **132 ~ di scorrimento** (del materiale, nella deformazione plastica) (fucinatura), Bahnlinie (f.). **133 ~ di segnalazione** (elett.), Signalleitung (f.). **134 ~ di segregazione** (difetto metall.), Seigerungslinie (f.). **135 ~ di separazione** (di uno stampo) (fucinatura), Teilfuge (f.), Trennfuge (f.). **136 ~ di separazione** (delle forme p. es.) (fond. - ecc.), Trennfuge (f.), Teilfuge (f.). **137 ~ di separazione** (segno di separazione) (tip.), Trennungslinie (f.). **138 ~ di telecabine** (« bidonvia ») (trasp.), Gondelbahn (f.). **139 ~ di telecomunicazione** (telef. - ecc.), Fernmeldeleitung (f.). **140 ~ di traffico** (traff. strad.), Verkehrslinie (f.), Verkehrsstrich (m.). **141 ~ di trasformazione** (di un diagramma ferro-carbonio p. es.) (metall.), Umwandlungslinie (f.). **142 ~ di tramissione** (linea di trasporto dell'energia) (elett.), Energieleitung (f.), Übertragungslinie (f.). **143 ~ di trasporto** (dell'energia, linea di trasmissione) (elett.), Energieleitung (f.), Übertragungslinie (f.). **144 ~ di vetta** (spartiacque, displuviale, tra due bacini imbriferi) (idr.), Wasserscheide (f.). **145 ~ di volo** (aer.), Flugbahn (f.). **146 ~ elastica** (sc. costr.), elastische Linie, Biegungslinie (f.). **147 ~ elastica** (curva elastica; d'inflessione, nel metodo di Mohr p. es.) (sc. costr.), Seillinie (f.), Biegelinie (f.). **148 ~ equipotenziale** (fis.), Äquipotentiallinie (f.), Linie gleichen Potentials. **149 ~ equisegnale** (radar), Leitstrahllinie (f.). **150 ~ ferroviaria** (ferr.), Eisenbahnlinie (f.). **151 ~ focale** (ott.), Brennlinie (f.). **152 ~ fuori terra** (elett.), oberirdische Leitung. **153 ~ incassata** (nel muro, linea sotto intonaco) (elett.), Unterputzleitung (f.), Leitung unter Putz, UP-Leitung (f.). **154 ~ in circuito chiuso ad anello** (linea circolare) (elett.), Ringleitung (f.). **155 ~ interrata** (elett.), unterirdische Leitung. **156 ~ isobara** (isobara) (meteor.), Gleichdrucklinie (f.), Isobare (f.). **157 ~ isoalloterma** (isoalloterma, isalloterma) (meteor.), Isoallotherme (f.). **158 ~ isoanomala** (isoanomala) (geofis.), Isanomale (f.). **159 ~ isobata** (linea batimetrica) (geogr.), Tiefenkurve (f.), Tiefenlinie (f.). **160 ~ isocasmo** (isocasmo, linea che collega luoghi di uguale frequenza dell'aurora boreale) (geofis.), Isochasme (f.). **161 ~ isoclina** (linea di uguale inclinazione) (magnetismo terrestre), Isokline (f.), Linie gleicher Inklination. **162 ~ isocrona** (isocrona) (geogr. - ecc.), Isochrone (f.). **163 ~ isodinamica** (fis.), Linie gleicher Kraftwirkung. **164 ~ isodinamica** (isodinamica, linea che collega luoghi di uguale geomagnetismo) (geofis.), Isodyname (f.). **165 ~ isogona** (linea di uguale declinazione magnetica) (geogr. - magnetismo terrestre), Isogone (f.). **166 ~ isoieta** (linea dei punti di uguale piovosità) (geogr. - meteor.), Regengleiche (f.), Isohyete (f.). **167 ~ isoluxa** (illum.), Linie gleicher Beleuchtungsstärke. **168 ~ isopleta** (isopleta) (meteor.), Isoplethe (f.). **169 ~ isosismica** linea isosista, isosista, isosisto, isoseisto) (geofis.), Isoseiste (f.). **170 ~ media** (d'un profilo aerodinamico) (aerodin.), Skelettlinie (f.). **171 ~ monofase** (elett.), Einphasenleitung (f.). **172 ~ montaggio gruppi** (aer. - ecc.), Teilmontagestrasse (f.). **173 ~ multipla** (linea collettiva) (telef.), Gemeinschaftsleitung (f.), Gesellschaftsleitung (f.). **174 ~ nell'intonaco** (linea sotto intonaco, linea incassata) (elett.), Leitung im Putz, Unterputzleitung (f.), UP-Leitung (f.). **175 ~ nera** (sul monoscopio) (telev.), Balken (m.). **176 ~ nodale** (fis.), Knotenlinie (f.). **177 ~ ondulata** (gen.), Wellenlinie (f.). **178 ~ orizzontale** (geom. - ecc.), Horizontale (f.), Waagerechte (f.). **179 ~ passante** (verso l'alto e verso il basso) (elett.), durchführende Leitung. **180 ~ per correnti forti** (elettrodotto) (elett.), Starkstromleitung (f.). **181 ~ per prodotti cuciti** (ind. tess.), Nähtransferstrasse (f.). **182 ~ piezometrica** (piezometrica) (idr.), Drucklinie (f.). **183 ~ primitiva** (linea di rotolamento, di ingranaggi) (mecc.), Wälzlinie (f.). **184 ~ principale** (ferr.),

lineare

Hauptbahnlinie (f.), Hauptlinie (f.), Hauptbahn (f.). 185 ~ **principale** (elett.), Stammleitung (f.), Hauptleitung (f.). 186 ~ **punteggiata** (punteggiata) (dis. - ecc.), punktierte Linie, gepunktete Linie. 187 ~ **retta** (retta) (geom.), gerade Linie, Gerade (f.). 188 ~ **secondaria** (ferr.), Nebenlinie (f.), Seitenlinie (f.). 189 ~ **secondaria** (linea derivata) (elett.), Stichleitung (f.), abzweigende Leitung. 190 ~ **senza perdite** (elett.), verlustfreie Leitung, ideale Leitung. 191 ~ **sinusoidale** (sinusoide) (gen.), Sinuskurve (f.), Wellenlinie (f.). 192 ~ **sopra intonaco** (elett.), Leitung auf Putz. 193 ~ **sotto intonaco** (linea incassata, nel muro) (elett.), Leitung unter Putz, Unterputzleitung (f.), UP-Leitung (f.). 194 ~ **sottomarina** (elett.), unterseeische Leitung. 195 ~ **spezzata** (dis.), gebrochene Linie. 196 ~ **suburbana** (binario suburbano) (ferr.), Vorortsgleis (n.). 197 ~ **su isolatori** (elett.), Leitung auf Isolatoren. 198 ~ **telefonica** (telef.), Fernsprechleitung (f.), Telephonleitung (f.), Telephonlinie (f.). 199 ~ **telegrafica** (telegr.), Telegraphenlinie (f.). 200 ~ **tranviaria** (veic. - trasp.), Strassenbahnlinie (f.). 201 ~ **tratteggiata** (linea a trattini, tratteggiata) (dis.), Strichlinie (f.), gestrichelte Linie. 202 ~ **trifase** (elett.), Drehstromleitung (f.). 203 ~ **verticale** (geom.), Lotrechte (f.). 204 ~ **volante** (elett.), bewegbare Leitung. 205 **equipaggiamento di** ~ (d'un sistema telefonico p. es.) (telef.), Streckengeräte (n. pl.). 206 **fascio di linee** (telef.), Leitungsbündel (n.). 207 **filtro separatore di** ~ (per separare due campi di frequenza) (telef.), Leitungswache (f.), Frequenzwache (f.). 208 **frequenza delle linee** (telev.), Zeilenfrequenz (f.). 209 **in** ~ (on-line, senza memorizzazione interposta) (elab. dati), on-line, schritthaltend. 210 **lampadina di** ~ **libera** (telef.), Freilampe (f.). 211 **larghezza della** ~ (diametro del punto analizzatore) (telev.), Zeilenbreite (f.). 212 **mettersi in** ~ **di volo** (aer.), aufrichten. 213 **motore a cilindri in** ~ (motore in linea) (mot.), Reihenmotor (m.). 214 **motore in** ~ (motore a cilindri in linea) (mot.), Reihenmotor (m.). 215 **prima** ~ (milit.), vorderste Linie. 216 **prova di** ~**occupata** (telef.), Besetztprüfung (f.). 217 **resistenza di** ~ (elett.), Leitungswiderstand (m.). 218 **selettore di** ~ (selettore finale) (telef.), Leitungswähler (m.). 219 **sezione di** ~ (d'una linea di montaggio, p. es.) (ind.), Linienabschnitt (m.). 220 **tracciare linee a tratto e punto** (dis.), strichpunktieren. 221 **tracciato della** ~ (elett. - ecc.), Leitungszug (m.), Leitungstrasse (f.).
lineare (gen.), linear, zeilenartig. 2 **non** ~ (mat. - ecc.), nichtlinear. 3 **programmazione** ~ (progr.), Linearplanung (f.). 4 **vibrazione** ~ (vibrazione armonica) (fis.), lineare Schwingung, harmonische Schwingung. 5 **vibrazione non** ~ (vibrazione pseudo-armonica) (fis.), nichtlineare Schwingung.
linearità (gen.), Linearität (f.). 2 ~ **orizzontale** (telev.), Zeilenlinearität (f.). 3 **limite di** ~ (elett.), Linearitätsgrenze (f.). 4 **non-** ~ (mat. - ecc.), Nichtlinearität (f.). 5 **regolatore di** ~ (telev.), Linearitätsregler (m.).
linearizzare (mat. - fis.), linearisieren.
linearizzato (mat. - fis.), linearisiert.
linearizzazione (mat.), Linearisierung (f.).
lineetta (gen.), Strich (m.). 2 ~ (tip.), Bindestrich (m.), Strich (m.).
lingottare (colare in lingotti) (fond. - metall.), blockgiessen.
lingottiera (metall.), Blockgiessform (f.), Blockform (f.), Blockkokille (f.). 2 ~ (conchiglia, per la colata continua) (fond.), Kokille (f.). 3 **vernice per lingottiere** (metall.), Kokillenanstrichmittel (n.).
lingotto (di acciaio p. es.) (metall.), Block (m.). 2 ~ (di metallo non ferroso) (metall.), Barren (m.). 3 ~ **a conicità inversa** (lingotto invertito) (metall.), verkehrt konischer Block. 4 ~ **a sezione quadra** (lingotto quadro) (metall.), Quadratblock (m.), Vierkantblock (m.). 5 ~ **cilindrico** (lingotto tondo) (metall.), Rundblock (m.). 6 ~ **colato dall'alto** (metall.), fallend vergossener Block. 7 ~ **corto** (metall.), Blockrest (m.). 8 ~ **da fucinare** (materiale di partenza per fucinatura libera) (fucin.), Schmiedeblock (m.). 9 ~ **da laminare** (lamin.), Walzblock (m.). 10 ~ **di acciaio** (metall.), Stahlblock (m.). 11 ~ **di acciaio effervescente** (metall.), unruhig vergossener Block. 12 ~ **di alluminio** (metall.), Aluminiumbarren (m.). 13 ~ **di ferro saldato** (massello di ferro saldato) (metall.), Luppe (f.). 14 ~ **d'oro** (metall.), Goldbarren (m.). 15 ~ **invertito** (lingotto a conicità inversa) (metall.), verkehrt konischer Block. 16 ~ **quadro** (lingotto a sezione quadra) (metall.), Vierkantblock (m.), Quadratblock (m.). 17 ~ **sano** (metall. - fond.), gesunder Block. 18 ~ **sbozzato** (blumo) (lamin. - metall.), vorgewalzter Block. 19 ~ **tondo** (lingotto cilindrico) (ind. metall.), Rundblock (m.). 20 **carro portalingotti** (metall. - ind.), Blockwagen (m.). 21 **doppia pelle di** ~ (difetto - metall.), Blockschale (f.). 22 **struttura di** ~ (metall.), Blockgefüge (n.).
lingua (gen.), Zunge (f.). 2 ~ (parlata o scritta) (comm. - ecc.), Sprache (f.), Zunge (f.). 3 ~ (estera p. es.) (uff. - ecc.), Sprache (f.). 4 ~ **di terra** (geogr.), Landzunge (f.). 5 ~ **estera** (uff. - ecc.), Fremdsprache (f.).
linguaggio (tecnico p. es.) (uff. - ecc.), Sprache (f.). 2 ~ (elab. dati - calc.), Sprache (f.). 3 ~ **assemblatore** (calc.), Assemblersprache (f.). 4 ~ **commerciale** (comm. - uff.), Geschäftssprache (f.), Handelssprache (f.). 5 ~ **tecnico** (ind.), Fachsprache (f.). 6 ~ **del calcolatore** (calc.), Rechnersprache (f.). 7 ~ **di macchina** (calc. - macch. ut. c/n), Maschinensprache (f.). 8 ~ **di programmazione** (calc.), Programmiersprache (f.). 9 ~ **in chiaro** (linguaggio non in codice) (gen.), offene Sprache. 10 ~ **macchina** (linguaggio di macchina) (elab. dati), Maschinensprache (f.). 11 ~ **non in codice** (linguaggio in chiaro) (gen.), offene Sprache. 12 ~ **oggetto** (elab. dati), Zielsprache (f.). 13 ~ **per la programmazione di problemi** (calc.), problemorientierte Sprache. 14 ~ **procedurale** (elab. dati), Verfahrens-orientierte-Sprache (f.). 15 ~ **simbolico** (elab. dati), symbolische Sprache. 16 ~ **sorgente** (calc.), Quellensprache (f.). 17 ~ **tecnico** (tecnol.), Fachsprache (f.).

linguetta (organo di accoppiamento per particolari rotanti) (*mecc.*), Federkeil (*m.*), Feder (*f.*). **2** ~ (per la giunzione del legname) (*falegn. - carp.*), Feder (*f.*). **3** ~ (orecchietta, parte sporgente e ripiegabile per l'accoppiamento di due pezzi di lamierino) (*tecnol. mecc.*), Lappen (*m.*). **4** ~ (lamella, foglia elastica) (*app.*), Zunge (*f.*). **5** ~ (del capocorda d'un cavo p. es.) (*elett.*), Lasche (*f.*). **6** ~ (di connessione) (*elett.*), Fahne (*f.*). **7** ~ (di una scarpa) (*ind. cuoio*), Zunge (*f.*). **8** ~ **a disco** (linguetta Woodruff, linguetta americana) (*mecc.*), Halbrundkeil (*m.*), Scheibenfeder (*f.*), Scheibenkeil (*m.*), Woodruffeder (*f.*). **9** ~ **americana** (linguetta Woodruff, linguetta a disco) (*mecc.*), Halbrundkeil (*m.*), Scheibenkeil (*m.*), Scheibenfeder (*f.*). **10** ~ **a strappo** (*imball.*), Abreisslasche (*f.*). **11** ~ **cilindrica** (*mecc.*), Zapfenfeder (*f.*). **12** ~ **di connessione** (*elett.*), Anschlussfahne (*f.*). **13** ~ **di connessione a saldatura** (*elett.*), Lötfahne (*f.*). **14** ~ **di trascinamento** (di una punta da trapano elicoidale p. es.) (*mecc.*), Mitnehmerlappen (*m.*). **15** ~ **e cava** (linguetta e sede) (*mecc.*), Feder und Nut, Federkeil und Nut. **16** ~ **e scanalatura** (linguetta e incavo, maschio e femmina per la giunzione del legname) (*falegn.*), Feder und Nut. **17** ~ **e sede** (linguetta e cava) (*mecc.*), Feder und Nut, Federkeil und Nut. **18** ~ **fissaggio coppa** (copriruota) (*aut.*), Kappenklammer (*f.*), Radkappenklammer (*f.*). **19** ~ **per saldatura** (piastrina per saldatura, di lamiere) (*saldatura*), Schweisslappen (*m.*). **20** ~ **Woodruff** (linguetta americana, linguetta a disco) (*macch.*), Woodruffeder (*f.*), Scheibenfeder (*f.*), Halbrundkeil (*m.*), Scheibenkeil (*m.*). **21 cava per** ~ (sede per linguetta) (*mecc.*), Federkeilnut (*f.*). **22 con** ~ (*falegn.*), gefedert. **23 connessione a** ~ (di una resistenza p. es.) (*elett.*), Fahnenanschluss (*m.*). **24 esecuzione di linguette** (*falegn.*), Federn (*n.*). **25 eseguire linguette** (*falegn.*), federn. **26 lavorare la** ~ (eseguire la linguetta) (*falegn.*), federn. **27 sede per** ~ (cava per linguetta) (*mecc.*), Federkeilnut (*f.*).

lino (*tess.*), Flachs (*m.*), Lein (*m.*). **2** ~ **misto a cotone** (*tess.*), Flachsbaumwolle (*f.*). **3 olio di** ~ (olio di semi di lino) (*ind.*), Leinöl (*n.*). **4 pettinatrice per** ~ (macchina per pettinare il lino) (*macch. tess.*), Flachshechel (*f.*), Flachshechelmaschine (*f.*), Flachshechler (*f.*). **5 torcitrice per** ~ (*macch. tess.*), Flachszwirnmaschine (*f.*). **6 vasca per la macerazione del** ~ (*ind. tess.*), Flachsröste (*f.*).

linografia (*tip.*), Textildruck (*m.*).

linoleum (*ed.*), Linoleum (*m. - n.*). **2** ~ **posato** (*ed.*), Inlaid (*m.*), Linoleum (*m.*).

linossina (per la fabbricazione di linoleum) (*mater.*), Linoxyn (*n.*).

« linotype » (compositrice di linee intere) (*macch. per stampa*), Linotype (*f.*), Zeilensetzmaschine (*f.*).

« linters » (peluria che rimane attaccata ai semi del cotone dopo la sgranatura) (*ind. tess.*), Linters (*m. pl.*), Streubaumwolle (*f.*), Baumwollsamenabfälle (*m. pl.*).

liofilizzato (*ind.*), gefriergetrocknet.

liofilizzazione (*chim. - ecc.*), Lyophilization (*f.*).

liofilo (*chim.*), lyophil.

liparite (roccia magmatica effusiva) (*min. - geol.*), Liparit (*m.*).

lipasi (enzima) (*chim.*), Lipase (*f.*).

lipoide (*chim.*), Lipoid (*n.*).

liquame (acqua nera) (*ed.*), Schmutzwasser (*n.*), Schwarzwasser (*n.*).

liquato (di metalli non ferrosi) (*s. - difetto metall.*), Seigerungsrückstand (*m.*).

liquazione (segregazione, gruppo di impurità facilmente fusibili in lingotti p. es.) (*difetto metall.*), Seigerung (*f.*).

liquefare (*fis.*), verflüssigen.

liquefarsi (*fis. - chim.*), flüssig werden.

liquefatto (fuso, di metallo) (*fond.*), geschmolzen, erschmolzen.

liquefazione (*fis. - chim.*), Verflüssigung (*f.*). **2** ~ **del gas** (*ind. chim.*), Gasverflüssigung (*f.*). **3** ~ **dell'aria** (*fis.*), Luftverflüssigung (*f.*).

liquidare (sciogliere una società p. es.) (*amm. - finanz.*), liquidieren, auflösen, stralzieren (*austr.*). **2** ~ (svendere le rimanenze p. es.) (*comm.*), ausverkaufen. **3** ~ (un socio) (*finanz.*), ausbezahlen, herauszahlen, abfinden.

liquidatore (*finanz.*), Liquidator (*m.*). **2** ~ (*borsa*), Abrechnungsbeamter (*m.*). **3** ~ **di avaria** (*nav.*), Havariekommissar (*m.*), Dispacheur (*m.*).

liquidazione (scioglimento, di una ditta) (*amm. - comm.*), Liquidation (*f.*), Stralzio (*m.*) (*austr.*), Auflösung (*f.*). **2** ~ (svendita) (*comm.*), Ausverkauf (*m.*), Räumungsverkauf (*m.*), Totalausverkauf (*m.*), Abverkauf (*m. - austr.*). **3** ~ (somma pagata ad un dipendente p. es.) (*amm.*), Abfindungsgeld (*n.*). **4** ~ (pagamento) (*contabilità*), Abfindung (*f.*), Abrechnung (*f.*), Vergleich (*m.*). **5** ~ **forzosa** (*finanz.*), Zwangsliquidierung (*f.*). **6 giorno della** ~ (*borsa*), Abrechnungstag (*m.*).

liquidità (*finanz.*), Liquidität (*f.*).

liquido (fluido) (*a. - gen.*), flüssig. **2** ~ (*s. - fis.*), Flüssigkeit (*f.*). **3** ~ (*a. - finanz.*), liquid. **4 liquidi** (capitali) (*finanz.*), liquide Reserven, flüssige Gelder, flüssige Reserven, Barvermögen (*n.*). **5** ~ **anisotropo** (liquido cristallino, liquido in fase mesomorfica) (*fis.*), kristalline Flüssigkeit. **6 liquidi anisotropi** (liquidi in fase mesoformica, cristalli liquidi) (*fis.*), flüssige Kristalle, Flüssigkristalle (*m. pl.*). **7** ~ **antighiaccio** (*aer.*), Vereisungsschutzflüssigkeit (*f.*). **8** ~ **cristallino** (liquido anisotropo, liquido in fase mesomorfica) (*fis.*), kristalline Flüssigkeit. **9 liquidi cristallini** (cristalli liquidi, liquidi anisotropi, liquidi in fase mesomorfica) (*fis.*), flüssige Kristalle, Flüssigkristalle (*m. pl.*). **10** ~ **conciante** (succo tannico) (*ind. cuoio*), Gerbbrühe (*f.*). **11** ~ **di rifiuto** (*mf. carta*), Ablauge (*f.*). **12** ~ **indicatore** (prova al metalloscopio) (*mecc.*), Anzeigeflüssigkeit (*f.*). **13** ~ **in fase mesomorfica** (liquido cristallino, liquido anisotropo) (*fis.*), kristalline Flüssigkeit. **14 liquidi in fase mesoformica** (cristalli liquidi, liquidi anisotropi, liquidi cristallini) (*fis.*), flüssige Kristalle, Flüssigkristalle (*f.*). **15** ~ **newtoniano** (*chim. - fis.*), Newtonsche Flüssigkeit. **16** ~ **non newtoniano** (*fis.*), Nicht-Newtonsche

liscia

Flüssigkeit. 17 ~ **refrigerante** (refrigerante) (*mot. - ecc.*), Kühlflüssigkeit (*f.*). 18 ~ **rivelatore** (per prove al metalloscopio) (*mecc.*), Anzeigeflüssigkeit (*f.*). 19 ~ **sottoraffreddato** (*fis.*), Schmelze (*f.*), unterkühlte Flüssigkeit. 20 **capitale** ~ (liquidi) (*finanz. - amm.*), Barvermögen (*n.*), flüssige Gelder, liquide Reserven. 21 **cristalli liquidi** (liquidi anisotropi, liquidi in fase mesomorfica) (*fis.*), flüssige Kristalle, Flüssigkristalle (*m. pl.*). 22 **elemento a combustibile** ~ (per generare energia elettrica) (*elett.*), Flüssigbrennstoff-Element (*n.*). 23 **termometro a** ~ (*strum.*), Flüssigkeitsthermometer (*n.*).

liscia (satinatrice, calandra, satina) (*macch. ind. carta*), Satinierkalander (*m.*), Satiniermaschine (*f.*), Satinierpresse (*f.*), Satinierwalzwerk (*n.*), Glättwerk (*n.*). 2 ~ **a secco** (calandra a secco, di una macch. continua) (*macch. ind. carta*), Trockenglättwerk (*n.*).

lisciare (*gen.*), glätten. 2 ~ (*tecnol. mecc.*), abziehen, glätten. 3 ~ (satinare, calandrare) (*ind. carta*), satinieren, glätten. 4 ~ (*mft. del cuoio*), schlichten. 5 ~ **con la pialla** (*lav. del legno*), schlichthobeln.

lisciato (levigato, di una superficie) (*mecc. - ecc.*), geglättet. 2 ~ (satinato, calandrato) (*ind. carta*), satiniert.

lisciatoio (spatola per lisciare forme) (*ut. - fond.*), Formlöffel (*m.*), Formspatel (*m.*), Polierschaufel (*f.*).

lisciatore (levigatore) (*ut.*), Ziehschleifwerkzeug (*n.*). 2 **tratto** ~ (tratto finitore, d'una broccia) (*ut.*), Schlichtteil (*m.*).

lisciatura (*gen.*), Glätten (*n.*). 2 ~ (satinatura, calandratura) (*ind. carta*), Satinieren (*n.*), Glätten (*n.*). 3 **dente per la** ~ (dente lisciatore, dente finitore, d'una broccia) (*ut.*), Schlichtzahn (*m.*). 4 **parte per la** ~ (parte destinata alla lisciatura, di una broccia) (*ut.*), Schlichtteil (*m.*), Reserveteil (*m.*), Glätteil (*m.*).

liscio (*gen.*), glatt, schlicht. 2 ~ (senza intaglio, barretta) (*prove mater.*), glatt. 3 ~ **-macchina** (liscio di macchina) (*ind. carta*), maschinenglatt. 4 **a superficie liscia** (*mecc. - ecc.*), glattflächig.

liscivia (soluzione alcalina) (*chim.*), Lauge (*f.*), Alkalilauge (*f.*). 2 ~ (liscivia da bucato) (*ind. chim.*), Lauge (*f.*). 3 ~ (ranno) (*chim. - tess.*), Beuche (*f.*). 4 ~ **al solfito** (*ind. carta*), Sulfitlauge (*f.*). 5 ~ **da bucato** (liscivia) (*ind. chim.*), Lauge (*f.*). 6 ~ **dei saponari** (liscivia di soda, soda caustica liquida, soluzione di soda caustica) (*ind. chim.*), Natronlauge (*f.*). 7 ~ **di potassa** (soluzione di potassa caustica, potassa caustica liquida) (*ind. chim.*), Kalilauge (*f.*). 8 ~ **di soda** (soda caustica liquida, liscivia dei saponari, soluzione soda caustica) (*ind. chim.*), Natronlauge (*f.*).

lisciviare (*ind. chim.*), laugen, auslaugen.

lisciviatore (lisciviatrice) (*app. chim.*), Auslaugeapparat (*m.*), Beuchkessel (*m.*). 2 ~ (lisciviatrice, bollitore) (*app. - mft. carta*), Kocher (*m.*). 3 ~ **per stracci** (bollitore per stracci) (*app. mft. carta*), Lumpenkocher (*m.*), Hadernkocher (*m.*).

lisciviatrice (lisciviatore) (*app. chim.*), Auslaugeapparat (*m.*). 2 ~ (lisciviatore, bollitore) (*app. mft. carta*), Kocher (*m.*).

lisciviazione (*ind.*), Laugen (*n.*), Auslaugen (*n.*), Auslaugung (*f.*). 2 ~ (con ranno) (*ind. tess.*), Beuchen (*n.*). 3 ~ **del minerale** (*min.*), Erzlaugung (*f.*). 4 **impianto di** ~ (*ind. chim.*), Laugerei (*f.*), Auslaugerei (*f.*). 5 **solidità alla** ~ (prova di solidità del colore) (*ind. tess.*), Beuchechtheit (*f.*).

lisiera (cimosa, cimossa) (*ind. tess.*), Salband (*n.*), Salleiste (*f.*), Webekante (*f.*), Salkante (*f.*), Selfkante (*f.*).

lisimetro (apparecchio per misurare l'acqua piovana infiltrantesi nel suolo ed il relativo soluto) (*app.*), Lysimeter (*n.*).

lista (elenco, distinta) (*gen.*), Verzeichnis (*n.*), Liste (*f.*). 2 ~ **dei candidati** (all'elezione) (*politica - ecc.*), Vorschlagsliste (*f.*). 3 ~ **elettorale** (*politica - ecc.*), Wählerliste (*f.*).

listello (correntino) (*ed.*), Dachlatte (*f.*). 2 ~ **del tetto** (correntino del tetto) (*ed.*), Dachlatte (*f.*). 3 ~ **di legno** (spessore 1-3 mm e fino a 6 m di lunghezza) (*ind. del legno*), Holzdraht (*m.*). 4 ~ **di tenuta** (guarnizione a listello) (*mecc.*), Dichtleiste (*f.*).

listino (*gen.*), Liste (*f.*). 2 ~ **di borsa** (*finanz.*), Börsenzettel (*m.*). 3 ~ **prezzi** (*comm.*), Preisliste (*f.*).

litantrace (*comb.*), Steinkohle (*f.*).

litargirio (PbO) (protossido di piombo) (*metall.*), Bleioxyd (*n.*), Bleiasche (*f.*), Bleiglätte (*f.*).

literal (simbolo) (*calc. - ecc.*), Literal (*n.*).

litio (*Li - chim.*), Lithium (*n.*).

litografare (*litografia*), lithographieren.

litografia (*litografia*), Steindruck (*m.*), Lithographie (*f.*).

litografico (*litografia*), lithographisch.

litografo (*lav. - litografia*), Steindrucker (*m.*), Lithograph (*m.*), Steindruck-Zeichner (*m.*).

litologia (petrologia, studio della formazione delle rocce) (*geol.*), Lithologie (*f.*), Gesteinskunde (*f.*).

litopone (miscela di solfuro di zinco e solfato di bario) (*ind. chim.*), Lithopon (*n.*).

litorale (*geogr.*), Litoral (*n.*), Strandlinie (*f.*), Uferland (*n.*).

litosfera (crosta terrestre) (*geol.*), Lithosphäre (*f.*), Erdkruste (*f.*).

litro (unità di mis.), Liter (*m. - n.*). 2 ~ **-atmosfera** (lavoro speso per variare di un litro il volume d'un gas applicando un'atmosfera di pressione) (*fis. - chim.*), Literatmosphäre (*f.*). 3 ~ **normale** (volume di 1 litro a 0 °C e 760 mmHg) (*unità di mis.*), Normliter (*n.*), Nl.

livella (app. per la determinazione di piani orizzontali) (*app.*), Waage (*f.*), Libelle (*f.*). 2 ~ **a bolla** (livella a bolla d'aria) (*strum.*), Wasserwaage (*f.*), Wasserlibelle (*f.*). 3 ~ **(a bolla) tubolare** (*strum.*), Röhrenlibelle (*f.*). 4 ~ **a cavaliere** (livella per la posa di tubazioni) (*strum.*), Reiterlibelle (*f.*). 5 ~ **a tubo** (formata da due cilindri di vetro collegati da un tubo flessibile) (*app.*), Schlauchwaage (*f.*). 6 ~ **circolare** (*strum.*), Dosenlibelle (*f.*). 7 ~ **da muratore** (*app. mur.*), Setzwaage (*f.*), Maurerwaage (*f.*). 8 ~ **per (posa di) tuba-**

zioni (livella a cavaliere) (*strum.*), Reiterlibelle (*f.*).
livellamento (spianamento) (*gen.*), Ebnen (*n.*), Ebenen (*n.*), Ebenung (*f.*). 2 ~ (di una macch. mediante livella p. es.) (*macch. - ecc.*), Abrichten (*n.*), Nivellieren (*n.*), Ausrichten (*n.*). 3 ~ (stabilizzazione, di corrente p. es.) (*radio - elett.*), Glättung (*f.*). 4 ~ (stabilizzazione, regolazione; di variazioni del carico p. es.) (*elett.*), Ausregelung (*f.*), Abflachung (*f.*). 5 ~ (metodo della valutazione del rendimento) (*organ. lav.*), Nivellieren (*n.*). 6 ~ (spianamento, del terreno) (*costr. strad. - mov. terra*), Planierung (*f.*).
livellare (spianare) (*gen.*), ebnen. 2 ~ (una macch. mediante livella p. es.) (*macch. - ecc.*), abrichten, ausrichten, nivellieren. 3 ~ (stabilizzare, la corrente p. es.) (*radio*), glätten. 4 ~ (stabilizzare, regolare; punte di carico p. es.) (*elett.*), ausregeln, abflachen. 5 ~ (*top. - ecc.*), nivellieren. 6 ~ (spianare) (*mov. terra - costr. strad.*), planieren, ausebnen, begradigen.
livellatore (*app. elett.*), Glätter (*m.*), Ausgleicher (*m.*), Ausgleichapparat (*m.*). 2 ~ (autolivellatore, per la regolazione automatica della cabina di un ascensore all'altezza dei piani) (*app. - ed.*), Feinsteuerung (*f.*). 3 ~ a cucchiaia (*macch. mov. terra*), Planierbagger (*m.*). 4 filtro ~ di corrente (*elett.*), Stromglätter (*m.*).
livellatrice (escavatore a cucchiaia) (*macch. mov. terra*), Flachlöffelbagger (*m.*), Planierbagger (*m.*).
livellazione (spianamento) (*gen.*), Ebenen (*n.*), Ebnung (*f.*). 2 ~ (*top.*), Höhenmessung (*f.*), Nivellieren (*n.*).
livelletta (tratto a pendenza costante) (*ferr.*), Steigungsstrecke (*f.*). 2 **cambio di** ~ (*ferr.*), Steigungswechsel (*m.*), Gefällbruch (*m.*).
livello (*gen.*), Pegel (*m.*), Niveau (*n.*). 2 ~ (sonoro p. es.) (*fis.*), Pegel (*m.*). 3 ~ (dell'olio p. es.) (*macch. - ecc.*), Stand (*m.*), Pegel (*m.*). 4 ~ (rispetto ad un piano di riferimento) (*geofis. - ecc.*), Niveau (*n.*), Höhe (*f.*). 5 ~ (*strum. top.*), Nivellierinstrument (*n.*). 6 ~ (galleria di livello, galleria orizzontale) (*min.*), Strecke (*f.*), Stollen (*m.*). 7 ~ (tubo di livello, in vetro) (*macch.*), Standglas (*n.*), Schauglas (*n.*). 8 ~ **dal pavimento** (o dal suolo) (*ed. - ecc.*), Bodenhöhe (*f.*). 9 ~ **dal suolo** (o dal pavimento) (*ed. - ecc.*), Bodenhöhe (*f.*). 10 ~ **dei salari** (*lav.*), Lohnniveau (*n.*). 11 ~ **del bianco** (*telev.*), Weisspegel (*m.*). 12 ~ **del combustibile** (*aut.*), Brennstoffstand (*m.*), Brennstoffniveau (*n.*). 13 ~ **del disturbo** (*radio*), Störpegel (*m.*). 14 ~ **della benzina** (*aut. - ecc.*), Benzinstand (*m.*). 15 ~ **dell'acqua** (*idr.*), Wasserstand (*m.*), Wasserstandhöhe (*f.*). 16 ~ **della falda** (*geol. - idr.*), Grundwasserspiegel (*m.*). 17 ~ **della scoria** (*metall.*), Schlackenspiegel (*m.*), Schlackenstand (*m.*). 18 ~ **dell'olio** (*macch. - mot.*), Ölstand (*m.*). 19 ~ **dell'olio** (tubo di vetro di livello dell'olio) (*macch. - ecc.*), Ölstandglas (*n.*), Ölschauglas (*n.*). 20 ~ **del mare** (quota zero) (*top.*), Normal-Null (*f.*), Meeresniveau (*n.*), Meeresspiegel (*m.*). 21 ~ **del nero** (*telev.*), Schwarzpegel (*m.*). 22 ~ **del rumore** (*acus.*), Geräuschpegel (*m.*), Rauschpegel (*m.*). 23 ~ **del segnale** (*radio*), Zeichenpegel (*m.*). 24 ~ **di cancellazione** (*telev.*), Austastpegel (*m.*). 25 ~ **di emissione** (livello di trasmissione) (*radio - ecc.*), Sendepegel (*m.*). 26 ~ **di energia** (livello energetico, degli elettroni) (*elettronica*), Energieterm (*m.*). 27 ~ **di Fermi** (livello di energia) (*fis. atom.*), Fermi-Niveau (*n.*). 28 ~ **di guardia** (segnale, segno) (*idr. - costr. idr.*), Hochwassermarke (*f.*). 29 ~ **di magra** (*idr.*), Niedrigwasserstand (*m.*). 30 ~ **di massimo svaso** (*costr. idr. - idr.*), Mindeststau (*m.*), Absenkziel (*n.*). 31 ~ **d'invaso** (*idr.*), Staupegel (*m.*). 32 ~ **di pompaggio** (per la regolazione del servizio di pompaggio) (*idr.*), Mahlpeil (*m.*). 33 ~ **di potenza sonora** (*acus.*), Schall·leistungspegel (*m.*). 34 ~ **di pressione acustica** (*acus.*), Schalldruckpegel (*m.*), Schallpegel (*m.*). 35 ~ **di protezione** (limite di tensione d'un impianto elettrico) (*elett.*), Schutzpegel (*m.*), Spannungsgrenze (*f.*). 36 ~ **di qualità accettabile** (di una fornitura, dal controllo della qualità) (*tecnol. mecc.*), Annahmegrenze (*f.*), Gutgrenze (*f.*). 37 ~ **di riferimento del bianco** (*telev.*), Weissbezugspegel (*m.*). 38 ~ **di rifiuto** (nei controlli della qualità) (*tecnol. mecc.*), Schlechtgrenze (*f.*), Rückweisgrenze (*f.*). 39 ~ **di sensazione sonora** (livello sonoro) (*acus.*), Schallpegel (*m.*). 40 ~ **di servizio** (d'un pozzo, per circolazione dei vagoncini) (*min.*), Umbruch (*m.*), Umbruchstrecke (*f.*). 41 ~ **di sincronizzazione** (*telev.*), Synchronisationspegel (*m.*). 42 ~ **d'isolamento** (*elett.*), Isolationspegel (*m.*). 43 ~ **di soppressione** (*telev.*), Austastpegel (*m.*). 44 ~ **di trasmissione** (livello di emissione) (*radio - ecc.*), Sendepegel (*m.*). 45 ~ **energetico** (*fis.*), Energieniveau (*n.*). 46 ~ **energetico** (livello di energia, degli elettroni) (*elettronica*), Energieterm (*m.*). 47 ~ **(energetico) normale** (stato normale, d'un nucleo) (*elettronica*), Normalzustand (*m.*), Grundzustand (*m.*). 48 ~ **massimo d'invaso** (*idr. - costr. idr.*), Stauziel (*n.*), Höchststau (*m.*). 49 ~ **medio del mare** (*top.*), normale Seehöhe. 50 ~ **medio di magra** (*idr.*), mittlerer Niedrigwasserstand, MNW. 51 ~ **minimo di svaso** (*idr.*), Absenkziel (*n.*), Mindeststau (*n.*). 52 ~ **pavimento** (*ed. - ecc.*), Flurhöhe (*f.*). 53 ~ **sonoro** (*acus.*), Schallpegel (*m.*). 54 ~ **superficiale** (*min.*), Rasensohle (*f.*). 55 ~ **superiore** (galleria di livello superiore, d'una miniera) (*min.*), Wettersohle (*f.*). 56 **a** ~ (a raso, a paro) (*mecc. - ecc.*), bündig, fluchtrecht. 57 **a** ~ (incrocio) (*costr. strad. - ferr.*), plangleich. 58 **asta di** ~ (*idr.*), Lattenpegel (*m.*), Messlatte (*f.*). 59 **diagramma del** ~ (d'un collegamento per telecomunicazioni, ipsogramma) (*radio - ecc.*), Pegeldiagramm (*n.*). 60 **indicatore di** ~ (ad asta) (*idr.*), Eichstab (*m.*), Eichpfahl (*m.*). 61 **indicatore di** ~ (per telecomunicazioni, ipsometro, ecc.) (*metrol. - elett. - ecc.*), Pegelzeiger (*m.*). 62 **passaggio a** ~ **protetto** (con barriere o semibarriere e luci di segnalazione) (*ferr.*), technisch gesicherte Niveaukreuzung. 63 **regolare il** ~ (*gen.*), einpegeln. 64 **regolatore di** ~ (*idr.*), Niveauregler (*m.*). 65 **segnalatore del** ~ dell-

livelloscopio

l'olio (*app.*), Ölstandmelder (*m.*). **66 sopra il ~ del mare** (*top. - geofis.*), über dem Meeresspiegel, ü. M. **67 sotto il ~ del mare** (*top. - geofis.*), unter dem Meeresspiegel, u. M.

livelloscopio (a raggi catodici, per la tecnica delle telecomunicazioni) (*elettronica*), Pegelbildgerät (*n.*).

Lmh (lumenora) (*unità di mis.*), Lmh, Lumenstunde (*f.*).

lobo (di una camma) (*mecc.*), Nase (*f.*), Buckel (*m.*), Vorsprung (*m.*). **2 ~** (unghia, vela, di una volta) (*arch.*), Kappe (*f.*). **3 ~** (di modanatura gotica) (*arch.*), Pass (*m.*). **4 ~** (di una caratteristica di radiazione) (*radar - radio*), Zipfel (*m.*), Keule (*f.*). **5 ~ della camma** (lobo dell'eccentrico) (*mecc.*), Nockenbuckel (*m.*). **6 ~ dell'eccentrico** (lobo della camma) (*mecc.*), Nockenbuckel (*m.*). **7 ~ di radiazione** (parte della caratteristica di radiazione di una antenna) (*radio - radar*), Strahlungskeule (*f.*). **8 ~ laterale** (lobo secondario, d'un diagramma di radiazione) (*radio*), Nebenkeule (*f.*). **9 ~ secondario** (lobo laterale, d'un diagramma di radiazione) (*radio*), Nebenkeule (*f.*).

locale (*a. - gen.*), lokal, örtlich. **2 ~** (parziale, tempra p. es.) (*a. - tratt. term.*), örtlich. **3 ~** (vano, ambiente) (*s. - ed.*), Raum (*m.*). **4 ~** (indigeno) (*a. - lav. - ecc.*), eingeboren, einheimisch. **5 ~** (industria p. es.) (*a. - gen.*), einheimisch. **6 locali di abitazione** (*ed.*), Wohnräume (*m. pl.*). **7 ~ sociale** (locale di soggiorno, per operai p. es.) (*ind.*), Sozialraum (*m.*). **8 batteria ~** (*telef.*), Ortsbatterie (*f.*). **9 effetto ~** (di rumori p. es.) (*telef.*), Rückhören (*n.*). **10 indice del ~** (*illum.*), Raum-Index (*m.*).

località (*geogr.*), Ort (*m.*), Örtlichkeit (*f.*).

localizzare (*gen.*), lokalisieren, orten. **2 ~ un difetto** (od un guasto) (*tecnol.*), einen Fehler eingrenzen, einen Fehler lokalisieren.

localizzatore (*app.*), Lokalisierungsgerät (*n.*). **2 ~ di dispersioni a terra** (ricercatore di dispersioni a terra) (*app. elett.*), Erdschlusssucher (*m.*).

localizzazione (*gen.*), Lokalisation (*f.*), Lokalisierung (*f.*). **2 ~** (di un guasto) (*elett. - ecc.*), Eingrenzung (*f.*), Ortung (*f.*). **3 ~ acustica** (di aerei) (*aer. - acus.*), Abhorchen (*n.*), Horchortung (*f.*). **4 ~ della dispersione** (*elett.*), Fehlerortsbestimmung (*f.*). **5 ~ per riflessione** (*radar*), Rückstrahlortung (*f.*). **6 ~ telemetrica con laser** («lidar», *light detection and ranging*) (*radar - laser*), «Lidar» (*m.*).

locatario (conduttore) (*comm. - ed.*), Mieter (*m.*).

locatore (*comm. - ed.*), Vermieter (*m.*).

locazione (contratto di affitto) (*leg. - ed.*), Mietvertrag (*m.*).

loco (luogo, posto) (*gen.*), Stelle (*f.*). **2 ~ sigilli** (posto per il sigillo, su documenti) (*leg.*), loco sigilli, Stelle des Siegels.

locomobile (macch. a vapore mobile) (*macch.*), Lokomobil (*n.*).

locomotiva (*ferr.*), Lokomotive (*f.*). **2 ~ ad accumulatore termico** (locomotiva senza focolaio) (*ferr.*), Dampfspeicherlokomotive (*f.*), feuerlose Dampflokomotive. **3 ~ ad aderenza** (*ferr.*), Reibungslokomotive (*f.*). **4 ~ ad aria compressa** (*ferr. - min.*), Druckluftlokomotive (*f.*). **5 ~ a quattro cilindri** (*ferr.*), Vierlingslokomotive (*f.*). **6 ~ articolata** (*ferr.*), Gelenklokomotive (*f.*). **7 ~ a turbina** (a gas, turbolocomotiva) (*ferr.*), Turbinenlokomotive (*f.*), Turbolokomotive (*f.*). **8 ~ a vapore** (*ferr.*), Dampflokomotive (*f.*). **9 ~ (a vapore) con condensatore** (*ferr.*), Kondenslokomotive (*f.*). **10 ~ carenata** (*ferr.*), Stromlinienlokomotive (*f.*). **11 ~ con carro scorta** (locomotiva con tender) (*ferr.*), Tenderlokomotive (*f.*). **12 ~ con motore Diesel** (locomotiva Diesel) (*ferr.*), Diesellokomotive (*f.*). **13 ~ con tender** (locomotiva con carro scorta) (*ferr.*), Tenderlokomotive (*f.*). **14 ~ da manovra** (*ferr.*), Rangierlokomotive (*f.*), Verschiebelokomotive (*f.*). **15 ~ (da manovra) ad accumulatori** (*ferr.*), Akkumulatorenlokomotive (*f.*). **16 ~ da miniera** (*ferr. - min.*), Grubenlokomotive (*f.*). **17 ~ da montagna** (*ferr.*), Gebirgslokomotive (*f.*). **18 ~ da stabilimento** (*ferr. - ind.*), Werklokomotive (*f.*). **19 ~ Diesel** (locomotiva con motore Diesel) (*ferr.*), Diesellokomotive (*f.*). **20 ~ Diesel da manovra** (locomotore Diesel da manovra) (*ferr.*), Diesel-Rangierlokomotive (*f.*). **21 ~ diesel-elettrica** (*ferr.*), dieselelektrische Lokomotive. **22 ~ diesel-idraulica** (*ferr.*), dieselhydraulische Lokomotive. **23 ~ di linea** (*ferr.*), Streckenlokomotive (*f.*). **24 ~ di rinforzo** (*ferr.*), Vorspannlokomotive (*f.*). **25 ~ di spinta** (*ferr.*), Abdrücklokomotive (*f.*). **26 ~ elettrica** (locomotore) (*ferr.*), elektrische Lokomotive. **27 ~ per ferrovia Decauville** (*ed. - ferr.*), Feldbahnlokomotive (*f.*). **28 ~ senza focolaio** (locomotiva ad accumulatore termico) (*ferr.*), feuerlose Dampflokomotive, Dampfspeicherlokomotive (*f.*). **29 ~ staffetta** (*ferr.*), Leerlokomotive (*f.*). **30 ~ tender** (*ferr.*), Tenderlokomotive (*f.*), Tenderlok (*f.*). **31 ~ turboelettrica** (*ferr.*), turboelektrische Lokomotive.

locomotore (locomotiva elettrica) (*ferr. elett.*), elektrische Lokomotive, Elektrolokomotive (*f.*), Elektrolok (*f.*), Fahrdrahtlokomotive (*f.*). **2 ~ da manovra** (*ferr. elett.*), Elektroverschiebelok (*f.*), Elektrorangierlok (*f.*). **3 ~ Diesel** (locomotore con motore Diesel e trasmissione idraulica) (*ferr.*), Motorlokomotive (*f.*).

locomozione (*trasp.*), Lokomotion (*f.*).

lodo (sentenza degli arbitri) (*leg.*), Schiedsspruch (*m.*), Schiedsurteil (*n.*).

loess (löss, roccia sedimentaria) (*geol. - min.*), Löss (*m.*).

«log» (solcometro, attrezzo per misurare la velocità di navi) (*nav.*), Log (*n.*), Logge (*f.*).

log (logaritmo) (*mat.*), Logarithmus (*m.*), log.

logaritmico (*mat.*), logarithmisch. **2 calcolo ~** (*mat.*), logarithmische Rechnung.

logaritmo (*mat.*), Logarithmus (*m.*). **2 ~ decimale** (*mat.*), dekadischer Logarithmus, gemeiner Logarithmus, Zehnerlogarithmus (*m.*). **3 ~ di Briggs** (logaritmo decimale, logaritmo volgare) (*mat.*), dekadischer Logarithmus, Briggscher Logarithmus, gemeiner Logarithmus. **4 ~ naturale** (ln) (*mat.*), natürlicher Logarithmus. **5 ~ volgare** (logaritmo decimale, logaritmo di Briggs) (*mat.*), gemeiner Logarithmus, dekadischer Logarithmus, Briggscher Logarithmus.

logatomi (sillabe scelte per la trasmissione nelle prove di intelleggibilità) (*telef.*), Logatomen (*pl.*).

loggia (*arch.*), Loggia (*f.*), Säulenhalle (*f.*).

logica (*mat. - ecc.*), Logik (*f.*). 2 ~ **CMOS** (logica a semiconduttori complementari ad ossido metallico) (*autom.*), CMOS-Technik (*f.*). 3 ~ **delle proposizioni** (*mat.*), Aussagenlogik (*f.*). 4 ~ **di programmazione** (*progr.*), Programmierlogik (*f.*). 5 ~ **matematica** (logica simbolica, logistica) (*mat.*), mathematische Logik, Logistik (*f.*). 6 ~ **simbolica** (logica matematica, logistica) (*mat.*), mathematische Logik, Logistik (*f.*).

logico (*mat. - ecc.*), logisch. 2 **circuito ~** (*elettronica*), logische Schaltung. 3 **componenti logici** (*calc.*), Logikelemente (*m. pl.*). 4 **confronto ~** (*gen.*), logische Verknüpfung. 5 **elemento ~** (*elab. dati*), logisches Element, Verknüpfungselement (*n.*). 6 **funzione logica** (*mat.*), logische Funktion. 7 **istruzione logica** (*calc.*), logischer Befehl. 8 **operazione logica** (*calc.*), logische Operation, Verknüpfung (*f.*). 9 **prodotto ~** (AND) (*calc.*), logische Multiplikation, Konjunktion (*f.*), UND. 10 **sistema ~** (*elettronica*), Logiknetz (*n.*). 11 **somma logica** (OR), (*calc.*), logische Addition. 12 **valore ~** (*mat. - calc.*), logischer Wert, Aussagewert (*m.*), Wahrheitswert (*n.*).

logistica (logica matematica, logica simbolica) (*mat.*), Logistik (*f.*), mathematische Logik. 2 ~ (*milit.*), Logistik (*f.*). 3 ~ **industriale** (movimentazione) (*trasp. ind.*), vedi movimentazione.

logometro (strum. di misura elett., per misurare il quoziente di due correnti p. es.) (*strum. elett.*), Quotientenmesser (*m.*).

logorabile (*mecc. - ecc.*), abnutzbar, verschleissbar.

logorabilità (*mecc. - ecc.*), Abnutzbarkeit (*f.*), Verschleissbarkeit (*f.*).

logorare (*gen.*), abnutzen, verschleissen.

logorarsi (usurarsi, consumarsi) (*tecnol.*), verschleissen. 2 ~ (usurarsi, di un cuscinetto) (*mecc.*), auslaufen.

logorato (consumato, usurato) (*tecnol.*), verschlissen, abgenutzt.

logorio (usura, consumo) (*mecc. - ecc.*), Verschleiss (*m.*), Abnutzung (*f.*).

longarina (lungherina) (*ferr.*), Langschwelle (*f.*), Längsschwelle (*f.*).

longarone, vedi longherone.

longherina (*ferr.*), vedi longarina.

longherone (di un telaio p. es.) (*aut. - ecc.*), Längsträger (*m.*). 2 ~ (di una fusoliera o di un'ala) (*aer.*), Holm (*m.*), Längsträger (*m.*). 3 ~ **a C** (*veic. - ecc.*), U-Längsträger (*m.*). 4 ~ **alare** (*aer.*), Flügelholm (*m.*), Flügelhauptholm (*m.*), Flächenholm (*m.*). 5 ~ **a scatola** (*veic. - ecc.*), Kastenlängsträger (*m.*). 6 ~ **frontale** (longheroncino frontale, di un'ala) (*aer.*), Nasenholm (*m.*). 7 ~ **scatolato** (*aer.*), Kastenholm (*m.*). 8 **telaio con longheroni esterni** (alle ruote, telaio a ruote interne, telaio esterno) (*aut.*), Aussenrahmen (*m.*). 9 **telaio con longheroni interni** (alle ruote,

telaio normale, telaio a ruote esterne) (*aut.*), Normalrahmen (*m.*).

longitudinale (*gen.*), longitudinal.

longitudinalmente (*nav.*), längsschiffs.

longitudine (angolo tra il meridiano di un luogo ed il meridiano zero) (*geogr.*), Länge (*f.*). 2 ~ **geografica** (*geogr.*), geographische Länge. 3 ~ **ovest** (*geogr. - navig.*), westliche Länge, w. L. 4 **grado di ~** (*geogr.*), Längengrad (*m.*).

longone (longarone) (*ed.*), Schwellenträger (*m.*).

« **looping** » (gran volta) (*aer.*), Looping (*m.*).

loppa (scoria) (*metall. - fond.*), Schlacke (*f.*). 2 ~ (solida, scoria solida, scoria d'alto forno raffreddata e cristallizzata) (*metall.*), Stückschlacke (*f.*). 3 ~ **calda** (loppa normale, scoria calda, scoria liquida) (*forno - metall.*), Garschlacke (*f.*). 4 ~ **espansa** (pomice artificiale, pomice d'altoforno, pomice siderurgica) (*metall. - ed.*), Hüttenbims (*m.*). 5 ~ **granulata** (*fond. - metall.*), granulierte Schlacke, gekörnte Schlacke. 6 ~ **normale** (loppa calda, scoria normale, scoria calda) (*forno - metall.*), Garschlacke (*f.*). 7 **carro per secchione della ~** (*metall.*), Schlackenpfannenwagen (*m.*). 8 **mattone di ~** (mattone di scoria) (*mur.*), Schlackenstein (*m.*).

loran (sistema loran, di radionavigazione iperbolica) (*radio - navig.*), Loran (*n.*), Loran-System (*n.*). 2 **trasmettitore ~** (*radio - navig.*), Loransender (*m.*).

lorandite (TlAsS$_2$) (*min.*), Lorandit (*m.*).

lordo (peso p. es.) (*comm. - ecc.*), brutto. 2 ~ **per netto** (*comm.*), brutto für netto, bfn. 3 **stazza lorda** (*nav.*), Bruttoraumgehalt (*m.*).

losanga (rombo) (*geom. - ecc.*), Raute (*f.*), Rhombus (*m.*). 2 **a ~** (rombico) (*gen.*), rautenförmig. 3 **lima a ~** (*ut.*), Rautenfeile (*f.*).

losca (apertura a poppa di una nave per il passaggio dell'asse del timone) (*nav.*), Koker (*m.*). 2 ~ **del timone** (*nav.*), Ruderkoker (*m.*).

losima (salbanda) (*min.*), Salband (*n.*).

löss (loess, roccia sedimentaria) (*geol. - min.*), Löss (*m.*).

lossodromia (curva lossodromica) (*mat. - navig.*), Loxodrome (*f.*).

lossodromico (*mat. - navig.*), loxodromisch.

lotta (*sport*), Ringen (*n.*). 2 ~ **contro i rumori** (*aut. - ecc.*), Lärmbekämpfung (*f.*). 3 ~ **contro i rumori della circolazione stradale** (*aut.*), Verkehrslärmbekämpfung (*f.*). 4 ~ **di classe** (*sociologia*), Klassenkampf (*m.*). 5 ~ **greco-romana** (*sport*), griechisch-römisches Ringen.

lottare (*sport*), ringen.

lottizzare (*ed. - ecc.*), zerstückeln. 2 ~ (suddividere in particelle, per la vendita) (*ed. - comm.*), parzellieren.

lottizzazione (suddividere in particelle, per la vendita) (*ed. - comm.*), Parzellierung (*f.*).

lotto (partita) (*gen.*), Partie (*f.*), Satz (*m.*), Menge (*f.*). 2 ~ (terreno, fondo) (*ing. civ.*), Los (*n.*), Grundstück (*n.*), Landstück (*n.*). 3 ~ (nel controllo della qualità) (*stat. - tecnol. mecc.*), Los (*n.*). 4 ~ (partita, di lamiere, barre, ecc.) (*metall.*), Satz (*m.*). 5 ~ **di lavori** (*ed.*), Baulos (*n.*). 6 ~ **ottimale**

Lu

(*magazzino - ecc.*), optimale Losgrösse. **7 grandezza del** ~ (nei controlli della qualità) (*tecnol. mecc.*), Losumfang (*m.*). **8 grandezza del** ~ (dimensione della commessa) (*ind. - comm.*), Losgrösse (*f.*), Auflage (*f.*). **9 vendita a lotti** (di terreni) (*ed. - comm.*), Parzellierung (*f.*).

Lu (lutezio) (*chim.*), Lu, Lutetium (*n.*).

lubricista (specialista della lubrificazione) (*lubrificazione*), Schmierstoffingenieur (*m.*).

lubrificante (*ind. chim.*), Schmierstoff (*m.*), Schmiermittel (*n.*). **2** ~ (per lavorazione di materie plastiche) (*tecnol.*), Gleitmittel (*n.*). **3** ~ **con additivo antiossidante** (lubrificante con inibitore) (*ind. chim.*), geschützter Schmierstoff. **4** ~ **grafitato** (*macch.*), Graphitschmiere (*f.*). **5** ~ **per alte pressioni** (*ind. chim.*), HD-Öl (*n.*), Hochdruckschmiermittel (*n.*). **6** ~ **per altissime pressioni** (lubrificante EP) (*chim.*), EP-Schmierstoff (*m.*), « estreme pressure » Schmierstoff. **7** ~ **per imbutitura** (*tecnol. mecc.*), Ziehschmiermittel (*n.*). **8** ~ **per stampi** (*fucinatura*), Gesenkschmiermittel (*n.*). **9** ~ **-refrigerante** (lubrorefrigerante) (*lav. macch. ut.*), Kühlschmiermittel (*n.*), Absud (*m.*). **10** ~ **rigenerato** (*ind. chim.*), Regenerat (*n.*). **11 soluzione** ~ **vetrosa** (*chim. - tecnol. mecc.*), Glasschmierungslösung (*f.*).

lubrificare (ungere, con olio o grasso) (*gen.*), beschmieren. **2** ~ (con olio lubrificante) (*mecc. - macch. - mot.*), schmieren. **3 da non** ~ (lubrificato a vita; cuscinetto p. es.) (*mecc.*), nichtzuölend.

lubrificato (*mecc.*), geschmiert. **2** ~ **a vita** (da non lubrificare; cuscinetto p. es.) (*mecc.*), nichtzuölend.

lubrificazione (con olio lubrificante) (*mot. - macch. - mecc.*), Schmierung (*f.*). **2** ~ **a bagno d'olio** (*mecc.*), Ölbadschmierung (*f.*). **3** ~ **a circolazione** (*mecc.*), Umlaufschmierung (*f.*). **4** ~ **a circolazione forzata** (lubrificazione forzata a circolazione) (*macch.*), Druck-Umlaufschmierung (*f.*). **5** ~ **a coppa secca** (*mot.*), Trockensumpfschmierung (*f.*). **6** ~ **ad anello** (*mecc.*), Ringschmierung (*f.*). **7** ~ **ad immersione** (*mecc.*), Eintauchschmierung (*f.*). **8** ~ **ad iniezione** (*mecc.*), Eindruckschmierung (*f.*). **9** ~ **aerodinamica** (lubrificazione dinamica con un gas, lubrificazione pneumodinamica) (*mecc.*), aerodynamische Schmierung. **10** ~ **aerostatica** (lubrificazione a gas pressurizzato esternamente) (*mecc.*), aerostatische Schmierung. **11** ~ **a ghiaccio** (nella stiratura di lamiere di leghe di titanio p. es., con applicazione di strati di ghiaccio sugli utensili di stiratura sottoraffreddati) (*lav. lamiera*), Eisschmierung (*f.*). **12** ~ **a goccia** (*mecc.*), Tropfenschmierung (*f.*). **13** ~ **a grasso** (*macch.*), Fettschmierung (*f.*). **14** ~ **a grasso consistente** (*mecc.*), Starrschmierung (*f.*), Konsistenzfettschmierung (*f.*). **15** ~ **a miscela** (per piccoli motori a due tempi, con l'olio mescolato al carburante) (*mot.*), Gemischschmierung (*f.*). **16** ~ **a miscela con olio (attinto da serbatoio) separato** (per motori a due tempi) (*mot.*), Frischölschmierung (*f.*). **17** ~ **a nebbia d'olio** (lubrificazione a vapori di olio) (*mecc.*), Ölnebelschmierung (*f.*), Nebelschmierung (*f.*). **18** ~ **a sbattimento** (*mot.*), Ölspritzschmierung (*f.*), Spritzschmierung (*f.*), Tauchschmierung (*f.*). **19** ~ **a stoppino** (*mecc.*), Dochtschmierung (*f.*). **20** ~ **a vapori di olio** (lubrificazione a nebbia d'olio) (*mecc.*), Ölnebelschmierung (*f.*). **21** ~ **a velo sottile** (lubrificazione pseudo-idrodinamica, lubrificazione parzialmente idrodinamica) (*mecc.*), Teilschmierung (*f.*), quasi-hydrodinamische Schmierung. **22** ~ **centralizzata** (*macch. - mot.*), Zentralschmierung (*f.*). **23** ~ **centrifuga** (lubrificazione a sbattimento) (*mecc.*), Schleuderschmierung (*f.*). **24** ~ **con coppa serbatoio** (*mot.*), Nass-sumpf-Schmierung (*f.*). **25** ~ **fluente** (lubrificazione viscosa, lubrificazione idrodinamica, lubrificazione fluida, lubrificazione in velo spesso) (*mecc.*), Vollschmierung (*f.*). **26** ~ **fluida** (lubrificazione fluente, lubrificazione idrodinamica, lubrificazione viscosa, lubrificazione in velo spesso) (*mecc.*), Vollschmierung (*f.*). **27** ~ **forzata** (*mot.*), Druckschmierung (*f.*), Zwangsschmierung (*f.*). **28** ~ **forzata a circolazione** (lubrificazione a circolazione forzata) (*macch.*), Druck-Umlaufschmierung (*f.*). **29** ~ **idrodinamica** (lubrificazione in velo spesso, lubrificazione viscosa, lubrificazione fluida o fluente) (*mecc.*), Vollschmierung (*f.*). **30** ~ **in velo spesso** (lubrificazione viscosa, lubrificazione fluida, lubrificazione fluente, lubrificazione idrodinamica) (*mecc.*), Vollschmierung (*f.*). **31** ~ **mista** (forzata ed a sbattimento) (*mot. - aut.*), Tauchdruckschmierung (*f.*). **32** ~ **parzialmente idrodinamica** (lubrificazione pseudo-idrodinamica, lubrificazione a velo sottile) (*mecc.*), Teilschmierung (*f.*), quasi-hydrodinamische Schmierung. **33** ~ **pneumodinamica** (lubrificazione dinamica con un gas) (*mecc.*), aerodynamische Schmierung. **34** ~ **pneumostatica** (lubrificazione a gas pressurizzato esternamente) (*mecc.*), aerostatische Schmierung. **35** ~ **pseudo-idrodinamica** (lubrificazione parzialmente idrodinamica, lubrificazione a velo sottile) (*mecc.*), Teilschmierung (*f.*), quasi-hydrodinamische Schmierung. **36** ~ **refrigerante** (lubrorefrigerazione) (*lav. macch. ut.*), Kühlschmierung (*f.*). **37** ~ **separata** (con serbatoio olio e pompa separati, per motori a due tempi) (*mot.*), Frischöl-Schmierung (*f.*). **38** ~ **viscosa** (lubrificazione fluida, lubrificazione fluente, lubrificazione idrodinamica, lubrificazione in velo spesso) (*mecc.*), Vollschmierung (*f.*). **39 anello per** ~ **centrifuga** (anello lubrificatore) (*macch.*), Ölschleuderring (*m.*). **40 impianto di** ~ (*mecc.*), Schmierstoffanlage (*f.*), Schmiersystem (*n.*), Schmierungssystem (*n.*). **41 scanalatura per** ~ (scanalatura per l'olio) (*mecc.*), Schmiernut (*f.*). **42 schema di** ~ (*mot. - macch.*), Schmierplan (*m.*), Schmierschema (*n.*). **43 siringa per** ~ (*app.*), Ölspritze (*f.*). **44 tecnico della** ~ (lubricista) (*macch.*), Schmierstoffingenieur (*m.*).

lubrorefrigerante (refrigerante-lubrificante) (*s. - lav. macch. ut.*), Kühlschmiermittel (*n.*), Kühl- und Schmiermittel (*n.*), Absud (*m.*). **2 potere** ~ (di un fluido) (*lav. macch. ut.*), Kühlschmierfähigkeit (*f.*).

lubrorefrigerazione (lubrificazione refrigerante) (*lav. macch. ut.*), Kühlschmierung (*f.*).

lucchetto (*mecc. - ed.*), Vorhängeschloss (*n.*).
luce (*fis. - ott.*), Licht (*n.*). **2** ~ (apertura, di efflusso p. es.) (*idr. - ecc.*), Öffnung (*f.*). **3** ~ (nel cilindro di un mot. Diesel a due tempi p. es.) (*mot.*), Schlitz (*m.*). **4** ~ (di un ponte p. es.) (*ed.*), Spannweite (*f.*), Lichtweite (*f.*), lichte Weite. **5** ~ (di illuminazione o segnalazione) (*aut.*), Leuchte (*f.*), Licht (*n.*). **6** ~ (fanale) (*nav. - navig.*), Licht (*n.*), Schiffslaterne (*f.*). **7** ~ (diametro interno) (*tubaz. - ecc.*), Lichtweite (*f.*). **8** ~ (faro, di segnalazione) (*nav. - aer.*), Feuer (*n.*), Leuchtfeuer (*n.*). **9** ~ (apertura in un muro confinante) (*ed. - leg.*), Öffnung (*f.*). **10** ~ (fenditura, delle fasce elastiche) (*mot. - mecc.*), Stoss (*m.*), Stoss-spiel (*n.*). **11** ~ (spazio di lavoro, di una pressa frontale) (*macch.*), Pressmaul (*n.*). **12** ~ **abbagliante** (*ott. - ecc.*), blendendes Licht, Blendlicht (*n.*). **13** ~ **abbagliante** (abbagliante, fascio di profondità, proiettore) (*aut.*), Fernlicht (*n.*). **14** ~ **acromatica** (luce bianca) (*ott.*), weisses Licht. **15** ~ **allo iodio** (*aut. - ecc.*), Jod-Licht (*n.*). **16** ~ **al magnesio** (*fot.*), Magnesiumlicht (*n.*). **17** ~ **anabbagliante** (fascio anabbagliante) (*aut.*), Abblendlicht (*n.*). **18** ~ **anabbagliante asimmetrica** (*aut.*), asymmetrisches Abblendlicht. **19** ~ **anteliale** (luce emessa dall'antelio) (*ott. - astr.*), Gegenschein (*m.*). **20** ~ **anticollisione** (d'un velivolo) (*aer. - navig.*), Zusammenstosswarnlichter (*m.*), Warnblinker (*m.*), Antikollisionslicht (*n.*). **21** ~ **antinebbia** (fendinebbia) (*aut.*), Nebelleuchte (*f.*), Nebellicht (*n.*). **22** ~ **antinebbia posteriore** (*aut.*), Nebelschlussleuchte (*f.*). **23** ~ **artificiale** (*illum.*), Kunstlicht (*n.*). **24** ~ **a stramazzo** (stramazzo) (*costr. idr.*), Wehr (*n.*). **25** ~ **attenuata** (*ott.*), gedämpftes Licht. **26** ~ **Auer** (*illum.*), Auerlicht (*n.*). **27** ~ **coerente** (*fis.*), kohärentes Licht. **28** ~ **cruscotto** (luce quadro strumenti) (*aut.*), Instrumentenleuchte (*f.*), Schaltbrettleuchte (*f.*). **29** ~ **d'arresto** (stop) (*aut.*), Bremsleuchte (*f.*), Bremslicht (*n.*), Stopplicht (*n.*). **30** ~ **(da scarica) a bagliore** (bagliore) (*illum.*), Glimmlicht (*n.*). **31** ~ **del cassetto** (di distribuzione) (*macch.*), Schieberöffnung (*f.*). **32** ~ **della campata** (di un ponte) (*costr. di ponti*), Jochweite (*f.*), Jochspannung (*f.*). **33** ~ **dell'ambiente riflessa** (riflessione di luce dell'ambiente, sullo schermo del televisore) (*telev.*), Raumlichtreflexion (*f.*). **34** ~ **dell'anello elastico** (luce del segmento, gioco tra le punte dell'anello elastico) (*mot.*), Kolbenringstossspiel (*n.*). **35 luci della ribalta** (*teatro*), Rampenbeleuchtung (*f.*). **36** ~ **del passaruota** (*carrozz. aut.*), Radfreiheit (*f.*). **37** ~ **del segmento** (luce dell'anello elastico, gioco tra le punte dell'anello elastico) (*mot.*), Kolbenringstosspiel (*n.*). **38** ~ **di aeroporto** (*aer.*), Platzfeuer (*n.*), Flugplatzfeuer (*n.*). **39** ~ **di ammissione** (luce di aspirazione) (*mot.*), Einlassöffnung (*f.*). **40** ~ **di ammissione** (foro di ingresso, di un compressore p. es.) (*macch.*), Eintrittsöffnung (*f.*), Einlassöffnung (*f.*). **41** ~ **di arresto** (stop) (*aut.*), Bremslicht (*n.*), Stopplicht (*n.*), Bremsleuchte (*f.*). **42** ~ **di arresto e di posizione** (posteriore) (*aut.*), Brems-Schlussleuchte (*f.*). **43** ~ **di aspirazione** (luce di ammissione) (*mot.*), Saugöffnung (*f.*), Einlassöffnung (*f.*). **44** ~ **di aspirazione** (d'un motore Wankel) (*mot.*), Einlass-Steueröffnung (*f.*). **45** ~ **di avvicinamento** (*aer.*), Anfluglicht (*n.*). **46** ~ **di delimitazione** (di un aeroporto) (*aer.*), Begrenzungsfeuer (*n.*). **47** ~ **d'identificazione** (*gen.*), Kennleuchte (*f.*). **48** ~ **di efflusso** (*idr.*), Austrittsöffnung (*f.*). **49** ~ **di emergenza** (spia luminosa di emergenza) (*elett. - ecc.*), Paniklampe (*f.*). **50** ~ **diffusa** (*illum.*), zerstreutes Licht, diffuses Licht. **51** ~ **di lavaggio** (nei motori Diesel a due tempi p. es.) (*mot.*), Spülungsschlitz (*m.*), Spülschlitz (*m.*). **52 luci di navigazione** (luci di posizione, luci di via, fanali di posizione, fanali di via) (*nav. - navig.*), Positionslichter (*n. pl.*), Positionslampen (*f. pl.*), Positionslaternen (*f. pl.*). **53** ~ **d'ingombro** (*veic.*), Begrenzungsleuchte (*f.*). **54** ~ **di ostacolo** (*aer. - navig.*), Hindernisfeuer (*n.*). **55** ~ **di perimetro** (di un campo di aviazione) (*aer.*), Grenzlicht (*n.*), Randfeuer (*n.*), Umrandungsfeuer (*n.*). **56** ~ **di posizione** (*aut.*), Parkleuchte (*f.*), Parklicht (*n.*). **57 luci di posizione** (luci di navigazione, luci di via, fanali di posizione, fanali di via) (*nav. - navig.*), Positionslichter (*n. pl.*), Positionslampen (*f. pl.*), Positionslaternen (*f. pl.*). **58** ~ **di posizione anteriore** (*aut.*), vordere Parkleuchte, vorderes Parklicht. **59** ~ **di posizione posteriore** (*aut.*), Schlusslicht (*n.*), Schlussleuchte (*f.*), Rücklicht (*n.*). **60** ~ **di retromarcia** (*aut.*), Rückfahrleuchte (*f.*). **61** ~ **di scarico** (*mot. - ecc.*), Auslassöffnung (*f.*), Auspufföffnung (*f.*). **62** ~ **di scarico** (di un motore Diesel p. es.) (*mot.*), Auslasschlitz (*m.*). **63** ~ **di scarico** (d'un motore Wankel) (*mot.*), Auslass-Steueröffnung (*f.*). **64** ~ **(di segnalazione) del salvagente** (*traff. strad.*), Insellampe (*f.*). **65** ~ **dispersa** (*ott.*), Streulicht (*n.*). **66** ~ **di targa** (*aut.*), Kennzeichenleuchte (*f.*), Nummernschildbeleuchtung (*f.*). **67** ~ **di travaso** (condotto dal basamento al cilindro, nei motori a due tempi) (*mot. a comb.*), Überströmkanal (*m.*). **68** ~ **diurna** (*illum.*), Tageslicht (*n.*). **69 luci di via** (luci di posizione, luci di navigazione, fanali di posizione, fanali di via) (*nav. - navig.*), Positionslichter (*n. pl.*), Positionslampen (*f. pl.*), Positionslaternen (*f. pl.*). **70** ~ **episcopica** (obliqua, per microscopi) (*ott.*), Epileuchte (*f.*). **71** ~ **fendinebbia** (fendinebbia, faro fendinebbia) (*aut.*), Nebellicht (*n.*), Nebelleuchte (*f.*), Nebellampe (*f.*). **72** ~ **fissa** (di segnalazione) (*nav. - ecc.*), Festfeuer (*n.*), festes Feuer. **73** ~ **fredda** (luminescenza ecc.) (*illum.*), kaltes Licht. **74** ~ **frontale** (per vetture tranviarie p. es.) (*illum. - veic.*), Stirnleuchte (*f.*). **75** ~ **illuminazione porta** (luce porta) (*aut.*), Trittbrettlampe (*f.*). **76** ~ **incidente** (*illum. - ott.*), auffallendes Licht, einfallendes Licht. **77** ~ **indiretta** (*illum.*), indirektes Licht. **78** ~ **intermittente** (lampi di luce) (*illum.*), Blinklicht (*n.*). **79** ~ **intermittente** (faro) (*nav. - ecc.*), Blinkfeuer (*n.*). **80** ~ **massima in altezza** (d'una pressa, distanza massima fra la tavola e la faccia inferiore dello slittone) (*macch.*), Einbauhöhe (*f.*). **81** ~ **monocromatica** (*illum.*), einfarbiges

luce

Licht. 82 ~ **nera** (*ott.*), Schwarzlicht (*n.*). 83 ~ **passante** (luce trasmessa) (*ott.*), Durchlicht (*n.*). 84 ~ **per lettura carte** (*aut.*), Kartenleuchte (*f.*). 85 ~ **pilota** (nei dispositivi idraulici per copiare) (*macch. ut. - ecc.*), Steuerschlitz (*m.*). 86 ~ **polarizzata** (*ott.*), polarisiertes Licht. 87 ~ **porta** (luce illuminazione porta) (*aut.*), Trittbrettlampe (*f.*). 88 ~ **posteriore** (lunotto, di una autovettura, vetro posteriore) (*aut.*), Rückblickscheibe (*f.*), Rückblickfenster (*n.*), Heckscheibe (*f.*). 89 ~ **posteriore** (di un aeroplano) (*aer.*), Schlusslicht (*n.*). 90 ~ **quadro** (luce cruscotto) (*aut.*), Schaltbrettleuchte (*f.*), Instrumentenleuchte (*f.*), Armaturenbeleuchtung (*f.*). 91 ~ **riflessa** (*ott.*), Lichtreflexion (*f.*). 92 ~ **riflessa** (dalla terra, sulla luna) (*astr.*), Erdlicht (*n.*), Erdschein (*m.*), aschgraues Mondlicht. 93 ~ **scale** (*ed. - elett.*), Treppenlicht (*n.*). 94 ~ **secondaria** (di un proiettore) (*aut.*), Nebenlicht (*n.*). 95 ~ **spia** (spia luminosa) (*aut. - mot.*), Kontrollampe (*f.*), Kontrolleuchte (*f.*). 96 ~ **stabile** (*illum.*), flimmerfreies Licht. 97 ~ **sui parafanghi** (fanalino anteriore sul parafango) (*aut.*), Kotflügelleuchte (*f.*). 98 ~ **targa** (*aut.*), Kennzeichenleuchte (*f.*), Nummernschildleuchte (*f.*). 99 ~ **tra i cilindri** (di laminazione) (*lamin.*), Walzspalt (*m.*). 100 ~ **trasmessa** (luce passante) (*ott.*), Durchlicht (*n.*). 101 ~ **ultrarossa** (*ott.*), Ultrarotlicht (*n.*). 102 ~ **ultravioletta** (*ott.*), Ultraviolettlicht (*n.*). 103 ~ **verde** (fanale di dritta, nella direzione di rotta) (*nav.*), Steuerbord-Seitenlaterne (*f.*). 104 **avere la ~ di...** (di un ponte p. es.) (*ed. - ecc.*), spannen, eine Spannweite von... haben. 105 **carro ~** (con gruppo elettrogeno) (*radio - telev.*), Lichtwagen (*m.*). 106 **contro ~** (*gen.*), gegen das Licht. 107 **emettitore di ~** (d'un impianto a fotocellule p. es.) (*ott.*), Lichtsender (*m.*). 108 **fattore di ~ diurna** (*illum.*), Tageslichtquotient (*m.*). 109 **fibra conduttrice di ~** (fibra fotoconduttrice, fibra ottica) (*ott.*), Lichtleitfaser (*f.*), Optikfaser (*f.*). 110 **impervio alla ~** (*ott.*), lichtdicht. 111 **interruttore a tempo luci scale** (*app. elett.*), Treppenlichtzeitschalter (*m.*). 112 **interruttore automatico luci scale** (*app. elett.*), Treppenhausautomat (*m.*). 113 **limitatore di ~** (d'un esposimetro) (*fot.*), Lichtbegrenzer (*m.*). 114 **modulatore di ~** (*app. ott.*), Lichtmodulator (*m.*), Lichtsteuergerät (*n.*). 115 **modulatore di ~** (*app. cinem.*), Lichthahn (*m.*). 116 **modulazione della ~** (*ott.*), Lichtmodulation (*f.*), Lichtsteuerung (*f.*). 117 **palo della ~** (*illum.*), Lichtmast (*m.*). 118 **quantità di ~** (prodotto del flusso luminoso per il tempo) (*ott. - illum.*), Lichtmenge (*f.*), Lichtarbeit (*f.*). 119 **raggio di ~** (*ott. - illum.*), Lichtstrahl (*m.*). 120 **riflessione di ~ dell'ambiente** (luce dell'ambiente riflessa, sullo schermo del televisore) (*telev.*), Raumlichtreflexion (*n.*). 121 **spia ~ abbaglianti** (spia sul cruscotto, dei proiettori) (*aut.*), Fernlichtanzeigelampe (*f.*). 122 **valvola ~** (modulatore di luce, cellula di Kerr p. es.) (*elettro-ottica*), Lichtventil (*n.*), Lichthahn (*m.*). 123 **velocità della ~** (*fis.*), Lichtgeschwindigkeit (*f.*). 124 **velocità superiore a quella della ~** (*fis.*), Überlichtgeschwindigkeit (*f.*).

lucentezza (*ott. - ecc.*), Glanz (*m.*). 2 ~ **metallica** (*metall.*), Metallglanz (*m.*). 3 ~ **serica** (*ott.*), Seidenglanz (*m.*).

lucentimetro (*app. ott.*), Glanzmesser (*m.*).

lucernario (*ed.*), Dachoberlicht (*n.*), Oberlicht (*n.*). 2 ~ (finestra sul tetto) (*ed.*), Dachfenster (*n.*), Dachluke (*f.*), Dachliegefenster (*n.*). 3 ~ **grigliato** (*ed.*), Lichtgitter (*n.*).

lucidante (lucido [*s.*], per metalli p. es.) (*s. - ind. chim. - tecnol.*), Poliermittel (*n.*), Politur (*f.*).

lucidare (*mecc. - ecc.*), glanzpolieren, glänzen, polieren. 2 ~ (con la lucidatrice) (*tecnol. mecc. - lav. macch. ut.*), pliessten, polieren. 3 ~ (un disegno) (*dis.*), durchzeichnen, ausziehen, durchpausen. 4 ~ (*vn.*), aufpolieren. 5 ~ (legno) (*falegn.*), polieren. 6 ~ (un pavimento) (*ed. - ecc.*), bohnern. 7 ~ (il cuoio) (*ind. cuoio*), wichsen. 8 ~ **a secco** (*tecnol.*), trockenpolieren. 9 ~ **a specchio** (*mecc. - ecc.*), hochglanzpolieren, spiegelpolieren. 10 ~ **con pelle** (*mecc.*), abledern.

lucidato (*mecc. - ecc.*), poliert. 2 ~ **a specchio** (speculare) (*mecc. - ecc.*), spiegelblank.

lucidatore (di pavimenti) (*lav.*), Bohner (*m.*).

lucidatrice (*macch. ut.*), Poliermaschine (*f.*). 2 ~ **aspirante** (*macch.*), Saugbohner (*m.*). 3 ~ **a tre spazzole** (*macch.*), Dreischeibenbohner (*m.*). 4 ~ **automatica** (*macch. ut.*), Polierautomat (*m.*). 5 ~ **elettrica** (per pavimenti) (*macch.*), elektrische Bohnermaschine. 6 ~ **per pavimenti** (*macch.*), Bohnermaschine (*f.*). 7 ~ **per (pavimenti in) pietra** (*macch. ed.*), Steinpoliermaschine (*f.*). 8 **disco per ~** (*ut.*), Pliessstscheibe (*f.*), Glanzscheibe (*f.*).

lucidatura (*gen.*), Abglänzen (*n.*), Blankpolieren (*n.*). 2 ~ (con lucidatrice) (*tecnol. mecc. - lav. macch. ut.*), Polieren (*n.*). 3 ~ (di un disegno) (*dis.*), Durchzeichnung (*f.*), Durchpausen (*n.*), Ausziehen (*n.*). 4 ~ (*vn.*), Aufpolieren (*n.*). 5 ~ (di legno) (*falegn.*), Polieren (*n.*). 6 ~ (*ind. tess.*), Glätten (*n.*). 7 ~ **a disco** (con disco di feltro, cuoio, ecc.) (*lav. macch. ut.*), Pliessten (*n.*). 8 ~ **alla fiamma** (*tecnol.*), Flammpolieren (*n.*). 9 ~ **a smeriglio** (smerigliatura) (*mecc.*), Schmirgeln (*n.*). 10 ~ **a specchio** (finitura a specchio) (*metall.*), Spiegelpolitur (*f.*), Hochglanzpolieren (*n.*). 11 ~ **chimica** (per alluminio p. es.) (*tecnol. mecc. - chim.*), chemisches Polieren. 12 ~ **elettrolitica** (*elettrochim. - tecnol. mecc.*), elektrolytisches Polieren, Blankätzen (*n.*). 13 ~ **meccanica** (*tecnol. mecc.*), mechanisches Polieren. 14 **disco per ~** (*ut.*), Pliessstscheibe (*f.*).

lucido (*a. - gen.*), glatt, blank. 2 ~ (con superficie lucida, ottenuta da lavorazione a freddo senza o con asportazione di truciolo) (*a. - metall.*), blank. 3 ~ (ricotto in bianco) (*a. - tratt. term.*), blank geglüht. 4 ~ (lucidante [*s.*], per metalli p. es.) (*s. - ind. chim. tecnol.*), Poliermittel (*n.*), Politur (*f.*). 5 ~ (copia riproducibile) (*s. - dis.*), Transparentpause (*f.*). 6 ~ (lucentezza, brillantezza) (*s. - tecnol.*), Politur (*f.*), Glanz durch Polieren. 7 ~ (lucentezza) (*s. - tess.*), Glänze (*f.*). 8 ~ **per metalli** (*ind. chim.*), Metallputz-

mittel (n.), Metallpoliermittel (n.). **9 ~ per scarpe** (crema per scarpe) (ind. chim.), Schuhkrem (f.), Schuhkreme (f.). **10 formazione di tracce lucide** (sul pezzo) (lav. macch. ut.), Blankbremsung (f.).
lucignolo (stoppino) (ind. tess.), Vorgespinst (n.), Vorgarn (n.). **2 ~** (stoppino, di una candela p. es.) (comb.), Docht (m.).
lume (apparecchio di illuminazione) (app. illum.), Leuchte (f.). **2 ~ a sospensione** (apparecchio di illuminazione a sospensione) (illum.), Pendelleuchte (f.). **3 ~ a sospensione regolabile** (lume a saliscendi, apparecchio di illuminazione a saliscendi) (app. illum.), Zugleuchte (f.). **4 ~ da pavimento** (illum.), Stehlampe (f.).
lumen (unità di mis. del flusso luminoso) (unità di mis.), Lumen (n.).
lumenmetro (app. ott.), Lichtstrommesser (m.).
lumenora (ott.), Lumenstunde (f.).
luminanza (L, cd/m³, nit) (ott. - illum.), Leuchtdichte (f.), L. **2 ~ di velo equivalente** (ott.), äquivalente Schleierleuchtdichte (f.). **3 ~ energetica** (radianza) (fis.), Strahldichte (f.). **4 ~ equivalente** (del campo visuale) (ott. - illum.), äquivalente Leuchtdichte. **5 contrasto di ~** (ott.), Leuchtdichtekontrast (m.). **6 fattore di ~ energetica** (fattore di radianza) (fis.), Strahldichtefaktor (m.). **7 misuratore di ~** (nitometro) (app. - ott.), Leuchtdichtemesser (m.). **8 soglia assoluta di ~** (illum.), absolute Wahrnehmungsschwelle. **9 temperatura di ~ monocromatica** (illum.), schwarze Temperatur.
luminescente (ott.), leuchtend. **2 applicazione della sostanza ~** (su uno schermo telev. p. es.) (elettronica), Beschirmung (f.). **3 sostanza ~** (ott.), Leuchtstoff (m.).
luminescenza (emissione di luce non termica) (ott.), Lumineszenz (f.). **2 ~ di eccitazione** (elett.), Anregungsleuchten (n.). **3 ~ d'urto elettronico** (fis.), Elektronenstossleuchten (n.). **4 ~ residua** (fis.), Nachleuchten (n.). **5 chimico-~** (chemiluminescenza) (fis.), Chemilumineszenz (f.). **6 relè a ~** (elett.), Glimmrelais (n.).
luminoforo (fosfóro, sostanza luminescente) (ott.), Luminophor (m.), Phosphor (m.), Leuchtstoff (m.), Leuchtmasse (f.).
luminosità (di un'immagine, chiarezza) (fis. - ott. - telev.), Helligkeit (f.). **2 ~** (di un obiettivo, reciproco dell'apertura relativa; rapporto fra distanza focale e diametro della pupilla di ingresso) (ott. - fot.), Blendenzahl (f.). **3 ~** (di un ambiente p. es.) (ed. - illum.), Helligkeit (f.). **4 ~ dello schermo** (telev.), Schirmhelligkeit (f.). **5 ~ di fondo** (telev.), Grundhelligkeit (f.). **6 ~ propria** (astr.), Eigenlicht (n.). **7 aumentare la ~** (telev.), auftasten. **8 aumento di ~** (telev.), Auftasten (n.). **9 regolazione della ~** (telev.), Helligkeitsregelung (f.).
luminoso (gen.), leuchtend, hell. **2 ~** (ambiente di lavoro p. es.) (ed. - illum.), hell. **3 campo ~** (superficie luminosa, d'una lampada ad arco p. es.) (ott.), Leuchtfeld (n.). **4 efficienza luminosa** (in lumen/watt) (illum.), Lichtausbeute (f.). **5 indice ~** (strum.),

Lichtzeiger (m.). **6 radianza luminosa** (emettenza luminosa, M, lm/m²) (illum.), spezifische Lichtausstrahlung, M. **7 superficie luminosa** (campo luminoso, d'una lampada ad arco p. es.) (ott.), Leuchtfeld (n.).
luna (astr.), Mond (m.). **2 ~ piena** (astr.), Vollmond (m.), Wadel (m.) (svizz.).
lunazione (astr.), Lunation (f.), Mondumlauf (m.).
lunetta (di un tornio) (macch. ut.), Lünette (f.). **2 ~** (sopra le finestre p. es.) (arch.), Lünette (f.). **3 ~** (di una volta a botte) (arch.), Stichkappe (f.), Gewölbekappe (f.), Kappfenster (n.). **4 ~ a rulli** (macch. ut.), Rollensetzstock (m.), Rollenlünette (f.). **5 ~ a ventaglio** (finestra o rosta a lunetta, su porta p. es.) (arch.), Fächerfenster (n.). **6 ~ di porta** (rosta a lunetta, su una porta) (ed.), Türoberlicht (n.), Türlünette (f.). **7 ~ fissa** (di un tornio) (masch. ut.), feste Lünette. **8 ~ mobile** (di un tornio p. es.) (macch. ut.), mitgehende Lünette. **9 ~ per tornio** (macch. ut.), Drehbanklünette (f.). **10 bussola per ~** (dotata di viti per centrare pezzi lunghi) (lav. macch. ut.), Katzenkopf (m.).
lunettata (volta) (arch.), Gratgewölbe (n.), Walmgewölbe (n.).
lungherina (longarina) (fis.), Langschwelle (f.), Längsschwelle (f.).
lunghezza (fis. - geom.), Länge (f.). **2 ~** (d'un treno) (ferr.), Stärke (f.). **3 ~ al galleggiamento** (nav.), Länge in der Wasserlinie. **4 ~ a pacco** (lunghezza con spire a contatto, di molle) (mecc.), Blocklänge (f.). **5 ~ base** (di un provino) (mecc.), Mess·strecke (f.). **6 ~ con spire a contatto** (lunghezza a pacco, di molle) (mecc.), Blocklänge (f.). **7 ~ della corda alare** (corda dell'ala) (aer.), Flügeltiefe (f.). **8 ~ della parte scanalata** (di una punta elicoidale) (ut.), Spirallänge (f.). **9 ~ della porzione filettata** (di una vite) (mecc.), Gewindelänge (f.). **10 ~ della scintilla** (elett.), Funkenlänge (f.). **11 ~ della slittata** (d'un veicolo con le ruote bloccate) (veic.), Rutschweg (m.). **12 ~ del pianale** (veic.), Pritschenlänge (f.). **13 ~ del treno** (ferr.), Zuglänge (f.), Zugstärke (f.). **14 ~ di accesso** (di ingranaggi) (mecc.), Kopfflanken-Eingriffsstrecke (f.), Kopfeingriffstrecke (f.). **15 ~ di appoggio** (sul terreno, d'un pneumatico) (aut.), Latschlänge (f.). **16 ~ di avvitamento** (mecc.), Einschraublänge (f.). **17 ~ di azione** (di ingranaggi, parte usata della linea d'azione, lunghezza di contatto) (mecc.), Eingriffsstrecke (f.). **18 ~ di base** (lunghezza del tratto di misura, della rugosità p. es.) (mecc.), Bezugsstrecke (f.). **19 ~ di dentatura** (d'una broccia) (ut.), Zahnungslänge (f.). **20 ~ di migrazione** (elettronica), Wanderlänge (f.). **21 ~ d'ingombro** (lunghezza totale) (gen.), Gesamtlänge (f.). **22 ~ di parola** (calc.), Wortlänge (f.). **23 ~ di recesso** (di ingranaggi) (mecc.), Fussflanken-Eingriffsstrecke (f.). **24 ~ di ricoprimento** (prodotto della larghezza del dente per la tangente dell'angolo dell'elica) (mecc.), Sprung (m.). **25 ~ di rilassamento** (fis. nucl.), Abbremsungslänge (f.), Relaxationslänge (f.). **26 ~ di rottura** (indice della resistenza di un filato o carta) (ind.

lungo

tess.), Bruchlänge (*f.*), Reisslänge (*f.*). 27 ~ **di serraggio** (di un collegamento a vite) (*mecc.*), Klemmlänge (*f.*). 28 ~ **di tornitura** (di un tornio) (*macch. ut.*), Arbeitslänge (*f.*). 29 ~ **d'olio** (*vn. - chim.*), Öllänge (*f.*). 30 ~ **d'onda** (*fis.*), Wellenlänge (*f.*). 31 ~ **elementare** (10^{-13} cm) (*fis. atom.*), Elementarlänge (*f.*). 32 ~ **finita** (*mat.*), endliche Länge. 33 ~ **fissa di parola** (*calc.*), konstante Wortlänge. 34 ~ **fuori tutto** (lunghezza d'ingombro) (*mis.*), Baulänge (*f.*), Gesamtlänge (*f.*). 35 ~ **fuori tutto** (*nav.*), Gesamtlänge (*f.*), Länge über alles. 36 ~ **inferiore alla normale** (spezzone, sottomisura, di rotaie p. es.) (*ind. metall.*), Unterlänge (*f.*). 37 ~ **libera (dell'asta sollecitata) a pressoflessione** (*sc. costr.*), Knicklänge (*f.*). 38 ~ **portante** (nelle misure di rugosità) (*mecc.*), Traglänge (*f.*). 39 ~ **totale** (lunghezza d'ingombro) (*gen.*), Gesamtlänge (*f.*). 40 ~ **tra i terminali** (d'un cavo) (*elett.*), Trassenlänge (*f.*), Streckenlänge (*f.*). 41 ~ **tra le perpendicolari** (*costr. nav.*), Länge zwischen den Perpendikeln. 42 ~ **utile** (*mecc. - ecc.*), Nutzlänge (*f.*). 43 ~ **variabile di parola** (*calc.*), variable Wortlänge.

lungo (*gen.*), lang. 2 **di** ~ (longitudinalmente) (*nav.*), längsschiffs.

lungobanco (galleria lungobanco) (*min.*), Richtstrecke (*f.*).

lungometraggio (*cinem.*), Spielfilm (*m.*).

lunotto (luce posteriore, di una autovettura) (*aut.*), Rückblickscheibe (*f.*), Rückblickfenster (*n.*), Rückfenster (*n.*), Heckscheibe (*f.*). 2 ~ **termico** (con resistenze elettriche incorporate) (*aut.*), Heizscheibe (*f.*).

luogo (posto) (*gen.*), Ort (*m.*), Stelle (*f.*). 2 ~ (*geom.*), Ort (*m.*). 3 ~ **dei punti** (*geom.*), Ort der Punkte. 4 ~ **d'impiego** (*macch. - (ecc.*), Verwendungsstelle (*f.*). 5 ~ **di resa** (resa, di merci) (*comm.*), Ablieferungsort (*m.*). 6 ~ **di residenza** (*leg.*), Wohnort (*m.*). 7 ~ **geometrico** (*geom.*), geometrischer Ort. 8 ~ **pubblico** (istituzione pubblica, biblioteca p. es.) (*ed.*), öffentliche Anstalt. 9 **aver** ~ (*gen.*), stattfinden. 10 **non aver** ~ (non verificarsi) (*gen.*), ausfallen.

lupo (apritoio, battitoio) (*macch. tess.*), Abfallreiniger (*m.*), Wolf (*m.*). 2 ~ **apritore** (*macch. tess.*), Reisswolf (*m.*), Wolf (*m.*). 3 ~ **cardatore** (battitoio cardatore) (*macch. tess.*), Krempelwolf (*m.*).

lusec (unità = 10^{-3} Torr · l/s) (*tecnica del vuoto*), lusec (*n.*).

lustrini (lastrine di metallo per stoffe) (*ind. tess.*), Pailletten (*f. pl.*).

lutare (*mur. - fond.*), kitten.

lutezio (*Lu - chim.*), Lutetium (*n.*).

lux (unità di illuminamento) (*unità di mis.*), lux (*n.*).

luxmetro (illuminometro) (*app. - illum.*), Beleuchtungsmesser (*m.*), Luxmeter (*n.*).

L.V. (lettera di vettura) (*trasp. ferr.*), Frachtbrief (*m.*).

ly (langley = cal/cm²) (*unità di mis.*), ly, langley (*n.*).

lysoformio (disinfettante) (*chim.*), Lysoform (*n.*).

M

M (mega, 10⁶) (*misura*), M, Mega. **2** ~ (momento) (*sc. costr. - ecc.*), M, Moment (*n.*). **3** ~ (martensite) (*metall.*), M, Martensit (*m.*). **4** ~ (metacentro) (*costr. nav.*), M, Metazentrum (*n.*). **5** ~ (numero di Mach, rapporto tra velocità dell'aria e velocità del suono) (*aer.*), M, Machzahl (*f.*). **6** ~ (radianza luminosa) (*illum.*), M, spezifische Lichtausstrahlung. **7** ~ (radianza energetica) (*fis.*), M_e, spezifische Ausstrahlung.

m (milli - 1/1000) (*unità di mis.*), m, Milli. **2** ~ (metro) (*unità di mis.*), m, Meter (*m.*).

Ma (masurio) (*chim.*), Ma, Masurium (*n.*).

mA (milliampere) (*mis. - elett.*), mA, Milliampere.

maar (lago craterico) (*geol.*), Maar (*n.*).

macadam (massicciata con legante all'acqua) (*costr. strad.*), Makadam (*m.*). **2** ~ (pavimentazione in macadam) (*costr. strad.*), Makadamdecke (*f.*). **3** ~ **al bitume** (con bitume come legante) (*costr. strad.*), Asphaltmischmakadam (*m.*), Bitumenmakadam (*m.*). **4** ~ **al catrame** (con catrame oppure miscela di bitume e catrame come legante) (*costr. strad.*), Teermischmakadam (*m.*), Teermakadam (*m.*).

macadamizzare (pavimentare a macadam) (*costr. strad.*), makadamisieren, schotten.

macchia (*gen.*), Fleck (*m.*), Flecken (*m.*). **2** ~ (d'inchiostro p. es.) (*uff. - ecc.*), Klecks (*m.*), Flecken (*m.*). **3** ~ **catodica** (*elettronica*), Kathodenfleck (*m.*). **4** ~ **da bruciatura** (bruciatura, difetto di rettifica) (*lav. macch. ut.*), Brandfleck (*m.*). **5** ~ **da decapaggio** (*difetto - metall.*), Beizfleck (*m.*). **6** ~ **gialla** (dello stagno) (*difetto metall.*), gelber Fleck. **7** ~ **gialla** (della retina) (*ott.*), gelber Fleck. **8** ~ **ionica** (*elettronica*), Ionenfleck (*m.*). **9** ~ **solare** (*astr.*), Sonnenfleck (*m.*).

macchiare (*gen.*), flecken, beflecken.

macchiato (*gen.*), fleckig.

macchiatura (*gen.*), Flecken (*n.*). **2** ~ **a finto legno** (*vn.*), Maserung (*n.*).

macchina (*macch.*), Maschine (*f.*). **2** ~ (autovettura) (*aut.*), Personenkraftwagen (*m.*). **3** ~ (da palcoscenico) (*macch.*), Theatermaschine (*f.*). **4** ~ **a cassetta** (macchina fotografica a cassetta) (*macch. fot.*), Kastenkamera (*f.*), Boxkamera (*f.*), Büchsenkamera (*f.*). **5** ~ **accoppiatrice** (per fabbricare cartone ondulato) (*macch.*), Beklebemaschine (*f.*). **6** ~ **a comando numerico** (macchina a controllo numerico) (*macch. ut. - ecc.*), numerisch gesteuerte Maschine, NC-Maschine (*f.*). **7** ~ **a corsa lunga** (*macch. ut.*), Langhubmaschine (*f.*). **8** ~ **a deformazione** (macchina per la lavorazione dei metalli senza asportazione di truciolo) (*macch.*), Umformmaschine (*f.*), Maschine für spanlose Metallbearbeitung. **9** ~ **ad espansione semplice** (macchina a vapore ad espansione semplice) (*macch.*), Einfachexpansionsmaschine (*f.*). **10** ~ **ad iniezione** (macchina per pressofusione) (*macch. fond.*), Pressgussmaschine (*f.*), Druckgussmaschine (*f.*). **11** ~ **ad iniezione** (per lo stampaggio di materie termoplastiche) (*macch.*), Spritzgiessmaschine (*f.*), Spritzmaschine (*f.*). **12** ~ **ad iniezione a camera fredda** (*macch. fond.*), Kaltkammermaschine (*f.*), Kaltkammerdruckgussmaschine (*f.*). **13** ~ **ad iniezione ad aria compressa** (pressocolatrice pneumatica (*macch. fond.*), Druckluftgiessmaschine (*f.*). **14** ~ **ad iniezione a stantuffo** (*macch. fond.*), Kolbenpressmaschine (*f.*). **15** ~ **ad iniezione a stantuffo** (per materie plastiche) (*macch.*), Kolbenspritzgiessmaschine (*f.*). **16** ~ **ad iniezione a vite** (per materie plastiche (*macch.*), Schneckenspritzgiessmaschine (*f.*). **17** ~ **a dividere** (*macch.*), Teilmaschine (*f.*), Teilapparat (*m.*). **18** ~ **a dividere** (per la lavorazione di ruote dentate) (*lav. macch. ut.*), Kreisteilmaschine (*f.*). **19** ~ **a dividere circolare** (*macch.*), Kreisteilmaschine (*f.*), Teilkreisapparat (*m.*). **20** ~ **a dividere lineare** (*macch.*), Längenteilmaschine (*f.*), Längenteilapparat (*m.*). **21** ~ **a doppio collettore** (*macch. elett.*), Doppelkollektormaschine (*f.*). **22** ~ **ad otto fusi** (macchina ad otto mandrini) (*macch. ut.*), Achtspindler (*m.*). **23** ~ **a due giri** (macchina da stampa a due giri) (*macch. da stampa*), Zweitourenmaschine (*f.*). **24** ~ **a gas** (grande motore a gas d'altoforno) (*mot. - metall.*), Gasmaschine (*f.*). **25** ~ **a gettone** (distributore a gettone) (*macch.*), Automat (*m.*), Münzautomat (*m.*). **26** ~ **agricola** (*macch. agric.*), Landmaschine (*f.*), Landwirtschaftsmaschine (*f.*), Ackerbaumaschine (*f.*). **27** ~ **alternativa** (*macch.*), Kolbenmaschine (*f.*). **28** ~ **alternativa** (motrice alternativa) (*macch. a vapore*), Kolbenkraftmaschine (*f.*). **29** ~ **a moneta** (distributore a moneta) (*macch.*), Münzautomat (*m.*), Automat (*m.*). **30** ~ **antideflagrante** (macchina in esecuzione antideflagrante, macchina in costruzione antideflagrante) (*macch. elett.*), explosionsgeschützte Maschine, schlagwettergeschützte Maschine. **31** ~ **a pantografo** (pantografo, attrezzo per riprodurre su una macch. ut. una curva p. es.) (*att. - mecc.*), Kurvenabtaster (*m.*), Pantograph (*m.*). **32** ~ **a passo alto** (*macch. tess.*), Hochfachmaschine (*f.*). **33** ~ **aperta** (macch. in esecuzione aperta) (*macch. elett.*), offene Maschine. **34** ~ **a poli non salienti** (*macch. elett.*), Vollpolmaschine (*f.*). **35** ~ **a poli salienti** (*macch. elett.*), Schenkelpolmaschine (*f.*), Maschine mit ausgeprägten Polen. **36** ~ **a quadrupla espansione** (*macch. a vapore*), Vierfachexpansionsmaschine (*f.*). **37** ~ **a quattro mandrini** (macchina a quattro fusi) (*macch. ut.*), Vierspindler (*m.*). **38** ~ **a quattro poli** (*macch. elett.*),

macchina

vierpolige Maschine. **39 ~ a raffreddamento naturale** (macchina autoventilata) (*elett.*), Maschine mit Selbstkühlung. **40 ~ a schede perforate** (*macch.*), Lochkartenmaschine (*f.*). **41 ~ a scrittura cifrata** (*macch.*), Geheimschreibmaschine (*f.*). **42 ~ a sei fusi** (macchina a sei mandrini, tornio p. es.) (*macch. ut.*), Sechsspindler (*m.*). **43 ~ a sei mandrini** (macchina a sei fusi, tornio p. es.) (*macch. ut.*), Sechsspindler (*m.*). **44 ~ asincrona** (*macch. elettr.*), asynchrone Maschine. **45 ~ (asincrona) a doppio campo** (a doppia induzione) (*macch. elettr.*), Doppelfeldmaschine. **46 ~ a spiegamento rapido** (macchina «Polaroid») (*macch. fot.*), Polaroid-Kamera (*f.*), Sofortbild-Kamera (*f.*), Einminutenkamera (*f.*). **47 ~ a tavola piana** (*macch. - mft. carta*), Langsiebmaschine (*f.*). **48 ~ a trasferimento** («transfer») (*macch. ut.*), Transfermaschine (*f.*). **49 ~ a tre fusi** (macchina a tre mandrini) (*macch. ut.*), Dreispindelmaschine (*f.*). **50 ~ a tre mandrini** (macchina a tre fusi) (*macch. ut.*), Dreispindelmaschine (*f.*). **51 macchine ausiliarie per la stampa a rotocalco** (*macch. da stampa*), Tiefdruckhilfsmaschinen (*f. pl.*). **52 ~ automatica** (*macch. - macch. ut.*), Automat (*m.*). **53 ~ automatica ad un utensile** (*macch. ut.*), Einstahl-Automat (*m.*). **54 ~ automatica a magazzino** (*macch. ut.*), Magazinautomat (*m.*). **55 ~ automatica a moneta** (distributore automatico a moneta od a gettone) (*macch.*), Münzautomat (*m.*), Automat (*m.*). **56 ~ automatica a più fusi** (od a più mandrini) (*macch. ut.*), Mehrspindelautomat (*m.*). **57 ~ automatica a più utensili** (*macch. ut.*), Mehrstahlautomat (*m.*). **58 ~ automatica per copiare** (*macch. ut.*), Fassonautomat (*m.*). **59 ~ automatica monoutensile** (*macch. ut.*), Einstahlautomat (*m.*). **60 ~ automatica (per lavorazione) dalla barra** (tornio automatico per lavorazione dalla barra) (*macch. ut.*), Stangenautomat (*m.*). **61 ~ automatica pianocilindrica a due colori** (*macch. da stampa*), Zweifarben-Zylinderdruckautomat (*m.*). **62 ~ autoventilata** (macchina a raffreddamento naturale) (*macch. elettr.*), Maschine mit Selbstkühlung. **63 ~ a vapore** (motrice a vapore) (*macch.*), Dampfmaschine (*f.*). **64 ~ a vapore a condensazione** (*macch.*), Kondensationsdampfmaschine (*f.*), Kondensationsmaschine (*f.*). **65 ~ a vapore ad espansione** (*macch.*), Expansionsdampfmaschine (*f.*). **66 ~ a vapore ad espansione semplice** (*macch.*), einstufige Dampfmaschine, Einfachexpansionsmaschine (*f.*). **67 ~ a vapore ad inversione di marcia** (*macch.*), Umkehrdampfmaschine (*f.*). **68 ~ a vapore a doppio effetto** (*macch.*), doppeltwirkende Dampfmaschine. **69 ~ a vapore alternativa** (motrice a vapore alternativa) (*macch.*), Kolbendampfmaschine (*f.*). **70 ~ a vapore a scarico libero** (macchina a vapore con scarico nell'atmosfera) (*macch.*), Auspuffmaschine (*f.*), atmosphärische Dampfmaschine. **71 ~ a vapore a semplice effetto** (*macch.*), einfachwirkende Dampfmaschine. **72 ~ a vapore compound** (*macch.*), Verbunddampfmaschine (*f.*), Compounddampfmaschine (*f.*). **73 ~ a vapore con distribuzione a cassetto** (*macch.*), Schieberdampfmaschine (*f.*). **74 ~ a vapore con distribuzione a valvole** (*macch.*), Ventildampfmaschine (*f.*). **75 ~ a vapore con scarico nell'atmosfera** (*macch.*), atmosphärische Dampfmaschine. **76 ~ a vapore fissa** (*macch.*), ortsfeste Dampfmaschine. **77 ~ a vapore orizzontale** (*macch.*), liegende Dampfmaschine. **78 ~ a vapore verticale** (*macch.*), stehende Dampfmaschine. **79 ~ a ventilazione separata** (*macch. elettr.*), Maschine mit Fremdkühlung. **80 ~ avvolta in parallelo** (*macch. elettr.*), Nebenschlussmaschine (*f.*). **81 ~ bruciapelo** (*macch. tess.*), Sengmaschine (*f.*). **82 ~ bruciapelo a gas** (*macch. tess.*), Gassengmaschine (*f.*). **83 ~ bruciapelo a piastre** (*macch. tess.*), Plattensengmaschine (*f.*). **84 ~ caricatrice** (caricatrice, per minerali p. es.) (*min.*), Lademaschine (*f.*). **85 ~ chiusa** (macchina in esecuzione chiusa) (*macch. elettr.*), geschlossene Maschine. **86 ~ (chiusa) a ventilazione esterna** (macchina con ventilazione a mantello) (*macch. elettr.*), oberflächengekühlte Maschine. **87 ~ cinematografica sonora** (cinepresa sonora) (*cinem.*), Lichttonkamera (*f.*). **88 ~ circolare** (*macch. tess.*), Schlauchmaschine (*f.*). **89 ~ circolare per maglieria** (telaio circolare per maglieria) (*macch. tess.*), Rundstrickmaschine (*f.*), Rundstrickstuhl (*m.*), Rundwirkmaschine (*f.*). **90 ~ completamente automatica** (*macch. ut.*), Vollautomat (*m.*). **91 ~ composita** (per fabbricare l'imballaggio, riempirlo e chiuderlo) (*imball.*), Verbundmaschine (*f.*). **92 ~ compound** (*macch. elettr.*), Doppelschlussmaschine (*f.*), Verbundmaschine (*f.*), Kompoundmaschine (*f.*). **93 ~ con motore incorporato** (*macch. ut.*), Maschine mit Einzelantrieb. **94 ~ contabile** (*macch. contabilità*), Buchungsmaschine (*f.*), Buchhaltungsmaschine (*f.*). **95 ~ contabile automatica** (*macch. contabilità*) Buchungsautomat (*m.*). **96 ~ continua** (continua, per carta) (*macch.*), Langsiebmaschine (*f.*). **97 ~ con ventilazione a mantello** (macchina chiusa con ventilazione esterna) (*macch. elettr.*), oberflächengekühlte Maschine. **98 ~ cordonatrice** (*macch. mft. carta*), Einfassmaschine (*f.*). **99 ~ crittografica** (*macch.*), Chiffriermaschine (*f.*). **100 ~ cucitrice a filo metallico** (*macch. legatoria*), Drahtheftmaschine (*f.*). **101 ~ da caffè (espresso)** (macchina per caffè espresso) (*macch.*), Kaffeemaschine (*f.*), Expressmaschine (*f.*). **102 ~ da corsa** (vettura da corsa) (*aut.*), Rennwagen (*m.*). **103 ~ da presa** (cinepresa) (*macch. cinem.*), Bildkamera (*f.*), Bildaufnahmekamera (*f.*), Filmkamera (*f.*), Laufbildkamera (*f.*), Kamera (*f.*). **104 ~ da presa cinematografica** (cinepresa) (*cinem.*), Filmkamera (*f.*), Filmaufnahmeapparat (*m.*). **105 ~ da presa con registrazione del suono** (macchina da presa sonora) (*macch. cinem.*), Bild-Ton-Kamera (*f.*), Tonkamera (*f.*). **106 ~ da presa sonora** (cinepresa sonora) (*macch. cinem.*), Tonkamera (*f.*), Bild-Ton-Kamera (*f.*). **107 ~ da presa triplice** (per film panoramico) (*cinem.*), Dreifachbildkamera (*f.*). **108 ~ da ricamo** (*macch. tess.*), Stickmaschine (*f.*). **109 ~ da sovrastampa** (per confezioni p. es.) (*imball. - ecc.*), Bedruckmaschine (*f.*).

110 ~ da stampa (*macch. da stampa*), Druckmaschine (*f.*). 111 ~ **da stampa a due giri** (macchina a due giri) (*macch. da stampa*), Zweitourenmaschine (*f.*). 112 ~ **da stampa all'anilina** (macchina da stampa flessografica) (*macch. da stampa*), Anilindruckmaschine (*f.*). 113 ~ **da stampa a platina** (pedalina) (*macch. da stampa*), Tiegeldruckpresse (*f.*). 114 ~ **da stampa a rotocalco** (*macch. da stampa*), Tiefdruckmaschine (*f.*), Tiefdruckrotationsmaschine (*f.*). 115 ~ **da stampa calcografica** (*macch. da stampa*), Tiefdruckmaschine (*f.*). 116 ~ **da stampa calcografica alimentata dal foglio** (macchina rotocalco dal foglio) (*macch. da stampa*), Tiefdruckbogenmaschine (*f.*). 117 ~ **da stampa dal foglio** (*macch. da stampa*), Bogendruckmaschine (*f.*), Bogenmaschine (*f.*). 118 ~ **da stampa flessografica** (*macch. da stampa*), Anilindruckmaschine (*f.*). 119 ~ **da stampa in piano** (macchina per la stampa planografica) (*macch. da stampa*), Flachdruckmaschine (*f.*), Flachdruckpresse (*f.*). 120 ~ **da stampa litografica** (macchina litografica) (*macch. da stampa*), Steindruckmaschine (*f.*). 121 ~ **da stampa metallografica** (*macch. da stampa*), Blechdruckmaschine (*f.*). 122 ~ **da stampa offset** (*macch. da stampa*), Offsetdruckmaschine (*f.*). 123 ~ **da stampa planografica** (macchina per la stampa in piano) (*macch. da stampa*), Flachdruckmaschine (*f.*), Flachdruckpresse (*f.*). 124 ~ **da stampa rotativa** (macchina rotativa) (*macch. da stampa*), Rotationsdruckmaschine (*f.*). 125 ~ **da stampa rotativa a matrice piana** (rotativa per stampa planografica) (*macch. da stampa*), Flachdruckrotationsmaschine (*f.*). 126 ~ **da stampa rotocalco dal foglio** (*macch. da stampa*), Tiefdruckbogenmaschine (*f.*). 127 ~ **da stampa serigrafica** (macchina per serigrafia) (*macch. da stampa*), Siebdruckmaschine (*f.*). 128 ~ **da stampa tipografica** (*macch. da stampa*), Buchdruckmaschine (*f.*), Hochdruckmaschine (*f.*). 129 ~ **da stampa veloce** (*macch. da stampa*), Schnellpresse (*f.*). 130 ~ **di Atwood** (per la dimostrazione delle leggi sulla caduta dei gravi) (*macch. fis.*), Fallmaschine (*f.*). 131 ~ **didattica elettronica** (macch. elettronica per insegnare) (*macch.*), Elektronik-Lehrgerät (*n.*). 132 ~ **di elevate prestazioni** (*macch.*), Hochleistungsmaschine (*f.*). 133 ~ **dinamoelettrica** (*macch. elett.*), Maschine mit Elektromagnet. 134 ~ **di estrazione** (impianto di estrazione) (*macch. min.*), Fördermaschine (*f.*). 135 ~ **di governo** (*macch. nav.*), Rudermaschine (*f.*). 136 ~ **di montaggio** (*macch. - ecc.*), Anbauvorrichtung (*f.*). 137 ~ **di propulsione** (macchina o motore principale, motore di propulsione, di una nave) (*macch. nav.*), Hauptmaschine (*f.*). 138 ~ **distenditrice** (*macch. tess.*), Rahmenmaschine (*f.*). 139 ~ **eccitata in parallelo** (*macch. elett.*), Nebenschlussmaschine (*f.*). 140 ~ **edile** (*macch.*), Baumaschine (*f.*). 141 ~ **elettrica** (*macch. elett.*), elektrische Maschine. 142 ~ **elettrica a poli salienti** (*macch. elett.*), Schenkelpolmaschine (*f.*), Maschine mit ausgeprägten Polen. 143 ~ **elettrostatica** (*macch. elett.*), Elektrisiermaschine (*f.*). 144 ~ **formatrice** (*macch. fond.*), vedi formatrice. 145 ~ **fotocompositrice** (fotocompositrice) (*macch. da stampa*), Lichtsetzmaschine (*f.*). 146 ~ **fotografica** (*macch. fot.*), Kamera (*f.*). 147 ~ **fotografica a cassetta** (*macch. fot.*), Kastenkamera (*f.*), Boxkamera (*f.*). 148 ~ **fotografica a soffietto** (*macch. fot.*), Klappkamera (*f.*), Balgenkamera (*f.*). 149 ~ **(fotografica) reflex** (*macch. fot.*), Reflexkamera (*f.*). 150 ~ **frigorifera** (*macch. frigorifera*), Kältemaschine (*f.*). 151 ~ **frigorifera a compressione** (*macch. frigorifera*), Kompressionskältemaschine (*f.*). 152 ~ **frigorifera ad ammoniaca** (*macch.*), Ammoniakkältemaschine (*f.*). 153 ~ **frigorifera ad assorbimento** (*macch. frigorifera*), Absorptionskältemaschine (*f.*). 154 ~ **grafica a doppio giro** (*macch. da stampa*), Zweitourenmaschine (*f.*). 155 ~ **grafica a giro continuo** (*macch. da stampa*), Eintourenmaschine (*f.*). 156 ~ **idraulica** (*macch.*), hydraulische Maschine. 157 ~ **in esecuzione antideflagrante** (macchina in costruzione antideflagrante, macchina antideflagrante) (*macch. elett.*), explosionsgeschützte Maschine, schlagwettergeschützte Maschine. 158 ~ **in esecuzione aperta** (macchina aperta) (*macch. elett.*), offene Maschine. 159 ~ **in esecuzione chiusa** (macchina chiusa) (*macch. elett.*), geschlossene Maschine. 160 ~ **in esecuzione protetta** (macchina protetta) (*macch. elett.*), geschützte Maschine. 161 ~ **in tondo** (per carta) (*macch.*), Rundsiebmaschine (*f.*). 162 ~ **isolacavi** (macchina per l'isolamento dei cavi) (*macch. elett.*), Kabelisoliermaschine (*f.*). 163 ~ **lanciapiattelli** (per il tiro al piattello) (*macch.*), Wurfmaschine (*f.*). 164 ~ **lanciapigiata** (*forno - metall.*), Torkretmaschine (*f.*). 165 ~ **lavabottiglie** (*macch.*), Spülmaschine (*f.*). 166 ~ **lavapiatti** (*macch.*), Tellerwaschmaschine (*f.*). 167 ~ **lavatrice** (lavatrice) (*macch.*), Waschmaschine (*f.*). 168 ~ **litografica** (*macch. da stampa*), Steindruckmaschine (*f.*). 169 ~ **litografica rapida** (*macch. da stampa*), Steindruckschnellpresse (*f.*). 170 ~ **magnetoelettrica** (magnete) (*elett.*), magnetelektrische Maschine, Magnet (*m.*). 171 ~ **metallografica** (*macch. da stampa*), Blechdruckmaschine (*f.*). 172 ~ **monoscopo** (macch. ut. per la lavorazione di un dato tipo di pezzo) (*macch. ut.*), Einzweckmaschine (*f.*). 173 ~ **motrice** (motore, per la trasformazione di una energia in energia meccanica) (*macch. - mot.*), Kraftmaschine (*f.*). 174 ~ **multicellulare a pistoni assiali** (*macch.*), Axialkolben-Mehrzellenmaschine (*f.*). 175 ~ **offset** (*macch. da stampa*), Offsetmaschine (*f.*). 176 ~ **offset ad alta velocità** (*macch. da stampa*), Offsetschnelläufer (*m.*). 177 ~ **offset a matrice piana** (*macch. da stampa*), Flachoffsetmaschine (*f.*). 178 ~ **offset con forma in piano** (macchina a matrice piana) (*macch. da stampa*), Mailänder Andruckpresse, Flachoffsetmaschine (*f.*). 179 ~ **operatrice** (macch. ut. p. es.) (*macch.*), Arbeitsmaschine (*f.*). 180 ~ **orizzontale** (*elett. - ecc.*), liegende Maschine. 181 ~ **per aerofotocartografia** (*macch. fotogr.*), Luftbildmesskamera (*f.*). 182 ~ **per aerofotografia** (macchina per fotografie aeree, aerofotocamera) (*macch. fotogr.*), Luft-

macchina

bildkamera (*f.*). 183 ~ **per appuntire** (*macch. ut.*), Anspitzmaschine (*f.*). 184 ~ **per armare cavi** (*elett. - macch.*), Kabelbewehrungsmaschine (*f.*). 185 ~ **per arrotondare e lucidare le estremità di perni** (*macch.*), Zapfenenden-Abrund- und Poliermaschine (*f.*). 186 ~ **per asciugare** (*macch. tess.*), Trockenmaschine (*f.*). 187 ~ **per assemblaggio (automatico)** (*macch.*), Fügemaschine (*f.*). 188 ~ **per avvolgere catene** (*macch. tess.*), Bäummaschine (*f.*). 189 ~ **per brillatura** (brillatoio, per il riso) (*macch.*), Glanzmaschine (*f.*). 190 ~ **per bulloneria ricalcata** (*macch.*), Bolzenkopfanstauchmaschine (*f.*). 191 ~ **per caffè espresso** (*macch.*), Expressmaschine (*f.*). 192 ~ **per calandrare** (macchina per satinare, macchina per lisciare) (*macch. mft. carta*), Glättmaschine (*f.*). 193 ~ **per calze** (*macch. tess.*), Strumpfmaschine (*f.*). 194 ~ **per calze metalliche** (trecciatrice per guaine, macchina per guaine metalliche intrecciate per cavi) (*macch.*), Umklöppelmaschine (*f.*), Drahtumspinnmaschine (*f.*). 195 ~ **per capitelli** (per l'applicazione di capitelli) (*macch. legatoria*), Kapitalmaschine (*f.*). 196 ~ **per caricare** (caricatrice, del combustibile nei reattori nucleari p. es.) (*macch.*), Lademaschine (*f.*). 197 ~ **per chiamata a segnali** (*telef.*), Ruf- und Signalmaschine (*f.*). 198 ~ **per colata centrifuga** (macchina per fusioni centrifughe) (*macch. fond.*), Schleudergiessmaschine (*f.*). 199 ~ **per colata continua** (*macch. fond.*), Stranggiessmaschine (*f.*). 200 ~ **per commettitura** (commettitrice) (*macch. per funi*), Seilschlagmaschine (*f.*). 201 ~ **per composizione** (compositrice) (*macch. da stampa*), Setzmaschine (*f.*). 202 ~ **per composizioni musicali** (*macch.*), Notenschreibmaschine (*f.*). 203 ~ **per confezionare sacchetti di cellofane** (*macch.*), Zellglasbeutelmaschine (*f.*). 204 ~ **per confezione in buste** (*imball.*), Kuvertiermaschine (*f.*). 205 ~ **per coniare** (per monete p. es.) (*macch.*), Prägestanze (*f.*). 206 ~ **per costruzioni stradali** (*macch. costr. strad.*), Strassenbaumaschine (*f.*). 207 ~ **per cucire** (*macch.*), Nähmaschine (*f.*). 208 ~ **per cucire a zig-zag** (*macch.*), Zickzacknähmaschine (*f.*). 209 ~ **per dividere** (*macch.*), Teilmaschine (*f.*). 210 ~ **per dividere circolare** (*macch.*), Kreisteilmaschine (*f.*). 211 ~ **per dividere lineare** (*macch.*), Längenteilmaschine (*f.*). 212 ~ **per divisioni lineari** (*macch.*), Längenteilmaschine (*f.*). 213 ~ **per divisioni lineari e circolari** (*macch.*), Längen- und Kreisteilmaschine (*f.*). 214 ~ **per equilibratura** (*macch.*), Auswuchtmaschine (*f.*). 215 ~ **per eseguire calze metalliche** (macchina per eseguire guaine in fili metallici intrecciati) (*macch.*), Drahtumspinnmaschine (*f.*), Umklöppelmaschine (*f.*). 216 ~ **per estrudere** (estrusore, per mat. plastiche) (*macch. - tecnol.*), Strangpresse (*f.*). 217 ~ **per estrudere anime** (*macch. fond.*), Kernstopfmaschine (*f.*). 218 ~ **per estrudere a depressione** (per fabbricazione di porcellane) (*macch.*), Vakuumpresse (*f.*). 219 ~ **per estrudere a vite** (estrusore a vite, per materie plastiche) (*macch.*), Schneckenpresse (*f.*), Schneckenspritzmaschine (*f.*). 220 ~ **per fare punte** (macchina per chiodi) (*macch.*), Drahtstiftmaschine (*f.*). 221 ~ **per fare trefoli** (*macch. funi*), Verlitzmaschine (*f.*). 222 ~ **per fatture** (fatturatrice) (*macch. amm.*), Fakturiermaschine (*f.*). 223 ~ **per formare** (*macch. fond.*), vedi formatrice. 224 ~ **per formare a mano con sollevamento a candele** (*macch. fond.*), Handformmaschine mit Stiftenabhebung. 225 ~ **per forti produzioni** (*macch.*), Hochleistungsmaschine (*f.*). 226 ~ **per fotografie aeree** (macchina per aerofotografia, aerofotocamera) (*macch. fotogr.*), Luftbildkamera (*f.*). 227 ~ **per fusioni centrifughe** (macchina per colata centrifuga) (*macch. fond.*), Schleudergiessmaschine (*f.*). 228 ~ **per getti centrifugati** (macchina per colata centrifuga) (*macch. fond.*), Schleudergiessmaschine (*f.*). 229 ~ **per giunti** (macchina per tagliare giunti in pavimentazioni stradali) (*macch. costr. strad.*), Fugenschneider (*m.*), Fugenschneidegerät (*n.*). 230 ~ **per il lavaggio di automobili** (*aut. - macch.*), Autowaschmaschine (*f.*), Wagenwaschmaschine (*f.*), Waschkompressor (*m.*). 231 ~ **per il lavaggio in largo** (lavatrice in largo) (*macch. tess.*), Breitwaschmaschine (*f.*). 232 ~ **per imballaggi** (*macch.*), Packmaschine (*f.*). 233 ~ **per imballi « skin »** (con foglio di resina termoplastica) (*macch. imball.*), Hautverpackungsmaschine. 234 ~ **per imbottigliare** (imbottigliatrice) (*macch.*), Flaschenfüllmaschine (*f.*), Einfüllmaschine (*f.*). 235 ~ **per incisioni** (per stampa ecc.) (*macch.*), Graviermaschine (*f.*). 236 ~ **per iniezione** (di materie termoplastiche) (*macch.*), Spritzgussmaschine (*f.*), Spritzmaschine (*f.*). 237 ~ **per iniezione di calcestruzzo** (*macch. ed.*), Betonspritzmaschine (*f.*). 238 ~ **per iniezione di cemento** (*macch. ed.*), Zementpressmaschine (*f.*), Zementeinspritzapparat (*m.*). 239 ~ **per insaccare** (*macch.*), Absackmaschine (*f.*). 240 ~ **per insegnare elettronica** (macchina didattica elettronica) (*macch.*), Elektronik-Lehrgerät (*n.*). 241 ~ **per intrecciare** (funi) (*macch.*), Flechtmaschine (*f.*). 242 ~ **per intrecciare funi** (intrecciatrice per funi) (*macch.*), Seilflechtmaschine (*f.*). 243 ~ **per irruvidire pavimentazioni stradali** (macchina per irruvidire manti stradali) (*macch. costr. strad.*), Pflasteraufrauhgerät (*n.*). 244 ~ **per la bronzatura** (bronzatrice) (*macch. ind. grafiche*), Bronziermaschine (*f.*). 245 ~ **per la coloritura in largo** (*macch. tess.*), Breitfärbemaschine (*f.*), Jigger (*m.*). 246 ~ **per la commettitura** (macchina per l'avvolgimento, di funi) (*macch.*), Schlagmaschine (*f.*). 247 ~ **per la composizione fotografica** (fotocompositrice, compositrice a sistema fotografico) (*macch. da stampa*), Photosetzmaschine (*f.*), Lichtsetzmaschine (*f.*). 248 ~ **per la fabbricazione dei cartoni ondulati** (*macch. ind. carta*), Wellpappenmaschine (*f.*). 249 ~ **per la fabbricazione dei gelati** (*macch. ind.*), Eismaschine (*f.*). 250 ~ **per la fabbricazione del burro** (*macch.*), Buttermaschine (*f.*), Butterfertiger (*m.*). 251 ~ **per la filatura del raion cuproammoniacale** (*macch. tess.*), Kupraspinnmaschine (*f.*). 252 ~ **per la lavorazione dei metalli** (*macch.*), Metallbearbeitungsmaschine (*f.*). **253** ~ **per la lavorazione dei metalli senza asportazione di truciolo** (*macch.*), Maschine für spanlose Metallbearbeitung. **254** ~ **per la lavorazione della lamiera a stampo** (*macch. lav. lamiera*), Stanzereimaschine (*f.*). **255** ~ **per la lavorazione del legno** (*macch. lav. legno*), Holzbearbeitungsmaschine (*f.*). **256** ~ **per la posa di cavi** (macchina posacavi) (*macch. elett. - ecc.*), Kabelverlegemaschine (*f.*). **257** ~ **per la posa di traversine** (macchina per posare traversine) (*ferr. - macch.*), Schwellenverlegemaschine (*f.*). **258** ~ **per (l'applicazione di) capitelli** (*legatoria*), Kapitalmaschine (*f.*). **259** ~ **per la preparazione di cordami** (*macch.*), Dündtelmaschine (*f.*), Biesenmaschine (*f.*). **260** ~ **per la pressatura di tubi** (pressa per la prova di tubi, a pressione idraulica) (*macch.*), Rohrprüfpresse (*f.*). **261** ~ **per la produzione di lastre** (in mater. plast.) (*macch.*), Plattenanlage (*f.*). **262** ~ **per la prova alle vibrazioni torsionali** (*tecnol. mecc. - macch.*), Drehschwingungsprüfmaschine (*f.*). **263** ~ **per la prova della verità** (*macch. - leg.*), Lügendetektor (*m.*). **264** ~ **per la prova d'ingranaggi** (*macch.*), Zahnradprüfmaschine (*f.*). **265** ~ **per la raccolta delle bietole** (estirpatore per bietole) (*macch. agric.*), Rübenerntmaschine (*f.*). **266** ~ **per la rigatura** (rigatrice, di canne di armi da fuoco) (*macch.*), Ziehbank (*f.*). **267** ~ **per l'arrotondamento del dorso** (*macch. - legatoria*), Rückenrundemaschine (*f.*). **268** ~ **per l'assestamento del binario** (*macch. - ferr.*), Gleisstopfmaschine (*f.*), Schwellenstopfmaschine (*f.*). **269** ~ **per la stampa** (*macch. da stampa*), vedi macchina da stampa. **270** ~ **per la tintura in largo** (*macch. tess.*), Breitfärbemaschine (*f.*). **271** ~ **per l'avvolgimento di molle** (elicoidali) (*macch. ut.*), Federwindmaschine (*f.*). **272** ~ **per legatura a spirale** (*macch. legatoria*), Spiralbindungsmaschine (*f.*). **273** ~ **per (l'esecuzione di) giunti** (di pavimentazioni stradali) (*macch. costr. strad.*), Fugenschneider (*m.*), Fugenschneidegerät (*n.*). **274** ~ **per l'esecuzione di rilievi** (o di scanalature o gole, su corpi cilindrici cavi) (*macch. lav. di lamiere*), Sickenmaschine (*f.*). **275** ~ **per l'estrusione di guaine su cavi** (*macch. - elett.*), Kabelumspritzmaschine (*f.*). **276** ~ **per l'estrusione dinamica** (pressa per estrusione dinamica) (*macch.*), Schlagstrangpresse (*f.*). **277** ~ **per l'estrusione di tubi** (estrusore per tubi) (*macch.*), Rohrpresse (*f.*), Röhrenpresse (*f.*), Rohrstrangpresse (*f.*). **278** ~ **per limare** (limatrice, limola p. es.) (*macch.*), Feilmaschine (*f.*). **279** ~ **per lisciare** (macchina per calandrare, macchina per satinare) (*macch. mft. carta*), Glättmaschine (*f.*). **280** ~ **per l'isolamento dei cavi** (macchina isolacavi) (*elett. - macch.*), Kabelisoliermaschine (*f.*). **281** ~ **per maglieria** (telaio per maglieria) (*macch. tess.*), Strickmaschine (*f.*), Wirkmaschine (*f.*). **282** ~ **per maglieria a mano** (*macch. tess.*), Handstrickmaschine (*f.*). **283** ~ **(per maglieria) Cotton** (fabbricazione di calze) (*macch. tess.*), Cottonmaschine (*f.*). **284** ~ **per perlinaggi** (macchina per perlinature) (*macch. - falegn.*), Spundmaschine

(*f.*). **285** ~ **per pettinare il lino** (pettinatrice per lino) (*macch. tess.*), Flachshechel (*f.*), Flachshechelmaschine (*f.*). **286** ~ **per pigiate** (pigiatrice, per forni) (*metall.*), Stampfmaschine (*f.*). **287** ~ **per più provini** (*macch. prove mater.*), Vielprobenmaschine (*f.*). **288** ~ **per posare traversine** (macchina per la posa di traversine) (*macch. - ferr.*), Schwellenverlegemaschine (*f.*). **289** ~ **per pressofusione** (*macch. fond.*), Druckgussmaschine (*f.*), Pressgussmaschine (*f.*). **290** ~ **per pressofusione a camera calda** (*macch. fond.*), Warmkammermaschine (*f.*), Warmkammer-Druckgussmaschine (*f.*). **291** ~ **per proiezione di calcestruzzo** (*macch. ing. civ.*), Torkretmaschine (*f.*). **292** ~ **per provare la rumorosità di ingranaggi** (*macch.*), Zahnrad-Geräuschprüfmaschine (*f.*). **293** ~ **per prove dei materiali** (*macch. - tecnol.*), Werkstoffprüfmaschine (*f.*), Materialprüfungsmaschine (*f.*). **294** ~ **per prove di abrasione** (*macch.*), Abnutzungsprüfmaschine (*f.*). **295** ~ **per prove di compressione** (*macch. prova di mater.*), Druckprüfmaschine (*f.*). **296** ~ **per prove di durezza** (*macch.*), Härteprüfmaschine (*f.*). **297** ~ **per prove di fatica** (*macch. prova di mater.*), Dauerprüfmaschine (*f.*). **298** ~ **per prove di fatica a flessione alternata** (*macch.*), Wechselbiegemaschine (*f.*). **299** ~ **per prove di fatica con carico pulsante** (pulsatore, ad azionamento oleoidraulico p. es.) (*macch.*), Pulsator (*m.*). **300** ~ **per prove di flessione** (*macch. prova di mater.*), Biegeprüfmaschine (*f.*). **301** ~ **per prove di flessione alternata** (*macch. prova di mater.*), Prüfmaschine für Biegeschwingungen. **302** ~ **per prove di flessione rotante** (*macch.*), Umlaufbiegemaschine (*f.*). **303** ~ **per prove di piegatura** (*macch. prova di mater.*), Faltprüfmaschine (*f.*). **304** ~ **per prove di torsione** (*macch.*), Torsionsprüfmaschine (*f.*). **305** ~ **per prove di torsione alternata** (*macch. prova di mater.*), Prüfmaschine für Drehschwingungen. **306** ~ **per prove di trazione** (*macch. prova mater.*), Zugprüfmaschine (*f.*), Zerreissmaschine (*f.*). **307** ~ **per prove di usura** (*macch.*), Abnutzungsprüfmaschine (*f.*). **308** ~ **per prove d'urto** (macchina per prove di resilienza, macch. Charpy p. es.) (*app.*), Schlagprüfgerät (*n.*). **309** ~ **per riempire e chiudere tubetti** (*macch.*), Tubenfüll- und Schliessmaschine (*f.*). **310** ~ **per ripresa sonora** (*cinem.*), Magnettonkamera (*f.*). **311** ~ **per riprese accelerate** (acceleratore) (*macch. cinem.*), Zeitraffer (*m.*). **312** ~ **per riprese al rallentatore** (macchina per ripresa ultrarapida, rallentatore) (*macch. cinem.*), Zeitdehner (*m.*), Zeitlupe (*f.*). **313** ~ **per riproduzioni** (*tip.*), Reproduktionskamera (*f.*). **314** ~ **per ritagliare profili** (con movimento a mano della lamiera, roditrice) (*macch. lav. lamiera*), Nagemaschine (*f.*), Aushauscher (*f.*). **315** ~ **per rotocalco** (rotativa calcografica) (*macch. da stampa*), Tiefdruckrotationsmaschine (*f.*). **316** ~ **per rotocalco a più colori** (rotativa calcografica a più colori) (*macch. da stampa*), Mehrfarben-Tiefdruckrotationsmaschine (*f.*). **317** ~ **per sabbiatura** (sabbiatrice) (*macch.*), Sandstrahl-

macchina

apparat (*m.*), Sandstrahlgebläse (*m.*). 318 ~ **per sabbiatura a tavola rotante** (*macch.*), Drehtischsandstrahlapparat (*m.*). 319 ~ **per sacchi di cemento** (macch. per confezionare sacchi di cemento) (*macch.*), Zementsackmaschine (*f.*). 320 ~ **per satinare** (macchina per calandrare, macchina per lisciare) (*macch. mft. carta*), Glättmaschine (*f.*). 321 ~ **per scrivere** (*macch. uff.*), Schreibmaschine (*f.*). 322 ~ **per scrivere automatica** (comandata da nastro perforato p. es.) (*macch.*), Schreibautomat (*m.*). 323 ~ **per scrivere con aste portacaratteri** (*macch. uff.*), Typenstangen-Schreibmaschine (*f.*). 324 ~ **per scrivere con leve portacaratteri** (*macch. uff.*), Typenhebel-Schreibmaschine (*f.*). 325 ~ **per scrivere con ruota portacaratteri** (*macch. uff.*), Typenrad-Schreibmaschine (*f.*). 326 ~ **per scrivere con sfera portacaratteri** (*macch. per uff.*), Typenkugelschreibmaschine (*f.*). 327 ~ **per scrivere elettrica** (*macch. uff.*), elektrische Schreibmaschine. 328 ~ **per scrivere fonetica** (comandata dalla voce) (*macch.*), sprachgesteuerte Schreibmaschine. 329 ~ **per scrivere portatile** (*macch. uff.*), Reiseschreibmaschine (*f.*), Flachschreibmaschine (*f.*). 330 ~ **per scrivere tipo studio** (*macch. uff.*), Büroschreibmaschine (*f.*). 331 ~ **per serigrafia** (macch. per la stampa serigrafica) (*macch. da stampa*), Siebdruckmaschine (*f.*). 332 ~ **per sfogliare** (sfogliatrice) (*macch. lav. legno*), Furniermaschine (*f.*). 333 ~ **per sfogliare in piano** (sfogliatrice in piano) (*macch. lav. legno*), Furniermessermaschine (*f.*), Messer (*n.*). 334 ~ **per sfogliare in tondo** (sfogliatrice in tondo) (*macch. lav. legno*), Schälmaschine (*f.*). 335 ~ **per sigillare** (per tubi elettronici) (*macch.*), Einschmelzmaschine (*f.*). 336 ~ **per smerigliare** (*macch. - ind. cuoio*), Blanchiermaschine (*f.*). 337 ~ **per smussare** (smussatrice) (*macch.*), Kantenabschrägmaschine (*f.*). 338 ~ **per stampa** (*macch. da stampa*), *vedi* macchina da stampa. 339 ~ **per stampaggio a iniezione** (di mat. plast.) (*macch.*), Spritzgiessmaschine (*f.*). 340 ~ **per stampaggio a iniezione a vite** (di mat. plast.) (*macch.*), Schneckenspritzgiessmaschine (*f.*). 341 ~ **per stigliare** (scotolatrice) (*macch. tess.*), Schwingmaschine (*f.*), Schläger (*m.*), Batteur (*m.*). 342 ~ **per stirare e curvare** (*macch. lav. lamiera*), Streckbiegemaschine (*f.*). 343 ~ **per tagliare** (*macch. tess. - ecc.*), Schneidemaschine (*f.*). 344 ~ **per tagliare fogli per impiallacciatura** (sfogliatrice) (*macch.*), Furniermaschine (*f.*). 345 ~ **per tornitura in lastra** (tornio per lastra, tornio per imbutiture) (*macch. ut.*), Drückmaschine (*f.*). 346 ~ **per trazione-compressione** (per prove di fatica) (*macch.*), Zug-Druck-Maschine (*f.*). 347 ~ **per troncare** (troncatrice) (*macch. ut.*), Trennmaschine (*f.*). 348 ~ **per ufficio** (*macch. per uff.*), Büromaschine (*f.*). 349 ~ **piega-cartoni** (*macch.*), Pappenbiegemaschine (*f.*). 350 ~ **« Polaroid »** (*macch. fot.*), *vedi* macchina a spiegamento rapido. 351 ~ **posabinario** (macchina posarotaie) (*macch. - ferr.*), Schienenlegemaschine (*f.*), Geleisebaumaschine (*f.*). 352 ~ **posacavi** (macchina per la posa di cavi) (*macch. - elett. - ecc.*), Kabelverlegemaschine (*f.*). 353 ~ **posteriore** (macchina trifase od esafase a commutatore, d'un gruppo regolatore trifase) (*macch. elett.*), Hintermaschine (*f.*). 354 ~ **principale** (motore principale, macchina o motore di propulsione, di una nave) (*macch. nav.*), Hauptmaschine (*f.*). 355 ~ **protetta** (macchina in esecuzione protetta) (*macch. elett.*), geschützte Maschine. 356 ~ **protetta contro gli spruzzi d'acqua** (*macch. elett.*), spritzwassergeschützte Maschine. 357 ~ **protetta contro il contatto** (*macch. elett.*), Maschine mit Berührungsschutz. 358 ~ **protetta contro le onde d'acqua** (*macch. elett.*), schwallwassergeschützte Maschine. 359 ~ **protetta contro lo stillicidio** (*macch. elett.*), tropfwassergeschützte Maschine. 360 ~ **prova-ingranaggi** (*macch.*), Zahnrad-Laufprüfmaschine (*f.*). 361 ~ **raccoglitrice** (raccoglitrice, dei fogli stampati) (*macch. tip. - legatoria*), Zusammentragmaschine (*f.*). 362 ~ **rettilinea per maglieria** (*macch. tess.*), Flachstrickmaschine (*f.*). 363 ~ **reversibile** (turbina-pompa p. es.) (*macch.*), Umkehrmaschine (*f.*). 364 ~ **rotativa** (macch. per la stampa rotativa, rotativa) (*macch. da stampa*), Rotationsdruckmaschine (*f.*). 365 ~ **rotativa dal foglio** (*macch. da stampa*), Bogenrotationsmaschine (*f.*). 366 ~ **rotativa per la stampa a rotocalco dalla bobina** (*macch. da stampa*), Tiefdruckrotationsmaschine für Rollendruck. 367 ~ **rotativa per la stampa da bobina** (*macch. da stampa*), Rotationsdruckmaschine für Rollendruck. 368 ~ **rotativa per la stampa rotocalcografica dal foglio** (*macch. da stampa*), Tiefdruckbogenmaschine (*f.*). 369 ~ **rotativa tipografica dal foglio** (*macch. da stampa*), Hochdruckbogenrotationsmaschine (*f.*). 370 ~ **rotocalco dal foglio** (macchina da stampa calcografica alimentata dal foglio) (*macch. da stampa*), Tiefdruckbogenmaschine (*f.*). 371 ~ **semiautomatica** (*macch. - macch. ut.*), Halbautomat (*m.*). 372 ~ **sincrona** (*macch. elett.*), Synchronmaschine (*f.*). 373 ~ **soffia-anime** (soffiatrice per anime) (*macch. formatura*), Kernblasmaschine (*f.*). 374 ~ **spandiconcime** (*macch. agric.*), Düngerstreuer (*m.*), Düngerstreumaschine (*f.*). 375 ~ **spara-anime** (*macch. fond.*), Kernschiessmaschine (*f.*). 376 ~ **stagna all'acqua** (*macch. elett.*), wasserdicht gekapselte Maschine. 377 ~ **stampa-indirizzi** (*macch.*), Adressiermaschine (*f.*), « Adrema ». 378 ~ **termica** (motore termico) (*mot. - macch.*), Wärmekraftmaschine (*f.*). 379 ~ **tipografica automatica** (*macch. da stampa*), Buchdruckautomat (*m.*). 380 ~ **tipografica automatica a due colori** (*macch. da stampa*), Zweifarben-Buchdruckautomat (*m.*). 381 ~ **tipografica pianocilindrica** (*macch. da stampa*), Zylinderdruckautomat (*m.*). 382 ~ **universale** (*macch.*), Vielzweckmaschine (*f.*). 383 ~ **utensile** (*macch. ut.*), Werkzeugmaschine (*f.*). 384 ~ **utensile a comando numerico** (macchina utensile a controllo numerico) (*macch. ut.*), numerisch gesteuerte Werkzeugmaschine, NC-Werkzeugmaschine (*f.*). 385 ~ **utensile automatica** (*macch. ut.*), Automat (*m.*), automatische Werkzeugmaschine. 386 ~ **veloce**

(*macch.*), Schnelläufermaschine (*f.*). **387 ~ ventilata in circuito chiuso** (*elett.*), Maschine mit Umlaufkühlung. **388 ~ verticale** (*elett. - ecc.*), stehende Maschine. **389 a ~** (*meccanicamente*) (*mecc.*), maschinell. **390 finito di ~** (*mecc.*), maschinenfertig. **391 parola di ~** (*calc.*), Maschinenwort (*n.*). **392 preparazione ~** (*lav. macch. ut. - analisi tempi*), Rüsten (*n.*). **393 programma di ~** (*calc.*), Maschinenprogramm (*m.*). **394 scheda di ~** (*macch.*), Maschinenkarte (*f.*). **395 tempo ~** (tempo durante il quale la macch. esegue la lavorazione di un pezzo) (*analisi tempi*), Nutzungszeit (*f.*).
macchinario (*macch.*), Maschinerie (*f.*).
macchinetta (*macch.*), Maschine (*f.*). **2 ~ per caffè** (*att.*), Kaffeemaschine (*f.*). **3 ~ per numerare le pagine** (numeratrice) (*macch.*), Paginiermaschine (*f.*). **4 ~ temperalapis** (*macch. uff.*), Bleistiftanschärfmaschine (*f.*), Bleistiftspitzmaschine (*f.*).
macchinista (*ferr.*), Führer (*m.*), Lokomotivführer (*m.*). **2 ~** (ufficiale di macchina) (*nav.*), Schiffsingenieur (*m.*). **3 ~** (*teatro - lav.*), Maschinist (*m.*), Maschinenmeister (*m.*), Bühnenarbeiter (*m.*). **4 ~** (addetto alla macchina di estrazione) (*min.*), Fördermaschinist (*m.*). **5 aiuto ~** (*lav. ferr.*), Beimann (*m.*).
macellare (mattare) (*ind. della carne*), schlachten, töten.
macello (mattatoio) (*ind. - ed.*), Schlachthaus (*n.*), Schlachthof (*m.*).
macerare (*ind. tess. - ecc.*), mazerieren, rotten, einweichen.
macerazione (*ind. tess. - ecc.*), Mazeration (*f.*), Einweichung (*f.*). **2 ~** (maturazione, stagionatura, di argilla umida per migliorarne la plasticità) (*fond.*), Mauken (*n.*). **3 ~ del lino** (*ind. tess.*), Flachsrotte (*f.*).
macerie (*ed.*), Schutt (*m.*), Trümmer (*n. pl.*).
macero (*gen.*), *vedi* macerazione. **2 carta da ~** (*ind. - ecc.*), Makulatur (*f.*). **3 mandare al ~** (carta) (*ind. - ecc.*), einstampfen, makulieren.
Mach, angolo di ~ (*aerodin.*), Machscher Winkel. **2 cono di ~** (*aerodin.*), Machscher Kegel. **3 numero di ~** (rapporto fra velocità di volo e velocità del suono) (*aer.*), Machzahl (*f.*), Machsche Zahl.
Mache (emanazione di radio, unità di misura della concentrazione di radio nell'aria od in soluzioni) (*radioatt.*), Mache-Einheit (*f.*), ME.
machmetro (*strum. aer.*), Machmeter (*n.*).
macina (palmento) (*macch.*), Mahlgang (*m.*), Mühle (*f.*), Mahlanlage (*f.*). **2 ~ a cilindri** (cilindraia) (*macch. min. - ecc.*), Walzenmühle (*f.*).
macinabilità (*ind.*), Mahlbarkeit (*f.*).
macinare (*agric. - ecc.*), mahlen, vermahlen. **2 ~ completamente** (*gen.*), ausmahlen.
macinazione (del grano p. es.) (*ind.*), Mahlung (*f.*), Vermahlung (*f.*). **2 ~** (*vn. - ecc.*), Vermahlung (*f.*). **3 ~** (frantumazione, di minerali) (*min.*), Brechen (*n.*). **4 ~ a secco** (*ind.*), Trockenmahlung (*f.*). **5 finezza di ~** (*agric. - ecc.*), Mahlgrad (*m.*), Mahlfeinheit (*f.*). **6 impianto di ~ del cemento** (*ed.*), Zementmahlanlage (*f.*).
macinino (macinino da caffè p. es.) (*att.*), Mühle (*f.*). **2 ~ da caffè** (*att.*), Kaffeemühle (*f.*).

maciulla (gramola) (*macch. tess.*), Brechbank (*f.*), Breche (*f.*), Brake (*f.*).
maciullare (scotolare, gramolare, stigliare, asportare le parti legnose, del lino p. es.) (*ind. tess.*), schwingen, brechen, braken.
macrochimica (*chim.*), Makrochemie (*f.*).
macroclima (*meteor.*), Grossklima (*n.*).
macrofotografia (*fot.*), Makrophotographie (*f.*), Lupenphotographie (*f.*), Nahaufnahme (*f.*). **2 tavolo per ~** (*fot.*), Makrotisch (*m.*), Makrodiatisch (*m.*).
macrogeometrico (superficie lavorata) (*mecc.*), makrogeometrisch.
macrografia (*metall.*), Makrographie (*f.*).
macroistruzione (*calc.*), Makroinstruktion (*f.*).
macromolecola (*chim.*), Makromolekül (*n.*).
macromolecolare (*chim.*), makromolekular, hochmolekular.
macroscopico (*ott.*), makroskopisch.
macrosegregazione (*metall.*), Makroseigerung (*f.*), Blockseigerung (*f.*).
macrostruttura (*metall.*), Grobgefüge (*n.*), Makrostruktur (*f.*).
madiere (trave trasversale del fondo dello scafo) (*costr. nav.*), Wrange (*f.*), Bodenwrange (*f.*).
madre (nella produzione dei dischi) (*elettroacus.*), Mutter (*f.*), Mutterplatte (*f.*).
madrelingua (*pers. - ecc.*), Muttersprache (*f.*).
madreperla (*ind.*), Perlmutter (*f.*), Perlmutt (*n.*).
madrevite (filettatura interna) (*mecc.*), Muttergewinde (*n.*), Innengewinde (*n.*). **2 ~** (particolare con filettatura femmina, dado p. es.) (*mecc.*), Mutter (*f.*). **3 ~** (chiocciola, di un tornio) (*macch. ut.*), Schlossmutter (*f.*), Schloss (*m.*), Mutterschloss (*n.*). **4 ~ dello sterzo** (*aut.*), Lenkspindelmutter (*f.*), Spindelmutter (*f.*). **5 diametro di nocciolo della ~** (*mecc.*), Mutter-Kerndurchmesser (*m.*). **6 diametro esterno della ~** (*mecc.*), Mutter-Aussendurchmesser (*m.*).
maestra (vela maestra) (*nav.*), Grossegel (*n.*).
maestranze (operai di una fabbrica p. es.) (*ind.*), Gewerkschaft (*f.*), Belegschaft (*f.*), Arbeiterschaft (*f.*), Arbeitskraft (*f.*).
maestro (di scuola) (*lav.*), Lehrer (*m.*). **2 ~ d'ascia** (carpentiere navale) (*lav. - costr. nav.*), Schiffszimmermann (*m.*). **3 ~ di pennello** (imbianchino, verniciatore) (*lav. ed.*), Malermeister (*m.*).
magazzinaggio (tenuta in magazzino) (*ind.*), Lagerung (*f.*). **2 ~** (spese per tenuta in magazzino) (*ind.*), Lagerkosten (*f.*).
magazziniere (*lav.*), Lageraufseher (*m.*), Lagerwart (*m.*). **2 carrello ~** (per il prelevamento dal magazzino di materiali ordinati) (*trasp. ind.*), Kommissionierstapler (*m.*).
magazzino (*ind.*), Lager (*n.*), Lagerraum (*m.*). **2 ~** (deposito; per pezzi, d'una linea a trasferimento p. es.) (*macch. ut.*), Speicher (*m.*). **3 ~ aereo mobile** (trasportatore-magazzino sospeso) (*ind.*), umlaufendes Lager, Umlauflager (*n.*). **4 ~ a scaffalature verticali** (magazzino verticale) (*ind.*), Hochregallager (*n.*). **5 ~ di distribuzione** (*comm. - ecc.*), Auslieferungslager (*n.*). **6 ~ di modelli** (da esposizione) (*comm.*), Musterlager (*n.*), Musterstelle (*f.*). **7 ~ distribuzione utensili** (untensileria) (*ind.*),

maggioranza

Magazin (*n.*), Werkzeugausgabe (*f.*). **8 ~ doganale** (magazzino franco) (*finanz. - comm.*), Zollager (*n.*), Zollniederlager (*n.*), Freilager (*n.*). **9 ~ frigorifero** (magazzino refrigerato, cella frigorifera) (*ind.*), Kaltlagerraum (*m.*), Kühlhaus (*n.*), Kühlzelle (*f.*), Kühlraum (*m.*). **10 ~ materiali indefiniti** (magazzino materie prime) (*ind.*), Rohstofflager (*n.*), Rohmateriallager (*n.*), Rohlager (*n.*). **11 ~ materie prime** (magazzino materiali indefiniti) (*ind.*), Rohstofflager (*n.*), Rohmateriallager (*n.*). **12 ~ mobile** (con materiale circolante su trasportatore continuo p. es.) (*ind.*), Fliesslager (*n.*), Wanderlager (*n.*). **13 ~ modelli** (*fond.*), Modell-Lager (*m.*). **14 ~ prodotti finiti** (*ind.*), Fertiglager (*n.*). **15 ~ refrigerato** (magazzino frigorifero, cella frigorifera) (*ind.*), Kühlhaus (*n.*), Kühlzelle (*f.*), Kühlraum (*m.*). **16 ~ ricambi** (*ind.*), Ersatzteillager (*n.*). **17 ~ semilavorati** (*ind.*), Halbfabrikatenlager (*n.*). **18 ~ utensili** (*ind.*), Werkzeugmagazin (*n.*). **19 ~ verticale** (magazzino a scaffalature verticali) (*ind.*), Hochregallager (*n.*). **20 ~** (*ind.*), auf Lager, vorrätig. **21 bolla di ~** (buono di magazzino) (*amm.*), Lagerschein (*m.*). **22 carrello elevatore per magazzini verticali** (*trasp. ind.*), Hochregalstapler (*m.*). **23 coltivazione a ~** (*min.*), Firstenbau (*m.*), Schrumpfbau (*m.*). **24 contabilità di ~** (*ind.*), Lagerbuchführung (*f.*), Lagerbuchhaltung (*f.*), Mengenabrechnung (*f.*). **25 differenza di ~** (*ind. - amm.*), Lagerbruch (*m.*). **26 eccedenza di ~** (*ind. - amm.*), Überbestand (*m.*). **27 grado di utilizzazione del ~** (*ind.*), Lagernutzungsgrad (*m.*). **28 grande ~** (grande emporio) (*comm. - ed.*), Kaufhaus (*n.*), Warenhaus (*n.*), Kaufetage (*f.*). **29 mettere a ~** (immagazzinare) (*ind.*), lagern, in Lager setzen. **30 mettere a ~** (tenere di scorta) (*ind.*), auf Lager legen. **31 produttività del ~** (misura della velocità di rotazione delle scorte nell'unità di tempo) (*ind.*), Lagerproduktivität (*f.*). **32 scheda di ~** (*ind.*), Lagerbestandkarte (*f.*), Lagerkarte (*f.*). **33 tempo (di giacenza) a ~** (periodo d'immagazzinamento) (*ind.*), Lagerzeit (*f.*). **34 tenere a ~** (*ind.*), aufbewahren. **35 tenere a ~** (avere disponibile) (*comm.*), vorrätig haben. **36 tenuta a ~** (*ind.*), Lagerhaltung (*f.*).

maggioranza (*gen.*), Majorität (*f.*). **2 ~ assoluta** (*leg.*), absolute Majorität.

maggiorato (*mecc.*), überdimensioniert.

maggiorazione (di un pezzo) (*mecc.*), Übermass (*n.*), Übergrösse (*f.*). **2 ~** (dei pistoni p. es., per cilindri riàlesati) (*mot.*), Übergrösse (*f.*). **3 ~** (tempi aggiuntivi, al tempo normale per tenere conto della fatica, ecc.) (*cronotecnica*), Verteilzeitzuschlag (*m.*). **4 ~ per fatica** (*cronotecnica*), Ermüdungszuschlag (*m.*). **5 ~ per lavoro gravoso** (supplemento per lavoro gravoso) (*lav.*), Erschwerniszulage (*f.*).

maggiorenne (*a. - lav. - ecc.*), grossjährig, mündig.

maggioritario (*gen.*), Majoritäts..., Mehrheits... **2 portatore ~** (supporto maggioritario) (*elettronica*), Majoritätsträger (*m.*), Mehrheitsträger (*m.*).

magistratura (*leg.*), Richteramt (*n.*).

maglia (di rete) (*gen.*), Netzmasche (*f.*). **2 ~** (di un setaccio o filtro) (*ind.*), Masche (*t.*). **3 ~** (di una catena) (*mecc.*). Glied (*n.*). **4 ~** (di travatura reticolare) (*ed.*), Feld (*n.*). **5 ~** (di calza) (*ind. tess.*), Masche (*f.*). **6 ~** (modulo costruttivo) (*ed.*), Raster (*m.*), konstruktiver Raster. **7 ~ del filtro** (*mot. - ecc.*), Filtermasche (*f.*). **8 ~ del vaglio** (*ed. - ecc.*), Siebmasche (*f.*), Sieböffnung (*f.*). **9 ~ di catena** (anello) (*mecc.*), Kettenglied (*n.*), Lasche (*f.*). **10 ~ di catena con traversino** (*mecc.*), Kettenglied mit Steg. **11 ~ di cingolo** (*veic.*), Raupenglied (*n.*). **12 ~ terminale** (di una catena) (*mecc.*), Schlussglied (*n.*). **13 ago da ~** (*att.*), Stricknadel (*f.*). **14 a ~ fine** (setaccio p. es.) (*ind.*), feinmaschig, fein. **15 a ~ larga** (setaccio, filtro ecc.) (*ind.*), grossmaschig, weitmaschig. **16 a ~ piccola** (setaccio p. es.) (*gen.*), feinmaschig, fein. **17 a ~ stretta** (vaglio p. es.) (*gen.*), feinmaschig, fein. **18 collegare le maglie** (di catene) (*nav.*), einschäkeln. **19 costruzione a maglie modulari** (reticolo modulare) (*ed.*), modularer Raster. **20 fissare le maglie** (legare l'ultima fila delle maglie) (*ind. tess.*), abketteln. **21 lavorare a ~** (*ind. tess.*), stricken. **22 lavorazione a ~** (*ind. tess.*), Stricken (*n.*), Wirkerei (*f.*). **23 lavoro a ~** (*ind. tess.*), Strickarbeit (*f.*). **24 regola delle maglie** (legge di Kirchhoff) (*elett. - fis.*), Maschenregel (*f.*). **25 tessuto a ~** (*ind. tess.*), Strickgewebe (*n.*), Trikotgewebe (*n.*).

magliaia (*lav. tess.*), Strickerin (*f.*), Wirkerin (*f.*).

magliaio (*lav. tess.*), Stricker (*m.*), Wirker (*m.*).

maglieria (*ind. tess.*), Wirkwaren (*f. pl.*). **2 lana per ~** (lana per lavorazione a maglia) (*ind. tess.*), Strickwolle (*f.*). **3 macchina circolare per ~** (*macch. tess.*), Rundstrickmaschine (*f.*), Rundwirkmaschine (*f.*). **4 macchina per ~** (telaio per maglieria) (*macch. tess.*), Strickmaschine (*f.*), Wirkmaschine (*f.*). **5 macchina rettilinea per ~** (*macch. tess.*), Flachstrickmaschine (*f.*). **6 telaio per ~** (*macch. tess.*), Wirkstuhl (*m.*).

maglificio (*ind.*), Strickerei (*f.*).

maglio (*macch. per fucinatura*), Hammer (*m.*), Schmiedehammer (*m.*). **2 ~ a balestra** (maglio a molla) (*macch. per fucinatura*), Federhammer (*m.*). **3 ~ a caduta libera** (berta) (*macch. per fucinatura*), Fallhammer (*m.*). **4 ~ a catena** (berta a catena) (*macch. per fucinatura*), Kettenfallhammer (*m.*). **5 ~ a cinghia** (berta a cinghia) (*macch. per fucinatura*), Riemenfallhammer (*m.*). **6 ~ a contraccolpo** (*macch. per fucinatura*), Gegenschlaghammer (*m.*). **7 ~ ad aria compressa** (maglio pneumatico) (*macch. per fucinatura*), Lufthammer (*m.*), Druckllufthammer (*m.*). **8 ~ ad aria compressa ad un montante** (maglio pneumatico ad un montante) (*macch. per fucinatura*), Einständer-Lufthammer (*m.*). **9 ~ ad aria compressa per fucinatura a stampo** (*macch. per fucinatura*), Luftgesenkhammer (*m.*). **10 ~ a doppio effetto** (maglio a vapore) (*macch. per fucinatura*), Oberdruckhammer (*m.*). **11 ~ a due montanti** (*macch. per fucinatura*), Zweiständerhammer (m.). 12 ~ a frizione (macch. per fucinatura), Friktionsschmiedehammer (m.). 13 ~ a leva (macch. per fucinatura), Aufwerfhammer (m.), Aufwurfhammer (m.). 14 ~ a molla (maglio a balestra) (macch. per fucinatura), Federhammer (m.). 15 ~ a tavola (berta a tavola) (macch. per fucinatura), Brettfallhammer (m.). 16 ~ autocompressore (nel quale l'aria compressa viene prodotta nel maglio stesso) (macch. - fucinatura), Lufthammer (m.). 17 ~ a vapore (macch. per fucinatura), Dampfhammer (m.). 18 ~ (a vapore) a doppio effetto (macch. per fucinatura), Oberdruckhammer (m.). 19 19 ~ Dynapak (maglio ad alta energia) (macch. fucin.), Dynapak-Maschine. 20 ~ magnetico (per tranciare, ecc.; forza fino a 2000 kp) (macch.), Magnethammer (m.). 21 ~ meccanico (macch. per fucinatura), Maschinenhammer (m.), Krafthammer (m.). 22 ~ per abbozzatura preliminare (maglio per scapolatura) (macch. per fucinatura), Vorschmiede-Fallhammer (m.). 23 ~ per fucinatura (macch. per fucinatura), Schmiedehammer (m.). 24 ~ per fucinatura a stampo (macch. per fucinatura), Gesenkschmiedehammer (m.). 25 ~ per fucinatura libera (macch. per fucinatura), Freiform-Schmiedehammer (m.). 26 ~ per sbozzatura (macch. per fucinatura), Vorschmiedehammer (m.). 27 ~ per scapolatura (maglio per abbozzatura preliminare) (macch. per fucinatura), Vorschmiede-Fallhammer (m.). 28 ~ per spianare (o per raddrizzare) (macch. per fucinatura), Richthammer (m.). 29 ~ per stampaggio (maglio per fucinatura a stampo) (macch. per fucinatura), Gesenkhammer (m.). 30 ~ per stampaggio a doppio effetto (maglio per fucinatura a stampo a doppio effetto) (macch. per fucinatura), Doppelgesenkhammer (m.). 31 ~ per stiratura (maglio per stiro) (macch. per fucinatura), Reckhammer (m.). 32 ~ pneumatico (maglio ad aria compressa) (macch. per fucinatura), Lufthammer (m.), Druckluthammer (m.). 33 ~ pneumatico ad un montante (maglio ad aria compressa ad un montante) (macch. per fucinatura), Einständer-Lufthammer (m.).

magma (geol.), Magma (n.).

magnalio (lega di alluminio con dal 2 al 30 % di magnesio) (lega), Magnalium (n.).

magnesia (MgO) (ossido di magnesio) (ind. chim.), Magnesia (f.), Bittererde (f.), Magnesiumoxyd (n.).

magnesio (Mg - chim.), Magnesium (n.). 2 carbonato di ~ ($MgCO_3$) (chim. - min.), Magnesiumkarbonat (n.).

magnesioferrite ($MgO \cdot Fe_2O_3$) (min.), Magnesioferrit (m.).

magnesite ($MgCO_3$) (min.), Magnesit (m.), Bitterspat (m.). 2 **mattone di** ~ (metall.), Magnesitstein (m.). 3 **pigiata di** ~ (metall.), Magnesitstampfmasse (f.).

magnesyn (sincro magnetico, sincroripetitore magnetico) (elett.), Magnesyn (n.).

magnete (calamita) (fis.), Magnet (m.). 2 ~ (macchina magnetoelettrica) (elett.), Magnet (m.), magnetelektrische Maschine. 3 ~ (magnete di accensione) (mot. - elett.), Magnetzünder (m.), Zündmagnet (m.), Magnetapparat (m.), Magnet (m.). 4 ~ ad anticipo automatico (magnete di accensione) (mot. - elett.), Magnetzünder mit selbsttätiger Zündverstellung. 5 ~ ad espansione (per divaricare freni a ceppi esterni di ascensori p. es.) (elett.), Spreizmagnet (m.). 6 ~ a ferro di cavallo (calamita) (elett.), Hufeisenmagnet (m.). 7 ~ antiarco (o spegniarco) (elett.), Blasmagnet (m.), Löschmagnet (m.), Bläser (m.). 8 ~ antidistorsione (di un televisore) (telev.), Entzerrungsmagnet (m.). 9 ~ di accensione (magnete) (mot. - elett.), Magnetzünder (m.), Magnetapparat (m.), Zündmagnet (m.), Magnet (m.). 10 ~ di avviamento (elett. - mot.), Anlassmagnet (m.). 11 ~ di blocco (elettromecc.), Riegelmagnet (m.). 12 ~ di inversione della corsa (elett.), Umkehrhubmagnet (m.). 13 ~ di scatto (magnete di sgancio) (elettromecc.), Auslösemagnet (m.). 14 ~ di sgancio (elettromecc.), Auslösemagnet (m.). 15 ~ disgiuntore (elett.), Abschaltmagnet (m.). 16 ~ di sollevamento (elettromagnete di sollevamento) (app. di sollev.), Hebemagnet (m.), Hebeelektromagnet (m.), Hubmagnet (m.), Elektrohebemagnet (m.). 17 ~ frenante (magnete smorzatore) (elett.), Bremsmagnet (m.). 18 ~ naturale (fis.), natürlicher Magnet. 19 ~ permanente (elett.), Dauermagnet (m.), Permanentmagnet (m.). 20 ~ schermato (mot.), abgeschirmter Magnet. 21 ~ smorzatore (elett.), Dämpfungsmagnet (m.). 22 ~ smorzatore (magnete frenante) (elett.), Bremsmagnet (m.). 23 ~ spegniarco (o antiarco) (elett.), Blasmagnet (m.), Löschmagnet (m.), Bläser (m.). 24 ~ ~ -volano (del dispositivo di accensione di un motoscooter p. es.) (mot. - veic.), Schwungmagnetzünder (m.). 25 **accensione a** ~ (mot.), Magnetzündung (f.). 26 **per magneti non permanenti** (materiale) (elett.), weichmagnetisch. 27 **strumento a** ~ **mobile** (app.), Drehmagnetinstrument (n.).

magnetico (elett.), magnetisch. 2 **campo** ~ **terrestre** (geofis.), Erdmagnetfeld (n.). 3 **filo** ~ (elettroacus.), Magnettondraht (m.). 4 **legge del flusso di eccitazione magnetica** (legge di Biot e Savart) (elett.), Durchflutungsgesetz (n.). 5 **tempesta magnetica** (geofis.), magnetischer Sturm.

magnetino (elett.), Magnetzünder (m.). 2 ~ di avviamento (mot. - elett.), Anlassmagnetzünder (m.).

magnetismo (elett.), Magnetismus (m.). 2 ~ libero (elett.), freier Magnetismus. 3 ~ residuo (elett.), Restmagnetismus (m.). 4 ~ terrestre (geofis.), Erdmagnetismus (m.).

magnetite (Fe_3O_4) (min.), Magnetit (m.), Magneteisenstein (m.).

magnetizzare (elett.), magnetisieren.

magnetizzazione (elett.), Magnetisierung (f.). 2 ~ a bobina (nelle prove con polvere magnetica, all'incrinoscopio) (tecnol. mecc.), Spulenmagnetisierung (f.). 3 ~ circolare (elett.), kreisförmige Magnetisierung. 4 ~ residua (elett.), zurückbleibende Magnetisierung, remanente Magnetisierung, magnetische Remanenz. 5 **caratteristica di** ~ (curva di magnetizzazione) (elett.), Magnetisierungskenn-

magnetoacustico

linie (*f.*), Magnetisierungskurve (*f.*). **6 ciclo di** ~ (*elett.*), Magnetisierungsschleife (*f.*). **7 curva di** ~ (caratteristica di magnetizzazione) (*elett.*), Magnetisierungskurve (*f.*), Magnetisierungskennlinie (*f.*). **8 inversione della** ~ (*elett.*), Ummagnetisierung (*f.*). **9 invertire la** ~ (*elett.*), ummagnetisieren.
magnetoacustico (*elettroacus.*), magnetakustisch.
magnetocalorico (effetto) (*fis.*), magnetokalorisch.
magnetochimica (*chim. - fis.*), Magnetochemie (*f.*).
magnetoelettrico (*elett.*), magnetelektrisch.
magnetofono (registratore magnetico) (*app. elettroacus.*), Magnettongerät (*n.*). **2** ~ **a filo** (registratore a filo) (*elettroacus.*), Drahtmagnetophon (*n.*), Drahtregistrierapparat (*m.*), Drahttongerät (*n.*). **3** ~ **a nastro** (registratore magnetico a nastro) (*att. - elettroacus.*), Schmalbandmagnetophon (*n.*), Bandaufnahmegerät (*n.*), Tonbandgerät (*n.*).
magnetografo (per registrare le variazioni dell'intensità del campo magnetico terrestre) (*app. geofis.*), Magnetograph (*m.*).
magnetogramma (*geofis.*), Magnetogramm (*n.*).
magnetoidrodinamica (scienza del comportamento del plasma in campi magnetici) (*fis.*), Magnetohydrodynamik (*f.*).
magnetoidrodinamico (*elett. - ecc.*), magnetohydrodynamisch.
magnetometro (per misurare piccole variazioni dell'intensità del campo magnetico terrestre) (*app. geofis.*), Magnetometer (*n.*).
magnetomotore (magnetomotrice) (*a. - elett.*), magnetomotorisch.
magnetomotrice (magnetomotore) (*a. - elett.*), magnetomotorisch.
magnetone (quanto elementare del momento magnetico) (*elett.*), Magneton (*n.*). **2** ~ **nucleare** (unità per il momento magnetico del nucleo atomico) (*fis. atom.*), Kernmagneton (*n.*).
magneto-ottica (*s. - elett. - ott.*), Magnetooptik (*f.*).
magneto-ottico (*ott.*), magnetooptisch.
magnetopirite (pirrotina, pirite magnetica) (*min.*), Magnetopyrit (*m.*), Magnetkies (*m.*), Pyrrohotin (*m.*), Leberkies (*m.*).
magnetoscopio (incrinoscopio magnetico) (*app. prova di mater.*), Magnetoskop (*n.*).
magnetostatico (*fis.*), magnetostatisch. **2 campo** ~ (*elett.*), magnetostatisches Feld.
magnetostrizione (*elett.*), Magnetostriktion (*f.*).
magnetron (*elettronica*), Magnetron (*n.*). **2** ~ **a cavità** (risonanti) (*elettronica*), Vielkammer-Magnetron (*n.*), Vielschlitz-Magnetron (*n.*). **3** ~ **a cavità con fessure radiali** (*elettronica*), Spalt-Magnetron (*n.*). **4** ~ **a cavità risonanti alternate** (magnetron a sole nascente) (*elettronica - radar*), Sonnentypmagnetron (*n.*). **5** ~ **a due cavità** (*elettronica*), Zweischlitz-Magnetron (*n.*). **6** ~ **a palette** (*elettronica*), Fahnenmagnetron (*n.*). **7** ~ **a sole nascente** (magnetron a cavità risonanti alternate) (*elettronica - radar*), Sonnentypmagnetron (*n.*). **8** ~ **multicavità** (*elettronica*), Vielschlitz-Magnetron (*n.*), Vielkammer-Magnetron (*n.*).

magnone (elemento di attacco al telaio della molla a balestra) (*aut. - ecc.*), Federbock (*m.*).
Magnus, effetto di ~ (fenomeno di Magnus) (*aerodin. - idr.*), Magnus-Effekt (*m.*).
magra (*s. - idr.*), Niedrigwasser (*n.*). **2 livello di** ~ (*idr.*), Niedrigwasserstand (*m.*). **3 livello medio di** ~ (*idr.*), mittlerer Niedrigwasserstand, MNW.
magro (*gen.*), mager. **2** ~ (povero, di miscela di un mot. a comb. interna) (*mot.*), mager, arm, gasarm. **3** ~ (sterile, di terreno) (*agric.*), mager. **4** ~ (scremato, di latte) (*ind.*), mager, entrahmt. **5** ~ (argilla p. es.) (*geol.*), mager.
maiolica (ceramica), Majolika (*f.*). **2 piastrella di** ~ (*ed.*), Majolikaplatte (*f.*).
mais (granoturco) (*agric.*), Mais (*m.*), Welschkorn (*n.*), türkischer Weizen.
maiuscola (lettera) (*tip.*), Grossbuchstabe (*m.*), Kapitalbuchstabe (*m.*), Majuskel (*f.*).
makò (*tess.*), Mako (*m.*).
malachite [$CuCO_3 \cdot Cu(OH)_2$] (*min.*), Malachit (*m.*), Kupferspat (*m.*). **2 verde** ~ (*calore*), Malachitgrün (*n.*).
malattia (*med.*), Krankheit (*f.*). **2** ~ **contratta in servizio** (*lav. - med.*), Dienstbeschädigung (*f.*). **3** ~ **da inalazione di polveri** (*ind. - med.*), Staubinhalationskrankheit (*f.*). **4** ~ **della pelle** (*med.*), Hauterkrankung (*f.*). **5** ~ **del quadrante** (cretti centrali, cuore stellato, zampe di gallo, radiatura, stellatura) (*difetto legno*), Kernriss (*m.*). **6** ~ **del ricambio** (*med.*), Stoffwechselkrankheit (*f.*). **7** ~ **professionale** (*ind. - med.*), Gewerbekrankheit (*f.*), Berufskrankheit (*f.*), Fachkrankheit (*f.*). **8** ~ **tropicale** (*med.*), Tropenkrankheit (*f.*).
mal d'aria (*aer.*), Luftkrankheit (*f.*), Fliegerkrankheit (*f.*), Höhenkrankheit (*f.*).
mal di mare (*nav.*), Seekrankheit (*f.*).
mal di montagna (*med.*), Bergkrankheit (*f.*), Höhenkrankheit (*f.*).
malleabile (martellabile) (*metall.*), streckbar, hämmerbar. **2** ~ (plastico, modellabile, plasmabile) (*tecnol.*), verformbar, geschmeidig.
malleabilità (martellabilità) (*metall.*), Streckbarkeit (*f.*), Hämmerbarkeit (*f.*). **2** ~ (plasticità) (*metall.*), Verformbarkeit (*f.*), Geschmeidigkeit (*f.*).
malleabilizzare (*tratt. term.*), tempern. **2** ~ (secondo il metodo europeo) (*tratt. term.*), glühfrischen.
malleabilizzazione (della ghisa) (*tratt. term.*), Tempern (*n.*). **2** ~ (secondo il metodo europeo) (*tratt. term.*), Glühfrischen (*n.*).
malm (giura bianco, giura superiore) (*geol.*), Malm (*m.*), oberer Jura, weisser Jura.
malsano (insalubre) (*med. - ecc.*), ungesund.
malta (*mur.*), Mörtel (*m.*). **2** ~ (miscela di sabbia, cemento ed acqua, per formatura) (*fond.*), Zementsand (*m.*). **3** ~ **aerea** (*mur.*), Luftmörtel (*m.*). **4** ~ **anidritica** (con anidrite quale legante) (*ed.*), Anhydritmörtel (*m.*). **5** ~ **a presa rapida** (*mut.*), schnellbindender Mörtel. **6** ~ **asciutta** (preconfezionata) (*ed.*), Trockenmörtel (*m.*). **7** ~ **bastarda** (malta di calce e cemento) (*ed.*), Kalkzementmörtel

(m.), verlängerter Mörtel. 8 ~ **bituminosa** (con bitume come legante) (ed.), Bitumenmörtel (m.). 9 ~ **cementizia** (malta di cemento) (mur.), Zementmörtel (m.). 10 ~ **chimica** (mur.), chemischer Mörtel. 11 ~ **da intonaco** (mur.), Putzmörtel (m.). 12 ~ **di argilla e paglia** (ed.), Strohlehm (m.). 13 ~ **da riempimento** (malta per iniezioni) (ed.), Injektionsmörtel (m.), Einpressmörtel (m.), Verpressmörtel (m.), Eindringmörtel (m.). 14 ~ **di calce** (mur.), Kalkmörtel (m.). 15 ~ **di calce e cemento** (malta bastarda) (ed.), Kalkzementmörtel (m.). 16 ~ **di calce idraulica** (malta idraulica) (mur.), hydraulischer Mörtel, Wassermörtel (m.). 17 ~ **di calcestruzzo** (mur.), Betonmörtel (m.), Feinbeton (m.). 18 ~ **di cemento** (malta cementizia) (mur.), Zementmörtel (m.). 19 ~ **di gesso** (stucco) (ed.), Gipsmörtel (m.), Stuck (m.). 20 ~ **di magnesia** (malta Sorel) (ed.), Magnesiamörtel (m.), Sorelmörtel (m.). 21 ~ **idraulica** (malta di calce idraulica) (mur.), hydraulischer Mörtel, Wassermörtel (m.). 22 ~ **impermeabile** (malta isolante) (ed.), Sperrmörtel (m.). 23 ~ **indurita** (ed.), Festmörtel (m.). 24 ~ **isolante** (malta impermeabile) (ed.), Sperrmörtel (m.). 25 ~ **liquida** (mur.), dünner Mörtel, flüssiger Mörtel, Schlämme (f.), Schlempe (f.), Schlämpe (f.). 26 ~ **liquida colloidale** (sospensione sabbia-cemento) (ed.), Kolloidmörtel (m.). 27 ~ **meccanica** (mur.), mechanischer Mörtel. 28 ~ **per giunti** (ed.), Fugenfüller (m.). 29 ~ **per iniezioni** (ed.), Injektionsmörtel (m.), Einpressmörtel (m.), Verpressmörtel (m.), Eindringmörtel (m.). 30 ~ **per intonaco Rabitz** (ed.), Rabitzmörtel (m.). 31 ~ **per murature** (mur.), Mauermörtel (m.). 32 ~ **pozzolanica** (ed.), Puzzolanmörtel (m.). 33 ~ **pronta** (ed.), Fertigmörtel (m.). 34 ~ **refrattaria** (mur.), feuerfester Mörtel. 35 ~ **(refrattaria) siliciosa** (ed.), Silikamörtel (m.). 36 ~ **Sorel** (malta di magnesia) (ed.), Sorelmörtel (m.), Magnesiamörtel (m.). 37 **gesso da** ~ (ed.), Mörtelgips (m.). 38 **la** ~ **fa presa** (mur.), der Mörtel bindet ab. 39 **sabbia da** ~ (ed.), Bausand (m.). 40 **secchio per la** ~ (app. - mur.), Pflasterkessel (m.).

maltasi (enzima) (chim.), Maltase (f.).
maltempo (meteor.), Schlechtwetter (n.).
malteni (chim.), Malthene (n. pl.).
malteria (ind. chim.), Mälzerei (f.), Malzfabrik (f.).
malto (ind. chim.), Malz (n.).
maltosio ($C_{12}H_{22}O_{11}$ H_2O) (chim.), Maltose (f.), Malzzucker (m.).
maltrattare (una macch. p. es.) (gen.), missbrauchen, misshandeln. 2 ~ (sollecitare eccessivamente) (mecc.), strapazieren, überarbeiten.
malversazione (leg.), Veruntreuung (f.).
mancante (di una fornitura, particolare mancante) (s. - comm. - amm.), Fehlteil (m.). 2 **mancanti** (particolari mancanti, da una consegna di parti di ricambio p. es.) (s. pl. - amm. - ind.), Fehlmengen (f. pl.), Unterbelieferung (f.).
mancanza (deficienza, carenza) (gen.), Mangel (m.), Fehlen (n.). 2 ~ (di materiale, incompletezza) (fond.), Unganzheit (f.). 3 ~ (della corrente o della tensione p. es.) (elett.), Ausfall (m.). 4 ~ **di definizione** (di un'immagine) (ott.), Unschärfe (f.). 5 ~ **di ermeticità** (mancanza di tenuta) (mecc. - ecc.), Undichtigkeit (f.), Undichtheit (f.). 6 ~ **di materiale** (cavità, difetto di lingotto) (metall.), Stoffmangel (m.). 7 ~ **di sintonia** (radio), Verstimmung (f.). 8 ~ **di spazio** (gen.), Raummangel (m.). 9 ~ **di tenuta** (mancanza di ermeticità) (mecc. - ecc.), Undichtigkeit (f.), Undichtheit (f.).
mancare (gen.), fehlen. 2 ~ (fallire, un obiettivo p. es.) (gen.), versagen. 3 ~ (di corrente p. es.) (elett.), ausbleiben, fehlen.
mancia (lav.), Trinkgeld (n.).
« mancorrente » (corrimano, di una scala p. es.) (ed. - veic.), Laufstange (f.), Handlauf (m.), Handleiste (f.), Handgeländer (n.).
mandante (leg.), Vollmachtgeber (m.).
mandare (inviare) (gen.), senden, schicken.
mandata (portata, di una pompa) (idr.), Förderleistung (f.), Auslass (m.). 2 **a doppia** ~ (serratura) (mecc.), zweitourig. 3 **ad una** ~ (serratura) (mecc.), eintourig. 4 **sulla** ~ (sul lato mandata, d'una pompa p. es.) (macch.), druckseitig. 5 **tubo di** ~ (idr.), Ausgussröhre (f.), Ausgussrohr (n.). 6 **tubo di** ~ (per impianto di riscaldamento) (tubaz.), Vorlauf (m.). 7 **valvola di** ~ (di una pompa d'iniezione) (mot. Diesel), Druckventil (n.).
mandato (leg. - ecc.), Mandat (n.), Auftrag (m.), Anweisung (f.). 2 ~ **di incasso contro assegno** (mandato postale di riscossione dell'importo della merce e del trasporto) (posta), Postauftrag (m.), Postmandat (n.). 3 ~ **di pagamento** (amm.), Zahlungsmandat (n.), Zahlungsauftrag (m.), Zahlungsanweisung (f.). 4 ~ **di rappresentanza** (comm. - ecc.), Vertretungsmandat (n.). 5 ~ **postale di riscossione** (dell'importo della merce e del trasporto, mandato di incasso contro assegno) (posta), Postauftrag (m.), Postmandat (n.).
« mandriale » (asta, barra, sbarra, per pulire una stufa p. es.) (metall.), Rührhaken (m.), Schürhaken (m.), Schüreisen (n.).
mandrinare (allargare con mandrino, un tubo) (tubaz.), dornen, ausdornen, aufdornen. 2 ~ (fissare l'estremità di tubi in una piastra) (cald. - ecc.), einwalzen.
mandrinato (tubo in un fondo o piastra p. es.) (cald. - ecc.), eingewalzt.
mandrinatrice (per tubi bollitori p. es.) (macch.), Rollmaschine (f.).
mandrinatura (allargatura con mandrino, di tubi) (tubaz.), Dornen (n.), Aufdornen (n.). 2 ~ (procedimento per fissare tubi su piastre tubiere) (cald.), Einwalzen (n.).
mandrino (fuso operatore, albero che aziona l'utensile od il pezzo) (lav. macch. ut.), Spindel (f.), Arbeitsspindel (f.), Hauptspindel (f.). 2 ~ (attrezzo per l'allargamento dell'estremità di tubi) (att.), Dornen (m.). 3 ~ (per il montaggio di utensili a manicotto, di frese p. es.) (lav. macch. ut.), Dorn (m.). 4 ~ (pinza di serraggio) (lav. macch. ut.), Spannfutter (n.). 5 ~ (piattaforma, di tornio p. es.) (lav. macch. ut.), Planscheibe (f.), Aufspannfutter (n.), Drehfutter (n.), Drehbankfutter (n.). 6 ~ **a calotte** (mandrino sno-

mandrino

dato, per la curvatura di tubi) (*att. - tubaz.*), Kalottenzopf (*m.*). **7 ~ a cambio rapido** (pinza) (*lav. macch. ut.*), Schnellwechselfutter (*n.*). **8 ~ a chiusura rapida** (pinza) (*lav. macch. ut.*), Schnellspannfutter (*n.*). **9 ~ a comando pneumatico** (pinza p. es.) (*lav. macch. ut.*), Druckluftfutter (*n.*). **10 ~ ad espansione** (per tubi) (*att.*), verstellbarer Aufspanndorn. **11 ~ ad autoallineamento** (*lav. macch. ut.*), Pendeldorn (*m.*). **12 ~ a due morsetti** (piattaforma) (*lav. macch. ut.*), Zweibackenfutter (*n.*). **13 ~ a gradini** (*macch. ut.*), Stufenfutter (*n.*). **14 ~ a griffe** (piattaforma a morsetti) (*lav. macch. ut.*), Backenfutter (*n.*), Spannfutter (*n.*). **15 ~ allargatore** (per tubi) (*ut.*), Dorn (*m.*). **16 ~ allargatubi** (*ut.*), Rohraufweitedorn (*m.*). **17 ~ a morsetti** (piattaforma a morsetti, piattaforma a griffe) (*lav. macch. ut.*), Backenfutter (*n.*), Spannfutter (*n.*). **18 ~ a pinza** (pinza di serraggio) (*macch. ut.*), Zangenspannfutter (*n.*). **19 ~ articolato** (fuso articolato) (*lav. macch. ut.*), Gelenkspindel (*f.*). **20 ~ a serraggio elettrico** (*macch. ut.*), Elektrospannfutter (*n.*). **21 ~ a tre griffe** (piattaforma a tre morsetti) (*lav. macch. ut.*), Dreibackenfutter (*n.*). **22 ~ a tre morsetti** (piattaforma a tre morsetti) (*lav. macch. ut.*), Dreibackenfutter (*n.*). **23 ~ autocentrante** (autocentrante, piattaforma autocentrante) (*lav. macch. ut.*), selbstzentrierendes Dreibackenfutter, Backenfutter (*n.*). **24 ~ cavo** (fuso cavo) (*lav. macch. ut.*), Hohlspindel (*f.*). **25 ~ cavo** (per utensili a manicotto p. es.) (*lav. macch. ut.*), Hohldorn (*m.*). **26 ~ con dente creatore** (utensile creatore ad un dente) (*ut. - lav. macch. ut.*), Schlagmesser (*n.*). **27 ~ conico** (*ut.*), Kegeldorn (*m.*). **28 ~ di bilanciamento** (*att. - mecc.*), Auswuchtdorn (*m.*). **29 ~ di serraggio** (per frese o punte elicoidali p. es.) (*macch. ut.*), Spannfutter (*n.*). **30 ~ espansibile** (per allargare) (*mecc.*), Dehndorn (*m.*). **31 ~ magnetico** (piattaforma, di un tornio p. es.) (*lav. macch. ut.*), Magnetspannfutter (*n.*), Magnetfutter (*n.*). **32 ~ operatore** (fuso operatore, di un tornio p. es.) (*lav. macch. ut.*), Arbeitsspindel (*f.*), Spindel (*f.*), Hauptspindel (*f.*). **33 ~ oscillante** (per alesatoi) (*macch. ut.*), Pendelfutter (*n.*), Pendelhalter (*m.*). **34 ~ per bilanciare mole** (*att. - mecc.*), Schleifscheibendorn (*m.*). **35 ~ per (equilibratura di) mole** (*att. - mecc.*), Schleifscheibendorn (*m.*). **36 ~ perforatore** (impiegato nell'estrusione di pezzi cavi) (*tecnol. mecc.*), Dorn (*m.*). **37 ~ per frese a manicotto** (*lav. macch. ut.*), Aufsteckfräserdorn (*m.*), Fräserdorn (*m.*). **38 ~ per raddrizzare** (*macch.*), Richtdorn (*m.*). **39 ~ per rettifica** (mandrino portamola) (*lav. macch. ut.*), Schleifdorn (*m.*). **40 ~ per tornitura interna** (*lav. macch. ut.*), Ausdrehfutter (*n.*). **41 ~ per utensili a manicotto** (portautensili per utensili a manicotto) (*lav. macch. ut.*), Aufsteckdorn (*m.*), Aufsteckhalter (*m.*). **42 ~ pneumatico** (*lav. macch. ut.*), Pressluftfutter (*n.*). **43 ~ portacreatore** (di una fresatrice a creatore, fuso portacreatore) (*lav. macch. ut.*), Frässpindel (*f.*). **44 ~ portafresa** (fuso portafresa, albero comando fresa) (*lav. macch. ut.*), Frässpindel (*f.*). **45 ~ portafresa** (per frese a manicotto) (*lav. macch. ut.*), Fräserdorn (*m.*). **46 ~ portafresa orientabile** (fuso portafresa orientabile) (*lav. macch. ut.*), schwingende Frässpindel, schwenkbare Frässpindel. **47 ~ portamola** (*lav. macch. ut.*), Schleifdorn (*m.*), Schleifscheibenspindel (*f.*), Schleifspindel (*f.*). **48 ~ portapezzo** (fuso portapezzo) (*lav. macch. ut.*), Werkstückspindel (*f.*). **49 ~ portapezzo** (portapezzo, autocentrante, piattaforma, di un tornio p. es.) (*lav. macch. ut.*), Futter (*n.*), Spannfutter (*n.*), Backenfutter (*n.*). **50 ~ portapunta** (fuso portapunta) (*lav. macch. ut.*), Bohrspindel (*f.*). **51 ~ portapunta** (pinza serrapunta) (*lav. macch. ut.*), Bohrerfutter (*n.*), Bohrerhalter (*m.*), Bohrfutter (*n.*). **52 ~ portapunta snodato** (*macch. ut.*), Gelenkbohrspindel (*f.*). **53 ~ portautensile** (fuso portautensile) (*macch. ut.*), Werkzeugspindel (*f.*). **54 ~ pressatore** (punzone, per l'estrusione) (*tecnol. mecc.*), Stempel (*m.*). **55 ~ snodato** (mandrino a calotte, per la curvatura di tubi) (*att. - tubaz.*), Kalottenzopf (*m.*). **56 ad un ~** (ad un fuso, monomandrino, monofuso) (*macch. ut.*), einspindlig. **57 campana supporto mandrini** (per fissare i supporti d'un trapano plurimandrino) (*macch. ut.*), Bohrglocke (*f.*). **58 cannotto del ~ di foratura** (*macch. ut.*), Bohrpinole (*f.*). **59 macchina a sei mandrini** (macchina a sei fusi, tornio p. es.) (*macch. ut.*), Sechsspindler (*m.*). **60 macchina (automatica) a quattro mandrini** (*macch. ut.*), Vierspindler (*m.*). **61 prova di piegatura su ~** (di una lamiera verniciata) (*vn.*), Dornbiegeprobe (*f.*), Dornbiegetest (*m.*).

maneggevole (manovriero) (*nav. - ecc.*), wendig, handlich. **2 ~** (di facile manovra od uso) (*gen.*), bedienbar.

maneggevolezza (*gen.*), Handlichkeit (*f.*). **2 ~** (*aut.*), Wendigkeit (*f.*). **3 prova di ~** (slalom, effettuata su autovetture) (*prove - aut.*), Slalom (*m.*).

maneggiare (manipolare) (*gen.*), handhaben.

maneggio (manipolazione) (*gen.*), Handhabung (*f.*). **2 ~ dei materiali** (in uno stabilimento) (*ind.*), Materialtransport (*m.*). **3 resistenza all'usuale ~** (di una vernice) (*vn.*), Verschleissfestigkeit (*f.*).

manetta (leva a mano) (*mecc. - ecc.*), Handhebel (*m.*). **2 ~** (leva del gas, di un motore di aereo p. es.) (*mot. aer.*), Handgashebel (*m.*), Drosselhebel (*m.*), Gashebel (*m.*). **3 ~** (d'un filtro a lamelle p. es.) (*app. - mecc.*), Knebelabgriff (*m.*). **4 ~ dell'aria** (leva dell'aria, di una motocicletta) (*veic.*), Lufthebel (*m.*), Aussenzug-Lufthebel (*m.*).

manette (*leg.*), Handfesseln (*f. pl.*).

manganese (Mn - *chim.*), Mangan (*n.*).

manganina (lega per resistenze elett., bronzo con il 12% di Mn ed il 4% di Ni) (*metall. - elett.*), Manganin (*n.*).

mangano (*macch.*), Mangel (*f.*).

manica (*gen.*), Ärmel (*m.*). **2 ~ a vento** (estremità di un condotto di ventilazione) (*nav.*), Lüfterkopf (*m.*). **3 ~ a vento** (cono di tela che serve da anemoscopio) (*aer. - meteor.*), Windsack (*m.*). **4 ~ rimorchiata**

(per tiro antiaereo) (*aer. milit.*), Schleppsack (*m.*), Luftsack (*m.*).
manichetta (naspo) (*tubaz. - antincendio - ecc.*), Schlauch (*m.*). 2 ~ antincendio (*antincendio*), Feuerwehrschlauch (*m.*), Spritzenschlauch (*m.*). 3 ~ **armata** (*idr. - ecc.*), armierter Schlauch. 4 ~ **di aspirazione** (di una pompa) (*tubaz.*), Saugschlauch (*m.*). 5 ~ **di gomma** (tubo di gomma) (*ind.*), Gummischlauch (*m.*). 6 ~ **di panno** (per ventilazione p. es.) (*min. - ecc.*), Tuchlutte (*f.*). 7 ~ **per aria** (tubo flessibile per aria) (*tubaz.*), Luftschlauch (*m.*).
manichino (*comm. - ecc.*), Muster (*n.*), Schaumuster (*n.*), Modell (*n.*), Attrappe (*f.*). 2 ~ (di uomo, per prove di sicurezza sulle autovetture p. es.) (*aut. - ecc.*), Puppe (*f.*). 3 ~ **per prove** (*aut. - ecc.*), Testpuppe (*f.*), Versuchspuppe (*f.*).
manico (di un martello, di una pala ecc.) (*ut.*), Stiel (*m.*). 2 ~ (impugnatura, di utensili) (*ut. - ecc.*), Heft (*n.*), Griff (*m.*).
manicottino (a vite, nipplo) (*mecc.*), Nippel (*m.*). 2 ~ **a vite tendiraggi** (di una ruota) (*veic.*), Speichennippel (*m.*).
manicotto (*mecc.*), Muffe (*f.*). 2 ~ (pezzo che unisce due tubi) (*tubaz.*), Muffe (*f.*). 3 ~ (di un tenditore a vite) (*mecc.*), Spannmutter (*f.*). 4 ~ (ghiera, di un palo p. es.) (*ed.*), Stulp (*m.*). 5 ~ (bussola) (*mecc.*), Hülse (*f.*), Buchse (*f.*). 6 ~ **a doppio bicchiere** (manicotto con le estremità a bicchiere) (*tubaz.*), BB-Stück (*n.*), Muffenstück mit 2 Muffenstutzen. 7 ~ **a T** (*tubaz.*), T-Muffe (*f.*). 8 ~ **a vite** (*tubaz. - mecc.*), Schraubmuffe, Schraubenmuffe (*f.*). 9 ~ **con due estremità a bicchiere** (manicotto a doppio bicchiere) (*tubaz.*), BB-Stück (*n.*), Muffenstück mit 2 Muffenstutzen. 10 ~ **da saldare** (*tubaz.*), Überschieb-Schweissmuffe (*f.*). 11 ~ **della (testa fusa della) fune** (*funi*), Seilmuffe (*f.*). 12 ~ **di accoppiamento** (*mecc.*), Kupplungsmuffe (*f.*), Verbindungsmuffe (*f.*). 13 ~ **di disinnesto** (della frizione p. es., manicotto di distacco) (*aut. - mecc.*), Ausrückmuffe (*f.*). 14 ~ **di riduzione** (*tubaz.*), Reduktionsmuffe (*f.*), Absatzmuffe (*f.*), Reduzierhülse (*f.*). 15 ~ **distacco frizione** (*aut.*), Kupplungsdrucklager (*n.*), Kupplungsausrücklager (*n.*), Schaltmuffe (*f.*). 16 ~ **distanziatore** (distanziatore a bussola) (*mecc.*), Abstandshülse (*f.*). 17 ~ **di trascinamento** (bussola di trascinamento) (*mecc.*), Mitnehmerhülse (*f.*). 18 ~ **(di trascinamento) della broccia** (di una brocciatrice) (*macch. ut.*), Räumwerkzeug-Halter (*m.*). 19 ~ **filettato** (bussola filettata) (*mecc.*), Gewindemuffe (*f.*), Schraubbuchse (*f.*). 20 ~ **filettato per tubi** (*tubaz.*), Gewinderohrmuffe (*f.*). 21 ~ **per giunzione a testa fusa** (*funi*), Vergussmuffe (*f.*). 22 ~ **scorrevole** (*mecc.*), Schiebemuffe (*f.*). 23 ~ **scorrevole** (di un albero snodato con accoppiamento scanalato) (*mecc. - aut.*), Schubrohr (*n.*). 24 ~ **sincronizzatore** (di un cambio) (*aut.*), Schiebemuffe (*f.*), Synchronschiebehülse (*f.*). 25 **alesatore a** ~ (*ut.*), Aufsteckreibahle (*f.*). 26 **giunzione a** ~ (*elett. - ecc.*), Vermuffung (*f.*). 27 **utensile a** ~ (*ut.*), Aufsteckwerkzeug (*n.*).

manifattura (trasformazione di una materia prima in manufatto) (*ind.*), Verarbeitung (*f.*).
manifatturiero (*a. - ind.*), Verarbeitungs...
manifestarsi (*gen.*), sich äussern.
manifestazione (fenomeno) (*gen.*), Erscheinung (*f.*). 2 ~ (espressione, di un parere p. es.) (*gen.*), Äusserung (*f.*). 3 ~ **aeronautica** (*aer.*), Flugveranstaltung (*f.*).
manifestino (pubblicitario) (*comm.*), Werbezettel (*m.*).
manifesto (*comm.*), Aushang (*m.*). 2 ~ (elenco delle merci) (*nav. - trasp.*), Manifest (*n.*), Schiffsmanifest (*n.*). 3 ~ **di carico** (*nav. - trasp.*), Ladungsmanifest (*n.*). 4 **affissione di manifesti** (*comm.*), Anschlagen (*n.*).
maniglia (*gen.*), Griff (*m.*), Handgriff (*m.*), Handhabe (*f.*). 2 ~ (di una porta p. es.) (*ed. - ecc.*), Klinke (*f.*), Griff (*m.*), Drücker (*m.*). 3 ~ (maniglione, per catene) (*nav.*), Schäkel (*m.*). 4 ~ **a crociera** (*macch.*), Griffkreuz (*n.*), Kreuzgriff (*m.*). 5 ~ **della catena** (all'estremità, per esercitare la trazione) (*mecc.*), Kettenknebel (*m.*). 6 ~ **della porta** (*ed. - falegn.*), Türdrücker (*m.*). 7 ~ **della portiera** (*aut. - ecc.*), Türgriff (*m.*). 8 ~ **di appiglio** (impugnatura di sostegno) (*veic. - ecc.*), Haltegriff (*m.*). 9 ~ **di giunzione** (d'una catena, maglia aperta ma chiudibile) (*mecc.*), Notglied (*n.*). 10 ~ **di sostegno** (maniglia di appiglio, su un veic. p. es.) (*gen.*), Haltegriff (*m.*).
maniglione (maniglia, per catene) (*nav.*), Schäkel (*m.*). 2 ~ **dell'àncora** (*nav.*), Ankerschäkel (*m.*). 3 ~ **di sospensione** (*trasp. - ecc.*), Aufhängebügel (*m.*).
manilla (canapa di Manilla) (*tess. - ind.*), Manilahanf (*m.*).
manipolare (maneggiare) (*gen.*), handhaben. 2 ~ (*telegr.*), tasten.
manipolatore (apparecchio per il maneggio di sostanze radioattive a distanza p. es.) (*app. - fis. atom. - ecc.*), Manipulator (*m.*). 2 ~ (per il maneggio dei materiali in un laminatoio) (*att. lamin.*), Verschiebe- und Kantvorrichtung. 3 ~ (mano meccanica, per maneggiare pezzi di lamiera stampati p. es.) (*lav. lamiera - ecc.*), eiserne Hand. 4 ~ (*telegr.*), Handsender (*m.*), Handgeber. 5 ~ **a forcella** (per laminatoi) (*metall.*), Gabelkanter (*m.*). 6 ~ **a snodi sferici** (*app. - fis. atom. - radioatt.*), Kugelmanipulator (*m.*). 7 ~ **a tasto** (*telegr.*), Tastersender (*m.*). 8 ~ **a tenaglia** (*disp. - lamin.*), Zangenkanter (*m.*). 9 ~ **idraulico** (*app. - fis. atom. - ecc.*), hydraulischer Manipulator. 10 ~ **per fucinati** (*app. - fucinatura*), Schmiedemanipulator (*m.*), Manipulator für Schmiedestücke. 11 ~ **principale** (*app. - fis. atom.*), Greifmanipulator (*m.*).
manipolazione (*gen.*), Handhabung (*f.*). 2 ~ (*telegr.*), Sendetastung (*f.*), Tastung (*f.*). 3 ~ **di griglia** (*elettronica*), Gittertastung (*f.*). 4 **relè di** ~ (*telegr.*), Tastrelais (*n.*). 5 **rumore di** ~ (*telegr.*), Tastgeräusch (*n.*).
maniscalco (*lav.*), Beschlagschmied (*m.*), Hufschmied (*m.*).
mannite ($C_6H_{14}O_6$) (alcool esavalente) (*chim.*), Mannit (*m.*), Mannazucker (*m.*).

mano

mano (gen.), Hand (f.). 2 ~ (strato, di vernice p. es.) (vn. - ecc.), Schicht (f.). 3 ~ a finire (smalto) (vn.), Deckanstrich (m.), Schlussanstrich (m.), Fertiganstrich (m.). 4 ~ antirombo (strato antirombo, sul fondo della carrozzeria) (aut.), Schalldämmschicht (f.). 5 ~ di colore (vn.), Farbanstrich (m.). 6 ~ di finitura (ultima mano) (vn.), Deckanstrich (m.), Schlussanstrich (m.), Fertiganstrich (m.). 7 ~ di fondo (fondo, prima mano) (vn.), Grundierung (f.), Grundierschicht (f.). 8 ~ di guida (vn.), Leitfarbe (f.). 9 ~ di vernice (strato di vernice) (vn.), Lackschicht (f.). 10 ~ d'opera (fattore di costo) (lav.), Arbeitslohn (m.), Macherlohn (m.). 11 ~ d'opera (complesso dei prestatori d'opera) (lav.), Arbeiterschaft (f.), Arbeitskraft (f.), Arbeit (f.). 12 ~ d'opera diretta (lav. - ind.), Fertigungslohn (m.). 13 ~ d'opera indigena (o locale) (lav.), Eigeborenenarbeit (f.), Einheimischenarbeit (f.). 14 ~ d'opera indiretta (lav. - ind.), Hilfslohn (m.), Gemeinkostenlohn (m.), unproduktiver Lohn. 15 ~ d'opera locale (od indigena) (lav.), Eingeborenenarbeit (f.), Einheimischenarbeit (f.). 16 ~ d'opera non qualificata (lav.), unangelernte Arbeitskraft. 17 ~ d'opera non specializzata (lav. - pers.), ungelernte Arbeitskraft. 18 ~ d'opera qualificata (lav. pers.), angelernte Arbeitskraft. 19 ~ d'opera specializzata (lav.), Facharbeit (f.), gelernte Arbeit. 20 ~ finale (smalto) (vn.), Schlussanstrich (m.), Deckanstrich (m.), Fertiganstrich (m.). 21 mani incrociate (di vernice p. es.) (vn.), Kreuzgänge (m. pl.). 22 ~ meccanica (manipolatore, per pezzi di lamiera stampati p. es.) (lav. lamiera - ecc.), eiserne Hand. 23 alesatore a ~ (ut.), Handreibahle (f.). 24 a ~ (gen.), von Hand, v. Hd. 25 a ~ (di carta) (mft. carta), handgeschöpft. 26 a ~ libera (dis.), freihändig. 27 a portata di ~ (gen.), bei der Hand. 28 applicare un'altra ~ (dello stesso colore) (vn.), überfärben. 29 azionamento con due mani (di una pressa p. es., per ragioni di sicurezza) (mecc. - elett.), Zweihandbetätigung (f.), Zweihandbedienung (f.). 30 costo ~ d'opera diretta (mano d'opera diretta) (ind. - lav.), Fertigungslohn (m.). 31 dare la ~ di fondo (dare la prima mano) (vn.), grundieren. 32 dare la prima ~ (dare la mano di fondo) (vn.), grundieren. 33 ora di ~ d'opera (amm. - ind.), Lohnstunde (f.). 34 prima ~ (mano di fondo, fondo) (vn.), Grundierung (f.), Grundierschicht (f.), Grundanstrich (m.). 35 regolazione a ~ (mecc. - ecc.), Handregelung (f.). 36 ultima ~ (mano di finitura) (vn.), Deckanstrich (m.), Schlussanstrich (m.), Fertiganstrich (m.). 37 ultima ~ di intonaco (velo, stabilitura) (mur.), Feinputz (m.), Edelputz (m.). 38 ultima ~ di vernice (vn.), Deckanstrich (m.), Schlussanstrich (m.), Fertiganstrich (m.).

manocontatto (rivelatore di pressione per manometro elettrico) (strum. elett.), Druckwächter (m.), Druckkontakt (m.).

manodopera (lav.), vedi mano d'opera.

manografo (manometro registratore) (strum.), Druckschreiber (m.).

manometrico (fis.), manometrisch.

manometro (strum.), Manometer (n.), Druckmesser (m.), Druckanzeiger (m.). 2 ~ a colonna di liquido (manometro a liquido) (strum.), Flüssigkeitsmanometer (n.). 3 ~ a liquido (manometro a colonna di liquido) (strum.), Flüssigkeitsmanometer (n.). 4 ~ a membrana (strum.), Membranmanometer (n.). 5 ~ a mercurio (strum.), Quecksilbermanometer (n.). 6 ~ (a mercurio) a sifone (strum.), Hebermanometer (n.). 7 ~ a molla tubolare (strum.), Rohrfederdruckmesser (m.). 8 ~ a pistone (app.), Kolbenmanometer (n.). 9 ~ a resistenza (strum. elett.), Widerstandsmanometer (n.). 10 ~ campione (strum.), Kontrollmanometer (n.). 11 ~ con contatto (di allarme, a punte d'attivazione regolabile) (app.), Kontaktmanometer (n.). 12 ~ del freno (ferr. - strum.), Bremsdruckmesser (m.). 13 ~ della pressione di alimentazione (strum. - mot.), Ladedruckmesser (m.). 14 ~ dell'aria (strum.), Luftdruckmesser (m.). 15 ~ dell'aria compressa (strum.), Pressluftdruckanzeiger (m.). 16 ~ dell'olio (lubrificante) (strum. - mot. - ecc.), Öldruckmesser (m.), Schmierstoffdruckmesser (m.). 17 ~ di Bourdon (strum.), Bourdondruckmesser (m.). 18 ~ differenziale (strum.), Differentialmanometer (n.), Differentialdruckmesser (m.). 19 ~ metallico (strum.), Metallmanometer (n.). 20 ~ per pneumatici (strum. - aut.), Reifendruckprüfer (m.), Reifenfüllmesser (m.), Atümesser (m.). 21 ~ piezoelettrico (misuratore di pressione piezoelettrico) (strum.), Druckmessquarz (m.). 22 ~ registratore (manografo) (strum.), Druckschreiber (m.).

manomissibile (mecc.), missgrifflich. 2 non ~ (mecc. - ecc.), narrensicher.

manomissione (gen.), Verletzung (f.). 2 ~ (alterazione delle misure, di un contatore p. es.) (elett.), Verschleierung (f.).

manopola (macch. - ecc.), Griff (m.), Ballengriff (m.), Kugelgriff (m.), Drehknopf (m.). 2 ~ a crociera (macch.), Sterngriff (m.). 3 ~ comando gas (di una moto p. es.) (veic.), Gasgriff (m.), Drehgasgriff (m.). 4 ~ di sintonia (radio), Abstimmknopf (m.).

manoscritto (di un libro, scritto a mano od a macchina) (tip.), Manuskript (n.). 2 ~ (rappresentazione scritta d'un programma) (calc.), Programmliste (f.), Programm-Manuskript (n.), Manuskript (n.).

manostato (pressostato, capsula manometrica) (strum.), Manostat (m.), Druckdose (f.).

manovalanza (lav.), Helfertätigkeit (f.).

manovale (lav.), Handarbeiter (m.), Handlanger (m.), Hilfsarbeiter (m.). 2 ~ (lav. min.), Platzarbeiter (m.). 3 ~ edile (ed. - lav.), Bauhelfer (m.).

manovella (mecc. - ecc.), Kurbel (f.). 2 ~ (gomito, di un albero a gomiti) (mecc. - mot.), Kurbel (f.). 3 ~ (per avviamento p. es., azionata a mano) (aut. - ecc.), Handkurbel (f.). 4 ~ a biella oscillante (mecc.), Kurbelschwinge (f.). 5 ~ a disco (di un albero a gomiti) (mot. - mecc.), Scheibenkurbel (f.), Kurbelscheibe (f.). 6 ~ ad un gomito (mot. - mecc.), einfach gekröpfte Kurbel. 7 ~ a glifo oscillante (mecc.), Kurbelschleife (f.).

8 ~ **alzacristallo** (alzacristallo) (*aut.*), Fensteraussteller (*m.*), Fensterkurbel (*f.*), Scheibendrehkurbel (*f.*). 9 ~ **contrappesata** (*mot. - mecc.*), ausgewuchtete Kurbel. 10 ~ **di avviamento** (*aut. - mot.*), Handandrehkurbel (*f.*), Andrehkurbel (*f.*), Anwerfkurbel (*f.*). 11 ~ **di estremità** (d'un albero a gomiti) (*mot.*), Stirnkurbel (*f.*). 12 ~ **di uomo morto** (*ferr.*), Totmannkurbel (*f.*), Sicherheitsfahrschaltung (*f.*). 13 **angolo di** ~ (*mot.*), Kurbelwinkel (*m.*). 14 **angolo fra le manovelle** (di un albero a gomito) (*mot.*), Kurbelversetzung (*f.*). 15 **bottone di** ~ (perno di manovella, di un albero a gomiti) (*mot. - mecc.*), Kurbelbolzen (*m.*), Kurbelzapfen (*m.*). 16 **braccio di** ~ (spalla, di un albero a gomiti) (*mecc. - mot.*), Kurbelarm (*m.*). 17 **braccio di** ~ (raggio della manovella) (*mecc.*), Kurbelradius (*m.*). 18 **calare con la** ~ (abbassare con la manovella, un carico) (*app. di sollev.*), abkurbeln. 19 **doppia** ~ (*macch.*), Doppelkurbel (*f.*). 20 **perno di** ~ (bottone di manovella, di un albero a gomiti) (*mecc. - mot.*), Kurbelbolzen (*m.*), Kurbelzapfen (*m.*). 21 **rapporto di** ~ (tra raggio di manovella e lunghezza di biella) (*mot.*), Kurbelverhältnis (*n.*), Pleuelstangenverhältnis (*n.*). 22 **sezione libera (di passaggio) in funzione dell'angolo di** ~ (*mot. aut.*), Winkelquerschnitt (*m.*).

manovellismo (*mecc.*), Kurbelgetriebe (*n.*), Kurbeltrieb (*m.*). 2 ~ (di spinta, meccanismo biella-manovella) (*mecc.*), Geradschubkurbel (*f.*), Schubkurbel (*f.*). 3 ~ **a glifo curvo** (manovellismo a guide curve oscillanti) (*mecc.*), Bogenschubkurbel (*f.*). 4 ~ **a guide curve oscillanti** (manovellismo a glifo curvo) (*mecc.*), Bogenschubkurbel (*f.*). 5 ~ **di spinta** (meccanismo biella-manovella) (*mecc.*), Schubkurbel (*f.*), Geradschubkurbel (*f.*).

manovra (comando) (*gen.*), Schalten (*n.*), Schaltung (*f.*). 2 ~ (azionamento, degli scambi p. es.) (*ferr. - ecc.*), Bedienung (*f.*). 3 ~ (smistamento) (*ferr.*), Verschiebedienst (*m.*). 4 **manovre** (sistema funicolare) (*nav.*), Tauwerk (*n.*), Gut (*n.*). 5 **manovre** (*milit.*), Truppenübungen (*f. pl.*). 6 ~ **ad impulsi** (*elettromecc.*), Tippschaltung (*f.*). 7 ~ **a spinta** (di carri) (*ferr.*), Abstossen (*n.*). 8 ~ **centralizzata** (di una linea transfer p. es.) (*macch. ut. - ecc.*), zentrale Bedienung. 9 **manovre correnti** (*nav.*), laufendes Tauwerk, laufendes Gut. 10 ~ **da un solo posto** (comando centralizzato, di macchine edili p. es.) (*macch. ed. - ecc.*), Einmann-Bedienung (*f.*). 11 ~ **del cambio** (azionamento del cambio) (*aut.*), Schaltung (*f.*). 12 **manovre dormienti** (manovre fisse) (*nav.*), stehendes Tauwerk, stehendes Gut. 13 **manovre fisse** (manovre dormienti) (*nav.*), stehendes Gut, stehendes Tauwerk. 14 ~ **graduale** (azione graduale) (*elett. - ecc.*), Fortschaltung (*f.*). 15 ~ **per gravità** (smistamento con sella di lanciamento) (*ferr.*), Ablaufen (*n.*). 16 ~ **rendez-vous** (rendez-vous) (*astronautica*), Rendezvousmanöver (*n.*), Rendezvous (*n.*). 17 ~ **sbagliata** (inserzione errata, collegamento sbagliato) (*elett.*), Fehlschaltung (*f.*). 18 **banco di** ~ (banco di comando) (*elett. - ecc.*), Pult (*n.*), Bedienungspult (*n.*). 19 **binario da** ~ (*ferr.*), Verschiebegleis (*n.*). 20 **cassetta di** ~ (di motori p. es.) (*app. elettromecc.*), Schaltkasten (*m.*). 21 **coefficiente di carico di** ~ (*aer.*), Luftkraftlastvielfaches (*n.*). 22 **di facile** ~ (maneggevole) (*gen.*), bedienbar. 23 **errore di** ~ (*macch. - ecc.*), Fehlschaltung (*f.*), Fehlgriff (*m.*). 24 **locomotiva da** ~ (*ferr.*), Rangierlokomotive (*f.*), Verschiebelokomotive (*f.*). 25 **numero delle manovre** (di un comando, frequenza delle manovre) (*gen.*), Schalthäufigkeit (*f.*). 26 **pannello di** ~ (quadro di manovra, quadro di comando) (*elett. - ecc.*), Bedienungsfeld (*n.*), Bedienungstafel (*f.*), Schaltfeld (*n.*). 27 **quadro di** ~ (pannello di manovra, pannello di comando) (*elett. - ecc.*), Bedienungsfeld (*n.*), Bedienungstafel (*f.*), Schaltfeld (*n.*). 28 **razzo di** ~ (per controllare l'assetto, ecc., con spinta da 1 a 500 kp) (*astronautica - ecc.*), Steuerrakete (*f.*). 29 **sicuro contro false manovre** (*mecc. - ecc.*), narrensicher, bedienungssicher. 30 **stazione di** ~ (stazione di comando) (*elett. - ecc.*), Schaltstation (*f.*). 31 **tempo di** ~ (d'una macchina) (*macch.*), Schaltzeit (*f.*). 32 **tempo di** ~ (tempo di reazione, nella prova dei freni) (*aut.*), Ansprechdauer (*f.*).

manovrabilità (*aer.*), Steuerbarkeit (*f.*), Steuerfähigkeit (*f.*), Manövrierfähigkeit (*f.*), Wendigkeit (*f.*). 2 **prova di** ~ **a zig-zag** (di navi) (*nav.*), Zick-Zack-Test (*mecc.*), Z-Manöver (*m.*), Schlängelversuch (*m.*).

manovrare (comandare, una macch.) (*mecc.*), schalten.

manovratore (*lav. - veic.*), Führer (*m.*). 2 ~ **della gru** (gruista) (*lav.*), Kranführer (*m.*). 3 ~ **del tram** (*lav.*), Strassenbahnführer (*m.*), Wagenführer (*m.*).

manovriero (maneggevole) (*nav. - ecc.*), wendig, handlich.

mansarda (*ed. - arch.*), Mansarde (*f.*).

mansione (*lav. - pers.*), Tätigkeit (*f.*), Amt (*n.*). 2 **mansioni esplicate** (indicazione delle mansioni esplicate) (*pers. - lav.*), Amtsbezeichnung (*f.*). 3 ~ **produttiva** (*pers. - lav.*), Produktionstätigkeit (*f.*).

mantellata (mantellatura, rivestimento per difesa delle sponde) (*costr. idr.*), Packwerk (*n.*). 2 ~ (incorniciata, fascinata, per proteggere la riva di un fiume) (*costr. idr.*), Packfaschinenbau (*m.*), Flechtwerk (*n.*). 3 ~ **in pietrame** (opera di difesa in pietrame) (*costr. idr.*), Packwerk (*n.*).

mantello (superficie curva, di un cilindro p. es.) (*geom.*), Mantel (*m.*). 2 ~ (parte sottostante le fasce elastiche, di uno stantuffo) (*mot.*), Schaft (*m.*). 3 ~ (carcassa, fasciame, di un forno) (*metall. - fond.*), Mantel (*m.*). 4 ~ (involucro metallico, di un cubilotto) (*metall.*), Mantel (*m.*). 5 ~ (di un'elica, mantello Kort) (*nav.*), Düse (*f.*). 6 ~ (zona di autofertilizzazione, di un reattore) (*fis. atom.*), Brutmantel (*m.*), Brutzone (*f.*). 7 ~ (d'un refrigeratore Liebig) (*app.*), Mantelrohr (*n.*). 8 ~ **del forno** (carcassa del forno, involucro del forno, fasciame del forno) (*forno - metall.*), Ofenmantel (*m.*). 9 ~ **dell'altoforno** (corazza dell'altoforno) (*metall.*), Hochofenmantel (*m.*), Hochofenpanzer (*n.*). 10 ~ **dello stantuffo** (mantello

mantenere

del pistone) (*mot.*), Kolbenschaft (*m.*), Kolbenende (*n.*).
mantenere (la temperatura p. es.) (*term. - ecc.*), einhalten. 2 ~ (un impegno p. es.) (*gen.*), einlösen, halten. 3 ~ **a temperatura** (*fucinatura - ecc.*), warmhalten. 4 ~ **costante** (la temperatura durante una prova p. es.) (*gen.*), aufrechterhalten. 5 ~ **il termine di consegna** (*comm.*), die Lieferzeit einhalten, die Lieferfrist einhalten. 6 ~ **in efficienza** (*gen.*), erhalten. 7 ~ **in efficienza** (*macch. - ecc.*), instandhalten.
mantenibilità (di un impianto p. es.) (*ind.*), Erhaltbarkeit (*f.*).
mantenimento (di una temperatura p. es.) (*fis.*), Aufrechterhaltung (*f.*). 2 ~ (di persone) (*gen.*), Unterhalt (*m.*). 3 ~ **in vigore** (*leg.*), Aufrechterhaltung (*f.*). 4 **corrente di** ~ (di un transistore) (*elettronica*), Haltestrom (*m.*). 5 **tempo di** ~ (d'un sistema a vuoto spinto) (*tecn. vuoto*), Haltezeit (*f.*).
mantice (soffietto) (*ut. fucinatura*), Blasebalg (*m.*). 2 ~ **d'intercomunicazione, tra vetture**) (*ferr.*), Faltenbalg (*m.*), Faltenbalgübergang (*m.*). 3 ~ **a pedale** (soffietto a pedale) (*app.*), Tretgebläse (*n.*), Trittgebläse (*n.*). 4 ~ **intercomunicante** (intercomunicante) (*veic.*), Faltenbalg (*m.*), Faltenbalgübergang (*m.*).
mantissa (di logaritmo, dopo la virgola) (*mat.*), Mantisse (*f.*).
manto (strato di usura, di una strada) (*costr. strad.*), Oberbau (*m.*), Strassendecke (*f.*), Decke (*f.*). 2 ~ (armatura provvisoria di archi o volte) (*ed.*), Mantel (*m.*), Gerippe (*n.*). 3 ~ **bitumato** (pavimentazione di bitume) (*costr. strad.*), Bitumendecke (*f.*). 4 ~ **della centina** (*ed.*), Lehrgerüstschalung (*f.*). 5 ~ **del tetto** (copertura del tetto) (*ed.*), Dachhaut (*f.*). 6 ~ **di asfalto** (rivestimento di asfalto) (*costr. strad.*), Asphaltüberzug (*m.*). 7 ~ **di calcestruzzo** (strato superiore di calcestruzzo) (*costr. strad.*), Oberbeton (*m.*). 8 ~ **di usura** (*costr. strad.*), Verschleiss-schicht (*f.*). 9 ~ **stradale** (pavimentazione stradale) (*costr. strad.*), Strassendecke (*f.*), Strassenoberbau (*m.*).
mantovana (alle tende di finestre p. es.) (*ed.*), Überhang (*m.*).
manuale (libro) (*s. - gen.*), Handbuch (*n.*). 2 ~ (*a. - gen.*), manuell. 3 ~ **DIN** (*tecnol. - ecc.*), DIN-Taschenbuch (*n.*). 4 **operazione** ~ (*macch. ut. a c/n*), manuelle Betriebsart.
manubrio (motocicletta - ecc.), Lenker (*m.*), Lenkstange (*f.*). 2 ~ (forchettone, di una sivierina) (*att. fond.*), Gabel (*f.*). 3 ~ (d'una macch. agricola p. es.) (*macch.*), Führungsholm (*m.*). 4 ~ **della bicicletta** (*veic.*), Fahrradlenkstange (*f.*), Fahrradlenker (*m.*).
manufatto (prodotto manufatto) (*ind.*), Fabrikat (*n.*), Erzeugnis (*n.*). 2 ~ (opera di limitata entità, di dimensioni inferiori a quelle di un'opera d'arte) (*ing. civ.*), kleiner Kunstbau (*m.*).
manutenzione (*macch. - mot. - ecc.*), Wartung (*f.*), Instandhaltung (*aut.*), Pflege (*f.*), Wartung (*f.*). 2 ~ (di un'autovettura) (*aut.*), Pflege (*f.*), Wartung (*f.*). 3 ~ **delle vetture** (*aut.*), Wagenpflege (*f.*). 4 ~ **ordinaria** (di carrelli a forche p. es., lavori che il conducente stesso può eseguire, ed ispezioni ad intervalli regolari) (*ind. - ecc.*), Wartung (*f.*). 5 ~ **periodica** (di un veicolo per trasporti interni p. es.) (*ind. - ecc.*), Instandhaltung (*f.*). 6 ~ **preventiva** (*gen.*). vorbeugende Instandhaltung. 7 ~ **stradale** (*strad.*), Strasseninstandsetzung (*f.*). 8 **eseguire la** ~ (*macch. - mot. - ecc.*), warten, bedienen. 9 **lavori di** ~ (*ed. - ecc.*), Erhaltungsarbeiten (*f. pl.*), Unterhaltsarbeiten (*f. pl.*), Unterhaltungsarbeiten (*f. pl.*). 10 **non richiedente** ~ (*aut. - macch. - ecc.*), wartungsfrei. 11 **piccola** ~ (di una macch. ut.) (*macch.*), Pflege (*f.*). 12 **servizio** ~ (*ind. - ecc.*), Wartungsdienst (*m.*), Pflegedienst (*m.*). 13 **spese di** ~ (*ind.*), Instandhaltungskosten (*pl.*), Unterhaltungskosten (*pl.*).
maona (chiatta) (*nav.*), Prahm (*m.*), Leichter (*m.*). 2 ~ **per carbone** (chiatta per carbone) (*nav.*), Kohlenleichter (*m.*).
mappa (carta topografica) (*geogr.*), Landkarte (*f.*), Mappe (*f.*). 2 ~ (carta topografica con scala fino a 1 : 10.000) (*top.*), Grundkarte (*f.*). 3 ~ **catastale** (*top. - ed.*), Katasterkarte (*f.*), Flurkarte (*f.*). 4 ~ **particellare** (*top. - ed.*), Parzellenkarte (*f.*). 5 **foglio di** ~ (*top. - ed.*), Mappenblatt (*n.*).
mappale (*a. - top. - recht.*), Karten... 2 ~ (numero mappale, parte d'un terreno, indicata con un numero nel registro del catasto) (*s. - ed.*), Flurstück (*n.*).
mappare (disegnare mappe) (*top. - ed.*), mappieren, Landkarten zeichnen.
mappatore (disegnatore di mappe) (*top. - ed.*), Mappeur (*m.*).
« maraging » (invecchiamento della martensite) (*s. - tratt. term.*), Martensitaushärtung (*f.*), « Maraging » (*f.*). 2 ~ (acciaio, da invecchiamento della martensite) (*a. - metall.*), martensitaushärtbar, « maraging ».
marca (*gen.*), Abzeichen (*n.*), Marke (*f.*). 2 ~ (d'immersione) (*nav.*), Lademarke (*f.*), Ladelinie (*f.*), Tiefladelinie (*f.*), Ahming (*f.*), Tiefgangsmarke (*f.*). 3 ~ (per l'assicurazione obbligatoria p. es.) (*lav.*), Marke (*f.*). 4 ~ **assicurativa** (per lavoratori) (*lav.*), Versicherungsmarke (*f.*). 5 ~ **da bollo** (bollo) (*finanz.*), Steuermarke (*f.*). 6 ~ **di bassa marea** (*mare*), Ebbelinie (*f.*), Ebbemarke (*f.*). 7 ~ **di bordo libero** (*naut.*), Freibordmarke (*f.*), Tiefladelinie (*f.*), Ladewasserlinie (*f.*). 8 ~ **d'immersione** (*nav.*), Lademarke (*f.*), Ladelinie (*f.*), Tiefladelinie (*f.*), Tiefgangmarke (*f.*), Ahming (*f.*). 9 ~ **di parola** (bit di fermo) (*calc.*), Wortmarke (*f.*). 10 ~ **di pescaggio** (*costr. nav.*), vedi marca d'immersione.
marcaggio (marcatura) (*telef.*), Markieren (*n.*), Markierung (*f.*). 2 **passo di** ~ (*telef.*), Markierschritt (*m.*).
marcante (materiale marcante) (*s. - radioatt.*), Markierungsstoff (*m.*).
marcapiano (cornicione marcapiano) (*ed. - arch.*), Wasserabflussleiste (*f.*).
marcare (contrassegnare) (*gen.*), markieren, kennzeichnen, bezeichnen. 2 ~ (stampigliare, punzonare, un pezzo p. es.) (*tecnol.*), stempeln.
marcassite (Fe_2S_2) (pirite bianca) (*min.*), Markasit (*m.*).
marcatempo (orologio), Zeitstempel (*m.*).

marcato (atomo) (*fis. atom.*), markiert.
marcatore (dispositivo marcatore, di pezzi p. es.) (*disp.*), Markierungsvorrichtung (*f.*). 2 ~ (*telef.*), Markierer (*m.*). 3 generatore ~ (generatore di marche di distanza) (*radar*), Markierungsgenerator (*m.*).
marcatrice (*macch. - imball.*), Anzeichnungsmaschine (*f.*).
marcatura (*gen.*), Markierung (*f.*). 2 ~ (di punti) (*ed.*), Vermarkung (*f.*). 3 ~ (marcaggio) (*telef.*), Markierung (*f.*), Markieren (*n.*).
marchio (di una merce) (*leg. - comm.*), Marke (*f.*), Warenzeichen (*n.*). 2 ~ depositato (*leg.*), eingetragenes Warenzeichen, eingetragene Schutzmarke. 3 ~ di fabbrica (marchio di impresa) (*leg.*), Marke (*f.*), Schutzmarke (*f.*), Warenzeichen (*n.*). 4 ~ di impresa (marchio di fabbrica) (*leg.*), Marke (*f.*), Schutzmarke (*f.*), Warenzeichen (*n.*). 5 ~ di qualità (*comm.*), Qualitätsmarke (*f.*), Qualitätszeichen (*n.*). 6 ~ figurato (*leg.*), Bildmarkenzeichen (*n.*). 7 ~ internazionale (marchio registrato internazionalmente) (*leg.*), IR-Marke (*f.*), international registrierte Marke.
marcia (funzionamento) (*macch.*), Gang (*m.*), Lauf (*m.*), Funktionieren (*n.*). 2 ~ (rapporto di trasmissione, "velocità", di un cambio) (*aut.*), Gang (*m.*). 3 ~ (modo di locomozione) (*aut. - ecc.*), Fahrt (*f.*). 4 ~ (di un forno) (*metall. - fond.*), Betrieb (*m.*), Gang (*m.*). 5 ~ (*Sport*), Gehen (*m.*). 6 ~ -arresto (posizioni di funzionamento o arresto, di una macchina) (*macch.*), ein-aus. 7 ~ -arresto (posizioni di un comando) (*elett. - ecc.*), auf-zu. 8 ~ a scoria (*metall.*), Schlackenführung (*f.*). 9 ~ avanti (di un cambio di velocità) (*aut.*), Vorwärtsgang (*m.*). 10 ~ a vuoto (di una macchina) (*macch.*), Leergang (*m.*). 11 ~ caldissima (*forno*), heissgarer Gang. 12 ~ con doppia trazione (*ferr.*), Zugfahrt mit Vorspann. 13 ~ del forno (*metall. - forno*), Ofenbetrieb (*m.*), Ofengang (*m.*). 14 ~ dell'alto forno (*forno*), Hochofenbetrieb (*m.*). 15 ~ fredda (*forno*), Rohgang (*m.*). 16 ~ in città (*aut.*), Stadtfahrt (*f.*). 17 ~ in colonna (su autostrade p. es.) (*aut. - traff. strad.*), Kolonnenfahrt (*f.*). 18 ~ in curva (*veic.*), Kurvenfahrt (*f.*). 19 ~ indietro (retromarcia, di un cambio di velocità) (*aut.*), Rückwärtsgang (*m.*). 20 ~ indietro (movimento) (*aut. - ecc.*), Zurückfahren (*n.*). 21 ~ in folle (*aut. - ecc.*), Freilauf (*m.*), Freilauffahrt (*f.*), Leerlauf (*m.*). 22 ~ in parallelo (funzionamento in parallelo) (*elett.*), Parallelbetrieb (*m.*). 23 ~ in rettilineo (*aut.*), Geradeausfahrt (*f.*). 24 ~ moltiplicata (quinta velocità, rapporto per autostrada) (*aut.*), Schnellgang (*m.*), Schongang (*m.*), Spargang (*m.*). 25 ~ normale (d'un altoforno p. es.) (*forno - metall.*), Gargang (*m.*). 26 ~ rapida (*lav. masch. ut.*), Eilgang (*m.*). 27 ~ silenziosa (funzionamento silenzioso, di un motore p. es.) (*mot. - ecc.*), geräuschloser Lauf. 28 andare in ~ indietro (andare in retromarcia) (*aut.*), zurückfahren. 29 a quattro marce (cambio; quattro rapporti) (*mecc.*), vierstufig, viergängig. 30 combinatore di ~ (*veic. elett.*), Fahrschalter (*m.*), Kontroller (*m.*). 31 confortevolezza di ~ (*aut. - ecc.*), Fahrkomfort (*m.*). 32 in ordine di ~ (pronto per l'uso, pronto per il servizio) (*ind. - comm.*), betriebsfertig, betriebsbereit. 33 in ordine di ~ (*aut.*), betriebsfähig, fahrfertig. 34 invertitore di ~ (combinatore d'inversione, per ferrovie elett.) (*app.*), Fahrtwender (*m.*). 35 passaggio a ~ superiore (*aut.*), Raufschalten (*n.*), Aufwärtsschalten (*n.*). 36 passare ad una ~ inferiore (*aut.*), abwärtsschalten, zurückschalten. 37 posizione di ~ (d'una macchina p. es.) (*macch. - mot.*), Einschaltstellung (*f.*), Laufstellung (*f.*). 38 posizione di ~ rettilinea (dello sterzo) (*aut.*), Geradeausfahrtstellung (*f.*). 39 registratore dei dati di ~ (app. per misurare i tempi di marcia e le velocità di un veicolo) (*app. - veic.*), Fahrzeitschreiber (*m.*). 40 regolarità di ~ (d'un veicolo) (*veic.*), Fahrtgleichmässigkeit (*f.*). 41 regolarità di ~ (d'un cuscinetto) (*mecc.*), Laufgenauigkeit (*f.*). 42 scalare la ~ (scalare il rapporto, passare ad una marcia inferiore, del cambio) (*aut.*), zurückschalten, abwärtsschalten. 43 stabilità di ~ (*aut.*), Fahrstabilität (*f.*). 44 striscia di separazione dei due sensi di marcia (di un'autostrada) (*traff. strad.*), Richtungstrennstreifen (*m.*). 45 traslare in ~ rapida (*lav. macch. ut.*), im Eilgang fahren. 46 velocità di ~ (*aut.*), Fahrgeschwindigkeit (*f.*).
marciapiede (*costr. strad.*), Bürgersteig (*m.*), Gehsteig (*m.*), Gehweg (*m.*), Trottoir (*n.*). 2 ~ (di stazione) (*ferr.*), Bahnsteig (*m.*). 3 ~ mobile (a nastro e catena, per il trasporto di persone) (*trasp.*), Fahrsteig (*m.*). 4 ~ trasversale (di una stazione) (*ferr.*), Querbahnsteig (*m.*). 5 binario con ~ (*ferr.*), Bahnsteiggleis (*n.*). 6 pensilina di ~ ferroviario (*ferr.*), Bahnsteigdach (*n.*).
marciare (funzionare) (*macch.*), gehen, laufen, funktionieren. 2 ~ a vuoto (funzionare a vuoto) (*mot. - ecc.*), leerlaufen, unbelastet laufen.
marciavanti (tavoloni usati per l'attraversamento di terreni franosi) (*min.*), Spund (*m.*). 2 metodo dei ~ (*min.*), Getriebezimmerung (*f.*), Vortriebzimmerung (*f.*).
marcire (legno - ecc.), faulen, abfaulen.
marco (tedesco) (*finanz.*), Deutsche Mark (*f.*), D-Mark (*f.*), DM.
marconigramma (radiotelegramma) (*radio*), Funktelegramm (*n.*).
marconista (radiotelegrafista) (*lav. - radio*), Funker (*m.*).
marconiterapia (terapia delle onde corte) (*med.*), Kurzwellenbehandlung (*f.*).
mare (*geogr.*), See (*f.*), Meer (*n.*). 2 ~ agitato (mare grosso) (*mare*), schwere See, starke See. 3 ~ al traverso (*nav.*), Dwarsee (*f.*). 4 ~ aperto (alto mare) (*nav.*), raume See, hohe See, das offene Meer. 5 ~ calmo (*mare*), ruhige See. 6 ~ corto (mare rotto, maretta) (*mare*), Kabbelsee (*f.*). 7 ~ di nubi (*meteor.*), Wolkenmeer (*n.*). 8 ~ grosso (mare agitato) (*mare*), schwere See, starke See. 9 ~ interno (*geogr.*), Binnensee (*f.*). 10 ~ rotto (maretta, mare corto) (*mar.*), Kabbelsee (*f.*). 11 alto ~ (*mar.*), Hochsee (*f.*), hohe See, raume See. 12 atto a tenere il ~ (*nav.*), seefähig, seetüchtig. 13 braccio di ~ (*geogr.*), Meeresarm (*m.*). 14 colpo di ~

marea

(frangente) (*mare*), Brecher (*m.*), Brechsee (*f.*). **15 eco dal ~** (*radar*), See-Echo (*n.*), Seegangecho (*n.*), Seeschlange (*f.*). **16 gente di ~** (marinai) (*nav.*), Schiffsleute (*pl.*). **17 in alto ~** (*nav.*), auf hoher See. **18 in ~ aperto** (*mar.*), ablandig. **19 livello medio del ~** (*top.*), normale Seehöhe. **20 sopra il livello del ~** (*top. - geofis.*), über dem Meeresspiegel, ü. M. **21 sotto il livello del ~** (*top. - geofis.*), unter dem Meeresspiegel, u. M. **22 via ~** (*trasp.*), auf dem Seewege.
marea (*mare*), Gezeiten (*pl.*), Tiden (*pl.*). **2 ~ montante** (marea crescente) (*mare*), Flut (*f.*), steigendes Wasser. **3 alta ~** (*mare*), Hochwasser (*n.*), Tidehochwasser (*n.*). **4 alta ~ media** (*mare*), mittleres Tidehochwasser, MThw. **5 ampiezza della ~** (*mare*), Gezeiten-Hub (*m.*). **6 bassa ed alta ~** (*mare*), Ebbe und Flut. **7 bassa ~** (*mare*), Ebbe (*f.*), Nippflut (*f.*), flache Flut. **8 chiuse di ~** (*costr. idr.*), Ebbetore (*n. pl.*), Schleusenebbetore (*n. pl.*). **9 corrente di ~** (*mare*), Tideströmung (*f.*). **10 diga di ~** (*costr. idr.*), Ebbedeich (*m.*). **11 effetto di ~** (*mare*), Anstau (*m.*), Flut (*f.*). **12 marca di bassa ~** (*mare*), Ebbelinie (*f.*), Ebbemarke (*f.*). **13 mezza ~** (*mare.*), Mittelwasser (*n.*). **14 onda di ~** (*mare*), Flutwelle (*f.*), Tidewelle (*f.*). **15 porto a ~** (*nav.*), Tidehafen (*m.*), Fluthafen (*m.*).
mareggiata (*mare*), Sturmflut (*f.*).
maremoto (*geol.*), Seebeben (*n.*).
mareografo (app. per misurare il livello del mare) (*app.*), Schreibpegel (*m.*).
mareogramma (*mare*), Gezeitenkurve (*f.*).
mareometro (*app.*), Ebbe -und Flutmesser (*m.*).
maretta (mare rotto, mare corto) (*mare*), Kabbelsee (*f.*).
marezzare (venare) (*ed.*), masern.
marezzato (*tess.*), moiriert. **2 ~** (carta p. es.) (*mft. carta - ecc.*), meliert.
marezzatura (*tess.*), Moirieren (*n.*).
marezzo (stoffa marezzata, « moiré », moerro) (*ind. tess.*), Moiré (*m. - n.*).
margarina (burro artificiale) (*ind.*), Margarine (*f.*), Kunstbutter (*f.*).
marginare (*tip.*), zurichten.
marginatore (*lav. tip.*), Zurichter (*m.*). **2 ~** (di una macchina per scrivere) (*macch. per uff.*), Randanschlag (*m.*).
marginatura (regolo metallico usato per le parti bianche) (*tip.*), Steg (*m.*).
margine (orlo, bordo) (*gen.*), Rand (*m.*). **2 ~** (di una pagina) (*tip.*), Rand (*m.*). **3 ~** (di utile p. es.) (*finanz. - ecc.*), Spanne (*f.*). **4 ~ di sicurezza** (*gen.*), Sicherheitsspielraum (*m.*). **5 ~ di sicurezza** (distanza di sicurezza) (*traff. - ecc.*), Sicherheitsabstand (*m.*). **6 ~ di utile** (margine di guadagno) (*finanz. - comm.*), Gewinnspanne (*f.*), Verdienstspanne (*f.*). **7 ~ superiore** (di prima pagina) (*tip.*), Vorschlag (*m.*). **8 nota a ~** (*uff. - ecc.*), Randanmerkung (*f.*), Randbemerkung (*f.*).
marina (*nav. - mar. milit.*), Marine (*f.*). **2 ~ da carico** (*nav.*), Frachtschiffahrt (*f.*). **3 ~ mercantile** (*nav.*), Handelsmarine (*f.*). **4 ~ militare** (*mar. milit.*), Kriegsmarine (*f.*).

5 ~ passeggeri (*nav.*), Personenschiffahrt (*f.*).
marinaio (marittimo) (*nav.*), Seemann (*m.*), Matrose (*m.*). **2 marinai** (gente di mare) (*nav.*), Schiffsleute (*pl.*). **3 mezzo ~** (gaffa, gancio d'accosto) (*nav.*), Gaff (*n.*), Landungshaken (*m.*), Bootshaken (*m.*).
marinatura (per conservare prodotti ittici) (*ind.*), Marinieren (*n.*).
marittimo (marinaio) (*s. - nav.*), Seemann (*m.*), Matrose (*m.*). **2 diritto ~** (*nav. - leg.*), Seerecht (*n.*).
« marketing » (mercatistica) (*comm.*), Marketing (*n.*).
marmellata (*ind.*), Konfitüre (*f.*), Marmelade (*f.*).
marmetta (piastrella, per il rivestimento di pavimenti) (*ed.*), Fliese (*f.*).
marmitta (silenziatore di scarico, marmitta di scarico) (*mot.*), Schalldämpfer (*m.*), Auspufftopf (*m.*). **2 ~ dei giganti** (*geol.*), Gletschermühle (*f.*), Gletschertopf (*m.*), Riesentopf (*m.*). **3 ~ di scarico raffreddata ad acqua** (*mot.*), wassergekühlter Auspufftopf.
marmo (*min.*), Marmor (*m.*). **2 ~ artificiale** (*ed.*), künstlicher Marmor.
marmoreo (*min.*), marmorn, aus Marmor.
marmorizzare (*vn.*), marmorieren.
marmotta (segnale basso) (*ferr.*), Topfsignal (*n.*).
marna (*min.*), Mergel (*m.*).
marocchino (*ind. della pelle*), Maroquin (*n.*).
marsigliese (embrice, tegola piatta) (*ed.*), Falzziegel (*m.*), Falzpfanne (*f.*).
martellamento (*mecc.*), Hämmern (*n.*). **2 ~** (di valvole p. es., difetto) (*mot. - macch.*), Einschlagen (*n.*). **3 usura da ~** (di valvole e loro sedi p. es.) (*mecc.*), Stossverschleiss (*m.*).
martellare (*mecc. - ecc.*), hämmern. **2 ~** (difetto) (*mecc. - ecc.*), schlagen.
martellato (*mecc.*), gehämmert. **2 ~** (difetto mecc.), geschlagen. **3 ~** (di lamiera) (*mecc.*), geschlagen, gehämmert.
martellatrice (*macch. per fucinatura*), Hammermaschine (*f.*), Rundknetmaschine (*f.*), Knetmaschine (*f.*), Hammerrollmaschine (*f.*). **2 ~ elettromagnetica** (*macch. per fucin.*), Magnethammermaschine (*f.*).
martellatura (operazione) (*fucin.*), Rundkneten (*n.*), Kneten (*n.*). **2 ~** (difetto) (*mecc.*), vedi martellamento.
martelletto (di un app. elett. p. es.) (*elett. - ecc.*), Hammer (*m.*). **2 ~** (leva portacarattere di una macchina per scrivere) (*macch. uff.*), Typenhebel (*m.*). **3 ~ del ruttore** (di accensione) (*mot. - elett.*), Unterbrecherhebel (*m.*), Abreisshebel (*m.*). **4 interruttore a ~** (per sveglie, ecc.) (*elett.*), Selbstunterbrecher (*m.*), Wagnerscher Hammer.
martellina (per disincrostare) (*ut.*), Abklopfer (*m.*), Abklopfhammer (*m.*). **2 ~ americana** (*ut. mur.*), Krönel (*m.*). **3 ~ da muratore** (*ut. mur.*), Abputzhammer (*m.*). **4 ~ per disincrostazione** (di caldaie) (*ut.*), Kesselsteinhammer (*m.*).
martellinare (lavorare con martellina americana) (*mur.*), kröneln.

martellinatura (lavorazione con martellina americana) (*mur.*), Krönelln (*n.*).
martello (*ut.*), Hammer (*m.*). **2** ~ **a mano** (*ut.*), Handhammer (*m.*). **3** ~ **a molla** (per la prova meccanica di app. elettrici) (*app.*), Federhammer (*m.*). **4** ~ **a penna** (*ut.*), Anspitzhammer (*m.*). **5** ~ **a punta** (*ut.*), Latthammer (*m.*), Spitzhammer (*m.*). **6** ~ **con bocca tonda** (*ut.*), Rundbahnhammer (*m.*). **7** ~ **da banco** (*ut. falegn.*), Bankhammer (*m.*). **8** ~ **da battilastra** (martello da lattoniere) (*ut.*), Ausbeulhammer (*m.*). **9** ~ **da calafato** (*ut. nav.*), Dichthammer (*m.*). **10** ~ **da calderaio** (*ut.*), Kesselhammer (*m.*). **11** ~ **da conciatetti** (*ut.*), Schieferhammer (*m.*). **12** ~ **da fabbro** (*ut.*), Schmiedehammer (*m.*). **13** ~ **da falegname** (*ut. falegn.*), Schreinerhammer (*m.*), Tischlerhammer (*m.*). **14** ~ **da fucinatore** (*ut.*), Schmiedehammer (*m.*). **15** ~ **da lattoniere** (martello da battilastra) (*ut.*), Ausbeulhammer (*m.*). **16** ~ **da muratore** (*ut. mur.*), Maurerhammer (*m.*). **17** ~ **da selciatore** (*ut.*), Pflasterhammer (*m.*), Steinsetzhammer (*m.*). **18** ~ **demolitore** (per la rottura della superficie stradale) (*ut. costr. strad.*), Abbruchhammer (*m.*). **19** ~ **di piombo** (*ut.*), Bleihammer (*m.*). **20** ~ **largo** (gradina) (*ut. mur.*), Schellhammer (*m.*). **21** ~ **per bordare** (*lav. lamiera*), Schweifhammer (*m.*). **22** ~ **per bugnatura** (*ut. mur.*), Bossierhammer (*m.*), Bosshammer (*m.*). **23** ~ **perforatore** (martello pneumatico perforatore) (*ut. min.*), Druckluftbohrhammer (*m.*), Bohrhammer (*m.*). **24** ~ **perforatore** (per la rottura della superficie stradale) (*ut. costr. strad.*), Abbruchhammer (*m.*). **25** ~ **per la prova delle ruote** (*att. - ferr.*), Radprüfhammer (*m.*). **26** ~ **per ribadire** (chiodi) (*ut.*), Schellhammer (*m.*). **27** ~ **per rilievi** (martello per esecuzione di rilievi, ai bordi di cilindri di lamiera p. es.) (*ut. lav. lamiera*), Siekenhammer (*m.*). **28** ~ **per spianare** (lamiere p. es.) (*ut.*), Schlichthammer (*m.*). **29** ~ **per spianare** (*ut. fucinatura*), Plätthammer (*m.*). **30** ~ **-piccone** (*ut.*), Aufreisshammer (*m.*). **31** ~ **pneumatico** (*ut. min.*), Presslufthammer (*m.*), Abbauhammer (*m.*), Druckluthammer (*m.*), Presslufabbauhammer (*m.*). **32 controllo con** ~ (di una ruota) (*ferr.*), Abklopfen (*n.*).
martensite (*metall.*), Martensit (*m.*). **2** ~ **beta** (*metall.*), Anlassmartensit (*m.*). **3 invecchiamento della** ~ («maraging») (*tratt. term.*), Martensitaushärtung (*f.*), «Maraging» (*f.*). **4 punto inizio formazione** ~ (punto Ms, punto Ar″) (*metall.*), Ar″-Punkt (*m.*), Ms-Punkt (*m.*). **5 temperatura inizio formazione** ~ (temperatura Az″, punto Ms) (*metall.*), Martensittemperatur (*f.*), Az″-Temperatur (*f.*), Ms-Punkt (*m.*).
martensitico (*metall.*), martensitisch.
Martin, **acciaio** ~ (*metall.*), Martinstahl (*m.*). **2 forno** ~ (*metall.*), Martinofen (*m.*). **3 processo** ~ (*metall.*), Martinprozess (*m.*).
martinetto (per il sollevamento di veicoli p. es.) (*app. di sollev.*), Hebebock (*m.*), Winde (*f.*). **2** ~ (cricco, per autoveicoli) (*app. di sollev.*), Kraftfahrzeugwinde (*f.*), Autoheber (*m.*), Wagenwinde (*f.*). **3** ~ **a cricco** (*app. di sollev.*), Zahnstangenwinde (*f.*). **4** ~ **a vite** (cricco, binda) (*app. di sollev. - aut.*), Schraubenbock (*m.*), Schraubenwinde (*f.*). **5** ~ **a vite per edilizia** (*macch. - ed.*), Bauschraubenwinde (*f.*), Stockwinde (*f.*). **6** ~ **con braccio** (*aut.*), Einsteckheber (*m.*). **7** ~ **idraulico** (*app. di sollev.*), hydraulische Winde, hydraulischer Hebebock. **8** ~ **incorporato** (*aut.*), Einbauheber (*m.*). **9** ~ **per autoveicoli** (cricco, «cric») (*ut.*), Kraftfahrzeugwinde (*f.*), Autoheber (*m.*), Autowinde (*f.*). **10** ~ **piegarotaie** (piegarotaie, «cagna») (*att.*), Schienenbieger (*m.*). **11** ~ **pneumatico** (*app. di sollev.*), Lufteber (*m.*). **12 piastra di appoggio del** ~ (*aut.*), Wagenheberstützplatte (*f.*).
martino (berta spezzaghisa, berta spezzarottami) (*metall. - fond.*), Fallwerk (*n.*), Masselbrecher (*m.*).
maschera (*gen.*), Maske (*f.*). **2** ~ (per sostenere il pezzo e guidare l'utensile) (*att. mecc. - lav. macch. ut.*), Vorrichtung (*f.*). **3** ~ (per produzione in serie) (*ut. mecc.*), Schablone (*f.*). **4** ~ (*tip. - fot.*), Maske (*f.*). **5** ~ (per predisporre dati) (*calc.*), Maske (*f.*). **6** ~ (di un teatro p. es.) (*m. - lav.*), Platzanweiser (*m.*). **7** ~ (di un teatro p. es.) (*f. - lav.*), Platzanweiserin (*f.*). **8** ~ **antigas** (*milit. - ecc.*), Gasmaske (*f.*). **9** ~ **a scatola** (*att. mecc. - lav. macch. ut.*), Kastenvorrichtung (*f.*). **10** ~ **a scatola per foratura** (*disp. mecc.*), Bohrkasten (*m.*). **11** ~ **campione** (per allestire maschere da trapano) (*att.*), Urschablone (*f.*). **12** ~ **del radiatore** (*aut.*), Attrappe (*f.*), Kühlerverkleidung (*f.*), Kühlermaske (*f.*). **13** ~ **di montaggio** (*mecc. - ecc.*), Anschlussvorrichtung (*f.*). **14** ~ **girevole** (attrezzo girevole, attrezzo orientabile, maschera orientabile, per fresatrici p. es.) (*att. lav. macch. ut.*), Schwenkvorrichtung (*f.*). **15** ~ **orientabile** (attrezzo orientabile, attrezzo girevole, maschera girevole, per fresatrici p. es.) (*lav. macch. ut. - att.*), Schwenkvorrichtung (*f.*). **16** ~ **per anestesia** (*app. med.*), Narkosemaske (*f.*). **17** ~ **per foratura** (*att. lav. macch. ut.*), Bohrvorrichtung (*f.*). **18** ~ **per foratura orientabile** (*att. mecc.*), schwenkbare Bohrvorrichtung, Kippbohrvorrichtung (*f.*). **19** ~ **per ossigeno** (*med. - ecc.*), Atemmaske (*f.*). **20** ~ **per ridurre il contrasto** (mascherino per ridurre il contrasto) (*fot.*), Kontrastdämpfungsmaske (*f.*). **21** ~ **per saldatura** (*tecnol. mecc.*), Schweissvorrichtung (*f.*).
mascheramento (*tip. - fot.*), Maskierung (*f.*). **2** ~ (di un segnale acustico) (*acus.*), Verdeckung (*f.*), Verschleierung (*f.*). **3** ~ (ricoprimento dei bordi dello schermo) (*telev.*), Ausblendung (*f.*).
mascherare (*gen.*), maskieren.
mascheratura (*elab. dati*), Ausblenden (*n.*).
mascherina (*gen.*), Maske (*f.*). **2** ~ **del radiatore** (*aut.*), Kühlermaske (*f.*), Kühlerverkleidung (*f.*), Attrappe (*f.*).
maschiare (*mecc.*), gewindebohren.
maschiatrice (*macch. ut.*), Gewindebohrmaschine (*f.*).
maschiatura (*mecc.*), Gewindebohren (*n.*). **2** ~ **a deformazione** (con utensile poligonale

maschietto

senza gole) (*lav. macch. ut.*), Gewindefurchen (*n.*).
maschietto (cerniera a «paumelles», per porte ecc.) (*falegn. - ed.*), Kreuzband (*n.*).
maschio (per filettare) (*ut.*), Gewindebohrer (*m.*). 2 ~ (per ottenere fori o cavità, con uno stampo per pressofusione) (*fond.*), Kern (*m.*). 3 ~ (di un rubinetto) (*tubaz.*), Küchel (*m.*), Küken (*n.*), Kegel (*m.*). 4 ~ (di un raccordo per tubi) (*mecc. - tubaz.*), Gewindezapfen (*m.*). 5 ~ **a deformazione** (maschio filettatore senza asportazione di trucioli) (*ut.*), Gewindeabwälzer (*m.*). 6 ~ **a macchina** (*ut.*), Maschinengewindebohrer (*m.*), Überlaufbohrer (*m.*). 7 ~ **a mano** (*ut.*), Handgewindebohrer (*m.*). 8 ~ **e femmina** (linguetta e incavo, linguetta e scanalatura, per la giunzione del legname) (*falegn.*), Feder und Nut. 9 ~ **filettato** (di uno stampo per pressofusione) (*ut. fond.*), Gewindekern (*m.*). 10 ~ **finitore** (terzo maschio filettatore) (*ut.*), Fertigbohrer (*m.*), Normalbohrer (*m.*). 11 ~ **intermedio** (secondo maschio filettatore) (*ut.*), Nachbohrer (*m.*), Gewindenachbohrer (*m.*). 12 ~ **per dadi** (*ut.*), Mutterbohrer (*m.*). 13 ~ **per filettatura gas** (*ut.*), Gasgewindebohrer (*m.*). 14 ~ **per fori ciechi** (*ut.*), Grundlochgewindebohrer (*m.*). 15 ~ **per fori passanti** (*ut.*), Durchgangsgewindebohrer (*m.*). 16 ~ **per macchina** (*ut.*), Maschinengewindebohrer (*m.*), Überlaufbohrer (*m.*). 17 ~ **sbozzatore** (primo maschio filettatore) (*ut.*), Vorbohrer (*m.*), Gewindevorschneider (*m.*). 18 **primo filettatore** (maschio sbozzatore) (*ut.*), Vorbohrer (*m.*), Gewindevorschneider (*m.*). 19 **secondo** ~ **filettatore** (maschio intermedio) (*ut.*), Nachbohrer (*m.*). 20 **terzo** ~ **filettatore** (maschio finitore) (*ut.*), Fertigbohrer (*m.*), Normalbohrer (*m.*).
maser (*microwave amplification by stimulated emission of radiation*, amplificatore a microonde) (*fis.*), Maser (*m.*). 2 ~ **a stato solido** (*app.*), Festkörpermaser (*m.*).
masonite (pannello di masonite) (*ed.*), Holzfaserplatte (*f.*), Spanplatte (*f.*), Spanholz (*n.*).
massa (*fis.*), Masse (*f.*). 2 ~ (terra) (*elett.*), Erde (*f.*). 3 ~ **atomica** (*chim.*), Atommasse (*f.*). 4 ~ **attiva** (di un accumulatore) (*elett.*), aktive Masse, Füllmasse (*f.*). 5 ~ **baricentrica** (massa concentrata nel baricentro) (*veic.*), Koppelmasse (*f.*). 6 ~ **centrifuga** (di un regolatore di giri) (*mecc.*), Schwunggewicht (*n.*), Fliehgewicht (*n.*). 7 ~ **centrifuga a sfera** (sfera, di un regolatore di giri) (*mecc.*), Schwungkugel (*f.*). 8 ~ **concentrata nel baricentro** (massa baricentrica) (*veic.*), Koppelmasse (*f.*). 9 ~ **di acqua** (*idr.*), Flut (*f.*), Wassermasse (*f.*). 10 **masse d'aria** (*meteor.*), Luftmassen (*f. pl.*). 11 ~ **del regolatore** (di velocità) (*mecc. - macch.*), Reglergewicht (*n.*). 12 ~ **di quiete** (massa di riposo, massa statica) (*fis.*), Ruhemasse (*f.*). 13 ~ **di riposo** (massa di quiete, massa statica) (*fis.*), Ruhemasse (*f.*). 14 ~ **di sicurezza** (messa a terra di sicurezza) (*elett.*), Sicherheitserdung (*f.*). 15 ~ **di terra** (che esercita una pressione) (*ed.*), Erdkörper (*m.*). 16 ~ **fusa** (di materia plastica, nello stampaggio p. es.) (*tecnol.*), Schmelze (*f.*). 17 ~ **fusa** (di vetro p. es.) (*ind.*), Fluss (*m.*), Schmelzmasse (*f.*). 18 ~ **gravitazionale** (massa newtoniana) (*fis.*), schwere Masse. 19 ~ **inerte** (massa inerziale) (*fis.*), träge Masse, Beharrungsmasse (*f.*). 20 ~ **inerziale** (massa inerte) (*fis.*), träge Masse. 21 ~ **(inerziale) relativistica** (*fis.*), bewegte Masse. 22 **masse lavoratrici** (*lav.*), Arbeitermassen (*f. pl.*). 23 ~ **newtoniana** (massa gravitazionale) (*fis.*), schwere Masse. 24 ~ **non sospesa** (massa dell'assale più quella delle ruote) (*veic.*), ungefederte Masse, unabgefederte Masse. 25 ~ **per cavallo** (kg/CV) (*aut. - mot.*), Leistungsmasse (*f.*). 26 ~ **puntiforme** (*fis. - mecc.*), Massenpunkt (*m.*). 27 ~ **radiante** (del radiatore) (*aut.*), Kühlerblock (*m.*). 28 ~ **rotante** (collegamento a massa rotante, nella saldatura) (*elett.*), drehbarer Masseanschluss. 29 ~ **scorrevole** (nell'apposita cava, per compensare lo squilibrio d'una mola; tassello scorrevole) (*ut.*), Nutenstein (*m.*). 30 ~ **sospesa** (carrozzeria, motore, ecc.) (*aut.*), gefederte Masse, federgelagerte Masse. 31 ~ **specifica apparente** (densità apparente, peso specifico apparente, di materiale poroso p. es., riferita a tutto il materiale, pori compresi) (*fis. - chim.*), Rohdichte (*f.*). 32 ~ **specifica apparente** (del terreno, rapporto tra peso apparente e volume) (*ed.*), Frischraumgewicht (*n.*). 33 ~ **specifica vera** (densità assoluta vera, riferita alle parti solide di una sostanza porosa p. es.) (*fis. - chim.*), Reindichte (*f.*). 34 ~ **specifica vera** (del terreno, rapporto tra peso a secco e volume del terreno) (*ed.*), Trockenraumgewicht (*n.*). 35 ~ **statica** (massa di quiete, massa di riposo) (*fis.*), Ruhemasse (*f.*). 36 ~ **volanica** (*mot. - ecc.*), Schwungmasse (*f.*). 37 ~ **volumica apparente** (di materiale alla rinfusa) (*fis. - ind.*), Schüttdichte (*f.*). 38 **a** ~ (a terra) (*elett.*), geerdet. 39 **bussola di** ~ (bussola di terra) (*elett.*), Erdungsbuchse (*f.*). 40 **cavetto di** ~ (cavetto di terra, filo di terra) (*elett.*), Erdungsdraht (*m.*). 41 **cavetto di** ~ (filo di massa, per il collegamento di rotaie p. es.) (*elett. - aer. - ecc.*), Abbindedraht (*m.*). 42 **circuito a** ~ (circuito con ritorno a massa) (*elett.*), Einzelleiterstromkreis (*m.*). 43 **coefficiente di assorbimento di** ~ (coefficiente di assorbimento massico, potenza massica) (*fis.*), Massenabsorptionskoeffizient (*m.*). 44 **collegamento a** ~ (collegamento a terra) (*elett.*), Erdleitung (*f.*), Erdung (*f.*), Erdverbindung (*f.*), Ableitung (*f.*). 45 **collegare a** ~ (collegare a terra, mettere a massa od a terra) (*elett.*), an Erde legen, erden, an Masse legen. 46 **collegare a** ~ (rotaie p. es. tra loro) (*aer. - elett.*), abbinden. 47 **computo delle masse** (computo dei movimenti di terra) (*ing. civ.*), Erdmassenberechnung (*f.*). 48 **con neutro a** ~ (*elett.*), genullt. 49 **difetto di** ~ (differenza fra il numero di massa ed il peso atomico, di un isotopo) (*fis. atom.*), Massendefekt (*m.*). 50 **distribuzione delle masse** (*ing. civ.*), Massenverteilung (*f.*). 51 **equivalente energetica della** ~ (*fis.*), Masse-Energie-Äquivalent (*n.*).

materia

52 filo di ~ (filo di terra) (*elett.*), Erdleiter (*m.*), Erdungsdraht (*m.*). 53 filo di ~ (cavetto di massa, per il collegamento di rotaie tra loro p. es.) (*elett. - aer. - ecc.*), Abbindedraht (*m.*). 54 forza dovuta alla ~ (forza di inerzia) (*fis. - mecc.*), Massenkraft (*f.*). 55 indice di ~ (*fis.*), Massenwert (*m.*). 56 legge di azione di ~ (*chim.*), Massenwirkungsgesetz (*n.*). 57 momento d'inerzia di ~ (*mecc.*), Massenträgheitsmoment (*n.*). 58 mettere a ~ (mettere a terra) (*elett.*), an Erde legen, erden, an Masse legen, ableiten. 59 morsetto di ~ (morsetto di terra) (*elett.*), Erdklemme (*f.*). 60 non a ~ (isolato, di un impianto p. es.) (*elett.*), nicht geerdet, ungeerdet. 61 numero di ~ (*fis. atom.*), Massenzahl (*f.*). 62 pastiglia di ~ attiva (di accumulatore) (*elett.*), Massefeld (*n.*). 63 piano di distribuzione delle masse (nella coltivazione a giorno) (*min.*), Massenverteilungsplan (*m.*). 64 polimerizzato di ~ (*ind. chim.*), Block-Polymerisat (*n.*). 65 polimerizzazione di ~ (*ind. chim.*), Block-Polymerisation (*f.*). 66 prodotto di ~ (*ind.*), in Masse hergestellt. 67 protezione di ~ (di una apparecchiatura p. es.) (*elett.*), Gestellschluss-Schutz (*m.*). 68 punto a ~ (*elett.*), Erdpunkt (*m.*). 69 scala delle masse (tabella delle masse) (*fis. atom.*), Massenskala (*f.*). 70 scaricare a ~ (*elett.*), nach Masse durchschlagen. 71 sistema oscillante ad una ~ (*mecc.*), Einmassenschwinger (*m.*). 72 unità di ~ (1/16 della massa dell'isotopo ^{16}O dell'ossigeno, = 1 kp s^2/m = 980665 kg) (*fis. nucl.*), Masseneinheit (*f.*), ME. 73 verso ~ (tensione p. es.) (*elett.*), gegen Masse.

massello (*metall.*), Luppe (*f.*), Deul (*m.*). 2 ~ (lingotto) (*metall.*), Block (*m.*). 3 ~ (spezzone da estrudere, materiale di partenza per l'operazione di estrusione) (*tecnol. mecc.*), Pressbolzen (*m.*). 4 ~ di ferro saldato (lingotto di ferro saldato) (*metall.*), Luppe (*f.*). 5 ~ forato (per la fabbricazione di tubi senza saldatura) (*lamin.*), Rohrknüppel (*m.*), Rohrluppe (*f.*).

massellotta (*metall. fond.*), vedi materozza.

massicciata (*costr. strad.*), Beschotterung (*f.*), Bettung (*f.*), Aufschüttung (*f.*). 2 ~ (ballast) (*costr. ferr.*), Bettung (*f.*). 3 ~ elastica (*ferr.*), elastische Bettung. 4 ~ in ghiaia (*costr. strad. - ferr.*), Kiesbett (*n.*), Kiesbettung (*f.*).

massiccio (*s. - geol.*), Massiv (*n.*), Stock (*m.*). 2 ~ (pilastro, «horst») (*geol.*), Horst (*m.*). 3 ~ (di grande massa) (*a. - gen.*), massig. 4 ~ di poppa (*costr. nav.*), Totholz (*n.*).

massico (relativo alla massa) (*fis.*), Massen... 2 potenza massica (coefficiente di assorbimento massico) (*fis.*), Massenabsorptionskoeffizient (*m.*). 3 potenza massica (di un motore, rapporto tra peso e potenza massima) (*mot.*), Leistungsgewicht (*n.*).

massicot (PbO) (*chim.*), Massicot (*n.*).

massimale (*pers. - lav.*), Einkommensgrenze (*f.*). 2 ~ del salario (salario massimo) (*lav.*), Höchstlohn (*m.*).

massimo (*a. - gen.*), maximal, höchst. 2 ~ (*s. - gen.*), Maximum (*n.*), Höchstwert (*m.*). 3 ~ (*mat.*), Maximum (*n.*). 4 relè di massima (corrente) (*elett.*), Überstromrelais (*n.*).

masso (di roccia) (*geol. - min.*), Stock (*m.*), Block (*m.*). 2 ~ di granito (*geol. - min.*), Granitblock (*m.*), Granitstock (*m.*). 3 ~ erratico (trovante) (*geol.*), Findling (*m.*), erratischer Block.

mastello (tinozza) (*gen.*), Kübel (*m.*), Zuber (*m.*), Gefäss (*n.*).

masticare (plastificare, la gomma) (*ind. gomma*), kneten, mastizieren. 2 ~ (applicare mastice) (*tecnol.*), verkitten, einkitten.

masticatrice (mescolatore, per gomma) (*macch.*), Knetmaschine (*f.*), Kneter (*m.*). 2 ~ per gomma (*macch.*), Gummikneter (*m.*).

masticazione (*ind. gomma*), Mastizierung (*f.*), Kneten (*n.*).

mastice (resina mastice, naturale) (*chim.*), Mastix (*m.*). 2 ~ (da vetraio p. es.) (*ind.*), Kitt (*m.*). 3 ~ (ermetico, per la tenuta di accoppiamenti meccanici) (*mecc.*), Dichtmasse (*f.*), Dichtungsmasse (*f.*). 4 ~ (di limatura di ferro, per riparazione di getti) (*fond.*), Eisenkitt (*m.*), Rostkitt (*m.*), Salmiakkitt (*m.*), Schwefelkitt (*m.*). 5 ~ d'asfalto (*costr. strad.*), Gussasphalt (*m.*), Asphaltguss (*m.*). 6 ~ da vetraio («stucco») (*ed.*), Fensterkitt (*m.*), Glaserkitt (*m.*). 7 ~ di gomma (*ind. gomma*), Kautschukkitt (*m.*). 8 ~ di limatura (per la riparazione di getti difettosi) (*fond.*), Rostkitt (*m.*), Eisenkitt (*m.*). 9 ~ per giunti a bicchiere (*tubaz.*), Muffenkitt (*m.*). 10 ~ per metalli (mastice metallico, per la riparazione di getti) (*fond.*), Rostkitt (*m.*), Eisenkitt (*m.*). 11 ~ per ritocco (*tecnol. mecc.*), Ausfüller (*m.*). 12 applicare il ~ («stuccare», una finestra p. es.) (*carp.*), kitten. 13 applicare il ~ (masticare) (*tecnol.*), einkitten, verkitten, kitten. 14 resina ~ (mastice) (*chim.*), Mastix (*m.*).

mastra (di boccaporto) (*nav.*), Süll (*m.*).

mastro (libro mastro) (*contabilità*) Hauptbuch (*n.*).

masurio (Ma) (*chim.*), Masurium (*n.*).

masut (mazut, olio combustibile, residuo di petrolio) (*comb.*), Masut (*m.*).

matafione (estremità di vela per il fissaggio della stessa alla boma) (*nav.*), Zeising (*n.*).

matassa (*ind. tess.*), Strähne (*f.*), Strang (*m.*). Strähn (*m.*). 2 ~ di filato (*ind. tess.*), Garnsträhn (*m.*). 3 apparecchio per la tintura in matassa (*app. ind. tess.*), Strangfärbapparat (*m.*). 4 filo in matassa (*ind. tess.*), Strähngarn (*n.*).

matassina (filzuolo) (*ind. tess.*), Fitze (*f.*).

matematica (*mat.*), Mathematik (*f.*). 2 ~ applicata (*mat.*), angewandte Mathematik. 3 ~ assicurativa (*mat. - finanz.*), Versicherungsmathematik (*f.*). 4 ~ finanziaria (*mat. - finanz.*), Finanzmathematik (*f.*), politische Arithmetik. 5 ~ pura (*mat.*), reine Mathematik.

matematico (*a. - mat.*), mathematisch. 2 ~ (*s. - lav.*), Mathematiker (*m.*).

materasso (*ind. tess. - ecc.*), Matratze (*f.*). 2 ~ di pietre (*costr. idr.*), Steinmatte (*f.*), Matratze (*f.*).

materia (*gen.*), Zeug (*n.*), Grundstoff (*m.*). 2 ~ (*fis.*), Materie (*f.*). 3 ~ (scolastica) (*scuola*) Gegenstand (*m.*). 4 ~ artificiale (materia sintetica) (*ind. chim.*), Kunststoff (*m.*). 5 ~ attiva (di un accumulatore) (*elett.*),

materiale

aktive Masse. 6 ~ **di studio** (specialità, branca, di una scienza) (*gen.*), Fach (*n.*), Spezialität (*f.*). 7 ~ **emissiva** (*illum.*), Emissionsoxyd (*n.*). 8 ~ **obbligatoria** (*scuola*), Pflichtgegenstand (*m.*). 9 **materie plastiche** (artificiali, resine sintetiche) (*ind. chim.*), Plaste (*f. pl.*), Kunststoffe (*m. pl.*), Kunstharze (*n. pl.*). 10 ~ **plastica a base di resine acriliche** (*ind. chim.*), Akrylharzkunststoff (*m.*). 11 ~ **plastica cellulosica** (*ind. chim.*), zellulosisches Kunstharz. 12 ~ **plastica da stampaggio** (resina da stampaggio) (*ind. chim. - ecc.*), Kunstharzpresstoff (*m.*). 13 ~ **plastica di policondensazione** (*ind. chim.*), Polykondensationskunstharz (*n.*). 14 ~ **plastica di polimerizzazione** (*ind. chim.*), Polymerisationskunstharz (*n.*). 15 ~ **prima** (*ind.*), Rohmaterial (*n.*), Rohstoff (*m.*). 16 ~ **sintetica** (materia artificiale) (*ind. chim.*), Kunststoff (*m.*). 17 **conservazione della** ~ (*fis.*), Erhaltung der Materie. 18 **trasformazione della** ~ (*gen.*), Stoffumsetzung (*f.*).

materiale (*s. - ind. - ecc.*), Material (*n.*), Werkstoff (*m.*). 2 ~ (*a. - gen.*), materiell, stofflich. 3 ~ **accumulatore** (*term. - ecc.*), Speicherstoff (*m.*). 4 ~ **ad alta costante dielettrica** (*elett.*), MDK-Masse (*f.*). 5 ~ **ad alto coefficiente d'attrito** (materiale di attrito sinterizzato, per freni, ecc.) (*tecnol.*), Reibwerkstoff (*m.*), Friktionswerkstoff (*m.*). 6 ~ **aggiunto** (ad una miscela) (*ed. - ecc.*), Beimischung (*f.*). 7 ~ **alluvionale** (*geol.*), Anschwemmung (*f.*). 8 ~ **antiacustico** (materiale fonoassorbente, materiale per isolamento acustico) (*tecnol.*) akustisches Material, schallschluckendes Material, Schallschlucker (*m.*), Schallschluckstoff (*m.*). 9 ~ **antifonico** (o insonorizzante) (*ed. - ecc.*), Schalldämmstoff (*m.*). 10 ~ **antirombo** (*vn.*), Antidröhnmasse (*f.*), Antidröhnmittel (*n.*). 11 ~ **arrostito** (minerale arrostito) (*metall.*), Röstgut (*n.*). 12 ~ **asportato** (trucioli asportati) (*lav. mecc.*), Spanmenge (*f.*), Abspanmenge (*f.*), Zerspanmenge (*f.*). 13 ~ **asportato con abrasivi** (*mecc.*), Abschliff (*m.*). 14 ~ **asportato per sfregamento** (*gen.*), Abrieb (*m.*). 15 **materiali ausiliari** (vernici, chiodi p. es.) (*ind.*), Hilfsstoff (*m.*). 16 ~ **bellico** (*ind. - milit.*), Kriegsmaterial (*n.*). 17 ~ **ceramico da taglio** (*ut.*), Schneidkeramik (*f.*). 18 ~ **che attraversa il vaglio** (*ind.*), Siebdurchlauf (*m.*), Durchfall (*m.*). 19 ~ **coibente** (coibente, isolante termico) (*ed. - ecc.*), Wärmeschutzstoff (*m.*), Wärmedämmstoff (*m.*). 20 ~ **composito** (compòsito, vetroresina p. es.) (*tecnol.*), Verbundwerkstoff (*m.*). 21 ~ **conciante** (*ind. cuoio*), Gerbstoff (*m.*). 22 ~ **conciante sintetico** (*ind. cuoio*), synthetischer Gerbstoff, Syntan (*n.*). 23 ~ **da costruzione** (*ed.*), Konstruktionsmaterial (*n.*), Baustoff (*m.*), Baumaterial (*n.*). 24 ~ **da far saltare** (da una parte della montagna) (*min.*), Vorgabe (*f.*). 25 ~ **da installazione** (per fabbricati d'abitazione p. es.) (*elett. - ed.*), Installationsmaterial (*n.*). 26 ~ **da laminare** (*lamin.*), Walzgut (*n.*). 27 ~ **da ripiena** (*min.*), Berge (*m. pl.*), Bergeversatz (*m.*). 28 ~ **da rivestimento** (materiale di rivestimento) (*ed. - ecc.*), Bekleidungsstoff (*m.*). 29 ~ **d'armamento** (*ferr.*), Oberbaumaterial (*n.*). 30 ~ **da stampaggio** (per pezzi di mat. plast.) (*ind. chim.*), Formmasse (*f.*). 31 ~ **da tagliare** (*lav. macch. ut.*), Schneidstoff (*m.*). 32 ~ **da tagliare** (lingotti p. es., con cesoia) (*tecnol. mecc.*), Schneidgut (*m.*). 33 ~ **depositato** (*geol.*), Ablagerung (*f.*). 34 ~ **d'esercizio** (*ind.*), Betriebstoff (*m.*). 35 ~ **di apporto** (per saldatura) (*tecnol. mecc.*), Zusatzwerkstoff (*m.*). 36 ~ **di apporto** (nella saldatura; deposito di saldatura) (*tecnol. mecc.*), Schweissgut (*n.*). 37 ~ **di attrito** (sinterizzato, materiale ad alto coefficiente di attrito, per freni, ecc.) (*tecnol.*), Reibwerkstoff (*m.*), Friktionswerkstoff (*m.*). 38 **materiali di consumo** (*ind. - amm.*), Verbrauchsstoffe (*m. pl.*). 39 ~ **di copertura** (*ed.*), Dachbedeckungsmaterial (*n.*), Dachbedeckungsstoff (*m.*). 40 ~ **di fissaggio dell'armamento** (materiale minuto di armamento) (*ferr.*), Oberbaukleinmaterial (*n.*), Kleineisen (*n.*). 41 **materiali di lavorazione** (totalità dei materiali che servono per un dato processo di lavorazione) (*ind.*), Einsatz (*m.*). 42 ~ **di partenza** (*ind.*), Ausgangswerkstoff (*m.*), Ausgangsmaterial (*n.*). 43 ~ **di partenza** (materia prima) (*ind.*), Rohmaterial (*n.*), Grundstoff (*m.*), Rohstoff (*m.*). 44 ~ **di prestito** (terra) (*ing. civ.*), Massenentnahme (*f.*), Aushubmaterial (*n.*). 45 **materiali diretti** (*ind.*), Fertigungsstoffe (*m. pl.*). 46 ~ **di ricupero** (materiale di riciclo, ritorni) (*ind.*), Rückgut (*n.*). 47 ~ **di riempimento** (*ed. - mov. terra*), Verfüllboden (*m.*), Hinterfüllung (*f.*). 48 ~ **di sterro** (*ing. civ.*), Abtrag (*m.*). 49 ~ **di taratura** (materiale di riferimento) (*tecnol. mecc.*), Eichstoff (*m.*). 50 ~ **di tenuta** (colato) (per cassette di giunzione di cavi p. es.) (*elett.*), Ausgussmasse (*f.*). 51 ~ **di tenuta ermetizzante** (*ed.*), Vergussmasse (*f.*), Dichtungsmasse (*f.*). 52 ~ **elastoplastico** (*tecnol.*), elastisch-plastischer Werkstoff. 53 **materiali ferromagnetici** (Fe, Co, Ni) (*elett.*), Ferromagnetika (*f. pl.*). 54 ~ **(ferroviario) rotabile** (*ferr.*), rollendes Eisenbahnmaterial. 55 ~ **fissile** (combustibile nucleare) (*fis. atom.*), Spaltmaterial (*n.*), Spaltstoff (*m.*). 56 ~ **fonoassorbente** (isolante acustico) (*acus.*), Schall-Absorptions-Material (*n.*), Schallschluck-Material (*n.*), Schallschluckstoff (*m.*), Schallschlucker (*m.*). 57 ~ **frigoisolante** (espanso di polistirolo p. es.) (*tecnica del freddo*), Kälteschutzstoff (*m.*). 58 ~ **galleggiante** (trasportato; più leggero dell'acqua, alla superficie d'una corrente) (*idr.*), Schwemmsel (*n.*), Geschwemmsel (*n.*). 59 ~ **ignifugo** (*ed. - ind. chim.*), Flammenschutzmittel (*n.*). 60 ~ **in barra** (*mecc.*), Stangenmaterial (*n.*). 61 **materiali indefiniti** (*ind.*), Roherzeugnisse (*n. pl.*), Zwischenprodukte (*n. pl.*), Rohprodukte (*n. pl.*). 62 ~ **indefinito non ferroso** (semilavorato non ferroso, p. es. di alluminio, lega leggera, ecc.) (*metall.*), Metallhalbzeug (*n.*). 63 ~ **indiretto** (*ind.*), Gemeinkostenmaterial (*n.*). 64 ~ **inerte** (inerti, per la preparazione del calcestruzzo) (*ed.*), Zuschlag (*m.*). 65 ~ **inerte a granulazione anormale** (*ed.*), Ausfallkorngemisch (*n.*). 66 ~ **infiammabile** (*comb.*), Zündstoff (*m.*). 67 ~ **insonorizzante** (o antifonico) (*ed. - ecc.*), Schalldämmstoff (m.). 68 ~ (in sospensione) trascinato (da una corrente d'acqua) (idr.), Schweb (m.). 69 ~ isolante (isolante) (elett.), Isolationsmaterial (n.), Isolierungsstoff (m.), Isolierstoff (m.), Isoliermaterial (n.). 70 ~ isolante (per isolamento termico od acustico) (ed. - acus. - ecc.), Dämmstoff (m.), Isoliermaterial (n.), Isolierstoff (m.). 71 ~ isolante (materiale protettivo, catrame, ecc., contro l'umidità p. es.) (ed.), Sperrstoff (m.), Isolierstoff (m.). 72 ~ magnetico (elett.), Magnetwerkstoff (m.), magnetisierbarer Werkstoff. 73 ~ marcante (radioatt.), Markierungsstoff (m.). 74 ~ minuto di armamento (piastre, caviglie, arpioni per il fissaggio della rotaia alle traversine) (ferr.), Kleineisen (n.), Oberbaukleinmaterial (n.). 75 ~ mobile (materiale rotabile) (ferr.), rollendes Material, Rollmaterial (n.). 76 ~ ottico (vetro comune, di quarzo, ecc., per produrre lenti, ecc.) (app.), optischer Werkstoff. 77 ~ passante (nella vagliatura) (ed. - ecc.), Siebdurchlauf (m.), Durchfall (m.). 78 ~ peloso (tessuto peloso) (tess.), Polmaterial (n.). 79 ~ per contatti (rame, argento, ecc.) (elett.), Kontaktwerkstoff (m.). 80 ~ per costruzioni aeronautiche (aer.), Flugzeugbauwerkstoff (m.), Fliegwerkstoff (m.). 81 ~ perfettamente elastoplastico (materiale plastico ideale) (tecnol.), vollkommen elastisch-plastischer Werkstoff. 82 ~ per rappezzi (materiale di rivestimento) (forno), Flickmasse (f.). 83 ~ per rivestimento (o per rappezzi) (forno), Flickmasse (f.). 84 ~ plastico espanso (espanso) (ind. chim.), Schaumkunststoff (m.), Schaumstoff (m.). 85 ~ refrattario (materiale resistente al fuoco) (ed. - forno), feuersicheres Material, feuerfester Baustoff, ff-Material (n.). 86 ~ residuo non fuso (nel forno, salamandra) (metall. - forno), Eisenbär (m.), Eisensau (f.), Ofensau (f.). 87 ~ resistente al fuoco (materiale refrattario) (ed. - forno), fuersicheres Material, feuerfester Baustoff. 88 ~ rigenerato (gomma, olio ecc.) (ind.), Gefrisch (n.). 89 ~ rotabile (materiale mobile, complesso dei veicoli) (ferr.), Rollmaterial (n.), Fahrzeuge (n. pl.), rollendes Material. 90 ~ scavato (macch. mov. terra), Baggergut (n.). 91 ~ sfuso (merce alla rinfusa) (comm.), Schüttgut (n.). 92 ~ smagrante (smagrante, per migliorare sabbie p. es.) (fond. - ecc.), Magerungsmittel (m.). 93 ~ (solido) trascinato (in sospensione nei fiumi) (idr.), Schweb (m.). 94 ~ (solido) trascinato (sul fondo dei fiumi) (idr. - geol.), Geschiebe (n.). 95 materiali (solidi) trasportati (nei fiumi per galleggiamento) (idr.), Geschwemmsel (n.), Schwemmsel (n.). 96 ~ termoindurente (resina artificiale termoindurente) (ind. chim.), Duroplast (n.), härtbares Kunstharz, in Wärme aushärtendes Kunstharz, nach der Formung nicht mehr erweichbares Kunstharz. 97 ~ termoplastico (resina termoplastica, termoplasto) (ind. chim.), erweichbares Kunstharz, Thermoplast (n.), nichthärtendes Kunstharz. 98 ~ trattenuto dalle griglie (d'una centrale) (elett. - ecc.), Rechengut (n.). 99 ~ usurante (nelle prove di usura) (tecnol.), Gegenstoff (m.). 100 ~ vagliato (materiale passante attraverso il vaglio) (ed. - ecc.), Siebdurchlauf (m.), Durchfall (m.). 101 caratteristica di un ~ (chim. - ecc.), Stoffkennzahl (f.), Stoffwert (m.). 102 difetto di ~ (tecnol.), Stoffehler (m.). 103 disposizioni per la preparazione dei materiali (ind.), Materialdisposition (f.). 104 distinta base materiali (ind.), Materialstückliste (f.). 105 fabbisogno di materiali (ind.), Werkstoffbedarf (m.). 106 fatica del ~ (affaticamento del materiale) (tecnol.), Werkstoffermüdung (f.). 107 flusso dei materiali (nell'officina) (ind.), Materialfluss (m.). 108 gestione ~ (ind.), Materialwirtschaft (f.). 109 preparazione (dei) materiali (ind.), Materialbereitstellung (f.). 110 programmazione fabbisogno materiali (ind.), Materialbedarfsplanung (f.). 111 prova dei materiali (tecnol.), Werkstoffprüfung (f.). 112 resistenza dei materiali (tecnol.), Werkstoffestigkeit (f.). 113 scienza dei materiali (tecnol. mecc.), Werkstoffkunde (f.). 114 studio dei quantitativi di materiali (per determinarne il fabbisogno) (ind. - studio lav.), Mengenstudie (f.). 115 trasformazione di ~ (ind. - ecc.), Stoffumsetzung (f.). 116 volume del ~ asportato (lav. macch. ut.), Abspanvolumen (n.), Zerspanvolumen (n.), Spanvolumen (n.).

materializzazione (gen.), Verkörperung (f.).
materozza (montante) (fond.), Steiger (m.). 2 ~ (alimentatore) (fond.), Speiser (m.), Giesskopf (m.), Saugmassel (m.). 3 ~ (massellotta, di un lingotto) (metall.), Blockaufsatz (m.), verlorener Kopf. 4 ~ (nella iniezione di materie plastiche, collegamento tra ugello e cavità dello stampo) (tecnol.), Anguss (m.). 5 ~ aperta (materozza libera) (fond.), offener Steiger. 6 ~ a pressione (fond.), Drucksteiger (m.), Gasdrucksteiger (m.). 7 ~ a pressione (completamente racchiusa nella forma, nella colata di ghisa malleabile) (fond.), Druckmassel (f.). 8 ~ cieca (fond.), abgedeckter Steiger. 9 ~ di riscaldo (massa di riscaldo) (fond.), Warmhaltesteiger (m.), Warmhaltespeiser (m.). 10 ~ libera (materozza aperta) (fond.), offener Steiger. 11 alimentazione delle materozze (fond.), Nachgiessen (n.).
materozzatura (studio dell'applicazione delle materozze) (fond.), Anschnittechnik (f.). 2 ~ (disposizione materozze) (fond.), Speisersystem (n.), Anordnung der Speiser.
matita (dis. - ecc.), Bleistift (m.). 2 ~ automatica (a mina mobile) (uff. - ecc.), Drehbleistift (m.), Drehfüllstift (m.). 3 ~ colorata (uff.), Farbstift (m.), Buntstift (m.). 4 ~ copiativa (uff.), Kopierstift (m.), Tintenstift (m.). 5 ~ da carpentiere (app.), Zimmermannstift (m.). 6 ~ da disegno (dis.), Zeichenstift (m.). 7 ~ termometrica (macch. - ecc.), Temperaturmess-stift (m.).
matraccio (att. chim.), Kolben (m.). 2 ~ conico « Erlenmeyer » (bevuta) (att. chim.), Erlenmeyerkolben (m.). 3 ~ graduato (att. chim.), Messkolben (m.). 4 ~ refrattario (matraccio resistente al fuoco) (app. chim.), Kochflasche (f.).
matrice (mat.), Matrix (f.). 2 ~ (stampo, stampo inferiore) (tecnol. mecc.), Matrize (f.), Untergesenk (n.). 3 ~ (forma per la fusione di caratteri) (tip.), Matrize (f.), Mater (f.).

matriciale

4 ~ (filiera, per estrusione di mat. plast. p. es.) (*tecnol. mecc.*), Matrize (*f.*). 5 ~ (d'un reattore nucleare) (*fis. nucl.*), Matrix (*f.*). 6 ~ (ganga, di un minerale) (*min.*), Grundmasse (*f.*). 7 ~ (per duplicatori) (*uff.*), Matrize (*f.*). 8 ~ (negativo per dischi) (*elettroacus.*), Matrize (*f.*). 9 **matrici** (*mat.*), Matrizen (*f. pl.*). 10 ~ **a bande** (*mat.*), Bandmatrix (*f.*). 11 ~ **antisimmetrica** (*mat.*), schiefsymmetrische Matrix. 12 ~ **delle ammettenze** (di un quadripolo) (*radio - ecc.*), Leitwertmatrix (*f.*). 13 ~ **delle resistenze** (di un quadripolo) (*radio - ecc.*), Widerstandsmatrix (*f.*). 14 ~ **d'imbocco** (nell'imbutitura) (*ut. - lav. lamiera*), Einlaufform (*f.*). 15 ~ **ibrida** (*mat.*), Hybrid-Matrix (*f.*). 16 ~ **improntata** (per mater. plast. e pressogetti) (*ut.*), Einsenk-Matrize (*f.*). 17 ~ **inversa** (*mat.*), Kehrmatrix (*f.*). 18 ~ **iterativa** (di un quadripolo) (*radio - ecc.*), Kettenmatrix (*f.*). 19 ~ **per calibratura** (*ut. fucinatura*), Prägeplatte (*f.*), Flachprägewerkzeug (*n.*). 20 ~ **per estrudere** (*ut.*), Pressmatrize (*f.*). 21 ~ **per imbutitura** (stampo inferiore per imbutitura) (*ut. lav. lamiera*), Ziehmatrize (*f.*). 22 ~ **per imbutitura passante** (matrice anulare per imbutitura) (*ut. lav. lamiera*), Ziehring (*m.*). 23 ~ **per piegatura** (di una piegatrice) (*ut.*), Biegegesenk (*n.*). 24 ~ **per punzonatura** (stampo per punzonatura) (*ut. - lav. di lamiere*), Lochmatrize (*f.*). 25 ~ **per ricalcatura a freddo** (stampo per ricalcatura a freddo) (*ut.*), Kaltanstauchmatrize (*f.*). 26 ~ **per sbavatura** (parte dell'attrezzo sbavatore) (*ut. fucinatura*), Schnittplatte (*f.*), Schneidplatte (*f.*), Matrize (*f.*). 27 ~ **per tranciatura** (per lavorare lamiera) (*ut.*), Schnittmatrize (*f.*), Schnittplatte (*f.*). 28 ~ **quadrata antisimmetrica** (*mat.*), schiefsymmetrische quadratische Matrix. 29 ~ **reciproca** (*mat.*), reziproke Matrix. 30 **memoria a** ~ (memoria matriciale) (*calc.*), Matrizenspeicher (*m.*), Matrixspeicher (*m.*). 31 **pressa a due matrici** (per estrusione) (*macch.*), Zweimatrizenpresse (*f.*).

matriciale (*mat.*), Matrizen... 2 **modello** ~ (nella programmazione aziendale) (*mat.*), Matrizenmodell (*n.*).

matricola (numero di matricola) (*gen.*), Kennnummer (*f.*). 2 ~ **del personale** (*pers.*), Personalakte (*f.*).

matta (zinco duro, lega Zn-Fe) (*metall.*), Hartzink (*n.*).

mattare (macellare) (*ind. della carne*), schlachten, töten.

mattatoio (macello) (*ind. - ed.*), Schlachthaus (*n.*), Schlachthof (*m.*).

matto (opaco, non lucido) (*vn. - ecc.*), matt.

mattone (laterizio) (*mur.*), Mauerziegel (*m.*), Ziegelstein (*m.*), Backstein (*m.*), Mauerstein (*m.*), Ziegel (*m.*). 2 ~ **a mano** (*mur.*), Handziegel (*m.*), Handstrichziegel (*m.*). 3 ~ **-canale** (*metall. - fond.*), Kanalstein (*m.*). 4 ~ **centrale** (*forno - metall.*), Königstein (*m.*). 5 ~ **crudo** (*mur.*), Rohziegel (*m.*), ungebrannter Ziegel, Rohling (*m.*). 6 ~ **da paramano** (mattone da rivestimento) (*mur.*), Blendstein (*m.*), Verblendstein (*m.*), Verblender (*m.*). 7 ~ **da riempimento** (*mur.*), Besatzstein (*m.*), Füllstein (*m.*). 8 ~ **da rivestimento** (mattone da paramano) (*mur.*), Blendstein (*m.*), Verblendstein (*m.*), Verblender (*m.*). 9 ~ **di chamotte** (*metall.*), Schamottstein (*m.*). 10 ~ **di collegamento** (*forno*), Verbandstein (*m.*). 11 ~ **di forma speciale** (*mur.*), Formstein (*m.*). 12 ~ **di loppa** (mattone di scoria) (*mur.*), Schlackenstein (*m.*). 13 ~ **di magnesite** (*metall.*), Magnesitstein (*m.*). 14 ~ **di mazzetta** (mattone di battuta) (*ed.*), Anschlagstein (*m.*). 15 ~ **di quarzite** (mattone di silice, con oltre il 90% di Si$_2$O) (*metall.*), Silikastein (*m.*). 16 ~ **di riempimento** (*mur.*), Füllstein (*m.*). 17 ~ **di riempimento** (di un forno p. es.) (*ed.*), Nachsetzstein (*m.*). 18 ~ **di scoria** (mattone di loppa) (*mur.*), Schlackenstein (*m.*), Hüttenstein (*m.*). 19 ~ **di scoria porosa** (di altoforno) (*ed.*), Hüttenschwemmstein (*m.*), Hochofenschwemmstein (*m.*). 20 ~ **di silice** (mattone di quarzite, con oltre il 90% di SiO$_2$) (*metall.*), Silikastein (*m.*). 21 ~ **forato** (*ed.*), Lochstein (*m.*), Lochziegel (*m.*). 22 ~ **forato da solaio** (laterizio da solaio, volterrana) (*ed.*), Deckenziegel (*m.*). 23 ~ **forato di lungo** (*mur.*), Langlochziegel (*m.*). 24 ~ **forato di traverso** (*mur.*), Hochlochziegel (*m.*). 25 ~ **intero** (*mur.*), ganzer Stein, Vierquartier (*n.*). 26 ~ **leggero** (*ed.*), Leichtstein (*m.*). 27 ~ **magnesiaco** (con più dell'80% di MgO) (*metall. - min.*), Magnesiastein (*m.*). 28 ~ **messo di punta** (*mur.*), Strecker (*m.*). 29 ~ **parascorie** (*fond.*), Dammstoff (*m.*). 30 ~ **per impilaggio** (usato nei ricuperatori) (*forno - metall.*), Wabenstein (*m.*), Gitterstein (*m.*). 31 ~ **per piano** (mattone posato per piano) (*mur.*), Läufer (*m.*). 32 ~ **per ricuperatori** (mattone d'impilaggio) (*metall. - mur.*), Gitterstein (*m.*), Wabenstein (*m.*). 33 ~ **pieno** (laterizio pieno) (*mur.*), Vollstein (*m.*), Vollziegel (*m.*). 34 ~ **poroso** (*mur.*), Porenziegel (*m.*), PMZ. 35 ~ **refrattario** (*forno*), Feuerziegel (*m.*), feuerfester Ziegel, feuerfester Stein. 36 ~ **refrattario leggero** (*forno - metall.*), Feuerleichtstein (*m.*). 37 ~ **(refrattario) per siviere** (*fond.*), Pfannenstein (*m.*), Giesspfannenziegel (*m.*). 38 ~ **sagomato** (*mur.*), Profilstein (*m.*). 39 ~ **smaltato** (con vetrinatura non trasparente) (*ed.*), Glasurstein (*m.*), glasierter Stein. 40 ~ **verniciato** (*ed.*), Engobe (*f.*), glasierter Stein. 41 ~ **vetrinato** (con vetrinatura trasparente) (*ed.*), Glasurstein (*m.*), glasierter Stein. 42 **corso di mattoni** (*mur.*), Ziegelschicht (*f.*). 43 **costruzione in mattoni** (costruzione in cotto) (*ed.*), Ziegelbau (*m.*). 44 **disposizione dei mattoni** (in un muro, legatura) (*mur.*), Mauerverband (*m.*). 45 **macchina per la fabbricazione dei mattoni** (mattoniera) (*macch. ed.*), Ziegelmaschine (*f.*). 46 **mezzo** ~ (schienale) (*mur.*), Riemenstück (*n.*), Riemstück (*n.*), Riemchen (*n.*), Zweiquartier (*n.*). Halbstein (*m.*). 47 **pressa per mattoni** (*macch. ed.*), Steinpresse (*f.*), Ziegelpresse (*f.*). 48 **quarto di** ~ (quartiere, boccone) (*mur.*), Einquartier (*n.*), Viertelstück (*n.*), Quartierstück (*n.*).

mattonella (materiale pressato, bricchetto) (*comb. - ecc.*), Brikett (*n.*). 2 ~ **da pavi-**

mentazione (*ed.*), Bodenziegel (*m.*). **3 ~ di carbone** (bricchetto di carbone) (*comb.*), Presskohle (*f.*), Kohlenbrikett (*n.*). **4 ~ di minerale** (bricchetto di minerale) (*min.*), Erzbrikett (*n.*). **5 ~ di torba** (bricchetto di torba) (*ind. chim.*), Torfbrikett (*n.*). **6 ~ di trucioli di ghisa** (*metall. - mecc.*), Gusspanbrikett (*n.*). **7 ~ per vetrocemento** (*ed.*), Glasbaustein (*m.*). **8 formare mattonelle** (bricchettare) (*comb. - ecc.*), brikettieren. **9 formazione di mattonelle** (bricchettazione) (*comb. - ecc.*), Brikettierung (*f.*).
mattoniera (macchina per la fabbricazione dei mattoni) (*macch. ed.*), Ziegelmaschine (*f.*), Mauersteinmaschine (*f.*).
maturare (*gen.*), reifen. **2 ~** (scadere) (*finanz. - comm.*), fällig werden. **3 ~** (argilla) (*ceram. - ecc.*), mauken.
maturato (in scadenza) (*comm. - finanz.*), fällig. **2 ~** (fango, per depurare acque di scarico) (*ed.*), eingearbeitet.
maturazione (*gen.*), Reifen (*n.*). **2 ~** (delle vernici) (*vn.*), Reifen (*n.*). **3 ~** (per il calcestruzzo) (*ed.*), Reifeprozess (*m.*). **4 ~** (d'un filtro per acque di rifiuto) (*ed.*), Einarbeitung (*f.*). **5 ~** (stagionatura, macerazione, di argilla umida per migliorarne la plasticità) (*fond.*), Mauken (*n.*).
maturità (*gen.*), Reife (*f.*). **2 attestato di ~** (scuola), Reifezeugnis (*n.*). **3 esame di ~** (scuola), Reifeprüfung (*f.*), Abitur (*n.*), Matur (*n.*). **4 grado di ~** (grado di normalità; rapporto fra resistenza a trazione raggiunta e resistenza normale, nella prova di ghise) (*metall. - fond.*), Reifegrad (*m.*), RG.
maxwell (unità del flusso magnetico, Mx) (*unità di mis.*), Maxwell (*n.*).
mazut (masut, olio combustibile, residuo di petrolio) (*comb.*), Masut (*m.*).
mazza (*ut.*), Zuschlaghammer (*m.*), Vorschlaghammer (*m.*). **2 ~** (martello da minatore) (*ut. - min.*), Fäustel (*m.*), Schlägel (*m.*). **3 ~** (giuoco del golf), Club (*m.*), Klub (*m.*), Golfschläger (*m.*). **4 ~ battente** (di un maglio) (*macch. fucinatura*), Hammerbär (*m.*), Hammerklotz (*m.*), Bär (*m.*). **5 ~ battente** (di un battipalo) (*macch.*), Rammbär (*m.*). **6 ~** (per berta) spezzarottami (*fond.*), Fallbirne (*f.*). **7 velocità d'urto della ~** (velocità finale di mazza d'un maglio) (*fucin.*), Bärendgeschwindigkeit (*f.*).
mazzapicchio (mazzaranga) (*ut. ed.*), Handramme (*f.*), Besetzschlegel (*m.*), Stampfer (*m.*), Hoye (*f.*), Heye (*f.*), Erdstampfe (*f.*). **2 ~ per calcestruzzo** (pestello, costipatore) (*ut. mur.*), Betonstampfer (*m.*).
mazzaranga (mazzapicchio) (*ut. ed.*), Handramme (*f.*), Stampfer (*m.*), Besetzschlegel (*m.*), Hoye (*f.*), Heye (*f.*), Erdstampfe (*f.*).
mazzetta (battuta del muro) (*ed.*), Maueranschlag (*m.*).
mazzo (fascio) (*gen.*), Bund (*m.*), Bündel (*n.*). **2 ~** (di banconote) (*finanz.*), Bündel (*n.*), Banknotenbündel (*n.*). **3 ~** (di 12) (di lime) (*ut.*), Dutzend (*n.*).
mazzuolo (*ut.*), Hammer (*m.*), Schlegel (*m.*). **2 ~ da calafato** (*ut.*), Kalfaterhammer (*m.*), Dichthammer (*m.*). **3 ~ di cuoio** (*ut.*), Rohhauthammer (*m.*). **4 ~ di gomma** (*ut.*), Gummihammer (*m.*). **5 ~ di legno** (*ut.*), Holzhammer (*m.*), Holzschlegel (*m.*).
mb (millibar) (*unità di mis.*), mb, Millibar (*n.*).
Mbit/s (megabit al secondo) (*calc.*), Mbit/s.
Mc (megaciclo) (*mis.*), Megahertz (*n.*).
M.C.D., m.c.d. (massimo comun divisore) (*mat.*), grösster gemeinsamer Teiler.
Md (mendelevio) (*chim. - radioatt.*), Md, Mendelevium (*n.*).
meandro (*geol.*), Mäander (*m.*), Flusswindung (*f.*).
meato (per il lubrificante, fra foro ed albero p. es.) (*mecc.*), Spalt (*m.*), Schmierspalt (*m.*). **2 ~ cuneiforme** (nella lubrificazione di cuscinetti lisci) (*mecc.*), Keilspalt (*m.*).
MEC (Mercato Comune Europeo, Comunità Economica Europea, CEE) (*finanz.*), EWG, Europäische Wirtschaftliche Gemeinschaft.
meccanica (*fis.*), Mechanik (*f.*). **2 ~ celeste** (*astr.*), Himmelsmechanik (*f.*). **3 ~ degli aeriformi** (*aeromecc.*), Aeromechanik (*f.*). **4 ~ dei fluidi** (*mecc. dei fluidi*), Strömungsmechanik (*f.*), Mechanik der Flüssigkeiten. **5 ~ dei materiali** (riguarda le deformazioni ed il comportamento sotto carico dei materiali) (*sc. costr.*), Werkstoffmechanik (*f.*). **6 ~ dei punti materiali** (*mecc.*), Mechanik der Massenpunkte. **7 ~ dei terreni** (*ed. - geol.*), Bodenmechanik (*f.*), Baugrundmechanik (*f.*), Erdbaumechanik (*f.*). **8 ~ del continuo** (*mecc.*), Kontinuumsmechanik (*f.*). **9 ~ del corpo rigido** (*mecc.*), Mechanik der starren Körper. **10 ~ delle rocce** (*geol.*), Gesteinsmechanik (*f.*), Gebirgsmechanik (*f.*). **11 ~ delle terre** (*geol. - ing. civ.*), Bodenmechanik (*f.*), Erdbaumechanik (*f.*), Baugrundmechanik (*f.*). **12 ~ del volo** (*aer.*), Flugmechanik (*f.*). **13 ~ di precisione** (*mecc.*), Präzisionsmechanik (*f.*), Feinmechanik (*f.*). **14 ~ fine** (meccanica di precisione) (*mecc.*), Feinmechanik (*f.*), Präzisionsmechanik (*f.*). **15 ~ ondulatoria** (*fis.*), Wellenmechanik (*f.*). **16 ~ quantistica** (*fis.*), Quantenmechanik (*f.*). **17 ~ razionale** (meccanica analitica) (*mecc.*), analytische Mechanik. **18 ~ statistica** (*mecc.*), statistische Mechanik. **19 industria della ~ fine** (*ind.*), feinwerktechnische Industrie.
meccanicamente (a macchina) (*mecc.*), maschinell.
meccanico (*s. - lav.*), Mechaniker (*m.*), Maschinenschlosser (*m.*). **2 ~** (operatore di macchina utensile) (*lav.*), Maschinenarbeiter (*m.*). **3 ~** (*a. - mecc.*), maschinell, mechanisch. **4 ~ aggiustatore** (*lav.*), Maschinenschlosser (*m.*). **5 ~ di precisione** (*lav.*), Kleinmechaniker (*m.*). **6 ~ per automobili** (autoriparatore) (*lav.*), Autoschlosser (*m.*), Automechaniker (*m.*), Reparateur (*m.*).
meccanismo (catena cinematica) (*mecc.*), Getriebe (*n.*). **2 ~** (dispositivo) (*mecc.*), Einrichtung (*f.*), Vorrichtung (*f.*), Triebwerk (*n.*), Mechanismus (*m.*). **3 ~** (movimento, di contatori, ecc.) (*mecc. - strum. - ecc.*), Werk (*n.*). **4 ~ addizionatore** (*macch. calc.*), Addierwerk (*n.*). **5 ~ a molla** (*mecc.*), Federlaufwerk (*n.*). **6 ~ a pedale** (di una macch. per cucire p. es.) (*macch.*), Tretgestell (*n.*). **7 ~ apertura finestra** (*ed.*), Fensterhochwindevorrichtung (*f.*). **8 ~ a pignone e crema-

meccanizzare

gliera (meccanismo a pignone e dentiera) *(mecc.)*, Zahnstangengetriebe *(n.)*. **9 ~ a ruote di frizione** (rotismo a frizione) *(mecc.)*, Reibradgetriebe *(n.)*. **10 ~ a scatto** *(mecc.)*, Sprungwerk *(n.)*. **11 ~ a vite volvente** *(mecc.)*, Wälzschraubtrieb *(m.)*. **12 ~ biella-manovella** (manovellismo di spinta) *(mecc.)*, Schubkurbel *(f.)*, Geradschubkurbel *(f.)*. **13 ~ contatore** *(strum.)*, Abzählwerk *(n.)*. **14 ~ di arresto** *(mecc.)*, Anschlageinrichtung *(f.)*. **15 ~ di brandeggio** (di un cannone) *(arma da fuoco)*, Seitenrichttrieb *(m.)*, Richtvorrichtung *(f.)*, Richtgerät *(n.)*. **16 ~ di comando** (comando) *(mecc.)*, Steuerapparat *(m.)*. **17 ~ di disinnesto** *(mecc.)*, Auslöseeinrichtung *(f.)*. **18 ~ d'impostazione** (dei valori d'entrata, nelle addizionatrice p. es.) *(app.)*, Einstellwerk *(n.)*. **19 ~ di interdizione** *(elettromecc.)*, Verriegelungsmechanismus *(m.)*, **20 ~ di inversione** (invertitore) *(mecc.)*, Kehrgetriebe *(n.)*. **21 ~ di regolazione** *(mecc.)*, Einstellgetriebe *(n.)*, Einstellmechanismus *(m.)*. **22 ~ di ritenuta** (di una serratura) *(mecc.)*, Zuhaltung *(f.)*. **23 ~ di scatto** (meccanismo di sgancio) *(mecc.)*, Auslöseeinrichtung *(f.)*. **24 ~ di sollevamento** *(macch. ut. - ecc.)*, Höhentrieb *(m.)*. **25 ~ di sparo** *(arma da fuoco)*, Abfeuerungsvorrichtung *(f.)*, Abdruckvorrichtung *(f.)*, Abzug *(m.)*. **26 ~ estrattore dei lingotti** (meccanismo per strippaggio lingotti, slingottatrice) *(metall.)*, Blockstripper *(m.)*. **27 ~ motore** *(mecc.)*, Triebwerk *(n.)*. **28 ~ per il ciclo automatico** (per fresatrice automatica p. es.) *(macch. ut.)*, automatische Steuereinrichtung. **29 ~ per l'avanzamento trasversale** (di un tornio) *(macch. ut.)*, Plantrieb *(m.)*. **30 ~ per moti intermittenti** (croce di Malta p. es.) *(mecc.)*, Schaltgetriebe *(n.)*. **31 ~ per strippaggio lingotti** (meccanismo estrattore dei lingotti, slingottatrice) *(metall.)*, Blockstripper *(m.)*. **32 ~ scrivente** (di telescrivente) *(macch.)*, Fernschreib-Drucker *(m.)*.

meccanizzare *(mecc.)*, mechanisieren.
meccanizzazione *(mecc.)*, Mechanisierung *(f.)*.
meccanografico *(a. - amm. - stat. - ecc.)*, Datenverarbeitungs..., Lochkarten... **2 centro ~** *(ind.)*, Datenverarbeitungsabteilung *(f.)*. **3 centro ~** (a schede perforate) *(ind. - amm.)*, Lochkartenabteilung *(f.)*, Lochkartenstelle *(f.)*. **4 scheda meccanografica** (scheda perforata) *(contabilità - ecc.)*, Lochkarte *(f.)*. **5 servizio ~** (a schede perforate) *(amm. - ecc.)*, Lochkartendienst *(m.)*.
mecchia (punta, saetta) *(ut. lavoraz. legno)*, Bohreinsatz *(m.)*, Holzbohrer *(m.)*.
meda (segnale) *(nav.)*, Bake *(f.)*.
medaglia *(gen.)*, Münze *(f.)*.
media (valore medio) *(mat. - ecc.)*, Mittel *(n.)*, Mittelwert *(m.)*, Durchschnitt *(m.)*. **2 ~ aritmetica** *(mat.)*, arithmetisches Mittel. **3 ~ armonica** (di due valori a e b, uguale a $\frac{2ab}{a+b}$) *(mat.)*, harmonisches Mittel. **4 ~ geometrica** (di due valori a e $b = \sqrt{ab}$) *(mat.)*, geometrisches Mittel. **5 ~ ponderata** (somma dei prodotti delle grandezze per il loro peso divisa per la somma dei pesi) *(stat.)*, gewogenes arithmetisches Mittel. **6** esecuzione della ~ (mediatura) *(mat.)*, Mittelung *(f.)*, Mittelwertbildung *(f.)*.
mediametro (indicatore di velocità media) *(strum. aut.)*, Tachimedion *(n.)*.
mediana (di un triangolo) *(geom.)*, Mittellinie *(f.)*. **2 ~** (mezzeria) *(dis.)*, Mittellinie *(f.)*. **3 ~** *(stat.)*, Zentralwert *(m.)*, Median *(n.)*.
mediatore *(comm.)*, Makler *(m.)*, Vermittler *(m.)*. **2 ~ privato** *(finanz.)*, freier Makler.
mediatura (esecuzione della media) *(met.)*, Mittelung *(f.)*, Mittelwertbildung *(f.)*.
mediazione *(comm.)*, Vermittlung *(f.)*. **2 ~** (diritto di senseria) *(finanz.)*, Maklergebühr *(f.)*, Courtage *(f.)*.
medicamento (farmaco, medicina, prodotto farmaceutico) *(med.)*, Heilmittel *(n.)*.
medicina *(sc. med.)*, Medizin *(f.)*. **2 ~** (medicamento, farmaco, prodotto farmaceutico) *(med. - farm.)*, Heilmittel *(n.)*. **3 ~ del lavoro** *(organ. lav.)*, Arbeitsmedizin *(f.)*, Gewerbehygiene *(f.)*. **4 ~ industriale** *(organ. lav.)*, Arbeitsmedizin *(f.)*, Gewerbehygiene *(f.)*. **5 ~ legale** *(med. - leg.)*, Gerichtsmedizin *(f.)*, gerichtliche Medizin.
medicinale *(a. - med.)*, arzneilich, medizinisch.
medico (dottore) *(s. - med.)*, Arzt *(m.)*, Doktor *(m.)*. **2 ~** *(a. - med.)*, medizinisch, ärztlich. **3 ~ della mutua** *(med. - pers. - lav.)*, Kassenarzt *(m.)*. **4 ~ di bordo** *(med. - nav.)*, Schiffsarzt *(m.)*. **5 ~ di fabbrica** *(med. - ind.)*, Betriebsarzt *(m.)*. **6 ~ -legale** *(med. - leg.)*, gerichtsmedizinisch. **7 ~ specialista** *(med.)*, Facharzt *(m.)*. **8 certificato ~** *(lav. - ecc.)*, ärztliches Zeugnis.
medio *(a. - gen.)*, durchschnittlich, mittel. **2 ~** *(s. - mecc. - ecc.)*, Mittel *(n.)*. **3 ~** (superficie lavorata con grado tra preciso e grossolano) *(a. - mecc.)*, mittel, m. **4 ~** (nella scala di valutazione) *(a. - lav. - analisi tempi)*, durchschnittlich.
mediocre (meno soddisfacente, non molto buono) *(gen.)*, mässig.
meehanite (ghisa meehanite, contenente siliciuro di calcio) *(fond. - metall.)*, Meehanit-Gusseisen *(n.)*.
mega (M) (10^6) *(unità di mis.)*, mega, 10^6, M.
megabar (Mbar) *(unità di mis.)*, Megabar *(n.)*, Mbar.
megabaria (= 10^6 dyn/cm² = 750,062 mm Hg) *(unità di mis.)*, Bar *(f.)*, b.
megaciclo *(mis. elettroacus.)*, Megahertz *(n.)*.
megafarad *(mis. elett.)*, Megafarad *(n.)*.
megafono *(app. acus.)*, Sprachrohr *(n.)*, Schalltrichter *(m.)*, Megaphon *(m.)*. **2 effetto di ~** (fenomeno manifestantesi in motori veloci, dipendente dalla forma del tubo di scarico e che consente buoni riempimenti dei cilindri) *(mot.)*, Megaphoneffekt *(m.)*.
megahertz (MHz) *(mis.)*, Megahertz *(n.)*, MHz.
megamega (tera, 10^{12}) *(mis.)*, megamega *(n.)*, MM, Tera *(n.)*.
megaohm (MΩ) *(mis. elett.)*, Megohm *(n.)*, MΩ.
megaohmmetro *(app.)*, Megohmmeter *(n.)*.
megaton *(mis. fis. atom.)*, Megatonne *(f.)*.
megavolt *(mis. elett.)*, Megavolt *(n.)*.
megavoltelettrone (MeV) *(mis.)*, Megaelektronenvolt *(n.)*.

megawatt (MW) (*unità di mis.*), Megawatt (*n.*), MW. 2 ~ **-elettrico** (MW-elettrico, potenza elettrica netta d'una centrale nucleare) (*fis. nucl.*), Megawatt-elektrisch, MWe. 3 ~ **-giorno** (MW-giorno, misura di energia) (*fis. nucl.*), Megawatt-Tag (*m.*), MWd. 4 ~ **-giorno/t** (MW-giorno/t) (*fis. nucl.*), Megawatt-Tage/Tonne (*f.*), MWd/t. 5 ~ **-termico** (MW-termico, potenza termica d'una centrale nucleare) (*fis. nucl.*), Megawatt-thermisch, MWt.

mel (unità di percezione soggettiva del suono) (*unità - acus.*), mel (*n.*).

melafiro (roccia eruttiva) (*geol.*), Melaphyr (*m.*).

melassa (melasso, residuo della fabbricazione di zucchero) (*ind. chim. - agric.*), Melasse (*f.*).

melasso (melassa, residuo della fabbricazione di zucchero) (*ind. chim. - agric.*), Melasse (*f.*).

melma (fanghiglia) (*min.*), Pochschlamm (*m.*).

melton (tessuto di pura lana) (*ind. tess.*), Melton (*m.*).

membrana (*gen.*), Membran (*f.*), Membrane (*f.*). 2 ~ (diaframma, tramezzo poroso) (*elettrochim.*), Diaphragma (*n.*), Membran (*f.*). 3 ~ **della pompa di alimentazione** (*mot. - aut.*), Kraftstoffpumpenmembran (*f.*). 4 ~ **elastica** (*gen.*), Federmembrane (*f.*). 5 ~ **ondulata** (*strum.*), Runzelmembran (*f.*). 6 **sforzo di** ~ (*sc. costr.*), Membrankraft (*f.*).

membro (di una società p. es.) (*comm.*), Glied (*n.*), Mitglied (*n.*). 2 ~ (di una equazione p. es.) (*mat.*), Seite (*f.*). 3 ~ (organo, d'un meccanismo) (*mecc.*), Glied (*n.*). 4 ~ **del consiglio di amministrazione** (*finanz. - ecc.*), Vorstandsmitglied (*n.*). 5 ~ **del governo** (*pers.*), Regierungsmitglied (*n.*). 6 ~ **della commissione interna** (*organ. lav.*), Betriebsobmann (*m.*), Betriebsratsmitglied (*n.*). 7 ~ **di sindacati** (*lav.*), Gewerkschaftsangehöriger (*m.*), Gewerkschaftsmitglied (*n.*). 8 ~ **oscillante** (d'un meccanismo) (*mecc.*), schwingendes Glied. 9 ~ **rotante** (d'un meccanismo) (*mecc.*), umlaufendes Glied.

memoria (dispositivo conservatore di impulsi) (*calc.*), Speicher (*m.*), Speicherwerk (*n.*). 2 ~ (relazione scritta) (*gen.*), Abhandlung (*f.*). 3 ~ **acustica** (*calc.*), akustischer Speicher. 4 ~ **ad accesso casuale** (*calc.*), Speicher mit wahlfreiem Zugriff. 5 ~ **ad accesso diretto** (*calc.*), Speicher mit direktem Zugriff. 6 ~ **ad accesso immediato** (*calc.*), Speicher mit kurzer Zugriffszeit. 7 ~ **ad accesso rapido** (memoria rapida) (*calc.*), Schnellspeicher (*m.*). 8 ~ **a dischi** (*calc.*), Plattenspeicher (*m.*). 9 ~ **a dischi magnetici** (*calc.*), Magnetplattenspeicher (*m.*). 10 ~ **a film sottile** (memoria a strato sottile) (*calc.*), Dünnschichtspeicher (*m.*), Filmspeicher (*m.*). 11 ~ **a filo magnetico** (*calc.*), Magnetdrahtspeicher (*m.*). 12 ~ **a linea di ritardo** (*calc.*), Verzögerungsspeicher (*m.*), Laufzeitspeicher (*m.*). 13 ~ **a matrice** (memoria matriciale) (*calc.*), Matrizenspeicher (*m.*), Matrixspeicher (*m.*). 14 ~ **a nastro magnetico** (*calc.*), Magnetbandspeicher (*m.*). 15 ~ **a nuclei** (*calc.*), Kernspeicher (*m.*). 16 ~ **a nuclei di ferrite** (*calc.*), Ferritkernspeicher (*m.*). 17 ~ **a nuclei magnetici** (*calc.*), Magnetkernspeicher (*m.*). 18 ~ **a schede magnetiche** (*calc.*), Magnetkartenspeicher (*m.*). 19 ~ **associativa** (*calc.*), assoziativer Speicher. 20 ~ **a strato sottile** (*calc.*), Dünnschichtspeicher (*m.*). 21 ~ **a tamburo magnetico** (*calc.*), Magnettrommelspeicher (*m.*). 22 ~ **ausiliaria** (memoria secondaria, per grandi volumi di dati) (*calc.*), Hilfsspeicher (*m.*), Sekundärspeicher (*m.*). 23 ~ **criogenica** (*calc.*) cryogenischer Speicher, Supraleitungsspeicher (*m.*). 24 ~ **di forma** (che fissa la forma d'un intero pezzo) (*lav. macch. ut. c/n*), Formspeicher (*m.*). 25 ~ **di grande capacità** (memoria di massa, capacità oltre 10^7 bit) (*calc.*), Gross-speicher (*m.*). 26 ~ **di lavoro** (per memorizzare cifre, termini alfanumerici ed istruzioni) (*elab. dati - macch. ut. c/n*), Arbeitsspeicher (*m.*). 27 ~ **di massa** (memoria di grande capacità, oltre 10^7 bit) (*calc.*), Gross-speicher (*m.*). 28 ~ **di transito** (elemento memorizzatore) (*calc.*), Zwischenspeicher (*m.*), Pufferspeicher (*m.*), Puffer (*m.*). 29 ~ **esterna** (*calc.*), externer Speicher. 30 ~ **indirizzata** (*calc.*), adressierter Speicher. 31 ~ **interna** (*calc.*), Rechenwertspeicher (*m.*), innerer Speicher. 32 ~ **magnetica** (*calc.*), Magnetspeicher (*m.*), magnetischer Speicher. 33 ~ **magnetica a nuclei di ferrite** (memoria a ferrite) (*elettronica*), Ferritspeicher (*m.*). 34 ~ **matriciale** (memoria a matrice) (*calc.*), Matrixspeicher (*m.*), Matrizenspeicher (*m.*). 35 ~ **orientata a parola** (*calc.*), wort-organisierter Speicher. 36 ~ **permanente** (*calc.*), Permanentspeicher (*m.*), Festwertspeicher (*m.*), Totspeicher (*m.*). 37 ~ **rapida** (memoria ad accesso rapido) (*calc.*), Schnellspeicher (*m.*). 38 ~ **rigenerativa** (*calc.*), Regeneration-Speicher (*m.*), regenerativer Speicher. 39 ~ **secondaria** (memoria ausiliaria, per grandi volumi di dati) (*calc.*), Sekundärspeicher (*m.*), Hilfsspeicher (*m.*). 40 **accesso di** ~ (*calc.*), Speicherzugriff (*m.*). 41 **allocazione di** ~ (*calc.*), Speicherverteilung (*f.*). 42 **a** ~ (studiare) (*gen.*), auswendig. 43 **blocco di** ~ (*calc.*), Speicherblock (*m.*). 44 **capacità di** ~ (*calc.*), Speicherkapazität (*f.*). 45 **cella di** ~ (per un bit, una parola, ecc.) (*calc.*), Speicherzelle (*f.*), Speicherplatz (*m.*), Speicherglied (*n.*). 46 **estrarre dalla** ~ (leggere) (*calc. - elab. dati*), ausspeichern. 47 **nucleo di** ~ (*calc.*), Speicherkern (*m.*). 48 **registro di** ~ (*calc.*), Speicherregister (*m.*). 49 **riversamento di** ~ (*calc.*), Umspeicherung (*f.*). 50 **tubo a** ~ **di segnale** (*elettronica*), Signalspeicherröhre (*f.*).

memorizzare (*calc.*), speichern.

memorizzato (informazione) (*calc.*), gespeichert. 2 **a programma** ~ (*calc. - ecc.*), speicherprogrammiert.

memorizzazione (*calc. - ecc.*), Speicherung (*f.*). 2 ~ **del programma** (*calc.*), Programmspeicherung (*f.*). 3 ~ **elettrostatica** (*calc.*), elektrostatische Speicherung. 4 ~ **seriale** (*calc.*), Serienspeicherung (*f.*). 5 ~ **temporanea** (*calc.*), Zwischenspeicherung (*f.*). 6 **durata (massima) di** ~ (*calc.*), Speicherdauer (*f.*). 7 **tempo di** ~ (*calc.*), Speicherzeit (*f.*).

menabò (*tip. - giorn.*), Lay-out (*m.*), «Spiegel» (*m.*).

menabrida (menabriglia, disco menabrida) (*macch. ut.*), Mitnehmerscheibe (*f.*).

menabriglia (disco menabrida) (*macch. ut.*), Mitnehmerscheibe (*f.*).

menaruola (girabacchino, trapano a mano) (*ut.*), Bohrwinde (*f.*), Bohrkurbel (*f.*).

mendelevio (elemento radioattivo) (*Mv - chim. - radioatt.*), Mendelevium (*n.*).

mendelevite (*min. - radioatt.*), Mendelejevit (*m.*).

menisco (superficie liquida curva, in un tubo p. es.) (*fis.*), Meniskus (*m.*). 2 ~ (lente concavo-convessa) (*ott.*), Meniskus (*m.*).

meno (*mat.*), minus. 2 ~ (segno meno) (*mat.*), Minuszeichen (*n.*).

mensa (per il personale) (*ind. - ed.*), Kantine (*f.*), Speisesaal (*m.*). 2 ~ aziendale (*ind.*), Werkgaststätte (*f.*). 3 ~ ufficiali (*mar. milit.*), Messe (*f.*).

mensile (*a. - gen.*), monatlich. 2 ~ (retribuzione mensile) (*s. - lav.*), Monatslohn (*m.*). 3 ~ (rivista mensile, periodico mensile) (*tip.*), Monatsschrift (*f.*). 4 rata ~ (*comm.*), Monatsrate (*f.*).

mensilità (retribuzione mensile) (*lav. - pers.*), Monatsgehalt (*n.*). 2 tredicesima ~ (tredicesima) (*pers.*), 13. Monatsgehalt (*n.*).

mensolina (assettina, sistemata generalmente sotto lo specchio e sopra il lavabo) (*ed.*), Abstellplatte (*f.*).

mensola (*gen.*), Konsole (*f.*), Konsol (*n.*). 2 ~ (*ed.*), Kragstein (*m.*), Konsole (*f.*). 3 ~ (tavola a squadra regolabile in altezza, d'una fresatrice p. es.) (*macch. ut.*), Konsole (*f.*), Knietisch (*m.*). 4 ~ (squadra di supporto) (*mecc.*), Tragwinkel (*m.*). 5 ~ (sparviero, sparviere, per la malta) (*att. mur.*), Sparbrett (*n.*). 6 ~ d'angolo (*ed.*), Winkelkonsole (*f.*).

mentale (*gen.*), geistig. 2 facoltà ~ (*leg.*), geistige Fähigkeit. 3 sforzo ~ (*lav.*), geistige Anstrengung.

« Mento Factor » (sistema per l'analisi e misurazione delle attività mentali nell'industria) (*ind.*), Mento-Factor-Verfahren (*n.*).

mercaptano (*chim.*), Merkaptan (*n.*).

mercatistica (« marketing ») (*comm.*), Marketing (*n.*).

mercato (*comm.*), Markt (*m.*). 2 ~ coperto (*ed.*), Markthalle (*f.*). 3 ~ del lavoro (*lav.*), Arbeitsmarkt (*m.*). 4 ~ del pronto (*comm.*), Lokalmarkt (*m.*). 5 ~ interno (*comm.*), Binnenmarkt (*m.*). 6 ~ libero (*comm.*), freier Markt. 7 ~ nero (commercio illegale) (*comm.*), Schleichhandel (*m.*), Schwarzmarkt (*m.*). 8 ~ sostenuto (*comm.*), fester Markt. 9 adatto al ~ (*comm.*), marktgerecht. 10 capacità d'assorbimento d'un ~ (*comm.*), Aufnahmefähigkeit (*f.*). 11 mettere sul ~ (*comm.*), auf den Markt bringen. 12 previsione di ~ (*comm.*), Marktvorhersage (*f.*). 13 restrizioni di ~ (*comm.*), Absatzbeschränkungen (*f. pl.*). 14 ricerche di ~ (*comm.*), Marktforschung (*f.*). 15 saturazione del ~ (*comm.*), Marktsättigung (*f.*). 16 studio di ~ (analisi di mercato) (*comm.*), Marktstudie (*f.*).

merce (*comm.*), Gut (*n.*), Ware (*f.*). 2 ~ (carico, merci trasportate) (*trasp.*), Fracht (*f.*), Güter (*n. pl.*). 3 merci (*comm.*), Güter (*n. pl.*). 4 ~ a collettame (*trasp. ferr.*), Stückgut (*n.*). 5 ~ a grande velocità (*trasp. ferr.*), Eilfracht (*f.*), Eilgut (*n.*). 6 ~ alla rinfusa (merce sfusa, materiale sfuso) (*comm. - trasp.*), Schüttgut (*n.*), Massengut (*n.*). 7 ~ a piccola velocità (*trasp. ferr.*), Frachtgut (*n.*). 8 ~ a vagone completo (*trasp. ferr.*), Wagenladungsgut (*n.*). 9 ~ di scarto (*comm.*), Ausschussware (*f.*). 10 ~ esposta (merce in mostra) (*comm.*), Auslage (*f.*), zum Schau gelegte Ware. 11 merci importate (*comm.*), Importe (*m. pl.*), Einfuhrwaren (*f. pl.*). 12 ~ in balle (*comm.*), Ballenware (*f.*). 13 ~ ingombrante (*trasp.*), Sperrgut (*n.*). 14 ~ in mostra (merce esposta) (*comm.*), Auslage (*f.*), zum Schau gelegte Ware. 15 in transito (*trasp.*), Durchgangsgut (*n.*). 16 ~ per via aerea (*trasp.*), Luftgut (*n.*), Luftfracht (*f.*). 17 ~ pronta (*comm.*), Lokoware (*f.*). 18 ~ schiava in dogana (*comm.*), Zollgut (*n.*). 19 ~ venduta sottocosto (*comm.*), Schleuderware (*f.*). 20 merci (trasportate) per strada o ferrovia (*trasp.*), rollende Ware.

merceologia (*comm.*), Warenkunde (*f.*).

mercerizzare (*ind. tess.*), merzerisieren.

mercerizzazione (*ind. tess.*), Merzerisieren (*n.*). 2 ~ del filato (*ind. tess.*), Garnmerzerisierung (*f.*). 3 solidità alla ~ (*ind. tess.*), Merzerisierechtheit (*f.*).

mercurialismo (malattia professionale; avvelenamento cronico da mercurio, idrargismo) (*med. - ind.*), Quecksilbervergiftung (*f.*), Merkurialismus (*n.*).

mercurio (*Hg - chim.*), Quecksilber (*n.*). 2 amalgama di ~ (*metall.*), Quecksilberamalgam (*n.*). 3 avvelenamento cronico da ~ (malattia professionale; mercurialismo, idrargismo) (*med. - ind.*), Quecksilbervergiftung (*f.*), Merkurialismus (*n.*).

meridiana (quadrante solare) (*astr. - nav. - strum.*), Quadrant (*m.*), Sonnenuhr (*f.*).

meridiano (*geogr.*), Längenkreis (*m.*), Meridian (*m.*). 2 ~ (cerchio meridiano, strumento d'osservazione) (*strum. - astr.*), Meridiankreis (*m.*). 3 ~ magnetico (*geogr.*), magnetischer Meridian. 4 ~ terrestre (*geogr.*), Erdmeridian (*m.*).

merito (*gen.*), Verdienst (*n.*). 2 fattore di ~ (Q, fattore di qualità, fattore di bontà) (*fis.*), Gütefaktor (*m.*), Q-Faktor (*m.*), Q.

merlino (cima per fissare la vela) (*nav.*), Marlleine (*f.*).

merlo (di un muro) (*arch.*), Zinne (*f.*).

meroedro (*cristallografia*), Meroeder (*n.*).

meromorfo (*fis.*), meromorph.

meru (*milli earth rate unit* = 1/1000 della velocità di rotazione della Terra = 0,015°/h) (*geofis.*), Meru (*n.*).

mesatransistore (per altissime frequenze) (*elettronica*), Mesatransistor (*m.*).

mescola (*ind. gomma*), Mischung (*f.*). 2 ingrediente di ~ (*ind. gomma*), Mischungszusatz (*m.*).

mescolanza (miscuglio, miscela) (*gen.*), Mischung (*f.*).

mescolare (*gen.*), mischen. 2 ~ (agitare) (*gen.*), rühren, mischen, umrühren.

mescolatore (*app.*), Mischapparat (*m.*), Mischer (*m.*). 2 ~ (masticatrice, per gomma) (*macch.*), Knetmaschine (*f.*). 3 ~ (siviera per mescolamento) (fond.), Mischerpfanne (f.). 4 ~ (per materie plastiche) (tecnol.), Mischer (m.). 5 ~ (miscelatore) (radio), Mischer (m.). 6 ~ della ghisa (metall.), Roheisenmischer (m.). 7 ~ di schede (autom.), Kartenmischer (m.). 8 ~ per terre (da fonderia) (molazza per terra da fonderia) (macch. fond.), Sandmischer (m.), Kollergang (m.). 9 ~ rotante (per ghisa; per renderne uniforme la temperatura e la composizione) (metall.), Rollmischer (m.).

mese (gen.), Monat (m.). 2 ~ scorso (scorso mese) (gen.), vorigen Monats, v. M. 3 ~ solare (comm. - astr.), Sonnenmonat (m.). 4 di questo ~ (gen.), dieses Monats, d. M.

mesoaprobi (organismi mesoaprobici) (pl. - biol.), Mesoaprobien (f. pl.).

mesoclima (clima d'un territorio di media estensione) (meteor.), Mesoklima (n.).

mesocolloide (chim.), Meso-Kolloid (n.).

mesomeria (chim.), Mesomerie (f.).

mesomorfico (mesomorfo) (chim.), mesomorph.

mesomorfo (mesomorfico) (chim.), mesomorph.

mesone (mesotone, elettrone pesante) (fis. atom.), Meson (n.). 2 ~ μ (fis. atom.), μ-Meson (n.). 3 ~ pesante (mesone π) (fis. atom.), Pi-Meson (n.), π-Meson (n.), Pion (n.). 4 ~ p (mesone pesante) (fis. atom.), π-Meson (n.), Pion (n.), Pi-Meson (n.).

mesonico (fis. atom.), mesonisch.

mesosfera (geofis.), Mesosphäre (f.).

mesotone (mesone, elettrone pesante) (fis. atom.), Meson (n.).

mesotorio (Ms–Th 228) (chim. - radioatt.), Mesothorium (n.).

mesozoico (geol.), Mesozoikum (n.).

messa, ~ a fuoco (ott.), Einstellen (n.). 2 ~ a giustezza (giustificazione, della lunghezza delle righe) (tip.), Justierung (f.). 3 ~ al vento (ind. cuoio), Ausrecken (n.), Stossen (n.). 4 ~ a piombo (ed.), Abloten (n.). 5 ~ a punto (regolazione, di un motore p. es.) (mot. - ecc.), Einregulieren (n.), Einstellen (n.), Justierarbeit (f.). 6 ~ a punto (registrazione, regolazione, del carburatore p. es.) (mot.), Einregulierung (f.), Einstellen (n.). 7 ~ a punto (dell'utensile) (mecc. - lav. macch. ut.), Ansetzung (f.). 8 ~ a punto del carburatore (mot.), Vergasereinstellung (f.). 9 ~ a terra del neutro (elett.), Nullpunkterdung (f.), Sternpunkterdung (f.). 10 ~ a terra di sicurezza (massa di sicurezza) (elett.), Sicherheitserdung (f.). 11 ~ a terra protettiva (elett.), Schutzerdung (f.). 12 ~ in bacino (nav.), Eindocken (n.), Docken (n.). 13 ~ fuori servizio (di una macchina p. es.) (macch. - ecc.), Ausserbetriebsetzung (f.). 14 ~ in bolla (livellamento) (macch. - ecc.), Nivellierung (f.), Abrichten (n.), Ausrichten (n.). 15 ~ in bolla (aer. - ecc.), Aufrüsten (n.). 16 ~ in fase (elett.), Phaseneinstellung (f.). 17 ~ in fase della distribuzione (mot.), Einstellen der Steuerung. 18 ~ in funzione (messa in moto, messa in marcia) (macch. - ecc.), Ingangsetzen (n.), Inbetriebsetzen (n.). 19 ~ in marcia (messa in funzione) (macch. - ecc.), Inbetriebsetzung (f.), Ingangsetzen (n.). 20 ~ in mare (nav.), Aussetzung (f.). 21 ~ in opera (di una macchina, di un gruppo elett. p. es.) (macch. - ecc.), Installation (f.), Einrichtung (f.), Einrichtung auf der Baustelle, Legen (n.). 22 ~ in opera di tubi (posa di tubi) (tubaz.), Rohrverlegung (f.), Rohrlegung (f.). 23 ~ in parallelo (inserzione in parallelo, collegamento in parallelo) (elett.), Parallelschaltung (f.), Nebeneinanderschaltung (f.). 24 ~ in tinta (vn.), Abtönen (n.).

messaggio (gen.), Meldung (f.). 2 ~ collettivo (radio - ecc.), Sammelmeldung (f.).

mess'in carta (ind. tess.), Patronieren (n.).

mestica (miscela di colori con olio, usata per la preparazione di tele o tavole da dipingere) (pittura), Grundfarbe (f.).

mestiere (lav.), Handwerksbetrieb (m.), Gewerbebetrieb (m.).

mestolo (cucchiaione) (att.), Schöpflöffel (n.).

meta (scopo, fine) (gen.), Zweck (m.), Ziel (n.). 2 ~ (termine, pietra di confine, pietra confinaria) (top. - ed.), Markstein (m.), Grenzstein (m.). 3 ~ [(C$_2$H$_4$)$_4$] (metaldeide) (chim. - comb.), Metaldehyd (n.), Meta.

metà (mezzo) (gen.), halb.

metabolismo (biol.), Stoffumsatz (m.), Stoffwechsel (m.), Metabolismus (n.).

metacentrico (nav.), metazentrisch.

metacentro (nav.), Metazentrum (n.).

metadinamo (macch. elett.), Metadyne (f.), Zwischenbürstenmaschine (f.). 2 ~ amplificatrice (elett.), Amplidynmaschine (f.).

metadiossibenzene [C$_6$H$_4$(OH)$_2$] (resorcina) (chim.), Resorzin (n.).

metageneratrice (macch. elett.), Metadyne-Generator (m.).

metalceramica (metallurgia delle polveri, ceramica delle polveri) (metall.), Pulvermetallurgie (f.), Metallkeramik (f.), Sintermetallurgie (f.). 2 tecnico di ~ (metall.), Metallkeramiker (m.), Keramiker (m.).

metalceramico (metall.), metallkeramisch.

metaldeide [(C$_2$H$_4$)$_4$] (meta) (chim. - comb.), Metaldehyd (n.), Meta.

«metalgomma» (gomma-metallo, gomma vulcanizzata su metallo p. es.) (tecnol.), Schwingmetall (n.).

metalgrafite (materiale per spazzole; in grafite, rame e bronzo al piombo od allo stagno) (elett.), Metallkohle (f.).

metalimnio (strato biologico di acqua) (idr. - biol.), Sprungschicht (f.), Metalimnion (n.).

metallico (metall.), metallisch. 2 bagno ~ (metall. - forno), Metallbad (n.). 3 non ~ (metall.), nichtmetallisch.

metallifero (min.), metallhaltig, trächtig.

metallina (miscela fusa, prevalentemente di solfuri metallici, di rame, nichel, piombo, ecc.) (metall.), Stein (m.). 2 ~ fine (seconda metallina, nella riduzione del nichel p. es.) (metall.), Feinstein (m.). 3 ~ grezza (prima metallina, nella riduzione del nichel p. es. dal minerale) (metall.), Rohstein (m.). 4 prima ~ (metallina grezza, nella riduzione del nichel p. es. dal minerale) (metall.), Rohstein (m.).

metallizzare (tecnol. mecc.), metallisieren. 2

metallizzato

~ (un'ampolla p. es.) (*tecnol.*), verspiegeln. 3 ~ **a spruzzo** (*tecnol. mecc.*), metallspritzen.
metallizzato (*tecnol. mecc.*), metallisiert. 2 ~ (ampolla p. es.) (*tecnol.*), verspiegelt. 3 ~ **in fase vapore** (*tecnol.*), aufgedampft. 4 **ampolla metallizzata** (*illum.*), verspiegelter Kolben.
metallizzazione (*tecnol. mecc.*), Metallisieren (*n.*). 2 ~ **ad arco** (*tecnol. mecc.*), Lichtbogenspritzen (*n.*). 3 ~ **a spruzzo** (*tecnol. mecc.*), Metallspritzen (*n.*). 4 ~ **a vapore** (metallizzazione in fase gassosa, con condensazione di vapori metallici sulla superficie del pezzo) (*tecnol. mecc.*), Metallbedampfung (*f.*). 5 ~ **catodica** (polverizzazione ionica, vaporizzazione ionica) (*tecnol.*), Kathodenzerstäubung (*f.*). 6 ~ **delle materie plastiche** (*tecnol.*), Kunststoffgalvanisieren (*n.*). 7 ~ **dello schermo** (di un tubo a raggi catodici) (*telev.*), Schirmverspiegelung (*f.*). 8 ~ **in fase gassosa** (*tecnol. mecc.*), vedi metallizzazione a vapore. 9 ~ **mediante saldatura a getto di plasma** (*tecnol. mecc.*), Plasma-Auftragschweissung (*f.*). 10 ~ **sotto vuoto** (*tecnol.*), Vakuum-Metallisierung (*f.*), Vakuumausdampfen (*n.*), Vakuumbedampfen (*n.*).
metallo (*metall.*), Metall (*n.*). 2 ~ (vetro fuso) (*mft. del vetro*), Schmelze (*f.*). 3 ~ **a bassa conducibilità termica** (*metall.*), Kaltmetall (*n.*). 4 **metalli accompagnatori** (metalli secondari, che si trovano nel minerale insieme al metallo principale) (*metall.*), Begleitmetalle (*n. pl.*), Nebenmetalle (*n. pl.*). 5 ~ **alcalino** (*chim.*), Alkalimetall (*n.*). 6 ~ **alcalino-terroso** (Ca, Sr, Ba, Ra) (*metall.*), Erdalkalimetall (*n.*). 7 ~ **antifrizione** (metallo per cuscinetti) (*mecc. - metall.*), Lagermetall (*n.*), Antifriktionsmetall (*n.*), Gleitlagermetall (*n.*). 8 ~ **antifrizione** (metallo bianco, per cuscinetti) (*metall.*), Antifriktionsmetall (*n.*), Weissmetall (*n.*). 9 ~ **babbitt** (*metall.*), Babbittmetall (*n.*). 10 ~ **base** (saldatura), Grundwerkstoff (*m.*), Grundmetall (*n.*). 11 ~ **bianco** (metallo antifrizione, per cuscinetti) (*metall.*), Weissmetall (*n.*). 12 ~ **Borscher** (lega speciale di nichel) (*metall.*), Borscher-Metall (*n.*). 13 ~ **Bosch** (ottone con 53% Cu, 38% Zn, 2% Mn, 1% Ni, 1% Fe, resistente all'acqua di mare) (*metall.*), Bosch-Spezialmetall (*n.*). 14 ~ **comune** (metallo vile) (*metall.*), unedles Metall. 15 ~ **corrix** (lega corrix; 88% Cu, 9% Al, 3% Fe) (*metall.*), Corrix-Metall (*n.*). 16 ~ **d'apporto** (per saldature) (*tecnol. mecc.*), Zusatzmetall (*n.*), Zusatzwerkstoff (*m.*). 17 ~ **d'apporto** (filo di apporto, elettrodo) (*saldatura*), Elektrodenmetall (*n.*). 18 ~ **d'apporto per giunti saldati** (*tecnol. mecc.*), Schweisszusatzwerkstoff (*m.*). 19 ~ **delta** (*metall.*), Deltametall (*n.*). 20 ~ **di Newton** (lega di piombo) (*metall.*), Newton-Metall (*n.*). 21 ~ **duro** (carburo metallico, per utensili) (*metall.*), Hartmetall (*n.*). 22 **metalli ferrosi** (ferrosi) (*metall.*), Eisenmetalle (*n. pl.*). 23 ~ **fuso** (*metall.*), Gussmetall (*n.*). 24 ~ **fuso** (metallo liquido) (*metall. - fond.*), Schmelze (*f.*). 25 ~ **leggero** (magnesio, alluminio ecc.) (*metall.*), Leichtmetall (*n.*). 26 ~ **liquido** (metallo fuso) (*metall. - fond.*), Schmelze (*f.*). 27 ~ **monel** (Ni 67%, Cu 28%, Mn, Fe, ecc. 5%, lega) (*metall.*), Monelmetall (*n.*). 28 ~ **muntz** (lega di rame, 59-63%, e zinco) (*metall.*), Muntzmetall (*n.*). 29 ~ **nobile** (oro, ecc.) (*metall.*), Edelmetall (*n.*), edles Metall. 30 ~ **non ferroso** (*metall.*), Nichteisenmetall (*n.*), NE-Metall (*n.*). 31 ~ **per placcatura** (*metall.*), Auflagemetall (*n.*). 32 ~ **per utensili da taglio** (per la produzione di utensili) (*metall.*), Schneidmetall (*n.*). 33 ~ **pesante** (con peso specifico maggiore di 5) (*metall.*), Schwermetall (*n.*). 34 ~ **riportato** (con saldatura) (*tecnol. mecc.*), Auftragsmetall (*n.*). 35 ~ **rosa** (bronzo al piombo, per cuscinetti) (*mecc.*), Bleibronze (*f.*). 36 **metalli secondari** (metalli accompagnatori, che si trovano nei minerali insieme al metallo principale) (*metall.*), Nebenmetalle (*n. pl.*), Begleitmetalle (*n. pl.*). 37 ~ **sinterato** (o sinterizzato) (*metall.*), Sintermetall (*n.*). 38 ~ **sinterizzato** (metallo sinterato) (*metall.*), Sintermetall (*n.*). 39 ~ **terroso** (*metall. - chim.*), Erdmetall (*n.*). 40 ~ **vile** (metallo comune) (*metall.*), unedles Metall. 41 ~ **Widia** (carburo di tungsteno) (*metall. - ut.*), Widia-Metall (*n.*). 42 **sega per metalli** (seghetto per metalli) (*ut.*), Metallsäge (*f.*). 43 **seghetto per metalli** (sega per metalli) (*ut.*), Metallsäge (*f.*).
metalloceramica (*metall.*), vedi metalceramica.
metallografia (*metall.*), Metallkunde (*f.*), Metallographie (*f.*). 2 ~ **al microscopio** (*metall.*), Metallmikroskopie (*f.*). 3 ~ **a raggi x** (radiometallografia) (*metall.*), Röntgenmetallographie (*f.*).
metallografico (*metall.*), metallographisch. 2 **reattivo** ~ (*metall.*), Ätzmittel (*n.*).
metalloide (elemento elettronegativo) (*chim.*), Metalloid (*n.*), Nichtmetall (*n.*).
metalloscopio (incrinoscopio) (*app. mecc. - metall.*), Fehlersucher (*m.*), Anrissucher (*m.*). 2 ~ **magnetico** (incrinoscopio magnetico) (*app. - mecc. - metall.*), magnetischer Anrissucher.
metallurgia (*metall.*), Metallurgie (*f.*), Hüttenkunde (*f.*). 2 ~ **ceramica** (metallurgia delle polveri, metalceramica) (*metall.*), Metallkeramik (*f.*), keramische Metallurgie, Pulvermetallurgie (*f.*), Sintermetallurgie (*f.*). 3 ~ **dei metalli non ferrosi** (*metall.*), Metallhüttenkunde (*f.*). 4 ~ **delle fibre** (*metall.*), Fasermetallurgie (*f.*). 5 ~ **delle polveri** (metalceramica, ceramica delle polveri) (*metall.*), Pulvermetallurgie (*f.*), Metallkeramik (*f.*), Sintermetallurgie (*f.*), Sintertechnik (*f.*). 6 ~ **per via umida** (idrometallurgia) (*metall.*), Hydrometallurgie (*f.*).
metallurgico (*metall.*), metallurgisch.
metallurgista (*metall.*), Metallurge (*m.*), Hüttenmann (*m.*).
« **metalock** » (cucitura di riparazione a freddo) (*tecnol. mecc.*), Metalock (*n.*).
metamatematica (*mat.*), Metamathematik (*f.*).
metameria (*chim.*), Metamerie (*f.*).
« **metamic** » (cermet a base di ossido refrattario, cromo a AlO_3) (*metall.*), Metamic (*n.*).

metamorfismo (geol.), Metamorphismus (m.), Methamorphose (f.). **2 ~ di carico** (geol.), Belastungsmetamorphose (f.). **3 ~ di contatto** (geol.), Kontaktmetamorphose (f.). **4 ~ di dislocazione** (dinamometamorfismo) (geol.), Dynamometamorphose (f.). **5 ~ regionale** (metamorfismo di profondità, metamorfismo di carico, metamorfismo termico) (geol.), Regionalmetamorphose (f.), Versenkungsumprägung (f.). **6 ~ termico** (geol.), Wärmeumwandlung (f.), Wärmemetamorphose (f.).

metamotore (macch. elett.), Metadyne-Motor (m.).

metaniera (nave) (costr. nav.), Methan-Tanker (m.), LNG-Tanker (m.).

metano (CH_4) (chim.), Methan (n.), Sumpfgas (n.). **2 ~ puro** (comb.), Reichgas (n.), reines Methan.

metanolo ($CH_3 \cdot OH$) (alcool metilico) (chim.), Methanol (n.), Methylalkohol (m.), Holzalkohol (m.).

metaprogramma (programma interpretativo, interprete) (elab. dati), interpretatives Programm.

metasomatismo (trasformazione di minerali da reazione chimica) (geol.), Metasomatose (f.).

metastabile (fis. - term.), metastabil. **2 stato ~** (fis.), metastabiler Zustand, quasistabiler Zustand.

metatrasformatrice (macch. elett.), Metadyne-Umformer (m.).

meteora (fenomeno atmosferico) (meteor. - geofis.), Lufterscheinung (f.).

meteorite (astr.), Meteorit (m.), Meteorstein (m.).

meteorografo (combinazione di barografo, termografo ed igrografo) (app. - geofis.), Meteorograph (m.), Baro-Thermo-Hygrograph (m.).

meteorologia (meteor.), Meteorologie (f.), Wetterkunde (f.). **2 ~ applicata all'agricoltura** (agric. - meteor.), Agrarmeteorologie (f.).

meteorologico (meteor.), meteorologisch, wetterkundlich. **2 bollettino ~** (meteor.), Wetterbericht (m.). **3 carta meteorologica sinottica** (meteor.), synoptische Wetterkarte. **4 osservatorio ~** (meteor.), Wetterwarte (f.). **5 radar ~** (radar - meteor.), Wetterradar (m.). **6 satellite ~** (meteor.), Wettersatellit (m.). **7 servizio ~** (meteor.), Wetterdienst (n.). **8 servizio radio ~** (radio - meteor.), Radiowetterdienst (m.). **9 simbolo ~** (meteor.), wetterkundliches Zeichen. **10 stazione meteorologica** (meteor.), Wetterstation (f.), Wetterbeobachtungsstelle (f.).

meteorologo (meteor.), Meteorologe (m.).

metilammina ($NH_2 \cdot CH_3$) (chim.), Methylamin (n.).

metilarancio (chim.), Methylorange (n.).

metilbenzene [$C_6H_5(CH_3)$] (toluolo, toluene) (chim.), Toluol (n.), Methylbenzol (n.).

metile (chim.), Methyl (n.).

metilene (chim.), Methylen (n.), Methen (n.). **2 blu di ~** (chim.), Methylenblau (n.).

metilfenolo [$C_6H_4(CH_3)OH$] (cresolo) (chim.), Kresol (n.), Methylphenol (n.).

metilvioletto (per i nastri di macch. per scrivere ecc.) (chim.), Methylviolett (n.).

metodo (gen.), Methode (f.). **2 ~** (tecnol.), Verfahren (n.), Methode (f.). **3 ~ a generazione** (per ingranaggi) (mecc.), Wälzverfahren (n.). **4 ~ al rottame** (metall.), Altmetallverhüttung (f.). **5 ~ analitico** (gen.), analytische Methode. **6 ~ a palla ed anello** (metodo palla-anello, per determinare il punto di rammollimento di masse bituminose) (ed.), Ring- und Kugel-Methode (f.). **7 ~ costruttivo a telai** (di apparecchi p. es.) (app.), Gestellbauweise (f.). **8 ~ degli elementi finiti** (mat.), Finit-Element-Methode (f.), Methode der finiten Elemente. **9 ~ dei due wattmetri** (inserzione Aron) (elett.), Zweiwattmeter-Methode (f.), Zweileistungsmessermethode (f.), Aron-Methode (f.). **10 ~ dei minimi quadrati** (mat.), Methode der kleinsten Quadrate, Verfahren der kleinsten Quadrate. **11 ~ del batuffolo di ovatta** (per provare vernici) (vn.), Wattebauschmethode (f.). **12 ~ del congelamento** (metodo della congelazione, per lo scavo di gallerie p. es.) (min. - ing. civ.), Gefrierverfahren (n.). **13 ~ del diaframma spettrale** (in fotometria e colorimetria) (ott.), Spektralmaskenverfahren (n.). **14 ~ delle armoniche sferiche** (fis. atom.), Kugelfunktionsmethode (f.). **15 ~ delle due sfere** (per controllare filettature) (mecc.), Zweikugelmethode (f.). **16 ~ delle proiezioni** (sc. costr.), Rissverfahren (n.). **17 ~ delle sezioni** (metodo di Ritter) (sc. costr.), Rittersches Schnittverfahren, Rittersche Methode. **18 ~ del percorso critico** («Critical Path Method») (progr.), Methode des kritischen Weges, «Critical Path Method». **19 ~ del simplesso** (criterio del simplesso) (progr.), Simplex-Methode (f.). **20 ~ di azzeramento** (metodo di riduzione a zero) (mis. - strum.), Nullmethode (f.), Nullverfahren (n.). **21 ~ di classificazione in coefficienti percentuali** (della difficoltà del lavoro) (studio lav.), Rangreiheverfahren (n.). **22 ~ di contatto** (chim.), Kontaktverfahren (n.), Kontaktprozess (m.). **23 ~ di Cross** (per il bilanciamento dei momenti) (ed.), Crossverfahren (n.). **24 ~ di Culmann** (sc. costr.), Culmannsches Verfahren. **25 ~ di lavorazione** (procedimento di lavorazione) (tecnol.), Bearbeitungsverfahren (n.). **26 ~ di lavoro** (lav.), Arbeitsmethode (f.), Arbeitsweise (f.). **27 ~ di misura** (mecc. - ecc.), Messmethode (f.), Ausmessverfahren (n.). **28 ~ di misura punto a punto** (metodo statico) (metrol.), punktweise Messmethode. **29 ~ di Mohr** (sc. costr.), Mohrsches Verfahren, Seileckverfahren (n.). **30 ~ di resistività** (min.), Widerstandsverfahren (n.). **31 ~ di riduzione a zero** (metodo di azzeramento) (mis. - strum.), Nullmethode (f.), Nullverfahren (n.). **32 ~ di rilevamento** (tecnol.), Erfassungsmethode (f.). **33 ~ di Ritter** (metodo delle sezioni) (sc. costr.), Rittersche Methode, Rittersches Schnittverfahren. **34 ~ grafico** (procedimento grafico) (sc. costr.), graphisches Verfahren, zeichnerisches Verfahren. **35 ~ interferometrico** (interferometria, per misurare la rugosità di superfici tecniche) (tecnol. mecc.),

metolo Interferenzverfahren (n.). 36 ~ **Montecarlo** (per avvicinarsi alla soluzione teorica d'un problema in base a criteri probabilistici) (calc.), Monte-Carlo-Methode (f.), Monte-Carlo-Technik (f.). 37 ~ **ombroscopico** (di proiezione d'un profilo, per controllare filettature p. es.) (mis.), Schattenkantenverfahren (n.). 38 ~ **palla-anello** (per la determinazione del periodo di rammollimento di masse bituminose) (ed.), Ring- und Kugel-Methode (f.). 39 ~ **per tentativi** (tecnol.), Iterationsverfahren (n.), Annäherungsverfahren (n.). 40 ~ **vettoriale** (radio), Zeigermethode (f.).

metolo [$(C_6H_4NHCH_3OH)_2H_2SO_4$] (chim. - fot.), Metol (n.), Methol (n.).

metopa (intervallo ornato di un fregio dorico) (arch.), Metope (f.).

metrico (gen.), metrisch. 2 relè ~ (elett.), Messrelais (n.), messendes Relais. 3 relè non ~ (elett.), unmessendes Relais. 4 sistema ~ (mis.), metrisches System.

metro (unità di lunghezza) (m - unità di mis.), Meter (m. - n.). 2 ~ **a nastro** (metallico) (att.), Messband (n.), Bandmass (n.). 3 ~ **a nastro di acciaio** (att.), Stahlbandmass (n.). 4 ~ **articolato** (metro snodato) (att.), Gliedermeter (m.), Gliedermasstab (m.), Gelenkmasstab (m.), Faltmasstab (m.), Klappmasstab (m.). 5 ~ **campione** (unità di mis.), Urmeter (m.). 6 ~ **cubo** (m^3 - unità di mis.), Kubikmeter (m.). 7 ~ **cubo normale** (a 0 °C e 760 mm Hg) (unità di mis.), Normkubikmeter (m.). 8 ~ **cubo pieno** (senza vuoti, di legname p. es.) (legno - mis.), Festmeter (m.). 9 ~ **lineare** (mis.), Laufmeter (m.), lfdm. 10 ~ **pieghevole** (metro snodato) (att.), Gliedermasstab (m.), Gliedermeter (m.), Gelenkmasstab (m.), Faltmasstab (m.), Klappmasstab (m.). 11 ~ **quadrato** (m^2 - unità di mis.), Quadratmeter (m.). 12 ~ **ripiegabile** (metro snodato) (att.), Gliedermeter (m.), Gliedermasstab (m.), Klappmasstab (m.), Gelenkmasstab (m.), Faltmasstab (m.). 13 ~ **snodato** (metro pieghevole) (att.), Gelenkmasstab (m.), Faltmasstab (m.), Klappmasstab (m.), Gliedermasstab (m.), Gliedermeter (m.).

metrologia (sc. - tecnol.), Metrologie (f.), Messkunde (f.), Messwesen (n.), Messtechnik (f.). 2 ~ **a coordinate** (metrol.), Koordinatenmesstechnik (f.). 3 ~ **acustica** (metrol.), Schallmesstechnik (f.). 4 ~ **ufficiale** (metrol.), Eichwesen (n.).

metrologico (metrol.), messtechnisch. 2 sala metrologica (metrol.), Messwarte (f.), Messraum (m.), Messzimmer (n.).

metrologo (lav.), Messtechniker (m.).

metronomo (strum.), Taktmesser (m.), Metronom (n.).

metropolitana (sotterranea o sopraelevata o mista) (ferr.), Stadtbahn (f.), Schnellbahn (f.). 2 ~ (ferrovia sotterranea, sotterranea) (ferr.), Untergrundbahn (f.), U-Bahn (f.).

mettere (gen.), legen, stellen, setzen 2 ~ **a fuoco** (ott.), einstellen. 3 ~ **a giustezza** (giustificare, la lunghezza delle righe) (tip.), justieren. 4 ~ **agli atti** (la corrispondenza p. es.) (uff.), ablegen. 5 ~ **all'albo** (notificare mediante affissione) (gen.), anschlagen. 6 ~ **all'asta** (vendere all'asta) (leg. - finanz.), verauktionieren, versteigern. 7 ~ **al vento** (ind. cuoio), aussetzen, ausstossen, ausrecken. 8 ~ **a magazzino** (ind.), lagern, magazinieren. 9 ~ **a massa** (mettere a terra) (elett.), an Erde legen, erden, an Masse legen. 10 ~ **a piombo** («piombare») (ed.), abloten. 11 ~ **a posto** (nella posizione voluta) (gen.), richten, in Ordnung bringen. 12 ~ **a punto** (un carburatore p. es.) (mot.), einstellen, einregulieren. 13 ~ **a punto** (un automobile p. es.) (aut. - ecc.), einfahren. 14 ~ **a punto** (un utensile) (mecc.), ansetzen. 15 ~ **a terra** (mettere a massa) (elett.), an Erde legen, erden, an Masse legen. 16 ~ **avanti** (un orologio) (strum.), vorstellen. 17 ~ **bianchi** (tip.), blockieren. 18 ~ **davanti** (gen.), vorstellen. 19 ~ **dentro** (introdurre, inserire) (gen.), einlegen. 20 ~ **fuori uso** (gen.), ausser Gebrauch setzen. 21 ~ **i cerchi** (ad una botte) (gen.), bereifen. 22 ~ **i cerchioni** (ad una ruota) (ferr. - ecc.), bereifen. 23 ~ **il tetto** (ed.), bedachen. 24 ~ **in bacino** (nav.), eindocken, docken. 25 ~ **in commercio** (mettere sul mercato) (comm.), auf den Markt bringen, in Handel bringen. 26 ~ **in comunicazione** (telef. - ecc.), in Verbindung setzen, verbinden. 27 ~ **in conto** (contabilizzare, imputare) (amm.), verbuchen. 28 ~ **in fase** (fasare) (elett.), in Phase bringen. 29 ~ **in fase** (l'accensione) (mot.), einstellen, in Phase bringen. 30 ~ **in fila** (mettersi in fila) (gen.), anreihen. 31 ~ **in forza** (mettere sotto carico, una molla) (mecc.), spannen. 32 ~ **in funzione** (gen.), in Betrieb setzen. 33 ~ **in funzione** (mettere in marcia, mettere in moto) (mot. - ecc.), in Gang setzen, in Betrieb setzen. 34 ~ **in funzione** (una macch. elett. p. es.) (macch.), anschalten, in Gang setzen, einschalten. 35 ~ **in macchina** (mettere le colonne nelle forme) (tip.), ausschiessen. 36 ~ **in marcia** (mettere in moto, mettere in funzione) (mot. - ecc.), in Gang setzen, in Betrieb setzen. 37 ~ **in mare** (nav.), aussetzen. 38 ~ **in moto** (gen.), in Bewegung setzen. 39 ~ **in moto** (mettere in marcia, mettere in funzione) (mot. - ecc.), in Gang setzen, in Betrieb setzen. 40 ~ **in moto** (avviare, il motore) (mot.), anlassen, andrehen. 41 ~ **in moto** (mettere in funzione, una macch. elett. p. es.) (macch.), anschalten, in Gang setzen, einschalten. 42 ~ **in movimento** (gen.), in Gang bringen, in Bewegung setzen. 43 ~ **in opera** (una macchina, un gruppo elett. ecc.) (macch. - ecc.), installieren, aufstellen, einrichten, auf der Baustelle einrichten. 44 ~ **in orbita** (una capsula spaziale p. es.) (astronaut.), in Umlauf bringen. 45 ~ **in ordine** (ordinare) (gen.), ordnen, in Ordnung bringen. 46 ~ **in panna** (nav.), beidrehen. 47 ~ **in parallelo** (inserire in parallelo, collegare in parallelo) (elett.), parallelschalten, nebeneinanderschalten. 48 ~ **in pensione** (collocare a riposo) (lav. - pers.), pensionieren. 49 ~ **in pratica** (gen.), zur Anwendung bringen, ausüben. 50 ~ **in pressione** (il vapore p. es.) (fis.), spannen. 51 ~ **in riga** (allineare) (gen.), aufreihen.

52 ~ in scatola (inscatolare) (*gen.*), einschachteln. **53 ~ in sede** (la cinghia p. es.) (*mecc. - ecc.*), auflegen. **54 ~ i piombini** (sigillare con piombino, piombare) (*trasp.*), plombieren. **55 ~ i segnali luminosi** (in un aeroporto, illuminare) (*aer.*), befeuern. **56 ~ la bandiera a mezz'asta** (*nav. - milit.*), die Flagge auf Halbmast setzen, die Flagge halbstock setzen. **57 ~ le griselle** («grisellare») (*naut.*), ausweben. **58 ~ l'elica in bandiera** (*aer.*), die Luftschraube auf Segelstellung fahren. **59 ~ le quote** (su un disegno) (*dis.*), bemassen. **60 ~ le quote** (*top. - geogr.*), kotieren. **61 ~ nei fusti** (*birra*), fassen. **62 ~ per iscritto** (*gen.*), schriftlich festlegen, zu Papier bringen, abfassen. **63 ~ sopra** (*gen.*), aufsetzen. **64 ~ sotto pressione** (*cald. - ecc.*), unter Druck setzen. **65 ~ sottosopra** (per cercare qualcosa, p. es.) (*gen.*), umkehren. **66 ~ su** (un disco di grammofono p. es.) (*gen.*), auflegen. **67 ~ tra parentesi** (*tip. - mat.*), in Klammer setzen.

mettersi (*gen.*), sich setzen, sich legen. **2 ~ in linea di volo** (mettersi in orizzontale) (*aer.*), aufrichten.

mettifoglio (*macch. da stampa*), Anleger (*m.*), Bogenanleger (*m.*), Bogenanlegeapparat (*m.*), Anlegeapparat (*m.*). **2 ~** (di una macch. per scrivere) (*macch. per uff.*), Papiereinwerfer (*m.*). **3 ~ a depressione** (*macch. da stampa*), Sauganleger (*m.*).

mezzala (interno, nel gioco del calcio) (*sport*), Innenstürmer (*m.*).

mezzana (vela di mezzana) (*nav.*), Bagiensegel (*n.*), Kreuzsegel (*n.*).

mezzanino (ammezzato, fra pianterreno e primo piano) (*ed.*), Mezzanin (*n.*), Zwischengeschoss (*n.*), Entresol (*n.*), Zwischenstock (*m.*).

mezzatinta (tra il nero ed il bianco) (*tip.*), Halbton (*m.*).

mezzeria (mediana) (*dis.*), Mittellinie (*f.*), Symmetrielinie (*f.*), Spiegelachse (*f.*). **2 distanza dalla ~** (*dis.*), Mittenabstand (*m.*), Abstand von der Mittellinie.

mezzo (*s. - gen.*), Mittel (*n.*), Weg (*m.*). **2 ~** (aria p. es.) (*s. - fis.*), Medium (*n.*), Mittel (*n.*). **3 mezzi** (plurale di Medium) (*fis.*), Medien (*n. pl.*). **4 ~** (metà) (*a. - gen.*), halb. **5 mezzi** (denaro) (*finanz.*), Mittel (*n. pl.*). **6 ~ ausiliario di decollo** (razzo p. es.) (*aer.*), Startschleuder (*f.*), Flugzeugschleuder (*f.*). **7 ~ carburante** (mezzo cementante) (*tratt. term.*), Einsatzmittel (*n.*), Aufkohlungsmittel (*n.*). **8 ~ cementante** (mezzo carburante) (*tratt. term.*), Einsatzmittel (*n.*), Aufkohlungsmittel (*n.*). **9 ~ da sbarco** (*milit.*), Landefahrzeug (*n.*). **10 ~ di comunicazione** (stampa, radio ecc.) (*gen.*), Kommunikationsmittel (*n.*). **11 ~ di pagamento** (*comm.*), Zahlungsmittel (*n.*). **12 mezzi di produzione** (*ind.*), Betriebsmittel (*n. pl.*). **13 ~ disperdente** (*chim.*), Dispergens (*n.*), Dispersionsmittel (*n.*), Dispergierungsmittel (*n.*), Dispergator (*m.*). **14 mezzi di sussistenza** (*finanz.*), Existenzmittel (*n. pl.*). **15 ~ di trasporto** (*trasp.*), Transportmittel (*n.*), Beförderungsmittel (*n.*), Verkehrsmittel (*n.*). **16 ~ marinaio** (gaffa, gancio d'accosto) (*att. nav.*), Bootshaken (*m.*), Landungshaken (*m.*), Gaff (*n.*). **17 mezzi operativi** (persone e mezzi disponibili per l'esecuzione di lavori) (*ind.*), Einsatzmittel (*n. pl.*). **18 ~ protettivo** (*ind. - ecc.*), Schutzmittel (*n.*), Konservierungsmittel (*n.*). **19 ~ rifrangente** (*ott.*), brechendes Mittel, brechendes Medium.

mezzotondo (semitondo, di ferro) (*s. - ind. metall.*), Halbrundeisen (*n.*). **2 ~ di acciaio** (barra mezzotonda di acciaio, acciaio da costruzione) (*ind. metall.*), Halbrundstahl (*m.*).

MF (melammina-formaldeide, resina melamminica) (*chim.*), MF. **2 ~** (media frequenza, 300 kc/s) (*elett.*), MF.

Mg (magnesio) (*chim.*), Mg, Magnesium (*n.*).

mH (millihenry) (*unità di mis.*), mH, Millihenry (*n.*).

mho (unità di misura = $\frac{1}{ohm}$) (*mis.*), mho.

MHz (megahertz, megacicli) (*mis.*), MHz, Megahertz (*n.*).

mHz (millihertz, milliperiodi al secondo) mHz, Millihertz (*m.*).

mica (*min.*), Glimmer (*m.*). **2 ~ bianca** (muscovite) (*elett.*), Spaltglimmer (*m.*). **3 ~ bruna** (mica nera, biotite) (*min.*), schwarzer Glimmer. **4 ~ nera** (mica bruna, biotite) (*min.*), schwarzer Glimmer.

micaceo (*min.*), glimmerartig.

micalex (isolante elettrico) (*elett.*), Mikalex (*n.*).

micanite (*min.*), Kunstglimmer (*m.*). **2 ~** (isolante) (*elett. - ecc.*), Mikanit (*n.*).

micascisto (*min.*), Glimmerschiefer (*m.*).

miccia (*espl.*), Lunte (*f.*), Zündschnur (*f.*).

micella (colloide d'aggregazione, aggregazione colloidale di molecole) (*chim.*), Micelle (*f.*).

Michell, cuscinetto di spinta **~** (*mecc.*), Michelldrucklager (*n.*).

micrinite (componente strutturale del carbone fossile) (*min.*), Mikrinit (*m.*).

micro- (μ, 10^{-6}, davanti ad unità di misura) (*mis.*), mikro-.

microampere (*mis. elett.*), Mikroampere (*n.*).

microanalisi (*chim.*), Mikroanalyse (*f.*).

microanalitico (*tecnol. - metall.*), mikroanalitisch.

microbilancia (bilancia di precisione) (*strum. chim.*), Mikrowaage (*f.*).

microcalorimetro (differenziale, calorimetro differenziale) (*app. term.*), Differential-Kalorimeter (*n.*), Zwillingskalorimeter (*n.*).

microcamera (*fot.*), Kleinstbildkamera (*f.*).

microcavità (di ritiro) (*difetto - fond.*), Mikrolunker (*m.*).

microchimica (*chim.*), Mikrochemie (*f.*).

microclima (clima dello strato di aria nell'immediata vicinanza del suolo e dello spessore massimo di m 1,5) (*meteor.*), Mikroklima (*n.*), Kleinklima (*n.*).

microclino (feldspato potassico) (*min.*), Mikroklin (*m.*).

microcricca (*metall.*), Mikroriss (*m.*).

microcristallino (*min.*), mikrokristallin.

microcronometro (*strum.*), Kurzzeitmesser (*m.*).

microdurezza (durezza di strati sottilissimi ecc.) (*tecnol. mecc.*), Mikrohärte (*f.*).

microfarad (*mis. elett.*), Mikrofarad (*n.*).

microfilm

microfilm (*fot. - ecc.*), Mikrofilm (*m.*).
microfiltrazione (*idr. - ecc.*), Feinstfilterung (*f.*).
microfiltro (*mot. - ecc.*), Feinfilter (*m.*). 2 ~ **dell'olio** (microfiltro per l'olio) (*mot.*), Ölfeinfilter (*m.*).
microfinire (*mecc.*), feinschleifen, feinhonen, feinziehschleifen.
microfinitrice (per interni) (*macch. ut.*), Feinhonmaschine (*f.*). 2 ~ (per esterni) (*macch. ut.*), Feinziehschleifmaschine (*f.*).
microfinitura (*lav. macch. ut.*), Feinhonen (*n.*), Feinziehschleifen (*n.*), Feinschlichten (*n.*). 2 ~ **esterna** (microlevigatura esterna) (*lav. macch. ut.*), Feinziehschleifen (*n.*). 3 ~ **interna** (*lav. macch. ut.*), Feinhonen (*n.*).
microfonicità (effetto microfonico, in tubi elettronici) (*elettronica*), Mikrophonie (*f.*). 2 ~ **di tubo elettronico** (*elettronica*), Röhrenklingen (*n.*). 3 **coefficiente di** ~ (d'un tubo elettronico) (*elettronica*), Klingkoeffizient (*m.*).
microfonico (*acus.*), Mikrophon... 2 **capsula microfonica** (*telef.*), Sprechkapsel (*f.*).
microfono (*radio - ecc.*), Mikrophon (*n.*). 2 ~ **a bobina mobile** (*radio - ecc.*), Tauchspulenmikrophon (*n.*). 3 ~ **a carbone** (*radio - telef.*), Kohlemikrophon (*n.*). 4 ~ **a colonna** (*radio - ecc.*), Ständermikrophon (*n.*). 5 ~ **a condensatore** (microfono elettrostatico) (*radio - ecc.*), Kondensatormikrophon (*n.*). 6 ~ **a contatto** (di solido, rivelatore acustico di vibrazioni) (*app.*), Körperschallmikrophon (*n.*). 7 ~ **a corrente trasversale** (*telef.*), Querstrommikrophon (*n.*). 8 ~ **a cristallo** (microfono a quarzo piezoelettrico) (*elettroacus.*), Kristallmikrophon (*n.*). 9 ~ **a gradiente di pressione** (*elettroacus.*), Druckgradientenmikrophon (*n.*). 10 ~ **a gradiente di velocità** (*elettroacus.*), Geschwindigkeitsmikrophon (*n.*). 11 ~ **a granuli di carbone** (*elettroacus.*), Kohlekörnermikrophon (*n.*), Kohlepulvermikrophon (*n.*). 12 ~ **a linea** (*acus.*), Mikrophonzeile (*f.*). 13 ~ **a nastro** (*elettroacus.*), Bandmikrophon (*n.*), Bändchenmikrophon (*n.*). 14 ~ **a pressione** (*elettroacus.*), Druckmikrophon (*n.*), Schalldruckmikrophon (*n.*). 15 ~ **a quarzo piezoelettrico** (microfono a cristallo) (*elettroacus.*), Kristallmikrophon (*n.*). 16 ~ **a spostamento** (*elettroacus.*), Bewegungsmikrophon (*n.*). 17 ~ **a velocità** (*acus.*), Schallgeschwindigkeitsmikrophon (*n.*). 18 ~ **da laringe** (*radio - ecc.*), Kehlkopfmikrophon (*n.*). 19 ~ **dinamico** (*elettroacus.*), dynamisches Mikrophon. 20 ~ **di Reiss** (microfono a carbone perfezionato) (*acus.*), Reiss-Mikrophon (*n.*). 21 ~ **elettrodinamico** (*elettroacus.*), elektrodynamisches Mikrophon, Bändchenmikrophon (*n.*). 22 ~ **elettromagnetico** (*elettroacus.*), magnetisches Mikrophon. 23 ~ **elettrostatico** (microfono a condensatore) (*radio*), Kondensatormikrophon (*n.*). 24 ~ **labiale** (*radio - ecc.*), Lippenmikrophon (*n.*). 25 ~ **onnidirezionale** (*radio*), Kugelmikrophon (*n.*). 26 ~ **pendente** (*radio - ecc.*), Hängemikrophon (*n.*). 27 ~ **pettorale** (*radio*), Brustmikrophon (*n.*). 28 **imboccatura del** ~ (*elettroacus.*), Mikrophonbecher (*m.*).
microfotografia (con macch. fotografica e microscopio) (*fot. - ott.*), Mikrophotographie (*f.*).
microfusione (fusione di precisione, procedimento) (*fond.*), Genaugiessverfahren (*n.*), Präzisionsgussverfahren (*n.*), Genauguss (*m.*). 2 ~ (getto di precisione, pezzo microfuso) (*fond.*), Genauguss (*m.*), Präzisionsguss (*m.*). 3 ~ (fusione a cera persa industriale) (*fond.*), Präzisionsguss (*m.*), Investmentguss (*m.*). 4 ~ **in forma a guscio** (colata di precisione in forma a guscio) (*fond.*), Croningform-Genauguss (*m.*). 5 **lega per** ~ (di piombo e zinco, per getti molto precisi) (*fond.*), Spritzgusslegierung (*f.*).
microfuso (getto microfuso) (*s. - fond.*), Präzisionsguss (*m.*), Genauguss (*m.*).
microgeometrico (superficie tecnica p. es.) (*mecc.*), mikrogeometrisch. 2 **configurazione microgeometrica** (di una superficie lavorata) (*mecc.*), Feingestalt (*f.*), mikrogeometrische Gestalt. 3 **profilo** ~ (di una superficie tecnica) (*mecc.*), mikrogeometrisches Profil, Formprofil (*n.*).
micrografia (studio strutturale dei metalli con microscopio) (*metall.*), Metallographie (*f.*). 2 ~ (immagine della struttura) (*metall.*), Schliffbild (*n.*), Mikrobild (*n.*), Gefügebild (*n.*).
micrografico (*metall.*), metallographisch.
microindicatore (*strum. di mis.*), Feinzeiger (*m.*), Feintaster (*m.*).
microinterruttore (*app. elett.*), Mikroschalter (*m.*), Kleinschalter (*m.*). 2 ~ **di fine corsa** (*app. elettromecc.*), Mikro-Endschalter (*m.*).
microistruzione (*calc.*), Mikrobefehl (*m.*).
microlevigatura (esterna, microfinitura esterna) (*lav. macch. ut.*), Feinziehschleifen (*n.*). 2 ~ (interna, microfinitura interna) (*lav. macch. ut.*), Feinhonen (*n.*).
micromanipolatore (di un microscopio) (*strum. ott.*), Mikromanipulator (*m.*).
micromanometro (*app.*), Mikromanometer (*n.*).
micrometrico (*mecc. - ecc.*), mikrometrisch.
micromètro (micron, μ, μm) (*unità di mis.*), Micron (*n.*), Mikrometer (*m.*).
micròmetro (*app. di mis.*), Mikrometer (*n.*), Feinmesser (*m.*). 2 ~ **a vite** (Palmer) (*app. - mecc.*), Schraubenmikrometer (*n.*), Bügelmess-schraube (*f.*). 3 ~ **di profondità** (*app. di mis.*), Tiefenmikrometer (*n.*). 4 ~ **oculare** (*app.*), Okularmikrometer (*n.*). 5 ~ **ottico** (con fili diastimometrici) (in un microscopio o cannocchiale) (*app. ott.*), Fadenmikrometer (*n.*). 6 ~ **per interni** (*app. di mis.*), Innenmikrometerschraube (*f.*). 7 ~ **per misure di profondità** (*app. di mis.*), Mikrometer-Tiefenlehre (*f.*). 8 ~ **tecnico** (*app. - mecc.*), Mikrometer (*n.*).
micrometrologia (*metrolog.*), Feinmesswesen (*n.*).
micromotore (con potenza nominale da 1 a 500 W) (*mot. elett. - ecc.*), Kleinstmotor (*m.*).
micron (10^{-6} m, micromètro) (μ - μm - *unità di mis.*), Mikron (*n.*), Mikrometer (*m.*).
microohm (*mis. - elett.*), Mikroohm (*n.*).
microonda (*fis.*), Mikrowelle (*f.*).
micropollice (= 0,0254 μ) (μin - *mis.*), Mikrozoll (*m.*).

microponte (di misura, per misurare piccoli scostamenti della resistenza da un valore nominale) (*elett.*), Toleranzmessbrücke (*f.*).
micropori (di refrattari p. es.) (*min.*), Mikroporen (*f. pl.*).
microporosità (*tecnol.*), Feinporigkeit (*f.*).
microprogramma (*calc.*), Mikroprogramm (*n.*).
microregolazione (regolazione fine, regolazione micrometrica, regolazione di precisione) (*mecc.*), Feineinstellung (*f.*), Feinregulierung (*f.*), Feinsteinstellung (*f.*), Feinstregulierung (*f.*). **2** ~ **di giri** (regolazione micrometrica del numero di giri) (*mecc.*), Drehzahlfeinstellung (*f.*).
microrelè (*elett.*), Mikrorelais (*n.*). **2** ~ **polarizzato** (*elett.*), Minipolrelais (*n.*).
microsaldatura (per fili sottilissimi p. es.) (*tecnol. mecc. - elettronica*), Mikroschweissen (*n.*). **2** ~ **ad arcoplasma** (per collegare lamiere sottili) (*tecnol. mecc.*), Mikro-Plasma-Lichtbogenschweissverfahren (*n.*).
microscopia (*ott.*), Mikroskopie (*f.*). **2** ~ **a polarizzazione** (*ott.*), Polarisationsmikroskopie (*f.*). **3** ~ **(elettronica) ad emissione** (*ott.*), Emissionsmikroskopie (*f.*). **4** ~ **elettronica diascopica** (*ott.*), Durchstrahlungs-Elektronenmikroskopie (*f.*).
microscopico (*ott.*), mikroskopisch.
microscopio (*strum. ott.*), Mikroskop (*n.*). **2** ~ **a contrasto di fase** (*strum. ott.*), Phasenkontrastmikroskop (*n.*). **3** ~ **a scansione elettronica** (microscopio elettronico) (*ott. - elettronica*), Rastermikroskop (*n.*), Scanning-Mikroskop (*n.*), Elektronenmikroskop (*n.*). **4** ~ **binoculare** (*app. ott.*), binokulares Mikroskop. **5** ~ **catottrico** (microscopio a riflessione, microscopio con obiettivo catottrico, microscopio con obiettivo a riflessione) (*app. ott.*), Spiegelmikroskop (*n.*). **6** ~ **di polarizzazione** (per l'esame di minerali in luce polarizzata) (*app. ott.*), Polarisationsmikroskop (*n.*). **7** ~ **elettronico** (*elettronica - ott.*), Elektronenmikroskop (*n.*). **8** ~ **elettronico analitico** (microscopio elettronico a scansione lineare) (*strum. - ott.*), Rasterelektronenmikroskop (*n.*). **9** ~ **elettronico con campo acceleratore** (*ott. - strum.*), Feldelektronenmikroskop (*n.*), Feldelektronen-Emissionsmikroskop (*n.*). **10** ~ **interferenziale** (*app. ott.*), Interferenz-Mikroskop (*n.*), Mikrointerferometer (*n.*). **11** ~ **per trafile** (*app.*), Ziehsteinmikroskop (*n.*). **12 lampada per** ~ (*app. ott.*), Mikroskopierlampe (*f.*). **13 osservare al** ~ (*ott.*), mikroskopieren.
microsecondo (*mis.*), Mikrosekunde (*f.*).
microsegregazione (*metall.*), Mikroseigerung (*f.*), Kristallseigerung (*f.*).
microsismico (*geol.*), mikroseismisch.
microsolco (di un disco a lunga durata) (*elettroacus.*), Mikrorille (*f.*). **2 disco** ~ (*elettroacus.*), Mikro-Rillen-Schallplatte (*f.*).
microsonda (per l'analisi dell'acciaio p. es.) (*metall.*), Mikrosonde (*f.*).
microstruttura (*metall.*), Feingefüge (*n.*), Mikrostruktur (*f.*).
microtelefono (cornetta, microfono e telefono) (*telef.*), Handapparat (*m.*), Mikrotelephon (*n.*).

microtomo (strumento per tagliare fette di spessore preciso per analisi microscopiche) (*strum. ott.*), Mikrotom (*n.*).
microtrattore (*veic.*), Miniaturtraktor (*m.*), Miniaturschlepper (*m.*).
microsurante (olio) (*ind. chim.*), verschleiss-schmierend.
microvolt (*mis. elett.*), Mikrovolt (*n.*).
midollo (*legno*), Mark (*n.*).
mietilegatrice (mietitrice-legatrice) (*macch. agric.*), Mähbinder (*m.*), Bindemäher (*m.*).
mietitore (falciatore) (*lav. agric.*), Schnitter (*m.*), Mäher (*m.*).
mietitrice (*macch. agric.*), Erntemaschine (*f.*), Mähmaschine (*f.*). **2** ~ **-legatrice** (mietilegatrice) (*macch. agric.*), Mähbinder (*m.*), Bindemäher (*m.*).
mieti-trebbia (mietitrebbiatrice) (*macch. agric.*), Mähdrescher (*m.*).
mietitrebbiatrice (mieti-trebbia) (*macch. agric.*), Mähdrescher (*m.*).
mietitura (*agric.*), Schnitt (*m.*), Mähen (*n.*).
miglio (terrestre = 1609,3 m) (*mis.*), Meile (*f.*). **2** ~ **marino** (1,853 km) (*mis.*), Seemeile (*f.*), nautische Meile.
miglioramento (perfezionamento) (*gen.*), Verbesserung (*f.*), Aufbesserung (*f.*).
migliorare (perfezionare) (*gen.*), verbessern, aufbessern.
miglioria (*gen.*), Melioration (*f.*).
migmatite (roccia) (*geol.*), Migmatit (*m.*).
migrazione (degli ioni) (*fis.*), Wandern (*n.*), Wanderung (*f.*). **2** ~ **atomica** (*fis. atom.*), Atomwanderung (*f.*). **3** ~ **ionica** (*chim.*), Ionenwanderung (*f.*). **4 lunghezza di** ~ (*elettronica*), Wanderlänge (*f.*). **5 velocità di** ~ (dei portatori di cariche) (*elettronica*), Driftgeschwindigkeit (*f.*).
miliardo (mille milioni) (*mat.*), Milliarde (*f.*).
milione (10^6) (*mat.*), Million (*f.*).
militare (*milit.*), militärisch.
militesente (libero dal servizio militare) (*lav. - ecc.*), militärfrei, vom Militärdienst frei.
millesimo (*s. - gen.*), Tausendstel (*n.*). **2** ~ **di millimetro** (*mis.*), Tausendstel-Millimeter (*m.*)
milli- (m davanti ad una unità di mis. = 10^{-3}) (*mis.*), milli- .
milliamperometro (*strum.*), Milliamperemeter (*n.*).
millibar (mbar, misura per la pressione) (*unità di mis.*), Millibar (*n.*).
millicurie (*unità di mis.*), Millicurie (*f.*).
milliequivalente (millesima parte dell'equivalente chimico = 1 mmol/valenza) (*chim.*), Milliäquivalent (*n.*), mval.
milligrammo (mg) (*unità di mis.*), Milligramm (*n.*).
millihenry (mh) (*unità di mis.*), Millihenry (*n.*), mH.
millihertz (mHz, milliperiodi al secondo) (*fis.*), Millihertz (*n.*), mHz.
millilitro (*unità di mis.*), Milliliter (*m. - n*).
millimetro (mm) (*unità di mis.*), Millimeter (*m.*). **2 millimetri di colonna d'acqua** (mm H_2O, misura della pressione) (*mis.*), Millimeter Wassersäule, mmWS. **3 millesimo di** ~ (*mis.*), Tausendstel-Millimeter (*m.*). **4 un**

millimicron

decimo di ~ (*mis. - ecc.*), ein Zehntelmillimeter.
millimicron (mµ, 10⁻⁶ mm, nanometro) (*unità di mis.*), Millimikron (*n.*), nanometer (*m.*).
millisecondo (millesimo di secondo, ms) (*unità di mis.*), Millisekunde (*f.*), ms.
millitex (= $\frac{1\ mg}{1000\ m}$, dato di finezza per fibre tessili) (*mis. tess.*), millitex.
millivolt (mV) (*mis.*), millivolt, mV.
millivoltmetro (*strum. elett.*), Millivoltmeter (*n.*).
milliwatt (mW) (*unità di mis.*), Milliwatt (*n.*), mW.
mimesi (*cristallografia*), Mimesis (*f.*).
mimetico (*cristallografia*), mimetisch.
mina (*espl. - milit.*), Sprengmine (*f.*), Mine (*f.*). 2 ~ (*min.*), Sprengschuss (*m.*). 3 ~ (di matita) (*uff.*), Mine (*f.*), Bleistiftmine (*f.*). 4 ~ **a contatto** (mina a pressione) (*espl.*), Tretmine (*f.*). 5 ~ **galleggiante** (*espl.*), Treibmine (*f.*). 6 ~ **magnetica** (*espl.*), Magnetmine (*f.*). 7 ~ **mancata** (mina non esplosa) (*min.*), Versager (*m.*). 8 ~ **subacquea** (*espl.*), Unterseemine (*f.*), Seemine (*f.*). 9 ~ **terrestre** (*espl.*), Landmine (*f.*). 10 **brillatore di mine** (autorizzato ai brillamenti; fuochino, fochino) (*lav. - min.*), Schiessberechtigter (*m.*). 11 **esplosivo da** ~ (*espl. - min.*), Sprengmittel (*n.*). 12 **esplosivo da** ~ **al nitrato di ammonio** (*espl. - min.*), Sprengsalpeter (*m.*). 13 **esplosivo da** ~ **dirompente** (*min.*), brisantes Gesteins-Sprengmittel. 14 **foro da** ~ (*min.*), Sprengloch (*n.*), Schussloch (*n.*), Schiessloch (*n.*). 15 **foro da** ~ **carico** (*min.*), Schuss (*m.*). 16 **perforatore dei fori da** ~ (*lav. - min.*), Schiesshauer (*m.*). 17 **polvere nera da** ~ (*espl. - min.*), Pulversprengmittel (*n.*). 18 **schema dei fori da** ~ (*min.*), Schussbild (*n.*), Schuss-Schema (*n.*).
minamento (*min.*), Sprengarbeit (*f.*).
minare (*milit.*), verminen.
minatore (*min.*), Bergarbeiter (*m.*), Grubenarbeiter (*m.*), Bergmann (*m.*), Bergknappe (*m.*). 2 ~ **di carbone** (*lav.*), Knappe (*m.*). 3 ~ **fiorettista** (operaio che pratica fori da mina) (*lav. - min.*), Bohrist (*m.*). 4 ~ **picconiere** (per scavi in sotterraneo) (*lav. - min.*), Häuer (*m.*), Hauer (*m.*).
minerale (sostanza minerale, costituente di un giacimento) (*s. - min.*), Erz (*n.*). 2 ~ (specie minerale) (*s. - min.*), Mineral (*n.*). 3 ~ (*a. - min.*), mineralisch. 4 ~ **alluvionale** (*min.*), Seifenerz (*n.*). 5 ~ **arrostito** (*min.*), geröstetes Erz, Röstgut (*n.*). 6 ~ **antiripiena** (minerale lasciato in posto per impedire che un dato spazio venga invaso dalla ripiena) (*min.*), Schwebe (*f.*). 7 ~ **da arrostimento** (*metall.*), Rösterz (*n.*). 8 ~ **di ferro** (*min.*), Eisenerz (*n.*). 9 ~ **di piombo** (*min.*), Bleierz (*n.*). 10 ~ **di uranio** (*min.*), Uranerz (*n.*). 11 ~ **estratto** (*min.*), Fördererz (*n.*). 12 ~ **greggio** (*min.*), Roherz (*n.*). 13 ~ **malleabilizzante** (minerale ferrifero usato per addolcire la ghisa malleabile bianca) (*metall.*), Temperer (*n.*). 14 ~ **minuto** (fini) (*min.*), Feinerz (*n.*), Erzschlich (*m.*), Schlich (*m.*). 15 ~ **polverizzato** (*min.*), Pochmehl (*n.*). 16 ~ **scavato** (*min.*), Haufwerk (*n.*). 17 **arricchimento del** ~ (concentrazione del minerale) (*min.*), Erzanreicherung (*f.*). 18 **classificazione del** ~ (*min.*), Erzsortierung (*f.*). 19 **concentrazione del** ~ (arricchimento del minerale) (*min.*), Erzanreicherung (*f.*). 20 **cumulo di** ~ (*min.*), Erzhaufe (*m.*), Erzhalde (*f.*). 21 **fibra** ~ (*term.*), Steinfaser (*f.*). 22 **formula per calcolare il prezzo del** ~ ($N = \frac{T-a}{100} P - H$ in cui T = tenore di metallo in %; a = perdite di metallo; P = quotazioni del metallo; H = spese di riduzione) (*metall.*), Erzeinkaufformel (*f.*). 23 **estrazione del** ~ (*min.*), Erzabbau (*m.*), Erzgewinnung (*f.*), Erzbergbau (*m.*). 24 **giacimento di** ~ (*geol. - min.*), Erzvorkommen (*n.*), Erzlager (*n.*). 25 **pilastro di** ~ (*min.*), Erzfeste (*f.*). 26 **preparazione del** ~ (*min.*), Erzaufbereitung (*f.*). 27 **sorgente** ~ (*geol.*), Mineralquelle (*f.*), Heilquelle (*f.*).
mineralizzare (*min.*), vererzen.
mineralogia (*min.*), Mineralogie (*f.*).
mineralogo (*min.*), Mineralog (*m.*).
minerario (*min.*), bergbaulich, montan. 2 **concessione mineraria** (*min.*), Bergwerkskonzession (*f.*), Berggerechtigkeit (*f.*).
minero-metallurgico (*min. - metall.*), montan.
minette (minerale oolitico) (*min.*), Minette (*m.*).
miniaturizzazione (*elettronica - ecc.*), Miniaturisierung (*f.*).
minibus (piccolo autobus, per 6 a 8 persone, autobus tipo da alberghi) (*veic.*), Kleinbus (*m.*), Kleinomnibus (*m.*).
minicalcolatore (*calc.*), Kleinstrechner (*m.*). 2 ~ **da tavolo** (*calc.*), Kleinst-Tischrechner (*m.*).
minidraga (piccola draga a benna usata in acque portuali molto ristrette) (*macch. mov. terra*), Drehewer (*m.*), Kleinst-Löffelbagger (*m.*).
miniera (*min.*), Mine (*f.*), Bergwerk (*n.*), Grube (*f.*). 2 ~ **abbandonata** (*min.*), Altemann (*m.*), alter Mann. 3 ~ **allagata** (*min.*), ersoffene Grube. 4 ~ **di carbone** (*min.*), Kohlenzeche (*f.*), Kohlengrube (*f.*), Kohlenbergwerk (*n.*). 5 ~ **di diamanti** (*min.*), Diamantgrube (*f.*). 6 ~ **di ferro** (*min.*), Eisengrube (*f.*). 7 ~ **di sale** (*min.*), Salzbergwerk (*n.*). 8 ~ **di sali potassici** (*min.*), Kali-Bergwerk (*n.*). 9 ~ **distrutta** (*min.*), toter Mann. 10 ~ **produttiva** (*min.*), Ausbeutezeche (*f.*), Ausbeutegrube (*f.*). 11 **esplosivo da** ~ (*min. - espl.*), Wettersprengstoff (*m.*). 12 **locomotiva da** ~ (*min.*), Stollenlokomotive (*f.*). 13 **piano di** ~ (rappresentazione grafica) (*min.*), Grubenrisswerk (*n.*), Risswerk (*n.*), bergmännisches Risswerk. 14 **squadra di soccorso di** ~ (*min.*), Grubenwehr (*n.*). 15 **ventilatore da** ~ (*app. min.*), Grubengebläse (*n.*), Wettergebläse (*n.*).
minigolf (*sport*), Kleingolf (*n.*), Gartengolf (*n.*), Miniaturgolf (*n.*).
mini-massimo (minimax) (*mat.*), Minimax (*m.*).
minimax (mini-massimo) (*mat.*), Minimax

(*m.*). 2 teorema ∼ (nella teoria dei giochi) (*progr.*), Minimax-Theorem (*n.*).
minimetro («orologio», comparimetro, comparatore) (*app. di mis.*), Messuhr (*f.*), Zifferblatt-Komparator (*m.*), Passmeter (*m.*).
minimizzare (*gen.*), minimieren.
minimo (*mat. - ecc.*), Minimum (*n.*), Kleinstwert (*m.*). 2 ∼ (funzionamento al minimo, di un motore a combustione interna) (*mot.*), Leerlauf (*m.*). 3 ∼ barometrico (depressione, ciclone) (*meteor.*), Depression (*f.*), Tiefdruckgebiet (*n.*), Tief (*n.*), Zyklone (*f.*). 4 ∼ di paga (salario minimo, minimo salariale) (*organ. lav.*), Mindestlohn (*m.*), Tariflohn (*m.*). 5 ∼ salariale (*lav.*), vedi minimo di paga. 6 numero di giri al ∼ (numero di giri del minimo) (*mot.*), Leerlaufdrehzahl (*f.*). 7 numero di giri a vuoto (*mot.*), untere Leerlaufdrehzahl. 8 registrazione del ∼ (regolazione del minimo) (*mot.*), Einregulierung für Langsamlauf.
minio (Pb₃O₄) (*vn.*), Mennige (*f.*), Mennig (*m.*), Bleirot (*n.*).
miniribaltabile (veic. per mov. terra, capacità da 250 a 1500 l) (*veic.*), Zwergdumper (*m.*).
Ministero, Ministerium (*n.*), Amt (*m.*). 2 ∼ degli Esteri, Aussenamt (*n.*), Aussenministerium (*n.*). 3 ∼ dei Lavori Pubblici (*ing. civ.*), Ministerium für öffentliche Arbeiten. 4 Pubblico ∼ (*leg.*), Staatsanwalt (*m.*).
ministro (*amm.*), Minister (*m.*). 2 ∼ senza portafogli (*amm.*), Minister ohne Geschäftsbereich.
minoranza (*gen.*), Minderheit (*f.*), Minorität (*f.*). 2 partecipazione di ∼ (*finanz.*), Minderheitsanteil (*m.*).
minorazione (di un pezzo) (*mecc.*), Untermass (*n.*).
minore (*s. - lav. - ecc.*), Jugendlich (*m.*), Minderjähriger (*m.*).
minorenne (*lav. - ecc.*), minderjährig.
minuendo (numero, dal quale si detrae) (*mat.*), Minuend (*m.*).
minuscola (lettera minuscola) (*tip.*), Kleinbuchstabe (*m.*), Minuskel (*f.*).
minuta (bozza, di una lettera p. es.) (*uff.*), Entwurf (*m.*).
minuteria (*gen.*), Kleinteile (*m. pl.*) 2. ∼ metallica (*metall.*), Kurzwaren (*f. pl.*).
minuto (minuto primo) (*mis.*), Minute (*f.*). 2 ∼ (minuto primo, 60ª parte di un grado) (*geom.*), Minute (*f.*), Winkelminute (*f.*). 3 ∼ (minuto primo, 60ª parte di un'ora) (*unità del tempo*), Minute (*f.*), Zeitminute (*f.*). 4 ∼ (trito, pula, carbone in pezzatura minuta) (*s. - comb.*), Feinkohle (*f.*), Klarkohle (*f.*). 5 ∼ centesimale (centesima parte di un grado centesimale) (*mis.*), Neuminute (*f.*). 6 ∼ di arco (misura angolare) (*geom.*), Bogenminute (*f.*). 7 ∼ di cava (*min.*), Grubenklein (*n.*). 8 ∼ lavato (di carbone) (*comb.*), Waschfeinkohle (*f.*). 9 ∼ primo (minuto, 60ª parte di un grado) (*geom.*), Minute (*f.*), Winkelminute (*f.*). 10 ∼ primo (minuto, 60ª parte di un'ora) (*unità di tempo*), Minute (*f.*), Zeitminute (*f.*). 11 ∼ secondo (*geom. - ecc.*), vedi secondo. 12 ∼ sessagesimale (sessantesima parte di un grado) (*geom. - ecc.*), Altminute (*f.*). 13 commercio al ∼ (commercio al dettaglio) (*comm.*), Einzelhandel (*m.*), Kleinhandel (*m.*), Detailhandel (*m.*). 14 comunicazione- ∼ (*telef.*), CT-Minute (*f.*).
minuzzolo (pezzetto di legno, per la preparazione della cellulosa) (*ind. carta*), Hackschnitzel (*n.*).
miocene (epoca del terziario) (*geol.*), Miozän (*n.*).
miope (*ott.*), kurzsichtig.
miopia (*ott.*), Kurzsichtigkeit (*f.*).
mira (*strum. top.*), Messlatte (*f.*). 2 ∼ a scopo (*strum. top.*), Messlatte mit Ableseschieber. 3 congegno di ∼ (congegno di puntamento) (*arma da fuoco*), Visiereinrichtung (*f.*), Zielvorrichtung (*f.*). 4 linea di ∼ (*ott.*), Visierlinie (*f.*), Ziellinie (*f.*). 5 tacca di ∼ (su un fucile) (*arma da fuoco*), Visier (*n.*).
miracolo economico (*finanz.*), Wirtschaftswunder (*n.*).
miraggio (*meteor.*), Luftspiegelung (*f.*).
mirare (puntare) (*ott. - ecc.*), visieren, zielen.
mirino (di una macch. fot. p. es.) (*fot. - cinem.*), Sucher (*m.*). 2 ∼ (parte del dispositivo di mira) (*arma da fuoco*), Korn (*n.*). 3 ∼ a cannocchiale (*ott.*), Fernrohraufsatz (*m.*). 4 ∼ a obiettivo (*fot.*), Sucherobjektiv (*n.*). 5 ∼ a riquadro (*cinem. - fot.*), Rahmensucher (*m.*). 6 ∼ a visione diretta (*fot.*), Rahmensucher (*m.*). 7 ∼ circolare (di mitragliatrice) (*milit.*), Kreiskorn (*n.*). 8 ∼ reflex (*cinem. - fot.*), Reflexsucher (*m.*).
miscela (mescolanza, miscuglio) (*gen.*), Mischung (*f.*). 2 ∼ (*chim.*), Gemenge (*n.*), Gemisch (*n.*). 3 ∼ (di un mot. a comb. interna) (*mot.*), Gemisch (*n.*). 4 ∼ (per motorscooter p. es.) (*veic.*), Kraftstoffölmischung (*f.*), Benzin-Öl-Gemisch (*n.*). 5 ∼ (carica) (*mft. vetro*), Glassatz (*m.*), Gemenge (*n.*). 6 ∼ addotta (ad una colonna rettificatrice) (*ind. chim.*), Zulauf (*m.*). 7 ∼ anticongelante (*ind. chim.*), kältebeständiges Gemisch. 8 ∼ aria-combustibile (*mot.*), Brennstoff-Luftgemisch (*n.*). 9 ∼ carburante-aria (miscela combustibile-aria) (*mot.*), Kraftstoff-Luftgemisch (*n.*). 10 ∼ cementizia (malta, miscela di sabbia, cemento ed acqua, per formatura) (*fond.*), Zementsand (*m.*). 11 ∼ combustibile-aria (miscela carburante-aria) (*mot.*), Kraftstoff-Luftgemisch (*n.*). 12 ∼ da rivestimento (patina, per la carta) (*ind. carta*), Streichmasse (*f.*). 13 ∼ dei colori (*ott.*), Farbmischung (*f.*). 14 ∼ dei pigmenti (*ott.*), Pigmentmischung (*f.*). 15 ∼ delle luci (*ott.*), Lichtmischung (*f.*). 16 ∼ depolarizzante (per pile a secco Leclanché; miscela pressata di biossido di manganese + polvere di carbone) (*elett.*), Puppe (*f.*). 17 ∼ di Lux (idrossido ferrico, usato per depurare gas) (*ind.*), Luxmasse (*f.*). 18 ∼ economica (miscela magra, per il normale servizio a medio carico) (*aut. - mot.*), Spargemisch (*n.*). 19 ∼ economica (*mot. aer.*), Spargemisch (*n.*). 20 ∼ esplosiva (*chim.*), Explosionsgemisch (*n.*). 21 ∼ esplosiva (*mot. - chim.*), Entzündungsgemisch (*n.*). 22 ∼ eutettica (crioidrato) (*chim.*), Kryohydrat (*n.*). 23 ∼ frigorifera (*ind. del freddo*), Kältemischung (*f.*), Gefriermischung (*f.*).

miscelare

24 ~ **gassosa** (*mot.*), Gasgemisch (*n.*). 25 ~ **gassosa azotidrica** (miscela protettiva formata da 80% N₂ + 20% H₂, usata nella metallizzazione a spruzzo p. es.) (*chim.*), Formiergas (*n.*). 26~**giroscopica** (dei colori) (*ott.*), Kreiselmischung (*f.*), Drehmischung (*f.*). 27 ~ **grassa** (miscela ricca) (*mot.*), reiches Gemisch, fettes Gemisch. 28 ~ **magra** (miscela povera) (*mot.*), armes Gemisch. 29 ~ **per il consolidamento della neve** (*sport*), Schneezement (*m.*). 30 ~ **povera** (miscela magra) (*mot.*), armes Gemisch. 31 ~ **ricca** (miscela grassa) (*mot.*), reiches Gemisch, fettes Gemisch. 32 ~ **tonante** (ossigeno ed idrogeno) (*chim.*), Knallgas (*n.*). 33 **correttore di** ~ (*mot. aer.*), Gemischregler (*m.*). 34 **lubrificazione a** ~ (di motori a due tempi) (*mot.*), Mischungsschmierung (*f.*). 35 **titolo della** ~ (*mot.*), Mischungsverhältnis (*n.*).

miscelare (*gen.*), vermischen.
miscelato (misto) (*gen.*), gemischt.
miscelatore (recipiente di miscela, recipiente di mescola) (*app.*), Rührgefäss (*n.*). 2 ~ **automatico** (pompa che miscela olio e benzina per motori a due tempi) (*mot.*), Frischöl-Automatik (*f.*). 3 ~ **di antenna** (diplexer, serve per poter utilizzare la stessa antenna sia per un trasmettitore sia per un radar) (*telev. - ecc.*), Diplexer (*m.*).
miscelazione (*gen.*), Mischung (*f.*). 2 ~ (di oli lubrificanti) (*ind. chim.*), Verschneiden (*n.*), Mischen (*n.*). 3 **torre di** ~ **del calcestruzzo** (*ed.*), Betonmischturm (*m.*), Turmbetonzentrale (*f.*).
mischiaggio (radio - telev.), *vedi* missaggio.
mischiare (*gen.*), vermischen.
miscibile (*gen.*), mischbar.
miscuglio (mescolanza, miscela) (*gen.*), Mischung (*f.*). 2 ~ **azeotropico** (miscuglio di liquidi non separabili con distillazione) (*chim.*), azeotropes Gemisch.
mispickel (FeAsS) (arseno-pirite) (*min.*), Arsenkies (*m.*).
missaggio (mischiaggio, per trasmettere nella desiderata proporzione all'entrata di un'amplificatore di bassa frequenza i segnali di uscita a bassa frequenza di più microfoni) (*radio - telev.*), Mischung (*f.*). 2 **apparecchio per il** ~ (*app. telev.*), Bildmischer (*m.*). 3 **quadro di** ~ (*app. telev.*), Bildmischpult (*n.*). 4 **tecnico del** ~ (*lav. telev.*), Bildmischer (*m.*).
missile (*milit. - astronautica*), Körper (*m.*), Flugkörper (*m.*), Geschoss (*n.*). 2 ~ (telearma guidata) (*milit.*), Lenkwaffe (*f.*). 3 ~ **antisommergibili lanciato da aerei** (*milit.*), Luft-Unterwasser-Flugkörper (*m.*). 4 ~ **a razzo** (missile con motore a razzo) (*astronautica*) - *milit.*), Raketengeschoss (*n.*). 5 ~ **aria-aria** (*milit.*), Luft-Luft-Lenkflugkörper (*m.*). 6 ~ **aria-suolo** (guidato) (*milit.*), Luft-Boden-Lenkwaffe (*f.*). 7 ~ **balistico** (*milit.*), ballistischer Flugkörper. 8 ~ **guidato** (*milit. - astronautica*), Lenkflugkörper (*m.*). 9 ~ **guidato terra-aria** (*milit.*), Boden-Luft-Lenkwaffe (*f.*). 10 ~ **intercontinentale** (*milit.*), interkontinentales Geschoss. 11 ~ **sottacqua-aria** (guidato) (*milit.*), Unterwasser-Luft-Lenkflugkörper (*m.*). 12 ~ **teleguidato** (*milit. - astronautica*), ferngelenkter Körper,

1574

Lenkflugkörper (*m.*). 13 ~ **terra-aria** (guidato) (*milit.*), Boden-Luft-Lenkflugkörper (*m.*). 14 ~ **terra-terra** (*milit.*), Boden-Boden-Flugkörper (*m.*). 15 ~ **terra-terra guidato** (*milit.*), Boden-Boden-Lenkflugkörper (*m.*). 16 **radar per puntamento di missili** (*radar*), FK-Verfolgungsradar (*n.*), Flugkörper-Verfolgungsradar (*n.*).
missilistica (*milit. - astronautica*), Raketentechnik (*f.*).
missione (*comm. - milit.*), Mission (*f.*). 2 ~ (*aer. milit.*), Einsatzflug (*m.*). 3 ~ **per dorare** (missione a dorare, vernice per dorare, vernice a dorare) (*vn.*), Goldlack (*m.*), Goldfirnis (*m.*).
misto (miscelato) (*gen.*), gemischt.
misura (dimensione) (*gen.*), Mass (*n.*), Abmessung (*f.*). 2 ~ (provvedimento) (*gen.*), Massnahme (*f.*). 3 ~ **a disegno** (misura del pezzo finito) (*mecc.*), Fertigmass (*n.*). 4 ~ **anglosassone** (*fis. - ecc.*), englisches Mass. 5 ~ **angolare** (*mecc.*), Winkelmass (*n.*). 6 ~ **a secco** (misura per aridi) (*mis.*), Trockenmass (*n.*). 7 ~ **campione** (campione di misura) (*mis.*), Normalmass (*n.*), Mustermass (*n.*), Norm (*f.*), Urmass (*n.*), Eichmass (*n.*). 8 ~ **cautelativa** (misura precauzionale) (*gen.*), Vorsichtsmassnahme (*f.*). 9 ~ **del cedimento** (cedimento) (*ed.*), Sackmass (*n.*). 10 **misure del corpo umano** (dati antropometrici) (*antropometria*), Körpermasse (*n. pl.*). 11 ~ **del pezzo finito** (misura a disegno) (*mecc.*), Fertigmass (*n.*). 12 ~ **del volume** (*gen.*), Raummass (*n.*). 13 ~ **di lunghezza** (*fis. mat.*), Längenmass (*n.*). 14 ~ **d'ingombro** (misura esterna) (*mis.*), Aussenmass (*n.*). 15 ~ **di precisione** (*mecc. - ecc.*), Präzisionsmass (*n.*), Feinmass (*n.*). 16 ~ **di sicurezza** (*lav.*), Unfallschutzmassnahme (*f.*). 17 ~ **di superficie** (m² p. es.) (*geom. - ecc.*), Flächenmass (*n.*). 18 ~ **effettiva** (misura reale, dimensione effettiva, dimensione reale, di un pezzo) (*mecc.*), Istmass (*n.*). 19 ~ **massima** (dimensione massima, limite superiore, di un pezzo) (*mecc.*), Grösstmass (*n.*). 20 ~ **metrica** (*fis. - ecc.*), metrisches Mass. 21 ~ **minima** (dimensione minima, limite inferiore, di un pezzo) (*mecc.*), Kleinstmass (*n.*). 22 ~ **modulare** (modulo) (*ed.*), Rastermass (*n.*). 23 ~ **nominale** (dimensione nominale, di un pezzo) (*mecc.*), Nennmass (*n.*). 24 ~ **normale** (misura campione, campione di misura) (*tecnol.*), Eichmass (*n.*), Normalmass (*n.*), Mustermass (*n.*), Urmass (*n.*). 25 ~ **numerica** (misura quantitativa, per merci, dozzina p. es.) (*comm.*), Zählmass (*n.*). 26 ~ **percentuale del rigonfiamento** (indice di rigonfiamento, di legno impregnato di acqua) (*legno*), Quellmass (*n.*). 27 ~ **precauzionale** (misura cautelativa) (*gen.*), Vorsichtsmassnahme (*f.*). 28 ~ **preventiva** (*gen.*), Vorbeugungsmass (*n.*), Vorbeugungsmassnahme (*f.*). 29 **misure protettive** (*gen.*), Schutzmassnahmen (*f. pl.*). 30 ~ **reale** (misura effettiva, dimensione reale, dimensione effettiva, di un pezzo) (*mecc.*), Istmass (*n.*). 31 ~ **solida** (*mis.*), Festmass (*n.*), Körpermass (*n.*). 32 ~ **teorica** (dimensione teorica, dimensione nominale, di un pezzo) (*mecc.*), Sollmass (*n.*). 33 ~ **vuoto per pieno** (*ed.*), Vollmass (*n.*). 34 **addetto alle misure** (*lav.*),

Messbeamte (m.). **35 adottare delle misure** (prendere provvedimenti) (gen.), Massnahmen treffen, Massnahmen ergreifen. **36 a ~** (preciso) (mecc.), massgenau, massgerecht, masshaltig. **37 a ~** (rilevata con calibro, di un pezzo) (mecc.), lehrenhaltig. **38 amplificatore di ~** (app. - elett.), Messverstärker (m.). **39 apparecchio di ~** (strumento di misura) (app. di mis.), Messgerät (n.), Messapparat (m.), Messinstrument (n.). **40 campo di ~** (strum. - ecc.), Messbereich (m.). **41 circuito di ~** (elett.), Messkreis (m.), Mess-schaltung (f.). **42 commutatore del campo di ~** (strum. - app.), Bereichsschalter (m.), Bereichswähler (m.). **43 convertitore di ~** (app.), Messumformer (m.). **44 generatore di ~** (generatore di segnali per misure) (elett.), Mess-sender (m.). **45 metodo di ~** (metrol.), Messmethode (f.). **46 metodo di ~ punto a punto** (metodo statico) (metrol.), punktweise Messmethode. **47 metodo di ~ statico** (metrol.), statische Messmethode. **48 posizione di ~** (punto di misura) (metrol.), Mess-stelle (f.). **49 posto di ~** (mecc. - ecc.), Messplatz (m.). **50 prendere le misure** (gen.), Masse abnehmen. **51 prendere l'esatta ~** (gen.), abpassen, genau abmessen. **52 punto di ~** (posizione di misura) (metrol.), Mess-stelle (f.). **53 registratore di ~** (app.), Messwertschreiber (m.). **54 sistema di ~ angolare** (trasduttore angolare) (lav. macch. ut. c/n), Winkelmess-system (n.). **55 sistema di ~ della posizione** (trasduttore di posizione) (lav. macch. ut. c/n), Lagemess-system (n.). **56 sistema di ~ incrementale** (macch. ut. a c/n), Inkrementalmessverfahren (n.). **57 squadra per misure** (lav.), Messtrupp (m.). **58 stramazzo di ~** (idr.), Messüberfall (m.), Messwehr (n.). **59 strumento di ~** (apparecchio di misura) (app. di mis.), Messinstrument (n.), Messgerät (n.), Messapparat (m.). **60 strumento di ~ integratore** (app.), integrierendes Messgerät, zuzählendes Messgerät. **61 supporto per strumenti di ~** (app.), Messständer (m.), Mess-stativ (n.). **62 tecnica di ~** (metodo di misura) (metrol.), Messtechnik (f.). **63 tensione di ~** (elett.), Mess-spannung (f.). **64 trasformatore di ~** (app. elett.), Messwandler (m.), Stromwandler (m.). **65 tratto di ~** (d'un calibro) (ut.), Mess-strecke (f.). **66 unità di ~** (fis.), Masseinheit (f.).

misurare (gen.), messen, abmessen, ausmessen. **2 ~ col compasso** (dis.), abgreifen, abzirkeln. **3 ~ con calibro** (mecc.), lehren, mittels Lehre abmessen. **4 ~ la profondità** (dell'acqua) (idr. - costr. idr. - ecc.), peilen, den Wasserstand messen.

misurato (mis.), gemessen.

misuratore (app.), Meter (n.), Messer (m.). **2 ~ del contenuto di polvere** (nell'aria) (app.), Tyndallometer (n.). **3 ~ della durezza di radiazioni** (app.), Strahlenhärtemesser (m.). **4 ~ della quantità di vapore** (app.), Dampfmesser (m.). **5 ~ delle ondulazioni** (misuratore di arricciatura, della lana) (app. - ind. tess.), Kräuselungsmesser (m.). **6 ~ (delle variazioni) della grandezza regolata** (regol.), Messglied (n.). **7 ~ dell'intensità di traffico** (app.), Verkehrsgrössen-Abtasteinrichtung (f.). **8 ~ di apertura** (numerica) (strum. ott. - fot.), Apertometer (n.), Aperturmeter (n.). **9 ~ di arricciatura** (misuratore delle ondulazioni, della lana) (app. - ind. tess.), Kräuselungsmesser (m.). **10 ~ di coassialità** (app.), Koaxialitätsmessgerät (n.). **11 ~ di compressione** (compressometro) (strum. - mot.), Kompressionsdruckprüfer (m.), Kompressometer (n.). **12 ~ di comprimibilità** (del suolo) (app.), Ödometer (n.). **13 ~ di conicità** (app.), Kegelmess-gerät (n.). **14 ~ di coppia** (mecc.), Drehmomentmesser (m.). **15 ~ di coppia a capsula** (torsiometro) (mot. aer. - ecc.), Drehmomentdose (f.). **16 ~ di dispersione** (elett. - ind.), Ableitungsmesser (m.). **17 ~ di durezza a filo** (misuratore di penetrazione a filo, di radiazioni) (strum.), Drahthärtemesser (m.). **18 ~ di equilibramento** (equilibrometro) (telef.), Nachbildungsmesser (m.). **19 ~ di evaporazione** (strum.), Atmometer (m.), Verdunstungsmesser (m.). **20 ~ di fluorescenza** (fluorometro) (app. fis.), Fluoreszenzmesser (m.). **21 ~ di gioco assiale** (indicatore di gioco assiale, di una turbina p. es.) (app.), Axialmessgerät (n.), Axialspielmessgerät (n.). **22 ~ di guadagno** (app. - radio), Verstärkungsmesser (m.). **23 ~ di isolamento** (app. elett.), Isolationsmesser (m.), Isolationsmessgerät (n.). **24 ~ di livello sonoro** (app. acus.), Lautstärkemesser (m.). **25 ~ di luminanza** (nitometro) (app. - ott.), Leuchtdichtemesser (m.). **26 ~ d'impedenza** (app.), Scheinwiderstandsmesser (m.). **27 ~ d'impulsi** (impulsmetro) (app.), Impulsmesser (m.). **28 ~ di inflessione** (deflettometro) (strum.), Durchbiegungsmesser (m.). **29 ~ di penetrazione a filo** (misuratore di durezza a filo, di radiazioni) (strum.), Drahthärtemesser (m.). **30 ~ di portata** (strum.), Durchflussmessapparat (m.), Mengenmesser (m.), Mengenmeter (n.). **31 ~ di portata** (indicatore di portata) (app. idr.), Durchflussanzeiger (m.). **32 ~ di portata a strozzamento** (flussometro a strozzamento) (app.), Drosselmessgerät (n.), Drosselgerät für Durchflussmessung. **33 ~ di portata di vapore** (cald. - app.), Dampfmesser (m.). **34 ~ di pressione** (manometro) (app.), Druckmesser (m.), Manometer (n.). **35 ~ di pressione per pneumatici** (strum. aut.), Reifenfüllmesser (m.), Atümesser (m.). **36 ~ di pressione piezoelettrico** (manometro piezoelettrico) (strum.), Druckmessquarz (m.). **37 ~ di radioattività** (app. - radioatt.), Strahlungsmessgerät (n.), Zählrohr (n.). **38 ~ di raffica** (di vento) (strum.), Böenmesser (m.). **39 ~ di rapporto** (app.), Verhältnismesser (m.), Ratiometer (n.). **40 ~ di spessore** (app.), Dickenmesser (m.). **41 ~ di spessore a particelle beta** (spessimetro a particelle beta) (radioatt. - mecc. - strum.), Betadickenmesser (m.). **42 ~ di spinta** (app. - mot. a getto), Schubmesseinrichtung (f.). **43 ~ di umidità** (igrometro) (app.), Feuchtigkeitsmesser (m.), Hygrometer (n.). **44 ~ di umidità** (apparecchio per prova di umidità, di terre da fonderia p. es.) (fond. - ecc.), Feuchtigkeitsprüfer (m.). **45 ~ di velocità angolare** (girometro) (app.), Wendekreisel (m.). **46 ~ di vibrazioni** (vibrometro, per macchine, costruzioni, ecc.) (app.), Schwingungsmesser

misurazione

(*m.*). 47 ~ di visibilità (*app.*), Sichtmesser (*m.*).
misurazione (*gen.*), Messung (*f.*), Abmessung (*f.*), Ausmessung (*f.*). 2 ~ (rilevamento; della pressione p. es., durante prove) (*metrol.*), Messung (*f.*). 3 ~ (rilevamento posizione) (*lav. macch. ut. c/n*), Messwerterfassung (*f.*). 4 ~ (di fabbricati, risultato del computo metrico) (*ed.*), Aufmass (*n.*). 5 ~ col metodo di azzeramento (*strum.*), Nullmessung (*f.*). 6 ~ con bilancia a sei componenti (per misurazioni nella galleria del vento) (*aer.*), Sechskomponentenmessung (*f.*). 7 ~ (contemporanea) di accoppiamento (di pezzi) (*metrol.*), Paarungsmessen (*n.*). 8 ~ del contenuto (d'un serbatoio) (*ind.*), Standmessung (*f.*). 9 ~ della differenza di distanza (*astronautica*), Ablagmessung (*f.*). 10 ~ della durezza (prova della durezza) (*tecnol. mecc.*), Härtemessung (*f.*). 11 ~ del volume con liquido (misurazione volumetrica della camera di combustione) (*mot.*), Auslitern (*n.*). 12 ~ di collaudo (*elett. - ecc.*), Abnahmemessung (*f.*). 13 ~ di precisione (*metrol.*), Feinmessung (*f.*). 14 ~ direzionale (mediante la misura di un angolo) (*strum. - ecc.*), Richtungsmessung (*f.*), Winkelmessung (*f.*). 15 ~ ottica (*mecc. - ecc.*), optische Messung. 16 ~ planimetrica (*top.*), Lagemessung (*f.*). 17 ~ punto a punto (*metrol.*), punktweise Messung. 18 ~ volumetrica con liquido (della camera di combustione) (*mot.*), Auslitern (*n.*). 19 dispositivo di ~ (apparecchio di misura) (*app.*), Messeinrichtung (*f.*). 20 pilotaggio della ~ (delle dimensioni dei pezzi, nel processo produttivo) (*tecnol.*), Mess-steuerung (*f.*). 21 sistema di ~ (elettromagnetico p. es.) (*metrol.*), Mess-system (*n.*).
MIT (Massachussets Institute of Technology) (*tecnol.*), MIT.
mitra (dispositivo di protezione delle estremità sul tetto delle canne di ventilazione p. es.) (*ed.*), Aufsatz (*m.*). 2 ~ di ventilazione (*ed.*), Lüftungsaufsatz (*m.*).
«mitra» (fucile mitragliatore) (*arma da fuoco*), Maschinengewehr (*n.*).
mitragliatrice (*arma da fuoco*), Maschinengewehr (*n.*), MG. 2 ~ con silenziatore (*arma da fuoco*), Schweigemaschinengewehr (*n.*).
mitragliera (*arma da fuoco*), Maschinengeschütz (*n.*), Maschinenkanone (*f.*), kleinkalibriges Schnellfeuergeschütz, Maschinenwaffe (*f.*).
mittente (di una lettera p. es.) (*posta*), Absender (*m.*), Sender (*m.*).
mm (millimetro) (*unità di mis.*), mm, Millimeter (*m.*). 2 ~ H₂O (millimetri di colonna d'acqua, misura della pressione) (*mis.*), mm WS, Millimeter Wassersäule. 3 ~ Hg (millimetri di mercurio) (*meteor. - ecc.*), mmHg, Millimeter Quecksilbersäule.
mmol (millimole) (*chim.*), mmol, millimol.
Mn (manganese) (*chim.*), Mn, Mangan (*n.*).
Mo (Molibdeno) (*chim.*), Mo, Molybdän (*n.*).
MΩ (megaohm) (*mis. elett.*), MΩ, Megohm (*m.*).
mΩ (milliohm) (*mis. elett.*), mΩ, milliohm.
mobile (*a. - gen.*), beweglich. 2 ~ (trasportabile, spostabile, non fisso) (*a. - macch. - ecc.*), fahrbar, fortschaffbar, beweglich, ortsbeweg-lich. 3 ~ (volante) (*a. - gen.*), fliegend. 4 ~ (di arredamento) (*s. - ed.*), Möbel (*n.*). 5 ~ (bene) (*s. - finanz.*), bewegliches Gut. 6 ~ da ufficio (*uff.*), Büromöbel (*n.*). 7 mobili di acciaio (*ind.*), Stahlmöbel (*n. pl.*). 8 ~ di vimini (*mobile*), Korbmöbel (*n.*). 9 beni mobili (*finanz.*), Fahrgut (*n.*), Mobilien (*pl.*). 10 impianto ~ (*elettrochim. - ecc.*), Wanderanlage (*f.*). 11 magazzino ~ (con materiale circolante su trasportatore continuo p. es.) (*ind.*), Wanderlager (*m.*).
mobiliere (*lav. - falegn.*), Möbelschreiner (*m.*), Möbeltischler (*m.*).
mobilità (*gen.*), Beweglichkeit (*f.*).
mobilitare (*milit.*), mobilisieren.
mobilitazione (*milit.*), Mobilisierung (*f.*), Mobilmachung (*f.*).
mobilometro (consistometro) (*app. vn. - ecc.*), Konsistenzmesser (*m.*), Konsistenzmeter (*n.*).
mocassino (scarpa) (*ind. delle calzature*), Mokassin (*m.*).
mocchetta (*tess. - ed.*), Mokett (*m.*), Moquette (*f.*), Mokette (*f.*). 2 ~ per pavimenti (*ed.*), Fussbodenunterlagspappe (*f.*).
moda (*stat.*), häufigster Wert.
modalità (*gen.*), Modalität (*f.*). 2 ~ di pagamento (*comm.*), Zahlungsmodalitäten (*f. pl.*). 3 ~ esecutive (*tecnol.*), Ausführungsverfahren (*n.*).
modanatura (*arch.*), Sims (*m.*), Gesims (*m.*). 2 ~ ad ovuli (*arch.*), Kyma (*n.*), Kymation (*f.*).
modellabile (plasmabile, malleabile, plastico) (*tecnol.*), verformbar.
modellatore (di carrozzerie p. es.) (*lav. - aut. - ecc.*), Modellierer (*m.*), Modelleur (*m.*).
modellatura (*ind.*), Modellierung (*f.*). 2 ~ (applicazione di una miscela pastosa di resina ed induritore per la costruzione di modelli) (*ind. chim. - tecnol.*), Splinen (*n.*).
modellista (*lav. - fond.*), Modellschreiner (*m.*), Modelltischler (*m.*), Modellbauer (*m.*).
modello (*gen.*), Modell (*n.*), Muster (*n.*), Vorbild (*n.*). 2 ~ (da fonderia) (*fond.*), Modell (*n.*), Gussmodell (*n.*). 3 ~ (copia, per lavori di riproduzione alla fresatrice p. es.) (*lav. macch. ut.*), Modell (*n.*), Kopiermodell (*n.*), Musterstück (*n.*). 4 ~ (*ind. tess.*), Schnitt (*m.*), Schnittmuster (*n.*). 5 ~ (per prove) (*aer. - naut.*), Modell (*n.*). 6 ~ (*leg.*), Muster (*n.*), Modell (*n.*). 7 ~ (aeromodello) (*aer. - sport*), Modell (*n.*). 8 ~ a carcassa (modello a scheletro) (*fond.*), Skelettmodell (*n.*), Rippenmodell (*n.*). 9 ~ a cera persa (*fond.*), Ausschmelzmodell (*n.*). 10 ~ a doppio ritiro (*fond.*), Muttermodell (*n.*). 11 ~ a getto (aeromodello a getto) (*aer. - sport*), düsengetriebenes Modell. 12 ~ aleatorio (*ricerca operativa*), zufallbedingtes Modell, aleatorisches Modell. 13 ~ al naturale (*fond.*), Naturmodell (*n.*). 14 ~ analogico (*mat. - ecc.*), Analogon (*n.*). 15 ~ a razzo (aeromodello a razzo) (*aer. - sport*), Raketenmodell (*n.*). 16 ~ atomico (*fis.*), Atommodell (*n.*). 17 ~ canard (aeromodello canard) (*aer. - sport*), Entenmodell (*n.*). 18 ~ con colate (*fond.*), Modelleinrichtung (*f.*). 19 ~ con motore (aeromodello con motore) (*aer. - sport*), Motormodell (*n.*), Flugmodell

(n.). 20 ~ con motore ad elastico (aeromodello con motore ad elastico) (aer. - sport), Gummimotormodell (n.). 21 ~ controllato (aeromodello controllato) (aer. - sport), Fesselflugmodell (n.). 22 ~ da fonderia (fond.), Gussmodell (n.). 23 ~ del dispositivo di colata (fond.), Modell des Anschnittsystems. 24 ~ depositato (leg.), eingetragenes Muster. 25 ~ di atomo (modello atomico) (fis. atom.), Atommodell (n.). 26 ~ di cera (fond.), Wachsmodell (n.). 27 ~ didattico (scuola), Lehrmodell (n.). 28 ~ dinamico (ricerca operativa), dynamisches Modell. 29 ~ di rete (microrete, per determinare ripartizioni di corrente, ecc.) (elett.), Netzmodell (n.). 30 ~ di serie (ind. - comm.), Serienmodell (n.). 31 ~ di utilità (leg.), Gebrauchsmuster (n.). 32 ~ di utilità tedesco (leg.), Deutsches Reichs-Gebrauchsmuster, DRGM 33 ~ economico (economia), Wirtschaftsmodell (n.). 34 ~ equivalente (di un sistema di masse p. es.) (tecnol.), Ersatzmodell (n.). 35 ~ in gesso (tecnol. - ecc.), Gipsmodell (n.). 36 ~ maggiorato (fond.), Naturmodell (n.). 37 ~ matematico (mat.), Rechenmodell (n.). 38 ~ matriciale (nella programmazione aziendale) (mat.), Matrizenmodell (n.). 39 ~ metallico (fond.), Metallmodell (n.). 40 ~ originale (in legno, per colare modelli metallici) (fond.), Urmodell (n.). 41 ~ ornamentale (leg.), Geschmacksmuster (n.). 42 ~ per discesa di colata (formatura), Eingussmodell (n.). 43 ~ scomponibile (fond.), geteiltes Modell. 44 ~ sperimentale (ind.), Versuchsmodell (n.). 45 ~ stocastico (ricerca operativa), stochastisches Modell. 46 ~ telecomandato (aeromodello telecomandato) (aer. - sport), ferngesteuertes Modell. 47 ~ veleggiatore (aeromodello veleggiatore) (aer. - sport), Segelflugmodell (n.). 48 ~ volante (aer.), fliegendes Modell. 49 estrazione del ~ (formatura - fond.), Modellaushub (m.), Modellabhebung (f.). 50 impronta del ~ (di una forma) (fond.), Modellabdruck (m.). 51 placca ~ (fond.), Modellplatte (f.). 52 placca ~ unilaterale (fond.), einseitige Modellplatte. 53 prova su ~ (nav. - aer.), Modellversuch (m.). 54 sabbia (da) ~ (fond.), Modellsand (m.). 55 terra (da) ~ (fond.), Modellsand (m.).

modem (modulatore-demodulatore) (radio - ecc.), Modem (m.), Modulator-Demodulator (m.).

moderabile (freno) (veic.), abstufbar.

moderabilità (progressività, di un freno) (aut. - ecc.), Abstufbarkeit (f.).

moderare (fis. atom.), moderieren. 2 ~ (graduare, la frenata) (ferr.), abstufen. 3 ~ (ridurre, la velocità p. es.) (gen.), mässigen.

moderatore (di un reattore nucl.) (fis. atom.), Moderator (m.), Bremssubstanz (f.). 2 ~ (additivo per bagni di decapaggio, per impedire l'attacco del metallo) (chim. - tecnol. mecc.), Sparbeize (f.). 3 ~ a grafite (di un reattore p. es.) (fis. atom.), Graphitbremse (f.), Graphitmoderator (m.). 4 ~ di berillio (fis. atom.), Berylliumbremssubstanz (f.). 5 ~ organico (d'un reattore) (fis. nucl.), organischer Moderator. 6 ~ -refrigeratore (fis. atom.), Kühlbremssubstanz (f.). 7 regolazione con il ~ (di un reattore) (fis. atom.), Moderatortrimmung (f.).

moderazione (fis. atom.), Bremsung (f.).

modernizzare (ammodernare) (gen.), modernisieren.

moderno (gen.), modern, zeitgemäss. 2 ~ (aggiornato, progredito) (gen.), fortschrittlich, neuzeitlich.

modesto (grado di valutazione, di un operaio) (lav. - analisi tempi), genügend.

modifica (variazione, cambiamento) (gen.), Modifikation (f.), Änderung (f.), Abänderung (f.). 2 ~ (di un disegno) (dis.), Abänderung (f.), Änderung (f.). 3 ~ (di uno stabile) (ed.), Einbau (m.). 4 ~ d'indirizzo (indexamento) (calc.), Indexierung (f.), Indizierung (f.). 5 ~ in corso (d'un programma p. es.) (calc. - ecc.), Jeweils-Änderung (f.). 6 post ~ (esecuzione postmodifica) (dis. - ecc.), neue Ausführung. 7 pre ~ (esecuzione premodifica) (dis. - ecc.), alte Ausführung. 8 proposta di ~ (dis. - progettazione), Abänderungsvorschlag (m.).

modificabile (gen.), abänderlich, abänderungsfähig.

modificare (gen.), modifizieren, abändern, ändern. 2 ~ (un disegno p. es.) (mecc. - dis.), ändern.

modificazione (gen.), Modifikation (f.), Veränderung (f.). 2 ~ allotropica (chim.), allotropische Modifikation. 3 ~ strutturale (cambiamento strutturale) (metall. - ecc.), Strukturveränderung (f.).

modiglione (mensola) (arch.), Kragstein (m.).

modo (gen.), Art (f.), Weise (f.), Weg (m.). 2 ~ (elettronica), Typ (m.), Modus (m.). 3 ~ del tempo di transito (d'un transistore) (elettronica), Laufzeitmodus (m.). 4 ~ di campo (forma di campo elettromagnetico) (elettronica), Feldtyp (m.). 5 ~ di esprimersi (gen.), Ausdrückweise (f.). 6 ~ di operazione (nelle macchine a comando numerico) (macch.), Betriebsart (f.). 7 ~ d'onda (elettronica), Wellentyp (m.). 8 ~ E (modo di campo elettromagnetico) (elettronica), E-Typ (m.). 9 ~ fondamentale (elettronica), Haupttyp (m.), Grundtyp (m.). 10 ~ TEM (elettronica), TEM-Modus (m.). 11 ~ TEMM (elettronica), TEMM-Modus (m.). 12 ~ TM (elettronica), TM-Modus (m.).

modulabile (radio), modulationsfähig.

modulare (v. - radio), modulieren. 2 ~ (elemento di costr.) (a. - ed. - ecc.), modular, masseinheitlich. 3 costruzione a maglie modulari (reticolo modulare) (ed.), modularer Raster. 4 reticolo ~ (mat.), modularer Verband. 5 reticolo ~ (costruzione a maglie modulari) (ed.), modularer Raster.

modulato (radio), moduliert. 2 corrente modulata (elett.), gemodelter Strom. 3 ~ dalla voce (acus.), Sprachmoduliert. 4 ~ in ampiezza (radio), amplitudenmoduliert.

modulatore (radio - ecc.), Modulator (m.). 2 ~ ad anello (modulatore doppio in controfase) (elettronica), Ringmodulator (m.). 3 (ad anello) per telegrafia (utilizzato nel sistema in corrente alternata) (telegr.), Telegraphenmodler (m.). 4 ~ -demodulatore (modem) (radio - ecc.), Modulator-Demodulator (n.), Modem

modulazione

(*m.*). 5 ~ **di colore** (*telev.*), Farbmodulator (*m.*). 6 ~ **di frequenza** (*radio*), Frequenzmodler (*m.*). 7 ~ **di luce** (*app.*), Lichtmodulator (*m.*), Lichtsteuergerät (*n.*). 8 ~ **di luce** (valvola luce, cellula di Kerr p. es.) (*elettroottica - cinem.*), Lichtventil (*n.*), Lichthahn (*m.*). 9 ~ **magnetico** (per la manipolazione di trasmettitori) (*telegr.*), Tastdrossel (*f.*).

modulazione (*radio*), Modulation (*f.*). 2 ~ **a banda laterale unica** (*radio*), Einseitenbandmodulation (*f.*). 3 ~ **a codice degli impulsi** (*radio*), Puls-Code-Modulation (*f.*), PCM. 4 ~ **anodica** (*radio*), Anodenmodulation (*f.*). 5 ~ **catodica** (*radio*), Kathodenmodulation (*f.*). 6 ~ **degli impulsi** (*radio*), Pulsemodulation (*f.*). 7 ~ **del campo sonoro** (nella pulitura ad ultrasuoni p. es.) (*acus.*), Schallfeldmodulation (*f.*). 8 ~ **della luce** (*ott.*), Lichtmodulation (*f.*), Lichtsteuerung (*f.*). 9 ~ **di ampiezza** (*radio*), Amplitudenmodulation (*f.*), AM. 10 ~ **di ampiezza a due bande laterali** (*radio*), Zweiseitenband-Amplitudenmodulation (*f.*), AM 2 Sb. 11 ~ **di ampiezza degli impulsi** (*radio*), Puls-Amplitudenmodulation (*f.*), PAM. 12 ~ **di ampiezza e (di) fase** (*radio - ecc.*), Ampliphasenmodulation (*f.*). 13 ~ **di durata degli impulsi** (*radio*), Pulsdauermodulation (*f.*), PDM, Puls-Längenmodulation (*f.*), PWM. 14 ~ **di fase** (*radio*), Phasenmodulation (*f.*). 15 ~ **di fase degli impulsi** (*radio*), Puls-Phasenmodulation (*f.*), Puls-Lagenmodulation (*f.*), PPM. 16 ~ **di fase zero** (*radio*), Nullphasenwinkelmodulation (*f.*). 17 ~ **di frequenza** (*radio*), Frequenzmodulation (*f.*), FM. 18 ~ **di frequenza a canale unico** (*radio*), Einzelkanal-Frequenzmodulation (*f.*), EFM. 19 ~ **di frequenza degli impulsi** (*radio*), Puls-Frequenz-Modulation (*f.*), PFM. 20 ~ **di griglia-schermo** (*elettronica*), Schirmgittermodulation (*f.*). 21 ~ **d'impulsi** (*radio - ecc.*), Pulsmodulation (*f.*). 22 ~ **di velocità** (d'un fascio elettronico) (*elettronica*), Geschwindigkeitsmodulation (*f.*). 23 ~ **lineare** (*radio*), lineare Modulation. 24 ~ **negativa** (*telev.*), Negativmodulation (*f.*). 25 ~ **parassita** (*radio*), Störmodulation (*f.*). 26 ~ **positiva** (del segnale d'immagine) (*telev.*), Positivmodulation (*f.*). 27 **a ~ di ampiezza** (*radio - elett.*), amplitudenmoduliert. 28 **a ~ di fase** (*radio - elett.*), phasenmoduliert. 29 **a ~ di frequenza** (*radio*), frequenzmoduliert. 30 **frequenza di ~** (frequenza di trasposizione) (*telef.*), Umsetzerfrequenz (*f.*). 31 **grado di ~** (indice di modulazione, della frequenza) (*radio*), Modulationsgrad (*m.*), Modulationssindex (*m.*), Modulationstiefe (*f.*). 32 **profondità di ~** (indice di modulazione, grado di modulazione, della frequenza) (*radio*), Modulationstiefe (*f.*), Modulationsindex (*m.*), Modulationsgrad (*m.*). 33 **profondità di ~** (negli amplificatori di trasmettitori) (*elettronica*), Stromaussteuerung (*f.*). 34 **rumore di ~** (*acus. - radio*), Modulationsrauschen (*n.*). 35 **segnale FM a basso indice di ~** (*radio*), Kleinhub-FM (*f.*).

modulo (formulario) (*gen.*), Formblatt (*n.*), Formular (*n.*). 2 ~ (stampato) (*uff. - ecc.*), Druckformular (*n.*). 3 ~ (di ruote dentate, rapporto fra diametro del cerchio primitivo e numero di denti) (*mecc.*), Modul (*m.*). 4 ~ (piccola unità per formare impianti completi di ogni grandezza desiderata) (*ind. - macch. - ecc.*), Modul (*m.*). 5 ~ (elemento dimensionale unitario base per costruzioni edili) (*ed.*), Modul (*m.*), Raster (*m.*), Masseinheit (*f.*). 6 ~ (unità costruttiva o sottogruppo funzionalmente completo) (*elettronica - ecc.*), Modul (*m.*), Baustein (*m.*). 7 ~ (caratteristica per il decorso della vulcanizzazione) (*ind. gomma*), Modul (*m.*), Spannungswert (*m.*). 8 ~ (semidiametro mediano o basale di una colonna) (*arch.*), Modul (*m.*). 9 ~ (*mat.*), Modul (*m.*). 10 ~ **base** (misura minima) (*ed.*), Grundmodul (*m.*). 11 ~ **continuo** (*elab. dati*), Endlosformular (*n.*). 12 ~ **costruttivo** (maglia) (*ed.*), konstruktives Raster. 13 ~ **di censimento** (*stat.*), Zählbogen (*m.*). 14 ~ **di comando** (d'un veicolo spaziale) (*astronautica*), Kommandoeinheit (*f.*). 15 ~ **di compressibilità** (misura per la resistenza opposta dal terreno alla compressione) (*ed.*), E-Wert (*m.*), Verformungsmodul (*m.*), Kennziffer der Zusammendruckbarkeit. 16 ~ **di dilatazione cubica** (modulo di elasticità cubica) (*sc. costr.*), Kompressionsmodul (*m.*), Modul der kubischen Ausdehnung. 17 ~ **di elasticità** (a tensione normale, modulo di elasticità normale, modulo di Young, modulo E) (*sc. costr.*), Elastizitätsmodul (*m.*), E-Modul (*m.*). 18 ~ **di elasticità a compressione** (*sc. costr.*), Druckmodul (*m.*). 19 ~ **di elasticità a tensione tangenziale** (modulo di elasticità tangenziale) (*sc. costr.*), Gleitmodul (*m.*), Schubelastizitätsmodul (*m.*), Schubmodul (*m.*), Scherungsmodul (*m.*), G-Modul (*m.*). 20 ~ **di elasticità cubica** (modulo di dilatazione cubica) (*sc. costr.*), Kompressionsmodul (*m.*), Modul der kubischen Ausdehnung. 21 ~ **di elasticità definito dalla secante** (del calcestruzzo, definito dalla secante della curva carico-allungamento fra lo zero e le sollecitazioni ammissibili) (*ed. - prove*), Sekantenmodul (*m.*). 22 ~ **di elasticità tangenziale** (modulo di elasticità a tensione tangenziale) (*sc. costr.*), Gleitmodul (*m.*), Schubmodul (*m.*), Scherungsmodul (*m.*), G-Modul (*m.*). 23 ~ **di reazione del terreno** (quoziente di assestamento del terreno) (*ing. civ. - ed.*), Bettungsziffer (*f.*), Drucksetzungsquotient (*m.*), Planumsmodul (*m.*), Bodenziffer (*f.*). 24 ~ **di resistenza** (rapporto tra il momento d'inerzia e distanza dell'asse neutro dai lembi della sezione) (*sc. costr.*), Widerstandsmoment (*n.*). 25 ~ **di Thiele** (indice di catalizzazione) (*chim.*), Thiele-Modul (*m.*). 26 ~ **di Young** (*sc. costr.*), Youngscher Modul. 27 ~ **elettronico** (per un convertitore di coppia p. es.) (*elettronica*), Elektronik-Baustein (*m.*). 28 ~ **elevato** (di polimerizzati) (*ind. chim.*), Strammheit (*f.*), hoher Spannungswert (*m.*). 29 ~ **in bianco** (*gen.*), Blankoformular (*n.*). 30 ~ **lunare** (*astronautica*), Mondlandeeinheit (*f.*), LEM. 31 ~ **stampato** (modulo) (*uff. - ecc.*), Druckformular (*n.*). 32 ~ **statico** (della gomma) (*ind. gomma*), statischer Modul.

modulometro (*radio*), Modulationsmessgerät (*n.*).

moerro (marezzo, stoffa marezzata, « moiré ») (*ind. tess.*), Moiré (*n. - m.*).
mogano (*legno*), Mahagoni (*n.*), Mahagoniholz (*n.*).
« mohair » (pelo della capra d'Angora) (*tess.*), Mohair (*m.*), Mobär (*m.*). 2 ~ (tessuto mohair) (*ind. tess.*), Mohair (*m.*), Mohär (*m.*).
moietta (piattina, reggetta) (*ind. metall.*), Bandeisen (*n.*).
« moiré » (moerro, marezzo, stoffa marezzata) (*ind. tess.*), Moiré (*m. - n.*). 2 ~ (disturbi di interferenza) (*telev.*), Moiré (*m. - n.*). 3 ~ (procedimento Moiré, per determinare le linee di uguale allungamento) (*prove mater.*), Moiré-Verfahren (*n.*).
mola (*ut. - lav. macch. ut.*), Schleifscheibe (*f.*), Scheibe (*f.*). 2 ~ (macina) (*macch.*), Mühlstein (*m.*), Mühlrad (*n.*). 3 ~ (molatrice, per getti p. es.) (*macch.*), Schleifmaschine (*f.*). 4 ~ ad ago (*ut.*), Nadelscheibe (*f.*), Fingerscheibe (*f.*). 5 ~ ad anello (*ut.*), Schleifring (*m.*), Schleifzylinder (*m.*). 6 ~ a disco (*ut.*), Tellerscheibe (*f.*). 7 ~ a disco con incavo (mola a centro depresso) (*ut.*), ausgesparte Schleifscheibe. 8 ~ alimentatrice (nella rettifica senza centri) (*lav. macch. ut.*), Vorschubscheibe (*f.*), Regulierscheibe (*f.*). 9 ~ a piatto (*ut.*), Tellerschleifscheibe. 10 ~ a rullo (*ut.*), Schleifrolle (*f.*). 11 ~ a smeriglio (*ut.*), Schmirgelscheibe (*f.*). 12 ~ a tazza (*ut.*), Topfscheibe (*f.*). 13 ~ a tazza cilindrica (*ut.*), gerade Topfscheibe. 14 ~ a tazza conica (*ut.*), kegelige Topfscheibe. 15 ~ con agglomerante ceramico (*ut.*), keramisch gebundene Schleifscheibe. 16 ~ con agglomerante resinoide (*ut.*), kunstharzgebundene Schleifscheibe. 17 ~ diamantata (*ut.*), Diamantschleifscheibe (*f.*), Diamantscheibe (*f.*). 18 ~ di carborundum (*ut.*), Carborundscheibe (*f.*). 19 ~ di guida (nella rettifica senza punte) (*lav. macch. ut.*), Führungsscheibe (*f.*). 20 ~ inferiore (di un mulino) (*macch.*), Bodenstein (*m.*). 21 ~ operatrice (nella rettifica senza centri) (*lav. macch. ut.*), Schleifscheibe (*f.*). 22 ~ per affilare seghe (*ut.*), Sägenschleifscheibe (*f.*). 23 ~ per troncare (*ut.*), Trennschleifscheibe (*f.*), Trennscheibe (*f.*). 24 ~ piana a disco (*ut.*), gerade Schleifscheibe. 25 ~ profilata (con rullo) (*ut.*), Profilscheibe (*f.*). 26 ~ sagomata (*ut.*), Formschleifscheibe (*f.*), Formscheibe (*f.*). 27 ~ sagomata a vite (per rettifica di ingranaggi) (*ut.*), Schleifschnecke (*f.*). 28 ~ sbavatrice (per getti) (*fond.*), Gussputzschleifmaschine (*f.*). 29 ~ superiore (di un mulino) (*macch.*), Oberstein (*m.*), Läuferstein (*m.*). 30 lasciar morire la ~ sul pezzo (rettificare senza avanzamento) (*lav. macch. ut.*), drallfrei schleifen, ausfunken. 31 riparo per ~ (*macch. ut.*), Scheibenschutzhaube (*f.*). 32 superficie attiva della ~ (*ut.*), Schleiffläche (*f.*). 33 supporto della ~ (*lav. macch. ut.*), Schleifscheibenträger (*m.*), Schleifscheibenaufnahmekörper (*m.*). 34 troncare alla ~ (*mecc.*), trennschleifen.
molare (dei pezzi) (*v. - lavoraz. mecc.*), abschleifen, schleifen. 2 ~ (il vetro) (*v. - mft. vetro*), schleifen. 3 ~ (dei getti, sbavare) (*v. - mecc.*), schleifen, putzen. 4 ~ (sgrossare di rettifica, rettificare di sgrosso) (*v. - lav. macch. ut.*), rauhschleifen. 5 ~ (concentrazione) (*a. - chim.*), molar. 6 ~ fine (levigare) (*v. - ind. vetro*), feinschleifen, doucieren, dossieren. 7 ~ il vetro (*mft. vetro*), Glass schleifen. 8 concentrazione ~ (molarità) (*chim.*), Molarität (*f.*). 9 di uguale concentrazione ~ (equimolare) (*chim.*), gleichmolar. 10 frazione ~ (*fis. atom.*), Molenbruch (*m.*). 11 rapporto ~ (rapporto tra il numero delle molecole nel gas di scarico e nel gas prima della combustione) (*mot.*), Molverhältnis (*n.*).
molarità (concentrazione molare) (*chim.*), Molarität (*f.*).
molassa (deposito terziario nelle Alpi) (*geol.*), Molasse (*f.*).
molatrice (*macch.*), Schleifmaschine (*f.*). 2 ~ (a mano, mobile) (*ut.*), Handschleifmaschine (*f.*). 3 ~ a disco (con fogli rotondi di carta abrasiva fissata su dischi) (*macch.*), Tellerschleifmaschine (*f.*), Scheibenschleifmaschine (*f.*). 4 ~ a mano (mobile) (*ut.*), Handschleifmaschine (*f.*). 5 ~ con albero flessibile (*macch.*), Schleifmaschine mit biegsamer Welle. 6 ~ da carrello (molatrice elettrica manuale da usare sul carrello d'una macchina utensile) (*macch. ut.*), Supportschleifmaschine (*f.*). 7 ~ elettrica a mano (*ut.*), Elektro-Handschleifmaschine (*f.*). 8 ~ per pietre (che ne ricava gradini p. es.) (*macch. - ed.*), Steinschleifmaschine (*f.*).
molatura (di pezzi) (*lavoraz. mecc.*), Schleifen (*n.*), Schliff (*m.*). 2 ~ (sbavatura con la mola, di getti) (*fond.*), Schleifen (*n.*), Putzen (*n.*). 3 ~ (in grosso, di superfici metalliche grossolane) (*tecnol. mecc.*), Grobschleifen (*n.*), Feuern (*n.*). 4 ~ a mano (di pezzi guidati a mano) (*mecc.*), Freihandschliff (*m.*). 5 ~ elettrolitica (rettifica elettrolitica) (*tecnol.*), Elysierschleifen (*n.*), elektrolytisches Schleifen.
molazza (*macch. fond.*), Kollergang (*m.*). 2 ~ (mola, macina) (*macch.*), Mühlstein (*m.*), Mahlstein (*m.*). 3 ~ (per terra) da fonderia (mescolatore per terra da fonderia) (*macch. fond.*), Kollergang (*m.*), Sandmischer (*m.*).
molazzatura (*fond.*), Kollern (*n.*).
mole (grammomolecola) (*chim.*), Mol (*n.*), Grammolekül (*n.*).
molecola (*chim. - fis.*), Molekül (*n.*), Molekel (*n.*). 2 ~ eteropolare (consistente di un ione positivo ed uno negativo) (*chim.*), heteropolares Molekül. 3 ~ lineare (*chim.*), Linearmolekül (*n.*), Fadenmolekül (*n.*). 4 ~ polare (*chim.*), polares Molekül. 5 grammo- ~ (*chim.*), Mol (*n.*), Grammolekül (*n.*).
molecolare (*chim.*), molekular. 2 corrente ~ (all'interno di microcristalli) (*elett.*), Molekularstrom (*m.*). 3 pompa ~ (pompa per vuoto), (*macch.*), Molekularpumpe (*f.*).
moletta (puleggia di rinvio di una torre di estrazione) (*min.*), Ablenkscheibe (*f.*).
molibdenite (MoS_2) (*min.*), Molybdänit (*m.*), Molybdänglanz (*m.*).
molibdeno (*Mo - chim.*), Molybdän (*n.*). 2 bisolfuro di ~ (lubrificante solido, MoS_2) (*lubrif.*), Molybdändisulfid (*n.*).
molinello (mulinello, dinamometrico, elica per prove al freno) (*aer.*), Bremsluftschraube (*f.*). 2 ~ idrometrico (mulinello idrometrico,

molino

mulinello, per misurare la velocità dell'acqua corrente) (*app. idr.*), Messflügel (*m.*), hydrometrischer Flügel, Turbinenwassermesser (*m.*).

molino (mulino) (*macch. ind. - min.*), Mühle (*f.*). **2** ~ **a cilindri** (cilindraia) (*macch. min.*), Walzenmühle (*f.*). **3** ~ **(a corpo) cilindrico** (mulino tubolare, per cemento, minerali ecc.) (*macch.*), Rohrmühle (*f.*). **4** ~ **ad acqua** (*macch.*), Wassermühle (*f.*). **5** ~ **ad urto** (*macch.*), Schlagmühle (*f.*), Schleudermühle (*f.*). **6** ~ **a martelli** (mulino a martelli) (*macch.*), Hammermühle (*f.*). **7** ~ **a palle** (frantoio a sfere, mulino a sfere) (*macch.*), Kugelmühle (*f.*). **8** ~ **a pendolo** (*macch.*), Pendelmühle (*f.*). **9** ~ **a proiezione** (*macch.*), Prallmühle (*f.*). **10** ~ **a vento** (*macch.*), Windmühle (*f.*). **11** ~ **centrifugo** (*macch.*), Schleudermühle (*f.*). **12** ~ **da grano** (*macch.*), Getreidemühle (*f.*). **13** ~ **fluviale (galleggiante)** (azionato dalla corrente del fiume) (*macch.*), Schiffsmühle (*f.*). **14** ~ **tubolare** (mulino a corpo cilindrico, per cemento, minerali ecc.) (*macch.*), Rohrmühle (*f.*).

molitura (macinazione) (*ind.*), Müllerei (*f.*).

molla (*mecc. - ecc.*), Feder (*f.*). **2** ~ (per cuscini p. es.) (*veic. - ecc.*), Sprungfeder (*f.*). **3** ~ **a balestra** (*veic.*), Blattfeder (*f.*). **4** ~ **a balestra ellittica** (*veic.*), Elliptikfeder (*f.*). **5** ~ **(a balestra) semiellittica** (*veic.*), Halbellipsenfeder (*f.*). **6** ~ **a bovolo** (molla ad elica conica a sezione rettangolare) (*mecc. - ferr.*), Evolutfeder (*f.*), Wickelfeder (*f.*). **7** ~ **a bovolo** (molla ad elica conica) (*mecc.*), Kegelfeder (*f.*). **8** ~ **ad azione progressiva** (molla ad elasticità variabile) (*veic. - ecc.*), progressive Feder, Feder mit progressiver Kennlinie, Stufenfeder (*f.*). **9** ~ **ad elasticità variabile** (*mecc. - aut.*), Feder mit progressiver Kennlinie, progressive Feder, Stufenfeder (*f.*). **10** ~ **ad elica** (molla elicoidale) (*mecc.*), Schraubenfeder (*f.*), Wendelfeder (*f.*). **11** ~ **ad elica cilindrica** (*mecc.*), zylindrische Schraubenfeder. **12** ~ **ad elica cilindrica a sezione circolare** (*mecc.*), zylindrische Schraubenfeder mit rundem Querschnitt. **13** ~ **ad elica cilindrica a sezione rettangolare** (*mecc.*), zylindrische Schraubenfeder mit rechteckigem Querschnitt. **14** ~ **ad elica conica** (molla elicoidale conica) (*mecc.*), Kegelfeder (*f.*). **15** ~ **ad elica conica a sezione circolare** (*mecc.*), Kegelfeder mit rundem Querschnitt. **16** ~ **ad elica conica a sezione rettangolare** (*mecc. - veic.*), Kegelfeder mit rechteckigem Querschnitt. **17** ~ **a lamina** (*mecc.*), Flachfeder (*f.*). **18** ~ **ammortizzatrice** (per respingenti p. es.) (*mecc.*), Pufferfeder (*f.*). **19** ~ **a nastro** (*mecc.*), Bandfeder (*f.*). **20** ~ **antagonista** (*mecc.*), Gegenfeder (*f.*). **21** ~ **anulare** (*mecc.*), Ringfeder (*f.*). **22** ~ **a rigidezza variabile** (molla a rigidezza crescente col carico) (*mecc. - veic.*), Wälzfeder (*f.*). **23** ~ **a scatto** (*mecc.*), Springfeder (*f.*). **24** ~ **a spillo** (per il comando di valvole p. es.) (*mecc.*), Haarnadelfeder (*f.*). **25** ~ **a spirale** (di orologio p. es.) (*mecc.*), Spiralfeder (*f.*). **26** ~ **a spirale piana** (*mecc.*), flache Spiralfeder, Flachfederspirale (*f.*). **27** ~ **a tazza** (*mecc.*), Tellerfeder (*f.*). **28** ~ **Belleville** (molla a tazza) (*mecc.*), Belleville-Feder (*f.*), Tellerfeder (*f.*). **29** ~ **biconica** (per materassi, ecc.) (*mecc.*), Doppelkegelstumpf-Schraubenfeder (*f.*), Taillenfeder (*f.*), Matratzenfeder (*f.*). **30** ~ **compensatrice** (*mecc.*), Ausgleichfeder (*f.*). **31** ~ **d'arresto** (per tacche di arresto) (*mecc.*), Rastfeder (*f.*). **32** ~ **della spazzola** (*elett.*), Bürstenfeder (*f.*), Schleiffeder (*f.*). **33** ~ **(della) valvola di scarico** (*mot.*), Auslassventilfeder (*f.*). **34** ~ **del percussore** (di un fucile p. es.) (*arma da fuoco*), Schlagfeder (*f.*), Schlagbolzenfeder (*f.*). **35** ~ **del regolatore** (*mecc.*), Reglerfeder (*f.*). **36** ~ **di bloccaggio** (del gancio di traino di un rimorchio p. es.) (*veic. - ecc.*), Verriegelungsfeder (*f.*). **37** ~ **di compressione** (*mecc.*), Druckfeder (*f.*). **38** ~ **di contatto** (*elett.*), Kontaktfeder (*f.*). **39** ~ **di corto circuito** (del disco combinatore) (*telef.*), Nebenschlussfeder (*f.*). **40** ~ **di filo** (*mecc.*), Drahtfeder (*m.*). **41** ~ **di flessione** (*mecc.*), Biegungsfeder (*f.*). **42** ~ **dinamometrica** (*mecc. - strum.*), Messfeder (*f.*). **43** ~ **di richiamo** (della frizione p. es.) (*mecc.*), Rückzugsfeder (*f.*). **44** ~ **di richiamo del freno** (*mecc.*), Bremsrückzugsfeder (*f.*). **45** ~ **di scatto** (*mecc. - ecc.*), Auslösefeder (*f.*). **46** ~ **di sospensione** (a balestra, ecc.) (*veic.*), Tragfeder (*f.*). **47** ~ **di spinta della frizione** (*mecc. - aut.*), Kupplungsdruckfeder (*f.*). **48** ~ **di torsione** (*mecc.*), Torsionsfeder (*f.*). **49** ~ **di trazione** (*mecc.*), Zugfeder (*f.*). **50** ~ **elicoidale** (molla ad elica) (*mecc.*), Schraubenfeder (*f.*). **51** ~ **elicoidale conica** (molla ad elica conica) (*mecc.*), Kegelfeder (*f.*). **52** ~ **motrice** (di un orologio p. es.) (*mecc.*), Triebfeder (*f.*). **53** ~ **ondulata** (*mecc.*), Wellfeder (*f.*). **54** ~ **per spazzola** (*elett.*), Bürstenfeder (*f.*). **55** ~ **per valvola** (*mot. - mecc.*), Ventilfeder (*f.*). **56** ~ **pneumatica** (*veic.*), Luftfeder (*f.*). **57** ~ **progressiva** (molla a rigidezza variabile, tipo di molla a lamine che all'aumentare del carico si accorcia in modo da rendere più duro il molleggio) (*veic.*), Wälzfeder (*f.*). **58** ~ **semicantilever** (semibalestra) (*veic.*), Vierteilfeder (*f.*), ¼-Elliptik-Feder (*f.*). **59** ~ **telescopica** (*mecc.*), Teleskopfeder (*f.*). **60** ~ **trapezoidale** (molla a lamina trapezoidale) (*mecc.*), Trapezfeder (*f.*). **61** ~ **triangolare** (molla a lamina triangolare) (*mecc.*), Dreieckfeder (*f.*). **62 carico della** ~ (*mecc.*), Federbelastung (*f.*). **63 carico sulla** ~ (*veic.*), Federlast (*f.*). **64 collegamento di molle** (in parallelo od in serie) (*mecc.*), Federschaltung (*f.*). **65 contatto a** ~ (*elett. - ecc.*), Federkontakt (*m.*). **66 meccanismo a** ~ (motore a molla) (*mecc.*), Federlaufwerk (*n.*). **67 motore a** ~ (meccanismo a molla) (*mecc.*), Federlaufwerk (*n.*). **68 pacco di molle** (*mecc.*), Federpaket (*n.*). **69 regolatore a** ~ (*app.*), Federregler (*m.*). **70 staffa della** ~ (a balestra) (cavallotto della molla a balestra) (*veic.*), Federbügel (*m.*).

molla! (scosta!) (*nav.*), ab! stoss ab!.

mollare (allentare) (*nav. - ecc.*), nachlassen. **2** ~ (un aerostato) (*aer.*), anlüften. **3** ~ **l'àncora** (*nav.*), den Anker fallen lassen, (den) Anker werfen. **4** ~ **l'ormeggio** (disormeggiare) (*nav.*), losmachen.

molle (*a. - gen.*), weich. 2 **radiazione** ~ (*fis. - radioatt.*), weiche Strahlung.
molleggiare (*mecc. - ecc.*), abfedern, federn.
molleggiato (montato su molle) (*mecc.*), gefedert. 2 **non** ~ (*veic. - ecc.*), ungefedert.
molleggio (*mecc.*), Federung (*f.*), Federn (*n.*). 2 ~ (sospensione elastica) (*veic.*), Federung (*f.*). 3 ~ **cedevole** (molleggio dolce, sospensione cedevole) (*veic.*), weiche Federung. 4 ~ **dolce** (sospensione dolce) (*veic.*), weiche Federung. 5 ~ **duro** (sospensione dura) (*veic.*), harte Federung. 6 ~ **idropneumatico** (sospensione idropneumatica) (*aut.*), hydropneumatische Federung. 7 ~ **pneumatico** (sospensione pneumatica) (*aut.*), Luftfederung (*f.*), pneumatische Federung. 8 ~ **telescopico** (*veic. - ecc.*), Teleskopfederung (*f.*). 9 ~ **trasversale** (*aut.*), Querfederung (*f.*), Federung in Wagenquerrichtung. 10 **escursione di** ~ (escursione elastica, di una ruota d'autoveicolo) (*aut.*), Durchfedern (*n.*). 11 **traiettoria di** ~ (traiettoria del punto centrale della ruota durante l'escursione elastica della stessa) (*aut.*), Raderhebungskurve (*f.*).
Mollier, **diagramma di** ~ (*fis.*), Mollier-Diagramm (*n.*).
molo (*costr. mar.*), Mole (*f.*), Molo (*n.*), Hafendamm (*m.*).
molteplice (*gen.*), vielfältig.
moltiplicando (*mat.*), Multiplikand (*m.*).
moltiplicare (*mat.*), multiplizieren. 2 ~ (con ruotismi) (*mecc.*), übersetzen.
moltiplicato (*mat.*), multipliziert. 2 ~ (ruotismo) (*mecc.*), übersetzt.
moltiplicatore (ruotismo) (*mecc.*), Übersetzungsgetriebe (*n.*), Übersetzer (*m.*). 2 ~ (*mat.*), Multiplikator (*m.*). 3 ~ (per la marcia moltiplicata, per la quinta velocità) (*aut.*), Schnellganggetriebe (*n.*), Zusatzgetriebe (*n.*), Schonganggetriebe (*n.*), Fernganggetriebe (*n.*). 4 ~ (di elettroni p. es.) (*fis. - ecc.*), Vervielfacher (*m.*). 5 ~ **ad elettroni secondari** (per moltiplicare fotoelettroni mediante emissione di elettroni secondari) (*fis.*), Sekundärelektronen-Verfielfacher (*m.*), SEV. 6 ~ **di elettroni** (*fis.*), Elektronenvervielfacher (*m.*). 7 ~ **di frequenza** (*app.*), Frequenzsteigerungstransformator (*m.*), Frequenzvervielfacher (*m.*). 8 ~ **di marce** (cambio ausiliario, inserito a valle di un cambio ad ingranaggi) (*veic.*), Nachschaltgetriebe (*n.*). 9 ~ **di pressione** (elevatore di pressione) (*macch.*), Druckübersetzer (*m.*). 10 ~ **di tensione** (*app. elett.*), Spannungsvervielfacher (*m.*). 11 ~ **elettronico** (fotomoltiplicatore) (*elettronica*), Photovervielfacher (*m.*). 12 **registro** ~ (*calc.*), Multiplikator-Register (*m.*).
moltiplicazione (*mat.*), Multiplikation (*f.*). 2 ~ (con ruotismo p. es.) (*mecc.*), Übersetzung (*f.*). 3 **rapporto di** ~ (di un ruotismo) (*mecc.*), Übersetzungsverhältnis (*n.*).
momentaneo (*gen.*), augenblicklich, momentan.
momento (frazione di tempo) (*gen.*), Moment (*m.*), Augenblick (*m.*). 2 ~ (istante nel quale avviene un dato fenomeno od esiste una data condizione) (*gen.*), Zeitpunkt (*m.*). 3 ~ (*sc. costr. - ecc.*), Moment (*n.*). 4 ~ **all'appoggio** (*sc. costr.*), Stützenmoment (*n.*), Stützmoment (*n.*). 5 ~ **all'attacco** (di travi) (*ed.*), Anschlussmoment (*n.*). 6 ~ **angolare** (di un giroscopio, nella navigazione inerziale, momento cinetico) (*app. - navig.*), Drall (*m.*). 7 ~ **antagonista** (coppia resistente, coppia di reazione) (*mecc. - macch.*), Gegenmoment (*n.*). 8 ~ **atomico** (*fis.*), Atommoment (*n.*). 9 ~ **centrifugo** (*sc. costr.*), Zentrifugalmoment (*n.*), Fliehmoment (*n.*). 10 ~ **cinetico** (*fis.*), Drehimpuls (*m.*), Drall (*m.*). 11 ~ **dell'impulso** (*macch.*), Impulsmoment (*n.*). 12 ~ **di aderenza** (fra ruota e piano stradale) (*aut.*), Reibmoment (*n.*). 13 ~ **di avviamento** (coppia di avviamento) (*mot. - macch. elett.*), Anlaufdrehmoment (*n.*), Anzugsdrehmoment (*n.*), Anlassdrehmoment (*n.*). 14 ~ **di beccheggio** (*nav. - aer. - veic.*), Stampfmoment (*n.*), Nickmoment (*n.*), Längsmoment (*n.*). 15 ~ **di beccheggio con portanza nulla** (momento nullo) (*aer.*), Nickmoment bei Nullauftrieb, Nullmoment (*n.*). 16 ~ **di cerniera** (*aer.*), Rudermoment (*n.*). 17 ~ **di deriva** (*aut.*), Schräglaufmoment (*n.*). 18 ~ **di legame** (*chim.*), Bindungsmoment (*n.*). 19 ~ **d'imbardata** (*aer.*), Giermoment (*n.*), Kursmoment (*n.*). 20 ~ **d'imbardata da rollio** (*aer.*), Roll-Giermoment (*n.*). 21 ~ **d'incastro** (*sc. costr.*), Einspannmoment (*n.*), Einspannungsmoment (*n.*). 22 ~ **d'inerzia** (*sc. costr.*), Trägheitsmoment (*n.*). 23 ~ **d'inerzia** (di una superficie) (*sc. costr.*), Flächenträgheitsmoment (*n.*). 24 ~ **d'inerzia** (di una massa) (*mecc.*), Massenträgheitsmoment (*n.*). 25 ~ **d'inerzia** (GD^2, di una macch. elett. p. es.) (*mecc.*), Trägheitsmoment (*n.*), GD^2, Schwungmoment (*n.*). 26 ~ **d'inerzia assiale** (*sc. costr.*), achsiales Trägheitsmoment. 27 ~ **di inerzia polare** (*sc. costr.*), polares Trägheitsmoment. 28 ~ **di precessione** (*aut.*), Präzessionsmoment (*n.*). 29 ~ **di primo ordine** (momento statico) (*mecc.*), statisches Moment. 30 ~ **di quadripolo** (*fis.*), Quadrupolmoment (*n.*). 31 ~ **di ritorno** (dello sterzo) (*aut.*), Rückstellmoment (*n.*). 32 ~ **di rollio** (*nav. - aer. - aut.*), Rollmoment (*n.*), Wankmoment (*n.*), Quermoment (*n.*). 33 ~ **di rovesciamento** (coppia di rovesciamento) (*nav. - aer.*), Kippmoment (*n.*). 34 ~ **di scollamento** (coppia di spunto nell'avviamento a freddo di un mot. a c. i.) (*mot.*), Haftreibungsmoment (*n.*). 35 ~ **di second'ordine** (momento di 2° ordine, momento d'inerzia) (*sc. costr.*), Flächenmoment 2. Ordnung, Trägheitsmoment (*n.*). 36 ~ **di smorzamento** (*aer. - ecc.*), Dämpfungsmoment (*n.*). 37 ~ **di stallo** (*aer.*), Abkippmoment (*n.*). 38 ~ **di taglio** (*sc. costr.*), Schermoment (*n.*). 39 ~ **di trascinamento** (nell'avviamento a freddo di un mot. a c. i.) (*mot.*), Durchdrehmoment (*n.*). 40 ~ **di una forza** (*mecc.*), Kraftmoment (*n.*). 41 ~ **dovuto al vento** (*ed.*), Windmoment (*n.*). 42 ~ **dovuto al vento** (d'imbardata p. es.) (*aut. aer.*), Luftmoment (*m.*). 43 ~ **elettrico** (*fis.*), elektrisches Moment. 44 ~ **equivalente** (nel calcolo di alberi) (*mecc.*), Vergleichsmoment (*n.*). 45 ~ **flettente** (*sc. costr.*), Biegemoment (*n.*). 46 ~ **flettente entro la campata** (d'una trave p. es.) (*ed.*), Feldmoment (*n.*). 47 ~ **flettente ideale** (*sc. costr.*), ideelles Moment.

48 ~ **flettente longitudinale** (d'una nave) (*costr. nav.*), Längsbiegemoment (*n.*). **49 ~ (flettente massimo) in acqua calma** (d'una nave) (*nav.*), Glattwassermoment (*n.*). **50 ~ (flettente massimo) nel cavo dell'onda** (d'una nave) (*nav.*), Wellentalmoment (*n.*). **51 ~ (flettente massimo) sulla cresta dell'onda** (d'una nave) (*nav.*), Wellenbergmoment (*n.*). **52 ~ frenante** (coppia frenante) (*macch.*), Bremsmoment (*n.*). **53 ~ magnetico** (*fis.*), magnetisches Moment. **54 ~ magnetico nucleare** (*fis. atom.*), Kernmagnetmoment (*n.*). **55 ~ massimo** (coppia massima, di un ammortizzatore torsionale) (*mecc.*), Anschlagmoment (*n.*). **56 ~ minimo all'avviamento** (coppia minima all'avviamento, d'un motore trifase) (*mot. elett.*), Sattelmoment (*n.*), Hochlaufmoment (*n.*), Anzugsmoment (*n.*). **57 ~ nucleare** (momento magnetico nucleare) (*fis. atom.*), Kernmoment (*n.*). **58 ~ nullo** (momento di beccheggio con portanza nulla) (*aer.*), Nullmoment (*n.*), Nickmoment bei Nullauftrieb. **59 ~ perturbante** (*veic. - ecc.*), Störmoment (*n.*). **60 ~ raddrizzante** (*aer. - nav.*), Richtmoment (*n.*), Aufrichtmoment (*n.*). **61 ~ resistente** (modulo di resistenza) (*sc. costr.*), Widerstandsmoment (*n.*). **62 ~ resistente** (coppia resistente) (*mecc.*), Belastungsmoment (*n.*). **63 ~ stabilizzatore** (*aer. - aerodin.*), Rückdrehmoment (*n.*), aufrichtendes Moment. **64 ~ stabilizzatore** (d'una nave) (*nav.*), Stabilitätsmoment (*n.*). **65 ~ stabilizzatore** (d'un carrello elevatore a forche p. es.) (*veic. - ecc.*), Standmoment (*n.*). **66 ~ statico** (momento di primo ordine) (*mecc.*), statisches Moment. **67 ~ torcente** (*sc. costr.*), Drehmoment (*n.*). **68 ~ torcente** (coppia) (*mot.*), Drehmoment (*n.*). **69 ~ (torcente) di avviamento** (coppia di avviamento) (*macch. elett. - mot.*), Anfahrdrehmoment (*n.*), Anlaufdrehmoment (*n.*), Anlassdrehmoment (*n.*). **70 ~ torcente di stallo** (coppia di stallo) (*macch. elett.*), abgebremstes Drehmoment. **71 ~ torcente di uscita** (*mecc.*), Ausgangsdrehmoment (*n.*). **72 ~ torcente impulsivo** (nella laminazione p. es.) (*macch.*), Stossdrehmoment (*n.*). **73 ~ torcente nominale** (coppia nominale) (*mot.*), Nenndrehmoment (*n.*), Nennmoment (*n.*). **74 coefficiente di ~** (*aer.*), Momentenbeiwert (*m.*). **75 diagramma dei momenti** (*sc. costr.*), Momentenschaubild (*n.*), Momentendiagramm (*n.*), Momentenfläche (*f.*). **76 diagramma dei momenti flettenti** (*sc. costr.*), Biegemomentfläche (*f.*). **77 vettore ~** (*fis. - mat.*), Momentenvektor (*m.*).

« **monachelle** » (monachine, bitta doppia) (*nav.*), Doppelpoller (*m.*).

monaco (della capriata di un tetto, ometto) (*ed.*), Stützträger (*m.*), Firstsäule (*f.*).

monazite [(Ce, La, Pr, Nd) PO₄] (minerale monoclino) (*min.*), Monazit (*m.*).

mondo (Terra) (*geogr.*), Welt (*f.*), Erde (*f.*). 2 ~ (ambiente) (*gen.*), Welt (*f.*), Lebenskreis (*m.*).

monergolo (monoergolo, combustibile + ossidante, per razzi) (*propellente*), Monergol (*n.*).

moneta (bene rappresentante una misura dei valori, per gli scambi) (*finanz. - comm.*), Währung (*f.*). 2 ~ (pezzo metallico coniato) (*finanz.*), Münze (*f.*), Geldstück (*n.*). **3 ~ bancaria** (moneta scritturale, moneta cartacea creditizia) (*finanz.*), Giralgeld (*n.*). **4 ~ cartacea creditizia** (moneta bancaria, moneta scritturale) (*finanz.*), Giralgeld (*n.*). **5 ~ metallica** (*finanz.*), Hartgeld (*n.*), Münzen (*f. pl.*), Geldstücke (*n. pl.*). **6 ~ scritturale** (moneta bancaria, moneta cartacea creditizia) (*finanz.*), Giralgeld (*n.*). **7 carta ~** (*finanz.*), Papierwährung (*f.*). **8 fessura per l'introduzione della ~** (*telef. - ecc.*), Geldeinwurfschlitz (*m.*). **9 stabilità della ~** (*finanz.*), Währungsstabilität (*f.*).

monitor (app. di controllo per osservare l'immagine televisiva) (*telev.*), Monitor (*m.*), Kontrollbildapparat (*m.*).

monitore (apparecchio di controllo, avvisatore, visore) (*app.*), Monitor (*m.*). **2 ~** (app. per misurare la radioattività) (*app. radioatt.*), Monitor (*m.*). **3 ~** (per l'abbattimento di rocce friabili) (*app. - min.*), Monitor (*m.*). **4 ~** (pontone armato corazzato) (*mar. milit.*), Monitor (*m.*). **5 ~ di radiazioni** (*app. - radioatt.*), Strahlungsmonitor (*m.*).

monoasse (ad un solo asse) (*veic. - ecc.*), einachsig. **2 ~** (monoassico, cristallo) (*ott.*), einachsig.

monoatomico (*chim.*), einatomig, monoatomar.

monoblocco (cilindri, blocco cilindri) (*mot.*), Zylinderblock (*m.*). **2 ~** (unità) (*ed.*), Ganzstück (*n.*). **3 ~** (fuso in un sol blocco) (*a. - fond.*), in einem Block gegossen. **4 ~ di quattro cilindri** (*mot.*), Vierzylinderblock (*m.*). **5 esecuzione ~** (*macch.*), Monoblockausführung (*f.*).

monocanale (*radio - ecc.*), Einzelkanal (*m.*).

monocellulare (unicellulare) (*gen.*), einzellig.

monocilindro (motore ad un cilindro) (*mot.*), Einzylindermotor (*m.*). **2 ~ sperimentale** (*mot.*), Einzylinder-Versuchsmotor (*m.*).

monoclino (di cristalli) (*min.*), monoklin.

monocolore (ad un solo colore, di un solo colore) (*gen.*), einfarbig.

monocomando (*aer. - ecc.*), Einzelsteuerung (*f.*).

« **monocoque** » (*aer.*), *vedi* monoguscio.

monocordo (*s. - telef.*), Einzelschnur (*f.*).

monocristallo (*min.*), Einkristall (*m.*). **2 ~ capillare** (« whisker », materiale resistente ad alta temperatura per materiali compositi) (*tecnol.*), Whisker (*n.*), Haarkristall (*m.*).

monocromatico (*ott.*), monochromatisch, monochrom. **2 temperatura di radianza monocromatica** (*fis.*), schwarze Temperatur.

monocromatismo (*ott.*), Monochromasie (*f.*).

monocromatore (app. per l'isolamento di elementi omogenei, raggi, ioni, onde p. es.) (*app. ott.*), Monochromator (*m.*).

monoergolo (monoergolo, combustibile + ossidante, per razzi) (*propellente*), Monergol (*n.*).

monofase (*elett.*), einphasig. **2 alternatore ~** (*elett.*), Einphasengenerator (*m.*). **3 corrente ~** (*elett.*), Einphasenstrom (*m.*). **4 ferrovia ~** (*ferr. elett.*), Einphasenbahn (*f.*). **5 impianto ~** (*elett.*), Einphasenanlage (*f.*). **6 motore ~** (*elett.*), Einphasenmotor (*m.*).

7 trazione ~ (*ferr. elett.*), Einphasenbahnbetrieb (*m.*).
monofil (filo di plastica) (*s. - ind. chim.*), Monofil (*n.*). **2** ~ **di polietilene** (*ind. chim.*), Polyäthylen-Monofil (*n.*).
monofilo (ad un filo) (*gen.*), einfädig, monofil, monofädig.
monofuso (monomandrino, ad un mandrino, ad un fuso) (*macch. ut.*), einspindlig.
monografia (*tip. - tecnol. - ecc.*), Monographie (*f.*).
monoguscio (costruzione monoguscio, tipo di costruzione a struttura resistente) (*aer.*), Schalenbauweise (*f.*).
monolitico (*gen.*), monolitisch. **2** ~ (senza giunzioni, rivestimento di forno, p. es.) (*metall. - ecc.*), fugenlos, monolitisch. **3** ~ (tecnica di produzione dei circuiti integrati) (*elettronica*), monolitisch.
monolito (*arch.*), Monolith (*m.*).
monolucido (cartoncino p. es.) (*ind. carta*), einseitig glatt.
monomandrino (monofuso, ad un mandrino, ad un fuso) (*macch. ut.*), einspindlig.
monomero (*s. - chim.*), Monomer (*n.*). **2** ~ (*a. - chim.*), monomer.
monometilguaiacolo ($C_8H_{10}O_2$) (creosolo) (*chim.*), Kreosol (*n.*).
monomiale (*mat.*), monomisch.
monomio (*mat.*), Monom (*n.*).
monomolecolare (*chim.*), monomolekular.
monomotore (ad un motore) (*aer. - ecc.*), einmotorig.
monopatinato (patinato su un solo lato) (*ind. carta*), einseitig gestrichen.
monoplano (*aer.*), Eindecker (*m.*). **2** ~ **ad ala alta** (aeroplano ad ala alta) (*aer.*), Hochdecker (*m.*). **3** ~ **ad ala bassa** (aeroplano ad ala bassa) (*aer.*), Tiefdecker (*m.*). **4** ~ **ad ala media** (aeroplano ad ala media) (*aer.*), Halbhochdecker (*m.*), Mitteldecker (*m.*).
monopolio (*finanz.*), Monopol (*n.*). **2** ~ **del compratore** (monopsonio) (*comm.*), Nachfragemonopol (*n.*). **3** ~ **statale** (*finanz.*), Staatsmonopol (*n.*), Regie (*f.*).
monopolizzare (*finanz.*), monopolisieren.
monoposto (*s. - aer. - ecc.*), Einsitzer (*m.*). **2** ~ (*a. - aer. - ecc.*), einsitzig.
monopropellente (per razzi p. es.) (*astronautica*), Einzeltreibstoff (*m.*).
monopsonio (monopolio del compratore) (*comm.*), Nachfragemonopol (*n.*).
monopuleggia (*mecc.*), Einzelriemen (*m.*).
monorifrangente (*ott.*), einfachbrechend.
monorotaia (ferr. ad una sola rotaia) (*s. - ferr.*), Einschienenbahn (*f.*). **2** ~ (*a. - ferr. - ecc.*), einschienig. **3** ~ **aerea sospesa** (*trasp. - ferr.*), Hängebahnschiene (*f.*). **4** ~ **a rotaia inferiore** (ferrovia Alweg) (*ferr.*), Alwegbahn (*f.*). **5** ~ **elevata** (monorotaia sopraelevata) (*ferr.*), Einschienenhochbahn (*f.*). **6** ~ **sopraelevata** (monorotaia elevata) (*ferr.*), Einschienenhochbahn (*f.*). **7** ~ **sospesa** (trasportatore) (*trasp.*), Hängeschiene (*f.*). **8** ~ **sospesa** (rotaia sospesa) (*ferr. - trasp.*), Hängebahnschiene (*f.*). **9 trasportatore a** ~ (*macch. ind.*), Einschienenförderbahn (*f.*).
monoscocca (carrozzeria portante, carrozzeria a struttura portante) (*aut.*), selbsttragende Karosserie. **2** ~ (tipo di costruzione di carrozzeria a struttura portante) (*aut.*), Schalenbauweise (*f.*).
monoscopio (tubo a raggi catodici per il controllo della definizione dell'immagine) (*telev.*), Fernsehröhrenprüfer (*m.*), Einbildgeber (*m.*). **2** ~ (immagine trasmessa per il controllo della definizione dell'immagine) (*telev.*), Testbild (*n.*), Monoskop (*n.*).
monossido (*chim.*), Monoxyd (*n.*). **2** ~ **di carbonio** (CO) (ossido di carbonio) (*chim. - aut.*), Kohlengas (*n.*), Kohlenoxyd (*n.*), Kohlenmonoxyd (*n.*).
monostabile (circuito multivibratore) (*elettronica*), monostabil.
monostadio (ad uno stadio) (*macch.*), einstufig.
monotagliente (ad un tagliente) (*ut.*), einschneidig, einschnittig.
monotipista (*tip. - lav.*), Monotypsetzer (*m.*).
monotonia (*lav. - ecc.*), Monotonie (*f.*), Einformigkeit (*f.*).
monotono (funzione, regolatore p. es.) (*mat. - regolaz. - ecc.*), monoton.
« monotype » (*macch. per stampa*), Einzelbuchstaben-Setz-und-Giess-Maschine (*f.*), « Monotype » (*f.*).
monovalente (*chim.*), einwertig.
monovalenza (*chim.*), Einwertigkeit (*f.*).
monsone (vento dell'Oceano Indiano) (*meteor. - geogr.*), Monsun (*m.*).
monta (freccia) (*ed.*), Pfeilhöhe (*f.*), Stich (*m.*). **2** ~ **dell'arco** (*arch.*), Bogenstich (*m.*). **3** ~ **della volta** (freccia della volta) (*arch.*), Gewölbestich (*m.*), Wölbhöhe (*f.*).
montacariche (forno - *metall.*), Gichtaufzug (*m.*).
montacarichi (*app. di sollev.*), Lastenaufzug (*m.*), Warenaufzug (*m.*). **2** ~ **a piattaforma** (*app. di sollev.*), Plattformaufzug (*m.*). **3** ~ **automatico** (senza conducente) (*trasp. ind.*), Selbstfahrer (*m.*).
montaceneri (*macch. ind.*), Aschenaufzug (*m.*).
montaggio (di una macchina p. es., assemblaggio) (*mecc.*), Montage (*f.*), Zusammenbau (*m.*). **2** ~ (sistema di supporto, supporto) (*mecc.*), Halterung (*f.*). **3** ~ (serraggio, dell'utensile nel portautensile p. es.) (*ut. - ecc.*), Spannen (*n.*). **4** ~ (applicazione, nei circuiti integrati p. es.) (*elettronica*), Bestücken (*n.*). **5** ~ (di un film p. es.) (*fot. - cinem.*), Montage (*f.*), Schnitt (*m.*). **6** ~ **a catena** (*ind.*), Bandmontage (*f.*), Montage am laufenden Band, Fliessbandmontage (*f.*), Fliessmontage (*f.*). **7** ~ **a muro** (*gen.*), Wandmontage (*f.*). **8** ~ **a parete** (montaggio sopra intonaco, montaggio non incassato, di un interruttore p. es.) (*elett.*), Aufputzmontage (*f.*) **9** ~ **dei vetri** (*ed.*), Beglasung (*f.*). **10** ~ **dinamizzato** (montaggio su velo di olio in pressione, di una slitta p. es.) (*macch. ut.*), Stützquellenlagerung (*f.*). **11** ~ **di spine** (spinatura) (*mecc.*), Verdübelung (*f.*). **12** ~ **esterno** (di un accessorio, non incorporato, applicato esternamente) (*gen.*), Anbau (*m.*). **13** ~ **finale** (*ind.*), Fertigmontage (*f.*), Endaufbau (*m.*), Fertigbau (*m.*). **14** ~ **gruppi** (*ind.*), Teilzusammenbau (*m.*). **15** ~ **non incassato** (montaggio sopra intonaco, montaggio a parete, di un interrut-

montagna

tore p. es.) (*elett.*), Aufputzmontage (*f.*). **16 ~ preliminare** (pre-montaggio) (*ind.*), Vormontage (*f.*). **17 ~ rigido** (supporto rigido) (*mecc.*), feste Fassung, feste Halterung. **18 ~ sopra intonaco** (montaggio non incassato, di un interruttore p. es.) (*elett.*), Aufputzmontage (*f.*). **19 addetto alla catena di ~** (catenista) (*lav.*), Bandarbeiter (*m.*). **20 catena di ~** (linea di montaggio) (*ind.*), Montageband (*n.*). **21 catena di ~ finale** (*aut.-ecc.*), Endmontageband (*n.*). **22 disegno di ~** (disegno di assemblaggio) (*dis.*), Zusammenbauzeichnung (*f.*), Montagezeichnung (*f.*). **23 disegno di ~** (disegno di installazione) (*dis.*), Einbauzeichnung (*f.*), Montagezeichnung (*f.*), Richtzeichnung (*f.*). **24 istruzioni di ~** (*macch.*), Montageanleitung (*f.*). **25 linea di ~** (catena di montaggio) (*ind.*), Montageband (*n.*), Montagestrasse (*f.*). **26 linea ~ gruppi** (*aer. - ecc.*), Teilmontagestrasse (*f.*). **27 macchina per ~** (montatrice) (*macch.*), Montagemaschine (*f.*). **28 macchina per il ~ di pezzi** (*macch.*), Werkstück-Montagemaschine (*f.*). **29 officina di ~** (*ind.*), Montagewerk (*n.*). **30 pronto per il ~** (pronto per l'applicazione) (*mecc. - ecc.*), einbaufertig. **31 sala di ~** (di un film) (*cinem.*), Schneideraum (*m.*). **32 schema di ~** (*elett.*), Montageschaltbild (*n.*), Montageschema (*n.*). **33 squilibrio di ~** (d'una mola p. es.) (*mecc.*), Einbauunwucht (*f.*). **34 tempo di ~** (dei pezzi sulla macch. ut.) (*lav. macch. ut.*), Aufspannzeit (*f.*). **35 tolleranza di ~** (*mecc. - ecc.*), Einbautoleranz (*f.*).

montagna (*geogr.*), Gebirge (*n.*). **2 alta ~** (*geogr.*), Hochgebirge (*n.*). **3 catena di montagne** (*geogr.*), Gebirgszug (*m.*). **4 media ~** (*geogr.*), Mittelgebirge (*n.*).

montante (elemento verticale) (*ed. - ecc.*), Pfosten (*m.*), Ständer (*m.*). **2 ~** (di una pressa p. es.) (*macch.*), Ständer (*m.*). **3 ~** (materozza) (*fond.*), Steiger (*m.*). **4 ~** (di carrozzeria p. es.) (*veic.*), Pfosten (*m.*). **5 ~** (stante, di un carro ferr. p. es.) (*veic.*), Runge (*f.*), Wagenrunge (*f.*), Seitenstück (*n.*). **6 ~** (di un carrello elevatore) (*veic. trasp. ind.*), Hubgerüst (*n.*). **7 ~ d'angolo** (di carrozzeria p. es.) (*aut. - ecc.*), Eckpfosten (*m.*). **8 ~ del maglio** (incastellatura del maglio) (*macch. fucinatura*), Hammerständer (*m.*). **9 ~ di finestra** (*ed.*), Fensterstiel (*m.*). **10 ~ di supporto esterno** (*macch. ut.*), Gegenlagerständer (*m.*). **11 ~ divisorio** (colonnino, di una finestra) (*ed.*), Höhenstab (*m.*). **12 ~ iniziale** (di ringhiera) (*ed.*), Antrittspfosten (*m.*). **13 ~ lunetta** (in una alesatrice orizzontale) (*macch. ut.*), Lünettenständer (*m.*), Bohrstangenständer (*m.*). **14 ~ principale** (antenna, abetella) (*ed.*), Rüstbaum (*m.*), Gerüsthauptträger (*m.*). **15 a due montanti** (*macch.*), doppelständrig. **16 a due montanti** (ad incastellatura aperta, una pressa p. es.) (*macch.*), durchbrochen, doppelständrig. **17 scaldamontanti** (tubo p. es., per mantenere caldo il metallo nei montanti) (*fond.*), wärmeabgebender Einsatz.

montare (assemblare) (*mecc. - macch.*), montieren, zusammenbauen. **2 ~** (applicare) (*mecc. - ecc.*), anbauen. **3 ~** (serrare, un pezzo p. es.) (*lav. macch. ut.*), spannen, einspannen. **4 ~** (la cinghia p. es.) (*mecc.*), auflegen. **5 ~** (un pneumatico p. es.) (*gen.*), aufziehen. **6 ~** (l'anima in una forma) (*fond.*), einsetzen. **7 ~** (assestare, gli stampi sul maglio) (*fucinatura*), einrichten. **8 ~** (una sala) (*ferr.*), einbinden, einbringen. **9 ~** (applicare, in circuiti integrati p. es.) (*elettronica*), bestücken. **10 ~** (salire, su un veicolo) (*gen.*), aufsteigen. **11 ~ i cerchioni** (*ferr.*), bereifen. **12 ~ in macchina** (serrare, bloccare, un pezzo p. es.) (*lav. macch. ut.*), spannen, einspannen. **13 ~ i pneumatici** (*aut.*), bereifen. **14 ~ i vetri** (*ed.*), beglasen. **15 ~ la guardia** (*milit.*), die Wache beziehen. **16 ~ le casseforme** (armare) (*ed.*), einschalen. **17 ~ le gomme** (*aut.*), bereifen. **18 ~ le rotaie** (*ferr.*), beschienen, die Schienen legen. **19 ~ su cuscinetti** (*mecc.*), lagern. **20 ~ su molle** (*mecc.*), abfedern.

montato (*mecc.*), montiert. **2 ~** (applicato) (*mecc.*), angebracht, angebaut. **3 ~ elasticamente** (*mecc.*), federgelagert, gefedert. **4 ~ in opera** (installato) (*macch. - ecc.*), aufgestellt. **5 ~ in opera pronto per l'uso** (installato pronto per l'uso) (*macch. - ecc.*), betriebsklar aufgestellt, betriebsfertig aufgestellt. **6 ~ su molle** (molleggiato) (*mecc.*), gefedert. **7 sala montata** (*ferr.*), Radsatz (*m.*). **8 tornio per sale montate** (*macch. ut.*), Radsatzdrehbank (*f.*).

montatore (operaio specializzato) (*lav.*), Monteur (*m.*), Zurichter (*m.*). **2 ~** (installatore) (*lav.*), Installateur (*m.*). **3 ~** (di film) (*cinem.*), Cutter (*m.*), Schnittmeister (*m.*). **4 ~** (*pers. - aer.*), Aufrüster (*m.*). **5 ~** (alla catena di montaggio finale) (*lav.*), Endmonteur (*m.*). **6 ~ di apparecchi telefonici** (apparecchiatore telefonico) (*lav. - telef.*), Telephonmonteur (*m.*). **7 ~ di centrale** (*lav. telef.*), Amtsmonteur (*m.*). **8 ~ elettricista** (elettricista montatore, elettricista industriale) (*lav. - elett.*), Elektromonteur (*m.*).

montatrice (macchina per montaggio) (*macch.*), Montagemaschine (*f.*). **2 ~** (*lav.*), Monteurin (*f.*).

montatura (supporto) (*strum.*), Fassung (*f.*), Umrahmung (*f.*). **2 ~** (di un obiettivo) (*fot. - cinem.*), Fassung (*f.*). **3 ~ per occhiali** (*ott.*), Brillenfassung (*f.*), Brillengestell (*n.*).

montaveicoli (*ferr. - ecc.*), Wagenaufzug (*m.*).

montavivande (calavivande, calapranzi) (*ed.*), Speiseaufzug (*m.*).

monte (*geogr.*), Berg (*m.*). **2 a ~** (*gen.*), stromauf, stromaufwärts.

monticellite ($CaO \cdot MgO \cdot SO_2$) (*min.*), Monticellit (*m.*).

montmorillonite [$(CaMg)O \cdot Al_2O_3 \cdot H_2O \cdot 4 SiO_2$] (*min.*), Montmorillonit (*m.*).

montuoso (*geogr.*), bergig.

Mooney (unità della plasticità di una gomma) (*ind. chim.*), Mooney (*n.*).

moratoria (*comm. - finanz.*), Moratorium (*n.*).

morbidezza (*tess.*), Weichheit (*f.*).

morchia (nel motore p. es.) (*mot. - ecc.*), Schmutz (*m.*), Schlamm (*m.*). **2 ~** (di olio lubrificante p. es.) (*mot.*), Schlamm (*m.*). **3 ~** (di vernici, deposito) (*vn.*), Bodensatz (*m.*). **4 ~ dell'olio** (*mot.*), Ölschlamm (*m.*).

mordacce (piastre di metallo dolce applicate su una morsa per proteggere il pezzo serrato)

mordente (sostanza per fissare le materie coloranti sulle fibre) (s. - chim.), Beize (f.). 2 ~ (che ha presa) (a. - ut. - ecc.), griffig. 3 ~ **ad alcool** (chim.), Spiritusbeize (f.). 4 ~ **ad olio** (ind. tess.), Ölbeize (f.). 5 **forza** ~ (di una benna p. es.) (macch. lav. terra), Reisskraft (f.). 6 **tintura su** ~ (ind. tess. - tintoria), Klotzfärbung (f.).

mordenza (presa) (gen.), Griffigkeit (f.). 2 ~ **del pneumatico** (aderenza del pneumatico) (aut.), Reifengriffigkeit (f.).

mordenzare (tintoria), beizen, klotzen.

mordenzatura (« padding ») (ind. tess. - tintoria), Klotzen (n.), Klotzverfahren (n.), Beizen (n.). 2 **bagno di** ~ (tintoria), Klotzbad (n.), Mattbeize (f.), Mattbrenne (f.).

mordere (dell'àncora) (nav.), fassen.

morena (geol.), Moräne (f.), Gletschermoräne (f.). 2 ~ **laterale** (geol.), Seitenmoräne (f.), Wallmoräne (f.). 3 ~ **mediana** (geol.), Mittelmoräne (f.). 4 ~ **profonda** (morena di fondo) (geol.), Grundmoräne (f.).

morenosite (vetriolo di nichel, $NiSO_4 \cdot 7H_2O$) (metall.), Nickelvitriol (n.).

morfina (chim. - farm.), Morphium (n.), Morphin (n.).

morfologia (di cristalli; forma, geometria) (min.), Tracht (f.).

morsa (morsa a vite) (att. mecc.), Schraubstock (m.). 2 ~ (di una saldatrice, per serrare il pezzo e per condurre corrente) (att. saldatura), Spannbackenpaar (n.). 3 ~ (da banco di falegname) (att. falegn.), Hobelbankschlüssel (m.), Spannstock (m.). 4 ~ **a vite** (att. mecc.), Schraubstock (m.). 5 ~ **da banco** (att. mecc.), Bankschraubstock (m.). 6 ~ **da fabbro** (att.), Schmiedeschraubstock (m.). 7 ~ **da falegname** (sergente) (att. falegn.), Leimknecht (m.), Leimzwinge (f.). 8 ~ **da macchina** (utensile) (att. - macch. ut.), Maschinenschraubstock (m.). 9 ~ **parallela** (att. mecc.), Parallelschraubstock (m.). 10 ~ **per tubi** (att.), Rohrschraubstock (m.). 11 ~ **posteriore** (di un banco da falegname) (falegn.), Hinterzange (f.). 12 ~ **rapida** (att. mecc.), Schnellspannschraubstock (m.).

Morse, alfabeto ~ (telegr. - ecc.), Morsealphabet (n.), Morseschrift (f.).

morsetteria (per imp. elettrici) (elett.), Armaturen (f. pl.).

morsettiera (elett.), Klemmenbrett (n.), Klemmbrett (n.). 2 ~ **di raccordo** (elett.), Reihenklemmen (f. pl.).

morsetto (elett.), Klemme (f.). 2 ~ (griffa, di una piattaforma portapezzo) (macch. ut.), Backe (f.), Kloben (m.), Spannkloben (m.), Spannbacke (f.). 3 ~ (att. per pressare insieme più parti, morsetto parallelo) (att.), Zwinge (f.). 4 ~ **a C** (ut.), Schraubzwinge (f.). 5 ~ **ad innesto** (elett.), Steckklemme (f.). 6 ~ **a mano** (morsetto a vite) (ut.), Handkloben (m.), Handschraubstock (m.), Feilkloben (m.). 7 ~ **a massa** (elett.), Masseklemme (f.), Erdungsklemme (f.), Masseschlussklemme (f.). 8 ~ **a molla** (elett.), Federklemme (f.). 9 ~ **a pinza** (elett.), Abgreifklemme (f.), Krokodilklemme (f.). 10 ~ **a vite** (morsetto a mano) (ut.), Feilkloben (m.), Handkloben (m.). 11 ~ **a vite** (serrafilo a vite) (elett.), Schraubklemme (f.). 12 ~ **da lampadario** (elett.), Lüsterklemme (f.). 13 ~ **della batteria** (elett.), Batterieklemme (f.). 14 ~ **del neutro** (elett.), Nullklemme (f.), Nulleiterklemme (f.). 15 ~ **di alimentazione** (morsetto di entrata) (elett.), Einspeisungsklemme (f.), Eingangsklemme (f.). 16 ~ **di allacciamento** (elett.), Anschlussklemme (f.). 17 ~ **di attacco** (morsetto di allacciamento) (elett.), Anschlussklemme (f.). 18 ~ **di attacco** (morsetto di fissaggio) (mecc. - ecc.), Befestigungsklemme (f.). 19 ~ **di derivazione** (elett.), Abzweigklemme (f.). 20 ~ **di entrata** (morsetto di alimentazione) (elett.), Eingangsklemme (f.), Einspeisungsklemme (f.). 21 ~ **di fase** (elett.), Phasenklemme (f.), Strangklemme (f.). 22 ~ **di massa** (elett.), Masseklemme (f.), Erdungsklemme (f.), Erdklemme (f.), Masseschlussklemme (f.). 23 ~ **di presa corrente** (di una macch. saldatrice) (elett. - tecnol. mecc.), Anschlusszwinge (f.). 24 ~ **di prova** (elett.), Prüfklemme (f.), Untersuchungsklemme (f.). 25 ~ **di sospensione** (del conduttore d'una linea aerea p. es.) (elett.), Tragklemme (f.), Hängeklemme (f.). 26 ~ **di terra** (morsetto di massa) (elett.), Erdklemme (f.), Erdungsklemme (f.), Masseklemme (f.), Masseschlussklemme (f.). 27 **morsetti di uscita** (elett.), Entnahmeklemmen (f. pl.). 28 ~ **doppio** (mecc.), Doppelklemme (f.). 29 ~ **in serie** (elett.), Hauptschlussklemme (f.). 30 ~ **negativo** (elett.), Minusklemme (f.). 31 ~ **parallelo** (att.), Zwinge (f.), Parallelschraubenzwinge (f.). 32 ~ **per burette** (att. chim.), Bürettenklemme (f.). 33 ~ **per cavi** (elett.), Kabelklemme (f.). 34 ~ **per incrocio** (telef. - ecc.), Kreuzungsklemme (f.). 35 ~ **per piattaforma** (griffa per autocentrante p. es.) (macch. ut.), Planscheibenkloben (m.). 36 ~ **per tubi** (tubaz.), Rohrklemme (f.). 37 ~ **positivo** (elett.), Plusklemme (f.). 38 ~ **quadripolare** (elett.), Kreuzklemme (f.), vierpolige Klemme. 39 ~ **rapido** (mecc.), Schnellklemme (f.). 40 ~ **serrafili** (serrafili) (elett.), Drahtklemme (f.), Froschklemme (f.). 41 **connesso a** ~ (filo) (elett.), geklemmt. 42 **staccare dai morsetti** (un app. p. es.) (elett.), abklemmen. 43 **tensione ai morsetti** (elett.), Klemmenspannung (f.).

mortaio (recipiente per polverizzare materiali duri) (att. chim.), Mörser (m.). 2 ~ (di una bussola) (strum.), Kompassgehäuse (n.).

mortasa (mortisa) (falegn.), Stemmloch (n.), Zapfenloch (n.). 2 **unire a** ~ (fare un giunto a mortasa) (falegn.), einstemmen, einzapfen, verzapfen.

mortasare (lav. del legno), stemmen.

mortasatrice (macch. lav. del legno), Stemmmaschine (f.), Zapfenlochmaschine (f.).

mortasatura (lav. del legno), Stemmen (n.).

mortisa (mortasa) (falegn.), Stemmloch (n.), Zapfenloch (n.). 2 **unire a tenone e** ~ (falegn.), verzapfen, einstemmen, einzapfen.

MOS (metal oxide semiconductor, semiconduttore ad ossido metallico) (elettronica), MOS.

mosaico (*arch. - ed.*), Mosaik (*n.*). 2 ~ (giustapposizione di fotografie aeree) (*fotogr.*), Mosaik (*n.*). 3 ~ (fotomosaico) (*elettronica*), Mosaik (*n.*). 4 ~ **piezoelettrico** (piezomosaico) (*elettronica*), piezoelektrisches Mosaik. 5 **elettrodo a** ~ (*elettronica*), Mosaikelektrode (*f.*). 6 **placca a** ~ (*ott.*), Mosaikplatte (*f.*), Speicherplatte (*f.*). 7 **quadro a** ~ (in una sala quadri p. es.) (*elett. - ecc.*), Mosaiktafel (*f.*).
moschea (*arch.*), Moschee (*f.*).
moschettone (*disp.*), Karabinerhaken (*m.*).
MOSFET (metal oxide semiconductor field effect transistor, transistore ad effetto di campo con semiconduttore ad ossido metallico) (*elettronica*), MOSFET.
mossa (nella teoria dei giochi p. es.) (*s. - mat. - progr.*), Zug (*m.*).
mosso (*mare - ecc.*), bewegt. 2 ~ (aria) (*a. - meteor.*), strömend.
mosto (succo d'uva) (*chim.*), Most (*m.*).
mostra (esposizione, fiera) (*comm.*), Messe (*f.*), Handelsmesse (*f.*), Ausstellung (*f.*). 2 ~ **aeronautica** (*aer.*), Luftfahrtausstellung (*f.*). 3 ~ **d'organo** (*strum.*), Orgelstuhl (*m.*), Orgelprospekt (*m.*), Orgelgesicht (*f.*).
mostrare (indicare) (*gen.*), zeigen.
motel (auto-ostello, albergo per automobilisti, in prossimità di autostrada p. es.) (*aut.*), Kraftfahrerhotel (*n.*), Rasthaus (*n.*).
motivare (giustificare, fondare) (*gen.*), begründen. 2 ~ (provocare) (*comm. - ecc.*), motivieren.
motivazione (provocazione) (*comm. - ecc.*), Motivation (*f.*). 2 ~ (giustificazione, fondamento) (*gen.*), Begründung (*f.*).
motivo (*gen.*), Anlass (*m.*), Ursache (*f.*). 2 **a** ~ **di** (*gen.*), angesichts. 3 **senza** ~ (ingiustificato, licenziamento p. es.) (*gen.*), ungerechtfertig.
moto (*fis. - mecc.*), Bewegung (*f.*). 2 ~ **accelerato** (*mecc.*), beschleunigte Bewegung. 3 ~ **alternativo** (moto di va e vieni) (*mecc. - ecc.*), Hin- und Herbewegung (*f.*), Hin- und Hergang (*m.*), Vor- und Rücklauf (*m.*). 4 ~ **angolare** (*mecc.*), Winkelbewegung (*f.*). 5 ~ **aperiodico** (*mecc.*), aperiodische Bewegung. 6 ~ **browniano** (*fis.*), Brownsche Bewegung. 7 ~ **circolare** (moto rotatorio, rotazione) (*mecc.*), Kreisbewegung (*f.*), kreisförmige Bewegung. 8 ~ **continuo** (*mecc.*), stetige Bewegung. 9 ~ **critico** (d'un veicolo su rotaie p. es.) (*ferr. - ecc.*), kritischer Lauf. 10 ~ **curvilineo** (*mecc.*), krummlinige Bewegung. 11 ~ **di appostamento** (d'un pezzo p. es.) (*mecc.*), Stellbewegung (*f.*). 12 ~ **di avanzamento** (*macch. ut.*), Vorschubbewegung (*f.*). 13 ~ **di Couette** (corrente di Couette; con linee di flusso parallele e caduta di velocità costante trasversalmente alla direzione del moto) (*mecc. dei fluidi*), Couette-Strömung (*f.*), Scherströmung (*f.*). 14 ~ **di lavoro** (moto di taglio) (*lav. macch. ut.*), Arbeitsbewegung (*f.*), Schnittbewegung (*f.*). 15 ~ **di regolazione** (*regol.*), Stellbewegung (*f.*). 16 ~ **di ritorno** (movimento di ritorno, ritorno) (*mecc. - macch. ut.*), Rückbewegung (*f.*), Rücklauf (*m.*). 17 ~ **di rotolamento** (moto volvente) (*mecc.*), rollende Bewegung. 18 ~ **discendente** (*gen.*), Abwärtsbewegung (*f.*). 19 ~ **di taglio** (moto di lavoro) (*lav. macch. ut.*), Schnittbewegung (*f.*), Arbeitsbewegung (*f.*). 20 ~ **di traslazione** (movimento di traslazione) (*mecc.*), fortschreitende Bewegung. 21 ~ **di va e vieni** (moto alternativo) (*mecc. - ecc.*), Hin- und Herbewegung (*f.*), Hin- und Hergang (*m.*), Vor- und Rücklauf (*m.*). 22 ~ **eccentrico** (*mecc.*), exzentrische Bewegung. 23 ~ **elicoidale** (*mecc.*), Schraubbewegung (*f.*). 24 ~ **elicoidale istantaneo** (*mecc.*), Schrotung (*f.*). 25 ~ **in senso opposto** (*mecc. - ecc.*), gegenläufige Bewegung. 26 ~ **intermittente** (*mecc. - ecc.*), intermittierende Bewegung. 27 ~ **ipocicloidale** (*mecc.*), Hypozykloidalbewegung (*f.*). 28 ~ **laminare** (*mecc. dei fluidi*), Laminarbewegung (*f.*), laminares Fliessen, Gleiten (*n.*). 29 ~ **lentissimo** (*lav. macch. ut.*), Kriechgang (*m.*). 30 ~ **lento** (velocità micrometrica; bassa velocità d'avanzamento per raggiungere una data posizione) (*lav. macch. ut.*), Schleichgang (*m.*). 31 ~ **non uniforme** (*mecc.*), ungleichförmige Bewegung. 32 ~ **ondoso** (*mar.*), Seegang (*m.*), Wellenschlag (*m.*). 33 ~ **ondulatorio** (*mecc.*), Wellenbewegung (*f.*). 34 ~ **orbitale** (moto circolare) (*mecc. - ecc.*), Umlaufbewegung (*f.*). 35 ~ **oscillatorio** (*mecc.*), oszillierende Bewegung, schwingende Bewegung. 36 ~ **oscillatorio** (moto pendolare) (*fis.*), Pendelbewegung (*f.*). 37 ~ **pendolare** (moto oscillatorio) (*fis.*), Pendelbewegung (*f.*). 38 ~ **pendolare** (moto alternativo, movimento di va e vieni) (*mecc. - ecc.*), hin-und-hergehende Bewegung. 39 ~ **per inerzia** (o gravità) (*ferr. - ecc.*), Auslaufen (*n.*). 40 ~ **periodico** (*mecc.*), periodische Bewegung. 41 ~ **permanente** (moto stazionario, in cui la velocità è indipendente dal tempo) (*idr.*), stationäre Bewegung. 42 ~ **perpetuo** (*mecc.*), Perpetuum mobile (*n.*). 43 ~ **planetario** (movimento planetario) (*mecc.*), Planetenbewegung (*f.*). 44 ~ **radente** (scorrimento) (*mecc. - ecc.*), gleitende Bewegung. 45 ~ **relativo** (*mecc.*), relative Bewegung. 46 ~ **rettilineo** (*mecc.*), geradlinige Bewegung. 47 ~ **ritardato** (*mecc.*), verzögerte Bewegung. 48 ~ **rotatorio** (moto circolare, rotazione) (*mecc.*), Kreisbewegung (*f.*), Umdrehungsbewegung (*f.*). 49 ~ **sinusoidale** (*mecc. - ecc.*), sinusförmige Bewegung. 50 ~ **stazionario** (moto permanente, in cui la velocità è indipendente dal tempo) (*idr.*), stationäre Bewegung. 51 ~ **turbolento** (*mecc. dei fluidi*), turbulente Bewegung, Wirbelbewegung (*f.*). 52 ~ **uniforme** (*mecc.*), gleichförmige Bewegung. 53 ~ **uniformemente accelerato** (*mecc.*), gleichförmig-beschleunigte Bewegung. 54 ~ **uniformemente ritardato** (*mecc.*), gleichförmig-verzögerte Bewegung. 55 ~ **verticale** (di un'autovettura) (*aut.*), Hubbewegung (*f.*). 56 ~ **volvente** (moto di rotolamento) (*mecc.*), rollende Bewegung. 57 ~ **vorticoso** (*mecc. dei fluidi*), Wirbelbewegung (*f.*). 58 **dispositivo per** ~ **intermittente** (per moto a passi; meccanismo avanzamento film, croce di Malta p. es.) (*mecc.*), Schrittschaltwerk (*n.*). 59 **equazione di** ~ **ondulatorio** (*fis. - mat.*), Wellengleichung (*f.*). 60 **leggi del** ~ (*fis.*), Bewegungsgesetze (*n. pl.*). 61 **messa in** ~ (avviamento) (*mot.*), Anlassen (*n.*). 62 **mettere in** ~

(*gen.*), in Bewegung setzen. **63 mettere in ~** (avviare) (*mot.*), anlassen. **64 presa di ~** (presa di forza, presa di movimento) (*mecc.*), Abtrieb (*m.*), Zapfwelle (*f.*). **65 quantità di ~** (prodotto della massa per la velocità) (*fis.*), Bewegungsgrösse (*f.*), Bewegungsmoment (*n.*). **66 quantità di ~ angolare** (« spin ») (*fis. atom.*), Elektronenspin (*m.*).

motoaratrice (*macch. agric.*), Motorpflug (*m.*).

motoassale (assale motore) (*veic.*), Treibachse (*f.*), Triebachse (*f.*), Achsantrieb (*m.*).

motobarca (*nav.*), Motorboot (*n.*). **2 ~ antincendi** (*nav.*), Feuerlöschboot (*n.*).

motocarriola (carriola motorizzata) (*att. ed.*), Kraftkarre (*f.*), Kraftkarren (*m.*).

motocarro (motociclo a tre ruote per trasporto merci) (*veic.*), Dreiradlieferwagen (*m.*).

motocarrozzetta (*veic.*), vedi motocarrozzino.

motocarrozzino (motocicletta con sidecar, motocicletta con carrozzino) (*veic.*), Seitenwagenmaschine (*f.*), Beiwagenmaschine (*f.*).

motocicletta (motociclo) (*veic.*), Motorrad (*n.*), Kraftrad (*n.*). **2 ~** (senza carrozzino) (*veic.*), Solomaschine (*f.*). **3 ~ con carrozzino** (motocicletta con sidecar, motocarrozzino) (*veic.*), Beiwagenmaschine (*f.*), Seitenwagenmaschine (*f.*). **4 ~ con sidecar** (motocarrozzino, motocicletta con carrozzino) (*veic.*), Beiwagenmaschine (*f.*), Seitenwagenmaschine (*f.*). **5 ~ da corsa** (*veic. - sport*), Rennmaschine (*f.*). **6 ~ leggera** (motoleggera) (*veic.*), Leichtkraftrad (*n.*).

motociclista (*veic.*), Kraftradfahrer (*m.*), Motorradfahrer (*m.*).

motociclo (motocicletta) (*veic.*), Motorrad (*n.*), Kraftrad (*n.*).

motocisterna (*nav.*), Tankmotorschiff (*n.*).

motocompressore (gruppo motocompressore) (*macch.*), Kompressoraggregat (*n.*). **2 ~ su biga** (compressore carrellato monoasse, compressore carrellato su biga) (*macch. costr. strad.*), Einachs-Luftverdichter (*m.*).

motofurgone (motocarro di tipo chiuso) (*veic.*), Dreiradlieferwagen (*m.*).

moto-generatore (costituito da macch. sincrona reversibile accoppiata con pompa-turbina) (*elett. - idr.*), Motor-Generator (*m.*). **2 ~** (gruppo elettrogeno) (*elett.*), vedi gruppo elettrogeno.

motolancia (*nav.*), Motorbarkasse (*f.*).

motoleggera (motocicletta leggera) (*veic.*), Leichtkraftrad (*n.*).

motolivellatore (motolivellatrice) (*macch. mov. terra*), Erdhobel (*m.*), Strassenhobel (*m.*), Grader (*m.*).

motolivellatrice (motolivellatore) (*macch. mov. terra*), Erdhobel (*m.*), Strassenhobel (*m.*), Grader (*m.*).

motonautica (*nav.*), Motorschiffahrt (*f.*).

motonave (nave a motori Diesel od a turbine a gas) (*nav.*), Motorschiff (*n.*). **2 ~** (a motori Diesel) (*nav.*), Dieselmotorschiff (*n.*), Dieselschiff (*n.*). **3 ~ da carico** (*nav.*), Motorfrachtschiff (*n.*).

motopeschereccio (*nav.*), Motorfischerboot (*n.*). **2 ~ per pesca a strascico** (*nav.*), Fischtrawler (*m.*).

motopompa (*macch.*), Motorpumpe (*f.*). **2 ~ antincendi** (*macch.*), Motorspritze (*f.*), Motorfeuerspritze (*f.*), Kraftspritze (*f.*). **3 ~ antincendi** (veicolo antincendi) (*veic. antincendio*), Feuerlöschfahrzeug (*n.*). **4 ~ antincendi portatile** (*macch.*), Tragkraftspritze (*f.*).

motore (macchina motrice, per la trasformazione di una energia in energia meccanica) (*macch. - mot.*), Kraftmaschine (*f.*). **2 ~** (a combustione interna) (*mot.*), Motor (*m.*), Verbrennungsmotor (*m.*). **3 ~** (motore elettrico) (*mot. elett.*), Motor (*m.*). **4 ~ a benzina** (motore a ciclo Otto, motore a scoppio) (*mot.*), Benzinmotor (*m.*), Ottomotor (*m.*). **5 ~ a bipasso** (mot. a derivazione, motore a diluizione) (*mot. aer.*), Bypass-Triebwerk (*n.*). **6 ~ a camera di turbolenza** (*mot. Diesel*), Wirbelkammermotor (*m.*). **7 ~ a campo migrante** (*elett.*), Wanderfeldmotor (*m.*). **8 ~ a carburazione** (motore a carburatore) (*mot. - aut.*), Vergasermotor (*m.*). **9 ~ a ciclo Diesel** (mot. a combustione a pressione costante, motore Diesel) (*mot.*), Dieselmotor (*m.*). **10 ~ a ciclo Diesel ed a ciclo Otto** (motore a due cicli) (*mot.*), Wechselbetriebmotor (*m.*). **11 ~ a ciclo Otto** (motore a scoppio, motore a benzina) (*mot.*), Ottomotor (*m.*). **12 ~ a ciclo Otto a carburatore** (*mot.*), Vergaser-Ottomotor (*m.*). **13 ~ a ciclo Otto ad iniezione** (motore ad iniezione di benzina) (*mot.*), Einspritz-Ottomotor (*m.*). **14 ~ a ciclo Otto a gas** (*mot.*), Gas-Ottomotor (*m.*). **15 ~ a cilindrata costante** (idromotore) (*mot. idr.*), Konstantmotor (*m.*). **16 ~ a cilindrata variabile** (idromotore) (*idr. - mot.*), Verstellmotor (*m.*). **17 ~ a cilindri contrapposti** (motore piatto, od a « sogliola ») (*mot.*), Boxermotor (*m.*). **18 ~ a cilindri in linea** (motore in linea) (*mot.*), Reihenmotor (*m.*). **19 ~ a cilindri orizzontali** (motore orizzontale) (*mot.*), liegender Motor. **20 ~ a cilindri rotanti** (ed albero a gomiti fisso) (*mot.*), Umlaufmotor (*m.*). **21 ~ a cilindri verticali** (motore verticale, motore ritto) (*mot.*), stehender Motor. **22 ~ a collettore** (*mot. elett.*), Kollektormotor (*m.*), Kommutatormotor (*m.*). **23 ~ a combustione a pressione costante** (motore Diesel) (*mot.*), Gleichdruckmotor (*m.*), Dieselmotor (*m.*). **24 ~ a combustione interna** (nel quale l'energia termica dei gas di combustione viene trasformata direttamente in lavoro meccanico) (*mot.*), Verbrennungsmotor (*m.*). **25 ~ a compressore** (motore sovralimentato) (*mot.*), Gebläsemotor (*m.*), Ladermotor (*m.*). **26 ~ a condensatore** (motore monofase ad induzione con fase ausiliaria) (*elett.*), Kondensatormotor (*m.*). **27 ~ a conversione** (motore-convertitore; motore sincrono con commutatore a comando elettronico) (*elettronica*), Stromrichtermotor (*m.*). **28 ~ a corrente continua** (*mot. elett.*), Gleichstrommotor (*m.*). **29 ~ a corrente alternata** (*mot. elett.*), Wechselstrommotor (*m.*). **30 ~ a corsa corta** (motore con corsa inferiore all'alesaggio, motore superquadro) (*mot.*), Kurzhuber (*m.*), kurzhubiger Motor. **31 ~ a corsa lunga** (motore con corsa superiore all'alesaggio) (*mot.*), Langhuber (*m.*), langhubiger Motor. **32 ~ ad aria calda** (azionato dalla dilata-

motore

zione di aria o di gas riscaldati) (*mot.*), Heissluftmotor (*m.*). **33 ~ ad eccitazione composta** (motore compound) (*elett.*), Verbundmotor (*m.*). **34 ~ ad elastico** (di un aeromodello) (*aer. - sport*), Gummimotor (*m.*). **35 ~ a derivazione** (motore a bipasso, motore a diluizione) (*mot. aer.*), Bypass-Triebwerk (*n.*). **36 ~ ad H** (mot. a comb. interna) (*mot.*), H-Motor (*m.*). **37 ~ a diluizione** (motore a bipasso, motore a derivazione) (*mot. aer.*), Bypass-Triebwerk (*n.*). **38 ~ ad ingranaggi** (pneumatico o idraulico) (*mot.*), Zahnradmotor (*m.*). **39 ~ ad ingranaggi elicoidali** (*mot. - min.*), Schrägzahnmotor (*m.*). **40 ~ ad iniezione** (*mot.*), Einspritzmotor (*m.*). **41 ~ ad iniezione di benzina** (motore a ciclo Otto ad iniezione) (*mot.*), Einspritz-Ottomotor (*m.*). **42 ~ ad iniezione diretta** (motore Diesel p. es.) (*mot.*), Direkteinspritzmotor (*m.*). **43 ~ ad isteresi** (*elett.*), Hysteresemotor (*m.*). **44 ~ ad olio pesante** (*mot.*), Schwerölmotor (*m.*). **45 ~ a doppia stella** (*mot. aer.*), Doppelsternmotor (*m.*), Zweisternmotor (*m.*). **46 ~ a doppio campo** (*elett.*), Spaltfeld-Motor (*m.*). **47 ~ a doppio effetto** (*mot.*), doppeltwirkender Motor. **48 ~ ad otto cilindri** (*mot.*), Achtzylindermotor (*m.*). **49 ~ ad otto cilindri a V** (*mot.*), Achtzylindermotor in V-Anordnung. **50 ~ ad otto cilindri in linea** (*mot.*), Achtzylindermotor in Reihenanordnung. **51 ~ a due cicli** (motore a ciclo Diesel ed a ciclo Otto) (*mot.*), Wechselbetriebmotor (*m.*). **52 ~ a due cilindri** (motore bicilindrico) (*mot.*), Zweizylindermotor (*m.*). **53 ~ a due cilindri contrapposti** (*mot.*), Zweizylinder-Boxermotor (*m.*). **54 ~ a due tempi** (a combustione interna) (*mot.*), Zweitaktmotor (*m.*), Zweitakter (*m.*). **55 ~ ad una stella** (*mot. aer.*), einreihiger Sternmotor, Einsternmotor (*m.*). **56 ~ a fodero** (motore con valvole a fodero) (*mot.*), Hülsenschiebermotor (*m.*). **57 ~ a gabbia** (di scoiattolo) (*mot. elett.*), Käfigankermotor (*m.*), Kurzschlussläufermotor (*m.*). **58 ~ a gas** (*mot.*), Gasmotor (*m.*). **59 ~ a gasolio** (motore Diesel, motore a nafta) (*mot.*), Ölmotor (*m.*). **60 ~ a getto** (motore a reazione, reattore) (*mot.*), Strahltriebwerk (*n.*), Düsentriebwerk (*n.*). **61 ~ a induzione** (motore asincrono) (*mot. elett.*), Induktionsmotor (*m.*). **62 ~ alternativo** (motore a stantuffi, motore a pistoni) (*mot.*), Kolbenmotor (*m.*). **63 ~ a molla** (*mot.*), Federmotor (*m.*). **64 ~ a molla** (meccanismo a molla) (*mecc.*), Federlaufwerk (*n.*). **65 ~ a nafta** (motore a gasolio, motore Diesel) (*mot.*), Ölmotor (*m.*). **66 ~ animale** (*mot.*), belebter Motor. **67 ~ antideflagrante** (motore di costruzione antideflagrante) (*mot. elett.*), explosionsgeschützter Motor, schlagwettersicher gekapselter Motor. **68 ~ a passi** (motore passo-passo) (*elett.*), Schrittmotor (*m.*). **69 ~ aperto** (motore di costruzione aperta, motore in esecuzione aperta) (*mot. elett.*), offener Motor. **70 ~ a pistone rotante** (motore a rotore eccentrico, motore Wankel) (*mot.*), Drehkolbenmotor (*m.*), Rotationskolbenmotor (*m.*), Wankelmotor (*m.*). **71 ~ a pistoni** (motore a stantuffi, motore alternativo) (*mot.*), Kolbenmotor (*m.*). **72 ~ a pistoni contrapposti** (motore a stantuffi contrapposti) (*mot.*), Gegenkolbenmotor (*m.*), Boxermotor (*m.*). **73 ~ a pistoni liberi** (nel quale i pistoni non trasmettono un movimento all'albero motore meccanicamente) (*mot.*), Freikolbenmotor (*m.*). **74 ~ a poli spaccati** (monofase ad induzione) (*elett.*), Spaltpolmotor (*m.*). **75 ~ appeso** (motore sospeso per il naso, di una motrice tranviaria p. es.) (*veic. elett.*), Tatzlagermotor (*m.*), Tatzenlagermotor (*m.*). **76 ~ a precamera** (*mot. Diesel*), Vorkammermotor (*m.*). **77 ~ a quattro cilindri** (*mot.*), Vierzylindermotor (*m.*). **78 ~ a quattro tempi** (*mot.*), Viertaktmotor (*m.*), Viertakter (*m.*). **79 ~ a razzo** (razzo, propulsore a razzo) (*mot. aer.*), Raketenmotor (*m.*). **80 ~ a reazione** (motore a getto, reattore) (*mot.*), Strahltriebwerk (*n.*), Düsentriebwerk (*n.*). **81 ~ a repulsione** (*mot. elett.*), Repulsionsmotor (*m.*). **82 ~ a riluttanza** (motore sincrono di piccola potenza senza avvolgimento di eccitazione) (*elett.*), Reluktanzmotor (*m.*). **83 ~ a rotore eccentrico** (motore a stantuffo rotante, motore di Wankel) (*mot.*), Drehkolbenmotor (*m.*), Rotationskolbenmotor (*m.*), Wankelmotor (*m.*). **84 ~ a scoppio** (*mot.*), Explosionsmotor (*m.*). **85 ~ a sei cilindri** (*mot.*), Sechszylindermotor (*m.*). **86 ~ asincrono** (motore a induzione) (*mot. elett.*), Induktionsmotor (*m.*), Asynchronmotor (*m.*). **87 ~ asincrono trifase** (*macch. elett.*), Drehstrom-Asynchronmotor (*m.*). **88 ~ a sogliola** (motore piatto) (*mot.*), Flachmotor (*m.*). **89 ~ a sogliola** (o piatto, a cilindri contrapposti) (*mot.*), Boxermotor (*m.*). **90 ~ a sogliola** (motore da sottopavimento, motore piatto, di un autobus p. es.) (*mot. - aut.*), Unterflurmotor (*m.*). **91 ~ a sospensione « per il naso »** (motore sospeso « per il naso », di una motrice tranviaria p. es.) (*ferr. elett. - veic.*), Tatzlagermotor (*m.*), Tatzenlagermotor (*m.*). **92 ~ a spazzole regolabili** (*mot. elett.*), Bürstenverstellmotor (*m.*). **93 ~ aspirato** (motore a combustione interna) (*mot.*), Saugmotor (*m.*), selbstansaugender Motor. **94 ~ a stantuffi** (motore a pistoni, motore alternativo) (*mot.*), Kolbenmotor (*m.*). **95 ~ a stantuffi contrapposti** (*mot.*), Gegenkolbenmotor (*m.*), Boxermotor (*m.*). **96 ~ a stantuffo rotante** (motore a rotore eccentrico, motore Wankel) (*mot.*), Drehkolbenmotor (*m.*), Kreiskolbenmotor (*m.*), Rotationskolbenmotor (*m.*), Wankelmotor (*m.*). **97 ~ a stantuffo rotante birotore** (motore Wankel birotore) (*mot.*), Zweifach-Kreiskolbenmotor (*m.*). **98 ~ a testa calda** (motore semidiesel) (*mot.*), Glühkopfmotor (*m.*), Semi-Diesel (*m.*), Semidieselmotor (*m.*), Halbdieselmotor (*m.*). **99 ~ atomico** (motore nucleare) (*mot.*), Atomtriebwerk (*n.*). **100 ~ a tre velocità** (*macch. elett.*), Dreistufenmotor (*m.*). **101 ~ a turboelica** (turboelica) (*aer.*), Propeller-Turbinen-Luftstrahltriebwerk (*n.*), PTL-Triebwerk (*n.*). **102 ~ a turbogetto** (turbogetto) (*mot. a getto*), Turbinenluftstrahltriebwerk (*n.*), TL-Triebwerk (*n.*). **103 ~ ausiliario** (*mot.*), Hilfsmotor (*m.*). **104 ~ ausiliario** (motore a razzo che serve per avviare il propulsore principale) (*astronautica*), Nullmotor (*m.*). **105 ~ automobilistico** (*aut. - mot.*), Automobilmotor (*m.*). **106 ~ autoventilato** (*mot. elett.*), Motor mit Eigenlüftung. **107 ~ a V** (motore con cilindri a V) (*mot.*), V-Motor (*m.*), V-Formmotor (*m.*). **108 ~ a valvole in testa** (*mot.*), Motor mit hängenden Ventilen. **109 ~ a valvole laterali** (*mot.*), Motor mit stehenden Ventilen. **110 ~ a variazione continua della velocità** (*mot. elett.*), feinregelbarer Motor. **111 ~ a velocità variabile** (*mot. elett.*), Reguliermotor (*m.*). **112 ~ a ventaglio** (motore a W) (*mot.*), Dreireihenstandmotor (*m.*), W-Motor (*m.*), Fächermotor (*m.*). **113 ~ a vento** (*mot.*), Windkraftmaschine (*f.*), Windrad (*n.*). **114 ~ avvolto in serie** (*mot. elett.*), Hauptstrommotor (*m.*), Reihenschlussmotor (*m.*). **115 ~ a W** (motore a ventaglio) (*mot.*), Dreireihenstandmotor (*m.*), W-Motor (*m.*), Fächermotor (*m.*). **116 ~ bicilindrico** (motore a due cilindri) (*mot.*), Zweizylindermotor (*m.*). **117 ~ birotore** (motore Wankel) (*mot.*), Zweischeibenmotor (*m.*), Zweifach-Kreiskolbenmotor (*m.*). **118 ~ -cambio** (blocco o gruppo motore-cambio) (*aut. - mot.*), Motorgetriebeblock (*m.*). **119 ~ centrale** (di un'autovettura) (*aut.*), Mittelmotor (*m.*). **120 ~ CFR** (Cooperative Fuel Research, motore per la misura del potere antidetonante dei carburanti) (*mot.*), CFR-Motor (*m.*). **121 ~ che fuma** (mot. a c. i. in sovraccarico p. es.) (*mot.*), rauchender Motor. **122 ~ chiuso** (motore di costruzione chiusa, motore in esecuzione chiusa) (*mot. elett.*), gekapselter Motor. **123 ~ chiuso autoventilato** (motore in esecuzione chiusa ventilata) (*mot. elett.*), gekapselter Motor mit Eigenlüftung. **124 ~ composito** (motore compound) (*mot.*), Verbundmotor (*m.*). **125 ~ compound** (motore composito) (*mot.*), Verbundmotor (*m.*). **126 ~ (con basamento) in alluminio** (mot. a c. i.) (*mot.*), Aluminiummotor (*m.*). **127 ~ (con basamento) in lega leggera** (mot. a c. i.) (*mot.*), Leichtmetallmotor (*m.*). **128 ~ con cilindri a V** (motore a V) (*mot.*), V-Motor (*m.*), V-Formmotor (*m.*). **129 ~ con compressore** (motore sovralimentato) (*mot.*), Ladermotor (*m.*), Gebläsemotor (*m.*). **130 ~ con corsa inferiore all'alesaggio** (motore a corsa corta, motore superquadro) (*mot.*), Kurzhuber (*m.*). **131 ~ con corsa superiore all'alesaggio** (motore a corsa lunga) (*mot.*), Langhuber (*m.*). **132 ~ con distribuzione a cassetto** (motore a c. i.) (*mot.*), Schiebermotor (*m.*). **133 ~ con distribuzione a fodero** (motore a fodero) (*mot.*), Hülsenschiebermotor (*m.*). **134 ~ con freno** (*elett.*), Bremsmotor (*m.*). **135 ~ con ingranaggi a freccia** (motore pneumatico) (*mot.*), Pfeilradmotor (*m.*). **136 ~ con piedi** (motore non flangiato) (*mot. elett.*), Fussmotor (*m.*). **137 ~ con rotore a coppa** (*elett.*), Glockenläufermotor (*m.*). **138 ~ con rotore a disco** (*elett.*), Scheibenläufermotor (*m.*). **139 ~ con rotore a spostamento assiale** (*mot. - elett.*), Verschiebeankermotor (*m.*), Verschiebeläufermotor (*m.*), Konusläufermotor (*m.*). **140 ~ con rotore in corto circuito** (*mot. elett.*), Wirbelstrommotor (*m.*).

141 ~ con valvole a fodero (motore a fodero) (*mot.*), Hülsenschiebermotor (*m.*). **142 ~ -convertitore** (motore a conversione; motore sincrono con commutatore a comando elettronico) (*elettronica*), Stromrichtermotor (*m.*). **143 ~ d'alta quota** (*mot. aer.*), Höhenmotor (*m.*). **144 ~ da sottopavimento** (motore a sogliola, per autobus p. es.) (*mot. - aut.*), Unterflurmotor (*m.*). **145 ~ d'asse** (*ferr. elett.*), Achsenmotor (*m.*), Achsentriebmotor (*m.*). **146 ~ d'autocarro** (motore Diesel p. es.) (*mot. - aut.*), Lastwagenmotor (*m.*). **147 ~ d'automobile** (*mot. aut.*), Automobilmotor (*m.*). **148 ~ d'aviazione** (*mot. aer.*), Flugmotor (*m.*), Flugzeugmotor (*m.*). **149 ~ dell'avanzamento** (*masch. ut.*), Vorschubmotor (*m.*). **150 ~ destro** (motore di dritta) (*nav.*), Steuerbordmotor (*m.*). **151 ~ di asservimento** (generatore di coppia compensatrice, nei giroscopi) (*navig.*), Stützmotor (*m.*). **152 ~ di autosincronizzatore** (motore di ripetitore sincrono, usato nel cosiddetto «albero elettrico») (*elett.*), Selsynmotor (*m.*). **153 ~ di azionamento** (per il mandrino di una macch. ut. p. es.) (*mot. - macch.*), Antriebsmotor (*m.*). **154 ~ (di azionamento) dell'elica** (motore elettrico che aziona l'elica negli apparati propulsori dieselelettrici) (*nav.*), Propellermotor (*m.*). **155 ~ di bloccaggio** (motore per l'azionamento del dispositivo di bloccaggio, di una traversa p. es.) (*macch. ut.*), Klemmotor (*m.*). **156 ~ di comando** (per l'azionamento del mandrino di una macch. ut. p. es.) (*mot. - macch.*), Antriebsmotor (*m.*). **157 ~ (di costruzione) antideflagrante** (motore in esecuzione antideflagrante) (*mot. elett.*), explosionsgeschützter Motor, schlagwettersicher gekapselter Motor **158 ~ di costruzione aperta** (motore aperto, motore in esecuzione aperta) (*mot. elett.*), offener Motor. **159 ~ di costruzione chiusa** (motore chiuso, motore in esecuzione chiusa) (*mot. elett.*), gekapselter Motor, geschlossener Motor, Kapselmotor (*m.*). **160 ~ di dritta** (motore destro) (*nav.*), Steuerbordmotor (*m.*). **161 ~ di elevate prestazioni** (*mot.*), Hochleistungsmotor (*m.*). **162 ~ Diesel** (mot. a ciclo Diesel, mot. a combustione a pressione costante) (*mot.*), Dieselmotor (*m.*). **163 ~ Diesel ad iniezione diretta** (*mot.*), Dieselmotor mit direkter Einspritzung, kompressorloser Dieselmotor. **164 ~ Diesel ad iniezione pneumatica** (*mot.*), Dieselmotor mit Lufteinblasung. **165 ~ Diesel a precamera** (*mot.*), Vorkammerdieselmotor (*m.*). **166 ~ Diesel ausiliario per servizio nei porti** (di turbonavi p. es.) (*mot. - nav.*), Hafendiesel (*m.*). **167 ~ Diesel con camera di turbolenza** (Ricardo) (*mot.*), Wirbelkammerdieselmotor (*m.*). **168 ~ Diesel lento** (*mot.*), langsamlaufender Dieselmotor, Langsamläufer (*m.*). **169 ~ Diesel marino** (*mot. nav.*), Schiffsdieselmotor (*m.*). **170 ~ Diesel per autotrazione** (*mot. aut.*), Fahrzeugdieselmotor (*m.*). **171 ~ Diesel veloce** (*mot.*), schnellaufender Dieselmotor, Schnelläufer (*m.*). **172 ~ di frenatura** (per presse) (*elett.*), Bremsmotor (*m.*). **173 ~ di giro** (motore di rotazione, per la sostituzione di motori che devono essere revisionati)

motore

(*mot.*), Tauschmotor (*m.*). **174 ~ di propulsione** (macchina principale, macchina di propulsione, motore principale, di una nave) (*mot. nav.*), Hauptmaschine (*f.*). **175 ~ di regolazione** (servomotore, di un regolatore) (*mot. elett.*), Verstellmotor (*m.*). **176 ~ di regolazione** (servomotore, che aziona l'organo finale del circuito regolatore) (*regol.*), Stellmotor (*m.*). **177 ~ di rianimazione** (*mot. - med.*), Pulmotor (*m.*), Wiederbelebungsmotor (*m.*). **178 ~ di ripetitore sincrono** (motore di autosincronizzatore, usato nel cosiddetto « albero elettrico ») (*elett.*), Selsynmotor (*m.*). **179 ~ di riserva** (motore per casi di emergenza, per funivie p. es.) (*mot. - trasp.*), Reservemotor (*m.*), Reserveantrieb (*m.*). **180 ~ di riserva** (motore di ricambio) (*mot. - aer. - ecc.*), Ersatzmotor (*m.*). **181 ~ di rotazione** (motore di giro, per la sostituzione di motori che devono essere revisionati) (*mot.*), Tauschmotor (*m.*). **182 ~ (di) Schrage** (motore trifase a commutatore, con alimentazione del rotore) (*mot. elett.*), Schrage-Motor (*m.*). **183 ~ di serie** (motore di produzione) (*mot. - ind.*), Serienmotor (*m.*), Produktionsmotor (*m.*). **184 ~ di serraggio** (motore per l'azionamento del dispositivo di serraggio) (*macch. ut.*), Spannmotor (*m.*). **185 ~ di sinistra** (*aer. - nav.*), Backbordmotor (*m.*). **186 ~ di sollevamento** (*macch.*), Hubmotor (*m.*). **187 ~ di trazione** (*mot. elett.*), Fahrmotor (*m.*). **188 ~ di ventilatore** (*app. - ventilaz.*), Lüftermotor (*m.*). **189 ~ (di) Wankel** (motore a stantuffo rotante, motore a rotore eccentrico) (*mot.*), Wankelmotor (*m.*), Drehkolbenmotor (*m.*), Kreiskolbenmotor (*m.*), Rotationskolbenmotor (*m.*). **190 ~ doppio in linea** (complesso formato da due motori posti l'uno dietro l'altro e con unico albero) (*mot.*), Doppelmotor (*m.*). **191 ~ eccitato in serie** (*mot. elett.*), Serienmotor (*m.*), Hauptstrommotor (*m.*), Serienschlussmotor (*m.*). **192 ~ elettrico** (*mot. elett.*), Elektromotor (*m.*). **193 ~ elettrico aperto** (mot. elettrico di costruzione aperta, mot. elettrico in esecuzione aperta) (*mot. elett.*), offener Elektromotor (*m.*). **194 ~ elettrico chiuso** (mot. elettrico di costruzione chiusa, mot. elettrico in esecuzione chiusa) (*mot. elett.*), geschlossener Elektromotor, gekapselter Elektromotor, Kapselmotor (*m.*). **195 ~ elettrico di costruzione aperta** (mot. elettrico in esecuzione aperta, motore elettrico aperto) (*mot. elett.*), offener Elektromotor. **196 ~ elettrico di costruzione chiusa** (mot. elettrico chiuso, mot. elettrico in esecuzione chiusa) (*mot. elett.*), geschlossener Motor, gekapselter Elektromotor, Kapselmotor (*m.*). **197 ~ elettrico in esecuzione antideflagrante** (*mot. elett.*), schlagwettersicher gekapselter Elektromotor, explosionsgeschützter Elektromotor. **198 ~ elettrico in esecuzione aperta** (mot. elettrico di costruzione aperta, motore elettrico aperto) (*mot. elett.*), offener Elektromotor. **199 ~ elettrico in esecuzione chiusa** (mot. elettrico chiuso, mot. elettrico di costruzione chiusa) (*mot. elett.*), geschlossener Motor, gekapselter Elektromotor, Kapselmotor (*m.*). **200 ~ elettrico stagno all'acqua** (*mot. elett.*), wasserdichter Elektromotor. **201 ~ elettronico** (*elettronica*), Elektronikmotor (*m.*). **202 ~ esterno** (*aer.*), Aussenmotor (*m.*). **203 ~ fisso** (motore per impianti fissi) (*mot.*), ortsfester Motor, Standmotor (*m.*). **204 ~ flangiato** (*mot. elett.*), Flanschmotor (*m.*), Anbaumotor (*m.*). **205 ~ frazionario** (*mot. elett.*), Kleinmotor (*m.*), Elektrokleinmotor (*m.*). **206 ~ fuoribordo** (*mot. nav.*), Aussenbordmotor (*m.*). **207 ~ idraulico** (*mot.*), Wasserkraftmaschine (*f.*). **208 ~ idraulico** (idromotore, per convertire energia idraulica in moto rotativo) (*mot. - oleoidr.*), Hydromotor (*m.*). **209 ~ (idraulico) a cilindrata variabile** (idromotore a cilindrata variabile) (*mot. idr.*), Verstellmotor (*m.*). **210 ~ (idraulico) a portata fissa** (idromotore a portata fissa) (*mot. idr.*), Konstantmotor (*m.*). **211 ~ (idraulico) a pistoni radiali e rotore eccentrico** (idromotore a pistoni radiali e rotore eccentrico) (*mot.*), Radialkolbenmotor (*m.*). **212 ~ (idraulico) oscillante** (idromotore a cilindrata variabile, motore idraulico a cilindrata variabile) (*idr.*), Winkelmotor (*m.*), Schwenkmotor (*m.*). **213 ~ incorporato** (*mot. elett.*), Einbaumotor (*m.*). **214 ~ in derivazione** (*elett.*), Nebenschlussmotor (*m.*). **215 ~ industriale** (*mot.*), Industriemotor (*m.*). **216 ~ (in esecuzione) antideflagrante** (motore di costruzione antideflagrante) (*mot. elett.*), explosionsgeschützter Motor, schlagwettersicher gekapselter Motor. **217 ~ in esecuzione aperta** (motore di costruzione aperta, motore aperto) (*mot. elett.*), offener Motor. **218 ~ in esecuzione chiusa** (motore di costruzione chiusa, motore chiuso) (*mot. elett.*), gekapselter Motor, geschlossener Motor, Kapselmotor (*m.*). **219 ~ in esecuzione chiusa autoventilata** (motore chiuso autoventilato) (*mot. elett.*), gekapselter Motor mit Eigenlüftung. **220 ~ in linea** (motore a cilindri in linea) (*mot.*), Reihenmotor (*m.*). **221 ~ in serie** (motore eccitato in serie) (*elett.*), Hauptschlussmotor (*m.*). **222 ~ invertito** (*mot.*), hängender Motor. **223 ~ lento** (*mot.*), langsamlaufender Motor. **224 ~ lineare** (mot. a campo elettromagnetico migrante che esercita una spinta e quindi un movimento rettilineo) (*elett. - ecc.*), Linearmotor (*m.*). **225 ~ lineare a campo migrante** (*mot. elett.*), Wanderfeld-Linearmotor (*m.*). **226 ~ marino** (*mot.*), Schiffsmotor (*m.*). **227 ~ marino ausiliario** (*mot. - nav.*), Schiffshilfsmotor (*m.*). **228 ~ marino di propulsione** (*mot. nav.*), Schiffsantriebmotor (*m.*), Hauptmaschine (*f.*). **229 ~ mill** (per laminatoi) (*metall.*), Millmotor (*m.*). **230 ~ monoblocco** (*mot.*), Blockmotor (*m.*). **231 ~ monocilindrico** (*mot.*), Einzylindermotor (*m.*). **232 ~ monofase** (*mot. elett.*), Einphasenmotor (*m.*). **233 ~ montato su piedini** (motore non flangiato) (*mot. elett.*), Fussmotor (*m.*). **234 ~ non flangiato** (motore con piedi) (*mot. elett.*), Fussmotor (*m.*). **235 ~ nucleare** (motore atomico) (*mot.*), Atomtriebwerk (*m.*). **236 ~ orizzontale** (motore a cilindri orizzontali) (*mot.*), liegender Motor. **237 ~ passo-passo** (motore a passi) (*elett.*), Schrittmotor (*m.*). **238 ~ per automotrice** (*mot.*), Triebwagenmotor (*m.*). **239 ~ per autoveicoli** (*mot. aut.*), Kraftfahrzeugmotor (*m.*), Fahrzeugmotor (*m.*). **240 ~ per decollo corto e verticale** (propulsore per decollo corto e verticale) (*aer.*), Kurz- und Senkrechtstart-Triebwerk (*n.*). **241 ~ per gruppi (industriali)** (*mot.*), Einbaumotor (*m.*), Industriemotor (*m.*). **242 ~ per impianti fissi** (motore fisso) (*mot.*), ortsfester Motor, Standmotor (*m.*). **243 ~ per la divisione** (*lav. macch. ut.*), Teilmotor (*m.*). **244 ~ per la passata** (d'una macchina utensile) (*mot.*), Verstellmotor (*m.*). **245 ~ per l'azionamento degli ausiliari** (*aer.*), Hilfstriebwerk (*n.*). **246 ~ per prove** (per determinare la resistenza alla detonazione, p. es.) (*mot.*), Prüfmotor (*m.*). **247 ~ per sostentazione e propulsione** (motore sostentatore e propulsore) (*aer. - mot. a getto*), Hub-Schub-Triebwerk (*n.*). **248 ~ per trazione ferroviaria** (*mot. ferr.*), Bahnmotor (*m.*). **249 ~ piatto** (motore a sogliola) (*mot.*), Flachmotor (*m.*). **250 ~ piatto** (a cilindri contrapposti) (*mot.*), Boxermotor (*m.*). **251 ~ piatto** (motore da sottopavimento, motore a sogliola, di un autobus p. es.) (*aut.*), Unterflurmotor (*m.*). **252 ~ pilota** (*comando numerico*), Steuermotor (*m.*). **253 ~ pluristellare** (*mot. aer.*), Vielsternmotor (*m.*). **254 ~ pneumatico** (*mot.*), Druckluftmotor (*m.*). **255 ~ policarburante** (mot. a c. i.) (*mot.*), Vielstoffmotor (*m.*), Mehrkraftstoffmotor (*m.*), Motor für Mehrstoffbetrieb. **256 ~ policarburante** (mot. a c. i. che può usare diverso tipo di carburante senza interruzione del funzionamento) (*mot.*), Wechselmotor (*m.*). **257 ~ posteriore** (*veic.*), Heckmotor (*m.*). **258 ~ principale** (macchina principale, macchina o motore di propulsione, di una nave) (*nav.*), Hauptmaschine (*f.*). **259 ~ principale** (*macch. ut.*), Hauptantriebsmotor (*m.*). **260 ~ protetto contro gli spruzzi d'acqua** (*mot. elett.*), spritzwassergeschützter Motor. **261 ~ protetto contro le onde d'acqua** (*mot. elett.*), schwallwassergeschützter Motor. **262 ~ protetto contro lo stillicidio** (*mot. elett.*), tropfwassergeschützter Motor. **263 ~ quadro** (motore con corsa uguale all'alesaggio) (*mot.*), Motor mit gleichwertigen Hub und Bohrung. **264 ~ raffreddato ad acqua** (*mot.*), wassergekühlter Motor. **265 ~ raffreddato ad aria** (*mot.*), luftgekühlter Motor. **266 ~ reversibile** (*mot.*), Reversiermotor (*m.*), Umkehrmotor (*m.*), Umsteuermotor (*m.*). **267 ~ ritto** (motore a cilindri verticali, motore verticale) (*mot.*), stehender Motor. **268 ~ rovesciato** (*mot.*), hängender Motor. **269 ~ semidiesel** (motore a testa calda) (*mot.*), Semi-Diesel (*m.*), Halbdieselmaschine (*f.*), Semidieselmotor (*m.*), Glühkopfmotor (*m.*). **270 ~ simmetrico** (per navi bielica p. es.) (*mot. nav.*), spiegelgleicher Motor. **271 ~ sincrono** (*mot. elett.*), Synchronmotor (*m.*). **272 ~ sinistro** (*aer. - nav.*), Backbordmotor (*m.*). **273 ~ sommerso** (per una pompa sommersa p. es.) (*mot. elett.*), Tauchmotor (*m.*), Unterwassermotor (*m.*). **274 ~ sospeso « per il naso »** (motore a sospensione « per il naso », di una motrice tranviaria p. es.) (*ferr. elett. - veic.*), Tatzlagermotor (*m.*), Tatzenlagermotor (*m.*). **275 ~ sostentatore e propulsore** (motore per sostentazione e propulsione) (*aer. - mot. a getto*), Hub-Schub-Triebwerk (*n.*). **276 ~ sovralimentato** (motore con compressore) (*mot.*), Ladermotor (*m.*), Auflademotor (*m.*), Gebläsemotor (*m.*). **277 ~ sperimentale** (*mot.*), Versuchsmotor (*m.*). **278 ~ stellare** (*mot. aer.*), Sternmotor (*m.*). **279 ~ Stirling** (già detto ad aria calda, in cui un dato volume di gas viene compresso a bassa temperatura ed espanso ad alta temperatura) (*mot.*), Stirlingmotor (*m.*). **280 ~ sul carrello** (motore di trazione) (*ferr. elett.*), Gestellmotor (*m.*), Fahrmotor (*m.*). **281 ~ superquadro** (*mot.*), vedi motore a corsa corta. **282 ~ su supporti elastici** (motore su supporti flessibili) (*mot.*), elastisch aufgehängter Motor. **283 ~ termico** (mot. che trasforma il calore di combustione in energia meccanica) (*mot.*), Wärmekraftmaschine (*f.*). **284 ~ trasformabile** (nel quale si possono sostituire determinate parti) (*mot.*), Umbaumotor (*m.*). **285 ~ trasformabile mediante ricostruzione** (*mot.*), Umbau-Wechselmotor (*m.*). **286 ~ trifase** (*mot. elett.*), Drehstrommotor (*m.*). **287 ~ trifase ad induzione con rotore in corto circuito** (motore con rotore in corto circuito) (*elett.*), Stromverdrängungsmotor (*m.*). **288 ~ turbofan** (turbofan) (*mot. aer.*), Turbofantriebwerk (*n.*), Turbofan (*n.*). **289 ~ universale** (azionato da corrente continua oppure alternata) (*mot. elett.*), Allstrommotor (*m.*), Universalmotor (*m.*). **290 ~ veloce** (*mot.*), Schnelläufer (*m.*), schnelllaufender Motor. **291 ~ ventilato** (*mot. elett.*), Lüftermotor (*m.*). **292 ~ verticale** (motore ritto, motore a cilindri verticali) (*mot.*), stehender Motor. **293 ~ Wankel** (motore a stantuffo rotante) (*mot.*), Wankelmotor (*m.*), Drehkolbenmotor (*m.*), Rotationskolbenmotor (*m.*). **294 ~ Wankel birotore** (motore a stantuffo rotante birotore) (*mot.*), Zweifach-Kreiskolbenmotor (*m.*), Zweischeibenmotor (*m.*). **295 a due motori** (bimotore) (*aer. ecc.*), zweimotorig. **296 ad un ~** (monomotore) (*aer. - ecc.*), einmotorig. **297 albero ~** (*mecc.*), Antriebwelle (*f.*), Triebwelle (*f.*). **298 a ~** (motorizzato, movimento) (*macch. - ecc.*), motorisch. **299 a più motori** (*aer. - ecc.*), vielmotorig. **300 asse ~** (*veic.*), Treibachse (*f.*). **301 a tre motori** (*mot.*), dreimotorig. **302 carcassa del ~** (*mot. elett.*), Motorgehäuse (*n.*). **303 collaudatore di motori** (*lav.*), Motorentester (*m.*). **304 elasticità del ~** (*mot. aut.*), Motorelastizität (*f.*). **305 meccanismo ~** (*mecc.*), Triebwerk (*n.*). **306 numero di costruzione del ~** (numero di identificazione del motore, numero del motore) (*mot.*), Motornummer (*f.*). **307 ore di funzionamento del ~** (*mot.*), Motorbetriebsstunden (*f. pl.*). **308 potenza DIN del ~** (potenza sviluppata con ventilatore, generatore elettrico, silenziatore e le altre apparecchiature necessarie al suo funzionamento) (*mot. aut.*), Motorleistung nach DIN. **309 potenza SAE del ~** (potenza sviluppata senza ventilatore, generatore elettrico e silenziatore) (*mot. - aut.*), Motorleistung nach SAE. **310 protezione totale del ~** (con termosensori transistorizzati)

motoretta

(*elett.*), Motorvollschutz (*m.*). **311 prova (su)** ~ (d'un carburante, per accertare la resistenza alla detonazione) (*mot.*), motorische Prüfung. **312 servizio rotazione motori** (rotazione, sostituzione di motori da revisionare con altri di giro) (*mot.*), Austausch-Motorendienst (*m.*), Tauschverfahren (*n.*). **313 tenere il** ~ **su di giri** (*mot. - aut.*), den Motor auf hohen Drehzahlen halten.
motoretta (« motoscooter », « motorscooter ») (*veic.*), Motorroller (*m.*). **2** ~ **cabinata a triciclo** (*veic.*), Kabinenroller (*m.*).
motoriduttore (*mot. elett.*), Getriebemotor (*m.*), untersetzter Motor. **2** ~ **con invertitore** (*elett.*), Getriebeumkehrmotor (*m.*).
motorino (*elett.*), Motor (*m.*). **2** ~ **di avviamento** (di un motore a comb. interna) (*mot. - aut.*), Anlasser (*m.*), Anlassmotor (*m.*), Anwurfmotor (*m.*). **3** ~ **di avviamento ad indotto succhiato** (*mot. - aut.*), Schubankeranlasser (*m.*). **4** ~ **di avviamento con innesto a comando elettromagnetico (del pignone)** (*mot. - aut.*), Schubschraubtriebanlasser (*m.*). **5** ~ **di avviamento con innesto ad indotto succhiato** (*mot. - aut.*), Schubankeranlasser (*m.*). **6** ~ **di avviamento con innesto a traslazione assiale del pignone** (*mot. - aut.*), Schubtriebanlasser (*m.*). **7** ~ **di avviamento con innesto a traslazione per inerzia del pignone** (avviatore tipo Bendix) (*mot. - aut.*), Schraubtriebanlasser (*m.*). **8** ~ **di avviamento sul volano** (*mot. - aut.*), Schwungradanlasser (*m.*). **9** ~ **elettrico di avviamento** (*mot. - aut.*), elektrischer Anlasser. **10** ~ **per giradischi** (*elettroacus.*), Plattenspielmotor (*m.*), Abspielmotor (*m.*).
motorista (*lav.*), Motorenschlosser (*m.*), Mechaniker (*m.*). **2** ~ **d'aviazione** (*lav. aer.*), Flugmotorenschlosser (*m.*), Flugzeugmechaniker (*m.*). **3** ~ **di bordo** (*lav. aer.*), Bordingenieur (*m.*), Bordmechaniker (*m.*), Bordmonteur (*m.*). **4** ~ **per servizio al suolo** (*lav. aer.*), Bodenmechaniker (*m.*), Wart (*m.*).
motorizzare (*mot.*), motorisieren.
motorizzato (a motore, movimento) (*macch. - ecc.*), motorisch.
motorizzazione (*mot.*), Motorisierung (*f.*).
« motorscooter » (« motoscooter », motoretta) (*veic.*), Motorroller (*m.*).
motosaldatrice (*macch. - tecnol. mecc.*), Schweissaggregat (*m.*), Schweiss-satz (*m.*). **2** ~ **elettrica** (*tecnol. mecc. - macch.*), elektrisches Schweissaggregat.
motoscafo (*nav.*), Motorboot (*n.*). **2** ~ **a tre punti** (scafo ad ala portante, aliscafo, per alte velocità) (*nav.*), Tragflächenboot (*n.*). **3** ~ **cabinato** (*nav.*), Limousine (*f.*). **4** ~ **con motore fuoribordo** (*nav.*), Aussenbordmotorboot (*n.*). **5** ~ **da corsa** (*naut.*), Schnellboot (*n.*), S-Boot (*n.*). **6** ~ **da crociera** (panfilo) (*nav.*), Motoryacht (*f.*).
« motoscooter » (« motorscooter », motoretta) (*veic.*), Motorroller (*m.*).
« motosidecar » (*veic.*), vedi motocarrozzino.
mototraghetto (*nav.*), Motorfähre (*f.*).
mototriciclo (triciclo a motore) (*veic.*), Motordreirad (*n.*).
motovedetta (*mar. milit.*), Motorwachboot (*n.*).

motrice (macchina motrice) (*macch.*), Kraftmaschine (*f.*). **2** ~ (macchina a vapore) (*macch.*), Dampfmaschine (*f.*). **3** ~ (tranviaria) (*veic. elett.*), Motorwagen (*m.*), Vorderwagen (*m.*), Strassenbahntriebwagen (*m.*), Triebwagen (*m.*), Zugwagen (*m.*). **4** ~ (di un elettrotreno) (*ferr.*), Maschinenwagen (*m.*). **5** ~ (di autotreno p. es.) (*aut.*), Zugmaschine (*f.*), Zugwagen (*m.*). **6** ~ (autocarro senza rimorchio) (*aut.*), Solofahrzeug (*n.*). **7** ~ **alternativa** (macchina alternativa) (*macch. a vap.*), Kolbenkraftmaschine (*f.*), Kolbendampfmaschine (*f.*). **8** ~ **articolata** (carrozza motrice articolata, veicolo tranviario) (*veic. elett.*), Gelenktriebwagen (*m.*). **9** ~ **a vapore** (macchina a vapore) (*macch.*), Dampfmaschine (*f.*). **10** ~ **a vapore alternativa** (macchina a vapore alternativa) (*macch. a vap.*), Kolbendampfmaschine (*f.*). **11** ~ **e semirimorchio** (motrice con semirimorchio, autoarticolato) (*veic. - aut.*), Sattelzug (*m.*). **12** ~ **per semirimorchio** (motrice per autoarticolato) (*veic.*), Sattelschlepper (*m.*), Aufsattler (*m.*). **13** ~ **tranviaria** (*veic. elett.*), Strassenbahntriebwagen (*m.*), Motorwagen (*m.*), Vorderwagen (*m.*), Triebwagen (*m.*), Zugwagen (*m.*). **14 ruota** ~ (*mecc.*), treibendes Rad, Antriebsrad (*n.*).
motta, a ~ (senza staffa) (*fond.*), kastenlos.
movimentazione (maneggio, dei materiali) (*ind.*), Transport (*m.*). **2** ~ **dei materiali** (trasporti interni) (*ind.*), Transportwesen (*n.*), innerbetrieblicher Transport, Materialtransport (*m.*). **3 capacità di** ~ (*trasp. ind.*), Umschlagleistung (*f.*). **4 rapporto di** ~ (*trasp. ind.*), Umschlagverhältnis (*n.*).
movimento (moto) (*gen.*), Bewegung (*f.*). **2** ~ (di terra) (*mov. terra - ing. civ.*), Förderung (*f.*). **3** ~ (della tavola di una macch. ut. p. es.) (*lav. macch. ut.*), Gang (*m.*), Hub (*m.*). **4** ~ (della tavola o slitta di una macch. ut. p. es.) (*lav. macch. ut.*), vedi anche corsa. **5** ~ (servizio) (*ferr.*), Fahrdienst (*m.*), Betriebsdienst (*m.*). **6** ~ (traffico) (*ferr. - ecc.*), Verkehr (*m.*). **7** ~ (di un orologio p. es.) (*orologeria*), Triebwerk (*n.*), Gangwerk (*n.*), Gehwerk (*n.*). **8** ~ (meccanismo, per contatori, ecc.) (*mecc. - strum. - ecc.*), Werk (*n.*). **9** ~ (*mecc. - ecc.*), vedi anche moto. **10** ~ **a croce di Malta** (*mecc.*), Malteserkreuzbewegung (*f.*). **11** ~ **ad orologeria** (*mecc.*), Uhrwerk (*n.*). **12** ~ **ad otto** (nella lappatura p. es.) (*lav. macch. ut.*), Achterbewegung (*f.*). **13** ~ **al suolo** (*aer.*), Bodenbewegung (*f.*). **14** ~ **alternato** (*mecc.*), alternierende Bewegung. **15** ~ **a ruota** (di una nave ormeggiata all'ancora) (*nav.*), Schwoien (*n.*). **16** ~ **a scatti** (intermittenza dello scorrimento da variazione di attrito, di una slitta di macch. ut. p. es.) (*mecc.*), Stotterbewegung (*f.*), Stick-Slip-Reibung (*f.*), Reibungsschwingung (*f.*). **17** ~ **ascendente** (*macch. - ut. ecc.*), Aufbewegung (*f.*), Aufwärtsbewegung (*f.*). **18** ~ **ascensionale** (*gen.*), Aufwärtsbewegung (*f.*). **19** ~ **a tenaglia** (*milit.*), Zangenbewegung (*f.*). **20** ~ **della tavola** (traslazione della tavola) (*lav. macch. ut.*), Tischbewegung (*f.*). **21 movimenti delle masse** (movimenti di terra) (*ing. civ.*), Massenbewegungen (*f. pl.*). **22** ~

di appostamento (d'un pezzo p. es.) (mecc.), Stellbewegung (f.). **23 ~ di avanzamento** (macch. ut.), Vorschubbewegung (f.). **24 ~ di divisione** (macch. ut.), Teilbewegung (f.). **25 ~ di generazione** (nella lavorazione degli ingranaggi) (lav. macch. ut.), Wälzbewegung (f.). **26 ~ di immersione** (di una mola p. es.) (lav. macch. ut.), Eintauchen (n.). **27 ~ di operai** (lav.), Arbeiterbewegung (f.). **28 ~ di ritorno** (moto di ritorno, ritorno) (mecc. - macch. ut.), Rückbewegung (f.), Rücklauf (m.), Rückwärtsbewegung (f.). **29 ~ di rollio** (rollio) (nav.), Rollbewegung (f.), Schlingern (n.). **30 ~ discendente** (gen.), Abwärtsbewegung (f.), Abbewegung (f.). **31 ~ (di taglio) risultante** (dal movimento di taglio e di avanzamento) (lav. macch. ut.), Wirkbewegung (f.). **32 ~ di terra** (mov. terra), Erdbewegung (f.). **33 movimenti di terra** (movimenti delle masse) (ing. civ.), Massenbewegungen (f. pl.). **34 ~ di traslazione** (moto di traslazione) (mecc.), fortschreitende Bewegung. **35 ~ di va e vieni** (moto pendolare, moto alternativo) (mecc. - ecc.), hin-und-hergehende Bewegung Hin- und Herbewegung (f.). **36 ~ di viaggiatori** (ferr. - ecc.), Personenverkehr (m.). **37 ~ elementare** (studio del lavoro), Elementarbewegung (f.). **38 ~ elicoidale** (mecc.), Schraubung (f.). **39 ~ elicoidale istantaneo** (mecc.), Schrotung (f.). **40 ~ finale** (nella rettifica a tuffo p. es.) (lav. macch. ut.), Schliessbewegung (f.). **41 ~ giroscopico** (mecc.), Kreiselbewegung (f.). **42 ~ indipendente** (di una slitta p. es.) (macch. ut. - mecc.), Einzelbewegung (f.), Einzelverstellung (f.). **43 ~ longitudinale** (mecc. - ecc.), Längsbewegung (f.). **44 ~ longitudinale** (corsa longitudinale, passata di lungo) (lav. macch. ut.), Längszug (m.), Längsbewegung (f.). **45 ~ orbitale** (astr. - fis. nucl.), Bahnbewegung (f.). **46 ~ orbitale** (delle particelle d'acqua di onde superficiali p. es.) (mare - nav. - ecc.), Orbitalbewegung (f.). **47 ~ parabolico** (mecc.), Parabelbewegung (f.). **48 ~ perduto** (gioco, lasco, fra due pezzi di una macchina) (mecc.), toter Gang, Totgang (m.), Totlauf (m.). **49 ~ per inerzia** (ferr. - ecc.), Auslaufen (n.). **50 ~ planetario** (moto planetario) (mecc.), Planetenbewegung (f.). **51 ~ positivo** (movimento desmodromico, movimento vincolato e guidato rigidamente in tutti i sensi) (mecc.), Zwanglauf (m.). **52 ~ progressivo** (mecc. - ecc.), Fortbewegung (f.). **53 ~ rapido** (traslazione rapida) (lav. macch. ut.), Schnellgang (m.). **54 ~ relativo** (mecc.), Relativbewegung (f.). **55 ~ relativo** (nell'asportazione del truciolo) (lav. macch. ut.), Arbeitsbewegung (f.), Relativbewegung (f.). **56 ~ relativo rettilineo** (del rotore d'una macchina a pistone rotante) (macch.), Hubeingriff (n.). **57 ~ rotatorio** (mecc.), Rotationsbewegung (f.). **58 ~ trasversale** (mecc. - ecc.), Querbewegung (f.). **59 ~ trasversale** (della slitta p. es.) (lav. macch. ut.), Querbewegung (f.), Querverschiebung (f.), Planbewegung (f.), Plangang (m.), Planzug (m.). **60 capo del ~** (ferr.), Betriebsleiter (m.). **61 computo dei movimenti di terra** (computo delle masse) (ed.), Erdmassenberechnung (f.). **62 informazioni di ~** (tutte quelle che definiscono i movimenti delle slitte) (macch. ut. c/n), Weginformationen (f. pl.). **63 inversione di ~** (gen.), Bewegungsumkehr (f.). **64 mettere in ~** (gen.), in Gang bringen, in Bewegung setzen. **65 presa di ~** (presa di moto, presa di forza) (mecc.), Abtrieb (m.), Zapfwelle (f.). **66 ripresa in ~** (cinem.), Verfolgungsaufnahme (f.). **67 sequenza dei movimenti** (analisi tempi), Bewegungsfolge (f.). **68 studio dei movimenti** (organ. lav.), Bewegungstudie (f.). **69 studio dei movimenti mediante ripresa cinematografica** (cronotecnica), Film-Bewegungsstudie (f.).

moviola (cinem.), Mischpult (n.).
mozione (leg. - finanz.), Antrag (m.).
mozzato (tronco, mozzo) (gen.), abgestumpft.
mozzo (s. - mecc.), Nabe (f.). **2 ~** (di una ruota) (s. - veic.), Nabe (f.), Radnabe (f.). **3 ~** (di un'elica) (s. - aer.), Nabe (f.). **4 ~** (giovane marinaio) (s. - nav.), Schiffsjunge (m.). **5 ~** (tronco, mozzato) (a. - gen.), abgestumpft. **6 ~ a profilo Whitworth** (mozzo striato, mozzo rigato, mozzo con profilo a denti triangolari) (mecc.), Kerbzahnnabe (f.). **7 ~ a ruota libera** (di una bicicletta) (veic. - mecc.), Freilaufnabe (f.). **8 ~ conico** (mecc.), Kegelnabe (f.). **9 ~ della ruota** (veic.), Radnabe (f.). **10 ~ dell'elica** (nav. - aer.), Schraubennabe (f.). **11 ~ dello spinotto** (portate dello spinotto, d'un pistone) (mot.), Bolzenaugennabe (f.). **12 ~ dentato** (mecc.), Zahnnabe (f.). **13 ~ dentato con profilo ad evolvente** (mecc.), Zahnnabe mit Evolventenflanken. **14 ~ rigato** (mozzo a profilo Whitworth, mozzo striato, mozzo con profilo a denti triangolari) (mecc.), Kerbzahnnabe (f.). **15 ~ scanalato** (scanalato femmina) (mecc.), Keilnabe (f.). **16 ~ striato** (mozzo a profilo Whitworth, mozzo con profilo a denti triangolari) (mecc.), Kerbzahnnabe (f.). **17 ~ su cuscinetti a sfere** (veic.), Kugellagernabe (f.). **18 ~ torsiometrico** (mecc.), Messnabe (f.). **19 ~ tubolare** (un turbocompressore p. es.) (mecc.), Tragrohr (n.). **20 profilo dentato per mozzi** (mecc.), Zahnnabenprofil (n.). **21 profilo dentato per mozzi con fianchi ad evolvente** (mecc.), Zahnnabenprofil mit Evolventenflanken. **22 trazione sul ~** (con motori elettrici monati sul mozzo) (veic.), Nabenantrieb (m.).

ms (millisecondo, millesimo di secondo) (unità di mis.), ms, Millisekunde (f.).
MTBF (mean *time* between failures, durata media di esercizio senza guasti) (macch. - ecc.), MTBF, mittlere ausfallfreie Betriebsdauer.
mu (μ, lettera greca) (tip. - mis. - ecc.), μ, My.
mucchio (gen.), Haufen (m.). **2 ~ di materiale da pavimentazione** (sul margine di una strada) (costr. strad.), Deponie (f.), Mischstoff-, Splitt- und Sandhaufen (m.).
mucosa (med.), Schleimhaut (f.).
muffa (gen.), Schimmel (m.). **2 resistenza alle muffe** (tecnol.), Schimmelbeständigkeit (f.).
muffola (recipiente di protezione per forni) (forno - chim.), Muffel (f.). **2 ~** (per giunzione di cavi p. es.) (elett.), Muffe (f.), Kabelmuffe (f.), Anschlussmuffe (f.). **3 ~ di deri-**

mulattiera

vazione (*elett.*), Abzweigmuffe (*f.*). **4 ~ di giunzione** (*elett.*), Verbindungsmuffe (*f.*). **5 ~ terminale** (testa, cassetta terminale) (*elett.*), Klemmenkasten (*m.*). **6 reparto fabbricazione muffole** (d'un stabilimento metallurgico produttore di zinco) (*metall.*), Mufflerie (*f.*).
mulattiera (*strad.*), Saumpfad (*m.*).
mulinello (elica per prove al freno, elica frenante) (*aer.*), Bremsluftschraube (*f.*). **2 ~ a coppe** (mulinello a coppelle, di un anemometro) (*strum.*), Schalenkreuz (*n.*). **3 ~ idrometrico** (mulinello, molinello idrometrico, per misurare la velocità dell'acqua corrente) (*app. idr.*), Messflügel (*m.*), hydrometrischer Flügel, Turbinenwassermesser (*m.*). **4 dinamometro a ~** (*aer.*), Windbremse (*f.*). **5 truciolatura a ~** (*lav. macch. ut.*), Wirbelzerspanung (*f.*).
mulino (*macch.*), *vedi* molino.
mullite ($3Al_2O_3 \cdot 2SiO_2$, materiale refrattario) (*metall. ecc.*), Mullit (*m.*).
multa (*gen.*), Strafgeld (*n.*). **2 ~** (*lav. - ecc.*), Geldstrafe (*f.*), Busse (*f.*). **3 ~ trattenuta sullo stipendio** (per impiegati p. es.) (*pers. - lav.*), Gehaltskürzung (*f.*).
multare (*lav.*), bestrafen, büssen.
multicellulare (*gen.*), vielzellig.
multiciclone (*app.*), Multizyklon (*m.*).
multicoppia (*gen.*), vielpaarig.
multimetro (tester) (*app. elett.*), Vielfachmessgerät (*n.*), Multimeter (*n.*), Universalinstrument (*n.*). **2 ~ digitale** (*app. elett.*), Digitalmultimeter (*n.*).
multimodo (*fis. - ecc.*), Multimode (*f.*).
multinazionale (gruppo, ecc.) (*finanz.*), vielstaatlich.
multionda (*radio*), mehrwellig.
multiplazione (*telef.*), Mischung (*f.*).
multipletto (complesso di linee, di uno spettro) (*ott.*), Multiplett (*n.*), Linienkomplex (*m.*).
multiplex (sistema di comunicazione contemporanea su un collegamento) (*telegr. - ecc.*), Multiplexsystem (*n.*). **2 ~ a divisione di tempo** (*telegr. - ecc.*), Zeitmultiplex (*n.*). **3 ~ di frequenza** (sistema di trasmissione) (*radio - ecc.*), Frequenzmultiplex (*n.*). **4 sistema ~ a divisione di tempo** (*telef.*), Zeitmultiplexverfahren (*n.*).
multiplo (*gen.*), vielfach, mehrfach. **2 ~** (*mat.*), multipel, mehrfach. **3 presa multipla** (*elett.*), Vielfachsteckdose (*f.*), Vielfachdose (*f.*).
multipolare (*elett.*), mehrpolig. **2 ~** (cavo) (*elett.*), mehradrig.
multirotazione (mutarotazione, variazione del potere ott. rotatorio) (*ott.*), Mutarotation (*f.*), Multirotation (*f.*).
multivibratore (*elettronica*), Multivibrator (*m.*), Vielschwinger (*m.*). **2 ~ ad un colpo** (multivibratore ad un colpo, univibratore, multivibratore monostabile) (*radio*), Univibrator (*m.*), monostabiler Multivibrator. **3 ~ asimmetrico** (*radio*), unsymmetrischer Multivibrator. **4 ~ astabile** (*radio*), astabiler Multivibrator. **5 ~ bistabile** (flip-flop) (*radio*), bistabiler Multivibrator, Flipflop (*m.*). **6 ~ monostabile** (univibratore, impiegato nella tecnica degli impulsi) (*elett.*), Univibrator

(*m.*), monostabiler Multivibrator. **7 stadio di ~** (*elettronica*), Kippstufe (*f.*). **8 stadio di ~ bistabile** (*elettronica*), bistabile Kippstufe.
mumetal (lega ferromagnetica con 75% Ni, 18% Fe, 5% Cu, 2% Cr) (*metall. - elett.*), Mumetall (*n.*).
mungitrice (macchina mungitrice) (*macch. - agric.*), Melkanlage (*f.*).
municipale (comunale) (*amm.*), gemeindlich, städtisch. **2 consiglio ~** (*amm.*), Gemeinderat (*m.*), Gemeindeausschuss (*m.*).
municipio (*ed. - amm.*), Stadthaus (*n.*), Rathaus (*n.*), Gemeindehaus (*n.*).
munizioni (*milit. - espl.*), Munition (*f.*).
muovere (*gen.*), bewegen. **2 ~ a scatti** (muoversi ad impulsi, spostare a scatti o ad intermittenza, una slitta p. es.) (*lav. macch. ut.*), tippen. **3 ~ verso l'esterno** (arretrare, una slitta) (*macch. ut.*), ausfahren.
muoversi (*gen.*), sich bewegen. **2 ~ ad intermittenza** (muoversi o spostarsi a scatti, muoversi a impulsi) (*gen.*), sich ruckweise bewegen, rucken. **3 ~ a scatti** (muoversi ad intermittenza, spostarsi a scatti) (*gen.*), sich ruckweise bewegen, rucken. **4 ~ con moto alternativo** (*mecc.*), hin- und hergehen.
mura (cavo di fissaggio di una vela) (*nav.*), Reihleine (*f.*), Halsen (*m. pl.*). **2 ~** (muro di cinta) (*f. pl. - ing. civ.*), Mauern (*f. pl.*). **3 ~** (di città) (*ing. civ.*), Stadtmauern (*f. pl.*). **4 circondare con ~** (*ing. civ.*), einmauern, bemauern.
murare (costruire muri) (*mur.*), mauern. **2 ~** (circondare con mura) (*mur.*), einmauern, bemauern. **3 ~** (chiudere con muro) (*mur.*), zumauern.
murario (*ed.*), bauseitig. **2 opera muraria** (di un impianto) (*ed.*), bauseitige Massnahme.
murata (*nav.*), Seite (*f.*). **2 candeliere di ~** (*nav.*), Relingsstütze (*f.*). **3 parapetto di ~** (*nav.*), Reling (*f. - n.*), Deckbrüstung (*f.*), Schanzkleid (*n.*).
murato (immurato) (*ed.*), eingemauert.
muratore (*lav.*), Maurer (*m.*).
muratura (*mur.*), Mauerwerk (*n.*). **2 ~ a casse d'aria** (*ed.*), Kästelmauerwerk (*n.*). **3 ~ a faccia vista** (*mur.*), Sichtmauerwerk (*n.*), Kopfmauerwerk (*n.*). **4 ~ a pigiata** (*ed.*), Pisémauerwerk (*n.*), Stampfmauerwerk (*n.*). **5 ~ a secco** (*mur.*), Trockenmauerwerk (*n.*). **6 ~ con malta** (*mur.*), Mörtelmauerwerk (*n.*). **7 ~ con pietre alla rinfusa** (*ing. civ.*), Zyklopenmauerwerk (*n.*). **8 ~ della caldaia** (*cald.*), Kesseleinmauerung (*f.*). **9 ~ di conci** (muratura in pietra da taglio) (*mur.*), Quadermauerwerk (*n.*), Werksteinmauer (*f.*). **10 ~ di mattoni** (*mur.*), Backsteinmauerwerk (*n.*), Ziegelmauerwerk (*n.*). **11 ~ di ridosso** (*ed.*), Hintermauerung (*f.*). **12 ~ di riempimento** (*mur.*), Füllmauerwerk (*n.*). **13 ~ in ciottoli di fiume** (*ed.*), Bachwackenmauerwerk (*n.*). **14 ~ in cotto** (*ed.*), Backsteinmauerwerk (*n.*). **15 ~ in elementi forati** (*mur.*), Kästelmauerwerk (*n.*). **16 ~ in mattoni** (*ed.*), Backsteinmauerwerk (*n.*). **17 ~ in mattoni intonacata** (*mur.*), verputztes Mauerwerk. **18 ~ in mattoni rustica** (*mur.*), rohes Backsteinmauerwerk, unverputztes Backsteinmauerwerk. **19 ~ in pietra**

artificiale (*mur.*), Mauerwerk aus künstlichen Steinen, Kunststeinmauerwerk (*n.*). 20 ~ in **pietra da taglio** (muratura di conci) (*mur.*), Werksteinmauerwerk (*n.*), Quadermauerwerk (*n.*). 21 ~ **in pietra naturale** (*mur.*), Natursteinmauerwerk (*n.*), Mauerwerk aus natürlichen Steinen. 22 ~ **mista** (*mur.*), Mischmauerwerk (*n.*). 23 ~ **rustica** (*mur.*), rohes Mauerwerk. 24 ~ **rivestita** (*mur.*), Verblendmauerwerk (*n.*). 25 **recinzione in** ~ (*ed.*), Einmauerung (*f.*). 26 **rivestimento di** ~ (per pozzi, ecc.) (*min.*), Mauerung (*f.*).

muretto (*ed.*), Mauer (*f.*), kleine Mauer. 2 ~ **tagliafuoco** (*ed.*), Brandgiebel (*m.*). 3 ~ **tra solaio e tetto** (*ed.*), Drempel (*m.*), Kniestock (*m.*).

muriccio (muro divisorio) (*ed.*), Scheidemauer (*f.*), Scheidewand (*f.*), Trennungswand (*f.*). 2 ~ **laterale** (del camino p. es.) (*ed.*), Wange (*f.*).

muro (*mur.*), Mauer (*f.*). 2 ~ **a cassavuota** (muro a intercapedine) (*mur.*), Hohlwand (*f.*), Hohlmauer (*f.*). 3 ~ **a contrafforti** (muro a pilastri) (*mur.*), Pfeilermauer (*f.*), Strebemauer (*f.*). 4 ~ **a intercapedine** (muro a cassavuota) (*mur.*), Hohlwand (*f.*), Hohlmauer (*f.*). 5 ~ **a pilastri** (muro a contrafforti) (*mur.*), Pfeilermauer (*f.*), Strebemauer (*f.*). 6 ~ **a sacco** (*mur.*), Füllmauer (*f.*). 7 ~ **a scarpa** (*ing. civ.*), Böschungsmauer (*f.*), geböschte Mauer. 8 ~ **a secco** (*mur.*), Trockenmauer (*f.*). 9 ~ **d'ala** (*ing. civ.*), Flügelmauer (*f.*). 10 ~ **del calore** (barriera termica, nel volo ultrasonico) (*aer.*), Hitzemauer (*f.*), Hitzegrenze (*f.*), Hitzeschwelle (*f.*). 11 ~ **del suono** (barriera del suono) (*aer.*), Schallmauer (*f.*), Schallwand (*f.*). 12 ~ **di calcestruzzo** (*mur.*), Betonwand (*f.*). 13 ~ **di cinta** (*ed.*), Umfassungsmauer (*f.*), Umfriedigungsmauer (*f.*), Einfriedigungsmauer (*f.*). 14 ~ **di controscarpa** (*ing. civ.*), Gegenwall (*m.*). 15 ~ **di due teste** (*mur.*), 1-Stein starke Mauer. 16 ~ **di elevazione** (*mur.*), aufgehende Mauer. 17 ~ **di fondazione** (*ed.*), Fundamentmauer (*f.*), Grundmauer (*f.*). 18 ~ **di mattoni** (*ed.*), Backsteinmauer (*f.*), Ziegelsteinmauer (*f.*). 19 ~ **di perimetro** (muro esterno) (*ed.*), Aussenmauer (*f.*), Umfassungsmauer (*f.*). 20 ~ **di ritegno** (o di sostegno, per terrapieni) (*ing. civ.*), Böschungsmauer (*f.*), Stützmauer (*f.*). 21 ~ **di rivestimento** (*ing. civ.*), Futtermauer (*f.*). 22 ~ **di sostegno** (o di ritegno, per terrapieni) (*ing. civ.*), Böschungsmauer (*f.*), Stützmauer (*f.*). 23 ~ **di spalla** (spalla) (*ed. - ing. civ.*), Widerlagsmauer (*f.*), Widerlagermauer (*f.*), Schultermauer (*f.*). 24 ~ **di sponda** (*costr. idr. - ing. civ.*), Wangenmauer (*f.*). 25 ~ **di una testa** (*mur.*), ¹/₂-Stein starke Mauer. 26 ~ **divisorio** (muriccio) (*ed.*), Scheidemauer (*f.*), Scheidewand (*f.*), Trennungswand (*f.*). 27 ~ **esterno** (muro di perimetro) (*ed.*), Aussenmauer (*f.*), Umfassungsmauer (*f.*). 28 ~ **frontale** (*ed.*), Schildmauer (*f.*), Stirnmauer (*f.*). 29 ~ **in pietra** (*mur.*), Steinmauer (*f.*). 30 ~ **interno** (parete interna) (*ed.*), Mittelwand (*f.*), Innenwand (*f.*). 31 ~ **maestro** (muro principale) (*ed.*), Hauptmauer (*f.*). 32 ~ **pieno** (*mur.*), Massivmauer (*f.*). 33 ~ **principale** (muro maestro) (*ed.*), Hauptmauer (*f.*). 34 ~ **sormontato da un timpano** (*ed.*), Giebelmauer (*f.*), Giebelwand (*f.*). 35 ~ **tagliafuoco** (*ed.*), Feuermauer (*f.*), Brandmauer (*f.*). 36 **allineamento del** ~ (*mur.*), Mauerflucht (*f.*). 37 **armadio a** ~ (*ed.*), Wandschrank (*m.*). 38 **battuta del** ~ (mazzetta) (*ed.*), Maueranschlag (*m.*). 39 **canalizzazione nel** ~ (traccia nel muro) (*ed.*), Mauerkanal (*m.*). 40 **filo del** ~ (spigolo del muro) (*myr.*), Mauerkante (*f.*). 41 **inclinazione del** ~ **di sostegno** (scarpa) (*ing. civ.*), Anzug (*m.*). 42 **innalzare un** ~ (*mur.*), aufmauern. 43 **montaggio a** ~ (*gen.*), Wandmontage (*f.*). 44 **quadro a** ~ (*elett.*), Wandschalttafel (*f.*). 45 **risega del** ~ (*mur.*), Mauerversetzung (*f.*), Mauerabsatz (*m.*). 46 **supporto a** ~ (*mecc. - ed.*), Wandlager (*n.*). 47 **traccia nel** ~ (canalizzazione nel muro) (*ed.*), Mauerkanal (*m.*).

muscovite (mica potassica) (*min. - elett.*), Spaltglimmer (*m.*).

museo (*ed. - ecc.*), Museum (*n.*).

musica (arte), Musik (*f.*). 2 ~ **sul lavoro** (*organ. lav.*), Musik bei der Arbeit.

musone (di un aeroplano) (*aer.*), Schnauze (*f.*).

mussolina (tessuto leggero di lana o cotone) (*tess.*), Musselin (*m.*). 2 ~ **di seta** (*ind. tess.*), Seidenmusselin (*m.*).

muta (serie, di parti di ricambio p. es.) (*gen.*), Satz (*m.*). 2 ~ **di spazzole** (corredo di spazzole) (*elett.*), Bürstensatz (*m.*).

mutarotazione (multirotazione, variazione del potere ott. rotatorio) (*ott.*), Mutarotation (*f.*), Multirotation (*f.*).

mutatore (combinazione di un raddrizzatore ed un ondulatore) (*app. elett.*), Wechselumrichter (*m.*).

mutazione (*biol.*), Mutation (*f.*).

mutilazione (*med.*), Verstümmelung (*f.*).

muto (*gen.*), stumm. 2 **film** ~ (*cinem.*), Stummfilm (*m.*).

mutua (cassa malattia) (*med. - pers. - organ. lav.*), Krankenkasse (*f.*). 2 ~ **aziendale** (*ind.*), Werkfürsorge (*f.*). 3 ~ **aziendale** (cassa mutua aziendale) (*ind.*), Betriebskrankenkasse (*f.*).

mutuo (reciproco) (*a. - gen.*), gegenseitig. 2 ~ (prestito) (*s. - comm.*), Darlehen (*n.*).

MV (megavolt) (*mis.*), MV, Megavolt (*n.*).

mV (millivolt) (*mis.*), mV, Millivolt (*n.*).

MW (megawatt) (*mis. elett.*), MW, Megawatt (*n.*).

mW (milliwatt) (unità di mis.), mW, Milliwatt (*n.*).

MWe (MW-elettrico, megawatt-elettrico, potenza elettrica netta d'una centrale nucleare) (*fis. atom.*), MWe, MW-elektrisch.

MW-elettrico (megawatt-elettrico, potenza elettrica netta d'una centrale nucleare) (*fis. nucl.*), MWe, Megawatt-elektrisch.

MW-giorno (megawatt-giorno, misura di energia) (*fis. nucl.*), MWd, Megawatt-Tag (*m.*).

MW-giorno/t (megawatt-giorno/t) (*fis. nucl.*), MWd/t, Megawatt-Tage/Tonne (*f.*).

MW$_t$ (MW-termico, megawatt-termico, potenza di una centrale nucleare) (*fis. nucl.*), MW$_t$, Megawatt-thermisch.

MW-termico (megawatt-termico, potenza termica d'una centrale nucleare) (*fis. nucl.*), MW$_t$, Megawatt-thermisch.

N

N (azoto) (*chim.*), N, Stickstoff (*m.*), Nitrogen (*n.*). 2 ∼ (newton, unità SI di misura della forza ∼ 0,1 kp) (*unità di mis.*), N, Newton (*n.*). 3 ∼ (n, numero di giri) (*macch. - ecc.*), N, n, Drehzahl (*f.*). 4 ∼ (neper) (*fis. - unità*), N, Neper (*n.*). 5 ∼ (n, indice di rifrazione) (*ott.*), N, Brechungswert (*m.*), Brechswert (*m.*).

n (nano = 10^{-9}) (*unità di mis.*), n, Nano (*n.*). 2 ∼ (N, numero di giri) (*macch. - ecc.*), n, N, Drehzahl (*f.*). 3 ∼ (N, indice di rifrazione) (*ott.*), N, Brechungswert (*m.*), Brechswert (*m.*). 4 ∼ (normale) (*chim.*), n, normal.

Na (sodio) (*chim.*), Na, Natrium (*n.*).

nabla (operatore nabla; operatore vettoriale) (*mat.*), Nabla (*n.*), Nabla-Operator (*m.*), Vektor-Operator (*m.*).

NACA (National Advisory Committee for Aeronautics) (*aer.*), NACA.

nadir (punto nadirale, opposto di zenit) (*top.*), Nadir (*m.*), Fusspunkt (*m.*).

nafta (petrolio) (*chim. - comb.*), Naphtha (*n.*), Erdöl (*n.*). 2 ∼ da forno (*comb.*), Heizöl (*n.*). 3 ∼ (leggera) per motori Diesel (combustibile per motori Diesel, gasolio) (*comb. - mot.*), Dieselkraftstoff (*m.*), Gasöl (*n.*). 4 ∼ pesante (olio combustibile di tipo denso, per caldaie p. es.) (*ind. chim. - comb.*), Heizöl (*n.*). 5 ∼ polverizzata (*comb.*), Ölnebel (*m.*). 6 a ∼ (forno), ölgefeuert.

naftalene ($C_{10}H_8$) (naftalina) (*chim.*), Naphthalin (*n.*).

naftalina ($C_{10}H_8$) (naftalene) (*chim.*), Naphthalin (*n.*).

naftene (*chim.*), Naphthen (*n.*).

naftenico (*chim.*), naphtenisch. 2 grezzo a base naftenica (petrolio a base naftenica) (*min.*), naphtenisches Erdöl.

naftolo (*chim.*), Naphthol (*n.*).

nailon (*chim. - ind. tess.*), Nylon (*n.*). 2 rivestito di ∼ (*tess. - ecc.*), nylonisiert.

NAND (circuito logico) (*autom. - ecc.*), NAND, Nicht-Und-Gatter (*n.*).

nano (davanti ad unità di mis., n = 10^{-9}) (*mis.*), nano, n.

nanofarad (nF = 10^{-9} farad) (*unità di mis. - elett.*), Nanofarad (*n.*).

nanometro (millimicron, 10^{-9} m) (*mis.*), nanometer (*m.*).

nanosecondo (nsec, 10^{-9} sec.) (*mis.*), Nanosekunde (*f.*), ns, nsek.

nappa acquea (falda acquea) (*geol.*), Grundwasserleiter (*m.*), wasserführende Schicht.

narcosi (*med.*), Narkose (*f.*).

NASA (National Aeronautics and Space Administration) (*aer. - astronautica*), NASA.

nascente (*chim.*), naszierend, freiwerdend.

nascita (*leg.*), Geburt (*f.*). 2 atto di ∼ (certificato di nascita) (*leg.*), Geburtsurkunde (*f.*), Geburtsschein (*m.*).

nascosto (particolare non in vista) (*dis.*), verdeckt. 2 ∼ (occulto, difetto) (*macch. - ecc.*), verborgen.

nasello (*gen.*), Nase (*f.*). 2 ∼ (nasetto, di una chiavetta p. es.) (*mecc.*), Nase (*f.*). 3 ∼ (di una tegola) (*ed.*), Nase (*f.*). 4 ∼ (testa, di un utensile da tornio p. es.) (*ut.*), Schneidenkopf (*m.*). 5 ∼ della chiavetta (nasetto della chiavetta) (*mecc.*), Keilnase (*f.*). 6 ∼ percussore (per l'inserzione della trama) (*macch. tess.*), Schlagnase (*f.*).

nasetto (*mecc. - ecc.*), vedi nasello.

naspo (manichetta) (*antincendio*), Schlauch (*m.*).

nassa (*att. - pesca*), Reusche (*f.*), Reuse (*f.*). 2 antenna a ∼ (*radio*), Reusenantenne (*f.*).

nastratrice (fasciatrice, per confezioni) (*macch.*), Einwickelmaschine (*f.*). 2 ∼ (per cavi) (*macch.*), Bandwickler (*m.*), Bandwickelmaschine (*f.*). 3 ∼ per autoadesivi (*macch. - imball.*), Klebestreifenauftragmaschine (*f.*).

nastratura (*gen.*), Bandage (*f.*). 2 ∼ (di cavi) (*elett. - ecc.*), Bandumwicklung (*f.*). 3 ∼ di indotto (*elett.*), Ankerbandage (*f.*).

nastro (*ind. metall.*), Band (*n.*). 2 ∼ (*ind. tess.*), Band (*n.*). 3 ∼ (di un magnetofono) (*elettroacus.*), Band (*n.*), Tonband (*n.*). 4 ∼ (per schede perforate) (*tecnol.*), Streifen (*m.*). 5 ∼ (per la fabbricazione di tubi) (*tecnol. mecc.*), Streifen (*m.*). 6 ∼ (da macchina per scrivere) (*macch. uff.*), Farbband (*n.*), Band (*n.*). 7 ∼ (banda, perforato p. es.) (*elab. dati*), Band (*n.*), Streifen (*m.*). 8 ∼ (di cartucce, per armi automatiche) (*milit.*), Gurt (*m.*). 9 ∼ (caricatore a nastro) (*arma da fuoco*), Ladestreifen (*m.*). 10 ∼ abrasivo (*mecc.*), Schleifband (*n.*), Schmirgelband (*n.*). 11 ∼ a caldo (nastro laminato a caldo) (*ind. metall.*), Warmband (*n.*). 12 ∼ adesivo (*ind.*), Klebeband (*n.*). 13 ∼ ad espansione (di un freno) (*mecc.*), Spreizband (*n.*). 14 ∼ a freddo (nastro laminato a freddo) (*ind. metall.*), Kaltband (*n.*). 15 ∼ antigroscopico (nastro protettivo contro l'umidità) (*elett.*), Anthygronband (*n.*). 16 ∼ a perforazione incompleta (banda a perforazione incompleta) (*elab. dati*), Schuppenlochstreifen (*m.*). 17 ∼ a strappo (nastrino a strappo) (*imball.*), Abreissband (*n.*). 18 ∼ a strato magnetizzabile (nastro elettromagnetico) (*elettroacus.*), Schichtband (*n.*). 19 ∼ autoadesivo (*ind. chim.*), Selbstklebeband (*n.*), selbstklebendes Band. 20 ∼ autoadesivo armato (*ind.*), Filamentklebeband (*n.*). 21 ∼ con rumore di fondo (senza registrazione sonora) (*elettroacus.*), Raumruheband (*n.*), statisches Band. 22 ∼ continuo (*macch. ind.*), endloses Band. 23 ∼ del freno (*mecc.*), Bremsband (*n.*). 24 ∼ di acciaio (*ind. metall.*), Stahlband (*n.*). 25 ∼ di carda (*ind. tess.*), Faserband (*n.*), Kratzerblatt (*n.*). 26 ∼ di carta (*mft. carta*),

Papierbahn (*f.*), Papierband (*n.*). **27 ~ (di carta) per registratori** (*strum.*), Registrierstreifen (*m.*). **28 ~ di lancio (di un trasportatore)** (*trasp. ind.*), Schleuderband (*n.*). **29 ~ di ottone** (*ind. metall.*), Messingband (*n.*). **30 ~ di pellicola** (*fot.*), Bildstreifen (*m.*). **31 ~ di pettinato** (*ind. tess.*), Zug (*m.*), Kammzug (*m.*). **32 ~ di stiratoio** (*ind. tess.*), Streckband (*n.*). **33 ~ di tessuto metallico** (*macch. ind.*), Drahtgurt (*m.*). **34 ~ grosso** (*ind. tess.*), grobes Band. **35 ~ isolante** (*elett.*), Isolierband (*n.*). **36 ~ largo (di acciaio)** (*ind. metall.*), Breitbandstahl (*m.*). **37 ~ magnetico (nastro per registrazione magnetica)** (*elettroacus.*), Tonband (*n.*), Magnetband (*n.*), Tonstreifen (*m.*), Magnettonband (*n.*). **38 ~ magnetico (ad elementi magnetici incorporati)** (*elettroacus.*), Masseband (*n.*). **39 ~ (magnetico) per archivi** (*elettroacus.*), Archivband (*n.*). **40 ~ originale** (*elab. dati*), Stammband (*n.*). **41 ~ per assemblaggio (nastro trasportatore per particolari da assemblare)** (*ind.*), Fügeband (*n.*). **42 ~ perforato (per comandi automatici)** (*tecnol.*), gelochtes Band, Lochstreifen (*m.*). **43 ~ perforato ad otto canali** (*calc.*), Achtspur-Lochstreifen (*m.*). **44 ~ per (la costruzione di) tubi** (*ind. metall.*), Rohrstreifen (*m.*). **45 ~ per macchina da scrivere** (*macch. uff.*), Schreibmaschinenband (*n.*). **46 ~ per mascheramenti** (*vn.*), Abdeckband (*n.*). **47 ~ per resistenze** (*elett.*), Widerstandsband (*n.*). **48 ~ (per tubazioni) di lamiera** (*ind. metall.*), Blechstreifen (*m.*). **49 ~ per tubi** (*lamin.*), Röhrenstreifen (*m.*). **50 ~ pettinato (pettinato, «top»)** (*ind. tess.*), Kammzug (*m.*), Faserband (*n.*), Zug (*m.*), Kammzugband (*n.*). **51 ~ protettivo contro l'umidità (nastro antigroscopico)** (*elett.*), Antyhgronband (*n.*). **52 ~ trasportatore** (*macch. ind.*), Förderband (*n.*). **53 ~ trasportatore a conca** (*trasp. ind.*), Trogförderband (*n.*). **54 ~ trasportatore ad elementi articolati** (*trasp. ind.*), Gliederband (*n.*). **55 ~ trasportatore continuo (catena)** (*macch. ind.*), Fliessband (*n.*). **56 ~ trasportatore per particolari da assemblare (nastro per assemblaggio)** (*ind.*), Fügeband (*n.*). **57 ~ variazioni** (*calc.*), Änderungsband (*n.*). **58 alimentazione del ~** (*elab. dati*), Streifenvorschub (*m.*), Streifentransport (*m.*). **59 armatura a ~ (di un cavo)** (*elett.*), Bandarmierung (*f.*). **60 bobina del ~** (*elab. dati*), Bandteller (*m.*). **61 caricare il ~ (con cartucce)** (*milit.*), gurten. **62 comandato da ~** (*elab. dati - ecc.*), bandgesteuert. **63 comandato da ~ perforato** (*macch. - ecc.*), lochstreifengesteuert. **64 laminatoio per nastri** (*lamin.*), Streifenwalzwerk (*n.*), Bandwalzwerk (*n.*). **65 lettore di ~** (*app. elab. dati*), Streifenleser (*m.*), Streifenabtaster (*m.*). **66 lettore di nastri perforati** (*app. elab. dati*), Lochstreifenleser (*m.*). **67 metro a ~** (*att.*), Bandmass (*n.*). **68 nucleo a ~ (d'un trasformatore)** (*elett.*), Schnittbandkern (*m.*). **69 regolatore della tensione del ~** (*ind. carta*), Bahnspannungsregler (*m.*). **70 registrare su ~** (*elettroacus.*), auf Band aufnehmen. **71 rumore del ~ (di un nastro magnetico)** (*elettroacus.*), Bandrauschen (*n.*). **72 sega a ~ (segatrice a nastro)** (*macch.*), Bandsäge (*f.*). **73 sensore fine ~ (d'una pressa per tranciatura di precisione p. es.)** (*macch.*), Bandendtester (*m.*). **74 sospensione a ~ teso (d'uno strumento a ferro mobile)** (*strum.*), Spannbandlagerung (*f.*). **75 strumento a ~ luminoso (strumento con indice a nastro luminoso)** (*strum.*), Lichtbandinstrument (*n.*). **76 supporto per ~ magnetico (nastro senza strato magnetizzabile)** (*elettroacus.*), Vorband (*n.*). **77 trasporto sul ramo inferiore del ~** (*trasp.*), Unterbandförderung (*f.*). **78 tratto finale di un ~ perforato** (*calc. - ecc.*), Anhänger (*m.*).

nastroteca (archivio di nastri) (*elab. dati - ecc.*), Bandarchiv (*n.*), Banddatei (*f.*), Streifenbibliothek (*f.*).

natante (*s. - nav.*), Wasserfahrzeug (*n.*). **2 ~ per navigazione interna** (*nav.*), Binnenschiff (*n.*).

natura (*gen.*), Natur (*f.*). **2 ~ (carattere)** (*gen.*), Beschaffenheit (*f.*). **3 ~ del terreno** (*top. - ecc.*), Geländebeschaffenheit (*f.*). **4 rimunerazione in ~** (*lav.*), Sachbezüge (*m. pl.*).

naturale (*gen.*), natürlich. **2 grandezza ~** (*dis.*), wirkliche Grösse.

nativo (*min. - metall.*), gediegen.

naturalista (*scienza*), Naturforscher (*m.*).

naufragio (perdita di una nave) (*nav.*), Schiffbruch (*m.*).

naufrago (*nav.*), Schiffbrüchiger (*m.*).

nautica (*nav.*), Nautik (*f.*), Schiffahrtskunde (*f.*).

navale (*nav.*), nautisch.

navata (di una chiesa) (*arch.*), Schiff (*n.*). **2 ~ centrale** (*arch.*), Mittelschiff (*n.*). **3 ~ laterale** (*arch.*), Seitenschiff (*n.*). **4 ad una ~** (*arch.*), einschiffig. **5 a tre navate (a tre campate)** (*arch. - ed.*), dreischiffig.

nave (*nav.*), Schiff (*n.*). **2 ~ a doppio fasciame (laterale)** (*costr. nav.*), Zweihüllenschiff (*n.*). **3 ~ a due eliche (nave bielica)** (*nav.*), Doppelschraubenschiff (*n.*), Zweischraubenschiff (*n.*). **4 ~ a due ponti** (*nav.*), Zweidecker (*m.*). **5 ~ alla fonda (nave fuori servizio)** (*nav.*), Lieger (*m.*). **6 ~ ammiraglia** (*mar. milit.*), Flaggschiff (*n.*). **7 ~ appoggio** (*mar. milit.*), Tender (*m.*), Versorgungsschiff (*n.*). **8 ~ appoggio (per sommergibili)** (*mar. milit.*), Mutterschiff (*n.*). **9 ~ a propulsione elettrica (elettronave)** (*nav.*), Elektroschiff (*n.*). **10 ~ a struttura mista** (*costr. nav.*), Kompositschiff (*n.*). **11 ~ a tre ponti** (*nav.*), Dreidecker (*m.*). **12 ~ a vapore (piroscafo)** (*nav.*), Dampfschiff (*n.*). **13 ~ a vela (veliero)** (*nav.*), Segelschiff (*n.*). **14 ~ baleniera (baleniera)** (*pesca - nav.*), Walfänger (*m.*), Walfangschiff (*n.*). **15 ~ bananiera** (*nav.*), Bananendampfer (*m.*). **16 ~ bersaglio** (*mar. milit.*), Zielschiff (*n.*). **17 ~ bielica (nave a due eliche)** (*nav.*), Doppelschraubenschiff (*n.*), Zweischraubenschiff (*n.*). **18 ~ che fa acqua** (*nav.*), leckes Schiff. **19 ~ cisterna** (*nav.*), Tanker (*m.*), Tankschiff (*n.*). **20 ~ cisterna per gas (nave per trasporto di gas)** (*nav.*), Gastanker (*m.*). **21 ~ commerciale (nave mercantile)** (*nav.*), Handelsschiff (*n.*). **22 ~ costiera** (*nav.*), Küstenschiff (*n.*). **23 ~ da battaglia** (*mar. milit.*), Schlachtschiff (*n.*). **24 ~ da cabotaggio (nave per navigazione costiera)

navetta

(nav.), Küstenschiff (n.). 25 ~ **da carico** (nav.), Frachtschiff (n.). 26 ~ **da carico per materiale sciolto** (nave da carico per materiali alla rinfusa; carbone, minerale, ecc.) (trasp. nav.), Massengutfrachter (m.). 27 ~ **da guerra** (mar. milit.), Kriegsschiff (n.). 28 ~ **da sbarco** (mar. milit.), Landungsschiff (n.). 29 ~ **da trasporto** (trasporto, di truppe) (mar. milit.), Transportschiff (n.), Transporter (m.). 30 ~ **fattoria** (nav. - pesca), Walfangmutterschiff (n.). 31 ~ **frigorifera** (nav.), Kühlschiff (n.). 32 ~ **gemella** (nav.), Schwesterschiff (n.). 33 ~ **guardacoste** (guardacoste) (nav.), Küstenwachtschiff (n.). 34 ~ **in acciaio** (costr. nav.), Stahlschiff (n.). 35 ~ **ingovernabile** (nav.), manövrierunfähiges Schiff. 36 ~ **in legno** (nav.), Holzschiff (n.). 37 ~ **mercantile** (nave commerciale) (nav.), Handelsschiff (n.). 38 ~ **metaniera** (metaniera) (costr. nav.), Methan-Tanker (m.), LNG-Tanker (m.). 39 ~ **mista** (per merci e passeggeri) (nav.), Kombischiff (n.), Passagier- und Frachtschiff (n.). 40 ~ **ospedale** (mar. milit.), Lazarettschiff (n.). 41 ~ **passeggeri** (nav.), Passagierschiff (n.), Fahrgastschiff (n.). 42 ~ **(per navigazione) costiera** (nave da cabotaggio) (nav.), Küstenschiff (n.). 43 ~ **per osservazioni meteorologiche** (nav.), Wetterbeobachtungsschiff (n.). 44 ~ **per ricuperi** (nav.), Bergungsschiff (n.). 45 ~ **per rilevamenti idrografici** (nav. - geofis.), Vermessungsschiff (n.). 46 ~ **per trasporto bestiame** (nav.), Viehtransporter (m.). 47 ~ **per trasporto di gas** (cisterna per trasporto di gas) (nav.), Gastanker (m.). 48 ~ **(per trasporto) passeggeri** (nav.), Fahrgastschiff (n.), Passagierschiff (n.). 49 ~ **per trivellazioni** (nav. - min.), Bohrschiff (n.). 50 ~ **portaerei** (portaerei) (aer. - mar. milit.), Flugzeugträger (m.), Träger (m.). 51 ~ **portachiatte** (trasp. nav.), Leichter-Trägerschiff (n.), Lash-Trägerschiff (n.). 52 ~ **portacontainer** (trasp. - nav.), Containerschiff (n.). 53 ~ **posacavi** (posacavi) (nav.), Verlegungsschiff (n.), Kabelleger (m.). 54 ~ **posamine** (posamine) (mar. milit.), Minenleger (n.). 55 ~ **pronta senza carichi** (nav.), Schiff fertig leer. 56 ~ **propaniera** (propaniera) (costr. nav.), Propantanker (m.), LPG-Tanker (m.). 57 ~ **scuola** (mar. milit.), Schulschiff (n.). 58 ~ **spaziale** (astronautica), Raumschiff (n.). 59 ~ **spaziale con propulsione a razzi** (astronautica), Raketenraumschiff (n.). 60 ~ **speciale** (nav.), Spezialschiff (n.). 61 ~ **traghetto** (traghetto) (nav.), Fährschiff (n.), Fähre (f.). 62 ~ **trasporto truppe** (trasporto di truppe) (mar. milit.), Truppentransporter (m.). 63 ~ **turboelettrica** (nav.), Turbinen-Elektroschiff (n.). 64 **a mezza** ~ (al trasverso) (avv. - nav.), dwars, mittschiffs. 65 **resistenza al moto della** ~ (nav.), Schiffswiderstand (m.). 66 **stabilità della** ~ (costr. nav.), Schiffsstabilität (f.).

navetta (spola) (macch. tess.), Schiffchen (n.), Schütze (m.). 2 ~ (di una macch. per cucire) (macch. tess.), Schiffchen (n.). 3 ~ **spaziale** (astronautica), Raumfähre (f.). 4 **albero (di) comando (della)** ~ (albero secondario, albero dei cuori, nelle macchine tessili) (macch. tess.), Unterwelle (f.), Schlagwelle (f.). 5 **caccianavette** (macch. tess.), Schützenschieber (m.). 6 **lancio della** ~ (macch. tess.), Schützenwurf (m.).

navicella (gondola, di un motore di aeromobile) (aer.), Gondel (f.), Motorengondel (f.). 2 ~ **del pallone** (aer.), Ballonkorb (m.). 3 ~ **di comando** (di un dirigibile) (aer.), Führergondel (f.).

navigabile (nav.), schiffbar.

navigabilità (nav.), Fahrbarkeit (f.), Hochseetüchtigkeit (f.). 2 ~ (aer.), Lufttüchtigkeit (f.).

navigare (nav. - aer.), fahren, schiffen. 2 ~ **a vela** (nav.), segeln. 3 ~ **in crociera** (nav.), kreuzen.

« navigatore » (ufficiale di rotta) (aer.), Flugzeugorter (m.), Navigator (m.), Orter (m.), Navigationsoffizier (m.).

navigazione (navig.), Navigation (f.). 2 ~ (navig. - nav.), Schiffahrt (f.), Navigation (f.). 3 ~ **ad alta quota** (navig. - aer.), Höhennavigation (f.). 4 ~ **aerea** (navig. - aer.), Luftnavigation (f.), Flugnavigation (f.). 5 ~ **aerea radioassistita** (navigazione aerea radioguidata) (navig. - aer.), Flugfunknavigation (f.). 6 ~ **alla vela** (navigazione senza strascico, di un peschereccio) (pesca - nav.), Freifahrt (f.). 7 ~ **a rimorchio** (nav.), Schleppschiffahrt (f.), Schleppfahrt (f.). 8 ~ **astronomica** (navig. - nav.), astronomische Navigation, Astronavigation (f.). 9 ~ **a vapore** (nav.), Dampfschiffahrt (f.). 10 ~ **a vela** (nav.), Segelschiffahrt (f.). 11 ~ **con lo strascico** (di un motopeschereccio) (nav.), Schleppfahrt (f.). 12 ~ **costiera** (cabotaggio) (navig. - nav.), Küstenschiffahrt (f.). 13 ~ **da diporto** (nav.), Vergnügungsschiffahrt (f.). 14 ~ **di lungo corso** (in tutti i mari e porti del mondo) (navig. - nav.), grosse Fahrt. 15 ~ **fluviale** (nav.), Fluss-Schiffahrt (f.). 16 ~ **fluviale a rimorchio** (nav.), Kettenschleppschiffahrt (f.), Seilschiffahrt (f.), Tauerei (f.). 17 ~ **in emersione** (d'un sommergibile) (mar. milit.), Überwasserfahrt (f.). 18 ~ **inerziale** (navig.), Trägheitsnavigation (f.), Inertial-Navigation (f.). 19 ~ **in immersione** (d'un sommergibile) (mar. milit.), Unterwasserfahrt (f.). 20 ~ **interna** (nav. - navig.), Binnenschiffahrt (f.). 21 ~ **iperbolica** (navig.), Hyperbelverfahren (n.). 22 ~ **libera** (navigazione senza strascico, di un peschereccio) (nav.), Freifahrt (f.). 23 ~ **lossodromica** (navig.), loxodromische Navigation. 24 ~ **marittima** (navig.), Seeschiffahrt (f.). 25 ~ **ortodromica** (navig.), orthodromische Navigation. 26 ~ **osservata** (navig.), terrestrische Navigation. 27 ~ **stimata** (navig.), Koppelnavigation (f.). 28 ~ **VOR** (navigazione con radiofaro onnidirezionale) (aer. - navig.), VOR-Navigation (f.). 29 **atto alla** ~ **aerea** (aer.), lufttüchtig. 30 **compagnia di** ~ (nav.), Reederei (f.), Schiffahrtsunternehmen (n.). 31 **linea di** ~ (navig.), Schiffahrtslinie (f.), Wasserstrecke (f.). 32 **sistema di** ~ **a base lunga** (radio - navig.), Langbasisverfahren (n.). 33 **sistema di** ~ **Decca** (navig.), Decca-Navigationssystem (n.).

nazionale (industria p. es.) (gen.), inländisch, einheimisch.

nazionalità (*leg.*), Staatsbürgerrecht (*n.*), Nationalität (*f.*).
nazionalizzare (*ind. - ecc.*), verstaatlichen, sozialisieren, nationalisieren.
nazionalizzazione (*ind.*), Verstaatlichung (*f.*), Sozialisierung (*f.*), Nationalisierung (*f.*).
Nb (niobio, columbio) (*chim.*), Nb, Niob (*n.*).
NBR (gomma acrilo-nitrilica, butadiene-acrilonitrile) (*ind. chim.*), NBR, Acrylnitril-Kautschuk (*m.*).
Nd (neodimio) (*chim.*), Nd, Neodym (*n.*).
Ne (neon, neo) (*chim.*), Ne, Neon (*n.*). 2 ~ (numero di Newton, forza inerziale relativa) (*mecc.*), Ne, Newton-Zahl (*f.*).
N-E (nord-est) (*geogr.*), NO, Nordosten (*m.*).
nebbia (*meteor.*), Nebel (*m.*). 2 ~ d'olio (vapori di olio, per lubrificazione) (*mot. - macch.*), Ölnebel (*m.*), Öldunst (*m.*), Ölstaub (*m.*). 3 ~ salina (*tecnol.-meteor.*), Salzsprühnebel (*m.*). 4 echi da banchi di ~ (*radar*), Nebelechos (*n. pl.*). 5 prova a ~ salina (di una vernice p. es.) (*tecnol.*), Salzsprühprobe (*f.*), Salzsprühnebelprüfung (*f.*). 6 prova di corrosione a ~ (*tecnol. mecc.*), Sprühversuch (*m.*).
nebbioso (*meteor.*), nebelig.
nebulizzare (polverizzare, un liquido) (*gen.*), zerstäuben.
nebulizzatore (polverizzatore, per liquidi) (*app.*), Zerstäuber (*m.*).
nebulizzazione (polverizzazione, di liquidi) (*gen.*), Zerstäubung (*f.*). 2 impianto di ~ («sprinkler») (*antincendio*), Sprinkler (*m.*), Sprinkleranlage (*f.*).
nebulosa (*astr.*), Nebel (*m.*). 2 ~ a spirale (*astr.*), Spiralnebel (*m.*).
necessità (*gen.*), Nötigkeit (*f.*), Bedarf (*m.*). 2 in caso di ~ (all'occorrenza) (*gen.*), bei Bedarf.
necessitare (richiedere, abbisognare, esigere) (*gen.*), bedürfen.
nefelometro (per la misurazione della torbidità e della concentrazione) (*strum. - fis.*), Nephelometer (*n.*), Turbidimeter (*n.*).
nefeloscopio (nefoscopio) (*app. meteor.*), Bewölkungsmesser (*m.*).
nefoscopio (nefeloscopio) (*app. meteor.*), Bewölkungsmesser (*m.*).
negativa (immagine) (*s. - fot.*), Negativ (*n.*).
negativo (*a. - gen.*), negativ. 2 ~ (*a. - elett.*), minus, negativ. 3 ~ (pellicola cinematografica negativa) (*s. - cinem.*), Bild-Negativ (*n.*). 4 catalisi negativa (*chim.*), Reaktionshemmung (*f.*).
negatore (invertitore, circuito binario che inverte il significato d'un segnale in entrata) (*calc.*), Negator (*m.*), Inverter (*m.*).
negatoscopio (*app.*), Negativschaukasten (*m.*).
negatrone (*radio*), Negatron (*n.*).
negazione (*calc.*), Negation (*f.*).
negligenza (*gen.*), Sorglösigkeit (*f.*), Fahrlässigkeit (*f.*).
negoziabile (in borsa, titoli p. es.) (*finanz.*), börsenfähig.
negoziabilità (*comm.*), Begebbarkeit (*f.*). 2 ~ (di titoli) (*finanz.*), Bankfähigkeit (*f.*).
negoziante («dettagliante», rivenditore) (*comm.*), Kleinhändler (*m.*), Detailhändler (*m.*), Detaillist (*m.*), Detailverkäufer (*m.*).
negoziare (*comm.*), begeben.

negozio (di vendita) (*comm.*), Laden (*m.*), Kaufladen (*m.*). 2 ~ self-service (*comm.*), ISB-Laden (*m.*), Institut für Selbstbedienung-Laden (*m.*). 3 commessa di ~ (*lav.*), Ladnerin (*f.*).
nematico (cristallo liquido) (*chim. - min.*), nematisch.
nembo (nube da 600 a più di 6000 m di altezza) (*meteor.*), Nimbus (*m.*), Regenwolke (*f.*).
nembo-strato (*meteor.*), Nimbostratus (*m.*).
neodimio (*Nd - chim.*), Neodym (*n.*).
neogeno (tipo di argentone col 58% Cu, 12% Ni; 27% Zn, 2% Sn, Al, Bi) (*lega*), Neogen (*n.*).
neolitico (*geol.*), neolithisch.
neon (*Ne - chim.*), Neon (*n.*).
neoprene (*chim.*), Neopren (*n.*).
neozoico (quaternario) (*geol.*), Neozoikum (*n.*), Känozoikum (*n.*).
neper (N, unità di misura dell'attenuazione in condutture elettriche) (*mis.*), Neper (*n.*).
nepermetro (*app. elett.*), Nepermeter (*n.*).
nepotismo (*finanz. - ecc.*), Vetternwirtschaft (*f.*).
nero (*a. - colore*), schwarz. 2 ~ (colore nero) (*s. - colore*), Schwarz (*n.*). 3 ~ animale (carbone animale, nero d'ossa, spodio) (*ind. chim.*), Tierschwarz (*n.*), tierische Kohle, Knochenkohle (*f.*), Spodium (*n.*). 4 ~ da stampa (inchiostro da stampa) (*tip.*), Druckerschwärze (*f.*), Schwärze (*f.*). 5 ~ di alizarina (*chim.*), Alizarinschwarz (*n.*). 6 ~ di fonderia (vernice, per forme) (*fond.*), Schlichte (*f.*), Schwärze (*f.*), Formschlichte (*f.*), Formschwärze (*f.*). 7 ~ di lampada (nerofumo di lampada) (*chim.*), Lampenschwarz (*n.*). 8 ~ d'ossa (nero animale, carbone animale, spodio) (*ind. chim.*), Tierschwarz (*n.*), tierische Kohle, Knochenkohle (*f.*), Spodium (*n.*). 9 alzata del ~ (*telev.*), Schwarzabhebung (*f.*). 10 circuito regolatore del livello del ~ (*telev.*), Schwarzsteuerschaltung (*f.*). 11 corpo ~ (*fis.*), schwarzer Körper, schwarzer Strahler, Planckscher Strahler. 12 cresta del ~ (difetto *telev.*), Maximum an Schwarz (*n.*). 13 dare il ~ (verniciare) (*fond.*), schlichten, schwärzen. 14 livello del ~ (*telef.*), Schwarzpegel (*m.*). 15 più ~ del (*telev.*), Schwärzer-als-Schwarz (*n.*). 16 regolatore automatico del livello del ~ (*telev.*), Schwarzautomatik (*f.*). 17 regolazione del livello del ~ (ripristino della corrente continua) (*telev.*), Schwarzsteuerung (*f.*), Rückstellung des Gleichstroms.
nerofumo (fuliggine) (*comb.*), Russ (*m.*). 2 ~ di lampada (*ind. chim.*), Lampenruss (*m.*), Lampenschwarz (*m.*).
nervare (*mecc. - ed.*), rippen, verrippen.
nervatrice (per l'esecuzione di nervature di irrigidimento su corpi cilindrici di lamiera) (*macch. lav. lamiere*), Sickenmaschine (*f.*).
nervatura (rinforzo p. es.) (*ed. - mecc.*), Rippe (*f.*). 2 ~ (del corpo di una biella p. es.) (*mecc. - ecc.*), Rippe (*f.*), Steg (*m.*). 3 ~ (per l'irrigidimento delle lamiere) (*tecnol. mecc.*), Sicke (*f.*). 4 ~ (esecuzione di scanalature a scopo di irrigidimento) (*lav. lamiere*), Sicken (*n.*), Sieken (*n.*). 5 ~ a

nettapiedi

croce (*ed.*), Kreuzrippe (*f.*). 6 ~ **alla pressa** (nervatura da presso-flessione, nel mantello di corpi cavi) (*lav. lamiera*), Knicksicken (*n.*). 7 ~ **a stampo** (continua, esecuzione di nervatura a stampo, di lamiere) (*tecnol. mecc.*), Stanzsicken (*n.*). 8 ~ **da pressoflessione** (nervatura alla pressa, del mantello di corpi cavi) (*lav. lamiera*), Knicksicken (*n.*). 9 ~ **di raffreddamento** (aletta di raffreddamento) (*mecc. - ecc.*), Kühlrippe (*f.*). 10 ~ **di rinforzo** (*mecc. - ed.*), Verstärkungsrippe (*f.*), Stützrippe (*f.*). 11 ~ **di rinforzo a zig-zag** (per bancali di torni) (*macch. ut.*), Petersverrippung (*f.*). 12 ~ **secondaria** (*ed.*), Nebenrippe (*f.*). 13 con ~ **trasversale** (*mecc. - ecc.*), quergerippt.
nettapiedi (*ed.*), Abtreter (*m.*). 2 ~ (di ferro) (*ed.*), Kratzeisen (*n.*). 3 ~ (zerbino) (*ed.*), Fussmatte (*f.*).
netto (*comm. - trasp.*), netto, rein. 2 **peso** ~ (*comm.*), Reingewicht (*n.*). 3 **stazza netta** (*nav.*), Nettoraumgehalt (*m.*). 4 **utile** ~ (*contabilità - comm.*), Reinertrag (*m.*), Reingewinn (*m.*).
nettunio (*Np - chim.*), Neptunium (*n.*).
neutralizzare (*chim.*), neutralisieren.
neutralizzazione (*chim.*), Neutralisation (*f.*), Absättigung (*f.*). 2 ~ (disacidificazione, decomposizione termica di carbonati) (*metall.*), Entsäuerung (*f.*). 3 ~ **di elettricità statica** (*app.*), Entelektrisation (*f.*). 4 ~ **in latte di calce** (immersione in latte di calce) (*tecnol. mecc.*), Kälken (*n.*). 5 **calore di** ~ (*chim.*), Neutralisationswärme (*f.*).
neutrino (particella senza massa) (*fis.*), Neutrino (*n.*).
neutro (*a. - gen.*), neutral. 2 ~ (conduttore neutro) (*s. - elett.*), Knotenpunktleiter (*m.*), Mittelleiter (*m.*), Sternpunktleiter (*m.*). 3 ~ (autovettura in curva, nè sotto- nè sovrasterzante) (*a. - aut.*), neutral. 4 ~ (particella, senza carica) (*a. - fis.*), ungeladen. 5 ~ **a massa** (conduttore neutro a massa) (*elett.*), Nulleiter (*m.*), fest geerdeter Sternpunktleiter. 6 ~ **di alluminio** (*elett.*), Aluminium-Nulleiter (*m.*), NLA. 7 ~ **di rame** (*elett.*), Kupfer-Nulleiter (*m.*), NLC. 8 ~ **non a massa** (*elett.*), nichtgeerdeter Nulleiter. 9 ~ **portato fuori** (*elett.*), herausgeführter Nullpunkt. 10 **centro** ~ (punto neutro) (*elett.*), neutraler Punkt. 11 **conduttore** ~ (*elett.*), Knotenpunktleiter (*m.*), Mittelpunktleiter (*m.*), Sternpunktleiter (*m.*). 12 **con** ~ **a massa** (*elett.*), genullt. 13 **posizione neutra** (delle ruote, senza inclinazione) (*aut.*), gestreckte Stellung. 14 **punto** ~ (centro neutro) (*elett.*), neutraler Punkt. 15 **sterzo** ~ (nè sovra- nè sottosterzante) (*aut.*), neutrale Lenkung.
neutrocondensatore (*radio*), Neutrokondensator (*m.*).
neutrodina (*radio*), Neutrodynschaltung (*f.*), Neutralisierungsschaltung (*f.*).
neutrone (particella) (*fis. atom.*), Neutron (*n.*). 2 ~ **di fissione** (*fis. atom.*), Spaltneutron (*n.*). 3 ~ **diffuso** (*fis. atom.*), Streuneutron (*n.*). 4 ~ **epicadmico** (*fis. atom.*), Epicadmium-Neutron (*n.*). 5 ~ **immediato** (*fis. atom.*), promptes Neutron. 6 ~ **lento** (*fis. atom.*), langsames Neutron. 7 ~ **rapido** (*fis. atom.*), schnelles Neutron. 8 ~ **ritardato** (*fis. atom.*), verzögertes Neutron. 9 ~ **veloce** (*fis. atom.*), schnelles Neutron. 10 ~ **vergine** (*fis. atom.*), jungfräuliches Neutron. 11 **cattura di neutroni** (*fis. atom.*), Neutroneneinfang (*m.*). 12 **contatore di neutroni** (*app. fis. atom.*), Neutronenzählrohr (*n.*). 13 **reattore a neutroni lenti** (*fis. atom.*), Reaktor mit langsamen Neutronen. 14 **reattore a neutroni veloci** (*fis. atom.*), Reaktor mit schnellen Neutronen. 15 **tubo contatore di neutroni** (*app.*), Neutronenzählrohr (*n.*).
neutrotrasformatore (*radio*), Neutrotransformator (*m.*).
nevaio (*geol.*), Firn (*m.*).
nevato (vedretta, gramolada) (*s. - geol.*), Firnfeld (*n.*).
neve (*meteor.*), Schnee (*m.*). 2 ~ (effetto neve, piccoli punti luminosi sullo schermo) (*difetto telev.*), Schnee (*m.*). 3 ~ **battuta** (neve pressata) (*traff. strad.*), Schneeglätte (*f.*). 4 ~ **farinosa** (*meteor.*), Pulverschnee (*m.*). 5 ~ **granulosa** (« firn ») (*meteor.*), Firn (*m.*). 6 ~ **pressata** (neve battuta) (*traff. strad.*), Schneeglätte (*f.*). 7 **fiocco di** ~ (*meteor.*), Schneeflocke (*f.*). 8 **senza** ~ (non innevato) (*sport - ecc.*), schneefrei, aper (*austr. e svizz.*).
nevicare (*meteor.*), schneien.
newton (N, unità di mis. della forza = 100.000 dyn ≈ 0,1 kp) (*fis.*), Newton (*n.*), N. 2 ~ **-metro** (N · m unità SI per momenti) (*unità di mis.*), Newton-Meter (*m.*), N · m. 3 **leggi di** ~ (principi fondamentali della meccanica) (*fis.*), Newton'sche Axiome. 4 **numero di** ~ (Ne, forza inerziale relativa) (*mecc.*), Newton-Zahl (*f.*), Ne.
newtoniano (*fis.*), Newtonsch. 2 **liquido** ~ (*fis.*), Newtonsche Flüssigkeit.
nF (nanofarad, 10^{-9} farad) (*unità di mis.*), nF, Nanofarad (*n.*).
Ni (nichel) (*chim.*), Ni, Nickel (*n.*).
nicalloy (lega speciale di nichel; 40-50% Ni e 60-50% Fe) (*lega*), Nicalloy (*n.*).
nicchia (nel muro) (*arch.*), Nische (*f.*), Mauernische (*f.*), Wandvertiefung (*f.*). 2 ~ (cavità) (*mecc.*), Ausnehmung (*f.*), Einstich (*m.*). 3 ~ (d'una galleria) (*ing. civ.*), Nische (*f.*). 4 ~ (dei bruciatori) (*forno*), Brennhütte (*f.*), Hundehütte (*f.*).
nichel (nichelio, nickel) (*Ni - chim.*), Nickel (*n.*). 2 ~ **lucido** (*metall. - elettrochim.*), Glanznickel (*n.*). 3 ~ **in lastre** (*metall.*), Platten-Nickel (*n.*), Plani (*n.*). 4 ~ **semilucido** (*metall. - elettrochim.*), Halbglanznickel (*n.*). 5 **vetriolo di** ~ (morenosite, $NiSO_4 \cdot 7H_2O$) (*metall.*), Nickelvitriol (*n.*).
nichelio (nichel, nickel) (*Ni - chim.*), Nickel (*n.*).
nichelare (*tecnol. mecc. - elettrochim.*), nickelplattieren, vernickeln.
nichelato (*tecnol. mecc. - elettrochim.*), nickelplattiert, vernickelt.
nichelatura (*tecnol. mecc. - elettrochim.*), Nickelplattieren (*n.*), Vernickelung (*f.*). 2 ~ **a spruzzo** (*tecnol. mecc.*), Nickelspritzen (*n.*). 3 **asportare la** ~ (togliere la nichelatura) (*tecnol. mecc.*), entnickeln.
nichelina (lega di nichel, per resistenze elet-

triche; lega col 55-68% di rame, 33-19% di nichel e 18% di zinco, ad alta resistenza elettrica) (*metall. - elett.*), Nickelin (*n.*).
nickel (nichel, nichelio) (*Ni - chim.*), Nickel (*n.*).
nicotina ($C_{10}H_{14}N_2$) (*chim.*), Nikotin (*n.*), Pyridyl-N-Methylpyrrolidin (*n.*).
« nicotrurazione » (tratt. term. a 570 °C col 50% di endogas e 50% di ammoniaca) (*tratt. term.*), « Nikotrieren » (*n.*).
nicromo (lega speciale di nichel per resistenze; 60-95% Ni, 5-32,5% Cr, 0-24% Fe, Mn, Si) (*lega*), Nichrome (*n.*).
nido (postazione, di una mitragliatrice p. es.) (*milit.*), Nest (*n.*), M-G-Nest (*n.*).
niello (amalgama speciale per ornamentazione metallica) (*metall.*), Niello (*f.*), Schwarzschmelz (*m.*).
nilpotente (elemento non nullo una potenza del quale sia nulla) (*mat.*), nilpotent.
nimol (niresist, ghisa speciale austenitica) (*fond.*), Nimol (*n.*).
nimonic (acciaio con 62-80% Ni, 20% Cr, max 18% Co) (*metall.*), Nimonic (*n.*).
niobio (columbio) (*Nb - chim.*), Niobium (*n.*), Columbium (*n.*), Niob (*n.*).
nipagina (conservante per prodotti alimentari) (*chim.*), Nipagin (*n.*).
Nipkow, disco di ∼ (*telev.*), Nipkowscheibe (*f.*).
nippel (nipplo, raccordo filettato) (*mecc.*), Nippel (*m.*).
nipplo (nippel, raccordo filettato) (*mecc.*), Nippel (*m.*).
niresist (nimol, ghisa speciale austenitica) (*fond.*), Niresist (*n.*).
nistagmo (tremolio degli occhi) (*med. - lav.*), Nystagmus (*m.*).
nit (unità di misura per la luminanza, 1 nit = 1 cd/m²) (*unità di mis.*), Nit (*n.*).
nitidezza (definizione, dell'immagine) (*fot. - ecc.*), Schärfe (*f.*).
nitido (definito, immagine) (*fot. - ecc.*), scharf. 2 poco ∼ (immagine) (*ott.*), unscharf.
nitometro (misuratore di luminanza) (*app. ott.*), Leuchtdichtemesser (*m.*).
niton (nito, emanazione di radio, radon) (*chim. - radioatt.*), Niton, Nt, Radon, Rn, Radiumemanation (*f.*).
nitrare (*chim.*), nitrieren.
nitrato (*chim.*), Nitrat (*n.*). 2 ∼ (salnitro, nitrato di sodio o potassico) (*chim. - agric.*), Nitrat (*n.*). 3 ∼ d'argento ($AgNO_3$) (*chim.*), Silbernitrat (*n.*). 4 ∼ d'argento (pietra lunare, pietra infernale) (*min. - med.*), Silbernitrat (*n.*), Silberätzstein (*m.*), Höllenstein (*m.*). 5 ∼ del Cile ($NaNO_3$) (nitrato di sodio) (*ind. chim.*), Chilesalpeter (*m.*), Natriumnitrat (*n.*), Natronsalpeter (*m.*). 6 ∼ **di ammonio** (*chim.*), Ammoniumsalpeter (*m.*), Ammoniumnitrat (*n.*). 7 ∼ **di calcio** [$Ca(NO_3)_2$] (*chim.*), Kalziumnitrat (*n.*), Kalksalpeter (*m.*). 8 ∼ **di potassio** (KNO_3) (salnitro) (*chim.*), Kaliumnitrat (*n.*), Kalisalpeter (*m.*). 9 ∼ **di sodio** ($NaHO_3$) (*chim.*), Natriumnitrat (*n.*), Natronsalpeter (*m.*). 10 ∼ **potassico** (KNO_3) (salnitro) (*chim.*), Kalisalpeter (*m.*), Kaliumnitrat (*n.*).

nitrazione (*chim.*), Nitrieren (*n.*), Nitrierung (*f.*). 2 ∼ **in bagno** (*chim.*), Badnitrieren (*n.*).
nitrificazione (*agric.*), Nitrifikation (*f.*).
nitrile (*chim.*), Nitril (*n.*).
nitrito (*chim.*), Nitrit (*n.*). 2 ∼ **etilico** (C_2H_5ONO) (acceleratore di accensione) (*chim. - mot.*), Äthylnitrit (*n.*).
nitrobenzene ($C_6H_5NO_2$) (essenza di mirbana, essenza di mandorle amare, nitrobenzolo) (*chim.*), Nitrobenzol (*n.*), Mirbanöl (*n.*).
nitrobenzolo ($C_6H_5NO_2$) (nitrobenzene, essenza di mirbana, essenza di mandorle amare) (*chim.*), Nitrobenzol (*n.*), Mirbanöl (*n.*).
nitrocellulosa (*chim.*), Nitrozellulose (*f.*), Nitrozellstoff (*m.*). 2 **pellicola alla** ∼ (pellicola il cui supporto è formato da nitrocellulosa) (*fot.*), Nitrofilm (*m.*).
nitrocotone (cotone fulminante) (*espl.*), Schiessbaumwolle (*f.*).
nitroglicerina [$C_3H_5(NO_3)_3$] (*espl.*), Nitroglyzerin (*n.*), Sprengöl (*n.*).
nitrometro (azotometro) (*app. chim.*), Nitrometer (*n.*), Stickstoffmesser (*m.*).
nitroso (*chim.*), nitros.
nitrossidi (Nx, NO, NO_2, ecc.) (*chim.*), Nitrose (*n. pl.*).
nitrotoluolo (*espl.*), Nitrotoluol (*n.*).
nitrurare (*tratt. term.*), nitrierhärten, versticken, nitrieren.
nitrurato (*tratt. term.*), nitriert. 2 ∼ **a gas** (*tratt. term.*), gasnitriert. 3 ∼ **in bagno** (*tratt. term.*), badnitriert.
nitrurazione (*tratt. term.*), Nitrieren (*n.*), Aufsticken (*n.*), Nitrierhärtung (*f.*), Versticken (*n.*). 2 ∼ **a gas** (*tratt. term.*), Gasnitrieren (*n.*). 3 ∼ **carburante** (carbonitrurazione, contemporanea carburazione e nitrurazione in gas carburanti ed ammoniaca, seguite da spegnimento in olio oppure acqua) (*tratt. term.*), Karbonitrieren (*n.*), Ni-Carb-Einsatzhärtung (*f.*). 4 ∼ **morbida** (processo Tenifer, nitrurazione Tenifer; nitrurazione in bagno di sali fusi in un crogiolo rivestito con titanio) (*tratt. term.*), Tenifer-Verfahren (*n.*). 5 **ciclo termico di** ∼ (eseguito senza atmosfera nitrurante) (*tratt. term.*), Weichnitrieren (*n.*). 6 **forno di** ∼ (*tratt. term.*), Nitrierofen (*m.*).
nitruro (*chim.*), Nitrid (*n.*).
N·m (newton-metro, unità SI per momenti) (*unità di mis.*), N·m, Newton-Meter (*m.*).
N-N-E (nord-nord-est) (*geogr.*), NNO, Nordnordosten (*m.*).
N-N-O (nord-nord-ovest) (*geogr.*), NNW, Nordnordwesten (*m.*).
NO (numero di ottano) (*mot.*), OZ, Oktanzahl (*f.*). 2 ∼ (nord-ovest) (*geogr.*), NW, Nordwesten (*m.*). 3 ∼ **motore** (NO-MM, numero di ottano determinato con il motore motore) (*comb. - mot.*), Motor OZ, MOZ, Motor-Oktanzahl (*f.*). 4 ∼ **Research Method** (NO-RM, numero di ottano determinato col metodo research) (*mot.*), Research OZ, ROZ, Research-Oktanzahl (*f.*).
nobelio (*No - chim. - radioatt.*), Nobelium (*n.*).
nobile (gas, metallo) (*chim. - metall.*), edel.
nobilitare (materiali, tessili p. es.) (*tecnol. - tess. - ecc.*), veredeln.

nobilitazione (di tessili, materiali sintetici, ecc.) (*tess. - ecc.*), Veredlung (*f.*).
nocchiere (*mar. milit.*), Bootsmaat (*m.*).
nocciolo (*gen.*), Stein (*m.*), Kern (*m.*). **2** ~ (di una punta elicoidale) (*ut.*), Seele (*f.*), Kern (*m.*). **3** ~ (di un reattore, zona di fissione, zona attiva) (*fis. atom.*), Kern (*m.*), Spaltzone (*f.*), aktive Zone. **4** ~ **sporgente** (dell'estremità di una vite) (*mecc.*), Zapfen (*m.*). **5** ~ **sporgente con foro per copiglia** (dell'estremità di una vite) (*mecc.*), Splintzapfen (*m.*). **6** ~ **sporgente conico** (dell'estremità di una vite) (*mecc.*), Kegelzapfen (*m.*). **7 diametro del** ~ (di una punta elicoidale p. es.) (*ut.*), Seelenstärke (*f.*), Kerndicke (*f.*). **8 diametro di** ~ (di una vite) (*mecc.*), Kerndurchmesser (*m.*).
noce (*gen.*), Nuss (*f.*). **2** ~ (puleggia a gola, di un fuso) (*macch. tess.*), Wirtel (*m.*). **3** ~ **americano** (*legno*), Hickory (*m.*).
nocività (*gen.*), Schädlichkeit (*f.*). **2 soglia di** ~ (soglia di tossicità) (*biol.*), Schädlichkeitsgrenze (*f.*).
nocivo (*gen.*), schädlich. **2 emissione di sostanze nocive** (*aut. - ecc.*), Schadstoffemission (*f.*). **3 gas** ~ (*ind. chim.*), schädliches Gas. **4 sostanza nociva** (*chim. - ecc.*), Schadstoff (*m.*), Noxe (*f.*). **5 spazio** ~ (di una macch. a vapore p. es.) (*macch.*), schädlicher Raum.
nodale (*gen.*), Knoten... **2 piano** ~ (*fis.*), Knotenebene (*f.*).
nodo (*gen.*), Knoten (*m.*). **2** ~ (punto nodale) (*gen.*), Knotenpunkt (*m.*), Systempunkt (*m.*). **3** ~ (di onda p. es., punto con ampiezza zero) (*fis.*), Knoten (*m.*). **4** ~ (di una travatura reticolare) (*ed.*), Knotenpunkt (*m.*). **5** ~ (stradale p. es.) (*ferr. - strad.*), Knotenpunkt (*m.*). **6** ~ (legamento) (*nav.*), Knoten (*m.*), Stich (*m.*). **7** ~ (velocità di una nave = 1,852 km/ora) (*nav.*), Knoten (*m.*). **8** ~ (del legno) (*legno*), Ast (*m.*), Knoten (*m.*). **9** ~ (nodulo, grumello, nel tessuto) (*tess.*), Noppe (*f.*), Noppen (*m.*), Knoten im Gewebe. **10** ~ (di un diagramma reticolare) (*progr.*), Knoten (*m.*). **11 nodi** (difetto del legno) (Ästigkeit (*f.*). **12** ~ **del vaccaro** (*nav.*), Plattstich (*m.*). **13** ~ **di oscillazione** (*fis.*), Schwingungsknoten (*m.*). **14** ~ **di Savoia** (*nav.*), Sackstich (*m.*). **15** ~ **dritto** (nodo piano) (*nav.*), Kreuzknoten (*m.*), Schifferknoten (*m.*), Weberknoten (*m.*). **16** ~ **ferroviario** (*ferr.*), Eisenbahnknotenpunkt (*m.*). **17** ~ **parlato** (*nav.*), Slipstek (*m.*), Schlippstek (*m.*). **18** ~ **piano** (nodo dritto) (*nav.*), Kreuzknoten (*m.*), Schifferknoten (*m.*), Weberknoten (*m.*). **19** ~ **resistente a flessione** (d'un traliccio) (*ed.*), Steifknoten (*m.*). **20** ~ **scorsoio** (*nav.*), Kunke (*f.*), Schiebeknoten (*m.*). **21** ~ **stradale** (*strad.*), Stern (*m.*), Knoten (*m.*).
nodoso (*legno*), knotig.
nodulo (*gen.*), Knötchen (*n.*). **2** ~ (*fond. - ecc.*), Knötchen (*n.*). **3** ~ (grumo) (difetto della carta), Knollen (*m.*). **4** ~ (nodo, grumello, nel tessuto) (*tess.*), Noppe (*f.*), Noppen (*m.*), Knoten (*m.*). **5** ~ (corpo estraneo vetroso) (difetto vetro), Glasknoten (*m.*).
noleggiare (*trasp. - nav. - aer.*), frachten, chartern, verchartern, verfrachten.
noleggiatore (*nav. - trasp.*), Charterer (*m.*), Befrachter (*m.*). **2** ~ **di autoveicolo senza autista** (*aut. - comm.*), Selbstfahrer (*m.*).
noleggio (*nav. - trasp.*), Charter (*m.*), Charterung (*f.*), Verfrachtung (*f.*). **2** ~ (di una autovettura) (*aut. - comm.*), Vermietung (*f.*). **3** ~ **a tempo** (*nav. - trasp.*), Charter auf Zeit. **4 contratto di** ~ (*nav. - trasp.*), Chartervertrag (*m.*), Frachtvertrag (*m.*), Charterpartie (*f.*). **5 copia positiva da** ~ (*cinem.*), Verleihkopie (*f.*), Theaterkopie (*f.*), Massenkopie (*f.*).
nolo (prezzo del trasporto) (*nav. - trasp.*), Fracht (*f.*). **2** ~ **giornaliero per carro** (*ferr.*), Wagentag-Vergütung (*f.*).
nome (*gen.*), Name (*m.*). **2** ~ (di persona) (*uff. - ecc.*), Personenname (*m.*), Vorname (*m.*). **3** ~ **commerciale** (denominazione commerciale) (*comm.*), Handelsbezeichnung (*f.*).
nomenclatore (indice) (*gen.*), Namenverzeichnis (*n.*).
nomenclatura (*gen.*), Nomenklatur (*f.*).
nomina (di un rappresentante p. es.) (*leg.*), Bestellung (*f.*).
nominale (*gen.*), nominal. **2** ~ (valore) (*finanz. - ecc.*), augenscheinlich. **3 potenza** ~ (*tecnol.*), Nennleistung (*f.*). **3 valore** ~ (valore teorico) (*gen.*), Nennwert (*m.*), Sollwert (*m.*).
nominare (un sostituto p. es.) (*comm.*), bestellen.
nominativo (nome) (*gen.*), Name (*f.*). **2** ~ **intessuto** (intessitura del nome) (*ind. tess.*), Namenseinwebung (*f.*).
NO-MM (NO motore, numero di ottano determinato con il metodo motore) (*mot.*), Motor OZ, MOZ, Motor-Oktanzahl (*f.*).
nomografia (*mat.*), Nomographie (*f.*).
nomogramma (*mat.*), Nomogramm (*n.*), Rechentafel (*f.*). **2** ~ **radiale** (*mat.*), Strahlnomogramm (*n.*).
nompariglia (nonpariglia, corpo 6) (*tip.*), Nonpareille (*f.*), Sechspunktschrift (*f.*).
nonconduttore (isolante) (*s. - elett.*), Nichtleiter (*m.*), Isolator (*m.*).
nonio (verniero) (*strum.*), Nonius (*m.*). **2 calibro a** ~ (calibro a corsoio) (*ut.*), Schieblehre (*f.*), Schiebelehre (*f.*), Schublehre (*f.*).
nonpariglia (corpo 6) (*tip.*), vedi nompariglia.
NOR (circuito logico) (*autom.*), NOR, Nicht-Oder-Gatter (*n.*), invertiertes ODER.
nord (*geogr.*), Norden (*m.*). **2** ~ **geografico** (*geogr.*), geographischer Norden. **3** ~ **vero** (*navig.*), rechtweisender Norden, rwN.
nord-est (N-E) (*geogr.*), Nordosten (*m.*), NO.
nord-nord-est (N-N-E) (*geogr.*), Nordnordosten (*m.*), NNO.
nord-nord-ovest (N-N-O) (*geogr.*), Nordnordwesten (*m.*), NNW.
NO-RM (NO-Research Method) (*mat.*), ROZ, Research OZ, Research-Oktanzahl (*f.*).
norma (prescrizione, disposizione) (*tecnol. - ecc.*), Norm (*f.*), Vorschrift (*f.*), Bestimmung (*f.*). **2** ~ (tabella, di unificazione p. es.) (*tecnol.*), Normblatt (*n.*). **3** ~ **antinfortunistica** (norma di sicurezza) (*lav. - ind.*), Unfallverhütungsvorschrift (*f.*). **4** ~ **austriaca** (di unificazione) (*tecnol.*), Önorm (*f.*), österreichische Norm. **5** ~ **definitiva** (*tecnol.*), Vollnorm (*f.*). **6 norme di circolazione** (*traff.*), Verkehrsvorschriften (*f. pl.*). **7** ~ **DIN**

(norma tedesca di unificazione, norma per l'industria tedesca) (*tecnol. - ecc.*), Deutsche Industrie-Norm, DIN. **8** ~ **DIN sperimentale** (progetto di norma DIN) (*tecnol. - ecc.*), DIN-Entwurf (*m.*). **9** ~ **di produzione** (norma di lavoro, produzione, stabilita per una fabbrica od operaio) (*organ. lav.*), Soll (*n.*). **10** ~ **di sicurezza** (norma antinfortunistica) (*lav. - ind.*), Unfallverhütungsvorschrift (*f.*). **11** ~ **Gerber** (*telev.*), Gerbernorm (*f.*). **12** ~ **impiantistica** (per impianti elettrici) (*elett.*), Betriebsmittel-Vorschrift (*f.*). **13** ~ **interna** (emessa dal servizio normalizzazione di una grande ditta) (*tecnol. mecc.*), Werknorm (*f.*). **14 norme per il volo a vista** (*aer.*), Sichtflugregeln (*f. pl.*), VFR. **15** ~ **per l'industria tedesca** (norma tedesca di unificazione, norma DIN) (*tecnol. - ecc.*), Deutsche Industrie-Norm, DIN. **16** ~ **provvisoria** (norma di unificazione p. es.) (*tecnol.*), Vornorm (*f.*). **17** ~ **sperimentale** (norma in applicazione sperimentale, norma provvisoria) (*tecnol.*), Vornorm (*f.*). **18 norme sui materiali** (*tecnol.*), Stoffnormen (*f. pl.*). **19** ~ **tecnica** (*tecnol.*), Fachnorm (*f.*). **20** ~ **tedesca di unificazione** (norma per l'industria tedesca, norma DIN) (*tecnol. - ecc.*), Deutsche Industrie-Norm, DIN.

normale (*a. - gen.*), normal, gewöhnlich. **2** ~ (perpendicolare) (*a. - geom. - ecc.*), senkrecht. **3** ~ (normalizzato, unificato) (*a. - tecnol.*), normal, genormt. **4** ~ (perpendicolare) (*s. - geom.*), Normale (*f.*), Senkrechte (*f.*). **5** ~ (pezzo normalizzato, pezzo unificato) (*s. - mecc. - ecc.*), Normteil (*m.*). **6** ~ (perpendicolare) (*a. - min.*), seiger. **7 forza** ~ (nella rettifica) (*lav. macch. ut.*), Zustellkraft (*f.*), Normalkraft (*f.*), Abdrängkraft (*f.*).

normalità (regolarità) (*gen.*), Normalität (*f.*), Regelmässigkeit (*f.*). **2 errore di** ~ (errore di oscillazione assiale, di un disco rotante) (*mecc.*), Planlaufabweichung (*f.*), Axialschlag (*m.*). **3 grado di** ~ (grado di maturità; rapporto fra resistenza a trazione raggiunta e resistenza normale, nella prova di ghise) (*metall. - fond.*), Reifegrad (*m.*), RG.

normalizzare (unificare) (*tecnol.*), normieren. **2** ~ (le relazioni tra paesi p. es.) (*gen.*), bereinigen. **3** ~ (*tratt. term.*), normalglühen.

normalizzato (normale, unificato, di vite p. es.) (*mecc.*), genormt, normiert. **2** ~ (*tratt. term.*), normalgeglüht.

normalizzazione (normazione, unificazione) (*tecnol. - ecc.*), Normung (*f.*). **2** ~ (*tratt. term.*), Normalglühen (*n.*). **3** ~ **dei materiali** (unificazione dei materiali) (*tecnol. mecc.*), Werkstoffnormung (*f.*). **4** ~ **interna** (*ind.*), Werknormung (*f.*). **5** ~ **per l'industria** (unificazione per l'industria) (*ind. - tecnol.*), Industrienormung (*f.*). **6 istituto di** ~ (Ente di unificazione, Ente di normalizzazione) (*tecnol.*), Normenausschuss (*m.*). **7 servizio** ~ (d'una azienda) (*ind.*), Normenstelle (*f.*).

normazione (unificazione) (*tecnol. - ecc.*), *vedi* normalizzazione.

Norton, cambio ~ (scatola Norton) (*macch. ut.*), Nortongetriebe (*n.*), Nortonkasten (*m.*). **2 scatola** ~ (cambio Norton) (*macch. ut.*), Nortonkasten (*m.*), Nortongetriebe (*n.*).

NOS (numero di ottano-strada; determinato su veicolo in marcia) (*mot.*), SOZ, Strassen-Oktan-Zahl (*f.*).

nostromo (*nav.*), Bootsmann (*m.*).

NOT (negazione, circuito logico) (*autom. - ecc.*), Negation (*f.*).

nota (*gen.*), Note (*f.*). **2** ~ (osservazione) (*gen.*), Bemerkung (*f.*), Anmerkung (*f.*), Hinweis (*m.*). **3 note** (su un disegno) (*dis.*), Wortangaben (*f. pl.*). **4** ~ **a margine** (*uff. - ecc.*), Randanmerkung (*f.*), Randbemerkung (*f.*). **5** ~ **a piè di pagina** (nota in calce) (*tip.*), Fussbemerkung (*f.*), Fussnote (*f.*). **6** ~ **del traduttore** (*tip. - ecc.*), Anmerkung des Übersetzers. **7** ~ **di accredito** (*comm.*), Kreditnote (*f.*), Gutschrift (*f.*). **8** ~ **di addebito** (*amm.*), Belastungsanzeige (*f.*), Debetnote (*f.*), Debetanzeige (*f.*). **9** ~ **d'ordinamento** (*ind. tess.*), Schärrapport (*m.*). **10** ~ **in calce** (nota a piè di pagina) (*tip.*), Fussbemerkung (*f.*), Fussnote (*f.*). **11** ~ **spese** (*amm.*), Spesennote (*f.*), Spesenrechnung (*f.*), Kostenaufstellung (*f.*). **12 prima** ~ (*contab.*), Adversarien (*f. pl.*).

notaio (*leg.*), Notar (*m.*).

notariato (*leg.*), Notariat (*n.*).

notarile (*leg.*), notariell. **2 atto** ~ (*leg.*), Notariatsakt (*m.*).

notazione (*elab. dati*), Schreibweise (*f.*), Darstellung (*f.*). **2** ~ **a base** (*elab. - dati*), Basis-Schreibweise (*f.*), Radix-Schreibweise (*f.*). **3** ~ **a base mista** (*elab. dati*), Gemischbasis-Schreibweise (*f.*). **4** ~ **a posizione determinante** (notazione posizionale) (*elab. dati*), Stellenschreibweise (*f.*). **5** ~ **posizionale** (notazione a posizione determinante) (*elab. dati*), Stellenschreibweise (*f.*).

notifica (*gen.*), Bekanntgabe (*f.*), Anzeige (*f.*), Benachrichtigung (*f.*). **2** ~ (lettera d'avviso) (*gen.*), Meldebrief (*m.*). **3** ~ (*leg.*), Meldung (*f.*), offizielle Nachricht, Zustellung (*f.*).

notificare (*gen.*), benachrichtigen. **2** ~ (*leg.*), melden, melden lassen. **3** ~ **mediante affissione** (mettere all'albo) (*gen.*), anschlagen.

notizia (informazione) (*gen.*), Nachricht (*f.*). **2** ~ **stampa** (*giorn.*), Pressenotiz (*f.*), Pressenachricht (*f.*). **3** ~ **ufficiale** (*gen.*), amtliche Nachricht.

notte (*gen.*), Nacht (*f.*).

nottola (listello di legno usato per tendere la lama di una sega a telaio) (*ut.*), Knebel (*m.*).

nottolino (dente di arresto) (*mecc.*), Klinke (*f.*), Sperrzahn (*m.*). **2** ~ **di arresto** (arpione) (*mecc.*), Sperrklinke (*f.*), Knarre (*f.*). **3** ~ **di arresto** (dente di arresto, scontro) (*mecc.*), Gegenklinke (*f.*), Klemmklinke (*f.*). **4** ~ **di trascinamento** (dente) (*mecc.*), Mitnehmer (*m.*), Nase (*f.*).

nottovisore (*app. ott.*), Nachtsichtgerät (*n.*), Nachtfernrohr (*n.*), Nachtzielfernrohr (*n.*), Nachtfahrgerät (*n.*).

novità (un prodotto p. es.) (*comm.*), Neuheit (*f.*). **2** ~ (notizia) (*giorn.*), Neuigkeit (*f.*), Nachricht (*f.*).

novolacca (bachelite A) (*chim.*), Novolak (*n.*).

Np (neper) (*unità di mis.*), Np, Neper (*n.*). **2** ~ (nettunio) (*chim.*), Np, Neptunium (*n.*).

NR (gomma naturale, 1,4 cis poliisoprene naturale) (*chim.*), NR, Naturkautschuk (*m.*).

nsec (nanosecondo, 10^{-9} sec.) (*mis.*), ns, Nanosekunde (*f.*).
Nt (nito, niton) (*chim. - radioatt.*), Nt, Niton (*n.*).
nt (nit, unità di mis. della luminanza, 1 nt = 1 cd/m²) (*unità di mis.*), nt, Nit (*n.*).
Nu (numero di Nusselt) (*fis. - term.*), Nu, Nusseltzahl (*f.*).
nu (ν, lettera greca) (*tip.*), Ny, ν.
nube (nuvola) (*meteor. - ecc.*), Wolke (*f.*). 2 ~ **ascendente** (*meteor.*), Aufgleitwolke (*f.*). 3 ~ **di base** (di una esplosione atomica) (*fis. atom.*), Basiswolke (*f.*). 4 ~ **elettronica** (*elettronica*), Elektronenwolke (*f.*). 5 ~ **temporalesca** (nembo) (*meteor.*), Gewitterwolke (*f.*), Schwark (*m.*). 6 **altezza nubi** (*meteor.*), Wolkenhöhe (*f.*), Bewölkungshöhe (*f.*). 7 **altezza minima delle nubi** (*meteor.*), Wolkenuntergrenze (*f.*). 8 **banco di nubi** (*meteor.*), Wolkenbank (*f.*). 9 **coltre di nubi** (*meteor.*), Wolkendecke (*f.*). 10 **eco dalle nubi** (*radar*), Wolkenecho (*n.*). 11 **formazione di nubi** (*meteor.*), Wolkenbildung (*f.*). 12 **indicatore dell'altezza delle nubi** (*radar*), Wolkenhöhenmesser (*m.*), Wolkenentfernungsmessgerät (*n.*). 13 **mare di nubi** (*meteor.*), Wolkenmeer (*n.*). 14 **proiettore per altezza nubi** (per misurare l'altezza da terra delle nubi) (*app. meteor.*), Wolkenscheinwerfer (*m.*), Wolkenhöhenmess-scheinwerfer (*m.*).
nuberotta (fractostrato) (*meteor.*), Fraktostratus (*m.*).
nubifragio (*meteor.*), Wolkenbruch (*m.*).
nucleare (*fis. nucl.*), nuklear. 2 **reattore** ~ (*fis. atom.*), Reaktor (*m.*), Kernreaktor (*m.*), Atommeiler (*m.*). 3 **reazione** ~ (*fis. nucl.*), Kernreaktion (*f.*).
nucleo (*gen.*), Kern (*m.*). 2 ~ (parte nel centro dell'atomo con carica positiva) (*fis. nucl.*), Kern (*m.*). 3 ~ (*elett.*), Kern (*m.*). 4 ~ (della terra) (*geol.*), Erdkern (*m.*), Zentrisphäre (*f.*). 5 ~ **a guscio** (*elett.*), Schalenkern (*m.*). 6 ~ **a nastro** (d'un trasformatore) (*elett.*), Schnittbandkern (*m.*). 7 ~ **atomico** (*fis. atom.*), Atomkern (*m.*). 8 ~ **a UI** (per bobine, tipo di nucleo in lamierini) (*elett.*), UI-Kern (*m.*). 9 ~ **dell'indotto** (*elett.*), Ankerkern (*m.*). 10 ~ **del polo** (parte d'un polo saliente che reca un avvolgimento) (*elett.*), Polkern (*m.*), Polschenkel (*n.*). 11 ~ **di commutazione ad anello** (*elett.*), Schaltringkern (*m.*). 12 ~ **di ferro** (*elett.*), Eisenkern (*m.*). 13 ~ **di ferro dolce** (*elett.*), Weicheisenkern (*m.*). 14 ~ **di lamierini** (*elett.*), Lamellenkern (*m.*). 15 ~ **di memoria** (*calc.*), Speicherkern (*m.*). 16 ~ **di polvere compressa** (*elett.*), Pulverkern (*m.*). 17 ~ **di polvere di ferro** (miscela pressata da ferrocarbonile con legante, usata nelle bobine Pupin p. es.) (*telegr.*), Massekern (*m.*). 18 ~ **di sirufer** (in polvere di ferro) (*radio*), Siruferkern (*m.*). 19 ~ **magnetico** (*elett.*), Magnetkern (*m.*). 20 ~ **mobile** (d'una bobina) (*elett.*), Tauchkern (*m.*). 21 ~ **progenitore** (nucleo radioattivo) (*fis. atom.*), Mutterkern (*m.*). 22 ~ **toroidale** (*elett.*), Ringkern (*m.*). 23 ~ **toroidale a nastro** (*elett.*), Bandringkern (*m.*).
nucleone (*fis. atom.*), Nukleon (*n.*).
nuclide (nucleo dell'atomo) (*fis. atom.*), Nuklid (*n.*).
nudo (*gen.*), nackt, blank, bloss. 2 ~ (*elett. - ecc.*), nackt. 3 ~ (nave senza attrezzature) (*nav.*), kahl.
nullaosta (*gen.*), Unbedenklichkeitserklärung (*f.*).
nullatenente (*a. - finanz.*), vermögenslos.
numerale (*s. - mat.*), Zahlwort (*n.*), Numerale (*n.*).
numerare (*gen.*), numerieren, nummern. 2 ~ **le pagine** (*tip.*), paginieren, mit Seitenzahlen versehen.
numeratore (di una frazione) (*mat.*), Zähler (*m.*). 2 **rullo** ~ (di un contatore) (*mecc.*), Zahlrolle (*f.*).
numeratrice (*macch. per uff.*), Numeriermaschine (*f.*). 2 ~ (stampatrice di numeri progressivi) (*macch.*), Laufnummerstempel (*m.*). 3 ~ (macchinetta per numerare le pagine) (*macch.*), Paginiermaschine (*f.*).
numerazione (*mat.*), Nummerung (*f.*). 2 ~ (per la classificazione dei particolari meccanici p. es.) (*organ.*), Nummerung (*f.*). 3 ~ (della finezza di filati p. es.) (*tess. - ecc.*), Numerierung (*f.*). 4 ~ **decimale** (*mat.*), Zehnernummerung (*f.*). 5 **sistema di** ~ **binaria** (numerazione in base 2) (*mat. - ecc.*), binäre Nummerung, binäres Zahlensystem.
numerico (*gen.*), numerisch. 2 **apertura numerica** (*ott.*), numerische Apertur. 3 **calcolatrice numerica** (*macch. calc.*), numerische Rechenmaschine (*f.*), digitale Rechenmaschine (*f.*). 4 **codice** ~ (*calc. - ecc.*), numerrischer Code. 5 **comando** ~ (controllo numerico) (*autom. - macch. - ecc.*), numerische Steuerung. 6 **comando** ~ **diretto** (CND) (*lav. macch. ut. c/n*), direkte numerische Steuerung, DNC. 7 **comando** ~ **integrato** (*lav. macch. ut. c/n*), integrierte numerische Steuerung. 8 **dato** ~ (*gen.*), Zahlenangabe (*f.*). 9 **esempio** ~ (*gen.*), Zahlenbeispiel (*n.*). 10 **impulso** ~ (*macch. calc.*), Ziffernimpuls (*m.*).
numero (*gen.*), Zahl (*f.*), Nummer (*f.*). 2 ~ (*mat.*), Nummer (*f.*), Zahl (*f.*). 3 ~ (di un logaritmo p. es.) (*mat.*), Numerus (*m.*). 4 ~ (di una rivista p. es.) (*tip.*), Heft (*n.*). 5 ~ **a cinque cifre** (*mat.*), fünfstellige Zahl. 6 ~ **a cinque decimali** (*mat.*), fünfstellige Zahl. 7 ~ **alfanumerico** (successione di lettere e numeri) (*mat.*), alphanumerische Nummer. 8 ~ **al quadrato** (quadrato) (*mat.*), Quadratzahl (*f.*). 9 ~ **atomico** (*chim.*), Ordnungszahl (*f.*), Atomnummer (*f.*), Atomzahl (*f.*). 10 ~ **barionico** (*fis.*), Baryonenzahl (*f.*). 11 ~ **binario** (*calc. - mat.*), Dualzahl (*f.*). 12 ~ **caratteristico** (*gen.*), Kennzahl (*f.*). 13 ~ **cardinale** (*mat.*), Grundzahl (*f.*). 14 ~ **casuale** (*elab. dati*), Zufallszahl (*f.*), Randomzahl (*f.*). 15 ~ **categorico** (numero di disegno) (*mecc. - ecc.*), Teilnummer (*f.*), Sachnummer (*f.*). 16 ~ **categorico** (numero di catalogo) (*mecc. - ecc.*), Katalognummer (*f.*). 17 ~ **complesso** (*mat.*), komplexe Zahl. 18 ~ **dei cilindri** (di un mot. a c. i.) (*mot.*), Zylinderzahl (*f.*). 19 ~ **dei posti** (*veic.*), Platzzahl (*f.*). 20 ~ **dei principi** (di una vite) (*mecc.*), Gangzahl (*f.*). 21 ~ **dei trefoli** (*funi*), Flechtungszahl (*f.*). 22 ~ **del blocco** (caratterizzante il blocco; numero di sequenza) (*elab. dati - macch. ut. c/n*), Satznummer (*f.*). 23 ~ **del codice postale** (codice postale, codice di avviamento

postale, CAP) (*posta*), Postleitzahl (*f.*), LPZ. **24 ~ della pratica** (*uff.*), Aktenzeichen (*n.*). **25 ~ dell'autotelaio** (*aut.*), Fahrgestellnummer (*f.*). **26 ~ delle fasi** (*elett.*), Phasenzahl (*f.*). **27 ~ delle linee** (*telev.*), Anzahl der Bildzeilen. **28 ~ delle maglie** (per cm lineare) (*tecnol.*), Siebnummer (*f.*). **29 ~ delle occupazioni** (*telef.*), Belegungszahl (*f.*). **30 ~ delle passate** (nella saldatura) (*tecnol. mecc.*), Lagezahl (*f.*). **31 ~ delle persone trasportate** (nell'unità di tempo, da un mezzo pubblico) (*veic.*), Beförderungsleistung (*f.*). **32 ~ delle spire** (*elett. - ecc.*), Windungszahl (*f.*). **33 ~ delle tele** (« play rating », indice di resistenza del pneumatico) (*ind. gomma - aut.*), PR-Zahl (*f.*), Ply-Rating-Zahl (*f.*). **34 ~ delle tonnellate trasportate** (nell'unità di tempo, capacità oraria di trasporto di merci) (*veic.*), Beförderungsleistung (*f.*). **35 ~ dell'operazione** (di un ciclo di lavorazione) (*organ. lav.*), Arbeitsfolge (*f.*). **36 ~ dell'ordine interno** (per la fabbricazione di un pezzo) (*organ. lav.*), interne Auftrag-Nummer, interne Auftragsnummer. **37 ~ del telefono** (numero di abbonato) (*telef.*), Fernsprechnummer (*f.*), Rufnummer (*f.*), Anschlussnummer (*f.*). **38 ~ di Abbe** (*ott.*), Abbesche Zahl (*f.*). **39 ~ di abbonato** (*telef.*), Fernsprechnummer (*f.*), Rufnummer (*f.*), Anschlussnummer (*f.*). **40 ~ di accettazione** (del controllo della qualità) (*tecnol. mecc.*), Annahmezahl (*f.*), Gutzahl (*f.*). **41 ~ di acetile** (indice dell'analisi chimica organica) (*chim.*), Acetylzahl (*f.*), Hydroxylzahl (*f.*). **42 ~ di acidità** (mg di KOH necessari per la neutralizzazione degli acidi liberi contenuti in un grammo di grasso lubrificante) (*chim.*), Neutralisationszahl (*f.*), Säurezahl (*f.*). **43 ~ di alternanze** (numero di cicli, nelle prove di fatica) (*tecnol. mecc.*), Lastspielzahl (*f.*). **44 ~ di amperspire** (*elett.*), Aw-Zahl (*f.*). **45 ~ di Avogadro** (numero di Loschmidt) (*chim. - fis.*), Avogadro'sche Zahl, Loschmidt'sche Zahl. **46 ~ di azionamenti** (numero di manovre, d'un app. elett.) (*elett.*), Schaltzahl (*f.*). **47 ~ di catalogo** (numero categorico) (*mecc. - ecc.*), Katalognummer (*f.*). **48 ~ di catrame** (indice di contenuto catramoso, nella prova di oli per isolatori) (*chim. - elett.*), Teerzahl (*f.*), VT-Zahl (*f.*), Verteerungszahl (*f.*). **49 ~ di Cauchy** (Ca, rapporto tra forza d'inerzia e forza elastica) (*mecc.*), Cauchy-Zahl (*f.*), Ca. **50 ~ di cavità** (numero di impronte, di uno stampo per l'iniezione di mat. plast.) (*tecnol.*), Fachzahl (*f.*). **51 ~ di cetano** (di un gasolio p. es.) (*chim. - mot.*), Cetanzahl (*f.*). **52 ~ di cicli** (numero di alternanze, nelle prove a fatica) (*tecnol. mecc.*), Lastspielzahl (*f.*). **53 ~ di cicli limite** (alternanze di carico teoricamente infinite, nelle prove di fatica) (*sc. costr.*), Grenz-Lastspielzahl (*f.*). **54 ~ di codice postale** (numero di CAP) (*posta*), Leitpostzahl (*f.*), LPZ. **55 ~ di costruzione** (numero di identificazione, numero di matricola, di un motore o un telaio ecc.) (*ind.*), Fabrikationsnummer (*f.*), Seriennummer (*f.*), Herstellungsnummer (*f.*), Reihennummer (*f.*). **56 ~ di costruzione del motore** (numero di identificazione del motore) (*mot.*), Motornummer (*f.*). **57 ~ di denti** (di una ruota dentata) (*mecc.*), Zähnezahl (*f.*). **58 ~ di disegno** (numero categorico) (*dis.*), Sachnummer (*f.*). Sach-Nr. **59 ~ di durezza** (Brinell p. es.) (*tecnol. mecc.*), Härtezahl (*f.*). **60 ~ di durezza Brinell** (*tecnol. mecc.*), Brinellzahl (*f.*). **61 ~ di esterificazione** (differenza fra numero di saponificazione e numero di neutralizzazione) (*chim.*), Esterzahl (*f.*). **62 ~ di Eulero** (Eu, rapporto fra forza di compressione e forza d'inerzia) (*sc. costr.*), Euler-Zahl (*f.*), Eu. **63 ~ di fabbricazione** (*ind.*), Fabrikationsnummer (*f.*), Werknummer (*f.*). **64 ~ di fotogrammi al secondo** (velocità di ripresa) (*cinem.*), Gangzahl (*f.*). **65 ~ di Fourier** (Fo, rapporto fra calore trasmesso e calore accumulato) (*term.*), Fourier-Zahl (*f.*), Fo. **66 ~ di Froude** (Fr, rapporto tra forza d'inerzia e forza di gravità) (*fis.*), Froude-Zahl (*f.*), Fr. **67 ~ di giri** (*mot. - macch.*), Umdrehungszahl (*f.*), Tourenzahl (*f.*). **68 ~ di giri** (giri) (*mot. - macch.*), Touren (*f. pl.*). **69 ~ di giri al minuto primo** (*mot. - ecc.*), minutliche Drehzahl, Umdrehungen pro Minute. **70 ~ di giri a pieno carico** (velocità a pieno carico) (*mot.*), Vollastdrehzahl (*f.*). **71 ~ di giri a vuoto** (velocità angolare a vuoto) (*macch. - mot.*), Leerlaufdrehzahl (*f.*). **72 ~ di giri costante** (velocità costante, di un motore) (*mot.*), gleichbleibende Drehzahl, konstante Drehzahl, harte Drehzahl. **73 ~ di giri critico** (*mecc.*), kritische Drehzahl. **74 ~ di giri di avviamento** (*mot.*), Anlassdrehzahl (*f.*). **75 ~ di giri di blocco** (di un convertitore di coppia p. es., velocità di presa diretta) (*mot.*), Riegeldrehzahl (*f.*). **76 ~ di giri di esercizio** (velocità di esercizio) (*mot.*), Betriebsdrehzahl (*f.*). **77 ~ di giri di sovraccarico** (velocità di sovraccarico, di un mot. a. c. i.) (*mot.*), Überlastdrehzahl (*f.*). **78 ~ di giri massimo** (*mot.*), Höchstdrehzahl (*f.*). **79 ~ di giri massimo a pieno carico** (*mot.*), obere Vollastdrehzahl. **80 ~ di giri massimo a vuoto** (limite superiore, velocità minima a vuoto) (*mot.*), obere Leerlaufdrehzahl. **81 ~ di giri minimo a pieno carico** (velocità minima a pieno carico) (*mot.*), untere Vollastdrehzahl. **82 ~ di giri minimo a vuoto** (nel campo di regolazione del numero di giri, limite inferiore velocità minima a vuoto) (*mot.*), untere Leerlaufdrehzahl, kleinste Leerlaufdrehzahl. **83 ~ di giri nominale** (velocità angolare nominale) (*mot. - ecc.*), Nenndrehzahl (*f.*). **84 ~ di giri specifico** (numero di giri del tachimetro per metro percorso) (*app. - aut.*), Wegdrehzahl (*f.*). **85 ~ di giri variabile** (velocità variabile, di un mot.) (*mot.*), veränderliche Drehzahl. **86 ~ di Grätz** (Gz, rapporto tra le quantità di calore trasportate per convezione e per conduzione) (*term.*), Grätz-Zahl (*f.*), Gz. **87 ~ di Grashof** (Gr, rapporto tra forza di sostentamento idrostatico e viscosità) (*mecc. dei fluidi*), Grashof-Zahl (*f.*), Gr. **88 ~ di Hooke** (Ho, forza elastica relativa) (*mecc.*), Hooke-Zahl (*f.*), Ho. **89 ~ di identificazione** (numero di matricola, numero di costruzione, di un motore o di un telaio ecc.) (*ind.*), Seriennummer (*f.*), Herstellungsnummer (*f.*), Rei-

numero

hennummer (f.). **90 ~ di impronte** (di uno stampo per fucinatura) (fucin.), Gravurzahl (f.). **91 ~ di impronte** (numero di cavità di uno stampo per iniezione di mat. plast.) (tecnol.), Fachzahl (f.). **92 ~ di iodio** (per la prova di grassi) (chim.), Jodazhl (f.). **93 ~ di linee/cm** (del retino; finezza del retino) (tip.), Linienzahl/cm (f.), Rasterfeinheit (f.), Rasterweite (f.). **94 ~ di Loschmidt** (numero di Avogadro) (chim. - fis.), Loschmidt'sche Zahl, Avogadro'sche Zahl. **95 ~ di Mach** (rapporto fra una velocità e la velocità del suono) (aer.), Machzahl (f.), Machsche Zahl. **96 ~ di Mach critico** (aer.), Grenz-Machzahl (f.). **97 ~ di Mach di volo** (aer.), Flug-Machzahl (f.). **98 ~ di manovre** (numero di azionamenti, d'un app. elett.) (elett.), Schaltzahl (f.). **99 ~ di massa** (fis. atom.), Massenzahl (f.). **100 ~ di matricola** (numero di costruzione, numero di identificazione, di un motore o di un telaio ecc.) (ind.), Seriennummer (f.), Herstellungsnummer (f.), Reihennummer (f.). **101 ~ d'immatricolazione** (numero di targa) (aut.), Zulassungsnummer (f.). **102 ~ d'impulsi** (del raddrizzamento, indice di ondulazione) (elett.), Pulszahl (f.). **103 ~ di neutralizzazione** (di un olio lubrificante p. es.) (chim.), Neutralisationszahl (f.). **104 ~ di Newton** (Ne, forza inerziale relativa) (mecc.), Newton-Zahl (f.), Ne. **105 ~ d'iniezioni** (nella pressofusione o nello stampaggio di mat. plast.) (fond. - ecc.), Schusszahl (f.). **106 ~ di Nusselt** (Nu) (fis. - term.), Nusselt-Zahl (f.), Nu. **107 ~ di ottano** (carburanti - mot.), Oktanzahl (f.). **108 ~ di ottano motore** (NO motore, NO-MM, determinato col metodo motore) (mot.), Motor-Oktanzahl (f.), MOZ. **109 ~ di ottano research** (NO ricerca, numero di ottano determinato col metodo ricerca) (comb. - aut.), Researchoktanzahl (f.), ROZ. **110 ~ di ottano strada** (determinato su veicolo in marcia; NOS) (comb.), Strassen-Oktan-Zahl (f.), SOZ. **111 ~ di Péclet** (Pe, rapporto fra quantità di calore trasmessa per convezione e per conduzione) (term.), Péclet-Zahl (f.), Pe. **112 ~ di Prandtl** (Pr, rapporto fra attrito prodotto e quantità di calore trasmessa) (fis. - term.), Prandtl-Zahl (f.), Pr. **113 ~ di Rayleigh** (mecc. dei fluidi), Rayleighsche Konstante. **114 ~ di registrazione** (di un brevetto p. es.) (leg.), Aktenzeichen (n.). **115 ~ di Reynolds** (mecc. dei fluidi), Reynoldsche Zahl, Re. **116 ~ di riferimento** (gen.), Kennziffer (f.). **117 ~ di riferimento** (su un disegno p. es.) (gen.), Kennzahl (f.). **118 ~ di rifiuto** (nel controllo della qualità) (tecnol. mecc.), Schlechtzahl (f.), Rückweisezahl (f.). **119 ~ di riserva** (telef.), Reservennummer (f.). **120 ~ di saponificazione** (mg di KOH necessari a neutralizzare gli acidi liberi contenuti in 1 g di olio) (chim.), Verseifungszahl (f.). **121 ~ di sequenza** (numero del blocco, caratterizzante il blocco) (elab. dati - macch. ut. c/n), Satznummer (f.). **122 ~ dispari** (mat.), ungerade Zahl. **123 ~ di spire** (elett.), Windungszahl (f.). **124 ~ di targa** (targa) (aut.), Erkennungsnummer (f.). **125 ~ di trasporto** (degli ioni in un elettrolita) (elettrochim.), Überführungszahl (f.). **126 ~ di una cifra** (mat.), einstellige Zahl. **127 ~ di Wobbe** (caratterizza la potenza termica d'un bruciatore) (comb.), Wobbe-Zahl (f.), WZ. **128 ~ d'ordine** (numero progressivo) (gen.), Laufnummer (f.), laufende Nummer, lfd. Nr. **129 ~ d'ordine** (leg. - ecc.), Ordnungszahl (f.), Ordnungsnummer (f.). **130 ~ d'oro** (di un colloide protettivo) (chim.), Goldzahl (f.), Schutzzahl (f.). **131 ~ finito** (mat.), endliche Zahl. **132 ~ frazionario** (mat.), Bruchzahl (f.). **133 ~ immaginario** ($\sqrt{-a}$) (mat.), imaginäre Zahl. **134 ~ indice** (indice) (statistica), Indexzahl (f.), Indexziffer (f.). **135 ~ intero** (mat.), ganze Zahl. **136 ~ irrazionale** (mat.), irrationale Zahl. **137 ~ KOH** (del lattice di gomma naturale) (tecnol.), KOH-Zahl (f.). **138 ~ legale** (quorum) (amm. - leg.), Beschlussfähigkeit (f.). **139 ~ mappale** (mappale, parte di un terreno indicato con un numero nel registro del catasto) (ed.), Flurstück (n.), Mappenzahl (f.). **140 ~ misto** (formato da un numero intero e da una frazione) (mat.), Gemischt-Zahl (f.). **141 ~ naturale** (mat.), natürliche Zahl. **142 ~ normale** (per stabilire successioni di valori numerici, di misure p. es., nello studio della unificazione p. es.) (normalizzazione - tecnol. mecc.), Normzahl (f.), NZ. **143 ~ numerico** (successione di cifre) (mat.), numerische Nummer. **144 ~ ordinale** (mat.), Ordnungszahl (f.), Ordinalzahl (f.). **145 ~ pari** (mat.), gerade Zahl. **146 ~ primo** (mat.), Primzahl (f.). **147 ~ progressivo** (numero d'ordine) (gen.), Laufnummer (f.), laufende Nummer, lfd. Nr. **148 ~ quantico** (fis.), Quantenzahl (f.). **149 ~ quantico azimutale** (fis.), Azimutal-Quantenzahl (f.). **150 ~ quantico interno** (fis.), innere Quantenzahl. **151 ~ quantico principale** (fis. atom.), Hauptquantenzahl (f.). **152 ~ razionale** (mat.), rationale Zahl. **153 ~ romano** (mat. - ecc.), römische Ziffer. **154 numeri successivi** (numeri susseguentisi) (gen.), fortlaufende Nummern. **155 ~ trascendente** (mat.), transzendente Zahl. **156 cambiare il ~** (gen.), umnummern. **157 dispositivo di controllo (automatico) del numero di giri** (app.), Drehzahlwächter (m.). **158 fare il ~** (comporre il numero) (telef.), (die Nummer) wählen. **159 mancanza del ~ legale** (mancanza del quorum) (finanz. - ecc.), Beschlussunfähigkeit (f.). **160 posizione nel ~** (d'una cifra in un numero) (mat.), Nummernstelle (f.). **161 regolazione micrometrica del ~ di giri** (microregolazione di giri) (mecc.), Drehzahlfeinstellung (f.). **162 variatore automatico del ~ di giri** (mecc.), Drehzahlautomatik (f.).

nuocere (gen.), schaden.
nuotare (sport), schwimmen.
nuoto (gen.), Schwimmen (n.). **2 ~** (sport), Schwimmsport (m.). **3 palla a ~** (sport), Wasserball (m.).
nutazione (astr.), Nutation (f.).
« nuvistore » (tubo termoionico ricevente) (radio), Nuvistor (m.).
nuvola (nube) (meteor. - ecc.), Wolke (f.).
nuvolosità (meteor.), Bewölkung (f.).
nuvoloso (meteor.), wolkig.
nylon (ind.), vedi nailon.

O

O (ossigeno) (*chim.*), O, Sauerstoff (*m.*).
oasi (*geogr.*), Oase (*f.*).
obbiettivo (*ott.*), vedi obiettivo.
obbiezione (eccezione) (*leg.*), Einwand (*m.*), Einwendung (*f.*).
obbligatorietà (d'una norma, ecc.) (*leg. - ecc.*), Verbindlichkeit (*f.*).
obbligatorio (una legge ecc.) (*leg. - ecc.*), verbindlich, verpflichtend.
obbligazione (*finanz.*), Obligation (*f.*).
obbligo (impegno) (*leg.*), Verpflichtung (*f.*), Pflicht (*f.*). 2 ~ **contrattuale** (*comm. - leg.*), Vertragsverpflichtung (*f.*). 3 ~ **di assicurazione** (*lav. - ecc.*), Versicherungspflicht (*f.*). 4 ~ **di contrassegno** (di prodotti dannosi p. es.) (*ind. chim. - ecc.*), Kennzeichnungspflicht (*f.*).
obelisco (*arch.*), Obelisk (*m.*), Spitzsäule (*f.*).
obice (arma da fuoco a canna corta) (*arma da fuoco*), Haubitze (*f.*).
obiettivo (*ott.*), Objektiv (*n.*). 2 ~ (*progr.*), Ziel (*n.*). 3 ~ **ad immersione** (*ott. - telev.*), Immersionsobjektiv (*n.*), Immersionslinse (*f.*). 4 ~ **a focale variabile** (obiettivo « zoom », ottica a focale variabile, di una cinepresa p. es.) (*fot. - telev.*), « Gummilinse » (*f.*). 5 ~ **anamorfico** (per riprese panoramiche) (*cinem.*), Komprimierlinse (*f.*), Verzerrlinse (*f.*), Anamorphotlinse (*f.*), Anamorphot (*m.*). 6 ~ **apocromatico** (*ott.*), Apochromat (*m.*). 7 ~ **bifocale** (*ott.*), Bifokalobjektiv (*n.*). 8 ~ **cinematografico** (*cinem.*), Kinoobjektiv (*n.*). 9 ~ **da cannocchiale** (*ott.*), Fernrohrobjektiv (*n.*). 10 ~ **da microscopio** (*ott.*), Mikroskopobjektiv (*n.*). 11 ~ **di cambio** (*fot.*), Wechselobjektiv (*n.*). 12 ~ **epiplanatico** (per microscopi) (*ott.*), Epiplanobjektiv (*n.*). 13 ~ **fotografico** (*fot.*), photographisches Objektiv. 14 ~ **grandangolare** (*fot.*), Weitwinkelobjektiv (*n.*). 15 ~ **intercambiabile** (*fot.*), Austauschobjektiv (*n.*), Auswechselobjektiv (*n.*). 16 ~ **normale** (*fot.*), Standardobjektiv (*n.*). 17 ~ **semiapocromatico** (per microscopi) (*ott.*), Halbapochromat (*n.*), Semiapochromat (*n.*). 18 ~ « **zoom** » (obiettivo a focale variabile, ottica a focale variabile, di una telecamera p. es.) (*fot. - telev.*), « Gummilinse » (*f.*). 19 **a due obiettivi** (con due obiettivi usati contemporaneamente) (*ott.*), binobjektiv. 20 **mirino a ~** (*fot.*), Sucherobjektiv (*n.*).
obliquità (inclinazione) (*gen.*), Schräge (*f.*), Schrägheit (*f.*), Schiefe (*f.*).
obliquo (inclinato) (*gen.*), schräg, schief.
oblò (portellino di murata) (*nav.*), Seitenluke (*f.*), Ochsenauge (*n.*), Bullauge (*n.*), Fledermausfenster (*n.*). 2 ~ **fisso** (*nav.*), Festfenster (*n.*).
occasionale (avventizio) (*lav.*), gelegentlich.
occhiali (*ott.*), Brille (*f.*), Gläser (*n. pl.*). 2 ~ **bifocali** (*ott.*), Bifokalbrille (*f.*). 3 ~ **con apparecchio acustico** (cornetto acustico da occhiali) (*acus.*), Hörbrille (*f.*). 4 ~ **da prova** (*ott.*), Probierbrille (*f.*), Probebrille (*f.*). 5 ~ **da saldatore** (occhiali per saldatura) (*app.*), Schweissbrille (*f.*). 6 ~ **da sole** (*ott.*), Sonnenbrille (*f.*). 7 ~ **di protezione** (occhiali protettivi) (*app. - lav.*), Schutzbrille (*f.*). 8 ~ **protettivi** (o di protezione) (*app. - lav.*), Schutzbrille (*f.*). 9 **astuccio per ~** (*ott.*), Brillenfutteral (*n.*). 10 **montatura per ~** (*ott.*), Brillenfassung (*f.*), Brillengestell (*n.*).
occhialino (*ott.*), Lorgnon (*n.*).
occhiellatrice (*macch.*), Öseneinsetzmaschine (*f.*), Ösenmaschine (*f.*).
occhiello (*gen.*), Öse (*f.*), Öhr (*n.*). 2 ~ (occhietto, prima pagina di un libro) (*tip.*), vedi occhietto. 3 **vite ad ~** (*mecc.*), Augenschraube (*f.*).
occhietto (pagina che precede il frontespizio, di un libro) (*tip.*), Schmutztitelblatt (*n.*), Respektblatt (*n.*). 2 ~ (occhiello, titolo sulla prima pagina di un libro) (*tip.*), Schmutztitel (*m.*), Vortitel (*m.*).
occhio (*gen.*), Auge (*n.*). 2 ~ (di un carattere) (*tip.*), Punze (*f.*), Auge (*n.*). 3 ~ (di un uragano) (*meteor.*), Auge (*n.*), Zentrum (*n.*). 4 ~ **colorimetrico normale** (osservatore colorimetrico normale) (*ott.*), farbmesstechnischer Normalbeobachter. 5 ~ **della fune** (alla sua estremità) (*trasp. - ecc.*), Seilkausche (*f.*). 6 ~ **dell'uragano** (*meteor.*), Sturmzentrum (*n.*). 7 ~ **di biella** (*mot.*), Pleuelauge (*n.*), Pleuelstangenauge (*n.*). 8 ~ **di cubia** (cubia, occhio di prora) (*nav.*), Klüse (*f.*), Ankerklüse (*f.*). 9 ~ **di pesce** (*difetto metall.*), Fischauge (*n.*). 10 ~ **di prora** (occhio di cubia) (*nav.*), Klüse (*f.*), Ankerklüse (*f.*). 11 ~ **di mosca** (diamante, carattere di corpo 3) (*tip.*), Diamant (*m.*). 12 ~ **magico** (indicatore di sintonia) (*radio*), magisches Auge, Abstimmanzeigerröhre (*f.*), magischer Fächer, magische Waage. 13 ~ **miope** (*ott.*), kurzsichtiges Auge, nahsichtiges Auge. 14 ~ **normale** (osservatore normale) (*ott.*), Normalbeobachter (*m.*). 15 ~ **presbite** (*ott.*), fernsichtiges Auge, weitsichtiges Auge. 16 **adattamento dell'~** (*ott.*), Augenanpassung (*f.*).
occhione di traino (di un rimorchio) (*aut.*), Anhängeröse (*f.*), Zugöse (*f.*). 2 ~ (di un cannone) (*artiglieria*), Protzöse (*f.*).
occidentale (*geogr.*), westlich.
occidente (ovest) (*geogr.*), Westen (*m.*).
occlusione (*fis.*), Okklusion (*f.*), Einschliessung (*f.*).
occluso (gas p. es.) (*metall.*), eingeschlossen.
occulto (nascosto, difetto) (*macch. - ecc.*), verborgen.
occupante (passeggero) (*s. - aut.*), Insasser (*m.*).
occupare (*gen.*), besetzen. 2 ~ (un posto su

occuparsi

un trasporto pubblico p. es.) (*veic.* - *trasp.*), belegen, besetzen. 3 ~ **un posto** (*veic.* - *trasp.* - *ecc.*), einen Platz belegen, einen Platz besetzen.

occuparsi (di) (*gen.*), sich befassen mit.

occupato (*gen.*), besetzt. 2 ~ (*telef.*), besetzt. 3 ~ (impiegato) (*a.* - *lav.*), beschäftigt. 4 ~ (*s.* - *lav.*), Beschäftigter (*m.*), Erwerbstätiger (*m.*). 5 ~ **ad orario ridotto** (*lav.*), nicht ganztägig beschäftigt. 6 ~ **da comunicazione interurbana** (*telef.*), fernbesetzt. 7 ~ **da conversazione urbana** (*telef.*), ortsbesetzt. 8 **lampada di** ~ (*telef.*), Besetztlampe (*f.*), Best. 9 **tenere** ~ (un selettore) (*telef.*), sperren. 10 **tuttora** ~ (tuttora in servizio, nelle domande d'impiego p. es.) (*pers.* - *lav.*), in ungekündigter Stellung.

occupazione (*lav.*), Beschäftigung (*f.*). 2 ~ (*telef.*), Belegung (*f.*). 3 ~ (di un appartamento) (*ed.*), Bezug (*m.*), Wohnungsbezug (*m.*). 4 ~ (*milit.* - *ecc.*), Besetzung (*f.*). 5 ~ **a tempo parziale** (impiego a tempo parziale) (*lav.*), Beschäftigung weniger als acht Stunden täglich. 6 ~ **principale** (attività principale) (*lav.*), hauptberufliche Beschäftigung. 7 ~ **secondaria** (attività secondaria) (*lav.*), nebenberufliche Beschäftigung. 8 ~ **stagionale** (*lav.*), Saisonbeschäftigung (*f.*). 9 **coefficiente di** ~ (d'una linea) (*telef.*), Wirkungsgrad (*m.*). 10 **durata d'**~ (*telef.*), Belegungsdauer (*f.*). 11 **indice di** ~ (*telef.*), Belegungswert (*m.*). 12 **numero delle occupazioni** (*telef.*), Belegungszahl (*f.*). 13 **piena** ~ (pieno impiego) (*lav.*), Vollbeschäftigung (*f.*). 14 **relè d'**~ (*telef.*), Belegungsrelais (*n.*). 15 **schema di** ~ (di una serie di prese) (*elett.*), Belegungsbild (*n.*). 16 **segnale di** ~ **d'abbonato** (*telef.*), Teilnehmerbesetztzeichen (*n.*). 17 **segnale d'**~ **di gruppo** (*telef.*), Gassenbesetztzeichen (*n.*).

oceano (*geogr.*), Ozean (*m.*).

oceanografia (*geofis.*), Meereskunde (*f.*), Ozeanographie (*f.*).

ocra (*min.* - *colore*), Ocker (*m.*). 2 ~ **gialla** (*colore*), gelber Ocker, Gelberde (*f.*).

octal (tipo di zoccolo ad 8 spine per tubi elettronici) (*elettronica*), Oktalsockel (*m.*). 2 ~ (sistema di numerazione) (*calc.*), oktal.

oculare (*ott.*), Okular (*n.*). 2 ~ **a revolver** (per verificare profili, di filettature p. es.) (*ott.*), Revolverokular (*n.*). 3 ~ **per l'osservazione** (di una macchina da ripresa) (*ott.*), Beobachtungslupe (*f.*).

oculista (*ott.* - *med.*), Augenarzt (*m.*).

odografa (odografo, curva di vettori variabili) (*mecc.*), Hodograph (*m.*).

odometro (*app.*), Hodometer (*n.*), Wegmesser (*m.*). 2 ~ **a rotella** (per misurare distanze sulle carte) (*strum. top.*), Messrad (*n.*).

odontografo (*strum.*), Odontograph (*m.*).

odontometro (*app.*), Zahnmesser (*m.*). 2 ~ **a corsoio** (calibro a corsoio per misurare dentature) (*app.*), Zahnmess-Schieblehre (*f.*).

odontotecnico (*lav.* - *med.*), Zahntechniker (*m.*).

odorante (*s.* - *chim.*), Odorant (*m.*).

odorizzante (*s.* - *chim.*), Odoriermittel (*n.*).

odorizzazione (di gas) (*chim.* - *ecc.*), Odorierung (*f.*).

OECD (Organisation for Economic Cooperation and Development) (*econ.*), OECD, Organisation für wirtschaftliche Zusammenarbeit und Entwicklung.

OECE (Organization Européenne de Cooperation Economique, Organizzazione Europea di Cooperazione Economica) (*econ.*), OECE, Europäische Organisation für wirtschaftliche Zusammenarbeit.

oersted (unità di mis.) (*elett.*), Oersted (*n.*).

offensiva (*milit.*), Offensive (*f.*), Angriff (*m.*).

offerente (partecipante ad una gara, concorso di appalto, asta ecc.) (*comm.*), Bieter (*m.*), Submittent (*m.*). 2 ~ (presentatore dell'offerta) (*comm.*), Angabesteller (*m.*). 3 **il maggior** ~ (il miglior offerente) (*comm.*), Meistbietender (*m.*).

offerta (*comm.*), Angebot (*n.*), Anbot (*n.* - *austr.*). 2 ~ (quotazione) (*comm.*), Quotierung (*f.*), Preisquotierung (*f.*). 3 ~ (alla borsa) (*finanz.*), Brief (*m.*), Angebot (*n.*). 4 ~ **a minor prezzo** (*comm.*), billigstes Angebot. 5 ~ **di acquisto** (*comm.*), Kaufangebot (*n.*). 6 ~ **di fornitura** (*comm.*), Lieferungsangebot (*n.*). 7 ~ **di lavoro** (*lav.*), Arbeitsangebot (*n.*). 8 ~ **d'impiego** (*lav.* - *pers.*), Stellenangebot (*n.*). 9 ~ **ferma** (*comm.*), festes Angebot. 10 ~ **in busta chiusa** (offerta in busta sigillata) (*comm.*), versiegeltes Angebot. 11 ~ **massima** (offerta più alta) (*comm.*), Höchstangebot (*n.*). 12 ~ **minima** (*comm.*), Einsatzpreis (*m.*). 13 ~ **parziale** (*comm.*), Teilangebot (*n.*). 14 ~ **più alta** (*comm.*), Höchstangebot (*n.*). 15 ~ **sigillata** (*comm.*), versiegeltes Angebot. 16 **data di apertura delle offerte** (presentate, scadenza della presentazione delle offerte a concorso di appalto) (*comm.*), Angebotseröffnungstermin (*m.*). 17 **fare un'** ~ (*comm.*), anbieten. 18 **legge della domanda ed** ~ (*comm.*), Gesetz von Angebot und Nachfrage. 19 **presentatore della** ~ (offerente) (*comm.*), Angebotsteller (*m.*). 20 **scadenza della presentazione delle offerte** (data di apertura delle offerte presentate a concorso di appalto) (*comm.*), Submissionstermin (*m.*). 21 **termine presentazione** ~ (*comm.*), Angebotabgabe (*f.*).

officina (*ind.*), Werkstatt (*f.*), Werkstätte (*f.*). 2 ~ **autorizzata** (per la riparazione degli autoveicoli di una data casa) (*aut.*), Vertragswerkstatt (*f.*). 3 ~ **da campo** (officina mobile) (*milit.*), Feldwerkstatt (*f.*). 4 ~ **da fabbro** (*lav.*), Schlosserei (*f.*). 5 ~ **del carpentiere** (carpenteria) (*ed.*), Zimmererwerkstatt (*f.*). 6 ~ **del gas** (officina di produzione del gas) (*ind. chim.*), Gaswerk (*n.*). 7 ~ **del gas** (cokeria) (*ind. chim.*), Kokerei (*f.*). 8 ~ **di assistenza clienti** (*aut.*), Kundendienstbetrieb (*m.*). 9 ~ **di controllo** (*aut.* - *ecc.*), Testhalle (*f.*). 10 ~ **di montaggio** (*ind.*), Montagewerk (*n.*). 11 ~ **di pressocolatura** (fonderia a pressione, officina di pressofusione) (*fond.*), Druckgiesserei (*f.*). 12 ~ **di produzione** (*ind.*), Fertigungsbetrieb (*m.*). 13 ~ **di produzione di gas** (officina del gas) (*ind. chim.*), Gaswerk (*n.*). 14 ~ **di riparazione** (*mecc.*), Reparaturwerkstätte (*f.*), Instandsetzungswerkstätte (*f.*), Ausbesse-

rungswerkstatt (*f.*). **15 ~ di stampaggio** (di fucinati) (*fucinatura*), Gesenkschmiede (*f.*). **16 ~ di stampaggio** (reparto di stampaggio, di lamiere) (*tecnol. mecc.*), Stanzerei (*f.*). **17 ~ di stampaggio** (reparto presse) (*ind. - lav. di lamiere*), Presserei (*f.*). **18 ~ elettrica** (*ind.*), Elektrowerk (*n.*). **19 ~ elettromeccanica** (*ind.*), elektromechanische Werkstatt. **20 ~ meccanica** (*ind. mecc.*), mechanische Werkstatt, Maschinenbauwerkstatt (*f.*). **21 ~ navale** (*nav.*), Marinewerkstatt (*f.*). **22 ~ per apprendisti** («scuola», di una grande ditta) (*lav. - ind.*), Lehrlingswerkstatt (*f.*), Lehrwerkstatt (*f.*). **23 ~ per prove** (*prove*), Prüfstätte (*f.*). **24 ~ per riparazioni** (*aut. - ecc.*), Ausbesserungswerkstatt (*f.*), Reparaturwerkstatt (*f.*), Instandsetzungswerkstatt (*f.*). **25 ~ per riparazione di automobili** (*aut.*), Autoreparaturwerkstatt (*f.*). **26 ~ presse** (*lav. lamiera - ecc.*), Presswerk (*n.*). **27 ~ produzione ausiliaria** (attrezzeria) (*ind.*), Werkzeugbau (*m.*), Werkzeugmacherei (*f.*). **28 ~ riparazioni** (*aut. - mecc.*), Reparaturwerkstatt (*f.*), Instandsetzungswerkstatt (*f.*). Ausbesserungswerkstatt (*f.*). **29 ~ stampi** (*mecc.*), Gesenkmacherei (*f.*). **30 carro ~** (*veic.*), Werkstattwagen (*m.*). **31 disegno di ~** (*dis.*), Fertigungszeichnung (*f.*), Werkzeichnung (*f.*), Werkstattzeichnung (*f.*). **32 prova di ~** (*ind.*), Werkstattprüfung (*f.*), Werkprobe (*f.*). **33 tavolo da ~** (*ind.*), Werkstattisch (*m.*).
off-line (elaborazione, indiretta) (*a. - elab. dati - calc.*), off-line-...
offrire (*comm.*), anbieten.
oftalmometro (astigmometro) (*app. ott.*), Ophtalmometer (*n.*).
oftalmoscopio (*strum. ott.*), Augenspiegel (*m.*).
oggetto (di una lettera) (*uff.*), Betreff (*m.*), Gegenstand (*m.*). **2 ~** (articolo) (*comm. - ecc.*), Artikel (*m.*). **3 ~ pubblicitario** (*comm.*), Werbeartikel (*m.*), Reklameartikel (*m.*). **4 ~ riflettente** (*radar*), Rückstrahler (*m.*). **5 in ~** (a riferimento, nel testo di una lettera) (*uff.*), im Betreff.
ogiva (arco acuto) (*arch.*), Spitzbogen (*m.*). **2 ~** (di un'elica) (*aer.*), Haube (*f.*). **3 ~** (oliva, bocchino conico, cono, di un raccordo a vite) (*tubaz.*), Dichtkegel (*m.*). **4 ~ coprimozzo** (di un'elica) (*aer.*), Nabenhaube (*f.*). **5 ~ dell'elica** (*aer.*), Luftschraubennabenhaube (*f.*), Propellerhaube (*f.*), Propellernabenhaube (*f.*), Luftschraubenhaube (*f.*). **6 ~ del missile** (ogiva del proiettile) (*milit. - astronautica*), Geschosspitze (*f.*). **7 ~ del proiettile** (ogiva del missile) (*milit. - astronautica*), Geschosspitze (*f.*). **8 ~ di Galton** (*stat.*), Zufallskurve (*f.*).
ogivazione (chiusura nello stampo di un pezzo cavo per rastremarne l'estremità) (*tecnol. mecc.*), Zudrücken (*n.*).
ognitempo (*a. - gen.*), Allwetter... **2 atterraggio ~** (*aer.*), Allwetterlandung (*f.*).
ohm (unità di misura per resistenze) (*elett.*), Ohm (*n.*). **2 ~ acustico** (*mis. - acus.*), akustisches Ohm. **3 ~ assoluto** (*unità di mis. elett.*), absolutes Ohm, abohm (*n.*). **4 ~ internazionale** (= 1,00049 ohm assol.) (*mis. elett.*), internationales Ohm. **5 ~ mec-** canico (= $1 \frac{dyn}{cm/s} = 1$ g/s = $10^{-3} \frac{Ns}{m}$) (*unità - acus.*), mechanisches Ohm.
ohmmetro (*strum. elett.*), Widerstandsmesser (*m.*), Ohmmeter (*n.*). **2 ~ a bobine incrociate** (*app. - elett.*), Kreuzspul-Ohmmeter (*n.*).
OIPC (Organizzazione Internazionale per la Protezione Civile) (*organ.*), IOZV, Internationale Organisation für Zivilverteidigung.
olandese (raffinatore) (*macch. - mft. carta*), Mahlholländer (*m.*), Holländer (*m.*). **2 ~ imbiancatrice** (imbiancatore) (*macch. ind. carta*), Bleichholländer (*m.*). **3 ~ lavatrice** (*macch. ind. carta*), Waschholländer (*m.*), Halbstoffholländer (*m.*). **4 ~ sfilacciatrice** (sfilacciatore) (*macch. ind. carta*), Auflöseholländer (*m.*).
oleata (carta) (*ind. carta*), fettdicht.
olefina (C_nH_{2n}) (idrocarburo non saturo) (*chim.*), Olefin (*n.*), Alkylene (*n.*), Alkene (*n.*).
oleificio (*ind.*), Ölentziehanlage (*f.*), Ölextraktionsanlage (*f.*).
oleina (*chim.*), Olein (*n.*).
oleodinamico (*mecc. - ecc.*), öldynamisch. **2 trasmettitore ~** (*app.*), öldynamisches Übertragungsgerät.
oleodotto (*tubaz.*), Ölfernleitung (*f.*), Pipeline (*f.*).
oleoidraulica (idraulica industriale) (*oleoidr.*), Ölhydraulik (*f.*).
oleomargarina (*chim.*), Oleomargarin (*n.*).
oleorepellente (*chim.*), ölabstossend, ölabweisend.
oleoresina (*ind. chim.*), Ölharz (*n.*).
oleoresinoso (*vn.*), ölharzig.
oleorifrattometro (*strum.*), Ölrefraktometer (*n.*).
oleum (acido solforico fumante) (*chim.*), Oleum (*n.*), rauchende Schwefelsäure.
oliare (lubrificare) (*mecc.*), ölen, schmieren. **2 ~** (la lana) (*ind. tess.*), schmalzen, schmälzen, abschmalzen, spicken.
oliatore (su una macchina) (*macch.*), Öler (*m.*). **2 ~** (a mano) (*ut.*), Schmierkanne (*f.*), Ölkanne (*f.*). **3 ~ a coppa** (oliatore a tazza) (*macch.*), Helmöler (*m.*). **4 ~ a goccia** (*macch.*), Tropfenöler (*m.*), Tropföler (*m.*). **5 ~ a goccia visibile** (*macch.*), Schautropföler (*m.*). **6 ~ a mano** (*ut.*), Ölkanne (*f.*), Schmierkanne (*f.*). **7 ~ a pressione** (*macch.*), Drucköler (*m.*). **8 ~ a stoppino** (*macch.*), Dochtöler (*m.*). **9 ~ a tazza** (oliatore a coppa) (*macch.*), Helmöler (*m.*).
oliatura (della lana) (*ind. tess.*), Schmälzen (*n.*), Spicken (*n.*), Abschmalzen (*n.*). **2 olio per ~** (della lana, olio per filatura) (*ind. tess.*), Schmälzöl (*n.*), Spicköl (*n.*), Spinnöl (*n.*).
oligocene (*geol.*), Oligozän (*n.*).
oligoclasio (*min.*), Oligoklas (*m.*).
oligodinamico (*mecc.*), oligodynamisch.
oligoelemento (elemento indispensabile alla vita pur di grandezza infinitesima) (*chim. - biol.*), Spurenelement (*n.*).
oligomero (costituito da pochi monomeri) (*chim.*), oligomer.
oligopolio (*comm.*), Oligopol (*n.*).
olio (*chim.*), Öl (*n.*). **2 ~ additivato** (olio

olio

lubrificante con additivi) (*ind. chim.*), legiertes Öl, Öl mit Additiven. **3 ~ antiimpuntamento** (per impedire movimenti a scatto, p. es. di slitte alle piccole velocità di spostamento) (*macch. ut. - ecc.*), Anti-stick-slip-Öl (*n.*). **4 ~ apiezon** (*tecn. del vuoto - ind. chim.*), Apiezonöl (*n.*). **5 ~ autoindurente** (che indurisce ossidandosi p. es., legante per sabbia) (*fond.*), Erstarrungsöl (*n.*). **6 ~ a viscosità aumentata** (artificialmente) (*chim.*), Dicköl (*n.*). **7 ~ a viscosità costante** (olio universale, olio « multigrade », olio ognitempo, per lubrificazione) (*aut. - mot. - chim. ind.*), Mehrbereichsöl (*n.*). **8 ~ bianco** (olio raffinato chiaro) (*chim.*), Weissöl (*n.*). **9 ~ carbolico** (carbolio, nella distillazione del catrame) (*chim.*), Carbol (*n.*). **10 ~ combustibile** (*comb.*), Brennöl (*n.*). **11 ~ combustibile** (masut, mazut, residuo di petrolio) (*comb.*), Masut (*m.*). **12 ~ combustibile da forno** (nafta pesante, per caldaie p. es.) (*ind. chim.*), Heizöl (*n.*). **13 ~ da taglio** (*lav. macch. ut.*), Schneidöl (*n.*). **14 ~ denso** (*aut. - mot.*), dickflüssiges Öl. **15 ~ detergente** (olio disperdente) (*lubrif. - mot.*), detergenthaltiges Öl, Dispersionsöl (*n.*). **16 ~ di accensione** (per l'accensione di olii combustibili pesanti) (*comb.*), Zündöl (*n.*). **17 ~ di antracene trattato** (« carbolineum », per la conservazione del legno) (*chim.*), Karbolineum (*n.*). **18 ~ di balena** (*ind. chim.*), Walöl (*n.*). **19 ~ di bergamotto** (*ind. chim.*), Bergamottöl (*n.*). **20 ~ di catrame** (*ind. chim.*), Teeröl (*n.*). **21 ~ di cocco** (*ind.*), Kokosöl (*n.*), Kokosfett (*n.*). **22 ~ di colza** (*chim.*), Rüböl (*n.*), Kohlsaatöl (*n.*). **23 ~ di flemma** (olio di fusel) (*chim.*), Fuselöl (*n.*). **24 ~ di fusel** (olio di flemma) (*chim.*), Fuselöl (*n.*). **25 ~ di girasole** (*chim.*), Sonnenblumenöl (*n.*). **26 ~ di lardo** (*ind. chim.*), Lardöl (*n.*), Specköl (*n.*). **27 ~ di lavaggio** (per la coppa, nel cambio dell'olio) (*aut. - mot.*), Spülöl (*n.*). **28 ~ di legno** (*vn.*), Holzöl (*n.*), Tungöl (*n.*). **29 ~ di lino** (olio di semi di lino) (*ind.*), Leinöl (*n.*). **30 ~ di mandorle** (*ind.*), Mandelöl (*n.*). **31 ~ di mirbana** (nitrobenzolo) (*chim.*), Bittermandelöl (*n.*). **32 ~ di oliva** (*ind.*), Olivenöl (*n.*). **33 ~ di palma** (*ind.*), Palmöl (*n.*), Palmbutter (*f.*), Palmfett (*n.*). **34 ~ di paraffina** (*chim.*), Paraffinöl (*n.*). **35 ~ di pesce** (*chim.*), Tran (*m.*), Tranöl (*n.*). **36 ~ di ricino** (*ind. chim.*), Rhizinusöl (*n.*), Rizinusöl (*n.*), Rhicinusöl (*n.*), Ricinusöl (*n.*), Kastoröl (*n.*). **37 ~ di ricupero** (*mot. - ecc.*), Rücklauföl (*n.*). **38 ~ di scisto** (olio di schisto) (*min. - ind. chim.*), Schieferöl (*n.*). **39 ~ di semi di lino** (olio di lino) (*ind.*), Leinsamenöl (*n.*), Leinöl (*n.*). **40 ~ disperdente** (olio detergente) (*lubrif. - mot.*), Dispersionsöl (*n.*), detergenthaltiges Öl. **41 ~ di tenuta** (olio in pressione con funzioni di tenuta) (*mot. - ecc.*), Sperröl (*n.*), Dichtöl (*n.*), Drucköl (*n.*). **42 ~ di vetriolo** (acido solforico fumante, oleum) (*chim.*), Vitriolöl (*n.*). **43 ~ emulsionabile** (olio solubile) (*ind. chim.*), wasserlösliches Öl. **44 ~ essenziale** (*chim.*), ätherisches Öl, flüchtiges Öl. **45 ~ essenziale di carvi** (*ind.*), Kümmelöl (*n.*). **46 ~ essenziale di trementina** (essenza di trementina) (*chim.*), Terpentinöl (*n.*). **47 ~ fluido** (*ind. chim.*), dünnflüssiges Öl. **48 ~ grafitato** (per lubrificazione) (*mecc.*), Graphitöl (*n.*). **49 ~ idraulico** (*aut.*), Hydrauliköl (*n.*). **50 ~ idrogenato** (*chim.*), gehärtetes Öl. **51 ~ in circolazione** (*mot.*), Umlauföl (*n.*). **52 ~ (in pressione) per la tenuta** (*mecc.*), Dichtöl (*n.*), Drucköl (*n.*). **53 ~ intrappolato** (fra i denti d'una coppia di ingranaggi p. es.) (*mecc.*), Quetschöl (*n.*). **54 ~ invernale** (olio lubrificante) (*aut.*), Winteröl (*n.*). **55 ~ lampante** (petrolio illuminante) (*ind. chim.*), Leuchtöl (*n.*), Petroleum (*n.*). **56 ~ leggero** (*ind. chim.*), Leichtöl (*n.*). **57 ~ lubrificante** (*mot. - macch. - ind. chim.*), Schmieröl (*n.*). **58 ~ (lubrificante) con additivi** (olio additivato) (*ind. chim.*), legiertes Öl, Öl mit Additiven. **59 ~ lubrificante minerale** (*ind. chim.*), Mineralschmieröl (*n.*). **60 ~ lubrificante per basse temperature** (*mot. - ind. chim.*), kältebeständiges Schmieröl. **61 ~ motore** (olio per motori) (*mot.*), Motorenöl (*n.*), Schmieröl (*n.*). **62 ~ lubrificante per compressori** (*ind. chim.*), Schmieröl für Luftverdichter, Kompressorenschmieröl (*n.*). **63 ~ lubrificante sintetico** (*ind. chim.*), synthetisches Schmieröl. **64 ~ minerale** (*geol. - ind. chim.*), Mineralöl (*n.*). **65 ~ « multigrade »** (olio a viscosità costante, olio universale, olio ognitempo, per lubrificazione) (*aut. - mot. - chim. ind.*), Mehrbereichsöl (*n.*). **66 ~ non additivato** (olio senza additivi, olio non detergente) (*mot. - ind. chim.*), Öl ohne Zusätze. **67 ~ non detergente** (olio senza additivi, olio non additivato) (*mot. - ind. chim.*), Öl ohne Zusätze. **68 ~ ognitempo** (olio universale, olio « multigrade », olio a viscosità costante, per lubrificazione) (*aut. - mot. - chim. ind.*), Mehrbereichsöl (*n.*). **69 ~ per altissime pressioni** (olio EP) (*chim.*), EP-Öl (*n.*). **70 ~ per cambi** (*mot. - mecc.*), Getriebeöl (*n.*). **71 ~ per casseforme** (che impedisce l'aderenza del calcestruzzo al legno) (*ed.*), Formöl (*n.*), Schalungsöl (*n.*). **72 ~ per filatura** (della lana) (*ind. tess.*), Schmälzöl (*n.*), Spicköl (*n.*), Spinnöl (*n.*). **73 ~ per fusi** (*ind. tess. - ind. chim.*), Spindelöl (*n.*). **74 ~ per ingranaggi ipoidi** (*mecc.*), Hypoidöl (*n.*). **75 ~ per interruttori** (isolante) (*elett. - ind. chim.*), Schalteröl (*n.*). **76 ~ per laminatoio** (*lamin.*), Walzöl (*n.*). **77 ~ per macchine** (*macch.*), Maschinenöl (*n.*). **78 ~ per motori** (olio motore) (*mot.*), Motorenöl (*n.*), Schmieröl (*n.*). **79 ~ per orologeria** (*lubrif.*), Uhrenöl (*n.*). **80 ~ per più impieghi** (per taglio, lubrificazione, impianti idraulici) (*mecc. - ecc.*), Mehrzwecköl (*n.*). **81 ~ per tempra** (*ind. chim.*), Härteöl (*n.*). **82 ~ per trafilatura** (per fili) (*tecnol. mecc.*), Ziehöl (*n.*). **83 ~ per trasformatori** (*elett.*), Transformatorenöl (*n.*). **84 ~ pesante** (*ind. chim. - mot.*), Schweröl (*n.*). **85 ~ raffinato chiaro** (olio minerale bianco) (*chim.*), Weissöl (*n.*). **86 ~ refrigerante** (*lav. macch. ut.*), Kühlöl (*n.*). **87 ~ senza additivi** (olio non detergente, olio non additivato) (*mot. - ind. chim.*), Öl ohne Zusätze. **88 ~ siccativo** (*chim. - vn.*), trocknendes Öl, Trockenöl (*n.*). **89 ~ siliconico** (*chim.*), Silikonöl (*n.*). **90 ~**

soffiato (*chim.*), geblasenes Öl. **91 ~ solare** (*chim.*), Solaröl (*n.*). **92 ~ solubile** (olio emulsionabile) (*ind. chim.*), wasserlösliches Öl. **93 ~ universale** (olio a viscosità costante, olio «multigrade», olio ognitempo, per lubrificazione) (*aut. - ind. chim. - mot.*), Mehrbereichsöl (*n.*). **94 ~ usato** (*aut. - mot.*), Abfallöl (*n.*), Alböl (*n.*). **95 ~ vegetale** (*chim.*), Pflanzenöl (*n.*), vegetabiles Öl. **96 acne da olio (minerale)** (malattia professionale) (*med. - mecc. - lav. macch. ut.*), Ölakne (*f.*). **97 alchidica corto ~** (resina alchidica corto olio) (*vn.*), kurzöliges Alkydharz. **98 arresto di emergenza in caso di bassa pressione dell'~** (*mot.*), Öldrucksicherheitsabschalter (*m.*). **99 a tenuta d'~** (*mecc.*), öldicht. **100 carta impregnata di ~** (per isolamento elettrico) (*elett.*), Ölpapier (*n.*). **101 corto ~** (*a. - vn.*), kurzölig. **102 immerso in ~** (trasformatore) (*elett.*), ölgekapselt. **103 lunghezza d'~** (*vn. - chim.*), Öllänge (*f.*). **104 lungo ~** (*a. - vn.*), langölig. **105 nebbia di ~** (vapori di olio) (*mot. - ecc.*), Öldunst (*m.*). **106 pietra ad ~** (*mecc.*), Ölstein (*m.*). **107 preriscaldatore dell'~** (*mot.*), Ölvorwärmeschlange (*f.*). **108 raccoglitore di ~** (*app. - macch.*), Ölfänger (*m.*). **109 reattività con ~** (capacità di formare composti chimici con oli da parte di resine sintetiche) (*chim.*), Ölreaktivität (*f.*). **110 resina alchidica corto ~** (alchidica corto olio) (*vn.*), kurzöliges Alkydharz. **111 segnalatore del livello dell'~** (*app.*), Ölstandmelder (*m.*). **112 separare l'~** (*ind.*), entölen. **113 sezionatore in ~** (*elett.*), Öltrennungsschalter (*m.*). **114 stoccaggio dell'~ (combustibile)** (*ind. chim.*), Öllagerung (*f.*). **115 vapori di ~** (nebbia di olio) (*mot. - ecc.*), Öldunst (*m.*).

oliva (maniglia di finestra) (*ed. - carp.*), Olive (*f.*). **2 ~** (organo di divaricamento, per freni p. es.) (*aut. - mecc.*), Spreizvorrichtung (*f.*). **3 ~** (bocchino, bocchino conico, cono, «ogiva», di un raccordo a vite) (*tubaz.*), Dichtkegel (*m.*). **4 ~** (chiave, camma per il comando dei ceppi dei freni) (*aut.*), Bremsschlüssel (*m.*), Bremsnocken (*m.*).

olivina [(MgFe)$_2$SiO$_4$] (peridoto) (*min.*), Olivin (*m.*); Peridot (*m.*).

olmio (*Ho - chim.*), Holmium (*n.*).

olmo (*legno*), Ulme (*f.*), Rüster (*m.*), Effe (*f.*).

olocene (alluvio-glaciale, alluvium) (*geol.*), Holozän (*n.*), Alluvium (*n.*).

oleocristallino (*min.*), vollkristallin.

oloedrico (cristallo) (*min.*), holoedrisch, vollflächig.

oloedro (cristallo) (*min.*), Holoeder (*n.*), Vollflächner (*m.*).

olografo (di proprio pugno, firma) (*leg.*), eigenhändig.

olografia (per prove su materiali p. es., con laser) (*ott. - tecnol.*), Holographie (*f.*).

ologrammetria (tecnica d'impiego del laser) (*prove mat.*), Hologrammetrie (*f.*).

olomorfico (analitico) (*mat.*), holomorphic.

olònomo (vincolo) (*mecc.*), holonom.

oltrepassare (un limite) (*gen.*), überschreiten.

omaggio (copia, d'un libro p. es.) (*tip.*), Freiexemplar (*n.*).

ombra (*ott.*), Schatten (*m.*). **2 ~** (*radioatt.*), Schatten (*m.*). **3 ~** (oscuramento, dell'immagine) (*difetto telev.*), Schatten (*m.*). **4 ~ acustica** (*acus.*), Schallschatten (*m.*). **5 ~ portata** (*ott.*), Kernschatten (*m.*). **6 cono d'~** (*radar*), Schattenkegel (*m.*). **7 immagine d'~** (ombra, nelle prove dell'indice di rifrazione con procedimento a proiezione p. es.) (*ott.*), Schattenbild (*n.*). **8 segnale di compensazione per le ombre** (*telev.*), Schattenkompensationssignal (*n.*). **9 zona d'~** (*radar*), Schattengebiet (*n.*).

ombreggiare (*tip. - dis.*), schattieren, abtönen.

ombreggiatura (*dis. - tip.*), Schattieren (*n.*). **2 ~** (di una carta) (*geogr.*), Schraffierung (*f.*). **3 ~** (per aumentare il contrasto nelle analisi al microscopio elettronico) (*ott.*), Beschattung (*f.*). **4 ombreggiature** (effetto superficiale creato dalle linee di segregazione) (*metall.*), Schattenstreifen (*m. pl.*).

ombrello (*att.*), Schirm (*m.*), Regenschirm (*m.*). **2 ~ tascabile** (*att.*), Taschenschirm (*m.*). **3 costruzione ad ~** (per macchine elettriche con albero verticale) (*elett.*), Schirmbauform (*f.*).

ombrinale (apertura nel fasciame esterno di una nave al disopra della linea di galleggiamento per permettere l'efflusso di acqua) (*nav.*), Speigatt (*n.*).

omettere (una parola p. es.) (*uff. - ecc.*), auslassen.

omeomorfo (*min.*), homöomorph.

ometto (monaco) (*carp. - ed.*), Firstsäule (*f.*). **2 ~** (per abiti) (*gen.*), Kleiderbügel (*m.*).

omissione (*gen.*), Auslassung (*f.*).

omnibus (treno accelerato) (*ferr.*), Personenzug (*m.*). **2 sbarra ~** (sbarra collettrice) (*elett.*), Sammelschiene (*f.*).

omocentrico (*ott. - ecc.*), homozentrisch.

omocinetico (giunto articolato) (*mecc.*), homokinetisch, Gleichlauf... **2 albero snodato ~** (*mecc.*), Gleichlaufgelenkwelle (*f.*). **3 giunto a snodo ~** (snodo omocinetico, per collegare due alberi che devono girare alla stessa velocità angolare anche se non allineati) (*mecc.*), Gleichganggelenk (*n.*), Gleichlaufgelenk (*n.*). **4 trasmissione snodata omocinetica** (albero snodato omocinetico) (*mecc.*), Gleichlaufgelenkwelle (*f.*).

omocromatico (omocromo) (*ott.*), farbtongleich, isochrom, gleichfarbig.

omòcromo (*ott.*), homochrom.

omodina, ricezione ad (*radio*), Homodynempfang (*m.*), Monodynempfang (*m.*).

omofonia (*acus.*), Homophonie (*f.*).

omogeneizzare (*tratt. term. - metall. - ecc.*), homogenisieren.

omogeneizzazione (*tratt. term. - metall.*), Homogenisierung (*f.*), homogenisierendes Glühen. **2 ~ del flusso** (di neutroni in un reattore nucleare) (*fis. atom.*), Flussabflachung (*f.*), Flussglättung (*f.*).

omogeneo (*gen.*), homogen. **2 a grano ~** (*metall.*), gleichgekörnt. **3 reattore ~** (*fis. atom.*), homogener Reaktor.

omologare (un pezzo, apparecchi, ecc., prima della fornitura p. es.) (*ind.*), freigeben.

omologato (di un pezzo, apparecchi, ecc., prima della fornitura p. es.) (*ind.*), freige-

omologazione

geben. 2 ~ (velivolo p. es.) (*mot. - aer. - ecc.*), zugelassen. 3 ~ (*macch. - mot.*), typgeprüft, baumustergeprüft. 4 ~ (vettura, per la partecipazione a gare sportive) (*aut. - sport*), homologiert. 5 **potenza omologata** (*mot. - ecc.*), Typenleistung (*f.*).

omologazione (di un nuovo mot. p. es.) (*mot. - ecc.*), Typprüfung (*f.*), Zulassung (*f.*). 2 ~ (d'un veicolo, per la partecipazione a gare sportive) (*aut. - sport*), Homologation (*f.*). 3 ~ (di un primato p. es.) (*sport*), amtliche Anerkennung. 4 ~ (di una sentenza) (*leg.*), Vollstreckbarerklärung (*f.*). 5 **prova di** ~ (*mot. - ecc.*), Typenprüfung (*f.*).

omologo (*chim. - geom.*), homolog.

omomorfo (*mat.*), homomorph.

omomorfismo (*mat.*), Homomorphismus (*n.*). 2 ~ **tra reticoli** (*mat.*), Verbandshomomorphismus (*m.*).

omonucleare (di molecola) (*fis. nucl.*), homonuklear.

omopolare (*elett.*), gleichpolig. 2 ~ (tipo di legame chimico tra atomi) (*chim.*), homöopolar. 3 **legame** ~ (*chim.*), homöopolare Bindung.

omorotante (che ha lo stesso senso di rotazione) (*mecc. - ecc.*), gleichsinnig.

O.M.S. (Organizzazione Mondiale della Sanità) (*med.*), W.G.O., Weltgesundheitsorganisation (*f.*).

oncia (nel sistema troy = 31,1635 g) (*unità di mis.*), Unze (*f.*).

onda (*fis.*), Welle (*f.*). 2 ~ (*radio - telev.*), Welle (*f.*). 3 ~ (*mare - nav.*), Welle (*f.*). 4 ~ **armonica** (onda sinusoidale) (*fis.*), harmonische Welle, sinusförmige Welle. 5 ~ **capillare** (*mare*), Kapillarwelle (*f.*). 6 ~ **centimetrica** (da 1 a 10 cm) (*telev.*), Zentimeterwelle (*f.*). 7 ~ **cilindrica** (*fis.*), Zylinderwelle (*f.*). 8 ~ **comune** (onda sincronizzata) (*radio*), Gleichwelle (*f.*). 9 ~ **corta** (da 10 a 100 m) (*radio*), Kurzwelle (*f.*). 10 ~ **d'apertura a monte** (in un corso d'acqua) (*idr.*), Öffnungsschwall (*m.*). 11 ~ **da chiusura** (onda da colpo di ariete) (*idr.*), Absperrschwall (*m.*). 12 ~ **da chiusura parziale** (in un corso d'acqua) (*idr.*), Stauschwall (*m.*). 13 ~ **decimetrica** (da 10 a 100 cm) (*telev. - ecc.*), Dezimeterwelle (*f.*). 14 ~ **deformata** (onda distorta) (*elett. - fis.*), verzerrte Welle. 15 ~ **di compressione** (*acus.*), Verdichtungswelle (*f.*). 16 ~ **di compressione** (onda longitudinale, nelle prove ad ultrasuoni di saldature p. es.) (*tecnol.*), Longitudinalwelle (*f.*). 17 ~ **diffusa** (*fis.*), gestreute Welle, Streuwelle (*f.*). 18 ~ **di fondo** (*mare*), Grundwelle (*f.*), Grundsee (*f.*). 19 ~ **diffratta** (*fis.*), Beugungswelle (*f.*). 20 ~ **di gravità** (onda ordinaria, di grande lunghezza) (*mare*), Schwerenwelle (*f.*). 21 ~ **di marea** (*mare*), Tidewelle (*f.*), Flutwelle (*f.*). 22 ~ **di piena** (aumento rapido di livello dovuto ad improvviso aumento della portata p. es.) (*idr.*), Schwall (*m.*), Füllschwall (*m.*). 23 ~ **di poppa** (*nav.*), Heckwelle (*f.*). 24 ~ **di pressione** (onda d'urto) (*aerodin.*), Stosswelle (*f.*), Druckwelle (*f.*), Verdichtungsstoss (*m.*). 25 ~ **di prua** (*nav.*), Bugwelle (*f.*). 26 ~ **di prua** (sulla punta d'un corpo in moto a velocità ultrasonica, di un proiettile p. es.) (*aer. - milit.*), Kopfwelle (*f.*). 27 ~ **diretta** (*radio*), Grundwelle (*f.*), direkte Welle, Erdwelle (*f.*), Bodenwelle (*f.*). 28 ~ **diretta** (*elettronica*), Vorwärtswelle (*f.*). 29 ~ **di taglio** (onda trasversale, nelle prove con ultrasuoni, di saldature p. es.) (*tecnol.*), Transversalwelle (*f.*). 30 ~ **di tensione** (*elett.*), Spannungswelle (*f.*). 31 ~ **d'urto** (*aerodin.*), Stosswelle (*f.*), Druckwelle (*f.*). 32 ~ **E** (di un modo di campo) (*elettronica*), E-Welle (*f.*), TM-Welle (*f.*). 33 ~ **elastica** (*fis.*), elastische Welle. 34 ~ **elementare** (*fis.*), Elementarwelle (*f.*). 35 ~ **elettromagnetica** (*fis. - radio*), elektromagnetische Welle. 36 ~ **fondamentale** (prima armonica, oscillazione) (*fis.*), Grundwelle (*f.*), Grundschwingung (*f.*), erste Harmonische. 37 ~ **H** (onda con campo magnetico pilota, onda TE) (*elettronica*), H-Welle (*f.*), TE-Welle (*f.*). 38 ~ **hertziana** (*elett.*), Hertz'sche Welle. 39 ~ **indiretta** (*radio*), Raumwelle (*f.*). 40 ~ **in opposizione di fase** (*fis.*), Gegentaktwelle (*f.*). 41 ~ **L** (onda TEM) (*elettronica*), L-Welle (*f.*), Leitungswelle (*d.*), TEM-Welle (*f.*). 42 **onde Lamb** (per accertare difetti in lamierini d'acciaio p. es.) (*tecnol.*), Lamb-Wellen (*f. pl.*). 43 ~ **longitudinale** (*fis.*), Längswelle (*f.*), Longitudinalwelle (*f.*). 44 ~ **longitudinale** (onda di compressione, nelle prove ad ultrasuoni, di saldature p. es.) (*tecnol.*), Longitudinalwelle (*f.*). 45 ~ **luminosa** (*fis.*), Lichtwelle (*f.*). 46 ~ **lunga** (da 1000 a 2000 m) (*radio*), Langwelle (*f.*). 47 ~ **lunghissima** (oltre 2000 m) (*radio*), Längstwelle (*f.*). 48 ~ **marina** (*geofis.*), Meereswelle (*f.*). 49 ~ **materiale** (*fis.*), Materiewelle (*f.*). 50 ~ **media** (da 100 a 1000 m) (*radio*), Mittelwelle (*f.*). 51 **onde metriche** (*radio*), Meterwellen (*f. pl.*). 52 ~ **migrante** (onda progressiva) (*fis.*), Wanderwelle (*f.*). 53 ~ **millimetrica** (di lunghezza 1 a 10 mm) (*radio - telev.*), Millimeterwelle (*f.*). 54 ~ **morta** (onda lunga) (*mare*), Dünungswelle (*f.*). 55 ~ **naturale** (*fis.*), Eigenwelle (*f.*). 56 ~ **ordinaria** (onda di gravità, molto lunga) (*mare*), Schwerewelle (*f.*). 57 ~ **persistente** (*radio*), ungedämpfte Welle. 58 ~ **persistente modulata** (*radio*), modulierte ungedämpfte Welle. 59 ~ **piana** (*fis.*), ebene Welle. 60 ~ **portante** (*radio*), Trägerwelle (*f.*). 61 ~ **portante modulata** (*radio*), modulierte Trägerwelle. 62 ~ **progressiva** (*fis.*), fortschreitende Welle. 63 ~ **radio** (radioonda) (*radio*), Rundfunkwelle (*f.*). 64 ~ **rettangolare** (*radio - ecc.*), Rechteckwelle (*f.*). 65 ~ **riflessa** (*radio - ecc.*), Echowelle (*f.*). 66 ~ **rifratta** (*fis.*), Brechungswelle (*f.*). 67 ~ **sferica** (*fis.*), Kugelwelle (*f.*). 68 ~ **sincronizzata** (onda comune) (*radio*), Gleichwelle (*f.*). 69 ~ **sinusoidale** (*fis.*), Sinuswelle (*f.*). 70 ~ **sinusoidale** (onda armonica) (*fis.*), sinusförmige Welle, harmonische Welle. 71 ~ **sismica** (*geol.*), Erdbebenwelle (*f.*). 72 ~ **sonora** (*fis. - acus.*), Schallwelle (*f.*). 73 ~ **spuria** (*radio*), Nebenwelle (*f.*). 74 ~ **stazionaria** (*fis.*), stehende Welle. 75 ~ **superficiale** (*fis.*), Oberflächenwelle (*f.*). 76 ~ **superficiale** (di un terremoto) (*geol.*), Oberflächenwelle (*f.*). 77 ~ **TE** (onda elettrica trasversale) (*elettronica*), TE-Welle

opaco

(*f.*), II-Welle (*f.*). **78** ~ **TEM** (onda elettromagnetica trasversale) (*elettronica*), Leitungswelle (*f.*), TEM-Welle (*f.*). **79** ~ **TM** (onda magnetica trasversale) (*elettronica*), TM-Welle (*f.*), E-Welle (*f.*). **80** ~ **trasversale** (*fis.*), Querwelle (*f.*), Transversalwelle (*f.*). **81** ~ **trasversale** (onda di taglio, nelle prove con ultrasuoni, di saldature p. es.) (*tecnol.*), Transversalwelle (*f.*). **82** ~ **trocoidale** (*mar.*), Trochoidenwelle (*f.*). **83** ~ **ultracorta** (da 1 a 10 m) (*fis. - telev.*), ultrakurze Welle, Meterwelle (*f.*). **84** ~ **verde** (semafori sincronizzati) (*traff. strad.*), grüne Welle. **85** ~ **verde a 50 km/h** (semafori verdi alla velocità di 50 km/h) (*traff. strad.*), grün bei 50, grüne Welle bei 50. **86 ad** ~ **corta** (*radio - telev.*), kurzwellig. **87 ad** ~ **lunga** (*radio*), langwellig. **88 cavo dell'**~ (*gen.*), Wellental (*n.*). **89 commutatore d'**~ (*radio*), Wellenumschalter (*m.*). **90 cresta dell'**~ (*elett.*), Wellenberg (*m.*). **91 durata dell'**~ **fino all'emivalore** (d'una tensione impulsiva) (*elett.*), Rückenhalbwertzeit (*f.*). **92 emissione di onde** (*radar - ecc.*), Wellenausstrahlung (*f.*). **93 filtro d'**~ (*radio*), Frequenzsieb (*n.*), Wellenfilter (*m.*). **94 forma d'**~ (*fis.*), Wellenform (*f.*). **95 fronte d'**~ (*fis.*), Wellenfront (*f.*). **96 gamma d'onde** (*radio*), Wellenbereich (*m.*). **97 gamma di onde decimetriche** (*radio*), Dezi-Bereich (*m.*). **98 guida d'**~ (*radio - telev.*), Wellenleiter (*m.*). **99 guida d'onda unifilare** (*elettronica*), Drahtwellenleiter (*m.*). **100 lunghezza d'**~ (*fis.*), Wellenlänge (*f.*). **101 modo d'**~ (*elettronica*), Wellentyp (*m.*). **102 propagazione delle onde** (*fis.*), Wellenausbreitung (*f.*). **103 quarto d'**~ (*radio*), Viertelwelle (*f.*). **104 resistenza d'**~ (*nav.*), Wellenwiderstand (*m.*). **105 superficie d'**~ (*fis.*), Wellenfläche (*f.*). **106 superficie d'**~ **omofase** (superficie di uguale fase d'un'onda elettromagnetica piana) (*fis.*), Wellenebene (*f.*). **107 treno di onde** (*fis.*), Wellenzug (*m.*). **108 velocità di propagazione dell'**~ (in uno specchio d'acqua aperto) (*idr.*), Wellenschnelligkeit (*f.*).

ondametro (*app. fis.*), Wellenmesser (*m.*). **2** ~ **eterodina** (*elett.*), Überlagerungswellenmesser (*m.*).

ondata (*gen.*), Welle (*f.*). **2** ~ **di scioperi** (*lav. - organ.*), Streikwelle (*f.*).

ondografo (registratore delle onde) (*app.*), Ondograph (*m.*).

ondulare (*v. t. - gen.*), wellen. **2 pressa per** ~ (*macch. lav. lamiera*), Wellenpresse (*f.*).

ondulato (*gen.*), wellig. **2** ~ (di lamiera p. es.) (*tecnol.*), gewellt. **3 a fibra ondulata** (*legno*), wimmerig. **4 cartone** ~ (*ind. carta*), Wellpappe (*f.*). **5 immagine ondulata** (*difetto - telev.*), welliges Bild. **6 membrana ondulata** (*strum.*), Runzelmembran (*f.*). **7 retino** ~ (*tip.*), Wellenraster (*m.*).

ondulatore (app. per convertire corrente continua in alternata) (*elett.*), Wechselrichter (*m.*). **2 raddrizzatore-** ~ (*app. elett.*), Umkehr-Stromrichter (*m.*), UKR.

ondulatorio (*fis. - ecc.*), Wellen... **2 meccanica ondulatoria** (*fis.*), Wellenmechanik (*f.*). **3 teoria ondulatoria** (*fis.*), Wellentheorie (*f.*).

ondulatrice (*macch. lav. lamiera*), Faltmaschine (*f.*), Wellenfaltmaschine (*f.*). **2** ~ **per fili** (*macch.*), Draht-Kröpfmaschine (*f.*).

ondulatura (procedimento di ondulatura, di una lamiera p. es.) (*tecnol. mecc.*), Wellen (*n.*). **2** ~ (profilo ondulato, di lamiere) (*ind. metall.*), Wellenprofil (*n.*).

ondulazione (*fis.*), Schwingungswelle (*f.*). **2** ~ (errore di ondulazione, di una superficie tecnica, dovuto a flessioni del pezzo, vibrazioni, ecc.) (*mecc.*), Welligkeit (*f.*), Welle (*f.*). **3** ~ (*elett.*), Welligkeit (*f.*). **4** ~ (irregolarità della superficie stradale) (*costr. strad.*), Welligkeit (*f.*). **5 ondulazioni** (disturbi) (*telev.*), Netzbrummen (*n.*), Brummen (*n.*). **6** ~ **da usura** (nelle rotaie) (*ferr.*), Riffelbildung (*f.*). **7** ~ **della corrente** (*elett.*), Stromwelligkeit (*f.*). **8** ~ **residua** (*elett.*), Restwelligkeit (*f.*). **9 altezza dell'**~ (di una superficie tecnica) (*mecc.*), Wellentiefe (*f.*). **10 indice di** ~ (del raddrizzamento, numero d'impulsi) (*elett.*), Pulszahl (*f.*). **11 misuratore delle ondulazioni** (della lana; misuratore di arricciatura) (*ind. tess.*), Kräuselungsmesser (*m.*), Wollklassifikator (*m.*). **12 passo dell'**~ (di una superficie tecnica) (*mecc.*), Wellenabstand (*m.*).

onerare (gravare, mediante ipoteche p. es.) (*finanz.*), beschweren.

onere (*finanz. - ecc.*), Last (*f.*). **2** ~ (gravame, da ipoteche p. es.) (*finanz.*), Beschwerung (*f.*). **3 oneri a carico del datore di lavoro** (*lav. - pers.*), Arbeitgeberanteil (*m.*), Arbeitgeberbeitrag (*m.*). **4 oneri e contributi sociali** (*ind.*), Sozialbeitrag (*m.*), Soziallasten (*f. pl.*). **5** ~ **finanziario** (*finanz.*), finanzielle Belastung. **6** ~ **fiscale** (*finanz.*), steuerliche Belastung. **7 oneri sociali** (pagati dal datore di lavoro) (*ind.*), Sozialabgaben (*f. pl.*). **8 perequazione degli oneri** (*amm.*), Lastenausgleich (*m.*).

oneroso (una condizione p. es.) (*comm. - ecc.*), drückend.

onice (*min.*), Onyx (*m.*).

on-line (in linea, senza memorizzazione interposta, elaborazione, diretta) (*a. - elab. dati*), schritthaltend, On-line-...

onnidirezionale (*radio - ecc.*), Allrichtungs... **2 osservazione** ~ (*radar*), Kontinuverfolgung (*f.*). **3 radiofaro** ~ (*app. - navig.*), Allrichtungsbake (*f.*), Allrichtungsfunkfeuer (*n.*).

onnipolare (*elett.*), allpolig.

onorare (pagare, una cambiale p. es.) (*comm. - ecc.*), einlösen.

onorario (*lav.*), Honorar (*n.*), Vergütung (*f.*).

ontano (*legno*), Erle (*f.*), Else (*f.*).

ONU (Organizzazione delle Nazioni Unite) (*polit.*), ONU, Organisation der Vereinten Nationen.

oolite (*min.*), Rogenstein (*m.*), Oolith (*m.*).

opacità (inverso della trasparenza) (*gen.*), Undurchsichtigkeit (*f.*). **2** ~ (senza lucentezza) (*gen.*), Mattheit (*f.*). **3** ~ (di una vernice) (*vn.*), Mattheit (*f.*). **4** ~ (*fot.*), Opazität.

opacizzante (*s. - chim. - ecc.*), Trübungsmittel (*n.*).

opacizzare (rendere opaco) (*gen.*), mattieren.

opacizzazione (di superfici metalliche, con spazzole d'acciaio) (*mecc.*), Mattschlagen (*n.*).

opaco (non trasparente) (*gen.*), undurchsichtig. **2** ~ (matto, non lucido) (*vn. - ecc.*), matt,

opale

glanzlos, ohne Glanz. **3 ghiaccio** ~ (*fis.*), Trübeis (*n.*). **4 rendere** ~ (opacizzare) (*gen.*), mattieren.
opale (*min.*), Opal (*m.*).
opalescenza (*fis.*), Opaleszenz (*f.*). **2** ~ (difetto vn.), Trübung (*f.*).
opalizzare (vetro, p. es.) (*gen.*), opaleszieren.
opera (*gen.*), Werk (*n.*). **2** ~ (costruzione; diga, ponte, ecc. p. es.) (*ing. civ.*), Bauwerk (*n.*). **3** ~ **a dispense** (pubblicazione a dispense) (*tip.*), Lieferungswerk (*n.*). **4** ~ **d'arte** (capolavoro) (*arte*), Meisterwerk (*n.*), Kunstwerk (*n.*). **5 opere d'arte** (ogni lavoro che non sia movimento di terra) (*ferr. - ing. civ.*), Kunstbauten (*f. pl.*). **6 opere di difesa delle coste** (*costr. idr.*), Seeuferbau (*m.*), Seeuferverbauungen (*f. pl.*). **7** ~ **di difesa in pietrame** (mantellata in pietrame) (*costr. idr.*), Packwerk (*n.*). **8** ~ **di presa** (di un bacino) (*costr. idr.*), Entnahmebauwerk (*n.*), Einlaufbauwerk (*n.*). **9** ~ **di presa** (d'una centrale idroelettrica) (*idr.*), Wasserfassung (*f.*). **10** ~ **di rinforzo** (*min.*), Verstärkerbau (*m.*). **11** ~ **di sbarramento** (di un fiume p. es.) (*costr. idr.*), Stauwerk (*n.*), Sperrwerk (*n.*). **12** ~ **di scarico** (emissario) (*ing. civ.*), Auslaufbauwerk (*n.*). **13** ~ **in terra** (lavoro in terra) (*ing. civ.*), Erdbauwerk (*n.*). **14** ~ **morta** (parte non immersa della nave) (*costr. nav.*), totes Werk. **15** ~ **muraria** (di un impianto) (*ed.*), bauseitige Massnahme. **16** ~ **viva** (parte immersa della nave) (*costr. nav.*), lebendes Werk. **17 descrizione delle opere** (*ed.*), Baubeschrieb (*m.*). **18 impianto montato in** ~ (*macch. - ecc.*), an Ort und Stelle montierte Anlage. **19 mano d'**~ (*lav. - pers.*), Arbeit (*f.*). **20 messa in** ~ (posa) (*ed. - ecc.*), Installation (*f.*), Einrichtung (*f.*), Versetzen (*n.*), Aufstellung (*f.*).
operaia (*lav.*), Fabrikarbeiterin (*f.*), Arbeiterin (*f.*). **2** ~ **tessile** (*ind. tess. - lav.*), Textilarbeiterin (*f.*).
operaio (*lav.*), Arbeiter (*m.*). **2** ~ **addetto a lavori pesanti** (*lav.*), Schwerarbeiter (*m.*). **3** ~ **addetto alla costruzione di ferrovie** (*lav. ferr.*), Bahnarbeiter (*m.*). **4** ~ **avventizio** (*lav.*), Gelegenheitsarbeiter (*m.*). **5** ~ **comune** (operaio non specializzato) (*lav.*), ungelernter Arbeiter. **6** ~ **di laveria** (*lav. min.*), Seifer (*m.*), Seifner (*m.*), Seifert (*m.*), Erzwäscher (*m.*). **7** ~ **edile** (*lav. ed.*), Bauarbeiter (*m.*). **8** ~ **metalmeccanico** (*lav.*), Metallarbeiter (*m.*). **9** ~ **non qualificato** (*lav.*), unangelernter Arbeiter. **10** ~ **non specializzato** (*lav.*), ungelernter Arbeiter. **11** ~ **qualificato** (*lav.*), angelernter Arbeiter. **12** ~ **specializzato** (*lav.*), Facharbeiter (*m.*), gelernter Arbeiter. **13** ~ **tessile** (*lav. ind. tess.*), Textilarbeiter (*m.*). **14** ~ **tracciatore** (*lav. mecc.*), Anreisser (*m.*). **15 autogestione operaia** (*ind.*), Arbeiterselbstverwaltung (*f.*). **16 case operai** (case per operai) (*ed.*), Arbeiterwohnungen (*f. pl.*). **17 squadra di operai edili** (*lav.*), Bautrupp (*m.*). **18 treno** ~ (*ferr.*), Arbeiterzug (*m.*).
operando (contenuto d'un punto di memoria p. es.) (*s. - mat. - calc.*), Operand (*m.*).
operativo (*gen.*), operativ. **2 direzione operativa** (di un'azienda) (*ind.*), operative Leitung.

operatore (*lav.*), Bedienungsmann (*m.*). Bediener (*m.*). **2** ~ (simbolo rappresentativo di un'operazione) (*mat.*), Operator (*m.*). **3** ~ (*lar. - macch. ut.*), Maschinenarbeiter (*m.*), Maschinenwärter (*m.*). **4** ~ («cameraman») (*teler. - cinem.*), Kameramann (*m.*), Aufnahmeleiter (*m.*). **5** ~ (*cinem. - lav.*), Operateur (*m.*). **6** ~ (*telef.*), Beamter (*m.*). **7** ~ (persona che fa svolgere i programmi su calcolatori elettronici) (*calc.*), Operator (*m.*). **8** ~ **di borsa** (*finanz.*), Börsenhändler (*m.*). **9** ~ **differenziale** (*mat.*), Differentialoperator (*m.*). **10** ~ **di macchina utensile** (meccanico) (*lav.*), Maschinenarbeiter (*m.*), Maschinenwärter (*m.*). **11** ~ **di tavolo di commutazione** (*telef.*), Schrankbeamter (*m.*). **12** ~ **di tracciatrice** (operaio specializzato nella lavorazione a coordinate) (*lav. - macch. ut.*), Lehrenbohrer (*m.*). **13** ~ **economico** (*finanz. - economia*), Wirtschaftsfachmann (*m.*). **14** ~ **nabla** (operatore vettoriale, nabla) (*mat.*), Nabla-Operator (*m.*), Vektor-Operator (*m.*), Nabla (*n.*). **15** ~ **per proiezioni** (cinematografiche) (operatore di proiezioni) (*cinem.*), Filmvorführer (*m.*). **16** ~ **vettoriale** (operatore nabla) (*mat.*), Vektor-Operator (*m.*), Nabla-Operator (*m.*), Nabla (*n.*). **17 apparecchio di** ~ (*telef.*), Vermittlungsapparat (*m.*). **18 capo** ~ (*lav. cinem.*), Chefvorführer (*m.*). **19 capo** ~ (capo cameraman) (*pers. telev.*), Aufnahmeleiter (*m.*). **20 posto d'**~ (*telef.*), Schrankplatz (*m.*).
operatorio (*mat.*), Operatoren... **2 calcolo** ~ (calcolo operatorio funzionale) (*mat.*), Operatorenrechnung (*f.*). **3 calcolo** ~ **funzionale** (calcolo operatorio) (*mat.*), Operatorenrechnung (*f.*).
operatrice (telefonista) (*lav. - telef.*), Beamtin (*f.*). **2** ~ **prenotazioni** (*telef.*), Meldebeamtin (*f.*). **3** ~ **telefonica** (telefonista, centralinista) (*lav. telef.*), Fernsprechbeamtin (*f.*). **4** ~ **urbana** (*telef.*), Ortsbeamtin (*f.*). **5 apparecchio d'**~ (*telef.*), Meldeanschluss (*m.*). **6 unità** ~ (per lavorazioni ad asportazione di trucioli) (*macch. ut.*), Baueinheit (*f.*).
operazione (di un ciclo di lavorazione) (*organ. lav. - lav. macch. ut.*), Arbeitsgang (*m.*). **2** ~ (al posto di lavoro) (*lav. macch. ut.*), Operation (*f.*). **3** ~ (fase di lavorazione) (*ind.*), Verarbeitungsstufe (*f.*), Arbeitsstufe (*f.*). **4** ~ (*mat.*), Operation (*f.*). **5** ~ **antincendio** (antincendio), Feuerlöschen (*n.*), Feuerbekämpfung (*f.*). **6** ~ **aritmetica** (*mat.*), Rechenoperation (*f.*). **7** ~ **automatica** (decorso automatico d'un programma) (*macch. ut. a c/n*), Satzfolge-Betriebsart (*f.*). **8** ~ **a virgola fissa** (*calc.*), Festkommarechnung (*f.*). **9 operazioni bancarie** (*finanz.*), Bankverkehr (*m.*). **10** ~ **binaria** (*mat.*), binäre Operation. **11** ~ **con entrata manuale** (dei dati, operazione con immissione manuale dei dati) (*macch. ut. a c/n*), Handeingabe-Betriebsart (*f.*). **12** ~ **di alesatura** (*lav. macch. ut.*), Bohrarbeit (*f.*), Ausbohrarbeit (*f.*). **13** ~ **di banca** (*finanz.*), Bankgeschäft (*n.*). **14 operazioni di campagna** (*top.*), Feldmessen (*n.*), Vermessen (*n.*). **15** ~ **di finitura** (*mecc.*), Fertigbearbeitung (*f.*). **16** ~ **di foratura** (al trapano) (*lav. macch. ut.*), Bohrarbeit

(f.). 17 ~ di formatura (fond.), Formarbeit (f.). 18 ~ di fresatura (lav. macch. ut.), Fräsgang (m.). 19 ~ di macchina (calc. - elab. dati). Operation (f.), Betrieb (n.). 20 ~ di messa a punto (messa a punto) (strum. - ecc.), Justierarbeit (f.). 21 ~ di spegnimento (di un reattore) (fis. atom.), Abschaltvorgang (m.). 22 ~ di tornitura (lav. macch. ut.), Dreharbeit (f.). 23 ~ finale (mecc. - ecc.), Endarbeitsgang (m.). 24 operazioni fondamentali (addizione, sottrazione, moltiplicazione, divisione) (mat.), Grundrechnungsarten (f. pl.), Grundoperationen (f. pl.). 25 ~ logica (elab. dati - calc.), logische Operation, Verknüpfung (f.). 26 ~ manuale (macch. ut. a c/n - ecc.), manuelle Betriebsart. 27 ~ semiautomatica (macch. ut. a c/n), Einzelsatz-Betriebsart (f.). 28 modo di ~ (nelle macchine a comando numerico) (macch.), Betriebsart (f.).
operosità (lav.), Sorgfalt (f.). 2 premio di ~ (lav.), Sorgfaltprämie (f.). 3 premio di ~ (per salariati a tempo) (lav.), Mengenprämie (f.).
opinione (gen.), Ansicht (f.), Meinung (f.). 2 ~ pubblica (comm. - ecc.), öffentliche Meinung. 3 formatore di opinioni (stampa - ecc.), Meinungsbildner (m.). 4 sondaggio della pubblica ~ (comm. - ecc.), Meinungsforschung (f.).
oppio (farm.), Opium (n.).
opposizione (leg.), Einwendung (f.). 2 ~ di fase (controfase) (elett.), Gegenphase (f.). 3 certificato di non ~ (leg.), Unbedenklichkeitsbescheinigung (f.). 4 in ~ di fase (in controfase) (elett.), in Gegenphase, gegenphasig. 5 procedimento di ~ (leg.), Einspruchsverfahren (n.).
opposto (contrario) (gen.), entgegengesetzt. 2 ~ al lato accoppiamento (opposto al lato comando, estremità di albero di un mot. elett. p. es.) (macch. - ecc.), nichtangetrieben. 3 ~ al lato comando (opposto al lato accoppiamento, estremità di albero di un mot. elett. p. es.) (macch. - ecc.), nichtangetrieben. 4 diametralmente ~ (geom. - ecc.), diametral entgegengesetzt.
optare (gen.), optieren.
optimum (s. - fis. - ecc.), Bestwert (m.), Optimum (n.).
optoelettronica (elettronica ottica) (ott. - elettronica), Optoelektronik (f.), Elektronenoptik (f.).
optoelettronico (ott.), optoelektronisch.
optometro (app. per misurare la vista) (app. - ott.), Optometer (n.).
optron (accumulatore di luce, accumulatore ottico, per comandare commutazioni) (elettronica), Optron (n.).
opuscolo (tip. - comm.), Broschüre (f.).
opzione (finanz. - comm.), Option (f.). 2 diritto di ~ (su azioni p. es.) (finanz. - comm.), Optionsrecht (n.), Bezugsrecht (n.).
OR (somma logica) (calc.), ODER. 2 ~ esclusivo (antivalenza) (calc.), ausschliessliches ODER, Antivalenz (f.). 3 ~ gate (porta OR) (calc.), ODER-Gatter (n.). 4 ~ inclusivo (disgiunzione) (calc.), inklusives ODER, einschliessliches ODER, Disjunktion (f.). 5 circuito ~ (calc.), ODER-Schaltung (f.).
ora (h, 24ma parte del giorno solare medio) (gen.), Stunde (f.). 2 ~ (per indicazioni orarie) (gen.), Uhr (f.). 3 ~ del fuso orario (astr.), Zonenzeit (f.). 4 ~ dell'Europa occidentale (astr.), westeuropäische Zeit, WEZ. 5 ~ dell'Europa orientale (astr.), osteuropäische Zeit, OEZ. 6 ~ di funzionamento (mot. - macch.), Betriebsstunde (f.). 7 ~ di lavoro (lav. - pers.), Arbeitsstunde (f.). 8 ~ di mano d'opera (amm. - ind.), Lohnstunde (f.). 9 ~ di punta (del traffico) (traff. strad. - ecc.), verkehrsreiche Zeit, Spitzenstunde (f.), Stosszeit (f. - svizz.). 10 ~ di punta (ora di maggior traffico) (telef.), Hauptverkehrsstunde (f.), HVSt. 11 ~ di straordinario (lav.), Überstunde (f.). 12 ~ di ufficio (lav. - ecc.), Bürostunde (f.). 13 ~ di volo (aer.), Flugstunde (f.). 14 ~ lavorativa (ora di lavoro) (lav. - pers.), Arbeitsstunde (f.). 15 ore lavorative settimanali (numero di ore lavorative settimanali) (lav.), Wochenarbeitszeit (f.). 16 ~ legale (astr. - leg.), amtliche Zeit, Normalzeit (f.). 17 ~ locale (astr.), Ortszeit (f.). 18 ~ siderale (astr.), Sternzeit (f.). 19 ~ solare (astr. - ecc.), Sonnenzeit (f.). 20 ~ solare media (astr.), mittlere Sonnenzeit. 21 ~ solare vera (astr.), wahre Sonnenzeit. 22 ore straordinarie (lav.), Überstunden (f. pl.), Extrastunden (f. pl.). 23 a ore (lav. - ecc.), stundenweise. 24 dicitore dell' ~ esatta (servizio telefonico per abbonati) (app. - telef.), Zeitansage-Gerät (n.). 25 di otto ore (giornata lavorativa) (lav.), achtstündig. 26 pagare a ore (lav.), stundenweise entlohnen.
orafo (arte), Goldschmied (m.).
orario (s. - gen.), Zeitplan (m.). 2 ~ (ferroviario p. es.) (s. - trasp.), Fahrplan (m.). 3 ~ (scolastico p. es.) (s. - scuola - ecc.), Stundenplan (m.). 4 ~ (a. - gen.), stündlich. 5 ~ (destrorso, senso di rotazione) (a. - mecc. - ecc.), im Uhrzeigersinn, rechtsläufig. 6 ~ di lavoro (organ. lav.), Arbeitszeit (f.), Arbeitsstunden (f. pl.). 7 ~ (di lavoro) continuato (lav. - pers.), durchgehende Arbeitszeit. 8 ~ (di lavoro) flessibile (orario scelto dal lavoratore) (lav. - pers.), Gleitzeit (f.), gleitende Arbeitszeit, flexible Arbeitszeit. 9 ~ di lavoro ridotto (organ. lav.), Kurzarbeit (f.). 10 ~ (di lavoro) scelto dal lavoratore (orario flessibile) (lav. - pers.), Gleitzeit (f.), gleitende Arbeitszeit, flexible Arbeitszeit. 11 ~ di ufficio (lav.), Bürostunden (f. pl.), Bürozeit (f.). 12 ~ di servizio (orario di lavoro) (lav.), Dienststunden (f. pl.). 13 ~ ferroviario (ferr.), Eisenbahnfahrplan (m.). 14 ~ flessibile (orario di lavoro flessibile) (lav. - pers.), gleitende Arbeitszeit, Gleitzeit (f.), flexible Arbeitszeit. 15 ~ invernale (trasp.), Winterfahrplan (m.). 16 a ~ pieno (lavoro) (lav.), ganztägig. 17 fuso ~ (astr.), Stundenwinkel (m.). 18 in ~ (treno p. es.) (traff. ferr.), fahrplanmässig. 19 occupato ad ~ ridotto (lav.), nicht ganztägig beschäftigt. 20 segnale ~ (radio), Zeitfunk (m.), Zeitzeichen (n.).
orbita (dei pianeti o satelliti artificiali p. es.)

orbitale

(*astr.*), Bahn (*f.*). 2 ~ (di una particella p. es.) (*fis. atom. - ecc.*), Umlaufbahn (*f.*), Bahn (*f.*). 3 ~ **attorno alla Terra** (orbita circumterrestre) (*astronautica*), Erdumlaufbahn (*f.*). 4 ~ **circolare** (*astr. - ecc.*), Kreisbahn (*f.*). 5 ~ **circumterrestre** (orbita attorno alla Terra) (*astronautica*), Erdumlaufbahn (*f.*). 6 ~ **di frenatura** (di un veic. spaziale) (*astronautica*), Bremsorbit (*m.*). 7 ~ **di parcheggio** (d'un veicolo spaziale) (*astronautica*), Parkbahn (*f.*). 8 ~ **eccentrica** (d'un elettrone) (*fis.*), Tauchbahn (*f.*). 9 ~ **ellittica** (*astr. - ecc.*), Ellipsenbahn (*f.*). 10 ~ **esterna** (*fis. nucl.*), Aussenbahn (*f.*). 11 ~ **iperbolica** (*astr.*), Hyperbelbahn (*f.*). 12 ~ **terrestre** (*astr.*), Erdbahn (*f.*). 13 mettere in ~ (una capsula spaziale p. es.) (*astronaut.*), in Umlauf bringen.

orbitale (moto) (*gen.*), Umlauf..., Orbital... 2 movimento ~ (delle particelle d'acqua di onde superficiali) (*mare - nav.*), Orbitalbewegung (*f.*). 3 **periodo** ~ (*astronautica*), Umlaufzeit (*f.*).

orbitante (*gen.*), umlaufend. 2 osservatorio ~ (satellite terrestre) (*astronautica*), umlaufendes Observatorium.

ordimento (orditura) (*ind. tess.*), Kettenscheren (*n.*). 2 nota d' ~ (*ind. tess.*), Schärrapport (*m.*).

ordinamento (disposizione) (*gen.*), Gliederung (*f.*). 2 ~ **giuridico** (*leg.*), Gerichtsordnung (*f.*).

ordinare (mettere in ordine) (*gen.*), ordnen, anordnen. 2 ~ (passare un'ordinazione) (*comm.*), bestellen.

ordinario (*fis.*), ordentlich.

ordinata (di una nave) (*costr. nav.*), Spant (*m.*), Rippe (*f.*). 2 ~ (di un velivolo) (*aer.*), Spant (*m.*). 3 ~ (*mat.*), Ordinate (*f.*). 4 ~ **ad U** (*costr. nav.*), U-Spant (*m.*). 5 ~ **a V** (*costr. nav.*), V-Spant (*m.*). 6 ~ **di poppa** (*costr. nav.*), Achterspant (*m.*). 7 ~ **inclinata** (*costr. nav.*), Kantspant (*m.*). 8 ~ **maestra** (di una nave) (*costr. nav.*), Hauptspant (*m.*).

ordinazione (*comm.*), Bestellung (*f.*), Auftrag (*m.*). 2 ordinazioni acquisite (ordinazioni ricevute) (*comm.*), Abschlüsse (*m. pl.*), Auftragsbestand (*m.*). 3 ~ **ripetuta** (*comm.*), Nachbestellung (*f.*). 4 **importo dell'**~ (*comm.*), Auftragswert (*m.*). 5 **numero dell'**~ (numero dell'ordine) (*comm.*), Bestellnummer (*f.*). 6 su ~ (*comm.*), auf Bestellung.

ordine (*gen.*), Auftrag (*m.*). 2 ~ (comando) (*gen.*), Befehl (*m.*). 3 ~ (ordinazione) (*comm.*), Bestellung (*f.*), Auftrag (*m.*). 4 ~ (architettonico) (*arch.*), Ordnung (*f.*). 5 ~ (di colonne p. es.) (*arch. - ecc.*), Lage (*f.*), Reihe (*f.*). 6 ~ (istruzione) (*calc.*), Befehl (*m.*). 7 ~ (successione) (*gen.*), Ordnung (*f.*), Reihenfolge (*f.*). 8 ~ (*mat.*), Stufe (*f.*). 9 ~ (di pagamento p. es.) (*comm. - amm.*), Anweisung (*f.*). 10 ordini acquisiti (ordinazioni acquisite) (*comm.*), Abschlüsse (*m. pl.*), Auftragsbestand (*m.*). 11 ~ **alfabetico** (*gen.*), alphabetische Reihenfolge. 12 ~ **aperto** (ordine modificabile nei quantitativi p. es.) (*comm. - ind.*), offener Auftrag, widerruflicher Auftrag. 13 ~ **chiuso** (di schieramento) (*milit.*), gaschlossene Ordnung. 14 ~ **cronologico** (*gen.*), zeitliche Folge. 15 ordini da evadere (ordinazioni ricevute) (*comm.*), Auftragsbestand (*m.*), unerledigte Aufträge. 16 ~ **del giorno** (di un'assemblea) (*gen.*), Agenda (*f.*), Tagesordnung (*f.*). 17 ~ **della corte** (*leg.*), Gerichtsbeschluss (*m.*). 18 ~ **di accensione** (di un mot. a ci. i.) (*mot.*), Zündfolge (*f.*). 19 ~ **di acquisto** (*comm.*), Kaufauftrag (*m.*), Kauforder (*f.*). 20 ~ **di carico** (*nav.*), Schiffszettel (*m.*), Ladeorder (*f.*), Shipping-Order (*f.*). 21 ~ **di grandezza** (*gen.*), Grössenordnung (*f.*). 22 ~ **di lavoro** (sul quale sono indicate tutte le lavorazioni, che accompagna il pezzo) (*organ. lav.*), Arbeitsschein (*m.*), Laufzettel (*m.*). 23 ~ **di pagamento** (mandato di pagamento) (*amm.*), Zahlungsanweisung (*f.*), Zahlungsauftrag (*m.*). 24 ~ **di sequestro** (*leg.*), Beschlagsbefehl (*m.*). 25 ~ **di spedizione** (ordine di consegna, di una macch. dopo il collaudo p. es.) (*comm.*), Abruf (*m.*). 26 ~ **fermo** (*comm.*), fester Auftrag, Festauftrag (*m.*). 27 ordini in corso (*ind.*), laufende Aufträge (*m. pl.*). 28 ordini inevasi (*comm.*), Auftragsrückstand (*m.*), Auftragsbestand (*m.*). 29 ~ **permanente** (*comm.*), Dauerauftrag (*m.*). 30 ~ **professionale** (*lav.*), Gewerbeordnung (*f.*), GewO. 31 ~ **pubblico** (*leg. - ecc.*), öffentliche Ordnung. 32 ~ **revocabile** (*comm. - ind.*), widerruflicher Auftrag. 33 ordini ricevuti (ordinazioni ricevute) (*comm.*), Abschlüsse (*m. pl.*), Auftragsbestand (*m.*). 34 ordini ricevuti (ordini da evadere) (*comm.*), Auftragsbestand (*m.*), unerledigte Aufträge. 35 al ricevimento della conferma d' ~ (nelle condizioni di fornitura) (*comm.*), bei Erhalt der Auftragsbestätigung. 36 annullare un ~ (*comm.*), einen Auftrag zurückziehen, einen Auftrag annullieren. 37 codice degli ordini (in cibernetica) (*elettronica - ecc.*), Befehlskode (*m.*). 38 composizione ordini (prelevamento di particolari da magazzini verticali p. es.) (*trasp. ind.*), Kommissionieren (*n.*). 39 conferire un ~ (*comm.*), einen Auftrag erteilen. 40 conferma di ~ (*comm.*), Auftragsbestätigung (*f.*). 41 contrariamente agli ordini (*avv. - gen.*), befehlswidrig. 42 dell'~ di (circa, verso, intorno a) (*gen.*), gegen, ungefähr. 43 esecuzione di un ~ (*comm.*), Ausführung eines Auftrages. 44 eseguire un ~ (*comm.*), einen Auftrag ausführen. 45 evadere un ~ (eseguire una ordinazione) (*comm.*), einen Auftrag ausführen. 46 evasione di un ~ (esecuzione di un'ordinazione) (*comm.*), Ausführung eines Auftrages. 47 in ~ **di marcia** (*aut.*), fahrfertig, fahrbereit. 48 numero dell'~ (numero dell'ordinazione) (*comm.*), Bestellnummer (*f.*). 49 numero dell'~ di lavoro (*ind.*), Arbeitsauftragsnummer (*f.*). 50 passare un ~ (passare un'ordinazione) (*comm.*), einen Auftrag erteilen. 51 per ~ e conto di (*comm.*), im Auftrag und für Rechnung von. 52 sequenza ordini (sequenza istruzioni) (*calc.*), Befehlsfolge (*f.*). 53 trasmettitore di ordini (*elettronica - ecc.*), Befehlsgeber (*m.*).

ordire (*ind. tess.*), scheren, schweifen, zetteln, aufschlagen.

ordito (catena) (*tess.*), Kette (*f.*), Werft (*m.*), Zettel (*m.*), Schweif (*m.*), Warp (*m.*), Aufschlag (*m.*). 2 avvolgere l'~ attorno al

subbio (insubbiare) (*ind. tess.*), bäumen. **3 bocca d'~** (passo) (*ind. tess.*), Fach (*n.*), Sprung (*m.*). **4 filo di ~** (*ind. tess.*), Schärgarn (*n.*), Schergarn (*n.*), Kettengarn (*n.*). **5 rapporto di ~** (*ind. tess.*), Kettrapport (*m.*). **6 subbio d'~** (*macch. tess.*), Kettbaum (*m.*), Schärbaum (*m.*), Zettelbaum (*n.*), Aufschlagbaum (*m.*). **7 velluto di ~** (*ind. tess.*), Kett-Samt (*m.*).
orditoio (*ind. tess.*), Schärmaschine (*f.*), Kettenmaschine (*f.*), Schärrahmen (*m.*), Zettelmaschine (*f.*). **2 ~ a sezioni** (*macch. tess.*), Sektionsschärmaschine (*f.*). **3 ~ meccanico** (*macch. tess.*), Schermaschine (*f.*), Kettenschermaschine (*f.*).
orditore (*lav. ind. tess.*), Kettenschärer (*m.*), Scherer (*m.*).
orditura (*ind. tess.*), Kettenscheren (*n.*), Schweifen (*n.*).
orecchia (orecchietta) (*mecc.*), Nase (*f.*), Ansatz (*m.*). **2 ~** (orecchio) (*gen.*), *vedi* orecchio. **3 formazione di orecchie** (nella imbutitura profonda) (*difetto lav. lamiera*), Zipfelbildung (*f.*).
orecchietta (orecchia) (*mecc.*), Nase (*f.*), Ansatz (*m.*). **2 ~** (linguetta, parte sporgente e ripiegabile per l'accoppiamento di due pezzi di lamierino) (*tecnol. mecc.*), Lappen (*m.*). **3 ~ ripiegata** (risvolto, per la giunzione di lamiere) (*tecnol. mecc.*), gebogener Lappen.
orecchio (orecchia) (*gen.*), Ohr (*n.*). **2 ~** (versoio, dell'aratro) (*macch. agric.*), Pflugstreichblech (*n.*), Streichblech (*n.*). **3 ~** (patta, dell'àncora) (*nav.*), Hand (*f.*). **4 ~ esterno** (*acus.*), äusseres Ohr. **5 ~ interno** (*acus.*), inneres Ohr. **6 ~ medio** (*acus.*), Mittelohr (*n.*). **7 relativo ad ambedue gli orecchi** (binaurale) (*acus.*), binaural.
orecchione (di un cannone) (*milit.*), Pivotzapfen (*m.*).
orecchioniera (di un cannone) (*milit.*), Pivotlager (*n.*), Gabellager (*n.*), Schildzapfenlager (*n.*).
organdi (*tess.*), Organdy (*n.*), Organdin (*n.*).
organico (*a. - chim. - ecc.*), organisch. **2 ~** (quadri del personale di una ditta p. es.) (*s. - pers.*), Personalplanung (*f.*), Stab (*m.*). **3 ~ di vendita** (*comm.*), Verkaufsstab (*m.*). **4 chimico ~** (*lav. - chim.*), Organiker (*m.*). **5 moderatore ~** (d'un reattore) (*fis. nucl.*), organischer Moderator.
organigramma (*organ.*), Organisationsplan (*m.*), Organigramm (*n.*).
organismo (*gen.*), Organismus (*m.*). **2 organismi mesoaprobici** (mesoaprobi) (*biol.*), Mesoaprobien (*f. pl.*).
organizzare (*gen.*), organisieren.
organizzativo (*gen.*), organisatorisch.
organizzato (*organ. - ecc.*), organisiert. **2 ~ a parola** (orientato a parola; memoria) (*elab. dati*), wort-organisiert.
organizzazione (*gen.*), Organisation (*f.*). **2 ~ al suolo** (infrastruttura) (*aer.*), Bodenorganisation (*f.*), Infrastruktur (*f.*). **3 ~ antincendi** (antincendio), Feuerlöschwesen (*n.*). **4 ~ aziendale** (*ind.*), Betriebsorganisation (*f.*). **5 ~ commerciale** (organizzazione di vendita) (*comm.*), Verkaufsorganisation (*f.*), Handelsorganisation (*f.*). **6 ~ dei concessionari** (organizzazione periferica) (*comm.*), Händlerorganisation (*f.*). **7 ~ dei sistemi** (programmazione dei sistemi) (*organ.*), Systemplanung (*f.*). **8 ~ del lavoro** (*organ. lav.*), Arbeitsplanung (*f.*). **9 ~ delle vendite** (*comm.*), Absatzorganisation (*f.*). **10 ~ di fabbrica** (*ind.*), Fabrikorganisation (*f.*). **11 ~ di vendita** (organizzazione commerciale) (*comm.*), Verkaufsorganisation (*f.*), Absatzorganisation (*f.*). **12 ~ funzionale** (sistema funzionale) (*organ.*), Staborganisation (*f.*), funktionale Organisation. **13 ~ gerarchica** (sistema gerarchico) (*organ.*), Linienorganisation (*f.*). **14 ~ gerarchico-funzionale** (sistema gerarchico-funzionale) (*organ.*), Linien- und Staborganisation (*f.*). **15 ~ industriale** (*organ.*), industrielle Organisation. **16 ~ Internazionale dell'Aviazione Civile** (*aer.*), Internationale Zivilluftfahrts-Organisation. **17 ~ Internazionale del Lavoro** (*lav.*), Internationale Arbeitsorganisation, IAO. **18 ~ Internazionale per l'Energia Atomica** (*energia atom.*), Internationale Atomenergie-Organisation (*f.*), IAEO. **19 ~ periferica** (organizzazione dei concessionari) (*comm.*), Händlerorganisation (*f.*).
organo (di una macchina p. es.) (*mecc. - ecc.*), Glied (*n.*), Element (*n.*), Organ (*n.*). **2 ~** (gruppo di persone o ente) (*leg.*), Organ (*n.*). **3 ~** (parte del corpo) (*med.*), Organ (*n.*). **4 ~** (giornale o rivista) (*giorn.*), Organ (*f.*). **5 ~** (*strum. music.*), Orgel (*f.*). **6 ~ consultivo** (*leg.*), beratendes Organ. **7 ~ deliberativo** (*leg.*), Beschlussorgan (*n.*). **8 ~ di chiusura** (valvola, rubinetto) (*tubaz.*), Absperrorgan (*n.*). **9 ~ di forza** (*macch.*), Kraftelement (*n.*). **10 ~ di intercettazione** (valvola, rubinetto) (*tubaz.*), Absperrorgan (*n.*). **11 organi di macchine** (elementi di macchine) (*macch.*), Maschinenelemente (*n. pl.*). **12 ~ di moto** (*macch.*), Bewegungselement (*n.*). **13 ~ di presa** (di corrente, di una ferr. elett. p. es.) (*elett.*), Abnehmer (*m.*), Stromabnehmer (*m.*). **14 ~ di retroazione** (*regolaz. - ecc.*), Rückführglied (*n.*). **15 ~ esecutivo** (*leg.*), ausführendes Organ. **16 ~ finale di regolazione** (valvola p. es., di un sistema regolato) (*elettromecc.*), Stellglied (*n.*), Einstellglied (*n.*). **17 ~ ufficiale** (*stampa - ecc.*), Regierungsorgan (*n.*). **18 canna d'~** (*strum.*), Orgelpfeife (*f.*). **19 mostra d'~** (*strum.*), Orgelstuhl (*m.*), Orgelprospekt (*m.*), Orgelgesicht (*n.*).
organogeno (minerale composto di organismi) (*geol.*), organogen.
organogramma (*organ.*), *vedi* organigramma.
organolettico (*fis.*), organoleptisch.
organosol (*chim.*), Organosol (*n.*).
organzino (*tess.*), Organsin (*n.*).
oriciclo (linea) (*geom.*), Orizykel (*m.*), Grenzkreis (*m.*).
orientabile (inclinabile) (*macch.*), schrägstellbar, schrägverstellbar. **2 ~** (girevole, tavola di un trapano p. es.) (*mecc.*), schwenkbar. **3 ~** (inclinabile, ribaltabile) (*mecc.*), kippbar.
orientamento (*gen.*), Orientierung (*f.*). **2 ~** (rotazione, di una tavola p. es.) (*mecc. - macch.*), Schwenkung (*f.*). **3 ~** (di molecole, in un pezzo stampato ad iniezione p. es.)

orientare

(*tecnol.*), Orientierung (*f.*). 4 ~ **dei proiettori** (operazione di messa a punto dei proiettori) (*aut.*), Scheinwerfereinstellung (*f.*). 5 ~ **dei solchi** (direzione dei solchi, su una superficie lavorata) (*lav. macch. ut.*), Rillenverlauf (*m.*). 6 ~ **del fascio di luce** (direzione del fascio di luce dei proiettori) (*aut.*), Strahlengang (*m.*). 7 ~ **delle fibre** (andamento o direzione delle fibre, di un pezzo p. es.) (*metall.*), Faserverlauf (*m.*), Faserrichtung (*f.*). 8 ~ **di una carta** (*top. - ecc.*), Einrichten einer Karte, Orientierung einer Karte. 9 ~ **preferenziale** (direzione preferenziale, dei grani in lamiere p. es.) (*metall.*), Vorzugsrichtung (*f.*).

orientare (*gen.*), orientieren. 2 ~ (ruotare, una tavola p. es.) (*mecc - ecc.*), schwenken. 3 ~ (carta geografica p. es.) (*top. - ecc.*), orientieren, einrichten. 4 ~ (bracciare, le vele) (*nav.*), kanten. 5 ~ (la vela secondo il vento) (*nav.*), richten. 6 ~ **verso l'esterno** (girare verso l'esterno, allontanare) (*gen.*), ausschwenken, nach aussen schwenken. 7 ~ **verso l'interno** (avvicinare girando verso l'interno) (*gen.*), einschwenken.

orientato (*prog. - ecc.*), orientiert. 2 ~ **alla macchina** (linguaggio) (*calc.*), maschinenorientiert. 3 ~ **al problema** (linguaggio) (*calc.*), problemorientiert. 4 ~ **a parola** (organizzato a parola; memoria) (*elab. dati*), wortorientiert, wort-organisiert. 5 ~ **da attività** (nella programmazione reticolare) (*progr.*), pfeilenorientiert. 6 ~ **da evento** (nella tecnica di programmazione reticolare) (*progr.*), knotenorientiert. 7 **a grani orientati** (lamiera p. es.) (*metall.*), kornorientiert.

originale (*a. - gen.*), original, ursprünglich. 2 ~ (*s. - gen.*), Original (*n.*), Urbild (*n.*). 3 ~ (*tip. - ecc.*), Urschrift (*f.*), Original (*n.*). 4 ~ (di un documento p. es.) (*leg. - ecc.*), Erstausfertigung (*f.*), Original (*n.*). 5 **disegno** ~ (in matita p. es.) (*dis.*), Original (*n.*). 6 **parte di ricambio** ~ (*macch. - ecc.*), Original-Ersatzteil (*m.*).

origine (*gen.*), Ursprung (*m.*). 2 ~ (delle coordinate) (*mat.*), Nullpunkt (*m.*), Ursprung (*m.*). 3 ~ **delle coordinate** (*mat.*), Koordinatennullpunkt (*m.*), Ursprung (*m.*). 4 **certificato di** ~ (*comm. - ecc.*), Ursprungszeugnis (*n.*). 5 **programma di** ~ (*calc.*), Quellenprogramm (*m.*), Quellprogramm (*m.*). 6 **spostamento della** ~ (spostamento dello zero, zero flottante) (*macch. ut. c/n*), Nullpunktverschiebung (*f.*).

orizzontale (*a. - gen.*), horizontal, waagerecht, waagrecht. 2 ~ (*a. - min.*), ebensohlig. 3 **brocciatrice** ~ **idraulica** (*macch. ut.*), hydraulische Waagerechträummaschine. 4 **di tipo** ~ (motore p. es.) (*mecc. - ecc.*), liegend. 5 **macchina** ~ (*elett. - ecc.*), liegende Maschine. 6 **retta** ~ (*geom.*), Waagerechte (*f.*).

orizzonte (*geogr. - ecc.*), Horizont (*m.*). 2 ~ **apparente** (*geogr.*), Scheinhorizont (*m.*), scheinbarer Horizont. 3 ~ **artificiale** (giroorizzonte) (*strum. aer.*), Kreiselhorizont (*m.*), künstlicher Horizont. 4 ~ **artificiale-indicatore di virata** (*strum. aer.*), Wendehorizont (*m.*). 5 ~ **astronomico** (orizzonte razionale, orizzonte vero) (*astr.*), wahrer Horizont. 6 ~ **di riferimento** (*strum. aer.*), Vergleichs-

horizont (*m.*). 7 ~ **razionale** (orizzonte astronomico, orizzonte vero) (*astr.*), wahrer Horizont. 8 ~ **vero** (orizzonte astronomico, orizzonte razionale) (*astr.*), wahrer Horizont. 9 ~ **visibile** (*geogr.*), sichtbarer Horizont, Kimme (*f.*).

orlare (*ind. tess.*), säumen.
orlatrice (*macch. tess.*), Säumer (*m.*).
orlatura (*ind. tess.*), Säumen (*n.*).
orlo (margine, bordo) (*gen.*), Rand (*m.*), Kante (*f.*). 2 ~ (di un recipiente p. es.) (*gen.*), Rand (*m.*). 3 ~ (di un tessuto) (*ind. tess.*), Saum (*m.*), Rand (*m.*). 4 ~ **blu** (alone blu, da ricottura) (*tratt. term.*), blauer Rand. 5 ~ **circolare** (corona, anello) (*gen.*), Kranz (*m.*), Rand (*m.*). 6 ~ **d'attacco** (di un'ala) (*aer.*), Vorderkante (*f.*). 7 ~ **di laminazione** (*lamin.*), Walzkante (*f.*). 8 ~ **di riferimento** (di uno stampo) (*fucinatura*), Bezugskante (*f.*). 9 ~ **di uscita** (di un'ala) (*aer.*), Hinterkante (*f.*). 10 **ripiegare l'**~ (di lamiere p. es.) (*tecnol.*), umkanten. 11 **risvoltatura dell'**~ (per pezzi di lamiera) (*lav. lamiera*), Randhochstellen (*n.*).

orlon (fibra sintetica) (*tess.*), Orlon (*n.*).
orma (*gen.*), Spur (*f.*), Abdruck (*m.*).
ormeggiare (*nav.*), festmachen, verteien, vertäuen, belegen.
ormeggiato (*nav.*), festgemacht, vertäut. 2 ~ **in afforco** (afforcato, piroscafo p. es.) (*naut.*), vor zwei Ankern liegend, vermurt, fest zwischen zwei Anker liegend.
ormeggio (*nav.*), Vertäuung (*f.*). 2 **boa di** ~ (*nav.*), Vertäuboje (*f.*). 3 **palo di** ~ (*nav.*), Anbindepfahl (*m.*), Vertäupfahl (*m.*).

ornamento (decorazione) (*gen.*), Schmuck (*m.*), Zierat (*m.*). 2 ~ (*arch. - ecc.*), Ornament (*n.*). 3 ~ **ad ovoli e linguette** (*arch.*), Eierstab (*m.*). 4 ~ **a fogliame** (ornamento a foglie) (*arch.*), Laubwerk (*n.*), Blattwerk (*n.*), Blattornament (*n.*). 5 ~ **a ovuli** (*arch.*), Eierstab (*m.*).

ornare (*gen.*), zieren.
ornato (*a. - gen.*), geziert. 2 ~ (*s. - gen.*), Verzierung (*f.*). 3 **carattere** ~ (*tip.*), Zierschrift (*f.*).

orneblenda (*min.*), Hornblende (*f.*).
ornitottero (alibattente) (*aer.*), Schlagflügelflugzeug (*n.*), Schwingenflugzeug (*n.*).

oro (*Au - chim.*), Gold (*n.*). 2 ~ **alluvionale** (*min.*), Seifengold (*n.*). 3 ~ **bianco** (*metall.*), Weissgold (*n.*). 4 ~ **doublé** (*oreficeria*), Golddoublé (*n.*). 5 ~ **fino** (o **puro**) (*metall.*), Feingold (*n.*). 6 ~ **in lamine** (*metall.*), Blattgold (*n.*). 7 ~ **in lingotti** (*metall.*), Stangengold (*n.*), Gold in Barren. 8 ~ **laminato** (*metall.*), Dubleegold (*n.*). 9 ~ **musivo** (SnS_2) (solfuro stannico) (*chim. - metall.*), Musivgold (*n.*), Zinnsulfid (*n.*). 10 ~ **puro** (o fino) (*metall.*), Feingold (*n.*). 11 ~ **rosso** (col 4% Ag, 75% Au, 21% Cu) (*metall.*), Rotgold (*n.*). 12 **d'**~ (aureo) (*metall.*), golden. 13 **filone d'**~ (*min.*), Goldader (*f.*). 14 **numero d'**~ (di un colloide protettivo) (*chim.*), Goldzahl (*f.*), Schutzzahl (*f.*).

orogenesi (*geol.*), Orogenese (*f.*).
orografia (*geogr.*), Orographie (*f.*), Gebirgsbeschreibung (*f.*). 2 ~ (andamento altime-

trico della superficie terrestre) (*geogr.*), Relief (*n.*).
orologeria (*arte*), Uhrmacherkunst (*f.*). 2 movimento ad ~ (*mecc.*), Uhrwerk (*n.*).
orologiaio (*lav.*), Uhrmacher (*m.*). 2 pinzette da ~ (*ut.*), Regleusezange (*f.*). 3 tornio da ~ (*macch. ut.*), Uhrmacherdrehstuhl (*m.*).
orologio (*orologeria*), Uhr (*f.*). 2 ~ (minimetro, comparatore, comparimetro) (*strum.*), Messuhr (*f.*), Fühluhr (*f.*), Fühlhebeluhr (*f.*). 3 ~ a carica automatica (*orologeria*), selbstaufziehende Uhr. 4 ~ a pendolo (pendola) (*orologeria*), Pendeluhr (*f.*). 5 ~ atomico (*strum.*), Atomuhr (*f.*). 6 ~ calendario (*orolog.*), Kalender-Uhr (*f.*). 7 ~ da polso (*orologeria*), Armbanduhr (*f.*). 8 ~ da tasca (*orologeria*), Taschenuhr (*f.*). 9 ~ da torre (*orologeria*), Turmuhr (*f.*). 10 ~ di controllo per guardiani (orologio per timbratura passaggio guardiani) (*app.*), Wächterkontrolluhr (*f.*). 11 ~ elettronico (*app. - elettronica*), Elektronenuhr (*f.*). 12 ~ marcatempo (orologio per timbratura cartellini di presenza, orologio per bollatura cartoline) (*app. organ. lav.*), Stechuhr (*f.*), Stempeluhr (*f.*), Kontrolluhr (*f.*), Arbeitszeit-Kontrolluhr (*f.*). 13 ~ per bollatura cartoline (orologio per timbratura cartellini di presenza, orologio marcatempo) (*organ. lav. - app.*), Stechuhr (*f.*), Stempeluhr (*f.*), Kontrolluhr (*f.*), Arbeitszeit-Kontrolluhr (*f.*). 14 ~ per timbratura cartellini di presenza (orologio marcatempo, orologio per bollatura cartoline) (*organ. lav. - app.*), Stechuhr (*f.*), Stempeluhr (*f.*), Kontrolluhr (*f.*), Arbeitszeit-Kontrolluhr (*f.*). 15 ~ pilota (*app. - ind. - ecc.*), Zentraluhr (*f.*). 16 ~ satellite (elettrico) (*strum.*), Nebenuhr (*f.*). 17 cinturino dell'~ (*orologeria*), Uhrarmband (*n.*). 18 mettere l'~ avanti (*orologio*), die Uhr vorrücken. 19 regolare l'~ (*gen.*), die Uhr abgleichen. 20 vetro da ~ (*ind. vetro*), Uhrglas (*n.*).
orpello (princisbecco, tombacco, similoro) (*metall.*), Goldkupfer (*n.*).
orpimento (As_2S_3) (*chim. - min.*), Operment (*n.*), gelbes Arsenikglas, Arsenblende (*f.*), Auripigment (*n.*), Orpiment (*n.*).
Orsa (*astr.*), Bär (*m.*). 2 ~ maggiore (carro) (*astr.*), grosser Bär, Himmelswagen (*m.*), grosser Wagen. 3 ~ minore (*astr.*), kleiner Bär, kleiner Wagen.
orticon (tubo elettronico per l'analisi dell'immagine) (*telev.*), Orthikon (*n.*). 2 ~ ad immagine (image-orticon) (*telev.*), Zwischenbildorthikon (*n.*), Orthikon mit Vorabbildung, Bildorthikon (*n.*), Image-Orthikon (*n.*), Superorthikon (*n.*).
orticonoscopio (*telev.*), vedi orticon.
orto (*ed. - agric.*), Nutzgarten (*m.*).
ortocentro (d'un triangolo) (*geom.*), Höhenschnittpunkt (*m.*).
ortoclasio (ortosio) (*min.*), Orthoklas (*m.*).
ortocromatico (*ott. - fot.*), orthochromatisch, farbrichtig.
orto-diossibenzene [$C_6H_4(OH)_2$] (pirocatechina) (*chim. - fot.*), Pyrokatechin (*n.*), Katechol (*n.*).
ortodromia (*nav. - navig.*), Orthodrome (*m.*).
ortodromico (*navig.*), orthodromisch.

ortogonale (ad angolo retto, perpendicolare) (*geom. - ecc.*), rechtwinklig, orthogonal. 2 coordinate ortogonali (*geom.*), rechtwinklige Koordinaten.
ortogonalità (*mecc.*), Rechtwinkligkeit (*f.*). 2 errore di ~ (*mecc.*), Abweichung von der Rechtwinkligkeit.
ortografia (*tip.*), Orthographie (*f.*), Rechtschreibung (*f.*).
ortografico (*tip.*), orthographisch, schreibrichtig.
ortoidrogeno (*chim.*), Ortho-Wasserstoff (*m.*).
ortoplanare (complanare, detto di ruota il cui piano non si scosta dal piano di rotazione) (*mecc. - ecc.*), schlagfrei.
ortorombico (*min.*), orthorombisch.
ortoscopico (aplanatico) (*ott.*), orthoskopisch, verzerrungsfrei, verzeichnungsfrei. 2 immagine ortoscopica (immagine non distorta, immagine rettolineare) (*ott.*), unverzeichnetes Bild.
ortosio (ortoclasio) (*min.*), Orthoklas (*m.*).
orto-triossibenzene [$C_6H_3(OH)_3$] (pirogallolo) (*chim. - fot.*), Pyrogallol (*n.*), Pyrogallussäure (*f.*).
orza! (*nav.*), Luv!
orzare (*nav.*), luven, anluven, gegen den Wind drehen.
orzata (di veliero, manovra per accostare la prua alla direzione del vento) (*nav.*), Anluven (*n.*).
orziero (*nav.*), luvgierig.
Os (osmio) (Os, Osmium (*n.*).
oscillante (*gen.*), schwingend, oszillierend. 2 ~ (fluttuante, numero di giri p. es.) (*mot.*), schwankend. 3 ~ (fluttuante, prezzo p. es.) (*comm.*), schwankend. 4 ~ ciclo (nelle prove di fatica) (*tecnol. mecc.*), Schwingspiel (*n.*). 5 elemento ~ (*mecc.*), Schwinger (*m.*). 6 sistema ~ (*mecc.*), Schwinger (*m.*).
oscillare (*gen.*), schwingen, schwenken. 2 ~ (pendolo p. es.) (*fis. - mecc.*), schwingen, oszillieren. 3 ~ (fluttuare, di prezzi p. es.) (*gen.*), schwanken. 4 ~ attorno all'asse baricentrico normale (*difetto - aut.*), schleudern, ins Schleudern kommen.
oscillatore (*elettronica*), Schwinger (*m.*), Oszillator (*m.*). 2 ~ a battimento (oscillatore eterodina, utilizzato quale fonte di frequenze acustiche per misure) (*elettronica*), Schwebungssummer (*m.*). 3 ~ a cristallo (oscillatore a quarzo piezoelettrico) (*elettronica*), Kristalloszillator (*m.*), Kristallschwinger (*m.*). 4 ~ ad accoppiamento elettronico (*radio*), elektronengekoppelter Oszillator. 5 ~ a diapason (*elettronica*), Stimmgabeloszillator (*m.*), Stimmgabelgenerator (*m.*). 6 ~ ad onda regressiva (carcinotron) (*elettronica*), Rückwärtswellenröhre (*f.*), Carcinotron (*n.*). 7 ~ a modulazione di velocità (*elettronica*), Laufzeitgenerator (*m.*). 8 ~ a quarzo (*elettronica*), quarzgesteuerter Oszillator. 9 ~ a quarzo piezoelettrico (oscillatore a cristallo) (*elettronica*), Kristalloszillator (*m.*), Kristallschwinger (*m.*). 10 ~ a raggi catodici (*elettronica*), Kathodenstrahloszillator (*m.*). 11 ~ a rilassamento (*elettronica*), Kipposzillator (*m.*). 12 ~ a scintille (*elettronica*), Funken-

oscillatorio

oszillator (*m.*). 13 ~ **a valvole** (*elettronica*), Röhrenoszillator (*m.*). 14 ~ **bilanciato** (oscillatore simmetrico) (*elett.*), Balance-Generator (*m.*). 15 ~ **di rilassamento a bloccaggio** (con reazione molto forte) (*elettronica*), Sperrschwinger (*m.*). 16 ~ **dynatron** (*radio*), Oszillator in Dynatronschaltung. 17 ~ **eterodina** (oscillatore a battimento, utilizzato quale fonte di frequenze acustiche per misure) (*elettronica*), Schwebungssummer (*m.*). 18 ~ **in controfase** (oscillatore simmetrico) (*elettronica*), Gegentaktoszillator (*m.*). 19 ~ **pilota** (*elett.*), Steueroszillator (*m.*). 20 ~ **simmetrico** (oscillatore in controfase) (*elettronica*), Gegentaktoszillator (*m.*). 21 ~ **simmetrico** (oscillatore bilanciato) (*elett.*), Balance-Generator (*m.*). 22 **allineamento di** ~ (*elettronica*), Oszillatorabgleich (*m.*).

oscillatorio (*fis.*), oszillierend, schwingend. 2 **teoria oscillatoria** (teoria delle oscillazioni) (*fis.*), Schwingungslehre (*f.*).

oscillazione (*fis.*), Schwingung (*f.*), Oszillation (*f.*). 2 ~ (movimento secondario d'un veicolo stradale con frequenza 0,5-20 Hz, dovuto ai pneumatici, alle sospensioni, ecc.) (*aut.*), Schwingung (*f.*). 3 ~ (fluttuazione, dei prezzi p. es.) (*gen.*), Schwankung (*f.*). 4 ~ **a campo ritardante** (oscillazione di Barkhausen-Kurz) (*elettronica*), Elektronentanzschwingung. 5 **oscillazioni accoppiate**, gekoppelte Schwingungen. 6 ~ **ad ampiezza crescente** (*fis.*), anschwellende Schwingung. 7 ~ **a dente di sega** (oscillazione rilassata) (*radio - telev.*), Kippschwingung (*f.*). 8 ~ **armonica** (oscillazione semplice, oscillazione sinusoidale) (*fis.*), harmonische Schwingung, Sinusschwingung (*f.*). 9 ~ **assiale** (errore di normalità, nella rotazione di un disco p. es.) (*mecc.*), Axialschlag (*m.*), Planlaufabweichung (*f.*). 10 ~ **attorno all'asse baricentrico normale** (difetto - *aut.*), Schleudern (*n.*). 11 ~ **autoeccitata** (oscillazione autosostenuta) (*fis.*), selbsterregte Schwingung. 12 ~ **autosostenuta** (oscillazione autoeccitata) (*fis.*), selbsterregte Schwingung. 13 ~ **circolare** (nei tubi a campo magnetico) (*elettronica*), Rollkreisschwingung (*f.*). 14 ~ **complessa** (*fis.*), zusammengesetzte Schwingung. 15 ~ **decrescente** (oscillazione smorzata) (*fis.*), abklingende Schwingung. 16 ~ **del pendolo** (*fis.*), Pendelschwingung (*f.*). 17 ~ **di accensione** (nei raddrizzatori) (*elettronica*), Zündschwingung (*f.*). 18 ~ **di Barkhausen-Kurz** (*elettronica*), Barkhausen-Kurz-Schwingung (*f.*), BK-Schwingung (*f.*). 19 ~ **di beccheggio** (di veicoli stradali, dovuta ad irregolarità del manto stradale, alla frenatura ed all'accelerazione) (*veic.*), Nickschwingung (*f.*). 20 ~ **di primo ordine** (*fis.*), Schwingung erster Art. 21 ~ **di rilassamento** (oscillazione di rilasciamento) (*fis. - elett.*), Kippschwingung (*f.*). 22 ~ **di rollio** (*nar. - aer. - aut.*), Wankschwingung (*f.*). 23 ~ **elettrica** (*fis.*), elektrische Schwingung. 24 ~ **flessionale** (oscillazione trasversale, di un'asta) (*mecc.*), Biegeschwingung (*f.*), Balkenschwingung (*f.*), Querschwingung (*f.*). 25 ~ **forzata** (*fis.*), erzwungene Schwingung. 26 ~ **fugoide** (*aer.*), Phygoidschwingung (*f.*), Bahnschwingung (*f.*). 27 ~ **indotta** (*fis.*), induzierte Schwingung. 28 ~ **libera** (*fis.*), freie Schwingung. 29 ~ **longitudinale** (vibrazione longitudinale) (*mecc.*), Längsschwingung (*f.*). 30 ~ **longitudinale** (di un veicolo) (*aut.*), Zucken (*n.*). 31 ~ **meccanica** (*fis.*), mechanische Schwingung. 32 ~ **modulata in ampiezza** (*fis.*), amplitudenmodulierte Schwingung. 33 ~ **modulata in fase** (*fis.*), phasenmodulierte Schwingung. 34 ~ **modulata in frequenza** (*fis.*), frequenzmodulierte Schwingung. 35 ~ **naturale** (oscillazione propria) (*fis.*), Eigenschwingung (*f.*). 36 ~ **parassita** (*fis. - telev.*), Störschwingung (*f.*), wilde Schwingung. 37 ~ **pendolare** (*fis.*), Pendelschwingung (*f.*). 38 ~ **persistente** (*fis.*), Dauerschwingung (*f.*). 39 ~ **propria** (oscillazione naturale) (*fis.*), Eigenschwingung (*f.*). 40 ~ **quasistazionaria** (*fis.*), quasistationäre Schwingung. 41 ~ **radiale** (nella rotazione di un disco) (*mecc.*), Radialschlag (*m.*), Rundlaufabweichung (*f.*). 42 ~ **rilassata** (oscillazione a dente di sega) (*radio - telev.*), Kippschwingung (*f.*). 43 ~ **semplice** (oscillazione armonica, oscillazione sinusoidale) (*fis.*), harmonische Schwingung, Sinusschwingung (*f.*). 44 ~ **sinusoidale** (oscillazione semplice, oscillazione armonica) (*fis.*), harmonische Schwingung, Sinusschwingung. 45 ~ **smorzata** (*fis.*), gedämpfte Schwingung. 46 ~ **smorzata** (oscillazione decrescente) (*fis.*), abklingende Schwingung. 47 ~ **spuria** (oscillazione parassita) (*fis.*), wilde Schwingung, Nebenkopplungsschwingung (*f.*). 48 ~ **torsionale** (vibrazione torsionale) (*mecc.*), Drehschwingung (*f.*), Torsionsschwingung (*f.*). 49 **oscillazioni torsionali** (di una autovettura) (*aut.*), Schütteln (*n.*), Torsionschwingungen (*f. pl.*). 50 ~ **torsionale longitudinale** (vibrazione torsionale longitudinale) (*mecc.*), Längsdrehschwingung (*f.*). 51 ~ **transitoria** (*elett.*), Ausgleichschwingung (*f.*). 52 ~ **trasversale** (oscillazione flessionale, di un'asta) (*mecc.*), Querschwingung (*f.*), Biegeschwingung (*f.*), Balkenschwingung (*f.*). 53 ~ **verticale** (di una massa) (*aut. - ecc.*), Hubschwingung (*f.*). 54 **ampiezza di** ~ (*fis.*), Schwingungsweite (*f.*), Schwingungsamplitude (*f.*). 55 **angolo di** ~ (angolo dell'aletta di tenuta, di un motore Wankel, angolo tra l'asse dell'aletta di tenuta e la normale al profilo della trocoide) (*mot.*), Schwenkwinkel (*m.*). 56 **corrente di innesco di oscillazioni** (*elett.*), Anschwingstrom (*m.*). 57 **errore di** ~ **assiale** (di un disco rotante p. es.) (*mecc.*), Axialschlag (*m.*), Planlaufabweichung (*f.*). 58 **errore di** ~ **radiale** (di un disco rotante p. es.) (*mecc.*), Radialschlag (*m.*), Rundlaufabweichung (*f.*). 59 **fattore quantico di** ~ (*fis.*), Schwingungsquantenzahl (*f.*). 60 **frequenza di** ~ (*fis.*), Schwingungszahl (*f.*), Frequenz (*f.*). 61 **interruzione di** ~ (punto di disinnesco) (*elettronica*), Schwingloch (*n.*). 62 **nodo di** ~ (*fis.*), Schwingungsknoten (*m.*). 63 **periodo di** ~ (*fis.*), Schwingungsdauer (*f.*). 64 **teoria delle oscillazioni** (teoria oscillatoria) (*fis.*), Schwingungslehre (*f.*). 65 **trasduttore di oscillazioni** (*app.*), Schwingungsgeber (*m.*), Schwingungsaufnehmer (*m.*). 66 **vasca di** ~ (di un impianto idroelettrico) (*costr. idr.*), Schwell-

becken (n.). **67 ventre di** ∼ (antinodo) (fis.), Schwingungsbauch (m.).
oscillografare (una tensione p. es.) (elett. - ecc.), oszillographieren.
oscillografo (elett.), Oszillograph (m.). **2** ∼ **a filo caldo** (radio), Hitzdrahtoszillograph (m.). **3** ∼ **a raggi catodici** (elettronica), Kathodenstrahloszillograph (m.). **4** ∼ **bifilare** (oscillografo di Duddel) (app. elett.), Schleifenoszillograph (n.). **5** ∼ **di Duddel** (oscillografo bifilare) (app. elett.), Schleifenoszillograph (m.). **6** ∼ **panoramico** (radar topografico, indicatore topografico del terreno) (radar), Kartenbildanzeiger (m.). **7 doppino d'**∼ (elettronica), Oszillographenschleife (f.).
oscillogramma (elettronica), Oszillogramm (n.), Oszillographenbild (n.).
oscilloscopio (elett.), Oszilloskop (n.). **2** ∼ **a tubo** (fis.), Glimmlichtröhre (f.).
osculatore (geom.), oskulierend.
osculazione (geom.), Oskulation (f.).
oscuramento (illum.), Verdunkelung (f.). **2** ∼ (ombra, dell'immagine) (difetto telev.), Schatten (m.). **3 interruttore di** ∼ (elett.), Dunkelschalter (m.).
oscurare (gen.), abdunkeln.
oscuratore (app. elett.), Verdunkler (m.), Verdunkelungseinrichtung (f.). **2** ∼ **di sala** (per cinematografi) (app. elett.), Saalverdunkelungseinrichtung (f.). **3** ∼ **reostatico** (elett.), Verdunkelungswiderstand (m.).
oscurità (gen.), Dunkel (n.), Dunkelheit (f.). **2 adattamento all'**∼ (ott.), Dunkeladaptation (f.). **3 corrente di** ∼ (elett.), Dunkelstrom (m.).
oscuro (gen.), dunkel. **2 zona oscura** (zona non illuminata del piano stradale) (traff. strad.), Tarnzone (f.).
osmio (Os - chim.), Osmium (n.).
osmometro (app. chim.), Osmometer (n.).
osmosi (fis.), Osmose (f.). **2** ∼ **inversa** (chim.), umgekehrte Osmose, Umkehr-Osmose (f.).
osmotico (fis.), osmotisch.
ospedale (arch. - med.), Krankenhaus (n.), Hospital (n.), Spital (n.). **2** ∼ **militare** (med. - milit.), Lazarett (n.), Militärkrankenhaus (n.). **3 periodo di degenza in** ∼ (med.), Krankenhausaufenthalt (m.). **4 treno** ∼ (ferr.), Sanitätszug (m.), Krankenzug (m.).
ossalare (trattare acciaio con soluzione di acido ossalico) (metall.), oxalieren.
ossalato (sale dell'acido ossalico) (chim.), Oxalat (n.), Oxalsalz (n.). **2 rivestimento di** ∼ (strato di ossalato, sugli acciai inossidabili) (metall.), Oxalatschicht (f.).
ossatura (scheletro, intelaiatura) (gen.), Gerippe (n.), Rahmenwerk (n.). **2** ∼ (intelaiatura) (ed.), Skelett (n.), Gerippe (n.). **3** ∼ (di una nave) (costr. nav.), Spantenwerk (n.), Gerippe (n.). **4** ∼ **a telaio** (intelaiatura di sostegno) (ed.), Rahmentragwerk (n.). **5** ∼ **(della) scocca** (aut.), Aufbaugerippe (n.). **6** ∼ **del tetto** (parte portante del tetto) (ed.), Dachstuhl (m.). **7** ∼ **di acciaio** (ed.), Stahlskelett (n.), Stahlgerippe (n.). **8** ∼ **di ferro** (struttura a travi di ferro) (ed.), Eisenhochbau (m.). **9** ∼ **di forza del dirigibile** (scafo del dirigibile) (aer.), Luftschiffgerippe (n.). **10** ∼ **in cemento armato** (ed.), Stahlbetonskelett (n.). **11** ∼ **in legno** (di un tetto p. es.) (carp. - ed.), Gebälk (n.), Balkenwerk (n.).
osservanza (rispetto, di un contratto) (comm.), Einhaltung (f.). **2** ∼ (rispetto, di tolleranze p. es.) (mecc.), Einhaltung (f.).
osservare (gen.), beobachten. **2** ∼ (fare una osservazione) (gen.), bemerken. **3** ∼ (rispettare, una scadenza p. es.) (leg. - ecc.), wahrnehmen, einhalten. **4** ∼ **al microscopio** (ott.), mikroskopieren.
osservatore (aer. - ecc.), Beobachter (m.). **2** ∼ **normale** (ott.), Normalbeobachter (m.). **3** ∼ **normale colorimetrico** (ott.), farbmesstechnischer Normalbeobachter.
osservatorio (astronomico) (astr.), Observatorium (n.), Warte (f.), Sternwarte (f.). **2** ∼ (militare) (milit.), Beobachtungsstelle (f.), Ausguck (m.). **3** ∼ **astronomico** (astr.), Sternwarte (f.), astronomisches Observatorium. **4** ∼ **metereologico** (meteor.), Wetterwarte (f.). **5** ∼ **orbitante** (satellite terrestre) (astronautica), umfaufendes Observatorium.
osservazione (per il rilievo di dati p. es.) (fis.), Beobachtung (f.). **2** ∼ (nota) (gen.), Hinweis (m.), Bemerkung (f.), Anmerkung (f.). **3** ∼ (considerazione) (gen.), Betrachtung (f.). **4** ∼ **onnidirezionale** (radar), Kontinuverfolgung (f.).
ossia (cioè, vale a dire) (gen.), das heisst, d. h., das ist, d. i.
ossiacetilenico (tecnol. - chim.), oxyazetylenisch.
ossiacido (chim.), Sauerstoffsäure (f.).
ossibenzolo (fenolo propriamente detto) (chim.), Phenol (n.), Oxybenzol (n.).
ossicellulosa (chim.), Oxyzellulose (f.).
ossiceramica (sinterazione di ossidi per produrre materiali ceramici refrattari) (tecnol.), Oxydkeramik (f.).
ossiceramico (metall.), oxydkeramisch.
ossicloruro (chim.), Oxychlorid (n.). **2** ∼ **di carbonio** ($COCl_2$) (cloruro di carbonile, fosgene, liquido velenosissimo) (chim.), Phosgen (n.).
ossidabile (chim.), oxydierbar.
ossidante (a. - chim.), oxydierend. **2** ∼ (s. - chim.), Oxydationsmittel (n.). **3** ∼ (per motori a razzo) (s. - astronautica - ecc.), Oxydator (m.). **4 pompa dell'**∼ (per motori a razzo) (astronaut.), Oxydatorpumpe (f.).
ossidare (chim.), oxydieren. **2** ∼ **anodicamente** (anodizzare) (elettrochim. - tecnol. mecc.), eloxieren.
ossidarsi (gen.), oxydieren, oxydiert werden. **2** ∼ (metall.), oxydieren, verzundern.
ossidato (chim.), oxydiert. **2** ∼ **anodicamente** (anodizzato) (elettrochim. - tecnol. mecc.), eloxiert.
ossidazione (chim.), Oxydation (f.). **2** ∼ (arrugginimento) (metall.), Anrostung (f.). **3** ∼ **anodica** (anodizzazione) (elettrochim. - tecnol. mecc.), anodische Oxydation. **4** ∼ **anodica con Ti e Co** (anodizzazione di Al con simultaneo inglobamento di titanio e cobalto nello strato di ossido) (tecnol.), Ematalieren (n.). **5** ∼ **anodica Ematal** (anodizzazione Ematal o processo Ematal, con inglobamento di pigmenti nello strato ossi-

ossidiana

dato) (*tecnol.*), Ematal-Verfahren (*n.*). **6 ~ in atmosfera di vapore** (di un utensile dopo la rettifica di finitura) (*ut.*), Dampfanlassen (*n.*). **7 ~ per attrito** (corrosione di tormento, formazione di « tabacco », nell'accoppiamento preciso di organi metallici) (*mecc.*), Reiboxydation (*f.*). **8 ~ protettiva** (trattamento di ossidazione protettiva) (*tecnol. mecc.*), Thermoxydverfahren (*n.*). **9 fossa di ~** (per depurare acque di rifiuto) (*ed.*), Oxydationsgraben (*m.*), Schlängelgraben (*m.*). **10 perdita per ~** (*fucinatura*), Abbrand (*m.*). **11 resistente all'~** (resistente alla formazione di scoria) (*fucinatura*), zunderfest, zunderbeständig. **12 resistenza all'~** (resistenza alla formazione di scoria) (*fucinatura - ecc.*), Zunderbeständigkeit (*f.*).

ossidiana (varietà di roccia effusiva di aspetto vitreo) (*geol.*), Obsidian (*m.*).

ossido (*chim.*), Oxyd (*n.*). **2 ~** (scoria, di fucinatura p. es.) (*lamin. - fucinatura*), Zunder (*m.*). **3 ~ aderente** (scoria aderente) (*fucinatura - metall.*), Klebzunder (*m.*). **4 ~ cromico** (Cr_2O_3) (*chim.*), Chromoxyd (*n.*). **5 ~ da laminazione** (scoria da laminazione) (*lamin.*), Walzzunder (*m.*), Walzsinter (*m.*). **6 ~ di battitura** (scoria secca, scoria di battitura) (*tecnol.*), Hammerschlag (*m.*), Zunder (*m.*). **7 ~ di berillio** (*min. - chim.*), Berylerde (*f.*), Berilliumoxyd (*n.*). **8 ~ di calcio** (CaO) (*chim.*), Kalziumoxyd (*n.*). **9 ~ di carbonio** (CO) (monossido di carbonio) (*chim. - comb.*), Kohlenoxyd (*n.*), Kohlenmonoxyd (*n.*), Kohlengas (*n.*). **10 ~ di cromo** (usato per lappatura) (*lav. mecc.*), Poliergrün (*n.*). **11 ~ di ferro** (*metall.*), Eisenoxyd (*n.*). **12 ~ di magnesio** (MgO) (*chim.*), Magnesiumoxyd (*n.*). **13 ~ di magnesio** (magnesia) (*ind. chim.*), Magnesia (*f.*), Bittererde (*f.*), Magnesiumoxyd (*n.*). **14 ~ di piombo** (PbO) (litargirio) (*metall.*), Bleiasche (*f.*), Bleiglätte (*f.*). **15 ~ di rame** (CuO) (*chim.*), Kupferoxyd (*n.*). **16 ~ di sodio** (Na_2O) (*chim.*), Natriumoxyd (*n.*), Natron (*n.*). **17 ~ di torio** (ThO_2) (torina) (*chim.*), Thoriumdioxyd (*n.*). **18 ~ ferrico** (*chim.*), Ferrioxyd (*n.*). **19 ~ ferroso** (*chim.*), Ferrooxyd (*n.*). **20 ~ misto** (polvere contenete zinco e piombo) (*metall.*), Mischoxyd (*n.*). **21 ~ rameoso** (*chim.*), Kuprooxyd (*n.*). **22 ~ rameico** (*chim.*), Kuprioxyd (*n.*). **23 ~ stannico** (SnO_2) (*chim.*), Zinndioxyd (*n.*). **24 contenente ~** (*chim. - ecc.*), oxydisch. **25 rivestimento di ~** (strato di ossido; anodico p. es., come protezione) (*tecnol. - ecc.*), Oxydschicht (*f.*).

ossidrile (idrossile, gruppo idrogeno-ossigeno) (*chim.*), Hydroxylgruppe (*f.*).

ossidulo (*chim.*), Oxydul (*n.*). **2 ~ di rame** (Cu_2O) (*chim.*), Kupferoxydul (*n.*).

ossigenazione (di acque; assorbimento di ossigeno, arricchimento di ossigeno) (*idr. - biochim.*), Sauerstoffaufnahme (*f.*).

ossigeno (O - *chim.*), Oxygen (*n.*), Sauerstoff (*m.*). **2 ~ atmosferico** (*meteor.*), Luftsauerstoff (*m.*). **3 ~ liquido** (per razzi p. es.) (*comb.*), flüssiger Sauerstoff. **4 ~ ozonizzato** (*chim.*), Ozonsauerstoff (*m.*). **5 arricchimento di ~** (assorbimento di ossigeno, ossigenazione; di acque) (*idr. - biochim.*), Sauerstoffaufnahme (*f.*). **6 bilancio di ~** (*biochim.*), Sauerstoffhaushalt (*m.*). **7 debito di ~** (*lav.*), Sauerstoffschuld (*f.*). **8 deficit di ~** (mancanza di ossigeno, difetto di ossigeno; di un'acqua) (*biochim.*), Sauerstoff-Fehlbetrag (*m.*), Sauerstoffmangel (*m.*). **9 diagramma dell'~** (*biochim.*), Sauerstofflinie (*f.*). **10 difetto di ~** (mancanza di ossigeno, deficit di ossigeno; di un'acqua) (*biochim.*), Sauerstoff-Fehlbetrag (*m.*), Sauerstoffmangel (*m.*). **11 domanda biochimica di ~** (BOD) (*biochim. - idr.*), biochemischer Sauerstoff-Bedarf, BSB. **12 fabbisogno di ~** (richiesta di ossigeno, d'un bacino idrico) (*biochim.*), Sauerstoffbedarf (*m.*). **13 fragilità da ~** (*metall. - tecnol. mecc.*), Sauerstoffversprödung (*f.*). **14 impoverimento di ossigeno** (di un'acqua di rifiuto) (*biochim.*), Sauerstoffzehrung (*f.*), Sauerstoffschwund (*m.*). **15 lancia per l'~** (nella produzione di acciaio) (*metall.*), Sauerstofflanze (*f.*). **16 mancanza di ~** (deficit di ossigeno, difetto di ossigeno; di un'acqua) (*biochim.*), Sauerstoff-Fehlbetrag (*m.*), Sauerstoffmangel (*m.*). **17 povero di ~** (viziato, aria di miniera) (*min.*), sauerstoffarm, matt, verbraucht. **18 processo ad (insufflazione di) ~** (per la elaborazione di acciaio) (*metall.*), Suaerstoffblasverfahren (*n.*). **19 richiesta di ~** (fabbisogno di ossigeno, d'un bacino idrico) (*biochim.*), Sauerstoffbedarf (*m.*). **20 richiesta chimica di ~** (COD, per acque di rifiuto) (*biochim.*), chemischer Sauerstoff-Bedarf, CSB.

ossiliquite (esplosivi) (*espl.*), Oxyliquit (*n.*).

ossiriduzione (*chim.*), Reduktion-Oxydation (*f.*), Redox. **2 ~** (trattamento alternato in gas ossidanti e riducenti) (*mecc.*), Inoxydieren (*n.*). **3 potenziale di ~** (rH, misura per il potere riducente di una soluzione) (*chim.*), Redoxpotential (*n.*), rH.

ossitaglio (*tecnol. mecc.*), Sauerstoffschneiden (*n.*). **2 ~** (taglio al cannello) (*tecnol. mecc.*), Gasbrennschnitt (*m.*), Trennen mit Brenngas.

osso (*gen.*), Knochen (*m.*).

ossonio (*chim.*), Oxonium (*n.*).

ostacolare (*gen.*), hindern, behindern. **2 ~** (il movimento) (*gen.*), hemmen.

ostacolo (impedimento) (*gen.*), Verhinderung (*f.*), Hindernis (*n.*). **2 percorso ad ostacoli** (per la prova di trattori p. es.) (*veic.*), Hindernisbahn (*f.*). **3 sensore di ~** (*app.*), Hindernistaster (*m.*).

osteofono (*app. - acus.*), Knochenmikrophon (*n.*).

osteriggio (spiraglio) (*nav.*), Oberlicht (*n.*), Decklicht (*n.*), Deckfenster (*n.*).

ostruito (intasato, filtro p. es.) (*mecc. - ecc.*), verstopft.

ostruzione (*costr. idr.*), Verstopfung (*f.*). **2 ~ del tubo** (intasamento del tubo) (*tubaz.*), Rohrverstopfung (*f.*).

ottaedro (*geom.*), Oktaeder (*n.*).

ottagonale (*gen.*), achteckig. **2 ~** (barra p. es.) (*metall. - ecc.*), achtkantig, achteckig.

ottagono (*geom.*), Achteck (*n.*).

ottale (*a. - mat.*), Oktal... **2 cifra ~** (*mat.*), Oktalziffer (*f.*). **3 numerazione ~** (notazione ottale, di numeri) (*mat.*), Oktalschreibweise (*f.*), Oktaldarstellung (*f.*).

ottano (C_8H_{18}) (*chim.*), Oktan (*n.*). **2 numero di ~** (*comb. - aut.*), Oktanzahl (*f.*). **3 numero di ~ motore** (determinato col metodo motore, NO-MM, NO motore) (*mot.*), Motor-Oktanzahl (*f.*). MOZ, Motor OZ. **4 numero di ~ research** (NO ricerca, numero di ottano determinato col metodo ricerca) (*mot.*), Researchoktanzahl (*f.*), ROZ, nach der Researchmethode festgelegte Oktanzahl. **5 numero di ~ -strada** (NOS; determinato su veicolo in marcia) (*mot.*), Strassen-Oktan-Zahl (*f.*), SOZ.

ottante (triedro trirettangolo) (*mat.*), Oktant (*m.*). **2 ~** (ottava parte di angolo giro) (*mat. - ecc.*), Achtelkreis (*m.*). **3 ~** (strumento per misurare angoli) (*strum. nav.*), Oktant (*m.*).

ottava (intervallo tra due frequenze) (*fis.*), Oktave (*f.*). **2 banda di ~** (*acus.*), Oktavband (*n.*). **3 banda d'un terzo di ~** (ottava divisa in tre parti uguali) (*acus.*), Terzband (*n.*). **4 filtro di ottave** (*acus.*), Oktavfilter (*m.*). **5 rumore d'un terzo di ~** (*acus. - lav.*), Terzbandgeräusch (*n.*).

ottica (scienza, parte della fisica) (*fis.*), Optik (*f.*). **2 ~** (sistema ottico, lenti o specchi di uno strumento p. es.) (*ott.*), Optik (*f.*). **3 ~ a fibre** (guida di luce a fibre, fascio di fibre conduttore di luce) (*ott.*), Faseroptik (*f.*), Fiberoptik (*f.*). **4 ~ a focale variabile** (*ott.*), Vario-System (*n.*), Varioptik (*f.*). **5 ~ a focale variabile** (obiettivo a focale variabile, obiettivo « zoom ») (*fot. - telev.*), « Gummilinse » (*f.*). **6 ~ da proiezione** (*ott. - telev.*), Projektionsoptik (*f.*). **7 ~ dei quanti** (ottica quantica) (*fis.*), Quantenoptik (*f.*). **8 ~ delle fibre** (*ott.*), Faseroptik (*f.*). **9 ~ delle fibre di vetro** (*ott.*), Glasfaseroptik (*f.*). **10 ~ di precisione** (*ott.*), Feinoptik (*f.*). **11 ~ elettronica** (*elettronica - ott.*), Elektronenoptik (*f.*). **12 ~ fisiologica** (*ott.*), physiologische Optik. **13 ~ geometrica** (ottica dei raggi) (*ott.*), geometrische Optik. **14 ~ ondulatoria** (*ott.*), Wellenoptik (*f.*). **15 ~ piana** (sistema ottico con superfici piane) (*ott.*), Planoptik (*f.*). **16 ~ quantica** (ottica dei quanti) (*fis.*), Quantenoptik (*f.*). **17 illusione ottica** (*ott.*), Gesichttäuschung (*f.*), Augentäuschung (*f.*).

ottico (*a. - ott.*), optisch. **2 ~** (*s. - lav. - ott.*), Optiker (*m.*). **3 portata ottica** (di un trasmettitore) (*telev.*), optische Reichweite. **4 sistema ~** (*ott.*), optisches System.

ottimale (*organ. - ecc.*), optimal.

ottimetro (speciale minimetro a leva ottica) (*strum. di mis.*), Optimeter (*n.*).

ottimizzare (*organ. prog.*), optimieren.

ottimazione (*organ. - progr.*), Optimierung (*f.*), Optimalisierung (*f.*).

ottodo (valvola elettronica) (*radio*), Oktode (*f.*).

ottonare (*tecnol. mecc. - elettrochim.*), vermessingen.

ottonatura (*tecnol. mecc. - elettrochim.*), Vermessingung (*f.*).

ottone (lega di rame col 20-50% di zinco) (*metall.*), Messing (*n.*). **2 ~ al cromo-ferro-manganese** (ottone nobile, 55-60% Cu, 40% Zn, max. 5% Cr+Fe+Mn) (*lega*), Edelmessing (*n.*). **3 ~ automatico** (ottone per lavorazione su macchine automatiche) (*metall.*), Automatenmessing (*n.*). **4 ~ bianco** (*metall.*), Weissmessing (*n.*). **5 ~ crudo** (*metall.*), Hartmessing (*n.*). **6 ~ da getti** (ottone per fonderia) (*metall.*), Gussmessing (*n.*). **7 ~ nobile** (ottone al Cr-Fe-Mn, 55-60% Cu, 40% Zn, max. 5% Cr+Fe+Mn) (*lega*), Edelmessing (*n.*). **8 ~ per bossoli** (col 63,5-73% Cu) (*lega*), Patronenmessing (*n.*). **9 ~ per brasature** (*tecnol. mecc.*), Messinglot (*n.*). **10 ~ per imbutitura** (o stampaggio) **a freddo** (con 70% di Cu, 29% di Zn e 1% di Sn) (*lega*), Kondensationsrohrmessing (*n.*), Admiralitätsmetall (*n.*). **11 ~ per laminati** (*metall.*), Walzmessing (*n.*). **12 ~ per lavorazioni a caldo** (*metall.*), Schmiedemessing (*n.*). **13 ~ per lavorazioni su macchine automatiche** (ottone automatico) (*metall.*), Automatenmessing (*n.*). **14 ~ speciale Bosch** (ottone con 58% Cu, 38% Zn, 2% Mn, 1% Ni, 1% Fe, resistente all'acqua di mare) (*metall.*), Bosch-Spezialmetall (*n.*). **15 bussola di ~** (« bronzina ») (*mecc.*), Messingbuchse (*f.*). **16 filo di ~** (*ind. metall.*), Messingdraht (*m.*). **17 fonderia di ~** (*fond.*), Gelbgiesserei (*f.*). **18 lamiera di ~** (*ind. metall.*), Messingblech (*n.*). **19 tubo di ~** (*ind. metall.*), Messingrohr (*n.*).

ottotipo (tavola ottotipica) (*ott.*), Optotyp (*m.*), Sehprobe (*f.*).

ottundersi (perdere il filo) (*ut.*), abstumpfen.

ottundimento (perdita del filo d'un utensile da taglio) (*ut.*), Abstumpfen (*n.*), Stumpfwerden (*n.*).

otturare (tamponare, una falla p. es.) (*nav. - ecc.*), stopfen, abdichten. **2 ~** (un dente) (*med.*), plombieren.

otturato (ostruito, intasato) (*gen.*), verstopft. **2 ~** (un dente) (*med.*), plombiert.

otturatore (di macch. fotografica) (*fot.*), Verschluss (*m.*). **2 ~** (*arma da fuoco*), Verschluss (*m.*). **3 ~** (di una valvola a saracinesca) (*idr.*), Schieber (*m.*). **4 ~ a fessura** (*fot.*), Schlitzverschluss (*m.*). **5 ~ a iride** (di una macch. fot.) (*fot. - cinem.*), Sektorenblende (*f.*), Lamellenverschluss (*m.*). **6 ~ a lamelle** (diaframma ad iride, diaframma a lamelle) (*fot.*), Lamellenverschluss (*m.*), Sektorenblende (*f.*). **7 ~ a tendina** (*fot.*), Jalousie-Verschluss (*m.*). **8 ~ a vitone** (vitone, per cannone) (*arma da fuoco*), Gewindeverschluss (*m.*), Schraubverschluss (*m.*). **9 ~ centrale** (*fot.*), Zentralverschluss (*m.*). **10 lamella dell' ~** (*fot.*), Verschlusslamelle (*f.*).

otturazione (tamponamento, di una falla p. es.) (*nav. - ecc.*), Stopfen (*n.*), Abdichten (*n.*). **2 ~** (un dente) (*med.*), Plombierung (*f.*), Zahnfüllung (*f.*).

ottusangolo (*geom.*), stumpfwinklig.

ottuso (angolo) (*geom.*), stumpf.

ovale (*gen.*), oval, eiförmig.

ovalizzarsi (di un cilindro p. es.) (*mot. - mecc.*), unrund werden, oval werden.

ovalizzato (cilindro, di un motore) (*mot. - mecc.*), unrund.

ovalizzazione (di un cilindro p. es.) (*mot.*),

ovatta

Unrundwerden (*n.*). 2 ~ (nella laminazione di tubi p. es.) (*lamin. - ecc.*), Eiern (*n.*).
ovatta (*ind. tess.*), Watte (*f.*). 2 ~ **di cellulosa** (*ind. chim.*), Zellstoffwatte (*f.*). 3 **batuffolo di** ~ (*gen.*), Wattebausch (*m.*). 4 **metodo del batuffolo di** ~ (per provare vernici) (*vn.*), Wattebauschmethode (*f.*).
ovest (O) (*geogr.*), Westen (*m.*), W. 2 ~ **-sud-ovest** (*geogr. - navig.*), Westsüdwest, WSW.
ovvio (triviale, banale) (*mat.*), trivial.
ozocerite (cera minerale) (*min.*), Ozokerit (*m.*), Erdwachs (*n.*).
ozonizzare (*chim.*), ozonisieren.
ozonizzatore (*app. chim.*), Ozonisator (*m.*).
ozonizzazione (*chim.*), Ozonisieren (*n.*).
ozono (O_3 - *chim.*), Ozon (*n.*).

P

P (fosforo) (*chim.*), P, Phósphor (*n.*). **2** ~ (p, pressione) (*fis.*), P, Druck (*m.*). **3** ~ (potenza elettrica) (*elett.*), P. **4** ~ (parcheggio) (*traff. strad.*), P. **5** ~ (potenza acustica) (*acus.*), P, Schalleistung (*f.*).

p (pico- = 10^{-12}) (*unità di mis.*), p. **2** ~ (P, pressione) (*fis.*), P, Druck (*m.*). **3** ~ (pressione acustica) (*acus.*), p, Schalldruck (*m.*). **4** ~ (momento di dipolo elettrico) (*elett.*), P, elektrisches Dipolmoment.

PA (poliammidi) (*chim.*), PA.

Pa (protoattinio) (*chim.*), Pa, Protaktinium (*n.*). **2** ~ (pascal, unità di pressione = N/m^2; 1 bar = 10^5 Pa) (*mis.*), Pa, Pascal (*n.*).

pacchettare (rottami) (*ind. metall.*), bündeln, paketieren.

pacchettatrice (per rottami) (*metall. - macch. ind.*), Bündelmaschine (*f.*), Paketierpresse (*f.*), Paketbinder (*m.*), Paketpresse (*f.*). **2** ~ **per rottami** (*macch. - metall.*), Schrottbündelmaschine (*f.*), Schrottpaketierpresse (*f.*).

pacchettatura (di rottami) (*metall.*), Paketieren (*n.*), Schrottpaketieren (*n.*). **2** ~ (bricchettatura) (*fond. - ecc.*), Brikettierung (*f.*). **3** ~ (bricchettatura, di minerali) (*min.*), Brikettierung (*f.*).

pacchetto (pacco) (*posta - ecc.*), Paket (*n.*). **2** ~ (*metall. - lamiere*), Paket (*n.*). **3** ~ (di programmi o dati p. es.) (*elab. dati*), Paket (*n.*). **4** ~ (di azioni) (*finanz.*), Paket (*n.*). **5** ~ **azionario** (pacchetto di azioni) (*finanz.*), Aktienpaket (*n.*). **6** ~ **di acciaio** (acciaio a pacchetto) (*metall.*), Bundstahl (*m.*), Stahlpaket (*n.*). **7** ~ **di azioni** (pacchetto azionario) (*finanz.*), Aktienpaket (*n.*). **8** ~ **di ferro saldato** (*metall.*), Luppeneisenpaket (*n.*). **9** ~ **di lamiere** (pacco di lamiere) (*ind. metall.*), Plattenpaket (*n.*). **10** ~ **di software** (*elab. dati*), Solftwarepaket (*n.*). **11 acciaio a** ~ (*metall.*), Bundstahl (*m.*). **12 taglio in pacchetti** (di lamiere) (*tecnol. mecc.*), Paketschneiden (*n.*).

pacco (*posta - ecc.*), Paket (*n.*), Packen (*m.*), Pack (*n.*). **2** ~ (di lamiere) (*metall.*), Paket (*n.*). **3** ~ (di lamierini) (*ind. metall.*), Sturz (*m.*), Paket (*n.*). **4** ~ **a grande velocità** (*ferr. - posta*), Schnellpaket (*n.*). **5** ~ **assicurato** (*posta*), Wertpaket (*n.*), Wpkt. **6** ~ **di lamiere** (pacchetto di lamiere) (*ind. metall.*), Plattenpaket (*n.*). **7** ~ **di lamierini** (*elett.*), Blechpaket (*n.*). **8** ~ **di molle ad anello** (*mecc.*), Ringfederpaket (*n.*). **9** ~ **elastico** (formato da dischi di gomma p. es.) (*mecc. - ecc.*), Federpaket (*n.*). **10** ~ **postale** (*posta*), Postpaket (*n.*). **11** ~ **radiante** (*riscald.*), Strahlungskörperblock (*m.*). **12** ~ **statorico** (*elett.*), Statorpaket (*n.*). **13 a** ~ (*tecnol. mecc.*), paketweise. **14 a** ~ **pressato a blocco** (a pacco sonante, di fogli di metallo p. es.) (*metall.*), klanghart. **15 a** ~ **sonante** (a pacco pressato a blocco, di fogli di metallo p. es.) (*metall.*), klanghart. **16 laminazione a** ~ (di lamiere sottili) (*lamin.*), Sturzenwalzung (*f.*). **17 ricottura a** ~ (di lamiere) (*tratt. term.*), Sturzenglühen (*n.*). **18 ricottura di lamiere in** ~ (ricottura di pacchi di lamiere) (*tratt. term.*), Sturzglühen (*n.*).

« pacemaker » (cardiostimolatore, ritmatore) (*app. med.*), « Pacemaker » (*m.*), Cardiostimulator (*m.*), Schrittmacher (*m.*).

« pack » (banchisa) (*geogr.*), Packeis (*n.*).

« padding » (procedimento di tintura) (*ind. tess.*), « Padding » (*n.*), Klotzen (*n.*). **2** ~ (condensatore attenuatore di capacità) (*elett.*), Padding (*n.*), Padding-Kondensator (*m.*).

padella (*att.*), Pfanne (*f.*), Kochgeschirr (*n.*). **2** ~ (crogiolo, di un forno per vetro) (*mft. vetro - forno*), Glashafen (*m.*), Hafen (*m.*), Schmelzhafen (*m.*).

padiglione (*ed.*), Walm (*m.*). **2** ~ (tetto, di un veicolo) (*veic.*), Dach (*n.*), Wagendach (*n.*), Wagendecke (*f.*), Aufbaudecke (*f.*). **3 tetto a** ~ (*ed.*), Walmdach (*n.*).

padre (disco grammofonico) (*acus.*), Vater (*m.*).

« padreterno » (avvitaprigionieri) (*ut.*), Dralltreiber (*m.*), Treiber (*m.*).

paga (salario, dell'operaio) (*lav. - pers.*), Lohn (*m.*). **2** ~ (*milit.*), Sold (*m.*). **3** ~ **a cottimo al minuto** (*lav.*), Minutenfaktor (*m.*), Geldfaktor (*m.*), Akkordrichsatz-60 (*m.*). **4** ~ **oraria** (*lav. - pers.*), Stundenlohn (*m.*). **5** ~ **oraria fissa del cottimista** (*lav.*), Akkordrichtsatz (*m.*), Akkordbasis (*f.*). **6** ~ **oraria normale** (ad economia) (*lav.*), Grundlohn (*m.*). **7** ~ **oraria sindacale** (per operaio specializzato) (*lav. - pers.*), Ecklohn (*m.*). **8** ~ **per pezzo** (tariffa a cottimo al minuto moltiplicata per il tempo assegnato) (*lav.*), Geldwert (*m.*). **9** ~ **settimanale** (settimanale) (*lav. - pers.*), Wochenlohn (*m.*). **10 giorno di** ~ (*lav.*), Zahltag (*m.*), Tag der Lohnzahlung.

pagabile (*finanz. - ecc.*), zahlbar. **2** ~ (in scadenza) (*comm.*), fällig, zu bezahlen. **3** ~ **a domicilio** (*finanz.*), am Wohnsitz zahlbar. **4** ~ **a vista** (*finanz.*), zahlbar bei Sicht, zahlbar bei Vorlage. **5** ~ **contro documenti di spedizione** (*comm.*), gegen Versandpapiere zahlbar.

pagamento (*comm. - amm.*), Zahlung (*f.*), Bezahlung (*f.*). **2** ~ (di debiti) (*finanz.*), Tilgung (*f.*). **3** ~ **alla consegna** (*comm.*), Zahlung gegen Lieferung, Nachnahme (*f.*). **4** ~ **anticipato** (*comm.*), Vorauszahlung (*f.*). **5** ~ **a rate** (pagamento rateale) (*comm.*), Ratenzahlung (*f.*). **6** ~ **a saldo** (*comm. - amm.*), Ausgleichzahlung (*f.*), Abschlusszahlung (*f.*). **7** ~ **con assegno** (*finanz.*), Scheckzahlung (*f.*). **8** ~ **contro documenti** (*comm.*), Zahlung gegen Papiere. **9** ~ **contro documenti di spedizione** (*comm.*), bar gegen Versandpapiere. **10** ~ **dal** (pagamento a par-

pagante

tire da) (*comm. - ecc.*), Zahlung ab... 11 ~ **dei dividendi** (*finanz.*), Dividendenzahlung (*f.*), Dividendenverteilung (*f.*). 12 ~ **delle tasse** (*finanz.*), Steuern (*n.*). 13 ~ **del salario** (*lav. - pers.*), Lohnzahlung (*f.*), Auslohnung (*f.*), Entlohnung (*f.*). 14 ~ **forfettario** (*comm.*), pauschale Zahlung. 15 ~ **in acconto** (*comm.*), Akontozahlung (*f.*), Abschlagszahlung (*f.*). 16 ~ **in contanti** (*comm.*), Barzahlung (*f.*). 17 ~ **in natura** (*comm.*), Zahlung in Natur. 18 ~ **rateale** (pagamento a rate) (*comm.*), Ratenzahlung (*f.*). 19 ~ **trimestrale** (*comm.*), Quartalszahlung (*f.*). 20 **bilancia dei pagamenti** (*finanz.*), Zahlungsbilanz (*f.*). 21 **condizioni di** ~ (*comm.*), Zahlungsbedingungen (*f. pl.*). 22 **mandato di** ~ (ordine di pagamento) (*comm.*), Zahlungsanweisung (*f.*), Zahlungsauftrag (*m.*). 23 **modalità di** ~ (*comm.*), Zahlungsmodalitäten (*f. pl.*). 24 **sistema di** ~ (*comm.*), Zahlungsweise (*f.*), Zahlungsart (*f.*), Art der Bezahlung. 25 **sistema di** ~ **rateale** (*comm.*), Abzahlungssystem (*n.*), Ratenzahlungssystem (*n.*). 26 **sospensione dei pagamenti** (*comm.*), Zahlungseinstellung (*f.*).

pagante (*gen.*), zahlend. 2 **carico** ~ (*aer.*), zahlende Nutzlast.

pagare (*comm. - ecc.*), zahlen, bezahlen. 2 ~ (onorare, una cambiale p. es.) (*comm. - ecc.*), einlösen. 3 ~ **a cottimo** (*organ. del lav.*), in Akkord entlohnen. 4 ~ **a ore** (*lav.*), stundenweise entlohnen. 5 ~ **a rate** (*comm.*), ratenweise bezahlen. 6 ~ **il salario** (*pers.*), auslohnen, den Lohn auszahlen. 7 ~ **in contanti** (*comm. - amm.*), bar bezahlen, barzahlen. 8 ~ **le tasse** (*finanz.*), steuern, Steuern zahlen. 9 ~ **un acconto** (anticipare, dare un acconto) (*comm.*), anzahlen.

pagato (quietanzato) (*comm.*), bezahlt.

pagella (*scuola*), Zeugnis (*n.*), Schulzeugnis (*n.*).

pagherò (*s. - finanz. - comm.*), Eigenakzept (*n.*), Schuldschein (*m.*).

pagina (di un libro p. es.) (*tip. - ecc.*), Seite (*f.*). 2 ~ **campione** (pagina di saggio, « specimen », di un libro) (*tip. - comm.*), Probeseite (*f.*), Leseprobe (*f.*). 3 ~ **composta** (*tip.*), Kolumne (*f.*). 4 **pagine gialle** (*ind. - comm. - telef.*), Branchenadressbuch (*n.*). 5 ~ **in folio** (*tip.*), Bogenseite (*f.*).

paglia (*agric.*), Stroh (*n.*). 2 ~ (di laminazione, solco o striatura dovute all'apertura ed allargamento di soffiature interne durante la laminazione) (*difetto di lamin.*), Einwalzung (*f.*), Überwalzung (*f.*), Riefe (*f.*), Faltungsriss (*m.*). 3 ~ (difetto, nell'ossidazione anodica p. es.) (*tecnol.*), Schiefer (*m.*). 4 **cannuccia di** ~ (*ind.*), Strohröhrchen (*n.*). 5 **carta di** ~ (*ind. carta*), Strohpapier (*n.*). 6 **cartone di** ~ (*ind. carta*), Strohpappe (*f.*). 7 **cellulosa di** ~ (*ind. carta*), Strohzellulose (*f.*). 8 **dar origine a paglie di laminazione** (creare paglie di laminazione) (*lamin.*), einwalzen. 9 **pasta di** ~ (*ind. carta*), Strohstoff (*m.*), Strohzellstoff (*m.*). 10 **pressa per** ~ (*macch.*), Strohpresse (*f.*).

paglietta (trucioli, di legno p. es.) (*trasp.*), Wolle (*f.*). 2 ~ **di legno** (trucioli di legno) (*trasp.*), Helzwolle (*f.*).

paglietto (parabordo d'accosto) (*nav.*), Fender (*m.*), Puffer (*m.*). 2 ~ (turafalle) (*nav.*), Pflaster (*n.*). 3 ~ **di poppa** (parabordo d, poppa) (*nav.*), Heckfender (*m.*).

pagliolo (pagliuolato, fasciame interno di carena) (*costr. nav.*), Bodenwegerung (*f.*). 2 ~ **di stiva** (fordage, « fordaggio ») (*nav.*), Garnier (*f.*), Garnierung (*f.*), Dunnage (*f.*).

pagoda (*arch.*), Pagode (*f.*).

paio (di scarpe p. es.) (*gen.*), Paar (*n.*).

PAL (Phase Alternating Line, sistema televisivo tedesco) (*telev.*), PAL.

pala (di un'elica) (*aer. - nav.*), Flügel (*m.*), Blatt (*n.*). 2 ~ (di turbina) (*macch.*), Schaufel (*f.*). 3 ~ (d'un ventilatore) (*app.*), Flügel (*n.*). 4 ~ (*ut.*), Schaufel (*f.*). 5 ~ (di un remo) (*nav.*), Blatt (*n.*), Riemenblatt (*n.*). 6 ~ (di un mulino a vento) (*macch.*), Flügel (*m.*). 7 ~ **caricatrice** (*macch. mov. terra*), Ladeschaufel (*f.*), Schaufellader (*m.*). 8 ~ **caricatrice a lancio** (*macch. - min.*), Wurfschaufellader (*m.*). 9 ~ **caricatrice frontale** (*macch. mov. terra*), Frontladeschaufel (*f.*), Frontschaufellader (*m.*). 10 ~ **d'elica** (*nav. - aer.*), Schraubenflügel (*m.*). 11 ~ **d'elica aerea** (*aer.*), Luftschraubenblatt (*n.*), Luftschraubenflügel (*m.*), Propellerblatt (*n.*), Propellerflügel (*m.*). 12 ~ **d'elica marina** (*nav.*), Schiffsschraubenblatt (*n.*), Schiffsschraubenflügel (*m.*), Schiffspropellerflügel (*m.*), Schiffspropellerblatt (*n.*). 13 ~ **del remo** (*nav.*), Riemenblatt (*n.*). 14 ~ **del timone** (bandiera o piano del timone) (*nav.*), Ruderblatt (*n.*). 15 ~ **del ventilatore** (*ventilaz. - mot.*), Ventilatorflügel (*m.*), Lüfterflügel (*m.*). 16 ~ **di molino a vento** (*macch.*), Windmühlenflügel (*m.*). 17 ~ **di turbina** (*macch.*), Turbinenschaufel (*f.*). 18 **a due pale** (elica) (*nav. - aer.*), zweiflügelig. 19 **angolo dell'asse della** ~ (angolo degli assi della pale di turbine a vento rispetto all'asse di rotazione) (*macch.*), Blattachsenwinkel (*m.*). 20 **a tre pale** (tripala, elica) (*nav. - aer.*), dreiflügelig. 21 **carico sulla** ~ (di un'elica) (*aer. - nav.*), Flügellast (*f.*). 22 **larghezza della** ~ (di un'elica) (*aer. - nav.*), Blattbreite (*f.*). 23 **piroscafo con ruota a pale** (*nav.*), Raddampfer (*m.*). 24 **ruota a pale** (per navi) (*nav.*), Rad (*n.*), Treibrad (*n.*). 25 **solidità delle pale** (*aer. - nav.*), Blattdichte (*f.*). 26 **superficie della** ~ **dell'elica** (*aer. - nav.*), Schraubenblattfläche (*f.*). 27 **superficie delle pale** (di un'elica marina) (*nav.*), Flügelfläche (*f.*).

palafitta (insieme di pali infissi e collegati alla sommità) (*ed. - ing. civ.*), Pfahlrost (*m.*). 2 **palafitte** (costruzioni sostenute da pali) (*geol.*), Pfahlbauten (*f. pl.*). 3 ~ **profonda** (*ed.*), tiefer Pfahlrost. 4 **piantare palafitte** (palafittare) (*ed.*), bepfählen.

palafittare (piantare palafitte) (*ed.*), bepfählen.

palamite (lenzara, palangrese) (*pesca*), Langleine (*f.*).

palancata (palizzata) (*ed.*), Pfahlwand (*f.*).

palanchino (leva) (*ut. costr. civ.*), Hebeeisen (*n.*), Hebebaum (*m.*), Handspake (*f.*), Geissfuss (*m.*). 2 ~ (piè di porco, per abbattere rocce fessurate) (*ut. min.*), Brecheisen (*n.*), Brechstange (*f.*), Geissfuss (*m.*).

palancola (assepalo, palopiano, per la costruzione di paratie p. es.) (*costr. idr.*), Spundwandbohle (*f.*). **2 ~ di acciaio** (*costr. idr.*), Stahlspundbohle (*f.*), Spundwandeisen (*n.*), Stahlbohle (*f.*). **3 ~ di cemento armato** (*costr. idr.*), Stahlbetonbohle (*f.*). **4 ~ di ferro** (*costr. idr.*), Spundwandeisen (*n.*), Spundwandprofil (*n.*). **5 ~ di legno** (assepalo) (*costr. idr.*), Spundbohle (*f.*), Spundwandbohle (*f.*), Holzbohle (*f.*), Holzspundbohle (*f.*).

palancolata (parete di palancole) (*costr. idr.*), Spundwand (*f.*). **2 ~ di acciaio** (*costr. idr.*), Stahlbohlenspundwand (*f.*). **3 ~ in legno** (*costr. idr.*), Holzspundwand (*f.*). **4 profilato per palancolate** (*costr. idr. - ind. metall.*), Spundwandprofil (*n.*).

palangrese (palamite, lenzara) (*pesca*), Langleine (*f.*).

palata (stilata) (*ed.*), Joch (*n.*), Jochpfahl (*m.*).

palatrice (pala caricatrice) (*macch. mov. terra*), Erdschaufel (*f.*), Schaufler (*m.*), Lader (*m.*). **2 ~ orientabile** (*macch. mov. terra*), Schwenkschaufler (*m.*), Schwenklader (*m.*).

palazzina (*ed.*), Gebäude (*n.*), Nebengebäude (*n.*). **2 ~ servizi** (di una stazione ferroviaria p. es.) (*ed.*), Dienstnebengebäude (*n.*).

palazzo (*arch.*), Palast (*m.*). **2 ~** (edificio) (*ed.*), Gebäude (*n.*), Haus (*n.*). **3 ~ della posta** (posta) (*ed.*), Postgebäude (*n.*). **4 ~ di giustizia** (*ed. - leg.*), Gerichtsgebäude (*n.*). **5 ~ per esposizioni** (*ed. - comm.*), Messegebäude (*n.*), Ausstellungsgebäude (*n.*). **6 ~ per uffici** (*ed.*), Bürohaus (*n.*), Geschäftshaus (*n.*), Verwaltungsgebäude (*n.*), Kontorhaus (*n.*).

palchettare (parchettare, pavimentare a palchetti) (*ed.*), parkettieren.

palchetto (parchetto) (*falegn. - ed.*), Parkettstab (*m.*), Riemen (*m.*), Parkettriemen (*m.*), Parkette (*f. - austr.*). **2 pavimento a palchetti** (pavimento a parchetti, pavimento in legno, pavimento senza sottofondo, « parquet ») (*ed.*), Parkett (*n.*), Stabfussboden (*m.*).

palco (cattedra) (*gen.*), Podest (*m. - n.*), Bühne (*f.*).

palcoscenico (teatro), Bühne (*f.*), Schaubühne (*f.*). **2 ~ abbassabile** (palcoscenico a scomparsa) (*teatro*), Senkbühne (*f.*), Versenkbühne (*f.*). **3 ~ a scomparsa** (palcoscenico abbassabile) (*teatro*), Versenkbühne (*f.*). **4 ~ girevole** (*teatro*), Drehbühne (*f.*). **5 ~ innalzabile** (palcoscenico a scomparsa) (*teatro*), Versenkbühne (*f.*). **6 ~ intermedio** (*teatro*), Mittelbühne (*f.*). **7 ~ scorrevole** (*teatro*), Schiebebühne (*f.*).

paleggiabile (terreno) (*ed.*), stichfest.

Paleocene (Eocene inferiore) (*geol.*), Paläozän (*n.*).

paleolitico (*s. - geol.*), Paläolithikum (*n.*).

paleontologia (*geol.*), Paläontologie (*f.*).

paleozoico (era paleozoica) (*s. - geol.*), Paläozoikum (*n.*).

palestra (*ed. - sport*), Sporthalle (*f.*). **2 ~** (di ginnastica) (*ed. - sport*), Turnhalle (*f.*). **3 ~ di roccia** (*sport*), Klettergarten (*m.*).

paletta (di turbina) (*mot. - macch.*), Schaufel (*f.*). **2 ~** (per trasp. interno di materiali) (*trasp. ind.*), Hubplatte (*f.*), Palette (*f.*). **3 ~ a perdere** (*trasp.*), verlorene Palette, Einwegpalette (*f.*). **4 ~ a sponde** (*trasp.*), Boxpalette (*f.*). **5 ~ a sponde grigliate** (*trasp. ind.*), Gitterboxpalette (*f.*). **6 ~ con codolo a pino** (di turbina p. es.) (*macch.*), Tannenbaumfuss-schaufel (*f.*). **7 ~ direttrice** (paletta fissa, di una turbina p. es.) (*macch. - mot.*), Leitschaufel (*f.*). **8 ~ d'irrigidimento** (*turb. - ecc.*), Stützschaufel (*f.*). **9 ~ di segnalazione** (*traff. strad. - ferr.*), Befehlsstab (*m.*). **10 ~ fissa** (paletta direttrice, di una turbina p. es.) (*macch. - mot.*), Leitschaufel (*f.*). **11 ~ mobile** (paletta di girante, di una turbina a gas p. es.) (*mot. - macch.*), Laufschaufel (*f.*), Laufradschaufel (*f.*). **12 ~ piana** (*trasp. ind.*), Flachpalette (*f.*). **13 ~ piana unificata** (*trasp.*), Normen-Flachpalette (*f.*). **14 ~ portuale** (*trasp. - nav.*), Stevedorpalette (*f.*). **15 ~** (portuale) da 1200 × 1800 mm (*trasp. nav.*), Stauerpalette (*f.*). **16 ~ raschiante** (di un trasportatore) (*macch. ind.*), Mitnehmer (*m.*), Mitnehmerschaufel (*f.*). **17 ~ su rulli** (paletta normale mobile su rulli) (*trasp. ind.*), Rollpalette (*f.*). **18 ~ turbina** (paletta della turbina) (*mot. - macch.*), Turbinenschaufel (*f.*). **19 ~ unificata europea** (*trasp. ind.*), Poolpalette (*f.*). **20 cava per ~** (sul rotore) (*macch. - turb.*), Schaufelnut (*f.*). **21 corona di palette** (di turbina) (*mot. - macch.*), Schaufelkranz (*m.*). **22 gioco al vertice della ~** (rispetto alla cassa) (*turb. - ecc.*), Schaufelspiel (*n.*). **23 rottura delle palette** (« spalettatura », di una turbina) (*mot. - macch.*), Schaufelsalat (*m.*). **24 schiera di palette** (serie di palette) (*turb. - ecc.*), Schaufelgitter (*n.*). **25 serie di ~** (schiera di palette) (*turb. - ecc.*), Schaufelgitter (*n.*). **26 serie di palette sviluppata in piano** (*turb.*), ebenes Schaufelgitter.

palettare (una turbina) (*mot. - macch.*), schaufeln, beschaufeln.

palettatura (di una turbina) (*mot. - macch.*), Schaufelung (*f.*), Beschaufelung (*f.*). **2 ~ di turbina** (*mot. - macch.*), Turbinenbeschaufelung (*f.*). **3 ~ mobile** (di una turbina) (*mot. - macch.*), Laufradbeschaufelung (*f.*). **4 passo della ~** (di una turbina) (*mot. - macch.*), Schaufelteilung (*f.*). **5 perdita di ~** (in turbine assiali p. es. con lunghe palette radiali) (*macch.*), Fächerverlust (*m.*).

palettizzatrice (caricatrice di palette, a comando programmato p. es.) (*trasp. ind.*), Palettiermaschine (*f.*). **2 ~ automatica** (*trasp. ind.*), Palettierautomat (*m.*).

palettizzazione (caricamento o scarico di merci su palette) (*ind.*), Palettieren (*m.*).

paletto (*ed.*), Pflock (*m.*), schmaler Pfahl. **2 ~** (catenaccio, chiavistello, dispositivo di chiusura di una porta ecc.) (*ed.*), Riegel (*m.*). **3 ~ da tenda** (*campeggio - ecc.*), Zeltstock (*m.*).

palettone (grande pallet, « bolster ») (*trasp.*), « Bolster », Grosspalette (*f.*).

palificare (*ed.*), pfählen, abpfählen, verpfählen.

palificazione (gruppo di pali, per costipamento o sostegno) (*costr. civ.*), Pfahlrost (*m.*) Pfählung (*f.*). **2 ~** (infissione di pali) (*ed.*), Pfählen (*n.*), Pfählung (*f.*), Pfahleintreiben (*n.*).

palina (*att. top.*), Richtlatte (*f.*), Absteckstab

palinare

(*m.*), Fluchtstab (*m.*), Absteckpfahl (*m.*), Bake (*f.*).
palinare (*top. - ecc.*), abpfählen.
palinatura (di una linea ferr. p. es.) (*top.*), Abpfählen (*n.*).
palissandro (legno di palissandro) (*legno*), Palisander (*m.*), Palisanderholz (*n.*).
palissonatrice (*macch. - ind. cuoio*), Stollmaschine (*f.*).
palissonatura (per lo snervamento delle fibre del cuoio) (*ind. cuoio*), Stollen (*n.*), Ausrekken (*n.*), Stossen (*n.*).
palizzata (fila di pali) (*ed.*), Palisade (*f.*), Pfahlreihe (*f.*), Pfahlgehege (*n.*). 2 ~ (palancata) (*ed.*), Pfahlwand (*f.*). 3 ~ (*costr. idr.*), Bollwerk (*n.*).
palla (*gen.*), Ball (*m.*). 2 ~ a basi (*sport*), Baseball (*m.*), Baseballspiel (*n.*). 3 ~ a nuoto (*sport*), Wasserball (*m.*). 4 ~ spezzarottami (*fond. - metall.*), Fallkugel (*f.*).
pallacanestro (*sport*), Korbballspiel (*n.*), Basketball (*m.*), Basketballspiel (*n.*).
palladio (*Pd - chim.*), Palladium (*n.*).
pallinare (*tecnol. mecc.*), kugelstrahlen.
pallinato (*tecnol. mecc.*), kugelgestrahlt.
pallinatura (*tecnol. mecc.*), Kugelstrahlen (*n.*). 2 intensità di ~ (misurata in Almen) (*tecnol. mecc.*), Strahlintensität (*f.*).
pallino (di piombo p. es.) (*metall.*), Schrot (*n. - m.*). 2 ~ di acciaio (*tecnol.*), Stahlgussschrot (*m.*).
palloide (epicicloide allungata; curva simile all'evolvente, profilo dei fianchi dei denti nelle ruote dentate coniche a spirale) (*mecc.*), Palloid (*f.*). 2 coppia conica ~ (con assi intersecantisi) (*mecc.*), Palloid-Spiralzahn-Kegelräder (*n. pl.*).
palloncino (camera di compensazione, camera d'aria, di un aerostato) (*aer.*), Luftsack (*m.*).
pallone (*aer.*), Ballon (*m.*). 2 ~ (bevuta, di vetro) (*att. chim.*), Kolben (*m.*). 3 ~ (fiocco a pallone, « spinnaker », vela) (*nav.*), Spinnaker (*m.*). 4 ~ a fondo sferico (*att. chim.*), Rundkolben (*m.*). 5 ~ autogonfiabile (cuscino d'aria, per la sicurezza interna del guidatore e dei passeggeri, « air-bag ») (*aut.*), Prallkissen (*n.*), Luftkissen (*n.*), Luftsack (*m.*), Luftsicherheitskissen (*n.*). 6 ~ dirigibile (*aer.*), Lenkballon (*m.*). 7 ~ di sbarramento (*milit.*), Sperrballon (*m.*). 8 ~ di vetro (recipiente) (*mft. vetro - chim.*), Glaskolben (*m.*). 9 ~ ebollitore (alambicco, storta) (*att. chim.*), Destillierkolben (*m.*). 10 ~ frenato (*aer.*), Fesselballon (*m.*). 11 ~ libero (*aer.*), Freiballon (*m.*). 12 ~ osservatorio (*aer.*), Beobachtungsballon (*m.*), Drachenballon (*m.*). 13 ~ pilota (*aer.*), Pilotballon (*m.*). 14 ~ sonda (*meteor.*), Lotballon (*m.*), Ballonsonde (*f.*), Registrierballon (*m.*). 15 ~ tarato (*app. chim.*), Eichkolben (*m.*). 16 cesta del ~ (*aer.*), Ballonkorb (*m.*). 17 navicella del ~ (cesta del pallone) (*aer.*), Ballonkorb (*m.*). 18 rete del ~ (*aer.*), Ballonnetz (*n.*). 19 tessuto per palloni (*tess. - aer.*), Ballonstoff (*m.*).
pallottizzazione (sinterazione, agglomerazione, di minerali) (*min.*), Sinterung (*f.*). 2 ~ del minerale (sinterizzazione, agglomerazione del minerale) (*min.*), Erzsinterung (*f.*).

pallottola (arma da fuoco), Kugel (*f.*), Geschoss (*n.*). 2 ~ tracciante (*milit.*), Leuchtkugel (*f.*).
palmento (macina, per grano) (*macch.*), Mühlstein (*m.*), Mahlgang (*m.*).
« palmer » (micrometro a vite) (*ut.*), Mikrometer (*n.*), Bügelmess·schraube (*f.*). 2 ~ (tubolare) (*bicicletta*), Schlauchreifen (*m.*), Rennreifen (*m.*).
« palmutter » (controdado di sicurezza « palmutter ») (*mecc.*), Palmutter (*f.*), Sicherungsmutter (*f.*).
palo (*ed.*), Pfahl (*m.*). 2 ~ (pilone, per condutture aeree p. es.) (*elett. - telegr.*), Mast (*m.*), Leitungsmast (*m.*). 3 pali accoppiati (portale) (*elett.*), Portalmast (*m.*). 4 ~ ad A (*elett. - telef. - ecc.*), A-Mast (*m.*). 5 ~ a disco (palo a soletta) (*ed.*), Scheibenpfahl (*m.*). 6 ~ a punta (*ed.*), Spitzpfahl (*m.*). 7 ~ a soletta (palo a disco) (*ed.*), Scheibenpfahl (*m.*). 8 ~ a traliccio (*elett. - ecc.*), Gittermast (*m.*), Eisengittermast (*m.*). 9 ~ a vite (palo con puntazza a vite) (*ed.*), Schraubenpfahl (*m.*). 10 ~ cavo (palo tubolare) (*ed.*), Hohlpfahl (*m.*). 11 ~ centrifugato (*ed.*), Schleudermast (*m.*). 12 ~ centrifugato in cemento armato (*ed.*), Schleuderbetonmast (*m.*), Betonschleudermast (*m.*). 13 pali costipatori (*ed.*), Verdichtungspfähle (*m. pl.*), Verdrängungspfähle (*m. pl.*). 14 ~ costruito fuori opera (palo prefabbricato) (*ed.*), Rammpfahl (*m.*). 15 ~ da fondazione (*ed.*), Grundpfahl (*m.*). 16 ~ della luce (*elett.*), Lichtmast (*m.*). 17 ~ del telegrafo (*telegr.*), Telegraphenmast (*m.*). 18 ~ di acciaio (*ed.*), Stahlpfahl (*m.*). 19 ~ di ancoraggio (*gen.*), Abspannmast (*m.*). 20 ~ di cemento armato centrifugato (*ed.*), Schleuderbetonmast (*m.*), Betonschleudermast (*m.*). 21 ~ di ferro (*ed.*), eiserner Pfahl. 22 ~ di fondazione (palafitta) (*ed.*), Grundpfahl (*m.*). 23 ~ di legno (*ed.*), Holzpfahl (*m.*), hölzerner Pfahl. 24 ~ d'incrocio (di fili) (*telef.*), Kreuzungsstange (*f.*), Kreuzungsmast (*m.*). 25 ~ di palafitta (*ed.*), Rostpfahl (*m.*). 26 ~ di prova (palo di sezionamento) (*telef.*), Untersuchungsstange (*f.*). 27 ~ di sezionamento (palo di prova) (*telef.*), Untersuchungsstange (*f.*). 28 ~ Franki (*ed.*), Franki-Pfahl (*m.*). 29 ~ gettato in opera (*ed.*), Ortspfahl (*m.*). 30 ~ in calcestruzzo (gettato in opera) (*ed.*), Gussbetonpfahl (*m.*). 31 ~ in cemento armato (*ed.*), Stahlbetonpfahl (*m.*), Betonpfahl (*m.*). 32 ~ per linea aerea (*veic. elett.*), Oberleitungsmast (*m.*). 33 ~ per palizzate (*ed.*), Zaunpfahl (*m.*). 34 ~ prefabbricato (in cemento armato) (*ed.*), Fertigbetonpfahl (*m.*). 35 ~ prefabbricato (palo costruito fuori opera) (*ed.*), Rammpfahl (*m.*). 36 ~ prefabbricato in cemento armato (*ed.*), Fertigbetonpfahl (*m.*). 37 ~ stirato (*ed.*), gestreckter Pfahl. 38 ~ tubolare (palo cavo) (*ed.*), Hohlpfahl (*m.*). 39 ~ tubolare (pilone) (*ed.*), Rohrmast (*m.*). 40 ancoraggio del ~ (*ed.*), Pfahlverankerung (*f.*). 41 battere il ~ (infiggere il palo) (*ed.*), den Pfahl einrammen. 42 schema disposizione fili sul ~ (*elett.*), Mastkopfbild (*n.*). 43 testa del ~ (*ed.*), Pfahlkopf (*m.*). 44 tubo per pali Simplex (tubo di ac-

ciaio per pali Simplex di calcestruzzo) (*ed.*), Triebröhre (*f.*).
palombaro (*nav.*), Taucher (*m.*). 2 casco da ~ (*nav.*), Taucherhelm (*m.*).
palopiano (assepalo, per palancolate) (*costr. idr.*), Spundpfahl (*m.*).
palpare (un modello, con macch. a copiare) (*macch. ut.*), abtasten.
palpatore (tastatore, stilo, di una macch. a copiare p. es.) (*lav. macch. ut.*), Tastkörper (*m.*), Taststift (*m.*), Abtaststift (*m.*), Fühlstift (*m.*), Taster (*m.*).
palpebra (*ott.*), Augenlid (*n.*).
palude (*geogr. - geol.*), Bruch (*m.*), Moor (*n.*), Sumpf (*m.*).
paludoso (*agric.*), bruchartig, sumpfig. 2 terreno ~ (*geol.*), Marschboden (*m.*).
pamella (*app. - ind. cuoio*), Krispelholz (*n.*).
pamellare (*ind. cuoio*), Krispeln, levantieren.
panca (*gen.*), Bank (*f.*). 2 ~ del rematore (*nav.*), Ducht (*f.*), Ruderbank (*f.*).
panchina (sedile unico anteriore o posteriore di una autovettura) (*aut.*), Sitzbank (*f.*).
panciuto (bombato, convesso) (*gen.*), bebaucht, bauchig.
panconcello (*costr. idr.*), Nadel (*f.*). 2 traversa a panconcelli (diga a panconcelli) (*costr. idr.*), Nadelwehr (*n.*). 3 traversa di appoggio dei panconcelli (*costr. idr.*), Nadellehne (*f.*).
pancone (*idr.*), Dammbalken (*m.*).
pancratico (*ott.*), pankratisch.
pancromatico (*fot. - ott.*), panchromatisch.
pane (di piombo p. es.) (*metall.*), Block (*m.*), Massel (*f.*). 2 ~ di ghisa (*fond.*), Roheisenmassel (*f.*), Eisenmassel (*f.*).
panegirico (discorso di encomio) (*gen.*), Laudatio (*f.*).
panetto (di alluminio p. es.) (*metall.*), Barren (*m.*). 2 ~ di alluminio (*metall.*), Aluminiumbarren (*m.*).
panfilo («yacht») (*nav.*), Jacht (*f.*). 2 ~ a coperta rasa (*nav.*), Glattdecker (*m.*). 3 ~ a motore (motoscafo da crociera) (*nav.*), Motorjacht (*f.*). 4 ~ a vela (yacht a vela) (*nav.*), Segeljacht (*f.*). 5 ~ con motore ausiliario (*nav.*), Segeljacht mit Hilfsmotor, Auxiliarjacht (*f.*). 6 ~ da crociera (yacht da crociera) (*nav.*), Kreuzerjacht (*f.*).
paniera (di colata, nella colata continua; distributore, «tundish») (*fond.*), Zwischengefäss (*n.*), Zwischenbehälter (*m.*), Zwischenpfanne (*f.*).
paniere (di una centrifuga p. es.) (*macch.*), Trommel (*f.*). 2 ~ di centrifuga (*macch.*), Schleudertrommel (*f.*), Zentrifugentrommel (*f.*).
paniforte (pannello di legno costituito da pannelli esterni di compensato ed anima in listelli di legno comune) (*falegn.*), Paneelplatte (*f.*), Tischlerplatte (*f.*). 2 ~ blindato (con strati esterni di lamiera di alluminio o di acciaio) (*legno - ecc.*), Panzerholz (*n.*).
panna (*ind.*), Rahm (*m.*), Sahne (*f.*), Milchfett (*n.*). 2 ~ (guasto, di un motore, automobile, ecc.) (*vec.*), Panne (*f.*).
pannellare (rivestire con pannelli) (*falegn. - ed.*), täfeln, vertäfeln, verschalen.
pannellato (*falegn. - ecc.*), getäfelt.
pannellatura (*falegn. - ed.*), Täfelung (*f.*),

Tafelwerk (*n.*), Verschalung (*f.*). 2 ~ in legno (rivestimento in legno) (*ed.*), Getäfel (*n.*), Holzverkleidung (*f.*).
pannello (*ed.*), Tafel (*f.*), Brett (*n.*), Füllwand (*f.*). 2 ~ (di quadro elettrico) (*elett.*), Tafel (*f.*). 3 ~ (di lamiera) (*ind. metall.*), Tafel (*f.*), Blechtafel (*f.*). 4 ~ (di una trave composta reticolare) (*ed.*), Feld (*n.*). 5 ~ **antisonoro** (pannello acustico) (*cinem. - acus.*), Blendenschirm (*m.*), Blendschirm (*m.*). 6 ~ **asportabile** (di lamiera, di una cappottatura p. es.) (*macch. - ecc.*), abnehmbares Verkleidungsblech. 7 ~ **composto** (*ed.*), Verbundplatte (*f.*). 8 ~ **da innesto** (*elett.*), Einschub (*m.*). 9 ~ **da strappo** (di un aerostato) (*aer.*), Reissbahn (*f.*). 10 ~ **degli strumenti** (quadro portastrumenti) (*elett. - ecc.*), Instrumententafel (*f.*). 11 ~ **di attesa** (*telef.*), Wartefeld (*n.*). 12 ~ **di comando** (pannello di manovra) (*elett. - ecc.*), Schaltfeld (*n.*). 13 ~ **di connessione** (a spine; pannello di prese) (*elett.*), Steckbrett (*n.*), Stecktafel (*f.*), Buchsenfeld (*n.*), Steckbuchsenfeld (*n.*). 14 ~ **di copertura ondulato** (di un tetto) (*ed.*), Welltafel (*f.*). 15 ~ **di lamiera** (*metall. - ecc.*), Blechtafel (*f.*). 16 ~ **di legno** (*ed. - ecc.*), Holztafel (*f.*). 17 ~ **di legno compensato** (*falegn.*), Sperrholz (*n.*), Furnierplatte (*f.*). 18 ~ **di manovra** (quadro di manovra, quadro di comando) (*elett. - ecc.*), Bedienungsfeld (*n.*), Bedienungstafel (*f.*), Schaltfeld (*n.*). 19 ~ **di masonite** (masonite) (*ed.*), Holzfaserplatte (*f.*), Spanplatte (*f.*), Spanholz (*n.*). 20 ~ **di prese** (pannello di connessione, a spine) (*elett.*), Steckbrett (*n.*), Stecktafel (*f.*), Buchsenfeld (*n.*), Steckbuchsenfeld (*n.*). 21 ~ **distributore a spine** (*macch. ut. a c.n.*), Kreuzschienenverteiler (*m.*), «Steckbrett» (*n.*). 22 ~ **di torba** (pannello isolante) (*acus.*), Torfplatte (*f.*). 23 ~ **elettroluminescente** (*ott.*), Elektrolumineszenzplatte (*f.*), Leuchtplatte (*f.*), Leuchtkondensator (*m.*). 24 ~ **incassato** (*ed.*), vertiefte Tafel. 25 ~ **insonorizzante** (pannello antifonico) (*ed. - ecc.*), Schallisolierplatte (*f.*), Dämmplatte (*f.*). 26 ~ **isolante** (*ed. - acus. - ecc.*), Dämmplatte (*f.*), Isolierplatte (*f.*). 27 ~ **isolante in sughero** (*ed.*), Korkplatte (*f.*), Korkstein (*m.*). 28 ~ **laterale** (in lamiera, di una capottatura, p. es.) (*macch. - ecc.*), Seitenblech (*n.*). 29 ~ **per affissioni** (tavola per affissi pubblicitari p. es.) (*comm. - ecc.*), Anschlagbrett (*n.*). 30 ~ **per casseforme** (tavolato per casseforme, di legno) (*ed.*), Schaltafel (*f.*). 31 ~ **prese** (*elett.*), Buchsenfeld (*n.*), Steckbuchsenfeld (*n.*), Steckbrett (*n.*), Stecktafel (*f.*). 32 ~ **radiante** (riscaldamento - *ed.*), Plattenheizkörper (*m.*). 33 ~ **smontabile** (pannello asportabile, di lamiera, di una cappottatura p. es.) (*macch. - ecc.*), abnehmbares Verkleidungsblech. 34 ~ **stratificato** (laminato) (*ind. chim. - ecc.*), Verbundplatte (*f.*).
panno (*tess.*), Tuch (*n.*).
panorama (*gen.*), Panorama (*n.*), Rundsicht (*f.*).
panoramica (*s. - gen.*), Übersicht (*f.*), Überblick (*m.*). 2 ~ (ripresa panoramica) (*fot. - cinem. - ecc.*), Panoramaaufnahme (*f.*), Panoramierung (*f.*). 3 ~ (strada panoramica)

pantal

(s. - *strada*), Panoramastrasse (*f.*), Aussichtstrasse (*f.*).
pantal (lega plastica, lega fucinabile di alluminio) (*metall.*), Pantal (*n.*).
pantografo (*strum. dis.*), Storchschnabel (*m.*), Pantograph (*m.*). 2 ~ (macchina a pantografo, attrezzo per riprodurre in una macch. ut. una curva p. es.) (*att. mecc.*), Pantograph (*m.*), Kurvenabtaster (*m.*). 3 **fresatrice a ~ per stampi** (*macch. ut.*), Pantographgesenkfräsmaschine (*f.*). 4 **presa a ~** (*veic. elett.*), Scherenstromabnehmer (*m.*), Pantograph (*m.*).
para (gomma para) (*ind. chim.*), Paragummi (*m.*).
parabola (*geom.*), Parabel (*f.*). 2 **equazione della ~** (*geom.*), Parabelgleichung (*f.*).
parabolico (*geom.*), parabolisch. 2 **movimento ~** (*mecc.*), Parabelbewegung (*f.*). 3 **specchio ~ per antenna radar** (*radar*), Radarparabolspiegel (*m.*).
paraboloide (*geom.*), Paraboloid (*n.*). 2 ~ **di rivoluzione** (*geom.*), Umdrehungsparaboloid (*n.*), Rotationsparaboloid (*n.*).
parabordo (paglietto d'accosto, guardalato) (*nav.*), Fender (*m.*), Puffer (*m.*). 2 ~ (in legno) (*nav.*), Reibholz (*n.*), Fender (*m.*). 3 ~ **di poppa** (paglietto di poppa) (*nav.*), Heckfender (*m.*).
parabrezza (*aut.*), Windschutzscheibe (*f.*). 2 ~ **antiappannante** (cristallo antiappannante) (*aut.*), Klarsichtscheibe (*f.*). 3 ~ **curvo** (*aut.*), gebogene Windschutzscheibe. 4 **cornice del ~** (*aut.*), Windschutzscheibenrahmen (*m.*).
paracadute (*aer.*), Fallschirm (*m.*). 2 ~ (per ascensori) (*app. - ed.*), Fangvorrichtung (*f.*). 3 ~ **ad apertura automatica** (*aer.*), automatischer Fallschirm. 4 ~ **ad azione istantanea** (per ascensori) (*app. - ed.*), Sperrfangvorrichtung (*f.*). 5 ~ **ad azione progressiva** (per ascensori) (*app. - ed.*), Bremsfangvorrichtung (*f.*). 6 ~ **antivite** (*aer.*), Antitrudelfallschirm (*m.*). 7 ~ **frenante** (per diminuire il percorso di atterraggio di un velivolo) (*aer.*), Bremsfallschirm (*m.*). 8 ~ **frenante di atterraggio** (*aer.*), Landeanflug-Bremsschirm (*m.*). 9 ~ **per materiali** (*aer.*), Lastenfallschirm (*m.*). 10 ~ **sussidiario** (calottina, calottino estrattore) (*aer.*), Hilfsfallschirm (*m.*), Ausziehfallschirm (*m.*).
paracadutista (*milit.*), Fallschirmjäger (*m.*). 2 **paracadutisti** (*milit.*), Luftlandetruppen (*f. pl.*).
paracarro (*ing. civ.*), Prellstein (*m.*). 2 ~ **di porta carraia** (per evitare l'urto delle ruote dei veicoli contro gli spigoli delle porte) (*ed.*), Prellstein (*m.*), Abweiser (*m.*).
paracinghia (custodia o riparo per cinghia) (*mecc.*), Riemenschutz (*m.*).
paracolpi (paraurti) (*gen.*), Prellvorrichtung (*f.*). 2 ~ **di gomma** (tampone di gomma) (*mecc.*), Gummipuffer (*m.*).
paracoro (π, relazione fra tensioni superficiali, peso molecolare e densità) (*chim. - fis.*), Parachor (*m.*).
paradiafonia (diafonia vicina) (*telef.*), Nahnebensprechen (*n.*).
paradosso (idrostatico) (*idr.*), Paradoxon (*n.*).
parafango (*veic. - aut.*), Kotflügel (*m.*), Kotblech (*n.*), Schutzblech (*n.*). 2 ~ (di una bicicletta) (*veic.*), Kotschützer (*m.*). 3 ~ **posteriore** (di una scocca) (*aut.*), Fondseitenteil (*n.*).
paraffina (C_nH_{2n+2}) (*chim.*), Paraffin (*n.*), Methankohlenwasserstoff (*m.*), Grenzkohlenwasserstoff (*m.*). 2 ~ **grezza** (risultante dalla deparaffinazione del petrolio) (*ind. chim.*), Paraffingatsch (*m.*). 3 **olio di ~** (*chim.*), Paraffinöl (*n.*).
paraffinaggio (*ind. carta - ecc.*), Paraffinieren (*n.*).
paraffinare (*mft. carta - ecc.*), paraffinieren.
paraffinato (cartone) (*ind. carta*), paraffiniert, gewachst.
paraffinico (*chim.*), paraffinisch. 2 **grezzo a base paraffinica** (*min.*), paraffinisches Erdöl. 3 **petrolio a base paraffinica** (grezzo a base paraffinica) (*min.*), paraffinisches Erdöl.
parafiamma (tagliafiamma) (*mot. - ecc.*), Flammsperre (*f.*). 2 ~ (coprifiamma) (*milit. - ecc.*), Flammendämpfer (*m.*).
parafrasare (un testo) (*gen.*), abwandeln.
parafulmine (*disp. elett.*), Blitzableiter (*m.*). 2 **asta del ~** (*disp. elett.*), Blitzableiterstange (*f.*).)3 **punta del ~** (*disp. elett.*), Blitzableiterspitze (*f.*), Fangspitze (*f.*).
paragenesi (coesistenza naturale di diverse specie di minerali di genesi comune) (*min. - geol.*), Paragenese (*f.*).
paraghiaccio (per ponti) (*ed. - ing. civ.*), Eisbrecher (*m.*).
paragonabile (comparabile, confrontabile) (*gen.*), vergleichbar.
paragone (confronto) (*gen.*), Vergleich (*m.*). 2 **piano di ~** (*att. mecc.*), *vedi* piano di riscontro.
paragrafo (*tip.*), Paragraph (*m.*), Abschnitt (*m.*). 2 **segno di ~** (§) (*tip.*), Paragraphzeichen (*n.*), Abschnittzeichen (*n.*), §.
paraidrogeno (*chim.*), Para-Wasserstoff (*m.*).
paraldeide [$(CH_3CHO)_3$] (*chim.*), Paraldehyd (*n.*).
paralisi (economica) (*economia*), Lähmung (*f.*).
parallasse (*astr. - ott.*), Parallaxe (*f.*). 2 ~ **delle stelle fisse** (*astr.*), Fixstern-Parallaxe (*f.*). 3 ~ **di altezza** (*astr.*), Höhenparallaxe (*f.*). 4 ~ **stereoscopica** (*astr.*), stereoskopische Parallaxe. 5 **esente da ~** (*ott.*), parallaxenfrei.
parallattico (*astr.*), parallaktisch.
parallela (*s. - geom.*), Parallele (*f.*).
parallele (per esercizi di ginnastica) (*s. - sport*), Barren (*m.*).
parallelepipedo (*geom.*), Parallelepiped (*n.*), Parallelflach (*n.*). 2 ~ **rettangolare** (*geom.*), Rechtkant (*n.*), Rechteckprisma (*n.*).
parallelismo (*geom.*), Parallelismus (*m.*). 2 ~ (*mecc.*), Parallelität (*f.*). 3 ~ (dei cilindri superiore ed inferiore di un laminatoio) (*lamin.*), Ausgerichtetsein (*n.*). 4 ~ **planare** (pianparallelismo) (*mecc. - geom.*), Planparallelität (*f.*). 5 **errore di ~** (*mecc. - metrologia*), Abweichung von der Parallelität, Unparallelität (*f.*). 6 **non- ~** (*mecc.*), Unparallelität (*f.*). 7 **tolleranza di ~** (*mecc.*), zulässige Unparallelität, TU, Tu.
parallelizzatore (per informazioni; convertitore serie-parallelo) (*elab. dati*), Serien-Parallelwandler (*m.*).

parallelo (*a. - geom. - ecc.*), parallel. 2 ~ (*s. - geogr.*), Parallelkreis (*m.*), Breitenkreis (*m.*). 3 ~ **all'asse** (*mecc. - ecc.*), achsparallel. 4 **collegamento in** ~ (*elett.*), Parallelschaltung (*f.*). 5 **collegamento in serie-** ~ (*elett.*), Reihenparallelschaltung (*f.*). 6 **collegare in** ~ (*elett.*), parallelschalten, nebeneinanderschalten. 7 **collegato in** ~ (inserito in parallelo, messo in parallelo) (*elett.*), parallelgeschaltet. 8 **funzionamento in** ~ (*elett.*), Parallellauf (*m.*). 9 **in** ~ (*elett.*), Parallel..., parallel..., im Nebenschluss. 10 **inserito in** ~ (messo in parallelo, collegato in parallelo) (*elett.*), parallelgeschaltet. 11 **interruttore di** ~ (*elett.*), Synchronisierschalter (*m.*), Synchronisierungsschalter (*m.*). 12 **interruttore serie-** ~ (*elett.*), Reihen-Parallelschalter (*m.*). 13 **messo in** ~ (inserito in parallelo, collegato in parallelo) (*elett.*), parallelgeschaltet. 14 **postulato delle parallele** (5° postulato di Euclide) (*geom.*), Parallelenpostulat (*n.*). 15 **risonanza in** ~ (risonanza di tensione, antirisonanza) (*elett.*), Parallelresonanz (*f.*), Spannungsresonanz (*f.*).

parallelogramma (*geom.*), Parallelogramm (*n.*). 2 ~ **articolato** (*mecc.*), Parallelkurbel-Gelenkviereck (*n.*). 3 ~ **delle forze** (*sc. costr.*), Kräfteparallelogramm (*n.*), Parallelogramm der Kräfte. 4 ~ **longitudinale** (di una sospensione) (*aut.*), Doppellängslenker (*m.*).

paraluce (parasole, per schermare l'obiettivo di una cinepresa p. es.) (*cinem.*), Kompendium (*n.*).

paralume (*illum.*), Leuchtenschirm (*m.*).

paramagnetico (*elett.*), paramagnetisch.

paramagnetismo (*elett.*), Paramagnetismus (*n.*).

parametrico (*fis. - ecc.*), parametrisch. 2 **sottoprogramma** ~ (*elab. dati*), dynamisches Unterprogramm. 3 **sottoprogramma non** ~ (*elab. dati*), statisches Unterprogramm. 4 **trasformatore** ~ (per l'alimentazione di app. elettronici) (*elett.*), parametrischer Transformator, SW-Trafo (*m.*).

parametro (*mat.*), Parameter (*m.*). 2 ~ (grandezza caratteristica) (*mecc. - ecc.*), Kenngrösse (*f.*). 3 ~ (*stat. - tecnol. mecc.*), Parameter (*m.*). 4 ~ **di criticità** (di un reattore) (*fis. atom.*), Flussdichtewölbung (*f.*), Flusswölbung (*f.*). 5 ~ **di criticità materiale** («bukkling» materiale, di un reattore) (*fis. atom.*), Material-Flussdichtewölbung (*f.*). 6 ~ **di programma** (*calc.*), Jeweilsparameter (*m.*). 7 ~ **d'urto** (*fis. atom.*), Stossparameter (*m.*).

parametron (circuito elett. per circuiti amplificatori e logici) (*elettronica*), Parametron (*n.*).

paramezzale (trave di rinforzo dello scafo) (*costr. nav.*), Kielschwein (*n.*). 2 ~ **laterale** (*nav.*), Seitenkielschwein (*n.*).

paramine (*mar. milit.*), Minenschutzvorrichtung (*f.*).

paramorfosi (*min.*), Paramorphose (*f.*).

paranco (*app. di sollev.*), Flaschenzug (*m.*), Flasche (*f.*), Zug (*m.*). 2 ~ **a catena** (*trasp. ind.*), Kettenzug (*m.*), Kettenflaschenzug (*m.*). 3 ~ **a cricco** (*app. di sollev.*), Knarrenseilzug (*m.*). 4 ~ **a fune** (*app. di sollev.*), Seilrollenaufzug (*m.*), Drahtseilflaschenzug (*m.*). 5 ~ **a fune di canapa** (*app. di sollev.*), Seilflaschenzug (*m.*). 6 ~ **a fune metallica** (*app. di sollev.*), Kabelflaschenzug (*m.*). 7 ~ **a ingranaggi cilindrici** (*app. di sollev.*), Flaschenzug mit Stirnrädergetriebe. 8 ~ **a mano** (*app. di sollev.*), Handaufzug (*m.*). 9 ~ **a vite senza fine** (*app. di sollev.*), Schneckenflaschenzug (*m.*), Schraubenflaschenzug (*m.*). 10 ~ **differenziale** (*app. di sollev.*), Differentialflaschenzug (*m.*). 11 ~ **elettrico** (*app. di sollev.*), Elektroflaschenzug (*m.*), Elektrozug (*m.*). 12 ~ **elettrico a catena** (*app. di sollev.*), Elektrokettenzug (*m.*). 13 ~ **elettrico a fune** (*app. di sollev.*), Elektroseilzug (*m.*). 14 ~ **semplice** (taglia semplice) (*app. di sollev.*), einfacher Flaschenzug.

paraolio (*mecc. - macch.*), Ölabdichtung (*f.*).

parapetto (*mur.*), Brustmauer (*f.*), Brüstung (*f.*). 2 ~ (ringhiera, balaustra) (*ed.*), Geländer (*n.*). 3 ~ **del ponte** (*ed.*), Brückengeländer (*n.*). 4 ~ **di murata** (*nav.*), Schanzkleid (*n.*).

parapolvere (coperchio parapolvere) (*app.*), Staubdeckel (*m.*).

parasale (piastra di guardia) (*ferr.*), Achsbüchsenführung (*f.*), Achsgabel (*f.*). 2 **guida del** ~ (*ferr.*), Bügelgleitbacke (*f.*).

parascintille (*ferr. - ecc.*), Funkensieb (*n.*), Siebdeckel (*m.*), Funkenfänger (*m.*). 2 ~ **a rete** (*mot. - ecc.*), Funkengitter (*n.*). 3 ~ **dello scarico** (di un mot. a c. i.) (*mot.*), Auspufffunkenkorb (*m.*).

parascisto (*min.*), Paraschiefer (*m.*).

parasole (visiera parasole) (*aut.*), Sonnenblende (*f.*). 2 ~ (schermo parasole) (*fot. - cinem.*), Sonnenblende (*f.*).

paraspigoli (*ed. - falegn.*), Winkeleckleiste (*f.*).

paraspruzzi (lamiera paraspruzzi, di una macch. ut. p. es.) (*macch. - ecc.*), Spritzblech (*n.*).

parassiale (*ott.*), paraxial.

parassita (*a. - gen.*), parassitisch. 2 **capacità** ~ (*elett.*), Streukapazität (*f.*). 3 **modulazione** ~ (*radio*), Störmodulation (*f.*). 4 **oscillazione** ~ (oscillazione spuria) (*fis.*), wilde Schwingung. 5 **oscillazioni parassite** (difetto - *radio*), Blubbern (*n.*). 6 **radiazione** ~ (*fis.*), wilde Strahlung (*f.*).

parasta (lesena, pilastro sporgente da una parete) (*arch.*) Pfeilervorlage (*f.*), Lisene (*f.*), Wandpfeiler (*m.*).

parastatale (ente p. es.) (*finanz.*), halbstaatlich.

parastrappi (giunto parastrappi, giunto elastico) (*mecc.*), elastische Kupplung.

parata (rivista) (*milit.*), Parade (*f.*), Truppenschau (*f.*).

paratia (*costr. nav. - aer.*), Schott (*n.*), Schotte (*f.*). 2 ~ **di collisione** (*costr. nav.*), Kollisionsschott (*n.*). 3 ~ **parafiamma** (paratia tagliafuoco, paratia tagliafiamma) (*nav. - aer.*), Feuerschott (*n.*), Brandschott (*n.*). 4 ~ **stagna** (*costr. nav.*), wasserdichtes Schott. 5 ~ **tagliafiamma** (paratia parafiamma, paratia tagliafuoco) (*nav. - aer.*), Feuerschott (*n.*), Brandschott (*n.*). 6 ~ **tagliafuoco** (paratia parafiamma, paratia tagliafiamma) (*nav. - aer.*), Feuerschott (*n.*), Brandschott (*n.*). 7 ~ **trasversale** (*costr. nav.*), Querschott (*n.*).

paratoia (*idr.*), Schütz (*n.*), Schütze (*f.*), Wehr (*n.*), Schleuse (*f.*). 2 ~ **a rulli** (*idr.*), Rollenschütz (*n.*). 3 ~ **a segmento** (paratoia a settore cilindrico) (*idr.*), Segmentschütz (*n.*). 4 ~ **a ventola** (*idr.*), Drehschütz (*n.*), Klappschütz (*n.*). 5 ~ **cilindrica** (*costr. idr.*), Trommelschleuse (*f.*). 6 ~ **per irrigazione** (traversa per irrigazione) (*agric. - costr. idr.*), Bewässerungswehr (*n.*). 7 ~ **piana** (*idr.*), Plattenschütz (*n.*). 8 ~ **piana** (di un impianto di presa per condotte forzate) (*idr.*), Flachschieber (*m.*).

paraurti (paracolpi) (*gen.*), Prellvorrichtung (*f.*). 2 ~ (di un'autovettura) (*aut.*), Stossfänger (*m.*), Stoss-stange (*f.*). 3 **rostro del** ~ (*aut.*), Stoss-stangenhorn (*n.*).

paravalanghe (struttura antivalanghe) (*ing. civ.*), Lawinenverbauung (*f.*).

paravampa (di un cannone) (*milit.*), Mündungsfeuerdämpfer (*m.*).

paravento (*ed. - ecc.*), Windfang (*m.*). 2 ~ (*elettroacus.*), Windkappe (*f.*).

parcella (particella) (*ed.*), Parzelle (*f.*).

parcheggiare (*aut.*), parkieren, parken.

parcheggio (posteggio) (*aut.*), Parkplatz (*m.*). 2 **area di** ~ (*aut.*), Parkfläche (*f.*). 3 **orbita di** ~ (d'un veicolo spaziale) (*astronautica*), Parkbahn (*f.*).

parcherizzare (*metall.*), parkerisieren, parkern.

parcherizzazione (procedimento di protezione) (*metall.*), Parkerisieren (*n.*), Parkern (*n.*).

parchettare (palchettare, pavimentare a palchetti) (*ed.*), parkettieren.

parchetto (palchetto) (*falegn. - ed.*), Parkettstab (*m.*), Riemen (*m.*), Parkettriemen (*m.*). Parkette (*f. - austr.*). 2 **pavimento a parchetti** (pavimento a palchetti, pavimento in legno, pavimento senza sottofondo, « parquet ») (*ed.*), Parkett (*n.*), Stabfussboden (*m.*).

parco (grande giardino) (*ed.*), Park (*m.*). 2 ~ (complesso di mezzi di lavoro p. es.) (*veic. - ecc.*), Park (*m.*). 3 ~ (deposito, di lingotti p. es.) (*ind.*), Lager (*n.*). 4 ~ (giacenza, esistenza) (*ind.*), Bestand (*m.*). 5 ~ **automobilistico** (*aut.*), Wagenpark (*m.*), Autopark (*m.*), Fahrzeugpark (*m.*), Fahrpark (*m.*). 6 ~ **autoveicoli** (autoparco) (*aut.*), Fahrpark (*m.*), Fahrzeugpark (*m.*), Wagenpark (*m.*), Autopark (*m.*). 7 ~ **billette** (deposito billette) (*ind. metall.*), Knüppellager (*n.*). 8 ~ **cilindri** (*lamin.*), Walzenpark (*m.*). 9 ~ **comunale** (*ed.*), Stadtpark (*m.*). 10 ~ **lingotti** (*metall.*), Blocklager (*n.*). 11 ~ **nazionale** (*geogr.*), Naturschutzgebiet (*n.*). 12 ~ **rottami** (*metall.*), Schrottplatz (*m.*), Schrottlager (*n.*). 13 ~ **vagoni** (vagoni disponibili) (*ferr.*), Wagenbestand (*m.*). 14 ~ **veicoli** (di una impresa) (*aut.*), Fahrzeugpark (*m.*).

parcometro (tassametro di parcheggio, tassametro di sosta) (*aut.*), Parkzeituhr (*f.*), Parkuhr (*f.*), Parkometer (*m.*), Parkingmeter (*m.*).

pareggiatore (per fogli, nella macch. da stampa) (*macch. per stampa*), Geradeleger (*m.*).

pareggio (di conti) (*amm.*), Abgleichung (*f.*). 2 ~ **dei conti** (*amm.*), Kontenabgleichung (*f.*).

3 **impresa in** ~ (*ind.*), Grenzbetrieb (*m.*). 4 **punto di** ~ (*finanz. - amm.*), toter Punkt, kritischer Punkt, Gewinnschwelle (*f.*), Deckungspunkt (*m.*).

parellatura (ammorsatura) (*nav.*), Laschung (*f.*).

parentesi (*tip.*), Klammer (*f.*). 2 ~ (*mat.*), Klammer (*f.*). 3 ~ **quadra** (*tip.*), eckige Klammer, rechteckige Klammer. 4 ~ **tonda** (*tip.*), runde Klammer. 5 **espressione tra** ~ (*mat.*), Klammerausdruck (*m.*). 6 **mettere tra** ~ (*tip.*), einklammern. 7 **togliere la** ~ (*mat.*), ausklammern. 8 **togliere da** ~ (*mat.*), herausheben. 9 **tra** ~ (*mat. - ecc.*), in Klammer, in Klammern.

parere (opinione) (*gen.*), Meinung (*f.*), Ansicht (*f.*). 2 ~ **di un esperto** (perizia) (*gen.*), Begutachtung (*f.*). 3 **esprimere il proprio** ~ (giudicare) (*gen.*), begutachten. 4 **secondo il mio** ~ (secondo il mio punto di vista) (*gen.*), meiner Ansicht nach, m.A.n.

parete (*gen.*), Wand (*f.*). 2 ~ (di un pozzo) (*min.*), Stoss (*m.*). 3 ~ (di montagna) (*geogr.*), Wand (*f.*). 4 ~ **anteriore** (*gen.*), Kopfwand (*f.*). 5 ~ **a rete metallica intonacata** (parete Rabitz) (*mur.*), Drahtputzwand (*f.*), Rabitzwand (*f.*). 6 ~ **di guida** (d'una corrente) (*costr. idr.*), Leitwand (*f.*). 7 ~ **di sterile** (*min.*), Bergemauer (*f.*). 8 ~ **di tavole a lembi sovrapposti** (parete di tavole embricate) (*ed.*), Stülpwand (*f.*). 9 ~ **divisoria** (tramezza) (*ed.*), Trennwand (*f.*), Zwischenwand (*f.*). 10 ~ **divisoria Rabitz** (parete a rete metallica intonacata) (*mur.*), Rabitzwand (*f.*), Drahtputzwand (*f.*). 11 ~ **esterna** (*ed.*), Aussenwand (*f.*). 12 ~ **interna** (*ed.*), Mittelwand (*f.*), Innenwand (*f.*). 13 ~ **mobile** (schermo mobile, tramezza) (*ed.*), Stellwand (*f.*). 14 ~ **portante** (*ed.*), tragende Wand. 15 ~ **rocciosa** (*geol.*), Bergwand (*f.*), Felswand (*f.*), Fluh (*f. - svizz.*). 16 **a doppia** ~ (*gen.*), doppelwandig, zweiwandig. 17 **a doppia** ~ (ad intercapedine) (*gen.*), hohlwandig. 18 **a** ~ **piena** (*ed. - ecc.*), vollwandig. 19 **a** ~ **sottile** (*mecc. - ecc.*), dünnwandig, schwachwandig. 20 **a** ~ **spessa** (*gen.*), dickwandig, starkwandig. 21 **effetto** ~ (nella ionizzazione) (*elettronica*), Wandeffekt (*m.*). 22 **gru da** ~ (*macch.*), Wandkran (*m.*). 23 **perdita attraverso le pareti** (di calore) (*metall. - forno - ecc.*), Wandverlust (*m.*). 24 **ventilatore da** ~ (*app.*), Wandlüfter (*m.*).

pari (*mat.*), geradzahlig.

parigina (sella di lancio per lo smistamento dei carri) (*ferr.*), Ablaufberg (*m.*).

parison (candela, nella soffiatura del vetro o di mat. plastiche) (*tecnol.*), Külbel (*m.*).

parità (*finanz.*), Parität (*f.*). 2 ~ **aurea** (*finanz.*), Goldparität (*f.*). 3 **controllo di** ~ (d'un nastro perforato) (*elab. dati*), Paritätskontrolle (*f.*), Paritätsprüfung (*f.*). 4 **controllo di** ~ **disparità** (*elab. dati*), Ungerade-Gerade-Kontrolle (*f.*).

paritetico (comitato p. es.) (*lav. - ecc.*), paritätisch. 2 **commissione paritetica** (*lav.*), Einigungskommission (*f.*).

parlare (*gen.*), sprechen. 2 ~ **con chiarezza** (*gen.*), verständlich und klar sprechen.

paro, a ~ (allo stesso livello, le superfici di

due pezzi combacianti p. es.) (*mecc. - ecc.*), fluchtrecht.
parola (*gen.*), Wort (*n.*). **2** ~ (gruppo di byte) (*calc.*), Wort (*n.*). **3** ~ **chiave** (di una serratura) (*mecc.*), Passwort (*n.*). **4** ~ **di comando** (parola di controllo) (*calc.*), Steuerwort (*n.*). **5** ~ **di controllo** (parola di comando) (*calc.*), Steuerwort (*n.*). **6** ~ **di macchina** (*calc.*), Maschinenwort (*n.*). **7** ~ **d'ordine** (*milit.*), Losung (*f.*), Losungswort (*n.*), Kennwort (*n.*). **8 lunghezza di** ~ (*calc.*), Wartlänge (*f.*). **9 lunghezza fissa di** ~ (*calc.*), konstante Wortlänge. **10 lunghezza variabile di** ~ (*calc.*), variable Wortlänge. **11 organizzato a** ~ (orientato a parola; memoria) (*elab. dati*), wort-organisiert. **12 orientato a** ~ (organizzato a parola; memoria) (*elab. dati*), wort-organisiert.
« **parquet** » (pavimento senza sottofondo, pavimento in legno, pavimento a palchetti, pavimento a parchetti) (*ed.*), Parkett (*n.*), Stabfussboden (*m.*), Fussboden mit Täfelung.
parrocchetto (vela) (*nav.*), Vor-Marssegel (*n.*). **2** ~ **volante** (*nav.*), Vor-Obermarssegel (*n.*). **3 basso** ~ (*nav.*), Vor-Untermarssegel (*n.*).
parsec (parallasse al secondo = $3,9 \cdot 10^{12}$ km = 3,26 anni-luce) (*mis. - astron.*), Parsec (*n.*).
parte (*gen.*), Teil (*m. - n.*). **2** ~ (componente, particolare) (*mecc. - macch.*), Bestandteil (*m.*). **3** ~ (di una norma, di una o più pagine) (*norm.*), Blatt (*n.*). **4** ~ **anteriore** (*gen.*), Vorderseite (*f.*). **5** ~ **avversa** (*leg.*), Gegner (*m.*). **6** ~ **centrale** (parte mediana, parte di mezzo) (*gen.*), Mitte (*f.*). **7** ~ **civile** (*leg.*), Zivilpartei (*f.*). **8** ~ **contraente** (*comm. - leg.*), Vertragspartner (*m.*), Vertragspartei (*f.*). **9** ~ **della costruzione** (*ed.*), Bauabschnitt (*m.*), Bauteil (*m.*). **10** ~ **di macchina** (*mecc.*), Maschinenteil (*m.*). **11** ~ **di mezzo** (parte mediana, parte centrale) (*gen.*), Mitte (*f.*). **12** ~ **di ricambio** (ricambio, pezzo di ricambio) (*mecc. - ecc.*), Ersatzteil (*m.*). **13** ~ **di ricambio originale** (*macch. ecc.*), Original-Ersatzteil (*m.*). **14** ~ **filettata** (di una vite) (*mecc.*), Gewindeteil (*m.*). **15** ~ **fissa** (di un calibro) (*mecc.*), Amboss (*m.*), fester Teil. **16** ~ **girevole** (od orientabile) (*mecc. - ecc.*), Drehteil (*m.*), schwenkbarer Teil. **17 parti in peso** (d'una miscela) (*chim. - ecc.*), Gewichtsteile (*m. pl.*). **18** ~ **integrante** (di un contratto) (*comm.*), integrierender Bestandteil. **19** ~ **interna** (cuore) (*metall. - tratt. term.*), Kern (*m.*). **20** ~ **liscia** (parte non filettata, di una vite) (*mecc.*), gewindeloser Teil. **21** ~ **mediana** (parte di mezzo, parte centrale) (*gen.*), Mitte (*f.*). **22** ~ **non filettata** (parte liscia, di una vite) (*mecc.*), gewindeloser Teil. **23** ~ **normalizzata** (pezzo unificato, normale) (*mecc. - ecc.*), Normteil (*m.*). **24** ~ **orientabile** (o girevole) (*mecc. - ecc.*), Drehteil (*m.*), schwenkbarer Teil. **25 parti per milione** (mis. di contenuto, ppm) (*mis.*), ppm. **26** ~ **posteriore** (tergo, retro) (*gen.*), Rückseite (*f.*), Rücken (*m.*). **27** ~ **posteriore** (di un veicolo) (*aut.*), Heck (*n.*). **28 parti prefabbricate** (*ind.*), Fertigteile (*m. pl.*). **29** ~ **presse** (d'una macchina per produzione carta) (*macch.*), Pressenpartie (*f.*). **30** ~ **riportata nello stampo** (inserto, nello stampo per pressofusione) (*fond.*), Formeinsatz (*m.*). **31** ~ **secca** (seccheria, di una macch. continua) (*macch. ind. carta*), Trockenpartie (*f.*). **32** ~ **staccata** (pezzo sciolto o staccato, particolare) (*mecc.*), Einzelteil (*m.*). **33** ~ **supplementare** (supplemento, di una norma) (*norm.*), Beiblatt (*n.*). **34** ~ **umida** (di una macchina continua) (*macch. ind. carta*), Nasspartie (*f.*). **35 terza** ~ (terzi) (*comm.*), dritte Hand, dritte Person, Drittperson (*f.*), der Dritte.
partecipante (*s. - gen.*), Teilnehmer (*m.*). **2** ~ (interessato) (*a. - gen.*), beteiligt. **3** ~ (ad una gara, concorso di appalto, asta ecc.) (*s. - comm.*), Bieter (*m.*). **4** ~ **a concorso di appalto** (concorrente ad appalto) (*comm.*), Submissionsbewerber (*m.*).
partecipare (*gen.*) teilnehmen.
partecipazione (*finanz. - ecc.*), Beteiligung (*f.*). **2** ~ (dei prestatori d'opera nell'azienda) (*ind.*), Mitwirkung (*f.*). **3** ~ **agli utili** (dei dipendenti, in base al profitto realizzato dalla azienda d'appartenenza) (*lav.*), Ergebnislohn (*m.*). **4** ~ **di minoranza** (*finanz.*), Minderheitsanteil (*m.*). **5** ~ **finanziaria** (*finanz.*), finanzielle Beteiligung. **6 quota di** ~ (*finanz.*), Gesellschaftsanteil (*m.*). **7 società in** ~ (*comm. - leg.*), stille Gesellschaft, stille Beteiligung.
partenza (*gen.*), Abfahrt (*f.*). **2** ~ (atto di avviarsi, di un veic.) (*aut.*), Start (*m.*). **3** ~ (ora di partenza) (*aer.*), Abflugzeit (*f.*). **4** ~ **da fermo** (*aut. - ecc.*), stehender Start. **5** ~ **lanciata** (*aut. - ecc.*), fliegender Start. **6** ~ **rimorchiata** (lancio a rimorchio, di un aliante) (*aer.*), Seilstart (*m.*). **7 con** ~ **da fermo** (nelle prove di accelerazione, di un automobile p. es.) (*aut. - prova*), mit stehendem Start. **8 con** ~ **lanciata** (nelle prove di velocità assoluta, di un veicolo) (*aut. - ecc.*), mit fliegendem Start. **9 controllo alla** ~ (*aer.*), Startkontrolle (*f.*). **10 dato di** ~ (*gen.*), Ausgangswert (*m.*). **11 materiale di** ~ (*ind.*), Ausgangsmaterial (*n.*), Grundstoff (*m.*), Rohstoff (*m.*). **12 punto di** ~ (*gen.*), Ausgangspunkt (*m.*). **13 punto di** ~ (*trasp.*), Fahrtquelle (*f.*).
particella (*gen.*), Teilchen (*n.*), Partikel (*f.*). **2** ~ (parcella catastale, porzione di terreno) (*ed.*), Parzelle (*f.*). **3** ~ **alfa** (*radioatt.*), Alphateilchen (*n.*). **4** ~ **beta** (*radioatt.*), Betateilchen (*n.*). **5** ~ **bombardata** (*fis. atom.*), getroffenes Teilchen. **6** ~ **del campo** (quanto del campo) (*fis.*), Feldquant (*n.*), Feldteilchen (*n.*). **7** ~ **diffusa** (*fis. atom.*), Streuteilchen (*n.*), gestreutes Teilchen. **8** ~ **elementare** (*fis. atom.*), Elementarteilchen (*n.*). **9** ~ **incidente** (*fis. atom.*), einfallendes Teilchen. **10** ~ **relativistica** (*fis. atom.*), relativistisches Teilchen. **11** ~ **sigma** (particella elementare) (*fis.*), Sigma-Teilchen (*n.*). **12** ~ **subatomica** (*fis. atom.*), subatomisches Teilchen. **13** ~ **Xi** (particella elementare degli iperoni) (*fis.*), Xi-Teilchen (*n.*). **14 rivelatore di particelle** (camera a nebbia p. es.) (*fis.*), Spurenkammer (*f.*). **15 suddividere in particelle** (un terreno) (*ed. - leg.*), parzellieren. **16 suddivisione in**

particellare

particelle (di terreni) (*ed. - leg.*), Partizellierung (*f.*), Parzellierung (*f.*).
particellare (*ed. - leg.*), parzellar. 2 catasto ~ (*leg. - ed.*), Parzellenkataster (*n.*). 3 mappa ~ (*top. - ed.*), Parzellenkarte (*f.*).
particolare (pezzo, di una macch. p. es.) (*s. - mecc.*), Teil (*m.*), Stück (*n.*), Stückteil (*m.*). 2 ~ (speciale) (*a. - gen.*), besonder, besondrig. 3 ~ (pezzo sciolto, pezzo staccato, parte staccata) (*s. - mecc.*), Einzelteil (*m.*). 4 ~ (di un disegno) (*s. - dis.*), Detail (*n.*). 5 ~ (da assemblare) (*mecc.*), Fügeteil (*n.*). 6 ~ (dettaglio, di una figura) (*gen.*), Ausschnitt (*m.*). 7 **particolari** (dati, caratteristiche) (*gen.*), Angaben (*f. pl.*). 8 ~ (*mecc. - ecc.*), vedi anche pezzo. 9 **particolari** (elementi) (*gen.*), Einzelheiten (*f. pl.*). 10 ~ acquistato (particolare non di propria produzione, apparecchio di una macch. p. es. acquistato dal fabbricante della macch.) (*ind.*), Kaufteil (*m.*). 11 **particolari acquistati all'esterno** (particolari dall'esterno, particolari di fornitura esterna) (*ind.*), Auswärtsteile (*m. pl.*). 12 **particolari costruttivi** (*mecc. - ecc.*), Konstruktionseinzelheiten (*f. pl.*), Konstruktionsdetails (*n. pl.*). 13 **particolari dall'esterno** (particolari acquistati all'esterno, particolari di fornitura esterna) (*ind.*), Auswärtsteile (*m. pl.*). 14 ~ estruso (estruso, pezzo estruso) (*tecnol. mecc.*), Fliesspressteil (*m.*). 15 ~ greggio (greggio) (*ind.*), Rohteil (*m.*), Rohling (*m.*). 16 **particolari mancanti** (da una consegna di parti di ricambio p. es.) (*amm. - ind.*), Fehlmengen (*f. pl.*). 17 ~ normalizzato (pezzo unificato, normale [*s.*]) (*mecc.*), Normteil (*m.*). 18 ~ soggetto ad usura (*macch.*), Verschleissteil (*m.*). 19 ~ stampato (pezzo stampato, di acciaio) (*fucin.*), Gesenkschmiedestück (*n.*). 20 ~ stampato a iniezione (di mat. plast.) (*tecnol.*), Spritzgiessteil (*m.*). 21 ~ tecnico (*mecc. - ecc.*), technische Einzelheit. 22 disegno di ~ (*dis.*), Einzelzeichnung (*f.*). Stückzeichnung (*f.*). 23 ulteriori **particolari** (*gen.*), weitere Angaben (*f. pl.*).
particolarista (disegnatore di particolari) (*dis.*), Detailzeichner (*m.*), Zeichner für Einzelzeichnungen.
particolarità (caratteristica) (*gen.*), Eigenart (*f.*). 2 ~ (peculiarità, caratteristica speciale) (*gen.*), Besonderheit (*f.*), Eigenheit (*f.*). 3 ~ costruttiva (*macch. - ecc.*), konstruktive Besonderheit.
partire (*gen.*), abfahren. 2 ~ (avviarsi, di mot. p. es.) (*mot. - ecc.*), starten, anlassen. 3 ~ (una nave p. es.) (*navig.*), auslaufen, abfahren.
partita (lotto) (*gen.*), Partie (*f.*), Menge (*f.*), Los (*n.*). 2 ~ (di merci) (*ind.*), Anteil (*m.*), Warenmenge (*f.*). 3 ~ (lotto, di lamiere, barre, ecc.) (*metall.*), Satz (*m.*). 4 ~ (quantitativo fornito, di particolari) (*ind.*), Liefermenge (*f.*). 5 ~ doppia (*contabilità*), doppelte Buchführung (*f.*). 6 ~ semplice (*contabilità*), einfache Buchführung (*f.*).
partitore (di tensione p. es.) (*elett.*), Teiler (*m.*).
parziale (*gen.*), partiell, partial, teilweise. 2 ~ (locale, tempra p. es.) (*tratt. term. - ecc.*), örtlich.

parzializzare (l'aria, di un forno p. es.) (*metall. - ecc.*), drosseln.
parzializzatore (del radiatore) (*aut.*), Abdeckung (*f.*), Jalousie (*f.*). 2 ~ del radiatore (tendina del radiatore) (*mot. - aut.*), Kühlerabdeckung (*f.*), Kühlerjalousie (*f.*).
parzializzazione (di una corrente) (*idr. - ecc.*), Drosselung (*f.*).
PAS (*farm. - med.*), PAS, Para-Aminosalizylsäure (*f.*).
pascal (Pa, unità SI di pressione, 1 Pa = 1 N/m²; 1 bar = 10^5 Pa) (*mis.*), Pascal (*n.*), Pa.
pascolo (*agric.*), Weide (*f.*), Viehweide (*f.*).
passa-alto (filtro) (*radio*), Hochpass (*m.*), HP, Hochpassfilter (*m.*).
passabanda (filtro passabanda) (*fis.*), Bandpass (*m.*), Bandpassfilter (*m.*).
passabasso (filtro passabasso) (*radio*), Tiefpass (*m.*), TP, Tiefpassfilter (*m.*).
«**passabile**» (accettabile, da parte del collaudo o controllo) (*mecc. - ecc.*), abnahmefähig.
passacavo (bocca di rancio) (*nav.*), Lippklampe (*f.*). 2 ~ (*elett. - ecc.*), Kabeldurchgang (*m.*). 3 anello ~ (per funi) (*funi*), Auge (*n.*).
passafuori (elemento sporgente dell'ossatura del tetto) (*ed.*), Sparrenkopf (*m.*).
passaggio (*gen.*), Durchgang (*m.*). 2 ~ (flusso) (*gen.*), Durchfluss (*m.*). 3 ~ (passata) (*lamin.*), Durchgang (*m.*), Stich (*m.*). 4 ~ (di corrente p. es.) (*elett. - ecc.*), Durchströmung (*f.*), Durchlass (*m.*). 5 ~ a livello (*trasp. - strada*), Niveaukreuzung (*f.*), Niveauübergang (*m.*), Planübergang (*m.*), plangleiche Kreuzung, ebenerdige Kreuzung. 6 ~ a livello protetto (con barriera o semibarriere e luci di segnalazione) (*ferr.*), technisch gesicherte Niveaukreuzung. 7 ~ a marcia inferiore (cambio calante) (*aut.*), Abwärtsschalten (*n.*), «Runterschalten» (*n.*). 8 ~ a marcia superiore (*aut.*), Raufschalten (*n.*). 9 ~ calibrato (calibro, di un laminatoio) (*lamin.*), Walzkaliber (*m.*), Walzstich (*m.*). 10 ~ centrale (corridoio centrale, fra macchine p. es.) (*gen.*), Mittelgang (*m.*). 11 ~ delle chiuse (*nav.*), Durchschleusung (*f.*). 12 ~ di corrente (*elett.*), Stromdurchgang (*m.*), Stromdurchfluss (*m.*). 13 ~ di finitura a freddo (al laminatoio, di lamiera o nastri) (*lamin.*), Polierstich (*m.*). 14 ~ di servizio (*gen.*), Bedienungsgang (*m.*). 15 ~ intercomunicante (tra vetture) (*ferr.*), Wagenübergang (*m.*). 16 ~ laterale (*gen.*), Nebengang (*m.*). 17 ~ pedonale (*traff. strad.*), Fussgängerübergang (*m.*). 18 ~ pedonale zebrato (*traff. strad.*), Zebra-Fussgängerübergang (*m.*), Zebra-Fussgängerstreifen (*m.*), Zebrastreifen (*m.*), Zebra-Fussgängerüberweg (*m.*). 19 ~ per lo zero (d'una tensione alternata p. es.) (*elett. - ecc.*), Nulldurchgang (*m.*). 20 ~ pompieri (*ed.*), Feuergasse (*f.*). 21 ~ ruota (passaruota, di una carrozzeria) (*aut.*), Radführung (*f.*), Radkasten (*m.*). 22 ~ (zebrato) per pedoni (*traff. strad.*), Zebra-Fussgängerübergang (*m.*), Zebra-Fussgängerstreifen (*m.*), Zebrastreifen (*m.*), Zebra-Fussgängerüberweg (*m.*). 23 cunicolo di ~ (sottopasso, per il passaggio dell'acqua sotto una strada p. es.) (*ed. - ing. civ.*), Durchlass (*m.*), Dole (*f.*). 24 senso di ~ (d'una corrente)

passamanerie (tess.), Posamenten (n. pl.), Passamenten (n. pl.).

passante (un foro p. es.) (a. - mecc.), durchgehend. 2 ~ (pedone) (s. - traff. strad.), Passant (m.), Strassenpassant (m.). 3 ~ (materiale che attraversa il vaglio) (s. - ind.), Siebdurchlauf (m.). 4 ~ (isolatore passante) (s. - elett.), Durchgangsisolator (m.). 5 ~ (provino che ha superato la prova, p. es. di fatica) (s. - sc. costr.), Durchläufer (m.). 6 linea ~ (verso l'alto e verso il basso) (elett.), durchführende Leitung.

passaporto (leg.), Reisepass (m.), Pass (m.). 2 ~ collettivo (leg.), Sammelpass (m.).

passare (trascorrere, di tempo) (gen.), verlaufen, verstreichen, vergehen. 2 ~ (infilare, un cavo attraverso un bozzello) (nav.), einscheren. 3 ~ (far passare, a pressione) (gen.), durchdrücken. 4 ~ ad una marcia superiore (aut.), hinaufschalten, aufwärtsschalten, hinaufübersetzen. 5 ~ al vapore (tess.), dämpfen. 6 ~ a nuovo (riportare in testa a nuova fattura) (amm.), vortragen (auf neue Rechnung). 7 ~ attraverso (gen.), durchgehen. 8 ~ attraverso (di corrente p. es.) (elett. - ecc.), durchströmen. 9 ~ con il secondo maschio (filettare col maschio intermedio) (mecc.), nachbohren. 10 ~ le chiuse (nav.), durchschleusen. 11 far ~ (passare, a pressione) (gen.), durchdrücken. 12 far ~ (una legge p. es.) (leg.), durchbringen. 13 lasciar ~ (gen.), durchlassen.

passaruota (passaggio ruota, di una carrozzeria) (aut.), Radkasten (m.), Radführung (f.). 2 luce del ~ (carrozz. aut.), Radfreiheit (f.).

passata (nella trafilatura dei fili o lavorazione alla macchina) (tecnol. mecc. - lav. macch. ut.), Zug (m.). 2 ~ (un passaggio del materiale fra i cilindri) (lamin.), Stich (m.), Gang (m.), Durchgang (m.). 3 ~ (nella saldatura, materiale depositato in una passata) (tecnol. mecc.), Lage (f.). 4 ~ a lungo (corsa o movimento longitudinale) (lav. macch. ut.), Längszug (m.). 5 ~ cieca (nella laminazione) (lamin.), Blindstich (m.). 6 ~ di allungamento (lamin.), Streckstich (m.). 7 ~ di finitura (lav. macch. ut.), Schlichtzug (m.), Schlichtdurchgang (m.). 8 ~ di finitura (nella trafilatura dei fili) (tecnol. mecc.), Feinzug (m.), Fertigzug (m.). 9 ~ di finitura (passata finale) (lamin.), Schlichtstich (m.), Schlussübergang (m.). 10 ~ di fondo (nella saldatura) (tecnol. mecc.), Wurzellage (f.), Wurzelgang (m.). 11 ~ di ritorno (lamin.), Rückgang (m.). 12 ~ di saldatura (tecnol. mecc.), Schweissgang (m.). 13 ~ finale (nella trafilatura dei fili, passata di finitura) (tecnol. mecc.), Fertigzug (m.), Feinzug (m.). 14 ~ finale (passata di finitura) (lamin.), Schlichtstich (m.), Schlussübergang (m.). 15 ~ finale (nella saldatura) (tecnol. mecc.), Decklage (f.). 16 ~ iniziale (nella trafilatura) (tecnol. mecc.), Grobzug (m.). 17 ~ sugli spigoli (lamin.), Stauchstich (m.). 18 ~ trasversale (nella verniciatura) (vn.), Kreuzgang (m.). 19 comando automatico della profondità di ~ (nella rettifica) (lav. macch. ut.), Zustellautomatik (f.). 20 eseguire la prima ~ di sgrosso (lav. macch. ut.), überschruppen. 21 filiera per l'ultima ~ (nella trafilatura di fili) (ut.), Feinzug (m.), Matrize (f.). 22 larghezza della ~ (larghezza di taglio) (lav. macch. ut.), Schnittbreite (f.). 23 numero delle passate (nella saldatura) (tecnol. mecc.), Lagezahl (f.). 24 prima ~ (lamin.), Anstich (m.). 25 profondità di ~ (spessore del truciolo) (lav. macch. ut.), Schnitthöhe (f.), Schnittiefe (f.). 26 saldatura a più passate (tecnol. mecc.), Mehrlagenschweissung (f.). 27 tabella (della sequenza) delle passate (lamin.), Stichtabelle (f.). 28 tornitura di ~ (tornitura cilindrica, cilindratura) (lav. macch. ut.), Langdrehen (n.). 29 ultima ~ di trafilatura (tecnol. mecc.), Feinzug (m.), Fertigzug (m.).

passeggero (trasp.), Fahrgast (m.), Passagier (m.). 2 ~ anteriore (di un'autovettura) (aut.), Beifahrer (m.). 3 ~ -chilometro (trasp.), Personenkilometer (m.). 4 ~ clandestino (clandestino) (nav.), blinder Passagier. 5 ~ posteriore (di un'autovettura) (aut.), Fondinsasser (m.). 6 servizio passeggeri (trasp.), Passagierdienst (m.).

passerella (ponte destinato al passaggio pedonale) (ed.), Fussgängerbrücke (f.). 2 ~ (per costruzioni edili) (ed.), Laufbrücke (f.). 3 ~ (ponte provvisorio) (costr. di ponti - ecc.), Hilfsbrücke (f.). 4 ~ (tra nave e banchina) (nav.), Gangway (m.), Stelling (f.). 5 ~ (di petroliera) (nav.), Tankerbrücke (f.). 6 ~ d'imbarco (su velivolo) (aer.), Flugsteige (f.). 7 ~ di sbarco (nav.), Anlandebrücke (f.), Landesteg (m.), Anlegebrücke (f.). 8 ~ volante (nav.), fliegende Fähre.

passimetro (comparimetro per interni, strumento di precisione) (att. mecc.), Passimeter (n.).

passivare (elettrochim. - tecnol. mecc.), passivieren.

passivato (elettrochim. - tecnol. mecc.), passiviert.

passivazione (realizzazione di uno strato protettivo contro la corrosione elettrochimica su metalli non pregiati) (elettrochim. - tecnol. mecc.), Passivierung (f.). 2 tempo di ~ (ind. chim.), Topfzeit (f.).

passività (elettrochim.), Passivität (f.).

passivo (a. - gen.), passiv. 2 ~ (a. - contabilità - finanz.), passiv. 3 ~ (s. - amm.), Passiva (n. pl.), Passiven (pl.). 4 bilancio ~ (finanz.), Verlustbilanz (f.). 5 eccedenza passiva (finanz.), Verlustsaldo (m.). 6 tempo ~ (tempo d'inattività; suddiviso in tempo occupato per lavoro di manutenzione, ecc., e per esigenze personali) (studio lav.), Ruhezeit (f.).

passo (dell'uomo e corrispondente distanza) (gen.), Schritt (m.). 2 ~ (andatura) (gen.), Tritt (m.). 3 ~ (interasse ruote) (veic. - aut.), Achsabstand (m.), Achsstand (m.), Radstand (m.). 4 ~ (di un'elica) (aer. - nav.), Steigung (f.). 5 ~ (effettivo, passo dell'elica, di una filettatura) (mecc.), Steigung (f.), Gewindesteigung (f.). 6 ~ (dei denti di una ruota dentata) (mecc.), Teilung (f.). 7 ~ (passo sul cerchio primitivo, di una

passo

ruota dentata) (*mecc.*), Kreisteilung (*f.*), Teilkreisteilung (*f.*), Zahnkreisteilung (*f.*). **8** ~ (di una molla elicoidale) (*mecc.*), Steigung (*f.*). **9** ~ (d'un avvolgimento) (*elett.*), Schritt (*m.*). **10** ~ (dei chiodi di una chiodatura p. es.) (*mecc.*), Abstand (*m.*), Teilung (*f.*). **11** ~ (bocca di ordito, angolo formato dalle due direzioni del filo di ordito) (*ind. tess.*), Fach (*n.*), Sprung (*m.*). **12** ~ (*geogr.*), Pass (*m.*). **13** ~ **apparente** (distanza assiale tra due filetti adiacenti di una filettatura a più principi) (*mecc.*), Teilung (*f.*). **14** ~ **apparente** (di una ruota dentata, passo sul cerchio primitivo) (*mecc.*), Zahnkreisteilung (*f.*), Kreisteilung (*f.*), Teilkreisteilung (*f.*). **15** ~ **assiale** (*mecc.*), Achsteilung (*f.*). **16** ~ **assiale** (di ruote elicoidali) (*mecc.*), Achsteilung (*f.*). **17** ~ **assiale** (di una fresa a vite) (*ut.*), Axialsteigung (*f.*). **18** ~ **circonferenziale** (di una ruota dentata) (*mecc.*), Kreisteilung (*f.*). **19** ~ **d'arresto** (nei selettori) (*telef.*), Rasteschritt (*m.*). **20** ~ **d'avvolgimento** (*elett.*), Wicklungsschritt (*m.*). **21** ~ **degli intagli** (divisione degli intagli, di una fresa a vite p. es.) (*ut.*), Spannutenteilung (*f.*). **22** ~ **dei chiodi** (di una chiodatura) (*tecnol. mecc.*), Nietabstand (*m.*), Nietteilung (*f.*). **23** ~ **dei denti** (di una ruota dentata) (*mecc.*), Zahnteilung (*f.*). **24** ~ **della bobina** (*macch. elett.*), Spulenweite (*f.*). **25** ~ **della pala** (di un'elica p. es.) (*aer. - nav.*), Blattsteigung (*f.*). **26** ~ **della palettatura** (di una turbina) (*mot.*), Schaufelteilung (*f.*). **27** ~ **della perforazione** (*cinem.*), Lochschritt (*m.*), Lochabstand (*m.*). **28** ~ **della rugosità** (di una superficie tecnica) (*mecc.*), Rillenabstand (*m.*). **29** ~ **della vite** (passo effettivo) (*mecc.*), Schraubensteigung (*f.*). **30** ~ **della vite senza fine** (*mecc.*), Schneckensteigung (*f.*). **31** ~ **delle cave** (*elett.*), Nutenschritt (*m.*). **32** ~ **dell'elica** (marina od aerea) (*aer. - nav.*), Propellersteigung (*f.*), Schraubensteigung (*f.*). **33** ~ **dell'elica** (passo effettivo, di una filettatura) (*mecc.*), Steigung (*f.*), Gewindesteigung (*f.*). **34** ~ **dell'elica** (di un creatore p. es.) (*ut. mecc.*), Steigung (*f.*). **35** ~ **dell'elica degli intagli** (di una fresa a vite p. es.) (*ut. mecc.*), Spannutensteigung (*f.*). **36** ~ **dell'ondulazione** (di una superficie tecnica) (*mecc.*), Wellenabstand (*m.*). **37** ~ **diagonale** (di chiodatura) (*mecc.*). Schrägteilung (*f.*), **38** ~ **di avvolgimento** (*elett.*), Wickelschritt (*m.*). **39** ~ **di cordatura** (di un cavo) (*elett.*), Schlaglänge (*f.*). **40** ~ **di marcaggio** (*telef.*), Markierschritt (*m.*). **41** ~ **d'ingranamento** (di un creatore o di una ruota dentata) (*mecc. - ut.*), Eingriffsteilung (*f.*). **42** ~ **di pupinizzazione** (*telef.*), Spulenabstand (*m.*). **43** ~ **d'uomo** (di caldaia) (*cald.*), Domloch (*n.*). **44** ~ **d'uomo** (apertura d'ispezione e per riparazioni p. es.) (*cald. - ecc.*), Mannloch (*n.*). **45** ~ **fisso** (di un'elica p. es.) (*aer. - nav.*), feste Steigung. **46** ~ **frontale** (di un creatore p. es.) (*ut. - mecc.*), Stirnteilung (*f.*). **47** ~ **grosso** (di una filettatura) (*mecc.*), hohe Steigung. **48** ~ **longitudinale** (di una chiodatura) (*mecc.*), Längsteilung (*f.*). **49** ~ **normale** (*mecc.*), Normalteilung (*f.*). **50** ~ **passo** (gradualmente) (*gen.*), schrittweise. **51** ~ **-passo** (a passo, motore p. es.) (*elett. - ecc.*), Schritt... **52** ~ **per alzata ed abbassata** (*filatura*), Hoch- und Tieffach (*n.*). **53** ~ **per semplice abbassata** (*filatura*), Tieffach (*n.*). **54** ~ **per semplice alzata** (*filatura*), Hochfach (*n.*). **55** ~ **polare** (*macch. elett.*), Polteilung (*f.*). **56** ~ **(reale) della filettatura** (passo effettivo) (*mecc.*), Gewindesteigung (*f.*). **57** ~ **rigido** (distanza fra i centri degli assi estremi di un carrello) (*ferr.*), fester Achsstand, starrer Achsstand. **58** ~ **sul cerchio primitivo** (di una ruota dentata, passo apparente) (*mecc.*), Teilkreisteilung (*f.*). **59** ~ **trasversale** (di una chiodatura) (*mecc.*), Querteilung (*f.*). **60 andare fuori** ~ (*elett.*), ausser Tritt fallen. **61 angolo di** ~ (d'un motore a passi) (*com. numer. - ecc.*), Schrittwinkel (*m.*). **62 a** ~ (passo-passo, mot. p. es.) (*elett. - ecc.*), Schritt... **63 a** ~ **grosso** (filetto) (*mecc.*), steilgängig. **64 azionamento** ~ **-passo** (azionamento a passo) (*elett.*), Schrittschaltung (*f.*), Fortschaltung (*f.*). **65 commutatore a** ~ (app. elettronico per collegare ad intermittenza un canale d'ingresso ad un numero prestabilito di canali d'uscita) (*app.*), Schrittschaltwerk (*n.*). **66 coperchio per** ~ **d'uomo** (di una caldaia) (*cald.*), Domdeckel (*m.*). **67 errore di** ~ **cumulativo** (su un certo settore di una ruota dentata) (*mecc.*), Summenteilungsfehler (*m.*). **68 errore di** ~ **cumulativo** (di una vite motrice) (*mecc.*), Summensteigungsfehler (*m.*). **69 frequenza dei passi** (d'un motore a passi) (*elett.*), Schrittfrequenz (*f.*). **70 macchina a alto** (*macch. tess.*), Hochfachmaschine (*f.*). **71 mettersi al** ~ (entrare in sincronismo, di mot. sincroni p. es.) (*elett.*), intrittfallen. **72 perdere il** ~ (uscire di sincronismo) (*elett. - ecc.*), aussertrittfallen. **73 perdita di** ~ (uscita di sincronismo) (*elett. - ecc.*), Aussertrittfallen (*n.*). **74 regolatore a** ~ (*app.*), Schrittregler (*m.*). **75 uscire di** ~ (uscire di sincronismo) (*elett.*), aus dem Schritt fallen.

pasta (*gen.*), Paste (*f.*). **2** ~ (per la fabbricazione della carta) (*mft. carta*), Papierzeug (*n.*), Zeug (*n.*), Stoff (*m.*). **3** ~ (alimentare) (*ind.*), Teigware (*f.*), Pasta (*f.*), Paste (*f.*). **4** ~ **abrasiva** (spoltiglio) (*mecc.*), Schleifpaste (*f.*). **5** ~ **(abrasiva) per lappare** (*mecc.*), Läpp-Paste (*f.*), Läppmittel (*n.*). **6** ~ **alimentare** (*ind.*), Teigware (*f.*), Paste (*f.*), Pasta (*f.*). **7** ~ **all'uovo** (pasta alimentare) (*ind.*), Eierteigware (*f.*). **8** ~ **attiva** (di un accumulatore) (*elett.*), aktive Masse. **9** ~ **(colorata) per controlli** (per rilevare impronte di contatto, per il controllo della planarità, p. es. di una superficie tecnica) (*mecc.*), Tuschierpaste (*f.*). **10** ~ **di cartaccia** (*ind. carta*), Altpapierstoff (*m.*). **11** ~ **di cemento** (miscela di cemento ed acqua) (*ed.*). Zementleim (*m.*). **12** ~ **di legno** (*mft. carta*), Ganzstoff (*m.*), Ganzzeug (*n.*), Stoff (*m.*), Zeug (*n.*), Papiermasse (*f.*). **13** ~ **di legno meccanica** (*mft. carta*), Holzschliff (*m.*), Holzstoff (*m.*). **14** ~ **di paglia** (*ind. carta*), Strohstoff (*m.*), Strohzellstoff (*m.*). **15** ~ **di stracci** (*mft. carta*), Lumpenstoff (*m.*), Hadernstoff (*m.*). **16** ~ **meccanica** (di legno) (*ind. carta*), Holzschliff (*m.*), Holzstoff (*m.*). **17** ~ **meccanica bruna** (pasta di legno) (*ind. carta*), Braunschliff (*m.*), Braunstoff (*m.*). **18** ~ **per**

brasare (*tecnol. mecc.*), Lötpaste (*f.*). **19 ~ per depilazione** (al solfuro di sodio) (*mft. cuoio*), Schwödebrei (*m.*). **20 ~ per lappare** (*mecc.*), Läppmittel (*n.*), Läpp-Paste (*f.*). **21 ~ per (lutare) giunti** (*metall. - forno*), Ausfugmasse (*f.*). **22 ~ per rulli** (di macch. per stampa p. es.) (*tip.*), Walzenmasse (*f.*). **23 ~ per saldare** (pasta per brasare) (*tecnol. mecc.*), Lötpaste (*f.*). **24 ~ saldante** (*tecnol. mecc.*), Schweisspaste (*f.*). **25 mezza ~** (pesto) (*mft. carta*), Halbstoff (*m.*), Halbzeug (*n.*).
pastalegno (*mft. carta*), *vedi* pasta di legno.
pastello (guado, specie di indaco naturale) (*ind. chim.*), Indigosodasulfat (*n.*). **2 ~** (colore impastato, per dipingere a pastello) (*colore*), Pastellfarbe (*f.*). **3 ~** (dipinto a pastelli) (*colore - arte*), Pastell (*n.*). **4 ~** (di tonalità chiara, tendente quasi al bianco) (*a. - colore*), Pastell... **5 tonalità ~** (*colore*), Pastellton (*m.*). **6 verde ~** (verde chiaro) (*colore*), Pastellgrün (*n.*).
pastiglia (compressa) (*farm.*), Pastille (*f.*), Täfelchen (*n.*), Plätzchen (*n.*), Tablette (*f.*). **2 ~** (elemento semiconduttore, d'un tiristore p. es.) (*elettronica*), Pastille (*f.*), Tablette (*f.*). **3 ~** (pattino, d'un freno a disco) (*aut.*), Belag (*m.*), Bremsbelag (*m.*). **4 ~** (nell'estrusione di mat. plast.) (*tecnol. mecc.*), Tablette (*f.*). **5 ~** (biscotto, residuo di colata) (*fond.*), Tablette (*f.*). **6 ~ di massa attiva** (di accumulatore) (*elett.*), Massefeld (*n.*). **7 ~ di silicio** (d'un tiristore) (*elettronica*), Siliziumtablette (*f.*), Siliziumscheibe (*f.*). **8 raddrizzatore a ~** (*elettronica*), Tablettengleichrichter (*m.*).
pastigliare (impastare, di lastre per accumulatori) (*elett.*), pasten, pastieren.
pastigliatrice (*macch. - ind. chim.*), Tablettenmaschine (*f.*), Tablettenpresse (*f.*). **2 ~** (pressa per preformare materie plastiche) (*macch.*), Tablettenpresse (*f.*).
pastorizzare (*ind. chim.*), pasteurisieren.
pastoso (stucco p. es.) (*gen.*), teigartig, teigig.
patentamento (riscaldamento seguito da raffreddamento in bagno di piombo, di sale o in aria) (*tratt. term.*), Patentieren (*n.*). **2 ~ ad immersione** (in bagno di piombo o di sale) (*tratt. term.*), Tauchpatentieren (*n.*). **3 ~ a resistenza** (patentamento con riscaldamento a resistenza) (*tratt. term.*), Widerstandspatentieren (*n.*). **4 ~ continuo** (*tratt. term.*), Durchlaufpatentieren (*n.*). **5 ~ in aria** (*tratt. term.*), Luftpatentieren (*n.*). **6 ~ in bagno** (patentamento ad immersione in bagno di piombo o di sale) (*tratt. term.*), Tauchpatentieren (*n.*), Badpatentieren (*n.*). **7 ~ in piombo** (*tratt. term.*), Bleipatentieren (*n.*).
patentare (fili d'acciaio p. es.) (*tratt. term.*), patentieren. **2 ~ in aria** (*tratt. term.*), luftpatentieren. **3 ~ in piombo** (*tratt. term.*), bleipatentieren.
patentato (*tratt. term.*), patentiert. **2 ~ in aria** (*tratt. term.*), luftpatentiert.
patente (*gen.*), Schein (*m.*). **2 ~ di guida** (*aut.*), Führerschein (*m.*). **3 ritiro della ~** (*aut.*), Entziehung des Führerscheins.
paterazzo (*nav.*), Backstag (*m.*).

paternalismo (*ind.*), paternalistische Betriebsführung.
paternalistico (*gen.*), paternalistisch.
paternoster (ascensore a paternoster) (*ed.*), Umlaufaufzug (*m.*), Paternoster (*m.*).
patina (*metall.*), Patina (*f.*), Edelrost (*m.*). **2 ~** (miscela per patinatura) (*ind. carta*), Streichmasse (*f.*). **3 ~ scivolosa** (velo sdrucciolevole) (*traff. strad.*), Schmierfilm (*m.*).
patinare (la carta) (*ind. carta*), streichen, beschichten. **2 ~ ad estrusione** (*mft. carta*), extrusionbeschichten.
patinato (*ind. carta*), beschichtet, gestrichen. **2 ~ su un solo lato** (monopatinato) (*ind. carta*), einseitig gestrichen, einseitig beschichtet.
patinatrice (*macch. ind. carta*), Streichmaschine (*f.*), Beschichtungsmaschine (*f.*). **2 ~ a lama d'aria** (*macch. mft. carta*), Luftbürsten-Streichmaschine (*f.*), Luftmesser-Streichmaschine (*f.*). **3 ~ a racla** (*macch. ind. carta*), Schaberstreichmaschine (*f.*).
patinatura (della carta) (*ind. carta*), Streichen (*n.*), Beschichten (*n.*). **2 ~ a lama d'aria** (*mft. carta*), Luftbürstenbeschichtung (*f.*), Luftmesserbeschichtung (*f.*). **3 ~ a rulli** (della carta) (*ind. carta*), Walzenauftrag (*m.*), Walzenbeschichtung (*f.*). **4 ~ a spazzola** (*ind. carta*), Bürstenbeschichtung (*f.*). **5 ~ per colata** (*ind. carta*), Giessbeschichtung (*f.*). **6 ~ per immersione** (*ind. carta*), Tauchbeschichtung (*f.*).
patio (cortile) (*ed. - arch.*), Innenhof (*m.*).
patologico (*med.*), patologisch.
patrimonio (*finanz.*), Vermögen (*n.*). **2 bilancio del ~** (*amm.*), Vermögensbilanz (*f.*). **3 imposta sul ~** (*finanz.*), Vermögensabgabe (*f.*).
patrocinio (*gen.*), Schutz (*m.*). **2 gratuito ~** (*leg.*), Armenrecht (*n.*).
patrona (vite conduttrice, vite madre, di un tornio) (*macch. ut.*), Leitspindel (*f.*).
patta (orecchio, di un'àncora) (*nav.*), Hand (*f.*), Haken (*m.*). **2 ~** (pattella, lembo pieghevole di una scatola di cartone) (*imball.*), Lasche (*f.*). **3 ~** (pattina, ferro piatto con punta per fissare telai di finestre p. es. al muro) (*ed.*), Bankeisen (*n.*).
pattella (patta, lembo pieghevole, di una scatola di cartone) (*imball.*), Lasche (*f.*).
pattina (patta, ferro piatto con punta per fissare telai di finestre p. es. al muro) (*ed.*), Bankeisen (*n.*).
pattinaggio (su ghiaccio) (*sport*), Eislaufen (*n.*). **2 ~** (a rotelle) (*sport*), Rollschuhlaufen (*n.*). **3 pista per ~** (*sport*), Schlittschuhbahn (*f.*), Eisbahn (*f.*).
pattinamento (slittamento, delle ruote di autoveicoli; rotazione rapida per mancanza di aderenza) (*veic.*), Durchgehen (*n.*), Durchdrehen (*n.*).
pattinare (su ghiaccio) (*sport*), eislaufen. **2 ~** (a rotelle) (*sport*), rollschuhlaufen. **3 ~** (slittare, di frizione o ruota) (*aut.*), schleifen, durchgehen. **4 far ~ la frizione** (far slittare la frizione) (*aut.*), die Kupplung schleifen lassen.
pattino (elemento strisciante) (*mecc.*), Gleitbacke (*f.*), Gleitblock (*m.*), Gleitschuh (*m.*). **2 ~** (*elett.*), Schleifschuh (*m.*). **3 ~** (segmento,

pattinsonaggio

d'un cuscinetto di spinta) (*mecc.*), Klotz (*m.*). **4** ~ (pastiglia, d'un freno a disco) (*aut.*), Belag (*m.*), Bremsbelag (*m.*). **5** ~ (per pattinare su ghiaccio) (*att. sport*), Schlittschuh (*m.*). **6** ~ (a rotelle) (*att. sport*), Rollschuh (*m.*). **7** ~ **di coda** (di un velivolo) (*aer.*), Sporn (*m.*), Schwanzstachel (*m.*), Schwanzsporn (*m.*). **8** ~ **di guida** (della gabbia di estrazione p. es.) (*min. - ecc.*), Führungsschuh (*m.*). **9** ~ **di presa** (contatto a pattino) (*ferr. elett.*), Kontaktschlitten (*m.*), Abnehmerschlitten (*m.*). **10** ~ **per pattinaggio artistico** (*sport*), Kunstlaufschlittschuh (*m.*).

pattinsonaggio (processo di estrazione dell'argento) (*metall.*), Pattinsonieren (*n.*).

patto (alleanza) (*milit.*), Bund (*m.*). **2** ~ (*leg.*), Vertrag (*m.*), Vereinbarung (*f.*). **3** ~ **accessorio** (*leg.*), Nebenvertrag (*m.*), Nebenvereinbarung (*f.*). **4** ~ **successorio** (*leg.*), Erbvertrag (*m.*).

pausa (intervallo) (*lav. - pers.*), Ruhepause (*f.*), Arbeitsunterbrechung (*f.*). **2** ~ **di riposo** (*lav.*), Erholungspause (*f.*).

pavesare (una nave) (*nav.*), flaggen, ausflaggen.

pavese, gran ~ (*nav.*), Flaggengala (*f.*).

pavimentare (una strada) (*costr. strad.*), eindecken. **2** ~ **a macadam** (macadamizzare) (*costr. strad.*), makadamisieren. **3** ~ **a palchetti** (palchettare, parchettare) (*ed.*), parkettieren. **4** ~ **con pietre** (lastricare, selciare) (*costr. strad.*), pflastern, pflästern.

pavimentatrice (stradale) (*macch. costr. strad.*), Einbaumaschine (*f.*), Deckeneinbaumaschine (*f.*), Fertiger (*m.*), Strassenfertiger (*m.*). **2** ~ **cingolata** (*macch. costr. strad.*), Gleiskettenfertiger (*m.*). **3** ~ **per asfalto** (*macch. costr. strad.*), Schwarzdeckenfertiger (*m.*), Schwarzbelageinbaumaschine (*f.*). **4** ~ **per strade in calcestruzzo** (*macch. costr. strad.*), Strassenbetoniermaschine (*f.*). **5** ~ **stradale** (*macch. costr. strad.*), Strassenfertiger (*m.*), Deckeneinbaumaschine (*f.*). **6** ~ **stradale per calcestruzzo** (*macch. costr. strad.*), Strassenbetoniermaschine (*f.*), Betonverteilerwagen (*m.*).

pavimentazione (manto stradale) (*costr. strad.*), Decke (*f.*). **2** ~ (operazione) (*costr. strad.*), Befestigung (*f.*), Strassenbefestigung (*f.*), Deckenbau (*m.*). **3** ~ **a blocchetti di legno** (*costr. strad.*), Holzpflaster (*n.*), Holzpflästerung (*f.*). **4** ~ **a blocchetti di pietra** (da 10×10×12 cm p. es.) (*costr. strad.*), Kleinpflaster (*m.*). **5** ~ **a compressione** (in bitume o catrame) (*costr. strad.*), Kompressionsdecke (*f.*). **6** ~ **a macadam con legante all'acqua** (*costr. strad.*), Chaussierung (*f.*), Makadamisierung (*f.*). **7** ~ **a mattoni** (*costr. strad.*), Ziegelsteinpflaster (*n.*). **8** ~ **antisdrucciolevole** (*costr. strad.*), Rauhbelag (*m.*). **9** ~ **di bitume** (*costr. strad.*), Bitumendecke (*f.*). **10** ~ **di calcestruzzo** (manto stradale) (*costr. strad.*), Betondecke (*f.*). **11** ~ **di cemento** (*ed.*), Zementglattstrich (*m.*). **12** ~ **di gomma** (*ed.*), Gummibelag (*m.*). **13** ~ **in asfalto** (*costr. strad.*), Schwarzdecke (*f.*). **14** ~ **in blocchetti di legno** (*ed. - strad.*), Holzpflaster (*n.*), Holzpflästerung (*f.*). **15** ~ **in macadam** (macadam) (*costr. strad.*), Makadamdecke (*f.*). **16** ~ **in mattoni** (ammattonato) (*ed.*), Ziegelpflaster (*n.*). **17** ~ **in pietra** (lastricato, selciato) (*costr. strad.*), Pflaster (*n.*), Steinpflaster (*n.*). **18** ~ **sdrucciolevole** (*traff. strad.*), Rutschpflaster (*n.*), Rutschbelag (*m.*). **19** ~ **stradale** (manto stradale) (*costr. strad.*), Strassendecke (*f.*). **20** ~ **stradale in calcestruzzo** (*costr. strad.*), Betonstrassendecke (*f.*).

pavimento (*ed.*), Boden (*m.*), Fussboden (*m.*). **2** ~ (di un'autovettura) (*aut.*), Boden (*m.*). **3** ~ **a botola** (*veic. - trasp.*), Bodenklappe (*f.*). **4** ~ **a mosaico** (*arch.*), Mosaikpflaster (*n.*), Mosaikboden (*m.*). **5** ~ **a palchetti** (pavimento a parchetti, pavimento senza sottofondo, pavimento in legno, « parquet ») (*ed.*), Parkett (*n.*), Stabfussboden (*m.*). **6** ~ **a piastrelle** (*ed.*), Fliesenpflaster (*n.*). **7** ~ **continuo** (*ed.*), fugenloser Fussboden, Estrich (*m.*). **8** ~ **continuo flottante** (per migliorare il comportamento antifonico di solai massicci) (*ed.*), schwimmender Estrich. **9** ~ **della galleria** (*ing. civ.*), Tunnelsohle (*f.*). **10** ~ **di mattoni** (ammattonato) (*ed.*), Ziegelpflaster (*n.*). **11** ~ **di tavole** (*ed.*), Diele (*f.*). **12** ~ **in cemento** (*ed.*), Zementestrich (*m.*), Zementfussboden (*m.*). **13** ~ **in legno** (*ed.*), Holzboden (*m.*), Holzfussboden (*m.*). **14** ~ **in legno** (pavimento senza sottofondo, pavimento a parchetti, pavimento a palchetti, « parquet ») (*ed.*), Parkett (*n.*), Stabfussboden (*m.*). **15** ~ **in pietra** (*ed.*), Steinfussboden (*m.*). **16** ~ **intermedio** (*aut.*), Fondboden (*m.*). **17** ~ **senza sottofondo** (pavimento in legno, pavimento a parchetti, pavimento a palchetti, « parquet ») (*ed.*), Parkett (*n.*), Stabfussboden (*m.*). **18** ~ **interruttore da** ~ (*elett.*), Tretschalter (*m.*). **19 lamiera del** ~ (*aut.*), Bodenblech (*n.*). **20 piano** ~ (*gen.*), Flurebene (*f.*).

paziente (*s. - med.*), Patient (*m.*).

Pb (piombo) (*chim.*), Pb, Blei (*n.*).

PC (policarbonato) (*chim.*), PC, Polycarbonat (*n.*).

PCTFE (policlorotrifluoroetilene, materia plastica) (*ind. chim.*), PCTFE, Polychlortrifluoräthylen (*n.*).

Pd (palladio) (*chim.*), Pd, Palladium (*n.*).

PDM (modulazione di durata degli impulsi) (*radio*), PDM, Pulsedauermodulation (*f.*).

PE (polietilene) (*mat. plast.*), PE, Polyäthylen (*n.*). **2** ~ **a.d.** (polietilene ad alta densità) (*ind. chim.*), Niederdruck-Polyäthylen (*n.*). **3** ~ **b.d.** (polietilene a bassa densità) (*ind. chim.*), Hochdruck-Polyäthylen (*n.*).

Pe (numero di Péclet; rapporto fra quantità di calore trasmessa per convezione e per conduzione) (*term.*), Pe, Péclet-Zahl (*f.*).

PeCe (fibra sintetica a base di cloruro polivinilico) (*mat. plast.*), PeCe.

pece (residuo di distillazione) (*ind. chim.*), Pech (*n.*). **2** ~ **greca** (colofonia) (*chim.*), Kolophonium (*n.*).

pechblenda (blenda picea, uranio piceo, uraninite) (*min.*), Uranpecherz (*n.*), Pechblende (*f.*).

pecora (*ind. tess.*), Schaf (*n.*). **2 rullo costi-**

patore a piè di ~ (*macch. costr. strad.*), Schaffusswalze (*f.*).
peculiarità (particolarità, caratteristica speciale) (*gen.*), Besonderheit (*f.*).
peculato (*leg.*), Veruntreuung im Amte.
pedaggio (*strad.*), Wegegeld (*n.*), Chausseegeld (*n.*), Pflastergeld (*n.*). **2** ~ (pagato per utilizzare autostrade p. es.) (*traff. strad.*), Maut (*f.*) (*austr.*). **3** ~ **per transito su ponti** (*comm.*), Brückenzoll (*m.*), Brückengeld (*n.*). **4 a** ~ (autostrada) (*strada*), gebührenpflichtig. **5 ponte a** ~ (*finanz.*), Zollbrücke (*f.*).
pedalare (*veic. - ecc.*), treten.
pedalata (*bicicletta - ecc.*), Pedaltritt (*m.*).
pedale (*gen.*), Pedal (*n.*), Fusshebel (*m.*). **2** ~ (meccanismo a pedale, di una macch. per cucire p. es.) (*macch.*), Tretgestell (*n.*), Tritt (*m.*), Fussritt (*m.*). **3** ~ (di telaio p. es.) (*macch.*), Trethebel (*m.*), Tritt (*m.*). **4** ~ (curva pedale, podaria) (*mat.*), Fusspunktkurve (*f.*). **5** ~ **a cerniera** (pedale articolato, della frizione p. es.) (*aut.*), Hängepedal (*n.*). **6** ~ **articolato** (pedale a cerniera, della frizione p. es.) (*aut.*), Hängepedal (*n.*). **7** ~ **del freno** (*aut.*), Bremspedal (*n.*). **8** ~ **del gas** (acceleratore) (*aut.*), Gaspedal (*n.*). **9** ~ **dell'acceleratore** (*aut.*), Gaspedal (*n.*), Gasfusshebel (*m.*), Fahrpedal (*n.*). **10** ~ **della frizione** (*aut.*), Kupplungspedal (*n.*). **11** ~ **dentellato** (pedale con orli dentellati, di una bicicletta) (*veic.*), Zackenpedal (*n.*). **12** ~ **di avviamento** (di una motocicletta, avviatore a pedale) (*veic.*), Kickstarter (*m.*). **13** ~ **di comando** (pedale di manovra) (*mecc. - ecc.*), Bedienungstritt (*m.*). **14 automobilina a pedali** (*giocattolo*), Tretauto (*n.*). **15 azionamento a** ~ (*veic. - ecc.*), Tretantrieb (*m.*). **16 circuito di** ~ (*ferr. elett.*), Stromkreis des Schienenstromschliessers. **17 commutatore a** ~ (*elett.*), Trittumschalter (*m.*). **18 contatto a** ~ (*elett.*), Tretkontakt (*m.*). **19 interruttore a** ~ (*elett.*), Fuss schalter (*m.*). **20 mantice a** ~ (soffietto a pedale) (*app.*), Trittgebläse (*n.*), Tretgebläse (*n.*). **21 soffietto a** ~ (mantice a pedale) (*app.*), Trittgebläse (*n.*), Tretgebläse (*n.*). **22 telaio a** ~ (*macch. tess.*), Trittwebstuhl (*m.*).
pedaleria (*veic. - ecc.*), Pedalerie (*f.*).
pedaliera (*aer.*), Steuerpedal (*n.*), Pedalsteuerung (*f.*). **2** ~ **del timone di direzione** (*aer.*), Seitensteuerfusshebel (*m.*), Seitensteuerpedal (*n.*).
pedalina (macchina da stampa a platina) (*macch. per stampa*), Tiegeldruckpresse (*f.*).
pedana (*veic.*), Fussbrett (*n.*), Trittbrett (*n.*). **2** ~ (*sport*), Sprungbrett (*n.*). **3** ~ **di contatto** (interruttore a pedana, per la luce di una cabina telef. p. es.) (*elett. - telef. - ecc.*), Tretkontaktbrett (*n.*). **4** ~ (d'un freno pneumatico) (*veic.*), Trittplatte (*f.*). **5** ~ **elastica** (*sport*), Federbrett (*n.*). **6 valvola di frenatura a** ~ (di un impianto di frenatura ad aria compressa) (*veic.*), Trittplattenbremsventil (*n.*).
pedano (*ut. falegn.*), Lochbeitel (*m.*), Locheisen (*n.*).
pedata (di un gradino, parte orizzontale) (*ed.*), Tritt (*m.*), Auftritt (*m.*), Trittstufe (*f.*).
pedio (in cristallografia) (*min.*), Pedion (*n.*).

pedivella (*mecc.*), Tretkurbel (*f.*). **2** ~ (di bicicletta) (*veic.*), Tretkurbel (*f.*).
pedometro (contapassi) (*strum. - metrolog.*), Pedometer (*n.*).
pedone (*traff. strad.*), Fussgänger (*m.*), Strassenpassant (*m.*), Passant (*m.*).
pegamoide (finta pelle, similpelle, vinilpelle, dermoide) (*ind.*), Ersatzleder (*n.*), Kunstleder (*n.*), Lederimitation (*f.*).
pegmatite (roccia magmatica) (*min.*), Pegmatit (*m.*).
pegno (*leg. - ecc.*), Pfand (*n.*). **2 costituzione di** ~ (*leg.*), Verpfändung (*f.*).
pelabarre (tornio pelabarre, pelatrice) (*macch. ut.*), Schälbank (*f.*), Schälmaschine (*f.*), Wellenschälmaschine (*f.*).
pelabile (vernice pelabile) (*s. - vn.*), Abziehlack (*m.*). **2 rivestimento** ~ (*tecnol.*), abziehbare Beschichtung.
pelare (al tornio, barre p. es.) (*lav. macch. ut.*), schälen.
pelato (al tornio, scortecciato) (*mecc. - metall.*), geschält.
pelatrice (tornio pelabarre) (*macch. ut.*), Schälbank (*f.*), Schälmaschine (*f.*), Wellenschälmaschine (*f.*).
pelatura (al tornio, di barre) (*lav. macch. ut.*), Schälen (*n.*), Wellenschälverfahren (*n.*). **2 resistenza alla** ~ (*tecnol.*), Schälfestigkeit (*f.*).
pellami (*ind. cuoio*), Häute (*f. pl.*).
pelle (*gen.*), Haut (*f.*). **2** ~ (di un lingotto p. es.) (*metall.*), Gusshaut (*f.*), Kruste (*f.*). **3** ~ (*ind. cuoio*), Fell (*n.*), Haut (*f.*). **4** ~ (non conciata) (*ind. cuoio*), Rohhaut (*f.*). **5** ~ **conciata** (*ind. cuoio*) gegerbtes Fell, Garleder (*n.*). **6** ~ **del lingotto** (*metall.*). Blockkruste (*f.*). **7** ~ **di camoscio** (*ind.*), sämisches Leder. **8** ~ **di daino** (*gen.*), Hirschleder (*n.*). **9** ~ **di daino** (*aut.*), Fensterleder (*n.*), Fensterputzleder (*n.*), Rehlederlappen (*m.*). **10** ~ **di foca** (per sci) (*sport*), Skifell (*n.*), Seehundfell (*n.*), Steigfell (*n.*). **11** ~ **di laminazione** (strato di ossidi, nella lamin. a caldo) (*metall.*), Walzhaut (*f.*). **12** ~ **di nappa** (*ind. cuoio*), Nappaleder (*n.*). **13** ~ **d'ovo** (verniciatura opaca) (*vn.*), Mattlackierung (*f.*). **14** ~ **scamosciata** (*ind. del cuoio*), Ölleder (*n.*). **15** ~ **scarnata e purgata** (*ind. cuoio*), Blösse (*f.*). **16** ~ **spaccata** (orizzontalmente) (*ind. cuoio*), Spaltleder (*n.*). **17** ~ **verniciata** (*ind. cuoio*), Glanzleder (*n.*), Lackleder (*n.*). **18 doppia** ~ (guscio, d'un lingotto) (*difetto metall.*), Doppelhaut (*f.*). **19 finta** ~ (vinilpelle, similpelle, pegamoide) (*ind.*), Ersatzleder (*n.*), Kunstleder (*n.*), Lederimitation (*n.*). **20 lucidare con** ~ (*mecc.*), abledern. **21 togliere la** ~ (scuoiare) (*ind. cuoio*), abledern.
pellet (designazione di svariati materiali per sinterazione od agglomerazione in genere, come sferette, trucioli, ecc.) (*metall.*), Pellet (*n.*).
pelletizzare (sinterare) (*metall.*), pelletisieren.
pelletizzazione (sinterazione) (*metall.*), Pelletisieren (*n.*).
pelliccia (*ind. tess.*), Pelz (*m.*), Pelzbekleidungsstück (*n.*).
pellicola (velo, strato sottile) (*gen.*), Film (*m.*), Strich (*m.*). **2** ~ (*fot. - cinem.*), Film

pellicolare

(*m.*). 3 ~ (di vernice) (*vn.*), Anstrichfilm (*m.*). 4 ~ (velo, di olio p. es.) (*mecc. - ecc.*), Schicht (*f.*), Film (*m.*). 5 ~ **a colori** (*fot. - cinem.*), Farbfilm (*m.*). 6 ~ **a doppia emulsione** (*fot.*), doppelbeschichteter Film. 7 ~ **all'acetato** (pellicola di sicurezza) (*cinem.*), Azetatfilm (*m.*). 8 ~ **alla nitrocellulosa** (il cui supporto è formato da nitrocellulosa) (*fot.*), Nitrofilm (*m.*). 9 ~ **a passo normale** (da 35 mm) (*cinem.*), Normalfilm (*m.*). 10 ~ **a passo ridotto** (film a passo ridotto, da 16 mm e 8 mm) (*cinem.*), Schmalfilm (*m.*). 11 ~ **a tripla emulsione** (pellicola a tre emulsioni) (*fot.*), Dreischichtenfilm (*m.*). 12 ~ **biologica** (in canali scaricanti acque di rifiuto) (*ed.*), Sielhaut (*f.*). 13 ~ **cinematografica** («film») (*cinem.*), Kinofilm (*m.*), Film (*m.*). 14 ~ **cinematografica negativa** (negativo) (*cinem.*), Bild-Negativ (*n.*). 15 ~ **cinematografica positiva** (positivo) (*cinem.*), Bild-Positiv (*n.*). 16 ~ **con colonna sonora** (pellicola con colonna di registrazione magnetica del suono) (*cinem.*), Magnetfilm (*m.*), Lichttonfilm (*m.*), Kombifilm (*m.*). 17 ~ **da impressionare** (pellicola vergine) (*fot. - cinem.*), Rohfilm (*m.*). 18 ~ **da 35 mm** (pellicola normale) (*cinem.*), Normalfilm (*m.*). 19 ~ **di olio** (velubro) (*lubrificazione*), Ölfilm (*m.*). 20 ~ **di ossido** (*chim. - metall.*), Oxydhaut (*f.*). 21 ~ **di sicurezza** (pellicola ininfiammabile) (*cinem.*), unverbrennbarer Film, feuersicherer Film, Sicherheitsfilm (*m.*). 22 ~ **di vernice** (*vn.*), Lackfilm (*m.*). 23 ~ **2 × 8 mm** (*cinem.*), Doppelachtfilm (*m.*). 24 ~ **in foglio** (pellicola tenuta in piano in un telaio) (*fot.*), Planfilm (*m.*). 25 ~ **ininfiammabile** (pellicola di sicurezza) (*cinem.*), unverbrennbarer Film, feuersicherer Film, Sicherheitsfilm (*m.*). 26 ~ **invertibile** (*fot.*), Umkehrfilm (*m.*). 27 ~ **larga** (da più di 35 mm) (*cinem.*), Breitfilm (*m.*). 28 ~ **normale** (pellicola da 35 mm) (*cinem.*), Normalfilm (*m.*), Kine-Normalfilm (*m.*). 29 ~ **pancromatica** (*fot.*), Panfilm (*m.*), panchromatischer Film. 30 ~ **pubblicitaria** (*comm.*), Reklamefilm (*m.*). 31 ~ **ridotta** (*cinem.*), Kine-Schmalfilm (*m.*). 32 ~ **senza emulsione** (supporto) (*cinem. - fot.*), Blankfilm (*m.*). 33 ~ **vergine** (pellicola da impressionare) (*cinem. - fot.*), Rohfilm (*m.*). 34 **rotolo di** ~ (*fot.*), Filmspule (*f.*). 35 **sensibilità della** ~ (espressa in valori DIN o ASA) (*fot.*), Filmempfindlichkeit (*f.*).

pellicolare (*gen.*), Haut... 2 **effetto** ~ (effetto Kelvin, «skin effect») (*elett.*), Hauteffekt (*m.*), Skineffekt (*m.*). 3 **retino** ~ (*tip.*), Filmraster (*m.*).

pelo (*gen.*), Haar (*n.*). 2 ~ (*ind. tess.*), Pelz (*m.*), Tierfell (*n.*). 3 ~ **della capra d'Angora** («mohair») (*tess.*), Mohair (*m.*), Mohär (*m.*). 4 ~ **dell'acqua** (superficie dell'acqua) (*idr.*), Wasserspiegel (*n.*), Wasseroberfläche (*f.*). 5 ~ **dell'acqua rigurgitata** (*idr.*), gestauter Wasserspiegel. 6 ~ **di cammello** (*tess.*), Kamelhaar (*n.*). 7 ~ **libero** (*idr.*), freier Spiegel.

Peltier, effetto ~ (*fis. - elett.*), Peltiereffekt (*m.*).

Pelton, turbina ~ (*idr. - turb.*), Peltonturbine (*f.*), Peltonrad (*n.*).

peltro (*metall.*), Hartzinn (*n.*).

peluria (borra, spelaia) (*tess.*), Wattseide (*f.*) Spelaja (*f.*).

penalità (per ritardata consegna p. es.) (*comm.*), Strafgeld (*n.*), Strafsumme (*f.*), Strafsteuer (*f.*), Busse (*f.*), Pönale (*n.*). 2 ~ (nelle corse, espressa in punti) (*pl. - aut. - sport*), Strafpunkte (*m. pl.*), Wertungspunkte (*m. pl.*). 3 ~ **contrattuale** (*comm.*), Vertragsstrafe (*f.*). 4 ~ **per ritardata consegna** (*comm.*), Verzugsstrafe (*f.*). 5 ~ **per ritardo** (*ind. comm.*), Verzögerungsstrafe (*f.*). 6 ~ **zero** (nelle corse) (*aut. - sport*), Strafpunkte null.

penalizzare (*leg.*), büssen.

penalizzazione (per superamento della scadenza di esecuzione p. es.) (*comm. - ecc.*), Büssen (*n.*), Strafen (*n.*). 2 **punti di** ~ (penalità, nei rally p. es., espressa in punti) (*aut. - sport*), Wertungspunkte (*m. pl.*), Strafpunkte (*m. pl.*).

pendente (*gen.*), hängend.

pendenza (inclinazione) (*gen.*), Neigung (*f.*). 2 ~ (di una strada o ferrovia, rapporto tra il dislivello e la lunghezza orizzontale) (*strad. - ferr.*), Steigung (*f.*), Neigung (*f.*), Gefälle (*n.*). 3 ~ (livelletta) (*ferr.*), Gefälle (*n.*). 4 ~ (di un canale o corso d'acqua) (*idr.*), Gefälle (*n.*). 5 ~ (transconduttanza differenziale, di una valvola elettronica) (*radio*), Steilheit (*f.*), Flankensteilheit (*f.*). 6 ~ (inclinazione, di una vena) (*geol. - min.*), Einfallen (*n.*), Fallen (*n.*), Fallwinkel (*m.*). 7 ~ **del fondo** (di un canale p. es.) (*idr.*), Sohlgefälle (*n.*). 8 ~ **della corrente** (velocità di salita della corrente, nei tiristori p. es.) (*elettronica*), Stromsteilheit (*f.*). 9 ~ **della linea di carico** (perdita di carico) (*idr.*), Energiegefälle (*n.*). 10 ~ **della superficie libera** (di un canale p. es.) (*idr.*), Spiegelgefälle (*n.*). 11 ~ **del tetto** (*ed.*), Dachneigung (*f.*), Abdachung (*f.*). 12 ~ **di conversione** (*elettronica*), Konversionssteilheit (*f.*). 13 ~ **limite** (pendenza massima) (*ferr. - strad.*), zulässige Steigung. 14 ~ **longitudinale** (*ing. civ.*), Längsgefälle (*n.*). 15 ~ **massima** (pendenza limite) (*ferr. - strad.*), zulässige Steigung. 16 ~ **massima a pieno carico** (pendenza superabile a pieno carico) (*veic.*), massgebende Steigung. 17 ~ **piezometrica** (cadente piezometrica) (*idr.*), Druckgefälle (*n.*). 18 ~ **superabile** (*aut.*), Steigfähigkeit (*f.*), Steigvermögen (*n.*). 19 ~ **superabile a pieno carico** (pendenza massima a pieno carico) (*veic.*), massgebende Steigung. 20 ~ **trasversale** (*ing. civ.*), Quergefälle (*n.*). 21 **a forte** ~ (molto inclinato, ripido) (*gen.*), steil. 22 **avere una** ~ (*geol.*), fallen. 23 **linea di massima** ~ (nel drenaggio) (*agric. - costr. idr.*), Fallinie (*f.*). 24 **tratto a forte** ~ (d'un canale; tratto a corrente rapida) (*idr.*), Schuss-strecke (*f.*). 25 **tubo a** ~ **variabile** (*elettronica*), Regelröhre (*f.*), Exponentialröhre (*f.*), Regelexponentialröhre (*f.*).

pendino (per fili aerei) (*veic. elett.*), Hängerklemme (*f.*), Aufhänger (*m.*), Stegklemme (*f.*). 2 ~ **per linea aerea** (*veic. elett.*), Fahrdraht-Stegklemme (*f.*).

pendio (piano inclinato) (*gen.*), Abhang (*m.*).

pendola (orologio a pendolo) (*orologeria*), Pendeluhr (*f.*).
pendolamento (*gen.*), Pendeln (*n.*). 2 ~ (*macch. elett.*), Einschwingen (*n.*), Pendeln (*n.*). 3 ~ (di app. elett. in parallelo p. es.) (*elett.*), Pendelung (*f.*). 4 ~ **della frequenza** (vobulazione, variazione periodica della frequenza) (*radio - ecc.*), Frequenzwobblung (*f.*). 5 ~ **del numero di giri** (fluttuazione del numero di giri) (*mot.*), Drehzahlschwankung (*f.*).
pendolare (oscillare) (*v. - gen.*), pendeln, schwingen. 2 ~ (*a. - fis.*), pendelnd, pendelartig. 3 ~ (*v. - macch. elett.*), einschwingen, pendeln. 4 ~ (moto, di va e vieni) (*a. - mecc. - ecc.*), hin-und-hergehend. 5 ~ (lavoratore residente in località diversa da quella di lavoro) (*s. - lav.*), Pendler (*m.*). 6 ~ **di fine settimana** (*lav.*), Wochenendpendler (*m.*).
« pendolino » (treno ad assetto variabile, con vetture e motrici a cassa oscillante) (*ferr.*), Pendelzug (*m.*).
pendolo (*fis.*), Pendel (*n.*). 2 ~ (di un orologio a pendolo) (*orologio*), Pendel (*n.*), Perpendikel (*n. - m.*). 3 ~ **compensato** (*orologio*), Kompensationspendel (*n.*), Rostpendel (*n.*). 4 ~ **composto** (pendolo fisico) (*fis.*), physikalisches Pendel. 5 ~ **conico** (*fis.*), Kegelpendel (*n.*). 6 ~ **di Charpy** (per prove di resilienza) (*macch. - tecnol. mecc.*), Pendelhammer (*m.*), Pendelschlagwerk (*n.*). 7 ~ **fisico** (pendolo composto) (*fis.*), physikalisches Pendel. 8 ~ **invertibile** (pendolo reversibile) (*fis.*), Reversionspendel (*n.*). 9 ~ **matematico** (*fis.*), mathematisches Pendel. 10 ~ **reversibile** (pendolo invertibile) (*fis.*), Reversionspendel (*n.*). 11 **durezza determinata con apparecchio a** ~ (durezza « rocker », d'una vernice) (*vn.*), Pendelhärte (*f.*), Rockerhärte (*f.*). 12 **orologio a** ~ (pendolo) (*orologio*), Pendeluhr (*f.*). 13 **oscillazione del** ~ (*fis.*), Pendelschwingung (*f.*). 14 **segatrice a** ~ (sega a pendolo, sega circolare la cui lama è montata su braccio oscillante) (*macch.*), Pendelsäge (*f.*).
penetrametro (app. per misurare la sensibilità radiografica dei materiali) (*app.*), Penetrameter (*f.*).
penetrante (*gen.*), durchdringend. 2 ~ (duro, di radiazioni) (*fis.*), hart, durchdringend. 3 ~ (fluido p. es., in incrinature) (*gen.*), kriechfähig. 4 **radiazione** ~ (*fis.*), Durchstrahlung (*f.*).
penetrare (*gen.*), eindringen, durchdringen.
penetratore (per prove di durezza) (*app. - tecnol. mecc.*), Eindringkörper (*m.*), Eindruckprüfkörper (*m.*), Eindruckprüfkörper (*m.*). 2 ~ (per prove su calcestruzzo) (*app. ed.*), Eindringgerät (*n.*). 3 ~ **ad ago** (per prova di malte p. es.) (*app. ed.*), Nadeleindringgerät (*n.*), Nadelpenetrometer (*n.*). 4 ~ **a sfera** (sferetta per impronta a pressione, per prove Brinell) (*app. - tecnol. mecc.*), Druckkugel (*f.*). 5 ~ **conico** (*app. - prova di mater.*), Kegeldrucksonde (*f.*). 6 ~ **di diamante** (per prove Rockwell) (*app. - tecnol. mecc.*), Diamantprüfkörper (*m.*).
penetrazione (*gen.*), Durchdringung (*f.*), Eindringung (*f.*). 2 ~ (del metallo tra i lembi della saldatura p. es.) (*tecnol. - ecc.*), Durchdringen (*n.*). 3 ~ (durezza, di radiazioni) (*fis.*), Härte (*f.*), Durchdringung (*f.*). 4 ~ (nelle prove delle malte p. es.) (*ed. - ecc.*), Eindringung (*f.*). 5 ~ (deformabilità, di un grasso) (*chim.*), Penetration (*f.*). 6 ~ (difetto di saldatura) (*tecnol. mecc.*), Einbrand (*m.*). 7 ~ (della lavorazione) (*lamin.*), Durcharbeitung (*f.*). 8 ~ **della cementazione** (profondità di cementazione) (*tratt. term.*), Einsatzhärtungstiefe (*f.*), Einsatztiefe (*f.*). 9 ~ **della tempra** (profondità di tempra) (*tratt. term.*), Härtetiefe (*f.*), Einhärtungstiefe (*f.*). 10 ~ **del metallo** (nella forma) (*difetto di fond.*), Einbrennen des Metalls (*n.*). 11 ~ **di bonifica** (*tratt. term.*), Einvergütung (*f.*). 12 ~ **di tempra** (*tratt. term.*), Einhärtungstiefe (*f.*), Härtetiefe (*f.*). 13 ~ **eccessiva** (eccesso di penetrazione, al vertice d'un giunto saldato) (*tecnol. mecc.*), Wurzelüberhöhung (*f.*), Durchschweissung (*f.*), übermässiges Durchdringen. 14 ~ **insufficiente** (insufficienza di penetrazione, nella saldatura) (*difetto - tecnol. mecc.*), ungenügendes Durchdringen. 15 ~ **su provino manipolato** (nella prova dei grassi lubrificanti) (*chim. ind.*), Walkpenetration (*f.*). 16 ~ **su provino non manipolato** (nella prova dei grassi lubrificanti) (*chim. ind.*), Ruhpenetration (*f.*). 17 **coefficiente di** ~ (intraeffetto, reciproco del fattore di amplificazione) (*elettronica*), Durchgriff (*m.*). 18 **coefficiente di** ~ **griglia-schermo** (*elettronica*), Schirmgitterdurchgriff (*m.*). 19 **curva di** ~ (curva di diatermanità) (*term.*), Durchlässigkeitskurve (*f.*). 20 **difetto di** ~ (al vertice) (*sald.*), Wurzelfehler (*m.*). 21 **durezza alla** ~ (resistenza alla penetrazione, di una vernice) (*vn.*), Eindringhärte (*f.*). 22 **eccesso di** ~ (penetrazione eccessiva al vertice d'un giunto saldato) (*tecnol. mecc.*), Wurzelüberhöhung (*f.*), Durchschweissung (*f.*), übermässiges Durchdringen. 23 **incrinoscopia a** ~ (sistema di controllo non distruttivo superficiale mediante diffusione di liquidi nelle eventuali incrinature) (*tecnol. mecc.*), Eindringverfahren (*n.*). 24 **mancanza di** ~ (penetrazione insufficiente, insufficienza di penetrazione, nella saldatura) (*difetto - tecnol. mecc.*), ungenügendes Durchdringen. 25 **potere di** ~ (*gen.*), Durchdringungsfähigkeit (*f.*), Durchdringungsvermögen (*n.*). 26 **potere di** ~ (durezza, di radiazioni) (*radioatt.*), Durchdringungsvermögen (*n.*), Strahlungshärtegrad (*m.*). 27 **potere di** ~ (d'una vernice; attitudine del processo di verniciatura al rivestimento di superfici poco accessibili) (*vn.*), Umgriff (*m.*). 28 **profondità di** ~ (nelle prove di durezza Rockwell p. es.) (*tecnol. mecc.*), Eindringtiefe (*f.*). 29 **prova di** ~ (per calcestruzzo fresco) (*ed.*), Eindringversuch (*m.*). 30 **resistenza alla** ~ (nel piantare un palo) (*ed.*), Eindringungswiderstand (*m.*).
penetrometro (*app. - prova di mater. ed.*), Penetrometer (*n.*), Eindringungsmesser (*m.*).
penicillina (*farm.*), Penicillin (*n.*).
penisola (*geogr.*), Halbinsel (*f.*).
penitenziario (casa di pena) (*ed.*), Strafanstalt (*f.*).
penna (per scrivere) (*gen.*), Feder (*f.*). 2 ~ (parte appuntita del martello) (*ut.*), Pinne

pennacchio

(f.), Finne (f.). 3 ~ (di un barografo p. es.) (strum.), Schreibhebel (m.). 4 ~ (estremità di un picco p. es.) (nav.), Nock (n.). 5 ~ a **sfera** (uff.), Kugelschreiber (m.), Rundspitzfeder (f.). 6 ~ **del martello** (ut.), Hammerfinne (f.). 7 ~ **stilografica** (uff. - ecc.), Füllfederhalter (m.).

pennacchio (parte di volta a forma di triangolo sferico) (arch.), Zwickel (m.), Pendentif (n.). 2 ~ **di fumo** (comb.), Rauchfahne (f.). 3 **cupola su pennacchi** (arch.), Zwickelkuppel (f.).

pennarello (uff.), Filzschreiber (m.).

pennellessa (per verniciare) (ut.), Flachpinsel (m.). 2 ~ (ut. mur.), Netzpinsel (m.), Annässpinsel (m.), Sprengpinsel (m.), Quast (m.).

pennello (per verniciare, ecc.) (ut.), Pinsel (m.). 2 ~ (di raggi) (fis.), Strahlenbüschel (m.), Büschel (m.), Bündel (n.). 3 ~ (da imbianchino) (ut. mur.), Streichbürste (f.), Maurerweisspinsel (m.). 4 ~ (repellente, argine appoggiato alla sponda per allontanare la corrente dalla stessa) (costr. idr.), Buhne (f.). 5 ~ **cilindrico** (ut.), Walzpinsel (m.). 6 ~ **con pelo di martora** (per scrivere) (ut.), Marderhaarpinsel (m.). 7 ~ **da barba** (att.), Rasierpinsel (m.). 8 ~ **da imbianchino** (att. mur.), Maurerweisspinsel (m.), Streichbürste (f.). 9 ~ **da verniciatore** (ut. vn.), Anstreichpinsel (m.), Malerpinsel (m.). 10 ~ **elettronico** (fascio elettronico) (fis.), Elektronenbündel (n.), Elektronenstrahl (m.). 11 ~ **elettronico analizzatore** (pennello elettronico esploratore) (telev.), Elektronenabtaststrahl (m.), abtastender Elektronenstrahl. 12 ~ **luminoso** (fascio luminoso) (illum. - ott.), Lichtbündel (n.), Lichtbüschel (n.). 13 ~ **rotondo** (ut.), Ringpinsel (m.), Rundpinsel (m.). 14 **stucco a** ~ (vn.), Streichspachtel (m.). 15 **vernice a** ~ (vn.), Streichlack (m.).

pennino (uff.), Feder (f.), Schreibfeder (f.). 2 ~ **da disegno** (strum. dis.), Zeichenfeder (f.).

pennone (naut.), Rahe (f.), Raa (f.), Rah (f.). 2 ~ **di mezzana** (nav.), Bagienrah (f.), Begienrah (f.). 3 **bracciare il** ~ (naut.), die Rahe brassen. 4 **disporre verticali i pennoni** (nav.), auftoppen. 5 **salire sui pennoni** (salire a riva) (nav.), in die Rahen klettern, aufentern.

penombra (ott.), Halbschatten (m.).

pensile (gen.), hängend. 2 **giardino** ~ (ed.), Dachgarten (m.).

pensilina (ed.), Kragdach (n.), Einsäulendach (n.), Einstieldach (n.), Auslegerdach (n.). 2 ~ **ferroviaria** (ferr. - ed.), Bahnsteigdach (n.).

pensionato (lav.), Pensionsempfänger (m.), Pensionär (m.), Ruhegehaltsempfänger (m.), Rentner (m.), Rentenempfänger (m.).

pensione (lav. - pers.), Ruhegehalt (n.), Pension (f.), Rente (f.). 2 ~ **ai superstiti** (finanz.), Hinterlassenenrente (f.). 3 ~ **dei minatori** (lav. - min.), Knappschaftsrente (f.). 4 ~ **di guerra** (finanz. - milit.), Kriegspension (f.). 5 ~ **d'invalidità** (lav. - pers.), Invalidenpension (f.). 6 ~ **(di) vecchiaia** (lav. - pers.), Alterspension (f.), Altersrente (f.), Altersruhegeld (n.). 7 ~ **reversibile** (pensione reversibile) (finanz.), Reversionsrente (f.). 8 **accantonamento per fondo** ~ **dipendenti** (riserva per fondo pensione dipendenti) (amm.), Rückstellung für Ruhegeldverpflichtungen. 9 **diritto alla** ~ (lav.), Rentenanspruch (m.). 10 **libretto della** ~ (finanz. - lav.), Rentenheft (n.). 11 **mettere in** ~ (collocare a riposo) (lav. - pers.), pensionieren. 12 **riserva per fondo** ~ **dipendenti** (accantonamento per fondo pensione dipendenti) (amm.), Rückstellung für Ruhegeldverpflichtungen.

pentaedro (geom.), Pentaeder (n.).

pentaeritritolo [C(CH$_2$OH)$_4$] (chim.), Pentaerythrit (m.).

pentagono (geom.), Fünfeck (n.), Pentagon (n.).

pentagriglia (tubo pentagriglia) (s. - radio), Pentagridröhre (f.).

pentano (C$_5$H$_{12}$) (chim.), Pentan (n.).

pentatlon (pentathlon) (sport), Fünfkampf (m.).

pentodo (tubo elettronico) (radio), Pentode (f.), Fünfelektrodenröhre (f.). 2 ~ **a fascio elettronico** (nel quale la soppressione degli elettroni secondari viene migliorata rendendo coerente il flusso degli elettroni mediante un elettrodo ausiliario) (elettronica), Strahlpentode (f.). 3 ~ **finale** (elettronica), Endpentode (f.).

pentola (att.), Topf (m.), Kochgeschirr (n.). 2 ~ **a pressione** (app.), Dampfkochtopf (m.), Schnellkochtopf (m.). 3 ~ **da colla** (att. falegn.), Leimkessel (m.).

pentolite (espl.), Pentolit (n.).

peptizzatore (chim.), Peptisiermittel (n.) Peptisator (m.).

peptizzazione (chim.), Peptisation (f.).

pera (gen.), Birne (f.). 2 ~ **spezzarottami** (pera per berta spezzarottami) (fond.), Fallbirne (f.).

peraluman (lega d'alluminio per lavoraz. plastiche) (lega), Peraluman (n.).

perborato (chim.), Perborat (n.).

perbuna (buna N, gomma sintetica resistente agli oli) (ind. gomma), Perbunan (n.).

percalle (tessuto di cotone) (tess.), Perkal (m.).

percento (%) (gen.), Prozent (n.), Hundertteil (m.), Vomhundert (n.). 2 ~ (%) (gen.) (austr.), Perzent (n.), Prozent (n.). 3 ~ **in peso** (% in peso) (chim. - ecc.), Gewichtsprozent (n.), Gew %. 4 ~ **in volume** (chim.), Volumprozent (n.).

percentuale (a. - gen.), prozentual. 2 ~ (percento) (s. - mat. - ecc.), Hundertsatz (m.), Prozent (n.). 3 ~ (rimunerazione a percentuale) (s. - lav. - comm.), Prozentgehalt (m.), Gehalt in Prozenten. 4 ~ **atomica** (% atomico, in un sistema binario p. es.) (metallografia), At.-%. 5 ~ **di frenatura** (coefficiente di frenatura, decelerazione specifica) (aut.), Abbremsung (f.). 6 ~ **volumetrica** (percento in volume) (chim.), Volumprozent (n.).

percepire (gen.), wahrnehmen. 2 ~ (retribuzioni p. es.) (lav. - ecc.), vereinnahmen.

percettibile (gen.), wahrnehmbar.

percettibilità (gen.), Wahrnehmbarkeit (f.).

percezione (fis. - ecc.), Wahrnehmung (f.).

perdita

2 ~ del colore (*ott.*), Farbempfindung (*f.*). 3 ~ visuale (*ott.*), Sehen (*n.*). 4 intensità di ~ (di vibrazioni meccaniche) (*veic. - med. - ecc.*), Wahrnehmungsstärke (*f.*), K-Wert (*m.*). 5 velocità di ~ (*fis.*), Wahrnehmungsgeschwindigkeit (*f.*).

« perchage » (trattamento al legno verde, riduzione con pali di legno verde, per l'affinazione del rame) (*metall.*), Polen (*n.*), Dichtpolen (*n.*).

perclorato (*chim.*), Perchlorat (*n.*).

percolatore (per depurare acque di rifiuto; letto percolatore, letto di scolamento, biofiltro) (*ed.*), Tropfkörperanlage (*f.*). 2 ~ intensivo (letto biologico intensivo) (*ed.*), Spültropfkörper (*m.*). 3 letto ~ a piccola dosatura (letto biologico a piccola dosatura, per depurare acque di rifiuto) (*ed.*), Schwachlasttropfkörper (*m.*). 4 letto ~ a torre (per acque di rifiuto) (*ed.*), Turmtropfkörper (*m.*).

percolazione (infiltrazione) (*ed.*), Durchsickerung (*f.*), Sickerung (*f.*). 2 ~ (di acque di rifiuto, biofiltrazione) (*ed.*), Tropfkörperbehandlung (*f.*).

percorrenza (chilometraggio, chilometri percorsi, da un'autovettura p. es.) (*aut. - ecc.*), Km-Stand (*m.*), Kilometerleistung (*f.*).

percorrere (*gen.*), befahren. 2 ~ (una distanza) (*gen.*), zurücklegen. 3 ~ una discesa in folle (*aut.*), ausrollen.

percorribile (da veicolo, ponte p. es.) (*veic.*), befahrbar.

percorso (*s. - gen.*), Weg (*m.*), Strecke (*f.*). 2 ~ (distanza percorsa) (*s. - gen.*), Weglänge (*f.*), Strecke (*f.*). 3 ~ (di particelle) (*fis.*), Reichweite (*f.*). 4 ~ (cammino, distanza) (*a. - gen.*), zurückgelegt. 5 ~ (attraversato) (*a. - elett. - idr. - ecc.*), durchströmt. 6 ~ ad ostacoli (per la prova di trattori p. es.) (*veic.*), Hindernisbahn (*f.*). 7 ~ critico (*progr.*), kritischer Pfad, kritischer Weg. 8 ~ della corrente (*elett.*), Stromweg (*m.*), Strompfad (*m.*). 9 ~ del raggio (in un sistema ottico) (*ott.*), Strahlengang (*m.*). 10 ~ di arresto (d'un nastro magnetico, p. es.) (*calc. - ecc.*), Stopweg (*m.*). 11 ~ di atterraggio (*aer.*), Landelänge (*f.*), Landestrecke (*f.*). 12 ~ di avviamento (d'un nastro magnetico) (*calc. - ecc.*), Startweg (*m.*). 13 ~ di decollo (*aer.*), Abflugstrecke (*f.*), Startstrecke (*f.*), Startlänge (*f.*). 14 ~ di prova (*aut.*), Teststrecke (*f.*), Prüfstrecke (*f.*). 15 ~ in salita (salita) (*strad.*), Aufstieg (*m.*). 16 ~ in salita (*aut.*), Bergfahrt (*f.*). 17 ~ libero (d'una particella) (*fis.*), Weglänge (*f.*). 18 ~ per prove (percorso stradale per prove) (*strad. - veic.*), Teststrecke (*f.*), Erprobungsstrasse (*f.*), Prüfstrecke (*f.*). 19 codice di ~ (dato di percorso, nel comando d'un trasportatore continuo) (*trasp. ind.*), Zielkennzeichen (*n.*). 20 dato di ~ (codice di percorso, nel comando d'un trasportatore continuo) (*trasp. ind.*), Zielkennzeichen (*n.*). 21 entrata dei dati di ~ (immissione dei dati di percorso, nel comando d'un trasportatore continuo) (*trasp. ind.*), Zieleingabe (*f.*). 22 selettore di ~ (nei trasportatori continui) (*trasp. ind.*), Zielsteuerung (*f.*).

percussione (*gen.*), Perkussion (*f.*). 2 perforare a ~ (trivellare a percussione) (*min.*), stossbohren. 3 saldatura a ~ (*tecnol. mecc.*), Stoss·schweissung (*f.*). 4 spoletta a ~ (*espl.*), Aufschlagzünder (*m.*), Stosszünder (*m.*). 5 trivella a ~ (sonda a percussione) (*min.*), Stossbohrer (*m.*). 6 trivellazione a ~ (perforazione a percussione, sondaggio a percussione) (*min.*), Stossbohren (*n.*).

percussore (di un cannone p. es.) (*arma da fuoco*), Schlagbolzen (*m.*), Schlagstift (*m.*). 2 molla del ~ (di un fucile p. es.) (*arma da fuoco*), Schlagfeder (*f.*), Schlagbolzenfeder (*f.*). 3 nasello ~ (per l'inserzione della trama) (*macch. tess.*), Schlagnase (*f.*).

perdente (non stagno, non ermetico) (*gen.*), undicht.

perdere (*gen.*), verlieren. 2 ~ (per difetto di ermeticità) (*gen.*), lecken. 3 ~ colpi (per difetto di accensione p. es.) (*aut. - mot.*), aussetzen. 4 ~ compressione (trafilare) (*mot.*), durchblasen. 5 ~ il filo (perdere il tagliente) (*ut. mecc.*), abstumpfen, stumpf werden. 6 ~ il passo (uscire di sincronismo) (*elett. - ecc.*), aussertrittfallen. 7 ~ il posto (*lav.*), seine Stelle verlieren, die Stelle verlieren. 8 ~ il tagliente (perdere il filo) (*ut. mecc.*), abstumpfen, stumpf werden. 9 ~ la rotta (*navig. aer.*), verfranzen. 10 ~ quota (con aliante p. es.) (*aer.*), absaufen.

perdita (*gen.*), Verlust (*m.*). 2 ~ (fuga) (*gen.*), Leck (*n.*), Leckage (*f.*), Undichtigkeit (*f.*). 3 ~ (passivo) (*finanz. - amm.*), Verlust (*m.*). 4 ~ (*metall.*), Verlust (*m.*). 5 ~ (calo, da difettoso imballaggio) (*comm.*), Spillage (*f.*). 6 ~ al camino (*comb.*), Kaminverlust (*m.*). 7 ~ al fuoco (*metall. - fucinatura*), Abbrand (*m.*). 8 ~ attraverso le pareti (di calore) (*metall. - forno - ecc*), Wandverlust (*m.*). 9 ~ d'acqua (*gen.*), Leckwasser (*n.*). 10 ~ da effetto corona (*elett.*), Koronaverlust (*m.*). 11 ~ del collegamento radio (*radio*), Abreissen der Funkverbindung (*f.*). 12 ~ del posto (di lavoro) (*lav.*), Verlust des Arbeitsplatzes (*m.*). 13 ~ d'esercizio (*ind. - amm.*), Betriebsverlust (*m.*). 14 ~ di accensione (*elettronica*), Zündaussatz (*m.*). 15 ~ di carico (pendenza della linea di carico) (*idr.*), Energiegefälle (*n.*), Verlusthöhe (*f.*), Gefälleverlust (*m.*). 16 ~ di carico (misurata in mm di colonna p. es.) (*mecc. dei fluidi*), Strömungsverlust (*m.*). 17 ~ di carico per attrito (*idr.*), Reibungsverlustfallhöhe (*f.*), Reibungsgefälle (*n.*), Reibungshöhe (*f.*). 18 ~ di carico per resistenze continue (*idr.*), Reibungsverlust (*m.*). 19 ~ di carico nei tubi (attrito nei tubi) (*tubaz.*), Rohrreibung (*f.*). 20 ~ di colpi (accensione irregolare) (*mot.*), Aussetzen (*n.*). 21 ~ di compressione (difetto - *mot.*), Verdichtungsverlust (*m.*), Kompressionsverlust (*m.*). 22 ~ di compressione (trafilamento, laminazione) (*mot.*), durchblasendes Gas. 23 ~ di controllo (di un reattore) (*fis. atom.*), Durchgehen (*n.*). 24 ~ di inserzione (attenuazione di inserzione) (*radio - ecc.*), Einfügungsverlust (*m.*). 25 ~ di inserzione (attenuazione composita, di un quadripolo) (*elett. - radio*), Betriebsdämpfung (*f.*). 26 ~ di lunghezza (nella saldatura di testa, sovrametallo di saldatura) (*tecnol. mecc.*), Längenverlust (*m.*), Arbeitsweg (*m.*). 27 ~ di lunghezza per pre-

perduto

riscaldo (sovrametallo di preriscaldo, nella saldatura di testa) (*tecnol. mecc.*), Vorwärmlängenverlust (*m.*), Vorwärmweg (*m.*). 28 ~ di lunghezza per ricalcatura (sovrametallo di ricalcatura, nella saldatura di testa) (*tecnol. mecc.*), Stauchlängenverlust (*m.*), Stauchweg (*m.*). 29 ~ di lunghezza per scintillio (sovrametallo di scintillio, nella saldatura di testa) (*tecnol. mecc.*), Abbrennweg (*m.*). 30 ~ di lunghezza totale (sovrametallo totale, nella saldatura di testa) (*tecnol. mecc.*), gesamter Längenverlust, Verlustweg (*m.*). 31 ~ d'imbocco (nelle condotte forzate di centrali idroelettriche, causata da formazione di vortici) (*idr.*), Einlaufverlust (*m.*). 32 ~ di passo (uscita di sincronismo) (*elett. - ecc.*), Aussertrittfallen (*n.*). 33 ~ di portanza (*aer.*), Auftriebsverlust (*m.*). 34 ~ di portanza (stallo) (*aer.*), Sackzustand (*m.*), Sackflug (*m.*). 35 ~ di potenza (*mot.*), Leistungsabfall (*m.*). 36 ~ di preparazione (*min.*), Aufbereitungsverlust (*m.*). 37 ~ di profilo (in una palettatura) (*mecc. dei fluidi*), Profilverlust (*m.*). 38 perdite di salto (d'una centrale idroelettrica) (*idr.*), Fallhöhenverluste (*m. pl.*). 39 ~ di sicurezza (*gen.*), Verunsicherung (*f.*). 40 ~ di trasmissione (*elettroacus.*), Übertragungsverlust (*m.*). 41 ~ di trasmissione (di un cavo o guida d'onda p. es.) (*elett. - elettronica*), Dämpfung (*f.*). 42 perdite nel dielettrico (*elett.*), Verluste im Dielektrikum. 43 ~ nel ferro (*elett.*), Eisenverlust (*m.*). 44 ~ nell'avvolgimento (per effetto Joule) (*elett.*), Wicklungsverlust (*m.*). 45 ~ nel rame (*elett.*), Kupferverlust (*m.*). 46 ~ ohmica (*elett.*), Ohmscher Verlust. 47 ~ per dispersione (*elett.*), Ableitungsverlust (*m.*). 48 ~ per effetto Joule (*elett.*), Joule-Effekt-Verlust (*m.*), Stromwärmeverlust (*m.*). 49 ~ per evaporazione (di olii lubrificanti a temperature fino a 350 °C) (*mot.*), Verdampfungsverlust (*m.*). 50 ~ per inerzia (di un mot. a comb. interna) (*mot.*), Trägheitsverlust (*m.*), Lässigkeitsverlust (*m.*). 51 ~ per isteresi (*elett.*), Hystereseverlust (*m.*). 52 ~ per ossidazione (perdita al fuoco) (*fucinatura*), Abbrand (*m.*). 53 ~ per polveri (di un forno) (*forno - metall.*), Staubverlust (*m.*). 54 ~ per sbattimento (nel caso di liquidi in movimento p. es.) (*idr. - ecc.*), Panschverlust (*m.*). 55 ~ per scoria (perdita al fuoco) (*fucinatura*), Abbrand (*m.*). 56 ~ per trasmissione (fattore d'isolamento acustico) (*acus.*), Dämmzahl (*f.*). 57 perdite per urto (nelle macchine a fluido) (*macch.*), Stossverlust (*m.*). 58 ~ propria (*radioatt.*), Eigenverlust (*m.*). 59 angolo di ~ (di un dielettrico) (*elett.*), Verlustwinkel (*m.*), Fehlwinkel (*m.*), Verlustfaktor (*m.*). 60 angolo di ~ del dielettrico (tgδ) (*elett.*), dielektrischer Verlustfaktor, tanδ. 61 cifra di ~ (*elett.*), Verlustziffer (*f.*). 62 contratto comportante accollo di perdite (*finanz.*), Verlustübernahmevertrag (*n.*). 63 fattore di ~ (*elett.*), Verlusfaktor (*m.*). 64 linea senza perdite (*elett.*), verlustfreie Leitung, ideale Leitung. 65 subire una ~ (*gen.*), einen Verlust erleiden.

perduto (*gen.*), verloren.

perequazione (dei salari p. es.) (*lav. - pers.*), Angleichung (*f.*). 2 ~ degli oneri (*amm.*), Lastenausgleich (*m.*).

perfetto (*gen.*), vollkommen. 2 ~ (gas) (*fis. - chim.*), ideal, vollkommen. 3 ~ (a regola d'arte) (*tecnol.*), einwandfrei.

perfezionamento (miglioramento) (*gen.*), Verbesserung (*f.*). 2 ~ (di un affare, conclusione) (*finanz. - comm.*), Perfektionierung (*f.*). 3 corso di ~ (*scuola - pers.*), Ausbildungskurs (*m.*). 4 scuola di ~ (*scuola - pers.*), Ausbildungsschule (*f.*), Fortbildungsschule (*f.*).

perfezionare (migliorare) (*gen.*), verbessern, aufbessern. 2 ~ (un affare, portare a termine) (*comm. - ecc.*), perfektionieren, vollenden, zur Vollendung bringen, zum Abschluss bringen. 3 ~ un contratto (*comm.*), einen Vertrag zum Abschluss bringen.

perfezionato (un'ordinazione p. es.) (*comm.*), geklärt.

perforante (*gen.*), durchstechend. 2 ~ corazze (anticarro) (*milit.*), panzerbrechend.

perforare (bucare) (*gen.*), stechen, bohren, durchstechen. 2 ~ (trivellare) (*min.*), bohren, tiefbohren. 3 ~ (forare con foro passante) (*mecc.*), durchbohren. 4 ~ (punzonare, una lamiera p. es.) (*tecnol. mecc.*), durchlochen. 5 ~ (punzonare schede perforate) (*elab. dati*), stanzen, lochen. 6 ~ a percussione (trivellare a percussione) (*min.*), stossbohren.

perforato (di lamiera p. es.) (*mecc.*), gelocht. 2 ~ (isolatore) (*elett.*), durchgeschlagen. 3 zona perforata (*telegr.*), Lochstreifen (*m.*).

perforatore (per nastro) (*app.*), Perforator (*m.*). 2 ~ (di schede p. es.) (*lav. - app.*), Locher (*m.*). 3 ~ di fori da mina (*lav. min.*), Schiesshauer (*m.*). 4 ~ di schede (*app.*), Kartenlocher (*m.*), Lochkartenstanzer (*m.*). 5 ~ ricevente (riperforatore) (*telegr.*), Empfangslocher (*m.*). 6 registratore ~ (*telegr.*), Lochestreifenschreiber (*m.*).

perforatrice (*macch. min.*), Bohrmaschine (*f.*), Bohrhammer (*m.*). 2 ~ (*lav. - pers. - elab. dati*), Locherin (*f.*). 3 ~ (*att. uff.*), Locher (*m.*), Lochmaschine (*f.*). 4 ~ da roccia (*macch. min.*), Steinbohrmaschine (*f.*). 5 ~ di schede (*macch.*), Kartenlochmaschine (*f.*). 6 ~ (meccanica) ad aria compressa (*macch. min.*), Druckluffthanddrehbohrmaschine (*f.*). 7 ~ per nastri (*macch. lav. lamiera*), Streifenlochstanzmaschine (*f.*). 8 ~ per schede (*macch.*), Kartenlochmaschine (*f.*). 9 ~ pneumatica (martello pneumatico) (*att. min.*), Presslufttabbauhammer (*m.*).

perforazione (*gen.*), Durchschlag (*m.*), Lochung (*f.*), Durchlöcherung (*f.*). 2 ~ (foratura passante) (*mecc.*), Durchbohrung (*f.*), Durchbohren (*n.*). 3 ~ (trivellazione, sondaggio) (*min.*), Bohren (*n.*), Bohrung (*f.*), Tiefbohrung (*f.*), 4 ~ (del dielettrico) (*elett.*), Durchschlag (*m.*), Durchbohrung (*f.*). 5 ~ (rottura di isolatori p. es.) (*elett.*), Durchschlag (*m.*), Durchbruch (*m.*). 6 ~ (d'un programma su nastro di comando, p. es.) (*autom. - elab. dati*), Ablochen (*n.*), Lochung (*f.*). 7 ~ (punzonatura, di schede perforate) (*elab. dati*), Stanzen (*n.*), Lochung (*f.*). 8 ~ (di film p. es.) (*gen.*), Lochung (*f.*). 9 ~ (di un tubo p. es., dovuta a corrosione) (*tecnol.*), Durchlöcherung (*f.*). **10** ~ **a percussione** (trivellazione a percussione) (*min.*), Seilbohren (*n.*), Seilschlagbohren (*n.*), Stossbohren (*n.*), Schlagbohren (*n.*). **11** ~ **a rotazione** (trivellazione a rotazione) (*min.*), Rotationsbohrung (*f.*), Drehbohren (*n.*). **12** ~ **con motore elettrico** (perforazione elettrica, con scalpello, motore elettrico, ecc.) (*min.*), Elektrobohren (*n.*). **13** ~ **di allargamento** (allargamento, per aumentare il diametro di pozzi) (*min.*), Erweiterungsbohrung (*f.*). **14** ~ **di assaggio** (trivellazione esplorativa) (*min.*), Untersuchungsbohrung (*f.*). **15** ~ **di nastri** (*tecnol.*), Streifenlochung (*f.*). **16** ~ **di zona** (*elab. dati*), Zonenlochung (*f.*). **17** ~ **12** (perforazione Y, d'una scheda) (*elab. dati*), Zwölfer-Lochung (*f.*), Y-Lochung (*f.*). **18** ~ **elettrica** (perforazione con motore elettrico, scalpello, ecc.) (*min.*), Elektrobohren (*n.*). **19** ~ **esplorativa** (trivellazione esplorativa) (*min.*), Untersuchungsbohrung (*f.*), Vorbohrung (*f.*). **20** ~ **marginale** (di una pellicola) (*cinem.*), Randlochung (*f.*). **21** ~ **petrolifera** (*min.*), Erdölbohrung (*f.*). **22** ~ **profonda** (trivellazione profonda) (*min.*), Tiefbohren (*n.*), Tiefbohrung (*f.*). **23** ~ **riepilogativa** (*elab. dati*), Summenlochung (*f.*). **24** ~ **11** (perforazione X, d'una scheda) (*elab. dati*) Eler-Lochung (*f.*), X-Lochung (*f.*). **25** ~ **X** (perforazione 11, d'una scheda) (*elab. dati*), X-Lochung (*f.*), Elfer-Lochung (*f.*). **26** ~ **Y** (perforazione 12, d'una scheda) (*elab. dati*), Y-Lochung (*f.*), Zwölfer-Lochung (*f.*). **27 annullare una** ~ (*autom. - elab. dati*), auslochen. **28 asta di** ~ (*min.*), Bohrstange (*f.*), Bohrgestänge (*n.*). **29 banda a** ~ **incompleta** (nastro a perforazione incompleta) (*elab. dati*), Schuppenlochstreifen (*m.*). **30 detriti di** ~ (*min.*), Bohrklein (*n.*), Bohrgut (*n.*). **31 impianto di** ~ (apparecchio per perforazioni) (*min.*), Bohranlage (*f.*). **32 meccanismo di** ~ (per schede perforate) (*elab. dati*), Stanzwerk (*n.*). **33 nastro a** ~ **incompleta** (banda a perforazione incompleta) (*elab. dati*), Schuppenlochstreifen (*m.*). **34 passo della** ~ (di una pellicola) (*cinem.*), Lochabstand (*m.*). **35 registro di** ~ (*min.*), Bohrregister (*n.*), Bohrprotokoll (*n.*). **36 resistenza alla** ~ (di carta p. es.) (*tecnol.*), Durchstossfestigkeit (*f.*). **37 resistenza alla** ~ (di isolanti) (*elett.*), Durchgangswiderstand (*m.*), Spannungsschlagfestigkeit (*f.*). **38 stazione di** ~ (*elab. dati*), Stanzstation (*f.*). **39 tensione di** ~ (di un isolante) (*elett.*), Durchschlagspannung (*f.*). **40 torre di** ~ (torre di trivellazione) (*min.*), Bohrgerüst (*n.*), Bohrturm (*m.*). **41 tubo per perforazioni** (tubo di rivestimento) (*min.*), Bohrrohr (*n.*). **42 velocità di** ~ (di schede perforate) (*elab. dati*), Stanzgeschwindigkeit (*f.*). **43 velocità di** ~ (velocità di trivellazione, rapporto fra profondità e tempo) (*min.*), Bohrgeschwindigkeit (*f.*).

pergamena (animale) (*tip.*), Pergament (*n.*). **2** ~ **vegetale** (pergamina, carta pergamena) (*mft. carta*), Papierpergament (*n.*), Pergamentpapier (*n.*), vegetabilisches Pergament.

pergamenatura (*mft. carta*), Pergamentieren (*n.*).

pergamina (pergamena vegetale, carta pergamena) (*mft. carta*), Pergamentpapier (*n.*), Papierpergament (*n.*), vegetabilisches Pergament.

periclasio (MgO) (*min.*), Periklas (*m.*).

pericolante (cadente, fatiscente; costruzione) (*gen.*), baufällig.

pericolo (*traff. - ecc.*), Gefahr (*f.*). **2** ~ (attenzione) (*segnale,*) Achtung! **3** ~ **generico** (*traff. strad.*), allgemeine Gefahrstelle. **4 mettere in** ~ (*gen.*), gefährden. **5 segnale di** ~ (*traff. strad. - ecc.*), Warnschild (*n.*).

pericolosità (*gen.*), Gefährdung (*f.*). **2** ~ **da contatto** (*elett.*), Berührungsgefährdung (*f.*). **3 grado di** ~ (d'un incrocio p. es.) (*traff. strad. - ecc.*), Gefahrengrad (*m.*). **4 classe di** ~ (di liquidi combustibili) (*comb.*), Gefahrenklasse (*f.*).

pericoloso (*gen.*), gefährlich. **2 non** ~ (sicuro) (*gen.*), unfallsicher.

peridotite (roccia magmatica) (*min.*), Peridotit (*m.*).

peridoto [(MgFe)$_2$SiO$_4$] (olivina) (*min.*), Olivin (*m.*), Peridot (*m.*).

perielio (*astr.*), Perihel (*n.*), Sonnennähe (*f.*).

periferia (*geom.*), Peripherie (*f.*), Umfangslinie (*f.*). **2** ~ (di città) (*ed. - urbanistica*), Stadtrand (*m.*), Peripherie (*f.*).

periferica (unità periferica) (*s. - calc.*), Anschlussgerät (*n.*).

periferico (*gen.*), peripherisch, peripher. **2** (*calc.*), periferisch. **3 campo** ~ (di un fotometro) (*ott. - illum.*), Umfeld (*n.*). **4 unità periferica** (*calc.*), Anschlussgerät (*n.*).

perigeo (*astr.*), Erdnähe (*f.*), Perigäum (*n.*).

perimetro (*geom.*), Perimeter (*m.*), Umfang (*m.*). **2** ~ (apparecchio per determinare l'ampiezza del campo visivo) (*app. - ott.*), Perimeter (*n.*). **3 luce di** ~ (*aer.*), Randfeuer (*n.*).

periodicità (*gen.*), Periodizität (*f.*).

periodico (*a. - gen.*), periodisch. **2** ~ (pubblicazione) (*s. - tip. - giorn.*), Zeitschrift (*m.*). **3** ~ **mensile** (rivista mensile, mensile) (*tip.*), Monatsschrift (*f.*). **4** ~ **tecnico** (rivista tecnica) (*tip. - giorn.*), Fachzeitschrift (*f.*). **5 errore** ~ (di una dentatura) (*mecc.*), zyklischer Fehler. **6 quasi-** (funzione) (*mat.*), quasiperiodisch.

periodo (*gen.*), Periode (*f.*). **2** ~ (intervallo di tempo) (*gen.*), Zeitabschnitt (*m.*), Zeitraum (*n.*). **3** ~ (nella saldatura, 1 periodo = 1/50 s) (*tecnol. mecc.*), Periode (*f.*). **4** ~ (*fis.- elett.*), Periode (*f.*). **5** ~ **biologico** (*fis. nucl. - radioatt.*), biologische Halbwertzeit. **6** ~ **cretacico** (cretaceo) (*geol.*), Kreideformation (*f.*). **7** ~ **d'esercizio** (periodo di funzionamento) (*macch. - ecc.*), Betriebsperiode (*f.*). **8** ~ **di addestramento** (*lav. - pers.*), Anlernzeit (*f.*), Lehrzeit (*f.*), Anlehre (*f.*). **9** ~ **di addestramento sul lavoro** (*lav.*), Einarbeitungszeit (*f.*). **10** ~ **di affinazione** (*metall.*), Frischperiode (*f.*), Feinperiode (*f.*). **11** ~ **di aspettativa** (*pers. - lav.*), Karenzzeit (*f.*), Wartezeit (*f.*). **12** ~ **di assestamento** (di una macchina) (*mecc.*), Einlaufzeit (*f.*). **13** ~ **di carica** (durata di carica, d'un orologio p. es.) (*mecc. - ecc.*), Laufzeit (*f.*). **14** ~ **di degenza in ospedale** (*med.*), Krankenhausaufenthalt (*m.*). **15** ~ **di dimezzamento** (periodo radioattivo, tempo

periscopio

di dimezzamento, semiperiodo) (*radioatt.*), Halbwertzeit (*f.*). **16 ~ di funzionamento** (di un motore p. es.) (*mot.*), Betriebsdauer (*f.*). **17 ~ di fusione** (*metall.*), Einschmelzzeit (*f.*). **18 ~ di garanzia** (*comm.*), Garantiefrist (*f.*), Garantiezeit (*f.*). **19 ~ di immersione** (*tratt. term. - ecc.*), Tauchdauer (*f.*). **20 ~ di lavaggio del filtro** (periodo tra due lavaggi successivi) (*ind.*), Filterlaufzeit (*f.*). **21 ~ di lavoro** (*lav. - pers.*), Arbeitszeit (*f.*). **22 ~ d'inserzione** (durata dell'inserzione d'un motore) (*elett.*), Einschaltzeit (*f.*). **23 ~ di oscillazione** (*fis.*), Schwingungsdauer (*f.*). **24 ~ di preavviso** (*organ. lav.*), Kündigungsfrist (*f.*). **25 ~ di prova** (*lav. - pers.*), Probezeit (*f.*). **26 ~ di punta** (*telef.*), Hauptverkehrszeit (*f.*). **27 ~ di qualificazione** (d'un operaio) (*lav. - pers.*), Wartezeit (*f.*). **28 ~ di revisione** (periodo tra le revisioni, di un mot. d'aviazione p. es.) (*mot.*), Überholungszeit (*f.*). **29 ~ di riscaldamento** (per portarsi a temperatura di regime) (*gen.*), Aufheizperiode (*f.*). **30 ~ di riscaldo** (o di riscaldamento, di valvole p. es.) (*radio - ecc.*), Einbrennzeit (*f.*). **31 ~ di rodaggio** (*aut. - mot.*), Einlaufzeit (*f.*), Einfahrzeit (*f.*). **32 ~ di soppressione del quadro** (*telev.*), Teilbild-Austastperiode (*f.*). **33 ~ di spegniscintilla** (periodo di spegnifiamma, nella rettifica) (*lav. macch. ut.*), Ausfunkzeit (*f.*), Ausfeuerzeit (*f.*). **34 ~ di tassazione** (*finanz.*), Veranlagungszeitraum (*m.*). **35 ~ di validità** (di una assicurazione p. es.) (*gen.*), Laufzeit (*f.*). **36 ~ fiscale** (*amm.*), Bilanzperiode (*f.*). **37 ~ neolitico** (*geol.*), Neolithikum (*n.*). **38 ~ orbitale** (*astronautica*), Umlaufzeit (*f.*). **39 ~ radioattivo** (periodo di dimezzamento, tempo di dimezzamento, semiperiodo) (*radioatt.*), Halbwertzeit (*f.*), Zerfallszeit (*f.*). **40 ~ tra le revisioni** (di un mot. p. es.) (*mot. - ecc.*), Standzeit (*f.*). **41 ~ transitorio** (*gen.*), Übergangsperiode (*f.*). **42 ~ transitorio** (*elett.*), Einschwingzeit (*f.*).

periscopio (di un sottomarino) (*strum. ott.*), Periskop (*n.*), Sehrohr (*n.*).

perisfera (ad una profondità da 60 a 1200 km) (*geol.*), Perisphäre (*f.*).

peristilio (vano circondato da colonne) (*arch.*), Peristyl (*n.*).

peritale (*ed. - ecc.*), gutachtlich.

peritettico (di leghe) (*chim. - metall.*), Peritektikum (*n.*).

perito (*lav.*), Abschätzer (*m.*), Taxator (*m.*), Schätzungsbeamter (*m.*). **2 ~** (specialista, esperto) (*gen.*), Begutachter (*m.*), Techniker (*m.*), Sachverständiger (*m.*), Fachmann (*m.*). **3 ~ edile** (*lav. - ed.*), Bautechniker (*m.*), Bausachverständiger (*m.*). **4 sottoporre ad un ~** (sottoporre ad un esperto) (*gen.*), begutachten lassen.

perizia (stima) (*comm. - ecc.*), Schätzung (*f.*), Taxation (*f.*). **2 ~** (parere di un esperto) (*gen.*), Begutachtung (*f.*). **3 ~** (*ed. - ecc.*), Begutachtung (*f.*), Expertise (*f.*).

periziare (*gen.*), begutachten. **2 far ~** (*gen.*), begutachten lassen.

perla (*chim. - ecc.*), Perle (*f.*). **2 ~ al sale di fosforo** (*chim.*), Phosphorsalzperle (*f.*). **3 ~ di saldatura** (*tecnol. mecc.*), Schweissperle (*f.*). **4 ~ di trasudazione** (goccia di trasudazione, sulla superfice di getti) (*fond.*), Schwitzperle (*f.*), Schwitzkugel (*f.*).

perlina (tavola con cava e linguetta per perlinaggi) (*falegn.*), Spundbrett (*n.*). **2 a perline** (perlinato, una parete p. es.) (*carp. - falegn.*), verspunden.

perlinaggio (perlinatura) (*falegn. - ed.*), Spundbelag (*m.*). **2 macchina per perlinaggi** (macchina per perlinature) (*macch. falegn.*), Spundmaschine (*f.*). **3 pialla per perlinaggi** (*ut. falegn.*), Spundhobel (*m.*).

perlinare (lavorare scanalature e linguette su una tavola) (*falegn.*), spunden. **2 ~** (pannellare) (*falegn.*), abfachen.

perlite (struttura del ferro) (*metall.*), Perlit (*m.*). **2 ~** (additivo per calcestruzzo) (*min.*), Perlite (*m.*). **3 ~ globulare** (perlite sferoidale) (*metall.*), körniger Perlit. **4 ~ lamellare** (*metall.*), streifiger Perlit. **5 ~ sferoidale** (perlite globulare) (*metall.*), körniger Perlit.

perlon (fibra sintetica) (*chim.*), Perlon (*n.*).

perm (pm, unità di permeabilità ai gas) (*unità - fis.*), Perm (*n.*), Pm.

« permalloy » (lega ad alta permeabilità iniziale) (*metall. - elett.*), « Permalloy » (*n.*).

permanente (*a. - gen.*), permanent, dauernd, ständig. **2 ~** (tessera, abbonamento) (*s. - trasp. - ecc.*), Dauerkarte (*f.*). **3 magnete ~** (*elett.*), Permanentmagnet (*m.*). **4 scarto ~** (*regolaz.*), bleibende Abweichung.

permanenza (soggiorno) (*gen.*), Haltedauer (*f.*), Aufenthalt (*m.*). **2 ~** (a temperatura fissa) (*tratt. term. - metall.*), Haltedauer (*f.*). **3 ~** (di proprietà magnetiche) (*elett.*), Permanenz (*f.*). **4 fossa di ~** (per lingotti d'acciaio, per stabilizzarne la temperatura) (*metall.*), Ausgleichsgrube (*f.*). **5 periodo di ~** (di un elettrone nella sua orbita) (*fis. atom.*), Verweilzeit (*f.*). **6 tempo di ~** (*gen.*), Verharrzeit (*f.*). **7 tempo di ~** (del lingotto nella lingottiera p. es.) (*metall.*), Stehzeit (*f.*). **8 tempo di ~** (tempo di regime, tempo di riscaldo a cuore) (*metall.*), Durchwärmungszeit (*f.*).

permanganato (*chim.*), Permanganat (*n.*), übermangansaures Salz.

permatron (tubo elettronico) (*elettronica*), Permatron (*n.*).

permeabile (*gen.*), durchlässig. **2 ~** (permoporoso, mat. plastica) (*ind. chim.*), permoporös. **3 ~ all'acqua** (*gen.*), wasserdurchlässig.

permeabilità (*gen.*), Durchlässigkeit (*f.*). **2 ~** (*elett. - fis.*), Permeabilität (*f.*), Durchlässigkeit (*f.*). **3 ~ acustica** (*acus.*), Schalldurchlässigkeit (*f.*). **4 ~ all'aria** (*ind. carta e tess.*), Luftdurchlässigkeit (*f.*). **5 ~ differenziale** (*fis.*), differentielle Permeabilität. **6 ~ magnetica** (*fis.*), magnetische Durchlässigkeit. **7 coefficiente di ~** (*fis.*), Durchlässigkeitsbeiwert (*m.*). **8 coefficiente di ~ del terreno** (*ed.*), Bodenkonstante *f.*). **9 prova di ~** (*ed.*), Durchlässigkeitsversuch (*m.*).

permeametro (*app.*), Permeabilitätsmessgerät (*n.*). **2 ~** (*app. elett.*), Permeameter (*n.*).

permeanza (*elett.*), Permeanz (*f.*), magnetischer Leitwert.

permeato (materiale permeato) (*s. - chim.*), Permeat (*n.*).

permesso (*s. - lav.*), Urlaub (*m.*). **2** ~ (tesserino o foglietto scritto) (*s. - lav.*), Urlaubsschein (*m.*). **3** ~ (autorizzazione) (*s. - gen.*), Erlaubnis (*f.*), Bewilligung (*f.*). **4** ~ (lasciapassare) (*s. - gen.*), Passkarte (*f.*), Passierschein (*m.*), Pass (*m.*), Erlaubnisschein (*m.*). **5** ~ (autorizzato) (*a. - gen.*), zugelassen. **6** ~ (tollerato) (*a. - tecnol. - ecc.*), zulässig, zul. **7** ~ **di esportazione** (*comm.*), Ausfuhrerlaubnis (*f.*), Ausfuhrbewilligung (*f.*), Ausfuhrgenehmigung (*f.*). **8** ~ **di importazione** (*comm.*), Einfuhrerlaubnis (*f.*), Einfuhrbewilligung (*f.*), Einfuhrgenehmigung (*f.*). **9** ~ **di lavoro** (*organ. lav.*), Arbeitskarte (*f.*), Arbeitserlaubnis (*f.*). **10** ~ **per malattia** (*lav.*), Krankheitsurlaub (*m.*). **11** ~ **di soggiorno** (*leg.*), Aufenthaltsbewilligung (*f.*). **12 concessione di** ~ (*lav.*), Beurlaubung (*f.*). **13 dare un** ~ (rilasciare un permesso) (*lav.*), beurlauben.
permettanza (specifica, costante dielettrica, permettività) (*elett.*), Dielektrizitätskonstante (*f.*), elektrische Feldkonstante, Influenzkonstante (*f.*), Verschiebungskonstante (*f.*).
permettività (permettanza specifica, costante dielettrica) (*elett.*), Dielektrizitätskonstante (*f.*), elektrische Feldkonstante, Influenzkonstante (*f.*), Verschiebungskonstante (*f.*).
permiano (periodo del paleozoico) (*geol.*), Perm (*n.*).
permille (p.m., ‰) (*mat.*), Promille (*n.*), vom Tausend, V.T.
perminvar (lega magnetica; 30% Fe, 45% Ni, 25% Co) (*elett. - telef.*), Perminvar (*n.*).
permissivo (blocco p. es.) (*ferr.*), bedingt, permissiv. **2 non** ~ (segnale; assoluto) (*ferr.*), unbedingt, absolut.
permittività (*elett.*), *vedi* permettività.
permoporoso (permeabile, mat. plastico) (*ind. chim.*), permoporös.
permuta (*comm.*), Eintausch (*m.*), Einwechselung (*f.*). **2 dare in** ~ (permutare) (*comm.*), einwechseln.
permutare (dare in permuta) (*comm.*), einwechseln, umtauschen. **2** ~ (*mat.*), permutieren.
permutazione (*mat.*), Permutation (*f.*), Vertauschung (*f.*). **2** ~ **dei pneumatici** (eseguita periodicamente allo scopo di ottenere una uniforme usura dei battistrada delle varie ruote) (*aut.*), Reifenwechsel (*m.*).
permutite (sostanza scambiatrice di ioni, per la depurazione dell'acqua) (*ind. chim.*), Permutit (*m.*). **2 addolcitore a** ~ (*chim.*), Permutitenthärter (*m.*).
perno (di articolazione) (*mecc.*), Gelenkzapfen (*m.*), Zapfen (*m.*), Bolzen (*m.*). **2** ~ (portante, di un albero p. es.) (*mecc.*), Zapfen (*m.*). **3** ~ (della cerniera di una porta p. es.) (*falegn. - ecc.*), Angelzapfen (*m.*), Scharnierstift (*m.*). **4** ~ **accoppiamento (semirimorchio)** (perno della ralla) (*veic.*), Königszapfen (*m.*), Kupplungszapfen (*m.*). **5** ~ **ad estremità filettate** (con gole, colonnetta) (*mecc.*), Schraubbolzen (*m.*), Schraubenbolzen (*m.*). **6** ~ **ad occhio** (*mecc.*), Augbolzen (*m.*), Ösenbolzen (*m.*), Angelring (*m.*). **7** ~ **a forchetta** (perno a forcella) (*mecc.*), Gabelzapfen (*m.*). **8** ~ **a rotula** (perno sferico, perno ad estremità sferica) (*mecc.*), Kugelbolzen (*m.*), Kugelzapfen (*m.*). **9** ~ **a testa larga** (perno a testa piana larga) (*mecc.*), Bolzen mit grossem Kopf. **10** ~ **a testa piana con estremità filettata** (con gola) (*mecc.*), Bolzen mit Gewindezapfen. **11** ~ **a testa stretta** (perno a testa piana stretta) (*mecc.*), Bolzen mit kleinem Kopf. **12** ~ **a testa stretta con foro per copiglia** (perno a testa piana stretta con foro per copiglia) (*mecc.*), Bolzen mit kleinem Kopf mit Splintloch. **13** ~ **a testa svasata** (*mecc.*), Senkbolzen (*m.*). **14** ~ **cavo** (perno di collegamento) (*mecc.*), Hohlbolzen (*m.*). **15** ~ **cilindrico** (*mecc.*), Walzenzapfen (*m.*). **16** ~ **con fori per copiglia** (*mecc.*), Bolzen mit Splintlöchern. **17** ~ **d'articolazione** (*mecc.*), Gelenkzapfen (*m.*). **18** ~ **del bilanciere** (perno di molla motrice) (*mecc.*), Federkern (*m.*), Federwelle (*f.*). **19** ~ **del cilindro** (*lamin.*), Walzenzapfen (*m.*), Laufzapfen der Walze. **20** ~ **del fuso a snodo** (perno dello snodo) (*aut.*), Lenkbolzen (*m.*), Achsschenkelbolzen (*m.*). **21** ~ **dell'ago** (della bussola) (*strum.*), Pinne (*f.*). **22** ~ **della leva del cambio** (fulcro della leva del cambio) (*veic.*), Schaltwelle (*f.*). **23** ~ **della ralla** (perno accoppiamento semirimorchio) (*veic.*), Königszapfen (*m.*), Kupplungszapfen (*m.*). **24** ~ **della ralla** (di un carrello) (*ferr.*), Drehzapfen (*m.*). **25** ~ **della staffa** (spina della staffa) (*fond.*), Formkastenstift (*m.*). **26** ~ **della testa a croce** (*mecc.*), Kreuzkopfbolzen (*m.*). **27** ~ **d'estremità** (*mecc.*), Stirnzapfen (*m.*). **28** ~ **di agganciamento** (per rimorchi) (*veic.*), Kupplungsbolzen (*m.*), Kupplungszapfen (*m.*), Vorsteckbolzen (*m.*). **29** ~ **di arresto** (perno di battuta) (*mecc.*), Anschlagbolzen (*m.*). **30** ~ **di articolazione** (perno di snodo) (*mecc.*), Gelenkbolzen (*m.*). **31** ~ **di banco** (d'un albero a gomiti) (*mot.*), Lagerzapfen (*m.*). **32** ~ **di biella** (perno di manovella) (*mot.*), Kurbelzapfen (*m.*). **33** ~ **di bielletta** (di un mot. stellare) (*mot. d'aviazione*), Nebenpleuelzapfen (*m.*). **34** ~ **di bloccaggio** (perno di serraggio) (*mecc.*), Sperrbolzen (*m.*), Schlussbolzen (*m.*). **35** ~ **di bloccaggio** (del gancio di traino di un rimorchio p. es.) (*veic. - ecc.*), Verriegelungsbolzen (*m.*). **36** ~ **di catena** (*mecc.*), Kettenbolzen (*m.*). **37** ~ **di centraggio** (*mecc.*), Zentrierzapfen (*m.*). **38** ~ **di centraggio** (tassello di centraggio di uno stampo) (*fucinatura*), Haltestein (*m.*). **39** ~ **di centraggio** (d'un ponte girevole p. es.) (*ing. civ.*), Königszapfen (*m.*), Zentrierungszapfen (*m.*). **40** ~ **di cerniera** (*mecc.*), Scharnierstift (*m.*). **41** ~ **di guida** (pilota, di un punzone) (*lav. lamiera*), Suchstift (*m.*). **42** ~ **di manovella** (perno di biella) (*mot.*), Kurbelzapfen (*m.*). **43** ~ **di Nelson** (*cald.*), Stift (*m.*). **44** ~ **di riferimento** (spina di riferimento, di un attrezzo) (*mecc.*), Einstellbolzen (*m.*). **45** ~ **di riscontro** (per rilevare impronte di contatto con pasta colorata) (*mecc.*), Tuschierdorn (*m.*). **46** ~ **di serraggio** (perno di bloccaggio) (*mecc.*), Sperrbolzen (*m.*), Schlussbolzen (*m.*). **47** ~ **di snodo** (perno di articolazione) (*mecc.*), Gelenkbolzen (*m.*). **48** ~ **di spinta** (*mecc.*), Spurzapfen (*m.*), Stützzapfen

(m.). 49 ~ di spinta a collare (mecc.), Kammzapfen (m.). 50 ~ di spinta anulare (mecc.), Ringzapfen (m.), ringförmiger Spurzapfen. 51 ~ di spinta a sfera (mecc.), kugeliger Spurzapfen. 52 ~ di stantuffo (spinotto dello stantuffo) (mot.), Kolbenbolzen (m.). 53 ~ distanziatore (distanziatore, repulsore, di uno stampo per pressofusione p. es.) (mecc. - fond.), Rückstoss-stift (m.), Rückstosser (m.). 54 ~ di testa a croce (macch.), Kreuzkopfbolzen (m.), Gabelzapfen (m.). 55 ~ fisso (fulcro) (mecc.), Drehzapfen (m.), Drehbolzen (m.). 56 ~ per agganciamento (del rimorchio) (veic.), Kupplungsbolzen (m.), Kupplungszapfen (m.). 57 ~ portante (mecc.), Tragzapfen (m.), Stützzapfen (m.), Zapfen (m.). 58 ~ quadro (mecc.), Spindelvierkant (m.). 59 ~ radiale (mecc.), vedi perno portante. 60 ~ ralla (perno della ralla di un carrello) (ferr.), Drehzapfen (m.). 61 ~ -sede di rotolamento (sede di rotolamento di un cuscinetto a rulli nel quale i rulli sono a contatto diretto del perno) (mecc.), Laufbolzen (m.). 62 ~ senza testa (mecc.), Bolzen ohne Kopf. 63 ~ sferico (perno a rotula, perno ad estremità sferica) (mecc.), Kugelzapfen (m.). 64 applicazione dei perni di Nelson (cald.), Bestiftung (f.). 65 saldatura dei perni di Nelson (cald.), Bestiftungsschweissen (n.). 66 supporto del ~ a punta (di un bilanciere) (orolog.), Körnerlagerung (f.).

perossido (chim.), Peroxyd (n.), Hyperoxyd (n.), Superoxyd (n.). 2 ~ d'idrogeno (H_2O_2) (acqua ossigenata) (chim.), Wasserstoffperoxyd (n.), Wasserstoffsuperoxyd (n.).

perpendicolare (ad angolo retto, ortogonale) (a. - geom. - ecc.), rechtwinklig, senkrecht. 2 ~ (normale) (s. - geom.), Normale (f.), Senkrechte (f.). 3 ~ (s. - costr. nav.), Perpendikel (n. - m.), Lot (n.). 4 ~ (normale) (a. - min.), saiger. 5 ~ all'asse (mecc.), achssenkrecht. 6 lunghezza tra le perpendicolari (costr. nav.), Länge zwischen den Perpendikeln.

perquisire (leg. - ecc.), durchsuchen.
perquisizione (leg. - ecc.), Durchsuchung (f.).
perseguibile (leg.), verfolgbar.
persiana (scuretto, gelosia, di finestra) (ed.), Laden (m.), Fensterladen (m.). 2 ~ (del radiatore) (aut.), Abdeckung (f.). 3 ~ a battenti (gelosia a battenti) (ed.), Klappladen (m.). 4 ~ avvolgibile (avvolgibile, per porte e finestre) (ed.), Rolladen (m.).
persistente (permanente, continuo) (gen.), andauernd. 2 ~ (non smorzato, un'oscillazione p. es.) (fis.), ungedämpft. 3 ~ (congiuntura economica p. es.) (gen.), anhaltend.
persistenza (gen.), Nachdauer (f.). 2 ~ della visione (ott.), Augenträgheit (f.). 3 ~ del segnale (coda di segnale) (radar), Signalschwanz (m.).
persistere (gen.), verharren, bleiben.
persona (gen.), Person (f.). 2 ~ giuridica (leg.), juristische Person. 3 terza ~ (gen.), dritte Person, Dritter (m.).
personale (impiegati e lavoratori) (s. - ind.), Personal (n.), Belegschaft (f.). 2 ~ (scritto) (a. - posta), vertraulich. 3 ~ addetto ai guasti (squadra riparatori) (telef. - ecc.), Störungspersonal (n.), Störungstrupp (m.). 4 ~ al suolo (per servizio al suolo) (aer.), Bodenmannschaft (f.), Bodenpersonal (n.). 5 ~ di macchina (nav.), Maschinenpersonal (n.). 6 ~ di servizio (gen.), Bedienungspersonal (n.). 7 ~ di volo (aer.), fliegendes Personal. 8 ~ effettivo (milit.), Stammpersonal (n.). 9 ~ fisso (pers. - ind.), Stammpersonal (n.), Stammbelegschaft (f.). 10 ~ in forza (numero dei dipendenti di una ditta) (pers. - ind.), Personalbestand (m.), Zahl der Beschäftigten. 11 ~ navigante (aer.), Flugpersonal (n.). 12 avvicendamento del ~ (rotazione del personale) (pers. - lav.), Personalwechsel (m.), Arbeitskraftwechsel (m.). 13 capo del ~ (direttore del personale) (lav. - pers.), Personalchef (m.). 14 con ~ di servizio (presidiato, una stazione radio p. es.) (radio - ecc.), bemannt. 15 direttore del ~ (capo del personale) (lav. - pers.), Personalchef (m.). 16 direzione del ~ (ind.), Personalführung (f.), Personalverwaltung (f.), Personalwirtschaft (f.). 17 direzione del ~ (reparto di una grande ditta) (ind. - pers.), Belegschaftsabteilung (f.). 18 fabbisogno di ~ (richiesta di personale) (pers.), Personalaufwand (m.). 19 matricola del ~ (pers.), Personalakte (f.). 20 piano di sostituzione del ~ (pers.), Personalersatzplan (m.). 21 richiesta di ~ (fabbisogno di personale) (pers.), Personalaufwand (m.). 22 ridurre il ~ (pers.), die Belegschaft abbauen. 23 riduzione del ~ (pers.), Personalabbau (m.). 24 rotazione del ~ (avvicendamento del personale) (pers. - lav.), Personalwechsel (m.), Arbeitskraftwechsel (m.). 25 selezione del ~ (pers. - lav.), Personalauswahl (f.), Personalauslese (f.). 26 senza ~ (non presidiato) (gen.), unbemannt, unbedient. 27 sottrazione di ~ (pers. - ind.), Personalabwerbung (f.). 28 spese per il ~ (pers.), Personalkosten (f. pl.).

perspicuo (chiaro, evidente; un calcolo, un risultato, p. es.) (gen.), übersichtlich.
PERT (Program Evaluation and Review Technique; tecnica della valutazione e della revisione critica dei programmi di progetti) (progr. - ind.), PERT, Technik der Bewertung und kritischen Prüfung von Projektprogrammen.
pertica (triplometro) (att. top.), Messlatte (f.), Messtange (f.), Messtab (m.), Messrute (f.).
pertinente (appartenente, relativo) (gen.), zugehörig, hingehörig.
pertite (min.), Perthit (m.), Kali-Natron Feldspat (m.).
perturbatore (a. - gen.), störend. 2 campo ~ (campo di disturbo) (radio - ecc.), Störfeld (n.).
perturbazione (fis. - ecc.), Störung (f.), Perturbation (f.). 2 ~ (astr. - ecc.), Perturbation (f.), Störung (f.).
perveanza (di un tubo elettronico) (elettronica), Perveanz (f.).
pesa (pesatrice) (macch.), Wiegemaschine (f.), Wägemaschine (f.), Waage (f.). 2 ~ a ponte (pesatrice a ponte, pesa) (macch.), Brückenwaage (f.), Plattformwaage (f.). 3 ~ da binario (binario pesa) (ferr.), Gleiswaage (f.).

4 ~ per autocarri (*macch.*), Lastkraftwagenwaage (*f.*). **5 ~ per persone** (pesapersone) (*macch.*), Personenwaage (*f.*). **6 addetto alla ~** (*lav.*), Wäger (*m.*), Verwieger (*m.*). **7 casello della ~** (*ed.*), Wiegehäuschen (*n.*), Waagehäuschen (*n.*).

pesalettere (*app. - uff.*), Briefwaage (*f*).

pesante (di grande peso) (*gen.*), schwer. **2 ~ per lavori pesanti** (*macch.*), schwer, hochbelastbar. **3 più ~ dell'aria** (*aer.*), schwerer als Luft.

pesapersone (pesa per persone) (*macch.*), Personenwaage (*f.*).

pesare (*gen.*), wägen, wiegen.

pesata (pesatura) (*ind. - ecc.*), Wägung (*f.*), Wiegung (*f.*). **2 ~ di Borda** (metodo di pesata di Borda) (*fis.*), Bordasche Wägung. **3 ~ finale** (*ind.*), Auswiegung (*f.*), Endwiegung (*f.*). **4 ~ iniziale** (*ind.*), Einwaage (*f.*).

pesatrice (pesa) (*macch.*), Wiegemaschine (*f.*), Wägemaschine (*f.*), Waage (*f.*). **2 ~ a ponte** (pesa a ponte, pesa) (*macch.*), Brückenwaage (*f.*), Plattformwaage (*f.*). **3 insaccatrice- ~** (*macch.*), Sackwaage (*f.*), Sackfüllwaage (*f.*).

pesatura (pesata) (*ind. - ecc.*), Wiegung (*f.*), Wägen (*n.*). **2 ~ continua** (*ind.*), stetiges Wägen.

pesca (*pesca*), Fischerei (*f.*). **2 ~ a cianciolo** (pesca con rete di aggiramento) (*pesca*), Ringwadenfischerei (*f.*). **3 ~ a strascico** (*pesca*), Fischerei mit dem Grundschleppnetz, Schleppnetzfischerei (*f.*). **4 ~ con lenza** (*pesca*), Angelfischerei (*f.*). **5 ~ con lenzara** (pesca con palamite o palangresi) (*pesca*), Langleinenfischerei (*f.*). **6 ~ con palamite** (pesca con lenzara o con palangresi) (*pesca*), Langleinenfischerei (*f.*). **7 ~ con palangresi** (pesca con palamite, pesca con lenzara) (*pesca*), Langleinenfischerei (*f.*). **8 ~ con rete** (*pesca*), Netzfischerei (*f.*), Garnfischerei (*f.*). **9 ~ con rete a imbrocco** (*pesca*), Treibnetzfischerei (*f.*). **10 ~ con rete di aggiramento** (pesca a cianciolo) (*pesca*), Ringwadenfischerei (*f.*). **11 ~ con rete di aggiramento** (salpata dalla riva) (*pesca*), Zugnetzfischerei (*f.*). **12 ~ costiera** (*pesca*), Küstenfischerei (*f.*). **13 ~ d'alto mare** (pesca d'altura) (*pesca*), Hochseefischerei (*f.*). **14 ~ di altura** (pesca di alto mare) (*pesca*), Hochseefischerei (*f.*). **15 ~ fluviale delle anguille** (nei grossi fiumi) (*pesca*), Schockerfischerei (*f.*), Schokkerfischerei (*f.*). **16 ~ in acque interne** (*pesca*), Binnenfischerei (*f.*). **17 peschereccio per ~ a strascico** (*pesca - nav.*), Trawler (*m.*).

pescaggio (immersione) (*costr. nav.*), Tiefgang (*m.*). **2 ~ a carico** (immersione a carico) (*nav.*), Ladetiefgang (*m.*). **3 ~ a nave scarica** (immersione a nave scarica) (*nav.*), Leertiefgang (*m.*). **4 ~ a pieno carico** (immersione a pieno carico) (*costr. nav.*), Tiefgang beladen (*m.*). **5 ~ a poppa** (immersione a poppa) (*costr. nav.*), hinterer Tiefgang (*m.*). **6 ~ minimo** (*nav.*), Mindesttiefgang (*m.*). **7 a ~ uniforme** (avente uguale pescaggio a poppa ed a prua) (*costr. nav.*), gleichlastig. **8 di forte ~** (molto pescante) (*costr. nav.*), tiefgehend, mit starkem Tiefgang. **9 marca di ~** (*costr. nav.*), Tiefgangmarke (*f.*), Ahming (*f.*).

pescare (*pesca*), fischen.

pescatore (ricuperatore, per il ricupero di aste di perforazione p. es.) (*ut. min.*), Bohrfänger (*m.*), Fanggerät (*n.*), Fanghaken (*m.*), Hakenfänger (*m.*). **2 ~** (*lav.*), Fischer (*m.*). **3 ~ per aste** (attrezzo per il ricupero delle aste) (*ut. min.*), Gestängefanggerät (*n.*). **4 ~ per scalpelli** (ricuperatore per scalpelli) (*ut. min.*), Meisselfanghaken (*m.*), Bohrmeisselhaken (*m.*). **5 ~ per tubi** (*ut. min.*), Rohrfänger (*m.*), Rohrfanghaken (*m.*).

pescatubi (ricuperatore per tubi) (*ut. min.*), Rohrfänger (*m.*), Rohrfanghaken (*m.*).

pesce (*pesca*), Fisch (*m.*). **2 coda di ~** (difetto di fucinatura p. es.) (*metall.*), Fischschwanz (*m.*). **3 occhio di ~** (difetto metall.), Fischauge (*n.*).

peschereccio (barca da pesca) (*nav. - pesca*), Fischerboot (*n.*), Fischereifahrzeug (*n.*). **2 ~ con impianto di congelamento** (*pesca*), Gefrierschiff (*n.*). **3 ~ d'alto mare** (peschereccio d'altura) (*nav.*) - *pesca*), Hochseefischerboot (*n.*). **4 ~ d'altura** (peschereccio d'alto mare) (*nav. - pesca*), Hochseefischerboot (*n.*). **5 ~ per la pesca delle sardine** (*nav.*), Logger (*m.*), Büse (*f.*), Lugger (*m.*), Heringslogger (*m.*). **6 ~ per pesca a strascico** (*pesca - nav.*), Trawler (*m.*).

peso (*fis.*), Gewicht (*n.*). **2 ~** (*sport*), Hantel (*f.*). **3 ~ aderente** (*veic. - ferr.*), Reibungsgewicht (*n.*), Adhäsionsgewicht (*n.*). **4 ~ al lancio** (d'un missile p. es.) (*astronautica - ecc.*), Startgewicht (*n.*). **5 ~ apparente** (del terreno, compreso il contenuto di acqua) (*ed.*), Frischgewicht (*n.*). **6 ~ a secco** (*gen.*), Trockengewicht (*n.*), Darrgewicht (*n.*). **7 ~ a secco** (di un mot. a c. i.) (*mot. - aut.*), Trockengewicht (*n.*). **8 ~ a secco** (del filato) (*ind. tess.*), Trockengewicht (*n.*). **9 ~ atomico** (*chim.*), Atomgewicht (*n.*). **10 ~ a vuoto** (*veic.*), Leergewicht (*n.*), Eigengewicht (*n.*). **11 ~ a vuoto** (peso di costruzione o di progetto, di un velivolo) (*aer.*), Baugewicht (*n.*), Rüstgewicht (*n.*), Konstruktionsgewicht (*n.*). **12 ~ a vuoto** (peso in ordine di volo senza carico pagante) (*aer.*), Betriebsgewicht (*n.*). **13 ~ a vuoto in ordine di marcia con serbatoi pieni** (*aut.*), Eigengewicht vollgetankt. **14 ~ commerciale** (peso di media precisione) (*comm.*), Handelsgewicht (*n.*). **15 ~ dei trucioli** (asportati o da asportare) (*lav. macch. ut.*), Abspangewicht (*n.*), Spangewicht (*n.*), Zerspangewicht (*n.*). **16 ~ del boccame** (di un getto) (*fond.*), Anguss- und Steigergewicht (*n.*). **17 ~ del getto con colate e montanti** (peso lordo del getto, peso della carica) (*fond.*), Einsatzgewicht (*n.*). **18 ~ della carica** (peso lordo del getto, peso del getto con colate e montanti) (*fond.*), Einsatzgewicht (*n.*). **19 ~ dello spezzone (di partenza)** (nella forgiatura) (*fucin.*), Ausgangsformgewicht (*n.*), Einsatzgewicht (*n.*). **20 ~ (di corpo) immerso** (peso diminuito della spinta idrostatica, di un corpo immerso in un liquido od in un gas) (*fis.*), Tauchgewicht (*n.*). **21 ~ di costruzione** (peso di progetto, peso a vuoto, di un velivolo) (*aer.*), Baugewicht (*n.*), Rüstgewicht (*n.*), Konstruktionsgewicht (*n.*). **22 ~ di esercizio** (*veic.*), Be-

peso

triebsgewicht (*n.*), Dienstgewicht (*n.*). **23 ~ di progetto** (peso di costruzione, peso a vuoto, di un velivolo) (*aer.*), Baugewicht (*n.*), Rüstgewicht (*n.*), Konstruktionsgewicht (*n.*). **24 ~ di rullaggio** (d'un aereo) (*aer.*), Rollgewicht (*n.*). **25 ~ di tensione della fune portante** (contrappeso della fune portante, di una funivia) (*trasp.*), Tragseilspanngewicht (*n.*). **26 ~ elastico** (d'un traliccio p. es.) (*sc. costr.*), elastisches Gewicht, W-Gewicht (*n.*), W-Kraft (*f.*). **27 ~ equivalente** (*chim.*), Äquivalentgewicht (*n.*), Äquivalenzgewicht (*n.*). **28 ~ in esercizio** (peso in ordine di funzionamento) (*macch. - ecc.*), Dienstgewicht (*n.*), Betriebsgewicht (*n.*). **29 ~ iniettato** (peso di metallo iniettato, nella pressofusione, peso del pezzo più colate e montanti) (*fond.*), Schussgewicht (*n.*). **30 ~ in ordine di funzionamento** (peso in esercizio) (*macch. - ecc.*), Dienstgewicht (*n.*), Betriebsgewicht (*n.*). **31 ~ in ordine di volo senza carico pagante** (peso a vuoto) (*aer.*), Betriebsgewicht (*n.*). **32 ~ leggero** (*sport*), Leichtgewicht (*n.*). **33 ~ lordo** (*comm.*), Bruttogewicht (*n.*), Rohgewicht (*n.*). **34 ~ lordo del getto** (peso della carica, peso del getto con colate e montanti) (*fond.*), Einsatzgewicht (*n.*). **35 ~ massimo** (di un aereo) (*aer.*), Flughöchstgewicht (*n.*). **36 ~ minimo** (di monete in circolazione) (*finanz.*), Passiergewicht (*n.*), Mindestgewicht (*n.*). **37 ~ molecolare** (*chim.*), Molgewicht (*n.*), Molekulargewicht (*n.*). **38 ~ morto** (peso proprio) (*sc. costr.*), Totlast (*f.*), totes Gewicht, ruhende Last, Eigengewicht (*n.*), Totgewicht (*n.*). **39 ~ netto** (*comm.*), Nettogewicht (*n.*), Reingewicht (*n.*). **40 ~ normale** (peso di un chilogrammo con accelerazione normale) (*fis.*), Normalgewicht (*n.*), Normgewicht (*n.*). **41 ~ per kp di spinta** (rapporto fra peso a secco e spinta massima permessa) (*mot. a getto*), Schubgewicht (*n.*). **42 ~ per kp di spinta (statica)** (peso specifico, rapporto fra peso e spinta a punto fisso di reattori) (*aer.*), Einheitsgewicht (*n.*). **43 ~ per metro lineare** (*mis.*), Metergewicht (*n.*). **44 ~ per unità di potenza** (potenza massica, rapporto fra peso del motore e potenza massima) (*mot.*), Leistungsgewicht (*n.*). **45 ~ proprio** (peso morto) (*sc. costr.*), Totlast (*f.*), totes Gewicht, ruhende Last, Eigengewicht (*n.*), Totgewicht (*n.*). **46 ~ rimorchiato** (carico rimorchiato) (*aut.*), Anhängelast (*f.*). **47 ~ sospeso** (peso molleggiato, la scocca p. es.) (*aut.*), Federgewicht (*n.*). **48 ~ specifico** (*chim. - fis.*), spezifisches Gewicht. **49 ~ specifico** (assoluto, rapporto tra peso e volume) (*fis. chim.*), Wichte (*f.*). **50 ~ specifico** (peso per kp di spinta statica, rapporto fra peso e spinta a punto fisso di reattori) (*aer. - mot. a getto*), Einheitsgewicht (*n.*). **51 ~ specifico apparente** (di materiale alla rinfusa) (*fis.*), Schüttwichte (*f.*). **52 ~ specifico apparente** (di un corpo poroso, rapporto tra peso e volume compresi i vuoti) (*fis.*), Raumwichte (*f.*). **53 ~ specifico reale** (di materiali porosi, esclusi i vuoti) (*fis.*), Reinwichte (*f.*). **54 ~ specifico relativo** (*fis. - chim.*), relative Wichte. **55 ~ specifico vero** (peso specifico reale, di materiali porosi, esclusi i vuoti) (*ed.*), Reinwichte (*f.*). **56 ~ totale** (*aut. - ecc.*), Gesamtgewicht (*n.*). **57 ~ totale** (di un aereo) (*aer.*), Fluggewicht (*n.*), Abfluggewicht (*n.*). **58 ~ totale ammesso** (peso massimo consentito) (*aut. - ecc.*), zulässiges Gesamtgewicht. **59 ~ unitario** (*gen.*), Einheitsgewicht (*n.*). **60 ~ volumico apparente** (di materiale alla rinfusa; densità apparente) (*fis. - ind.*), Schüttgewicht (*n.*). **61 ad alto ~ molecolare** (di alto peso molecolare) (*chim.*), hochmolekular. **62 calo di ~** (di merci in deposito p. es.) (*comm.*), Schwund (*m.*). **63 calo di ~** (in sede di pesata) (*ind.*), Einwaage (*f.*). **64 eccesso di ~** (*gen.*), Übergewicht (*n.*). **65 lime a ~** (lime vendute a peso) (*ut. - comm.*), Gewichtsfeilen (*f. pl.*). **66 parti in ~** (d'una miscela) (*chim. - ecc.*), Gewichtsteile (*m. pl.*). **67 % in ~** (di un sistema binario) (*metall.*), Gew.-%. **68 portata in ~** (*idr. - ecc.*), Gewichtsdurchfluss (*m.*). **69 ufficio pesi e misure** (*mis.*), Eichamt (*n.*).

pestello (di mortaio) (*ut. - chim.*), Mörserkeule (*f.*), Stössel (*m.*), Stösser (*m.*), Reibkeule (*f.*), Pistill (*n.*). **2 ~** (mazzapicchio, pillo) (*ut. - ing. civ.*), Erdstampfe (*f.*), Stampfer (*m.*). **3 ~** (piletta, pigiatoio, calcatoio) (*ut. fond.*), Plattstampfer (*m.*), Stampfer (*m.*), Stampf (*m.*). **4 ~ da formatore** (*ut. fond.*), Formstampfer (*m.*). **5 ~ per calcestruzzo** (mazzapicchio, costipatore) (*ut. mur.*), Betonstampfer (*m.*).

pesto (mezza pasta) (*mft. carta*), Halbstoff (*m.*), Halbzeug (*n.*).

petardo (da nebbia p. es.) (*segnale - ferr.*), Knallkapsel (*f*), Petarde (*f.*).

PETP (polietilene tereftalato, materia plastica) (*ind. chim.*), PETP, Polyäthylen-Terephtalat (*n.*).

petrefatto (fossile) (*s. - geol.*), Petrefakt (*m.*).

petrificare (fossilizzare) (*geol.*), versteinern.

petrificazione (fossilizzazione) (*geol.*), Versteinerung (*f.*).

petrochimica (petrolchimica) (*chim.*), Petrolchemie (*f.*), Petrochemie (*f.*), Erdölchemie (*f.*).

petrografia (*min.*), Petrographie (*f.*), Gesteinslehre (*f.*).

petrolatum (*ind. chim.*), Petrolatum (*n.*).

petroliera (nave cisterna, per il trasporto di olii minerali) (*nav.*), Tanker (*m.*), Petroltanker (*m.*), Öltanker (*m.*).

petrolifero (*min.*), ölführend.

petrolio (olio minerale) (*ind. chim. - min.*), Erdöl (*n.*). **2 ~** (da illuminazione) (*chim.*), Petroleum (*n.*), Leuchtpetroleum (*n.*), Leuchtöl (*n.*). **3 ~ a base mista** (grezzo a base mista) (*min.*), gemischtes Erdöl. **4 ~ a base naftenica** (grezzo a base naftenica) (*min.*), naphtenisches Erdöl. **5 ~ a base paraffinica** (grezzo a base paraffinica) (*min.*), paraffinisches Erdöl. **6 ~ degassato** (grezzo privo del gas che conteneva nel giacimento) (*min. - ind. chim.*), Totöl (*n.*), totes Erdöl, entgastes Öl. **7 ~ greggio** (greggio) (*min.*), Roherdöl (*n.*), Rohöl (*n.*). **8 ~ illuminante** (olio lampante) (*ind. chim.*), Leuchtöl (*n.*), Petroleum (*n.*), Leuchtpetroleum (*n.*). **9 ~ non degassato** (grezzo contenente metano, gas naturale, come estratto dal giacimento) (*min.*), lebendiges Öl. **10 calo del ~ (grezzo)** (cambiamento di volume dal giacimento al serbatoio di stoccaggio) (*min.*), Ölschrumpfung (*f.*). **11 giacimento di ~** (*min.*), Öllagerstätte (*f.*). **12 imbrattamento da ~** (di coste, da scarichi di navi cisterna) (*ecol.*), Ölpest (*f.*). **13 impianti di raffinazione del ~** (*ind. chim.*), Erdölraffinerieanlagen (*f. pl.*). **14 lampada a ~** (*illum.*), Petrollampe (*f.*), Petroleumlampe (*f.*). **15 trasporto del ~** (trasporto del grezzo) (*ind. chim. - min.*), Erdöltransport (*m.*).

pettinaccia (cascame di pettinatura) (*ind. tess.*), Kämmling (*m.*).

pettinare (*ind. tess.*), hecheln. **2 ~** (la lana) (*ind. tess.*), kämmen, auskämmen. **3 ~ in fino** (*ind. tess.*), feinhecheln. **4 ~ in grosso** (*ind. tess.*), grobhecheln, vorhecheln.

pettinato (nastro pettinato) (*ind. tess.*), Kammzug (*m.*), Faserband (*n.*), Zug (*m.*). **2 ~** (tessuto pettinato) (*ind. tess.*), Kammgarnstoff (*m.*), Kammgarngewebe (*n.*). **3 ~ di lana** (tessuto pettinato di lana) (*ind. tess.*), Kammwollstoff (*m.*).

pettinatrice (scapecchiatrice) (*macch. tess.*), Hechelmaschine (*f.*), Hechler (*m.*). **2 ~** (per lana o cotone) (*macch. tess.*), Kammstuhl (*m.*), Kämmaschine (*f.*). **3 ~ in fino** (*macch. tess.*), Feinhechler (*m.*). **4 ~ in grosso** (*macch. tess.*), Grobhechler (*m.*), Vorhechler (*m.*). **5 ~ per lino** (macchina per pettinare il lino) (*macch. tess.*), Flachshechel (*f.*), Flachshechelmaschine (*f.*).

pettinatura (*ind. tess.*), Hecheln (*n.*). **2 ~** (della lana) (*ind. tess.*), Kämmen (*n.*), Kämmerei (*f.*). **3 ~ della lana** (*ind. lana*), Wollkämmerei (*f.*). **4 ~ in grosso** (*ind. tess.*), Grobhecheln (*n.*), Vorhecheln (*n.*). **5 cascame di ~** (*ind. tess.*), Werg (*n.*), Hede (*f.*). **6 reparto ~** (della lana) (*ind. tess.*), Kämmerei (*f.*), Wollkämmerei (*f.*).

pettine (*gen.*), Kamm (*m.*). **2 ~** (*ind. tess.*), Kamm (*m.*). **3 ~** (per canapa) (*macch. tess.*), Hechel (*f.*), Hechelkamm (*m.*). **4 ~** (di un telaio per tessitura) (*macch. tess.*), Blatt (*n.*), Riet (*n.*), Rietkamm (*m.*). **5 ~** (piastra per sformatura) (*fond.*), Durchziehplatte (*f.*), Durchzugplatte (*f.*). **6 ~** (all'estremità di un cavo) (*telef.*), Kamm (*m.*). **7 ~ circolare** (di una pettinatrice) (*macch. tess.*), Kreiskamm (*m.*). **8 ~ da lana** (*macch. tess.*), Wollkamm (*m.*). **9 ~ del cavo** (*telef.*), Kabelkamm (*m.*), Kabelbaum (*m.*). **10 ~ in fino** (*ind. tess.*), Feinhechel (*f.*). **11 ~ in grosso** (*ind. tess.*), Abzughechel (*f.*), Grobhechel (*f.*), Vorhechel (*f.*). **12 ~ invergatore** (pettine d'invergatura) (*macch. tess.*), Lesekamm (*m.*), Rispelkamm (*m.*). **13 ~ oscillante** (di una carda) (*macch. tess.*), Hackerkamm (*m.*), Hacker (*m.*). **14 ~ per canapa** (*tess.*), Hanfhechel (*f.*). **15 ~ per filettare** (*ut.*), Gewindestrehler (*m.*), Gewindesträhler (*m.*), Strähler (*m.*), Strehler (*m.*). **16 ~ per filettature esterne** (pettine per viti) (*ut. mecc.*), Aussenstrehler (*m.*). **17 ~ per filettature interne** (pettine per madreviti) (*ut. mecc.*), Innenstrehler (*m.*). **18 ~ per stozzare** (*ut.*), Hobelkamm (*m.*), Kammstahl (*m.*). **19 ~ per tessitura** (*macch. tess.*), Webblatt (*m.*). **20 dentare a ~** (*lav. macch. ut.*), wälzhobeln. **21 dentatrice a ~** (*macch. ut.*), Wälzhobelmaschine (*f.*). **22 dentatura a ~** (*lav. macch. ut.*), Wälzhobeln (*n.*). **23 filettare a ~** (*lav. macch. ut.*), strehlen, strählen. **24 filettatura al ~** (*lav. macch. ut.*), Strehlen (*n.*), Strählen (*n.*).

petto (superficie di spoglia superiore, di un ut. da tornio) (*ut.*), Spanfläche (*f.*). **2 ~** (scarpa interna, di un argine, scarpa rivolta verso l'acqua) (*costr. idr.*), Aussenböschung (*f.*). **3 coltello a ~** (*ut. falegn.*), Speichenhobel (*m.*).

Petzval, condizione di ~ (*ott.*), Petzval-Bedingung (*f.*), Petzval-Summe (*f.*).

pezza (rappezzo, per camere d'aria) (*veic.*), Flick (*m.*), Schlauchflicken (*m.*). **2 ~** (di tessuto) (*ind. tess.*), Stück (*n.*). **3 mettere una ~ alla camera d'aria** (riparare la camera d'aria) (*aut. - ecc.*), den Schlauch flicken. **4 tintura in ~** (coloritura in pezza) (*ind. tess.*), Stückfärberei (*f.*).

pezzatura (*gen.*), Stückigkeit (*f.*). **2 ~ del carbone** (*comb.*), Kohlengrösse (*f.*). **3 ~ tra 20 e 80 mm** (di carbone fossile) (*comb.*), Grobkorn (*n.*).

pezzo (*gen.*), Stück (*n.*). **2 ~** (in lavorazione) (*lav. macch. ut. - ecc.*), Werkstück (*n.*), Stück (*n.*). **3 ~** (particolare, di macch. p. es.) (*macch. - ecc.*), Teil (*m.*). **4 ~ applicato** (*gen.*), Anbau (*m.*), angebautes Stück. **5 ~ campione** (*gen.*), Bezugsformstück (*n.*). **6 ~ costruito in serie** (*macch. - ecc.*), Serienteil (*m.*). **7 ~ da accoppiamento** (pezzo destinato ad un accoppiamento) (*mecc.*), Passteil (*m.*). **8 ~ da fucinare** (spezzone) (*fucinatura*), Blöckchen (*n.*), Stangenabschnitt (*m.*), Knüppelabschnitt (*m.*), Stück (*n.*). **9 ~ da tornio** (pezzo da lavorare al tornio) (*lav. macch. ut.*), Drehteil (*m.*), Drehling (*m.*). **10 ~ di riempimento** (*gen.*), Ausfüllstück (*n.*). **11 ~ esterno** (di un accoppiamento) (*mecc.*), Aussenteil (*m.*). **12 ~ finito di stampaggio** (fucinato a stampo) (*fucinatura*), Endform (*f.*). **13 ~ fucinato** (fucinato) (*fucinatura*), Schmiedestück (*n.*). **14 ~ fucinato a stampo** (fucinato a stampo) (*fucinatura*), Gesenkschmiedestück (*n.*). **15 ~ fucinato a stampo alla pressa** (pezzo stampato alla pressa, fucinato a stampo alla pressa) (*fucinatura*), Gesenkpressteil (*m.*), Pressteil (*m.*), Pressung (*f.*). **16 ~ fucinato di precisione** (fucinato di precisione, con tolleranze non correnti) (*fucinatura*), Genauschmiedestück (*n.*). **17 ~ fucinato senza stampo** (fucinato senza stampo, fucinato libero) (*fucinatura*), Freiformschmiedestück (*n.*). **18 ~ fuso** (getto, «fusione») (*fond.*), Guss (*m.*), Gusstück (*n.*). **19 ~ imbutito** (*lav. lamiera*), Ziehteil (*m.*). **20 ~ incorporato** (*mecc.*), Einbaustück (*n.*). **21 ~ ingombrante** (pezzo di forma complessa e voluminosa) (*mecc.*), sperriges Arbeitsstück. **22 ~ in prova** (*tecnol. mecc.*), Prüfling (*m.*), Prüfstück (*n.*). **23 ~ intercambiabile** (*mecc. - ecc.*), Austauschstück (*n.*). **24 ~ interno** (di un accoppiamento) (*mecc.*), Innenteil (*m.*). **25 ~ lavorato a stampo** (pezzo stampato) (*lav. lamiera*), Stanzereiteil (*m.*), Pressteil (*m.*). **26 ~ normalizzato** (pezzo unificato, normale, particolare unificato) (*mecc. - ecc.*), Normteil (*m.*). **27 ~ piegato** (*lav. lamiera*), Biegeteil (*m.*). **28 pezzi prodotti nell'unità di tempo** (*produzione*) (*lav. macch. ut. - ecc.*), Stückleistung (*f.*). **29 ~ prodotto in massa** (*ind.*), Massenteil (*m.*). **30 pezzi prodotti tra due affilature consecutive** (*lav. macch. ut.*), Standzahl (*f.*). **31 ~ riportato** (*mecc.*), Einsatzstück (*n.*), Einlage (*f.*), eingesetzter Teil. **32 ~ sciolto** (pezzo staccato, parte staccata, particolare) (*mecc.*), Einzelteil (*m.*). **33 ~ scorrevole** (scorrevole, d'un albero snodato p. es.) (*mecc.*), Schiebestück (*n.*). **34 ~ staccato** (pezzo sciolto, parte staccata, particolare) (*mecc.*), Einzelteil (*m.*). **35 ~ stampato** (pezzo fucinato a stampo) (*fucinatura*), Gesenkschmiedestück (*n.*). **36 ~ stampato** (pezzo lavorato, a stampo) (*lav. lamiera*), Stanzereiteil (*m.*), Pressteil (*m.*). **37 ~ stampato** (in materia plastica) (*tecnol.*), Formteil (*m.*). **38 ~ stampato a compressione** (stampato a compressione, di mater. plast.) (*ind. chim.*), Pressteil (*m.*). **39 ~ stampato a iniezione** (di mat. plast.) (*tecnol.*), Spritzteil (*m.*), Spritzling (*m.*). **40 ~ stampato alla pressa** (stampato alla pressa) (*tecnol. mecc.*), Gesenkpressteil (*m.*), Pressteil (*m.*), Pressung (*f.*). **41 ~ stampato di plastica** (*tecnol.*), Plastformteil (*m.*). **42 ~ tornito** (*lav. macch. ut.*), Drehteil (*m.*), gedrehter Teil, Drehling (*m.*). **43 ~ tranciato** (di lamiera) (*tecnol. mecc.*), Blechschnitt (*m.*), Schnitteil (*m.*). **44 ~ unificato** (pezzo normalizzato, normale, particolare unificato) (*mecc. - ecc.*), Normteil (*m.*). **45 formante ~ unico con** (solidale con, incorporato) (*mecc. - ecc.*), einteilig mit, aus einem Stück mit, fest an, eingebaut. **46 in due pezzi** (spaccato, diviso, cuscinetto p. es.) (*mecc.*), geteilt. **47 in ~** (*gen.*), einteilig. **48 programma del ~** (istruzioni per risolvere un problema) (*elab. dati - lav. macch.*), ut. c/n), Teileprogramm (*n.*). **49 supporto del ~** (*lav. macch. ut.*), Werkstückauflage (*f.*). **50 tempo ~** (tempo ciclo, tempo per pezzo) (*lav. macch. ut. - analisi tempi*), Stückzeit (*f.*). **51 zero ~** (*lav. macch. ut. c/n*), Werkstücknullpunkt (*m.*).

PF (fenolformaldeide, resina fenolica) (*chim.*), PF, Phenolformaldehyd (*n.*).

pF (picofarad, 10^{-12} farad) (*mis.*), pF, Pikofarad (*n.*).

PFEP (tetrafluoretilene-perfluoropropilene) (*chim.*), PFEP, Polyfluoräthylenpropylen (*n.*).

pH (esponente di acidità) (*chim.*), pH. **2 ~** (valore di pH) (*chim.*), pH-Wert (*m.*).

pH-metro (*app.*), pH-Meter (*n.*).

phon (fon, unità di mis. del livello di sensazione sonora) (*mis. acus.*), phon.

phot (fot, unità di illuminamento) (*mis. ott.*), phot.

pialla (ut. per la lavorazione a mano del legno) (*ut. falegn.*), Hobel (*m.*). **2 ~** (piallatrice, per legno e metalli) (*macch. ut.*), Hobelmaschine (*f.*). **3 ~** (*macch. ut.*), vedi anche piallatrice. **4 ~ a doppio ferro** (pialla con ferro e controferro, per legni che tendono a scheggiarsi) (*ut. falegn.*), Putzhobel (*m.*), Doppelhobel (*m.*). **5 ~ ad un montante** (piallatrice ad un montante) (*macch. ut.*), Einständerhobelmaschine (*f.*). **6 ~ a filo** (piallatrice a filo, per legno) (*macch. ut.*), Abrichthobelmaschine (*f.*). **7 ~ a spessore** (piallatrice a spessore, per legno) (*macch. ut.*), Dickenhobelmaschine (*f.*), Dicktenhobelmaschine (*f.*). **8 ~ con controferro** (pialla doppia, pialla a doppio ferro) (*ut. falegn.*), Doppelhobel (*m.*), Putzhobel (*m.*). **9 ~ doppia** (pialla a doppio ferro, pialla con controferro) (*ut. falegn.*), Doppelhobel (*m.*), Putzhobel (*m.*). **10 ~ in ferro** (*ut. falegn.*), eiserner Hobel. **11 ~ in legno** (*ut. falegn.*), hölzerner Hobel. **12 ~ per perlinaggi** (*ut. falegn.*), Nut- und Spundhobel (*m.*), Spundhobel (*m.*). **13 ~ per scanalature** (sponderuola) (*ut. falegn.*), Nuthobel (*m.*). **14 ~ per scanalature** (pialletto per scanalature, incorsatoio) (*ut. falegn.*), Falzhobel (*m.*). **15 ~ per sgrossare** (sbozzino) (*ut. falegn.*), Schrupphobel (*m.*). **16 ~ per superfici curve** (*ut. falegn.*), Schiffhobel (*m.*). **17 ~ per taglio trasversale** (pialla per tagliare trasversalmente alla fibra) (*ut. falegn.*), Zwerchhobel (*m.*). **18 ferro della ~** (*ut. falegn.*), Hobeleisen (*n.*). **19 fresatrice a ~** (*macch. ut.*), Portalfräsmaschine (*f.*), Fräs- und Hobelmaschine (*f.*). **20 sgrossare alla ~** (piallare di sgrosso) (*lav. macch. ut.*), vorhobeln.

piallaccio (foglio per impiallacciature) (*falegn.*), Furnier (*n.*).

piallare (*lav. macch. ut. - lav. a mano*), hobeln. **2 ~ a filo** (*lav. macch. ut. - lav. legno*), abrichten. **3 ~ a spessore** (*lav. macch. ut. - lav. legno*), dickenhobeln. **4 ~ di sgrosso** (sgrossare alla pialla) (*lav. macch. ut.*), vorhobeln, abhobeln. **5 ~ di traverso** (piallare trasversalmente alla fibra) (*falegn.*), abzwerchen, abzwirchen.

piallato (*falegn. - mecc.*), gehobelt.

piallatore (*lav.*), Maschinenhobler (*m.*).

piallatrice (pialla, per legno e metalli) (*macch. ut.*), Hobelmaschine (*f.*). **2 ~ a due montanti** (per metalli) (*macch. ut.*), Doppelständerhobelmaschine (*f.*), Zweiständer-Hobelmaschine (*f.*), Portalhobelmaschine (*f.*). **3 ~ ad un montante** (per metalli) (*macch. ut.*), Einständerhobelmaschine (*f.*). **4 ~ a filo** (pialla a filo, per legno) (*macch. ut.*), Abrichthobelmaschine (*f.*). **5 ~ a portale** (piallatrice a due montanti) (*macch. ut.*), Portalhobelmaschine (*f.*), Doppelständerhobelmaschine (*f.*), Zweiständer-Hobelmaschine (*f.*). **6 ~ a spessore** (pialla a spessore, per legno) (*macch. ut.*), Dickenhobelmaschine (*f.*), Dicktenhobelmaschine (*f.*). **7 ~ a tavola mobile** (per metalli) (*macch. ut.*), Langhobelmaschine (*f.*), Tischhobelmaschine (*f.*). **8 ~ per ingranaggi conici** (*macch. ut.*), Kegelradhobelmaschine (*f.*). **9 ~ per lamiere** (*macch. ut.*), Blechhobelmaschine (*f.*). **10 ~ per metalli** (*macch. ut.*), Metallhobelmaschine (*f.*). **11 ~ per palchetti** (*macch. ut.*), Putzhobelmaschine (*f.*). **12 ~ per rifilare lamiere** (*macch. ut.*), Blechkantenhobelmaschine (*f.*).

piallatura (*lav. macch. ut.*), Hobeln (*n.*). **2 ~ a filo** (per legno) (*lav. macch. ut.*), Langhobeln (*n.*), Abrichten (*n.*). **3 ~ a riproduzione (per metalli) (*lav. macch. ut.*), Nachformhobeln (*n.*), Kopierhobeln (*n.*). **4 ~ a spessore** (per legno) (*lav. macch. ut.*), Dickenhobeln (*n.*), Dicktenhobeln (*n.*). **5 ~ con utensili multipli** (contemporaneamente in presa) (*lav. macch. ut.*), Räumhobeln (*n.*). **6 ~ con utensile sagomato** (per metalli) (*lav. macch. ut.*), Formhobeln (*n.*). **7 ~ di sgrosso** (*macch. ut. - mecc.*), Abhobeln (*n.*). **8 ~ di superfici cilindriche** (piallatura in tondo, per alberi scanalati p. es.) (*lav. macch. ut.*), Rundhobeln (*n.*). **9 ~ in tondo** (piallatura di superfici cilindriche, per alberi scanalati p. es.) (*lav. macch. ut.*), Rundhobeln (*n.*). **10 larghezza massima di ~** (*lav. macch. ut.*), Hobelbreite (*f.*). **11 reparto ~** (*lav. macch. ut.*), Hobelei (*f.*).

piallettare (talocciare, fratazzare) (*mur.*), glattputzen, abreiben, aufziehen.

pialletto (pialla) (*ut. falegn.*), Schlichthobel (*m.*). **2 ~** (fratazzo, taloccia) (*ut. mur.*), Streichbrett (*n.*), Reibebrett (*f.*). **3 ~** (cazzuola per lisciare) (*ut. mur.*), Glättkelle (*f.*). **4 ~ per lisciare** (per la finitura) (*ut. falegn.*), Schlichthobel (*m.*). **5 ~ per scanalature** (pialla per scanalature, incorsatoio) (*ut. falegn.*), Falzhobel (*m.*).

piallone (*ut. falegn.*), Langhobel (*m.*), Rauhbank (*f.*).

pianale (carro piatto) (*ferr.*), Schienenwagen (*m.*), Flachwagen (*m.*). **2 ~** (di un camion p. es.) (*veic.*), Flachboden (*m.*). **3 ~ con stanti** (carro piatto con stanti) (*ferr.*), Rungenwagen (*m.*), R-Wagen (*m.*). **4 ~ con stanti in ferro** (carro piatto con stanti in ferro) (*ferr.*), Schienenwagen mit Stahlrungen. **5 ~ di carico** (di un autocarro) (*veic.*), Ladepritsche (*f.*). **6 rimorchio a ~** (*aut.*), Plattformanhänger (*m.*).

pianerottolo (*ed.*), Podest (*m. - n.*), Treppenabsatz (*m.*). **2 ~ oscillante per gabbie di estrazione** (piattaforma oscillante per gabbie di estrazione) (*min.*), Schwungbühne (*f.*), Förderkorbanschlussbbühne (*f.*). **3 gradino di ~** (*ed.*), Austrittstufe (*f.*).

pianeta (*astr.*), Planet (*m.*), Wandelstern (*m.*).

pianetoide (asteroide, piccolo pianeta) (*astr.*), Planetoid (*m.*), Asteroid (*m.*).

pianetto (alare) (*aer.*), Ansatzflügel (*m.*).

pianificare (*amm. - ecc.*), planen.

pianificazione (*gen.*), Planung (*f.*). **2 ~ aziendale** (*ind.*), Unternehmensplanung (*f.*). **3 ~ economica** (*finanz.*), Wirtschaftsplanung (*f.*).

piano (*a. - gen.*), eben, flach. **2 ~** (a superficie piana) (*a. - gen.*), ebenflächig. **3 ~** (*s. - geom.*), Ebene (*f.*). **4 ~** (di una casa da abitazione) (*ed.*), Geschoss (*n.*), Stockwerk (*n.*), Stock (*m.*). **5 ~** (progetto) (*gen.*), Plan (*m.*), Entwurf (*m.*). **6 ~** (di un'incudine) (*att.*), Bahn (*f.*). **7 ~** (piano di lavoro, di una pressa ad iniezione per mat. plast.) (*masch.*), Platte (*f.*), Arbeitsplatte (*f.*). **8 ~** (pianoforte) (*strum. musicale*), Klavier (*n.*). **9 ~ a curve di livello** (carta a curve di livello) (*geogr. - top.*), Höhenlinienkarte (*f.*), Höhenkurvenkarte (*f.*), Höhenschichtenkarte (*f.*). **10 ~ alimentatore a rulli** (per laminatoio p. es.) (*lamin. - ecc.*), Zufuhrrollgang (*m.*). **11 ~ a rulli** (linea a rulli (*lamin. - ecc.*), Rollgang (*m.*), Förderrollgang (*m.*). **12 ~ a rulli di raccolta** (*lamin. - ecc.*), Sammelrollgang (*m.*). **13 ~ a rulli per lingotti** (*lamin.*), Blockstrasse (*f.*), Rollgang für Blöcke. **14 ~ a sfere** (trasportatore) (*trasp. ind.*), Kugeltisch (*m.*). **15 ~ assiale** (*gen.*), Achsenebene (*f.*). **16 ~ complesso** (piano di Gauss) (*mat.*), Zahlenebene (*f.*), komplexe Zahlenebene, Gaussche Zahlenebene. **17 ~ con profilo aerodinamico** (*aer.*), Tragflügel (*m.*). **18 ~ d'azione** (di ingranaggi) (*mecc.*), Eingriffsebene (*f.*). **19 ~ degli apparecchi d'illuminazione** (d'una fabbrica, altezza alla quale sono disposti gli app. rispetto al pavimento) (*ind.*), Beleuchtungsebene (*f.*). **20 ~ degli impianti di climatizzazione** (d'una fabbrica, altezza alla quale sono disposti gli impianti rispetto al pavimento) (*ind.*), Klimatisierungsebene (*f.*). **21 ~ dei conti** (*amm. - ind.*), Kontenplan (*m.*). **22 ~ dei trasportatori** (d'una fabbrica, altezza alla quale si trovano i trasportatori rispetto al pavimento) (*ind.*), Transportebene (*f.*). **23 ~ del ferro** (di riferimento per veicoli ferroviari) (*ferr.*), Schienenoberkante (*f.*). **24 ~ dell'incudine** (*ut. fucinatura*), Ambossbahn (*f.*). **25 ~ del timone** (bandiera o pala del timone) (*nav.*), Ruderblatt (*n.*). **26 ~ diametrale** (*geom.*), Diametralebene (*f.*). **27 ~ di ammortamento** (*finanz.*), Amortisationsplan (*m.*), Tilgungsplan (*m.*). **28 ~ di ampliamento** (*gen.*), Ausweitungsplan (*m.*). **29 ~ di appoggio** (*mecc. - ecc.*), Unterstützungsebene (*f.*). **30 ~ di appoggio** (di un utensile nel suo disp. di serraggio) (*lav. macch. ut.*), Auflageebene (*f.*). **31 ~ di campionamento** (*tecnol.*), Probenahmeplan (*m.*). **32 ~ di campionamento** (per il controllo della qualità) (*tecnol. mecc.*), Stichprobenprüfplan (*m.*). **33 ~ di caricamento** (*ferr.*), Ladeplatz (*m.*), Laderampe (*f.*). **34 ~ di caricamento** (impalcatura di caricamento, per l'alimentazione di grandi forni) (*metall.*), Bühne (*f.*), Begichtungsbühne (*f.*). **35 ~ di caricamento delle merci** (*trasp.*), Güterladeplatz (*m.*), Güterverladeplatz (*m.*). **36 ~ di coda** (di un velivolo) (*aer.*), Schwanzfläche (*f.*). **37 ~ di contatto** (*geom.*), Berührungsebene (*f.*). **38 ~ di costruzione** (di una nave) (*costr. nav.*), Linienriss (*m.*). **39 ~ di costruzione longitudinale** (piano di costruzione sul piano longitudinale) (*costr. nav.*), Seitenriss (*m.*), Längsriss (*m.*), Lateralplan (*m.*). **40 ~ di costruzione orizzontale** (pianta delle linee di galleggiamento) (*costr. nav.*), Wasserlinienriss (*m.*). **41 ~ di costruzione trasversale** (piano di costruzione verticale) (*costr. nav.*), Spantenriss (*m.*). **42 ~ di costruzione verticale** (*costr. nav.*), Spantenriss (*m.*). **43 ~ di deflessione** (*elettronica*), Ablenkebene (*f.*). **44 ~ di deriva** (deriva, di un velivolo) (*aer.*), Schwanzflosse (*f.*). **45 ~ di distribuzione delle masse** (nella coltivazione a giorno) (*min.*), Massenverteilungsplan (*m.*). **46 ~ di divisione della forma** (d'una staffa) (*fond.*), Formteilebene (*f.*), Formteilung (*f.*). **47 ~ di divisione dello stampo** (per pressogetti o pezzi di mat. plast.) (*fond. - ecc.*), Formteilebene (*f.*), Formteilung (*f.*). **48 ~ di equipaggiamento** (*elett. - ecc.*),

piano

Bestückungsplan (*m.*). **49** ~ **di espansione** (piano di ampliamento) (*gen.*), Ausweitungsplan (*m.*). **50** ~ **di faglia** (*geol.*), Rutschfläche (*f.*), Gleitfläche (*f.*). **51** ~ **di fondazione** (*ed.*), Fundamentsohle (*f.*). **52** ~ **di formazione** (piano di regolamento, piattaforma) (*costr. strad.*), Planum (*n.*). **53** ~ **di galleggiamento** (*costr. nav.*), Schwimmebene (*f.*). **54** ~ **di Gauss** (piano complesso) (*mat.*), Gauss'sche Zahlenebene, komplexe Zahlenebene, Zahlenebene (*f.*). **55** ~ **di geminazione** (dei cristalli) (*min.*), Zwillingsebene (*f.*). **56** ~ **di incidenza** (*ott.*), Einfallsebene (*f.*). **57** ~ **di laminazione** (*lamin.*), Walzebene (*f.*). **58** ~ **di lavorazione** (d'una fabbrica, sul quale si trovano piazzate le macchine, ecc.) (*ind.*), Fertigungsebene (*f.*), Produktionsebene (*f.*). **59** ~ **di lavoro** (piano di esecuzione di lavori) (*organ. lav. - contabilità*), Bearbeitungsplan (*m.*). **60** ~ **di lavoro** (piattaforma, di una torre di trivellazione p. es.) (*ed. - ecc.*), Arbeitsbühne (*f.*). **61** ~ **di lavoro** (d'una pressa ad iniezione per mat. plast.) (*macch.*), Arbeitsplatte (*f.*), Platte (*f.*). **62** ~ **di miniera** (rappresentazione grafica) (*min.*), Risswerk (*n.*), bergmännisches Risswerk, Grubenrisswerk (*n.*). **63** ~ **d'investimento** (*finanz.*), Investitionsvorhaben (*n.*). **64** ~ **di polarizzazione** (della luce) (*ott.*), Polarisationsebene (*f.*). **65** ~ **di produzione** (programma di produzione) (*ind.*), Fertigungsprogramm (*n.*), Erzeugungsprogramm (*n.*). **66** ~ **di proiezione** (*dis.*), Rissebene (*f.*), Risstafel (*f.*), Projektionsebene (*f.*). **67** ~ **di proiezione verticale** (*dis.*), Aufrissebene (*f.*). **68** ~ **di raffreddamento** (*lamin.*), Kühlbett (*n.*). **69** ~ **di raffreddamento a rulli** (*lamin.*), Rollenkühlbett (*n.*). **70** ~ **di regolamento** (piattaforma stradale, di una linea ferroviaria p. es.) (*ing. civ. - ferr.*), Unterbau (*m.*), Planum (*m.*). **71** ~ **di riferimento** (*gen.*), Bezugsebene (*f.*). **72** ~ **di rifrazione** (*ott.*), Brechungsebene (*f.*). **73** ~ **di riscontro** (*att. mecc.*), Abrichtplatte (*f.*), Anreissplatte (*f.*), Messplatte (*f.*), Reissplatte (*f.*), Richtplatte (*f.*). **74** ~ **di riscontro** (per il controllo della planarità col procedimento del colore) (*att. mecc.*), Tuschierplatte (*f.*). **75** ~ **di saturazione** (per una macch.) (*macch. ut.*), Auslastungsplan (*m.*). **76** ~ **di scorrimento** (*metall. - ecc.*), Gleitebene (*f.*). **77** ~ **di scorrimento** (*cristallografia*), Gleitschicht (*f.*). **78** ~ **di separazione** (stampi) (*ut. - fucinatura*), Teilfuge (*f.*). **79** ~ **di sezione** (*dis. - ecc.*), Schnittebene (*f.*). **80** ~ **di simmetria** (*ecc.*), Symmetrieebene (*f.*). **81** ~ **di simmetria longitudinale** (*costr. nav.*), Mittschiffebene (*f.*), Mittelängs- und Symmetrieebene (*f.*), Mitte Schiff, M.S. **82** ~ **di sostituzione del personale** (*pers.*), Personalersatzplan (*m.*). **83** ~ **di stivaggio** (per la ripartizione dei passeggeri e delle merci in una aereo) (*aer.*), Trimmplan (*m.*). **84** ~ **di sviluppo** (futuro, di un'azienda) (*ind.*), Leitplan (*m.*). **85** ~ **di volo** (*aer.*), Flugplan (*m.*). **86** ~ **economico** (*finanz.*), Wirtschaftsplan (*m.*). **87** ~ **elevatore** (elevatore) (*lamin.*), Hebetisch (*m.*). **88** ~ **finanziario** (*finanz.*), Finanzplan (*m.*). **89** ~ **focale** (*ott.*), Fokalebene (*f.*), Brennebene (*f.*). **90** ~ **forato** (fisso o mobile, d'un crivello idraulico) (*min.*), Setzsieb (*n.*). **91** ~ **inclinato** (*mecc.*), schiefe Ebene, geneigte Ebene. **92** ~ **inclinato** (scivolo) (*trasp. ind.*), Rutsche (*f.*). **93** ~ **inclinato** (rampa) (*trasp.*), Rampe (*f.*), Schleppbahn (*f.*). **94** ~ **inclinato per frenatura** (*min.*), Bremsberg (*m.*). **95** ~ **interrato** (scantinato) (*ed.*), Kellergeschoss (*n.*), Souterrain (*n.*). **96** ~ **longitudinale** (piano di costruzione longitudinale) (*costr. nav.*), Längsriss (*m.*), Seitenriss (*m.*). **97** ~ **mobile** (di una macchina per lo stampaggio di mat. plast.) (*macch.*), bewegliche Platte. **98** ~ **neutro** (*sc. costr.*), Nullebene (*f.*). **99** ~ **neutro** (di un pezzo fucinato, piano in cui non si ha alcun flusso di materiale) (*fucinatura*), Fliessscheide (*f.*). **100** ~ **nodale** (*fis.*), Knotenfläche (*f.*). **101** ~ **orbitale** (*astr.*), Bahnebene (*f.*). **102** ~ **orizzontale** (*geom. - ecc.*), Horizontalebene (*f.*), Waagerechtebene (*f.*), waagrechte Ebene. **103** ~ **osculatore** (*geom.*), Schmiegebene (*f.*), Schmiegungsebene (*f.*). **104** ~ **ottico** (*ott.*), optische Planfläche, Planglasplatte (*f.*). **105** ~ **pavimento** (di uno stabilimento p. es.) (*ed. - ind.*), Flurebene (*f.*). **106** ~ **primitivo** (di una cremagliera) (*mecc.*), Wälzebene (*f.*). **107** ~ **quinquennale** (*finanz.*), Fünfjahresplan (*m.*). **108** ~ **regolatore** (*ed. urbanistica*), Stadtbebauungsplan (*m.*), Stadtplanung (*f.*), Stadtbauplan (*m.*). **109** ~ **rialzato** (da m 1,20 a m1,50 sopra il livello stradale) (*ed.*), Hochparterre (*n.*), Hocherdgeschoss (*n.*), Beletage (*f.*), Belletage (*f.*). **110 piani seno** (per controllo e lavorazione) (*att. lav. macch. ut.*), Sinusaufspannplatte (*f.*), Sinus-Tische (*m. pl.*). **111** ~ **stabilizzatore** (stabilizzatore, piano fisso orizzontale, di un aeroplano) (*aer.*), Höhenflosse (*f.*). **112** ~ **stabilizzatore** (dell'impennaggio di un aerostato o di un razzo) (*aer.*), Stabilisierungsfläche (*f.*). **113** ~ **stradale** (carreggiata, su cui circolano i veicoli) (*strad.*), Fahrbahn (*f.*). **114** ~ **stradale** (via di transito, di un ponte) (*arch.*), Fahrbahn (*f.*). **115** ~ **stradale del ponte** (*arch.*), Brückenfahrbahn (*f.*), Fahrbahnübergang (*m.*). **116** ~ **tangente** (*geom.*), Tangentialebene (*f.*). **117** ~ **utile** (per misurazioni ottiche) (*ott.*), Messebene (*f.*). **118** ~ **verde** (*ed.*), grüner Plan. **119** ~ **verticale** (*geom.*), Lotebene (*f.*). **120 a due piani** (edificio) (*ed.*), zweistöckig, zweigeschossig. **121 ad un** ~ (*ed.*), einstöckig, eingeschossig. **122 a più piani** (*ed.*), mehrgeschossig, vielstöckig. **123 a tre piani** (*ed.*), dreistöckig, dreigeschossig. **124 costruire un altro** ~ (sopralzare) (*ed.*), ein Stockwerk aufsetzen. **125 famiglia di piani** (*geom.*), Ebenenschar (*f.*). **126 fuori** ~ («scentrato», sfarfallante, disco p. es.) (*mecc.*), taumelnd, flatternd. **127 indicatore di** ~ (negli ascensori) (*app. - trasp. - ed.*), Stockwerkanzeiger (*m.*). **128 non** ~ (*mecc.*), uneben. **129 per** ~ (di piatto) (*gen.*), flachgelegt. **130 primo** ~ (di un edificio) (*ed.*), erstes Stockwerk. **131 primo** ~ (ripresa) (*cinem. - fot.*), Nahaufnahme (*f.*). **132 secondo i piani** (come previsto, regolarmente) (*gen.*), planmässig, plangemäss. **133 ultimo** ~ (*ed.*), Obergeschoss (*n.*), Dachgeschoss (*n.*).

pianocilindrico (*geom.*), planzylindrisch.

pianoconcavo (*geom. - ecc.*), plankonkav.
pianoconvesso (*geom. - ecc.*), plankonvex.
pianoforte (piano) (*strum. musicale*), Klavier (*n.*).
pianoro (*geogr.*), Platte (*f.*).
pianoterra (pianterreno) (*ed.*), Erdgeschoss (*n.*), Parterre (*n.*).
pianoterreno (pianterreno) (*ed.*), Erdgeschoss (*n.*), Parterre (*n.*).
pianparallelismo (parallelismo planare) (*mecc. - geom.*), Planparallelität (*f.*). **2 errore di ~** (*mecc.*), Abweichung von der Planparallelität.
pianparallelo (*geom.*), planparallel.
pianta (proiezione orizzontale) (*dis.*), Grundriss (*m.*), Grundplan (*m.*), Horizontalprojektion (*f.*). **2 ~** (vista dall'alto) (*dis.*), Draufsicht (*f.*), Aufsicht (*f.*). **3 ~** (planimetria) (*ed.*), Lageplan (*m.*). **4 ~** (vegetale) (*gen.*), Pflanze (*f.*). **5 ~ della città** (*top. - tip.*), Stadtplan (*m.*). **6 ~ della concessione** (*min.*), Mutungsriss (*m.*). **7 vista in ~** (*dis.*), Darstellung im Grundriss.
piantagione (*agric.*), Plantage (*f.*), Pflanzung (*f.*).
piantare (infiggere, battere, dei pali p. es.) (*ed. - ecc.*), schlagen, einschlagen, einrammen.
« piantarsi » (arrestarsi, di motore a c. i. per mancanza di miscela p. es.) (*mot.*), abwürgen.
pianterreno (*ed.*), Erdgeschoss (*n.*), Parterre (*n.*).
pianto (dello stagno) (*metall.*), Schrei (*m.*), Schreien (*n.*).
piantone (piantone dello sterzo, piantone di guida) (*aut.*), Lenksäule (*f.*), Steuersäule (*f.*).
pianura (*geogr.*), Ebene (*f.*), Flachland (*n.*).
piassava (fibra per la fabbricazione di scope e spazzole) (*ind.*), Piassava (*f.*), Piassaba (*f.*), Picaha (*f.*), Picuba (*f.*).
piastra (*mecc.*), Platte (*f.*). **2 ~** (di un accumulatore) (*elett.*), Platte (*f.*). **3 ~** (grembiule, di un tornio) (*macch. ut.*), Bettschürze (*f.*). **4 ~** (*elett.*), vedi anche placca. **5 ~ ad alveoli** (per accumulatori alcalini) (*elett.*), Taschenplatte (*f.*). **6 ~ ad angolo** (*mecc.*), Winkelplatte (*f.*). **7 ~ ad impasto** (piastra ad ossidi riportati, di accumulatore) (*elett.*), Masseplatte (*f.*). **8 ~ a griglia** (di un accumulatore) (*elett.*), Gitterplatte (*f.*). **9 ~ a ossidi riportati** (di un accumulatore) (*elett.*), plastierte Platte. **10 ~ a rulli** (*macch. - ecc.*), Wälzplatte (*f.*). **11 ~ a tubetti** (di un accumulatore) (*elett.*), Röhrchenplatte (*f.*). **12 ~ corazzata** (di un accumulatore) (*elett.*), Panzerplatte (*f.*). **13 ~ del giunto** (sulla traversina) (*ferr.*), Stossplatte (*f.*). **14 ~ del respingente** (piatto del respingente) (*ferr.*), Stosspufferplatte (*f.*). **15 ~ di accoppiamento** (piastra di trascinamento) (*mecc.*), Mitnehmerplatte (*f.*). **16 ~ di accumulatore** (*elett.*), Akkumulatorenplatte (*f.*). **17 ~ di ancoraggio** (*ed. - ecc.*), Ankerplatte (*f.*). **18 ~ di appoggio** (*ed.*), Lagerplatte (*f.*). **19 ~ di appoggio** (ralla) (*mecc. - veic. - ecc.*), Spurplatte (*f.*). **20 ~ di appoggio** (di una rotaia) (*ferr.*), Unterlageplatte (*f.*). **21 ~ di base** (base) (*mecc.*), Grundplatte (*f.*), Sohlplatte (*f.*). **22 ~ di campo** (elemento di semiconduttore) (*elettronica*), Feldplatte (*f.*). **23 ~ di controllo** (piano di riscontro, per il controllo della planarità col procedimento del colore) (*att. mecc.*), Tuschierplatte (*f.*). **24 ~ di copertura** (*gen.*), Abdeckplatte (*f.*). **25 ~ di dama** (piastra di guardia) (*forno*), Wallplatte (*f.*), Dammstein (*m.*). **26 ~ di deflessione** (*fis. - telev.*), Ablenkplatte (*f.*). **27 ~ di deflessione orizzontale** (d'un oscillografo a fascio elettronico) (*elettronica*), Zeitplatte (*f.*). **28 ~ di estrazione** (per l'azionamento della candela di estrazione) (*att. lav. lamiera*), Drückplatte (*f.*). **29 ~ di fissaggio** (*ferr. - ecc.*), Klemmplatte (*f.*). **30 ~ di fondazione** (di cemento armato p. es.) (*ed.*), Fundamentplatte (*f.*), Grundplatte (*f.*). **31 ~ di fondo** (fondo) (*cald.*), Hinterboden (*m.*). **32 ~ di ghisa per forni** (spessore 3-6 mm) (*forno - fond.*), Ofenguss (*m.*), Ofenplatte aus Gusseisen. **33 ~ di grande superficie** (p. es.) (*elett. - ecc.*), Grossoberflächenplatte (*f.*). **34 ~ di guardia** (parasale) (*ferr.*), Achsbüchsenführung (*f.*), Achsgabel (*f.*). **35 ~ di guida** (ponte) (*att. lav. lamiera*), Führungsplatte (*f.*). **36 ~ di massa** (piastra di terra, presa di terra) (*elett.*), Plattenerder (*m.*), Erdungsplatte (*f.*), Erdplatte (*f.*). **37 ~ di polistirolo espanso** (*ind. chim.*), Polystyrolschaumplatte (*f.*). **38 ~ di protezione** (*gen.*), Schutzplatte (*f.*). **39 ~ di raffreddamento** (*elett. - ecc.*), Kühlblech (*n.*). **40 ~ di raschiamento** (di un trasportatore a raschiamento) (*macch. ind.*), Abschaber (*m.*), Abkratzer (*m.*). **41 ~ di riferimento** (piastra di battuta) (*mecc.*), Anschlagplatte (*f.*). **42 ~ di supporto** (di un cubilotto) (*fond.*), Abfangplatte (*f.*). **43 ~ di supporto del contatore** (*elett.*), Zählertafel (*f.*). **44 ~ di terra** (presa di terra, piastra per messa a terra) (*elett.*), Erdplatte (*f.*), Erdungsplatte (*f.*), Plattenerder (*m.*). **45 ~ di trascinamento** (*mecc.*), Mitnehmerplatte (*f.*). **46 ~ d'urto** (di un molino a proiezione p. es.) (*macch. - ecc.*), Prallplatte (*f.*). **47 ~ di usura** (*macch.*), Verschleissplatte (*f.*). **48 ~ di usura** (nei mezzi di estrazione) (*min.*), Schleissplatte (*f.*), Schleisseinlage (*f.*). **49 ~ filiera** (per trafilare) (*tecnol. mecc.*), Ziehlochplatte (*f.*). **50 ~ fissaggio molla** (*aut.*), Federspannplatte (*f.*). **51 ~ fotoconduttrice** (a fibre ottiche) (*ott.*), Lichtleitfaserplatte (*f.*). **52 ~ negativa** (di un accumulatore) (*elett.*), Minusplatte (*f.*). **53 ~ per filettare** (piastra per rullare filettature) (*ut.*), Gewindewalzbacke (*f.*), Walzbacke (*f.*). **54 ~ per messa a terra** (presa di terra) (*elett.*), Erdplatte (*f.*), Erdungsplatte (*f.*), Plattenerder (*m.*). **55 ~ per prova fotometrica** (ricevente la luce da esaminare) (*ott. - illum.*), Auffangschirm (*m.*). **56 ~ per rullare filettature** (piastra per filettare) (*ut.*), Gewindewalzbacke (*f.*). **57 ~ per sformatura** (pettine) (*fond.*), Durchziehplatte (*f.*), Durchzugplatte (*f.*). **58 ~ portarelè** (*elett.*), Relaisplatte (*f.*). **59 ~ portastampi** (di una pressa) (*macch.*), Aufspannplatte (*f.*), Auflagerplatte (*f.*), Froschplatte (*f.*), Grundplatte (*f.*). **60 ~ positiva** (d'un accumulatore) (*elett.*), Plusplatte (*f.*). **61 ~ raschiante** (di un trasportatore a raschiamento) (*app. ind.*), Abkratzer (*m.*), Abschaber (*m.*). **62 ~ rigida**

piastrella

di **polistirolo espanso** (*ind. chim.*), Polystyrol-Hartschaumplatte (*f.*). 63 ~ **tubiera** (*cald.*), Rohrwand (*f.*), Rohrboden (*m.*), Rohrkesselwand (*f.*), Heizrohrwand (*f.*). 64 ~ **vibrante** (costipatore a piastra vibrante p. es.) (*macch. ing. civ. - ecc.*), Schwingungsplatte (*f.*).

piastrella (marmetta, per il rivestimento di pavimenti) (*ed.*), Fliese (*f.*). 2 ~ (mattonella, di terracotta, per il rivestimento di stufe ecc.) (*ed.*), Kachel (*f.*). 3 ~ **ceramica da parete** (*ed.*), keramische Wandfliese. 4 ~ **ceramica per pavimenti** (*ed.*), keramische Bodenfliese. 5 ~ **di maiolica** (*ed.*), Majolikafliese (*f.*), Majolikaplatte (*f.*).

piastrellare (rivestire con piastrelle) (*ed.*), fliesen.

piastrellista (*lav.*), Fussbodenfliesenleger (*m.*), Fussbodenplattenleger (*m.*).

piastrina (*gen.*), Plättchen (*n.*). 2 ~ (platina) (*ind. tess.*), Platine (*f.*). 3 ~ **antimagnetica** (d'un relè) (*telef.*), Klebblech (*n.*). 4 ~ **di giunzione** (*elett.*), Verbindungslasche (*f.*). 5 ~ **estensimetrica** (striscia estensimetrica, di un estensimetro) (*strum. - tecnol. mecc.*), Streifen (*n.*), Dehnungsstreifen (*m.*). 6 ~ **fusibile** (fusibile a piastrina) (*elett.*), Abschmelzstreifen (*m.*). 7 ~ **per saldatura** (linguetta per saldatura, di lamiere) (*saldatura*), Schweisslappen (*m.*).

piastrone (*metall. - ecc.*), Platte (*f.*). 2 ~ **del deviatoio** (piastrone dello scambio) (*ferr.*), Weichenplatte (*f.*).

piattabanda (arco piatto, arco molto ribassato) (*arch.*), Sturzbogen (*m.*), gerader Bogen. 2 ~ (lamiera sovrapposta alle ali delle travi) (*ed.*), Gurtplatte (*f.*), Kopfplatte (*f.*), Deckflacheisen (*n.*).

piattaforma (*gen.*), Plattform (*f.*). 2 ~ (piattaforma portapezzo a morsetti, di un tornio, « plateau ») (*macch. ut.*), Planscheibe (*f.*), Aufspannfutter (*n.*). 3 ~ (di una vettura ferroviaria p. es.) (*veic.*), Plattform (*f.*). 4 ~ (piano di regolamento, piano di formazione) (*costr. strad.*), Planum (*n.*), Unterbau (*m.*). 5 ~ (di un giroscopio) (*app.*), Plattform (*f.*). 6 ~ **a due morsetti** (*macch. ut.*), Zweibackenfutter (*n.*). 7 ~ **a griffe** (piattaforma a morsetti) (*macch. ut.*), Backenfutter (*n.*). 8 ~ **anteriore** (*veic.*), Vorderplattform (*f.*). 9 ~ **a morsetti** (piattaforma a griffe) (*macch. ut.*), Backenfutter (*n.*). 10 ~ **a tre morsetti** (piattaforma a tre griffe) (*macch. ut.*), Dreibackenfutter (*n.*). 11 ~ **con spirale piana** (d'un tornio, per la traslazione delle griffe) (*macch. ut.*), Spannfutter mit Planspirale. 12 ~ **della draga** (*macch. mov. terra*), Matratze (*f.*), Baggerrost (*m.*). 13 ~ **di caricamento** (*trasp.*), Ladebühne (*f.*), Verladebühne (*f.*). 14 ~ **di caricamento** (di un forno) (*metall. - fond. - ecc.*), Beschickungsbühne (*f.*), Gichtbühne (*f.*). 15 ~ **di lancio** (per missili p. es.) (*milit.*), Abschussplattform (*f.*). 16 ~ **di lancio su rimorchio** (*milit.*), Abschussplattformanhänger (*m.*). 17 ~ **di lavoro** (*ed.*), Arbeitsbühne (*f.*). 18 ~ **di lavoro** (di una torre di trivellazione p. es.) (*ind.*), Arbeitsbühne (*f.*). 19 ~ **di servizio** (*ed. - ecc.*), Bedienungsbühne (*f.*). 20 ~ **di servizio per autovetture** (banco di servizio per autovetture) (*aut.*), Wagenpflegestand (*m.*). 21 ~ **elettromagnetica** (*macch. ut.*), elektromagnetische Aufspannplatte. 22 ~ **esterna** (di una carrozza) (*veic. ferr.*), Aussenplattform (*f.*). 23 ~ **girevole** (piattaforma rotante) (*ferr.*), Drehscheibe (*f.*), Kreuzungsdrehscheibe (*f.*). 24 ~ **girevole** (di una gru) (*macch. ind.*), Drehscheibe (*f.*). 25 ~ **girevole da vasaio** (*disp. per mft. di porcellana*), Drehscheibe (*f.*), Töpferscheibe (*f.*). 26 ~ **giroscopica** (*app.*), Kreisel-Plattform (*f.*). 27 ~ **inerziale** (per giroscopi, stabilizzata secondo tre assi) (*app.*), Trägheitsplattform (*f.*), Dreiachsenplattform (*f.*), Lageplattform (*f.*). 28 ~ **lato salita** (di una vettura) (*tramvai - ecc.*), Einstiegplattform (*f.*). 29 ~ **magnetica** (*macch. ut.*), Magnetspannplatte (*f.*). 30 ~ **(mobile) per telecamera** (*telev.*), Kamerabühne (*f.*). 31 ~ **orientabile** (*macch. - ecc.*), Schwenkbühne (*f.*). 32 ~ **oscillante per gabbie di estrazione** (pianerottolo oscillante per gabbie di estrazione) (*min.*), Schwingbühne (*f.*), Förderkorbanschlussbühne (*f.*). 33 ~ **per trivellazione sottomarina** (*ind. chim.*), Bohr-Insel (*f.*), Ölbohrplattform auf der See. 34 ~ **posteriore** (*veic.*), hintere Plattform, Hinterplattform (*f.*). 35 ~ **ribaltabile** (*trasp. ind. - ecc.*), Kippbühne (*f.*). 36 ~ **rotante** (piattaforma girevole) (*ferr.*), Drehscheibe (*f.*), Kreuzungsdrehscheibe (*f.*). 37 ~ **rotante con movimento trasversale** (*macch. ut.*), Drehscheibe mit Querbewegung. 38 ~ **stabilizzata** (piattaforma inerziale, d'un giroscopio) (*app.*), Lageplattform (*f.*), Dreiachsenplattform (*f.*), Trägheitsplattform (*f.*). 39 ~ **stradale** (piano di regolamento) (*ferr.*), Bahnkörper (*m.*), Unterbau (*m.*). 40 **servomotore della** ~ (giroscopica) (*app.*), Plattform-Stellmotor (*m.*). 41 **telaio a** ~ (longheroni e traverse con pavimento di lamiera) (*aut.*), Plattformrahmen (*m.*). 42 **telaio largo a** ~ (*aut.*), Plattform-Breitrahmen (*m.*).

piattello (*gen.*), Teller (*m.*), Platte (*f.*). 2 ~ **della molla** (scodellino della molla) (*mot.*), Federteller (*m.*), Federplatte (*f.*). 3 ~ **molla valvola** (scodellino molla valvola) (*mot. - mecc.*), Ventilfederteller (*m.*), Ventilfederplatte (*f.*).

piattina (carrello a pianale) (*trasp. ind.*), Plattformkarren (*m.*). 2 ~ (moietta, reggetta) (*ind. metall.*), Bandeisen (*n.*), Plätt (*m.*). 3 ~ (filo piatto, conduttore piatto) (*elett.*), Flachdraht (*m.*), Flachleitung (*f.*), Bandleitung (*f.*), Stegleitung (*f.*). 4 ~ **ad accumulatori** (carrello piatto ad accumulatori) (*trasp. ind.*), Elektroplattformkarren (*m.*). 5 ~ **di raffreddamento** (d'un altoforno) (*metall.*), Kühlbalken (*m.*), Plattenkühler (*m.*). 6 **isolamento a** ~ (*elett.*), Stegisolierung (*f.*).

piattino (piede, base, suola, di una rotaia) (*ferr.*), Fuss (*m.*). 2 ~ **della rotaia** (base della rotaia, suola della rotaia, piede della rotaia) (*ferr.*), Schienenfuss (*m.*).

piatto (*a. - gen.*), flach, platt. 2 ~ (senza contrasto) (*a. - fot.*), flach. 3 ~ (sintonia p. es.) (*a. - radio*), unscharf, grob. 4 ~ (disco) (*s. - gen.*), Teller (*m.*). 5 ~ (barra piatta) (*s. - ind. metall.*), Flachstab (*m.*). 6 ~ (di bilancia) (*strum.*), Schale (*f.*). 7 ~

(di uno scrubber) (s. - *ind. chim.*), Horde (*f.*), Hürde (*f.*). **8** ~ (tavolino, d'un microscopio) (*app. - ott.*), Tisch (*m.*). **9** ~ **a bulbo** (barra piatta a bulbo) (*ind. metall.*), Wulstflachstab (*m.*). **10** ~ **a bulbo (di acciaio)** (barra piatta a bulbo di acciaio) (*ind. metall.*), Wulstflachstahl (*m.*). **11** ~ **a bulbo (di ferro)** (ferro piatto a bulbo, barra piatta a bulbo) (*ind. metall.*), Flachwulsteisen (*n.*). **12** ~ **del giradischi** (*elettroacus.*), Plattenteller (*m.*), Drehteller (*m.*). **13** ~ **della bilancia** (*app.*), Waagschale (*f.*). **14** ~ **del respingente** (piastra del respingente) (*ferr.*), Stosspufferplatte (*f.*). **15** ~ **di acciaio** (ferro piatto, barra piatta di acciaio) (*ind. metall.*), Flachstahl (*m.*). **16** ~ **di ferro** (barra piatta) (*ind. metall.*), Flacheisen (*n.*). **17** ~ **giradischi** (per dischi grammofonici) (*elettroacus.*), Drehteller (*m.*), Plattenteller (*m.*). **18** ~ **mobile in due direzioni** (per microscopio) (*app. - ott.*), Kreuztisch (*m.*). **19 cavo** ~ (cavo a nastro) (*elett.*), Flachkabel (*n.*). **20 di** ~ (per piano) (*gen.*), flachgelegt. **21 filo** ~ (piattina, conduttore piatto) (*elett.*), Flachdraht (*m.*), Flachleitung (*f.*). **22 largo** ~ (laminato di acciaio) (*ind. metall.*), Breitflachstahl (*m.*). **23 posato di** ~ (mattone p. es.) (*gen.*), flachverlegt.

piazza (*ed. - urbanistica*), Platz (*m.*).

piazzale (piazza) (*ed. - ecc.*), Platz (*m.*). **2** ~ **aeromobili** (in un aeroporto) (*aer.*), Vorfeld (*n.*). **3** ~ **della stazione** (per il traffico tra stazione e città) (*ed.*), Bahnhofsvorplatz (*m.*). **4 servizio di** ~ (*aer.*), Vorfelddienst (*m.*).

piazzamento (dell'utensile) (*lav. macch. ut.*), Einstellung (*f.*), Ansetzung (*f.*). **2 angolo di** ~ (di utensili p. es.) (*lav. macch. ut.*), Aufspannwinkel (*m.*).

piazzare (un utensile) (*lav. macch. ut.*), einstellen, ansetzen.

piazzista (*comm.*), Platzreisender (*m.*), Stadtreisender (*m.*).

piazzola (*gen.*), Platz (*m.*). **2** ~ **di sosta** (di un'autostrada p. es.) (*aut. - traff. strad.*), Rastplatz (*m.*). **3** ~ **per fermata di autobus** (*traff. strad.*), Omnibushaltebucht (*f.*).

PIB (poli-isobutilene) (*mat. plast.*), PIB, Polyisobutylen (*n.*).

piccarocca (ut. min. per il disgaggio) (*ut. min.*), Brecheisen (*n.*), Brechstange (*f.*).

piccato (picché, « piqué ») (*ind. tess.*), Pikee (*n.*), Piqué (*n.*).

picché (piccato, « piqué ») (*ind. tess.*), Pikee (*n.*), Piqué (*n.*).

picchettaggio (durante uno sciopero) (*lav.*), Streikwache halten, Streichposten halten.

picchettare (l'asse di una strada p. es.) (*top. - costr. strad.*), verpflöcken, abstecken, abpflöcken.

picchettatura (picchettazione, dell'asse di una strada p. es.) (*costr. strad. - ing. civ.*), Verpflöckung (*f.*), Absteckung (*f.*), Abpflöckung (*f.*).

picchetto (per il tracciamento) (*top. - costr. strad.*), Absteckpflock (*m.*), Absteckpfahl (*m.*). **2** ~ (per indicazioni) (*ed.*), Markierstab (*m.*), Merkstab (*m.*). **3** ~ (durante uno sciopero) (*lav.*), Streikwache (*f.*), Streikposten (*m.*). **4** ~ (da tenda) (*campeggio*), Hering (*m.*), Zeltpflock (*m.*). **5** ~ (*milit.*), Pikett (*n.*). **6** ~ **da tenda** (*campeggio - ecc.*), Zeltpflock (*m.*), Hering (*m.*). **7** ~ **di massa** (picchetto di messa a terra) (*elett.*), Staberder (*m.*), Massenbolzen **8** ~ **trigonometrico** (per contrassegnare i punti importanti) (*top.*), Messbolzen (*m.*).

picchiare (bussare) (*gen.*), pochen, klopfen. **2** ~ (battere, di mot. a comb. interna) (difetto - *mot.*), klopfen. **3** ~ (di velivolo) (*aer.*), stürzen, abstürzen.

picchiata (affondata, di un velivolo) (*aer.*), Sturzflug (*m.*), Stürzen (*n.*). **2** ~ (posizione picchiata, appruamento di una vettura all'atto della frenata) (*aut.*), Abkippen (*n.*), Bremstauchen (*n.*). **3 deflettore di** ~ (*aer.*), Sturzflugklappe (*f.*). **4 freno di** ~ (*aer.*), Sturzflugbremse (*f.*).

picco (valore di cresta, valore massimo) (*fis.*), Höchstwert (*m.*), Scheitelwert (*m.*), Spitze (*f.*), Spitzenwert (*m.*). **2** ~ (di un monte) (*geogr.*), Zinne (*f.*). **3** ~ (asta inclinata, di una vela) (*nav.*), Gaffel (*f.*). **4** ~ **del solco** (nelle misure di rugosità) (*mecc.*), Rillenkamm (*m.*). **5** ~ **di tensione** (*elett.*), Spannungsspitze (*f.*). **6 da picco a picco** (di tensione p. es.) (*elett.*), Spitze-Spitze (*f.*). **7 unità di** ~ (mel) (*acus.*), mel.

piccolo (*gen.*), klein. **2** ~ (di poca importanza) (*gen.*), leicht, wenig, unbedeutend. **3** ~ (nella scala di valutazione) (*organ. lav. - analisi tempi*), gering. **4** ~ **annuncio** (*comm. - giorn.*), kleine Anzeige.

piccone (gravina) (*ut. costr. strad.*), Hacke (*f.*), Stopfspitzhacke (*f.*).

piccozza (da ghiaccio) (*sport*), Pickel (*m.*), Eispickel (*m.*).

« picklage » (piclaggio, nella concia) (*ind. cuoio*), Pickeln (*n.*), Aufpöckeln (*n.*).

« pickoff » (di un giroscopio vincolato) (*app.*), Abgriff (*m.*).

« pick-up » (fonorivelatore, di un giradischi) (*elettroacus.*), Tonabnehmer (*m.*), Pick-up (*m.*). **2 braccio del** ~ (*acus.*), Tonarm (*m.*).

piclaggio (« picklage », nella concia) (*ind. cuoio*), Aufpöckeln (*n.*), Pickeln (*n.*).

picnometro (per determinare il peso specifico dei liquidi) (*strum.*), Pyknometer (*n.*).

pico- (p, prefisso, 10^{-12}) (*mis.*), Piko-, p.

picofarad (micro-micro-farad, 10^{-12} farad) (*unità di mis.*), Picofarad (*n.*).

picrato (*chim.*), Pikrat (*n.*).

piè (piede) (*gen.*), Fuss (*m.*). **2** ~ **di porco** (palanchino) (*ut. min. - ecc.*), Geissfuss (*m.*), Kuhfuss (*m.*). **3** ~ **di porco** (piccarocca, per disgaggio) (*ut. min.*), Brechstange (*f.*), Brecheisen (*n.*). **4** ~ **d'opera** (luogo d'installazione o di messa in opera) (*ed. - ecc.*), Baustelle (*f.*). **5 a** ~ **d'opera** (in cantiere ma non montato, di macch. p. es.) (*ed. - ecc.*), auf der Baustelle.

piede (*gen.*), Fuss (*m.*). **2** ~ (base, fondo, del dente di una ruota dentata) (*mecc.*), Fuss (*m.*). **3** ~ (di biella) (*mot.*), Kolbenbolzenende (*n.*), Pleuelkopf (*m.*). **4** ~ (base, piattino, suola, di una rotaia) (*ferr.*), Fuss (*m.*). **5** ~ (di una perpendicolare) (*geom.*), Fusspunkt (*m.*). **6** ~ (suola, letto, di una galleria) (*min.*), Sohle (*f.*). **7** ~ **costipatore** (d'un martello pneumatico p. es.) (*macch.*), Stampffuss (*m.*). **8** ~ **d'albero** (*nav.*), Mast-

piedino

fuss (*m.*). 9 ~ **della rotaia** (base della rotaia, piattino della rotaia, suola della rotaia) (*ferr.*), Schienenfuss (*m.*). 10 ~ **di biella** (*mot. - mecc.*), Pleuelstangenkopf (*m.*), Pleuelkopf (*m.*), Kolbenbolzenende der Pleuelstange. 11 ~ **di cervo** (estrattore per chiodi, tirachiodi) (*ut.*), Nagelzieher (*m.*), Geissfuss (*m.*). 12 ~ **di perpendicolare** (*geom.*), Lotpunkt (*m.*), Lotfusspunkt (*m.*). 13 ~ **d'oca** (di palafitte) (*ed.*), Gänsefuss (*m.*). 14 **in** ~ (composizione) (*tip.*), stehend. 15 **premere col** ~ (calcare) (*gen.*), treten.
piedino (*gen.*), Fuss (*m.*). 2 ~ **premistoffa** (d'una macchina per cucire) (*macch.*), Nähfuss (*m.*).
piedistallo (di colonna p. es.) (*ed. - arch.*), Piedestal (*n.*), Sockel (*m.*), Fussgestell (*n.*). 2 ~ (di una statua p. es.) (*arch.*), Sockel (*m.*).
piedritto (elemento su cui appoggia l'estremità di una trave) (*ed.*), Widerlager (*n.*). 2 ~ **della galleria** (*ing. civ.*), Tunnelwiderlager (*n.*). 3 ~ **dell'arco** (spalla dell'arco) (*arch.*), Bogenwiderlager (*n.*), Bogenpfeiler (*m.*).
piega (*gen.*), Falte (*f.*), Biegung (*f.*). 2 ~ (ad angolo vivo) (*gen.*), Knick (*m.*). 3 ~ (degli strati rocciosi) (*geol.*), Falte (*f.*), Faltung (*f.*). 4 ~ (piegatura) (*lav. lamiera*), Biegen (*n.*). 5 ~ (*tess.*), Falte (*f.*). 6 ~ (*legatoria*), Falz (*m.*), Buchfalz (*m.*). 7 ~ **a ventaglio** (*geol.*), Fächerfalte (*f.*). 8 **pieghe a zampa di gallina** (difetto di vn.), Krähenfussrunzeln (*f. pl.*). 9 ~ **a zigzag** (*geol.*), Kaskadenfalte (*f.*). 10 ~ **con faglia** (piega-faglia) (*geol.*), Bruchfaltung (*f.*). 11 ~ **coricata** (*geol.*), liegende Falte. 12 ~ **di fucinatura** (difetto fucin.), Schmiedefalte (*f.*). 13 ~ **diritta** (*geol.*), stehende Falte. 14 ~ **fredda** (saldatura fredda, giunto freddo) (*difetto di fucinatura*), Kaltschweissung (*f.*), Kaltschweisse (*f.*). 15 ~ **fredda** (ripresa, saldatura fredda, giunto freddo) (*difetto di fond.*), Kaltschweissung (*f.*), Kaltschweisse (*f.*), Kaltguss (*m.*). 16 ~ **rovesciata** (*geol.*), überkippte Falte.
piegabilità (flessibilità) (*gen.*), Biegsamkeit (*f.*), Biegungsfähigkeit (*f.*), Biegefähigkeit (*f.*). 2 ~ (idoneità allo stampaggio leggero, di una lamiera) (*ind. metall.*), Falzgüte (*f.*).
piega-faglia (*geol.*), Bruchfaltung (*f.*).
piegaferri (per tondini per c. a.) (*c. a. - macch.*), Biegemaschine (*f.*), Betoneisenbieger (*m.*). 2 ~ (addetto alla piegatura dei ferri) (*op. ed.*), Eisenbieger (*m.*), Betoneisenbieger (*m.*).
piegamento (piegatura) (*gen.*), Biegen (*n.*), Biegung (*f.*). 2 ~ (*tecnol. - ecc.*), vedi anche piegatura. 3 **numero di piegamenti di rottura** (numero di alternanze di piegatura di rottura, di un filo metallico) (*tecnol. mecc.*), Biegezahl (*f.*).
piegare (un tubo p. es.) (*gen.*), biegen. 2 ~ (un foglio di carta p. es.) (*gen.*), falten. 3 ~ **ad angolo vivo** (lamiera p. es.) (*lav. mecc.*), abkanten. 4 ~ **a doppio angolo retto** (piegare a gomito) (*fucinatura - ecc.*), kröpfen, verkröpfen, abkröpfen. 5 ~ **a doppio gomito** (piegare a manovella) (*mecc. - ecc.*), verkröpfen, abkröpfen, kröpfen. 6 ~ **a gomito** (piegare a doppio angolo retto) (*fucinatura - ecc.*), kröpfen, abkröpfen, verkröpfen. 7 ~ all'insù (*gen.*), aufwärtsbiegen. 8 ~ **i lembi** (risvoltare gli orli, di lamiere) (*tecnol. mecc.*), hochstellen. 9 ~ **a manovella** (piegare a doppio gomito) (*mecc. - ecc.*), verkröpfen, abkröpfen, kröpfen. 10 ~ **in dentro** (*gen.*), einbiegen. 11 ~ **verso l'alto** (*gen.*), aufwärtsbiegen, aufbiegen. 12 ~ **verso l'alto** (lamiera, piegare a spigolo vivo) (*tecnol. mecc.*), aufkanten. 13 ~ **verso l'esterno** (*gen.*), ausbiegen. 14 **attrezzo per** ~ (*ut.*), Biegeeisen (*n.*). 15 **non** ~! (*posta*), Bitte nicht knicken!
piegarotaie (martinetto piegarotaie, « cagna ») (*att.*), Schienenbieger (*m.*).
piegato (*gen.*), gebogen. 2 ~ (ad angolo vivo) (*gen.*), abgekantet. 3 ~ (curvato) (*gen.*), gekrümmt. 4 ~ (tubo, difetto) (*tubaz.*), abgeknickt. 5 ~ **a doppio angolo (inverso)** (piegato a gomito) (*mecc. - ecc.*), gekröpft. 6 ~ **a gomito** (piegato a doppio angolo inverso) (*mecc. - ecc.*), gekröpft.
piegatrice (*macch.*), Biegemaschine (*f.*). 2 ~ (*macch. lav. lamiera*), Biegemaschine (*f.*), Abkantmaschine (*f.*), Biegestanze (*f.*). 3 ~ (a cerniera, con rotazione della parte libera) (*macch. lav. lamiera*), Abbiegestanze (*f.*). 4 ~ **(a caldo) orizzontale** (*macch. per fucinatura*), horizontale Biegepresse. 5 ~ **automatica** (per disegni di grande formato) (*macch.*), Faltautomat (*m.*). 6 ~ **per corazze** (*macch.*), Panzerbiegemaschine (*f.*). 7 ~ **per lamiere** (*macch.*), Blechbiegemaschine (*f.*), Abkantmaschine (*f.*), Biegestanze (*f.*). 8 ~ **per legno** (*macch.*), Holzbiegemaschine (*f.*). 9 ~ **per tubi** (*macch.*), Rohrbiegemaschine (*f.*).
piegatubi (*att.*), Rohrbiegezange (*f.*), Rohrbiegevorrichtung (*f.*).
piegatura (curvatura, di tubi p. es.) (*mecc. - ecc.*), Biegung (*f.*), Biegen (*n.*). 2 ~ (di un foglio da disegno) (*dis. - ecc.*), Faltung (*f.*). 3 ~ (piega) (*lav. lamiera*), Biegen (*n.*). 4 ~ (con piegatrice a cerniera, con rotazione della parte libera) (*lav. lamiera*), Abbiegen (*n.*). 5 ~ **ad angolo vivo** (*gen.*), Ausknickung (*f.*), Abkanten (*n.*). 6 ~ **ad angolo vivo** (della lamiera) (*lav. lamiera*), Abkanten (*n.*). 7 ~ **a doppio angolo retto** (piegatura a gomito, di alberi e sbarre di ferro p. es.) (*fucinatura - ecc.*), Kröpfung (*f.*), Verkröpfung (*f.*), Abkröpfung (*f.*). 8 ~ **a doppio gomito** (piegatura a manovella) (*mecc.*), Verkröpfung (*f.*), Kröpfung (*f.*), Abkröpfung (*f.*). 9 ~ **a gomito** (piegatura a doppio angolo retto, di alberi e sbarre di ferro p. es.) (*fucinatura - ecc.*), Kröpfung (*f.*), Verkröpfung (*f.*), Abkröpfung (*f.*). 10 ~ **a manovella** (piegatura a doppio gomito) (*mecc.*), Verkröpfung (*f.*), Kröpfung (*f.*), Abkröpfung (*f.*). 11 ~ **a stampo** (*tecnol. mecc.*), Formbiegen (*n.*). 12 ~ **brusca** (accidentale) (di un filo metall. p. es.) (*mecc. - ecc.*), Kink (*n.*), Knick (*n.*). 13 ~ **di tubi** (*tecnol. mecc.*), Rohrbiegen (*n.*). 14 **alternanze di** ~ **nei due sensi** (alternanze di piegatura bidirezionale, di una fune metallica, per prove di fatica) (*tecnol. mecc.*), Gegenbiegewechsel (*m.*). 15 **prova di** ~ (per lamiere) (*tecnol. mecc.*), Faltversuch (*m.*). 16 **prova di** ~ **ad ansa** (di filo metallico) (*tecnol. mecc.*), Schlingenprobe (*f.*). 17 **prova di** ~ **alternata** (di fili metallici) (*tecnol. mecc.*),

Hin- und Herbiegeversuch (*m.*). **18 prova di ~ su mandrino** (di una lamiera verniciata) (*vn.*), Dornbiegeprobe (*f.*), Dornbiegetest (*m.*). **19 prova di ~ viva** (di fili metallici) (*tecnol. mecc.*), Klinkversuch (*m.*). **20 resistenza a ~ alternata** (di una fune metallica) (*sc. costr.*), Biegewechsel (*m.*). **21 resistenza alla ~ alternata** (di 180° nei due sensi, numero delle piegature alternate di rottura, di materiale in fogli) (*tecnol. mecc.*), Falzwiderstand (*m.*), Doppelfalzung (*f.*). **22 resistenza alla ~ ripetuta** (*tecnol. mecc.*), Dauerbiegefestigkeit (*f.*).
pieghettare (*tess.*), falten. **2 ~** (plissettare) (*ind. tess.*), plissieren.
pieghettatrice (*macch. tess.*), Faltmaschine (*f.*).
pieghettatura (*tess.*), Faltung (*f.*).
pieghevole (flessibile) (*a. - gen.*), biegbar, biegsam. **2 ~** («depliant») (*s. - comm.*), Werbefaltblatt (*n.*).
pieghevolezza (*gen.*), Biegsamkeit (*f.*).
piena (acqua alta) (*idr. - costr. idr.*), Hochwasser (*n.*). **2 ~ catastrofica** (*idr.*), Katastrophenhochwasser (*n.*). **3 al riparo dalle piene** (*costr. idr.*), hochwasserfrei, hochwassersicher. **4 onda di ~** (aumento rapido di livello dovuto ad improvviso aumento della portata p. es.) (*idr.*), Schwall (*m.*), Füllschwall (*m.*), Vorflut (*f.*).
pieno (*a. - gen.*), voll. **2 ~** (albero p. es.) (*a. - mecc.*), voll. **3 ~** (luna) (*a. - astr.*), voll. **4 ~** (tra le fasce elastiche, di un pistone) (*s. - mot. - mecc.*), Steg (*m.*), Feld (*n.*). **5 ~** (di un albero scanalato) (*s. - mecc.*), Keil (*m.*). **6 ~ carico** (*mot. - elett.*), Vollast (*f.*). **7 piena occupazione** (*lav.*), Vollbeschäftigung (*f.*). **8 piena potenza** (*mot. - ecc.*), Volleistung (*f.*). **9 a parete piena** (*ed. - ecc.*), vollwandig. **10 a ~ carico** (*mot. - ecc.*), vollbelastet, unter Vollast. **11 con serbatoio ~** (*aut.*), vollgetankt. **12 costruzione piena** (di un albero p. es.) (*mecc.*), Vollbauweise (*f.*). **13 fare il ~** (di benzina p. es.) (*aut. - ecc.*), volltanken, auftanken, auffüllen. **14 lavorato dal ~** (*mecc.*), aus dem Vollen bearbeitet. **15 misura vuoto per ~** (*ed.*), Vollmass (*n.*). **16 troppo ~** (sfioratore) (*idr.*), Überlauf (*m.*).
pietra (*geol. - min.*), Stein (*m.*). **2 ~** (da costruzione) (*ed.*), Stein (*m.*), Baustein (*m.*). **3 ~** (corpo solido estraneo nel vetro) (*difetto vetro*), Glassteinchen (*n.*). **4 ~ abrasiva** (*tecnol. mecc. - min.*), Schleifstein (*m.*), Reibstein (*m.*). **5 ~ abrasiva** (levigatore, per macchine levigatrici) (*ut. mecc.*), Honstein (*m.*), Ziehschleifstein (*m.*). **6 ~ ad olio** (abrasivo) (*mecc.*), Ölstein (*m.*). **7 ~ Arkansas** (per la levigazione dei metalli) (*ut. mecc.*), Arkansasstein (*m.*), Kansasstein (*m.*). **8 ~ artificiale** (*ed.*), Kunststein (*m.*). **9 ~ cementante** (*ed.*), Bindebaustein (*m.*). **10 ~ confinaria** (pietra di confine, meta, termine) (*top. - ed.*), Markstein (*m.*), Grenzstein (*m.*). **11 ~ da costruzione** (*ed.*), Baustein (*m.*). **12 ~ da costruzione naturale** (*ed.*), Naturbaustein (*m.*). **13 ~ da paramano** (*ed.*), Blendstein (*m.*). **14 ~ da pavimentazione** (*costr. strad.*), Pflasterstein (*m.*). **15 ~ da taglio** (*ed.*), Haustein (*m.*), bearbeitungsfähiger Stein. **16 ~ da tombino** (*costr. strad.*), Rinnstein (*m.*). **17 ~ di confine** (pietra confinaria, meta, termine) (*top. - ed.*), Markstein (*m.*), Grenzstein (*m.*). **18 ~ di copertura** (tegola) (*ed.*), Dachstein (*m.*), Dachziegel (*m.*). **19 ~ di dama** (pietra di guardia, di un forno) (*metall.*), Dammstein (*m.*), Dammplatte (*f.*). **20 ~ di guardia** (pietra di dama, di un forno) (*metall.*), Dammstein (*m.*), Dammplatte (*f.*). **21 ~ dura** (pietra preziosa) (*min.*), Edelstein (*m.*). **22 ~ dura** (per piani di riscontro p. es.) (*min.*), Hartgestein (*n.*). **23 ~ dura artificiale** (*chim. ind.*), Similstein (*m.*). **24 ~ dura per supporti** («rubino») (*strum. - ecc.*), Lagerstein (*m.*). **25 ~ focaia** (*min.*), Fuerstein (*m.*), Flint (*m.*). **26 ~ inferiore** (mola inferiore, di un mulino) (*att.*), Bodenstein (*m.*). **27 ~ infernale** (pietra lunare, nitrato d'argento) (*min. - med.*), Höllenstein (*m.*), Silberätzstein (*m.*), Silbernitrat (*n.*). **28 ~ litografica** (*tip.*), Lithostein (*m.*). **29 ~ lunare** (pietra infernale, nitrato d'argento) (*min. - med.*), Silberätzstein (*m.*), Höllenstein (*m.*), Silbernitrat (*n.*). **30 ~ miliare** (*costr. strad.*), Kilometerstein (*m.*), Meilenstein (*m.*). **31 ~ miliare** (nella programmazione reticolare) (*progr.*), Meilenstein (*m.*). **32 ~ naturale** (*ed.*), Naturstein (*m.*), natürlicher Stein. **33 ~ per affilare** (cote) (*ut.*), Abziehstein (*m.*), Wetzstein (*m.*). **34 ~ per affilare (con olio)** (*mecc.*), Ölabziehstein (*m.*). **35 ~ per lappare** (lapidello) (*ut.*), Läppstein (*m.*). **36 ~ pomice** (*min.*), Schwemmstein (*m.*), Bimsstein (*m.*). **37 ~ preziosa** (pietra dura) (*min.*), Edelstein (*m.*). **38 ~ refrattaria** (*ed. - ecc.*), feuerfester Stein, ff-Stein (*m.*). **39 ~ squadrata** (concio, pietra tagliata) (*ed.*), Quader (*m.*), Schnittstein (*m.*), behauener Stein, Werkstein (*m.*). **40 ~ tagliata** (pietra squadrata, concio) (*ed.*), Schnittstein (*m.*), Quader (*m.*), Haustein (*m.*), behauener Stein, Werkstein (*m.*). **41 lastra di ~** (*ed.*), Steinplatte (*f.*). **42 rivestimento di pietre** (*ed.*), Steinpackung (*f.*).
pietrame (*min. - ing. civ.*), Gestein (*n.*). **2 ~ sciolto** (*min.*), Haufwerk (*n.*), gelöstes Gestein. **3 mantellata in ~** (opera di difesa in pietrame) (*costr. idr.*), Packwerk (*n.*). **4 opera di difesa in ~** (mantellata in pietrame) (*costr. idr.*), Packwerk (*n.*). **5 rivestimento di ~** (opera di difesa in pietrame, di una sponda) (*ing. civ.*), Packwerk (*n.*), Packung (*f.*).
pietrisco (breccia) (*costr. strad.*), Schotter (*m.*), Splitt (*m.*). **2 ~ per calcestruzzo** (*ed.*), Betonsplitt (*m.*).
piezoelettricità (*elett.*), Piezoelektrizität (*f.*).
piezoelettrico (*elett.*), piezoelektrisch. **2 accensione piezoelettrica** (*mot. - aut.*), Piezozündung (*f.*). **3 mosaico ~** (piezomosaico) (*elettronica*), piezoelektrisches Mosaik. **4 risonatore ~** (*elett.*), piezoelektrischer Resonator.
piezometrica (linea piezometrica, linea dei carichi piezometrici) (*s. - idr.*), Drucklinie (*f.*).
piezometrico (*idr.*), piezometrisch. **2 cadente piezometrica** (pendenza piezometrica) (*idr.*),

piezometro

Druckgefälle (*n.*). **3 carico** ~ (carico idrostatico) (*idr.*), Ruhwasserdruck (*m.*), hydrostatischer Druck. **4 pozzo** ~ (*costr. idr.*), Wasserschloss·schacht (*m.*), Schwallschacht (*m.*), Schachtwasserschloss (*n.*). **5 pozzo** ~ **a due camere di espansione** (*idr.*), Zweikammer-Wasserschloss (*n.*). **6 serbatoio** ~ (*costr. idr.*), Wasserschloss (*n.*). **7 tubo** ~ (*idr.*), Standrohr (*n.*).

piezometro (per la misurazione della comprimibilità dei liquidi) (*app. - fis.*), Piezometer (*n.*).

piezomosaico (mosaico piezoelettrico) (*elettronica*), piezoelektrisches Mosaik.

piezooscillatore (*fis.*), Quarzschwinger (*m.*).

pigiare (*gen.*), stampfen, rammen. **2** ~ (costipare, la terra nella forma) (*fond.*), stampfen. **3** ~ (un forno p. es.) (*fond. - forno*), stampfen.

pigiata (di un forno, sistema di messa in opera di materiale refrattario in un forno) (*metall. - forno*), Ausstampfung (*f.*), Massenzustellung (*f.*). **2** ~ (materiale per pigiata) (*fond. - forno*), Stampfmasse (*f.*), Stampferde (*f.*). **3** ~ **da rappezzo** (di un forno, materiale da rappezzo) (*forno - metall.*), Flickmasse (*f.*). **4** ~ **di magnesite** (*metall.*), Magnesit-Stampfmasse (*f.*). **5** ~ **per foro di spillatura** (di un altoforno, materiale) (*metall. - forno*), Stichlochstampfmasse (*f.*). **6 applicazione della** ~ (di un forno, pigiatura) (*forno - metall.*), Ausstampfen (*n.*), Ausstampfung (*f.*). **7 macchina per pigiate** (pigiatrice, per forni) (*metall.*), Stampfmaschine (*f.*).

pigiatoio (piletta, pestello) (*att. fond.*), Stampfer (*m.*), Stampf (*m.*).

pigiatrice (macchina per pigiate di forni) (*metall.*), Stampfmaschine (*f.*).

pigiatura (*gen.*), Stampfung (*f.*), Stampfen (*n.*). **2** ~ (di un forno, applicazione della pigiata) (*forno - metall.*), Ausstampfen (*n.*), Ausstampfung (*f.*).

pigione (canone, affitto) (*comm. - ed.*), Mietpreis (*m.*), Mietzins (*m.*), Miete (*f.*).

pigmentare (*vn.*), pigmentieren.

pigmento (materiale colorante) (*vn.*), Pigment (*n.*). **2** ~ (colore propriamente detto, colore tingente per sovrapposizione) (*fis. - ott.*), Körperfarbe (*f.*). **3** ~ **fluorescente** (*ind. chim.*), fluoreszierendes Pigment. **4** ~ **per effetto metallico** (*vn.*), Metalleffekt-Pigment (*n.*).

pignone (rocchetto, ruota dentata a piccolo numero di denti) (*mecc.*), Ritzel (*n.*). **2** ~ (di laminatoio) (*lamin.*), Kammwalze (*f.*). **3** ~ **conduttore** (pignone motore) (*mecc.*), Antriebsritzel (*n.*). **4** ~ **conico del differenziale** (*aut. - mecc.*), Ausgleichkegelrad (*n.*). **5** ~ **di avviamento** (*mot.*), Anlassritzel (*n.*), Andrehritzel (*n.*). **6** ~ **di fibra** (*mecc.*), Fiberritzel (*n.*). **7** ~ **e ruota dentata** (*mecc.*), Ritzel und Rad. **8** ~ **motore** (pignone conduttore) (*mecc.*), Antriebsritzel (*n.*). **9** ~ **per catena** (rocchetto per catena) (*mecc.*), Kettenrad (*n.*). **10** ~ **satellite** (satellite) (*mecc.*), Satellit (*m.*). **11 gabbia a pignoni** (*lamin.*), Kammwalzengerüst (*n.*).

pignoramento (*leg.*), Betreibung (*f.*).

pignorare (*leg.*), betreiben.

pi greco ($\pi = 3,1415926536...$) (*mat.*), pi, π. **2 filtro a** ~ (*elett.*), Pi-Filter (*m.*).

pila (catasta) (*gen.*), Stapel (*m.*). **2** ~ (elemento primario, coppia voltaica) (*elett.*), galvanisches Element, Primärelement (*n.*), Element (*n.*). **3** ~ (di un ponte) (*costr. di ponti*), Pfeiler (*m.*), Brückenpfeiler (*m.*). **4** ~ (lampada tascabile) (*elett.*), Taschenlampe (*f.*). **5** ~ (di carta) (*ind. carta*), Stoss (*m.*), Stapel (*m.*). **6** ~ **a combustione** (cella a combustione, per convertire energia chimica in energia elettrica) (*elett.*), Brennstoffzelle (*f.*). **7** ~ **a concentrazione** (*elett.*), Konzentrationselement (*n.*). **8** ~ **ad arco** (*costr. idr. - costr. di ponti*), Joch (*n.*). **9** ~ **a liquido** (*elett.*), Nasselement (*n.*). **10** ~ **a secco** (*elett.*), Trockenelement (*n.*). **11** ~ **atomica** (reattore nucleare) (*fis. atom.*), Meiler (*m.*), Atommeiler (*m.*), Atomreaktor (*m.*). **12** ~ **a torre** (*costr. di ponti*), Turmpfeiler (*m.*). **13** ~ **campione** (*elett.*), Normalelement (*n.*). **14** ~ **campione normale** (pila Weston p. es.) (*elett.*), Normalelement (*n.*). **15** ~ **cilindrica** (*elett.*), Stabbatterie (*f.*). **16** ~ **Clark** (*elett.*), Clarkelement (*n.*). **17** ~ **Daniell** (*elett.*), Daniellelement (*n.*). **18** ~ **di carbone** (*elett.*), Kohledrucksäule (*f.*). **19** ~ **di centro** (*costr. di ponti*), Mittelpfeiler (*m.*). **20** ~ **in corrente** (*costr. di ponti*), Strompfeiler (*m.*). **21** ~ **in golena** (di un ponte) (*costr. di ponti*), Landpfeiler (*m.*). **22** ~ **invertibile** (*elett.*), reversibles Element. **23** ~ **Leclanché** (*elett.*), Salmiakelement (*n.*), Leclanchéelement (*n.*). **24** ~ **Meidinger** (*elett.*), Meidinger-Element (*m.*), Ballonelement (*m.*), Sturzelement (*m.*). **25** ~ **piatta** (*elett.*), Flachbatterie (*f.*). **26** ~ **primaria** (elemento primario) (*elett.*), Primärelement (*n.*). **27** ~ **reticolare** (*costr. di ponti*), Gitterpfeiler (*m.*). **28** ~ **secondaria** (accumulatore) (*elett.*), Sekundärelement (*n.*), elektrischer Sammler. **29** ~ **solare** (elemento di batteria solare, cella solare) (*elett.*), Sonnenzelle (*f.*), Solarzelle (*f.*). **30** ~ **solare n-p** (per satelliti terrestri p. es.) (*elettronica*), n-p-Sonnenzelle (*f.*). **31** ~ **-spalla** (di un ponte) (*costr. ponti*), Widerlagspfeiler (*m.*). **32** ~ **termoelettrica** (termopila, più termoelementi in serie) (*elett.*), Thermosäule (*f.*), Thermobatterie (*f.*). **33** ~ **termoelettrica** (coppia termoelettrica, elemento di pila termoelettrica, termoelemento) (*elett.*), thermoelektrisches Element. **34** ~ **voltaica** (*elett.*), galvanische Kette, galvanische Säule. **35** ~ **Weston** (*elett.*), Westonelement (*n.*). **36 alimentato da pile a combustione** (*elett.*), brennstoffzellengespeist.

pila-spalla (*costr. ponti*), Widerlagspfeiler (*m.*).

pilastrata (ordine di pilastri) (*ed.*), Pfeilerreihe (*f.*).

pilastro (per solai ecc.) (*ed.*), Pfeiler (*m.*). **2** ~ (di coltivazione) (*min.*), Pfeiler (*m.*), Säule (*f.*). **3** ~ (massiccio, « horst ») (*geol.*), Horst (*m.*). **4** ~ **abbandonato** (minerale lasciato in posto per sorreggere il tetto) (*min.*), Bergfeste (*f.*), Feste (*f.*). **5** ~ **a fascio** (o multiplo) (*arch.*), Bündelpfeiler (*m.*). **6** ~ **a sezione circolare** (pilastro cilindrico) (*ed.*), kreisrunder Pfeiler. **7** ~ **cilindrico** (pilastro a sezione circolare) (*ed.*), kreisrunder

Pfeiler. 8 ~ **d'angolo** (*ed.*), Eckpfeiler (*m.*).
9 ~ **di minerale** (pilastro abbandonato) (*min.*), Erzpfeiler (*m.*). 10 ~ **in ferro** (*ed.*), Stahlpfeiler (*m.*). 11 ~ **intermedio** (di un muro) (*mur.*), Zwischenpfeiler (*m.*). 12 ~ **multiplo** (od a fascio) (*arch.*), Bündelpfeiler (*m.*). 13 ~ **polistilo** (piliere) (*arch.*), gruppierter Pfeiler. 14 ~ **quadrato** (*ed.*), quadratischer Pfeiler. 15 ~ **sporgente (dal muro)** (*ed.*), Pilaster (*m.*). 16 **coltivazione a pilastri sistematici** (*min.*), Örterbau (*m.*).
piletta (pigiatoio, pestello) (*att. fond.*), Stampfer (*m.*), Stampf (*m.*).
piliere (pilastro polistilo) (*arch.*), gruppierter Pfeiler.
pillo (pestello, mazzapicchio) (*ut.*), Erdstampfe (*f.*).
pillone (mazzuolo) (*ut. - ed.*), Klüppel (*m.*), Knüppel (*m.*), Schlegel (*m.*).
« **pillora** » (ciottolo) (*ed.*), Bachgeröll (*n.*).
pilone (palo, per condutture aeree p. es.) (*elett. - telegr.*), Mast (*m.*). 2 ~ (per funivie) (*trasp.*), Stütze (*f.*). 3 ~ (pila-spalla) (*costr. di ponti*), Endpfeiler (*m.*), Widerlagspfeiler (*m.*). 4 ~ **a traliccio** (*elett. - ed. - ecc.*), Gittermast (*m.*). 5 ~ **a traliccio di acciaio** (*ed. - ecc.*), Stahlgittermast (*m.*). 6 ~ **d'angolo** (di una linea) (*elett.*), Winkelmast (*m.*). 7 ~ **di antenna** (*radio*), Antennenmast (*m.*). 8 ~ **di antenna radar** (*radar*), Radarmast (*m.*). 9 ~ **di antenna radio** (*radio*), Funkmast (*m.*). 10 ~ **di funivia** (*trasp.*), Seilbahnstütze (*f.*). 11 ~ **di ormeggio** (per dirigibili) (*aer.*), Verankerungsmast (*m.*), Ankermast (*m.*). 12 ~ **in corrente** (pila in corrente) (*costr. ponti*), Strompfeiler (*m.*). 13 ~ **intermedio** (di funivia p. es.) (*trasp. - ecc.*), Zwischenstütze (*f.*). 14 ~ **per linea aerea** (*elett.*), Leitungsmast (*m.*). 15 ~ **radio** (*radio*), Funkturm (*m.*).
pilota (aviatore) (*aer.*), Flieger (*m.*). 2 ~ (marinaio) (*nav.*), Lotse (*m.*). 3 ~ (perno di guida di un punzone) (*ut. lav. lamiera*), Suchstift (*m.*). 4 ~ **automatico** (autopilota) (*aer.*), automatischer Pilot, Selbststeuergerät (*n.*). 5 ~ **civile** (*aer.*), Verkehrspilot (*m.*), Zivilflieger (*m.*). 6 ~ **collaudatore** (*aer.*), Einflieger (*m.*), Abnahmeflieger (*m.*). 7 ~ **da caccia** (*aer. milit.*), Kampfflieger (*m.*). 8 ~ **d'alto mare** (pilota d'altura) (*nav.*), Seelotse (*m.*). 9 ~ **d'altura** (pilota d'alto mare) (*nav.*), Seelotse (*m.*). 10 ~ **di porto** (*nav.*), Hafenlotse (*m.*). 11 ~ **istruttore** (*aer.*), Fluglehrer (*m.*), Fluginstruktor (*m.*). 12 **apparecchio** ~ (*app. elett. - ecc.*), Leitgerät (*n.*). 13 **bastone** ~ (*ferr.*), Zugstange (*f.*). 14 **impianto** ~ (impianto sperimentale) (*ind.*), Technikumsanlage (*f.*). 15 **motore** ~ (comando numerico), Steuermotor (*m.*). 16 **primo** ~ (*aer.*), Chefpilot (*m.*). 17 **oscillatore** ~ (*elett.*), Steueroszillator (*m.*). 18 **protezione con** ~ (relè) (*elett.*), Streckenschutz (*m.*). 19 **secondo** ~ (*aer.*), zweiter Führer, Beiflieger (*m.*), Kopilot (*m.*). 20 **segnale** ~ (segnale di comando) (*elett.*), Steuerzeichen (*n.*). 21 **spigolo** ~ (nei comandi idraulici) (*oleoidr. - macch. ut.*), Steuerkante (*f.*). 22 **stadio** ~ (stadio di comando) (*elett.*), Steuerstufe (*f.*). 23 **tensione** ~ (tensione di comando) (*elett.*), Steuerspannung (*f.*). 24 **tubo** ~ (tubo di comando) (*elettronica*), Steuerröhre (*f.*). 25 **valvola** ~ (per impianti idraulici o pneumatici p. es.) (*tubaz.*), Vorsteuerventil (*n.*).
pilotaggio (governo) (*aer. - nav.*), Steuerung (*f.*). 2 ~ (di una nave in porto) (*nav.*), Lotsen (*n.*). 3 ~ (comando, di un tubo elettronico) (*elettronica*), Aussteuerung (*f.*). 4 ~ (di valvole p. es.) (*oleoidr. - ecc.*), Vorsteuerung (*f.*). 5 ~ (diritti di pilotaggio) (*nav.*), Belotsung (*f.*). 6 ~ **ad uno spigolo** (nei dispositivi idraulici copiatori) (*oleoidr. - macch. ut.*), Einkantensteuerung (*f.*). 7 ~ **a più spigoli** (nei riproduttori idraulici p. es.) (*oleoidr. - lav. macch. ut.*), Mehrkantensteuerung (*f.*). 8 ~ **della misurazione** (delle dimensioni dei pezzi, nel processo produttivo) (*tecnol.*), Mess·steuerung (*f.*). 9 **dispositivo di** ~ (per comandi idraulici p. es.) (*app. oleoidr.*), Vorsteuergerät (*n.*). 10 **impulso di** ~ (di una memoria) (*calc.*), Ansteuerungsimpuls (*m.*).
pilotare (una nave) (*nav.*), lotsen, in den Hafen führen. 2 ~ (un velivolo) (*aer.*), fliegen, steuern. 3 ~ (valvole, ecc.) (*oleoidr. - ecc.*), vorsteuern. 4 ~ (comandare, tubi elettronici) (*elettronica*), steuern. 5 ~ **fuori del porto** (una nave) (*nav.*), auslotsen.
pilotina (*nav.*), Lotsenschiff (*n.*).
pilotis (pali di calcestruzzo fra terreno e fabbricato) (*arch. - ed.*), Piloten (*f. pl.*).
pinacoteca (galleria di quadri) (*arch. - arte*), Pinakothek (*f.*), Bildergalerie (*f.*).
pinene ($C_{19}H_{16}$) (per la fabbricazione della canfora) (*chim.*), Pinen (*n.*).
ping-pong (tennis da tavolo) (*giuoco*), Tischtennis (*n.*), Ping-Pong (*n.*).
pinna (di una autovettura) (*aut.*), Flosse (*f.*), Heckflosse (*f.*). 2 ~ (per il nuoto) (*sport*), Schwimmflosse (*f.*), Flosse (*f.*). 3 ~ **di deriva** (chiglia di deriva, falsa chiglia, chiglia a pinna) (*nav.*), Flosse (*f.*). 4 ~ **stabilizzatrice** (di una imbarcazione da corsa p. es.) (*nav.*), Stabilisierungsflosse (*f.*).
pino (legno), Kiefer (*f.*). 2 ~ **di Aleppo** (*legn.*), Aleppokiefer (*f.*). 3 ~ **marittimo** (*legno*), Seestrandkiefer (*f.*). 4 ~ **marittimo** (legno di pino marittimo) (*legno*), Strandkieferholz (*n.*).
pinza (per afferrare e tendere p. es.) (*ut.*), Zange (*f.*). 2 ~ (per lav. al tornio, inserita nel mandrino ed atta ad immorsare la barra) (*lav. macch. ut.*), Spannzange (*f.*), Zangenfutter (*n.*), Zangenspannfutter (*n.*). 3 ~ (portapunta, da trapano) (*lav. macch. ut.*), Bohrfutter (*n.*), Bohrerfutter (*n.*). 4 ~ (per saldatura) (*att.*), Zange (*f.*). 5 ~ (d'un freno a disco) (*aut.*), Sattel (*m.*), Festsattel (*m.*), Zange (*f.*). 6 ~ (morsetto, per tubi di gomma p. es.) (*att. chim. - ecc.*), Klemme (*f.*). 7 ~ (per afferrare i fogli di carta) (*macch. per stampa*), Greifer (*m.*). 8 ~ **a cambio rapido** (pinza rapida, per punte da trapano) (*lav. macch. ut.*), Schnellwechselfutter (*n.*). 9 ~ **a chiusura rapida** (per punte da trapano) (*lav. macch. ut.*), Schnellspannfutter (*n.*). 10 ~ **a punte piatte** (*ut.*), Flachzange (*f.*). 11 ~ **a punte tonde** (*ut.*), Rundzange (*f.*). 12 ~ **a tre morsetti** (pinza portapunta, da trapano) (*lav. macch.*)

pinza

ut.), Dreibackenbohrfutter (*n.*). **13 ~ da tornio** (*lav. macch. ut.*), Drehbankzange (*f.*). **14 ~ del freno** (d'un freno a disco) (*aut.*), Bremssattel (*m.*), Bremszange (*f.*). **15 ~ di avanzamento** (della barra, su un tornio) (*lav. macch. ut.*), Vorschubzange (*f.*). **16 ~ di tiro** (tenaglia per trafilatura, tenaglia tirafilo) (*ut.*), Schleppzange (*f.*). **17 ~ foratrice** (pinza per forare) (*ut.*), Lochzange (*f.*). **18 ~ foratrice a revolver** (*ut.*), Revolverlochzange (*f.*). **19 ~ giraviti** (*ut.*), Schraubfutter (*n.*). **20 ~ oscillante** (*macch. per stampa*), Vorgreifer (*m.*). **21 ~ pensile** (di saldatrice a punti) (*tecnol. mecc.*), Hängezange (*f.*). **22 ~ per anelli Seeger** (pinza per anelli elastici di arresto) (*ut.*), Seegerzange (*f.*). **23 ~ per burette** (morsetto per burette) (*att. chim.*), Bürettenklemme (*f.*). **24 ~ per fasce elastiche** (pinza per montaggio anelli elastici dei pistoni) (*ut. - mot.*), Kolbenringzange (*f.*). **25 ~ per fili** (*ut.*), Drahtzange (*f.*). **26 ~ per forare** (pinza foratrice) (*ut.*), Lochzange (*f.*), Knipszange (*f.*). **27 ~ per il montaggio delle fasce elastiche** (*ut. mot.*), Kolbenringzange (*f.*). **28 ~ per intagli** (*ut.*), Kerbschnittzange (*f.*). **29 ~ per lancette** (*ut. orologiaio*), Zeigerzange (*f.*). **30 ~ per piombare** (pinza per sigillare) (*ut.*), Plombierzange (*f.*). **31 ~ per saldatura** (pinza portaelettrodo) (*tecnol. mecc.*), Schweisszange (*f.*), Schweissbacke (*f.*). **32 ~ per sigillare** (pinza per piombare) (*ut.*), Plombierzange (*f.*). **33 ~ per stradare seghe** (licciaiuola, pinza per allicciare seghe) (*ut.*), Sägeschränkzange (*f.*). **34 ~ per tornio** (per lavorazione dalla barra) (*lav. macch. ut.*), Drehbankzange (*f.*). **35 ~ per tubi** (*ut.*), Rohrzange (*f.*). **36 ~ per tubi di gomma** (pinza per tubi flessibili) (*chim. - ecc.*), Schlauchklemme (*f.*), Quetschhahn (*m.*). **37 ~ per tubi flessibili** (pinza per tubi di gomma) (*chim. - ecc.*), Schlauchklemme (*f.*), Quetschhahn (*m.*). **38 ~ piana** (pinza a punte piatte) (*ut.*), Flachzange (*f.*), Plattzange (*f.*). **39 ~ pneumatica** (*lav. macch. ut.*), Druckluftspannzange (*f.*). **40 ~ pneumatica per saldatura a punti** (*tecnol. mecc.*), pressluftbetätigte Punktschweisszange (*f.*). **41 ~ portaelettrodo** (pinza per saldatura) (*tecnol. mecc.*), Schweisszange (*f.*). **42 ~ serrapunta** (mandrino portapunta da trapano) (*lav. macch. ut.*), Bohrerfutter (*n.*), Bohrfutter (*n.*). **43 ~ spelafilo** (pinza levaguaina, per cavi) (*ut. - elett.*), Abmantelzange (*f.*), Abisolierzange (*f.*). **44 ~ tagliafili** (*ut.*), Drahtschere (*f.*). **45 ~ tagliaguaina** (pinza spelafilo, pinza levaguaina, per cavi) (*ut.*), Abmantelzange (*f.*), Abisolierzange (*f.*). **46 ~ termoelettrica** (*elett.*), *vedi* coppia termoelettrica. **47 ~ tirafilo** (tenaglia a rana, per trafilatura) (*ut.*), Froschklemme (*f.*), Schleppzange (*f.*). **48 ~ universale** (*ut.*), Universalzange (*f.*). **49 alimentatore a ~** (pinza di avanzamento, per le barre p. es.) (*macch. ut.*), Zangenvorschubeinrichtung (*f.*). **50 lato ~** (di un foglio di carta) (*tip.*), Greiferrand (*m.*). **51 lavorazione su ~** (*lav. macch. ut.*), Spannarbeiten (*n.*). **52 strumento a ~** (amperometro a tenaglia p. es., allacciato sul cavo) (*app. elett.*), Zangenleger (*m.*). **53 togliere con ~** (*gen.*), abzwicken. **54 tornio a ~** (*macch. ut.*), Zangenspanndrehbank (*f.*).

pinzatura (parte di una lampada vicino allo zoccolo) (*illum.*), Quetschung (*f.*).

pinzetta (*ut.*), Kornzange (*f.*), Pinzette (*f.*). **2 ~ a molla** (pinzetta elastica) (*ut.*), Federzange (*f.*). **3 ~ da orologiaio** (*ut.*), Uhrmacherzange (*f.*), Finirzange (*f.*), Regleusezange (*f.*). **4 ~ per le unghie** (*ut.*), Nagelzange (*f.*).

pioggerella (pioviggine, pioggia fine) (*meteor.*), Nieseln (*n.*), Rieselregen (*m.*), Sprühregen (*m.*), feiner Regen.

pioggia (*meteor.*), Regen (*m.*). **2 ~** (difetto *telev.*), Regen (*m.*). **3 ~ fine** (pioviggine, pioggerella) (*meteor.*), Nieseln (*n.*), Rieselregen (*m.*), Sprühregen (*m.*), feiner Regen. **4 ~ forte** (altezza minima $h_N = \sqrt{5t} - (t/24)^2$ mm, in cui t è la durata della pioggia in minuti) (*meteor.*), Starkregen (*m.*). **5 ~ radioattiva** (*fis. atom.*), radioaktiver Niederschlag. **6 condensatore a ~** (*macch. frigor.*), Berieselungverflüssiger (*m.*). **7 effetto ~** (*tecn. cinem.*), Regenstreifen (*m.*). **8 impianto di irrigazione a ~** (*agric.*), Regenanlage (*f.*). **9 irrigatore a ~** (*att. - agric.*), Regner (*m.*). **10 stagione delle piogge** (*geogr. - meteor.*), Regenzeit (*f.*).

piolo, *vedi* piuolo.

piombaggine (grafite) (*min. - ind.*), Graphitschwarz (*n.*), Schwärze (*f.*).

piombare (controllare con filo a piombo) (*ed.*), einloten, loten, abloten. **2 ~** (rivestire con sottile strato di piombo) (*metall.*), verbleien. **3 ~** (sigillare con piombino, mettere i piombini) (*trasp.*), plombieren, bleien.

piombato (sigillato con piombino) (*trasp.*), plombiert, verplombt. **2 ~** (*metall. - tecnol. mecc.*), verbleit.

piombatura (applicazione dei sigilli) (*trasp.*), Plombierung (*f.*). **2 ~** (messa a piombo, messa in appiombo, messa in verticale) (*ed.*), Lotung (*f.*). **3 ~ a caldo** (piombatura ad immersione) (*metall.*), Feuerverbleiung (*f.*).

piombifero (*min. - ecc.*), bleihaltig.

piombino (sigillo di piombo) (*trasp.*), Plombe (*f.*), Bleisiegel (*n.*), Bleiplombe (*f.*). **2 ~** (piombo, del filo a piombo) (*att. mur.*), Senkblei (*n.*), Lotblei (*n.*), Bleigewicht (*n.*).

piombo (Pb - *chim.*), Blei (*n.*). **2 ~** (piombino, del filo a piombo) (*att. - mur.*), Senkblei (*n.*), Lotblei (*n.*), Bleigewicht (*n.*). **3 ~ affinato** (*metall.*), Frischblei (*n.*). **4 ~ affinato** (contenuto di piombo 99,99%) (*metall.*), Feinblei (*n.*). **5 ~ affinato commerciale** (*metall.*), Hüttenweichblei (*n.*). **6 ~ antimoniale** (col 5-13% Sb, per caratteri da stampa) (*metall. - tip.*), Hartblei (*n.*), Letternmetall (*n.*), Antimonblei (*n.*). **7 ~ d'opera** (*metall.*), Werkblei (*n.*). **8 ~ duro** (*metall.*), Hartblei (*n.*). **9 ~ indurito** (per caratteri da stampa) (*metall. - tip.*), Hartblei (*n.*), Letternmetall (*n.*). **10 ~ in pani** (*metall.*), Blockblei (*n.*). **11 ~ in salmoni** (piombo in pani) (*metall.*), Blockblei (*n.*). **12 ~ molle** (*metall.*), Weichblei (*n.*). **13 ~ per accumulatori** (lega piombo-antimonio con 8-9% di Sb) (*metall.*), Akkublei (*n.*), Sammlerhartblei (*n.*).

14 ~ **per caratteri da stampa** (*metall. - tip.*), Hartblei (*n.*), Letternmetall (*n.*). 15 ~ **rifuso** (piombo di rifusione) (*metall.*), Umschmelzblei (*n.*). 16 ~ **tetraetile** (per carburanti) (*chim. - mot.*), Tetraäthylblei (*n.*), Bleitetraäthyl (*n.*). 17 a ~ (*ed. - ecc.*), lotrecht. 18 **azotidrato di** ~ $(Pb(N_3)_2)$, esplosivo innescante) (*espl.*), Bleiazid (*n.*). 19 **bagno di** ~ (*metall.*), Bleibad (*n.*). 20 **camera di** ~ (*ind. chim.*), Bleikammer (*f.*). 21 **copertura di** ~ (*ed.*), Bleibedachung (*f.*). 22 **cromato di** ~ $(PbCrO_4)$ (crocoite) (*chim.*), Bleichromat (*n.*), Chromgelb (*n.*). 23 **eliminazione del** ~ (*metall.*), Entbleien (*n.*). 24 **esente da** ~ (*vn.*), bleifrei. 25 **esser fuori** ~ (*ed. - ecc.*), abweichen vom Lot. 26 **filo di** ~ (*metall.*), Bleidraht (*m.*). 27 **fuori** ~ (strapiombo) (*ed.*), Lotabweichung (*f.*), Lotablenkung (*f.*), Lotstörung (*f.*). 28 **guaina di** ~ (di un cavo ad alta tensione) (*elett.*), Bleimantel (*m.*). 29 **messa a** ~ (piombatura, messa in appiombo, messa in verticale) (*ed.*), Lotung (*f.*), Abloten (*n.*). 30 **mettere a** ~ (*ed. - mut.*), abloten. 31 **minerale di** ~ (*min.*), Bleierz (*n.*). 32 **ossido di** ~ (PbO) (*chim.*), Bleioxyd (*n.*). 33 **ossido di** ~ (PbO) (litargirio) (*metall.*), Bleiasche (*f.*), Bleiglätte (*f.*). 34 **pane di** ~ (*metall.*), Bleiblock (*m.*). 35 **schermo di** ~ (*fis. atom.*), Bleisolierung (*f.*). Bleischirm (*m.*). 36 **senza** ~ (*gen.*), ungebleit. 37 **solfuro di** ~ (*chim.*), Schwefelblei (*n.*). 38 **stifnato di** ~ (esplosivo innescante, trinitroresorcinato di Pb) (*espl.*), Bleistyphnat (*n.*), Bleitrinitroresorcinat (*n.*). 39 **tubo di** ~ (*tubaz.*), Bleirohr (*n.*).
piombotetraetile $[Pb(C_2H_5)_4]$ (per carburanti) (*mot. - chim.*), Bleitetraäthyl (*n.*), Tetraäthylblei (*n.*).
pione (mesone π) (*fis. nucl.*), Pi-Meson (*n.*).
pioppo (*legno*), Pappel (*f.*). 2 ~ **canadese** (*legno*), kanadische Pappel.
piovana, acqua ~ (*meteor.*), Regenwasser (*n.*).
piovere (*meteor.*), regnen.
piovigginare (*meteor.*), nieseln.
piovigginoso (pioggerella, pioggia fine) (*meteor.*), Nieseln (*n.*), Rieselregen (*m.*), Sprühregen (*m.*), feiner Regen.
piovosità (*geofis.*), Regenhäufigkeit (*f.*). 2 **linea dei punti di uguale** ~ (linea isoieta) (*geogr. - meteor.*), Regengleiche (*f.*), Isohyete (*f.*).
piovoso (*meteor.*), regnerisch.
pipa (per fumare) (*att.*), Pfeife (*f.*).
piperazina (acceleratore di vulcanizzazione) (*chim.*), Piperazin (*n.*).
pipetta (per prelevare un liquido da un recipiente e misurarlo) (*att. chim.*), Stechheber (*m.*), Pipette (*f.*). 2 ~ **aspirante graduata** (*app. chim.*), Prüfröhrchen (*n.*). 3 ~ **di Hempel** (*app. chim.*), Hempelpipette (*f.*). 4 ~ **graduata** (*att. chim.*), Messpipette (*f.*). 5 ~ **introduzione mediante** ~ (*gen.*), Einpipettieren (*n.*).
« piqué » (piccato, picché) (*ind. tess.*), Pikee (*n.*), Piqué (*n.*).
piramide (*geom.*), Pyramide (*f.*).
piranimetro (solarimetro, per misurare la radiazione del sole) (*app.*), Pyranometer (*n.*).
pirargirite (Ag_3SbS_3) (*min.*), Pyrargyrit (*m.*).
pireliometro (per la misurazione della irradiazione diretta del sole) (*strum. astr. - fis.*), Pyrheliometer (*n.*).
pirex (vetro pirex) (*ind. vetro*), Pyrexglas (*n.*).
pirgeometro (*app. - geofis.*), Pyrgeometer (*n.*).
piridina (C_5H_5N) (*chim.*), Pyridin (*n.*).
pirite (FeS_2) (solfuro di ferro) (*min.*), Pyrit (*m.*), Eisenkies (*m.*), Schwefelkies (*m.*). 2 ~ **arsenicale** (FeAsS) (*min.*), Arsenkies (*m.*). 3 ~ **bianca** (marcassite) (*min.*), Markasit (*m.*). 4 ~ **di ferro** (FeS_2) (*min.*), Eisenkies (*m.*), Schwefelkies (*m.*), Pyrit (*m.*). 5 ~ **magnetica** (magnetopirite, pirrotina) (*min.*), Magnetkies (*m.*), Leberkies (*m.*), Magnetopyrit (*m.*), Pyrrhotin (*m.*). 6 **ceneri di** ~ (*ind. chim.*), Kiesabbrände (*m. pl.*), Purpurerz (*n.*).
piritoedro (*cristallografia*), Pyritoeder (*n.*).
pirocatechina $[C_6H_4(OH)_2]$ (orto-diossibenzene) (*chim. - fot.*), Pyrokatechin (*n.*), Katechol (*n.*).
pirocellulosa (*chim.*), Pyrocellulose (*f.*), Pyrozellulose (*f.*).
piroclasi (pirolisi) (*chim.*), Pyrolyse (*f.*).
piroelettricità (*elett.*), Pyroelektrizität (*f.*).
pirofillite $(Al_2O_3 \cdot 4\, SiO_2 \cdot H_2O)$ (*min.*), Pyrophyllit (*m.*).
piroforico (*metall.*), pyrophor.
piroga (*nav.*), Piroge (*f.*), Plankenboot (*n.*).
pirogallolo $[C_6H_3(OH)_3]$ (orto-triossibenzene) (*chim. - fot.*), Pyrogallol (*n.*), Pyrogallussäure (*f.*).
pirogenazione (*vn. - chim.*), Ausschmelzen (*n.*).
pirografia (*arte*), Brandmalerei (*f.*). 2 ~ **su legno** (*arte*), Holzbrandmalerei (*f.*).
pirolisi (piroclasi) (*chim.*), Pyrolyse (*f.*). 2 ~ **ad alta temperatura** (*ind. chim.*), HTP-Verfahren (*n.*), Hochtemperatur-Pyrolyse-Verfahren (*n.*). 3 ~ **all'arco elettrico** (dell'idrogeno, per produrre acetilene) (*chim.*), WLP-Verfahren (*n.*), Wasserstoff-Lichtbogen-Pyrolyse-Verfahren (*n.*).
pirolusite (MnO_2) (biossido di manganese) (*min.*), Graubraunstein (*m.*), Graumanganerz (*n.*), Mangandioxyd (*n.*), Pyrolusit (*m.*).
pirometro (*strum.*), Pyrometer (*n.*), Hitzemesser (*m.*). 2 ~ **a radiazione** (pirometro ottico) (*strum.*), Strahlungspyrometer (*n.*). 3 ~ **a radiazione totale** (*strum.*), Gesamtstrahlungspyrometer (*n.*). 4 ~ **a resistenza** (*strum.*), Widerstandspyrometer (*n.*). 5 ~ **ottico** (*strum.*), optisches Pyrometer. 6 ~ **ottico** (pirometro a radiazione) (*strum.*), Strahlungspyrometer (*n.*). 7 ~ **termoelettrico** (*strum.*), thermoelektrisches Pyrometer.
piropissite (lignite ricca di bitume) (*min.*), Pyropissit (*m.*), Wachskohle (*f.*).
piroscafo (nave a vapore) (*nav.*), Dampfschiff (*n.*), Dampfer (*m.*). 2 ~ **ad elica** (*nav.*), Schraubendampfer (*m.*). 3 ~ **con ruota a pale** (*nav.*), Raddampfer (*m.*). 4 ~ **postale** (postale [*s.*]) (*nav.*), Paketboot (*n.*), Postdampfer (*m.*).
piroscissione (« cracking ») (*ind. chim.*), Kracken (*n.*), Spalten (*n.*), Krackverfahren (*n.*), Krackung (*f.*), Crackingprozess (*m.*). 2 ~ **catalitica** (cracking catalitico, piroscissione per catalisi) (*ind. chim.*), katalytisches Kracken, katalytisches Spaltverfahren. 3 ~

pirosseno

per catalisi (piroscissione catalitica) (*ind. chim.*), katalytisches Spaltverfahren, katalytisches Kracken. **4 impianto di ~** (impianto di cracking) (*ind. chim.*), Spaltanlage (*f.*), Krackanlage (*f.*). **5 sottoporre a ~** (od a «cracking», «crackizzare») (*ind. chim.*), kracken, cracken.

pirosseno (*min.*), Pyroxen (*n.*).

pirossilina (cotone fulminante, fulmicotone) (*chim. - espl.*), Pyroxylin (*n.*). **2 vernice alla ~** (*vn.*), Pyroxylinlack (*m.*).

pirostato (di un bruciatore) (*app. - comb.*), Flammenwächter (*m.*).

pirotecnica (*espl.*), Pyrotechnik (*f.*), Feuerwerktechnik (*f.*).

pirrolo (C_4H_5N) (*chim.*), Pyrrol (*n.*).

pirrotina (pirite magnetica, magnetopirite) (*min.*), Pyrrhotin (*m.*), Magnetkies (*m.*), Leberkies (*m.*), Magnetopyrit (*m.*).

piscicoltura (*ind.*), Fischzucht (*f.*), Fischaufzucht (*f.*).

piscina (*ed. - sport*), Schwimmbad (*n.*), Schwimmbecken (*n.*). **2 ~** (di una nave p. es.) (*ed. - ecc.*), Schwimmbad (*n.*). **3 ~ coperta** (*ed.*), Hallenbad (*n.*). **4 ~ scoperta** (*ed. - sport*), Freibad (*n.*). **5 reattore a ~** (*fis. atom.*), Schwimmbadreaktor (*m.*), Schwimmbassinreaktor (*m.*).

pissetta (*att. chim.*), vedi spruzzetta.

pista (per le sfere di un cuscinetto p. es.) (*mecc.*), Laufbahn (*f.*), Rollbahn (*f.*), Laufrille (*f.*). **2 ~** (per atterraggio e decollo) (*aer.*), Piste (*f.*), Bahn (*f.*). **3 ~** (per corse automobilistiche p. es.) (*aut. - sport*), Rennbahn (*f.*). **4 ~** (traccia, d'un nastro magnetico p. es.) (*elettroacus. - elab. dati*), Spur (*f.*). **5 ~ (degli impulsi) di temporizzazione** (pista di sincronizzazione) (*elab. dati*), Taktspur (*f.*). **6 ~ di arresto** (di sicurezza; al termine d'una pista di decollo ed atterraggio, utlizzata nel caso d'interruzione del decollo) (*aer.*), Stoppbahn (*f.*). **7 ~ di atterraggio** (*aer.*), Landebahn (*f.*). **8 ~ di collaudo** (*veic.*), Versuchsbahn (*f.*). **9 ~ di cuscinetto a sfere** (*mecc.*), Kugellaufbahn (*f.*). **10 ~ di decollo** (*aer.*), Startbahn (*f.*), Startpiste (*f.*), Abflugbahn (*f.*). **11 ~ di precompressione** (per calcestruzzo) (*ed.*), Spannbett (*n.*). **12 ~ di prova** (per veicoli) (*aut.*), Prüffeld (*n.*). **13 ~ di registrazione** (*elab. dati*), Schreibspur (*f.*). **14 ~ di rotolamento** (*mecc.*), Abrollbahn (*f.*). **15 ~ (di rotolamento) dei rulli** (di un cuscinetto a rulli) (*mecc.*), Rollenlaufring (*m.*). **16 ~ di rullaggio** (di un aeroporto, collega il piazzale alla pista d'involo) (*aer.*), Zurollweg (*m.*), Rollbahn (*f.*), Anrollbahn (*f.*), Rollpiste (*f.*). **17 ~ di sincronizzazione** (pista degli impulsi temporizzatori, d'un nastro magnetico) (*elab. - dati*), Taktspur (*f.*). **18 ~ esterna** (di un cuscinetto a sfere p. es.) (*mecc.*), Aussenlaufbahn (*f.*). **19 ~ interna** (di un cuscinetto a sfere p. es.) (*mecc.*), Innenlaufbahn (*f.*). **20 ~ per ciclisti** (banchina per ciclisti) (*traff. strad.*), Radweg (*m.*). **21 ~ per pattinaggio** (*sport*), Schlittschuhbahn (*f.*), Eisbahn (*f.*). **22 ~ scorrimento rotore** (d'un motore Wankel) (*mot.*), Mantellaufbahn (*f.*). **23 illuminazione di piste di atterraggio** (*aer.*), Landepistenbefeuerung (*f.*).

24 larghezza della ~ (larghezza della traccia, d'un nastro magnetico) (*elettroacus.*), Spurbreite (*f.*).

pistola (*arma da fuoco*), Pistole (*f.*), Pistol (*n.*). **2 ~** (per verniciatura p. es.) (*att.*), Pistole (*f.*). **3 ~ a tamburo** (rivoltella, revolver) (*arma da fuoco*), Revolver (*m.*), Drehpistole (*f.*). **4 ~ automatica** (*arma da fuoco*), Selbstladepistole (*f.*), automatische Pistole. **5 ~ avvitatrice** (*app.*), Schraubpistole (*f.*), Eindrehpistole (*f.*). **6 ~ da segnalazione** (pistola Very) (*navig. - milit.*), Signalpistole (*f.*), Leuchtpistole (*f.*). **7 ~ giraviti** (ad azionamento pneumatico p. es.) (*app.*), Eindrehpistole (*f.*), Schraubpistole (*f.*). **8 ~ per ingrassaggio** (*app.*), Abschmierpistole (*f.*). **9 ~ per metallizzazione** (a spruzzo) (*att.*), Metallspritzpistole (*f.*). **10 ~ per saldatura** (ad aria compressa p. es.) (*att. - tecnol. mecc.*), Schweisspistole (*f.*). **11 ~ per saldatura a punti** (*att. - tecnol. mecc.*), Punktschweisspistole (*f.*). **12 ~ per spruzzatura** (aerografo) (*app.*), Spritzpistole (*f.*). **13 ~ per verniciatura a spruzzo** (aerografo) (*app. vn.*), Farbspritzapparat (*m.*), Luftpinsel (*m.*), Anstreichspritzpistole (*f.*). **14 ~ sparachiodi** (*att.*), Bolzenschiessgerät (*n.*), Bolzensetzpistole (*f.*), Nagelkanone (*f.*). **15 ~ stroboscopica** (per la regolazione dell'anticipo di accensione) (*app. - aut.*), Zündlichtpistole (*f.*), Stroboskoppistole (*f.*). **16 ~ Very** (pistola da segnalazione) (*navig. - milit.*), Signalpistole (*f.*), Leuchtpistole (*f.*).

pistoncino (distributore, cursore di una servovalvola p. es.) (*oleoidr.*), Steuerkolben (*m.*), Steuerschieber (*m.*). **2 sede del ~** (nel pistone di un motore Wankel) (*mot.*), Bolzenbohrung (*f.*).

pistone (stantuffo) (*mot. - mecc.*), Kolben (*m.*). **2 ~** (di una pressa idraulica) (*macch.*), Kolben (*m.*). **3 ~**, vedi anche stantuffo. **4 ~ a ciclo concavo** (*mot.*), Muldenkolben (*m.*). **5 ~ a cielo piano** (pistone a testa piana, stantuffo a cielo piano, stantuffo a testa piana) (*mot.*), Flachkolben (*m.*). **6 ~ a dilatazione termica controllata** (pistone autotermico) (*mot.*), Autothermikkolben (*m.*), Regelkolben (*m.*). **7 ~ autotermico** (con regolazione della dilatazione termica radiale; pistone a dilatazione termica controllata) (*mot.*), Autothermikkolben (*m.*), Regelkolben (*m.*). **8 ~ cavo** (stantuffo cavo) (*macch.*), Hohlkolben (*m.*). **9 ~ con deflettore** (*mot.*), Ablenkerkolben (*m.*). **10 ~ con mantello a fessure** (*mot.*), Schlitzmantelkolben (*m.*). **11 ~ espulsore** (*macch.*), Ausstosskolben (*m.*). **12 ~ estrattore** (*macch.*), Abhebekolben (*m.*). **13 ~ preovalizzato** (stantuffo preovalizzato) (*mot.*), Thermovalkolben (*m.*). **14 ~ sinterato** (*mot.*), Sintalkolben (*m.*). **15 ~ tuffante** (stantuffo tuffante) (*mot. - macch.*), Plungerkolben (*m.*). **16 effetto pompante del ~** (quando gli anelli di tenuta hanno grande gioco laterale ed in altezza) (*mot. a comb.*), Kolbenringpumpwirkung (*f.*). **17 mantello del ~** (mantello dello stantuffo) (*mot.*), Kolbenende (*n.*), Kolbenschaft (*m.*). **18 testa del ~** (*mot.*), Kolbenkopf (*m.*).

pistone-percussore (stantuffo mazzabattente,

di un maglio ad aria compressa) (macch.), Schlagkolben (m.).
Pitagora, teorema di ~ (mat.), pythagoreischer Lehrsatz.
pitagorico (mat.), pythagoreisch.
« pitchpine » (larice d'America, legno duro americano) (legno), Pitchpine (n.), Pechkiefer (f.).
Pitot, tubo di ~ (mecc. dei fluidi), Pitotrohr (n.), Pitot'sches Rohr.
« pittare » (vaiolarsi) (mecc.), ausfressen, einfressen, anfressen.
« pittato » (mecc.), ausgefressen, eingefressen, angefressen.
« pittatura » (vaiolatura, puntinatura) (mecc.), Grübchenbildung (f.), Ausfressung (f.), Einfressung (f.), Anfressung (f.).
pitticite (min.), Eisenpecherz (n.).
pittore (arte), Maler (m.), Kunstmaler (m.). 2 ~ (« imbianchino », verniciatore) (lav. - ed.), Maler (m.), Anstreicher (m.).
pittura (arte), Malerei (f.). 2 ~ (prodotto verniciante pigmentato) (vn.), Anstrichfarbe (f.), Lackfarbe (f.). 3 ~ **ad acqua** (idropittura) (vn.), Wasserfarbe (f.). 4 ~ **ad olio** (vn.), Ölfarbe (f.). 5 ~ **a fresco** (fresco) (arte), Fresko (n.), Freske (f.), Frescomalerei (f.). 6 ~ **alluminata** (pittura d'alluminio) (metall.), Aluminiumfarbe (f.). 7 ~ **anabbagliante** (pittura antiabbagliante) (vn.), Antiblendungsfarbe (f.). 8 ~ **antiabbagliante** (pittura anabbagliante) (vn.), Antiblendungsfarbe (f.). 9 ~ **antirombo** (rivestimento antirombo, sul fondo della carrozzeria) (aut.), Schalldämmer (m.). 10 ~ **antiruggine** (vn.), Rostschutzfarbe (f.). 11 ~ **antivegetativa** (pittura sottomarina) (nav. - vn.), bewuchsverhindernde Anstrichfarbe, Unterwasseranstrich (m.), Schutzanstrich (m.), Bodenanstrich (m.), Schiffsbodenanstrich (m.), Antifäulnisfarbe (f.). 12 ~ **a smalto** (vn.), Emaillack (m.), Emaillelack (m.). 13 ~ **a tempera** (arch.), Temperamalerei (f.). 14 ~ **d'alluminio** (pittura alluminata) (metall.), Aluminiumfarbe (f.). 15 ~ **emulsionata** (vn.), Emulsionsfarbe (f.). 16 ~ **ignifuga** (vn.), feuerhemmende Farbe. 17 ~ **luminosa** (vernice luminosa) (vn.), Fluoreszenzfarbe (f.). 18 ~ **opaca** (vn.), Mattfarbe (f.). 19 ~ **per bagnasciuga** (per la linea di galleggiamento) (nav.), Farbenpass (m.). 20 ~ **per esterno** (vn.), Fassadenfarbe (f.). 21 ~ **per segnaletica orizzontale** (vn. - traff. strad.), Verkehrsfarbe (f.), Verkehrsmarkierungsfarbe (f.), Strassenmarkierungsfarbe (f.). 22 ~ **plastica** (vn.), Plastikfarbe (f.). 23 ~ **sottomarina** (pittura antivegetativa) (nav. - vn.), bewuchsverhindernde Anstrichfarbe, Unterwasseranstrich (m.), Schutzanstrich (m.), Schiffsanstrich (m.), Bodenanstrich (m.). 24 ~ **spartitraffico** (vn. - traff. strad.), Strassensignierfarbe (f.). 25 ~ **su tavola** (arte), Tafelmalerei (f.).
pitturare (dipingere) (arte), malen. 2 ~ (verniciare) (vn.), anstreichen, malen. 3 ~ **ad olio** (vn.), mit Ölfarbe anstreichen.
« pitturazione » (« imbiancatura », verniciatura, « tinteggiatura ») (ed.), Malen (n.), Anstreichen (n.).

più (segno) (mat.), plus. 2 ~ **o meno il 5%** (± 5%, tolleranza p. es.) (dis. - ecc.), plus minus 5%.
piumoso (gen.), flaumig. 2 **aspetto** ~ (della superficie) (metall.), flaumiges Aussehen.
piuolo (di una scala) (app.), Leitersprosse (f.), Sprosse (f.).
« pizza » (scatola per film) (cinem.), Filmdose (f.), Filmkassette (f.).
pizzicatura (di un tubo di gomma, camera d'aria, ecc.) (difetto - aut.), Quetschen (n.).
pizzo (tess.), Spitze (f.).
placca (piastra) (mecc.), Platte (f.). 2 ~ (anodo, di una valvola elettronica) (radio), Anode (f.). 3 ~ (elett.), vedi anche piastra. 4 ~ **ad impasto** (piastra ad ossidi riportati, di accumulatore) (elett.), Masseplatte (f.). 5 ~ **a mosaico** (ott.), Mosaikplatte (f.), Speicherplatte (f.). 6 ~ **di accumulatore** (elett.), Akkumulatorenplatte (f.). 7 ~ (**di) segnale** (d'un tubo catodico) (telev.), Signalplatte (f.). 8 ~ **modello** (formatura - fond.), Modellplatte (f.). 9 ~ **modello unilaterale** (fond. - formatura), einseitige Modellplatte. 10 **bobina di** ~ (bobina a reazione) (elettronica), Rückkopplungsspule (f.).
placcare (rivestire con altro materiale) (metall.), doublieren, plattieren, dublieren. 2 ~ (rivestire il vetro con uno strato sottile di vetro colorato) (ind. vetro), überfangen. 3 ~ **con oro** (dorare) (metall.), vergolden, mit Gold überziehen. 4 ~ **elettroliticamente** (trattare elettroliticamente o con galvanostegia) (elettrochim.), elektroplattieren.
placcato (metall.), plattiert, doubliert. 2 ~ **ad esplosione** (lamiera) (tecnol. mecc.), explosionsplattiert. 3 **vetro** ~ (vetro rivestito con un sottile strato di vetro colorato) (ind. vetro), Überfangglas (n.).
placcatura (metallica) (metall.), Dublieren (n.), Doublieren (n.), Plattierung (f.). 2 ~ **ad esplosione** (tecnol. mecc.), Explosionsplattieren (n.). 3 ~ **alclad** (per lamiere di alluminio) (tecnol. mecc.), Walzschweissverfahren (n.). 4 ~ **alla fiamma** (tecnol. mecc.), Flammplattieren (n.). 5 ~ **con oro** (doratura) (tecnol.), Vergoldung (f.), Golddoublé (n.). 6 ~ **elettroforetica** (deposizione elettroforetica) (elettrochim.), elektrophoretische Plattierung (f.).
placchetta (di un utensile) (ut.), Plättchen (n.), Schneidplättchen (n.), Schneidplatte (f.). 2 ~ **a perdere** (placchetta non riaffilabile) (ut.), Wegwerf-Schneidplatte (f.). 3 ~ **a perdere ribaltabile** (placchetta non riaffilabile) (ut.), Wendeplatte (f.), Wendeschneidplatte (f.), Wegwerf-Schneidplatte (f.). 4 ~ **ceramica** (da taglio) (ut.), Keramik-Schneidplatte (f.), Oxyd-Schneidplatte (f.). 5 ~ **di carburo metallico** (placchetta di metallo duro) (ut.), Hartmetallplättchen (n.). 6 ~ **di carburo metallico sinterato** (placchetta di metallo duro sinterizzato) (ut.), gesintertes Hartmetallplättchen. 7 ~ **di metallo duro** (placchetta di carburo metallico) (ut.), Hartmetallplättchen (n.). 8 ~ **di metallo duro sinterizzato** (placchetta di carburo metallico sinterato) (ut.), gesintertes Hartmetallplättchen. 9 ~ **di Widia** (plac-

plafoniera

chetta di carburo di tungsteno) (*ut.*), Widiaplättchen (*n.*). 10 ~ **non riaffilabile** (placchetta non ricuperabile) (*ut. - mecc.*), Wegwerfschneidplatte (*f.*). 11 ~ **non riaffilabile ribaltabile** (placchetta a perdere ribaltabile) (*ut.*), Wendeplatte (*f.*), Wendeschneidplatte (*f.*), Wegwerf-Schneidplatte (*f.*). 12 ~ **ribaltabile** (placchetta a perdere pluritagliente) (*ut.*), Wendeschneidplatte (*f.*), Wendeplatte (*f.*). 13 ~ **riportata** (con saldatura) (*ut.*), Aufschweissplättchen (*n.*). 14 ~ **saldata** (*ut.*), Aufschweissplättchen (*n.*). 15 **con ~ di carburo metallico** (con riporto di carburo metallico) (*ut.*), hartmetallbestückt.

plafoniera (per luce elett.) (*app. illum. - ed.*), Deckenkappe (*f.*). 2 ~ (*aut.*), Deckenlampe (*f.*), Deckenleuchte (*f.*).

plagioclasio (feldspato sodico-calcico) (*min.*), Plagioklas (*m.*).

« plaid » (coperta da viaggio) (*ind. tess.*), Plaid (*n.*), Reisedecke (*f.*).

planare (*aer.*), gleiten.

planarità (*mecc.*), Ebenheit (*f.*). 2 **errore di ~** (*mecc.*), Abweichung von der Ebene, Abweichung von der Ebenheit.

planata (volo planato) (*aer.*), Gleitflug (*m.*).

plancia (ponte di comando) (*nav.*), Kommandobrücke (*f.*), Brückendeck (*n.*), Brücke (*f.*).

Planck, costante di ~ (*fis.*), Planck'sche Konstante.

plancton (*pesca*), Plankton (*n.*).

planetario (edificio a cupola a volta celeste interna) (*astr.*), Planetarium (*n.*). 2 **ruota planetaria del differenziale** (*aut.*), Achswellenkegelrad (*n.*).

planimetria (geometria piana) (*geom.*), Planimetrie (*f.*), ebene Geometrie. 2 ~ (disposizione planimetrica, di impianti, ecc.) (*ind.*), Lageplan (*m.*). 3 ~ (*top.*), Flächenmessung (*f.*). 4 ~ (*dis.*), Lageplan (*m.*). 5 ~ (pianta) (*ed.*), Lageplan (*m.*), Aufstellungsplan (*m.*).

planimetro (strumento per la misurazione dell'area) (*strum.*), Planimeter (*n.*), Flächenmesser (*m.*). 2 ~ **a carrello** (planimetro lineare) (*strum.*), Linearplanimeter (*n.*). 3 ~ **compensato** (*strum.*), Kompensationsplanimeter (*n.*). 4 ~ **lineare** (planimetro a carrello) (*strum.*), Linearplanimeter (*n.*). 5 ~ **polare** (*strum.*), Polarplanimeter (*n.*).

planisfero (sistema di proiezione geometrica) (*cartografia*), Planisphär (*m.*), Erdkarte (*f.*).

« plansichter » (buratto piano) (*ind. molitoria*), Plansichter (*m.*).

plasma (*fis. - elettronica*), Plasma (*n.*). 2 ~ **elettronico** (*fis.*), Elektronenplasma (*n.*), Elektronengas (*n.*). 3 **fiamma a ~** (per la saldatura p. es.) (*tecnol. mecc.*), Plasmaflamme (*f.*). 4 **forno a ~** (*metall.*), Plasmaofen (*m.*). 5 **pulsazione di ~** (*elettronica*), Plasmafrequenz (*f.*), effektive Plasmakreisfrequenz. 6 **saldatura a ~** (*tecnol. mecc.*), Plasma-Schweissen (*n.*). 7 **saldatura di giunzione a (getto di) ~** (*tecnol. mecc.*), Plasma-Verbindungsschweissen (*n.*). 8 **torcia a ~** (per troncare materiali p. es.) (*tecnol. mecc.*), Plasmastrahl (*m.*).

plasmabile (malleabile, plastico, modellabile) (*tecnol.*), verformbar, bildsam.

1666

plasmatron (app. per tagliare metalli) (*app.*), Plasmotron (*n.*).

plastica (materia plastica artificiale) (*ind. chim.*), Plastik (*f.*), Plaste (*f.*), Kunstharz (*n.*). 2 ~ (l'arte di modellare figure in rilievo) (*arch. - ecc.*), Plastik (*f.*). 3 ~ **da stampaggio** (miscela di materiali plastici atta allo stampaggio) (*ind. chim.*), Pressmasse (*f.*). 4 ~ **rinforzata con fibre di vetro** (resina rinforzata con fibre di vetro, vetroresina, PRFV) (*ind. chim.*), glasfaserverstärkter Kunststoff, GFK. 5 **cavo isolato con ~** (*elett.*), Plastkabel (*n.*). 6 **pezzo stampato di ~** (*tecnol.*), Plastformteil (*m.*). 7 **riscontro in ~** (per il controllo di superfici p. es.) (*tecnol.*), Tuschierplastik (*f.*).

plasticare (applicare un rivestimento lucido su fogli di carta p. es.) (*tip. - ecc.*), plastizieren.

plasticato (rivestito di plastica) (*tip. - ind. carta*), plastiziert, kunststoffbeschichtet.

plasticazione (applicazione di un rivestimento lucido su fogli di carta p. es.) (*tip. - ecc.*), Plastizierung (*f.*). 2 ~ **lucida** (rivestimento plastico a specchio) (*ind. carta*), Glanzplastizierung (*f.*).

plasticità (lavorabilità, foggiabilità, di un pezzo metallico p. es.) (*fucinatura - ecc.*), Umformbarkeit (*f.*), Bildsamkeit (*f.*), Plastizität (*f.*), Verformbarkeit (*f.*). 2 ~ (il contrario della fragilità) (*metall.*), Zähigkeit (*f.*). 3 ~ **a caldo** (*tecnol. mecc.*), Warmverformbarkeit (*f.*). 4 **indice di ~** (d'un terreno) (*ed.*), Plastizitätsgrad (*m.*). 5 **indice di ~** (di materiali bituminosi; differenza di temperatura fra punto di rammollimento e punto di rottura) (*chim.*), Plastizitätsspanne (*f.*). 6 **limite di ~** (d'un terreno) (*ed.*), Plastizitätsgrenze (*f.*).

plasticizzante (*s. - ind. chim.*), Plastifizierungsmittel (*n.*), Plastikator (*m.*), Weichmacher (*m.*). 2 ~ (per calcestruzzo) (*s. - ed. - ind. chim.*), Betonverflüssiger (*m.*), Plastifizierungsmittel (*n.*), Weichmacher (*m.*), BV-Stoff (*m.*).

plasticizzare (rendere plastico) (*chim.*), plastifizieren, bildsam machen.

plasticizzazione (passaggio dallo stato elastico allo stato plastico, di un corpo solido) (*fis.*), Plastifizierung (*f.*).

plastico (malleabile, modellabile, plasmabile) (*a. - tecnol.*), verformbar, bildsam, geschmeidig. 2 ~ (a comportamento plastico, contrario di fragile) (*a. - metall.*), zäh. 3 ~ (terreno) (*a. - ed.*), plastisch. 4 ~ (rappresentazione in scala, in rilievo, di edifici od impianti) (*s. - arch.*), Plastik (*f.*), Bildwerk (*n.*). 5 ~ (rappresentazione della superficie terrestre) (*geogr.*), Relief (*n.*), Plastik (*f.*). 6 ~ **a freddo** (acciaio p. es.) (*metall.*), kaltzäh. 7 ~ (miscela di materiali) **plastici da stampaggio** (*ind. chim.*), Pressmassen (*f. pl.*).

plastificante (plasticizzante, per aumentare le qualità plastiche della gomma p. es.) (*ind. chim.*), Plastikator (*m.*), Weichmacher (*m.*).

plastificare (plasticizzare, rendere plastico) (*tecnol.*), plastifizieren. 2 ~ (masticare, la gomma) (*ind. gomma*), plastifizieren, kneten. 3 ~ (plasticare, applicare un rivestimento

protettivo di plastica su un foglio di carta p. es.) *(ind. graf. - ecc.)*, plastizieren.
plastificato (flessibile, PVC p. es.) *(chim.)*, weich.
plastificatore (di una macch. per lo stampaggio a iniezione di mat. plast.) *(macch.)*, Plastifiziereinheit *(f.)*, Plastiziereinheit *(f.)*. **2 cilindro ~** (di una macch. per l'iniezione di mat. plast.) *(tecnol.)*, Plastizierzylinder *(m.)*. **3 ~ -miscelatore** *(macch. - mat. plast.)*, Kneter *(m.)*.
plastificazione (plasticizzazione, procedimento per rendere plastico) *(chim. - ecc.)*, Plastifizierung *(f.)*. **2 ~** (nella lavorazione della gomma o delle mat. plast.) *(tecnol.)*, Plastifizierung *(f.)*, Plastizieren *(n.)*, Erweichung *(f.)*. **3 ~** (plasticazione, applicazione di uno strato protettivo di plastica su un foglio di carta p. es.) *(ind. graf. - ecc.)*, Plastifizierung *(f.)*. **4 capacità di ~** (d'una macchina ad iniezione di mat. plast.) *(macch.)*, Plastifizierleistung *(f.)*. **5 tempo di ~** (nell'iniezione di mat. plast.) *(tecnol.)*, Plastifizierzeit *(f.)*.
plastigel *(chim.)*, Plastigel *(n.)*.
plastilina (materia per fare modelli di autovetture p. es.) *(chim. - stile - ecc.)*, Plastilina *(f.)*, Plastilin *(n.)*, Knetmasse *(f.)*.
plastisol *(chim. - vn.)*, Plastisol *(n.)*.
plastografo *(app.)*, Plastograph *(m.)*.
plastometro *(app.)*, Plastometer *(n.)*.
platano *(legno)*, Platane *(f.)*.
platea (di un teatro) *(arch.)*, Parkett *(n.)*, Parterre *(n.)*. **2 ~** (di uno stramazzo) *(costr. idr.)*, Sturzbett *(n.)*. **3 ~ di calcestruzzo** *(ed.)*, Betonunterlage *(f.)*, Betongrundplatte *(f.)*. **4 ~ di fondazione** *(ing. civ. - costr. strad.)*, Grundplatte *(f.)*.
« plateau » (piattaforma a morsetti portapezzo, di un tornio p. es.) *(macch. ut.)*, Planscheibe *(f.)*. **2 ~** (d'un tubo contatore) *(elettronica)*, Plateau *(n.)*.
« platforming » (polimerizzazione catalitica) *(ind. chim.)*, « Platforming » *(n.)*, Reformier-Verfahren *(n.)*.
platina (macchina a platina) *(macch. per stampa)*, Tiegel *(m.)*, Platte *(f.)*, Drucktiegel *(m.)*, Druckplatte *(f.)*. **2 ~** (piastrina, di un telaio per maglieria p. es.) *(ind. tess.)*, Platine *(f.)*. **3 ~ divititrice** (platina con lisiera, platina di divisione) *(macch. tess.)*, Verteilplatine *(f.)*. **4 ~ fustellatrice** *(tip.)*, Stanztiegel *(m.)*, Stanztiegeldruckpresse *(f.)*. **5 ~ tipografica** *(tip.)*, Tiegeldruckpresse *(f.)*.
platinare *(metall.)*, platinieren.
platinatura *(metall.)*, Platinierung *(f.)*.
platinifero *(metall. - min.)*, platinhaltig.
platinite (lega Fe (54-58%) e Ni (47-42%)) *(metall. - elett.)*, Platinit *(n.)*.
platino *(Pt - chim.)*, Platin *(n.)*. **2 contatto di ~** *(elett.)*, Platinkontakt *(m.)*. **3 filo di ~** *(att. chim.)*, Platindraht *(m.)*. **4 spugna di ~** (catalizzatore) *(chim.)*, Platinschwamm *(m.)*.
platinocianuro *(chim.)*, Platinzyanid *(n.)*.
platinoide (lega Cu (61%), Zn (24%), Ni (14%) e W (1-2%)) *(metall. - elett. - ecc.)*, Platinoid *(n.)*.
platino-iridio *(metall.)*, Platiniridium *(n.)*.

platinor (lega 57% Cu, 18% Pt, 9% Ag, 9% Ni, 7% Zn) *(metall.)*, Platinor *(n.)*.
« playback » *(elettroacus.)*, Playback-Verfahren *(n.)*, Rückspiel-Verfahren *(n.)*.
pleistocene (plistocene, diluviale) *(geol.)*, Pleistozän *(n.)*, Diluvium *(n.)*.
pleocroico *(cristallografia)*, pleochroitisch.
pleocroismo *(ott.)*, Pleochroismus *(m.)*.
pleonasto (ceylonite, Mg (Al, Fe)$_2$ O$_4$) *(min.)*, Pleonast *(m.)*.
pletismografo (app. per misurare le variazioni di volume di un arto) *(app. - med.)*, Plethysmograph *(m.)*.
pleurite *(med.)*, Rippenfellentzündung *(f.)*, Brustfellentzündung *(f.)*, Pleuritis *(f.)*.
plexiglas [CH$_2$=C(CH$_3$)—COOH$_3$]n (polimetacrilato) *(ind. chim.)*, Plexiglas *(n.)*.
plexigum [CH$_2$=CH—COOCH$_3$]n (poliacrilato di metile) *(ind. chim.)*, Plexigum *(n.)*.
plinto (parte inferiore della base della colonna) *(ed.)*, Plinthe *(f.)*. **2 ~** (blocco di calcestruzzo come base di fondazione, di macch. p. es.) *(ed.)*, Massiv *(n.)*. **3 ~ di fondazione** (piastra di fondazione dei pilastri in cemento armato) *(ed.)*, Bodenplatte *(f.)*, Fundamentplatte *(f.)*.
pliocene *(geol.)*, Pliozän *(n.)*.
plissé (tessuto pieghettato) *(tess.)*, Plissee *(n.)*, Faltenstoff *(m.)*.
plissettare (pieghettare) *(ind. tess.)*, plissieren.
plistocene (pleistocene, diluviale) *(geol.)*, Pleistozän *(n.)*, Diluvium *(n.)*.
plotone *(milit.)*, Zug *(m.)*.
plurale *(gen.)*, Mehrzahl *(f.)*, Plural *(m.)*.
plurimotore (aeroplano plurimotore) *(s. - aer.)*, Mehrmotorenflugzeug *(n.)*.
pluriplano (velivolo con più superfici portanti, desueto) *(aer.)*, Mehrdecker *(m.)*.
pluristadio (a più stadi) *(macch.)*, mehrstufig, vielstufig.
plusvalore *(gen.)*, Mehrwert *(m.)*.
plutonio (elemento radioattivo) *(Pn - chim.)*, Plutonium *(n.)*. **2 reattore a ~** *(fis. atom.)*, Plutoniumreaktor *(m.)*, Plutoniumbrenner *(m.)*.
plutonismo (processo plutonico) *(geol.)*, Plutonismus *(m.)*, Tiefenvulkanismus *(m.)*.
pluviale (tubo di scarico dell'acqua piovana dalla gronda) *(ed.)*, Abfallrohr *(n.)*, Fallrohr *(n.)*, Regenfallrohr *(n.)*, Regenrohr *(n.)*.
pluviografo *(strum. meteor.)*, selbstschreibender Niederschlagsmesser, Regenschreiber *(m.)*, Pluviograph *(m.)*.
pluviometria *(meteor.)*, Regenmessung *(f.)*, Niederschlagsmessung *(f.)*.
pluviometrico *(meteor.)*, Regen... **2 carta pluviometrica** *(geogr.)*, Regenkarte *(f.)*.
pluviometro *(app. meteor.)*, Niederschlagsmesser *(m.)*, Regenmesser *(m.)*. **2 ~** (per pioggia e neve) *(app. meteor.)*, Niederschlagsmesser *(n.)*. **3 ~ totalizzatore** *(app. meteor.)*, Totalisator *(m.)*.
« ply rating » (numero delle tele, indice di resistenza del pneumatico) *(ind. gomma - aut.)*, PR-Zahl *(f.)*, Ply-Rating-Zahl *(f.)*, Lagenkennziffer *(f.)*.
Pm (prometeo) *(chim.)*, Pm, Promethium *(n.)*.
PMI (p.m.i., punto morto inferiore) *(mot. - macch.)*, UT, unterer Totpunkt, u.U., unterer

Umkehrpunkt. 2 ~ di espansione (punto morto inferiore di espansione, d'un motore Wankel p. es.) (mot.), Expansions-UT (m.), Dehnungs-UT (m.).
PMMA (polimetilmetacrilato, mater. plast.) (ind. chim.), PMMA, Polymethylmethacrylat (n.).
PMS (p.m.s., punto morto superiore) (mot. - macch.), OT, oberer Totpunkt. 2 ~ di accensione (punto morto superiore d'accensione, in un motore Wankel p. es.) (mot.), Zünd- oberer Totpunkt (m.), Zünd-OT (m.). 3 ~ d'incrocio (d'un motore Wankel, punto morto superiore d'incrocio) (mot.), Überschneidungs- OT (m.), Überschneidungs- oberer Totpunkt (m.).
pneumatico («gomma») (s. - veic.), Luftreifen (m.), Reifen (m.). 2 ~ (a. - gen.), pneumatisch. 3 pneumatici (gommatura) (aut.), Luftbereifung (f.), Bereifung (f.). 4 ~ a bassa pressione (veic.), Ballonluftreifen (m.), Ballonreifen (m.). 5 ~ a bassissima pressione (aut.), Überballonreifen (m.), Superballonreifen (m.). 6 ~ a bassissima pressione ribassato (per autovetture, con rapporto 0,83 fra altezza e larghezza) (aut.), Super-Niederquerschnitt-Reifen (m.). 7 ~ a battistrada sostituibile (aut.), Reifen mit auswechselbarem Laufband. 8 pneumatici accoppiati (o gemelli, per autocarri p. es. (veic.), Doppelbereifung (f.), Zwillingsreifen (m. pl.). 9 ~ ad alta pressione (aut.), Hochdruckreifen (m.), Hochdruckluftreifen (m.). 10 ~ a tallone (veic.), Wulstreifen (m.). 11 ~ a tele diagonali (pneumatico diagonale) (aut.), Diagonalreifen (m.). 12 ~ a terra (gomma a terra) (aut.), luftleerer Reifen. 13 ~ chiodato (pneumatico con chiodi) (aut.), Spikereifen (m.). 14 ~ cinturato (aut.), Gürtelreifen (m.), Bandagenreifen (m.). 15 ~ cinturato con chiodi (aut.), Spike-Gürtelreifen (m.). 16 ~ con camera d'aria (veic.), Luftreifen mit Schlauch. 17 ~ con chiodi (pneumatico chiodato) (aut.), Spike-Reifen (m.). 18 ~ con fascia bianca (aut.), Weisswandreifen (m.). 19 ~ diagonale (pneumatico a tele diagonali) (aut.), Diagonalreifen (m.). 20 ~ di gomma (veic.), Gummireifen (m.), Pneumatik (m.). 21 pneumatici gemelli (pneumatici accoppiati) (veic.), Doppelbereifung (f.), Zwillingsreifen (m. pl.). 22 ~ invernale (aut.), Winterreifen (m.), M+S-Reifen (m.), Matsch- und Schnee-Reifen (m.). 23 ~ molle (pneumatico poco gonfio) (aut.), schlaffer Luftreifen, weicher Luftreifen. 24 ~ per autocarri leggeri (veic.), Transport-Reifen (m.). 25 ~ per carri agricoli (veic.), Ackerwagen-Reifen (m.), AW-Reifen (m.). 26 ~ per fuori strada (pneumatico per marcia fuori strada) (veic.), Geländereifen (m.). 27 ~ per macchine per movimenti di terra (pneumatico per movimento terra) (veic.), Erdbaumaschinenreifen (m.), EM-Reifen (m.). 28 ~ per movimento terra (pneumatico per macchine per movimenti di terra) (veic.), Erdbaumaschinenreifen (m.), EM-Reifen (m.). 29 ~ per trattori agricoli (veic.), Ackerschlepper-Reifen (m.), AS-Reifen (m.). 30 ~ per veicoli militari (veic.), Militärprofil-Reifen (m.), M-Reifen (m.). 31 ~ (per vetture) da corsa (aut.), Rennreifen (m.). 32 ~ poco gonfio (pneumatico molle) (aut.), schlaffer Luftreifen. 33 ~ radiale (aut.), Radial-Reifen (m.). 34 ~ senza camera d'aria (veic. - aer.), schlauchloser Luftreifen, Luftreifen ohne Schlauch. 35 ~ sgonfio (aut.), schlaffer Luftreifen, weicher Luftreifen. 36 aderenza del ~ (mordenza del pneumatico) (aut.), Reifengriffigkeit (f.). 37 apparecchio per il montaggio dei pneumatici (app. - aut.), Reifenabdrückgerät (n.). 38 bombola per gonfiaggio ~ (veic.), Reifenfüllflasche (f.). 39 con pneumatici (veic.), gummibereift, mit Luftreifen. 40 con pneumatici cinturati (aut.), gürtelbereift. 41 doppio ~ (pneumatici gemelli) (veic.), Doppelreifen (m. pl.), Zwillingsreifen (m. pl.), Doppelbereifung (f.). 42 equilibratrice per pneumatici (aut.), Reifenauswuchtmaschine (f.). 43 foratura di ~ (aut.), Reifenpanne (f.). 44 impronta del ~ (scolpitura del pneumatico) (aut.), Reifeneindruck (m.), Reifenprofil (n.). 45 incidenza del ~ (aut.), Reifennachlauf (m.). 46 indice di resistenza del ~ («ply rating», numero delle tele) (ind. gomma - aut.), PR-Zahl (f.), Ply Rating-Zahl (f.). 47 limite di usura del ~ (limite legale di consumo del battistrada ai fini della sicurezza) (aut.), Abfahrgrenze (f.). 48 manometro per pneumatici (strum. - aut.), Reifendruckmesser (m.), Reifenfüllmesser (m.). 49 montare i pneumatici (aut.), bereifen. 50 permutazione dei pneumatici (eseguita periodicamente allo scopo di ottenere una uniforme usura dei battistrada delle varie ruote) (aut.), Reifenwechsel (m.). 51 pompa per pneumatici (att.), Reifenpumpe (f.), Luftpumpe (f.). 52 relè ~ (app. elett.), pneumatisches Relais. 53 schema ~ (imp. ind.), Druckluftschaltplan (m.). 54 scolpitura del ~ (impronta del pneumatico) (aut.), Reifeneindruck (m.), Reifenprofil (n.). 55 spia pressione pneumatici (strum. - aut.), Reifenwächter (m.). 56 tortiglia per pneumatici (ind. tess. - aut.), Reifencord (m.).
pneumatolisi (stadio finale della cristallizzazione magmatica) (geol.), Pneumatolyse (f.).
pneumoclassificatore (classificatore pneumatico; fraziona in corrente d'aria una miscela granulometrica) (macch. - min.), Sichter (m.).
pneumoconiosi (malattia professionale) (med. - lav.), Pneumokoniose (f.), Staublunge (f.).
pneumomeccanico (macch.), mechanisch-pneumatisch.
pneumometro (app. - mecc. dei fluidi), Pneumometer (n.).
Po (polonio) (chim.), Po, Polonium (n.).
podaria (curva pedale, pedale) (mat.), Fusspunktkurve (f.).
podere (agric.), Bauerngut (n.). 2 ~ (fattoria, casa colonica con fabbricati annessi e campi) (agric.), Hof (m.), Bauernhof (m.).
podio (arch.), Podium (n.), Bühne (f.).
podometro (contapassi) (app.), Schrittmesser (m.).
poggiapiedi (di una motocicletta p. es.) (veic. - ecc.), Fussraster (m.).
poggiare (modificare la direzione in maniera

che il vento incontri le vele più al traverso) (*nav.*), abhalten.
poggiatesta (appoggiatesta, di un sedile p. es.) (*veic.*), Kopflehne (*f.*), Kopfstütze (*f.*).
poggiero (*nav.*), leegierig.
poise (unità di viscosità dinamica) (*unità di mis.*), Poise (*f.*), P.
Poisson, coefficiente di ~ (*sc. costr.*), Poisson'sche Konstante, Querzahl (*f.*). **2 distribuzione di** ~ (*stat.*), Poisson-Verteilung (*f.*).
polare (*s. - geom.*), Polare (*f.*). **2** ~ (polare aerodinamica, curva descritta da un aereo) (*s. - aer.*), Polare (*f.*). **3** ~ (cerchio di Cardano p. es.) (*s. - geom. - ecc.*), Polbahn (*f.*). **4** ~ (*a. - gen.*), polar. **5** ~ (molecola) (*chim.*), polar. **6** ~ **aerodinamica** (polare, curva descritta da un aereo) (*aer.*), Polare (*f.*). **7** ~ **fissa** (dei cerchi cardanici) (*geom.*), Rastpolbahn (*f.*). **8** ~ **mobile** (dei cerchi cardanici) (*geom.*), Gangpolbahn (*f.*). **9** ~ **-non polare** (molecola) (*chim.*), polar-unpolar. **10 asta** ~ (d'un polarimetro) (*app.*), Polararm (*m.*). **11 curva** ~ (*geom.*), Polarkurve (*f.*). **12 diagramma** ~ (*mat.*), Polarkoordinatennetz (*n.*). **13 distanza** ~ (distanza del polo dalla linea di carico nel diagramma reciproco) (*mecc. - ecc.*), Polweite (*f.*). **14 non** ~ (molecola, con baricentri della carica coincidenti) (*chim.*), unpolar.
polarimetro (strumento per misurare la rotazione del piano di polarizzazione della luce) (*strum. ott.*), Polarimeter (*n.*).
polariscopio (*app. - ott.*), Polariskop (*n.*).
polarità (*elett. - fis.*), Polung (*f.*). **2** ~ (*mat.*), Polarität (*f.*). **3** ~ **opposta** (antipolarità) (*elett.*), Gegenpolung (*f.*). **4 a** ~ **invertibile** (*elett.*), umpolbar. **5 determinare la** ~ (individuare la polarità, di un accumulatore p. es.) (*elett.*), polen, die Pole feststellen. **6 indicatore di** ~ (indicatore della direzione della corrente) (*app. elett.*), Stromrichtungsanzeiger (*m.*). **7 inversione di** ~ (*elett.*), Umpolung (*f.*). **8 invertire la** ~ (*elett.*), umpolen.
polarizzare (*elett. - ott.*), polarisieren. **2** ~ (tensioni) (*elett.*), vorspannen.
polarizzato (*ott. - ecc.*), polarisiert. **2** ~ (tensione) (*elett.*), vorgespannt. **3** ~ (un relè p. es.) (*elett.*), gepolt. **4 non** ~ (condensatore p. es.) (*elettronica*), ungepolt. **5 non** ~ (relè) (*elett.*), neutral. **6 relè non** ~ (*elett.*), neutrales Relais. **7 relè** ~ (*elett.*), gepoltes Relais.
polarizzatore (*strum. ott.*), Polarisator (*m.*).
polarizzazione (*elett. - ott. - elettrochim.*), Polarisation (*f.*). **2** ~ **circolare** (*fis.*), zirkulare Polarisation. **3** ~ **dielettrica** (*fis.*), dielektrische Polarisation. **4** ~ **di elettrodo** (tensione di riposo dell'elettrodo) (*elett.*), Elektrodenvorspannung (*f.*). **5** ~ **di griglia** (tensione base di griglia, tensione di polarizzazione di griglia) (*radio*), Gittervorspannung (*f.*). **6** ~ **di griglia-schermo** (*elettronica*), Schirmgitterpotential (*n.*). **7** ~ **elettrica** (*fis.*), elektrische Polarisation. **8** ~ **elettrolitica** (*elettrochim.*), elektrochemische Polarisation. **9** ~ **ellittica** (*fis.*), elliptische Polarisation. **10** ~ **lineare** (di onde elettromagnetiche) (*fis.*), lineare Polarisation. **11 a** ~ **circolare** (*elettronica*), zirkularpolarisiert. **12 a** ~ **lineare** (*fis.*), linearpolarisiert. **13 errore di** ~ (effetto notte, nel radiogoniometraggio) (*radio - navig.*), Dämmerungseffekt (*m.*). **14 fading da** ~ (sullo schermo radar, affievolimento da polarizzazione) (*radar*), Polarisationsfading (*n.*), Polarisationsschwund (*m.*). **15 microscopia a** ~ (*ott.*), Polarisationsmikroskopie (*f.*). **16 tensione di** ~ (*elett.*), Vorspannung (*f.*).
polarografo (per l'analisi chimica di sostanze in soluzione) (*strum. chim.*), Polarograph (*m.*).
polarogramma (*elett. - metrol.*), Polarogramm (*n.*).
polaroide (materiale con proprietà polarizzatrici) (*ott.*), Polaroid (*n.*). **2** ~ (filtro per microscopia a polarizzazione) (*app. - ott.*), Polaroidfilter (*n.*).
polder (*costr. idr.*), Polder (*m.*). **2** ~ **protetto da argine estivo** (*costr. idr.*), Sommerpolder (*m.*), Sommergroden (*m.*).
poliacetale (poliossimetilene, POM) (*chim.*), Polyacetal (*n.*), POM.
poliacetato (*chim.*), Polyacetat (*n.*). **2** ~ **di vinile** (PVAC) (*mater. plast.*), Polyvinyl-Acetat (*n.*), PVAC.
poliaddizione (*chim.*), Polyaddition (*f.*). **2 prodotto di** ~ (*chim.*), Polyaddukt (*m.*).
poliammide (nailon p. es.) (*chim.*), Polyamid (*n.*).
poliammidico (*chim.*), Polyamid... **2 fibra poliammidica** (*chim.*), Polyamid-Faserstoff (*m.*).
poliatomico (*chim.*), mehratomig.
polibasico (*chim.*), polybasisch.
policondensato (prodotto di policondensazione) (*s. - chim.*), Polykondensat (*n.*).
policondensazione (reazione di policondensazione) (*chim.*), Polykondensation (*f.*). **2 prodotto di** ~ (policondensato) (*chim.*), Polykondensat (*n.*).
policonico (proiezione) (*cartografia*), polykonisch.
policristallo (*min.*), Vielkristall (*m.*).
policromia (stampa a più colori) (*tip.*), Mehrfarbendruck (*m.*), Vielfarbendruck (*m.*), Polychromie (*f.*).
policromo (*gen.*), polychrom, vielfarbig.
poliedrico (*geom.*), polyedrisch.
poliedro (*geom.*), Polyeder (*n.*), Vielflach (*n.*), Vielflächner (*m.*).
poliestere (*chim.*), Polyester (*m.*). **2 resina** ~ (*chim.*), Polyesterkunstharz (*n.*).
polietilene (PE, politene) (*ind. chim.*), Polyäthylen (*n.*), PE. **2** ~ **a bassa densità** (polietilene b.d., PE b.d., ottenuto con processo ad alta pressione, densità circa 0,92 kg/dm^3) (*ind. chim.*), Hochdruck-Polyäthylen (*n.*). **3** ~ **ad alta densità** (polietilene a.d., PE a.d., densità 0,95-0,955 kg/dm^3) (*ind. chim.*), Niederdruck-Polyäthylen (*n.*). **4** ~ **reticolato** (*chim.*), vernetztes Polyäthylen, VPE.
polifase (*elett.*), mehrphasig, vielphasig. **2** ~ **corrente** (*elett.*), Mehrphasenstrom (*m.*).
polifonia (*acus.*), Polyphonie (*f.*).
poligonale (*a. - geom. - ecc.*), polygonal, vieleckig. **2** ~ (linea spezzata) (*s. - top.*), Polygonzug (*m.*). **3** ~ **delle forze** (*sc. costr.*), Kräftezug (*m.*). **4** ~ **tacheometrica** (itinerario tacheometrico) (*top.*), Tachymeterzug (*m.*). **5 armatura** ~ (*min.*), Vieleckausbau (*m.*), Polygonausbau (*m.*). **6 lavorazione di profili poligonali** (*lav. macch. ut.*), Mehrkanten-

poligonatura

Herstellung (*f.*), Polygonprofil-Herstellung (*f.*). **7 rinforzo** ~ (di un quadro d'armamento) (*min.*), Vieleckverstärkung (*f.*). **8 tornitura** ~ mediante apposito accessorio applicato su tornio plurimandrino (*lav. macch. ut.*), Mehrkantendrehen (*n.*).
poligonatura (nella curvatura di lamiere) (*difetto lavor. lamiera*), Facettierung (*f.*).
poligonazione (*top.*), Polygonaufnahme (*f.*), Polygonieren (*n.*).
poligono (*geom.*), Polygon (*n.*), Vieleck (*n.*). **2** ~ **a n lati** (*geom.*), n-Eck (*n.*). **3** ~ **delle forze** (*sc. costr.*), Kräftepolygon (*n.*), Kräftezug (*m.*). **4** ~ **di tiro** (*milit. - ecc.*), Schiessplatz (*m.*). **5** ~ **funicolare** (*sc. costr.*), Gelenkpolygon (*n.*), Seilzug (*m.*), Seilpolygon (*n.*). **6** ~ **regolare** (*geom.*), regelmässiges Vieleck.
poligrafo (ciclostile p. es., duplicatore) (*uff.*), Hektograph (*m.*), Vervielfältigungsgerät (*n.*).
poli-isobutilene (PIB) (*mat. plast.*), Polyisobutylen (*n.*), PIB.
polimeria (*chim.*), Polymerie (*f.*).
polimerizzare (*chim.*), polymerisieren.
polimerizzato (composto polimerizzato) (*s. - ind. chim.*), Polymerisat (*n.*). **2** ~ **ad innesto** (*ind. chim.*), Pfropf-Polymerisat (*n.*). **3** ~ **di massa** (*ind. chim.*), Block-Polymerisat (*n.*). **4** ~ **in emulsione** (*ind. chim.*), Emulsions-Polymerisat (*n.*). **5** ~ **in soluzione** (*ind. chim.*), Lösungs-Polymerisat (*n.*). **6** ~ **in sospensione** (*ind. chim.*), Suspensions-Polymerisat (*n.*). **7 composto** ~ (polimerizzato) (*ind. chim.*), Polymerisat (*n.*).
polimerizzazione (*chim.*), Polymerisation (*f.*). **2** ~ **ad innesto** (*ind. chim.*), Pfropfpolymerisation (*f.*). **3** ~ **catalitica** («platforming») (*ind. chim.*), «Platforming» (*n.*). **4** ~ **di massa** (*ind. chim.*), Block-Polymerisation (*f.*). **5** ~ **in emulsione** (*ind. chim.*), Emulsions-Polymerisation (*f.*). **6** ~ **in soluzione** (*ind. chim.*), Lösungs-Polymerisation (*f.*). **7** ~ **in sospensione** (*ind. chim.*), Suspensions-Polymerisation (*f.*). **8** ~ **stereospecifica** (*chim.*), stereospezifische Polymerisation. **9 grado di** ~ (*ind. chim.*), Polymerisation-Grad (*m.*). **10 valenza di** ~ («funzionalità», nella chimica macromolecolare) (*chim.*), Funktionalität (*f.*).
polimero (*chim.*), Polymer (*n.*). **2** ~ **ABS** (polimero di acrilonitrile, butadiene e stirene) (*ind. chim.*), ABS-Polymer (*n.*). **3** ~ **isotattico** (*ind. chim.*), isotaktisches Polymer. **4** ~ **misto** (*chim.*), Mischpolymer (*n.*), MP.
polimetro (multimetro, tester) (*app. elett.*), Polymeter (*n.*), Vielfachmessgerät (*n.*), Multimeter (*n.*).
polimorfismo (*min. - chim.*), Polymorphie (*f.*), Dimorphie (*f.*).
polimorfo (*min. - chim.*), polymorph.
polinomiale (*mat.*), polynomial, vielteilig.
poliodo (*elettronica*), Mehrelektrodenröhre (*f.*).
poliossimetilene (poliacetale, POM) (*chim.*), Polyacetal (*n.*), POM.
polipropilene (PP) (*mat. plast.*), Polypropylen (*n.*), PP.
polinomio (*mat.*), Polynom (*n.*).
polisaccaride (*chim.*), Polysaccharid (*n.*).
polistirolo (PS, resina di polimerizzazione) (*chim.*), Polystyrol (*n.*), PS. **2** ~ **-acrilonitrile** (PSAN), (*ind. chim.*) Polystyrol-Acryl-nitril (*n.*), PSAN. **3** ~ **espanso** (*ind. chim.*), Polystyrolschaum (*m.*), Schaumpolystyrol (*n.*). **4 piastra rigida di** ~ **espanso** (*ind. chim.*), Polystyrol-Hartschaumplatte (*f.*).
polital (lega d'alluminio per lav. plastica) (*lega*), Polital (*n.*).
politecnico (scuola di ingegneria) (*scuola*), Maschinenbauschule (*f.*), Polytechnikum (*n.*).
politene (polietilene) (*ind. chim.*), Polyäthylen (*n.*).
politetrafluoretilene (PTFE, $CF_2 = CF_2$) (*chim. - mat. plast.*), Polytetrafluoräthylen (*n.*), PTFE.
politica (*politica*), Politik (*f.*). **2** ~ **dei prezzi** (*comm.*), Preispolitik (*f.*). **3** ~ **dei salari** (*lav.*), Lohnpolitik (*f.*). **4** ~ **economica** (*finanz.*), Wirtschaftspolitik (*f.*). **5** ~ **interna** (*politica*), Innenpolitik (*f.*). **6** ~ **monetaria** (*finanz.*), Geldpolitik (*f.*).
politrifluorocloretilene (PTFCE) (*chim. - mat. plast.*), Polytrifluorchlor-äthylen (*n.*), PTFCE.
politropica (curva politropica) (*s. - fis. - termodin.*), Polytrope (*f.*).
politropico (*fis.*), polytropisch.
poliuretanico (*ind. chim. - mat. plast.*), Polyurethan... **2 espanso** ~ (*ind. chim. - mat. plast.*), PUR-Schaum (*m.*), Polyurethan-Schaumstoff (*m.*).
poliuretano (PUR, resina di polimerizzazione) (*chim.*), Polyurethan (*n.*), PUR. **2** ~ **cellulare** (*ind. chim.*), Zell-Polyurethan (*n.*). **3** ~ **espanso** (espanso poliuretanico) (*ind. chim. - mat. plast.*), PUR-Schaum (*m.*), Polyurethan-Schaumstoff (*m.*).
polivalente (*chim.*), mehrwertig, vielwertig.
polivinile (*chim.*), Polyvinyl (*n.*). **2 acetale di** ~ (usato come materia prima per vernici) (*ind. chim.*), Polyvinylacetal (*n.*). **3 cloruro di** ~ **plastico** (PVC plastico) (*chim.*), Polyvinylchlorid-weich (*n.*), PVC-weich (*n.*). **4 cloruro di** ~ **rigido** (PVC rigido) (*chim.*), Polyvinylchlorid-hart (*n.*), PVC-hart (*n.*).
polizia (*leg.*), Polizei (*f.*). **2** ~ **della strada** (polizia stradale) (*traff. strad.*), Verkehrspolizei (*f.*), Strassenpolizei (*f.*). **3** ~ **ferroviaria** (*ferr.*), Bahnpolizei (*f.*). **4** ~ **giudiziaria** (*leg.*), gerichtliche Polizei. **5** ~ **stradale** (polizia della strada) (*traff. strad.*), Strassenpolizei (*f.*), Verkehrspolizei (*f.*). **6 costituirsi alla** ~ (*leg.*), sich der Polizei stellen.
polizza (*gen.*), Schein (*m.*), Brief (*m.*). **2** ~ **di assicurazione** (*finanze*), Versicherungsschein (*m.*), Police (*f.*), Polizze (*f.*). **3** ~ **di carico** (*trasp. - nav.*), Verladungsschein (*m.*), Ladeschein (*m.*), Ladebrief (*m.*), Konnossement (*n.*), Seefrachtbrief (*m.*). **4** ~ **di carico diretta** (*trasp.*), Durchkonnossement (*n.*).
pollice (mis. inglese = 2,54 cm) (*mis.*), Zoll (*m.*). **2 filettatura in pollici** (*mecc.*), Zollgewinde (*n.*). **3 millesimo di** ~ (0,0254 mm) (*mis.*), Millizoll (*m.*).
polmoncino (polmone, d'un impianto gas di scarico) (*aut.*), Vortopf (*m.*).
polmone (*med.*), Lunge (*f.*). **2** ~ (serbatoio di compenso) (*gen.*), Ausgleichsbehälter (*n.*). **3** ~ (per l'aria di combustione p. es.) (*mot. - ecc.*), Speicherraum (*m.*). **4** ~ (polmoncino,

d'un impianto di scarico dei gas) (*aut.*), Vortopf (*m.*). **5** ~ (di aria compressa, per lo spostamento dello slittone di una pressa nella corsa a vuoto p. es.) (*macch.*), Windkessel (*m.*). **6** ~ **compensatore** (di aria compressa, recipiente su una tubazione dell'aria compressa, per l'equilibratura di differenze di pressione p. es.) (*macch.*), Windkessel (*m.*). **7** ~ **di acciaio** (*app. med.*), eiserne Lunge.

polmonite (*med.*), Pneumonie (*f.*).

polo (*geogr.*), Pol (*m.*). **2** ~ (*elett. - mat.*), Pol (*m.*). **3** ~ **ausiliario** (polo di commutazione, di una macch. a collettore, interpolo) (*macch. elett.*), Wendepol (*m.*), Hilfspol (*m.*). **4** ~ **celeste** (*astr.*), Himmelspol (*m.*). **5** ~ **del cerchio di Mohr** (*tecnol. mecc.*), Pol des Mohrschen Spannungskreises. **6** ~ **della spina** (spinotto) (*elett.*), Steckerstift (*m.*). **7** ~ **di commutazione** (interpolo) (*macch. elett.*), vedi polo ausiliario. **8** ~ **di lamierini** (*macch. elett.*), Polpaket (*n.*). **9** ~ **geografico** (*geogr.*), geographischer Pol. **10** ~ **magnetico** (*geofis.*), Magnetpol (*m.*), magnetischer Pol. **11** ~ **negativo** (*elett.*), Minuspol (*m.*). **12** ~ **neutralizzato** (polo spaccato) (*elett.*), Spaltpol (*m.*). **13** ~ **nord** (*geogr.*), Nordpol (*m.*). **14** ~ **opposto** (antipolo) (*elett.*), Gegenpol (*m.*). **15** ~ **positivo** (*elett.*), Pluspol (*m.*). **16** ~ **saliente** (*macch. elett.*), ausgeprägter Pol, Schenkelpol (*m.*). **17** ~ **spaccato** (polo neutralizzato) (*elett.*), Spaltpol (*m.*). **18** ~ **sud** (*geogr.*), Südpol (*m.*). **19** ~ **terrestre** (*geogr.*), Erdpol (*m.*). **20 a due poli** (bipolare) (*elett.*), doppelpolig. **21 a poli obbligati** (spina p. es.) (*elett.*), zwanggepolt. **22 intensità del** ~ (nei magneti permanenti) (*elett.*), Polstärke (*f.*). **23 macchina a poli non salienti** (*macch. elett.*), Vollpolmaschine (*f.*). **24 macchina a poli salienti** (*macch. elett.*), Schenkelpolmaschine (*f.*). **25 nucleo del** ~ (parte d'un polo saliente che reca un avvolgimento) (*elett.*), Polkern (*m.*), Polschenkel (*m.*).

polodia (poloide, curva dei moti rigidi sferici) (*mat. - astr.*), Polbahn (*f.*).

poloide (*mat. - astr.*), vedi polodia.

polonio (elemento radioatt.) (*Po - chim.*), Polonium (*n.*).

« polso » (frequenza di pulsazione, del cuore) (*lav. - med.*), Pulsfrequenz (*f.*).

poltrona (mobile), Stuhl (*m.*). **2** ~ **odontoiatrica** (*att. med.*), Behandlungsstuhl (*m.*), Operationsstuhl (*m.*).

polvere (*gen.*), Staub (*m.*), Pulver (*n.*). **2** ~ **abrasiva** (*mecc.*), Schleifpulver (*n.*), Reibepulver (*n.*). **3** ~ **da sbianca** (polvere da candeggio) (*ind. tess.*), Bleichpulver (*n.*), Bleichkalk (*m.*), Chlorkalk (*m.*). **4** ~ **da sparo** (*espl.*), Schiesspulver (*n.*). **5** ~ **di coke** (oltre 10-6 mm) (*comb.*), Koksgrus (*m.*). **6** ~ **di separazione** (per forme) (*fond.*), Einstaubmittel (*n.*). **7** ~ **di smeriglio** (*mecc.*), Schmirgelpulver (*n.*). **8** ~ **di zinco** (*metall.*), Zinkstaub (*m.*). **9** ~ **d'uovo** (*ind.*), Eipulver (*n.*), Trockenei (*n.*). **10** ~ **esotermica** (*fond.*), Lunkerpulver (*n.*). **11** ~ **fondente** (flusso in polvere, per saldare) (*tecnol. mecc.*), Schweisspulver (*n.*). **12** ~ **grossa** (con granuli di oltre 5 µm) (*ind. - ecc.*), Grobstaub (*m.*). **13** ~ **lunare** (*astr.*), Mondstaub (*m.*). **14** ~ **metallica** (*metalloceramica*), Metallpulver (*n.*). **15** ~ **nera** (polvere da sparo) (*espl.*), Schwarzpulver (*n.*). **16** ~ **nera da mina** (*espl. - min.*), Pulversprengmittel (*n.*). **17** ~ **per cementazione** (*tratt. term.*), Härtepulver (*n.*). **18** ~ **per lappatura** (*mecc.*), Läppulver (*n.*). **19** ~ **per saldatura ad arco sommerso** (miscela di minerali atta a formare una scoria che copre i pezzi da saldare) (*tecnol. mecc.*), UP-Schweisspulver (*n.*). **20** ~ **per smerigliare** (*mecc.*), Einschleifpulver (*n.*). **21** ~ **senza fumo** (*espl.*), rauchloses Pulver. **22 abbattimento di** ~ (*ind.*), Entstaubung (*f.*). **23 asciutto fuori** ~ (*vn.*), staubfrei trocken. **24 aspirazione delle polveri** (eliminazione delle polveri, captazione delle polveri) (*ind.*), Entstaubung (*f.*). **25 asportare le polveri** (captare le polveri) (*ind.*), entstauben. **26 a tenuta di** ~ (ermetico alla polvere, stagno alla polvere) (*app. - ecc.*), staubdicht. **27 captatore di** ~ (*app.*), Staubfänger (*m.*), Entstauber (*m.*). **28 captazione delle polveri** (depolverazione) (*ind.*), Entstaubung (*f.*). **29 collettore di** ~ (captatore di polvere; per la depurazione grossolana del gas d'altoforno) (*metall.*), Staubsack (*m.*). **30 colore in** ~ (*vn.*), Farbpulver (*n.*), Trockenfarbe (*f.*). **31 eliminazione delle polveri** (aspirazione delle polveri, captazione delle polveri) (*ind.*), Entstaubung (*f.*). **32 essiccazione fuori** ~ (*vn.*), staubfreies Trocknen. **33 fissazione della** ~ (pulitura con tackrag) (*vn.*), Entstauben (*n.*). **34 fucinatura delle polveri** (fucinatura di pezzi sinterati, entro stampi e senza bava) (*tecnol. mecc.*), Pulverschmieden (*n.*). **35 impianto per captazione polveri** (*ind.*), Entstaubungsanlage (*f.*). **36 latte in** ~ (*ind.*), Milchpulver (*n.*), Trockenmilch (*f.*). **37 misuratore del contenuto di** ~ (nell'aria) (*app.*), Tyndallometer (*n.*). **38 nucleo di** ~ **compressa** (*elett.*), Pulverkern (*m.*). **39 ridurre in** ~ (polverizzare) (*ind.*), feinmahlen, pulverisieren. **40 rivestimento con polveri** (su metalli, con mater. plast.; verniciatura con polveri) (*vn.*), Pulverbeschichtung (*f.*). **41 segnalatore di** ~ (*app.*), Staubmonitor (*m.*). **42 separatore di polveri** (*app. ind.*), Entstaubungsvorrichtung (*f.*). **43 verniciatura con polveri** (su metalli, con polvere di mater. plast.; rivestimento con polveri) (*vn.*), Pulverbeschichtung (*f.*).

polverino (*gen.*), Staub (*m.*). **2** ~ **di carbone** (*comb.*), Staubkohle (*f.*), Kohlenstaub (*m.*). **3** ~ **di coke** (*comb.*), Lösch (*m.*), Koksstaub (*m.*). **4** ~ **per forme** (*fond.*), Formpuder (*m.*).

polverizzare (*gen.*), pulverisieren. **2** ~ (nebulizzare, un liquido) (*gen.*), zerstäuben, stäuben, verstäuben. **3** ~ (macinare) (*gen.*), zermahlen, feinmahlen.

polverizzatore (*app.*), Verstäuber (*m.*). **2** ~ (nebulizzatore, spruzzatore, per liquidi) (*app.*), Zerstäuber (*m.*). **3** ~ (di un mot. Diesel p. es.) (*mot.*), Düse (*f.*), Einspritzdüse (*f.*). **4** ~ **a fori** (di un mot. Diesel) (*mot.*), Mehrlochdüse (*f.*), Lochdüse (*f.*). **5** ~ **a pernetto** (di un mot. Diesel) (*mot.*), Zapfendüse (*f.*). **6** ~ **a più fori** (di un iniettore) (*mot. Diesel*), Mehrlochdüse (*f.*). **7** ~

polverizzazione

rotante (di un bruciatore) (*comb.*), Drehzerstäuber (*m.*). **8 ago del ~** (di un mot. Diesel) (*mot.*), Düsennadel (*f.*). **9 supporto del ~** (portapolverizzatore, di un mot. Diesel) (*mot.*), Düsenstock (*m.*).

polverizzazione (*gen.*), Pulverisierung (*f.*). **2 ~** (nebulizzazione di liquidi) (*gen.*), Zerstäubung (*f.*). **3 ~** (macinazione) (*ind.*), Feinstmahlung (*f.*), Pulverisierung (*f.*). **4 ~ ionica** (vaporizzazione ionica, metallizzazione catodica; processo di rivestimento) (*tecnol.*), Kathodenzerstäubung (*f.*). **5 essiccatoio a ~** (*app.*), Zerstäubungstrockner (*m.*).

POM (poliossimetilene, poliacetale) (*chim.*), POM, Polyacetal (*n.*).

pomello (manopola) (*att.*), Kugelgriff (*m.*), Ballengriff (*m.*). **2 ~ dell'acceleratore a mano** (*aut. - mot.*), Gashandgriff (*m.*). **3 impugnatura a ~** (*mecc.*), Ballengriff (*m.*).

pomeridiano (*gen.*), nachmittags, postmeridiem, p. m.

pomice (pietra pomice) (*min.*), Bimsstein (*m.*). **2 ~ artificiale** (pomice siderurgica, pomice di altoforno, loppa espansa) (*metall. - ed.*), Hüttenbims (*m.*). **3 ~ artificiale** (sintoporite, per calcestruzzo poroso) (*ed.*), Synthoporit (*m.*). **4 ~ d'altoforno** (pomice artificiale, pomice siderurgica, loppa espansa) (*metall. - ed.*), Hüttenbims (*m.*). **5 ~ naturale** (*min. - ed.*), Naturbims (*m.*). **6 ~ siderurgica** (pomice artificiale, pomice d'altoforno, loppa espansa) (*metall. - ed.*), Hüttenbims (*m.*). **7 calcestruzzo di ~** (*ed.*), Bimsbeton (*m.*). **8 ghiaia di ~** (*ed.*), Bimskies (*m.*). **9 sabbia di ~** (*ed.*), Bimssand (*m.*).

pomiciare (una carrozzeria p. es.) (*vn.*), bimsen. **2 ~** (smerigliare, il lato carne del cuoio) (*ind. cuoio*), dollieren (*n.*).

pomiciatrice (smerigliatrice, del lato carne) (*macch. ind. cuoio*), Dolliermaschine (*f.*).

pomiciatura (*vn. - tecnol.*), Abbimsen (*n.*).

pompa (*macch.*), Pumpe (*f.*). **2 ~** (per pneumatici) (*veic.*), Luftpumpe (*f.*), Reifenpumpe (*f.*). **3 ~ a capsulismo** (pompa rotativa, capsulismo) (*macch.*), Kapselpumpe (*f.*). **4 ~ a cilindrata costante** (pompa a cilindrata fissa) (*oleoidr.*), Konstantpumpe (*f.*). **5 ~ a cilindrata variabile** (*oleoidr.*), Verstellpumpe (*f.*). **6 ~ a cilindro** (con rotore eccentrico entro camera cilindrica) (*macch.*), Rollenzellenpumpe (*f.*). **7 ~ ad anello d'acqua** (*macch.*), Wasserringpumpe (*f.*). **8 ~ ad elica** (*macch.*), Propellerpumpe (*f.*). **9 ~ a diffusione** (per alto vuoto) (*macch.*), Diffusionspumpe (*f.*). **10 ~ ad ingranaggi** (*macch.*), Zahnradpumpe (*f.*). **11 ~ a disco inclinato** (pompa con girante a disco inclinato) (*macch.*) Taumelscheibenpumpe (*f.*). **12 ~ a due viti con profilo iperboloidico** (*macch.*), Zweispindel-Hyperboloid-Schnecken-Pumpe (*f.*). **13 ~ ad uno stadio** (pompa monostadio) (*macch.*), einstufige Pumpe. **14 ~ a getto d'acqua** (iniettore idraulico) (*macch.*), Wasserstrahlpumpe (*f.*). **15 ~ a getto di vapore** (*macch.*), Dampfstrahlpumpe (*f.*). **16 ~ a getto liquido** (*macch.*), Flüssigkeitsstrahlpumpe (*f.*). **17 ~ alternativa a stantuffo** (pompa a stantuffo) (*macch.*), Hubkolbenpumpe (*f.*), Schubkolbenpumpe (*f.*). **18 ~ a mano** (*macch.*), Handpumpe (*f.*). **19 ~ a membrana** (*macch. - aut.*), Diaphragmapumpe (*f.*), Membranpumpe (*f.*), Diapumpe (*f.*). **20 ~ anteriore** (pompa montata anteriormente, su un veicolo) (*veic.*), Vorbaupumpe (*f.*). **21 ~ antincendi** (*macch.*), Feuerlöschpumpe (*f.*), Feuerspritze (*f.*). **22 ~ a pedale** (*macch.*), Fusspumpe (*f.*). **23 ~ a pedale** (per gonfiaggio con aria) (*macch.*), Fussluftpumpe (*f.*). **24 ~ a pistone** (pompa a stantuffo) (*macch.*), Kolbenpumpe (*f.*). **25 ~ a pistone a vapore** (*macch.*), Dampfkolbenpumpe (*f.*). **26 ~ a pistoni radiali e rotore eccentrico** (*macch.*), Radialkolbenpumpe (*f.*). **27 ~ a pompanti** (pompa d'iniezione) (*mot.*), Stempelpumpe (*f.*). **28 ~ a portata variabile** (pompa idraulica) (*oleoidr.*), Verstellpumpe (*f.*). **29 ~ a pressione d'acqua** (*macch.*), Wasserdruckpumpe (*f.*). **30 ~ a pressione di vapore** (pulsometro) (*macch.*), Dampfdruckpumpe (*f.*), Pulsometer (*n.*). **31 ~ aspirante** (*macch.*), Saugpumpe (*f.*). **32 ~ aspirante-premente** (*macch.*), Saug- und Druckpumpe (*f.*). **33 ~ assiale** (*macch.*), Axialpumpe (*f.*). **34 ~ a stantuffo** (pompa a pistone) (*macch.*), Kolbenpumpe (*f.*). **35 ~ a stantuffo tuffante** (*macch.*), Plungerpumpe (*f.*). **36 ~ a triplice effetto** (*macch.*), Drillingspumpe (*f.*), dreifachwirkende Pumpe. **37 ~ ausiliaria** (pompa di emergenza) (*macch.*), Notpumpe (*f.*), Hilfspumpe (*f.*), Reservepumpe (*f.*). **38 ~ autoadescante** (*macch.*), selbstansaugende Pumpe. **39 ~ a vapore** (*macch.*), Dampfspritze (*f.*). **40 ~ a vento** (pompa con motore a vento) (*macch.*), Windpumpe (*f.*). **41 ~ a vite globoidale e ruota a vite** (*mecc.*), Globoidpumpe (*f.*). **42 ~ a viti** (*macch.*), Schraubenpumpe (*f.*), Spindelpumpe (*f.*), Wendelpumpe (*f.*), Schraubenspindelpumpe (*f.*), Schraubenkolbenpumpe (*f.*). **43 ~ benzina** (del motore, pompa di alimentazione della benzina) (*mot.*), Benzinpumpe (*f.*). **44 ~ centrifuga** (*macch.*), Schleuderpumpe (*f.*), Kreiselpumpe (*f.*), Zentrifugalpumpe (*f.*). **45 ~ centrifuga antincendi** (*macch.*), Feuerlösch-Kreiselpumpe (*f.*). **46 ~ centrifuga per acidi** (*macch.*), Säurekreiselpumpe (*f.*). **47 ~ centrifuga per gas** (soffiante centrifuga) (*macch.*), Kreiselgebläse (*n.*). **48 ~ centrifuga radiale** (*macch.*), Radialkreiselpumpe (*f.*). **49 ~ comando freni** (pompa idraulica) (*aut.*), Hauptbremszylinder (*m.*). **50 ~ con getter di titanio** (pompa con assorbitore di titanio) (*macch.*), Titangetterpumpe (*f.*). **51 ~ con girante a disco inclinato** (*macch.*), Taumelscheibenpumpe (*f.*). **52 ~ con pistone a due diametri** (pompa differenziale) (*macch.*), Stufenkolbenpumpe (*f.*), Differentialpumpe (*f.*). **53 ~ con zavorra** (*macch.*), Gasballastpumpe (*f.*). **54 ~ del combustibile** (*mot. - ecc.*), Brennstoffpumpe (*f.*). **55 ~ dell'acqua (di raffreddamento)** (*mot.*), Kühlwasserpumpe (*f.*). **56 ~ dell'olio** (pompa del lubrificante) (*mot. - ecc.*), Ölpumpe (*f.*), Schmierpumpe (*f.*). **57 ~ dell'olio (lubrificante)** (*mot. - macch.*), Schmierölpumpe (*f.*). **58 ~ dell'ossidatore** (per motori a razzo) (*astronautica*), Oxydatorpumpe (*f.*). **59 ~ del lubrificante** (pompa dell'olio, pompa per lubrificazione) (*macch.*), Schmierpumpe (*f.*), Ölpumpe (*f.*).

pompa

60 ~ del refrigerante (*macch. ut.*), Kühlpumpe (*f.*). 61 ~ di accelerazione (del carburatore) (*mot. - aut.*), Beschleunigungspumpe (*f.*). 62 ~ di accumulo (pompa per ripompaggio; invia l'acqua da un livello più basso ad un bacino sovrastante) (*idr. - elett.*), Speicherpumpe (*f.*). 63 ~ di adescamento (iniettore di benzina nei cilindri, per l'avviamento) (*mto.*), Anlasseinspritzpumpe (*f.*). 64 ~ di alimentazione (per carburante) (*mot.*), Förderpumpe (*f.*). 65 ~ di alimentazione (dell'acqua alla caldaia) (*cald.*), Speisepumpe (*f.*). 66 ~ di alimentazione a vapore (cavallino) (*cald. - macch.*), Dampfspeisepumpe (*f.*). 67 ~ di alimentazione del carburante (pompa di alimentazione del combustibile) (*mot.*), Kraftstoff-Förderpumpe (*f.*). 68 ~ di alimentazione dell'acqua (pompa di alimento) (*cald.*), Speisewasserpumpe (*f.*). 69 ~ di alimentazione del combustibile (*aut. - mot.*), Kraftstoff-Förderpumpe (*f.*). 70 ~ di alimentazione della caldaia (*cald.*), Kesselspeisepumpe (*f.*). 71 ~ di alimentazione di riserva (*macch.*), Reserveförderpumpe (*f.*), Reservespeisepumpe (*f.*). 72 ~ di alimento della caldaia (*cald.*), Kesselspeisepumpe (*f.*). 73 ~ di assorbimento (pompa getter) (*tecn. del vuoto*), Getterpumpe (*f.*). 74 ~ di calore (*macch.*), Wärmepumpe (*f.*). 75 ~ di circolazione (*macch.*), Umlaufpumpe (*f.*), Umwälzpumpe (*f.*). 76 ~ di circolazione dell'acqua (per sonde) (*min.*), Spülpumpe (*f.*). 77 ~ di emergenza (pompa ausiliaria) (*macch.*), Notpumpe (*f.*), Hilfspumpe (*f.*), Reservepumpe (*f.*). 78 ~ differenziale (pompa con pistone a due diametri) (*macch.*), Differentialpumpe (*f.*), Stufenkolbenpumpe (*f.*). 79 ~ di lavaggio (di un mot. Diesel) (*mot.*), Spülluftpumpe (*f.*), Spülpumpe (*f.*). 80 ~ di mandata (*mecc.*), Presspumpe (*f.*). 81 ~ di mandata dell'olio (*mot.*), Öldruckpumpe (*f.*). 82 di mantenimento (per vuoto) (*macch.*), Haltepumpe (*f.*). 83 ~ d'iniezione (*mot. Diesel*), Einspritzpumpe (*f.*). 84 ~ (d'iniezione) autonoma (con proprio azionamento separato) (*mot.*), PE-Pumpe (*f.*). Eigenantrieb-Pumpe (*f.*). 85 ~ di prosciugamento (pompa di esaurimento) (*macch. - nav. - idr.*), Lenzpumpe (*f.*). 86 ~ di prosciugamento (pompa idrovora, idrovora) (*min.*), Wasserhaltungsmaschine (*f.*). 87 ~ di ricupero (*macch.*), Rückholpumpe (*f.*). 88 ~ di ricupero (dell'olio) (*mot.*), Saugpumpe (*f.*), Absaugpumpe (*f.*). 89 ~ di ricupero dell'olio (*mot.*), Ölabsaugpumpe (*f.*), Ölsaugpumpe (*f.*). 90 ~ di ricupero dell'olio (*macch.*), Leckölpumpe (*f.*). 91 ~ di sentina (*nav.*), Lenzpumpe (*f.*), Bilgepumpe (*f.*), Leckwasserpumpe (*f.*), Kielpumpe (*f.*), Kielraumpumpe (*f.*). 92 ~ di travaso (*macch.*), Umfüllpumpe (*f.*). 93 ~ dosatrice (*macch.*), Dosierpumpe (*f.*), Zumesspumpe (*f.*). 94 ~ elettrica (*macch.*), Elektropumpe (*f.*). 95 ~ getter (pompa di assorbimento) (*tecn. del vuoto*), Getterpumpe (*f.*). 96 ~ idraulica (di un impianto di frenatura idraulica) (*aut.*), Hauptbremszylinder (*m.*). 97 ~ idraulica (pompa oleoidraulica) (*oleoidr.*), Hydropumpe (*f.*). 98 ~ idraulica (azionata la frizione p. es.) (*aut. - oleoidr.*), Hydropumpe (*f.*), Geberzylinder (*m.*). 99 ~ (idraulica) a portata fissa (*oleoidr.*), Konstantpumpe (*f.*). 100 ~ (idraulica) a portata variabile (*oleoidr.*), Verstellpumpe (*f.*). 101 ~ (idraulica) oscillante (pompa idraulica a portata variabile) (*oleoidr.*), Winkelpumpe (*f.*). 102 ~ idrovora (idrovora, pompa per prosciugamento) (*min.*), Wasserhaltungsmaschine (*f.*). 103 ~ ionica (*macch. - tecn. del vuoto*), Ionenpumpe (*f.*). 104 ~ mammut (per sollevare liquidi caldi ecc.) (*macch. - idr.*), Mammutpumpe (*f.*). 105 ~ molecolare (pompa per vuoto) (*macch.*), Molekularpumpe (*f.*). 106 ~ monostadio (pompa ad uno stadio) (*macch.*), einstufige Pumpe. 107 ~ -motore (app. idraul. che può funzionare sia da pompa che da motore) (*oleoidr.*), Pumpe-Motor (*m.*). 108 -motore ~ a cilindrata costante (*oleoidr.*), Konstantpumpe-Motor (*m.*). 109 -motore ~ a portata variabile (*oleoidr.*), Verstellpumpe-Motor (*m.*). 110 ~ nel serbatoio (per la mandata del combustibile) (*mot.*), Tankpumpe (*f.*). 111 ~ per acidi (*ind. - masch.*), Säurepumpe (*f.*). 112 ~ per alto vuoto (*macch.*), Hochvakuumpumpe (*f.*). 113 ~ per draggagi (impiegata per aspirare acqua con sabbia, ghiaia, ecc., nella costruzione di porti) (*macch.*), Steinpumpe (*f.*). 114 ~ per fango (*macch.*), Schlammpumpe (*f.*). 115 ~ per (fluidi con) particelle solide (centrifuga, per fluidi ad alto tenore di solidi) (*macch.*), Stoffpumpe (*f.*), Dickstoffpumpe (*f.*). 116 ~ per ingrassaggio (siringa per ingrassaggio, ingrassatore a pressione) (*att.*), Druckschmierpresse (*f.*), Schmierpresse (*f.*). 117 ~ per la messa in bandiera (di un'elica) (*aer.*), Segelstellungspumpe (*f.*). 118 ~ per liquame (*macch. - ed.*), Abwasserpumpe (*f.*). 119 ~ per liquidi densi (*macch.*), Dickstoffpumpe (*f.*). 120 ~ per lubrificazione (pompa dell'olio, pompa del lubrificante) (*macch.*), Schmierpumpe (*f.*), Ölpumpe (*f.*). 121 ~ per movimentazione (di materiali) (*trasp. ind.*), Umpumpanlage (*f.*). 122 ~ per pneumatici (*att.*), Reifenpumpe (*f.*), Luftpumpe (*f.*). 123 ~ per pozzi profondi (*macch.*), Tiefpumpe (*f.*). 124 ~ per prevuoto (*tecn. del vuoto*), Vorpumpe (*f.*). 125 ~ per proiezione di calcestruzzo (pompa per pigiate) (*macch. ed.*), Torkretpumpe (*f.*). 126 ~ per ripompaggio (pompa di accumulo; invia l'acqua da un livello più basso ad un bacino sovrastante) (*idr. - elett.*), Speicherpumpe (*f.*). 127 ~ per sabbia (*macch. - min.*), Sandpumpe (*f.*), Kiespumpe (*f.*). 128 ~ per vuoto (depressore) (*app.*), Vakuumpumpe (*f.*). 129 ~ per vuoto grossolano (*macch.*), Grobpumpe (*f.*). 130 ~ pneumatica (disp. per generare un vuoto) (*macch.*), Luftpumpe (*f.*). 131 ~ pneumatica ad olio (*macch.*), Ölluftpumpe (*f.*). 132 ~ pneumatica a stantuffo (*macch.*), Kolbenluftpumpe (*f.*). 133 ~ pneumatica molecolare rotativa (*macch.*), Molekularluftpumpe (*f.*). 134 ~ pneumatica rotativa ad olio (*macch.*), rotierende Ölluftpumpe. 135 ~ pneumatica (rotativa) a capsulismo (*macch.*), Kapselluftpumpe (*f.*). 136 ~ pneumatica (rotativa) a mercurio (di Gaede) (*macch.*), Quecksilberluftpumpe (*f.*). 137 ~ pneumofora (soffiante) (*macch.*), Gebläsemaschine (*f.*), Gebläse (*n.*).

pompaggio

138 ∼ **premente** (*macch.*), Druckpumpe (*f.*). 139 ∼ **rotativa** (pompa a capsulismo, capsulismo) (*macch.*), Kapselpumpe (*f.*). 140 ∼ **(rotativa) ad anello liquido** (*macch.*), Flüssigkeitsring-Pumpe (*f.*). 141 ∼ **rotativa a palette** (con rotore munito di palette ruotanti in cassa eccentrica) (*macch.*), Flügelzellenpumpe (*f.*). 142 ∼ **rotativa a rotore eccentrico** (pompa volumetrica a tamburo eccentrico) (*macch.*), Drehkolbenpumpe (*f.*). 143 ∼ **rotativa per gas** (capsulismo soffiante) (*macch.*), Kapselgebläse (*n.*). 144 ∼ **semiassiale** (pompa centrifuga veloce con bordo d'uscita obliquo delle palette e flusso non parallelo all'asse) (*macch.*), Schraubenpumpe (*f.*). 145 ∼ **sommersa** (*macch. - idr.*), Tauchpumpe (*f.*), Unterwasserpumpe (*f.*). 146 ∼ **-turbina** (macchina idraulica impiegabile sia come pompa sia come turbina) (*macch.*), Pumpenturbine (*f.*). 147 ∼ **volumetrica** (*macch.*), Verdrängerpumpe (*f.*). 148 ∼ **volumetrica a rotore eccentrico** (pompa rotativa a tamburo eccentrico) (*macch.*), Drehkolbenpumpe (*f.*). 149 **asta della** ∼ (*min.*), Pumpengestänge (*n.*). 150 **corpo della** ∼ **dell'olio** (*mot.*), Ölpumpengehäuse (*n.*). 151 **girante-** ∼ (di un convertitore di coppia idraulico) (*macch. - veic.*), Pumpenrad (*n.*).

pompaggio (per il sollevamento dell'acqua p. es.) (*idr.*), Pumpen (*n.*). 2 ∼ (difetto di un compressore centrifugo) (*macch.*), Pumpen (*n.*). 3 ∼ **ionico** (assorbimento ionico) (*tecn. del vuoto*), Ionenpumpen (*n.*). 4 **centrale ad accumulo con** ∼ (*elett. - idr.*), Pumpspeicherwerk (*n.*), PSW. 5 **limite di** ∼ (di un compressore centrifugo, tra regione stabile ed instabile) (*macch.*), Pumpgrenze (*f.*). 6 **livello di** ∼ (per la regolazione del funzionamento delle pompe) (*idr.*), Mahlpeil (*m.*). 7 **spese di** ∼ (*comm.*), Pumpkosten (*f. pl.*). 8 **stazione di** ∼ **dell'acqua** (*idr.*), Wasserhebewerk (*n.*).

pompante (di una pompa d'iniezione Diesel) (*mot.*), Pumpenelement (*n.*), Stempel (*m.*).

pompare (*idr.*), pumpen. 2 ∼ (difetto del compressore) (*macch.*), pumpen. 3 ∼ **acqua dalla sentina** (*nav.*), lenzen, Wasser herauspumpen.

pompatura (di un montante) (*fond.*), Pumpen (*n.*), Rühren (*n.*).

pompiere (vigile del fuoco) (*lav. - antincendio*), Feuerwehrmann (*m.*). 2 **pompieri** (corpo dei pompieri, vigili del fuoco) (*antincendio*), Feuerwehr (*f.*). 3 **corpo dei pompieri** (vigili del fuoco) (*antincendio*), Feuerwehr (*f.*). 4 **passaggio pompieri** (*ed.*), Feuergasse (*f.*).

ponderare (*acus.*), wiegen.

ponderato (media) (*stat. - mat.*), gewogen. 2 ∼ (circuito) (*acus.*), gewogen.

ponderazione (*acus.*), Wiegung (*f.*). 2 ∼ **dei voti** (*finanz.*), Stimmenwägung (*f.*). 3 **curva di** ∼ (*acus.*), Wiegungskurve (*f.*). 4 **rete di** ∼ (rete ponderatrice) (*acus.*), Wiegenetzwerk (*n.*).

pontaiolo (addetto alle impalcature, ponteggiatore, pontatore) (*lav. - ed.*), Gerüster (*m.*), Gerüstarbeiter (*m.*).

pontatore (addetto alle impalcature, ponteggiatore, pontaiolo) (*lav. ed.*), Gerüster (*m.*), Gerüstarbeiter (*m.*).

ponte (*arch. - costr. di ponti*), Brücke (*f.*). 2 ∼ (assale, di un autoveicolo) (*veic.*), Achse (*f.*). 3 ∼ (coperta di una nave) (*costr. nav.*), Deck (*n.*). 4 ∼ (di un grosso velivolo) (*aer.*), Deck (*n.*). 5 ∼ (circuito di misura a ponte, ponte di misura, per misurare le resistenze elett.) (*strum. - elett.*), Messbrücke (*f.*), Brücke (*f.*). 6 ∼ (volta, formato in un forno da carica non fusa) (*metall. - forno*), Ansatz (*m.*), Hängen (*n.*). 7 ∼ (ponte di servizio, impalcatura di tavole, per lavori edili) (*ed.*), Bohlenbelag (*m.*), Dielenbelag (*m.*), Belag (*m.*). 8 ∼ (piastra di guida, di un punzone per tranciatura p. es.) (*lav. lamiera*), Führungsplatte (*f.*). 9 ∼ (della gru) (*macch. ind.*), Kranbrücke (*f.*), Brücke (*f.*). 10 ∼ (tavola pendente, per lavori all'esterno della nave) (*nav.*), Stelling (*f.*), Stellage (*f.*). 11 ∼ **a bilico** (*costr. di ponti*), Schaukelbrücke (*f.*). 12 ∼ **a bilico** (stadera a ponte, pesa a ponte) (*att.*), Brückenwaage (*f.*). 13 ∼ **a bilico** (tra due carri ribassati per trasporto di carichi molto lunghi) (*ferr. veic.*), Ladebrücke (*f.*). 14 ∼ **ad arco** (*arch. - costr. di ponti*), Bogenbrücke (*f.*). 15 ∼ **ad arco a due cerniere** (*arch.*), Zweigelenkbogenbrücke (*f.*). 16 ∼ **ad arco ad una cerniera** (*arch.*), Eingelenkbogenbrücke (*f.*). 17 ∼ **ad arco a tre cerniere** (*arch.*), Dreigelenkbogenbrücke (*f.*). 18 ∼ **ad arco in cemento armato** (*arch.*), Stahlbetonbogenbrücke (*f.*). 19 ∼ **ad arco in ferro** (*arch.*), Eisenbogenbrücke (*f.*). 20 ∼ **ad arco senza cerniere** (*arch.*), eingespannte Bogenbrücke. 21 ∼ **a dorso di balena** (*costr. nav.*), Walfischdeck (*n.*). 22 ∼ **a due piani** (ponte a due vie) (*costr. di ponti*), Etagenbrücke (*f.*). 23 ∼ **a due vie** (ponte a due piani) (*costr. di ponti*), Etagenbrücke (*f.*). 24 ∼ **aereo** (*milit. - aer. milit.*), Luftbrücke (*f.*). 25 ∼ **a mensola** (ponte a sbalzo) (*arch.*), Auslegerbrücke (*f.*). 26 ∼ **a pedaggio** (*finanz. - comm.*), Zollbrücke (*f.*). 27 ∼ **a risonanza** (*elett.*), Resonanzbrücke (*f.*). 28 ∼ **a sbalzo** (ponte a mensola) (*arch.*), Auslegerbrücke (*f.*). 29 ∼ **a scorrimento orizzontale** (ponte scorrevole) (*arch. - costr. di ponti*), Rollbrücke (*f.*), Schiebebrücke (*f.*). 30 ∼ **a struttura mista** (ponte a via in cemento armato e trave principale in ferro) (*costr. di ponti*), Verbundbrücke (*f.*). 31 ∼ **a torre** (*costr. nav.*), Turmdeck (*n.*). 32 ∼ **a traliccio** (*costr. di ponti*), Gitterbrücke (*f.*). 33 ∼ **a travata** (ponte a trave reticolare) (*costr. di ponti*), Fachwerkbrücke (*f.*). 34 ∼ **a travata continua** (*costr. di ponti*), Durchlaufbalkenbrücke (*f.*). 35 ∼ **a travata metallica aperto superiormente** (*costr. di ponti*), Trogbrücke (*f.*). 36 ∼ **a trave** (*arch.*), Balkenbrücke (*f.*). 37 ∼ **a trave con arco superiore** (ponte a trave Langer) (*arch.*), Stabbogenbrücke (*f.*). 38 ∼ **a trave con parete piena** (*arch.*), Vollwandbalkenbrücke (*f.*). 39 ∼ **a trave Langer** (ponte a trave con arco superiore) (*arch.*), Stabbogenbrücke (*f.*). 40 ∼ **a trave reticolare** (ponte a travata) (*costr. di ponti*), Fachwerkbrücke (*f.*). 41 ∼ **a via in cemento armato e trave principale in ferro** (*arch.*), Verbundbrücke (*f.*). 42 ∼ **a via inferiore** (*arch.*), Brücke mit unterer

Fahrbahn. **43** ~ **a via superiore** (*arch.*), Brücke mit oberer Fahrbahn. **44** ~ **centrale** (colonna centrale di carica non fusa, in un forno) (*metall.*), toter Mann. **45** ~ **corazzato** (*mar. milit.*), Panzerdeck (*n.*). **46** ~ **de Dion** (ponte posteriore di autovettura) (*aut.*), de Dion-Achse (*f.*). **47** ~ **delle imbarcazioni** (o delle lance, ponte lance) (*nav.*), Bootsdeck (*n.*) **48** ~ **delle lance** (ponte delle imbarcazioni) (*nav.*), Bootsdeck (*n.*). **49** ~ **del sole** (ponte dei giochi) (*nav.*), Sonnendeck (*n.*), Lidodeck (*n.*). **50** ~ **di atterraggio** (di una portaerei) (*mar. milit.*), Landedeck (*n.*). **51** ~ **di barche** (ponte galleggiante) (*nav. - costr. di ponti*), Pontonbrücke (*f.*), Schiffsbrücke (*f.*). **52** ~ **di batteria** (*mar. milit.*), Batteriedeck (*n.*). **53** ~ **di chiatte** (*nav. - costr. di ponti*), Kahnbrücke (*f.*). **54** ~ **di comando** (plancia) (*nav.*), Kommandobrücke (*f.*), Brücke (*f.*), Brückendeck (*n.*). **55** ~ **di comando** (plancia, di una petroliera p. es.) (*nav.*), Brückenaufbau (*m.*). **56** ~ **di coperta** (ponte principale o superiore) (*costr. nav.*), Hauptdeck (*n.*), Oberdeck (*n.*), B-Deck (*n.*). **57** ~ **di decollo** (di una portaerei) (*mar. milit.*), Startdeck (*n.*). **58** ~ **di fase** (*elettronica*), Phasenbrücke (*f.*), Toulonbrücke (*f.*). **59** ~ **di fortuna** (*costr. di ponti*), Behelfsbrücke (*f.*). **60** ~ **di manovra** (*nav.*), Manöverbrücke (*f.*). **61** ~ **di misura** (circuito di misura a ponte, ponte, per misurare resistenze elett.) (*strum. elett.*), Messbrücke (*f.*). **62** ~ **(di misura) a frequenza portante** (*strum. elett.*), Trägerfrequenzmessbrücke (*f.*). **63** ~ **(di misura) Schering** (*elett.*), Schering-Brücke (*f.*). **64** ~ **di passeggiata** (*nav.*), Promenadendeck (*n.*). **65** ~ **di poppa** (*nav.*), Achterdeck (*n.*). **66** ~ **di protezione** (sotto funivie p. es.) (*trasp.*), Schutzbrücke (*f.*). **67** ~ **di resistenza** (*elett.*), Widerstands-Brückenschaltung (*f.*). **68** ~ **di riparo** (*nav.*), Shelterdeck (*n.*), Schutzdeck (*n.*). **69** ~ **di servizio** (*ed.*), Belag (*m.*). **70** ~ **di stazza** (*nav.*), Vermessungsdeck (*n.*). **71** ~ **di stiva** (*nav.*), Raumdeck (*n.*). **72** ~ **di Thompson** (ponte di misura doppio) (*elett.*), Thomson-Brücke (*f.*), Doppelmessbrücke (*f.*). **73** ~ **di volo** (di una portaerei) (*aer. - mar. milit.*), Flugdeck (*n.*). **74** ~ **di Wheatstone** (*elett.*), Wheatstone-Brücke. **75** ~ **doppio** (ponte di Thompson) (*elett.*), Doppelmessbrücke (*f.*), Thompson-Brücke (*f.*). **76** ~ **elevatore** (*app. di sollev.*), Hebebühne (*f.*). **77** ~ **ferroviario** (*arch. - ferr.*), Eisenbahnbrücke (*f.*). **78** ~ **fisso** (*arch.*), feste Brücke. **79** ~ **galleggiante** (*costr. di ponti*), Schwimmbrücke (*f.*). **80** ~ **galleggiante** (ponte di barche) (*nav. - costr. di ponti*), Pontonbrücke (*f.*), Schiffsbrücke (*f.*). **81** ~ **girevole** (*costr. di ponti*), Drehbrücke (*f.*). **82** ~ **in cemento armato** (*arch. - costr. di ponti*), Stahlbetonbrücke (*f.*), Betonbrücke (*f.*). **83** ~ **(in cemento armato) precompresso** (*arch. - costr. di ponti*), vorgespannte Brücke, vorgespannte Stahlbetonbrücke (*f.*). **84** ~ **in ferro** (*costr. di ponti*), Stahlbrücke (*f.*). **85** ~ **in legno** (*arch. - costr. di ponti*), Holzbrücke (*f.*). **86** ~ **in muratura** (*arch.*), Steinbrücke (*f.*), Ziegelmauerwerkbrücke (*f.*). **87** ~ **in pietra** (*arch.*), Steinbrücke (*f.*), Natursteinbrücke (*f.*). **88** ~ **lance** (ponte delle imbarcazioni) (*nav.*), Bootsdeck (*n.*). **89** ~ **levatoio** (ponte ribaltabile) (*costr. di ponti*), Klappbrücke (*f.*), Zugbrücke (*f.*), Wippbrücke (*f.*). **90** ~ **metallico** (ponte in ferro) (*arch.*), Stahlbrücke (*f.*). **91** ~ **mobile** (*costr. di ponti*), bewegliche Brücke. **92** ~ **(mobile) per illuminazione** (*telev. - cinem.*), Beleuchtungsbrücke (*f.*). **93** ~ **mobile verticalmente** (ponte sollevabile) (*costr. di ponti*), Hebebrücke (*f.*), Hubbrücke (*f.*). **94** ~ **pedonale** (ponticello) (*ed.*), Steg (*m.*), Fussgängersteg (*m.*). **95** ~ **per misure a corrente alternata** (su resistenze a c.a.) (*elett.*), Wechselstrombrücke (*f.*). **96** ~ **per tubi** (per il supporto di fasci di tubi in attraversamenti di fiumi p. es.) (*ing. civ.*), Rohrbrücke (*f.*). **97** ~ **poppiero** (ponte di poppa) (*nav.*), Achterdeck (*n.*). **98** ~ **posteriore** (*aut.*), Hinterachsbrücke (*f.*). Hinterachse (*f.*). **99** ~ **posteriore de Dion** (*aut.*), de Dion-Hinterachse (*f.*). **100** ~ **posteriore rigido** (*aut.*), hintere Starrachse. **101** ~ **posteriore rigido ad assi semiportanti** (*aut.*), hintere Starrachse mit dreiviertelfliegenden Achswellen. **102** ~ **posteriore rigido a semiassi non portanti** (*aut.*), hintere Starrachse mit fliegenden Achswellen. **103** ~ **posteriore rigido a semiassi portanti** (*aut.*), hintere Starrachse mit halbfliegenden Achswellen. **104** ~ **principale** (ponte superiore, ponte di coperta) (*nav.*), Hauptdeck (*n.*), Oberdeck (*n.*), B-Deck (*n.*). **105** ~ **provvisorio** (ponte temporaneo, passerella) (*costr. di ponti - ecc.*), Notbrücke (*f.*), Behelfsbrücke (*f.*), Hilfsbrücke (*f.*). **106** ~ **radio** (*telev. - radio*), Richtfunkverbindung (*f.*), Funkverbindung (*f.*), drahtlose Relaisstrecke, Richtverbindung (*f.*). **107** ~ **radio per televisione** (*telev.*), Fernsehrichtverbindung (*f.*). **108** ~ **ribaltabile** (ponte levatoio) (*costr. di ponti*), Klappbrücke (*f.*), Zugbrücke (*f.*), Wippbrücke (*f.*). **109** ~ **Scherzer** (tipo di ponte levatoio) (*costr. ponti*), Scherzer-Rollklappbrücke (*f.*), Wiegebrücke (*f.*). **110** ~ **scorrevole** (ponte a scorrimento orizzontale) (*costr. di ponti*), Rolldrücke (*f.*), Schlebebrücke (*f.*). **111** ~ **sollevabile** (*costr. di ponti*), Hubbrücke (*f.*), Hebebrücke (*f.*). **112** ~ **sollevatore** (per autoofficine) (*aut.*), Hebebühne (*f.*). **113** ~ **sospeso** (*costr. di ponti*), Hängebrücke (*f.*), Seilbrücke (*f.*), Kabelbrücke (*f.*). **114** ~ **sospeso** (ponteggio sospeso) (*ed.*), Hängegerüst (*n.*). **115** ~ **spingente** (*arch.*), Sprengwerkbrücke (*f.*). **116** ~ **stradale** (*costr. di ponti*), Strassenbrücke (*f.*). **117** ~ **su barche** (ponte galleggiante) (*nav. - costr. di ponti*), Schiffsbrücke (*f.*), Pontonbrücke (*f.*). **118** ~ **superiore** (ponte principale, ponte di coperta) (*nav.*), Hauptdeck (*n.*), Oberdeck (*n.*), B-Deck (*n.*). **119** ~ **temporaneo** (ponte provvisorio, passerella) (*costr. di ponti*), Notbrücke (*f.*), Hilfsbrücke (*f.*), Behelfsbrücke (*f.*). **120** ~ **trasportabile** (*costr. di ponti*), Fahrbrücke (*f.*). **121** ~ **volante** (*ed.*), fliegendes Gerüst, Hängegerüst (*n.*). **122 a due ponti** (*nav. - aer.*), zweideckig. **123 apparecchio per trasmissioni in** ~ **radio** (*radio*), Richtfunkgerät (*n.*). **124 appoggio del** ~

ponte-canale

(costr. di ponti), Brückenlager (n.). **125 arcata del ~** (arch.), Brückenbogen (m.). **126 bracciuolo del ~** (costr. nav.), Deckknie (n.). **127 carro a ~** (poggiante su due o più carrelli) (ferr.), Brückengleisfahrzeug (n.). **128 collegamento con ~** (ed.), Überbrückung (f.). **129 copertura del ~** (tavolato del ponte) (costr. nav.), Deckbeplankung (f.). **130 costruzione di ponti** (arch. - costr. di ponti), Brückenbau (m.). **131 doppio ~ di Thompson** (elett.), Doppelmessbrücke (f.), Thompson-Brücke (f.). **132 fare ~** (elett.), überbrücken. **133 formazione di ~** (da parte della carica in un forno) (metall. - forno), Hängen (n.), Hängebleiben (n.). **134 gettare un ~** (costr. di ponti - ecc.), eine Brücke schlagen, überbrücken. **135 lamiera del ~** (costr. nav.), Deckplatte (f.). **136 linea del ~** (costr. nav.), Deckkante (f.). **137 parte mobile del ~** (parte ribaltabile del ponte) (costr. di ponti), Brückenklappe (f.). **138 pavimentazione del ~** (costr. di ponti), Brückenbelag (m.). **139 pila del ~** (costr. di ponti), Brückenpfeiler (m.). **140 portale del ~** (di un ponte sospeso) (costr. di ponti), Brückenportal (n.). **141 puntale del ~** (puntale di coperta) (costr. nav.), Deckstütze (f.). **142 raddrizzatore a ~** (elett.), Brückengleichrichter (m.). **143 ramo del ~** (elett.), Brückenarm (m.). **144 rapporto al ~** (di una trasmissione) (aut.), Hinterachsübersetzung (f.), Achsantriebsübersetzung (f.). **145 rapporto del ~** (d'un ponte di Wheatstone) (elett.), Brückenverhältnis (n.). **146 scatola ~** (aut.), Hinterachsgehäuse (n.), Achsgehäuse (n.). **147 semiscatola ~** (aut.), Achsgehäusehälfte (f.). **148 sovrastruttura del ~** (arch. - costr. di ponti), Brückenoberbau (m.), Brückenüberbau (m.). **149 tavolato del ~** (copertura del ponte) (costr. nav.), Deckbeplankung (f.). **150 tensione della diagonale del ~** (elett.), Brückendiagonalspannung (f.). **151 travata del ~** (costr. di ponti), Brückenfachwerk (n.). **152 trave principale del ~** (costr. di ponti), Brückenträger (m.).
ponte-canale (costr. idr.), Kanalbrücke (f.).
ponteggiatore (addetto alle impalcature, pontaiolo, pontatore) (lav. ed.), Gerüster (m.), Gerüstarbeiter (m.).
ponteggio (impalcatura) (ed.), Gerüst (n.), Baugerüst (n.), Arbeitsgerüst (n.). **2 ~ in legno** (impalcatura in legno) (ed.), Holzgerüst (n.). **3 ~ in tubi** (ponteggio tubolare) (ed.), Rohrgerüst (n.). **4 ~ in tubi di acciaio** (ed.), Stahlrohrgerüst (n.). **5 ~ in tubi metallici** (impalcatura in tubi metallici) (ed.), Stahlrohrgerüst (n.). **6 ~ mobile** (impalcatura mobile) (ed.), fliegendes Gerüst. **7 ~ tubolare** (ponteggio in tubi) (ed.), Rohrgerüst (n.). **8 montare un ~** (montare l'impalcatura) (ed.), rüsten, ein Gerüst erstellen. **9 smontare il ~** (smontare l'impalcatura) (ed.), abrüsten.
ponticello (gen.), Brücklein (n.), Brückchen (n.). **2 ~** (tra due morsetti p. es.) (elett.), Brücke (f.), Überbrückungsklemme (f.). **3 ~** (regolo, per collegare le piastre d'un accumulatore) (elett.), Polbrücke (f.). **4 ~** (formazione di ponticello, in una candela di accensione) (mot. - aut.), Brückenbildung (f.). **5 ~** (ponte pedonale) (ed.), Steg (m.), Fussgängersteg (m.). **6 ~** (degli occhiali) (ott.), Steg (m.). **7 collegare con ~** (cavallottare, due morsetti p. es.) (elett.), brücken. **8 collegati con ~** (morsetti p. es.) (elett.), gebrückt.
pontile (imbarcadero) (nav.), Steg (m.), Bootssteg (m.). **2 ~** (di sbarco) (nav.), Landungssteg (m.).
pontone (nav.), Ponton (m.). **2 ~** (barca da ponte) (nav.), Ponton (m.), Brückenschiff (n.). **3 ~ armato corazzato** (monitore) (mar. milit.), Monitor (m.). **4 ~ da carenaggio** (nav.), Bullen (m.). **5 ~ di chiusura** (di un bacino) (nav.), Verschlussponton (m.).
popolamento (ed.), Besiedlung (f.).
« popeline » (tess.), Popeline (f.), Papeline (f.), Poplin (m.).
popolazione (gen.), Bevölkerung (f.). **2 ~** (stat.), Gesamtheit (f.), Kollektiv (n.). **3 ~ base** (stat.), Grundgesamtheit (f.). **4 ~ equivalente** (stat.), Einwohnergleichwert (m.). **5 ~ relativa** (densità di popolazione; numero degli abitanti per ettaro in una zona residenziale) (ed.), Besiedlungsdichte (f.). **6 centro con forte densità di ~** (centro metropolitano) (ed. - ecc.), Ballungszentrum (n.). **7 densità di ~** (stat.), Volksdichte (f.), Wohndichte (f.). **8 densità di ~** (popolazione relativa; numero degli abitanti per ettaro in una zona residenziale) (ed.), Besiedlungsdichte (f.). **9 territorio con forte densità di ~** (territorio superaffollato) (stat. - ecc.), Ballungsgebiet (n.).
poppa (di una nave) (nav.), Heck (n.). **2 ~ a quadro** (poppa a specchio, poppa piatta, di una barca) (nav.), flaches Heck, Spiegelheck (n.). **3 ~ a specchio** (poppa piatta, poppa a quadro, di una barca) (nav.), flaches Heck, Spiegelheck (n.). **4 ~ piatta** (poppa a specchio, poppa a quadro, di una barca) (nav.), flaches Heck, Spiegelheck (n.). **5 ~ quadra** (poppa a specchio) (nav.), flaches Heck, Spiegelheck (n.). **6 ~ tipo incrociatore** (costr. nav.), Kreuzerheck (n.). **7 ~ tonda** (costr. nav.), Rundheck (n.). **8 a ~** (nav.), achteraus, achtern. **9 forno di ~** (nav.), Gilling (f.), Gillung (f.), Gillungsheck (n.). **10 massiccio di ~** (costr. nav.), Totholz (n.). **11 onda di ~** (nav.), Heckwelle (f.).
poppavia, a ~ (nav.), heckwärts.
poppiero (a. - nav.), Achter... **2 ~** (dritto di poppa) (s. - costr. nav.), Achtersteven (m.).
porcellana (ceramica), Porzellan (n.). **2 ~ dura** (porcellana naturale) (ceramica), hartes Porzellan, Hartporzellan (n.). **3 ~ inglese** (porcellana tenera, semiporcellana) (ceramica), englisches Porzellan, Weichporzellan (n.). **4 ~ naturale** (porcellana dura) (ceramica), hartes Porzellan, Hartporzellan (n.). **5 ~ opaca** (terraglia forte) (ceramica), Hartsteingut (n.), Feldspatsteingut (n.). **6 ~ tenera** (porcellana inglese, semiporcellana) (ceramica), englisches Porzellan, Weichporzellan (n.). **7 ~ tecnica** (per isolatori) (elett.), Elektroporzellan (m.).
porcospino (apritoio, tamburo a denti) (macch. tess.), Igel (m.).
porfido (min. - geol.), Porphyr (m.). **2 ~**

melafirico (*ed. - min.*), Melaphyrporphyr (*m.*).

poro (*gen.*), Pore (*f.*). **2 acqua contenuta nei pori** (d'un terreno) (*ed.*), Porenwasser (*n.*). **3 conduttività di pori** (conduttività di semiconduttori porosi) (*elettronica*), Porenleitfähigkeit (*f.*). **4 esente da cricche e da pori** (lamiere p. es.) (*metall. - ind.*), riss- und porenfrei, RP. **5 percentuale dei pori** (in un terreno p. es.) (*ing. civ. - ecc.*), Porengehalt (*m.*).

porosità (*gen.*), Porosität (*f.*). **2 ~ reale** (dei materiali da costruzione p. es.) (*ed. - ecc.*), Gesamtporosität (*f.*), wahre Porosität. **3 prova di ~** (d'una vernice) (*vn.*), Porenprüfung (*f.*).

poroso (*gen.*), porig, porös. **2 mattone ~** (*mur.*), Porenziegel (*m.*), PMZ.

porpora (*colore*), Purpur (*m.*).

porporina (*lega*), Goldbronze (*f.*), Goldschaummetall (*n.*).

porre (mettere, condizioni p. es.) (*gen.*), aufstellen.

porta (vano porta, apertura in una parete) (*ed.*), Türöffnung (*f.*). **2 ~** (serramento applicato al vano porta) (*ed. - ecc.*), Tür (*f.*). **3 ~** (portiera, di un'autovettura p. es.) (*aut.*), Tür (*f.*). **4 ~** (commutatore elettronico, d'un tiristore p. es.) (*elettronica*), Tor (*n.*). **5 ~** (elemento logico, circuito logico) (*elab. dati*), Gatter (*n.*). **6 ~** (di città) (*strad. - ecc.*), Tor (*n.*), Stadttor (*n.*). **7 ~** (bocca, apertura, di un forno) (*metall. - fond.*), Schwalch (*m.*), Tür (*f.*). **8 ~** (portone) (*arch. - ed.*), Tor (*n.*). **9 ~** (nel gioco del calcio p. es.) (*sport*), Tor (*n.*). **10 ~ a battenti** (*ed.*), Schlagtür (*f.*), Drehflügeltür (*f.*). **11 ~ « a calci »** (porta a vento, porta apribile nei due sensi) (*ed.*), Schwenktür (*f.*). Pendeltür (*f.*). **12 ~ ad arco** (*ed.*), Bogentür (*f.*). **13 ~ a due battenti** (*ed.*), Flügeltür (*f.*), zweiflügelige Tür. **14 ~ a due pannelli** (porta a due specchiature) (*ed.*), Zweifüllungstür (*f.*). **15 ~ ad un battente** (*ed. - falegn.*), einflügelige Tür. **16 ~ a fisarmonica** (*ed.*), Harmonikatür (*f.*), Schèrengittertür (*f.*). **17 ~ a libro** (portone a libro, di un hangar p. es.) (*ed.*), Harmonikator (*f.*), Falttor (*n.*). **18 ~ a muro** (*ed.*), Tapetentür (*f.*). **19 ~ AND** (elemento AND, circuito logico AND) (*elab. dati*), UND-Gatter (*n.*), UND-Schaltung (*f.*). **20 ~ antincendio** (*ed.*), feuersicher Tür. **21 ~ apribile nei due sensi** (porta a vento, porta a « calci ») (*ed.*), Schwenktür (*f.*), Pendeltür (*f.*). **22 ~ automatica di uscita a ripiegamento** (comandata a distanza, di un tramvai p. es.) (*veic.*), Ausstiegfalttür (*f.*). **23 ~ automatica di uscita a scorrimento** (comandata a distanza, di un tramvai p. es.) (*veic.*), Ausstiegschiebetür (*f.*). **24 ~ a vento** (porta « a calci », porta apribile nei due sensi) (*ed.*), Schwenktür (*f.*), Pendeltür (*f.*). **25 ~ a vetri** (*ed. - falegn.*), verglaste Tür. **26 ~ cieca** (*ed.*), blinde Tür. **27 ~ della chiusa** (*nav. - navig.*), Schleusentor (*n.*). **28 ~ con apertura a libro** (*ed.*), Doppelfalttür (*f.*). **29 ~ di carico** (di un forno) (*metall. - forno*), Einsetztür (*f.*). **30 ~ di lavaggio** (per tubazioni, attraverso la quale s'immette repentinamente il fluido allo scopo di pulirle) (*idr.*), Spültür (*f.*). **31 ~ d'ingresso** (ingresso) (*ed.*), Hauseingang (*m.*), Hauseinfahrt (*f.*), Eingangstür (*f.*). **32 ~ d'intercomunicazione** (*ed. - ecc.*), Verbindungstür (*f.*). **33 ~ di scarico a cerniera** (porta per sfornare, di un forno p. es.) (*fond.*), Bodenklappe (*f.*). **34 ~ di ventilazione** (chiusa di ventilazione) (*min.*), Wettertür (*f.*), Wetterschleuse (*f.*). **35 ~ doppia** (*ed.*), Doppeltür (*f.*). **36 ~ elastica** (di gomma p. es., aperta a spinta dai veicoli per trasporti interni p. es.) (*ind.*), Pendeltür (*f.*). **37 ~ girevole** (*ed.*), Drehtür (*f.*). **38 ~ imbottita** (*ed.*), Polstertür (*f.*). **39 ~ interna** (di abitazioni, uffici, ecc.) (*ed.*), Zimmertür (*f.*). **40 ~ OR** (elemento OR, circuito OR) (*elab. dati*), ODER-Gatter (*n.*). **41 ~ per sfornare a cerniera** (porta di scarico, di un forno) (*fond.*), Bodenklappe (*f.*). **42 ~ scorrevole** (porta a battenti scorrevoli) (*ed.*), Schiebetür (*n.*). **43 ~ scorrevole** (portone scorrevole) (*ed.*), Schiebetor (*n.*). **44 a due porte** (a due portiere) (*aut. - ecc.*), zweitürig. **45 a quattro porte** (a quattro portiere) (*aut. - ecc.*), viertürig. **46 battente della ~** (*ed.*), Türflügel (*m.*). **47 chiassile della ~** (telaio della porta) (*ed.*), Türzarge (*f.*), Türstock (*m.*). **48 circuito ~** (circuito di sblocco periodico, di un tiristore p. es.) (*elettronica*), Torschaltung (*f.*). **49 contatto sulla ~** (*aut. - elett.*), Türkontakt (*m.*). **50 dispositivo di arresto apertura ~** (*veic.*), Türgurt (*m.*), Türhalter (*m.*). **51 doppia ~** (*ed.*), Doppeltür (*f.*). **52 finta ~** (*ed.*), Blendtür (*f.*). **53 guarnizione della ~** (*aut. - ecc.*), Türdichtung (*f.*). **54 impulso di ~** (impulso di comando) (*elettronica*), Torimpuls (*m.*). **55 maniglia della ~** (*ed. - falegn. - ecc.*), Türdrücker (*m.*). **56 soglia della ~** (*ed. - ecc.*), Türschwelle (*f.*). **57 stipite della ~** (*ed.*), Türpfosten (*m.*). **58 telaio della ~** (*ed.*), Türrahmen (*m.*). **59 telaio della ~** (chiassile della porta) (*ed.*), Türzarge (*f.*), Türstock (*m.*). **60 tensione di ~** (tensione di comando, d'un tiristore p. es.) (*elettronica*), Torspannung (*f.*). **61 terminale di ~** (terminale di comando) (*elettronica*), Toranschluss (*m.*), Steueranschluss (*m.*). **62 vano ~** (apertura nella parete) (*ed.*), Türöffnung (*f.*).

portabagagli (di un veicolo) (*aut. - ecc.*), Kofferträger (*m.*), Gepäckträger (*m.*). **2 ~** (facchino) (*lav.*), Gepäckträger (*m.*), Ladeschaffner (*m.*).

portablocchetti (per calibri a blocchetto) (*mecc.*), Endmasshalter (*m.*).

portabobina (*ind. carta*), Rollenständer (*m.*). **2 capsula ~** (d'una macchina per cucire) (*macch.*), Spulenkapsel (*f.*).

portacavi (catena portacavi, per i vari collegamenti a macchine ecc.) (*ind.*), Schleppkabel (*n.*).

portacavo (*elett.*), Kabelsprosse (*f.*).

portacenere (*att.*), Aschenbecher (*m.*). **2 ~ da cruscotto** (*aut.*), Autoascher (*m.*). **3 ~ per auto** (*aut.*), Autoascher (*m.*).

portaceppi (del freno) (*veic.*), Bremsbackenhalter (*m.*).

portachiatte (nave portachiatte) (*trasp. nav.*), Leichter-Trägerschiff (*n.*), Lash-Trägerschiff (*n.*).

portaelettrodi

portaelettrodi (di carbone, d'una lampada ad arco) (*elett.*), Kohlenhalter (*m.*).
portaelettrodo (*elett.*), Elektrodenhalter (*m.*).
portaerei (nave portaerei) (*aer. - mar. milit.*), Flugzeugträger (*m.*), Träger (*m.*).
portaferiti (*milit.*), Krankenträger (*m.*).
portafiliera (girafiliera) (*ut.*), Kluppe (*f.*), Schneidkluppe (*f.*), Gewindeschneidkluppe (*f.*), Schneideisenhalter (*m.*).
portafoglio (portacarte ecc.), Brieftasche (*f.*). 2 ~ (esistenza, di titoli p. es.) (*comm.*), Bestand (*m.*), Stand (*m.*). 3 ~ **cambiario** (*finanz.*), Wechselbestand (*m.*). 4 ~ **ordini** (*comm.*), Auftragsbestand (*m.*), unerledigte Aufträge. 5 ~ **titoli** (*finanz.*), Wertpapierbestand (*m.*), Effektenbestand (*m.*). 6 **investimenti di** ~ (*finanz.*), Portfolioinvestitionen (*f. pl.*).
portafresa (*macch. ut.*), Fräserhalter (*m.*). 2 **unità con** ~ **a cannotto** (d'una linea a trasferimento) (*macch. ut.*), Pinolenfräsereinheit (*f.*).
portafusi (portamandrini, d'un trapano a più mandrini) (*macch. ut.*), Spindelträger (*m.*).
portafusibili (*elett.*), Sicherungshalter (*m.*), Sicherungssockel (*m.*).
portagetto (di un carburatore) (*mot.*), Düsenträger (*m.*).
portainiettore (*mot. Diesel*), Düsenhalter (*m.*).
portalampada (*elett.*), Lampenfassung (*f.*), Fassung (*f.*). 2 ~ **a baionetta** (*elett.*), Bajonettfassung (*f.*). 3 ~ **a vite** (*app. elett.*), Schraubfassung (*f.*). 4 ~ **a vite (con attacco) Edison** (portalampada tipo Edison) (*elett.*), Edisonfassung (*f.*). 5 ~ **con attacco a baionetta** (*elett.*), Bajonettfassung (*f.*). 6 ~ **Edison** (*elett.*), Edisonfassung (*f.*). 7 ~ **Mignon** (*elett.*), Mignonfassung (*f.*).
portale (*ed. - arch.*), Portal (*n.*). 2 ~ (pali accoppiati) (*elett.*), Portalmast (*m.*). 3 **carro a** ~ (carro merci) (*ferr.*), Portalwagen (*m.*).
portalettere (postino) (*lav.*), Briefbote (*m.*), Briefträger (*m.*), Postbote (*m.*).
portamandrini (portafusi, d'un trapano a più fusi) (*macch. ut.*), Spindelträger (*m.*).
portamatrici (piastrone portamatrici, di fucinatrici orizzontali) (*macch.*), Backe (*f.*), Klemmbacke (*f.*). 2 ~ **fisso** (piastrone portamatrici, d'una fucinatrice) (*macch.*), feste Backe, feste Klemmbacke. 3 ~ **mobile** (piastrone portamatrici d'una fucinatrice) (*macch.*), bewegliche Backe, bewegliche Klemmbacke.
portamazze (giuoco del golf), Caddie (*m.*), Caddy (*m.*), Schlägerträger (*m.*).
portante (parete p. es.) (*a. - ed. - ecc.*), tragend, lasttragend. 2 ~ (resistente, rivestimento p. es.) (*aer.*), mittragend. 3 ~ (frequenza, ecc.) (*s. - radio, telev.*), Träger (*n.*). 4 ~ **audio** (*telev.*), Tonträger (*m.*). 5 ~ **di segnale cromatico** (*telev.*), Farbträger (*m.*). 6 ~ **secondaria** (sottoportante) (*telev.*), Sekundärträger (*m.*). 7 **comandato da** ~ (*radio - ecc.*), trägergesteuert. 8 **fascio direttivo a frequenza** ~ (*elettronica*), Trägerfrequenzrichtsträhl (*m.*), TFR. 9 **frazione** ~ **del profilo** (nella misurazione della rugosità di superfici tecniche) (*mecc.*), Profiltraganteil (*m.*). 10 **metodo della** ~ **differenziale** (*telev.*), Differenzträgerverfahren (*n.*). 11 **non** ~ (*ed.*), nichttragend. 12 **telefonia a frequenza** ~ (*telef.*), Trägerfrequenzfernsprechen (*n.*). 13 **tensione** ~ (*elett.*), Trägerspannung (*f.*).
portanza (spinta dinamica su un aereo) (*aer.*), Auftrieb (*m.*). 2 ~ (effetto portante su un veicolo ad elevata velocità) (*aut.*), Auftrieb (*m.*). 3 ~ (superficie portante, di una superficie tecnica, nella misurazione della rugosità p. es.) (*mecc.*), tragende Fläche, Tragfläche (*f.*). 4 ~ (contatto, superficie di lavoro, di ingranaggi p. es., per il controllo del contatto dei denti) (*mecc.*), Tragfläche (*f.*), Tragen (*n.*), Tragbild (*n.*). 5 ~ (tra i denti di ingranaggi) (*mecc.*), *vedi anche sotto* contatto. 6 ~ **aerodinamica** (*aer.*), aerodynamischer Auftrieb. 7 ~ **angolare** (dei denti d'ingranaggi, contatto ad angolo) (*mecc.*), Verkanten (*n.*). 8 ~ **di fondo** (dei denti d'ingranaggi; portata di fondo, contatto di fondo) (*mecc.*), Fusstragen (*n.*). 9 ~ **dinamica** (sostentazione dinamica) (*aer.*), dynamischer Auftrieb. 10 ~ **nulla** (*aer.*), Nullauftrieb (*m.*). 11 ~ **sugli spigoli** (contatto sugli spigoli d'ingranaggi) (*mecc.*), Kantentragen (*n.*). 12 ~ **totale** (di un aeromobile) (*aer.*), Gesamtauftrieb (*m.*). 13 **asse di** ~ (*aer.*), Auftriebsachse (*f.*). 14 **coefficiente di** ~ (*aer.*), Auftriebskoeffizient (*m.*), Auftriebszahl (*f.*). 15 **controllo della** ~ (controllo della superficie di lavoro) (*mecc.*), Tragbildkontrolle (*f.*). 16 **fattore di** ~ (frazione portante, per la determinazione del grado di finitura di una superficie tecnica) (*mecc.*), Traganteil (*m.*), Flächentraganteil (*m.*). 17 **perdita di** ~ (*aer.*), Auftriebsverlust (*m.*). 18 **perdita di** ~ (stallo) (*aer.*), Sackflug (*m.*), Sackzustand (*m.*). 19 **prova della** ~ (prova della superficie di lavoro) (*mecc.*), Tragbildversuch (*m.*). 20 **resistenza di** ~ **nulla** (d'un profilo alare) (*aer.*), Nullwiderstand (*m.*).
portaobiettivo (*ott.*), Objektivhalter (*m.*), Objektträger (*m.*).
portaoggetti (mobiletto portaoggetti centrale) (*aut.*), Konsole (*f.*). 2 ~ **sul tunnel** (trasmissione) (*aut.*), Tunnelkonsole (*f.*). 3 **mobiletto** ~ (centrale) (*aut.*), Konsole (*f.*).
portaoggetto (del microscopio) (*ott.*), Gegenstandsträger (*m.*), Objektträger (*m.*).
portaordini (*milit.*), Meldeläufer (*m.*), Meldegänger (*m.*).
portapacchi (di una motocicletta p. es.) (*veic.*), Gepäckträger (*m.*), Gepäckhalter (*m.*).
portapolverizzatore (supporto del polverizzatore, di un mot. Diesel) (*mot.*), Düsenhalter (*m.*), Düsenstock (*m.*).
portaprovette (*att. chim.*), Reagensglasgestell (*n.*).
portapunta (mandrino portapunta da trapano) (*ut.*), Bohrerhalter (*m.*).
portapezzo (piattaforma portapezzo, p. es. di un tornio ecc.) (*macch. ut.*), Futter (*n.*), Spannfutter (*n.*). 2 ~ **per lappatura** (*macch. ut.*), Läppkäfig (*m.*). 3 **testa** ~ (*macch. ut.*), Aufspannkopf (*m.*).
portare (*gen.*), bringen. 2 ~ (supportare) (*gen.*), tragen. 3 ~ (*ed.*), tragen, stützen. 4 ~ **a buon fine** (*gen.*), zum Abschluss bringen, zur Ausführung bringen. 5 ~ **a**

compimento (*gen.*), zum Abschluss bringen. **6** ~ **a regime** (stabilizzare) (*strum. - ecc.*), einspielen. **7** ~ **a termine** (*gen.*), vollbringen, zu Ende tragen, ausführen. **8** ~ **a termine** (perfezionare) (*gen.*), zur Vollendung bringen, vollenden. **9** ~ **a termine** (una costruzione) (*ed. - ecc.*), ausbauen, zu Ende bauen. **10** ~ **in posizione** (posizionare) (*mecc. - ecc.*), positionieren. **11** ~ **in posizione** (una leva) (*macch.*), einschwingen. **12** ~ **in posizione di lavoro** (la tavola di una macch. ut. p. es.) (*mecc. - macch. ut.*), einschwenken.

portasatelliti (di un riduttore epicicloidale p. es.) (*mecc.*), Planetenträger (*m.*), Satellitenträger (*m.*). **2** ~ (portatreno di un rotismo epicicloidale) (*mecc.*), Umlaufsteg (*m.*). **3** ~ **del differenziale** (*aut.*), Differentialstern (*m.*), Differentialkreuz (*n.*). **4 assi** (del differenziale) (*aut.*), Trabantenachsen (*f. pl.*).

portasci (sul tetto di una autovettura p. es.) (*aut.*), Skiträger (*m.*).

portaspazzole (*macch. elett.*), Bürstenhalter (*m.*).

portastampo (di uno stampo per pressofusione) (*fond.*), Formrahmen (*m.*). **2 banchina portastampi** (di un maglio) (*macch. fucinatura*), Schabotte-Einsatz (*m.*). **3 piastra portastampi** (di una pressa) (*macch.*), Aufspannplatte (*f.*), Auflagerplatte (*f.*).

portata (volume d'acqua p. es. che attraversa una sezione al secondo) (*idr. - mecc. dei fluidi*), Durchfluss (*m.*), Durchsatz (*m.*). **2** ~ (mandata, di una pompa) (*macch.*), Förderleistung (*f.*), Fördermenge (*f.*), Leistung (*f.*), Liefermenge (*f.*), Förderstrom (*m.*). **3** ~ (d'una pompa, quantità erogata con una data pressione d'aspirazione) (*macch.*) Saugleistung (*f.*). **4** ~ (d'acqua, per una turbina) (*idr.*), Wasserstrom (*m.*), Durchfluss (*m.*). **5** ~ (d'una pompa per vuoto, velocità d'aspirazione) (*macch.*), Saugvermögen (*n.*), Sauggeschwindigkeit (*f.*). **6** ~ (assorbita, d'un motore idraulico) (*oleoidr.*), Schluckmenge (*f.*). **7** ~ (di una struttura) (*ed. - sc. costr.*), Tragfähigkeit (*f.*), Belastbarkeit (*f.*), Belastungsfähigkeit (*f.*). **8** ~ (di un ponte) (*ind. civ.*), Tragfähigkeit (*f.*), Belastbarkeit (*f.*). **9** ~ (superficie di contatto, del fianco di un dente p. es.) (*mecc.*), Tragfläche (*f.*), Tragbild (*n.*), Tragen (*n.*). **10** ~ (portata di calettamento, dell'assile) (*ferr.*), Achssitz (*m.*). **11** ~ (zona supportata, d'un albero p. es.) (*mecc.*), Laufstelle (*f.*). **12** ~ (di un filtro) (*mot. - ecc.*), Durchfluss (*m.*). **13** ~ (di un veicolo) (*veic. - trasp.*), Tragfähigkeit (*f.*), Ladefähigkeit (*f.*). **14** ~ (di una nave) (*costr. nav.*), Tragfähigkeit (*f.*), Deadweight (*n.*), Zuladung (*f.*). **15** ~ (di una gru) (*macch. ind.*), Tragkraft (*f.*), Tragfähigkeit (*f.*), Leistung (*f.*). **16** ~ (amperaggio convogliabile, da un conduttore) (*elett.*), Stromfestigkeit (*f.*). **17** ~ (valore di fondo scala di uno strumento) (*strum.*), Messendwert (*m.*). **18** ~ (di un trasportatore) (*macch. ind.*), Förderleistung (*f.*). **19** ~ (di un trasmettitore) (*radar - radio*), Reichweite (*f.*). **20** ~ (di un proiettore) (*aut.*), Reichweite (*f.*). **21** ~ (di un faro) (*ott. - illum.*), Sichtweite (*f.*), Tragweite (*f.*). **22** ~ (gittata di arma da fuoco p. es.) (*arma da fuoco*), Bereich (*m.*), Schussweite (*f.*). **23** ~ **all'estremità** (del dente, di un ingranaggio; contatto all'estremità) (*mecc.*), Eckentragbild (*n.*). **24** ~ **all'estremità esterna del dente** (di un ingranaggio; contatto all'estremità esterna del dente) (*mecc.*), Tragbild aussen am Zahn. **25** ~ **all'estremità interna del dente** (di un ingranaggio; contatto all'estremità interna del dente) (*mecc.*), Tragbild innen am Zahn. **26** ~ **alta** (contatto alto, tra i denti di un ingranaggio) (*mecc.*), Kopftragbild (*n.*), Tragbild am Zahnkopf. **27** ~ **aspirata** (di un compressore) (*macch.*), Ansaugmenge (*f.*). **28** ~ **bassa** (contatto basso, tra i denti di un ingranaggio) (*mecc.*), Fusstragbild (*n.*), Tragbild am Zahnfuss. **29** ~ **d'acqua** (*idr.*), Wassermenge (*f.*). **30** ~ **d'albero** (zona supportata) (*mecc.*), Laufstelle (*f.*). **31** ~ **di anima** (*fond.*), Kernlager (*n.*), Kernauge (*n.*). **32** ~ **d'aria** (d'un ventilatore) (*macch.*), Luftförderung (*f.*). **33** ~ **d'aria di raffreddamento** (*mot.*), Kühlluftdurchsatz (*m.*). **34** ~ **del contatore** (*app. elett.*), Zählerkapazität (*f.*). **35** ~ **della sorgente** (*geol.*), Quellschüttung (*f.*). **36** ~ **dell'autotelaio** (*aut.*), Fahrgestelltragfähigkeit (*f.*). **37** ~ **del pozzo** (*idr.*), Brunnenergiebiegkeit (*f.*), Schüttung (*f.*). **38** ~ **del trasmettitore** (*radio*), Senderbereich (*m.*). **39** ~ **derivabile** (da un serbatoio in un determinato periodo) (*idr. - elett.*), Abarbeitung (*f.*). **40** ~ **di acqua di raffreddamento** (*mot.*), Kühlwasserdurchsatz (*m.*). **41** ~ **di carica** (carica nell'unità di tempo, di un mot. a c. i.) (*mot.*), Ladungsdurchsatz (*m.*). **42** ~ **di fondo** (dei denti di ingranaggi; portanza di fondo, contatto di fondo, portata bassa) (*mecc.*), Fusstragen (*n.*). **43** ~ **di magra** (deflusso di magra) (*idr.*), Niedrigwasserabfluss (*m.*). **44** ~ **di piena** (*idr. - costr. idr.*), Hochwassermenge (*f.*). **45** ~ **di progetto** (d'una centrale idroelettrica) (*elett.*), Ausbaudurchfluss (*m.*). **46** ~ **di spinotto** (*mot.*), Kolbenbolzenauge (*n.*). **47** ~ **di vento** (forno - metall.), Winddurchsatz (*m.*). **48** ~ **geografica** (di un faro p. es.) (*ott. - illum.*), geographische Sichtweite, geodätische Sichtweite. **49** ~ **impostata** (portata per la quale un regolatore del gas p. es. viene regolato) (*ind. chim. - ecc.*), Einstelldurchfluss (*m.*). **50** ~ **iniettore** (quantità iniettata) (*mot.*), Einspritzmenge (*f.*). **51** ~ **in peso** (*idr. - ecc.*), Gewichtsdurchfluss (*m.*). **52** ~ **in volume** (m³/h p. es.) (*idr.*), Volumendurchfluss (*m.*). **53** ~ **massica** (di una particella) (*fis. atom.*), Reichweite (eines Teilchens). **54** ~ **massima di progetto** (di una centrale idroelettrica) (*idr.*), Ausbauzufluss (*m.*). **55** ~ **massima di un pozzo** (*idr.*), Brunnenleistung (*f.*), Fassungsvermögen (*n.*). **56** ~ **nominale** (di una pompa) (*macch. idr.*), Nennförderstrom (*m.*). **57** ~ **nominale** (di un autocarro) (*aut.*), Nenn-Nutzlast (*f.*). **58** ~ **oltre orizzonte ottico** (d'un trasmettitore) (*radar*), Überreichweite (*f.*). **59** ~ **ottica** (di un trasmettitore) (*telev.*), optische Reichweite. **60 a** ~ **di mano** (*gen.*), bei der Hand. **61 con** ~ **sull'intera lunghezza** (dente, con contatto sull'intera lunghezza) (*mecc.*), volltragend.

portatile

62 di grande ~ (proiettore p. es.) (*gen.*), weitreichend. **63 indicatore di** ~ (flussometro, misuratore di portata) (*strum.*), Durchflussmessapparat (*m.*), Durchflussanzeiger (*m.*). **64 misuratore di** ~ (*strum.*), Durchflussmessapparat (*m.*), Durchflussanzeiger (*m.*). **65 misuratore di** ~ **a strozzamento** (flussometro a strozzamento) (*app.*), Drosselmessgerät (*n.*), Drosselgerät für Durchflussmessung. **66 pompa a** ~ **variabile** (pompa idraulica) (*oleoidr.*), Verstellpumpe (*f.*). **67 pompa-motore a** ~ **variabile** (*oleoidr.*), Verstellpumpe-Motor (*m.*). **68 regolatore di** ~ (*app.*), Durchflussregler (*m.*), Mengenregler (*m.*). **69 riduzione termica di** ~ (nella postcombustione) (*mot.*), thermische Verstopfung. **70 stramazzo per misure di** ~ **a parete sottile** (*idr.*), scharfkantiges Messwehr. **71 teleindicatore di** ~ (*app. - idr. - ecc.*), Fernmengenmesser (*m.*). **72 trasduttore di** ~ (*app.*), Durchflussgeber (*m.*). **73 valvola antiritorno con regolazione della** ~ (valvola monodirezionale regolatrice della portata, valvola combinata di strozzamento ed antiritorno) (*idr.*), Drosselrückschlagventil (*n.*).
portatile (trasportabile) (*a. - gen.*), tragbar. **2** ~ (mobile) (*a. - macch. - ecc.*), ortsbeweglich. **3** ~ (macchina per scrivere portatile) (*s. - macch. per uff.*), Reiseschreibmaschine (*f.*). **4 macchina per scrivere** ~ («portatile») (*macch. per uff.*), Reiseschreibmaschine (*f.*).
portatimbri (*uff.*), Stempelständer (*m.*).
portatore (latore) (*gen.*), Bringer (*m.*), Überbringer (*m.*). **2** ~ (*finanz.*), Träger (*m.*), Überbringer (*m.*). **3** ~ (vettore) (*fis. atom. radioatt. - ecc.*), Träger (*m.*). **4** ~ **di carica** (elemento portante) (*elett.*), Ladungsträger (*m.*), Träger (*m.*). **5** ~ **maggioritario** (supporto maggioritario) (*elettronica*), Majoritätsträger (*m.*), Mehrheitsträger (*m.*). **6 accumulo di portatori di carica** (*elettronica*), Trägerspeicherung (*f.*). **7 concentrazione dei portatori** (di carica, nei semiconduttori) (*elettronica*), Trägerkonzentration (*f.*). **8 effetto di accumulo di portatori** (di carica, nei tiristori) (*elettronica*), Trägerspeichereffekt (*m.*), TSE. **9 valanga dei portatori di carica** (nei semiconduttori) (*elettronica*), Trägerlawine (*f.*).
portatreno (portasatelliti, di un ruotismo epicicloidale) (*mecc.*), Umlaufsteg (*m.*).
portautensili (*lav. macch. ut.*), Werkzeughalter (*m.*), Werkzeugspanner (*m.*). **2** ~ **a cerniera** (*macch. ut.*), Meisselklappe (*f.*), Klappenträger (*m.*), klappbarer Werkzeughalter. **3** ~ **a stazioni** (*macch. ut.*), Indexstahlhalter (*m.*). **4** ~ **a torretta** (torretta portautensili) (*macch. ut.*), Revolverkopf (*m.*). **5** ~ **composito** (per tornitura) (*ut.*), Aufbaustahlhalter (*m.*). **6** ~ **con pinza di serraggio** (attrezzo portautensili con pinza di serraggio) (*ut.*), Werkzeugaufnahme mit Spannzange. **7** ~ **da tornio** (*macch. ut.*), Drehstahlhalter (*m.*). **8** ~ **multiplo** (*macch. ut.*), Mehrfachstahlhalter (*m.*), Vielstahlhalter (*m.*). **9** ~ **orientabile** (*macch. ut.*), Schwenkstahlhalter (*m.*). **10** ~ **per utensili a manicotto** (*ut.*), Aufsteckdorn (*m.*), Aufsteckhalter (*m.*). **11** ~ **vibrante** (*macch. ut.*), Schwingstahlhalter (*m.*). **12** **bussola** ~ (per trapani plurimandrino) (*ut.*), Stellhülse (*f.*). **13 carrello** ~ (*macch. ut.*), Werkzeugschlitten (*m.*). **14 mandrino** ~ (fuso portautensili) (*macch. ut.*), Werkzeugspindel (*f.*).
portavalvola (*elettronica*), Röhrenfassung (*f.*).
portavento (di un altoforno) (*metall.*), Düsenstock (*m.*), Düsenspitze (*f.*), Windstock (*m.*).
portavoce del governo (*pers.*), Regierungssprecher (*m.*).
portellino (di murata, oblò) (*nav.*), Bullauge (*n.*), Ochsenauge (*n.*), Seitenluke (*f.*). **2** ~ **di chiara visione** (*nav.*), Klarsichtscheibe (*f.*).
portello (*gen.*), Tür (*f.*), Deckel (*m.*), Abdeckplatte (*f.*). **2** ~ **(d'ispezione)** (*cald.*), Abdeckplatte (*f.*). **3** ~ (ricavato in un portone) (*ed.*), Durchlass (*m.*). **4** ~ **del focolare** (portello del focolaio) (*forno - cald.*), Feuertür (*f.*), Brandtür (*f.*). **5** ~ **di boccaporto** (*nav.*), Lukendeckel (*m.*). **6** ~ **di carica** (*forno*), Einsatztür (*f.*), Fülloch (*n.*).
portellone (per carico merci, di un velivolo) (*aer.*), Ladeluke (*f.*). **2** ~ **di prua** (prua apribile) (*nav. - aer.*), Bugpforte (*f.*), Bugklappe (*f.*).
porticato (*arch.*), Bogengang (*m.*), Arkade (*f.*).
portico (*arch.*), Portikus (*m.*), Säulengang (*f.*). **2** ~ (corridoio aperto da una parte) (*arch.*), Galerie (*f.*).
portiera (porta, di un'autovettura) (*aut.*), Tür (*f.*). **2** ~ **anteriore** (*aut.*), Vordertür (*f.*), Fahrertür (*f.*). **3** ~ **incernierata anteriormente** (*aut.*), hinten angeschlagene Tür. **4** ~ **incernierata posteriormente** (*aut.*), vorn angeschlagene Tür. **5** ~ **posteriore** (*aut.*), Fondtür (*f.*). **6** ~ **sollevabile** (di una vettura da corsa) (*aut.*), Verdecktür (*f.*). **7 interruttore luce azionato dall'apertura della** ~ (*veic. - aut.*), Türlichtschalter (*m.*). **8 maniglia della** ~ (*aut. - ecc.*), Türgriff (*m.*). **9 tasca sulla** ~ (*aut.*), Türtasche (*f.*).
portiere (*lav.*), Portier (*m.*), Pförtner (*m.*), Türsteher (*m.*). **2** ~ (guardiano, di uno stabilimento p. es.) (*lav.*), Pförtner (*m.*). **3** ~ (di calcio p. es.) (*sport*), Torwart (*m.*), Torhüter (*m.*).
portineria (di una casa civile) (*ed.*), Pförtnerstube (*f.*). **2** ~ (di uno stabilimento) (*ind.*), Pförtnerhaus (*n.*). **3 citofono da** ~ (*telef.*), Torsprechstelle (*f.*).
Portland, cemento ~ (*mur.*), Portlandzement (*m.*).
porto (*nav. - geogr.*), Hafen (*m.*). **2** ~ (nolo, prezzo del trasporto) (*trasp. - comm.*), Porto (*n.*), Zustellgebühr (*f.*). **3** ~ **a livello quasi costante** (porto chiuso, porto con chiusa) (*nav.*), Schleusenhafen (*m.*), Dockhafen (*m.*). **4** ~ **a marea** (*nav.*), Tidehafen (*m.*), Fluthafen (*m.*). **5** ~ **aperto** (porto di marea p. es.) (*nav.*), offener Hafen. **6** ~ **artificiale** (*nav.*), künstlicher Hafen. **7** ~ **chiuso** (porto con chiusa, porto a livello quasi costante) (*nav.*), Schleusenhafen (*m.*), Dockhafen (*m.*). **8** ~ **commerciale** (porto di commercio) (*nav.*), Handelshafen (*m.*). **9** ~ **con chiusa** (porto chiuso, porto a livello quasi costante) (*nav.*), Schleusenhafen (*m.*), Dockhafen (*m.*). **10** ~ **di carbonamento** (porto di rifornimento del carbone) (*nav.*), Kohlenstation (*f.*).

11 ~ di commercio (porto commerciale) (*nav.*), Handelshafen (*m.*). 12 ~ di destinazione (*trasp.*), Bestimmungshafen (*m.*). 13 ~ di imbarco (*trasp.*), Abgangshafen (*m.*). 14 ~ di mare (porto marittimo) (*nav.*), Seehafen (*m.*). 15 ~ di marea (porto a marea) (*nav.*), Tidehafen (*m.*), Fluthafen (*m.*). 16 ~ d'immatricolazione (porto di registrazione, di una nave) (*nav.*), Registerhafen (*m.*), Heimathafen (*m.*). 17 ~ di rifornimento del carbone (porto di carbonamento) (*nav.*), Kohlenstation (*f.*). 18 ~ di rifugio (*nav.*), Nothafen (*m.*), Schutzhafen (*m.*). 19 ~ di scalo (*trasp.*), Anlaufhafen (*m.*), Anlegehafen (*m.*). 20 ~ di trasbordo (delle merci) (*nav. - comm.*), Umschlaghafen (*m.*). 21 ~ fluviale (*nav.*), Flusshafen (*m.*). 22 ~ franco (*comm.*), Freihafen (*m.*), Zollfreihafen (*m.*). 23 ~ interno (su fiume o canale) (*nav.*), Binnenhafen (*m.*). 24 ~ marittimo (porto di mare) (*nav.*), Seehafen (*m.*). 25 ~ militare (*mar. milit.*), Kriegshafen (*m.*). 26 ~ natante (traghetto a fune sospesa, tipo di traghetto fluviale) (*nav.*), Stromfähre (*f.*). 27 ~ naturale (*nav. - geogr.*), Naturhafen (*m.*). 28 ~ pagato (P.P., p.p.) (*trasp. - comm.*), Porto bezahlt. 29 ~ sicuro (*nav.*), Schutzhafen (*m.*), Sicherheitshafen (*m.*). 30 ~ su canale (porto interno) (*nav.*), Binnenhafen (*m.*). 31 franco di ~ (*comm. - trasp.*), einschliesslich Porto, frachtfrei. 32 in ~ assegnato (con spese di porto a carico del destinatario) (*posta - trasp.*), unfrei, nicht frankiert.

porto-canale (*nav.*), Kanalhafen (*m.*).

portolano (*nav.*), Seehandbuch (*n.*), Küstenhandbuch (*n.*).

portone (*arch. - ed.*), Tor (*n.*). 2 ~ a libro (di avorimessa p. es.) (*ed.*), Falttor (*n.*), Harmonikator (*n.*). 3 ~ a scomparsa (*ed.*), Versenktor (*n.*). 4 ~ a serranda avvolgibile (*ed.*), Rolltor (*n.*). 5 ~ di ingresso (*ed.*), Einfahrtstor (*n.*).

portuale (lavoratore) (*s. - lav.*), Hafenarbeiter (*m.*).

porzione (parte) (*gen.*), Teil (*m.*). 2 ~ filettata (di una vite) (*mecc.*), Gewindeteil (*m.*). 3 ~ non filettata (parte liscia, di una vite) (*mecc.*), gewindloser Teil.

posa (installazione, di tubi, cavi, ecc.) (*elett. - tubaz.*), Verlegung (*f.*), Auslegung (*f.*). 2 ~ (messa in opera, di una macch., impianto, ecc.) (*ed. - ecc.*), Installation (*f.*), Einrichtung (*f.*), Aufstellung (*f.*), Versetzen (*n.*), Legen (*n.*). 3 ~ (dell'armatura) (*ed.*), Verlegung (*f.*). 4 ~ (*ott. - fot.*), Zeitaufnahme (*f.*). 5 ~ a fascio (di conduttori elettrici) (*elett.*), Bündellegung (*f.*). 6 ~ del binario (*ferr.*), Gleisverlegung (*f.*). 7 ~ delle fondazioni (*ed.*), Fundamentierung (*f.*), Gründung (*f.*). 8 ~ delle traversine (*ferr.*), Schwellenverlegung (*f.*). 9 ~ di cavi (*elett.*), Kabelverlegung (*f.*). Kabelauslegung (*f.*), Kabellegung (*f.*). 10 ~ di conduttori in canalizzazione (di plastica p. es., cablaggio canalizzato) (*elett.*), Kanalverdrahtung (*f.*). 11 ~ di tubi (messa in opera di tubi) (*tubaz.*), Rohrverlegung (*f.*), Rohrlegung (*f.*). 12 ~ in opera (messa in opera) (*ed. - ecc.*), Installation (*f.*), Einrichtung (*f.*), Aufstellung (*f.*), Legen (*n.*), Versetzen (*n.*). 13 ~ sotterranea (*elett. - ecc.*), Erdverlegung (*f.*). 14 durata della ~ (*fot. - radioatt.*), Belichtungsdauer (*f.*). 15 profondità di ~ (di un cavo; profondità d'interramento, profondità del cunicolo) (*elett.*), Bettungstiefe (*f.*). 16 teatro di ~ (*cinem.*), Filmatelier (*n.*).

posacavi (nave posacavi) (*nav.*), Kabelleger (*m.*), Kabeldampfer (*m.*).

posacenere (*att.*), Aschenbecher (*m.*).

posamine (nave posamine) (*mar. milit.*), Minenleger (*m.*).

posare (installare, dei tubi, dei cavi ecc.) (*elett. - tubaz.*), verlegen, auslegen, installieren. 2 ~ il ricevitore (riattaccare il ricevitore, riattaccare la cornetta, riagganciare il ricevitore) (*telef.*), den Hörer ablegen. 3 ~ la massicciata (*ferr.*), beschottern. 4 ~ le fondazioni (*ed.*), fundamentieren. 5 ~ un cavo (*elett.*), ein Kabel verlegen.

poscritto (postscriptum, P.S.) (*uff.*), Postskript (*n.*), Nachschrift (*f.*), NS, Postskriptum (*n.*), P.S.

positiva (copia) (*fot.*), Positiv (*n.*), fertiges Lichtbild. 2 copia ~ da noleggio (*cinem.*), Verleihkopie (*f.*), Theaterkopie (*f.*), Massenkopie (*f.*).

positivo (*a. - gen.*), positiv. 2 ~ (*a. - mat. - elett. - ecc.*), positiv, plus. 3 ~ (desmodromico, ad un solo grado di libertà) (*a. - mecc.*), zwangläufig. 4 ~ (pellicola cinematografica positiva) (*s. - cinem.*), Bild-Positiv (*n.*). 5 ~ riproducibile (copia per la preparazione di altri negativi) (*cinem.*), Bild-Dup-Positiv (*n.*). 6 movimento ~ (movimento desmodromico) (*mecc.*), Zwanglauf (*m.*).

positrone (elettrone positivo) (*fis.*), positron (*n.*), positives Elektron.

posizionale (dipendente dalla posizione) (*gen.*), Lagen..., Positions..., Stellen... 2 campo di forza ~ (*fis.*), Lagenkraftfeld (*n.*). 3 notazione ~ (notazione a posizione determinante) (*elab. dati*), Stellenschreibweise (*f.*).

posizionamento (di un pezzo p. es.) (*tecnol. mecc.*), Positionieren (*n.*). 2 ~ («indessamento», «indessaggio») (*lav. macch. ut.*), Indexieren (*n.*). 3 ~ unidirezionale (*lav. macch. ut. c/n*), Schleifefahren (*n.*). 4 ~ punto a punto (*lav. macch. ut. a c/n*), Positionierung (*f.*). 5 a ~ continuo (a comando di posizione continuo) (*lav. macch. ut. c/n*), bahngesteuert. 6 comando di ~ continuo (comando posizionamento di contornatura) (*lav. macch. ut. a c/n*), Bahnsteuerung (*f.*), Kontursteuerung (*f.*). 7 braccio di ~ (d'una memoria) (*calc.*), Zugriffsarm (*m.*). 8 istruzione di ~ (*elett. - ecc.*), Positionierungsbefehl (*m.*). 9 precisione di ~ (nelle macchine utensili a c/n) (*lav. macch. ut. a c/n*), Positioniergenauigkeit (*f.*). 10 ritardo di ~ (errore dovuto alla differenza tra posizione effettiva e nominale) (*macch. ut. c/n*), Schleppfehler (*m.*). 11 tempo di ~ (*lav. macch. ut. c/n*), Positionierungszeit (*f.*), Einfahrzeit (*f.*).

posizionare (*mecc. - ecc.*), positionieren. 2 ~ («indessare») (*lav. macch. ut. - ecc.*), indexieren. 3 ~ (portare in posizione, un pezzo in posizione di lavoro p. es.) (*lav. macch. ut.*), einfahren. 4 ~ (mediante rotazione, portare

posizionatore   in posizione la tavola di una macch. ut. p. es.) (*lav. macch. ut. - ecc.*), einschwenken.

posizionatore (per la saldatura p. es.) (*app.*), Stellwerk (*n.*). **2** ~ **a stazioni** (divisore, apparecchio a dividere) (*app. mecc.*), Indexvorrichtung (*f.*). **3** ~ **dell'ago** (d'una macchina per cucire) (*macch.*), Nadelpositioniereinrichtung (*f.*). **4 tavolo** ~ (posizionatore a tavola rotante, per saldatura) (*app. - tecnol. mecc.*), Schweissdrehtisch (*m.*).

posizione (*gen.*), Lage (*f.*), Stellung (*f.*). **2** ~ (ubicazione, sito) (*gen.*), Standort (*m.*), Ort (*m.*), Lage (*f.*), Stellung (*f.*), Stand (*m.*). **3** ~ (voce, di un elenco p. es.) (*gen.*), Position (*f.*), Posten (*m.*). **4** ~ (sociale, rango) (*gen.*), Stellung (*f.*), Rang (*m.*), Amt (*n.*). **5** ~ (posto, del numero in un sistema decimale) (*mat.*), Stelle (*f.*). **6** ~ (punto) (*nav. - navig.*), Ort (*m.*), Besteck (*n.*), Position (*f.*). **7** ~ (fortificata p. es.) (*milit.*), Stellung (*f.*). **8** ~ **a sedere** (posizione di seduta) (*veic. - ecc.*), Sitzlage (*f.*). **9** ~ **assiale** (*lav. macch. ut.*), Längslage (*f.*). **10** ~ **a vuoto** (posizione neutra, d'una leva p. es.) (*mecc.*), Leerstellung (*f.*). **11** ~ **del corpo** (sul posto di lavoro p. es.) (*lav. - ecc.*), Körperhaltung (*f.*), Körperstellung (*f.*). **12** ~ **della tolleranza** (nel sistema ISA, contrassegnata con lettere) (*mecc.*), Toleranzlage (*f.*). **13** ~ **delle decine** (*mat.*), Zehnerstelle (*f.*). **14** ~ **delle spazzole** (*elett.*), Bürstenstellung (*f.*). **15** ~ **delle unità** (in un numero) (*mat.*), Einerstelle (*f.*). **16** ~ **di apertura** (posizione di interruzione) (*elett.*), Ausschaltstellung (*f.*). **17** ~ **di chiusura** (*mecc. - ecc.*), Schliesstellung (*f.*). **18** ~ **di chiusura** (d'un interruttore, d'un circuito) (*elett.*), Einschaltstellung (*f.*). **19** ~ **di dati** (posizione di cifra o lettera) (*mat.*), Datenstelle (*f.*). **20** ~ **di equilibrio** (*gen.*), Gleichgewichtslage (*f.*). **21** ~ **di esclusione** (posizione di interruzione) (*elett.*), Abschaltstellung (*f.*). **22** ~ **di fase** (*elett.*), Phasenlage (*f.*). **23** ~ **di funzionamento** (*macch.*), Fahrtstellung (*f.*), Betriebstellung (*f.*). **24** ~ **di interruzione** (posizione di apertura, di un interruttore) (*elett.*), Ausschaltstellung (*f.*). **25** ~ **di lavoro** (nella lavorazione ad una macch. p. es.) (*lav. macch. ut.*), Arbeitsstellung (*f.*). **26** ~ **di marcia** (*elett. - ecc.*), Fahrtstellung (*f.*), Laufstellung (*f.*), Einschaltstellung (*f.*). **27** ~ **di marcia** (tacca di marcia, del combinatore) (*veic. elett.*), Fahrstufe (*f.*), Schaltstufe (*f.*). **28** ~ **di marcia rettilinea** (dello sterzo) (*aut.*), Geradeausfahrtstellung (*f.*). **29** ~ **di misura** (punto di misura) (*metrol.*), Messstelle (*f.*). **30** ~ **di impiego** (assetto d'un apparecchio p. es., verticale p. es.) (*app. - ecc.*), Betriebslage (*f.*). **31** ~ **d'interruzione** (*elett.*), Abschaltstellung (*f.*). **32** ~ **di partenza** (di una slitta p. es.) (*lav. macch. ut. - ecc.*), Ausgangsstellung (*f.*). **33** ~ **di propulsione** (posizione di avanzamento, posizione di volo orizzontale, dell'effusore di un motore a getto per velivoli a decollo verticale) (*aer.*), Schubstellung (*f.*). **34** ~ **di riposo** (d'un relè p. es.) (*mecc. - elett.*), Ruhestellung (*f.*). **35** ~ **di seduta** (posizione a sedere) (*veic. - ecc.*), Sitzlage (*f.*). **36** ~ **di sfrenatura** (d'un freno pneumatico) (*veic.*), Lösestellung (*f.*). **37** ~ **fortificata** (*milit.*), befestigte Stellung. **38** ~ **gerarchica** (*organ.*), Linienstelle (*f.*). **39** ~ **in bandiera** (dell'elica) (*aer.*), Segelstellung (*f.*). **40** ~ **in bandiera dell'elica** (*aer.*), Luftschraubensegelstellung (*f.*). **41** ~ **in funzionamento** (*macch.*), Betriebsstellung (*f.*). **42** ~ **iniziale** (*gen.*), Anfangslage (*f.*). **43** ~ **intermedia** (*gen.*), Zwischenstellung (*f.*). **44** ~ **invertita** (della banda di frequenza p. es.) (*radio - ecc.*), Kehrlage (*f.*). **45** ~ **nel numero** (d'una cifra in un numero) (*mat.*), Nummernstelle (*f.*). **46** ~ **neutra** (posizione a vuoto, d'una leva p. es.) (*mecc.*), Leerstellung (*f.*). **47** ~ **neutra** (delle ruote, senza inclinazione) (*aut.*), gestreckte Stellung. **48** ~ **nominale** (di una superficie del pezzo) (*mecc.*), Soll-Lage (*f.*). **49** ~ **osservata** (*nav. - navig.*), beobachtetes Besteck. **50** ~ **precisa** (giusta posizione) (*gen.*), Pass (*m.*), richtige Lage. **51** ~ **sbieca** (di un vagone sul binario) (*ferr.*), Spiess-stellung (*f.*). **52** ~ **sociale** (*gen.*), soziale Stellung. **53** ~ **stimata** (*nav.*), gegisstes Besteck, geschätztes Besteck. **54** ~ **verticale** (posizione di volo verticale, degli effusori di un mot. a getto di velivoli a decollo verticale) (*aer.*), Hubstellung (*f.*). **55** ~ **zero** (*strum.*), Nullage (*f.*). **56 determinazione della** ~ (determinazione del punto) (*navig. - aer. - nav.*), Ortung (*f.*). **57 errore di** ~ (*mecc.*), Lageabweichung (*f.*). **58 giusta** ~ (posizione precisa) (*gen.*), Pass (*m.*), richtige Lage. **59 guerra di** ~ (*milit.*), Stellungskrieg (*m.*). **60 indicatore di** ~ (per ascensori p. es.) (*app.*), Standortanzeiger (*m.*). **61 notazione a** ~ **determinante** (notazione posizionale) (*elab. dati*), Stellenschreibweise (*f.*). **62 portare in** ~ (posizionare) (*mecc. - ecc.*), positionieren. **63 portare in** ~ (una leva) (*macch.*) einschwingen. **64 portare in** ~ (posizionare, portare un pezzo in posizione di lavoro p. es.) (*lav. macch. ut.*), einfahren. **65 portare in** ~ **di lavoro** (mediante rotazione, della tavola di una macch. ut. p. es.) (*mecc.*), einschwenken. **66 presa di** ~ (*gen.*), Stellungnahme (*f.*). **67 rilevamento** ~ (misurazione) (*lav. macch. ut. c/n*), Messwerterfassung (*f.*). **68 rilevare la** ~ (fare il punto) (*nav.*), das Besteck machen, orten. **69 sistema di misura della** ~ (trasduttore di posizione) (*lav. macch. ut. c/n*), Lagemess-system (*n.*). **70 spina di** ~ (spina d'indessaggio) (*macch. - ecc.*), Indexstift (*m.*). **71 stabilità della** ~ (del punto di applicazione d'una forza p. es.) (*mecc.*), Standruhe (*f.*). **72 tacca di** ~ (tacca d'indessaggio) (*macch. - ecc.*), Indexraste (*f.*). **73 teleindicatore di** ~ (app. elettromagnetico; per indicare lo stato in cui si trova un interruttore p. es.) (*app. - elett.*), Stellungsrückmelder (*m.*). **74 trasduttore di** ~ (sistema di misura della posizione) (*lav. macch. ut. c/n*), Lagegeber (*m.*), Lagemess-system (*n.*). **75 valore dovuto alla** ~ (d'un terreno) (*ed. - ecc.*), Lagewert (*m.*).

posporre (*gen.*), aufschieben.
posposto (*comm.*), aufgeschoben.
possedere (*gen.*), halten, besitzen.
possesso (*gen.*), Besitz (*m.*). **2 entrare in** ~ (*gen.*), in den Besitz gelangen. **3 prendere** ~ (*leg.*), sich in den Besitz setzen.

possibilità (gen.), Möglichkeit (f.). 2 ~ di carriera (pers.), Aufstiegsmöglichkeit. 3 ~ di impiego (ind.), Anwendungsmöglichkeit (f.).

posta (posta), Post (f.). 2 ~ (palazzo della posta) (ed.), Postgebäude (n.). 3 ~ aerea (posta - aer.), Luftpost (f.), Flugpost (f.). 4 ~ espresso (posta), Eilpost (f.). 5 ~ in arrivo (posta - uff.), Einlauf (m.), Einläufe (m. pl.), eingehende Post, eingegangene Post. 6 ~ pneumatica (posta), Rohrpost (f.). 7 ~ raccomandata (posta), Einschreibpost (f.). 8 a giro di ~ (a volta di corriere) (uff. - posta), mit umgehender Post, postwendend. 9 fermo ~ (posta), postlagernd. 10 rispondere a giro di ~ (comm. - ecc.), postwendend antworten.

post-accelerazione (elettronica), Nachbeschleunigung (f.).

postagiro (posta - finanz.), Postscheckverkehr (m.).

postale (piroscafo postale) (s. - nav.), Postdampfer (m.). 2 buono fruttifero ~ (finanz.), Postsparzertifikat (n.).

postamplificatore (radio), Nachverstärker (m.).

postazione (nido, di una mitragliatrice p. es.) (milit.), Nest (n.), MG-Nest (n.).

postcombustione (di un motore) (mot.), Nachverbrennung (f.), Nachbrennen (n.).

postcombustore (di un mot. a turbina) (aer. mot.), Nachbrenner (m.). 2 propulsore a turbogetto con ~ (aer.), Nachbrenner-Turbinenstrahltriebwerk (n.).

postdatare (finanz. - ecc.), nachdatieren, späterdatieren.

posteggiatore (custode di posteggio) (lav. - aut.), Parkplatzwächter (m.).

posteggio (parcheggio) (aut.), Parkplatz (m.). 2 ~ («stand», in una esposizione) (comm.), Stand (m.), Ausstellungsstand (m.). 3 ~ chiuso per auto («box») (aut.), Autobox (f.). 4 ~ per autopubbliche (aut. - traff. strad.), Taxistand (m.).

postilla (leg.), Beischrift (f.).

postino (portalettere) (lav.), Briefbote (m.), Briefträger (m.), Postbote (m.).

post-modifica (esecuzione post-modifica) (dis. - ecc.), neue Ausführung.

posto (luogo) (gen.), Ort (m.), Stelle (f.). 2 ~ (impiego) (lav. - pers.), Stelle (f.), Stellung (f.), Posten (m.). 3 ~ (a sedere) (veic. - ecc.), Platz (m.), Sitzplatz (f.). 4 ~ (di lavoro, ad una macch.) (lav.), Platz (m.), Arbeitsplatz (m.). 5 ~ (posizione, di un numero nel sistema decimale) (mat.), Stelle (f.). 6 ~ (posto d'operatrice) (telef.), Platz (m.). 7 ~ a sedere (veic. - ecc.), Sitzplatz (m.). 8 posti a sedere (numero dei posti a sedere, di un veicolo per trasporto pubblico p. es.) (veic.), Sitzzahl (f.). 9 ~ che (dato che, in considerazione di) (gen.), mit Rücksicht auf. 10 ~ cuccetta (sedile cuccetta) (ferr. - ecc.), Liegesitz (m.). 11 ~ d'angolo (di uno scompartimento) (ferr.), Eckplatz (m.). 12 ~ decimale (mat.), Dezimalstelle (f.). 13 ~ di ancoraggio (fonda) (nav.), Anlegeplatz (m.), Ankerplatz (m.). 14 ~ di blocco (ferr.), Blockstelle (f.). 15 ~ di blocco conta-assi (ferr.), Zählblock (m.). 16 ~ di commutazione interurbana (telef.), Fernvermittlungsplatz (m.). 17 ~ di fonda (nav.), Anlegeplatz (m.), Ankerplatz (m.). 18 ~ di guida (sedile del conducente, di un'autovettura p. es.) (veic.), Fahrersitz (m.). 19 ~ di guida (posto di manovra, in piedi) (tram - ecc.), Führerstand (m.), Fahrstand (m.). 20 ~ di lavoro (ad una macch. p. es.) (lav.), Arbeitsplatz (m.). 21 ~ di manovra (posto di guida, in piedi) (tram - ecc.), Fahrstand (m.), Führerstand (m.). 22 ~ di osservazione (milit.), Beobachtungsstelle (f.). 23 ~ di prova (prove), Prüfplatz (m.). 24 ~ di rifornimento (stazione di servizio) (aut.), Tankstelle (f.). 25 ~ di rifornimento di benzina (veic.), Benzintankstelle (f.), Benzinstation (f.). 26 ~ di ristoro (di un'autostrada p. es.) (aut. - ecc.), Raststätte (f.). 27 ~ d'operatore (posto d'operatrice) (telef.), Schrankplatz (m.). 28 ~ in piedi (veic.), Stehplatz (m.). 29 ~ interurbano (telef.), Fernplatz (m.). 30 ~ telefonico (telef.), Fernsprechstelle (f.). 31 ~ telefonico pubblico (telef.), öffentliche Fernsprechstelle. 32 ~ vacante (lav.), freie Stelle, offene Stelle. 33 a due posti (veic.), zweisitzig. 34 chiave di commutazione dei posti (d'operatrice) (telef.), Platzschalter (m.), Platzumschalter (m.). 35 impianto prenotazione posti (trasp. - calc.), Platzbuchungsanlage (f.). 36 numero dei posti (veic.), Platzzahl (f.). 37 numero dei posti a sedere (posti a sedere) (veic. - ecc.), Sitzzahl (f.). 38 numero dei posti in piedi ed a sedere (capacità) (veic.), Fassungsvermögen (n.).

«postprocessor» (programma di adattamento per macchine utensili speciali) (calc. - macch. ut.), Postprozessor (m.).

postrefrigeratore (app.), Nachkühler (m.).

postscriptum (poscritto, P.S.) (uff.), Postskript (n.), Postskriptum (n.), Nachschrift (f.), P.S.

postsincronizzazione (cinem.), Nachsynchronisierung (f.).

postulato (mat.), Postulat (n.). 2 ~ delle parallele (5° postulato di Euclide) (geom.), Parallelenpostulat (n.).

potabile (chim.), trinkbar. 2 acqua ~ (chim. - idr.), Trinkwasser (n.).

potabilizzazione (chim.), Trinkbarmachung (f.).

potare (gli alberi) (agric.), beschneiden, ausästen.

potassa (K_2CO_3) (carbonato potassico) (chim.), Pottasche (f.), Kaliumkarbonat (n.). 2 ~ caustica (KOH) (chim.), Kaliumhydroxyd (n.), Ätzkali (n.), Kalilauge (f.).

potassio (K - chim.), Kalium (n.). 2 clorato di ~ ($KClO_3$) (chim.), Kaliumchlorat (n.). 3 cloruro di ~ (chim.), Chlorkalium (n.), Kaliumchlorid (n.). 4 cromato di ~ (K_2CrO_4) (chim.), Kaliumchromat (n.). 5 nitrato di ~ (KNO_3) (salnitro) (chim.), Kaliumnitrat (n.), Kalisalpeter (m.).

potenza (lavoro per unità di tempo) (fis.), Leistung (f.). 2 ~ (di un motore a combustione interna) (mot.), Leistung (f.). 3 ~ (in cavalli) (mot. - ecc.), Pferdestärke (f.), PS. 4 ~ (massima di progetto, potenza finale

potenza

di una centrale elettrica) (*elett.* - *idr.* - *ecc.*), Ausbauleistung (*f.*). 5 ~ (*mat.*), Potenz (*f.*). 6 ~ (capacità, forza di compressione o di chiusura, di una pressa) (*macch.*), Druckkraft (*f.*), Kapazität (*f.*), Pressdruck (*m.*). 7 ~ (potere diottrico) (*ott.*), Brechwert (*m.*), Brechkraft (*f.*). 8 ~ (spessore, di un giacimento di minerale) (*min.*), Mächtigkeit (*f.*), Dicke (*f.*). 9 ~ **acustica** (potenza sonora, rapporto tra energia sonora e tempo, misurata in erg/sec) (*acus.*), Schalleistung (*f.*). 10 ~ **ai morsetti** (di un generatore) (*elett.*), Klemmenleistung (*f.*). 11 ~ **al cerchione della ruota** (*ferr.*), Leistung am Radumfang. 12 ~ **al decollo** (*aer.*), Abflugleistung (*f.*). 13 ~ **al freno** (*mot.*), Bremsleistung (*f.*). 14 ~ **al freno** (in cavalli) (*mot.*), Bremspferdestärke (*f.*), Brems-PS (*f.*). 15 ~ **al freno** (potenza effettiva) (*mot.*), Nutzleistung (*f.*), Effektivleistung (*f.*). 16 ~ **al gancio** (di trazione) (*ferr.*), Leistung am Zughaken. 17 ~ **allacciata** (di una rete, somma delle potenze degli utenti allacciati) (*elett.*), Anschlussleistung (*f.*). 18 ~ **all'asse** (potenza sull'asse) (*nav.*), Wellenleistung (*f.*). 19 ~ **all'asse** (potenza sull'albero in cavalli) (*mot.* - *nav.* - *ecc.*), Wellenpferdestärke (*f.*), WPS. 20 ~ **alle ruote** (di un autoveicolo) (*veic.*), Fahrleistung (*f.*). 21 ~ **al livello del suolo** (*mot. aer.*), Bodenleistung (*f.*). 22 ~ **al suolo** (*mot. aer.*), Bodenleistung (*f.*). 23 ~ **apparente** (*elett.*), Scheinleistung (*f.*), scheinbare Leistung. 24 ~ **apparente** (voltampere) (*elett.*), Voltampere (*n.*). 25 ~ **applicata** (*macch.* - *ecc.*), zugeführte Leistung. 26 ~ **assorbita** (*macch.* - *elett.* - *ecc.*), aufgenommene Leistung, abgenommene Leistung, Leistungsaufnahme (*f.*). 27 ~ **assorbita a vuoto** (*macch.*), Leerlaufarbeit (*f.*). 28 ~ **assorbita dal compressore** (di un mot. sovralimentato) (*mot.*), Laderleistung (*f.*), Kompressorleistung (*f.*). 29 ~ **assorbita dalla resistenza al rotolamento** (*veic.*), Rollwiderstandsleistung (*f.*). 30 ~ **assorbita dalla resistenza dell'aria** (*veic.*), Luftwiderstandsleistung (*f.*). 31 ~ **assorbita dall'attrito** (*mot.* - *macch.*), Reibungsleistung (*f.*). 32 ~ **assorbita dall'attrito** (in cavalli) (*mecc.*), Reibungs-PS (*f.*). 33 ~ **attiva** (potenza reale) (*elett.*), Wirkleistung (*f.*), WW. 34 ~ **base di tariffa** (*elett.*), Verrechnungsleistung (*f.*). 35 ~ **calorifica** (produzione oraria di calore, d'una camera di combustione p. es., misurata in kcal/h p. es.) (*term.*), Wärmeleistung (*f.*). 36 ~ **ceduta** (da una rete ad un'altra p. es.) (*elett.*), Abgabeleistung (*f.*). 37 ~ **continua** (o continuativa, di un mot. a comb. interna) (*mot.*), Dauerleistung (*f.*). 38 ~ **continuativa** (potenza di crociera, d'un motore marino) (*mot.* - *nav.*), Marschleistung (*f.*). 39 ~ **decimale** (*mat.*), Zehnerpotenz (*f.*). 40 ~ **dello strato di carbone** (spessore dello strato di carbone) (*min.*), Kohlenstoss (*m.*). 41 ~ **di antenna** (*radio*), Antennenleistung (*f.*). 42 ~ **di crociera** (potenza continuativa, d'un motore marino) (*mot.* - *nav.*), Marschleistung (*f.*). 43 ~ **di crociera** (*mot. aer.*), Reisedauerleistung (*f.*), Reiseleistung (*f.*). 44 ~ **di decollo** (*aer.*), Startleistung (*f.*). 45 ~ **DIN** (potenza erogata da un motore endotermico, con ventilatore, dinamo, impianto di scarico e gli altri ausiliari occorrenti per il suo funzionamento) (*mot.* - *aut.*), Leistung nach DIN. 46 ~ **diretta** (d'un sistema trifase) (*elett.*), Mitleistung (*f.*). 47 ~ **di riferimento** (d'una turbina idraulica, caratteristica per una macchina con girante del diametro di un metro) (*turb.*), Einheitsleistung (*f.*). 48 ~ **di riserva** (d'una centrale) (*elett.*), Reserveleistung (*f.*). 49 ~ **di salita** (*aer.*), Steigflugleistung (*f.*). 50 ~ **di sovraccarico** (potenza unioraria, p. es. di un mot. a comb. interna) (*mot.* - *ecc.*), Überleistung (*f.*). 51 ~ **di spinta** (*nav.*), Schubleistung (*f.*), Nutzleistung (*f.*). 52 ~ **dissipata dalla griglia di comando** (*elettronica*), Steuergitterverlustleistung (*f.*). 53 ~ **di targa** (potenza nominale) (*mot. elett.*), Nennleistung (*f.*). 54 ~ **di uscita** (*mot.*), Endleistung (*f.*). 55 ~ **di uscita dalla turbina** (potenza al giunto di accoppiamento della turbina) (*mot.*), Turbinenleistung (*f.*). 56 ~ **d'urto** (prodotto del lavoro d'urto per il numero di colpi d'un martello perforatore) (*min.*), Schlagleistung (*f.*). 57 ~ **effettiva** (*mot.*), effektive Leistung, nutzbare Leistung, Nutzleistung (*f.*), Istleistung (*f.*). 58 ~ **effettiva** (in cavalli) (*mot.*), nutzbare Pferdestärke, effektive Pferdestärke. 59 ~ **elettrica installata** (*elett.*), installierte elektrische Leistung, Ausbaugrösse (*f.*). 60 ~ **erogata** (*mot.*), abgegebene Leistung, Leistungsabgabe (*f.*). 61 ~ **fiscale** (*aut.*), Steuerleistung (*f.*). 62 ~ **fiscale** (in cavalli) (*mot.* - *aut.*), Steuerpferdestärke (*f.*), Steuer-PS (*f.*). 63 ~ **fornita** (da un generatore p. es.) (*elett.* - *ecc.*), Abgabeleistung (*f.*), Leistungsabgabe (*f.*). 64 ~ **frenante** (prodotto della forza frenante per la velocità di marcia) (*aut.*), Bremsleistung (*f.*). 65 ~ **indicata** (*mot.*), indizierte Leistung, Innenleistung (*f.*). 66 ~ **indicata** (in cavalli) (*mot.*), indizierte Pferdestärke. 67 ~ **in quadratura** (potenza reattiva) (*elett.*), Blindleistung (*f.*). BW. 68 ~ **in quota** (*mot. aer.*), Leistung in der Höhe. 69 ~ **installata** (*ind.* - *aer.* - *elett.*), installierte Leistung. 70 ~ **inversa** (*elett.*), Gegenleistung (*f.*). 71 ~ **irradiata** (di una antenna) (*radio*), Strahlungsleistung (*f.*). 72 ~ **limite locale** (di una centrale, determinata dalla parte meno caricabile dell'impianto) (*elett.*), Engpassleistung (*f.*). 73 ~ **lorda** (d'una centrale; potenza ai morsetti delle macchine) (*elett.*), Bruttoleistung (*f.*). 74 ~ **marinara** (*mar. milit.*), Seemacht (*f.*). 75 ~ **massica** (coefficiente di assorbimento massico) (*fis.*), Massenabsorptionskoeffizient (*m.*). 76 ~ **massica** (di un motore; rapporto tra peso e potenza massima) (*mot.*), Leistungsgewicht (*n.*). 77 ~ **massima** (per breve durata, potenza di punta) (*mot.* - *ecc.*), Höchstleistung (*f.*), Spitzenleistung (*f.*). 78 ~ **massima continuativa** (*mot.*), Dauerhöchstleistung (*f.*). 79 ~ **massima continuativa sovraccaricabile** (di un mot. Diesel) (*mot.*), Dauerleistung A, überlastbare Dauerleistung. 80 ~ **massima di progetto** (di una centrale elett. p. es.) (*idr.* - *ecc.*), Ausbauleistung (*f.*). 81 ~ **massima (non impiegabile in esercizio)** (extrapotenza, di un motore Diesel, che può essere impiegata per soli 15 minuti) (*mot.*), Höchstleistung (*f.*). **82 ~ massima (per servizio di durata stabilita) non sovraccaricabile** (di un motore Diesel) (*mot.*), Dauerleistung B, nicht überlastbare Leistung. **83 ~ motrice** (*mecc.*), Antriebsleistung (*f.*). **84 ~ necessaria** (fabbisogno di potenza) (*macch.*), Kraftbedarf (*m.*). **85 ~ nominale** (potenza di targa) (*mot. elett.*), Nennleistung (*f.*). **86 ~ nominale** (in cavalli) (*mot.*), nominelle Pferdestärke. **87 ~ non irradiata** (di un'antenna) (*radio*), Schluckleistung (*f.*). **88 ~ omologata** (*mot. - ecc.*), Typenleistung (*f.*). **89 ~ oraria** (*mot.*), Stundenleistung (*f.*). **90 ~ ottima** (di rendimento massimo, d'una macchina) (*elett. - ecc.*), Bestleistung (*f.*). **91 ~ passante** (di autotrasformatori) (*elett.*), Durchgangsleistung (*f.*). **92 ~ per litro di cilindrata** (potenza specifica, di un mot. a comb. interna) (*mot.*), Literleistung (*f.*). **93 ~ per servizio intermittente** (*elett. - ecc.*), Leistung bei Aussetzbetrieb. **94 ~ per unità di massa** (reciproco della massa per CV) (*mot. - aut.*), Leistungsziffer (*f.*). **95 ~ psofometrica** (*telef. - ecc.*), Geräuschleistung (*f.*). **96 ~ reale** (potenza attiva) (*elett.*), Wirkleistung (*f.*). **97 ~ reattiva** (potenza in quadratura) (*elett.*), Blindleistung (*f.*). **98 ~ SAE** (erogata da un motore endotermico senza ventilatore, dinamo ed impianti di scarico) (*mot. - aut.*), Leistung nach SAE. **99 ~ seminetta** (potenza lorda meno l'autoconsumo più le perdite del trasformatore) (*elett.*), Halbnettoleistung (*f.*). **100 ~ sonora** (*acus.*), *vedi* potenza acustica. **101 ~ specifica** (potenza per litro di cilindrata, di un mot. a comb. interna) (*mot.*), Literleistung (*f.*). **102 ~ (specifica) riferita alla superficie frontale** (d'un motore turboelica p. es., espressa in CV/m²) (*mot.*), Stirnflächenleistung (*f.*). **103 ~ sulla frequenza portante** (di una trasmittente) (*radio*), Trägerleistung (*f.*). **104 ~ sull'albero** (potenza all'asse) (*mot. - nav. - ecc.*), Wellenleistung (*f.*). **105 ~ sull'albero** (potenza all'asse, in cavalli) (*mot. - nav. - ecc.*), Wellenpferdestärke (*f.*), WPS. **106 ~ trasferita** (fra reti interconnesse, potenza scambiata) (*elett.*), Übergabeleistung (*f.*), Austauschleistung (*f.*). **107 ~ unioraria** (potenza impiegabile per un'ora, potenza di sovraccarico) (*mot.*), Stundenleistung (*f.*), Überleistung (*f.*). **108 alla... ~** (tre alla seconda potenza p. es.) (*mat.*), hoch. **109 brusco aumento di ~** (d'un reattore) (*fis. nucl.*), Leistungsexkursion (*f.*). **110 curva di ~** (*mot.*), Leistungsdiagramm (*n.*). **111 densità di ~ irradiata** (da un'antenna) (*radio*), Strahlungsdichte (*f.*). **112 elevare alla terza ~** (elevare al cubo) (*mat.*), in die dritte Potenz erheben. **113 elevare a ~** (*mat.*), potenzieren. **114 elevazione a ~** (*mat.*), Potenzieren (*n.*). **115 esponente della ~** (*mat.*), Potenzexponent (*n.*). **116 fattore di ~** (cosfi, cos φ) (*elett.*), Leistungsfaktor (*m.*), Wirkfaktor (*m.*), cos φ. **117 indice del fabbisogno di ~** (indice di domanda, rapporto tra fabbisogno medio e massimo di rete, settimanale p. es.) (*elett.*), Leistungsziffer (*f.*). **118 livello di ~ sonora** (*acus.*), Schall-leistungspegel (*m.*). **119 piena ~** (*mot. - ecc.*), volle Leistung, Volleistung (*f.*). **120 punto di misurazione della ~ trasferita** (nelle reti interconnesse, il punto in cui si misura la quantità e la potenza dell'energia ceduta da una rete ad un'altra) (*elett.*), Übergabestelle (*f.*). **121 rapporto di ~ attiva** (su una linea a corrente trifase p. es., tra potenza d'entrata e d'uscita) (*elett.*), Wirkleistungsverhältnis (*n.*). **122 reattore di ~** (reattore per forza motrice) (*ind. - fis. atom.*), Kraftreaktor (*m.*). **123 relè di ~** (*app. elett.*), Leistungsrelais (*n.*). **124 seconda ~** (quadrato) (*mat.*), Quadrat (*n.*), zweite Potenz. **125 serie di potenze** (serie esponenziale) (*mat.*), Potenzreihe (*f.*). **126 tre alla seconda ~** (3²) (*mat.*), drei hoch zwei.

potenziale (*a. - fis. - ecc.*), potential, potentiell. **2 ~** (*s. - elett. - fis.*), Potential (*n.*). **3 ~ base di griglia** (*radio*), Gitterspannung (*f.*). **4 ~ del campo gravitazionale** (*geofis.*), Schwerepotential (*n.*), Potential des Schwerefeldes. **5 ~ di arresto** (*fis. nucl.*), Bremspotential (*n.*). **6 ~ di elettrodo** (*elettronica*), Elektrodenpotential (*n.*). **7 ~ di gravitazione** (potenziale newtoniano) (*fis.*), Gravitationspotential (*n.*). **8 ~ di griglia** (*radio*), Gitterverspann (*m.*). **9 ~ di guardia** (*elett.*), Haltepotential (*n.*). **10 ~ di ionizzazione** (*fis.*), Ionisierungsspannung (*f.*). **11 ~ di ossiriduzione** (*chim.*), Redoxpotential (*n.*). **12 ~ di sincronizzazione** (*telev.*), Synchronisationspotential (*m.*). **13 ~ di velocità** (*fis.*), Geschwindigkeitspotential (*n.*). **14 ~ economico** (*finanz.*), Wirtschaftspotential (*n.*). **15 ~ elettrico** (*fis. - elett.*), elektrisches Potential. **16 ~ newtoniano** (potenziale di gravitazione) (*fis.*), Gravitationspotential (*n.*). **17 ~ termodinamico** (*termodin.*), thermodynamisches Potential. **18 ~ terrestre** (*elett.*), Erdpotential (*n.*). **19 ~ verso terra** (*elett.*), Erdpotential (*n.*), Erdspannung (*f.*). **20 ~ vettore** (*fis.*), Vektorpotential (*n.*). **21 ~ zero** (*elett.*), Nullpotential (*n.*). **22 ~ zeta** (elettrochimico, nell'elettroforesi p. es.) (*elett.*), Zeta-Potential (*n.*). **23 a ~ zero** (*elett.*), pontetialfrei. **24 caduta di ~** (*elett.*), Potentialgefälle (*n.*), Spannungsgefälle (*n.*). **25 differenza di ~** (*elett.*), Potentialdifferenz (*f.*), Spannungsunterschied (*m.*). **26 serie dei potenziali** (ordine degli elementi) (*elettrochim.*), Spannungsreihe (*f.*).

potenzialità (capacità di prestazione) (*gen.*), Leistungsfähigkeit (*f.*). **2 ~** (capacità produttiva, di uno stabilimento p. es.) (*ind.*), Kapazität (*f.*), Produktionskapazität (*f.*), Produktionspotential (*n.*). **3 ~** (prestazione, di una macchina p. es.) (*macch.*), Arbeitsvermögen (*n.*), Leistungsfähigkeit (*f.*). **4 ~ calorifica** (di una stufa) (*term.*), Heizleistung (*f.*). **5 ~ produttiva** (capacità di produzione) (*ind.*), Produktionspotential (*n.*), Produktionskapazität (*f.*). **6 ~ refrigerante** (*term.*), Kälteleistung (*f.*). **7 utilizzare la massima ~** (di un laminatoio p. es.) (*macch.*), auslasten.

potenziamento (Erweiterung) (*ind. - ecc.*), Ausbau (*m.*). **2 piano di ~** (di una centrale elettrica p. es.) (*elett. - ecc.*), Ausbauplanung (*f.*).

potenziometrico (*elett.*), potentiometrisch.

potenziometro

2 **misura potenziometrica** (*elett.*), potentiometrische Messung.
potenziometro (resistenza elettrica regolabile) (*app. - elett. - radio*), Potentiometer (*n.*), Spannungsteiler (*m.*). 2 ~ **a deviazione** (per tarare strumenti metrologici di precisione; compensatore in corrente continua col quale vengono esaminati solo i punti principali della scala) (*app. elett.*), Stufenkompensator (*m.*). 3 ~ **a filo** (*app. elett.*), Drahtpotentiometer (*m.*). 4 ~ **a prese** (*app. elett.*), Anzapfpotentiometer (*n.*). 5 ~ **di dissolvenza** (« fader ») (*telev.*), Überblender (*m.*). 6 ~ **goniometrico** (strumento elettrico per misure, regolazioni e segnalazioni) (*app.*), Ringrohr (*n.*). 7 ~ **lineare** (*app. elett.*), Linearpotentiometer (*n.*). 8 ~ **per il numero di giri** (per regolare il numero di giri) (*app. elett.*), Drehzahlpotentiometer (*n.*).
potere (*s. - gen.*), Vermögen (*n.*). 2 ~ **abrasivo** (abrasività) (*tecnol.*), Reibfähigkeit (*f.*). 3 ~ **aderente** (*mecc. - ecc.*), Adhäsionsvermögen (*n.*). 4 ~ **agglomerante** (di malte p. es.) (*ed.*), Bindevermögen (*n.*). 5 ~ **agglutinante** (potere cokificante) (*ind. chim.*), Kokungsvermögen (*n.*). 6 ~ **antidetonante** (di un carburante, potere indetonante) (*mot. - ind. chim.*), Klopffestigkeit (*f.*). 7 ~ **assorbente** (fattore di assorbimento) (*fis.*), Absorptionsgrad (*m.*), Absorptionsvermögen (*n.*). 8 ~ **bagnante** (*fis.*), Benetzungsfähigkeit (*f.*). 9 ~ **calorifico** (*term. - comb.*), Heizwert (*m.*). 10 ~ **calorifico inferiore** (*term. - comb.*), unterer Heizwert. 11 ~ **calorifico superiore** (*term. - comb.*), oberer Heizwert. 12 ~ **cokificante** (potere agglutinante) (*ind. chim.*), Kokungsvermögen (*n.*). 13 ~ **colorante** (di una sostanza colorante) (*ind. chim. - ecc.*), Färbekraft (*f.*), Färbkraft (*f.*). 14 ~ **coprente** (coprenza, di una vernice) (*vn.*), Deckvermögen (*n.*), Deckfähigkeit (*f.*). 15 ~ **corrosivo** (*chim.*), Angriffsfreudigkeit (*f.*). 16 ~ **decolorante** (*ind. chim.*), Entfärbungsvermögen (*n.*). 17 ~ **decolorante** (di un pigmento bianco) (*vn.*), Verschnittfähigkeit (*f.*). 18 ~ **di accomodamento** (*ott.*), Akkomodationskraft (*f.*). 19 ~ **di acquisto** (del denaro) (*comm. - finanz.*), Kaufkraft (*f.*). 20 ~ **di apertura** (potere di rottura, di un interruttore) (*app. elett.*), Schaltvermögen (*n.*), Schaltleistung (*f.*). 21 ~ **di apertura in caso di corto circuito** (*elett.*), Kurzschluss-schaltvermögen (*n.*). 22 ~ **diottrico** (potenza) (*ott.*), Brechwert (*m.*), Brechkraft (*f.*). 23 ~ **di penetrazione** (potere penetrante) (*gen.*), Durchdringungsfähigkeit (*f.*), Durchdringungsvermögen (*n.*). 24 ~ **di penetrazione** (d'una vernice; attitudine al rivestimento di superfici poco accessibili) (*vn.*), Umgriff (*m.*). 25 ~ **di rottura** (potere di apertura, di un interruttore) (*app. elett.*), Schaltvermögen (*n.*), Schaltleistung (*f.*). 26 ~ **di rottura massimo** (di un interruttore, potere di apertura massimo) (*app. elett.*), Grenzschaltvermögen (*n.*). 27 ~ **disperdente** (potere dispersivo) (*fis.*), Dispersionskraft (*f.*). 28 ~ **edulcorante** (di un dolcificante) (*chim.*), Süsskraft (*f.*). 29 ~ **emissivo** (emissività specifica, H) (*fis.*), Bestrahlung (*f.*). 30 ~ **emissivo spettrale** (*ott.*), spektraler Emissionsgrad. 31 ~ **emissivo totale** (*fis. - illum.*), Gesamtemissionsvermögen (*n.*). 32 ~ **fermentativo** (putrescibilità) (*ind. - ecc.*), Faulfähigkeit (*f.*), Fäulnisfähigkeit (*f.*). 33 ~ **filtrante** (per carte da filtro) (*chim.*), Scheidefähigkeit (*f.*). 34 ~ **fogliante** (di una vernice) (*vn.*), Schwimmfähigkeit (*f.*). 35 ~ **fonoassorbente** (coefficiente di assorbimento acustico) (*acus.*), Schallabsorptionsgrad (*m.*). 36 ~ **indetonante** (di un carburante) (*ind. chim. - mot.*), Klopffestigkeit (*f.*). 37 ~ **isolante** (*elett.*), Isoliervermögen (*n.*), Isolierfähigkeit (*f.*). 38 ~ **lubrificante** (*mecc. - chim.*), Schmierfähigkeit (*f.*). 39 ~ **lubrorefrigerante** (di un fluido) (*lav. macch. ut.*), Kühlschmierfähigkeit (*f.*). 40 ~ **penetrante** (potere di penetrazione) (*gen.*), Durchdringungsfähigkeit (*f.*), Durchdringungsvermögen (*n.*). 41 **poteri pubblici** (*leg.*), öffentliche Hand. 42 ~ **radiante** (potere emissivo) (*fis.*), Strahlungsvermögen (*n.*). 43 ~ **raffreddante** (climatico) (catavalore, indice di benessere) (*meteor.*), Katawert (*m.*), Behaglichkeitsziffer (*f.*). 44 ~ **riempitivo** (potere di una vn. di livellare le disuniformità del sottofondo) (*vn.*), Füllvermögen (*n.*). 45 ~ **riflettente** (fattore di riflessione) (*fis.*), Reflexionsvermögen (*n.*). 46 ~ **rifrangente** (*ott.*), Brechungsvermögen (*n.*). 47 ~ **risolvente** (potere separatore) (*ott.*), Auflösungsvermögen (*n.*), Abbildungsvermögen (*n.*). 48 ~ **rotatorio** (*fis. - ott.*), Drehvermögen (*n.*). 49 ~ **rotatorio magnetico** (rotazione magnetica, effetto Faraday) (*ott.*), Magnetorotation (*f.*), magnetische Drehung der Polarisationsebene, Faraday-Effekt (*m.*). 50 ~ **schiumogeno** (*chim.*), Schaumkraft (*f.*). 51 ~ **separatore** (potere risolvente) (*ott.*), Auflösungsvermögen (*n.*), Abbildungsvermögen (*n.*). 52 ~ **solvente** (*chim.*), Lösungsvermögen (*n.*), Lösungsfähigkeit (*f.*). 53 ~ **tergente** (di un tergicristallo) (*aut.*), Wischleistung (*f.*). 54 ~ **umettante** (*fis.*), Benetzungsfähigkeit (*f.*). 55 **abuso di** ~ (*leg.*), Amtsmisbrauch (*m.*). 56 **conferimento di pieni poteri** (delega di poteri, conferimento di procura) (*leg.*), Bevollmächtigung (*f.*). 57 **delega di poteri** (conferimento di pieni poteri, conferimento di procura) (*leg.*), Bevollmächtigung (*f.*). 58 **pieni poteri** (*leg.*), « Pleinpouvoir » (*n.*), freie Hand.
« **potting** » (decatissaggio forte) (*ind. tess.*), Potten (*n.*), Potting (*n.*). 2 **solido al** ~ (resistente al « potting ») (*ind. tess.*), pottingecht.
Poulsen, arco ~ (*elett.*), Poulsenlichtbogen (*m.*).
povero (*gen.*), arm. 2 ~ (magro, di miscela di un mot.) (*mot.*), mager, arm.
pozzanghera (*strad. - ecc.*), Pfütze (*f.*). 2 **sensibilità alle pozzanghere** (di un pneumatico) (*aut.*), Pfützenempfindlichkeit (*f.*).
pozzetto (per acqua di scolo) (*ed. - ing. civ.*), Gully (*m.*). 2 ~ **antischiuma** (nei dispositivi riproduttori idraulici p. es., per evitare la formazione di schiuma) (*macch. ut. - oleoidr.*), Senke (*f.*). 3 ~ **dell'olio** (di un motore stellare) (*mot. aer.*), Ölsumpf (*m.*). 4 ~ **di colata** (*fond.*), Eingussmulde (*f.*), Eingusssumpf (*m.*). 5 ~ **di lavaggio** (di uno stampo per pressofusione) (*fond.*), Durchfluss-sack

(m.), Luftbohne (f.), Luftsack (m.), Entlüftungssack (m.). 6 ~ di pulitura (pozzetto per pulizia) (ed. - ing. civ.), Reinigungsschacht (m.). 7 ~ di raccolta (dell'acqua di rifiuto) (m. - ing. civ.), Gully (m. - n.). 8 ~ di scarico (ed. - costr. strad.), Schleusenschacht (m.), Ablaufgrube (f.). 9 ~ di scolo (ed. - ing. civ.), Einlaufschacht (m.). 10 ~ d'ispezione (d'un impianto di combustione a nafta p. es.) (ed. - ecc.), Domschacht (m.). 11 ~ intercettatore (sifone intercettatore, tubo a U, chiusura idraulica) (ed.), Wasserverschluss (m.), Geruchsverschluss (m.), Siphon (m.). 12 ~ per pulizia (pozzetto di pulitura) (ed. - ing. civ.), Reinigungsschacht (m.). 13 ~ stradale (di raccolta) (costr. strad.), Strasseneinlauf (m.), Gully (m.).

pozzo (artesiano) (costr. idr.), Brunnen (m.), Schachtbrunnen (m.). 2 ~ (da miniera) (min.), Schacht (m.), Bohrschacht (m.). 3 ~ (di petrolio, pozzo trivellato) (min.), Bohrung (f.), 4 ~ (vano, di ascensore) (ed.), Schacht (m.). 5 ~ (di una corrente fluida) (mecc. dei fluidi), Senke (f.). 6 ~ (di barca a vela o di motoscafo) (nav.), Plicht (f.), Cockpit (n.). 7 ~ ad erogazione spontanea (di petrolio) (min.), Springer (m.). 8 ~ affondato (ed.), Senkbrunnen (m.). 9 ~ a gola (costr. idr.), Kesselbrunnen (m.). 10 ~ artesiano (costr. idr.), Rohrbrunnen (m.), artesischer Brunnen. 11 ~ assorbente (pozzo filtrante) (idr.), Schluckbrunnen (m.), Sickerbrunnen (m.). 12 ~ battuto (costr. idr.), Rammbrunnen (m.), Abessinierbrunnen (m.). 13 ~ caldo (d'un condensatore) (cald.), Hotwell (n.). 14 ~ che produce gas (ind. chim. - min.), Gasquelle (f.). 15 ~ cieco (min.), Blindschacht (m.). 16 ~ dell'ascensore (vano di corsa) (trasp. - ed.), Fahrschacht (m.), Fahrstuhlschacht (m.). 17 ~ delle catene (dell'àncora) (nav.), Kettenkasten (m.), Kettenlast (m.), Ankerkettenraum (m.). 18 ~ dell'elica (nav.), Schraubenrahmen (m.), Schraubenbrunnen (m.). 19 ~ delle scale (vano scala, tromba delle scale) (ed.), Treppenhaus (n.). 20 ~ di affondamento (min.), Gesenk (n.), Blindschacht (m.). 21 ~ di discesa (min.), Anfahrschacht (m.). 22 ~ di drenaggio diretto (in acque sotterranee) (costr. idr.), Schluckbohrung (f.), Schluckschacht (m.). 23 ~ di eduzione dell'acqua (min.), Wasserhaltungsschacht (m.). 24 ~ di emergenza (min.), Rettungsschacht (m.). 25 ~ di emergenza (parte di pozzo dotata di scale) (min.), Fahrtrum (m.), Fahrtrumm (m.). 26 ~ di estrazione (pozzo principale) (min.), Förderschacht (m.), Hauptschacht (m.), Treibschacht (m.). 27 ~ di immissione dell'aria (pozzo di ventilazione discendente) (min.), Einziehschacht (m.). 28 ~ di raccolta (cisterna) (costr. idr.), Sammelbrunnen (m.). 29 ~ d'ispezione (ed.), Einsteigschacht (m.). 30 ~ di troppo pieno (costr. idr.), Abfallschacht (m.). 31 ~ di uscita (min.), Ausfahrschacht (m.). 32 ~ di ventilazione (min.), Wetterschacht (m.), Luftschacht (m.). 33 ~ di ventilazione ascendente (min.), Auszieschacht (m.), Abzugsschacht (m.). 34 ~ di ventilazione discendente (pozzo di immissione dell'aria) (min.), Einziehschacht (m.). 35 ~ di ventilazione naturale (per piccole profondità) (min.), Licht-Schacht (m.). 36 ~ esplorativo (per petrolio) (min.), Aufschlussbohrung (f.), Suchbohrung (f.), Pionierbohrung (f.). 37 ~ esterno (pozzo in comunicazione con l'atmosfera) (min.), Tagesschacht (m.). 38 ~ filtrante (idr.), Filterbrunnen (m.), Sickerbrunnen (m.). 39 ~ inclinato (min.), tonnlägiger Schacht. 40 ~ in muratura affondato (ed.), gemauerter Senkbrunnen. 41 ~ interno (pozzo cieco, pozzo che ha inizio al disotto della superficie) (min.), Blind-Schacht (m.). 42 ~ intubato (pozzo rivestito da tubo) (min.), Rohrschacht (m.). 34 ~ nero (ed.), Senkgrube (f.), Abortgrube (f.). 44 ~ per cavi (gavone di poppa per cavi da rimorchio) (nav.), Kabelgatt (n.). 45 ~ perdente (costr. idr.), Sinkbrunnen (m.). 46 ~ per materiali (per trasporti di materiali, macchine, ecc.) (min.), Material-Schacht (m.). 47 ~ per persone (per il trasporto del personale) (min.), Seilfahrt-Schacht (m.). 48 ~ per prospezione (min.), Schürfschacht (m.). 49 ~ per prove di centrifugazione (fossa per prove di centrifugazione) (mecc.), Schleudergrube (f.). 50 ~ per scarico dello sterile (min.), Bergerolle (f.). 51 ~ petrolifero (min.), Ölbohrung (f.), Erdölbohrung (f.). 52 ~ piezometrico (costr. idr.), Wasserschlossschacht (m.), Schwallschacht (m.), Schachtwasserschloss (n.). 53 ~ piezometrico a doppia camera di espansione (idr.), Zweikammer-Wasserschloss (n.). 54 ~ piezometrico con camera di espansione (idr.), Kammerwasserschloss (n.). 55 ~ principale (pozzo di estrazione) (min.), Hauptschacht (m.), Förderschacht (m.), Treibschacht (m.). 56 ~ produttivo (min.), Förderbohrung (f.), produzierende Bohrung, Sonde (f.). 57 ~ rivestito da tubo (pozzo intubato) (min.), Rohrschacht (m.). 58 ~ semplice (pozzo unico) (min.), eintrümmiger Schacht. 59 ~ superficiale (costr. idr.), Flachbrunnen (m.). 60 ~ tubolare (costr. idr.), Rohrbrunnen (m.). 61 ~ tubolare affondato (ed.), eiserner Senkbrunnen. 62 ~ unico (pozzo semplice) (min.), eintrümmiger Schacht. 63 ~ verticale (min.), Seigerschacht (m.), seigerer Schacht, Richt-Schacht (m.). 64 ~ verticale-inclinato (min.), gebrochener Schacht. 65 addetto alla stazione del ~ (min.), Anschläger (m.). 66 fondo del ~ (bacino di pompaggio del pozzo) (min.), Schachtsumpf (m.). 67 profondità del ~ (min.), Schachtteufe (f.). 68 rivestimento del ~ (min.), Schachtausbau (m.). 69 rivestimento del ~ (costr. idr.), Brunnenmantel (m.). 70 scavo di ~ a torre discendente (min.), Senkschachtverfahren (n.). 71 scavo di un ~ (min.), Schachtabteufung (f.). 72 testa del ~ (direttamente al disotto della superficie) (min.), Schachtkopf (m.).

pozzolana (geol.), Puzzolanerde (f.), Bröckeltuff (m.).

PP (polipropilene) (mat. plast.), PP, Polypropylen (n.).

ppm (parti per milione, 10^{-4} %, tenore) (fis. - chim.), ppm.

Pr (praseodimio) (*chim.*), Pr, Praseodym (*n.*). 2 ~ (numero di Prandtl, rapporto fra attrito prodotto e quantità di calore trasmessa) (*fis. - term.*), Pr, Prandtl-Zahl (*f.*).
praseodimio (*Pr - chim.*), Praseodym (*n.*).
pratica (*gen.*), Praktik (*f.*), Ausübung (*f.*). 2 ~ (raccolta di lettere, documenti, ecc. su un dato argomento) (*uff.*), Aktenbündel (*n.*). 3 inserire nella ~ (mettere agli atti) (*uff.*), den Akten einverleiben, zu den Akten legen. 4 mettere in ~ (*gen.*), praktisch ausführen. 5 mettere in ~ (mettere agli atti) (*uff.*), den Akten einverleiben, zu den Akten legen.
praticabile (da persone, detto di passerella, sottotetto, ecc.) (*gen.*), begehbar. 2 ~ (percorribile) (*strad.*), befahrbar, gangbar. 3 ~ (ciminiera p. es.) (*ed.*), besteigbar. 4 non ~ (impraticabile, ciminiera) (*ed.*), unbesteigbar.
praticabilità (percorribilità) (*strad.*), Fahrbarkeit (*f.*).
praticante (*lav.*), Praktikant (*m.*), lernender Beamter.
pratico (*gen.*), praktisch.
prato (*ed. - agric. - ecc.*), Wiese (*f.*), Rasen (*m.*). 2 falciatrice per prati (*macch.*), Rasenmäher (*m.*), Rasenmähmaschine (*f.*).
preaccendersi (*mot.*), frühzünden, vorzünden.
preaccensione (accensione prematura) (*mot.*), Vorzündung (*f.*), Frühzündung (*f.*), Glühzündung (*f.*).
preaffinazione (*metall.*), Vorfrischen (*n.*).
preallarme (*milit. - aer. milit.*), Vorwarnung (*f.*).
preamplificatore (*radio*), Vorverstärker (*m.*).
preamplificazione (*radio*), Vorverstärkung (*f.*).
preannunciarsi (*gen.*), sich anlassen.
preassemblaggio (*mecc. - ecc.*), Vormontage (*f.*).
preassemblare (*mecc. - ecc.*), vormontieren.
preavviso (segnale di preavviso) (*elettroacus.*), Ankündigungssignal (*n.*). 2 conversazione con ~ (*telef.*), Gespräch mit Voranmeldung. 3 tassa di ~ (*telef.*), Benachrichtigungsgebühr (*f.*).
precamera (di mot. Diesel) (*mot.*), Vorkammer (*f.*). 2 motore a ~ (*mot.*), Vorkammermotor (*m.*).
precaricare (*mecc. - ecc.*), vorspannen, vorbelasten.
precaricato (*mecc. - ecc.*), vorgespannt, vorbelastet.
precarico (*mecc.*), Vorbelastung (*f.*), Vorspannung (*f.*). 2 ~ (sollecitazione media, semisomma delle sollecitazioni superiore ed inferiore, nelle prove di fatica) (*sc. costr.*), Mittelspannung (*f.*). 3 limite di ~ (di collegamenti a viti p. es.) (*macch.*), Vorspannungsgrenze (*f.*).
precedente (sopra citato) (*gen.*), vorstehend, weiter oben gesagt.
precedenza (*gen.*), Priorität (*f.*), Vorrang (*m.*). 2 ~ (*traff. strad.*), Vorfahrt (*f.*). 3 dare ~ (segnalazione di traffico, incrocio con strada avente diritto di precedenza) (*traff. strad.*), Vortritt geben!, Vorfahrt achten! 4 diritto di ~ (*traff. strad.*), Vorfahrtsrecht (*n.*). 5 diritto di ~ dalla destra (diritto di precedenza a chi proviene da destra) (*traff. strad.*), Rechtsvortritt (*m.*). 6 incrocio con strada con diritto di ~ (*traff. strad. - aut.*), Vorrangstrassenkreuzung (*f.*). 7 strada con diritto di ~ (*strad. - aut.*), Strasse mit Vorfahrtsrecht, Vorfahrtstrasse (*f.*).
precedere (*gen.*), vorlaufen.
precessione (*fis. - astr.*), Präzession (*f.*). 2 ~ (*macch. a vapore*), Voreilung (*f.*). 3 ~ lunisolare (*astr.*), Lunisolarpräzession (*f.*). 4 angolo di ~ (*macch. a vapore*), Voreilungswinkel (*m.*). 5 momento di ~ (nel moto di un corpo) (*fis. - aut. - ecc.*), Präzessionsmoment (*n.*). 6 vibrazione aeroelastica di ~ (di eliche, « whirl flutter ») (*aer.*), Präzessionsflattern (*n.*).
precipitabile (*chim.*), fällbar.
precipitante (agente) (*s. - chim.*), Niederschlagsmittel (*n.*), Fällungsmittel (*n.*).
precipitare (*chim.*), niederschlagen, ausfällen, fällen.
precipitato (*s. - chim.*), Niederschlag (*m.*), Ausfall (*m.*).
precipitatore (precipitante) (*chim.*), Niederschlagsmittel (*n.*), Fällungsmittel (*n.*). 2 ~ (filtro, per aria p. es.) (*app. - ecc.*), Filter (*m.*). 3 ~ elettrostatico (filtro elettrostatico) (*app. - ind.*), elektrostatischer Filter, Elektrofilter (*m.*).
precipitazione (*chim.*), Fällung (*f.*), Ausfällung (*f.*). 2 ~ (separazione) (*chim.*), Ausscheidung (*f.*). 3 ~ (atmosferica) (*meteor.*), Niederschlag (*m.*). 4 ~ (quantità precipitata) (*meteor.*), Niederschlagsmenge (*f.*). 5 ~ elettroforetica della vernice (*vn.*), elektrophoretische Lackabscheidung. 6 ~ elettrolitica (elettrodeposizione) (*chim.*), elektrolytische Fällung. 7 ~ elettrostatica (separazione elettrostatica) (*elett.*), elektrostatische Abscheidung. 8 rapporto tra ~ e deficit di saturazione (*meteor.*), N-S-Quotient (*m.*), Niederschlagshöhe-Sättigungsfehlbetrag-Quotient (*m.*).
precisione (*gen.*), Genauigkeit (*f.*), Präzision (*f.*). 2 ~ (esattezza d'una osservazione) (*strum.*), Gewicht (*n.*). 3 ~ di forma (*mecc.*), Formgenauigkeit (*f.*). 4 ~ di lavorazione (di una macch.) (*macch. - mecc.*), Arbeitsgenauigkeit (*f.*). 5 ~ dimensionale (*mecc. - ecc.*), Masshaltigkeit (*f.*), Massgenauigkeit (*f.*). 6 ~ di misurazione (*metrolog. - ecc.*), Messgenauigkeit (*f.*). 7 ~ d'indicazione (di uno strumento) (*app.*), Anzeigegenauigkeit (*f.*). 8 ~ di posizionamento (nelle macchine utensili a c/n) (*macch. ut.*), Positioniergenauigkeit (*f.*). 9 ~ di posizione (*mecc.*), Lagegenauigkeit (*f.*). 10 ~ di tiro (*artiglieria*), Treffsicherheit (*f.*). 11 classe di ~ (*strum.*), Genauigkeitsklasse (*f.*). 12 grado di ~ (*mecc.*), Genauigkeitsgrad (*m.*). 13 fucinatura di ~ (*fucinatura*), Genauschmieden (*n.*). 14 fusione di ~ (microfusione) (*fond.*), Genauigiessverfahren (*n.*). 15 lavoro di ~ (*lav.*), Feinarbeit (*f.*). 16 meccanica di ~ (meccanica fine) (*mecc.*), Feinmechanik (*f.*). 17 misura di ~ (*mecc. - ecc.*), Präzisionsmessung (*f.*). 18 strumento di ~ (*strum.*), Feinmessgerät (*n.*), Präzisionsinstrument (*n.*).
preciso (*gen.*), genau. 2 ~ (a misura) (*mecc.*), massgenau, massgerecht, masshaltig. 3 ~

(di registrazione p. es.) (*mecc. - ecc.*), fein, genau. 4 ~ (sterzo) (*aut.*), genau, exakt. 5 ~ (orologio), richtiggehend, genau.
precombustione (*com.*), Vorverbrennung (*f.*).
precompressione (del calcestruzzo) (*ed.*), Vorspannung (*f.*). 2 **pista di** ~ (per calcestruzzo) (*ed.*), Spannbett (*n.*).
precompresso (calcestruzzo) (*ed.*), vorgespannt. 2 **armatura per cemento** ~ (*ed.*), Spannbewehrung (*f.*).
precomprimere (calcestruzzo) (*ed.*), vorspannen.
precorsa (corsa dell'elettrodo supplementare a quella di lavoro, nella saldatura, dipendente dalla forma del pezzo) (*tecnol. mecc.*), Vorhub (*m.*).
predellino (*veic. - ferr.*), Tritt (*m.*), Fusstritt (*m.*), Trittbrett (*n.*).
predeterminare (prestabilire) (*gen.*), vorausbestimmen, vorherbestimmen.
predeterminato (*gen.*), vorbestimmt.
predispositore (*app. elettromecc.*), Voreinstellwerk (*n.*). 2 ~ (preimpostatore, nei comandi a programma) (*app. - tecnol. - elettromecc.*), Vorwähler (*m.*).
predisposto (app. od esecuzione p. es.) (*gen.*), vorbereitet, voreingestellt.
preenfasi (nella modulazione di frequenza dei trasmettitori ad onde ultracorte) (*elettronica*), Preemphasis (*f.*).
pre-essiccazione (asciugatura preliminare) (*ind. cuoio*), Abwelken (*n.*).
prefabbricare (*ed. - ecc.*), vorfertigen, vorfabrizieren.
prefabbricato (*a. - ed.*), vorfabriziert. 2 **casa prefabbricata** (*ed.*), vorfabriziertes Haus. 3 **costruzione con prefabbricati** (montati) (*ed.*), Montagebauweise (*f.*). 4 **elemento** ~ (*ed. - ecc.*), Fertigteil (*m.*). 5 **elemento** ~ **in cemento armato** (*ed.*), Betonfertigteil (*m.*).
prefabbricazione (*ed.*), Vorfabrikation (*f.*).
prefazione (introduzione) (*tip.*), Einleitung (*f.*), Vorrede (*f.*), Vorwort (*n.*). 2 **scrivere la** ~ (di un libro) (*tip.*), einleiten.
preferenza (*gen.*), Vorzug (*m.*), Priorität (*f.*).
preferenziale (*gen.*), vorzüglich. 2 **orientamento** ~ (direzione preferenziale, dei grani in lamiere p. es.) (*metall.*), Vorzugsrichtung (*f.*). 3 **serie** ~ (di numeri) (*mat.*), Auswahlreihe (*f.*).
prefettura (*amm.*), Präfektur (*f.*).
prefiltro (di un filtro a bagno d'olio p. es.) (*app. - mot. - ecc.*), Vorfilter (*m.*). 2 ~ **a ciclone** (*mot.*), Zyklon (*m.*). 3 ~ **dell'aria** (*app. - mot. - ecc.*), Luftvorreiniger (*m.*).
prefissato (prestabilito, predeterminato) (*gen.*), vorbestimmt.
prefisso (deca, mega, ecc.) (*mis. - ecc.*) Vorsatz (*m.*). 2 ~ (*telef.*), Kennzahl (*f.*). 3 ~ **urbano** (*telef.*), Ortskennzahl (*f.*). 4 **selettore di** ~ (selettore di centrale) (*telef.*), Amtswähler (*m.*).
preformare (sbozzare, abbozzare) (*tecnol.*), vorformen.
preformato (prodotto intermedio nella soffiatura p. es. di mat. plast.) (*s. - tecnol.*), Vorformling (*m.*).
pregiato (di alta qualità) (*gen.*), hochwertig.

2 ~ (ad alta resistenza, di acciaio) (*metall.*), hochwertig, hochfest.
pregiudicare (*gen.*), beeinträchtigen.
pregrippaggio (pregrippatura) (*mecc.*), Fressen mit Bildung schwacher Schweissrissen.
pregruppo (*telef.*), Vorgruppe (*f.*).
preimpostare (preregolare, predisporre) (*elettromecc. - ecc.*), voreinstellen.
preimpostatore (predispositore) (*app. elettromecc.*), Voreinstellwerk (*n.*). 2 ~ (predispositore, nei comandi a programma) (*app. - tecnol. - elettromecc.*), Vorwähler (*m.*).
preimpostazione (preregolazione, predisposizione) (*elettromecc. - ecc.*), Voreinstellung (*f.*).
preimpregnato (*s. - ind. chim.*), vedi prepreg.
preinserire (inserire a monte, un accessorio p. es.) (*macch. elett. - ecc.*), vorschalten.
prelazione (*leg.*), Vorkauf (*m.*). 2 **diritto di** ~ (*leg.*), Vorkaufsrecht (*n.*).
prelevamento (*gen.*), Entnahme (*f.*). 2 ~ (di denaro) (*finanz.*), Entnahme (*f.*), Abhebung (*f.*). 3 ~ **di campioni** (campionatura) (*comm.*), Probenentnahme (*f.*), Entnahme von Proben. 4 ~ **di campioni del minerale** (*min.*), Erzprobenentnahme (*f.*). 5 **buono di** ~ (dal magazzino) (*ind.*), Entnahmeschein (*m.*), Lagerschein (*m.*), Bezugsschein (*m.*).
prelevare (*gen.*), entnehmen. 2 ~ (campione p. es., nel controllo di qualità) (*tecnol. mecc.*), entnehmen. 3 ~ (denaro dalla banca) (*comm. - finanz.*), abheben, entnehmen. 4 ~ (corrente) (*elett.*), abgreifen, entnehmen, abnehmen.
prelievo (prelevamento) (*gen.*), Entnahme (*f.*). 2 ~ (di denaro) (*fianz.*), Abhebung (*f.*), Entnahme (*f.*). 3 ~ **dal magazzino** (disimmagazzinamento) (*ind.*), Auslagern (*n.*). 4 **buono di** ~ (*ind. - amm.*), Entnahmeschein (*m.*), Anforderungsschein (*m.*).
preliminare (*a. - gen.*), einleitend, Vor... 2 **calcolo** ~ (*mat.*), Vorkalkulation (*f.*). 3 **lavorazione** ~ (*mecc. - ecc.*), Vorbearbeitung (*f.*). 4 **prova** ~ (*tecnol.*), Vorversuch (*m.*), Vorprüfung (*f.*). 5 **trattamento** ~ (*tecnol.*), Vorbehandlung (*f.*).
prematuro (*gen.*), vorzeitig.
premere (*gen.*), drücken, abdrücken, niederdrücken. 2 ~ (il grilletto) (*arma da fuoco*), abziehen. 3 ~ **col piede** (calcare) (*gen.*), treten. 4 ~ **contro** (*gen.*), andrücken.
premessa (condizione preliminare) (*gen.*), Voraussetzung (*f.*).
premibaderna (premistoppa, premitreccia, pressatreccia, di un bossolo stoppato) (*mecc.*), Stopfbüchsenbrille (*f.*).
premibarra (pressore, d'una cesoia per billette) (*macch.*), Niederhalter (*m.*).
premilamiera (serralamiera, di una pressa) (*lav. lamiera*), Blechhalter (*m.*), Niederhalter (*m.*), Blechniederhalter (*m.*). 2 **imbutitura con** ~ (*lav. lamiera*), Ziehen mit Blechhaltung. 3 **imbutitura senza** ~ (imbutitura semplice) (*lav. lamiera*), Ziehen ohne Blechhaltung.
premilastra (premilamiera, di una pressa) (*lav. lamiera*), Blechhalter (*m.*), Niederhalter (*m.*).
premio (*gen.*), Prämie (*f.*). 2 ~ (assicurazione - ecc.), Prämie (*f.*). 3 ~ (*lav. - pers.*), Prämie

premiscelare

(f.), Zuschlag (m.). **4 ~** (guadagno superiore alla tariffa stabilita, nel lavoro a cottimo p. es.) (lav.), Überverdienst (m.). **5 ~ di anzianità** (lav. - pers.), Dienstalterszulage (f.), Treuprämie (f.). **6 ~ di assicurazione** (finanz.), Versicherungsbeitrag (m.), Prämie (f.). **7 ~ di esportazione** (comm.), Ausfuhrprämie (f.), Exportprämie (f.). **8 ~ di gruppo** (lav.), Gruppenprämie (f.). **9 ~ di operosità** (lav.), Sorgfaltprämie (f.), Mengenprämie (f.). **10 ~ di produttività** (ind.), Leistungsprämie (f.), Produktivitätsprämie (f.). **11 ~ di produzione** (lav.), Produktionsprämie (f.). **12 ~ di salvataggio** (nav.), Bergelohn (m.). **13 ~ di smobilitazione** (milit.), Dienstentlassungsgeld (n.). **14 ~ per buona utilizzazione** (d'un impianto) (lav.), Nutzungsprämie (f.). **15 ~ per la qualità** (supplemento al cottimo p. es.) (lav.), Güteprämie (f.). **16 ~ sul rendimento** (lav.), Leistungsprämie (f.). **17 Gran Premio** (aut. - sport), Grosser Preis.

premiscelare (gen.), vormischen.

premiscelatura (premiscelazione, del cemento p. es.) (mur. - ecc.), Vormischung (f.).

premistoppa (premitreccia, premibaderna, pressatreccia, di un bossolo stoppato) (mecc.), Stopfbüchsenbrille (f.). **2 ~** (bossolo stoppato) (mecc.), Stopfbüchse (f.).

premitreccia (premistoppa, premibaderna, pressatreccia) (mecc.), Stopfbüchsenbrille (f.). **2 ~** («premistoppa», bossolo stoppato) (mecc.), Stopfbüchse (f.). **3 ~** («stella morta», tra albero portaelica ed astuccio) (nav.), Stopfbüchse (f.).

pre-modifica (esecuzione pre-modifica) (dis. - ecc.), alte Ausführung.

pre-montaggio (montaggio preliminare) (ind.), Vormontage (f.).

prendere (gen.), nehmen. **2 ~ a bordo** (caricare; merci, ecc.) (trasp. - ecc.), übernehmen. **3 ~ contatto** (entrare in contatto) (gen.), Kontakt aufnehmen. **4 ~ il mare** (nav.), ausfahren. **5 ~ in considerazione** (gen.), berücksichtigen, in Berücksichtigung ziehen. **6 ~ in fondita** (incorporare all'atto della colata, una canna cilindro in un basamento di lega leggera p. es.) (fond. - mot.), eingiessen. **7 ~ le misure** (gen.), Masse abnehmen. **8 ~ nota** (gen.), anmerken. **9 ~ provvedimenti** (adottare delle misure) (gen.), Massnahmen treffen, Massnahmen ergreifen.

prenotare (una camera p. es.) (comm. - ecc.), reservieren, vorbestellen, bestellen. **2 ~** (un posto) (veic. - trasp.), belegen. **3 ~** (una comunicazione) (telef.), anmelden. **4 ~ un posto** (veic. - trasp. - ecc.), einen Platz belegen, einen Platz vorbestellen.

prenotazione (gen.), Vorbestellung (f.). **2 ~** (telefonica) (telef.), Anmeldung (f.). **3 ~** (di merce) (comm.), Vorverkauf (m.). **4 centro prenotazioni** (dei posti su aerei ecc.) (calc.), Platzereservierungszentrum (n.). **5 ~ (di) posti** (veic. - ecc.), Platzbelegung (f.), Platzvorbestellung (f.), Platzbuchung (f.). **6 fare una ~** (telef.), anmelden. **7 impianto ~ posti** (trasp. - calc.), Platzbuchungsanlage (f.). **8 linea di ~** (telef.), Meldeleitung (f.). **9 operatrice prenotazioni** (telef.), Meldebeamtin (f.). **10 ufficio prenotazioni** (telef.), Meldeamt (n.).

preparare (gen.), bereiten. **2 ~** (produrre, fabbricare) (ind.), herstellen, erzeugen. **3 ~** (allestire) (gen.), zurichten, ausrüsten. **4 ~** (allestire) (lav. macch. ut.), ausrüsten, einrichten, einstellen. **5 ~** (minerali) (min.), aufbereiten. **6 ~** (la malta) (ed.), anmachen. **7 ~** (un bilancio p. es.) (finanz. - ecc.), aufstellen. **8 ~ allo stiro** (sbozzare per lo stiro, al laminatoio sbozzatore p. es.) (fucinatura), vorrecken. **9 ~ la carica** (per un forno) (fond. - metall.), gattieren. **10 ~ per la coltivazione** (giacimenti) (min.), aufschliessen. **11 ~ una relazione** (ind.), einen Bericht erstatten, einen Bericht ausarbeiten. **12 ~ un bilancio preventivo** (preparare un budget) (finanz.), etatisieren.

prepararsi (gen.), sich vorbereiten, sich bareit machen. **2 ~ a qualche cosa** (gen.), zu etwas ansetzen. **3 ~ per l'atterraggio** (aer.), zur Landung ansetzen.

preparativo (gen.), Vorbereitung (f.).

preparato (a. - gen.), vorbereitet, bereitet. **2 ~** (s. - chim.), Präparat (n.). **3 ~** (vetrino, per microscopio) (ott.), Präparatenglas (n.).

preparatore (allestitore, addetto alla preparazione macchine) (lav. macch. ut.), Einrichter (m.).

preparazione (gen.), Vorbereitung (f.). **2 ~** (allestimento) (gen.), Zurichten (n.), Ausrüstung (f.). **3 ~** (allestimento) (lav. macch. ut.), Einrichtung (f.), Ausrüstung (f.). **4 ~** (di minerali) (min.), Aufbereitung (f.). **5 ~** (di una miniera) (min.), Vorrichtung (f.). **6 ~** (agric.), Gare (f.), Bodengare (f.). **7 ~** (chim.), Darstellung (f.). **8 ~ (dei) lavori** (organ. lav. - ind.), Arbeitsvorbereitung (f.), Fertigungsvorbereitung (f.). **9 ~ dei lembi** (nella saldatura) (tecnol. mecc.), Kantenvorbereiten (n.). **10 ~ dei lembi per la saldatura** (tecnol. mecc.), Schweissvorbereitung (f.). **11 ~ (dei) materiali** (ind.), Materialbereitstellung (f.). **12 ~ della carica** (per un forno) (fond. - metall.), Gattieren (n.), Gattierung (f.), Möllerung (f.). **13 ~ della lingottiera** (metall.), Kokillenhaltung (f.). **14 ~ del lavoro** (organ. lav.), Arbeitsvorbereitung (f.). **15 ~ del minerale** (min.), Erzaufbereitung (f.). **16 ~ macchina** (lav. macch. ut. - analisi tempi), Rüsten (n.). **17 ~ per lo stiro** (sbozzatura per lo stiro, al laminatoio sbozzatore p. es.) (fucinatura), Vorrecken (n.). **18 ~ per via secca** (di minerali) (min.), Trockenaufbereitung (f.). **19 ~ per via umida** (di minerali) (min.), Nassaufbereitung (f.), nasse Aufbereitung. **20 addetto alla ~** (macchine) (allestitore, preparatore) (lav. macch. ut.), Einrichter (m.). **21 reparto ~** (ind.), Einstellerei (f.). **22 stiratoio di ~** (macch. tess.), Vorstrecke (f.). **23 stiratura di ~** (ind. tess.), Vorstrecken (n.). **24 tempo di ~** (macchina) (analisi tempi), Rüstzeit (f.). **25 tempo di ~ aggiuntivo per fatica** (parte di tempo da aggiungere a compensazione della fatica) (cronotecnica), Rüsterholzeit (f.). **26 tempo di ~ aggiuntivo per imprevisti** (cronotecnica), Rüstverteilzeit (f.). **27 tempo di ~ base** (cronotecnica), Rüstgrundzeit (f.), regelmässige Rüst-

zeit. 28 tempo ~ (macchina) in minuti (*organ. lav. - lav. macch. ut.*), Rüst-Min. 29 tiro di ~ (*artiglieria*), Vorbereitungsfeuer (*n.*).
prepreg (preimpregnato, materia plastica rinforzata con resine, rinforzi, ed altro, pronta per lo stampaggio p. es.) (*ind. chim.*), Prepreg (*n.*), Harzmatte (*f.*).
preraffreddare (*gen.*), vorkühlen.
prerefrigeratore (*app.*), Vorkühler (*m.*).
preregolare (preimpostare) (*mecc. - ecc.*), voreinstellen.
preregolazione (preimpostazione) (*mecc. - ecc.*), Voreinstellung (*f.*).
preriscaldamento (*gen.*), Vorwärmen (*n.*). 2 ~ (di un mot. prima di metterlo sotto carico) (*mot.*), Erwärmung (*f.*). 3 ~ (di carrozze, durante l'inverno) (*ferr.*), Vorheizen (*n.*). 4 ~ dell'aria (*forno - ecc.*), Luftvorwärmung (*f.*).
preriscaldare (*gen.*), vorwärmen.
preriscaldatore (*cald. - ecc.*), Vorwärmer (*m.*), Erhitzer (*m.*). 2 ~ a gas combusti (economizzatore) (*cald.*), Abgasvorwärmer (*m.*), Economiser (*m.*). 3 ~ a superficie (*cald.*), Oberflächenvorwärmer (*m.*). 4 ~ a vapore di scarico (*cald.*), Abdampfvorwärmer (*m.*). 5 ~ d'aria (*cald. - ecc.*), Luftvorwärmer (*m.*). 6 ~ dell'acqua di alimento (preriscaldatore dell'acqua di alimentazione) (*cald.*), Speisewasservorwärmer (*m.*). 7 ~ dell'aria (*cald. - ecc*), Luftvorwärmer (*m*), Luvo (*m.*). 8 ~ dell'aria a compartimenti (di lamiera) (*comb.*), Taschenluftvorwärmer (*m.*). 9 ~ dell'aria di aspirazione (*mot.*), Ansaugluftvorwärmer (*m.*). 10 ~ dell'olio (*mot.*), Ölvorwärmeschlange (*f.*). 11 ~ del motore (*mot.*), Motoranwärmegerät (*n.*). 12 ~ del vento (ricuperatore) (*forno - metall.*), Winderhitzer (*m.*), Cowperapparat (*m.*). 13 ~ Webasto (*mot. - veic.*), Webasto-Vorwärmgerät (*n.*).
preriscaldo (preriscaldamento) (*gen.*), Vorwärmen (*n.*). 2 corsa di ~ (di una saldatrice di testa) (*tecnol. mecc.*), Vorwärmweg (*m.*). 3 sovrametallo di ~ (perdita di lunghezza per preriscaldo, nella saldatura di testa) (*tecnol. mecc.*), Vorwärmweg (*m.*), Vorvärmlängenverlust (*m.*). 4 tempo di ~ (nella saldatura) (*tecnol. mecc.*), Vorwärmzeit (*f.*).
prerivestito (acciaio, lamiera, ecc.) (*ind. metall. - ed. - ecc.*), vorbeschichtet.
prerompitore (di una carda) (*macch. tess.*), Vorreisser (*m.*), Briseur (*m.*).
presa (di corrente, per spina) (*app. elett.*), Steckdose (*f.*), Steckerbuchse (*f.*). 2 ~ (punto di presa o di allacciamento) (*elett.*), Abgreifpunkt (*m.*). 3 ~ (ingranamento di ruote dentate) (*mecc.*), Eingriff (*m.*), Kämmen (*n.*). 4 ~ (del calcestruzzo p. es.) (*mur. - ed.*), Abbindung (*f.*), Abbinden (*n.*), Erhärtung (*f.*). 5 ~ (di un adesivo) (*ind. chim.*), Abbinden (*n.*). 6 ~ (adesività) (*ind chim*), Klebrigkeit (*f.*). 7 ~ (di vapore p. es.) (*term.*), Anzapfen (*n.*). 8 ~ (ripresa) (*fot. - cinem.*), Aufnahme (*f.*). 9 ~ (dei cilindri) (*lamin.*), Packen (*n.*). 10 ~ (punto di presa) (*costr. idr.*), Entnahmestelle (*f.*). 11 ~ (serbatoio di raccolta, per acqua potabile p. es.) (*costr. idr.*), Wasserfassung (*f.*). 12 ~ (mordenza, di un pneumatico sul terreno p. es.) (*gen.*), Griffigkeit (*f.*). 13 ~ (di merci, a domicilio p. es.) (*trasp.*), Abholung (*f.*). 14 ~ a caldo (di un adesivo) (*ind. chim.*), Warmabbinden (*n.*). 15 ~ ad archetto (presa ad arco, da un filo aereo) (*veic. elett.*), Bügelstromabnehmer (*m.*), Gleitbügel (*m.*), Fahrdrahtbügel (*m.*). 16 ~ ad innesto (connettore ad innesto) (*elett.*), Steckvorrichtung (*f.*). 17 ~ a freddo (di un adesivo) (*ind. chim.*), Kaltabbinden (*n.*). 18 ~ a morsetto (da un cavo) (*elett.*), Anschlusszwinge (*f.*). 19 ~ a pantografo (*veic. elett.*), Pantograph (*m.*), Pantographenstromabnehmer (*m.*), Scherenstromabnehmer (*m.*). 20 ~ bipolare (*app. elett.*), zweipolige Steckdose. 21 ~ bloccabile (*elett.*), verriegelte Steckdose. 22 ~ centrale (*elett.*), Mittelentzapfung (*f.*). 23 ~ con interruttore incorporato (*elett.*), abschaltbare Steckdose. 24 ~ con messa a terra (presa controllata, con contatto di terra) (*app. elett.*), Schuko-Dose (*f.*), Schutzkontaktdose (*f.*). 25 ~ controllata (presa]di corrente] con contatto di terra) (*app. elett.*), Schuko-Steckdose (*f.*), Schutzkontakt-Steckdose (*f.*), Schuko-Dose (*f.*). 26 ~ d'acqua (*costr. idr.*), Wasserfassung (*f.*). 27 ~ da muro (presa da parete) (*app. elett.*), Wandsteckdose (*f.*), Wanddose (*f.*), Wandanschlussdose (*f.*). 28 ~ d'antenna (*radio*), Antennensteckdose (*f.*). 29 ~ da parete (presa da muro) (*app. elett.*), Wandsteckdose (*f.*), Wanddose (*f.*), Wandanschlussdose (*f.*). 30 ~ d'aria (di ventilazione) (*app. ed. - ecc.*), Belüftungshaube (*f.*). 31 ~ d'aria (per un carburatore, organo di presa dell'aria) (*mot.*), Ansaughutze (*f.*), Ansaugöffnung (*f.*). 32 ~ d'aria (di un motore, aspirazione dell'aria) (*mot. - aer.*), Luftansaugung (*f.*). 33 ~ d'aria (prima parte d'un reattore, osservando nella direzione del flusso) (*mot. a getto*), Einlauf (*m.*). 34 ~ d'aria a cerniera (di ventilazione) (*aut. - ecc.*), Luftklappe (*f.*). 35 ~ d'aria - diffusore (d'un motore a turbogetto) (*mot. a getto*), Einlaufdiffusor (*m.*). 36 ~ d'aria dinamica (organo di presa) (*mot.*), Luftfänger (*m.*), Stauhutze (*f.*). 37 ~ d'aria dinamica (sovralimentatore ad effetto dinamico) (*mot. - aut. - ecc.*), Staulader (*m.*), Staudrucklader (*m.*). 38 ~ d'aria per sommergibili (per lo scarico dei gas e la presa d'aria del motore di un sommergibile) (*mar. mil.*), Schnorchel (*m.*). 39 ~ d'aria per ventilazione (a cerniera) (*aut. - ecc.*), Luftklappe (*f.*). 40 ~ di antenna (*radio*), Antennensteckdose (*f.*). 41 ~ di corrente (da muro p. es. per attacco a spina) (*app. elett.*), Steckdose (*f.*), Anschlussdose (*f.*). 42 ~ di corrente (da filo aereo di contatto) (*veic. elett.*), Stromabnehmer (*m.*). 43 ~ di corrente ad archetto (*veic. elett.*), Bügelstromabnehmer (*m.*), Bügel (*m.*). 44 ~ di corrente ad asta («trolley») (*veic. elett.*), Stangenstromabnehmer (*m.*). 45 ~ di corrente a rotella (*veic. elett.*), Rollenstromabnehmer (*m.*). 46 ~ di corrente a spina (contatto ad innesto) (*elett.*), Steckkontakt (*m.*). 47 ~ di corrente con contatto di terra (presa controllata) (*app. elett.*), Schuko-Steckdose (*f.*), Schutzkontakt-Steckdose (*f.*). 48 ~ di cor-

presa

rente da incasso (*app. elett.*), Unterputz-Steckdose (*f.*). **49 ~ di corrente da muro** (*app. elett.*), Wandsteckdose (*f.*), Normalsteckdose (*f.*). **50 ~ di corrente da pavimento** (*app. elett.*), Fussbodensteckdose (*f.*). **51 ~ di corrente doppia** (*app. elett.*), Doppelsteckdose (*f.*). **52 ~ di corrente per filobus** (*veic. elett.*), Obusstromabnehmer (*m.*). **53 ~ di corrente per rimorchio** (*veic. - elett.*), Anhängersteckdose (*f.*). **54 ~ di corrente (sotto pavimento)** (in fabbricati industriali p. es.) (*elett. - ed.*), Unterflur-Anschluss (*m.*), Elektrant (*m.*). **55 ~ di corrente tripla** (su spina, presa tripla ad innesto) (*app. elett.*), Dreifachsteckdose (*f.*), Dreiwegesteckdose (*f.*). **56 ~ di forza** (presa di moto) (*mecc. - mot. - ecc.*), Abtrieb (*m.*), Nebenantrieb (*m.*). **57 ~ di forza** (presa di moto, per il comando di accessori) (*mecc. - mot.*), Nebenantrieb (*m.*). **58 ~ di forza** (albero di presa di moto, presa di movimento) (*mecc.*), Zapfwelle (*f.*). **59 ~ di forza anteriore** (di un motore, per azionare gli accessori) (*mot.*), Frontabtrieb (*m.*). **60 ~ di moto** (presa di forza) (*mecc. - mot. - ecc.*), Abtrieb (*m.*), Nebenantrieb (*m.*). **61 ~ di moto** (presa di forza, per il comando di accessori) (*mecc. - mot.*), Nebenantrieb (*m.*). **62 ~ di moto** (albero di presa di forza, da un trattore p. es.) (*mecc.*), Zapfwelle (*f.*). **63 ~ di moto anteriore** (di un motore, per azionare gli accessori) (*mot.*), Frontabtrieb (*m.*). **64 ~ dinamica manometrica** (presa pressostatica, presa per pitometro) (*strum. aer.*), dynamische Druckmessöffnung. **65 ~ di posizione** (*gen.*), Stellungnahme (*f.*). **66 ~ diretta** (accoppiamento diretto, senza riduttore intermedio p. es.) (*mecc.*), Direktkupplung (*f.*). **67 ~ diretta** (di un cambio di velocità) (*aut.*), unmittelbarer Gang, direkter Gang. **68 ~ di sezionamento** (*elett.*), Trennbuchse (*f.*). **69 ~ di terra** (*elett.*), Erdung (*f.*), Erder (*m.*). **70 ~ di terra** (contrappeso, dell'antenna) (*radio*), Erdplatte (*f.*), Gegengewicht (*n.*). **71 ~ di terra** (di un parafulmine) (*elett. - ed.*), Erdeinführung (*f.*). **72 ~ di terra a nastro** (*elett.*), Banderder (*m.*). **73 ~ di terra a piastra** (piastra per messa a terra) (*elett.*), Erdplatte (*f.*). **74 ~ di terra a stella** (dispersore a stella) (*elett.*), Strahlenerder (*m.*). **75 ~ di terra in tubo metallico** (dispersore in tubo metallico) (*elett.*), Rohrerder (*m.*). **76 ~ di tre quarti** (*fot. - cinem.*), Schrägaufnahme (*f.*). **77 ~ di uscita** (*radio - ecc.*), Ausgabebuchse (*f.*), Auskoppelbuchse (*f.*). **78 ~ di operatrice** (presa telefonica, «jack») (*telef.*), Anschalter (*m.*), Anschaltklinke (*f.*). **79 ~ intermedia** (derivazione) (*elett.*), Anzapfung (*f.*). **80 ~ intermedia del vapore** (di una turbina) (*macch.*), Zwischendampfentnahme (*f.*). **81 ~ jack** (presa per spina a banana) (*elett.*), Bananenbuchse (*f.*), Banansteckerbuchse (*f.*). **82 ~ multipla** (*app. elett.*), Vielfachsteckdose (*f.*), Vielfachdose (*f.*). **83 ~ per filodiffusione** (*radio*), Drahtfunk-Anschaltdose (*f.*), DDa. **84 ~ per pitometro** (presa pressostatica, presa dinamica manometrica) (*aer.*), dynamische Druckmessöffnung. **85 ~ per spina a banana** (presa jack) (*elett.*), Bananenbuchse (*f.*), Banansteckerbuchse (*f.*). **86 ~ per telecomunicazioni** (*elett. - ecc.*), Fernmeldesteckdose (*f.*). **87 ~ pressostatica** (presa dinamica manometrica, presa per pitometro) (*aer.*), dynamische Druckmessöffnung. **88 ~ scorrevole** (su resistore variabile) (*elett.*), Schelle (*f.*), Schleifkontakt (*m.*). **89 ~ telefonica** (*telef.*), Klinke (*f.*), Anschaltklinke (*f.*). **90 ~ tripla ad innesto** (presa di corrente triplice su spina) (*elett.*), Dreifachstecker (*m.*), Dreiwegstecker (*m.*). **91 accelerante della ~** (per cemento p. es.) (*ed.*), Abbindebeschleuniger (*m.*). **92 a lenta ~** (*mur.*), langsambindend. **93 angolo di ~** (nella laminazione) (*metall.*), Greifwinkel (*m.*). **94 a ~ centrale** (*elett.*), mittel abgezapft. **95 a ~ rapida** (cemento) (*mur.*), schnellabbindend, raschbindend. **96 archetto per ~ di corrente** (*veic. elett.*), Scromabnehmerbügel (*m.*). **97 asta per ~ di corrente** (*veic. elett.*), Stromabnehmerstange (*f.*). **98 blocchetto (isolante) portaprese** (*elett.*), Steckbüchsenwürfel (*m.*), Buchsenwürfel (*m.*). **99 contattore di ~** (*elett.*), Anzapfschütz (*m.*). **100 durata della ~** (del cemento) (*mur.*), Abbindezeit (*f.*). **101 far ~** (*mur.*), abbinden, erhärten. **102 far ~ all'aria** (*mur.*), an der Luft erhärten. **103 galleria di ~** (*costr. idr.*), Entnahmestollen (*m.*). **104 imbuto di ~** (di un pozzo) (*costr. idr.*), Entnahmetrichter (*m.*). **105 legante a ~ rapida** (*ed.*), Schnellstarrer (*m.*). **106 macchina da ~** (*cinem.*), Aufnahmeapparat (*m.*), Aufnahmekamera (*f.*). **107 mezzo di ~** (del carico, appeso sul gancio della gru p. es.) (*trasp. ind.*), Gehänge (*n.*). **108 opera di ~** (di un bacino idroelettrico) (*costr. idr.*), Entnahmebauwerk (*n.*), Einlaufbauwerk (*n.*). **109 opera di ~** (d'una centrale idroelettrica) (*idr.*), Wasserfassung (*f.*). **110 organo di ~** (di corrente) (*elett.*), Stromabnehmer (*n.*), Abnehmer (*m.*). **111 ottica da ~** (di una macchina da presa) (*cinem.*), Aufnahmeoptik (*f.*). **112 pannello di prese** (pannello di connessione, a spine) (*elett.*), Steckbrett (*n.*), Stecktafel (*f.*), Steckbuchsenfeld (*n.*), Buchsenfeld (*n.*). **113 potenziometro a prese** (*elett.*), Anzapfpotentiometer (*n.*). **114 punto di ~** (punto di derivazione) (*elett.*), Anzapfpunkt (*m.*). **115 regolatore del tempo di ~** (del calcestruzzo) (*ed.*), Abbindezeitregler (*m.*). **116 ritardante della ~** (additivo per calcestruzzo) (*ed.*), Erstarrungsverzögerer (*m.*), Abbindeverzögerer (*m.*). **117 ritiro durante la ~** (del calcestruzzo) (*mur.*), Trocknungsschrumpfung (*f.*), Erhärtungsschwindung (*f.*). **118 rotella per ~ di corrente** (*veic. elett.*), Stromabnehmerrolle (*f.*). **119 striscia di prese ad innesto** (striscia di prese a spina) (*elett.*), Steckerleiste (*f.*), Steckbuchsenleiste (*f.*), Buchsenleiste (*f.*), Buchsenstreifen (*m.*). **120 tempo di ~** (durata della presa, del cemento) (*mur.*), Abbindezeit (*f.*). **121 torre di ~** (emissario, per prelevare acqua motrice da un bacino artificiale) (*costr. idr.*), Entnahmeturm (*m.*), Einlaufturm (*m.*). **122 tubazione di ~** (emissario) (*idr.*), Entnahmeleitung (*f.*).

presaldato (*tecnol.*), vorgeschweisst. **2 spallamento ~** (d'una flangia) (*mecc.*), Vorschweissbund (*m.*).

presbiopia (*ott.*), Weitsichtigkeit (*f.*), Übersichtigkeit (*f.*).
presbite (*a. - ott.*), weitsichtig, fernsichtig.
presbiterio (di una chiesa) (*arch.*), Presbyterium (*n.*).
prescritto (*gen.*), vorgeschrieben.
prescrivere (ordinare per iscritto) (*med.*), verschreiben.
prescrizione (norma, disposizione) (*comm. - ecc.*), Bestimmung (*f.*), Vorschrift (*f.*). 2 ~ (*leg.*), Verjährung (*f.*). 3 ~ (medica p. es.) (*med. - ecc.*), Verschreibung (*f.*). 4 ~ **di collaudo** (prescrizione di prova) (*tecnol.*), Prüfbestimmung (*f.*), Prüfungsvorschrift (*f.*), Abnahmevorschrift (*f.*). 5 **prescrizioni di lubrificazione** (istruzioni di lubrificazione) (*macch. ut.*), Schmieranweisung (*f.*). 6 ~ **di prova** (prescrizione di collaudo) (*tecnol.*), Prüfbestimmung (*f.*), Prüfungsvorschrift (*f.*). 7 ~ **inasprita** (*gen.*), verschärfte Vorschrift. 8 ~ **medica** (ricetta) (*med. - ecc.*), Arzneivorschrift (*f.*). 9 ~ **sull'uso** (*gen.*), Benutzungsvorschrift (*f.*), Gebrauchsvorschrift (*f.*).
preselettore (*telef. - ecc.*), Vorwähler (*m.*). 2 ~ **a coordinate** (preselettore crossbar, preselettore a sbarre incrociate) (*telef. - ecc.*), Koordinatenvorwähler (*m.*), Kreuzschienenwähler (*m.*), Crossbarwähler (*m.*). 3 ~ **a sbarre incrociate** (preselettore crossbar, preselettore a coordinate) (*telef. - ecc.*), Kreuzschienenwähler (*m.*), Crossbarwähler (*m.*). 4 ~ **crossbar** (preselettore a coordinate, preselettore a sbarre incrociate) (*telef. - ecc.*), Crossbarwähler (*m.*), Koordinatenvorwähler (*m.*), Kreuzschienenwähler (*m.*). 5 ~ **delle marce** (*veic. - aut. - mecc.*), Gangvorwähler (*m.*). 6 ~ **memorizzatore** (di frequenza) (*radio - telev. - ecc.*), Memomatik (*f.*). 7 **cambio a** ~ (*mot.*), Vorwählgetriebe (*n.*).
preselezione (*telef. - ecc.*), Vorwählung (*f.*), Vorwahl (*f.*). 2 ~ **del blocco** (*elab. dati - macch. ut. c/n*), Satzvorwahl (*f.*). 3 **comando a** ~ (*macch. - ecc.*), Vorwählsteuerung (*f.*).
presella (cianfrino) (*ut.*), Stemmeissel (*m.*), Stemmsetze (*f.*).
presellare (cianfrinare, lamiere) (*tecnol. mecc.*), stemmen.
presellatura (cianfrinatura, di lamiere p. es.) (*tecnol. mecc.*), Stemmen (*n.*), Stemmarbeit (*f.*). 2 ~ **a mano** (*tecnol. mecc.*), Handstemmen (*n.*). 3 ~ **pneumatica** (*tecnol. mecc.*), pneumatisches Stemmen.
presentare (*gen.*), präsentieren. 2 ~ (sottoporre, dare in visione) (*gen.*), vorlegen, zeigen. 3 ~ (un'offerta p. es.) (*comm.*), einreichen. 4 ~ (esibire, un nuovo prodotto p. es.) (*comm.*), vorführen, aufweisen, vorweisen, vorzeigen. 5 ~ (un programma) (*radio*), ansagen. 6 ~ (una proposta p. es.) (*gen.*), einbringen. 7 ~ (un candidato) (*gen.*), aufstellen. 8 ~ **domanda** (per brevetto p. es.) (*leg.*), anmelden. 9 ~ **domanda di brevetto** (*leg.*), ein Patent anmelden. 10 ~ **per l'incasso** (*finanz.*), zur Zahlung präsentieren. 11 ~ **una persona** (*gen.*), vorstellen.
presentarsi (*gen.*), sich melden, sich vorstellen.
presentatore (*pers. radio*), Ansager (*m.*).
presentazione (*gen.*), Präsentation (*f.*). 2 ~ (di un progetto p. es.) (*gen.*), Vorlage (*f.*), Vorlegen (*n.*). 3 ~ (inoltro, di una domanda, di un'offerta p. es.) (*comm.*), Einreichung (*f.*). 4 ~ (di un nuovo prodotto p. es.) (*ind. comm.*), Vorführung (*f.*). 5 ~ (di un film) (*cinem.*), Vorspann (*m.*). 6 ~ **di campioni** (*comm.*), Bemusterung (*f.*). 7 ~ **obbligatoria** (dei disoccupati p. es.) (*lav.*), Meldepflicht (*f.*). 8 ~ **per l'incasso** (*finanz.*), Präsentation zur Zahlung. 9 **termine di** ~ (scadenza di presentazione, di un'offerta p. es.) (*comm. - ecc.*), Einreichungsfrist (*f.*).
presente (*gen.*), anwesend. 2 **al** ~ (attualmente) (*gen.*), zur Zeit, z.Z., z.Zt. 3 **i presenti** (le persone presenti) (*pl. - gen.*), die Anwesende (*pl.*).
presenza (*pers. - lav. - ecc.*), Anwesenheit (*f.*).
pre-serie (serie di avviamento, nella produzione di un nuovo modello p. es.) (*ind.*), Vorserie (*f.*).
preservazione (conservazione, trattamento di preservazione, del legno p. es.) (*ed. - ecc.*), Haltbarmachung (*f.*), Konservierung (*f.*). 2 **trattamento di** ~ (conservazione, del legno p. es.) (*ed. - ecc.*), Haltbarmachung (*f.*).
preside (di una scuola) (*scuola*), Leiter (*m.*).
presidente (di riunione, convegno, ecc.) (*finanz. - ind.*), Vorsitzender (*m.*). 2 ~ (di una società, ecc.) (*finanz. - ecc.*), Präsident (*m.*). 3 ~ **della giuria** (capo dei giurati) (*leg.*), Geschworenenobmann (*m.*). 4 ~ **del seggio elettorale** (*politica - ecc.*), Wahlvorsteher (*m.*). 5 ~ **onorario** (*gen.*), Ehrenpräsident (*m.*).
presidenza (*finanz. - ind.*), Vorsitz (*m.*).
presidiato (con personale di servizio, una stazione radio p. es.) (*radio - ecc.*), bemannt. 2 **non** ~ (senza personale) (*gen.*), unbemannt, unbedient.
presidio (*milit.*), Besatzung (*f.*), Besatzungstruppen (*f. pl.*).
presiedere (un'assemblea) (*finanz. - ecc.*), den Vorsitz führen.
presincronizzatore (*app.*), Vorsynchronisiereinrichtung (*f.*). 2 **impulso** ~ (*telev.*), Vortrabant (*m.*).
presincronizzazione (*cinem.*), Vorsynchronisation (*f.*), Vortonung (*f.*).
presinterazione (presinterizzazione) (*metall.*), Vorsintern (*n.*).
preso (*gen.*), genommen. 2 ~ (prelevato, tensione) (*elett.*), abgegriffen. 3 ~ **in fondita** (incorporato durante la colata, detto p. es. della canna cilindro in un basamento di lega leggera) (*fond. - mot. - aut.*), eingegossen.
presoffiaggio (*metall.*), Vorblasen (*n.*).
pressa (*macch.*), Presse (*f.*). 2 ~ **a bilanciere** (pressa a vite, pressa a frizione) (*macch.*), Friktionspresse (*f.*), Reibspindelpresse (*f.*), Balancierpresse (*f.*). 3 ~ **a braccio** (*macch.*), Hornpresse (*f.*). 4 ~ **a collo di cigno** (pressa monomontante, pressa frontale) (*macch.*), ausladende Presse, Ständerpresse (*f.*), einhüftige Presse, C-Gestellpresse (*f.*). 5 ~ **a cuneo** (pressa forgiatrice p. es.) (*macch.*), Keilpresse (*f.*). 6 ~ **ad alta velocità** (*macch.*), Schnelläuferpresse (*f.*). 7 ~ **ad aria compressa** (pressa pneumatica) (*macch.*), Luftpresse (*f.*). 8 ~ **ad eccentrico** (*macch.*), Exzenterpresse (*f.*). 9 ~ **ad eccentrico a**

pressa

due montanti (*macch.*), Doppelständer-Exzenterpresse (*f.*), Zweiständer-Exzenterpresse (*f.*). **10 ~ ad eccentrico ad un montante** (*macch.*), Einständer-Exzenterpresse (*f.*). **11 ~ ad eccentrico inclinabile** (*macch.*), neigbare Exzenterpresse. **12 ~ ad incastellatura mobile** (*macch.*), Laufrahmenpresse (*f.*). **13 ~ a doppio effetto** (*macch.*), doppeltwirkende Presse. **14 ~ a due matrici** (per estrusione) (*macch.*), Zweimatrizenpresse (*f.*). **15 ~ a due montanti** (*macch.*), Doppelständerpresse (*f.*), Zweiständerpresse (*f.*). **16 ~ a due punti** (in cui la trasmissione applica le forze in due punti) (*macch.*), Zweipunktpresse (*f.*). **17 ~ ad un montante** (pressa monomontante, pressa a collo di cigno) (*macch.*), Einständerpresse (*f.*), einhüftige Presse, Ständerpresse (*f.*), ausladende Presse. **18 ~ a frizione** (pressa a bilanciere, pressa a vite) (*macch.*), Friktionspresse (*f.*). Reibspindelpresse (*f.*). **19 ~ a frizione Vincent** (la cui corsa utile è diretta verso l'alto) (*macch.*), Vincentpresse (*f.*). **20 ~ a ginocchiera** (*macch.*), Kniegelenkpresse (*f.*), Kniehebelpresse (*f.*). **21 ~ a ginocchiera per imbutitura** (*macch.*), Kniehebelziehpresse (*f.*). **22 ~ a giostra** (per mater. plast. p. es.) (*macch.*), Rundläufer-Presse (*f.*), Karussell-Presse (*f.*). **23 ~ allargatubi** (*macch.*), Rohraufweitepresse (*f.*). **24 ~ a manovella** (*macch.*), Kurbelpresse (*f.*). **25 ~ a manovella per imbutitura** (*macch.*), Kurbelziehpresse (*f.*). **26 ~ a pedale** (*macch.*), Fusspresse (*f.*). **27 ~ a percussione** (*macch.*), Schlagpresse (*f.*). **28 ~ a più piastre sovrapposte** (per lavoraz. di mat. plastici p. es.) (*macch.*), Etagenpresse (*f.*). **29 ~ a quattro punti** (in cui le forze sullo slittone sono applicate in quattro punti) (*macch.*), Vierpunktpresse (*f.*). **30 ~ a riscaldamento conduttivo** (per carta, cartone e cellulosa) (*macch.*), Trockenpresse (*f.*). **31 ~ a semplice effetto** (*macch.*), einfachwirkende Presse. **32 ~ a tavola mobile** (*macch.*), Presse mit beweglichem Tisch. **33 ~ a tavola regolabile** (*macch.*), Presse mit verstellbarem Tisch. **34 ~ a tavola rotante** (*macch.*), Revolverpresse (*f.*), Drehtischpresse (*f.*). **35 ~ a trasferta** (pressa progressiva, per l'esecuzione contemporanea di più operazioni in più stampi) (*macch.*), Stufenpresse (*f.*), Folgepresse (*f.*). **36 ~ a trasferta per imbutitura** (pressa a più stazioni per l'esecuzione di più operazioni contemporanee su una macchina) (*macch.*), Stufenziehpresse (*f.*). **37 ~ a triplo effetto** (con due slittoni discendenti ed uno ascendente) (*macch.*), dreifachwirkende Presse. **38 ~ automatica** (per lavorazione della lamiera) (*macch.*), Stanzautomat (*m.*). **39 ~ automatica** (per lavorazione di mater. plast.) (*macch.*), Pressautomat (*m.*). **40 ~ a vite** (bilanciere) (*macch.*), Spindelpresse (*f.*), Schraubenpresse (*f.*), Reibspindelpresse (*f.*). **41 ~ a vite a frizione** (pressa a bilanciere, pressa a frizione) (*macch.*), Friktionspresse (*f.*), Reibspindelpresse (*f.*). **42 ~ a vite a frizione a due montanti** (bilanciere a frizione a due montanti) (*macch.*), Zweisäulen-Friktionsspindelpresse (*f.*). **43 ~ a zig-zag** (per tranciare sviluppi contigui spostati in modo da ottenere una buona utilizzazione del foglio di lamiera) (*macch. lav. lamiera*), Zickzackpresse (*f.*). **44 ~ azionata dal basso** (*macch.*), Unterantriebs-Presse (*f.*). **45 ~ bombatrice** (pressa centinatrice) (*macch.*), Kümpelpresse (*f.*). **46 ~ bordatrice** (*macch.*), Kümpelpresse (*f.*), Bördelmaschine (*f.*). **47 ~ centinatrice** (pressa bombatrice) (*macch.*), Kümpelpresse (*f.*). **48 ~ con alimentazione a caricatore** (*macch.*), Presse mit Magazin-Zuführungsvorrichtung. **49 ~ (con cilindro) sottopavimento** (per fucinatura libera) (*macch.*), Unterflur-Presse (*f.*). **50 ~ con piani riscaldati** (*macch.*), Heizplattenpresse (*f.*). **51 ~ eccentrica inclinabile** (*macch.*), schwenkbare Exzenterpresse. **52 ~ essiccatrice** (*macch. - ind. cuoio*), Abwelkpresse (*f.*). **53 ~ frontale** (pressa a collo di cigno, pressa monomontante) (*macch.*), ausladende Presse, Ständerpresse (*f.*), einhüftige Presse, Presse mit C-förmigem Gestell. **54 ~ idraulica** (*macch.*), hydraulische Presse. **55 ~ imballatrice** (*macch.*), Bündelpresse (*f.*). **56 ~ inclinabile** (*macch.*), schräg verstellbare Presse, Schrägpresse (*f.*), neigbare Presse, Kipp-Presse (*f.*). **57 ~ intagliatrice** (per lav. di lamiere) (*macch.*), Ausklinkmaschine (*f.*). **58 ~ litografica** (*macch. per stampa*), Steindruckpresse (*f.*). **59 ~ meccanica** (*macch.*), mechanische Presse. **60 ~ (meccanica) ad albero trasversale** (*macch.*), Querwellenpresse (*f.*). **61 ~ monomontante** (pressa frontale, pressa a collo di cigno) (*macch.*), Einständerpresse (*f.*), Ständerpresse (*f.*), einhüftige Presse, ausladende Presse, C-Gestell-Presse (*f.*). **~ 62 ~ monomontante ad eccentrico** (*macch.*), Einständer-Exzenterpresse (*f.*). **63 ~ multipla** (*macch.*), Mehrstempelpresse (*f.*). **64 ~ per balle** (*macch.*), Ballenpresse (*f.*). **65 ~ per calibrare** (*macch. fucinatura*), Kalibrierpresse (*f.*). **66 ~ per coniare** (*macch.*), Prägepresse (*f.*). **67 ~ per coniare monete** (*macch.*), Münzprägemaschine (*f.*). **68 ~ per curvare rotaie** (*macch.*), Schienenbiegepresse (*f.*). **69 ~ per dorare** (*macch.*), Vergoldepresse (*f.*). **70 ~ per estrudere** (pressa per estrusione) (*macch.*), Strangpresse (*f.*), Spritzpresse (*f.*). **71 ~ per estrudere a vitone** (*macch.*), Strangpresse mit Schnecke. **72 ~ per estrusione dinamica** (macchina per estrusione dinamica) (*macch.*), Schlagstrangpresse (*f.*). **73 ~ per estrusione (diretta) della guaina su cavi** (*macch.*), Kabelmantelpresse (*f.*). **74 ~ per fucinatura** (*macch.*), Schmiedepresse (*f.*). **75 ~ per fucinatura (a stampo)** (*macch. fucinatura*), Gesenkschmiedepresse (*f.*). **76 ~ per goffrare** (*legatoria - macch.*), Prägepresse (*f.*). **77 ~ per il montaggio di cerchioni** (pressa per calzare cerchioni) (*macch.*), Reifenaufziehpresse (*f.*). **78 ~ per imbutitura** (*macch. lav. lamiera*), Ziehpresse (*f.*). **79 ~ per imbutitura a doppia manovella** (*macch. lav. lamiera*), Breitziehpresse (*f.*). **80 ~ per imbutitura profonda** (*macch. lav. lamiera*), Tiefziehpresse (*f.*). **81 ~ per impiallacciature** (pressa per impiallacciare) (*macch.*), Furnierpresse (*f.*). **82 ~ per improntatura** (*macch.*), Einsenkpresse (*f.*). **83 ~ per inchiostri** (*tip. - macch.*),

Farbpresse (f.). **84 ~ per la stampa** (torchio) (*macch. p. stampa*), Druckerpresse (f.). **85 ~ per lievito** (*birreria*), Hefepresse (f.). **86 ~ per lucidatura** (*macch. tess.*), Glanzpresse (f.). **87 ~ per mattonelle** (pressa per bricchetti) (*macch.*), Brikettpresse (f.). **88 ~ per mattoni** (mattoniera) (*macch. ed.*), Ziegelpresse (f.), Steinpresse (f.). **89 ~ per montaggio di ruote** (*macch. ferr.*), Räderaufziehpresse (f.). **90 ~ per ondulare** (*macch. lav. lamiera*), Wellenpresse (f.). **91 ~ per paglia** (pressapaglia) (*macch.*), Strohpresse (f.). **92 ~ per piastrelle** (*macch. ed.*), Plattenpresse (f.). **93 ~ per piegare** (*macch.*), Biegepresse (f.). **94 ~ per piegare corazze** (*macch.*), Panzerbiegepresse (f.). **95 ~ per piegatura** (pressa piegatrice) (*macch.*), Biegepresse (f.). **96 ~ per provare stampi** (*macch. lav. lamiera*), Tuschierpresse (f.). **97 ~ per raddrizzare** (per tubi, alberi ecc.) (*macch.*), Richtpresse (f.). **98 ~ per rifilatura** (pressa per tranciatura del contorno) (*macch. lav. lamiera*), Beschneidemaschine (f.). **99 ~ per rivestire elettrodi da saldatura** (*macch.*), Schweisselektroden-Umhüllungspresse (f.). **100 ~ per sbavare** (pressa sbavatrice) (*macch. fucinatura*), Abgratpresse (f.). **101 ~ per sbavatura ad eccentrico** (pressa sbavatrice ad eccentrico) (*macch.*), Exzenterabgratpresse (f.). **102 ~ per sbozzare** (pressa sbozzatrice) (*macch. fucin.*), Vorformpresse (f.). **103 ~ per stampaggio** (*macch. fucinatura*), Gesenkpresse (f.). **104 ~ per stampa in rilievo** (pressa per goffrare) (*macch. per stampa*), Prägepresse (f.). **105 ~ per stampare** (torchio) (*macch. tip.*), Druckpresse (f.). **106 ~ per stirare** (stiratrice meccanica, per tessuti, indumenti) (*macch.*), Bügelpresse (f.). **107 ~ per telai** (di autoveicoli) (*macch. aut.*), Rahmenpresse (f.). **108 ~ per tempra** (*macch. tratt. term.*), Härtepresse (f.). **109 ~ per tranciare** (pressa per tranciatura) (*macch. lav. lamiera*), Schnittpresse (f.). **110 ~ per tranciare** (le colate, montanti, bave ecc.) (*macch. fond.*), Knacker (m.), Abgratpresse (f.). **111 ~ per tranciatura del contorno** (pressa per rifilatura) (*macch. lav. lamiera*), Beschneidemaschine (f.), Beschneidepresse (f.). **112 ~ per trucioli** (*macch.*), Spänepresse (f.). **113 ~ per vulcanizzazione** (*macch.*), Vulkanisierpresse (f.). **114 ~ piegatrice** (pressa per piegatura) (*macch.*), Biegepresse (f.). **115 ~ pneumatica** (pressa ad aria compressa) (*macch.*), Luftpresse (f.). **116 ~ progressiva** (pressa a trasferta) (*macch.*), Stufenpresse (f.), Folgepresse (f.). **117 ~ provastampi** (pressa per provare stampi) (*macch. lav. lamiera*), Tuschierpresse (f.). **118 ~ raddrizzatrice** (*macch.*), Richtpresse (f.). **119 ~ raddrizzatrice e piegatrice** (*macch.*), Richt- und Biegepresse (f.). **120 ~ sbavatrice** (pressa per sbavare) (*macch.*), Abgratpresse (f.). **121 ~ sbozzatrice** (pressa per sbozzare) (*macch. fucin.*), Vorformpresse (f.). **122 ~ spremifrutta** (*macch.*), Scheidepresse (f.), Fruchtpresse (f.). **123 ~ tranciatrice** (tranciatrice) (*macch.*), Schneidpresse (f.), Schnittpresse (f.). **124 ~ umida** (*macch. - mft. carta*), Nasspresse (f.). **125 presse umide** (*macch. - carta*), Feuchtglättwerk (n.), Feuchtpresse (f.). **126 ~ Vincent** (pressa a frizione a vite Vincent, il cui slittone viene azionato verso l'alto) (*macch.*), Vincentpresse (f.). **127 officina presse** (*lav. lamiera - ecc.*), Presswerk (n.). **128 parte presse** (d'una macchina per carta) (*macch.*), Pressenpartie (f.). **129 tavola della ~** (*macch.*), Pressentisch (m.).

pressalamiera (premilamiera) (*lav. dei metalli*), Blechniederhalter (m.), Niederhalter (m.), Blechhalter (m.).

pressante (urgente) (*gen.*), dringend, dringlich.

pressapaglia (pressa per paglia) (*macch. agric.*), Strohpresse (f.).

pressare (polveri, mattonelle, ecc.) (*tecnol.*), pressen. **2 ~** (un corpo cavo, provare a pressione la tenuta) (*fond. - ecc.*), abdrücken, drücken, abpressen, mit Presswasser prüfen. **3 ~** (provare a pressione, una caldaia p. es.) (*cald. - ecc.*), abdrücken.

pressatreccia (premistoppa, premitreccia, premibaderna) (*mecc.*), Stopfbüchsenbrille (f.).

pressatrice (pressa) (*macch.*), Presse (f.). **2 ~ per fieno** (*macch. agric.*), Heupresse (f.).

pressatura (di polveri, mattonelle, ecc.) (*tecnol.*), Pressen (n.), Abpressung (f.). **2 ~** (prova di pressatura, prova idraulica, di getti p. es.) (*tecnol. mecc.*), Wasserdruckprobe (f.), Abdruckversuch (m.), Innendruckversuch (m.). **3 macchina per la ~ di tubi** (macchina provatubi a pressione) (*macch.*), Rohrprüfpresse (f.). **4 prova di ~** (prova idraulica, per corpi cavi) (*tecnol. mecc.*), Innendruckversuch (m.), Abdruckversuch (m.), Wasserdruckprobe (f.).

pressione (*fis.*), Druck (m.). **2 ~ acustica** (pressione esercitata su un corpo solido da onde sonore) (*acus.*), Schalldruck (m.). **3 ~ all'entrata** (del regolatore della pressione del gas di città) (*riscald. - ecc.*), Vordruck (m.). **4 ~ ambiente** (*mot. - ecc.*), Umgebungsdruck (m.). **5 ~ a monte** (pressione nella presa a monte, di un apparecchio di strozzamento) (*idr.*), Plusdruck (m.). **6 ~ assoluta** (*fis.*), absoluter Druck. **7 ~ atmosferica** (*fis. - ecc.*), atmosphärischer Druck, Luftdruck (m.). **8 ~ a valle** (pressione nella presa a valle, di un apparecchio di strozzamento) (*idr.*), Minusdruck (m.). **9 ~ costante** (*fis.*), Gleichdruck (m.). **10 ~ dal disotto** (nella laminazione) (*lamin.*), Unterdruck (m.). **11 ~ del cilindro** (pressione di laminazione) (*lamin.*), Walzdruck (m.). **12 ~ della radiazione acustica** (*acus.*), Schallstrahlungsdruck (m.). **13 ~ dell'utensile** (*lav. macch. ut.*), Stahldruck (m.), Arbeitsdruck (m.). **14 ~ del truciolo** (*lav. macch. ut.*), Spandruck (m.). **15 ~ del vento** (*meteor. - ed.*), Winddruck (m.). **16 ~ d'entrata** (segnale d'entrata, d'un regolatore pneumatico) (*regol.*), Eingangsdruck (m.). **17 ~ di accensione** (di un motore Diesel p. es.) (*mot.*), Zünddruck (m.). **18 ~ di alimentazione** (pressione di ammissione) (*mot.*), Einlassdruck (m.), Förderdruck (m.). **19 ~ di alimentazione** (di un motore sovralimentato) (*mot. - aer.*), Ladedruck (m.). **20 ~ di alimentazione di decollo** (di un mot. a pistoni sovralimentato) (*mot. aer.*), Start-

pressione

ladedruck (*m.*). **21 ~ di ammissione** (pressione di alimentazione) (*mot.*), Einlassdruck (*m.*), Förderdruck (*m.*). **22 ~ di appoggio** (*mecc. - ecc.*), Auflagedruck (*m.*), Lagerdruck (*m.*). **23 ~ di aspirazione** (di una pompa p. es.) (*idr. - ecc.*), Ansaugdruck (*m.*), Saugdruck (*m.*). **24 ~ di aspirazione** (di un mot. a c. i.) (*mot.*), Ansaugdruck (*m.*). **25 ~ di bloccaggio** (pressione di serraggio) (*mecc.*), Spanndruck (*m.*). **26 ~ di cokefazione** (del fossile) (*ind. chim.*), Treibdruck (*m.*). **27 ~ di collaudo** (pressione di prova, per tubi p. es.) (*tecnol.*), Prüfdruck (*m.*), Probedruck (*m.*). **28 ~ di compressione** (pressione di fine compressione, di un mot. a c. i.) (*mot.*), Verdichtungsdruck (*m.*), Verdichtungsenddruck (*m.*), Kompressionsenddruck (*m.*). **29 ~ di contatto** (pressione superficiale, fra corpi solidi) (*fis. - mecc.*), Flächendruck (*m.*). **30 ~ di contatto** (sugli elettrodi di saldatura) (*tecnol. mecc.*), Kontaktdruck (*m.*). **31 ~ di contatto** (pressione di Hertz) (*metall.*), Hertzsche Pressung. **32 ~ di contatto laterale** (pressione di appoggio laterale, di un rivetto) (*mecc.*), Leibungsdruck (*m.*). **33 ~ di disinnesto** (*mecc. - ecc.*), Abschaltdruck (*m.*). **34 ~ di esercizio** (*cald. - ecc.*), Betriebsdruck (*m.*), Arbeitsdruck (*m.*). **35 ~ di fine compressione** (pressione di compressione, di un mot. a c. i.) (*mot.*), Verdichtungsdruck (*m.*), Verdichtungsenddruck (*m.*), Kompressionsenddruck (*m.*). **36 ~ (di gas) alla bocca** (negli altiforni) (*metall.*), Gichtgasdruck (*m.*). **37 ~ di gonfiaggio** (del pneumatico) (*aut.*), Reifenluftdruck (*m.*). **38 ~ di iniezione** (di un mot. Diesel p. es.) (*mot.*), Einspritzdruck (*m.*). **39 ~ di iniezione** (di una macchina per pressofusione) (*fond.*), Giessdruck (*m.*). **40 ~ di lavaggio** (nei mot. a due tempi p. es.) (*mot.*), Spüldruck (*m.*). **41 ~ di mandata** (di una pompa) (*idr. - ecc.*), Förderdruck (*m.*). **42 ~ di mandata** (di un compressore) (*macch.*), Förderdruck (*m.*), Enddruck (*m.*). **43 ~ d'imposta** (*ed.*), Kämpferdruck (*m.*). **44 ~ dinamica** (*mecc. dei fluidi*), Staudruck (*m.*), dynamischer Druck. **45 ~ d'intervento** (pressione di risposta, pressione alla quale entra in azione una valvola di sicurezza p. es.) (*mecc. - ecc.*), Ansprechdruck (*m.*). **46 ~ di prova** (pressione di collaudo, per tubi p. es.) (*tecnol.*), Prüfdruck (*m.*), Probedruck (*m.*). **47 ~ di radiazione** (*fis.*), Strahlungsdruck (*m.*), Repulsivkraft (*f.*). **48 ~ di regolazione** (d'un regolatore pneumatico p. es.) (*regol.*), Stelldruck (*m.*). **49 ~ di ricalcatura** (*fucinatura*), Stauchdruck (*m.*). **50 ~ di ricalcatura** (nella saldatura di testa) (*tecnol. mecc.*), Stauchdruck (*m.*). **51 ~ di saldatura** (*tecnol. mecc.*), Schweissdruck (*m.*). **52 ~ di scarico** (di un mot. a c. i. p. es.) (*mot. - ecc.*), Auslassdruck (*m.*). **53 ~ di scarico** (di una valvola di sicurezza) (*cald. - ecc.*), Abblasedruck (*m.*). **54 ~ di scoppio** (di un tubo p. es.) (*tubaz. - ecc.*), Platzdruck (*m.*), Berstdruck (*m.*). **55 ~ di serraggio** (pressione di bloccaggio) (*mecc.*), Spanndruck (*m.*). **56 ~ di stivaggio** (pressione sul materiale, nel cilindro d'una macchina per stampaggio ad iniezione di mat. plast.) (*tecnol.*), Staudruck (*m.*). **57 ~ di taglio** (*lav. macch. ut.*), Schneiddruck (*m.*). **58 ~ di taglio totale** (*lav. macch. ut.*), Gesamtschnittdruck (*m.*). **59 ~ di trivellazione** (rotativa) (*min.*), Bohrdruck (*m.*). **60 ~ dopo chiusura** (nelle trivellazioni petrolifere, dopo aver chiuso il pozzo) (*min.*), Schliessdruck (*m.*). **61 ~ finale di compressione** (di motore a c. i., pressione di fine compressione) (*mot.*), Verdichtungsdruck (*m.*), Verdichtungsenddruck (*m.*), Kompressionsendspannung (*f.*). **62 ~ fiscale** (*finanz.*), Steuerbelastung (*f.*), Steuerdruck (*m.*). **63 ~ idrostatica** (*idr.*), hydrostatischer Druck. **64 ~ iniziale** (*tubaz. - ecc.*), Anfangsdruck (*m.*). **65 ~ massima** (in un mot. a comb. interna p. es.) (*mot. - ecc.*), Höchstdruck (*m.*). **66 ~ media** (*gen.*), Mitteldruck (*m.*). **67 ~ media** (di un mot. a c. i.) (*mot.*), Arbeitsdruck (*m.*), mittlerer Arbeitsdruck. **68 ~ media effettiva** (di un mot. a c. i.) (*mot.*), mittlerer Arbeitsdruck, mittlerer effektiver Druck. **69 ~ media indicata** (*mot.*), indizierter mittlerer Druck. **70 ~ minima** (nella tecnica del vuoto) (*fis.*), Enddruck (*m.*). **71 ~ negativa** (depressione) (*fis. - mot.*), Depression (*f.*), Unterdruck (*m.*). **72 ~ nel giacimento** (in giacimenti di petrolio e metano) (*min.*), Lagerstättendruck (*m.*). **73 ~ normale** (*fis. - meteor.*), Normaldruck (*m.*). **74 ~ orogenetica** (*geol.*), Gebirgsdruck (*m.*). **75 ~ osmotica** (*fis.*), osmotischer Druck. **76 ~ pulsante** (pressione di pulsazione, di un app. di riscaldamento a pulsazione p. es.) (*fis.*), Verpuffungsdruck (*m.*). **77 ~ regolata** (pressione di regolazione, di un regolatore, per gas p. es.) (*fis.*), Solldruck (*m.*). **78 ~ relativa** (pressione al disopra di quella atmosferica) (*fis. - meteor.*), Atmosphärenüberdruck (*m.*), atü. **79 ~ specifica** (per gas p. es.) (*fis.*), spezifischer Druck. **80 ~ specifica** (per solidi, pressione di contatto) (*mecc.*), spezifische Pressung, Anpressung (*f.*). **81 ~ statica** (*fis.*), statischer Druck, Ruhedruck (*m.*). **82 ~ sugli spigoli** (per difetto di allineamento in cuscinetti lisci radiali) (*mecc.*), Kantenpressung (*f.*). **83 ~ sui fianchi** (di un filetto) (*mecc.*), Flankenpressung (*f.*). **84 ~ sulla cassaforma** (esercitata da calcestruzzo fresco) (*ed.*), Schalungsdruck (*m.*). **85 ~ sull'elettrodo** (forza dell'elettrodo) (*saldatura*), Elektrodendruck (*m.*). **86 ~ sul materiale** (pressione di stivaggio, nel cilindro d'una macchina per stampaggio ad iniezione di mat. plast.) (*tecnol.*), Staudruck (*m.*). **87 ~ sul terreno** (di una ruota p. es.) (*veic.*), Bodendruck (*m.*). **88 ~ superficiale** (pressione di contatto, fra corpi solidi) (*fis. - mecc.*), Flächendruck (*m.*). **89 alimentazione a ~** (*mot. - ecc.*), Druckförderung (*f.*). **90 alta ~** (*fis. - idr. - ecc.*), Hochdruck (*m.*). **91 altimetro a ~** (altimetro barometrico) (*strum.*), Druckhöhenmesser (*m.*). **92 angolo di ~** (di ingranaggi) (*mecc.*), Eingriffswinkel (*m.*), Pressungswinkel (*m.*), Anschlusswinkel (*m.*). **93 bassa ~** (*fis.*), Niederdruck (*m.*), niederer Druck. **94 bassa ~** (*meteor.*), Tiefdruck (*m.*). **95 caduta di ~** (perdita di pressione) (*gen.*), Druckabfall (*m.*). **96 caduta di ~** (riduzione della pressione d'iniezione per compensare il ritiro nello stampaggio di materie plastiche) (*tecnol.*), Nachdruck (*m.*). **97 centro di** ~ (di un'ala) (*aer.*), Druckpunkt (*m.*). **98 colata a bassa** ~ (*fond.*), Niederdruckgussverfahren (*n.*). **99 compensazione della** ~ (equilibratura della pressione o della spinta) (*gen.*), Druckausgleich (*m.*). **100 contenitore a** ~ (d'un reattore nucleare) (*fis. nucl.*), Druckgefäss (*n.*). **101 differenza tra** ~ **massima e minima** (del regolatore, in un freno pneumatico) (*veic.*), Schaltspanne (*f.*). **102 elemento sensibile alla** ~ (trasduttore di pressione) (*app.*), Druckgeber (*m.*). **103 equilibratura della** ~ (compensazione della pressione o della spinta) (*gen.*), Druckausgleich (*m.*). **104 impostatore** ~ **cabina** (selettore pressurizzazione cabina) (*trasp. - aer.*), Kabinenhöhenwähler (*m.*). **105 indicatore di** ~ (manometro) (*strum.*), Druckanzeiger (*m.*), Manometer (*n.*). **106 linea dei centri di** ~ (di un arco) (*sc. costr.*), Drucklinie (*f.*), Stützlinie (*f.*). **107 livello di** ~ **acustica** (*acus.*), Schalldruckpegel (*m.*). **108 mettere sotto** ~ (il vapore p. es., mettere in pressione) (*cald. - ecc.*), unter Druck setzen, spannen. **109 onda di** ~ (onda d'urto) (*aerodin.*), Verdichtungsstoss (*m.*), Stosswelle (*f.*). **110 perdita di** ~ (caduta di pressione) (*gen.*), Druckabfall (*m.*). **111 prova a** ~ (*tecnol.*), Abdrückversuch (*m.*), Druckprobe (*f.*). **112 regolatore** ~ **cabina** (regolatore della pressurizzazione cabina) (*aer.*), Kabinendruckregler (*m.*). **113 recipiente a** ~ (serbatoio a pressione) (*ind.*), Druckbehälter (*m.*). **114 regolatore di** ~ (*app.*), Druckregler (*m.*). **115 regolazione della** ~ (*gen.*), Druckregelung (*f.*). **116 riduttore di** ~ (valvola di riduzione della pressione) (*saldatura - ecc.*), Druckminderventil (*n.*), Druckreduzierer (*m.*). **117 rivelatore di** ~ (capsula manometrica, pressostato) (*strum.*), Druckdose (*f.*). **118 scambiatore di** ~ (aria-olio) (*app. oleoidr.*), Druckmittelwandler (*m.*), Luft-Öl-Wandler (*m.*). **119 scambiatore di** ~ (comprex; macchina aerodinamica ad onde di pressione, che trasmette l'energia da un gas ad un altro) (*macch.*), Zellenradverdichter (*m.*). **120 sensibile alla** ~ (*strum. - ecc.*), druckabhängig. **121 sensore di** ~ (elemento sensibile alla pressione, elemento barosensibile, elemento manosensibile) (*app.*), Druckfühler (*m.*). **122 serbatoio a** ~ (recipiente a pressione, per aria compressa p. es.) (*ind.*), Druckbehälter (*m.*). **123 stagno a** ~ (recipiente p. es.) (*gen.*), druckdicht. **124 tenuta a** ~ (*macch.*), Druckdichtheit (*f.*). **125 zona di bassa** ~ (*meteor.*), Niederdruckgebiet (*m.*).

pressocettore (barocettore) (*app.*), Barozeptor (*m.*).

pressocolare (colare sotto pressione) (*fond.*), druckgiessen.

pressocolatore (*lav. - fond.*), Druckgiesser (*m.*).

pressocolatrice (macchina per pressofusione) (*macch. fond.*), Druckgiessmaschine (*f.*), Druckgussmaschine (*f.*). **2** ~ **a stantuffo** (macchina ad iniezione a stantuffo) (*macch. fond.*), Kolbenspritzgiessmaschine (*f.*). **3** ~ **pneumatica** (macchina ad iniezione ad aria compressa) (*macch. fond.*), Druchluftgiessmaschine (*f.*).

pressoflessione (sollecitazione di pressoflessione, carico di punta) (*sc. costr.*), Knickbeanspruchung (*f.*). **2** ~ (deformazione da pressoflessione) (*tecnol.*), Knicken (*n.*). **3** ~ (di lastre e gusci, analoga a quella delle aste) (*sc. costr.*), Beulen (*n.*). **4** ~ **elastoplastica** (*sc. costr.*), elastoplastiches Knicken. **5** ~ **torcente** (di aste, causata da una forza di compressione e da un momento torcente) (*sc. costr.*), Torsionsknicken (*n.*), Drehknicken (*n.*). **6 deformazione da** ~ (*tecnol.*), Knicken (*n.*). **7 espanditura da** ~ (rigonfiamento da pressoflessione) (*lav. lamiera*), Knickbauchen (*n.*). **8 nervatura da** ~ (nervatura alla pressa, del mantello di corpi cavi) (*lav. lamiera*), Knicksicken (*n.*). **9 prova di** ~ (*tecnol. mecc.*), Knickversuch (*m.*). **10 resistenza a** ~ (di lastre, resistenza all'ingobbamento) (*sc. costr.*), Beulfestigkeit (*f.*), Beulsicherheit (*f.*). **11 rigonfiamento da** ~ (espanditura da pressoflessione) (*lav. lamiera*), Knickbauchen (*n.*). **12 sicurezza a** ~ (d'una molla p. es.) (*mecc.*), Knicksicherheit (*f.*).

pressoflettersi (flettersi a carico di punta, di una colonna p. es.) (*sc. costr.*), knicken, einknicken.

pressofusione (fusione sotto pressione, colata sotto pressione) (*fond.*), Druckguss (*m.*), Pressguss (*m.*). **2** ~ **dell'ottone** (procedimento) (*fond.*), Messingpressguss (*m.*). **3** ~ **dello zinco** (*fond.*), Zinkdruckguss (*m.*). **4** ~ **sotto vuoto** (*fond.*), Vakuumpressguss (*m.*). **5 macchina per** ~ (pressocolatrice) (*macch. fond.*), Druckgussmaschine (*f.*), Druckgiessmaschine (*f.*). **6 macchina per** ~ **a camera calda** (*macch. fond.*), Warmkammer-Druckgussmaschine (*f.*), Warmkammermaschine (*f.*). **7 macchina per** ~ **a camera fredda** (macchina ad iniezione a camera fredda) (*macch. fond.*), Kaltkammerdruckgussmaschine (*f.*). **8 macchina per** ~ **ad aria compressa** (macchina ad iniezione ad aria compressa) (*macch. fond.*), Druckluftgiessmaschine (*f.*). **9 stampo per** ~ (*ut. fond.*), Druckgiessform (*f.*).

pressofuso (colato sotto pressione) (*a. - fond.*), druckgegossen.

pressogetto (getto ottenuto di pressofusione) (*s. - fond.*), Druckguss (*m.*), Druckgussteil (*m.*). **2** ~ **di ottone** (*fond.*), Messingdruckguss (*m.*). **3** ~ **di zinco** (*fond.*), Zinkdruckguss (*m.*).

pressoio (*mecc.*), Drücker (*m.*), Presser (*m.*).

pressore (premibarra, d'una cesoia per billette) (*macch.*), Niederhalter (*m.*). **2** ~ (del sincronizzatore di un cambio) (*aut.*), Druckstück (*n.*).

pressostato (regolatore di pressione) (*strum.*), Druckwächter (*m.*). **2** ~ (capsula manometrica, rivelatore di pressione a capsula manometrica) (*strum.*), Druckdose (*f.*). **3** ~ (interruttore a pressione) (*elett. - ecc.*), Druckschalter (*m.*). **4** ~ (manostato) (*strum.*), Manostat (*m.*). **5** ~ (misuratore di spinta, banco spintometrico per motore a getto) (*mot.*), Schubmesseinrichtung (*f.*). **6** ~ **a membrana** (*app. elett.*), Membrandruckschalter (*m.*).

pressurizzatore

pressurizzatore (per voli in quota) (*app. aer.*), Luftverdichter (*m.*). 2 ~ **di cabina** (*app. aer.*), Kabinenluftverdichter (*m.*).
pressurizzazione (di una cabina di aer. per voli in alta quota) (*aer.*), Luftverdichtung (*f.*). 2 **quota mantenuta in cabina mediante** ~ (quota pressurizzata in cabina, di aerei civili) (*aer.*), Kabinendruckhöhe (*f.*). 3 **regolatore della** ~ **cabina** (regolatore pressione cabina) (*aer.*), Kabinendruckregler (*m.*). 4 **selettore** ~ **cabina** (impostatore pressione cabina) (*aer.*), Kabinenhöhenwähler (*m.*).
prestabilire (*gen.*), vorausbestimmen, vorherbestimmen.
prestabilito (predeterminato, prefissato) (*gen.*), vorbestimmt.
prestare (un lavoro) (*lav.*), leisten. 2 ~ (su titoli) (*finanz.*), lombardieren. 3 ~ **giuramento** (*leg.*), einen Eid ablegen.
prestato (lavoro p. es.) (*lav.*), geleistet.
prestatore (d'opera) (*lav.*), Arbeitnehmer (*m.*), Arbeiter (*m.*).
prestazione (*gen.*), Leistung (*f.*), Dienstleistung (*f.*). 2 ~ (di una macchina, di un forno ecc.) (*macch.*), Betriebsleistung (*f.*). 3 **prestazioni di volo** (*aer.*), Flugleistungen (*f. pl.*). 4 ~ **inferiore alla normale** (calcolata) (*studio lav.*), Minderleistung (*f.*). 5 ~ **normale** (prestazione umana) (*studio del lavoro*), Normalleistung (*f.*). 6 ~ **singola** (di lavoro) (*lav.*), Einzelleistung (*f.*). 7 ~ **strumentale** (dipendente dai mezzi tecnici a disposizione della persona) (*lav.*), Sachleistung (*f.*). 8 **prestazioni su strada** (velocità massima e tempo di accelerazione di un'autovettura) (*aut.*), Fahrleistungen (*f. pl.*). 9 ~ **terziaria** (*comm.*), Dienstleistung (*f.*). 10 **a** ~ **controllata** (lavoro) (*ind.*), leistungskontrolliert. 10 **di elevate prestazioni** (*gen.*), leistungsfähig.
prestito (mutuo) (*comm.*), Darlehen (*n.*). 2 ~ (in titoli) (*finanz.*), Lombarddarlehen, Lombardierung (*f.*), Lombard (*m.*). 3 ~ **a cambio marittimo** (*nav.*), Bodmerei (*f.*), Seedahrlehnen (*n.*). 4 ~ **agevolato** (*finanz.*), zinsverbilligtes Darlehen. 5 ~ **bancario** (*finanz.*), Bankdarlehen (*n.*). 6 ~ **garantito** (*comm.*), gesichertes Darlehen, gedecktes Darlehen. 7 ~ **redimibile** (*finanz.*), Tilgungsdarlehen. 8 **tasso per prestiti** (*finanz.*), Lombardsatz (*m.*). 9 **zona di** ~ (dalla quale si prelevano terra e zolle erbose per la manutenzione dell'argine principale) (*costr. idr.*), Spittland (*n.*).
presunto (fittizio, valore p. es.) (*a. - gen.*), angenommen, fiktiv.
presupposto (ipotesi) (*s. - gen.*), Voraussetzung (*f.*).
preterintenzionale (*leg.*), unbeabsichtigt.
pretore (*leg.*), Bezirksrichter (*m.*), Amtsrichter (*m.*).
pretroncatura (*lav. macch. ut.*), Vorstechen (*n.*).
pretura (*leg.*), Bezirksgericht (*n.*), Landgericht (*n.*), Amtsgericht (*n.*).
prevalenza (di una pompa) (*macch. idr.*), Förderhöhe (*f.*). 2 ~ **geodetica** (prevalenza topografica, di una pompa, differenza tra livello di aspirazione e livello di mandata) (*macch. idr.*), geodätische Förderhöhe. 3 ~ **manometrica** (di una pompa) (*macch. idr.*), manometrische Förderhöhe. 4 ~ **manometraic totale** (differenza tra altezza manometrica di mandata ed altezza manometrica di aspirazione) (*macch. idr.*), manometrische Gesamtförderhöhe. 5 ~ **nominale** (di una pompa) (*macch. idr.*), Nennförderhöhe (*f.*). 6 ~ **topografica** (prevalenza geodetica, di una pompa) (*macch. idr.*), geodätische Förderhöhe.
prevedibile (*gen.*), voraussichtlich.
« preventer » (dispositivo di chiusura in impianti di trivellazione) (*min.*), Preventer (*m.*).
preventivare (*comm.*), voranschlagen, schätzen.
preventivista (dei costi) (*amm. - ind.*). Kalkulator (*m.*).
preventivo (di costo) (*s. - comm. - amm.*), Kostenvoranschlag (*m.*), Voranschlag (*m.*). 2 ~ (*a. - gen.*), vorbeugend. 3 ~ **di costo** (*amm. - comm.*), Kostenvoranschlag (*m.*). 4 ~ **di costo** (determinazione dei costi a preventivo) (*contabilità*), Vorkalkulation (*f.*), Kostenberechnung (*f.*). 5 ~ **di massima** (*comm.*), Überschlag (*m.*). 6 ~ **di prezzo** (*ind. - comm.*), Voranschlag (*m.*), Preisvoranschlag (*m.*). 7 ~ **di spesa** (*amm.*), Spesenvoranschlag (*m.*). 8 **costo** ~ (costo preventivato) (*ind.*), Sollkosten (*f.*). 9 **fare un** ~ **di massima** (*comm.*), überschlagen. 10 **manutenzione preventiva** (*gen.*), vorbeugende Instandhaltung. 11 **misura preventiva** (*gen.*), Vorbeugungsmassnahme (*f.*).
prevenzione (*gen.*), Verhütung (*f.*), Vorbeugen (*n.*). 2 ~ **(degli) infortuni** (antinfortunistica) (*lav. - ecc.*), Unfallverhütung (*f.*).
previdenza (*gen.*), Vorsorglichkeit (*f.*). 2 ~ **sociale** (*lav.*), soziale Fürsorge. 3 **fondo di** ~ (*lav.*), Versorgungsfonds (*m.*).
previdenziale (*gen.*), Fürsorge..., Versorge... 2 **contributo** ~ (*pers.*), Fürsorgebeitrag (*m.*).
previsione (*gen.*), Vorausschätzung (*f.*), Voraussicht (*f.*). 2 ~ (*stat.*), Schätzung (*f.*). 3 ~ (prognosi) (*gen.*), Prognose (*f.*). 4 ~ **dei costi** (*amm.*), Plankostenrechnung (*f.*), Budgetierung (*f.*). 5 ~ **del tempo** (*meteor.*), Wettervorhersage (*f.*). 6 ~ **di guasti** (*gen.*), Störungsvorhersage (*f.*). 7 ~ **di mercato** (*comm.*), Marktvorhersage (*f.*). 8 ~ **di vendita** (*comm.*), Absatzprognose (*f.*), Absatzvorausschätzung (*f.*). 9 **capacità di** ~ (capacità previsionale) (*gen.*), Schätzungsfähigkeit (*f.*), Aussagekraft (*f.*).
previsto (*gen.*), vorgesehen. 2 **come** ~ (secondo i piani, regolarmente) (*gen.*), planmässig, plangemäss.
prevulcanizzare (scottare) (*ind. chim.*), anvulkanisieren.
prevuoto (*tecn. del vuoto*), Vorvakuum (*n.*).
prezziario (*comm.*), Preiskatalog (*m.*).
prezzo (*comm.*), Preis (*m.*). 2 ~ **a forfait** (prezzo forfettario) (*comm.*), Pauschalpreis (*m.*). 3 ~ **al dettaglio** (prezzo al minuto) (*comm.*), Einzelhandelspreis (*m.*), Kleinhandelspreis (*m.*), Detailpreis (*m.*). 4 ~ **all'ingrosso** (*comm.*), Engrospreis (*m.*), Grosshandelspreis (*m.*), Grossistenpreis (*m.*). 5 ~ **al minuto** (prezzo al dettaglio) (*comm.*), Einzelhandelspreis (*m.*), Kleinhandelspreis (*m.*), Ladenpreis (*m.*), Detailpreis

(*m.*). 6 ~ **base** (*comm.*), Grundpreis (*m.*), Richtpreis (*m.*). 7 ~ **base ufficiale** (imposto da autorità o sindacati) (*comm.*), Richtpreis (*m.*). 8 ~ **bloccato** (di un'offerta p. es.) (*comm.*), Festpreis (*m.*), Stoppreis (*m.*). 9 ~ **competitivo** (*comm.*), Wettebewerbspreis (*m.*). 10 ~ **concordato** (*comm.*), abgemachter Preis. 11 ~ **contrattuale** (*comm.*), Vertragspreis (*m.*). 12 ~ **controllato** (prezzo di calmiere) (*comm.*), Stoppreis (*m.*), kontrollierter Preis. 13 ~ **corrente** (*comm.*), Marktpreis (*m.*), Tagespreis (*m.*). 14 ~ **d'abbonamento** (*giorn.* - *ecc.*), Abonnementspreis (*m.*), Bezugspreis (*m.*). 15 ~ **d'affezione** (*comm.*), Liebhaberpreis (*m.*). 16 ~ **della mano d'opera** (*ind.* - *comm.*), Leistungspreis (*m.*). 17 ~ **di acquisto** (*comm.*), Kaufpreis (*m.*), Einkaufspreis (*m.*), Ankaufspreis (*m.*), Erwerbpreis (*m.*). 18 ~ **di acquisto** (nel commercio di terreni p. es.) (*comm.*), Kaufschilling (*m.*). 19 ~ **di calmiere** (prezzo controllato) (*comm.*), Stoppreis (*m.*), kontrollierter Preis. 20 ~ **di calmiere** (prezzo massimo) (*comm.*), Höchstpreis (*m.*). 21 ~ **di copertina** (d'un libro) (*comm.*), Ladenpreis (*m.*). 22 ~ **di costo** (*comm.*), Kostenpreis (*m.*). 23 ~ **di costo** (costo di fabbricazione) (*ind.* - *contabilità*), Selbstkostenpreis (*m.*), Herstellungspreis (*m.*). 24 ~ **di costo** (prezzo di acquisto aumentato di tutte le spese di acquisizione quali trasporto, dogana ecc.) (*amm.* - *comm.*), Einstandspreis (*m.*). 25 ~ **di fabbrica** (*comm.*), Fabrikpreis (*m.*), Erzeugerpreis (*m.*). 26 ~ **di fattura** (*comm.*), Rechnungsbetrag (*m.*), Fakturapreis (*m.*), Fakturenpreis (*m.*). 27 ~ **di listino** (*comm.*), Listenpreis (*m.*). 28 ~ **di mercato** (*comm.*), Marktpreis (*m.*). 29 ~ **di monopolio** (*comm.*), Monopolpreis (*m.*). 30 ~ **di propaganda** (prezzo reclamistico) (*comm.*), Reklamepreis (*m.*). 31 ~ **di vendita** (*comm.*), Verkaufspreis (*m.*). 32 ~ **di vendita al consumatore** (*comm.*), Endpreis (*m.*). 33 ~ **fatturato** (*comm.*), Rechnungsbetrag (*m.*), Fakturapreis (*m.*), Fakturenpreis (*m.*). 34 ~ **fisso** (*comm.*), Festpreis (*m.*), fester Preis. 35 ~ **forfettario** (prezzo a forfait) (*comm.*), Pauschalpreis (*m.*). 36 ~ **imposto** (*comm.*), Zwangspreis (*m.*). 37 ~ **indicativo** (*comm.*), Richtpreis (*m.*), vorläufiger Preis. 38 ~ **indicativo non impegnativo** (prezzo orientativo) (*comm.*), unverbindlicher Richtpreis. 39 ~ **libero** (*comm.*), Konkurrenzpreis (*m.*), freier Preis. 40 ~ **massimo** (prezzo di calmiere) (*comm.*), Höchstpreis (*m.*). 41 ~ **minimo** (*comm.*), äusserster Preis. 42 ~ **netto** (*comm.*), Nettopreis (*m.*). 43 ~ **orientativo** (prezzo indicativo non impegnativo) (*comm.*), unverbindlicher Richtpreis. 44 ~ **per contanti** (*comm.*), Barpreis (*m.*), Barzahlungspreis (*m.*). 45 ~ **per pagamento rateale** (*comm.*), Ratenzahlungspreis (*m.*). 46 ~ **reclamistico** (prezzo di propaganda) (*comm.*), Reklamepreis (*m.*). 47 ~ **rimuneratore di vendita** (prezzo rimuneratore di prodotto, formato dal costo di produzione più l'utile) (*amm.* - *ind.*), Ertrag (*m.*). 48 ~ **sottocosto** (*comm.*), Schleuderpreis (*m.*). 49 ~ **speciale** (*comm.*), Extrapreis (*m.*), Sonderpreis (*m.*). 50 **a buon** ~ (economico) (*comm.*), billig. 51 **al miglior** ~ (al prezzo minimo) (*comm.*), zum billigsten Preis. 52 **al** ~ **minimo** (al miglior prezzo) (*comm.*), zum billigsten Preis. 53 **blocco dei prezzi** (*comm.*), Bindung der Preise. 54 **comprimere i prezzi** (far cadere, o scendere, i prezzi) (*comm.*), die Preise drücken. 55 **far cadere i prezzi** (comprimere i prezzi) (*comm.*), die Preise drücken. 56 **esporsi con un** ~ (*comm.*), einen Preis aussetzen. 57 **politica dei prezzi** (*comm.*), Preispolitik (*f.*). 58 **spirale prezzi-salari** (*lav.*), Lohn-Preis-Spirale (*f.*).

PRFV (plastica rinforzata con fibra di vetro) (*ind. chim.*), GFK, glasfaserverstärkter Kunststoff.

prigioniero (vite prigioniera) (*mecc.*), Stiftschraube (*f.*).

prima (rappresentazione, presentazione) (*s.* - *teatro* - *ecc.*), Erstaufführung (*f.*), Uraufführung (*f.*).

primanota (*contabilità*), Strazzenbuch (*n.*).

primanotista (*contabilità*), Strazzenbuchhalter (*m.*).

primario (*a.* - *chim.*), primär. 2 ~ (avvolgimento primario, di un trasformatore) (*s.* - *elett.*), Primärspule (*f.*), Primärwicklung (*f.*). 3 ~ (di ospedale) (*med.*), Primararzt (*m.*), Primar (*m.*), Primarius (*m.*), Chefarzt (*m.*). 4 **circuito** ~ (dell'accensione di un mot. a c. i. p. es.) (*elett.*), primärer Stromkreis. 5 **corrente primaria** (di un trasformatore) (*elett.*), Primärstrom (*m.*).

primato (record) (*sport* - *ecc.*), Rekord (*m.*), Höchstleistung (*f.*). 2 **tentativo di** ~ (o di record) (*sport*), Rekordversuch (*m.*).

« **primer** » (*vn.*), Grundanstrichfarbe (*f.*).

primitivo (originale) (*gen.*), ursprünglich. 2 **circonferenza primitiva** (di una ruota dentata) (*mecc.*), Teilkreis (*m.*). 3 **cono** ~ (di un ingranaggio conico) (*mecc.*), Wälzkegel (*n.*). 4 **contatto** ~ (d'ingranaggi) (*mecc.*), Teilkreiskontakt (*m.*). 5 **errore del passo** (sul cerchio) ~ (*mecc.*), Teilkreisteilungsfehler (*m.*). 6 **superficie primitiva** (di ruote dentate) (*mecc.*), Wälzfläche (*f.*).

primo (*a.* - *gen.*), erst. 2 ~ (minuto primo) (*mis.*), Minute (*f.*). 3 **prima** (prima velocità, di un cambio) (*aut.*), erster Gang. 4 **prima copia** (di un film) (*cinem.*), Erstkopie (*f.*), Nullkopie (*f.*), Korrekturkopie (*f.*). 5 **prima mano** (*vn.*), Grundanstrich (*m.*). 6 ~ **piano** (*cinem.* - *fot.*), Grossaufnahme (*f.*).

principale (*a.* - *gen.*), Haupt... 2 ~ (titolare di un'impresa commerciale) (*s.* - *comm.*), Prinzipal (*m.*).

principiante (*gen.*), Anfänger (*m.*). 2 ~ (*s.* - *lav.*), Neuling (*m.*).

principio (inizio) (*gen.*), Anfang (*m.*). 2 ~ (legge) (*fis.* - *ecc.*), Prinzip (*n.*), Grundsatz (*m.*). 3 ~ (di una vite) (*mecc.*), Gang (*m.*). 4 ~ **degli spostamenti virtuali** (*mat.*), Prinzip der virtuellen Verrückungen. 5 ~ **dei lavori virtuali** (*sc. costr.*), Prinzip der virtuellen Verschiebungen, Prinzip der virtuellen Verrückungen. 6 ~ **della conservazione dell'energia** (legge della conservazione dell'energia) (*fis.*), Energiesatz (*m.*), Energieprinzip (*n.*). 7 ~ **della minima azione** (*fis.*), Prinzip der kleinsten Wirkung. 8 ~ **della minima costri-**

princisbecco

zione vincolare (principio del minimo sforzo) (*mecc.*), Prinzip des kleinstes Zwanges. 9 ~ **dell'azione e reazione** (*mecc.*), Gegenwirkungsprinzip (*m.*), Reaktionsprinzip (*m.*), Wechselwirkungsgesetz (*n.*). 10 ~ **dell'equivalenza** (nella teoria della relatività) (*fis.*), Äquivalenzhypothese (*f.*). 11 ~ **del minimo sforzo** (principio della minima costrizione vincolare) (*mecc.*), Prinzip des kleinstes Zwanges. 12 ~ **di costituzione** (d'un atomo p. es.) (*fis.*), Aufbauprinzip (*n.*). 13 ~ **di dualità** (legge di dualità) (*mat.*), Dualitätsprinzip (*n.*). 14 ~ **(d'iniezione) ad accumulo d'aria** (principio Lanova) (*mot.*), Luftspeicherprinzip (*n.*), Lanova-Prinzip (*n.*). 15 ~ **di reciprocità** (nella teoria del quadripolo p. es.) (*radio - ecc.*), Umkehrungssatz (*m.*). 16 **princípi fondamentali** (fondamenti) (*gen.*), Grundlagen (*f. pl.*). 17 **princípi fondamentali** (leggi di Newton, della meccanica) (*fis.*), Newton'sche Axiome. 18 **a due princípi** (filettatura) (*mecc.*), zweigängig, doppelgängig. 19 **ad un** ~ (ad un filetto, di viti) (*mecc.*), eingängig. 20 **a più princípi** (filettatura) (*mecc.*), mehrgängig, vielgängig. 21 **a tre princípi** (vite) (*mecc.*), dreigängig.

princisbecco (tombacco, similoro) (*metall.*), Goldkupfer (*n.*).

priorità (di una invenzione, o domanda di di brevetto) (*leg.*), Priorität (*f.*). 2 **diritto di** ~ (nelle domande di brevetto) (*leg.*), Prioritätsrecht (*n.*).

prisma (*geom.*), Prisma (*n.*). 2 ~ (*ott.*), Prisma (*n.*). 3 ~ (per l'appoggio di un pezzo da misurare, tracciare, lavorare, ecc.) (*att. mecc.*), Prisma (*n.*), Auflegeblock (*m.*). 4 ~ (per utensili da tornio, di acciaio rapido, temprato, rinvenuto e rettificato su tutte le superfici) (*ut.*), Drehling (*m.*). 5 ~ **acromatico** (*ott.*), achromatisches Prisma. 6 ~ **a deviazione costante** (*ott.*), Prisma konstanter Ablenkung. 7 ~ **a sezione quadrata** (di acciaio rapido, per utensili da tornio) (*ut.*), Drehling mit quadratischem Querschnitt. 8 ~ **a sezione trapezoidale** (di acciaio rapido, per utensili da tornio) (*ut.*), Drehling mit trapezförmigem Querschnitt. 9 ~ **a sezione triangolare** (di acciaio rapido, per utensili da tornio) (*ut.*), Drehling mit dreieckigem Querschnitt. 10 ~ **a visione diretta** (*ott.*), geradsichtiges Prisma. 11 ~ **birifrangente** (*ott.*), doppelbrechendes Prisma. 12 ~ **deflettore** (*ott.*), Ablenkprisma (*n.*). 13 ~ **deviatore** (*fis. - ott.*), Ablenkprisma (*n.*). 14 ~ **di Abbe** (*ott.*), Abbe-Prisma (*n.*). 15 ~ **di Amici** (*ott.*), Amici-Prisma (*n.*). 16 ~ **di coincidenza** (per regolare la distanza) (*ott.*), Koinzidenzkeil (*m.*). 17 ~ **di Fresnel** (biprisma) (*ott.*), Biprisma (*n.*). 18 ~ **di Nicol** (*ott.*), Nicol (*n.*), Nicolsches Prisma. 19 ~ **dispersivo** (*ott.*), Dispersionsprisma (*n.*), stark fächerndes Prisma. 20 ~ **di spinta** (nella teoria coulombiana della pressione delle terre) (*ed.*), Gleitkeil (*m.*). 21 ~ **orientabile** (per l'appoggio di un pezzo da misurare, tracciare, lavorare, ecc.) (*att. mecc.*), Schwenkprisma (*n.*). 22 ~ **per messa a punto** (*lav. mecc.*), Einstellprisma (*n.*). 23 ~ **per tracciare** (*att. mecc.*), Anreissprisma (*n.*). 24 ~ **polarizzatore** (*ott.*), Polarisationsprisma (*n.*). 25 ~ **raddrizzatore** (*ott.*), Aufrichtungsprisma (*n.*). 26 ~ **triangolare** (*geom.*)' Dreikantprisma (*n.*).

prismatico (*geom.*), prismatisch.

privare (di un diritto p. es.) (*leg.*), aberkennen.

privatista (studente) (*scuola*), Privatist (*m.*).

privativa (monopolio legale) (*leg.*), rechtliches Monopol. 2 ~ **industriale** (protezione della proprietà industriale) (*leg.*), gewerblicher Rechtschutz.

privato (non pubblico) (*a. - gen.*), privat. 2 ~ (riservato, confidenziale) (*gen.*), vertraulich. 3 **azienda privata** (*ind.*), Privatunternehmen (*n.*). 4 **scrittura privata** (*leg. - comm.*), nichtamtliche Schriftstücke.

privazione (dei diritti civili p. es.) (*leg.*), Entziehung (*f.*).

privilegiato (creditore, p. es.) (*leg.*), bevorrechtigt.

probabile (*gen.*), wahrscheinlich. 2 **errore** ~ (*mat. - ecc.*), wahrscheinlicher Fehler.

probabilità (*gen.*), Wahrscheinlichkeit (*f.*). 2 ~ **a priori** (*stat.*), Apriori-Wahrscheinlichkeit (*f.*). 3 ~ **di accettazione** (dal controllo della qualità) (*tecnol. mecc.*), Annahmewahrscheinlichkeit (*f.*). 4 ~ **di collisione** (*fis. atom.*), Treffwahrscheinlichkeit (*f.*). 5 ~ **di errore** (*gen.*), Irrtumswahrscheinlichkeit (*f.*). 6 ~ **di guasto** (tasso di guasto; d'un motore p. es., in un anno p. es.) (*macch. - ecc.*), Ausfallrate (*f.*), Ausfallwarscheinlichkeit (*f.*). 7 ~ **di intercettazione** (*gen.*), Abfangwahrscheinlichkeit (*f.*). 8 ~ **di sopravvivenza** (*stat.*), Überlebenswahrscheinlichkeit (*f.*). 9 **calcolo delle** ~ (*mat.*), Wahrscheinlichkeitsrechnung (*f.*). 10 **densità della** ~ (*mat.*), Wahrscheinlichkeitsdichte (*f.*). 11 **distribuzione di** ~ t (distribuzione t) (*stat.*), t-Verteilung (*f.*).

problema (*gen.*), Problem (*n.*). 2 ~ **equivalente** (*organ.*), Ersatzproblem (*n.*). 3 ~ **marginale** (*gen.*), Randproblem (*n.*). 4 **impostazione d'un** ~ (*gen.*), Aufgabenstellung (*f.*). 5 **orientato al** ~ (linguaggio) (*calc.*), problemorientiert.

problematico (*gen.*), problematisch. 2 **non** ~ (*gen.*), problemlos.

procacciatore (di affari, produttore) (*comm.*), Akquisiteur (*m.*), Kundenwerber (*m.*).

procedere (contro qualcuno) (*leg.*), verfahren. 2 ~ **per vie legali** (*leg.*), ein Rechtsverfahren einleiten.

procedimento (processo) (*chim. - metall. - ecc.*), Verfahren (*n.*). 2 ~ (*leg.*), Verfahren (*n.*). 3 ~ (*gen.*), *vedi anche* processo. 4 ~ **a cera persa** (*fond.*), verlorenes Wachsverfahren. 5 ~ **ad eco** (procedimento ad ultrasuoni, nella prova dei materiali mediante impulsi d'onde ultrasonore) (*tecnol.*), Echo-Verfahren (*n.*). 6 ~ **ad insufflazione di ossigeno** (procedimento LD, processo LD, per la produzione di acciaio) (*metall.*), Sauerstoffblasverfahren (*n.*), LD-Verfahren (*n.*). 7 ~ **a divisione singola** (lavorazione a divisione singola) (*lav. macch. ut.*), Einzelteilverfahren (*n.*). 8 ~ **ad ultrasuoni** (procedimento ad eco, nella prova dei materiali mediante impulsi d'onde ultrasonore) (*tecnol.*), Echo-Verfahren (*n.*). 9 ~ **a flusso termico** (nella prova non distruttiva dei materiali) (*tecnol. mecc.*), Wärmeflussverfahren (*n.*). **10** ~ **a giostra** (per radioscopia simultanea di più pezzi) (*prove mater.*), Karusselverfahren (*n.*). **11** ~ **all'albumina** (*fotomecc.*), Albuminverfahren (*n.*). **12** ~ **antinebbia** (*aer. - ecc.*), Entnebelung (*f.*). **13** ~ ~ **a umido** (di riproduzione) (*dis.*), Feuchtverfahren (*n.*). **14** ~ **con carta rosso congo** (per determinare la stabilità termica di polimerizzati) (*tecnol.*), Kongorotpapier-Verfahren (*n.*). **15** ~ **del colore** (coloritura, controllo con colore della planarità p. es. di una superficie tecnica) (*mecc.*), Tuschieren (*n.*). **16** ~ **di attesa** (per l'atterraggio) (*aer.*), Warteverfahren (*n.*). **17** ~ **di avvicinamento** (*aer.*), Anflugverfahren (*n.*). **18** ~ **di calcolo** (*mat. - ecc.*), Rechenweg (*m.*). **19** ~ **di colata** (colata, fusione, procedimento di fusione) (*fond.*), Giessverfahren (*n.*). **20** ~ **(di controllo) con radioisotopi** (per prove di usura su cuscinetti radenti p. es.) (*tecnol.*), Radioisotopenverfahren (*n.*). **21** ~ **di fabbricazione** (tecnica di fabbricazione) (*ind.*), Betriebsführung (*f.*), Betriebspraxis (*f.*). **22** ~ **di fusione** (fusione, colata, procedimento di colata) (*fond.*), Giessverfahren (*n.*). **23** ~ **di generazione** (di ingranaggi) (*mecc.*), Wälzvorgang (*m.*). **24** ~ **di iniezione** (di calcestruzzo p. es.) (*ed.*), Einpressverfahren (*n.*), Injektionsverfahren (*n.*). **25** ~ **di lavorazione** (metodo di lavorazione) (*tecnol.*), Bearbeitungsverfahren (*n.*). **26** ~ **discontinuo** (*tecnol.*), iteratives Verfahren. **27** ~ **di stampa a matrice piana** (procedimento di stampa planografica) (*stampa*), Flachdruckverfahren (*n.*). **28** ~ **di stampa a rilievo** (procedimento di stampa tipografica) (*tip.*), Hochdruckverfahren (*n.*). **29** ~ **di stampa planografica** (procedimento di stampa a matrice piana) (*stampa*), Flachdruckverfahren (*n.*). **30** ~ **di stampa tipografica** (procedimento di stampa a rilievo) (*tip.*), Hochdruckverfahren (*n.*). **31** ~ **d'iterazione** (*mat.*), Iterationsverfahren (*n.*). **32** **procedimenti fotomeccanici** (*tip.*), Reproduktionstechnik (*f.*). **33** ~ **grafico** (metodo grafico) (*sc. costr. - ecc.*), graphisches Verfahren, zeichnerisches Verfahren. **34** ~ **interferometrico** (interferometria, per la misura della rugosità di superfici tecniche) (*tecnol. mecc.*), Interferenzverfahren (*n.*). **35** ~ **LD** (processo LD, procedimento ad insufflazione di ossigeno, per la produzione di acciaio) (*metall.*), LD-Verfahren (*n.*). **36** ~ **magnetoacustico** (per collaudo di pezzi) (*tecnol. mecc.*), magnetakustisches Verfahren. **37** ~ **moiré** (moiré, per determinare le linee di uguale allungamento) (*prove mater.*), Moiré-Verfahren (*n.*). **38** ~ **stereoscopico** (*cinem.*), Raumbildverfahren (*n.*). **39** ~ **tecnologico** (tecnica di lavorazione, tecnologia) (*tecnol.*), Bearbeitungstechnik (*f.*). **40** ~ **Todd-AO** (*cinem.*), Todd-AO-Verfahren (*n.*).

procedura (*gen.*), Verfahren (*n.*). **2** ~ (*leg.*), Verfahren (*n.*). **3** ~ **civile** (*leg.*), Zivilprozessordnung (*f.*), ZPO, Zivilverfahren (*n.*). **4** ~ **d'urgenza** (*leg.*), Schnellverfahren (*n.*). **5** ~ **d'urgenza** (per la produzione p. es.) (*ind. - ecc.*), dringendes Verfahren. **6 codice di** ~ **civile** (*leg.*), Zivilprozessordnung (*f.*). **7 codice di** ~ **penale** (*leg.*), Strafprozessordnung (*f.*), StPO. **8 istruire la** ~ (*leg.*), Verfahren einleiten. **9 progetto di procedure** (progetto di sistemi) (*argan.*), Systementwurf (*m.*).

processo (tecnologico, ecc.) (*tecnol.*), Verfahren (*n.*), Prozess (*m.*), Vorgang (*m.*). **2** ~ (legale) (*leg.*), Prozess (*m.*), Gerichtsverfahren (*n.*). **3** ~ (*gen.*), vedi anche procedimento. **4** ~ **a calce-soda** (processo carbocalcico, per ridurre le durezza dell'acqua) (*idr.*), Kalksodaverfahren (*n.*). **5** ~ **ad alta pressione** (*tecnol.*), Hochdruckverfahren (*n.*). **6** ~ **a densità variabile** (*cinem.*), Intensitätsverfahren (*n.*). **7** ~ **ad (insufflazione di) ossigeno** (per l'elaborazione di acciaio) (*metall.*), Sauerstoffblasverfahren (*n.*). **8** ~ **a due scorie** (*metall.*), Zweischlackenverfahren (*n.*). **9** ~ **ad umido** (processo per via umida) (*tecnol.*), nasses Verfahren. **10** ~ **al carbonile** (*metall.*), Carbonylverfahren (*n.*). **11** ~ **al convertitore** (processo Bessemer) (*metall.*), Konverterverfahren (*n.*), Bessemerverfahren (*n.*), Birnenprozess (*m.*), Windfrischverfahren (*n.*). **12** ~ **a letto fluido** (fluidizzazione) (*ind. chim.*), Wirbelschichtverfahren (*n.*), Wirbelfliessverfahren (*n.*). **13** ~ **Al-Fin** (processo di colata con presa in fondita di alettatura di alluminio su canne cilindro di ghisa p. es.) (*mot. - fond.*), Al-Fin-Verfahren (*n.*). **14** ~ **al minerale** (*metall.*), Roheisenerz-Verfahren (*n.*), Erzverfahren (*n.*). **15** ~ **al rottame** (*metall.*), Roheisen-Schrott-Verfahren (*n.*). **16** ~ **al rottame e carbone** (*metall.*), Schrott-Kohle-Verfahren (*n.*). **17** ~ **a secco** (processo per via secca) (*ind. chim.*), Trockenverfahren (*n.*), Trockenvorgang (*m.*). **18** ~ **Bamag** (per la produzione di acido nitrico) (*ind. chim.*), Bamagverfahren (*n.*). **19** ~ **basico** (*metall.*), basischer Prozess. **20** ~ **Bessemer** (processo al convertitore) (*metall.*), Konverterverfahren (*n.*), Bessemerverfahren (*n.*), Birnenprozess (*m.*). **21** ~ **Bessemer basico di qualità** (processo di qualità al convertitore) (*metall.*), Windfrisch-Sonderverfahren (*n.*). **22** ~ **carbocalcico** (processo a calce-soda, per ridurre la durezza dell'acqua) (*idr.*), Kalksodaverfahren (*n.*). **23** ~ **chimico** (*chim.*), chemischer Prozess. **24** ~ **ciclico** (ciclo) (*fis.*), Kreisprozess (*m.*). **25** ~ **civile** (*leg.*), Zivilprozess (*m.*). **26** ~ **Claus** (per produrre zolfo bruciando idrogeno solforato in presenza di aria) (*chim.*), Claus-Verfahren (*n.*). **27** ~ **con fango attivo** (per la chiarificazione di acque nere) (*ing. civ.*), Belebtschlammprozess (*m.*), Aktivschlammprozess (*m.*). **28** ~ **continuo** (*ind.*), Durchlaufverfahren (*n.*), kontinuierliches Verfahren, Fliessverfahren (*n.*). **29** ~ **corrosivo** (azione corrosiva) (*chim.*), Korrosionsvorgang (*m.*). **30** ~ **decisionale** (*organ. - ecc.*), Entscheidungsprozess (*m.*). **31** ~ **delle camere di piombo** (*ind. chim.*), Bleikammerprozess (*m.*), Bleiprozess (*m.*). **32** ~ **di affinazione** (*metall.*), Feinprozess (*m.*). **33** ~ **di affinazione al basso fuoco** (*metall.*), Rennverfahren (*n.*). **34** ~ **(di cracking) CVG** (piroscissione con vapore surriscaldato) (*ind. chim.*), CVG-Verfahren (*n.*). **35** ~ **di deposizione** (*chim. - ecc.*), Abscheidvorgang (*m.*). **36** ~ **di estradizione** (*leg.*), Auslieferungs-

processo

verfahren (*n.*). 37 ~ **di fabbricazione** (*ind. - tecnol.*), Herstellungsverfahren (*n.*). 38 ~ **di fermentazione-digestione** (per acque di rifiuto) (*ed.*), Gärfaulverfahren (*n.*). 39 ~ **di foggiatura ad altissima pressione** (per foggiare metalli e vetri a 30.000 at. e più) (*tecnol.*), Hochdrucktechnik (*f.*). 40 ~ **di formazione** (*chim.*), Bildungsprozess (*m.*). 41 ~ **d'insufflazione dall'alto** (di soffiaggio dall'alto, processo LD p. es., per la produzione di acciaio) (*metall.*), Aufblasverfahren (*n.*). 42 ~ **di produzione** (processo di fabbricazione) (*ind.*), Herstellungsverfahren (*n.*), Arbeitsgang (*m.*). 43 ~ **di qualità al convertitore** (processo Bessemer basico di qualità) (*metall.*), Windfrisch-Sonderverfahren (*n.*). 44 ~ **di rifusione** (*metall.*), Umschmelzverfahren (*n.*). 45 ~ **di rifusione sotto elettroscoria** (*metall.*), Elektro-Schlacke-Umschmelz-Verfahren (*n.*), ESU-Verfahren (*n.*). 46 ~ **di soffiaggio dall'alto** (d'insufflazione dall'alto, processo LD p. es., per la produzione di acciaio) (*metall.*), Aufblasverfahren (*n.*). 47 ~ **duplex** (*metall.*), Duplexbetrieb (*m.*), Duplexverfahren (*n.*). 48 ~ **Ematal** (anodizzazione Ematal; ossidazione anodica con inglobamento di pigmenti nello strato ossidato) (*tecnol.*), Ematal-Verfahren (*n.*). 49 ~ **endotermico** (*chim.*), endothermer Vorgang. 50 ~ **esotermico** (*chim.*), exothermer Vorgang. 51 ~ **Houdry** (reforming catalitico) (*chim.*), Houdriformen (*n.*), Houdry-Prozess (*m.*). 52 ~ **Hyl** (di riduzione, per minerali ferrosi) (*metall.*), Hyl-Verfahren (*n.*). 53 ~ **industriale** (*ind.*), Fabrikverfahren (*n.*). 54 ~ **Kaldo** (processo Kalling-Domnarvet, per la produzione di acciaio) (*metall.*), Kaldo-Verfahren (*n.*). 55 ~ **Kalling** (per la produzione di acciaio) (*metall.*), Kalling-Verfahren (*n.*). 56 ~ **LD** (procedimento Linz-Donawitz, procedim. ad insufflazione di ossigeno, per produrre acciaio) (*metall.*), LD-Verfahren (*n.*). 57 ~ **LDAC** (processo Linz-Donawitz-Arbed-CNRM, per produrre acciaio) (*metall.*), LDAC-Verfahren (*n.*). 58 ~ **LPF** (processo combinato di lisciviazione e flottazione, *Leaching-Precipitation-Flotation*) (*metall. - min.*), LPF-Verfahren (*n.*). 59 ~ **LWS** (processo Loire-Wendel-Sidelor, con soffiaggio di ossigeno dal basso, per produrre acciaio) (*metall.*), LWS-Verfahren (*n.*). 60 ~ **Martin** (*metall.*), Martinprozess (*m.*). 61 ~ **Martin-Siemens** (*metall.*), Siemens-Martin-Verfahren (*n.*), SM-Verfahren (*n.*). 62 ~ **M-B-V** (di ossidazione protettiva) (*tecnol. mecc.*), M-B-V-Verfahren (*n.*), modifiziertes Bauer-Vogel-Verfahren. 63 ~ **OBM** (processo di soffiaggio dell'ossigeno Maxhütte, per produrre acciaio) (*metall.*), OBM-Verfahren (*n.*), Maxhütte-Oxygen-Blasverfahren. 64 ~ **Parkes** (per disargentare con piombo e zinco) (*metall.*), Parkes-Verfahren (*n.*). 65 ~ **penale** (*leg.*), Strafprozess (*m.*), Kriminalprozess (*m.*), Strafverfahren (*n.*). 66 ~ **per via secca** (*chim.*), Trockenverfahren (*n.*). 67 ~ **per via umida** (processo ad umido) (*tecnol. - ecc.*), nasses Verfahren, Nassverfahren (*n.*). 68 ~ **PL** (processo Phönix-Lanzen, per l'elaborazione di acciaio) (*metall.*), PL-Verfahren (*n.*). 69 ~ **plutonico** (plutonismo) (*geol.*), Plutonismus (*m.*), Tiefenvulkanismus (*m.*). 70 ~ **SBA** (processo della Société Belge de l'Azote, per produrre acetilene ed etilene) (*chim.*), SBA-Verfahren (*n.*). 71 ~ **Shaw** (per getti di precisione) (*fond.*), Shaw-Verfahren (*n.*). 72 ~ **Siemens-Martin** (*metall.*), Siemens-Martin-Verfahren (*n.*). 73 ~ **SIP** (per l'estrazione di uranio da liquido a liquido; processo detto «*solvent in pulp*») (*metall.*), SIP-Verfahren (*n.*), Solvent in Pulp-Verfahren (*n.*). 74 ~ **Solvay** (*ind. chim.*), Solvayverfahren (*n.*). 75 ~ **Tenifer** (nitrurazione morbida, nitrurazione in bagno di sali fusi in un crogiolo rivestito con titanio) (*tratt. term.*), Tenifer-Verfahren (*n.*). 76 ~ **Thomas** (*metall.*), Thomasverfahren (*n.*). 77 ~ **Thorex** (processo d'estrazione del torio) (*chim.*), Thorex-Prozess (*m.*). 78 ~ **transitorio** («transitorio») (*fis.*), Einschwingvorgang (*m.*). 79 calcolatore di ~ (governa l'andamento della produzione, rendendola automatica) (*autom. - calc.*), Prozessrechner (*m.*). 80 relativo alla tecnica dei processi (*elab. dati - ecc.*), prozesstechnisch. 81 schema di ~ (*ind.*), Verfahrenschema (*n.*). 82 variabile di ~ (*regol.*), Prozessgrösse (*f.*).

procura (*leg.*), Vollmacht (*f.*), Prokura (*f.*). 2 ~ **speciale** (*leg.*), Spezialvollmacht (*f.*). 3 **conferimento di** ~ (conferimento di pieni poteri, delega di poteri) (*leg.*), Bevollmächtigung (*f.*). 4 **conferire** ~ (delegare) (*leg.*), bevollmächtigen. 5 **obbligo di** ~ (*leg.*), Anwaltszwang (*m.*). 6 **per** ~ (*leg.*), ppa., per procura.

procurare (*gen.*), beschaffen. 2 ~ (*comm.*), anschaffen.

procuratore (*leg.*), Bevollmächtigter (*m.*), Prokurator (*m.*). 2 ~ (rappresentante legale) (*leg.*), Vertreter (*m.*), Stellvertreter (*m.*). 3 ~ (di una società, di una ditta) (*ind.*), Prokurist (*m.*).

prodiero (*nav.*), Bug...

prodotto (*s. - ind.*), Erzeugnis (*n.*), Produkt (*n.*). 2 ~ (*s. - mat.*), Produkt (*n.*), Ergebnis (*n.*). 3 ~ (*a. - gen.*), hergestellt. 4 **prodotti agricoli** (*agric.*), Agrarerzeugnisse (*n. pl.*), Agrarprodukte (*n. pl.*). 5 ~ **alimentare** (genere alimentare) (*ind.*), Nahrungsmittel (*n.*), Lebensmittel (*n.*). 6 ~ **ausiliario per la stampa** (*tip.*), Druckhilfsmittel (*n.*). 7 **prodotti chimici** (*chim.*), Chemikalien (*f. pl.*). 8 ~ **da costruire in un solo esemplare** (prodotto singolo) (*ind.*), einmal zu fertigendes Produkt. 9 ~ **decerante** (per l'asportazione della protezione di cera da una autovettura) (*aut. - ind. chim.*), Entwachsungsmittel (*n.*), Entkonservierungsmittel (*n.*). 10 **prodotti della combustione** (*comb.*), Verbrennungsgase (*n. pl.*), Feuergase (*n. pl.*), Abgase (*n. pl.*). 11 ~ **della concentrazione per via umida** (fango) (*metall. - min.*), Schlich (*m.*). 12 ~ **di bellezza** (cosmetico) (*ind.*), Schönheitsmittel (*n.*). 13 ~ **di coda** (della distillazione) (*chim.*), Nachlauf (*m.*), Sumpfprodukt (*n.*). 14 ~ **di condensazione** (*chim.*), Kondensat (*n.*), Kondensationsprodukt (*n.*). 15 **prodotti di consumo** (beni di consumo) (*ind. - comm.*), Konsumentengüter (*n. pl.*). 16 ~ **di decadimento** (*fis. atom.*), Folgeprodukt (*n.*).

17 ~ di decomposizione (chim.), Zerfallsprodukt (n.), Zersetzungsprodukt (n.). 18 ~ di fermentazione (ind.), Gärerzeugnis (n.). 19 prodotti di fissione volatili (fis. atom.), flüchtige Spaltprodukte. 20 ~ di massa (ind.), Massengut (n.), Massenprodukt (n.). 21 ~ di mortalità (indice di tossicità) (chim. - milit.), Tödlichkeitsprodukt (n.). 22 ~ di qualità (comm.), Qualitätserzeugnis (n.), Qualitätsprodukt (n.). 23 ~ di reazione (acqua p. es.) (chim.), Reaktionsprodukt (n.). 24 ~ di serie (ind.), Serienprodukt (n.), Reihenerzeugnis (n.). 25 ~ di testa (di distillazione) (chim.), Vorlauf (m.), Vorprodukt (n.), Erstausscheidung (f.). 26 ~ estrattivo (min.), Montanprodukt (n.). 27 ~ finito (prodotto finale) (ind.), Fertigerzeugnis (n.), Fertigfabrikat (n.), Fertigware (f.), Endprodukt (n.). 28 ~ industriale (ind.), Gewerbeprodukt (n.), Industrieprodukt (n.). 29 ~ industrialmente (ind.), fabrikmässig hergestellt, in einer Fabrik hergestellt. 30 ~ in serie (ind.), serienmässig hergestellt. 31 ~ integrale (mat.), Faltung (f.). 32 ~ intermedio (semilavorato [s.]) (ind.), Zwischenprodukt (n.), Zwischengut (n.). 33 ~ intermedio (min.), Lesezwischengut (n.). 34 ~ logico (AND) (calc.), logische Multiplikation, Konjunktion (f.), UND. 35 ~ misto (mat.), Spatprodukt (n.). 36 ~ nazionale lordo (finanz.), Bruttosozialprodukt (n.). 37 prodotti petroliferi (derivati del petrolio) (ind. chim.), Erdölerzeugnisse (n. pl.), Erdölprodukte (n. pl.). 38 ~ scalare (mat.), Skalarprodukt (n.), skalares Produkt. 39 ~ singolo (prodotto da costruire in un solo esemplare) (ind.), einmal zu fertigendes Produkt. 40 ~ verniciante (vn.), Anstrichstoff (m.). 41 ~ vettoriale (mat.), Vektorialprodukt (n.), vektorielles Produkt. 42 articoli prodotti (produzione, d'una ditta) (ind.-comm.), Programm (n.). 43 primi prodotti di distillazione (prodotti di testa) (ind. chim.), Vorlauf (m.), Erstausscheidungen (f. pl.), Vorprodukte (n. pl.). 44 responsabile di un ~ (o più prodotti, « product manager »; coordina l'attività riguardante il prodotto affidatogli) (ind.), Produktbetreuer (m.), « Produkt Manager » (m.).

producibilità (di energia, d'una centrale) (elett.), Arbeitsvermögen (n.).

« product manager » (responsabile di un prodotto, o di più prodotti, in un'azienda; coordina le attività riguardanti il prodotto affidatogli) (ind.), Produkbetreuer (m.), « Produkt Manager » (m.).

produrre (generare) (gen.), erzeugen. 2 ~ (fabbricare, preparare) (ind.), herstellen, erzeugen. 3 ~ (presentare, esibire) (gen.), vorzeigen. 4 ~ (presentare, testimoni p. es.) (leg.), beibringen. 5 ~ in serie (ind.), serienmässig herstellen.

produttività (ind.), Produktivität (f.). 2 ~ del magazzino (misura della velocità di rotazione delle scorte nell'unità di tempo) (ind.), Lagerproduktivität (f.). 3 indice di ~ (rapporto fra quantità di petrolio estratto in 24 ore e caduta di pressione provocata) (min.), Produktivitätsindex (m.), P.I. 4 premio di ~ (lav.), Produktivitätsprämie (f.), Leistungsprämie (f.).

produttivo (lav.), produktiv. 2 mansione produttiva (pers. - lav.), Produktionstätigkeit (f.). 3 non ~ (lav.), unproduktiv.

produttore (fabbricante) (ind.), Hersteller (m.), Erzeuger (m.). 2 ~ (procacciatore di affari) (comm.), Akquisiteur (m.), Kundenwerber (m.). 3 ~ assicurativo (lav. - comm.), Versicherungsakquisiteur (m.). 4 ~ cinematografico (cinem.), Filmhersteller (m.), Filmproduzent (m.). 5 ~ di pubblicità (lav. - comm.), Anzeigenakquisiteur (m.). 6 ~ e consumatore (comm.), Erzeuger und Verbraucher.

produzione (fabbricazione) (ind.), Fertigung (f.), Herstellung (f.), Produktion (f.), Erzeugung (f.). 2 ~ (quantità prodotta) (ind.), Produktionsleistung (f.). 3 ~ (pezzi prodotti nell'unità di tempo) (lav. macch. ut. - ecc.), Stückleistung (f.). 4 ~ (quantità prodotta in un dato tempo da una sonda petrolifera, espressa in tonnellate) (min.), Förderrate (f.). 5 ~ (di ioni) (chim.), Entstehung (f.). 6 ~ (articoli prodotti, da una ditta) (ind. - comm.), Programm (n.). 7 ~ a catena (ind.), Fliessbandfertigung (f.), fliessende Fertigung. 8 ~ a flusso continuo (produzione a catena) (ind.), fliessende Fertigung, Fliesserzeugung (f.). 9 ~ annua (ind.), Jahreserzeugung (f.), Jahresproduktion (f.). 10 ~ combinata (di energia elettrica e calore p. es.) (ind.), Koppelproduktion (f.). 11 ~ combinata di energia elettrica e calore (elett. - riscald.), Kraft-Wärmekopplung (f.). 12 ~ corrente (ind.), laufende Erzeugung, laufende Produktion. 13 ~ di automobili (produzione automobilistica) (ind. aut.), Autoproduktion (f.). 14 ~ di energia elettrica (elett.), Elektrizitätserzeugung (f.). 15 ~ di gas (ind. chim.), Gaserzeugung (f.). 16 ~ di massa (ind.), Massenfertigung (f.), Massenherstellung (f.). 17 ~ di oggetti singoli (produzione singola) (ind.), Einzelfertigung (f.). 18 ~ di pezzi singoli (ind.), Einzelteilfertigung (f.). 19 ~ di qualità (ind.), Wertarbeit (f.). 20 ~ giornaliera (ind.), Tagesleistung (f.). 21 ~ in grande serie (ind.), Grossreihenfertigung (f.), Grossserienfertigung (f.). 22 ~ in piccola serie (ind.), Kleinserienfertigung (f.). 23 ~ in serie (ind.), Reihenfertigung (f.), Serienfertigung (f.). 24 ~ massima di progetto (di una impresa o impianto) (ind.), Ausbauleistung (f.). 25 ~ oraria (numero dei pezzi prodotti in un'ora) (ind.), Stundenleistung (f.). 26 ~ oraria di calore (potenza calorifica, d'una camera di combustione p. es., misurata in kcal/h p. es.) (term.), Wärmeleistung (f.). 27 ~ oraria di materiale fuso (d'un forno) (metall.), Schmelzleistung (f.). 28 ~ per filiera (singola) (nella trafilatura p. es.) (tecnol. mecc.), Steinleistung (f.). 29 ~ programmata (ind.), Sollproduktion (f.). 30 ~ propria (ind.), Eigenproduktion (f.). 31 ~ simultanea (di prodotti diversi da una sola azienda) (ind.), Simultanproduktion (f.). 32 ~ singola (produzione di oggetti singoli) (ind.), Einzelfertigung (f.). 33 ~ standard (norma di produzione, norma di lavoro, produzione sta-

professionale

bilita per una fabbrica od operaio) (*organ. lav.*), Soll (*n.*). 34 ~ **su licenza** (*ind.*), Lizenzfertigung (*f.*). 35 ~, **trasporto e distribuzione di energia elettrica** (*elett.*), Elektrizitätsversorgung (*f.*). 36 **centro di costo di** ~ (*ind.*), Fertigungskostentelle (*f.*). 37 **centro di costo della** ~ **ausiliaria** (per produzione di energia, trasporti interni, attrezzeria, esclusa lavoraz. diretta dei prodotti) (*ind.*), Fertigungshilfskostenstelle (*f.*). 38 **centro di costo della** ~ **principale** (*ind.*), Fertigungshauptkostenstelle (*f.*). 39 **controllo della** ~ (*ind.*), Fertigungssteuerung (*f.*), Produktionskontrolle (*f.*). 40 **costi di** ~ **dell'energia elettrica** (*elett.*), Stromgestehungskosten (*f. pl.*). 41 **costi di** ~ **indiretti** (*ind.*), Fertigungsgemeinkosten (*f. pl.*). 42 **delibera alla** ~ **in serie** (*ind.*), Freigabe zur Serienfertigung. 43 **di propria** ~ (costruito all'interno, costruito in proprio) (*ind.*), selbstgemacht, selbstfabriziert. 44 **direttore di** ~ (*ind.*), Produktionsleiter (*m.*). 45 **fattori della** ~ (*ind.*), Produktionsfaktoren (*m. pl.*). 46 **impianti di** ~ (mezzi di produzione) (*ind.*), Erzeugungsanlagen (*f. pl.*), Betriebsanlagen (*f. pl.*). 47 **lavori di messa in** ~ (nell'approntamento d'un pozzo trivellato) (*min.*), Inproduktionssetzungsarbeiten (*f. pl.*). 48 **mezzi di** ~ (impianti di produzione) (*ind.*), Erzeugungsanlagen (*f. pl.*), Betriebsanlagen (*f. pl.*), Produktionsmittel (*n. pl.*). 49 **officine di** ~ (sedi di produzione) (*ind.*), Produktionsstätten (*f. pl.*). 50 **processo di** ~ (processo di fabbricazione) (*ind.*), Herstellungsverfahren (*n.*), Arbeitsgang (*m.*). 51 **programma di** ~ (*ind.*), Produktionsprogramm (*n.*), Produktionsplan (*m.*). 52 **quadro della** ~ (prospetto di produzione, di una miniera) (*min.*), Aufstand (*m.*). 53 **reattore di** ~ (per la trasformazione di uranio naturale in plutonio) (*fis. atom.*), Produktionsreaktor (*m.*). 54 **reparto di** ~ (*ind.*), Betriebsabteilung (*f.*), Produktionsabteilung (*f.*), Fertigungsabteilung (*f.*). 55 **sedi di** ~ (officine di produzione) (*ind.*), Produktionsstätten (*f. pl.*). 56 **segretaria di** ~ (*lav. - cinem.*), Atelierseкretärin (*f.*), Scriptgirl (*n.*), Skriptgirl (*n.*).

professionale (*lav.*), beruflich. 2 **istruzione** ~ (formazione professionale) (*organ. lav.*), Berufsausbildung (*f.*). 3 **ordine** ~ (*lav.*), Gewerbeordnung (*f.*), GewO. 4 **segreto** ~ (*lav.*), Schweigepflicht (*f.*), Berufsgeheimnis (*n.*).

professione (*lav.*), Beruf (*m.*). 2 **esercitare una** ~ (*lav.*), einen Beruf ausüben. 3 **esercizio di una** ~ (*lav.*), Berufsausübung (*f.*). 4 **libera** ~ (*lav.*), freier Beruf. 5 **scelta della** ~ (*lav.*), Berufswahl (*f.*).

profilare (sagomare) (*tecnol.*), fassonieren, formen. 2 ~ **alla fresa** (sagomare alla fresa, profilare mediante fresatura) (*lav. macch. ut.*), formfräsen. 3 ~ **a rullo** (mole) (*macch. ut.*), einrollen, einrollprofilieren.

profilassi (*med.*), Vorbeugung (*f.*).

profilato (*s. - lamin. - ind. metall.*), Profil (*n.*). 2 **profilati** (*ind. metall. - lamin.*), Profilmaterial (*n.*). 3 ~ (sagomato) (*a. - mecc.*), geformt. 4 ~ (di ferro) (*lamin. - ind. metall.*), Profileisen (*n.*). 5 ~ **a C** (*ind. metall.*), U-Profil (*n.*). 6 ~ **a C di acciaio** (ferro a canale) (*ind. metall.*), U-Stahl (*m.*). 7 ~ **ad ali larghe** (*ind. metall. - ed.*), Breitflanschprofil (*n.*). 8 ~ **a doppio T** (*ind. metall.*), I-Profil (*n.*). 9 ~ **a doppio T ad ali asimmetriche** (di acciaio) (*metall. - min.*), Kappenstahl (*m.*). 10 ~ **a doppio T di acciaio** (trave a doppio T di acciaio) (*ind. metall.*), I-Stahl (*m.*). 11 ~ **a T** (*ind. metall.*), T-Profil (*n.*). 12 ~ **commerciale** (profilato normale) (*ind. metall.*), Handelsprofil (*n.*), Normalprofil (*n.*). 13 ~ **commerciale** (di acciaio) (*lamin.*), Bauformstahl (*m.*). 14 ~ **di acciaio** (*ind. metall.*), Stahlprofil (*n.*). 15 ~ **di acciaio ad ali larghe** (*ind. metall.*), breitflanschiger Formstahl. 16 ~ **di acciaio a Z** (*ind. metall.*), Z-Stahl (*m.*). 17 ~ **di acciaio per armamento di miniera** (*ind. metall. - min.*), Grubenausbaustahl (*m.*), Grubenstahl (*m.*). 18 ~ **di ferro** (*ind. metall.*), Formeisen (*n.*), Profileisen (*n.*). 19 ~ **di ferro a bulbo** (trave a bulbo) (*ind. metall.*), Wulsteisen (*n.*). 20 ~ **di ferro a spigoli arrotondati** (*ind. metall.*), rundkantiges Formeisen. 21 ~ **di ferro normale** (profilato commerciale) (*ind. metall.*), Handelseisen (*n.*). 22 ~ **di gomma** (*ind. della gomma*), Profilgummi (*m.*). 23 ~ **di tenuta** (per vetri p. es.) (*tecnol.*), Profildichtung (*f.*). 24 ~ **di tenuta del finestrino** (*aut.*), Fensterdichtungsprofil (*n.*), Fensterabdichtschiene (*f.*), Fensterdichter (*m.*). 25 ~ **estruso** (estruso) (*tecnol. mecc.*), Strangpressprofil (*n.*), Pressprofil (*n.*). 26 ~ **GI** (profilato ad I con flange rinforzate e raccordo tra anima e flange) (*ind. metall. - min.*), GI-Profil (*n.*). 27 ~ **leggero** (*ind. metall.*), Leichtprofil (*n.*). 28 ~ **normale** (*lamin. - ind. metall.*), Normalprofil (*n.*), NP. 29 ~ **per palancolate** (palancola metallica) (*ind. metall. - costr. idr.*), Spundwandprofil (*n.*). 30 ~ **speciale** (*ind. metall.*), Sonderprofil (*n.*). 31 ~ **speciale di acciaio** (*ind. metall.*), Sonderformstahl (*m.*). 32 **telaio di profilati di ferro** (*veic. - ecc.*), Formeisenrahmen (*m.*).

profilatore (*ut.*), Profiliereinrichtung (*f.*). 2 ~ **a rulli** (per sagomare mole) (*app.*), Profiliergerät (*n.*), Einrollgerät (*n.*). 3 ~ **per mole** (dispositivo per profilare mole) (*ut. mecc.*), Schleifscheibenprofiliereinrichtung (*f.*).

profilatrice (*macch.*), Profilmaschine (*f.*). 2 ~ **a rulli** (*macch. lav. lamiera*), Profilwalzmaschine (*f.*).

profilatura (*tecnol. mecc.*), Fassonierarbeit (*f.*), formgebende Bearbeitung. 2 ~ **a freddo dal nastro** (laminazione a freddo di profilati leggeri da nastro) (*lamin.*), Bandprofilwalzung (*f.*). 3 ~ **a rulli** (*lav. lamiera*), Profilwalzen (*m.*). 4 ~ **a rullo** (sagomatura a rullo, di mole) (*macch. ut.*), Einrollvorgang (*m.*), Einrollprofilieren (*n.*), Einrollen (*n.*).

profilo (contorno) (*gen.*), Profil (*n.*), Kontur (*f.*), Aussenlinie (*f.*), Umrisslinie (*f.*). 2 ~ (di una strada p. es.) (*ing. civ. - top.*), Profil (*n.*), Schnitt (*m.*), Schnittumriss (*m.*). 3 ~ (*arch.*), Durchschnitt (*m.*). 4 ~ **ad abete** (della radice d'attacco d'una paletta al rotore, di una turbina p. es.) (*mecc.*), Tannenbaumprofil (*n.*). 5 ~ **ad evolvente** (*mecc. - geom.*), Evolventenprofil (*n.*). 6 ~ **aerodinamico** (di un'ala p. es.) (*aer.*), Tragflächenprofil (*n.*), Profil (*n.*). 7 ~ **alare**

(profilo aerodinamico) (*aer.*), Tragflügelprofil (*n.*), Flügelprofil (*n.*). **8 ~ attivo** (fianco attivo, di un dente di ingranaggio) (*mecc.*), wirksames Profil, Grifflänge (*f.*). **9 ~ coniugato** (di ingranaggio) (*mecc.*), Gegenprofil (*n.*). **10 ~ del dente** (*mecc.*), Zahnprofil (*n.*). **11 ~ della camma** (*mecc.*), Nockenprofil (*n.*), Nockenform (*f.*). **12 ~ della strada** (*costr. strad.*), Strassenschnitt (*m.*), Strassenprofil (*n.*). **13 ~ del pneumatico** (scolpitura del pneumatico) (*aut.*), Reifenprofil (*n.*), Reifeneindruck (*m.*). **14 ~ del solco** (di una superficie lavorata) (*mecc.*), Rillenprofil (*n.*). **15 ~ dentato per mozzi** (*mecc.*), Zahnnabenprofil (*n.*). **16 ~ dentato per mozzi con fianchi ad evolvente** (*mecc.*), Zahnnabenprofil mit Evolventenflanken. **17 ~ di fondo** (nelle misurazioni di rugosità) (*mecc.*), Grundprofil (*n.*). **18 ~ di riferimento** (di una dentatura) (*mecc.*), Bezugsprofil (*n.*). **19 ~ K** (profilo triangolare per collegare alberi con mozzi di ruote) (*mecc.*), K-Profil (*n.*). **20 ~ longitudinale** (sezione longitudinale, di una strada p. es.) (*top. - ing. civ.*), Längenprofil (*n.*), Längsprofil (*n.*), Längsschnitt (*m.*). **21 ~ longitudinale concavo** (nella variazione di pendenza d'una strada) (*costr. strad.*), Wanne (*f.*). **22 ~ macrogeometrico** (nelle misure della rugosità superficiale) (*mecc.*), Hüllprofil (*n.*), makrogeometrisches Profil. **23 ~ microgeometrico** (di una superficie tecnica) (*mecc.*), mikrogeometrisches Profil, Formprofil (*n.*). **24 ~ ondulato** (ondulatura, di lamiere) (*ind. metall.*), Wellenprofil (*n.*). **25 ~ per alberi dentati** (*mecc.*), Zahnwellenprofil (*n.*). **26 ~ per alberi dentati con fianchi ad evolvente** (*mecc.*), Zahnwellenprofil mit Evolventenflanken. **27 ~ per alberi scanalati** (*mecc.*), Keilwellenprofil (*n.*). **28 ~ per alberi striati** (*mecc.*), Kerbzahnwellenprofil (*n.*). **29 ~ per mozzi dentati** (*mecc.*), Zahnnabenprofil (*n.*). **30 ~ per mozzi scanalati** (*mecc.*), Keilnabenprofil (*n.*). **31 ~ per mozzi striati** (*mecc.*), Kerbzahnnabenprofil (*n.*). **32 ~ planimetrico** (di una superficie tecnica) (*mecc.*), Flächenausschnitt (*m.*). **33 ~ striato** (profilo Whitworth, profilo a denti di sega) (*mecc.*), Kerbzahnprofil (*n.*). **34 ~ trasversale** (*top. - costr. strad.*), Querprofil (*n.*), Querschnitt (*m.*). **35 ~ trasversale** (del dente di un ingranaggio) (*mecc.*), Stirnprofil (*n.*). **36 ~ Whitworth** (striatura) (*mecc.*), Kerbverzahnung (*f.*), Kerbzahnprofil (*n.*). **37 circuitazione attorno al ~ alare** (circolazione attorno al profilo alare) (*aerodin. - aer.*), Profilumströmung (*f.*), Tragflügelumströmung (*f.*). **38 frazione portante del ~** (nella misurazione della rugosità di superfici tecniche) (*mecc.*), Profiltraganteil (*m.*). **39 perdita di ~** (in una palettatura) (*mecc. dei fluidi*), Profilverlust (*m.*). **40 spostamento del ~** (tipo di correzione per dentature) (*mecc.*), Profilverschiebung (*f.*).

profilografo (per misurare la planarità di superfici) (*app.*), Profilograph (*m.*). **2 ~ ad eco** (*app.*), Profilechograph (*m.*).

profilometro (*app.*), Profilmesser (*m.*). **2 ~** (scabrosimetro, rugosimetro) (*strum. - mecc.*), Rauheitsprüfer (*m.*).

profitto (utile) (*finanz.*), Ertrag (*m.*), Gewinn (*m.*).

profondità (*gen.*), Tiefe (*f.*). **2 ~** (*min.*), Tiefe (*f.*), Teufe (*f.*). **3 ~ del foro filettato** (*mecc.*), Gewindelochtiefe (*f.*). **4 ~ dello strato decarburato** (profondità di decarburazione) (*tratt. term.*), Entkohlungstiefe (*f.*). **5 ~ di avvitamento** (*mecc.*), Einschraubtiefe (*f.*). **6 ~ di campo** (*ott.*), Schärfentiefe (*f.*), Tiefenschärfe (*f.*). **7 ~ di cementazione** (penetrazione della cementazione) (*tratt. term.*), Einsatzhärtungstiefe (*f.*), Einsatztiefe (*f.*). **8 ~ di decarburazione** (profondità dello strato decarburato) (*tratt. term.*), Entkohlungstiefe (*f.*). **9 ~ di estrazione** (*min.*), Förderteufe (*f.*). **10 ~ di filettatura** (distanza normale all'asse della vite, tra i punti estremi della filettatura) (*mecc.*), Gewindetiefe (*f.*). **11 ~ di foratura** (al trapano) (*lav. macch. ut.*), Bohrtiefe (*f.*). **12 ~ di modulazione** (negli amplificatori di trasmettitori) (*elettronica*), Stromaussteuerung (*f.*). **13 ~ d'interramento** (di un cavo; profondità di posa, profondità del cunicolo) (*elett.*), Bettungstiefe (*f.*). **14 ~ di passata** (*lav. macch. ut.*), Schnittiefe (*f.*), Schnitthöhe (*f.*). **15 ~ di penetrazione** (per prova Rockwell p. es.) (*tecnol. mecc.*), Eindringtiefe (*f.*). **16 ~ di posa** (di un cavo; profondità d'interramento, profondità del cunicolo) (*elett.*), Bettungstiefe (*f.*). **17 ~ di scavo** (*macch. mov. terra*), Reichtiefe (*f.*). **18 ~ di scolpitura** (altezza dei rilievi, di un pneumatico) (*aut.*), Profiltiefe (*f.*). **19 ~ di taglio** (*lav. macch. ut.*), Schnittiefe (*f.*), Spantiefe (*f.*). **20 ~ di tempra** (penetrazione di tempra) (*tratt. term.*), Härtetiefe (*f.*). **21 ~ di tempra** (nella ghisa) (*fond.*), Weisseinstrahlung (*f.*). **22 ~ forata** (tra due affilature consecutive) (*ut.*), Standlänge (*f.*). **23 ~ verticale** (*min.*), Seigerteufe (*f.*). **24 carica di ~** (*espl. - mar. milit.*), Wasserbombe (*f.*), Unterwassersprengkörper (*m.*). **25 fascio di ~** (proiettore abbagliante) (*aut.*), Fernlicht (*n.*), Weitstrahler (*m.*). **26 regolazione della ~ di taglio** (*lav. macch. ut.*), Zustellung (*f.*).

profondo (*gen.*), tief. **2 poco ~** (basso, di acqua) (*gen.*), seicht.

proforma, fattura ~ (*comm.*), Proformarechnung (*f.*).

profumeria (*ind.*), Riechstoffherstellung (*f.*).

profumo (*ind.*), Riechstoff (*m.*), Parfum (*n.*).

progettare (*gen.*), entwerfen, planen. **2 ~** (disegnare) (*dis.*), konstruieren, zeichnen. **3 ~** (*mecc. - ecc.*), entwerfen, konstruieren.

progettazione (*mecc. - ecc.*), Konstruktion (*f.*), Entwurf (*m.*). **2 ~ con ausilio di calcolatore** (*calc. - ecc.*), rechnergestützter Entwurf. **3 ~ di calibri** (di laminazione) (*lamin.*), Kalibrieren (*n.*). **4 ~ di strutture saldate** (*macch. - ecc.*), Schweisskonstruktion (*f.*).

progettista (*pers. - mecc. - ecc.*), Konstrukteur (*m.*), Entwerfer (*m.*), Entwurfsingenieur (*m.*). **2 ~** (disegnatore progettista) (*pers.*), Gestalter (*m.*). **3 ~ di calibri** (*lamin.*), Kalibreur (*m.*). **4 ~ capo** (*pers.*), Chefkonstrukteur (*m.*).

progetto (piano) (*gen.*), Plan (*m.*), Entwurf (*m.*). **2 ~** (edile) (*ed.*), Entwurf (*m.*), Plan

prognosi

(*m*.). **3** ~ (di norma di unificazione p. es.) (*tecnol. - ecc.*), Entwurf (*m*.). **4** ~ **consegne** (programma consegne) (*ind. - comm.*), Liefereinteilung (*f.*), Lieferprogramm (*n*.). **5** ~ **definitivo** (*ed. - ecc.*), endgültiger Entwurf. **6** ~ **di costruzione** (*ed.*), Bauplan (*m*.), Konstruktionsentwurf (*m*.). **7** ~ **di legge** (*leg.*), Bill (*f.*), Gesetzesentwurf (*m*.). **8** ~ **di massima** (*ed. - ecc.*), Vorentwurf (*m*.). **9** ~ **di massima** (schizzo) (*dis.*), Rohentwurf (*m*.). **10** ~ **di massima** (d'una macchina utensile p. es.) (*macch. - dis. - ecc.*), Prinzipentwurf (*m*.). **11** ~ **di norma** (di unificazione) (*tecnol. mecc. - ecc.*), Norm-Entwurf (*m*.). **12** ~ **di norma DIN** (norma DIN sperimentale) (*tecnol. - ecc.*), DIN-Entwurf (*m*.). **13** ~ **di procedure** (progetto di sistemi) (*organ.*), Systementwurf (*m*.). **14** ~ **di sistemi** (progetto di procedure) (*organ.*), Systementwurf (*m*.). **15** ~ **edile** (*ed. - ecc.*), Konstruktionsentwurf (*m*.), Bauplan (*m*.). **16** ~ **preliminare** (*ed. - ecc.*), Vorentwurf (*m*.). **17** ~ **calcolo di** ~ (*mat. - ecc.*), Vorausrechnung (*f.*). **18** ~ **disegno** ~ (per offerte) (*dis. - comm.*), Entwurfszeichnung (*f.*). **19** ~ **sottoporre il** ~ **all'approvazione** (*ed. - ecc.*), den Entwurf zur Genehmigung vorlegen.

prognosi (previsione) (*gen.*), Prognose (*f.*).

programma (*gen.*), Programm (*n*.), Plan (*m*.). **2** ~ (una serie di ordini e dati) (*calc. - elab. dati*), Programm (*n*.). **3** ~ **a comando numerico** (*lav. macch. ut. - ecc.*), numerisch gesteuertes Programm, NC-Programm (*n*.). **4** ~ **a virgola mobile** (*calc.*), Gleitkommaprogramm (*n*.). **5** ~ **compilatore** (*calc.*), kompilierendes Programm. **6** ~ **con ottimizzazione dei tempi** (*elab. dati*), Bestzeitprogramm (*n*.). **7** ~ **consegne** (progetto consegne) (*ind. - comm.*), Lieferprogramm (*n*.), Liefereinteilung (*f.*). **8** ~ **degli obiettivi** (*progr. - organ.*), Zielprogramm (*n*.). **9** ~ **dei tempi** (scadenzario) (*ind.*), Terminplan (*m*.). **10** ~ **del pezzo** (istruzioni per risolvere un problema) (*elab. dati - lav. macch. ut. c/n*), Teileprogramm (*n*.). **11** ~ **diagnostico** (programma di controllo) (*calc.*), Diagnose-Programm (*n*.), Testprogramm (*n*.), Prüfprogramm (*n*.). **12** ~ **di biblioteca** (*calc.*), Bibliotheksprogramm (*n*.). **13** ~ **di calcolatore** (*calc.*), Rechner-Programm (*n*.). **14** ~ **di caricamento** (*elab. dati*), Eingabeprogramm (*n*.), Urlader (*m*.), Ladeprogramm (*n*.). **15** ~ **di controllo** (programma diagnostico) (*calc.*), Testprogramm (*n*.), Diagnose-Programm (*n*.), Prüfprogramm (*n*.). **16** ~ **di entrata** (*calc.*), Eingabeprogramm (*n*.). **17** ~ **di lavoro** (*organ. lav.*), Arbeitsprogramm (*n*.), Arbeitsplan (*m*.). **18** ~ **di macchina** (*calc.*), Maschinenprogramm (*n*.). **19** ~ **di origine** (*calc.*), Quellenprogramm (*n*.), Quellprogramm (*n*.), Ausgangsprogramm (*n*.). **20** ~ **di produzione** (piano di produzione) (*ind.*), Fertigungsprogramm (*n*.), Erzeugungsprogramm (*n*.), Produktionsprogramm (*n*.), Produktionsplan (*m*.), Fertigungsplan (*m*.). **21** ~ **di prova** (programma diagnostico, programma di controllo) (*calc.*), Prüfprogramm (*n*.), Testprogramm (*n*.), Diagnose-Programm (*n*.). **22** ~ **di prova ausiliario** (agevolante la verifica di programmi) (*elab. dati*), Testhilfe (*f.*). **23** ~ **di ricerca degli errori** (programma diagnostico) (*calc.*), Fehlersuchprogramm (*n*.), Diagnoseprogramm (*n*.). **24** ~ **di servizio** (*calc.*), Betriebsprogramm (*n*.), Dienstprogramm (*n*.). **25** ~ **di simulazione** (*progr.*), Simulationsprogramm (*n*.). **26** ~ **di uscita** (*calc.*), Ausgabeprogramm (*n*.). **27** ~ **generatore** (generatore) (*calc.*), Generierprogramm (*m*.), Generierer (*n*.), erzeugendes Programm. **28** ~ **interpretativo** (*calc.*), interpretatives Programm. **29** ~ **memorizzato** (*calc.*), gespeichertes Programm. **30** ~ **oggetto** (*elab. dati*), Zielprogramm (*n*.), Objektprogramm (*n*.). **31** ~ **post-mortem** (per la ricerca di errori) (*calc.*), Post-Mortem-Programm (*n*.). **32** ~ **principale** (*calc.*), Hauptprogramm (*n*.). **33** ~ **pubblicitario** (trasmissione pubblicitaria) (*radio*), Radiowerbesendung (*f.*). **34** ~ **simbolico** (*elab. dati*), symbolisches Programm, adressenfreies Programm. **35** ~ **simulato** (*calc.*), Nachahmungsprogramm (*n*.). **36** ~ **smistatore** (*elab. dati*), Verteilerprogramm (*n*.). **37** ~ **spaziale** (*astronautica*), Raumprogramm (*n*.). **38** ~ **standard** (*elab. dati*), Anwendungsprogramm (*n*.), Standardprogramm (*n*.). **39** ~ **supervisore** (*elab. dati*), Überwachungsprogramm (*n*.). **40** ~ **traduttore** (traduttore) (*calc. - macch. ut. c/n*), Übersetzungsprogramm (*n*.), Übersetzer (*n*.). **41** ~ **traduttore** (assemblatore) (*calc.*), Assembler (*m*.), Assemblierer (*m*.). **42 a** ~ **memorizzato** (*calc. - ecc.*), speicherprogrammiert. **43 biblioteca programmi** (*calc.*), Programmbibliothek (*f.*). **44 calcolatore a** ~ (*calc.*), programmgesteuerte Rechenanlage. **45 comandato a** ~ (*macch. ut. - ecc.*), programmgesteuert. **46 comando a** ~ (*tecnol. - ecc.*), Programmsteuerung (*f.*). **47 comando a** ~ **temporizzato** (*autom.*), Zeitplansteuerung (*f.*). **48 comando sequenziale a** ~ (*tecnol. - ecc.*), Programm- und Folgesteuerung (*f.*). **49 fuori** ~ (cortometraggio fuori programma) (*cinem.*), Beifilm (*m*.). **50 iniziatore di** ~ (*calc.*), Programminitiator (*m*.), Initiator (*m*.). **51 memorizzazione del** ~ (*calc.*), Programmspeicherung (*f.*). **52 parametro di** ~ (*calc.*), Jeweilsparameter (*m*.). **53 prova del** ~ (nel comando numerico) (*lav. macch. ut.*), Programmprüfen (*n*.). **54 pulsatore a** ~ (macchina per prove di fatica) (*macch.*), Programm-Pulser (*m*.). **55 regolatore a** ~ (*app.*), Programmregler (*m*.). **56 scheda** ~ (*autom.*), Programmkarte (*f.*). **57 selettore di** ~ (*autom. - radio - telev.*), Programmwähler (*m*.). **58 selettore di** ~ (per torri di betonaggio p. es.) (*ed.*), Rezeptwähler (*m*.). **59 spina (di)** ~ (nel comando numerico, p. es.) (*calc.*), Programmstecker (*m*.). **60 temporizzatore a** ~ (*app.*), Programmzeitschalter (*m*.). **61 traduttore di** ~ (*calc.*), Programmübersetzer (*m*.).

programmabile (*progr. - ecc.*), programmierbar.

programmare (la produzione) (*lav. - organ.*), planen.

programmato (*calc. - ecc.*), programmiert. **2 arresto** ~ (*calc. - ecc.*), programmierter Stop.

programmatore (programmista) (*pers. - calc.*), Programmierer (*m*.). **2** ~ (apparec-

chiatura per il controllo delle operazioni di una macch.) (*macch. - elettronica*), Programmiereinheit (*f.*). **3** ~ **di sistemi** (*pers. - organ.*), Systemplaner (*m.*).
programmazione (di lavori, ecc.) (*ind.*), Planung (*f.*). **2** ~ (*macch. calc.*), Programmieren (*n.*). **3** ~ **ad accesso casuale** (*calc.*), Zufallsprogrammierung (*f.*). **4** ~ **a lungo termine** (*organ.*), langfristige Planung, LFP. **5** ~ **automatica** (*calc.*), Selbstprogrammierung (*f.*). **6** ~ **dei costi** (*amm.*), Kostenplanung (*f.*). **7** ~ **dei materiali** (*ind.*), Werkstoffplanung (*f.*). **8** ~ **dei sistemi** (organizzazione dei sistemi) (*organ.*), Systemplanung (*f.*). **9** ~ **della produzione** (*ind.*), Fertingungsplanung (*f.*), Produktionsplanung (*f.*). **10** ~ **del lavoro** (*organ. lav.*), Arbeitsplanung (*f.*). **11** ~ **delle scadenze** (*ind.*), Terminplanung (*f.*). **12** ~ **delle vendite** (*comm.*), Absatzplanung (*f.*). **13** ~ **dinamica** (*progr.*), dynamische Planung. **14** ~ **fabbisogno materiali** (*ind.*), Materialbedarfsplanung (*f.*). **15** ~ **industriale** (*ind.*), Industrieplanung (*f.*). **16** ~ **incrementale** (*lav. macch. ut. c/n*), Kettenmass-Programmierung (*f.*). **17** ~ **lineare** (*progr.*), lineare Planung, lineare Programmierung, Linearplanung (*f.*). **18** ~ **per indirizzi** (*lav. macch. ut. a c/n*) Adressenschreibweise (*f.*). **19** ~ **reticolare** (tecnica reticolare, per piani di produzione p. es.) (*progr.*), Netzplantechnik (*f.*), Netzwerkplanung (*f.*). **20 codice di** ~ (*lav. macch. ut. c/n*), Wortkennzeichnung (*f.*). **21 linguaggio di** ~ (Fortran p. es.) (*progr. - calc.*), Programmiersprache (*f.*). **22 linguaggio per la** ~ **di problemi** (*calc.*), problemorientierte Sprache. **23 logica di** ~ (*progr.*), Programmierlogik (*f.*). **24 posto di** ~ (nella programmazione manuale per il comando numerico) (*macch. ut. - ecc.*), Programmierplatz (*m.*).
progredito (aggiornato, moderno) (*gen.*), fortschrittlich.
progressione (*mat.*), Reihe (*f.*). **2** ~ (disposizione dei denti di una broccia nella direzione dell'avanzamento) (*ut.*), Staffelung (*f.*). **3** ~ **a cuneo** (dei denti di una broccia) (*ut.*), Keilstaffelung (*f.*). **4** ~ **aritmetica** (*mat.*), arithmetische Reihe. **5** ~ **geometrica** (*mat.*), geometrische Reihe. **6** ~ **laterale** (dei denti d'una broccia) (*ut.*), Seitenstaffelung (*f.*). **7** ~ **normale** (dei denti d'una broccia in direzione normale alla superficie lavorata) (*ut.*), Tiefenstaffelung (*f.*). **8 anomalia di** ~ (in una serie di misure p. es.) (*mat. - ecc.*), Rücksprung (*m.*).
progressività (moderabilità, dei freni p. es.) (*aut. - ecc.*), Abstufbarkeit (*f.*).
progressivo (*gen.*), progressiv. **2** ~ (onda) (*fis.*), fortschreitend. **3 imbutitura progressiva** (esecuzione contemporanea di più operazioni sulla stessa macchina) (*lav. lamiera*), Stufenziehpressen (*n.*), Stufenziehverfahren (*n.*). **4 numeri progressivi** (*gen.*), laufende Nummern. **5 sistema** ~ (sistema di scansione progressiva) (*telev.*), Zeilenfolgesystem (*n.*). **6 stampo** ~ (per l'esecuzione di più operazioni successive) (*ut. lav. lamiera*), Stufenwerkzeug (*n.*).
progresso (*gen.*), Fortschritt (*m.*).

proiettare (*dis.*), projezieren. **2** ~ (le diapositive p. es.) (*ott.*), projezieren. **3** ~ (una pellicola) (*cinem. - ecc.*), vorführen.
proiettato (*geom.*), projeziert.
proiettile (proietto) (*milit.*), Geschoss (*n.*), Projektil (*n.*). **2** ~ **a razzo** (missile) (*milit. astronautica*), Raketengeschoss (*n.*). **3** ~ **tracciante** (*milit.*), Leuchtgeschoss (*n.*), Leuchtspurgeschoss (*n.*).
proiettività (*mat.*), projektive Abbildung, Projektivität (*f.*).
proiettivo (*mat.*), projektiv.
proiettore (d'immagini) (*app. ott.*), Bildwerfer (*m.*), Projektor (*m.*). **2** ~ (« faro ») (*aut. - illum.*), Scheinwerfer (*m.*). **3** ~ (faro) (*aer. - navig.*), Scheinwerfer (*m.*). **4** ~ **abbagliante** (fascio di profondità) (*aut.*), Fernlichtscheinwerfer (*m.*), Fernlicht (*n.*). **5** ~ **a luce colorata** (di segnalazione) (*aut.*), Kennscheinwerfer (*m.*). **6** ~ **antinebbia** (proiettore fendinebbia) (*aut.*), Nebelscheinwerfer (*m.*). **7** ~ **asimmetrico** (proiettore abbagliante asimmetrico) (*aut.*), Teilfernlichtscheinwerfer (*m.*). **8** ~ **ausiliario** (*aut.*), Zusatzscheinwerfer (*m.*). **9** ~ **automatico** (*cinem.*), Vorführautomat (*n.*). **10** ~ **auto--orientabile** (proiettore sterzante, proiettore asservito allo sterzo) (*aut.*), drehbarer Scheinwerfer, schwenkbarer Scheinwerfer. **11** ~ **battistrada** (proiettore orientabile ausiliario) (*aut.*), Sucher (*m.*), Suchscheinwerfer (*m.*). **12** ~ **cinematografico** (*app. cinem.*), Filmprojektor (*m.*), Filmbildwerfer (*m.*), Kinoprojektor (*m.*). **13** ~ **controaereo** (fotoelettrica controaerea) (*milit. - ott.*), Flakscheinwerfer (*m.*). **14** ~ **da sala per passo ridotto** (*app. cinem.*), Schmalfilmtheatermaschine (*f.*). **15** ~ **di avvicinamento** (*aer.*), Anfluglicht (*n.*). **16 proiettori di illuminazione** (impianto di proiettori di illuminazione) (*illum.*), Flutlichtanlage (*f.*). **17** ~ **di immagini fisse** (*ott.*), Stehbildwerfer (*m.*). **18** ~ **di profili** (strumento di controllo, per calibri, pezzi, ecc.) (*tecnol. mecc. - app. ott.*), Profilprojektor (*m.*). **19** ~ **di retromarcia** (*aut.*), Rückfahrscheinwerfer (*m.*), Rückwärtsgangscheinwerfer (*m.*). **20** ~ **domestico** (*app. cinem.*), Heimprojektor (*m.*). **21** ~ **elettronico** (cannone elettronico) (*elettronica*), Elektronenkanone (*f.*). **22** ~ **fendinebbia** (proiettore antinebbia, fendinebbia) (*aut.*), Nebelscheinwerfer (*m.*). **23** ~ **incorporato** (nella carrozzeria) (*aut.*), Einbauscheinwerfer (*m.*). **24** ~ **-lampada** (lampada-proiettore, « sealed--beam ») (*aut.*), « Sealed-Beam-Scheinwerfer » (*m.*). **25** ~ **orientabile ausiliario** (proiettore battistrada) (*aut.*), Sucher (*m.*), Suchscheinwerfer (*m.*). **26** ~ **per altezza nubi** (per misurare la quota delle nubi) (*app. meteor.*), Wolkenscheinwerfer (*m.*), Wolkenhöhenmess-scheinwerfer (*m.*). **27** ~ **per diapositive** (*app. ott.*), Diaprojektor (*m.*), Diaskop (*n.*). **28** ~ **per effetti di luce** (proiettore per palcoscenico) (*app. ott.*), Effektscheinwerfer (*m.*), Bühnenscheinwerfer (*m.*). **29** ~ **per illuminazione** (*app. illum.*), Flutlichtscheinwerfer (*m.*). **30** ~ **per palcoscenico** (proiettore per effetti di luce) (*elett.*), Effekt-

proiezione

scheinwerfer (*m.*), Bühnenscheinwerfer (*m.*). 31 ~ **per retromarcia** (*aut.*), Rückfahrscheinwerfer (*m.*), Rückwärtsgangscheinwerfer (*m.*). 32 ~ **per riprese cinematografiche** (*app. cinem.*), Aufheller (*m.*), Stativscheinwerfer (*m.*). 33 ~ **per segnalazioni** (*nav.*), Signalscheinwerfer (*m.*). 34 ~ **rotante** (con vetro colorato, per auto della polizia p. es.) (*veic.*), Rundumkehrscheinwerfer (*m.*). 35 ~ **sonoro** (*app. cinem.*), Tonbildprojektor (*m.*). 36 ~ **staccato** (proiettore non incorporato nella carrozzeria) (*aut.*), Anbauscheinwerfer (*m.*). 37 ~ **triplo** (per film stereoscopico) (*app. cinem.*), Dreifachbildprojektor (*m.*). 38 **accendere i proiettori** (*aut.*), aufblenden. 39 **cornice del** ~ (*aut.*), Scheinwerferfassung (*f.*), Scheinwerferdeckelring (*m.*), Scheinwerferzierring (*m.*). 40 **orientamento dei proiettori** (*aut.*), Scheinwerfereinstellung (*f.*). 41 **vetro del** ~ (cristallo del proiettore) (*aut.*), Scheinwerferscheibe (*f.*).

proiezione (*ott.*), Projektion (*f.*). 2 ~ (*dis. - geogr.*), Projektion (*f.*). 3 ~ (*ricerca operativa*), Projektion (*f.*). 4 ~ (*cartografia*), Abbildung (*f.*), Projektion (*f.*). 5 ~ **all'americana** (*dis.*), amerikanische Projektionsmethode, amerikanische Projektion, amerikanische Darstellung. 6 ~ **all'europea** (proiezione ortogonale normale) (*dis.*), europäische Projektion, europäische Darstellung, europäische Projektionsmethode. 7 ~ **assonometrica** (*dis.*), axonometrische Projektion. 8 ~ **cavaliera** (*dis. - geom.*), Kavalierperspektive (*f.*). 9 ~ **centrale** (*geom. - dis.*), Zentralprojektion (*f.*). 10 ~ **cilindrica** (di una carta) (*geogr.*), Zylinderprojektion (*f.*). 11 ~ **cinematografica** (spettacolo cinematografico, «film») (*cinem.*), Kinovorführung (*f.*), Filmschau (*f.*). 12 ~ **conica** (di una carta) (*geogr.*), Kegelprojektion (*f.*). 13 ~ **di calcestruzzo** (*ed.*), Torkretieren (*n.*), Torkretverfahren (*n.*). 14 ~ **di diapositive** (*ott. - fot.*), Diapositivprojektion (*f.*), Diaprojektion (*f.*). 15 ~ **di Mercatore** (*geogr.*), Mercatorprojektion (*f.*). 16 ~ **episcopica** (*ott.*), Epi-Projektion (*f.*), episkopische Projektion, Auflichtprojektion (*f.*). 17 ~ **equidistante** (*cartografia*), abstandtreue Abbildung 18 ~ **europea** (proiezione ortogonale normale) (*dis.*), europäische Projektion, europäische Darstellung, europäische Projektionsmethode. 19 ~ **isometrica** (assonometria a sistema monometrico) (*dis.*), isometrische Projektion. 20 ~ **orizzontale** (pianta) (*dis.*), Horizontalprojektion (*f.*), Grundriss (*m.*). 21 ~ **ortogonale** (*dis.*), Orthogonalprojektion (*f.*). 22 ~ **parallela** (*geom.*), Parallelprojektion (*f.*). 23 ~ **per trasparenza** (*ott.*), Durchprojektion (*f.*). 24 ~ **policonica americana** (*cartografia*), amerikanische polykonische Abbildung. 25 **cabina di** ~ (*cinem.*), Vorführkabine (*f.*). 26 **illuminazione per** ~ (*illum.*), Anstrahlung (*f.*), Fluchtlichtbeleuchtung (*f.*). 27 **macchina per proiezione di calcestruzzo** (*macch. ing. civ.*), Torkretmaschine (*f.*).

prolunga (*mecc. - ecc.*), Verlängerungsstück (*n.*), Verlängerung (*f.*). 2 ~ **avvitabile** (*mecc.*), Einschraubverlängerung (*f.*). 3 ~ **per compasso** (*strum. da dis.*), Zirkelverlängerung (*f.*). 4 ~ **per forca** (di carrello elevatore) (*trasp. ind.*), Gabelverlängerung (*f.*). 5 ~ **tubolare** (*tubaz. - ecc.*), Aufsteckrohr (*n.*), Ansatzrohr (*n.*).

prolungamento (di una linea p. es.) (*geom. - ecc.*), Verlängerung (*f.*).

prolungare (una retta p. es.) (*geom. - ecc.*), verlängern.

prolusione (allocuzione, del presidente d'una conferenza p. es.) (*gen.*), Anrede (*f.*), Ansprache (*f.*).

promemoria (*gen.*), Promemoria (*n.*), Denkschrift (*f.*).

promezio (elemento metallico) (*Pm - chim.*), Promethium (*n.*).

promontorio (*geogr.*), Nase (*f.*), Felsvorsprung (*m.*), Vorgebirge (*n.*).

promosso (*lav. - ecc.*), befördert. 2 **essere** ~ (*pers. - lav.*), vorrücken, befördert werden, avancieren.

promotore (per catalizzatori) (*chim.*), Promotor (*m.*).

promozione (*pers. - lav.*), Beförderung (*f.*), Vorrücken (*n.*). 2 ~ (sviluppo, delle vendite p. es.) (*gen.*), Förderung (*f.*). 3 ~ **delle vendite** (*comm.*), Verkaufsförderung (*f.*), Absatzförderung (*f.*). 4 ~ **per anzianità** (*pers. lav.*), Vorrücken nach dem Dienstalter.

promulgazione (*leg.*), Bekanntmachung (*f.*).

promuovere (passare in una categoria superiore) (*pers.*), befördern. 2 ~ (sviluppare, le vendite p. es.) (*comm. - ecc.*), fördern.

prontezza (destrezza, abilità; doti acquisite) (*lav.*), Fertigkeit (*f.*).

pronto (*gen.*), bereit, fertig. 2 ~ (di una nave, per la partenza) (*nav.*), klar, bereit. 3 ~ (fornitura) (*comm.*), ab Lager. 4 ~ **per il decollo** (*aer.*), flugklar, startbereit. 5 ~ **per il servizio** (pronto per l'uso, in ordine di marcia) (*ind. - comm.*), betriebsfertig, betriebsbereit. 6 ~ **per la colata** (forma p. es.) (*fond.*), giessfertig. 7 ~ **per l'allacciamento** (*elett.*), anschlussfertig. 8 ~ **per l'uso** (*gen.*), einsatzbereit, gebrauchsfertig. 9 ~ **per l'uso** (pronto per il servizio, in ordine di marcia) (*ind. - comm.*), betriebsfertig, betriebsbereit. 10 **a pronti** (a contanti) (*comm.*), gegen bar.

pronuncia (*tip.*), Lautschrift (*f.*), phonetische Umschrift. 2 ~ (di una sentenza) (*leg.*), Verkündigung (*f.*). 3 ~ (proclamazione) (*gen.*), Aussprache (*f.*).

pronunciare (la sentenza p. es.) (*leg.*), fällen. 2 ~ (proclamare) (*gen.*), aussprechen.

Prony, freno ~ (*mot. - macch.*), Prony'scher Zaum.

propaganda (pubblicità) (*ind. - comm.*), Werbung (*f.*). 2 **direttore della** ~ (caposervizio della propaganda) (*ind.*), Werbeleiter (*m.*). 3 **servizio** ~ (servizio pubblicità) (*ind.*), Werbeabteilung (*f.*).

propagandista (*lav. - comm.*), Propagandistin (*f.*).

propagarsi (delle onde, della fiamma, ecc.) (*radio - acus. - comb.*), sich ausbreiten, fortpflanzen.

propagazione (delle onde, ecc.) (*radio - acus. - comb.*), Ausbreitung (*f.*), Fortpflanzung (*f.*). 2 ~ **del calore** (trasmissione del calore) (*fis.*), Wärmeübertragung (*f.*). 3 ~ **della**

fiamma (*comb.*), Flammenfortpflanzung (*f.*). 4 ~ **delle onde** (*fis.*), Wellenausbreitung (*f.*). 5 ~ **del suono** (*acus.*), Schallausbreitung (*f.*). 6 **costante di** ~ (*radio*), Ausbreitungskonstante (*f.*), Übertragungsbelag (*m.*). 7 ~ **resistenza alla** ~ **della fiamma** (*prove mat. plast.*), Glutfestigkeit (*f.*). 8 **tempo di** ~ (di onde sismiche, tra brillamento dell'esplosivo ed indicazione del sismografo) (*min. - geol.*), Laufzeit (*f.*). 9 **velocità di** ~ (*acus. - radio - comb.*), Ausbreitungsgeschwindigkeit (*f.*). 10 **velocità di** ~ **della fiamma** (nella camera di combustione) (*mot.*), Zündgeschwindigkeit (*f.*). 11 **velocità di** ~ **delle cricche** (fase dinamica di una rottura fragile) (*tecnol. mecc.*), Rissausbreitungsgeschwindigkeit (*f.*).

propaniera (nave) (*s. - costr. nav.*), Propantanker (*m.*), LPG-Tanker (*m.*).

propano (C_3H_8) (*chim.*), Propan (*n.*), Propangas (*n.*).

propellente (per un razzo p. es.) (*s. - mot.*), Treibstoff (*m.*), Treibmittel (*n.*). 2 ~ **ipergolico** (ipergolo, per razzi) (*chim.*), hypergoler Treibstoff. 3 ~ **liquido** (per razzi) (*astronautica*), Flüssigtreibstoff (*m.*). 4 ~ **per autoreattori** (*aer. - mot.*), Ram-Jet-Brennstoff (*m.*), RJ-Brennstoff (*m.*). 5 ~ **per razzi** (*comb.*), Raketentreibstoff (*m.*). 6 ~ **per turbogetti** (*aer. - mot.*), Jet-Propellant-Brennstoff (*m.*), JP-Brennstoff (*m.*). 7 ~ **solido** (per razzi p. es.) (*comb.*, Festtreibstoff (*m.*), Feststoff (*m.*). 8 **razzo a** ~ **liquido** (*astronautica - milit.*), Flüssigkeitsrakete (*f.*). 9 **razzo a** ~ **solido** (*astronautica - milit.*), Feststoffrakete (*f.*).

propilene ($CH_3 \cdot CH = CH_2$) (*chim.*), Propylen (*n.*).

propileo (*arch.*), Propyläen (*f.*), Säulenhalle (*f.*).

proporre (*gen.*), vorschlagen, in Vorschlag bringen.

proporzionale (in rapporto diretto) (*mat. - ecc.*), verhältnisgleich, verhältnismässig, proportional. 2 **direttamente** ~ (*mat.*), direkt proportional. 3 **inversamente** ~ (*mat.*), umgekehrt proportional. 4 **regolazione** ~ (*elettromecc. - ecc.*), Proportionalregelung (*f.*).

proporzionalità (*gen.*), Verhältnisgleichheit (*f.*), Proportionalität (*f.*). 2 **coefficiente di** ~ ([indice di] rigidezza; nel caso di molleggio proporzionale rappresenta la rigidezza) (*mecc.*), Federkonstante (*f.*).

proporzione (*gen.*), Verhältnis (*n.*), Proportion (*f.*). 2 ~ (*mat.*), Proportion (*f.*), Verhältnisgleichung (*f.*). 3 **giusta** ~ (*gen.*), Gleichmass (*n.*).

proposta (*gen.*), Vorschlag (*m.*). 2 ~ **di legge** (*leg.*), Gesetzesentwurf (*m.*). 3 ~ **di miglioria** (fatta da un dipendente p. es.) (*ind.*), Verbesserungsvorschlag (*m.*). 4 ~ **di modifica** (*mecc. - ecc.*), Abänderungsvorschlag (*m.*). 5 ~ **-progetto ISO** (di raccomandazione) (*tecnol.*), ISO-Entwurf (*m.*).

proprietà (caratteristica) (*gen.*), Eigenschaft (*f.*). 2 ~ (bene) (*finanz.*), Gut (*n.*), Besitz (*m.*), Eigentum (*n.*), Besitztum (*n.*). 3 ~ **antifrizione** (caratteristiche antifrizione) (*mecc.*), Gleiteigenschaften (*f. pl.*). 4 ~ **chimica** (*chim.*), chemische Eigenschaft. 5 ~ **cokificante** (capacità cokificante, d'un carbone fossile) (*comb.*), Backfähigkeit (*f.*), Kokungsfähigkeit (*f.*). 6 ~ **demaniale** (bene demaniale) (*amm. - finanz.*), Staatsgut (*n.*), Domäne (*f.*), Staatsbesitz (*m.*). 7 ~ **di emergenza** (caratteristiche di emergenza, d'un lubrificante p. es.) (*chim. - macch. - ecc.*), Notlaufeigenschaften (*f. pl.*). 8 ~ **esclusiva** (*leg.*), Alleineigentum (*n.*), ausschliessliches Eigentum. 9 ~ **feltrante** (*tess.*), Walkfähigkeit (*f.*). 10 ~ **fisica** (determinata per via non meccanica; densità resistenza elettrica, ecc.) (*fis.*), physikalische Eigenschaft. 11 ~ **fondiaria** (*leg.*), Bodenbesitz (*m.*). 12 ~ **industriale** (*leg.*), gewerbliches Eigentum. 13 ~ **letteraria** (diritto di riproduzione, «copyright» (*tip. - leg.*), Nachdrucksrecht (*n.*), Verlagsrecht (*n.*), Verlagsrechtsschutz (*m.*). 14 ~ **lubrificanti** (*mecc. - chim.*), Schmiereigenschaften (*f. pl.*). 15 ~ **meccanica** (determinata per via meccanica; durezza, resistenza a trazione, ecc.) (*mecc.*), mechanische Eigenschaft. 16 ~ **privata** (*leg.*), Privatbesitz (*m.*), Privateigentum (*n.*). 17 **diritto di** ~ (*leg.*), Eigentumsrecht (*n.*). 18 **piccola** ~ (*amm.*), kleines Grundstück, kleines Besitztum. 19 **protezione della** ~ **industriale** (privativa industriale) (*leg.*), gewerblicher Rechtschutz. 20 **trasferimento di** ~ (*comm.*), Eigentumsübertragung (*f.*). 21 **trasferire la** ~ (*comm.*), übereignen. 22 **trapasso di** ~ (voltura) (*leg.*), Übereignung (*f.*).

proprietario (*leg. - ecc.*), Inhaber (*m.*), Besitzer (*m.*), Eigentümer (*m.*).

proprio (*gen.*), eigen. 2 ~ (frazione) (*mat.*), echt.

propionato (per conservazione di prodotti alimentari) (*chim. - ind.*), Propionat (*n.*).

propulsione (ad elica p. es.) (*nar. - ecc.*), Antrieb (*m.*). 2 ~ **ad energia nucleare** (propulsione atomica, di missili p. es.) (*astronautica - ecc.*), Kernenergieantrieb (*m.*). 3 ~ **ad idrogetto** (di una imbarcazione) (*nav.*), Rückstossantrieb (*f.*). 4 ~ **a due eliche** (*nav.*), Zweischraubenantrieb (*m.*). 5 ~ **a fotoni** (propulsione a getto di fotoni) (*mot. a getto*), Photonenstrahlantrieb (*m.*). 6 ~ **a fusione** (propulsione a razzo mediante energia di fusione nucleare) (*fis. atom. - astronautica*), Fusionsantrieb (*m.*). 7 ~ **a getto** (propulsione a reazione) (*aer.*), Strahlantrieb (*m.*), Düsenantrieb (*m.*). 8 ~ **a propellente solido e liquido** (propulsione ibrida, d'un razzo) (*astronautica*), Fest-Flüssig-Antrieb (*m.*), Hybridantrieb (*m.*). 9 ~ **a razzo** (*aer. - ecc.*), Raketenantrieb (*m.*). 10 ~ **a reazione** (*aer.*), Rückstossantrieb (*m.*), Reaktionsantrieb (*m.*). 12 ~ **atomica** (*nav.*), Atomantrieb (*m.*). 12 ~ **atomica** (propulsione ad energia nucleare, di missili p. es.) (*astronautica - ecc.*), Kernenergieantrieb (*m.*). 13 ~ **a turbogetto** (*aer.*), Strahlturbinenantrieb (*m.*). 14 ~ **bielica** (*nav.*), Zweischraubenantrieb (*m.*). 15 ~ **dieselelettrica** (*veic. - nav.*), dieselelektrischer Antrieb (*m.*). 16 ~ **elettrica** (*veic. elett.*), Elektroantrieb (*m.*). 17 ~ **ibrida** (a propellente solido e liquido, d'un razzo) (*astronautica*), Hybridantrieb (*m.*), Fest-Flüssig-Antrieb (*m.*). 18 ~ **ionica** (di missili p. es.) (*astronautica*), Ionen-

propulsore

antrieb (*m.*). 19 ~ **navale** (*nav.*), Schiffsantrieb (*m.*). 20 ~ **turboelettrica** (*nav. - ferr.*), turboelektrischer Antrieb. 21 a ~ **a getto** (*aer.*), strahlangetrieben.

propulsore (motore a reazione p. es.) (*mot.*), Triebwerk (*n.*), Antriebsanlage (*f.*). 2 ~ **ad elica** (*aer.*), Propellertriebwerk (*n.*). 3 ~ **a getto compósito** (*mot. a getto*), Verbundstrahltriebwerk (*n.*), Kombinationsstrahltriebwerk (*n.*), Mischstrahltriebwerk (*n.*), Compound-Strahltriebwerk (*n.*), Hybrid-Strahltriebwerk (*n.*). 4 ~ **a razzo** (razzo, motore a razzo) (*aer. - mot.*), Rakete (*f.*). Raketentriebwerk (*n.*). 5 ~ **atomico** (propulsore ad energia atomica) (*mot. nucl.*), Atomtriebwerk (*n.*), Atomstrahltriebwerk (*n.*), Nuklear-Luftstrahltriebwerk (*n.*), Kernenergie-Luftstrahltriebwerk (*n.*). 6 ~ **a turbina** (a gas) (*aer.*), Turbinentriebwerk (*n.*). 7 ~ **a turbogetto** (*aer.*), Turbinenstrahltriebwerk (*n.*). 8 ~ **a turbogetto con postcombustore** (*aer.*), Nachbrenner-Turbinenstrahltriebwerk (*n.*). 9 ~ **ionico** (*astronautica*), Ionentriebwerk (*n.*). 10 ~ **nucleare** (*mot.*), vedi propulsore atomico. 11 ~ **per decollo corto e verticale** (motore per decollo corto e verticale) (*aer.*), Kurz- und Senkrechtstart-Triebwerk (*n.*). 12 ~ **per decollo ed atterraggio verticali** (*mot.*), Vertikal-Start-und-Lande-Triebwerk (*n.*), VSL-Triebwerk (*n.*). 13 ~ **Voith-Schneider** (propulsore di nave che serve contemporaneamente al governo della stessa) (*nav.*), Voith-Schneider-Propeller (*m.*).

prora (prua, di una nave p. es.) (*nav. - aer.*), Bug (*m.*).

proroga (di un termine) (*comm. - finanz. - ecc.*), Verlängerung (*f.*), Stundung (*f.*). 2 **concedere una ~** (prorogare) (*finanz.*), stunden. 3 **domanda di ~** (*finanz. - ecc.*), Stundungsgesuch (*n.*).

prorogabile (una scadenza, un termine) (*comm. - ecc.*), verlängerbar.

prorogare (un termine) (*comm. - finanz. - ecc.*), verlängern, stunden.

proscenio (di un teatro) (*teatro*), Proszenium (*n.*), Vorderbühne (*f.*).

prosciugamento (drenaggio) (*agric.*), Entwässerung (*f.*), Dränung (*f.*). 2 ~ (*ed. - min.*), Entwässerung (*f.*), Wasserhaltung (*f.*). 3 ~ (aggottamento, di un bacino p. es.) (*nav. - ecc.*), Leerpumpen (*n.*). 4 ~ **locale** (abbassamento della falda freatica per eseguire scavi di fondazione p. es.) (*ed.*), Grundwasserabsenkung (*f.*). 5 **impianto di ~** (impianto idrovoro) (*min. - ed.*), Wasserhaltung (*f.*).

prosodico (accento p. es.) (*tip.*), prosodisch.
prosperità (*economia*), Wohlstand (*m.*).
prospettico (*geom.*), perspektivisch.
prospettiva (*geom.*), Perspektive (*f.*). 2 ~ (disegno prospettico, di una macch. p. es.) (*dis.*), Schaubild (*n.*). 3 **prospettive** (per lo sviluppo tecnico od economico p. es.) (*gen.*), Ausblick (*m.*), Aussichten (*f. pl.*). 4 ~ **aerea** (*dis.*), Luftperspektive (*f.*). 5 ~ **centrale** (*geom.*), Zentralperspektive (*f.*). 6 **prospettive di vendita** (situazione di mercato) (*comm.*)

Absatzverhältnisse (*n. pl.*). 7 ~ **parallela** (*geom.*), Parallelperspektive (*f.*).

prospetto (tabella, quadro) (*gen.*), Schaubild (*n.*), Übersichtbild (*n.*), Übersicht (*f.*). 2 ~ (stampato, pubblicitario p. es.) (*comm.*), Prospekt (*m.*), Druckschrift (*f.*). 3 ~ (vista prospettica) (*dis.*), Umriss (*m.*).

prospettografo (att. per il disegno dell'immagine prospettica di un oggetto) (*att. - ott.*), Perspektograph (*m.*).

prospettore (addetto ai rilevamenti minerari) (*min.*), Markscheider (*m.*), Schürfer (*m.*).

prospezione (rilevamento geofisico) (*min. - geofis.*), Aufschluss (*m.*), Schürfen (*n.*). 2 ~ **con metodo sismometrico** (*geofis. - min.*), seismischer Aufschluss, Sprengseismik (*f.*). 3 ~ **del terreno** (*min. - geol.*), Bodenforschung (*f.*). 4 ~ **elettrica** (*min. - geofis.*), elektrischer Aufschluss. 5 ~ **geofisica** (*min. - geofis.*), geophysikalischer Aufschluss. 6 ~ **gravimetrica** (*min. - geofis.*), gravimetrischer Aufschluss. 7 ~ **magnetica** (*min. - geofis.*), magnetischer Aufschluss. 8 ~ **mineraria** (*min.*), Grubenvermessung (*f.*). 9 ~ **radioelettrica** (*min.*), Funkmutung (*f.*). 10 ~ **radiometrica** (*min. - geofis.*), radiometrischer Aufschluss. 11 ~ **sismica** (*min. - geofis.*), seismischer Aufschluss. 12 **eseguire prospezioni** (ricercare minerali sfruttabili) (*min.*), schürfen. 13 **pozzo per ~** (*min.*), Schürfschacht (*m.*). 14 **scalpello per prospezioni** (*ut. min.*), Schürfbohrer (*m.*). 15 **(scienza dei) metodi di ~ geoelettrici** (*geol. - min.*), Geoelektrik (*f.*).

prossimamente (cortometraggio) (*s. - cinem.*), Voranzeige (*f.*).

prossimità, di (sensore, sonda p. es.) (*app.*), berührungslos, kontaktlos. 2 **effetto di ~** (*elett.*), Proximity-Effekt (*m.*).

protanopia (cecità per il rosso, forma di daltonismo) (*ott. - med.*), Rotblindheit (*f.*).

protanopo (affetto da cecità per il rosso) (*ott. - med.*), Rotblinde (*m.*).

proteggere (*gen.*), schützen. 2 ~ (schermare) (*gen.*), beschirmen, abschirmen. 3 ~ (le sponde) (*costr. idr.*), befestigen. 4 ~ (un app. od impianto elettrico, con chiusura stagna p. es.) (*elett.*), schützen. 5 ~ (con fusibili p. es.) (*elett.*), absichern. 6 ~ (salvaguardare, curare gli interessi d'una persona p. es.) (*amm.*), wahrnehmen. 7 ~ **contro** (proteggere da) (*tecnol.*), schützen gegen.

proteina (*chim.*), Protein (*n.*).
protesi (*med.*), Prothese (*f.*). 2 ~ **dentaria** (*med.*), Zahnprothese (*f.*).
protesta (*gen.*), Protest (*m.*).
protestare (*gen.*), protestieren. 2 ~ (una cambiale) (*finanz.*), protestieren.
protesto (di una cambiale) (*finanz.*), Protest (*m.*), Wechselprotest (*m.*). 2 ~ **cambiario** (*finanz.*), Wechselprotest (*m.*). 3 **avviso di ~** (*finanz.*), Protestanzeige (*f.*). 4 **spese di ~** (*finanz.*), Protestkosten (*f. pl.*).

protetto (*gen.*), geschützt. 2 ~ (macch. elett. - ecc.), geschützt. 3 ~ (da fusibile p. es.) (*elett.*), gesichert. 4 ~ **contro gli spruzzi d'acqua** (*macch. elett.*), spritzwassergeschützt. 5 ~ **contro il getto di manichetta** (*macch. elett.*), strahlwassergeschützt. 6 ~ **contro i**

protezione

radiodisturbi (*aut.* - *ecc.*), funkentstört. 7 ∼ contro la polvere (*app.* - *ecc.*), staubgeschützt. 8 ∼ contro le onde d'acqua (*macch. elett.*), schwallwassergeschützt. 9 ∼ contro lo stillicidio (*macch. elett.*), tropfwassergeschützt. 10 ∼ contro l'umidità (*elett.*), feuchtigkeitsgeschützt, feuchtigkeitsicher.
protettore (ponte protettore, sotto teleferiche, funivie, ecc.) (*ing. civ.*), Schutzbrücke (*f.*). 2 colloide ∼ (*chim.*), Schutzkolloid (*n.*).
protezione (*gen.*), Schutz (*m.*). 2 ∼ (di macch. ed apparecchiature elett., con custodie) (*elett.*), Schutz (*m.*). 3 ∼ (con fusibili) (*elett.*), Absicherung (*f.*). 4 ∼ ad impedenza (protezione a distanza) (*elett.*), Impedanzschutz (*m.*). 5 ∼ a distanza (protezione ad impedenza) (*elett.*), Impedanschutz (*m.*). 6 ∼ a minimo di frequenza (*elett.*), Unterfrequenzschutz (*m.*). 7 ∼ antiaerea (*aer.*), Luftschutz (*m.*). 8 ∼ antideflagrante (*macch. elett.*), Explosionsschutz (*m.*), Schlagwetterschutz (*m.*). 9 ∼ antifonica (protezione contro i rumori) (*acus.*), Lärmschutz (*m.*). 10 ∼ antighiaccio (*aer.* - *ecc.*), Vereisungsschutz (*m.*). 11 ∼ antincendio (*ed.* - *ecc.*), Brandschutz (*m.*), Feuerschutz (*m.*). 12 ∼ antinfortunistica (protezione contro gli infortuni sul lavoro) (*lav.*), Arbeitsschutz (*m.*). 13 ∼ antipolvere (protezione contro la polvere) (*app.* - *ecc.*), Staubschutz (*m.*). 14 ∼ antiradar (radardisturbo, mediante strisce metallizzate o metalliche) (*radar* - *milit.*), Düppelung (*f.*). 15 ∼ antiradiodisturbi (*radio*), Rundfunkstörschutz (*m.*), Störschutz (*m.*). 16 ∼ antisviamento (per funivie p. es.) (*ferr.* - *trasp.*), Entgleisungsschutz (*m.*). 17 ∼ a tensione di guasto (*elett.*), Fehlerspannungsschutzschaltung (*f.*), FU-Schutzschaltung (*f.*). 18 ∼ attiva (opera che influenza il deflusso) (*costr. idr.*), Offensivwerk (*n.*). 19 ∼ con pilota (relè) (*elett.*), Streckenschutz (*m.*). 20 ∼ contro cortocircuiti (*elett.*), Kurzschluss-Schutz (*m.*). 21 ∼ contro fase mancata (*elett.*), Fehlphasenschutz (*m.*). 22 ∼ contro gli infortuni sul lavoro (protezione antinfortunistica) (*lav.*), Arbeitsschutz (*m.*). 23 ∼ contro gli spruzzi d'acqua (*macch. elett.*), Spritzwasserschutz (*m.*). 24 ∼ contro i fulmini (*elett.*), Blitzschutz (*m.*). 25 ∼ contro il getto di manichetta (*macch. elett.*), Strahlwasserschutz (*m.*). 26 ∼ contro i rumori (protezione antifonica) (*acus.*), Schallschutz (*m.*), Lärmschutz (*m.*). 27 ∼ contro i sovraccarichi (*mot.* - *elett.* - *ecc.*), Überlastungsschutz (*m.*). 28 ∼ contro la corrosione (*chim.* - *metall.*), Korrosionsschutz (*m.*). 29 ∼ contro l'acqua in pressione (*macch. elett.*), Schutz gegen Druckwasser. 30 ∼ contro la dispersione verso terra (*elett.*), Erdschluss-Schutz (*m.*). 31 ∼ contro la polvere (protezione antipolvere) (*app.* - *ecc.*), Staubschutz (*m.*). 32 ∼ contro le dispersioni (*elett.*), Fehlerschutz (*m.*). 33 ∼ contro le onde d'acqua (*macch. elett.*), Schwallwasserschutz (*m.*), Schutz gegen Schwallwasser. 34 ∼ contro le scariche (*elett.*), Berührungsschutz (*m.*). 35 ∼ contro le sovratensioni (*elett.*), Überspannungsschutz (*m.*). 36 ∼ contro l'ingresso di corpi estranei (*macch. elett.*), Schutz gegen Eindringen von Fremdkörpern. 37 ∼ contro lo stillicidio (*macch. elett.*), Tropfwasserschutz (*m.*). 38 ∼ contro l'umidità (*elett.* - *ecc.*), Feuchtigkeitsschutz (*m.*). 39 ∼ contro mancanza di fase (*elett.*), Phasenausfallschutz (*m.*). 40 ∼ cumulata (di un brevetto) (*leg.*), Doppelschutz (*m.*). 41 ∼ dei fianchi (*milit.*), Flankenschutz (*m.*). 42 ∼ del consumatore (*comm.*), Verbraucherschutz (*m.*). 43 ∼ della proprietà industriale (privativa industriale) (*leg.*), gewerblicher Rechtsschutz. 44 ∼ delle persone (*elett.* - *ecc.*), Personenschutz (*m.*). 45 ∼ delle sponde (*idr.*), Uferschutz (*m.*). 46 ∼ dell'infanzia (*med.* - *ecc.*), Kinderschutz (*m.*). 47 ∼ del modello (*leg.*), Musterschutz (*m.*). 48 ∼ del nome (*leg.* - *ind.*), Namensschutz (*m.*). 49 ∼ differenziale (contro i corti circuiti) (*elett.*), Differentialschutz (*m.*), Vergleichsschutz (*m.*). 50 ∼ differenziale di fase (*elett.*), Phasenvergleichsschutz (*m.*). 51 ∼ di massa (*elett.*), Gestellschluss-Schutz (*m.*). 52 ∼ d'interruzione di fase (*elett.*), Leiterbruchschutz (*m.*). 53 ∼ di utenza (*elett.*), Verbraucherschutz (*m.*). 54 ∼ mediante vegetazione (protezione biologica, delle rive di canali navigabili p. es.) (*costr. idr.*), Lebendverbau (*m.*). biologischer Uferschutz. 55 ∼ omopolare (*elett.*), Nullsystemschutz (*m.*). 56 ∼ paraghiaccio (*costr. idr.*), Eisabwehr (*f.*). 57 ∼ scaglionata nel tempo (tipo di protezione selettiva nelle reti ad alta tensione) (*elett.*), Zeitstaffelschutz (*m.*). 58 ∼ selettiva (*elett.*), Selektivschutz (*m.*). 59 ∼ superficiale (*tecnol.*), Oberflächenschutz (*m.*). 60 ∼ totale del motore (con termosensori transistorizzati) (*elett.*), Motorvollschutz (*m.*). 61 casco di ∼ (*lav.*), Schutzhelm (*m.*). 62 circuito di ∼ contro le correnti di guasto (*elett.*), Fehlstromschutzschaltung (*f.*). 63 cofano di ∼ (*macch.*), Schutzhaube (*f.*). 64 conduttore di ∼ (*elett.*), Schutzleiter (*m.*). 65 dispositivo di ∼ (dispositivo di sicurezza) (*lav.* - *ind.*), Schutzvorrichtung (*f.*). 66 filo di ∼ (sotto le linee ad alta tensione) (*elett.*), Prelldraht (*m.*), Auffangdraht (*m.*). 67 impianto ∼ d'ambiente (impianto d'allarme munito di contatti d'interruzione su porte, ecc.) (*ed.*), Raumschutzanlage (*f.*). 68 linea di ∼ (di messa a terra p. es.) (*elett.*), Schutzleitung (*f.*). 69 livello di ∼ (limite di tensione d'un impianto elettrico) (*elett.*), Schutzpegel (*m.*), Spannungsgrenze (*f.*). 70 mancato funzionamento d'un dispositivo di ∼ (*elett.*), Schutzversager (*m.*). 71 occhiali di ∼ (*app.* - *lav.*), Schutzbrille (*f.*). 72 opere di ∼ costiere (opere di difesa costiera) (*costr. idr.*), Küstenschutzbauten (*f. pl.*). 73 parete di ∼ (*ed.*), Schutzwand (*f.*), Vorhangwand (*f.*). 74 ponte di ∼ (sotto funivie, teleferiche, ecc.) (*trasp.*), Schutzbrücke (*f.*). 75 relè di ∼ (*app. elett.*), Schutzrelais (*n.*). 76 relè di ∼ a distanza (relè d'impedenza) (*elett.*), Distanzrelais (*n.*), Impedanzrelais (*n.*). 77 rete di ∼ (per funivie p. es.) (*trasp.* - *ecc.*), Schutznetz (*n.*). 78 rivestimento di ∼ (per pareti rocciose) (*min.*), Verzug (*m.*). 79 sezionatore di ∼ (*elett.*), Trennschutzschalter (*m.*). 80 smusso di ∼ (salvacentro, d'una punta per centrare o svasare, p. es.) (*ut.*), Schutzsenkung (*f.*). 81 tipo di ∼ (di una macch. elett. p. es.)

(*elett.*), Schutzart (*f.*). **82 trasformatore di ~** (*elett.*), Schutztransformator (*m.*). **83 vetro piombifero di ~** (*radioatt.*), Schutzbleiglas (*n.*).

protezionismo (*finanz. - comm.*), Protektionismus (*m.*).

proto (di una tipografia) (*lav. - tip.*), Faktor (*m.*).

protoattinio (elemento radioattivo) (*Pa - chim.*), Protaktinium (*n.*).

protocollo (certificato, bollettino, di prove p. es.) (*tecnol.*), Protokoll (*n.*). **2 ~ della prova al freno** (bollettino, verbale) (*mot.*), Bremsprotokoll (*n.*). **3 ~ di collaudo** (*mecc. - ecc.*), Abnahmeprotokoll (*n.*).

protone (*chim. - fis.*), Proton (*n.*). **2 ~ negativo** (antiprotone) (*fis. nucl.*), Antiproton (*n.*).

prototipo (*gen.*), Prototyp (*m.*), Vortyp (*m.*), Urbild (*n.*), Vorbild (*n.*), Ausgangsbaumuster (*n.*).

protuberanza (del sole p. es.) (*astr. - ecc.*), Protuberanz (*f.*). **2 utensile con ~** (per rasare ingranaggi) (*ut.*), Protuberanzwerkzeug (*n.*).

prova (*gen.*), Probe (*f.*), Prüfung (*f.*), Versuch (*m.*). **2 ~** (tecnologica, dei materiali) (*tecnol.*), Versuch (*m.*), Prüfung (*f.*). **3 ~** (chimica o psicotecnica, con reattivo p. es.) (*chim. - psicotec.*), Test (*m.*). **4 ~** (dimostrazione) (*gen.*), Nachweis (*m.*), Beweis (*m.*). **5 ~ abbreviata** (prova accelerata) (*tecnol. - ecc.*), Kurzprüfung (*f.*), Kurzversuch (*m.*), Kurzzeitversuch (*m.*), Kurztest (*m.*), Schnellprobe (*f.*). **6 ~ a caduta di peso** (*prove mater.*), Fallgewichtsversuch (*m.*), Fallprobe (*f.*). **7 ~ a caduta di sfera** (per il vetro di sicurezza) (*tecnol. - aut.*), Kugelfallversuch (*m.*). **8 ~ a caduta di sfere** (prova a caduta di biglie, per vernici) (*tecnol.*), Kugelstrahlprüfung (*f.*). **9 ~ a caldo** (*tecnol.*), Warmversuch (*m.*). **10 ~ a carico** (*mot. - ecc.*), Belastungsprobe (*f.*). **11 ~ a carico al banco** (d'un motore) (*mot.*), Probelauf (*m.*). **12 ~ a carico di punta** (prova a pressoflessione) (*sc. costr.*), Knickprüfung (*f.*), Knickversuch (*m.*). **13 ~ a carico progressivo** (di fatica) (*prove mater.*), Stufenversuch (*m.*). **14 ~ accelerata** (*tecnol.*), Kurzversuch (*m.*), Kurzzeitversuch (*m.*), Kurzprüfung (*f.*), Kurztest (*m.*), Schnellprobe (*f.*). **15 ~ accelerata con agenti atmosferici artificiali** (*vn. - ecc.*), Schnellbewitterung (*f.*), Kurzbewitterung (*f.*), abgekürzte Wetterbeständigkeitsprobe. **16 ~ accelerata di durata** (di un apparecchio p. es.) (*tecnol.*), beschleunigter Lebensdauertest. **17 ~ a compressione** (*tecnol.*), vedi prova di compressione. **18 ~ a corrosione** (*tecnol.*), vedi prova di corrosione. **19 ~ ad immersioni alternate** (prova di corrosione) (*tecnol. mecc.*), Wechseltauchversuch (*m.*). **20 ~ ad impulsi** (di trasformatori) (*elett.*), Sprungwellenprobe (*f.*). **21 ~ ad intensità** (prova con ultrasuoni nella quale l'intensità serve da grandezza di misura) (*tecnol. mecc.*), Intensitätsverfahren (*n.*). **22 ~ a fatica** (*tecnol. mecc. - prova di mater.*), vedi prova di fatica. **23 ~ a flessione** (*prova*), vedi prova di flessione. **24 ~ a flessione piana** (*tecnol. mecc.*), Flachbiegeversuch (*m.*). **25 ~ a flessione rotante** (*tecnol. mecc.*), Umlaufbiegeversuch (*m.*). **26 ~ a freddo** (per motori p. es.) (*prova*), Kälteprüfung (*f.*). **27 ~ agli agenti atmosferici** (*tecnol.*), Verwitterungsprüfung (*f.*), Bewitterung (*f.*), Bewitterungsversuch (*m.*). **28 ~ agli agenti atmosferici artificiali** (*vn.*), Bewitterung (*f.*), Bewitterungsversuch (*m.*), Wetterbeständigkeitsprobe (*f.*). **29 ~ agli agenti atmosferici naturali** (*tecnol.*), Freibewitterungsversuch (*m.*), Freibewitterung (*f.*). **30 ~ a impulso** (per cavi) (*elett.*), Stromtriebflussprobe (*f.*). **31 ~ al banco** (*mot. - ecc.*), Prüfstandversuch (*m.*), Standprüfung (*f.*). **32 ~ al cannello** (*chim.*), Lötrohrprobe (*f.*), Lötrohrversuch (*m.*), Lötrohranalyse (*f.*), Brennerprobe (*f.*). **33 ~ al 100%** (d'interruttori, prova meccanica alla quale vengono sottoposti tutti quelli d'un lotto) (*elett.*), Stückprüfung (*f.*). **34 ~ al crogiolo** (per determinare la tendenza all'ossidazione del piombo) (*metall.*), Tiegelprobe (*f.*), Verkrätzungstest (*m.*). **35 ~ al freno** (*mot.*), Bremsprobe (*f.*), Bremsversuch (*m.*). **36 ~ alla bitta** (*nav.*), Pfahlprobe (*f.*). **37 ~ alla sollecitazione di taglio** (*sc. costr.*), Scherversuch (*m.*). **38 ~ alla tocca** (*chim.*), Tüpfeltest (*m.*). **39 ~ alle vibrazioni** (*mecc.*), Schwingungsversuch (*m.*). **40 ~ alle vibrazioni al banco** (d'un velivolo) (*aer.*), Standschwingungsversuch (*m.*). **41 ~ al reticolo salino** (*ind. chim.*), Netzlinientest (*m.*). **42 ~ al suono** (di una mola p. es.) (*mecc.*), Klangprobe (*f.*). **43 ~ al vapore d'acqua** (prova di corrosione con vapore d'acqua a circa 95°) (*tecnol. mecc.*), Dampfversuch (*m.*). **44 ~ a nebbia salina** (di vernici p. es., prova di corrosione) (*tecnol.*), Salzsprühprobe (*f.*), Salzsprühnebelprüfung (*f.*), Bewitterungsversuch (*m.*). **45 ~ a pieno carico** (*mot.*), Probe bei Vollast. **46 ~ a pioggia** (*veic. - ecc.*), Beregnungsprobe (*f.*), Beregnungsversuch (*m.*). **47 ~ a pressione** (di una caldaia o pezzo cavo) (*tecnol.*), Abdruckversuch (*m.*), Druckprobe (*f.*). **48 ~ a pressione** (di tubi p. es.) (*tecnol. mecc.*), Druckprüfung (*f.*), Innendruckprüfung (*f.*). **49 ~ a pressoflessione** (*tecnol. mecc.*), vedi prova di pressoflessione. **50 ~ a rimorchio** (su un modello) (*nav.*), Schleppversuch (*m.*). **51 ~ a ruota libera** (di un avviatore) (*mecc. - mot.*), Versuch bei freilaufendem Rad. **52 ~ a sollecitazione di fatica** (*tecnol. mecc.*), vedi prova di fatica. **53 ~ a spirale** (per verificare la stabilità di rotta d'una nave) (*nav.*), Spiraltest (*m.*). **54 ~ a strappo** (di carta p. es.) (*tecnol.*), Einreissversuch (*m.*). **55 ~ a tempra e ricottura ripetuta** (di acciaio) (*prove mater.*), Vielhärtungsversuch (*m.*). **56 ~ a tensione di collaudo** (*elett.*), Spannungsprobe (*f.*). **57 ~ attitudinale** (esame o « test » attitudinale) (*pers. - psicotecn.*), Eignungsprüfung (*f.*), Tauglichkeitsprüfung (*f.*). **58 ~ a trazione e compressione** (*prove mater.*), Zug-Druck-Versuch (*m.*). **59 ~ a vuoto** (di un motore o di una macchina) (*tecnol.*), Leerlaufversuch (*m.*). **60 ~ BAM** (per oli lubrificanti; sigla da British Air Ministry Test) (*chim.*), BAM-Test (*m.*). **61 ~ Baumann** (prova presenza zolfo con reattivo d'impronta) (*metall.*), Baumannabdruck (*m.*), Schwefelabdruckprobe (*f.*), Baumannsche Schwefelprobe. **62 ~ California** (per gas di scarico di autoveicoli) (*mot. - aut.*), Kalifornientest (*m.*), California-test (*m.*). **63** ~ **-candele** (apparecchio per la prova delle candele) (*app. mot. - elett.*), Kerzenprüfer (*m.*). **64** ~ **CBR** (per determinare la portanza d'una strada; prova «California-Bearing-Ratio») (*costr. strad.*), CBR-Versuch (*m.*). **65** ~ **ciclica** (*tecnol.*), Turnsprüfung (*f.*). **66** ~ **climatica** (per strumenti p. es.) (*tecnol.*), Klimaversuch (*m.*), klimatische Prüfung. **67** ~ **col dito** (per determinare il grado di adesività di un adesivo spalmato) (*tecnol.*), Fingerprobe (*f.*). **68** ~ **comparativa** (*tecnol.*), Vergleichsversuch (*m.*), Vergleichsprüfung (*f.*). **69** ~ **con acqua fredda** (per cemento) (*ed.*), Kaltwasser-Versuch (*m.*). **70** ~ **con agenti atmosferici artificiali** (*vn. - ecc.*), Bewitterung (*f.*), Verwitterungsprüfung (*f.*), Bewitterungsversuch (*m.*). **71** ~ **con aste di trivellazione** (per accertare il contenuto d'un giacimento, ecc.) (*min.*), Gestängestest (*m.*). **72** ~ **con due circuiti** (d'interruttori) (*elett.*), synthetische Prüfung. **73** ~ **con isotopi** (*tecnol. mecc.*), Isotopenprüfung (*f.*). **74** ~ **con provino a cuneo** (della ghisa) (*fond.*), Keilprüfung (*f.*). **75** ~ **Conradson** (per determinare il residuo carbonioso di oli lubrificanti, ecc.) (*chim.*), Conradson-Test (*m.*). **76** ~ **con raggi X** (prova radiografica) (*tecnol. mecc.*), Röntgenprüfung (*f.*). **77** ~ **(con tensione) ad impulso** (*elett.*), Stossprüfung (*f.*), Stoss-spannungsprüfung (*f.*). **78** ~ **con ultrasuoni** (*tecnol. mecc.*), Ultraschallprüfung (*f.*), US-Prüfung (*f.*). **79** ~ **degli spostamenti orizzontale e verticale** (d'ingranaggi conici) (*mecc.*), V-H-Prüfung (*f.*). **80** ~ **dei cerchi** (per determinare il comportamento di marcia in curva) (*aut.*), Kreisbahn-Test (*m.*). **81** ~ **dei cicli** (per accertare l'usura di rivestimenti organici per pavimentazione) (*tecnol.*), Zyklen-Verfahren (*n.*). **82** ~ **dei freni in fabbrica** (*aut.*), Bremsung in der Fabrik. **83** ~ **dei materiali** (*tecnol. mecc.*), Werkstoffprüfung (*f.*). **84** ~ **del bicchiere** (per accertare il comportamento reologico di materie plastiche) (*tecnol.*), Becherversuch (*m.*). **85** ~ **del chi quadro** (prova del χ quadro) (*stat.*), Chi-Quadrat-Probe (*f.*). **86** ~ **del funzionamento** (*masch.*), Funktionsprüfung (*f.*). **87** ~ **della densità** (prova della porosità, per determinare il contenuto di gas di metalli fusi) (*metall.*), Dichteprobe (*f.*). **88** ~ **della durata tra due affilature** (consecutive) (*ut.*), Standzeitversuch (*m.*), Verschleiss-Standzeitversuch (*m.*). **89** ~ **della durezza a cuore** (per valutare il comportamento di acciai da cementazione nei riguardi delle loro caratteristiche peculiari) (*tecnol.*), Blindhärteversuch (*m.*). **90** ~ **della lunghezza di taglio** (prova della distanza percorsa dalla punta dell'utensile tra due affilature consecutive) (*lav. macch. ut.*), Standwegversuch (*m.*). **91** ~ **della porosità** (prova della densità, per determinare il contenuto di gas di metalli fusi) (*metall.*), Dichteprobe (*f.*). **92** ~ **della sonorità** (di getti) (*prove*), Klangversuch (*m.*). **93** ~ **della superficie di lavoro** (prova di portanza, di pezzi accoppiati) (*mecc.*), Tragbildversuch (*m.*). **94** ~ **delle scintille (alla mola)** (prova di scintillamento, per differenziare acciai) (*tecnol. mecc.*), Funkenprobe (*f.*). **95** ~ **della tendenza alla formazione di scorie** (*metall.*), Zunderversuch (*m.*). **96** ~ **delle tensioni interne del vetro** (*tecnol.*), Glasspannungsprüfung (*f.*). **97** ~ **del potere corrosivo del terreno** (prova di corrosione del terreno, per accertarne l'effetto su materiali vari) (*tecnol. - ecc.*), Bodenkorrosionsversuch (*m.*). **98** ~ **del programma** (nel comando numerico) (*lav. macch. ut. c/n*), Programmprüfen (*n.*). **99** ~ **(del punto) di infiammabilità** (di oli p. es.) (*chim.*), Entflammungsprobe (*f.*). **100** ~ **del salto della rana** (*elab. dati*), Bocksprung-Test (*m.*). **101** ~ **di abilitazione** (*lav. - ecc.*), Befähigungsprüfung (*f.*). **102** ~ **di abrasione** (*tecnol. mecc. - ecc.*), Schleifversuch (*m.*), Abreibungsprobe (*f.*). **103** ~ **di accettazione** (*tecnol. - comm.*), Abnahmeprüfung (*f.*), Abnahmeversuch (*m.*). **104** ~ **di adesività** (d'una vernice) (*vn.*), Haftungsprüfung (*f.*). **105** ~ **di affidabilità** (*strum. - ecc.*), Zuverlässigkeitsprobe (*f.*). **106** ~ **di allargatura** (per tubi p. es.) (*tecnol. mecc.*), Aufweiteversuch (*m.*), Aufdornversuch (*m.*). **107** ~ **di assorbimento di acqua** (prova di rigonfiamento, di legno) (*legno - tecnol.*), Quellversuch (*m.*). **108** ~ **di avvolgimento** (di fili metallici) (*tecnol. mecc.*), Wickelversuch (*m.*), Wickelprobe (*f.*). **109** ~ **di bordatura** (di lamiere) (*tecnol. mecc.*), Bördelversuch (*m.*). **110** ~ **di calcinazione** (*chim.*), Röstprobe (*f.*). **111** ~ **di centrifugazione** (di un disco di turbina p. es.) (*mecc.*), Schleuderversuch (*m.*). **112** ~ **di collaudo** (prova di accettazione) (*tecnol. - comm.*), Abnahmeprüfung (*f.*), Abnahmeversuch (*m.*). **113** ~ **(di collaudo) dei freni in fabbrica** (*aut.*), Bremsung in der Fabrik. **114** ~ **di combustione** (*comb.*), Brennversuch (*m.*). **115** ~ **di compressione** (*tecnol. mecc.*), Druckprüfung (*f.*), Druckversuch (*m.*). **116** ~ **di compressione** (prova di ricalcatura) (*tecnol. mecc. - fucinatura*), Stauchprobe *f.*). **117** ~ **di compressione del terreno** (*ed.*), Kompressionsversuch (*m.*), Zusammendrückungsversuch (*m.*). **118** ~ **di compressione ad urto** (prova di compressione dinamica) (*sc. costr. - tecnol. mecc.*), Schlagdruckversuch (*m.*), Schlagstauchversuch *m.*). **119** ~ **di compressione dinamica** (prova di compressione ad urto) (*sc. costr. - tecnol. mecc.*), Schlagdruckversuch (*m.*), Schlagstauchversuch (*m.*). **120** ~ **di compressione statica** (*tecnol. mecc.*), statischer Druckversuch. **121** ~ **di consistenza** (per calcestruzzo) (*mur.*), Steifeprüfung (*f.*). **122** ~ **di consumo** (*mot. - aut. - ecc.*), Verbrauchsprüfung (*f.*). **123** ~ **di continuità (elettrica)** (d'un conduttore p. es.) (*elett.*), Durchgangsprüfung (*f.*), Stromdurchlassprüfung (*f.*). **124** ~ **di corrosione** (*tecnol. mecc.*), Korrosionsprüfung (*f.*). **125** ~ **di corrosione accelerata** (nella quale la corrosione viene accelerata mediante altre reazioni) (*tecnol. mecc.*), Schnellkorrosionsprüfung (*f.*). **126** ~ **di corrosione a nebbia** (*tecnol. mecc.*), Sprühversuch (*m.*). **127** ~ **di corrosione del terreno** (prova del potere corrosivo del terreno, per accertarne l'effetto su materiali vari) (*tecnol. - ecc.*), Bodenkorrosionsversuch (*m.*). **128** ~

prova

di criccabilità (di saldature) (*tecnol. mecc.*), Einschweissversuch (*m.*). Einspann-Schweissversuch (*m.*). 129 ~ di deformazione (della gomma) (*tecnol.*), Defoprüfung (*f.*). 130 ~ di distacco (di adesivi alla forza tangenziale) (*ind. chim.*), Abscherversuch (*m.*). 131 ~ di durata (di un mot. a comb. interna p. es.) (*mot. - tecnol.*), Dauerprobe (*f.*), Dauerversuch (*m.*). 132 ~ di durata (su strada) (*aut. - ecc.*), Dauerfahrt (*f.*). 133 ~ di durezza (*tecnol. mecc.*), Härteprüfung (*f.*), Härteversuch (*m.*). 134 ~ di durezza Brinell (*tecnol. mecc.*), Kugeldruckversuch (*m.*), Brinellhärteversuch (*m.*). 135 ~ (di durezza) con penetratore a cono (*tecnol. mecc.*), Kegeldruckversuch (*m.*). 136 ~ di durezza con penetratore a piramide (di diamante; prova Vickers p. es.) (*tecnol. mecc.*), Pyramiden-Härteprüfung (*f.*). 137 ~ di durezza con sfera rotolante (*tecnol. mecc.*), Rollhärteprüfung (*f.*). 138 ~ (di durezza) IRH (prova International Rubber Hardness, per gomma) (*tecnol.*), IRH-Härteprüfung (*f.*). 139 ~ di durezza Knoop (*tecnol. mecc.*), Knoop-Härteversuch (*m.*). 140 ~ di durezza Rockwell (*tecnol. mecc.*), Rockwell-Härteversuch (*m.*). 141 ~ di durezza Rockwell con cono di diamante (*tecnol. mecc.*), Rockwell-Härteversuch mit Diamantkegel. 142 ~ di durezza Rockwell con sfera di acciaio (*tecnol. mecc.*), Rockwell-Härteversuch mit Stahlkugel. 143 ~ di elasticità (prova di raschiatura di una vernice) (*vn.*), Spanprüfung (*f.*). 144 ~ di elasticità a trazione (per tessili) (*tecnol.*), Zugelastizitätversuch (*m.*). 145 ~ di esposizione agli agenti atmosferici (*tecnol.*), Bewitterungsversuch (*m.*), Bewitterung (*f.*). 146 ~ di estrazione dell'ago (per la gomma) (*tecnol.*), Nadelausreissversuch (*m.*). 147 ~ di fatica (*tecnol. mecc.*), Dauerschwingversuch (*m.*), Dauerversuch (*m.*). 148 ~ di fatica ad urti alterni (in cui il provino viene girato di 180° tra urti successivi) (*tecnol. mecc.*), Wechselschlagversuch (*m.*). 149 ~ di fatica a flessione rotante (*tecnol. mecc.*), Umlaufbiege-Dauerprüfung (*f.*). 150 ~ di fatica a flessione rotante (prova di Wöhler) (*tecnol. mecc.*), Wöhlerversuch (*m.*). 151 ~ di fatica a flessione su provino piano (*tecnol. mecc.*), Flachbiegeversuch (*m.*). 152 ~ di fatica con aumento multiplo del carico (*tecnol. mecc.*), Mehrstufen-Dauerschwingversuch (*m.*). 153 ~ di fatica dinamica a risonanza (*tecnol. mecc.*), Pulsatorversuch (*m.*). 154 ~ di fatica in condizioni effettive d'esercizio (*tecnol. mecc.*), Betriebsschwingversuch (*m.*). 155 ~ di fatica a torsione (di assali p. es.) (*prove mater.*), Torsionsschwingversuch (*m.*), Verdrehschwingversuch (*m.*), Torsionsdauerversuch (*m.*). 156 ~ differenziale di trazione (*tecnol. mecc.*), Keilzugprobe (*f.*). 157 ~ di flangiatura (prova di slabbratura) (*tecnol. mecc.*), Bördelprobe (*f.*). 158 ~ di flessione (*tecnol. mecc.*), Biegeprüfung (*f.*), Biegeversuch (*m.*). 159 ~ di flessione ad urto (prova di flessione dinamica) (*sc. costr.*), Schlagbiegeversuch (*m.*). 160 ~ di flessione con provino intagliato (*tecnol. mecc.*), Kerbbiegeversuch (*m.*). 161 ~ di flessione della lamiera per molle (*metall. - tecnol. mecc.*), Federblechbiegeversuch (*m.*). 162 ~ di flessione dinamica (prova di flessione ad urto) (*sc. costr.*), Schlagbiegeversuch (*m.*). 163 ~ di flessione rotante (*sc. costr.*), Umlaufbiegeversuch (*m.*). 164 ~ di frenatura (*aut.*), Bremsung (*f.*), Bremsversuch (*m.*). 165 ~ di frenatura (per stabilire il coefficiente di attrito della strada) (*costr. strad.*), Auslaufversuch (*m.*), Bremsversuch (*m.*). 166 ~ di fucinatura (*fucinatura*), Schmiedeversuch (*m.*). 167 ~ di idoneità (esame di idoneità, per il personale volante p. es.) (*aer. - ecc.*), Eignungsprüfung (*f.*). 168 ~ di imbutitura (di lamiere) (*tecnol. mecc.*), Tiefziehversuch (*m.*), Tiefungsversuch (*m.*). 169 ~ di imbutitura Erichsen (di lamiere) (*tecnol. mecc.*), Erichsentiefziehversuch (*m.*). 170 ~ di incrinatura al gelo (*vn. - ecc.*), Kälterissprüfung (*f.*). 171 ~ di infiammabilità (per la determinazione del punto di fiamma) (*chim.*), Flammpunktbestimmung (*f.*). 172 ~ di isolamento (*elett.*), Isolationsprüfung (*f.*). 173 ~ di laboratorio (*tecnol. - chim.*), Laboratoriumprüfung (*f.*), Laboratoriumsversuch (*m.*). 174 ~ di lacerazione (della gomma) (*tecnol.*), Weiterreissversuch (*n.*). 175 ~ di lacerazione allo strappo (di carta) (*tecnol.*), Reissprüfung (*f.*). 176 ~ di laminazione (a freddo) ed imbutitura (su nastri di lamiera) (*tecnol. mecc.*), Walzziehversuch (*m.*). 177 ~ di linea occupata (*telef.*), Besetztprüfung (*f.*). 178 ~ di manovrabilità a zig-zag (di navi) (*nav.*), Zick-Zack-Test (*m.*), Z-Manöver (*n.*), Schlängelversuch (*m.*). 179 ~ dinamica (*tecnol. mecc.*), dynamische Prüfung. 180 ~ dinamica (prova in corrente corrosiva) (*tecnol.*), Durchflussversuch (*m.*). 181 ~ (dinamica) di durezza Shore (*tecnol. mecc.*), Shorehärteprüfung (*f.*), Rücksprunghärteprüfung (*f.*). 182 ~ d'invecchiamento accelerata (*tecnol.*), Schnellalterungsversuch (*m.*). 183 ~ di officina (*ind.*), Werkprobe (*f.*), Werkstattprüfung (*f.*). 184 ~ di omologazione (*aut. - tecnol. - ecc.*), Typprüfung (*f.*), Musterprüfung (*f.*). 185 ~ di penetrazione (su calcestruzzo fresco) (*ed.*), Eindringversuch (*m.*). 186 ~ di permeabilità (*ed. - ecc.*), Durchlässigkeitsversuch (*m.*). 187 ~ di piegatura (di fili p. es.) (*tecnol. mecc.*), Biegeversuch (*m.*), Biegeprobe (*f.*). 188 ~ di piegatura (per lamiere o materiali in foglio) (*tecnol. mecc.*), Faltversuch (*m.*), Faltprüfung (*f.*). 189 ~ di piegatura a caldo (*tecnol. mecc.*), Warmbiegeprobe (*f.*). 190 ~ di piegatura ad ansa (di filo metallico) (*tecnol. mecc.*), Schlingenprobe (*f.*). 191 ~ di piegatura a freddo (*tecnol. mecc.*), Kaltbiegeprobe (*f.*). 192 ~ di piegatura alternata (di fili metallici, prova di piegatura ripetuta in sensi opposti) (*tecnol. mecc.*), Hin- und Herbiegeversuch (*m.*). 193 ~ di piegatura su mandrino (di una lamiera verniciata) (*vn.*), Dornbiegeprobe (*f.*), Dornbiegetest (*m.*). 194 ~ di piegatura viva (di fili metallici) (*tecnol. mecc.*), Klinkversuch (*m.*). 195 ~ di porosità (d'una vernice p. es.) (*vn. - ecc.*), Porenprüfung (*f.*). 196 ~ di porosità (su leghe leggere fuse, per determinare il contenuto di gas) (*fond.*), Ausgiessprobe (*f.*).

197 ~ **di portanza** (prova della superficie di lavoro, di pezzi accoppiati) (*mecc.*), Tragbildversuch (*m.*). 198~**di pressatura** (prova idraulica, per corpi cavi) (*tecnol. mecc.*), Innendruckversuch (*m.*), Abdruckversuch (*m.*). 199 ~ **di pressoflessione** (prova a carico di punta) (*sc. costr.*), Knickprüfung (*f.*), Knickversuch (*m.*). 200 ~ **di pressoflessione dinamica** (*sc. costr.*), Schlagknickversuch (*m.*). 201 ~ **di punzonatura** (*tecnol. mecc.*), Lochversuch (*m.*). 202 ~ **di putrescibilità** (*chim. - ecc.*), Fäulnisprobe (*f.*). 203 ~ **di quadrettatura** (quadrettatura) (*vn.*), Gitterschnittprobe (*f.*). 204 ~ **di qualificazione** (*lav. - tecnol.*), Befähigungsprüfung (*f.*). 205 ~ **di rapporto** (*macch. elett.*), Verhältnisprüfung (*f.*). 206 ~ **di rasatura** (*vn.*), Radierprobe (*f.*). 207 ~ **di raschiatura** (prova di elasticità, di una vernice) (*vn.*), Spanprüfung (*f.*). 208 ~ **di resilienza** (*tecnol. mecc.*), Kerbschlagversuch (*m.*). 209 ~ **di resilienza Izod** (con provetta a sbalzo) (*tecnol. mecc.*), Izod-Prüfung (*f.*). 210 ~ **di resistenza** (*tecnol. mecc.*), Festigkeitsprüfung (*f.*). 211 ~ **di resistenza allo strappo** (*tecnol.*), Reissprobe (*f.*). 212 ~ **di resistenza all'urto con caduta di dardo** (di un vetro di sicurezza) (*ind. vetro - aut.*), Pfeilfallversuch (*m.*). 213 ~ **di ricalcatura** (prova di compressione) (*tecnol. mecc.*), Stauchprobe (*f.*), Stauchversuch (*m.*). 214 ~ **di ricalcatura ad urto** (prova di compressione ad urto, prova di compressione dinamica) (*tecnol. mecc.*), Schlagstauchversuch (*m.*), Schlagdruckversuch (*m.*). 215 ~ **di rigonfiamento** (prova di assorbimento di acqua, di legno) (*legno - tecnol.*), Quellversuch (*m.*). 216 ~ **di rilassamento** (*sc. costr.*), Entspannungsversuch (*m.*). 217 ~ **di riqualifica** (d'un operaio p. es.) (*lav.*), Wiederholungsprüfung (*f.*). 218 ~ **di rotolamento sui due fianchi** (per ingranaggi) (*mecc.*), Zweiflankenwälzprüfung (*f.*). 219 ~ **di rottura** (*prova di mater.*), Bruchprobe (*f.*), Bruchversuch (*m.*). 220 ~ **di rottura al blu** (prova di flessione in cui la barretta viene riscaldata in bagno d'olio) (*metall.*), Blaubruchversuch (*m.*). 221 ~ **di rottura all'intaglio** (*sc. costr.*), Kerbbruchversuch (*m.*). 222 ~ **di rottura a trazione** (su catene p. es.) (*prova*), Zugbruchversuch (*m.*). 223 ~ **di saldatura** (*tecnol. mecc.*), Schweissprobe (*f.*). 224 ~ **di scarica rapida** (di una batteria di accumulatori) (*elett.*), Stossentladungsprüfung (*f.*). 225 ~ **di scintillamento** (prova delle scintille alla mola, per differenziare acciai) (*tecnol. mecc.*), Funkenprobe (*f.*). 226 ~ **di scoppio** (di un tubo p. es.) (*tecnol.*), Berstprobe (*f.*), Platzprobe (*f.*). 227 ~ **di scoppio** (*ind. tess. e carta*), Berstversuch (*m.*). 228 ~ **di scoppio** (d'una mola) (*ut.*), Sprengversuch (*m.*). 229 ~ **di scorrimento** (a caldo p. es.) (*metall. - tecnol. mecc.*), Zeitstandversuch (*m.*). 230 ~ **di scuotimento** (per il controllo di giunzioni meccaniche) (*tecnol. mecc.*), Schüttelprüfung (*f.*). 231 ~ **di separazione** (per adesivi) (*tecnol.*), Trennversuch (*m.*). 232 ~ **di separazione forzata** (di un compensato o stratificato) (*legno - ecc.*), Spaltversuch (*m.*). 233 ~ **di slabbratura** (o di flangiatura, per tubi p. es.) (*tecnol. mecc.*), Bördelprobe (*f.*). 234 ~ **d'isolamento verso massa** (*elett.*), Körperschlussprüfung (*f.*). 235 ~ **di sovraccarico** (*tecnol.*), Überlastungsprobe (*f.*). 236 ~ **di spandimento** (per calcestruzzo) (*mur.*), Ausbreitversuch (*m.*). 237 ~ **di spelatura** (su carta p. es.) (*tecnol.*), Schälversuch (*m.*). 238 ~ **di stallo** (*aer.*), Abkippgeschwindigkeitsmessung (*f.*). 239 ~ **di stiratura** (*tecnol. mecc.*), Ausbreitversuch (*m.*). 240 ~ **di strappamento** (di un filetto) (*mecc.*), Abstreifversuch (*m.*). 241 ~ **di strappo** (di tessuti o carta) (*tecnol. tess. - ecc.*), Reissversuch (*m.*), Zerreissversuch (*m.*). 242 ~ **distruttiva** (*tecnol. mecc.*), Prüfung mit Prüflingszerstörung, zerstörende Prüfung. 243 ~ **di taglio** (*tecnol. mecc.*), Scherversuch (*m.*). 244 ~ **(di temprabilità) Jominy** (*metall.*), Jominy-Versuch (*m.*), Härtbarkeitsversuch (*m.*). 245 ~ **di tensione di 1'** (*elett.*), 1-min-Spannungsprüfung (*f.*). 246 ~ **di tensocorrosione** (*tecnol. mecc.*), Spannungskorrosionsversuch (*m.*). 247 ~ **di tipo** (prova di omologazione) (*elett.*), Typenprüfung (*f.*). 248 ~ **di torcitura** (di fili metallici) (*tecnol. mecc.*), Verwindeversuch (*m.*). 249 ~ **di tornitura in tondo** (prova della velocità di taglio) (*lav. macch. ut.*), Längsdrehversuch (*m.*). 250 ~ **di torsione** (*sc. costr.*), Verdrehversuch (*m.*), Verdrehungsversuch (*m.*), Drehversuch (*m.*), Torsionsversuch (*m.*). 251 ~ **di torsione** (per determinare la possibilità di torcitura dei fili metallici) (*tecnol. mecc.*), Verwindeversuch (*m.*). 252 ~ **di torsione ad urto** (prova di torsione dinamica) (*sc. costr.*), Schlagdrehversuch (*m.*). 253 ~ **di torsione alternata** (*tecnol. mecc.*), Torsionswechselprüfung (*f.*). 254 ~ **di torsione dinamica** (prova di torsione ad urto) (*sc. costr.*), Schlagdrehversuch (*m.*). 255 ~ **di trasmissione** (*radioatt.*), Durchgangversuch (*m.*). 256 ~ **di trazione** (*sc. costr. - tecnol. mecc.*), Zugversuch (*m.*), Zerreissversuch (*m.*). 257 ~ **di trazione** (su catene, applicando un carico pari a 1,5 volte quello utile) (*tecnol. mecc.*), Reckversuch (*m.*). 258 ~ **di trazione ad urto** (prova di trazione dinamica) (*sc. costr. - tecnol. mecc.*), Schlagzerreissversuch (*m.*). 259 ~ **di trazione con provetta intagliata** (*tecnol. mecc.*), Kerbzugversuch (*m.*). 260 ~ **di trazione dinamica** (prova di trazione ad urto) (*sc. costr. - tecnol. mecc.*), Schlagzerreissversuch (*m.*). 261 ~ **di truciolabilità** (*lav. macch. ut. - metall.*), Zerspanungsprüfung (*f.*). 262 ~ **di truciolabilità con utensile recessitore** (*tecnol. mecc.*), Einstechverschleiss-Versuch (*m.*). 263 ~ **di urto** (*sc. costr.*), Schlagversuch (*m.*). 264 ~ **di urto sulla testa** (della vite) (*sc. costr. - mecc.*), Kopfschlagversuch (*m.*). 265 ~ **di usura** (*tecnol. mecc.*), Verschleissprüfung (*f.*). 266 ~ **di vagliatura** (*ind.*), Siebprobe (*f.*). 267 ~ **di verifica** (*prove mater.*), Kontrollversuch (*m.*). 268 ~ **doctor** (per benzina od oli) (*ind. chim.*), Doktortest (*m.*). 269 ~ **documentata** (*gen.*), Beurkundung (*f.*), urkundlicher Beweis. 270 ~ **fattoriale** (*prove*), Mehreinflussversuch (*m.*). 271 ~ **finale** (*tecnol.*), Endprüfung (*f.*), Endabnahme (*f.*). 272 ~ **idraulica** (prova di pressatura, per corpi

prova

cavi) (*tecnol. mecc.*), Innendruckversuch (*m.*), Abdruckversuch (*m.*). **273 ~ idraulica** (prova di pressatura, con acqua, di getti p. es., o caldaie) (*tecnol. - cald.*), Wasserdruckprobe (*f.*). **274 ~ Implant** (per ricerche sulla tendenza alla criccatura a freddo di saldature) (*prova*), Implant-Test (*m.*). **275 ~ in aria umida** (prova di corrosione) (*tecnol. mecc.*), Feuchtlagerversuch (*m.*). **276 ~ in atmosfera salina** (prova di corrosione agli agenti atmosferici) (*tecnol.*), Bewitterungsversuch (*m.*), Salzsprühprobe (*f.*), Salzsprühnebelprüfung (*f.*). **277 ~ in bacino** (*costr. nav.*), Werftprobefahrt (*f.*). **278 ~ in corto circuito** (*elett.*), Versuch bei Kurzschluss. **279 ~ in esercizio** (in contrasto con la prova di laboratorio) (*elett. - ecc.*), Feldversuch (*m.*). **280 ~ in mare** (collaudo in mare, d'una nave) (*costr. nav.*), Probefahrt (*f.*). **281 ~ in opera** (*macch. - ecc.*), Baustellenversuch (*m.*). **282 ~ in vasca** (*nav.*), Bassinversuch (*m.*). **283 ~ in volo** (*aer.*), Flugversuch (*m.*), Einfliegen (*n.*). **284 ~ isolata** (*prove mater.*), Einzelversuch (*m.*). **285 ~ Janka** (prova di durezza a penetrazione, per legno) (*tecnol.*), Janka-Härteprüfung (*f.*). **286 ~ Jones** (prova di durezza a penetrazione, per gomma) (*tecnol.*), Jones-Härteprüfung (*f.*). **287 « ~ » marginale** (prova svolta in condizioni inasprite, controllo al limite) (*prove*), Grenzprüfung (*f.*). **288 ~ Niblink** (per determinare la criccabilità fragile di pezzi saldati) (*prove*), Niblink-Test (*m.*). **289 ~ non distruttiva** (*tecnol. mecc.*), zerstörungsfreie Prüfung. **290 ~ per via secca** (*chim. - ecc.*), Trockenprobe (*f.*). **291 ~ per via umida** (*chim. - ecc.*), Nassprobe (*f.*). **292 ~ preliminare** (*tecnol.*), Vorprüfung (*f.*), Vorversuch (*m.*), Vorprobe (*f.*). **293 ~ presenza zolfo con reattivo d'impronta** (prova Baumann) (*metall.*), Schwefelabdruckprobe (*f.*), Baumannsche Schwefelprobe, Baumann-Abdruck (*m.*). **294 ~ Proctor** (*ed.*), Proctor-Versuch (*m.*). **295 ~ radiografica** (prova con raggi X) (*tecnol. mecc.*), Röntgenprüfung (*f.*). **296 ~ rapida** (prova accelerata) (*tecnol.*), Schnellprobe (*f.*), Kurzversuch (*m.*), Kurzzeitversuch (*m.*), Kurzprüfung (*f.*). **297 ~ -relè** (*app. elett.*), Relaisprüfgerät (*n.*). **298 ~ riu'otta del salto della rana** (*calc.*), Teildurchprüfung (*f.*). **299 ~ statica** (*tecnol. mecc.*), statische Prüfung, statischer Versuch. **300 ~ Strauss** (per l'esame della sensibilità alla corrosione intercristallina dei materiali) (*metall.*), Strauss-Probe (*f.*). **301 ~ su modello** (*aer. - nav.*), Modellversuch (*m.*). **302 ~ (su) motore** (d'un carburante, per accertare la resistenza alla detonazione) (*mot.*), motorische Prüfung. **303 ~ su strada** (di autoveicoli) (*aut.*), Prüfungsfahrt (*f.*), Probefahrt (*f.*), Strassenfahrversuch (*m.*). **304 ~ svolta in condizioni inasprite** (controllo al limite, « prova marginale ») (*prove*), Grenzprüfung (*f.*). **305 ~ tecnologica** (*tecnol. mecc.*), technologische Prüfung, technologischer Versuch. **306 ~ torsionale** (prova di torsione) (*sc. costr.*), Torsionsversuch (*m.*), Drehversuch (*m.*), Verdrehversuch (*m.*), Verdrehungsversuch (*m.*). **307 ~ tropicale** (*elett. - ecc.*), Tropenprüfung (*f.*). **308 ~ Wöhler** (prova di fatica a flessione rotante) (*tecnol. mecc.*), Wöhlerversuch (*m.*). **309 apparecchio di ~** (*app.*), Testgerät (*n.*). **310 apparecchio per la ~ della resa elastica** (su gomma) (*app.*), Rückprallhärteprüfgerät (*n.*). **311 apparecchio per la ~ di continuità** (di conduttori p. es.) (*elett. - app.*), Durchgangsprüfer (*m.*). **312 apparecchio per prove** (*app.*), Tester (*m.*). **313 apparecchio per prove di deformazione** (controlla la plasticità) (*ind. gomma*), Defo-Gerät (*n.*). **314 apparecchio per prove di laboratorio** (*app.*), Labortester (*m.*). **315 apparecchio per prove statiche e dinamiche** (*app.*), Dynstatgerät (*n.*). **316 banco ~** (*tecnol.*), Prüfstand (*m.*), Versuchsstand (*m.*). **317 banco ~ per la spinta** (di razzi) (*mot.*), Schubbock (*m.*). **318 banco ~ vibrante** (*aut. - ecc.*), Schüttelprüfstand (*m.*). **319 carico di ~** (carico di collaudo) (*tecnol. - ecc.*), Prüfbelastung (*f.*). **320 certificato di ~** (*gen.*), Prüfzeugnis (*n.*), Prüfbericht (*m.*). **321 certificato di ~** (d'un orologio) (*orolog.*), Gangschein (*m.*). **322 condizione di ~** (*tecnol.*), Versuchsbedingung (*f.*). **323 conversazione di ~** (*telef.*), Probegespräch (*n.*). **324 dati di ~** (prescrizioni di prova) (*tecnol.*), Prüfangaben (*f. pl.*). **325 elemento che supera la ~** (p. es. di fatica, « passante ») (*sc. costr. - ecc.*), Durchläufer (*m.*). **326 esito della ~** (*tecnol.*), Prüferfolg (*m.*). **327 in ~** (*gen.*), in Erprobung. **328 istruzioni di ~** (prescrizioni di prova) (*tecnol.*), Prüfanweisung (*f.*). **329 macchina per la ~ d'ingranaggi** (*macch.*), Zahnradprüfmaschine (*f.*). **330 macchina per la ~ della verità** (*macch.*), Lügendetektor (*m.*). **331 macchina per prove con carico pulsante** (ad azionamento oleoidraulico, pulsatore) (*macch.*) Pulsator (*m.*). **332 macchina per prove di fatica** (*macch. - tecnol.*), Dauerprüfmaschine (*f.*). **333 macchina per prove di flessione rotante** (*macch.*), Umlaufbiegemaschine (*f.*), Dauerschwingbiegemaschine (*f.*). **334 manichino per prove** (*aut. - ecc.*), Testpuppe (*f.*), Versuchspuppe (*f.*). **335 martello per la ~ delle ruote** (*att. - ferr.*), Radprüfhammer (*m.*). **336 morsetto di ~** (*elett.*), Prüfklemme (*f.*). **337 officina per prove** (*prove*), Prüfstätte (*f.*). **338 palo di ~** (palo di sezionamento) (*telef.*), Untersuchungsstange (*f.*). **339 percorso di ~** (*aut.*), Versuchsstrecke (*f.*), Teststrecke (*f.*). **340 periodo di ~** (*lav. - pers.*), Probezeit (*f.*). **341 pezzo di ~** (*tecnol. mecc.*), Prüfling (*m.*). **342 pipetta aspirante di ~** (*app. chim.*), Prüfröhrchen (*n.*). **343 pista di ~** (per veicoli) (*aut.*), Prüffeld (*n.*). **344 posto di ~** (*prove*), Prüfplatz (*m.*). **345 prescrizioni di ~** (istruzioni di prova) (*tecnol.*), Prüfanweisung (*f.*). **346 prescrizioni di ~** (dati di prova) (*tecnol.*), Prüfangaben (*f. pl.*). **347 programma di ~** (programma diagnostico, programma di controllo) (*calc.*), Prüfprogramm (*m.*), Testprogramm (*m.*). **348 programma di ~ ausiliario** (agevolante la verifica di programmi) (*elab. dati*), Testhilfe (*f.*). **349 relè di ~** (*elett.*), Prüfrelais (*n.*). **350 risultato della ~** (*prove*) Prüfergebnis (*n.*). **351 sala prove** (*ind.*), Prüfhalle (*f.*). **352 sottoporre a ~ idraulica** (*fond. - ecc.*), abpressen, abdrücken, prüfen mit Presswasser. **353 stazione di ~** (stazione strumentale, per apparecchiature p. es.) (elett. - ecc.), Prüfstelle (f.). **354 taglio di ~** (mecc.), Versuchsschnitt (m.). **355 tensione di ~** (elett.), Prüfspannung (f.). **356 ultima ~** (telev. - cinem.), letzte Probeaufnahme.

provacircuiti (provalinee, ohmmetro a bobina mobile) (app. elett.), Leitungsprüfer (m.).

provalinee (provacircuiti, ohmmetro a bobina mobile) (app. - elett.), Leitungsprüfer (m.).

provare (gen.), probieren, proben. **2 ~** (collaudare) (tecnol.), prüfen, versuchen, untersuchen. **3 ~ a flessione** (tecnol.), biegeprüfen. **4 ~ al freno** (mot.), abbremsen. **5 ~ a pressione** (una caldaia p. es.) (cald. - ecc.), abdrücken. **6 ~ a tenuta** (un getto cavo, con acqua) (fond. - ecc.), abpressen, abdrücken, prüfen mit Presswasser. **7 ~ in volo** (aer.), einfliegen.

provento (utile economico) (finanz.), Ertrag (m.). **2 ~ di licenza** (finanz.), Lizenzeinnahme (f.).

provetta (provino, per prove di materiali) (tecnol. mecc. - prova di mat.), Probe (f.), Prüfstück (n.), Probestück (n.). **2 ~** (tubo da saggio p. es.) (att. chim.), Prüfglas (n.), Reagenzglas (n.), Probierglas (n.). **3 ~** (provino a barretta) (tecnol. mecc.), Probestab (m.), Prüfstab (m.). **4 ~** (provino) (tecnol. mecc.), vedi anche provino. **5 ~ di Macleod** (misuratore della pressione residua) (app. fis.), Macleodsches Vakuummeter. **6 ~ incorporata nel getto** (provino) (fond. - tecnol. mecc.), angegossener Probestab, Giessleiste (f.). **7 ~ intagliata** (provino intagliato) (tecnol. mecc.), gekerbter Probestab, Kerbschlagprobe (f.). **8 ~ normale** (provino normale) (tecnol. mecc.), Normalprobe (f.). **9 ~ normale** (provino normale a barretta) (prova di mater.), Normalstab (m.). **10 ~ per prove di compressione** (provino per prove di compressione) (prova di mater.), Druckprobe (f.), Druckprobekörper (m.). **11 ~ per prove di flessione** (prova di mater.), Biegeprobe (f.), Biegeprüfstück (n.). **12 ~ per prove di trazione** (a barretta) (tecnol. mecc.), Zugstab (m.), Zerreiss·stab (m.). **13 ~ piatta** (provino piatto) (tecnol. mecc. - metall.), Flachprobe (f.). **14 ~ proporzionale** (tecnol. mecc.), Proportionalstab (m.). **15 ~ rotonda per prove di taglio** (per legno) (sc. costr. - prova di mater.), Rundscherprobe (f.).

provino (provetta, per prove di materiali) (tecnol. mecc.), Probe (f.), Probestück (n.), Prüfstück (n.). **2 ~** (cinematografico p. es.) (telev. - cinem.), Probeaufnahme (f.). **3 ~** (provetta a barretta) (tecnol. mecc.), Prüfstab (m.), Probestab (m.). **4 ~** (provetta) (tecnol. mecc. - prova di mat.), vedi anche provetta. **5 ~ a cubo** (per calcestruzzo, da 20×20×20 cm) (ed.), Würfelprobe (f.). **6 ~ a forcella** (per prove di leghe di alluminio a tensocorrosione) (tecnol. mecc.), Gabelprobe (f.). **7 ~ a leva** (per prove di tensocorrosione) (tecnol. mecc.), Hebelprobe (f.). **8 ~ a staffa** (per prove di corrosione) (tecnol. mecc.), Bügelprobe (f.). **9 ~ campione** (tecnol. mecc.), Standardprobe (f.). **10 ~ che ha superato la prova (di fatica)** (elemento che supera la prova, « passante », che non si è rotto) (sc. costr.), Durchläufer (m.). **11 ~ con intaglio a V** (per prove di resilienza) (prove mater.), Spitzkerbprobe (f.). **12 ~ da tornire** (prove mat.), Abdrehprobe (f.). **13 ~ da tornire per il carbonio** (da tornire a passate per determinare la curva del carbonio nello strato cementato) (tratt. term.), Kohlenstoff-Abdrehprobe (f.). **14 ~ di fatica** (metall.), Schwingprobe (f.), Dauerläufer (m.). **15 ~ di fucinatura** (fucinatura), Schmiedeprobe (f.), Schmiedeprobestück (n.). **16 ~ di imbutitura** (tecnol. mecc.), Tiefziehprobe (f.), Tiefungsprobe (f.), Napf (m.). **17 ~ (di lamiera) saldato in croce** (tecnol. mecc.), Kreuzschweissprobe (f.). **18 ~ dilatometrico** (metall.), Dilatometerprobe (f.). **19 ~ di saldatura** (tecnol. mecc.), Schweissprobe (f.). **20 ~ DVM** (provino ad intaglio tondo per prove di resilienza) (metall.), DVM-Probe (f.). **21 ~ DVMF** (barretta ad intaglio piano per prove di resilienza) (metall.), DVMF-Probe (f.). **22 ~ DVMK** (piccola barretta per prove di resilienza) (metall.), DVMK-Probe (f.). **23 ~ DVMS** (barretta con intaglio a V per prove di resilienza) (metall.), DVMS-Probe (f.). **24 ~ dynstat** (barretta per prove di resilienza su materie plastiche) (tecnol.), Dynstat-Probe (f.). **25 ~ già parzialmente affaticato** (nelle prove di resistenza a fatica) (metall.), trainierte Probe. **26 ~ intagliato** (provetta intagliata) (tecnol. mecc.), gekerbte Probe, Kerbschlagprobe (f.). **27 ~ Jones** (per prove di tensocorrosione) (tecnol.), Jones-Probe (f.). **28 ~ liscio** (provino non intagliato) (tecnol. mecc.), glatte Probe. **29 ~ lucidato** (tecnol. mecc. - metall.), Schliffstück (n.). **30 ~ lucidato per esame macrostrutturale** (metall.), Makroschliff (m.). **31 ~ McQuaid-Ehn** (metall.), McQuaid-Ehn-Probe (f.). **32 ~ Mesnager** (per prove di resilienza) (prove mater.), Mesnager-Probe (f.). **33 ~ normale** (provetta normale) (tecnol. mecc.), Normalprobe (f.). **34 ~ normale** (provetta normale a barretta) (prova di mater.), Normalstab (m.). **35 ~ per imbutitura** (lav. lamiera), Tiefziehprobe (f.), Tiefungsprobe (f.). **36 ~ per prove di compressione** (provetta per prove di compressione) (prova di mater.), Druckprobe (f.), Druckprobekörper (m.). **37 ~ per prove di flessione** (prova di mater.), Biegeprobe (f.), Biegeprüfstück (n.). **38 ~ per prove di resilienza** (sc. costr. - prova di mater.), Schlagprobe (f.). **39 ~ per prove di trazione** (prove mater.), Zugprobe (f.). **40 ~ piatto** (provetta piatta) (tecnol. mecc. - metall.), Flachprobe (f.). **41 ~ (precaricato) per tensocorrosione** (tecnol. mecc.), Schlaufenprobe (f.). **42 ~ prelevato dal bagno** (metall.), Schöpfprobe (f.). **43 ~ Schnadt** (per prove di resilienza) (prove mater.), Schnadt-Probe (f.), Atopieprobe (f.). **44 ~ SOD** (provino Standard Oil Development; per provare la sicurezza di saldature) (tecnol. mecc.), SOD-Probe (f.). **45 ~ Tipper** (provino piatto intagliato, da sottoporre a trazione per controllo di giunti saldati) (tecnol. mecc.), Tipper-Probe (f.). **46 macchina per più provini** (macch. prove mater.), Vielprobenmaschine (f.).

provvedimento (misura) (*gen.*), Massnahme (*f.*). 2 ∼ **disciplinare** (misura disciplinare) (*lav. - ecc.*), Disziplinarmassnahme (*f.*), disziplinäre Massnahme.

provvigione (*comm.*), Kommission (*f.*), Provision (*f.*). 2 ∼ **sulle vendite** (*comm.*), Verkaufskommission (*f.*), Verkaufsprovision (*f.*). 3 **sconto** ∼ (*comm.*), Rabatt (*m.*).

provvisorio (temporaneo) (*gen.*), einstweilig, zeitweilig, vorläufig. 2 **disposizione provvisoria** (*gen.*), Übergangsbestimmung (*f.*). 3 **norma provvisoria** (di unificazione p. es.) (*tecnol.*), Vornorm (*f.*).

provvista (scorta) (*gen.*), Vorrat (*m.*). 2 ∼ **d'acqua** (acquata) (*nav.*), Wassereinnahme (*f.*). 3 **provviste di bordo** (*nav.*), Schiffsproviant (*m.*).

provveditore, ∼ **agli studi** (*scuola*), Bezirksschulinspektor (*m.*).

pròzio (isotopo dell'idrogeno con numero di massa 1) (*chim.*), Protium (*n.*).

prua (prora, di una nave p. es.) (*nav. - aer.*), Bug (*m.*). 2 ∼ **a bulbo** (*costr. nav.*), Wulstbug (*m.*). 3 ∼ **apribile** (portellone di prua) (*nav.*), Bugpforte (*f.*), Bugklappe (*f.*). 4 ∼ **a sbalzo** (prua slanciata) (*nav.*), ausfallender Steven, überhängender Steven. 5 ∼ **slanciata** (prua a sbalzo) (*nav.*), ausfallender Steven, überhängender Steven. 6 **controruota interna di** ∼ (*nav.*), Binnenvordersteven (*m.*). 7 **onda di** ∼ (*nav.*), Bugwelle (*f.*). 8 **portellone di** ∼ (prua apribile) (*nav.*), Bugpforte (*f.*), Bugklappe (*f.*). 9 **ruota di** ∼ (*nav.*), Vordersteven (*m.*), Vorsteven (*m.*). 10 **scudo di** ∼ (di un aerostato p. es.) (*aer.*), Bugkappe (*f.*).

PS (polistirolo) (*mater. plast.*), PS, Polystyrol (*n.*).

P.S. (postscriptum, poscritto) (*uff.*), Postskript (*n.*), Postskriptum (*n.*), Nachschrift (*f.*), P.S.

PSAN (polistirolo-acrilonitrile) (*ind. chim.*), PSAN, Polystyrol-Acrylnitril (*n.*).

pseudo-armonico (*fis.*), pseudoharmonisch. 2 **vibrazione pseudo-armonica** (vibrazione non lineare) (*fis.*), nichtlineare Schwingung.

pseudocausale (*stat.*), pseudozufällig.

pseudoindirizzo (*calc.*), Pseudoadresse (*f.*).

pseudomorfosi (di un minerale) (*min.*), Pseudomorphose (*f.*).

pseudonimo (*gen.*), angenommener Name.

pseudosaturazione (*elettronica*), Pseudosättigung (*f.*).

pseudoscalare (*mat.*), pseudoskalar. 2 **grandezza** ∼ (*mat.*), Pseudoskalar (*m.*).

pseudosimmetria (*cristallografia*), Pseudosymmetrie (*f.*).

pseudovettore (*mat.*), Pseudovektor (*m.*).

psichiatra (*med.*), Psychiater (*m.*).

psichico (*psicol.*), seelisch, psychisch.

psicologia (*psicol.*), Psychologie (*f.*). 2 ∼ **del lavoro** (*lav. - psicol.*), Arbeitspsychologie (*f.*). 3 ∼ **industriale** (*psicol ind.*), Betriebspsychologie (*f.*).

psicotecnica (*psicotec. - ind.*), Psychotechnik (*f.*).

psicotecnico (*psicotec.*), psychotechnisch.

psicrometro (strum. per misurare l'umidità dell'aria) (*strum.*), Psychrometer (*n.*).

psilomelano (MnO_2) (*min.*), Psilomelan (*m.*), schwarzer Glaskopf.

psofometrico (*telef.*), psophometrisch.

psofometro (strum. per la misurazione della tensione psofometrica) (*strum. elettrotelef.*), Psophometer (*n.*), Geräuschspannungsmesser (*m.*).

Pt (platino) (*chim.*), Pt, Platin (*n.*).

PTFCE (politrifluorocloretilene) (*mater. plast.*), PTFCE, Polytrifluorchlor-äthylen (*n.*).

Pu (plutonio) (*chim.*), Pu, Plutonium (*n.*).

pubblicare (*tip.*), veröffentlichen, herausgeben. 2 ∼ (un libro) (*tip.*), verlegen.

pubblicazione (atto di pubblicare) (*gen.*), Veröffentlichung (*f.*). 2 ∼ (libro p. es.) (*tip.*), Schrift (*f.*), Veröffentlichung (*f.*). 3 ∼ (di un libro) (*tip.*), Verlegung (*f.*). 4 ∼ **a dispense** (opera a dispense) (*tip.*), Lieferungswerk (*n.*). 5 **ufficio pubblicazioni tecniche** (di una ditta) (*ind.*), Beschreibungsstelle (*f.*).

pubblicità (propaganda) (*ind. - comm.*), Werbung (*f.*), Reklame (*f.*). 2 ∼ **cinematografica** (*comm.*), Filmwerbung (*f.*), Kinoreklame (*f.*). 3 ∼ **luminosa** (*comm. - elett.*), Lichtreklame (*f.*), Lichtwerbung (*f.*). 4 ∼ **mediante affissione** (*comm.*), Plakatwerbung (*f.*). 5 ∼ **per corrispondenza** (*comm.*), Briefwerbung (*f.*). 6 ∼ **radiofonica** (*radio - comm.*), Rundfunkwerbung (*f.*). 7 ∼ **su pagina intera** (annuncio su pagina intera) (*comm.*), ganzseitige Anzeige. 8 ∼ **televisiva** (trasmissioni pagate da ditte p. es.) (*comm. - telev.*), Werbefernsehen (*n.*). 9 **piccola** ∼ (piccoli annunci) (*comm. - giorn.*), Kleinanzeigen (*f. pl.*), 10 **servizio** ∼ (servizio propaganda) (*ind.*), Werbeabteilung (*f.*).

pubblicitario (*comm.*), Werbe..., Reklame... 2 **agente pubblicitario** (*comm.*), Anzeigenagent (*m.*). 3 **articolo** ∼ (*giorn.*), Reklameartikel (*m.*). 4 **campagna pubblicitaria** (*comm.*), Werbefeldzug (*m.*). 5 **film** ∼ (*comm. - cinem.*), Werbefilm (*m.*). 6 **grafica pubblicitaria** (*comm.*), Werbegraphik (*f.*). 7 **grafico** ∼ (*pers.*), Werbegraphiker (*m.*). 8 **insegna pubblicitaria** (*comm.*), Reklameschild (*n.*). 9 **oggetto** ∼ (*comm.*), Reklameartikel (*m.*). 10 **pellicola pubblicitaria** (*comm.*), Reklamefilm (*m.*). 11 **volo** ∼ (*aer. - comm.*), Reklameflug (*m.*).

pubblico (*a. - gen.*), öffentlich. 2 ∼ (*s. - gen.*), Publikum (*n.*). 3 ∼ **Ministero** (*leg.*), Anklagebehörde (*f.*). 4 ∼ **ufficiale** (*pers.*), Regierungsbeamter (*m.*). 5 **autorità di pubblica sicurezza** (*leg.*), Polizeibehörde (*f.*). 6 **posto telefonico** ∼ (*telef.*), öffentliche Fernsprechstelle. 7 **relazioni pubbliche** (fra un'azienda ed il pubblico, la stampa, ecc.) (*comm. - ind.*), Beziehungen zur Öffentlichkeit, Öffentlichkeitsarbeit (*f.*). 8 **servizio** ∼ (*gen.*), öffentlicher Dienst. 9 **ufficio** ∼ (*amm.*), öffentliches Amt. 10 **verde** ∼ (*ed.*), öffentliches Grün.

puddellaggio (*metall.*), Puddelverfahren (*n.*), Puddeln (*n.*), Flammfrischen (*n.*). 2 **forno di** ∼ (*forno*), Eisenfrischflammofen (*m.*).

puddellare (*metall.*), puddeln.

puddinga (roccia sedimentaria) (*geol.*), Nagelfluh (*f.*).

pugilato (*sport*), Boxen (*n.*).

pugile (sport), Boxer (m.). 2 ∼ **professionista** (sport), Berufsboxer (m.).
pula (trito, minuto, di carbone) (comb.), Klarkohle (f.), Feinkohle (f.).
puleggia (per cinghia) (mecc.), Riemenscheibe (f.), Scheibe (f.). 2 ∼ **a diametro variabile** (mecc.), Ausdehnungsriemenscheibe (f.). 3 ∼ **ad una gola** (mecc.), Einrillenscheibe (f.). 4 ∼ **a fascia bombata** (mecc.), balliggedrehte Riemenscheibe. 5 ∼ **a fascia piana** (mecc.), geradegedrehte Riemenscheibe. 6 ∼ **a fune** (mecc.), Seilscheibe (f.). 7 ∼ **a gola** (con base piana) (mecc.), Flanschscheibe (f.). 8 ∼ **a gola** (trapezoidale) (mecc.), Keilriemenscheibe (f.). 9 ∼ **a gola** (di un fuso) (macch. tess.), Wirtel (m.). 10 ∼ **a gole** (mecc.), Rillenscheibe (f.). 11 ∼ **a gradini** (mecc.), Stufenscheibe (f.). 12 ∼ **a (più) gole** (mecc.), Mehrrillenscheibe (f.). 13 ∼ **comando ventilatore** (mot. - aut.), Ventilatorriemenscheibe (f.). 14 ∼ **di rinvio** (mecc.), Umlenkscheibe (f.). 15 ∼ **di rinvio** (moletta, di una torre di estrazione) (min.), Ablenkscheibe (f.). 16 ∼ **fissa** (mecc.), feste Riemenscheibe, Festscheibe (f.). 17 ∼ **folle** (mecc.), Leerlaufscheibe (f.). 18 ∼ **guidacinghia** (galoppino) (mecc.), Leitrolle (f.), Ablenkrolle (f.). 19 ∼ **in due pezzi** (mecc.), geteilte Riemenscheibe. 20 ∼ **motrice** (macch.), Antriebsscheibe (f.), Triebscheibe (f.). 21 ∼ **per catena** (app. di sollev. - mecc.), Kettenrolle (f.), Kettenscheibe (f.). 22 ∼ **per cinghia** (mecc.), Riemenscheibe (f.). 23 ∼ **per funi** (carrucola) (trasp.), Seilrolle (f.), Seilscheibe (f.). 24 **bombatura della** ∼ (mecc.), Scheibenwölbung (f.).
púlica (púliga) (difetto del vetro), Gipse (f.), Glasblase (f.), Blase (f.).
puligoso (difetto - vetro), gipsig.
puligosità (difetto - vetro), Gipsigkeit (f.).
pulimento (lucidatura, carteggiatura) (tecnol.), Schliff (m.). 2 ∼ **a secco** (carteggiatura a secco, del legno) (lav. legno), Trockenschliff (m.).
pulire (gen.), putzen, reinigen. 2 ∼ (lavare a secco) (ind. tess.), reinigen. 3 ∼ (strofinando) (gen.), abwischen. 4 ∼ (una caldaia) (cald.), ausschaben. 5 ∼ **alla fiamma** (metall.), abfackeln. 6 ∼ **con aria compressa** (gen.), abblasen.
pulito (gen.), rein, sauber. 2 ∼ (senza emissioni nocive dallo scarico, non inquinante) (mot.), abgasentgiftet. 3 **bomba pulita** (fis. atom. - radioatt.), saubere Bombe. 4 **serbatoio del** ∼ (d'un impianto filtrante) (app.), Saubertank (m.).
pulitrice (macch.), Reinigungsmaschine (f.). 2 ∼ (per superfici metalliche lavorate) (macch.), vedi lucidatrice. 3 ∼ **per massicciate** (ferr.), Bettungsreinigungsmaschine (f.). 4 **disco per** ∼ (disco per lucidatrice) (ut.), Glanzscheibe (f.), Pliesstscheibe (f.).
pulitura (gen.), Reinigen (n.), Reinigung (f.). 2 ∼ (lucidatura, di superfici metalliche lavorate) (mecc.), vedi lucidatura. 3 ∼ (di un pressogetto p. es.) (fond.), Verputzen (n.). 4 ∼ **a secco** (lavaggio a secco) (ind.), Trockenreinigung (f.). 5 ∼ **chimica** (chim. - tess.), chemische Reinigung. 6 ∼ **con « tackrag »** (fissazione della polvere) (vn.), Entstauben (n.). 7 ∼ **con ultrasuoni** (mecc.), Ultraschallreinigung (f.). 8 ∼ **dei metalli** (tecnol. mecc.), Metallreinigung (f.). 9 ∼ **ionica** (d'una superfice, mediante bombardamento di ioni) (tecnol.), Glimmreinigung (f.), Glimmen (n.), Abglimmen (n.). 10 **campo di** ∼ (superficie detersa, da un tergicristallo) (aut.), Wischfeld (n.). 11 **durata tra due puliture** (consecutive, di isolatori p. es.) (elett. - ecc.), Standzeit (f.). 12 **foro di** ∼ (foro di pulizia) (macch. - ecc.), Reinigungsöffnung (f.). 13 **pozzetto di** ∼ (pozzetto per pulizia) (ed.), Reinigungsschacht (m.). 14 **rubinetto di** ∼ (rubinetto di pulizia) (tubaz.), Reinigungshahn (m.).
pulizia (gen.), vedi pulitura. 2 **addetto alla** ∼ (lav.), Reinigungsarbeiter (m.). 3 **donna di** ∼ (lav.), Reinigungsfrau (f.).
pullman (autobus da turismo, autopullman) (veic.), Reiseomnibus (m.), Reisecar (m.) (svizz.). 2 **carrozza** ∼ (ferr.), Pullmanwagen (m.).
pullmino (minibus, piccolo autobus) (veic.), Kleinbus (m.).
pulpito (arch.), Kanzel (f.).
pulsante (s. - elett.), Druckknopf (n.). 2 ∼ (a. - gen.), pulsierend. 3 ∼ **a bloccaggio automatico** (pulsante con fermo) (app. elett.), Schlossdrucktaster (m.). 4 ∼ **ad urto** (per fermare una macch. in caso di emergenza, azionabile col ginocchio o col gomito p. es.) (macch. ut. - ecc.), Schlagtaste (f.). 5 ∼ **con fermo** (pulsante a bloccaggio automatico) (app. elett.), Schlossdruckaster (m.). 6 ∼ **del motorino di avviamento** (elett. - mot.), Anlassdruckknopfschalter (m.), Anlassknopf (m.). 7 ∼ **di arresto di emergenza** (macch. - ecc.), Notstoptaste (f.). 8 ∼ **di avviamento** (elett. - mot.), Anlassknopf (m.). 9 ∼ **di avviamento a pedale** (mot. - aut.), Anlassfussschalter (m.). 10 ∼ **di cacciata** (valvola a p. di cacciata, dello sciacquone d'una latrina) (ed.), Druckspüler (m.). 11 ∼ **di comando** (bottone di comando) (macch. - ecc.), Bedienungsknopf (m.). 12 ∼ **di emergenza** (pulsante ad urto, azionabile con il ginocchio o gomito p. es. per l'arresto di una macchina) (macch. ut. - ecc.), Schlagtaste (f.). 13 **corrente** ∼ (elett.), pulsierender Strom.
pulsantiera (quadro pulsanti) (elett. - ecc.), Druckknopftafel (f.).
pulsar (radiosorgente pulsante) (astr.), Pulsar (m.).
pulsato (a. - elett. - ecc.), gepulst.
pulsatore (macchina per prove di fatica con carico pulsante, ad azionamento oleoidraulico p. es.) (macch.), Pulsator (m.), Pulser (m.). 2 ∼ **a programma** (macchina per prove di fatica) (macch.), Programm-Pulser (m.). 3 ∼ **orizzontale** (macch.), Horizontalpulser (m.). 4 ∼ **oscillante** (per provare alberi cardanici p. es.) (app.), Kipp-Pulsator (m.). 5 ∼ **sinusoidale** (macch.), Sinuspulsator (m.). 6 **prova al** ∼ (prova di fatica dinamica a risonanza) (tecnol. mecc.), Pulsatorversuch (m.).
pulsazione (gen.), Pulsschlag (m.), Pulsation (f.). 2 ∼ (prodotto della frequenza di una oscillazione per 2π) (fis.), Kreisfrequenz (f.). 3 ∼ (di un app. di riscaldamento a pulsa-

pulsogetto

zione o pulsogetto p. es.) (*comb.*), Verpuffung (*f.*). **4 ~ di plasma** (*elettronica*), Plasmafrequenz (*f.*), effektive Plasmakreisfrequenz. **5 ~ limite** (pulsazione di taglio) (*radio*), Grenzkreisfrequenz (*f.*). **6 frequenza di ~** (del cuore, « polso ») (*lav. - med.*), Pulsfrequenz (*f.*). **7 pressione di ~** (pressione pulsante, di un app. di riscaldamento a pulsazione o pulsogetto p. es.) (*fis.*), Verpuffungsdruck (*m.*). **8 tasso di ~** (rapporto tra la durata degli impulsi e la somma della durata degli intervalli, di un regolatore ad impulsi) (*elettronica*), Tastverhältnis (*n.*).
pulsogetto (pulsoreattore) (*mot.*), Schmidtrohr (*n.*), Pulsotriebwerk (*n.*), Verpuffungs-Strahltriebwerk (*n.*). **2 a ~** (*comb.*), verpuffend.
pulsometro (pompa a pressione di vapore) (*macch.*), Dampfdruckpumpe (*f.*), Pulsometer (*n.*).
pulsoreattore (pulsogetto) (*mot.*), Schmidtrohr (*n.*), Pulsotriebwerk (*n.*), Verpuffungs-Strahltriebwerk (*n.*).
pulvinare (*ed.*), Bühnengebäude (*n.*), Szene (*f.*).
pulvino (d'imposta) (*ed.*), Lagerquader (*m.*), Auflagerquader (*m.*).
pulviscolo (*gen.*), Stäubchen (*n.*), Staub (*m.*). **2 ~ cosmico** (*astr.*), kosmischer Staub. **3 ~ di rettifica** (*lav. macch. ut.*), Schleifsel (*n.*), Schleifstaub (*m.*). **4 ~ radioattivo** (*radioatt. - fis. atom.*), radioaktiver Staub. **5 ~ radioattivo** (« fall out ») (*fis. atom.*), radioaktive Abfälle, « fall out ».
punire (*lav. - ecc.*), bestrafen.
punizione (*lav. - ecc.*), Bestrafung (*f.*), Strafe (*f.*). **2 ~ disciplinare** (*lav. - ecc.*), Disziplinarstrafe (*f.*).
punta (*gen.*), Spitze (*f.*). **2 ~** (del tornio) (*macch. ut.*), Spitze (*f.*), Drehbankspitze (*f.*). **3 ~** (da trapano) (*ut. - macch. ut.*), Bohrer (*m.*). **4 ~** (saetta, mecchia) (*ut. lavoraz. legno*), Bohrer (*m.*), Holzbohrer (*m.*). **5 ~** (chiodo) (*falegn.*), Stift (*m.*), Drahtstift (*m.*). **6 ~** (di carico, di corrente) (*elett.*), Spitze (*f.*). **7 ~** (picco, cresta; valore massimo) (*elett. - ecc.*), Spitze (*f.*). **8 ~** (estremità a punta, di una vite) (*mecc.*), Spitze (*f.*). **9 ~** (di un ut. da tornio) (*ut. mecc.*), Spitze (*f.*). **10 ~** (di uno scambio) (*ferr.*), Spitze (*f.*). **11 ~** (del minimetro) (*strum.*), Tastfuss (*m.*). **12 ~** (di un bruciatore) (*app.*), Spitze (*f.*). **13 ~** (del perno d'un bilanciere (*orolog.*), Körner (*m.*). **14 ~ a cannone** (punta cannone) (*ut. mecc.*), Kanonenbohrer (*m.*), Tieflochbohrer (*m.*), Einlippenbohrer (*m.*), Kanone (*f.*). **15 ~ a centro** (punta inglese, per legno) (*ut. falegn.*), Zentrumbohrer (*m.*). **16 ~ a corona** (sonda campionatrice) (*ut. min.*), Kernbohrer (*m.*), Kernbohrkrone (*f.*). **17 ~ a corona di diamanti** (scalpello a corona di diamanti) (*ut. min.*), Diamantkrone (*f.*). **18 ~ ad elica** (punta elicoidale, da trapano) (*ut. mecc.*), Wendelbohrer (*m.*), Spiralbohrer (*m.*). **19 ~ ad un tagliente** (punta cannone) (*ut. mecc.*), Einlippbohrer (*m.*), Tieflochbohrer (*m.*), Kanone (*f.*). **20 ~ a gancio per fonderia** (chiodo per formatura) (*fond.*), Formstift (*m.*). **21 ~ a gradini** (punta da trapano a più diametri) (*ut.*), abgesetzter Bohrer, Stufenbohrer (*m.*). **22 ~ aguzza** (di un cristallo) (*min.*), Zacke (*f.*). **23 ~ alligatore** (di pali) (*ed.*), Alligatorspitze (*f.*). **24 ~ a più diametri** (punta da trapano a gradini) (*ut.*), abgesetzter Bohrer, Stufenbohrer (*m.*). **25 ~ a testa bombata** (*carp. - falegn.*), Rundkopfstift (*m.*). **26 ~ a testa bombata larga** (*carp. - falegn.*), Breitrundkopfstift (*m.*). **27 ~ a testa larga** (*ed. - carp.*), Dachpappenstift (*m.*). **28 ~ a testa piana larga** (*carp. - falegn.*), Breitkopfstift (*m.*). **29 ~ a testa piana per fonderia** (chiodo per formatura) (*fond.*), flacher Formstift. **30 ~ a tracciare** (punta per tracciare) (*mecc.*), Anreissnadel (*f.*), Reissnadel (*f.*), Nadel (*f.*). **31 ~ a tre diametri** (punta elicoidale a tre diametri) (*ut.*), Dreistufenbohrer (*m.*), dreifach abgesetzter Bohrer. **32 ~ cannone** (punta ad un tagliente) (*ut. mecc.*), Kanonenbohrer (*m.*), Einlippbohrer (*m.*), Tieflochbohrer (*m.*), Kanone (*f.*). **33 ~ cava** (punta tubolare, da trapano) (*ut. mecc.*), Hohlbohrer (*m.*), Zylinderbohrer (*m.*). **34 ~ combinata per edilizia** (punta combinata con punta elicoidale centrale) (*ut.*), Glockenbohrer mit eingesetztem Spiralbohrer. **35 ~ corta** (punta da trapano corta) (*ut. mecc.*), Kurzbohrer (*m.*). **36 ~ da centri** (*ut. - lav. macch. ut.*), Zentrierbohrer (*m.*), Körnerbohrer (*m.*), Anbohrer (*m.*). **37 ~ da perforazione** (scalpello da roccia) (*ut. min.*), Gesteinsbohrer (*m.*), Steinbohrer (*m.*), Meisselbohrer (*m.*), Bohrmeissel (*m.*). **38 ~ da roccia** (*ut. min.*), Gesteinsbohrer (*m.*), Steinbohrer (*m.*), Meisselbohrer (*m.*), Bohrmeissel (*m.*). **39 ~ da taglio di diamante** (tagliente di diamante) (*ut.*), Diamantschneide (*f.*). **40 ~ da tornio fissa** (*macch. ut.*), feste Drehbankspitze (*f.*). **41 ~ da tornio girevole** (*macch. ut.*), mitlaufende Drehbankspitze. **42 ~ da trapano** (*ut. mecc.*), Bohrer (*m.*). **43 ~ da trapano a scanalature diritte** (*ut. mecc.*), Bohrer mit geraden Nuten. **44 ~ da trapano cava** (*ut. mecc.*), Kernbohrer (*m.*), Hohlbohrer (*m.*). **45 ~ da trapano con canali di lubrificazione** (*ut.*), Ölkanalbohrer (*m.*). **46 ~ da trapano per legno** (saetta, mecchia) (*ut. falegn.*), Holzbohrer (*m.*). **47 ~ del bianco** (*telev.*), Weiss-spitze (*f.*). **48 ~ del cuore** (*ferr.*), Herzspitze (*f.*). **49 ~ dell'utensile** (*ut.*), Meisselspitze (*f.*), Schneidenecke (*f.*). **50 ~ del parafulmine** (*ed. - elett.*), Fangspitze (*f.*). **51 ~ di carda** (dente di carda, dente di guarnizione) (*ind. tess.*), Kratzendraht (*m.*), Kratzenstift (*m.*), Kratzenzahn (*m.*). **52 ~ di carico** (*elett.*), Lastspitze (*f.*). **53 ~ di filo** (punta Parigi) (*falegn. - ecc.*), Drahtnagel (*m.*), Drahtstift (*m.*). **54 punte di spillo** (difetto di fond.), Nadelstichporosität (*f.*). **55 ~ di traffico** (*traff. strad. - ecc.*), Verkehrsandrang (*m.*), Verkehrspitze (*f.*). **56 ~ elicoidale** (punta ad elica) (*ut. mecc.*), Wendelbohrer (*m.*), Spiralbohrer (*m.*), Drallbohrer (*m.*). **57 ~ elicoidale a più diametri** (punta elicoidale a gradini) (*ut. mecc.*), Stufenbohrer (*m.*), abgesetzter Bohrer. **58 ~ elicoidale a tre taglienti** (*ut. mecc.*), Dreischneider (*m.*). **59 ~ elicoidale per fori pro-

fondi (*ut. mecc.*), Tieflochbohrer (*m.*). **60 ~ elicoidale extracorta** (*ut.*), extra kurzer Spiralbohrer. **61 ~ finitrice** (*ut.*), Kaliberbohrer (*m.*). **62 ~ fissa** (di un tornio) (*macch. ut.*), feste Spitze. **63 ~ inglese** (punta a centro, per legno) (*ut. falegn.*), Zentrumbohrer (*m.*). **64 ~ Parigi** (punta a filo) (*falegn. - ecc.*), Drahtnagel (*m.*), Drahtstift (*m.*). **65 ~ per alluminio e rame** (punta elicoidale) (*ut.*), Al-Cu-Bohrer (*m.*), Bohrer für Leichtmetalle und Kupfer. **66 ~ per centrare** (*ut. mecc.*), Zentrierbohrer (*m.*), Körnerbohrer (*m.*), Anbohrer (*m.*). **67 ~ per forare muri** (*ut.*), Mauerdübelbohrer (*m.*). **68 ~ per fori profondi** (punta cannone) (*ut.*), Tieflochbohrer (*m.*), Kanonenbohrer (*m.*). **69 ~ per inchiostro** (di un compasso) (*strum. dis.*), Tuscheinsatz (*m.*). **70 ~ per incidere** (lastre calcografiche) (*ind. graf.*), Radiernadel (*f.*). **71 ~ per legno** (trivella) (*ut.*), Holzbohrer (*m.*). **72 ~ per perforazione** (scalpello da roccia) (*ut. min.*), Bohrmeissel (*m.*), Gesteinsbohrer (*m.*), Meisselbohrer (*m.*). **73 ~ per tracciare** (*ut. mecc.*), Anreissnadel (*f.*), Reissnadel (*f.*). **74 ~ tubolare** (punta cava) (*ut. mecc.*), Zylinderbohrer (*m.*), Hohlbohrer (*m.*). **75 ~ universale Forstner** (*ut. lav. legno*), Forstner-Bohrer (*m.*). **76 altezza delle punte** (diametro massimo eseguibile, sul tornio) (*macch. ut.*), Spitzenhöhe (*f.*). **77 a ~** (appuntito, aguzzo) (*gen.*), spitz. **78 assottigliamento della ~** (d'una punta elicoidale) (*ut.*), Ausspitzung (*f.*). **79 carico di ~** (di una macchina od impianto p. es.) (*macch.*), Spitzenlast (*f.*). **80 cassa a ~** (per la classificazione di minerali molto minuti) (*macch. min.*), Spitzkasten (*m.*). **81 centrale di ~** (centrale per punte di carico) (*elett.*), Spitzenkraftwerk (*n.*). **82 corrente di ~** (*elett.*), Spitzenstrom (*m.*). **83 distanza tra le punte** (di un tornio) (*macch. ut.*), Spitzenabstand (*m.*). **84 effetto delle punte** (*elett.*), Spitzenwirkung (*f.*). **85 fare la ~** (ad una matita p. es.) (*gen.*), spitzen, anspitzen. **86 ora di ~** (*traff.*), Stosszeit (*f.*), Spitzenstunde (*f.*). **87 raddrizzamento a ~ di contatto** (*elettronica*), Spitzengleichrichtung (*f.*). **88 scalpello a ~** (per eseguire fori nella pietra) (*ut.*), Spitzseisen (*n.*). **89 sospensione su punte** (*mecc. - ecc.*), Spitzenlagerung (*f.*). **90 testa della ~** (da trapano) (*ut.*), Bohrerspitze (*f.*). **91 traffico di ~** (*traff. strad. - ecc.*), Spitzenverkehr (*m.*), Stossverkehr (*m.*).

puntale (altezza) (*costr. di navi*), Höhe (*f.*), Seitenhöhe (*f.*). **2 ~** (puntello) (*costr. nav.*), Stütze (*f.*). **3 ~** (asta di punteria) (*mot. - mecc.*), Stösselschaft (*m.*). **4 ~ di coperta** (*nav.*), Deckstütze (*f.*). **5 ~ di stiva** (*costr. nav.*), Raumstütze (*f.*).

puntalino (della frizione p. es.) (*mecc.*), Auflagestift (*m.*). **2 ~ della valvola** (*mot.*), Ventilverschraubung (*f.*).

puntamento (di pezzi d'artiglieria) (*arma da fuoco*), Richten (*n.*). **2 ~** (radar - etc.), Zielung (*f.*), Folgen (*n.*), Verfolgung (*f.*). **3 ~ a distanza** (di artiglierie p. es.) (*milit.*), Ferneinstellung (*f.*). **4 ~ automatico** (inseguimento automatico del bersaglio) (*milit. - radar*), AZV, automatische Zielverfolgung. **5 ~ diretto** (arma da fuoco), direktes Richten. **6 ~ indiretto** (arma da fuoco), indirektes Richten. **7 ~ in direzione** (di un cannone) (*artiglieria*), Seitenrichten (*n.*). **8 congegno di ~** (congegno di mira) (*arma da fuoco*), Visiereinrichtung (*f.*). **9 congegno di ~** (per il lancio di bombe) (*aer. milit.*), Zielgerät (*n.*). **10 ~ con radar** (*milit.*), radargezielt. **11 dispositivo di ~** (*radar - ecc.*), Spurvorrichtung (*f.*). **12 radar di ~** (*radar*), Verfolgungsradar (*m.*). **13 radar di ~ di bordo** (*radar - aer.*), Bord-Feuerleitradar (*n.*).

puntare (mirare) (*ott. - ecc.*), visieren, anvisieren, anzielen. **2 ~** (imbastire, per saldature) (*tecnol. mecc.*), anpunkten, punktheften, heften, anheften, heftschweissen. **3 ~** (arma da fuoco), richten, zielen.

puntato (imbastito, con punti di saldatura) (*tecnol. mecc.*), heftgeschweisst.

puntatore (*milit.*), Richtkanonier (*m.*).

puntatrice (saldatrice a punti) (*macch.*), Punktschweissmaschine (*f.*), Punkter (*m.*). **2 ~** (per saldature di puntatura) (*macch.*), Heftschweissmaschine (*f.*). **3 ~** (cucitrice) (*att. per uff.*), Büroheftmaschine (*f.*). **4 ~ multipla** (macchina per saldare) (*macch.*), Vielpunkter (*m.*).

puntatura (imbastitura, saldatura di puntatura) (*tecnol. mecc.*), Heftschweissen (*n.*), Punktheften (*n.*), Heftpunkten (*n.*).

puntazza (protezione di acciaio all'estremità di un palo) (*ed.*), Schuh (*m.*). **2 ~ a vite** (di un palo) (*ed.*), Schraubenschuh (*m.*). **3 ~ del palo** (*ed.*), Pfahlschuh (*m.*).

punteggiare (tracciare una punteggiata) (*dis.*), punktieren, eine Punktlinie ziehen.

punteggiata (linea punteggiata) (*dis.*), punktierte Linie, gepunktete Linie, Punktlinie (*f.*). **2 tiralinee per punteggiate** (*att. - dis.*), Punktierreissfeder (*f.*).

punteggiato (*dis.*), punktiert.

punteggio (*sport*), Wertungspunkte (*m. pl.*).

puntellamento (*ed. - ecc.*), Stützen (*n.*), Verstempeln (*n.*).

puntellare (*ed.*), stützen, verstempeln. **2 ~** (*min.*), fangen, stützen, abstempeln. **3 ~** (un ponte) (*ed.*), abfangen. **4 ~ con pali** (*min.*), auspfählen, mit Pfählen stützen. **5 ~ con puntelli orizzontali** (sbadacchiare) (*ed.*), abspreizen.

puntello (*ed. - ecc.*), Stütze (*f.*). **2 ~** (*min.*), Stempel (*m.*), Stütze (*f.*). **3 ~** (di una nave in corso di costruzione) (*costr. nav.*), Schore (*f.*). **4 ~** (zampa di appoggio, d'un rimorchio) (*aut.*), Absattelstütze (*f.*). **5 ~ a forcella** (puntello a Y) (*ed.*), Y-Strebe (*f.*). **6 ~ di acciaio** (*ind. metall. - min.*), Stahlstempel (*m.*). **7 ~ di acciaio da miniera** (*min.*), Stahlgrubenstempel (*m.*). **8 ~ di legno** (*min.*), Stützholz (*n.*). **9 ~ di sicurezza** (di un cubilotto) (*forno*), Riegel (*m.*). **10 ~ inferiore** (di una galleria) (*min.*), Unterstempel (*m.*). **11 ~ orizzontale** (*min. - ed.*), Abgestemme (*n.*). **12 ~ superiore** (di una galleria) (*min.*), Oberstempel (*m.*).

punteria (della valvola) (*mot.*), Ventilstössel (*m.*), Stössel (*m.*). **2 ~ a rullo** (*mecc. - mot.*), Rollenstössel (*m.*). **3 ~ a strisciamento** (*mecc. - mot.*), Gleitstössel (*m.*). **4 asta**

punteruolo

di ~ (asta di spinta) (*mot.*), Stoss-stange (*f.*). **5 centrale di** ~ (centrale di tiro) (*mar. milit.*), Zentralrichtanlage (*f.*). **6 congegno di** ~ (congegno di mira) (*arma da fuoco*), Zielvorrichtung (*f.*). **7 registrazione delle punterie** (*mot.*), Stösseleinstellung (*f.*). **8 rullo della** ~ (*mot. - mecc.*), Stösselrolle (*f.*). **9 vite registrazione delle punterie** (*mot.*), Stösseleinstellschraube (*f.*).
punteruolo (punzone) (*ut. mecc.*), Treiber (*m.*). **2** ~ (per incassare i chiodi nel legno) (*ut.*), Setzeisen (*n.*), Senkeisen (*n.*), Senkstift (*m.*).
puntiforme *gen.*), punktförmig. **2 contatto** ~ (*mecc. - ecc.*), Punktberührung (*f.*).
puntina (da grammofono p. es.) (*elettroacus. - ecc.*), Nadel (*f.*). **2** ~ **da centri** (dischetto da centri, per inserirvi la punta del compasso) (*dis.*), Zentrierzwecke (*f.*). **3** ~ **d'accensione** (ignitore, d'un ignitrone p. es.) (*elettronica*), Zündstift (*m.*). **4** ~ **da disegno** (*dis.*), Reissnagel (*m.*), Reisszwecke (*f.*). **5** ~ **da grammofono** (*elettroacus.*), Grammophonnadel (*f.*), Abtastnadel (*f.*), Abspielnadel (*f.*). **6** ~ **del ruttore** (*mot. - elett.*), Unterbrecherkontakt (*m.*). **7** ~ **di contatto** (rivetto di tungsteno p. es.) (*elett.*), Kontaktniet (*m.*). **8** ~ **di riproduzione** (*elettroacus.*), Abtastnadel (*f.*). **9** ~ **mobile del ruttore** (di accensione) (*elett. - mot.*), Unterbrecherhammerkontakt (*m.*). **10** ~ **platinata** (*elett. - mot.*), Platinkontakt (*m.*). **11 distanza tra le puntine** (distanza tra gli elettrodi, spazio esplosivo, di candela p. es.) (*elett. - mot.*), Elektrodenabstand (*m.*).
puntinatura (vaiolatura, « pittatura ») (*mecc.*), Grübchenbildung (*f.*). **2** ~ (difetto vn.), Stippenbildung (*f.*).
puntino (*gen.*), Punkt (*m.*). **2 puntini di guida** (*tip.*), Leitpunkte (*m. pl.*).
punto (*gen.*), Punkt (*m.*). **2** ~ (*geom. - mat. - fis.*), Punkt (*m.*). **3** ~ (posizione) (*nav. - navig.*), Ort (*m.*), Besteck (*n.*), Position (*f.*). **4** ~ (punto tipografico, unità di misura per caratteri da stampa) (*tip.*), Punkt (*m.*). **5** ~ (cucito) (*ind. tess.*), Stich (*m.*). **6** ~ **a massa** (*elett.*), Erdpunkt (*m.*). **7** ~ **analizzatore** (punto esplorante) (*telev.*), Punktlichtabtaster (*m.*), Abtastfleck (*m.*). **8** ~ **Ar"** (punto inizio formazione martensite, punto Ms) (*metall.*), Ar"-Punkt (*m.*), Ms-Punkt (*m.*). **9** ~ **a zig-zag** (*ind. tess.*), Zickzackstich (*m.*). **10** ~ **caldo** (di una camera di combustione) (*mot.*), überhitzte Stelle, Heisstelle (*f.*). **11** ~ **cardinale** (*astr. - geogr.*), Himmelsrichtung (*f.*). **12** ~ **critico** (di un diagramma di stato, punto di trasformazione) (*metall.*), Umwandlungspunkt (*m.*), Haltepunkt (*m.*). **13** ~ **d'anca** (d'un sedile) (*aut.*), Hüftpunkt (*m.*). **14** ~ **decimale effettivo** (*elab. dati*), Druckdezimalpunkt (*m.*). **15** ~ **del cambiamento di pendenza** (di un trasportatore aereo p. es.) (*trasp. - ind.*), Bruchpunkt (*m.*). **16** ~ **di allacciamento** (punto di presa) (*elett.*), Anschlusspunkt (*m.*), Angreifpunkt (*m.*). **17** ~ **di anilina** (*chim.*), Anilinpunkt (*m.*). **18** ~ **di applicazione** (di una forza) (*mecc.*), Angriffpunkt (*m.*). **19** ~ **di applicazione della forza ascensionale totale** (di un aerostato) (*aer.*), Auftriebsmittelpunkt (*m.*).

20 ~ **di appoggio** (*sc. costr. - ecc.*), Stützpunkt (*m.*). **21** ~ **di appoggio** (di un aereo all'atterraggio) (*aer.*), Ansatzpunkt (*m.*). **22** ~ **di appoggio** (d'un servizio assistenza clienti) (*aut. - ecc.*), Stützpunkt (*m.*). **23** ~ **di appoggio** (punto di contatto, del pneumatico) (*aut.*), Latschpunkt (*m.*). **24** ~ **di arrivo** (*trasp.*), Fahrtziel (*n.*). **25** ~ **di articolazione** (fulcro) (*mecc.*), Schwenkpunkt (*m.*). **26** ~ **di colore** (*ott.*), Farbpunkt (*m.*). **27** ~ **di congelamento** (punto di solidificazione) (*fis.*), Erstarrungspunkt (*m.*), Kältepunkt (*m.*), Gefrierpunkt (*m.*). **28** ~ **di congelamento** (di olio lubrificante p. es.) (*ind. chim.*), Erstarrungspunkt (*m.*). **29** ~ **di contatto** (*gen.*), Berührungstelle (*f.*). **30** ~ **di contatto** (*geom.*), Berührungspunkt (*m.*). **31** ~ **di contatto** (di ruote dentate) (*mecc.*), Eingriffspunkt (*m.*). **32** ~ **di contatto** (punto primitivo, punto di tangenza delle circonferenze primitive, di ingranaggi) (*mecc.*), Wälzpunkt (*m.*), Teilpunkt (*m.*). **33** ~ **di crisi** (punto di bruciatura, di un reattore) (*fis. atom.*), Durchbrennpunkt (*m.*). **34** ~ **di Curie** (*elett.*), Curie-Punkt (*m.*), Curie-Temperatur (*f.*). **35** ~ **di derivazione** (punto di presa) (*elett.*), Anzapfpunkt (*m.*). **36** ~ **di discontinuità** (nella propagazione di onde corte) (*radio*), Sprungstelle (*f.*). **37** ~ **di disinnesco** (interruzione di oscillazione) (*elettronica*), Schwingloch (*n.*). **38** ~ **di distacco** (dei filetti fluidi, da un'ala p. es.) (*aerodin.*), Abreissungspunkt (*m.*), Ablösungspunkt (*m.*). **39** ~ **di disturbo** (impurità, di un cristallo semiconduttore) (*fis.*), Störstelle (*f.*). **40** ~ **di ebollizione** (temperatura di ebollizione) (*fis.*), Siedepunkt (*m.*), Kochpunkt (*m.*). **41** ~ **di ebollizione** (temperatura di equilibrio tra l'acqua allo stato liquido ed il suo vapore) (*fis.*), Dampfpunkt (*m.*). **42** ~ **di ebollizione finale** (*fis.*), Endsiedepunkt (*m.*), Siedeende (*n.*). **43** ~ **difettoso** (*gen.*), Fehlstelle (*f.*). **44** ~ **di fiamma** (punto di infiammabilità, di combustibili liquidi) (*chim.*), Flammpunkt (*m.*). **45** ~ **di fiamma Abel-Pensky** (punto di infiammabilità Abel-Pensky) (*chim.*), Flammpunkt nach Abel-Pensky. **46** ~ **di fiamma in vaso aperto** (punto di infiammabilità in vaso aperto) (*ind. chim.*), Flammpunkt im offenen Tiegel. **47** ~ **di flesso** (flesso) (*mat.*), Wendepunkt (*m.*). **48** ~ **di fuga** (nella prospettiva) (*dis. - ott.*), Fluchtpunkt (*m.*), Verschwindepunkt (*m.*). **49** ~ **di fusione** (temperatura di fusione) (*fis.*), Schmelzpunkt (*m.*), Schmelztemperatur (*f.*). **50** ~ **di giunzione** (giunto) (*gen.*), Verbindungsstelle (*f.*). **51** ~ **di infiammabilità** (punto di fiamma, di combustibili fluidi) (*chim.*), Flammpunkt (*m.*). **52** ~ **di infiammabilità Abel-Pensky** (*chim.*), Flammpunkt nach Abel-Pensky. **53** ~ **di infiammabilità in vaso aperto** (punto di fiamma in vaso aperto) (*chim.*), Flammpunkt im offenen Tiegel. **54** ~ **di inizio della distillazione secca** (*comb. - ind. chim.*), Schwelpunkt (*m.*). **55** ~ **d'imbastitura** (*tess.*), Steppstich (*m.*), Vorstich (*m.*). **56** ~ **d'imbatto** (*artiglieria*), Treffpunkt (*m.*). **57** ~ **di intersezione** (*geom.*), Schnittpunkt (*m.*), Durchschnittspunkt (*m.*). **58** ~ **di intorbidamento** (temperatura, di un olio minerale, lubrificante, ecc.) (*chim.*), Trübungspunkt (*m.*). **59 ~ di inversione** (*gen.*), Wendepunkt (*m.*). **60 ~ di lavoro** (valore d'esercizio, valore nominale; valore raggiunto dalla grandezza regolata in condizioni di funzionamento normali) (*regol.*), Betriebspunkt (*m.*). **61 ~ di lavoro** (della curva caratt. d'una valvola elettronica) (*elettronica*), Arbeitspunkt (*m.*). **62 ~ di mira** (di un'arma da fuoco p. es.) (*milit. - ecc.*), Richtpunkt (*m.*). **63 ~ di misura** (posizione di misura) (*metrol.*), Mess-stelle (*f.*). **64 ~ d'immagine** (elemento d'immagine) (*telev.*), Bildpunkt (*m.*). **65 ~ d'innesco del fischio** (negli amplificatori di potenza) (*radio - ecc.*), Pfeifpunkt (*m.*), Pfeifgrenze (*f.*). **66 ~ d'interruzione** (in un programma) (*calc.*), Zwischenstop (*m.*). **67 ~ di intersezione** (di due rette di un generatore di funzioni) (*calc.*), Ecke (*f.*). **68 ~ di origine** (del traffico p. es.) (*traff. strad. - ecc.*), Quellpunkt (*m.*). **69 ~ di pareggio** (*finanz.*), toter Punkt, kritischer Punkt. **70 ~ di partenza** (*trasp.*), Fahrtquelle (*f.*), Anfangspunkt (*m.*). **71 ~ di presa** (punto di allacciamento) (*elett.*), Anschlusspunkt (*m.*), Abgreifpunkt (*m.*). **72 ~ di presa** (punto di derivazione) (*elett.*), Anzapfpunkt (*m.*). **73 ~ di presa** (presa) (*costr. idr.*), Entnahmestelle (*f.*). **74 ~ di rammollimento** (di masse bituminose) (*ed.*), Erweichungspunkt (*m.*). **75 ~ di regresso** (d'un quadrilatero articolato) (*mecc.*), Umkehrlage (*f.*). **76 ~ di riferimento** (*gen.*), Bezugspunkt (*m.*). **77 ~ di riferimento** (*mecc.*), Bezugspunkt (*m.*), Passpunkt (*m.*). **78 ~ di riferimento** (punto trigonometrico) (*top.*), Richtpunkt (*m.*), Festpunkt (*m.*), Fixpunkt (*m.*), trigonometrischer Punkt. **79 ~ di ripristino** (*elab. dati*), Wiederanlaufpunkt (*m.*), Wiederholpunkt (*m.*). **80 ~ di ristagno** (*mecc. dei fluidi*), Staupunkt (*m.*). **81 ~ di rottura** (limite inferiore del campo di plasticità di un bitume) (*ed. - ecc.*), Brechpunkt (*m.*). **82 ~ di rugiada** (*meteor.*), Taupunkt (*m.*). **83 ~ di saldatura** (*tecnol. mecc.*), Schweisspunkt (*m.*). **84 ~ di scorrimento** (di un olio lubrificante p. es.) (*ind. chim.*), Stockpunkt (*m.*), Fliesspunkt (*m.*). **85 ~ di sella** (nella teoria dei giochi) (*mat.*), Sattelpunkt (*m.*). **86 ~ di separazione** (punto di distacco, dei filetti fluidi, da un ala p. es.) (*aerodin.*), Ablösungspunkt (*m.*), Abreissungspunkt (*m.*). **87 ~ di sezionamento** (di un impianto p. es.) (*elett.*), Trennstelle (*f.*). **88 ~ di sgocciolamento** (di un grasso) (*chim.*), Tropfpunkt (*m.*). **89 ~ di solidificazione** (punto di congelamento) (*fis.*), Erstarrungspunkt (*m.*), Kältepunkt (*m.*), Gefrierpunkt (*m.*). **90 ~ di solidificazione** (*fond. - metall.*), Erstarrungspunkt (*m.*). **91 ~ di tangenza** (*geom.*), Berührungspunkt (*m.*). **92 ~ di trasformazione** (punto critico, di un diagramma di stato) (*metall.*), Umwandlungspunkt (*m.*), Haltepunkt (*m.*). **93 ~ di turbolenza** (punto di distacco dei filetti fluidi) (*aerodin.*), Abreissungspunkt (*m.*), Ablösungspunkt (*m.*). **94 ~ di vista** (*gen.*), Standpunkt (*m.*), Ansicht (*f.*), Gesichtspunkt (*m.*). **95 ~ d'oro** (*finanz.*), Goldpunkt (*m.*). **96 ~ esclamativo** (!) (*tip.*), Ausrufzeichen (*n.*). **97 ~ esplorante** (punto analizzatore) (*telev.*), Punktlichtabtaster (*m.*), Abtastfleck (*m.*). **98 ~ essenziale** (punto fondamentale) (*gen.*), Schwerpunkt (*m.*), Grundpunkt (*m.*). **99 ~ e virgola** (*tip.*), Semikolon (*n.*), Strichpunkt (*m.*). **100 ~ fermo** (ancoraggio, d'una condotta forzata) (*costr. idr.*), Festpunkt (*m.*), Fixpunkt (*m.*). **101 ~ finale di ebollizione** (*fis.*), Endsiedepunkt (*m.*), Siedeende (*n.*). **102 ~ fisso** (di temperatura) (*fis.*), Festpunkt (*m.*), Fixpunkt (*n.*), Temperaturpunkt (*m.*). **103 ~ fisso del ghiaccio** (*fis.*), Eispunkt (*m.*). **104 ~ fondamentale** (punto essenziale) (*gen.*), Grundpunkt (*m.*), Schwerpunkt (*m.*). **105 ~ futuro** (nel tiro controaereo) (*artiglieria*), Treffort (*m.*), Treffpunkt (*m.*). **106 ~ iniziale di ebollizione** (*fis.*), Siedebeginn (*m.*). **107 ~ inizio formazione martensite** (punto Ms, punto Ar″) (*metall.*), Ar″-Punkt (*m.*), Ms-Punkt (*m.*). **108 ~ interrogativo** (è) (*tip.*), Fragezeichen (*n.*). **109 ~ luminoso** (*telev. - elettronica*), Leuchtfleck (*m.*), Lichtfleck (*m.*), Fleck (*m.*). **110 ~ magnetico** (di una memoria a strato sottile p. es.) (*calc.*), Magnetfleck (*m.*). **111 ~ materiale** (*fis. - mat.*), materieller Punkt. **112 ~ medio di distillazione** (temperatura media di distillazione, di un carburante) (*chim.*), Siedekennziffer (*f.*). **113 ~ metallico** (*uff. - legatoria*), Heftklammer (*f.*). **114 ~ metallico** (per suture) (*strum. chirurgico*), Wundklammer (*f.*), Tuchklemme (*f.*). **115 ~ morto** (di un mot. a comb. interna p. es.) (*mot. - mecc.*), Totpunkt (*m.*), toter Punkt. **116 ~ morto inferiore** (PMI) (*mot.*), unterer Totpunkt, innerer Totpunkt, UT. **117 ~ morto inferiore aspirazione** (di un motore Wankel p. es.) (*mot.*), Ansaug-UT (*m.*). **118 ~ morto inferiore di espansione** (p.m.i. di espansione, d'un motore Wankel p. es.) (*mot.*), Expansions-UT (*m.*), Dehnungs-UT (*m.*). **119 ~ morto superiore** (PMS) (*mot.*), oberer Totpunkt, äusserer Totpunkt, OT. **120 ~ morto superiore di accensione** (p.m.s., in un motore Wankel p. es.) (*mot.*), Zünd- oberer Totpunkt (*m.*), Zünd-OT (*m.*). **121 ~ morto superiore d'incrocio** (d'un motore Wankel, p.m.s. di incrocio) (*mot.*), Überschneidungs-OT (*m.*), Überschneidungs- oberer Totpunkt (*m.*). **122 ~ Ms** (punto Ar″, punto inizio formazione martensite) (*metall.*) Ms-Punkt (*m.*), Ar″-Punkt (*m.*). **123 ~ nave** (*navig.*), Schiffsort (*m.*). **124 punti neri** (difetto, nell'ossidazione anodica p. es.) (*tecnol.*), Staubeindrücke (*m. pl.*). **125 ~ neutro** (centro neutro) (*elett.*), Nullpunkt (*m.*). **126 ~ neutro a massa** (centro stella a massa) (*elett.*), geerdeter Nullpunkt. **127 ~ nodale** (nodo) (*gen.*), Knotenpunkt (*m.*), Knotenstelle (*f.*), Netzpunkt (*m.*). **128 ~ oggetto** (*ott.*), Dingpunkt (*m.*). **129 ~ primitivo** (punto di contatto dei due cerchi primitivi, sulla retta dei centri, di ingranaggi) (*mecc.*), Teilpunkt (*m.*), Wälzpunkt (*m.*). **130 ~ principale** (*ott. - geom.*), Blickpunkt (*m.*), Augenpunkt (*m.*). **131 ~ quotato** (quota) (*geodesia*), Normal-Höhenpunkt (*m.*). **132 ~ singolare** (di una curva o di funzione analitica) (*mat.*), singulärer Punkt. **133 ~ stimato** (*nav.*), gegisstes Besteck. **134 ~ tipografico** (= 0,376 mm) (*tip.*),

puntone

typographischer Punkt. **135 ~ tricromatico** (triade) (*telev.*), Dreier (*m.*). **136 ~ trigonometrico** (*top.*), trigonometrischer Punkt, Festpunkt (*m.*), Fixpunkt (*m.*). **137 ~ trigonometrico di poligonazione** (stazione trigonometrica, stazione di poligonazione) (*top.*), Polygonpunkt (*m.*). **138 ~ triplo** (temperatura) (*chim. - metall.*), Tripelpunkt (*m.*). **139 ~ zero di macchina** (*macch. ut. c/n*), Maschinennullpunkt (*m.*). **140 comando punto a punto** (comando numerico p. es.) (*lav. macch. ut. - ecc.*), Einzelpunktsteuerung (*f.*), Punktsteuerung (*f.*). **141 diametro del ~ analizzatore** (*telev.*), Zeilenbreite (*f.*). **142 due punti** (*tip.*), Kolon (*n.*), Doppelpunkt (*m.*). **143 fare il ~** (rilevare la posizione) (*nav.*), das Besteck machen. **144 frequenza dei punti** (*telev.*), Punktfrequenz (*f.*). **145 prima del ~ morto inferiore** (prima del PMI) (*mot.*), vor unterem Totpunkt, vUT. **146 prima del ~ morto superiore** (prima del PMS) (*mot.*), vor oberem Totpunkt, vOT. **147 retino a punti** (*tip.*), Punktraster (*m.*).

·puntone (asta soggetta a compressione assiale) (*mecc. - ed. - ecc.*), Druckstab (*m.*), Strebe (*f.*). **2 ~** (falso puntone, del tetto) (*ed.*), Sparren (*m.*). **3 ~** (di supporto, verticale) (*ed.*), Druckpfosten (*m.*), Stütze (*f.*). **4 ~** (di una travatura reticolare) (*ed.*), Druckstab (*m.*), Druckglied (*n.*). **5 ~** (d'una sospensione) (*aut.*), Schubstrebe (*f.*). **6 ~ cavaliere** (di un tetto) (*ed.*), Reitersparren (*m.*). **7 ~ diagonale** (saettone) (*ed.*), Strebe (*f.*). **8 ~ elastico** (*veic.*), Federstrebe (*f.*). **9 ~ longitudinale** (di reazione, braccio longitudinale d'una sospensione) (*aut.*), Längsschubstange (*f.*), Längslenker (*m.*). **10 ~ longitudinale articolato** (braccio longitudinale, di una sospensione) (*aut.*), Längslenker (*m.*). **11 falso ~** (del tetto) (*ed.*), Dachsparren (*m.*), Sparren (*m.*).

puntualmente (entro il termine) (*comm.*), fristgerecht, fristgemäss.

punzonare (forare) (*lav. lamiera*), lochen, lochstanzen. **2 ~** (*fucinatura*), dornen. **3 ~** (incidere, dei numeri su un pezzo p. es.) (*mecc.*), stempeln, einschlagen, prägen. **4 ~** (un pezzo p. es. per accettazione di collaudo) (*tecnol.*), prüfzeichnen. **5 ~** (bulinare, un pezzo p. es., come contrassegno) (*mecc.*), körnen.

punzonatrice (macch. per l'esecuzione di fori nella lamiera) (*macch. lav. lamiera*), Lochstanze (*f.*). **2 ~ a leva** (*macch. lav. lamiera*), Hebelstanze (*f.*). **3 ~ a revolver** (*macch. lav. lamiera*), Revolverstanze (*f.*). **4 ~ -chiodatrice** (*macch. lav. lamiera*), Loch- und Nietmaschine (*f.*). **5 ~ -intagliatrice** (*macch. lav. lamiera*), Loch- und Ausklinkmaschine (*f.*). **6 ~ multipla** (per forare lamierini per trasformatori p. es.) (*macch. lav. lamiera*), Viellochstanze (*f.*). **7 ~ per schede** (perforatrice per schede) (*macch.*), Kartenlochmaschine (*f.*), Kartenschlagmaschine (*f.*).

punzonatura (foratura) (*lav. lamiera*), Lochstanzen (*n.*). **2 ~** (*fucinatura*), Dornen (*n.*). **3 ~** (stampigliatura, di sigle su pezzi p. es.) (*tecnol.*), Stempeln (*n.*), Einschlagen (*n.*), Prägen (*n.*). **4 ~** (di accettazione di un particolare dopo collaudo ufficiale p. es.) (*ind.*), Prüfzeichen (*n.*). **5 ~ a freddo** (di lamiere) (*tecnol. mecc.*), Kaltlochen (*n.*). **6 posto di ~** (su strumenti di misura) (*app. - ecc.*), Stempelstelle (*f.*).

punzone (di una pressa per la lav. della lamiera o di fucinati) (*ut. - macch.*), Stempel (*m.*). **2 ~** (controstampo, con immagine positiva) (*tecnol. mecc.*), Patrize (*f.*), Stempel mit positivem Bild. **3 ~** (di una fucinatrice) (*ut. - fucinatura*), Stösselgesenk (*n.*), Stauchstempel (*m.*). **4 ~** (per materie plastiche) (*ut.*), Stempel (*m.*). **5 ~** (per incidere lettere o numeri p. es.) (*ut.*), Schlagstempel (*m.*), Druckstempel (*m.*), Prägewerkzeug (*n.*). **6 ~** (per forare) (*ut.*), Locher (*m.*), Durchschlag (*m.*). **7 ~** (punteruolo) (*ut.*), Punktiereisen (*n.*), Treiber (*m.*), Körner (*m.*). **8 ~ a gradini** (punzone a più stadi) (*ut.*), abgesetzter Stempel. **9 ~ a più stadi** (punzone a gradini) (*ut.*), abgesetzter Stempel. **10 ~ a punta** (per centrare dei pezzi p. es.) (*ut.*), Spitzkörner (*m.*). **11 ~ cavo** (per centrare dei pezzi p. es.) (*ut.*), Hohlkörner (*m.*). **12 ~ contornatore** (punzone per tranciatura dello sviluppo) (*ut. lav. lamiera*), Ausschneidestempel (*m.*), Ausschnittstempel (*m.*). **13 ~ da centri** (*ut.*), Zentrierkörner (*m.*), Mittelpunktkörner (*m.*), Ankörner (*m.*). **14 ~ della pressa** (*macch.*), Press-stempel (*m.*). **15 ~ di accettazione** (punzone di collaudo) (*ut.*), Abnahmestempel (*m.*). **16 ~ di collaudo** (punzone di accettazione) (*ut.*), Abnahmestempel (*m.*). **17 ~ di sbavatura** (*att. fucinatura*), Schnittstempel (*m.*), Schneidstempel (*m.*). **18 ~ estrusore** (*ut. lav. lamiera*), Durchzug (*m.*), Durchziehstempel (*m.*). **19 ~ estrusore per fori da filettare** (in una lamiera) (*ut. - tecnol. mecc.*), Durchziehstempel für Gewindelöcher. **20 ~ libero** (punzone senza guida, per tranciare) (*ut. lav. lamiera*), Freischnitt (*m.*). **21 ~ numeratore** (*ut.*), Numerier-Prägewerkzeug (*n.*). **22 ~ per bugnare** (lamiere) (*ut.*), Anke (*f.*). **23 ~ per coniare** (controstampo per coniare, per monete p. es.) (*ut.*), Prägestempel (*m.*). **24 ~ per forare** (punzone per la tranciatura di fori) (*ut. lav. lamiera*), Lochstempel (*m.*). **25 ~ per imbutitura** (*ut. lav. lamiera*), Ziehstempel (*m.*). **26 ~ per improntatura** (di stampi) (*ut. fucinatura*), Einsenkstempel (*m.*). **27 ~ per la tranciatura dello sviluppo** (punzone contornatore) (*ut. lav. lamiera*), Ausschneidestempel (*m.*), Ausschnittstempel (*m.*). **28 ~ per la tranciatura di fori** (punzone per forare) (*ut. lav. lamiera*), Lochstempel (*m.*). **29 ~ per piegatura** (*ut. lav. lamiera*), Biegestempel (*m.*). **30 ~ per ricalcatura** (di una fucinatrice p. es.) (*ut. fucinatura*), Stauchstempel (*m.*), Stösselgesenk (*n.*). **31 ~ per sbavatura** (parte dell'attrezzo sbavatore) (*ut. fucinatura*), Schnittstempel (*m.*), Schneidstempel (*m.*). **32 ~ per tranciare** (*ut. lav. lamiera*), Schnittstempel (*m.*), Schneidstempel (*m.*). **33 ~ per tranciare con guida a colonne** (*ut. lav. lamiera*), Säulenführungsschnitt (*m.*). **34 ~ per tranciare con guida a piastra** (*ut. lav. lamiera*), Plattenführungsschnitt (*m.*). **35 ~ per tranciare**

guidato (*ut. lav. lamiera*), Führungsschnitt (*m.*). 36 ~ **per tranciare libero** (punzone di tranciatura non guidato) (*ut. lav. lamiera*), Freischnitt (*m.*). 37 ~ **per tranciature marginali** (per la lavorazione della lamiera) (*ut.*), Ausklinker (*m.*). 38 ~ **slabbratore** (*ut. lav. lamiera*), Stechwerkzeug (*n.*). 39 **arrotondamento del** ~ (per imbutitura) (*lav. - lamiera*), Stempelrundung (*f.*).
pupilla (dell'occhio) (*ott.*), Pupille (*f.*). 2 ~ (del diaframma) (*ott.*), Pupille (*f.*), Lichtöffnung (*f.*), Lichtloch (*n.*).
pupillare (*ott.*), pupillar.
pupillometro (*app. ott.*), Pupillometer (*n.*).
Pupin, bobina ~ (*telef.*), Pupinspule (*f.*).
pupinizzare (*telef.*), bespulen, pupinisieren.
pupinizzato (*telef.*), pupinisiert, bespult. 2 **cavo** ~ (*telef.*), Spulenkabel (*n.*). 3 **circuito** ~ (*telef.*), Spulenleitung (*f.*). 4 **filo non** ~ (*telef.*), unbespulte Leitung, U-Leitung (*f.*). 5 **non** ~ (*telef.*), unbespult.
pupinizzazione (*telef.*), Bespulung (*f.*). 2 ~ **a passo breve** (*telef.*), Kurzbespulung (*f.*). 3 **passo di** ~ (*telef.*), Spulenabstand (*m.*). 4 **sezione di** ~ (*telef.*), Spulenfeld (*n.*).
PUR (poliuretano, mater. plast.) (*ind. chim.*), PUR, Polyurethan (*n.*).
purezza (*gen.*), Reinheit (*f.*). 2 **fattore di** ~ **colorimetrica** (*ott.*), spektraler Leuchtdichteanteil (*m.*). 3 **fattore di** ~ **di eccitazione** (*ott.*), spektraler Farbanteil (*m.*). 4 **grado di** ~ (*chim.*), Reinheitsgrad (*m.*).
purga (sgommatura, della seta) (*ind. tess.*), Auskochen (*n.*), Entbasten (*n.*), Degummieren (*n.*). 2 ~ (lavatura, sgrassatura, di lana) (*ind. tess.*), Entschweissung (*f.*). 3 ~ **dalla calce** (*ind. cuoio*), Entkälken (*n.*).
purgare (sgommare, cuocere, la seta) (*ind. tess.*), auskochen, entbasten, degummieren, purgieren. 2 ~ **dalla calce** (*mft. cuoio*), entkalken.
purificare (chiarificare, depurare liquidi) (*ind.*), klären, reinigen.
purificazione (di sostanze alimentari p. es.) (*ind.*), Reinigung (*f.*). 2 ~ **all'argento** (per conservazione p. es.) (*ind.*), Silberung (*f.*).
purina ($C_5H_4N_4$) (*chim.*), Purin (*n.*), Purinkörper (*m.*).
puro (acqua, ecc.) (*gen.*), rein. 2 **acqua pura** (*ind.*), Reinwasser (*n.*). 3 **chimicamente** ~ (*ind. chim.*), chemisch rein, analysenrein. 4 **di pura lana** (*ind. tess.*), reinwollen.
puteale (vera del pozzo, ghiera) (*arch. - idr.*), Brunnenkranz (*m.*).
putrefattivo (*chim. - ecc.*), fäulniserregend.
putrella (profilato metallico a doppio T) (*ed. - ind. metall.*), I-Eisen (*n.*), I-Profil (*n.*).
putrescibilità (potere fermentativo) (*ind. - ecc.*), Faulfähigkeit (*f.*), Fäulnisfähigkeit (*f.*). 2 **prova di** ~ (*chim. - ecc.*), Fäulnisprobe (*f.*).
PVAC poliacetato di vinile) (*mater. plast.*), PVAC, Polyvinyl-Acetat (*n.*).
PVC (cloruro di polivinile) (*chim.*), PVC, Polyvinylchlorid (*n.*). 2 ~ **plastico** (cloruro di polivinile plastico) (*chim.*), PVC-weich (*n.*), Polyvinylchlorid-weich (*n.*). 3 ~ **rigido** (cloruro di polivinile rigido) (*chim.*), PVC-hart (*n.*), Polyvinylchlorid-hart (*n.*).

Q

Q (quantità di calore) (*fis.*), Q, Wärmemenge (*f.*). 2 ~ (quantità di elettricità) (*elett.*), Q, Elektrizitätsmenge (*f.*), Ladung (*f.*). 3 ~ (fattore di qualità, fattore di merito, fattore di bontà) (*fis.*), Q, Q-Faktor (*m.*), Gütefaktor (*m.*). 4 ~ (quantità di luce) (*illum.*), Q, Lichtmenge (*f.*).
q (quintale, 100 kg) (*unità di mis.*), q, Zentner (*m.*). 2 ~ (quadrato) (*misura*), q, Quadrat (*n.*).
Q.I. (quoziente intelligenza) (*psicotec.*), IQ, Intelligenzquotient (*m.*).
Q-metro (misuratore della qualità) (*radio*), Q-Meter (*n.*).
quaderno (*mft. carta*), Heft (*n.*), Schreibheft (*n.*).
quadrangolare (*geom.*), viereckig.
quadrangolo (*geom.*), Viereck (*n.*). 2 ~ inscritto in un cerchio (*geom.*), Sehnenviereck (*n.*).
quadrante (di strumento di misura) (*strum.*), Zifferblatt (*n.*), Zeigerblatt (*n.*). 2 ~ (regione piana) (*mat. - geom.*), Quadrant (*m.*), Viertelskreis (*m.*). 3 ~ circolare (*strum.*), Rundskala (*f.*). 4 ~ luminoso (*strum.*), Leuchtzifferblatt (*n.*), Leuchtblatt (*n.*), leuchtendes Zifferblatt. 5 ~ solare (meridiana) (*astr. - nav. - strum.*), Quadrant (*m.*). 6 contatore a ~ (*app.*), Zähluhr (*f.*). 7 malattia del ~ (cretti centrali, cuore stellato, zampe di gallo, radiatura, stellatura) (*difetto legno*), Kernriss (*m.*). 8 servizio ad un ~ (d'un convertitore; la corrente passa in un solo senso) (*elettronica*), Einquadrantbetrieb (*m.*).
quadratico (equazione p. es.) (*mat.*), quadratisch. 2 dipendenza quadratica (*mat. - ecc.*), quadratische Abhängigkeit. 3 rivelatore ~ (*app.*), quadratischer Detektor.
quadratino (*tip.*), halbes Quadrat.
quadrato (figura piana) (*s. - geom.*), Quadrat (*n.*). 2 ~ (*s. - mecc.*), Vierkant (*m.*). 3 ~ (numero al quadrato) (*s. - mat.*), Quadratzahl (*f.*). 4 ~ (seconda potenza) (*s. - mat.*), Quadrat (*n.*), zweite Potenz. 5 ~ (elemento metallico usato per spaziature) (*tip.*), Geviert (*n.*). 6 ~ («ring», per pugilato) (*sport*), Ring (*m.*). 7 ~ (*a. - gen.*), quadratisch. 8 ~ (quadro, testa di una vite p. es.) (*a. - mecc.*), Vierkant..., vierkantig. 9 ~ (ad alesaggio e corsa circa uguali) (*a. - mot.*), quadratisch. 10 aumentare con il ~ di (*mat.*), quadratisch zunehmen mit. 11 cinque al ~ (*mat.*), fünf zum Quadrat. 12 elevare al ~ (elevare alla seconda potenza) (*mat.*), quadrieren, in die zweite Potenz erheben, ins Quadrat erheben, quadratisch erhöhen.
quadratone (misura di spaziatura) (*tip.*), Quadrat (*n.*).
quadratura (*mat. - geom.*), Quadratur (*f.*). 2 ~ (sfasamento di 90° di due correnti p. es.) (*elett.*), Phasenquadratur (*f.*). 3 ~ del circolo (*geom.*), Quadratur des Zirkels, Quadratur des Kreises. 4 in ~ (sfasato di 90 gradi) (*elett.*), um 90 Grad verschoben. 5 in ~ (reattivo, swattato) (*elett.*), nacheilend um 90°, wattlos. 6 reazione in ~ (reazione sfasata di 90°) (*radio*), blinde Rückkopplung. 7 totale di ~ (totale di controllo) (*mat. - ecc.*), Überschlagsumme (*f.*), Kontrollsumme (*f.*).
quadrettato (a scacchi, a quadri) (*gen.*), kariert.
quadrettatura (*gen.*), Karieren (*n.*). 2 ~ (prova di quadrettatura, di vernici) (*vn.*), Gitterschnittprobe (*f.*).
quadretto (cruscottino, per strumenti) (*strm.*), Brett (*m.*). 2 ~ (faccetta, fascetta, di una punta elicoidale) (*ut.*), Fase (*f.*). 3 ~ con chiave (del cruscotto, quadretto di distribuzione con chiave) (*aut.*), Schaltkasten mit Schaltschlüssel. 4 ~ di distribuzione (di un cruscotto p. es.) (*aut. - mot.*), Schaltkasten (*m.*). 5 ~ elettrico di comando (cruscotto di comando) (*elett.*), Schaltbrett (*n.*). 6 ~ pensile (di comando, d'una macchina utensile p. es.) (*macch.*), Pendelstation (*f.*), Steuerpendel (*n.*).
quadri (organico) (*milit.*), Kader (*m.*). 2 ~ direttivi (di un'azienda) (*ind. - organ.*), Kader (*m.*), Führungskräfte (*f. pl.*).
quadrica (superficie algebrica di secondo ordine) (*mat.*), Quadrik (*f.*).
quadricromia (*tip.*), Vierfarbendruck (*m.*).
quadrifoglio (incrocio di autostrade, incrocio a quadrifoglio) (*costr. strad.*), Kleeblatt-Kreuzung (*f.*), Kleeblattlösung (*f.*), Renaissance-Kreuzung (*f.*).
quadrilatero (*geom.*), Viereck (*n.*). 2 ~ (di una sospensione) (*aut.*), Doppellenker (*m.*). 3 ~ articolato (*cinematica*), Gelenkviereck (*n.*). 4 ~ articolato a doppia manovella (*mecc.*), Doppelkurbel-Gelenkviereck (*n.*). 5 ~ articolato a doppio bilanciere (*mecc.*), Doppelschwinge-Gelenkviereck (*n.*). 6 ~ dello sterzo (quadrilatero articolato dello sterzo) (*aut.*), Lenktrapez (*n.*). 7 ~ trasversale (quadrilatero laterale, di una sospensione) (*aut.*), Doppelquerlenker (*m.*), Trapezquerlenker (*m.*).
quadrilione (10^{24}) (*mat.*), Quadrillion (*f.*).
quadrimestrale (rivista p. es.) (*gen.*), viermonatlich.
quadrinomiale (*mat.*), vierteilig, viergliedrig.
quadripolare (*elett.*), vierpolig.
quadripolo (quadrupolo, trasduttore quadripolare) (*elett. - radio*), Vierpol (*m.*), Quadrupol (*m.*). 2 ~ a stella (cavo; bicoppia a stella) (*telef. - elett.*), Sternvierer (*m.*). 3 attenuazione di ~ (*elett. - radio*), Vierpoldämpfung (*f.*). 4 equazioni del ~ (*elett.*), Vierpolgleichungen (*f. pl.*). 5 momento di ~ (*fis.*), Quadrupolmoment (*n.*).

quadrista (addetto alla sala quadri) (*lav. - elett.*), Schaltwärter (*m.*), Messwart (*m.*).
quadro (figura, immagine illustrazione) (*s. - gen.*), Bild (*n.*). 2 ~ (prospetto) (*s. - gen.*), Übersichtsbild (*n.*). 3 ~ (elettrico di comando p. es.) (*s. - elett.*), Tafel (*f.*), Schalttafel (*f.*). 4 ~ (per strumenti) (*s. - aut. - ecc.*), Brett (*n.*), Instrumentenbrett (*n.*). 5 ~ (barra quadra) (*s. - ind. metall.*), Vierkantstab (*m.*). 6 ~ (estremità quadra, di rubinetto a maschio p. es.) (*tubaz. - mecc.*), Vierkant (*m.*). 7 ~ (armatura in legno di una galleria) (*s. - min.*), Gevier (*n.*), Geviert (*n.*). 8 ~ (disegno di scansione) (*s. - telev.*), Fernsehraster (*m.*), Raster (*m.*), Bildmuster (*n.*). 9 ~ (metà numero di linee, semi-immagine) (*s. - telev.*), Teilbild (*n.*), Halbbild (*n.*). 10 ~ (testa di una vite p. es.) (*a. - mecc. - ecc.*), vierkantig, Vierkant... 11 ~ **ad armadio** (quadro elettrico ad armadio) (*elett.*), Schrank (*m.*), Schaltschrank (*m.*). 12 ~ **a leggìo** (quadro elettrico a leggio) (*elett.*), Schaltpult (*n.*), Apparatetisch (*m.*). 13 ~ **a mezze gambe** (quadro mozzo, con puntelli di legno corti) (*min.*), Stutzstürstock (*m.*). 14 ~ **a mosaico** (di sala quadri p. es.) (*elett. - ecc.*), Mosaiktafel (*f.*). 15 ~ **a muro** (quadro elettrico) (*elett.*), Wandschalttafel (*f.*). 16 ~ **completo** (di armamento, con suola) (*min.*), Viergespann (*n.*). 17 ~ **contatori** (comparto contatori) (*telef.*), Zählergestell (*n.*). 18 ~ **dei fusibili** (*elett.*), Sicherungsbrett (*n.*), Sicherungstafel (*f.*). 19 ~ **dei licci** (*macch. tess.*), Schaft (*m.*). 20 ~ **dei pezzi smontati** («vista esplosa») (*dis. - ecc.*), in Einzelteile aufgelöste Darstellung, Ansicht in auseinandergenommenem Zustand. 21 ~ **di acciaio** (barra quadra di acciaio) (*ind. metall.*), Vierkantstahl (*m.*). 22 ~ **di armamento del pozzo** (*min.*), Schachtgeviert (*n.*). 23 ~ **di comando** (*elett.*), Steuerschalttafel (*f.*), Steuertafel (*f.*). 24 ~ **di comando ad armadio** (*elett. - ecc.*), Steuerschrank (*m.*). 25 ~ **di comando a leggìo** (*elett.*), Steuerpult (*n.*). 26 ~ **di comando pensile** (*macch. ut. - ecc.*), Steuerpendel (*n.*), Pendelstation (*f.*). 27 ~ **di distribuzione** (*elett.*), Verteilungstafel (*f.*). 28 ~ **di ferro** (barra di ferro quadra) (*ind. metall.*), Vierkanteisen (*n.*). 29 ~ **di manovra** (quadro di comando) (*elett.*), Schalttafel (*f.*), Bedienungsschalttafel (*f.*). 30 **quadri direttivi** (di un'azienda) (*ind. - organ.*), Kader (*m.*), Führungskräfte (*fl. pl.*), Stab (*m.*), Betriebstab (*m.*). 31 ~ **elettrico** (*elett.*), Schalttafel (*f.*), Wartetafel (*f.*). 32 ~ **elettrico ad armadio** (*elett.*), Schaltschrank (*m.*). 33 ~ **generale** (*elett.*), Zentralschalttafel (*f.*), Hauptschalttafel (*f.*). 34 ~ **generale a leggìo** (*elett.*), Hauptschaltpult (*n.*). 35 ~ **indicatore** (*app.*), Meldetafel (*f.*). 36 ~ **luminoso** (schema ottico) (*elett.*), Leuchtschaltbild (*n.*), Blindschaltbild (*n.*). 37 ~ **mozzo** (quadro a mezze gambe; con puntelli di legno corti) (*min.*), Stutzstürstock (*m.*). 38 ~ **pensile** (di comando, di una macch. ut. p. es.) (*macch.*), Pendelstation (*f.*), Pendelschalttafel (*f.*), Pendelbedienungstafel (*f.*). 39 ~ **pezzi smontati** («vista esplosa») (*dis. - ecc.*), Explosionsdarstellung (*f.*), Explosivbild (*n.*), in Einzelteile aufgelöste Darstellung. 40 ~ **portachiavi** (tabelliera chiavi, di un albergo) (*att.*), Schlüsselbrett (*n.*). 41 ~ **portapparecchi** (quadro portastrumenti, cruscotto) (*mot. - ecc.*), Instrumentenbrett (*n.*), Armaturenbrett (*n.*), Armaturbrett (*n.*). 42 ~ **portastrumenti** (quadro portapparecchi, cruscotto) (*mot. - ecc.*), Instrumentenbrett (*n.*), Armaturenbrett (*n.*), Armaturbrett (*n.*). 43 ~ **pulsanti** (pulsantiera) (*elett. - ecc.*), Druckknopftafel (*f.*). 44 ~ **segnali** (*elett. - ecc.*), Signaltafel (*f.*). 45 ~ **strumenti** (*elett.*), Gerätetafel (*f.*). 46 **addetto ai quadri** (quadrista) (*lav. - elett.*), Messwart (*m.*), Schaltwärter (*m.*). 47 **a quadri** (quadrettato, a scacchi) (*gen.*), kariert. 48 **contatore da ~** (*app. elett.*), Schalttafelzähler (*m.*). 49 **dado ~** (*mecc.*), Vierkantmutter (*f.*). 50 **deviazione del ~** (*telev.*), Teilbildablenkung (*f.*). 51 **distorsione del ~** (*telev.*), Teilbildverzerrung (*f.*), Rasterverformung (*f.*). 52 **durata del ~** (*telev.*), Teilbilddauer (*f.*). 53 **frequenza di ~** (frequenza di scansione verticale) (*telev.*), Teilbildfrequenz (*f.*), Rasterfrequenz (*f.*). 54 **griglia a ~** (nei triodi a faro p. es.) (*elettronica*), Spanngitter (*n.*). 55 **impulso di sincronizzazione del ~** (impulso di sincronizzazione verticale) (*telev.*), Teilbild-Gleichlaufimpuls (*m.*). 56 **lampada per ~** (*app.*), Armaturenbrettlampe (*f.*), Skalenlampe (*f.*). 57 **luce ~** (*aut.*), Armaturenbeleuchtung (*f.*). 58 **mezzo ~** (di armamento) (*min.*), Handweiser (*m.*). 59 **nel ~ di** (*gen.*), im Rahmen von. 60 **parentesi quadra** ([ ]) (*tip.*), rechteckige Klammer. 61 **periodo di soppressione del ~** (*telev.*), Teilbild-Austastperiode (*f.*). 62 **sala quadri** (di una centrale) (*elett.*), Schalthaus (*n.*), Schaltwarte (*f.*), Warte (*f.*). 63 **soppressione del ~** (*telev.*), Teilbildaustastung (*f.*).
quadruccio (finestra, di una cinecamera o proiettore) (*app. cinem.*), Fenster (*n.*).
quadrupletto (*ott.*), Quadruplett (*n.*).
quadruplo (*gen.*), vierfach, quadrupel, quadruplex.
quadrupolo (*elett. - radio*), *vedi* quadripolo.
qualificare (*gen.*), qualifizieren, befähigen.
qualificato (operaio) (*lav.*), angelernt.
qualificazione (*gen.*), Qualifikation (*f.*), Befähigung (*f.*). 2 ~ (di operai) (*lav.*), Anlernberuf (*m.*), Befähigung (*f.*). 3 ~ **professionale** (*lav.*), Fortbildung (*f.*). 4 **periodo di ~** (d'un operaio) (*lav. - pers.*), Wartezeit (*f.*).
qualimetria (scienza della misura della qualità) (*sc.*), Qualimetrie (*f.*).
qualità (*gen.*), Qualität (*f.*), Güte (*f.*). 2 ~ (grado di qualità, di una superficie lavorata) (*mecc.*), Qualität (*f.*), Gütegrad (*m.*). 3 ~ (serie di qualità di lavorazione, in un sistema di tolleranze) (*mecc.*), Toleranzenreihe (*f.*). 4 ~ **accettabile** (nel controllo di qualità) (*tecnol. mecc.*), ausreichende Güte. 5 ~ **aerodinamica** (caratteristica aerodinamica) (*aer.*), aerodynamische Eigenschaft, Flugeigenschaft (*f.*). 6 ~ **del tono** (*acus.*), Klanggüte (*f.*). 7 ~ **di ignizione** (di un mot. scoppio) (*mot.*), Zündwilligkeit (*f.*). 8 ~ **di lavorazione** (*mecc.*), Arbeitsqualität (*f.*). 9 ~ **ISA** (grado di qualità ISA, nel

qualitativo

sistema di tolleranze ISA) (*mecc.*), ISA-Qualität (*f.*). **10** ~ **media risultante** (nel controllo della qualità) (*tecnol. mecc.*), mittlerer Fehleranteil, Durchschlupf (*m.*). **11** ~ **nautiche** (*nav.*), See-Eigenschaften (*f. pl.*), Seefähigkeit (*f.*), Seetüchtigkeit (*f.*). **12** ~ **vibratoria** (di macchine con masse rotanti) (*macch.*), Schwinggüte (*f.*). **13 controllo della** ~ (*tecnol. mecc.*), Qualitätskontrolle (*f.*). **14 di alta** ~ (pregiato) (*gen.*), hochwertig. **15 di cattiva** ~ (scadente) (*comm. - ecc.*), minderwertig, arm. **16 di prima** ~ (*comm.*), erster Qualität, erster Güte. **17 di** ~ **scadente** (scadente) (*gen.*), minderwertig. **18 fattore di** ~ (Q, fattore di merito, fattore di bontà) (*fis.*), Gütefaktor (*m.*), Q-Faktor (*m.*), Q. **19 grado di** ~ (qualità, di una superficie lavorata) (*mecc.*), Qualität (*f.*), Gütegrad (*m.*). **20 indice di** ~ (*gen.*), Güteziffer (*f.*), Gütekennziffer (*f.*). **21 indice di** ~ (*prove mater.*), Wertzahl (*f.*), Wertziffer (*f.*). **22 limite di** ~ **media risultante** (nel controllo della qualità) (*tecnol. mecc.*), grösster Durchschlupf. **23 livello di** ~ **accettabile** (LQA, di una fornitura, dal controllo della qualità) (*tecnol. mecc.*), Annahmegrenze (*f.*), Gutgrenze (*f.*). **24 marchio di** ~ (*comm. - ecc.*), Qualitätszeichen (*n.*), Gütestempel (*m.*). **25 prodotto di** ~ (*comm.*), Qualitätserzeugnis (*n.*), Qualitätsprodukt (*n.*). **26 produzione di** ~ (*ind.*), Wertarbeit (*f.*). **27 (serie di)** ~ **di lavorazione** (qualità, in un sistema di tolleranze) (*mecc.*), Toleranzenreihe (*f.*). **28 (serie di)** ~ **IT** (indicata da IT1 a IT16, nel sistema di tolleranze ISA) (*mecc.*), ISA-Toleranzreihe (*f.*). **29 sicurezza della** ~ (reparto) (*ind.*), Gütesicherung (*f.*).

qualitativo (*gen.*), qualitativ.

quantico (*fis.*), Quanten... **2 fattore** ~ **di oscillazione** (*fis.*), Schwingungsquantenzahl (*f.*). **3 numero** ~ **azimutale** (*fis.*), Azimutal-Quantenzahl (*f.*). **4 numero** ~ **interno** (*fis.*), innere Quantenzahl. **5 rendimento** ~ (*fis.*), Quantenausbeute (*f.*). **6 salto** ~ (*elettronica*), Quantensprung (*m.*).

quantificatore (*mat.*), Quantor (*m.*). **2** ~ **universale** (*mat.*), Allquantor (*m.*), Generalisator (*m.*).

quantità (*gen.*), Quantität (*f.*), Menge (*f.*). **2** ~ (numerica) (*gen.*), Menge (*f.*), Anzahl (*f.*), Zahlengrösse (*f.*). **3** ~ **di aria occorrente** (ad un mot. a comb. interna p. es.) (*mot. - ecc.*), Luftbedarf (*m.*). **4** ~ **di luce** (prodotto del flusso luminoso per il tempo) (*ott. - illum.*), Lichtmenge (*f.*), Lichtarbeit (*f.*). **5** ~ **di moto** (prodotto della massa per la velocità) (*idr. - ecc.*), Bewegungsgrösse (*f.*). **6** ~ **di moto angolare** («spin», di un elettrone) (*fis. atom.*), Elektronenspin (*m.*), Eigendrehimpuls (*m.*). **7** ~ **iniettata** (portata iniettore) (*mot.*), Einspritzmenge (*f.*). **8** ~ **iniettata** (nello stampaggio a iniezione di mat. plast.) (*tecnol.*), Schussmenge (*f.*). **9** ~ **numerica** (*fis.*), Zahlengrösse (*f.*). **10** ~ **precipitata** (precipitazione) (*meteor.*), Niederschlagsmenge (*f.*). **11** ~ **prodotta** (produzione) (*ind.*), Produktionsleistung (*f.*). **12** ~ **prodotta** (produzione, d'una sonda petrolifera in un dato tempo, espressa in tonnellate) (*min.*), Förderrate (*f.*). **13 indice di** ~ (*stat. - ecc.*), Volumenindex (*m.*). **14 suddivisione del lavoro per** ~ (di pezzi, fra più persone) (*ind. - studio lav.*), Mengeteilung (*f.*).

quantitativo (*a. - gen.*), mengenmässig, quantitativ. **2** ~ (quantità) (*s. - gen.*), Menge (*f.*). **3 studio dei quantitativi** (di materiali, per determinarne il fabbisogno) (*ind. - studio lav.*), Mengenstudie (*f.*).

quantizzare (*fis.*), quanteln.

quantizzato (*fis.*), gequantelt.

quantizzazione (*fis.*), Quantelung (*f.*). **2** ~ **d'ampiezza** (*elett.*), Amplitudenquantelung (*f.*).

quanto (quantum) (*fis.*), Quant (*n.*), Quantum (*n.*). **2** ~ **del campo** (particella del campo) (*fis.*), Feldquant (*n.*), Feldteilchen (*n.*). **3** ~ **di azione** (*fis.*), Wirkungsquantum (*n.*). **4** ~ **di energia** (*fis.*), Energiequantum (*n.*). **5** ~ **di luce** (fotone) (*fis.*), Lichtquant (*n.*), Photon (*n.*).

quantometro (per analisi spettrale) (*app.*), Quantometer (*n.*). **2** ~ **ad emissione** (per misurare la concentrazione di elementi chimici) (*app.*), Emissionsquantometer (*n.*).

quantum (*fis.*), *vedi* quanto.

quarantena (*nav.*), Quarantäne (*f.*). **2 bandiera di** ~ (*nav.*), Quarantäneflagge (*f.*).

quarta (un trentaduesimo della rosa della bussola, ottava parte di angolo retto) (*nav.*), Strich (*m.*), nautischer Strich. **2** ~ **della bussola** (rombo della bussola) (*strum.*), Kompass-Strich (*m.*).

quartiere (rione, di una città) (*ed. - urbanistica*), Quartier (*n.*), Viertel (*n.*), Stadtquartier (*n.*), Stadtviertel (*n.*). **2** ~ (abitazione) (*ed.*), Quartier (*n.*), Wohnung (*f.*). **3** ~ (boccone, quarto di mattone) (*mur.*), Einquartier (*n.*), Quantierstück (*n.*), Viertelstück (*n.*). **4** ~ **degli affari** (zona degli affari, di una città) (*ed. - urbanistica*), Geschäftsviertel (*n.*). **5** ~ **generale** (*milit.*), Hauptquartier (*n.*), Stabsquartier (*n.*). **6** ~ **residenziale** (centro residenziale; case con giardino alla periferia d'una città) (*ed.*), Siedlung (*f.*).

quarto (quarta parte) (*gen.*), Viertel (*n.*). **2** ~ (boccone, quarto di mattone) (*mur.*), Quartierstück (*n.*), Viertelstück (*n.*), Einquartier (*n.*). **3** ~ **di giro** (*mecc. - ecc.*), Vierteldrehung (*f.*). **4** ~ **di mattone** (boccone) (*mur.*), Viertelstück (*n.*), Quartierstück (*n.*), Einquartier (*n.*). **5** ~ **d'onda** (*radio*), Viertelwelle (*f.*).

quartuccio (*arch.*), Viertelstab (*m.*).

quarzite (*min.*), Quarzit (*m.*), Quarzfels (*m.*).

quarzo (SiO_2) (biossido di silicio) (*min.*), Quarz (*m.*). **2** ~ **armonico** (generatore armonico a quarzo, quarzo eccitato da armonica) (*app. fis.*), Oberschwingungsquarz (*m.*). **3** ~ **eccitato da armonica** (quarzo armonico) (*app. fis.*), Oberschwingungsquarz (*m.*), Obertonquarz (*m.*), Oberwellenquarz (*m.*). **4** ~ **luminoso** (*fis.*), Leuchtquarz (*m.*). **5** ~ **piezoelettrico** (*fis. - elett.*), piezoelektrischer Quarz, Piezoquarz (*m.*), Schwingquarz (*m.*). **6** ~ **stabilizzatore** (della frequenza, dell'oscillatore) (*elettronica*), Oszillatorquarz (*m.*), Steuerquarz (*m.*). **7 controllo a** ~ (della frequenza) (*elettronica*), Quarzsteuerung (*f.*). **8 filtro a** ~ (*fis.*), Quarzfilter (*m.*). **9 lamina di** ~ (*fis.*), Quarzplättchen (*n.*). **10 lampada di** ~ (*att.*), Quarzlampe (*f.*). **11 oscillatore a** ~ (*elettronica*), Quarzgenerator (*m.*). **12 vetro di** ~ (per attrezzi) (*ott.* - *fis.* - *chim.*), Quarzglas (*n.*). **13 zaffiro di** ~ (*min.*), Saphirquarz (*m.*).

quasi-elastico (*mecc.*), quasielastisch.
quasi-omogeneo (reattore) (*fis. nucl.*), quasihomogen.
quasi-ottico (*ott.*), quasioptisch.
quasi-periodico (di funzione) (*mat.*), quasiperiodisch.
quasi-stabile (*fis.*), quasistabil.
quasistatico (*fis.*), quasistatisch.
quasi-stazionario (*fis.*), quasistationär. **2 oscillazione quasi-stazionaria** (*fis.*), quasistationäre Schwingung.
quaternario (neozoico, era quaternaria, era neozoica) (*a.* - *geol.*), Neozoikum (*n.*), Känozoikum (*n.*). **2** ~ (*a.* - *chim.* - *ecc.*), quaternär. **3 acciaio** ~ (*metall.*), Quaternärstahl (*m.*).
quaternione (numero ipercomplesso) (*mat.*), Quaternion (*n.*).
quebracho (*legno*), Quebrachoholz (*n.*).
quercia (*legno*), Eiche (*f.*), Eichbaum (*m.*). **2 legno di** ~ (*legno*), Eichenholz (*n.*).
querela (*leg.*), Beschwerde (*f.*), Klage (*f.*). **2 ritirare la** ~ (*leg.*), die Beschwerde zurückziehen.
querelante (*s.* - *m.* - *leg.*), Kläger (*m.*). **2** ~ (*s.* - *f.* - *leg.*), Klägerin (*f.*).
querelare (*leg.*), belangen, gerichtlich verklagen, die Beschwerde einlegen.
querelarsi (*leg.*), klagen.
querelato (querelata) (*s.* - *leg.*), der Beklagte, die Beklagte.
questionario (modulo) (*gen.*), Fragebogen (*m.*).
questore (*leg.*), Polizeipräsident (*m.*).
questura (*leg.*), Polizeipräsidium (*n.*).
quietanza (ricevuta) (*amm.* - *comm.*), Quittung (*f.*), Empfangsschein (*m.*). **2** ~ (ricevuta) (*comm.*) (*svizz.*), Richtzettel (*m.*), Quittung (.).
quietanzare (una fattura) (*amm.* - *comm.*), quittieren.
quietanzato (pagato) (*comm.*), quittiert, bezahlt.
quiete (*mecc.*), Ruhe (*f.*), Stilliegen (*n.*), Unbeweglichkeit (*f.*). **2 energia di** ~ (equivalente energetico della massa a riposo) (*fis.*), Ruhenergie (*f.*). **3 stato di** ~ (*mecc.*), Stillstand (*m.*), Ruhelage (*f.*).
quinario (*gen.*), quinär.
quindicinale (bimensile, rivista p. es.) (*a.* - *giorn.* - *ecc.*), zweiwochentlich, halbmonatlich.
quinta (*teatro* - *cinem.*), Kulisse (*f.*).
quintale (100 kg) (*mis.*), Meterzentner (*m.*), Doppelzentner (*m.*). **2 mezzo** ~ (*mis.*), Zentner (*m.*).
quinterno (*mft. di carta*), Lage (*f.*).
quintilione (10^{30}) (*mat.*), Quintillion (*f.*).
quitanza (*comm.* - *amm.*), *vedi* quietanza.
quiz (*giorn.* - *telev.* - *ecc.*), Quiz (*n.*).
quorum (numero legale, numero di soci necessario per prendere delle decisioni) (*finanz.* - *ecc.*), Quorum (*n.*), Beschlussfähigkeit (*f.*), beschlussfähige Anzahl. **2 mancanza del** ~ (mancanza del numero legale) (*finanz.* - *ecc.*), Beschlussunfähigkeit (*f.*).

quota (*gen.*), Quote (*f.*), Anteil (*m.*). **2** ~ (dimensione) (*dis. mecc.*), Mass (*n.*), Zeichnungsmass (*n.*), Abmessung (*f.*), Massangabe (*f.*). **3** ~ (altitudine) (*top.* - *geogr.*), Kote (*f.*), Höhenkote (*f.*). **4** ~ (punto quotato) (*geodesia*), Normal-Höhenpunkt (*m.*). **5** ~ (altezza) (*aer.*), Höhe (*f.*). **6** ~ (*finanz.*), Quote (*f.*), Kontingent (*n.*). **7** ~ (contingente, di importazione p. es.) (*comm.* - *ecc.*), Kontingent (*n.*), Quote (*f.*). **8** ~ (di danaro) (*amm.*), Beitrag (*m.*), Geldbeitrag (*m.*). **9** ~ (*statistica* - *ecc.*), Kote (*f.*), Quote (*f.*), Anteil (*m.*). **10** ~ **con tolleranza** (con indicazione della tolleranza) (*dis. mecc.*), Mass mit Toleranzangabe. **11** ~ **di ammissione** (tassa di ammissione) (*finanz.*), Aufnahmegebühr (*f.*). **12** ~ **di associazione** (*gen.*), Mitgliedsbeitrag (*m.*). **13** ~ **di crociera** (*aer.*), Fahrhöhe (*f.*), Reiseflughöhe (*f.*). **14** ~ **di esportazione** (contingente di esportazione) (*comm.*), Ausfuhrquote (*f.*), Ausfuhrkontingent (*n.*). **15** ~ **di importazione** (*comm.*), Einfuhrquote (*f.*). **16** ~ **dinamica** (altezza dinamica) (*geofis.*), dynamische Höhe. **17** ~ **di partecipazione** (*finanz.*), Gesellschaftsanteil (*m.*). **18** ~ **di ristabilimento** (di un mot. con compressore) (*mot. aer.*), Gleichdruckhöhe (*f.*), Volldruckhöhe (*f.*). **19** ~ **di sicurezza** (*aer.*), Sicherheitshöhe (*f.*). **20** ~ **di tangenza** (tangenza) (*aer.*), Gipfelhöhe (*f.*). **21** ~ **di tangenza pratica** (*aer.*), Dienstgipfelhöhe (*f.*), Gebrauchsgipfelhöhe (*f.*). **22** ~ **di tangenza teorica** (*aer.*), höchste Gipfelhöhe. **23** ~ **di tracciatura** (di un profilato p. es.) (*metall.*), Streichmass (*n.*). **24** ~ **funzionale** (dimensione funzionale) (*dis.* - *mecc.* - *ecc.*), Funktionsmass (*n.*). **25** ~ **futura** (nel tiro controaereo) (*artiglieria*), Treffhöhe (*f.*). **26** ~ **in cabina** (circa 2300 m, ottenuta con pressurizzatore) (*aer.*), Kabinenhöhe (*f.*). **27** ~ **(mantenuta) in cabina mediante pressurizzazione** (quota pressurizzata in cabina, di aerei civili) (*aer.*), Kabinendruckhöhe (*f.*). **28** ~ **minima di volo** (*aer.*), Mindestflughöhe (*f.*). **29** ~ **pressurizzata in cabina** (quota mantenuta in cabina mediante pressurizzazione, di aerei civili) (*aer.*), Kabinendruckhöhe (*f.*). **30** ~ **relativa** (quota sul terreno) (*aer.* - *ecc.*), relative Höhe. **31** ~ **sociale** (*finanz.*), Gesellschaftsanteil (*m.*). **32** ~ **sul terreno** (quota relativa) (*aer.* - *ecc.*), relative Höhe. **33** ~ **zero** (livello del mare) (*top.*), Normal-Null (*f.*), Meeresniveau (*n.*), Meeresspiegel (*m.*). **34 ad alta** ~ (*aer.* - *ecc.*), in grosser Höhe. **35 differenza di** ~ (*gen.*), Höhenunterschied (*m.*). **36 differenza di** ~ (delle due carreggiate di un'autostrada) (*costr. strad.*), Staffelmass (*n.*). **37 indicazione delle quote** (quotatura) (*dis.*), Bemassung (*f.*), Masseintragung (*f.*).

quotare (indicare le quote, scrivere le quote, indicare le dimensioni) (*dis.*), die Masse einschreiben, bemassen, die Masse eintragen. **2** ~ (fissare un prezzo) (*comm.*), quotieren.

quotato (*dis.*), bemasst. 2 ~ (prezzo) (*comm.*), quotiert. 3 ~ **in borsa** (*finanz.*), börsengängig.

quotatura (indicazione delle quote) (*dis.*), Bemassung (*f.*), Masseintragung (*f.*). 2 ~ **di lavorazione** (dimensione nominale con scostamenti ammissibili) (*mecc.*), Fertigungsmass (*n.*).

quotazione (offerta) (*comm.*), Quotierung (*f.*), Preisquotierung (*f.*). 2 ~ **di borsa** (*finanz.*), Börsennotiz (*f.*). 3 ~ **in borsa** (*finanz.*), Börsennotierung (*f.*), Börsenpreis (*m.*).

quotidiano (giornale) (*s. - giorn.*), Tageszeitung (*f.*).

quoziente (*mat.*), Quotient (*m.*), Teilzahl (*f.*). 2 ~ **di assestamento** (modulo di reazione del terreno) (*ing. civ. - ed.*), Bettungsziffer (*f.*), Drucksetzungsquotient (*m.*), Planumsmodul (*m.*), Bodenziffer (*f.*). 3 ~ **intelligenza** (Q.I.) (*psicotec.*), Intelligenzquotient (*n.*), IQ. 4 **relè differenziale di** ~ (*elett.*), Quotientdifferentialrelais (*n.*).

R

R (Réaumur, grado termometrico) (*fis.*), R. 2 ~ (resistenza) (*elett.*), W, Widerstand (*m.*), R. 3 ~ (costante dei gas) (*fis.*), R, Gaskonstante (*f.*). 4 ~ (indice di riduzione acustica) (*acus.*), R, Schallisolationsmass (*n.*).

r (röntgen) (*unità di mis.*), r, Röntgen. 2 ~ (raggio) (*geom.*), r, Radius (*m.*).

Ra (radio) (*chim.*), Ra, Radium (*n.*).

rabboccare (riempire, una batteria p. es.) (*aut. - elett. - ecc.*), nachfüllen, auffüllen. 2 ~ (un getto durante la colata) (*fond.*), nachspeisen. 3 ~ **una batteria** (*elett.*), einen Sammler nachfüllen.

rabbocco (riempimento, rabboccatura, di una batteria p. es.) (*aut. - elett. - ecc.*), Nachfüllung (*f.*), Auffüllen (*n.*). 2 ~ (di un getto durante la colata) (*fond.*), Nachspeisen (*n.*). 3 **impianto di** ~ (*ind. chim. - ecc.*), Nachfüllanlage (*f.*). 4 **quantità di** ~ (quantità di olio determinata dai due segni sulla astina di livello) (*mot.*), Nachfüllmenge (*f.*).

rabdomante (*geol. - ecc.*), Rutengänger (*m.*), Wünschelrutengänger (*m.*). 2 **bacchetta da** ~ (*app.*), Wünschelrute (*f.*).

rabdomanzia (*geol. - ecc.*), Rutengängerei (*f.*), Wünschelrutengängerei (*f.*).

racchetta (da tennis) (*sport*), Racket (*n.*), Tennisschläger (*m.*). 2 ~ (braccio del tergicristallo, tergitore) (*aut.*), Arm (*m.*), Wischarm (*m.*). 3 ~ (*orologio*), Rückerzeiger (*m.*). 4 ~ **da neve** (*att. sport*), Schneereifen (*m.*), Schneeteller (*m.*). 5 ~ **da sci** (bastoncino da sci) (*sport*), Skistock (*m.*). 6 ~ **tergente** (tergitore, braccio del tergicristallo) (*aut.*), Wischarm (*m.*).

racchiudere (*gen.*), einschliessen, einfassen.

raccogliere (mettere insieme) (*gen.*), versammeln, sammeln, ansammeln. 2 ~ (prendere su, da terra) (*gen.*), aufnehmen. 3 ~ (i fogli stampati e numerati) (*tip. - legatoria*), sammeln, zusammentragen. 4 ~ (trucioli) (*lav. macch. ut. - ecc.*), auffangen.

raccogliersi (concentrarsi, adunarsi) (*milit. - ecc.*), sich sammeln.

raccoglifogli (*macch. ind. carta*), Bogenableger (*m.*).

raccoglitore (per pratiche di ufficio p. es.) (*uff.*), Ordner (*m.*). 2 ~ (sgocciolatoio, per olio p. es.) (*app.*), Tropfschale (*f.*), Fänger (*m.*). 3 ~ (vaso) (*ind. tess.*), Spinnkanne (*f.*). 4 ~ (recipiente di raccolta del distillato) (*app. chim.*), Vorlage (*f.*). 5 ~ (*macch. agr.*), Roder (*m.*), Rodemaschine (*f.*). 6 ~ **a crivello rotante** (*macch. agric.*), Siebradroder (*m.*). 7 ~ **centrifugo** (*macch. agric.*), Schleuderroder (*m.*). 8 ~ **per olio** (sgocciolatoio per olio) (*app.*), Ölfänger (*m.*).

raccoglitrice (macchina raccoglitrice, dei fogli stampati) (*macch. tip. - legatoria*), Sammler (*m.*), Zusammentragmaschine (*f.*).

raccoglitrucioli (recipiente raccoglitrucioli) (*lav. macch. ut.*), Spanpfanne (*f.*), Spänefang (*m.*), Späneschale (*f.*). 2 **cestone** ~ (*lav. macch. ut.*), Spankorb (*m.*).

raccoglitura (delle pagine stampate e numerate) (*tip. - legatoria*), Sammeln (*n.*), Zusammentragen (*n.*).

raccolta (collezione) (*gen.*), Sammlung (*f.*), Ansammlung (*f.*). 2 ~ (ritenuta; di acqua, naturale o con opere d'arte) (*geofis. - costr. idr.*), Rückhalt (*m.*). 3 **canale di** ~ (*costr. idr.*), Vorfluter (*m.*).

raccolto (*agric.*), Ernte (*f.*).

raccomandare (*posta*), einschreiben. 2 ~ (un articolo p. es.) (*comm.*), anpreisen.

raccomandata (lettera raccomandata) (*s. - posta*), Einschreibebrief (*m.*), E-Brief (*m.*), R-Brief (*m.*). 2 ~ (spedizione postale) (*s. - posta*), Einschreiben (*n.*). 3 ~ **con ricevuta di ritorno** (*posta*), Einschreiben mit Rückschein.

raccomandato (una lettera) (*posta*), eingeschrieben.

raccomandazione (*gen.*), Empfehlung (*f.*). 2 ~ (intercessione a favore) (*lav. - ecc.*), Befürwortung (*f.*). 3 ~ **ISO** (progetto di norma p. es.) (*tecnol.*), ISO-Empfehlung (*f.*).

raccorderia (*tubaz.*), Fittings (*m. pl.*), Armaturen (*f. pl.*), Formstücke (*n. pl.*). 2 ~ **minuta** (raccordi, guarnizioni, ecc.) (*tubaz.*), Klein-Armaturen (*f. pl.*).

raccordo (per tubazioni) (*tubaz. - mecc.*), Anschlussstück (*n.*), Anschluss (*m.*), Verbindungsstück (*n.*), Fitting (*m.*). 2 ~ (tra testa e gambo di una vite o tra due superfici perpendicolari di un pezzo) (*mecc.*), Übergangsradius (*m.*), Abrundung (*f.*), Kurve (*f.*). 3 ~ (nipplo, nippel) (*macch.*), Nippel (*m.*). 4 ~ (binario di raccordo) (*ferr.*), Gleisanschluss (*m.*), Anschluss (*m.*), Anschlussgleis (*n.*), Seitengleis (*n.*). 5 ~ **a bicchiere** (*tubaz.*), Muffenstück (*n.*). 6 ~ **a bicchiere con diramazione a bicchiere a 90°** (*tubaz.*), Muffenstück mit Muffenstutzen. 7 ~ **a bicchiere con diramazione a bicchiere a 45°** (*tubaz.*), Muffenstück mit Muffenabzweig. 8 ~ **a crociera** (raccordo a quattro vie) (*tubaz.*), Rohrkreuzstück (*n.*). 9 ~ **ad angolo** (gomito, di un tubo) (*tubaz.*), Eckstück (*n.*), Eckanschluss (*m.*). 10 ~ **a gomito** (*tubaz.*), Winkelstutzen (*m.*). 11 ~ **a 45°** (*tubaz.*), Y-Abzweigung (*f.*), Y-Rohr (*n.*). 12 ~ **a quattro vie a 90°** (raccordo a crociera) (*tubaz.*), Kreuzstück (*n.*). 13 ~ **a T** (T) (*tubaz.*), T-Stück (*n.*), T-Verbindungsstutzen (*m.*), T-Muffe (*f.*). 14 ~ **a T** (diramazione) (*tubaz.*), Rohrabzweigung (*f.*), Abzweigestück (*n.*). 15 ~ **a T filettato** (*tubaz.*), T-Einschraubstutzen (*m.*). 16 ~ **a tre vie a Y** (*tubaz.*), Hosenrohr (*n.*). 17 ~ **a vite** (*mecc. - tubaz.*), Schraubverbindung (*f.*), Anschlussverschraubung (*f.*). 18 ~ **a vite per tubi** (raccordo filettato per tubi) (*tubaz.*), Rohrverschrau-

racla

bung (*f.*). 19 ~ **concavo** (scanalatura tra due superfici perpendicolari di un pezzo p. es.) (*mecc. - ecc.*), Hohlkehle (*f.*). 20 ~ **di accesso** (strada di accesso) (*strad.*), Zubringer (*m.*), Zufahrt (*f.*). 21 ~ **di entrata** (o di uscita, di un'autostrada) (*strad.*), Anschlusstelle (*f.*). 22 ~ **di entrata dell'acqua di raffreddamento** (al motore) (*mot.*), Kühlwassereinlaufstutzen (*m.*), Kühlwassereinlaufanschluss (*m.*). 23 ~ **di fondo** (di dente o filetto) (*mecc.*), Fussabrundung (*f.*). 24 ~ **di fondo dente** (di ingranaggio) (*mecc.*), Zahnfussausrundung (*f.*). 25 ~ **di mandata** (attacco di mandata, di una pompa) (*macch.*), Druckanschluss (*m.*). 26 ~ **d'irrobustimento** (all'appoggio, aumento dell'altezza di una trave all'appoggio) (*ed.*), Voute (*f.*). 27 ~ **di svincolo** (strada di svincolo, di un'autostrada) (*strad.*), Anschluss·strasse (*f.*), Zubringer (*m.*). 28 ~ **di uscita** (di un'autostrada) (*strad.*), Ausfahrt (*f.*). 29 ~ **di uscita dell'acqua di raffreddamento** (del motore) (*mot.*), Kühlwasserauslaufstutzen (*m.*), Kühlwasserauslaufanschluss (*m.*). 30 ~ **ferroviario** (binario di raccordo) (*ferr.*), Eisenbahnanschluss (*m.*), Anschlussgleis (*n.*), Seitengleis (*n.*). 31 ~ **filettato** (*tubaz.*), Verschraubung (*f.*), Anschlussverschraubung (*f.*), Schraubverbindung (*f.*). 32 ~ **filettato** (nipplo, nippel) (*macch.*), Nippel (*m.*). 33 ~ **filettato a T** (*tubaz.*), T-Verschraubung (*f.*). 34 ~ **filettato per tubi** (raccordo a vite per tubi) (*tubaz.*), Rohrverschraubung (*f.*). 35 ~ **intermedio** (*tubaz.*), Verbindungsstutzen (*m.*). 36 ~ **monoflangia** (*tub.*), Einflanschstück (*n.*), F-Stück (*n.*). 37 ~ **orientabile** (*tubaz.*), Schwenkanschluss (*m.*), schwenkbarer Rohranschluss. 38 ~ **per aria compressa** (di tubi) (*tubaz.*), Pressluftkupplung (*f.*). 39 ~ **per lubrificazione** (ingrassatore) (*macch.*), Schmiernippel (*m.*). 40 ~ **per lubrificazione a pressione** (*macch.*), Druckschmiernippel (*m.*). 41 ~ **per tubi** (gomito, a T, ecc.) (*tubaz.*), Rohrformstück (*n.*). 42 ~ **privato** (*ferr.*), Privatanschlussgleis (*n.*), Privatanschluss (*m.*). 43 ~ **privato** (per industria) (*ferr.*), Industriegleis (*n.*). 44 ~ **rapido** (*tubaz.*), Schnellanschluss (*m.*). 45 ~ **stradale** (strada di raccordo) (*strad.*), Anschlussstrasse (*f.*). 46 **angolo di** ~ (fra liquido e parete) (*fis.*), Benetzungswinkel (*m.*). 47 **arco di** ~ (*gen.*), Übergangsbogen (*m.*). 48 **binario di** ~ (raccordo ferroviario) (*ferr.*), Anschlussgleis (*n.*), Seitengleis (*n.*), Rangiergleis (*n.*). 49 **cassetta di** ~ (*telef.*), Überführungskasten (*m.*). 50 **curva di** ~ (curva di transito, curva di transizione) (*ferr. - strad.*), Übergangskurve (*f.*). 51 **raggio di** ~ (*mecc.*), Radius (*m.*), Übergangsradius (*m.*), Eckenradius (*m.*).

racla (lama per asportare l'inchiostro in eccesso dai cilindri) (*macch. da stampa*), Rakel (*m.*), Doktor (*m.*), Walzenreiniger (*m.*), Abstreichmesser (*n.*). 2 ~ (lama, per livellare masse da rivestimento) (*ind. mater. plast.*), Rakel (*m.*), Rakelmesser (*m.*). 3 **affilatrice per racle** (*macch. ut. - tip.*), Rakelschleifmaschine (*f.*). 4 **cilindro calcografico per** ~ (*calcografia*), Rakeltiefdruckzylinder (*m.*). 5 **lastra calcografica per** ~ (*calcografia*), Rakeltiefdruckplatte (*f.*).

rad (rd, radiante, misura di angolo) (*geom. - mat.*), rad, Radiant (*m.*). 2 ~ (unità della dose di energia = $100 \frac{erg}{grammo}$) (*unità di mis. - radioatt. - med.*), rad.

rada (*nav. - geogr.*), Reede (*f.*).

radancia (anello di ferro per le estremità di funi metalliche) (*funi*), Kausche (*f.*).

radar (*radar - navig.*), Radar (*m.*), Radargerät (*n.*). 2 ~ **ad impulsi** (*radar*), Impulsradar (*m.*). 3 ~ **ad impulsi sincronizzati** (radar coerente) (*radar*), Kohärentimpulsradar (*n.*). 4 ~ **antiaereo** (*radar*), Flakzielgerät (*n.*). 5 ~ **anticollisioni** (*radar - navig.*), Antikollisions-Radargerät (*n.*). 6 ~ **a risposta** (radarfaro, radar secondario, azionato dai segnali emessi dal radar primario) (*radar*), Antwortgerät (*n.*), aktiver Radar, Sekundärradar (*m.*), Transponder (*m.*). Abfragegerät (*n.*). 7 ~ **coerente** (radar ad impulsi sincronizzati) (*radar*), Kohärentimpulsradar (*n.*). 8 ~ **comando tiro antiaereo** (*radar*), Fla-Feuerleitgerät (*n.*). 9 ~ **contatore** (di veicoli p. es.) (*radar - traff. strad.) - ecc.*), Zählradargerät (*n.*). 10 ~ **costiero** (*radar*), Radargerät für Küstenschutz. 11 ~ **di atterraggio guidato da terra** (*radar - navig.*), Funkmesslandeanlage (*f.*). 12 ~ **di avvicinamento** (*aer. - radar*), Radaranfluggerät (*n.*), Anflugradar (*n.*). 13 ~ **di avvicinamento di precisione** (*aer. - radar*), Feinführungsradar (*n.*), PAR-Gerät (*n.*). 14 ~ **di bordo** (*aer.*), Bordradar (*n.*). 15 ~ **d'identificazione** (di aerei) (*radar - aer.*), Kennungsgerät (*n.*). 16 ~ **di guida** (*radar*), Leitradar (*m.*). 17 ~ **di precisione** (*radar*), Präzisionsradargerät (*n.*). 18 ~ **di puntamento** (*radar*), Verfolgungsradar (*m.*), Radarrichtsgerät (*n.*). 19 ~ **di puntamento di bordo** (*radar - aer.*), Bord-Feuerleitradar (*n.*). 20 ~ **diretto** (radar interrogante, in cui il bersaglio od ostacolo ha sola funzione riflettente) (*radar*), passiver Radar. 21 ~ **di rilevamento e puntamento** (*radar*), Erfassungs- und Verfolgungsradar (*n.*). 22 ~ **di sorveglianza del traffico** (impiegato per controllare la velocità) (*app. - traff. strad.*), Verkehrsradargerät (*n.*). 23 ~ **di sorveglianza terrestre** (*radar*), Bodenüberwachungsradar (*n.*). 24 ~ **intercettatore di bordo** (*radar*), Bord-Abfangradar (*n.*). 25 ~ **meteorologico** (*meteor. - radar*), Wetterradar (*m.*). 26 ~ **ottico** (telemetro a laser) (*app.*), optisches Radar, Licht-Radar (*m.*), Laser-Radar (*m.*). 27 ~ **panoramico** (radar topografico) (*radar*), Panoramaempfänger (*m.*), Panoramagerät (*n.*), Kartenbildanzeiger (*m.*). 28 ~ **per atterraggio strumentale** (*radar - aer.*), Radarblindlandeanlage (*f.*). 29 ~ **per puntamento di missili** (*radar*), FK-Verfolgungsradar (*n.*), Flugkörper-Verfolgungsradar (*m.*). 30 ~ **per servizio traghetti** (*radar*), Fährdienst-Radar (*n.*). 31 ~ **portuale** (*radar - navig.*), Hafenradaranlage (*f.*). 32 ~ **primario** (radar interrogante, in cui il bersaglio od ostacolo ha sola funzione riflettente) (*radar*), Primärradar (*m.*), passiver Radar. 33 ~ **secondario** (radarfaro, radar a risposta, azionato dai segnali emessi dal radar primario) (*radar*), Abfragegerät (*n.*), aktiver Radar, Sekundärradar (*m.*), Transponder

raddrizzatore

(*m.*), Antwortgerät (*n.*). **34** ∼ **stratosferico** (*radar*), Stratoradar (*n.*). **35** ∼ **tachimetrico** (per misurare la velocità dei veicoli) (*app. - traff. strad.*), Radar-Geschwindigkeitsmesser (*m.*). **36** ∼ **televisivo** (*aer. - navig.*), Fernsehradar (*m.*), Teleran-Navigationsverfahren (*n.*), Television-Radar-Navigation (*f.*). **37** ∼ **terrestre** (*radar*), Landradar (*m.*). **38** ∼ **topografico** (indicatore topografico del terreno, oscillografo panoramico) (*radar*), Kartenbildanzeiger (*m.*), Panoramaempfänger (*m.*), Panoramagerät (*n.*). **39** ∼ **antenna** ∼ (*radar*), Radarantenne (*f.*). **40** ∼ **bersaglio** ∼ (*radar*), Radarziel (*n.*). **41 bersaglio** ∼ **attivo** (*radar*), aktives Radarziel. **42 con puntamento** ∼ (*milit.*), radargezielt. **43 cortina** ∼ (*milit.*), Radargürtel (*m.*). **44 cupola** ∼ (radomo) (*aer. - radar*), Radarhaube (*f.*), Radarbug (*m.*), Funkmesshaube (*f.*). **45 pilone di antenna** ∼ (*radar*), Radarmast (*m.*). **46 ricevitore** ∼ (*radar*), Radarempfänger (*m.*). **47 riflettore parabolico** ∼ (*radar*), Radarparabolspiegel (*m.*). **48 schermo** ∼ (*radar - navig.*), Radarleuchtschirm (*m.*), Radarbild (*n.*). **49 specchio parabolico per antenna** ∼ (*radar*), Radarparabelspiegel (*m.*). **50 torre** ∼ (*radar*), Radarturm (*m.*), Funkmessturm (*m.*). **51 trasmettitore** ∼ (*radar*), Radarsender (*m.*). **52 tubo per** ∼ (a raggi catodici) (*elettronica - radar*), Radarröhre (*f.*).

radarbersaglio (*radar*), Radarziel (*n.*), Funkmessziel (*n.*).

radardisturbo (protezione antiradar, mediante strisce metallizzate o metalliche) (*radar - milit.*), Düppelung (*f.*).

radarfaro (radar secondario, radar a risposta azionato dai segnali emessi dal radar primario) (*radar - navig.*), aktiver Radar, Abfragegerät (*n.*), Antwortgerät (*n.*). **2** ∼ **di avvicinamento direzionale** (Beam Approach Beacon System) (*radar*), BABS-Verfahren (*n.*).

radarista (*lav.*), Radartechniker (*m.*).

radazza (fascio di stracci per asciugare il ponte della nave) (*nav.*), Tweidel (*n.*), Schwabber (*m.*), Schwabbel (*m.*), Fransenbesen (*m.*), Dweil (*n.*).

radazzare (pulire il ponte) (*nav.*), schwabbern.

raddobbare (una nave) (*nav.*), ausbessern, abdichten (*n.*).

raddobbo (di una nave) (*costr. nav.*), Ausbesserung (*f.*), Abdichten (*n.*).

raddolcire (cuocere parzialmente, sgommare parzialmente, la seta) (*ind. tess.*), assouplieren.

raddoppiare (*gen.*), verdoppeln.

raddrizzabilità (assestabilità, d'un pezzo fucinato p. es., dopo il trattam. termico p. es.) (*tecnol. mecc.*), Richtbarkeit (*f.*).

raddrizzamento (*gen.*), Aufrichtung (*f.*). **2** ∼ (trasformazione di una grandezza elett. alternata in una grandezza elett. unidirezionale) (*elett.*), Gleichrichtung (*f.*). **3** ∼ (di binari p. es.) (*mecc.*), Geraderichten (*n.*), Richten (*n.*). **4** ∼ (spianatura, di lamiere) (*tecnol. mecc.*), Richten (*n.*). **5** ∼ **a caldo** (di rotaie p. es.) (*mecc.*), Heissrichten (*n.*). **6** ∼ **a punta di contatto** (*elettronica*), Spitzengleichrichtung (*f.*). **7** ∼ **a rulli** (*tecnol. mecc.*), Walzrichten (*n.*), Friemeln (*n.*). **8** ∼ **della corrente anodica** (*radio*), Anodengleichrichtung (*f.*). **9** ∼ **delle due semionde** (*elett.*), Doppelweg-Gleichrichtung (*f.*). **10 cricca da** ∼ (cricca di assestamento, d'un pezzo forgiato) (*tecnol. mecc.*), Richtriss (*m.*).

raddrizzare (*gen.*), aufrichten. **2** ∼ (una corrente p. es.) (*elett.*), gleichrichten. **3** ∼ (una rotaia p. es.) (*mecc. - ecc.*), geraderichten, richten. **4** ∼ (spianare, delle lamiere p. es.) (*lav. di lamiere*), richten. **5** ∼ **a freddo** (*tecnol. mecc.*), kaltrichten.

raddrizzato (*elett.*), gleichgerichtet. **2** ∼ (filo metallico o barra p. es.) (*mecc.*), gerichtet.

raddrizzatore (*app. elett.*), Gleichrichter (*m.*). **2** ∼ (rettificatore, di una galleria aerodinamica) (*aer.*), Gleichrichter (*m.*). **3** ∼ (per ferri da cemento armato p. es.) (*app. ed. - ecc.*), Richtvorrichtung (*f.*). **4** ∼ **a catodo freddo** (tubo termoionico) (*elettronica*), Glimmgleichrichter (*m.*). **5** ∼ **a catodo incandescente** (*app. elett.*), Glühkathodengleichrichter (*m.*). **6** ∼ **a contatto** (*elett.*), Kontaktgleichrichter (*m.*). **7** ∼ **a contatto superficiale** (raddrizzatore a giunzione) (*elettronica*), Flächengleichrichter (*m.*). **8** ∼ **a cristallo** (*elettronica*), Kristallgleichrichter (*m.*). **9** ∼ **ad arco** (*elettronica*), Bogengleichrichter (*m.*). **10** ∼ **a diodo** (diodo raddrizzatore) (*radio*), Gleichrichterröhre (*f.*). **11** ∼ **ad ossidulo di rame** (*app. elett.*), Kupferoxydulgleichrichter (*m.*). **12** ∼ **ad ossidulo metallico** (*app. elett.*), Metalloxydulgleichrichter (*m.*). **13** ∼ **a giunzione** (raddrizzatore a contatto superficiale) (*elettronica*), Flächengleichrichter (*m.*). **14** ∼ **al selenio** (*app. elett.*), Selengleichrichter (*m.*). **15** ∼ **al silicio** (*elettronica*), Siliziumgleichrichter (*m.*). **16** ∼ **a nido d'api** (di una galleria del vento) (*aer.*), Wabengleichrichter (*m.*). **17** ∼ **a pastiglia** (*elettronica*), Tablettengleichrichter (*m.*). **18** ∼ **a ponte** (*app. elett.*), Brückengleichrichter (*m.*). **19** ∼ **a secco** (*app. elett.*), Trockengleichrichter (*m.*). **20** ∼ **a semiconduttore** (raddrizzatore a germanio p. es.) (*elettronica*), Richtleiter (*m.*). **21** ∼ **a strato di sbarramento** (*app. elett.*), Sperrschichtgleichrichter (*m.*). **22** ∼ **a valvole** (*radio - elett.*), Röhrengleichrichter (*m.*). **23** ∼ **a vapori di mercurio** (*app. elett.*), Quecksilberdampfgleichrichter (*m.*). **24** ∼ **controllato** (*elettronica*), gesteuerter Gleichrichter. **25** ∼ **controllato al silicio** (tiristore al silicio, SCR) (*elettronica*), Siliziumthyristor (*m.*). **26** ∼ **di Grätz** (raddrizzatore a ponte) (*app. elett.*), Grätzgleichrichter (*m.*). **27** ∼ **di misura** (*app. elett.*), Messgleichrichter (*m.*). **28** ∼ **di onda intera** (*app. elett.*), Ganzwellengleichrichter (*m.*), Vollweggleichrichter (*m.*). **29** ∼ **di semionda** (*radio*), Halbwellengleichrichter (*m.*), Einweggleichrichter (*m.*). **30** ∼ **di semionda con adescamento indipendente dell'arco** (ignitrone) (*app. elett.*), Ignitron (*n.*). **31** ∼ **elettrolitico** (*app. elett.*), elektrolytischer Gleichrichter. **32** ∼ **-ondulatore** (convertitore statico che converte una corrente alternata in continua e viceversa) (*app. elett.*), Umkehr-Stromrichter (*m.*), UKR. **33** ∼ **per accumulatori** (per carica di accumulatori) (*app. elett.*), Akkumulatorengleichrichter (*m.*). **34** ∼ **per carica batterie** (*app. elett.*), Ladegleichrichter

raddrizzatrice

(*m.*), Batterieladegleichrichter (*m.*). **35 ~ video** (videoraddrizzatore) (*telev.*), Video-Gleichrichter (*m.*). **36 colonna di raddrizzatori** (*elett.*), Gleichrichtersäule (*f.*). **37 diodo ~ a valanga** (*elettronica*), Lawinengleichrichterdiode (*f.*). **38 gruppo ~** (*elett.*), Gleichrichtersatz (*m.*).

raddrizzatrice (per tubi, alberi ecc.) (*macch.*), Richtmaschine (*f.*). **2 ~** (per carrozzeria p. es.) (*aut.*), Richtbank (*f.*). **3 ~ a rulli** (spianatrice, per lamiere) (*macch.*), Rollenrichtmaschine (*f.*), Richtwalzwerk (*n.*). **4 ~ a stiro** (e torsione, di barre) (*macch.*), Streckmaschine (*f.*). **5 ~ per lamiere** (*macch.*), Blechrichtmaschine (*f.*). **6 ~ per nastri** (*macch.*), Bandrichtmaschine (*f.*). **7 ~ per rotaie** (*macch.*), Schienenrichtmaschine (*f.*).

raddrizzatura (raddrizzamento, di rotaie p. es.) (*tecnol. mecc.*), Richten (*n.*). **2 ~** (e lucidatura, di barre tonde tra cilindri di acciaio) (*lamin.*), Friemeln (*n.*). **3 ~**, vedi anche raddrizzamento.

radente (traiettoria del tiro di cannone) (*arma da fuoco*), rasant, flach. **2 cuscinetto ~** (*mecc.*), Gleitlager (*n.*).

radere (*gen.*), rasieren. **2 ~ al suolo** (*gen.*), wegrasieren.

radiale (*a. - gen.*), radial. **2 ~** (pneumatico radiale) (*s. - aut.*), Radial-Reifen (*m.*). **3 gioco ~** (di un cuscinetto) (*mecc.*), Radialspiel (*n.*), Radialluft (*f.*). **4 spinta ~** (*mecc.*), Radialdruck (*m.*). **5 trapano ~** (trapanatrice radiale) (*macch. ut.*), Radialbohrmaschine (*f.*). **6 turbina ~** (*mot.*), Radialturbine (*f.*).

radiante (rd, rad, misura di angoli) (*s. - geom. - mat.*), Radiant (*m.*), Rad (*n.*), rad. **2 ~** (*a. - fis.*), strahlend. **3 calore ~** (*term.*), Strahlungswärme (*f.*). **4 energia ~** (Q, J) (*fis.*), Strahlungsmenge (*f.*), Q*e*. **5 energia ~ perturbatrice** (*fis.*), Störstrahlungsenergie (*f.*). **6 pacco ~** (*riscald.*), Strahlungskörperblock (*m.*). **7 potenza ~** (flusso energetico) (*fis.*), Strahlungsfluss (*m.*). **8 superficie ~** (*fis.*), Strahlungsfläche (*f.*). **9 tubo ~** (*term.*), Strahlrohr (*n.*).

radianza (energetica, densità di flusso di energia, misurata in $W \cdot cm^{-2} \cdot sr^{-1}$) (*fis.*), Strahldichte (*f.*). **2 ~ energetica** (M) (*fis.*), spezifische Ausstrahlung. **3 ~ luminosa** (emettenza luminosa, M) (*illum.*), spezifische Lichtausstrahlung (*f.*). **4 ~ luminosa specifica** (*illum.*), spezifische Lichtausstrahlung. **5 fattore di ~** (fattore di luminanza energetica) (*fis.*), Leuchtdichtefaktor (*n.*). **6 temperatura di ~ monocromatica** (*fis.*), schwarze Temperatur.

radiatore (emettitore di radiazioni) (*fis.*), Strahler (*m.*). **2 ~** (app. di riscaldamento) (*app. riscald.*), Radiator (*m.*), Heizkörper (*m.*). **3 ~** (di automobili e di aeroplani) (*aut. - aer.*), Kühler (*m.*). **4 ~** (antenna) (*radar - ecc.*), Abstrahler (*m.*). **5 ~ acustico** (*acus.*), Schallscheinwerfer (*m.*), Schallstrahler (*m.*). **6 ~ ad alette** (per olio ecc.) (*mot. - aer.*), Lamellenkühler (*m.*), Rippenkühler (*m.*). **7 ~ ad alette** (radiatore alettato) (*app. riscald.*), Rippenheizkörper (*m.*). **8 ~ alare** (*aer.*), Tragflächenkühler (*m.*). **9 ~ alettato** (radiatore ad alette) (*app. riscald.*), Rippenheizkörper (*m.*). **10 ~ a nido d'api** (*aut. - ecc.*), Wabenkühler (*m.*), Bienenkorbkühler (*m.*), Zellenkühler (*m.*). **11 ~ a serpentino** (refrigeratore a serpentino) (*app.*), Schlangenkühler (*m.*). **12 ~ attivo** (eccitatore, di una antenna) (*radio*), aktiver Strahler. **13 ~ a tubetti** (*mot. - ecc.*), Röhrchenkühler (*m.*), Röhrenkühler (*m.*). **14 ~ a tubi orizzontali** (*veic.*), Querstromkühler (*m.*). **15 ~ a tubi verticali** (*aut.*), Fallstromkühler (*m.*). **16 ~ a tubo alettato** (*term. - riscald.*), Rippenheizrohr (*n.*). **17 ~ con parzializzatore** (*mot.*), Kulissenkühler (*m.*). **18 ~ dell'olio** (di un motore a c. i. p. es.) (*mot.*), Ölkühler (*m.*). **19 ~ grigio** (radiatore non selettivo) (*fis.*), grauer Strahler. **20 ~ nero** (radiatore termico ideale, radiatore integrale, corpo nero, radiatore di Planck) (*fis.*), schwarzer Strahler, Planckscher Strahler, Temperatur-Strahler (*m.*). **21 ~ non selettivo** (corpo grigio) (*ott.*), grauer Körper, grauer Strahler. **22 ~ ottico** (generatore di radiazioni ottiche) (*fis.*), Hellstrahler (*m.*). **23 ~ per autoveicolo** (*aut.*), Autokühler (*m.*). **24 ~ per climi tropicali** (*mot.*), Tropenkühler (*m.*). **25 ~ selettivo** (*ott. - illum.*), Selektivstrahler (*m.*). **26 ~ termico** (corpo termoradiante) (*fis.*), Temperaturstrahler (*m.*), Wärmestrahler (*m.*). **27 ~ termico** (*riscald.*), Wärmestrabler (*m.*). **28 maschera del ~** (calandra del radiatore) (*aut.*), Kühlerverkleidung (*f.*), Attrappe (*f.*). **29 massa radiante del ~** (*aut.*), Kühlerblock (*m.*).

radiatura (cretti centrali, malattia del quadrante, cuore stellato, zampe di gallo, stellatura) (*difetto - legno*), Kernriss (*m.*).

radiazione (*fis.*), Strahlung (*f.*). **2 ~ alfa** (*radioatt.*), Alphastrahlung (*f.*). **3 ~ caratteristica** (radiazione naturale) (*fis.*), Eigenstrahlung (*f.*). **4 ~ complessa** (*fis. - ott.*), zusammengesetzte Strahlung. **5 ~ corpuscolare** (*fis.*), Teilchenstrahlung (*f.*). **6 ~ cosmica** (*geofis.*), kosmische Strahlung. **7 ~ di antenna** (*radio*), Antennenstrahlung (*f.*). **8 ~ di decelerazione** (*fis. atom.*), Bremsstrahlung (*f.*). **9 ~ diffusa** (*fis.*), Streustrahlung (*f.*). **10 ~ di raggi beta** (*radioatt.*), Betastrahlung (*f.*). **11 ~ dura** (radiazione penetrante) (*fis.*), harte Strahlung. **12 ~ elettronica** (*fis.*), Elektronenstrahlung (*f.*). **13 ~ gamma** (*radioatt.*), Gammastrahlung (*f.*). **14 ~ gamma di cattura** (*fis. atom.*), Einfanggammaquant (*n.*), Einfanggammastrahlung (*f.*). **15 ~ invisibile** (radiazione nera) (*fis.*), Dunkelstrahlung (*f.*). **16 ~ luminosa** (*fis.*), Lichtstrahlung (*f.*). **17 ~ molle** (radiazione poco penetrante) (*fis. - radioatt.*), weiche Strahlung. **18 ~ naturale** (radiazione caratteristica) (*fis.*), Eigenstrahlung (*f.*). **19 ~ nera** (*fis.*), schwarze Strahlung, Hohlraumstrahlung (*f.*). **20 ~ nucleare** (*fis. nucl.*), Kernstrahl (*m.*). **21 ~ ondulatoria** (*fis.*), Wellenstrahlung (*f.*). **22 ~ parassita** (radiazione spuria) (*fis.*), wilde Strahlung (*f.*). **23 ~ penetrante** (radiazione dura) (*fis.*), harte Strahlung. **24 ~ perturbatrice** (*fis.*), Störstrahlung (*f.*). **25 ~ solare** (*geofis.*), Sonnenstrahlung (*f.*). **26 ~ specifica** (*fis.*), spezifische Ausstrahlung. **27 ~ spuria** (*radio*), wilde Strahlung, unerwünschte Ausstrah-

lung. 28 ~ **termica** (*fis.*), Wärmestrahlung (*f.*). 29 ~ **visibile** (*fis.*), optische Strahlung. 30 **altezza di** ~ (di una antenna) (*radio*), Strahlhöhe (*f.*), Strahlungshöhe (*f.*). 31 **caratteristica di** ~ (*radio*), Strahlungscharakteristik (*f.*), Strahlungsdiagramm (*n.*). 32 **contatore di radiazioni** (*app. radioatt.*), Strahlungsmessgerät (*n.*), Zählrohr (*n.*), Strahlenschutzmessgerät (*n.*). 33 **densità di** ~ (*fis.*), Strahlungsdichte (*f.*). 34 **dose di radiazioni** (*radioatt.*), Strahlendosis (*f.*). 35 **durezza della** ~ (grado di durezza della radiazione) (*fis.*), Strahlungshärtegrad (*m.*), Strahlenhärte (*f.*). 36 **esporre a** ~ **ultrasonore** (irradiare acusticamente) (*acus.*), beschallen. 37 **intensità di** ~ (*fis.*), Strahlungsintensität (*f.*). 38 **lobo di** ~ (della caratteristica di radiazione di una antenna) (*radio*), Strahlungskeule (*f.*), Abstrahllappen (*m.*). 39 **misuratore della durezza di radiazioni** (*app.*), Strahlenhärtemesser (*m.*). 40 **monitore di radiazioni** (*app. radioatt.*), Strahlungsmonitor (*m.*). 41 **pressione di** ~ (*fis.*), Strahlungsdruck (*m.*), Repulsivkraft (*f.*). 42 **pressione della** ~ **acustica** (*acus.*), Schallstrahlungsdruck (*m.*). 43 **protezione contro le radiazioni** (*radioatt.*), Strahlenschutz (*m.*). 44 **raffreddamento a** ~ (*fis.*), Strahlungskühlung (*f.*). 45 **rendimento di** ~ (rendimento energetico, rapporto tra flusso radiante e la potenza necessaria alla sua produzione) (*fis.*), Strahlungsausbeute (*f.*). 46 **rendimento di** ~ (di un'antenna) (*radio - ecc.*), Wirkungsgrad (*m.*). 47 **resistenza di** ~ (di una antenna) (*radio*), Strahlungswiderstand (*m.*). 48 **schermatura contro le radiazioni** (*radioatt.*), Strahlenabschirmung (*f.*).
radica (*legno*), Wurzelholz (*n.*).
radicale (*chim. - mat.*), Radikal (*n.*).
radicando (di una radice) (*mat.*), Radikand (*m.*).
radice (*gen.*), Wurzel (*f.*). 2 ~ (*mat.*), Wurzel (*f.*). 3 ~ (vertice di un giunto saldato a V) (*tecnol. mecc.*), Wurzel (*f.*). 4 ~ **cubica** (*mat.*), Kubikwurzel (*f.*), dritte Wurzel. 5 ~ **di paletta ad abete** (per l'attacco al rotore d'una turbina, p. es.) (*turb.*), Tannenbaumschaufelwurzel (*f.*). 6 ~ **di uno** (*mat.*), Einheitswurzel (*f.*). 7 ~ **quadrata** (*mat.*), Quadratwurzel (*f.*), zweite Wurzel. 8 ~ **quadrata dei valori medi al quadrato** (valore efficace) (*elett.*), Effektivwert (*m.*), quadratisches Mittel. 9 **esponente della** ~ (*mat.*), Wurzelexponent (*m.*). 10 **estrarre la** ~ (*mat.*), wurzelziehen, radizieren. 11 **estrazione di** ~ (*mat.*), Wurzelziehen (*n.*), Radizieren (*n.*). 12 **la** ~ **quarta di 16** ($\sqrt[4]{16}$) (*mat.*), die 4. Wurzel aus 16. 13 **segno di** ~ (*mat. - tip.*), Wurzelzeichen (*n.*).
radio (nuclide, mononuclide) (*Ra - radioatt. - chim.*), Radium (*n.*). 2 ~ (apparecchio radio, radioricevitore) (*radio*), Funkempfänger (*m.*), Radio (*m.*), Radiogerät (*n.*), Empfänger (*m.*). 3 ~ **a batterie** (*radio*), Batterieempfänger (*m.*). 4 ~ **ad onde corte** (apparecchio radio o ricevitore ad onde corte) (*radio*), Kurzwellenempfänger (*m.*). 5 ~ **a galena** (apparecchio radio a galena) (*radio*), Detektorempfänger (*m.*). 6 ~ **-attinio** (*radioatt. - chim.*), Radioaktinium (*n.*). 7 ~ **portatile** (apparecchio radio portatile) (*radio*), Kofferradio (*m.*), Koffergerät (*n.*), tragbares Funkgerät. 8 ~ **portatile a transistor** (*radio*), Alltransistor-Kofferradio (*n.*). 9 ~ **-torio** (*chim.*), Radiothorium (*n.*). 10 **annunciatore della** ~ (*lav.*), Radioansager (*m.*). 11 **canone per** ~ (utenza) (*radio*), Rundfunkgebühr (*f.*). 12 **emanazione di** ~ (radon) (*Rn - radioatt. - chim.*), Radiumemanation (*f.*), Radon (*n.*). 13 **impianto** ~ **di terra** (*radio*), Bodenfunkanlage (*f.*). 14 **ponte** ~ (*radio*), Richtfunkverbindung (*f.*). 15 **stazione** ~ **disturbatrice** (*radio*), Störfunkstelle (*f.*).
radioabbonato (radioascoltatore) (*radio*), Rundfunkhörer (*m.*), Rundfunkteilnehmer (*m.*).
radioaltimetro (radiosonda) (*aer. - strum.*), Reflexionshöhenmesser (*m.*), Funkhöhenmesser (*m.*), Radiohöhenmesser (*m.*).
radioamatore (*radio*), Funkfreund (*m.*), Radioamateur (*m.*), Funkbastler (*m.*), Bastler (*m.*).
radioascoltatore (radioabbonato) (*radio*), Rundfunkhörer (*m.*), Rundfunkteilnehmer (*m.*). 2 ~ **clandestino** (*radio*), Schwarzhörer (*m.*).
radioastronomia (*radio - astr.*), Radioastronomie (*f.*), Hochfrequenzastronomie (*f.*).
radioastronomo (*astr.*), Radioastronom (*m.*).
radioattività (*radioatt.*), Radioaktivität (*f.*). 2 ~ **artificiale** (*radioatt.*), künstliche Radioaktivität. 3 ~ **naturale** (*radioatt.*), natürliche Radioaktivität. 4 **ad elevata** ~ (*radioatt. - chim.*), hochradioaktiv.
radioattivo (*radioatt.*), radioaktiv. 2 **ambienti radioattivi** (*radioatt.*), heisse Räume. 3 **contaminazione radioattiva** (*radioatt.*), radioaktive Verseuchung. 4 **costante radioattiva** (*radioatt.*), Zerfallskonstante (*f.*). 5 **decadimento** ~ (*radioatt.*), radioaktiver Zerfall. 6 **disintegrazione** ~ (*radioatt.*), radioaktiver Zerfall, Atomzerfall. 7 **elemento** ~ (*radioatt.*), Radioelement (*n.*). 8 **fango** ~ (*radioatt.*), radioaktiver Schlamm. 9 **periodo** ~ (*radioatt.*), Zerfallszeit (*f.*). 10 **rifiuti radioattivi** (*radioatt. - fis. atom.*), radioaktive Abfälle. 11 **scorie radioattive** (rifiuti radioattivi) (*fis. nucl.*), Reaktorschlacken (*f. pl.*). 12 **sorgente radioattiva** (*geol.*), radioaktive Heilquelle.
radiobiologia (*radioatt.*), Bestrahlungsbiologie (*f.*), Strahlenbiologie (*f.*).
radiobussola (*strum.*), Funkkompass (*m.*), Radiokompass (*m.*). 2 ~ **ripetitrice** (*app.*), Funkpeiltochterkompass (*m.*).
radiocanale (*radio*), Funkkanal (*m.*).
radiochimica (chimica delle sostanze radioattive) (*chim. - radioatt.*), Radiochemie (*f.*), Strahlungschemie (*f.*).
radiocinematografia (röntgen-cinematografia) (*med.*), Röntgenkinematographie (*f.*).
radiocollegamento (*radio*), Radioverbindung (*f.*), drahtlose Verbindung, Funkverbindung (*f.*). 2 **perdita del** ~ (*radio*), Abreissen der Funkverbindung.
radiocomandato (*radio*), funkgesteuert.
radiocomando (*radio*), Funksteuerung (*f.*).
radiocomunicazione (*radio*), Radiomeldung

radiocronaca

(*f.*). 2 ~ **per (servizio di) smistamento ferroviario** (*radio - ferr.*), Rangierfunk (*m.*).
radiocronaca (*radio*), Rundfunkbericht (*m.*), Radioreportage (*f.*).
radiocronista (*radio*), Rundfunkberichter (*m.*), Radioreporter (*m.*).
radiodermatite (röntgen-dermatite) (*med.*), Röntgendermatitis (*f.*).
radiodiffondere (radiotrasmettere) (*radio*), rundfunken.
radiodiffusione (radiotrasmissione) (*radio*), Rundfunk (*m.*). 2 ~ **fototelegrafica** (*radio*), Bildrundfunk (*m.*). 3 **canale di** ~ (*radio*), Rundfunkkanal (*m.*). 4 **sistema di** ~ **per il controllo del traffico** (*traff. - aut.*), Verkehrsrundfunksystem (*n.*).
radiodisturbo (*radio*), Funkstörung (*f.*), Funkenstörung (*f.*), Rundfunkstörung (*f.*). 2 **eliminare radiodisturbi** (sopprimere radiodisturbi, schermare) (*radio*), entstören. 3 **protetto contro i radiodisturbi** (*aut. - ecc.*), funkentstört. 4 **protezione contro i radiodisturbi** (*radio*), Störschutz (*m.*). 5 **soppressione dei radiodisturbi** (*radio*), Radioentstörung (*f.*). 6 **sopprimere radiodisturbi** (eliminare radiodisturbi, schermare) (*radio*), entstören.
radiofaro (*radio - nav.*), Funkfeuer (*n.*), Funkbake (*f.*). 2 ~ **a fascio diretto a ventaglio** (*radio*), Fächermarkierungsbake (*f.*). 3 ~ **a risposta** (radar secondario, a risposta, azionato dai segnali emessi dal radar primario) (*radar*), Ansprechfunkfeuer (*n.*). aktiver Radar, Abfragebake (*f.*), Antwortbake (*f.*). 4 ~ **di atterraggio** (*aer. - radio*), Landefunkfeuer (*n.*). 5 ~ **di attesa** (per l'atterraggio) (*aer. - radar*), Wartebake (*f.*), Landebake (*f.*). 6 ~ **di avvicinamento** (*aer. - radio*), Anflugfunkfeuer (*n.*). 7 ~ **d'identificazione** (*radio*), Kennbake (*f.*). 8 ~ **di grande portata** (*radio*), Fernfunkfeuer (*n.*). 9 ~ **direttivo** (radiofaro equisegnale) (*radio - navig.*), Leitstrahlfunkfeuer (*n.*), Leitstrahlsender (*m.*), Richtfunkfeuer (*n.*). Richtfunkbake (*f.*). 10 ~ **di rotta** (*navig. - radio*), Streckenfeuer (*n.*). 11 ~ **di segnalazione** (radiomeda) (*aer.*), Einflugzeichen (*n.*). 12 ~ **di segnalazione a ventaglio (verticale)** (*radio - aer.*), Fächerfunkfeuer (*n.*). 13 ~ **equisegnale** (radiofaro direttivo) (*radio - navig.*), Leitstrahlfunkfeuer (*n.*), Leitstrahlsender (*m.*), Richtfunkfeuer (*n.*), Richtfunkbake (*f.*). 14 ~ **girevole** (radiofaro rotante) (*radio*), Drehfeuer (*n.*), Drehfunkfeuer (*n.*). 15 ~ **localizzatore** (*radio*), Ansteuerungsfunkfeuer (*n.*). 16 ~ **marcatore** (radiomeda) (*radar*), Markierungsbake (*f.*), Markierungssender (*m.*), Markierungsfeuer (*n.*). 17 ~ **onnidirezionale** (*radio*), Rundstrahlbake (*f.*), Allrichtungsfunkfeuer (*n.*). 18 ~ **rotante** (radiofaro girevole) (*radio*), Drehfeuer (*n.*), Drehfunkfeuer (*n.*). 19 ~ **rotante ad onde ultracorte (VOR)** (*radio*), UKW-Drehfunkfeuer (*n.*), VOR.
radiofonia (*radio*), Hörfunk (*m.*).
radiofonico (*radio*), Radio..., Rundfunk... 2 **studio** ~ (*radio*), Rundfunkaufnahmeraum (*m.*).
radiofrequenza (*radio*), Rundfunkfrequenz (*f.*), Funkfrequenz (*f.*), Radiofrequenz (*f.*).

radiogoniometraggio (radiorilevamento) (*aer. - nav. - radio*), Peilung (*f.*), Funkpeilung (*f.*), Radiopeilung (*f.*). 2 ~ **da bordo** (radiorilevamento da bordo) (*aer. - radio - navig.*), Eigenpeilung (*f.*).
radiogoniometrare (*radio - navig.*), einpeilen, funkpeilen.
radiogoniometria (*radio - nav.*), Funkpeilung (*f.*), Funkortung (*f.*), Peilfunk (*m.*). 2 ~ **simultanea** (*radio*), Mitpeilen (*n.*).
radiogoniometrista (*radio*), Peilfunker (*m.*).
radiogoniometro (*radio - navig.*), Funkpeiler (*m.*), Peilfunkgerät (*n.*), Radiogoniometer (*m.*). 2 ~ **Adcock** (*radio*), Adcock-Peiler (*m.*). 3 ~ **ad impulsi** (*app.*), Impulspeilanlage (*f.*). 4 ~ **a quadro** (*radio*), Rahmenpeiler (*m.*). 5 ~ **a raggi catodici** (radiogoniometro con indicazione ottica) (*app.*), Sichtpunktpeiler (*m.*), Sichtpeiler (*m.*). 6 ~ **con indicazione ottica** (radiogoniometro a raggi catodici) (*app.*), Sichtpeiler (*m.*), Sichtpunktpeiler (*m.*). 7 ~ **di ritorno alla base** (*aer. - radio*), Zielanfluggerät (*n.*). 8 ~ **rotante** (*navig.*), Drehpeiler (*m.*). 9 ~ **terrestre** (*navig.*), Bodenpeiler (*m.*).
radiografare (fare una radiografia, eseguire una radiografia) (*fis. - ecc.*), röntgen, eine Röntgenaufnahme machen.
radiografato (per accertare difetti) (*tecnol. - metall.*), geröngt.
radiografia (*fis. - ecc.*), Röntgenographie (*f.*), Röntgenphotographie (*f.*). 2 ~ (radiogramma) (*fis. med.*), Radiographie (*f.*). 3 ~ **ad interferenza** (*fis. - prova di mater.*), Röntgeninterferenzaufnahme (*f.*). 4 **eseguire una** ~ (fare una radiografia, radiografare) (*fis. - ecc.*), röntgen, eine Röntgenaufnahme machen.
radiografico (*fis.*), röntgenographisch.
radiogramma (*med. - fis.*), Radiographie (*f.*), Röntgenogramm (*n.*).
radiogrammofono (*radio - elettroacus.*), Plattenspielerradio (*n.*), Radioapparat mit Plattenspieler.
radioguida (*radionav.*), Funklenkung (*f.*). 2 ~ (radiofaro) (*radionav.*), vedi radiofaro.
radioide agli archi (clotoide, spirale di Eulero, spirale di Cornu, spirale di Fresnel, curva di transito) (*geom. - ferr.*), Klothoide (*f.*), Cornusche Spirale.
radioindicatore (*radioatt.*), Radioindikator (*m.*).
radiointercettazione (*radio*), Funkabhören (*n.*). 2 **servizio di** ~ (*radio*), Funkhorchdienst (*m.*).
radioisotopo (*radioatt.*), Radioisotop (*n.*). 2 **procedimento (di controllo) con radioisotopi** (per prove di usura su cuscinetti radenti p. es.) (*tecnol.*), Radioisotopenverfahren (*n.*).
radiolina (radio portatile) (*funk.*), Kofferempfänger (*m.*).
radiolisi (*chim.*), Radiolyse (*f.*).
radiolocalizzazione (*radio*), Funkortung (*f.*).
radiologia (scienza della radioattività e dei raggi X) (*fis. - med.*), Röntgenlehre (*f.*), Röntgenologie (*f.*), Röntgenkunde (*f.*), Radiologie (*f.*).
radiologico (*fis. - ecc.*), röntgenologisch.
radiologo (*lav. - med.*), Röntgenologe (*m.*).
radiomeda (radiofaro marcatore) (*radar*),

Markierungsbake (f.), Markierungssender (m.) Markierungsfeuer (n.).
radiomessaggio (radio - milit. - ecc.), Funkmeldung (f.), Funkspruch (m.). 2 ~ in chiaro (radiomessaggio non in codice) (radio - milit. - ecc.), offener Funkspruch. 3 ~ non in codice (radiomessaggio in chiaro) (radio - milit. - ecc.), offener Funkspruch.
radiometallografia (metallografia a raggi X) (metall.), Radiometallographie (f.), Röntgenmetallographie (f.).
radiometeorologia (meteor.), Radiometeorologie (f.).
radiometria (fis.), Strahlungsmessung (f.).
radiometrico (fis.), radiometrisch.
radiometro (strumento per la misurazione di energia raggiante) (strum. - fis.), Radiometer (n.).
radionavigazione (radio - nav.), Funknavigation (f.), Radionavigation (f.). 2 sistema di ~ a base ridotta (radio - navig.), Kurzbasisverfahren (n.).
radionuclide (fis. atom. - radioatt.), Radionuklid (n.).
radioonda (onda radio) (radio), Rundfunkwelle (f.).
radioricevitore (apparecchio radio, radio) (radio), Funkempfänger (m.), Radio (n.), Radiogerät (n.). 2 ~ portatile (radio), Kofferempfänger (m.). 3 ~ ultradina (radio), Ultradynempfänger (m.).
radioricezione (radio), Funkempfang (m.).
radiorilevamento (radiogoniometraggio) (aer. - nav. - radio), Peilung (f.), Funkpeilung (f.), Radiopeilung (f.). 2 ~ da bordo (radiogoniometraggio da bordo) (aer. - radio - navig.), Eigenpeilung (f.).
radioriparatore (lav. - radio), Funkgerätmechaniker (m.).
radioscopia (fis. - ecc.), Röntgendurchleuchtung (f.), Röntgenoskopie (f.), Durchleuchtung (f.). 2 eseguire una ~ (fare una radioscopia) (fis. - ecc.), röntgen, eine Röntgendurchleuchtung machen, durchleuchten.
radioscuola (radio), Schulfunk (m.).
radiosegnale (radio), Funksignal (n.), Radiosignal (n.). 2 ~ di delimitazione (aer. - navig.), Begrenzungsbake (f.).
radiosestante (app. - navig.), Radiosextant (m.).
radiosonda (app. meteor.), Radiosonde (f.). 2 ~ (radioaltimetro) (strum. aer.), Reflexionshöhenmesser (m.), Funkhöhenmesser (m.), Radiohöhenmesser (m.).
radiosorgente (radio - astr.), Radioquelle (f.). 2 ~ pulsante (pulsar) (astr.), Pulsar (m.).
radiospettrografo (radiotelescopio per l'analisi delle radiazioni solari) (app. astr.), Radiospektrograph (m.).
radiospoletta (spoletta di prossimità) (espl.), Näherungszünder (m.), Nahzünder (m.), Annäherungszünder (m.), radiogesteuerter Zünder.
radiostelle (stelle non visibili emettenti radiazioni a onde corte) (astr.), Radiosterne (f. pl.).
radiotaxi (radio - veic.), Funktaxi (n.).
radiotecnico (radio - lav.), Funkmechaniker (m.).

radiotelecomando (radio), Funkfernsteuerung (f.).
radiotelefonare (radio - telef.), funksprechen.
radiotelefonata (radio), Funkspruch (m.).
radiotelefonia (radio - telef.), Funktelephonie (f.), Radiofernsprechen (n.), drahtlose Telephonie. 2 ~ terra-aria (aer. - radio), Boden-Bord-Sprechverkehr (m.).
radiotelefonico (telef.), funktelephonisch.
radiotelefono (radio - telef.), Funksprechgerät (n.), Funksprecher (m.), Radiophon (n.), Radiofernsprecher (m.), Funktelephon (n.). 2 ~ da campo (ricetrasmittente portatile) (radio - milit.), Feldfunksprecher (m.). 3 ~ per ferrovie (radio - ferr.), Eisenbahnradio (n.). 4 ~ mobile (radio - telef.), tragbares Funksprechgerät. 5 ~ portatile (radio), Handfunksprecher (m.). 6 servizio di ~ sui treni (radio - ferr.), Zugfunk (m.), Zugtelephonie (f.).
radiotelegrafare (telegr.), drahtlos telegraphieren, radiotelegraphieren.
radiotelegrafia (radio), Funkentelegraphie (f.), drahtlose Telegraphie, Radiotelegraphie (f.).
radiotelegrafico (radio), funktelegraphisch, radiotelegraphisch.
radiotelegrafista (lav.), Funker (m.). 2 ~ di bordo (aer. - nav.), Bordfunker (m.).
radiotelegramma (marconigramma) (radio), Funktelegramm (n.).
radiotelescopia (astr.), Radioteleskopie (m.).
radiotelescopio (strum. astr.), Astropeiler (m.), Radioteleskop (n.).
radiotelevisione (radio - telev.), Fernsehfunk (m.), Rundfunk (m.).
radiotecnica (radio), Funktechnik (f.), Radiotechnik (f.).
radiotecnico (radio - lav.), Funktechniker (m.), Radiotechniker (m.).
radiotelegramma (marconigramma) (radio - telegr.), Funktelegramm (n.).
radioterapia (med.), Radiumtherapie (f.), Strahlenbehandlung (f.). 2 ~ (röntgenterapia) (med.), Röntgentherapie (f.), Röntgenbehandlung (f.), Röntgenbestrahlung (f.).
radiotrasmettere (radiodiffondere) (radio), rundfunken.
radiotrasmettitore (radio), Funksender (m.), Rundfunksender (m.), Radiosender (m.). 2 ~ clandestino (radio), Schwarzsender (m.).
radiotrasmissione (radio), Funksendung (f.), Funksenden (n.), Rundfunk (m.). 2 ~ di immagini (radio), drathlose Bildübertragung. 3 tecnica delle radiotrasmissioni (radio), Rundfunktechnik (f.).
radiovaligia (radioricevitore portatile) (radio), Kofferempfänger (m.).
radomo (cupola di ricetrasmissione) (radar), Funkmesshaube (f.), Radarhaube (f.), Radarbug (m.).
radon (emanazione di radio, niton) (Rn - radioatt. - chim.), Radiumemanation (f.), Radon (n.), Niton (n.).
radunare (gen.), ansammeln, sammeln.
raduno («rallye») (aut. - sport), Sternfahrt (f.), Rallye (f.).
radura (geogr.), Rodung (f.).
raffica (colpo di vento) (meteor.), Windstoss

raffilare

(*m.*), Windbö (*f.*), Stosswind (*m.*). 2 ~ **ascendente** (*aer. - meteor.*), Steigbö (*f.*). 3 ~ **trasversale** (groppo trasversale) (*aer.*), Seitenwindbö (*f.*). 4 **indicatore di** ~ (*app. - aer.*), Windfühler (*m.*). 5 **misuratore di** ~ (*strum.*), Böenmesser (*m.*).

raffilare (i bordi di un libro) (*legatoria*), beschneiden, schaben.

raffilatrice (rifilatrice) (*macch. ind. carta*), Beschneidemaschine (*f.*).

raffilatura (del bordo di libri) (*legatoria*), Beschneiden (*n.*), Schaben (*n.*).

raffinal (alluminio purissimo, Al 99,99) (*metall.*), Raffinal (*n.*).

raffinare (*ind. chim.*), raffinieren. 2 ~ (lo zucchero p. es.) (*ind. chim.*), läutern, raffinieren.

raffinato (*a. - ind. chim.*), raffiniert. 2 ~ (nei processi di estrazione) (*s. - chim.*), Raffinat (*n.*). 3 **zucchero** ~ (*ind. chim.*), Raffinade (*f.*).

raffinatore (olandese) (*macch. ind. carta*), Feinzeugholländer (*m.*), Raffineur (*m.*), Mahlholländer (*m.*).

raffinazione (*ind. chim.*), Raffination (*f.*), Raffinement (*n.*), Verfeinerung (*f.*). 2 **impianti di** ~ **del petrolio** (*ind. chim.*), Erdölraffinerieanlagen (*f. pl.*). 3 **indice di** ~ (grado di raffinazione, di olii isolanti) (*chim.*), Sk-Zahl (*f.*), Raffinationsgrad (*m.*).

raffineria (*ind. chim.*), Raffinerie (*f.*). 2 ~ **di petrolio** (*ind. chim.*), Ölraffinerie (*f.*), Erdölraffinerie (*f.*). 3 **gas finale di** ~ (*ind. chim.*), Raffgas (*n.*).

raffinosio ($C_{18}H_{32}O_{16} \cdot 5H_2O$) (*ind. chim.*), Raffinose (*f.*), Melitose (*f.*), Pluszucker (*m.*).

raffreddamento (*gen.*), Kühlung (*f.*), Abkühlung (*f.*). 2 ~ **a circolazione d'acqua** (*mot. - ecc.*), Wasserumlaufkühlung (*f.*). 3 ~ **a circolazione d'olio** (di trasformatori) (*elett.*), Ölumlaufkühlung (*f.*). 4 ~ **a circolazione forzata** (*mot. - aut.*), Pumpenumlaufkühlung (*f.*). 5 ~ **a circuito chiuso** (*mot.*), geschlossene Kreislaufkühlung, Umlaufkühlung (*f.*). 6 ~ **a convezione** (*fis.*), Konvektionskühlung (*f.*). 7 ~ **ad acqua** (*mot. - ecc.*), Wasserkühlung (*f.*). 8 ~ **ad acqua di mare** (*mot.*), Seewasserkühlung (*f.*), Meerwasserkühlung (*f.*). 9 ~ **ad acqua dolce** (di un mot. marino) (*mot. - nav.*), Frischwasserkühlung (*f.*), Süsswasserkühlung (*f.*). 10 ~ **ad aria** (*mot. - ecc.*), Luftkühlung (*f.*). 11 ~ **ad aria** (con ventilatore) (*mot. - aut.*), Gebläseluftkühlung (*f.*). 12 ~ **ad elio** (di un reattore) (*fis. atom.*), Heliumkühlung (*f.*). 13 ~ **ad evaporazione** (raffreddamento per evaporazione) (*fis.*), Verdampfungskühlung (*f.*). 14 ~ **adiabatico** (*termodin.*), adiabatische Abkühlung. 15 ~ **a doccia** (spegnimento a doccia) (*tratt. term.*), Abbrausen (*n.*). 16 ~ **a liquido** (*mot. - ecc.*), Flüssigkeitskühlung (*f.*). 17 ~ **a pioggia** (di uno scambiatore di calore p. es.) (*term.*), Rieselkühlung (*f.*). 18 ~ **a pioggia** (raffreddamento a doccia, spegnimento a pioggia) (*tratt. term.*), Abbrausen (*n.*). 19 ~ **a pressione** (di un mot. a c. i.) (*mot. - aut.*), Überdruckkühlung (*f.*). 20 ~ **a radiazione** (*fis.*), Strahlungskühlung (*f.*). 21 ~ **a termosifone** (*mot. - aut.*), Thermosiphonkühlung (*f.*), Wärmeumlaufkühlung (*f.*), Selbstumlaufkühlung (*f.*). 22 ~ **a velo fluido** (di una camera di combustione) (*term.*), Filmkühlung (*f.*). 23 ~ **in circuito chiuso** (*nav. - mot. - ecc.*), Umlaufkühlung (*f.*), geschlossene Kreislaufkühlung. 24 ~ **intermittente** (per tubi ignitron p. es.) (*term. - elettronica*), Sparkühlung (*f.*). 25 ~ **naturale** (*gen.*), Selbstkühlung (*f.*), Eigenkühlung (*f.*). 26 ~ **naturale** (*macch. elett. - ecc.*), Eigenkühlung (*f.*). 27 ~ **normale** (raffreddamento con lubrorefrigerante mantenuto a temperatura normale = 20 ºC) (*lav. macch. ut.*), Normalkühlung (*f.*). 28 ~ **per conduzione** (*fis.*), Leitungskühlung (*f.*). 29 ~ **per espansione** (*fis.*), Entspannungsabkühlung (*f.*). 30 ~ **per evaporazione** (*fis.*), Verdampfkühlung (*f.*). 31 ~ **per liquefazione** (*fis.*), Schmelzkühlung (*f.*). 32 ~ **per radiazione** (*fis.*), Strahlungskühlung (*f.*). 33 ~ **separato** (*macch. elett.*), Fremdkühlung (*f.*). 34 **aletta di** ~ (nervatura di raffreddamento) (*mecc. - ecc.*), Kühlrippe (*f.*). 35 **camicia di** ~ (intercapedine di raffreddamento) (*mot. - ecc.*), Kühlmantel (*m.*). 36 **curva di** ~ (*metall.*), Abkühlungskurve (*f.*). 37 **fessura di** ~ (per raffreddare il calcestruzzo durante la presa p. es.) (*ed. - ecc.*), Kühlspalt (*m.*). 38 **intercapedine di** ~ (camicia di raffreddamento) (*mot. - ecc.*), Kühlmantel (*m.*). 39 **macchina a** ~ **naturale** (macchina autoventilata) (*macch. elett.*), Maschine mit Selbstkühlung. 40 **nervatura di** ~ (aletta di raffreddamento) (*mecc.) - ecc.*), Kühlrippe (*f.*). 41 **piano di** ~ (*lamin.*), Kühlbett (*n.*). 42 **piano di** ~ **a rulli** (*lamin.*), Rollenkühlbett (*n.*). 43 **rapido** ~ (spegnimento) (*tratt. term.*), Abschrecken (*n.*). 44 **serpentino di** ~ (*ind.*), Kühlschlange (*f.*), Schlangenkühler (*m.*). 45 **sistema di** ~ (*mot. - ecc.*), Kühlsystem (*n.*). 46 **sistema di** ~ **sigillato** (a liquido) (*aut.*), plombiertes Flüssigkeitskühlungssystem. 47 **torre di** ~ **in controcorrente** (*ind.*), Gegenstromkühlturm (*m.*). 48 **velocità di** ~ (*metall. - tratt. term. - ecc.*), Abkühlungsgeschwindigkeit (*f.*).

raffreddare (*gen.*), kühlen, abkühlen. 2 ~ **a doccia** (raffreddare a pioggia, spegnere a pioggia) (*tratt. term.*), abbrausen. 3 ~ (vetro) (*ind. vetr.*), abtempern. 4 ~ **bruscamente** (spegnere) (*tratt. term.*), abschrecken. 5 ~ **con acqua** (*gen.*), ablöschen. 6 ~ **con controllo della temperatura** (*metall. - tratt. term.*), regelkühlen. 7 ~ **in aria** (*gen.*), luftkühlen.

raffreddarsi (*gen.*), kalt werden.

raffreddato (*mot. - ecc.*), gekühlt. 2 ~ **ad acqua** (*mot. - ecc.*), wassergekühlt. 3 ~ **ad aria** (*mot. - ecc.*), luftgekühlt. 4 ~ **a liquido** (*mot. - ecc.*), flüssigkeitsgekühlt. 5 ~ **al sodio** (valvola di scarico p. es.) (*mot. - ecc.*), natriumgekühlt. 6 ~ **bruscamente** (temprato, spento) (*tratt. term.*), abgeschreckt.

raffreddatore (dispersore di calore, « conchiglia ») (*fond.*), Schreckplatte (*f.*), Abschreckplatte (*f.*). 2 ~ (termodispersore, dissipatore di calore, per diodi p. es.) (*elettronica*), Kühlkörper (*m.*). 3 ~ **a pioggia** (scambiatore di calore a pioggia, refrigeratore a pioggia) (*app.*), Rieselkühler (*m.*).

raggiera (*gen.*), Strahlenkranz (*m.*). 2 ~ (stella delle razze, di una ruota p. es.)

(*veic.* - *ecc.*), Speichenstern (*m.*). 3 a ~ (*gen.*), strahlenförmig.

raggio (di una circonferenza) (*geom.*), Halbmesser (*m.*), Radius (*m.*). 2 ~ (di luce p. es.) (*fis.* - *ott.*), Strahl (*m.*). 3 ~ (di una ruota) (*veic.*), Speiche (*f.*). 4 ~ **agli spigoli** (raggio di curvatura agli spigoli, di un pezzo imbutito) (*lav. lamiera*), Eckenradius (*m.*). 5 ~ **analizzatore** (raggio esploratore) (*telev.*), Abtaststrahl (*m.*). 6 **raggi attinici** (*fis.*), aktinische Strahlen (*m. pl.*). 7 ~ **beta** (*radioatt.*), Betastrahl (*m.*). 8 **raggi canale** (raggi positivi) (*fis.* - *elett.*), Kanalstrahlen (*m. pl.*). 9 ~ **catodico** (*elettronica*), Kathodenstrahl (*m.*). 10 ~ **convergente** (raggio catodico p. es.) (*fis.*), konvergenter Strahl. 11 **raggi cosmici** (radiazione cosmica) (*astr.* - *radioatt.*), kosmische Ultrastrahlung, Höhenstrahlung (*f.*). 12 ~ **d'azione** (*gen.*), Reichweite (*f.*), Aktionsradius (*m.*), Wirkungsbereich (*m.*). 13 ~ **d'azione** (di una gru p. es.) (*macch. ind.*), Schwenkbereich (*m.*). 14 ~ **d'azione** (di un velivolo) (*aer.*), Radius (*m.*), Reichweite (*f.*). 15 ~ **d'azione della telecamera** (*telev.*), Kamerabereich (*m.*). 16 ~ **del cerchio di base** (raggio della circonferenza di base, raggio di costruzione, di ruote dentate) (*mecc.*), Grundkreishalbmesser (*m.*), Grundkreisradius (*m.*). 17 ~ **del cerchio di testa** (d'una camma) (*mecc.* - *mot.*), Kuppenradius (*m.*). 18 ~ **della circonferenza di base** (raggio del cerchio di base, raggio di costruzione, di ruote dentate) (*mecc.*), Grundkreishalbmesser (*m.*), Grundkreisradius (*m.*). 19 ~ **dello sviluppo** (*lav. - lamiera*), Zuschnittradius (*m.*). 20 ~ **delta** (*fis.*), Deltastrahl (*m.*). 21 ~ **di costruzione** (raggio della circonferenza di base, raggio del cerchio di base, di ruote dentate) (*mecc.*), Grundkreishalbmesser (*m.*), Grundkreisradius (*m.*). 22 ~ **di curvatura** (*geom.* - *ecc.*), Krümmungshalbmesser (*m.*), Krümmungsradius (*m.*). 23 ~ **di curvatura** (raggio di raccordo tra due superfici perpendicolari di un pezzo p. es.) (*mecc.* - *ecc.*), Übergangsradius (*m.*), Abrundungsradius (*m.*), Ausrundungshalbmesser (*m.*), Eckenradius (*m.*). 24 ~ **di luce** (*ott.* - *illum.*), Lichtstrahl (*m.*). 25 ~ **di manovella** (*mecc.*), Kurbelhalbmesser (*m.*). 26 ~ **dinamico** (di un pneumatico) (*aut.*), dynamischer Halbmesser, Arbeitshalbmesser (*m.*). 27 ~ **d'inerzia** (raggio giratorio) (*mecc.*), Trägheitsradius (*m.*), Trägheitshalbmesser (*m.*). 28 ~ **di raccordo** (*mecc.*), Radius (*m.*), Übergangsradius (*m.*), Abrundungsradius (*m.*). 29 ~ **di sterzata** (*veic.*), Lenkradius (*m.*). 30 ~ **di sterzata minimo** (*aut.*), vedi raggio minimo di volta. 31 ~ **effettivo** (di un pneumatico sotto carico) (*aut.*), wirksamer Halbmesser, Rollradius (*m.*). 32 ~ **effettivo dinamico** (di un pneumatico, alla velocità di 60 km/h) (*aut.*), dynamisch wirksamer Halbmesser, dynamischer Rollradius. 33 ~ **effettivo sotto carico** (di un pneumatico) (*aut.*), Rollradius (*m.*), wirksamer Halbmesser. 34 ~ **effettivo sotto carico dinamico** (di un pneumatico) (*aut.*), dynamischer Rollradius, dynamisch wirksamer Halbmesser. 35 ~ **effettivo sotto carico statico** (di un pneumatico) (*aut.*), statischer Rollradius, statisch wirksamer Halbmesser. 36 ~ **effettivo statico** (di un pneumatico, sotto carico statico) (*aut.*), statisch wirksamer Halbmesser, statischer Rollradius. 37 ~ **elettronico** (*elettronica*), Elektronenstrahl (*m.*). 38 ~ **emergente** (*fis.* - *ott.*), ausfallender Strahl. 39 ~ **esploratore** (raggio analizzatore) (*telev.*), Abtaststrahl (*m.*). 40 ~ **focale** (*ott.*), Brennstrahl (*m.*). 41 ~ **focale** (di un'ellisse) (*geom.*), Brennstrahl (*m.*). 42 ~ **gamma** (*fis.* - *radioatt.*), Gammastrahl (*m.*). 43 ~ **giratorio** (raggio d'inerzia) (*mecc.*), Trägheitsradius (*m.*), Trägheitshalbmesser (*m.*). 44 ~ **idraulico** (*idr.*), vedi raggio medio. 45 ~ **incidente** (*ott.*), Einfallstrahl (*m.*), einfallender Strahl. 46 ~ **infrarosso** (*fis.*), infraroter Strahl. 47 ~ **laser** (fascio laser) (*ott.*), Laserstrahl (*m.*). 48 ~ **luminoso** (*ott.*), Lichtstrahl (*m.*). 49 ~ **medio** (raggio idraulico, rapporto tra sezione di efflusso e contorno bagnato) (*idr.*), Profilradius (*m.*), hydraulischer Radius. 50 ~ **minimo di sterzata** (*aut.*), vedi raggio minimo di volta. 51 ~ **minimo di volta** (raggio minimo di sterzata, riferito alla mezzeria della ruota esterna) (*aut.*), kleinster Spurkreisradius. 52 ~ **minimo di volta** (riferito all'ingombro massimo esterno del veicolo) (*aut.*), kleinster Wendekreisradius. 53 ~ **ordinario** (*ott.*), ordentlicher Strahl. 54 **raggi positivi** (raggi canale) (*fis.* - *elett.*), Kanalstrahlen (*m. pl.*). 55 ~ **principale** (*ott.*), Hauptstrahl (*m.*). 56 ~ **riflesso** (*fis.*), reflektierter Strahl. 57 ~ **rifratto** (*ott.*), gebrochener Lichtstrahl. 58 **raggi Röntgen** (raggi X) (*fis.* - *ecc.*), Röntgenstrahlen (*m. pl.*), X-Strahlen (*m. pl.*). 59 ~ **straordinario** (*ott.*), ausserordentlicher Strahl. 60 ~ **ultrarosso** (*fis.* - *ott.*), ultraroter Strahl. 61 ~ **ultravioletto** (*ott.*), ultravioletter Strahl. 62 ~ **vettore** (*mat.*), Radiusvektor (*m.*), Fahrstrahl (*m.*), Leitstrahl (*m.*). 63 ~ **vettore** (di dentature ad evolvente p. es.) (*mecc.*), Leitstrahl (*m.*), Fahrstrahl (*m.*). 64 **raggi X** (raggi Röntgen) (*fis.* - *ecc.*), Röntgenstrahlen (*m. pl.*), X-Strahlen (*m. pl.*). 65 **a n raggi** (*gen.*), n-strahlig. 66 **fascio di raggi** (*fis.*), Strahlenbündel (*n.*). 67 **movimento oscillante del ~** (elettronico, vobulazione del raggio) (*telev.*), Strahlwobblung (*f.*). 68 **ruota a raggi** (*veic.*), Speichenrad (*n.*), Drahtspeichenrad (*n.*). 69 **soppressione del ~** (analizzatore, durante il tempo di ritorno) (*telev.*), Strahlsperrung (*f.*), Strahlunterdrückung (*f.*).

raggiungere (conseguire) (*gen.*), erreichen.

raggrinzare (increspare, raggrinzire) (*gen.*), kräuseln, runzeln, schrumpeln.

raggrinzarsi (raggrinzirsi) (*difetto di vn.*), runzeln.

raggrinzimento (*difetto vn.*), Runzelbildung (*f.*).

raggruppamento (*gen.*), Gruppierung (*f.*), Zusammenstellung (*f.*). 2 ~ (di canali) (*radio*), Bündelung (*f.*). 3 ~ **di elettroni** (*fis.*), Elektronenballung (*f.*).

raggruppare (*gen.*), zusammenstellen, gruppieren. 2 ~ (azioni) (*finanz.*), zusammenlegen.

ragione (rapporto tra un membro di una serie ed il membro che lo precede) (*mat.*), Stufensprung (*m.*). 2 ~ **sociale** (di una ditta) (*comm.*), Gesellschaftsfirma (*f.*), Firma der Gesellschaft, Firma (*f.*), Firmenbezeichnung (*f.*). 3 **per una** ~ **qualsiasi** (*gen.*), aus irgendeinem Grund.
ragioneria (*scuola*), Rechnungswesen (*n.*).
ragionevole (prezzo p. es.) (*comm.*), annehmbar.
ragioniere (*pers.*), Rechnungsführer (*m.*).
« **raglan** » (tipo di attacco delle maniche) (*ind. tess.*), Raglan (*n.*).
raion (rayon, fibra tessile artificiale) (*ind. chim. - tess.*), Rayon (*n.*), Kunstseide (*f.*). 2 ~ **acetato** (seta all'acetato di cellulosa) (*ind. tess. - chim.*), Zelluloseazetatseide (*f.*), Azetatseide (*f.*), Azetatrayon (*n.*). 3 ~ **al cuprammonio** (raion cuprammonico) (*ind. tess.*), Kupferseide (*f.*). 4 ~ **all'acetato di cellulosa** (*chim. - ind. tess.*), Azetatseide (*f.*), Azetatrayon (*n.*), Zelluloseazetatseide (*f.*). 5 ~ **cuprammonico** (raion al cuprammonio) (*ind. tess.*), Kupferseide (*f.*). 6 **macchina per la filatura del** ~ (cuproammoniacale) (*macch. tess.*), Kupra-Spinnmaschine (*f.*).
raionacetato (seta all'acetato di cellulosa) (*chim. - ind. tess.*), Azetatseide (*f.*), Azetatrayon (*n.*), Zelluloseazetatseide (*f.*).
ralinga (gratile, orlo di vela rinforzato con corda) (*nav.*), Liek (*n.*).
ralingare (una vela) (*naut.*), anlieken, lieken.
ralingatura (di una vela) (*nav.*), Anlieken (*n.*), Lieken (*n.*).
ralla (di un cuscinetto assiale, piastra di appoggio) (*mecc.*), Scheibe (*f.*), Spurplatte (*f.*), Spurpfanne (*f.*). 2 ~ (di un carrello) (*ferr.*), Drehplatte (*f.*), Drehschemel (*m.*). 3 ~ (di agganciamento, di un semirimorchio) (*veic.*), Drehschemel (*m.*), Aufsattel (*m.*), Kupplungsplatte (*f.*). 4 ~ (di una gru p. es.) (*macch. ind.*), Drehsattel (*m.*). 5 ~ **a sfere** (per rimorchi) (*veic.*), Kugelkranz (*m.*). 6 ~ **centrale** (anello centrale, d'un cuscinetto assiale) (*mecc.*), Wellenscheibe (*f.*). 7 ~ **del cuscinetto di spinta** (*mecc.*), Achsiallagerscheibe (*f.*). 8 ~ **esterna** (anello esterno, d'un cuscinetto assiale) (*mecc.*), Gehäusescheibe (*f.*). 9 ~ **per semirimorchio** (*veic. - aut.*), Sattelkupplung (*f.*).
rallentamento (*gen.*), Geschwindigkeitsabnahme (*f.*). 2 **freno di** ~ (rallentatore, per discese) (*veic.*), Retarder (*m.*), Dauerbremse (*f.*). 3 **potere di** ~ (per neutroni) (*fis. atom.*), Bremsvermögen (*n.*).
rallentare (decelerare) (*mecc. - ecc.*), verlangsamen. 2 ~**!** (*traff. strad.*), langsam fahren!
rallentatore (macchina per riprese al rallentatore, macchina per ripresa ultrarapida) (*macch. cinem.*), Zeitdehner (*m.*), Zeitlupe (*f.*). 2 ~ (freno continuo, freno di rallentamento) (*aut.*), Retarder (*m.*), Dauerbremse (*f.*), Dauerbremsanlage (*f.*).
« **rally** » (raduno) (*aut. - sport*), Sternfahrt (*f.*), Rallye (*f.*).
ramaio (calderaio, battirame) (*lav.*), Rotschmied (*m.*), Kupferschmied (*m.*).

ramare (*tecnol. mecc.*), verkupfern, kupfern, kupferplattieren.
ramato (*tecnol. mecc.*), verkupfert, kupferplattiert.
ramatura (*tecnol. mecc.*), Verkupferung (*f.*), Kupfern (*n.*), Kupferplattieren (*n.*). 2 ~ **a spruzzo** (*tecnol. mecc.*), Kupferspritzen (*n.*).
rame (*Cu - chim.*), Kupfer (*n.*). 2 ~ **ad alta conduttività esente da ossigeno** (rame OFHC, oxygen free high conductivity copper) (*metall.*), OFHC-Kupfer (*n.*). 3 ~ **affinato** (*metall.*), Garkupfer (*n.*), Zähkupfer (*n.*). 4 ~ **affinato** (99,4-99,6% di rame) (*metall.*), Hüttenkupfer (*n.*), Raffinadekupfer (*n.*). 5 ~ **elettrolitico** (*metall.*), Elektrolytkupfer (*n.*). 6 ~ **elettrolitico** (rame in catodi) (*metall. - elettrochim.*), Kathodenkupfer (*n.*), Elektrolytkupfer (*n.*). 7 ~ **grezzo** (*metall.*), Blasenkupfer (*n.*). 8 ~ **in catodi** (rame elettrolitico) (*metall. - elettrochim.*), Kathodenkupfer (*n.*), Elektrolytkupfer (*n.*). 9 ~ **in lastre** (*ind. metall.*), Plattenkupfer (*n.*). 10 ~ **nero** (con 90-98% di rame) (*metall.*), Schwarzkupfer (*n.*). 11 ~ **per conduttori** (*elett.*), Leitkupfer (*n.*). 12 **cemento di** ~ (*metall.*), Zementkupfer (*n.*). 13 **filo di** ~ (*elett. - metall.*), Kupferdraht (*m.*). 14 **lamiera di** ~ (*metall.*), Kupferblech (*n.*). 15 **neutro di** ~ (*elett.*), Kupfer-Nulleiter (*m.*). 16 **numero di** ~ (quantità di rame ridotto ad ossido rameoso dalla soluzione di Fehling) (*chim.*), Kupferzahl (*f.*). 17 **ossido di** ~ (CuO) (*chim.*), Kupferoxyd (*n.*). 18 **ossidulo di** ~ (Cu_2O) (*chim.*), Kupferoxydul (*n.*).
ramìa (ramiè, fibra vegetale) (*ind. tess. - ecc.*), Ramie (*f.*).
ramifero (minerale) (*min.*), kupferhaltig.
ramificazione (biforcazione) (*gen.*), Verzweigung (*f.*).
rammollimento (*vn. - etc.*), Erweichung (*f.*). 2 **punto di** ~ (di masse bituminose) (*ed.*), Erweichungspunkt (*m.*).
rammollitore (emolliente, per resine p. es.) (*ind. chim.*), Weichmacher (*m.*).
ramo (*gen.*), Ast (*m.*), Zweig (*m.*). 2 ~ (di una curva p. es.) (*macch. - etc.*), Ast (*m.*), Zweig (*m.*). 3 ~ (d'un programma) (*elab. dati*), Verzweigung (*f.*). 4 ~ **ascendente** (di una curva) (*dis. - ecc.*), aufsteigender Ast. 5 ~ **del ponte** (*elett.*), Brückenarm (*m.*). 6 ~ **discendente** (di una curva) (*dis. - ecc.*), absteigender Ast. 7 ~ **inferiore** (d'un nastro trasportatore continuo) (*trasp. ind.*), Untertrum (*m.*), Untergurt (*m.*). 8 ~ **lento** (tratto lento, di una cinghia) (*mecc.*), schlaffer Trum. 9 ~ **teso** (tratto teso, di una cinghia) (*mecc.*), straffer Trum.
ramolaggio (remolaggio, montaggio della forma, con anime) (*fond.*), Zusammensetzen der Form, Einsetzen.
ramolare (remolare) (*fond.*), die Form zusammensetzen, einsetzen.
rampa (piano inclinato) (*gen.*), Rampe (*f.*). 2 ~ **di accesso** (*ed.*), Zufahrtrampe (*f.*). 3 ~ **di accesso all'argine** (*idr.*), Deichrampe (*f.*). 4 ~ **di caricamento** (*trasp.*), Verladerampe (*f.*). 5 ~ **(di caricamento) di testa** (*ferr.*), Kopframpe (*f.*). 6 ~ **di lancio** (per missili) (*milit.*), Abschussrampe (*f.*). 7 ~ **di**

prova (per missili) (*mot.*), Brennstand (*m.*). **8 ~ di scala** (*ed.*), Treppenlauf (*m.*), Treppenarm (*m.*). **9 ~ elicoidale** (di un'autorimessa) (*ed. - aut.*), Wendelrampe (*f.*). **10 ~ per veicoli** (di una stazione ferr.) (*ferr.*), Fahrzeugrampe (*f.*). **11 a più rampe** (scala) (*ed.*), mehrarmig.
rampante (arco p. es.) (*ed.*), steigend, einhüftig.
rampone (*carp. - ed.*), Klammer (*f.*), Krampe (*f.*). **2 ~** (per scalatori p. es.) (*sport*), Steigeisen (*n.*). **3 fissare con ramponi** (*carp. - ed.*), anklammern.
rana (tipo di nuoto) (*sport*), Brust (*f.*).
randa (vela di randa) (*nav.*), Gaffelsegel (*n.*), Besan (*m.*), Besansegel (*n.*).
rango (*gen.*), Rang (*m.*). **2 ~ di una matrice** (caratteristica di una matrice) (*mat.*), Rang einer Matrix. **3 valore di ~** (*mat.*), Ranggrösse (*f.*).
Rankine, scala di ~ (scala assoluta di temperatura) (*fis.*), Rankine-Skala (*f.*).
ranno (lisciva) (*chim.*), Beuche (*f.*).
rapida (di un fiume) (*s. - geogr.*), Stromschnelle (*f.*), Schnelle (*f.*). **2 a presa ~** (cemento) (*mur.*), raschbindend.
rapidina (macchina amplificatrice; due macchine a c.c. in cascata, impiegate nei circuiti di regolazione p. es.) (*elett.*), Rapidyne (*f.*).
rapido (veloce) (*a. - gen.*), schnell, rasch. **2 ~** (ad azione rapida) (*a. - gen.*), schnellwirkend. **3 ~** (fusibile) (*a. - elett.*), flink. **4 ~** (treno rapido) (*s. - ferr.*), Schnellzug (*m.*). **5 traslare in marcia rapida** (*lav. macch. ut.*), im Eilgang fahren.
rappezzare (riparare) (*gen.*), flicken, ausbessern, ausflicken.
rappezzatore (app. per la riparazione di strade) (*strad.*), Flickgerät (*n.*).
rappezzatura (rappezzo, riparazione) (*costr. strad. - ecc.*), Flickarbeit (*f.*), Ausflicken (*n.*), Ausbesserung (*f.*).
rappezzo (per coprire guasti) (*gen.*), Flick (*m.*), Flicken (*m.*). **2 ~** (rappezzatura, riparazione) (*costr. strad. - ecc.*), Flickarbeit (*f.*), Ausflicken (*n.*), Ausbesserung (*f.*). **3 ~** (pezza, per camere d'aria) (*veic.*), Flick (*m.*), Schlauchflicken (*m.*). **4 ~** (su un getto p. es., sfoglia, « spoglia », taccone) (*difetto di fond.*), Schülpe (*f.*). **5 pigiata da ~** (di un forno) (*forno - metall.*), Flickmasse (*f.*).
rapportatore (goniometro) (*strum.*), Gradbogen (*m.*), Winkelmesser (*m.*), Transporteur (*m.*).
rapporto (*mat. - ecc.*), Verhältnis (*n.*). **2 ~** (relazione, scritta o verbale) (*gen.*), Bericht (*m.*). **3 ~** (relazione, riferimento) (*gen.*), Beziehung (*f.*). **4 ~** (di trasmissione, del cambio, marcia, « velocità ») (*aut.*), Gang (*m.*). **5 ~ acqua-cemento** (del calcestruzzo fresco) (*ed.*), Wasserzementverhältnis (*n.*), Wasserzementfaktor (*m.*), WZF. **6 ~ al ponte** (« coppia conica », di una trasmissione) (*aut.*), Hinterachsübersetzung (*f.*), Achsantriebübersetzung (*f.*), Achsuntersetzung (*f.*). **7 ~ arco/raggio** (misura dell'angolo piano) (*geom.*), Bogenmass (*n.*). **8 ~ aria/carburante** (rapporto aria/combustibile) (*mot.*), Luft-Brennstoffverhältnis (*n.*). **9 ~ aria/combustibile** (rapporto aria/carburante) (*mot.*), Luft-Brennstoffverhältnis (*n.*). **10 ~ azoto/carbonio** (d'un combustibile) (*comb.*), Stickstoffcharakteristik (*f.*). **11 ~ C/H** (rapporto in peso di C ed H contenuti in un combustibile) (*comb.*), C/H-Verhältnis (*n.*). **12 ~ corsa/alesaggio** (di un mot. a comb. interna) (*mot.*), Hubverhältnis (*n.*), Hub/Bohrung. **13 ~ critico di ricalcatura** (rapporto limite di ricalcatura, lunghezza libera ricalcabile senza cedimento da pressoflessione) (*fucin.*), Grenzstauchverhältnis (*n.*). **14 ~ d'armatura** (*ind. tess.*), Bindungsrapport (*m.*). **15 ~ d'azione** (rapporto tra arco d'azione e passo, di ruota dentata) (*mecc.*), Überdeckungsgrad (*m.*), Profilüberdeckung (*f.*). **16 ~ del bagno** (*ind. tess.*), Flottenverhältnis (*n.*). **17 ~ del ponte** (d'un ponte di Wheatstone) (*elett.*), Brückenverhältnis (*n.*). **18 ~ di addensamento** (rapporto tra difetto di massa e numero di massa) (*fis. atom.*), Packungsanteil (*m.*). **19 ~ di armatura** (*ind. tess.*), Bindungsrapport (*m.*). **20 ~ di arricchimento** (nella distillazione) (*ind. chim.*), Verstärkungsverhältnis (*n.*). **21 ~ di autorigenerazione** (*fis. atom.*), Umwandlungsfaktor (*m.*). **22 ~ di avvolgimento** (*elett.*), Wiudungsverhältnis (*n.*). **23 ~ di azione** (rapporto tra arco di azione e passo tra i denti di una ruota) (*mecc.*), Überdeckungsgrad (*m.*), Profilüberdeckung (*f.*). **24 ~ di carico** (indice di carico, rapporto tra carico utile e peso a vuoto) (*veic.*), Nutzlastverhältnis (*n.*). **25 ~ di circolazione** (rapporto tra la quantità di olio circolante in un'ora e capacità del sistema di lubrificazione p. es.) (*mot. - macch.*), Umwälzzahl (*f.*). **26 ~ di compressione** (di un mot. a comb. interna) (*mot. - aut.*), Verdichtung (*f.*), Verdichtungsverhältnis (*n.*), Verdichtungsgrad (*m.*). **27 ~ di compressione dell'aria** (rapporto di sovralimentazione) (*mot.*), Luftdichteverhältnis (*n.*). **28 ~ di compressione effettivo** (*mot.*), effektives Verdichtungsverhältnis. **29 ~ di compressione totale** (*mot.*), Gesamtverdichtungsverhältnis (*n.*). **30 ~ di deformazione** (rapporto tra dimensioni finali ed iniziali) (*fucinatura*), Umformverhältnis (*n.*), Formänderungsverhältnis (*n.*). **31 ~ di deformazione trasversale** (coefficiente di Poisson) (*sc. costr.*), Querdehnungsziffer (*f.*), Poissonsche Konstante, Querzahl (*f.*). **32 ~ di demoltiplicazione** (rapporto di riduzione) (*mecc.*), Untersetzungsverhältnis (*n.*). **33 ~ di diluizione** (*vn.*), Verdünnungsverhältnis (*n.*). **34 ~ di dispersione** (dei dati di prova p. es.) (*tecnol. - stat.*), Streuverhältnis (*n.*). **35 ~ di estrusione** (rapporto di deformazione, del materiale estruso) (*tecnol. mecc.*), Querschnittverhältnis (*n.*), Umformverhältnis (*n.*), Formänderungsverhältnis (*n.*). **36 ~ di fucinatura** (rapporto di deformazione nella fucinatura) (*fucin.*), Verschmiedungsgrad (*m.*). **37 ~ di funzionamento** (di un'elica, rapporto tra velocità di avanzamento e velocità periferica) (*nav.*), Fortschrittsziffer (*f.*). **38 ~ di generazione** (nel taglio d'ingranaggi) (*mecc.*), Wälzverhältnis (*n.*). **39 ~ di imbutitura** (nella imbutitura profonda, rapporto

rapporto

tra diametro dello sviluppo e diametro del punzone) (*lav. lamiera*), Ziehverhältnis (*n.*). 40 ~ **di laminazione** (*lamin.*), Walzverhältnis (*n.*). 41 ~ **di larghezza** (di una pala d'elica) (*nav.*), Breitenverhältnis (*n.*). 42 **rapporti di lavoro** (tra datore di lav. e lavoratore) (*lav.*), Arbeitsverhältnisse (*n. pl.*). 43 ~ **d'immagine** (rapporto tra larghezza ed altezza dell'immagine) (*telev.*), Bildverhältnis (*n.*). 44 ~ **di moderazione** (*fis. atom.*), Bremsverhältnis (*n.*). 45 ~ **di moltiplicazione** (di un rotismo p. es.) (*mecc.*), Übersetzungsverhältnis (*n.*). 46 ~ **di moltiplicazione** (di un ingranaggio, rapporto tra il numero di denti della ruota e quello del pignone) (*mecc.*), Zähnezahlverhältnis (*n.*). 47 ~ **d'inflessione** (rapporto tra resistenza a flessione e freccia d'inflessione alla rottura) (*sc. costr.*), Durchbiegungsziffer (*f.*). 48 ~ **d'ingombro** (di trucioli, rapporto fra lo spazio che essi occupano ed il volume asportato dal pezzo) (*lav. macch. ut.*), Auflockerungsfaktor (*m.*). 49 ~ **d'inserzione** (del motore d'un app. di sollev. p. es., rapporto tra tempo d'inserzione e somma di tale tempo e della pausa senza corrente, indicato in %) (*elett. - app. di soll.*), Einschaltdauer (*f.*). 50 ~ **di ordito** (*ind. tess.*), Kettrapport (*m.*). 51 ~ **di potenza attiva** (su una linea a corrente trifase p. es., tra potenza di entrata e di uscita) (*elett.*), Wirkleistungsverhältnis (*n.*). 52 ~ **di regolazione** (di valvole; definisce la possibilità di variazione della portata per caduta di pressione costante) (*idr. - ecc.*), Stellverhältnis (*n.*). 53 ~ **diretto** (*mat. - ecc.*), richtiges Verhältnis, gerades Verhältnis. 54 ~ **di ricoprimento** (rapporto tra larghezza di dentatura e passo assiale, di ruote dentate) (*mecc.*), Sprungüberdeckung (*f.*), Axialüberdekungsgrad (*m.*). 55 ~ **di riduzione** (rapporto di demoltiplicazione) (*mecc.*), Untersetzungsverhältnis (*n.*). 56 ~ **di riduzione al ponte** (rapporto al ponte) (*aut.*), Achsübersetzung (*f.*), Hinterachsübersetzung (*f.*), Achsantriebsübersetzung (*f.*). 57 ~ **di rigenerazione** (*fis. nucl.*), Brutverhältnis (*n.*). 58 ~ **di snervamento** (rapporto tra limite di snervamento a trazione e resistenza) (*sc. costr.*), Streckgrenzenverhältnis (*n.*). 59 ~ **di solidità** (di un'elica p. es.) (*aer. - nav.*), Blattvölligkeit (*f.*), Ausfüllungsgrad (*m.*). 60 ~ **di sopraelongazione** (rapporto di sovramodulazione) (*telev.*), Überschwingfaktor (*m.*). 61 ~ **di sovralimentazione** (rapporto di compressione dell'aria, di un compressore) (*mot.*), Luftdichteverhältnis (*n.*). 62 ~ **di sovramodulazione** (rapporto di sovraelongazione) (*telev.*), Überschwingfaktor (*m.*). 63 ~ **di trama** (*ind. tess.*), Schussrapport (*m.*). 64 ~ **di trasformazione** (di un trasformatore elevatore di tensione) (*elett.*), Übersetzungsverhältnis (*n.*). 65 ~ **di trasmissione** (rapporto tra il numero di giri dell'albero conduttore e dell'albero condotto) (*mecc.*), Übersetzung (*f.*), Übersetzungsverhältnis (*n.*). 66 ~ **di trasmissione** (marcia, « velocità ») (*aut.*), Gang (*m.*). 67 ~ **di troncatura** (di una cesoia per billette p. es., rapporto tra lunghezza e lato, o diametro, dello spezzone) (*macch.*), Scherverhältnis (*n.*), Abschnittverhältnis (*n.*). 68 ~ **di truciolatura** (usura specifica della mola, nella rettifica; rapporto fra consumo d'abrasivo in g e materiale asportato in g) (*lav. macch. ut.*), Zerspanverhältnis (*n.*). 69 ~ **di utilizzazione** (di un motore a combustione interna, rapporto tra carica fresca e carica) (*mot.*), Ladegrad (*m.*), Fanggrad (*m.*). 70 ~ **fiduciario** (*finanz.*), Treuhandverbindlichkeit (*f.*). 71 ~ **fra carico utile e peso totale** (coefficiente di carico, di un autocarro) (*aut.*), Nutzlastfaktor (*m.*). 72 ~ **fronte-retro** (d'una antenna; caratterizza il suo effetto direzionale) (*telev. - ecc.*), Vor-Rück-Verhältnis (*n.*). 73 ~ **giromagnetico** (*fis. atom.*), gyromagnetisches Verhältnis. 74 ~ **inverso** (*mat. - ecc.*), umgekehrtes Verhältnis, indirektes Verhältnis. 75 ~ **larghezza/altezza dell'immagine** (rapporto d'immagine) (*telev.*), Bildverhältnis (*n.*), Bildseitenverhältnis (*n.*). 76 ~ **limite di ricalcatura** (rapporto critico di ricalcatura, lunghezza libera ricalcabile senza cedimento da pressoflessione) (*fucinatura*), Grenzstauchverhältnis (*n.*). 77 ~ **logaritmico di deformazione** (logaritmo naturale del rapporto di deformazione) (*fucinatura*), logarithmiertes Umformverhältnis, logarithmiertes Formänderungsverhältnis. 78 ~ **lunghezza/corda** (di palette) (*turb.*), Erstreckungsverhältnis (*n.*). 79 ~ **molare** (tra il numero di molecole nel gas di scarico e nel gas prima della combustione) (*mot.*), Molverhältnis (*n.*). 80 ~ **passo/diametro** (di un'elica marina) (*nav.*), Steigungsverhältnis (*n.*). 81 ~ **pendenza/capacità** (rapporto fra pendenza e capacità elettrodica, negli amplificatori a banda larga) (*elettronica*), S/C-Verhältnis (*n.*). 82 ~ **per autostrada** (quinta velocità, marcia moltiplicata) (*aut.*), Schnellgang (*m.*), Schongang (*m.*). 83 ~ **pigmento/legante** (*vn.*), Pigment-Binder-Verhältnis (*n.*). 84 ~ **segnale/disturbo** (*radio - ecc.*), Störabstand (*m.*), Geräuschabstand (*m.*). 85 ~ **segnale/rumore** (*radio - acus.*), Geräuschabstand (*m.*), Rauschanteil (*m.*), Signal-zu-Rauschen-Verhältnis (*n.*). 86 ~ **spire dell'avvolgimento** (*elett.*), Wicklungsverhältnis (*n.*). 87 ~ **tra carico utile e peso a vuoto** (rapporto di carico, indice di carico) (*veic.*), Nutzlastverhältnis (*m.*). 88 ~ **tra difetto di massa e numero di massa** (rapporto di addensamento) (*fis. atom.*), Packungsanteil (*m.*). 89 ~ **tra forza frenante e peso frenato** (espresso in %, coefficiente di frenatura, percentuale di frenatura) (*aut.*), Abbremsung (*f.*). 90 ~ **tra freccia e luce** (di un arco) (*ed.*), Pfeilverhältnis (*n.*). 91 ~ **tra larghezza di dentatura e generatrice** (nelle ruote coniche) (*mecc.*), Völligkeitsgrad (*m.*). 92 ~ **tra larghezza ed altezza** (dell'immagine, rapporto d'immagine) (*telev.*), Bildverhältnis (*n.*). 93 ~ **tra lunghezza e larghezza** (dell'immagine) (*telev.*), Seitenverhältnis (*n.*). 94 ~ **fra tensione massima impulsiva e tensione alternata massima sopportate** (*elett.*), Stossverhältnis (*n.*), Stossfaktor (*m.*), Stossziffer (*f.*). 95 ~ **tra velocità periferica e salto** (*turb. idr.*), Laufzahl (*f.*). 96 ~ **1 : 2** (uno a due) (*mat.*), Verhältnis 1 : 2. 97 **a quattro**

rapporti (cambio; a quattro marce) (*mecc.*), viergängig, vierstufig. **98 in ~ diretto** (proporzionale) (*mat. - ecc.*), verhältnisgleich, verhältnismässig, proportional. **99 in ~ inverso** (*gen.*), im umgekehrten Verhältnis. **100 mettersi a ~** (*milit. - ecc.*), sich zum Rapport melden. **101 misuratore di ~** (*app.*), Verhältnismesser (*m.*), Ratiometer (*n.*). **102 prova di ~** (*macch. elett.*), Verhältnisprüfung (*f.*). **103 rivelatore di ~** (discriminatore) (*radio - telev.*), Verhältnisdetektor (*m.*), Ratiodetektor (*m.*). **104 trasmissione a ~ costante** (*mecc.*), gleichförmige Übersetzung. **105 trasmissione a ~ variabile** (*mecc.*), ungleichförmige Übersetzung.

rappresentante (*comm.*), Vertreter (*m.*). **2 ~ dei datori di lavoro** (*lav.*), Arbeitgebervertreter (*m.*). **3 rappresentanti del personale** (*organ. lav.*), Arbeitnehmervertretung (*f.*). **4 ~ di zona** (*comm.*), Bezirksvertreter (*m.*). **5 ~ esclusivo** (*comm.*), Alleinvertreter (*m.*). **6 ~ estero** (*comm.*), Auslandsvertreter (*m.*). **7 ~ legale** (procuratore) (*leg.*), Vertreter (*m.*), Stellvertreter (*m.*). **8 ~ legale** (per un processo) (*leg.*), Prozessbevollmächtigter (*m.*). **9 ~ locale** (*comm.*), Platzagent (*m.*), Platzvertreter (*m.*).

rappresentanza (*comm.*), Vertretung (*f.*), Agentur (*f.*). **2 ~ dei lavoratori** (*organ. lav.*), Betriebsvertretung (*f.*). **3 ~ del personale** (*organ. - lav.*), Personalvertretung (*f.*), Arbeitnehmervertretung (*f.*). **4 ~ esclusiva** (*comm.*), Alleinvertretung (*f.*). **5 ~ legale** (*leg.*), gestzliche Vertretung. **6 ~ processuale** (*leg.*), Prozessvertretung (*f.*). **7 diritto di ~** (*comm.*), Vertretungsbefugnis (*f.*). **8 vettura da ~** (*aut.*), Repräsentationslimousine (*f.*).

rappresentare (*comm. - ecc.*), vertreten. **2 ~** (forze) (*mecc. - dis.*), darstellen. **3 ~ graficamente** (*dis.*), zeichnerisch darstellen, graphisch darstellen, veranschaulichen.

rappresentativo (descrittivo) (*gen.*), darstellend.

rappresentazione (descrizione, esposizione) (*gen.*), Darstellung (*f.*). **2 ~** (*dis.*), Darstellung (*f.*). **3 ~** (spettacolo) (*teatro*), Vorführung (*f.*), Aufführung (*f.*). **4 ~ conforme** (*cartografia*), konforme Abbildung. **5 ~ del terreno** (*top. - geogr.*), Geländedarstellung (*f.*). **6 ~ grafica** (grafico) (*dis. - ecc.*), zeichnerische Darstellung, graphische Darstellung. **7 ~ isometrica** (*dis. - ecc.*), massgleiche Darstellung, isometrische Darstellung. **8 ~ schematica** (*dis. - ecc.*), schematische Darstellung. **9 ~ tipografica di un complesso smontato** (vista esplosa) (*dis.*), Darstellung in auseinandergezogener Anordnung, Explosivbild (*n.*). **10 ~ vettoriale** (*elett.*) *- ecc.*), Zeigerdarstellung (*f.*), vektorielle Darstellung.

rarefare (gas) (*fis.*), verdünnen.

rarefatto (gas) (*fis.*), verdünnt. **2 aria rarefatta** (*fis. - ecc.*), verdünnte Luft.

rarefazione (di gas) (*fis.*), Verdünnung (*f.*). **2 ~ dell'aria** (*fis.*), Luftverdünnung (*f.*).

rasamento (spessore, per regolare giochi od accoppiamenti) (*mecc.*), Zwischenlegscheibe (*f.*), Scheibe (*f.*), Pass·scheibe (*f.*), Ausgleichscheibe (*f.*).

rasare (sbarbare, ingranaggi) (*lav. macch. ut.*), schaben.

rasatore (coltello rasatore, coltello sbarbatore) (*ut.*), Schaberad (*n.*).

rasatrice (sbarbatrice, per ingranaggi) (*macch. ut.*), Schabemaschine (*f.*). **2 ~** (*macch. ut.*), vedi anche sbarbatrice. **3 ~ per ingranaggi** (sbarbatrice per ingranaggi) (*macch. ut.*), Zahnradschabemaschine (*f.*).

rasatura (sbarbatura, di ingranaggi) (*lav. macch. ut.*), Schaben (*m.*). **2 ~ diagonale** (sbarbatura diagonale) (*lav. macch. ut.*), Diagonalschaben (*n.*). **3 ~ (d'ingranaggi) a rotolamento** (sbarbatura d'ingranaggi a rotolamento) (*lav. macch. ut.*), Wälzschaben (*n.*). **4 ~ parallela** (il moto relativo tra ruota rasatrice e pezzo è parallelo all'asse del pezzo) (*lav. macch. ut.*), Parallelschaben (*n.*). **5 ~ trasversale** (*lav. macch. ut.*), Querschaben (*n.*), Unterpass-Schaben (*n.*). **6 prova di ~** (di una superficie verniciata) (*vn.*), Radierprobe (*f.*).

raschiamento (raschiatura) (*gen.*), Kratzen (*n.*), Schaben (*n.*). **2 ~** (fruscìo) (*difetto elettroacus.*), Kratzen (*n.*), Kratzgeräusch (*n.*).

raschiare (*gen.*), kratzen, schaben, abkratzen, abschaben. **2 ~** (far rumore) (*acus. - radio*), kratzen.

raschiatoio (*ut.*), Abschaber (*m.*). **2 ~** (per bagno metallico) (*att. - metall.*), Kratze (*f.*).

raschiatore (di un trasportatore a raschiamento) (*macch. ind.*), Abschaber (*m.*), Abkratzer (*m.*). **2 ~** (benna strisciante, ruspa a trazione animale per livellare il terreno) (*att. mov. terra*), Muldbrett (*n.*). **3 ~** (di tubi, per asportare depositi di paraffina negli oleodotti p. es.) (*min. - ecc.*), Molch (*m.*).

raschiatura (raschiamento) (*gen.*), Kratzen (*n.*), Schaben (*n.*). **2 ~** (frammenti di raschiatura) (*mecc.*), Abgekratztes (*n.*), Abschabsel (*n.*).

raschiettare (raschinare) (*mecc.*), schaben, abschaben.

raschiettatura (raschinatura, a mano) (*mecc.*), Schaben (*n.*). **2 trucioli di ~** (frammenti di raschiettatura) (*mecc.*), Schabsel (*n.*), Schabeabfall (*m.*), Schabspäne (*m. pl.*).

raschietto (per superfici metalliche) (*ut. mecc.*), Schaber (*m.*), Schabeisen (*n.*). **2 ~** (da disegnatore) (*ut. dis.*), Schaber (*m.*), Radiermesser (*n.*). **3 ~** (per legno p. es.) (*ut. falegn.*), Ziehklinge (*f.*). **4 ~ a cucchiaio** (*ut. mecc.*), Hohlschaber (*m.*), Löffelschaber (*m.*). **5 ~ per superfici concave** (*ut. mecc.*), Löffelschaber (*m.*), Hohlschaber (*m.*). **6 ~ piatto** (*ut. mecc.*), Flachschaber (*m.*). **7 ~ triangolare** (raschietto a sezione triangolare) (*ut. mecc.*), Dreikantschaber (*m.*).

raschinare (raschiettare) (*mecc.*), schaben, abschaben.

raschinatura (raschiettatura, a mano) (*mecc.*), Schaben (*n.*).

raschio (fruscìo) (*difetto elettroacus.*), Kratzen (*n.*), Kratzgeräusch (*n.*).

raso (*s. - tess.*), Satin (*m.*), Atlas (*m.*). **2 ~** (colmo) (*a. - gen.*), gestrichen.

rasoio (*att.*), Rasierapparat (*m.*), Rasiermesser (*n.*). **2 ~ elettrico** (*app.*), elektrischer

raspa

Rasierapparat, Trockenrasierer (*m.*). 3 lametta per ~ (*att.*), Rasierklinge (*f.*).
raspa (*ut. lav. del legno*), Rappel (*m.*), Raspel (*f.*).
raspare (*lav. del legno*), raspeln.
raspatura (scoria, ecc., sulla superficie d'un metallo fuso) (*metall.*), Gekrätz (*n.*).
rassegna (*gen.*), Schau (*f.*).
rastrelliera (*gen.*), Brett (*n.*), Gestell (*n.*). 2 ~ **per attrezzi (agricoli)** (*agric.*), Gerätebrett (*n.*). 3 ~ **per utensili** (*ind.*), Werkzeuggestell (*n.*).
rastrello (*att. agric.*), Rechen (*m.*), Harke (*f.*). 2 ~ **per sfornare** (*fond. - metall.*), Ofenegge (*f.*).
rastremare (*gen.*), verjüngen, auskeilen.
rastremato (un'ala p. es.) (*gen.*), verjüngt, ausgekeilt.
rastremazione (*gen.*), Verjüngung (*f.*), Auskeilung (*f.*).
rata (*comm.*), Rate (*f.*), Anteil (*m.*). 2 ~ **mensile** (*comm.*), Monatsrate (*f.*). 3 **a rate** (rateale) (*comm.*), ratenweise.
rateale (*comm.*), Raten..., ratenweise. 2 **sistema di pagamento** ~ (*comm.*), Abzahlungssystem (*n.*), Ratenzahlungssystem (*n.*).
rateo (in un bilancio) (*amm.*), Abgrenzung (*f.*).
ratiera (telaio a ratiera, macchina d'armatura) (*macch. tess.*), Schachtmaschine (*f.*), Schaftwebstuhl (*m.*). 2 ~ **Compton** (*macch. tess.*), Compton-Schaftmaschine (*f.*), Schemel-Schaftmaschine (*f.*). 3 ~ **di Nuttal** (ratiera oscillante) (*macch. tess.*), Nuttal-Schaftmaschine (*f.*), Schaukelschaftmaschine (*f.*), Schwingtrommel-Schaftmaschine (*f.*). 4 ~ **Hodgson** (*macch. tess.*), Hodgson-Schaftmaschine (*f.*), Schaufel-Schaftmaschine (*f.*). 5 ~ **oscillante** (ratiera di Nuttal) (*macch. tess.*), Schaukelschaftmaschine (*f.*), Nuttal-Schaftmaschine (*f.*), Schwingtrommel-Schaftmaschine.
ratifica (sanzione, di una legge) (*leg.*), Bestätigung (*f.*).
ratificare (sanzionare una legge) (*leg.*), billigen, bestätigen.
ratinatrice (*macch. tess.*), Ratiniermaschine (*f.*).
ratinatura (operazione di finimento di tessuti garzati per ottenere nodi, fiocchetti, ecc.) (*ind. tess.*), Ratinieren (*n.*).
ravvenamento (arricchimento, di acque sotterranee o falda acquifera) (*idr.*), Anreicherung (*f.*), Grundwasseranstieg (*m.*). 2 **bacino di** ~ (bacino d'infiltrazione) (*idr.*), Anreicherungsbecken (*n.*). 3 **falda di** ~ (artificiale) (*idr.*), künstliches Grundwasser.
ravvivamole (dispositivo per la ripassatura di mole) (*app. lav. macch. ut.*), Schleifscheibenabrichtvorrichtung (*f.*), Scheibenabzieher (*m.*), Scheibenabdrehwerkzeug (*n.*). 2 ~ **a rullo** (*ut.*), Abroll-Abrichter (*m.*).
ravvivare (una mola) (*macch. ut.*), abdrehen, abrichten. 2 ~ (con colori vivaci p. es) (*gen.*), schönen.
ravvivatore (per mole) (*app. lav. macch. ut.*), vedi ravvivamole.
ravvivatura (di una mola) (*macch. ut.*), Abdrehen (*n.*), Abrichten (*n.*). 2 ~ **a diamante** (ripassatura a diamante, per mole)

(*lav. macch. ut.*), Diamantabdrehen (*n.*), Diamantabrichten (*n.*). 3 ~ **a stagno** (di contatti p. es.) (*elett.*), Belötung (*f.*). 4 **valore della** ~ (nella rettifica di un pezzo p. es., in mm) (*lav. macch. ut.*), Abrichtbetrag (*m.*).
Rayleigh (unità di impedenza acustica) (*unità di mis.*), Rayleigh (*n.*), Rayl (*n.*).
rayon (raion) (*ind. chim. - tess.*), Rayon (*n.*), Kunstseide (*f.*).
razionale (*mat. - ecc.*), rational. 2 **numero** ~ (*mat.*), rationale Zahl.
razionalizzazione (*ind.*), Rationalisierung (*f.*).
razza (di una ruota) (*veic. - ecc.*), Radspeiche (*f.*), Speiche (*f.*). 2 ~ (di puleggia) (*mecc.*), Scheibenarm (*m.*). 3 **razze della ruota** (stella delle razze) (*veic.*), Radstern (*m.*), Armstern (*m.*). 4 **stella delle razze** (di una ruota p. es.) (*mecc.*), Radstern (*m.*), Armstern (*m.*).
razzo (motore a razzo, propulsore a razzo) (*aer. - mot.*), Rakete (*f.*), Raketenmotor (*m.*), Rückstosstriebwerk (*n.*). 2 ~ (proiettile a razzo) (*espl. - milit.*), Rakete (*f.*). 3 ~ **a fotoni** (*mot.*), Photonen-Rakete (*f.*), Photonrakete (*f.*). 4 ~ **antiaereo** (*milit.*), Flugabwehrrakete (*f.*), Luftabwehrrakete (*f.*), Flakrakete (*f.*). 5 ~ **antigrandine** (*agric.*), Rakete zur Hagelbekämpfung. 6 ~ **a più stadi** (razzo pluristadio) (*astronautica - mot.*), Mehrstufenrakete (*f.*), Stufenrakete (*f.*). 7 ~ **a propellente liquido** (*astronautica - milit.*), Flüssigkeitsrakete (*f.*). 8 ~ **a propellente solido** (*astronautica - milit.*), Feststoffrakete (*f.*). 9 ~ **aria-aria** (*aer.*), Bord-Bord-Rakete (*f.*). 10 ~ **ausiliario di decollo** (*aer.*), Startrakete (*f.*), Starthilfe (*f.*). 11 ~ **da segnalazione** (razzo da segnalamento) (*navig. - milit. - ecc.*), Signalrakete (*f.*). 12 ~ **di lancio** (d'un missile) (*astronautica - ecc.*), Startrakete (*f.*). 13 ~ **di manovra** (per controllare l'assetto, ecc., con spinta da 1 a 500 kp) (*astronautica - ecc.*), Steuerrakete (*f.*). 14 ~ **frenante** (retrorazzo) (*astronautica*), Bremsrakete (*f.*), Retrorakete (*f.*). 15 ~ **ibrido** (propulso da combustibile solido e comburente liquido) (*astronautica*), Hybridrakete (*f.*). 16 ~ **illuminante** (*illum. - segnale*), Leuchtrakete (*f.*), Fackel (*f.*). 17 ~ **illuminante a paracadute** (*milit.*), Leuchtfallschirm (*m.*). 18 ~ **intercontinentale** (*milit.*), Interkontinentalrakete (*f.*). 19 ~ **monostadio** (*mot.*), Einstufenrakete (*f.*). 20 ~ **pluristadio** (razzo a più stadi) (*mot.*), Stufenrakete (*f.*), Mehrstufenrakete (*f.*). 21 ~ **portasatellite** (*astronautica*), Satellitenrakete (*f.*). 22 ~ **radioguidato** (*milit. - astronautica*), Leitstrahlrakete (*f.*). 23 ~ **spaziale** (*astronautica*), Raumrakete (*f.*), Weltraumrakete (*f.*). 24 ~ **vettore** (*astronautica*), Trägerrakete (*f.*). 25 **aeroplano a** ~ (aviorazzo) (*aer.*), Raketenflugzeug (*n.*). 26 **camera di combustione del** ~ (*mot.*), Raketenbrennkammer (*f.*), Raketenofen (*m.*). 27 **missile a** ~ (missile con motore a razzo) (*astronautica - milit.*), Raketengeschoss (*n.*). 28 **motore a** ~ (razzo, propulsore a razzo) (*aer. - mot.*), Rakete (*f.*), Raketenmotor (*m.*), Rückstosstriebwerk (*n.*). 29 **nave spaziale con propulsione a** ~ (*astronautica*), Raketenraumschiff (*n.*). 30 **propellente per razzi** (*comb.*), Raketentreibstoff

(*m.*). **31 propulsione a** ~ (*aer. - ecc.*), Raketenantrieb (*m.*). **32 propulsore a** ~ (razzo, motore a razzo) (*aer. - mot.*), Raketentriebwerk (*n.*), Raketenmotor (*m.*), Rakete (*f.*), Rückstosstriebwerk (*n.*). **33 slitta a** ~ (*app. da ricerca*), Raketenschlitten (*m.*), Gleitschlitten mit Raketenantrieb.

Rb (rubidio) (*chim.*), Rb, Rubidium (*n.*).

RC (assicurazione per responsabilità civile) (*finanz.*), Haftpflichtversicherung (*f.*).

Rd (rodio) (*chim.*), Rd, Rodium (*n.*).

rd (rad, radiante) (*unità di mis.*), rad, Radiant (*m.*). 2 ~ (rutherford) (*unità di mis.*), rd, Rutherford (*m.*).

Re (renio) (*chim.*), Re, Rhenium (*n.*).

reagente (*s. - chim.*), Reagens (*n.*), Reaktand (*m.*).

reagire (*gen.*), zurückwirken. 2 ~ (*chim.*), reagieren, wirken. 3 ~ (rispondere, essere sensibile a) (*elett. - ecc.*), ansprechen, empfindlich sein.

reale (*gen.*), echt, reell. 2 ~ (effettivo) (*gen.*), wirklich. 3 ~ (*mat. - ecc.*), reell.

realgar (AsS) (*min.*), Realgar (*m.*).

realizzabile (eseguibile, effettuabile) (*gen.*), tunlich, ausführbar.

realizzabilità (eseguibilità, effettuabilità) (*gen.*), Tunlichkeit (*f.*), Ausführbarkeit (*f.*).

realizzare (attuare) (*gen.*), verwirklichen, erzielen, erzeugen. 2 ~ (convertire in contante) (*finanz. - amm.*), versilbern.

realizzazione (attuazione) (*gen.*), Verwirklichung (*f.*). 2 ~ (raggiungimento di uno scopo) (*gen.*), Erzielung (*f.*).

reattanza (*elett.*), Reaktanz (*f.*), Blindwiderstand (*m.*). 2 ~ **capacitiva** (capacitanza) (*elett.*), Kapazitanz (*f.*), kapazitive Reaktanz, kapazitiver Blindwiderstand. 3 ~ **di dispersione** (*elett.*), Streureaktanz (*f.*). 4 ~ **d'indotto** (reattanza sincrona) (*macch. elett.*), Anker-Reaktanz (*f.*). 5 ~ **diretta** (*elett.*), Synchronreaktanz (*f.*). 6 ~ **di saturazione** (reattanza residua) (*elett.*), Sättigungsreaktanz (*f.*), Restreaktanz (*f.*). 7 ~ **efficace** (*elett.*), Blindwiderstand (*m.*). 8 ~ **faradica** (reattanza capacitiva, reattanza negativa, capacitanza) (*elett.*), kapazitive Reaktanz. 9 ~ **induttiva** (*elett.*), induktiver Blindwiderstand, induktive Reaktanz. 10 ~ **inversa** (*elett.*), Gegenreaktanz (*f.*), inverse Reaktanz. 11 ~ **meccanica** (*macch. elett.*), mechanische Reaktanz. 12 ~ **negativa** (reattanza capacitiva, reattanza faradica, capacitanza) (*elett.*), kapazitive Reaktanz. 13 ~ **omopolare** (*elett.*), Nullreaktanz (*f.*). 14 ~ **residua** (reattanza di saturazione) (*elett.*), Restreaktanz (*f.*), Sättigungsreaktanz (*f.*). 15 ~ **sincrona** (reattanza d'indotto) (*macch. elett.*), Anker-Reaktanz (*f.*). 16 ~ **subtransiente** (di macchine sincrone) (*elett.*), Anfangsreaktanz (*f.*), subtransiente Reaktanz. 17 ~ **transitoria** (*macch. elett.*), Übergangsreaktanz (*f.*). 18 **bobina di** ~ (*elett.*), Drossel (*f.*), Drosselspule (*f.*). 19 **componente trasversale della** ~ (*elett.*), Querreaktanz (*f.*). 20 **relè di** ~ (*elett.*), Reaktanzrelais (*n.*). 21 **tubo di** ~ (*elettronica*), Reaktanzröhre (*f.*).

reattività (*chim.*), Reaktionsvermögen (*n.*), Reaktionsfähigkeit (*f.*). 2 ~ (misura dello scostamento di un reattore dalla criticità) (*fis. atom.*), Reaktivität (*f.*). 3 ~ **con olio** (di resine sintetiche; capacità di formare composti chimici, grassi saturi, con oli) (*chim.*), Ölreaktivität (*f.*). 4 **riserva di** ~ (d'un reattore) (*fis. nucl.*), Überschussreaktivität (*f.*), Reaktivitätsreserve (*f.*), eingebaute Reaktivität.

reattivo (*a. - metall. - chim.*), reaktionsfähig. 2 ~ (swattato, in quadratura) (*elett.*), wattlos, Blind..., nacheilend um 90°. 3 ~ (« test », reattivo psicologico) (*s. - psicotec.*), Prüfung (*f.*), Test (*m.*). 4 ~ **attitudinale** (test attitudinale) (*psicotec. - pers.*), Eignungsprüfung (*f.*). 5 ~ **intelligenza** (*psicotec. - pers.*), Intelligenzprüfung (*f.*). 6 ~ **metallografico** (*metall.*), Ätzmittel (*n.*). 7 ~ **psicologico** (saggio reattivo, « test ») (*psicotec.*), Prüfung (*f.*), Test (*m.*). 8 **carico** ~ (*elett.*), Blindlast (*f.*). 9 **carta reattiva** (*chim.*), Reagenspapier (*n.*), Reagenzpapier (*n.*). 10 **compensatore di potenza reattiva** (*elett.*), Blindleistungsmaschine (*f.*). 11 **componente reattiva** (*elett.*), Blindkomponente (*f.*), Blindanteil (*m.*). 12 **corrente reattiva** (corrente swattata) (*elett.*)- Blindstrom (*m.*). 13 **non** ~ (*chim.*), reaktionslos, reaktionsträge. 14 **vernice reattiva** (vernice ad essiccazione rapida in virtù di una reazione chimica accelerata) (*vn.*), Reaktionslack (*m.*). 15 **volt-ampere** ~ (var) (*elett.*), Blindwatt (*n.*).

reattore (nucleare) (*fis. atom.*), Reaktor (*m.*). 2 ~ (motore a getto) (*mot. a getto*), Strahltriebwerk (*n.*), Düsentriebwerk (*n.*). 3 ~ (aeroplano a getto, aviogetto) (*aer.*), Düsenflugzeug (*n.*), Strahltriebflugzeug (*n.*). 4 ~ (bobina d'induttanza, bobina di reazione, bobina di reattanza) (*radio*), Drosselspule (*f.*), Drossel (*f.*). 5 ~ (chimico) (*ind. chim.*), Reaktionsapparat (*m.*), chemischer Reaktor. 6 ~ (recipiente ad alta pressione, per reazioni) (*app. chim.*), Reaktionsgefäss (*n.*), Hochdruckapparat (*m.*). 7 ~ **a circuito magnetico chiuso** (*elett.*), eisengeschlossene Drossel. 8 ~ **a combustibile fluidificato** (*fis. atom.*), Flüssigspaltstoffreaktor (*m.*). 9 ~ **ad acqua bollente** (*fis. atom.*), Siedewasserreaktor (*m.*). 10 ~ **ad acqua leggera** (*fis. nucl.*), Leichtwasserreaktor (*m.*). 11 ~ **ad acqua pressurizzata** (*fis. atom.*), Druckwasserreaktor (*m.*). 12 ~ **ad uranio** (*fis. atom.*), Uranreaktor (*m.*). 13 ~ **a fissione con plasma** (*fis. atom.*), Plasmaspaltungsreaktor (*m.*). 14 ~ **a fluidizzazione** (reattore a letto fluidizzato, nel quale, materiali solidi cadono in controcorrente attraverso il gas) (*ind. chim.*), Rieselreaktor (*m.*), Rieselwolkenreaktor (*m.*). 15 ~ **a fusione** (*fis. atom.*), Fusionsreaktor (*m.*), Thermoreaktor (*m.*). 16 ~ **a grafite raffreddato a gas** (reattore moderato a grafite e raffreddato a gas) (*fis. atom.*), gasgekühlter Graphitreaktor. 17 ~ **a letto fisso** (reattore a letto statico) (*ind. chim.*), Festbettreaktor (*m.*). 18 ~ **a letto fluidizzato** (reattore a fluidizzazione, nel quale, materiali solidi cadono in controcorrente attraverso il gas) (*ind. chim.*), Rieselreaktor (*m.*), Rieselwolkenreaktor (*m.*). 19 ~ **a letto statico** (reattore a letto fisso) (*ind. chim.*), Festbettreaktor (*m.*).

reattore

20 ~ al sodio moderato a grafite (reattore raffreddato a sodio e moderato a grafite) (*fis. atom.*), Natrium-Graphit-Reaktor (*m.*). 21 ~ a metallo liquido (*fis. nucl.*), Flüssigmetallreaktor (*m.*), FMR. 22 ~ a neutroni lenti (reattore termico) (*fis. atom.*), thermischer Reaktor, Reaktor mit langsamen Neutronen. 23 ~ a neutroni veloci (*fis. atom.*), schneller Reaktor, Reaktor mit schnellen Neutronen. 24 ~ a nucleo di ferro (reattore saturabile, induttore) (*elett.*), Eisendrossel (*f.*). 25 ~ a piscina (*fis. atom.*), Schwimmbadreaktor (*m.*), Schwimmbassinreaktor (*m.*), Bassinreaktor (*m.*). 26 ~ a più impieghi (*fis. nucl.*), Mehrzweckreaktor (*m.*). 27 ~ a plutonio (*fis. atom.*), Plutoniumbrenner (*m.*), Plutoniumreaktor (*m.*). 28 ~ a prese intermedie (induttore) (*elett.*), Anzapfdrossel (*f.*). 29 ~ arricchito (*fis. atom.*), angereicherter Reaktor. 30 ~ a torio (*fis. atom.*), Thoriumreaktor (*m.*). 31 ~ autofertilizzante (*fis. nucl.*), Brutreaktor (*m.*). 32 ~ autofertilizzante a neutroni lenti (*fis. nucl.*), langsamer Brutreaktor, thermischer Brutreaktor. 33 ~ autofertilizzante a neutroni veloci (*fis. nucl.*), schneller Brutreaktor, Schnellbrutreaktor (*m.*). 34 ~ autofertilizzante veloce (reattore autofertilizzante a neutroni veloci) (*fis. atom.*), Schnellbrutreaktor (*m.*). 35 ~ a vapor d'acqua (*fis. atom.*), Wasserdampfreaktor (*m.*). 36 ~ critico (*fis. atom.*), kritischer Reaktor. 37 ~ da ricerca (reattore per ricerche, reattore sperimentale) (*fis. atom.*), Forschungsreaktor (*m.*), Versuchsreaktor (*m.*). 38 ~ di entrata (induttore) (*telegr.*), Vordrossel (*f.*). 39 ~ di potenza (reattore per forza motrice) (*ind. - fis. atom.*), Leistungsreaktor (*m.*), Kraftreaktor (*m.*). 40 ~ di produzione (per la trasformazione di uranio naturale in plutonio) (*fis. atom.*), Produktionsreaktor (*m.*). 41 ~ discontinuo (*ind. chim.*), diskontinuierlicher Reaktor. 42 ~ esponenziale (*fis. atom.*), Exponentialreaktor (*m.*). 43 ~ eterogeneo (*fis. atom.*), heterogener Reaktor. 44 reattori in cascata (cascata di reattori) (*ind. chim.*), Reaktorkaskade (*f.*). 45 ~ industriale (*fis. atom. - ind.*), Industriereaktor (*m.*). 46 ~ marino (*nav. - mot.*), Schiffs-Reaktor (*m.*). 47 ~ moderato ad acqua pesante (*fis. nucl.*), durch schweres Wasser moderierter Reaktor. 48 ~ moderato a grafite (*fis. atom.*), graphitmoderierter Reaktor. 49 ~ moderato a grafite e raffreddato a sodio (*fis. atom.*), Natrium-Graphitreaktor (*m.*). 50 ~ nucleare (pila atomica) (*fis. atom.*), Reaktor (*m.*), Kernreaktor (*m.*), Atommeiler (*m.*). 51 ~ omogeneo (*fis. nucl.*), homogener Reaktor. 52 ~ per forza motrice (reattore di potenza) (*fis. atom.*), Leistungsreaktor (*m.*), Kraftreaktor (*m.*). 53 ~ per il decollo verticale (*mot. - aer.*), Hubtriebwerk (*n.*). 54 ~ per propulsione di aereo (*aer. - fis. atom.*), Flugzeugreaktor (*m.*). 55 ~ per prove di materiali (*fis. atom.*), Material-Prüfreaktor (*m.*), MTR. 56 ~ per ricerche (reattore da ricerca, reattore sperimentale) (*fis. atom.*), Forschungsreaktor (*m.*), Versuchsreaktor (*m.*). 57 ~ per sommergibili (*mar. - milit.*), Reaktor für U-Boote. 58 ~ raffreddato a gas (*fis. atom.*), gasgekühlter Reaktor. 59 ~ raffreddato a sodio (*fis. atom.*), natriumgekühlter Reaktor. 60 ~ rigeneratore di potenza (*fis. atom.*), Leistungsbrutreaktor (*m.*). 61 ~ saturabile (reattore a nucleo di ferro, induttore) (*elett.*), Eisendrossel (*f.*). 62 ~ saturabile (saturistore) (*fis. atom.*), sättigbarer Reaktor, Saturistor (*m.*). 63 ~ sperimentale (reattore da ricerca) (*fis. atom.*), Forschungsreaktor (*m.*), Versuchsreaktor (*m.*). 64 ~ surrigeneratore (reattore autofertilizzante) (*fis. atom.*), Brutreaktor (*m.*). 65 ~ termico (reattore a neutroni lenti) (*fis. atom.*), thermischer Reaktor, Reaktor mit langsamen Neutronen. 66 ~ termico veloce (*fis. atom.*), Schnell-thermischer Reaktor, STR. 67 ~ veloce (*fis. atom.*), schneller Reaktor. 68 contenitore del ~ (*fis. atom.*), Reaktorbehälter (*m.*). 69 simulatore di ~ (*fis. nucl.*), Reaktorsimulator (*m.*). 70 veleno del ~ (*fis. atom.*), Reaktorgift (*n.*).

reazione (azione contraria) (*fis.*), Gegenwirkung (*f.*), Reaktion (*f.*). 2 ~ (chimica) (*chim. - ecc.*), Reaktion (*f.*). 3 ~ (accoppiamento per reazione) (*radio*), Rückkopplung (*f.*). 4 ~ (*mecc. - sc. costr.*), Rückwirkung (*f.*), Reaktion (*f.*). 5 ~ (forza passiva, componente della forza di taglio) (*lav. macch. ut.*), Passivkraft (*f.*), Schaftkraft (*f.*), Rückkraft (*f.*). 6 ~ (delle armi da fuoco p. es.) (*fis.*), Rückstoss (*m.*), Reaktion (*f.*). 7 ~ (propulsione a reazione) (*aer.*), Reaktionsantrieb (*m.*). 8 ~ a catena (*chim.*), Kettenreaktion (*f.*). 9 ~ acida (*chim.*), saure Reaktion. 10 ~ alcalina (*chim.*), alkalische Reaktion. 11 ~ alla tocca (*chim.*), Tüpfelreaktion (*f.*). 12 ~ basica (*chim.*), basische Reaktion. 13 ~ catodica (*elettronica*), Kathodenrückkopplung (*f.*). 14 ~ chimica (*chim.*), chemische Reaktion. 15 ~ complessa (reazione composta) (*chim.*), komplexe Reaktion. 16 ~ composta (reazione complessa) (*chim.*), komplexe Reaktion. 17 ~ consecutiva (tipo di reazione complessa, A→B→C) (*chim.*), Folgereaktion (*f.*). 18 ~ controllata (*fis. nucl.*), beherrschte Reaktion. 19 ~ del getto (*aer.*), Rückstosskraft (*f.*). 20 ~ dell'appoggio (*sc. costr.*), Stützendruck (*m.*), Auflagedruck (*m.*), Stützenwiderstand (*m.*). 21 ~ del pezzo (sull'utensile) (*lav. macch. ut.*), Rückdruck (*m.*). 22 ~ di Cannizzaro (dismutazione) (*chim.*), Dismutation (*f.*). 23 ~ di equilibrio (reazione reversibile) (*chim.*), Gleichgewichtsreaktion (*f.*). 24 ~ di fissione (*fis. atom.*), Aufspaltreaktion (*f.*). 25 ~ di fusione (*fis. nucl.*), Schmelzreaktion (*f.*), Fusionreaktion (*f.*). 26 ~ di indotto (*elett. - macch. elett.*), Ankergegenwirkung (*f.*), Ankerrückwirkung (*f.*). 27 ~ di policondensazione (policondensazione) (*chim.*), Polykondensation (*f.*). 28 ~ elastica (reazione di elemento elastico) (*mecc. - ecc.*), Federkraft (*f.*). 29 ~ esplosiva (*chim.*), Explosionsreaktion (*f.*). 30 ~ esplosiva leggera (non violenta; leggera esplosione) (*comb.*), Verpuffung (*f.*). 31 ~ iniziale (nella polimerizzazione) (*chim.*), Startreaktion (*f.*). 32 ~ in quadratura (reazione sfasata di 90°) (*radio*), blinde Rückkopplung. 33 ~ laterale (forza trasversale che deve reagire alla forza centrifuga del veicolo in curva) (*aut.*), Seitenführungskraft (*f.*). **34 ~ negativa** (retroazione) (*radio*), Gegenkopplung (*f.*), negative Rückkopplung. **35 ~ nucleare** (*fis. nucl.*), Kernreaktion (*f.*). **36 ~ nucleare a catena** (*fis. atom.*), Kernkettenreaktion (*f.*). **37 ~ nucleare spontanea** (*fis. atom.*), spontane Kernreaktion. **38 ~ positiva** (d'un amplificatore p. es.) (*elett.*), Mitkopplung (*f.*). **39 ~ reversibile** (reazione di equilibrio) (*chim.*), reversible Reaktion, Gleichgewichtsreaktion (*f.*). **40 ~ sfasata di 90°** (reazione in quadratura) (*radio*), blinde Rückkopplung. **41 a ~** (accoppiato per reazione) (*elett. - radio*), rückgekoppelt. **42 a ~ rapida** (a rapida risposta) (*mecc. - ecc.*), reaktionsschnell. **43 azione e ~** (*mecc.*), Wirkung und Gegenwirkung. **44 bobina a ~** (bobina di placca) (*elettronica*), Rückkopplungsspule (*f.*). **45 capacità di ~** (*elett.*), Rückwirkungskapazität (*f.*). **46 caccia a ~** (*aer. milit.*), Strahljäger (*m.*). **47 calore di ~** (*chim.*), Reaktionswärme (*f.*), Wärmetönung (*f.*). **48 catena di reazioni** (*chim.*), Reaktionskette (*f.*). **49 elemento di ~** (di un ut. da tornio) (*ut.*), Gegenhalter (*m.*). **50 principio dell'azione e ~** (*mecc.*), Gegenwirkungsprinzip (*m.*), Reaktionsprinzip (*m.*), Wechselwirkungsgesetz (*n.*). **51 prodotto di ~** (acqua p. es.) (*chim.*), Reaktionsprodukt (*m.*). **52 spazio percorso durante il tempo di ~** (nella frenatura) (*aut.*), Reaktionsweg (*m.*). **53 temperatura di ~** (temperatura di risposta, d'una sonda termica p. es.) (*app.*), Ansprechtemperatur (*f.*). **54 tempo di ~** (*psicotec. - ecc.*), Schrecksekunde (*f.*). **55 tempo di ~** (fra la percezione del pericolo e l'azionamento del freno) (*aut.*), Reaktionszeit (*f.*). **56 tempo di ~ più tempo di azionamento** (nella frenatura) (*veic.*), Vorbremszeit (*f.*). **57 tensione di ~** (tensione d'intervento) (*elett.*), Ansprechspannung (*f.*). **58 triangolo di ~** (di una sospensione) (*aut.*), Reaktionsdreieck (*n.*). **59 turbina a ~** (*mot.*), Reaktionsturbine (*f.*), Überdruckturbine (*f.*). **60 velocità di ~** (*chim.*), Reaktionsgeschwindigkeit (*f.*).

rebbio (dente, d'una forca) (*app. - trasp. ind.*), Zinke (*f.*).

Rebecca (sistema radar di avvicinamento) (*radar - navig.*), Rebecca-System (*n.*).

recalescenza (*metall. - chim. fis.*), Rekaleszenz (*f.*).

recapito (d'un telegramma p. es.) (*telegr. - ecc.*), Zustellung (*f.*).

recensione (di un libro) (*tip. - ecc.*), Besprechung (*f.*), Beurteilung (*f.*).

recensire (un libro) (*tip.*), besprechen, beurteilen.

recensore (*tip.*), Rezensent (*m.*).

recessione (*finanz.*), Rezession (*f.*).

recidere (*gen.*), abscheren, abschneiden.

recingere (*ed.*), einfriedigen. **2 ~ con steccato** (*ed.*), einzäunen.

recinto (recinzione, cinta) (*ed.*), Umfriedigung (*f.*), Umfriedung (*f.*), Einfriedigung (*f.*), Einfriedigung (*f.*). **2 ~** (chiuso, per animali) (*ed.*), Pferch (*m.*).

recinzione (cinta, recinto) (*ed.*), Einfriedigung (*f.*), Einfriedigung (*f.*), Umfriedigung (*f.*), Umfriedung (*f.*). **2 ~ a cancellata** (*ed.*), Frontalgitter (*n.*). **3 ~ in muratura** (*ed.*), Einmauerung (*f.*).

recipiente (*gen.*), Gefäss (*n.*), Behälter (*m.*). **2 ~** (bidone, «latta», per liquidi) (*gen.*), Kanne (*f.*). **3 ~ ad alta pressione** (reattore) (*app. chim.*), Hochdruckapparat (*m.*), Reaktionsgefäss (*n.*). **4 ~ a fondo apribile** (contenitore a fondo apribile) (*trasp.*), Fallbodenbehälter (*m.*). **5 ~ a perdere** (*comm.*), verlorener Behälter, Einweg-Behälter (*m.*). **6 ~ a più strati** (recipiente a pareti stratificate) (*ind.*), Mehrlagenbehälter (*m.*). **7 ~ a pressione** (serbatoio a pressione) (*ind.*), Druckbehälter (*m.*). **8 ~ a rendere** (imballaggio a rendere) (*comm.*), Zweiweg-Behälter (*m.*), Leihemballage (*f.*). **9 ~ con guanti (per manipolazione)** (munito di aperture con guanti a tenuta, per maneggio di sostanze radioattive p. es.) (*radioatt.*), Handschuhkasten (*m.*). **10 ~ di decantazione** (*app. chim.*), Abklärflasche (*f.*), Abklärgefäss (*n.*). **11 ~ di miscelazione** (recipiente di mescola, miscelatore) (*app.*), Rührgefäss (*n.*). **12 ~ di raccolta** (*gen.*), Auffanggefäss (*n.*). **13 ~ di raccolta** (del distillato) (*app. chim.*), Vorlage (*f.*). **14 ~ graduato** (*att. chim. - ecc.*), Messgefäss (*n.*). **15 ~ per alte pressioni** (bomba) (*chim. - app.*), Hochdruckapparat (*m.*), Druckbombe (*f.*), Bombe (*f.*). **16 ~ per alto vuoto** (recipiente della pompa a vuoto) (*fis.*), Rezipient (*m.*). **17 ~ per aria compressa** (serbatoio dell'aria compressa) (*ind.*), Pressluftspeicher (*m.*), Pressluftbehälter (*m.*). **18 ~ per gas** (serbatoio per gas) (*ind.*), Gasbehälter (*m.*). **19 ~ per tempra** (*tratt. term.*), Abschreckbehälter (*m.*). **20 ~ raccoglitrucioli** (*lav. macch. ut.*), Spanpfanne (*f.*). **21 ~ smaltato** (*ind.*), Emailgefäss (*n.*). **22 ~ tubolare** (per trasporto) (*trasp.*), Lastrohr (*n.*).

reciprocità (*gen.*), Gegenseitigkeit (*f.*). **2 ~** (*mat. - ecc.*), Reziprozität (*f.*). **3 principio di ~** (nella teoria del quadripolo) (*radio - ecc.*), Umkehrungssatz (*m.*).

reciproco (mutuo) (*a. - gen.*), gegenseitig. **2 ~** (*a. - mat. - ecc.*), reziprok. **3 ~** (valore reciproco) (*s. - mat.*), Reziprokwert (*m.*), Kehrwert (*m.*), reziproker Wert. **4 azione reciproca** (*gen.*), Wechselwirkung (*f.*).

recisione (*gen.*), Abschneiden (*n.*).

reclamare (*comm. - ecc.*), klagen, sich beklagen.

reclamo (*comm. - ecc.*), Klage (*f.*), Beschwerde (*f.*), Einspruch (*m.*). **2 ~ per difetti** (*comm.*), Mängelrüge (*f.*). **3 ~ scritto** (*comm. - ecc.*), Klageschrift (*f.*). **4 ufficio reclami** (*comm. - ecc.*), Beschwerdeabteilung (*f.*).

recluta (*milit.*), Rekrut (*m.*).

reclutamento (*gen.*), Anwerbung (*f.*), Annahme (*f.*). **2 ~ del personale** (*pers.*), Personalwerbung (*f.*), Personalannahme (*f.*).

reclutare (*milit.*), anwerben.

record (primato) (*sport - ecc.*), Rekord (*m.*), Höchstleistung (*f.*). **2 «~»** (gruppo di dati correlati che vengono trattati come un'unità) (*calc.*), Aufzeichnung (*f.*). **3 ~ mondiale** (primato mondiale) (*sport*), Welthöchstleistung (*f.*), Weltbestleistung (*f.*).

recto (di una moneta p. es.) (*gen.*), Avers (*m.*), Kopfseite (*f.*).
recuperatore, *vedi* ricuperatore.
recupero, *vedi* ricupero.
redancia (*nav. - ecc.*), *vedi* radancia.
redatto (stilato, documento) (*gen.*), abgefasst.
redattore (*giorn.*), Redakteur (*m.*), Redaktor (*m.*) (*svizz.*). 2 ~ **capo** (*giorn.*), Chefredakteur (*m.*). 3 ~ **responsabile** (*giorn.*), verantwortlicher Redakteur.
redattrice (*giorn.*), Redakteurin (*f.*).
redazione (*giorn.*), Schriftleitung (*f.*), Redaktion (*f.*). 2 ~ (stesura, compilazione, di un verbale p. es.) (*gen.*), Verfassung (*f.*), Abfassung (*f.*).
redditività (*ind.*), Rentabilität (*f.*), Ertragsfähigkeit (*f.*).
redditizio (*comm.*), ergiebig. 2 **non** ~ (*comm.*), unergiebig.
reddito (*finanz.*), Einkommen (*n.*), Einkünfte (*f. pl.*). 2 ~ **da lavoro** (*lav.*), Arbeitseinkommen (*n.*). 3 ~ **da lavoro dipendente** (*finanz.*), Einkommen aus unselbständiger Arbeit. 4 **redditi di capitale** (*amm.*), Kapitalerträge (*m. pl.*). 5 ~ **nazionale** (reddito pubblico) (*finanz.*), Nationaleinkommen (*n.*), Volkseinkommen (*n.*). 6 ~ **pubblico** (reddito nazionale) (*finanz.*), Nationaleinkommen (*n.*), Volkseinkommen (*n.*). 7 **accertamento del** ~ (*finanz.*), Einkommensermittlung (*f.*). 8 **bilancio del** ~ (*amm.*), Erfolgsbilanz (*f.*). 9 **imposta sul** ~ (*finanz.*), Einkommensteuer (*f.*).
« redevance » (diritto di licenza) (*finanz. - comm.*), Lizenzgebühr (*f.*).
redigere (*gen.*), abfassen, redigieren.
redimere (riscattare, un debito) (*amm.*), einlösen.
redimibile (*finanz.*), auslösbar, rückkaufbar. 2 ~ **per sorteggio** (*finanz.*), durch Auslösung rückzahlbar.
referenza (*comm. - pers. - lav.*), Referenz (*f.*). 2 **referenze bancarie** (*finanz.*), Bankreferenzen (*f. pl.*). 3 **avere buone referenze** (*pers. - lav. - ecc.*), gute Referenzen haben.
« refilare » (*lav. lamiera*), *vedi* rifilare.
« refill » (ricambio, d'una penna a sfera p. es.) (*uff. - ecc.*), Mine (*f.*).
reflectal (lega Al-Mg) (*metall.*), Reflectal (*n.*).
reflex (amplificatore) (*radio*), Reflex (*m.*). 2 ~ (app. fotografico) (*fot.*), Reflex (*m.*). 3 **circuito** ~ (*elettronica*), Reflexschaltung (*f.*).
règolo (rifolo, di vento) (*meteor.*), *vedi* raffica.
« reforming » (*ind. chim.*), Reformieren (*n.*). 2 **impianto di** ~ (*ind. chim.*), Reformieranlage (*f.*).
refrattarietà (resistenza alle alte temperature) (*metall. - ecc.*), Warmfestigkeit (*f.*). 2 ~ (incombustibilità) (*mater.*), Feuerfestigkeit (*f.*). 3 ~ (di minerali) (*min.*), Strengflüssgkeit (*f.*).
refrattario (resistente a caldo, resistente ad alta temperatura) (*metall. - ecc.*), hitzefest, hochwarmfest, heissfest, warmbeständig. 2 ~ (incombustibile, materiale che resiste al fuoco per 90 minuti) (*prova mater.*), feuerbeständig. 3 ~ (temperatura di fusione sopra i 1600 °C) (*mater. da costr.*), feuerfest, feuersicher. 4 ~ (di difficile fusione, minerale p. es.) (*min. - ecc.*), strengflüssig. 5 **refrattari** (materiali da costruzione refrattari) (*ed.*), feuerfeste Bausteine. 6 ~ **poco cotto** (refrattario poroso) (*metall. - ecc.*), Schwachbrand (*m.*). 7 ~ **per volte** (*forno*), Wölbstein (*m.*). 8 ~ **poroso** (refrattario poco cotto) (*metall. - ecc.*), Schwachbrand (*m.*). 9 **rivestimento** ~ (per focolari di caldaie) (*cald.*), Einmauerung (*f.*). 10 **terra refrattaria** (*ind.*), feuerfester Sand.
refrigerante (fluido refrigerante) (*mot. - ecc.*), Kühlmittel (*n.*). 2 ~ (acqua saponata) (*lav. macch. ut.*), Seifenwasser (*n.*). 3 ~ (*ind. del freddo*), Kälteträger (*m.*), Kältemittel (*n.*). 4 ~ **-lubrificante** (lubrorefrigerante) (*lav. macch. ut.*), Kühlschmiermittel (*n.*). 5 **liquido** ~ (*mot. - ecc.*), Kühlflüssigkeit (*f.*).
refrigeratore (*app.*), Kühler (*m.*). 2 ~ **a controcorrente** (*app.*), Gegenstromkühler (*m.*). 3 ~ **ad alette** (refrigeratore alettato) (*app.*), Rippenkühler (*m.*). 4 ~ **ad equicorrente** (*app.*), Gleichstromkühler (*m.*). 5 ~ **alettato** (refrigeratore ad alette) (*app.*), Rippenkühler (*m.*). 6 ~ **a pioggia** (raffreddatore a pioggia, scambiatore di calore a pioggia) (*app.*), Rieselkühler (*m.*). 7 ~ **a serpentino** (radiatore a serpentino) (*app.*), Schlangenkühler (*m.*). 8 ~ **a torre** (torre di raffreddamento) (*app.*), Kühlturm (*m.*). 9 ~ **da laboratorio** (*app.*), Laboratoriumskühler (*m.*). 10 ~ **dell'olio** (di un motore a combustione interna stazionario) (*mot.*), Ölkühler (*m.*). 11 ~ **di Liebig** (*app. chim.*), Liebigkühler (*m.*). 12 ~ **intermedio** (*app. - macch.*), Zwischenkühler (*m.*).
refrigerazione (*ind. term. - ecc.*), Kühlung (*f.*). 2 ~ **intermedia** (*macch.*), Zwischenkühlung (*f.*).
refurtiva (*leg.*), Diebsgut (*n.*).
refuso (errore di stampa) (*tip.*), Druckfehler (*m.*), Zwiebelfisch (*m.*).
reggetta (moietta, piattina) (*ind. metall.*), Bandeisen (*n.*). 2 ~ (per imballaggi) (*trasp. - ind. metall.*), Umreifungsband (*n.*), Verpackungsbandeisen (*n.*).
reggia (*ind. metall.*), *vedi* reggetta.
reggiare (*imball.*), umreifen, verzurren.
reggiatrice (*imball.*), Umreifungsmaschine (*f.*).
reggiatura (*imball.*), Umreifung (*f.*), Verzurren (*n.*). 2 **sistema di** ~ (*trasp.*), Verzurrsystem (*n.*).
reggimento (*milit.*), Regiment (*n.*).
reggisella (tubo reggisella, di una bicicletta) (*veic.*), Sattelstütze (*f.*).
reggispinta (cuscinetto o supporto di spinta) (*mecc. - nav.*), Drucklager (*n.*).
regìa (*telev. - cinem.*), Regie (*f.*). 2 **banco di** ~ (tavolo di regìa) (*radio - telev.*), Regiepult (*n.*). 3 **sala di** ~ (*radio - telev.*), Regieraum (*m.*). 4 **tavolo di** ~ (banco di regìa) (*radio - telev.*), Regiepult (*n.*).
regime (numero di giri o campo del numero di giri) (*mot.*), Drehzahl (*f.*), Drehzahlbereich (*m.*). 2 ~ (modalità di andamento di un fenomeno) (*elett. - idr. - ecc.*), Zustand (*m.*). 3 ~ (stabilità, condizione stabile) (*fis.*), Beharrungszustand (*m.*), eingeschwungener Zustand. 4 ~ (tenuta del materiale a tempe-

ratura fissa per stabilizzare la stessa all'interno del pezzo) (*metall.*), Ausgleichsglühen (*n.*), Durchwärmung (*f.*). **5** ~ (di un fiume) (*geogr.*), Regime (*n.*). **6** ~ **delle acque** (*idr.*), Wasserhaushalt (*m.*). **7** ~ **di avviamento** (numero di giri di avviamento) (*mot.*), Anlassdrehzahl (*f.*). **8 regimi di funzionamento** (gamma delle velocità) (*mot.*), Drehzahlbereich (*m.*). **9** ~ **di scivolata** (*aer.*), Abrutschgeschwindigkeit (*f.*). **10** ~ **massimo** (velocità massima, massimo numero di giri) (*mot. - ecc.*), Höchstdrehzahl (*f.*). **11** ~ **oscillatorio** (*fis.*), Schwingungszustand (*m.*). **12** ~ **permanente** (*fis.*), Dauerzustand (*m.*). **13** ~ **transitorio** (*fis. - elett.*), Übergangszustand (*m.*). **14 portare a** ~ (portare a temperatura di regime, un provino p. es.) (*term.*), temperieren. **15 portarsi a** ~ (andare su di giri) (*mot.*), hochfahren. **16 tempo di** ~ (tempo di permanenza) (*metall.*), Durchwärmungszeit (*f.*). **17 tempo per portare a** ~ (*term.*), Temperierzeit (*f.*). **18 valore a** ~ (valore in condizioni di stabilità) (*strum. - ecc.*) Beharrungswert (*m.*). **19 velocità di** ~ (*veic. - ecc.*), Beharrungsgeschwindigkeit (*f.*).

regione (zona) (*gen.*), Gebiet (*n.*). **2** ~ **artica** (*geogr.*), Nordpolargebiet (*n.*). **3** ~ **labile** (del funzionamento di un compressore, al disotto della curva limite di pompaggio) (*macch.*), instabiles Gebiet. **4** ~ **petrolifera** (*ind. chim.*), Ölgebiet (*n.*). **5** ~ **stabile** (di funzionamento di un compressore, al disopra della curva limite di pompaggio) (*macch.*), stabiles Gebiet.

regista (*cinem. - telev.*), Regisseur (*m.*), Spielleiter (*m.*). **2** ~ **cinematografico** (*cinem.*), Filmregisseur (*m.*). **3** ~ **della televisione** (*telev.*), Fernsehregisseur (*m.*). **4** ~ **del suono** (*radio*), Tonregisseur (*m.*).

registrabile (regolabile) (*mecc. - ecc.*), verstellbar, stellbar, einstellbar, regulierbar.

registrare (regolare, una vite p. es.) (*mecc.*), einstellen. **2** ~ (un suono) (*elettroacus.*), aufnehmen. **3** ~ (il freno) (*aut.*), nachziehen, anziehen, einstellen. **4** ~ (un utensile) (*lav. macch. ut.*), ansetzen. **5** ~ (scrivere p. es., dei dati) (*gen.*), einschreiben, eintragen. **6** ~ (nei libri) (*contabilità*), verbuchen, buchen, eintragen, zu Buch bringen, einsehreiben. **7** ~ **a credito** (*contabilità*), gutschreiben. **8** ~ **all'attivo** (*contab.*), aktivieren. **9** ~ **in entrata** (*contabilità*), in Einnahme bringen. **10** ~ **su nastro** (*elettroacus.*), auf Band aufnehmen.

registratore (strumento registratore) (*strum. di mis.*), Registriergerät (*n.*), Registrierinstrument (*n.*), Registrierapparat (*m.*), Schreiber (*m.*). **2** ~ (del suono o di immagini) (*elettroacus. - telev.*), Aufnahmeapparat (*m.*). **3** ~ (registro) (*telef.*), Speicher (*m.*). **4** ~ (nei registratori di cassa) (*app.*), Speicherwerk (*n.*), Zählwerk (*n.*). **5** ~ (raccoglitore) (*uff.*), Ordner (*m.*). **6** ~ **a cassetta** (*elettroacus.*), Cassetten-Recorder (*m.*). **7** ~ **a coordinate** (*app.*), X-Y Schreiber (*m.*). **8** ~ **ad assorbimento a raggi ultrarossi** (per misurare il tenore di CH_4, CO_2 e CO nei gas di miniera) (*app. - min.*), Ultrarotabsorptionsschreiber (*m.*), Uras (*m.*). **9** ~ **a depressione** (*app. - strum.*), Saugdruckschreiber (*m.*). **10** ~ **ad impulsi** (impulsografo) (*app.*), Impulsschreiber (*m.*). **11** ~ **ad inchiostro** (*strum. mis.*), Farbschreiber (*m.*). **12** ~ **a disco di carta** (*strum.*), Kreisblatt-Schreiber (*m.*). **13** ~ **a filo** (magnetofono a filo) (*app. - elettroacus.*), Drahtmagnetophon (*n.*), Drahtregistrierapparat (*m.*), Drahttongerät (*n.*). **14** ~ **analogico** (*app.*), analoges Registriergerät. **15** ~ **a nastro** (magnetofono a nastro) (*app. elettroacus.*), Tonbandgerät (*n.*), Bandaufnahmegerät (*n.*), Schmalbandmagnetophon (*n.*). **16** ~ **a punti** (strum. elettronico per misurare e registrare numerose variabili controllate) (*strum.*), Punktdrucker (*m.*). **17** ~ **a scintillazione** (per accertare la ripartizione di sostanze radioattive nell'organismo) (*app.*), Szintigraph (*m.*). **18** ~ **a sifone** (*telegr.*), Heberschreiber (*m.*). **19** ~ **automatico delle comunicazioni** (in assenza dell'utente; ipsofono) (*telef.*), Gesprächsaufnahmeeinrichtung (*f.*). **20** ~ **automatico del tempo** (di un processo p. es.) (*app. - tecnol. - ecc.*), Zeitschreiber (*m.*). **21** ~ **dei dati di marcia** (app. per misurare i tempi di marcia e le velocità di un veicolo) (*app. - veic.*), Fahrtschreiber (*m.*). **22** ~ **dei dati di volo** (*aer.*), Flugschreiber (*m.*). **23** ~ **della pressione di compressione** (per motori a scoppio) (*strum. mot.*), Kompressionsdruckschreiber (*m.*). **24** ~ **del livello** (*app.*), Pegelschreiber (*m.*). **25** ~ **del livello** (della carica di un forno) (*app. - metall.*), Teufenschreiber (*m.*). **26** ~ **del suono** (magnetofono) (*app. elettroacus.*), Magnetophon (*n.*), Tongerät (*n.*). **27** ~ **di cassa** (*macch.*), Registrierkasse (*f.*), Kontrollkasse (*f.*), Zahlkasse (*f.*). **28** ~ **di guasti** (*app.*), Störungsschreiber (*m.*). **29** ~ **di misura** (*app.*), Messwertschreiber (*m.*). **30** ~ **d'impulsi** (*app.*), Impulsspeicher (*m.*), Impulsschreiber (*m.*). **31** ~ **di rotta** (registra in continuo la posizione geografica istantanea) (*app. - aer.*), Flugwegschreiber (*m.*), Kursschreiber (*m.*). **32** ~ **di utilizzo** (di dati di lavoro, ecc.) (*app. - macch. ut.*), Nutzungsschreiber (*m.*). **33** ~ **fotografico** (*fot.*), Registrierkamera (*f.*). **34** ~ **grafico su fogli** (*app.*), Blattschreiber (*m.*). **35** ~ **in ampex** (*app. elettroacus. - telev.*), Ampex-Magnetophongerät (*n.*). **36** ~ **magnetico** (magnetofono) (*app. elettroacus.*), Magnettongerät (*n.*), Tongerät (*n.*). **37** ~ **magnetico a filo** (magnetofono a filo) (*app. elettroacus.*), Drahtmagnetophon (*n.*), Drahttongerät (*n.*), Drahtregistrierapparat (*m.*). **38** ~ **magnetico a nastro** (magnetofono a nastro) (*app. elettroacus.*), Schmalbandmagnetophon (*n.*), Bandaufnahmegerät (*n.*), Tonbandgerät (*n.*). **39** ~ **manometrico** (manometro registratore) (*strum.*), Druckschreiber (*m.*). **40** ~ **perforatore** (*telegr.*), Lochstreifenschreiber (*m.*). **41** ~ **per punti** (*app.*), Punktschreiber (*m.*). **42** ~ **rapido** (*app.*), Schnellschreiber (*m.*). **43** ~ **Scheuer** (per rilevamento automatico dei tempi di lavoro) (*app. - lav.*), Scheuer-Schreiber (*m.*). **44 relè** ~ (*elett.*), Speicherrelais (*n.*).

registrazione (regolazione) (*mecc.*), Einstellen (*n.*), Einstellung (*f.*). **2** ~ (del suono o dell'immagine) (*elettroacus. - telev.*), Auf-

registrazione

nahme (*f.*). **3** ~ (di una grandezza rilevata od osservata) (*strum. - ecc.*), Registrierung (*f.*). **4** ~ (regolazione, messa a punto, del carburatore) (*mot.*), Einregulierung (*f.*). **5** ~ (dell'utensile) (*lav. macch. ut.*), Ansetzung (*f.*), Anstellen (*n.*). **6** ~ (di segnali) (*elett.*), Speicherung (*f.*). **7** ~ (scrittura; trasferimento d'informazione dalla memoria interna ad un apparecchio d'uscita p. es.) (*calc.*), Schreiben (*n.*). **8** ~ (trasmissione o cronaca differita di un avvenimento, replica) (*telev. - radio*), Aufzeichnung (*f.*). **9** ~ (nei libri contabili p. es.) (*contabilità*), Eintrag (*m.*), Eintragung (*f.*), Buchung (*f.*). **10** ~ (concessione, di un brevetto) (*leg.*), Eintragung (*f.*). **11** ~ (scrittura di dati p. es.) (*gen.*), Einschreibung (*f.*), Eintragung (*f.*). **12** ~ **dei freni** (*veic.*), Bremsnachstellung (*f.*), Bremsregulierung (*f.*), Bremsnachziehung (*f.*). **13** ~ **delle punterie** (*mot. - aut.*), Stösseleinstellung (*f.*). **14** ~ **delle valvole** (*mot. - aut.*), Ventileinstellung (*f.*), Ventilnachstellung (*f.*). **15** ~ **dello sterzo e ruote anteriori** (geometria dello sterzo) (*aut.*), Lenkgeometrie (*f.*). **16** ~ **del minimo** (regolazione del minimo) (*mot.*), Leerlaufeinstellung (*f.*), Einregulierung für Langsamlauf. **17** ~ **del suono** (*elettroacus.*), Tonaufnahme (*f.*), Schallaufzeichnung (*f.*). **18** ~ **di dischi** (*elettroacus.*), Schallplattenaufnahme (*f.*). **19** ~ **in ampex** (*elettroacus. - telev.*), Ampex-Aufnahme (*f.*). **20** ~ **magnetica** (*elettroacus.*), magnetische Aufnahme. **21** ~ **magnetica delle immagini** (*telev.*), Magnetbildverfahren (*n.*). **22** ~ **magnetica del suono** (*elettroacus.*), Magnettonaufzeichnung (*f.*). **23** ~ **mediante chiavetta** (*mecc.*), Keilanstellung (*f.*). **24** ~ **ottica del suono** (*ott. - acus.*), Lichttonaufzeichnung (*f.*). **25** ~ **sonora ad area variabile** (su pellicola) (*cinem.*), Zackenschrift (*f.*). **26** ~ **sonora a densità variabile** (*elettroacus.*), Sprossenschrift (*f.*). **27** ~ **su filo** (*elettroacus.*), Drahtaufnahme (*f.*). **28** ~ **su nastro** (*elettroacus.*), Bandaufnahme (*f.*). **29** ~ **su** (pellicola di ripresa dotata di) **banda magnetica** (*cinem.*), Einbandverfahren (*n.*). **30** ~ **verticale** (nei dischi fonografici) (*acus.*), Tiefenschrift (*f.*). **31 amplificatore finale di** ~ (*elab. dati*), Schreib-Endverstärker (*m.*). **32** ~ **a automatica** (autoregistratore) (*strum. - ecc.*), selbstregistrierend, selbstschreibend. **33 compensatore di** ~ (*elettroacus.*), Aufsprechentzerrer (*m.*). **34 dato di** ~ (parametro da impostare per poter eseguire un'operazione) (*lav. macch. ut.*), Einstellgrösse (*f.*). **35 densità di** ~ (*elab. dati - ecc.*), Aufzeichnungsdichte (*f.*), Schreibdichte (*f.*). **36 fessura di** ~ (fenditura di registrazione, intaglio di registrazione) (*elettroacus.*), Aufzeichnungsschlitz (*m.*), Aufzeichnungsspalt (*m.*). **37 impianto di** ~ **sonora** (*elettroacus.*), Besprechungsanlage (*f.*). **38 lampada di** ~ (*elettroacus.*), Aufzeichnungslampe (*f.*). **39 meccanismo di** ~ (di uno strumento registratore) (*strum.*), Schreibwerk (*n.*). **40 pista di** ~ (*elab. dati*), Schreibspur (*f.*). **41 (procedimento di)** ~ **magnetica delle immagini** (*telev. - ecc.*), Magnetbildverfahren (*n.*). **42 studio di** ~ **sonora** (*elettroacus.*), Besprechungsraum (*m.*). **43 tassa di** ~ (*finanz.*), Einschreibegebühr (*f.*). **44 tasto di** ~ (di un magnetofono) (*elettroacus.*), Aufnahmetaste (*f.*). **45 testina (di)** ~ **-lettura** (*elab. dati*), Schreib-Lesekopf (*m.*).

registro (libro, ecc.) (*gen.*), Eintragebuch (*n.*), Register (*n.*). **2** ~ (valvola di tiraggio, serranda, del tubo di una stufa) (*comb.*), Zugregler (*m.*), Rauchschieber (*m.*), Klappe (*f.*). **3** ~ (nella stampa a colori p. es.) (*tip.*), Register (*n.*). **4** ~ (memoria rapidissima di capacità assai limitata) (*calc.*), Register (*n.*). **5** ~ (registratore) (*telef.*), Speicher (*m.*). **6** ~ **accumulatore** (*calc.*), Akkumulatorregister (*n.*). **7** ~ **a linea di ritardo** (*elab. dati*), dynamisches Register. **8** ~ **a scorrimento** (registro di scalatura) (*calc.*), Schieberegister (*m.*). **9** ~ **degli atti** (*leg.*), Urkundenregister (*n.*), Urkundenrolle (*f.*). **10** ~ **dei brevetti** (*leg.*), Patentregister (*n.*), Patentrolle (*f.*). **11** ~ **del catasto** (registro immobiliare; testifica la proprietà di terreni, per ciascuno dei quali è riservato un foglio del registro) (*ed.*), Grundbuch (*n.*). **12** ~ **dell'aria** (valvola di registro dell'aria, serranda dell'aria) (*comb.*), Luftschieber (*m.*), Luftklappe (*f.*). **13** ~ **di bordo** (*nav.*), Schiffsregister (*n.*). **14** ~ **di classificazione** (Registro navale, Lloyds Register p. es.) (*costr. nav.*), Klassifikationsgesellschaft (*f.*). **15** ~ **di entrata** (*calc.*), Eingaberegister (*n.*). **16** ~ **di memoria** (*calc.*), Speicherregister (*n.*). **17** ~ **d'indirizzo** (registro in cui è memorizzato un indirizzo) (*calc.*), Adress-Register (*n.*). **18** ~ **di perforazione** (*min.*), Bohrregister (*n.*), Bohrprotokoll (*n.*). **19** ~ **di programma** (*calc.*), Programmregister (*n.*). **20** ~ **di scalatura** (registro a scorrimento) (*calc.*), Schieberegister (*n.*). **21** ~ **di sequenza delle istruzioni** (registro indirizzo dell'istruzione) (*calc.*), Befehlsfolgeregister (*n.*). **22** ~ **immobiliare** (registro del catasto; testifica la proprietà di terreni; per ciascuno dei quali è riservato un foglio del registro) (*ed.*), Grundbuch (*n.*). **23** ~ **indice** (*calc.*), Indexregister (*n.*). **24** ~ **indirizzi** (*calc.*), Adressenregister (*n.*). **25** ~ **indirizzo dell'istruzione** (registro di sequenza delle istruzioni) (*calc.*), Befehlsfolgeregister (*n.*). **26** ~ **istruzioni** (*calc.*), Befehlsregister (*n.*). **27** ~ **moltiplicatore** (*calc.*), Multiplikator-Register (*n.*). **28** ~ **navale** (Registro di classificazione, Lloyds Register p. es.) (*costr. nav.*), Klassifikationsgesellschaft (*f.*). **29 estratto del** ~ (*leg.*), Rollenauszug (*m.*). **30 imposta di** ~ (*finanz.*), Eintragungsgebühr (*f.*). **31 selettore di** ~ (*telef.*), Speicherwähler (*m.*). **32 trasmettitore a** ~ (per telescriventi) (*app.*), Speichersender (*m.*).

regno (minerale o vegetale) (*scienze naturali*), Reich (*n.*). **2** ~ **minerale** (*min.*), Mineralreich (*n.*). **3** ~ **vegetale** (*geol.*), Pflanzenreich (*n.*).

regola (*gen.*), Regel (*f.*). **2 regole del bordo libero** (*nav.*), Freibordregeln (*f. pl.*). **3** ~ **delle fasi** (*fis.*), Phasenregel (*f.*). **4** ~ **delle maglie** (legge di Kirchhoff) (*elett. - fis.*), Maschenregel (*f.*). **5** ~ **delle tre dita** (regola di Fleming) (*elett.*), Dreifingerregel (*f.*). **6** ~ **del tre** (*mat.*), Regeldetri (*f.*), Dreisatzrechnung (*f.*). **7** ~ **di Fleming** (regola delle tre dita) (*elett.*),

Dreifingerregel (*f.*), 8 ~ **empirica** (*gen.*), Faustregel (*f.*), empirische Regel. 9 **a ~ d'arte** (costruzione, operazione) (*mecc. - ecc.*), sachgemäss, fachgemäss, kunstgerecht, handwerkmässig. 10 **a ~ d'arte** (perfetto) (*tecnol.*), einwandfrei. 11 **deviazione dalla ~** (*gen.*), Regelabweichung (*f.*).

regolabile (registrabile) (*mecc. - ecc.*), einstellbar, stellbar, verstellbar, regulierbar.

regolamentare (*leg.*), gesetzmässig, regulär, regelhaft.

regolamento (norme) (*gen.*), Bestimmungen (*f. pl.*), Ordnung (*f.*), Vorschrift (*f.*), Reglement (*n.*). 2 ~ (saldo, di un conto) (*contabilità*), Ausgleich (*m.*), Abrechnung (*f.*), Vergleich (*m.*). 3 ~ **di fabbrica** (*lav. - ind.*). Arbeitsordnung (*f.*), Betriebsordnung (*f.*). 4 ~ **di società** (d'una impresa) (*ind. - amm.*), Geschäftsordnung (*f.*). 5 ~ **edilizio** (*ed. - leg.*), Bauordnung (*f.*). 6 ~ **esecutivo** (decreto esecutivo) (*leg.*), Durchführungsverordnung (*f.*), DVO. 7 ~ **ferroviario** (*ferr.*), Eisenbahnvorschrift (*f.*), Eisenbahnreglement (*n.*). 8 ~ **interno** (di una fabbrica) (*ind. - lav.*), Betriebsordnung (*f.*), Arbeitsordnung (*f.*). 9 ~ **per evitare abbordi in mare** (*nav. - navig.*), Seestrassenordnung (*f.*). 10 ~ **sulle vie di acqua** (*nav.*), Seewasserstrassenordnung (*f.*). 11 ~ **sul rapporto tra area coperta e scoperta** (definisce la superfice massima edificabile d'un terreno) (*ed.*), Hofraumregel (*f.*).

regolare (*v. - gen.*), regulieren, regeln. 2 ~ (*a. - gen.*), regelmässig, regulär. 3 ~ (giusto, corretto) (*a. - gen.*), korrekt, richtig, einwandfrei. 4 ~ (registrare) (*v. - mecc.*), einstellen, verstellen. 5 ~ (mettere a punto) (*v. - mot. - ecc.*), einregulieren. 6 ~ (centrare, gli stampi) (*v. - fucinatura*), einstellen. 7 ~ (la tensione delle cinghie p. es.) (*mecc.*), ausgleichen. 8 ~ (livellare, stabilizzare; prove di carico p. es.) (*elett.*), ausregeln. 9 ~ (un conto, saldare) (*comm. - amm.*), begleichen, abrechnen, ausgleichen. 10 ~ (dragare, un fiume, corso d'acqua) (*costr. idr.*), regulieren, begradigen. 11 ~ (l'orologio p. es.) (*gen.*), stellen, richten, einstellen. 12 ~ **a zero** (azzerare) (*strum. - ecc.*), auf Null einstellen. 13 ~ **di precisione** (*mecc. - ecc.*), fein einstellen, scharf einstellen, feinregeln. 14 ~ **grossolanamente** (*mecc. - ecc.*), grob einstellen. 15 ~ **il livello** (*gen.*), einpegeln. 16 ~ **male** (sregolare) (*gen.*), dejustieren.

regolarità (*gen.*), Regelmässigkeit (*f.*), Regularität (*f.*). 2 ~ **di marcia** (d'un cuscinetto p. es.) (*mecc.*), Laufgenauigkeit (*f.*). 3 **grado di ~** (d'una variabile regolata; grado di staticità; statismo, staticità) (*regol.*), Regelgüte (*f.*). 4 **prova di ~** (*aut. - ecc.*), Gleichmässigkeitsprüfung (*f.*).

regolarmente (*gen.*), regelmässig. 2 ~ (secondo i piani, come previsto) (*gen.*), planmässig, plangemäss.

regolato (controllato, di raffreddamento p. es.) (*metall. - ecc.*), geregelt. 2 ~ (saldato, di un debito p. es.) (*gen.*), glatt, ausgeglichen. 3 **grandezza regolata** (variabile regolata, nei processi di regolazione) (*macch. - ecc.*), Regelgrösse (*f.*).

regolatore (*app. - mecc. - ecc.*), Regler (*m.*).
2 ~ **a bobina mobile** (*regol.*), Schwenkspul-Regler (*m.*). 3 ~ **a campionatura** (regolatore ad esplorazione di punti singoli, o discreti) (*elettromecc.*), Abtastregler (*m.*). 4 ~ **a contatti vibranti** (di una dinamo) (*aut. - elett.*), Zitterregler (*m.*). 5 ~ **a cortocircuitazione** (*app.*), Umlaufregler (*m.*). 6 ~ **ad azione derivativa** (regolatore derivativo) (*elettromecc.*), D-Regler (*m.*). 7 ~ **ad azione rapida** (*app. elett. - ecc.*), Eilregler (*m.*), Schnellregler (*m.*). 8 ~ **ad esplorazione di punti singoli** (regolatore di campionatura) (*elettromecc.*), Abtastregler (*m.*). 9 ~ **a depressione** (*app.*), Sogregler (*m.*). 10 ~ **ad impulsi** (*app.*), Pulssteller (*m.*). 11 ~ **a due posizioni** (per il quale sono possibili solo due valori della grandezza regolata) (*app. mecc.*), Zweipunkt-Regler (*m.*). 12 ~ **a due velocità** (*app.*), Zweilaufregler (*m.*). 13 ~ **a gradini** (regolatore a passi) (*elett.*), Stufensteller (*m.*). 14 ~ **a induzione** (*app. elett.*), Induktionsregler (*m.*). 15 ~ **a molla** (*app.*), Federregler (*m.*). 16 ~ **antibloccaggio (ruote)** (regolatore antislittamento, per le frenate sul bagnato) (*aut.*), Antiblockierregler (*m.*). 17 ~ **antislittamento** (regolatore antibloccaggio ruote, per le frenate sul bagnato) (*aut.*), Antiblockierregler (*m.*). 18 ~ **a passi** (regolatore a gradini) (*elett.*), Stufensteller (*m.*). 19 ~ **a passo** (*app.*), Schrittregler (*m.*). 20 ~ **a pila di carbone** (regolatore di tensione) (*app. elett.*), Kohledruckregler (*m.*). 21 ~ **a programma** (*app.*), Programmregler (*m.*), Zeitplanregler (*m.*). 22 ~ **assiale** (a molle, per motrici a vapore p. es.) (*macch.*), Achsregler (*m.*). 23 ~ **astatico** (*app.*), astatischer Regler. 24 ~ **a trasduttore** (*elett.*), Transduktor-Regler (*m.*). 25 ~ **a tre posizioni** (*app.*), Dreipunktregler (*m.*). 26 ~ **a tutto o niente** (*app.*), Zweipunktregler (*m.*), Auf-Zu-Regler (*m.*). 27 ~ **automatico** (di tensione p. es.) (*app.*), Selbstregler (*m.*), automatischer Regler. 28 ~ **automatico del livello del nero** (*app. - telev.*), Schwarzautomatik (*f.*). 29 ~ **automatico del tempo di esposizione a cellula fotoelettrica** (*app.*), photoelektrischer Belichtungsautomat. 30 ~ **automatico di frequenza** (*app.*), Frequenznachlauf (*m.*), automatischer Frequenzregler. 31 ~ **automatico di luminosità** (*app. - telev.*), Helligkeitsautomatik (*f.*). 32 ~ **automatico d'incidenza** (*app. - aer.*), Aufbäumregler (*m.*). 33 ~ **automatico di tensione** (*app. elett.*), automatischer Spannungsregler. 34 ~ **automatico di volume** (*app. - radio*), selbsttätiger Schwundregler, automatischer Lautstärkeregler. 35 ~ **a variodo** (d'una dinamo, mediante semiconduttori) (*aut.*), Varioden-Regler (*m.*). 36 ~ **centrifugo** (*app. mecc.*), Fliehkraftregler (*m.*). 37 ~ **centrifugo dell'anticipo** (anticipo centrifugo) (*app. - mot. - aut.*), Fliehkraftversteller (*m.*). 38 ~ **del bloccaggio (ruote)** (dispositivo antislittamento, per la frenatura) (*aut. - ecc.*), Blockierregler (*m.*), Gleitschutzeinrichtung (*f.*), Antiblockierregler (*m.*). 39 ~ **del colore** (*telev.*), Buntregler (*m.*), Buntspannungsregler (*m.*), Farberegler (*m.*). 40 ~ **della dinamica** (regolatore del volume) (*elettroacus. - telef.*), Dynamikregler (*m.*). 41 ~

regolatore

(dell'altezza) dello strato (d'una griglia mobile, per definire l'altezza dello strato di combustibile) (*app. - comb.*), Schichtregler (*m.*). 42 ~ dell'anticipo (anticipo automatico, del sistema di accensione) (*app. - mot. - aut.*), Versteller (*m.*). 43 ~ della pressione di alimentazione (limitatore della pressione di alimentazione, di un motore a pistoni) (*app. - aer.*), Ladedruckbegrenzer (*m.*), Ladedruckregler (*m.*). 44 ~ della tensione del nastro (*ind. carta*), Bahnspannungsregler (*m.*). 45 ~ della tensione di rete (*elett.*), Netzspannungsregler (*m.*), Netzregler (*m.*). 46 ~ del nastro (di una macchina da scrivere) (*app. macch. uff.*), Bandeinsteller (*m.*). 47 ~ del numero di giri (regolatore di giri o di velocità) (*app. - mot.*), Drehzahlregler (*m.*). 48 ~ del tiraggio (*app. - comb.*), Zugregler (*m.*). 49 ~ del tono (*app. - radio - telev.*), Tonregler (*m.*). 50 ~ del volume (*app. - telev. - radio*), Lautstärkeregler (*m.*), Volumregler (*m.*). 51 ~ del volume (regolatore della dinamica) (*elettroacus. - telef.*), Dynamikregler (*m.*). 52 ~ derivativo (regolatore ad azione derivativa) (*elettromecc.*), D-Regler (*m.*). 53 ~ di contrasto (*app. - telev.*), Kontrastregler (*m.*). 54 ~ di corrente (*app. elett.*), Stromregler (*m.*). 55 ~ di corrente continua (*app.*), Gleichstromsteller (*m.*). 56 ~ di densità (*app.*), Dichteregler (*m.*). 57 ~ di esposizione (per copie offset p. es.) (*app. - tip.*), Belichtungsregler (*m.*). 58 ~ differenziale (*app.*), Differentialregler (*m.*). 59 ~ differenziale di pressione (*oleoidr.*), Druckgefälleventil (*n.*). 60 ~ di frenata (che impedisce il bloccaggio delle ruote) (*veic.*), Bremsregler (*m.*), Gleitschutzregler (*m.*), Antiblockierregler (*m.*). 61 ~ di giri (regolatore del numero di giri, regolatore di velocità) (*app. - mot.*), Drehzahlregler (*m.*). 62 ~ di giri con dispositivo antifuga (regolatore di giri con dispositivo di arresto di emergenza per survelocità) (*app. - mot.*), Drehzahlregler mit Sicherung gegen Überdrehzahl. 63 ~ di giri con dispositivo variatore del regime regolato (regolatore di giri con dispositivo di regolazione) (*app. - mot.*), Drehzahlregler mit Drehzahlverstellvorrichtung. 64 ~ di giri con limitatore di sicurezza (regolatore di giri con dispositivo antifuga) (*mot.*), Drehzahlregler mit Sicherung gegen Überdrehzahl. 65 ~ di giri dell'elica (*app. - aer.*), Luftschraubenregler (*m.*). 66 ~ di giri idraulico (*app. mot.*), hydraulischer Drehzahlregler (*m.*). 67 ~ di linearità (*telev.*), Linearitätsregler (*m.*). 68 ~ di livello (*idr.*), Niveauregler (*m.*). 69 ~ di marcia (sistema oscillante autoregolato; pendolo o bilanciere con molla p. es.) (*app.*), Gangregler (*m.*). 70 ~ di portata (*app.*), Durchflussregler (*m.*), Mengenregler (*m.*). 71 ~ di portata (valvola regolatrice di portata) (*oleoidr.*) Stromventil (*n.*). 72 ~ di potenza (per turbine che azionano compressori e pompe) (*turb.*), Leistungsregler (*m.*), Isodynregler (*m.*). 73 ~ di pressione (*app.*), Druckregler (*m.*). 74 ~ di pressione principale (per gas di città) (*app. - ind. chim.*), Stadtdruckregler (*m.*). 75 ~ di sincronizzazione (comando della sincronizzazione) (*app. telev.*), Kippfrequenzregler (*m.*). 76 ~ di sintonia (*radio*), Frequenzangleicher (*m.*) 77 ~ di temperatura (termoregolatore) (*app.*). Temperaturregler (*m.*), Wärmeregler (*m.*), 78 ~ di tensione (*app. elett.*), Spannungsregler (*m.*). 79 ~ di tensione (di una dinamo carica-batterie) (*app. elett. - mot.*), Regelschalter (*m.*). 80 ~ di tensione (del filato in una macch. tess.) (*disp macch. tess.*), Spannungsregler (*m.*). 81 ~ di tensione Tirrill (*app. elett.*), Tirrillregler (*m.*). 82 ~ di tono (regolatore di tonalità) (*app. - telev.*), Tonblende (*f.*), Klangfarberegler (*m.*). 83 ~ di tono (*acus. - radio*), Klangregler (*m.*). 84 ~ di valore limite (*app.*), Grenzwertregler (*m.*). 85 ~ di velocità (*app.*), Geschwindigkeitsregler (*m.*). 86 ~ di velocità (regolatore del numero di giri) (*app. - mot.*), Drehzahlregler (*m.*). 87 ~ di velocità a regime variabile (regolatore di giri con dispositivo variatore del regime regolato) (*mot.*), Drehzahlregler mit Drehzahlverstellvorrichtung. 88 ~ di volume (*app. radio - telev.*), Lautstärkeregler (*m.*), Schwundregler (*m.*). 89 ~ di volume (per stereofonia) (*acus.*), Balanceregler (*m.*). 90 ~ elettrico (*app.*), elektrischer Regler. 91 ~ elettropneumatico (*app.*), elektropneumatischer Regler. 92 ~ frenatura rimorchio (*veic.*), Anhängerbremskraftregler (*m.*). 93 ~ frequenza immagine (di un televisore) (*app. telev.*), Bildzentralfrequenzgleichrichter (*m.*). 94 ~ idraulico (*app.*), hydraulischer Regler. 95 ~ in cascata (*app.*), Folgeregler (*m.*), Nachlaufregler (*m.*). 96 ~ integrale (*app.*), I-Regler (*m.*), integral wirkender Regler. 97 ~ integrale ad azione derivata (*app.*), ID-Regler (*m.*), integral wirkender Regler mit differenzierend wirkendem Einfluss. 98 ~ isocrono (*app.*), isochroner Regler. 99 ~ manuale (*app.*), Handsteller (*m.*). 100 ~ meccanico (*app.*), mechanischer Regler. 101 ~ per arresto rapido (di turbogeneratori p. es.) (*turb. - ecc.*), Schnellschlussregler (*m.*). 102 ~ pilota (*app.*), Führungsregler (*m.*). 103 ~ proporzionale (regolatore ad azione proporzionale) (*app. elettromecc. - ecc.*), P-Regler (*m.*), proportional wirkender Regler. 104 ~ proporzionale ad azione derivata (*app.*), PD-Regler (*m.*), proportional wirkender Regler mit differenzierend wirkendem Einfluss. 105 ~ proporzionale con compensazione di disturbo (*app.*), P-Regler mit Störgrössenabgleich, PZ-Regler (*m.*). 106 ~ proporzionale di pressione (*oleoidr.*), Druckverhältnisventil (*n.*). 107 ~ proporzionale-integrale (*app.*), PI-Regler (*m.*), proportional-integral wirkender Regler. 108 ~ proporzionale-integrale ad azione derivata (*app.*), PID-Regler (*m.*), proportional-integral wirkender Regler mit differenzierend wirkendem Einfluss. 109 ~ rotativo (*elett.*), Drehregler (*m.*). 110 ~ separato (di una dinamo) (*app. elett. - mot.*), Aufbauregler (*m.*). 111 ~ standard (regolatore tipo, nel quale le grandezze d'entrata e d'uscita cadono nel campo delle pressioni da 0,2 a 1,0 kg/cm^2 o delle correnti da 0 a 20 mA) (*app.*), Einheitsregelgerät (*n.*). 112 ~ statico (*app. elett.*), statischer Regler. 113 ~ tipo (regolatore standard, nel quale le grandezze d'entrata e d'uscita cadono nel campo delle pressioni da 0,2 a 1,0 kg/cm² o delle correnti da 0 20 mA) (*app.*), Einheitsregelgerät (*n.*). **114 ~ Tirrill** (regolatore di tensione) (*app. elett.*), Tirrillregler (*m.*), Vibrationsregler (*m.*). **115 asta del ~** (asta cremagliera, cremagliera, della pompa d'iniezione di un mot. Diesel) (*mot.*), Regelstange (*f.*), Regulierstange (*f.*). **116 cremagliera del ~** (asta del regolatore, di un motore Diesel) (*mot.*), Regulierstange (*f.*). **117 massa del ~** (*mecc.*), Reglergewicht (*n.*). **118 molla del ~** (*mecc.*), Reglerfeder (*f.*).

regolatrice (*macch. elett.*), Regulatrix (*f.*).

regolazione (registrazione) (*mecc. - ecc.*), Einstellen (*n.*), Verstellung (*f.*). **2 ~** (di una macchina) (*macch.*), Regelung (*f.*). **3 ~** (registrazione, messa a punto, del carburatore p. es.) (*mot.*), Einregulierung (*f.*). **4 ~** (dell'utensile) (*lav. macch. ut.*), Ansetzung (*f.*). **5 ~** (della tensione p. es.) (*elett. - ecc.*), Regelung (*f.*). **6 ~** (stabilizzazione, livellamento; di variazioni del carico p. es.) (*elett.*), Ausregelung (*f.*). **7 ~** (di un reattore) (*fis. atom.*), Steuerung (*f.*). **8 ~** (fluviale) (*idr.*), Flussregelung (*f.*), Regelung (*f.*). **9 ~** (di un orologio) (*orol.*), Réglage (*f.*). **10 ~** (di un conto) (*comm.*), Abgleich (*m.*), Abrechnung (*f.*). **11 ~ a distanza** (teleregolazione) (*elettromecc.*), Fernregelung (*f.*). **11 ~ a mano** (*mecc. - ecc.*), Handregelung (*f.*), Handverstellung (*f.*). **13 ~ a programma** (regolazione variabile nel tempo) (*elettromecc.*), Zeitplanregelung (*f.*). **14 ~ a riflusso** (di un compressore) (*macch.*), Umblaseregelung (*f.*). **15 ~ a tutto o niente** (*macch.*), Aussetzregelung (*f.*). **16 ~ automatica** (*mecc. - ecc.*), selbsttätige Regelung. **17 ~ automatica** (*elett. - ecc.*), Selbstregulierung (*f.*). **18 ~ (automatica) delle distanze dal suolo** (della carrozzeria) (*aut.*), Niveauregelung (*f.*). **19 ~ automatica del volume** (*radio*), Fadingregelung (*f.*), Fadingausgleich (*m.*). **20 ~ a valore costante** (regolazione a valore predeterminato) (*macch. - ecc.*), Festwertregelung (*f.*). **21 ~ a zero** (*strum. - ecc.*), Nulleinstellung (*f.*). **22 ~ barometrica della pressione** (*mot. aer.*), barometrische Druckregelung. **23 ~ continua** (*macch.*), stufenlose Regelung. **24 ~ dei conti** (saldo dei conti) (*amm.*), Kontenabrechnung (*f.*). **25 ~ del cilindro** (*lamin.*), Walzenanstellung (*f.*). **26 ~ della distanza** (*fot.*), Entfernungseinstellung (*f.*). **27 ~ dell'angolo di accensione** (di un convertitore statico di corrente) (*elettronica*), Anschnittsteuerung (*f.*). **28 ~ della pressione** (*gen.*), Druckregelung (*f.*). **29 ~ della profondità di taglio** (*lav. macch. ut.*), Zustellung (*f.*). **30 ~ della profondità di taglio** (per compensare l'usura dell'utensile, p. es. correzione della profondità di taglio) (*lav. macch. ut.*), Nachstellbewegung (*f.*), Korrekturbewegung (*f.*). **31 ~ della velocità** (regolazione del numero di giri, di un tornio p. es.) (*mecc.*), Drehzahleinstellung (*f.*). **32 ~ del livello del nero** (ripristino della corrente continua) (*telev.*), Schwarzsteuerung (*f.*), Rückstellung des Gleichstroms. **33 ~ del minimo** (registrazione del minimo) (*mot.*), Leerlaufeinstellung (*f.*), Einregulierung für Langsamlauf. **34 ~ del numero di giri** (regolazione della velocità angolare) (*mot.*), Drehzahlregelung (*f.*). **35 ~ del numero di giri** (di un tornio p. es.) (*mecc.*), Drehzahleinstellung (*f.*). **36 ~ del punto di accensione** (variazione del punto di accensione) (*aut.*), Zündverstellung (*f.*). **37 ~ del quadro** (*telev.*), Bildeinstellung (*f.*). **38 ~ del raggio** (catodico, di un cinescopio) (*telev.*), Strahleinrichtung (*f.*). **39 ~ del tiro** (direzione del tiro, condotta del fuoco) (*milit.*), Feuerleitung (*f.*). **40 ~ del traffico** (*traff. strad. - ecc.*), Verkehrsregelung (*f.*). **41 ~ del volume** (*radio - ecc.*), Lautstärkeregelung (*f.*). **42 ~ di corrente** (*elett.*), Stromregulierung (*f.*). **43 ~ di precisione** (microregolazione, regolazione micrometrica, regolazione fine) (*mecc.*), Feineinstellung (*f.*), Feinregulierung (*f.*). **44 ~ di precisione** (regolazione micrometrica, microregolazione, della profondità di taglio) (*lav. macch. ut.*), Feinzustellung (*f.*). **45 ~ errata** (sregolazione) (*mecc.*), Fehleinstellung (*f.*). **46 ~ fine** (regolazione di precisione, microregolazione, regolazione micrometrica) (*mecc.*), Feineinstellung (*f.*), Feinregulierung (*f.*), Feinverstellung (*f.*). **47 ~ grossolana** (*mecc.*), Grobeinstellung (*f.*), Grobverstellung (*f.*). **48 ~ in cascata** (della velocità di motori ad induzione, secondo il sistema Krämer o Scherbin) (*elett.*), Regelkaskade (*f.*). **49 ~ in cascata** (circuito a doppio anello, con un regolatore principale ed uno ausiliario) (*regol.*), Kaskaden-Regelung (*f.*). **50 ~ isodroma** (*macch.*), isodrome Regulierung. **51 ~ micrometrica** (regolazione fine o di precisione, microregolazione) (*mecc.*), Feineinstellung (*f.*), Feinregulierung (*f.*). **52 ~ micrometrica** (microregolazione, regolazione di precisione, della profondità di taglio) (*lav. macch. ut.*), Feinzustellung (*f.*). **53 ~ micrometrica del numero di giri** (microregolazione di giri) (*mecc.*), Drehzahlfeinstellung (*f.*). **54 ~ per strozzamento** (di un compressore p. es.) (*macch.*), Drosselungsregelung (*f.*). **55 ~ (progressiva) continua** (*macch.*), stufenlose Regelung. **56 ~ proporzionale** (*elettromecc. - ecc.*), Proportionalregelung (*f.*). **57 ~ termostatica della temperatura dell'acqua di raffreddamento** (di un motore a combustione interna) (*mot.*), thermostatische Kühlwasserregelung. **58 ~ variabile nel tempo** (*elettromecc.*), Zeitplanregelung (*f.*). **59 amplificatore di ~** (*regol. - elettronica*), Regelverstärker (*m.*). **60 apparecchiatura di ~ per saldatrici** (che armonizza intensità di corrente, tensione, tempo, ecc.) (*tecnol. mecc.*), Schweiss-steuerung (*f.*). **61 apparecchiatura di ~ per saldatrici a resistenza** (*tecnol. mecc.*), Widerstandsschweiss-steuerung (*f.*). **62 a ~ automatica** (autoregolato) (*mecc.-ecc.*), selbsteinstellend. **63 a ~ continua** (*strum. - mecc.*), stetig regelbar. **64 campo di ~** (d'una valvola p. es.) (*regol.*), Stellbereich (*m.*). **65 campo di ~** (di un regolatore) (*mot. - ecc.*), Regelbereich (*m.*), Verstellbereich (*m.*). **66 campo di ~ del numero di giri** (*mot.*), Drehzahlverstellbereich (*m.*). **67 centrale di ~** (per regolare la frequenza o la potenza erogata) (*elett.*), Regelkraftwerk (*n.*). **68 circuito di ~** (*elett.*), Regelschaltung (*f.*). **69 circuito di ~** (di un regolatore) (*mecc. - ecc.*),

regolo

Regelkreis (*m.*). **70 condensatore di** ~ (*regol.*), Regelkondensator (*m.*). **71 corrente di** ~ (*regol.*), Stellstrom (*m.*). **72 durata della** ~ (tempo di ristabilimento, durata del procedimento di regolazione del numero di giri) (*mot.*), Regeldauer (*f.*). **73 fattore di** ~ (rapporto fra grandezza regolante e campo di regolazione) (*regol.*), Stellfaktor (*m.*). **74 gruppo di** ~ (per convertitori di frequenza) (*elett.*), Regelsatz (*m.*). **75 gruppo di** ~ **a corrente alternata** (*elett.*), Drehstromregelsatz (*m.*). **76 meccanismo di** ~ (*mecc.*), Einstellgetriebe (*n.*), Einstellmechanismus (*m.*). **77 moto di** ~ (*regol.*), Stellbewegung (*f.*). **78 motorino per la** ~ **del numero di giri** (di un motore a comb. interna) (*mot.*), Drehzahlverstellmotor (*m.*). **79 pressione di** ~ (pressione regolata, di un regolatore) (*regol.*), Stelldruck (*m.*), Solldruck (*m.*). **80 rapporto di** ~ (di valvole; definisce la possibilità di variazione della portata per caduta di pressione costante) (*idr. - ecc.*), Stellverhältnis (*n.*). **81 reostato di** ~ **del numero di giri** (*elett.*), Drehzahlregelwiderstand (*m.*). **82 serbatoio di** ~ **annuale** (*idr. - costr. idr.*), Jahresspeicher (*m.*). **83 stadio di** ~ (in turbine a vapore) (*macch.*), Regelstufe (*f.*). **84 tempo di** ~ (*regol.*), Stellzeit (*f.*). **85 valvola di** ~ **periodica** (della portata; per condutture ad alta pressione) (*tubaz.*), Reizventil (*n.*). **86 velocità di** ~ (*mecc. - ecc.*), Stellgeschwindigkeit (*f.*). **87 vite di** ~ (*mecc.*), Einstellschraube (*f.*), Verstellschraube (*f.*).

regolo (riga) (*ut.*), Richtlineal (*n.*). **2** ~ (listello, per spianare il calcestruzzo p. es.) (*ut. mur.*), Richtscheit (*n.*), Richtholz (*n.*), Richtlatte (*f.*), Ziehlatte (*f.*), Ebner (*n.*), Setzlatte (*f.*), Wiegelatte (*f.*). **3** ~ (metallo puro sotto la scoria) (*metall.*), Regulus (*m.*). **4** ~ (ponticello, per collegare le piastre d'un accumulatore) (*elett.*), Polbrücke (*f.*). **5** ~ **calcolatore** (*att.*), Rechenschieber (*m.*), Rechenstab (*m.*). **6** ~ **da formatore** (regolo da modellista) (*fond. - ut.*), Schwindmasstab (*m.*), Formermasstab (*m.*). **7** ~ **da modellista** (regolo da formatore) (*fond. - ut.*), Schwindmasstab (*m.*), Formermasstab (*m.*). **8** ~ **per spianare** (la forma) (*ut. fond.*), Abstreichlineal (*n.*). **9 calcolare con il** ~ (*mat. - ecc.*), stabrechnen. **10 cursore del** ~ (*app.*), Rechenschieberläufer (*m.*).

regressione (il ritirarsi del mare) (*geol.*), Regression (*f.*). **2** ~ (*stat.*), Regression (*f.*). **3 curva di** ~ (*stat.*), Regressionskurve (*f.*).

regresso (di un'elica) (*nav. - aer.*), Rücklauf (*m.*), Schlupf (*m.*), Slip (*m.*). **2** ~ (speciale tracciato di una ferrovia di montagna) (*ferr.*), Spitzkehre (*f.*). **3** ~ **dell'elica aerea** (*aer.*), Luftschraubenschlupf (*m.*). **4 diritto di** ~ (*finanz. - leg.*), Rückgriffsrecht (*n.*). **5 punto di** ~ (d'un quadrilatero articolato) (*mecc.*), Umkehrlage (*f.*).

reimportazione (*comm.*), Wiedereinfuhr (*m.*).

reincidere (uno stampo) (*fucinatura*), nachsetzen, nachgravieren.

reincisione (di stampi) (*fucinatura*), Nachsetzen (*n.*), Nachgravieren (*n.*).

reinserzione (della corrente) (*elett.*), Rückschaltung (*f.*). **2** ~ **automatica dopo corto circuito** (d'un interruttore) (*elett.*), Kurzschlussfortschaltung (*f.*).

reintegrazione (rigenerazione, ripristino della corrente continua) (*telev.*), Schwarzsteuerung (*f.*).

relais (*app. elett.*), vedi relè.

relatività (*gen.*), Relativität (*f.*). **2 teoria della** ~ (*fis.*), Relativitätstheorie (*f.*). **3 teoria della** ~ **generale** (*fis.*), allgemeine Relativitätstheorie. **4 teoria della** ~ **speciale** (*fis.*), spezielle Relativitätstheorie.

relativistico (*fis.*), relativistisch.

relativo (*gen.*), bezüglich. **2** ~ (concernente, riguardante) (*gen.*), betreffend. **3** ~ **a** (*gen.*), bezüglich. **4 apertura relativa** (*ott.*), relative Öffnung. **5 moto** ~ (*mecc.*), relative Bewegung. **6 movimento** ~ (nella lavorazione ad asportazione di truciolo) (*lav. macch. ut.*), Relativbewegung (*f.*), Arbeitsbewegung (*f.*). **7 umidità relativa** (*meteor.*), relative Feuchtigkeit. **8 velocità relativa** (*mecc. - ecc.*), Relativgeschwindigkeit (*f.*).

relatore (*ind. - ecc.*), Berichterstatter (*m.*).

relazione (rapporto, riferimento) (*gen.*), Beziehung (*f.*). **2** ~ (rapporto scritto su un dato argomento p. es.) (*uff. - ecc.*), Bericht (*m.*), Berichterstattung (*f.*). **3** ~ (di affari p. es.) (*comm.*), Verbindung (*f.*), Beziehung (*f.*). **4** ~ **annuale** (*gen.*), Jahresbericht (*m.*). **5 relazioni commerciali** (*comm.*), Handelsbeziehungen (*f. pl.*). **6** ~ **dei revisori** (relazione sulla verifica) (*finanz.*), Prüfungsbericht (*m.*). **7** ~ **di affari** (*comm.*), geschäftliche Verbindung, Geschäftsbeziehung (*f.*). **8** ~ **di bilancio** (*finanz. - amm.*), Jahresbericht (*m.*). **9 relazioni industriali** (relazioni sociali) (*ind. - lav.*), innerbetriebliche Beziehungen, soziale Beziehungen. **10 relazioni pubbliche** (fra un'azienda ed il pubblico, la stampa, ecc.) (*ind.*), Öffentlichkeitsarbeit (*f.*), Öffentlichkeitsbeziehungen (*f. pl.*). **11** ~ **quadratica** (*mat. - ecc.*), quadratische Abhängigkeit. **12 relazioni sociali** (*ind. - lav.*), soziale Beziehungen, innerbetriebliche Beziehungen. **13** ~ **sulla verifica** (relazione dei revisori) (*finanz.*), Prüfungsbericht (*m.*). **14 relazioni umane** (*organ. lav.*), menschliche Beziehungen. **15 allacciare relazioni** (stabilire relazioni) (*comm.*), Beziehungen aufnehmen. **16 in** ~ **a** (*gen.*), in Bezug auf. **17 preparare una** ~ (*ind.*), einen Bericht erstatten, einen Bericht ausarbeiten. **18 rompere le** ~ (sospendere le relazioni) (*comm.*), die Beziehungen abbrechen. **19 servizio relazioni sociali** (*lav. - ind.*), Sozialabteilung (*f.*).

relè (relais) (*app. elett.*), Relais (*n.*). **2** ~ **a bobina mobile** (relè elettromagnetico, relè a solenoide) (*app. elett.*), elektromagnetisches Relais. **3** ~ **a caduta ritardata** (*elett.*), abfallverzögertes Relais, langsam abfallendes Relais. **4** ~ **a cartellino** (relè a cartolina) (*elett.*), Kartenrelais (*n.*). **5** ~ **a cellula fotoelettrica** (*app.*), Lichtrelais (*n.*). **6** ~ **a contatti protetti** (*elett.*), Trockenzungenrelais (*n.*). **7** ~ **(a contatto) di lavoro** (*app. elett.*), Arbeitsstromrelais (*n.*). **8** ~ **(a contatto) di riposo** (*app. elett.*), Ruhestromrelais (*n.*). **9** ~ **ad alta impedenza** (*elett.*), Drosselrelais (*n.*). **10** ~ **ad aggancio** (*elett.*), Sperrklinkrelais (n.). 11 ~ ad àncora incernierata (elett.), Klappanker-Relais (n.). 12 ~ ad àncora su coltello (elett.), Schneidanker-Relais (n.). 13 ~ ad armatura incernierata (elett.), Klappanker-Relais (n.). 14 ~ ad attrazione rapida (elett.), anzugverkürztes Relais. 15 ~ ad attrazione ritardata (elett.), anzugverzögertes Relais. 16 ~ ad autotenuta (elett.), Selbsthalterelais (n.), Haftrelais (n.). 17 ~ ad azione ritardata (relè di ritardo) (app. elett.), Verzögerungsrelais (n.). 18 ~ ad induzione (elett.), Induktionsrelais (n.). 19 ~ ad impulsi (elett.), Impulsrelais (n.). 20 ~ a luminescenza (elett.), Glimmrelais (n.). 21 ~ antipendolamento (di un impianto idraulico p. es.) (oleoidr. - ecc.), Anti-Schwingungsrelais (n.). 22 ~ a nucleo ovale (app. elett.), Oval-Relais (n.). 23 ~ a passo (app. elett.), Schrittrelais (n.). Fortschaltrelais (n.). 24 ~ a risonanza (elett.), Resonanzrelais (n.). 25 ~ a solenoide (relè elettromagnetico, relè a bobina mobile) (app. elett.), elektromagnetisches Relais. 26 ~ a spina (relè da innesto) (elett.), Steckrelais (n.). 27 ~ asserviti (l'uno all'altro) (elett.), Stützrelais (n. pl.). 28 ~ a tempo (app. elett.), Zeitrelais (n.). 29 ~ a tenuta meccanica (elett.), Verklinkrelais (n.), Rastrelais (n.). 30 ~ a tenuta per rimanenza (elett.), Remanenzrelais (n.). 31 ~ a tuffante (elett.), Tauchrelais (n.). 32 ~ ausiliario (app. elett.), Hilfsrelais (n.). 33 ~ commutatore (relè elettromagnetico non polarizzato) (elett.), Wechselrelais (n.). 34 ~ compòsito ad àncore interbloccate (elett.), Stützrelais (n.). 35 ~ con ancoretta a cuneo (telef.), Keilrelais (n.). 36 ~ con cartellino a caduta (telef.), Fallklappenrelais (n.). 37 ~ congiuntore (relè di connessione) (elett. - telef.), Durchschaltrelais (n.). 38 ~ d'accensione (starter, avviatore, per il riscaldamento degli elettrodi, per lampade a luminescenza) (app. illum.), Starter (m.). 39 ~ d'accoppiamento (elett. - ecc.), Koppelrelais (n.). 40 ~ da innesto (relè a spina) (elett.), Steckrelais (n.). 41 ~ d'ascolto (telef.), Mithörrelais (n.). 42 ~ del posto (d'operatrice) (telef.), Platzrelais (n.). 43 ~ di binario (ferr. - elett.), Gleisrelais (n.). 44 ~ di blocco (ferr.), Blockrelais (n.). 45 ~ di blocco (app. elettromecc.), Sperrelais (n.). 46 ~ di chiamata (telef.), Anrufrelais (n.). 47 ~ di comando (app. elettromecc.), Steuerrelais (n.). 48 ~ di commutazione (elett.), Umschaltrelais (n.), Umschalterelais (n.). 49 ~ di conduttanza (elett.), Konduktanzrelais (n.). 50 ~ di conferma (radio - elett.), Quittungsrelais (n.). 51 ~ di connessione (relè congiuntore) (elett. - telef.), Durchschaltrelais (n.). 52 ~ di esclusione (relè disgiuntore) (app. elett.), Trennrelais (n.). 53 ~ differenziale (elett.), Differentialrelais (n.). 54 ~ differenziale di quoziente (elett.), Quotientdifferentialrelais (n.). 55 ~ differenziale stabilizzato (elett.), Prozentrelais (n.). 56 ~ di fine conversazione (telef.), Schlussrelais (n.), Schlusszeichenrelais (n.). 57 ~ di fine selezione (telef.), Wahlendrelais (n.). 58 ~ di inserzione (app. elett.), Einschaltrelais (n.). 59 ~ di manipolazione (telegr.), Tastrelais (n.). 60 ~ di massima (app. elett.), Maximalrelais (n.). 61 ~ di massima corrente (relè di sovraccarico) (app. elett.), Überstromrelais (n.), Höchststromrelais (n.), Maximalrelais (n.). 62 ~ di massima tensione (app. elett.), Überspannungsrelais (n.). 63 ~ di minima (app. elett.), Minimalrelais (n.). 64 ~ di minima corrente (app. elett.), Unterstromrelais (n.). 65 ~ di minima tensione (app. elett.), Unterspannungsrelais (n.). 66 ~ d'impedenza (relè distanziometrico, relè di protezione a distanza) (elett.), Impedanzrelais (n.), Distanzrelais (n.). 67 ~ d'inclusione (relè d'inserzione) (elett. - telef.), Aufschaltrelais (n.). 68 ~ d'inoltro della chiamata (telef.), Weiterrufrelais (n.). 69 ~ di inserzione (relè d'inclusione) (elett. - telef.), Aufschaltrelais (n.). 70 ~ di potenza (app. elett.), Leistungsrelais (n.). 71 ~ di protezione (app. elett.), Schutzrelais (n.). 72 ~ di protezione contro l'inversione di corrente (per turbodinamo; impedisce l'alimentazione dalla rete) (elett.), Rückleistungsrelais (n.). 73 ~ di prova (elett.), Prüfrelais (n.). 74 ~ di reattanza (elett.), Reaktanzrelais (n.). 75 ~ di resistenza (elett.), Resistanzrelais (n.). 76 ~ direzionale (elett.), Richtungsrelais (n.). 77 ~ di richiamata (telef.), Rückfragerelais (n.). 78 ~ di ritardo (relè ad azione ritardata) (app. elett.), Verzögerungsrelais (n.). 79 ~ di scambio (ferr.), Weichenrelais (n.). 80 ~ di scatto (relè di sgancio) (app. elettromecc.), Auslöserelais (n.). 81 ~ discriminatore (app. elett.), Ausscheiderelais (n.). 82 ~ di segnalazione (elett.), Melderelais (n.). 83 ~ di segnale (elett.), Signalrelè (n.). 84 ~ di sgancio (app. elettromecc.), Entkupplungsrelais (n.), Auslöserelais (n.). 85 ~ disgiuntore (relè di esclusione) (elett.), Trennrelais (n.). 86 ~ di sicurezza (di un reattore p. es.) (app. elett.), Abschaltrelais (n.). 87 ~ di sovraccarico (relè di massima) (app. elett.), Höchststromrelais (n.), Überstromrelais (n.). 88 ~ distanziometrico (relè d'impedenza, relè di protezione a distanza) (elett.), Distanzrelais (n.), Impedanzrelais (n.). 89 ~ di tenuta (elett.), Halterelais (n.). 90 ~ eccitatore (elett.), Anregerelais (n.), Anregeglied (n.). 91 ~ elettromagnetico (relè a solenoide, relè a bobina mobile) (app. elett.), elektromagnetisches Relais. 92 ~ elettronico (app. elett.), Relaisröhre (f.), elektronisches Relais. 93 ~ fotoelettrico (per dispositivi di allarme p. es.) (app. elett.), Photo-Relais (n.). 94 ~ istantaneo (elett.), Momentrelais (n.). 95 ~ locale (telef.), Lokalrelais (n.). 96 ~ marcatore (telef.), Markierrelais (n.). 97 ~ metrico (app. elett.), Messrelais (n.), messendes Relais. 98 ~ non metrico (app. elett.), unmessendes Relais. 99 ~ non polarizzato (app. elett.), ungepoltes Relais, neutrales Relais. 100 ~ per circuiti stampati (elett.), Kartenrelais (n.). 101 ~ per protezione di contatti (elett.), Kontaktschutzrelais (n.). 102 ~ piatto (con àncora e nucleo della bobina piatti) (telef.), Flachrelais (n.). 103 ~ pneumatico (app.), pneumatisches Relais. 104 ~ polarizzato (app. elett.), gepoltes Relais. 105 ~ registratore (elett.), Speicherrelais (n.). 106 ~ ritardatore (relè di ritardo) (app. elett.), Ver-

relitto

zögerungsrelais (*n.*), Relais mit Anzugsverzögerung. **107 ~ selettivo** (*app. elett.*), Selektivschütz (*n.*). **108 ~ selettore** (*telef.*), Wählerrelais (*n.*). **109 ~ soccorritore** (*app. elett.*), Hilfsschützrelais (*n.*). **110 ~ soppressore del conteggio** (*telef.*), Zählverhinderungsrelais (*n.*). **111 ~ su cartolina** (*elett.*), Kartenrelais (*n.*). **112 ~ telefonico** (*app. telef.*), Telephonrelais (*n.*), Fernsprechrelais (*n.*). **113 ~ telegrafico** (*app. elett.*), Telegraphenrelais (*n.*). **114 ~ temporizzatore** (per una saldatrice p. es.) (*app. elett.*), Schaltschütz (*n.*). **115 ~ termico** (*app. elett.*), Thermorelais (*n.*), thermisches Relais. **116 armatura del ~** (*app. elett.*), Relaisanker (*f.*). **117 caduta del ~** (diseccitazione del relè) (*elett.*), Relaisabfall (*m.*). **118 campo d'accoppiamento a ~** (*telef. - ecc.*), Relaiskoppelfeld (*n.*). **119 circuito di ~** (*elett.*), Relaisstromkreis (*m.*). **120 comando a ~** (*elettromecc.*), Relaissteuerung (*f.*). **121 contatto di ~** (*app. elett.*), Relaiskontakt (*m.*). **122 contattore a ~** (*elett.*), Schaltrelais (*n.*), Schaltschütz (*m.*). **123 diseccitazione del ~** (caduta del relè) (*elett.*), Relaisabfall (*m.*). **124 gruppo di ~** (parte di centrale) (*telef.*), Relaissatz (*m.*). **125 eccitazione di ~** (attrazione di relè) (*elett.*), Relaisanzug (*m.*). **126 lamiera per ~** (a corrente alternata) (*metall. - elett.*), Relaisblech (*n.*). **127 prova- ~** (*app. elett.*), Relaisprüfgerät (*n.*). **128 ripetitore di chiamata a ~** (*telef.*), Relaisrufwiederholer (*m.*). **129 selettore a ~** (*telef.*), Relaiswähler (*m.*). **130 tempo di caduta del ~** (*elett.*), Relaisbafallzeit (*f.*).

relitto (nave) (*nav.*), Wrack (*n.*), Abwrackschiff (*n.*). **2 boa di segnalazione di ~** (*nav.*), Wracktonne (*f.*).

reluttanza (riluttanza, resistenza magnetica) (*elett.*), Reluktanz (*f.*).

reluttività (riluttività, resistenza magnetica specifica) (*elett.*), Reluktivität (*f.*).

rem (roentgen equivalent man; equivalente roentgen biologico = unità della dose assorbita) (*radioatt.*), rem, biologisches Röntgenäquivalent.

remare (*nav.*), rudern.

remiral (alluminio metallurgico con grado di purezza di circa il 99,9%) (*metall.*), Remiral (*n.*).

remissore (remisier) (*finanz. - borsa*), Remisier (*m.*), Agiateur (*m.*).

remo (*nav.*), Ruder (*n.*), Riemen (*m.*).

remolaggio (*fond.*), vedi ramolaggio.

remolare (*fond.*), vedi ramolare.

remunerazione (*lav.*), Arbeitsentgelt (*n.*), Arbeitslohn (*m.*). **2 ~ forfettaria** (*lav.*), Pauschalakkord (*m.*), Pensumlohn (*m.*).

rendere (fruttare, denaro) (*comm.*), einbringen, Ertrag bringen, Gewinn bringen. **2 ~** (dare interessi o dividendi) (*finanz.*), bringen, abwerfen. **3 ~ accessibile** (*gen.*), aufschliessen, zugänglich machen. **4 ~ coltivabile** (un giacimento) (*min.*), aufschliessen. **5 ~ più denso** (ispessire) (*vn. - ecc.*), verdicken, eindicken. **6 ~ stagno** (chiudere a tenuta, ermetizzare) (*mecc. - ecc.*), dichten, abdichten. **7 da ~** (*gen.*), gegen Rückgabe, g.R.

rendez-vous (manovra rendez-vous) (*astronautica*), Rendezvous (*n.*), endezvousmanöver (*n.*).

rendiconto (di una società) (*finanz.*), Geschäftsbericht (*m.*), Sitzungsberichte (*m. pl.*). **2 ~ della banca** (*finanz.*), Bankausweis (*m.*).

rendimento (*termodin. - ecc.*), Wirkungsgrad (*m.*). **2 ~** (rapporto tra potenza utile ed assorbita) (*mot. - ecc.*), Wirkungsgrad (*m.*). **3 ~** (resa, in %, rapporto tra quantità prodotta e quantità impiegata) (*gen.*), Ausbringen (*n.*). **4 ~** (rapporto fra prestazione osservata e prestazione normale prefissata) (*studio di lavoro*), Leistungsgrad (*m.*). **5 ~** (percentuale di lana pulita) (*ind. tess.*), Rendement (*n.*). **6 ~ amperometrico** (nei processi elettrolitici) (*elettrochim.*), Stromausbeute (*f.*). **7 ~ di cattura** (*fis. atom.*), Einfangausbeute (*f.*). **8 ~ di deformazione** (rapporto tra lavoro di deformazione senza attrito e lavoro effettivo) (*fucinatura*), Umformwirkungsgrad (*m.*), Formänderungswirkungsgrad (*m.*). **9 ~ dinamico** (nella fucinatura al maglio, rapporto tra energia di deformazione ed energia d'urto) (*fucin.*), Schlagwirkungsgrad (*m.*). **10 ~ di radiazione** (rendimento energetico, rapporto tra flusso radiante e potenza necessaria alla sua produzione) (*fis.*), Strahlungsausbeute (*f.*). **11 ~ di radiazione** (di un'antenna) (*radio - ecc.*), Wirkungsgrad (*m.*). **12 ~ di trasmissione** (*mecc.*), Kraftübertragungswirkungsgrad (*m.*). **13 ~ energetico** (*fis.*), vedi rendimento di radiazione. **14 ~ frigorifero** (rapporto tra calore asportato e lavoro speso a tale scopo) (*tecn. del freddo*), Kältefaktor (*m.*). **15 ~ indicato** (*mot.*), Innenwirkungsgrad (*m.*), indizierter Wirkungsgrad. **16 ~ in metallo depositato** (nella saldatura) (*tecnol. mecc.*), Abschmelzleistung (*f.*). **17 ~ meccanico** (rendimento organico) (*mot.*), mechanischer Wirkungsgrad. **18 ~ meccanico totale** (*mot.*), mechanischer Gesamtwirkungsgrad. **19 ~ normale** (d'un operaio) (*lav.*), Normalarbeitswirksamkeit (*f.*). **20 ~ organico** (rendimento meccanico) (*mot.*), mechanischer Wirkungsgrad. **21 ~ propulsivo** (*aer.*), Antriebswirkungsgrad (*m.*), Vortriebsleistung (*f.*). **22 ~ quantico** (*fis.*), Quantenausbeute (*f.*). **23 ~ termico** (*termodin. - mot.*), thermischer Wirkungsgrad, Wärmewirkungsgrad (*m.*). **24 ~ termodinamico** (*termodin.*), thermodynamischer Wirkungsgrad. **25 ~ totale** (*mecc. - ecc.*), Gesamtwirkungsgrad (*m.*). **26 ~ totale** (di un mot. a c. i.) (*mot.*), Nutzwirkungsgrad (*m.*), Gesamtwirkungsgrad (*m.*). **27 ~ volumetrico** (grado di riempimento di un mot. a c. i.) (*mot.*), volumetrischer Wirkungsgrad, Füllungsgrad (*m.*).

rendita (*finanz.*), Rente (*f.*), Einkommen (*n.*). **2 ~** (utile espresso in percentuale del capitale investito) (*amm.*), Rendite (*f.*).

rene (di un arco) (*arch.*), Anfänger (*m.*), Kämpferstein (*m.*).

renio (Re - *chim.*), Rhenium (*n.*).

reobase (*elett. - biol.*), Rheobase (*f.*).

reocordo (filo di misura, d'un ponte) (*strum. elett.*), Messdraht (*m.*).

reoforo (conduttore metallico filiforme) (*elett.*), Leitung (*f.*). **2 ~ per brillamenti** (conduttore

per brillamenti) (*min. - elett.*), Schiessleitung (*f.*).
reografo (*app.*), Rheograph (*m.*).
reogramma (diagramma di lavoro, rappresentazione grafica di tutte le operazioni che portano alla soluzione d'un problema) (*calc.*), Flussdiagramm (*n.*).
reologia (scienza che tratta le deformazioni e lo scorrimento della materia) (*sc. - fis. - chim.*), Fliesskunde (*f.*), Rheologie (*f.*).
reometria (*fis. - chim.*), Rheometrie (*f.*).
reostatico (*elett.*), Widerstand... **2 oscuratore** ~ (*elett.*), Verdunkelungswiderstand (*m.*).
reostato (resistenza variabile) (*app. elett.*), Rheostat (*m.*), Regelwiderstand (*m.*). **2 ~ a corsoio** (*app. elett.*), Schiebewiderstand (*m.*). **3 ~ a decadi** (*elett.*), Dekadenrheostat (*m.*). **4 ~ di avviamento** (*app. elett.*), Regelanlasser (*m.*), Anlasswiderstand (*m.*). **5 ~ di campo** (*app. elett.*), Feldregler (*m.*). **6 ~ di campo di tipo a potenziometro** (*app. elett.*), Feldspannungsteiler (*m.*). **7 ~ di regolazione del numero di giri** (*elett.*), Drehzahlregelwiderstand (*m.*). **8 ~ di scorrimento** (per aumentare lo scorrimento d'un motore elettr.) (*elett.*), Schlupfwiderstand (*m.*). **9 ~ potenziometrico** (*elett.*), Potentiometerregler (*m.*).
reostrizione (contrazione trasversale di un conduttore liquido) (*elett.*), Quetscheffekt (*m.*), Pincheffekt (*m.*), Schnüreffekt (*m.*).
reotano (bronzo al nichel con 53-57% Cu, 16-33% Zn, 25-30% Ni, 4-5% Fe) (*lega*), Rheotan (*n.*).
reotrone (*fis. atom.*), Rheotron (*n.*).
reparto (servizio, di una fabbrica p. es.) (*ind.*), Abteilung (*f.*), Fach (*n.*). **2 ~ antincendi** (*antincendi*), Feuerwehrabteilung (*f.*), Löschzug (*m.*). **3 ~ avvolgimenti** (*ind. elett.*), Wickelei (*f.*). **4 ~ d'assalto** (*milit.*), Sturmabteilung (*f.*). **5 ~ di finitura** (in cui si mettono a punto i prodotti per la spedizione) (*ind.*), Adjustage (*f.*). **6 ~ di produzione** (*ind.*), Fertigungsabteilung (*f.*). **7 ~ (di) sabbiatura** (*ind. - tecnol. mecc.*), Sandputzerei (*f.*), Sandblaserei (*f.*), Sandstrahlerei (*f.*). **8 ~ di stampaggio** (officina di stampaggio) (*ind. - tecnol. mecc. - lav. lamiera*), Stanzerei (*f.*). **9 ~ fresatrici** (reparto « frese », reparto per la fresatura) (*ind. mecc.*), Fräserei (*f.*). **10 ~ montaggio** (*ind.*), Fertigbauhalle (*f.*), Montagehalle (*f.*). **11 ~ per la fresatura** (reparto « frese », reparto fresatrici) (*ind. mecc.*), Fräserei (*f.*). **12 ~ preparazione** (*ind.*), Einstellerei (*f.*). **13 ~ presse** (officina di stampaggio) (*ind. - lav. di lamiere*), Presserei (*f.*). **14 ~ produzione** (*ind.*), Fertigungsabteilung (*f.*). **15 ~ relazioni sociali** (*pers. - ind.*), Sozialabteilung (*f.*). **16 ~ rettificatrici** (*ind. mecc.*), Schleiferei (*f.*). **17 ~ rinverdimento** (per ammorbidire le pelli) (*ind. cuoio*), Wasserwerkstatt (*f.*), Wasserabteilung (*f.*), Wasserstation (*f.*). **18 ~ riproduzioni** (« cianografia », di uno stabilimento) (*dis. - ind.*), Pausraum (*m.*), Pauserei (*f.*). **19 ~ sabbiatura** (*ind. mecc.*), Sandblaserei (*f.*), Sandstrahlerei (*f.*), Sandputzerei (*f.*). **20 ~ saldatura** (*ind. - tecnol. mecc.*), Schweisserei (*f.*). **21 ~ sbavatura** (per la sbavatura dei getti) (*fond. - ind.*), Putzerei (*f.*). **22 ~ scriccatura** (per la scriccatura dei pezzi) (*ind. - metall. - fucinatura*), Putzerei (*f.*). **23 ~ scriccatura lingotti** (*ind. metall.*), Blockputzerei (*f.*). **24 ~ spedizioni** (servizio spedizioni, d'una ditta) (*ind.*), Versandabteilung (*f.*), Expedit (*n. - austr.*), **25 ~ sperimentale** (*ind.*), Versuchsabteilung (*f.*), Forschungsabteilung (*f.*). **26 ~ torni** (torneria) (*ind. mecc.*), Dreherei (*f.*). **27 ~ torni automatici** (*mecc.*), Automatendreherei (*f.*). **28 ~ trattamenti galvanici** (*ind. elettrochim.*), Galvanisiererei (*f.*), Galvanisieranstalt (*f.*). **29 ~ verniciatura** (*ind.*), Lackiererei (*f.*).
repellente (pennello, argine appoggiato alla sponda per allontanare la corrente dalla stessa) (*costr. idr.*), Buhne (*f.*).
repellere (*gen.*), abstossen.
reperibile (*gen.*), auffindbar. **2 ~ in commercio** (commerciale, articolo) (*comm.*), handelsüblich.
reperto (risultato di prova p. es.) (*tecnol. - ecc.*), Befund (*m.*), Prüfbefund (*m.*).
repertorio (dei nominativi di ditte p. es.) (*tip.*), Verzeichnis (*n.*). **2 ~ categorico** (pagine gialle) (*ind. - comm. - telef.*), Branchenadressbuch (*m.*). **3 ~ elettronico** (*elettronica*), Elektronenkatalog (*m.*).
replica (calco pellicolare, riproduzione di una superficie con pellicola, per analisi al microscopio elettronico) (*metall.*), Hautabdruckverfahren (*n.*). **2 ~** (trasmissione registrata, cronaca differita, di un avvenimento) (*telev. - radio*), Aufzeichnung (*f.*).
reprografia (riprografia, tecnica di riproduzione grafica) (*dis. - ecc.*), Reprographie (*f.*).
repulsione (*gen.*), Abstossung (*f.*). **2 ~ intranucleare** (*fis. atom.*), intranukleare Abstossung. **3 aggancio di trazione e ~** (*ferr.*), Zug-Druck-Kupplung (*f.*). **4 forza di ~** (*gen.*), Abstossungskraft (*f.*). **5 motore a ~** (*mot. elett.*), Repulsionsmotor (*m.*).
repulsore (perno repulsore, perno distanziatore, distanziatore, per stampi per pressofusione p. es.) (*mecc. - fond.*), Rückstoss-stift (*m.*), Rückstosser (*m.*).
repussaggio (tornitura in lastra, imbutitura al tornio, repussatura) (*mecc.*), Drücken (*n.*).
requisire (*milit. - ecc.*), requisieren.
requisito (prescritto nelle condizioni di fornitura p. es.) (*comm.*), Forderung (*f.*).
requisitoria (*leg.*), Anklagerede (*f.*).
resa (produttività) (*ind.*), Ergiebigkeit (*f.*). **2 ~** (rendimento, produzione, espressa in %, rapporto tra quantità prodotta e impiegata) (*gen.*), Ausbringen (*n.*). **3 ~** (luogo di consegna, di una fornitura) (*comm.*), Lieferungsort (*m.*), Ablieferungsort (*m.*). **4 ~** (incondizionata p. es.) (*milit.*), Übergabe (*f.*). **5 ~** (di una vernice) (*vn.*), Ausgiebigkeit (*f.*). **6 ~** (del lavoro) (*lav. - ind.*), Arbeitsleistung (*f.*). **7 ~ del colore** (*ott.*), Farbwiedergabe (*f.*). **8 ~ di fissione** (*fis. atom.*), Spaltausbeute (*f.*). **9 ~ di fissione a catena** (*fis. atom.*), Isobarenausbeute (*f.*). **10 ~ di fissione primaria** (*fis. atom.*), primäre Spaltausbeute, Fragmentausbeute (*f.*). **11 ~ elastica** (rimbalzo, della gomma) (*ind. gomma*), Rückprall-Elastizität (*f.*). **12 ~ lorda** (*ind.*), Rohertrag (*m.*). **13 ~ neutronica** (*fis. atom.*), Neutronen-

rescindere

ausbeute *(f.).* **14 ~ percentuale** *(ind.),* Prozentausbringen *(n.).* **15 apparecchio per la prova della ~ elastica** (su gomma) *(app.),* Rückprallhärteprüfgerät *(n.).*
rescindere (un contratto) *(comm.),* auflösen.
rescissione (annullamento, di un contratto) *(comm.),* Lösung *(f.),* Auflösung *(f.).*
residente (che soggiorna in permanenza) *(leg.),* ansässig. **2 ~ d'ufficio** *(leg.),* dienstansässig.
residenza *(leg.),* ständige Wohnung, Niederlassung *(f.),* ständiger Wohnsitz. **2 ~ abituale** *(leg.),* gewöhnlicher Wohnsitz. **3 cambiare ~** *(leg. - ecc.),* übersiedeln. **4 cambio di ~** *(leg.),* Wohnungswechsel *(m.).* **5 luogo di ~** *(leg.),* Wohnort *(m.).*
residenziale *(ed. - urb.),* Siedlungs... **2 zona ~** *(ed. - urb.),* Wohnsiedlung *(f.).*
residuo *(s. - chim.),* Rückstand *(m.).* **2 ~** *(a. - gen.),* nachbleibend, übrigbleibend, verbleibend, zurückbleibend. **3 ~** *(a. - elett. - ecc.),* remanent, zurückbleibend. **4 ~** (nella prova di Conradson) *(chim.),* Verkokungsrückstand *(m.).* **5 ~** (di colonna di distillazione) *(ind. chim.),* Bodenprodukt *(n.),* Ablauf *(m.).* **6 ~ di bava** (bava residua, dopo la sbavatura) *(fucinatura),* Gratansatz *(m.).* **7 ~ di calcinazione** *(chim.),* Abbrand *(m.).* **8 ~ di carica** *(mot. - ecc.),* Ladungsrückstand *(m.).* **9 ~ di colata** (nella pressofusione; biscotto) *(fond.),* Pressrest *(m.),* Tablette *(f.).* **10 ~ di evaporazione** *(chim.),* Abdampfrückstand *(m.).* **11 ~ di filtrazione** *(tecnol.),* Filterkuchen *(m.).* **12 ~ di scoria** (residuo di scaglia) *(metall.),* Zunderfleck *(m.).* **13 ~ di vagliatura** *(ind.),* Siebrückstand *(m.),* Siebaustrag *(m.).* **14 ~ in peso** *(chim.),* Gewichtsrückstand *(m.).* **15 ~ secco** *(vn.),* Trockenrückstand *(m.).*
resilienza (lavoro assorbito nella rottura di un provino intagliato) *(mecc.),* Kerbzähigkeit *(f.),* Kerbschlagzähigkeit *(f.).* **2 ~** (lavoro assorbito da un provino senza intaglio) *(sc. costr.),* Schlagzähigkeit *(f.).* **3 barretta ad intaglio a V per prove di ~** (provino DVMS) *(metall.),* Spitzkerbprobe *(f.),* Kerbschlagbiegeprobe mit Spitzkerb, DVMS-Probe *(f.).* **4 barretta ad intaglio piano per prove di ~** (provino DVMF) *(metall.),* Flachkerbprobe *(f.),* Kerbschlagbiegeprobe mit Flachkerb, DVMF-Probe *(f.).* **5 barretta ad intaglio tondo per prove di ~** (provino DVM) *(metall.),* Rundkerbprobe *(f.),* Kerbschlagbiegeprobe mit Rundkerb, DVM-Probe *(f.).* **6 macchina per prove di ~** (macchina per prove d'urto, macch. Charpy p. es.) *(app.),* Schlagprüfgerät *(n.).* **7 prova di ~** (su provino intagliato) *(tecnol. mecc.),* Kerbschlagversuch *(m.).* **8 zona di elevata ~** (zona alta, nel diagramma resilienza-temperatura) *(metall.),* Hochlage *(f.).*
resina (vegetale, resina naturale) *(legno),* Harz *(n.),* Baumharz *(n.).* **2 ~** (sintetica, resina artificiale) *(ind. chim.),* Harz *(n.),* Kunstharz *(n.).* **3 ~ acrilica** *(ind. chim.),* Akrylharz *(n.).* **4 ~ alchidica** *(ind. chim. - vn.),* Alkydharz *(n.).* **5 ~ alchidica all'olio di cocco** *(chim.),* Kokosalkydharz *(n.).* **6 ~ alchidica all'olio di ricino** *(chim.),* Rizinusalkydharz *(n.).* **7 ~ alchidica corto olio** (alchidica corto olio) *(vn.),* kurzöliges Alkydharz. **8 ~ alchidica lungo olio** (alchidica lungo olio) *(vn.),* langöliges Alkydharz. **9 ~ armata** (con fibra di vetro) *(mft. vetro),* Fiberglas *(n.),* Glasfaserkunststoff *(m.).* **10 ~ artificiale** (resina sintetica, materia plastica artificiale) *(ind. chim.),* Kunstharz *(n.).* **11 ~ (artificiale) termoindurente** (materiale termoindurente, resina che dopo lo stampaggio non può essere riportata allo stato plastico) *(ind. chim.),* härtbares Kunstharz, in Wärme aushärtendes Kunstharz. **12 ~ (artificiale) termoplastica** (materiale termoplastico) *(ind. chim.),* nichthärtendes Kunstharz, Thermoplast *(n.),* erweichbares Kunstharz. **13 resine cumaroniche** *(ind. chim.),* Kumaronharze *(n. pl.).* **14 ~ da colata** (resina da getto) *(ind. chim. - tecnol.),* Vergussharz *(n.),* Giessharz *(n.).* **15 ~ da getto** *(ind. chim. - tecnol.),* Giessharz *(n.),* Vergussharz *(n.).* **16 ~ da stampaggio** (materia plastica da stampaggio) *(ind. chim. - tecnol.),* Kunstharzpresstoff *(m.),* Harzpressmasse *(f.).* **17 ~ epossidica** *(ind. chim.),* Epoxydharz *(n.).* **18 ~ fenolica** (fenoplasto, bakelite) *(ind. chim.),* Phenolharz *(n.),* Phenoplast *(n.).* **19 ~ fenolica in polvere** (per il procedimento di formatura a guscio) *(fond.),* Phenolharzpulver *(n.).* **20 ~ furanica** *(ind. chim.),* Furanharz *(n.).* **21 ~ furfurilica** *(ind. chim.),* Furfurolharz *(n.).* **22 ~ mastice** (mastice) *(ind. chim.),* Mastix *(m.).* **23 resine melamminiche** *(ind. chim.),* Melaminharze *(n. pl.).* **24 resine per vernici** *(vn.),* Lackharze *(n. pl.),* Lackkunstharze *(n. pl.).* **25 ~ poliestere** *(ind. chim.),* Polyesterharz *(n.),* Polyesterkunstharz *(n.).* **26 ~ poliestere con fibre di vetro** *(ind. chim.),* Polyesterharz mit Glasfaser, GfP. **27 ~ rinforzata con fibre di vetro** (vetroresina, plastica rinforzata con fibre di vetro) *(ind. chim.),* glasfaserverstärktes Kunstharz, GFK. **28 ~ scambiatrice (di ioni)** *(chim. - fis.),* Austauscherharz *(n.).* **29 ~ siliconica** *(ind. chim.),* Silikonharz *(n.).* **30 ~ sintetica** (resina artificiale, materia plastica artificiale) *(ind. chim.),* Kunstharz *(n.).* **31 ~ termoindurente** (materia plastica termoindurente) *(ind. chim.),* härtbares Kunstharz, in Wärme aushärtendes Kunstharz. **32 ~ termoplastica** (materiale termoplastico) *(ind. chim.),* erweichbares Kunstharz, Thermoplast *(n.),* nichthärtendes Kunstharz. **33 ~ vinilica** *(ind. chim.),* Vinylharz *(n.).* **34 colla di ~** (per carta p. es.) *(ind.),* Harzleim *(m.).* **35 conglomerato di ~** *(ind. chim. - ecc.),* Harzbeton *(m.).*
resinato *(s. - ind. chim.),* Resinat *(n.).*
resinificare *(chim.),* verharzen.
resinificazione *(chim.),* Verharzung *(f.).*
resinoide *(chim. - ecc.),* harzig.
resistente *(gen.),* fest, widerstandsfähig. **2 ~** (stabile) *(mecc. - chim. - ecc.),* beständig. **3 ~** (portante, rivestimento p. es.) *(aut. - aer. - ecc.),* mittragend. **4 ~** (solido, colore, resistente alla luce p. es.) *(vn.),* echt, dauerhaft. **5 ~ a bassa temperatura** *(gen.),* kältebeständig. **6 ~ a basse temperature** (invernalizzato) *(tecnol.),* winterfest. **7 ~ a caldo**

resistenza

(resistente ad alta temperatura, refrattario) (*metall. - ecc.*), hitzefest, warmfest, heissfest, wärmebeständig. **8** ~ **ad alta temperatura** (refrattario, resistente a caldo) (*metall. - ecc.*), hitzefest, warmfest, heissfest, wärmebeständig. **9** ~ **a fatica** (*tecnol. mecc.*), dauerschwingfest. **10** ~ **a flessione** (*mecc.*), biegestarr, biegesteif. **11** ~ **agli acidi** (*metall. - ecc.*), säurebeständig, säurefest. **12** ~ **agli agenti atmosferici** (*meteor. - tecnol.*), wetterbeständig, wetterfest. **13** ~ **agli urti** (antiurto) (*gen.*), stossfest, schlagfest. **14** ~ **al calore** (refrattario) (*metall. - ecc.*), warmfest, wärmebeständig, hitzefest. **15** ~ **al calor rosso** (*metall.*), glühbeständig. **16** ~ **al carico di punta** (resistente a pressoflessione) (*sc. costr.*), knickfest. **17** ~ **al congelamento** (anticongelante) (*gen.*), kältebeständig. **18** ~ **all'abrasione** (*gen.*), abriebbeständig. **19** ~ **alla compressione** (materiale) (*mecc. - sc. costr.*), druckfest. **20** ~ **alla corrosione** (*metall.*), korrosionsbeständig. **21** ~ **all'acqua** (*gen.*), wasserfest. **22** ~ **all'acqua di mare** (resistente all'acqua salata) (*tecnol. - nav.*), seewasserbeständig, meerwasserecht. **23** ~ **alla lavatura** (lavabile) (*vn. - ecc.*), waschecht. **24** ~ **alla luce** (solido alla luce di colore p. es.) (*vn. - tess.*), lichtbeständig, lichtecht. **25** ~ **alla rottura** (*tecnol.*), bruchfest. **26** ~ **alla scalfittura da chiodo** (*vn.*), nagelhart. **27** ~ **alla torsione** (*mecc.*), drehsteif. **28** ~ **alle soluzioni alcaline** (*ind. chim. - ecc.*), laugenbeständig. **29** ~ **alle variazioni di temperatura** (*metall. - ecc.*), temperaturwechselbeständig. **30** ~ **alle vibrazioni** (*mecc. - ecc.*), schwingungsstarr. **31** ~ **all'invecchiamento** (*tratt. term. - metall.*), alterungsbeständig, alterungsfrei. **32** ~ **all'ossidazione** (resistente alla formazione di scorie) (*fucinatura - ecc.*), zunderfest, zunderbeständig. **33** ~ **all'ozono** (di gomma p. es.) (*aut. - ecc.*), ozonfest. **34** ~ **all'usura** (*tecnol.*), verschleissfest, abnutzungsfest. **35** ~ **a pressoflessione** (resistente al carico di punta) (*sc. costr.*), knickfest. **36 non** ~ (colore p. es.) (*chim. - ecc.*), unecht.

resistenza (*mecc. - sc. costr. - metall.*), Festigkeit (*f.*). **2** ~ (stabilità) (*gen.*), Beständigkeit (*f.*). **3** ~ (elettrica di un conduttore p. es.) (*elett. - fis.*), Widerstand (*m.*). **4** ~ (resistore) (*app. elett.*), Widerstand (*m.*). **5** ~ (*acus.*), Resistanz (*f.*). **6** ~ (stabilità, solidità, di colori alla luce ecc.) (*vn.*), Echtheit (*f.*). **7** ~ (dell'aria, all'avanzamento, resistenza del mezzo) (*aerodin.*), Widerstand (*m.*). **7** ~ (del terreno) (*ed.*), Tragfähigkeit (*f.*). **8** ~ **a bassa temperatura** (*gen.*), Kältebeständigkeit (*f.*). **10** ~ **a basse temperature** (invernalizzazione) (*tecnol.*), Winterfestigkeit (*f.*). **11** ~ **a carico di punta** (resistenza a pressoflessione) (*sc. costr.*), Knickfestigkeit (*f.*). **12** ~ **a compressione** (*sc. costr.*), Druckfestigkeit (*f.*). **13** ~ **a cuore** (*metall. - tratt. term.*), Kernfestigkeit (*f.*). **14** ~ **ad alta temperatura** (*metall. - ecc.*), Wärmefestigkeit (*f.*), Hitzebeständigkeit (*f.*). **15** ~ **ad alta tensione** (*elett.*), Hochspannungsfestigkeit (*f.*). **16** ~ **ad alta tensione** (d'un catodo caldo) (*elettronica*), Spratzfestigkeit (*f.*). **17** ~ **addizionale** (resistore addizionale, d'un voltmetro p. es.) (*elett. - strum.*), Vorwiderstand (*m.*), Vorschaltwiderstand (*m.*). **18** ~ **a durata illimitata** (resistenza ad un carico statico permanente) (*metall. - tecnol. mecc.*), Dauerstandfestigkeit (*f.*). **19** ~ **ad urti ripetuti** (*tecnol. mecc.*), Dauerschlagfestigkeit (*f.*). **20** ~ **ad urto termico** (resistenza alle variazioni di temperatura) (*metall.*), Temperaturwechselbeständigkeit (*f.*). **21** ~ **a fatica** Zeitschwingfestigkeit (*f.*), Zeitfestigkeit (*f.*). **22** ~ **a fatica a ciclo alterno simmetrico** (*sc. costr.*), Wechselfestigkeit (*f.*). **23** ~ **a fatica a ciclo dallo zero** (*sc. costr.*), Schwellfestigkeit (*f.*). **24** ~ **a fatica a flessione** (*sc. costr.*), Biegeschwingfestigkeit (*f.*). **25** ~ **a fatica a flessione a ciclo dallo zero** (*sc. costr.*), Biegeschwellfestigkeit (*f.*). **26** ~ **a fatica a torsione a ciclo dallo zero** (*prove mater.*), Verdrehschwellfestigkeit (*f.*). **27** ~ **a fatica per flessione piana** (a ciclo alterno simmetrico) (*sc. costr.*), Biegewechselfestigkeit (*f.*), Wechselbiegefestigkeit (*f.*). **28** ~ **a fatica per flessione rotante** (*sc. costr.*), Umlaufbiegewechselfestigkeit (*f.*). **29** ~ **a flessione** (*sc. costr.*), Biegefestigkeit (*f.*). **30** ~ **a flessione alternata** (resistenza a fatica per flessione piana a ciclo alterno simmetrico) (*sc. costr.*), Wechselbiegefestigkeit (*f.*), Biegewechselfestigkeit (*f.*). **31** ~ **a flessione ripetuta** (*sc. costr.*), Biegeschwingungsfestigkeit (*f.*). **32** ~ **agli agenti atmosferici** (*tecnol.*), Wetterbeständigkeit (*f.*), Witterungsbeständigkeit (*f.*), Klimafestigkeit (*f.*). **33** ~ **agli urti termici** (resistenza alle brusche variazioni di temperatura) (*metall. - ecc.*), Abschreckfestigkeit (*f.*), Temperaturwechselfestigkeit (*f.*). **34** ~ **a gradini** (resistore a gradini) (*app. elett.*), Stufenwiderstand (*m.*), abgestufter Widerstand. **35** ~ **ai colpi di freddo** (*tecnol.*), Kälteschlagbeständigkeit (*f.*). **36** ~ **al calore** (*metall. - ecc.*), Wärmebeständigkeit (*f.*). **37** ~ **al candeggio** (del colore) (*ind. tess.*), Bleichechtheit (*f.*). **38** ~ **al carico di punta** (resistenza a pressoflessione) (*sc. costr.*), Knickfestigkeit (*f.*). **39** ~ **al distacco superficiale** (di carta) (*tecnol.*), Rupffestigkeit (*f.*). **40** ~ **al gelo** (di pietre naturali p. es.) (*ed. - ecc.*), Frostbeständigkeit (*f.*). **41** ~ **al grippaggio** (*mecc.*), Fresstragfähigkeit (*f.*). **42** ~ **all'abrasione** (*prova di mater.*), Reibungsfestigkeit (*f.*), Reibfestigkeit (*f.*), Abriebfestigkeit (*f.*). **43** ~ **all'abrasione** (di carta p. es.) (*tecnol.*), Scheuerfestigkeit (*f.*), Abriebfestigkeit (*f.*). **44** ~ **alla cancellatura** (di una carta) (*ind. carta*), Radierfestigkeit (*f.*). **45** ~ **alla compressione** (*sc. costr.*), Druckfestigkeit (*f.*). **46** ~ **alla compressione a caldo** (di mat. refrattari, al crescere della temperatura) (*metall.*), Druckfeuerbeständigkeit (*f.*). **47** ~ **alla corrosione** (*metall.*), Korrosionsbeständigkeit (*f.*). **48** ~ **alla criccatura a caldo** (saldatura), Warmrissbeständigkeit (*f.*). **49** ~ **alla deformazione** (con attrito, rapporto tra forza deformante e proiezione della superficie di contatto tra stampo e pezzo) (*fucinatura*), Umformwiderstand (*m.*), Formänderungswiderstand (*m.*). **50** ~ **alla deformazione libera** (senza attrito, ritenendo nullo

resistenza

l'attrito) (*fucinatura*), Umformfestigkeit (*f.*), Formänderungsfestigkeit (*f.*). **51 ~ alla diaforèsi** (solidità alla sudorazione) (*ind. tess.*), Schweissechtheit (*f.*). **52 ~ alla flessione** (*sc. costr.*), Biegefestigkeit (*f.*). **53 ~ alla flessione per urto** (*sc. costr.*), Schlagbiegefestigkeit (*f.*). **54 ~ alla formazione d'arco** (di materiali isolanti) (*elett.*), Lichtbogenfestigkeit (*f.*), Lichtbogensicherheit (*f.*). **55 ~ alla forza trasversale** (rigidezza alla forza laterale, di una autovettura) (*aut.*), Seitenfestigkeit (*f.*), Seitensteifigkeit (*f.*). **56 ~ alla gualcitura da rotolamento** (di un pneumatico) (*aut.*), Walkwiderstand (*m.*). **57 ~ alla lacerazione** (di carta) (*tecnol.*), Weiterreisswiderstand (*m.*), Durchreisswiderstand (*m.*). **58 ~ alla lavatura** (dei colori, lavabilità) (*ind. tess.*), Waschechtheit (*f.*). **59 ~ alla luce** (solidità alla luce, di un colore) (*vn. - tess.*), Lichtbeständigkeit (*f.*), Lichtechtheit (*f.*). **60 ~ alla pelatura** (*tecnol.*), Schälfestigkeit (*f.*). **61 ~ alla penetrazione** (nel piantare un palo) (*ed.*), Eindringungswiderstand (*m.*). **62 ~ alla perforazione** (di carta p. es.) (*tecnol.*), Durchstossfestigkeit (*f.*). **63 ~ alla perforazione** (di un isolante) (*elett.*), Spannungsschlagfestigkeit (*f.*), Durchgangswiderstand (*m.*). **64 ~ alla piegatura alternata** (di 180° nei due sensi, numero delle piegature alternate di rottura) (*tecnol. mecc.*), Falzwiderstand (*m.*), Doppelfalzung (*f.*). **65 ~ alla piegatura ripetuta** (*tecnol. mecc.*), Dauerbiegefestigkeit (*f.*). **66 ~ alla pressurizzazione** (di cabina di velivolo per alta quota) (*aer.*), Druckfestigkeit (*f.*). **67 ~ alla propagazione della fiamma** (*prove mat. plast.*), Glutfestigkeit (*f.*). **68 ~ alla rottura** (*metall. - tecnol.*), Bruchfestigkeit (*f.*). **69 ~ alla scorificazione** (di un refrattario) (*metall.*), Verschlackung-Beständigkeit (*f.*). **70 ~ alla sgualcitura** (resistenza alla piegatura ripetuta, della carta) (*tecnol.*), Falzwiderstand (*m.*). **71 ~ alla torsione** (*sc. costr.*), Drehfestigkeit (*f.*). **72 ~ alla torsione alternata** (*sc. costr.*), Verdrehwechselfestigkeit (*f.*). **73 ~ alla trazione** (di materiali) (*sc. costr.*), Zugfestigkeit (*f.*). **74 ~ alla trazione** (al gancio) (*ferr. - veic.*), Zugwiderstand (*m.*). **75 ~ all'avanzamento** (di un veicolo) (*aut. - ecc.*), Fahrwiderstand (*m.*). **76 ~ all'avviamento** (di un motore p. es.) (*mot. - ecc.*), Anfahrwiderstand (*m.*). **77 ~ alle alte temperature** (refrattarietà) (*metall. - ecc.*), Warmfestigkeit (*f.*), **78 ~ alle brusche variazioni di temperatura** (resistenza agli urti termici) (*metall. - ecc.*), Abschreckfestigkeit (*f.*), Temperaturwechselfestigkeit (*f.*). **79 ~ alle muffe** (*tecnol.*), Schimmelbeständigkeit (*f.*). **80 ~ alle scariche disruptive** (di isolatori) (*elett.*), Überschlagfestigkeit (*f.*). **81 ~ alle scosse** (di strumenti misuratori per veicoli p. es.) (*app.*), Erschütterungsfestigkeit (*f.*). **82 ~ alle soluzioni alcaline** (*chim. - ecc.*), Laugebeständigkeit (*f.*). **83 ~ alle variazioni di temperatura** (resistenza ad urto termico) (*metall.*), Temperaturwechselbeständigkeit (*f.*). **84 ~ alle vibrazioni** (di molle p. es.) (*mecc.*), Schwingungsfestigkeit (*f.*). **85 ~ al limite di snervamento** (limite di snervamento) (*sc. costr.*), Festigkeit bei der Fliessgrenze. **86 ~ all'ingobbamento** (di lastre, resistenza a pressoflessione) (*sc. costr.*), Beulfestigtigkeit (*f.*), Beulsicherheit (*f.*). **87 ~ allo scarico** (contropressione allo scarico) (*mot.*), Auspuffwiderstand (*m.*). **88 ~ allo scoppio** (*ind. tess. e carta*), Berstfestigkeit (*f.*). **89 ~ allo scorrimento** (*reologia*), Fliessfestigkeit (*f.*). **90 ~ allo scorrimento** (attrito radente, in un cuscinetto) (*mecc.*), Schiebewiderstand (*m.*). **91 ~ allo scorrimento** (plastico) (*fucinatura*), Fliesswiderstand (*m.*). **92 ~ allo scorrimento** (viscoso) (*metall.*), Kriechfestigkeit (*f.*). **93 ~ allo scorrimento** (di fili, contro il reciproco spostamento in seno ad un tessuto) (*ind. tess.*), Schiebefestigkeit (*f.*). **94 ~ allo sfregamento** (di tessuti p. es.) (*ind. tess.*), Reibechtheit (*f.*). **95 ~ allo stato ricotto** (*metall.*), Glühfestigkeit (*f.*). **96 ~ allo strappo** (*gen.*), Reissfestigkeit (*f.*). **97 ~ allo strappo** (della carta o stoffa) (*tecnol.*), Einreisswiderstand (*m.*), Einreissfestigkeit (*f.*). **98 ~ allo strofinamento** (di una vernice) (*vn.*), Wischfestigkeit (*f.*), Wischbeständigkeit (*f.*). **69 ~ all'ozono** (di gomma) (*ind. gomma - aut. - ecc.*), Ozonbeständigkeit (*f.*). **100 ~ all'urto** (*sc. costr. - tecnol. mecc.*), Stossfestigkeit (*f.*), Stosswiderstand (*m.*), Schlagfestigkeit (*f.*), Schlagwiderstand (*m.*). **101 ~ all'usuale maneggio** (di vernici) (*vn.*), Verschleissfestigkeit (*f.*). **102 ~ all'usura** (*tecnol.*), Verschleissfestigkeit (*f.*), Verschleisswiderstand (*m.*), Abnutzungsfestigkeit (*f.*). **103 ~ al moto** (*fis.*), Bewegungswiderstand (*m.*). **104 ~ al moto della nave** (*nav.*), Schiffswiderstand (*m.*). **105 ~ al rimorchio** (*nav. - ecc.*), Schleppwiderstand (*m.*). **106 ~ al rotolamento** (di cuscinetti volventi) (*mecc.*), Wälzfestigkeit (*f.*). **107 ~ al rotolamento** (fra pneumatico e strada p. es., prodotto del coefficiente di resistenza al rotolamento per il peso del veicolo) (*aut. - ecc.*), Rollwiderstand (*m.*). **108 ~ al sudore** (dei colori di tessuti) (*ind. tess.*), Schweissechtheit (*f.*). **109 ~ al taglio** (*sc. costr.*), Schubfestigkeit (*f.*), Scherfestigkeit (*f.*). **110 ~ al taglio** (di giunti chiodati) (*mecc.*), Scherwiderstand (*m.*). **111 ~ anodica** (*elett.*), Anodenwiderstand (*m.*). **112 ~ antiradiodisturbi** (di un sistema di accensione p. es.) (*radio - mot.*), Entstörungswiderstand (*m.*). **113 ~ a piegatura alternata** (di una fune metallica) (*sc. costr.*), Biegewechsel (*m.*). **114 ~ apparente** (*elett.*), Scheinwiderstand (*m.*). **115 ~ a pressoflessione** (resistenza al carico di punta, di aste) (*sc. costr.*), Knickfestigkeit (*f.*). **116 ~ a pressoflessione** (di lastre, resistenza all'ingobbamento) (*sc. costr.*), Beulfestigkeit (*f.*), Beulsicherheit (*f.*). **117 ~ a rottura** (resistenza alla rottura) (*mecc. - metall.*), Bruchfestigkeit (*f.*). **118 ~ a rottura a trazione susseguente** (misurata in kp/cm; forza necessaria per la rottura progressiva; rapporto tra carico medio e spessore del provino) (*tecnol. mecc.*), Weiterreissfestigkeit (*f.*). **119 ~ a torsione** (*sc. costr.*), Verdrehfestigkeit (*f.*), Torsionsfestigkeit (*f.*). **120 ~ a trazione** (*sc. costr.*), Zugfestigkeit (*f.*). **121 ~ a trazione** (forza riferita alla sezione iniziale nel momento della rottura del provino, nelle prove su mater.

plast.) (tecnol.), Reissfestigkeit (f.). **122 ~ a trazione a caldo** (metall.), Warmzugfestigkeit (f.). **123 ~ a trazione all'intaglio** (carico di rottura a trazione del provino intagliato) (tecnol. mecc.), Kerbzugfestigkeit (f.). **124 ~ a trazione trasversalmente alle fibre** (di legname) (tecnol.), Querzugfestigkeit (f.). **125 ~ a verde** (d'una terra per formatura; resistenza a trazione allo stato umido) (fond.), Nassfestigkeit (f.), Nassezugfestigkeit (f.), Grünfestigkeit (f.). **126 ~ capacitiva** (elett.), kapazitiver Widerstand. **127 ~ campione** (elett.), Normalwiderstand (m.). **128 ~ compensatrice** (elett.), Abgleichwidestand (m.). **129 ~ critica** (elett.), Grenzwiderstand (m.). **130 ~ dei materiali** (prova di mater.), Materialwiderstand (m.), Werkstoffestigkeit (f.). **131 ~ del doppino** (telef.), Schleifenwiderstand (m.). **132 ~ dell'acqua** (nella marcia su strade bagnate) (aut.), Schwallwiderstand (m.). **133 ~ dell'aria** (aer. - aerodin.), Luftwiderstand (m.). **134 ~ derivata** (resistenza in derivazione) (elett.), Abzweigwiderstand (m.). **135 ~ di alto valore ohmico** (elett.), Hochohmwiderstand (m.). **136 ~ di antenna** (radio), Antennenwiderstand (m.). **137 ~ di attenuazione** (resistenza di smorzamento) (elett.), Dämpfungswiderstand (m.). **138 ~ di attrito** (mecc.), Reibungswiderstand (m.). **139 ~ di attrito** (tra nave ed acqua) (nav.), Reibungswiderstand (m.). **140 ~ di avviamento** (elett.), Anlasserwiderstand (m.). **141 ~ di carico** (d'un raddrizzatore) (elett.), Richtwiderstand (m.). **142 ~ di commutazione** (elett.), Überschaltwiderstand (m.). **143 ~ di contatto** (elett.), Kontaktwiderstand (m.), Übergangswiderstand (m.). **144 ~ di drenaggio** (resistenza di dispersione) (elett. - radio), Ableitwiderstand (m.). **145 ~ di forma** (nav.), Formwiderstand (m.), Verdrängungswiderstand (m.). **146 ~ di forma** (aer.), Formwiderstand (m.). **147 ~ di forma** (diminuzione di resistenza dovuta alla forma particolare, di un pezzo) (tecnol. - sc. costr.), Gestaltfestigkeit (f.). **148 ~ di fuga** (resistenza di drenaggio, resistenza di dispersione) (elett. - radio), Ableitwiderstand (m.). **149 ~ di fuga di griglia** (radio), Gitterableitwiderstand (m.). **150 ~ di linea** (elett.), Leitungswiderstand (m.). **151 ~ dinamica** (sc. costr.), dynamische Festigkeit. **152 ~ d'inversione** (di un locomotore elett.) (app. - veic. elett.), Wendewiderstand (m.). **153 ~ di polarizzazione** (di griglia) (radio), Gitterspannungswiderstand (m.), Gittervorwiderstand (m.). **154 ~ di portanza nulla** (d'un profilo alare) (aer.), Nullwiderstand (m.). **155 ~ di pressione** (aer. - aerodin.), Druckwiderstand (m.). **156 ~ di profilo** (aer. - aerodin.), Profilwiderstand (m.). **157 ~ di radiazione** (di una antenna) (radio), Strahlungswiderstand (m.). **158 ~ diretta** (elettronica), Flusswiderstand (m.). **159 ~ di riscaldamento** (resistore per riscaldamento) (app. elett. - riscald.), Heizwiderstand (m.), Heizdraht (m.). **160 ~ di risonanza** (elett.), Resonanzwiderstand (m.). **161 ~ di smorzamento** (resistenza di attenuazione) (elett.), Dämpfungswiderstand (m.). **162 ~ d'isolamento** (elett.), Isolationswiderstand (m.). **163 ~ di sostentamento** (aer.), Flügelwiderstand (m.). **164 ~ di terra** (elett.), Erdungswiderstand (m.). **165 ~ d'onda** (nav.), Verdrängungswiderstand (m.), Formwiderstand (m.), Wellenwiderstand (m.). **166 ~ dovuta all'accelerazione** (resistenza all'avanzamento) (aut. - veic.), Beschleunigungswiderstand (m.). **167 ~ dovuta alla pendenza** (veic. - aut.), Steigungswiderstand (m.). **168 ~ dovuta alla salita** (aut. - veic.), Steigungswiderstand (m.). **169 ~ effettiva alla deformazione** (resistenza alla deformazione con attrito) (fucinatura), Formänderungswiderstand (m.). **170 ~ effettiva alla (deformazione di) ricalcatura** (fucinatura), Stauchwiderstand (m.). **171 ~ elettrica** (elett.), elektrischer Widerstand. **172 ~ equivalente** (elett.), Ersatzwiderstand (m.). **173 ~ fotoelettrica** (fotoresistenza) (ott. - elett.), lichtelektrischer Widerstand. **174 ~ frontale** (aer. - ecc.), Stirnwiderstand (m.). **175 ~ in curva** (veic.), Kurvenwiderstand (m.), Krümmungswiderstand (m.). **176 ~ in derivazione** (resistenza derivata) (elett.), Abzweigwiderstand (m.). **177 ~ indotta** (aer.), induzierter Luftwiderstand. **178 ~ induttiva** (resistenza reattiva) (elett.), Blindwiderstand (m.), induktiver Widerstand. **179 ~ in esercizio** (di un elemento costruttivo sollecitato nelle condizioni normali di funzionamento o d'impiego) (sc. costr.), Betriebsfestigkeit (f.). **180 ~ in parallelo** (shunt, derivatore) (elett.), Nebenwiderstand (m.). **181 ~ interna** (di un generatore p. es.) (elett.), Eigenwiderstand (m.), Innenwiderstand (m.). **182 ~ inversa** (elettronica), Sperrwiderstand (m.). **183 ~ lineica** (resistenza per unità di lunghezza, Ω/m) (elett.), Widerstandsbelag (n.). **184 ~ livellatrice** (resistenza stabilizzatrice) (elett.), Beruhigungswiderstand (m.). **185 ~ longitudinale** (d'una nave, al momento flettente) (costr. nav.), Längsfestigkeit (f.). **186 ~ magnetica specifica** (riluttività) (elett.), Reluktivität (f.). **187 ~ minima** (sc. costr.), Mindestfestigkeit (f.). **188 ~ nociva** (aer. - aerodin.), vedi resistenza parassita. **189 ~ ohmica** (elett.), Ohmscher Widerstand, Wirkwiderstand (m.). **190 ~ parassita** (resistenza nociva) (aer. - aerodin.), schädlicher Luftwiderstand, schädlicher Widerstand. **191 ~ per unità di lunghezza** (resistenza lineica, d'un conduttore; rapporto tra resist. ohimica e lunghezza) (elett.), Widerstandsbelag (m.). **192 ~ reattiva** (resistenza induttiva) (elett.), Blindwiderstand (m.). **193 ~ (risultante) da bonifica** (metall.), Vergütungsfestigkeit (f.). **194 ~ semplice** (elett!), Einfachwiderstand (m.). **195 ~ specifica** (sc. costr.), spezifische Festigkeit. **196 ~ specifica** (elett.), vedi resistività. **197 ~ stabilizzatrice** (elett.), Beruhigungswiderstand (m.). **198 ~ statica** (sc. costr.), statische Festigkeit. **199 ~ strutturale** (mecc. - ecc.), Gestaltfestigkeit (f.). **200 ~ superficiale** (elett.), Oberflächenwiderstand (m.). **201 ~ teorica alla deformazione** (resistenza alla deformazione senza attrito) (fucinatura), Formänderungsfestigkeit (f.). **202 ~ terminale per circuiti virtuali** (telef.), Viererabschlusswiderstand (m.). **203 ~ variabile**

resistere

(reostato) (*app. elett.*), einstellbarer Widerstand, regelbarer Widerstand, Regelwiderstand (*m.*), Rheostat (*m.*), Rw. **204** ~ **verso terra** (*elett.*), Erdübergangswiderstand (*m.*). **205** ~ **zavorra** (*elett.*), Ballastwiderstand (*m.*). **206 a bassa** ~ (*elett.*), niederohmig. **207 ad alta** ~ (pregiato, di acciaio) (*metall.*), hochwertig, hochfest. **208 ad alta** ~ (elettrica) (*elett.*), hochohmig. **209 ad altissima** ~ (ultraresistente; acciaio speciale da costruzione, p. es.) (*metall.*), ultrafest, ultrahochfest. **210 asse di** ~ (di un velivolo) (*aer. - aerodin.*), Widerstandsachse (*f.*). **211 attenuazione da** ~ **ohmica** (d'una linea) (*telef. - ecc.*), Widerstandsdämpfung (*f.*). **212 cassetta di** ~ (*elett.*), Widerstandskasten (*m.*). **213 cassetta di resistenza a decadi** (*elett.*), Dekadenwiderstand (*m.*). **214 cassetta di resistenza a spine** (*elett.*), Stöpselwiderstand (*m.*). **215 coefficiente di** ~ (*mecc. - ecc.*), Festigkeitskoeffizient (*m.*). **216 coefficiente di** ~ **aerodinamica** (coefficiente di resistenza all'avanzamento, coefficiente di resistenza dell'aria, di un'autovettura p. es.) (*aer. - aut. - aerodin.*), Luftwiderstandswert (*m.*), Luftwiderstandsbeiwert (*m.*), Cw-Wert (*m.*). **217 conduttore per resistenze di riscaldamento** (*elett.*), Widerstandsheizleiter (*m.*). **218 curva** ~ **alla deformazione-deformazione** (nella foggiatura plastica a freddo) (*tecnol.*), Fliesskurve (*f.*). **219 diminuzione della** ~ (riduzione di resistenza, perdita di resistenza) (*tecnol. mecc.*), Entfestigung (*f.*), Festigkeitsverringerung (*f.*). **220 frenatura a** ~ (*veic. - elett.*), Widerstandsbremsung (*f.*). **221 indice di** ~ (d'un pneumatico, numero delle tele, «ply rating») (*ind. gomma - aut.*), Lagenkennziffer (*f.*), Ply-Rating-Zahl (*f.*). **222 ponte di** ~ (*elett.*), Widerstands-Brückenschaltung (*f.*). **223 potenza assorbita dalla** ~ **al rotolamento** (*veic.*), Rollwiderstandsleistung (*f.*). **224 potenza assorbita dalla** ~ **dell'aria** (*veic.*), Luftwiderstandsleistung (*f.*). **225 prova di** ~ (*tecnol.*), Festigkeitsprüfung (*f.*). **226 rapporto tra le resistenze a trazione delle provette intagliata e liscia** (*tecnol. mecc.*), Kerbzugfestigkeitsverhältnis (*n.*). **227 relè di** ~ (*elett.*), Resistanzrelais (*n.*). **228 riscaldamento a** ~ (*elett. - riscald.*), Widerstandsheizung (*f.*), Widerstandserwärmung (*f.*). **229 saldatrice a** ~ (*macch.*), Widerstandsschweissmaschine (*f.*). **230 saldatura a** ~ (*tecnol. mecc.*), Widerstandsschweissung (*f.*). **231 scienza della** ~ **dei materiali** (*tecnol.*), Festigkeitslehre (*f.*).

resistere (alla pressione p. es.) (*gen.*), aushalten. **2** ~ (durare, di colori o vernici) (*vn. - ecc.*), halten.

resistin (bronzo al manganese) (*lega*), Resistin (*n.*).

resistività (resistenza specifica, resistenza elett. di un conduttore filiforme di lunghezza e sezione unitarie) (*elett.*), spezifischer Widerstand, ρ. **2** ~ **termica** (reciproco della conduttività) (*fis.*), Wärmedurchgangswiderstand (*m.*), Wärmeleitwiderstand (*m.*). **3 metodo di** ~ (*min.*), Widerstandsverfahren (*n.*).

resistivo (*elett.*), widerstandsfähig. **2 accoppiamento** ~ (*elett.*), Widerstandskopplung (*f.*). **3 ad accoppiamento** ~ (*elett.*), widerstandsgekoppelt. **4 carico** ~ (*elett.*), Widerstandsbelastung (*f.*). **5 puramente** ~ (*elett.*), winkelfrei.

resistometro (*app. metall.*), Resistometer (*n.*).

resistore (resistenza) (*elett.*), Widerstand (*m.*). **2** ~ (*elett.*), *vedi anche* resistenza. **3** ~ **a cursore** (*elett.*), Gleitdrahtwiderstand (*m.*). **4** ~ **addizionale** (resistenza addizionale d'un voltmetro p. es.) (*elett. - strum.*), Vorwiderstand (*m.*), Vorschaltwiderstand (*m.*). **5** ~ **ad impasto** (in forma di bacchetta p. es., per forni) (*elett.*), Massewiderstand (*m.*). **6** ~ **a pellicola superficiale** (usato per misure p. es., con pellicola depositata su bacchette di porcellana p. es.) (*elett.*), Schichtwiderstand (*m.*). **7** ~ **a strato metallico** (*elett.*), Metallwiderstand (*m.*). **8** ~ **campione** (resistore di precisione, ad elevata costanza nel tempo ed indipendenza dalla temperatura) (*elett.*), Messwiderstand (*m.*). **9** ~ **fisso** (resistenza fissa) (*elett.*), Festwiderstand (*m.*). **10** ~ **per riscaldamento** (resistenza di riscaldamento) (*elett. - riscald.*), Heizwiderstand (*m.*). **11 decade di resistori** (*elett.*), Widerstandsdekade (*f.*). **12 lega per resistori** (*elett. - ind. metall.*), Widerstandslegierung (*f.*).

resitolo (resina fenolformaldeidica) (*ind. chim.*), Resitol (*n.*).

reso (consegnato) (*comm. - trasp.*), geliefert. **2** ~ **frontiera...** (*comm. - trasp.*), geliefert Grenze... **3** ~ **sdoganato** (*comm. - trasp.*), geliefert verzollt.

resolo (resina fenolformaldeidica) (*ind. chim.*), Resol (*n.*).

resolver (trasduttore di posizione angolare) (*app.*), Resolver (*m.*).

resorcina [$C_6H_4(OH)_2$] (metadiossibenzene) (*chim.*), Resorzin (*n.*).

respingente (*veic. ferr.*), Stosspuffer (*m.*), Puffer (*m.*). **2** ~ **a molla** (*veic. ferr.*), Federpuffer (*m.*). **3** ~ **fisso** (al termine di un binario morto) (*ferr.*), Prellbock (*m.*), Pufferständer (*m.*), Pufferwehr (*n.*). **4 asta del** ~ (*ferr.*), Pufferstange (*f.*). **5 corsa del** ~ (*ferr.*), Pufferhub (*m.*), Pufferweg (*m.*). **6 custodia del** ~ (*ferr.*), Puffergehäuse (*n.*). **7 piastra del** ~ (piatto del respingente) (*ferr.*), Stosspufferplatte (*f.*). **8 piatto del** ~ (piastra del respingente) (*ferr.*), Stosspufferplatte (*f.*).

respingere (rifiutare, non accettare) (*comm. - ecc.*), verwerfen, zurückweisen.

respiratore (*app.*), Respirationsapparat (*m.*), Respirator (*m.*), Atmungsapparat (*m.*). **2** ~ (per velivoli a cabina non stagna p. es.) (*app. aer. - ecc.*), Höhenatmungsgerät (*n.*), Atmungsgerät (*n.*). **3** ~ (di rianimazione) (*app. - med.*), Beatmungsgerät (*n.*). **4** ~ **ad ossigeno** (*app. aer. - ecc.*), Sauerstoffatmungsgerät (*n.*). **5** ~ **portatile** (*app.*), tragbares Atemschutzgerät, Behältergerät (*n.*).

respirazione (*gen.*), Atmung (*f.*). **2** ~ **artificiale** (*med.*), künstliche Atmung.

respiro (*gen.*), Atem (*m.*). **2** ~ (sfiato, tirata d'aria, di una forma) (*fond.*), Luftspiesse (*m.*), Pfeife (*f.*).

responsabile (*gen.*), verantwortlich. **2** ~ **di settore** (*s. - pers.*), Disponent (*m.*). **3** ~ **di un prodotto** (o di più prodotti; «product manager »; coordina le attività riguardanti il prodotto affidatogli) (*s. - ind.*), Produktbetreuer (*m.*), Produkt Manager (*m.*). **4** essere ~ (rispondere) (*gen.*), verantwortlich sein, verantworten, haften. **5** ritenere ~ di... (*gen.*), haftbar machen für...

responsabilità (*leg.*), Haftung (*f.*), Haftpflicht (*f.*). **2** a ~ limitata (*comm.*), beschränkt haftbar, mit beschränkter Haftung.

restare (rimanere) (*gen.*), bleiben.

restaurare (un vecchio edifizio) (*ed.*), umbauen.

restaurazione (ripristino) (*gen.*), Rückstellung (*f.*), Wiederherstellung (*f.*). **2** ricottura di ~ (per ripristinare le proprietà fisiche o meccaniche) (*tratt. term.*), Erholungsglühen (*n.*).

restauro (di un edificio vecchio) (*ed.*), Umbau (*m.*).

restituire (*fotogr.*), entzerren.

restitutore (*app. fotogr.*), Entzerrer (*m.*), Entzerrungsgerät (*n.*). **2** ~ **automatico** (autocartografo) (*strum. fotogr.*), Autokartograph (*m.*).

restituzione (*gen.*), Rückgabe (*f.*). **2** ~ (fotogrammetrica) (*fotogr.*), Entzerrung (*f.*). **3** ~ di dazio (rimborso fiscale, « drawback ») (*comm.*), Rückzoll (*m.*), Zollrückerstattung (*f.*).

resto (di un calcolo) (*mat.*), Überschuss (*m.*), Rest (*m.*).

restringibile (tessuto p. es.) (*tecnol.*), schrumpfbar.

restrittivo (limitativo) (*gen.*), einschränkend.

restrizione (limitazione) (*gen.*), Beschränkung (*f.*). **2** ~ dell'esportazione (*comm.*), Ausfuhrbeschränkung (*f.*). **3** ~ delle vendite (*comm.*), Abgabebeschränkung (*f.*). **4** ~ di mercato (*comm.*), Absatzbeschränkung (*f.*).

rete (*gen.*), Netz (*n.*). **2** ~ (elettrica) (*elett.*), Netzwerk (*n.*), Netz (*n.*). **3** ~ **a bassa tensione** (*elett.*), Niederspannungsnetz (*n.*). **4** ~ **ad alta tensione** (*elett.*), Hochspannungsnetz (*n.*). **5** ~ **ad altissima tensione** (*elett.*), Höchstspannungsnetz (*n.*). **6** ~ **ad anello** (rete chiusa) (*elett.*), Ringnetz (*n.*). **7** ~ **a imbrocco** (*att. da pesca*), Treibnetz (*n.*), Schwebenetz (*n.*). **8** ~ **a maglie** (*elett.*), Maschennetz (*n.*). **9** ~ **a media tensione** (*elett.*), Mittelspannungsnetz (*n.*). **10** ~ **aperta** (*elett.*), Strahlennetz (*n.*). **11** ~ **a 4 fili** (*elett.*), 4-Leiter-Netz (*n.*). **12** ~ **a strascico** (*att. da pesca*), Schleppnetz (*n.*), Trawl (*n.*), Trawlnetz (*n.*), Grundschleppnetz (*n.*). **13** ~ **a T** (*elett.*), T-Netzwerk (*n.*). **14** ~ **a tre conduttori** (rete a tre fili) (*elett.*), Dreileiternetz (*n.*). **15** ~ **a tre fili** (rete a tre conduttori) (*elett.*), Dreileiternetz (*n.*). **16** ~ **chiusa** (rete ad anello) (*elett.*), Ringnetz (*n.*). **17** ~ **da carico** (rete per imbragare) (*trasp.*), Brook (*m.*). **18** ~ **da pesca** (*att. da pesca*), Fischernetz (*n*), Fischnetz (*n.*). **19** ~ **da posta** (*att. da pesca*), Treibnetz (*n.*). **20** ~ **del pallone** (*aer.*), Ballonnetz (*n.*). **21** ~ **di accoppiamento** (*elettronica*), Koppelnetz (*n.*). **22** ~ **di aggiramento** (ciancolo) (*att. da pesca mar.*), Ringwade (*f.*). **23** ~ **di bordo** (d'una nave p. es.) (*elett. - nav.*), Bordnetz (*n.*). **24** ~ **di distribuzione** (*elett.*), Versorgungsnetz (*n.*), Verteilungsnetz (*n.*). **25** ~ **di distribuzione ad anello** (*elett.*), Ringnetz (*n.*). **26** ~ **di distribuzione di acqua** (acquedotto) (*idr.*), Wasserleitungsnetz (*n.*), Wasserrohrnetz (*n.*). **27** ~ **di distribuzione secondaria** (*elett.*), Niederspannungsversorgungsnetz (*n.*). **28** ~ **di fognatura** (*ed.*), Abwassernetz (*n.*). **29** ~ **d'inserzione** (*elett.*), Anschaltnetz (*n.*). **30** ~ **d'interconnessione** (*elett.*), Verbundnetz (*n.*). **31** ~ **di protezione** (per linee aeree) (*elett.*), Fangnetz (*n.*). **32** ~ **di protezione** (sotto funivie p. es.) (*trasp. - ecc.*), Schutznetz (*n.*). **33** ~ **di rilevamenti** (*top.*), Nivellementnetz (*n.*). **34** ~ **di sbarramento** (per sommergibili) (*mar. milit.*), Netzsperre (*f.*). **35** ~ **di teleselezione** (*telef.*), Fernwahlnetz (*n.*). **36** ~ **di triangolazione** (*top.*), trigonometrisches Netz, Triangulationsnetz (*n.*), Dreiecksnetz (*n.*). **37** ~ **di tubazioni** (*tubaz.*), Rohrnetz (*n.*). **38** ~ **di ventilazione** (*min.*), Wetternetz (*n.*). **39** ~ **elettrica** (*elett.*), Stromnetz (*n.*). **40** ~ **ferroviaria** (*ferr.*), Eisenbahnnetz (*n.*). **41** ~ **industriale** (rete propria) (*elett.*), Eigennetz (*n.*). **42** ~ **interurbana** (*telef.*), Fernnetz (*n.*). **43** ~ **luce** (rete di illuminazione) (*elett.*), Lichtnetz (*n.*). **44** ~ **magliata** (rete a maglia) (*elett.*), Maschennetz (*n.*). **45** ~ **metallica** (*ind. metall.*), Drahtnetz (*n.*), Drahtgeflecht (*n.*). **46** ~ **per illuminazione** (rete luce) (*elett.*), Lichtnetz (*n.*). **47** ~ **per imbragare** (rete da carico) (*trasp.*), Brook (*m. - f.*). **48** ~ **ponderatrice** (*acus.*), Wiegenetzwerk (*n.*). **49** ~ **propria** (rete industriale) (*elett.*), Eigennetz (*n.*). **50** ~ **stradale** (*strad.*), Strassennetz (*n.*). **51** ~ **telefonica** (*telef.*), Fernsprechnetz (*n.*). **52** ~ **telefonica a frequenze portanti** (*telef.*), TF-Fernsprechnetz (*n.*),Trägerfrequenz-Fernsprechnetz (*n.*). **53** ~ **tranviaria** (*trasp.*), Strassenbahnnetz (*n.*). **54** ~ **trifase** (*elett.*), Drehstromnetz (*n.*). **55** ~ **urbana** (*telef.*), Stadtnetz (*n.*). **56 alimentato dalla** ~ (*elett.*), netzgespeist. **57 alimentazione della** ~ (*elett.*), Netzversorgung (*f.*). **58 allacciamento alla** ~ (*elett.*), Netzanschluss (*m.*). **59 condotto dalla** ~ (*elett.*), netzgeführt. **60 conduzione della** ~ (gestione della rete) (*elett.*), Netzführung (*f.*). **61 gestione della** ~ (conduzione della rete) (*elett.*), Netzführung (*f.*). **62 lavoro a** ~ (*ind. tess.*), Filetarbeit (*f.*), Netzarbeit (*f.*), Filament (*n.*). **63 lunghezza della** ~ (somma della lunghezza dei circuiti d'una rete) (*elett.*), Netzlänge (*f.*). **64 modello di** ~ (microrete, per determinare ripartizioni di corrente p. es.) (*elett.*), Netzmodell (*n.*). **65 regolatore della tensione di** ~ (*elett.*), Netzspannungsregler (*m.*), Netzregler (*m.*). **66 sala quadri della** ~ (*elett.*), Netzwarte (*f.*).

reticella (*att. chim.*), Drahtnetz (*n.*). **2** ~ (incandescente, per illum. a gas) (*illum.*), Strumpf (*m.*). **3** ~ **Auer** (*illum.*), Gaslicht-Glühstrumpf (*m.*). **4** ~ **del filtro** (reticella per filtri) (*mot. - ecc.*), Filtergewebe (*n.*). **5** ~ **metallica** (per filtri p. es.) (*tubaz. - ecc.*), Drahtgaze (*f.*). **6** ~ **per filtri** (reticella del filtro) (*mot. - ecc.*), Filtergewebe (*n.*).

reticolante (per mat. plast. p. es.) (*s. - ind. chim.*), Vernetzungsmittel (*n.*).

reticolare (*gen.*), netzartig. 2 ~ (cristallo) (*min.*), gitterartig.
reticolato (mater. plastico p. es.) (*a. - ind. chim.*), vernetzt.
reticolazione (di mater. plastici p. es.) (*chim.*), Vernetzung (*f.*).
reticolo (*gen.*), Liniennetz (*n.*), Netz (*n.*). 2 ~ (di un cannocchiale p. es.) (*strum. ott.*), Fadenkreuz (*n.*), Strichkreuz (*n.*). 3 ~ (cristallino) (*metall. - ott. - min.*), Gitter (*n.*). 4 ~ (quadro, righe del quadro esplorate durante un movimento dall'alto al basso del raggio esplorante) (*telev.*), Fernsehraster (*m.*), Raster (*m.*). 5 ~ (di riferimento, per progetti) (*ed. - ecc.*), Raster (*m.*), Liniennetz (*n.*). 6 ~ (diagramma reticolare) (*progr.*), Netzplan (*m.*), NP. 7 ~ (struttura) (*mat.*), Verband (*m.*). 8 ~ **atomico** (*fis. atom.*), Atomgitter (*n.*). 9 ~ **cristallino** (*min. - metall.*), Kristallgitter (*n.*). 10 ~ **cubico** (*min. - metall.*), kubisches Gitter. 11 ~ **cubico corpocentrato** (*min. - metall.*), kubisch-raumzentriertes Gitter. 12 ~ **cubico facce-centrato** (*min. - metall.*), kubisch-flächenzentriertes Gitter. 13 ~ **dei gradi** (della terra) (*geogr.*), Gradnetz (*n.*). 14 ~ **di Dedekind** (*mat.*), Dedekinscher Verband. 15 ~ **di diffrazione** (*ott.*), Beugungsgitter (*n.*). 16 ~ **di fosfuri** (attorno ai grani di perlite nella ghisa) (*metall.*), Phosphidnetz (*n.*), Phosphidnetzwerk (*n.*). 17 ~ **d'insiemi** (*mat.*), Mengenverband (*m.*). 18 ~ **moderatore** (*fis. atom.*), Bremsstoffgitter (*n.*). 19 ~ **modulare** (costruzione a maglie modulari) (*ed.*), modularer Raster (*m.*). 20 ~ **modulare** (*mat.*), modularer Verband. 21 ~ **orientato verso i nodi** (*progr.*), knoten-orientierter Netzplan. 22 ~ **orientato verso gli eventi** (*progr.*), ereignisorientierter Netzplan. 23 ~ **orientato verso le frecce** (*progr.*), pfeilorientierter Netzplan. 24 ~ **orientato verso le operazioni** (*progr.*), vorgangsorientierter Netzplan. 25 ~ **ottico** (*ott.*), optisches Gitter. 26 ~ **per riflessione** (*ott.*), Reflexionsgitter (*n.*). 27 ~ **per trasmissione** (*ott.*), Transmissionsgitter (*n.*). 28 ~ **spaziale** (*metall. - min.*), Raumgitter (*n.*). 29 ~ **spaziale facce-centrato** (*min. - metall.*), flächenzentriertes Raumgitter. 30 ~ **stereografico polare universale** (*cartografia*), Universal-Polar-Stereographisches Netz. 31 **costante del ~** (*fis. nucl. - ecc.*), Gitterkonstante (*f.*), Gitterabstand (*m.*). 32 **omomorfismo tra reticoli** (*mat.*), Verbandshomomorphismus (*m.*). 33 **trasformazione del ~** (*metall.*), Gitterumwandlung (*f.*).
retina (dell'occhio) (*ott.*), Retina (*f.*), Netzhaut (*f.*).
retinato (*tip.*), Raster... 2 **cilindro ~** (*tip.*), Rasterwalze (*f.*).
retino (lastra di cristallo incisa con microscopici quadratini) (*ind. grafica*), Raster (*m.*). 2 ~ **a contatto** (*ind. grafica*), Kontaktraster (*m.*). 3 ~ **a punti** (*ind. grafica*), Punktraster (*m.*). 4 ~ **a spina di pesce** (*ind. grafica*), Fischgrätraster (*m.*). 5 ~ **a tratti incrociati** (*ind. grafica*), gekreuzter Strichraster. 6 ~ **a tratto** (*ind. grafica*), Strichraster (*m.*), Linienraster (*m.*). 7 ~ **granulare** (*ind. grafica*), Kornraster (*m.*). 8 ~ **in cristallo** (*ind. grafica*), Kristallraster (*m.*). 9 ~ **ondulato** (*ind. grafica*), Wellenraster (*m.*). 10 ~ **pellicolare** (*ind. grafica*), Filmraster (*m.*). 11 ~ **per rotocalco** (*ind. grafica*), Tiefdruckraster (*m.*).
retrarre (*gen.*), rückziehen. 2 ~ (alzare, far rientrare, il carrello) (*aer.*), einfahren.
retrattile (*gen.*), rückziehbar, zurückziehbar. 2 ~ (carrello di atterraggio) (*aer.*), einziehbar, aufziehbar.
retribuire (remunerare) (*lav. - ecc.*), abgelten, entlohnen. 2 ~ **a cottimo** (*organ. del lav.*), in Akkord entlohnen.
retribuzione (rimunerazione) (*lav.*), Entgelt (*n.*), Lohn (*m.*), Entlohnung (*f.*). 2 ~ (*lav.*), vedi anche salario e stipendio. 3 ~ **a cottimo** (*organ. del lav.*), Leistungsentlohnung (*f.*), Akkordlohn (*m.*). 4 ~ **ad economia** (retribuzione a tempo) (*lav.*), Zeitentlohnung (*f.*). 5 ~ **a tempo** (retribuzione ad economia) (*lav.*), Zeitentlohnung (*f.*).
retro (tergo, parte posteriore) (*gen.*), Rückseite (*f.*), Rücken (*m.*).
retroattività (*leg.*), rückwirkende Kraft.
retroattivo (*gen.*), rückwirkend.
retroazione (reazione, accoppiamento per reazione) (*radio*), Rückkopplung (*f.*). 2 ~ («feedback», in un circuito di regolazione p. es.) (*regol. - calc. - macch. ut. c/n*), Rückführung (*f.*), Rückkopplung (*f.*). 3 ~ **negativa** (controreazione) (*radio - ecc.*), Gegenkopplung (*f.*). 4 **circuito di ~** (*regol. - ecc.*), Rückführkreis (*m.*). 5 **comando a ~** (comando ad anello chiuso) (*regol. - macch. ut. c/n*), Regelkreis (*m.*). 6 **organo di ~** (*regol. - ecc.*), Rückführglied (*n.*). 7 **segnale di ~** (*regol. - ecc.*), Rückführsignal (*n.*).
retrocedere (indietreggiare) (*gen.*), zurückgehen, zurückfahren. 2 ~ **di un passo** (nella perforazione) (*elab. dati*), zurückschalten.
retrocessione (di grado) (*pers. - lav. - ecc.*), Regress (*m.*). 2 ~ (*ferr.*), Zurückdrücken (*n.*).
retrodatare (*uff. - ecc.*), retrodatieren, zurückdatieren, rückdatieren.
retromarcia (marcia indietro) (*ant.*), Rückwärtsgang (*m.*). 2 **andare in ~** (indietreggiare) (*aut.*), zurückfahren. 3 **proiettore per ~** (*aut.*), Rückfahrscheinwerfer (*m.*), Rückwärtsgangscheinwerfer (*m.*). 4 **ruota dentata della ~** (di un cambio di velocità) (*aut.*), Rücklaufrad (*n.*), Umkehrrad (*n.*). 5 **turbina per la ~** (*nav.*), Umkehrturbine (*f.*), Reversierturbine (*f.*).
retropalco (*teatro*), Hinterbühne (*f.*).
retrorazzo (razzo frenante) (*astronautica*), Retrorakete (*f.*), Bremsrakete (*f.*).
retrosegnalazione (nel comando di macch. ut. p. es.) (*macch.*), Rückmeldung (*f.*).
retroterra (di un porto) (*comm.*), Hinterland (*n.*).
retrotreno (assale posteriore, ponte posteriore) (*aut.*), Hinterachse (*f.*).
retrovisore (specchio retrovisore) (*aut.*), Rückspiegel (*m.*), Rückblickspiegel (*m.*). 2 ~ **antiabbagliante** (*aut.*), abblendbarer Rückspiegel. 3 ~ **esterno** (*aut.*), Aussenspiegel (*m.*), Aussenrückblickspiegel (*m.*). 4 ~ **sganciabile** (*aut.*), ausklinkbarer Rückspiegel.
retta (linea retta) (*geom.*), Gerade (*f.*). 2 ~ (ospedaliera, importo giornaliero) (*med.*),

Verpflegskosten (*f. pl.*), Krankenhaustarif (*m.*). **3 ~ limite di utilizzazione** (*elettronica*), Steuergrenzkennlinie (*f.*). **4 ~ primitiva** (di ruote dentate) (*mecc.*), Wälzgerade (*f.*).
rettangolare (*geom.*), rechteckig. **2 impulso ~** (*elettronica*), Rechteckimpuls (*m.*).
rettangolo (*geom.*), Rechteck (*n.*).
rettifica (di un errore) (*gen.*), Berichtigung (*f.*). **2 ~** (con mola) (*lav. macch. ut.*), Schleifen (*n.*). **3 ~ a copiare** (rettifica a riproduzione) (*lav. macch. ut.*), Kopierschleifen (*n.*), Nachformschleifen (*n.*). **4 ~ ad alta velocità** (*lav. macch. ut.*), Hochgeschwindigkeitschleifen (*n.*). **5 ~ ad avanzamento radiale** (rettifica radiale, rettifica a tuffo) (*lav. macch. ut.*), Einstechschleifen (*n.*). **6 ~ a diamante** (*lav. macch. ut.*), Diamantschleifen (*n.*). **7 ~ a riproduzione** (rettifica a copiare) (*lav. macch. ut.*), Kopierschleifen (*n.*), Nachformschleifen (*n.*). **8 ~ a rotolamento** (d'ingranaggi) (*lav. macch. ut.*), Wälzschleifen (*n.*). **9 ~ a secco** (*lav. macch. ut.*), Trockenschleifen (*n.*). **10 ~ a spoglia** (*lav. macch. ut.*), Hinterschliff (*m.*). **11 ~ a tuffo** (rettifica radiale, rettifica ad avanzamento radiale) (*lav. macch. ut.*), Einstechschleifen (*n.*). **12 ~ a tuffo con simultanea lavorazione di spallamenti** (*lav. macch. ut.*), Eintauchschleifen (*n.*). **13 ~ a umido** (*lav. macch. ut.*), Nass-schleifen (*n.*). **14 ~ combinata** (di filettature; rettifica a tuffo e longitudinale combinate) (*lav. macch. ut.*), Verbundschleifen (*n.*). **15 ~ concava** (rettifica di superfici concave) (*lav. macch. ut.*), Hohlschleifen (*n.*). **16 ~ concentrica** (*lav. macch. ut.*), Zentrischleifen (*n.*). **17 ~ conica** (rettifica di superfici coniche) (*lav. macch. ut.*), Konischschleifen (*n.*). **18 ~ (con mola ad azione) frontale** (in cui la superficie attiva della mola è perpendicolare al suo asse di rotazione) (*lav. macch. ut.*), Seitenschleifen (*n.*), Stirnschliff (*n.*). **19 ~ (con mola) larga** (*lav. macch. ut.*), Breitschliff (*m.*). **20 ~ con mola sagomata** (rettifica di profili) (*lav. macch. ut.*), Formschleifen (*f.*), Profilschleifen (*n.*). **21 ~ dell'angolo di spoglia** (rettifica della spoglia) (*lav. macch. ut.*), Freischleifen (*n.*). **22 ~ della spoglia** (rettifica dell'angolo di spoglia) (*lav. macch. ut.*), Freischleifen (*n.*). **23 ~ di filettature** (*lav. macch. ut.*), Gewindeschleifen (*n.*). **24 ~ di finitura** (*lav. macch. ut.*), Schlichtschleifen (*n.*), Fertigschliff (*m.*). **25 ~ di finitura incrociata** (di ruote dentate p. es.) (*lav. macch. ut.*), Kreuzschliff (*m.*). **26 ~ di particolari da accoppiare** (con determinate tolleranze, di pistoni p. es.) (*lav. macch. ut.*), Paarungsschleifen (*n.*). **27 ~ di precisione** (*lav. macch. ut.*), Feinschliff (*m.*). **28 ~ di profili** (rettifica con mola sagomata) (*lav. macch. ut.*), Formschleifen (*n.*), Profilschleifen (*n.*). **29 ~ di ripassatura** (*lav. macch. ut.*), Nachschleifen (*n.*). **30 ~ di sgrosso** (sgrossatura alla rettificatrice) (*lav. macch. ut.*), Grobschleifen (*n.*), Schruppschleifen (*n.*). **31 ~ di spallamenti** (*lav. macch. ut.*), Ansatzschleifen (*n.*). **32 ~ di superfici concave** (rettifica concava) (*lav. macch. ut.*), Hohlschleifen (*n.*), Hohlschliff (*m.*). **33 ~ di superfici piane** (rettifica in piano) (*lav. macch. ut.*), Flachschleifen (*n.*), Planschleifen (*n.*). **34 ~ elettrolitica** (molatura elettrolitica) (*tecnol.*), Elysierschleifen (*n.*). **35 ~ esterna** (*lav. masch. ut.*), Aussenschleifen (*n.*). **36 ~ frontale** (*lav. macch. ut.*), Stirnschleifen (*n.*), Seitenschleifen (*n.*). **37 ~ in aria** (taglio in aria, tra appostamento e contatto dell'utensile col pezzo) (*lav. macch. ut.*), Luftschleifen (*n.*). **38 ~ in piano** (rettifica di superfici piane) (*lav. macch. ut.*), Flachschleifen (*n.*), Planschleifen (*n.*). **39 ~ integrale** (combinata di sgrossatura e finitura, su una sola macchina in montaggio unico e con la stessa mola) (*lav. macch. ut.*), Integralschleifen (*n.*). **40 ~ interna** (*lav. macch. ut.*), Innenschleifen (*n.*). **41 ~ in tondo** (*lav. macch. ut.*), Rundschleifen (*n.*). **42 ~ in tondo esterna** (*lav. macch. ut.*), Aussenrundschleifen (*n.*). **43 ~ in tondo interna** (*lav. macch. ut.*), Innenrundschleifen (*n.*). **44 ~ longitudinale** (con avanzamento secondo l'asse del pezzo) (*lav. macch. ut.*), Längsschleifen (*n.*). **45 ~ ottica di profili** (*lav. macch. ut.*), optisches Profilschleifen. **46 ~ pendolare** (per filettature, con mola monoprofilo p. es.) (*lav. macch. ut.*), Pendelschleifen (*n.*). **47 ~ planetaria** (*lav. macch. ut.*), Umschleifen (*n.*). **48 ~ radiale** (rettifica ad avanzamento radiale, rettifica a tuffo) (*lav. macch. ut.*), Einstechschleifen (*n.*). **49 ~ senza centri** (*lav. macch. ut.*), spitzenloses Schleifen. **50 ~ sferica** (*lav. macch. ut.*), Kugelschleifen (*n.*). **51 ~ tangenziale** (rettifica con mola ad azione periferica) (*lav. macch. ut.*), Umfangsschliff (*m.*). **52 addolcimento superficiale da ~** (dovuto, al calore prodotto nell'operazione) (*lav. macch. ut.*), Schleifweichhaut (*f.*). **53 camma per la ~** (camma di comando) (*macch. ut.*), Schleifkurve (*f.*). **54 lettera di ~** (*gen.*), Berichtigungsschreiben (*n.*). **55 ridurre con ~** (*mecc.*), zurückschleifen. **56 scintilla di ~** (*mecc.*), Schleiffunke (*f.*). **57 sovrametallo per la ~** (*lav. macch. ut.*), Schleifaufmass (*n.*). **58 strato superficiale stemprato dalla ~** (*mecc.*), Schleifhaut (*f.*).
rettificare (un errore) (*gen.*), berichtigen. **2 ~** (su rettificatrice) (*lav. macch. ut.*), schleifen. **3 ~** (*ind. chim.*), rektifizieren. **4 ~** (il corso di un fiume) (*idr.*), begradigen. **5 ~ a misura** (rettificare di precisione) (*lav. macch. ut.*), masschleifen, auf Mass schleifen. **6 ~ a profilo** (*lav. macch. ut.*), formschleifen. **7 ~ a riproduzione** (*lav. macch. ut.*), kopierschleifen, nachformschleifen. **8 ~ a secco** (*lav. macch. ut.*), trockenschleifen. **9 ~ a spoglia** (spogliare alla mola) (*lav. macch. ut.*), hinterschleifen. **10 ~ a tuffo** (*lav. macch. ut.*), einstechschleifen. **11 ~ concavo** (rettificare superfici concave) (*lav. macch. ut.*), hohlschleifen. **12 ~ di precisione** (*mecc.*), genauschleifen. **13 ~ di sgrosso** (sgrossare alla rettificatrice) (*lav. macch. ut.*), vorschleifen, schruppschleifen, grobschleifen. **14 ~ esterni** (*lav. macch. ut.*), aussenschleifen. **15 ~ filettature** (*lav. macch. ut.*), gewindeschleifen. **16 ~ in piano** (rettificare superfici piane) (*lav. macch. ut.*), flachschleifen, planschleifen. **17 ~ interni** (*lav. macch. ut.*), innenschleifen. **18 ~ in tondo** (*lav. macch. ut.*), rundschleifen. **19 ~ senza centri** (*lav.*

rettificato

macch. ut.), spitzenlos schleifen. **20** ~ **superfici concave** (rettificare concavo) (*lav. macch. ut.*), hohlschleifen. **21** ~ **superfici piane** (rettificare in piano) (*lav. macch. ut.*), flachschleifen, planschleifen.
rettificato (*lav. macch. ut.*), geschliffen, abgeschliffen. **2** ~ **concavo** (*lav. macch. ut.*), hohlgeschliffen. **3** ~ **di precisione** (*lav. macch. ut.*), feingeschliffen. **4** ~ **su tutte le superfici** (*lav. macch. ut.*), allseitig geschliffen.
rettificatore (*lav. - macch. ut.*), Schleifer (*m.*), Metallschleifer (*m.*). **2** ~ (*app. - ind. chim.*), Rektifikator (*m.*).
rettificatrice (per lav. metalli) (*macch. ut.*), Schleifmaschine (*f.*). **2** ~ **a coordinate** (*macch. ut.*), Koordinatenschleifmaschine (*f.*). **3** ~ **a profilo** (rettificatrice per sagomare) (*macch. ut.*), Formschleifmaschine (*f.*), Profilschleifmaschine (*f.*). **4** ~ **a riproduzione** (rettificatrice a copiare) (*macch. ut.*), Kopierschleifmaschine (*f.*), Nachformschleifmaschine (*f.*). **5** ~ **a tuffo** (*macch.*), Einstechschleifmaschine (*f.*), Tauchschleifmaschine (*f.*). **6** ~ **automatica** (*macch. ut.*), Schleifautomat (*m.*). **7** ~ **di profili** (*macch. ut.*), Profilschleifmaschine (*f.*). **8** ~ **in piano** (rettificatrice per superfici piane) (*macch. ut.*), Planschleifmaschine (*f.*), Flächenschleifmaschine (*f.*), Flachschleifmaschine (*f.*). **9** ~ **in tondo** (*macch. ut.*), Rundschleifmaschine (*f.*). **10** ~ **in tondo per esterni** (*macch. ut.*), Aussen-Rundschleifmaschine (*f.*). **11** ~ **in tondo per interni** (*macch. ut.*), Innen-Rundschleifmaschine (*f.*). **12** ~ **orizzontale** (*macch. ut.*), Horizontalschleifmaschine (*f.*), Waagerechtschleifmaschine (*f.*). **13** ~ **ottica a coordinate** (*macch. ut.*), optische Koordinatenschleifmaschine. **14** ~ **per alberi scanalati** (*macch. ut.*), Keilwellenschleifmaschine (*f.*). **15** ~ **per camme** (rettificatrice per eccentrici) (*macch. ut.*), Nockenschleifmaschine (*f.*). **16** ~ **per cilindri** (*macch. ut.*), Zylinderschleifmaschine (*f.*). **17** ~ **per creatori** (*macch. ut.*), Abwälzfräser-Schleifmaschine (*f.*). **18** ~ **per eccentrici** (rettificatrice per camme) (*macch. ut.*), Nockenschleifmaschine (*f.*). **19** ~ **per esterni** (*macch. ut.*), Aussenschleifmaschine (*f.*). **20** ~ **per (fianchi di) ingranaggi** (*macch. ut.*), Zahnflankenschleifmaschine (*f.*). **21** ~ **per filettature** (*macch. ut.*), Gewindeschleifmaschine (*f.*). **22** ~ **per ingranaggi** (*macch. ut.*), Zahnradschleifmaschine (*f.*). **23** ~ **per interni** (*macch. ut.*), Innenschleifmaschine (*f.*). **24** ~ **per profili poligonali** (*macch. ut.*), Polygon-Schleifmaschine (*f.*), Mehrkanten-Schleifmaschine (*f.*). **25** ~ **per sagomare** (rettificatrice a profilo) (*macch. ut.*), Formschleifmaschine (*f.*), Profilschleifmaschine (*f.*). **26** ~ **per sedi valvole** (*macch.*), Ventilsitzschleifmaschine (*f.*). **27** ~ **per spogliare** (*macch. ut.*), Hinterschleifmaschine (*f.*). **28** ~ **per superfici ovali** (*macch. ut.*), Ovalschleifmaschine (*f.*). **29** ~ **per superfici piane** (rettificatrice in piano) (*macch. ut.*), Flächenschleifmaschine (*f.*), Flachschleifmaschine (*f.*), Planschleifmaschine (*f.*). **30** ~ **per tamburi freno** (*macch. ut. - aut.*), Bremstrommelschleifbank (*f.*). **31** ~ **per viti motrici** (rettificatrice per viti senza fine) (*macch. ut.*), Schneckenschleif-

maschine (*f.*). **32** ~ **per viti senza fine** (rettificatrice per viti motrici) (*macch. ut.*), Schneckenschleifmaschine (*f.*). **33** ~ **planetaria** (per la rettifica di cilindri p. es.) (*macch. ut.*), Planetenschleifmaschine (*f.*). **34** ~ **senza centri** (*macch. ut.*), spitzenlose Schleifmaschine. **35** ~ **verticale** (*macch. ut.*), Senkrechtschleifmaschine (*f.*), Vertikalschleifmaschine (*f.*).
rettificazione (*ind. chim.*), Rektifikation (*f.*), Rektifizieren (*n.*). **2** ~ (*mat.*), Rektifikation (*f.*). **3** ~ (*elett. - radio*), *vedi* raddrizzamento. **4** ~ **continua** (*ind. chim.*), stetige Rektifikation, stetiges Rektifizieren. **5** ~ **discontinua** (*ind. chim.*), unstetige Rektifikation, unstetiges Rektifizieren. **6 colonna di ~** (*app. ind. chim.*), Rektifiziersäule (*f.*), Trennsäule (*f.*).
rettilineità (*mecc.*), Geradheit (*f.*). **2 erron. di ~** (*mecc.*), Abweichung von der Geradere Ungeradheit. **3 non- ~** (*mecc. - ecc.*), Ungeradheit (*f.*).
rettilineo (*a. - gen.*), gerade, gradlinig, geradlinig, grade. **2** ~ (*s. - costr. strad. - ferr.*), Gerade (*f.*). **3** ~ **ed orizzontale** (*ed.*), scheitrecht. **4 marcia in ~** (*aut.*), Geradeausfahrt (*f.*). **5 non ~** (*geom.*), ungerade.
retto (angolo) (*geom.*), recht.
rettore (di università) (*scuola*), Rektor (*m.*).
reversibile (*gen.*), reversibel, umkehrbar. **2** ~ (*fis. - chim. - ecc.*), umkehrbar, reversibel. **3** ~ (motore a comb. interna) (*mot. - ecc.*), umsteuerbar, umkehrbar. **4 adiabatica ~** (*termod.*), reversible Adiabate. **5 duo ~** (*lamin.*), Umkehrduo (*n.*). **6 macchina ~** (turbina-pompa p. es.) (*macch.*), Umkehrmaschine (*f.*). **7 motore ~** (*mot.*), Umkehrmotor (*m.*), Wendemotor (*m.*). **8 pensione ~** (*finanz.*), Reversionsrente (*f.*). **9 reazione ~** (*chim.*), reversible Reaktion. **10 treno ~** (*lamin.*), Umkehrstrasse (*f.*).
reversibilità (*fis.*), Reversibilität (*f.*). **2** ~ (di piccoli motori) (*elett.*), Reversierbarkeit (*f.*). **3 grado di ~** (trasferibilità di un bene capitale ad altro impiego senza eccessiva menomazione del suo valore) (*economia*), Reversibilitätstgrad (*m.*), Gütezahl (*f.*).
revisionare (*mot. - aut. - mecc.*), überholen.
revisione (verifica) (*gen.*), Revision (*f.*), Nachprüfung (*f.*). **2** ~ (di un mot. a c. i. p. es.) (*mot. aut. - mecc.*), Überholung (*f.*). **3** ~ (degli autoveicoli, stabilita per legge dopo un determinato numero di anni) (*aut.*), Hauptuntersuchung (*f.*). **4** ~ (delle bozze corrette) (*tip.*), Revision (*f.*). **5** ~ **contabile** (revisione dei conti, di una azienda) (*amm.*), Revision (*f.*), Rechnungsrevision (*f.*), Bücherrevision (*f.*), Wirtschaftsprüfung (*f.*). **6** ~ **del bilancio** (*amm.*), Abschlussprüfung (*f.*). **7** ~ **generale** (di un mot. a c. i. p. es.) (*mot. - ecc.*), Grundüberholung (*f.*), vollständige Überholung, Totalrevision (*f.*). **8** ~ **generale** (*ferr.*), Vollaufarbeitung (*f.*), Hauptrevision (*f.*). **9** ~ **interna** (revisione dei conti eseguita da pers. interno dell'azienda) (*amm.*), Innenrevision (*f.*). **10** ~ **parziale** (*mot. - aer. - ecc.*), Teilrevision (*f.*), Teilüberholung (*f.*). **11 libretto delle revisioni** (*cald.*), Revisionsbuch (*n.*), Kesselpapier (*n.*). **12 periodo di ~** (pe-

riodo tra le revisioni, di un mot. d'aviazione p. es.) (*mot.*), Überholungszeit (*f.*). **13 sottoporre a ~ generale** (*mot. - ecc.*), generalüberholen, totalrevidieren.

revisore (sindaco p. es.) (*amm. - ecc.*), Prüfer (*m.*), Revisor (*m.*). **2 ~ del bilancio** (*amm.*), Wirtschaftsprüfer (*m.*), Bilanzprüfer (*m.*). **3 ~ dei conti** (*contabilità*), Revisor (*m.*), Bücherrevisor (*m.*), Rechnungsrevisor (*m.*), Buchprüfer (*m.*). **4 ~ pubblico** (certificatore) (*amm.*), Wirtschaftsprüfer (*m.*). **5 sindaco ~** (*contabilità*) Abschlussprüfer (*m.*).

revoca (di una legge p. es.) (*leg. - ecc.*), Aufhebung (*f.*), Widerruf (*m.*).

revocabile (*gen.*), widerruflich.

revocare (una legge) (*leg.*), aufheben, widerrufen. **2 ~** (un incarico) (*comm.*), absagen.

revolver (arma da fuoco), Revolver (*m.*), Drehpistole (*f.*).

reyn (unità per la viscosità dinamica) (*chim.*), Reyn (*n.*).

Reynolds, numero di ~ (*mecc. dei fluidi*), Reynoldsche Zahl.

Rf (rutherfordio) (*radioatt.*), Rf, Rutherfordium (*m.*).

RFV (rinforzato con fibra di vetro, mat. plastico) (*ind. chim.*), GV, glasfaserverstärkt.

Rh (rodio) (*chim.*), Rh, Rhodium (*n.*).

rH (potenziale di ossiriduzione, misura per il potere riducente d'una soluzione) (*chim.*), rH, Redoxpotential (*n.*). **2 valore di ~** (per sistemi di ossiriduzione) (*chim.*), rH-Wert (*m.*).

rhe (unità della fluidità, nel sistema CGS, 1 rhe = 1 poise^{-1}) (*unità di mis.*), rhe.

rhumbatron (*elettronica*), Rhumbatron (*n.*).

riabbassare (calare a terra, un veicolo alzato con cricco p. es.) (*aut.*), abbocken.

riaccendere (un altoforno) (*forno - metall.*), wiederaufblasen.

riadattamento (*gen.*), Wiederanpassung (*f.*).

riadattare (*gen.*), wiederanpassen.

riaddestramento (dei lavoratori) (*lav. - ecc.*), Umschulung (*f.*).

riaffilabile (*ut.*), nachschleifbar.

riaffilare (utensili) (*mecc.*), nachschärfen, nachschleifen.

riaffilato (*ut.*), geschliffen, nachgeschliffen.

riaffilatura (di utensili) (*mecc.*), Nachschliff (*m.*), Nachschleifen (*n.*). **2 lunghezza di ~** (di una punta elicoidale p. es.) (*ut.*), Nachschleiflänge (*f.*). **3 periodo di ~** (periodo tra le riaffilature, di un ut.) (*ut.*), Standzeit (*f.*), Werkzeugstandzeit (*f.*).

riafforestamento (*agric.*), Wiederaufförstung (*f.*).

riagganciare (il ricevitore, posare il ricevitore, riattaccare il ricevitore, riattaccare la cornetta) (*telef.*), (den Hörer) auflegen, (den Hörer) anhängen.

rialesare (con alesatrice, un cilindro p. es.) (*mecc.*), nachbohren. **2 ~** (a mano, ripassare con alesatore a mano) (*mecc.*), nachreiben.

riallestimento (d'una macchina operatrice, per cambio di lavorazione, riattrezzamento) (*macch.*), Wiederausrüstung (*f.*).

rialzare (un muro p. es.) (*ed. - ecc.*), aufhöhen.

rialzo (dei prezzi) (*comm.*), Hausse (*f.*). **2 ~** (della cassa di un veic. p. es.) (*ferr.*), Heben (*n.*). **3 in ~** (dei prezzi) (*comm.*), steigend, anziehend. **4 in ~** (borsa) (*finanz.*), fest. **5 mezzi di ~** (piccole rampe con le quali un veicolo deragliato viene rimesso sul binario) (*ferr.*), Aufgleisungsschuhe (*m. pl.*). **6 squadra ~** (*ferr.*), Visiteurposten (*m. - svizz.*).

rianimazione (*med.*), Wiederbelebung (*f.*). **2 motore di ~** (*mot.*), Pulmotor (*m.*), Wiederbelebungsmotor (*m.*). **3 respiratore di ~** (*app. - med.*), Beatmungsgerät (*n.*).

riannaspare (stracannare) (*ind. tess.*), umhaspeln.

riappendere (riattaccare, il ricevitore) (*telef.*), anhängen, auflegen. **2 ~ il ricevitore** (*telef.*), den Hörer anhängen, den Hörer auflegen.

riassemblaggio (rimontaggio) (*mecc. - ecc.*), Wiederzusammensetzung (*f.*).

riassemblare (rimontare) (*mecc. - ecc.*), wiederzusammensetzen.

riassestamento (*tratt. term.*), Erholung (*f.*), Kristallerholung (*f.*).

riassicurazione (*finanz.*), Rückversicherung (*f.*).

riassunto (compendio) (*gen.*), Zusammenfassung (*f.*).

riattaccare (riappendere, il ricevitore) (*telef.*), anhängen, auflegen. **2 ~ il ricevitore** (riattaccare la cornetta, riagganciare il ricevitore, posare il ricevitore) (*telef.*), den Hörer auflegen, den Hörer anhängen. **3 ~ la cornetta** (riattaccare il ricevitore, riagganciare il ricevitore, posare il ricevitore) (*telef.*), den Hörer auflegen, den Hörer anhängen.

riattivare (*chim. - ecc.*), reaktivieren.

riattivazione (*chim. - ecc.*), Reaktivierung (*f.*). **2 ~** (rigenerazione, di fanghi) (*ed.*), Wiederbelebung (*f.*).

riattrezzamento (riallestimento; d'una macchina, per cambio di lavorazione) (*macch.*), Wiederausrüstung (*f.*).

riavvitare (*mecc.*), wiederaufschrauben.

riavvolgere (*gen.*), neuwickeln, umspulen. **2 ~** (ribobinare) (*elett.*), umspulen.

riavvolgimento (*gen.*), Neuwicklung (*f.*), Umspulen (*n.*). **2 ~** (di un nastro) (*gen.*), Rückspulen (*n.*).

riavvolgitrice (per filo o nastro) (*macch. - lamin.*), Umhaspelmaschine (*f.*).

ribadire (un chiodo) (*tecnol.*), anstauchen, schlagen, einnieten, stanznieten, nachstemmen. **2 ~ a freddo** (*tecnol. mecc.*), kaltschlagen.

ribadito (*mecc.*), eingenietet.

ribaditrice (per chiodi) (*macch.*), Nietkopfanstauchmaschine (*f.*).

ribaditura (chiodatura) (*tecnol. mecc.*), Stanznieten (*n.*), Einnieten (*n.*), Schlagen (*n.*).

ribalta (di un teatro) (*ed.*), Rampe (*f.*), Vorbühne (*f.*). **2 luci della ~** (*teatro*), Rampenbeleuchtung (*f.*).

ribaltabile (autocarro con cassone ribaltabile) (*s. - veic. - aut.*), Kipper (*m.*), Kippwagen (*m.*). **2 ~** (*a. - veic.*), kippbar. **3 ~** (inclinabile, orientabile) (*a. - mecc.*), kippbar. **4 ~** (a cerniera) (*a. - mecc. - ecc.*), klappbar, abklappbar. **5 ~ a cabina arretrata** (autocarro ribaltabile a cabina arretrata) (*aut.*), Haubenkipper (*m.*). **6 ~ a 4 ruote motrici** (autocarro ribaltabile a 4 ruote motrici)

ribaltamento

(*aut.*), Allradkipper (*m.*). **7** ~ **a scarico laterale** (autocarro ribaltabile a scarico laterale) (*veic.*), Seitenkipper (*m.*). **8** ~ **a scarico multilaterale** (autocarro ribaltabile a scarico multilaterale) (*aut.*), Rundkipper (*m.*). **9** ~ **a scarico posteriore** (autocarro) (*aut.*), Rückwärtskipper (*m.*). **10** ~ **a tutte ruote motrici** (autocarro) (*aut.*), Allradkipper (*m.*). **11** ~ **verso l'alto** (*gen.*), hochkippbar. **12 sedile** ~ (*veic.* - *ecc.*), Klappsitz (*m.*).

ribaltamento (rovesciamento p. es.) (*veic.*), Kippen (*n.*). **2** ~ (del pezzo) (*lav. macch. ut.*), Umschlag (*m.*), Kippen (*n.*). **3** ~ (di una vista p. es.) (*dis.*), Klappen (*n.*). **4 dispositivo di** ~ (ad urto, di una teleferica p. es.) (*trasp.* - *ecc.*), Kippanschlag (*m.*). **5 foratura a** ~ (con tavola girevole che viene ribaltata di 180° dopo la prima foratura) (*lav. macch. ut.*), Umschlagbohren (*n.*). **6 limite di** ~ (limite di rovesciamento) (*veic.*), Kippgrenze (*f.*).

ribaltare (rovesciare p. es.) (*gen.*), kippen. **2** ~ (una vista p. es.) (*dis.*), klappen.

ribaltato (vista, sezione) (*dis.*), geklappt.

ribaltatore (manipolatore) (*lamin.*), Kanter (*m.*). **2** ~ **a gancio** (per laminatoi) (*metall.*), Hakenkanter (*m.*). **3** ~ **per lingotti** (giralingotti) (*lamin.*), Blockkanter (*m.*), Blockkippwagen (*m.*).

ribaltina (*mobile*), Schreibschrank (*m.*).

ribassamento (della dentatura p. es.) (*mecc.*), Abflachen (*n.*).

ribassare (un arco p. es.) (*arch.* - *ecc.*), abflachen. **2** ~ (la dentatura) (*mecc.*), abflachen.

ribassato (arco p. es.) (*arch.* - *ecc.*), abgeflacht. **2** ~ (filetto d'una vite p. es.) (*mecc.*), abgeflacht. **3 dente** ~ (di ingranaggio) (*mecc.*), Stumpfzahn (*m.*).

ribassista (*finanz.*), Baissier (*m.*).

ribasso (dei prezzi) (*comm.*), Nachlass (*m.*), Herabsetzung (*f.*), Fall (*m.*). **2** ~ (in borsa) (*finanz.*), Baisse (*f.*). **3 in** ~ (borsa, prezzi) (*finanz.* - *ecc.*), abflauend. **4 speculazione sul** ~ (*finanz.*), Baissespekulation (*f.*). **5 tendenza al** ~ (dei prezzi) (*comm.*), Abwärtsbewegung (*f.*). **6 tendenza al** ~ (dei titoli) (*finanz.*), Baissetendenz (*f.*).

ribattino (chiodo, rivetto) (*tecnol. mecc.*), Niet (*m.* - *n.*), Niete (*f.*). **2** ~ (*tecnol. mecc.*), *vedi anche* chiodo. **3** ~ **a gambo spaccato** (*tecnol. mecc.*), Zweispitzniet (*m.*). **4** ~ **a testa cilindrica** (chiodo a testa cilindrica) (*tecnol. mecc.*), Flachniet (*m.*). **5** ~ **a testa cilindrica zigrinata** (chiodo a testa cilindrica zigrinata) (*tecnol. mecc.*), Waffelniet (*m.*). **6** ~ **a testa piana** (rivetto a testa piana, chiodo a testa piana) (*tecnol. mecc.*), Flachkopfniet (*m.*), Flachkopfniete (*f.*). **7** ~ **a testa svasata** (chiodo a testa svasata) (*tecnol. mecc.*), Senkniet (*m.*). **8** ~ **a testa tonda** (chiodo a testa tonda) (*tecnol. mecc.*), Rundkopfniet (*m.*), Rundniet (*m.*). **9** ~ **a testa troncoconica** (chiodo a testa troncoconica) (*tecnol. mecc.*), Kegelniet (*m.*). **10** ~ **esplosivo** (chiodo esplosivo) (*tecnol. mecc.*), Sprengniet (*m.*). **11** ~ (**tubolare**) **in due pezzi** (*tecnol. mecc.*), zweiteiliger Niet.

ribenzolaggio (*ind. chim.*), Aufbenzolung (*f.*).

ribobinare (riavvolgere) (*elett.*), umspulen.

ribobinatore (*macch. tip.* - *ecc.*), Wiederaufroller (*m.*).

ribollimento (di un bagno metallico p. es.) (*metall.* - *ecc.*), Kochen (*n.*). **2 periodo di** ~ (*metall.* - *ecc.*), Kochabschnitt (*m.*), Kochzeit (*f.*).

ricalcare (rifollare) (*fucinatura*), stauchen. **2** ~ (ad una estremità del pezzo) (*fucinatura*), anstauchen. **3** ~ **a freddo** (*fucinatura*), kaltstauchen. **4** ~ **la testa** (*tecnol. mecc.*), kopfstauchen.

ricalcato (*fucinatura*), gestaucht.

ricalcatrice (*macch.*), Stauchmaschine (*f.*), **2** ~ **a freddo** (*macch.*), Kaltstauchmaschine (*f.*). **3** ~ **per dadi** (pressa per ricalcare dadi) (*macch.*), Mutterpresse (*f.*). **4 pressa** ~ (*macch. fucinatura*), Stauchpresse (*f.*).

ricalcatura (rifollatura) (*fucinatura*), Stauchen (*n.*). **2** ~ (ad una estremità del pezzo) (*fucinatura*), Anstauchen (*n.*). **3** ~ (nel contenitore, prima dell'estrusione) (*tecnol. mecc.*), Setzen (*n.*). **4** ~ **a freddo** (*tecnol. mecc.*), Kaltstauchen (*n.*), Kaltanstauchen (*n.*). **5 corsa di** ~ (nella saldatura di testa) (*tecnol. mecc.*), Stauchweg (*m.*). **6 grado di** ~ (*fucin.* - *ecc.*), Stauchgrad (*m.*). **7 prova di** ~ (*tecnol. mecc.*), Stauchversuch (*m.*). **8 rapporto limite di** ~ (rapporto critico di ricalcatura, lunghezza libera ricalcabile senza cedimento da presssoflessione) (*fucin.*), Grenzstauchverhältnis (*n.*). **9 slitta di** ~ (d'una fucinatrice) (*macch.*), Stauchschlitten (*m.*). **10 sovrametallo di** ~ (perdita di lunghezza per ricalcatura, nella saldatura di testa) (*tecnol. mecc.*), Stauchweg (*m.*), Stauchlängenverlust (*m.*). **11 stampo per** ~ (*ut. fucinatura*), Anstauchgesenk (*n.*). **12 tempo di** ~ (nella saldatura di testa) (*tecnol. mecc.*), Stauchzeit (*f.*).

ricalco (*uff.*), Durchschreibeverfahren (*n.*). **2 contabilità a** ~ (*amm.*), Durchschreibebuchführung (*f.*).

ricamare (*ind. tess.*), sticken.

ricamatrice (*lav.*), Stickerin (*f.*).

ricambio (*gen.*), Wechsel (*m.*). **2** ~ (parte di ricambio) (*macch.* - *ecc.*), Ersatzteil (*m.*). **3** ~ **d'aria** (*ventilaz.*), Luftwechsel (*m.*), Lufterneurung (*f.*). **4 disegno di parte di** ~ (con dati per l'usura e maggiorazioni p. es.) (*dis.*), Ersatzteilzeichnung (*f.*). **5 magazzino ricambi** (*aut.* - *ecc.*), Ersatzteillager (*n.*). **6 malattia del** ~ (*med.*), Stoffwechselkrankheit (*f.*). **7 parte di** ~ (pezzo di ricambio) (*mecc.* - *ecc.*), Ersatzteil (*m.*). **8 parte di** ~ **originale** (*macch.* - *ecc.*), Original-Ersatzteil (*m.*).

ricamo (*ind. tess.*), Stickerei (*f.*).

ricarburare (*tratt. term.*), wiederaufkohlen.

ricarburazione (*tratt. term.*), Rückkohlung (*f.*), Wiederaufkohlen (*n.*).

ricarica (saldatura di riporto) (*tecnol. mecc.*), Auftragschweissen (*n.*).

ricaricare (*gen.*), nachladen.

ricarteggio (*trasp. ferr.*), Umbehandlung (*f.*), Weiterabfertigung (*f.*). **2 stazione di** ~ (*trasp.* - *ferr.*), Umbehandlungsbahnhof (*m.*).

ricavare (trarre utile) (*comm.* - *ecc.*), gewinnen. **2** ~ **dal pieno** (lavorare dal pieno) (*mecc.*), aus dem Vollen herausarbeiten.

ricavato (lavorato) (*mecc.*), herausgearbeitet.

2 ~ **dal pieno** (lavorato dal pieno) (*mecc.*), aus dem Vollen herausgearbeitet. 3 ~ **per fusione** (colato) (*fond.*), gegossen.

ricavo (*amm.*), Ertrag (*m.*), Erlös (*m.*). 2 ~ **lordo** (*finanz.*), Bruttoertrag (*m.*), Bruttoerlös (*m.*).

riccio (sbavatura, zazzera, di un foglio di carta a mano) (*ind. della carta*), Büttenrand (*m.*).

ricco (*gen.*), reich. 2 ~ (grasso, di miscela) (*mot.*), fett, überfett.

ricerca (*ind. - tecnol.*), Forschung (*f.*). 2 ~ (esplorazione) (*radar*), Abtastung (*f.*). 3 ~ **aeronautica** (*aer.*), Luftfahrtforschung (*f.*). 4 ~ **applicata** (*ind. - ecc.*), angewandte Forschung. 5 ~ **a spirale** (*radar*), spiralförmige Abtastung. 6 ~ **dei fattori influenti** (ricerca fattoriale) (*tecnol.*), Einflussuntersuchung (*f.*). 7 ~ **di giacimenti** (*min.*), Aufschluss (*m.*). 8 **ricerche di laboratorio** (*ind. - ecc*), Laboratoriumsforschungen (*f. pl.*). 9 **ricerche di mercato** (*comm.*), Marktforschung (*f.*). 10 ~ **e sviluppo** (*ind. - ecc.*), Forschung und Entwicklung. 11 ~ **fattoriale** (ricerca dei fattori influenti) (*tecnol.*), Einflussuntersuchung (*f.*). 12 ~ **guasti** (*gen.*), Störungssuche (*f.*). 13 ~ **libera** (della linea libera) (*telef.*), Freiwahl (*f.*). 14 ~ **operativa** (*ind. - organ. lav.*), Operations Research, OR, Planungsforschung (*f.*), Verfahrensforschung (*f.*). 15 ~ **opinioni** (sondaggio opinioni) (*comm.*), Meinungsuntersuchung (*f.*), Meinungsübersicht (*f.*). 16 ~ **scientifica** (*fis. - ecc.*), wissenschaftliche Forschung. 17 ~ **spaziale** (*astronautica*), Raumforschung (*f.*), Raumfahrtforschung (*f.*). 18 ~ **tribologica** (*mecc. - ecc.*), Triboforschung (*f.*). 19 **campo di ~** (*ind. - ecc.*), Forschungsfeld (*n.*), Versuchsfeld (*n.*). 20 **centro ricerche e soccorsi** (*radio - navig.*), Suchleitstelle (*f.*). 21 **eseguire ricerche** (ricercare) (*tecnol.*), forschen. 22 **istituto di ~** (*ricerca*), Forschungsanstalt (*f.*), Forschungsinstitut (*n.*). 23 **laboratorio per ricerche** (*ind.*), Forschungslabor (*n.*), Versuchslaboratorium (*n.*). 24 **lavoro di ~** (*ind. - ecc.*), Forschungsarbeit (*f.*). 25 **reattore da ~** (*fis. atom.*), Forschungsreaktor (*m.*), Versuchsreaktor (*m.*). 26 **tasto di ~** (*lav. macch. ut. c/n - ecc.*), Suchtaste (*f.*). 27 **tempo di ~** (*calc.*), Suchzeit (*f.*).

ricercare (eseguire ricerche) (*tecnol. - ind.*), forschen.

ricercatore (*app.*), Sucher (*m.*). 2 ~ (*lav. - ind.*), Forscher (*m.*). 3 ~ **di dispersioni a terra** (*strum. elett.*), Erdschlussucher (*m.*).

ricetrasmettitore (apparecchio ricevente e trasmittente) (*radio*), Sende- und Empfangsgerät (*n.*), Sende-Empfänger (*m.*).

ricetrasmittente (apparecchio ricetrasmittente, ricetrasmettitore) (*radio*), Sende-Empfänger (*m.*), Sende- und Empfangsgerät (*n.*). 2 ~ **da campo** (radiotelefono da campo) (*radio - milit.*), Feldfunksprecher (*m.*).

ricetta (prescrizione medica) (*med.*), Rezept (*n.*), Arzneivorschrift (*f.*).

ricettività (*acus. - ecc.*), Aufnahmevermögen (*n.*).

ricevere (*radio - ecc.*), empfangen.

ricevimento (*gen.*), Empfang (*m.*). 2 ~ (di una lettera p. es.) (*posta*), Eingang (*m.*). 3 ~ (accettazione, di merci p. es.) (*ind. - ecc.*), Annahme (*f.*). 4 ~ **merci** (accettazione merci) (*trasp.*), Frachtgutannahme (*f.*).

ricevitore (apparecchio ricevente) (*app. radio - ecc.*), Empfangsgerät (*n.*), Empfangsapparat (*m.*). 2 ~ (di impulsi, da un trasduttore p. es.) (*elett. - ecc.*), Aufnehmer (*m.*). 3 ~ (di telescrivente) (*macch.*), Fernschreib-Empfänger (*m.*). 4 ~ (cornetta, di un app. telefonico) (*app. telef.*), Fernhörer (*m.*), Telephonhörer (*m.*), Hörer (*m.*). 5 ~ (raccoglitore, recipiente di raccolta del distillato) (*app. chim.*), Vorlage (*f.*). 6 ~ **a batteria** (*app. radio*), Batterieempfänger (*m.*). 7 ~ **a cristallo** (ricevitore a galena) (*app. radio*), Kristallempfänger (*m.*), Detektorempfänger (*m.*). 8 ~ **a cuffia** (cuffia telefonica) (*telef.*), Kopffernhörer (*m.*), Kopfhörer (*m.*). 9 ~ **acustico** (*telegr.*), Klopfer (*m.*). 10 ~ **ad amplificazione diretta** (*radio*), Geradeausempfänger (*m.*). 11 ~ **ad eterodina** (*app. radio*), Heterodynempfänger (*m.*), Schwebungsempfänger (*m.*). 12 ~ **ad onde corte** (apparecchio radio ad onde corte, radio ad onde corte) (*app. radio*), Kurzwellenempfänger (*m.*). 13 ~ **a due valvole** (*app. radio*), Zweiröhrenempfänger (*m.*). 14 ~ **ad un solo circuito** (sintonizzato) (*radio*), Einkreiser (*m.*). 15 ~ **a galena** (ricevitore a cristallo) (*app. radio*), Kristallempfänger (U.). 16 ~ **a media frequenza** (*app. radio*), Zwischenfrequenzempfänger (*m.*). 17 ~ **a supereterodina** (*app. radio*), Superheterodynempfänger (*m.*), Superhet (*m.*). 18 ~ **a superreazione** (*radio*), Superregenerativempfänger (*m.*). 19 ~ **a tre circuiti** (*radio*), Dreikreisempfänger (*m.*), Dreikreiser (*m.*). 20 ~ **a valvole** (*app. radio*), Röhrenempfänger (*m.*). 21 ~ **a valvole e transistori** (ricevitore ibrido) (*radio - telef.*), Hybrid-Empfänger (*m.*). 22 ~ **d'eco** (*radar*), Echoempfänger (*m.*). 23 ~ **del telefono** (*app. telef.*), Telephonhörer (*m.*). 24 ~ **ibrido** (ricevitore a valvole e transistori) (*telev. - radio*), Hybrid-Empfänger (*m.*). 25 ~ **Morse** (*app. telegr.*), Morseempfänger (*m.*), Morseschreiber (*m.*). 26 ~ **multionda** (*app. radio*), Allwellenempfänger (*m.*), Allwellenempfangsanlage (*f.*). 27 ~ **perforatore** (*app. telegr.*), Empfangslocher (*m.*). 28 ~ **portatile** (*app. radio*), Reiseempfänger (*m.*), Kofferempfänger (*m.*). 29 ~ **radar** (*radar*), Radarempfänger (*m.*). 30 ~ **reflex** (*radio*), Reflexempfänger (*m.*). 31 ~ **stampante** (*telegr.*), Druckempfänger (*m.*). 32 ~ **telefonico** (cornetta) (*telef.*), Hörer (*m.*), Telephonhörer (*m.*). 33 ~ **telefonico piezoelettrico** (*telef.*), Kristallfernhörer (*m.*). 34 ~ **universale** (*radio*), Allstromempfänger (*m.*). 35 **alzare il ~** (alzare la cornetta) (*telef.*), den Hörer abnehmen.

ricevuta (*comm. - ecc.*), Empfangsschein (*m.*). 2 ~ (quietanza) (*amm. - comm.*), Quittung (*f.*), Empfangsschein (*m.*). 3 ~ **di ritorno** (*posta - trasp.*), Rückschein (*m.*). 4 **accusare ~** (*uff. - ecc.*), den Empfang bestätigen.

ricezione (*radio - ecc.*), Empfang (*m.*). 2 ~ **acustica** (ricezione audio) (*radio - ecc.*), akustischer Empfang. 3 ~ **ad eterodina**

richiamare

(*radio*), Heterodynempfang (*m.*), Schwebungsempfang (*m.*). 4 ~ ad omodina (*radio*), Homodynempfang (*m.*). 5 ~ ad onde corte (*radio*), Kurzwellenempfang (*m.*). 6 ~ a supereterodina (*radio*), Superheterodynempfang (*m.*). 7 ~ audio (ricezione acustica) (*radio - ecc.*), akustischer Empfang. 8 ~ direzionale (*radio - ecc.*), gerichteter Empfang, Richtempfang (*m.*). 9 ~ diversity (« diversity ») (*elettronica*), Mehrfachempfang (*m.*), Diversity-Empfang (*m.*). 10 ~ ottica (ricezione video) (*telev.*), optischer Empfang. 11 ~ video (ricezione ottica) (*telev.*), optischer Empfang. 12 equivalente di riferimento di ~ (*telef.*), Empfangsbezugdämpfung (*f.*).

richiamare (portare un aereo dalla picchiata in volo orizzontale) (*aer.*), fangen, auffangen, abfangen, ausschweben. 2 ~ (*telef.*), rückrufen 3 ~ l'attenzione su qualche cosa (*gen.*), Aufmerksamkeit auf etwas lenken.

richiamata (di un velivolo, passaggio dall'assetto di discesa in picchiata a quello di volo orizzontale) (*aer.*), Abfangen (*n.*), Fangen (*n.*), Auffangen (*n.*), Ausschwebe (*f.*). 2 ~ (telefonica) (*telef.*), Rückruf (*m.*). 3 condizione di ~ (*aer.*), Abfangfall (*m.*). 4 relè di ~ (*telef.*), Rückfragerelais (*n.*).

richiamo (riferimento) (*tip. - ecc.*), Anmerkzeichen (*n.*). 2 ~ (« call », trasferimento del comando di un programma) (*calc.*), Anruf (*m.*). 3 interruttore con ~ (*elett.*), Tastschalter (*m.*), Taster mit Rückzugkraft. 4 molla di ~ (*mecc.*), Rückholfeder (*f.*), Rücknahmefeder (*f.*). 5 tasto di ~ (*telef.*), Rückruftaste (*f.*). 6 tiranteria di ~ (*mecc.*), Rückführgestänge (*n.*).

richiedente (il richiedente) (*s. - leg. - ecc.*), Anmelder (*m.*).

richiedere (*gen.*), anfragen, verlangen. 2 ~ (abbisognare, necessitare, esigere) (*gen.*), bedürfen.

richiesta (*comm. - ecc.*), Anfrage (*f.*). 2 ~ di personale (fabbisogno di personale) (*pers.*), Personalaufwand (*m.*). 3 ~ rinnovata (nuova richiesta, per offerte p. es.) (*comm.*), Rückfrage (*f.*). 4 a ~ (su domanda) (*gen.*), auf Verlangen. 5 a ~ (fornitura p. es. di un accessorio) (*comm.*), auf Wunsch, auf Anfrage. 6 extra a ~ (extra a pagamento, di accessori speciali p. es.) (*aut. - ecc.*), Sonderausrüstung (*f.*), Sonderwunschausstattungen (*f. pl.*). 7 nuova ~ (richiesta rinnovata, per offerte p. es.) (*comm.*), Rückfrage (*f.*).

riciclaggio (rigenerazione di materiali di rifiuto) (*ind.*), Recycling (*n.*).

riciclo (rimessa in ciclo, di un pezzo per continuare la lavorazione) (*ind.*), Rückführung (*f.*). 2 ~ (operazione di riciclo, di fluidi) (*ind. chim. - ecc.*), Rezirkulation (*f.*), Rücklauf (*m.*). 3 gas di ~ (*ind. chim.*), Wälzgas (*n.*). 4 materiale di ~ (materiale di ricupero, ritorni) (*ind.*), Rückgut (*n.*).

ricircolazione (di acque correnti p. es.) (*idr. - ecc.*), Rezirkulation (*f.*), Rückströmung (*f.*).

ricognitore (*aer. milit.*), Aufklärer (*m.*), Aufklärungsflugzeug (*n.*). 2 ~ a lungo raggio (*aer.*), Fernaufklärungsflugzeug (*n.*).

ricognizione (*milit.*), Aufklärung (*f.*), Erkundung (*f.*). 2 ~ aerea (*aer. milit.*), Luftaufklärung (*f.*). 3 ~ fotografica (*aer. milit.*), Luftbildaufklärung (*f.*). 4 velivolo da ~ (*aer. milit.*), Aufklärungsflugzeug (*f.*), Erkundigungsflugzeug (*n.*).

ricolare (*fond.*), umgiessen, ausgiessen.

ricolata (del metallo bianco ad un cuscinetto p. es.) (*mecc.*), Ausgiessen (*n.*), Ausguss (*m.*). 2 ~ del metallo bianco sul cuscinetto (ripristino del cuscinetto) (*mecc.*), Lagerausguss (*m.*), Lagerschalenausguss (*m.*).

ricombinazione (*gen.*), Wiedervereinigung (*f.*), Rekombination (*f.*). 2 ~ (*elettronica*), Rekombination (*f.*).

ricompensa (rimunerazione) (*lav.*), Entgelt (*n.*), Lohn (*m.*), Gehalt (*n.*), Belohnung (*f.*).

ricompensare (*gen.*), belohnen, entgelten.

ricomporre (rimaneggiare) (*tip.*), umsetzen.

riconiatura (di monete) (*finanz.*), Nachschlag (*m.*), Nachprägung (*f.*).

riconoscere (*gen.*), anerkennen.

riconoscimento (*gen.*), Anerkennung (*f.*).

riconosciuto (*gen.*), anerkannt.

ricoprimento (*gen.*), Überdeckung (*f.*). 2 ~ (altezza utile, del filetto) (*mecc.*), Tragtiefe (*f.*). 3 ~ (angolo di ricoprimento, nel diagramma della distribuzione di un mot. a c. i.) (*mot.*), Ventilüberdeckung (*f.*), Ventilüberschneidung (*f.*), Überschneidung (*f.*), Überdeckung (*f.*). 4 ~ (di ruote dentate) (*mecc.*), Überdeckung (*f.*). 5 ~ in cuoio (*gen.*), Belederung (*f.*). 6 grado di ~ (di ruote dentate) (*mecc.*), Überdeckungsgrad (*m.*), Eingriffsdauer (*f.*). 7 lembo di ~ (residuo isolato di faglia di carreggiamento) (*geol.*), Klippe (*f.*). 8 lunghezza di ~ (prodotto della larghezza di dentatura per la tangente dell'angolo dell'elica) (*mecc.*), Sprung (*m.*). 9 rapporto di ~ (rapporto tra larghezza di dentatura e passo assiale) (*mecc.*), Sprungüberdeckung (*f.*).

ricoprire (*gen.*), überdecken. 2 ~ (su una memoria) (*elab. dati*), überschreiben. 3 ~ (un libro p. es., munirlo di una copertina) (*gen.*), umschlagen. 4 ~ (un tetto) (*ed.*), umdecken. 5 ~ (sovrapporre) (*gen.*), überlappen. 6 ~ con tavole (*carp.*), dielen.

ricorrente (*mat.*), rekursiv. 2 ~ (periodico) (*gen.*), wiederkehrend.

ricorrenza (*mat.*), Rekursion (*f.*).

ricorso (appello) (*leg.*), Berufung (*f.*). 2 ~ (contro domande di brevetto) (*leg.*), Einspruch (*m.*). 3 ~ legale (*leg.*), Rechtsbehelf (*m.*). 4 far ~ (*leg.*), Berufung einlegen.

ricostruire (*gen.*), wiederherstellen, rekonstruieren. 2 ~ (un edificio) (*ed.*), umbauen, wiederaufbauen, neubauen. 3 ~ il battistrada (rinnovare il battistrada, « rigenerare ») (*mft. gomma*), runderneuern.

ricostruito (con battistrada rinnovato, « rigenerato ») (*aut.*), runderneuert.

ricostruzione (*gen.*), Wiederherstellung (*f.*), Rekonstruktion (*f.*). 2 ~ (di un edificio) (*ed.*), Neubau (*m.*), Wiederherstellung (*f.*), Wiederaufbau (*m.*), Umbau (*m.*). 3 ~ del battistrada (di pneumatici) (*aut.*), Erneuerung der Lauffläche, Runderneuerung (*f.*). 4 lavoro di ~ (*gen.*), Aufbauarbeit (*f.*).

ricotto (*tratt. term.*), geglüht. 2 ~ in bianco (lucido) (*tratt. term.*), blankgeglüht. 3 ~ in cassetta (*tratt. term.*), kastengeglüht. **4 ~ nero** (*tratt. term.*), dunkelgeglüht, GD. **5 non ~** (*tratt. term.*), ungeglüht.

ricottura (riscaldamento di un pezzo e successivo raffreddamento lento) (*tratt. term.*), Glühen (*n.*). **2 ~ al blu** (*tratt. term.*), Blauglühen (*n.*). **3 ~ a pacco** (di lamiere) (*tratt. term.*), Sturzenglühung (*f.*), Paketglühen (*n.*). **4 ~ blu** (*tratt. term.*), Bläen (*n.*). **5 ~ continua** (in forno continuo) (*tratt. term.*), Durchlaufglühung (*f.*). **6 ~ di antistagionatura** (ricottura di distensione, ricottura di stabilizzazione, distensione) (*tratt. term.*), Entspannung (*f.*), Entspannungsglühen (*n.*), Spannungsfreiglühen (*n.*). **7 ~ di coalescenza** (ricottura di globulizzazione, sferoidizzazione) (*tratt. term.*), Kugelkornglühen (*n.*). **8 ~ di distensione** (ricottura di stabilizzazione, ricottura di antistagionatura, distensione) (*tratt. term.*), Entspannung (*f.*), Entspannungsglühen (*n.*), Spannungsfreiglühen (*n.*). **9 ~ di globulizzazione** (ricottura di coalescenza, sferoidizzazione) (*tratt. term.*), Kugelkornglühen (*n.*). **10 ~ di grafitizzazione** (grafitizzazione) (*tratt. term.*), Graphitglühen (*n.*). **11 ~ (di lamiere) in pacco** (ricottura di pacchi di lamiere) (*tratt. term.*), Sturzglühen (*n.*). **12 ~ di lavorabilità** (*tratt. term.*), Weichglühen (*n.*). **13 ~ (di lavorabilità) a temperatura oscillante** (ricottura pendolare) (*tratt. term.*), Pendelglühen (*n.*). **14 ~ d'ingrossamento del grano** (*tratt. term.*), Grobkornglühen (*n.*). **15 ~ di omogeneizzazione** (*tratt. term.*), Diffusionsglühen (*n.*). **16 ~ di pacchi (di lamiere)** (ricottura di lamiere in pacco) (*tratt. term.*), Sturzenglühen (*n.*). **17 ~ di restaurazione** (per ripristinare le proprietà fisiche o meccaniche) (*tratt. term.*), Erholungsglühen (*n.*). **18 ~ di rigenerazione** (affinazione strutturale) (*tratt. term.*), Umkörnen (*n.*). **19 ~ di rilassamento** (*tratt. term.*), Relaxation (*f.*). **20 ~ di stabilizzazione** (*tratt. term.*), Stabilglühen (*n.*). **21 ~ di stabilizzazione** (ricottura di distensione, ricottura di antistagionatura, distensione) (*tratt. term.*), Entspannung (*f.*), Entspannungsglühen (*n.*), Spannungsfreiglühen (*n.*). **22 ~ distensiva delle tensioni da incrudimento** (distensione delle tensioni da incrudimento) (*tratt. term.*), Entfestigungsglühen (*n.*). **23 ~ in atmosfera controllata** (*tratt. term.*), Glühen mit Schutzgasumwälzung. **24 ~ in atmosfera protettiva** (ricottura sotto gas protettivo) (*tratt. term.*), Schutzgasglühung (*f.*). **25 ~ in bianco** (*tratt. term.*), Blankglühen (*n.*), Zunderfreiglühen (*n.*). **26 ~ in cassetta** (*tratt. term.*), Kastenglühung (*f.*), Topfglühen (*n.*). **27 ~ in pacco** (di lamiera) (*tratt. term.*), Paketglühen (*n.*), Sturzenglühung (*f.*). **28 ~ intermedia** (*tratt. term.*), Zwischenglühen (*n.*). **29 ~ isotermica** (*tratt. term.*), Isothermglühen (*n.*). **30 ~ nera** (*tratt. term.*), Dunkelglühen (*n.*), Schwarzglühen (*n.*). **31 ~ pendolare** (mediante ripetuto raffreddamento e riscaldamento tra due limiti di temperatura) (*tratt. term.*), Pendelglühen (*n.*). **32 ~ prolungata** (*tratt. term.*), Dauerglühen (*f.*). **33 ~ sotto gas protettivo** (ricottura in atmosfera protettiva) (*tratt. term.*), Schutzgasglühung (*f.*). **34 ~ sotto pressione** (sotto gas inerte compresso) (*tratt. term.*), Kompressionsglühen (*n.*). **35 ~ sotto vuoto** (*tratt. term.*), Glühen im Vakuum. **36 bagno di ~** (*tratt. term.*), Glühbad (*n.*). **37 cassetta di ~** (*tratt. term.*), Glühtopf (*m.*), Glühkasten (*m.*). **38 certificato di ~** (*metall. - tratt. term.*), Glühbescheinigung (*f.*). **39 durata della ~** (*tratt. term.*), Glühdauer (*f.*). **40 impianto di ~** (*tratt. term.*), Glüherei (*f.*), Glühanlage (*f.*). **41 prova a tempra e ~ ripetuta** (d'acciaio) (*prove mater.*), Vielhärtungsversuch (*m.*). **42 sbagliare la ~** (*tratt. term.*), verglühen. **43 sottoporre a ~ di lavorabilità** (*tratt. term.*), weichglühen. **44 sottoposto a ~ di lavorabilità** (*tratt. term.*), weichgeglüht.

ricovero (antiaereo p. es.) (*ed. milit.*), Schutzraum (*m.*), Bunker (*m.*).

ricristallizzare (*metall.*), wiederauskristallisieren, umkristallisieren.

ricristallizzazione (*metall.*), Rekristallisation (*f.*). **2 ~** (*tratt. term.*), Rekristallisationsglühen (*n.*), Umkristallisieren (*n.*). **3 ~** (devetrificazione) (*difetto - mft. vetro*), Rekristallisierung (*f.*), Entglasung (*f.*).

ricuocere (*tratt. term.*), glühen.

ricuperare (*ind.*), rückgewinnen, zurückgewinnen. **2 ~** (il tempo perduto p. es.) (*gen.*), einbringen, einholen. **3 ~ parti** (da una macchina fuori uso) (*aut. - ecc.*), ausschlachten.

ricuperatore (a camere p. es., di un forno) (*forno - metall.*), Heizkammer (*f.*), Kammer (*f.*), Rekuperator (*m.*). **2 ~** («Cowper», preriscaldatore del vento) (*metall. - forno*), Winderhitzer (*m.*), Cowperapparat (*m.*), Cowper (*m.*). **3 ~** (di un cannone) (*arma da fuoco*), Vorholeinrichtung (*f.*), Vorholer (*m.*). **4 ~** (pescatore, per il ricupero di aste di perforazione p. es.) (*ut. min.*), Bohrfänger (*m.*), Fanghaken (*m.*), Fanggerät (*n.*). **5 ~ per scalpelli** (pescatore per scalpelli) (*ut. min.*), Meisselfanghaken (*m.*), Bohrmeisselhaken (*m.*).

ricupero (*ind.*), Rückgewinnung (*f.*), Wiedergewinnung (*f.*). **2 ~** (di navi affondate) (*nav.*), Bergung (*f.*). **3 ~** (di capsule spaziali dopo il rientro) (*astronautica*), Bergung (*f.*). **4 ~** (delle ore di lavoro) (*lav.*), Einbringung (*f.*), Einholung (*f.*). **5 ~ del calore** (*term.*), Abhitzerückgewinnung (*f.*). **6 ~ di materiale d'armamento** (*min.*), Rauben (*n.*). **7 ~ di parti** (di macchine fuori uso) (*aut. - ecc.*), Ausschlachtung (*f.*). **8 ~ marittimo** (*nav.*), Schiffsbergung (*f.*). **9 attrezzo per il ~ delle aste** (pescatore per aste) (*min.*), Gestängefanggerät (*n.*). **10 camera di ~** (impilaggio) (*forno - metall.*), Gitterung (*f.*), Gitterwerk (*n.*). **11 gru per ricuperi** (*macch. nav.*), Bergungskran (*m.*). **12 materiale di ~** (materiale di riciclo, ritorni) (*ind.*), Rückgut (*n.*). **13 nave per ricuperi** (*nav.*), Bergungsschiff (*n.*). **14 pompa di ~** (*macch.*), Rückholpumpe (*f.*). **15 pompa di ~** (pompa d'olio) (*mot.*), Absaugpumpe (*f.*). **16 rimorchiatore per ricuperi** (*nav.*), Bergungsschlepper (*m.*). **17 tempo di ~** (di tiristori p. es.) (*elettronica*), Erholzeit (*f.*).

ridimensionare (*gen.*), neu bemessen, umgestalten.

ridistillazione (*ind. chim.*), Redestillation (*f.*).

ridistribuzione (del reddito) (*finanz.*), Umverteilung (*f.*).

ridondante (*calc. - ecc.*), redundant.

ridondanza (presenza di riserve sufficienti, impiegabili in qualsiasi momento) (*elettronica - calc.*), Redundanz (*f.*). **2 circuito di** ~ (*elettronica*), Redundanzschaltung (*f.*).

ridosso (riparo) (*gen.*), Schutz (*m.*). **2** ~ **di argine** (soprassoglio) (*costr. idr.*), Quellkade (*f.*).

ridotto (*a. - gen.*), abgesetzt, vermindert, verkleinert. **2** ~ (di un teatro) (*s. - ed.*), Foyer (*n.*).

riducente (*a. - gen.*), reduzierend. **2** ~ (*s. - chim.*), Reduktionsmittel (*n.*). **3 lega** ~ (nella produzione di acciaio, lega d'alluminio p. es.) (*metall.*), Reduktionslegierung (*f.*), Reduktionsmittel (*n.*). **4 scoria** ~ (*metall.*), Reduktionsschlacke (*f.*).

riducibile (prezzo) (*comm.*), absetzbar, abzugsfähig.

ridurre (diminuire) (*gen.*), herabmindern, vermindern, mindern, verringern, reduzieren. **2** ~ (diminuire, la produzione p. es.) (*gen.*), herabsetzen, herabmindern. **3** ~ (diminuire, abbassare, la temperatura p. es.) (*gen.*), erniedrigen. **4** ~ (diminuire, lo stipendio p. es.) (*gen.*), kürzen, reduzieren. **5** ~ (le dimensioni) (*dis. - ecc.*), verkleinern. **6** ~ (un prezzo p. es.) (*comm.*), mindern, reduzieren. **7** ~ (demoltiplicare, con ingranaggi p. es.) (*mecc. - macch.*), untersetzen. **8** ~ (*chim.*), reduzieren. **9** ~ (i minerali) (*metall. - forno*), verhütten. **10** ~ (regolando, attenuare) (*gen.*), herunterregeln. **11** ~ **con legno verde** (trattare con pali di legno verde, per l'affinazione del rame) (*metall.*), polen. **12** ~ **con rettifica** (*mecc.*), Zurückschleifen. **13** ~ **in lamine** (*tecnol. - metall.*), zu Folie schlagen. **14** ~ **in polvere** (polverizzare) (*ind.*), feinmahlen, pulverisieren. **15** ~ **in scala** (*dis.*), verjüngen. **16** ~ **la tensione** (*elett.*), abspannen.

riduttore (demoltiplicatore, di giri o di velocità) (*mecc. - macch.*), Untersetzungsgetriebe (*n.*). **2** ~ (per raddoppiare il numero delle marce e la gamma dei rapporti di trasmissione, di un autocarro p. es.) (*veic.*), Gruppengetriebe (*n.*), Schaltachse (*f.*). **3** ~ (di pressione, valvola riduttrice) (*tubaz.*), Reduzierventil (*n.*), Druckminderventil (*n.*), Druckreduzierer (*m.*). **4** ~ **dell'elica** (aerea) (*aer.*), Luftschraubenuntersetzungsgetriebe (*n.*). **5** ~ **di pressione** (valvola di riduzione della pressione) (*saldatura - ecc.*), Druckreduzierer (*m.*), Druckminderventil (*n.*), Reduzierventil (*n.*). **6** ~ **di tensione** (trasformatore, trasformatore abbassatore di tensione) (*elett.*), Reduziertransformator (*m.*), Abspanner (*m.*). **7** ~ **epicicloidale** (di un motore d'aviazione p. es.) (*mecc.*), Planetenuntersetzungsgetriebe (*n.*).

riduzione (diminuzione) (*gen.*), Verminderung (*f.*), Reduktion (*f.*). **2** ~ (delle dimensioni) (*dis. - ecc.*), Verkleinerung (*f.*). **3** ~ (diminuzione, del prezzo p. es.) (*comm.*), Minderung (*f.*), Reduktion (*f.*), Senkung (*f.*). **4** ~ (sconto) (*comm.*), Abschlag (*m.*), Rabatt (*m.*). **5** ~ (demoltiplicazione, con ingranaggi p. es.) (*mecc. - macch.*), Untersetzung (*f.*), Abwärtsübersetzung (*f.*). **6** ~ (*chim.*), Reduktion (*f.*). **7** ~ (del minerale) (*metall. - forno*), Verhüttung (*f.*), Reduktion (*f.*). **8** ~ (fusione, di minerali nell'altoforno p. es.) (*metall. - forno*), Erzschmelzung (*f.*), Fusion (*f.*). **9** ~ (raccordo di riduzione) (*tubaz. - idr. - ecc.*), Reduzierstück (*n.*). **10** ~ **ad un decimo** (*gen.*), zehnfache Verkleinerung. **11** ~ **con pali di legno verde** («perchage», trattamento al legno verde, per l'affinazione del rame) (*metall.*), Polen (*n.*). **12** ~ **dei costi** (*amm.*), Kostensenkung (*f.*). **13** ~ **del calibro** (riduzione per passata) (*lamin.*), Stichabnahme (*f.*). **14** ~ **del minerale** (*metall.*), Erzverhüttung (*f.*), Erzreduktion (*f.*). **15** ~ **del personale** (*pers.*), Personalabbau (*m.*). **16** ~ **del rumore** (*acus.*), Entrauschen (*n.*). **17** ~ **del salario** (*lav.*), Lohnabbau (*m.*). **18** ~ **di sezione** (*tecnol. mecc.*), Querschnittsverminderung (*f.*). **19** ~ **di stipendio** (*pers.*), Gehaltsabbau (*m.*). **20** ~ **graduale** (nella trafilatura p. es.) (*tecnol.*), Abstufen (*n.*). **21** ~ **in scala** (*dis.*), Verjüngung (*f.*). **22** ~ **termica di portata** (nella postcombustione) (*mot.*), thermische Verstopfung. **23 bussola di** ~ (per utensili) (*ut.*), Reduzierhülse (*f.*). **24 curva con** ~ (*tubaz.*), Reduzierkrümmer (*m.*). **25 forno di** ~ (*metall.*), Verhüttungsofen (*m.*), Reduktionsofen (*m.*). **26 manicotto di** ~ (*tubaz.*), Reduktionsmuffe (*f.*), Reduzierhülse (*f.*), Übergangsbuchse (*f.*). **27 rapporto di** ~ (rapporto di demoltiplicazione) (*mecc.*), Untersetzungsverhältnis (*n.*). **28 zona di** ~ (nel cubilotto p. es.) (*fond.*), Reduktionszone (*f.*).

rielaborare (*gen.*), umgestalten.

rielaborazione (*gen.*), Umgestalten (*n.*). Überbearbeitung (*f.*). **2** ~ (edizione riveduta, di una norma p. es.) (*tecnol.*), Neufassung (*f.*). **3** ~ **metallurgica dei rottami** (fusione dei rottami) (*metall. - fond.*), Schrottverhüttung (*f.*).

riempimento (*gen.*), Füllen (*n.*), Füllung (*f.*). **2** ~ (rabbocco, di una batteria p. es.) (*aut. - elett. - ecc.*), Nachfüllung (*f.*). **3** ~ **dell'impronta** (di uno stampo) (*fucinatura*), Ausschlagen (*n.*). **4 fattore di** ~ (di avvolgimenti) (*elett.*), Füllfaktor (*m.*). **5 foro di** ~ (*macch. - ecc.*), Einfüllöffnung (*f.*). **6 grado di** ~ (di un cilindro di mot. a c. t., rendimento volumetrico) (*mot.*), Füllungsgrad (*m.*). **7 grado di** ~ (rapporto tra sezione metallica e superficie del cerchio circoscritto) (*funi*), Füllgrad (*m.*). **8 grado di** ~ (nel trasporto di materiali sfusi) (*trasp. ind.*), Füllungsgrad (*m.*). **9 legno di** ~ (*falegn. - ecc.*), Füllholz (*n.*), Einlageholz (*n.*). **10 terra da** ~ (*fond.*), Füllsand (*m.*).

riempire (*gen.*), füllen, einfüllen. **2** ~ (fare il pieno, di carburante) (*aut.*), nachfüllen, auffüllen. **3** ~ (rabboccare, la batteria p. es.) (*aut. - elett. - ecc.*), nachfüllen. **4** ~ (*mov. terra*), verfüllen, einfüllen. **5** ~ (compilare un modulo, segnandovi le risposte, ecc.)

(gen.), ausfüllen. 6 ~ completamente (gen.), ausfüllen. 7 ~ troppo (gen.), überfüllen.
riempitivo (per vernici) (vn.), Verschnittmittel (n.).
riempitore (app.), Füller (m.).
riempitrice-pesatrice (macch.), Abfüllwaage (f.).
rientrante (muro p. es.) (ed. - ecc.), einspringend.
rientranza (di un pezzo p. es.) (mecc.), Aussparung (f.), Ausnehmung (f.), Einstich (m.).
rientrare (ed.), einspringen. 2 far ~ (alzare, retrarre, il carrello) (aer.), einfahren, einziehen.
rientro (del carrello) (aer.), Einziehen (n.), Einfahren (n.). 2 ~ (di una riga di un paragrafo p. es.) (tip.), Einzug (m.). 3 ~ (nell'atmosfera terrestre, di un missile) (astronaut.), Wiedereintauchen (n.).
riepilogo (riassunto, compendio) (gen.), Zusammenfassung (f.).
riequilibrare (una mola p. es.) (mecc. - ecc.), nachwuchten.
rifacimento (mecc. - ecc.), Umbau (m.). 2 ~ del cuscinetto (ricolata del metallo bianco sul cuscinetto) (mecc.), Lagerausguss (m.), Lagerschalenausguss (m.). 3 ~ (d'una linea p. es.) (elett.), Umbau (m.). 4 ~ (della massicciata) (ferr.), Durchgabelung (f.). 5 ~ del rivestimento (ripristino del rivestimento, di un forno) (metall. - ed.), Neuausmauerung (f.), Neuzustellung (f.).
rifasamento (correzione del fattore di potenza) (elett.), Leistungsfaktorverbesserung (f.), Phasenverbesserung (f.), Phasenausgleich (m.). 2 condensatore di ~ (per correggere il fattore di potenza) (app. elett.), Leistungskondensator (m.).
rifasatore (correttore di fase, condensatore p. es.) (app. elett.), Phasenkompensator (m.), Phasenschieber (m.).
rifenditrice (cesoia per taglio a strisce) (macch. lav. lamiera), Streifenschere (f.).
riferimento (gen.), Bezug (m.), Bezugnahme (f.). 2 ~ (spina su un pezzo p. es.) (lav. macch. ut.), Ansatz (m.). 3 ~ (di una lettera, sigla e numero) (uff.), Aktenzeichen (n.). 4 ~ bibliografico (citazione bibliografica) (tip.), Schriftumshinweis (m.). 5 a ~ (uff.), im Betreff. 6 equivalente di ~ (nei sistemi di trasmissione) (telef. - ecc.), Bezugsdämpfung (f.). 7 grandezza di ~ (fis.), Bezugsgrösse (f.). 8 in ~ a (con riferimento a) (gen.), in Bezug auf, unter Bezugnahme auf. 9 numero di ~ (gen.), Kennziffer (f.), Chiffre (f.). 10 profilo di ~ (di una dentatura) (mecc.), Bezugsprofil (n.). 11 punto di ~ (gen.), Bezugspunkt (m.), Anhaltspunkt (m.). 12 punto di ~ (lav. macch. c/n), Referenzpunkt (m.). 13 valore di ~ (valore di taratura) (strum. - ecc.), Eichwert (m.).
riferirsi (a) (gen.), sich beziehen (auf).
riferito (a) (gen.), bezogen (auf).
rifilare (tranciare lo sfrido all'orlo di un pezzo imbutito p. es.) (lav. lamiera), beschneiden. 2 ~ (un libro) (legatoria), beschneiden. 3 ~ (per ottenere un orlo liscio su particolari di lamiera) (lav. lamiera), schaben, nachschneiden. 4 ~ (rifinire gli orli) (lamin.), stauchen. 5 ~ (carta, ecc.) (tecnol.), randschneiden. 6 stampo per ~ (stampo per tranciare lo sfrido all'orlo di un pezzo imbutito p. es.) (ut. lav. lamiera), Beschneider (m.). 7 stampo per ~ (per lisciare gli orli) (ut. lav. lamiera), Schabeschnitt (m.).
rifilatore (attrezzo per tranciare lo sfrido all'orlo di un pezzo imbutito p. es.) (ut. lav. lamiera), Beschneider (m.), Randbeschneidewerkzeug (n.).
rifilatrice (raffilatrice) (macch. ind. carta), Beschneidemaschine (f.).
rifilatura (di un pezzo in lamiera imbutito p. es., asportazione dello sfrido periferico) (lav. lamiera), Beschneiden (n.). 2 ~ (operazione destinata all'ottenimento di spigoli più lisci e dimensioni più precise) (lav. lamiera), Nachschneiden (n.), Schaben (n.). 3 ~ (rifinitura degli orli) (lamin.), Stauchen (n.). 4 gabbia per ~ (gabbia a cilindri verticali, gabbia rifinitrice dei bordi) (lamin.), Stauchgerüst (n.).
rifinire (gen.), nacharbeiten, verschönern. 2 ~ (rifilare, parti di lamiera) (lav. delle lamiere) nachschneiden, schaben. 3 ~ (ind. cuoio), zurichten. 4 ~ gli orli (di un laminato) (lamin.), stauchen. 5 ~ il filo (ut.), abziehen.
rifinitore (ind. cuoio), Zurichter (m.).
rifinitrice (stradale) (macch. costr. strad.), Fertiger (m.).
rifinitura (finitura) (gen.), Nacharbeit (f.), Verschönerung (f.). 2 ~ (sbavatura, ecc., di pezzi stampati in mat. plast.) (tecnol.), Nachbearbeitung (f.). 3 ~ (ind. cuoio), Zurichtung (f.). 4 ~ dei bordi (rifinitura degli orli, al laminatoio) (lamin.), Stauchen (n.). 5 intonaco di ~ (mur.), Edelputz (m.).
rifiutare (respingere, non accettare) (comm. - ecc.), verwerfen, zurückweisen.
rifiuti (gen.), Abfälle (m. pl.), Schutt (m.). 2 ~ (radioattivi) (fis. nucl. - radioatt.), Abfälle (m. pl.), Abfallprodukte (n. pl.). 3 ~ radioattivi (radioatt. - fis. atom.), radioaktive Abfälle. 4 ~ radioattivi (scorie radioattive) (fis. nucl.), Reaktorschlacken (f. pl.).
rifiuto (di un invito p. es.) (gen.), Absage (f.). 2 ~ (non accettazione) (comm. - ecc.), Verwerfung (f.), Ablehnung (f.). 3 ~ (di un pezzo dal controllo) (tecnol. mecc.), Zurückweisen (n.). 4 livello di ~ (nel controllo della qualità) (tecnol. mecc.), Rückweisegrenze (f.), Schlechtgrenze (f.). 5 numero di ~ (nel controllo della qualità) (tecnol. mecc.), Rückweisezahl (f.), Schlechtzahl (f.). 6 probabilità di ~ (nel controllo della qualità) (tecnol. mecc.), Rückweisewahrscheinlichkeit (f.).
riflessione (fis. - ott. - ecc.), Rückstrahlung (f.), Reflexion (f.). 2 ~ complessiva (riflessione diretta e diffusa) (ott.), Gesamtrückstrahlung (f.). 3 ~ diffusa (ott. - illum.), gestreute Reflexion, diffuse Reflexion. 4 ~ di luce dell'ambiente (luce dell'ambiente riflessa sulla superficie del cinescopio) (telev.), Raumlichtreflexion (n.). 5 ~ diretta (ott.), direkte Reflexion, gerichtete Rückstrahlung. 6 ~ regolare (riflessione speculare) (ott.), gerichtete Reflexion. 7 ~ totale (ott.), Total-

riflesso

reflexion (*f.*). **8 analisi per** ~ (*telev.*), Reflexionsabtastung (*f.*). **9 angolo di** ~ (*fis.*), Reflexionswinkel (*m.*). **10 coefficiente di** ~ (*fis.*), Reflexionsfaktor (*m.*). **11 coefficiente di** ~ **acustica** (rapporto tra le intensità sonore riflessa ed incidente) (*acus.*), Schallreflexionsgrad (*m.*). **12 fattore di** ~ (riflettenza) (*ott.*), Reflexionsgrad (*m.*). **13 fattore di** ~ **acustica** (rapporto tra le pressioni acustiche dell'onda riflessa ed incidente) (*acus.*), Schallreflexionsfaktor (*m.*). **14 goniometro a** ~ (*app.*), Rückstrahlungsgoniometer (*n.*). **15 grado di** ~ (*acus.*), Rückwurfgrad (*m.*). **16 localizzazione per** ~ (*radar*), Rückstrahlortung (*f.*).

riflesso (*ott.*), Widerschein (*m.*), Abglanz (*m.*), Reflex (*m.*).

riflettente (*ott. - fis.*), reflektierend, zurückstrahlend. **2 oggetto** ~ (*radar*), Rückstrahler (*m.*). **3 potere** ~ (*fis.*), Reflexionsvermögen (*n.*).

riflettenza (fattore di riflessione) (*ott.*), Reflexionsgrad (*m.*). **2 fattore spettrale di** ~ (*ott.*), spektraler Remissionsgrad.

riflettere (*ott. - ecc.*), rückstrahlen, reflektieren.

riflettogramma (nella prova di materiali con ultrasuoni) (*prova - metall.*), Echobild (*n.*).

riflettometro (*ott.*), Reflexionsmesser (*m.*).

riflettore (*illum. - ott. - radio*), Reflektor (*m.*). **2** ~ (antenna a riflettore) (*radar*), Reflektorantenne (*f.*). **3** ~ (telescopio a riflessione) (*strum. astr.*), Reflektor (*m.*), Spiegelfernrohr (*n.*), katoptrisches Fernrohr. **4** ~ (di un app. di illuminazione) (*illum.*), Lichtschirm (*m.*). **5** ~ **ad angolo** (riflettore angolare, per antenne) (*telev.*), Winkelreflektor (*m.*). **6** ~ **d'antenna** (*radio*), Antennenspiegel (*m.*). **7** ~ **del cratere** (d'una lampada ad arco) (*elett.*), Kraterreflektor (*m.*). **8** ~ **parabolico radar** (*radar*), Radarparabolspiegel (*m.*). **9 antenna a** ~ (riflettore) (*radar*), Reflektorantenne (*f.*).

riflettoscopio (app. per la prova dei materiali) (*app. - metall.*), Schallsichtgerät (*n.*), Ultraschall-Bildwandler (*m.*). **2** ~ **ad ultrasuoni** (per prove non distruttive dei materiali) (*app.*), Ultraschall-Impuls-Reflexionsgerät (*n.*).

« rifloir » (lima curva, lima per stampi) (*ut.*), Riffelfeile (*f.*).

riflottazione (*min.*), Nachflotation (*f.*), Repetition (*f.*).

rifluire (di marea) (*mare*), ebben.

riflusso (*gen.*), Rückfluss (*m.*). **2** ~ (di marea) (*mare*), Ebbe (*f.*). **3** ~ (nella rettificazione) (*ind. chim.*), Rückfluss (*m.*), Rücklauf (*m.*). **4** ~ (in un sistema di regolazione p. es.) (*macch.*), Rückführung (*f.*). **5** ~ (nel sistema di regolazione di un compressore p. es.) (*macch.*), Rückführung (*f.*), Umblasen (*n.*). **6 corrente di** ~ (*mare*), Ebbeströmung (*f.*), Ebbestrom (*m.*). **7 regolazione a** ~ (*macch.*), Rückflussregelung (*f.*). **8 regolazione a** ~ (di un compressore) (*macch.*), Umblaseregelung (*f.*), Rückflussregelung (*f.*).

rifollare (ricalcare) (*fucinatura*), stauchen.

rifollatura (ricalcatura) (*fucinatura*), Stauchen (*n.*).

rifondere (*metall. - ecc.*), umschmelzen.

riforma (*gen.*), Reform (*f.*). **2** ~ **agraria** (*agric.*), Bodenreform (*f.*). **3** ~ **monetaria** (*finanz.*), Währungsreform (*f.*).

riformatorio (casa di correzione) (*leg.*), Besserungsanstalt (*f.*).

rifornimento (*gen.*), Versorgung (*f.*). **2** ~ (di carburante) (*veic.*), Betankung (*f.*). Tanken (*n.*), Auftanken (*n.*). **3 rifornimenti** (olio, carburante ed acqua per un motore p. es.) (*mot. - ecc.*), Füllmengen (*f. pl.*). **4** ~ **di carbone** (*cald. - ferr. - ecc.*), Bekohlung (*f.*). **5** ~ **di carbone** (carbonamento, bunkeraggio) (*nav.*), Bunkern (*n.*), Kohlenversorgung (*f.*). **6** ~ **di combustibile** (*aer. - ecc.*), Auftanken (*n.*). **7** ~ **in volo** (*aer.*), Lufttanken (*n.*), Auftanken im Flug, Flugauftankung (*f.*). **8 stazione di** ~ (distributore, posto di rifornimento) (*aut.*), Tankstelle (*f.*), Füllstation (*f.*), Füllstelle (*f.*), Abfüllstation (*f.*).

rifornire (*gen.*), versorgen. **2** ~ (approvvigionare, il mercato) (*comm.*), beschicken. **3** ~ **di carbone** (*cald. - ferr. - ecc.*), bekohlen. **4** ~ **di carbone** (carbonare, far carbone) (*nav.*), bunkern. **5** ~ **di combustibile** (*veic. - ecc.*), tanken, auftanken.

rifosforazione (*metall.*), Rückphosphorung (*f.*).

rifrangente (*ott.*), lichtbrechend. **2 mezzo** ~ (*fis. - ott.*), brechendes Medium.

rifrangere (i raggi) (*ott.*), brechen.

rifrangibile (raggio) (*fis. - ott.*), brechbar.

rifrangibilità (di raggi) (*fis. - ott.*), Brechbarkeit (*f.*).

rifratto (di raggio) (*ott.*), gebrochen.

rifrattometro (*strum. ott.*), Refraktometer (*n.*), Brechungsmesser (*m.*). **2** ~ **ad immersione** (per controllo di generi alimentari) (*strum. ott.*), Eintauchrefraktometer (*n.*). **3** ~ **interferenziale** (*strum. ott.*), Interferenz-Refraktometer (*n.*).

rifrattore (telescopio a rifrazione) (*strum. astr.*), Refraktor (*m.*), Linsenfernrohr (*n.*), dioptrisches Fernrohr.

rifrazione (*ott.*), Brechung (*f.*), Refraktion (*f.*). **2** ~ **della luce** (*ott.*), Lichtbrechung (*f.*). **3** ~ **totale** (*ott.*), Gesamtbrechung (*f.*), Totalbrechung (*f.*). **4 a doppia** ~ (birifrangente) (*ott.*), doppelbrechend. **5 angolo di** ~ (*ott.*), Brechungswinkel (*m.*). **6 doppia** ~ (birifrangenza) (*ott.*), Doppelbrechung (*f.*). **7 indice di** ~ (*ott.*), Brechungskoeffizient (*m.*), Brechungsindex (*m.*), Brechungsexponent (*m.*), Brechzahl (*f.*). **8 indice di** ~ **della luce** (*ott.*), Lichtbrechungsindex (*m.*). **9 piano di** ~ (*ott.*), Brechungsebene (*f.*). **10 telescopio a** ~ (rifrattore) (*strum. - astr.*), Refraktor (*m.*), Linsenfernrohr (*n.*), dioptrisches Fernrohr.

rifugio (ricovero) (*milit. - aer.*), Bunker (*m.*), Schutzraum (*m.*). **2** ~ (di montagna) (*sport - ed.*), Hütte (*f.*), Schutzhütte (*f.*). **3 porto di** ~ (*nav.*), Schutzhafen (*m.*).

rifusione (*metall.*), Umschmelzen (*n.*). **2** ~ **ad elettroscoria** (*metall.*), Elektroschlacke-Umschmelz-Verfahren (*n.*). **3 forno di** ~ (*forno - metall.*), Umschmelzofen (*m.*). **4 impianto di**~**ad elettroscoria** (*metall.*), Elektroschlackeumschmelzanlage (*f.*).

riga (linea) (*gen.*), Linie (*f.*). **2** ~ (di parole, ecc.) (*tip.*), Zeile (*f.*). **3** ~ (strum. per tracciare linee) (*strum. - dis. - mecc. - ecc.*), Lineal (*n.*). **4** ~ (graduata, per misurare) (*strum.*), Masstab (*m.*). **5** ~ (di una riga a T) (*strum. dis.*), Schiene (*f.*). **6** ~ (di uno spettro) (*ott.*), Linie (*f.*). **7** ~ (linea, di scansione) (*telev.*), Zeile (*f.*). **8** ~ (di laminazione) (*difetto lamin.*), Grat (*m.*), Walzgrat (*m.*), Walzriefe (*f.*). **9** ~ **a coltello** (riga a filo) (*strum. - mecc.*), Haarlineal (*n.*). **10** ~ **a filo** (riga a coltello) (*strum. - mecc.*), Haarlineal (*n.*). **11** ~ **a T** (*strum. - dis.*), Anschlaglineal (*n.*), Reissschiene (*f.*). **12** ~ **attiva** (parte di riga di immagine) (*telev.*), wirksame Zeile. **13** ~ **campione** (graduata) (*strum.*), Urmasstab (*m.*). **14** ~ **da formatore** (riga da modellista, regolo da modellista) (*ut. fond.*), Formermasstab (*m.*). **15** ~ **da modellista** (riga da formatore, regolo da modellista) (*ut. fond.*), Formermasstab (*m.*). **16** ~ **dello spettro** (*ott.*), Spektrallinie (*f.*). **17** ~ **di acciaio** (*strum. - mecc.*), Stahllineal (*n.*). **18** ~ **di controllo** (graduata) (*strum.*), Prüfmasstab (*m.*). **19** ~ **di laminazione** (*difetto di lamin.*), Walzriefe (*f.*), Walzgrat (*m.*). **20** ~ **d'interferenza** (*ott.*), Interferenzlinie (*f.*). **21** ~ **di riscontro** (graduata) (*strum.*), Vergleichsmasstab (*m.*). **22** ~ **di risonanza** (*ott.*), Resonanzlinie (*f.*). **23** ~ **d'officina** (*strum. - mecc.*), Werkstattlineal (*n.*). **24** ~ **fusa** (*tip. - fond.*), Zeilenguss (*m.*). **25** ~ **graduata** (*strum.*), Strichmasstab (*m.*), Massstab (*m.*). **26** ~ **(graduata) d'officina** (*strum.*), Arbeitsmasstab (*m.*), Werkstattmasstab (*m.*). **27** ~ **Raman** (*ott.*), Raman-Linie (*f.*). **28** ~ **secondaria** (di uno spettro) (*ott.*), Trabant (*m.*), Nebenlinie (*f.*). **29** ~ **tipografica** (da 12 punti, cicero) (*tip.*), Cicero (*f.*). **30 a righe** (venato) (*gen.*), gemasert, geädert. **31 ultima** ~ (*tip.*), Ausgangszeile (*f.*).

rigare (un foglio p. es.) (*tip. - ecc.*), linieren, Linien ziehen. **2** ~ (nella lavorazione con macch. ut. p. es.) (*difetto - mecc.*), riefeln, riefen. **3** ~ (la canna di un'arma da fuoco) (*tecnol.*), ziehen.

rigato (foglio p. es.) (*tip. - ecc.*), liniert. **2** ~ (cuscinetto o cilindro p. es.) (*difetto mecc.*), geriefelt, gerieft, gefurcht. **3** ~ (a canna rigata) (*arma da fuoco*), gezogen. **4** ~ (a righe) (*tess. - ecc.*), gestreift. **5** ~ (difetto lamin.), gratig, gerieft.

rigatrice (macchina per rigare, fogli p. es.) (*macch.*), Linienziehvorrichtung (*f.*), Liniermaschine (*f.*). **2** ~ (macchina per rigare, di canne di armi da fuoco) (*macch.*), Ziehbank (*f.*).

rigatteria (*comm.*), Trödel (*m.*), Altwaren (*f. pl.*). **2 commercio di** ~ (*comm.*), Trödelhandel (*m.*), Altwarenhandel (*m.*).

rigattiere (ferravecchio) (*comm.*), Trödler (*m.*).

rigatura (di un foglio p. es.) (*tip.*), Linierung (*f.*). **2** ~ (difetto di una canna cilindro p. es.) (*mot. - mecc.*), Rille (*f.*), Rillen (*f. pl.*), Riefe (*f.*). **3** ~ (solco, traccia di utensile sulla superficie lavorata) (*lav. macch. ut.*), Riefe (*f.*), Rille (*f.*). **4** ~ (della canna di un cannone p. es., operazione di rigatura) (*arma da fuoco*), Zug (*m.*), Ziehen (*n.*). **5** ~ (nella canna di un'arma, righe) (*arma da fuoco*), Drall (*m.*), Rillen (*f. pl.*). **6 rigature di estrusione** (difetto) (*tecnol. mecc.*), Pressriefen (*f. pl.*). **7** ~ **di lavorazione** (alla superficie di un pezzo) (*difetto - mecc.*), Riefe (*f.*), Rille (*f.*). **8** ~ **di rettifica** (segno o solco di rettifica) (*lav. macch. ut.*), Schleifriefe (*f.*). **9** ~ **di utensile da tornio** (segno di utensile da tornio) (*lav. macch. ut.*), Drehriefe (*f.*). **10** ~ **longitudinale** (di una canna cilindro p. es.) (*mot. - mecc.*), Längsrillen (*f. pl.*). **11 macchina per la** ~ (rigatrice, per canne di armi da fuoco) (*macch.*), Ziehbank (*f.*).

rigenerare (*ind. - ecc.*), regenerieren, rückgewinnen. **2** ~ (un reattore) (*fis. atom.*), brüten. **3** ~ (*mft. gomma*), rückgewinnen. **4** ~ (rinnovare il battistrada, ricostruire il battistrada, di un copertone) (*mft. gomma*), runderneuern. **5** ~ (un fusibile, mediante brasatura) (*elett.*), rücklöten. **6** ~ (una batteria p. es.) (*elett. - ecc.*), auffrischen. **7** ~ (rinforzare, acido per decapaggio p. es.) (*metall. - chim.*), anschärfen.

rigenerato (*a. - ind.*), regeneriert, rückgewonnen. **2** ~ (articolo di gomma p. es.) (*s. - ind.*), Regenerat (*n.*). **3** ~ (con battistrada rinnovato, ricostruito, pneumatico) (*a. - aut.*), runderneuert. **4 gomma rigenerata** (*ind. chim.*), Regeneratgummi (*m.*). **5 lana rigenerata** (*ind. tess.*), Reisswolle (*f.*), Altwolle (*f.*).

rigenerazione (*ind. - ecc.*), Regeneration (*f.*), Regenerierung (*f.*), Rückgewinnung (*f.*). **2** ~ (fertilizzazione) (*fis. nucl.*), Brutvorgang (*m.*), Brüten (*n.*). **3** ~ (rinnovo del battistrada, ricostruzione del battistrada, di un pneumatico) (*aut.*), Oberflächenerneuerungsverfahren (*n.*), Runderneuerung (*f.*), Retreadverfahren (*n.*). **4** ~ (riattivazione, di fanghi) (*ed.*), Wiederbelebung (*f.*). **5** ~ **del combustibile** (*fis. atom.*), Brennstoff-Aufarbeitung (*f.*). **6 ricottura di** ~ (affinazione strutturale) (*tratt. term.*), Umkörnen (*n.*).

righello (riga graduata) (*strum.*), Linearmasstab (*m.*).

rigetto (rifiuto) (*gen.*), Abweisung (*f.*).

rigidezza (rigidità) (*sc. costr.*), Steifigkeit (*f.*). **2** ~ (reciproco della flessibilità d'una molla, $= \dfrac{dp}{df}$) (*mecc.*), Federhärte (*f.*). **3** ~ **alla forza laterale** (resistenza alla forza trasversale, di un'autovettura) (*aut.*), Seitensteifigkeit (*f.*), Seitenfestigkeit (*f.*). **4** ~ **a torsione** (*sc. costr.*), Verdrehfestigkeit (*f.*). **5** ~ **crescente** (flessibilità decrescente, di una molla che diventa più rigida col progredire della deformazione) (*mecc.*), progressive Federung. **6** ~ **decrescente** (flessibilità crescente, di una molla che diventa più flessibile col progredire della deformazione) (*mecc.*), degressive Federung. **7** ~ **dinamica** (*mecc.*), dynamische Festigkeit, Schwingungsfestigkeit (*f.*). **8 indice di** ~ (coefficiente di proporzionalità; nel caso di flessibilità proporzionale rappresenta la rigidezza) (*mecc.*), Federkonstante (*f.*).

rigidità (rigidezza) (*mecc. - ecc.*), Steifigkeit (*f.*), Starrheit (*f.*), Steifheit (*f.*), Steife (*f.*). **2** ~ **a flessione** (*mecc.*), Biegefestigkeit (*f.*), Unbiegsamkeit (*f.*), Biegesteifigkeit (*f.*). **3** ~

rigido

dielettrica (*elett.*), Durchschlagsfestigkeit (*f.*), dielektrische Festigkeit, Durchschlagsfeldstärke (*f.*). **4 ~ torsionale** (*sc. costr.*), Drehfestigkeit (*f.*). **5 modulo di ~** (modulo di rigidezza) (*sc. costr.*), *vedi* modulo di elasticità tangenziale di scorrimento.

rigido (*gen.*), starr, steif. **2 ~** (non molleggiato, non sospeso) (*mecc. - ecc.*), ungefedert. **3 ~** (materia plastica, PVC p. es.) (*chim.*), hart. **4 ~ a flessione** (*sc. costr.*), biegefest, biegesteif, umbiegsam.

rigonfiamento (*gen.*), Schwellung (*f.*). **2 ~** (ingrossamento, locale p. es.) (*gen.*), Wulst (*m.*), Verdickung (*f.*). **3 ~** (causato dall'umidità) (*ed.*), Quellen (*n.*), Feuchtigkeitsausdehnung (*f.*). **4 ~** (difetto di vn.), Quellung (*f.*). **5 ~** (forzatura, sforzatura, della forma) (*difetto di fond.*), Treiben (*n.*). **6 ~** (aumento di volume del carbone riscaldato) (*comb.*), Blähen (*n.*). **7 ~** (del legno) (*prova*), Quellen (*n.*). **8 ~ da pressoflessione** (espanditura da pressoflessione) (*lav. lamiera*), Knickbauchen (*n.*). **9 ~ dovuto all'umidità** (aumento di volume dovuto alla umidità) (*legno - ecc.*), Quellen (*n.*), Feuchtigkeitsausdehnung (*f.*). **10 indice di ~** (numero che caratterizza la capacità di rigonfiamento di carbone fossile) (*comb.*), Blähindex (*m.*), Blähzahl (*f.*), Blähgrad (*m.*).

rigoroso (preciso, esatto) (*gen.*), streng. **2 ~** (regola, legge, ecc.) (*mat. - ecc.*), starr.

riguardante (concernente, relativo) (*gen.*), betreffend.

rigurgitato (*idr.*), gestaut. **2 non ~** (*idr.*), ungestaut.

rigurgito (aumento del livello di una corrente a superficie libera) (*idr.*), Stau (*m.*). **2 ~ di depressione** (*idr.*), Senkungsströmung (*f.*).

rilaminare (*lamin.*), weiterwalzen.

rilasciare (concedere, una patente p. es.) (*leg.*), bewilligen, erteilen. **2 ~** (una dichiarazione) (*gen.*), abgeben. **3 ~** (il freno p. es.) (*gen.*), lüften.

rilascio (di una dichiaraz., p. es.) (*gen.*), Abgabe (*f.*). **2 ~** (fase di rilascio, quando durante la marcia si toglie il gas ed il motore è trascinato dalle ruote) (*mot. - aut.*), Schiebebetrieb (*m.*).

rilassamento (rimozione della sollecitazione) (*sc. costr.*), Entspannung (*f.*). **2 ~** (fenomeno reologico p. es.) (*fis.*), Relaxation (*f.*). **3 ~** (*tecnol. mecc. - metall.*), Relaxation (*f.*). **4 fenomeno di ~** (negli impianti a corrente trifase) (*elett.*), Kippvorgang (*m.*). **5 generatore di oscillazioni di ~** (*elettronica*), Kippgenerator (*m.*). **6 lunghezza di ~** (della radiazione) (*radioatt.*), Relaxationslänge (*f.*). **7 oscillatore a ~** (*elettronica*), Kipposzillator (*m.*). **8 oscillatore di ~ a bloccaggio** (con reazione molto forte) (*elettronica*), Sperrschwinger (*m.*). **9 oscillazione di ~** (*elettronica*), Kippschwingung (*f.*), Relaxationsschwingung (*f.*). **10 prova di ~** (*sc. costr.*), Entspannungsversuch (*m.*). **11 ricottura di ~** (*tratt. term.*), Relaxation (*f.*). **12 resistenza di ~** (*sc. costr.*), Entspannungswiderstand (*m.*). **13 tempo di ~** (*elettronica*), Relaxationszeit (*f.*), Kippzeit (*f.*). **14 tempo di ~** (*sc. costr.*), Entspannungszeit (*f.*), Relaxationszeit (*f.*). **15 tensione di ~** (tensione a denti di sega) (*elettronica*), Kippspannung (*f.*). **16 velocità di ~** (*sc. costr.*), Entspannungsgeschwindigkeit (*f.*).

rilegare (legare) (*legatoria*), einbinden, binden. **2 ~ male** (trasporre i fogli, di un libro) (*legatoria*), verbinden.

rilegato (legato) (*legatoria*), gebunden. **2 non ~** (*legatoria*), ungebunden.

rilegatore (legatore) (*lav. legatoria*), Buchbinder (*m.*).

rilegatura (legatura) (*legatoria*), Einband (*m.*), Bucheinband (*m.*), Band (*m.*), Bindung (*f.*). **2 ~ in mezza pelle** (legatura in mezza pelle) (*legatoria*), Halblederband (*m.*). **3 ~ in mezza tela** (legatura in mezza tela) (*legatoria*), Halbleinenband (*m.*). **4 ~ in tela** (legatura in tela) (*legatoria*), Leinwandband (*m.*), Leinenband (*m.*), Leinwandbindung (*f.*). **5 ~ in tutta pelle** (legatura in tutta pelle) (*legatoria*), Ganzlederband (*m.*). **6 ~ in tutta tela** (legatura in tutta tela) (*legatoria*), Ganzleinenband (*m.*).

rilevamento (*geofis. - geol. - min. - top.*), Aufnahme (*f.*), Vermessung (*f.*). **2 ~** (angolo tra una direzione di riferimento e la visuale diretta) (*nav. - aer. - navig.*), Peilrichtung (*f.*), Peilwinkel (*m.*), Peilung (*f.*). **3 ~** (determinazione della direzione rispetto ad una direzione di riferimento) (*navig.*), Peilung (*f.*), Anpeilung (*f.*). **4 ~** (di ostacoli p. es.) (*radar*), Erfassung (*f.*). **5 ~** (di dati) (*tecnol. - ecc.*), Aufnehmen (*n.*), Erfassung (*f.*). Übernehmen (*n.*). **6 ~** (misurazione; della pressione p. es., durante prove) (*metrol.*), Messung (*f.*). **7 ~** (inchiesta, per avere delle informazioni) (*gen.*), Untersuchung (*f.*). **8 ~ ad incrocio** (rilevamento incrociato) (*navig.*), Kreuzpeilung (*f.*). **9 ~ aereo** (*top. - geogr.*), Luftvermessung (*f.*). **10 ~ aerofotogrammetrico** (*fotogr.*), luftphotogrammetrische Aufnahme. **11 ~ alla bussola** (*navig.*), Kompasspeilung (*f.*). **12 ~ catastale** (*top.*), Katastervermessung (*f.*). **13 ~ celerimetrico** (rilevamento tacheometrico) (*top.*), tachymetrische Aufnahme. **14 ~ del terreno** (*top.*), Geländeaufnahme (*f.*), Landesvermessung (*f.*), Landesaufnahme (*f.*), Terrainaufnahme (*f.*). **15 ~ del tracciato** (*top. - ing. civ. - ferr. - costr. strad.*), Trassenvermessung (*f.*). **16 ~ digitale della quota** (nei sistemi di misura della posizione di una slitta p. es.) (*macch. ut.*), digitale Messwerterfassung (*f.*). **17 ~ di velivoli a bassa quota** (*radar - aer.*), Tieffliegererfassung (*f.*). **18 ~ ed elaborazione tempi** (di lavorazione) (*cronotecnica*), Zeiterfassung und- verarbeitung (*f.*), Zeitaufnahme und- verarbeitung (*f.*). **19 ~ fotografico** (*top. - geogr.*), Lichtbildvermessung (*f.*). **20 ~ fotogrammetrico** (*fotogr.*), photogrammetrische Aufnahme. **21 ~ impronte di contatto** (coloritura, per il controllo delle planarità d'una superficie tecnica p. es.) (*mecc.*), Tuschieren (*n.*). **22 ~ incrociato** (*navig.*), Kreuzpeilung (*f.*). **23 ~ ottico** (*navig.*), optische Peilung. **24 ~ tacheometrico** (rilevamento celerimetrico) (*top.*), tachymetrische Aufnahme. **25 ~ tempi** (cronometraggio) (*analisi tempi*), Zeitmessung (*f.*), Zeitaufnahme (*f.*). 26 ~ **topografico** (*top.*), topographische Aufnahme, Vermessung (*f.*). 27 ~ **vero** (*nav. - aer.*), wahre Peilung. 28 **errore di** ~ (*navig. - radio - ecc.*), Peilfehler (*m.*). 29 **eseguire rilevamenti** (rilevare) (*top.*), vermessen. 30 **metodo di** ~ (*tecnol.*), Erfassungsmethode (*f.*). 31 **nave per rilevamenti idrografici** (*nav. - geofis.*), Vermessungsschiff (*n.*). 32 **prendere un** ~ (*navig.*), anpeilen. 33 **relè di rilevamenti** (*top.*), Nivellementnetz (*n.*). 34 **squadra per rilevamenti topografici** (*top.*), Vermessungstrupp (*m.*).

rilevare (un dato di misura p. es.) (*tecnol. - ecc.*), aufnehmen, übernehmen. 2 ~ (misurare durante prove, una temperatura p. es.) (*gen.*), messen. 3 ~ (eseguire rilevamenti) (*top.*), vermessen, aufnehmen. 4 ~ (con radiogoniometro p. es., la direzione, eseguire un rilevamento) (*navig.*), anpeilen, peilen. 5 ~ (un ostacolo p. es.) (*radar*), erfassen, auffassen. 6 ~ **improntе di contatto** (con colore, per controllare la planarità di una superficie tecnica p. es.) (*mecc.*), tuschieren. 7 ~ **la rotta** (dalla bussola) (*nav.*), aufnehmen, den Kurs vom Kompass ablesen.

rilevato (*s. - mov. terra - costr. strad.*), Auftrag (*m.*).

rilevatore (topografico) (*lav. - top.*), Vermesser (*m.*). 2 ~ (di dati di misura p. es.) (*app.*), Aufnehmer (*m.*). 3 ~ (dello scarto, elemento sensibile) (*regol.*), Abgriffsystem (*n.*). 4 ~ **a fotocellula** (*app.*), Fotozellenabgriff (*m.*). 5 ~ **a resistenza** (di un termometro elett. p. es.) (*app. elett.*), Widerstandsaufnehmer (*m.*). 6 ~ **di corsa** (rilevatore di spostamento) (*app.*), Wegaufnehmer (*m.*). 7 ~ **di impronte di contatto** (colore per rilevare impronte di contatto, per controllare la planarità di una superficie tecnica p. es.) (*mecc.*), Tuschierfarbe (*f.*). 8 ~ **potenziometrico** (di un sistema regolato p. es.) (*app.*), Widerstandabgriff (*m.*). 9 **squadra di rilevatori** (squadra per rilevamenti topografici) (*top.*), Vermessungstrupp (*m.*).

rilievo (*arch.*), Relief (*n.*). 2 ~ (rilevamento topografico) (*top.*), Aufnahme (*f.*), Vermessung (*f.*). 3 ~ (su corpi cavi cilindrici) (*tubaz. - lav. di lamiere*), Sicke (*f.*), Wulst (*m.*). 4 ~ (dato rilevato nel corso di prove) (*tecnol.*), Messpunkt (*m.*). 5 ~ (rilevamento, misurazione di dati p. es.) (*tecnol. - ecc.*), Messung (*f.*). 6 ~ (assorbimento, d'una società) (*finanz.*), Übernahme (*f.*). 7 **apparecchio per stampa a** ~ (*app.*), Prägegerät (*n.*). 8 **apparecchio per stampa a** ~ **su nastro adesivo** (*app.*), Prägegerät für Klebeband. 9 **effetto di** ~ (dell'immagine) (*difetto di teler.*), Plastik (*f.*). 10 **esecuzione di** ~ (su corpo cilindrico di lamiera p. es.) (*tecnol. mecc.*), Sicken (*n.*). 11 **in** ~ (sporgente) (*gen.*), erhaben, erhöht. 12 **lavoro in** ~ (*ind.*), erhabene Arbeit. 13 **saldatura a** ~ (saldatura su risalti) (*tecnol. mecc.*), Buckelschweissung (*f.*), Warzenschweissung (*f.*), Reliefschweissung (*f.*). 14 **segno in** ~ (*gen.*), Prägezeichen (*n.*). 15 **tessuto in** ~ (*ind. tess.*), Reliefgewebe (*n.*).

riluttanza (reluttanza, resistenza magnetica) (*elett.*), Reluktanz (*f.*). 2 **motore a** ~ (motore sincrono di piccola potenza senza avvolgimento di eccitazione) (*elett.*), Reluktanzmotor (*m.*).

riluttività (reluttività, resistenza magnetica specifica) (*elett.*), Reluktivität (*f.*).

rimagnetizzare (*elett.*), aufmagnetisieren.

rimandare (rinviare, aggiornare, una riunione p. es.) (*gen.*), vertagen. 2 ~ (per riferimento p. es.) (*gen.*), verweisen, hinweisen. 3 ~ (un pagamento p. es.) (*comm.*), aufschieben.

rimandato (rinviato, riunione p. es.) (*gen.*), vertagt. 2 ~ (pagamento p. es.) (*comm.*), aufgeschoben.

rimando (per riferimento p. es.) (*gen.*), Hinweis (*m.*). 2 ~ (segno di riferimento p. es.) (*tip. - ecc.*), Verweisung (*f.*).

rimaneggiare (ricomporre) (*tip.*), umsetzen.

rimanenza (magnetizzazione residua) (*elett.*), Remanenz (*f.*). 2 ~ (di magazzino) (*ind.*), Restbestand (*m.*). 3 **relè a tenuta per** ~ (*elett.*), Remanenzrelais (*n.*).

rimanenze (*comm. - ecc.*), Warenreste (*m. pl.*), Ramsch (*m.*).

rimanere (restare) (*gen.*), bleiben. 2 ~ **a disposizione per ulteriori informazioni** (*comm. - uff.*), für weitere Auskünfte zur Verfügung stehen. 3 ~ **in vigore** (*gen.*), in Kraft bleiben.

rimbalzare (*gen.*), zurückprallen, abprallen.

rimbalzo (*gen.*), Rückprall (*m.*), Rückschlag (*m.*), Abprallen (*n.*). 2 ~ (saltellamento, dei contatti p. es.) (*elett. - difetto*), Prellen (*n.*). 3 ~ (resa elastica, della gomma) (*ind. gomma*), Rückprall-Elastizität (*f.*). 4 **arco di** ~ (dei contatti) (*elett.*), Prelllichtbogen (*m.*). 5 **senza** ~ (contatto, esente da saltellamento) (*elett.*), prellfrei, prellsicher.

rimbombare (far rumore rombante) (*aut. - ecc.*), dröhnen.

rimbombo (*acus.*), Dröhnen (*n.*).

rimborsabile (*amm.*), zurückzahlbar. 2 ~ (redimibile) (*finanz.*), auslösbar.

rimborsare (pagare, un debito) (*amm.*), einlösen, rückzahlen.

rimborso (*comm.*), Rückzahlung (*f.*), Einlösung (*f.*). 2 ~ (delle spese di viaggio p. es.) (*pers. - lav. - amm.*), Auslösung (*f.*). 3 ~ **di dazio** (rimborso fiscale, restituzione di dazio, «drawback») (*finanz. - comm.*), Zollrückerstattung (*f.*), Zollrückvergütung (*f.*), Rückzoll (*m.*). 4 ~ **fiscale** (restituzione di dazio, «drawback») (*comm. - finanz.*), Rückzoll (*m.*), Zollrückerstattung (*f.*), Zollrückvergütung (*f.*). 5 ~ **fiscale** (per esportazione) (*comm.*), Exportvergütung (*f.*). 6 ~ **spese** (*amm.*), Kostenersatz (*m.*), Kostenrückerstattung (*f.*), Spesennachnahme (*f.*).

rimediare (*gen.*), abhelfen.

rimedio (*gen.*), Abhilfe (*f.*), Behelf (*m.*). 2 ~ (di un difetto) (*mecc. - aut. - ecc.*), Abhilfe (*f.*).

rimescolare (*gen.*), aufrühren, umrühren. 2 ~ (agitare, il bagno metallico) (*fond. - metall.*), umrühren.

rimessa (di denaro) (*amm.*), Einsendung (*f.*). 2 ~ (per veicoli tranviari p. es.) (*ed. - veic.*), Wagenhalle (*f.*), Schuppen (*m.*), Wagenschuppen (*m.*). 3 ~ **a zero** (azzeramento) (*strum.*), Nulleinstellung (*f.*), Nullstellung (*f.*).

rimettaggio

4 ~ **a zero del contatore** (azzeramento del contatore) (*app.*), Zählernullstellung (*f.*). 5 ~ **in ciclo** (riciclo, di un pezzo per continuarne la lavorazione) (*ind.*), Rückführung (*f.*). 6 ~ **in funzione** (*macch. - ecc.*), Wiederingangsetzung (*f.*). 7 ~ **laterale** (nel gioco del calcio) (*sport*), Einwurf (*m.*). 8 ~ **per dirigibili** (hangar per dirigibili) (*aer.*), Luftschiffhalle (*f.*). 9 ~ **sul binario** (di vetture deragliate) (*ferr.*), Aufgleisung (*f.*). 10 ~ **tranviaria** (deposito tranviario) (*ed. - veic.*), Strassenbahndepot (*n.*).
rimettaggio (incorsatura, inserzione dell'ordito) (*ind. tess.*), Einzug (*m.*), Einfädeln (*n.*).
rimettere (del denaro) (*amm.*), einsenden. 2 ~ **sul binario** (*ferr.*), eingleisen, aufgleisen.
rimettersi (riacquistare la salute) (*gen.*), aufkommen.
rimodulazione (*radio*), Modulationsübertragung (*f.*).
rimonta (salita del metallo, nello stampo superiore) (*fucinatura*), Steigen (*n.*).
rimontaggio (riassemblaggio) (*mecc. - ecc.*), Wiederzusammensetzung (*f.*), Remontage (*f.*). 2 ~ (riapplicazione) (*mecc. - ecc.*), Wiedereinbau (*m.*). 3 ~ **di flangia** (*tubaz.*), Abflanschen (*n.*).
rimontare (riassemblare) (*mecc. - ecc.*), wiederzusammensetzen.
rimorchiare (*veic. - nav. - ecc.*), schleppen. 2 ~ (prendere a rimorchio) (*veic.*), ins Schleppseil nehmen. 3 ~ **fuori dal porto** (rimorchiare in uscita) (*nav.*), ausschleppen. 4 ~ **in entrata** (rimorchiare in porto) (*nav.*), einschleppen. 5 ~ **in porto** (rimorchiare in entrata) (*nav.*), einschleppen. 6 ~ **in uscita** (rimorchiare fuori dal porto) (*nav.*), ausschleppen. 7 ~ **via** (un veicolo in avaria p. es.) (*veic.*), abschleppen.
rimorchiata (carrozza rimorchiata) (*s. - ferr.*), Schienenanhängewagen (*m.*), Schienenbusanhänger (*m.*).
rimorchiato (*veic. - ecc.*), geschleppt.
rimorchiatore (*nav.*), Schlepper (*m.*). 2 ~ **a spinta** (spintore, per trasporti fluviali) (*nav.*), Schubschlepper (*m.*). 3 ~ **a vapore** (*nav.*), Schleppdampfer (*m.*). 4 ~ **con abitazione** (per trasporti fluviali p. es.) (*nav.*), Wohnschlepper (*m.*). 5 ~ **d'alto mare** (*nav.*), Hochseeschlepper (*m.*). 6 ~ **di porto** (*nav.*), Hafenschlepper (*m.*). 7 ~ **fluviale** (*nav.*), Kanalschlepper (*m.*), Fluss-schlepper (*m.*), Remorqueur (*m., austr.*). 8 ~ **per ricuperi** (*nav.*), Bergungsschlepper (*m.*). 9 ~ **portuale** (*nav.*), Hafenschlepper (*m.*).
rimorchio (veicolo rimorchiato) (*veic.*), Anhänger (*m.*). 2 ~ (il rimorchiare, azione di rimorchiare) (*nav. - ecc.*), Schleppen (*n.*). 3 ~ (carrozza tranviaria rimorchiata) (*veic.*), Strassenbahnbeiwagen (*m.*), Strassenbahnanhänger (*m.*). 4 ~ **ad un solo asse** (*veic.*), Einachsanhänger (*m.*). 5 ~ **aereo** (*aer.*), Flugzeugschlepp (*m.*). 6 ~ **a pianale** (*aut.*), Plattformanhänger (*m.*). 7 ~ **a pianale ribassato** (*veic.*), Niederflurpritschenanhänger (*m.*). 8 ~ **a più assi** (*veic.*), Mehrachs-Anhänger (*m.*). 9 ~ **(a telaio) ribassato** (*veic.*), Tiefladeanhänger (*m.*). 10 ~ **a tre assi** (*veic.*), Dreiachsanhänger (*m.*). 11 ~ **cisterna** (*veic.*), Tankanhänger (*m.*). 12 ~ **con cassone ribaltabile** (rimorchio ribaltabile) (*veic.*), Kippanhänger (*m.*). 13 ~ **da carico** (*veic.*), Lastanhänger (*m.*), Lkw-Anhänger (*m.*). 14 ~ **isotermico** (*veic.*), Thermosanhänger (*m.*). 15 ~ **monoasse** (biga) (*veic.*), Einachsanhänger (*m.*). 16 ~ **per autobus** (*aut.*), Omnibusanhänger (*m.*), Busanhänger (*m.*), Pkw-Anhänger (*m.*). 17 ~ **per autocarro** (*aut.*), Lastwagenanhänger (*m.*), Lastanhänger (*m.*), Lkw-Anhänger (*m.*). 18 ~ **per carichi lunghi** (*veic.*), Langholzanhänger (*m.*). 19 ~ **per carichi pesantissimi** (veicolo per carichi pesantissimi) (*veic.*), Schwerlastfahrzeug (*n.*). 20 ~ **per passeggeri** (rimorchio per autobus) (*veic.*), Omnibusanhänger (*m.*), Busanhänger (*m.*), Pkw-Anhänger (*m.*). 21 ~ **per trasporto di carri ferroviari** (rimorchio stradale con 15-32 ruote sterzabili e della portata fino a 130 t) (*veic.*), Strassenroller (*m.*), Culemeyer-Fahrzeug (*n.*). 22 ~ **per trasporto mobili** (*veic.*), Möbelwagenanhänger (*m.*). 23 ~ **pilota** (rimorchiata pilota, veicolo su binari, senza motori, dal quale si comanda il veicolo di trazione) (*ferr. elett.*), Steuerwagen (*m.*). 24 ~ **ribaltabile** (*veic.*), Kippanhänger (*m.*). 25 ~ **ribassato** (rimorchio a telaio ribassato) (*veic.*), Tiefladeanhänger (*m.*). 26 ~ **speciale** (per calcestruzzo p. es.) (*veic.*), Spezialanhänger (*m.*), Sonderanhänger (*m.*). 27 ~ **trasporto bestiame** (*veic.*), Anhänger zum Viehtransport. 28 **accoppiatore per** ~ (cavo per aria, ecc. tra motrice e rimorchio) (*veic.*), Anhängerleitung (*f.*). 29 **barra per** ~ (*aut.*), Abschleppstange (*f.*). 30 **cavo per** ~ (fune per rimorchio) (*aut.*), Schleppseil (*n.*), Abschleppseil (*n.*). 31 **cavo per** ~ (*nav.*), Schlepptau (*n.*), Bugsiertau (*n.*). 32 **gomena da** ~ (*nav.*), Zugleine (*f.*). 33 **navigazione a** ~ (*navig.*), Schleppfahrt (*f.*). 34 **prendere a** ~ (rimorchiare) (*veic.*), ins Schleppseil nehmen. 35 **presa di corrente per** ~ (*veic. - elett.*), Anhängersteckdose (*f.*). 36 **regolatore frenatura** ~ (*veic.*), Anhängerbremskraftregler (*m.*). 37 **resistenza al** ~ (*nav. - ecc.*), Schleppwiderstand (*m.*). 38 **timone del** ~ (*aut.*), Anhängerzuggabel (*f.*). 39 **valvola comando freni** ~ (*veic.*), Anhängerbremsventil (*n.*), Anhängersteuerventil (*n.*).
rimostranza (reclamo) (*comm.*), Einspruch (*m.*).
rimozione (di scorie p. es.) (*gen.*), Abfuhr (*f.*), Entfernung (*f.*). 2 ~ **dei trucioli** (scarico dei trucioli) (*lav. macch. ut.*), Ausspänen (*n.*), Ausspänung (*f.*). 3 ~ **del carico** (scarico) (*mecc. - sc. costr.*), Entlastung (*f.*). 4 ~ **delle ceneri** (*ind.*), Entaschung (*f.*), Aschenabfuhr (*f.*), Aschenentfernung (*f.*).
rimunerare (*gen.*), belohnen.
rimunerativo (*comm. - ecc.*), lohnend, belohnend, einträglich.
rimunerazione (*lav. - pers.*), Entlohnung (*f.*), Belohnung (*f.*). 2 ~ (ricompensa, somma di danaro p. es.) (*lav. - pers.*), Entgelt (*n.*), Lohn (*m.*), Gehalt (*n.*). 3 ~ **in natura** (*lav.*), Sachbezüge (*m. pl.*). 4 **sistema di** ~ (*pers.*), Gehaltsystem (*n.*).
rimuovere (*gen.*), wegnehmen, wegschaffen.

2 ~ (allontanare) (gen.), entfernen. 3 ~ il cappellaccio (min.), abräumen.
rinascimento (arch. - ecc.), Renaissance (f.).
rincorsa (per eseguire un salto p. es.) (sport), Anlauf (m.).
rinculo (contraccolpo) (arma da fuoco), Rückschlag (m.), Rückstoss (m.), Rücklauf (m.). 2 ~ (indietreggio) (gen.), Rückschub (m.).
rinforzare (gen.), befestigen, verstärken. 2 ~ (irrigidire) (mecc. - ecc.), festigen, versteifen, verstärken. 3 ~ (ed. - ecc.), aussteifen, versteifen. 4 ~ (intensificare) (fot.), verstärken. 5 ~ (del vento) (meteor.), aufbrisen. 6 ~ (rigenerare, acido per decapaggio) (metall. - chim.), anschärfen.
rinforzato (gen.), verstärkt. 2 ~ con fibre di vetro (materiale plastico) (ind. chim.), glasfaserverstärkt, GV. 3 collaudo ~ (nei controlli della qualità) (tecnol. mecc.), verschärfte Prüfung.
rinforzo (gen.), Befestigung (f.), Verstärkung (f.). 2 ~ (irrigidimento) (mecc. - ecc.), Verstärkung (f.), Versteifung (f.). 3 ~ (ed. - ecc.), Aussteifung (f.). 4 ~ (fot.), Verstärkung (f.). 5 ~ anulare (mecc. - ecc.), Aussteinfungsring (m.). 6 ~ d'angolo (d'una scatola di cartone) (imball.), Eckpfeiler (m.). 7 ~ del becco (d'una centina alare) (aer.), Nasengurt (m.). 8 ~ interno (ed. - carp.), Unterschiebling (m.). 9 ~ poligonale (di un quadro d'armamento) (min.), Vieleckverstärkung (f.). 10 bagno di ~ (fot.), Verstärker (m.). 11 lamiera di ~ (ed. - mecc. - ecc.), Verstärkungsblech (n.), Versteifungsblech (n.). 12 nervatura di ~ (mecc. - ed.), Verstärkungsrippe (f.), Stützrippe (f.). 13 opera di ~ (min.), Verstärkerbau (m.).
rinfusa, alla ~ (gen.), durcheinander. 2 alla ~ (trasp. - ecc.), in Masse.
« ring » (quadrato, per il pugilato) (sport), Ring (m.).
ringhiera (balaustra, parapetto) (ed.), Geländer (n.), Schutzgeländer (n.). 2 ~ di scala (ed.), Treppenbrüstung (f.), Treppengeländer (n.).
rinnovamento (rinnovo) (gen.), Erneuerung (f.).
rinnovare (gen.), erneuern. 2 ~ (una cambiale) (finanz.), prolongieren. 3 ~ il battistrada (ricostruire il battistrada, « rigenerare ») (mft. gomma), runderneuern.
rinnovo (rinnovamento) (gen.), Erneuerung (f.). 2 ~ di una cambiale (finanz.), Prolongation (f.). 3 ~ del battistrada (rigenerazione, ricostruzione del battistrada) (aut.), Oberflächenerneuerungsverfahren (n.), Runderneuerung (f.), Retreadverfahren (n.). 4 ~ dell'abbonamento (comm. - giorn.), Erneuerung eines Abonnements. 5 ~ di una cambiale (comm.), Prolongation eines Wechsels.
rinterrare (riportare terra) (mov. terra - ing. civ.), auftragen.
rinterro (riporto) (mov. terra - ing. civ.), Auftrag (m.).
rintracciare (individuare) (gen.), auffinden.
rinuncia (comm. - ecc.), Verzicht (f.), Abtretung (f.), Überlassung (f.). 2 ~ all'eredità (leg.), Erbverzicht (f.).
rinunciare (gen.), aufgeben, verzichten.

rinvenibile (acciaio) (metall. - tratt. term.), anlassbeständig.
rinvenibilità (metall. - tratt. term.), Anlassbeständigkeit (f.).
rinvenimento (riscaldamento dopo la tempra con successivo raffreddamento) (tratt. term.), Anlassen (n.). 2 ~ (sollevamento) (difetto di vn.), Hochziehen (n.). 3 ~ accelerato (rinvenimento di breve durata ad alta temperatura) (tratt. term.), Stossanlassen (n.). 4 durata del ~ (tratt. term.), Anlassdauer (f.). 5 infragilimento da ~ (metall. - tratt. term.), Anlassversprödung (f.). 6 prova di ~ (vn.), Beizprobe (f.).
rinvenire (tratt. term.), anlassen.
rinvenuto (acciaio p. es.) (tratt. term.), angelassen. 2 ~ ad alta temperatura (tratt. term.), hoch angelassen.
rinverdimento (del cuoio, in acqua) (ind. cuoio), Weichen (n.). 2 bottale di ~ (ind. cuoio), Weichfass (n.). 3 reparto ~ (per ammorbidire le pelli) (ind. cuoio), Wasserabteilung (f.), Wasserwerkstatt (f.), Wasserstation (f.).
rinviare (aggiornare, una seduta p. es.) (gen.), vertagen.
rinvio (aggiornamento) (comm. - ecc.), Vertagung (f.), Hinausschiebung (f.). 2 ~ (di moto) (mecc.), Vorgelege (n.). 3 ~ (di un processo p. es.) (leg. - ecc.), Hinausschiebung (f.), Zurückverweisung (f.). 4 ~ ad ingranaggi (mecc.), Rädervorgelege (n.), Zahnradvorgelege (n.). 5 carrucola di ~ (d'un ascensore p. es.) (ed. - ecc.), Umlenkrolle (f.). 6 ruota di ~ (d'un trasportatore continuo, nelle curve) (trasp. ind.), Umlenkrad (n.). 7 stazione di ~ (nelle funivie) (trasp.), Vorgelegestation (f.).
rinzaffare (dare la prima mano di intonaco) (mur.), bewerfen, berappen.
rinzaffo (intonaco di fondo, primo strato di intonaco) (mur.), Unterputz (m.), Bewurf (m.), Berapp (m.), Berappung (f.).
rinzeppare (fissare con zeppe) (falegn.), verkeilen.
rione (quartiere, di una città) (ed.), Bezirk (m.), Viertel (n.), Quartier (n.).
riordinazione (comm.), Neubestellung (f.).
riorganizzazione (gen.), Reorganisation (f.), Neueinrichtung (f.).
riparare (gen.), ausbessern, reparieren. 2 ~ (rappezzare) (gen.), flicken, ausbessern. 3 ~ (mot. - aut. - ecc.), reparieren, instandsetzen. 4 ~ (ripristinare, il rivestimento del forno) (metall.), flicken. 5 ~ (una forma p. es.) (fond. - ecc.), nacharbeiten. 6 ~ la camera d'aria (mettere una pezza alla camera d'aria) (aut. - ecc.), den Schlauch flicken.
riparatore (addetto al servizio guasti) (lav.), Störungssucher (m.).
riparazione (gen.), Ausbesserung (f.), Reparatur (f.). 2 ~ (mot. - aut. - ecc.), Reparation (f.), Ausbesserung (f.), Instandsetzung (f.), Reparatur (f.). 3 ~ (rappezzo, rappezzatura) (costr. strad. - ecc.), Flickarbeit (f.), Ausflicken (n.), Ausbesserung (f.). 4 ~ (ed.), Nacharbeit (f.). 5 ~ di emergenza (riparazione di fortuna) (aut. - ecc.), Notausbesserung (f.), Behelfsausbesserung (f.), Behelfsreparatur (f.). 6 ~ di fortuna (riparazione

riparo

di emergenza) (*aut. - ecc.*), Behelfsausbesserung (*f.*), Behelfsreparatur (*f.*), Notausbesserung (*f.*). **7 ~ mediante saldatura** (*mecc.*), Reparaturschweissen (*n.*), Schweissausbesserung (*f.*). **8 riparazioni stradali** (*costr. strad.*), Strassenausbesserung (*f.*). **9 buca per riparazioni** (fossa per riparazioni) (*aut. - ecc.*), Reparaturgrube (*f.*), Arbeitsgrube (*f.*). **10 cassetta attrezzi per riparazioni** (*ut. - mecc.*), Reparaturkasten (*m.*). **11 cavalletto per riparazioni** (*mecc.*), Reparaturbock (*m.*). **12 fossa per riparazioni** (buca per riparazioni) (*aut. - ecc.*), Reparaturgrube (*f.*), Arbeitsgrube (*f.*). **13 istruzioni per la ~** (*macch. - ecc.*), Instandsetzungsanleitung (*f.*), Instandsetzungsbedingungen (*f. pl.*). **14 lavori di ~** (*gen.*), Ausbesserungsarbeiten (*f. pl.*). **15 officina riparazioni** (*aut. - mecc.*), Reparaturwerkstatt (*f.*), Instandsetzungswerkstatt (*f.*). **16 officina ~ autoveicoli** (autofficina) (*aut.*), Autoreparaturwerkstatt (*f.*), Autospenglerei (*f. - austr. e svizz.*). **17 squadra per le ~** (*lav.*), Instandsetzungstrupp (*m.*).

riparo (*gen.*), Schutz (*m.*). **2 ~ di lamiera** (lamiera di protezione) (*macch.*), Schutzblech (*n.*). **3 ~ per cinghia** (custodia per cinghia, paracinghia) (*macch.*), Riemenschutz (*m.*). **4 ~ per mola** (*macch. ut.*), Scheibenschutzhaube (*f.*). **5 ponte di ~** (*nav.*), Schelterdeck (*n.*), Schutzdeck (*n.*).

ripartire (distribuire) (*gen.*), austeilen, verteilen, zuteilen. **2 ~** (i costi p. es.) (*comm.*), umlegen, verteilen. **3 ~ uniformemente** (*gen.*), gleichmässig verteilen.

ripartito (distribuito) (*gen.*), verteilt. **2 uniformemente ~** (uniformemente distribuito) (*gen.*), gleichmässig verteilt.

ripartitore (distributore) (*gen.*), Verteiler (*m.*). **2 ~** (del carico) (*elett.*), Verteiler (*m.*). **3 ~** (di coppia, tra assale anteriore e posteriore) (*veic.*), Verteilergetriebe (*n.*). **4 ~ del carico** (*elett.*), Lastverteiler (*m.*). **5 ~ di corrente** (nei raddrizzatori) (*elett.*), Stromteiler (*m.*). **6 ~ di portata** (distributore di portata, di un sistema di iniezione p. es.) (*mot. - ecc.*), Mengenteiler (*m.*). **7 ~ intermedio** (*telef.*), Zwischeverteiler (*m.*), Rangierverteiler (*m.*).

ripartizione (distribuzione) (*gen.*), Verteilung (*f.*). **2 ~** (*telef.*), Verteilung (*f.*), Rangierung (*f.*). **3 ~ del carico** (distribuzione del carico) (*ed. - ecc.*), Lastverteilung (*f.*), Lastausgleich (*m.*).

ripassare (*gen.*), nachbessern. **2 ~** (un pezzo p. es.) (*mecc.*), nacharbeiten, ausbessern, verbessern, überarbeiten. **3 ~** (una mola) (*macch. ut.*), abdrehen, abrichten. **4 ~** (filettature p. es.) (*mecc.*), nachschneiden. **5 ~** (un utensile p. es.) (*ut.*), zurichten. **6 ~** (una lima) (*mecc.*), aufhauen. **7 ~** (stringere a fondo, una vite p. es.) (*mecc.*), nachziehen, nachspannen. **8 ~ alla fresatrice** (*lav. macch. ut.*), nachfräsen. **9 ~ al tornio** (*lav. macch. ut.*), nachdrehen. **10 ~ con alesatore** (a mano) (rialesare a mano) (*mecc.*), nachreiben.

ripassatore (ravvivatore, di mole p. es.) (*ut.*), Abdrehvorrichtung (*f.*), Abziehvorrichtung (*f.*). **2 ~** (per mole) (*app. lav. macch. ut.*), vedi anche ravvivamole.

ripassatura (di un pezzo p. es.) (*mecc.*), Nacharbeit (*f.*), Ausbesserung (*f.*). **2 ~** (di una mola) (*macch. ut.*), Abdrehen (*n.*), Abrichten (*n.*). **3 ~** (di un utensile p. es.) (*ut. - mecc.*), Zurichtung (*f.*). **4 ~ a diamante** (ravvivatura a diamante, di mole) (*lav. macch. ut.*), Diamantabdrehen (*n.*), Diamantabrichten (*n.*). **5 ~ del profilo** (di mole) (*macch. ut.*), Profilabrichten (*n.*). **6 diamante di ~** (*macch. ut.*), Abdrehdiamant (*m.*). **7 spese di ~** (per eliminare difetti di lavorazione o di materiali) (*ind.*), Nacharbeitskosten (*f. pl.*).

ripavimentare (una strada) (*costr. strad.*), neu eindecken.

ripercussioni (*gen.*), Auswirkungen (*f. pl.*).

riperforatore (perforatore ricevente) (*telegr.*), Empfangslocher (*m.*).

ripetibilità (riproducibilità) (*gen.*), Wiederholbarkeit (*f.*).

ripetitore (amplificatore) (*telef.*), Verstärker (*m.*). **2 ~** (ritrasmettitore, stazione ripetitrice) (*radio - telev.*), Relaisstelle (*f.*), Relaisstation (*f.*). **3 ~ di chiamata a relè** (*telef.*), Relaisrufwiederholer (*m.*). **4 ~ di segnale semaforico** (*ferr.*), Flügelsignalmelder (*m.*), Signalrückmelder (*m.*). **5 ~ intermedio** (*telef.*), Zwischenverstärker (*m.*). **6 ~ per televisione** (stazione ripetitrice per televisione) (*telev.*), Fernsehrelaisstation (*f.*), Fernsehumsetzer (*m.*). **7 ~ sincrono** (elettrodinamico, sincrono di coppia, autosyn, selsyn) (*app.*), Drehmelder (*m.*), Wechselstromdrehmelder (*m.*), Autosyn (*n.*), Selsyn (*n.*). **8 ~ sincrono a corrente continua** (sincro a c.c.) (*app.*), Gleichstromdrehmelder (*m.*), Desyn (*n.*). **9 ~ sincrono di coppia** (sincro di coppia, trasduttore di coppia) (*app.*), Kraft-Drehmelder (*m.*). **10 ~ sincrono magnetico** (magnesyn) (*elett.*), Magnesyn (*n.*). **11 ~ telefonico** (*telef.*), Telephonverstärker (*m.*). **12 dispositivo ~** (*macch.*), Repetiersteuerung (*f.*). **13 motore di ~ sincrono** (motore di autosincronizzatore, usato nel cosidetto « albero elettrico ») (*elett.*), Selsynmotor (*m.*), Autosynmotor (*m.*), Drehmeldermotor (*m.*).

ripetitrice (stazione ripetitrice, stazione ritrasmittente) (*radio - telev.*), Relaisstelle (*f.*), Relaisstation (*f.*). **2 bussola ~** (*strum.*), Tochterkompass (*m.*). **3 (stazione) ~ per televisione** (stazione ritrasmittente per televisione) (*telev.*), Fernsehrelaisstation (*f.*), Fernsehumsetzer (*m.*).

ripetizione (*gen.*), Wiederholung (*f.*), Repetition (*f.*). **2 ~ di colpo** (discesa accidentale dello slittone di una pressa) (*macch.*), Nachschlagen (*n.*), Durchlauf (*m.*). **3 ~ di corsa involontaria** (di una pressa, pericoloso ed indesiderato movimento di chiusura dello slittone di una pressa) (*macch.*), Durchlauf (*m.*), Nachschlagen (*n.*). **4 controllo per ~** (*elab. dati*), Zwillingsprüfung (*f.*). **5 frequenza di ~** (d'impulsi) (*telef.*), Taktfrequenz (*f.*). **6 fucile a ~** (arma da fuoco), Repetierbüchse (*f.*), Repetiergewehr (*n.*).

ripiano (scaffale, di armadio) (*mobile*), Schrankbrett (*n.*). **2 ~ posteriore** (sotto il lunotto) (*aut.*), Ablagebrett (*n.*).

ripidezza (di una curva p. es.) (*gen.*), Steilheit (*f.*).
ripidità (*gen.*), Steilheit (*f.*). **2 aumento di ~** (*elettronica*), Versteilerung (*f.*).
ripido (a forte pendenza, molto inclinato) (*gen.*), steil.
ripiegabile (*gen.*), beiklappbar.
ripiegare (*gen.*), umbiegen, nachbiegen. **2 ~ in dentro** (ad angolo vivo, lamiera p. es.) (*tecnol.*), einkanten. **3 ~ l'orlo** (di lamiere p. es.) (*tecnol.*), umkanten.
ripiegatura (sovrapposizione) (*difetto di fucinatura*), Überlappung (*f.*). **2 ~** (dovuta all'incontro del materiale proveniente da diverse direzioni di deformazione) (*difetto di fucinatura*), Stich (*m.*). **3 ~** (doppiatura, di lamiera) (*metall.*), Doppeln (*n.*). **4 ~ di laminazione** (*difetto di lamin.*), Überlappung (*f.*), Walznaht (*f.*), überwalzte Falte.
ripiego (rimedio) (*gen.*), Aushilfe (*m.*), Ersatz (*m.*).
ripiena (nella coltivazione delle miniere, riempimento dei vuoti conseguenti all'asportazione del materiale utile) (*min.*), Versatz (*m.*), Bergeversatz (*m.*). **2 ~ idraulica** (*min.*), Spülversatz (*m.*). **3 ~ per frana** (*min.*), Sturzversatz (*m.*). **4 ~ pneumatica** (*min.*), Blasversatz (*m.*). **5 compressore a palette per materiale di ~** (*macch. - min.*), Zellenrad-Blasversatzmaschine (*f.*). **6 materiale da ~** (*ed. - ing. civ.*), Auffüllmaterial (*n.*). **7 materiali per ~** (materiale da ripiena) (*min.*), Versatzberge (*m. pl.*).
ripompaggio (di centrale idroelett., pompaggio di acqua in un bacino superiore) (*elett.*), Pumpspeicherung (*f.*). **2 centrale a ~** (*idr. - elett.*), Pumpspeicherkraftwerk (*n.*).
riportare (inserire, una bussola in un pezzo p. es.) (*mecc.*), einsetzen, einfügen. **2 ~** (una placchetta di carburo metallico su un utensile p. es.) (*tecnol. mecc. - ut.*), bestücken, auftragen. **3 ~** (terra p. es., per un rilevato) (*ing. civ. - mov. terra*), auftragen, aufschütten. **4 ~** (un segmento od una quota) (*dis.*), abtragen. **5 ~** (un importo) (*contabilità*), vortragen, übertragen. **6 ~ a nuovo** (passare in testa a nuova fattura) (*amm.*), vortragen (auf neue Rechnung).
riportato (un dente p. es.) (*mecc.*), eingesetzt. **2 ~** (terra, per un rilevato) (*mov. terra - ing. civ.*), aufgeschüttet, aufgetragen. **3 ~ a saldatura** (metallo riportato mediante saldatura) (*tecnol. mecc.*), aufgeschweisst.
riporto (operazione, di una placchetta di carburo metallico su un utensile p. es.) (*tecnol. mecc.*), Auftragen (*n.*). **2 ~** (materiale riportato, mediante saldatura p. es.) (*tecnol. mecc.*), Auflage (*f.*), Auftrag (*m.*). **3 ~** (inserzione, di una bussola in un pezzo p. es.) (*mecc.*), Einsatz (*m.*). **4 ~** (operazione di riporto, di terra) (*ing. civ. - mov. terra*), Auftrag (*f.*), Schüttung (*f.*), Aufschüttung (*f.*). **5 ~** (materiale di riporto) (*ing. civ. - mov. terra*), Schüttmaterial (*n.*). **6 ~** (somma riportata) (*contabilità - ecc.*), Vortrag (*m.*), Übertrag (*m.*). **7 ~** (operazione di riporto, di una somma) (*contabilità*), Vortragen (*n.*), Umbuchung (*f.*), Übertragen (*n.*). **8 ~ a saldo** (*contabilità*), Saldovortrag (*m.*). **9 ~ a spruzzo** (riporto metallico a spruzzo) (*metall. - tecnol. mecc.*), Spritzmetallüberzug (*m.*). **10 ~ automaschiante** (*mecc.*), selbstschneidende Gewindebüchse, «Ensat». **11 ~ circolare** (*mat. - elab. dati*), Rückübertrag (*m.*). **12 ~ colato di metallo bianco** (di un cuscinetto) (*tecnol. mecc.*), Weissmetall-Aufguss (*m.*). **13 ~ di carburo metallico** (riporto di metallo duro, carburo riportato) (*tecnol. mecc.*), Hartmetallauflage (*f.*). **14 ~ di metallo** (metallo riportato) (*tecnol. mecc.*), Auftragsmetall (*n.*), Metallauflage (*f.*). **15 ~ di metallo** (operazione di riporto) (*tecnol. mecc.*), Metallauftragung (*f.*). **16 ~ di metallo duro** (a mezzo di saldatura p. es., metallo riportato) (*tecnol. mecc.*), Hartmetallauflage (*f.*). **17 ~ duro** (rivestimento di metallo duro) (*tecnol. mecc.*), Hartmetallauflage (*f.*). **18 ~ mediante saldatura** (*tecnol. mecc.*), Auftragschweissen (*n.*), Auftragsschweissen (*f.*), Aufschweissen (*n.*). **19 ~ mediante saldatura ad attrito** (*tecnol. mecc.*), Reibauftragschweissen (*n.*). **20 ~ metallico** (*tecnol. mecc.*), vedi riporto di metallo. **21 ~ negativo** (*mat.*), negativer Übertrag. **22 ~ utili** (nel bilancio annuale p. es.) (*finanz.*), Gewinnvortrag (*m.*). **23 con ~ di carburo metallico** (con placchetta di carburo metallico) (*ut.*), hartmetallbestückt. **24 di ~** (terreno) (*mov. terra - ing. civ.*), aufgeschüttet, aufgetragen. **25 eseguire un ~ saldato** (su un utensile p. es.) (*tecnol. mecc.*), aufschweissen. **26 lega per ~ duro** (saldato) (*tecnol. mecc.*), Aufschweisslegierung (*f.*).
riposare (*gen.*), ruhen.
riposo (*fis. - ecc.*), Ruhe (*f.*). **2 ~** (*lav.*), Arbeitsruhe (*f.*). **3 ~** (periodo nel quale i lavoratori prendono una pensione) (*lav. - pers.*), Ruhestand (*m.*). **4 casa di ~** (*lav.*), Versorgungshaus (*n.*). **5 cinematismo con arco di ~** (cinematismo con fase di riposo, camma e punteria p. es.) (*mecc.*), Rastgetriebe (*n.*). **6 collocare a ~** (mettere in pensione) (*lav. - pers.*), pensionieren. **7 corrente di ~** (corrente debole che tiene aperto il contatto di riposo di un relè) (*elett.*), Ruhestrom (*m.*). **8 giorno di ~** (*lav.*), Rasttag (*m.*). **9 grado di ~** (nelle prove di fatica, rapporto tra sollecitazione media e superiore) (*prove mater.*), Ruhegrad (*m.*). **10 in posizione di ~** (contatto) (*elett.*), ruhend. **11 linee di ~** (in una frattura da fatica) (*metall.*), Rastlinien (*f. pl.*). **12 pausa di ~** (*lav.*), Erholungspause (*f.*). **13 relè (a contatto) di ~** (*app. elett.*), Ruhestromrelais (*n.*). **14 tempo di ~** (nel ciclo di saldatura) (*tecnol. mecc.*), Stromruhezeit (*f.*). **15 tensione di ~** (*elett.*), Ruhespannung (*f.*).
ripostiglio (*ed.*), Aufbewahrungsraum (*m.*). **2 ~** (sul cruscotto) (*aut.*), Handschuhfach (*n.*), Handschuhkasten (*m.*). **3 ~ a controsoffitto** (*ed.*), Hängeboden (*m.*).
riprendere (*cinem. - telev.*), aufnehmen.
ripreparare (una macch. ut.) (*lav. macch. ut.*), umrüsten, umstellen.
ripreparazione (di una macch. ut.) (*lav. macch. ut.*), Umrüstung (*f.*), Umstellung (*f.*). **2 tempo di ~** (di una macch. ut.) (*lav. macch. ut.*), Umstellungszeit (*f.*), Umrüstzeit (*f.*).
ripresa (accelerazione, di una autovettura)

ripresa

(*aut.*), Beschleunigung (*f.*). 2 ~ (del motore, aumento del numero di giri) (*mot.*), Auftourenkommen (*n.*). 3 ~ (del gioco, correzione del gioco dovuto ad usura) (*mecc.*), Ausgleich (*m.*). 4 ~ (del lavoro, dopo uno sciopero p. es.) (*lav. - ind.*), Wiederaufnahme (*f.*). 5 ~ (giunto freddo, saldatura fredda, piega fredda) (*difetto di fond.*), Kaltschweissung (*f.*), Kaltschweisse (*f.*), Kaltguss (*m.*), Schweisstelle (*f.*). 6 ~ (di una scena) (*cinem. - telev.*), Aufnahme (*f.*). 7 ~ (richiamata, di un velivolo, passaggio dall'assetto di discesa in picchiata a quello di volo orizzontale) (*aer.*), Abfangen (*n.*), Ausschwebe (*f.*). 8 ~ (per mancato atterraggio) (*aer.*), Durchstarten (*n.*). 9 ~ (umidità aggiunta al peso a secco di filati p. es.) (*tess.*), Reprise (*f.*). 10 ~ (economica) (*economia*), Erholung (*f.*). 11 ~ (nel pugilato) (*sport*), Runde (*f.*). 12 ~ **a carrellata** (ripresa mobile, nella quale la telecamera p. es. segue l'oggetto che si muove) (*telev. - cinem.*), Folgeaufnahme (*f.*). 13 ~ **al rovescio** (nella saldatura, passata al rovescio) (*tecnol. mecc.*), Kapplage (*f.*). 14 ~ **angolata** (*cinem. - telev.*), verkantete Aufnahme. 15 ~ **a scansione elettronica** (per prove di mater. p. es.) (*metall. - ecc.*), Rasterelektronen-Aufnahme (*f.*). 16 ~ **a vuoto** (ripresa senza pellicola) (*cinem.*), Blindaufnahme (*f.*), Kameraleerlauf (*m.*). 17 ~ **cinematografica** (*cinem.*), Filmaufnahme (*f.*), kinematographische Aufnahme, Laufbildaufnahme (*f.*). 18 ~ **dal basso** (*cinem. - ecc.*), Aufnahme aus der Froschperspektive. 19 ~ **dall'alto** (*cinem. - ecc.*), Aufnahme aus der Vogelschau. 20 ~ **della saldatura** (*tecnol. mecc.*), Nachschweissung (*f.*). 21 ~ **diretta** (*radio - telev.*), Direktaufnahme (*f.*). 22 ~ **di saldatura al vertice** (d'un giunto a V, per migliorare la qualità) (*tecnol. mecc.*), Wurzelverschweissung (*f.*). 23 ~ **esterna** («esterno») (*cinem. - telev.*), Freilichtaufnahme (*f.*), Aussenaufnahme (*f.*). 24 ~ **in movimento** (*cinem.*), Verfolgungsaufnahme (*f.*). 25 ~ **in perfetto sincronismo** (ripresa isofase) (*elettroacus.*), Gleichtaktaufnahme (*f.*). 26 ~ **interna** (*cinem. - telev.*), Studioaufnahme (*f.*). 27 ~ **isofase** (ripresa in perfetto sincronismo) (*elettroacus.*), Gleichtaktaufnahme (*f.*). 28 ~ **mobile** (ripresa a carrellata, nella quale la telecamera p. es. segue i movimenti dell'oggetto) (*telev. - cinem.*), Folgeaufnahme (*f.*). 29 ~ **muta** (*cinem.*), Stummaufnahme (*f.*). 30 ~ **obliqua** (*telev. - cinem.*), Steilaufnahme (*f.*). 31 ~ **panoramica** (panoramica) (*cinem. - telev.*), Panoramaaufnahme (*f.*), Breitbildaufnahme (*f.*), Panoramierung (*f.*), Rundbildaufnahme (*f.*). 32 ~ **per effetto accelerato** (*cinem.*), Zeitrafferaufnahme (*f.*). 33 ~ **senza pellicola** (ripresa a vuoto) (*cinem.*), Blindaufnahme (*f.*), Kameraleerlauf (*m.*). 34 ~ **stereoscopica** (*cinem. - fot.*), Stereoaufnahme (*f.*). 35 ~ **televisiva** (*telev.*), Fernsehaufnahme (*f.*), Kameraaufnahme (*f.*). 36 ~ **televisiva diretta** (*telev.*), direktes Fernsehen, direkte Fernsehaufnahme. 37 ~ **ultrarapida** (*cinem.*), Zeitlupenaufnahme (*f.*). 38 **angolo di** ~ (*cinem. - telev.*), Aufnahmewinkel (*m.*). 39 **autoveicolo per riprese** (*cinem.*), Aufnahmewagen |(*m.*). 40 **cessare la** ~ (*cinem. - telev.*), abblenden. 41 **studio per** ~ (*cinem.*), Aufnahmeatelier (*n.*). 42 **tubo da** ~ (*telev.*), Aufnahmeröhre (*f.*). 43 **velocità di** ~ (numero di fotogrammi al secondo) (*cinem.*), Gangzahl (*f.*). 44 **volo per** ~ **di aerofotografie** (*aer. - fot.*), Bildflug (*m.*).

ripristinare (il livello dell'olio p. es.) (*aut. - ecc.*), ergänzen. 2 ~ (azzerare p. es.) (*strum.*), rückstellen. 3 ~ (azzerare) (*macch. calc.*), nullen. 4 ~ (riparare, il rivestimento del forno p. es.) (*metall. - forno*), flicken.

ripristino (azzeramento p. es.) (*strum.*), Rückstellung (*f.*). 2 ~ (di un livello p. es.) (*gen.*), Ergänzung (*f.*). 3 ~ **della corrente continua** (regolazione del livello del nero) (*telev.*), Rückstellung des Gleichstroms, Schwarzsteuerung (*f.*). 4 ~ **dell'erogazione** (di elettricità) (*elett.*), Wiederversorgung (*f.*). 5 **impulso di** ~ (*elettronica*), Rückstellimpuls (*m.*). 6 **punto di** ~ (*elab. dati*), Wiederanlaufpunkt (*m.*), Wiederholpunkt (*m.*). 7 **relè di** ~ (*elettronica*), Rückstellrelais (*n.*). 8 **tempo di** ~ (*strum.*), Erholungszeit (*f.*). 9 **tensione di** ~ (tensione di ristabilimento, dopo interrotta la corrente di corto circuito p. es.) (*elett.*), wiederkehrende Spannung. 10 **valore di** ~ (d'un relè) (*elett.*), Rückgangswert (*m.*).

riproducibile (*gen.*), wiederholbar, reproduzierbar. 2 ~ (lucido p. es.) (*dis.*), pausfähig.

riproducibilità (*gen.*), Wiederholbarkeit (*f.*), Reproduzierbarkeit (*f.*). 2 ~ (di misurazioni o prove p. es.) (*tecnol.*), Reproduzierbarkeit (*f.*).

riprodurre (duplicare) (*gen.*), reproduzieren, vervielfältigen. 2 ~ (tirare più copie, fare più copie, di documenti ecc.) (*gen.*), vervielfältigen. 3 ~ (un disegno, con esposizione alla luce) (*dis.*), abpausen, durchpausen, pausen. 4 ~ (copiare, nella formatura con asportazione di truciolo) (*lav. macch. ut.*), nachformen, kopieren.

riproduttore (app. per tirare copie, di documenti p. es.) (*app.*), Vervielfältiger (*m.*), Vervielfältigungsapparat (*m.*). 2 ~ (apparecchio per riproduzioni, di una fresatrice p. es.) (*lav. macch. ut.*), Kopierapparat (*m.*), Kopiereinrichtung (*f.*), Nachformeinrichtung (*f.*). 3 ~ **acustico** (testa di riproduzione) (*app. elettroacus.*), Wiedergabekopf (*m.*), Wiedergabewandler (*m.*). 4 ~ **fotoacustico** (*ott. - acus.*), Lichttonabtastgerät (*n.*). 5 ~ **idraulico** (dispositivo idraulico per copiare, dispositivo idraulico per riprodurre) (*macch. ut.*), Hydrokopiereinrichtung (*f.*). 6 ~ **offset** («rotaprint») (*macch.*), Stapeldrucker (*m.*), Offset-Stapeldrucker (*m.*).

riproduzione (*gen.*), Reproduktion (*f.*). 2 ~ (del suono) (*elettroacus.*), Wiedergabe (*f.*). 3 ~ (copiatura, alla fresatrice p. es.) (*lav. macch. ut.*), Nachformung (*f.*), Kopieren (*n.*), Kopierarbeit (*f.*). 4 ~ (tiratura di più copie, di documenti p. es.) (*dis. - uff.*), Vervielfältigung (*f.*). 5 ~ (procedimento di riproduzione) (*dis.*), Pausverfahren (*n.*), Durchpausen (*n.*). 6 ~ (procedimento di riproduzione mediante esposizione alla luce della copia trasparente) (*dis.*), Lichtpausverfahren (n.). 7 ~ (copia, ottenuta con procedimento di esposizione alla luce, eliografia p. es.) (dis.), Lichtpause (f.), Pause (f.). 8 ~ (ristampa) (tip.), Nachdruck (m.). 9 ~ al tornio (tornitura a riproduzione) (lav. macch. ut.), Nachformdrehen (n.), Kopierdrehen (n.). 10 ~ al tornio con pilotaggio idraulico (lav. macch. ut.), hydraulisch gesteuertes Nachformdrehen. 11 ~ a sagoma (lavorazione a sagoma, al tornio) (lav. macch. ut.), Schablonenarbeit (f.). 12 ~ a secco (mediante esposizione alla luce) (dis. - ecc.), Trockenverfahren (n.), Trockenlichtpausverfahren (n.). 13 ~ a umido (procedimento a umido) (dis. - ecc.), Feuchtverfahren (n.), Feuchtlichtpausverfahren (n.). 14 ~ (della superficie) con pellicola (calco pellicolare, replica) (metall.), Hautabdruckverfahren (n.). 15 ~ del suono (elettroacus.), Tonwiedergabe (f.). 16 ~ di dischi (elettroacus.), Schallplattenwiedergabe (f.). 17 ~ magnetica (elettroacus.), magnetische Wiedergabe. 18 ~ stereofonica (acus.), stereophonische Wiedergabe. 19 amplificatore di ~ (app. elettroacus.), Wiedergabeverstärker (m.). 20 fedeltà di ~ (elettroacus.), Wiedergabetreue (f.). 21 macchina per riproduzioni (macch. - fotomecc.), Reproduktionskamera (f.). 22 puntina di ~ (elettroacus.), Abtastnadel (f.). 23 testina di ~ (elettroacus.), Ablesekopf (m.), Abtastkopf (m.).

riprogettazione (ind.), Neukonstruktion (f.).
riprografia (reprografia, tecnica di riproduzione grafica) (dis. - ecc.), Reprographie (f.).
ripulire (gen.), reinigen, ausräumen.
ripulitura (gen.), Nachreinigung (f.).
riquadro (di un soffitto o porta p. es.) (arch. - falegn.), Feld (n.), Spiegel (m.). 2 ~ per intestazioni e modifiche (di un foglio da disegno) (dis.), Schriftfeld (n.).
riqualifica (lav. - ecc.), Wiederbefähigung (f.). 2 prova di ~ (d'un operaio p. es.) (lav.), Wiederholungsprüfung (f.).
risalita (delle persone, uscita dalla miniera) (min.), Tagfahrt (f.), Ausfahrt (f.).
risaltare (sporgere, aggettare) (arch.), ausladen. 2 far ~ (arch.), ausladen.
risalto (gen.), Warze (f.). 2 ~ (sporto, sporgenza, aggetto) (arch.), Ausladung (f.). 3 ~ (borchia, formaggella, su un getto, per l'applicazione di un dado p. es.) (mecc. - fond.), Ansatz (m.), Buckel (m.). 4 ~ (lesena) (ed. - arch.), Lisene (f.), Pfeilervorlage (f.). 5 ~ di centraggio (centraggio, su un disco p. es.) (mecc.), Zentrieransatz (m.), Zentrierwulst (m.). 6 ~ idraulico (salto di Bidone) (idr.), Wassersprung (m.), Wechselsprung (m.). 7 lamiera a risalti (ind. metall.), Warzenblech (n.). 8 saldatura su risalti (saldatura « a rilievo ») (tecnol. mecc.), Warzenschweissung (f.), Buckelschweissung (f.).
risanamento (delle finanze) (finanz.), Sanierung (f.). 2 ~ (di un fiume p. es.) (ecol.), Sanierung (f.).
risarcimento (dei danni, indennizzo) (leg.), Schadenersatz (m.), Entschädigung (f.). 2 domanda di ~ (comm.), Ersatzforderung (f.).
riscaldamento (term.), Erwärmung (f.). 2 ~ (di una casa p. es.) (riscald. - ed. - ecc.), Heizung (f.). 3 ~ (del catodo di una valvola p. es.) (fis. - radio), Heizung (f.), Anheizen (n.). 4 ~ (iniziale, del motore, prima di applicare il carico) (mot. - aut.), Anwärmen (n.). 5 ~ (surriscaldamento, del motore) (mot. - aut.), Warmfahren (n.). 6 ~ (surriscaldamento, di un cuscinetto p. es.) (mecc.), Heisslaufen (n.). 7 ~ a bassa pressione (riscaldamento con vapore ad evaporazione) (ed.), Niederdruckdampfheizung (f.). 8 ~ a circolazione d'aria (riscald.), Umluftheizung (f.), Luftumlaufheizung (f.). 9 ~ a corrente alternata (di tubi termoionici) (elettronica), Wechselstrom-Heizung (f.), W-Heizung (f.). 10 ~ ad acqua calda (ed. - riscald.), Warmwasserheizung (f.). 11 ~ ad acqua calda a gravità (riscaldamento a termosifone) (ed.), Schwerkraftwarmwasserheizung (f.). 12 ~ ad acqua surriscaldata (a 150 °C, sotto pressione di almeno 4 atm) (ed.), Heisswasserheizung (f.). 13 ~ ad alta frequenza (tecnol.), Hochfrequenzerwärmung (f.). 14 ~ ad alta pressione (riscald. - ed.), Hochdruckheizung (f.). 15 ~ ad aria calda (riscaldamento con aerotermi) (riscald.), Heissluftheizung (f.), Luftheizung (f.), Warmluftheizung (f.). 16 ~ ad energia solare (riscald.), Sonnenheizung (f.). 17 ~ a gas di scarico (aut.), Abgasheizung (f.). 18 ~ a induzione (tratt. term. - metall.), Induktionsheizung (f.), induktives Erwärmen. 19 ~ a nafta (riscald. - ed.), Ölheizung (f.). 20 ~ a pannelli radianti (riscaldamento a radiazione) (riscald. - ed.), Strahlungsheizung (f.), Wärmestrahlungsheizung (f.). 21 ~ a pannelli radianti dal soffitto (ed. - riscald.), Strahlungsdeckenheizung (f.). 22 ~ a radiazione (riscaldamento a pannelli radianti) (riscald. - ed.), Strahlungsheizung (f.). 23 ~ a raggi ultrarossi (riscaldamento a raggi infrarossi) (riscald.), Infrarot-Strahlungsheizung (f.), Infrarotheizung (f.). 24 ~ a resistenza (elett. - riscald.), Widerstandsheizung (f.), Widerstandserwärmung (f.). 25 ~ a stufa (ed.), Ofenheizung (f.). 26 ~ a superficie (ottenuto riscaldando pareti, soffitti, ecc.) (riscald.), Flächenheizung (f.). 27 ~ a termosifone (riscaldamento con acqua calda a gravità) (ed.), Schwerkraftwarmwasserheizung (f.). 28 ~ a tubi radianti (riscald.), Strahlrohrheizung (f.). 29 ~ autonomo (piano per piano) (ed. - rissald.), Etagenheizung (f.), Stockwerkheizung (f.). 30 ~ a vapore (ed. - riscald.), Dampfheizung (f.). 31 ~ a vapore ad alta pressione (ed.), Hochdruckdampfheizung (f.). 32 ~ a vapore ad evaporazione (riscaldamento a bassa pressione) (ed.), Niederdruckdampfheizung (f.). 33 ~ a vapore di scarico (riscald.), Abdampfheizung (f.). 34 ~ centrale (ed. - riscald.), Zentralheizung (f.), Sammelheizung (f.). 35 ~ centrale (per più edifici o quartieri) (riscald.), Fernheizung (f.). 36 ~ con aerotermi (riscaldamento ad aria calda) (riscald. - ed.), Heissluftheizung (f.), Luftheizung (f.), Warmluftheizung (f.). 37 ~ degli ambienti (ed.), Raumheizung (f.). 38 ~ della flangia (di turbine a vapore, contro le tensioni termiche) (macch.), Flanschheizung (f.). 39 ~ dielettrico (tecnol.), dielektrische

riscaldare

Erwärmung. **40 ~ elettrico** (*riscald.*), Elektroheizung (*f.*). **41 ~ iniziale** (del motore, prima di applicare il carico) (*mot. - aut.*), Anwärmen (*n.*). **42 ~ in serie** (dei filamenti, di valvole termoioniche) (*elettronica*), Serienheizung (*f.*). **43 ~ locale** (con stufa p. es.) (*ed. - riscald.*), Einzelheizung (*f.*). **44 ~ misto ad aria calda ed a vapore** (*ed. - riscald.*), Dampfluftheizung (*f.*). **45 ~ nel pavimento** (*ed. - riscald.*), Bodenheizung (*f.*). **46 caldaia per ~ ad accumulo** (*riscald.*), Speicherheizkessel (*m.*). **47 centrale di ~** (per più edifici o quartieri) (*riscald.*), Fernheizwerk (*n.*), Heizwerk (*n.*). **48 conduttore per resistenze di ~** (*elett.*), Widerstandsheizleiter (*m.*). **49 fase di ~** (fra partenza a freddo e raggiungimento dello stato termico di regime) (*mot.*), Warmlaufphase (*f.*). **50 impianto di ~** (*riscald. - ed.*), Heizung (*f.*), Heizanlage (*f.*). **51 impianto di ~ a distanza** (centrale di riscaldamento) (*riscald.*), Fernwärmeanlage (*f.*), Fernheizwerk (*n.*), Heizwerk (*n.*). **52 indice climatico di ~** (prodotto del numero dei giorni di riscaldamento per la differenza di temperatura fra interno ed esterno) (*term. - ed.*), Gradtage (*m. pl.*). **53 periodo di ~** (periodo di riscaldo, di valvole p. es.) (*radio - ecc.*), Anheizzeit (*f.*), Einbrennzeit (*f.*). **54 resistenza di ~** (*elett.*), Heizwiderstand (*m.*). **55 sistema di ~ ad accumulo** (*ed. - riscald.*), Speicherheizungssystem (*n.*). **56 sistema di ~ per autoveicoli** (*aut.*), Autoheizung (*f.*). **57 tempo totale di ~** (*tratt. term.*), Erwärmdauer (*f.*). **58 tubazione per ~ a distanza** (*riscald.*), Fernheizleitung (*f.*).

riscaldare (*term.*), erwärmen, heizen, wärmen. **2 ~** (un ambiente p. es.) (*riscald. - ed.*), beheizen, heizen. **3 ~** (il motore dopo l'avviamento e prima di applicare il carico) (*mot. - aut.*), anwärmen, warmlaufen lassen, aufwärmen. **4 ~** (una valvola elettronica) (*radio*), anheizen. **5 ~ a cuore** (riscaldare in fossa di permanenza, lingotti p. es.) (*metall.*), durcherhitzen. **6 ~ a regime** (riscaldare in fossa di permanenza) (*metall.*), durcherhitzen. **7 ~ completamente** (*gen.*), ausheizen. **8 ~ in fossa di permanenza** (riscaldare a regime) (*metall.*), durcherhitzen. **9 ~ uniformemente** (*term.*), gleichmässig erhitzen.

riscaldarsi (surriscaldarsi, di cuscinetti p. es.) (*mecc.*), heisslaufen.

riscaldato (*term.*), geheizt. **2 ~** (surriscaldato, di un cuscinetto p. es.) (*mecc.*), heissgelaufen. **3 ~ con i gas della combustione** (per es. preriscaldatore dell'aria) (*ind. metall.*), abgasgeheizt.

riscaldatore (*app.*), Heizapparat (*m.*), Heizgerät (*n.*). **2 ~** (scaldacqua, di un reattore p. es.) (*fis. nucl. - ecc.*), Boiler (*m.*). **3 ~** (per mantenere calde le materozze) (*fond.*), Warmhalteeinsatz (*m.*). **4 ~** (dell'aria aspirata) (*mot. Diesel*), Heizflansch (*m.*). **5 ~ ad immersione** (per il riscaldamento di liquidi) (*app.*), Tauchsieder (*m.*). **6 ~ -aeratore** (*aut. - ecc.*), Heizungs- und Lüftungsanlage (*f.*). **7 ~ a pulsogetto** (*app. riscald.*), Schwingfeuerheizgerät (*n.*). **8 ~ d'aria** (aerotermo) (*app.*), Lufterhitzer (*m.*). **9 ~ del parabrezza** (sbrinatore) (*aut.*), Defroster (*m.*). **10 ~ del vento** (cowper) (*metall.*), Regenerativ-Winderhitzer (*m.*).

riscaldo (di un cubilotto p. es.) (*forno*), Anheizen (*n.*). **2 coke di ~** (di un cubilotto) (*fond.*), Anwärmkoks (*m.*), Wärmkoks (*m.*). **3 forno di ~** (per pezzi da fucinare o laminare) (*forno*), Wärmofen (*m.*). **4 forno di ~** (*mft. vetro*), Einbrennofen (*m.*). **5 massa di ~** (materozza di riscaldo) (*fond.*), Warmhaltesteiger (*m.*), Warmhaltespeiser (*m.*). **6 periodo di ~** (*metall. - forno*), Heizungszeit (*f.*), Speicherzeit (*f.*). **7 periodo di ~** (periodo di riscaldamento, di valvole p. es.) (*radio - ecc.*), Anheizzeit (*f.*), Einbrennzeit (*f.*).

riscattare (redimere, un debito) (*amm.*), einlösen. **2 ~** (svincolare, oggetti pignorati contro pagamento p. es.) (*gen.*), einlösen.

riscatto (di un debito) (*amm.*), Einlösung (*f.*). **2 ~** (svincolo, di oggetti pignorati) (*gen.*), Einlösung (*f.*).

rischio (*comm.*), Risiko (*n.*). **2 ~ del committente** (*comm.*), Bestellrisiko (*n.*), Bestellerrisiko (*n.*). **3 ~ del fornitore** (*comm.*), Lieferantenrisiko (*n.*). **4 a ~ dell'acquirente** (*comm.*), auf Gefahr des Käufers. **5 per vostro conto e ~** (*gen.*), auf Ihre Rechnung und Gefahr.

risciacquatura (risciacquamento) (*gen.*), Spülung (*f.*), Ausspülung (*f.*).

riscontare (una cambiale) (*comm. - finanz.*), rediskontieren.

risconto (cessione di una cambiale già scontata) (*comm. - finanz.*), Rediskontierung (*f.*). **2 ~** (pagamenti imputabili ad altro esercizio p. es., su un bilancio) (*amm. - contabilità*), Rechnungsabgrenzung (*f.*), transitorische Abgrenzung (*f.*). **3 ~ attivo** (in un bilancio) (*amm. - contabilità*), aktive Rechnungsabgrenzung, transitorische Aktiva. **4 ~ attivo per interessi** (*amm.*), aktiv abgegrenzte Zinsen. **5 ~ passivo** (*amm.*), passive Abgrenzung, transitorisches Passivum.

riscontrare (determinare, stabilire, accertare, constatare) (*gen.*), feststellen.

riscontro (calibro di riscontro) (*strum. di mis.*), Prüflehre (*f.*). **2 ~** (scontro, di una serratura p. es.) (*carp.*), Anschlag (*m.*), Nase (*f.*), Keil (*m.*). **3 ~ ad anello per messa a punto** (*strum. di mis.*), Einstellring (*m.f.* **4 ~ a tampone per registrazione** (calibro di riscontro a tampone per registrazione) (*strum. di mis.*), Passdorn (*m.*). **5 ~ della porta** (*aut. - ecc.*), Türkeil (*m.*), Türnase (*f.*), Türanschlag (*m.*). **6 ~ in plastica** (per il controllo di superfici p. es.) (*tecnol.*), Tuschierplastik (*f.*). **7 ~ per messa a punto** (calibro per messa a punto) (*strum. di mis.*), Einstellehre (*f.*). **8 perno di ~** (per controlli con colore, di impronte di contatto) (*mecc.*), Tuschierdorn (*m.*). **9 piano di ~** (*att. mecc.*), Reissplatte (*f.*), Anreissplatte (*f.*).

riscossione (*comm. - ecc.*), Einzug (*m.*), Einziehung (*f.*), Eintreibung (*f.*), Bezug (*m.*). **2 ~ dello stipendio** (*lav. - pers.*), Lohnbezug (*m.*).

riscuotere (una somma) (*comm. - ecc.*), einziehen, einkassieren, beziehen, eintreiben.

risega (variazione di spessore di un muro nel senso dell'altezza) (*arch. - ed.*), Absatz (*m.*).

2 ~ del muro (ed. - arch.), Mauerabsatz (m.). 3 ~ di fondazione (gradino di fondazione) (ed.), Fundamentabsatz (m.), Grundbank (f.). 4 a riseghe (muro) (ed.), abgetreppt, abgesetzt. 5 tetto a ~ (tetto a shed) (ed.), Sägedach (n.), Shed-Dach (n.).

riserva (gen.), Reserve (f.). 2 ~ (di denaro) (finanz.), Rücklage (f.), Geldreserve (f.), Kapitalreserve (f.), Bestand (m.). 3 ~ (serbatoio di riserva, per carburante p. es.) (aut. - mot. - ecc.), Hilfsbehälter (m.), Reservebehälter (m.). 4 ~ (sostanza per impedire la coloritura di un tessuto) (ind. tess.), Reserve (f.). 5 ~ (limitazione, restrizione di un consenso) (leg.), Vorbehalt (m.). 6 ~ («resist», copertura di determinate zone nella tecnica dell'incisione dei metalli) (tip. - elettrochim.), Abdecker (m.), Abdeckmittel (n.). 7 ~ aurea (finanz.), Goldreserve (f.), Goldrücklage (f.), Goldbestand (m.). 8 ~ di acqua (idr.), Rücklage (f.), Wasserreserve (f.). 9 ~ di copertura (riserva di garanzia) (comm. - finanz.), Deckungsrücklage (f.), Deckungsrücklass (m.). 10 ~ di galleggiamento (nav.), Reserveauftrieb (m.), Reservedeplacement (n.). 11 ~ di garanzia (riserva di copertura) (comm. - finanz.), Dekkungsrücklage (f.), Deckungsrücklass (m.). 12 ~ di reattività (d'un reattore) (fis. nucl.), Überschussreaktivität (f.), Reaktivitätsreserve (f.), eingebaute Reaktivität. 13 ~ di sostentamento (di aerostato p. es.) (aer.), Reserveauftrieb (m.). 14 ~ legale (leg. - finanz.), gesetzliche Rücklage. 15 ~ occulta (finanz.), stille Reserve. 16 ~ per contingenze (amm.), Rückstellung für unvorgesehene Risiken. 17 ~ per fondo pensione dipendenti (accantonamento per fondo pensione dipendenti) (amm.), Rückstellung für Ruhegeldverpflichtungen. 18 ~ permanente (finanz.), eiserner Bestand. 19 canistro di ~ (di combustibile) (aut. - ecc.), Reservekanister (m.). 20 con ~ (avv. - gen.), eingeschränkt, bedingt. 21 dente di ~ (d'una broccia, per mantenere la precisione dimensionale dopo la riaffilatura) (ut.), Reservezahn (m.). 22 motore di ~ (motore di scorta) (mot. - aer. - ecc.), Reservemotor (m.). 23 motore di ~ (motore di emergenza di una funivia p. es.) (trasp.), Reserveantrieb (m.). 24 numero di ~ (telef.), Reservenummer (f.). 25 pompa di alimentazione di ~ (macch.), Reservespeisepumpe (f.). 26 potenza di ~ (elett. - ecc.), Reserveleistung (f.), Reservefaktor (m.). 27 serbatoio di ~ del combustibile (mot.), Reservekraftstoffbehälter (m.). 28 stampa a ~ (di tessuti) (ind. tess.), Reservedruck (m.). 29 stampare a ~ (tessuti) (ind. tess.), reservieren, mit Reserve drucken.

riservare (prenotare, una stanza in albergo p. es.) (comm.), reservieren.

riservato (personale, lettera p. es.) (posta), vertraulich. 2 ~ dominio (comm. - leg.), Eigentumsvorbehalt (m.).

risguardo (prima pagina bianca di un libro) (tip.), Vorsatz (m.), Vorsatzpapier (n.).

risiedere (aver sede, in una data località) (gen.), liegen.

risma (misura per carta) (mft. carta), Ries (n.).

riso (agric.), Reis (m.). 2 carta di ~ (ind. carta), Reispapier (n.).

risolutore (sincro, sincrono) (app.), vedi ripetitore sincrono.

risoluzione (di una questione p. es.) (gen.), Lösung (f.), Auflösung (f.). 2 ~ (soluzione, di un'equazione p. es.) (mat.), Lösung (f.), Auflösung (f.). 3 ~ (separazione, scomposizione) (ott.), Auflösung (f.). 4 ~ (definizione) (fot. - ecc.), vedi definizione. 5 ~ (di un contratto) (comm. - leg.), Beendigung (f.), Auflösung (f.). 6 ~ di entrata (lav. macch. ut. a c.n.), Eingabefeinheit (f.). 7 ~ di uscita (lav. macch. ut. a c.n.), Ausgabefeinheit (f.).

risolvente, potere ~ (ott.), Auflösungsvermögen (n.).

risolvere (mat. - ecc.), lösen, auflösen. 2 ~ (ott.), auflösen. 3 ~ un'equazione rispetto ad n (mat.), eine Gleichung nach n auflösen.

risolvibile (mat.), lösbar, auflösbar.

risonante (fis.), resonanzgebend. 2 circuito ~ in serie (elett.), Stromresonanzkreis (m.).

risonanza (fis.), Resonanz (f.). 2 ~ al suolo (di un elicottero) (aer.), Bodenresonanz (f.). 3 ~ di corrente (risonanza in serie) (elett.), Stromresonanz (f.), Reihen-Resonanz (f.). 4 ~ di tensione (risonanza in parallelo, antirisonanza) (elett.), Spannungsresonanz (f.), Parallelresonanz (f.). 5 ~ in parallelo (antirisonanza, risonanza di tensione) (elett.), Parallelresonanz (f.), Spannungsresonanz (f.). 6 ~ in serie (risonanza di corrente) (elett.), Reihenresonanz (f.), Stromresonanz (f.). 7 ~ spuria (elettronica), Nebenresonanz (f.). 8 amplificatore a ~ (elettronica), Resonanzverstärker (m.). 9 bobina di ~ (elett.), Schwingdrossel (f.). 10 circuito di ~ in parallelo (circuito antirisonante) (elettronica), Parallelresonanzkreis (m.), Parallelschwingkreis (m.). 11 coefficiente di ~ (radio), Resonanzfaktor (m.). 12 curva di ~ (fis.), Resonanzkurve (f.). 13 esaltazione di ~ (di vibrazioni p. es.) (fis.), Resonanzüberhöhung (f.). 14 frequenza di ~ (radio - telev.), Resonanzfrequenz (f.). 15 ponte a ~ (elett.), Resonanzbrücke (f.). 16 relè a ~ (elett.), Resonanzrelais (n.). 17 resistenza di ~ (elett.), Resonanzwiderstand (m.). 18 riga di ~ (ott.), Resonanzlinie (f.). 19 vibrazione di ~ (vibrazione risonante) (fis. - ecc.), Resonanzschwingung (f.).

risonare (acus.), resonieren, widerhallen, widerklingen, mitklingen.

risonatore (app. fis.), Resonator (m.). 2 ~ (oscillatore) (elettronica), Schwinger (m.). 3 ~ a cavità (radio), Hohlraumresonator (m.). 4 ~ a cavità coassiale (radio), Parallel-Resonanzkreis (m.), Tankkreis (m.). 5 ~ piezoelettrico (fis.), piezoelektrischer Schwinger, piezoelektrischer Resonator.

risorsa (mezzo) (gen.), Mittel (n.). 2 risorse finanziarie (finanz.), Geldquellen (f. pl.), Finanzquellen (f. pl.). 3 risorse naturali (geol. - ecc.), natürliche Hilfsquellen.

risparmiatore (finanz.), Sparer (m.). 2 i piccoli risparmiatori (finanz.), die kleinen Sparer.

risparmio (economia) (amm. - finanz.), Einsparung (f.), Ersparnis (f.), Sparen (n.). 2 ~ di tempo (ottenuto viaggiando su autostrada invece che su strada provinciale)

rispettare

(*traff. strad.*), Vorsprungmass (*n.*). **3 bacino di** ~ (di una chiusa) (*costr. idr. - navig.*), Sparbecken (*n.*), Speicherbecken (*n.*). **4 cassa di** ~ (*finanz.*), Sparkasse (*f.*), Sparbank (*f.*). **5 conca di** ~ (di una chiusa) (*costr. idr. - navig.*), Vorratsschleuse (*f.*), Vorratsbecken (*n.*), Sparkammer (*f.*). **6 libretto di** ~ (*finanz.*), Sparbuch (*n.*). **7 schema di** ~ (circuito) (*elett.*), Sparschaltung (*f.*).

rispettare (mantenere, un termine di consegna p. es.) (*gen.*), einhalten.

rispetto (osservanza, di un contratto) (*comm.*), Einhaltung (*f.*). **2** ~ (parte di rispetto, elica p. es.) (*nav.*), Ersatzteil (*m.*).

rispondere (*gen.*), antworten. **2** ~ (ad una lettera) (*uff. - ecc.*), beantworten. **3** ~ (essere responsabile) (*gen.*), verantworten, verantwortlich sein. **4** ~ (reagire, essere sensibile, alle variazioni di carico p. es., da parte di un regolatore di tensione p. es.) (*elett. - ecc.*), ansprechen, empfindlich sein. **5** ~ **a giro di posta** (a volta di corriere) (*comm. - ecc.*), postwendend antworten. **6 si prega di** ~ (*gen.*), um Antwort wird gebeten, u. A. w. g.

risposta (*gen.*), Antwort (*f.*). **2** ~ (ad una lettera p. es.) (*uff. - ecc.*), Beantwortung (*f.*), Antwort (*f.*). **3** ~ (sensibilità, reazione, di un relè o regolatore p. es.) (*elett. - ecc.*), Ansprechen (*n.*). **4** ~ **discontinua** (caratteristica discontinua) (*radio - ecc.*), Sprungcharakteristik (*f.*), Sprungkennlinie (*f.*). **5** ~ **di tensione** (d'un trasduttore elettroacustico p. es.) (*acus. - ecc.*), Spannungsübertragungsfaktor (*m.*). **6** ~ **impulsiva** (*elett.*), Impulsantwort (*f.*). **7** ~ **in frequenza** (risposta oscillatoria, risposta armonica) (*regol.*), Frequenzgang (*m.*). **8** ~ **negativa** (*gen.*), Absage (*f.*), verneinende Antwort. **9** ~ **oscillatoria** (risposta in frequenza, risposta armonica) (*regol.*), Frequenzgang (*m.*). **10** ~ **pagata** (*posta*), Rückantwort (*f.*), vorausbezahlte Antwort. **11** ~ **telegrafica** (*comm.*), Drahtantwort (*f.*). **12** ~ **transitoria** (*regol.*), Übergangsantwort (*f.*). **13 a rapida** ~ (a reazione rapida) (*mecc. - ecc.*), reaktionsschnell. **14 campo di** ~ (campo di funzionamento, di un relè p. es.) (*elett. - ecc.*), Ansprechbereich (*m.*). **15 caratteristica di** ~ (*fis.*), Ansprechcharakteristik (*f.*). **16 con** ~ **pagata** (*posta*), mit bezahlter Rückantwort. **17 dispositivo automatico per** ~ **ad abbonato assente** (« segreteria telefonica », a nastro magnetico) (*app. - telef.*), Rufbeantworter (*m.*). **18 in** ~ **alla vostra lettera** (*uff.*), in Beantwortung Ihres Briefes. **19 radiofaro a** ~ (*radio*), Antwortbake (*f.*). **20 ritardo della** ~ (di un interruttore p. es.) (*elett. - ecc.*), Ansprechverzug (*m.*). **21 segnale di** ~ (segnalazione di conferma) (*telegr. - ecc.*), Rückmeldung (*f.*). **22 soglia di** ~ (soglia di funzionamento, di un relè p. es.) (*elett. - ecc.*), Ansprechschwelle (*f.*). **23 sollecita** ~ (*uff.*), baldige Antwort. **24 temperatura di** ~ (temperatura d'intervento, di una sonda termica p. es.) (*term. - ecc.*), Ansprechtemperatur (*f.*). **25 tempo di** ~ (che decorre fra il segnale in uscita ed il segnale variabile in entrata) (*elab. dati - ecc.*), Zeitverhalten (*n.*).

ristabilimento (ripristino, di una condizione p. es.) (*elettromecc. - ecc.*), Rückstellung (*f.*). **2** ~, **vedi anche** ripristino. **3 quota di** ~ (di un mot. con compressore) (*mot. aer.*), Volldruckhöhe (*f.*). **4 tempo di** ~ (durata della regolazione, del numero di giri p. es.) (*elettro- (mecc. - ecc.*), Regeldauer (*f.*). **5 tensione di** ~ (tensione di ripristino, dopo interrotta la corrente di corto circuito p. es.) (*elett.*), Wiederkehrspannung (*f.*), wiederkehrende Spannung.

ristabilire (una condizione) (*gen.*), wiederherstellen, rückstellen.

ristagnare (*idr. - ecc.*), anstauen.

ristagno (di acqua p. es.) (*idr. - ecc.*), Stauen (*n.*), Stauung (*f.*), Rückstau (*m.*), Anstauung (*f.*). **2** ~ (negli affari p. es.) (*comm. - finanz.*), Stockung (*f.*). **3** ~ **d'acqua** (*idr.*), Rückstauwasser (*n.*), Stauwasser (*n.*). **4** ~ **di trucioli** (*lav. macch. ut.*), Spänestau (*m.*). **5** ~ **nelle vendite** (*comm.*), Absatzstockung (*f.*).

ristampa (di un libro p. es.) (*tip.*), Nachdruck (*m.*), Wiederdruck (*m.*). **2** ~ (estratto) (*tip.*), Separatdruck (*m.*), Separatum (*n.*).

ristampare (*tip.*), nachdrucken, wiederdrucken, neu auflegen.

ristorante (*ed.*), Restaurant (*n.*), Gaststätte (*f.*). **2** ~ **della stazione** (*ed.*), Bahnhofwirtschaft (*f.*). **3 carrozza** ~ (vagone ristorante) (*ferr.*), Speisewagen (*m.*).

ristoro, posto di ~ (di un'autostrada p. es.) (*aut. - ecc.*), Raststätte (*f.*).

ristrutturazione (*gen.*), Umstrukturierung (*f.*).

risucchio (cono di ritiro, cavità di ritiro, alla sommità di un lingotto p. es.) (*difetto - metall. - fond.*), Lunker (*m.*), Saugtrichter (*m.*).

risultante (somma di due vettori) (*fis.*), Resultante (*f.*). **2** ~ (forza risultante) (*mecc. - sc. costr.*), resultierende Kraft, Resultante (*f.*), Resultierende (*f.*).

risultato (*gen.*), Ergebnis (*n.*). **2** ~ (di un calcolo) (*mat.*), Ergebnis (*n.*). **3** ~ (di una prova p. es.) (*tecnol. - ecc.*), Befund (*m.*). **4** ~ **di prova** (reperto) (*tecnol.*), Prüfbefund (*m.*), Prüfergebnis (*n.*). **5** ~ **finale** (valore finale) (*mat.*), Endwert (*m.*). **6** ~ **finale** (*gen.*), Schlussergebnis (*n.*).

risvoltato (orlo) (*gen.*), abgedreht.

risvoltatrice-incollatrice (*macch. ind. cuoio*), Umbuggmaschine (*f.*), Einschlagmaschine (*f.*).

risvoltatura-incollatura (dell'orlo d'un particolare in pelle) (*ind. cuoio*), Umbuggen (*n.*), Einschlagen (*n.*).

risvolto (orlo ripiegato) (*gen.*), Umschlag (*m.*).

ritagliare (tranciare lo sviluppo) (*lav. lamiera*), ausschneiden. **2** ~ (una lima) (*mecc.*), aufhauen.

ritagliatura (tranciatura dello sviluppo) (*lav. lamiera*), Ausschneiden (*n.*).

ritaglio (pezzo ritagliato) (*gen.*), Ausschnitt (*m.*). **2** ~ (sfrido, di lamiera) (*tecnol. mecc.*), Abschnitt (*m.*), Verschnitt (*m.*), Blechabfall (*m.*). **3** ~ (da un giornale) (*gen.*), Ausschnitt. **4 servizio ritagli giornali** (ufficio ritagli da giornali) (*giorn. - comm.*), Zeitungsausschnittbüro (*n.*).

ritarare (*strum.*), nacheichen.
ritaratura (*strum.*), Nacheichung (*f.*).
ritardante (additivo per malta e calcestruzzo p. es.) (*s. - ed. - ecc.*), Verzögerer (*m.*). 2 ~ **della presa** (additivo per calcestruzzo) (*ed.*), Erstarrungsverzögerer (*m.*), Abbindeverzögerer (*m.*).
ritardare (*gen.*), verzögern. 2 ~ (essere in ritardo) (*elett.*), nacheilen. 3 ~ (di un orologio, essere in ritardo) (*mecc.*), nachgehen. 4 ~ di 30° (essere in ritardo di 30°) (*elett.*), nacheilen um 30°.
ritardato (*gen.*), verzögert. 2 **accensione ritardata** (*mot. - aut.*), verzögerte Zündung, verschleppte Zündung. 3 **relè ad azione ritardata** (*elett.*), Verzögerungsrelais (*n.*), Relais mit verzögerter Anziehung. 4 **uniformemente** ~ (*mecc.*), gleichförmig verzögert.
ritardatore (*app.*), Verzögerungseinrichtung (*f.*). 2 **relè** ~ (relè di ritardo) (*app. elett.*), Verzögerungsrelais (*n.*).
ritardo (*gen.*), Verzögerung (*f.*), Verzug (*m.*). 2 ~ (di fase p. es.) (*elett. - ecc.*), Nacheilung (*f.*), Nacheilen (*n.*). 3 ~ (perdita di energia di una particella) (*fis. nucl.*), Abbremsung (*f.*). 4 ~ (del punto di accensione) (*mot.*), Verschleppen (*n.*), Verzug (*m.*). 5 ~ **alla chiusura** (d'una valvola) (*mot.*), Schlussverspätung (*f.*). 6 ~ **della risposta** (di un interruttore p. es.) (*elett. - ecc.*), Ansprechverzug (*m.*). 7 ~ **di accensione** (accensione ritardata) (*mot.*), Nachzündung (*f.*), Zündverzug (*m.*). 8 ~ **di apertura** (ritardo di disinserzione, d'un interruttore) (*elett.*), Ausschaltverzug (*m.*). 9 ~ **di apertura** (di valvola) (*mot. - ecc.*), Öffnungsverspätung (*f.*). 10 ~ **di chiusura** (ritardo d'inserzione d'un interruttore; formato dal ritardo nella risposta e dal tempo di chiusura) (*elett.*), Einschaltverzug (*m.*). 11 ~ **di combustione** (di un mot. a comb. interna) (*mot.*), Nachverbrennung (*f.*). 12 ~ **di consegna** (*comm.*), Lieferungsverzögerung (*f.*). 13 ~ **di disinserzione** (ritardo di apertura, d'un interruttore) (*elett.*), Ausschaltverzug (*m.*). 14 ~ **di fase** (*elett.*), nacheilende Phasenverschiebung, Phasennacheilung (*f.*). 15 ~ **di fase** (d'un tiratron p. es.) (*elettronica*), Phasenanschnitt (*m.*), Phasennacheilung (*f.*). 16 ~ **di gruppo** (tempo di propagazione di gruppo) (*radio - ecc.*), Gruppenlaufzeit (*f.*). 17 ~ **d'inserzione** (ritardo di chiusura d'un interruttore; formato dal ritardo nella risposta e dal tempo di chiusura) (*elett.*), Einschaltverzug (*m.*). 18 ~ **nel ciclo** (*elab. dati*), Gangverzögerung (*f.*). 19 ~ **nel funzionamento** (di un relè, ritardo di azionamento) (*elettromecc.*), Anzugsverzögerung (*f.*). 20 **angolo di** ~ (*elett.*), Verzögerungswinkel (*m.*). 21 **angolo di** ~ (angolo di transito) (*elettronica*), Laufzeitwinkel (*m.*). 22 **catena di** ~ (per misurare tempi di transito) (*elettronica*), Verzögerungskette (*f.*), Laufzeitkette (*f.*). 23 **comando a** ~ **di fase** (*elettronica*), Phasenanschnittsteuerung (*f.*). 24 **cosfi in** ~ (fattore di potenza in ritardo) (*elett.*), nacheilender Leistungsfaktor. 25 **elemento di** ~ **di 1° ordine** (*elett. - ecc.*), Verzögerungsglied erster Ordnung, VZ₁-Glied (*n.*). 26 **essere in** ~ (ritardare) (*elett.*), nacheilen. 27 **essere in** ~ **di 30°** (ritardare di 30°) (*elett.*), nacheilen um 30°. 28 **in** ~ (*elett.*), nacheilend. 29 **linea di** ~ (*elettronica*), Verzögerungsleitung (*f.*). 30 **memoria a linea di** ~ (*calc.*), Verzögerungsspeicher (*m.*). 31 **penalità per** ~ (di consegna p. es.) (*ind. - comm.*), Verzögerungsstrafe (*f.*). 32 **relè di** ~ (relè ad azione ritardata, relè ritardatore) (*app. elett.*), Verzögerungsrelais (*n.*).
ritenuta (sullo stipendio p. es., trattenuta, riduzione) (*pers. - lav.*), Abzug (*m.*). 2 ~ (il ritenere, arresto p. es., di un movimento) (*gen.*), Haltung (*f.*). 3 ~ (raccolta; di acqua, naturale o con opere d'arte) (*geofis. - costr. idr.*), Rückhalt (*m.*). 4 ~ **sullo stipendio** (trattenuta sullo stipendio) (*pers.*), Gehaltsabzug (*m.*). 5 ~ **sul salario** (trattenuta sul salario) (*lav.*), Lohnabzug (*m.*). 6 **meccanismo di** ~ (di una serratura p. es.) (*mecc.*), Zuhaltung (*f.*). 7 **sistema di** ~ (cinghia di sicurezza p. es.) (*sicurezza aut.*), Haltesystem (*n.*), Rückhaltesystem (*n.*). 8 **sistema di** ~ **attivo** (pallone autogonfiabile p. es.) (*sicurezza aut.*), aktives Haltesystem. 9 **sistema di** ~ **passivo** (cinghia di sicurezza allacciabile a mano) (*sicurezza aut.*), passives Haltesystem.
ritenzione (*leg.*), Zurückbehaltung (*f.*).
ritirare (denaro dalla banca p. es.) (*comm. - finanz.*), abheben. 2 ~ (far rientrare, il carrello) (*aer.*), einziehen.
ritirarsi (contrarsi) (*metall. - ecc.*), schwinden, schrumpfen, verschrumpfen. 2 ~ (di tessuto) (*tess.*), krimpen, schrumpfen. 3 ~ **dagli affari** (*comm.*), aus den Geschäften austreten.
ritirata (latrina) (*ed.*), Abort (*m.*). 2 ~ (*milit.*), Umkehr (*f.*).
ritiro (contrazione) (*gen.*), Schwinden (*n.*), Schwindung (*f.*), Schrumpfung (*f.*). 2 ~ (di metallo nella solidificazione) (*metall. - fond. - fucinatura*), Schwinden (*n.*), Schrumpfung (*f.*). 3 ~ (del calcestruzzo p. es.) (*ed.*), Schwinden (*n.*), Schrumpfung (*f.*). 4 ~ (coefficiente di contrazione, del calcestruzzo, valore del ritiro) (*ed.*), Schwindmass (*n.*). 5 ~ (misura del ritiro, entità del ritiro) (*metall. - fond.*), Schwindmass (*n.*), Schrumpfmass (*n.*). 6 ~ (di un tessuto) (*tess.*), Krimpe (*f.*), Schrumpfung (*f.*). 7 ~ (accorciamento della lunghezza di fibre) (*ind. tess.*), Krumpfung (*f.*), Schrumpfung (*f.*). 8 ~ (di pezzi stampati in mater. plastico; differenza tra dimensioni dello stampo freddo e del pezzo raffreddato, 24 ore dopo lo stampaggio, espressa in % delle dimensioni misurate sullo stampo freddo) (*tecnol.*), Schwindung (*f.*). 9 ~ (del legno) (*prove*), Schwinden (*n.*). 10 ~ (da una corsa) (*sport*), Ausscheiden (*n.*). 11 ~ **della patente** (*aut.*), Entziehung des Führerscheins. 12 ~ **durante la presa** (del calcestruzzo) (*mur.*), Trocknungsschrumpfung (*f.*), Erhärtungsschwindung (*f.*). 13 ~ **lineico** (del calcestruzzo) (*ed.*), End-Schwindmass (*n.*). 14 **cavità da** ~ (difetto fond.), Schrumpfhohlraum (*m.*), Lunker (*m.*). 15 **compensazione del** ~ (*tecnol.*), Schwundausgleich (*m.*). 16 **cono di** ~ (cavità di ritiro, risucchio) (*difetto fond. - metall.*), Saugtrichter (*m.*), Trichterlunker (*m.*). 17 **costretto al** ~ (da una corsa) (*sport*),

ritmatore

zum Ausscheiden gezwungen. **18 cricca da ~** (incrinatura da ritiro) (*metall. - fond.*), Schrumpfriss (*m.*). **19 curva del ~ in funzione del tempo** (*tecnol.*), Zeit-Schwind-Kurve (*f.*). **20 formarsi di cavità da ~** (*fond.*), lunkern. **21 maggiorazione per ~** (ritiro) (*metall. - fond.*), Schwindzugabe (*f.*), Schwindmass (*n.*). **22 misura del ~** (ritiro, entità del ritiro) (*metall. - ecc.*), Schwindmass (*n.*), Schrumpfmass (*n.*). **23 screpolature da ~** (dovute ad essiccazione di terreno alluvionale arginato) (*costr. idr.*), Schwundrisse (*m. pl.*). **24 senza cavità da ~** (*fond.*), lunkerfrei. **25 senza ~** (*lega*), nichtschwindend. **26 tensione da ~** (*metall. - fond.*), Schrumpfspannung (*f.*).

ritmatore (indicatore di cadenza) (*app.*), Zeittaktgeber (*m.*). **2 ~** (cardiostimolatore, pacemaker) (*app. med.*), Schrittmacher (*m.*), Cardiostimulator (*m.*), Pacemaker (*m.*).

ritoccabilità (*vn.*), Ausbesserfähigkeit (*f.*).

ritoccare (*gen.*), ausflicken. **2 ~** (*vn.*), ausbessern, ausflicken, retuschieren. **3 ~** (una fotografia) (*fot.*), retuschieren.

ritoccatore (*lav.*), Retuscheur (*m.*). **2 ~ calcografo** (*lav.*), Tiefdruck-Retuscheur (*m.*).

ritoccatura (ritocco) (*gen.*), Ausflicken (*n.*). **2 ~** (*gen.*), vedi anche ritocco. **3 ~ chimica** (ritocco chimico, di uno stampo p. es.) (*tecnol. mecc.*), Tuschierätzen (*n.*).

ritocco (*gen.*), Ausflicken (*n.*). **2 ~** (*vn.*), Ausbessern (*n.*), Ausflicken (*n.*), Retusche (*f.*). **3 ~** (*fot.*), Retusche (*f.*). **4 ~ chimico** (ritoccatura chimica, di uno stampo p. es.) (*tecnol. mecc.*), Tuschierätzen (*n.*). **5 mastice per ~** (*tecnol. mecc.*), Ausfüller (*m.*).

ritorcere (*ind. tess.*), zwirnen.

ritorcitoio (*macch. tess.*), Zwirnmaschine (*f.*), Zwirner (*m.*). **2 ~ ad alette** (*macch. tess.*), Flügelzwirnmaschine (*f.*). **3 ~ ad anelli** (*macch. tess.*), Ringzwirnmaschine (*f.*). **4 ~ ad umido** (*macch. tess.*), Nasszwirnmaschine (*f.*). **5 ~ a secco** (*macch. tess.*), Trockenzwirnmaschine (*f.*). **6 ~ automatico** (*macch. tess.*), Zwirnselfaktor (*n.*), Selbstzwirner (*m.*). **7 ~ continuo** (*macch. tess.*), Stetigzwirner (*m.*). **8 ~ intermittente automatico** (*macch. tess.*), Mulezwirnmaschine (*f.*). **9 fuso di ~** (*macch. tess.*), Zwirnspindel (*f.*).

ritorcitore (*lav. tess.*), Zwirner (*m.*).

ritorcitrice (*lav. tess.*), Zwirnerin (*f.*).

ritorcitura (*ind. tess.*), Zwirnen (*n.*). **2 ~ a secco** (*ind. tess.*), Trockenzwirnen (*n.*). **3 ~ a umido** (*ind. tess.*), Nasszwirnen (*n.*). **4 ~ d'effetto** (*ind. tess.*), Effektzwirnen (*n.*). **5 ~ in verso opposto** (ritorcitura discorde) (*ind. tess.*), aufdrehendes Zwirnen. **6 ~ nello stesso verso** (ritorcitura concorde) (*ind. tess.*), zudrehendes Zwirnen.

ritorni (materiale di ricupero, materiale di riciclo) (*ind.*), Rückgut (*n.*). **2 ~ di fonderia** (boccame staccato dopo la solidificazione dei getti e rinviato alla fusione) (*fond.*), Kreislaufmaterial (*n.*).

ritorno (*gen.*), Rückkehr (*f.*). **2 ~** (corsa di ritorno, della tavola p. es.) (*lav. macch. ut.*), Rücklauf (*m.*), Rückgang (*m.*). **3 ~** (dello sterzo) (*aut.*), Rückstellung (*f.*). **4 ~** (del punto luminoso) (*telev.*), Rücksprung (*m.*), Rücklauf (*m.*). **5 ~**, vedi anche ritorni. **6 ~ a massa** (*elett.*), Erdrückleitung (*f.*). **7 ~ a vuoto** (corsa di ritorno a vuoto) (*mecc. - ecc.*), Leerrücklauf (*m.*). **8 ~ della tavola** (*lav. macch. ut.*), Tischrücklauf (*m.*). **9 ~ di fiamma** (*mot.*), Rückschlag (*m.*), Knallen (*n.*), Zurückschlagen (*n.*). **10 ~ di fiamma** (*saldatura*), Flammenrückschlag (*m.*). **11 ~ di fiamma al carburatore** (*mot. - aut.*), Vergaserknallen (*n.*). **12 ~ di onde** (*radar*), Wellenrückstrahlung (*f.*). **13 ~ elastico** (di un pezzo imbutito, dopo l'apertura dello stampo p. es.) (*tecnol. mecc. - lav. di lamiere*), Rückfederung (*f.*). **14 ~ in batteria** (di un cannone) (*arma da fuoco*), Vorlauf (*m.*). **15 ~ plastico** (accorciamento plastico dopo tolto il carico nelle prove statiche: riassorbimento di una piccola parte di deformazione plastica) (*sc. costr.*), Rückdehnung (*f.*), Kriecherholung (*f.*). **16 ~ rapido** (corsa di ritorno rapida) (*lav. macch. ut.*), Eilrückgang (*m.*), Eilrücklauf (*m.*), schneller Rückgang. **17 ~ trasversale** (indicazione di movimento, di una slitta p. es.) (*lav. macch. ut.*), plan-zurück. **18 arco di ~** (*elett.*), Rückzündung (*f.*). **19 camera di ~** (*cald.*), Umkehrkammer (*f.*), Wendekammer (*f.*). **20 corsa di ~** (ritorno, della tavola p. es.) (*lav. macch. ut.*), Rücklauf (*m.*), Rückgang (*m.*). **21 corsa di ~** (movimento di ritorno, di una sega p. es.) (*macch.*), Gegenzug (*m.*). **22 corsa di ~ rapida** (ritorno rapido) (*lav. macch. ut.*), Eilrückgang (*m.*), Eilrücklauf (*m.*), schneller Rückgang. **23 dare ritorni di fiamma** (*mot.*), zurückschlagen, rückschlagen, knallen. **24 momento di ~** (dello sterzo) (*aut.*), Rückstellmoment (*n.*). **25 moto di ~** (movimento di ritorno, ritorno) (*mecc. - macch. ut.*), Rückbewegung (*f.*), Rücklauf (*m.*). **26 movimento di ~** (corsa di ritorno, di una sega p. es.) (*macch.*), Gegenzug (*m.*).

ritorto (filato, filato ritorto) (*s. - ind. tess.*), Zwirn (*m.*). **2 ~** (*a. - ind. tess.*), gezwirnt. **3 ~ ad anellini** (*ind. tess.*), Schlingzwirn (*m.*), Raubgarn (*m.*). **4 ~ a più capi** (*ind. tess.*), mehrfacher Zwirn. **5 ~ bouclé** (ritorto annodato) (*ind. tess.*), Bouclé-Zwirn (*m.*). **6 ~ fantasia** (*ind. tess.*), Zierzwirn (*m.*). **7 ~ semplice** (*ind. tess.*), Vorzwirn (*m.*), einfacher Zwirn. **8 tondo ~** (a nervatura elicoidale, per cemento armato) (*ed.*), Torstahl (*m.*).

ritrasmettitore (ripetitore) (*radio - telev.*), Relaissender (*m.*).

ritrasmissione (*telegr. - ecc.*), Weitersendung (*f.*), Weitergabe (*f.*). **2 ~ televisiva** (*telev.*), Relais-Fernsehen (*n.*).

ritrasmittente, stazione ~ (stazione ripetitrice) (*radio - telev.*), Relaisstation (*f.*).

ritrovato (trovato, invenzione) (*s. - leg.*), Erfindung (*f.*).

Ritter, metodo di ~ (*sc. costr.*), Rittersches Schnittverfahren, Rittersche Methode.

ritto (*a. - gen.*), aufrecht. **2 ~** (puntello) (*s. - costr. civ.*), Stütze (*f.*)

riunione (assemblea) (*gen.*), Versammlung (*f.*). **2 ~ plenaria** (seduta plenaria) (*finanz. - ecc.*), Volltagung (*f.*). **3 sala per riunioni** (di una società) (*ind.*), Salon (*m.*), Gesellschaftsraum (*m.*).

riunitrice (*macch. tess.*), Dubliermaschine (*f.*), Wickelmaschine (*f.*).
riutilizzazione (*gen.*), Wiederverwendung (*f.*).
riutilizzo (riutilizzazione) (*gen.*), Wiederverwendung (*f.*).
riva (sponda, di un fiume p. es.) (*geogr.*), Ufer (*n.*), Strand (*m.*).
rivalorizzare (*gen.*), umbewerten.
rivalorizzazione (*gen.*), Umbewertung (*f.*).
rivalutato (*finanz. - ecc.*), aufgewertet. 2 ∼ (annacquato; capitale) (*finanz.*), verwässert.
rivalutazione (*finanz. - ecc.*), Aufwertung (*f.*). 2 ∼ (in un bilancio, dei beni patrimoniali p. es.) (*finanz.*), Wertberichtigung (*f.*).
rivelatore (elemento termosensibile p. es.) (*strum.*), Fühlgerät (*n.*). 2 ∼ (trasmettitore, di uno strumento di misurazione elettrico) (*strum.*), Geber (*m.*). 3 ∼ (detettore, demodulatore, «detector») (*radio*), Detektor (*m.*). 4 ∼ (sviluppo, sviluppatore) (*fot. - chim.*), Entwickler (*m.*). 5 ∼ **a cristallo** (*radio*), Kristalldetektor (*m.*). 6 ∼ **a galena** (*radio*), Bleiglanzdetektor (*m.*). 7 ∼ **a rapporto** (*radio*), Verhältnis-Gleichrichter (*m.*), Verhältnisdetektor (*m.*). 8 ∼ **a superreazione** (*elettronica*), Pendelaudion (*n.*). 9 ∼ **a valvole** (*radio*), Röhrendetektor (*m.*). 10 ∼ **di difetti** (*app.*), Fehlersucher (*m.*). 11 ∼ **di dispersioni** (*app. elett.*), Fehlersucher (*m.*). 12 ∼ **di dispersioni a terra** (ricercatore di dispersioni a terra) (*app. elett.*), Erdschluss·sucher (*m.*). 13 ∼ **di fughe** (cercafughe) (*app.*), Lecksucher (*m.*). 14 ∼ **(di fughe) di gas** (*app.*), Gasanzeiger (*m.*), Gasdetektor (*m.*). 15 ∼ **d'incendio** (di un motore di aeroplano p. es.) (*app.*), Feueranzeiger (*m.*), Feuermelder (*m.*). 16 ∼ **di incrinature** (incrinoscopio) (*app. - mecc.*), Anrissucher (*m.*). 17 ∼ **di particelle** (camera a nebbia p. es.) (*fis.*), Spurenkammer (*f.*). 18 ∼ **di pressione** (pressostato) (*strum.*), Druckwächter (*m.*). 19 ∼ **di pressione** (manocontatto) (*strum.*), Druckkontakt (*m.*). 20 ∼ **di pressione a capsula** (capsula manometrica) (*strum.*), Druckdose (*f.*). 21 ∼ **di raffiche** (*strum. aer.*), Böenschreiber (*m.*). 22 ∼ **di rapporto** (discriminatore) (*telev.*), Verhältnisdetektor (*m.*), Ratiodetektor (*m.*). 23 ∼ **elettrolitico** (*radio*), Elektrolytdetektor (*m.*). 24 ∼ **quadratico** (*app.*), quadratischer Detektor.
rivelazione (*radio*), vedi demodulazione. 2 ∼ **di incrinature** (incrinoscopia) (*tecnol. mecc.*), Risssuntersuchung (*f.*), Rissprüfung (*f.*). 3 ∼ **magnetica di incrinature** (incrinoscopia magnetica, rivelazione di incrinature con procedimento magnetico) (*mecc.*), magnetische Rissprüfung.
rivendicare (esigere la priorità p. es.) (*gen.*), beanspruchen.
rivendicazione (di un brevetto p. es.) (*leg. - ecc.*), Anspruch (*m.*). 2 ∼ (di un diritto) (*gen.*), Beanspruchung (*f.*). 3 ∼ **di brevetto** (*leg.*), Patentanspruch (*m.*). 4 **rivendicazioni salariali** (*lav.*), Lohnansprüche (*m. pl.*).
rivendita (*comm.*), Wiederverkauf (*m.*).
rivenditore (negoziante, «dettagliante») (*comm.*), Detailhändler (*m.*), Detailverkäufer (*m.*), Detaillist (*m.*).
riverberante (*acus.*), nachhallend. 2 **non** ∼ (anecoico) (*acus.*), schalltot, unnachhallend.
riverberare (*acus.*), nachhallen.
riverberazione (*acus.*), Nachhallen (*n.*). 2 **camera di** ∼ (*acus.*), Schallkammer (*f.*). 3 **tempo di** ∼ (tempo di circonsonanza, tempo di coda sonora, tempo di sonorità susseguente, tempo necessario perchè la densità dell'energia sonora nell'ambiente si riduca a 10^{-6}) (*acus.*), Nachhallzeit (*f.*).
riverbero (eco multipli susseguentisi) (*acus.*), Nachhall (*m.*).
rivestimento (copertura) (*gen.*), Verkleidung (*f.*), Bekleidung (*f.*). 2 ∼ (interno, di un recipiente p. es.) (*gen.*), Auskleidung (*f.*), Futter (*n.*), Ausfütterung (*f.*). 3 ∼ (di un cavo p. es.) (*elett. - ecc.*), Mantel (*m.*), Umhüllung (*f.*), Ummantelung (*f.*). 4 ∼ (di un elettrodo per saldatura p. es.) (*tecnol.*), Umhüllung (*f.*), Mantel (*m.*). 5 ∼ (di una superficie metallica p. es., per protezione) (*tecnol. mecc.*), Überzug (*m.*). 6 ∼ (di una forma, verniciatura) (*fond.*), Anstrich (*m.*). 7 ∼ (di un muro esterno p. es.) (*arch. - ed.*), Bekleidung (*f.*), Verkleidung (*f.*). 8 ∼ (pannellatura, di una parete) (*falegn. - ed.*), Paneel (*n.*), Täfelung (*f.*), Wandbekleidung (*f.*). 9 ∼ (di un pozzo) (*min.*), Ausbau (*m.*). 10 ∼ (di un forno) (*metall.*), Ausmauerung (*f.*), Zustellung (*f.*). 11 ∼ (di un'ala p. es.) (*aer. - ecc.*), Haut (*f.*), Aussenhaut (*f.*). 12 ∼ **antirombo** (pittura antirombo, sul fondo della carrozzeria) (*aut.*), Schalldämmer (*m.*), Schalldämmschicht (*f.*). 13 ∼ **a piastrelle** (*ed.*), Plattenbelag (*m.*), Plättchenbelag (*m.*), Fliesenpflaster (*n.*). 14 ∼ **a spruzzo** (metallizzazione p. es.) (*tecnol. mecc.*), Spritzverfahren (*n.*). 15 ∼ **basico** (di mattoni) (di un forno) (*forno - metall.*), basische Ausmauerung. 16 ∼ **con involucro plastico protettivo** (imbozzolatura, di macch. p. es.) (*trasp. - vn.*), Kokonverfahren (*n.*). 17 ∼ **con materiale fuso** (rivestimento per fusione) (*tecnol.*), Aufschmelzüberzug (*m.*). 18 ∼ **con mattoni** (*mur.*), Ausmauerung (*f.*). 19 ∼ **con pietra da taglio** (*ed.*), Quaderverkleidung (*f.*). 20 ∼ **con polveri** (su metalli, con polvere di mater. plast.; verniciatura con polveri) (*vn.*), Pulverbeschichtung (*f.*). 21 ∼ **decorativo** (di muro con piastrelle p. es.) (*arch.*), Inkrustation (*f.*). 22 ∼ **del convertitore** (*metall.*), Birnenfutter (*n.*). 23 ∼ **del freno** (guarnizione del freno, «ferodo») (*aut. - ecc.*), Bremsbelag (*n.*). 24 ∼ **della forma** (vernice per forme) (*metall. - fond.*), Formanstrich (*m.*). 25 ∼ **della frizione** (guarnizione della frizione) (*aut. - mecc.*), Kupplungsbelag (*m.*). 26 ∼ **della fusoliera** (*aer.*), Rumpfbekleidung (*f.*). 27 ∼ **dell'elettrodo** (*elett. - tecnol.*), Elektrodenmantel (*m.*), Elektrodenumhüllung (*f.*). 28 ∼ **del pavimento** (*ed.*), Fussbodenbelag (*m.*). 29 ∼ **del pozzo** (*min.*), Schachtausbau (*m.*). 30 ∼ **del pozzo** (*costr. idr.*), Brunnenmantel (*m.*). 31 ∼ **di calcestruzzo** («betoncino») (*ed.*), Betonüberzug (*m.*). 32 ∼ **di galleria** (*ing. civ.*), Tunnelauskleidung (*f.*). 33 ∼ **di gomma** (*gen.*), Gummibelag (*m.*). 34 ∼ **di grafite colloidale in sospensione acquosa** (*chim. - tecnol.*), Aquadagbelag (*m.*). 35 ∼ **di materiale**

rivestimento

intrecciato (calza, di un cavo p. es.) (*elett.*), Bespinnung (*f.*). **36 ~ di metallo duro** (riporto duro, di carburo metallico p. es.) (*tecnol. mecc.*), Hartmetallauflage (*f.*). **37 ~ di metallo rosa** (di un cuscinetto) (*mecc.*), Bleibronzeausguss (*m.*). **38 ~ di muratura** (per pozzi, ecc.) (*min.*), Mauerung (*f.*). **39 ~ di ossalato** (strato di ossalato, sugli acciai inossidabili) (*metall.*), Oxalatschicht (*f.*). **40 ~ di ossido** (strato di ossido; p. es. anodico, come protezione) (*tecnol. - ecc.*), Oxydschicht (*f.*). **41 ~ di pietrame** (opera di difesa in pietrame, di una sponda) (*ing. civ.*), Packung (*f.*), Packwerk (*n.*). **42 ~ di pietre** (rivestimento in pietre) (*ed.*), Steinbekleidung (*f.*), Steinverkleidung (*f.*). **43 ~ di pozzo** (*min.*), Schachtausbau (*m.*). **44 ~ di tela** (*gen.*), Leinwandbekleidung (*f.*). **45 ~ di zinco** (*tecnol. mecc.*), Zinkauflage (*f.*). **46 ~ di usura** (di un convertitore) (*metall.*), Arbeitsfutter (*n.*). **47 ~ deformabile** (del combustibile di un reattore sotto la pressione del refrigerante) (*fis. atom.*), Andrückhülle (*f.*). **48 ~ galvanico** (*elettrochim.*), galvanischer Überzug. **49 ~ in lamiera ondulata** (*ed. - ecc.*), Wellblechbekleidung (*f.*). **50 ~ in lamiera ondulata** (di un velivolo p. es.) (*aer. - veic.*), Wellblechbeplankung (*f.*). **51 ~ in legno** Täfelung (*f.*), Paneel (*n.*), Holzverkleidung (*f.*), Holztäfelung (*f.*). **52 ~ in muratura del forno** (*forno*), Ofenausmauerung (*f.*). **53 ~ in pietra** (*ed.*), Steinverkleidung (*f.*), Steinbekleidung (*f.*). **54 ~ interno** (di un recipiente p. es.) (*gen.*), Futter (*n.*), Auskleidung (*f.*), Ausfütterung (*f.*). **55 ~ isolante** (guaina isolante) (*elett.*), Isolierhülle (*f.*). **56 ~ isolante** (*cald. - tubaz. - ecc.*), Mantel (*m.*). **57 ~ metallico** (*tecnol. mecc.*), metallischer Überzug. **58 ~ pelabile** (*tecnol.*), abziehbare Beschichtung. **59 ~ pellicolare** (*tecnol.*), Befilmen (*n.*). **60 ~ per fusione** (rivestimento con materiale fuso) (*tecnol.*), Aufschmelzüberzug (*m.*). **61 ~ plastico a specchio** (plasticizzazione) (*mft. carta*), Glanzplastizierung (*f.*). **62 ~ portante** (rivestimento resistente) (*aer. - ecc.*), tragende Haut, tragende Aussenhaut, mittragende Haut. **63 ~ pressato** (per l'isolamento di cavi) (*elett.*), Umpressung (*f.*). **64 ~ protettivo** (strato protettivo, su metalli p. es.) (*tecnol. mecc.*), Schutzschicht (*m.*), Schutzüberzug (*m.*). **65 ~ protettivo** (di pareti rocciose) (*min.*), Verzug (*m.*). **66 ~ (protettivo) di ossido** (*tecnol. mecc.*), Oxydüberzug (*m.*). **67 ~ refrattario** (di un forno) (*metall. - fond.*), Futter (*n.*), Ofenfutter (*n.*), fuerfeste Auskleidung. **68 ~ refrattario** (per focolari di caldaie) (*cald.*), Einmauerung (*f.*). **69 ~ resistente** (rivestimento portante) (*aer. - ecc.*), trangende Haut, tragende Aussenhaut, mittragende Aussenhaut. **70 ~ stagno metallico** (ad anelli di ghisa, torre blindata, « tubbing », di un pozzo) (*min.*), Tübbingausbau (*m.*), Gussringausbau (*m.*), Ringausbau (*m.*). **71 attitudine al ~ di superfici poco accessibili** (potere di penetrazione, d'una vernice) (*vn.*), Umgriff (*m.*). **72 con ~ a spirale** (filo) (*elett.*), umsponnen. **73 con ~ a treccia** (filo) (*elett.*), umflochten, umklöppelt. **74 miscela da ~** (per la carta) (*ind. carta*), Streichmasse (*f.*). **75 parete di ~** (*mur.*), Mantelwand (*f.*). **76 spessore del ~** (*tecnol.*), Überzugsdicke (*f.*), Auflagedicke (*f.*). **77 strato di ~** (*gen.*), Belag (*m.*). **78 treccia di ~** (calza, di un cavo) (*elett.*), Beflechtung (*f.*). **79 tubo di ~** (di un pozzo) (*min.*), Futterrohr (*n.*).

rivestire (*gen.*), bekleiden, verkleiden. **2 ~** (internamente) (*gen.*), auskleiden, ausfüttern, füttern. **3 ~** (una superficie metallica p. es., per protezione) (*tecnol. mecc.*), überziehen. **4 ~** (un elettrodo p. es.) (*tecnol.*), ummanteln, umhüllen. **5 ~** (una forma p. es., verniciare) (*fond.*), anstreichen, überziehen. **6 ~** (con materiale migliore) (*ed. - macch.*), verblenden. **7 ~** (placcare, rivestire, il vetro con uno strato sottile di vetro colorato) (*ind. vetro*), überfangen. **8 ~ ad estrusione** (*tecnol.*), umspritzen. **9 ~ (a spirale) con filato** (un conduttore p. es.) (*elett. - ecc.*), bespinnen. **10 ~ con mattoni** (*mur.*), ausmauern. **11 ~ con piastrelle** («piastrellare») (*ed.*), plätteln, platten, fliesen. **12 ~ internamente** (*gen.*), ausfuttern, ausfüttern, auskleiden.

rivestirsi (*gen.*), sich bekleiden. **2 ~ di ghiaccio** (*gen.*), vereisen.

rivestito (*gen.*), überzogen, verkleidet. **2 ~** (elettrodo p. es.) (*tecnol.*), umhüllt. **3 ~ con fondente** (elettrodo) (*saldatura*), flussmittelumhüllt. **4 ~ di legno** (*falegn. - ed.*), paneeliert, getäfelt. **5 ~ di nailon** (*tess. - ecc.*), nylonisiert. **6 ~ internamente** (foderato) (*gen.*), gefüttert, ausgefüttert.

rivetto (chiodo, ribattino) (*tecnol. mecc.*), Niet (*m. - n.*), Niete (*f.*). **2 ~** (*tecnol. mecc.*), vedi anche chiodo. **3 ~ a testa piana** (ribattino a testa piana, chiodo a testa piana) (*mecc.*), Flachkopfniete (*f.*), Flachkopfniet (*m. - n.*). **4 ~ cieco** (per collegamento di strutture accessibili da un solo lato, rivetto ad esplosione p. es.) (*tecnol.*), Blindniet (*m.*). **5 ~ esplosivo** (chiodo esplosivo) (*tecnol. mecc.*), Sprengniet (*m. - n.*). **6 ~ tubolare** (chiodo tubolare) (*mecc.*), Rohrniet (*m. - n.*), Hohlniet (*m. - n.*).

rivista (pubblicazione periodica) (*giorn.*), Zeitschrift (*f.*), Magazin (*n.*). **2 ~** (parata) (*milit.*), Parade (*f.*), Truppenschau (*f.*). **3 ~ tecnica** (*giorn.*), Fachzeitschrift (*f.*), technische Zeitschrift. **4 ~ mensile** (periodico mensile, mensile) (*tip. - giorn.*), Monatsschrift (*f.*).

rivoltella (revolver, pistola a tamburo) (*arma da fuoco*), Revolver (*m.*), Drehpistole (*f.*).

rivoluzione (rotazione) (*geom.*), Rotation (*f.*), Umdrehung (*f.*). **2 ~** (giro) (*mecc. - ecc.*), Umdrehung (*f.*). **3 di ~** (di rotazione, corpo, ecc.) (*tecnol. - geom.*), rotationssymmetrisch. **4 solido di ~** (*geom.*), Umdrehungskörper (*m.*), Rotationskörper (*m.*). **5 superficie di ~** (*geom.*), Umdrehungsfläche (*f.*), Rotationsfläche (*f.*).

RMS (rugosità media quadratica) (*mecc.*), RMS, quadratischer Mittenrauhwert.

Rn (radon) (*chim.*), Rn, Radon (*n.*).

robomazione (*autom.*), Robomation (*f.*).

robot (automa) (*elettronica*), Roboter (*m.*) künstlicher Mensch. **2 ~ industriale** (automa

industriale) (*ind. - autom.*), Industrie-Roboter (*m.*), Industrie-Automat (*m.*). 3 ~ **spruzzatore** (nella verniciatura di carrozzerie p. es.) (*vn. - autom.*), Spritz-Roboter (*m.*).
robotizzare (*autom.*), robotieren.
robotica (*autom.*), Robotik (*f.*).
robustezza (*gen.*), Stärke (*f.*), Kraft (*f.*), Widerstand (*m.*).
robusto (*gen.*), kräftig.
rocca (insieme del tubetto e del filato su di esso incannato) (*ind. tess.*), Spule (*f.*). 2 ~ **del camino** (comignolo, di una casa da abitazione) (*ed.*), Schornsteinkopf (*m.*).
roccatrice (*macch. tess.*), Spulmaschine (*f.*).
rocchettiera (*macch. tess.*), Spulmaschine (*f.*). 2 ~ **ad avvolgimento incrociato** (*macch. tess.*), Kreuzspulmaschine (*f.*).
rocchetto (per filato) (*ind. tess.*), Spule (*f.*), Rolle (*f.*). 2 ~ (ruota di minor numero di denti di un ingranaggio o coppia di ruote dentate) (*mecc.*), Kleinrad (*n.*). 3 ~ (tubetto, cannetto) (*ind. tess.*), Kannette (*f.*). 4 ~ **ad avvolgimento incrociato** (*tess.*), Kreuzspule (*f.*). 5 ~ **a denti** (per catena) (*mecc.*), Kettenrad (*n.*), Kettenzahnrad (*n.*), Kettenzahnkranz (*m.*), Zackenrolle (*f.*). 6 ~ **di accensione** (bobina di accensione) (*elett. - mot.*), Zündspule (*f.*). 7 ~ **di alimentazione** (per pellicola p. es.) (*cinem. - ecc.*), Führungsrolle (*f.*). 8 ~ **di filato** (*ind. tess.*), Garnrolle (*f.*), Zwirnrolle (*f.*). 9 ~ **d'induzione** (*elett.*), Induktor (*m.*), Induktionsspule (*f.*). 10 ~ **di Ruhmkorff** (*elett.*), Ruhmkorffinduktor (*m.*), Funkeninduktor (*m.*), Induktor (*m.*). 11 ~ **per catena** (pignone per catena) (*mecc.*), Kettenzahnrad (*n.*), Kettenzahnkranz (*m.*), Kettenrad (*n.*), Zackenrolle (*f.*). 12 ~ **tendicatena** (galoppino tendicatena) (*mecc.*), Führungskettenrad (*n.*).
roccia (aggregato di minerali) (*geol. - min.*), Gestein (*n.*). 2 ~ (*geogr. - alpinismo*), Fels (*m.*), Felsen (*m.*). 3 ~ **asfaltica** (*min. - geol.*), Asphaltgestein (*n.*). 4 ~ **basaltica** (*min. - geol.*), Basaltgestein (*n.*). 5 ~ **effusiva** (*geol. - min.*), Effusivgestein (*n.*), Ergussgestein (*n.*). 6 ~ **eruttiva** (*geol. - min.*), Eruptivgestein (*n.*), Ergussgestein (*n.*), Erstarrungsgestein (*n.*), Massengestein (*n.*). 7 ~ **franata** (ghiaione) (*geogr.*), Felsgeröll (*n.*), Schutthalde (*f.*). 8 ~ **incassante** (che racchiude un giacimento) (*min.*), Gebirge (*n.*). 9 ~ **intrusiva** (*min. - geol.*), Ganggestein (*n.*). 10 **rocce magmatiche** (rocce eruttive) (*geol. - min.*), Eruptivgesteine (*n. pl.*), Eruptivgesteine (*n. pl.*). 11 ~ **metamorfica** (*geol. - min.*), Metamorphgestein (*n.*). 12 **rocce pelitiche** (*geol. - min.*), Pelite (*m. pl.*), pelitische Gesteine. 13 ~ **plutonica** (*geol.*), Plutonit (*m.*), plutonisches Gestein, Tiefengestein (*n.*). 14 ~ **primaria** (*min. - geol.*), Grundgestein (*n.*). 15 ~ **sedimentaria** (*geol.*), Sedimentgestein (*n.*), Absatzgestein (*n.*), Schichtgestein (*n.*). 16 ~ **silicea** (granito p. es.) (*min.*), Silikatgestein (*n.*). 17 ~ **stratificata** (*geol.*), Schichtgestein (*n.*). 18 **arrampicata su** ~ (*sport*), Felsklettern (*n.*), Klettern (*n.*). 19 **cedimento di** ~ (scoppio) (*min.*), Gebirgsschlag (*m.*). 20 **condotta in** ~ (di un impianto idroelettrico) (*costr. idr.*), Stollen (*m.*), Wasserstollen (*m.*). 21 **meccanica delle rocce** (*geol.*), Gesteinsmechanik (*f.*), Gebirgsmechanik (*f.*).
rocciatore (alpinista) (*sport*), Kletterer (*m.*).
roccioso (*geol.*), felsartig, felsig.
Rockwell, durezza ~ (*tecnol.*), Rockwellhärte (*f.*).
rodaggio (di un motore p. es.) (*mot. - aut.*), Einfahren (*n.*), Einlaufen (*n.*). 2 **periodo di** ~ (*aut. - ecc.*), Einfahrzeit (*f.*), Einlaufzeit (*f.*), Einlaufdauer (*f.*).
rodamine (coloranti) (*chim.*), Rhodamine (*n. pl.*).
rodare (*mot. - ecc.*), einlaufen, einfahren.
rodarsi (assestarsi, di una macchina ecc.) (*mecc.*), einlaufen.
rodato (*mot. - aut.*), eingefahren, eingelaufen.
rodatrice (lappatrice, di ingranaggi) (*macch.*), Läppmaschine (*f.*).
rodatura (lappatura, di ingranaggi) (*mecc.*), Läppen (*n.*).
rodiatura (d'ingranaggi p. es., applicaz. d'uno strato di rodio) (*tecnol. mecc.*), Rhodianierung (*f.*).
rodiggio (complesso delle sale montate di una locomotiva o locomotore) (*ferr.*), Laufwerk (*n.*).
rodio (Rh - *chim.*), Rhodium (*n.*).
roditrice (*macch. lav. lamiere*), Knabber (*m.*), Nibbler (*m.*), Aushaumaschine (*f.*), Knabbermaschine (*f.*), Nibbelmaschine (*f.*), Blechknabber (*m.*). 2 ~ **a mano** (per lamiere) (*ut.*), Handknabber (*m.*), Blechhandknabber (*m.*).
roditura (*lav. lamiera*), Knabbern (*n.*), Nibbeln (*n.*).
rogare (protocollare, tramite notaio) (*leg.*), beurkunden.
rogatorio (notaio) (*a. - leg.*), beurkundend.
rogito (atto notarile) (*leg.*), notarielle Urkunde, Notariatsurkunde. 2 ~ (stesura protocollare, tramite notaio) (*leg.*), Beurkundung (*f.*).
rollare (*nav.*), schlingern.
rollata (*nav. - aer. - veic.*), vedi rollìo.
rollatrice (per lamiere) (*macch.*), vedi rullatrice.
rollatura (di lamiere) (*tecnol. mecc.*), vedi rullatura.
« roll bar » (barra di sicurezza, d'una vettura da corsa) (*aut. - sport*), Überrollbügel (*m.*).
rolletta (traiettoria di un punto di una curva che rotola senza strisciare su un'altra curva fissa) (*geom. - mecc.*), Rollkurve (*f.*).
rollìo (di una nave) (*nav. - aer.*), Schlingern (*n.*), Rollbewegung (*f.*). 2 ~ (movimento attorno all'asse longitudinale) (*difetto aut.*), Kippen (*n.*), Kippbewegung (*f.*). 3 **alette di** ~ (alette antirollìo) (*nav.*), Schlingerflossen (*f. pl.*). 4 **angolo di** ~ (angolo di rollata) (*veic.*), Wankwinkel (*m.*). 5 **asse di** ~ (di una autovettura p. es.) (*aut. - ecc.*), Rollachse (*f.*). 6 **effetto sterzante da** ~ (causato da rollìo) (*veic.*), Roll-Lenken (*n.*). 7 **momento d'imbardata da** ~ (*aer.*), Roll-Giermoment (*n.*). 8 **momento di** ~ (*nav. - aer. - aut.*), Rollmoment (*n.*), Wankmoment (*n.*). 9 **movimento di** ~ (*nav. - aer.*), Rollbewegung (*f.*), Schlingern (*n.*). 10 **oscilla-**

romanico

zione di ~ (*nav. - aer. - aut.*), Wankschwingung (*f.*).
romanico (stile) (*s. - arch.*), Romanik (*f.*), romanischer Stil. 2 ~ (*a. - arch.*), romanisch.
romano (*a. - gen.*), römisch. 2 ~ (di una bilancia) (*s. - app.*), Laufgewicht (*n.*).
rombico (*geom.*), rhombisch. 2 ~ (a losanga) (*gen.*), rautenförmig. 3 allacciamento ~ (di strade) (*costr. strad.*), Raute (*f.*). 4 calibro ~ (*lamin.*), Rautenkaliber (*n.*).
rombo (*geom.*), Rhombus (*m.*), Raute (*f.*). 2 ~ della bussola (quarta della bussola) (*strum.*), Kompass-Strich (*m.*), Windstrich (*m.*).
rombododecaedro (*geom.*), Rhombendodekaeder (*n.*).
romboedro (*geom.*), Rhomboeder (*n.*).
romboidale (*geom.*), rhomboidisch.
romboide (*geom.*), Rhomboid (*n.*).
romeite (atopite) (*min.*), Romeit (*m.*), Atopit (*m.*).
rompere (*gen.*), brechen, zerbrechen. 2 ~ (strappare, stracciare, rompere in pezzi) (*gen.*), reissen, zereissen. 3 ~ (scarificare, la terra, la superficie stradale, ecc.) (*ing. civ. - costr. strad.*), lockern, aufreissen. 4 ~ le relazioni (troncare le relazioni) (*comm.*), die Verbindungen abbrechen, den Verkehr einstellen.
rompersi (*gen.*), sich brechen. 2 iniziare a ~ (*gen.*), anbrechen.
rompiarco (magnete soffiarco o spegniarco) (*elett.*), Flammbläser (*m.*), Funkenbläser (*m.*), magnetischer Funkenlöscher.
rompifiamma (tagliafiamma) (*mot. - ecc.*), Flammenrückschlagsicherung (*f.*), Rückschlagsicherung (*f.*).
rompighiaccio (nave) (*nav.*), Eisbrecher (*m.*). 2 ~ d'altomare (*nav.*), Hochseeisbrecher (*m.*). 3 ~ fluviale (*nav.*), Flusseisbrecher (*m.*). 4 ~ portuale (*nav.*), Hafeneisbrecher (*m.*).
rompigrinza (di uno stampo per imbutitura) (*lav. lamiera*), Ziehleiste (*f.*), Ziehwulst (*m.*).
rompiscaglie (rompiscorie) (*lamin.*), Zunderbrech- und Abrollvorrichtung (*f.*). 2 gabbia ~ (gabbia descagliatrice, gabbia rompiscorie) (*lamin.*), Zunderbrechgerüst (*n.*).
rompiscoria (*fucinatura*), Zunderbrecher (*m.*). 2 ~ (rompiscaglie) (*lamin.*), Zunderbrech- und Abrollvorrichtung (*f.*). 3 gabbia ~ (gabbia rompiscaglie, gabbia descagliatrice) (*lamin.*), Zunderbrechgerüst (*n.*).
rompitruciolo (*lav. macch. ut.*), Spanbrecher (*m.*). 2 scanalatura ~ (*ut.*), Spanbrechernut (*f.*), Spanbrechernute (*f.*).
rompivalanghe (muro rompivalanghe) (*ing. civ.*), Lawinenbrecher (*m.*).
ronda (sagoma, sciablona, per formare) (*fond.*), Schablone (*f.*). 2 ~ (*milit.*), Runde (*f.*).
rondella (rosetta) (*mecc.*), Unterlegscheibe (*f.*), Scheibe (*f.*). 2 ~ (*mecc.*), *vedi anche* rosetta. 3 ~ a sede sferica (rosetta a sede sferica) (*mecc.*), Kugelscheibe (*f.*). 4 ~ di spinta (rosetta di spinta) (*mecc.*), Druckscheibe (*f.*), Stoss-scheibe (*f.*), Anlaufscheibe (*f.*). 5 ~ elastica (rondella Grover, rosetta elastica) (*mecc.*), Federscheibe (*f.*), Federring (*m.*). 6 ~ Grover (rondella o rosetta elastica) (*mecc.*), Federscheibe (*f.*), Federring (*m.*). 7 ~ in feltro (*mecc. - ecc.*), Fizscheibe (*f.*), Filzdichtung (*f.*).
rondine, coda di ~ (*falegn. - ecc.*), Schwalbenschwanz (*m.*). 2 a coda di ~ (*falegn. - ecc.*), Schwalbenschwanz...
röntgen (unità di misura delle radiazioni (gamma e X) (*fis.*), Röntgen (*n.*). 2 equivalente ~ biologico (rem = roentgen equivalent *m*an, unità della dose assorbita) (*radioatt.*), biologisches Röntgenequivalent, rem.
röntgen-cinematografia (radio cinematografia) (*med.*), Röntgenkinematographie (*f.*).
röntgen-dermatite (radiodermatite) (*med.*), Röntgendermatitis (*f.*).
röntgendiagnostica (*med.*), Röntgendiagnostik (*f.*).
röntgenterapia (radioterapia) (*med.*), Röntgentherapie (*f.*), Röntgenbehandlung (*f.*), Röntgenbestrahlung (*f.*).
ronzare (*acus.*), summen.
ronzatore (cicala, cicalina) (*elett.*), Summer (*m.*).
ronzìo (*acus.*), Summen (*n.*), Brummen (*n.*). 2 ~ del tubo (rumore di fondo del tubo) (*elettronica*), Röhrenbrummen (*n.*). 3 corrente di ~ (*elett.*), Brummstrom (*m.*).
rosa (della bussola, rosa dei venti) (*strum.*), Rose (*f.*), Kompassrose (*f.*). 2 ~ dei venti (*nav. - geogr.*), Windrose (*f.*), Kompassrose (*f.*). 3 ~ della bussola (*strum.*), Kompassrose (*f.*), Windrose (*f.*).
rosetta (rondella) (*mecc.*), Unterlegscheibe (*f.*), Scheibe (*f.*). 2 ~ (immagine grafitica) (*fond. - metall.*), Rosette (*f.*). 3 ~ aperta (*mecc.*), Vorsteckscheibe (*f.*). 4 ~ a sede sferica (rondella a sede sferica) (*mecc.*), Kugelscheibe (*f.*). 5 ~ a ventaglio (rosetta elastica a ventaglio) (*mecc.*), Fächerscheibe (*f.*). 6 ~ dentata (*mecc.*), Zahnscheibe (*f.*). 7 ~ dentata svasata (*mecc.*), versenkte Zahnscheibe. 8 ~ di sicurezza (*mecc.*), Sicherungsscheibe (*f.*), Sicherungsblech (*n.*). 9 ~ di sicurezza (rosetta elastica) (*mecc.*), Federscheibe (*f.*). 10 ~ di sicurezza a ventaglio (rosetta elastica dentata a ventaglio) (*mecc.*), Fächerscheibe (*f.*). 11 ~ di sicurezza con dentatura a ventaglio esterna (rosetta elastica con dentatura a ventaglio esterna) (*mecc.*), aussengezahnte Fächerscheibe. 12 ~ di sicurezza con dentatura a ventaglio interna (rosetta elastica con dentatura a ventaglio interna) (*mecc.*), innengezahnte Fächerscheibe. 13 ~ di sicurezza con due linguette (*mecc.*), Sicherungsblech mit zwei Lappen. 14 ~ di sicurezza con linguetta interna (*mecc.*), Sicherungsblech mit Innennase. 15 ~ di sicurezza con linguette (*mecc.*), Sicherungsblech mit Lappen. 16 ~ di sicurezza dentata (rosetta elastica dentata) (*mecc.*), Zahnscheibe (*f.*). 17 ~ di sicurezza svasata dentata a ventaglio (rosetta elastica svasata dentata a ventaglio) (*mecc.*), versenkte Fächerscheibe. 18 ~ di spinta (rondella di spinta) (*mecc.*), Druckscheibe (*f.*), Stossscheibe (*f.*). 19 ~ elastica (rondella elastica, rondella Grover) (*mecc.*), Federscheibe (*f.*), Federring (*m.*). 20 ~ elastica curva (*mecc.*), gewölbte Federscheibe. 21 ~ elastica dentata piana (*mecc.*), Zahnscheibe (*f.*), federnde

Zahnscheibe. **22 ~ elastica dentata piana esterna** (*mecc.*), aussengezahnte Zahnscheibe. **23 ~ elastica dentata piana interna** (*mecc.*), innengezahnte Zahnscheibe. **24 ~ elastica svasata dentata** (*mecc.*), versenkte Zahnscheibe. **25 ~ elastica ondulata** (*mecc.*), gewellte Federscheibe. **26 ~ elastica per viti a testa cilindrica** (*mecc.*), Federring für Zylinderschrauben. **27 ~ estensimetrica** (*prove mater.*), Dehnungsmessrosette (*f.*). **28 ~ ondulata** (rosetta elastica ondulata) (*mecc.*), gewellte Federscheibe. **29 ~ quadra** (per lavori di carpenteria) (*mecc.*), Vierkantscheibe (*f.*). **30 ~ svasata a ventaglio** (rosetta elastica svasata a ventaglio) (*mecc.*), versenkte Fächerscheibe. **31 ~ tonda** (*mecc.*), Rundscheibe (*f.*).

rosone (finestra rotonda, finestra circolare) (*arch.*), Rosenfenster (*n.*), Radfenster (*n.*). **2 ~** (di un soffitto p. es., elemento decorativo) (*ed.*), Rose (*f.*), Deckenrose (*f.*). **3 ~ da soffitto** (per attacco di app. di illum. p. es.) (*elett.*), Deckenrosette (*f.*).

rossetto (pasta per lucidare) (*lavoraz. mecc.*), Polierrot (*n.*), Englischrot (*n.*), Stahlrot (*n.*).

rosso (colore rosso) (*s. - colore*), Rot (*n.*). **2 ~** (*a. - colore*), rot. **3 ~ chiaro** (*a. - colore*), hellrot. **4 ~ ciliegia** (*s. - metall.*), Kirschrotglut (*f.*). **5 ~ mattone** (*a. - colore*), ziegelrot. **6 ~ mattone** (*s. - colore*), Ziegelrot (*n.*), Ziegelfarbe (*f.*). **7 ~ scuro** (*a. - colore*), dunkelrot. **8 al calor** (*metall.*), rotglühend.

rosta (inferriata a semicerchio) (*ed. - carp.*), Halbkreisgitter (*n.*). **2 ~** (finestra) (*ed.*), Fächerfenster (*n.*).

rostro (di una pila) (*costr. ponti*), Vorkopf (*m.*). **2 ~** (di un paraurti) (*aut.*), Horn (*n.*). **3 ~ del paraurti** (*aut.*), Stoss-stangenhorn (*n.*).

rotabile (strada), fahrbar. **2 materiale ~** (*ferr.*), Rollmaterial (*n.*), rollendes Material.

rotaia (*ferr. - ecc.*), Schiene (*f.*). **2 ~ a base piana** (rotaia Vignole, rotaia a suola) (*ferr.*), Breitfuss-schiene (*f.*), Vignolesschiene (*f.*). **3 ~ a canale** (rotaia per tramvie) (*veic. elett.*), Rillenschiene (*f.*), Strassenbahnschiene (*f.*). **4 ~ ad ago** (di uno scambio) (*ferr.*), Zungenschiene (*f.*). **5 ~ a dentiera** (rotaia a cremagliera) (*ferr.*), Zahnschiene (*f.*). **6 ~ a doppio fungo** (*ferr.*), Doppelkopfschiene (*f.*), Stuhlschiene (*f.*). **7 ~ aerea di contatto** (*veic. elett.*), Hänge-Stromschiene (*f.*). **8 ~ a fungo** (*ferr.*), Rundkopfschiene (*f.*), Pilzschiene (*f.*). **9 ~ a gola** (rotaia a canale, per tramvie) (*veic.*), Rillenschiene (*f.*), Strassenbahnschiene (*f.*). **10 ~ a suola** (rotaia a base piana, rotaia Vignole) (*ferr.*), Breitfuss-schiene (*f.*), Vignolesschiene (*f.*). **11 ~ a testa piatta** (*ferr.*), Plattschiene (*f.*), Flachkopfschiene (*f.*). **12 ~ corta** (*ferr.*), Ausgleichschiene (*f.*). **13 ~ curva** (*ferr.*), Bogenschiene (*f.*). **14 ~ di risvolto** (zampa di lepre, di un cuore di crociamento p. es.) (*ferr.*), Flügelschiene (*f.*). **15 ~ ferroviaria** (rotaia per ferrovie) (*ferr.*), Eisenbahnschiene (*f.*). **16 ~ per ferrovia** (rotaia ferroviaria) (*ferr.*), Eisenbahnschiene (*f.*). **17 ~ per ferrovia Decauville** (*ferr. - ed. - ecc.*), Feldbahnschiene (*f.*). **18 ~ sospesa** (monorotaia sospesa) (*ferr. - trasp.*), Hängebahnschiene (*f.*). **19 ~ tranviaria** (*veic. elett.*), Strassenbahnschiene (*f.*). **20 ~ Vignole** (a base piana, rotaia a suola) (*ferr.*), Breitfuss-schiene (*f.*), Vignolesschiene (*f.*). **21 anima della ~** (*ferr.*), Schienensteg (*m.*). **22 carro per la ripassatura delle rotaie** (con mola, per eliminare le irregolarità della superfice di corsa) (*ferr.*), Schienenschleifwagen (*m.*). **23 cavetto di massa delle rotaie** (*ferr. - elett.*), Schienenverbinder (*m.*). **24 caviglia per rotaie** (*ferr.*), Schienenschraube (*f.*). **25 circuito di ritorno ~** (circuito di ritorno attraverso la rotaia) (*ferr. elett.*), Schienenrückleitung (*f.*). **26 collegamento elettrico delle rotaie** (*ferr. - elett.*), Schienenverbindung (*f.*). **27 contatto sulla ~** (presa di corrente su rotaia) (*ferr. - elett.*), Schienenkontakt (*m.*). **28 corrente di ~** (*ferr. elett.*), Schienenstrom (*m.*). **29 effetto ~** (effetto di una rotaia a canale sui penumatici) (*aut.*), Schieneneffekt (*m.*). **30 freno sulla ~** (*ferr.*), Schienenbremse (*f.*). **31 freno su ~** (al termine d'una sella di lancio) (*ferr.*), Talbremse (*f.*). **32 fungo della ~** (*ferr.*), Schienenkopf (*m.*). **33 giunto della ~** (*ferr.*), Schienenstoss (*m.*). **34 non vincolato a ~** (*veic.*), gleislos. **35 pressa per piegare rotaie** (*macch.*), Schienenbiegepresse (*f.*). **36 raddrizzatrice per rotaie** (*macch.*), Schienenrichtmaschine (*f.*). **37 scolo acqua dalle rotaie** (per linee tranviarie) (*costr. strad.*), Schienenentwässerung (*f.*). **38 sopraelevazione della ~ esterna** (*ferr.*), Gleisüberhöhung (*f.*). **39 sopraelevazione della ~ interna** (abbassamento della rotaia esterna) (*ferr.*), Gleisuntertiefung (*f.*). **40 spezzone di ~** (per riempire brevi tratti) (*ferr.*), Pass-schiene (*f.*). **41 suola della ~** (base della rotaia) (*ferr. ecc.*), Schienenfuss (*m.*). **42 su ~** (*veic. - traff.*), spurgebunden. **43 terza ~** (*ferr. elett.*), dritte Schiene, Stromschiene (*f.*). **44 terza ~ in cunicolo** (*ferr. elett.*), Unterleitung (*f.*). **45 trazione non su ~** (*trasp. - ecc.*), gleislose Traktion. **46 trazione su ~** (*ferr. ecc.*), schienegebundene Traktion.

rotametro (flussimetro a variazione di sezione; per misurare gas p. es.) (*app.*), Rotameter (*n.*).

rotante (*gen.*), drehend, rotierend.

« rotaprint » (riproduttore offset) (*macch. per stampa*), Stapeldrucker (*m.*), Offset-Stapeldrucker (*m.*), Rotaprint-Stapeldrucker (*m.*).

« rotary » (sonda a rotazione) (*min.*), Drehbohrmaschine (*f.*), Rotary-Bohranlage (*f.*)

rotativa (macchina per la stampa rotativa) (*macch. p. stampa*), Rotationsdruckmaschine (*f.*), Rotationsmaschine (*f.*). **2 ~ calcografica** (macchina per rotocalco) (*macch. per stampa*), Tiefdruckrotationsmaschine (*f.*). **3 ~ calcografica alimentata dalla bobina** (*macch. per stampa*), Tiefdruck-Rollenrotationsmaschine (*f.*). **4 ~ calcografica a più colori** (macchina per rotocalco a più colori) (*macch. per stampa*), Mehrfarben-Tiefdruckrotationsmaschine (*f.*). **5 ~ dal foglio** (*macch. per stampa*), Bogenrotationsmaschine (*f.*). **6 ~ offset** (*macch. per stampa*), Offsetrotationsdruckmaschine (*f.*). **7 ~ per stampa planografica** (macchina da stampa rotativa a matrice piana) (*macch. per stampa*), Flach-

rotatorio

druckrotationsmaschine (*f.*). 8 ~ **tipografica** (*macch. per stampa*), Hochdruck-Rotationsmaschine (*f.*).
rotatorio (*gen.*), rotierend, Umdrehungs... 2 ~ (massa p. es.) (*mot. - ecc.*), rotatorisch. 3 **moto** ~ (*mecc.*), Umdrehungsbewegung (*f.*). 4 **potere** ~ (*fis.*), Drehungsvermögen (*n.*).
rotazionale (rotovettore, vettore rotazionale, rotore) (*s. - mat.*), Rotor (*m.*), Wirbel (*m.*), Wirbelvektor (*m.*). 2 **campo** ~ (campo vorticale) (*mat.*), Wirbelfeld (*n.*). 3 **vettore** ~ (*mecc.*), Wirbelvektor (*m.*).
rotazione (*mecc. - ecc.*), Drehung (*f.*), Umdrehung (*f.*), Rotation (*f.*). 2 ~ (procedimento a rotazione, servizio rotazione motori, a periodo di revisione scaduto) (*mot. - ecc.*), Tauschverfahren (*n.*), Austauschverfahren (*n.*). 3 ~ (orientamento, di una tavola p. es.) (*mecc. - macch.*), Schwenkung (*f.*). 4 ~ (indessaggio, di una torretta di tornio p. es.) (*lav. macch. ut.*), Schaltbewegung (*f.*). 5 ~ (d'un vettore) (*mat.*), Wirbel (*m.*). 6 ~ (del personale) (*lav. - pers.*), Umschlag (*m.*). 7 ~ (turno) (*gen.*), Turnus (*m.*), Abwechslung (*f.*). 8 ~ **agraria** (*agric.*), Fruchtwechsel (*m.*), Wechselwirtschaft (*f.*). 9 ~ **antioraria** (rotazione sinistrorsa) (*mecc. - macch.*), Linksdrehung (*f.*), Linkslauf (*m.*). 10 ~ **a vuoto** (rotazione folle, slittamento, pattinamento, di ruote p. es.) (*ferr. - ecc.*), Durchdrehen (*n.*). 11 ~ **concentrica** (concentricità, rotazione coassiale) (*mecc. - ecc.*), Rundlaufen (*n.*). 12 ~ **delle colture** (*agric.*), Wechselwirtschaft (*f.*), Fruchtwechsel (*m.*). 13 ~ **delle giacenze** (rotazione delle scorte) (*ind.*), Lagerumschlag (*m.*), Umschlaghäufigkeit der Vorräte. 14 ~ **delle scorte** (rotazione delle giacenze) (*ind.*), Lagerumschlag (*m.*), Umschlaghäufigkeit der Vorräte. 15 ~ **del personale** (avvicendamento del personale) (*pers. - lav.*), Personalwechsel (*m.*), Arbeitskraftwechsel (*m.*). 16 ~ **destrorsa** (rotazione oraria) (*mot. - macch.*), Rechtsdrehung (*f.*). 17 ~ **destrorsa** (senso di rotazione destrorso, di un motore visto dal lato accoppiamento) (*mot.*), Rechtslauf (*m.*). 18 ~ **destrorsa** (senso di rotazione destrorso, di una macch. condotta, vista dal lato accoppiamento) (*macch.*), Rechtslauf (*m.*). 19 ~ **eccentrica** (con oscillazione radiale) (*mecc.*), Unrundlauf (*m.*). 20 ~ **folle** (slittamento, pattinamento, di ruote p. es.) (*ferr. - ecc.*), Durchdrehen (*n.*). 21 ~ **fuori piano** (sfarfallamento) (*mecc.*), Taumelbewegung (*f.*), Flattern (*n.*). 22 ~ **in senso opposto** (*mecc. - ecc.*), Gegenlauf (*m.*). 23 ~ **magnetica** (potere rotatorio magnetico, effetto Faraday) (*ott.*), Magnetorotation (*f.*), Faraday-Effekt (*m.*), magnetische Drehung der Polarisationsebene. 24 ~ **oraria** (rotazione destrorsa) (*mecc.*), Rechtslauf (*m.*), Rechtsdrehung (*f.*). 25 ~ **rapida per mancanza di aderenza** (slittamento, pattinamento, delle ruote di autoveicoli) (*veic.*), Durchdrehen (*n.*), Durchgehen (*n.*). 26 ~ **sinistrorsa** (rotazione antioraria) (*mecc. - macch.*), Linksdrehung (*f.*), Linkslauf (*m.*). 27 **angolo di** ~ (*mecc. - ecc.*), Drehwinkel (*m.*). 28 **apparecchio di controllo (automatico) della velocità di** ~ (*app.*), Drehzahlwächter (*m.*). 29 **a** ~ (a turno) (*gen.*), turnusmässig. 30 **asse di** ~ (*mat. - geom.*), Rotationsachse (*f.*). 31 **asse di** ~ (*mecc. - ecc.*), Drehachse (*f.*). 32 **asse di** ~ **istantaneo** (*mecc. - ecc.*), Momentanachse (*f.*), augenblickliche Drehachse. 33 **asse di** ~ **istantaneo** (d'una sala montata) (*ferr.*), Momentandrehachse (*f.*), u-Achse (*f.*). 34 **centro di** ~ (*mecc.*), Drehpunkt (*m.*). 35 **centro di** ~ **istantaneo** (*mecc.*), Momentanpol (*m.*), Momentanzentrum (*n.*), Drehpol (*m.*). 36 **centro di** ~ **istantaneo** (centro istantaneo, traccia dell'asse di rotazione, in curve) (*aut.*), Momentanzentrum (*n.*), Momentpol (*m.*), Lenkdrehpunkt (*m.*). 37 **di** ~ (di giro, motore p. es., per revisione ecc.) (*aut. - ecc.*), Austausch..., Tausch... 38 **di** ~ (di rivoluzione, corpo, ecc.) (*tecnol. - geom.*), rotationssymmetrisch. 39 **elettromagnete di** ~ (*telef. - ecc.*), Drehmagnet (*m.*). 40 **ellissoide di** ~ (*geom.*), Drehungsellipsoid (*n.*). 41 **energia cinetica di** ~ (*mecc.*), Drehenergie (*f.*). 42 **motore di** ~ (motore di giro, per la sostituzione di motori che devono essere revisionati) (*mot.*), Tauschmotor (*m.*), Austauschmotor (*m.*). 43 **senso di** ~ (*mecc. - ecc.*), Drehsinn (*n.*). 44 **senso di** ~ **antiorario** (senso di rotazione sinistrorso) (*macch. - ecc.*), Gegenuhrzeigersinn (*m.*). 45 **senso di** ~ **orario** (senso di rotazione destrorso) (*macch. - ecc.*), Uhrzeigersinn (*m.*). 46 **senso di** ~ **destrorso** (di una macch. operatrice, guardando il lato accoppiamento) (*macch.*), Rechtslauf (*m.*). 47 **senso di** ~ **destrorso** (di un motore primo, guardando il lato accoppiamento) (*mot.*), Rechtslauf (*m.*). 48 **senso di** ~ **sinistrorso** (di una macch. operatrice, guardando il lato accoppiamento) (*macch.*), Linkslauf (*m.*). 49 **senso di** ~ **sinistrorso** (senso di rotazione antiorario) (*macch. - ecc.*), Gegenuhrzeigersinn (*m.*). 50 **senso di** ~ **sinistrorso** (di un motore primo, guardando il lato accoppiamento) (*mot.*), Linkslauf (*m.*). 51 **superficie di** ~ (*geom.*), Rotationsfläche (*f.*). 52 **tasso di** ~ (tasso di avvicendamento) (*lav. - pers.*), Umschlaggeschwindigkeit (*f.*), Umsatzgeschwindigkeit (*f.*). 53 **tasso di** ~ (delle scorte di magazzino) (*ind.*), Umsatzgeschwindigkeit (*d.*), Umschlaggeschwindigkeit (*f.*). 54 **tempo di** ~ (*gen.*), Umlaufzeit (*f.*). 55 **tempo di** ~ **di un elettrone** (tempo di transito) (*fis.*), Elektronenumlaufzeit (*f.*). 56 **traccia dell'asse di** ~ (centro di rotazione istantaneo, in curve) (*aut.*), Lenkdrehpunkt (*m.*), Momentanpol (*m.*).
rotella (*gen.*), Rolle (*f.*), Rädchen (*n.*). 2 ~ **di messa a fuoco** (di un binocolo) (*strum. - ott.*), Mitteltrieb (*m.*). 3 ~ **di presa** (contatto a rotella, di un tram p. es.) (*veic. elett.*), Kontaktrolle (*f.*), Abnehmerrolle (*f.*). 4 ~ **integrante** (di un planimetro) (*app.*), Integrierrolle (*f.*), Messrolle (*f.*). 5 ~ **metrica** (*strum.*), Rollbandmass (*n.*). 6 ~ **orientabile** (ruotino orientabile) (*veic.*), Schwenkrolle (*f.*). 7 ~ **per presa di corrente** (*veic. elett.*), Stromabnehmerrolle (*f.*). 8 **per zigrinare** (*ut.*), Rändelrädchen (*n.*), Rändel (*n.*). 9 **presa di corrente a** ~ (*veic. elett.*), Rollenstromabnehmer (*m.*).
rotellina (*mecc. - ecc.*), Rädchen (*n.*).

rotina (rotella, ruotina) (*gen.*), Rolle (*f.*), Rädchen (*n.*). **2 ~ orientabile** (ruotina orientabile) (*mecc. - ecc.*), Schwenkrolle (*f.*).
rotismo (ruotismo) (*mecc.*), Rädergetriebe (*n.*), Radgetriebe (*n.*), Radumformer (*m.*). **2 ~** (per contatori) (*strum.*), Laufwerk (*n.*). **3 ~** (di un orologio p. es.) (*mecc.*), Antriebswerk (*n.*). **4 ~ a coppia di frizione** (coppia di frizione, trasmissione a ruote di frizione) (*mecc.*), Reibradgetriebe (*n.*), Friktionsgetriebe (*n.*). **5 ~ ad ingranaggi** (trasmissione ad ingranaggi) (*mecc.*), Zahnradgetriebe (*n.*). **6 ~ a frizione** (meccanismo a ruote di frizione) (*mecc.*), Reibradgetriebe (*n.*), Friktionsgetriebe (*n.*). **7 ~ differenziale** (differenziale) (*mecc.*), Differentialgetriebe (*n.*). **8 ~ epicicloidale** (*mecc.*), Planetengetriebe (*n.*), Umlaufrädergetriebe (*n.*), Umlaufgetriebe (*n.*). **9 ~ epicicloidale a sovrapposizione** (di giri o di coppie, nel quale il numero di giri del terzo organo è dato dalla sovrapposizione delle velocità dei due alberi di entrata) (*macch.*), Überlagerungsgetriebe (*n.*), Summengetriebe (*n.*).
rotocalco (rotocalcografia, stampa ottenuta da macch. rotativa calcografica) (*ind. grafiche*), Rotationstiefdruck (*m.*), Kupfertiefdruck (*m.*). **2 retino per ~** (*ind. grafiche*), Tiefdruckraster (*m.*).
rotocalcografia (rotocalco) (*tip.*), Rotationstiefdruck (*m.*), Kupfertiefdruck (*m.*).
rotocalcografo (*lav.*), Tiefdruck-Rotationer (*m.*).
rotocamera (d'un freno pneumatico, p. es.) (*veic.*), Rollmembranzylinder (*m.*).
rotoflessore (app. per prove materiali p. es.) (*metall.*), Wechselfeldrotomat (*m.*).
rotoformatrice (formatrice a rotazione, di corpi cavi di plastica) (*mecc.*), Rotationsmaschine (*f.*).
rotolamento (*gen.*), Rollen (*n.*), Wälzen (*n.*). **2 ~** (di una ruota p. es.) (*mecc.*), Abrollen (*n.*), Rollen (*n.*), Wälzen (*n.*). **3 ~** (di ruote dentate p. es.) (*mecc.*), Wälzbewegung (*f.*). **4 attrito al ~** (*mecc.*), Wälzreibung (*f.*). **5 cerchio di ~** (*ferr.*), Laufkreis (*m.*). **6 coefficiente di resistenza al ~** (*aut.*), Rollwiderstandsbeiwert (*m.*). **7 cuscinetto a ~** (*mecc.*), Wälzlager (*n.*). **8 guida a ~** (*macch.*), Wälzführung (*f.*). **9 linea di ~** (*mecc.*), Wälzlinie (*f.*). **10 moto di ~** (*mecc.*), rollende Bewegung. **11 perno-sede di ~** (sede di rotolamento di un cuscinetto a rulli nel quale i rulli sono a contatto diretto con il perno) (*mecc.*), Laufbolzen (*m.*). **12 pista di ~** (*mecc.*), Abrollbahn (*f.*). **13 potenza assorbita dalla resistenza al ~** (*veic.*), Rollwiderstandsleistung (*f.*). **14 prova di ~ sui due fianchi** (per ingranaggi) (*mecc.*), Zweiflankenwälzprüfung (*f.*). **15 resistenza al ~** (di cuscinetti volventi) (*mecc.*), Wälzfestigkeit (*f.*). **16 resistenza al ~** (prodotto del coefficiente di resistenza al rotolamento per il peso del veicolo) (*aut.*), Rollwiderstand (*m.*). **17 superficie di ~** (tra ruota e rotaia (*ferr.*), Lauffläche (*f.*). **18 verifica al ~** (di ingranaggi) (*mecc.*), Wälzprüfung (*f.*). **19 verifica al ~ su due fianchi** (di ingranaggi) (*mecc.*), Zweiflankenwälzprüfung (*f.*).
rotolante (*gen.*), rollend, wälzend.

rotolare (*gen.*), rollen, wälzen.
rotolatrice (curvatrice) (*macch. lav. lamiere*), Rundbiegemaschine (*f.*), Rundmaschine (*f.*). **2 ~ a tre rulli** (*macch. lav. lamiera*), Dreiwalzen-Rundmaschine (*f.*).
rotolatura (rullatura, curvatura a rulli, di lamiere p. es.) (*tecnol. mecc.*), Rollung (*f.*), Rollen (*n.*).
rotolito (rotolitografia) (*ind. graf.*), Rotations-Offsetdruck (*m.*).
rotolo (di carta p. es.) (*gen.*), Rolle (*f.*). **2 ~** (falda arrotolata nella lavorazione del caucciù) (*ind. gomma*), Puppe (*f.*). **3 di filo** (*ind. metall.*), Drahtrolle (*f.*). **4 ~ di pellicola** (*fot.*), Rollfilm (*m.*).
rotonda (edificio a rotonda) (*s. - ed.*), Rotunde (*f.*), Rundbau (*m.*). **2 ~** (deposito a rotonda, per locomotive) (*ferr.*), Rundhaus (*n.*), Rundschuppen (*m.*). **3 ~ per locomotive** (deposito a rotonda per locomotive) (*ferr.*), Lokomotivrundschuppen (*m.*).
rotondità (circolarità) (*mecc. - ecc.*), Rundheit (*f.*).
rotondo (circolare) (*gen.*), rund, kreisrund.
rotore (di una macchina) (*mecc. - macch.*), Läufer (*m.*). **2 ~** (di una macchina elettrica) (*elett.*), Läufer (*m.*), Rotor (*m.*). **3 ~** (di un motore a stantuffo rotante) (*mot.*), Läufer (*m.*). **4 ~** (d'un motore Wankel) (*mot.*), Drehkolben (*m.*), Kolben (*m.*), Innenläufer (*m.*). **5 ~** (elica di quota, di un elicottero) (*aer.*), Rotor (*m.*), Tragschraube (*f.*), Hubschraube (*f.*). **6 ~** (rotovettore, vettore rotazionale) (*mat.*), Rotorwirbel (*m.*), Wirbelvektor (*m.*). **7 ~ a barre** (rotore a sbarre) (*macch. elett.*), Stabläufer (*m.*), Stabanker (*m.*). **8 ~ ad albero** (d'un compressore assiale) (*macch.*), Wellenläufer (*m.*). **9 ~ a gabbia di scoiattolo** (rotore in corto circuito) (*macch. elett.*), Kurzschlussanker (*m.*), Käfiganker (*m.*), Käfigläufer (*m.*). **10 ~ anticoppia** (elica anticoppia, di un elicottero) (*aer.*), Gegenlaufrotor (*m.*). **11 ~ a poli salienti** (*macch. elett.*), Schenkelpolläufer (*m.*). **12 ~ a tamburo** (d'un compressore assiale) (*macch.*), Trommelläufer (*m.*). **13 ~ con tiranti** (d'un compressore assiale) (*macch.*), Zugankerläufer (*m.*). **14 ~ di Flettner** (applicazione del fenomeno di Magnus) (*nav.*), Flettner-Rotor (*m.*). **15 ~ di superficie** (nell'analisi vettoriale) (*mat.*), Flächenrotor (*m.*), Sprungrotor (*m.*). **16 ~ in autorotazione** (di un elicottero) (*aer.*), Freilaufrotor (*m.*). **17 ~ in corto circuito** (rotore a gabbia di scoiattolo) (*elett.*), Kurzschlussanker (*m.*), Käfiganker (*m.*), Käfigläufer (*m.*). **18 ~ intermedio** (secondo rotore in un motore ad induzione) (*macch. elett.*), Zwischenläufer (*m.*). **19 ~ principale** (elica di quota, di un elicottero) (*aer.*), Tragschraube (*f.*), Rotor (*m.*), Hubschraube (*f.*). **20 ~ soggetto a scorrimento** (d'una gabbia di scoiattolo) (*macch. elett.*), Schlupfläufer (*m.*). **21 ad un ~** (*aer.*), einrotorig. **22 a ~ avvolto** (*macch. elett.*), läufergewickelt. **23 barra di ~** (conduttore d'indotto di grande sezione) (*elett.*), Stab (*m.*), Röbelstab (*m.*). **24 con ~ collegato alla rete** (*mot. elett.*), läufergespeist. **25 faccia del ~** (d'un motore Wankel) (*mit.*), Kolbenflanke

(*f.*). **26 finestra del ~** (d'un motore Wankel) (*mot.*), Kolbenfenster (*n.*). **27 lanterna del ~** (*macch. elett.*), Rotorstern (*m.*).

« rototrol » (« controller » rotante, macchina amplificatrice impiegata nei circuiti di regolazione) (*elett.*), Rototrol (*m.*).

rotovettore (vettore rotazionale, rotore) (*mat.*), Rotor (*m.*), Wirbel (*m.*), Wirbelvektor (*m.*).

rotta (di una nave p. es., angolo tra direzione di riferimento ed asse longitudinale della nave o velivolo) (*aer. - nav. - navig.*), Kurs (*m.*). **2 ~** (percorso) (*nav. - aer.*), Weg (*m.*), Route (*f.*), Fahrt (*f.*). **3 ~ aerea** (*aer.*), Flugweg (*m.*), Flugroute (*f.*). **4 ~ alla bussola** (*navig.*), Kompasskurs (*m.*). **5 ~ di avvicinamento** (*aer.*), Anflugkurs (*m.*). **6 ~ marittima** (*nav. - navig.*), Seeweg (*m.*). **7 ~ prestabilita** (*navig.*), eingedrehter Kurs. **8 ~ vera** (*aer.*), rechtweisender Kurs. **9 angolo di ~** (*navig.*), Steuerkurs (*m.*). **10 deviare dalla ~** (*nav.*), ausscheren. **11 errore di ~** (*nav. - aer.*), Fahrtfehler (*m.*). **12 essere fuori ~** (*navig.*), nicht auf Kurs sein. **13 essere in ~** (*navig.*), auf Kurs sein. **14 far ~ per** (*nav. - aer.*), ansteuern. **15 indicatore di ~** (*navig.*), Kursanzeiger (*m.*). **16 mettersi in ~** (*navig.*), auf Kurs gehen. **17 mantenimento della ~** (*aer. - ecc.*), Kurshaltung (*f.*). **18 registratore di ~** (registra in continuo la posizione geografica istantanea) (*navig. aer.*), Flugwegschreiber (*m.*). **19 riportare in ~** (rimettere in rotta) (*nav.*), einscheren. **20 tenere la ~** (*navig.*), den Kurs halten. **21 stabilità di ~** (stabilità direzionale) (*aer.*), Richtungsstabilität (*f.*).

rottamare (gettare a rottame) (*metall.*), verschrotten, zum Abfall werfen.

rottame (*mecc. - metall.*), Schrott (*m.*), Abfall (*m.*). **2 ~ di acciaio** (*ind. metall.*), Altstahl (*m.*). **3 ~ di ferro** (*metall.*), Eisenschrott (*m.*), Abfalleisen (*n.*), Alteisen (*n.*), altes Eisen. **4 ~ di ghisa** (*fond.*), Gussbruch (*m.*), Gusschrott (*m.*). **5 ~ (di piombo) di accumulatori** (*metall.*), Akkualtblei (*n.*), Akkuschrott (*m.*). **6 ~ di vetro** (vetro di scarto) (*mft. vetro*), Glasbruch (*m.*). **7 ~ metallico** (*ind. metall.*), Metallabfall (*m.*), Schrott (*m.*), Altmetall (*n.*). **8 ~ pregiato** (*metall.*), Edelschrott (*m.*). **9 cesoia per rottami** (cesoia tagliarottami) (*macch.*), Schrottscherpresse (*f.*). **10 fusione dei rottami** (*fond. - metall.*), Schrottverhüttung (*f.*). **11 impacchettatura di rottami** (*metall.*), Schrottpaketieren (*n.*). **12 messa a ~** (*metall. - ecc.*), Verschrottung (*f.*). **13 metodo al ~** (*metall.*), Altmetallverhüttung (*f.*). **14 pacchettatrice per rottami** (*macch. - metall.*), Schrottpaketierpresse (*f.*), Schrottbündelmaschine (*f.*). **15 parco rottami** (*metall.*), Schrottplatz (*m.*), Schrottlager (*n.*). **16 processo al ~ e carbone** (*metall.*), Schrott-Kohle-Verfahren (*n.*). **17 rielaborazione metallurgica dei rottami** (fusione dei rottami) (*metall. - fond.*), Schrottverhüttung (*f.*). **18 spaccare ~** (*metall.*), schroten.

rotto (*gen.*), gebrochen.

rottura (*gen.*), Bruch (*m.*), Brechen (*n.*). **2 ~** (breccia) (*gen.*), Durchbruch (*m.*). **3 ~** (frattura) (*prova di mater.*), Bruch (*m.*). **4 ~** (delle relazioni) (*comm.*), Abbruch (*m.*), Lösung (*f.*). **5 ~** (dell'arco p. es.) (*elett.*), Abreissen (*n.*). **6 ~** (della mola) (*mecc.*), Bersten (*n.*). **7 ~** (del tagliente di un utensile) (*ut.*), Erliegen (*n.*). **8 ~** (perforazione, di isolatori p. es.) (*elett.*), Durchbruch (*m.*), Durchschlag (*m.*). **9 ~** (di superfici stradali) (*costr. strad.*), Abbröckeln (*n.*). **10 ~** (di una lettera) (*tip.*), Abbruch (*m.*). **11 ~** (*metall. - ecc.*), vedi anche frattura. **12 ~ a coppa** (nella trafilatura dei fili p. es.) (*tecnol. mecc.*), Reisskegelbildung (*f.*). **13 ~ a valanga** (elettronica), Lawinenbruch (*m.*). **14 ~ da clivaggio** (rottura da sfaldamento) (*mecc.*), Spaltbruch (*m.*). **15 ~ da deformazione** (in cui la superficie di rottura è liscia) (*metall.*), Verformungsbruch (*m.*). **16 ~ da instabilità termica** (di isolatori) (*elett.*), Wärmedurchschlag (*m.*). **17 ~ da sovraccarico** (rottura non da fatica) (*metall. - tecnol.*), Gewaltbruch (*m.*). **18 ~ da taglio** (*sc. costr.*), Scherbruch (*m.*). **19 ~ da trazione** (perpendicolare allo sforzo di trazione) (*prove mater.*), Trennbruch (*m.*), Trennungsbruch (*m.*). **20 ~ dell'argine** (*costr. idr.*), Deichbruch (*m.*). **21 ~ delle relazioni** (*comm.*), Lösung von Verbindungen. **22 ~ di argine da piena** (*costr. idr.*), Hochwasserschaden (*m.*), Hochwasserbruch (*m.*). **23 ~ di contratto** (*comm.*), Kontraktbruch (*m.*), Vertragsbruch (*m.*). **24 ~ di fatica** (*tecnol. mecc.*), Dauerschwingbruch (*m.*), Dauerbruch (*m.*). **25 ~ di schianto** (rottura improvvisa, parte della rottura di fatica a grana grossa e frastagliata) (*metall.*), Restbruch (*m.*). **26 ~ fragile** (*metall. - ecc.*), Sprödbruch (*m.*). **27 ~ friabile** (rottura fragile, dalla ghisa malleabile, di aspetto simile a quella della ghisa grigia) (*metall.*), Faulbruch (*m.*). **28 ~ improvvisa** (rottura di schianto, parte della rottura di fatica a grana grossa e frastagliata) (*metall.*), Restbruch (*m.*). **29 ~ intercristallina** (frattura intercristallina) (*metall.*), Korngrenzenbruch (*m.*). **30 ~ lato terra** (di un argine) (*costr. idr.*), Rückbruch (*m.*). **31 ~ longitudinale** (di una punta da trapano) (*ut.*), Aufspalten (*n.*). **32 ~ normale** (rottura da sovraccarico, rottura non di fatica) (*metall. - tecnol. mecc.*), Gewaltbruch (*m.*). **33 ~ passante** (discontinuità del materiale che interessa tutta la sezione) (*metall. - ecc.*), Durchbruch (*m.*). **34 ~ per fatica** (frattura per fatica) (*metall.*), Dauerbruch (*m.*), Dauerschwingbruch (*m.*). **35 ~ progressiva** (parte pressochè liscia di una rottura di fatica) (*metall.*), Dauerschwinganriss (*m.*), Daueranriss (*m.*). **36 ~ tenace** (*mecc. - metall.*), Bruch zäh. **37 ~ tenace e grigio opaco** (*mecc. - metall.*), Bruch zäh und mattgrau. **38 angolo di ~** (di nastri metallici sottili nella prova di trazione) (*tecnol. mecc.*), Reisswinkel (*m.*). **39 arco di ~** (arco di apertura) (*elett.*), Abschaltlichtbogen (*m.*). **40 capacità di ~** (potere d'interruzione) (*elett.*), Ausschaltvermögen (*n.*). **41 carico di ~** (sollecitazione di rottura, resistenza a rottura, a trazione) (*sc. costr.*), Höchstspannung (*f.*), Höchstlast (*f.*), Bruchspannung (*f.*), Bruchfestigkeit (f.), Zugfestigkeit (f.). **42 carico di** ~ (di un provino di carta, espresso in kg) (*ind. carta*), Bruchwiderstand (m.). **43 dispositivo** ~ **tettuccio abitacolo** (d'un sedile eiettabile) (*aer.*), Kabinendachbrecher (m.). **44 intensità di corrente di** ~ (*elettronica*), Lawinenstromdichte (f.). **45 invito a** ~ (spigolo vivo, ecc.) (*mecc.*), Spannungserhöher (m.). **46 ipotesi di accumulo di rotture** (nelle prove di fatica) (*prove mater.*), Schadenakkumulation-Hypothese (f.). **47 limite di** ~ (carico di rottura) (*sc. costr.*), Festigkeitsgrenze (f.), Bruchgrenze (f.). **48 linea di** ~ (d'una barretta per prove di trazione p. es.) (*tecnol. mecc.*), Risslinie (f.), Bruchlinie (f.). **49 lunghezza di** ~ (misura della resistenza di filati o carta) (*tecnol.*), Reisslänge (f.). **50 numero dei cicli di** ~ (*sc. costr.*), Bruchlastspielzahl (f.), Lastspielzahl (f.). **51 piastra di** ~ (o di sicurezza) (*macch.*), Brechplatte (f.). **52 potere di** ~ (di un interruttore) (*elett.*), Schaltleistung (f.), Schaltvermögen (n.). **53 prova di** ~ **a trazione** (su catene p. es.) (*prova*), Zugbruchversuch (m.). **54 resistenza alla** ~ (*metall.*), Bruchfestigkeit (f.). **55 resistenza alla** ~ **da trazione** (forza che provoca la rottura divisa per l'area di rottura) (*tecnol. mecc.*), Trennfestigkeit (m.), Reissfestigkeit (f.). **56 sollecitazione di** ~ (carico di rottura, resistenza a rottura, a trazione) (*sc. costr.*), Höchstspannung (f.), Höchstlast (f.), Bruchspannung (f.), Bruchfestigkeit (f.), Zugfestigkeit (f.). **57 sollecitazione (massima) di** ~ (resistenza alla separazione; forza divisa per la sezione di rottura) (*tecnol mecc.*), Reissfestigkeit (f.), Trennfestigkeit (f.). **58 tensione di** ~ (tensione di scarica) (*elett.*), Durchbruchspannung (f.).

« **roulotte** » (carovana) (*campeggio*), Wohnanhänger (m.).

routine (sequenza d'istruzioni, parte d'un programma) (*calc. - elab. dati*), Routine (f.). **2** ~ (sottoprogramma) (*elab. dati - calc.*), Unterprogramm (n.). **3** ~ **aperta** (sottoprogramma aperto, sottoprogramma in linea) (*calc.*), offenes Unterprogramm. **4** ~ **chiusa** (sottoprogramma chiuso) (*calc.*), geschlossenes Unterprogramm. **5** ~ (**di**) **correzione errori** (*calc.*), Fehlerkorrekturroutine (f.). **6** ~ **di entrata** (*calc.*), Eingaberoutine (f.). **7** ~ **d'inizializzazione** (*elab. dati*), Vorprogramm (n.).

rovesciamento (ribaltamento) (*veic.*), Kippen (n.). **2 coppia di** ~ (*mecc. - ecc.*), Kippmoment (n.). **3 limite di** ~ (limite di ribaltamento) (*veic.*), Kippgrenze (f.).

rovesciare (ribaltare) (*gen.*), kippen. **2** ~ (le tasche p. es.) (*gen.*), umkehren. **3** ~ (l'immagine sul cilindro di gomma nella stampa offset) (*stampa*), kontern.

rovesciatore (scaricatore-rovesciatore, per carri ferr.) (*ferr.*), Kipper (m.), Wagenkipper (m.). **2** ~ (per siviere) (*fond.*), Kipper (m.). **3** ~ **a piattaforma** (*ferr.*), Plattformkipper (m.). **4** ~ **a scarico frontale** (rovesciatore a scarico di testa) (*ferr.*), Stirnkipper (m.), Vorderkipper (m.). **5** ~ **a scarico laterale** (*ferr.*), Seitenkipper (m.). **6** ~ **di carri** (**ferroviari**) (scaricatore-rovesciatore di carri ferroviari) (*ferr.*), Waggonkipper (m.), Wagenkipper (m.).

rovescio (acquazzone, precipitazione di breve durata) (*meteor.*), Schauer (m.), Regenschauer (m.). **2** ~ (lato inferiore del giunto, nella saldatura) (*tecnol. mecc.*), Wurzelseite (f.). **3 al** ~ (passata, nella saldatura) (*tecnol. mecc.*), wulzelseitig.

RPG (generatore programmi per prospetti stampati) (*calc.*), RPG, Report-Programm-Generator (m.).

RST (sistema per leggibilità, nei collegamenti radio) (*radio*), RST.

RTL (resistor-transistor logic, circuito logico ad accoppiamento resistori-transistori) (*elettronica*), RTL-Schaltung (f.).

Ru (rutenio) (*chim.*), Ru, Ruthenium (n.).

rubidio (Rb - *chim.*), Rubidium (n.).

rubinetteria (valvolame) (*tubaz.*), Absperrorgane (n. - pl.), Armaturen (f. pl.).

rubinetto (*tubaz.*), Hahn (m.). **2** ~ **a due vie** (*tubaz.*), Zweiwegehahn (m.). **3** ~ **ad una via** (*tubaz.*), Einweghahn (m.). **4** ~ **a maschio** (*tubaz.*), Kegelhahn (m.), Kückenhahn (m.), Zapfhahn (m.). **5** ~ **a più vie** (*tubaz.*), Vielwegehahn (m.). **6** ~ **a quattro vie** (*tubaz.*), Kreuzhahn (m.), Vierwegehahn (m.). **7** ~ **a tre vie** (*tubaz.*), Dreiweghahn (m.). **8** ~ **del macchinista** (rubinetto di comando del freno) (*ferr.*), Führerbremsventil (n.). **9** ~ **di arresto** (*tubaz.*), Abstellhahn (m.). **10** ~ **di chiusura** (rubinetto di intercettazione) (*tubaz.*), Absperrhahn (m.), Sperrhahn (m.). **11** ~ **di chiusura del combustibile** (*mot. aer.*), Brandhahn (m.). **12** ~ **di comando del freno** (rubinetto del macchinista) (*ferr.*), Führerbremsventil (n.). **13** ~ **di decompressione** (per mettere in comunicazione la camera di combustione con l'atmosfera) (*mot.*), Zischhahn (m.). **14** ~ **di intercettazione** (*tubaz.*), Sperrhahn (m.), Absperrhahn (m.). **15** ~ **di pulitura** (rubinetto di pulizia) (*tubaz.*), Reinigungshahn (m.). **16** ~ **di scarico** (*tubaz.*), Ablasshahn (m.), Auslaufhahn (m.), Abflusshahn (m.). **17** ~ **di scarico dei fanghi** (rubinetto di spurgo dei fanghi) (*tubaz. - cald.*), Schmutzhahn (m.), Schlammablasshahn (m.). **18** ~ **di scarico (dell'acqua) del radiatore** (*aut.*), Kühlerablasshahn (m.). **19** ~ **di scarico dell'olio** (*mot. - macch.*), Schmierölablasshahn (m.). **20** ~ **di spillatura** (della birra dai fusti p. es.) (*app.*), Anstichhahn (m.). **21** ~ **di scarico** (*tubaz.*), Ablasshahn (m.). **22** ~ **di spurgo dei fanghi** (rubinetto di scarico dei fanghi) (*tubaz. - ecc.*), Schmutzhahn (m.), Schlammablasshahn (m.). **23** ~ **scarico fanghi** (*cald. - tubaz.*), Schlammablasshahn (m.), Schmutzhahn (m.).

rubino (pietra preziosa) (*min.*), Rubin (m.). **2** ~ (supporto in pietra dura, per orologi, strumenti di misura ecc.) (*mecc.*), Lagerstein (m.), Spitzenlager (n.), Steinlager (n.), Edelsteinalger (n.).

rubrica (*tip.*), Rubrik (f.).

rubricare (*tip. - ecc.*), rubrizieren.

ruga (grinza) (*gen.*), Runzel (f.), Schrumpel (f.).

rugghiare (*gen.*), schnarren.

rugghio (rumore) (*acus.*), Schnarre (f.).

ruggine (idrossido ferroso) (*metall.*), Rost (m.),

rugiada

Eisenrost (*m.*), Ferrihydroxyd (*n.*). 2 ~ **bianca** (ruggine dello zinco, sopra superfici zincate) (*metall.*), weisser Rost, Zinkrost (*m.*). 3 ~ **dello zinco** (ruggine bianca, sopra superfici zincate) (*metall.*), Zinkrost (*m.*), weisser Rost. 4 ~ **di apporto** (proveniente da altri pezzi di ferro) (*metall.*), Fremdrost (*m.*). 5 ~ **d'infiltrazione** (sotto la vernice) (*vn.*), Unterrostung (*f.*). 6 **togliere la** ~ (disossidare) (*metall.*), entrosten. 7 **velo di** ~ (*metall.*), Flugrost (*m.*), erster Rost.

rugiada (*meteor.*), Tau (*m.*), Tauwasser (*n.*). 2 **punto di** ~ (*meteor.*), Taupunkt (*m.*).

rugosimetria (*tecnol. mecc.*), Rauheitsprüfung (*f.*), Glätteprüfung (*f.*). 2 ~ **a sezione ottica** (di una superficie tecnica) (*tecnol. mecc.*), Lichtschnittverfahren (*n.*).

rugosimetro (scabrosimetro, strum. per il controllo delle superfici tecniche) (*app.*), Rauheitsprüfer (*m.*), Oberflächenprüfgerät (*n.*), Glätteprüfer (*m.*). 2 ~ **stradale** (app. per misurare le irregolarità della superficie stradale) (*app. - costr. strad.*), Strassenunebenheitsmesser (*m.*).

rugosità (scabrosità, di una superficie tecnica) (*mecc.*), Rauheit (*f.*). 2 ~ (scabrosità, della superficie interna di un tubo) (*idr. - tubaz.*), Rauhigkeit (*f.*). 3 ~ **longitudinale** (nella direzione in cui corrono i solchi) (*mecc.*), Längsrauheit (*f.*). 4 ~ **media** (valore medio della rugosità, media aritmetica dei valori assoluti delle distanze del profilo reale dal profilo medio) (*mecc.*), Mittenrauhwert (*m.*). 5 ~ **media aritmetica** (CLA) (*mecc.*), arithmetischer Mittenrauhwert, CLA. 6 ~ **media quadratica** (RMS) (*mecc.*), quadratischer Mittenrauhwert, RMS. 7 ~ **superficiale** (*mecc.*), Oberflächenrauheit (*f.*), Oberflächenrauhigkeit (*f.*). 8 ~ **trasversale** (rugosità trasversalmente ai solchi) (*mecc.*), Querrauheit (*f.*). 9 **indice di** ~ (di una superficie) (*mecc.*), R-Wert (*m.*), Rauhtiefe (*f.*). 10 **passo della** ~ (di una superficie tecnica) (*mecc.*), Rillenabstand (*m.*). 11 **sitema di rilevamento della** ~ **con tre sfere** (sistema E) (*mecc.*), E-System (*n.*). 12 **valore della** ~ (*mecc.*), Rauhwert (*m.*), Rauheitswert (*m.*). 13 **valore massimo della** ~ (di una superficie tecnica) (*mecc.*), Rauhtiefe (*f.*). 14 **valore medio della** ~ (rugosità media, media aritmetica dei valori assoluti delle distanze del profilo reale dal profilo medio) (*mecc.*), Mittenrauhwert (*m.*).

rugoso (*mecc. - ecc.*), rauh.

rullaggio (di un aeroplano) (*aer.*), Rollen (*n.*). 2 **pista di** ~ (di un aeroporto) (*aer.*), Rollbahn (*f.*), Zurollweg (*m.*).

rullare (curvare con rulli) (*lav. lamiere*), rollen, runden. 2 ~ (filettare con rulli) (*mecc.*), walzen, rollen. 3 ~ (ingranaggi) (*mecc.*), walzen, rollen. 4 ~ (ruotare uno spezzone tra gli stampi) (*fucinatura*), rollen. 5 ~ (per lisciare la superficie) (*mecc.*), glattwalzen, druckpolieren, prägepolieren, rollieren. 6 ~ (di un velivolo) (*aer.*), rollen. 7 ~ **a freddo** (ingranaggi p. es.) (*tecnol. mecc.*), kaltwalzen.

rullato (filettatura p. es.) (*mecc.*), gewalzt. 2 ~ **a caldo** (ingranaggio p. es.) (*tecnol. mecc.*), warmgewalzt. 3 ~ **a freddo** (ruota dentata p. es.) (*tecnol. mecc.*), kaltgewalzt.

rullatrice (per la curvatura di lamiere ad un raggio prefissato per ottenere tubi, ecc.) (*macch.*), Rundmaschine (*f.*). 2 ~ (filettatrice a rulli) (*macch.*), Walzmaschine (*f.*). 3 ~ (brunitrice, per la finitura di pezzi) (*macch.*), Rolliermaschine (*f.*). 4 ~ **per filettature** (filettatrice a rulli) (*macch. ut.*), Gewindewalzmaschine (*f.*). 5 ~ **per filettare a freddo** (filettatrice a rulli a freddo) (*macch. ut.*), Kaltgewindewalzmaschine (*f.*). 6 ~ **per ingranaggi** (*macch. ut.*), Zahnrad-Walzmaschine (*f.*).

rullatura (rotolatura, curvatura a rulli, di lamiere p. es.) (*tecnol. mecc.*), Rollung (*f.*), Runden (*n.*). 2 ~ (del bordo di una lamiera) (*lav. lamiera*), Rollbiegen (*n.*), Rollstanzen (*n.*), Rollen (*n.*). 3 ~ (di filetti) (*mecc.*), Walzen (*n.*), Rollen (*n.*). 4 ~ (per la costruzione di ingranaggi) (*mecc.*), Walzen (*n.*), Rollen (*n.*). 5 ~ (rotazione dello spezzone tra gli stampi) (*fucinatura*), Rollen (*n.*). 6 ~ (per lisciare la superficie) (*mecc.*), Glattwalzen (*n.*), Druckpolieren (*n.*), Prägepolieren (*n.*), Rollieren (*n.*). 7 ~ (brunitura a rulli, per aumentare la resistenza degli strati superficiali) (*mecc.*), Festwalzen (*n.*). 8 ~ (per imprimere scritte, ecc. su un pezzo) (*mecc.*), Einwalzen (*n.*). 9 ~ **a caldo** (per la fabbricazione di ruote dentate) (*mecc.*), Warmrollen (*n.*), Warmwalzen (*n.*). 10 ~ **a freddo** (di ingranaggi p. es.) (*mecc.*), Kaltwalzen (*n.*). 11 ~ **di filettature** (filettatura alla rullatrice) (*lav. mecc.*), Gewindewalzen (*n.*), Gewinderollen (*n.*). 12 **segmento di** ~ (sul cilindro di un laminatoio di fucinatura) (*fucinatura*), Walzsegment (*n.*).

rullo (*gen.*), Walze (*f.*), Rolle (*f.*). 2 ~ (*mecc.*), Rolle (*f.*), Walze (*f.*). 3 ~ (di un cuscinetto a rulli) (*mecc.*), Rolle (*f.*). 4 ~ (punteria a rullo) (*mecc.*), Rolle (*f.*). 5 ~ (cilindretto, per misure di profili scanalati p. es.) (*metrologia - mecc.*), Messzylinder (*m.*). 6 ~ (per la saldatura continua) (*tecnol. mecc.*), Rolle (*f.*). 7 ~ (di un compressore p. es.) (*macch. costr. strad.*), Walze (*f.*). 8 ~ (*macch. agric.*), Walze (*f.*). 9 ~ (della macch. da scrivere) (*macch. da uff.*), Walze (*f.*). 10 ~ (per il trasporto di carichi pesanti) (*trasp. ind.*), Roller (*m.*). 11 ~ **alimentatore** (*app. ind.*), Aufgabewalze (*f.*), Ablaufrolle (*f.*). 12 ~ **a mano** (inchiostratore a mano) (*att. - tip.*), Reiber (*m.*). 13 ~ **anteriore** (di un rullo compressore) (*macch. strad.*), Lenkwalze (*f.*). 14 ~ **avvolgitore** (*macch. - ecc.*), Wickelwalze (*f.*), Aufwickelwalze (*f.*). 15 ~ **avvolgitore** (di un proiettore cinem. p. es.) (*app. cinem. - ecc.*), Aufwickelspule (*f.*). 16 ~ **ballerino** (rullo per filigranare, ballerino) (*ind. della carta*), Drahtzylinder (*m.*). 17 ~ **biconico** (d'una linea a rulli per trasp. int. p. es.) (*ind.*), Doppelkegelrolle (*f.*). 18 ~ **cilindrico** (di un cuscinetto a rulli) (*mecc.*), Zylinderrolle (*f.*). 19 ~ **compressore** (compressore stradale) (*macch. costr. strad.*), Strassenwalze (*f.*). 20 ~ **compressore a vapore** (*macch. costr. strad.*), Dampfwalze (*f.*). 21 ~ **compressore per massicciate** (*ferr.*), Bettungswalze (*f.*). 22 ~

compressore vibrante (vibrocompressore stradale) (*macch. costr. strad.*), Vibrationsstrassenwalze (*f.*). **23 ~ con feltro** (*tip.*), Filzwalze (*f.*). **24 ~ costipatore** (*macch. costr. strad.*), Verdichtungswalze (*f.*). **25 ~ costipatore a pie' di pecora** (*macch. costr. strad.*), Schaffusswalze (*f.*). **26 ~ della punteria** (*mot. - mecc.*), Stösselrolle (*f.*). **27 ~ dello sterzo** (*aut.*), Lenkrolle (*f.*). **28 ~ dentato** (per trasporto della pellicola p. es.) (*cinem. - ecc.*), Zahnrolle (*f.*), Kammrolle (*f.*). **29 ~ di appoggio** (*trasp. - ecc.*), Stützrolle (*f.*). **30 ~ di presa** (rullo alimentatore) (*macch.*), Einzugsrolle (*f.*), Einziehrolle (*f.*). **31 ~ di rinvio** (puleggia di guida, galoppino) (*mecc.*), Ablenkrolle (*f.*). **32 ~ di uscita** (*mecc.*), Ablaufrolle (*f.*). **33 ~ filettatore** (*ut.*), Gewinderollwerkzeug (*n.*). **34 ~ folle** (*macch.*), Losrolle (*f.*). **35 ~ guidacinghia** (galoppino) (*mecc.*), Riemenleitrolle (*f.*). **36 ~ impressore** (rullo stampante) (*telegr.*), Druckrolle (*f.*). **37 ~ inchiostratore** (*macch. tip.*), Auftragrolle (*f.*), Auftragwalze (*f.*), Schwarzrolle (*f.*), Farbwalze (*f.*). **38 ~ motore** (di un compressore stradale) (*macch. costr. strad.*), Treibwalze (*f.*). **39 ~ motore** (per la saldatura) (*tecnol. mecc.*), Treibrolle (*f.*). **40 ~ motorizzato** (rullo motore, rullo ad azionamento elettrico individuale, di una linea a rulli di treno di laminazione) (*metall.*), Elektrorolle (*f.*). **41 ~ numeratore** (di un contatore) (*mecc.*), Zahlrolle (*f.*). **42 ~ per bordare** (*lav. - lamiere*), Bördelrolle (*f.*). **43 ~ per filettare** (*ut.*), Gewinderolle (*f.*), Gewindewalze (*f.*). **44 ~ per filigranare** (rullo ballerino) (*ind. della carta*), Drahtzylinder (*m.*). **45 ~ per** (l'esecuzione di) **rilievi** (o gole) (su un corpo cilindrico cavo di lamiera) (*tecnol. mecc.*), Sickenrolle (*f.*). **46 ~ per macchina da scrivere** (*macch. uff.*), Schreibwalze (*f.*). **47 ~ per misurazioni** (dello spessore dei denti di ruote dentate o profili scanalati p. es.) (*metrologia - mecc.*), Messbolzen (*m.*), Messzylinder (*m.*). **48 ~ per saldatura** (elettrodo a rullo) (*saldatura*), Kontaktrolle (*f.*). **49 ~ per verniciatura** (*vn. - ut.*), Farbenwalze (*f.*). **50 ~ portante** (per trasportatori a nastro p. es.) (*macch. - ind.*), Tragrolle (*f.*). **51 ~ pressore** (*app. cinem. - mecc. - ecc.*), Druckrolle (*f.*). **52 ~ profilatore** (per mole) (*ut.*), Profilierrolle (*f.*). **53 ~ ravvivatore** (per mole) (*lav. macch. ut.*), Abrichtrolle (*f.*). **54 ~ sottocompressore** (*macch. agric.*), Untergrundpacker (*m.*). **55 ~ spalmatore della colla** (rullo spalmacolla) (*app.*), Leimauftragwalze (*f.*). **56 ~ stampante** (rullo impressore) (*telegr.*), Druckrolle (*f.*). **57 ~ tendicinghia** (tenditore a rullo) (*mecc.*), Spannrolle (*f.*). **58 ~ tendifune** (tenditore a rullo) (*mecc.*), Spannrolle (*f.*). **59 ~ trascinato** (per saldatura a rulli) (*tecnol. mecc.*), Schlepprolle (*f.*). **60 ~ trasporto barra** (nella colata continua) (*fond.*), Strangförderrolle (*f.*). **61 piano a rulli** (trasportatore) (*macch. ind.*), Rollgang (*m.*). **62 piano a rulli di raccolta** (*lamin.*), Sammelrollgang (*m.*). **63 punteria a ~** (*mot. - mecc.*), Rollenstössel (*m.*). **64 saldatrice a rulli** (saldatrice continua) (*macch.*), Rollennahtschweissmaschine (*f.*), Reihenschweissmaschine (*f.*). **65 saldatura a rulli** (saldatura continua) (*tecnol. mecc.*), Rollenschweissen (*f.*), Reihenschweissung (*f.*). **66 sbozzatrice a rulli** (laminatoio sbozzatore di fucinati) (*macch. per fucinatura*), Reckwalze (*f.*). **67 tenditore a ~** (per cinghie p. es.) (*mecc.*), Spannrolle (*f.*).

rumore (*gen.*), Geräusch (*n.*). **2 ~** (*acus.*), Rauschen (*n.*), Geräusch (*n.*). **3 ~ bianco** (suono bianco, rumore a spettro continuo) (*elettroacus.*), weisses Rauschen. **4 ~ casuale** (rumore a spettro non uniforme) (*elettroacus.*), farbiges Rauschen. **5 ~ d'antenna** (*radio*), Antennenrauschen (*n.*). **6 ~ del getto** (*mot. a getto*), Strahllärm (*m.*). Strahlgeräusch (*n.*). **7 ~ dello scappamento** (rumore dello scarico) (*aut.*), Auspuffgeräusch (*n.*). **8 ~ del nastro** (magnetico) (*elettroacus.*), Bandrauschen (*n.*). **9 ~ di agitazione termica** (*fis.*), Wärmegeräusch (*n.*). **10 ~ di fondo** (*elettroacus.*), Eigenrauschen (*n.*), Grundrauschen (*n.*), Grundgeräusch (*n.*). **11 ~ di fondo del tubo** (ronzio del tubo) (*elettronica*), Röhrenbrummen (*n.*), Röhrengeräusch (*n.*). **12 ~ di linea** (*radio*), Leitungsrauschen (*n.*). **13 ~ di manipolazione** (*telegr.*), Tastgeräusch (*n.*). **14 ~ di modulazione** (*radio - acus.*), Modulationsrauschen (*n.*). **15 ~ d'intermodulazione** (*radio*), Klirren (*n.*). **16 ~ di sala** (*telef. - ecc.*), Saalgeräusch (*n.*). **17 ~ di scintillamento** (*elettronica*), Flackerrausch (*m.*). **18 ~ di valanga** (*elettronica*), Lawinenrauschen (*n.*). **19 ~ dovuto alla superficie stradale** (dipendente dalle irregolarità della pavimentazione) (*aut.*), Ablaufgeräusch (*n.*). **20 ~ dovuto al vento** (*aut. - ecc.*), Windgeräusch (*n.*). **21 ~ d'un terzo di ottava** (*acus. - lav.*), Terzbandgeräusch (*n.*). **22 ~ forte** (frastuono) (*acus.*), Lärm (*m.*). **23 ~ indotto** (interferenza, disturbo) (*radio - ecc.*), Fremdgeräusch (*n.*). **24 ~ magnetico** (*elett.*), magnetisches Geräusch. **25 ~ microfonico** (effetto microfonico) (*radio - telef.*), Mikrophongeräusch (*n.*). **26 ~ proprio** (rumore di fondo, d'un ricevitore p. es.) (*acus. - app.*), Eigengeräusch (*n.*). **27 ~ sordo** (di una elica p. es.) (*aer. - ecc.*), Brummen (*n.*). **28 far ~ rombante** (rimbombare) (*aut. - ecc.*), dröhnen. **29 fattore di ~** (*radio - ecc.*), Rauschfaktor (*m.*). **30 filtro soppressore di ~** (*radio - ecc.*), Rauschsperre (*f.*). **31 generatore di ~** (*acus.*), Rauschgenerator (*m.*). **32 livello del ~** (*telev. - radio*), Rauschpegel (*m.*). **33 lotta contro i rumori della circolazione stradale** (*aut.*), Verkehrslärmbekämpfung (*f.*). **34 nocumento da ~** (influsso nocivo del rumore) (*acus. - med.*), Lärmbeschädigung (*f.*). **35 protezione contro i rumori** (fastidiosi e nocivi nei riguardi delle persone) (*ind. - lav. - ecc.*), Schallschutz (*m.*). **36 rapporto segnale/~** (*radio - acus.*), Rauschanteil (*m.*). **37 riduzione del ~** (*acus.*), Entrauschen (*n.*). **38 soppressione del ~** (nel microfono p. es.) (*radio - ecc.*), Störschallunterdrücken (*n.*). **39 tensione di ~** (*elettroacus.*), Rauschspannung (*f.*).

rumorosità (*mecc. - ecc.*), Geräusch (*n.*). **2 ~** (di ingranaggi p. es.) (*mecc.*), Wälzgeräusch (*n.*). **3 ~ all'interno** (di una autovettura) (*aut.*), Innengeräusch (*n.*). **4 macchina per**

rumoroso

provare la ~ di ingranaggi (*macch.*), Zahnrad-Geräuschprüfmaschine (*f.*).
rumoroso (*acus.*), geräuschvoll.
ruolo (lavoro, compito o incarico assegnato) (*gen.*), Rolle (*f.*).
ruota (*gen.*), Rad (*n.*). 2 **ruote accoppiate** (ruote gemellate) (*veic.*), Doppelräder (*n. pl.*), Zwillingsräder (*n. pl.*). 3 ~ **a dentatura frontale** (ruota piano-conica) (*mecc.*), Planrad (*n.*). 4 ~ **a denti** (ruota dentata) (*mecc.*), Zahnrad (*n.*). 5 ~ **a denti** (di arresto, ruota di arpionismo) (*mecc.*), Sperrad (*n.*), Klinkenrad (*n.*). 6 ~ **a denti diritti** (ruota dentata a denti diritti) (*mecc.*), Geradzahnrad (*n.*). 7 ~ **a denti frontali** (ruota dentata piano--conica) (*mecc.*), Planrad (*n.*). 8 ~ **a denti per innesto frontale** (ruota a denti frontali di imbocco) (*mecc.*), Klauenrad (*n.*). 9 ~ **ad evolvente** (ruota dentata ad evolvente) (*mecc.*), Evolventenrad (*n.*). 10 ~ **ad impronte** (per l'argano dell'àncora p. es.) (*nav. - app. di sollev.*), Nuss (*f.*), Kettennuss (*f.*). 11 ~ **a disco** (*aut.*), Scheibenrad (*n.*). 12 ~ **a disco sfinestrata** (*aut.*), Lochscheibenrad (*n.*), Artillerierad (*n.*). 13 ~ **a freccia** (ruota con denti a freccia, ruota dentata a cuspide) (*mecc.*), Pfeilrad (*n.*), Pfeilzahnrad (*n.*). 14 ~ **a lanterna** (ruota dentata a lanterna) (*macch.*), Zapfenzahnrad (*n.*). 15 ~ **anteriore** (di un veicolo) (*aut.*), Vorderrad (*n.*). 16 ~ **anteriore** (di un carrello di atterraggio) (*aer.*), Bugrad (*n.*). 17 ~ **a pale** (per la propulsione di navi) (*nav.*), Paddelrad (*n.*), Schaufelrad (*n.*). 18 ~ **a raggi** (*veic.*), Drahtspeichenrad (*n.*). 19 ~ **a specchi** (*telev.*), Spiegelrad (*n.*). 20 ~ **a vite** (ruota dentata di una coppia vite-ruota) (*mecc.*), Schneckenrad (*n.*). 21 ~ **a vite del comando sterzo** (*aut.*), Lenkschneckenrad (*n.*). 22 ~ **cilindrica** (ruota dentata cilindrica) (*mecc.*), Stirnrad (*n.*). 23 ~ **cilindrica a denti diritti** (*mecc.*), Geradzahnstirnrad (*n.*). 24 ~ **cilindrica esterna** (ruota cilindrica a dentatura esterna) (*mecc.*), Aussen-Stirnrad (*n.*). 25 ~ **con dentatura ad evolvente** (ruota ad evolvente) (*mecc.*), Evolventenrad (*n.*). 26 ~ **con denti ad arco di cerchio** (ruota dentata con denti ad arco di cerchio) (*mecc.*), Kreisbogenzahnrad (*n.*). 27 ~ **condotta** (di un ingranaggio p. es.) (*mecc.*), getriebenes Rad. 28 ~ **conica** (ruota dentata conica) (*mecc.*), Kegelrad (*n.*). 29 ~ **conica cicloidale** (ruota dentata conica cicloidale) (*mecc.*), Zykloidenkegelrad (*n.*). 30 ~ **conica con denti a spirale** (*mecc.*), Spiralkegelrad (*n.*), Spiralzahnrad (*n.*). 31 ~ ~ **conica ipoide** (ruota dentata conica ipoide) (*mecc.*), Schraubkegelrad (*n.*), Hypoidkegelrad (*n.*). 32 ~ **conica Zerol** (con angolo di spirale = 0° al centro della larghezza dei denti) (*mecc.*), Zerol-Kegelrad (*n.*). 33 ~ **coniugata** (di ingranaggio) (*mecc.*), Gegenrad (*n.*). 34 ~ **con pneumatico** (ruota gommata) (*veic.*), Pneurad (*n.*), gummibereiftes Rad. 35 ~ **del cambio** (ruota dentata del cambio) (*mecc. - aut.*), Wechselrad (*n.*). 36 ~ **dell'avanzamento** (d'una tavola) (*macch. ut.*), Transportrad (*n.*). 37 ~ **del timone** (*nav.*), Steuerrad (*n.*). 38 ~ **dentata** (*mecc.*), Zahnrad (*n.*). 39 ~ **dentata** (*mecc.*), vedi anche ingranaggio. 40 ~ **dentata campione** (*mecc.*), Lehrzahnrad (*n.*). 41 ~ **dentata cilindrica** (ruota cliindrica) (*mecc.*), Stirnrad (*n.*). 42 ~ **dentata cilindrica a dentatura esterna** (*mecc.*), Aussen-Stirnrad (*n.*). 43 ~ **dentata cilindrica a denti diritti** (*mecc.*), Geradzahnstirnrad (*n.*), Stirnrad mit geraden Zähnen. 44 ~ **dentata con coefficiente di spostamento negativo** (del profilo, ruota con spostamento negativo) (*mecc.*), V-Minus-Rad (*n.*), Verschiebung-Minus-Rad (*n.*). 45 ~ **dentata con coefficiente di spostamento positivo** (ruota dentata con spostamento positivo del profilo) (*mecc.*), V-Plus-Rad (*n.*), Verschiebung-Plus-Rad (*n.*). 46 ~ **dentata con contatto all'estremità** (dei denti) (*mecc.*), Eckenträger (*m.*). 47 ~ **dentata con spostamento negativo** (del profilo, ruota con spostamento verso il centro) (*mecc.*), V-Minus-Rad (*n.*), Verschiebung-Minus-Rad (*n.*). 48 ~ **dentata con spostamento positivo** (del profilo, ruota dentata con coefficiente di spostamento positivo) (*mecc.*), V-Plus-Rad (*n.*), Verschiebung-Plus-Rad (*n.*). 49 ~ **dentata da tagliare** (ruota da dentare) (*mecc.*), Zahnradrohling (*m.*). 50 ~ **(dentata) del cambio** (*mecc.*), Wechselrad (*n.*). 51 ~ **dentata greggia** (ruota dentata da tagliare) (*mecc.*), Zahnradrohling (*m.*). 52 ~ **dentata intermedia** (*mecc.*), Zwischenrad (*n.*). 53 ~ **dentata scorrevole** (*mecc.*), Verschiebezahnrad (*n.*), verschiebbares Zahnrad. 54 ~ **dentata V** (*mecc.*), *vedi* ruota X. 55 ~ **dentata zero** (*mecc.*), *vedi* ruota X-zero. 56 ~ **di arpionismo** (ruota a denti di arresto) (*mecc.*), Klinkenrad (*n.*), Sperrad (*n.*). 57 ~ **di arresto** (a denti) (*mecc.*), Sperrad (*n.*). 58 ~ **di cambio** (ruota dentata di cambio) (*mecc. - macch. ut.*), Wechselrad (*n.*). 59 ~ **di cambio dell'avanzamento** (*macch. ut.*), Vorschubwechselrad (*n.*). 60 ~ **di cambio differenziale** (*macch. ut.*), Differentialwechselrad (*n.*). 61 ~ **di cambio divisoria** (ruota di cambio del divisore) (*macch. ut.*), Teilwechselrad (*n.*). 62 ~ **di coda** (di un aereo) (*aer.*), Heckrad (*n.*), Schwanzrad (*n.*). 63 ~ **di frizione** (*mecc.*), Reibungsrad (*n.*), Reibrad (*n.*), Friktionsrad (*n.*). 64 ~ **d'inversione** (d'un cambio) (*macch. ut.*), Umkehrrad (*n.*). 65 ~ **di prua** (ruota di prora) (*costr. nav.*), Vorsteven (*m.*), Vordersteven (*m.*). 66 ~ **di rinvio** (d'un trasportatore continuo, nelle curve) (*trasp. ind.*), Umlenkrad (*n.*). 67 ~ **di scorta** (*aut.*), Reserverad (*n.*), Ersatzrad (*n.*). 68 ~ **elicoidale** (ruota dentata elicoidale) (*mecc.*), Schrägzahnrad (*n.*). 69 ~ **elicoidale cilindrica** (ruota dentata) (*mecc.*), Schrägstirnrad (*n.*). 70 ~ **esterna** (ruota a dentatura esterna) (*mecc.*), Aussenrad (*n.*). 71 ~ **finestrata** (ruota a disco sfinestrata) (*aut.*), Lochscheibenrad (*n.*), Artillerierad (*n.*). 72 ~ **fonica** (macchina per misure e segnali) (*acus.*), Tonrad (*n.*). 73 ~ **fusa** (per autocarri; di acciaio, ghisa malleabile o lega leggera) (*veic.*), Gussrad (*n.*). 74 **ruote gemellate** (ruote accoppiate) (*veic.*), Doppelräder (*n. pl.*), Zwillingsräder (*n. pl.*). 75 ~ **gommata** (ruota con pneumatico) (*veic.*), Pneurad (*n.*), gummibereiftes Rad. 76 ~ **idraulica** (*macch.*), Wasserrad (*n.*).

77 ~ **idraulica a doppia palettatura** (esterna ed interna) (*idr.*), Kehrrad (*n.*), Wasserrad mit Beschaufelung auf der Aussen- u. Innenseite. 78 ~ **idraulica per disopra** (*idr.*), oberschlächtiges Wasserrad. 79 ~ **idraulica per disotto** (*idr.*), unterschlächtiges Wasserrad. 80 ~ **interna** (ruota a dentatura interna) (*mecc.*), Innenrad (*n.*). 81 ~ **ipoide** (ruota dentata ipoide) (*mecc.*), Schraubrad (*n.*), Hypoidrad (*n.*). 82 ~ **libera** (giunto unidirezionale, di una trasmissione p. es.) (*mecc. - veic.*), Freilauf (*m.*), Freilaufkupplung (*f.*). 83 ~ **libera a rulli** (*mecc. - veic.*), Rollenfreilauf (*m.*). 84 ~ **libera a sfere** (*mecc. - veic.*), Kugelfreilauf (*m.*). 85 ~ **monoblocco** (per veicoli su rotaia; con cerchione e corpo in un sol pezzo) (*ferr.*), Vollrad (*n.*). 86 ~ **motrice** (ruota dentata p. es.) (*mecc.*), Antriebsrad (*n.*), treibendes Rad. 87 ~ **motrice** (*ferr. - ecc.*), Treibrad (*n.*), Triebrad (*n.*). 88 ~ **orientabile** (*veic.*), Lenkrad (*n.*). 89 ~ **per catena** (*mecc.*), Zahnkettenrad (*n.*). 90 ~ **per la retromarcia** (ruota dentata per la marcia indietro) (*aut.*), Rücklaufrad (*n.*). 91 ~ **piano-conica** (ruota a dentatura frontale) (*mecc.*), Planrad (*n.*). 92 ~ **polare** (d'una macchina a poli interni) (*elett.*), Polrad (*n.*). 93 ~ **portante** (*ferr.*), Laufrad (*n.*). 94 ~ **satellite** (ruota dentata satellite) (*mecc.*), Planetenrad (*n.*), Umlaufrad (*n.*). 95 ~ **spostata** (ruota X, ruota dentata con spostamento del profilo) (*mecc.*), V-Rad (*n.*), Verschiebung-Rad (*n.*). 96 ~ **stozzata** (ruota dentata alla stozzatrice) (*mecc.*), gestossenes Rad. 97 ~ **X** (ruota spostata, ruota dentata con spostamento del profilo) (*mecc.*), V-Rad (*n.*), Verschiebung-Rad (*n.*). 98 ~ **X-zero** (ruota dentata con spostamento zero del profilo) (*mecc.*), Nullrad (*n.*). 99 **a due ruote** (*veic.*), zweirädrig. 100 **a otto ruote** (con otto ruote) (*veic.*), achträdrig. 101 **a ruote pneumatiche** (*veic.*), luftbereift. 102 **asse della ~ dentata** (*mecc.*), Radachse (*f.*). 103 **carenatura della ~** (del carrello d'atterraggio p. es.) (*aer. - ecc.*), Radverkleidung (*f.*). 104 **carico sulla ~** (*veic.*), Raddruck (*m.*), Radlast (*f.*). 105 **carico su una ~** (del carrello d'un aereo) (*aer.*), Einzelradlast (*f.*). 106 **cerchione della ~** (*veic. - aut.*), Radfelge (*f.*). 107 **cerchione della ~** (*ferr.*), Radreifen (*m.*). 108 **dado fissaggio ~** (*aut.*), Radbefestigungsmutter (*f.*). 109 **disco della ~** (*veic.*), Radscheibe (*f.*). 110 **estrattore per ruote** (*att. aut. - ecc.*), Radabzieher (*m.*). 111 **freno sulla ~** (*veic.*), Radbremse (*f.*). 112 **ingranamento della ~ dentata** (*mecc.*), Radeingriff (*m.*). 113 **martello per la prova delle ruote** (di veicoli ferr. p. es.) (*att. - ferr.*), Radprüfhammer (*m.*). 114 **mozzo della ~** (*veic.*), Radnabe (*f.*). 115 **passaggio ~** (passaruota, di una carrozzeria) (*aut.*), Radführung (*f.*), Radkasten (*m.*). 116 **piroscafo con ~ a pale** (*nav.*), Raddampfer (*m.*). 117 **prova a ~ libera** (di un avviatore) (*mecc.*), Versuch bei freilaufendem Rad. 118 **razze della ~** (stella delle razze della ruota) (*veic.*), Radstern (*m.*). 119 **regolatore del bloccaggio ruote** (dispositivo antislittamento, nella frenatura) (*aut. - ecc.*), Blockierregler (*m.*), Gleitschutzeinrichtung (*f.*), Antiblockierregler (*m.*). 120 **sfarfallamento della ~** (*veic.*), Radflattern (*n.*). 121 **superficie di appoggio della ~** (*veic.*), Radaufstandfläche (*f.*). 122 **trattore a ruote** (*veic.*), Radschlepper (*m.*). 123 **tutte le ruote motrici** (trasmissione su tutte le ruote) (*aut.*), Allradantrieb (*m.*), Geländeantrieb (*m.*). 124 **vite fissaggio ~** (*aut.*), Radbefestigungsbolzen (*n.*).

ruotare (girare) (*v. t. - gen.*), drehen, umdrehen. 2 ~ (far girare a mano, un motore p. es.) (*v. t. - mecc. - mot.*), durchdrehen, drehen. 3 ~ (girare) (*v. i. - mecc.*), laufen, rotieren. 4 ~ (indessare, la torretta di un tornio p. es.) (*lav. macch. ut.*), schalten. 5 ~ **centrato** (girare centrato, di un albero p. es.) (*mecc.*), rundlaufen. 6 ~ **in senso antiorario** (*mecc. - ecc.*), gegen den Uhrzeigersinn drehen. 7 ~ **in senso orario** (*mecc. - ecc.*), im Uhrzeigersinn drehen. 8 ~ **scentrato** (girare scentrato, di un albero p. es.) (*mecc.*), unrundlaufen.

ruotino (rotella, ruotina, rotina) (*gen.*), Rad (*n.*), Rolle (*f.*), Rädchen (*n.*). 2 ~ **di coda** (di un velivolo) (*aer.*), Spornrad (*n.*). 3 ~ **orientabile** (rotella orientabile) (*veic.*), Schwenkrolle (*f.*), Roller (*m.*).

ruotismo (*mecc.*), vedi rotismo.

rupe (*geogr.*), Kliff (*n.*).

rurale (*gen.*), ländlich, Bauern... 2 **casa ~** (*ed. - agric.*), Bauernhof (*m.*). 3 **cassa ~** (*finanz. - agric.*), Raiffeisenkasse (*f.*). 4 **zona ~** (*agric.*), Landbezirk (*m.*).

ruscello (*geogr.*), Bach (*m.*).

ruspa (*att. mov. terra*), Schürfkübel (*m.*). 2 ~ **a trazione animale** (raschiatore, benna strisciante, per livellare il terreno) (*att. mov. terra*), Muldbrett (*n.*). 3 ~ **a trazione meccanica** (*macch. mov. terra*), Schürfkübelwagen (*m.*).

rustico (*ed.*), rustikal.

rutenio (Rn - *chim.*), Ruthenium (*n.*).

rutherford (rd) (*unità radioatt.*), Rutherford (*n.*), rd.

rutherfordio (Rf, elemento) (*radioatt.*), Rutherfordium (*n.*), Rf.

rutile (TiO_2) (*min.*), Rutil (*m.*).

ruttore (del sistema di accensione, di un motore a c. i.) (*mot. - elett.*), Unterbrecher (*m.*). 2 **camma del ~** (di accensione) (*mot. - elett.*), Unterbrechernocken (*m.*). 3 **martelletto del ~** (di accensione) (*mot. - elett.*), Unterbrecherhebel (*m.*). 4 **puntina del ~** (*mot. - elett.*), Unterbrecherkontakt (*m.*).

ruvidezza, vedi rugosità.

ruvido (*gen.*), rauh, uneben. 2 ~ (di stoffa p. es.) (*tess.*), grob, rauh.

S

S (Sud) (geogr.), S, Süden (m.). **2** ~ (solfo, zolfo) (chim.), S, Schwefel (n.). **3** ~ (superficie) (gen.), S, Fläche (f.). **4** ~ (sezione) (geom. - ecc.), S, q, Querschitt (m.). **5** ~ (siemens, unità di mis. della conduttanza) (unità di mis.), S, Siemens (n.).

s (sec, secondo) (mis.), s.

sabbia (geol. - ecc.), Sand (m.). **2** ~ autoindurente (sabbia che contiene olio autoindurente) (fond.), Erstarrungssand (m.). **3** ~ con olio (per anime) (fond.), Ölsand (m.). **4** ~ da costruzioni (ed.), Mauersand (m.). **5** ~ da filtro (ed.), Filtersand (m.). **6** ~ da frantumazione (ed.), Brechsand (m.). **7** ~ da malta (ed. - mur.), Bausand (m.). **8** ~ (da) modello (sabbia modello) (fond.), Modellsand (m.), feiner Formsand. **9** ~ di cava (ed.), Grubensand (m.). **10** ~ di fiume (geol.), Flusssand (m.). **11** ~ di mare (sabbia marina) (ed. - geol.), Meeressand (m.), Seesand (m.). **12** ~ di media grossezza (diametro dei granuli 0,2-0,6 mm) (ed. - ecc.), Mittelsand (m.). **13** ~ di pomice (ed.), Bimssand (m.). **14** ~ di separazione (sabbia isolante) (fond.), Streusand (m.). **15** ~ fine (grossezza max. 1 mm) (ed.), Feinsand (m.). **16** ~ finissima (geol.), Triebsand (m.), Flugsand (m.). **17** ~ ghiaiosa (ghiaia sabbiosa) (ed.), Kiessand (m.). **18** ~ grossa (ed.), grober Sand, Grobsand (m.). **19** ~ isolante (sabbia di separazione) (fond.), Streusand (m.). **20** ~ marina (sabbia di mare) (geol. - ed.), Seesand (m.). **21** ~ mista con ghiaia (ed.), Kiessand (m.). **22 sabbie mobili** (geol.), Fliess-Sand (m.), Fliesschwimmsand (m.), Quicksand (m.). **23** ~ modello (sabbia da modello) (fond.), Modellsand (m.), feiner Formsand. **24** ~ normale (per la prova del cemento) (ed.), Normensand (m.). **25** ~ per anime (fond.), Kernsand (m.). **26** ~ petrolifera (ind. chim.), Petrolsand (m.). **27** ~ quarzosa (sabbia quarzifera) (ed. - min.), Quarzsand (m.). **28** ~ trasportata dal vento (geol.), Flugsand (m.). **29 arginatura con sacchetti di** ~ (costr. idr.), Sandsackabdämmung (f.), Sandsackabsperrung (f.). **30 bagno di** ~ (chim.), Sandbad (n.). **31 banco di** ~ (mare), Sandbank (f.). **32 cassone per misurare la** ~ (cassamisura) (att. mur.), Sandmessrahmen (m.). **33 cava di** ~ (ed. - ing. civ.), Sandgrube (f.). **34 distributore di** ~ (spandisabbia) (macch. costr. strad.), Sandstreuer (m.). **35 draga per** ~ (macch. mov. terra), Sandbagger (m.). **36 duna di** ~ (geol.), Sanddüne (f.). **37 inclusione di** ~ (difetto di fond.), Sandeinschluss (m.). **38 letto di** ~ (ing. civ.), Sandbettung (f.), Sandschüttung (f.), Sandkoffer (m.). **39 sacchetto di** ~ (nav. - aer. - milit.), Sandsack (m.). **40 strato di** ~ (di fondazione, p. es.) (ed.), Sandbett (n.). **41 strato di** ~ (geol. - min.), Sandflöz (n.), Sandschicht (f.). **42 tempesta di** ~ (meteor.), Sandsturm (m.). **43 tromba di** ~ (meteor.), Sandhose (f.).

sabbiare (per pulire getti p. es.) (tecnol. mecc.), sandstrahlen. **2** ~ (il binario) (ferr.), besanden.

sabbiato (un getto p. es.) (tecnol. mecc.), (mit Sand) bestrahlt, sandbestrahlt.

sabbiatore (lav.), Sandstrahlgebläsearbeiter (m.).

sabbiatrice (macchina per sabbiatura) (macch. - tecnol. mecc.), Sandstrahlgebläse (n.). **2** ~ (per getti) (macch. fond.), Putzmaschine (f.), Sandstrahlgebläse (n.). **3** ~ a graniglia metallica (granigliatrice) (macch. - tecnol. mecc.), Granaliengebläse (n.). **4** ~ centrifuga (macch. - tecnol. mecc.), Trommelsandfunker (m.).

sabbiatura (di getti p. es.) (tecnol. mecc.), Sandstrahlen (n.). **2** ~ centrifuga (nella quale la sabbia viene lanciata contro la superficie da sabbiare per azione centrifuga) (tecnol. mecc.), Schleuderstrahlputzen (n.), Sandfunken (n.), Schleuderstrahlen (n.). **3** ~ umida (tecnol. mecc.), vedi idrofinitura. **4 dispositivo di** ~ (lanciasabbia, sulle rotaie) (ferr.), Sandstreuer (m.). **5 intensità di** ~ (tecnol. mecc.), Strahlintensität (f.). **6 macchina per** ~ (sabbiatrice) (macch. - tecnol. mecc.), Sandstrahlgebläse (m.), Sandstrahlapparat (m.). **7 macchina per** ~ **a tavola rotante** (macch. - tecnol. mecc.), Drehtischsandstrahlapparat (m.). **8 reparto** ~ (tecnol. mecc.), Sandstrahlerei (f.). **9 reparto** ~ (di una fonderia) (tecnol. mecc.), Sandputzerei (f.), Sandstrahlerei (f.).

sabbiera (cassa sabbiera, per la sabbia destinata ad aumentare l'aderenza fra ruote motrici e rotaia) (ferr.), Sandkasten (m.), Sandstreuvorrichtung (f.). **2** ~ (separasabbia, di una macchina continua) (ind. carta), Sandfang (m.). **3 cassa** ~ (sabbiera) (ferr.), Sandkasten (m.).

sabbioso (gen.), sandig. **2 terreno** ~ (ing. civ. - ed.), Sandboden (m.).

sabine (unità del potere assorbente, unità di assorbimento acustico) (acus. - arch.), Sabine (n.), Sab.

sabotaggio (leg. - milit.), Sabotage (f.).

sabotare (leg. - milit.), sabotieren.

sacca (di altoforno) (metall.), Rast (f.). **2** ~ **d'aria** (inclusione d'aria) (gen.), Lufteinschluss (m.). **3** ~ **d'aria** (nella tubazione di mandata di pompe centrifughe p. es.) (difetto idr. - tubaz.), Luftsack (m.), Luftasche (f.). **4 angolo della** ~ (altoforno), Rastwinkel (m.).

saccarato (chim.), Saccharat (m.).

saccarificare (chim.), verzuckern.

saccarimetria (chim.), Saccharimetrie (f.).

saccarimetro (strum. chim.), Saccharimeter (n.), Polarimeter (n.), Zuckergehaltsmesser (m.).

saccarina ($C_6H_4.CO.SO_2.NH$) (cristallosio) (*chim.*), Saccharin (*n.*).
saccarometro (*strum. chim.*), Saccharometer (*n.*).
saccarosio ($C_{12}H_{22}O_{11}$) (*chim.*), Saccharose (*f.*).
sacchetto (*gen.*), Beutel (*m.*). 2 ~ **di carta** (*ind. carta*), Papierbeutel (*m.*), Tüte (*f.*). 3 ~ **di sabbia** (*nav. - aer. - milit.*), Sandsack (*m.*). 4 ~ **di spolvero** (delle forme) (*att. fond.*), Staubbeutel (*m.*), Streubeutel (*m.*). 5 **arginatura con sacchetti di sabbia** (*costr. idr.*), Sandsackabdämmung (*f.*), Sandsackabsperrung (*f.*). 6 **busta a** ~ (*uff. - ecc.*), Versandtasche (*f.*).
sacco (*gen.*), Sack (*m.*). 2 ~ **da montagna** (*sport*), Rucksack (*m.*). 3 **carrello per sacchi** (*veic. trasp.*), Sackkarre (*f.*). 4 **in sacchi** (insaccato, di cemento p. es.) (*ind.*), eingesackt. 5 **tela da sacchi** (*ind. tess.*), Sacktuch (*n.*). 6 **trasportatore per sacchi** (*trasp. ind.*), Sackförderer (*m.*).
saetta (mecchia, punta da trapano per legno) (*ut. falegn.*), Holzbohrer (*m.*), Bohrer (*m.*). 2 ~ **a tortiglione** (*ut. lav. legno*), Schlangenbohrer (*m.*). 3 ~ **a tre punte** (*ut. lav. legno*), Zentrumbohrer (*m.*). 4 ~ **stiriana** (*ut. lav. legno*), Schneckbohrer (*m.*).
saettone (puntone diagonale) (*ed.*), Strebe (*f.*).
saggiare (provare) (*tecnol.*), prüfen.
saggio (tasso, di sconto p. es.) (*finanz. - comm.*), Satz (*m.*). 2 ~ (pezzo di materiale dal quale vengono prelevate provette) (*tecnol.*), Probestück (*n.*), Probeblock (*m.*). 3 ~ **di sconto** (tasso di sconto) (*finanz.*), Diskontsatz (*m.*). 4 ~ **di spruzzatura** (campione di spruzzatura) (*vn.*), Aufspritzmuster (*n.*). 5 ~ **reattivo** (reattivo psicologico, « test ») (*psicotec.*), Prüfung (*f.*), Test (*m.*). 6 **numero di** ~ (di una rivista p. es.) (*tip.*), Probeheft (*n.*), Probennummer (*f.*).
sagittale (*a. - anatomia*), sagittal. 2 **piano** ~ (piano mediano longitudinale, del corpo umano) (*anatomia*), Sagittalebene (*f.*).
sagola (cima) (*nav.*), Leine (*f.*). 2 ~ **del solcometro** (*nav.*), Sogleine (*f.*). 3 ~ **di lancio** (*nav.*), Schiessleine (*f.*), Warfleine (*f.*).
sagoma (contorno, forma) (*gen.*), Fasson (*f.*), Form (*f.*). 2 ~ (calibro a sagoma, di lamiera p. es.) (*ut.*), Schablone (*f.*). 3 ~ (per riproduzione al tornio p. es.) (*lav. macch. ut.*), Schablone (*f.*), Kopierschablone (*f.*), Leitlineal (*n.*). 4 ~ (pezzo di lamiera profilato, per tracciare un profilo p. es.) (*mecc. - ecc.*), Schablone (*f.*). 5 ~ (ronda, sciablona, per formare) (*fond.*), Schablone (*f.*), Streichbrett (*m.*). 6 ~ (*ut. mur.*), Masslatte (*f.*). 7 ~ **di carico** (*ferr.*), Messrahmen (*m.*). 8 ~ **limite** (*ferr.*), Lichtprofil (*n.*), Durchgangsprofil (*n.*). 9 ~ **limite del carico** (di un carro ferr.) (*ferr.*), Lademass (*n.*). 10 ~ **limite del veicolo** (*ferr.*), Fahrzeugprofil (*n.*). 11 ~ **per foggiatura al tornio** (per articoli di ceramica p. es.) (*att.*), Drehschablone (*f.*). 12 ~ **per lavorazione** (*mecc.*), Bearbeitungsschablone (*f.*). 13 ~ **per tracciatura** (*ut.*), Anreisschablone (*f.*). 14 **formare a** ~ (formare a bandiera) (*fond.*), schablonieren. 15 **formatura a** ~ (formatura a bandiera) (*fond.*), Schablonenformerei (*f.*), Schablonieren (*n.*). 16 **lavorazione a** ~ (riproduzione a sagoma, al tornio) (*lav. macch. ut.*), Schablonenarbeit (*f.*). 17 **modellatura a** ~ (*ceramica*), Schablonierverfahren (*n.*). 18 **tornio a** ~ (*macch. ut.*), Schablonendrehbank (*f.*). 19 **tornito a** ~ (*lav. macch. ut.*), formgedreht, schablonengedreht. 20 **tornitura a** ~ (*lav. macch. ut.*), Schablonendrehen (*n.*).
sagomare (profilare) (*tecnol.*), fassonieren, formen. 2 ~ (modellare) (*mur.*), ablehren, schablonieren. 3 ~ **alla fresa** (profilare alla fresa, profilare mediante fresatura) (*lav. macch. ut.*), formfräsen. 4 ~ **al tornio** (tornire con utensile sagomato) (*lav. macch. ut.*), formdrehen.
sagomato (profilato) (*mecc.*), geformt.
sagomatura (*tecnol.*), Fassonierarbeit (*f.*), formgebende Bearbeitung. 2 ~ **al tornio** (tornitura con utensile sagomato) (*lav. macch. ut.*), Formdrehen (*n.*). 3 ~ **a rullo** (profilatura a rullo, d'una mola) (*mecc.*), Einrollen (*n.*). 4 ~ **di profilati (leggeri) da nastro** (*lamin.*), Bandprofilwalzung (*f.*).
sala (*ed.*), Saal (*m.*). 2 ~ (assile, asse, solo portante, non motore) (*veic. ferr.*), Laufachse (*f.*). 3 ~ **a gomito** (*veic. ferr.*), Kurbelachse (*f.*), Kropfachse (*f.*). 4 ~ **a scartamento variabile** (asse a scartamento variabile) (*ferr.*), Umspurachse (*f.*), Spurwechselradsatz (*m.*). 5 ~ **a tracciare** (sala di tracciatura) (*costr. nav.*), Mallboden (*m.*), Schnürboden (*m.*). 6 ~ **caldaie** (*cald. - ind.*), Kesselhaus (*n.*), Kesselraum (*m.*). 7 ~ **da pranzo** (*ed.*), Speisesaal (*m.*). 8 ~ **d'aspetto** (di una stazione) (*ferr.*), Warteraum (*m.*), Wartesaal (*m.*). 9 ~ **(dei) comandi** (*macch. - ecc.*), Bedienungsraum (*m.*). 10 ~ **di attesa** (sala di aspetto) (*ed.*), Wartehalle (*f.*), Wartesaal (*m.*). 11 ~ **di composizione** (*tip.*), Setzerei (*f.*). 12 ~ **(di) montaggio** (*ind.*), Montagehalle (*f.*). 13 ~ **(di) montaggio** (di pellicole cinematografiche) (*cinem.*), Schneideraum (*m.*). 14 ~ **di regia** (*radio - telev.*), Regieraum (*m.*). 15 ~ **direttrice** (asse sterzante) (*veic. ferr.*), Lenkachse (*f.*). 16 ~ **di tracciatura** (sala a tracciare) (*costr. nav.*), Mallboden (*m.*), Schnürboden (*m.*). 17 ~ **macchine** (*ind.*), Maschinensaal (*m.*), Maschinenhaus (*n.*), Maschinenraum (*m.*), Maschinenzentrale (*f.*). 18 ~ **macchine** (*nav.*), Motorenraum (*m.*), Maschinenraum (*m.*). 19 ~ **macchine elettriche** (per la propulsione dieselettrica p. es.) (*nav.*), Maschinenraum (*m.*), Elektromaschinenraum (*m.*). 20 ~ **metrologica** (*metrol. - ind.*), Messraum (*m.*), Messwarte (*f.*). 21 ~ **montata** (*veic. ferr.*), Radsatz (*m.*). 22 ~ **montata per locomotive** (*veic. ferr.*), Lokomotivradsatz (*m.*). 23 ~ **motrice** (*ferr.*), Treibradsatz (*m.*). 24 ~ **nautica** (*nav.*), Kartenhaus (*n.*), Navigationsraum (*m.*). 25 ~ **operatoria** (di un ospedale p. es.) (*med.*), Operationssaal (*m.*). 26 ~ **per audizioni** (auditorio) (*ed.*), Auditorium (*n.*), Hörsaal (*m.*). 27 ~ **per conferenze** (*ed.*), Vortragsraum (*m.*). 28 ~ **per esposizioni** (*comm. - ed.*), Ausstellungssaal (*m.*). 29 ~ **per ricevimenti** (*ed.*), Salon (*m.*), Empfangszimmer (*n.*). 30 ~ **per riunioni** (*ed. - ecc.*), Versammlungsraum (*m.*). 31 ~ **per riunioni** (di una società) (*ind.*), Salon (*m.*), Gesell-

salamandra

schaftsraum (*m.*). **32 ~ pompe** (*idr.*), Pumpenhaus (*n.*). **33 ~ prove** (per motori a c. i.) (*mot.*), Bremsstation (*f.*), Probierstation (*f.*). **34 ~ prove** (*ind.*), Prüfhalle (*f.*), Probierstation (*f.*). **35 ~ quadri** (di una centrale elettrica) (*elett.*), Schalthaus (*n.*), Schaltwarte (*f.*), Warte (*f.*), Kontrollwarte (*f.*). **36 ~ quadri della centrale** (*elett.*), Kraftwerkswarte (*f.*). **37 ~ quadri della rete** (*elett.*), Netzwarte (*f.*). **38 ~ quadri di centrale termoelettrica** (*elett.*), Wärmewarte (*f.*). **39 ~ (ripiegata) a gomito** (*veic. ferr.*), gekröpfte Achse, Kurbelachse (*f.*), Kropfachse (*f.*). **40 ~ sciolta** (*veic. ferr.*), Achse (*f.*), Radachse (*f.*), Wagenachse (*f.*). **41 ~ soffianti** (*metall. - ecc.*), Gebläsehaus (*n.*). **42 ~ stampa** (*tip.*), Maschinensaal (*m.*). **43 ~ telai** (*ind. tess.*), Webstuhlsaal (*m.*). **44 ~ turbine** (*ed. - idr.*), Turbinenhalle (*f.*). **45 addetto alla ~ quadri** (quadrista) (*elett.*), Schaltwärter (*m.*). **46 oscuratore di ~** (per cinematografi) (*elett.*), Saalverdunkelungseinrichtung (*f.*). **47 rumore di ~** (*telef. - ecc.*), Saalgeräusch (*n.*). **48 tornio per sale montate** (*macch. ut.*), Radsatzdrehbank (*f.*).
salamandra (materiale residuo non fuso) (*metall. - forno*), Eisenbär (*m.*).
salamoia (soluzione per impianti di raffreddamento) (*ind. freddo*), Sole (*f.*), Salzsole (*f.*).
salare (*ind. chim.*), salzen, aussalzen.
salariale (*lav.*), Lohn... **2 categoria ~** (*lav.*), Lohnstufe (*f.*).
salariato (*lav.*), Lohnarbeiter (*m.*), Lohnempfänger (*m.*), Lohnbediensteter (*m.*). **2 ~ a cottimo** (*lav.*), Leistungslöhner (*m.*).
salario (paga, dell'operaio) (*lav. - pers.*), Lohn (*m.*). **2 ~ a cottimo** (cottimo) (*lav.*), Akkordlohn (*m.*), Stücklohn (*m.*), Gedingelohn (*m.*). **3 ~ ad economia** (*lav.*), Zeitlohn (*m.*). **4 ~ ad economia** (*lav. min.*), Schichtlohn (*m.*), Tagelohn (*m.*). **5 ~ a giornata** (salario ad economia) (*lav.*), Taglohn (*m.*), Tagelohn (*m.*). **6 ~ a premio** (*lav.*), Prämienlohn (*m.*). **7 ~ a scala mobile** (*lav.*), gleitender Lohn, Indexlohn (*m.*). **8 ~ base** (*lav.*), Basislohn (*m.*). **9 ~ fisso** (*lav.*), Festlohn (*m.*), fester Lohn. **10 ~ fittizio** (*lav.*), Fiktivlohn (*m.*). **11 ~ in denaro** (*lav.*), Geldlohn (*m.*). **12 ~ iniziale** (*lav.*), Anfangslohn (*m.*), Einstellohn (*m.*). **13 ~ in natura** (*lav.*), Naturallohn (*m.*). **14 ~ lordo** (*lav.*), Bruttolohn (*m.*). **15 ~ massimo** (massimale del salario) (*lav.*), Höchstlohn (*m.*). **16 ~ minimo** (minimo di paga) (*lav.*), Mindestlohn (*m.*). **17 ~ netto** (*lav.*), Nettolohn (*m.*). **18 ~ nominale** (*lav.*), Nominallohn (*m.*). **19 ~ reale** (*lav.*), Reallohn (*m.*). **20 adeguamento dei salari** (*lav.*), Lohnanpassung (*f.*). **21 anticipo sul ~** (*lav.*), Lohnvorschuss (*m.*), Lohnabschlag (*m.*). **22 blocco dei salari** (*lav.*), Lohnstopp (*m.*). **23 livello dei salari** (*lav.*), Lohnniveau (*n.*). **24 perequazione dei salari** (*lav. - pers.*), Angleichung der Löhne. **25 sperequazione dei salari** (*lav. - pers.*), Lohnunangemessenheit (*f.*), Lohnungerechtigkeit (*f.*).
salatura (*ind. chim.*), Aussalzung (*f.*).
salbanda (losima, strato di materiale detritico che delimita lateralmente il filone) (*min.*), Salband (*n.*).

salda d'amido (colla d'amido) (*ind. chim.*), Kleister (*m.*).
saldabile (con fusione) (*tecnol. mecc.*), schweissbar. **2 ~** (brasabile) (*tecnol. mecc.*), lötbar.
saldabilità (con fusione) (*tecnol. mecc.*), Schweissbarkeit (*f.*). **2 ~** (brasabilità) (*tecnol. mecc.*), Lötbarkeit (*f.*). **3 ~ a fuoco** (*tecnol. mecc.*), Feuerschweissbarkeit (*f.*).
saldante (lega per brasature) (*s. - tecnol. mecc.*), Lot (*n.*). **2 ~ a base di argento** (lega per saldatura ad argento) (*tecnol. mecc.*), Silberlot (*n.*), Silberschlaglot (*n.*).
saldare (per fusione) (*tecnol. mecc.*), schweissen. **2 ~** (brasare) (*tecnol. mecc.*), löten. **3 ~** (regolare, un conto) (*amm.*), ausgleichen, begleichen, berichtigen. **4 ~ a cordone** (*tecnol. mecc.*), nahtschweissen. **5 ~ ad arco** (*tecnol. mecc.*), lichtbogenschweissen. **6 ~ a discesa** (saldare dall'alto verso il basso) (*tecnol. mecc.*), abwärtsschweissen. **7 ~ a dolce** (brasare a dolce) (*tecnol. mecc.*), weichlöten. **8 ~ a forte** (brasare a forte) (*tecnol. mecc.*), hartlöten. **9 ~ a freddo** (saldare senza preriscaldamento) (*tecnol. mecc.*), kaltschweissen. **10 ~ a pacchetto** (l'acciaio) (*metall.*), gärben. **11 ~ a punti** (*tecnol. mecc.*), punktschweissen. **12 ~ a rulli** (saldare a cordone) (*tecnol. mecc.*), nahtschweissen. **13 ~ a scintillio** (*tecnol. mecc.*), abbrennschweissen. **14 ~ a sovrapposizione** (*tecnol. mecc.*), überlapptschweissen. **15 ~ dall'alto verso il basso** (saldare a discesa) (*tecnol. mecc.*), abwärtsschweissen. **16 ~ di testa** (*tecnol. mecc.*), stumpfschweissen. **17 ~ elettricamente** (*tecnol. mecc.*), elektrischschweissen. **18 ~ in continuo** (saldare a rulli) (*tecnol. mecc.*), nahtschweissen. **19 ~ placchette di carburo metallico** (su utensili) (*ut. mecc.*), Hartmetallplättchen auflöten. **20 ~ senza preriscaldamento** (saldare a freddo) (*tecnol. mecc.*), kaltschweissen. **21 ~ sopra testa** (*tecnol. mecc.*), überkopfschweissen. **22 ~ su risalti** (*tecnol. mecc.*), buckelschweissen, warzenschweissen. **23 bicchiere da ~** (*tubaz.*), Schweissmuffe (*f.*). **24 lembo da ~** (*tecnol. mecc.*), Schweissfugenflanke (*f.*). **25 manicotto da ~** (*tubaz.*), Überschieb-Schweissmuffe (*f.*).
saldarsi (*tecnol. mecc.*), verschweissen. **2 ~ a freddo** (difetto lav. macch. ut. - ecc.), kaltverschweissen.
saldato (per fusione) (*tecnol. mecc.*), geschweisst. **2 ~** (a forte od a dolce, brasato) (*tecnol. mecc.*), gelötet. **3 ~** (regolato, di un debito p. es.) (*amm.*), ausgeglichen. **4 ~ ad arco** (*tecnol. mecc.*), lichtbogengeschweisst. **5 ~ a forte** (brasato a forte) (*tecnol. mecc.*), hartgelötet. **6 ~ a punti** (*tecnol. mecc.*), punktgeschweisst. **7 ~ di testa** (*tecnol. mecc.*), stumpfgeschweisst. **8 ~ elettricamente** (*tecnol. mecc.*), elektrisch geschweisst. **9 cambio delle connessioni saldate** (*elett.*), Umlöten (*n.*). **10 struttura saldata** (*macch. - ecc.*), Schweisskonstruktion (*f.*).
saldatoio (per brasature) (*att. - tecnol. mecc.*), Lötkolben (*m.*), Kolben (*m.*). **2 ~ a benzina** (torcia a benzina, lampada a benzina per saldare) (*att. - tecnol. mecc.*), Benzinlötgebläse (*n.*), Benzinlötkolben (*m.*). **3 ~ a**

martello (*att. - tecnol. mecc.*), Hammerlötkolben (*m.*), Hammerkolben (*m.*). 4 ~ a **punta** (*att. - tecnol. mecc.*), Spitzkolben (*m.*). 5 ~ **elettrico** (*att. - tecnol. mecc.*), Elektrolötkolben (*m.*), elektrischer Lötkolben.
saldatore (*lav.*), Schweisser (*m.*). 2 ~ **elettrico** (*lav.*), Elektroschweisser (*m.*). 3 **istruttore dei saldatori** (di fabbrica, addetto alla formazione e sorveglianza dei saldatori) (*lav.*), Lehrschweisser (*m.*). 4 **occhiali da** ~ (occhiali per saldatura) (*app.*), Schweissbrille (*f.*).
saldatrice (*macch.*), Schweissmaschine (*f.*). 2 ~ **ad arco** (*macch.*), Lichtbogenschweissmaschine (*f.*). 3 ~ **a due rulli** (saldatrice a due coppie di rulli) (*macch.*), Doppelrollen-Nahtschweissmaschine (*f.*). 4 ~ **ad un posto di lavoro** (*macch.*), Einzelschweissapparat (*m.*). 5 ~ **a fascio elettronico** (*macch.*), Elektronenstrahl-Schweissmaschine (*f.*). 6 ~ **a giostra** (*macch.*), Drehtischschweissmaschine (*f.*). 7 ~ **a più posti di lavoro** (*macch.*), Mehrstellenschweissapparat (*m.*). 8 ~ **a pressa** (*macch.*), Schweisspresse (*f.*). 9 ~ **a punti** (*macch.*), Punktschweissmaschine (*f.*). 10 ~ **a punti a rulli** (*macch.*), Rollenpunktschweissmaschine (*f.*). 11 ~ **a punti fissa** (*macch.*), ortsfeste Punktschweissmaschine. 12 ~ **a punti multipla** (per griglie) (*macch.*), Multipunktschweissmaschine (*f.*). 13 ~ **a punti pensile** (*macch.*), bewegliche Punktschweissmaschine. 14 ~ **a resistenza** (*macch.*), Widerstandsschweissmaschine (*f.*). 15 ~ **a rilievo** (saldatrice su risalti) (*macch.*), Buckelschweissmaschine (*f.*). 16 ~ **a rulli** (saldatrice continua) (*macch.*), Nahtschweissmaschine (*f.*). 17 ~ **a scintillìo** (*macch.*), Abbrennschweissmaschine (*f.*). 18 ~ **automatica** (*macch.*), Schweissautomat (*m.*). 19 ~ **continua** (*macch.*), Nahtschweissmaschine (*f.*). 20 ~ **continua a due coppie di rulli** (*macch.*), Doppelrollen-Nahtschweissmaschine (*f.*). 21 ~ **continua a più coppie di rulli** (nella quale più coppie di rulli lavorano in tandem) (*macch.*), Mehrfachrollen-Nahtschweissmaschine (*f.*). 22 ~ **continua a rulli** (saldatrice lineare a rulli) (*macch.*), Rollennahtschweissmaschine (*f.*). 23 ~ **continua a tre coppie di rulli** (saldatrice continua a tre rulli) (*macch.*), Dreirollen-Nahtschweissmaschine (*f.*). 24 ~ **continua in tondo** (*macch.*), Rundnahtschweissmaschine (*f.*). 25 ~ **continua longitudinale** (*macch.*), Längsnahtschweissmaschine (*f.*). 26 ~ (**continua) per tubi** (*macch.*), Rohrschweissmaschine (*f.*). 27 ~ **di testa** (*macch.*), Stumpfschweissmaschine (*f.*). 28 ~ **di testa a ricalco** (*macch.*), Stauchstumpfschweissmaschine (*f.*). 29 ~ **di testa per lamiere** (*macch.*), Blechstumpfschweissmaschine (*f.*). 30 ~ **elettrica** (*macch.*), Elektroschweissmaschine (*f.*). 31 ~ **elettrica di testa** (*macch.*), elektrische Stumpfschweissmaschine. 32 ~ **lineare a rulli** (saldatrice continua a rulli) (*macch.*), Rollennahtschweissmaschine (*f.*). 33 ~ **lineare a tre rulli** (saldatrice continua a tre rulli) (*macch.*), Dreirollen-Nahtschweissmaschine (*f.*). 34 ~ **pensile a pinza** (*tecnol. mecc.*), Hängezange (*f.*), Hängeschweisszange (*f.*). 35 ~ **su risalti** (saldatrice a rilievo

(*macch.*), Buckelschweissmaschine (*f.*). 36 **apparecchiatura di regolazione per saldatrici** (che armonizza intensità di corrente, tensione, tempo, ecc.) (*tecnol. mecc.*), Schweisssteuerung (*f.*). 37 **apparecchiatura di regolazione per saldatrici a resistenza** (*tecnol. mecc.*), Widerstandsschweiss-steuerung (*f.*).
saldatura (per fusione) (*tecnol. mecc.*), Schweissen (*n.*), Schweissung (*f.*). 2 ~ (a dolce od a forte, brasatura) (*tecnol. mecc.*), Löten (*n.*). 3 ~ (giunto saldato) (*tecnol. mecc.*), Schweissstelle (*f.*), Schweisse (*f.*), Stoss (*m.*), Naht (*f.*). 4 ~ **a canale** (saldatura sotto elettroscoria, con alimentazione di filo fondente per il collegamento di due o più particolari in posizione verticale) (*tecnol. mecc.*), Kanalschweissen (*n.*). 5 ~ **a colata** (riporto a colata) (*tecnol. mecc.*), Giess-schweissen (*n.*). 6 ~ **a comando numerico** (saldatura a controllo numerico) (*tecnol. mecc.*), numerisch gesteuertes Schweissen. 7 ~ **a coprigiunto** (procedimento di saldatura) (*tecnol. mecc.*), Laschenschweissung (*f.*). 8 ~ **a coprigiunto** (giunto, collegamento saldato a coprigiunto) (*tecnol. mecc.*), Laschenstoss (*m.*). 9 ~ **a cordone concavo** (saldatura concava) (*tecnol. mecc.*), Hohlkehlschweissen (*n.*). 10 ~ **a corrente alternata** (*tecnol. mecc.*), Wechselstromschweissen (*n.*). 11 ~ **ad accumulatore** (saldatura elettrostatica) (*tecnol. mecc.*), Kondensatorschweissung (*f.*). 12 ~ **ad accumulazione d'energia** (*tecnol. mecc.*), Speicherenergieschweissen (*n.*). 13 ~ **ad alta frequenza** (di mat. plast.) (*tecnol. mecc.*), Hochfrequenz-Schweissen (*n.*), HF-Schweissen (*n.*). 14 ~ **ad arco** (*tecnol. mecc.*), Lichtbogenschweissen (*n.*), Bogenschweissung (*f.*). 15 ~ **ad arco annegato** (*tecnol. mecc.*), verdeckte Lichtbogenschweissung. 16 ~ **ad arco a pressione** (*tecnol. mecc.*), Lichtbogen-Pressschweissen (*n.*). 17 ~ **ad arco a spruzzo** (*tecnol. mecc.*), Sprühlichtbogenschweissen (*n.*). 18 ~ **ad arco con elettrodi di carbone** (*tecnol. mecc.*), Kohlelichtbogenschweissen (*n.*). 19 ~ **ad arco con elettrodi metallici** (*tecnol. mecc.*), Metallichtbogenschweissen (*n.*). 20 ~ **ad arco con elettrodo metallico sotto gas inerte** (saldatura Sigma; da Shielded inert gas metal arc welding) (*tecnol. mecc.*), Sigma-Schweissen (*n.*). 21 ~ **ad arco con protezione di gas inerte** (saldatura ad arco sotto gas inerte) (*tecnol. mecc.*), Schutzgaslichtbogenschweissung (*f.*), Inert-Lichtbogenschweissen (*n.*). 22 ~ **ad arco corto** (*tecnol. mecc.*), Kurzlichtbogenschweissen (*n.*). 23 ~ **ad arco in atmosfera di argo** (*tecnol. mecc.*), Argonarc-Schweissverfahren (*n.*), Argon-arc-Schweissung (*f.*). 24 ~ **ad arco in atmosfera inerte** (saldatura ad arco in gas inerte) (*tecnol. mecc.*), Inert-Lichtbogenschweissen (*n.*), Schutzgas-Lichtbogenschweissen (*n.*). 25 ~ **ad arco manuale** (*tecnol. mecc.*), Handschweissbetrieb (*m.*), HSB. 26 ~ **ad arco protetto** (*tecnol. mecc.*), Schutzschweissen (*n.*). 27 ~ **ad arco pulsante** (*tecnol. mecc.*), Impulslichtbogenschweissen (*n.*). 28 ~ **ad arco rotante per effetto magnetico** (per giunti fra tubi) (*tecnol. mecc.*), MBL-Schweissen (*n.*). 29 ~ **ad arco scoperto** (*tecnol. mecc.*), offenes Lichtbogenschweissen. 30

saldatura

~ **ad arco sommerso** (*tecnol. mecc.*), Unterpulverschweissung (*f.*), UP-Schweissung (*f.*). 31 ~ **ad arco sommerso** (sotto flusso granulare in polvere alimentato per gravità da serbatoio a becco) (*tecnol. mecc.*), Rüsselschweissen (*n.*). 32 ~ **ad arco sommerso con elettrodo a nastro** (*tecnol. mecc.*), UP-Bandschweissen (*n.*). 33 ~ **ad arco sommerso con più fili in parallelo** (*tecnol. mecc.*), UP-Mehrdrahtschweissen (*n.*). 34 ~ **ad arco sotto gas inerte** (saldatura ad arco con protezione di gas inerte) (*tecnol. mecc.*), Schutzgaslichtbogenschweissung (*f.*), Inert-Lichtbogenschweissen (*n.*). 35 ~ **ad arco sotto gas inerte** (saldatura MIG) (*tecnol. mecc.*), Metall-Inert-Gas-Schweissen (*n.*), MIG-Schweissen (*n.*). 36 ~ **ad arco sotto gas inerte con elettrodo di tungsteno** (saldatura TIG) (*tecnol. mecc.*), Wolfram-Inert-Gas-Schweissen (*n.*), WIG-Schweissen (*n.*). 37 ~ **ad argento** (brasatura ad argento) (*tecnol. mecc.*), Silberlöten (*n.*). 38 ~ **ad attrito** (saldatura a pressione con riscaldamento per attrito) (*tecnol. mecc.*), Reibschweissen (*n.*), Reibungsschweissen (*n.*). 39 ~ **ad elettrogas** (saldatura sotto CO_2 simile alla saldatura sotto scoria) (*tecnol. mecc.*), Elektrogasschweissen (*n.*). 40 ~ **ad elettroscoria** (saldatura sotto scoria fusa) (*tecnol. mecc.*), Elektro-Schlacke-Schweissen (*n.*). 41 ~ **ad esplosione** (*tecnol. mecc.*), Explosionsschweissen (*n.*). 42 ~ **a destra** (saldatura indietro, col filo di apporto che segue il cannello) (*tecnol. mecc.*), Nachrechts-Schweissen (*n.*), Rechtsschweissen (*n.*), Rückwärtsschweissung (*f.*). 43 ~ **ad idrogeno atomico** (saldatura ad idrogeno nascente, saldatura « arcatom ») (*tecnol. mecc.*), Arcatom-Schweissverfahren (*n.*), Arkatomschweissen (*n.*), atomares Wasserstoffschweissung. 44 ~ **a diffusione** (*tecnol. mecc.*), Diffusionsschweissen (*n.*). 45 ~ **ad impulso** (saldatura a scarica di una grossa batteria di condensatori) (*tecnol. mecc.*), Impulsschweissen (*n.*). 46 ~ **ad inerzia** (tipo di saldatura ad attrito) (*tecnol. mecc.*), Schwungradreibschweissen (*n.*). 47 ~ **ad ultrasuoni** (di mat. plast.) (*tecnol. mecc.*), Ultraschall-Schweissen (*n.*). 48 ~ **a fascio elettronico** (*tecnol. mecc.*), Elektronenstrahlschweissen (*n.*). 49 ~ **a freddo** (senza preriscaldo, saldatura su pezzo freddo) (*tecnol. mecc.*), Kaltschweissen (*n.*). 50 ~ **a freddo di testa** (saldatura a pressione a freddo di testa) (*tecnol. mecc.*), Kaltpress-Stumpfschweissen (*n.*). 51 ~ **a fuoco** (bollitura) (*tecnol. mecc.*), Feuerschweissen (*n.*). 52 ~ **a fusione** (saldatura per fusione) (*tecnol. mecc.*), Schmelzschweissen (*n.*). 53 ~ **a fusione** (con energia termochimica e mezzo liquido per il trasferimento del calore) (*tecnol. mecc.*), Giess-schmelzschweissen (*n.*). 54 ~ **a gravità** (con bacchetta a spinta per gravità) (*tecnol. mecc.*), Schwerkraftschweissen (*n.*). 55 ~ **a induzione** (con trasmissione induttiva di energia) (*tecnol. mecc.*), Induktionsschweissen (*n.*), « Induweld ». 56 ~ **a laser** (*tecnol. mecc.*), Laserschweissen (*n.*). 57 ~ **alla termite** (saldatura alluminotermica) (*tecnol. mecc.*), Thermitschweissen (*n.*). 58 ~ **alla termite a pressione** (saldatura alluminotermica a pressione) (*tecnol. mecc.*), Thermitpress-Schweissen (*n.*). 59 ~ **all'idrogeno atomico** (saldatura « arcatom », saldatura ad idrogeno nascente) (*tecnol. mecc.*), Arcatomschweissung (*f.*), atomares Wasserstoffschweissen. 60 ~ **alluminotermica** (saldatura alla termite) (*tecnol. mecc.*), Thermitschweissen (*n.*). 61 ~ **alluminotermica a colata** (*tecnol. mecc.*), Thermitgiess-Schweissen (*n.*). 62 ~ **alluminotermica a pressione** (saldatura alla termite a pressione) (*tecnol. mecc.*), Thermitpress-Schweissen (*n.*). 63 ~ **a martello** (*tecnol. mecc.*), Hammerschweissung (*f.*). 64 ~ **a media temperatura** (per piccoli pezzi che vengono riscaldati da 100 a 400 °C) (*tecnol. mecc.*), Halbwarmschweissen (*n.*). 65 ~ **a molla** (con bacchetta spinta da molla) (*tecnol. mecc.*), Federkraftschweissen (*n.*). 66 ~ **anulare** (*tecnol. mecc.*), Ringschweissen (*n.*). 67 ~ **a ottone** (brasatura ad ottone) (*tecnol. mecc.*), Messinglötung (*f.*). 68 ~ **a paro** (giunto saldato a paro) (*tecnol. mecc.*), Flachnaht (*f.*). 69 ~ **a passo di pellegrino** (*tecnol. mecc.*), Pilgerschrittschweissen (*n.*). 70 ~ **a percussione** (*tecnol. mecc.*), Stossschweissung (*f.*). 71 ~ **a più passate** (*tecnol. mecc.*), Mehrlagenschweissung (*f.*). 72 ~ **a plasma** (*tecnol. mecc.*), Plasma-Schweissen (*n.*). 73 ~ **a pressione** (*tecnol. mecc.*), Press-Schweissen (*n.*). 74 ~ **a pressione** (con energia termochimica e mezzo liquido per il trasferimento del calore) (*tecnol. mecc.*), Giesspress-schweissen (*n.*). 75 ~ **a pressione a freddo** (di lamiere p. es.) (*tecnol. mecc.*), Kalt-Press-schweissen (*n.*). 76 ~ **a pressione a freddo di testa** (saldatura a freddo di testa) (*tecnol. mecc.*), Kaltpress-Stumpfschweissen (*n.*). 77 ~ **a programma** (*tecnol. mecc.*), Programmschweissen (*n.*). 78 ~ **a punti** (*tecnol. mecc.*), Punktschweissen (*n.*). 79 ~ **a punti multipli** (*tecnol. mecc.*), Serienpunktschweissen (*n.*). 80 ~ **a punti rapida** (per acciaio inossidabile, procedimento a rapida sequenza dei punti) (*tecnol. mecc.*), Schuss-schweissung (*f.*). 81 ~ **a punti singoli** (*tecnol. mecc.*), Einzelpunktschweissen (*n.*). 82 ~ **a raggi di luce** (focalizzati) (*tecnol. mecc.*), Lichtstrahlschweissen (*n.*). 83 ~ **« arcatom »** (saldatura all'idrogeno atomico, saldatura all'idrogeno nascente) (*tecnol. mecc.*), atomares Wasserstoffschweissen, Arcatomschweissung (*f.*). 84 ~ **a resistenza** (saldatura elettrica a resistenza) (*tecnol. mecc.*), Widerstandsschweissen (*n.*), elektrisches Widerstandsschweissen. 85 ~ **a resistenza a pressione** (*tecnol. mecc.*), Widerstand-Press-Schweissen (*n.*). 86 ~ **a resistenza a punti** (*tecnol. mecc.*), Widerstandspunktschweissung (*f.*). 87 ~ **a resistenza a scintillio** (*tecnol. mecc.*), Widerstandsabbrennschweissung (*f.*), Widerstandsabschmelzschweissung (*f.*). 88 ~ **a resistenza continua** (saldatura a resistenza a rulli) (*tecnol. mecc.*), Widerstandsnahtschweissung (*f.*). 89 ~ **a rilievo** (saldatura su risalti) (*tecnol. mecc.*), Buckelschweissen (*n.*), Warzenschweissen (*n.*). 90 ~ **a rulli** (*tecnol. mecc.*), Rollenschweissung (*f.*). 91 ~ **a scarica** (saldatura ad impulso, mediante scarica di una grossa batteria di condensatori) (*tecnol. mecc.*), Impulsschweissen (*n.*). 92 ~ **a scarica di condensatore** (*tecnol. mecc.*), Kondensator-Impuls-Schweissen (*n.*), Schweissen mit Kondensatorentladung. 93 ~ **ascendente** (saldatura dal basso verso l'alto) (*saldatura*), Aufwärtsschweissung (*f.*). 94 ~ **a scintillio** (nella quale viene prima inserita la corrente, indi vengono avvicinate le superfici da saldare sino al crearsi di scintille) (*tecnol. mecc.*), Abbrennschweissung (*f.*), Abschmelzschweissung (*f.*). 95 ~ **a scintillio a freddo** (saldatura a scintillìo senza preriscaldo) (*tecnol. mecc.*), Kaltabbrennen (*n.*). 96 ~ **a scintillio con preriscaldo** (*tecnol. mecc.*), Warmabbrennen (*n.*), Abbrennschweissung mit Vorwärmung. 97 ~ **a scintillìo senza preriscaldo** (saldatura a scintillìo a freddo) (*tecnol. mecc.*), Kaltabbrennen (*n.*). 98 ~ **a sinistra** (saldatura in avanti, con la fiamma che segue il filo di apporto) (*tecnol. mecc.*), Linksschweissen (*n.*), Nachlinksschweissen (*n.*), Vorwärtsschweissung (*f.*). 99 ~ **a sovrapposizione** (*tecnol. mecc.*), Überlappungsschweissung (*f.*). 100 ~ **autogena** (*tecnol. mecc.*), Gasschmelzschweissen (*n.*), Gasschweissen (*n.*), Autogenschweissen (*n.*). 101 ~ **automatica** (*tecnol. mecc.*), Maschinenschweissung (*f.*), maschinelles Schweissen, automatisches Schweissen. 102 ~ **a T su tre lamiere** (giunto saldato a T su tre lamiere) (*tecnol. mecc.*), Dreiblechschweissung (*f.*). 103 ~ **a U** (giunto saldato a U, smusso a U) (*tecnol. mecc.*), U-Naht (*f.*), U-Stoss (*m.*). 104 ~ **a V** (giunto saldato a V) (*tecnol. mecc.*), V-Stoss (*m.*), V-Naht (*f.*). 105 ~ **avanti** (saldatura a sinistra, nella quale il cannello segue il filo di apporto) (*tecnol. mecc.*), Vorwärtsschweissung (*f.*), Linksschweissen (*n.*), Nachlinksschweissen (*n.*). 106 ~ **a X** (giunto saldato a X) (*tecnol. mecc.*), X-Stoss (*m.*). X-Naht (*f.*). 107 ~ **a Y** (smusso a Y, giunto saldato a Y) (*tecnol. mecc.*), Y-Naht (*f.*), Y-Stoss (*m.*). 108 ~ **concava** (saldatura a cordone concavo) (*tecnol. mecc.*), Hohlkehlschweissen (*n.*). 109 ~ **con elettrodo a nastro** (*tecnol. mecc.*), Bandauftragschweissen (*n.*). 110 ~ **con gas e polvere** (metallica) (*tecnol. mecc.*), Gas-Pulver-Schweissung (*f.*). 111 ~ **con laser** (*tecnol. mecc.*), Laserschweissen (*n.*), Laser-Schweisstechnik (*f.*). 112 ~ **con riporto** (*tecnol. mecc.*), Auftragsschweissen (*n.*). 113 ~ **con riscaldamento dielettrico** (*tecnol. mecc.*), dielektrisches Schweissen. 114 ~ **con riscaldo a convezione** (di mat. plast., termosigillatura) (*tecnol.*), Heissiegeln (*n.*). 115 ~ ~ **continua** (*tecnol. mecc.*), durchgehende Schweissung. 116 ~ **continua** (saldatura a rulli) (*tecnol. mecc.*), Nahtschweissen (*n.*). 117 ~ **continua a rulli** (*tecnol. mecc.*), Rollennahtschweissen (*n.*). 118 ~ **con trasformatore rotante** (*tecnol. mecc.*), Rolltransformator-Schweissen (*n.*). 119 ~ **dall'alto verso il basso** (saldatura discendente) (*tecnol. mecc.*), Abwärtsschweissen (*n.*). 120 ~ **d'angolo** (*tecnol. mecc.*), Eckschweissung (*f.*). 121 ~ **d'angolo** (giunto saldato d'angolo) (*tecnol. mecc.*), Eckstoss (*m.*). 122 ~ **d'angolo** (cordone d'angolo) (*tecnol. mecc.*), Kehlnaht (*f.*). 123 ~ **d'angolo concava** (cordone concavo) (*tecnol. mecc.*), Hohlnaht (*f.*). 124 ~ **d'angolo convessa** (cordone convesso) (*tecnol. mecc.*), Vollnaht (*f.*). 125 ~ **d'angolo per giunti a sovrapposizione** (cordone, in cui la direzione della forza è parallela alla lunghezza del giunto) (*tecnol. mecc.*), Flankenkehlnaht (*f.*). 126 ~ **di angolo per giunti a T** (cordone, in cui la direzione della forza è perpendicolare alla lunghezza del giunto) (*tecnol. mecc.*), Stirnkehlnaht (*f.*). 127 ~ **d'angolo piana** (cordone di angolo piano) (*tecnol. mecc.*), Flachnaht (*f.*). 128 ~ **dei perni di Nelson** (*cald.*), Bestiftungsschweissen (*n.*). 129 ~ **della ghisa** (*tecnol. mecc.*), Gusseisenschweissen (*n.*). 130 ~ **difettosa** (*tecnol. mecc.*), Fehlschweissung (*f.*). 131 ~ **di giunti longitudinali** (su tubi p. es.) (*tecnol. mecc.*), Längsnahtschweissen (*n.*). 132 ~ **di giunzione** (*tecnol. mecc.*), Verbindungsschweissen (*n.*). 133 ~ **di giunzione a (getto di) plasma** (*tecnol. mecc.*), Plasma-Verbindungsschweissen (*n.*). 134 ~ **di resistenza** (per aumentare la resistenza di un particolare) (*tecnol. mecc.*), Festigkeitsschweissung (*f.*). 135 ~ **di riparazione** (riparazione mediante saldatura) (*tecnol. mecc.*), Reparaturschweissen (*n.*). 136 ~ **di riporto** (su uno stampo p. es.) (*tecnol. mecc.*), Auftragsschweissen (*n.*). 137 ~ **di riporto ad arco sommerso** (*tecnol. mecc.*), Unterpulver-Auftragsschweissung (*f.*). 138 ~ **di riporto a plasma** (*tecnol. mecc.*), Plasma-Auftragsschweissung (*f.*). 139 ~ **discendente** (saldatura dall'alto verso il basso) (*tecnol. mecc.*), Abwärtsschweissen (*n.*). 140 ~ **di testa** (*tecnol. mecc.*), Stumpfschweissen (*n.*). 141 ~ **di testa a resistenza** (*tecnol. mecc.*), Widerstands-Stumpfschweissen (*n.*). 142 ~ **di testa a scintillìo** (*tecnol. mecc.*), Abbrennstumpfschweissung (*f.*). 143 ~ **di testa continua** (*tecnol. mecc.*), Stumpfnahtschweissung (*f.*). 144 ~ **di testa per pressione** (*tecnol. mecc.*), Press-stumpfschweissen (*n.*). 145 ~ **dolce** (brasatura dolce) (*tecnol. mecc.*), Weichlöten (*n.*). 146 ~ **elettrica** (*tecnol. mecc.*), Elektroschweissung (*f.*). 147 ~ **elettrica a resistenza** (saldatura a resistenza) (*tecnol. mecc.*), elektrisches Widerstandsschweissen. 148 ~ **elettrostatica** (saldatura ad accumulatore) (*tecnol. mecc.*), Kondensatorschweissung (*f.*). 149 ~ **elettrostatica a percussione** (*tecnol. mecc.*), Kondensatorstossschweissung (*f.*). 150 ~ **forte** (brasatura forte) (*tecnol. mecc.*), Hartlöten (*n.*). 151 ~ **forte ad immersione** (brasatura ad immersione) (*tecnol. mecc.*), Eintauchlötung (*f.*). 152 ~ **fredda** (giunto freddo, piega fredda) (*difetto di fucinatura*), Kaltschweissung (*f.*). 153 ~ **fredda** (giunto freddo, ripresa, piega fredda) (*difetto di fond.*), Kaltschweissung (*f.*), Kaltschweisse (*f.*), Kaltguss (*m.*). 154 ~ **GMA** (gas-metal-arc, saldatura MAG, saldatura ad arco con elettrodo metallico sotto gas inerte protettivo) (*tecnol. mecc.*), GMA-Schweissen (*n.*), MAG-Schweissen (*n.*). 155 ~ **in avanti** (saldatura a sinistra, nella quale la fiamma si trova fra il cordone di saldatura ed il filo di apporto) (*tecnol. mecc.*), Nachlinksschweissen (*n.*), Linksschweissen (*n.*). 156 ~

saldatura

in CO_2 (saldatura in atmosfera di CO_2) (*tecnol. mecc.*), CO_2-Schweissen (*n.*). **157 ~ incamerata** (per la riparazione di cavi p. es. in un manicotto di ceramica p. es.) (*tecnol. mecc.*), Kammerschweissen (*n.*). **158 ~ indietro** (saldatura a destra, nella quale il filo di apporto viene a trovarsi tra cordone di saldatura e cannello) (*tecnol. mecc.*), Nachrechtsschweissen (*n.*), Rückwärtsschweissung (*f.*). **159 ~ in verticale discendente** (*tecnol. - mecc.*), Fallnahtschweissen (*n.*). **160 ~ longitudinale** (cordone di saldatura longitudinale) (*tecnol. mecc.*), Längsnaht (*f.*). **161 ~ MAG** (saldatura GMA) (*tecnol. mecc.*), vedi saldatura GMA. **162 ~ MIG** (saldatura ad arco sotto gas inerte con elettrodo metallico) (*tecnol. mecc.*), MIG-Schweissen (*n.*), Metall-Inert-Gas-Schweissen (*n.*). **163 ~ ossiacetilenica** (*tecnol. mecc.*), Sauerstoff-Azetylenschweissung (*f.*), Dissousgasschweissung (*f.*). **164 ~ ossidrica** (*tecnol. mecc.*), Wasserstoff-Sauerstoffschweissung (*f.*), Knallgasschweissung (*f.*). **165 ~ per diffusione** (*tecnol. mecc.*), Diffusionsschweissen (*n.*). **166 ~ per fusione** (*tecnol. mecc.*), Schmelzschweissen (*n.*). **167 ~ (per fusione) in camera chiusa** (delle estremità di funi p. es., inserite in un tubo di ceramica e fuse per passaggio di corrente) (*tecnol. mecc.*), Kammerschweissen (*n.*). **168 ~ per riporto** (*tecnol. mecc.*), Auftragsschweisesn (*n.*). **169 ~ plastica continua** (*tecnol. mecc.*), Quetschnathschweissung (*f.*). **170 ~ Sigma** (da Shielded *i*nert *g*as *m*etal *a*rc welding; saldatura ad arco con elettrodo metallico sotto gas inerte) (*tecnol. mecc.*), Sigma-Schweissen (*n.*). **171 ~ sinistra** (saldatura in avanti, con il cannello che segue il filo di apporto) (*tecnol. mecc.*), Linksschweissung (*f.*), Nachlinksschweissen (*m.*), Vorwärtsschweissung (*f.*). **172 ~ sopratesta** (*tecnol. mecc.*), Überkopfschweissen (*n.*). **173 ~ sotto gas inerte** (*tecnol. mecc.*), Schutzgasschweissung (*f.*), Inert-Gasschweissung (*f.*). **174 ~ sotto barra** (saldatura ad arco sotto una barra che copre elettrodi rettilinei lunghi fino a due metri) (*tecnol. mecc.*), Unterschienen-Schweissen (*n.*), US-Schweissen (*n.*). **175 ~ sotto gas attivo** (CO_2 p. es., saldatura MAG, saldatura GMA) (*tecnol. mecc.*), GMA-Schweissen (*n.*), MAG-Schweissen (*n.*). **176 ~ sotto scoria fusa** (saldatura ad elettroscoria) (*tecnol. mecc.*), Elektro-Schlacke-Schweissen (*n.*). **177 ~ subacquea** (*tecnol. mecc.*), Unterwasserschweissen (*n.*). **178 ~ (su ghisa) con preriscaldo** (saldatura su pezzo caldo) (*tecnol. mecc.*), Warmschweissen (*n.*), Gusseisenschweissen (*n.*). **179 ~ su pezzo caldo** (saldatura, su ghisa, con preriscaldo) (*tecnol. mecc.*), Warmschweissen (*n.*), Gusseisenschweissen (*n.*). **180 ~ su pezzo freddo** (saldatura a freddo, senza preriscaldo) (*tecnol. mecc.*), Kaltschweissen (*n.*). **181 ~ su risalti** (saldatura a percussione) (*tecnol. mecc.*), Buckelschweissen (*n.*), Warzenschweissen (*n.*). **182 ~ su risalto anulare** (*tecnol. mecc.*), Ringschweissung (*f.*). **183 ~ tandem** (saldatura ad arco sommerso con i due fili disposti in successione) (*tecnol. mecc.*), Tandemschweissen (*n.*). **184 ~ TIG** (saldatura ad arco sotto gas inerte con elettrodo di tungsteno) (*tecnol. mecc.*), WIG-Schweissen (*n.*). **185 ~ verticale** (*tecnol. mecc.*), Senkrechtschweissung (*f.*). **186 ~ WHG** (saldatura con due elettrodi di tungsteno ai quali viene fatto affluire idrogeno attraverso anelli forati) (*tecnol. mecc.*), WHG-Schweissen (*n.*). **187 ~ WP** (saldatura a plasma con elettrodo di tungsteno) (*tecnol. mecc.*), WP-Schweissen (*n.*). **188 ~ WPL** (saldatura a plasma con arco tra elettrodo di tungsteno e pezzo) (*tecnol. mecc.*), WPL-Schweissen (*n.*). **189 ~ WPS** (saldatura a plasma con arco tra elettrodo di tungsteno e parete interna della torcia) (*tecnol. mecc.*), WPS-Schweissen (*n.*). **190 applicare mediante ~** (*mecc.*), zuschweissen. **191 cannello per ~** (*app.*), Schweissbrenner (*m.*). **192 cordone di ~** (*tecnol. mecc.*), Naht (*f.*), Schweissnaht (*f.*), Raupe (*f.*). **193 corrente di ~** (*elett.*), Schweiss·strom (*m.*). **194 criccabilità della ~** (*tecnol. mecc.*), Schweissrissempfindlichkeit (*f.*). **195 deposito di ~** (materiale di apporto, elettrodo o filo) (*tecnol. mecc.*), Schweissgut (*n.*). **196 difetto di ~** (*tecnol. mecc.*), Schweissfehler (*m.*). **197 diritto della ~** (*tecnol. mecc.*), Nahtoberseite (*f.*), Nahtkrone (*f.*). **198 elettrodo per ~** (*tecnol. mecc.*), Schweisselektrode (*f.*). **199 equipaggiamento per ~** (*tecnol. mecc.*), Schweissausrüstung (*f.*). **200 flusso per ~ in polvere** (*tecnol. mecc.*), Schweisspulver (*n.*). **201 goccia di ~** (di brasatura) (*tecnol. mecc.*), Lötperle (*f.*). **202 impianto di ~** (*tecnol. mecc.*), Schweissvorrichtung (*f.*). **203 linea di ~ a trasferta** (per costruzione di carrozzerie p. es.) (*tecnol. mecc.*), Schweiss-Transferstrasse (*f.*). **204 linguetta di connessione a ~** (*elett.*), Lötfahne (*f.*). **205 occhiali per ~** (*app.*), Schweissbrille (*f.*). **206 pinza per ~** (*tecnol. mecc.*), Schweisszange (*f.*), Schweissbacke (*f.*). **207 pinza pneumatica per ~ a punti** (*tecnol. mecc.*), pressluftbetätigte Punktschweisszange. **208 preparazione dei lembi per la ~** (*tecnol. mecc.*), Schweissvorbereitung (*f.*). **209 pressione di ~** (*tecnol. mecc.*), Schweissdruck (*m.*). **210 prova di criccabilità di saldature** (ai fini della sicurezza) (*tecnol. mecc.*), Einschweissversuch (*m.*), Einspann-Schweissversuch (*m.*). **211 qualità della ~** (*tecnol. mecc.*), Schweissgüte (*f.*). **212 riparazione mediante ~** (*mecc.*), Schweissausbesserung (*f.*). **213 riporto mediante ~ ad attrito** (*tecnol. mecc.*), Reibauftragschweissen (*n.*). **214 ripresa della ~** (*tecnol. mecc.*), Nachschweissung (*f.*). **215 ripresa di ~ al vertice** (d'un giunto a V, per migliorare la qualità) (*tecnol. mecc.*), Wurzelverschweissung (*f.*). **216 rovescio della ~** (*tecnol. mecc.*), Nahtunterseite (*f.*), Wurzelseite (*f.*). **217 sequenza di ~** (*tecnol. mecc.*), Schweissfolge (*f.*). **218 sovrametallo di ~** (perdita di lunghezza nella saldatura di testa) (*tecnol. mecc.*), Arbeitsweg (*m.*), Längenverlust (*m.*). **219 tempo di ~** (nel ciclo di saldatura) (*tecnol. mecc.*), Schweisszeit (*f.*). **220 temporizzatore per ~** (*elett. - tecnol. mecc.*), Schweisstakter (*m.*). **221 trasformatore per ~** (*macch. elett.*), Schweisstransformator (*f.*), Schweisstrafo (*m.*). **222 vapori sviluppati**

durante la ~ (*tecnol. mecc.*), Schweissdämpfen (*m. pl.*). **223 vernice protettiva per ~ a punti** (contro la corrosione) (*tecnol. mecc.*), Punktschweissfarbe (*f.*). **224 vertice della ~** (*tecnol. mecc.*), Nahtwurzel (*f.*).

saldo (*amm.*), Saldo (*m.*), Ausgleich (*m.*). **2 ~** (regolazione, di un conto) (*amm.*), Berichtigung (*f.*), Ausgleich (*m.*). **3 ~ a credito** (*contab.*), Habensaldo (*n.*). **4 ~ a debito** (*contabilità*), Sollsaldo (*m.*). **5 ~ attivo** (*contabilità*), Habensaldo (*n.*), Aktivsaldo (*m.*). **6 ~ a zero** (*elab. dati*), Nullkontrolle (*f.*). **7 ~ dei conti** (regolazione dei conti) (*amm.*), Kontenabrechnung (*f.*), Kontenberichtigung (*f.*). **8 ~ passivo** (*contabilità*), Sollsaldo (*m.*), Passivsaldo (*m.*). **9 a ~ di** (*amm.*), zum Ausgleich von. **10 riporto a ~** (*contabilità*), Saldovortrag (*m.*).

saldobrasatura (*tecnol. mecc.*), Schweisslöten (*n.*).

sale (prodotto della reazione di un acido con una base) (*chim.*), Salz (*n.*). **2 ~ (NaCl)** (sale comune, sale da cucina) (*geol. - ind. chim.*), Salz (*n.*), Kochsalz (*n.*). **3 ~ acido** (*chim.*), Sauersalz (*n.*), saures Salz. **4 ~ ammoniaco (NH₄Cl)** (cloruro di ammonio) (*chim.*), Salmiak (*m.*). **5 ~ basico** (*chim.*), basisches Salz. **6 ~ comune (NaCl)** (sale da cucina) (*chim. - ecc.*), Kochsalz (*n.*), Salz (*n.*). **7 ~ da bagno** (*ind. chim.*), Badesalz (*n.*). **8 ~ da cucina (NaCl)** (sale comune) (*chim. - ecc.*), Kochsalz (*n.*), Salz (*n.*). **9 ~ della roccella (C₄H₄O₆KNa.4 H₂O)** (sale di Seignette, tartrato sodico potassico) *chim.*), Rochellesalz (*n.*), Seignettesalz (*n.*). **10 ~ di fosforo (NaNH₄HPO₄.4 H₂O)** (sale microcosmico) (*chim.*), Phosphorsalz (*n.*), Natriumammoniumhydrophosphat (*n.*). **11 ~ di Glauber** (solfato di sodio) (*chim.*), Glaubersalz (*n.*). **12 ~ di Seignette (C₄H₄O₆KNa.4 H₂O)** (sale della roccella, tartrato sodico potassico) (*chim.*), Rochellesalz (*n.*), Seignettesalz (*n.*). **13 ~ di sorgente** (ottenuto da sorgenti naturali) (*geol.*), Solesalz (*n.*). **14 ~ doppio** (*chim.*), Doppelsalz (*n.*), Zwillingssalz (*n.*). **15 ~ emetico** (tartrato doppio d'antimonio e potassio, per mordenzatura di tessuti) (*chim. - ind. tess.*), Brechweinstein (*m.*). **16 ~ industriale** (sale per usi industriali, sale pastorizio) (*ind. chim.*), Viehsalz (*n.*). **17 ~ marino** (*ind. chim.*), Seesalz (*n.*). **18 ~ metallico** (*chim.*), Metallsalz (*n.*). **19 ~ microcosmico (NaNH₄HPO₄.4 H₂O)** (sale di fosforo) (*chim.*), Phosphorsalz (*n.*), Natriumammoniumhydrophosphat (*n.*). **20 ~ minerale** (salgemma) (*min.*), Steinsalz (*n.*). **21 ~ pastorizio** (sale per usi industriali, sale industriale) (*ind. chim.*), Viehsalz (*n.*). **22 ~ per rettifica** (cromato di potassio, per es., in acqua) (*lav. macch. ut.*), Schleifsalz (*n.*). **23 ~ potassico** (*chim.*), Kalisalz (*n.*). **24 bagno di ~** (*tecnol.*), Salzbad (*n.*). **25 effetto ~** (effetto catalitico) (*chim.*), Salzeffekt (*m.*). **26 miniera di ~** (*min.*), Salzbergwerk (*n.*). **27 stabilizzazione con ~** (del terreno) (*ing. civ.*), Salzvermörtelung (*f.*), Salzverfestigung (*f.*).

salgemma (cloruro di sodio) (*min.*), Steinsalz (*n.*).

salice (àlbero) (*legno*), Weide (*f.*).

salicilato (*chim. - farm.*), Salizylat (*n.*).

saliente (angolo p. es.) (*a. - gen.*), vorspringend, ausspringend. **2 macchina a poli salienti** (*macch. elett.*), Schenkelpolmaschine (*f.*).

salina (*ind. chim.*), Saline (*f.*), Salzsiederei (*f.*), Salzwerk (*n.*).

salinità (*chim.*), Salzhaltigkeit (*f.*).

salino (*chim.*), salzartig, salzhaltig. **2 nebbia salina** (*tecnol. - meteor.*), Salzsprühnebel (*m.*). **3 prova a nebbia salina** (di una vernice p. es.) (*tecnol.*), Salzsprühprobe (*f.*), Salzsprühnebelprüfung (*f.*). **4 soluzione salina** (*chim.*), Salzlösung (*f.*).

salinometro (app. per misurare la salinità) (*strum.*), Salinometer (*n.*), Salzwaage (*f.*).

salire (*gen.*), steigen. **2 ~** (montare, su un veicolo p. es.) (*gen.*), aufsteigen. **3 ~** (aumentare, della temperatura p. es.) (*gen.*), steigen. **4 ~ a riva** (salire sui pennoni) (*nav.*), aufentern.

saliscendi (di una porta) (*ed. - carp.*), Falle (*f.*).

salita (*gen.*), Anstieg (*m.*), Aufstieg (*m.*), Steigung (*f.*). **2 ~** (*aut.*), Bergfahrt (*f.*). **3 ~** (entrata, di una vettura) (*tramvai - ecc.*), Einstieg (*m.*). **4 ~** (volo in salita) (*aer.*), Steigflug (*m.*), Aufflug (*m.*). **5 ~** (del metallo, nello stampo superiore p. es.) (*fucinatura - ecc.*), Steigen (*n.*). **6 ~ centrale** (entrata centrale, di un tram p. es.) (*veic.*), Mitteleinstieg (*m.*). **7 ~ in candela** (*aer.*), Steilflug (*m.*), Kavalierflug (*m.*), Chandelle (*f.*). **8 ~ posteriore** (di una vettura tranviaria p. es.) (*veic.*), Rückeinstieg (*m.*). **9 angolo di ~** (*aer.*), Aufstiegwinkel (*m.*). **10 in ~** (*avv. - aut.*), bergan, bergauf, am Berg. **11 in ~** (ascendente) (*gen.*), ansteigend. **12 resistenza dovuta alla ~** (*aut.*), Steigungswiderstand (*m.*). **13 spinta di ~** (*aer. - mot. a getto*), Steigschub (*m.*). **14 tempo di ~** (d'una punta di corrente o tensione) (*elett.*), Steigzeit (*f.*), Anstiegszeit (*f.*). **15 tempo di ~** (d'un impulso) (*elettronica*), Anstiegszeit (*f.*). **16 velocità di ~** (*aer.*), Aufstiegsgeschwindigkeit (*f.*). **17 velocità di ~ della corrente** (pendenza della corrente, nei tiristori p. es.) (*elettronica*), Stromsteilheit (*f.*).

salmastro (di acqua) (*gen.*), brackig.

« salmoni » (zavorra di pani di ghisa) (*nav.*), Ballasteisen (*n.*).

salnitro (KNO₃) (nitrato di potassio) (*chim.*), Kaliumnitrat (*n.*), Kalisalpeter (*m.*).

salone (per esposizioni p. es.) (*ed.*), Halle (*f.*). **2 ~ dell'automobile** (*aut. - comm.*), Automobilausstellung (*f.*). **3 ~ dell'automobile** (*aut. - comm.*), Automobilausstellung (*f.*). **4 ~ per esposizioni** (*comm. - ed.*), Ausstellungshalle (*f.*). **5 carrozza ~** (vettura salone) (*ferr.*), Salonwagen (*m.*). **6 vettura ~** (carrozza salone) (*ferr.*), Salonwagen (*m.*).

salottino (per ricevere i clienti p. es., di una fabbrica) (*ind.*), Besprechungszimmer (*n.*).

salpa-ancora (verricello salpa-ancora) (*nav. - app. di sollev.*), Ankerwinde (*f.*), Ankerspill (*n.*).

salpare (partire via mare) (*nav.*), ausfahren, abstossen, in See stechen, vom Land abstechen, absegeln, aussegeln. **2 ~** (sollevare,

salpareti

con verricello p. es.) (*nav.*), aufwinden, aufhaspeln. 3 ~ (l'àncora) (*nav.*), lichten, einwinden. 4 ~ l'àncora (*nav.*), den Anker lichten.

salpareti (verricello salpareti) (*pesca - app. di sollev.*), Netzwinde (*f.*).

salsa (vulcano di fango) (*geol.*), Schlammvulkan (*m.*), Schlammsprudel (*m.*), Salse (*f.*).

saltabile (blocco di dati su un nastro perforato p. es.) (*elab. dati - lav. macch. ut. a c.n.*), ausblendbar.

saltare (*gen.*), springen. 2 ~ (bruciarsi, fondersi, di valvole p. es.) (*elett.*), durchschmelzen, durchbrennen. 3 ~ (ignorare, un blocco di nastro perforato p. es.) (*elab. dati*), überlesen. 4 ~ via (staccarsi, vernice p. es.) (*gen.*), abspringen. 5 far ~ (far brillare, una mina p. es.) (*min. - ecc.*), schiessen, abschiessen, absprengen.

saltarello (*mecc.*), Sperrnocken (*m.*).

saltato (bruciato, fusibile o valvola di protezione) (*elett.*), durchgebrannt.

saltellamento (*gen.*), Hüpfen (*n.*), Springen (*n.*), Flattern (*n.*). 2 ~ (rimbalzo, dei contatti p. es.) (*elett. - difetto*), Prellen (*n.*), Prellung (*f.*). 3 ~ (vibrazione, di una macchina, p. es.) (*mecc. - macch. ut.*), Rattern (*n.*). 4 ~ (delle ruote) (*aut.*), Springen (*n.*). 5 ~ dei contatti (di un ruttore) (*elett. - mot.*), Kontaktprellung (*f.*). 6 ~ della valvola (di un mot. a c. i.) (*mot.*), Ventilflattern. 7 esente da ~ (contatto, esente da rimbalzo) (*elett.*), prellfrei, prellsicher. 8 segno da ~ (segno da vibrazione dell'utensile, « trematura ») (*difetto - mecc.*), Rattermarke (*f.*). 9 tempo di ~ (tempo di vibrazione, di un relè p. es.) (*elett.*), Prellzeit (*f.*).

saltellare (di valvole p. es.) (*gen.*), flattern, hüpfen.

salterello (dente di scatto, ecc.) (*mecc. - ecc.*), Fallklinke (*f.*).

salto (*gen.*), Sprung. 2 ~ (di un impianto idroelettrico) (*idr.*), Fallhöhe (*f.*). 3 ~ (nella sequenza esecutiva delle istruzioni) (*calc.*), Sprung (*m.*). 4 ~ condizionato (*calc.*), bedingter Sprung. 5 ~ con l'asta (*sport*), Stabhochsprung (*m.*). 6 ~ dei cilindri (allontanamento dei cilindri, all'entrata del materiale da laminare) (*lamin.*), Walzensprung (*m.*). 7 ~ della rana (*elab. dati*), Bocksprung (*m.*). 8 ~ del passo (differenza fra due passi consecutivi, di denti di ruote dentate) (*mecc.*), Teilungssprung (*m.*). 9 ~ di Bidone (risalto idraulico) (*idr.*), Wassersprung (*m.*), Wechselsprung (*m.*). 10 ~ di frequenza (*elett.*), Frequenzsprung (*m.*), Frequenzspringen (*n.*). 11 ~ massimo sfruttabile (caduta di progetto) (*idr.*), Ausbaufallhöhe (*f.*). 12 ~ motore (salto utile, di un impianto idroelettrico) (*idr.*), Kraftwerkfallhöhe (*f.*), Energiehöhen-Unterschied (*n.*). 13 ~ nominale (di un impianto elettrico) (*idr.*), Nennfallhöhe (*f.*). 14 ~ quantico (*elettronica*), Quantensprung (*m.*). 15 ~ statico (differenza di pressione statica a monte ed a valle delle palettature d'una turbina p. es.) (*macch.*), Spaltdruck (*m.*). 16 ~ totale (di un impianto idroelettrico) (*idr.*), Gesamtfallhöhe (*f.*). 17 ~ triplo (*sport*), Dreisprung (*m.*). 18 ~ utile (salto motore, di un impianto idroelettrico) (*idr.*), Nutzfallhöhe (*f.*), Kraftwerksfallhöhe (*f.*), Energiehöhen-Unterschied (*n.*). 19 ~ utile lordo (dislivello dell'acqua fra inizio e termine dell'impianto) (*idr.*), Rohfallhöhe (*f.*). 20 aumento del ~ (in centrali elett. fluviali, mediante eiettori) (*idr.*), Fallhöhenmehrung (*f.*). 21 dissipatore a ~ (*costr. idr.*), Sprungschanze (*f.*) 22 istruzione di ~ (*calc.*), Sprungbefehl (*m.*). 23 perdite di ~ (d'una centrale idroelett.) (*idr.*), Fallhöhenverluste (*m. pl.*). 24 prova del ~ della rana (*elab. dati*), Bocksprung-Test (*m.*). 25 prova ridotta del ~ della rana (*calc.*), Teildurchprüfung (*f.*). 26 rapporto tra velocità periferica e ~ (*turb. idr.*), Laufzahl (*f.*).

salute (*med.*), Gesundheit (*f.*). 2 ~ pubblica (*med.*), Volksgesundheit (*f.*). 3 riacquistare la ~ (*gen.*), aufkommen.

salva (*espl. - milit.*), Salve (*f.*).

salvacentro (smusso di protezione, d'una punta per centrare o svasare, p. es.) (*ut.*), Schutzsenkung (*f.*).

salvagente (cintura di salvataggio p. es.) (*nav.*), Schwimmapparat (*m.*), Schwimmgürtel (*m.*), Rettungsgürtel (*m.*). 2 ~ (isola, per pedoni) (*traff. strad.*), Insel (*f.*), Verkehrsinsel (*f.*), Schutzinsel (*f.*), Stützinsel (*f.*), Schutzstreifen (*m.*). 3 ~ ad anello (*nav.*), Rettungsring (*m.*). 4 ~ del tram (salvagente di fermata del tram) (*strad.*), Strassenbahninsel (*f.*).

salvaguardare (proteggere, curare gli interessi d'una persona p. es.) (*amm.*), wahrnehmen.

salvaguardia (degli interessi p. es.) (*amm.*), Wahrnehmung (*f.*). 2 ~ (del paesaggio) (*ed. - ecc.*), Schonung (*f.*).

salvamano (dispositivo salvamano, sulle presse p. es.) (*tecnol. mecc.*), Handschutzeinrichtung (*f.*).

salvamotore (*app. elett.*), Motorschalter (*m.*), Motorschutzschalter (*m.*).

salvare (*gen.*), bergen, retten.

salvataggio (*nav. - aer.*), Rettung (*f.*). 2 imbarcazione di ~ (lancia di salvataggio) (*nav.*), Rettungsboot (*n.*). 3 lancia di ~ (imbarcazione di salvataggio) (*nav.*), Rettungsboot (*n.*). 4 premio di ~ (*nav.*), Bergelohn (*m.*). 5 servizio di ~ (*nav. - ecc.*), Rettungsdienst (*m.*). 6 torre di ~ (per la fase di lancio d'un veicolo spaziale) (*astronautica*), Rettungsturm (*m.*).

salvo (eccettuato, ad eccezione di) (*gen.*), mit Ausnahme von, vorbehalten, ausgenommen. 2 ~ caso di forza maggiore (*comm. - ecc.*), höhere Gewalt vorbehalten. 3 ~ che (a meno che) (*gen.*), es sei denn. 4 ~ il venduto (*comm.*), Zwischenverkauf vorbehalten.

samario (elemento chimico) (*Sm - chim.*), Samarium (*n.*).

sanatorio (stabilimento di cura) (*med. - ed.*), Heilanstalt (*f.*), Kuranstalt (*f.*), Sanatorium (*n.*).

sanazione (*med. - ecc.*), Sanierung (*f.*).

sandalo (legno di sandalo) (*legno*), Sandelholz (*n.*).

sandaracca (sandracca, resina vegetale) (*chim.*) Sandarak (*m.*).
sandolino (imbarcazione) (*nav.*), Skuller (*m.*), Skullboot (*n.*).
sandracca (sandaracca, resina vegetale) (*chim.*) Sandarak (*m.*).
sandwich (struttura a sandwich) (*aer. - ecc.*), Sandwichkonstruktion (*m.*), Sandwichbauweise (*f.*).
sanforizzatura (*ind. tess.*), Sanforisieren (*n.*).
sangue (*gen.*), Blut (*n.*). 2 donatore di ~ (*med.*), Blutspender (*m.*). 3 globulo di ~ (*med.*), Blutkörperchen (*n.*). 4 trasfusione di ~ (*med.*), Bluttransfusion (*f.*), Blutübertragung (*f.*).
sanguinamento (difetto di vn.), Bluten (*n.*), Ausbluten (*n.*), Durchbluten (*n.*).
sanguinare (difetto di vn.), ausbluten.
sanitario (*a.*), sanitär, gesundheitstechnisch. 2 impianti igienico-sanitari (*ed.*), sanitäre Einrichtungen. 3 servizio ~ (*med.*), Sanitätsdienst (*m.*). 4 ufficiale ~ (*med.*), Amtsarzt (*m.*), Sanitätsbeamter (*m.*).
sano (senza difetti, getto p. es.) (*fond. - ecc.*), fehlerfrei.
sansa (dell'olio, sottoprodotto di un oleificio) (*ind.*), Öltrester (*m.*).
santonina ($C_{15}H_{18}O_3$) (*farm. - chim.*), Santonin (*n.*).
sanzionare (ratificare, una legge p. es.) (*leg. - ecc.*), sanktionieren, bestätigen, billigen.
sanzione (ratifica, di una legge) (*leg. - ecc.*), Sanktion (*f.*), Bestätigung (*f.*).
SAP (polvere di alluminio sinterizzata, per reattori nucleari) (*metall.*), SAP.
sapone (*ind. chim.*), Seife (*f.*). 2 ~ alla lanolina (*ind. chim.*), Lanolinseife (*f.*). 3 ~ da impasto (*ind. chim.*), Leimseife (*f.*). 4 ~ da toeletta (*ind. chim.*), Toiletteseife (*f.*). 5 ~ duro (*ind. chim.*), Kernseife (*f.*), Natronseife (*f.*). 6 ~ grasso (*ind. chim.*), Fettseife (*f.*). 7 ~ liquido (*ind. chim.*), flüssige Seife. 8 ~ molle (sapone potassico) (*ind. chim.*), Schmierseife (*f.*), Kaliseife (*f.*). 9 ~ neutro (*ind. chim.*), neutrale Seife. 10 ~ organometallico (per lubrificazione) (*mecc.*), Metallseife (*f.*). 11 ~ potassico (*ind. chim.*), Kaliseife (*f.*). 12 ~ sodico (*ind. chim.*), Natronseife (*f.*), Sodaseife (*f.*). 13 grumi di sapone (nella trafilatura) (*tecnol. mecc.*), Seifenknoten (*m. pl.*).
saponificabile (*chim.*), verseifbar.
saponificare (*chim.*), verseifen.
saponificato (*ind. chim.*), verseift. 2 ~ con soda (saponificato con idrato di sodio, nella prova di un lubrificante) (*chim. ind.*), natronverseift.
saponificazione (*chim.*), Verseifung (*f.*). 2 numero di ~ (mg di KOH necessari a neutralizzare gli acidi liberi contenuti in 1 g di olio) (*chim.*), Verseifungszahl (*f.*). 3 valore di ~ (mg di KOH necessari per neutralizzare gli acidi liberi contenuti in 100 ml del campione) (*chim.*), Verseifungswert (*n.*).
saponificio (*ind. chim.*), Seifenfabrik (*f.*).
saponina (*chim.*), Saponin (*n.*).
saprobico (*biol.*), Saprobien... 2 sistema ~ (*idrobiologia*), Saprobiensystem (*n.*).

sapropele (prodotto della macerazione di resti vegetali) (*m. - geol.*), Sapropel (*m.*).
sapropelite (sapropel, fango digerito) (*geol.*), Saprolite (*n.*), Sapropel (*n.*).
saracco (segaccio, sega a lama libera) (*ut.*), Stoss·säge (*f.*), Einmannsäge (*f.*). 2 ~ (da tronchi, segone) (*ut.*), Einbandstoss·säge (*f.*). 3 ~ a costola (saracco a dorso, segaccio a dorso) (*ut.*), Rückensäge (*f.*). 4 ~ a dorso (segaccio a dorso, saracco a costola) (*ut.*), Rückensäge (*f.*).
saracinesca (serranda) (*ed.*), Falltür (*f.*). 2 ~ (valvola a saracinesca) (*idr. - tubaz.*), Schieber (*m.*), Absperrschieber (*m.*). 3 ~ a più vie (*idr. - tubaz.*), Wechselschieber (*m.*), Einplatten-Mehrwegeschieber (*m.*). 4 ~ avvolgibile (*ed.*), Rolladen (*m.*). 5 ~ avvolgibile a griglia (*ed.*), Rollgitter (*n.*). 6 ~ (con attacchi) a bicchiere (*tubaz.*), Muffenabsperrschieber (*m.*). 7 ~ da montare mediante saldatura (*tubaz.*), Einschweissschieber (*m.*). 8 ~ sulla mandata (di una pompa) (*idr. - tubaz.*), Schieber in der Druckleitung, Regulierschieber in der Druckleitung. 9 camera delle saracinesche (*idr.*), Schieberhaus (*m.*), Schieberkammer (*f.*). 10 cassa della ~ (corpo della saracinesca) (*idr.*), Schiebergehäuse (*n.*). 11 valvola a ~ (*idr.*), Schieberventil (*n.*).
saran (materia plastica) (*ind. chim.*), Saran (*n.*).
sarchiare (*agric.*), jäten.
sarchio (*ut. agric.*), Jäthacke (*f.*).
sàrtia (*nav.*), Pardun (*n.*), Pardune (*f.*), Want (*f.*). 2 ~ (di un pallone libero) (*aer.*), Auslaufleine (*f.*).
sartiame (*nav.*), Wanten (*f. pl.*), Pardunen (*f. pl.*).
sarto (*lav.*), Schneider (*m.*). 2 ~ su misura (sarto che lavora su misura) (*lav.*), Zuschneider (*m.*).
sartoria (*ind.*), Schneiderei (*f.*).
sassola (gottazza, vuotazza, sessola) (*nav.*), Kahnschaufel (*f.*).
sassolino [$B(OH)_3$] (acido borico allo stato minerale) (*min.*), Sassolin (*n.*).
satellite (ingranaggio satellite, di un rotismo epicicloidale) (*mecc.*), Planetenrad (*n.*), Umlaufzahnrad (*n.*), Trabant (*m.*), Satellit (*m.*). 2 ~ (*astr. - astronautica*), Satellit (*m.*), Trabant (*m.*). 3 ~ a pale (satellite artificiale) (*astronautica*), Schaufelrad-Satellit (*m.*). 4 ~ artificiale (*astronautica*), künstlicher Satellit. 5 ~ del differenziale (*mecc. - aut.*), Ausgleichssatellit (*m.*), Ausgleichrad (*n.*). 6 ~ della terra (satellite terrestre) (*astr. - astronautica*), Erdsatellit (*m.*), Erdtrabant (*m.*). 7 ~ meteorologico (*meteor.*), Wettersatellit (*m.*). 8 ~ -pallone (satellite artificiale) (*astronautica*), Ballonsatellit (*m.*). 9 ~ per comunicazioni (*telev. - ecc.*), Nachrichtensatellit (*m.*). 10 ~ per telecomunicazioni (*radio - ecc.*), Fernmeldesatellit (*m.*). 11 ~ sonda (*astronautica*), Mess·satellit (*m.*), Raumsonde (*f.*). 12 ~ terrestre (satellite della terra) (*astr. - astronautica*), Erdsatellit (*m.*), Erdtrabant (*m.*). 13 ~ trasportato (satellite messo in orbita da altro satellite) (*astronautica*), Huckepacksatellit (*m.*). 14 centrale ~

satina

(*telef.*), Teilamt (*n.*). **15 città** ~ (*ed. - urb.*), Trabantenstadt (*f.*), Satellitenstadt (*f.*). **16 collegamento via** ~ (*telev. - ecc.*), Satellitenverbindung (*f.*). **17 commutatore** ~ (*telef.*), Wählersternschalter (*m.*). **18 ingranaggio** ~ (di un ruotismo epicicloidale) (*mecc.*), Planetenrad (*n.*), Umlaufrad (*n.*), Planetenzahnrad (*n.*).

satina (satinatrice, liscia, calandra) (*macch. ind. carta*), Satinierkalander (*m.*), Satinierpresse (*f.*), Satiniermaschine (*f.*), Satinierwalzwerk (*n.*), Hochglanzkalander (*m.*).

satinare (lisciare, calandrare) (*ind. carta*), satinieren, glätten.

satinato (lisciato, calandrato) (*ind. carta*), satiniert, hochsatiniert.

satinatrice (liscia, calandra, satina) (*macch. ind. carta*), Satinierkalander (*m.*), Satiniermaschine (*f.*), Satinierpresse (*f.*), Satinierwalzwerk (*n.*), Hochglanzkalander (*m.*).

satinatura (lisciatura, calandratura) (*ind. carta*), Satinieren (*n.*).

saturare (*chim.*), sättigen. **2** ~ (una valvola termoionica) (*elettronica*), übersteuern.

saturatore (nella fabbricazione dello zucchero p. es.) (*app. ind. chim.*), Saturateur (*m.*), Sättiger (*m.*).

saturazione (*chim.*), Sättigung (*f.*). **2** ~ (di macchine, impianti, ecc.) (*macch. - ut. - ecc.*), Vollbelastung (*f.*). **3** ~ (applicazione d'una tensione troppo elevata alla griglia di una valvola termoionica) (*elettronica*), Übersteuerung (*f.*). **4** ~ (d'un colore) (*ott.*), Sättigung (*f.*). **5** ~ **del bianco** (*telev.*), Weisssättigung (*f.*). **6** ~ **del mercato** (*comm.*), Marktsättigung (*f.*). **7** ~ **magnetica** (*elett.*), magnetische Sättigung. **8 corrente di** ~ (di un tubo elettronico) (*elettronica*), Sättigungstrom (*m.*). **9 corrente di** ~ (nei transistori) (*elettronica*), Übersteuerung (*f.*). **10 curva di** ~ (linea di saturazione) (*fis. - chim.*), Sättigungskurve (*f.*). **11 deficit di** ~ (*meteor. - fis.*), Sättigungsfehlbetrag (*m.*). **12 distorsione da** ~ (dovuta a tensione troppo alta applicata ad una valvola termoionica) (*telev.*), Übersteuerung (*f.*), Überstrahlung (*f.*). **13 fattore di** ~ (*fis. - chim.*), Sättigungskoeffizient (*m.*). **14 grado di** ~ (*chim.*), Sättigungsgrad (*m.*). **15 punto di** ~ (temperatura di saturazione) (*chim. - fis.*), Sättigungspunkt (*m.*). **16 rapporto fra precipitazione e deficit di** ~ (*meteor.*), N-S-Quotient (*m.*), Niederschlagshöhe-Sättigungsfehlbetrag-Quotient (*m.*). **17 piano di** ~ (per una macch.) (*macch. ut.*), Auslastungsplan (*m.*). **18 reattanza di** ~ (reattanza residua) (*elett.*), Sättigungsreaktanz (*f.*), Restreaktanz (*f.*). **19 tensione di** ~ (di elementi fotoelettrici p. es., tensione anodica p. es.) (*fis.*), Sättigungsspannung (*f.*). **20 tensione di** ~ (tensione di ginocchio, nei transistori) (*elettronica*), Kniespannung (*f.*), Restspannung (*f.*). **21 tensione di** ~ (*meteor.*), Sättigungsdruck (*m.*). **22 valore di** ~ (d'un bacino idrico) (*idr. - biochim.*), Sättigungswert (*m.*).

saturistore (reattore saturabile) (*fis. atom.*), Saturistor (*m.*).

saturnismo (intossicazione da piombo) (*med.*), Bleivergiftung (*f.*).

saturo (*chim.*), gesättigt, satt. **2 a ferro** ~ (bobina d'induttanza p. es.) (*elett.*), eisengesättigt. **3 vapore** ~ (*cald.*), Sattdampf (*m.*).

saybolt, secondi universali ~ (S.U.S.; unità di viscosità) (*unità*), Saybolt-Universal-Sekunden (*f. pl.*), S.U.S.

Sb (antimonio) (*chim.*), Sb, Antimon (*n.*).

sbadacchiare (*ing. civ. - min.*), abspreizen, verspreizen, spreizen.

sbadacchiatura (*ing. civ. - min.*), Abspreizung (*f.*), Verspreizung (*f.*), Spreizung (*f.*).

sbadacchio (*ed. - min.*), Spreize (*f.*), Spriesse (*f.*). **2** ~ **a croce** (*ed.*), Kreuzstake (*f.*).

sbaffatura (linea nera sulla parte sinistra dell'immagine di un oggetto molto chiaro) (*difetto telev.*), Fahnenziehen (*n.*).

sbagliare (commettere un errore di calcolo) (*mat. - ecc.*), sich verrechnen. **2** ~ **il conto** (*gen.*), verzählen. **3** ~ **il taglio** (*gen.*), zerschneiden, fehlschneiden.

sbagliato (errato) (*gen.*), falsch, irrig. **2** ~ (errato; di un risultato) (*mat.*), fehlerhaft.

sbalzare (lavorare a sbalzo, lamiera) (*metall.*), treiben, gaufrieren.

sbalzo (sporgenza) (*arch.*), Auskragung (*f.*), Ausladung (*f.*), Überhang (*m.*). **2** ~ (dell'utensile) (*lav. macch. ut.*), Ausladung (*f.*). **3** ~ (lavorazione a sbalzo) (*lav. lamiera*), Treiben (*n.*). **4** ~ **anteriore** (*aut. - veic.*), vordere Überhanglänge. **5** ~ **posteriore** (*veic. - aut.*), hintere Überhanglänge. **6 angolo di** ~ **anteriore** (*aut. - veic.*), vorderer Überhangwinkel. **7 angolo di** ~ **posteriore** (*veic. - aut.*), hinterer Überhangwinkel. **8 a** ~ (sporgente) (*ed. - ecc.*), freitragend, überhängend, freifliegend. **9 forma a** ~ (della coda di una autovettura) (*aut. - carrozz.*), Pontonform (*f.*), abgesetztes Heck. **10 lavorare a** ~ (sbalzare, lamiera) (*metall.*), treiben. **11 lavoro a** ~ (*metall.*), Treibarbeit (*f.*). **12** (montato) **a** ~ (*macch.*), fliegend angeordnet. **13 struttura a** ~ (*ed. - ing. civ.*), Kragkonstruktion (*f.*).

sbandamento (slittamento, di un veic. in curva) (*aut.*), Schieben (*n.*), Abrutschen (*n.*). **2** ~ (delle ruote posteriori) (*aut.*), Schleudern (*n.*), Weggehen (*n.*). **3** ~ (inclinazione trasversale, di un velivolo) (*aer.*), Querneigung (*f.*). **4** ~ (di una nave, a causa di pressione del vento o di carico mal distribuito) (*nav.*), Krängung (*f.*), Krengung (*f.*), Überliegen (*n.*), Schrägliegen (*n.*). **5 indicatore di** ~ (sbandometro, indicatore dell'inclinazione trasversale) (*strum. aer.*), Querneigungsmesser (*m.*), Neigungsmesser (*m.*).

sbandare (*aut.*), abrutschen, schieben, ausbrechen. **2** ~ (slittare, lateralmente, con le ruote posteriori) (*aut.*), schleudern. **3** ~ (di una nave) (*nav.*), krängen, krengen.

sbandata (*aut. - ecc.*), vedi sbandamento.

sbandometro (indicatore di sbandamento, indicatore dell'inclinazione trasversale) (*strum. - aer.*), Querneigungsmesser (*m.*), Neigungsmesser (*m.*).

sbarbare (rasare, ingranaggi) (*lav. macch. ut.*), schaben.

sbarbatrice (rasatrice, per ingranaggi) (*macch. ut.*), Schabemaschine (*f.*). **2** ~ (*macch. ut.*), vedi anche rasatrice. **3** ~ **per ingranaggi**

(rasatrice per ingranaggi) (macch. ut.), Zahnradschabemaschine (f.).

sbarbatura (rasatura, di ingranaggi) (lav. macch. ut.), Schaben (n.). 2 ~ (d'ingranaggi) a rotolamento (rasatura d'ingranaggi a rotolamento) (lav. macch. ut.), Wälzschaben (n.).

sbarcare (da una nave) (v. i. - nav.), ausbooten. 2 ~ (scaricare) (v. t. - trasp. - nav.), ausschiffen, entladen.

sbarco (da una nave) (nav.), Ausbootung (f.), Ausschiffung (f.). 2 ~ (milit.), Anlandung (f.). 3 ~ (scaricamento, di merci da una nave) (nav.), Löschung (f.). 4 mezzo da ~ (milit.), Landungsfahrzeug (n.).

sbarra (barra, stanga) (gen.), Stange (f.). 2 ~ (collettrice p. es.) (elett.), Schiene (f.). 3 ~ (barra, di un rotore) (macch. elett.), Stab (m.). 4 ~ (di passaggio a livello p. es.) (ferr. - traff. strad.), Schranke (f.). 5 ~ (connettore, di un accumulatore) (elett.), Polschiene (f.). 6 ~ (asta, mandriale, barra, per pulire un forno p. es.) (metall.), Rührhaken (m.), Schüreisen (m.), Schürhaken (m.). 7 ~ a bilico (sbarra abbassabile di passaggio a livello p. es.- (ferr. - ecc.), Schlagschranke (f.), Schlagbaum (m.). 8 ~ adduttrice (elett.), Zuleitungsschiene (f.). 9 ~ assorbitrice (barra assorbitrice, d'un reattore nucleare) (fis. atom.), Absorberstab (m.). 10 ~ collettrice (sbarra omnibus) (elett.), Sammelschiene (f.). 11 ~ collettrice ad anello (elett.), Ringsammelschiene (f.). 12 ~ collettrice di distribuzione (elett.), Speisesammelschiene (f.). 13 ~ collettrice di emergenza (elett.), Hilfssammelschiene (f.). 14 ~ collettrice per impianto luce (elett.), Lichtsammelschiene (f.). 15 ~ collettrice principale (sbarra omnibus) (elett.), Hauptsammelschiene (f.). 16 ~ di controllo (d'un reattore nucleare; barra di controllo, barra di regolazione, sbarra di regolazione) (fis. atom.), Trimmstab (m.), Kompensationsstab (m.). 17 ~ di regolazione (d'un reattore nucleare; barra di regolazione, barra di controllo, sbarra di controllo) (fis. atom.), Trimmstab (m.), Kompensationsstab (m.). 18 ~ di rotore (conduttore d'indotto di grande sezione) (elett.), Läuferstab (m.), Röbelstab (m.). 19 ~ girevole (ferr.), Drehschranke (f.). 20 ~ levatoia (di passaggio a livello) (ferr.), Schlagschranke (f.). 21 ~ levatoia apribile a chiamata (di un passaggio a livello) (ferr.), Anrufschranke (f.). 22 ~ omnibus (sbarra collettrice principale) (elett.), Hauptsammelschiene (f.). 23 a ~ singola (alimentazione) (elett.), einschienig.

sbarramento (gen.), Sperre (f.), Sperrung (f.). 2 ~ (diga) (costr. idr.), Sperrdamm (m.), Staudamm (m.), Abdämmung (f.). 3 ~ (traversa, di un corso d'acqua) (costr. idr.), Wehr (n.). 4 ~ (per carri armati, ecc.) (milit.), Sperre (f.). 5 ~ a reti (mar. milit.), Netzsperre (f.). 6 ~ a segmento (costr. idr.), Segmentwehr (n.). 7 ~ a settore (costr. idr.), Sektorwehr (n.). 8 ~ controaereo (milit.), Flaksperre (f.). 9 bobina di ~ (elett.), Sperrdrossel (f.). 10 catenella di ~ (traff. strad.), Sperrkette (f.). 11 impianto di ~ (costr. idr. - idr.), Stauanlage (f.), Stauwerk (n.). 12 opera di ~ (di un fiume p. es.) (costr. idr.), Sperrwerk (n.), Stauwerk (n.). 13 **raddrizzatore a strato di ~** (elett.), Sperrschichtgleichrichter (m.). 14 **rete di ~** (contro i sommergibili) (mar. milit.), Netzsperre (f.). 15 **senso di ~** (senso di non conduzione, d'un interruttore, ecc.) (elett. - elettronica), Sperrichtung (f.). 16 **strato di ~** (di una fotocellula) (elettronica), Sperrschicht (f.). 17 **strato di ~** (d'un cuscinetto, p. es.) (mecc.), Nickeldamm (m.). 18 **tiro di ~** (fuoco di sbarramento) (artiglieria), Sperrfeuer (n.). 19 **tiro di ~ controaereo** (milit.), Abwehrfeuer (n.). 20 **traversa di ~** (costr. idr.), Staubalkenwehr (n.), Stauwehr (n.).

sbarrare (chiudere) (gen.), sperren, absperren. 2 ~ (una strada p. es.) (traff. strad.), sperren.

sbattere (gen.), klappern. 2 ~ (di vele) (nav.), schlagen.

sbattimento (gen.), Klappern (n.), Rappeln (n.). 2 ~ (vibrazione aeroelastica, « flutter ») (aer.), Flattern (n.). 3 ~ (del rotore d'un elicottero) (aer.), Schlagbewegung (f.). 4 ~ **accoppiato** (sbattimento classico, vibrazione aeroelastica classica, vibrazione aeroelastica accoppiata) (aer.), mitwirkendes Flattern. 5 ~ **asimmetrico** (vibrazione aeroelastica asimmetrica) (aer.), asymmetrisches Flattern. 6 ~ **classico** (sbattimento accoppiato, vibrazione aeroelastica classica, vibrazione aeroelastica accoppiata) (aer.), mitwirkendes Flattern. 7 ~ **di stallo** (vibrazione aeroelastica di stallo) (aer.), Geschwindigkeitsverlustflattern (n.). 8 ~ **simmetrico** (vibrazione aeroelastica simmetrica) (aer.), symmetrisches Flattern. 9 angolo di ~ (del rotore d'un elicottero) (aer.), Schlagwinkel (m.).

sbavare (un getto) (fond.), putzen, gussputzen, entgraten. 2 ~ (un fucinato a stampo) (fucinatura), abgraten. 3 ~ **a caldo** (tecnol. mecc.), warmabgraten. 4 ~ **a mano** (un getto) (fond.), handputzen. 5 ~ **e sabbiare** (getti) (fond.), verputzen.

sbavato (getto) (fond.), geputzt.

sbavatore (utensile sbavatore) (ut. - fucinatura), Abgratwerkzeug (n.). 2 ~ (operaio) (lav. fond.), Putzer (m.). 3 ~ **a caldo** (attrezzo per sbavare a caldo) (ut.), Warmabgratwerkzeug (n.). 4 ~ **per ruote dentate** (macch.), Zahnrad-Entgrateinrichtung (f.).

sbavatrice (pressa sbavatrice, per fucinati a stampo) (macch.), Abgratpresse (f.), Abgratmaschine (f.). 2 ~ (per getti) (fond.), Gussputzmaschine (f.). 3 ~ (per pressogetti p. es.) (macch. fond.), Entgratmaschine (f.). 4 ~ **a pendolo** (per getti) (macch. fond.), Pendelschleifmeschine (f.).

sbavatura (di un fucinato a stampo) (tecnol. mecc.), Entgraten (n.), Abgraten (n.). 2 ~ (di un getto) (fond.), Putzen (n.), Gussputzen (n.), Entgraten (n.). 3 ~ (zazzera, riccio, di un foglio di carta a mano) (ind. della carta), Büttenrand (m.). 4 ~ **a sagoma** (sbavatura elettrochimica con elettrodo sagomato) (tecnol.), Formentgraten (n.), Elysierentgraten mit formgebender Werkzeugelektrode. 5 ~ **con la mola** (molatura, di getti) (fond.), Schleifen (n.). 6 ~ **elettrochimica** (tecnol.), Elysierentgraten (n.), elektrochemisches Entgraten. 7 ~ **(elettrochimica)**

sbiadimento

con elettrodo sagomato (sbavatura a sagoma) (*tecnol.*), Elysierentgraten mit formgebender Werkzeugelektrode, Formentgraten (*n.*). 8 **matrice per** ~ (parte dell'attrezzo sbavatore) (*ut. fucinatura*), Schnittplatte (*f.*), Schneidplatte (*f.*), Matrize (*f.*). 9 **punzone per** ~ (parte dell'attrezzo sbavatore) (*ut. - fucinatura*), Schnittstempel (*m.*), Schneidstempel (*m.*).
sbiadimento (scolorimento) (*difetto - vn.*). Verfärbung (*f.*), Farbverlust (*m.*).
sbiadire (scolorire) (*colore*), verschiessen, schwinden. 2 ~ (perdere il colore) (*vn.*), ausgehen.
sbiadito (slavato) (*gen.*), verwaschen. 2 ~ (stinto, slavato) (*colore*), ausgewaschen.
sbianca (candeggio) (*tess.*), Bleichen (*n.*). 2 **bagno di** ~ (bagno di candeggio) (*ind. tess.*), Bleichflotte (*f.*). 3 **polvere da** ~ (polvere da candeggio) (*ind. tess.*), Bleichpulver (*n.*). 4 **terra da** ~ (terra da candeggio, terra da follone) (*ind. chim.*), Bleicherde (*f.*).
sbiancare (candeggiare) (*tess.*), bleichen.
sbieco (*a. - gen.*), *vedi* obliquo. 2 **posizione sbieca** (di un vagone sul binario) (*ferr.*), Spiess·stellung (*f.*).
sbilanciato (*mecc.*), unausgewuchtet.
sbloccaggio (*mecc.*), Lösung (*f.*), Losmachen (*n.*). 2 ~ (di una vite p. es., rimozione del fermo) (*mecc.*), Entsicherung (*f.*), Entsichern (*n.*). 3 ~ (di utensili p. es.) (*lav. macch. ut.*), Abspannung (*f.*). 4 ~ (sblocco, di un differenziale p. es.) (*veic. - ecc.*), Entsperren (*n.*).
sbloccare (allentare) (*mecc.*), lösen, losmachen. 2 ~ (pezzi od utensili, da un disp. di serraggio) (*lav. macch. ut.*), abspannen. 3 ~ (un differenziale p. es.) (*veic. - ecc.*), entsperren. 4 ~ (una vite p. es., togliere il fermo) (*mecc.*), entsichern. 5 ~ (far scattare, sganciare) (*elett. - mecc.*), freigeben, loslassen. 6 ~ (un diodo p. es.) (*elettronica*), auslösen, triggern. 7 ~ (dare via libera) (*ferr.*), entblocken, deblockieren. 8 ~ (dei crediti) (*finanz.*), auftauen.
sbloccato (sganciato) (*elett. - mecc.*), freigegeben, losgelassen.
sblocco (*mecc. - macch.*), *vedi* sbloccaggio. 2 ~ (sbloccaggio, di un differenziale p. es.) (*veic. - ecc.*), Entsperren (*n.*). 3 ~ (di un diodo p. es.) (*elettronica*), Triggerung (*f.*). 4 **circuito di** ~ **periodico** (circuito porta) (*elettronica*), Torschaltung (*f.*). 5 **funzione di** ~ (*calc.*), Auslösefunktion (*f.*). 6 **impulso di** ~ (*elettronica - ecc.*), Trigger-Impuls (*m.*), Auslöse-Impuls (*m.*).
sbobinare (*gen.*), abrollen.
sbobinatore (*macch. tess. - macch. tip.*), Abroller (*m.*).
sbocco (bocca di efflusso, di un tubo) (*tubaz.*), Mündung (*f.*). 2 ~ (luce di scarico) (*idr.*), Ausmündung (*f.*). 3 ~ (di una strada) (*strad.*), Mündung (*f.*). 4 **chiamata allo** ~ (dello stramazzo) (*idr.*), Senkung des Überfalls.
sbocconcellare (sgretolare) (*gen.*), zerbröckeln.
sbocconcellarsi (*metall.*), ausbröckeln.
sborsare (del denaro) (*comm.*), auszahlen, ausbezahlen, auslegen.

sbozzare (*tecnol. mecc. - ecc.*), vorarbeiten. 2 ~ (abbozzare) (*fucinatura*), vorschmieden. 3 ~ (al laminatoio, dei profilati p. es.) (*lamin.*), vorwalzen, vorblocken. 4 ~ (pietre) (*ed.*), zurichten. 5 ~ **i gomiti** (nelle forgiatura libera di alberi a manovelle p. es.) (*tecnol. mecc.*), Durchsetzen (*n.*). 6 ~ **per lo stiro** (preparare allo stiro) (*fucinatura*), vorrecken. 7 **pressa per** ~ (pressa sbozzatrice) (*macch. fucin.*), Vorformpresse (*f.*).
sbozzato (pezzo sbozzato) (*s. - gen.*), Rohling (*m.*). 2 ~ (*a. - fucinatura*), vorgeschmiedet. 3 ~ (pezzo sbozzato) (*s. - fucinatura*), Zwischenform (*f.*). 4 ~ (al laminatoio) (*a. - lamin.*), vorgewalzt. 5 ~ (forma intermedia, nella soffiatura) (*s. - mft. vetro*), Külbel (*m.*). 6 ~ **a stampo** (alla pressa) (*a. - tecnol.*), vorgepresst.
sbozzatore (*a. - gen.*), vorarbeitend, Vor... 2 **cilindro** ~ (*lamin.*), Vorwalze (*f.*). 3 **laminatoio** ~ (*lamin.*), Vorwalzwerk (*n.*). 4 **laminatoio** ~ (sbozzatrice a rulli, per fucinati) (*macch. per fucinatura*), Schmiedewalze (*f.*), Reckwalze (*f.*). 5 **maschio** ~ (*ut.*), Vorschneider (*m.*).
sbozzatrice, ~ **a rulli** (fucinatrice a rulli, laminatoio sbozzatore per fucinati) (*macch. p. fucinatura*), Schmiedewalze (*f.*), Reckwalze (*f.*).
sbozzatura (abbozzatura) (*fucinatura*), Vorschmieden (*n.*), Zwischenformung (*f.*). 2 ~ (*lav. macch. ut.*), Vorarbeit (*f.*), Schruppen (*n.*). 3 ~ (per profilati p. es.) (*lamin.*), Vorwalzen (*n.*). 4 ~ **al laminatoio** (laminazione a sezione variabile, al laminatoio sbozzatore per fucinati) (*fucinatura*), Reckwalzen (*n.*), Rollen (*n.*), Rundschmieden (*n.*). 5 ~ **per lo stiro** (preparazione per lo stiro) (*fucinatura*), Vorrecken (*n.*). 6 **calibro di** ~ (*lamin.*), Vorstich (*m.*). 7 **gabbia per** ~ (*lamin.*), Vorwalzgerüst (*n.*).
sbozzino (pialla per sgrossare) (*ut.*), Schrupphobel (*m.*).
sbozzo (pezzo sbozzato) (*gen.*), Rohling (*m.*). 2 ~ **di ingranaggio** (*fucinatura*), geschmiedeter Zahnradrohling.
SBR (gomma allo stirene-butadiene) (*ind. chim.*), SBR, Styrol-Butadien-Kautschuk (*m.*).
sbraccio (di una gru girevole p. es.) (*macch. ind.*), Ausladung (*f.*), Reichweite (*f.*). 2 ~ (di una cesoia per lamiera p. es.) (*macch.*), Ausladung (*f.*).
sbriciolare (sminuzzare) (*gen.*), bröckeln, zebröckeln, zertrümmern.
sbrigare (una pratica p. es.) (*uff. - ecc.*), erledigen.
sbrinamento (di un frigorifero p. es.) (*term.*), Abtauen (*n.*), Auftauen (*n.*).
sbrinare (un frigorifero p. es.) (*term.*), abtauen, tauen, auftauen.
sbrinatore (*app.*), Auftaugerät (*n.*). 2 ~ (visiera termica, per parabrezza) (*aut.*), Entfroster (*m.*), Defroster (*m.*). 3 ~ **del lunotto** (*aut.*), Heckscheibendefroster (*m.*).
sbucciatura (*gen.*), Abschälen (*n.*).
sbullonare (svitare) (*mecc.*), losschrauben, ausschrauben.
Sc (scandio) (*chim.*), Sc, Scandium (*n.*).

scabbia (*med.*), Krätze (*f.*).
scabrezza (scabrosità, rugosità, di un tubo) (*idr. - tubaz.*), Rauhigkeit (*f.*). **2 coefficiente di** ~ (di un tubo p. es.) (*idr.*), Rauhigkeitsbeiwert (*m.*).
scabro (ruvido, superficie p. es.) (*gen.*), rauh, höchartig.
scabrosimetro (rugosimetro, strum. per il controllo delle superfici tecniche) (*app.*), Rauheitsprüfer (*m.*), Oberflächenprüfgerät (*n.*).
scabrosità (rugosità, di una superficie tecnica) (*mecc.*), Rauheit (*f.*). **2** ~ (rugosità, scabrezza, di un tubo) (*idr. - tubaz.*), Rauhigkeit (*f.*).
scacchi, a ~ (a quadri, quadrettato) (*gen.*), kariert.
scadente (di qualità scadente) (*gen.*), minderwertig. **2** ~ (minerale) (*min.*), minderhaltig. **3** ~ (podere p. es.) (*comm.*), arm. **4 di qualità** ~ (scadente) (*gen.*), minderwertig.
scadenza (*comm. - ecc.*), Fälligkeit (*f.*), Verfall (*m.*), Ablauf (*m.*). **2** ~ (di un pagamento) (*comm. - ecc.*), Zahlungszeit (*f.*), Verfallzeit (*f.*), Skadenz (*f.*). **3** ~ **del contratto** (*leg. - ecc.*), Vertragsablauf (*m.*). **4** ~ **di presentazione** (termine di presentazione, di un'offerta p. es.) (*comm. - ecc.*), Einreichungsfrist (*f.*). **5** ~ **di un brevetto** (*leg.*), Ablauf eines Patents. **6 a breve** ~ (consegna p. es.) (*comm. - ecc.*), kurzfristig. **7 a lunga** ~ (*gen.*), langfristig. **8 data di** ~ (*comm. - ecc.*), Fälligkeitstag (*m.*), Ablaufstag (*m.*), Verfalltag (*m.*). **9 in** ~ (pagabile) (*comm.*), fällig, zu bezahlen. **10 programmazione delle scadenze** (*ind.*), Terminplanung (*f.*).
scadenzario (*amm. - ecc.*), Verfallbuch (*n.*). **2** ~ (programma dei tempi) (*ind.*), Terminplan (*m.*). **3** ~ **cambiali** (*finanz.*), Wechselbuch (*n.*), Wechselverfallbuch (*n.*).
scadere (arrivare alla scadenza) (*comm. - ecc.*), ablaufen, abfallen, fällig werden.
scaduto (*comm. - ecc.*), abgelaufen, verfallen, überfällig. **2** ~ (un brevetto p. es.) (*leg.*), erloschen, verfallen, abgelaufen.
scafandro (*app. - nav.*), Tauchgerät (*n.*). **2** ~ **autonomo per piccole profondità** (*app. - nav.*), schlauchloses Kleintauchgerät. **3** ~ **con tubo di adduzione dell'aria** (*app. - nav.*), Tauchgerät mit Luftzuführungsschlauch. **4** ~ **per grandi profondità** (*app. - nav.*), Tauchpanzer (*m.*). **5** ~ **per medie profondità** (con tubo di adduzione dell'aria) (*app. - nav.*), Schlauchgerät (*n.*).
scaffalatore (per magazzini automatizzati con scaffalature alte p. es.) (*macch. ind.*), Regalbediengerät (*n.*), Regalförderzeug (*m.*).
scaffalatura (*ind.*), Regal (*n.*), Stellage (*f.*), Gestell (*n.*). **2** ~ (per materiali accatastabili, acciaio in barre p. es.) (*ind.*), Rack (*n.*), Stapelgestell (*n.*). **3** ~ **a nido d'api** (con piccole caselle, per barre o tubi) (*ind.*), Wabenregal (*n.*). **4** ~ **di transito** (scaffalatura movimentata, in cui il materiale avanza su rulli per gravità o su rulli motorizzati p. es.) (*trasp. ind.*), Durchlaufregal (*n.*). **5** ~ **movimentata** (scaffalatura di transito, in cui il materiale avanza su rulli per gravità o su rulli motorizzati) (*trasp. - ind.*), Durchlauf-regal (*n.*). **6 scaffalature modulari** (*ind.*), Bausteinregale (*f. pl.*). **7** ~ **per materiali ingombranti** (*ind.*), Fachregal (*n.*). **8** ~ **per palette** (*ind.*), Palettenregal (*n.*). **9** ~ **scorrevole** (sistema di magazzino in cui gli scaffali scorrono su guide) (*ind.*), Gleitregal (*n.*).
scaffale (ripiano) (*mobile*), Schrankbrett (*n.*). **2** ~ **per libri** (*mobile*), Bücherbrett (*n.*), Bücherstand (*m.*).
scafo (di una nave) (*nav.*), Rumpf (*m.*), Schiffsrumpf (*m.*). **2** ~ (di un idrovolante) (*aer.*), Bootsrumpf (*m.*), Boot (*n.*). **3** ~ **ad ala portante** (aliscafo, motoscafo a tre punti) (*nav.*), Tragflächenboot (*n.*), Tragflügelboot (*n.*). **4** ~ **con gradino** (scafo con redan, di idrovolante p. es.) (*aer. - nav.*), Stufenboot (*n.*). **5** ~ **dell'imbarcazione** (*nav.*), Bootsrumpf (*m.*). **6** ~ **di dirigibile** (ossatura di forza di dirigibile) (*aer.*), Luftschiffgerippe (*n.*).
scaglia (squama) (*gen.*), Schuppe (*f.*). **2** ~ (ossido, scoria) (*fucinatura - lamin.*), Zunder (*m.*). **3** ~ (di una superficie metallica p. es.) (*difetto mecc.*), Schuppe (*f.*). **4** ~ **di laminazione** (scoria di laminazione) (*lamin.*), Walzzunder (*m.*). **5 formarsi di scaglie** (*difetto di vn.*), abblättern. **6 residuo di** ~ (residuo di scoria) (*metall.*), Zunderflock (*m.*).
«scagliatura» (sfaldatura, formazione di scaglie) (*gen.*), Schuppenbildung (*f.*). **2** ~ (disincrostazione, disossidazione, decalaminazione) (*metall. - fucinatura*), Entzundern (*n.*). **3** ~ (formazione di scaglie) (*difetto di vn.*), Schuppenbildung (*f.*).
scagliola (gesso da stucchi, gesso anidro, ottenuto a temperatura fino a 300°) (*ed. mur.*), Stuckgips (*m.*).
scaglionamento (delle spazzole p. es.) (*elett. - ecc.*), Staffelung (*f.*).
scaglionare (*gen.*), staffeln.
scaglionato (a scaglioni) (*gen.*), gestaffelt, staffelförmig. **2 servizio** ~ (*telegr.*), Staffelbetrieb (*m.*).
scaglione (*gen.*), Staffel (*f.*). **2 a scaglioni** (*gen.*), staffelweise, gestaffelt.
scala (elemento architettonico) (*ed. - arch.*), Treppe (*f.*). **2** ~ (a pioli p. es.) (*att.*), Leiter (*f.*), Sprossenleiter (*f.*). **3** ~ (di uno strumento indicatore o di misura p. es.) (*strum.*), Skala (*f.*), Skale (*f.*). **4** ~ (rapporto di grandezza) (*dis. - ecc.*), Masstab (*m.*), Massskala (*f.*). **5** ~ (da minatore) (*min.*), Fahrt (*f.*). **6** ~ **a chiocciola** (*ed.*), Wendeltreppe (*f.*). **7** ~ **a chiocciola ad anima cava** (*ed.*), Wendeltreppe mit offener Spindel. **8** ~ **a chiocciola ad anima piena** (*ed.*), Wendeltreppe mit voller Spindel. **9** ~ **a due rampe ad angolo** (*ed. - arch.*), zweiläufige Winkeltreppe. **10** ~ **alla marinara** (*ed.*), Steigleiter (*f.*), Einsteigeisen (*n.*). **11** ~ **allungabile** (*att. - ecc.*), Ausziehleiter (*f.*), Bauleiter (*f.*), Schiebeleiter (*f.*). **12** ~ **al naturale** (scala 1 : 1) (*dis.*), natürlicher Masstab, Masstab 1 : 1. **13** ~ **a pioli** (*att.*), Sprossenleiter (*f.*). **14** ~ **a quattro rampe** (rettilinee ad angolo retto) (*ed.*), vierarmige Treppe. **15** ~ **a rampe** (*ed. - arch.*), Podesttreppe (*f.*). **16** ~ **a sbalzo** (*ed. - arch.*), freitragende Treppe. **17** ~ (a sgabello) **per stuccatori** (*app. - ed.*), Gipsertritt

scala

(*m.*). **18** ~ **a specchio** (antiparallasse) (*strum.*), Spiegelskala (*f.*). **19** ~ **assoluta** (scala di Rankine, scala assoluta di temperatura) (*fis.*), Rankine-Skala (*f.*). **20** ~ **Beaufort** (dei venti) (*meteor.*), Beaufortskala (*f.*). **21** ~ **centigrada** (di temperatura) (*fis.*), Celsiusskala (*f.*), Zentesimalteilung (*f.*). **22** ~ **circolare** (cerchio graduato) (*strum. - app.*), Kreisskala (*f.*). **23** ~ **comune** (scala principale) (*ed. - arch.*), Haupttreppe (*f.*). **24** ~ **dei salari** (*lav.*), Lohnskala (*f.*). **25** ~ **dei tempi** (*fis.*), Zeitmass-stab (*m.*). **26** ~ **dei tempi di posa** (di una macch. fot.) (*fot.*), Belichtungsskala (*f.*). **27** ~ **delle masse** (tabella delle masse nucleiche) (*fis. atom.*), Massenskala (*f.*). **28** ~ **del vento** (di Beaufort p. es.) (*meteor.*), Windskala (*f.*). **29** ~ **di corda** (*att.*), Strickleiter (*f.*). **30** ~ **di durezza** (*min.*), Härteskala (*f.*), Härtereihe (*f.*). **31** ~ **di emergenza** (scala di sicurezza) (*ed.*), Nottreppe (*f.*). **32** ~ **di emergenza** (per incendio) (*ed.*), Feuertreppe (*f.*), Nottreppe (*f.*). **33** ~ **di emergenza** (di un pozzo p. es.) (*min. - ecc.*), Notleiter (*f.*), Notfahrt (*f.*). **34** ~ **d'imbarco** (*aer.*), Einstiegtreppe (*f.*). **35** ~ **d'immersione** (marche di immersione) (*nav.*), Ahming (*f.*), Tiefgangmarke (*f.*). **36** ~ **di Mohs** (per la durezza dei minerali) (*min.*), Mohssche Skala, Mohs'sche Härteskala. **37** ~ **di Rankine** (scala assoluta di temperatura) (*fis.*), Rankine-Skala (*f.*). **38** ~ **di servizio** (*ed. - arch.*), Bedienungstreppe (*f.*), Nebentreppe (*f.*). **39** ~ **di solidità** (curva dei dislocamenti; curva di ripartizione del dislocamento secondo la lunghezza) (*nav.*), Spantflächenkurve (*f.*), Arealkurve. **40** ~ **doppia** (scaleo) (*att.*), Stehleiter (*f.*), Laufleiter (*f.*), Bockleiter (*f.*). **41** ~ **esterna** (*ed. - arch.*), Freitreppe (*f.*), Aussentreppe (*f.*). **42** ~ **Fahrenheit** (di temperatura) (*fis.*), Fahrenheitskala (*f.*). **43** ~ **graduata** (*strum.*), Gradskala (*f.*), Mass-Skala (*f.*), Skala (*f.*). **44** ~ **interna** (*ed.*), Innentreppe (*f.*). **45** ~ **Kelvin** (di temperatura) (*fis.*), Kelvinskala (*f.*), absolute Skala, thermodynamische Skala. **46** ~ **logaritmica** (*mot. - ecc.*), logaritmische Skala. **47** ~ **mobile** (nelle stazioni ferroviarie p. es.) (*trasp. - ed.*), Fahrtreppe (*f.*), Rolltreppe (*f.*). **48** ~ **mobile** (dei salari) (*lav. - pers.*), gleitende Skala. **49** ~ **mobile dei salari** (*lav.*), gleitende Lohnskala. **50** ~ **naturale** (scala 1 : 1) (*dis. - ecc.*), natürlicher Mass-stab, Mass-stab 1 : 1. **51** ~ **parlante** (di un app. radio) (*radio*), Abstimmskala (*f.*). **52** ~ **Porta** (scala estensibile) (*att. antincendi - ecc.*), Schiebeleiter (*f.*). **53** ~ **principale** (scala comune) (*ed.*), Haupttreppe (*f.*). **54** ~ **Réaumur** (scala termometrica) (*fis.*), Réaumur-Skala (*f.*). **55** ~ **rettilinea ad una rampa** (*ed. - arch.*), einläufige gerade Treppe. **56** ~ **ridotta** (*dis.*), verkleinerter Masstab. **57** ~ **secondaria** (scala di servizio) (*ed. arch.*), Nebentreppe (*f.*). **58** ~ **termometrica** (*strum.*), Temperaturskala (*m.*). **59** ~ **1 : 10** (*dis.*), Masstab 1 : 10, zehnfache Verkleinerung. **60** ~ **1 : 1** (scala al naturale) (*dis.*), Masstab 1 : 1, natürlicher Masstab. **61 a fondo** ~ (*strum. di mis.*), bei Endausschlag. **62 disegno in** ~ (*dis.*), masstäbliche Zeichnung. **63 fondo** ~ (d'uno strumento di misura) (*strum.*), Vollausschlag (*m.*). **64 fondo** ~ (valore di fondo scala) (*strum. di mis.*), Endwert (*m.*), Bereichsendwert (*m.*), Endausschlag (*m.*). **65 illuminazione della** ~ (*ed. - illum.*), Treppenbeleuchtung (*f.*). **66 in grande** ~ (su grande scala) (*gen.*), in grossem Masstab, grossmass·stäblich. **67 in** ~ (di modello p. es.) (*gen.*), masstabgerecht. **68 in** ~ (*dis.*), masstäblich. **69 in** ~ **naturale** (in scala 1 : 1, in grandezza naturale) (*dis.*), in grossem Masstab, im Masstab 1 : 1. **70 in** ~ **1 : 1** (in scala naturale, in grandezza naturale) (*dis.*), in grossem Masstab, im Masstab 1 : 1. **71 interruttore a tempo luci scale** (*app. elett.*), Treppenlichtzeitschalter (*m.*). **72 interruttore automatico luci scale** (*app. elett.*), Treppenhausautomat (*m.*). **73 luce scale** (*elett. - ed.*), Treppenlicht (*n.*). **74 non in** ~ (*dis.*), nichtmasstäblich. **75 rampa di** ~ (*ed.*), Treppenlauf (*m.*), Treppenarm (*m.*). **76 ringhiera di** ~ (*ed.*), Treppenbrüstung (*f.*), Treppengeländer (*n.*). **77 su grande** ~ (in grande scala) (*gen.*), in grossem Masstab. **78 tromba delle scale** (pozzo delle scale, vano scala) (*ed.*), Treppenhaus (*n.*). **79 valore di fondo** ~ (portata) (*strum.*), Messendwert (*m.*), Endwert (*m.*), Endausschlag (*m.*), Skalenendwert (*m.*). **80 vano** ~ (tromba delle scale, pozzo delle scale) (*ed.*), Treppenhaus (*n.*). **81 zoccolo della** ~ (fianco della scala) (*ed.*), Treppenwange (*f.*).

scalamento (graduazione) (*gen.*), Abstufung (*f.*).

scalandrone (passerella d'imbarco) (*nav.*), Fallreep (*n.*).

scalare (*a. - gen.*), skalar. **2** ~ (*v. - gen.*), abstufen. **3** ~ **la marcia** (scalare il rapporto, passare ad una marcia inferiore del cambio) (*aut.*), zurückschalten. **4 campo** ~ (*mat.*), Skalarfeld (*n.*). **5 forma** ~ (di un conto) (*finanz.*), Staffelform (*f.*). **6 grandezza** ~ (*fis.*), Skalargrösse (*f.*), Skalar (*m.*). **7 prodotto** ~ (*mat.*), skalares Produkt.

scalatura (spostamento, scorrimento; dell'informazione durante un impulso, nei comandi numerici p. es.) (*calc.*), Verschiebung (*f.*).

scaldabagno (scaldacqua) (*app. - ed.*), Heisswasserapparat (*m.*), Heisswasserspeicher (*m.*), Badeofen (*m.*), Warmwassererzeuger (*m.*). **2** ~ **a gas** (*app. - ed.*), Gasbadeofen (*m.*), Gaswasserheizer (*m.*).

scaldacqua (*app. - ed.*), Heisswasserapparat (*m.*), Heisswasserspeicher (*m.*), Warmwassererzeuger (*m.*). **2** ~ (riscaldatore, di un reattore p. es.) (*fis. nucl. - ecc.*), Boiler (*m.*). **3** ~ **a flusso continuo** (scaldacqua fluente) (*app.*), Durchflusserhitzer (*m.*). **4** ~ **a gas** (*app. riscald.*), Gaswasserheizer (*m.*). **5** ~ **fluente** (nel quale l'acqua si riscalda al suo passaggio) (*app. term.*), Durchlauferhitzer (*m.*). **6** ~ **istantaneo** (*app. term.*), vedi scaldacqua fluente.

scalèo (scala doppia) (*att.*), Stehleiter (*f.*), Laufleiter (*f.*), Bockleiter (*f.*), Klappleiter (*f.*).

scaletta (*att.*), Leiter (*f.*). **2** ~ **dell'imperiale** (di un autobus p. es.) (*veic.*), Verdeckleiter

(*f.*). 3 ~ **di boccaporto** (*nav.*), Kajütentreppe (*f.*), Niedergang (*m.*).
scalfire (graffiare) (*gen.*), verkratzen, ritzen.
scalfittura (graffio) (*mecc.*), Ritz (*m.*), Ritze (*f.*). 2 **resistente alla ~ da chiodo** (*vn.*), nagelhart.
scalinata (*ed.*), Stiege (*f.*), Steige (*f.*).
scalino (di una scala) (*ed.*), *vedi* gradino.
scalmiera (scalmo, di una barca a remi) (*nav.*), Dolle (*f.*).
scalmo (scalmiera, di una barca a remi) (*nav.*), Dolle (*f.*).
scalo (*nav. - navig.*), Anlegehafen (*m.*), Anlaufhafen (*m.*). 2 ~ (*ferr.*), Abladeplatz (*m.*), Bahnhof (*m.*). 3 ~ **aereo** (*navig. - aer.*), Anflughafen (*m.*). 4 ~ **bestiame** (*ferr.*), Viehbahnhof (*m.*). 5 ~ **di alaggio** (*nav.*), Aufschleppe (*f.*), Slip (*m.*). 6 ~ **di alaggio trasversale** (piano inclinato per tirare fuori dall'acqua una nave) (*nav.*), Queraufschleppe (*f.*), 7 ~ **di costruzione** (piano inclinato sul quale viene costruita la nave) (*costr. nav.*), Helling (*f.*), Helge (*f.*), Helgen (*m.*), Stapel (*m.*), Schiffbauhelling (*f.*). 8 ~ **di smistamento** (stazione di smistamento) (*ferr.*), Rangierbahnhof (*m.*), Verschiebebahnhof (*m.*). 9 ~ **merci** (*ferr.*), Güterbahnhof (*m.*), Ausladebahnhof (*m.*). 10 ~ **per la formazione di treni viaggiatori** (*ferr.*), Abstellbahnhof (*m.*). 11 **senza ~** (*nav. - aer.*), aufenthaltlos.
scalpellare (lavorare con lo scalpello) (*mecc. - ecc.*), meisseln, abmeisseln. 2 ~ (scriccare con scalpello) (*metall.*), abmeisseln, abbröckeln. 3 ~ (un foro; forare, una parete p. es.) (*mur. - ecc.*), stemmen.
scalpellatura (*mecc. - ecc.*), Meisseln (*n.*), Abmeisseln (*n.*). 2 ~ (scriccatura con scalpello) (*metall.*), Abmeisseln (*n.*), Abbröckeln (*n.*). 3 ~ (di un foro, foratura) (*mur. - ecc.*), Stemmarbeit (*f.*). 4 ~ (per la prova di cordoni saldati) (*tecnol. mecc.*), Aufmeisseln (*n.*).
scalpellino (*lav.*), Steinmetz (*m.*).
scalpello (*ut.*), Meissel (*m.*), Skalpell (*n.*), Stechbeitel (*m.*). 2 ~ (punta per perforazioni) (*ut. min.*), Bohrmeissel (*m.*), Meisselbohrer (*m.*), Bohrer (*m.*). 3 ~ (da falegname) (*ut. lav. legno*), Stechbeitel (*m.*), Beitel (*m.*), Holzmeissel (*m.*). 4 ~ (da fabbro, tagliolo) (*ut.*), Meissel (*m.*). 5 ~ (da muratore) (*ut. mur.*), Steinmeissel (*m.*), Schlageisen (*n.*). 6 ~ **a caldo** (*ut. da fabbro*), Warmmeissel (*m.*). 7 ~ **a coda di pesce** (*ut. min.*), Fischschwanzbohrer (*m.*), Fischschwanzmeissel (*m.*), Fischschwanzbohrmeissel (*m.*). 8 ~ **a coni** (*ut. min.*), Kegelbohrmeissel (*m.*), Konusbohrmeissel (*m.*), Kegelmeissel (*m.*), Konusmeissel (*m.*). 9 ~ **a corona di diamanti** (punta a corona di diamanti) (*ut. min.*), Diamantkrone (*f.*). 10 ~ **a croce** (*ut. min.*), Kreuzbohrmeissel (*m.*), Kreuzmeissel (*m.*). 11 ~ **ad alette** (*ut. min.*), Flügelbohrmeissel (*m.*), Flügelmeissel (*m.*). 12 ~ **a disco** (*ut. min.*), Scheibenbohrmeissel (*m.*), Diskenbohrmeissel (*m.*), Scheibenmeissel (*m.*), Diskenmeissel (*m.*). 13 ~ **a freddo** (tagliolo a freddo) (*ut. da fabbro*), Kaltmeissel (*m.*). 14 ~ **anulare** (trivella tubolare) (*ut. min.*), Ringbohrer (*m.*). 15 ~ **a percussione** (*ut. min.*), Schlagbohrmeissel (*m.*). 16 ~ **a punta** (per eseguire fori nella pietra) (*ut. mur.*), Spitzeisen (*n.*). 17 ~ **a punta larga** (*ut. falegn.*), Breiteisen (*n.*), Scharniereisen (*n.*). 18 ~ **a rulli** (*ut. min.*), Rollenbohrmeissel (*m.*), Rollenmeissel (*m.*). 19 ~ **a taglienti parabolici** (*ut. min.*), B-Meissel (*m.*). 20 ~ (**con tagliente**) **a Z** (*ut. min.*), Z-Meissel (*m.*). 21 ~ **da legno** (*ut. falegn.*), Stechbeitel (*m.*), Holzmeissel (*m.*), Beitel (*m.*). 22 ~ **da muratore** (*ut. mur.*), Steinmeissel (*m.*). 23 ~ **da pietra** (*ut. mur.*), Steinmeissel (*m.*). 24 ~ **da roccia** (punta da perforazione) (*ut. min.*), Gesteinsbohrer (*m.*). 25 ~ **di attacco** (*ut. min.*), Anbohrmeissel (*m.*). 26 ~ **per prospezioni** (*ut. min.*), Schürfbohrer (*m.*). 27 ~ **per scriccare** (*ut. metall.*), Putzmeissel (*m.*). 28 ~ **piatto** (*ut.*), Flachmeissel (*m.*). 29 ~ **pneumatico** (*ut. fond. - ecc.*), Druckluftmeissel (*m.*), Pressluftmeissel (*m.*), Luftmeissel (*m.*). 30 ~ **rotante** (*ut. min.*), Drehbohrmeissel (*m.*), Rotarybohrmeissel (*m.*). 31 ~ (**rotary**) **comune** (senza elementi mobili) (*ut. min.*), Blattmeissel (*m.*).
scalzamento (erosione sotterranea) (*geol.*), Unterwaschung (*f.*), Auskolkung (*f.*), Unterspülung (*f.*).
scambiare (*gen.*), austauschen, tauschen, auswechseln. 2 ~ **con** (in cambio di) (*comm.*), eintauschen gegen.
scambiatore (*app.*), Austauscher (*m.*). 2 ~ **cationico** (*app.*), Wasserstoffaustauscher (*m.*). 3 ~ **di basi** (*app. chim.*), Basenaustauscher (*m.*). 4 ~ **di calore** (scambiatore termico) (*app.*), Wärmeaustauscher (*m.*), Wärmeübertrager (*m.*). 5 ~ **di calore a pioggia** (raffreddatore a pioggia, refrigeratore a pioggia) (*app.*), Rieselkühler (*m.*). 6 ~ **di ioni** (*app. chim. - fis.*), Ionenaustauscher (*m.*). 7 ~ **di pressione** (aria-olio) (*app. - oleoidr.*), Druckmittelwandler (*m.*), Luft-Öl-Wandler (*m.*). 8 ~ **di pressione** (compressore) (*macch.*), Druckwellenmaschine (*f.*). 9 ~ **di pressione** (comprex; macchina aerodinamica ad onde di pressione, che trasmette l'energia da un gas ad un altro) (*macch.*), Zellenradverdichter (*m.*). 10 ~ (**termico**) **a velo cadente** (*app. ind.*), Fallfilmaustauscher (*m.*).
scambio (*comm. - ecc.*), Tausch (*m.*), Auswechselung (*f.*). 2 ~ (deviatoio) (*ferr.*), Weiche (*f.*). 3 ~ (di ioni p. es.) (*fis.*), Austausch (*m.*). 4 ~ (di atomi) (*chim.*), Austausch (*m.*), Substitution (*f.*). 5 ~ (*ferr.*), *vedi anche* deviatoio. 6 ~ **aereo** (*veic. elett.*), Oberleitungsweiche (*f.*), Fahrdrahtweiche (*f.*). 7 ~ **a mano** (deviatoio a mano) (*ferr.*), Handweiche (*f.*). 8 ~ **chimico** (*chim.*), chemischer Austausch. 9 ~ **da miniera** (deviatoio da miniera) (*ferr. - min.*), Grubenweiche (*f.*). 10 ~ **di calore** (*fis.*), Wärmeaustausch (*m.*). 11 ~ **di idee** (*gen.*), Gedankenaustausch (*m.*). 12 ~ **di informazioni tecniche** (*comm.*), Erfahrungsaustausch (*m.*). 13 ~ **doppio** (*ferr.*), Doppelweiche (*f.*). 14 **contatto di ~** (contatto di commutazione, d'un relè) (*elett.*), Wechselkontakt (*m.*), Umschaltekontakt (*m.*). 15 **libero ~** (*comm.*), Freihandel (*m.*). 16 **relè di ~** (*ferr.*), Weichenrelais (*n.*).

scamosciatura

17 tasso di ~ (*finanz.*), Umrechnungskurs (*m.*).

scamosciatura (scamosceria, concia con sostanze grasse) (*ind. cuoio*), Sämischgerbung (*f.*).

scamosceria (scamosciatura, concia con sostanze grasse) (*ind. cuoio*), Sämischgerbung (*f.*).

scampanamento (del pistone) (*difetto mot.*), Kippen (*n.*), Klappern (*n.*), Klopfen (*n.*). 2 ~ **dello stantuffo** (scampanamento del pistone) (*difetto del mot.*), Kolbenkippen (*n.*), Kolbenklappern (*n.*). 3 **eliminazione dello** ~ (centratura, di un pistone) (*aut. - mot.*), Auswinkeln (*n.*).

scampanare (branare, scuotere, per estrarre il modello) (*fond.*), lockern, losklopfen, abklopfen, rütteln.

scampanato (a campana) (*mecc.*), glockenförmig.

scampanatura (scuotimento, branatura, per togliere il modello dalla forma) (*formatura - fond.*), Losklopfen (*n.*), Lockern (*n.*), Abklopfen (*n.*). 2 ~ (nell'alesare a mano, allargamento conico all'imbocco del foro) (*difetto - mecc.*), Vorweite (*f.*).

scampolo (*tess.*), Stoffrest (*m.*). 2 ~ **di lamiera** (lamiera fuori misura) (*ind. metall.*), Wildmassblech (*n.*).

scanalare (*gen.*), kehlen, nuten, riffeln. 2 ~ (*lav. mecc.*), nuten. 3 ~ (*lav. del legno*), nuten. 4 ~ (una colonna p. es.) (*arch. - ecc.*), kannelieren, riefeln. 5 ~ **con fresa** (fresare, sedi di chiavette p. es.) (*lav. macch. ut.*), fräsen, nuten, Keilnuten fräsen. 6 **fresa per** ~ (*ut.*), Nutenfräser (*m.*), Auskehlfräser (*m.*).

scanalato (*a. - gen.*), geriefelt, gerieft, genutet. 2 ~ (albero scanalato) (*s. - mecc.*), Keilwelle (*f.*). 3 ~ (*a. - arch.*), geriefelt, gerieft, kanneliert. 4 ~ (a solchi, a gole) (*gen.*), gerillt. 5 ~ **femmina** (per albero scanalato, mozzo scanalato) (*mecc.*), Keilnabe (*f.*). 6 ~ **maschio** (albero scanalato) (*mecc.*), Keilwelle (*f.*). 7 **subbio** ~ (*ind. tess.*), Riffelbaum (*m.*).

scanalatore (ut. scanalatore, fresa per scanalare) (*ut.*), Nutenfräser (*m.*), Auskehlfräser (*m.*).

scanalatura (*mecc. - ecc.*), Nut (*f.*), Nute (*f.*). 2 ~ (*falegn.*), Nut (*f.*), Nute (*f.*). 3 ~ (intaglio, di un creatore o punta elicoidale p. es.) (*ut. mecc.*), Nut (*f.*). 4 ~ (intaglio, d'un maschio filettatore p. es.) (*ut.*), Nute (*f.*), Stollen (*m.*). 5 ~ (solco) (*lamin.*), Furche (*f.*), Rille (*f.*). 6 ~ (di una colonna) (*arch.*), Riefelung (*f.*), Kannelur (*f.*). 7 ~ (gola, di forma circolare su cilindri cavi di lamiera) (*tubaz. - lav. lamiera*), Sicke (*f.*). 8 ~ (esecuzione di scanalature, esecuzione di gole, su corpi cilindrici di lamiera) (*lav. lamiera*), Sicken (*n.*), Sieken (*n.*). 9 ~ (di una radancia) (*nav.*), Keep (*f.*), Kerbe (*f.*). 10 ~ **a coda di rondine** (*mecc. - falegn.*), Schwalbenschwanznut (*f.*), Schwalbenschwanznute (*f.*). 11 ~ **anulare** (*mecc.*), Ringnut (*f.*). 12 ~ **a T** (cava a T) (*mecc. - macch.*), T-Nut (*f.*). 13 ~ **a V** (*mecc.*), Kerbnut (*f.*), Keilrille (*f.*). 14 ~ **di ancoraggio** (cava a T p. es.) (*mecc. - macch.*), Aufspann-Nut (*f.*), Aufnahmenut (*f.*). 15 ~ **di guida** (*mecc. - macch.*), Führungsnut (*f.*). 16 ~ **elicoidale** (*mecc. - ut.*), Drallnut (*f.*). 17 ~ **e linguetta** (maschio e femmina, giunzione di legno) (*falegn.*), Nut und Feder. 18 ~ **per i trucioli** (di una punta elicoidale p. es.) (*ut.*), Spannute (*f.*). 19 ~ **per la fascia elastica** (sede dell'anello elastico) (*mot.*), Kolbenringnute (*f.*), Kolbenringriefe (*f.*). 20 ~ **per l'olio** (scanalatura per lubrificazione) (*mecc.*), Schmiernut (*f.*), Ölnut (*f.*). 21 ~ **per lubrificazione** (*mecc.*), Schmiernut (*f.*). 22 ~ **rompitruciolo** (*ut.*), Spanbrechernute (*f.*). 23 **a due scanalature** (maschio p. es.) (*ut.*), zweinutig. 24 **a scanalature diritte** (*mecc.*), geradnutig. 25 **a tre** ~ (punta da trapano p. es.) (*ut.*), dreinutig. 26 **con** ~ **ad elica** (*ut. - ecc.*), spiralgenutet. 27 **esecuzione di scanalature** (esecuzione di gole, scanalatura, su corpi cilindrici di lamiera) (*lav. lamiera*), Sicken (*n.*), Sieken (*n.*).

scandagliamento (della profondità) (*nav.*), Lotung (*f.*).

scandagliare (misurare la profondità) (*nav.*), loten, die Wassertiefe messen.

scandaglio (per misurare la profondità dell'acqua) (*att. nav.*), Lot (*n.*), Tiefenlot (*n.*). 2 ~ **acustico** (ecoscandaglio, ecometro, ecosonda) (*att. nav.*), Echolot (*n.*), Schallot (*n.*), Ultraschall-Echolot (*n.*). 3 ~ **a sagola** (*nav.*), Seillot (*n.*). 4 ~ **ultrasonoro** (*nav.*), Überschallot (*n.*), Ultraschallot (*n.*).

scandio (Sc - *chim.*), Skandium (*n.*).

scansione (analisi, esplorazione) (*telev.*), Abtasten (*n.*), Abtastung (*f.*). 2 ~ (*telev.*), *vedi anche* analisi. 3 ~ **a linee** (analisi a linee) (*telev.*), Zeilenabtasten (*n.*). 4 ~ **a punti intercalati** (*telev.*), Zwischenpunktabtastung (*f.*). 5 ~ **a punto luminoso** (*telev.*), Lichtabtastung (*f.*). 6 ~ **a spirale** (analisi a spirale) (*telev.*), Wendelabtastung (*f.*), Spiralabtastung (*f.*). 7 ~ **bilaterale** (*telev.*), zweiseitige Abtastung. 8 ~ **circolare** (*telev.*), Kreisabtastung (*f.*). 9 ~ **con fascio elettronico** (*elettronica*), Strahlabtastung (*f.*). 10 ~ **di diapositive** (*telev.*), Diaabtastung (*f.*). 11 ~ **elettronica** (analisi, esplorazione elettronica) (*telev.*), elektronische Abtastung. 12 ~ **interlacciata** (scansione interlineata, analisi intercalata, analisi a linee alternate) (*telev.*), Zeilensprungverfahren (*n.*), Zwischenzeilenabtastung (*f.*), Abtastung mit Zeilensprung. 13 ~ **interlineata** (analisi interlineata, analisi intercalata, analisi a linee alternate) (*telev.*), Zeilensprungverfahren (*n.*), Zwischenzeilenabtastung (*f.*), Abtastung mit Zeilensprung. 14 ~ **meccanica** (*telev.*), mechanisches Abtasten. 15 ~ **progressiva** (sistema progressivo) (*telev.*), fortlaufende Abtastung, Zeilenfolgesystem (*n.*). 16 ~ **sequenziale** (*telev.*), Folgeabtastung (*f.*), Zickzackabtastung (*f.*). 17 ~ **sincrona** (scomposizione e ricomposizione dell'immagine simultanee) (*telev.*), Synchronabtastung (*f.*). 18 ~ **verticale** (analisi verticale) (*telev.*), Bildablenkung (*f.*). 19 **circuito di** ~ **delle linee** (*telev.*), Zeilenkippschaltung (*f.*). 20 **dispositivo di** ~ (scansore) (*telev.*), Abtaster (*m.*). 21 **frequenza di** ~ **verticale** (frequenza di

quadro) (*telev.*), Teilbildfrequenz (*f.*). **22 linea di** ~ (*telev.*), Abtastzeile (*f.*). **23 microscopio a** ~ **elettronica** (microscopio elettronico) (*ott. - elettronica*), Rastermikroskop (*n.*), Scanning-Mikroskop (*n.*). **24 ripresa a** ~ **elettronica** (*metall. - ecc.*), Rasterelektronen-Aufnahme (*f.*). **25 tempo di** ~ **per riga** (*telev.*), Zeilendauer (*f.*). **26 testina di** ~ (*telev. - app.*), Abtastkopf (*m.*). **27 tubo di** ~ (tubo analizzatore) (*telev.*), Abtaströhre (*f.*). **28 velocità di** ~ (*telev.*), Abtastgeschwindigkeit (*f.*).
scansore (dispositivo di scansione) (*telev.*), Abtaster (*m.*).
scantinato (piano interrato) (*ed.*), Kellergeschoss (*n.*), Souterrain (*n.*). **2 con** ~ (con cantina) (*ed.*), unterkellert.
scapecchiatrice (pettinatrice) (*macch. tess.*), Hechelmaschine (*f.*).
scapo (fusto, di colonna) (*arch.*), Schaft (*m.*).
scapolatura (*fucinatura*), Herunterarbeiten (*n.*), Werkstoffverteilung (*f.*).
scappamento (di un orologio) (*mecc.*), Hemmung (*f.*). **2** ~ (di un motore a c. i.) (*mot. - aut.*), Auspuff (*m.*). **3** ~ **a cilindro** (*orologio*), Zylinderhemmung (*f.*). **4** ~ **a cronometro** (*orologio*), Chronometerhemmung (*f.*). **5** ~ **ad àncora** (*orologio*), Ankerhemmung (*f.*). **6** ~ **di Graham** (*orologio*), Grahamhemmung (*f.*). **7** ~ **libero** (senza silenziatore) (*aut.*), freier Auspuff. **8** ~ **per contatori** (*strum.*), Zählerhemmung (*f.*).
scardasso (guarnizione per carda) (*ind. tess.*), Kratzenbeschlag (*m.*), Kardenbelag (*m.*), Kardätsche (*f.*).
« **scarfatura** » (*metall.*), vedi scriccatura.
scarica (scarica disruptiva) (*elett.*), Funkenentladung (*f.*), Funkenüberschlag (*m.*), Überschlag (*m.*), Entladung (*f.*). **2** ~ (di accumulatore p. es.) (*elett.*), Entladung (*f.*). **3 scariche** (disturbi atmosferici) (*radio - meteor.*), statische Störungen, atmphärische Störungen. **4** ~ **a bagliore** (*elett.*), Glimmentladung (*f.*). **5** ~ **a effluvio** (scarica per effetto corona) (*elett.*), Sprühentladung (*f.*), Koronaentladung (*f.*). **6** ~ **a fiocco** (*elett.*), Lichtbüschel (*n.*), Büschelentladung (*f.*). **7** ~ **atmosferica** (*elett.*), atmosphärische Entladung. **8** ~ **autosostenuta** (*elett.*), selbständige Entladung. **9** ~ **a valanga** (di ioni p. es.) (*elettronica*), Schauerentladung (*f.*). **10** ~ **continua** (*elett.*), Dauerentladung (*f.*). **11** ~ **da corrente di preconduzione** (nei tubi a scarica in atmosfera gassosa) (*elett.*), Vorstromentladung (*f.*). **12** ~ **dalle punte** (*elett.*), Spitzenentladung (*f.*). **13** ~ **disruptiva** (scarica) (*elett.*), Funkenentladung (*f.*), Funkenüberschlag (*m.*). **14** ~ **fredda** (*elett.*), Dunkelentladung (*f.*). **15** ~ **in due ore** (di accumulatore) (*elett.*), zweistündige Entladung. **16** ~ **in gas (rarefatto)** (*elett.*), Gasentladung (*f.*). **17** ~ **in regime di corrente** (*elett.*), Bogenentladung (*f.*). **18** ~ **in superficie** (d'un isolatore) (*elett.*), Gleitfunke (*m.*). **19** ~ **luminescente** (scarica a bagliore) (*fis.*), Glimmentladung (*f.*). **20** ~ **oscillatoria** (*radio - ecc.*), Schwingentladung (*f.*), schwingende Entladung. **21** ~ **parziale** (*elett.*), Teilentladung (*f.*), TE. **22** ~ **per dispersione superficiale** (scarica strisciante) (*elett.*), Kriechüberschlag (*m.*). **23** ~ **preliminare** (di tubi a scarica luminescente) (*elett.*), Vorentladung (*f.*), Einsatzentladung (*f.*). **24** ~ **rapida** (di accumulatore) (*elett.*), Schnellentladung (*f.*), Stossentladung (*f.*). **25** ~ **superficiale** (*elett.*), Oberflächenentladung (*f.*). **26** ~ **tra elettrodi** (formazione d'arco tra elettrodi) (*elett.*), Elektrodenüberschlag (*m.*). **27 curva di** ~ (*elett.*), Entladungskurve (*f.*). **28 curva di** ~ (d'un accumulatore) (*elett.*), Entladekennlinie (*f.*). **29 dare una** ~ (di scintille p. es.) (*elett.*), überschlagen. **30 distanza di** ~ (*elett.*), Entladungsstrecke (*f.*). **31 distanza di** ~ (d'un morsetto p. es.) (*elett.*), Luftstrecke (*f.*). **32 prova di** ~ **rapida** (di una batteria di accumulatori) (*elett.*), Stossentladungsprüfung (*f.*). **33 resistenza alle scariche disruptive** (di isolatori) (*elett.*), Überschlagfestigkeit (*f.*). **34 tensione di** ~ (*elett.*), Entladespannung (*f.*), Entladungsspannung (*f.*). **35 tensione di** ~ (tensione di rottura) (*elett.*), Durchbruchspannung (*f.*).
scaricamento (*trasp.*), Entladung (*f.*), Auslad (*m.*), Abladen (*n.*). **2** ~ (sbarco, di merci da una nave) (*nav.*), Löschung (*f.*). **3 impianto di** ~ (*macch. ind.*), Entladeanlage (*f.*). **4 ponte di** ~ (*macch. ind.*), Entladebrücke (*f.*). **5 stazione di** ~ (d'un tornio automatico p. es.) (*macch. ut.*), Entladestation (*f.*). **6 stazione di** ~ (di trasportatori continui) (*trasp. ind.*), Abwurfstation (*f.*), Kopfstation (*f.*).
scaricare (un veicolo p. es.) (*trasp.*), abladen, entladen, ausladen. **2** ~ (sbarcare) (*trasp. - nav.*), entladen, löschen, ausschiffen, ausladen. **3** ~ (togliere il carico, da una molla p. es.) (*mecc.*), entspannen. **4** ~ (un arco p. es.) (*sc. costr.*), entspannen, entlasten. **5** ~ (liberare, una molla p. es.) (*mecc.*), loslassen, losmachen. **6** ~ (un accumulatore p. es.) (*elett.*), entladen. **7** ~ (il vapore, gas) (*cald. - ecc.*), abblasen, auslassen. **8** ~ (l'olio p. es.) (*mot. - ecc.*), abfliessen lassen. **9** ~ (pressione) (*ind.*), nachlassen. **10** ~ (un fucile) (*arma*), abfeuern, entladen. **11** ~ (la zavorra) (*nav.*), ausschiessen. **12** ~ **a massa** (*elett.*), nach Masse durchschlagen. **13** ~ **a spinta** (a spinta, un forno p. es.) (*forno - ecc.*), abstossen. **14** ~ **la pressione** (*cald. - ecc.*), ausblasen. **15** ~ **le anime** (*fond.*), entkernen, auskernen. **16** ~ **una molla** (*mecc.*), eine Feder entspannen. **17** ~ **verso il basso** (*min.*), abstürzen.
scaricarsi (*gen.*), ablaufen. **2** ~ (della molla dell'orologio p. es.) (*mecc.*), ablaufen. **3** ~ (dare una scarica, di scintille p. es.) (*elett.*), überschlagen.
scaricato (di arco p. es.) (*ed.*), abgespannt. **2** ~ (molla p. es.) (*mecc.*), abgespannt.
scaricatore (manovale) (*lav.*), Auslader (*m.*), Ablader (*m.*). **2** ~ (app. di protezione degli impianti contro le sovratensioni) (*app. elett.*), Ableiter (*m.*). **3** ~ (per veicoli, a ribaltamento p. es.) (*app. - veic.*), Kipper (*m.*), Wipper (*m.*). **4** ~ (spogliatore, cilindro scaricatore, cilindro spogliatore, di una carda) (*macch. tess.*), Abnehmer (*m.*), Sammler (*m.*). **5** ~ (a ribaltamento, per vagonetti da miniera) (*min. - ecc.*), Wipper (*m.*). **6** ~ **a**

scarico

caduta catodica (*elett.*), Kathodenfallableiter (*m.*). **7 ~ a corna** (*app. elett.*), Hörnerblitzableiter (*m.*). **8 ~ a resistenza variabile** (scaricatore di sovratensioni) (*elett.*), Ventilableiter (*m.*). **9 ~ a scarico frontale** (*veic.*), Vorderkipper (*m.*). **10 ~ -deviatore** (per scaricare e deviare materiale da un nastro trasportatore p. es.) (*trasp. ind.*), Abstreifer (*m.*). **11 ~ di condensa** (*cald. - tubaz.*), Kondenswasserablasser (*m.*). **12 ~ di fondo** (di un impianto idroelettrico) (*idr. - costr. idr.*), Grundablass (*m.*). **13 ~ di porto** (*lav.*), Hafenarbeiter (*m.*), Dockarbeiter (*m.*). **14 ~ di sicurezza** (di un impianto idroelettrico) (*idr.*), Entlastungsanlage (*f.*). **15 ~ di sovratensioni** (*app. elett.*), Überspannungsableiter (*m.*). **16 ~ (di sovratensioni) SAW** (*elett.*), SAW-Ableiter (*m.*). **17 ~ frontale** (a ribaltamento) (*min. - ecc.*), Frontwipper (*m.*), Frontkipper (*m.*). **18 ~ rotante** (*min.*), Kreiselwipper (*m.*). **19 ~ -rovesciatore** (rovesciatore, disp. per rovesciare carri ferr.) (*ferr.*), Kipper (*m.*). **20 ~ -rovesciatore di carri (ferroviari)** (rovesciatore di carri ferroviari) (*ferr.*), Waggonkipper (*m.*). **21 tubo ~** (tubo di troppo pieno) (*tubaz.*), Überlaufrohr (*n.*), Überschussleitung (*f.*).

scarico (di un veicolo p. es.) (*s. - trasp.*), Abladen (*n.*), Abladung (*f.*), Ausladung (*f.*). **2 ~** (di un mot. a c. i.) (*s. - mot.*), Auslass (*m.*), Auspuff (*m.*). **3 ~** (rimozione del carico) (*s. - mecc. - sc. costr.*), Entlastung (*f.*), Entspannung (*f.*). **4 ~** (di una molla p. es.) (*s. - mecc.*), Entspannung (*f.*). **5 ~** (di archi p. es.) (*s. - sc. costr.*), Entspannung (*f.*). **6 ~** (sottosquadro p. es., dei denti p. es.) (*s. - mecc.*), Unterschneidung (*f.*). **7 ~** (per il vapore) (*s. - macch. a vapore*), Auspuff (*m.*). **8 ~** (di liquidi p. es.) (*s. - idr.*), Abfluss (*m.*), Ablass (*m.*), Auslass (*m.*), Ablauf (*m.*). **9 ~** (della molla dell'orologio) (*s. - mecc.*), Ablaufen (*n.*). **10 ~** (liquido defluente, dal piatto d'una colonna rettificatrice p. es.) (*ind. chim.*), Ablauf (*m.*). **11 ~** (veicolo p. es.) (*a. - gen.*), ungeladen. **12 ~** (senza carico, motore p. es.) (*gen.*), unbelastet. **13 ~** (batteria p. es.) (*a. - elett.*), erschöpft. **14 ~ dei gas combusti** (*comb. - mot.*), Abgasung (*f.*). **15 ~ dei prodotti della combustione** (*comb.*), Abgasung (*f.*). **16 ~ dei trucioli** (rimozione dei trucioli) (*lav. macch. ut.*), Ausspänen (*n.*), Ausspänung (*f.*). **17 ~ dell'aria** (dell'impianto dell'aria compressa di un freno di autoveicolo) (*veic.*), Entlüftung (*f.*). **18 ~ della trazione** (eliminazione della trazione, di un conduttore p. es.) (*elett. ecc.*), Zugentlastung (*f.*). **19 ~ della zavorra** (*nav. - aer.*), Ballastausgabe (*f.*), Ballastabwurf (*m.*). **20 ~ delle anime** (*fond.*), Entkernung (*f.*). **21 ~ di emergenza del combustibile** (*aer.*), Kraftstoffnotablass (*m.*). **22 ~ di svaso** (apertura in una diga) (*costr. idr.*), Siel (*m. - n.*). **23 scarichi industriali** (acqua di scarico industriale) (*ind.*), Fabrikabwasser (*n.*). **24 ~ in mare** (del carico) (*nav.*), Seewurf (*m.*), Überbordwerfen (*n.*). **25 ~ rapido del carburante** (*aer.*), Kraftstoffschnellablass (*m.*), Schnellentleerung (*f.*). **26 anticipo allo ~** (di un mot. a c. i.) (*mot.*), Vorauslass (*m.*), Vorauspuff (*m.*). **27 apparecchio per il controllo dei gas di ~** (*aut.*), Abgastester (*m.*). **28 arco di ~** (*ed. - arch.*), Entlastungsbogen (*m.*), Verspannungsbogen (*m.*). **29 bacino di ~** (*costr. idr.*), Entlastungsbecken (*n.*). **30 collettore di ~** (di motore a comb. interna) (*mot.*), Sammler (*m.*), Abgassammler (*m.*). **31 condotto di ~** (d'un motore Wankel) (*mot.*), Auslasskanal (*m.*). **32 con ~** (dente p. es.) (*mecc.*), unterschnitten. **33 contropressione allo ~** (resistenza allo scarico) (*mot.*), Auspuffwiderstand (*m.*). **34 dare ~** (agli amministratori per il loro operato nell'esercizio) (*finanz.*), Entlastung erteilen. **35 diametro dello ~** (di una punta elicoidale) (*ut.*), Rückendurchmesser (*m.*). **36 emissione dallo ~** (*mot. - aut.*), Auspuffemission (*f.*). **37 gola di ~** (per lo scarico dalla mola p. es., nella rettifica di uno spallamento p. es.) (*lav. macch. ut.*), Auslaufrille (*f.*). **38 lato (dello) ~** (*mot.*), Auslasseite (*f.*). **39 luce di ~** (di un motore Diesel p. es.) (*mot.*), Auslasschlitz (*m.*). **40 luce ~** (d'un motore Wankel) (*mot.*), Auslass-Steueröffnung (*f.*). **41 opera di ~** (*ing. civ.*), Auslaufbauwerk (*n.*). **42 pressione di ~** (di una valvola di sicurezza) (*cald. - ecc.*), Abblasedruck (*m.*). **43 tappo di ~** (*mot. - ecc.*), Entleerungsschraube (*f.*). **44 tubo di ~** (*mot.*), Auspuffrohr (*n.*). **45 tubo di ~** (*tubaz. - idr.*), Auslaufrohr (*n.*), Abflussrohr (*n.*), Ausgangsrohr (*n.*). **46 tubo di ~ rivolto verso l'alto** (di un autocarro) (*aut.*), nach oben führendes Auspuffrohr. **47 valvola di ~** (*mot.*), Auslassventil (*n.*). **48 valvola di ~** (valvola di sicurezza p. es.) (*cald. - ecc.*), Abblaseventil (*n.*). **49 volta di ~** (*ed. - arch.*), Entlastungsgewölbe (*n.*).

scarificare (disgregare, la superficie stradale) (*costr. strad.*), aufreissen.

scarificatore (*att. costr. strad.*), Aufreisser (*m.*), Strassenaufreisser (*m.*), Reisspflug (*m.*). **2 ~ rotante** (*macch. costr. strad.*), Drehaufreisser (*m.*). **3 ~ stradale** (*macch. costr. strad.*), Strassenaufreisser (*m.*). **4 ~ su ruote** (*macch. costr. strad.*), Radaufreisser (*m.*).

scarnare (*ind. cuoio*), entfleischen (*n.*), scheren (*n.*). **2 coltello per ~** (ferro per scarnare) (*ut. - ind. cuoio*), Scherdegen (*m.*). **3 ferro per ~** (coltello per scarnare) (*ut. - ind. cuoio*), Scherdegen (*m.*).

scarnatrice (*macch. - ind. cuoio*), Entfleischmaschine (*f.*).

scarnatura (*ind. cuoio*), Entfleischen (*n.*), Scheren (*n.*).

scarpa (*ind. cuoio*), Schuh (*m.*). **2 ~** (reciproco della pendenza) (*ing. civ.*), Böschung (*f.*). **3 ~** (di una funivia, sostegno delle funi) (*trasp.*), Schuh (*m.*), Hängeschuh (*m.*). **4 ~** (staffa, d'una sella di lancio per smistamento di carri) (*ferr.*), Hemmschuh (*m.*). **5 ~ della fune portante** (di una funivia) (*trasp.*), Tragseilschuh (*m.*). **6 ~ delle terre** (*ed. - ing. civ.*), Erdböschung (*f.*). **7 ~ esterna** (spalla, di un argine) (*costr. idr.*), Binnenböschung (*f.*). **8 ~ interna** (petto, di un argine, scarpa rivolta verso l'acqua) (*costr. idr.*), Aussenböschung (*f.*). **9 ~ polare** (*elett.*), Polschuh (*m.*). **10 a ~** (muro) (*ed.*),

geböscht. **11 suola di** ~ (*ind. cuoio*), Schuhsohle (*f.*).
scarpata (*ed. - ing. civ.*), Böschung (*f.*).
scarpetta (*gen.*), Schuh (*m.*). **2** ~ **per corse podistiche** (*sport*), Dornschuh (*m.*), Rennschuh (*m.*), Laufschuh (*m.*).
scarroccio (deviazione dalla rotta per effetto del vento) (*nav.*), Leeweg (*m.*).
scarrucolamento (di una fune, p. es.) (*app. di sollev.*), Abfallen (*n.*).
scarrucolarsi (di una fune p. es.) (*app. di sollev.*), abfallen.
scarsità (mancanza, di denaro p. es.) (*gen.*), Knappheit (*f.*).
scarso (*gen.*), knapp, schmal.
scartafaccio (*gen.*), Kladde (*f.*), Strazze (*f.*).
scartamento (tra le rotaie) (*ferr.*), Spur (*f.*), Spurweite (*f.*). **2** ~ (distanza minima tra due fianchi opposti di un dato numero di denti) (*mecc.*), Zahnweite (*f.*). **3** ~ **di 1000 mm** (in Africa, Sud America, ecc.) (*ferr.*), Meterspur (*f.*). **4** ~ **di 1067 mm** (nel Sud Africa, Sudan ed Indonesia) (*ferr.*), Kapspur (*f.*). **5** ~ **largo** (*ferr.*), Breitspur (*f.*), Weitspur (*f.*). **6** ~ **normale** (da 1435 mm) (*ferr.*), Normalspur (*f.*), Regelspur (*f.*), normale Spurweite. **7** ~ **ridotto** (*ferr.*), Schmalspur (*f.*), enge Spurweite. **8 a due scartamenti** (*ferr.*), zweispurig. **9 a** ~ **largo** (*ferr.*), breitspurig. **10 a** ~ **normale** (*ferr.*), normalspurig. **11 a** ~ **ridotto** (*ferr.*), schmalspurig. **12 asse a** ~ **variabile** (sala a scartamento variabile) (*ferr.*), Umspurachse (*f.*), Spurwechselradsatz (*m.*). **13 binario a** ~ **normale** (*ferr.*), Regelspurgleis (*n.*), Normalspurgleis (*n.*). **14 calibro di** ~ (*strum. ferr.*), Spurlehre (*f.*). **15 ferrovia a** ~ **normale** (*ferr.*), Vollbahn (*f.*), Vollspurbahn (*f.*). **16 sala a** ~ **variabile** (asse a scartamento variabile) (*ferr.*), Umspurachse (*f.*), Spurwechselradsatz (*m.*). **17 tirante di** ~ **degli aghi** (dello scambio) (*ferr.*), Zungenverbindungsstange (*f.*).
scartare (*gen.*), abwerfen, wegwerfen. **2** ~ (un pezzo) (*tecnol. mecc.*), beanstanden. **3** ~ (un getto) (*fond.*), ausschiessen. **4** ~ (rottamare) (*ind.*), zum Abfall werfen.
scartato (*gen.*), ausgeworfen, abgeworfen, weggeworfen. **2** ~ (dal controllo) (*tecnol. mecc.*), beanstandet.
scarto (materiale di scarto, sfrido) (*mecc. - ecc.*), Entfall (*m.*), Abfall (*m.*), Ausschuss (*m.*). **2** ~ (mancata accettazione, da parte del controllo) (*mecc. - tecnol.*), Abnahmeverweigerung (*f.*), Beanstandung (*f.*). **3** ~ (di lavorazione) (*mecc. - fond. - ecc.*), Ausschuss (*m.*), Abfall (*m.*). **4** ~ (nella frequenza ecc., scostamento dal valore nominale) (*elett. - ecc.*), Abweichung (*f.*). **5** ~ (differenza tra valore osservato e valore medio di tutte le osservazioni, nel controllo della qualità) (*tecnol. mecc.*), Abweichung (*f.*). **6** ~ (di un regolatore, scostamento da regolare, variazione della grandezza da regolare) (*macch.*), Regelabweichung (*f.*). **7** ~ **al contachilometri** (errore del contachilometri) (*strum. aut.*), Kilometerzählerabweichung (*f.*). **8** ~ **al tachimetro** (scarto d'indicazione del tachimetro, errore d'indicazione del tachimetro) (*strum. aut.*), Tachometerabweichung (*f.*).

9 scarti di fonderia (scarti avvenuti durante il processo di fusione) (*fond.*), Umlaufschrott (*m.*). **10** ~ **di frequenza (istantanea)** (differenza tra valori massimi e minimi della frequenza, nella modulazione di frequenza) (*radio*), Frequenzhub (*m.*). **11** ~ **di fusione** (*metall.*), Schmelzausschuss (*m.*). **12** ~ **di giri** (variazione del numero di giri di un motore regolato in seguito ad una variazione del carico p. es.) (*mot.*), Ungleichförmigkeitsgrad (*m.*), Ungleichförmigkeit (*f.*), Geschwindigkeitsabweichung (*f.*). **13** ~ **di laminazione** (*lamin.*), Walzausschuss (*m.*). **14** ~ **di laveria** (*min.*), Waschberge (*m. pl.*). **15** ~ **di lavorazione** (sfrido) (*ind. mecc. - ecc.*), Fabrikationsabfall (*m.*). **16** ~ **d'indicazione del tachimetro** (errore d'indicazione del tachimetro, scarto al tachimetro) (*strum. aut.*), Tachometerabweichung (*f.*). **17** ~ **di velocità** (scarto del numero di giri, di un regolatore) (*mot. - ecc.*), Geschwindigkeitsabweichung (*f.*). **18** ~ **permanente** (di un regolatore p. es., scostamento permanente) (*regol.*), bleibende Abweichung, bleibende Regelabweichung. **19** ~ **permanente** (statismo, di un motore regolato) (*mot.*), bleibender Ungleichförmigkeitsgrad. **20** ~ **secco** (scarto nella parte secca, della continua) (*ind. carta*), Trockenausschuss (*m.*). **21** ~ **tipo** (nel controllo della qualità, scarto medio) (*tecnol. mecc.*), Standardabweichung (*f.*), mittlere quadratische Abweichung. **22** ~ **tollerato** (*regol.*), zulässige Regelabweichung. **23** ~ **transitorio** (*regol.*), vorübergehende Regelabweichung. **24** ~ **transitorio** (di giri, di un motore regolato) (*mot.*), vorübergehender Ungleichförmigkeitsgrad. **25 percentuale degli scarti** (*tecnol.*), Prozentsatz an Ausschuss.
scartocciare (*agric.*), auspellen.
scassettare (distaffare) (*fond.*), auspacken, ausleeren, strippen.
scassettatura (distaffatura) (*fond.*), Ausleeren (*n.*), Auspacken (*n.*), Strippen (*n.*).
scasso (del terreno) (*ing. civ.*), Umbrechen (*n.*), Umbruch (*m.*). **2** ~ (furto) (*leg.*), Einbruch (*m.*). **3 furto con** ~ (*leg.*), Einbruchdiebstahl (*m.*).
scatola (*gen.*), Schachtel (*f.*). **2** ~ (per ruote dentate p. es.) (*mecc.*), Gehäuse (*n.*). **3** ~ (astuccio) (*ind.*), Büchse (*f.*), Behälter (*m.*). **4** ~ (di derivazione p. es.) (*app. elett.*), Dose (*f.*). **5** ~ **a contenitore scorrevole** (per sigarette p. es.) (*ind. carta*), Schiebeschachtel (*f.*). **6** ~ **a due derivazioni** (*app. elett.*), Hosenmuffe (*f.*). **7** ~ **comandi ausiliari** (centralina comandi ausiliari) (*mecc. - mot.*), Notsteuerungsbüchse (*f.*). **8** ~ **coprivolano** (*mot.*), Schwungradgehäuse (*n.*). **9** ~ **degli ingranaggi** (scatola per ruote dentate) (*macch.*), Getriebekasten (*m.*), Gebriebegehäuse (*n.*), Räderkasten (*m.*). **10** ~ **del cambio** (di velocità) (*aut. - ecc.*), Getriebegehäuse (*n.*), Getriebekasten (*m.*). **11** ~ **del differenziale** (scatola ponte) (*aut.*), Differentialgehäuse (*n.*). **12** ~ **della frizione** (*mot. - aut.*), Kupplungsgehäuse (*n.*). **13** ~ **dello sterzo** (scatola guida) (*aut.*), Lenkgehäuse (*n.*). **14** ~ **del supporto** (scatola del cuscinetto) (*mecc.*), Lagergehäuse (*n.*). **15** ~ **di cartone** (*ind.*), Karton (*m.*), Schachtel

scatolame

(*f.*), Pappschachtel (*f.*). 16 ~ **di compassi** (compassiera) (*strum. da dis.*), Zirkelkasten (*m.*). 17 ~ **di connessione** (*app. elett.*), Verbindungsdose (*f.*). 18 ~ **di derivazione** (*app. elett.*), Abzweigdose (*f.*). 19 ~ **di distribuzione** (*app. elett.*), Verteilungsdose (*f.*). 20 ~ **di giunzione** (di più conduttori) (*app. elett.*), Anschlusskasten (*m.*). 21 ~ **di latta** (*ind.*), Blechdose (*f.*). 22 ~ **dinamometrica** (capsula dinamometrica) (*strum.*), Kraftmessdose (*f.*). 23 ~ **di sicurezza** (per laminatoi) (*metall.*), Drucktopf (*m.*). 24 ~ **di torsione** (*lamin.*), Drallbüchse (*f.*). 25 ~ **guida** (scatola dello sterzo) (*aut.*), Lenkgehäuse (*n.*). 26 ~ **ingranaggi** (*mecc.*), Getriebekasten (*m.*), Getriebegehäuse (*n.*), Räderkasten (*m.*). 27 ~ **nera** (registratore dei dati di volo) (*aer.*), Flugschreiber (*m.*), Unfallschreiber (*m.*). 28 ~ **Norton** (cambio Norton) (*macch. ut.*), Nortonkasten (*m.*), Nortongetriebe (*n.*). 29 ~ **per confezioni** (*comm. - ind.*), Packschachtel (*f.*), Verpackungskarton (*m.*). 30 ~ **per film** («pizza») (*cinem.*), Filmdose (*f.*). 31 ~ **ponte** (scatola dell'assale posteriore) (*aut.*), Hinterachsgehäuse (*n.*). 32 ~ **ponte** (scatola del differenziale) (*aut.*), Differentialgehäuse (*n.*). 33 ~ **ripiegabile** (contenitore riutilizzabile) (*trasp. - imball.*), Faltschachtel (*f.*), Faltbox (*f.*). 34 ~ **telescopica** (*imball.*), Stülpschachtel (*f.*). 35 **a** ~ (di sezione scatolare) (*mecc. - ecc.*), kastenförmig. 36 **carne in** ~ (*ind.*), Fleischkonserve (*f.*), Büchsenfleisch (*n.*). 37 **mettere in** ~ (inscatolare) (*gen.*), einschachteln.

scatolame (conserve alimentari) (*ind.*), Konserven (*f. pl.*).

scatolare (di esecuzione a scatola) (*a. - mecc. - ecc.*), kastenförmig.

scatolato (a scatola, trave, longherone, ecc.) (*ind. metall. - ecc.*), kastenförmig, Kasten... 2 **trave scatolata** (trave a scatola) (*ind. metall.*), Kastenträger (*m.*).

scattare (sganciarsi) (*elettromecc.*), auslösen. 2 ~ (molla p. es.) (*mecc. - ecc.*), abschnappen, schnappen. 3 ~ (di una serratura p. es.) (*mecc.*), schnappen. 4 ~ (reagire, rispondere, d'un automatismo di sicurezza p. es.) (*elett. - ecc.*), ansprechen. 5 ~ **una fotografia** (fotografare) (*fot.*), knipsen, photographieren. 6 **far** ~ (sganciare, sbloccare) (*elett.*), auslösen, loslassen, freigeben.

scattivazione (*metall.*), vedi scriccatura.

scatto (sgancio) (*elettromecc.*), Freigabe (*f.*), Auslösung (*f.*). 2 ~ (risposta, intervento, d'un automatismo di sicurezza, p. es.) (*elett. - ecc.*), Ansprechen (*n.*). 3 ~ (dispositivo di scatto) (*mecc. - ecc.*), Auslöser (*m.*), auslösende Vorrichtung. 4 ~ (di una molla p. es.) (*mecc.*), Abschnappen (*n.*). 5 ~ **a distanza** (telescatto, d'una macch. fotogr.) (*fot.*), Fernauslösung (*f.*). 6 ~ **a pulsante** (*fot. - ecc.*), Knopfauslösung (*f.*). 7 ~ **a pulsante** (di una macch. fot. p. es., dispositivo di scatto) (*fot. - ecc.*), Druckknopfauslöser (*m.*). 8 ~ **automatico** (autoscatto, dispositivo automatico di scatto) (*mecc. - ecc.*), selbsttätig auslösende Vorrichtung. 9 ~ **a vuoto** (colpo mancato, cilecca) (*arma da fuoco*), Versager (*m.*). 10 ~ **ritardato** (*elettromecc.*), verzögerte Auslösung. 11 **aprirsi di** ~ (*gen.*), aufschnappen. 12 **a scatti** (ad intermittenza, ad impulsi) (*gen.*), ruckartig, ruckweise. 13 **contatto di** ~ (*elettromecc.*), Auslösekontakt (*m.*). 14 «**fusibile**» **a** ~ (valvola di sicurezza a scatto) (*elett.*), Springsicherung (*f.*). 15 **interruttore a** ~ (*elett.*), Federschalter (*m.*). 16 **meccanismo a** ~ (*mecc.*), Sprungwerk (*n.*). 17 **molla a** ~ (*mecc.*), Springfeder (*f.*). 18 **movimento a scatti** (di una slitta p. es.) (*macch. ut.*), Stotterbewegung (*f.*). 19 **serratura a** ~ (*mecc.*), Federschloss (*n.*). 20 **spostarsi a scatti** (muoversi a scatti, muoversi ad intermittenza, spostarsi ad impulsi) (*gen.*), rucken, sich ruckweise bewegen.

scaturire (sgorgare, di acqua p. es.) (*gen.*), quellen.

scavafossi (scavatrincee) (*macch. mov. terra*), Grabenbagger (*m.*). 2 ~ **a catena di tazze** (scavafossi a noria) (*macch. mov. terra*), Grabkettenbagger (*m.*). 3 ~ **a fresa** (scavatrincee a fresa) (*macch. mov. terra*), Grabenfräser (*m.*).

scavare (*gen.*), räumen, aushöhlen. 2 ~ (un fosso p. es.) (*ed. - ecc.*), ausgraben, graben. 3 ~ (con escavatore) (*mov. terra*), baggern, ausbaggern. 4 ~ (estrarre) (*min.*), fördern, gewinnen. 5 ~ (coltivare) (*min.*), abbauen. 6 ~ (un pozzo) (*min.*), teufen, senken, niederbringen, abteufen. 7 ~ (in roccia) (*min.*), erhauen. 8 ~ **a giorno** (*ing. civ. - ecc.*), im Tagebau graben. 9 ~ **un pozzo** (*mov. terra - ing. civ.*), ausschachten. 10 ~ **verso l'alto** (*min.*), auftreiben.

scavatore (affossatore) (*lav.*), Gräber (*m.*).

scavatrincee (scavafossi) (*macch. mov. terra*), Grabenbagger (*m.*). 2 ~ **a catena di tazze** (scavatrincee a noria) (*macch. mov. terra*), Grabkettenbagger (*m.*). 3 ~ **a fresa** (scavafossi a fresa) (*macch. mov. terra*), Grabenfräser (*m.*).

scavo (*ed. - ecc.*), Ausgrabung (*f.*). 2 ~ (con escavatore) (*mov. terra*), Baggerung (*f.*). 3 ~ (*min.*), Abbau (*m.*), Gewinnung (*f.*). 4 ~ (escavazione, di un pozzo) (*min.*), Senken (*n.*), Abteufen (*n.*). 5 ~ **a cielo aperto** (scavo a giorno) (*min.*), Tagebau (*m.*), Tagearbeit (*f.*), Bruchtagbau (*m.*). 6 ~ **a getto d'acqua** (escavazione a getto d'acqua) (*min.*), Schwemmabbau (*m.*). 7 ~ **a getto d'acqua** (escavazione a getto d'acqua) (*mov. terra*), Druckstrahlbaggerung (*f.*). 8 ~ **a giorno** (*min.*), Tagebau (*m.*), Tagearbeit (*f.*), Bruchtagbau (*m.*). 9 ~ **del terreno** (*ed.*), Bodenausgrabung (*f.*), Bodengewinnung (*f.*). 10 ~ **di assaggio** (*ed.*), Probegrube (*f.*). 11 ~ **di fondazione** (scavo per le fondazioni) (*ed.*), Baugrube (*f.*), Fundamentaushub (*m.*). 12 ~ **di pozzo a torre discendente** (*min.*), Senkschachtverfahren (*n.*). 13 ~ **di un pozzo** (*mov. terra - ing. civ.*), Ausschachtung (*f.*). 14 ~ **di un pozzo** (*min.*), Schachtabteufung (*f.*). 15 ~ **in roccia** (*ed.*), Felsaushub (*m.*). 16 ~ **per le fondazioni** (*ed.*), Fundamentaushub (*m.*), Baugrube (*f.*). 17 ~ **profondo** (scavo sotterraneo) (*min.*), Tiefbau (*m.*). 18 ~ **sotterraneo** (*min.*), Tiefbau (*m.*). 19 **altezza di** ~ (di un escavatore) (*macch. mov. terra*), Reichhöhe (*f.*). 20 **attaccare lo** ~ (iniziare lo

separarsi (*metall.* - *ecc.*), ausscheiden. **2** ~ (precipitare) (*chim.*), sich abscheiden. **3** ~ (dissociarsi, da una miscela) (*chim.*), entmischen.

separasabbia (sabbiera, di una macchina continua) (*ind. carta*), Sandfang (*m.*).

separato (*gen.*), getrennt. **2 sedili separati** (*aut.*) Enzelsitze (*m. pl.*).

separatore (*app.*), Scheider (*m.*), Abscheider (*m.*), Separator (*m.*). **2** ~ (di condensa p. es.) (*app.* - *tubaz.* - *ecc.*), Abscheider (*m.*). **3** ~ **a ciclone** (ciclone, separatore centrifugo) (*app. ind.*), Zyklon (*m.*), Fliehkraftabscheider (*m.*), Wirbeler (*m.*), Turboabscheider (*m.*). **4** ~ (contenitore al termine d'una condotta di trasporto pneumatico) (*ind.*), Rezipient (*n.*). **5** ~ **a nastro (magnetico)** (di minerali) (*macch. min.*), Bandscheider (*m.*). **6** ~ **a tubo** (app. per la separazione di gas) (*app. chim.*), Trennrohr (*n.*). **7** ~ **centrifugo** (ciclone, separatore a ciclone) (*app. ind.*), Fliehkraftabscheider (*m.*), Zyklon (*m.*), Wirbeler (*m.*), Turboabscheider (*m.*). **8** ~ **centrifugo** (centrifuga) (*macch.*), Zentrifuge (*f.*), Trennschleuder (*f.*). **9** ~ **d'acqua** (*app.* - *cald.* - *tubaz.* - *ecc.*), Wasserabscheider (*m.*). **10** ~ **d'acqua** (nelle tubazioni del gas) (*app.*), Wassersack (*m.*). **11** ~ **dei fanghi** (*app.*), Schlammscheider (*m.*). **12** ~ **del minerale** (classificatore del minerale) (*macch. min.*), Erzscheider (*m.*). **13** ~ **di catrame** (decatramatore) (*app. ind. chim.*), Teerscheider (*m.*), Entteerer (*m.*). **14** ~ **di condensa** (*app.* - *macch. a vap.* - *tubaz.*), Kondensatabscheider (*m.*), Kondenswasserabscheider (*m.*), Kondenstopf (*m.*), Dampfentwässer (*m.*). **15** ~ **di frequenza** (*elett.*), Frequenzweiche (*f.*). **16** ~ **di fuliggine** (fermafuliggine) (*app. comb.*), Russfänger (*m.*). **17** ~ **di gas** (nella lavorazione dell'olio grezzo p. es.) (*app.* - *ind. chim.*), Gasabscheider (*m.*). **18** ~ **di grasso** (*app. chim.* - *ecc.*), Fettabscheider (*m.*), Fettfang (*m.*). **19** ~ **di isotopi** (*app. chim.* - *fis. atom.*), Isotopenschleuse (*f.*). **20** ~ **di liquidi** (di gas p. es.) (*app.*), Flüssigkeitsabscheider (*m.*). **21** ~ **d'impulsi** (filtro) (*app.*), Impulssieb (*n.*). **22** ~ **di olio** (*app.* - *tubaz.* - *ecc.*), Entöler (*m.*), Ölabscheider (*m.*). **23** ~ **di polveri** (depolverizzatore) (*app. ind.*), Staubabscheider (*m.*), Staubfang (*m.*). **24** ~ **di sabbia** (fermasabbia, dissabbiatore, collettore di sabbia) (*costr. idr.*), Sandfang (*m.*). **25** ~ **di scorie** (*fond.* - *metall.*), Schlackenseparator (*m.*), Krätze-Separator (*m.*). **26** ~ **elettromagnetico** (*app. elett.*), elektromagnetischer Abscheider (*m.*). **27** ~ **magnetico** (*app.*), Magnetabscheider (*m.*), Magnetscheider (*m.*). **28** ~ **magnetico per minerali** (*app.* - *min.*), magnetischer Erzscheider. **29 elemento** ~ (telaio del vaglio; lamiera forellata, reticella metallica, ecc.) (*app.*), Siebbelag (*m.*). **30 filtro** ~ **di linea** (per separare due campi di frequenza) (*telef.*), Leitungswache (*f.*), Frequenzwache (*f.*). **31 imbuto** ~ (*app. chim.*), Scheidetrichter (*m.*). **32 stadio** ~ (circuito separatore) (*app. radio*), Trennstufe (*f.*).

separatrice (*macch.*), Trennmaschine (*f.*). **2** ~ **di formati** (d'un impianto di smistamento delle lettere) (*macch.* - *posta*), Formattrennmaschine (*f.*).

separazione (*gen.*), Ausscheiden (*n.*), Ausscheidung (*f.*), Trennung (*f.*), Abscheidung (*f.*), Absonderung (*f.*). **2** ~ (*chim.*), Ausscheidung (*f.*), Ausscheiden (*n.*), Trennung (*f.*). **3** ~ (di grafite p. es.) (*metall.* - *fond.*), Ausscheidung (*f.*). **4** ~ (scomposizione) (*ott.*), Auflösung (*f.*). **5** ~ (di minerali) (*min.*), Aufbereitung (*f.*). **6** ~ (distacco, dei filetti fluidi da un profilo aerodinamico p. es.) (*mecc. dei fluidi* - *aerodin.*), Abbrechen (*n.*), Ablösung (*f.*). **7** ~ (dissociazione, da una miscela, di vernici p. es.) (*chim.* - *vn.*), Entmischung (*f.*), Entmischen (*n.*). **8** ~ **d'acqua** (*tubaz.* - *ecc.*), Wasserabsonderung (*f.*), Wasserabscheiden (*n.*). **9** ~ **d'acqua** (dal calcestruzzo) (*ed.*), Bluten (*n.*), Wasserabstossen (*n.*), Wasserabsonderung (*f.*). **10** ~ **degli isotopi** (*fis. atom.* - *chim.*), Isotopentrennung (*f.*). **11** ~ **del conglomerato** (dal cemento) (*mur.*), Entmischung (*f.*). **12** ~ **delle scorie** (*fond.*), Krätzeaufbereitung (*f.*). **13** ~ **di carburi** (segregazione di carburi) (*difetto metall.*), Karbidseigerung (*f.*). **14** ~ **elettrolitica** (*chim.*), elektrolytische Trennung. **15** ~ **elettrostatica** (precipitazione elettrostatica) (*elett.* - *ind.*), elektrostatische Abscheidung. **16** ~ **elettrostatica** (dei minerali) (*min.*), elektrostatische Aufbereitung. **17** ~ **magnetica** (*ind.*), magnetische Abscheidung. **18** ~ **magnetica** (dei minerali) (*min.*), magnetische Aufbereitung. **19** ~ **mediante precipitazione** (precipitazione) (*chim.*), Ausfällung (*f.*), Fällung (*f.*). **20 circuito di** ~ (circuito di disaccoppiamento) (*elett.*), Trennkreis (*m.*). **21 impianto di** ~ (*ind.*), Scheideanlage (*f.*), Trennanlage (*f.*). **22 linea di** ~ (segno di separazione) (*tip.*), Trennungslinie (*f.*). **23 linea di** ~ (delle forme p. es.) (*fond.* - *ecc.*), Trennfuge (*f.*). **24 piano di** ~ (di due semistampi p. es.) (*ut. fucinatura* - *ecc.*), Teilfuge (*f.*). **25 prova di** ~ (per adesivi) (*tecnol.*), Trennversuch (*m.*). **26 punto di** ~ (punto di distacco, dei filetti fluidi da un profilo aerodinamico p. es.) (*aerodin.*), Ablösungspunkt (*m.*). **27 soglia di** ~ (d'una strada) (*traff. strad.*), Trennschwelle (*f.*). **28 sfere di** ~ (nei cuscinetti obliqui a due ranghi di sfere, al posto della gabbia) (*mecc.*), Trennkugeln (*f. pl.*). **29 stadi di** ~ **in cascata** (cascata di celle di separazione, per isotopi p. es.) (*chim.*), Trennkaskade (*f.*). **30 striscia di** ~ (d'una strada) (*traff. strad.*), Trennstreifen (*m.*). **31 striscia di** ~ **dei due sensi di marcia** (d'un'autostrada) (*traff. strad.*), Richtungstrennstreifen (*m.*). **32 superficie di** ~ (*gen.*), Trennungsfläche (*f.*). **33 superficie di** ~ (tra basamento e testa cilindri p. es.) (*mecc.*), Trennfuge (*f.*).

sepiolite (schiuma di mare) (*min.*), Sepiolith (*m.*), Meerschaum (*m.*), Magnesiumsilikat (*n.*).

seppia (*colore*), Sepia (*f.*).

seppiatura (di una carrozzeria p. es.) (*vn.* - *aut.*), *vedi* carteggiatura.

sequenza (successione) (*gen.*), Folge (*f.*), Reihe (*f.*), Abfolge (*f.*). **2** ~ **dei movimenti** (*analisi tempi*), Bewegungsfolge (*f.*). **3** ~ **delle fasi** (*elett.* - *ecc.*), Phasenfolge (*f.*). **4**

lichtempfindlich. **6** ~ **all'invecchiamento** (*tratt. term.*), alterungsempfindlich. **7 poco** ~ (ad azione lenta, a risposta lenta) (*elett. - ecc.*), langsam ansprechend. **8 poco** ~ (regolatore) (*elettromecc. - ecc.*), empfindlicharm, schleppend.
sensibilità (*gen.*), Empfindlichkeit (*f.*). **2** ~ (di risposta, di un regolatore o relè p. es.) (*strum. - ecc.*), Empfindlichkeit (*f.*), Ansprechempfindlichkeit (*f.*), Ansprechen (*n.*). **3** ~ (di una pellicola) (*fot.*), Lichtempfindlichkeit (*f.*). **4** ~ (di un microfono) (*acus.*), Übertragungsfaktor (U.). **5** ~ **agli urti** (*macch.*), Stossempfindlichkeit (*f.*). **6** ~ **ai guasti** (*macch. - ecc.*), Störanfälligkeit (*f.*). **7** ~ **ai disturbi** (incidenza di disturbo) (*elett. - ecc.*), Störanfälligkeit (*f.*). **8** ~ **al foro** (sensibilità in corrispondenza del foro, caso particolare della sensibilità all'intaglio) (*metall. - ecc.*), Lochempfindlichkeit (*f.*). **9** ~ **alla luce** (*ott. - fot.*), Lichtempfindlichkeit (*f.*). **10** ~ **all'intaglio** (*mecc. - metall.*), Kerbempfindlichkeit (*f.*). **11** ~ **al surriscaldamento** (*tratt. term.*), Überhitzungsempfindlichkeit (*f.*). **12** ~ **al vento trasversale** (*veic.*), Seitenboe-Empfindlichkeit (*f.*). **13** ~ **cromatica** (*fot.*), Farbempfindlichkeit (*f.*). **14** ~ **della pellicola** (espressa in valori DIN o ASA) (*fot.*), Filmempfindlichkeit (*f.*). **15** ~ **di deflessione** (*elettronica*), Ablenkempfindlichkeit (*f.*). **16** ~ **differenziale** (*ott. - fis.*), Unterschiedesempfindlichkeit (*f.*). **17** ~ **in camera di pressione** (di un microfono) (*acus.*), Druck-Übertragungsfaktor (*m.*). **18** ~ **in campo libero** (di un microfono) (*acus.*), Feld-Übertragungsfaktor (*m.*). **19** ~ **in corrispondenza del foro** (sensibilità al foro, caso particolare della sensibilità all'intaglio) (*metall. - ecc.*), Lochempfindlichkeit (*f.*). **20** ~ **uditiva** (*acus.*), Hörempfindlichkeit (*f.*). **21 ad alta** ~ (un relè p. es.) (*elett. - ecc.*), schnellansprechend, hochempfindlich. **22 di alta** ~ (sensibile, regolatore p. es.) (*mecc. - ecc.*), hochempfindlich, feinfühlig. **23 di scarsa** ~ (ad azione lenta, a risposta lenta) (*elett.*), langsam ansprechend. **24 soglia di** ~ (per le vibrazioni percettibili dal passeggero di un autoveicolo, p. es.) (*veic. - ind. - ecc.*), Reizschwelle (*f.*).
sensibilizzare (*gen.*), empfindlich machen. **2** ~ (*fot. - chim.*), lichtempfindlich machen, sensibilisieren.
sensibilizzatore (*chim.*), Sensibilisator (*m.*).
sensibilizzazione (*fot. - chim.*), Sensibilisierung (*f.*). **2** ~ (*tip.*), Beschleunigung (*f.*). **3** ~ (stimolazione) (*chim. - ecc.*), Reizung (*f.*).
sensitometria (*fot.*), Sensitometrie (*f.*).
senso (verso, di rotazione p. es.) (*gen.*), Richtung (*f.*), Sinn (*m.*). **2** ~ **della spira** (di un filetto p. es.) (*mecc.*), Gangrichtung (*f.*). **3** ~ **di non conduzione** (senso di sbarramento, d'un interruttore p. es.) (*elett.*), Sperrichtung (*f.*). **4** ~ **di non conduzione** (senso inverso, senso d'interdizione; nei tiristori p. es.) (*elettronica*), Sperrichtung (*f.*). **5** ~ **d'interdizione** (senso di non conduzione, senso inverso; nei tiristori p. es.) (*elettronica*), Sperrichtung (*f.*). **6** ~ **di passaggio** (d'una corrente) (*elett.*), Durchlassrichtung (*f.*). **7** ~ **di rotazione** (*mecc. - ecc.*), Drehrichtung (*f.*), Drehsinn (*m.*). **8** ~ **di rotazione antiorario** (senso di rotazione sinistrorso) (*macch. - ecc.*), Gegenuhrzeigersinn (*m.*). **9** ~ **di rotazione sinistrorso** (senso di rotazione antiorario) (*macch. - ecc.*), Gegenuhrzeigersinn (*m.*). **10** ~ **di rotazione visto dal lato volano** (di un motore a c. i. p. es.) (*mot.*), Drehrichtung vom Schwungrad aus gesehen. **11** ~ **di sbarramento** (senso di non conduzione, d'un interruttore p. es.) (*elett.*), Sperrichtung (*f.*). **12** ~ **inverso** (senso di non conduzione, senso d'interdizione; nei tiristori p. es.) (*elettronica*), Sperrichtung (*f.*). **13** ~ **proibito** (senso vietato) (*traff. strad.*), Verbot einer Fahrtrichtung. **14** ~ **unico** (circolazione in senso unico) (*traff. strad.*), Einbahnverkehr (*m.*). **15** ~ **unico** (segnalazione) (*traff. strad. - aut.*), Einbahn (*f.*). **16** ~ **vietato** (senso proibito) (*traff. strad.*), Verbot einer Fahrtrichtung. **17** ~ **unico** (*strada*), einbahnig. **18 carreggiata a** ~ **unico** (*traff. strad.*), Richtungsfahrbahn (*f.*). **19 dello stesso** (**di rotazione**) (*mecc.*), gleichsinnig. **20 in** ~ **contrario** (in direzione contraria) (*gen.*), entgegengesetzt gerichtet, in umgekehrter Richtung. **21 in** ~ **contrario** (rotazione p. es.) (*gen.*), gegenläufig. **22 in** ~ **opposto** (in direzione opposta) (*gen.*), in umgekehrter Richtung, entgegengesetzt gerichtet.
sensore (elemento sensibile, sonda; termosonda p. es.) (*app.*), Fühler (*m.*), Taster (*m.*), Sensor (*m.*). **2** ~ **di limite** (di una pressa p. es.) (*app.*), Grenztaster (*m.*). **3** ~ **di ostacolo** (*app.*), Hindernistaster (*m.*). **4** ~ **di pressione** (elemento barosensibile, elemento manosensibile, elemento sensibile alla pressione) (*app.*), Druckfühler (*m.*). **5** ~ **di prossimità** (*app.*), Näherungssensor (*m.*). **6** ~ **di quota** (trasduttore di quota) (*app.*), Höhenwertgeber (*m.*). **7** ~ (**di sicurezza**) **per gabbie di estrazione** (*min.*), Förderkorbtaster (*m.*). **8** ~ **fine nastro** (d'una pressa per tranciatura di precisione p. es.) (*macch.*), Bandendtaster (*m.*). **9** ~ **pneumatico** (*app.*), pneumatischer Sensor. **10 comandato da** ~ (dispositivo riproduttore p. es.) (*macch. ut.*), fühlergesteuert.
sentenza (del giudice) (*leg.*), Spruch (*m.*), Urteil (*n.*), Wahrspruch (*m.*). **2** ~ **arbitrale** (*leg. - comm.*), Schiedsspruch (*m.*).
sentiero (*strada*), Fusspfad (*m.*), Fussweg (*m.*), Pfad (*m.*).
sentina (*costr. nav.*), Bilge (*f.*), Kielraum (*m.*).
senza (*gen.*), ohne.
separabile (staccabile) (*gen.*), scheidbar, trennbar.
separanodi (epuratore) (*mft. carta*), Knotenfänger (*m.*).
separare (*gen.*), trennen, scheiden, abscheiden, abtrennen, ausscheiden. **2** ~ (dividere, staccare) (*gen.*), trennen. **3** ~ (classificare) (*min. - ecc.*), sichten, auswählen, aussondern. **4** ~ (*chim.*), ausscheiden. **5** ~ (*ott.*), auflösen. **6** ~ (due pezzi mediante vite di estrazione) (*mecc.*), abdrücken. **7** ~ (mediante taglio, tagliare via, troncare) (*gen.*), abschneiden. **8** ~ (da una miscela) (*gen.*), entmischen. **9** ~ **l'olio** (togliere l'olio, dai trucioli p. es.) (*ind.*), entölen. **10** ~ **mediante filtrazione** (filtrare) (*gen.*), abfiltern.

semicono (di una valvola di mot. a c. i.) (*mot.*), Kegelstück (*n.*). 2 ~ **valvola** (di un mot. a comb. interna) (*mot.*), Ventilkegelstück (*n.*).
semicontinuo (*lamin.*), halbkontinuierlich.
semicuscinetto (semiguscio, di biella p. es.) (*mecc.*), Halbschale (*f.*), Halblager (*n.*), Lagerhälfte (*f.*). 2 ~ **inferiore** (*mecc.*), Unterschale (*f.*). 3 ~ **superiore** (*mecc.*), Oberlagerschale (*f.*).
semidoppio (vetro da finestre con spessore di 2,8-3 mm) (*mft. vetro - ed.*), mittlere Dicke, MD.
semifinale (*sport*), Semifinale (*f.*), Vorschlussrunde (*f.*), Halbfinale (*f.*).
semifisso (*macch. - ecc.*), halbbeweglich.
semifusinite (componente strutturale del carbon fossile) (*comb. - min.*), Semifusinit (*m.*).
semigrossolano (*mecc.*), mittelgrob.
semiguscio (semicuscinetto) (*mecc.*), Halbschale (*f.*).
semi-immagine (quadro) (*telev.*), Halbbild (*n.*).
semilarghezza (*fis.*), Halbwertbreite (*f.*).
semilavorato (*a. - ind.*), halbfertig, vorgearbeitet, halbroh. 2 ~ (*s. - ind.*), Halbfabrikat (*n.*), Halbzeug (*n.*), Halbfertigprodukt (*n.*), Halbfertigteil (*m.*), Zwischengut (*n.*). 3 ~ **non ferroso** (materiale indefinito non ferroso, p. es. di alluminio, lega leggera, ecc.) (*metall.*), Metallhalbzeug (*n.*).
semilucido (*ott.*), mattglanz.
semimetallo (metalloide; arsenico, antimonio, ecc.) (*metall.*), Halbmetall (*n.*).
semina (*agric.*), Aussaat (*f.*), Aussäen (*n.*).
seminare (*agric.*), aussäen, säen.
seminario (per aggiornamento professionale) (*tecnol. - ecc.*), Seminar (*n.*).
seminatrice (*macch. agric.*), Säemaschine (*f.*), Sämaschine (*f.*). 2 ~ **a righe** (*macch. agric.*), Drillmaschine (*f.*).
semionda (*radio - ecc.*), Halbwelle (*f.*). 2 **dipolo a** ~ (*radio*), Halbwellendipol (*m.*), Lambda-Halbe-Dipol (*m.*). 3 **raddrizzamento delle due semionde** (*elett.*), Doppelweg-Gleichrichtung (*f.*).
semiperiodo (*fis. - elett.*), Halbperiode (*f.*). 2 ~ (tempo o periodo di dimezzamento, periodo radioattivo) (*radioatt.*), Halbwertzeit (*f.*).
semipermeabile (*fis. - chim.*), semipermeabel, halbdurchlässig.
semipinza (d'un freno a disco) (*aut.*), Sattelhälfte (*f.*).
semiporcellana (*ceramica*), Halbporzellan (*n.*). 2 ~ (porcellana inglese, porcellana tenera) (*ceramica*), englisches Porzellan, Weichporzellan (*n.*).
semirefrattario (punto di fusione tra 1500° e 1600 °C) (*mater.*), halbfeuerfest.
semirigido (di aerostato) (*aer.*), halbstarr.
semirimorchio (*veic. - aut.*), Sattelanhänger (*m.*), Auflieger (*m.*). 2 ~ **a pianale** (*veic. - aut.*), Plattformauflieger (*m.*), Plattform-Sattelschlepperanhänger (*m.*). 3 ~ **a pianale ribassato** (*veic. - aut.*), Satteltiefladeanhänger (*m.*). 4 ~ **cisterna** (*veic.*), Tankauflieger (*m.*). 5 ~ **ribaltabile** (*veic. - aut.*), aufgesattelter Kippanhänger. 6 **a** ~ (*veic. - aut.*), aufgesattelt. 7 **gru su** ~ (*macch.*), Sattelkran (*m.*). 8 **motrice e** ~ (autoarticolato) (*veic. - aut.*), Sattelzug (*m.*). 9 **motrice per** ~ (motrice per autoarticolato) (*veic. - aut.*), Sattelschlepper (*m.*), Aufsattler (*m.*). 10 **ralla per** ~ (*veic. - aut.*), Sattelkupplung (*f.*). 11 **zampa di appoggio del** ~ (zampa di sostegno del rimorchio staccato) (*veic.*), Sattelaufliegerstütze (*f.*), Absattelstütze (*f.*), Stützwinde (*f.*).
semiritardato (fusibile) (*elett.*), mittelträg.
semisbarra (di passaggio a livello) (*ferr.*), Halbschranke (*f.*).
semiscatola (di un cambio p. es.) (*mecc. - aut.*), Gehäusehälfte (*f.*). 2 ~ **del differenziale** (*aut.*), Differentialgehäusehälfte (*f.*). 3 ~ **ponte** (*aut.*), Hinterachsgehäusehälfte (*f.*).
semisezione (mezza sezione) (*dis.*), Halbschnitt (*m.*).
semisolido (terreno) (*mecc. dei terreni*), halbfest, steifplastisch.
semistaffa (*fond.*), Kastenhälfte (*f.*).
semistampo (per fucinatura) (*ut.*), Gesenkhälfte (*f.*). 2 ~ (per pressofusione) (*ut. fond.*), Formhälfte (*f.*), Druckgiessformhälfte (*f.*). 3 ~ (per iniezione di materie plastiche) (*tecnol.*), Formhälfte (*f.*). 4 ~ **con canale di colata** (di uno stampo per pressofusione) (*ut. fond.*), Eingussformhälfte (*f.*). 5 ~ **lato espulsione** (di uno stampo per pressofusione) (*ut. fond.*), Auswerfformhälfte (*f.*).
semitondo (*ind. metall.*), Halbrundstange (*f.*). 2 ~ (mezzotondo, di ferro) (*ind. metall.*), Halbrundeisen (*n.*). 3 ~ **irregolare** (mezzotondo irregolare di ferro) (*ind. metall.*), Flach-Halbrundeisen (*n.*). 4 **ferro** ~ (*ind. metall.*), Halbrundeisen (*n.*).
semitono (*acus.*), Halbton (*m.*).
semitrasparente (*gen.*), halbdurchscheinend, halbdurchsichtig.
semovente (*a. - gen.*), selbstfahrend. 2 ~ (cannone semovente) (*s. - milit.*), Raupenkettenkanone (*f.*).
semplice (*gen.*), einfach.
semplicità (*gen.*), Einfachheit (*f.*). 2 ~ **di uso** (facilità d'impiego, di macchine o di un impianto) (*macch. - ecc.*), Bedienbarkeit (*f.*).
semplificare (*mat. - ecc.*), vereinfachen.
semprevivo (spia, fiamma pilota) (*comb.*), Wachflamme (*f.*).
sengirite (*min. - radioatt.*), Sengierit (*m.*).
seno (*mat.*), Sinus (*m.*), sin. 2 ~ **iperbolico** (*mat.*), Hyperbelsinus (*m.*), sinh. 3 **barra** ~ (per controllo) (*att. lav. mecc.*), Sinuslineal (*n.*). 4 **piani** ~ (per lavorazione e controllo) (*att. lav. macch. ut.*), Sinusaufspannplatten (*f. pl.*), Sinus-Tische (*m. pl.*).
sensazione (*gen.*), Empfindung (*f.*). 2 ~ **primaria** (stimolo elementare, rosso, verde o blu) (*ott.*), Eichreiz (*m.*). 3 ~ **sonora** (*acus.*), Schallempfindung (*f.*). 4 **velocità di** ~ (*ott. - ecc.*), Empfindungsgeschwindigkeit (*f.*).
sensibile (*gen.*), empfindlich. 2 ~ (un relè p. es., a pronta risposta o reazione) (*elett. - ecc.*), ansprechend. 3 ~ **di alta sensibilità, regolatore p. es.**) (*mecc. - ecc.*), hochempfindlich, feinfühlig. 4 ~ **alla criccatura a caldo** (criccabile a caldo) (*metall.*), warmrissempfindlich. 5 ~ **alla luce** (fotosensibile) (*fis.*),

selezionatrice (meccanografica p. es.) (*macch.*), Sortiermaschine (*f.*).
selezione (*gen.*), Auslese (*f.*), Auswahl (*f.*). 2 ~ (*telef.*), Wahl (*f.*). 3 ~ (*fot. - tip.*), Farbauszug (*m.*). 4 ~ **a contatto** (*tip.*), Kontaktfarbauszug (*m.*). 5 ~ **a tasti** (*telef.*), Tastenwahl (*f.*), Tastwahl (*f.*). 6 ~ **automatica** (*telef.*), selbsttätige Wahl. 7 ~ **del personale** (*pers. - lav.*), Personalauswahl (*f.*), Personalauslese (*f.*). 8 ~ **di fase** (degli elettroni) (*elettronica*), Phasenaussortierung (*f.*). 9 ~ **di gruppo** (*telef.*), Gruppenwahl (*f.*). 10 ~ **diretta** (*telef.*), direkte Wahl, Durchwahl (*f.*). 11 ~ **diretta** (*tip.*), direkter Farbauszug. 12 ~ **per contatto** (*tip.*), Kontakt-Farbauszug (*m.*). 13 ~ **XY** (*telef.*), XY-Wählverfahren (*n.*). 14 **centralino con ~ automatica** (*telef.*), Vermittlungsstelle mit Wählbetrieb, VStW. 15 **relè di fine ~** (*telef.*), Wahlendrelais (*n.*). 16 **segnale di ~** (*telef.*), Wählton (*m.*), Wählzeichen (*n.*), WZ. 17 **sistema di ~** (sistema di telefonia automatica) (*telef.*), Wählsystem (*n.*). 18 **stadio di ~** (*telef.*), Wahlstufe (*f.*). 19 **stadio di ~ direzionale** (*telef.*), Richtungswahlstufe (*f.*). 20 **stadio di ~ d'utente** (*telef.*), Teilnehmerwahlstufe (*f.*). 21 **tastiera di ~** (*telef.*), Wähltastatur (*f.*).
« self-service » (autoservizio) (*comm.*), Selbstbedienung (*f.*).
sella (di appoggio) (*mecc. - ecc.*), Sattel (*m.*). 2 ~ (di bicicletta p. es.) (*veic. - ecc.*), Sattel (*m.*). 3 ~ (avvallamento, tra due montagne) (*geogr. - ecc.*), Sattel (*m.*), Einsattelung (*f.*). 4 ~ **da soma** (*trasp.*), Packsattel (*m.*), Tragsattel (*m.*). 5 ~ **di appoggio** (per condotte forzate) (*costr. idr.*), Gleitlager (*n.*), Rohrsattel (*f.*). 6 ~ **di lanciamento** (per lo smistamento dei veicoli ferroviari) (*ferr.*), Ablaufberg (*m.*). 7 **automatica di comando delle selle di lancio** (*ferr.*), Talsteuerautomatik (*f.*). 8 **punto di ~** (nella teoria dei giochi) (*mat.*), Sattelpunkt (*m.*). 9 **seconda ~** (seggiolino posteriore, di una motocicletta) (*veic.*), Beifahrersattel (*m.*), Soziussitz (*m.*).
sellaio (tappezziere) (*lav.*), Polsterer (*m.*), Tapezierer (*m.*), Sattler (*m.*).
sellatura (finitura interna, abbigliamento) (*aut.*), Verkleidung (*f.*), Innenausstattung (*f.*).
selleria (*ind.*), Sattlerei (*f.*).
Sellers, filettatura ~ (*mecc.*), Sellersgewinde (*n.*). 2 **giunto ~** (*mecc.*), Sellerskupplung (*f.*), Doppelkegelkupplung (*f.*).
selvaggio (*gen.*), wild.
semaforista (*lav. ferr.*), Signalsteller (*m.*).
semaforo (*segnale*), Semaphor (*m.*), Lichtsignal (*n.*), Signalmast (*m.*). 2 ~ (segnale semaforico) (*ferr.*), Flügelsignal (*n.*), Mastsignal (*n.*). 3 ~ (*traff. strad.*), Lichtsignal (*n.*). 4 ~ (pendente) (*traff. strad.*), Ampel (*f.*), Verkehrsampel (*f.*). 5 **semafori sincronizzati** (comando centrale dei semafori di più incroci) (*traff. strad.*), grüne Welle. 6 **semafori verdi alla velocità di 50 km/h** (onda verde a 50 km/h) (*traff. strad.*), grün bei 50, grüne Welle bei 50.
semantica (*mat. - ecc.*), Semantik (*f.*). 2 **codificazione ~** (*elab. dati - ecc.*), semantische Codierung.
semantico (*mat. - ecc.*), semantisch.

seme (*agric.*), Samen (*m.*), Same (*m.*). 2 ~ (elemento di combustibile di reattore) (*fis. atom.*). Spickelement (*n.*), Saatelement (*n.*).
semestrale (*gen.*), halbjärlich, halbjährig.
semiaddizionatore (*calc.*), Halbaddierer (*m.*).
semiangolo (*geom.*), Halbwinkel (*m.*). 2 ~ **del filetto** (*mecc.*), Teilflankenwinkel (*m.*), halber Flankenwinkel.
semiasse (*geom.*), Halbachse (*f.*). 2 ~ (semialbero, tra differenziale e ruota) (*aut.*), Achswelle (*f.*). 3 ~ **non portante** (semiasse flottante) (*aut.*), fliegende Achswelle, Steckachse (*f.*). 4 ~ **portante** (*aut.*), halbfliegende Achswelle. 5 ~ **semiportante** (*aut.*), dreiviertelfliegende Achswelle.
semiautomatico (*gen.*), halbautomatisch. 2 **operazione semiautomatica** (*macch. ut. a c/n*) Einzelsatz-Betriebsart, halbautomatische Betriebsart.
semibalestra (di una sospensione) (*veic.*), Viertelfeder (*f.*). 2 ~ **cantilever** (semibalestra a sbalzo, di una sospensione) (*veic.*), Auslegerfeder (*f.*).
semicalmato (acciaio) (*metall.*), halbberuhigt.
semicarcassa (di una pompa p. es.) (*macch.*), Gehäusehälfte (*f.*).
semicarter (semiscatola) (*mecc. - ecc.*), Gehäusehälfte (*f.*).
semicellulosa (*ind. chim.*), Hemizellulose (*f.*). 2 ~ (*mft. carta*), Halbzellulose (*f.*), Halbzellstoff (*m.*).
semicerchio (*geom.*), Halbkreis (*m.*), Halbkreisbogen (*m.*).
semichiocciola (guscio, nel grembiale d'un tornio) (*macch. ut.*), Mutterschlosshälfte (*f.*), Mutterbacke (*f.*).
semicircolare (*geom. - ecc.*), halbkreisförmig.
semicoke (*comb.*), Halbkoks (*m.*). 2 ~ **di torba** (coke di torba) (*ind. chim.*), Torfkoks (*m.*).
semiconduttore (*elettronica*), Halbleiter (*m.*). 2 ~ **ad isolatore metallico** (MIS, Metal-Insulator-Semiconductor) (*elettronica*), MIS. 3 ~ **di tipo i** (semiconduttore compensato, semiconduttore intrinseco) (*elettronica*), Eigenhalbleiter (*m.*), i-Halbleiter (*m.*), Kompensationshalbleiter (*m.*). 4 ~ **di tipo n** (semiconduttore donatore, semiconduttore ad impurità donatrice, semiconduttore per eccesso) (*elettronica*), n-Halbleiter (*m.*). 5 ~ **di tipo p** (semiconduttore per difetto, semiconduttore accettore, semiconduttore ad impurità ricevitrice) (*elettronica*), p-Halbleiter (*m.*). 6 ~ **estrinseco** (*elettronica*), Störhalbleiter (*m.*). 7 ~ **intrinseco** (semiconduttore di tipo i) (*elettronica*), Eigenhalbleiter (*m.*), i-Halbleiter (*m.*), Kompensationshalbleiter (*m.*). 8 ~ **per difetto** (semiconduttore accettore, semiconduttore di tipo « p ») (*elettronica*), p-Halbleiter (*m.*). 9 ~ **per eccesso** (semiconduttore di tipo « n », semiconduttore donatore) (*elettronica*), n-Halbleiter (*m.*). 10 **componenti a semiconduttori** (*elettronica*), Halbleiterbauelemente (*n. pl.*). 11 **diodo a ~** (*elettronica*), Halbleiterdiode (*f.*). 12 **valvola a ~** (*elettronica*), Halbleiterventil (*n.*).
semiconchiglia (con forma esterna di acciaio) (*fond.*), Halbkokille (*f.*). 2 **colata in ~** (*fond.*), Halbkokillenguss (*m.*).

sego

zeichen (*n.*). **37** ~ **positivo** (*mat.*), positives Vorzeichen. **38** ~ **sul volano** (per la messa in fase) (*mot.*), Schwungradmarkierung (*f.*). **39** **con** ~ **contrario** (*mat.*), mit umgekehrten Vorzeichen.
sego (*chim.*), Talg (*m.*), Unschlitt (*m.*).
segone (sega per tagli trasversali, sega da tronchi) (*ut.*), Quersäge (*f.*). **2** ~ **per tavole** (segone per taglio longitudinale) (*ut.*), Spaltsäge (*f.*).
segregarsi (*metall.*), seigern, saigern.
segregazione (separazione) (*gen.*), Ausscheidung (*f.*), Absonderung (*f.*), Entmischung (*f.*). **2** ~ (liquazione, gruppo di impurità facilmente fusibili, in lingotti p. es.) (*metall.*), Seigerung (*f.*), Saigerung (*f.*), Seigern (*n.*). **3** ~ (*mft. del vetro*), Entmischung (*f.*). **4** ~ **degli inerti** (dal cemento) (*mur.*), Entmischung (*f.*). **5** ~ **del carbonio** (*difetto metall.*), Kohlenstoffseigerung (*f.*). **6** ~ **del fosforo** (*difetto metall.*), Phosphorseigerung (*f.*). **7** ~ **di carburi** (separazione di carburi) (*difetto metall.*), Karbidseigerung (*f.*). **8** ~ **inversa** (nei lingotti) (*difetto metall.*), umgekehrte Seigerung, umgekehrte Blockseigerung. **9** ~ **nei lingotti** (*difetto metall.*), Blockseigerung (*f.*). **10** ~ **per gravità** (*metall.*), Schwerkraftseigerung (*f.*). **11 linea di** ~ (*difetto metall.*), Seigerungslinie (*f.*), Schattenstreifen (*m.*).
segretaria (*lav. - pers.*), Sekretärin (*f.*). **2** ~ **d'albergo** (contabile) (*lav.*), Buchhalterin (*f.*), Journalfräulein (*f.*), Journalführerin (*f.*). **3** ~ **di direzione** (*pers.*), Direktionssekretärin (*f.*). **4** ~ **di edizione** (*lav. - cinem.*), Scriptgirl (*n.*), Skriptgirl (*n.*), Ateliersekretärin (*f.*).
segretario (*lav. - pers. - ecc.*), Sekretär (*m.*).
segreteria (*gen.*), Sekretariat (*n.*), Kanzlei (*f.*). **2** ~ **centrale** (*organ.*), Direktions-Sekretariat (*n.*). **3** ~ **telefonica** (depositivo automatico per risposta ad abbonato assente, mediante nastro magnetico) (*app. - telef.*), Rufbeantworter (*m.*). **4 diritti di** ~ (diritti di cancelleria) (*leg. - ecc.*), Schreibgebühren (*f. pl.*). **5 servizio** ~ **telefonica** (*telef.*), Fernsprechauftragsdienst (*m.*), Auftragsdienst (*m.*).
segretezza (*gen.*), Heimlichkeit (*f.*). **2 dispositivo di** ~ (*telef.*), Geheimschaltung (*f.*).
segreto (*gen.*), Geheimnis (*n.*). **2** ~ **bancario** (*finanz.*), Bankgeheimnis (*n.*). **3** ~ **professionale** (*lav. - leg.*), Berufsgeheimnis (*n.*).
segue a tergo (vedi retro) (*gen.*), bitte wenden, Fortsetzung auf der Rückseite.
selciare (pavimentare con pietre, lastricare) (*costr. strad.*), pflastern, pflästern.
selciato (lastricato, pavimentazione in pietra) (*costr. strad.*), Pflaster (*m.*), Steinpflaster (*n.*).
selciatore (*lav. - costr. strad.*), Pflasterer (*m.*), Pflästerer (*m.*), Steinsetzer (*m.*).
selenio (*Se - chim.*), Selen (*n.*).
selenografia (*astr.*), Selenographie (*f.*), Mondbeschreibung (*f.*).
selettività (*radio - ecc.*), Selektivität (*f.*), Trennschärfe (*f.*). **2** ~ (variabilità con la frequenza, di una fotocellula p. es.) (*elettronica*), Frequenzabhängigkeit (*f.*), Frequenzfehler (*m.*). **3 ad alta** ~ (selettivo) (*radio*), trennscharf.
selettivo (*gen.*), selektiv. **2** ~ (ad alta selettività) (*radio*), trennscharf. **3 affievolimento** ~ (*radio*), Selektivschwund (*m.*). **4 molto** ~ (filtro p. es.) (*radio*), scharf begrenzend. **5 protezione selettiva** (*elett.*), Selektivschutz (*m.*).
selettore (*app. elett.*), Wählschalter (*m.*), Wähler (*m.*). **2** ~ (*app. telef.*), Wähler (*m.*), Wählanlage (*f.*). **3** ~ (di circuito) (*oleoidr.*), Wechselventil (*n.*). **4** ~ **a cassetto** (distributore-selettore, d'un cambio automatico p. es.) (*macch.*), Wählschieber (*m.*). **5** ~ **a motore con contatti in metallo nobile (SMN)** (*telef.*), Edelmetall-Motor-Drehwähler (*m.*), EMD. **6** ~ **a movimento verticale** (*telef.*), Fallwähler (*m.*). **7** ~ **a pannello** (*telef.*), Flachwähler (*m.*). **8** ~ **a passo a passo** (*app. veic. elett.*), Schrittwähler (*m.*), Schrittschalter (*m.*). **9** ~ **a più posizioni** (*app.*), Mehrstellenwähler (*m.*). **10** ~ **a relè** (*telef.*), Relaiswähler (*m.*). **11** ~ **a sbarre incrociate** (selettore « crossbar ») (*telef.*), Crossbarwähler (*m.*). **12** ~ **a sollevamento e rotazione** (*app. telef.*), Hebdrehwähler (*m.*). **13** ~ **automatico** (*app. telef.*), Selbstwählanlage (*f.*). **14** ~ **cercatore** (*telef.*), Suchwähler (*m.*). **15** ~ **circuito di chiamata** (*telef.*), Dienstleitungswähler (*m.*), DLW. **16** ~ **crossbar** (crossbar, selettore a sbarre incrociate) (*telef.*), Crossbarwähler (*m.*), Kreuzschienenwähler (*m.*), Koordinatenwähler (*m.*). **17** ~ **delle unità** (*telef.*), Einerwähler (*m.*). **18** ~ **del numero di giri** (*macch. - ecc.*), Drehzahlwählschalter (*m.*). **19** ~ **di centrale** (selettore di prefisso) (*telef.*), Amtswähler (*m.*). **20** ~ **digitale** (*calc.*), Zahlenverteiler (*m.*). **21** ~ **di gruppo** (*telef.*), Gruppenwähler (*m.*), GW. **22** ~ **di gruppo per chiamate di servizio** (*telef.*), Dienstverkehr-Gruppenwähler (*m.*), DGW. **23** ~ **di linea** (selettore finale) (*telef.*), Leitungswähler (*m.*), LW. **24** ~ **di offerta** (interurbana) (*telef.*), Anbietwähler (*m.*). **25** ~ **di percorso** (nei trasportatori continui) (*trasp. ind.*), Zielsteuerung (*f.*). **26** ~ **di prefisso** (*app. telef.*), Bezirkswähler (*m.*). **27** ~ **di programma** (*autom. - radio - telev.*), Programmwähler (*m.*). **28** ~ **di programma** (per torri di betonaggio p. es.) (*ed.*), Rezeptwähler (*m.*). **29** ~ **di registro** (*telef.*), Speicherwähler (*m.*). **30** ~ **discriminatore** (*telef.*), Mitlaufwähler (*m.*), Mitlaufwerk (*n.*). **31** ~ **di tensione** (cambiatensione) (*app. - elett.*), Spannungswähler (*m.*). **32** ~ **di transito** (*telef.*), Durchgangswähler (*m.*). **33** ~ **di zona** (*telegr.*), Verzonungswähler (*m.*). **34** ~ **Ericsson** (*telef.*), Kulissenwähler (*m.*). **35** ~ **finale** (selettore di linea) (*telef.*), Leitungswähler (*m.*). **36** ~ **manometrico** (*app.*), Manometerschalter (*m.*). **37** ~ **marcatore** (*telef.*), Markierwähler (*m.*). **38** ~ **mischiatore** (*telef.*), Mischwähler (*m.*). **39** ~ **multicanale** (*telev.*), Allbandwähler (*m.*). **40** ~ **rotativo a motore** (*telef.*), Motor-Drehwähler (*m.*). **41** ~ **urbano-interurbano** (*telef.*), Ortsfernleitungswähler (*m.*), OFLW. **42 comparto selettori** (*telef.*), Wählerbucht (*f.*). **43 relè** ~ (*telef.*), Wählerrelais (*n.*).
selezionatore (*app.*), Sortierapparat (*m.*), Sortierer (*m.*). **2** ~ (per schede perforate) (*macch.*), Sortiermaschine (*f.*). **3** ~ **di documenti** (classificatore di doc.) (*app.*), Belegsortierer (*m.*).

schritt (*m.*), Beginnsignal (*n.*). **74 segnali interdipendenti** (*ferr. - ecc.*), abhängige Signale. **75 ~ luminoso** (*ferr. - ecc.*), Lichtsignal (*n.*). **76 ~ luminoso intermittente** (*ferr. - ecc.*), Blinklichtsignal (*n.*), Blinklichtanlage (*f.*). **77 ~ orario** (*radio - ecc.*), Zeitsignal (*n.*), Zeitzeichen (*n.*). **78 ~ ottico** (*ferr. - ecc.*), optisches Signal, sichtbares Signal, Sehzeichen (*n.*). **79 ~ ottico** (fanale, prescritto per navi ed aerei) (*nav. - aer.*), Lichterführung (*f.*). **80 ~ ottico diurno** (*ferr.*), Lichttagessignal (*n.*). **81 ~ permanente** (sullo schermo) (*radar*), feste Zacke. **82 ~ pilota** (segnale di comando) (*elett.*), Steuerzeichen (*n.*). **83 ~ portante** (*elettronica*), Trägersignal (*n.*). **84 ~ radiofonico** (*navig. - ecc.*), Funksignal (*n.*). **85 ~ rettangolare** (*radio - ecc.*), Rechtecksignal (*n.*). **86 ~ semaforico** (semaforo) (*ferr.*), Flügelsignal (*n.*), Formsignal (*n.*). **87 ~ video** (videosegnale) (*telev.*), Bildsignal (*n.*), Video-Signal (*n.*), Fernsehsignal (*n.*). **88 ~ vocale** (*acus.*), Sprachsignal (*n.*). **89 coda di ~** (persistenza del segnale) (*radar*), Signalschwanz (*m.*). **90 convertitore di ~** (*app.*), Signalumsetzer (*m.*). **91 corrente di ~** (*telegr.*), Zeichenstrom (*m.*). **92 elemento di ~** (intervallo unitario, intervallo elementare) (*telegr.*), Schritt (*m.*), Schrittlänge (*f.*). **93 frequenza del ~ elementare** (*telegr.*), Schrittfrequenz (*f.*), Schrittgeschwindigkeit (*f.*). **94 generatore di segnali per misure** (generatore di misura) (*elett.*), Mess-sender (*m.*). **95 indicatore di ~** (*app.*), Signalrückmelder (*m.*). **96 intervallo dei segnali** (*telegr.*), Zeichenabstand (*m.*). **97 mettere i segnali luminosi** (illuminare, un aeroporto) (*aer.*), befeuern. **98 persistenza del ~** (coda di segnale) (*radar*), Signalschwanz (*m.*). **99 portante di ~ cromatico** (*telev.*), Farbträger (*m.*). **100 placca di ~** (d'un tubo catodico) (*telev.*), Signalplatte (*f.*). **101 quadro segnali** (*elett. - ecc.*), Signaltafel (*f.*). **102 rapporto ~ / disturbo** (*radio - ecc.*), Störabstand (*m.*), Geräuschabstand (*m.*). **103 rapporto ~ /rumore** (*radio - acus.*), Rauschanteil (*m.*). **104 relè di segnale** (*elett.*), Signalrelais (*n.*). **105 ripetitore di ~ semaforico** (*ferr.*), Flügelsignalmelder (*m.*), Überwacher für Signalflügel. **106 tensione di ~** (*elett. - ecc.*), Signalspannung (*f.*). **107 tipo di ~ di acqua bassa** (segnale di secca) (*nav.*), Pricke (*f.*), Seezeichen im flachen Wasser. **108 trasmettitore del ~ orario** (*app. radio*), Zeitzeichengeber (*m.*). **109 trasmissione di segnali** (*telef. - ecc.*), Zeichengebung (*f.*). **110 tubo a memoria di ~** (*elettronica*), Signalspeicherröhre (*f.*).

segnaletica (segnalazioni) (*traff. strad.*), Signalisierung (*f.*). **2 ~ orizzontale** (stradale, segnalazioni orizzontali) (*traff. strad.*), Bodenmarkierung (*f.*), Strassenmarkierung (*f.*), Fahrbahnmarkierung (*f.*). **3 ~ verticale** (*traff. strad.*), Beschilderung (*f.*).

segnare (contrassegnare) (*gen.*), kennzeichnen, zeichnen, anzeichnen. **2 ~** (indicare, la temperatura p. es.) (*strum. - ecc.*), zeigen. **3 ~ col bulino** (*mecc. - ecc.*), körnen, vorkörnen. **4 ~ con asterisco** («asteriscare») (*tip. - ecc.*), mit einem Sternchen versehen. **5 ~ con crocetta** (un modulo, questionario, ecc.) (*comm.*), ankreuzen. **6 ~ con punta a tracciare** (*mecc.*), mit Anreissnadel anzeichnen.

segnatoio (calcatoio, d'un planimetro) (*app.*), Fahrstift (*m.*).

segnatura (indicazione numerica posta alla base della prima pagina di ogni foglio) (*tip.*), Bogenzeichen (*n.*), Signatur (*f.*). **2 ~ parlante** (segnatura ragionata, costituita da parole) (*tip.*), Bogennorm (*f.*), Norm (*f.*). **3 ~ semplice** (costituita da un numero) (*tip.*), Signatur (*f.*), Bogenzeichen (*n.*).

segnavia (*gen.*), Wegweiser (*m.*), Wegmarke (*f.*).

segno (*gen.*), Zeichen (*n.*). **2 ~** (contrassegno) (*comm. - ecc.*), Bezeichnung (*f.*). **3 ~** (+ e —) (*mat.*), Vorzeichen (*n.*), Zeichen (*n.*). **4 ~** (di utensile, su una superficie tecnica) (*difetto mecc. - lav. macch. ut.*), Marke (*f.*), Riefe (*f.*). **5 ~ convenzionale** (su una carta) (*geog.*), Signatur (*f.*). **6 ~ da avanzamento** (nella fresatura p. es.) (*lav. macch. ut.*), Vorschubmarkierung (*f.*). **7 ~ da saltellamento** (segno da vibrazione dell'utensile, «trematura») (*difetto mecc.*), Rattermarke (*f.*), Zittermarke (*f.*). **8 ~ da vibrazione** (difetto lav. macch. ut.), Zittermarke (*f.*), Rattermarke (*f.*). **9 ~ della frenata** (traccia sulla strada) (*aut.*), Bremsspur (*f.*). **10 ~ della tela metallica** (sulla carta) (*mft. carta*), Siebmarkierung (*f.*). **11 segni delle guide** (*difetto lamin.*), Führungsmarken (*f. pl.*). **12 ~ di bruciatura** (bruciatura, nella rettifica p. es.) (*lav. macch. ut.*), Brandmarke (*f.*). **13 ~ d'identificazione** (segno di riconoscimento, sigla) (*gen.*), Kennzeichen (*n.*), Unterscheidungszeichen (*n.*). **14 ~ di fasatura** (sul volano p. es.) (*mot.*), Totpunktsmarke (*f.*). **15 ~ di graduazione** (su scale) (*strum.*), Ablesestrich (*m.*). **16 ~ di grippatura** (su un pistone p. es.) (*difetto mecc.*), Fresser (*m.*). **17 ~ di laminazione** (*tecnol. mecc.*), Walzzeichen (*n.*). **18 ~ d'integrale** (*mat.*), Integralzeichen (*n.*), Integral (*n.*). **19 ~ di lavorazione** (segno del grado di finitura superficiale) (*mecc.*), Oberflächenzeichen (*n.*). **20 ~ di lima** (*mecc.*), Feilstrich (*m.*). **21 ~ d'interpunzione** (punto, virgola, ecc. di un numero) (*mat.*), Gliederungsmittel (*n.*). **22 ~ di paragrafo** (§) (*tip.*), Abschnittzeichen (*n.*), §. **23 ~ di punteggiatura** (*tip.*), Satzzeichen (*n.*). **24 ~ di radice** (*mat. - tip.*), Wurzelzeichen (*n.*). **25 ~ di rettifica** (solco o rigatura di rettifica) (*difetto mecc.*), Schleifriefe (*f.*), Schleifmarke (*f.*). **26 ~ di riconoscimento** (segno di identificazione, sigla) (*gen.*), Kennzeichen (*n.*), Unterscheidungszeichen (*n.*). **27 ~ di riferimento** (*gen.*), Bezugszeichen (*n.*). **28 ~ di riferimento** (*mecc.*), Passmarke (*f.*). **29 ~ di riferimento** (*tip. - ecc.*), Anmerkzeichen (*n.*). **30 ~ di uguaglianza** (*mat.*), Gleichheitszeichen (*n.*). **31 ~ di utensile** (segno di lavorazione) (*lav. macch. ut. - difetto mecc.*), Werkzeugmarke (*f.*), Werkzeugriefe (*f.*), Bearbeitungsriefe (*f.*). **32 ~ di utensile da tornio** (rigatura da utensile da tornio) (*lav. macch. ut.*), Drehriefe (*f.*). **33 ~ di vaiolatura** (alveolo) (*mecc.*), Grübchen (*n.*). **34 ~ in rilievo** (*gen.*), Prägezeichen (*n.*). **35 ~ meno** (meno) (*mat.*), Minuszeichen (*n.*). **36 ~ più** (*mat.*), Plus-

segnalare (*ferr. - ecc.*), signalisieren.
segnalatore (monitore, visore, apparecchio di misura registratore) (*app.*), Monitor (*m.*). 2 ~ **del livello dell'olio** (*app.*), Ölstandmelder (*m.*). 3 ~ **di polvere** (*app.*), Staubmonitor (*m.*). 4 ~ **ottico** (avvisatore ottico, indicatore ottico) (*app.*), Sichtmelder (*m.*). 5 ~ **ottico** (lampada di segnalazione) (*elett.*), Leuchtmelder (*m.*), Signallampe (*f.*). 6 ~ **ottico** (indicatore ottico, piccola spia ad azionamento magnetico) (*telef.*), Schauzeichen (*n.*).
segnalazione (segnalamento) (*ferr. - ecc.*), Signalisierung (*f.*), Signalisieren (*n.*). 2 ~ **a distanza** (*gen.*), Fernsignalisierung (*f.*). 3 ~ **di conferma** (segnale di risposta) (*telegr.*), Rückmeldung (*f.*). 4 ~ **di libero** (*telef.*), Freimeldung (*f.*). 5 ~ **di guasto** (*elett. - ecc.*), Fehlermeldung (*f.*), Störungsmeldung (*f.*). 6 ~ **orizzontale** (segnaletica orizzontale) (*traff. strad.*), Bodenmarkierung (*f.*), Strassenmarkierung (*f.*). 7 ~ **stradale** (*traff. strad. - ecc.*), Verkehrszeichen (*n.*), Signalisierung (*f.*). 8 ~ **verticale** (segnaletica verticale) (*traff. strad.*), Beschilderung (*f.*). 9 **cartello di** ~ (segnale del traffico) (*traff. strad. - ecc.*), Warnzeichen (*n.*). 10 **impianto di** ~ **a distanza** (*elett.*), Fernmeldeanlage (*f.*). 11 **lampada di** ~ (segnalatore ottico) (*elett.*), Signallampe (*f.*), Leuchtmelder (*m.*). 12 **linea di** ~ (*elett.*), Signalleitung (*f.*). 13 **relè di** ~ (con spia p. es.) (*elett.*), Melderelais (*n.*). 14 **telo da** ~ (*aer.*), Tuchzeichen (*n.*).
segnale (*gen.*), Signal (*n.*). 2 ~ (*elett. - radio*), Signal (*n.*). 3 ~ (*ferr. - navig.*), Signal (*n.*). 4 ~ (cartello di segnalazione, segnale del traffico) (*traff. strad.*), Warnungszeichen (*n.*), Warnzeichen (*n.*), Schild (*n.*). 5 ~ (sullo schermo) (*radar*), Zacke (*f.*). 6 ~ **acustico** (*ferr. - ecc.*), Hörsignal (*n.*), Tonzeichen (*n.*), akustisches Signal (*n.*), hörbares Signal. 7 ~ **aria-terra** (*radio - aer.*), Bord-zu-Boden-Signal (*n.*). 8 ~ **audio** (*telev. - ecc.*), Tonsignal (*n.*). 9 ~ **basso** (marmotta) (*ferr.*), Topfsignal (*n.*). 10 ~ **complementare** (cartello di segnalazione complementare) (*traff. strad. - ecc.*), Zusatzschild (*n.*). 11 ~ **composto** (segnale composto) (*telev. - ecc.*), zusammengesetztes Signal. 12 ~ **con bandiere** (*nav. - ecc.*), Flaggensignal (*n.*), Winkersignal (*n.*). 13 ~ **cromatico** (*telev.*), Farbsignal (*n.*). 14 ~ **da deviatoio** (*ferr.*), Weichensignal (*n.*). 15 ~ **d'allarme** (*gen.*), Notzeichen (*n.*). 16 ~ **d'allarme** (freno ad aria compressa) (*ferr.*), Notbremse (*f.*). 17 ~ **di annuncio** (suoneria di annuncio, di un treno in una stazione) (*ferr.*), Abläutesignal (*n.*). 18 ~ **di arresto** (*ferr. - ecc.*), Haltesignal (*n.*), Sperrsignal (*n.*). 19 ~ **di arresto** (cartello dello stop) (*traff. strad.*), Halteschild (*n.*). 20 ~ **di arresto** (stop di fine trasmissione, nelle telescriventi) (*telegr.*), Sperrsignal (*m.*), Stopschritt (*m.*), Endsignal (*n.*). 21 ~ **di avvertimento** (segnale), Warnsignal (*n.*). 22 ~ **di avviso** (*ferr.*), Vorsignal (*n.*). 23 ~ **di blocco** (*ferr.*), Blocksignal (*n.*). 24 ~ **di cadenza** (*telegr.*), Taktzeichen (*n.*). 25 ~ **di cancellazione** (segnale di soppressione) (*telev.*), Austastsignal (*n.*), Schwarzsignal (*n.*). 26 ~ **di chiamata** (*telef.*), Rufzeichen (*n.*), Anrufsignal (*n.*). 27 ~ **di chiamata interurbana** (*telegr.*), Fernanrufzeichen (*n.*), FAZ. 28 ~ **di comando** (segnale pilota) (*elett.*), Steuerzeichen (*n.*). 29 ~ **di conferma** (*telegr.*), Rückmeldesignal (*n.*). 30 ~ **di compensazione per le ombre** (*telev.*), Schattenkompensationssignal (*n.*). 31 ~ **di consenso** (*ferr.*), Zustimmungssignal (*n.*). 32 ~ **di correzione** (della rotta di un'astronave p. es.) (*astronautica - ecc.*), Korrekturkommando (*n.*). 33 ~ **d'identificazione** (*radio*), Rufzeichen (*n.*), Erkennungsmerkmal (*n.*). 34 ~ **di divieto** (cartello di divieto) (*traff. strad. - ecc.*), Verbotsschild (*n.*). 35 ~ **di entrata** (*elettronica*), Eingangssignal (*n.*). 36 ~ **di entrata** (pressione d'entrata, di un regolatore pneumatico) (*regol.*), Eingangsdruck (*m.*). 37 ~ **di fine conversazione** (*telef.*), Abläutezeichen (*n.*). 38 ~ **di guasto** (*elett. - ecc.*), Ausfallwarnzeichen (*n.*). 39 ~ **di libero** (*telef.*), Freizeichen (*n.*), Freiton (*m.*). 40 ~ **d'indicazione** (*traff. strad.*), Hinweiszeichen (*n.*). 41 ~ **d'intervallo** (*radio*), Pausenzeichen (*n.*). 42 ~ **d'intervento** (di una centralinista) (*telef.*), Aufforderungssignal (*n.*). 43 ~ **di obbligo** (cartello di obbligo) (*traff. strad.*), Gebotzeichen (*n.*), Gebotschild (*n.*). 44 ~ **di occupato** (*telef.*), Besetztzeichen (*n.*). 45 ~ **di occupazione d'abbonato** (*telef.*), Teilnehmerbesetztzeichen (*n.*). 46 ~ **d'occupazione di gruppo** (*telef.*), Gassenbesetzzeichen (*n.*). 47 ~ **di partenza** (*ferr.*), Abfahrtsignal (*n.*). 48 ~ **di pericolo** (*gen.*), Gefahrsignal (*n.*). 49 ~ **di pericolo** (cartello di segnalazione di pericolo) (*traff. strad. - ecc.*), Warnschild (*n.*), Gefahrenschild (*n.*). 50 ~ **di pericolo (SOS)** (segnale), Notsignal (*n.*), Gefahrzeichen (*n.*), SOS. 51 ~ **di preavviso** (*elettroacus.*), Ankündigungssignal (*n.*). 52 ~ **di 1ª categoria** (*ferr.*), Hauptsignal (*n.*). 53 ~ **di retroazione** (*regol. - ecc.*), Rückführsignal (*n.*). 54 ~ **di riconoscimento** (*radio - ecc.*), Kennmelder (*m.*). 55 ~ **di risposta** (segnalazione di conferma) (*telegr. - ecc.*), Rückmeldung (*f.*). 56 ~ **di ritorno** (guizzo d'eco, cuspide) (*radar*), Blip (*m.*). 57 ~ **di secca** (tipo di segnale di acqua bassa) (*nav.*), Pricke (*f.*), Seezeichen in flachem Wasser. 58 ~ **di selezione** (*telef. - ecc.*), Wählton (*m.*), Wählzeichen (*n.*), WZ. 59 ~ **di sincronismo** (*telev.*), Synchronsignal (*n.*). 60 ~ **di sincronizzazione** (*telev.*), Synchronisationssignal (*n.*). 61 ~ **di sincronizzazione del colore** (*telev.*), Farbsynchronsignal (*n.*). 62 ~ **di sincronizzazione verticale** (*telev.*), Teilbild-Synchronsignal (*n.*). 63 ~ **di soppressione** (segnale di cancellazione) (*telev.*), Austastsignal (*n.*). 64 ~ **di spaziatura** (*telegr.*), Zwischenraumzeichen (*n.*). 65 ~ **di stop** (*aut. - traff. strad.*), Halteschild (*n.*). 66 ~ **di uscita** (*elettronica*), Ausgabesignal (*n.*). 67 ~ **di via libera** (*ferr.*), Freigabesignal (*n.*). 68 ~ **di obbligo** (*traff. strad. - ecc.*), Gebotsschild (*n.*). 69 ~ **ferroviario** (*ferr.*), Eisenbahnsignal (*n.*). 70 ~ **FM a basso indice di modulazione** (*radio*), Kleinhub-FM-Signal (*n.*), Kleinhub-FM (*n.*). 71 ~ **in arrivo** (*radio - ecc.*), Eingangsignal (*n.*), Einfahrsignal (*n.*). 72 ~ **in cabina** (*ferr.*), Führerstandsignal (*n.*). 73 ~ **iniziale** (segnale d'inizio, nelle telescriventi p. es.) (*telegr.*), Startschritt (*m.*), Anlauf-

trice a ~ (segatrice per sfogliare) (macch.), Furniersäge (f.). **60 stradare una ~** (allicciare una sega) (mecc.), Säge schränken. **61 tagliare con ~ a nastro** (mecc.), bandsägen. **62 telaio di ~** (att.), Sägegatter (n.), Sägegestell (n.). **63 tensione a denti di ~** (elettronica - radio), Sägezahnspannung (f.).
segaccio (saracco) (ut.), Einhandstossäge (f.), Einmannsäge (f.). **2 ~ a dorso** (saracco a dorso, saracco a costola) (ut.), Rückensäge (f.).
segantino (lav.), Sägewerkarbeiter (m.).
segare (legno o metallo) (falegn. - ecc.), sägen. **2 ~ a caldo** (metall.), warmsägen. **3 ~ a freddo** (metall.), kaltsägen. **4 ~ via** (legno - ecc.), absägen. **5 cavalletto per ~** (att.), Sägebock (m.).
segatrice (sega) (macch.), Sägemaschine (f.), Säge (f.). **2 ~** (macch.), vedi anche sega. **3 ~ a catena** (sega a catena) (macch. lav. legno), Kettensäge (f.), Motorkettensäge (f.). **4 ~ ad attrito** (macch.), Friktionssägemaschine (f.), Reibsägemaschine (f.). **5 ~ a disco** (sega circolare, segatrice circolare) (macch.), Kreissäge (f.), Kreissägemaschine (f.). **6 ~ alternativa** (per metalli, seghetto alternativo) (macch.), Bügelsägemaschine (f.), Bügelsäge (f.), Hubsägemaschine (f.). **7 ~ alternativa a lama libera** (per il taglio trasversale di tronchi, ceppi, ecc.) (macch.), Fuchsschwanzsägemaschine (f.), Kopfsäge (f.), Klotzstutzsäge (f.), Abspranzsäge (f.). **8 ~ alternativa multipla** (sega alternativa multipla, per legno) (macch.), Gatter (n.), Gattersäge (f.), Vollgatter (n.). **9 ~ a nastro** (sega a nastro) (macch.), Bandsäge (f.), Bandsägemaschine (f.). **10 ~ a nastro per attrito** (macch.), Schmelzschnitt-Bandsägemaschine (f.). **11 ~ a pendolo** (sega a pendolo, sega circolare la cui lama è montata su braccio oscillante) (macch.), Pendelsäge (f.). **12 ~ circolare** (sega circolare, segatrice a disco) (macch.), Kreissäge (f.), Kreissägemaschine (f.). **13 ~ circolare per rifilare** (macch. ut. lav. legno), Besäumkreissäge (f.). **14 ~ per sfogliare** (sfogliatrice a sega) (macch.), Furniersäge (f.). **15 ~ portatile con lama a catena** (macch.), Einmannmotorkettensäge (f.). **16 catena tagliente per ~** (di una segatrice a catena) (macch. lav. legno), Sägekette (f.). **17 sfogliatura alla ~** (lav. legno), Sägefurnieren (n.).
segatura (operazione) (lav. legno e metalli), Sägen (n.). **2 ~** (trucioli minuti di segatura) (lav. del legno), Holzmehl (n.), Sägemehl (n.), Holzstaub (m.).
Seger, cono di ~ (cono pirometrico) (term.), Schmelzkegel (m.), Segerkegel (m.).
seggio (gen.), Sitz (m.). **2 ~ elettorale** (politica - ecc.), Wahlbezirk (m.). **3 presidente del ~ elettorale** (politica - ecc.), Wahlvorsteher (m.).
seggiolino (gen.), Sitz (m.), Sessel (m.). **2 ~** (per seggiovia) (trasp.), Liftsessel (m.). **3 ~ a due posti** (di una seggiovia) (trasp.), Doppelliftsessel (m.), Zweimannsessel (m.). **4 ~ biposto** (di una seggiovia) (trasp.), Doppelliftsessel (m.), Zweimannsessel (m.). **5 ~ monoposto** (di una seggiovia) (trasp.), Einmannsessel (m.). **6 ~ posteriore** (di una motocicletta) (veic.), Beifahrersattel (m.). **7 ~ scorrevole** (di un'imbarcazione da corsa p. es.) (veic.), Rollsitz (m.).
seggiosciovia (trasp.), Sessel-Skilift (m.).
seggiovia (trasp.), Sessellift (m.), Sesselbahn (f.). **2 ~ a cabinette agganciabili** (trasp.), Seilschwebebahn (f.).
segheria (ind.), Schneidemühle (f.), Sägemühle (f.), Sägewerk (n.).
seghetto (a mano, per metalli) (ut.), Metallsäge (f.), Bügelsäge (f.). **2 ~ alternativo** (meccanico) (segatrice alternativa) (macch.), Hacksäge (f.), Bügelsägemaschine (f.). **3 ~ meccanico** (alternativo, segatrice alternativa) (macch.), Hacksäge (f.), Bügelsägemaschine (f.). **4 ~ per tipografia** (ut.), typographische Säge.
segmento (geom.), Segment (n.). **2 ~** (anello di tenuta, anello elastico, fascia elastica) (mot. - mecc.), Ring (m.), Kolbenring (m.). **3 ~** (pattino, d'un cuscinetto di spinta) (mecc.), Klotz (m.). **4 ~** (laterale, per la tenuta del pistone rotante nei motori Wankel) (mot.), Streifen (m.), Dichtleiste (f.). **5 ~ abrasivo** (ut. mecc.), Schleifsegment (n.). **6 ~ circolare** (segmento di cerchio) (geom.), Kreissegment (n.), Kreisabschnitt (m.). **7 ~ cromato** (fascia elastica cromata, anello elastico cromato) (mot.), verchromter Kolbenring. **8 ~ del pistone** (fascia elastica, anello elastico, anello di tenuta) (mot.), Kolbenring (m.). **9 ~ di cerchio** (segmento circolare) (geom.), Kreissegment (n.), Kreisabschnitt (m.). **10 ~ di rullatura** (sul laminatoio di preparazione alla fucinatura) (fucinatura), Walzsegment (n.). **11 ~ di tenuta** (anello di tenuta, fascia elastica di tenuta) (mot.), Kolbenring (m.), Verdichtungsring (m.). **12 ~ di tenuta** (del pistone d'un motore Wankel) (mot.), Dichtleiste (f.). **13 ~ incollato** (anello elastico incollato, fascia elastica incollata) (mot. - mecc.), verklebter Kolbenring. **14 ~ raschiaolio** (anello raschiaolio) (mot. - mecc.), Ölabstreifer (m.), Ölabstreifring (m.), Abstreifring (m.). **15 ~ rettilineo** (geom.), Strecke (f.). **16 ~ sferico** (geom.), Kugelsegment (n.), Kugelschicht (f.). **17 ~ superiore con smusso** (con superficie di scorrimento conica, d'un pistone) (mot.), Minutenring (m.). **18 cava del ~** (radiale, del pistone d'un motore Wankel) (mot.), Leistennut (f.). **19 sbarramento a ~** (costr. idr.), Segmentwehr (n.).
segnalamento (segnalazione) (ferr. - ecc.), Signalisieren (n.), Signalisierung (f.). **2 ~** (stradale) (traff. - strad.), Signalisierung (f.), Verkehrszeichen (n.). **3 ~** (nav. - aer. - navig.), Kennung (f.), Signal (n.). **4 ~ acustico** (con sirene, campane, ecc.) (navig. nav.), Schallzeichen (n.). **5 ~ ferroviario** (ferr.), Eisenbahnsignale (n. pl.). **6 ~ marittimo** (nav.), Seezeichen (n.). **7 ~ orizzontale** (segnaletica orizzontale) (traff. strad.), Bodenmarkierung (f.), Strassenmarkierung (f.), Fahrbahnmarkierung (f.). **8 ~ verticale** (segnaletica verticale) (traff. strad.), Beschilderung (f.). **9 impianto di ~** (ferr. - ecc.), Signalanlage (f.). **10 razzo da ~** (navig. - ecc.), Signalrakete (f.).

sedimentare

(*m.*). **19 sedili separati** (*aut.*), Einzelsitze (*m pl.*).
sedimentare (*chim. - ecc.*), sedimentieren, sich absetzen. **2** ~ (**la sabbia p. es.**) (*geol.*), sich ablagern.
sedimentazione (*chim. - ecc.*), Sedimentieren (*n.*), Ablagerung (*f.*). **2** ~ (**di una vn. p. es.**) (*vn. - ecc.*), Absetzen (*n.*). **3** ~ (*geol.*), Ablagerung (*f.*). **4** ~ **dura** (*vn.*), hartes Absetzen. **5 analisi per** ~ (*min. - ecc.*), Sedimentationsanalyse (*f.*). **6 bacino di** ~ (per la chiarificazione dell'acqua) (*ed.*), Absetzbecken (*n.*), Absitzbecken (*n.*), Klärbecken (*n.*). **7 bacino di** ~ (*geol.*), Ablagerungsbecken (*n.*). **8 bicchiere di** ~ (*idr.*), Absetzglas (*n.*), Standglas (*n.*). **9 bicchiere di** ~ **a cono** (cono di sedimentazione, per prove) (*idr. - chim.*), Absetzglas (*n.*), Spitzglas (*n.*). **10 camera di** ~ (*ed.*), Absetzraum (*m.*). **11 cono di** ~ **Imhoff** (cono Imhoff) (*idr.*), Absetzglas nach Imhoff. **12 tino di** ~ (*app. ind.*), Absetzbottich (*m.*). **13 vasca di** ~ (per la chiarificazione dell'acqua) (*ed.*), Absetzbecken (*n.*), Absitzbecken (*n.*), Klärbecken (*n.*).
sedimento (*chim. - ecc.*), Absatz (*m.*), Niederschlag (*m.*). **2** ~ (deposito, in tubazioni) (*tubaz.*), Ablagerung (*f.*). **3** ~ (*geol. - ecc.*), Sediment (*n.*), Ablagerung (*f.*). **4** ~ **duro** (*vn.*), hartes Absetzen. **5** ~ **geologico** (*geol.*), Ablagerung (*f.*), Sediment (*n.*), Sinter (*m.*).
seduta (riunione) (*finanz. - ecc.*), Sitzung (*f.*). **2** ~ **del consiglio di amministrazione** (*finanz. - ecc.*), Vorstandssitzung (*f.*). **3** ~ **di lavoro** (*ind. - ecc.*), Arbeitstagung (*f.*), Arbeitssitzung (*f.*). **4** ~ **plenaria** (riunione plenaria) (*finanz. - amm.*), Volltagung (*f.*). **5 posizione di** ~ (posizione a sedere) (*veic. - ecc.*), Sitzlage (*f.*). **6 tenere una** ~ (*finanz. - ecc.*), eine Sitzung abhalten. **7 verbale di** ~ (*comm. - finanz.*), Sitzungsprotokoll (*n.*).
Seeger, anello ~ (anello elastico di arresto, per spinotti di pistone p. es.) (*mecc. - mot.*), Seegerring (*m.*), Seegersicherung (*f.*), Seegerfeder (*f.*), Sicherungsfeder (*f.*). **2 anello** ~ **ad espansione** (*mecc.*), Seeger-Sprengring (*m.*). **3 anello** ~ **equilibrato per fori** (*mecc.*), ausgewuchteter Seegerring für Bohrungen. **4 anello** ~ **in due metà da agganciare** (*mecc.*), Seeger-Schliessring (*m.*). **5 anello** ~ **mordente** (per alberi lisci senza cava) (*mecc.*), Seeger-Greifring (*m.*).
sega (per legno e metalli) (*ut.*), Säge (*f.*). **2** ~ (segatrice) (*macch.*), Säge (*f.*), Maschinensäge (*f.*), Sägemaschine (*f.*). **3** ~ (*macch.*), *vedi anche* segatrice. **4** ~ **a caldo** (*ut.*), Heiss-säge (*f.*), Warmsäge (*f.*). **5** ~ **a catena** (segatrice a catena) (*macch. lav. legno*), Kettensäge (*f.*), Motorkettensäge (*f.*). **6** ~ **ad archetto** (*ut.*), Bügelsäge (*f.*). **7** ~ **ad arco** (*ut.*), Bogensäge (*f.*). **8** ~ **ad attrito** (sega a frizione) (*ut.*), Reibsäge (*f.*). **9** ~ **a denti diritti** (*ut.*), Geradsäge (*f.*). **10** ~ **a disco** (segatrice a disco) (*macch.*), *vedi* sega circolare. **11** ~ **a disco obliquo** (sega circolare a lama obliqua, per scanalature) (*macch.*), Taumelsäge (*f.*), Wanknutsäge (*f.*). **12** ~ **a filo elicoidale** (*att. min.*), Drahtseilsäge (*f.*). **13** ~ **a freddo** (*ut.*), Kaltsäge (*f.*). **14** ~ **a lama libera** (*ut.*), Steifsäge (*f.*), Handsteifsäge (*f.*). **15** ~ **a lama tesa** (*ut.*), Spannsäge (*f.*), Handspannsäge (*f.*). **16** ~ **alternativa** (seghetto alternativo, per metalli) (*macch.*), Bügelsäge (*f.*), Bügelsägemaschine (*f.*). **17** ~ **alternativa multipla** (segatrice alternativa multipla, per legno) (*macch.*), Gatter (*n.*), Gattersäge (*f.*), Vollgatter (*n.*). **18** ~ **a mano** (*ut.*), Handsäge (*f.*). **19** ~ **a nastro** (segatrice a nastro) (*macch.*), Bandsäge (*f.*), Bandsägemaschine (*f.*). **20** ~ **a pattino** (*macch. - lamin.*), Schlittensäge (*f.*). **21** ~ **a pendolo** (segatrice a pendolo, sega circolare la cui lama è montata su braccio oscillante) (*macch.*), Pendelsäge (*f.*). **22** ~ **a telaio** (*ut.*), Stellsäge (*f.*), Gestellsäge (*f.*), Rahmensäge (*f.*). **23** ~ **a telaio** (sega a lama tesa) (*ut.*), Spannsäge (*f.*). **24** ~ **a volgere** (voltino) (*ut.*), Schweifsäge (*f.*), Dekupiersäge (*f.*). **25** ~ **circolare** (lama di sega circolare od a disco) (*ut.*), Drehsäge (*f.*), Kreissäge (*f.*). **26** ~ **circolare** (segatrice circolare, segatrice a disco) (*macch.*), Kreissäge (*f.*), Kreissägemaschine (*f.*). **27** ~ **circolare a caldo** (segatrice a disco a caldo) (*macch.*), Warmkreissägemaschine (*f.*). **28** ~ **circolare a freddo** (lama di sega circolare) (*ut.*), Kaltkreissäge (*f.*). **29** ~ **circolare a lama obliqua** (segatrice a disco inclinato) (*macch.*), Wanknutsäge (*f.*), Taumelsäge (*f.*). **30** ~ **circolare a segmenti riportati** (*ut.*), Segment-Kreissäge (*f.*). **31** ~ **circolare per metalli** (lama di sega a disco) (*ut.*), Metallkreissäge (*f.*). **32** ~ **circolare per tagli trasversali** (lama di sega a disco) (*ut.*), Querkreissäge (*f.*). **33** ~ **da giardinaggio** (sega da giardiniere) (*ut.*), Gärtnersäge (*f.*). **34** ~ **da macellaio** (*ut.*), Fleischersäge (*f.*). **35** ~ **da pietre** (*ut.*), Steinsäge (*f.*), Schwertsäge (*f.*). **36** ~ **da traforo** (foretto, gattuccio) (*ut.*), Lochsäge (*f.*). **37** ~ **da tronchi** (*ut.*), Baumsäge (*f.*), Waldsäge (*f.*). **38** ~ **da tronchi** (segone, sega per tagli trasversali) (*ut.*), Quersäge (*f.*). **39** ~ **meccanica** (segatrice) (*macch.*), Kraftsäge (*f.*), Sägemaschine (*f.*). **40** ~ **per metalli** (seghetto per metalli) (*ut.*), Metallsäge (*f.*). **41** ~ **per metalli a caldo** (*ut.*), Heissmetallsäge (*f.*). **42** ~ **per pietre** (*ut.*), Steinsäge (*f.*), Schwertsäge (*f.*). **43** ~ **per sfogliare** (*ut.*), Klobsäge (*f.*). **44** ~ **per spuntare** (per tagliare estremità difettose) (*metall.*), Schopfsäge (*f.*). **45** ~ **per tagli obliqui** (*ut.*), Gehrungssäge (*f.*). **46** ~ **per tagli trasversali** (segone, sega da tronchi) (*ut.*), Quersäge (*f.*). **47** ~ **per tenoni** (*ut.*), Zapfensäge (*f.*). **48** ~ **subacquea** (*ut.*), Grundsäge (*f.*), Unterwassersäge (*f.*). **49** ~ **a dente di** ~ (a denti di sega) (*mecc. - ecc.*), sägezahnförmig, sägeförmig. **50 a denti di** ~ (a tacche, dentellato) (*mecc.*), gezackt. **51 allicciare una** ~ (stradare una sega) (*mecc.*), Säge schränken. **52 dente di** ~ (*mecc.*), Sägezahn (*m.*). **53 filettatura a denti di** ~ (*mecc.*), Sägengewinde (*n.*), Sägezahngewinde (*n.*). **54 generatore di corrente a denti di** ~ (*elettronica*), Stromkippgerät (*n.*). **55 generatore di tensione a denti di** ~ (*elettronica - radio*), Sägezahngenerator (*m.*). **56 lama di** ~ (*ut.*), Sägeblatt (*n.*). **57 lama da** ~ **ad un taglio** (per metalli) (*ut. - macch.*), einseitiges Sägeblatt. **58 lima per affilare seghe** (*ut.*), Sägefeile (*f.*). **59 sfoglia-

una barca) (*nav.*), Slippen (*n.*). **5 andare in** ~ (*nav.*), auflaufen. **6 a** ~ **di vele** (*nav.*), segellos. **7 batteria a** ~ (*elett.*), Trockenbatterie (*f.*). **8 contenuto** ~ (*chim.*), Trockengehalt (*m.*). **9 dare in** ~ (incagliarsi) (*nav.*), stranden, aufsitzen. **10 distillazione a** ~ (*chim.*), trokkene Destillation. **11 ghiaccio** ~ (*ind. - fis. chim.*), Trockeneis (*n.*). **12 lavare a** ~ (pulire chimicamente) (*ind. tess.*), reinigen. **13 lavatura a** ~ (pulitura a secco, di vestiti) (*ind. tess.*), Reinigung (*f.*), chemische Reinigung. **14 muro a** ~ (*mur.*), Trockenmauer (*f.*). **15 peso a** ~ (*mot. - aut.*), Trockengewicht (*n.*). **16 pila a** ~ (*elett.*), Trockenelement (*n.*). **17 pulitura a** ~ (lavatura a secco) (*ind. tess.*), Reinigung (*f.*), chemische Reinigung. **18 trafilatura a** ~ (*metall.*), Trockendrahtzug (*m.*).

seconda (marcia) (*s. - aut.*), Zweiter (*m.*), zweiter Gang.

secondario (*a. - gen.*), sekundär. **2** ~ (di trasformatore) (*s. - elett.*), Sekundärwicklung (*f.*). **3 corrente secondaria** (di trasformatore) (*elett.*), Sekundärstrom (*m.*). **4 metalli secondari** (metalli accompagnatori, che si trovano nei minerali insieme al metallo principale) (*metall.*), Nebenmetalle (*n. pl.*), Begleitmetalle (*n. pl.*).

secondo (misura per il tempo o per un angolo) (*s. - unità di mis.*), Sekunde (*f.*). **2** ~ **centesimale** (1/100 di minuto primo centesimale) (*mis. geom.*), Neusekunde (*f.*). **3** ~ **di arco** (di un angolo) (*mis. geom.*), Bogensekunde (*f.*). **4** ~ **i calcoli** (*gen.*), rechnungsmässig. **5** ~ **sessagesimale** (1/60 di minuto primo sessagesimale) (*mis. geom.*), Altsekunde (*f.*). **6 secondi universali Saybolt** (S.U.S., unità di viscosità) (*unità*), Saybolt-Universal-Sekunden (*f. pl.*), S.U.S. **7 al** ~ (nelle misure, p. es.) (*gen.*), sekundlich. **8 millesimo di** ~ (millisecondo, ms) (*unità di mis.*), Millisekunde (*f.*), ms.

sede (di una valvola p. es.) (*mot. - mecc. - ecc.*), Sitz (*m.*). **2** ~ (di una ruota su un albero) (*mecc.*), Sitz (*m.*). **3** ~ (alloggiamento, di un cuscinetto a sfere) (*mecc.*), Gehäuse (*n.*). **4** ~ (sociale, di una ditta) (*comm. - finanz.*), Sitz (*m.*), Hauptniederlassung (*f.*), Hauptsitz (*m.*), Zentrale (*f.*), Hauptgeschäftsstelle (*f.*). **5** ~ **a tenuta** (sede di tenuta, sede ermetica) (*mecc. - ecc.*), Dichtsitz (*m.*). **6** ~ **candela** (nella testa cilindro) (*mot.*), Zündkerzensitz (*m.*). **7** ~ **candela riportata** (sede riportata per candela, nella testa cilindro) (*mot.*), Zündkerzeneinsatz (*m.*). **8** ~ **centrale** (*comm. - finanz.*), Hauptsitz (*m.*), Zentrale (*f.*), Hauptniederlassung (*f.*), Hauptgeschäftsstelle (*f.*), Hauptbüro (*n.*). **9** ~ **conica** (*mecc.*), Kegelsitz (*m.*). **10** ~ **del cassetto** (d'una macchina a vapore alternativa) (*macch.*), Schiebergehäuse (*n.*). **11** ~ **dell'ago** (di un foro di iniezione) (*mot.*), Nadelsitz (*m.*). **12** ~ **dell'anello elastico** (scanalatura per la fascia elastica) (*mot.*), Kolbenringnute (*f.*), Kolbenringriefe (*f.*). **13** ~ **del pistoncino** (nel pistone d'un motore Wankel) (*mot.*), Bolzenbohrung (*f.*). **14** ~ **di centraggio** (*mecc.*), Zentriersitz (*m.*). **15** ~ **di chiavetta** (cava per chiavetta) (*mecc.*), Keilnut (*f.*). **16** ~ **di cuscinetto a sfere** (custodia di cuscinetto a sfere) (*mecc.*), Kugellagergehäuse (*n.*). **17** ~ **di perno sferico** (sede di snodo sferico) (*mecc.*), Kugelpfanne (*f.*), Kugelschale (*f.*). **18** ~ **di snodo sferico** (sede di perno sferico) (*mecc.*), Kugelpfanne (*f.*), Kugelschale (*f.*). **19** ~ **di tenuta** (ermetica) (*mecc. - ecc.*), Dichtsitz (*m.*). **20** ~ **di valvola** (*mot. - ecc.*), Ventilsitz (*m.*). **21** ~ **di valvola riportata** (*mot.*), Ventilsitzring (*m.*). **22** ~ **filettata di riporto** (filetto riportato) (*mecc.*), Gewindeeinsatz (*m.*), Gewindebuchse (*f.*). **23** ~ **filettata di riporto** (inserto filettato, bussola filettata) (*mecc.*), Gewindebuchse (*f.*), «Ensat». **24** ~ **legale** (di un'impresa) (*finanz. - comm.*), Standort (*m.*). **25** ~ **per candela** (nella testa cilindro) (*mot.*), Zündkerzensitz (*m.*). **26** ~ **per chiavetta** (cava per chiavetta) (*mecc.*), Keilnut (*f.*). **27** ~ **per coltello** (appoggio per coltello, di una bilancia p. es.) (*strum.*), Schneidepfanne (*f.*). **28** ~ **per linguetta** (cava per linguetta) (*mecc.*), Federkeilnut (*f.*). **29** ~ **per linguetta a disco** (sede per linguetta Woodruff, cava per linguetta americana, sede per linguetta americana) (*mecc.*), Scheibenfedernut (*f.*). **30** ~ **per linguetta americana** (sede per linguetta a disco, sede per linguetta Woodruff, cava per linguetta americana) (*mecc.*), Scheibenfedernut (*f.*). **31** ~ **per linguetta Woodruff** (sede per linguetta americana, sede per linguetta a disco, cava per linguetta americana) (*mecc.*), Scheibenfedernut (*f.*). **32** ~ **per rotula** (sede sferica) (*mecc.*), Kugelbolzenpfanne (*f.*). **33** ~ **sferica** (*mecc.*), Kugelsitz (*m.*). **34** ~ **sferica** (sede per rotula) (*mecc.*), Kugelbolzenpfanne (*f.*).

sedia (mobile), Stuhl (*m.*). **2** ~ **a sdraio** (sdraio) (*att.*), Liegestuhl (*m.*). **3** ~ **a sdraio** (da coperta) (*nav.*), Deckstuhl (*m.*), Liegestuhl (*m.*). **4** ~ **girevole** (*uff. - ecc.*), Drehstuhl (*m.*). **5** ~ **pendente** (supporto pendente, di un albero) (*mecc. - ed.*), Hängebock (*m.*), Hängelager (*n.*), Deckenlager (*n.*). **6** ~ **per invalidi** (*lav. - ecc.*), Versehrtenstuhl (*m.*).

sedile (di un veicolo p. es.) (*veic. - ecc.*), Sitz (*m.*). **2** ~ **anatomico** (*aut.*), anatomischer Sitz. **3** ~ **anteriore** (*aut.*), Vordersitz (*m.*). **4** ~ **armadio** (*nav.*), Kastenbank (*f.*). **5** ~ **a schienale ribaltabile** (di una autovettura) (*aut.*), Liegesitz (*m.*). **6** ~ **avvolgente** (di una autovettura p. es.) (*aut.*), Schalensitz (*m.*). **7** ~ **cuccetta** (posto cuccetta) (*ferr.*), Liegesitz (*m.*). **8** ~ **del conducente** (posto del conducente, posto di guida) (*aut. - ecc.*), Fahrersitz (*m.*). **9** ~ **del passeggero** (seconda sella, di una motocicletta) (*veic.*), Soziussitz (*m.*). **10** ~ **eiettabile** (*aer.*), Schleudersitz (*m.*). **11** ~ **girevole** (*veic. - ecc.*), Drehsitz (*m.*). **12** ~ **inclinabile** (di un'autovettura) (*veic.*), Kippsitz (*m.*). **13** ~ **laterale** (di una imbarcazione) (*nav.*), Seitenbank (*f.*). **14** ~ **per bar** (*mobile*), Barhocker (*m.*). **15** ~ **posteriore** (*aut.*), Rücksitz (*m.*), Hintersitz (*m.*), Fond (*m.*). **16** ~ **posteriore** (di un cabriolet sport a due posti) (*aut.*), Notsitz (*m.*). **17** ~ **ribaltabile** (strapuntino) (*veic. - ecc.*), Klappsitz (*m.*). **18** ~ **scorrevole** (*aut.*), Gleitsitz (*m.*), Schiebesitz

scuffia

triebsschild (*m.*). **6 ~ di lavaggio** (spinto attraverso un canale) (*idr.*), Spülschild (*n.*). **7 ~ di prua** (di un dirigibile) (*aer.*), Bugkappe (*f.*). **8 ~ termico** (di un modulo spaziale rientrante nell'atmosfera) (*astronautica*), Wärmeschutzschild (*m.*), Hitzeschild (*m.*). **9 ~ termico** (schermo termico) (*fis. atom. - ecc.*), thermischer Schild. **10 avanzamento a ~** (nello scavo meccanico di gallerie) (*ing. civ.*), Schildbauweise (*f.*), Schildvortrieb (*m.*).

scuffia, fare ~ (capovolgersi, d'una barca) (*v.i. - nav.*), umschlagen, kentern.

« scuffing » (pregrippatura) (*mecc.*), Fressen mit Bildung schwacher Schweissrissen.

scultore (*arte*), Bildhauer (*m.*). **2 ~ per legno** (*arte*), Bildschnitzer (*m.*), Holzbildhauer (*m.*).

scuoiamento (scoiamento) (*ind. cuoio*), Abdecken (*n.*).

scuoiare (scoiare) (*ind. cuoio*), häuten, abdecken.

scuoiatore (*lav. - ind. cuoio*), Abdecker (*m.*).

scuola (*gen.*), Schule (*f.*). **2 ~** (officina per apprendisti, di una fabbrica p. es.) (*lav. - ind.*), Lehrlingswerkstatt (*f.*), Lehrwerkstatt (*f.*). **3 ~ aziendale** (di una grossa ditta) (*ind. - pers. - lav.*), Werkschule (*f.*). **4 ~ commerciale** (*scuola*), Handelsschule (*f.*). **5 ~ di ingegneria** (politecnico) (*scuola*), Maschinenbauschule (*f.*). **6 ~ di perfezionamento** (*scuola*), Fortbildungsschule (*f.*). **7 ~ di tiro** (*artiglieria*), Schiesschule (*f.*). **8 ~ elementare** (*scuola*), Volksschule (*f.*). **9 ~ guida** (*aut.*), Fahrschule (*f.*). **10 ~ media** (*scuola*), Mittelschule (*f.*). **11 ~ per corrispondenza** (*scuola*), Fernunterricht (*m.*), Fernstudium (*n.*). **12 ~ professionale** (*scuola*), Berufsschule (*f.*), Gewerbeschule (*f.*). **13 ~ pubblica** (*scuola*), öffentliche Schule. **14 ~ pubblica** (scuola statale) (*scuola*), staatliche Schule, Staatsschule (*f.*). **15 ~ serale** (*scuola*), Abendschule (*f.*). **16 ~ statale** (scuola pubblica) (*scuola*), staatliche Schule, Staatsschule (*f.*). **17 ~ superiore** (*scuola*), höhere Schule, Vollanstalt (*f.*). **18 ~ tecnica** (istituto tecnico) (*lav.*), Fachschule (*f.*). **19 ~ tecnica-industriale** (*scuola*), Gewerbeschule (*f.*), gewerbliche Schule. **20 ~ tecnica superiore** (*scuola*), technische Hochschule, Fachhochschule (*f.*), FH. **21 nave ~** (*nav. - mar. milit.*), Schulschiff (*n.*). **22 velivolo ~** (apparecchio scuola, velivolo da addestramento) (*aer.*), Schulflugzeug (*n.*).

scuotere (*gen.*), rütteln, schütteln. **2 ~** (branare, scampanare, per estrarre il modello dalla forma) (*fond.*), rütteln, losklopfen, abklopfen.

scuotimento (*gen.*), Erschüttern (*n.*), Schütteln (*n.*), Rütteln (*n.*). **2 ~** (di una sospensione o di una ruota) (*aut.*), Ausschlag (*m.*), Durchschlag (*m.*). **3 ~** (oscillazioni irregolari, degli impennaggi p. es.) (*aer.*), Rütteln (*n.*), Schütteln (*n.*), Aufrütteln (*n.*). **4 ~** (scampanatura, branatura, per togliere il modello dalla forma) (*formatura - fond.*), Losklopfen (*n.*), Abklopfen (*n.*), Rütteln (*n.*). **5 ~ della ruota** (*aut.*), Raddurchschlag (*m.*). **6 bandella arresto ~** (*aut.*), Ausschlagbegrenzungsfanggurt (*m.*), Ausschlagbegrenzungsband (*n.*). **7 tampone di gomma arresto ~** (*aut.*), Ausschlagbegrenzungsgummipuffer (*m.*).

scure (*ut.*), Breitbeil (*n.*), Axt (*f.*).

scuretto (persiana) (*ed.*), Laden (*m.*), Fensterladen (*m.*).

scurezza (di una tinta p. es.) (*ott. - ecc.*), Dunkelheit (*f.*).

scuro (*gen.*), dunkel. **2 ~** (cupo, di colore) (*ott.*), tief, dunkel.

sdetto (spostato [*s.*], getto spostato) (*s. - difetto di fond.*), versetzter Guss.

sdoganamento (*comm. - finanz.*), Zollabfertigung (*f.*), Verzollung (*f.*). **2 eseguire le pratiche di ~** (di una nave) (*nav. - comm.*), klarieren. **3 pratica di ~** (*nav. - comm.*), Klarierung (*f.*).

sdoganare (*comm.*), verzollen.

sdoganato (*comm.*), verzollt. **2 non ~** (schiavo di dogana) (*comm.*), unverzollt. **3 reso ~** (*comm. - trasp.*), verzollt geliefert.

sdoppiamento (*gen.*), Entdoppelung (*f.*), Zweiteilung (*f.*). **2 ~ dell'immagine** (difetto *telev.*), Bildvervielfachung (*f.*).

sdoppiatura (in lamiere, causata da estese inclusioni non metalliche) (*difetto - metall.*), Dopplung (*f.*).

sdraio (sedia a sdraio) (*att.*), Liegestuhl (*m.*).

sdrucciolamento (slittamento, su fondo stradale bagnato p. es.) (*aut.*), Rutschen (*n.*), Gleiten (*n.*).

sdrucciolare (scivolare, slittare) (*gen.*), rutschen, gleiten. **2 ~** (slittare, su fondo stradale bagnato p. es.) (*aut.*), rutschen.

sdrucciolevole (strada) (*aut. - ecc.*), schlüpfrig, rutschig.

Se (selenio) (*chim.*), Se, Selen (*n.*).

sec (secondo) (*unità di tempo*), s, Sekunde (*f.*).

SECAM (séquentiel à mémoire, sistema di televisione a colori) (*telev.*), SECAM.

secante (*geom.*), Sekante (*f.*).

secca (bassofondo) (*nav.*), Seichtwasserzone (*f.*).

seccatoio (in gomma) (*app. fot.*), Gummitrockner (*m.*).

seccheria (parte secca, di una macch. continua) (*macch. ind. carta*), Trockenpartie (*f.*). **2 ~ con trasporto su cuscino d'aria** (*mft. carta*), Lufttragtrockner (*m.*). **3 cascame di ~** (*ind. carta*), Trocken-Ausschuss (*m.*).

secchezza (*gen.*), Trockenheit (*f.*). **2 ~** (siccità) (*meteor.*), Trockenheit (*f.*), Dürre (*f.*). **3 grado di ~** (di una vernice) (*vn.*), Trockengrad (*m.*). **4 grado di ~** (del legno) (*ind. legno*), Trockenheitsgrad (*m.*).

secchia (*gen.*), Pfanne (*f.*), Kübel (*m.*). **2 ~ di colata** (secchione, siviera) (*fond.*), Giesspfanne (*f.*). **3 ~ per calcestruzzo** (*mur.*), Betonkübel (*m.*). **4 aggiunte in ~** (*fond.*), Pfannenzusätze (*m. pl.*).

secchio (*gen.*), Eimer (*m.*), Kessel (*m.*). **2 ~** (di escavatore) (*macch. mov. terra*), Baggereimer (*m.*). **3 ~ da sabbia** (*antincendio*), Sandeimer (*m.*). **4 ~ per la malta** (*att. mur.*), Pflasterkessel (*m.*).

secchione (siviera, secchia di colata) (*fond.*), Giesspfanne (*f.*).

secco (asciutto) (*gen.*), trocken. **2 ~** (gas metano) (*min.*), trocken. **3 ~** (vino) (*ind.*), trocken. **4 alaggio a ~** (messa a secco, di

scovolatura (di tubazioni p. es.) (*tubaz. - ecc.*), Reinigung (*f.*).
scovolo (per pulire la canna di un cannone p. es.) (*att. - arma da fuoco*), Laufreinigungsbürste (*f.*), Reinigungsbürste (*f.*), Rohrbürste (*f.*).
scozia (modanatura) (*arch.*), Skotie (*f.*).
scremare (latte) (*ind.*), entrahmen.
scremato (magro, di latte) (*ind.*), mager, entrahmt.
screma trice (centrifuga, per latte) (*macch.*), Milchschleuder (*f.*).
screpolante, effetto ~ (*difetto di vn.*), Risseffekt (*m.*).
screpolarsi (*gen.*), springen.
screpolatura (incrinatura ecc.) (*gen.*), Riss (*m.*). 2 ~, vedi anche incrinatura, fessura. 3 ~ (*difetto vn.*), Rissbildung (*f.*). 4 ~ a pelle di coccodrillo (screpolatura reticolare) (*difetto di vn.*), Netzadern (*f. pl.*), netzartige Rissbildung, Krokodilnarben (*f. pl.*). 5 ~ capillare (screpolatura superficiale) (*difetto vn.*), Netzaderbildung (*f.*), Haarrissbildung (*f.*). 6 ~ centrale (di un tronco) (*legno*), Spiegelkluft (*m.*), Herzkluft (*m.*). 7 ~ da ritiro (dovuta ad essiccazione di terreno alluvionale arginato) (*costr. idr.*), Schwundriss (*m.*). 8 ~ dovuta al gelo (*ed.*), Eiskluft (*f.*), Frostriss (*m.*). 9 ~ dovuta al gelo (*difetto di vn.*), Kälteriss (*m.*). 10 ~ in profondità (*difetto di vn.*), Sprungbildung (*f.*). 11 ~ naturale (del legno) (*legno*), Sonnenriss (*m.*). 12 ~ raggiata (*legno - ecc.*), Sternriss (*m.*). 13 ~ reticolare (screpolatura a pelle di coccodrillo) (*difetto di vn.*), Netzadern (*f. pl.*), netzartige Rissbildung, Krokodilnarben (*f. pl.*). 14 (formazione di) screpolature (*difetto di vn.*), Rissbildung (*f.*).
screziato (*gen.*), gesprenkelt.
scriccare (asportare cricche superficiali, da un lingotto p. es.) (*metall. - fucinatura*), putzen. 2 ~ a caldo (per l'eliminazione di cricche) (*metall. - fucinatura*), warmputzen. 3 ~ alla fiamma (scriccare con cannello) (*metall.*), abflämmen, abschweissen, brennputzen. 4 ~ con il cannello (scriccare alla fiamma) (*metall.*), abflämmen, abschweissen, brennputzen. 5 ~ con scalpello (scalpellare) (*metall.*), abmeisseln, abbröckeln.
scriccatrice (alla fiamma) (*macch. - metall.*), Heissflämm-Maschine (*f.*), Abflämm-Maschine (*f.*).
scriccatura (asportazione di cricche superficiali, da un lingotto p. es.) (*metall. - fucinatura*), Putzen (*n.*). 2 ~ a caldo (*metall.*), Warmputzen (*n.*). 3 ~ al cannello (od alla fiamma) (*metall.*), Brennputzen (*n.*), Abflämmen (*n.*), Abschweissen (*n.*). 4 ~ alla fiamma (od al cannello) (*metall.*), Brennputzen (*n.*), Abflämmen (*n.*), Abschweissen (*n.*). 5 ~ con scalpello (scalpellatura) (*metall.*), Abmeisseln (*n.*), Abbröckeln (*n.*). 6 ~ dei lingotti (*metall.*), Blockputzarbeit (*f.*).
scricchiolare (*acus.*), knistern, knirschen.
scritta (*gen.*), Schrift (*f.*). 2 ~ mobile (scritta luminosa mobile, pubblicitaria p. es.) (*illum. - comm.*), Wanderschrift (*f.*).
scritto (*s. - gen.*), Schrift (*f.*), Schriftstück (*n.*). 2 ~ (*a. - gen.*), schriftlich.

scrittore (*gen.*), Schriftsteller (*m.*), Autor (*m.*).
scrittura (a mano, a macchina, ecc.) (*uff. - ecc.*), Schrift (*f.*). 2 ~ (registrazione, trasferimento d'informazioni dalla memoria interna ad un apparecchio d'uscita p. es.) (*calc.*), Schreiben (*n.*). 3 ~ (teatrale p. es.) (*teatro - ecc.*), Engagement (*n.*). 4 ~ aerea (con nebbia artificiale) (*aer. - comm.*), Himmelsschrift (*f.*). 5 ~ (aerea) mediante fumo (*comm. - aer.*), Rauchschreiben (*n.*). 6 ~ a macchina (dattilografia) (*uff.*), Maschinenschrift (*f.*). 7 ~ a mano (*uff. - ecc.*), Handschrift (*f.*). 8 ~ a stampa (*tip.*), Druckschrift (*f.*). 9 ~ a stampatello (*gen.*), Blockschrift (*f.*). 10 ~ privata (*leg. - comm.*), Privatvertrag (*m.*). 11 macchina a ~ cifrata (*macch.*), Geheimschreibmaschine (*f.*). 12 sostanza fumogena per ~ aerea (*comm. - aer.*), Rauchschriftmasse (*f.*).
scritturale (scrivano) (*lav.*), Schreiber (*m.*).
scritturare (*teatro - ecc.*), engagieren.
scritturazione (di un attore) (*teatro - ecc.*), Engagierung (*f.*).
scrivania (*uff.*), Schreibtisch (*m.*). 2 ~ a leggìo (*uff. - ecc.*), Pult (*n.*).
scrivere (*gen.*), schreiben. 2 ~ a macchina (dattilografare) (*uff.*), tippen, auf der Schreibmaschine schreiben, maschinenschreiben. 3 ~ in cifre (*gen.*), in Chiffre schreiben. 4 ~ in codice (*gen.*), verschlüsseln. 5 ~ la prefazione (di un libro) (*tip.*), einleiten. 6 ~ le quote (indicare le quote, indicare le dimensioni, quotare) (*dis.*), die Masse einschreiben. 7 ~ sbagliato (*gen.*), verschreiben. 8 macchina per ~ (*macch. per uff.*), Schreibmaschine (*f.*). 9 macchina per ~ automatica (comandata da nastro perforato p. es.) (*macch. per uff.*), Schreibautomat (*m.*). 10 macchina per ~ fonetica (comandata dalla voce) (*macch. per uff.*), sprachgesteuerte Schreibmaschine. 11 macchina per ~ portatile ("portatile") (*macch. per uff.*), Reiseschreibmaschine (*f.*).
scrocco (*mecc.*), Klinke (*f.*).
scromare (asportare la cromatura) (*tecnol. mecc.*), entchromen.
scromatura (asportazione della cromatura) (*tecnol. mecc.*), Entchromung (*f.*).
scrostarsi (*difetto di vn.*), abblättern.
« scrubber » (gorgogliatore di lavaggio, per gas) (*app. chim.*), Skrubber (*m.*), Wascher (*m.*).
scrutatore (di voti, nelle elezioni) (*politica - ind.*), Wahlprüfer (*m.*), Stimmenzähler (*m.*), Wahlbeisitzer (*m.*).
scrutinio (*politica - ind.*), Wahlprüfung (*f.*).
scucire (*tess.*), auftrennen.
scuderia (*ed.*), Pferdestall (*m.*). 2 ~ (di cavalli da corsa) (*sport*), Rennstall (*m.*), Rennpferde (*n. pl.*).
scudo (*gen.*), Schild (*m.*). 2 ~ (di un supporto di macch. elett. p. es.) (*mecc. - macch. elett.*), Lagerschild (*m.*). 3 ~ (di protezione, di un cannone) (*arma da fuoco*), Schutzschild (*m.*). 4 ~ biologico (schermo biologico; in calcestruzzo, per reattori nucleari) (*fis. atom.*), biologischer Schild. 5 ~ di avanzamento (in galleria) (*costr. strad. - min.*), Brustschild (*m.*), Tunnelschild (*m.*), Vor-

scorta

di ~ (nella prova di scorrimento) (metall. - tecnol. mecc.), Zeitstand-Schaubild (n.). **31 guida di ~** (d'una macchina p. es.) (macch. - ecc.), Gleitschiene (f.). **32 limite di ~** (metall. - tecnol. mecc.), Zeitstandkriechgrenze (f.), Zeitkriechgrenze (f.). **33 linea di ~** (del materiale, nella deformazione plastica) (fucinatura), Bahnlinie (f.). **34 linea di rottura per ~** (linea che congiunge i valori dei carichi di rottura per scorrimento nel diagramma carichi-tempi della prova di scorrimento) (metall. - tecnol. mecc.), Zeitbruchlinie (f.). **35 linee di ~** (metall. - tecnol. mecc.), Zeitstandlinien (f. pl.). **36 piano di ~** (cristallografia), Gleitschicht (f.). **37 piano di ~** (metall.), Gleitebene (f.). **38 prova di ~** (metall. - tecnol. mecc.), Zeitstandversuch (m.). **39 prova di ~ ad elevata temperatura e con carico statico** (prove mater.), Standversuch (m.). **40 punto di ~** (di un olio lubrificante p. es.) (ind. chim.), Stockpunkt (m.). **41 registro a ~** (calc.), Schieberegister (n.). **42 reostato di ~** (per aumentare lo scorrimento d'un motore elettr.) (elett.), Schlupfwiderstand (m.). **43 resistenza allo ~** (reologia), Fliessfestigkeit (f.). **44 resistenza allo ~** (mecc.), Gleitwiderstand (m.). **45 resistenza allo ~** (di fili, contro il reciproco spostamento in seno ad un tessuto) (ind. tess.), Schiebefestigkeit (f.). **46 spazio di ~** (elettronica), Triftraum (m.), Laufraum (m.). **47 strato di ~** (d'un cuscinetto) (mecc.), Laufschicht (f.). **48 strizione dopo rottura per ~** (metall. - tecnol. mecc.), Zeitstandbrucheinschnürung (f.), Zeitbrucheinschnürung (f.). **49 superficie di ~** (gen.), Gleitfläche (f.), Rutschfläche (f.). **50 superficie speculare di ~** (d'un cuscinetto liscio p. es., levigata dal rodaggio) (mecc.), Laufspiegel (n.).

scorta (gen.), Bestand (m.), Vorrat (m.). **2 ~** (giacenza, esistenza di magazzino) (amm. - ind.), Bestand (m.), Lagerbestand (m.), Vorrat (m.), Warenvorrat (m.). **3 ~ effettiva** (di magazzino) (ind.), Iststand (m.). **4 ~ fissa** (amm. - ind.), Grundbestand (m.). **5 ~ minima** (giacenza minima, di parti di ricambio p. es.) (ind. - amm.), Mindestbestand (m.), Mindestlager (n.). **6 ~ minima** (per imprevisti, giacenza minima per imprevisti) (ind. - amm.), eiserner Bestand. **7 ~ prodotti finiti** (giacenza prodotti finiti) (ind.), Fertigwarenbestand (m.). **8 rotazione delle ~** (rotazione delle giacenze) (ind. - amm.), Umschlaghäufigkeit der Vorräte, Lagerumschlag (m.). **9 tenere di ~** (mettere a magazzino) (ind.), auf Lager legen.

scortecciare (togliere la corteccia) (legno), abborken, entrinden, schälen. **2 ~** (pelare, una barra p. es.) (mecc.), schälen, abdrehen.

scortecciato (legno), geschält. **2 ~** (pelato, alla pelatrice) (mecc. - metall.), geschält.

scortecciatrice (macch. lav. legno), Rindenschälmaschine (f.), Entrindungsmaschine (f.).

scortecciatura (legno), Entrindung (f.). **2 ~** (pelatura, di barre) (lav. macch. ut.), Schälen (n.).

scossa (urto) (gen.), Erschütterung (f.). **2 ~** (di terremoto) (geol.), Erschütterung (f.), Beben (n.). **3 ~** (« shock ») (elett.), Schlag (m.). **4 ~** (med.), Schock (m.). **5 ~ elettrica** (« elettroshock ») (med. - elett.), elektrischer Schlag. **6 ~ tellurica** (geol.), Erdbeben (n.). **7 griglia a ~** (cald. - comb.), Schüttelrost (m.). **8 resistenza alle scosse** (di strumenti misuratori per veicoli p. es.) (app.), Erschütterungsfestigkeit (f.). **9 senza scosse** (gen.), ruckfrei. **10 trasportatore a ~** (trasp. ind.), Schüttelförderer (m.). **11 vaglio a ~** (min. - ecc.), Rüttelsieb (n.), Rätter (m.).

scossalina (ed.), Blechabdeckung (f.), Abdeckung (f.). **2 ~** (di una finestra) (ed.), Fensterbank (f.). **3 ~ di colmo** (ed.), Firsthaube (f.). **4 ~ di conversa** (d'un tetto) (ed.), Kehlblech (n.).

scosta! (molla!) (nav.), ab!, stoss ab!

scostamento (scarto, deviazione, rispetto ad un valore nominale) (gen.), Abweichung (f.). **2 ~** (dimensionale, differenza tra dimensione effettiva e dimensione nominale) (mecc.), Abmass (n.). **3 ~ da regolare** (irregolarità, scarto, variazione della grandezza da regolare) (macch.), Regelabweichung (f.). **4 ~ di accoppiabilità** (differenza tra dimensione limite di accoppiabilità e dimensione nominale) (mecc.), Paarungsabmass (n.). **5 ~ effettivo** (scostamento reale, differenza tra dimensione effettiva e dimensione nominale) (mecc.), Istabmass (n.). **6 ~ fondamentale** (mecc.), Grundabmass (n.). **7 ~ inferiore** (differenza tra dimensione minima e dimensione nominale) (mecc.), unteres Abmass. **8 ~ nominale** (differenza prescritta tra uno dei limiti e la dimensione nominale) (mecc.), Nennabmass (n.). **9 ~ normale** (d'una serie di misure; media quadratica degli scostamenti dei singoli valori misurati dalla media aritmetica) (metrol.), Normalabweichung (f.). **10 ~ permanente** (di un regolatore p. es.) (regol. - elett. - ecc.), bleibende Abweichung. **11 ~ positivo** (mecc.), Plusabmass (n.). **12 ~ proporzionale** (deviazione proporzionale, di un regolatore) (regol.), Proportional-Abweichung (f.), P-Abweichung (f.). **13 ~ reale** (scostamento effettivo, differenza tra dimensione effettiva e la dimensione nominale) (mecc.), Istabmass (n.). **14 ~ superiore** (differenza tra dimensione massima e dimensione nominale) (mecc.), oberes Abmass.

scostarsi (gen.), abweichen. **2 ~** (nav.), abgieren.

scotolare (gramolare, stigliare, maciullare, asportare le parti legnose, del lino p. es.) (ind. tess.), schwingen.

scotolatrice (macchina per stigliare) (macch. tess.), Schwingmaschine (f.), Brechmaschine (f.), Schläger (m.), Batteur (m.). **2 ~ per lino** (macch. tess.), Flachsbrechmaschine (f.).

scotta (manovra per tendere la vela) (nav.), Schot (m.).

scottabilità (della gomma) (ind. chim.), Anvulkanisierbarkeit (f.). **2 ~ Mooney** (ind. chim. - gomma), Mooney-Anvulkanisation (f.).

scottare (gen.), verbrühen, ausdörren. **2 ~** (prevulcanizzare) (ind. chim.), anvulkanisieren.

scottatura (med.), Brandfleck (m.), Brandwunde (f.).

(m.). **39 deposito di** ~ (forno - metall.), Schlackenansatz (m.), Frischvogel (m.). **40 formazione di** ~ (nella lavorazione a caldo) (fucinatura - lamin.), Zunderung (f.), Zunderbildung (f.). **41 foro di spurgo della** ~ (foro per lo scarico della scoria) (metall. - fond.), Schlackenabstich (m.), Schlackenloch (n.). **42 foro per lo scarico della** ~ (foro di spurgo della scoria) (metall. - fond.), Schlackenabstich (m.), Schlackenloch (n.). **43 granulazione della** ~ (metall.), Schlackengranulierung (f.). **44 inclusione di** ~ (di un acciaio p. es.) (difetto metall.), Schlackeneinschluss (m.). **45 inclusione di** ~ (in un laminato p. es.) (difetto di lamin. - difetto metall.) Zundervernarbung (f.). **46 indice di basicità della** ~ ($CaO-SiO_2$) (metall.), Schlackenzahl (f.), Schlackenziffer (f.). **47 lana di** ~ (lana minerale) (ed. - acus.), Schlackenwolle (f.), Gesteinswolle (f.). **48 livello della** ~ (metall.), Schlackenspiegel (m.), Schlackenstand (m.). **49 marcia a** ~ (metall.), Schlackenführung (f.). **50 mattone di** ~ (mattone di loppa) (mur. - ed.), Schlackenstein (m.). **51 perdita per** ~ (fucinatura), Abbrand (m.). **52 processo a due scorie** (metall.), Zweischlackenverfahren (n.). **53 prova della tendenza alla formazione di scorie** (metall. - fucin.), Zunderversuch (m.). **54 residuo di** ~ (residuo di scaglia) (metall. - fucin.), Zunderfleck (m.). **55 resistente alla formazione di** ~ (resistente all'ossidazione) (fucinatura - ecc.), zunderfest, zunderbeständig. **56 resistenza alla formazione di** ~ (resistenza all'ossidazione) (fucinatura - ecc.), Zunderbeständigkeit (f.). **57 senza** ~ (decalaminato, acciaio) (metall.), zunderfrei, entzundert. **58 separatore di scorie** (fond.), Schlacken-Separator (m.), Krätze-Separator (m.). **59 separazione delle scorie** (fond.), Schlackenaufbereitung (f.), Krätzeaufbereitung (f.). **60 soffiaggio della** ~ (per la dezincatura) (metall.), Schlackenverblasen (n.). **61 togliere la** ~ (metall.), ausschlacken, entschlacken. **62 togliere la** ~ (prima della colata nella forma p. es.) (fond.), abschäumen, abschlacken. **63 tubiera della** ~ (altoforno), Schlackenform (f.).

scorificare (separare le scorie) (metall. - fond.), entschlacken, abschlacken. **2** ~ (togliere le scorie, prima della colata nella forma p. es.) (fond.), abschäumen, abschlacken.

scorificazione (separazione della scoria) (fond. - metall.), Abschlacken (n.), Entschlacken (n.). **2 resistenza alla** ~ (di un refrattario) (metall.), Verschlackungsbeständigkeit (f.).

scorniciatore (incorsatoio, per linguette) (ut.), Federhobel (m.). **2** ~ (incorsatoio per scanalature) (ut.), Nuthobel (m.).

scoronamento (rottura del coronamento, di un argine) (costr. idr.), Kappsturz (m.), Kronenbruch (m.).

scorrere (gen.), fliessen, laufen. **2** ~ (a caldo p. es.) (metall.), kriechen. **3** ~ **fuori** (gen.), auslaufen. **4 far** ~ **in dentro** (gen.), einschieben.

scorrevole (a. - mecc.), verschiebbar. **2** ~ (elemento scorrevole) (s. - mecc. - macch.), Schieber (m.), Läufer (m.). **3** ~ (pezzo scorrevole, d'una trasmissione cardanica p. es.) (s. - mecc.), Schiebestück (n.). **4** ~ (corsoio) (s. - macch.), Reiter (m.), Schieber (m.). **5** ~ (di un regolo calcolatore) (s. - app.), Zunge (f.). **6** ~ (a. - gen.), gleitend. **7 albero** ~ (mecc. - aut.), Schubwelle (f.). **8 ingranaggio** ~ (ruota dentata scorrevole) (mecc.), verschiebbares Zahnrad, Schieberad (n.). **9 tavola** ~ (usata nella saldatura p. es.) (macch.), Schiebetisch (m.).

scorrevolezza (fluidità) (gen.), Fliessfähigkeit (f.).

scorrimento (gen.), Abgleitung (f.), Gleiten (n.). **2** ~ (deformazione dovuta al taglio) (sc. costr. - mecc.), Gleitung (f.), Schub (m.), Scherung (f.). **3** ~ (moto radente) (mecc. - ecc.), gleitende Bewegung. **4** ~ (su una guida p. es.) (mecc. - macch.), Gleiten (n.). **5** ~ (in una macch. elett.) (elett.), Schlupf (m.), Schlüpfung (f.). **6** ~ (dell'acciaio, deformazione plastica sotto un carico statico costante) (metall. - tecnol. mecc.), Zeitstanddehnung (f.), Kriechen (n.), Kriechdehnung (f.). **7** ~ (slittamento, moto relativo tra pneumatico e suolo all'applicazione di forze periferiche) (aut.), Schlupf (m.). **8** ~ (delle fondamenta) (ed.), Abgleiten (n.). **9** ~ (dell'immagine, dovuto a difettosa sincronizzazione) (difetto telev.), Lageschwankung (f.). **10** ~ (scalatura, spostamento; dell'informazione, durante un impulso, nei comandi numerici p. es.) (calc.), Verschiebung (f.). **11** ~ (longitudinale, della rotaia) (ferr.), Wanderung (f.). **12** ~ **a freddo** (deformazione plastica, difetto dei fianchi dei denti di ingranaggi p. es.) (mecc.), Kaltfliessen (n.). **13** ~ **a freddo** (di mat. plast. p. es. per effetto del proprio peso) (tecnol.), Kalter-Fluss (m.). **14** ~ **da frenata** (strisciamento relativo da frenata) (aut.), Bremsschlupf (m.). **15** ~ **del metallo** (flusso del metallo, durante la deformazione, per il riempimento dello stampo) (fucinatura), Werkstofffluss (m.). **16** ~ **di Bingham** (fis.), Binghamsches Fliessen. **17** ~ **elastico** (deformazione di un corpo elastico) (sc. costr. - mecc.), Scherung (f.), Gleitung (f.), Schub (m.). **18** ~ **massimo di sovraccarico** (di un motore elett. lineare) (mot. elett.), Kippschlupf (m.). **19** ~ **orizzontale** (del quadro, a causa di difettosa sincronizzazione) (difetto telev.), Zeilenschaukeln (n.). **20** ~ **plastico** (del metallo, per il riempimento dello stampo) (fucinatura), Fliessen (n.), Fluss (m.). **21** ~ **plastico** (scorrimento viscoso) (cristallografia), Gleitung (f.). **22** ~ **verticale** (difetto telev.), vertikale Lageschwankung. **23** ~ **viscoso** (scorrimento a caldo) (metall.), Kriechdehnung (f.), Zeitstanddehnung (f.), Kriechen (n.). **24** ~ **viscoso** (scorrimento plastico) (cristallografia), Gleitung (f.). **25 accoppiamento preciso di** ~ (mecc.), Gleitsitz (m.). **26 allungamento dopo rottura per** ~ (metall. - tecnol. mecc.), Zeitstandbruchdehnung (f.), Zeitbruchdehnung (f.). **27 angolo di** ~ (sc. costr.), Schiebung (f.). **28 carico unitario di rottura per** ~ (metall. - tecnol. mecc.), Zeitstandfestigkeit (f.). **29 coefficiente di** ~ **elastico** (reciproco del modulo di elasticità tangenziale) (sc. costr.), Schubzahl (f.). **30 diagramma carichi-tempi**

scontrare (il timone) (*nav.*), streichen.
scontrarsi (*ferr. - veic. - ecc.*), zusammenstossen, gegeneinanderprallen, aneinanderstossen, zusammenprallen.
scontrino (*gen.*), Schein (*m.*).
scontro (collisione) (*ferr. - veic. - ecc.*), Zusammenstoss (*m.*), Gegeneinanderprallen (*n.*). **2** ~ (nottolino di arresto, dente di arresto) (*mecc.*), Gegenklinke (*f.*), Klinke (*f.*). **3** ~ (castagna, di un argano p. es.) (*nav.*), Pall (*m.*), Sperrklinke (*f.*). **4** ~ (per l'inversione del moto della tavola p. es.) (*macch. ut.*), Anschlag (*m.*). **5** ~ **del cursore** (arresto del cursore) (*app.*), Schleiferanschlag (*m.*). **6** ~ **fisso** (scontro non regolabile) (*macch. ut. - ecc.*), fester Anschlag. **7** ~ **frontale** (urto frontale, collisione frontale) (*aut. - ecc.*), frontaler Zusammenstoss. **8** ~ **per inversione tavola** (*macch. ut.*), Anschlag für Tischumsteuerung. **9** ~ **regolabile** (*macch. ut. - ecc.*), einstellbarer Anschlag.
sconvolgere (*gen.*), umwälzen.
«**scooter**» (motoretta) (*veic.*), Motorroller (*m.*).
«**scooterista**» (*sport - ecc.*), Motorrollerfahrer (*m.*).
scopa (*ut.*), Besen (*m.*). **2** ~ **rotante** (*veic. strad.*), Besenwalze (*f.*), Zylinderbürste (*f.*).
scoperta (*gen.*), Fund (*m.*), Entdeckung (*f.*).
scoperto (non edificato, di terreno p. es.) (*ed.*), unbebaut. **2** ~ (allo scoperto, non interrato, conduttura) (*a. - tubaz. - ecc.*), freiliegend. **3** ~ (conto) (*a. - finanz.*), überzogen **4** ~ (d'un conto bancario) (*s. - finanz.*), Überziehung (*f.*). **5** ~ **dalla carteggiatura** (zona scoperta da una eccessiva carteggiatura della superficie stuccata p. es.) (*vn.*), durgeschliffen. **6 allo** ~ (scoperto, non interrato, conduttura) (*tubaz.*), freiliegend.
scopo (fine, meta) (*gen.*), Zweck (*m.*), Ziel (*n.*). **2** ~ (parte mobile di una mira a scopo) (*app. top.*), Visiertafel (*f*), Ausrichtetafel (*f.*). **3 falso** ~ (*top. - ecc.*), Steuermarke (*f.*), Hilfsziel (*n.*).
scopolamina (*chim. - farm.*), Skopolamin (*n.*), Hyoszin (*n.*).
scoppiare (di un recipiente p. es.) (*gen.*), bersten, platzen. **2** ~ (di un serbatoio o tubo a causa di sovrappressione p. es.) (*tecnol.*), platzen. **3** ~ (di camere d'aria) (*aut.*), platzen. **4** ~ (iniziare improvvisamente, un incendio p. es.) (*gen.*), ausbrechen.
scoppio (*gen.*), Bersten (*n.*), Platzen (*n.*). **2** ~ (della mola) (*mecc.*), Bersten (*n.*). **3** ~ (di pneumatici) (*aut.*), Platzen (*n.*), Ausbruch (*m.*), Durchschlag (*m.*). **4** ~ (cedimento di roccia) (*min.*), Gebirgsschlag (*m.*). **5** ~ (di una epidemia o di un incendio p. es.) (*med. - ecc.*), Ausbruch. **6 apparecchio per misurare la pressione di scoppio** (scoppiometro) (*app. - ind. carta*), Berstdruckprüfgerät (*n.*). **7 indice di** ~ (*ind. carta*), Berstfaktor (*m.*). **8 prova di** ~ (d'una mola) (*ut.*), Sprengversuch (*m.*). **9 prova di** ~ (*ind. tess. e carta*), Berstversuch (*m.*). **10 resistenza allo** ~ (*ind. tess. e carta*), Berstfestigkeit (*f.*). **11 velocità di** ~ (d'una mola) (*ut.*), Sprenggeschwindigkeit (*f.*).
scoppiometro (apparecchio per misurare la pressione di scoppio) (*app. ind. carta*). Berstdruckprüfgerät (*n.*).
scoprire (togliere un coperchio) (*gen.*), abdecken. **2** ~ **carteggiando** (carteggiare eccessivamente, una zona stuccata p. es.) (*vn.*), durchschleifen.
scorcio (nella prospettiva) (*arch. - geom.*), Verkürzung (*f.*).
scoria (loppa, prodotti fusi ottenuti nell'estrazione ed affinazione dei metalli) (*metall. - fond.*), Schlacke (*f.*). **2** ~ (ossido, di fucinatura p. es., calamina) (*lamin. - fucinatura*), Zunder (*m.*). **3** ~ (di saldatura) (*tecnol. mecc.*), Schlacke (*f.*). **4** ~ (sulla superficie della ghisa liquida nella sivierina p. es.) (*fond.*), Abschaum (*m.*). **5** ~ (solida, loppa solida, scoria d'alto forno raffreddata e cristallizzata) (*metall.*), Stückschlacke (*f.*). **6** ~ (vulcanica) (*geol.*), Schlacke (*f.*). **7** ~ **acida** (scoria fusa, ricca di SiO_2 o di Al_2O_3) (*metall.*), lange Schlacke. **8** ~ **aderente** (calamina) (*metall. - fucinatura*), Klebzunder (*m.*). **9** ~ **calda** (scoria normale, loppa calda, loppa normale) (*forno - metall.*), Garschlacke (*f.*). **10** ~ **da laminazione** (ossido da laminazione) (*lamin.*), Walzzunder (*m.*), Walzsinter (*m.*). **11** ~ **d'altoforno** (*metall.*), Hochofenschlacke (*f.*). **12** ~ **d'altoforno in pezzatura** (raffreddata lentamente) (*metall. - ed.*), Hochofenstückschlacke (*f.*). **13** ~ **di affinazione** (*metall.*), Feinungsschlacke (*f.*), Fertigschlacke (*f.*). **14** ~ **di battitura** (ossido di battitura, scoria secca) (*tecnol. mecc.*), Hammerschlag (*m.*), Zunder (*m.*). **15** ~ **di caldaia** (*cald. - ed.*), Kesselschlacke (*f.*). **16** ~ **di coke** (*comb.*), Abfallkoks (*m.*). **17** ~ **di defosforazione** (scoria Thomas) (*metall.*), Schlackenmehl (*n.*), Thomasmehl (*n.*), Thomasphosphat (*n.*), Thomasschlacke (*f.*). **18** ~ **di fucinatura** (*fucinatura*), Zunder (*m.*), Hammerschlag (*m.*). **19** ~ **di lava** (per calcestruzzo leggero) (*ed.*), Lavaschlacke (*f.*), Lavakratze (*f.*). **20** ~ **fluida** (*metall.*), Laufschlacke (*f.*), kurze Schlacke. **21** ~ **fusa** (loppa) (*metall.*), Schlacke (*f.*). **22** ~ **fusibile** (*metall.*), schmelzbare Schlacke. **23** ~ **granulata** (*metall. - ed.*), gekörnte Schlacke. **24** ~ **metallurgica** (*metall. - ed.*), Metallhüttenschlacke (*f.*). **25** ~ **neutra** (*metall.*), neutrale Schlacke. **26** ~ **normale** (scoria calda, loppa normale, loppa calda) (*forno - metall.*), Garschlacke (*f.*). **27** ~ **ossidante** (*metall.*), Frischschlacke (*f.*). **28** ~ **porosa** (*metall.*), Schaumschlacke (*f.*). **29** ~ **riducente** (*metall.*), Reduktionsschlacke (*f.*). **30** ~ **secca** (scoria di battitura, ossido di battitura) (*tecnol.*), Zunder (*m.*), Hammerschlag (*m.*). **31** ~ **solforosa** (*metall.*), Schlicker (*m.*). **32** ~ **Thomas** (scoria di defosforazione) (*metall.*), Schlackenmehl (*n.*), Thomasmehl (*n.*), Thomasphosphat (*n.*), Thomasschlacke (*f.*). **33** ~ **vetrosa** (*metall.*), glasige Schlacke. **34 asportare le scorie** (scorificare) (*metall. - fond.*), entschlacken. **35 asportazione delle scorie** (scorificazione) (*metall. - fond.*), Entschlackung (*f.*). **36 camera della** ~ (deposito della scoria) (*metall.*), Schlackenfang (*m.*). **37 cemento di** ~ (*ed.*), Schlackenzement (*m.*). **38 deposito della** ~ (camera della scoria) (*metall.*), Schlackenfang

scivolare (*gen.*), gleiten. 2 ~ (slittare, sdrucciolare) (*gen.*), rutschen, gleiten. 3 ~ d'ala (*aer.*), abrutschen, über einen Flügel abgleiten, abgleiten. 4 ~ di coda (*aer.*), über den Schwanz abrutschen, nach hinten abrutschen.

scivolata (*gen.*), Ausrutschen (*n.*), Ausgleiten (*n.*). 2 ~ d'ala (*aer.*), Abrutschen (*n.*), Abgleiten (*n.*), Seitenrutsch (*m.*). 3 ~ di coda (*aer.*), rückwärtiges Abrutschen. 4 indicatore di ~ (*strum. aer.*), Ausgleitzeiger (*m.*).

scivolo (piano inclinato) (*trasp. ind.*), Rutsche (*f.*). 2 ~ (per idrovolanti) (*aer.*), Rutschbahn (*f.*), Gleitbahn (*f.*). 3 ~ a bilico (*trasp. ind.*), Schüttelrutsche (*f.*). 4 ~ a chiocciola (scivolo elicoidale) (*trasp. ind.*), Wendelrutsche (*f.*), Trudler (*m.*). 5 ~ a sezione trapezia (*trasp. ind.*), Trapezrutsche (*f.*). 6 ~ con freno (con dispositivo di frenatura del materiale) (*macch. ind.*), Bremsförderer (*m.*), Rutsche mit Bremsvorrichtung. 7 ~ elicoidale (scivolo a chiocciola) (*trasp. ind.*), Wendelrutsche (*f.*). 8 ~ per legname (*legno*), Reiste (*f.*), Holzrutsche (*f.*).

sclerometro (app. per misurare la durezza dei minerali) (*app.*), Sklerometer (*n.*).

scleroscopio (durometro a rimbalzo) (*app.*), Skleroskop (*n.*), Fallhärteprüfer (*m.*).

scocca (carrozzeria) (*aut.*), Kasten (*m.*), Wagenkasten (*m.*), Karosse (*f.*), Karosseriekörper (*m.*). 2 ~ « in bianco » (scocca non verniciata, carrozzeria « in bianco », carrozzeria non verniciata) (*aut.*), Rohkarosse (*f.*). 3 ~ non verniciata (scocca « in bianco », carrozzeria non verniciata, carrozzeria « in bianco ») (*aut.*), Rohkarosse (*f.*).

scoccare (dell'arco, nella saldatura p. es.) (*tecnol. mecc. - ecc.*), zünden.

scocciare (sganciare) (*nav.*), aushaken, loshaken.

scodellino (*mecc. - ecc.*), Teller (*m.*). 2 ~ della molla (piattello della molla) (*mot.*), Federteller (*m.*). 3 ~ molla valvola (di un mot. a comb. interna) (*mot.*), Ventilfederteller (*m.*).

scogliera (*nav. - geol.*), Klippe (*f.*). 2 ~ (gettata di pietrame) (*costr. idr.*), Steinschüttung (*f.*). 3 diga a ~ (*costr. idr.*), Steinschüttdamm (*m.*).

scoglio (*geogr.*), Meeresfels (*m.*), Felsenklippe (*f.*), Fels (*m.*).

scoiare (*ind. cuoio*), vedi scuoiare.

scolamento (lento deflusso) (*gen.*), Ablaufen (*n.*), Abfluss (*n.*). 2 letto di ~ (per depurare acque di rifiuto; letto percolatore, percolatore, biofiltro) (*ed.*), Tropfkörperanlage (*f.*).

scolaro (allievo, studente) (*scuola - ecc.*), Schüler (*m.*).

scolatoio (bacinella di raccolta) (*app. ind.*), Abtropfschale (*f.*), Abtropfblech (*n.*).

scollamento (di un motore all'avviamento a freddo) (*mot.*), Losbrechen (*n.*). 2 coppia di ~ (momento di scollamento, per l'avviamento a freddo di un motore a c. i.) (*mot.*), Haftreibungsmoment (*n.*), Losbrechmoment (*n.*).

scollare (*gen.*), ableimen, losleimen, abkleben, entleimen.

scolorimento (sbiadimento) (*difetto vn.*), Verfärbung (*f.*), Farbverlust (*m.*).

scolorire (*gen.*), abschwächen, verfärben.

scolorirsi (perdere il colore) (*gen.*), abfärben, verfärben.

scolorito (*gen.*), missfarbig.

scolpire (*arte*), bildhauen.

scolpitura (del battistrada di un pneumatico) (*aut.*), Profilierung (*f.*), Muster (*n.*). 2 ~ antidrucciolevole (di un copertone) (*veic.*), Gleitschutzmuster (*n.*). 3 ~ del battistrada (*aut.*), Laufdeckenmuster (*n.*), Reifenprofilierung (*f.*). 4 altezza ~ (d'un pneumatico) (*aut.*), Profilhöhe (*f.*).

scomparsa (*gen.*), Verschwindung (*f.*). 2 ~ (di un palcoscenico) (*teatro*), Versenkung (*f.*). 3 affusto a ~ (*artiglieria*), Verschwindungslafette (*f.*). 4 antenna a ~ (*radio*), Versenkantenne (*f.*).

scompartimento (*gen.*), Abteil (*n.*). 2 ~ (di vettura ferroviaria) (*veic. ferr.*), Abteil (*n.*), Kupee (*n.*), Coupé (*n.*). 3 ~ per fumatori (*ferr.*), Raucherabteil (*n.*). 4 ~ per non fumatori (*ferr.*), Nichtraucherabteil (*n.*), Nichtraucher (*m.*).

scomparto (cassettino, della cassa tipografica) (*tip.*), Fach (*n.*).

scomponibile (*mecc.*), zerlegbar. 2 ~ (*chim.*), zerlegbar, scheidbar.

scomporre (*gen.*), zerlegen, scheiden. 2 ~ (forze) (*mecc. - ecc.*), zerlegen. 3 ~ (*mat.*), zerlegen. 4 ~ (*chim.*), abbauen. 5 ~ (caratteri da stampa) (*tip.*), ablegen. 6 ~ negli elementi (smembrare) (*gen.*), zergliedern. 7 ~ nei particolari (smontare, un gruppo) (*mecc.*), zerlegen, auseinander nehmen. 8 ~ una forza (*mecc. - ecc.*), eine Kraft zerlegen.

scompositore (per caratteri da stampa) (*app. tip.*), Ableg eapparat (*m.*), Ableger (*m.*).

scomposizione (*gen.*), Zerlegung (*f.*). 2 ~ (separazione) (*ott.*), Auflösung (*f.*). 3 ~ (dei caratteri) (*tip.*), Ablegung (*f.*). 4 ~ (*chim.*), Abbau (*m.*), Zerlegung (*f.*). 5 ~ (dei costi, p. es.) (*amm. - ecc.*), Aufgliederung (*f.*). 6 ~ delle forze (*sc. costr. - ecc.*), Kräftezerlegung (*f.*). 7 ~ delle forze secondo Culmann (*sc. costr.*), Culmann'sche Kräftezerlegung. 8 ~ dell'immagine (*telev.*), Bildzerlegung (*f.*). 9 ~ in ottave (di un rumore) (*acus.*), Oktavsiebanalyse (*f.*). 10 ~ in terzi di ottava (di un rumore, mediante filtri) (*acus.*), Terzsiebanalyse (*f.*). 11 ~ nei particolari (*gen.*), Zerlegung in Bestandteile.

scomputare (*gen.*), abziehen, abtragen. 2 ~ (un debito) (*contabilità*), abbuchen.

scontare (pagare con acconti) (*comm.*), abzahlen. 2 ~ (una cambiale) (*finanz.*), diskontieren.

sconto (riduzione, su un prezzo) (*comm.*), Skonto (*m.*), Abzug (*m.*). 2 ~ (di una cambiale p. es.) (*finanz.*), Diskont (*m.*). 3 ~ (abbuono) (*comm.*), Vergütung (*f.*), Skonto (*m.*). 4 ~ (per acquisto in contanti) (*comm.*), Rabatt (*m.*). 5 ~ provvigione (*comm.*), Rabatt (*m.*). 6 buono ~ (*comm.*), Rabattmarke (*f.*). 7 credito per lo ~ di cambiali (*finanz.*), Diskontkredit für Wechsel. 8 tasso di ~ (*finanz.*), Diskontsatz (*m.*).

scontornare (una negativa) (*fot.*), decken.

scienza

2 relativo alla direzione scientifica (di una azienda) (*ind. - organ.*), betriebswissenschaftlich. 3 ricerca scientifica (*fis. - ecc.*), wissenschaftliche Forschung.

scienza (*sc.*), Kunde (*f.*), Wissenschaft (*f.*), Lehre (*f.*). 2 ~ dei materiali (*tecnol. mecc.*), Werkstoffkunde (*f.*). 3 ~ della luce riflessa (*ott.*), Katoptrik (*f.*), Lichtreflexionslehre (*f.*). 4 ~ della resistenza dei materiali (*tecnol.*), Festigkeitslehre (*f.*). 5 ~ delle costruzioni (*sc.*), Baukonstruktionslehre (*f.*). 6 ~ dell'informazione (*sc.*), Informationswissenschaft (*f.*). 7 ~ esatta (*sc.*), strenge Wissenschaft, exakte Wissenschaft. 8 scienze naturali (*sc.*), Naturwissenschaft (*f.*), Naturkunde (*f.*). 9 secondo ~ e coscienza (*gen.*), nach bestem Wissen und Gewissen.

scienziato (*scienza*), Wissenschaftler (*m.*).

scintilla (*elett.*), Funke (*m.*). 2 ~ a fiocco (*macch. elett.*), Büschelfunke (*m.*). 3 ~ di apertura (scintilla di rottura) (*elett.*), Abreissfunke (*m.*), Öffnungsfunke (*m.*), Unterbrechungsfunke (*m.*). 4 ~ di accensione (*mot.*), Entzündungsfunke (*m.*), Zündfunke (*m.*). 5 ~ di rettifica (*lav. macch. ut.*), Schleiffunke (*f.*). 6 ~ dispersiva superficiale (*elett.*), Kriechfunke (*f.*). 7 ~ disruptiva (*elett.*), Überschlagfunke (*f.*). 8 ~ esplosiva (*elett.*), Knallfunke (*f.*). 9 ~ frazionata (*elett.*), Löschfunke (*m.*). 10 ~ strappata (scintilla frazionata) (*elett.*), Löschfunke (*m.*). 11 ~ susseguente (negli impianti di accensione) (*mot. a comb.*), Folgefunke (*m.*). 12 accensione a ~ (*mot. - aut.*), Funkenzündung (*f.*). 13 camera a scintille (*forno - metall.*), Funkenkammer (*f.*). 14 dare scintille (scintillare) (*elett.*), feuern, funken. 15 lunghezza della ~ (*elett.*), Funkenlänge (*f.*). 16 oscillatore a scintille (*dlettronica*), Funkenoszillator (*m.*).

scintillamento (scintillìo) (*gen.*), Scintillation (*f.*). 2 ~ (scintillìo, di una dinamo p. es.) (*elett.*), Funken (*n.*), Funkeln (*n.*), Feuern (*n.*), Szintillation (*f.*). 3 ~ della dinamo (scintillio della dinamo) (*elett.*), Funken einer Dynamo. 4 contatore a ~ (*strum.*), Szintillationszähler (*m.*). 5 rumore di ~ (*elettronica*), Flackerrausch (*m.*).

scintillare (*gen.*), scintillieren. 2 ~ (*elett.*), funken, feuern, szintillieren.

scintillazione (scintillamento) (*elett. - ecc.*), Funken (*n.*), Funkeln (*n.*), Szintillation (*f.*), Feuern (*n.*). 2 frequenza di ~ (*telev.*), Flackerfrequenz (*f.*). 3 registratore a ~ (per accertare la ripartizione di sostanze radioattive nell'organismo) (*app.*), Szintigraph (*m.*). 4 spettrometro a ~ (*app. ott.*), Szintillationsspektrometer (*n.*).

scintillìo (scintillamento) (*gen.*), Szintillation (*f.*). 2 ~ (scintillamento, di una dinamo p. es.) (*elett.*), Funken (*n.*), Funkeln (*n.*), Feuer (*n.*). 3 ~ alle spazzole (difetto elett.), Bürstenfeuer (*n.*). 4 corsa di ~ (di una saldatrice di testa) (*tecnol. mecc.*), Abbrennweg (*m.*). 5 saldatura a ~ (*tecnol. mecc.*), Abbrennschweissen (*n.*), Abschmelzschweissen (*n.*). 6 sovrametallo di ~ (sovrametallo consumato per scintillìo nella saldatura di testa a scintillìo) (*tecnol. mecc.*), Abbrennzugabe (*f.*). 7 sovrametallo di ~ (perdita di lunghezza per scintillìo, nella saldatura di testa) (*tecnol. mecc.*), Abbrennweg (*m.*), Abbrennlängenverlust (*m.*).

sciogliere (slegare) (*gen.*), lösen, abbinden. 2 ~ (in acqua p. es.) (*chim.*), lösen, auflösen. 3 ~ (liquidare, una ditta) (*amm. - comm.*), auflösen, stralzieren (*austr.*). 4 ~ (dipanare, un groviglio) (*gen.*), entwirren.

sciogliersi (di società) (*leg.*), eingehen.

scioglimento (liquidazione, di una ditta) (*amm. - comm.*), Liquidation (*f.*), Stralzio (*m.*) (*austr.*).

sciolina (*sport - ind. chim.*), Skiwachs (*n.*), Schiwachs (*n.*).

sciolto (slegato) (*gen.*), lose, nicht gebunden. 2 ~ (in soluzione) (*chim.*), gelöst. 3 ~ (staccato, particolare p. es.) (*mecc. - ecc.*), lose. 4 ~ (non costipato, non compatto, di terreno p. es.) (*ing. civ.*), locker.

scioperante (*s. - lav.*), Streiker (*m.*), Streikender (*m.*). 2 non ~ (*s. - lav.*), Streikbrecher (*m.*).

scioperare (*lav.*), streiken.

sciopero (*lav.*), Streik (*m.*). 2 ~ al posto di lavoro (sciopero con occupazione di fabbrica) (*lav.*), Sitzstreik (*m.*). 3 ~ aziendale (sciopero non promosso da sindacato) (*lav.*), wilder Streik. 4 ~ di protesta (*lav.*), Proteststreik (*m.*). 5 ~ economico (sciopero per rivendicazioni economiche) (*lav.*), sozialer Streik, wirtschaftlicher Streik. 6 ~ generale (*lav.*), Generalstreik (*m.*). 7 ~ improvviso (di solito non proclamato dai sindacati) (*lav.*), plötzlicher Streik. 8 ~ non promosso dai sindacati (sciopero selvaggio) (*lav.*), nicht genehmigter Streik, wilder Streik. 9 ~ organizzato (dai sindacati, sciopero sindacale) (*lav.*), organisierter Streik. 10 ~ parziale (di solo una parte delle ditte) (*lav.*), Teilstreik (*m.*). 11 ~ per rivendicazioni economiche (sciopero economico) (*lav.*), sozialer Streik, wirtschaftlicher Streik. 12 ~ per solidarietà (*lav.*), Sympathiestreik (*m.*). 13 ~ politico (*lav.*), politischer Streik. 14 ~ selvaggio (sciopero non promosso dai sindacati) (*lav.*), wilder Streik, nicht genehmigter Streik. 15 ~ sindacale (sciopero organizzato dai sindacati) (*lav.*), organisierter Streik. 16 entrare in ~ (*lav.*), in Streik treten. 17 non partecipante a ~ (*lav.*), Streikbrecher (*m.*). 18 ondata di scioperi (*organ. - lav.*), Streikwelle (*f.*).

sciovia («skilift») (*sport - trasp.*), Skilift (*m.*), Schilift (*m.*). 2 ~ ad aggancio e trascinamento (*trasp. - sport*), Schlepplift (*m.*).

scirocco (vento caldo) (*meteor.*), Schirokko (*m.*).

scissione (fissione) (*fis. nucl.*), Spaltung (*f.*). 2 ~ nucleare (fissione nucleare) (*fis. nucl.*), Kernspaltung (*f.*).

scisto (schisto) (*min.*), Schiefer (*m.*). 2 ~ (*min.*), *vedi anche* schisto. 3 ~ bituminoso (*min.*), Ölschiefer (*m.*). 4 ~ cristallino (schisto cristallino) (*min.*), kristalliner Schiefer. 5 ~ quarzoso (schisto quarzoso) (*min.*), Quarzschiefer (*m.*). 6 olio di ~ (olio di schisto) (*min. - chim. ind.*), Schieferöl (*n.*).

scistoso (schistoso) (*min.*), schieferig.

scivolamento (*gen.*), Gleiten (*n.*), Rutschen (*n.*). 2 ~ (slittamento) (*gen.*), Rutschen (*n.*).

Abplattung (f.), Verkürzung des Poldurchmessers. 5 **resistenza allo** ~ (di tubi p. es.) (*tecnol. mecc.*), Zerdrückfestigkeit (f.).
schiacciare (*gen.*), quetschen, breit drücken, zerdrücken.
schiacciato (sfera) (*gen.*), abgeplattet.
schiacciatubi (*app.*), Rohrquetscher (m.).
schiarimento (*gen.*), Aufschluss (m.), Klärung (f.). 2 ~ **del contorno** (dell'immagine) (*difetto telev.*), Randaufbruch (m.).
schiarire (di colore p. es.) (*vn.*), aufhellen.
« **schiavettare** » (togliere la chiavetta) (*mecc.*), loskeilen.
schiena (*gen.*), Rücken (m.). 2 ~ **d'asino** (*ed.*), Eselsrücken (m.). 3 ~ **d'asino** (sella di lanciamento, parigina, per veicoli ferr.) (*ferr.*), Ablaufberg (m.).
schienale (di un sedile) (*veic.*), Rücklehne (f.), Rücken (m.), Rückenlehne (f.). 2 ~ (mezzo mattone) (*mur.*), Riemenstück (n.), Riemstück (n.), Riemchen (n.), Längsquartier (n.). 3 ~ **avvolgente** (*aut.*), durchhängender Rücken. 4 **inclinazione dello** ~ (del sedile di una autovettura) (*veic.*), Lehnenverstellung (f.).
schiera (*mat.*), Schar (f.). 2 ~ **di palette** (serie di palette) (*turb. - ecc.*), Schaufelgitter (n.).
schiodare (togliere i chiodi o rivetti) (*mecc.*), entnieten, losnieten. 2 ~ (una cassa di legno p. es.) (*falegn. - trasp.*), losnageln.
schisto (scisto) (*min.*), Schiefer (m.). 2 ~ **cristallino** (scisto cristallino) (*min.*), kristalliner Schiefer. 3 ~ **quarzoso** (scisto quarzoso) (*min.*), Quarzschiefer (m.). 4 **olio di** ~ (olio di scisto) (*min. - chim. ind.*), Schieferöl (n.).
schistoso (scistoso) (*min.*), schieferig.
schiuma (*fis. - chim.*), Schaum (m.). 2 ~ (della birra) (*ind. birra*), Blume (f.), Bierschaum (m.). 3 ~ **antincendio** (schiuma per estinzione) (*antincendio*), Feuerlöschschaum (m.). 4 ~ **di grafite** (grafite primaria, grafite ipereutettica) (*fond.*), Garschaumgraphit (m.). 5 ~ **di mare** (sepiolite) (*min.*), Meerschaum (m.), Magnesiumsilikat (n.), Sepiolith (m.). 6 ~ **per estinzione** (schiuma antincendio) (*antincendio*), Feuerlöschschaum (m.). 7 ~ **solida** (per gomma di spuma p. es.) (*fis. - ind.*), fester Schaum. 8 **bacino di separazione della** ~ (bacino di schiumaggio) (*ind.*), Schaumbecken (n.). 9 **formarsi di** ~ (*chim. - ecc.*), aufschäumen, schäumen. 10 **formazione di** ~ (schiumeggiamento) (*gen.*), Schäumen (n.), Aufschäumen (n.).
schiumaggio (*ind. chim. - ecc.*), Abschäumen (n.). 2 **bacino di** ~ (bacino di separazione della schiuma) (*ind.*), Schaumbecken (n.).
schiumare (togliere la schiuma) (*gen.*), abschäumen. 2 ~ (*fond.*), abkrammen, abschäumen.
schiumatore (schiumatoio) (*ut. - fond.*), Schaumkelle (f.), Schaumlöffel (m.). 2 **agente** ~ (sostanza per flottazione) (*min.*), Schäumer (m.).
schiumeggiamento (formazione di schiuma) (*gen.*), Schäumen (n.).
schiumogeno (*ind.*), schaumerzeugend. 2 **potere** ~ (*chim.*), Schaumkraft (f.). 3 **sostanza schiumogena** (*chim. ind.*), Schaummittel (n.).

schivare (evitare, una collisione, un ostacolo) (*gen.*), ausweichen.
schivatura (difetto di vn.), Kriechen (n.).
schizzare (*dis.*), umreissen, skizzieren. 2 ~ (con quote) (*top.*), krokieren.
schizzo (*dis.*), Skizze (f.), Abriss (m.). 2 ~ (progetto di massima) (*dis.*), Rohentwurf (m.). 3 ~ **a mano libera** (*dis.*), Handskizze (f.). 4 ~ **di particolare** (*dis.*), Ausschnittskizze (f.). 5 ~ **panoramico** (*dis.*), Ansichtsskizze (f.). 6 ~ **quotato** (*dis.*), Mass-Skizze (f.). 7 ~ **quotato** (rappresentazione del terreno con semplici quote) (*top.*), Kroki (n.). 8 ~ **ripassato in china** (schizzato ripassato in inchiostro di china) (*dis.*), Tusche-Skizze (f.). 9 ~ **topografico** (*top.*), Terrainskizze (f.).
Schmitt, circuito trigger di ~ (discriminatore di Schmitt) (*elettronica*), Schmitt-Trigger-Schaltung (f.), Schmitt-Diskriminator (m.).
« **schnorchel** » (per lo scarico dei gas e presa dell'aria del motore di un sommergibile) (*mar. mil.*), Schnorchel (m.).
« **schrapnell** » (granata a pallettoni) (*espl. - milit.*), Schrapnell (n.).
sci (*sport*), Ski (m.), Schi (m.). 2 ~ **acquatico** (sci d'acqua, sci nautico) (*sport*), Wasserski (m.). 3 ~ **per fondo** (*sport*), Langlaufski (m.). 4 ~ **per salto** (*sport*), Sprungski (m.). 5 ~ **per slalom** (*sport*), Slalomski (m.). 6 **attacco per** ~ (*sport*), Skibindung (f.). 7 **pantaloni da** ~ (*sport - ind. tess.*), Skihose (f.). 8 **racchetta da** ~ (bastoncino da sci) (*sport*), Skistock (m.). 9 **scarpone da** ~ (*sport - ind. cuoio*), Skistiefel (m.).
scia (dietro una nave p. es.) (*nav. - aer. - aerodin. - idr.*), Sog (m.), Strömung (f.), Nachstrom (m.). 2 ~ (di una nave) (*nav.*), Kielwasser (n.). 3 ~ (flusso, di un'elica aerea) (*aer.*), Nachstrom (m.). 4 ~ **dell'elica** (marina) (*nav.*), Schraubenwasser (n.). 5 **effetto di** ~ (di una nave) (*nav.*), Strömungsverhältnis (n.). 6 **fattore di** ~ (*nav.*), Sogziffer (f.).
sciablona (sagoma, ronda, per formare) (*fond.*), Schablone (f.).
sciabola (*arma*), Säbel (m.).
sciacquare (*gen.*), spülen, ausspülen, schweifen, schwemmen. 2 ~ **a doccia** (*gen.*), abbrausen. 3 ~ **a pioggia** (*gen.*), abbrausen.
sciacquone (app. di cacciata) (*ed.*), Wasserspülapparat (m.), Ausspüler (m.), Abortspülapparat (m.).
scialuppa (*nav.*), Schaluppe (f.). 2 ~ **di salvataggio** (*nav.*), Rettungsboot (n.).
sciame (gruppo di particelle) (*fis. atom.*), Schauer (m.), Wolke (f.). 2 ~ **di particelle** (*fis. atom.*), Teilchenwolke (f.), Teilchenschauer (m.).
sciare (*sport*), skiern. 2 ~ **sull'acqua** (dei pneumatici di autoveicoli su manto stradale umido) (*aut.*), aufschvimmen.
sciatore (*sport*), Skifahrer (m.), Skiläufer (m.).
sciavero (tavola irregolare con una superficie curva, residuo estremo della segatura longitudinale di un tronco in tavole) (*ed. - legno*), Schwarte (f.), Schwartling (m.).
scidula (assicella di copertura) (*ed.*), Schindel (f.).
scientifico (*scienza - tecnol.*), wissenschaftlich.

schematico

sinottico luminoso) (*elett.*), Leuchtschaltbild (*n.*). 30 ~ **ottico** (quadro luminoso) (*elett.*), Leuchtschaltbild (*n.*), Blindschaltbild (*n.*). 31 ~ **ottico attuale** (indica le condizioni attuali dello svolgimento di un processo in un impianto) (*elett. - macch.*), Blindschaltbild (*n.*), Blindschema (*n.*). 32 ~ **pneumatico** (di un impianto) (*macch. - ecc.*), Pneumatikplan (*m.*), pneumatischer Schaltplan, Druckluftschaltplan (*n.*). 33 ~ **servizi di stabilimento** (schema impianti ausiliari, occorrenti per la fabbricazione di un dato prodotto) (*ind.*), Betriebsschema (*n.*). 34 ~ **sinottico luminoso** (schema luminoso) (*elett.*), Leuchtschaltbild (*n.*). 35 ~ **strutturale** (*gen.*), Strukturbild (*n.*). 36 ~ **termico** (d'una centrale termica p. es.) (*term. - elett.*), Wärmeschaltbild (*n.*). 37 ~ **topografico** (schema dei collegamenti, indica l'ubicazione degli allacciamenti degli app. ma non il circuito) (*elett. - ecc.*), Anschlussplan (*m.*). 38 **segni grafici dello** ~ (sul quadro) (*elett. - ecc.*), Schaltzeichen (*m. pl.*).

schematico (*gen.*), schematisch. 2 **rappresentazione schematica** (*dis. - ecc.*), schematische Darstellung.

Scherbius, sistema (*macch. elett.*), Scherbiuskaskade (*f.*).

schermaggio (schermatura, soppressione di radiodisturbi) (*radio - elett.*), Entstörung (*f.*), Störschutz (*m.*), Abschirmung (*f.*). 2 ~ (impianto di schermatura antiradiodisturbi) (*mot. - aut.*), Entstörgeschirr (*n.*), Entstörer (*m.*). 3 ~ (schermatura, di app. contro campi elettromagnetici) (*elett. - radio*), Abschirmung (*f.*), Schirmung (*f.*).

schermante (*elett. - ecc.*), Abschirm... 2 **calza** ~ (*elett.*), Abschirmlitze (*f.*). 3 **cofano** ~ (*elett.*), Abschirmgehäuse (*n.*). 4 **custodia** ~ (*elett.*), Abschirmgehäuse (*n.*). 5 **effetto** ~ (*radio - elett.*), Schirmeffekt (*m.*).

schermare (*gen.*), schirmen, abschirmen. 2 ~ (eliminare o sopprimere radiodisturbi) (*radio - elett.*), entstören, funkentstören. 3 ~ (proteggere contro i campi elettromagnetici a mezzo di una cassetta collegata a massa) (*elett. - radio*), schirmen, abschirmen.

schermato (*gen.*), abgeschirmt. 2 ~ (contro i radiodisturbi) (*radio - elett.*), funkentstört, entstört. 3 **cavo** ~ (*elett. - radio*), Abschirmkabel (*n.*).

schermatura (protezione) (*gen.*), Abschirmung (*f.*). 2 ~ (contro le radiazioni) (*fis. atom. - radioatt.*), Abschirmung (*f.*). 3 ~ (schermaggio, per la soppressione di radiodisturbi) (*radio - elett.*), Entstörung (*f.*), Störschutz (*m.*). 4 ~ (schermaggio, di app. contro campi elettromagnetici) (*elett. - radio*), Abschirmung (*f.*), Schirmung (*f.*). 5 ~ **completa** (contro i radiodisturbi) (*radio - elett.*), Vollentstörung (*f.*). 6 ~ **contro i radiodisturbi** (*radio - elett.*), Funkentstörung (*f.*). 7 ~ **contro le radiazioni** (*radioatt.*), Strahlenabschirmung (*f.*). 8 ~ **metallica** (*elett. - ecc.*), Metallabschirmung (*f.*). 9 **fattore di** ~ (*elett.*), Abschirmfaktor (*m.*). 10 **impianto di** ~ (schermaggio antiradiodisturbi) (*mot. - aut.*), Entstörgeschirr (*n.*), Entstörer (*m.*).

schermo (di protezione) (*gen.*), Schirm (*m.*), Schutzschirm (*m.*). 2 ~ (contro le radiazioni) (*fis. atom. - radioatt.*), Schirm (*m.*), Abschirmung (*f.*). 3 ~ (per proiezioni) (*cinem. - ecc.*), Bildschirm (*m.*), Projektionswand (*f.*), Bildwand (*f.*). 4 ~ (di un oscillografo elettronico p. es.) (*fis.*), Bildschirm (*m.*). 5 ~ (deflettore, di una valvola di aspirazione p. es.) (*mot.*), Schirm (*m.*). 6 ~ («baffle») (tecnica del vuoto), Baffle (*n.*). 7 ~ **acustico** (*acus.*), Schallschirm (*m.*), Schallwand (*f.*). 8 ~ **a luminescenza persistente** (*elettronica*), Nachleuchtschirm (*m.*). 9 ~ **antiradiazioni** (*fis. atom.*), Strahlenabschirmung (*f.*), Bestrahlungsschutzwand (*f.*), Strahlenschutzwand (*f.*). 10 ~ **biologico** (schermo antiradiazioni) (*fis. nucl. - radioatt.*), biologischer Schirm, Strahlenschutzwand (*f.*), Strahlenabschirmung (*f.*). 11 ~ (**biologico**) **in calcestruzzo** (di un reattore nucleare) (*fis. atom.*), Betonschutzmantel (*m.*), Betonpanzer (*m.*). 12 **di calcestruzzo** (*fis. atom.*), Betonpanzer ~ (*m.*), Betonschutzmantel (*m.*). 13 ~ **diffu**(**sore traslucido**) (*ott. - illum.*), Streuschirm (*m.*). 14 ~ **di piombo** (antiradiazioni) (*fis. atom. - radioatt.*), Bleischutzmantel (*m.*), Bleischirm (*m.*), Bleisiegelwand (*f.*). 15 ~ **di protezione** (*gen.*), Schutzschirm (*m.*), Prallschirm (*m.*). 16 ~ **fluorescente** (per rendere visibili i raggi elettronici p. es.) (*fis. - ott.*), Leuchtschirm (*m.*). 17 ~ **fluorescente** (*telev. - radar - ecc.*), Bildschirm (*m.*), Leuchtschirm (*m.*). 18 ~ **fluorescente** (fluoroscopio) (*app. fis.*), Fluoroscope (*n.*). 19 ~ **ionico** («baffle» ionico) (*fis.*), Ionenbaffle (*n.*). 20 ~ **metallico** (schermo di piombo p. es.) (*radioatt.*), Metallschirm (*m.*). 21 ~ **mobile** (parete mobile) (*ed.*), Stellwand (*f.*). 22 ~ **panoramico** (*cinem.*), Breitwand (*f.*), Breitwandschirm (*m.*), Panoramabildwand (*f.*), Panoramabildschirm (*m.*). 23 ~ **paraluce** (per la telecamera p. es.) (*cinem. - telev.*), Gegenlichtblende (*f.*), Lichtabdeckschirm (*m.*). 24 ~ **parasole** (parasole) (*fot. - cinem.*), Sonnenblende (*f.*). 25 ~ **per l'immagine** (di un tubo elettronico) (*fis. - telev.*), Bildschirm (*m.*). 26 ~ **per neutroni** (*fis. atom.*), Neutronenfänger (*m.*), Schild (*m.*). 27 ~ **per saldatura** (schermo protettore) (*att. - tecnol. mecc.*), Schweisschirm (*m.*), Blendschirm (*m.*). 28 ~ **protettivo di piombo** (di un reattore atomico) (*fis. nucl.*), Bleischutzmantel (*m.*), Bleischirm (*m.*). 29 ~ **protettore** (per saldatura) (*app.*), Blendschutz (*m.*), Handblendschirm (*m.*). 30 ~ **radar** (*navig. - radar*), Radarbild (*n.*), Radarleuchtschirm (*m.*). 31 ~ **termico** (scudo termico) (*fis. atom. - ecc.*), thermischer Schild. 32 ~ **trasparente** (*telev.*), Durchsichtsschirm (*m.*), durchscheinender Schirm, transparenter Schirm. 33 **luminosità dello** ~ (*telev.*), Schirmhelligkeit (*f.*).

schermografia (esame schermografico) (*pers. - med.*), Röntgenuntersuchung (*f.*).

schiacciamento (*gen.*), Zerdrücken (*n.*). 2 ~ (deformazione da compressione) (*tecnol. - fucinatura*), Stauchung (*f.*). 3 ~ (appiattimento, sotto una pressa, di materiale di sezione tonda p. es.) (*tecnol. mecc.*), Quetschen (*n.*). 4 ~ (della terra ai poli) (*geofis.*),

scavo) (*min.*), anbrechen. **21 iniziare lo ~** (attaccare) (*min. - ecc.*), anbrechen. **22 lavoro di ~** (lavoro di sterro) (*mov. terra*), Erdarbeit (*f.*). **23 metri di ~** (metri scavati per turno) (*min. - lav.*), Bohrleistung (*f.*). **24 profondità di ~** (di un escavatore) (*macch. mov. terra*), Reichtiefe (*f.*).
scegliere (*gen.*), wählen, auswählen, auslesen.
scelta (*gen.*), Auswahl (*f.*). Wahl (*f.*). **2 ~ della professione** (*lav.*), Berufswahl (*f.*).
scelto (qualità) (*comm. - ecc.*), ausgesucht.
scena (*teatro*) Szene (*f.*). **2 ~** (scenario) (*telev.*), Dekor (*n.*). **3 mettere in ~** (*teatro*), auf die Bühne bringen.
scenario (scena) (*telev.*), Dekor (*n.*).
scendere (da un veicolo p. es.) (*gen.*), absteigen, aussteigen. **2 ~** (nella miniera) (*min.*), fahren, einfahren. **3 ~ in una miniera** (*min.*), einen Schacht befahren.
sceneggiatore (*cinem.*), Filmautor (*m.*).
scenografo (*lav.*), Bühnenmaler (*m.*).
scentrato (fuori centro, eccentrico) (*gen.*), ausmittig, aussermittig, exzentrisch. **2 ~** (disco rotante p. es., con errore di oscillazione radiale) (*mecc.*), nicht rundlaufend. **3 ~** (sfarfallante, ruota p. es.) (*mecc.*), taumelnd, flatternd.
scentratura (eccentricità) (*gen.*), Ausmittigkeit (*f.*), Exzentrizität (*f.*). **2 ~** (errore di oscillazione radiale, difetto di un disco rotante p. es.) (*mecc.*), Rundlaufabweichung (*f.*), Radialschlag (*m.*). **3 ~** (degli stampi) (*difetto di fucinatura*), Versatz (*m.*), Wandern (*n.*). **4 ~ stampo** (*fucinatura*), Gesenkversatz (*m.*).
scheda (*gen.*), Karte (*f.*). **2 ~** (di ufficio) (*uff. - ecc.*), Karteikarte (*f.*), Indexkarte (*f.*). **3 ~ con cartellino indice** (*uff.*), Leitkarte (*f.*). **4 ~ di macchina** (*macch.*), Maschinenkarte (*f.*). **5 ~ di magazzino** (*ind. - amm.*), Lagerbestandkarte (*f.*), Lagerkarte (*f.*). **6 ~ elettorale** (*politica - ecc.*), Stimmzettel (*m.*), Wählerkarte (*f.*). **7 ~ indice** (di schedario) (*uff.*), Indexkarte (*f.*). **8 ~ magnetica** (supporto di dati) (*calc.*), Magnetkarte (*f.*). **9 ~ perforata** (*elettromecc. - automazione*), Lochkarte (*f.*). **10 ~ (perforata) a fori allungati** (*elab. dati*), Schlitzlochkarte (*f.*). **11 ~ perforata con intagli** (ai margini) (*autom.*), Kerblochkarte (*f.*). **12 ~ programma** (*autom.*), Programm-Karte (*f.*). **13 ~ regolatrice** (per regolazioni potenziometriche p. es.) (*autom.*), Justierkarte (*f.*). **14 ~ riepilogativa** (*elab. dati - ecc.*), Summenkarte (*f.*). **15 ~ tecnologica di operazione** (per macchine utensili a comando numerico) (*macch. ut.*), Einrichteblatt (*n.*). **16 ~ temporizzatrice** (per la temporizzazione digitale p. es. di cicli di lavorazione) (*autom.*), Zeitkarte (*f.*). **17 ~ analizzatore di schede perforate** (*app.*), Lochkartenabtaster (*m.*). **18 comandato da schede** (perforate p. es.) (*autom.*), kartengesteuert. **19 lettore di schede** (*autom. - calc.*), Kartenleser (*m.*), Kartenabfühler (*m.*), Kartenabtaster (*m.*). **20 lettore di schede perforate** (*app.*), Lochkartenleser (*m.*). **21 macchina a schede perforate** (*macch.*), Lochkartenmaschine (*f.*). **22 mescolatore di schede** (*autom.*), Kartenmischer (*m.*). **23 perforatore di schede** (*app.*), Kartenlocher (*m.*), Kartenstanzer (*m.*).
schedario (*uff.*), Kartei (*f.*), Kartothek (*f.*). **2 ~ di magazzino** (*ind.*), Lagerkartei (*f.*). **3 ~ generale** (di una biblioteca p. es.) (*tip.*), Hauptkatalog (*m.*).
scheggia (*gen.*), Splitter (*m.*). **2 ~ di granata** (*espl.*), Granatsplitter (*m.*).
scheggiabile (*gen.*), splitterig.
scheggiarsi (*gen.*), splittern.
scheggiatura (del tagliente di un utensile) (*ut.*), Ausbruch (*m.*), Ausbröcklung (*f.*). **2 ~** (difetto mecc. - metall.), Splitterung (*f.*), Absplitterung (*f.*).
scheletro (ossatura) (*gen.*), Gerippe (*n.*), Skelett (*n.*).
schema (grafico) (*elett. - ecc.*), Schema (*n.*), Bild (*n.*), Plan (*m.*). **2 ~** (bozza) (*gen.*), Entwurf (*m.*). **3 ~ a blocchi** (diagramma a blocchi, per la rappresentazione d'un circuito p. es.) (*elett. - ecc.*), Blockschaltbild (*n.*), Blockschema (*n.*), Kästchenschema (*n.*). **4 ~ completo** (rappresentazione semplificata d'un impianto) (*elett. - ecc.*), Übersichtsschaltplan (*m.*). **5 ~ degli allacciamenti** (di tubazioni) (*tubaz.*), Verbindungsschema (*n.*), Leitungsplan (*m.*). **6 ~ dei collegamenti** (schema topografico; indica l'ubicazione degli allacciamenti degli app. ma non il circuito) (*elett. - ecc.*), Anschlussplan (*m.*). **7 ~ dei fori da mina** (*min.*), Schussbild (*n.*), Schuss-Schema (*n.*). **8 ~ delle tubazioni ed apparecchiature** (alimentate con vapore, acqua, aria compressa ecc.) (*ind.*), Energieschema (*n.*). **9 ~ dell'impianto elettrico** (*elett.*), vedi schema elettrico. **10 ~ dell'impianto pneumatico** (schema dell'impianto dell'aria compressa) (*ind. - app.*), Druckluftschaltplan (*m.*). **11 ~ di contratto** (bozza di contratto) (*comm.*), Vertragsentwurf (*m.*). **12 ~ di fabbricazione** (*ind. chim.*), Fabrikationsschema (*n.*). **13 ~ di foratura** (*lav. macch. ut.*), Bohrbild (*n.*), Ausbohrplan (*m.*). **14 ~ di lavorazione** (*ind.*), Arbeitsdiagramm (*n.*). **15 ~ di montaggio** (*elett.*), Montageschaltbild (*n.*), Montageschema (*n.*). **16 ~ (d'installazione) delle tubazioni** (*tubaz. - ed.*), Rohrverlegungsplan (*m.*). **17 ~ di piazzamento** (degli utensili) (*macch. ut.*), Arbeitsplan (*m.*). **18 ~ di principio** (rappresentazione del circuito con fili di allacciamento e morsetti) (*elett.*), Stromlaufschaltplan (*m.*). **19 ~ di processo** (*ind.*), Verfahrenschema (*n.*). **20 ~ di risparmio** (circuito) (*elett.*), Sparschaltung (*f.*). **21 ~ elementare** (*radio - ecc.*), Prinzipschaltbild (*n.*). **22 ~ elettrico** (*elett.*), Schaltplan (*m.*), Schaltbild (*n.*), Schaltschema (*n.*). **23 ~ equivalente** (*elett. - ecc.*), Ersatzschaltbild (*n.*). **24 ~ figurato** (*dis.*), bildmässiges Schaubild. **25 ~ fondamentale** (*elett.*), Grundschaltung (*f.*). **26 ~ funzionale** (fornisce un chiaro quadro sulla funzione dei circuiti) (*elett.- ecc.*), Wirk-Schaltplan (*m.*), Funktionsplan (*m.*). **27 ~ idraulico** (*macch. - ecc.*), Hydraulikschaltplan (*m.*), hydraulischer Schaltplan. **28 ~ impianti ausiliari** (schema servizi di stabilimento, necessari per la fabbricazione di un dato prodotto) (*ind.*), Betriebsschema (*n.*). **29 ~ luminoso** (schema

~ **di analisi** (sequenza di scansione) (*telev.*), Abtastfolge (*f.*). **5** ~ **di fotogrammi** (sequenza d'immagini) (*cinem.*), Bildreihe (*f.*). **6** ~ **di immagini** (sequenza di fotogrammi) (*cinem.*), Bildreihe (*f.*). **7** ~ **di operazioni** (*lav. macch. ut. - ecc.*), Arbeitsfolge (*f.*). **8** ~ **di saldatura** (*tecnol. mecc.*), Schweissfolge (*f.*). **9** ~ **di scansione** (*telev.*), Abtastfolge (*f.*). **10** ~ **ordini** (sequenza istruzioni) (*calc.*), Befehlsfolge (*f.*). **11 comandato a** ~ (impianto) (*ind.*), folgegesteuert. **12 contatti a** ~ (comandata) (*elett.*), Folgekontakte (*m. pl.*). **13 controllo di** ~ (*elab. - dati*), Folgeprüfung (*f.*). **14 numero di** ~ (numero del blocco) (*elab. dati - macch. ut. c/n*), Satznummer (*f.*). **15 registro di** ~ **delle istruzioni** (registro indirizzi dell'istruzione) (*calc.*), Befehlsfolgeregister (*m.*). **16 stabilire la** ~ (*calc.*), einreihen.

sequenziale (*elab. dati - ecc.*), sequentiell. **2 accesso** ~ (ad una memoria) (*calc.*), sequentieller Zugriff, Zugriff in Reihenfolge. **3 comando** ~ (*macch. - ecc.*), Folgesteuerung (*f.*). **4 spettrometro** ~ (*app.*), Sequenz-Spektrometer (*n.*).

sequenziare (*calc.*), aufreihen.

sequestrare (*leg.*), beschlagnahmen.

sequestro (*leg.*), Beschlagnahme (*f.*), Beschlag (*m.*), Sequester (*m.*). **2** ~ (di una nave) («embargo») (*nav.*), Embargo (*n.*), Beschlagnahme (eines Schiffes), Beschlag (*m.*).

serbatoio (*gen.*), Behälter (*m.*). **2** ~ (grande recipiente) (*ind.*), Tank (*m.*). **3** ~ (bacino di raccolta) (*idr.*), Speicherbecken (*n.*). **4** ~ **ad alta pressione** (*ind.*), Hochdruckbehälter (*m.*). **5** ~ **a gravità** (per combustibile) (*mot. - aut.*), Fallbehälter (*m.*), Falltank (*m.*). **6** ~ **alare** (*aer.*), Flächenbehälter (*m.*), Flügelbehälter (*m.*). **7** ~ **alare del combustibile** (*aer.*), Flügel-Brennstoff-Behälter (*m.*). **8** ~ **alimentato da pompa** (*idr. - costr. idr.*), Pumpspeicher (*m.*). **9** ~ **a monte** (serbatoio ausiliario di decantazione) (*idr.*), Vorspeicher (*m.*). **10** ~ **ausiliario** (serbatoio di riserva) (*aut. - ecc.*), Reservebehälter (*m.*), Hilfsbehälter (*m.*). **11** ~ **ausiliario** (dell'aria, d'un freno pneumatico) (*ferr.*), Hilfsluftbehälter (*m.*). **12** ~ **compensatore** (serbatoio regolatore, serbatoio di compenso) (*idr.*), Ausgleichbehälter (*m.*). **13** ~ **d'acqua** (*idr.*), Wasserspeicher (*m.*). **14** ~ **d'acqua sopraelevato** (*idr.*), Wasserturm (*m.*). **15** ~ **del carburante** (serbatoio del combustibile) (*mot. - aut.*), Kraftstoffbehälter (*m.*), Treibstoffbehälter (*m.*). **16** ~ **del combustibile** (serbatoio del carburante) (*mot. - aut.*), Kraftstoffbehälter (*m.*), Treibstoffbehälter (*m.*). **17** ~ **del combustibile** (*ind. chim. - cald.*), Brennstoffbehälter (*m.*), Brennstofftank (*m.*). **18** ~ **del combustibile sganciabile in volo** (*aer.*), Abwurf-Kraftstoffbehälter (*m.*), abwerfbarer Brennstoffbehälter (*m.*). **19** ~ **della benzina** (*aut.*), Tank (*m.*), Benzintank (*m.*), Benzinbehälter (*m.*). **20** ~ **della benzina a gravità** (*mot. - aut.*), Fallbenzintank (*m.*). **21** ~ **dell'acqua di alimento** (*cald. - ecc.*), Speisewasserbehälter (*m.*). **22** ~ **dell'aria** (per i freni) (*veic.*), Luftkessel (*m.*). **23** ~ **dell'aria compressa** (*ind.*), Luftspeicher (*m.*), Druckluftspeicher (*m.*), Pressluftbehälter (*m.*). **24** ~ **dell'aria compressa** (per l'avviamento di mot. Diesel p. es.) (*app.*), Druckluftbehälter (*m.*). **25** ~ **dell'aria compressa** (per freni ad aria compressa) (*veic.*), Luftbehälter (*m.*). **26** ~ **dell'aria di avviamento** (*mot.*), Anlassluftbehälter (*m.*). **27** ~ **dell'aria per azionamento porte** (*veic.*), Türluftbehälter (*m.*). **28** ~ **dell'olio** (*mot. - ecc.*), Ölbehälter (*m.*). **29** ~ **dello sporco** (d'un impianto di filtrazione) (*app.*), Schmutztank (*m.*). **30** ~ **del lubrificante** (*mot. - macch.*), Schmierstoffbehälter (*m.*). **31** ~ **del pulito** (d'un impianto filtrante) (*app.*), Saubertank (*m.*). **32** ~ **di acqua piovana** (cisterna) (*ed.*), Regenwasserspeicherwerk (*n.*). **33** ~ **di carico** (bacino di carico) (*idr.*), Speisebecken (*n.*). **34** ~ **di compensazione** (*costr. idr.*), Beruhigungstank (*m.*), Beruhigungsbehälter (*m.*). **35** ~ **di compensazione** (d'un sistema di raffreddamento ad acqua p. es.) (*aut. - ecc.*), Ausgleichgefäss (*n.*). **36** ~ **di compenso** (*gen.*), Ausgleichsbehälter (*m.*). **37** ~ **di compenso** (serbatoio compensatore, serbatoio regolatore) (*idr.*), Ausgleichbehälter (*m.*). **38** ~ **di decadimento** (per materiali radioattivi; serbatoio di riduzione delle radiazioni) (*radioatt.*), Abklingbehälter (*m.*). **39** ~ **di deposito** (*ind. petrolio - ecc.*), Lagertank (*m.*). **40** ~ **di equilibrio** (*idr. - ecc.*), Ausgleichbehälter (*m.*), Gegenbehälter (*m.*). **41** ~ **di espansione** (*gen.*), Ausgleichsbehälter (*m.*). **42** ~ **di espansione** (vaso di espansione di un impianto di riscaldamento) (*term.*), Überlaufgefäss (*n.*). **43** ~ **di estremità alare** (*aer.*), Flügelspitzentank (*m.*). **44** ~ **di prevuoto** (tecnica del vuoto), Pufferbehälter (*m.*). **45** ~ **di punta** (per centrali di punta) (*idr. - elett.*), Saisonspeicher (*m.*). **46** ~ **di raccolta** (per acqua potabile p. es.) (*costr. idr.*), Wasserfassung (*f.*). **47** ~ **di regolazione annuale** (grande serbatoio) (*costr. idr.*), Jahresspeicher (*m.*), Langspeicher (*m.*). **48** ~ **di regolazione giornaliera** (*costr. idr.*), Tagesspeicher (*m.*). **49** ~ **di regolazione mensile** (*costr. idr.*), Monatsspeicher (*m.*). **50** ~ **di regolazione oraria** (*costr. idr.*), Stundenspeicher (*m.*). **51** ~ **di regolazione settimanale** (*idr. - costr. idr.*), Wochenspeicher (*m.*). **52** ~ **di riserva** (riserva, di carburante p. es.) (*mot. - ecc.*), Hilfsbehälter (*m.*), Reservebehälter (*m.*). **53** ~ **di riserva del carburante** (serbatoio di riserva del combustibile) (*aut.*), Kraftstoffhilfsbehälter (*m.*), Reservekraftstoffbehälter (*m.*). **54** ~ **di servizio** (per carburante p. es.) (*mot. - ecc.*), Betriebsbehälter (*m.*), Betriebstank (*m.*). **55** ~ **di servizio giornaliero** (*mot.*), Kraftstofftagesbehälter (*m.*). **56** ~ **di stoccaggio** (di petrolio p. es.) (*ind. chim.*), Lagerbehälter (*m.*). **57** ~ **di zavorra** (cassa per zavorra d'acqua, cisterna per zavorra d'acqua, di un sommergibile) (*mar. milit.*), Tauchzelle (*f.*). **58** ~ **inferiore** (di un bacino galleggiante) (*nav.*), Bodentank (*m.*). **59** ~ **integrale** (serbatoio del combustibile la cui parete fa parte della cellula) (*aer.*), Integraltank (*m.*). **60** ~ **interrato** (*ind.*), Tiefbehälter (*m.*). **61** ~ **interrato in posizione sopralevata** (*idr. - ecc.*),

sereno

Erdhochbehälter (*m.*). 62 ~ (**per alimentazione**) **a gravità** (*aut.*), Behälter für Gefällezuführung. 63 ~ (**per alimentazione**) **a pressione** (*aut.*), Behälter für Druckzuführung. 64 ~ **per aria compressa** (*ind.*), Luftbehälter (*m.*), Druckluftbehälter (*m.*). 65 ~ **per gas** (*ind.*), Gasbehälter (*m.*). 66 ~ **piezometrico** (*costr. idr.*), Wasserschloss (*n.*). 67 ~ **polmone** (negli impianti di frenatura pneumatici, p. es.) (*veic. - ecc.*), Vorratsbehälter (*m.*). 68 ~ **regolatore** (serbatoio compensatore, serbatoio di compenso) (*idr.*), Ausgleichbehälter (*m.*). 69 ~ **sferico** (per petrolio p. es.) (*ind. chim.*), Kugeltank (*m.*). 70 ~ **sferico per gas** (*ind. chim.*), Kugelgasspeicher (*m.*), Hochdruck-Kugelspeicher (*m.*). 71 ~ **sganciabile in volo** (*aer.*), Abwurfbehälter (*m.*). 72 ~ **sopraelevato** (per acqua) (*ing. civ.*), Hochbehälter (*m.*). 73 **camera d'immissione nel** ~ (*idr.*), Behältereinlaufkammer (*f.*). 74 **capacità del** ~ (*aut. - ecc.*), Behälterinhalt (*m.*). 75 **con** ~ **pieno** (*aut.*), vollgetankt. 76 **energia accumulabile in** ~ (espressa in GWh) (*elett.*), Speicherinhalt (*m.*). 77 **grande** ~ (serbatoio di regolazione annuale) (*costr. idr.*), Langspeicher (*m.*). 78 **pompa nel** ~ (per la mandata del combustibile) (*mot.*), Tankpumpe (*f.*). 79 **serratura** ~ (benzina) (*aut.*), Tankschloss (*n.*).

sereno (*meteor.*), wolkenlos.

sergente (morsa da falegname) (*falegn.*), Leimknecht (*m.*), Leimzwinge (*f.*).

seriale (accesso p. es.) (*elab. dati*), serienweise. 2 **accesso** ~ (*calc.*), serienweiser Zugriff.

serializzatore (*elab. dati*), Parallel-Serien-Konverter (*m.*), Parallel-Serienumsetzer (*m.*).

sericeo (serico) (*gen.*), seidig, seiden.

sericina (elemento della bava del baco da seta) (*ind. tess.*), Serizin (*n.*), Seidenbast (*m.*), Seidenleim (*m.*).

sericite (*min.*), Sericit (*m.*).

serico (sericeo) (*gen.*), seiden, seidig.

sericultore (bachicultore) (*agric. - ind. tess.*), Seidenzüchter (*m.*).

sericultura (*ind. tess.*), Seidenbau (*m.*), Seidenzucht (*f.*).

serie (*gen.*), Serie (*f.*), Reihe (*f.*). 2 ~ (sequenza) (*gen.*), Folge (*f.*). 3 ~ (dopo la pre-serie, produzione di serie) (*ind.*), Hauptserie (*f.*). 4 ~ (corredo, di utensili p. es.) (*mech. - ecc.*), Satz (*m.*). 5 ~ (di francobolli) (*posta - ecc.*), Satz (*m.*). 6 ~ **alifatica** (*chim.*), Fettreihe (*f.*), aliphatische Reihe. 7 ~ **armonica** (*mat.*), harmonische Reihe. 8 ~ **aromatica** (*chim.*), aromatische Reihe. 9 ~ **di avviamento** (pre-serie, nella produzione di un nuovo modello p. es.) (*ind.*), Vorserie (*f.*). 10 ~ **di caratteri consecutivi** (in una memoria p. es., stringa) (*elab. dati*), Zeichenfolge (*f.*), Zeichenserie (*f.*). 11 ~ **di Fourier** (*mat.*), Fourier'sche Reihe. 12 ~ **d'impulsi** (treno d'impulsi) (*elett. - ecc.*), Impulsserie (*f.*), Impulsreihe (*f.*), Impulszug (*m.*). 13 ~ **di palette** (schiera di palette) (*turb. - ecc.*), Schaufelgitter (*n.*). 14 ~ **di potenziali** (ordine degli elementi) (*elettrochim.*), Spannungsreihe (*f.*). 15 ~ **di sfere** (corona o giro di sfere, di un cuscinetto a sfere) (*mecc.*), Kugelreihe (*f.*). 16 ~ **esponenziale** (*mat.*), Potenzreihe (*f.*). 17 ~ **fattoriale** (*mat.*), Fakultätenreihe (*f.*). 18 ~ **fondamentale** (di numeri) (*mat.*), Grundreihe (*f.*). 19 ~ **normalizzata** (serie unificata) (*norm.*), Einheitsreihe (*f.*). 20 ~ **preferenziale** (di numeri) (*mat.*), Auswahlreihe (*f.*). 21 ~ **unificata** (serie normalizzata) (*norm.*), Einheitsreihe (*f.*). 22 **apparecchio in** ~ (*telef. - ecc.*), Reihenapparat (*m.*). 23 **circuito risonante in** ~ (*elett.*), Stromresonanzkreis (*m.*). 24 **collegamento in** ~ (*elett.*), Reihenschaltung (*f.*), Hintereinanderschaltung (*f.*). 25 **collegamento in** ~ **-parallelo** (*elett.*), Reihenparallelschaltung (*f.*). 26 **collegare in** ~ (*elett.*), hintereinanderschalten, in Reihe schalten, serienschalten. 27 **commutatore** ~ **-parallelo** (*app. elett.*), Reihen-Parallelschalter (*m.*). 28 **dinamo eccitata in** ~ (*macch. elett.*), Reihenschlussmaschine (*f.*). 29 **di** ~ (prodotto) (*ind.*), serienmässig. 30 **entrare in** (**produzione di**) ~ (*ind.*), in Serie gehen. 31 **funzionamento in** ~ (*macch. - ecc.*), Serienbetrieb (*m.*). 32 **grande** ~ (*ind.*), Gross-serie (*f.*). 33 **in** ~ (collegamento) (*elett.*), nebeneinander. 34 **introduzione in** ~ (di un processo p. es.) (*ind.*), Einführung in die Serie. 35 **lavorazione in** ~ (*ind.*), Serienfertigung (*f.*). 36 **motore eccitato in** ~ (*mot. elett.*), Reihenschlussmotor (*m.*). 37 **prodotto di** ~ (*ind.*), Reihenerzeugnis (*n.*). 38 **produzione in** ~ (*ind.*), Serienfertigung (*f.*), Reihenfertigung (*f.*). 39 **risonanza in** ~ (risonanza di corrente) (*elett.*), Reihen-Resonanz (*f.*), Stromresonanz (*f.*). 40 **sviluppo in** ~ (di una funzione) (*mat.*), Reihenentwicklung (*f.*).

serigrafia (*tip.*), Siebdruck (*m.*). 2 **inchiostro per** ~ (*tip.*), Siebdruckfarbe (*f.*).

serimetro (per l'esame della solidità e della duttilità dei fili di seta) (*strum. - tess.*), Serimeter (*n.*), Seidenmesser (*m.*).

serpeggiamento (serpeggio, di un treno) (*ferr.*), Schlingern (*n.*). 2 ~ (d'una sala montata, sul binario) (*ferr.*), Sinuslauf (*m.*).

serpeggiare (di un treno) (*ferr.*), schlingern.

serpentaggio (*lamin.*), Umführung (*f.*), Schlingen (*n.*). 2 **treno a** ~ (*lamin.*), Zickzackstrasse (*f.*), Umsteckwalzwerk (*n.*).

serpentare (*lamin.*), schlingen.

serpente monetario (*finanz.*), Währungsschlange (*f.*).

serpentino (tubo metallico) (*app. - tubaz.*), Schlange (*f.*), Schlangenrohr (*n.*), Rohrschlange (*f.*). 2 ~ [$H_2Mg_3(SiO_1)_2 \cdot H_2O$] (*min.*), Serpentin (*m.*). 3 ~ **di raffreddamento** (*app. - ind. chim. - ecc.*), Kühlschlange (*f.*), Schlangenkühler (*m.*). 4 ~ **di riscaldamento** (*app. riscald.*), Wärmeschlange (*f.*), Heizschlange (*f.*). 5 ~ **per vapore** (*macch. a vapore - ecc.*), Dampfschlange (*f.*).

serpolino (segno di ripetizione, nei vocabolari p. es., ~) (*tip.*), Tilde (*f.*).

serra (*ed. - agric.*), Gewächshaus (*n.*), Wintergarten (*m.*), Warmhaus (*n.*), Treibhaus (*n.*). 2 ~ (briglia, traversa, di torrente) (*costr. idr.*), Sperre (*f.*). 3 ~ (*costr. idr.*), vedi anche briglia. 4 **effetto** ~ (dovuto alla diversità di trasparenza dal vetro per la luce solare e per la radiazione ultrarossa) (*term. - ed.*), Treibhauseffekt (*m.*), Glashauseffekt (*m.*).

serracavi (fascetta per cavi, che tiene insieme più cavi) (*elett.*), Kabelschelle (*f.*).
serrafilo (morsetto serrafili) (*elett.*), Drahtklemme (*f.*), Drahthalter (*m.*). 2 ~ **a vite** (vite serrafilo) (*elett.*), Klemmschraube (*f.*). Schraubklemme (*f.*).
serraforme (*tip.*), Keil (*m.*).
serra-fune (*fune*), Drahtseilschloss (*n.*), Kabelschloss (*n.*).
serraggio (bloccaggio) (*mecc.*), Spannen (*n.*), Klemmung (*f.*), Befestigung (*f.*). 2 ~ (bloccaggio, di un pezzo p. es.) (*lav. macch. ut.*), Aufspannen (*n.*), Aufspannung (*f.*). 3 ~ (montaggio, dell'utensile nel porta-utensile p. es.) (*ut. - ecc.*), Spannen (*n.*). 4 ~ (di viti p. es.) (*mecc.*), Anziehen (*n.*). 5 ~ **a fondo** (di viti p. es.) (*mecc.*), Festspannung (*f.*). 6 ~ **difettoso** (serraggio eccessivo p. es.) (*difetto mecc. - lav. macch. ut.*), Verspannung (*f.*). 7 ~ **rapido** (bloccaggio rapido) (*macch. ut.*), Schnellspannung (*f.*). 8 **coppia di** ~ (per dadi p. es.) (*mecc.*), Anziehmoment (*n.*), Anzugsmoment (*n.*). 9 **dispositivo di** ~ (dispositivo di bloccaggio) (*mecc.*), Spanneinrichtung (*f.*), Spannvorrichtung (*f.*), Aufspannvorrichtung (*f.*). 10 **dispositivo per** ~ **rapido** (*disp.*), Schnellspanner (*m.*). 11 **forza di** ~ (di un attrezzo di bloccaggio ecc.) (*mecc.*), Spannkraft (*f.*). 12 **forza di** ~ (per ottenere la tenuta di un giunto p. es.) (*tubaz.*), Vorspannkraft (*f.*). 13 **leva di** ~ (leva di bloccaggio) (*mecc. - macch. ut.*), Spannhebel (*m.*). 14 **lunghezza di** ~ (di un collegamento a vite) (*mecc.*), Klemmlänge (*f.*). 15 **mandrino di** ~ (*macch. ut.*), Aufspannfutter (*f.*). 16 **motore di** ~ (motore che aziona il dispos. di serraggio) (*macch. ut.*), Spannmotor (*m.*). 17 **organo di** ~ (attrezzo, per il serraggio del pezzo p. es.) (*att. - lav. macch. ut.*), Spannzeug (*n.*). 18 **pressione di** ~ (pressione di bloccaggio) (*mecc.*), Spanndruck (*m.*). 19 **tempo di** ~ (*lav. macch. ut.*), Spannzeit (*f.*). 20 **vite di** ~ (vite di ancoraggio del semistampo inferiore p. es.) (*fucinatura - ecc.*), Spannschraube (*f.*).
serraglia (*arch.*), vedi concio in chiave.
serralamiera (premilamiera, di una pressa) (*lav. lamiera*), Blechhalter (*m.*), Niederhalter (*m.*).
serramenti (elementi costruttivi destinati a proteggere i locali dagli agenti atmosferici, ecc.) (*ed.*), Türen und Fenster.
serranda (saracinesca) (*ed.*), Falltür (*f.*), Rolladen (*m.*), 2 ~ (valvola di tiraggio, registro, del tubo di una stufa) (*comb.*), Klappe (*f.*), Fache (*f.*), Schleuse (*f.*), Schieber (*m.*), Register (*n.*), Rauchschieber (*m.*). 3 ~ **a pantografo** (*ed.*), Scherengitter (*n.*). 4 ~ **avvolgibile** (di un armadio p. es.) (*mobili*), Rolltür (*f.*). 5 ~ **dell'aria** (valvola di registro dell'aria) (*comb.*), Luftschleuse (*f.*). 6 ~ **dell'aria (a cerniera)** (valvola di registro dell'aria, registro dell'aria) (*riscald.*), Luftklappe (*f.*). 7 ~ **dell'aria (a saracinesca)** (valvola di registro dell'aria, registro dell'aria) (*comb.*), Luftschieber (*m.*). 8 **portone a** ~ **avvolgibile** (*ed.*), Rolltor (*n.*).
serrapezzo (*macch. ut.*), Werkstückspanner (*m.*), Werkstückaufspannvorrichtung (*f.*).
serrare (bloccare, fissare) (*mecc. - ecc.*), klemmen, festmachen. 2 ~ (fissare, montare in macchina, un pezzo p. es.) (*lav. macch. ut.*), aufspannen. 3 ~ (un ut. nel mandrino) (*ut.*), spannen. 4 ~ (stringere, una vite) (*mecc.*), spannen, anziehen, nachziehen. 5 ~ (la composizione nella macchina) (*tip.*), schliessen, befestigen. 6 ~ (fissare una vela) (*nav.*), annähern. 7 ~ (afferrare) (*gen.*), fassen, greifen. 8 ~ **a fondo** (stringere a fondo, una vite p. es.) (*mecc.*), fest anziehen, festspannen. 9 ~ **a vite** (serrare con viti) (*mecc.*), zuschrauben. 10 ~ **con ramponi** (*gen.*), anklammern. 11 ~ **eccessivamente** (una vite) (*mecc.*), überdrehen.
serrata (di una fabbrica) (*ind. - lav.*), Aussperrung (*f.*).
serrato (fermo, fisso) (*mecc.*), fest, fix. 2 ~ (stretto, bloccato, una vite p. es.) (*mecc.*), festgezogen.
serratura (dispositivo per chiudere) (*mecc. - ed.*), Schloss (*n.*). 2 ~ **a cilindro** (*mecc.*), Zylinderschloss (*n.*). 3 ~ **a combinazioni** (*mecc.*), Kombinationsschloss (*n.*). 4 ~ **a combinazione di lettere** (*mecc.*), Buchstabenschloss (*n.*), Alphabetschloss (*n.*). 5 ~ **a combinazione di numeri** (*mecc.*), Zahlenschloss (*n.*). 6 ~ **a doppia mandata** (*ed. - mecc.*), zweitouriges Schloss. 7 ~ **ad una mandata** (*ed. - mecc.*), eintouriges Schloss. 8 ~ **a molla** (serratura a scatto) (*ed. - mecc.*), Schnappschloss (*n.*), Federschloss (*n.*). 9 ~ **a scatola** (per applicazioni esterne) (*mecc.*), Kastenschloss (*n.*). 10 ~ **a scatto** (*ed. - mecc.*), Schnappschloss (*n.*). 11 ~ **di apparecchio elettrico** (*elett.*), Schaltschloss (*n.*). 12 ~ **di sicurezza** (*mecc.*), Sicherheitsschloss (*n.*). 13 ~ **di sicurezza a piastrine oscillanti** (*mecc.*), Chubbschloss (*n.*). 14 ~ **incassata** (per porte p. es.) (*ed.*), Einsteckschloss (*n.*). 15 ~ **Yale** (*ed. - mecc.*), Yaleschloss (*n.*). 16 ~ **serbatoio** (benzina) (*aut.*), Tankschloss (*n.*). 17 **buco della** ~ (*mecc.*), Schlüsselloch (*n.*). 18 **cassa della** ~ (scatola della serratura) (*ed. - carp.*), Schlossgehäuse (*n.*), Schliesskasten (*m.*). 19 **scatola della** ~ (cassa della serratura) (*ed. - carp.*), Schlossgehäuse (*n.*), Schliesskasten (*m.*).
servire (un cliente) (*comm.*), bedienen.
servitore (*lav.*), Aufwärter (*m.*), Bedienter (*m.*). 2 ~ (domestico) (*lav.*), Hausgehilfe (*m.*).
servitù (*leg. - ed.*), Servitut (*n.*), Grunddienstbarkeit (*f.*), Gerechtsame (*f.*). 2 ~ (complesso del personale di servizio) (*lav.*), Dienerschaft (*f.*), Hauspersonal (*n.*). 3 ~ **di elettrodotto** (*elett.*), Leitungsrecht (*m.*). 4 ~ **di passaggio** (*leg.*), Wegbenutzungsrecht (*n.*), Wegerecht (*n.*). 5 ~ **di passaggio di linee elettriche** (*elett. - leg.*), Elektrizitätswegerecht (*n.*). 6 **legge sulla** ~ **di elettrodotto** (*elett.*), Starkstromwegegesetz (*n.*).
servizio (*gen.*), Dienst (*m.*). 2 ~ (reparto, di una fabbrica p. es.) (*ind.*), Abteilung (*f.*), Fabrikabteilung (*f.*), Fach (*n.*). 3 ~ (funzionamento, di un mot. o macch.) (*mot. - macch.*), Betrieb (*m.*). 4 **servizi** (attività non produttive) (*organ.*), Dienstleistungsbetriebe (*m. pl.*). 5 **servizi** (locali accessori di una casa di abitazione, cucina, bagno, ecc.) (*arch.*

servizio

- *ed.*), Küche und Bad. **6** ~ (l'occorrente per una data operazione) (*gen.*), Besteck (*n.*). **7** ~ **(tennis)** (*sport*), Aufschlag (*m.*). **8** ~ **a batteria centrale** (*telef.*), ZB-Betrieb (*m.*), Zentral-Batterie-Betrieb (*m.*). **9** ~ **abbonati assenti** (*telef.*), Fernsprechkundendienst (*m.*), Fernsprechauftragsdienst (*m.*). **10** ~ **a carico costante** (*mot. - elett. - ecc.*), Betrieb mit gleichbleibender Belastung. **11** ~ **a carico variabile** (*mot. - elett. - ecc.*), Betrieb mit veränderlicher Belastung. **12** ~ **accettazione** (*ind.*), Abnahmeabteilung (*f.*). **13** ~ **acquisti** (ufficio acquisti, di uno stabilimento) (*ind.*), Einkauf (*m.*), Bestellungsabteilung (*f.*). **14** ~ **ad un quadrante** (d'un convertitore; la corrente passa in un solo senso) (*elettronica*), Einquadrantbetrieb (*m.*). **15** ~ **aereo** (*aer.*), Flugbetrieb (*m.*). **16** ~ **amministrativo** (*amm.*), Amt (*n.*), Verwaltung (*f.*). **17** ~ **assistenza clienti** (*ind.*), Kundendienstabteilung (*f.*). **18** ~ **attivo** (*milit.*), aktiver Dienst. **19** ~ **continuativo** (servizio continuo) (*mot. - macch. elett. - ecc.*), Dauerbetrieb (*m.*). **20** ~ **continuativo con applicazione intermittente del carico** (servizio continuativo con carico intermittente) (*mot. - ecc.*), durchlaufender Betrieb mit aussetzender Belastung. **21** ~ **continuativo con carico di breve durata** (*macch. elett.*), Dauerbetrieb mit kurzzeitiger Belastung, DKB. **22** ~ **continuativo con carico intermittente** (*macch. elett.*), Dauerbetrieb mit aussetzender Belastung, DAB. **23** ~ **continuo** (servizio continuativo) (*mot. - macch. - elett.*), Dauerbetrieb (*m.*). **24** ~ **continuo** (di 24 ore su 24, funzionamento continuo) (*mot.*), Tag- und Nachtbetrieb (*m.*), Dauerbetrieb (*m.*). **25** ~ **continuo** (di un trasmettitore) (*radio - ecc.*), Dauerstrichleistung (*f.*). **26** ~ **controllo e collaudi** (*ind. mecc.*), Revision (*f.*), Revisionsabteilung (*f.*). **27** ~ **del personale** (direzione del personale) (*ind.*), Personalabteilung (*f.*). **28** ~ **di breve durata** (*mot. - elett.*), Kurzzeitbetrieb (*m.*), Kurzbetrieb (*m.*). **29** ~ **di breve durata a carico variabile** (*mot. - ecc.*), kurzzeitiger Betrieb mit veränderlicher Belastung. **30** ~ **di emergenza** (*ind. - ecc.*), Bereitschaftsdienst (*m.*). **31** ~ **di guardia** (*milit.*), Wache (*f.*), Wachdienst (*m.*). **32** ~ **di navetta** (servizio di spola) (*trasp.*), Pendelbetrieb (*m.*). **33** ~ **d'intercettazione** (*radio*), Horchdienst (*m.*). **34** ~ **di piazzale** (di aeroporto) (*aer.*), Vorfelddienst (*m.*). **35** ~ **di presa e resa a domicilio** (servizio di presa e consegna a domicilio) (*trasp.*), Abhol- und Zustelldienst (*m.*). **36** ~ **di radiodiffusione** (*radio*), Sendedienst (*m.*). **37** ~ **di radiointercettazione** (*radio*), Funkhorchdienst (*m.*). **38** ~ **di radiolocalizzazione** (*navig.*), Ortungsfunkdienst (*m.*). **39** ~ **di radiotelecomunicazioni** (*radio - telev.*), RFT-Betriebe (*m. pl.*), Radio-Fernmelde-Technik-Betriebe (*m. pl.*). **40** ~ **di salvataggio** (*nav. - ecc.*), Rettungsdienst (*m.*). **41** ~ **di sicurezza** (*ind.*), Sicherheitsabteilung (*f.*), Sicherheitsdienst (*m.*). **42** ~ **di soccorso e salvataggio** (*aer. - ecc.*), Rettungsdienst (*m.*). **43** ~ **di sorveglianza** (*telef.*), Aufsichtsdienst (*m.*). **44** ~ **di spola** (servizio di navetta) (*trasp.*), Pendelbetrieb

1846

(*m.*). **45** ~ **di terra** (di aeroporto) (*aer.*), Bodendienst (*m.*). **46** ~ **(elaborazione) dati** (centro di calcolo) (*calc.*), Datendienst (*m.*). **47** ~ **esterno** (*comm.*), Aussendienst (*m.*). **48** ~ **estero** (*comm. - ecc.*), Auslandsdienst (*m.*). **49** ~ **guasti** (*telef. - ecc.*), Störungsdienst (*m.*). **50** ~ **imballaggi** (*ind.*), Packerei (*f.*). **51** ~ **informazioni** (*telef.*), Auskunftsdienst (*m.*). **52** ~ **informazioni** (aeronautiche) (*aer. - navig.*), Meldedienst (*m.*). **53** ~ **in tandem** (*telef.*), Tandembetrieb (*m.*). **54** ~ **intermittente** (*macch. elett. - mot.*), aussetzender Betrieb, Aussetzerbetrieb (*m.*). **55** ~ **legale** (di una ditta) (*leg.*), Rechtsabteilung (*f.*). **56** ~ **libretti d'istruzione** (di una ditta) (*ind.*), Beschreibungsabteilung (*f.*). **57** ~ **manutenzione** (*ind. - ecc.*), Wartungsdienst (*m.*), Pflegedienst (*m.*). **58** ~ **meccanografico** (a schede perforate) (*amm. - ecc.*), Lochkartendienst (*m.*). **59** ~ **merci** (*trasp.*), Frachtdienst (*m.*), Güterdienst (*m.*). **60** ~ **meteorologico** (*meteor.*), Wetterdienst (*m.*). **61** ~ **meteorologico dell'aeronautica** (*aer. meteor.*), Flugwetterdienst (*m.*). **62** ~ **militare** (*milit.*), Heeresdienst (*m.*), Militärdienst (*m.*), Wehrdienst (*m.*). **63 servizi municipali** (*ing. civ. - ecc.*), städtische Einrichtungen. **64** ~ **normalizzazione** (servizio normazione, d'una azienda) (*ind.*), Normenstelle (*f.*). **65** ~ **passeggeri** (*trasp.*), Passagierdienst (*m.*). **66** ~ **pesante** (*macch. - mot.*), Schwerbetrieb (*m.*). **67** ~ **programmazione** (di una ditta) (*ind.*), Planungsabteilung (*f.*). **68** ~ **propaganda** (servizio pubblicità, di una ditta) (*ind.*), Propagandaabteilung (*f.*), Werbeabteilung (*f.*). **69** ~ **pubblico** (*ing. civ. - trasp. - ecc.*), öffentlicher Dienst, öffentlicher Versorgungsdienst, öffentlicher Versorgungsbetrieb. **70** ~ **radiofonico** (*radio*), Rundfunkdienst (*m.*). **71** ~ **radiometeorologico** (*radio - meteor.*), Funkwetterdienst (*m.*). **72** ~ **riproduzioni** (di disegni ecc., di una ditta p. es.) (*dis. - ecc.*), Lichtpauserei (*f.*), Pausraum (*m.*). **73** ~ **sanitario** (*med.*), Sanitätsdienst (*m.*). **74** ~ **sanitario** (d'una azienda) (*ind. - med.*), Gesundheitsdienst (*m.*). **75** ~ **scaglionato** (*telegr.*), Staffelbetrieb (*m.*). **76** ~ **segeteria telefonica** (*telef.*), Fernsprechauftragsdienst (*m.*), Auftragsdienst (*m.*). **77** ~ **sociale** (*pers. - ind.*), sozialer Fürsorgedienst. **78 servizi sociali** (scuole, ospedali, ecc.) (*urbanistica*), Austattung (*f.*). **79 servizi speciali** (*telef.*), Nebendienste (*m. pl.*). **80** ~ **spedizioni** (di una ditta) (*ind. - trasp.*), Expedition (*f.*), Versandabteilung (*f.*), Expedit (*n. - austr.*). **81** ~ **(spedizioni) merci** (*ferr.*), Güterabfertigung (*f.*), Güterannahme (*f.*). **82** ~ **sperimentale** (servizio studi e ricerche, di una ditta) (*ind.*), Versuchsabteilung (*f.*), Forschungsabteilung (*f.*). **83** ~ **sveglia** (*telef.*), Weckdienst (*m.*). **84** ~ **tecnico** (centro tecnico, di una ditta) (*ind.*), technische Abteilung. **85**~**telefonico** (*telef.*), Fernsprechbetrieb (*m.*), Fernsprechdienst (*m.*). **86** ~ **telex** (*telegr.*), Fernschreibdienst (*m.*), FS-Dienst (*m.*), Telexbetrieb (*m.*), Telexdienst (*m.*). **87** ~ **trasporti** (di una ditta) (*ind.*), Versandabteilung (*f.*), Expedit (*n. - austr.*). **88** ~ **tropicale** (*mot. - macch. - ecc.*), Tropenbetrieb (*m.*). 89 ~ vendite (*comm.*), Verkaufsdienst (*m.*). 90 adatto per ~ tropicale (*mot. - strum. - ecc.*), tropentauglich. 91 anzianità di ~ (*lav. - pers.*), Dienstalter (*n.*), Arbeitsalter (*n.*). 92 apparecchio telefonico di ~ (*telef.*), Bedienungsfernsprecher (*m.*). 93 banco di ~ (di un'autofficina) (*aut.*), Dienststand (*m.*). 94 banco di ~ a cadenza di tipo rialzato (banco rialzato per servizio a cadenza, di un'autoofficina) (*aut.*), Überflur-Taktstand (*m.*). 95 binario di ~ (*ferr.*), Versorgungsgleis (*n.*). 96 con personale di ~ (una stazione radio p. es.) (*radio - ecc.*), bemannt. 97 entrata in ~ (*lav.*), Diensteintritt (*m.*). 98 idoneità al ~ (*lav. - ecc.*), Dienstfähigkeit (*f.*). 99 idoneo al ~ (*gen.*), dienstfähig. 100 inabile al ~ (*gen.*), dienstuntauglich, dienstunfähig. 101 inabilità al ~ (*lav. - ecc.*), Dienstunfähigkeit (*f.*). 102 in ~ (in attività, impianto p. es.) (*ind. - ecc.*), betriebsam, laufend. 103 livello di ~ (d'un pozzo, per circolazione dei vagoncini) (*min.*), Umbruch (*m.*), Umbruchstrecke (*f.*). 104 malattia contratta in ~ (*lav.*), Dienstbeschädigung (*f.*). 105 messa fuori ~ (*veic. - ecc.*), Ausserdienststellung (*f.*). 106 mettere fuori ~ (*mot. - ecc.*), ausser Betrieb setzen. 107 orario di ~ (*organ.*), Dienststunden (*f. pl.*). 108 per ~ pesante (per servizio gravoso) (*macch. - ecc.*), hochbelastbar. 109 personale di ~ (*gen.*), Bedienungspersonal (*n.*). 110 piattaforma di ~ (*ed. - ecc.*), Bedienungsbühne (*f.*). 111 prestazione di servizi (*comm. - ecc.*), Dienstleistung (*f.*). 112 programma di ~ (*calc.*), Betriebsprogramm (*n.*), Dienstprogramm (*n.*). 113 stato di ~ (*pers.*), Dienstverhältnis (*n.*). 114 tuttora in ~ (tuttora occupato, negli annunci domande d'impiego p. es.) (*pers. - lav.*), in ungekündigter Stellung.

servoamplificatore (*elettronica*), Nachlaufverstärker (*m.*), Servoverstärker (*m.*).

servoassistenza (servoazionamento) (*autom. - ecc.*), Unterstützung (*f.*).

servoassistito (comando) (*macch. - ecc.*), unterstützt.

servoazionatore (servocomando, app. ad aria compressa, ecc. usato per il comando diretto di una pressa idraulica p. es.) (*macch.*), Treibapparat (*m.*).

servocomando (*mecc.*), Servosteuerung (*f.*).

servofreno (*veic.*), Servobremse (*f.*). 2 ~ a depressione (*veic.*), Vakuum-Servobremse (*f.*), Unterdruckservobremse (*f.*).

servomeccanismo (*mecc.*), Servogerät (*n.*).

servomotore (*mecc.*), Servomotor (*m.*), Hilfsmotor (*m.*), Stellmotor (*m.*). 2 ~ (motore di regolazione, che aziona l'organo finale del relativo circuito) (*regol.*), Verstellmotor (*m.*), Stellmotor (*m.*). 3 ~ della piattaforma (giroscopica) (*app.*), Plattform-Stellmotor (*m.*). 4 ~ di regolazione della velocità (motorino per la regolazione del numero di giri) (*mot. - ecc.*), Drehzahlverstellmotor (*m.*). 5 ~ equilibratore (usato per ponti Wheatstone in regolatori p. es.) (*mot. - elett.*), Nullmotor (*m.*), Numo (*m.*). 6 ~ idraulico (*mecc. - ecc.*), hydraulischer Servomotor, hydraulischer Stellmotor.

servosistema (sistema asservito, regolatore con valore desiderato variabile della grandezza regolata) (*regol.*), Folgeregler (*m.*), Nachlaufregler (*m.*), Servosystem (*n.*). 2 ~ aperto (comando senza retroazione) (*regol. - macch. - ut. c/n - ecc.*), Steuerkette (*f.*). 3 ~ chiuso (comando con retroazione) (*regol. - macch. ut. c/n - ecc.*), Regelkreis (*m.*).

servosterzo (*aut.*), Servolenkung (*f.*). 2 ~ idraulico (sterzo idraulico) (*aut.*), Hydrolenkung (*f.*).

servovalvola (per controllare l'efflusso d'un liquido p. es.) (*elettroidr.*), Servoventil (*n.*).

sessola (sassola, vuotazza, gottazza) (*nav.*), Kahnschaufel (*f.*).

sestante (*strum.*), Sextant (*m.*). 2 ~ a bolla d'aria (*strum.*), Libellensextant (*m.*), Blasensextant (*m.*).

set di caratteri (insieme di caratteri) (*elab. dati*), Zeichenvorrat (*m.*).

seta (*ind. tess.*), Seide (*f.*). 2 ~ all'acetato di cellulosa (raion acetato) (*ind. tess.*), Zelluloseazetatseide (*f.*). 3 ~ artificiale (*ind. tess.*), Kunstseide (*f.*), künstliche Seide. 4 ~ artificiale (raion) (*ind. chim. - tess.*), Kunstseide (*f.*), Reyon (*n.*), Rayon (*n.*). 5 ~ (artificiale) al cuprammonio (*ind. tess.*), Kupferkunstseide (*f.*). 6 ~ caricata (*ind. tess.*), beschwerte Seide. 7 ~ cotta (seta sgommata, seta purgata) (*ind. tess.*), gekochte Seide, entbastete Seide, degummierte Seide. 8 ~ cruda (seta greggia) (*ind. tess.*), Rohseide (*f.*), rohe Seide, Bastseide (*f.*). 9 ~ filabile (*ind. tess.*), Spinnseide (*f.*). 10 ~ greggia (seta cruda) (*ind. tess.*), Rohseide (*f.*), rohe Seide, Bastseide (*f.*). 11 ~ naturale (*ind. tess.*), Naturseide (*f.*). 12 ~ pura (seta di baco) (*tess.*), echte Seide. 13 ~ purgata (seta sgommata, seta cotta) (*ind. tess.*), gekochte Seide, entbastete Seide, degummierte Seide. 14 ~ raddolcita (*ind. tess.*), Soupleseide (*f.*), unvollständig entbastete Seide. 15 ~ selvatica (*ind. tess.*), wilde Seide. 16 ~ sgommata (seta cotta, seta purgata) (*ind. tess.*), gekochte Seide, entbastete Seide, degummierte Seide. 17 ~ vegetale (*ind. tess.*), Pflanzenseide (*f.*). 18 ~ vegetale (lana vegetale, « kapok », bambagia delle Indie) (*ind. tess.*), Kapok (*m.*). 19 di ~ (*ind. tess.*), seiden, aus Seide. 20 tessuto di ~ (*ind. tess.*), Seidengewebe (*n.*).

setacciare (vagliare) (*ind.*), sieben, aussieben.

setacciatura (vagliatura, crivellatura) (*ind.*), Sieben (*n.*).

setaccio (vaglio a maglia fine) (*att. ind.*), Feinsieb (*n.*), Sieb (*n.*). 2 ~ per cereali (*att. ind.*), Getreidesieb (*n.*). 3 ~ per foraggi (*att. ind.*), Häckselsieb (*n.*).

setola (*ind.*), Borste (*f.*). 2 pennello di ~ (*ut.*), Borstenpinsel (*m.*).

settimana (*lav. - ecc.*), Woche (*f.*). 2 ~ flessibile (di 4 giorni lavorativi) (*lav.*), flexibele Arbeitswoche. 3 ~ lavorativa (*lav.*), Arbeitswoche (*f.*). 4 fine ~ (« weekend ») (*lav.*), Wochenende (*n.*), « Week-end ».

settimanale (*a. - gen.*), wöchentlich. 2 ~ (paga settimanale) (*s. - lav.*), Wochenlohn (*m.*). 3 ~ (periodico, rivista) (*s. - giorn.*), Wochenschrift (*f.*). 4 ~ (abbonamento settimanale) (*s. - ferr. - ecc.*), Wochenkarte (*f.*).

setto

5 **ore lavorative settimanali** (numero di ore lavorative settimanali) (*lav.*), Wochenarbeitszeit (*f.*).

setto (diaframma) (*gen.*), Scheidewand (*f.*), Diaphragma (*n.*). 2 ~ (diaframma, di un serbatoio del carburante) (*aer. - ecc.*), Schlingerwand (*f.*).

settore (*gen.*), Bereich (*m.*), Gebiet (*n.*) 2 ~ (sezione, branca) (*gen.*), Fach (*n.*), Branche (*f.*), Berufsgebiet (*n.*). 3 ~ (*geom.*), Sektor (*m.*). 4 ~ (di un comando sterzo p. es.) (*mecc. - aut. - ecc.*), Segment (*n.*), Sektor (*m.*). 5 ~ **circolare** (*geom.*), Kreissektor (*m.*), Kreisausschnitt (*m.*). 6 ~ **del cambio** (di velocità) (*mecc.*), Schaltsegment (*n.*). 7 ~ **del distributore** (*aut. - mot.*), Verteilersegment (*n.*). 8 ~ **dello sterzo** (*aut.*), Lenksegment (*n.*). 9 ~ **dentato** (*mecc.*), Zahnbogen (*m.*), Zahnsegment (*n.*), gezahntes Segment, gezahnter Sektor. 10 ~ **d'inversione** (*macch. a vap.*), Umsteuerungssektor (*m.*). 11 ~ **per vite senza fine** (*aut.*), Schneckenradbogen (*m.*), Schneckenradsegment (*n.*). 12 ~ **sferico** (*geom.*), Kugelausschnitt (*m.*). 13 **albero con** ~ **dentato** (di uno sterzo) (*aut.*), Segmentwelle (*f.*).

sezionamento (*gen.*), Trennung (*f.*). 2 ~ (*ferr. - ecc.*), Streckentrennung (*f.*). 3 **cassetta di** ~ (*app. elett.*), Trennkasten (*m.*). 4 **cassetta di** ~ (*telef.*), Untersuchungs-Kasten (*m.*). 5 **coltello di** ~ (*elett.*), Schaltmesser (*n.*). 6 **isolatore di** ~ (*elett.*), Trennisolator (*m.*). 7 **palo di** ~ (palo di prova) (*telef.*), Untersuchungsstange (*f.*). 8 **presa di** ~ (*elett.*), Trennbuchse (*f.*). 9 **punto di** ~ (d'un impianto p. es.) (*elett.*), Trennstelle (*f.*).

sezionatore (*app. elett.*), Trennschalter (*m.*), Trenner (*m.*). 2 ~ **a coltelli** (*app. elett.*), Messer-Trennschalter (*m.*). 3 ~ **a coltelli mobili** (*app. elett.*), Scherentrennschalter (*m.*). 4 ~ **di potenza** (*app. elett.*), Leistungstrenner (*m.*). 5 ~ **di protezione** (*elett.*), Trennschutzschalter (*m.*). 6 ~ **in olio** (*elett.*), Öltrennungsschalter (*m.*).

sezione (operazione di sezione) (*geom.*), Schnitt (*m.*), Durchschnitt (*m.*). 2 ~ (superficie) (*geom. - ecc.*), Schnittfläche (*f.*). 3 ~ (rappresentazione in un piano di sezione) (*dis.*), Schnitt (*m.*), Durchschnitt (*m.*). 4 ~ (sezione trasversale, area) (*dis.*), Querschnitt (*m.*). 5 ~ (di un filo metallico p. es.) (*gen.*), Querschnitt (*m.*). 6 ~ (tratto) (*ferr.*), Strecke (*f.*), Streckenabschnitt (*m.*). 7 ~ (fascio di tubi, di una caldaia a tubi d'acqua) (*cald.*), Teilkammer (*f.*). 8 ~ (reparto) (*gen.*), Abteilung (*f.*), Abteil (*n.*). 9 ~ (ufficio, divisione) (*leg. - amm.*), Dezernat (*n.*). 10 ~ **assiale** (*dis. mecc. - ecc.*), Axialschnitt (*m.*), Achsschnitt (*m.*), Achsdurchschnitt (*m.*). 11 ~ **aurea** (di un segmento) (*mat.*), Goldener Schnitt, stetige Teilung. 12 ~ **circolare** (*gen.*), kreisförmiger Querschnitt. 13 ~ **conica** (conica, sezione piana di un cono circolare) (*geom.*), Kegelschnitt (*m.*). 14 ~ **del truciolo** (*lav. macch. ut.*), Spanquerschnitt (*m.*). 15 ~ **di arricchimento** (nella distillazione; tronco di arricchimento) (*ind. chim.*), Verstärkersäule (*f.*). 16 ~ **di avvolgimento** (*elett.*), Wicklungselement (*n.*). 17 ~ **di blocco** (*ferr.*), Blockabschnitt (*m.*), Blockfeld (*n.*). 18 ~ **di cattura** (sezione efficace) (*fis. atom.*), Einfangquerschnitt (*m.*), Wirkungsquerschnitt (*m.*). 19 ~ **di cono** (conica, sezione conica) (*geom.*), Kegelschnitt (*m.*). 20 ~ **di Dedekind** (*mat.*), Dedekindscher Schnitt. 21 ~ **di efflusso** (*idr.*), Abflussquerschnitt (*m.*). 22 ~ **di linea** (d'una linea di montaggio p. es.) (*ind.*), Linienabschnitt (*m.*). 23 ~ **di linea ferroviaria** (*ferr.*), Eisenbahnstrecke (*f.*). 24 ~ **di passaggio** (di un tracciato, sezione in sterro e riporto) (*ed. - costr. strad.*), Anschnitt (*m.*). 25 ~ **di pupinizzazione** (*telef.*), Spulenfeld (*n.*). 26 ~ **di trasposizione** (*telef.*), Kreuzungsabschnitt (*m.*). 27 ~ **d'urto** (*chim.*), Stossquerschnitt (*m.*). 28 ~ **d'urto** (*fis. nucl.*), Wirkungsquerschnitt (*m.*). 29 ~ **d'urto di trasporto** (*fis. atom.*), Transportquerschnitt (*m.*). 30 ~ **d'urto di trasporto di gruppo** (*fis. atom.*), Gruppenübergangsquerschnitt (*m.*). 31 ~ **d'urto efficace** (di un elettrone con un atomo) (*elettronica*), Wirkquerschnitt (*m.*). 32 ~ **d'urto per assorbimento** (*fis. nucl.*), Absorptions-Querschnitt (*m.*), Spaltprodukt-Querschnitt (*m.*). 33 ~ **d'urto per diffusione** (*fis. atom.*), Streuquerschnitt (*m.*). 34 ~ **efficace** (d'urto) (*fis. atom.*), Wirkungsquerschnitt (*m.*). 35 ~ **in elevazione** (*dis.*), Ansicht im Aufriss und Schnitt. 36 ~ **iniziale di passaggio** (del calibro) (*lamin.*), Anstichquerschnitt (*m.*). 37 ~ **in sterro e riporto** (sezione di passaggio) (*ed. - costr. strad.*), Anschnitt (*m.*). 38 ~ **intera** (*dis. mecc.*), Vollschnitt (*m.*). 39 ~ **inviluppo** (nella fresatura a creatore) (*lav. macch. ut.*), Hüllschnitt (*m.*). 40 ~ **libera** (*ferr.*), freie Strecke. 41 ~ (libera di passaggio) **in funzione dell'angolo di manovella** (*mot.*), Winkelquerschnitt (*m.*). 42 ~ (libera di passaggio) **in funzione del tempo** (nella distribuzione a valvole, $\int f \cdot dt$ in cui f rappresenta la sezione libera istantanea e t il tempo necessario per ottenerla) (*mot.*), Zeitquerschnitt (*m.*). 43 ~ **longitudinale** (*dis. mecc.*), Längsschnitt (*m.*). 44 ~ **longitudinale** (profilo longitudinale) (*top. - ing. civ.*), Längenprofil (*n.*), Längsprofil (*n.*), Längsschnitt (*m.*). 45 ~ **meridiana** (*dis. mecc.*), Meridianschnitt (*m.*). 46 ~ **obliqua** (*dis. mecc.*), Schrägschnitt (*m.*). 47 ~ **ottica** (sezione di una superficie tecnica con un piano di luce, nelle misure della rugosità) (*tecnol. mecc.*), Lichtschnitt (*m.*). 48 ~ **ovoidale** (di un canale di fognatura) (*ed. - ing. civ.*), Eiprofil (*n.*), Eiquerschnitt (*m.*). 49 ~ **parziale** (*dis. mecc.*), Teilschnitt (*m.*), Teilausschnitt (*m.*), Ausbruch (*m.*). 50 ~ **resistente** (*mecc.*), Spannungsquerschnitt (*m.*). 51 ~ **tampone** (*ferr.*), Anrückabschnitt (*m.*), Annäherungsabschnitt (*m.*), Schutzstrecke (*f.*), Abrückabschnitt (*m.*). 52 ~ **trasversale** (*dis. mecc. - ecc.*), Querschnitt (*m.*). 53 ~ **trasversale** (di una strada) (*ing. civ.*), Querprofil (*n.*), Querschnitt (*m.*). 54 ~ **verticale** (di una miniera) (*min.*), Seigerriss (*m.*). 55 **blocco di** ~ (*ferr.*), Streckenblock (*m.*). 56 **consenso di** ~ (*ferr.*), Streckenentblockung (*f.*). 57 **interruttore di** ~ (*elett. - ferr.*), Streckenausschalter (*m.*). 58 **mezza** ~ (semisezione) (*dis.*), Halbschnitt (*m.*). 59

piano di ~ (*dis. mecc.*), Schnittebene (*f.*). **60 vista in ~** (*dis. mecc.*), Durchschnittsansicht (*f.*), Ansicht in Querschnitt. **61 vista in ~ parziale** (*dis. mecc.*), Teilschnittsansicht (*f.*), Teilschnittzeichnung (*f.*).

sfaccettare (pietre preziose p. es.) (*min.*), facettieren.

sfaccettato (*min.*), facettiert.

sfaccettatura (di una pietra preziosa p. es.) (*min.*), Facette (*f.*).

sfacciare (spianare) (*mecc.*), abflächen, anflächen. **2 ~ al tornio** (tornire in piano, spianare al tornio) (*lav. macch. ut.*), plandrehen, flachdrehen, ebendrehen.

sfacciatura (spianatura) (*lav. macch. ut.*), Planschnitt (*m.*). **2 ~ al tornio** (spianatura al tornio, tornitura in piano) (*lav. macch. ut.*), Plandrehen (*n.*), Flachdrehen (*n.*), Ebendrehen (*n.*). **3 ~ di finitura** (spianatura di finitura) (*lav. macch. ut.*), Planschlichten (*n.*).

sfaldabile (*gen.*), spaltbar.

sfaldabilità (*min. - ecc.*), Spaltbarkeit (*f.*), Spaltfähigkeit (*f.*).

sfaldamento (sfaldatura) (*gen.*), Aufspalten (*n.*), Aufspaltung (*f.*). **2 ~ dello strato cementato** (*tratt. term. - difetto*), Abplatzung der Einsatzschicht.

sfaldarsi (*min. - ecc.*), sich spalten, aufspalten. **2 ~** (sbocconcellarsi, difetto di un ingranaggio p. es.) (*metall. - mecc.*), ausbröckeln.

sfaldatura (*gen.*), Aufspalten (*n.*), Aufspaltung (*f.*). **2 ~** (clivaggio) (*min.*), Spaltung (*f.*), Spalt (*m.*). **3 ~** (difetto di vn.), Abblättern (*n.*). **4 ~** (sbocconcellatura, difetto di un ingranaggio p. es.) (*mecc. - metall.*), Ausbröcklung (*f.*). **5 piano di ~** (*min. - geol.*), Spaltfläche (*f.*), Spaltungsfläche (*f.*). **6 rottura da ~** (rottura da clivaggio) (*mecc.*), Spaltbruch (*m.*).

sfalerite (blenda) (*min.*), Sphalerit (*m.*).

sfalsamento (*gen.*), Versetzung (*f.*). **2 ~ degli assi** (di ingranaggi, spostamenti degli assi) (*mecc.*), Achsversetzung (*f.*).

sfalsare (*gen.*), versetzen. **2 ~** (disassare) (*mecc. - ecc.*), abkröpfen, verschränken. **3 ~** (i giunti di un muro p. es.) (*mur.*), versetzen.

sfalsato (*gen.*), versetzt. **2 ~** (disassato) (*mecc. - ecc.*), abgekröpft, verschränkt. **3 ~** (di giunto, di un muro) (*mur.*), versetzt.

sfangamento (*min. - ecc.*), Ausschlämmen (*n.*).

sfangare (togliere il fango) (*min. - ecc.*), ausschlämmen. **2 ~** (*gen.*), *vedi anche* defangare.

sfangatoio (*macch. min.*), Schlämmapparat (*m.*), Entschlämmungsapparat (*m.*).

sfarfallamento (di un disco rotante, dovuto ad errore di normalità) (*difetto mecc.*), Flattern (*n.*), Taumelbewegung (*f.*), Stirnlauf (*m.*), Taumelschwingung (*f.*). **2 ~** (errore di normalità, di un disco rotante) (*difetto mecc. - ecc.*), Achsialschlag (*m.*), Planlaufabweichung (*f.*). **3 ~** («shimmy», delle ruote anteriori) (*difetto aut.*), Flattern (*n.*). **4 ~** (tremolìo, dell'immagine) (*difetto telev.*), Flimmern (*n.*), Flackereffekt (*m.*). **5 ~** (della luce) (*difetto ott. - illum.*), Flimmern (*n.*). **6 ~ della ruota** (*difetto veic.*), Radflattern (*n.*). **7 ~ della valvola** (*difetto mot.*), Ventilflattern (*n.*). **8 ~ di linea** (sfarfallamento della luminosità di linea) (*difetto telev.*), Zeilenflimmern (*n.*). **9 frequenza di ~** (*difetto telev.*), Flimmerfrequenz (*f.*).

sfarfallante («scentrato», fuori piano, un disco p. es.) (*mecc.*), taumelnd, flatternd.

sfarfallare (di ruote p. es., girare fuori piano) (*mecc. - aut. - ecc.*), flattern, taumeln, schlagen. **2 ~** (di valvole) (*mot. - mecc.*), flattern. **3 ~** (del ruotino di coda di un velivolo p. es.) (*aer. - veic.*), schwänzeln. **4 ~** (tremolare, della luce) (*ott.*), flimmern.

sfarfallìo (tremolìo) (*difetto telev. e cinem.*), Flimmern (*n.*), Flackern (*n.*).

sfarinamento (difetto di vn.), Kreiden (*n.*), Auskreiden (*n.*), Abkreiden (*n.*).

sfarinarsi (difetto di vn.), kreiden, auskreiden, abkreiden.

sfasamento (differenza di fase) (*elett.*), Phasendifferenz (*f.*), Phasenverschiebung (*f.*), Phasenunterschied (*m.*). **2 ~ iterativo** (*elett. - ecc.*), Kettenwinkelmass (*n.*). **3 ~ unitario** (indice di sfasamento) (*elett.*), Phasenbelag (*m.*). **4 angolo di ~** (*fis.*), Phasenverschiebungswinkel (*m.*), Phasenkonstante (*f.*). **5 fattore di ~** (*elett.*), Verschiebungsfaktor (*m.*).

sfasato (*elett.*), phasenverschoben, verschoben. **2 ~ di 90 gradi** (in quadratura) (*elett.*), um 90 Grad verschoben.

sfasatore (*app. elett.*), Phasenschieber (*m.*). **2 ~ a diodi** (*elettronica*), Diodenphasenschieber (*m.*).

sfeltratore (*macch. tess.*), Entfilzer (*m.*).

sfeno (titanite) (*min.*), Sphen (*m.*), Titanit (*m.*).

sfera (*gen.*), Kugel (*f.*), Sphäre (*f.*). **2 ~** (*geom.*), Kugel (*f.*). **3 ~** (di un cuscinetto a sfere p. es.) (*mecc.*), Kugel (*f.*). **4 ~** (massa centrifuga, di un regolatore di giri) (*mecc.*), Schwungkugel (*f.*). **5 ~** (di una penna a sfera) (*uff.*), Rollkugel (*f.*). **6 ~ abrasiva** (*tip.*), Schleifkugel (*f.*). **7 sfere di separazione** (nei cuscinetti obliqui a due ranghi di sfere, al posto della gabbia) (*mecc.*), Trennkugeln (*f. pl.*). **8 ~ osculatrice** (*geom.*), Schmiegkugel (*f.*). **9 metodo delle due sfere** (per controllare filettature) (*mecc.*), Zweikugelmethode (*f.*). **10 piano a sfere** (trasportatore) (*trasp. ind.*), Kugeltisch (*m.*).

sferetta (*gen.*), Kugel (*f.*). **2 ~ per impronta** (a pressione) (penetratore a sfera, per prova Brinell) (*tecnol. mecc.*), Druckkugel (*f.*).

sfericità (*gen.*), Kugelform (*f.*), Kugelförmigkeit (*f.*).

sferico (*gen.*), kugelförmig, kugelig, sphärisch. **2 aberrazione sferica** (*ott.*), sphärische Aberration. **3 non ~** (asferico) (*gen.*), asphärisch.

sferoidale (*geom.*), sphäroidisch. **2 ~** (globulare) (*metall.*), rundkörnig. **3 ghisa a grafite sferoidale** (*fond.*), Sphäroguss (*m.*).

sferoide (*geom.*), Sphäroid (*n.*). **2 forma di dente a ~** (fianco di dente a sferoide) (*mecc.*), Sphäroid-Zahnflankenform (*f.*).

sferoidizzazione (ricottura di coalescenza, ricottura di globulizzazione) (*tratt. term.*), Kugelkornglühen (*n.*). **2 ~** (della cementite p. es.) (*metall.*), Kugeln (*n.*), Einformung (*f.*).

sferolite (*min.*), Sphärolit (*m.*).

sferometro (app. per misurare la curvatura

sferosiderite

delle lenti p. es.) (*app. elett.*), Sphärometer (*n.*).
sferosiderite (FeCO₃) (*min.*), Sphärosiderit (*m.*).
SFERT (*système fondamental européen de reference pour la transmission téléphonique, sistema fondamentale di riferimento per la trasmissione telefonica*) (*telef.*), SFERT, Ureichkreis (*m.*).
sfiammare (pulire alla fiamma) (*metall.*), abfackeln.
sfiammatura (*difetto vn.*), vedi affioramento.
sfiatatoio (sfiato, tubo di sfiato) (*mot. - ecc.*), Entlüfter (*m.*), Entlüfterrohr (*n.*), Belüfter (*m.*). 2 ∼ (di accumulatore) (*elett.*), Entlüftungskappe (*f.*).
sfiato (sfiatatoio) (*mot. - ecc.*), Entlüfter (*m.*), Entlüfterrohr (*n.*), Belüfter (*m.*). 2 ∼ (respiro, tirata d'aria, di una forma) (*fond.*), Pfeife (*f.*). 3 ∼ (d'uno stampo per pressofusione) (*fond.*), Entlüftung (*f.*). 4 ∼ del serbatoio (*aer. - ecc.*), Tankentlüftung (*f.*). 5 ∼ per l'olio (*mot. - macch.*), Ölentlüfter (*m.*). Ölbelüfter (*m.*). 6 foro di ∼ (piccolo foro in un punzone, per scaricare l'aria) (*tecnol. mecc.*), Luftloch (*n.*). 7 tubo di ∼ (*mot.*), Entlüfterrohr (*n.*). 8 valvola di ∼ (*mot. - ecc.*), Entlüftungsventil (*n.*), Atmungsventil (*n.*).
sfibrare (*ind. carta - ecc.*), zerfasern.
sfibratore (sfibratrice) (*macch. ind. carta - ecc.*), Zerfaserer (*m.*), Holzschleifer (*m.*).
sfibratura (*ind. carta - ecc.*), Zerfaserung (*f.*).
sfigmomanometro (app. per misurare la pressione del sangue) (*app. med.*), Sphygmomanometer (*n.*). 2 ∼ di Riva Rocci (*app.*), Riva-Rocci Blutdurchmesser, Oberarmmanschette (*f.*).
sfilabile (estraibile) (*mecc. - ecc.*), ausziehbar, herausnehmbar. 2 ∼ (allungabile, telescopico) (*gen.*), ausschiebbar.
sfilacciatore (olandese sfilacciatrice) (*macch. ind. carta*), Auflöseholländer (*m.*). 2 ∼ per stracci (sfilacciatrice per stracci) (*mft. carta - macch.*), Lumpenreisser (*m.*).
sfilamento (di un cavo p. es.) (*mecc. - elett. - ecc.*), Abziehen (*n.*), Ausziehen (*n.*). 2 ∼ (di una vite p. es., difetto) (*mecc.*), Herausfallen (*n.*).
sfilare (estrarre) (*gen.*), herausnehmen, ausziehen. 2 ∼ (una ruota dall'asse p. es.) (*mecc.*), abziehen, ausziehen.
sfinestrato (a fessure) (*gen.*), geschlitzt.
sfinestratura (finestra, apertura) (*gen.*), Ausnehmung (*f.*), Durchbrechung (*f.*).
sfioramento (« stripping », reazione di « stripping ») (*fis. atom.*), Abstreifen (*n.*), Stripping (*n.*).
sfioratore (troppopieno) (*costr. idr.*), Überlauf (*m.*), Überfall (*m.*). 2 ∼ a calice (sfioratore a pozzo, di dighe) (*costr. idr.*), Schachtüberfall (*m.*). 3 ∼ ad imbuto (imbuto di sfioro) (*costr. idr.*), Ablauftrichter (*m.*). 4 ∼ a pozzo (sfioratore a calice, di dighe) (*costr. idr.*), Schachtüberfall (*m.*). 5 ∼ a stramazzo (*costr. idr.*), Überlaufwehr (*n.*). 6 ∼ a trampolino da sci (d'una diga) (*costr. idr.*), Skisprung-Überlauf (*m.*). 7 ∼ laterale (*costr.*

1850

idr.), Streichwehr (*n.*). 8 ∼ per piena (*costr. idr.*), Hochwasserüberlauf (*m.*).
sfocato (*difetto fot. - telev.*), verschwommen.
sfocatura (« flou ») (*difetto fot. - telev.*), Verschwimmen (*n.*).
sfoglia (su un getto p. es., taccone, « spoglia », « rappezzo ») (*difetto di fond.*), Schülpe (*f.*), Sandstelle (*f.*).
sfogliarsi (*gen.*), losblättern, zerblättern, abblättern.
sfogliato (lamina di legno ottenuta con sfogliatrice) (*s. - falegn.*), Schälfurnier (*n.*). 2 ∼ (lamina ottenuta con sega) (*s. - falegn.*), Sägefurnier (*n.*).
sfogliatrice (per lamine per compensati) (*macch. lav. legno*), Schälmaschine (*f.*), Furnierschälmaschine (*f.*). 2 ∼ a sega (segatrice per sfogliare) (*macch. lav. legno*), Furniersäge (*f.*). 3 ∼ in piano (tranciatrice di lamine di legno) (*macch.*), Furniermessermaschine (*f.*), Furniermesser (*n.*), Messer (*n.*). 4 ∼ in tondo (*macch. lav. legno*), Stammschälmaschine (*f.*), Furnierschälmaschine (*f.*).
sfogliatura (*gen.*), Abblättern (*n.*), Zerblättern (*n.*). 2 ∼ (difetto - *metall.*), Schälung (*f.*), Abblätterung (*f.*). 3 ∼ alla segatrice (*lav. legno*), Sägefurnieren (*n.*). 4 ∼ di laminazione (*difetto di lamin.*), Walzsplitter (*m.*). 5 ∼ in piano (sfogliatura a lama) (*lav. legno*), Messerfurnieren (*n.*). 6 ∼ in tondo (per compensati p. es.) (*lav. legno*), Schälfurnieren (*n.*).
sfognatoio (*ed.*), Abflusskanal (*m.*), Abwasserkanal (*m.*).
sfondo (*gen.*), Hintergrund (*m.*).
sformare (estrarre il modello dalla forma) (*fond.*), entformen, aufheben, abheben.
sformatrice (*macch. fond.*), Abhebeformmaschine (*f.*). 2 ∼ a candele (*macch. fond.*), Stiftabhebemaschine (*f.*). 3 ∼ ad aria compressa (*macch. fond.*), Abhebeformmaschine mit Druckluftpressung. 4 ∼ a ribaltamento (*macch. fond.*), Abhebeformmaschine mit Wendeplatte, Wendeplatte-Abhebeformmaschine (*f.*).
sformatura (estrazione del modello dalla forma) (*fond.*), Entformen (*n.*), Aufheben (*n.*), Abheben (*n.*).
sformo (spoglia, di uno stampo p. es.) (*fond. - fucinatura*), Schräge (*f.*). 2 ∼ dello stampo (conicità dello stampo, spoglia dello stampo) (*ut. fucinatura*), Gesenkschräge (*f.*).
sfornamento (*forno*), Ausstossen (*n.*), Entladen (*n.*).
sfornatrice (*macch. - forno*), Ausstossmaschine (*f.*), Entlademaschine (*f.*).
sforzatura (forzatura, rigonfiamento, della forma) (*difetto di fond.*), Treiben (*n.*).
sforzo (forza) (*mecc.*), Kraft (*f.*). 2 ∼ (fatica) (*gen.*), Anstrengung (*f.*). 3 ∼ (nella fucinatura alla pressa p. es.) (*macch.*), Presskraft (*f.*). 4 ∼ d'imbutitura (*lav. lamiera*), Ziehkraft (*f.*). 5 ∼ di membrana (*sc. costr.*), Membrankraft (*f.*). 6 ∼ di taglio (*lav. macch. ut.*), Schnittkraft (*f.*). 7 ∼ di traino (sforzo di trazione) (*veic.*), Zugkraft (*f.*). 8 ∼ di trazione (sforzo di traino) (*veic.*), Zugkraft (*f.*). 9 ∼ di trazione al gancio (*veic.*), Zugkraft am Haken. 10 ∼ di trazione alla periferia delle ruote (*veic.*), Zugkraft am Radumfang. 11 ∼ di trazione

allo spunto (sforzo di trazione massimo) (*veic.*), Anfahrzugkraft (*f.*). **12 ~ di trazione massimo** (sforzo di trazione allo spunto) (*veic.*), Anfahrzugkraft (*f.*). **13 ~ di trazione massimo** (che sfrutta completamente l'aderenza) (*ferr. - veic.*), Reibungszugkraft (*f.*). **14 ~ di trazione normale** (sforzo di trazione continuativo) (*veic.*), Dauerzugkraft (*f.*). **15 ~ fisico** (*lav.*), körperliche Anstrengung. **16 ~ mentale** (*lav.*), geistige Anstrengung. **17 ~ totale di truciolatura** (*lav. macch. ut.*), Zerspankraft (*f.*). **18 principio del minimo ~** (principio della minima costrizione vincolare) (*mecc.*), Prinzip des kleinstes Zwanges.

sfrangiamento (difetto delle fasce elastiche p. es.) (*mecc. - mot.*), Verzackung (*f.*).

sfrangiatura (*difetto metall.*), Ausfransen (*n.*).

sfratto (da una abitazione) (*leg.*), Räumung (*f.*).

sfregamento (*gen.*), Abreiben (*n.*), Abrieb (*m.*), Scheuern (*n.*), Abreibung (*f.*). **2 contatto a ~** (*elett.*), Wischkontakt (*m.*). **3 punto di ~** (punto logorato da sfregamento, di un tubo flessibile p. es.) (*mecc. - tubaz. - ecc.*), Scheuerstelle (*f.*). **4 resistenza allo ~** (del colore di un tessuto) (*ind. tess.*), Reibechtheit (*f.*).

sfregare (*gen.*), reiben, abreiben.

sfrenatura (*veic.*), Lösen der Bremse. **2 posizione di ~** (d'un freno pneumatico) (*veic.*), Lösestellung (*f.*).

sfrido (cascame) (*gen.*), Abfall (*m.*), Abfallstoff (*m.*). **2 ~** (*mecc. - fucinatura*), Abfall (*m.*), Schrott (*m.*). **3 ~** (scarto di lavorazione) (*ind. mecc.*), Fabrikationsabfall (*m.*). **4 ~** (ritaglio, di lamiera) (*tecnol. mecc.*), Abschnitt (*m.*), Verschnitt (*m.*), Blechabfall (*m.*), Blechschrott (*m.*). **5 ~** (di estrusione) (*tecnol. mecc.*), Pressrest (*m.*). **6 ~ di punzonatura** (*lav. lamiera*), Stanzbutzen (*m.*), Butzen (*m.*). **7 ~ di rifilatura** (*lav. lamiera*), Saumstreifen (*m.*).

sfruttabile (*min.*), abbauwürdig.

sfruttabilità (di un giacimento) (*min.*), Bauwürdigkeit (*f.*).

sfruttamento (*gen.*), Ausnutzung (*f.*), Verwertung (*f.*), Ausbeutung (*f.*). **2 ~** (*min.*), Ausbeutung (*f.*). **3 ~** (di un brevetto) (*comm.*), Auswertung (*f.*).

sfruttare (*gen.*), ausnutzen, verwerten, ausbeuten. **2 ~** (*min.*), ausbeuten. **3 ~ al massimo** (una macch. p. es.) (*macch.*), « ausschlachten ».

sfuggire (di gas) (*gen.*), entfliehen.

sfumare (*dis.*), abtönen.

sfumato (sfocato) (*difetto ott.*), verschwommen. **2 ~** (« flou », di foto) (*fot.*), verschwommen.

sfumatura (d'una voce, d'un suono) (*acus.*), Hauch (*m.*).

sfuocato (*ott.*), defokussiert, unscharf.

sgabello (*mobile*), Schemel (*m.*), Hocker (*m.*).

sganciabile (*mecc. - ecc.*), aushakbar, auskuppelbar.

sganciare (*gen.*), aushaken, abhaken, loshaken. **2 ~** (far scattare, sbloccare) (*elett. - mecc.*), freigeben, loslassen, auslösen. **3 ~** (una vettura) (*ferr.*), abkuppeln. **4 ~** (un serbatoio, delle bombe ecc., da un velivolo) (*aer.*), abwerfen.

sgancio (scatto) (*elett. - mecc.*), Auslösung (*f.*), Freigabe (*f.*). **2 ~** (disinnesto, distacco) (*mecc. - ecc.*), Entkupplung (*f.*). **3 ~** (distacco, di un vagone p. es.) (*ferr. - ecc.*), Aussetzung (*f.*). **4 ~** (di bombe p. es.) (*aer.*), Abwurf (*m.*). **5 ~ automatico** (disinserzione automatica) (*elettromecc.*), Selbstauslösung (*f.*). **6 ~ (con bobina) in parallelo** (d'un relè) (*elett.*), Spannungsauslösung (*f.*). **7 ~ libero** (per impedire che si ripeta l'inserzione d'interruttori protettivi) (*elett.*), Freiauslösung (*f.*). **8 ~ ritardato** (scatto ritardato) (*elettromecc.*), verzögerte Auslösung (*f.*). **9 a ~ rapido** (*mecc. - ecc.*), schnellösend. **10 calcolatore di ~** (di bombe) (*aer. milit.*), Abwurfrechner (*m.*). **11 dente di ~** (*macch. ut.*), Auslösebock (*m.*), Auslöseknagge (*f.*), Auslösenocken (*m.*). **12 dispositivo di ~** (*telef.*), Ausklinkvorrichtung (*f.*). **13 impulso di ~** (*elettronica*), Auslöse-Impuls (*m.*), Trigger-Impuls (*m.*). **14 relè di ~** (*elett.*), Ausklinkrelais (*n.*).

sgelare (*gen.*), auftauen. **2 ~** (dei crediti) (*finanz.*), auftauen.

sghembo (*geom.*), windschief.

sghiaiatore (di una centrale) (*idr. - elett.*), Entkiesenungswerk (*n.*).

sgocciolamento (sgocciolatura) (*gen.*), Abtropfen (*n.*), Nachtropfen (*n.*). **2 punto di ~** (di un grasso) (*chim.*), Tropfpunkt (*m.*).

sgocciolare (*gen.*), abtropfen, nachtropfen, abtröpfeln.

sgocciolatoio (raccoglitore, per olio p. es.) (*app.*), Tropfschale (*f.*), Fänger (*m.*). **2 ~ per olio** (raccoglitore di olio) (*app.*), Ölfänger (*m.*).

sgocciolatura (sgocciolamento) (*gen.*), Abtropfen (*n.*), Nachtropfen (*n.*). **2 ~ elettrostatica** (*vn.*), elektrostatisches Enttropfen.

sgomberare (*gen.*), abräumen, räumen, ausräumen, aufräumen. **2 ~ una città** (*milit. - ecc.*), eine Stadt räumen.

sgombero (*gen.*), Abräumung (*f.*), Räumung (*f.*). **2 ~ della neve** (*strad. - ferr.*), Schneeräumung (*f.*).

sgombrabinario (di una locomotiva) (*ferr.*), Gleisräumer (*m.*).

sgombraneve (*macch.*), Schneeräumer (*m.*). **2 ~ a turbina** (*macch.*), Schneefräse (*f.*). **3 ~ centrifugo** (*macch.*), Schneeschleuder (*f.*), Schleuder (*f.*). **4 ~ ferroviario** (*ferr.*), Schienenschneeräummaschine (*f.*).

sgombratore (*macch. ind.*), Abschieber (*m.*).

sgommare (purgare, la seta) (*ind. tess.*), degummieren, auskochen, purgieren, entbasten. **2 ~ parzialmente** (cuocere parzialmente, raddolcire, la seta) (*ind. tess.*), assouplieren.

sgommatura (purga, della seta) (*ind. tess.*), Auskochen (*n.*), Entbasten (*n.*), Degummieren (*n.*). **2 ~ parziale** (della seta) (*ind. tess.*), Assouplieren (*n.*).

sgonfiamento (di un pneumatico) (*aut.*), Abplattung (*f.*).

sgonfiare (un pneumatico) (*aut.*), ablassen.

sgorbia (*ut. lav. legno*), Hohlbeitel (*m.*), Hohlmeissel (*m.*), Hohleisen (*n.*). **2 ~ triangolare** (*ut. falegn.*), Gehreisen (*n.*).

sgorbiatura (al cannello; asportazione di uno

sgorgare

strato di piccolo spessore su un'ampia superficie) (*tecnol. mecc.*), Gashobeln (*n.*), Sauerstoffhobeln (*n.*).
sgorgare (scaturire, di acqua p. es.) (*gen.*), quellen, ausquellen.
sgottare (acqua) (*nav.*), ausösen.
« sgrafitaggio » (decarburazione, di un forno) (*forno*), Entgraphitierung (*f.*), Graphitentfernung (*f.*).
sgranare (il cotone) (*ind. tess.*), egrenieren, entkörnen.
sgranatrice (ginniera, per cotone) (*macch. tess.*), Egreniermaschine (*f.*), Entkörnungsmaschine (*f.*).
sgranatura (ginnatura, del cotone) (*ind. tess.*), Egrenieren (*n.*), Entkörnung (*f.*).
sgrassaggio (sgrassatura) (*mecc.*), Entfettung (*f.*). 2 **bagno di** ~ (bagno di sgrassatura) (*tecnol.*), Entfettungsbad (*n.*).
sgrassare (*tess. - mecc. - ecc.*), entfetten.
sgrassato (*mecc. - ecc.*), entfettet.
sgrassatore (*app.*), Entfetter (*m.*). 2 ~ **ad ultrasuoni** (*app.*), Ultraschall-Entfetter (*m.*).
sgrassatura (sgrassaggio) (*mecc.*), Entfettung (*f.*). 2 ~ (lavatura, purga, di lana) (*ind. tess.*), Entschweissung (*f.*). 3 ~ **alcalina** (*ind. chim.*), Abkochentfettung (*f.*). 4 **bagno di** ~ (bagno di sgrassaggio) (*tecnol.*), Entfettungsbad (*n.*). 5 **impianto di** ~ **a getto di vapore** (*tecnol. mecc.*), Dampfstrahl-Reinigungsanlage (*f.*).
sgravio (alleggerimento) (*gen.*), Erleichterung (*f.*), Entlastung (*f.*). 2 ~ (fiscale p. es.) (*finanz.*), Entlastung (*f.*), Nachlass (*m.*), Erleichterung (*f.*). 3 ~ **debitorio** (*finanz.*), Entschuldung (*f.*). 4 ~ **fiscale** (*finanz.*), Steuernachlass (*m.*).
sgretolamento (*gen.*), Bröckeln (*n.*), Zerbröckeln (*n.*), Abbröckeln (*n.*). 2 ~ (della superficie stradale p. es.) (*costr. strad. - ecc.*), Abbröckeln (*n.*).
sgretolare (sbriciolare) (*gen.*), bröckeln, brocken, krümeln, zerbröckeln.
sgretolarsi (*gen.*), abbröckeln.
sgrigliatore (attizzatoio) (*comb. - forno*), Rosteisen (*n.*), Rostputzer (*m.*). 2 ~ (*costr. idr.*), Rechenreiniger (*m.*).
sgrossare (*mecc. - ecc.*), grob bearbeiten, vorarbeiten. 2 ~ (*lav. macch. ut.*), schruppen, vorbearbeiten, vorschneiden. 3 ~ (il legno) (*lav. legno*), zurichten. 4 ~ **alla fresatrice** (sgrossare di fresa) (*lav. macch. ut.*), vorfräsen. 5 ~ **alla pialla** (piallare di sgrosso) (*lav. macch. ut.*), vorhobeln. 6 ~ **alla rettificatrice** (rettificare di sgrosso, sgrossare di rettifica) (*lav. macch. ut.*), grobschleifen, vorschleifen, rauhschleifen. 7 ~ **al trapano** (forare di sgrosso) (*lav. macch. ut.*), vorbohren.
sgrossato (*gen.*), ausgeschruppt, vorbearbeitet. 2 ~ (pietra p. es.) (*mur.*), roh. 3 ~ **al laminatoio** (*lamin.*), ausgewalzt.
sgrossatore (utensile sgrossatore) (*ut.*), Schruppstahl (*m.*).
sgrossatura (*mecc. - ecc.*), Rohbearbeitung (*f.*). 2 ~ (*lav. macch. ut.*), Schruppen (*n.*), Grobschnitt (*m.*). 3 ~ **alla rettificatrice** (rettifica di sgrosso) (*lav. macch. ut.*), Grobschleifen (*n.*). 4 ~ **al tornio** (tornitura di sgrosso) (*lav. macch. ut.*), Vordrehen (*n.*). 5 **camma per la** ~ (*macch. ut.*), Schruppkurve (*f.*). 6 **sovra-** **metallo di** ~ **al tornio** (*lav. macch. ut.*), Vordrehmass (*n.*).
sgrosso (*lav. macch. ut.*), vedi sgrossatura.
sgualcimetro (di Schopper, per prove sulla carta) (*app.*), Falzapparat (*m.*).
sguardo (*gen.*), Blick (*m.*).
sgusciare (togliere il guscio) (*agric.*), enthülsen.
sgusciatrice (*macch. agric.*), Enthülsungsmaschine (*f.*), Schälmaschine (*f.*).
« shampoo » (lavaggio con « shampoo », di una autovettura) (*aut.*), « Shampoonieren » (*n.*).
shed, **tetto a** ~ (tetto a risega) (*ed.*), Shed-Dach (*n.*), Sägedach (*n.*).
« sheet » (forma commerciale in fogli della gomma elastica di piantagione) (*ind. gomma*), Fell (*n.*).
sherardizzare (cementare allo zinco) (*metall.*), sherardisieren.
sherardizzazione (cementazione allo zinco) (*metall.*), Sherardisieren (*n.*), Pulververzinkung (*f.*).
SHF (frequenza superelevata, 3000-30.000 MHz) (*elett.*), SHF, superhohe Frequenz.
« shimmy » (sfarfallamento, delle ruote anteriori) (*aut.*), Flattern (*n.*), Taumelschwingung (*f.*).
« shock » (*med.*), Schock (*m.*). 2 ~ (scossa) (*elett.*), Schlag (*m.*).
Shore A (durezza, misurata con penetratore a tronco di cono) (*tecnol. mecc.*), Sh.A, Shore-A-Härte (*f.*).
Shore D (durezza, misurata con penetratore a cono arrotondato) (*tecnol. mecc.*), Sh.D, Shore-D-Härte (*f.*).
« shunt » (derivatore, resistenza in derivazione) (*elett.*), Shunt (*n.*), Nebenwiderstand (*m.*).
SI (sistema internazionale di unità di misura) (*metrologia*), SI, Internationales Einheitensystem. 2 ~ (silicone) (*ind. chim.*), SI, Silikon (*n.*).
Si (silicio) (*chim.*), Si, Silizium (*n.*).
sia (*mat.*), es sei.
sial (zona della crosta terrestre, caratterizzata dal contenuto di silicio ed alluminio) (*geol.*), Sial (*n.*).
sibilo (fischio, difetto) (*acus. - radio*), Pfiff (*m.*), Pfeifen (*n.*), Zischen (*n.*).
siccativo (per pittura ad olio p. es.) (*s. - vn. - ind. chim.*), Sikkativ (*n.*), Trockenmittel (*n.*). 2 **olio** ~ (*vn. - chim.*), Trockenöl (*n.*).
siccità (secchezza) (*meteor.*), Dürre (*f.*), Trokkenheit (*f.*).
sicura (dispositivo di sicurezza) (*s. - arma da fuoco - ecc.*), Sicherung (*f.*), Sicherungsvorrichtung (*f.*). 2 ~ **per bambini** (alle porte posteriori di un'autovettura p. es.) (*aut. - ecc.*), Kindersicherung (*f.*). 3 **togliere la** ~ (*arma da fuoco*), entsichern.
sicurezza (*gen.*), Sicherheit (*f.*). 2 ~ (antinfortunistica) (*lav. - ind.*), Sicherheit (*f.*). 3 ~ (dispositivo di sicurezza) (*gen.*), Sicherung (*f.*), Sicherungsvorrichtung (*f.*). 4 ~ (attendibilità, affidabilità) (*gen.*), Zuverlässigkeit (*f.*). 5 ~ **al taglio** (di elementi in calcestruzzo armato) (*ed.*), Schubsicherung (*f.*). 6 ~ **a pressoflessione** (d'una molla p. es.) (*mecc.*),

Knicksicherheit (*f.*). **7 ~ attiva** (raggiunta mediante il comportamento su strada, i freni, la ripresa, ecc.) (*aut.*), aktive Sicherheit. **8 ~ aumentata** (*elett.*), erhöhte Sicherheit. **9 ~ contro gli infortuni** (*lav. - ind.*), Unfallsicherheit (*f.*). **10 ~ contro i disturbi** (*radio*), Störsicherheit (*f.*). **11 ~ contro i guasti** (*mecc. - ecc.*), Ausfallsicherheit (*f.*). **12 ~ contro il grippaggio** (d'un pistone p. es.) (*mot. - mecc.*), Fress-Sicherheit (*f.*). **13 ~ contro la ripetizione della corsa** (contro la chiusura accidentale dello slittone di una pressa) (*macch.*), Nachschlagsicherung (*f.*). **14 ~ del lavoro** (alle macch. ut. p. es.) (*lav.*), Arbeitssicherheit (*f.*). **15 ~ del traffico** (*traff. strad.*), Verkehrssicherheit (*f.*). **16 ~ di funzionamento** (*macch.*), Betriebssicherheit (*f.*). **17 ~ di guida** (*aut.*), Fahrsicherheit (*f.*). **18 ~ di marcia** (*veic.*), Fahrsicherheit (*f.*). **19 ~ intrinseca** (*fis.*), Eigensicherheit (*f.*). **20 ~ intrinseca** (di un circuito p. es.) (*elett.*), Eigensicherheit (*f.*), (Ex)i. **21 ~ passiva** (raggiunta mediante la robustezza della carrozzeria, i sistemi di ritenuta dei passeggeri, cinghie, palloni autogonfiabili, ecc.) (*aut.*), passive Sicherheit. **22 a ~ intrinseca** (circuito) (*elett.*), eigensicher. **23 autorità di pubblica ~** (*leg.*), Polizeibehörde (*f.*). **24 banda di ~** (banda di frequenze di sicurezza, tra due canali) (*telev. - radio*), Schutzfrequenzband (*n.*). **25 barra di ~** («roll bar», d'una vettura da corsa) (*aut. - sport*), Überrollbügel (*m.*). **26 blocco di ~** (*lamin.*), Brechtopf (*m.*). **27 camera di ~** (*leg.*), Polizeigewahrsam (*n.*). **28 coefficiente di ~** (alla rottura) (*sc. costr.*), Bruchsicherheit (*f.*). **29 combinatore di ~** (*ferr. elett.*), Sicherheits-Fahrschaltung (*f.*), Sifa (*f.*). **30 commissariato di pubblica ~** (*leg.*), Polizeirevier (*n.*). **31 dispositivo di ~** (*gen.*), Sicherung (*f.*), Sicherungsvorrichtung (*f.*). **32 dispositivo di ~** (dispositivo di protezione) (*lav. - ind.*), Schutzvorrichtung (*f.*). **33 dispositivo di ~ contro l'uscita di gas non combusto** (per fornelli a gas) (*app. - comb.*), Zündsicherung (*f.*). **34 distanza di ~** (margine di sicurezza) (*gen.*), Sicherheitsabstand (*m.*). **35 elemento di ~** (tranciabile) (*mecc.*), Schersicherheit (*f.*). **36 giunto di ~** (innesto di sicurezza, contro il sovraccarico) (*mecc.*), Sicherheitskupplung (*f.*), Überlastungskupplung (*f.*). **37 interruttore di ~** (interruttore antinfortunio) (*elett.*), Unfallverhütungsschalter (*m.*). **38 limite di ~** (*radioatt.*), Freigrenze (*f.*), Radioaktivitätsgrenze (*f.*). **39 margine di ~** (distanza di sicurezza) (*gen.*), Sicherheitsabstand (*m.*). **40 misure di ~** (*ind. - ecc.*), Sicherheitsmassnahmen (*f. pl.*). **41 norme di ~** (*ind. - lav.*), Sicherheitsnormen (*f. pl.*), Sicherheitsvorschriften (*f. pl.*). **42 perdita di ~** (*gen.*), Verunsicherung (*f.*). **43 piastra di ~** (piastra di rottura) (*macch.*), Brechplatte (*f.*). **44 spina di ~** (tranciabile) (*mecc.*), Scherbolzen (*m.*), Scherstift (*m.*). **45 tecnico della ~** (*ind. - lav.*), Sicherheitsingenieur (*m.*).

sicuro (*gen.*), sicher. **2 ~** (che dà affidamento, attendibile) (*gen.*), zuverlässig, verlässig, verlässlich. **3 ~** (non pericoloso) (*gen.*), unfallsicher. **4 ~ contro false manovre** (*mecc. - ecc.*), bedienungssicher, narrensicher, missgriffsicher. **5 ~ contro i guasti** (costruzione) (*mecc. - ecc.*), ausfallsicher. **6 ~ da difetti** (sistema di comando p. es.) (*macch. - ecc.*), fehlsicher. **7 ~ da disturbi** (*radio*), störsicher. **8 automobile sicura** (auto sicura) (*aut.*), Sicherheitsauto (*n.*). **9 di ~ funzionamento** (*macch. - ecc.*), betriebssicher.

sicurvia («guardrail») (*strad. - aut.*), Leitplanke (*f.*).

« sidecar » (carrozzino, di una motocicletta) (*veic.*), Seitenwagen (*m.*), Beiwagen (*m.*).

siderale (sidereo) (*astr.*), siderisch, sideral.

sidercromo (ferrocromo) (*chim.*), Ferrochrom (*n.*).

sidereo (siderale) (*astr.*), siderisch, sideral.

siderite (FeCO$_3$) (con tracce di Mn, Mg, Ca) (*min.*), Siderit (*m.*), Eisenspat (*m.*).

siderurgia (*metall.*), Eisenhüttenwesen (*n.*), Eisenmetallurgie (*f.*).

siderurgico (*a. - metall.*), Eisenhütten... **2 siderurgici** (i siderurgici) (*s. - metall.*), Eisenhüttenleute (*pl.*). **3 tecnica siderurgica** (*metall.*), Eisenhüttentechnik (*f.*).

siemens (unità di conduttanza elettrica) (*unità di mis.*), Siemens (*n.*).

sienite (roccia granitica) (*min.*), Syenit (*m.*).

siepe (*ed. - ecc.*), Staken (*m.*), Hecke (*f.*), Flechtzaun (*m.*).

siero (*gen.*), Serum (*n.*). **2 ~ di latte** (*ind.*), Molke (*f.*), Molken (*m.*), Käsewasser (*n.*), Milchserum (*n.*).

sifone (*fis.*), Siphon (*m.*). **2 ~** (tomba a sifone, sottopasso di un canale sotto un corso d'acqua p. es.) (*costr. idr. - ing. civ.*), Düker (*m.*). **3 ~** (condotta per il sollevamento di liquidi) (*idr.*), Heber (*m.*), Heberleitung (*f.*). **4 ~** (nel deflusso della ghisa dal cubilotto, per separarne la scoria) (*metall.*), Syphon (*m.*). **5 ~ intercettatore** (pozzetto intercettatore, chiusura idraulica) (*ed. - tubaz.*), Siphon (*m.*), Geruchverschluss (*m.*).

sigaretta (*ind.*), Zigarette (*f.*). **2 carta da sigarette** (*ind. carta*), Zigarettenpapier (*n.*).

sigaro (*ind.*), Zigarre (*f.*).

sigillante (mastice, ermetico) (*s. - ind. chim.*), Dichtmasse (*f.*), Dichtungsmasse (*f.*). **2 massa ~** (*ed.*), Dichtungsmasse (*f.*).

sigillare (*leg. - ecc.*), siegeln, versiegeln. **2 ~** (lutare, una staffa) (*fond.*), verschmieren. **3 ~** (piombare) (*trasp. - ecc.*), bleien, plombieren, versiegeln. **4 ~ con piombini** (mettere i piombini, piombare) (*trasp.*), plombieren, bleien. **5 macchina per ~** (per tubi elettronici) (*macch.*), Einschmelzmaschine (*f.*).

sigillato (*gen.*), versiegelt. **2 ~** (piombato) (*gen.*), plombiert, verplombt. **3 ~** (circuito dell'acqua di raffreddamento) (*aut.*), plombiert, verplombt. **4 ~** (chiuso ermeticamente, di un tubo termoionico, p. es.) (*elettronica*), abgeschmolzen. **5 sistema di raffreddamento ~** (a liquido) (*aut.*), verplombtes Flüssigkeitskühlsystem.

sigillatrice (*macch. - imball.*), Siegelmaschine (*f.*). **2 ~** (per tubi elettronici) (*macch.*), Einschmelzmaschine (*f.*).

sigillatura (chiusura a tenuta, di una valvola

sigillo

termoionica) (*elettronica*), Abschmelzen (*n.*), Abschmelzung (*f.*).
sigillo (impronta di un timbro) (*leg. - ecc.*), Siegel (*n.*). 2 ~ (piombino) (*trasp.*), Bleisiegel (*n.*), Plombe (*f.*). 3 ~ **di piombo** (piombino) (*trasp.*), Plombe (*f.*), Bleisiegel (*n.*). 4 ~ **per lettera** (*uff.*), Briefsiegel (*n.*). 5 **posto per il** ~ (loco sigilli, L. S., su documenti) (*leg.*), loco sigilli, Stelle des Siegels.
sigla (abbreviazione) (*gen.*), Sigel (*n.*), Siegle (*f.*). 2 ~ (segno di riconoscimento, segno di identificazione) (*gen.*), Kennzeichen (*n.*), Unterscheidungszeichen (*n.*), Bezeichnung (*f.*). 3 ~ (di una lettera p. es.) (*uff.*), Diktatzeichen (*n.*), Abzeichnung (*f.*). 4 ~ (di un acciaio p. es.) (*metall. - ecc.*), Bezeichnung (*f.*). 5 ~ **automobilistica** (*aut.*), Kraftfahrzeug-Kennzeichen (*n.*). 6 ~ **della provincia** (di una targa) (*aut.*), Heimatzeichen (*n.*). 7 ~ **della stazione** (*radio*), Stationskennzeichen (*n.*). 8 ~ **di nazionalità** (per veicoli a mot. ed aeroplani) (*aut. - aer.*), Nationalitätskennzeichen (*n.*), Nationalitätszeichen (*n.*).
siglare (*gen.*), kennzeichnen. 2 ~ (una lettera p. es.) (*uff.*), abzeichnen.
siglatura (*gen.*), Kennzeichnung (*f.*). 2 ~ (di lettere p. es.) (*uff.*), Abzeichnung (*f.*).
significativo (grandezza caratteristica p. es.) (*gen.*), aussagekräftig.
signorina, ~ **di ufficio** (*pers.*), Büroangestellte (*f.*).
silano (*chim.*), Silan (*n.*), Siliciumwasserstoff (*m.*).
silentbloc (*mecc.*), Silentblock (*m.*).
silenziamento (insonorizzazione) (*acus.*), Schalldämmung (*f.*).
silenziatore (*app. acus.*), Schalldämpfer (*m.*). 2 ~ (marmitta di scarico) (*aut. - mot.*), Schalldämpfer (*m.*), Auspufftopf (*m.*). 3 ~ **ad assorbimento** (*acus. - mot. - ecc.*), Absorptionsdämpfer (*m.*). 4 ~ **ad interferenza** (*mot. - acus.*), Interferenzdämpfer (*m.*). 5 ~ **a riflessione** (*mot. - acus.*), Reflexionsdämpfer (*m.*). 6 ~ **di aspirazione** (*mot.*), Ansauggeräuschdämpfer (*m.*), Ansaugtopf (*m.*). 7 ~ **di ammissione** (di un motore a combustione interna) (*mot.*), Ansaugtopf (*m.*), Ansauggeräuschdämpfer (*m.*). 8 ~ **di scarico** (marmitta di scarico) (*mot.*), Auspufftopf (*m.*), Auspuffschalldämpfer (*m.*), Schalldämpfer (*m.*). 9 **mitragliatrice con** ~ (arma da fuoco), Schweigemaschinengewehr (*n.*).
silenzio (*gen.*), Schweigen (*n.*). 2 ~ (nella diffusione di onde corte in prossimità del trasmettitore) (*radio - ecc.*), Sprungeffekt (*m.*). 3 **zona del** ~ (*acus. - traff.*), Schweigezone (*f.*), Zone des Schweigens. 4 **zona del** ~ (*radio*), Stillzone (*f.*), Leerbereich (*m.*). 5 **zona di** ~ (nella propagazione di onde corte in prossimità del trasmettitore) (*radio*), Sprungentfernung (*f.*), tote Zone.
silenziosità (*acus.*), Geräuschlösigkeit (*f.*), Ruhe (*f.*). 2 ~ **di funzionamento** (di un mot. p. es.) (*mot. - aut. - ecc.*), Laufruhe (*f.*).
silenzioso (*gen.*), geräuschlos. 2 ~ (autovettura p. es.) (*gen.*), geräuscharm, geräuschlos.
silicagel (gelo di silice) (*ind. chim.*), Silicagel (*n.*), Kieselgel (*n.*).

silical (lega, con 6-10% Al ed 80-90% Si) (*lega*), Silical (*n.*).
silicato (*chim.*), Silikat (*n.*). 2 **silicati di fluoro** (fluosilicati, per l'indurimento del calcestruzzo) (*ed. - chim.*), Fluate (*n. pl.*), Fluorsilikate (*n. pl.*). 3 ~ **di potassio** (vetro solubile) (*chim. - mft. vetro*), Kaliumsilikat (*n.*), Kaliwasserglas (*n.*). 4 ~ **di sodio** (vetro solubile) (*chim. - mft. vetro*), Natriumsilikat (*n.*), Natronwasserglas (*n.*). 5 **agglomerante al** ~ (per mole) (*mecc.*), Silikatbindung (*f.*).
silice (SiO_2) (anidride silicica) (*min.*), Kieselsäure (*f.*), Kieselerde (*f.*), Siliziumdioxyd (*n.*). 2 **eliminazione della** ~ (*ed. - idr.*), Entkieselung (*f.*). 3 **gelo di** ~ (silicagel) (*ind. chim.*), Silikagel (*n.*), Kieselgel (*n.*).
silicio (*Si - n. - chim.*) Silizium (*n.*). 2 **carburo di** ~ (SiC) (carborundum abrasivo) (*chim. - mecc.*), Siliziumkarbid (*n.*). 3 **eliminare il** ~ (*fond. - metall.*), entsilizieren. 4 **pastiglia di** ~ (d'un tiristore) (*elettronica*), Siliziumscheibe (*f.*).
silicioso (*min.*), kieselhaltig, kieselig.
siliciuro (*chim.*), Silizid (*n.*).
silicizzare (*metall. - tratt. term.*), silizieren.
silicizzazione (*min.*), Verkieselung (*f.*), Silizifikation (*f.*). 2 ~ (trattamento protettivo di superfici metalliche con cloruro di silicio) (*tratt. term.*), Silizierung (*f.*).
silicoalluminio (lega con 18-22% Al e 45-50% Si) (*lega*), Silicoaluminium (*n.*).
silicone (SI, materia artificiale) (*ind. chim.*), Silikon (*n.*), SI. 2 ~ **liquido** (*chim.*), flüssiges Silikon. 3 ~ **solido** (*chim.*), festes Silikon.
silicosi (*min. - med.*), Silikose (*f.*).
sillimanite ($Al_2O_3 \cdot SiO_2$) (*min.*), Sillimanit (*m.*), Fibrolith (*m.*).
silo (*ed.*), Silo (*m.*). 2 ~ **a celle** (*ed.*), Zellensilo (*m.*). 3 ~ **di omogeneizzazione** (per cemento p. es.) (*ind.*), Homogenisierungssilo (*m.*). 4 ~ **di stoccaggio** (*ind.*), Lagersilo (*m.*). 5 ~ **dosatore** (per caricare recipienti di estrusione) (*min.*), Messbunker (*m.*), Fülltasche (*f.*), Messtasche (*f.*). 6 ~ **interrato per cereali** (*ed.*), Getreidegrube (*f.*). 7 ~ **multicellulare** (*ed.*), Wabensilo (*m.*). 8 ~ **per cemento** (*ed.*), Zementsilo (*m.*). 9 ~ **per cereali** (*ed.*), Getreidesilo (*m.*), Getreidespeicher (*m.*). 10 ~ **per minerale** (bunker) (*min.*), Erzbunker (*m.*), Gesteinsilo (*m.*). 11 **autoveicolo** ~ (autosilo) (*aut.*), Silofahrzeug (*n.*).
siluetta («silhouette») (*dis.*), Schattenbild (*n.*), Schattenriss (*m.*).
silumina (lega di alluminio e silicio con circa il 13% di silicio) (*lega*), Silumin (*n.*).
siluramento (*mar. milit.*), Torpedierung (*f.*).
silurante (*mar. milit.*), Torpedoboot (*n.*).
silurare (*espl. - mar. milit.*), torpedieren.
siluriano (silurico) (*geol.*), Silur (*n.*).
silurificio (*ind.*), Torpedofabrik (*f.*).
siluro (*espl. - mar. milit.*), Torpedo (*n.*). 2 ~ (siviera a siluro) (*metall.*), Torpedpfanne (*f.*). 3 **carro** ~ (per trasportare la ghisa dall'altoforno all'acciaieria) (*metall.*), Torpedoroheisenwagen (*m.*), Roheisenmischwagen (*m.*).
silusint (alluminio sinterato, con tenore di silicio fino al 30%) (*metall.*), Silusint (*n.*).
silverin (lega binaria Cu-Ni col 67-70% di Ni) (*lega*), Silverin (*n.*).

silvicoltura (*agric.*), Forstwirtschaft (*f.*).
silvore (alpacca con 60% Cu, 18% Ni, 20% Zn, 2% Fe) (*lega*), Silvore (*n.*).
sima (zona sottostante alla crosta terrestre, ricca di silicio e magnesio) (*geofis.*), Sima (*f.*).
simboleggiatura (*gen.*), Kurzbezeichnung (*f.*).
simbolico (*gen.*), symbolisch. **2 indirizzo** ∼ (*elab. dati*), symbolische Adresse, Pseudoadresse (*f.*). **3 linguaggio** ∼ (*elab. dati*), symbolische Sprache. **4 programma** ∼ (*elab. dati*), symbolisches Programm, adressenfreies Programm.
simbolo (abbreviazione) (*gen.*), Kurzzeichen (*n.*), Symbol (*n.*), Zeichen (*n.*). **2** ∼ (*dis. - ecc.*), Symbol (*n.*). **3** ∼ **grafico** (*dis.*), Sinnbild (*n.*). **4** ∼ **meteorologico** (*meteor.*), wetterkundliches Zeichen.
simile (*mar. - ecc.*), ähnlich.
similitudine (*geom. - ecc.*), Ähnlichkeit (*f.*). **2 legge di** ∼ (*mat. - ecc.*), Ähnlichkeitssatz (*m.*). **3 teoria della** ∼ (*fis.*), Ähnlichkeitstheorie (*f.*).
similoro (tombacco, orpello, princisbecco) (*metall.*), Goldkupfer (*n.*), Schaumgold (*n.*).
similpelle (finta pelle, pegamoide, vinilpelle) (*ind.*), Ersatzleder (*n.*), Kunstleder (*n.*), Lederimitation (*f.*).
simistore (triodo a tiristori bidirezionale) (*elettronica*), Symistor (*m.*).
simmetria (*geom. - ecc.*), Symmetrie (*f.*). **2** ∼ **verso terra** (*elett.*), Erdungssymmetrie (*f.*), Erdkopplung (*f.*). **3 asse di** ∼ (*geom.*), Symmetrieachse (*f.*). **4 attenuazione di** ∼ (*radio - ecc.*), Symmetriedämpfung (*f.*). **5 errore di** ∼ (*mecc.*), Abweichung von der Symmetrie. **6 piano di** ∼ (*geom. - ecc.*), Symmetrieebene (*f.*). **7 piano di** ∼ **longitudinale** (*costr. nav.*), Mittellängs- und Symmetrieebene (*f.*), Mitte Schiff, M.S.
simmetrico (*geom. - ecc.*), symmetrisch. **2** ∼ (speculare) (*gen.*), spiegelbildlich. **3** ∼ **rispetto all'asse** (assialsimmetrico) (*dis. - mecc. - ecc.*), achsensymmetrisch. **4** ∼ **verso terra** (equilibrato verso terra, linea p. es.) (*elett.*), erdsymmetrisch. **5 circuito** ∼ (circuito bilanciato) (*elett.*), Symmetrieschaltung (*f.*). **6 motore** ∼ (per navi bielica p. es.) (*mot. nav.*), spiegelgleicher Motor.
simmetrizzare (*elett. - ecc.*), symmetrieren.
simmetrizzato (*elett.*), symmetriert.
simmetrizzatore (*elett.*), Symmetrierer (*m.*), Symmetriereinrichtung (*f.*). **2 condensatore** ∼ (*app. elett.*), Symmetrierkondensator (*m.*).
simmetrizzazione (*elett.*), Symmetrieren (*n.*).
simplesso (simplesso astratto) (*mat.*), Simplex (*n.*). **2 metodo del** ∼ (criterio del simplesso) (*progr.*), Simplex-Methode (*f.*).
simpliciale (*mat.*), simplizial.
simrit (materiale per guarnizioni, ecc.) (*ind. chim.*), Simrit (*m.*).
simulare (*gen.*), vortäuschen, simulieren.
simulatore (di volo p. es., per l'istruzione dei piloti) (*aer. - ecc.*), Simulator (*m.*). **2** ∼ **di guida** (*aut.*), Fahrsimulator (*m.*). **3** ∼ **di marcia** (per autoveicoli) (*prove aut.*), Fahrsimulator (*m.*). **4** ∼ **di reattore** (*fis. nucl.*), Reaktorsimulator (*m.*). **5** ∼ **di volo** (*app. - aer.*), Flugsimulator (*m.*). **6** ∼ **spaziale** (*astronautica*), Raumsimulator (*m.*).

simulazione (*gen.*), Vortäuschung (*f.*), Simulation (*f.*). **2** ∼ **di gestione** (gioco d'impresa) (*ind. - pens.*), Unternehmensspiel (*n.*). **3** ∼ **di processo decisionale** (su modelli economici) (*ind.*), Planspiel (*n.*). **4** ∼ **di volo** (*aer.*), Flugsimulation (*f.*). **5 programma di** ∼ (*progr.*), Simulationsprogramm (*n.*).
simultaneità (contemporaneità) (*gen.*), Gleichzeitigkeit (*f.*). **2 fattore di** ∼ (*elett. - ecc.*), Gleichzeitigkeitsfaktor (*m.*).
simultaneo (contemporaneo) (*gen.*), gleichzeitig.
sinclinale (*s. - geol.*), Synklinale (*f.*).
sincro (sincronizzatore, «albero elettrico», app. costituito da un generatore ed un motore per ottenere un movimento sincrono) (*app. elett.*), Synchro (*n.*), Synchrongerät (*n.*). **2** ∼ **a corrente continua** (ripetitore sincrono a c.c.) (*app. - elett.*), Desynn (*n.*), Gleichstromdrehmelder (*m.*). **3** ∼ **di coppia** (trasduttore di coppia, ripetitore sincrono di coppia) (*app.*), Kraft-Drehmelder (*m.*). **4** ∼ **magnetico** (magnesyn, ripetitore sincrono magnetico) (*elett.*), Magnesyn (*n.*).
sincrociclotrone (*app. fis.*), Synchro-Zyklotron (*n.*).
sincronismo (*gen.*), Gleichlauf (*m.*), Synchronismus (*m.*). **2** ∼ **angolare** (*fis.*), Winkelgleichlauf (*m.*). **3** ∼ **dei colori** (*telev.*), Farbgleichlauf (*m.*). **4 a velocità inferiore a quella di** ∼ (subsincrono) (*mot. elett.*), untersynchron. **5 a velocità superiore a quella di** ∼ (*mot. - elett.*), übersynchron. **6 entrata in** ∼ (*fis. - ecc.*), Intrittfallen (*n.*). **7 impulso di** ∼ (per sincronizzare la deflessione) (*telev.*), Synchronpuls (*m.*), Synchronimpuls (*m.*). **8 impulso di** ∼ **orizzontale** (*telev.*), Horizontalsynchronpuls (*m.*). **9 impulso di** ∼ **verticale** (*telev.*), Vertikalsynchronpuls (*m.*). **10 lampada di** ∼ (*elett.*), Synchronisierlampe (*f.*). **11 ripresa in perfetto** ∼ (ripresa isofase) (*elettroacus.*), Gleichtaktaufnahme (*f.*). **12 segnale di** ∼ (*telev.*), Synchronsignal (*n.*). **13 uscire di** ∼ (andare fuori passo) (*elett.*), aussertrittfallen, ausser Tritt fallen. **14 uscita di** ∼ (perdita di passo) (*elett. - ecc.*), Aussertrittfallen (*n.*). **15 valore di** ∼ (*telev.*), Synchronwert (*m.*). **16 velocità di** ∼ (*mecc.*), Synchrongeschwindigkeit (*f.*).
sincronizzare (*telev. - cinem. - ecc.*), synchronisieren.
sincronizzato (*gen.*), gleichlaufend, synchron. **2 cambio** ∼ (*aut.*), Synchrongetriebe (*n.*). **3 cilindri sincronizzati** (*macch. - ecc.*), Gleichlaufzylinder (*m. pl.*).
sincronizzatore (dispositivo di sincronizzazione) (*gen.*), Gleichlaufeinrichtung (*f.*), Synchronisiereinrichtung (*f.*). **2** ∼ (di un cambio di velocità) (*aut.*), Synchronisiereinrichtung (*f.*), Synchronisierung (*f.*). **3** ∼ (sincro, «albero elettrico», app. costituito da un generatore ed un motore per ottenere un movimento sincrono) (*app. elett.*), Synchro (*n.*), Synchrongerät (*n.*). **4** ∼ **verticale** (*telev.*), Bildfang (*m.*). **5 anello** ∼ (di un cambio di velocità) (*aut.*), Synchronring (*m.*). **6 manicotto** ∼ (di un cambio di velocità) (*aut.*), Schiebemuffe (*f.*), Synchronschiebenhülse (*f.*).

sincronizzazione

7 mozzo ~ (di un cambio di velocità) (*aut.*), Synchronkörper (*m.*).
sincronizzazione (*fis. - telev. - cinem.*), Synchronisation (*f.*), Synchronisieren (*n.*), Synchronisierung (*f.*). 2 ~ **della frequenza delle linee** (*telev.*), Zeilensynchronisation (*f.*). 3 ~ **dell'immagine** (*telev.*), Bildsynchronisation (*f.*). 4 ~ **di fase** (*telev.*), Phasensynchronisierung (*f.*). 5 ~ **orizzontale** (*telev.*), Horizontalsynchronisierung (*f.*), Zeilensynchronisation (*f.*). 6 **ampiezza del segnale di** ~ (*telev.*), Synchronisationssignalamplitude (*f.*). 7 **a** ~ **automatica** (autosincronizzato) (*elett. - ecc.*), selbstsynchronisierend. 8 **coppia di** ~ (*elett.*), Intrittfallmoment (*n.*). 9 **dispositivo di** ~ (sincronizzatore) (*gen.*), Gleichlaufeinrichtung (*f.*), Synchronisiereinrichtung (*f.*). 10 **impulso di** ~ (*telev.*), Taktimpuls (*m.*), Gleichlaufimpuls (*m.*). 11 **impulso di** ~ **del quadro** (impulso di sincronizzazione verticale) (*telev.*), Teilbild-Gleichlaufimpuls (*m.*). 12 **impulso di** ~ **verticale** (*telev.*), Vertikalsynchronpuls (*m.*), vertikaler Synchronisationsimpuls, V-Impuls (*m.*). 13 **livello di** ~ (*telev.*), Synchronisationspegel (*m.*). 14 **pista di** ~ (d'un nastro magnetico) (*elab. dati*), Taktspur (*f.*). 15 **potenziale di** ~ (*telev.*), Synchronisationspotential (*m.*). 16 **segnale di** ~ (*telev.*), Synchronisationssignal (*n.*). 17 **segnale di** ~ **verticale** (*telev.*), Vertikal-Synchronsignal (*n.*), Teilbild-Synchronsignal (*n.*). 18 **studio di** ~ (*cinem.*), Synchronisierungsatelier (*n.*).
sincrono (*gen.*), synchron. 2 ~ (sincro, ripetitore sincrono) (*s. - app.*), *vedi* sincro. 3 ~ « **Desynn** » (ripetitore sincrono rotativo in c.c.) (*elett. - ecc.*), Desynn (*n.*). 4 **apparato telegrafico** ~ (*telegr.*), Synchron-Telegraph (*m.*), Gleichlauf-Telegraph (*m.*). 5 **demodulatore** ~ (*telev.*), Synchrodetektor (*m.*). 6 **generatore** ~ (*macch. elett.*), Synchrongenerator (*m.*). 7 **macchina sincrona** (*macch. elett.*), Synchronmaschine (*f.*). 8 **motore di ripetitore** ~ (motore di autosincronizzatore, usato nel cosiddetto « albero elettrico ») (*elett.*), Selsynmotor (*m.*). 9 **motore** ~ (*mot. elett.*), Synchronmotor (*m.*).
sincronoscopio (*app.*), Synchronoskop (*m.*), Synchronismusanzeiger (*m.*), Gleichlaufanzeiger (*m.*).
sincroscopio (comparatore di fase) (*elett.*), Synchroskop (*m.*), Phasenvergleicher (*m.*), Phasenindikator (*m.*).
sincrotrone (*app. fis.*), Synchrotron (*n.*).
sindacale (*lav.*), gewerkschaftlich.
sindacalismo (*organ. lav.*), Gewerkschaftswesen (*n.*), Syndikalismus (*m.*).
sindacalista (*organ. lav.*), Gewerkschaftler (*m.*), Syndikalist (*m.*).
sindacato (associazione, società) (*comm. - finanz.*), Kontor (*n.*), Syndikat (*n.*). 2 ~ **degli agenti di cambio** (*finanz.*), Maklerkammer (*f.*). 3 ~ **degli impiegati** (*lav.*), Gewerkschaftsbund der Angestellten, GdA. 4 ~ **dei lavoratori** (*organ. lav.*), Arbeitergewerkschaft (*f.*), Arbeiterverband (*m.*), Arbeitnehmerverband (*m.*), Gewerkschaftsverein (*m.*), Gewerkschaft (*f.*). 5 ~ **dei lavoratori** (*organ. lav.*) (*austr.*), Arbeiterkammer (*f.*). 6 ~ **di minatori** (*min.*), Knappschaft (*f.*),
Knappschaftsverein (*m.*), Bergbaugewerkschaft (*f.*). 7 **sindacati liberi** (*organ. lav.*), freie Gewerkschaften (*f. pl.*). 8 ~ **libero** (sindacato indipendente) (*lav.*), Unabhängige Gewerkschaftsorganisation, UGO.
sindaco (revisore dei conti, di una società) (*amm. - finanz.*), Abschlussprüfer (*m.*). 2 **collegio dei sindaci** (collegio sindacale) (*amm. - finanz.*), Aufsichtsrat (*m.*). 3 **collegio dei sindaci** (di una banca) (*finanz.*), Kontrollrat (*m.*).
sindiotattico (polimero p. es.) (*chim.*), syndiotaktisch.
sineresi (inversione del rigonfiamento di gel) (*chim.*), Synärese (*f.*).
sinergismo (scienza della coazione di diverse forze e fattori) (*sc.*), Synergismus (*m.*).
singolare (*gen.*), eigen, eigenartig, seltsam. 2 ~ (*mat.*), singulär. 3 **curva** ~ (*geom.*), singuläre Kurve. 4 **punto** ~ (di una curva o di funzione analitica) (*mat.*), singulärer Punkt.
singolarità (*mat. - ecc.*), Singularität (*f.*). 2 ~ (particolarità, peculiarità) (*gen.*), Eigenheit (*f.*).
singolarizzatore (distributore singolarizzatore, per inoltrare pezzi singoli in una linea a trasferta p. es.) (*disp. macch. ut.*), Vereinzeler (*m.*), Vereinzelungsvorrichtung (*f.*).
singolo (imbarcazione) (*s. - sport*), Einer (*m*), Renneiner (*m.*), Skiff (*m.*).
sinistra (*s. - nav.*), Backbord (*n.*). 2 **a** ~ (*avv. - gen.*), links. 3 **a** ~ (*avv. - nav.*), auf Backbord.
sinistro (*a. - gen.*), link. 2 ~ (sinistrorso, di filettatura p. es.) (*mecc. - ecc.*), linksgängig.
sinistrogiro (sinistrorso, rotazione p. es.) (*macch. - ecc.*), linkslaufend, linksdrehend.
sinistrorso (sinistro, di filettatura p. es.) (*mecc. - ecc.*), linksgängig. 2 ~ (antiorario, rotazione p. es.) (*macch. - ecc.*), linksdrehend, linkslaufend, gegen den Uhrzeigersinn.
sinottico (*meteor. - ecc.*), synoptisch. 2 **carta meteorologica sinottica** (*meteor.*), synoptische Wetterkarte.
sinovite (malattia professionale) (*med. - lav.*), Synovitis (*f.*).
sinterare (sinterizzare) (*metall. - ecc.*), sintern.
sinterato (sinterizzato) (*a. - metall. - ecc.*), gesintert. 2 ~ (sinterizzato, materiale) (*s. - metall. - ecc.*), Sinterwerkstoff (*m.*). 3 ~ (sinterizzato, pezzo) (*s. - tecnol.*), Sinterteil (*m.*). 4 ~ **trasudante** (materiale poroso, impiegato nei velivoli supersonici p. es., attraverso il quale viene spinto a pressione un refrigerante) (*aer.*), Schwitzwerkstoff (*m.*).
sinterazione (sinterizzazione, agglomerazione di polveri metalliche mediante compressione a caldo) (*metall.*), Sintern (*n.*), Sinterung (*f.*). 2 ~ (agglomerazione, di ceneri) (*comb.*), Sintern (*n.*). 3 ~ **a letto fluido** (di materie plastiche p. es., sinterazione centrifuga) (*tecnol.*), Wirbelsintern (*n.*). 4 ~ **centrifuga** (di mater. plast.) (*tecnol.*), Wirbelsintern (*n.*). 5 ~ **del minerale** (agglomerazione, pallottizzazione del minerale) (*min.*), Erzsinter (*m.*). 6 ~ **su griglia** (*metall.*), Sinterröstung (*f.*). 7 **impianto di** ~ (*macch.*), Sintermaschine (*f.*).

8 impianto automatico di ~ (*metall. - ecc.*), Sinterautomat (*m.*). **9 punto iniziale di** ~ (delle resine) (*chim.*), Sinterpunkt (*m.*).
sinterizzare (*metall.*), *vedi* sinterare.
sinterizzato (*metall. - ecc.*), *vedi* sinterato.
sinterizzazione (*metall.*), *vedi* sinterazione.
sintesi (di composti) (*chim.*), Synthese (*f.*), Synthesis (*f.*). **2** ~ **additiva** (di colori) (*ott.*), additive Farbenmischung. **3** ~ **dell'immagine** (*telev.*), Bildsynthese (*f.*), Bildaufbau (*m.*). **4** ~ **di colori** (*ott.*), Farbenmischung. **5** ~ **sottrattiva** (*ott.*), subtraktive Farbenmischung **6** ~ **strutturale** (*mecc.*), Typensynthese (*f.*).
sintetico (*gen.*), künstlich, synthetisch. **2** ~ (*chim. - ecc.*), synthetisch, künstlich. **3 in forma sintetica** (*gen.*), in knapper Form.
sintomo (*gen.*), Symptom (*n.*), Anzeichen (*n.*), Erscheinung (*f.*). **2** ~ **di avvelenamento** (sintomo di intossicazione) (*med.*), Vergiftungserscheinung (*f.*). **3** ~ **di intossicazione** (sintomo di avvelenamento) (*med.*), Vergiftungserscheinung (*f.*).
sintonia (uguaglianza di frequenza) (*fis. - radio - ecc.*), Abstimmung (*f.*), Abstimmen (*n.*). **2** ~ **acuta** (*radio - ecc.*), Feinabstimmung (*f.*), Scharfabstimmung (*f.*). **3** ~ **piatta** (*radio - ecc.*), Grobabstimmung (*f.*), unscharfe Abstimmung, flache Abstimmung. **4 ad alta** ~ (a sintonia acuta, trasmettitore p. es.) (*radio*), scharf abgestimmt. **5 a** ~ **acuta** (ad alta sintonia, trasmettitore p. es.) (*radio*), scharf abgestimmt. **6 a** ~ **piatta** (*radio*), unscharf abgestimmt. **7 bobina di** ~ **d'antenna** (induttanza d'antenna) (*radio*), Antennenabstimmspule (*f.*). **8 condensatore di** ~ (*radio*), Abstimmkondensator (*m.*). **9 fuori** ~ (non sintonizzato) (*acus.*), verstimmt. **10 indicatore di** ~ (occhio magico) (*radio*), Abstimmanzeigeröhre (*f.*), Abstimmauge (*n.*). **11 mancanza di** ~ (*radio*), Verstimmung (*f.*). **12 manopola di** ~ (*radio*), Abstimmknopf (*m.*).
sintonizzabile (*gen.*), stimmbar, durchstimmbar.
sintonizzare (*elettroacus.*), stimmen, abstimmen. **2** ~ **su** (*radio*), einstellen auf.
sintonizzato (*radio*), abgestimmt. **2 non** ~ (*radio*), verstimmt.
sintonizzatore (*radio*), Abstimmapparat (*m.*). **2** ~ (correttore di frequenza, d'un oscillatore) (*app.*), Nachstimm-Element (*n.*).
sintonizzazione (*radio*), Abstimmung (*f.*), Abstimmen (*n.*). **2** ~ **(automatica) silenziosa** (dei ricevitori radio, mediante occhio magico) (*radio*), Stummabstimmung (*f.*). **3** ~ **d'antenna** (*radio*), Antennenabstimmung (*f.*). **4** ~ **errata** (*radio*), Falschabstimmung (*f.*). **5** ~ **manuale** (*radio*), Handabstimmung (*f.*). **6 campo di** ~ (*radio*), Durchstimmbereich (*m.*).
sintoporite (pomice artificiale, per calcestruzzo poroso) (*ed.*), Synthoporit (*m.*).
sinusoidale (*mat. - fis.*), sinusförmig. **2 corrente** ~ (*elett.*), Sinusstrom (*m.*). **3 moto** ~ (*mecc. - ecc.*), sinusförmige Bewegung. **4 onda** ~ (*fis.*), Sinuswelle (*f.*). **5 pulsatore** ~ (per prove di mat. p. es.) (*macch.*), Sinuspulsator (*m.*). **6 tensione** ~ (*elett.*), Sinusspannung (*f.*).

sinusoide (curva sinusoide) (*geom. - fis.*), Sinuslinie (*f.*), Sinuskurve (*f.*).
SIP (processo «solvent in pulp», per l'estrazione di uranio da liquido a liquido) (*metall.*), SIP-Verfahren (*n.*), Solvent in Pulp-Verfahren (*n.*).
sipario (*teatro*), Vorhang (*m.*).
SIR (gomma siliconica) (*ind. chim.*), SIR, Silikon-Kautschuk (*m.*).
sirena (per segnalazioni) (*ind. - nav. - ecc.*), Sirene (*f.*). **2** ~ **a vapore** (fischio a vapore) (*nav.*), Dampfpfeife (*f.*). **3** ~ **da nebbia** (*nav.*), Nebelhorn (*n.*). **4 tono di** ~ (generato da rotazione, di ventilatori p. es.) (*acus.*), Sirenenton (*m.*), Drehklang (*m.*).
siringa (*app.*), Spritze (*f.*). **2** ~ **per ingrassaggio** (*aut. - ecc. - ut.*), Abschmierpresse (*f.*), Handschmierpresse (*f.*). **3** ~ **per lubrificazione** (*app.*), Ölspritze (*f.*).
siriometro (astrometro; unità di lunghezza = 10^6 unità astronomiche) (*astr.*), Siriometer (*m.*).
sisal (agave sisaliana) (*tess.*), Sisalhanf (*m.*), Sisal (*m.*).
sismografo (*strum. geol.*), Erdbebenanzeiger (*m.*), Seismograph (*m.*), Erdbebenmesser (*m.*), Erdbebenschreiber (*m.*). **2** ~ **orizzontale** (sismografo per le componenti orizzontali) (*strum. geol.*), Horizontalseismograph (*m.*). **3** ~ **per le componenti orizzontali** (sismografo orizzontale) (*strum. geol.*), Horizontalseismograph (*m.*).
sismogramma (*geol.*), Seismogramm (*n.*).
sismologia (*geol.*), Seismik (*f.*), Seismologie (*f.*), Erdbebenkunde (*f.*). **2** ~ **marina** (*geofis.*), Seeseismik (*f.*).
sismostetoscopio (geofono) (*app. geol.*), Seismophon (*n.*), Geophon (*n.*).
sistema (*gen.*), System (*n.*). **2** ~ **a comenti appaiati** (sistema a paro) (*costr. nav.*), Karwelsystem (*n.*). **3** ~ **ad accesso multiplo** (*elab. dati - ecc.*), Mehrfachzugriff-System (*n.*). **4** ~ **ad anello aperto** (sistema senza retroazione) (*regol. - ecc.*), offenes Schaltkreissystem. **5** ~ **ad anello chiuso** (sistema con retroazione) (*regol. - ecc.*), geschlossenes Schaltkreissystem. **6** ~ **additivo** (*fot. - telev.*), additives Farbensystem. **7** ~ **a dodici canali** (*telef.*), Zwölfbandsystem (*n.*), Zwölffach-Fernsprechsystem (*n.*). **8** ~ **a doppino** (sistema bifilare) (*telef.*), Schleifensystem (*n.*). **9** ~ **a due circuiti** (impianto a due circuiti, per i freni) (*aut.*), Zweikreissystem (*n.*). **10** ~ **a due fili** (*elett.*), Zweidrahtsystem (*n.*), Zweileitersystem (*n.*). **11** ~ **a due flussi** (di turbina) (*macch.*), Zweistromsystem (*n.*). **12** ~ **a fasciame cucito** (sistema a fasciame sovrapposto, sistema a semplice ricoprimento) (*costr. nav.*), Klinkersystem (*n.*). **13** ~ **a massa e molla** (del meccanismo di misura di un app. registratore p. es.) (*strum.*), Masse-Feder-System (*n.*). **14** ~ **antighiaccio** (impianto antighiaccio) (*app. aer. - ecc.*), Defroster (*m.*), Entfroster (*m.*). **15** ~ **a paro** (sistema a comenti appaiati) (*costr. nav.*), Karwelsystem (*n.*). **16** ~ **a quattro fili** (*elett.*), Vierleitersystem (*n.*). **17** ~ **a retta media** (sistema M, per la misura della rugosità) (*mecc.*), M-system (*n.*). **18** ~ **articolato**

sistema

(tiranteria, leveraggio) (*mecc. - ecc.*), Gelenkung (*f.*). 19 ~ **a sequenza di punti** (nella telev. a colori) (*telev.*), Punktfolgeverfahren (*n.*). 20 ~ **asservito** (servosistema, con o senza retroazione) (*regol. - ecc.*), *vedi* servosistema. 21 ~ **a torri** (per acido solforico, in cui al posto delle camere di piombo si usano reattori a torre) (*ind. chim.*), Turm-Intensiv-Verfahren (*n.*). 22 ~ **a tre canali** (ripresa stereofonica) (*cienm.*), Dreikanalverfahren (*n.*). 23 ~ **a tre fili** (*elett.*), Dreileitersystem (*n.*), Dreidrahtsystem (*n.*). 24 ~ **a vincoli completi** (sistema desmodromico, avente un solo grado di libertà) (*mecc.*), zwangläufiger Verband. 25 ~ **bifase** (*elett.*), Zweiphasensystem (*n.*). 26 ~ **bifase a quattro fili** (*elett.*), Zweiphasen-Vierleiter-System (*n.*). 27 ~ **bifase a tre fili** (*elett.*), Zweiphasen-Dreileitersystem (*n.*). 28 ~ **bifilare** (sistema a doppino) (*telef.*), Schleifensystem (*n.*). 29 ~ **binario** (sistema di numerazione in base 2) (*mat. - calc.*), Binärsystem (*n.*). 30 ~ **CGS** (sistema centimetro-grammo-secondo) (*fis.*), CGS-System (*n.*), Zentimeter-Gramm-Sekunde-System (*n.*). 31 ~ **collegiale** (per la direzione d'una impresa) (*amm. - ind.*), Kollegialsystem (*n.*). 32 ~ **compatibile di televisione a colori** (*telev.*), Bunt- oder Schwarzweiss-Fernsehverfahren (*n.*). 33 ~ **Consol** (*radar*), Consolsystem (*n.*). 34 ~ **decimale** (sistema metrico) (*unità di mis.*), Dezimalsystem (*n.*), metrisches System. 35 ~ **delle coordinate** (*mat.*), Koordinatensystem (*n.*), Koordinatenkreuz (*n.*), Achsenkreuz (*n.*). 36 ~ **delle strie** (nella galleria del vento, per l'osservazione nelle prove aerodinamiche) (*aer.*), Schlierensystem (*n.*). 37 ~ **del profilo medio** (sistema E, per il rilevamento della rugosità con tre sfere) (*mecc.*), E-System (*n.*). 38 ~ **desmodromico** (sistema a vincoli completi, avente un solo grado di libertà) (*mecc.*), zwangläufiger Verband. 39 ~ **di accensione** (*comb. - mot.*), Zündsystem (*n.*). 40 ~ **di accoppiamenti** (*mecc.*), Passsystem (*n.*). 41 ~ **di atterraggio strumentale** (*aer.*), Instrumentenlandesystem (*n.*), Blindlandeverfahren (*n.*). 42 ~ **di blocco** (*ferr.*), Blocksystem (*n.*), Sperrsystem (*n.*). 43 ~ **di chiamata** (*elett. - telef.*), Anrufssystem (*n.*). 44 ~ **di condutture** (impianto di tubazioni) (*tubaz.*), Leitungsanlage (*f.*), Röhrensystem (*n.*). 45 ~ **di coordinate** (*mat.*), Koordinatensystem (*n.*), Achsenkreuz (*n.*), Koordinatenkreuz (*n.*). 46 ~ **di costruzione** (*gen.*), Bauart (*f.*). 47 ~ **di costruzione** (di uno scafo) (*costr. nav.*), Bauart (*f.*). 48 ~ **di cottimo** (*lav.*), Akkordlohnsystem (*n.*). 49 ~ **di fissaggio** (*mecc. - ecc.*), Befestigungsart (*f.*). 50 ~ **di fognatura** (fognatura) (*ed.*), Kanalisation (*f.*). 51 ~ **di lenti** (*ott.*), Linsensystem (*n.*). 52 ~ **di leve** (« leveraggio ») (*macch.*), Hebelsystem (*n.*), Hebelwerk (*n.*). 53 ~ **di Mendelejeff** (sistema periodico degli elementi) (*chim.*), Mendelejeffssystem (*n.*), periodisches System der Elemente. 54 ~ **di misurazione** (elettromagnetico p. es.) (*metrol.*), Mess-system (*n.*). 55 ~ **di misure** (*fis. - ecc.*), Massystem (*n.*). 56 ~ **di pagamento** (*comm.*), Zahlungsweise (*f.*), Zahlungsart (*f.*). 57 ~ **di pagamento rateale** (*comm.*), Abzahlungssystem (*n.*), Ratenzahlungssystem (*n.*). 58 ~ **di puntamento** (*arma da fuoco*), Richtverfahren (*n.*). 59 ~ **(di radionavigazione) a base ridotta** (*radio - navig.*), Kurzbasisverfahren (*n.*). 60 ~ **di raffreddamento** (*mot. - ecc.*), Kühlsystem (*n.*). 61 ~ **di riferimento** (*fis. - ecc.*), Bezugssystem (*n.*). 62 ~ **(di riferimento) inerziale** (assi inerziali) (*mecc.*), Inertialsystem (*n.*). 63 ~ **di salario a premio** (*organ. lav.*), Prämienlohnsystem (*n.*). 64 ~ **di scarico** (*mot.*), Auspuffsystem (*n.*), Abgassystem (*n.*). 65 ~ **di selezione** (sistema di telefonia automatica) (*telef.*), Wählsystem (*n.*). 66 ~ **diretto** (*elett.*), Mitsystem (*n.*). 67 ~ **disperso** (*fis.*), disperses Gebilde, disperses System. 68 ~ **di supporto** (supporto, montaggio) (*mecc.*), Halterung (*f.*). 69 ~ **di telefonia automatica** (sistema di selezione) (*telef.*), Wählsystem (*n.*). 70 ~ **di tolleranze** (*mecc.*), Toleranzsystem (*n.*). 71 ~ **di vendita a procacciamento** (nel quale il compratore paga un prezzo ribassato a condizione che procuri nuovi clienti) (*comm.*), Schneeballsystem (*n.*). 72 ~ **duplex** (*telef.*), Duplexbetrieb (*m.*), Zweifachbetrieb (*m.*). 73 ~ **E** (sistema del profilo medio, sistema di rilevamento della finitura superficiale con tre sfere) (*mecc.*), E-System (*n.*). 74 ~ **equivalente** (delle masse di un motore alternativo p. es., per il calcolo delle vibrazioni torsionali) (*mecc.*), Ersatzsystem (*n.*). 75 ~ **estremale** (*mat.*), Extremalsystem (*n.*). 76 ~ **estremale a gradienti** (*mat.*), Schrittextremalsystem (*n.*). 77 ~ **fondamentale di riferimento per la trasmissione telefonica** (SFERT, *system fondamental européen pour la transmission téléphonique*) (*telef.*), Ureichkreis (*m.*), SFERT. 78 ~ **funzionale** (*organ.*), Funktionssystem (*n.*), Stabsystem (*n.*). 79 ~ **gerarchico** (*organ.*), Liniensystem (*n.*). 80 ~ **gerarchico-funzionale** (*organ.*), Linien-Stab-System (*n.*). 81 ~ **Ilgner** (per motori a corrente continua con numero di giri regolabile) (*elett. - lamin.*), Ilgner-Umformer (*m.*). 82 ~ **internazionale** (SI, per le unità di misura) (*metrologia*), SI, Internationales Einheitensystem. 83 ~ **interstadio** (*telef. - ecc.*), Zwischenleitungsanordnung (*f.*). 84 ~ **logico** (*elettronica*), Logiknetz (*n.*). 85 ~ **loran** (loran, sistema di radionavigazione iperbolica) (*radio - navig.*), Loran-System (*n.*), Loran (*m.*). 86 ~ **magnetoidrodinamico** (per la conversione diretta di calore in energia elettrica) (*elett.*), magnetohydrodynamisches System, MHD-System (*n.*). 87 ~ **« Mento Factor »** (per la misurazione ed analisi delle attività mentali nell'industria) (*ind.*), Mento-Factor-Verfahren (*n.*). 88 ~ **metrico** (sistema decimale) (*unità di mis.*)-*ecc.*), Dezimalsystem (*n.*), metrisches System. 89 ~ **modulare** (per fabbricare determinati prodotti) (*ind. - tecnol.*), Modulsystem (*n.*), Baukastensystem (*n.*), Bausteinsystem. 90 ~ **monetario** (*finanz.*), Münzsystem (*n.*), Münzwesen (*n.*). 91 ~ **ottico** (*ott.*), optisches System. 92 ~ **multiplex a divisione di tempo** (*telef.*), Zeitmultiplexverfahren (*n.*). 93 ~ **omopolare** (*elett.*), Nullsystem (*n.*). 94 ~ **oscillante** (*mecc.*), Schwinger (*m.*). **95** ~ **oscillante ad una massa** (*mecc.*), Einmassenschwinger (*m.*). **96** ~ **periodico** (degli elementi, sistema di Mendelejeff) (*chim.*), periodisches System, System von Mendelejeff, Mendelejeffssystem (*n.*). **97** ~ **polifase** (*elett.*), Mehrphasensystem (*n.*). **98** ~ **progressivo** (sistema di scansione progressiva) (*telev.*), Zeilenfolgesystem (*n.*). **99** ~ **protettivo** (*comm.*), Protektionssystem (*n.*), Schutzzollsystem (*n.*). **100** ~ **regolata** (impianto o processo in cui vi sono una o più grandezze da regolare; turbina, generatore elettrico, ecc.) (*regol.*), Regelstrecke (*f.*). **101** ~ **regolato compensato** (*regol.*), Regelstrecke mit Ausgleich. **102** ~ **saprobico** (*idrobiologia*), Saprobiensystem (*n.*). **103** ~ **Scherbius** (*macch. elett.*), Scherbiuskaskade (*f.*). **104** ~ **sequenziale** (a colori) (*telev.*), Zeitfolgesystem (*n.*). **105** ~ **solare** (*astr.*), Sonnensystem (*n.*). **106** ~ **sottrattivo** (sistema con pellicole a colori) (*fot.*), Subtraktivverfahren (*n.*). **107** ~ **start-stop** (nelle telescriventi p. es.) (*telegr. - ecc.*), Start-Stop-System (*n.*). **108 sistemi stellari** (galassie) (*astr.*), Sternsysteme (*n. pl.*), Galaxien (*f. pl.*). **109** ~ (telefonico) **per la chiamata di autopubbliche** (*aut. - telef.*), Autoruf (*m.*), Autorufdienst (*m.*). **110** ~ **tolemaico** (*astr.*), ptolemäisches System. **111** ~ **trifase equilibrato** (*elett.*), balanciertes Drehstromsystem. **112** ~ **unario** (*metall.*), Einstoffsystem (*n.*). **113** ~ **Vertak** (sistema d'immersione verticale di carrozzerie d'automobile) (*ind. - aut.*), Vertak-System (*n.*). **114** ~ **Work-Factor** (WF, sistema di misura del lavoro) (*cronotecnica*), Work-Factor-Verfahren (*n.*), WF-Arbeitsmessverfahren (*n.*). **115 organizzazione dei sistemi** (programmazione dei sistemi) (*organ.*), Systemplanung (*f.*). **116 programmatore di sistemi** (*organ. - pers.*), Systemplaner (*m.*). **117 programmazione dei sistemi** (organizzazione dei sistemi) (*organ.*), Systemplanung (*f.*). **118 studio dei sistemi** (*organ.*), Systemstudie (*f.*). **119 tecnica dei sistemi** (*organ.*), Systemtechnik (*f.*).

sistemare (disporre) (*gen.*), anordnen.

sistematico (*gen.*), systematisch. **2 errore** ~ (*mat. - ecc.*), regelmässiger Fehler.

sistemazione (disposizione, di macchine p. es.) (*gen.*), Anordnung (*f.*).

sito (posizione, ubicazione) (*gen.*), Standort (*m.*). **2** ~ (angolo di sito) (*artiglieria*), Höhenwinkel (*m.*), Zielhöhenwinkel (*m.*). **3** ~ **futuro** (angolo di sito futuro, nel tiro controaereo) (*artiglieria*), Treffhöhenwinkel (*m.*). **4 angolo di** ~ (*artiglieria*), Zielhöhenwinkel (*m.*).

situazione (*gen.*), Lage (*f.*), Situation (*f.*). **2** ~ **di cassa** (*amm.*), Kassenausweis (*m.*). **3** ~ **di emergenza** (*gen.*), Notstand (*m.*). **4** ~ **di mercato** (prospettive di vendita) (*comm.*), Absatzverhältnisse (*n. pl.*). **5** ~ **economica** (*finanz.*), Wirtschaftslage (*f.*). **6** ~ **economica** (conto economico) (*amm.*), Erfolgskonto (*n.*). **7** ~ **finanziaria** (*finanz.*), Finanzlage (*f.*).

siviera (secchia di colata, secchione, caldaia) (*fond.*), Giesspfanne (*f.*), Pfanne (*f.*). **2** ~ **a bilanciere** (caldaia a bilanciere) (*fond.*), Bügelpfanne (*f.*). **3** ~ **a botte** (siviera cilindrica, siviera a tamburo) (*fond.*), Trommelpfanne (*f.*), Giesstrommel (*f.*). **4** ~ **a mano** (sivierina, tazza di colata, tazzina, cassina) (*fond.*), Handpfanne (*f.*). **5** ~ **a mano con manico a forchettone** (sivierina con manico a forchettone, siviera con manico doppio) (*fond.*), Scherenpfanne (*f.*), Gabelpfanne (*f.*). **6** ~ **a scosse** (*fond.*), Schüttpfanne (*f.*). **7** ~ **a sifone** (siviera a teiera) (*fond.*), Siphonpfanne (*f.*), Teekannenpfanne (*f.*). **8** ~ **a siluro** (siluro) (*metall.*), Torpedopfanne (*f.*). **9** ~ **a tamburo** (siviera a botte, siviera cilindrica) (*fond.*), Trommelpfanne (*f.*), Giesstrommel (*f.*). **10** ~ **a tampone** (*fond.*), Stopfenpfanne (*f.*). **11** ~ **a teiera** (siviera a sifone) (*fond.*), Siphonpfanne (*f.*), Teekannenpfanne (*f.*). **12** ~ **carrellata** (*fond.*), Wagenpfanne (*f.*). **13** ~ **cilindrica** (siviera a botte, siviera a tamburo) (*fond.*), Trommelpfanne (*f.*), Giesstrommel (*f.*). **14** ~ **con fermascorie** (*fond.*), Pfanne mit Schlackenabscheider. **15** ~ **con manico doppio** (siviera a mano con manico a forchettone, sivierina con manico a forchettone) (*fond.*), Scherenpfanne (*f.*), Gabelpfanne (*f.*). **16** ~ **della ghisa** (*metall.*), Roheisenpfanne (*f.*). **17** ~ **di mescolamento** (mescolatore) (*ind.*), Mischerpfanne (*f.*). **18** ~ **pensile** (*fond.*), Kranpfanne (*f.*). **19** ~ **ribaltabile** (siviera rovesciabile) (*fond.*), Kipp-Pfanne (*f.*). **20** ~ **rovesciabile** (siviera ribaltabile) (*fond.*), Kipp-Pfanne (*f.*). **21 bilanciere per** ~ (staffa per siviera) (*fond.*), Pfannenbügel (*m.*). **22 gru per** ~ (*macch. - fond.*), Giesskran (*m.*). **23 incrostazione della** ~ (*fond.*), Pfannenbär (*m.*). **24 staffa per** ~ (bilanciere per siviera) (*fond.*), Pfannenbügel (*m.*).

sivierina (siviera a mano, tazza di colata, tazzina, cassina) (*fond.*), Handpfanne (*f.*). **2** ~ **a doppio forchettone** (*fond.*), doppelseitige Gabelpfanne, doppelseitige Scherenpfanne (*f.*). **3** ~ **con manico a forchettone** (siviera a mano con manico a forchettone, siviera con manico doppio) (*fond.*), Scherenpfanne (*f.*), Gabelpfanne (*f.*).

SJS (Istituto di normalizzazione svedese) (*tecnol.*), SJS, swedischer Normenausschuss.

SK (gomma sintetica, elastomero sintetico) (*ind. chim.*), SK, Synthese-Kautschuk (*m.*).

«**skiatron**» (tubo catodico) (*elettronica*), Skiatron (*n.*).

«**skiff**» (piccola imbarcazione a remi) (*nav.*), Skiff (*n.*).

«**skilift**» (sciovia) (*sport - trasp.*), Skilift (*m.*), Schilift (*m.*).

«**skip**» (recipiente per estrazione del minerale) (*min. - trasp.*), Skip (*n.*), Fördergefäss (*n.*). **2** ~ **a fondo apribile** (*min.*), Bodenentleerer (*m.*). **3** ~ **a rovesciamento** (*min.*), Kippkübel (*m.*).

slabbrare (*gen.*), abkanten, auslinken. **2** ~ (alzare i bordi di fori in particolari di lamiera) (*lav. lamiera*), kragenziehen.

slabbratura (di fori perforati in una lamiera) (*lav. lamiera*), Durchziehen (*n.*), Durchstechen (*n.*). **2** ~ (parte slabbrata di un foro di una lamiera) (*lav. lamiera*), Innenbord (*m.*). **3** ~ (di fori in una lamiera) (*lav. lamiera*), vedi anche trafilatura. **4 prova**

slacciare

di ~ (prova di flangiatura, per tubi) (*tecnol. mecc.*), Bördelprobe (*f.*), Börderversuch (*m.*).
slacciare (delle corde p. es.) (*gen.*), abschnüren.
« slalom » (gara di sci) (*sport*), Torlauf (*m.*), Slalom (*m.*). 2 ~ (prova di maneggevolezza effettuata su autovetture) (*prove - aut.*), Slalom (*m.*), Wedeln (*n.*). 3 ~ **gigante** (gara di sci) (*sport*), Riesenslalom (*m.*).
« slamming » (urto idrodinamico, d'una nave) (*nav.*), Slamming (*n.*), hydrodynamischer Stoss.
slanciato (snello) (*gen.*), schlank.
slancio (*gen.*), Schwung (*m.*). 2 ~ (sporgenza di una prua) (*nav.*), Überschuss (*m.*).
slappolare (lana) (*ind. tess.*), entkletten, kletten, zupfen.
slappolatrice (*macch. tess.*), Abbürstemaschine (*f.*).
slappolatura (di lana) (*ind. tess.*), Entkletten (*n.*), Kletten (*n.*), Zupfen (*n.*).
slavato (sbiadito) (*gen.*), verwaschen.
slavatura (del colore) (*ind. tess. - ind.*), Auswaschung (*f.*).
slebo (billetta a sezione rettangolare) (*lamin.*), Flachknüppel (*m.*).
slegare (sciogliere) (*gen.*), lösen, abbinden.
slegato (sciolto) (*gen.*), lose, nicht gebunden.
slegatura (fili rimasti liberi nel tessuto a causa di punti saltati) (*difetto - ind. tess.*), Flottung (*f.*), Flottieren (*n.*).
slingottare (strippare) (*metall.*), abstreifen, strippen.
slingottatore (*att. metall.*), Blockabstreifer (*m.*), Blockstripper (*m.*). 2 ~ **a tenaglia** (*att. metall.*), Abstreifzange (*f.*), Stripperzange (*f.*), Zangen-Blockabstreifer (*m.*).
slingottatrice (meccanismo estrattore dei lingotti o per strippaggio lingotti) (*metall.*), Blockstripper (*m.*), Blockabstreifer (*m.*). 2 **gru** ~ (gru di strippaggio) (*macch. - metall.*), Stripperkran (*m.*).
slingottatura (strippatura) (*metall.*), Abstreifen (*n.*), Strippen (*n.*). 2 **capannone di** ~ (di una acciaieria) (*metall.*), Stripperhalle (*f.*).
slitta (parte di macch.) (*macch. ut. - ecc.*), Schlitten (*m.*). 2 ~ (*veic.*), Schlitten (*m.*). 3 ~ **a razzo** (*app. di ricerca*), Raketenschlitten (*m.*), Gleitschlitten mit Raketenantrieb. 4 ~ **a vela** (per ghiaccio) (*trasp. - sport*), Segelschlitten (*m.*), Eissegelboot (*n.*). 5 ~ **chiusura stampi** (slitta di serraggio, d'una fucinatrice) (*macch.*), Klemmschlitten (*m.*). 6 ~ **composita** (*macch. ut.*), Kreuzschlitten (*m.*). 7 ~ **della contropunta** (di una rettificatrice p. es.) (*macch. ut.*), Pinolenschlitten (*m.*). 8 ~ **di ricalcatura** (d'una macchina fucinatrice) (*macch.*), Stauchschlitten (*m.*). 9 ~ **di serraggio** (slitta di chiusura stampi, d'una fucinatrice) (*macch.*), Klemmschlitten (*m.*). 10 ~ **longitudinale** (d'un tornio) (*macch. ut.*), Bettschlitten (*m.*). 11 ~ **portafresa** (di una fresatrice) (*macch. ut.*), Frässchlitten (*m.*). 12 ~ **portamola** (di una rettificatrice) (*macch. ut.*), Schleifschlitten (*m.*). 13 ~ **portautensili** (del carrello d'un tornio) (*macch. ut.*), Sattelschlitten (*m.*). 14 ~ **trasversale** (*macch. ut.*), Querschlitten (*m.*), Planschlitten (*m.*). 15 ~ **trasversale con torretta portautensili** (di un tornio) (*macch. ut.*), Kreuzschlitten (*m.*). 16 **dispositivo a** ~ **per il cambio degli obiettivi** (cambia-obiettivi a slitta) (*app. ott.*), Schlittenobjektivwechsler (*m.*).
slittamento (scivolamento) (*gen.*), Rutschen (*n.*). 2 ~ (scorrimento, di una cinghia p. es.) (*mecc.*), Schlupf (*m.*), Schlüpfung (*f.*). 3 ~ (scorrimento) (*macch. elett.*), Schlupf (*m.*), Schlüpfung (*f.*). 4 ~ (della frizione p. es.) (*mecc. - aut.*), Rutschen (*n.*), Schlupf (*m.*). 5 ~ (sdrucciolamento su fondo stradale bagnato p. es.) (*aut.*), Rutschen (*n.*), Gleiten (*n.*). 6 ~ (sbandata, con le ruote posteriori, di un veic. in curva) (*aut.*), Schleudern (*n.*), Schieben (*n.*). 7 ~ (movimento relativo fra pneumatico e strada) (*aut.*), Schlupf (*m.*). 8 ~ (rotazione a vuoto di una ruota per insufficiente aderenza) (*aut. - ferr.*), Durchdrehen (*n.*). Drehschleudern (*n.*), Schleudern (*n.*). 9 ~ (di una ruota frenata, per insufficiente aderenza) (*aut. - ferr.*), Blockieren (*n.*), Gleiten (*n.*). 10 ~ (scorrimento, del terreno di fondazione p. es.) (*ed.*), Abgleiten (*n.*). 11 ~ **da frenata** (*aut.*), Bremsschlupf (*m.*). 12 ~ **della cinghia** (*mecc.*), Riemenschlupf (*m.*). 13 ~ **del pneumatico** (movimento relativo tra pneumatico e terreno) (*aut.*), Reifenschlupf (*m.*). 14 ~ **di frequenza** (nei tubi termoionici) (*elettronica*), Stromverstimmung (*f.*). 15 ~ **parziale** (d'una ruota, frenando p. es.) (*veic.*), Teilgleiten (*n.*).
slittare (scivolare, sdrucciolare) (*gen.*), rutschen, gleiten, schlupfen, schlüpfen. 2 ~ (della frizione p. es.) (*mecc. - aut.*), rutschen, schlupfen, schlüpfen. 3 ~ (sdrucciolare, su fondo stradale bagnato p. es.) (*aut.*), rutschen. 4 ~ (delle ruote motrici, quando l'aderenza non è sufficiente, all'avviamento p. es.) (*ferr.*), drehschleudern, schleudern, rutschen. 5 ~ (sbandare, lateralmente, con le ruote posteriori, in curva) (*aut.*), schleudern, schieben.
slittante (che slitta, ruota) (*veic.*), durchrutschend.
slittata (*veic. - ecc.*), Rutschen (*n.*). 2 ~ (lunghezza della slittata, d'un veicolo con le ruote bloccate) (*veic.*), Rutschweg (*m.*). 3 **segno della** ~ (sulla superficie stradale) (*aut. - traff. strad.*), Rutschspur (*f.*), Rutscheindruck (*m.*).
slittone (spintore, di una pressa) (*macch.*), Stössel (*m.*). 2 **corsa dello** ~ (di una pressa) (*macch.*), Stösselhub (*m.*). 3 **guide dello** ~ (di una pressa) (*macch.*), Stösselführung (*f.*).
slittovia (*sport - trasp.*), Schlittenbahn (*f.*).
slogan (pubblicitario) (*comm.*), Werbespruch (*m.*).
slogatura (distorsione) (*med. - lav.*), Verstauchung (*f.*).
Sm (samario) (*chim.*), Sm, Samarium (*n.*).
smacchiatore (*ind. chim. - tess.*), Fleckentferner (*m.*).
smagnetizzare (*elett.*), entmagnetisieren.
smagnetizzatore (*elett.*), Entmagnetisierer (*m.*).
smagnetizzazione (*elett.*), Entmagnetisierung (*f.*).

smagrante (sostanza smagrante, per argilla p. es.) (s. - gen.), Magerungsmittel (n.).
smagrimento (della miscela) (mot.), Verarmung (f.).
smagrire (la miscela) (mot.), verarmen. 2 ~ (argilla p. es.) (gen.), mager machen.
smagrito (miscela) (mot.), verarmt.
smaltare (ind.), emaillieren.
smaltato (ind.), emailliert.
smaltatura (ind.), Emaillieren (n.). 2 lamiera per ~ (ind. metall.), Emaillierblech (n.).
smaltimento (eliminazione) (gen.), Beseitigung (f.). 2 ~ dei rifiuti (fis. nucl.), Abfällbeseitigung (f.). 3 ~ e trattamento di rifiuti (ind.), Entsorgung (f.).
smaltina (CoAs$_3$) (CoAs$_2$) (min.), Smaltin (m.), Speiskobalt (m.), Skutterudit (m.).
smalto (rivestimento vetroso di articoli di ferro) (ind.), Email, Emaille (f.). 2 ~ (mano finale, di vernice, su una carrozzeria p. es.) (vn.), Schlussanstrich (m.), Deckanstrich (m.), Endanstrich (m.), Fertiganstrich (m.). 3 ~ a fuoco (ind.), Einbrennemaille (f.). 4 ~ a legante resinoide (vn.), Kunstharz-Decklack (m.), KH-Decklack (m.). 5 ~ a nitro (vn.), Nitro-Decklack (m.). 6 ~ luminescente (per interruttori, serrature di porte, ecc.) (vn. - illum.), Leuchtemail (n.).
smangiatura (caduta di terra, dalla forma) (difetto fond.), Sandabreissen (n.).
smanigliare (nav.), losschäkeln, ausschäkeln.
smantellamento (smontaggio) (gen.), Abrüstung (f.), Abbrechen (n.). 2 ~ (di fortificazioni) (milit.), Entfestigung (f.).
smantellare (macch. - ecc.), abbrechen, abrüsten.
smaterozzare (asportare le materozze) (fond.), die Speiser abschlagen, die Steiger abschlagen, die Speiser entfernen.
smaterozzatura (asportazione delle materozze) (fond.), Abschlagen der Steiger, Abschlagen der Speiser, Entfernen der Steiger, Entfernen der Speiser. 2 ~ (di un lingotto) (metall.), Abschlagen des Blockaufsatzes.
smectico (fis.), smektisch.
smembramento (scomposizione negli elementi) (gen.), Zergliederung (f.). 2 ~ (di una grossa industria p. es.) (finanz. - ecc.), Entflechtung (f.).
smembrare (scomporre negli elementi) (gen.), zergliedern.
smeraldo (pietra preziosa verde) (min.), Smaragd (m.).
smerciabile (vendibile) (comm.), absetzbar.
smercio (vendita) (comm.), Absatz (m.). 2 di facile ~ (comm.), absatzfähig. 3 di largo ~ (corrente, comune) (comm.), gängig, zügig. 4 trovare ~ (comm.), Absatz finden.
smerigliare (lucidare p. es.) (mecc. - ecc.), schleifen, glätten, schmirgeln. 2 ~ (le valvole, di un mot. a c. i. p. es.) (mot. - mecc.), einschleifen, passläppen. 3 ~ (vetro) (mft. vetro), mattieren. 4 ~ (il lato carne del cuoio) (ind. cuoio), blanchieren, dollieren. 5 ~ a nastro (mecc.), bandschleifen. 6 ~ il lato flore (del cuoio, vellutare) (ind. cuoio), buffieren, abbuffen. 7 ~ le valvole (mecc. - mot.), die Ventile einschleifen, die Ventile passläppen. 8 macchina per ~ (il lato carne del cuoio) (ind. cuoio - mecch.), Blanchiermaschine (f.), Dolliermaschine (f.). 9 macchina per ~ (vellutatrice, per cuoio) (macch. - ind. cuoio), Schleifmaschine (f.).
smerigliato (mecc. - ecc.), geschliffen. 2 ~ (passato con smeriglio) (mecc. - vn.), abgeschmirgelt. 3 ~ (lampadina, vetro) (elett.), mattiert.
smerigliatore (ut. - lav.), Schleifer (m.). 2 ~ per valvole (ut. - mot.), Ventileinschleifer (m.).
smerigliatrice (macch.), Schleifmaschine (f.), Schmirgelmaschine (f.). 2 ~ (carteggiatrice) (macch. lav. legno), Schleifmaschine (f.). 3 ~ (per il lato carne del cuoio) (macch. - ind. cuoio), Dolliermaschine (f.), Blanchiermaschine. 4 ~ (vellutatrice, per cuoio) (macch. - ind. cuoio), Schleifmaschine (f.). 5 ~ a nastro (macch.), Bandschleifmaschine (f.). 6 ~ per legno (levigatrice per legno) (macch.), Holzschleifmaschine (f.). 7 ~ per sedi di valvole (macch.), Ventilsitzschleifmaschine (f.). 8 ~ per valvole (macch. - mot.), Ventilschleifmaschine (f.).
smerigliatura (lucidatura a smeriglio) (mecc.), Schleifen (n.), Schmirgeln (n.). 2 ~ (di valvole di un mot. a c. i. e relative sedi) (mot. - mecc.), Einschleifen (n.), Passläppen (n.). 3 ~ (del lato carne del cuoio) (ind. cuoio), Dollieren (n.), Blanchieren (n.). 4 ~ (vellutatura, di cuoio) (ind. cuoio), Schleifen (n.). 5 ~ a nastro (mecc.), Bandschleifen (n.).
smeriglio (minerale a grano finissimo e molto duro) (min. - mecc.), Schmirgel (m.), Smirgel (m.). 2 passato con ~ (mecc. - vn.), abgeschmirgelt.
sminamento (milit.), Minenräumung (f.), Entminen (n.).
sminuzzare (sbriciolare) (gen.), bröckeln.
sminuzzatrice (macch. ind. carta), Hackmaschine (f.).
sminuzzatura (per la preparazione della cellulosa) (ind. carta), Hacken (n.).
smistamento (di veic. ferr.) (ferr.), Rangieren (n.), Verschieben (n.). 2 ~ (servizio) (ferr.), Rangierbetrieb (m.), Verschiebedienst (m.). 3 ~ delle lettere (posta), Briefbearbeitung (f.). 4 ~ per gravità (ferr.), Ablaufrangieren (n.). 5 ~ su binario secondario (ferr.), Abstellung (f.). 6 cabina di ~ (ferr.), Rangierstellwerk (n.), Verschiebestellwerk (n.). 7 radiocomunicazioni per ~ ferroviario (radio - ferr.), Rangierfunk (m.). 8 scalo di ~ (stazione di smistamento) (ferr.), Rangierbahnhof (m.), Verschiebebahnhof (m.). 9 stazione di ~ (ferr.), Rangierbahnhof (m.), Verschiebebahnhof (m.). 10 tasto di ~ (di una comunicazione) (telef.), Weitschalttaste (f.). 11 torre di ~ (cabina di smistamento) (ferr.), Rangierstellwerk (n.).
smistare (veic. ferr.) (ferr.), rangieren, verschieben. 2 ~ su un binario di raccordo (ferr.), ausweichen.
smithsonite (ZnCO$_3$) (min.), Zinkspat (m.), Galmei (m.).
SMN (selettore a motore con contatti in metallo nobile) (telef.), EMD, Edelmetall-Motor-Drehwähler (m.).

smobilitare

smobilitare (*milit. - ecc.*), abrüsten, demobilisieren.
smobilitazione (*milit. - ecc.*), Abrüstung (*f.*), Domobilisation (*f.*), Dienstentlassung (*f.*). 2 **premio di** ~ (*milit.*), Dienstentlassungsgeld (*n.*).
smog (smoke + fog, fumo e nebbia) (*ecolog.*), Smog (*m.*).
smontabile (asportabile) (*mecc.*), abnehmbar.
smontaggio (di un particolare da un complesso p. es.) (*gen.*), Abmontierung (*f.*), Demontieren (*n.*). 2 ~ (nei particolari) (*gen.*), Auseinanderbau (*m.*), Auseinandernehmen (*n.*). 3 ~ (di un utensile p. es.) (*mecc. - ecc.*), Demontage (*f.*), Abbau (*m.*), Demontieren (*n.*), Lösen (*n.*). 4 ~ (di un pezzo) (*lav. macch. ut.*), Ausspannen (*n.*). 5 ~ (di una ruota da un'asse p. es.) (*mecc.*), Abziehen (*n.*). 6 ~ (di un anello Seeger p. es.) (*mecc.*), Ausfedern (*n.*). 7 ~ (dei ponteggi, delle impalcature, p. es.) (*ed.*), Abschlagen (*n.*). 8 ~ **delle anime** (scarico delle anime) (*fond.*), Entkernen (*n.*), Auskernen (*n.*). 9 ~ **delle casseforme** (smontaggio dell'armatura) (*ed.*), Abrüstung (*f.*). 10 ~ **generale** (*mot. - macch.*), Auseinandernehmen (*n.*). 11 ~ **parziale** (*macch. - mot.*), Teildemontage (*f.*). 12 **vite di** ~ (vite di estrazione) (*mecc.*), Abziehschraube (*f.*).
smontare (un particolare da un complesso) (*gen.*), abmontieren, demontieren. 2 ~ (scomporre nei particolari) (*mecc.*), auseinandernehmen, zerlegen. 3 ~ (il pezzo p. es.) (*lav. macch. ut.*), ausspannen. 4 ~ (una ruota dall'asse p. es.) (*mecc.*), abziehen. 5 ~ (un ponte p. es.) (*ed.*), abtragen. 6 ~ (un anello Seeger p. es.) (*mecc.*), ausfedern. 7 ~ **il ponteggio** (smontare l'impalcatura) (*ed.*), abrüsten, abschlagen. 8 ~ **la chiavetta** (togliere la chiavetta) (*mecc.*), loskeilen. 9 ~ **le anime** (scaricare le anime) (*fond.*), entkernen, auskernen. 10 ~ **le casseforme** (smontare l'armatura) (*ed.*), abrüsten. 11 ~ **nei particolari** (*gen.*), auseinandernehmen. 12 ~ **un ponte** (*ed.*), abbrücken.
smorzamento (di oscillazioni o vibrazioni) (*fis. - mecc.*), Dämpfung (*f.*). 2 ~ (attenuazione, assorbimento) (*fis. - acus.*), Schluckung (*f.*), Dämpfung (*f.*). 3 ~ (azione ammortizzatrice, attenuazione di urti) (*macch. - ecc.*), Dämpfung (*f.*), Pufferung (*f.*). 4 ~ **ad aria** (di strumenti metrologici) (*app. - elett.*), Luftdämpfung (*f.*). 5 ~ (**da attrito**) **interno** (**del materiale**) (da sollecitazioni vibratorie) (*sc. costr. - prove mater.*), Werkstoffdämpfung (*f.*). 6 ~ **idraulico** (*fis.*), hydraulische Dämpfung. 7 ~ **per attrito** (*fis.*), Reibungsdämpfung (*f.*). 8 ~ **pneumatico** (*fis.*), Luftdämpfung (*f.*). 9 ~ **strutturale** (di vibrazioni) (*aer. - ecc.*), Strukturdämpfung (*f.*). 10 **bacino di** ~ (dissipatore) (*idr.*), Tosbecken (*n.*), Beruhigungsbecken (*n.*). 11 **capacità di** ~ (di urti p. es.) (*metall. - ecc.*), Dämpfungsfähigkeit (*f.*). 12 **coefficiente di** ~ (*acus.*), Abklingkonstante (*f.*). 13 **diodo di** ~ (*radio*), Dämpfungsdiode (*f.*). 14 **fattore di** ~ (di oscillazioni) (*fis.*), Dämpfungsgrad (*m.*). 15 **fattore di** ~ (nell'apertura d'un circuito, rapporto fra il valore massimo della tensione transitoria ed il picco della tensione di risalita) (*elett.*), Überschwingfaktor (*m.*). 16 **fattore di** ~ (*aer. - ecc.*), Dämpfungskator (*m.*). 17 **indice di** ~ (*mecc. - ecc.*), Dämpfungszahl (*f.*). 18 **momento di** ~ (*aer.*), Dämpfungsmoment (*n.*). 19 **resistenza di** ~ (resistenza di attenuazione) (*elett.*), Dämpfungswiderstand (*m.*).
smorzante (vibrazioni p. es.) (*mecc. - ecc.*), dämpfend. 2 ~ (suoni p. es.) (*fis. - ecc.*), schluckend, dämpfend. 3 **mezzo** ~ (materiale smorzante, di oscillazioni) (*ind. - tecnol.*), Dämpfungsmittel (*n.*).
smorzare (oscillazioni o vibrazioni) (*fis. - mecc.*), dämpfen. 2 ~ (assorbire, il suono o rumori) (*acus.*), schlucken, dämpfen.
smorzato (di oscillazione) (*fis.*), gedämpft. 2 **non** ~ (persistente, un'oscillazione p. es.) (*fis. - mecc.*), ungedämpft.
smorzatore (per oscillazioni p. es.) (*disp.*), Dämpfer (*m.*). 2 ~ **anodico** (di oscillazioni indesiderate) (*radio*), Anodenstopper (*m.*). 3 ~ **di vibrazioni** (antivibratore) (*disp. fis.*), Schwingungsdämpfer (*m.*). 4 ~ **magnetico** (per sistemi di misura) (*strum.*), magnetischer Dämpfer. 5 ~ **pneumatico** (*veic. - ecc.*), Luftpuffer (*m.*).
smottamento (del terreno) (*geol. - ecc.*), Abrutschen (*n.*), Hangfliessen (*n.*).
smottare (*geol. - ecc.*), abrutschen.
smuovere (*gen.*), losmachen. 2 ~ (con martello p. es.) (*mecc.*), losschlagen.
smussare (*gen.*), fasen, abfasen, abschrägen. 2 ~ (*mecc. - ecc.*), abschrägen. 3 ~ (gli spigoli vivi) (*mecc.*), ausschärfen. 4 ~ (*carp.*), gehren. 5 ~ **gli spigoli** (togliere gli spigoli vivi) (*mecc.*), die Kanten abfasen. 6 **creatore per** ~ (denti) (*ut.*), Abkantwälzfräser (*m.*). 7 **utensile per** ~ (*ut.*), Fasenmeissel (*m.*), Fasenstahl (*m.*).
smussato (*mecc.*), ausgeschrägt, abgeschrägt.
smussatrice (bisellatrice) (*macch.*), Schmiegemaschine (*f.*), Kantenabschrägmaschine (*f.*), Abschrägmaschine (*f.*). 2 ~ **per ingranaggi** (*macch.*), Zahnradabschrägmaschine (*f.*). 3 ~ **per lamiere** (*macch.*), Blechkantenhobelmaschine (*f.*). 4 ~ **per lembi** (di giunti saldati) (*macch.*), Schweisskantenabschrägmaschine (*f.*).
smussatura (operazione) (*mecc. - ecc.*), Abschrägung (*f.*), Abfasen (*n.*). 2 ~ (smusso) (*mecc. - falegn.*), Schrägkante (*f.*), Schräge (*f.*), Abschrägung (*f.*). 3 ~ (filettatura incompleta, di una vite) (*mecc.*), Anschnitt (*m.*), Auslauf (*m.*). 4 ~ (eseguita sull'estremità di una vite p. es.) (*mecc.*), Ankuppen (*n.*). 5 ~ **del filetto** (filetto incompleto) (*mecc.*), Gewindeauslauf (*m.*). 6 ~ **imbocco denti** (lavorazione delle estremità frontali dei denti di cambi di velocità p. es.) (*lav. macch. ut.*), Zahnkantenbearbeitung (*f.*).
smusso (spigolo smussato) (*mecc. - ecc.*), abgeschrägte Kante, Schrägkante (*f.*), Schräge (*f.*), Abschrägung (*f.*), Anfasung (*f.*). 2 ~ (di legname da costruzione p. es.) (*carp. - ecc.*), Fase (*f.*). 3 ~ **a X** (saldatura a X) (*tecnol. mecc.*), X-Naht (*f.*). 4 ~ **a Y** (saldatura a Y) (*tecnol. mecc.*), Y-Naht (*f.*). 5 ~ **di protezione** (salvacentro, d'una punta

per centrare o svasare p. es.) (*ut.*), Schutzsenkung (*f.*). **6 esecuzione di ~ d'estremità** (su viti p. es.) (*mecc.*), Ankuppen (*n.*).
Sn (stagno) (*chim.*), Sn, Zinn (*n.*).
snazionalizzare (*ind. - ecc.*), entnationalisieren.
snazionalizzazione (*ind. - ecc.*), Entnationalisierung (*f.*), Reprivatisierung (*f.*).
snellezza (*gen.*), Schlankheit (*f.*). **2 grado di ~** (rapporto di snellezza, di un'asta) (*sc. costr.*), Schlankheit (*f.*), Schlankheitsgrad (*m.*). **3 rapporto di ~** (grado di snellezza, di un'asta) (*sc. costr.*), Schlankheit (*f.*), Schlankheitsgrad (*m.*).
snello (slanciato) (*gen.*), schlank.
snervamento (dei materiali sollecitati nel periodo plastico) (*sc. costr. - metall.*), Fliessen (*n.*). **2 ~** (snervatura, di lamiere) (*tecnol. mecc.*), Walken (*n.*). **3 ~** (perdita di elasticità di una molla, quando viene superato il limite di snervamento) (*mecc. - metall.*), Nachsetzen (*n.*), Erlahmung (*f.*). **4 carico di ~** (limite di snervamento) (*sc. costr.*), Fliessgrenze (*f.*), Streckgrenze (*f.*), Dehngrenze (*f.*). **5 limite di ~** (carico di snervamento) (*sc. costr.*), Fliessgrenze (*f.*), Streckgrenze (*f.*), Dehngrenze (*f.*). **6 limite di ~ ad alta temperatura** (*metall.*), Warmfliessgrenze (*f.*). **7 limite di ~ a fatica a ciclo alterno simmetrico** (*sc. costr.*), Wechselfliessgrenze (*f.*). **8 limite di ~ convenzionale** (carico che produce un allungamento del 0,2%) (*sc. costr.*), 0,2-Dehngrenze (*f.*), 0,2-Grenze (*f.*). **9 limite di ~ convenzionale a compressione** (limite di snervamento a compressione con accorciamento permanente del 0,2%) (*sc. costr.*), 0,2-Stauchgrenze (*f.*). **10 limite di ~ inferiore** (*sc. costr.*), untere Streckgrenze. **11 limite di ~ per fatica** (convenzionale, carico di fatica di snervamento cui corrisponde una deformazione del 0,2%) (*sc. costr.*), Dauerschwing-Fliessgrenze (*f.*). **12 limite di ~ superiore** (corrispondente al primo flesso brusco della curva carico-allungamento) (*sc. costr.*), obere Streckgrenze. **13 limite di ~ tangenziale** (*sc. costr.*), Schubfliessgrenze (*f.*). **14 rapporto di ~** (rapporto tra limite di snervamento a trazione e resistenza) (*sc. costr.*), Streckgrenzenverhältnis (*n.*).
snervare (lamiere) (*lav. lamiera*), walken.
snervatrice (a rulli, per lamiere) (*macch. lav. lamiere*), Walkmaschine (*f.*).
snervatura (della lamiera) (*lav. lamiera*), Walken (*n.*).
snodato (articolato) (*mecc. - ecc.*), gelenkartig, gelenkig, angelenkt. **2 chiave snodata** (*ut.*), Gelenk-Steckschlüssel (*m.*).
snodo (articolazione) (*mecc.*), Gelenk (*n.*). **2 ~** (punto di articolazione) (*mecc.*), Gelenkpunkt (*m.*). **3 ~ a crociera** (giunto a crociera, giunto cardanico, snodo cardanico) (*mecc.*), Kardangelenk (*n.*), Kreuzgelenk (*n.*). **4 ~ cardanico** (giunto cardanico, snodo a crociera, giunto a crociera) (*mecc.*), Kardangelenk (*n.*), Kreuzgelenk (*n.*). **5 ~ a forcella** (articolazione a forcella) (*mecc.*), Gabelgelenk (*n.*). **6 ~ omocinetico** (giunto a snodo omocinetico, per collegare due alberi che devono girare alla stessa velocità angolare anche se non allineati) (*mecc.*), Gleichganggelenk (*n.*), Gleichlaufgelenk (*n.*), homokinetisches Gelenk. **7 ~ per alberi** (*mecc.*), Wellengelenk (*n.*). **8 ~ semplice** (articolazione a perno) (*mecc.*), Achsengelenk (*n.*). **9 ~ sferico** (giunto sferico) (*mecc.*), Kugelgelenk (*n.*). **10 ~ verticale** (delle pale del rotore d'un elicottero) (*aer.*), Schlaggelenk (*n.*). **11 giunto a ~ con forcella scorrevole** (giunto cardanico scorrevole) (*mecc.*), Schubgelenk (*n.*). **12 perno di ~** (perno di articolazione) (*mecc.*), Gelenkbolzen (*m.*).
sobbalzare (di una ruota) (*veic.*), abspringen.
sobbalzo (di una ruota) (*veic.*), Absprung (*m.*), Abspringen (*n.*).
sobborgo (suburbio) (*ed.*), Vorort (*m.*), Vorstadt (*f.*), Stadtrandsiedlung (*f.*).
soccorso (*gen.*), Hilfe (*f.*). **2 ~ stradale** (*aut.*), Abschleppdienst (*m.*). **3 cassetta di pronto ~** (*med. - ind. - ecc.*), Sanitätspack (*n.*). **4 centro ricerche e soccorsi** (*radio - navig.*), Suchleitstelle (*f.*). **5 chiamata di ~** (*radio - ecc.*), Notruf (*m.*). **6 (posto di) pronto ~** (guardia medica) (*med.*), Unfallstation (*f.*), Unfallwache (*f.*). **7 pronto ~** (*med.*), Ersthilfe (*f.*). **8 squadra di ~ di miniera** (*min.*), Grubenwehr (*n.*).
sociale (*gen.*), sozial. **2 assistenza ~** (*organ. lav.*), Sozialfürsorge (*f.*). **3 capitale ~** (*finanz.*), Sozialkapital (*n.*). **4 centro ~** (di una fabbrica p. es.) (*ed. - ind.*), Sozialgebäude (*n.*). **5 consiglio economico e ~** (*finanz.*), Wirtschafts- und Sozialrat (*m.*). **6 onere ~** (*amm. - ind.*), soziale Aufwendung. **7 ragione ~** (di una ditta) (*comm.*), Firma (*f.*), Firmenname (*f.*).
società (per azioni p. es.) (*finanz. - leg.*), Gesellschaft (*f.*). **2 ~** (associazione, cooperativa) (*gen.*), Genossenschaft (*f.*). **3 ~ affiliata** (consorella) (*comm. - finanz.*), Schwestergesellschaft (*f.*), Tochtergesellschaft (*f.*), Zweiggesellschaft (*f.*). **4 ~ a responsabilità illimitata** (*comm. - finanz.*), Gesellschaft mit unbeschränkter Haftung, G.m.u.H., Genossenschaft mit unbeschränkter Haftung, G.m.u.H. **5 ~ a responsabilità limitata** (S.r.l.) (*comm. - finanz.*), Gesellschaft mit beschränkter Haftung, G.m.b.H., Genossenschaft mit beschränkter Haftung, G.m.b.H. **6 ~ commerciale** (*comm. - finanz.*), Handelsgesellschaft (*f.*), Erwerbsgesellschaft (*f.*). **7 ~ consociata** (*finanz.*), Mitgliedsfirma (*f.*). **8 ~ controllata** (*finanz.*), beherrschte Gesellschaft. **9 ~ cooperativa a responsabilità illimitata** (*comm.*), Eingetragene Genossenschaft mit unbeschränkter Haftung, EGmuH, eGmuH. **10 ~ cooperativa a responsabilità limitata** (*comm.*), Eingetragene Genossenschaft mit beschränkter Haftung, EGmbH, eGmbH. **11 ~ di partecipazione** (società finanziaria di partecipazione, per almeno il 25%) (*finanz.*), Schachtelgesellschaft (*f.*). **12 ~ di pubblica utilità** (*finanz.*), gemeinnützige Gesellschaft. **13 ~ di trasporti** (*trasp. - comm.*), Transportgesellschaft (*f.*). **14 ~ di vendita a responsabilità limitata** (*comm. - finanz.*), Vertriebsgesellschaft mbH, Vertriebsgesellschaft mit beschränkter Haftung. **15 ~ elettrica** (azienda elettrica) (*elett. - ind.*), Elektrizitätsgesell-

socio

schaft (*f.*). **16 ~ familiare** (società per azioni i cui azionisti sono imparentati) (*finanz.*), Familiargesellschaft (*f.*). **17 ~ finanziaria** (*comm. - finanz.*), Finanzgesellschaft (*f.*), Kapitalgesellschaft (*f.*), Finanzierungsgesellschaft (*f.*). **18 ~ finanziaria di controllo** (holding) (*leg. - amm.*), Holdinggesellschaft (*f.*), Dachgesellschaft (*f.*). **19 ~ immobiliare** (*comm. - ed.*), Immobiliengesellschaft (*f.*), Grundstückgesellschaft (*f.*). **20 ~ in accomandita** (*comm. - finanz.*), Kommanditgesellschaft (*f.*), K.G. **21 ~ in accomandita per azioni** (*comm. - finanz.*), Kommanditgesellschaft auf Aktien. **22 ~ in accomandita semplice** (accomandita semplice) (*comm. - finanz.*), einfache Kommanditgesellschaft. **23 ~ in nome collettivo** (*finanz. - comm.*), offene Handelsgesellschaft, OHG, Kollektivgesellschaft (*f.*). **24 ~ in partecipazione** (*leg. - comm.*), stille Gesellschaft, stille Beteiligung. **25 ~ mineraria** (*min.*), Bergbaugesellschaft (*f.*), Bergwerkgesellschaft (*f.*). **26 ~ per azioni** (S.p.A.) (*comm. - finanz.*), Aktiengesellschaft (*f.*), A. G., Akt. Ges. **27 ~ per l'esercizio di automobili** (*aut. - comm.*), Automobilbetriebsgesellschaft (*f.*). **28 legge sulle ~ per azioni** (*leg.*), Aktiengesetz (*n.*).
socio (di una società commerciale p. es.) (*comm. - finanz.*), Teilhaber (*m.*). **2 ~** (di una associazione qualsiasi) (*gen.*), Mitglied (*n.*). **3 ~ accomandante** (*finanz.*), beschränkt haftender Teilhaber. **4 ~ accomandatario** (*finanz.*), persönlich haftender Teilhaber, unbeschränkt haftender Teilhaber. **5 ~ attivo** (*finanz.*), aktiver Teilhaber. **6 ~ fondatore** (*comm. - finanz.*), Gründungsmitglied (*n.*). **7 ~ occulto** (*finanz.*), passiver Teilhaber, stiller Teilhaber. **8 ~ onorario** (*finanz. - ecc.*), Ehrenmitglied (*n.*).
sociologia (*scienza*), Gesellschaftslehre (*f.*), Soziologie (*f.*). **2 ~ industriale** (*ind. - pers.*), Betriebssoziologie (*f.*).
soda (Na_2CO_3) (carbonato di sodio) (*chim.*), Soda (*n.*), kohlensaures Natron. **2 ~ caustica** (NaOH) (sodio idrossido) (*chim.*), Natron (*n.*), Ätznatron (*n.*), Natriumhydroxyd (*n.*), kaustische Soda. **3 ~ caustica liquida** (liscivia di soda, lisciva dei saponari, soluzione soda caustica) (*ind. chim.*), Natronlauge (*f.*).
soddisfare (una condizione, delle prescrizioni, ecc.) (*comm. - ecc.*), erfüllen, entsprechen. **2 ~** (una equazione p. es.) (*mat.*), genügen. **3 ~** (coprire, il fabbisogno p. es.) (*elett.*), decken. **4 ~ le condizioni** (soddisfare le esigenze) (*gen.*), die Bedingungen erfüllen. **5 ~ un'equazione** (*mat.*), eine Gleichung genügen.
sodio (metallo alcalino) (*Na - chim.*), Natrium (*n.*). **2 ~ idrossido** (NaOH) (soda caustica) (*ind. chim.*), Natriumhydroxyd (*n.*), kaustische Soda, Ätznatron (*n.*). **3 ~ metallico** (*chim.*), Natriummetall (*n.*). **4 bicarbonato di ~** ($NaHCO_3$) (*chim.*), Natriumbikarbonat (*n.*), doppeltkohlensaures Natron. **5 cloruro di ~** (NaCl) (*chim.*), Natriumchlorid (*n.*), Kochsalz (*n.*). **6 idrossido di ~** (soda caustica, NaOH) (*chim.*), Natriumhydroxid (*n.*). **7 ipoclorito di ~** (clorosoda) (*chim.*), Chlorsoda (*n.*). **8 nitrato di ~** ($NaNO_3$) (salnitro) (*ind. chim.*), Natrium-

nitrat (*n.*), Natronsalpeter (*m.*). **9 raffreddato a ~** (valvola di mot. a c. i. p. e.s) (*mot. - ecc.*), natriumgekühlt. **10 reattore raffreddato a ~** (*fis. atom.*), natriumgekühlter Reaktor. **11 silicato di ~** (vetro solubile) (*chim.*), Na-Wasserglas (*n.*). **12 solfuro di ~** (*chim.*), Schwefelnatrium (*n.*), Natriumsulfid (*n.*).
sodiocellulosa (*ind. chim.*), Natronzellstoff (*m.*).
sofferenza, in ~ (debiti p. es.) (*comm.*), ausständig.
soffiaarco (magnete rompiarco, magnete spegniarco) (*elett.*), Flammbläser (*m.*), Funkenbläser (*m.*), magnetischer Funkenlöscher.
soffiafuliggine (spazzafuliggine, soffiatore di fuliggine) (*att. cald.*), Russbläser (*m.*), Russgebläse (*n.*).
soffiaggio (immissione di aria nel bagno metallico del convertitore) (*metall. - forno*), Verblasen (*n.*), Blasen (*n.*). **2 ~ dal disotto** (*metall. - forno*), Blasen mit Bodenwind, Unterwind (*m.*). **3 ~ della scoria** (per la dezincatura) (*metall.*), Schlackenverblasen (*n.*). **4 ~ laterale** (*metall. - forno*), Blasen mit Seitenwind. **5 acciaieria a ~ dall'alto** (ad insufflazione dall'alto) (*metall.*), Aufblasstahlwerk (*n.*). **6 arrestare il ~** (arrestare la marcia) (*metall. - forno*), ausblasen. **7 periodo di ~** (*forno - metall.*), Windzeit (*f.*). **8 processo di ~ dall'alto** (d'insufflazione dall'alto, processo LD p. es.) (*metall.*), Aufblasverfahren (*n.*).
soffiante (pompa pneumofora) (*macch.*), Gebläsemaschine (*f.*), Gebläse (*n.*). **2 ~** (zampillo, di una locomotiva) (*app. - ferr.*), Bläser (*m.*), Blasrohr (*n.*). **3 ~** (per la produzione del vento di un altoforno p. es.) (*metall. - forno*), Windgebläse (*n.*). **4 ~ a stantuffo** (*macch.*), Kolbengebläse (*n.*). **5 ~ centrifuga** (pompa centrifuga per gas) (*macch.*), Kreiselgebläse (*n.*). **6 ~ per acciaieria** (*metall.*), Stahlwerkgebläse (*n.*). **7 ~ per altoforno** (*macch.*), Hochofengebläse (*n.*). **8 sala soffianti** (*metall.*), Gebläsehaus (*n.*).
soffiare (*gen.*), blasen. **2 ~** (*ind. del vetro*), blasen.
soffiatore (zampillo, di una locomotiva) (*ferr.*), Blasrohr (*n.*), Bläser (*m.*). **2 ~ di fuliggine** (spazzafuliggine, soffiafuliggine) (*att. cald.*), Russbläser (*m.*), Russgebläse (*n.*). **3 ~ di vetro** (*lav.*), Glasbläser (*m.*). **4 ~ magnetico** (*elett.*), vedi soffiaarco.
soffiatrice (soffiante) (*macch.*), Gebläse (*n.*), Gebläsemaschine (*f.*). **2 ~** (macchina per produrre corpi cavi in materie plastiche) (*macch.*), Blasmaschine (*f.*), Hohlkörperblasmaschine (*f.*). **3 ~ per anime** (macchina soffiaanime) (*macch. formatura*), Kernblasmaschine (*f.*). **4 ~ per bottiglie** (*macch. mft. vetro*), Flaschenblasmaschine (*f.*). **5 cassa d'anima per ~** (cassa per anime soffiate) (*fond.*), Blaskernkasten (*m.*).
soffiatura (in un getto) (*difetto di fond.*), Blase (*f.*), Gussblase (*f.*). **2 ~** (per la lavorazione del vetro p. es.) (*ind. vetro*), Blasen (*n.*). **3 ~** (di materie plastiche p. es., per ottenere corpi cavi) (*tecnol.*), Blasformen (*n.*), Blasen (*n.*). **4 ~ da decapaggio** (*metall.*),

Beizblase (*f.*). 5 ~ del film (di mat. plast. in forma tubolare) (*tecnol.*), Folienblasverfahren (*n.*). 6 ~ del vetro (*mft. vetro*), Glasblasen (*n.*). 7 ~ di preformati estrusi (*tecnol.*), Extrusionsblasen (*n.*). 8 ~ -iniezione (per produrre corpi cavi in resine termoplastiche, soffiatura di pezzi stampati a iniezione) (*tecnol.*), Spritzblasverfahren (*n.*), Spritzblasen (*n.*). 9 ~ periferica (*difetto di fond.*), Randblase (*f,*). 10 ~ superficiale (*difetto di fond.*), Randblase (*f.*). 11 processo di iniezione - ~ -stiro (per corpi cavi di mat. plast., processo IBS, Injection-Blow-Stretch) (*tecnol.*), Spritz-Blas-Reckverfahren (*n.*), IBS-Verfahren (*n.*). 12 senza soffiature (getto) (*fond. - metall.*), blasenfrei.

soffieria (soffiante, di un altoforno p. es.) (*metall. - forno*), Windgebläse (*n.*).

soffietto (di un app. fotografico p. es.) (*fot. - ecc.*), Balg (*m.*), Balgen (*m.*). 2 ~ (mantice) (*ut. fucinatura - ecc.*), Blasebalg (*m.*), Gebläse (*n.*), Balggebläse (*n.*). 3 ~ (intercomunicante, mantice, tra due vetture) (*ferr.*), Faltenbalg (*m.*), Harmonika (*f.*). 4 ~ (tenuta a soffietto, di un albero snodato p. es.) (*mecc.*), Faltenbalg (*m.*). 5 ~ a pedale (mantice a pedale) (*app.*), Tretgebläse (*n.*). 6 tenuta a ~ (*mecc.*), Faltenbalg-Armatur (*f.*).

soffio (*gen.*), Blasen (*n.*). 2 ~ (di un microfono) (*rapido*), Zischen (*n.*). 3 ~ magnetico (di un arco) (*elett.*), magnetische Beblasung.

soffioestrusione (soffiatura di preformati estrusi in mat. plast.) (*tecnol.*), Extrusionsblasen (*n.*).

soffioestruso (pezzo di mat. plast.) (*tecnol.*), extrusionsgeblasen.

soffioiniezione (soffiatura di preformati a iniezione di mat. plast.) (*tecnol.*), Spritzblasen (*n.*).

soffione (*geol.*), Ausströmung (*f.*).

soffitta (sottotetto) (*ed.*), Dachboden (*m.*), Dachraum (*m.*), Söller (*m.*), Bodenkammer (*f.*). 2 ~ (attico) (*ed.*), Dachgeschoss (*n.*).

soffittatura (controsoffitto) (*ed.*), Hängedecke (*f.*), untergehängte Decke, Einschubdecke (*f.*), Einschub (*m.*). 2 ~ a rete metallica intonacata (soffittatura Rabitz) (*mur. - ed.*), Rabitzdecke (*f.*). 3 ~ Rabitz (soffittatura a rete metallica intonacata) (*mur. - ed.*), Rabitzdecke (*f.*). 4 rete metallica per ~ (o pareti divisorie) (*mur. - ed.*), Rabitzgeflecht (*n.*), Rabitzgewebe (*n.*).

soffitto (di una stanza) (*ed.*), Decke (*f.*). 2 ~ a cassettoni (*ed.*), Kassettendecke (*f.*), kassettierte Decke. 3 ~ a rete metallica intonacata (*ed.*), Drahtputzdecke (*f.*). 4 ~ a schermi (multicellulari) (*illum.*), Rasterdecke (*f.*). 5 ~ a stucco (soffitto decorato a stucco) (*mur. - ed.*), Stuckdecke (*f.*). 6 ~ a volta (*ed.*), Voutendecke (*f.*). 7 ~ con travi in vista (soletta nervata con travi in vista) (*ed.*), Rippendecke mit offener Untersicht. 8 ~ in legno a cassettoni (*ed.*), kassettierte Holzdecke. 9 ~ luminoso (*illum.*), Leuchtdecke (*f.*). 10 ~ vettura (*aut.*), Wagenhimmel (*m.*). 11 intonaco da ~ (*mur.*), Deckenputz (*m.*). 12 rosone da ~ (*elett.*), Deckenrosette (*f.*). 13 trasmissione da ~ (*macch. - ed.*), Deckentransmission (*f.*).

soffocamento (del fuoco) (*comb.*), Erstickung (*f.*).

sofisticare (*chim. - ecc.*), verfälschen.

sofisticazione (adulterazione) (*ind. chim.*), Verfälschung (*f.*).

« software » (denominazione collettiva per programmi e sistemi operativi) (*calc. - elab. dati*), Software (*f.*). 2 ~ applicativo (*elab. dati*), Applicationssoftware (*f.*). 3 pacchetto di ~ (*elab. dati*), Softwarepaket (*n.*).

soggettivo (*gen.*), subjektiv. 2 unità d'intensità sonora soggettiva (sone) (*acus.*), subjektive Lautheitseinheit, sone.

soggetto (*s. - gen.*), Subjekt (*n.*). 2 ~ (sottoposto, ecc.) (*a. - gen.*), abhängig. 3 ~ a tasse (*comm.*), abgabenpflichtig. 4 essere soggetti (d'una legislazione p. es.) (*gen.*), unterliegen.

soggiorno (permanenza) (*gen.*), Aufenthalt (*m.*), Haltedauer (*f.*). 2 ~ (permanenza, a temperatura, in un forno di riscaldo) (*tratt. term. - metall.*), Haltedauer (*f.*), Verweilzeit (*f.*). 3 ~ (ambiente di soggiorno, di un'abitazione) (*ed.*), Tagesraum (*m.*), Aufenthaltsraum (*m.*), Wohnzimmer (*n.*). 4 permesso di ~ (*leg.*) Aufenthaltsbewilligung (*f.*). 5 tassa di ~ (*finanz.*), Niederlassungsgebühr (*f.*).

soglia (*gen.*), Schwelle (*f.*). 2 ~ (della porta p. es.) (*ed.*), Schwelle (*f.*), Türschwelle (*f.*). 3 ~ (valore di soglia) (*fis.*), Schwellenwert (*m.*), Schwellwert (*m.*). 4 ~ (di un forno) (*forno*), Schaffplatte (*f.*). 5 ~ (contro cui fa battuta la paratoia) (*costr. idr.*), Drempel (*m.*). 6 ~ assoluta di luminanza (*illum.*), absolute Wahrnehmungsschwelle. 7 ~ del dolore (soglia di dolore) (*acus.*), Schmerzgrenze (*f.*), Schmerzschwelle (*f.*). 8 ~ della porta (*ed. - ecc.*), Türschwelle (*f.*). 9 ~ dello stramazzo (*costr. idr.*), Wehrkrone (*f.*), Überfallkrone (*f.*). 10 ~ del pericolo (*elett. - ecc.*), Gefahrenschwelle (*f.*), Gefahrschwelle (*f.*). 11 ~ di dolore (soglia del dolore) (*acus.*), Schmerzgrenze (*f.*), Schmerzschwelle (*f.*). 12 ~ differenziale (di luminanza) (*ott. - illum.*), Unterschiedsschwelle (*f.*). 13 ~ di fondo (*costr. idr.*), Sohlschwelle (*f.*), Grundschwelle (*f.*). 14 ~ di funzionamento (soglia di risposta, di un relè p. es.) (*elett. - ecc.*), Ansprechschwelle (*f,*). 15 ~ di nocività (soglia di tossicità) (*biol.*), Schädlichkeitsgrenze (*f.*). 16 ~ di risposta (soglia di funzionamento, di un relè p. es.) (*elett. - ecc.*), Ansprechschwelle (*f.*). 17 ~ di sensibilità (per le vibrazioni percettibili dal passeggero di un autoveicolo, p. es.) (*veic. - ind. - ecc.*), Reizschwelle (*f.*). 18 ~ di separazione (d'una strada) (*traff. strad.*), Trennschwelle (*f.*). 19 ~ di tossicità (soglia di nocività) (*biol.*), Schädlichkeitsgrenze (*f.*). 20 ~ di udibilità (*acus.*), Schallempfindungsschwelle (*f.*), Hörschwelle (*f.*). 21 ~ di utilità (*amm.*) Nutzschwelle (*f.*). 22 dose ~ (*radioatt.*), Schwellendosis (*f.*). 23 tensione di ~ (di un magnetrone, tensione di Hartree) (*elettronica*), Schwellenspannung (*f.*), Hartree-Spannung (*f.*). 24 tensione di ~ (della caratteristica d'un raddrizzatore) (*elettronica*), Schleusespannung (*f.*). 25 tubo di ~ (*elettronica*), Begrenzer-

sol

röhre (*f.*). **26 valore di ~** (*fis.*), Schwellwert (*m.*).
sol (soluzione colloidale) (*chim.*), Sol (*n.*).
solaio (elemento costruttivo portante) (*ed.*), Decke (*f.*). **2 ~** (soffitta, sottotetto) (*ed.*), Bodenkammer (*f.*), Dachboden (*m.*), Dachraum (*m.*), Söller (*m.*). **3 ~** (granaio) (*ed. - agric.*), Kornboden (*m.*). **4 ~ a fungo** (*ed.*), Pilzdecke (*f.*). **5 ~ a soletta alleggerita con elementi cavi** (solaio misto in cemento armato e laterizio) (*ed.*), Stahlbeton-Rippendecke mit Hohlsteineinlage. **6 ~ con tavelloni curvi** (*ed.*), Hourdisdecke (*f.*). **7 ~ con travi di legno** (*ed.*), Holzbalkendecke (*f.*). **8 ~ di mattoni forati** (in laterizi forati, in volterrane) (*ed.*), Hohlsteindecke (*f.*). **9 ~ di tavole** (*ed.*), Diele (*f.*). **10 ~ in cemento armato** (soletta) (*ed.*), Stahlbetondecke (*f.*), Eisenbetondecke (*f.*), Betondecke (*f.*). **11 ~ in cemento armato a soletta nervata** (*ed.*), Plattenbalkendecke (*f.*). **12 ~ in cemento armato con travi in vista** (*ed.*), Eisenbetondecke mit sichtbaren Eisenbetonbalken. **13 ~ in laterizio** (*ed.*), Steindecke (*f.*). **14 ~ in laterizio armato** (*ed.*), Stahlsteindecke (*f.*), Steineisendecke (*f.*). **15 ~ in laterizi forati** (solaio di mattoni forati, solaio in volterrane) (*ed.*), Hohlsteindecke (*f.*). **16 ~ in legno** (*ed.*), Holzdecke (*f.*). **17 ~ in volterrane** (solaio di mattoni forati od in laterizi forati) (*ed.*), Hohlsteindecke (*f.*). **18 ~ misto in cemento armato e laterizio** (solaio a soletta alleggerita con elementi cavi) (*ed.*), Stahlbeton-Rippendecke mit Hohlsteineinlage. **19 ~ nervato in cemento armato** (*ed.*), Stahlbetonrippendecke (*f.*). **20 ~ pieno** (*ed.*), Massivdecke (*f.*).
solare (*gen.*), Sonnen... **2 attività ~** (*astr.*), Sonnentätigkeit (*f.*). **3 collettore ~** (*riscald.*), Solar-Kollektor (*m.*). **4 elemento (di batteria) ~** (cella solare, pila solare) (*elett.*), Sonnenzelle (*f.*). **5 energia ~** (*geofis.*), Sonnenenergie (*f.*). **6 fornace ~** (forno solare) (*forno*), Sonnenofen (*m.*). **7 irradiamento (energetico) ~ (utilizzabile)** (*meteor. - ecc.*), Sonneneinstrahlung (*f.*). **8 mese ~** (*comm. - astr.*), Sonnenmonat (*m.*). **9 sistema ~** (*astr.*), Sonnensystem (*n.*). **10 vento ~** (*astr.*), Sonnenwind (*m.*), solarer Wind.
solarimetro (misuratore di radiazioni solari) (*app.*), Solarimeter (*n.*).
solarizzazione (*fot.*), Solarisation (*f.*).
solcatura (*gen.*), Furchung (*f.*). **2 ~ antislittamento** (dei cilindri) (*lamin.*), Aufrauhen (*n.*).
solco (*gen.*), Furche (*f.*), Riefe (*f.*). **2 ~** (rigatura, traccia di utensile sulla superficie lavorata) (*mecc.*), Rille (*f.*). **3 ~** (di un campo arato) (*agric.*), Furche (*f.*). **4 ~ della filettatura** (vano della filettatura) (*mecc.*), Gewindelücke (*f.*). **5 ~ di rettifica** (segno di rettifica, rigatura di rettifica) (*difetto mecc.*), Schleifriefe (*f.*). **6 ~ marginale** (incisione marginale, difetto di saldatura) (*tecnol. mecc.*), Einbrandriefe (*f.*). **7 a solchi** (a gole, scanalato) (*gen.*), gerillt. **8 picco del ~** (nelle misure di rugosità) (*mecc.*), Rillenkamm (*m.*). **9 profilo del ~** (di una superficie lavorata) (*mecc.*), Rillenprofil (*n.*). **10 ultimo ~** (di un disco grammofonico) (*elettroacus.*), Endrille (*f.*). **11 valle del ~** (nelle misure di rugosità) (*mecc.*), Rillental (*m.*).
solcometro («log», attrezzo per la misurazione della velocità di navi) (*nav.*), Log (*n.*), Logge (*f.*). **2 ~ a barchetta** (*nav.*), Handlog (*n.*). **3 ~ ad elica** (*nav.*), Patentlog (*n.*).
soldato (*milit.*), Soldat (*m.*).
sole (*astr.*), Sonne (*f.*). **2 ~** (sol, soluzione colloidale) (*chim.*), Sol (*n.*). **3 ~** (app. di illum. per riprese cinem.) (*app. cinem.*), Aufheller (*m.*), Stativscheinwerfer (*m.*). **4 ~ artificiale** (lampada al quarzo) (*app.*), Höhensonne (*f.*), künstliche Höhensonne, Quecksilberquarzlampe (*f.*). **5 ~ d'alta montagna** (*geogr.*), Höhensonne (*f.*). **6 altezza del ~** (*navig. - nav.*), Sonnenhöhe (*f.*). **7 con il centro nel ~** (eliocentrico) (*astr.*), heliozentrisch.
soleggiamento (*arch.*), Besonnung (*f.*). **2 ~** (durata di insolazione, eliofania) (*geogr. - meteor.*), Sonnenscheindauer (*f.*).
solenoide (*elett.*), Solenoid (*n.*). **2 freno a ~** (*elett.*), Solenoidbremse (*f.*). **3 relè a ~** (relè elettromagnetico, relè a bobina mobile) (*elett.*), elektromagnetisches Relais. **4 valvola a ~** (valvola elettromagnetica) (*elettromecc.*), Solenoidventil (*n.*).
soletta (lastra, elemento costruttivo delle strutture di cemento armato) (*ed.*), Platte (*f.*). **2 ~** (solaio in cemento armato) (*ed.*), Stahlbetondecke (*f.*). **3 ~ a sbalzo** (*ed.*), Kragplatte (*f.*). **4 ~ di cemento armato** (*ed.*), Stahlbetonplatte (*f.*), Betonplatte (*f.*). **5 ~ di copertura in cemento armato** (*ed.*), Aufbeton (*m.*). **6 ~ incastrata** (*ed.*), eingespannte Platte. **7 ~ nervata** (di cemento armato) (*ed.*), Rippendecke (*f.*). **8 ~ nervata con travi in vista** (soffitto con travi in vista) (*ed.*), Rippendecke mit offener Untersicht. **9 ~ nervata con travi nascoste** (*ed.*), Rippendecke mit ebener Untersicht. **10 ~ piena** (*ed.*), Massivstreifen (*m.*). **11 ~ prefabbricata** (di cemento armato) (*ed.*), Fertigbetonplatte (*f.*). **12 ~ resistente a compressione** (*ed.*), Druckplatte (*f.*). **13 ~ semplicemente appoggiata** (*ed.*), frei aufliegende Platte.
solettone (robusta soletta) (*ed.*), Platte (*f.*). **2 ~ di fondazione** (base di fondazione) (*ed.*), Unterbausohle (*f.*).
solfara (giacimento di solfo d'origine sedimentaria) (*min.*), Schwefelgrube (*f.*).
solfatara (eruzione di acqua solforata) (*geol.*), Solfatara (*f.*).
solfatazione (formazione di solfato di piombo nelle batterie al piombo) (*elett.*), Sulfatation (*f.*), Sulfatieren (*n.*).
solfatizzare (*chim.*), sulfatieren.
solfato (*chim.*), Sulfat (*n.*). **2 ~ di ammonio** (*chim.*), Ammoniumsulfat (*n.*). **3 ~ di bario** ($BaSO_4$) (*chim.*), Bariumsulfat (*n.*). **4 ~ di calcio** ($CaSO_4$) (gesso anidro, anidrite solubile) (*min.*), Kalziumsulfat (*n.*), Gips (*m.*). **5 ~ di calcio anidro** (*min.*), Anhydrit (*n.*). **6 ~ di rame** ($CuSO_4 \cdot 5 H_2O$) (vetriolo azzurro) (*chim.*), Kupfersulfat (*n.*), Kupfervitriol (*n.*), blaues Vitriol. **7 ~ di sodio** (Na_2SO_4) (*chim.*), Natriumsulfat (*n.*), Glaubersalz (*n.*). **8 ~ di zinco** ($ZnSO_4 \cdot 7 H_2O$) (vetriolo bianco) (*chim.*), Zinksulfat (*n.*),

weisses Vitriol. 9 ~ **ferroso** (FeSO$_4$.7 H$_2$O) (vetriolo verde) (*chim.*), Eisensulfat (*n.*), grünes Vitriol.
solfito (*chim.*), Sulfit (*n.*). 2 **lisciva al ~** (*ind. carta*), Sulfitlauge (*f.*).
solfo (*chim. - ecc.*), vedi zolfo.
solfobase (*chim.*), Sulfobase (*f.*).
solfocianuro (*chim.*), Sulfozyanid (*n.*), Thiozyanat (*n.*). 2 **~ di potassio** (*chim.*), Sulfozyankalium (*n.*).
solfonare (*chim.*), sulfonieren.
solfonazione (reazione tra acido solforico concentrato ed idrocarburi) (*chim.*), Sulfonierung (*f.*). 2 **indice di ~** (parte in volume di idrocarburi in benzine p. es.) (*chim.*), Sulfonierungszahl (*f.*).
solfonico, acido ~ (*chim.*), Sulfonsäure (*f.*).
solfonitrurazione (*tratt. term.*), Sulfonitrieren (*n.*).
solforare (*ind. chim.*), schwefeln.
solforazione (*ind. chim.*), Schwefeln (*n.*).
solforico, gruppo ~ (*chim.*), Sulfogruppe (*f.*).
solforoso (*chim.*), schweflig.
solfossido (*chim.*), Sulfoxyd (*n.*).
solfuro (*chim.*), Sulfid (*n.*). 2 **~ ammonico** ((NH$_4$)$_2$S) (*chim.*), Schwefelammonium (*n.*). 3 **~ di arsenico giallo** (As$_2$S$_2$) (*min.*), Auripigment (*n.*). 4 **~ di cadmio** (CdS) (giallo di cadmio) (*chim.*), Kadmiumgelb (*n.*), Kadmiumsulfid (*n.*). 5 **~ di carbonio** (carbonio solfuro, CS$_2$) (*chim.*), Schwefelkohlenstoff (*m.*). 6 **~ di etile biclorurato** [(C$_2$H$_4$Cl)$_2$S] (iprite) (*chim.*), Yperit (*n.*), Senfgas (*n.*). 7 **~ di ferro** (*metall.*), Eisenschwefel (*m.*), Schwefeleisen (*n.*). 8 **~ di piombo** (*chim.*), Schwefelblei (*m.*). 9 **~ di sodio** (*chim.*), Schwefelnatrium (*n.*), Natriumsulfid (*n.*). 10 **~ stannico** (SnS$_2$) (oro musivo) (*chim. - metall.*), Zinnsulfid (*n.*), Musivgold (*n.*).
solidale (in solido, obbligo) (*leg.*), gemeinschaftlich und einzeln.
solidale (con) (formante pezzo unico con) (*mecc. - ecc.*), aus einem Stück mit, einteilig mit, fest an.
solidificare (*fis.*), gefrieren, erstarren. 2 **~** (di metallo p. es.) (*fond. - ecc.*), erstarren.
solidificazione (congelamento) (*fis.*), Gefrieren (*n.*), Erstarren (*n.*). 2 **~** (*fond. - metall.*), Erstarren (*n.*), Erstarrung (*f.*). 3 **~ del metallo nel forno** (gelata) (*fond. - metall.*), Einfrieren (*n.*). 4 **calore di ~** (*metall.*), Erstarrungswärme (*f.*). 5 **curva di ~** (limite superiore dello stato solido) (*metall.*), Soliduslinie (*f.*). 6 **diagramma di ~** (*metall.*), Liquiduslinien (*f. pl.*). 7 **intervallo di ~** (*metall.*), Erstarrungsbereich (*m.*), Erstarrungsintervall (*n.*). 8 **punto di ~** (*fond. - metall.*), Erstarrungspunkt (*m.*). 9 **temperatura di ~** (*fis.*), Erstarrungstemperatur (*f.*). 10 **temperatura di ~** (*metall.*), Solidustemperatur (*f.*).
solidità (stabilità, resistenza, di colori alla luce ecc.) (*vn.*), Echtheit (*f.*). 2 **~** (delle pale, rapporto fra superficie sviluppata e proiettata) (*aer. - nav.*), Flügelflächenverhältnis (*n.*). 3 **~ alla lisciviazione** (prova di solidità del colore) (*ind. tess.*), Beuchechtheit (*f.*). 4 **~ alla luce** (resistenza alla luce, di un colore) (*vn. - tess.*), Lichtbeständigkeit (*f.*), Lichtechtheit (*f.*). 5 **~ alla mercerizzazione** (*ind. tess.*), Merzerisierechtheit (*f.*). 6 **~ alla soda bollente** (*ind. tess.*), Sodakochechtheit (*f.*). 7 **~ alla stiratura** (prova di solidità del colore) (*ind. tess.*), Bügelechtheit (*f.*). 8 **~ alla sudorazione** (resistenza alla diaforèsi) (*ind. tess.*), Schweissechtheit (*f.*). 9 **~ all'avvivaggio** (*ind. tess.*), Avvivierechtheit (*f.*). 10 **~ al potting** (*ind. tess.*), Pottingechtheit (*f.*). 11 **~ della sovratintura** (*tess.*), Überfärbechtheit (*f.*). 12 **scala di ~** (curva dei dislocamenti; curva di ripartizione del dislocamento secondo la lunghezza) (*nav.*), Spantflächenkurve (*f.*). 13 **strumento per la prova della ~** (dei colori) (*vn. - tintoria - strum.*), Farbechtheitsprüfer (*n.*).
solido (stato di aggregazione) (*s. - fis.*), Feststoff (*m.*). 2 **~** (figura geometrica solida) (*s. - geom.*), Körper (*m.*). 3 **~** (*a. - fis.*), fest, starr. 4 **~** (resistente alla luce p. es., di colore) (*a. - vn. - ecc.*), echt. 5 **~** (compatto) (*a. - gen.*), dicht. 6 **~** (stabile, di un pavimento p. es.) (*a. - ed.*), tragfähig. 7 **~** (solvibile) (*a - finanz.*), solid. 8 **~ alla luce** (resistente alla luce, di colore p. es.) (*vn. - tess. - ecc.*), lichtbeständig, lichtecht. 9 **~ al « potting »** (resistente al «potting») (*ind. tess.*), pottingecht. 10 **~ dei colori** (*ott.*), Farbkörper (*m.*). 11 **~ d'ingombro** (di un pezzo di forma complicata, inviluppo) (*gen.*), Hüllkörper (*m.*) 12 **~ di rivoluzione** (solido di rotazione) (*geom.*), Umdrehungskörper (*m.*), Rotationskörper (*m.*). 13 **~ di rotazione** (solido di rivoluzione) (*geom.*), Rotationskörper (*m.*), Umdrehungskörper (*m.*). 14 **angolo ~** (*geom.*), Raumwinkel (*m.*). 15 **contenuto ~** (d'una soluzione) (*chim. - ecc.*), Festkörpergehalt (*m.*), Festgehalt (*m.*). 16 **in ~** (solidale, obbligo) (*leg.*), gemeinschaftlich und einzeln. 17 **stato ~** (*elettronica*), Festkörper (*m.*). 18 **tecnica dello stato ~** (*elettronica*), Festkörpertechnik (*f.*), Solid-State-Technik (*f.*).
solifluzione (scorrimento di terra) (*geol.*), Rutschung (*f.*), Solifluktion (*f.*), Erdfliessen (*n.*).
sollecitare (urgere) (*gen.*), drängen. 2 **~** (una risposta p. es.) (*comm.*), dringen. 3 **~** (una struttura p. es.) (*sc. costr. - mecc.*), beanspruchen, spannen. 4 **~** (un pagamento p. es.) (*uff. - comm.*), mahnen. 5 **~** (accelerare) (*gen.*), beschleunigen. 6 **~ eccessivamente** (maltrattare) (*macch. - ecc.*), hochbeanspruchen, überarbeiten, strapazieren.
sollecitato (*gen.*), gedrängt. 2 **~** (*sc. costr. - mecc.*), beansprucht. 3 **~** (pagamento p. es.) (*uff. - comm.*), gemahnt. 4 **~ a ciclo dallo zero** (sollecitato da carico pulsante) (*prove mat.*), schwellbeansprucht. 5 **molto ~** (*sc. costr. - mecc.*), hochbeansprucht.
sollecitatore (*uff. - ecc.*), Terminverfolger (*m.*).
sollecitazione (applicazione di un carico, ad una struttura p. es.) (*sc. costr. - ecc.*), Beanspruchung (*f.*), Belastung (*f.*), 2 **~** (tensione elastica, forza per unità di superficie) (*sc. costr. - mecc.*), Spannung (*f.*). 3 **~ a carico di punta** (sollecitazione a pressoflessione) (*sc. costr.*), Knickbelastung (*f.*), Knickspannung (*f.*). 4 **~ a ciclo dallo zero** (nelle prove di fatica, sollecitazione variabile da zero ad un

sollecitazione

massimo di segno non variabile) (*sc. costr. - mecc.*), Schwellbeanspruchung (*f.*). **5 ~ all'intaglio** (*sc. costr.*), Kerbspannung (*f.*). **6 ~ alterna** (variabile di valore e di segno, nelle prove di fatica) (*sc. costr. - mecc.*), Wechselbeanspruchung (*f.*). **7 ~ alterna asimmetrica** (*prove mater.*), Dauerbeanspruchung im Wechselbereich. **8 ~ alterna simmetrica** (*prove mater.*), Wechselbeanspruchung (*f.*). **9 ~ alternata** (*sc. costr.*), wechselnde Beanspruchung. **10 ~ ammissibile** (*sc. costr. - mecc.*), zulässige Beanspruchung. **11 ~ ammissibile** (carico di sicurezza) (*sc. costr. - mecc.*), « Sigmazul », zulässige Spannung. **12 ~ assiale** (*sc. costr. - ecc.*), Längsspannung (*f.*), axiale Beanspruchung. **13 ~ con una sola fase di carico** (nelle prove di fatica) (*sc. costr.*), Einstufenbelastung (*f.*). **14 ~ da agenti atmosferici** (*app. - ecc.*), Klimabeanspruchung (*f.*). **15 ~ da tensione** (elettrica; d'un isolante) (*elett.*), Spannungsbeanspruchung (*f.*). **16 ~ da vibrazioni** (di persone, causata da vibrazioni meccaniche) (*lav. - ecc.*), Schwingungsbelastung (*f.*). **17 ~ di compressione** (*sc. costr. - mecc.*), Druckspannung (*f.*). **18 ~ di compressione asimmetrica** (*sc. costr. - ecc.*), ausmittige Druckbelastung. **19 ~ di fatica** (*sc. costr. - mecc.*), schwingende Dauerbeanspruchung, Dauerschwingbeanspruchung (*f.*). **20 ~ di fatica a flessione piana a ciclo alterno simmetrico** (*sc. costr.*), Wechselbiegebeanspruchung (*f.*), Wechselbiegung (*f.*). **21 ~ di flessione** (*sc. costr. - mecc.*), Biegespannung (*f.*), Biegebeanspruchung (*f.*). **22 ~ di flessione alternata** (*sc. costr. - prove mater.*), Biegewechselbeanspruchung (*f.*), Biegewechselbelastung (*f.*). **23 sollecitazioni di flessione e taglio combinate** (flessione combinata) (*sc. costr.*), Biegeschubspannung (*f.*). **24 ~ dinamica** (*sc. costr. - mecc.*), dynamische Beanspruchung. **25 ~ dinamica pulsante** (carico dinamico pulsante) (*tecnol. mecc.*), pulsierende Dauerbeanspruchung. **26 ~ di pressoflessione** (pressoflessione, carico di punta) (*sc. costr.*), Knickbeanspruchung (*f.*), Knickspannung (*f.*). **27 ~ di snervamento** (*sc. costr. - mecc.*), Fliessbeanspruchung (*f.*), Fliesspannung (*f.*). **28 ~ di taglio** (*sc. costr. - mecc.*), Schubspannung (*f.*), Scherspannung (*f.*). **29 ~ di torsione** (*sc. costr. - mecc.*), Drehspannung (*f.*), Torsionsbeanspruchung (*f.*). **30 ~ di trazione** (*sc. costr. - mecc.*), Zugspannung (*f.*). **31 ~ d'urto** (*sc. costr. - mecc.*), Schlagbeanspruchung (*f.*), Stossbeanspruchung (*f.*). **32 ~ effettiva** (*sc. costr.*), wahre Spannung. **33 ~ equivalente** (*sc. costr.*), Vergleichsspannung (*f.*). **34 ~ inferiore** (valore minimo di tensione in un ciclo, nelle prove di fatica) (*sc. costr. - mecc.*), Unterspannung (*f.*). **35 ~ iniziale** (*mecc.*), Anfangsbeanspruchung (*f.*). **36 ~ (massima) di rottura** (resistenza alla separazione; forza divisa per la sezione di rottura) (*tecnol.*), Reissfestigkeit (*f.*), Trennfestigkeit (*f.*). **37 ~ media** (precarico, semisomma delle sollecitazioni superiore ed inferiore, nelle prove di fatica) (*sc. costr. - mecc.*), Mittelspannung (*f.*). **38 ~ oscillatoria** (sollecitazione vibratoria) (*sc. costr. - mecc.*), Schwingungsbeanspruchung (*f.*). **39 ~ pulsante** (variabile di valore ma non di segno) (*sc. costr. - mecc.*), schwellende Beanspruchung, Schwellast (*f.*), Schwellbeanspruchung. **40 ~ (radiale) da interferenza** (di un accoppiamento stabile) (*tecnol. mecc.*), Pressung (*f.*), Fugendruck (*m.*), Radialspannung durch Übermass. **41 ~ residua** (tensione residua) (*sc. costr. - mecc.*), Restspannung (*f.*), verbleibende Spannung. **42 ~ ridotta** (differenza fra quella normale e quella idrostatica, nella deformazione plastica) (*tecnol. mecc.*), Deviatorspannung (*f.*). **43 ~ statica** (*sc. costr. - mecc.*), Standbeanspruchung (*f.*), ruhende Beanspruchung. **44 ~ superiore** (nelle prove di fatica, valore massimo della sollecitazione per ciclo) (*sc. costr. - mecc.*), Oberspannung (*f.*). **45 ~ termica** (*tecnol. mecc. - ecc.*), Wärmebeanspruchung (*f.*), Wärmespannung (*f.*). **46 ~ vibratoria** (sollecitazione oscillatoria) (*mecc. - ecc.*), Schwingungsbeanspruchung (*f.*). **47 ampiezza di ~** (nelle prove di fatica) (*sc. costr.*), Spannungsausschlag (*m.*), Amplitude (*f.*). **48 ampiezza totale di ~** (campo di variazione della tensione; differenza tra sollecitaz. superiore ed inferiore nelle prove di fatica) (*prove mater.*), Spannungsbreite (*f.*). **49 concentrazione delle sollecitazioni** (*sc. costr.*), Spannungskonzentration (*f.*). **50 distribuzione delle sollecitazioni** (*sc. costr.*), Spannungsverteilung (*f.*).

sollecito (*a. - gen.*), baldig. **2 ~** (di un pagamento p. es.) (*s. - comm. - uff.*), Mahnung (*f.*). **3 lettera di ~** (*uff. - comm.*), Mahnbrief (*m.*), Nachfassbrief (*m.*).

solleva-anse (regola l'altezza delle anse nei treni per nastro) (*lamin.*), Schlingenheber (*m.*).

sollevamento (*gen.*), Aufheben (*n.*), Abhebung (*f.*). **2 ~** (estrazione, del modello p. es.) (*fond. - ecc.*), Ausziehen (*n.*), Ausheben (*n.*). **3 ~** (di un carico) (*trasp.*), Hub (*m.*), Heben (*n.*). **4 ~** (rinvenimento) (*difetto di vn.*), Hochziehen (*n.*). **5 ~ automatico dell'utensile** (di una piallatrice p. es.) (*macch. ut. - mecc.*), selbsttätiges Abheben des Werkzeuges. **6 ~ da terra** (di un veicolo in caso di lunghi periodi di inattività, per scaricare sospensioni e pneumatici) (*aut.*), Aufbocken (*n.*). **7 ~ dell'utensile** (di una piallatrice p. es.) (*lav. macch. ut.*), Stahlabhebung (*f.*). **8 altezza massima di ~** (corsa massima del gancio) (*app. di sollev.*), Hakenweg (*m.*). **9 anello di ~** (golfare, di un motore elett. p. es.) (*mecc.*), Augbolzen (*m.*). **10 apparecchi di ~** (*macch. ind. - trasp.*), Hebezeuge (*n. pl.*). **11 dispositivo di ~** (*disp.*), Aushebevorrichtung (*f.*), Aufzugvorrichtung (*f.*). **12 forza di ~ della fune** (*trasp. ind.*), Seilzug (*m.*), Seilzugkraft (*f.*). **13 gancio di ~** (*trasp. - ecc.*), Aufhängehaken (*m.*). **14 meccanismo di ~** (*macch. ut.*), Höhentrieb (*m.*). **15 mezzi di ~ e trasporto** (mezzi per la movimentazione e maneggio dei materiali) (*ind.*), Hebe- und Förderzeuge (*n. pl.*). **16 motore di ~** (*elett. - trasp.*), Aufzugmotor (*m.*).

sollevare (*gen.*), heben, aufheben, abheben. **2 ~** (estrarre, un modello p. es.) (*fond. - ecc.*), ausziehen, ausheben. **3 ~ con verri-**

cello (nav. - ecc.), aufhaspeln. 4 ~ da terra (con il cricco p. es.) (aut.), aufbocken, hochbocken. 5 ~ il ricevitore (telef.), abheben. 6 ~ la grana (granire) (ind. cuoio), aufkrausen.

sollevato (gen.), aufgehoben. 2 ~ da terra (alzato, su cavalletti) (veic.), aufgebockt, hochgebockt.

sollevatore (att.), Heber (m.). 2 ~ (per navi, veicoli ecc.) (macch.), Hebewerk (n.). 3 ~ a carrello (cricco a carrello, sollevatore mobile, per garage) (att.), Rangierheber (m.). 4 ~ a colonna (per automobili) (aut.), Hebestempel (m.). 5 ~ a forca (elevatore a forca, carrello elevatore a forca) (veic. - ind.), Gabelstapler (m.). 6 ~ mobile (per garage) (att.), Rangierheber (m.). 7 ponte ~ (per autoofficine) (aut.), Hebebühne (f.).

solstizio (astr.), Sonnenwende (f.), Solstitium (n.), Wendepunkt (m.). 2 ~ d'estate (astr.), Sommer-Sonnenwende (f.), Sommersolstitium (n.), Sommerpunkt (m.). 3 ~ d'inverno (astr.), Winterpunkt (m.), Wintersolstitium (n.), Wintersonnenwende (f.).

solubile (chim.), löslich, lösbar. 2 ~ in acido (chim.), säurelöslich. 3 ~ in acqua (idrosolubile) (chim.), wasserlöslich. 4 ~ in olio (chim.), öllöslich.

solubilità (chim.), Löslichkeit (f.).

solubilizzato (stato d'un acciaio) (metall. - tratt. term.), lösungsgeglüht.

solubilizzazione (tempra di austenitizzazione, tempra negativa) (tratt. term.), Lösungsglühen (n.).

soluzione (chim.), Lösung (f.). 2 ~ (risoluzione, di un problema p. es.) (mat. - ecc.), Lösung (f.), Auflösung (f.). 3 ~ acquosa (chim.), wässerige Lösung. 4 ~ alcalina (chim.), laugenartige Lösung, Alkalilösung (f.). 5 ~ alcalina (lisciva) (chim.), Lauge (f.), Alkalilauge (f.). 6 ~ ammoniacale (ammoniaca liquida) (chim.), Salmiakgeist (m.). 7 ~ antighiaccio (fluido antighiaccio) (aer. - ecc.), Enteisungsmittel (n.), Enteisungsflüssigkeit (f.). 8 ~ banale (soluzione triviale, soluzione ovvia) (mat.), triviale Lösung. 9 ~ candeggiante (soluzione imbiancante) (ind. della carta), Chlorlauge (f.). 10 ~ colloidale (chim.), kolloidale Lösung. 11 ~ decapante esaurita (bagno di decapaggio esaurito) (metall. - ecc.), Beizablauge (f.), Abfallbeize (f.), Beizereiabwasser (n.). 12 ~ decinormale (chim.), Zehntellösung (f.). 13 ~ d'indebolimento (fot.), Abschwächungslösung (f.). 14 ~ di potassa caustica (potassa caustica liquida, lisciva di potassa) (ind. chim.), Kalilauge (f.). 15 ~ di soda caustica (soda caustica liquida, lisciva di soda, lisciva dei saponari) (ind. chim.), Natronlauge (f.). 16 ~ equivalente (chim.), äquivalente Lösung, gleichwertige Lösung. 17 ~ grafica (di un problema p. es.) (mat. - ecc.), zeichnerische Lösung, graphische Lösung. 18 ~ imbiancante (soluzione candeggiante) (ind. della carta), Chlorlauge (f.). 19 ~ indebolitrice (fot.), Abschwächungslösung (f.). 20 ~ lubrificante vetrosa (chim. - tecnol. mecc.), Glasschmierungslösung (f.). 21 ~ non satura (chim.), ungesättigte Lösung. 22 ~ normale (chim.), Normallösung (f.). 23 ~ normale (per titolazioni) (chim.), Titrierlösung (f.). 24 ~ ovvia (soluzione banale, soluzione triviale) (mat.), triviale Lösung. 25 ~ particolare (soluzione singola di un'equazione differenziale non omogenea) (mat.), Partikularlösung (f.). 26 ~ per taratura (chim.), Eichlösung (f.). 27 ~ salina (chim.), Salzlösung (f.). 28 ~ satura (chim.), gesättigte Lösung. 29 ~ solida (metall. - chim.), feste Lösung. 30 ~ soprassatura (chim.), übersättigte Lösung. 31 ~ tampone (chim.), Pufferlösung (f.). 32 ~ triviale (soluzione banale, soluzione ovvia) (mat.), triviale Lösung. 33 ~ vera (chim.), echte Lösung. 34 in ~ (disciolto) (chim.), gelöst. 35 in un'unica ~ (in una sola soluzione, pagamento) (comm.), in einem Betrag. 36 messa in ~ (chim.), Inlösungsbringen (n.). 37 polimerizzato in ~ (ind. chim.), Lösung-Polymerisat (n.). 38 polimerizzazione in ~ (ind. chim.), Lösung-Polymerisation (f.).

solvatazione (chim.), Solvatation (f.).

solvato (chim.), Solvat (n.).

solvente (s. - chim. - vn. - ecc.), Lösungsmittel (n.), Lösemittel (n.). 2 ~ (estraente) (s. - ind. chim.), Hilfsstoff (m.), Lösungsmittel (m.), Extraktionsmittel (n.). 3 ~ per vernici (vn.), Lacklösemittel (n.).

solvenza (solvibilità) (comm. - finanz.), Solvenz (f.), Zahlungsfähigkeit (f.).

solvibile (finanz.), zahlungsfähig, solid. 2 ~ (mat.), auflösbar.

solvibilità (solvenza) (comm. - finanz.), Zahlungsfähigkeit (f.), Solvenz (f.).

soma (carico di un animale) (trasp.), Saum (m.).

somma (mat.), Summe (f.). 2 ~ (importo) (finanz. - ecc.), Betrag (m.), Summe (f.). 3 ~ (di danaro) (finanz.), Summe (f.), Geldbetrag (m.). 4 ~ accantonata (finanz.), Rückstellungbetrag (m.), Rückstellung (f.). 5 ~ algebrica (mat.), algebraische Summe. 6 ~ delle campate (d'una linea aerea) (elett.), Trassenlänge (f.), Streckenlänge (f.). 7 ~ forfettaria (comm.), Pauschale (f.), Pauschalsumme (f.). 8 ~ logica (OR) (calc.), logische Addition. 9 ~ vettoriale (elett.), Zeigersumme (f.).

sommare (mat. - ecc.), summieren.

sommatoria (mat.), Summation (f.), Summierung (f.).

sommergibile (sottomarino) (mar. milit.), U-Boot (n.), Unterseeboot (n.). 2 ~ atomico (mar. milit.), Atom-U-Boot (n.).

sommersione (gen.), Untertauchen (n.). 2 irrigazione per ~ (agric.), Überstauung (f.).

sommità (vertice, cima) (gen.), Gipfel (m.), Scheitel (m.). 2 ~ (parte superiore) (gen.), Krone (f.). 3 ~ (di un impulso) (fis.), Dach (n.).

sommozzatore (in apnea, « sub ») (lav. - sport), Nackttaucher (m.). 2 ~ (subacqueo, sub; sommozzatore con bombole d'ossigeno) (lav. - sport), schlauchloser Sauerstoff-Taucher.

sonda (app.), Sonde (f.). 2 ~ (di perforazione, apparecchio di perforazione) (app. min.), Bohrer (m.), Bohrgerät (n.). 3 ~ (sen-

sondaggio

sore, elemento sensibile; termosonda p. es). (*app.*), Fühler (*m.*), Sensor (*m.*). **4** ~ (spessimetro, calibro a spessori) (*ut. - mecc.*), Fühlerlehre (*f.*), Spion (*m.*), Fühler (*m.*). **5** ~ (sonda campionatrice, per estrarre dei campioni di materiali sciolti) (*att. chim. - ecc.*), Probenstecher (*m.*), Sackstecher (*m.*), Getreidestecher (*m.*). **6** ~ **a filo** (per accertare la direzione di un flusso gassoso p. es.) (*aerodin.*), Fadensonde (*f.*). **7** ~ **a filo caldo** (esploratore a filo caldo, per correnti fluide) (*app.*), Hitzdrahtsonde (*f.*). **8** ~ **a percussione** (*app. min.*), Schlagbohrer (*m.*), Stossbohrer (*m.*). **9** ~ **a rotazione** (« rotary ») (*macch. min.*), Drehbohrmaschine (*f.*), Rotary-Bohranlage (*f.*). **10** ~ **campionatrice** (per estrarre dei campioni di materiali sciolti) (*att.*), Probenstecher (*m.*), Sackstecher (*m.*), Getreidestecher (*m.*). **11** ~ **campionatrice** (punta a corona) (*ut. min.*), Kernbohrer (*m.*). **12** ~ **campionatrice a tubo** (*app. chim.*), Entnahmerohr (*n.*). **13** ~ **di corrente** (esploratore di corrente) (*app.*), Strömungssonde (*f.*). **14** ~ **di Hall** (sonda magnetica di Hall) (*elett.*), Hallsonde (*f.*). **15** ~ **di Langmuir** (*fis.*), Langmuir-Sonde (*f.*), Plasmafrequenzsonde (*f.*). **16** ~ **di perforazione** (sonda per pozzi profondi) (*app. min.*), Tiefbohrgerät (*n.*), Tiefbohrer (*m.*). **17** ~ **lunare** (*astronautica*), Mondsonde (*f.*). **18** ~ **per il controllo della distanza interelettrodica** (della candela) (*mot. - aut.*), Zündkerzenlehre (*f.*). **19** ~ **per pozzi profondi** (sonda di perforazione) (*app. min.*), Tiefbohrgerät (*n.*), Tiefbohrer (*m.*). **20** ~ **petrolifera** (*macch.*). Ölbohrer (*m.*). **21** ~ **spaziale** (*astronautica*), Raumsonde (*f.*). **22** ~ **termica** (elemento termosensibile, termorivelatore, di un teletermometro p. es.) (*app.*), Wärmefühler (*m.*), Temperaturfühler (*m.*). **23 pallone** ~ (*meteor.*), Versuchsballon (*m.*), Registrierballon (*m.*).

sondaggio (trivellazione, perforazione) (*min.*), Bohrung (*f.*), Bohren (*n.*), Sonde (*f.*), Bohrarbeit (*f.*). **2** ~ (per la determinazione della profondità marina) (*nav.*), Loten (*n.*), Lotung (*f.*). **3** ~ (intervista) (*comm. - ecc.*), Befragung (*f.*). **4** ~ **a percussione** (perforazione a percussione) (*min.*), Schlagbohren (*n.*), Stossbohren (*n.*). **5** ~ **a rotazione e percussione** (trivellazione a rotazione e percussione) (*min.*), Drehschlagbohren (*n.*). **6** ~ **con circolazione d'acqua** (*min.*), Spülbohrung (*f.*). **7** ~ **della pubblica opinione** (*comm. - ecc.*), Meinungsforschung (*f.*). **8** ~ **esplorativo** (sondaggio per prospezione) (*min.*), Suchbohrung (*f.*), Aufschlussbohrung (*f.*). **9** ~ **esplorativo del terreno** (trivellazione esplorativa, del terreno) (*ed. - ing. civ.*), Erkundungsbohrung (*f.*).

sondare (*min. - ecc.*), sondieren.
sone (unità d'intensità sonora soggettiva) (*acus.*) sone (*n.*).
soneria (dispositivo di allarme p. es.) (*elett. - ecc.*), Läutewerk (*n.*). **2** ~ **di chiamata** (*telef.*), Anrufwecker (*m.*).
sonico (*acus.*), Schall... **2 tuono** ~ (*aer.*), Überschallknall (*m.*).
sonims (solid non metallic impurities; inclusioni solide non metalliche) (*metall.*), Sonims (*pl.*).
sonometro (*app. - acus.*), Sonometer (*n.*).
sonorità (da percussione, di una mola p. es.) (*ut. - ecc.*), Klirren (*n.*), Klang (*m.*). **2** ~ (della carta) (*tecnol.*), Klang (*m.*), Rascheln (*n.*). **3 prova della** ~ (di getti) (*prove*), Klangversuch (*m.*).
sonorizzare (*acus.*), beschallen.
sonorizzazione (*acus.*), Beschallung (*f.*).
sonoro (*acus.*), Schall..., Ton... **2 campo** ~ (campo acustico) (*acus.*), Schallfeld (*n.*). **3 livello** ~ (*acus.*), Schallpegel (*m.*). **4 macchina cinematografica sonora** (*cinem.*), Lichttonkamera (*f.*). **5 registrazione sonora ad area variabile** (su pellicola) (*cinem.*), Zackenschrift (*f.*).
sonotrodo (elettrodo vibrante, nella saldatura ad ultrasuoni di mat. plast.) (*tecnol. mecc.*), Sonotrode (*f.*).
soppalco (*ed.*), Hängeboden (*n.*). **2** ~ (tra solaio e tetto) (*ed.*), Dachboden (*n.*).
sopportabile (sollecitazione p. es.) (*gen.*), zumutbar. **2** ~ (moderato, caldo, p. es.) (*gen.*), mässig. **3** ~ (tollerabile, carico p. es.) (*tecnol.*), ertragbar, erträglich.
sopportabilità (tollerabilità, di vibrazioni mecc. p. es.) (*veic. - ecc.*), Erträglichkeit (*f.*).
sopportare (la pressione p. es.) (*gen.*), aushalten.
sopporto (supporto, cuscinetto, per alberi) (*mecc.*), Lager (*n.*). **2** ~ (*mecc.*), *vedi anche* supporto.
soppressione (eliminazione) (*gen.*), Beseitigung (*f.*). **2** ~ (di armoniche p. es.) (*fis.*), Unterdrückung (*f.*), Verminderung (*f.*). **3** ~ (del segnale) (*telev.*), Austasten (*n.*), Austastung (*f.*). **4** ~ (di una rendita, p. es.) (*finanz.*), Entziehung (*f.*), Abschaffung (*f.*). **5** ~ **del fascio** (elettronico) (*telev.*), Strahlaustastung (*f.*). **6** ~ **del quadro** (*telev.*), Teilbildaustastung (*f.*). **7** ~ **del raggio** (analizzatore, durante il tempo del ritorno) (*telev.*), Strahlsperrung (*f.*), Strahlunterdrückung (*f.*). **8** ~ **del rumore** (nel microfono) (*radio*), Störschallunterdrücken (*n.*). **9** ~ **di arco** (*elett.*), Lichtbogenunterdrückung (*f.*). **10** ~ **di armonica** (*fis.*), Oberwellenverminderung (*f.*), Oberwellenunterdrückung (*f.*). **11** ~ **di radiodisturbi** (schermatura, schermaggio) (*radio*), Entstörung (*f.*), Störschutz (*m.*). **12** ~ **interlinea** (*elab. dati*), Zeilentransport-Unterdrückung (*f.*). **13** ~ **isofase** (*elettronica*), Gleichtaktunterdrückung (*f.*). **14** ~ **orizzontale** (soppressione del segnale di immagine alla fine di ciascuna linea) (*telev.*), Zeilenaustastung (*f.*). **15 banda di** ~ (banda non passante, d'un filtro) (*elett.*), Sperrbereich (*m.*). **16 impulso di** ~ (*telev.*), Austastimpuls (*m.*), Schwarzimpuls (*m.*). **17 impulso di** ~ **orizzontale** (*telev.*), Zeilenaustastimpuls (*m.*). **18 periodo di** ~ **del quadro** (*telev.*), Teilbild-Austastperiode (*f.*). **19 segnale di** ~ (segnale di cancellazione) (*telev.*), Austastsignal (*n.*), Schwarzsignal (*n.*).
soppressore (di disturbi) (*radio - ecc.*), Entstörer (*m.*). **2** ~ **a cappuccio** (cappuccio antiradio-disturbi, di una candela) (*radio - mot.*), Entstörstecker (*m.*). **3** ~ **antiradiodisturbi**

(*radio*), Funkentstörer (*m.*). 4 ~ **antiradiodisturbi per candele** (*aut. - mot.*), Zündkerzenentstörkappe (*f.*). 5 ~ **d'eco** (*radar*), Echosperre (*f.*). 6 ~ **d'eco** (*telef.*), Entstörer (*m.*). 7 ~ **di disturbi** (*app.*), Störsperre (*f.*). 8 ~ **d'impulsi** (*app.*), Impulsunterdrücker (*m.*). 9 ~ **di radiodisturbi** (dispositivo antiradiodisturbi) (*elett. - radio*), Funkentstörer (*m.*), Entstördrossel (*f.*). 10 ~ **ohmico** (resistenza antiradiodisturbi) (*radio - mot.*), Entstörungswiderstand (*m.*). 11 **circuito** ~ (per sopprimere determinate frequenze) (*radio - telev.*), Saugkreis (*m.*). 12 **circuito** ~ **di banda** (di una certa frequenza) (*radio*), Sperrkreis (*m.*). 13 **filtro** ~ **di disturbi** (*radio - ecc.*), Störfilter (*m.*). 14 **relè** ~ **d'arco** (*elett.*), Löschrelais (*n.*).
sopprimere (eliminare, togliere) (*gen.*), beseitigen. 2 ~ (armoniche p. es.) (*fis.*), unterdrücken. 3 ~ (un segnale) (*telev.*), austasten.
sopra (*gen.*), auf. 2 ~ **citato** (precedente) (*gen.*), weiter oben gesagt, vorstehend. 3 **per di** ~ (detto di ruota idraulica azionata dall'alto) (*idr.*), oberschlächtig.
sopraclorazione (superclorazione) (*chim.*), Überchlorung (*f.*), Überschusschlorung (*f.*), Hochchlorung (*f.*).
sopracopertina (sovracopertina, di un libro) (*legatoria*), Schutzumschlag (*m.*).
sopraelevare (una curva) (*costr. strad. - ferr.*), überhöhen. 2 ~ (un argine) (*costr. idr.*), aufkaden. 3 ~ (rialzare di uno o più piani un edificio) (*ed.*), aufstocken.
sopraelevato (curva) (*costr. strad. - ferr.*), überhöht.
sopraelevazione (di una curva) (*ferr. - strad.*), Überhöhung (*f.*). 2 ~ (di un argine) (*costr. idr.*), Aufkadung (*f.*). 3 ~ **della curva** (curva sopraelevata) (*costr. strad.*), Kurvenüberhöhung (*f.*). 4 ~ **della rotaia** (esterna, in curva) (*ferr.*), Schienenüberhöhung (*f.*). 5 ~ **della rotaia interna** (abbassamento della rotaia esterna) (*ferr.*), Gleisuntertiefung (*f.*).
soprafondere (*fis. - chim.*), unterkühlen.
soprafusione (raffreddamento di liquidi a temperature inferiori a quella di solidificazione senza che questa avvenga) (*fis. - chim.*), Unterkühlung (*f.*).
sopraganasce (controganasce, di piombo, di una morsa) (*mecc.*), Bleibacken (*f. pl.*).
sopralluogo (sopraluogo) (*gen.*), Augenschein (*m.*).
sopralzare (alzare, eseguire un sopralzo, di una casa) (*ed.*), überhöhen, erhöhen, aufstocken. 2 ~ (aggiungere un altro piano ad un edificio) (*ed.*), ein Stockwerk aufsetzen.
sopralzo (di una casa, di un piano p. es.) (*ed.*), Erhöhung (*f.*), Überhöhung (*f.*), Aufstockung (*f.*). 2 **eseguire un** ~ (alzare, una casa) (*ed.*), erhöhen, überhöhen, aufstocken.
soprannumero (di fogli, per la stampa) (*tip.*), Zuschuss (*m.*).
soprappassaggio (*strad. - ferr.*), Überführung (*f.*). 2 ~ **stradale** (cavalcavia) (*strad.*), Strassenüberführung (*f.*).
soprarullatura (di un filetto) (*difetto mecc.*), Überrollung (*f.*).
soprascarpa (*ind. gomma*), Überschuh (*m.*). 2 ~ **di gomma** («galoche») (*ind. gomma*), Galosche (*f.*), Gummiüberschuh (*m.*).
soprassaturazione (*fis. chim.*), Übersättigung (*f.*).
soprassaturo (*fis. chim.*), übersättigt.
soprassoglio (coronamento di in argine) (*costr. idr.*), Aufkaden (*n.*), Aufkasten (*n.*).
sopravento (*nav.*), dem Winde zugekehrt. 2 **essere** ~ (*nav. - ecc.*), am Wind liegen. 3 **lato** ~ (*nav.*), Windseite (*f.*), Luvseite (*f.*).
sopravvalore (*gen.*), Mehrwert (*m.*). 2 ~ (di coniatura, differenza tra valore nominale e valore del metallo di una moneta meno il costo di coniatura) (*finanz.*), Schlagschatz (*m.*), Prägeschatz (*m.*).
sopravvalutare (*gen.*), überschätzen, überwerten.
sopravvivenza (*gen.*), Überleben (*n.*). 2 **probabilità di** ~ (*stat.*), Überlebenswahrscheinlichkeit (*f.*).
soprelevare, *vedi* sopraelevare.
soprelevato, *vedi* sopraelevato.
soprelevazione, *vedi* sopraelevazione.
sorbite (*metall.*), Sorbit (*m.*). 2 ~ **di rinvenimento** (*metall.*), Anlassorbit (*m.*).
sorbitico (*metall.*), sorbitisch. 2 **struttura sorbitica** (*metall.*), sorbitisches Gefüge.
sordina (*app. - acus.*), Tondämpfer (*m.*).
sordo (*acus.*), taub.
sorgente (fonte) (*gen.*), Quelle (*f.*). 2 ~ **campione** (campione primario, sorgente luminosa) (*ott. - illum.*), Primärnormal (*n.*). 3 ~ **di acqua minerale** (*geol.*), Mineralquelle (*f.*). 4 ~ **di disturbo** (*radio*), Störquelle (*f.*). 5 ~ **di misura** (*metrol.*), Messquelle (*f.*). 6 ~ **luminosa** (*illum. - ott.*), Lichtquelle (*f.*). 7 ~ **luminosa a luce miscelata** (*illum.*), Mischlichtleuchte (*f.*). 8 ~ **luminosa primaria** (*ott. - illum.*), Primärlichtquelle (*f.*). 9 ~ **minerale** (*geol.*), Mineralquelle (*f.*), Heilquelle (*f.*). 10 ~ **montana** (*geol.*), Hochquelle (*f.*). 11 **primaria** (*ott. - illum.*), Selbstleuchter (*m.*). 12 ~ **radioattiva** (*geol.*), radioaktive Heilquelle. 13 ~ **secondaria** (*illum.*), Fremdleuchter (*m.*). 14 ~ **sonora** (*acus.*), Tonquelle (*f.*), Schallquelle (*f.*). 15 ~ **termale** (*geol.*), Thermalquelle (*f.*), Therme (*f.*), heisse Quelle. 16 ~ **termica** (*gen.*), Wärmequelle (*f.*). 17 **impedenza** ~ (*elett.*), Quellenimpedanz (*f.*). 18 **linguaggio** ~ (*calc.*), Quellensprache (*f.*). 19 **portata della** ~ (*geol.*), Quellschüttung (*f.*). 20 **sale di** ~ (*geol.*), Solesalz (*n.*).
sormontamento (capacità di, capacità di superare gradini) (*veic.*), Kletterfähigkeit (*f.*).
sorpassare (un veicolo) (*veic. - traff. strad.*), überholen. 2 ~ **a destra** (*veic. - traff. strad.*), rechts überholen.
sorpasso (di un veicolo) (*aut. - traff. strad.*), Überholen (*n.*). 2 ~ (supero, d'una posizione) (*lav. macch. ut.*), Überlauf (*m.*). 3 ~ (cortocircuitazione) (*tubaz.*), Umgehung (*f.*). 4 ~ **con accelerazione** (*aut. - traff. strad.*), Überholen mit Beschleunigung. 5 ~ **senza accelerazione** (senza effettiva variazione di velocità) (*aut. - traff. strad.*), zügiges Überholen. 6 **binario di** ~ (*ferr.*), Überholungsgleis (*n.*). 7 **coppia di** ~ (di un avviatore) (*elettromecc.*), Überholdrehmoment (*n.*). 8 **corsia di** ~ (*traff.*

sorteggiare

strad.), Überholspur (*f.*). **9 divieto di ~** (*traff. strad.*), Überholverbot (*n.*). **10 fase di ~** (*aut. - traff. strad.*), Überholvorgang (*m.*). **11 tubo di ~** (tubo di cortocircuito) (*tubaz.*), Umgehungsleitung (*f.*). **12 visibilità di sicurezza nei sorpassi** (*aut. - traff. strad.*), Überholsichtweite (*f.*).

sorteggiare (tirare a sorte) (*gen.*), auslosen.

sorteggio (*gen.*), Auslosung (*f.*). **2 redimibile per ~** (*finanz.*), durch Auslosung rückzahlbar.

sortitura (cernita, classificazione) (*ind.*), Güteeinteilung (*f.*).

sorvegliante (guardiano) (*lav.*), Wächter (*m.*). **2 ~ di lavori** (*ed. - ecc.*), Bauaufseher (*m.*).

sorveglianza (*gen.*), Überwachung (*f.*), Beaufsichtigung (*f.*). **2 ~ dei lavori di costruzione** (sorveglianza di cantiere) (*ed.*), Baustellenüberwachung (*f.*), Bauaufsicht (*f.*). **3 ~ delle industrie** (controllo delle lavorazioni, per accertare l'osservanza delle norme di legge sulla sicurezza del lavoro) (*lav.*), Gewerbeaufsicht (*f.*), Fabrikinspektion (*f.*), Arbeitsinspektion (*f.*). **4 ~ di cantiere** (sorveglianza dei lavori di costruzione) (*ed.*), Bauaufsicht (*f.*), Baustellenüberwachung (*f.*). **5 ~ tecnica** (*tecnol. - ecc.*), Technische Überwachung, TÜ. **6 ente di ~ tecnica** (*collaudi - ecc.*), Prüfstelle (*f.*). **7 servizio di ~** (*telef.*), Aufsichtsdienst (*m.*). **8 tavolo di ~** (*telef.*), Aufsichtstisch (*m.*). **9 ufficio di ~** (di un ente militare presso la ditta fornitrice p. es.) (*ind.*), Aufsichtsamt (*n.*). **10 ufficio di ~ tecnica** (*ind. - ecc.*), Technischer Überwachungsverein, TÜV.

sorvegliare (*gen.*), überwachen, beaufsichtigen.

sorvolare (*aer.*), überfliegen.

sorvolo (*aer.*), Überfliegen (*n.*).

SOS (segnale di pericolo, segnale di soccorso) (*segnale - nav. - ecc.*), SOS, Notsignal (*n.*), Gefahrzeichen (*n.*).

sospendere (appendere) (*gen.*), hängen, aufhängen. **2 ~** (il lavoro p. es.) (*ind. - lav. - ecc.*), einstellen, unterbrechen, niederlegen. **3 ~** (*mecc. - aut. - ecc.*), aufhängen. **4 ~** (un solido in un liquido) (*chim.*), aufschlämmen, aufschwemmen, suspendieren. **5 ~** (un dipendente) (*pers. - lav.*), suspendieren. **6 ~** (un pagamento p. es.) (*comm.*), einstellen, aussetzen. **7 ~** (un processo) (*leg.*), niederschlagen. **8 ~ elasticamente** (*mecc. - aut. - ecc.*), federnd aufhängen. **9 ~ il lavoro** (*lav. - ind.*), die Arbeit einstellen. **10 ~ i pagamenti** (*comm. - amm.*), die Zahlungen einstellen.

sospensione (cessazione, del lavoro p. es.) (*gen.*), Einstellen (*n.*), Einstellung (*f.*), Beendigung (*f.*), Niederlegung (*f.*). **2 ~** (delle ruote p. es.) (*mecc. - aut.*), Aufhängung (*f.*). **3 ~** (elastica, molleggio) (*mecc. - aut.*), Federung (*f.*). **4 ~** (sistema disperso liquido--solido) (*chim.*), Aufschwemmung (*f.*), Suspension (*f.*), Aufschlämmung (*f.*). **5 ~** (di un dipendente dal lavoro p. es.) (*lav. - pers.*), Suspension (*f.*), Dienstenthebung (*f.*). **6 ~** (di un pagamento p. es.) (*comm. - ecc.*), Aussetzung (*f.*), Einstellung (*f.*). **7 ~ a barra di torsione** (*aut.*), Drehstabaufhängung (*f.*). **8 ~ a catenaria** (di fili elett. p. es.) (*elett.*), Kettenaufhängung (*f.*), Vielfachaufhängung (*f.*). **9 ~ ad elementi interconnessi** (sospensione interconnessa, nella quale le molle degli assali anteriore e posteriore sono collegate) (*veic.*), Verbundfederung (*f.*). **10 ~ a nastro teso** (d'uno strumento a ferro mobile) (*strum.*), Spannbandlagerung (*f.*). **11 ~ anteriore** (*aut.*), Vorderachsaufhängung (*f.*). **12 ~ anteriore a ruote indipendenti** (*aut.*), Einzelradvorderaufhängung (*f.*), unabhängige Vorderaufhängung. **13 ~ anteriore a ruote indipendenti** (con semiassi oscillanti, assale anteriore pendolare) (*aut.*), Vorderpendelachse (*f.*). **14 ~ a parallelogramma articolato (longitudinale)** (sospensione a quadrilatero) (*aut.*), Parallelogrammaufhängung (*f.*). **15 ~ a quadrilatero** (a parallelogramma articolato longitudinale) (*aut.*), Parallelogrammaufhängung (*f.*). **16 ~ a ruote indipendenti** (sospensione indipendente) (*aut.*), Einzelradaufhängung (*f.*), unabhängige Aufhängung. **17 ~ cardanica** (*mecc. - strum.*), Kardanaufhängung (*f.*), kardanische Aufhängung. **18 ~ catenaria** (di fili elettrici p. es.) (*elett. - ecc.*), Vielfachaufhängung (*f.*), Kettenaufhängung (*f.*). **19 ~ cedevole** (sospensione dolce, molleggio cedevole) (*veic.*), weiche Federung, weiche Aufhängung. **20 ~ con molle a balestra semiellittiche** (*aut.*), Aufhängung mit Halbelliptikfedern. **21 ~ dei pagamenti** (*comm.*), Zahlungseinstellung (*f.*). **22 ~ del lavoro** (*lav.*), Arbeitseinstellung (*f.*), Arbeitsniederlegung (*f.*). **23 ~ del motore** (*mot.*), Motoraufhängung (*f.*). **24 ~ dolce** (molleggio dolce) (*veic.*), weiche Federung, weiche Aufhängung. **25 ~ Dubonnet** (nella quale molla ed ammortizzatore sono combinati) (*aut.*), Dubonnetfederung (*f.*). **26 ~ dura** (molleggio duro) (*veic.*), harte Federung, harte Aufhängung. **27 ~ elastica** (molleggio) (*veic. - ecc.*), Federung (*f.*), federnde Aufhängung, Federaufhängung (*f.*), elastische Aufhängung. **28 ~ elastica del motore** (*mot.*), elastische Motoraufhängung. **29 ~ « hydrolastic »** (sospensione idroelastica) (*aut.*), Hydrolastic-Federung (*f.*). **30 ~ idroelastica** (*aut.*), Hydrolastik-Federung (*f.*). **31 ~ idropneumatica** (molleggio idropneumatico) (*aut.*), hydropneumatische Federung, hydropneumatische Aufhängung. **32 ~ indipendente** (sospensione a ruote indipendenti) (*aut.*), Einzelradaufhängung (*f.*), unabhängige Aufhängung. **33 ~ indipendente a quadrilateri trasversali e molle elicoidali** (*aut.*), Einzelradaufhängung mit Trapezquerlenkern und Schraubenfedern. **34 ~ interconnessa** (sospensione ad elementi interconnessi, nella quale le molle degli assali anteriore e posteriore sono collegate) (*veic.*), Verbundfederung (*f.*). **35 ~ McPhearson** (*aut.*), McPhearson-Federung (*f.*), Langhubfederung (*f.*). **36 ~ oscillante** (di un sismografo p. es.) (*strum. - ecc.*), Pendelaufhängung (*f.*). **37 ~ pendolare** (sospensione a ruote indipendenti con semiassi oscillanti, assale pendolare) (*aut.*), Pendelaufhängung (*f.*), Pendelachse (*f.*). **38 ~ pneumatica** (*aut. - ecc.*), Luftaufhängung (*f.*), Luftfederung (*f.*), pneumatische Federung. **39 ~ posteriore** (*aut.*), Hinterachsaufhängung (*f.*). **40 ~ rigida** (*macch. - ecc.*), starre Aufhängung. **41 ~ semirigida** (*mecc.*), halbstarre Aufhängung.

42 ~ su coltelli (*mecc.*), Schneidenaufhängung (*f.*), Schneidenlagerung (*f.*). 43 ~ su punte (*mecc. - ecc.*), Spitzenlagerung (*f.*). 44 ~ su tre punti (*mecc.*), Dreipunktaufhängung (*f.*), Dreieckaufhängung (*f.*). 45 ~ unifilare (*fis. - ecc.*), Unifilaraufhängung (*f.*), Einfadenaufhängung (*f.*). 46 errore dovuto alla ~ cardanica (nei giroscopi p. es.) (*app.*), Kardanfehler (*m.*) 47 gancio di ~ (per conduttori di linea aerea p. es.) (*elett.*), Traghaken (*m.*). 48 gancio di ~ (*trasp. - ecc.*), Aufhängehaken (*m.*), Aufhängebügel (*m.*). 49 in ~ (in acqua p. es.) (*gen.*), schwebend. 50 in ~ (*chim.*), suspendiert. 51 materiale in ~ (*chim.*), Schwebestoff (*m.*). 52 materiale in ~ trascinato (da una corrente d'acqua) (*idr.*), Schweb (*m.*). 53 molla di ~ (a balestra, ecc.) (*veic.*), Tragfeder (*f.*). 54 morsetto di ~ (del conduttore d'una linea aerea p. es.) (*elett.*), Tragklemme (*f.*). 55 polimerizzato in ~ (*ind. chim.*), Suspensions-Polymerisat (*n.*). 56 polimerizzazione in ~ (*ind. chim.*), Suspensions-Polymerisation (*f.*).

sospeso (appeso) (*gen.*), hängend, schwebend, eingehängt. 2 ~ (massa, dalle sospensioni, la scocca p. es.) (*aut.*), federgelagert. 3 ~ (parte centrale di un ponte p. es.) (*ed. ecc.*), eingehängt. 4 ~ elasticamente (*mecc. - ecc.*), abgefedert. 5 liberamente ~ (*mecc.*), freihängend.

sosta (interruzione, del lavoro p. es.) (*lav. - ecc.*), Pause (*f.*), Rast (*f.*). 2 ~ (tempo di sosta) (*mecc. - lav. macch. ut.*), Verweilzeit (*f.*). 3 ~ (periodo di sosta, di un forno p. es.) (*metall. - ecc.*), Haltezeit (*f.*), Stillstandzeit (*f.*). 4 ~ nei porti (tempo di sosta) (*nav.*), Hafenzeit (*f.*). 5 ~ vietata (divieto di sosta) (*traff. strad.*), Halteverbot (*n.*). 6 corsia di ~ (d'emergenza, di una autostrada) (*aut.*), Randstreifen (*m.*), Parkstreifen (*m.*). 7 divieto di ~ (sosta vietata) (*traff. strad.*), Halteverbot (*n.*). 8 periodo di ~ (di un forno p. es.) (*metall. - ecc.*), Stillstandzeit (*f.*), Haltezeit (*f.*). 9 piazzola di ~ (di una autostrada p. es.) (*aut.*), Rastplatz (*m.*). 10 traffico in ~ (fermarsi, parcheggiare, ecc.) (*traff. strad.*), ruhender Verkehr.

sostacchina (*costr. ed.*), *vedi* abetella.

sostantivo (colore) (*a. - chim.*), substantiv.

sostanza (*gen.*), Substanz (*f.*). 2 ~ (*fis. - chim.*), Stoff (*m.*). 3 ~ (capitale, patrimonio) (*finanz.*), Vermögen (*n.*). 4 ~ aerante (additivo aerante, aggiunta al calcestruzzo per renderlo poroso) (*ed.*), LP-Stoff (*m.*), Luftporenbildner (*m.*). 5 ~ agglutinante alla destrina (colla) (*ind. chim.*), Dextrinklebstoff (*m.*). 6 ~ attiva (attivante, attivatore) (*chim.*), Wirkstoff (*m.*). 7 ~ attiva (massa attiva, di un accumulatore) (*elett.*), aktive Masse. 8 ~ (con ioni) a valenza mista (composto chimico) (*chim.*), Mischvalenzstoff (*m.*). 9 ~ diamagnetica (*elett.*), Diamagnetikum (*n.*). 10 ~ fluorescente (*ott.*), fluoreszierender Stoff. 11 ~ fumogena per scrittura aerea (*comm. - aer.*), Rauchschriftmasse (*f.*). 12 ~ luminescente (fosforo, luminoforo) (*ott.*), Phosphor (*m.*), Luminophor (*m.*), Leuchtstoff (*m.*), Leuchtmasse (*f.*). 13 ~ moderatrice (moderatore) (*fis. atom.*), Bremssubstanz (*f.*), Bremsstoff (*m.*). 14 ~ nociva (*chim. - ecc.*), Noxe (*f.*). 15 ~ schiumogena (*chim. ind.*), Schaummittel (*n.*). 16 ~ scollante (*ind. tess.*), Entschlichtungsmittel (*n.*). 17 ~ umettante (umettante) (*ind. chim.*), Netzmittel (*n.*).

sostegno (appoggio) (*mecc. - ecc.*), Unterstützung (*f.*), Stütze (*f.*). 2 ~ (d'una famiglia) (*leg.*), Unterhaltspflichtiger (*m.*). 3 ~ ad asta (d'un conduttore aereo) (*elett.*), Gestänge (*n.*). 4 ~ a pilastro (di una funivia p. es.) (*trasp.*), Einmaststütze (*f.*). 5 ~ dell'incudine (ceppo dell'incudine) (*ut. fucinatura*), Ambossfutter (*n.*), Ambossbett (*n.*), Amboßklotz (*m.*), Ambossblock (*m.*), Ambosstock (*m.*). 6 ~ per lampada (colonna per lampada) (*illum.*), Kandelaber (*m.*). 7 distanze dei sostegni (di una linea aerea) (*elett.*), Abstände am Gestänge. 8 intelaiatura di ~ (ossatura a telaio) (*ed. - ecc.*), Stützrahmen (*m.*), Rahmentragwerk (*n.*). 9 struttura di ~ (intelaiatura di sostegno) (*ed.*), Stützgerüst (*n.*). 10 struttura di ~ (per impedire franamenti nello scavo di fondazioni) (*ed.*), Verbau (*m.*). 11 struttura di ~ di tavole (*ed.*), Bohlenverbau (*m.*), Verbohlung (*f.*).

sostenere (*gen.*), abstützen. 2 ~ (assorbire, una spinta, mediante un arco p. es.) (*ed.*), fangen. 3 ~ (il mercato od i prezzi) (*comm.*), stützen. 4 ~ la concorrenza (*comm.*), gegen die Konkurrenz aufkommen.

sostentamento (levitazione, su cuscino d'aria p. es.) (*trasp. - ecc.*), Schweben (*n.*), Aufhängung (*f.*). 2 ~ (*trasp.*), *vedi anche* levitazione. 3 a ~ pneumatico (a cuscino d'aria, di una paletta p. es.) (*trasp. ind. - ecc.*), luftgelagert. 4 capannone a ~ pneumatico (di plastica) (*ed.*), Traglufthalle (*f.*).

sostentatore (sostegno) (*gen.*), Stütze (*f.*). 2 ~ a getto (gettosostentatore) (*aer.*), Hubstrahler (*m.*).

sostentazione (*aer.*), Auftrieb (*m.*). 2 ~ a getto (gettosostentazione) (*aer.*), Strahlauftrieb (*m.*). 3 ~ dinamica (portanza dinamica) (*aer.*), dynamischer Auftrieb. 4 resistenza di ~ (*aer.*), Flügelwiderstand (*m.*).

sostituibile (*mecc. - ecc.*), auswechselbar, ersetzbar.

sostituire (un pezzo p. es.) (*mecc. - ecc.*), ersetzen, auswechseln. 2 ~ (un valore in una equazione p. es.) (*mat.*), einsetzen.

sostituto (supplente) (*lav.*), Stellvertreter (*m.*). Ersatzmann (*m.*). 2 ~ (surrogato, succedaneo) (*gen.*), Ersatz (*m.*), ERS.

sostituzione (di un pezzo p. es.) (*mecc. - ecc.*), Ersetzung (*f.*), Auswechslung (*f.*). 2 ~ (*mat.*), Substitution (*f.*). 3 ~ (d'un valore in una equazione p. es.) (*mat.*), Einsetzen (*n.*). 4 ~ con unità di giro (sostituzione di giro, alla scadenza del periodo di revisione) (*mot. - ecc.*), Tauschverfahren (*n.*). 5 ~ di giro (sostituzione con unità di giro, alla scadenza del periodo di revisione) (*mot. - ecc.*), Tauschverfahren (*n.*). 6 piano di ~ del personale (*pers.*), Personalersatzplan (*m.*).

sotterranea (ferrovia sotterranea, metropolitana) (*s. - ferr.*), Untergrundbahn (*f.*), U-Bahn (*f.*).

sotterraneo (*a. - gen.*), unterirdisch. 2 ~ (sotto terra) (*a. - ing. civ. - min.*), unter

sottile

Tage. 3 in ~ (*min. - ing. civ.*), unter Tage.
sottile (*gen.*), dünn. 2 a parete ~ (*mecc. - ecc.*), dünnwandig. 3 a pelle ~ (un lingotto p. es.) (*metall.*), dünnschalig. 4 strato ~ (*elett. - ecc.*), Dünnschicht (*f.*).
sottoadattamento (*elett. - radio*), Uneranpassung (*f.*).
sottocentrale (centrale elettrica ausiliaria) (*elett.*), Hilfszentrale (*f.*), Hilfswerk (*n.*). 2 ~ (centrale secondaria) (*telef.*), Unteramt (*n.*), Unterknotenamt (*n.*), Unterzentrale (*f.*).
sottochiglia (falsa chiglia) (*costr. nav.*), loser Kiel, falscher Kiel, Aussenkiel (*m.*).
sottocomitato (sottocommissione) (*gen.*), Unterausschuss (*m.*).
sottocommissione (sottocomitato) (*gen.*), Unterausschuss (*m.*).
sottocoperta (*nav.*), Unterdeck (*n.*).
sottocorpo (*mat.*), Teilkörper (*m.*).
sottocritico (subcritico, convergente, reattore nucleare) (*fis. nucl.*), unterkritisch.
sottocutaneo (*med.*), subkutan. 2 tessuto ~ (*med.*), Unterhautzellgewebe (*n.*).
sottodistributore (*elett.*), Subverteiler (*m.*).
sottoeccitare (*elett.*), untererzegen.
sottoelongazione (nella tecnica impulsiva) (*elett.*), Unterschwingen (*n.*).
sottoescavatrice (intagliatrice, tagliatrice, tracciatrice) (*macch. min.*), Schrämmaschine (*f.*). 2 ~ a catena (intagliatrice a catena, tagliatrice a catena, tracciatrice a catena) (*macch. min.*), Kettenschrämmaschine (*f.*). 3 ~ -caricatrice (*macch. min.*), Schrämlader (*m.*).
sottoescavazione (intaglio, con macch. intagliatrice) (*min.*), Schram (*m.*), Schrämarbeit (*f.*).
sottoesporre (*fot. - radioatt.*), unterbelichten.
sottoesposizione (*fot. - radioatt.*), Unterbelichtung (*f.*).
sottoesposto (*fot. - radioatt.*), unterbelichtet.
sottofondazione (*ing. civ. - ed.*), vedi sottomurazione.
sottofondo (per lamiere di carrozzeria p. es.) (*vn.*), Grundierung (*f.*), Haftung und Passivierung. 2 ~ (della pavimentazione) (*costr. strad.*), Untergrund (*m.*). 3 ~ antigelo (strato di ghiaia p. es.) (*costr. strad.*), Frostschutz (*m.*). 4 ~ in calcestruzzo (*costr. strad.*), Unterbeton (*m.*).
sottogomma (*a. - elett.*), vollgummi-isoliert.
sottogruppo (*mecc. - macch.*), Untergruppe (*f.*), Montagegruppe (*f.*). 2 ~ (di apparecchi p. es.) (*telef.*), Teilgruppe (*f.*).
sottoinfiltrazione (di acqua sotto una diga p. es.) (*costr. idr.*), Unterläufigkeit (*f.*).
sottoinsieme (*mat.*), Teilmenge (*f.*), Untermenge (*f.*).
sottolineare (*gen.*), unterstreichen.
sottoliscivia (*ind. chim.*), Ablauge (*f.*), Abfall-Lauge (*f.*), Endlauge (*f.*).
sottomarino (sommergibile) (*mar. milit.*), U-Boot (*n.*), Unterseeboot (*n.*). 2 ~ (*metall.*), vedi carro siluro. 3 ~ atomico (*mar. milit.*), Atom-U-Boot (*n.*).
sottomisura (lunghezza inferiore alla normale, spezzone, di profilati, ecc.) (*ind. metall.*), Unterlänge (*f.*).
sottomodulazione (*radio*), Untermodulation (*f.*). 2 distorsione da ~ (*difetto telev.*), Unterschwingen (*n.*).
sottomurare (*ed. - mur.*), untermauern, unterbauen, unterfangen.
sottomuratura (*mur.*), unterfangene Mauer, Untermauerung (*f.*).
sottomurazione (*mur.*), Untermauerung (*f.*), Unterfangen (*n.*).
sottooccupazione (*lav. - ind.*), Unterbeschäftigung (*f.*).
sottopalco (*teatro*), Unterbühne (*f.*).
sottopassaggio (*ing. civ.*), Unterführung (*f.*). 2 ~ di stazione (*ed. - ferr.*), Bahnsteigunterführung (*f.*). 3 ~ ferroviario (*ferr. - ed.*), Eisenbahnunterführung (*f.*), Bahnunterführung (*f.*). 4 ~ pedonale (*traff. strad.*), Fussgängertunnel (*m.*). 5 ~ stradale (*traff. strad.*), Strassenunterführung (*f.*).
sottopasso (cunicolo di passaggio, per il passaggio dell'acqua sotto una strada p. es.) (*ed. - ing. civ.*), Durchlass (*m.*), Dole (*f.*). 2 ~ (*ing. civ.*), vedi anche sottopassaggio.
sottopavimento (*a. - macch. - ecc.*), Unterflur... 2 pressa ~ (pressa per fucinatura libera con cilindro sottopavimento) (*macch.*), Unterflur-Presse (*f.*).
sottoperiodo (della formazione) (*geol.*), Stufe (*f.*).
sottopiombo (*a. - elett.*), bleiumhüllt.
sottopopolazione (*stat.*), Teilgesamtheit (*f.*).
sottoporre (dare in visione, presentare) (*gen.*), vorlegen, zeigen. 2 ~ (presentare, un progetto p. es.) (*gen.*), vorlegen. 3 ~ (presentare, una offerta p. es.) (*comm. - ecc.*), vorlegen, einreichen. 4 ~ (subordinare) (*gen.*), unterstellen, unterordnen. 5 ~ ad estrusione diretta (estrudere in avanti) (*tecnol. mecc.*), strangpressen, gleichfliesspressen. 6 ~ ad estrusione indiretta (od inversa) (*tecnol. mecc.*), gegenfliesspressen, spritzpressen. 7 ~ a distillazione frazionata (*chim.*), fraktionieren. 8 ~ a fissione (*chim. nucl.*), abbauen, abspalten. 9 ~ a piroscissione («crakizzare») (*ind. chim.*), kracken. 10 ~ a processo Bessemer (*metall.*), bessemern. 11 ~ a prova idraulica (un getto p. es.) (*fond. - ecc.*), abpressen, prüfen mit Presswasser. 12 ~ a prova idraulica (una caldaia) (*cald. - ecc.*), abdrücken. 13 ~ a revisione generale (*mot. - ecc.*), generalüberholen. 14 ~ per l'approvazione (*gen.*), zur Genehmigung vorlegen.
sottoportante (portante secondaria, frequenza p. es.) (*telev.*), Sekundärträger (*m.*).
sottopressione (sotto le fondazioni) (*ing. civ.*), Auftrieb (*m.*). 2 ~ (d'una diga) (*costr. idr.*), Sohlenwasserdruck (*m.*), Unterdruck (*m.*).
sottoprodotto (*ind. - chim.*), Nebenerzeugnis (*n.*), Nebenprodukt (*n.*), Beiprodukt (*n.*). 2 sottoprodotti del carbone (derivati del carbone) (*ind. chim.*), Kohlewertstoffe (*m. pl.*).
sottoprogramma (*calc.*), Unterprogramm (*n.*). 2 ~ aperto (routine aperta, sottoprogramma in linea) (*calc.*), offenes Unterprogramm. 3 ~ chiuso (routine chiusa) (*calc.*), geschlossenes Unterprogramm. 4 ~ di biblioteca (*calc.*), Bibliotheksunterprogramm (*n.*). 5 ~ in linea (sottoprogramma aperto, routine aperta) (*calc.*), offenes Unterpro-

gramm. 6 ~ **interpretativo** (*calc.*), interpretatives Unterprogramm. 7 ~ **non parametrico** (*elab. dati*), statisches Unterprogramm. 8 ~ **parametrico** (*elab. dati*), dynamisches Unterprogramm. 9 ~ **rientrante** (*elab. dati*), zugeschaltetes Unterprogramm. 10 ~ **supervisore** (*calc.*), ausführendes Unterprogramm. 11 **biblioteca di sottoprogrammi** (*elab. dati*), Unterprogrammbibliotek (*f.*).

sottoraffreddamento (trattamento sottozero, di acciaio) (*tratt. term.*), Kaltaushärtung (*f.*).

sottoscritto (*gen.*), unterzeichnet. 2 **il** ~ (*gen.*), der Unterzeichnete.

sottoscrivere (azioni p. es.) (*finanz. - ecc.*), zeichnen.

sottoscrizione (di azioni p. es.) (*finanz. - ecc.*), Zeichnung (*f.*). 2 ~ **di azioni** (*finanz.*), Aktienzeichnung (*f.*).

sottosmalto (mani di vernice) (*vn.*), Zwischenschicht (*f.*). 2 «~» (isolante, applicato a spruzzo a mani incrociate p. es.) (*vn.*), Füller (*m.*).

sottosquadro (di uno stampo p. es.) (*mecc. ecc.*), Unterschnitt (*m.*), Hinterschneidung (*f.*). 2 ~ (di un pezzo fucinato) (*fucinatura*), Hinterschmiedung (*f.*), Unterschnitt (*m.*). 3 **con** ~ (stampo p. es.) (*ut. fucinatura - ecc.*), unterschnitten. 4 **eseguire un** ~ (*mecc. - ecc.*), unterschneiden.

sottostante (*gen.*), darunterliegend.

sottostazione (*elett.*), Unterstation (*f.*), Unterwerk (*n.*). 2 ~ **all'aperto** (*elett.*), Freiluftunterstation (*f.*). 3 ~ **di trasformazione** (*elett.*), Umformerstation (*f.*), Umspannstation (*f.*). 4 ~ **principale** (di trasformatori) (*elett.*), Schwerpunktstation (*f.*). 5 **densità delle sottostazioni** (di trasformazione; rapporto fra numero degli impianti e superficie del territorio servito) (*elett.*), Stationsdichte (*f.*).

sottosterzante (*difetto aut.*), untersteuernd.

sottosterzare (allargare in curva) (*difetto aut.*), untersteuern.

sottosterzatura (*difetto aut.*), Untersteuern (*n.*).

sottostruttura (di un tetto) (*ed.*), Unterkonstruktion (*f.*).

sottosuolo (*geol.*), Untergrund (*m.*), Unterboden (*m.*).

sottosuono (al disotto dei 20 Hz) (*acus.*), Infraschall (*m.*).

sottotangente (*mat.*), Subtangente (*f.*).

sottotensione (tensione al disotto del valore normale) (*elett.*), Unterspannung (*f.*).

sottotetto (soffitta, «solaio») (*ed.*), Bodenkammer (*f.*), Dachboden (*m.*), Dachraum (*m.*), Söller (*m.*).

sottotitolo (didascalia) (*cinem.*), Bildüberschrift (*f.*), Untertitel (*m.*).

sottotono (*vn.*), Unterton (*m.*).

sottovalutare (*gen.*), unterschätzen, unterbewerten.

sottovento (lato di una nave) (*s. - nav.*), Lee (*f.*), Leeseite (*f.*), Windschatten (*m.*). 2 **essere** ~ (*nav. - ecc.*), unter Wind liegen. 3 **lato** ~ (*nav.*), Lee (*f.*), Leeseite (*f.*), Windschatten (*m.*).

sottovia (*strad. - ecc.*), *veat* sottopassaggio.
sottraendo (*s. - mat.*), Subtrahend (*m.*).
sottrarre (*mat. - ecc.*), subtrahieren, abziehen. 2 ~ (calore p. es.) (*termodin.*), abführen, entziehen, abziehen, ableiten.
sottrattivo (*fot. - ott.*), subtraktiv. 2 **filtro** ~ (*fot.*), Subtraktivfilter (*m.*). 3 **sistema** ~ (*fot. a colori*), Subtraktivverfahren (*n.*).
sottrazione (*mat.*), Subtraktion (*f.*). 2 ~ (asportazione, di calore) (*termodin.*), Abfuhr (*m.*), Ableitung (*f.*), Entzug (*m.*). 3 ~ **di calore** (dissipazione di calore) (*fis.*), Wärmeableitung (*f.*), Wärmeabfuhr (*f.*), Wärmeentzug (*m.*). 4 ~ **di personale** (*pers. - ind.*), Personalabwerbung (*f.*).
sovra-adattamento (d'un altoparlante p. es.) (*radio*), Überanpassung (*f.*).
sovra-affinazione (dell'acciaio fuso) (*metall.*), Überfrischen (*n.*).
sovra-approvvigionare (sovraccaricare, il mercato) (*comm.*), überführen, überfüllen.
sovraccaricabile (*elett. - ecc.*), überlastbar.
sovraccaricabilità (sovraccarico ammissibile) (*mot. - elett. - ecc.*), Überlastbarkeit (*f.*).
sovraccaricare (un motore od impianto p. es.) (*mot. - elett. - ecc.*), überlasten. 2 ~ (un veicolo p. es.) (*veic. - trasp.*), überladen, überlasten. 3 ~ (sovra-approvvigionare, il mercato) (*comm.*), überführen, überfüllen.
sovraccaricato (*mot. - elett. - ecc.*), überlastet.
sovraccarico (di un motore od impianto p. es.) (*mot. - elett. - ecc.*), Überlast (*f.*). 2 ~ (carico eccedente, di un veicolo p. es.) (*veic. - trasp. - ecc.*), Mehrgewicht (*n.*). 3 ~ (di una struttura) (*ed.*), Mehrgewicht (*n.*), Mehrbelastung (*f.*). 4 ~ (d'un microfono) (*radio*), Überschreien (*n.*). 5 ~ **ammissibile** (sovraccaricabilità) (*mot. - elett. - ecc.*), Überlastbarkeit (*f.*). 6 ~ **dovuto al vento** (*ed.*), Mehrbelastung durch Wind. 7 **contatore di** ~ (*app. - telef.*), Zähler für die Besetzt- und Verlustfälle. 8 **interruttore di** ~ (*elett.*), Überlastauslöser (*m.*). 9 **interruzione per** ~ (interruzione di massima corrente) (*elett.*), Überstromauslösung (*f.*). 10 **protezione contro i sovraccarichi** (*mot. - elett. - ecc.*), Überlastungsschutz (*m.*). 11 **prova di** ~ (*tecnol.*), Überlastungsprobe (*f.*). 12 **teleruttore di** ~ (*elett.*), Überstromfernschalter (*m.*) 13 **velocità di** ~ (numero di giri di sovraccarico, di un motore a c.i. p. es.) (*mot.*), Überlastdrehzahl (*f.*).
sovracommutazione (commutazione accelerata, inversione accelerata della corrente) (*elett.*), Überkommutierung (*f.*).
sovracompensazione (d'una rete a corrente trifase p. es.) (*elett.*), Überkompensation (*f.*).
sovraconsumo (*gen.*), Überverbrauch (*m.*). 2 **contatore di** ~ (*app.*), Überverbrauchzähler (*m.*).
sovracopertina (sopracopertina, di un libro) (*rilegatoria*), Schutzumschlag (*m.*).
sovracorrente (*elett.*), Überstrom (*m.*).
sovracorsa (extracorsa, dell'utensile fino al punto d'inversione) (*lav. macch. ut.*), Überlauf (*m.*).
sovradimensionato (surdimensionato) (*gen.*), überdimensional.
sovraeccitato (*elett.*), übererregt.
sovraeccitazione (*elett.*), Übererregung (*f.*).

sovraelongazione

2 metodo della ~ (*macch. elett.*), Überregungsverfahren (*n.*).
sovraelongazione (*regol.*), Überschwingweite (*f.*). **2 ~** (fattore balistico, d'uno strumento di misura elettrico) (*strum.*), Überschwingung (*f.*). **3 ~** (sovramodulazione) (*telev. - ecc.*), Überschwingen (*n.*). **4 rapporto di ~** (rapporto di sovramodulazione) (*telev.*), Überschwingfaktor (*m.*).
sovraesporre (*fot. - radioatt.*), überbelichten.
sovraesposizione (*fot. - radioatt.*), Überbelichtung (*f.*).
sovraesposto (*fot. - radioatt.*), überbelichtet.
sovraffollamento (dell'ambiente di lavoro p. es.) (*lav. - ecc.*), Überbelegung (*f.*).
sovraimposta (imposta addizionale p. es.) (*finanz.*), Überbesteuerung (*f.*).
sovrainvecchiamento (*tratt. term.*), Überalterung (*f.*).
sovralimentare (un mot. a c. i.) (*mot.*), aufladen.
sovralimentato (*mot.*), aufgeladen.
sovralimentazione (di un mot. a c. i.) (*mot.*), Aufladen (*n.*), Aufladung (*f.*). **2 ~ a risonanza** (in motori a comb. interna) (*mot.*), Resonanzüberhöhung (*f.*). **3 ~ con turbocompressore a gas di scarico** (*mot.*), Abgasaufladung (*f.*), Abgasturboaufladung (*f.*). **4 ~ dinamica** (sovralimentazione con turbocompressore a gas di scarico nella quale viene sfruttata l'energia cinetica dei gas espulsi dal cilindro) (*mot.*), Stossaufladung (*f.*). **5 ~ meccanica** (sovralimentazione con compressore meccanico) (*mot.*), mechanische Aufladung. **6 ~ spinta** (con raffreddamento intermedio dell'aria immessa) (*mot.*), Hochaufladung (*f.*). **7 ~ statica** (nella quale l'energia cinetica nei gas di scarico non viene utilizzata nella turbina del turbocompressore) (*mot.*), Stauaufladung (*f.*). **8 funzionamento con ~ dinamica** (di un mot. a c. i.) (*mot.*), Stossbetrieb (*m.*).
sovrametallo (per la lavorazione) (*lav. macch. ut.*), Zugabe (*f.*), Bearbeitungszugabe (*f.*). **2 ~ di preriscaldo** (perdita di lunghezza per preriscaldo, nella saldatura di testa) (*tecnol. mecc.*), Vorwärmweg (*m.*), Vorwärmlängenverlust (*m.*), Vorwärmzugabe (*f.*). **3 ~ di ricalcatura** (perdita di lunghezza per ricalcatura, nella saldatura di testa) (*tecnol. mecc.*), Stauchweg (*m.*), Stauchlängenverlust (*m.*), Stauchzugabe (*f.*). **4 ~ di saldatura** (perdita di lunghezza per saldatura, nella saldatura di testa) (*tecnol. mecc.*), Arbeitsweg (*m.*), Längenverlust (*m.*), Schweisszugabe (*f.*). **5 ~ di scintillio** (perdita di lunghezza per scintillio, nella saldatura di testa) (*tecnol. mecc.*), Abbrennweg (*m.*), Abbrennlängenverlust (*m.*), Abbrennzugabe (*f.*). **6 ~ di sgrossatura al tornio** (*lav. macch. ut.*), Vordrehmass (*n.*). **7 ~ per la rettifica** (*lav. macch. ut.*), Schleifzugabe (*f.*). **8 ~ totale** (perdita di lunghezza totale, nella saldatura di testa) (*tecnol. mecc.*), Verlustweg (*m.*), gesamter Längenverlust, Gesamtzugabe (*f.*).
sovramoderato (reattore) (*fis. nucl.*), übermoderiert.
sovramodulazione (*radio*), Übermodulierung (*f.*). **2 diodo di ~** (*elettronica*), Überschwingdiode (*f.*). **3 distorsione da ~** (distorsione da saturazione, dovuta a tensione troppo alta applicata ad una valvola) (*telev.*), Übersteuerung (*f.*), Überstrahlung (*f.*). **4 rapporto di ~** (rapporto di sovraelongazione) (*telev.*), Überschwingfaktor (*m.*).
sovranutrizione (supernutrizione) (*med.*), Überernährung (*f.*).
sovraoscillazione (*fis.*), Überschwingen (*n.*).
sovraossidazione (*metall.*), Überoxidation (*f.*).
sovrapotenza (potenza unioraria, potenza massima usabile per un'ora continua, di un mot. diesel p. es.) (*mot.*), Überleistung (*f.*).
sovrappassaggio (*strad. - ferr.*), Überführung (*f.*). **2 ~ pedonale** (*traff. strad.*), Fussgängerüberweg (*m.*).
sovrapporre (*gen.*), überlagern. **2 ~** (i lembi di un giunto p. es.) (*tecnol. mecc.*), überlappen. **3 ~ a strati** (*gen.*), überlagern.
sovrapporta (motivo decorativo) (*arch.*), Türaufsatz (*m.*).
sovrapposizione (*gen.*), Übereinanderlagerung (*f.*). **2 ~** (dei lembi di un giunto) (*tecnol. mecc.*), Überlappung (*f.*). **3 ~** (di due effetti fisici) (*fis.*), Superposition (*f.*). **4 ~** (difetto superficiale dovuto alla formazione di pieghe) (*difetto di fucinatura*), Überlappung (*f.*). **5 ~** (sottile lingua superficiale solo parzialmente legata al fucinato) (*difetto di fucinatura*), Schale (*f.*). **6 ~** (difetto superficiale di laminazione) (*difetto di lamin.*), Überlappung (*f.*), Überwalzung (*f.*), Schuppe (*f.*). **7 ~** (angolo di ricoprimento, della distribuzione, di un mot. a comb. interna) (*mot.*), Ventilüberdeckung (*f.*), Ventilüberschneidung (*f.*). **8 ~** (di due immagini) (*difetto telev.*), Überlagerung (*f.*), Superponierung (*f.*). **9 ~ a strati** (*gen.*), Überlagerung (*f.*). **10 ~ di laminazione** (difetto superficiale) (*difetto di lamin.*), Überwalzung (*f.*), Überlappung (*f.*), Schuppe (*f.*). **11 chiodatura a ~** (*tecnol. mecc.*), Überlappungsnietung (*f.*). **12 giunto a ~** (nella saldatura p. es.) (*tecnol. mecc.*), Überlappstoss (*m.*), überlappter Stoss. **13 saldare a ~** (*tecnol. mecc.*), überlapptschweissen. **14 saldatura a ~** (*tecnol. mecc.*), Überlappungsschweissung (*f.*).
sovrapposto (*gen.*), übereinanderliegend. **2 ~** (*tecnol. mecc.*), überlappt.
sovrappressione (*fis. - macch.*), Überdruck (*m.*).
sovrapprezzo (extraprezzo, supplemento di prezzo) (*comm.*), Mehrpreis (*m.*), Zuschlag (*m.*), Extrapreis (*m.*), Preisaufschlag (*m.*).
sovrapproduzione (eccedenza di produzione) (*ind.*), Produktionsüberschuss (*m.*), Überproduktion (*f.*), Mehrproduktion (*f.*), Mehrleistung (*f.*).
sovrasollecitazione (*mecc. - ecc.*), Überbeanspruchung (*f.*).
sovraspessore (*gen.*), Überdicke (*f.*).
sovrastampa (stampa sovrapposta) (*tip.*), Überdruck (*m.*). **2 ~** (su francobolli) (*filatelia*), Aufdruck (*m.*), Überdruck (*m.*). **3 macchina da ~** (*imball. - ecc.*), Bedruckmaschine (*f.*).
sovrasterzante (*difetto aut.*), übersteuernd.
sovrasterzare (stringere in curva) (*difetto aut.*), übersteuern.

sovrasterzatura (difetto aut.), Übersteuern (n.).
sovrastruttura (gen.), Überbau (m.), Superstruktur (f.), Oberbau (m.). 2 ~ (armamento e ballast) (costr. ferr.), Eisenbahnoberbau (m.), Oberbau (m.). 3 ~ (strati di fondazione e di base, tra piano di regolamento e pavimentazione) (costr. strad.), Oberbau (m.). 4 ~ (di una nave) (costr. nav.), Deckaufbau (m.), Aufbau (m.). 5 ~ (di un ponte p. es.) (ed.), Oberbau (m.), Überbau (m.). 6 ~ laterale (di una portaerei) (mar. milit.), Aufbauten (f. pl.).
sovrasviluppato (fot. - ecc.), überentwickelt.
sovratemperatura (macch. elett. - ecc.), Übertemperatur (f.), Grenzerwärmung (f.).
sovratensione (elett.), Überspannung (f.). 2 ~ (nell'elettrolisi) (elettrochim.), Überspannung (f.). 3 ~ di carattere atmosferico (elett.), Gewitterüberspannung (f.). 4 ~ momentanea (transitorio di sovratensione, colpo di tensione) (elett.), Spannungsstoss (m.). 5 caratteristica di ~ impulsiva (elett.), Stosskennlinie (f.). 6 protezione contro le sovratensioni (elett.), Überspannungsschutz (m.). 7 scaricatore di sovratensioni (app. elett.), Überspannungsableiter (m.).
sovrattassa (finanz.), Steuerzuschlag (m.), Zuschlagsgebühr (f.), Extrasteuer (f.). 2 ~ postale (posta), Nachporto (n.), Strafporto (n.), Zuschlagsporto (n.).
sovravulcanizzato (chim.), übervulkanisiert.
sovrintendente (organ. lav.), Oberaufseher (m.), Aufseher (m.).
sovrintendere (gen.), beaufsichtigen.
sovvenzione (finanz.), Subvention (f.), Unterstützung (f.). 2 ~ statale (finanz.), Staatssubvention (f.), Staatsunterstützung (f.).
spaccapietre (lav.), Brecher (m.), Steinbrucharbeiter (m.).
spaccare (in due pezzi p. es.) (gen.), spalten, zersplittern. 2 ~ (tagliare per il lungo) (gen.), schlitzen. 3 ~ (pelli, tagliare in più strati) (ind. cuoio), spalten.
spaccarsi (gen.), aufspalten. 2 ~ (fendersi, legno p. es.) (ed.), reissen.
spaccato (fessurato) (a. - mecc. - ecc.), gespalten. 2 ~ (diviso, in due pezzi, cuscinetto p. es.) (a. - macch.), geteilt. 3 ~ (s. - dis. - ecc.), vedi sezione. 4 cuoio non ~ (ind. cuoio), Voll-Leder (n.).
spaccatura (gen.), Spalte (f.), Riss (m.). 2 ~ (di pelli conciate) (ind. cuoio), Aufschlitzen (n.), Spalten (n.), Aufschneiden (n.). 3 ~ del terreno (geogr. - geol.), Bodenriss (m.), Erdspalte (f.). 4 ~ del terreno (sotto una fondazione p. es.) (ed.), Grundbruch (m.).
spaccio (milit.), Kantine (f.). 2 ~ aziendale (ind.), Betriebsverkaufsstelle (f.).
spacistore (cristallo p-n polarizzato nel senso di sbarramento) (elettronica), Spacistor (m.).
spada (arma), Schwert (n.). 2 ~ (di un telaio tessile) (macch. tess.), Schlagarm (m.), Schlagstock (m.), Schwinge (f.).
spago (ind. funi), Strick (m.). 2 ~ (imball. - trasp. - ecc.), Bindfaden (m.). 3 legatura con ~ (imball.), Umschnürung (f.).
spalare (con pala) (lav.), schaufeln.

spalatore (badilante) (lav.), Schaufler (m.), Schipper (m.), Schüpper (m.).
« spalettatura » (rottura completa delle palette, di una turbina) (macch.), Schaufelsalat (m.).
spalla (gen.), Schulter (f.). 2 ~ (di un ponte) (costr. ponti), Widerlager (n.). 3 ~ (di un albero a gomiti) (mot.), Kurbelwange (f.). 4 ~ (braccio di manovella, di un albero a gomiti) (mecc. - mot.), Kurbelarm (m.). 5 ~ (scarpa esterna, di un argine) (costr. idr.), Binnenböschung (f.). 6 ~ (di un pneumatico) (aut.), Schulter (f.). 7 ~ (di un carattere) (tip.), Schulter (f.). 8 ~ a profilo trapezio (costr. ponti), trapezförmiges Widerlager. 9 ~ dell'arco (piedritto dell'arco) (arch.), Bogenwiderlager (n.). 10 ~ in falso (ing. civ.), unterdrücktes Widerlager, verlorenes Widerlager. 11 altezza della ~ (di un carattere) (tip.), Schulterhöhe (f.). 12 muro di ~ (spalla, muro che assorbe la spinta laterale) (ed. - ing. civ.), Widerlagsmauer (f.), Widerlagermauer (f.), Stützmauer (f.), Schultermauer (f.). 13 senza ~ (di un carattere) (tip.), randlos. 14 spazio per le spalle (del sedile di un'autovettura) (aut.), Schulterbreite (f.).
spallamento (di un albero p. es.) (mecc.), Absatz (m.), Ansatz (m.), Schulter (f.). 2 ~ (di un dado o vite) (mecc.), Bund (m.). 3 ~ (gradino, di uno stampo) (att. per fucinatura), Fangleiste (f.). 4 ~ da saldare (d'una flangia) (mecc.), Aufschweissbund (m.). 5 ~ di centraggio (mecc.), Zentrierschulter (f.). 6 ~ presaldato (d'una flangia) (mecc.), Vorschweissbund (m.). 7 ~ quadro (di una vite) (mecc.), Vierkantansatz (m.), Vierkantbund (m.). 8 anello di ~ (di una boccola) (ferr.), Bordscheibe (f.), Bordring (m.). 9 dado con ~ (mecc.), Bundmutter (f.). 10 testa di afferraggio con ~ (d'un provino per trazione) (prove mater.), Schulterkopf (m.). 11 utensile per spallamenti (ut. da tornio) (ut.), Schulterdrehstahl (m.). 12 vite con ~ (vite con testa a spallamento) (mecc.), Bundschraube (f.).
spallazione (tipo di reazione nucleare) (fis. atom.), Spallation (f.), Absplitterung (f.). 2 frammento di ~ (fis. atom.), Spallationsbruchstück (n.).
spallone (di un forno) (forno), Widerlager (n.), Kopfmauer (f.).
spalmare (gen.), bestreichen, streichen, aufstreichen. 2 ~ (con grasso p. es.) (gen.), beschmieren, schmieren. 3 ~ con spatola (lo stucco) (gen.), ausspachteln.
spalmatrice (macch. per spalmare gomma su tessuti) (macch. ind. chim.), Streichbank (f.).
spanarsi (spanare, di una filettatura) (mecc.), abwürgen.
spanatura (di una filettatura) (mecc.), Abwürgen (n.).
spandiconcime (macch. agric.), Düngerstreuer (m.), Düngerstreumaschine (f.).
spandimento (gen.), Ausstreuen (n.), Ausbreiten (n.). 2 prova di ~ (per calcestruzzo) (mur.), Ausbreitversuch (m.).
spandipietrisco (distributrice di pietrisco)

spandisabbia

(*macch. costr. strad.*), Schotterverteiler (*m.*). 2 ~ (per evitare sdrucciolamenti su strade ghiacciate) (*veic.*), Splittstreuer (*m.*).
spandisabbia (distributore di sabbia) (*macch. costr. strad.*), Sandstreuer (*m.*).
spanna (misura di lunghezza pari a 22,86 cm) (*mis.*), Span (*m.*), Spanne (*f.*).
spappolamento (*gen.*), Zerquetschung (*f.*).
sparare (con arma da fuoco) (*milit. - ecc.*), feuern, schiessen, abfeuern, abschiessen. 2 ~ (chiodi p. es., con apparecchio a pistola) (*tecnol. mecc.*), schiessen.
spargere (cospargere) (*gen.*), bestreuen.
spargimento (*gen.*), Bestreuen (*n.*). 2 ~ di polveri (insetticidi p. es.) (*aer. - agric.*), Bestäubung (*f.*).
sparo (*arma da fuoco*), Schiessen (*n.*), Schuss (*m.*), Abfeuerung (*f.*), Abschuss (*m.*). 2 ~ (di chiodi p. es. con apparecchio a pistola) (*tecnol. mecc.*), Schiessen (*n.*). 3 ~ di massi (brillamento di massi) (*min.*), Knäpperschiessen (*n.*), Knäppern (*n.*), Freisteinsprengen (*n.*), Puffern (*n.*).
spartiacque (displuviale, linea di vetta, tra due bacini imbriferi) (*idr.*), Wasserscheide (*f.*).
spartineve (spazzaneve) (*macch. - ferr. - strad.*), Schneepflug (*m.*).
spartitraffico (aiuola centrale, di un'autostrada p. es.) (*strad. - traff. strad.*), Mittelstreifen (*m.*), Trennstreifen (*m.*), Fahrbahnteiler (*m.*), Rasenstreifen (*m.*), Grünstreifen (*m.*). 2 pittura ~ (*vn. - traff. strad.*), Strassensignierfarbe (*f.*). 3 senza ~ (*traff. strad.*), ungeteilt.
sparto (fibra tessile) (*ind.*), Esparto (*n.*). 2 ~ (*agric.*), Spartgras (*n.*).
spartocellulosa (cellulosa da sparto) (*ind. chim.*), Espartozellstoff (*m.*).
sparviero (sparviere, mensola, per la malta) (*att. mur.*), Sparbrett (*n.*).
spato (*min.*), Spat (*m.*). 2 ~ calcare (CaCO₃) (spato d'Islanda, calcite) (*min.*), Kalzit (*m.*), Kalkspat (*m.*). 3 ~ d'Islanda (CaCO₃) (spato calcare, calcite) (*min.*), Kalzit (*m.*), Kalkspat (*m.*), Islandspat (*m.*). 4 ~ fluoro (CaF₂) (fluorite) (*min.*), Flussspat (*m.*), Fluorit (*m.*).
spatofluoro (CaF₂) (fluorite) (*min.*), Fluorit (*m.*), Flussspat (*m.*).
spatola (per l'applicazione dello stucco p. es.) (*ut. vn.*), Spachtel (*m.*), Spatel (*m.*), Spachtelmesser (*n.*). 2 ~ del tergicristallo (spazzola del tergicristallo) (*aut.*), Wischblatt (*n.*). 3 ~ di gomma (elemento tergente in gomma, di un tergicristallo) (*aut.*), Wischgummi (*m.*). 4 ~ per colori (*ut.*), Farbmesser (*n.*). 5 ~ per lisciare (lisciatoio) (*ut. fond.*), Formlöffel (*m.*), Formspatel (*m.*). 6 ~ per mastice (*ut.*), Kittmesser (*n.*). 7 stucco a ~ (*vn.*), Ziehspachtel (*m.*).
spaziale (*fis. - ecc.*), räumlich, Raum... 2 capacità di carica ~ (*elettronica*), Raumladungskapazität (*f.*). 3 capsula ~ (*astronautica*), Raumkapsel (*f.*). 4 carica ~ (in un tubo elettronico) (*elettronica*), Raumladung (*f.*). 5 coordinata ~ (*geom.*), Raumkoordinate (*f.*). 6 costante di carica ~ (*elettronica*), Raumladungskonstante (*f.*). 7 era ~ (*astronautica*), Raumfahrtzeitalter (*n.*). 8 griglia di carica ~ (*elettronica*), Raumladegitter (*n.*). 9 laboratorio ~ (*astronautica*), Raumlabor (*n.*). 10 nave ~ (*astronautica*), Raumschiff (*n.*). 11 navetta ~ (*astronautica*), Raumfähre (*f.*). 12 programma ~ (*astronautica*), Raumprogramm (*n.*). 13 razzo ~ (*astronautica*), Raumrakete (*f.*). 14 reticolo ~ (*metall. - min.*), Raumgitter (*n.*). 15 ricerca ~ (*astronautica*), Raumforschung (*f.*), Raumfahrtforschung (*f.*). 16 simulatore ~ (*astronautica*), Raumsimulator (*m.*). 17 sonda ~ (*astronautica*), Raumsonde (*f.*). 18 stazione ~ (*astronautica*), Raumstation (*f.*). 19 veicolo ~ (*astronautica*), Raumfahrzeug (*n.*). 20 veicolo ~ da trasporto (*astronautica*), Raumtransporter (*m.*). 21 vettore ~ (*mat.*), Raumvektor (*m.*), Raumzeiger (*m.*). 22 volo ~ (*astronautica*), Raumflug (*m.*).
spaziare (spazieggiare) (*tip.*), sperren.
spaziato (spazieggiato) (*tip.*), gesperrt.
spaziatore (di macch. per scrivere) (*macch. per uff.*), Sperrschrifteinsteller (*m.*).
spaziatura (spazieggiatura) (*tip.*), Sperren (*n.*). 2 segnale di ~ (*telegr.*), Zwischenraumzeichen (*n.*).
spazieggiare (spaziare) (*tip.*), sperren.
spazieggiato (spaziato) (*tip.*), gesperrt.
spazieggiatore (di macch. per scrivere) (*macch. per uff.*), Sperrschrifteinsteller (*m.*).
spazieggiatura (spaziatura) (*tip.*), Sperren (*n.*).
spazio (*fis. - ecc.*), Raum (*m.*). 2 ~ (per la divisione delle parole) (*tip.*), Spatium (*n.*). 3 ~ (carattere speciale usato per separare le parole di una riga) (*tip.*), Ausschluss (*m.*). 4 ~ a 4 dimensioni (spazio-tempo, cronotopo, universo) (*teoria della relatività*), Welt (*f.*), vierdimensionales Raumzeitkontinuum. 5 ~ cislunare (*astr.*), Cis-Mondraum (*m.*). 6 ~ cosmico (*astr.*), Weltraum (*m.*). 7 ~ cromatico (*ott.*), Vektorraum der Farben, Farbenraum (*m.*). 8 ~ di arresto (nella frenatura) (*aut.*), Anhalteweg (*m.*). 9 ~ di coerenza (coerenza spaziale) (*fis.*), Kohärenz-Raum (*n.*). 10 ~ di compressione (volume di compressione, volume minimo della camera di combustione) (*mot.*), Kompressionsraum (*m.*), Verdichtungsraum (*m.*). 11 ~ di decollo (percorso di decollo) (*aer.*), Startlänge (*f.*), Startstrecke (*f.*). 12 ~ di frenatura (spazio percorso durante la frenata, distanza di arresto) (*veic. - aut.*), Bremsweg (*m.*), Bremsstrecke (*f.*). 13 ~ di lavoro (luce, di una pressa frontale) (*macch.*), Pressmaul (*n.*). 14 ~ esplosivo (distanza tra gli elettrodi o le puntine, di candela p. es.) (*elett. - mot.*), Elektrodenabstand (*m.*). 15 ~ intermedio (nella punzonatura di nastri perforati p. es.) (*calc.*), Leercharakter (*m.*). 16 ~ massimo effettivo per la gamba-acceleratore (di•un'autovettura) (*aut.*), wirkende Gaspedal-Beinlänge. 17 ~ minimo effettivo per la gamba (di un'autovettura) (*aut.*), wirksame Beinlänge. 18 spazi mobili (per la composizione meccanica) (*tip.*), Einteilungskeile (*m. pl.*). 19 ~ nocivo (di una macch. a vapore p. es.) (*macch.*), schädlicher Raum. 20 ~ occupato (ingombro) (*gen.*), Raumbedarf (*m.*). 21 ~ oscuro catodico (spazio oscuro di Crookes, spazio oscuro di Hittorf) (*elet-*

tronica), Kathodendunkelraum (*m.*). **22 ~ percorso durante il tempo di reazione** (nella frenatura) (*aut.*), Reaktionsweg (*m.*). **23 ~ percorso durante la frenata** (spazio di frenatura, distanza di arresto) (*veic. - aut.*), Bremsweg (*m.*), Bremsstrecke (*f.*). **24 ~ per la testa** (nell'abitacolo di un'autovettura) (*aut.*), Kopfhöhe (*f.*). **25 ~ per le anche** (del sedile di una autovettura) (*aut.*), Hüftbreite (*f.*). **26 ~ per le gambe** (*aut. - veic.*), Beinraum (*m.*). **27 ~ per le ginocchia** (*aut. - veic.*), Knieraum (*m.*). **28 ~ per le spalle** (del sedile di un'autovettura) (*aut.*), Schulterbreite (*f.*). **29 ~ rialzato** (spazio nero) (*difetto di stampa*), Spiess (*m.*). **30 ~ riemaniano** (*fis.*), Riemannscher Raum. **31 che occupa poco spazio** (compatto, di piccolo ingombro) (*gen.*), raumsparend. **32 costo dello ~** (di apparecch. elettroniche p. es.) (*elettronica - ecc.*), Platzkosten (*f. pl.*). **33 curvatura dello ~** (*fis. - astr.*), Raumkrümmung (*f.*). **34 grado di utilizzo dello ~** (nei magazzini p. es.) (*ind.*), Raumnutzungsgrad (*m.*). **35 mancanza di ~** (*gen.*), Raummangel (*m.*).

spaziografia (descrizione dello spazio extraterrestre) (*astr.*), Spatiographie (*f.*).

spaziosità (degli ambienti p. es.) (*ed. - ecc.*), Räumlichkeit (*f.*).

spazioso (*gen.*), geräumig, räumlich.

spazio-tempo (spazio a 4 dimensioni, cronotopo, universo) (*teoria della relatività*), Welt (*f.*), vierdimensionales Raumzeitkontinuum.

spaziotemporale (*astr. - fis.*), raumzeitlich.

spazzacamino (*lav.*), Schornsteinfeger (*m.*), Kaminkehrer (*m.*), Schlotfeger (*m.*).

spazzafuliggine (soffiafuliggine, soffiatore di fuliggine) (*app. cald.*), Russbläser (*m.*), Russgebläse (*n.*).

spazzamento (*fis. atom.*), Spülung (*f.*).

spazzaneve (spartineve) (*macch. - ferr. - strad.*), Schneepflug (*m.*). **2 ~ a turbina** (sgombraneve) (*macch.*), Schneefräse (*f.*). **3 ~ centrifugo** (sgombraneve centrifugo) (*macch.*), Schneeschleuder (*f.*).

spazzatrice (stradale) (*macch. strad.*), Kehrmaschine (*f.*), Strassenreinigungsmaschine (*f.*), Strassenkehrmaschine (*f.*).

spazzino (*lav.*), Strassenkehrer (*m.*).

spazzola (*gen.*), Bürste (*f.*). **2 ~** (pezzo di carbone) (*elett.*), Bürste (*f.*), Kohlenbürste (*f.*), Schleifbürste (*f.*). **3 ~ a disco** (*ut.*), Bürstenscheibe (*f.*). **4 ~ circolare** (*ut.*), Zirkularbürste (*f.*). **5 ~ collettrice** (*elett.*), Abnehmerbürste (*f.*). **6 ~ del distributore** (*mot. - aut. - elett.*), Verteilerläufer (*m.*), Verteilerfinger (*m.*). **7 ~ dell'eccitatrice** (*elett.*), Erregerbürste (*f.*). **8 ~ del tergicristallo** (spatola del tergicristallo) (*aut.*), Wischblatt (*n.*). **9 ~ di carbone** (*elett.*), Kohlenbürste (*f.*), Kohlebürste (*f.*), Schleifkohle (*f.*). **10 ~ di ferro** (*ut.*), Stahlbürste (*f.*). **11 ~ di filo di acciaio** (*ut.*), Stahldrahtbürste (*f.*). **12 ~ di gomma** (spatola di gomma, di un tergicristallo) (*aut.*), Wischgummi (*m.*). **13 ~ fissa** (*elett.*), feste Bürste. **14 ~ metallica** (*ut.*), Metallbürste (*f.*), Drahtbürste (*f.*). **15 ~ metallica rotante** (*ut.*), Drahtschwabbel (*m.*), rotierende Metallbürste. **16 ~ rotante** (*ut.*), rotierende Bürste. **17 muta di spazzole** (corredo di spazzole) (*elett.*), Bürstensatz (*m.*). **18 posizione delle spazzole** (*elett.*), Bürstenstellung (*f.*). **19 scintillio alle spazzole** (*difetto elett.*), Bürstenfeuer (*n.*).

spazzolare (*gen.*), bürsten.

spazzolatrice (*macch.*), Bürstenmaschine (*f.*).

specchietto (*strum.*), Spiegel (*m.*). **2 ~ per illuminazione** (*strum. top.*), Beleuchtungsspiegel (*m.*).

specchio (*gen.*), Spiegel (*m.*), Glas (*n.*). **2 ~** (*ott.*), Spiegel (*m.*). **3 ~** (superficie) (*arch.*), Spiegel (*m.*). **4 ~** (d'acqua p. es.) (*idr.*), Spiegel (*m.*). **5 ~** (di poppa) (*nav.*), Spiegel (*m.*). **6 ~ antiparallasse** (*strum. - ecc.*), Ablesespiegel (*m.*). **7 ~ concavo** (*ott.*), Konkavspiegel (*m.*), Hohlspiegel (*m.*). **8 ~ convesso** (*ott.*), Konvexspiegel (*m.*). **9 ~ del cassetto** (di distribuzione) (*macch. a vapore*), Schieberspiegel (*m.*), Schieberfläche (*f.*). **10 ~ di poppa** (quadro di poppa) (*nav.*), Achterspiegel (*m.*). **11 ~ di vetro** (*ott.*), Glasspiegel (*m.*). **12 ~ ellissoidico** (*ott.*), Ellipsenspiegel (*m.*). **13 ~ metallico** (specchio di metallo) (*ott.*), Metallspiegel (*m.*). **14 ~ parabolico** (*ott. - ecc.*), Parabelspiegel (*m.*). **15 ~ parabolico per antenna radar** (*radar*), Radarparabelspiegel (*m.*). **16 ~ piano** (*ott.*), Planspiegel (*m.*). **17 ~ retrovisivo** (*aut.*), Rückspiegel (*m.*), Rückblickspiegel (*m.*). **18 ~ retrovisore antiabbagliante** (*aut.*), abblendbarer Rückspiegel. **19 ~** (retrovisore) **esterno** (*aut.*), Aussenspiegel (*m.*), Aussenrückblickspiegel (*m.*). **20 ~ sferico-concavo** (*ott.*), sphärischer Hohlspiegel (*m.*). **21 ~ sferico-concavo** (*ott.*), sphärischer Konvexspiegel (*m.*). **22 apparecchio a specchi** (magnetici; per ottenere la fusione nucleare) (*app. - fis. nucl.*), Spiegelmaschine (*f.*). **23 finitura a ~** (operazione di finitura) (*mecc.*), Spiegelschliff (*m.*). **24 finitura a ~** (di una lamina p. es., aspetto della superficie) (*mecc.*), Spiegelglätte (*f.*). **25 galvanometro a specchi** (*strum. elett.*), Spiegelgalvanometer (*n.*). **26 lucidato a ~** (speculare) (*mecc. - ecc.*), spiegelblank. **27 lucidatura a ~** (finitura a specchio) (*metall.*), Spiegelpolitur (*f.*). **28 ruota a specchi** (*telev.*), Spiegelrad (*n.*). **29 vetro per specchi** (*ott. - ind. vetro*), Spiegelglas (*n.*).

speciale (*gen.*), besonderer, besondriger, spezial. **2 esecuzione ~** (*ind.*), Sonderausführung (*f.*). **3 profilato ~** (*ind. metall.*), Spezialprofil (*n.*).

specialista (esperto, perito) (*lav.*), Fachmann (*m.*). **2 ~** (medico specialista) (*med.*), Spezialarzt (*m.*), Facharzt (*m.*), Spezialist (*m.*). **3 ~ per lubrificazione** (lubricista) (*lubrificazione*), Schmierstoffingenieur (*m.*).

specialità (*gen.*), Spezialität (*f.*). **2 ~** (branca, materia di studio, di una scienza) (*gen.*), Fach (*n.*), Spezialität (*f.*), Fachwissenschaft (*f.*).

specializzarsi (*lav.*), sich spezialisieren.

specializzato (*lav.*), gelernt. **2 non ~** (*lav.*), ungelernt.

specializzazione (*lav.*), Spezialisierung (*f.*).

specie (*gen.*), Art (*f.*), Abart (*f.*), Spielart (*f.*).

specifica (*s. - gen.*), Spezifikation (*f.*). **2 ~**

specifico

(capitolato di appalto, condizioni di appalto) (*s. - comm.*), Submissionsbedingungen (*f. pl.*).
specifico (*gen.*), bezogen, spezifisch. 2 calore ~ (*fis.*), spezifische Wärme. 3 peso ~ (*fis.*), Dichte (*f.*), spezifisches Gewicht. 4 peso ~ apparente (di un corpo poroso, rapporto tra peso e volume compresi i vuoti) (*fis.*), Raumdichte (*f.*). 5 peso ~ vero (esclusi i vuoti) (*ed.*), Reindichte (*f.*).
« specimen » (pagina campione, di un libro) (*tip. - comm.*), Probeseite (*f.*).
speculare (*ott.*), spiegelnd. 2 ~ (lucidato a specchio) (*mecc.*), spiegelblank. 3 immagine ~ (immagine simmetrica) (*ott.*), Spiegelbild (*n.*).
speculazione (*comm. - finanz.*), Spekulation (*f.*).
spedare (l'àncora) (*nav.*), hieven, losreissen.
spedire (*trasp.*), befördern, senden. 2 ~ (un messaggio, una lettera) (*telegr. - posta - ecc.*), abfertigen, absenden. 3 ~ per nave (spedire via mare) (*trasp. - nav.*), verschiffen.
spedizione (*trasp.*), Sendung (*f.*), Versand (*m.*), Beförderung (*f.*). 2 ~ (trasmissione, di un messaggio) (*telegr.*), Absendung (*f.*), Abfertigung (*f.*). 3 ~ a grande velocità (*trasp.*), Eilsendung (*f.*), Eilgutbeförderung (*f.*). 4 ~ all'estero (*trasp.*), Auslandversand (*m.*). 5 ~ a piccola velocità (*trasp.*), Frachtsendung (*f.*). 6 ~ contro assegno (*trasp.*), Nachnahmesendung (*f.*), Versand gegen Nachnahme. 7 ~ di merce a collettame (*trasp.*), Stückgutsammelsendung (*f.*). 8 ~ per ferrovia (*trasp. - comm.*), Bahnversand (*m.*). 9 ~ via mare (*trasp. - nav.*), Verschiffung (*f.*). 10 avviso di ~ (*trasp.*), Versandanzeige (*f.*). 11 bolla di ~ (*trasp.*), Versandschein (*m.*), Begleitzettel (*m.*). 12 casa di spedizioni (*trasp.*), Versandhaus (*n.*). 13 contro documenti di ~ (condizione di fornitura) (*comm.*), gegen Versanddokumente. 14 controllo spedizioni (*ind.*), Versandinspektion (*f.*). 15 disegno di ~ (disegno d'ingombro con le quote per la spedizione) (*dis.*), Versandzeichnung (*f.*). 16 documenti di ~ (*comm. - trasp.*), Versanddokumente (*n. - pl.*), Versandpapiere (*n. - pl.*). 17 ordine di ~ (ordine di consegna, di una macch. dopo il collaudo p. es.) (*comm.*), Abruf (*m.*). 18 pronto per la ~ (*trasp. - ind.*), versandfähig, versandfertig. 19 servizio spedizioni (di una ditta) (*ind.*), Versandabteilung (*f.*), Expedit (*n. - austr.*).
spedizioniere (*trasp.*), Beförderer (*m.*), Spediteur (*m.*), Fertiger (*m.*), Transportagent (*m.*).
spegnere (il fuoco, la luce) (*gen.*), löschen. 2 ~ (la luce) (*illum.*), ausdrehen, löschen, ausschalten. 3 ~ (la calce) (*mur.*), löschen, ablöschen. 4 ~ (raffreddare bruscamente per la tempra p. es.) (*tratt. term.*), abschrecken. 5 ~ (arrestare, un forno) (*metall.*), dämpfen. 6 ~ (un altoforno p. es.) (*forno - metall.*), niederblasen, ausblasen. 7 ~ (calpestando, un fuoco) (*gen.*), austreten. 8 ~ a doccia (spegnere a pioggia) (*tratt. term.*), abbrausen. 9 ~ in acqua (*tratt. term.*), abschrecken mit Wasser. 10 ~ in olio (*tratt. term.*), abschrecken mit Öl. 11 ~ la calce (*mur.*), den Kalk löschen. 12 ~ l'alto forno (*metall. - forno*), den Hochofen ausblasen.

spegnersi (fuoco) (*comb.*), verlöschen, verglühen, ausgehen.
spegniarco (per arco voltaico) (*app. elett.*), Lichtbogenlöscheinrichtung (*f.*). 2 ~ (magnetico p. es. per archi accidentali) (*app. elett.*), Funkenlöscher (*m.*). 3 ~ (magnete, soffiaarco) (*app. elett.*), Funkenlöscher (*m.*), Funkenausbläser (*m.*). 4 condensatore ~ (condensatore di estinzione) (*app. elett.*), Löschkondensator (*m.*).
spegnifiamma (spegniscintilla, nella rettifica) (*lav. macch. ut.*), Ausfeuern (*n.*), Ausfunken (*n.*). 2 tempo di ~ (periodo di spegnifiamma, nella rettifica, periodo di avanzamento nullo) (*lav. macch. ut.*), Ausfeuerzeit (*f.*), Ausfunkzeit (*f.*).
spegnimento (*gen.*), Auslöschung (*f.*), Löschung (*f.*), Ablöschen (*n.*). 2 ~ (rapido raffreddamento) (*tratt. term.*), Abschrecken (*n.*). 3 ~ (di un forno) (*metall.*), Ausserbetriebsetzung (*f.*), Dämpfen (*n.*). 4 ~ (di un altoforno) (*forno*), Ausblasen (*n.*). 5 ~ (della calce) (*ed.*), Ablöschen (*n.*). 6 ~ (di un reattore) (*fis. atom.*), Löschung (*f.*), Stillsetzen (*n.*). 7 ~ a doccia (spegnimento a pioggia) (*tratt. term.*), Abbrausen (*n.*). 8 ~ della calce (*mur.*), Kalklöschen (*n.*). 9 ~ di emergenza (di un reattore, interruzione di emergenza) (*fis. atom.*), Schnellschluss (*m.*). 10 ~ in acqua (tempra in acqua) (*tratt. term.*), Wasserabschreckung (*f.*). 11 ~ in olio (tempra in olio) (*tratt. term.*), Ölabschreckung (*f.*). 12 bagno di ~ (*tratt. term.*), Abschreckbad (*n.*). 13 bobina di ~ (bobina di estinzione, bobina spegniarco) (*elett.*), Löschdrossel (*f.*). 14 condensatore di ~ (condensatore di estinzione, condensatore spegniarco) (*app. elett.*), Löschkondensator (*m.*). 15 doccia per ~ (*tratt. term.*), Abschreckbrause (*f.*). 16 mezzo di ~ (*tratt. term.*), Abschreckmittel (*n.*). 17 temperatura di ~ (*tratt. term.*), Abschrecktemperatur (*f.*).
spegniscintilla (spegnifiamma, nella rettifica) (*lav. macch. ut.*), Ausfunken (*n.*), Ausfeuern (*n.*). 2 periodo di ~ (periodo di spegnifiamma, nella rettifica, periodo di avanzamento nullo) (*lav. macch. ut.*), Ausfunkzeit (*f.*), Ausfeuerzeit (*f.*).
speiss (miscela di arseniuri ed antimoniuri, nonchè leghe di arsenico ed antimonio) (*metall.*), Speise (*f.*).
spelaia (borra, peluria) (*tess.*), Wattseide (*f.*), Spelaja (*f.*).
spelare (denudare, le estremità di un conduttore, p. es.) (*elett.*), abisolieren, blank machen, blosslegen.
spelatura (di un filo) (*elett.*), Abisolierung (*f.*), Blankmachen (*n.*), Blosslegen (*n.*). 2 prova di ~ (su carta p. es.) (*tecnol.*), Schälversuch (*m.*).
spellatura (difetto vn.), Abschälen (*n.*).
spento (di calce p. es.) (*mur. - ecc.*), gelöscht. 2 ~ (temprato) (*tratt. term.*), abgeschreckt.
sperequazione (*gen.*), Unangemessenheit (*f.*), Ungerechtigkeit (*f.*). 2 ~ dei salari (*lav. - pers.*), Lohnunangemessenheit (*f.*), Lohnungerechtigkeit (*f.*).
sperimentale (*gen.*), experimental, experimentell. 2 a titolo ~ (sperimentalmente)

(*tecnol.*), versuchsweise. **3 impianto** ~ (impianto pilota) (*ind.*), Technikumsanlage (*f.*). **4 modello** ~ (*ind.*), Versuchsmodell (*n.*).
sperimentalmente (a titolo sperimentale) (*tecnol.*), versuchsweise.
sperimentare (*gen.*), experimentieren. **2** ~ (provare) (*tecnol.*), versuchen.
sperimentatore (*lav.*), Experimentator (*m.*).
sperone (per cavalcare) (*app. - ecc.*), Sporn (*m.*). **2** ~ (tra due valli) (*geogr.*), Sporn (*m.*).
spesa (*comm. - amm.*), Kostenaufwand (*m.*), Ausgabe (*f.*). **2** ~ (*comm. - amm.*), *vedi anche* spese. **3** ~ **di esercizio** (*amm.*), betrieblicher Aufwand. **4** ~ **extra** (spesa supplementare) (*comm.*), Mehrausgabe (*f.*). **5** ~ **per il trasporto** (*lav. - ecc.*), Fahrgeld (*n.*). **6** ~ **straordinaria** (*amm.*), ausserordentlicher Aufwand. **7** ~ **supplementare** (spesa extra) (*comm.*), Mehrausgabe (*f.*). **8 franco di** ~ (*amm.*), kostenfrei, kostenlos, spesenfrei. **9 preventivo di** ~ (*amm.*), Ausgabenvoranschlag (*m.*), Spesenanschlag (*m.*). **10 voce di** ~ (*contabilità*), Ausgabenposten (*m.*).
spese (costo, costi) (*amm. - ecc.*), Kosten (*f. pl.*), Spesen (*f. pl.*). **2** ~ **accessorie di acquisto** (spese legali, notarili, ecc.) (*ed. - amm.*), Erwerbskosten (*f. pl.*). **3** ~ **amministrative** (*amm.*), Verwaltungsspesen (*f. pl.*), Verwaltungskosten (*f. pl.*). **4** ~ **bancarie** (*finanz.*), Bankspesen (*f. pl.*). **5** ~ **commerciali** (spese di vendita) (*amm. - comm.*), Verkaufsspesen (*f. pl.*), Verkaufskosten (*f. pl.*). **6** ~ **contrattuali** (registrazione, ecc.) (*comm.*), Vertragsgebühren (*f. pl.*). **7** ~ **correnti** (spese fisse) (*amm.*), fortlaufende Ausgaben, feste Ausgaben. **8** ~ **di acquisto** (*comm.*), Anschaffungskosten (*f. pl.*). **9** ~ **di avviamento** (spese iniziali di un'azienda) (*amm.*), Anlaufkosten (*f. pl.*). **10** ~ **di contratto** (spese contrattuali, notarili, ecc.) (*comm.*), Vetragsgebühren (*f. pl.*). **11** ~ **di esazione** (*amm.*), Inkassospesen (*f. pl.*). **12** ~ **di esercizio** (*amm.*), Betriebskosten (*f. pl.*). **13** ~ **di fondazione** (spese di costituzione, di una società) (*finanz.*), Gründungsspesen (*f. pl.*). **14** ~ **di giudizio** (*leg.*), Gerichtskosten (*f. pl.*). **15** ~ **di inattività** (di un impianto p. es.) (*ind.*), Stillstandkosten (*f. pl.*). **16** ~ **di lancio** (di un nuovo prodotto p. es.) (*comm.*), Anlaufkosten (*f. pl.*). **17** ~ **di lavorazione** (*ind. - ecc.*), Bearbeitungskosten (*f. pl.*). **18** ~ **di magazzinaggio** (magazzinaggio) (*ind.*), Lagerungskosten (*f. pl.*). **19** ~ **di mano d'opera** (*lav. - amm.*), Lohnkosten (*f. pl.*). **20** ~ **di manutenzione** (*ind.*), Unterhaltungskosten (*f. pl.*). **21** ~ **d'impianto** (*ind. - amm.*), Anlagekosten (*f. pl.*). **22** ~ **di pompaggio** (*comm.*), Pumpkosten (*f. pl.*). **23** ~ **di porto** (spese di trasporto) (*trasp.*), Frachtkosten (*f. pl.*), Transportkosten (*f. pl.*). **24** ~ **di propaganda** (spese di pubblicità) (*comm.*), Reklamekosten (*f. pl.*). **25** ~ **di pubblicità** (spese di propaganda) (*comm.*), Reklamekosten (*f. pl.*). **26** ~ **di rappresentanza** (*comm. - amm.*), Repräsentationskosten (*f. pl.*). **27** ~ **dirette** (per materie prime, salari ecc.) (*amm.*), direkte Kosten, Einzelkosten (*f. pl.*). **28** ~ **di rimorchio** (*nav.*), Schlepplohn (*m.*). **29** ~ **di ripassatura** (per eliminare difetti di lavorazione o di materiali) (*ind.*), Nacharbeitskosten (*f. pl.*). **30** ~ **di scarico** (*trasp.*), Abladungskosten (*f. pl.*). **31** ~ **di soggiorno** (*lav. - amm.*), Aufenthaltkosten (*f. pl.*). **32** ~ **di spedizione** (*amm.*), Versandspesen (*f. pl.*). **33** ~ **di trasporto** (spese di porto) (*trasp.*), Frachtkosten (*f. pl.*), Transportkosten (*f. pl.*). **34** ~ **di trasporto su chiatta** (*nav.*), Leichterlohn (*m.*). **35** ~ **di ufficio** (*amm.*), Bürounkosten (*f. pl.*). **36** ~ **di uscita** (per uscire da un porto) (*nav.*), Ausfrachtkosten (*f. pl.*). **37** ~ **di vendita** (spese commerciali) (*amm. - comm.*), Vertriebskosten (*f. pl.*), Verkaufsspesen (*f. pl.*). **38** ~ **di viaggio** (*amm. - pers.*), Reisespesen (*f. pl.*), Reisekosten (*f. pl.*), Reiseauslagen (*f. pl.*). **39** ~ **effettive** (*amm.*), effektive Kosten. **40** ~ **extra** (*amm.*), Sonderausgaben (*f. pl.*). **41 spese fisse** (spese correnti) (*amm.*), feste Ausgaben, fortlaufende Ausgaben, feste Kosten, fixe Kosten. **42** ~ **generali** (*amm. - ind.*), Gemeinkosten (*f. pl.*). **43** ~ **generali sul materiale** (*amm. - ind.*), Material-Gemeinkosten (*f. pl.*). **44** ~ **legali** (*leg.*), Gerichtsgebühren (*f. pl.*). **45** ~ **per il personale** (*pers.*), Personalkosten (*f. pl.*). **46** ~ **postali** (*amm. - posta*), Postspesen (*f. pl.*), Portospesen (*f. - pl.*). **47** ~ **pubbliche** (*finanz.*), Staatsausgaben (*f. pl.*). **48** ~ **supplementari** (*comm. - ecc.*), Mehrkosten (*f. pl.*). **49** ~ **variabili** (*amm.*), variable Kosten. **50** ~ **vive** (*amm.*), Barauslagen (*f. pl.*). **51** ~ **varie** (*contab.*), Sonstiges (*n.*), sonstige Ausgaben, verschiedene Ausgaben. **52 anticipo sulle** ~ (*amm. - pers.*), Spesenvorschuss (*m.*). **53 conto** ~ (*amm.*), Spesenkonto (*m.*). **54 coprire le** ~ (*comm.*), die Spesen decken. **55 meno le** ~ (detratte le spese) (*comm.*), ab Spesen. **56 nota** ~ (*amm. - pers.*), Spesennote (*f.*), Spesenrechnung (*f.*), Auslagenrechnung (*f.*), Kostenaufstellung (*f.*). **57 piccole** ~ (*amm.*), kleine Ausgaben. **58 ridurre le** ~ (*amm.*), die Ausgaben beschneiden. **59 rimborso** ~ (*amm.*), Auslagenersatz (*m.*), Auslagenrückerstattung (*f.*), Spesennachnahme (*f.*).
spessimetro (misuratore di spessore) (*strum. mecc.*), Dickenmesser (*m.*). **2** ~ (sonda, calibro a spessori) (*ut. mecc.*), Spion (*m.*), Fühlerlehre (*f.*), Fühler (*m.*). **3** ~ (eriometro, attrezzo per misurare lo spessore delle fibre) (*strum. tess.*), Eriometer (*n.*).
spesso (grosso, denso) (*gen.*), dick. **2** ~ (di uno strato, di grande potenza) (*min.*), mächtig, dick.
spessore (*gen.*), Dicke (*f.*). **2** ~ (di una lamiera p. es.) (*mecc. - ecc.*), Stärke (*f.*), Dicke (*f.*). **3** ~ (della parete di un pezzo p. es.) (*mecc. - ecc.*), Wandstärke (*f.*). **4** ~ (rasamento) (*mecc. - ecc.*), Passcheibe (*f.*), Zwischenlegscheibe (*f.*), Ausgleichscheibe (*f.*), Beilage (*f.*), Unterlage (*f.*). **5** ~ (potenza, di un giacimento di minerale) (*min.*), Mächtigkeit (*f.*), Dicke (*f.*). **6** ~ (guarnizione, di un freno p. es.) (*mecc.*), Belag (*m.*), Bremsbelag (*m.*). **7** ~ **ad anello** (anello di spessore) (*mecc.*), Beilagering (*m.*). **8** ~ **alare** (*aer.*), Flügelstärke (*f.*). **9** ~ **alla base** (del dente) (*mecc.*), Grunddicke (*f.*). **10** ~ **apparente** (del dente di una ruota dentata)

spettacolo

(*mecc.*), Zahndicke auf Teilkreis. **11 ~ assiale** (del dente di ingranaggio) (*mecc.*), Zahndicke im Axialschnitt. **12 ~ cordale del dente** (di ruota dentata) (*mecc.*), Zahndickensehne (*f.*). **13 ~ critico** (di una piastra di reattore) (*fis. atom.*), kritische Dicke. **14 ~ del dente** (di ruota dentata) (*mecc.*), Zahnstärke (*f.*), Zahndicke (*f.*). **15 ~ della lamiera** (*ind. metall.*), Blechstärke (*f.*), Blechdicke (*f.*). **16 ~ della pala** (di un'elica p. es.) (*aer. - nav.*), Blattstärke (*f.*). **17 ~ (della vena) sulla soglia dello stramazzo** (*idr.*), Überfallhöhe (*f.*). **18 ~ dello strato cementato** (profondità di cementazione) (*tratt. term.*), Härtetiefe (*f.*). **19 ~ dello strato decarburato** (profondità di decarburazione) (*tratt. term.*), Entkohlungstiefe (*f.*). **20 ~ dello strato di carbone** (potenza dello strato di carbone) (*min.*), Kohlenstoss (*m.*). **21 ~ dello strato limite** (*mecc. dei fluidi*), Grenzschichtdicke (*f.*). **22 ~ del muro** (*mur.*), Mauerstärke (*f.*). **23 ~ del palo** (*ed.*), Pfahlstärke (*f.*), Pfahldicke (*f.*). **24 ~ del rivestimento** (*tecnol.*), Auflagedicke (*f.*), Überzugsdicke (*f.*). **25 ~ del truciolo** (*lav. macch. ut.*), Spandicke (*f.*). **26 ~ dente-base** (nel sistema di accoppiamento di dentature) (*mecc.*), Einheitszahndicke (*f.*). **27 ~ di base** (del dente di ingranaggio) (*mecc.*), Zahndicke auf Grundkreis. **28 ~ di decimazione** (spessore dello strato d'un materiale schermante che riduce al 10% l'intensità della radiazione) (*radioatt.*), Zehntel-Wert-Dicke (*f.*). **29 ~ di dimezzamento** (spessore d'un materiale schermante che dimezza l'intensità della radiazione) (*radioatt.*), Halbwertsdicke (*f.*). **30 ~ di lamiera** (rasamento, di lamiera) (*mecc.*), Blecheinlage (*f.*), Blechbeilage (*f.*), Blechscheibe (*f.*), Unterlegblech (*n.*). **31 ~ di rasamento** (rasamento) (*mecc.*), Pass-scheibe (*f.*), Ausgleichscheibe (*f.*), Zwischenlegscheibe (*f.*), Beilage (*f.*), Unterlage (*f.*). **32 ~ teorico del truciolo** (spessore teorico di truciolatura) (*mecc.*), Spanungsdicke (*f.*). **33 di uguale ~** (*gen.*), gleich dick. **34 doppio ~** (di una lastra di vetro, 3,6-4 mm) (*ed. - ind. vetro*), Doppeldicke (*f.*), DD. **35 medio ~** (di vetro da finestra 2,8-3 mm, semidoppio) (*ed.*), mittlere Dicke, MD. **36 misuratore di ~** (spessimetro) (*strum. - mecc.*), Dickenmesser (*m.*). **37 pialla a ~** (piallatrice a spessore) (*macch. lav. legno*), Dickenhobelmaschine (*f.*), Dicktenhobelmaschine (*f.*), Dickte (*f.*). **38 piallatrice a ~** (pialla a spessore) (*macch. lav. legno*), Dickenhobelmaschine (*f.*), Dicktenhobelmaschine (*f.*), Dickte (*f.*).

spettacolo (*gen.*), Vorstellung (*f.*). **2 ~** (rappresentazione) (*teatro*), Vorführung (*f.*), Aufführung (*f.*). **3 ~ cinematografico** (proiezione cinematografica, « film ») (*cinem.*), Kinovorführung (*f.*), Filmschau (*f.*).

spettatore (*gen.*), Zuschauer (*m.*), Beschauer (*m.*).

spettrale (*ott.*), spektral. **2 analisi ~** (analisi spettroscopica) (*ott.*), Spektralanalyse (*f.*). **3 componenti tricromatiche spettrali** (componenti tricromatiche delle radiazioni monocromatiche) (*ott.*), Spektralwerte (*m. pl.*). **4 densità ~** (*ott.*), spektrale Dichte. **5 distribuzione ~ relativa di energia** (d'una radiazione) (*term.*),

Strahlungsfunktion (*f.*). **6 fattore di riflessione ~** (*ott.*), spektraler Reflexionsgrad. **7 metodo del diaframma ~** (in fotometria e colorimetria) (*ott.*), Spektralmaskenverfahren (*n.*).

spettro (*ott.*), Spektrum (*n.*). **2 spettri** (sovrapposizione di immagini dovuta a fenomeni di eco) (*difetto telev.*), Geisterbild (*n.*). **3 ~ a bande** (*ott.*), Bandenspektrum (*n.*), Bandspektrum (*n.*). **4 ~ acustico** (*acus.*), Klangspektrum (*n.*). **5 ~ a righe** (*ott.*), Linienspektrum (*n.*). **6 ~ continuo** (*ott.*), kontinuierliches Spektrum **7 ~ della frequenza** (*fis.*), Frequenzspektrum (*n.*). **8 ~ di arco** (*ott.*), Bogenspektrum (*n.*). **9 ~ di assorbimento** (*ott.*), Absorptionsspektrum (*n.*). **10 ~ di diffrazione** (*ott.*), Beugungsspektrum (*n.*). **11 ~ di emissione** (*ott.*), Emissionsspektrum (*n.*). **12 ~ di fiamma** (*ott.*), Flammenspektrum (*n.*). **13 ~ di massa** (*fis.*), Massenspektrum (*n.*). **14 ~ di scintilla** (*ott.*), Funkenspektrum (*n.*). **15 ~ discontinuo** (*ott.*), diskontinuierliches Spektrum. **16 ~ magnetico** (immagine delle linee di forza) (*fis.*), Kraftlinienbild (*n.*). **17 ~ solare** (*fis. - ott.*), Sonnenspektrum (*n.*). **18 ~ sonoro** (spettro acustico) (*acus.*), Klangspektrum (*n.*). **19 ~ ultrarosso** (*ott.*), Ultrarotspektrum (*n.*). **20 ~ ultravioletto** (*ott.*), Ultraviolettspektrum (*n.*). **21 ~ visibile** (*ott.*), sichtbares Spektrum. **22 riga dello ~** (*ott.*), Spektrallinie (*f.*).

spettrochimico (analisi p. es.) (*ott. - fis.*), spektrochemisch.

spettrofotometrico (analisi p. es.) (*ott.*), spektrophotometrisch.

spettrofotometro (*app. ott.*), Spektrophotometer (*n.*), Spektralphotometer (*n.*).

spettrografo (*app. ott.*), Spektrograph (*m.*). **2 ~ di massa** (*app. ott.*), Massenspektrograph (*m.*).

spettrogramma (*ott.*), Spektrogramm (*n.*).

spettrometrico (*ott.*), spektrometrisch.

spettrometro (*app. ott.*), Spektrometer (*n.*). **2 ~ ad interferenza** (*app. ott.*), Interferenzspektrometer (*n.*). **3 ~ a scintillazione** (*app. ott.*), Szintillationsspektrometer (*n.*). **4 ~ di Abbe** (*ott.*), Abbe-Spektrometer (*n.*). **5 ~ di massa** (*strum.*), Massenspektrometer (*n.*). **6 ~ neutronico** (*strum. fis. atom.*), Neutronenspektrometer (*n.*). **7 ~ per raggi beta** (*app. radioatt.*), Betastrahlspektrometer (*n.*). **8 ~ per raggi X** (*app. ott.*), Röntgenspektrometer (*n.*). **9 ~ sequenziale** (*app.*), Sequenz-Spektrometer (*n.*).

spettroscopia (*ott.*), Spektroskopie (*f.*). **2 ~ acustica** (fonospettroscopia) (*acus.*), Schallspektroskopie (*f.*). **3 ~ all'infrarosso** (*ott.*), Infrarot-Spektroskopie (*f.*), IR-Spektroskopie (*f.*).

spettroscopico (*ott.*), spektroskopisch. **2 lampada spettroscopica** (*ott.*), Spektrallampe (*f.*).

spettroscopio (*app. ott.*), Spektroskop (*n.*). **2 ~ per raggi X** (*app. ott.*), Röntgenspektroskop (*n.*).

spezzettare (rompere in piccoli pezzi) (*gen.*), stücken, stückeln. **2 ~** (sbriciolare) (*gen.*), krümeln, zerbröckeln. **3 ~** (tagliare in piccoli pezzi) (*gen.*), schnitzeln.

spezzone (barra di metallo tagliata ad una data lunghezza) (*fucinatura - metall. - ecc.*), Knüppel (*m.*), Knüppelabschnitt (*m.*). 2 ~ (di billetta o di barra, di partenza per un fucinato) (*fucinatura*), Blöckchen (*n.*), Ausgangsform (*f.*), Rohling (*m.*). 3 ~ (di barra) (*fucinatura*), Stangenabschnitt (*m.*). 4 ~ (sottomisura, lunghezza inferiore alla normale, di profilati, ecc.) (*ind. metall.*), Unterlänge (*f.*). 5 ~ (nella trafilatura di fili p. es.) (*tecnol. mecc.*), Rohling (*m.*). 6 ~ **da estrudere** (massello, materiale di partenza per l'operazione di estrusione) (*tecnol. mecc.*), Pressbolzen (*m.*). 7 ~ **di lunghezza non normale** (spezzone di lunghezza speciale) (*ind. metall.*), Extralänge (*f.*), Bestellänge (*f.*). 8 ~ **di rotaia** (per riempire brevi tratti) (*ferr.*), Pass·schiene (*f.*). 9 ~ **di tronco** (*legno*), Bloch (*m.*). 10 ~ **di tubo** (*tubaz.*), Rohrlänge (*f.*), Rohrschuss (*m.*). 11 ~ **troncato** (alla troncabillette p. es.) (*fucinatura*), Spaltstück (*n.*). 12 **peso dello** ~ (di partenza) (nella forgiatura) (*fucin.*), Einsatzgewicht (*n.*), Ausgangsformgewicht (*n.*).

spia (luminosa, per segnalazioni) (*strum. - ecc.*), Kontrolleuchte (*f.*), Kontrollampe (*f.*), Warnlampe (*f.*), Anzeigelampe (*f.*), Signallampe (*f.*). 2 ~ **carica batteria** (spia della dinamo) (*aut. - mot.*), Ladestromkontrolleuchte (*f.*), Ladestromkontrollampe (*f.*). 3 ~ **carica dinamo** (*aut.*), Ladekontrollampe (*f.*). 4 ~ **degli abbaglianti** (spia luminosa del fascio di profondità) (*aut.*), Fernlichtkontrollampe (*f.*). 5 ~ **dei lampeggiatori** (spia dell'indicatore di direzione) (*aut.*), Winker-Kontrolleuchte (*f.*), Blinker-Kontrolleuchte (*f.*). 6 ~ **dei proiettori** (spia degli abbaglianti) (*aut.*), Fernlichtkontrolleuchte (*f.*). 7 ~ **della corrente di carica** (della batteria, spia carica dinamo) (*aut. - mot.*), Ladestromkontrolleuchte (*f.*), Ladestromkontrollampe (*f.*). 8 ~ **della dinamo** (spia carica batteria) (*aut. - mot.*), Ladestromkontrolleuchte (*f.*), Ladestromkontrollampe (*f.*). 9 ~ **della posizione degli aghi** (dello scambio) (*ferr.*), Zungenprüfer (*m.*). 10 ~ **(della) pressione dell'olio** (*aut. - mot.*), Öldruckkontrolleuchte (*f.*). 11 ~ **dell'indicatore di direzione** (spia dei lampeggiatori) (*aut.*), Winker-Kontrolleuchte (*f.*), Blinker-Kontrolleuchte (*f.*). 12 ~ **indicatrice di durata** (*telef.*), Zeitlampe (*f.*). 13 ~ **luce abbagliante** (spia dei proiettori) (*aut.*), Fernlichtanzeigelampe (*f.*). 14 ~ **luminosa** (lampada spia) (*aut. - mot. - ecc.*), Kontrollampe (*f.*), Signallampe (*f.*), Kontrolleuchte (*f.*), Warnlampe (*f.*), Anzeigelampe (*f.*). 15 ~ **(luminosa) del fascio di profondità** (spia degli abbaglianti) (*aut.*), Fernlichtkontrollampe (*f.*), Fernlichtkontrolleuchte (*f.*). 16 ~ **(luminosa) della pressione dell'olio** (*mot. - macch.*), Öldruckkontrollampe (*f.*). 17 ~ **luminosa di emergenza** (luce di emergenza) (*elett.*), ecc., Paniklampe (*f.*). 18 ~ **ottica** (ad azionamento pneumatico p. es., con indicazione colorata) (*ott. - ecc.*), Schauzeichen (*n.*). 19 ~ **pressione pneumatici** (*strum. - aut.*), Reifenwächter (*m.*).

spiaggia (lido) (*geogr.*), Sandstrand (*m.*).

spianamento (livellamento) (*gen.*), Ebnen (*n.*), Ebenen (*n.*), Ebenung (*f.*). 2 ~ (profondità di spianamento della rugosità negli accoppiamenti stabili) (*mecc.*), Glättungstiefe (*f.*). 3 ~ (di una tensione) (*elett. - radio*), Glättung (*f.*). 4 **indice di** ~ (di un accoppiamento stabile) (*mecc.*), Glättungsgrösse (*f.*). 5 **prova di** ~ (*lamin.*), Ausbreitprobe (*f.*).

spianare (livellare) (*gen.*), ebnen, ebenen, planieren. 2 ~ (sfacciare, una superficie) (*mecc.*), planen. 3 ~ (raddrizzare, delle lamiere) (*lav. di lamiere*), richten, pritschen, ausbeulen. 4 ~ (livellare, una tensione) (*elett.*), glätten. 5 ~ (il legno) (*carp. - falegn.*), abrichten. 6 ~ (appiattire) (*lamin.*), breiten. 7 ~ (*mft. vetro*), glattstreichen. 8 ~ (piallare, il legno) (*lav. del legno*), glätten, hobeln. 9 ~ **al maglio** (*tecnol. mecc.*), glatthämmern, aushämmern, flachhämmern. 10 ~ **al tornio** (sfacciare al tornio, tornire in piano) (*lav. macch. ut.*), plandrehen, ebendrehen. 11 ~ **col martello** (*tecnol. mecc.*), flachhämmern, platthämmern. 12 ~ **col rullo** (*gen.*), abwalzen. 13 ~ **con la fresa** (spianare alla fresatrice) (*lav. macch. ut.*), planfräsen. 14 ~ **di sgrosso** (*lav. macch. ut.*), planschruppen.

spianatrice (raddrizzatrice a rulli, per lamiere) (*macch.*), Richtmaschine (*f.*). 2 ~ **a rulli** (per lamiere) (*macch.*), Rollenrichtmaschine (*f.*), Richtrollensatz (*m.*).

spianatura (spianamento) (*gen.*), Ebnen (*n.*), Ebenen (*n.*), Ebenung (*f.*). 2 ~ (lavorazione di sfacciatura) (*lav. macch. ut.*), Planarbeit (*f.*), Planschnitt (*m.*). 3 ~ (raddrizzamento, di lamiere) (*tecnol. mecc.*), Richten (*n.*). 4 ~ (alla pressa) (*lav. di lamiere*), Planieren (*n.*), Flachstanzen (*n.*). 5 ~ **al tornio** (sfacciatura al tornio, tornitura in piano) (*lav. macch. ut.*), Plandrehen (*n.*). 6 ~ **a trazione** (*tecnol. mecc.*), Streckrichten (*n.*). 7 ~ **di finitura** (sfacciatura di finitura) (*lav. macch. ut.*), Planschlichten (*n.*). 8 ~ **di sgrosso** (*lav. macch. ut.*), Planschruppen (*n.*).

spiazzamento (dislocazione) (*gen.*), Versetzung (*f.*). 2 ~ **con acqua** (metodo per estrarre petrolio mediante la spinta di acqua in pressione) (*min.*), Wasserfluten (*n.*).

spiccare (cogliere, frutta p. es.) (*gen.*), pflücken. 2 ~ **il volo** (decollare) (*aer.*), abfliegen.

spider (tipo di automobile a due posti) (*aut.*), Roadster (*m.*), Sportwagen (*m.*).

spiegamento (del paracadute p. es.) (*aer.*), Entfaltung (*f.*).

spiegare (chiarire) (*gen.*), abklären, aufklären, klar machen, erklären. 2 ~ (distendere, la carta p. es.) (*gen.*), entfalten, ausbreiten. 3 ~ (una parola p. es.) (*uff. - leg. - ecc.*), auslegen, erklären.

spiegazione (chiarimento) (*gen.*), Erklärung (*f.*), Aufklärung (*f.*).

« spiegel » (« spiegeleisen », ghisa speculare) (*fond.*), Spiegeleisen (*n.*).

spighetta (laccio, stringa) (*ind. tess.*), Schnürsenkel (*m.*).

spigolo (*geom. - ecc.*), Kante (*f.*). 2 ~ (di uno scafo, di idrovolante p. es.) (*aer. - nav.*), Kimm (*f.*), Kante (*f.*). 3 **spigoli arrotondati** (di un pezzo) (*mecc. - ecc.*), gerundete Kanten, abgerundete Kanten. 4 ~ **della superficie di**

spigoloso

troncatura del dente (spigolo della testa del dente) (*mecc.*), Zahnkopfkante (*f.*). **5 ~ della testa del dente** (spigolo della superficie di troncatura) (*mecc.*), Zahnkopfkante (*f.*). **6 ~ del marciapiede** (*strada*), Bordsteinkante (*f.*). **7 ~ esterno** (di una barca p. es.) (*nav. - ecc.*), Aussenkante (*f.*). **8 ~ pilota** (nei comandi idraulici) (*macch. ut. - oleoidr.*), Steuerkante (*f.*). **9 ~ rullato** (orlo avvolgente di un giunto sferico) (*mecc.*), Einrollkante (*f.*). **10 ~ smussato** (smusso) (*mecc. - ecc.*), abgeschrägte Kante. **11 ~ vivo** (di un pezzo p. es.) (*mecc.*), scharfe Kante. **12 a spigoli arrotondati** (*mecc. - ecc.*), rundkantig. **13 a spigoli non squadrati** (legname da costruzione) (*ed. - legn.*), wahnkantig, waldkantig. **14 a spigoli vivi** (*mecc.*), scharfkantig, scharfeckig. **15 passata sugli spigoli** (*lamin.*), Stauchstich (*m.*). **16 pressione sugli spigoli** (per errore di allineamento in cuscinetti lisci radiali) (*mecc.*), Kantenpressung (*f.*). **17 smussare gli spigoli** (*mecc.*), die Kanten anfasen.
spigoloso (*gen.*), kantig.
spillare (dei liquidi da un recipiente) (*gen.*), abzapfen. **2 ~** (il metallo fuso dal forno) (*metall. - fond.*), stechen, abstechen.
spillata (metallo fuso spillato dal forno) (*fond. - metall.*), Abstich (*m.*).
spillatura (di liquidi da un recipiente) (*gen.*), Abzapfen (*n.*). **2 ~** (del metallo fuso da un forno) (*metall. - fond.*), Stechen (*n.*), Abstechen (*n.*). **3 carica per il foro di ~** (carica esplosiva per aprire il foro di spillatura) (*forno - metall.*), Abstichladung (*f.*). **4 ferro per ~** (*fond. - metall.*), Räumeisen (*n.*).
spillo (*gen.*), Anstecknadel (*f.*), Feststecknadel (*f.*), Stecknadel (*f.*). **2 ~** (*uff. - tess. - ecc.*), Stecknadel (*f.*). **3 ~** (ago, per tirate d'aria) (*ut. fond.*), Spiess (*m.*), Luftspiess (*m.*). **4 ~ di sicurezza** (*gen.*), Sicherheitsnadel (*f.*). **5 molla a ~** (per il comando di valvole p. es.) (*mecc.*), Haarnadelfeder (*f.*). **6 punte di ~** (difetto di fond.), Nadelstichporosität (*f.*).
« spin » (rotazione di una particella elementare) (*fis. atom.*), Spin (*m.*). **2 ~ dell'elettrone** (quantità di moto angolare) (*fis. atom.*), Elektronenspin (*m.*). **3 ~ del nucleo** (*fis. nucl.*), Kernspin (*m.*). **4 ~ isotopico** (*fis. nucl.*), Isotopenspin (*m.*). **5 numero quantico di ~** (*fis. atom.*), Spinquantenzahl (*f.*).
spina (organo di contatto) (*elett.*), Stecker (*m.*). **2 ~** (organo di collegamento e di riferimento) (*mecc.*), Stift (*m.*), Dübel (*m.*). **3 ~** (broccia) (*ut. - lav. macch. ut.*), Räumnadel (*f.*), Räummahle (*f.*), Räumer (*m.*). **4 ~** (spinotto, per la fucinatura di anelli p. es.) (*ut. fucinatura*), Dorn (*m.*), Schmiededorn (*m.*). **5 ~** (di un laminatoio obliquo, per la fabbricazione di tubi senza saldatura) (*lamin.*), Dorn (*m.*), Stopfen (*m.*). **6 ~** (per prove di allargamento) (*tecnol. mecc.*), Dorn (*m.*). **7 ~** (spinotto, di una staffa) (*fond.*), Stift (*m.*), Führung (*f.*). **8 ~** (colonna, del supporto di stampi per fucinatura) (*fucinatura*), Führungsbolzen (*m.*). **9 ~** (grano, di uno stampo p. es.) (*ut. - ecc.*), Haltestein (*m.*). **10 ~** (dell'ugello d'una turbina a getto libero) (*turb.*), Nadel (*f.*). **11 ~** (barra, di un'argano) (*disp.*), Stellstift (*m.*). **12 ~** (caviglia, cavigliotto) (*nav.*), Knebel (*m.*), Stift (*m.*). **13 ~** (golfare) (*nav.*), Augbolzen (*m.*). **14 ~** (per la spillatura di fusti) (*birreria - ecc.*), Anstichhahn (*m.*). **15 ~ a gomito** (*elett.*), Winkelstecker (*m.*). **16 ~ bipolare** (*elett.*), zweipoliger Stecker. **17 ~ cilindrica** (*mecc.*), Zylinderstift (*m.*). **18 ~ cilindrica con intagli** (*mecc.*), Zylinderkerbstift (*m.*). **19 ~ cilindrica con intagli centrali** (*mecc.*), Knebelkerbstift (*m.*). **20 ~ cilindro-conica con intagli** (sulla parte conica) (*mecc.*), Steckerbstift (*m.*). **21 ~ conica** (*mecc.*), Kegelstift (*m.*). **22 ~ conica con intagli** (*mecc.*), Kegelkerbstift (*m.*). **23 ~ con intagli** (*mecc.*), Kerbstift (*m.*). **24 ~ con intagli centrali** (longitudinali) (*mecc.*), Knebelkernstift (*m.*). **25 ~ con presa di terra** (spina controllata, spina con contatto di terra) (*elett.*), Schukostecker (*m.*), Schutzkontakt-Stecker (*m.*). **26 ~ d'ascolto** (*telef.*), Mithörstöpsel (*m.*). **27 ~ del carburatore** (ago del carburatore) (*mot. - aut.*), Vergasernadel (*f.*). **28 ~ della staffa** (perno della staffa, spinotto della staffa) (*fond.*), Formkastenstift (*m.*), Formkastenführung (*f.*). **29 ~ di accoppiamento** (d'una staffa) (*fond.*), Zulegestift (*m.*). **30 ~ di adattamento** (*elett.*), Zwischenstecker (*m.*). **31 ~ di arresto** (*mecc.*), Anhaltestift (*m.*). **32 ~ di arresto** (per limitare l'avanzamento della lamiera) (*lav. lamiera*), Einhängestift (*m.*). **33 ~ di bloccaggio** (perno di bloccaggio) (*mecc.*), Haltestift (*m.*), Sperrbolzen (*m.*). **34 ~ di centraggio** (*mecc.*), Zentrierstift (*m.*). **35 ~ di fissaggio** (*mecc.*), Haltestift (*m.*). **36 ~ di posizione** (*macch. - ecc.*), Indexstift (*m.*). **37 ~ (di) programma** (nel comando numerico, p. es.) (*calc.*), Programmstecker (*m.*). **38 ~ di riferimento** (spina di registro) (*mecc.*), Passtift (*m.*). **39 ~ di riferimento con intagli** (*mecc.*), Passkerbstift (*m.*). **40 ~ di sicurezza** (spina tranciabile di sicurezza, contro sovraccarichi p. es.) (*mecc.*), Scherstift (*m.*), Scherbolzen (*m.*), Abscherstift (*m.*), Abscherbolzen (*m.*). **41 ~ di sicurezza** (spina protetta contro il contatto umano) (*elett.*), berührungssicherer Stecker. **42 ~ di trascinamento** (*mecc.*), Mitnehmerbolzen (*m.*), Mitnehmerstift (*m.*). **43 ~ elastica** (cilindro cavo di acciaio per molle, con estremità coniche) (*mecc.*), Spannhülse (*f.*), Spannstift (*m.*). **44 ~ (elastica) per anelli** (di catena) (*mecc.*), Schakenbuchse (*f.*). **45 ~ elastica spiraliforme** (*mecc.*), Spiralspannstift (*m.*), Spiralspannhülse (*f.*). **46 ~ intagliata** (spina con intagli longitudinali) (*mecc.*), Kerbstift (*m.*). **47 ~ irreversibile** (*elett.*), unverwechselbarer Stecker. **48 ~ multipolare** (*elett.*), mehrpoliger Stecker, Mehrfachstecker (*m.*). **49 ~ per fori** (*ut. di fucinatura*), Lochdorn (*m.*). **50 ~ per « jack »** (spina per presa telefonica) (*telef.*), Klinkenstecker (*m.*), Klinkenstöpsel (*m.*). **51 ~ per laminatoio pellegrino** (*lamin.*), Pilgerdorn (*m.*). **52 ~ per presa telefonica** (spina per « jack ») (*telef.*), Klinkenstecker (*m.*), Klinkenstöpsel (*m.*). **53 ~ per trafilatura** (per la trafilatura di tubi) (*ut.*), Ziehdorn (*m.*). **54 ~ pluripolare** (spina multipolare) (*elett.*),

mehrpoliger Stecker. **55** ~ **protetta** (spani di sicurezza) (*elett.*), berührungssicherer Stecker. **56** ~ **telefonica** (*telef.*), Stöpsel (*m.*). **57** ~ **(tranciabile) di sicurezza** (spina di sicurezza) (*mecc.*), Scherstift (*m.*), Abscherstift (*m.*), Abscherbolzen (*m.*), Scherbolzen (*m.*). **58** ~ **tripolare** (*elett.*), Dreifachstecker (*m.*), dreipoliger Stecker. **59** ~ **unipolare** (banana) (*elett.*), Bananenstecker (*m.*). **60 alla** ~ (birra), vom Fass. **61 a** ~ (ad innesto, innestabile, di tipo a spina, di tipo ad innesto; esecuzione d'un app. elett. p. es.) (*elett.*), steckbar. **62 banco a** ~ (pressa mecc. per produrre tubi) (*macch.*), Stossbank (*f.*). **63 di tipo a** ~ (di tipo ad innesto, innestabile, ad innesto; esecuzione d'un app. elett. p. es.) (*elett.*), steckbar. **64 innestare la** ~ (*elett.*), stöpseln. **65 contatto a** ~ (*elett.*), Stöpselkontakt (*m.*). **66 pannello di connessione a spine** (pannello di prese) (*elett.*), Stecktafel (*f.*), Steckbrett (*n.*). **67 presa di corrente a** ~ (contatto ad innesto) (*elett.*), Steckkontakt (*m.*). **68 relè a** ~ (relè ad innesto) (*elett.*), Steckrelais (*n.*). **69 striscia di prese a** ~ (striscia di prese ad innesto) (*elett.*), Steckerleiste (*f.*). **70 zigrinare a** ~ (*mecc.*), kreuzrändeln, kordieren.

spinare (collegare con spina) (*mecc.*), verdübeln, verstiften.

spinatrice (brocciatrice) (*macch. ut.*), Räummaschine (*f.*). **2** ~ (*macch. ut.*), vedi anche brocciatrice.

spinatura (brocciatura) (*lav. macch. ut.*), Räumen (*n.*). **2** ~ (montaggio di spine) (*mecc.*), Verdübelung (*f.*), Verstiften (*n.*). **3** ~ (*lav. macch. ut.*), vedi anche brocciatura.

spinello (*min.*), Spinell (*m.*).

spingere (gen.), stossen, schieben. **2** ~ **alla massima potenza** (il motore) (*mot.*), voll beanspruchen. **3** ~ **indietro** (*gen.*), abstossen.

spingitoio (forno - lamin.), Einstossvorrichtung (*f.*), Stossvorrichtung (*f.*). **2** ~ **per carri** (*ferr.*), Wagenstossvorrichtung (*f.*). **3** ~ **per lingotti** (*metall.*), Blockausdrücker (*m.*), Blockdrücker (*m.*).

spinotto (di un pistone p. es.) (*mecc. - mot.*), Bolzen (*m.*). **2** ~ (polo della spina) (*elett.*), Steckerstift (*m.*), Zacke (*f.*). **3** ~ (spina, per la fucinatura di anelli p. es.) (*ut. fucinatura*), Dorn (*m.*), Schmiededorn (*m.*). **4** ~ (della staffa) (*fond.*), Stift (*m.*), Führung (*f.*). **5** ~ **della staffa** (*fond.*), Formkastenführung (*f.*), Formkastenstift (*m.*). **6** ~ **dello stantuffo** (perno di stantuffo) (*mot. - mecc.*), Kolbenbolzen (*m.*). **7** ~ **del pistone** (perno dello stantuffo) (*mot. - mecc.*), Kolbenbolzen (*m.*). **8** ~ **flottante** (dello stantuffo) (*mot. - mecc.*), schwimmendgelagerter Kolbenbolzen, schwimmender Kolbenbolzen. **9 mozzo dello** ~ (portata dello spinotto, d'un pistone) (*mot.*), Bolzenaugennabe (*f.*). **10 portate dello** ~ (mozzo dello spinotto, d'un pistone) (*mot.*), Bolzenaugennabe (*f.*).

spinta (*gen.*), Stoss (*m.*), Schub (*m.*). **2** ~ (impulso) (*gen.*), Drang (*m.*). **3** ~ (assiale) (*mecc. - ecc.*), Druck (*m.*). **4** ~ (di un elica, getto, ecc.) (*aer.*), Schub (*m.*). **5** ~ (di un motore lineare) (*elett.*), Schubkraft (*f.*). **6** ~ **a punto fisso** (spinta statica) (*aer.*), Standschub (*m.*). statischer Schub. **7** ~ **assiale** (*mecc. - ecc.*), Achsenlangsschub (*m.*). **8** ~ **assiale** (su un cuscinetto p. es.) (*mecc.*), Axialdruck (*m.*), Längsdruck (*m.*). **9** ~ **continua** (*mot. a getto*), Dauerschub (*m.*). **10** ~ **del getto** (*mot. a getto - aer.*), Strahlschub (*m.*). **11** ~ **del getto di scarico** (*mot.*), Abgasstrahlschub (*m.*). **12** ~ **della terra** (*ed.*), Erddruck (*m.*). **13** ~ **(della terra) attiva** (*ed.*), aktiver Erddruck. **14** ~ **(della terra) passiva** (*ed.*), passiver Erddruck. **15** ~ **dell'elica** (*nav. - aer.*), Propellerschub (*m.*), Schraubenschub (*m.*). **16** ~ **d'emergenza** (*mot. a getto*), Überschub (*m.*), Notschub (*m.*). **17** ~ **di Archimede** (*idr. - aer.*), Auftrieb (*m.*), statischer Auftrieb. **18** ~ **di combattimento** (*mot. aer. - milit.*), Kampfschub (*n.*). **19** ~ **di decollo** (di un mot. a getto) (*aer.*), Startschub (*m.*). **20** ~ **dinamica** (spinta in volo) (*aer.*), dynamischer Schub. **21** ~ **(d'inerzia)** (di un rimorchio sulla motrice) (*aut.*), Anlaufkraft (*f.*). **22** ~ **di salita** (*aer. - mot. a getto*). Steigschub (*m.*). **23** ~ **laterale** (*mecc. - ecc.*), Seitendruck (*m.*). **24** ~ **laterale sul pistone** (*mot.*), seitlicher Kolbendruck. **25** ~ **massima di sovraccarico** (di un mot. elett. lineare) (*mot. elett.*), Kippschub (*m.*). **26** ~ **netta** (*mot. aer.*), Nutzschub (*m.*). **27** ~ **nominale** (*mot. a getto*), Nennschub (*m.*). **28** ~ **radiale** (*mecc.*), Radialdruck (*m.*). **29** ~ **statica** (spinta di Archimede) (*idr. - aer.*), statischer Auftrieb, Auftrieb (*m.*). **30** ~ **statica** (di terre) (*ed.*), Ruhedruck (*m.*), Erdruhedruck (*m.*). **31** ~ **statica** (forza ascensionale statica) (*aer.*). statischer Auftrieb. **32** ~ **statica** (spinta a punto fisso) (*aer.*), Standschub (*m.*), statischer Schub. **33** ~ **sul pistone** (*mot.*), Kolbendruck (*m.*). **34** ~ **verticale** (di aerei a decollo verticale) (*aer.*), Hubschub (*m.*). **35** ~ **verticale verso l'alto** (*idr. - aer.*), statischer Auftrieb, Auftrieb (*m.*). **36 anello di** ~ (*mecc.*), Stossring (*m.*). **37 anello di** ~ (di una frizione) (*aut.*), Anpressplatte (*f.*), Druckplatte (*f.*). **38 asta di** ~ (asta di punteria) (*mot.*), Stoss·stange (*f.*). **39 aumento di** ~ (ottenuto mediante post-combustione, iniezione d'acqua, ecc.) (*mot. a getto*), Schuberhöhung (*f.*), Schubverstärkung (*f.*). **40 banco prova per la** ~ (di razzi, p. es.) (*mot.*), Schubbock (*m.*). **41 brocciare a** ~ (*lav. macch. ut.*), schubräumen, stossräumen. **42 brocciatura a** ~ (*lav. macch. ut.*), Schubräumen (*n.*), Stossräumen (*n.*), Räumpressen (*n.*). **43 centro di** ~ (dell'ala di un aereo) (*aer.*), Auftriebsmittelpunkt (*m.*). **44 coefficiente di** ~ (*mot.*), Schubziffer (*f.*). **45 cuscinetto di** ~ (supporto di spinta, reggispinta) (*mecc. - nav.*), Drucklager (*n.*). **46 deviazione della** ~ (*mot. a getto*), Schubablenkung (*f.*). **47 diagramma della** ~ (in funzione della velocità di volo) (*mot. a getto*), Schubdiagramm (*n.*). **48 effusore riduttore di** ~ (*mot. a getto*), Strahlbremse (*f.*). **49 forno a** ~ (forno), Stossofen (*m.*). **50 invertitore di** ~ (di un motore a getto) (*aer.*), Schubumkehrvorrichtung (*f.*). **51 manovellismo di** ~ (meccanismo biella-manovella) (*mecc.*), Schubkurbel (*f.*), Geradschubkurbel (*f.*). **52 manovra a** ~ (di carri) (*ferr.*), Abstossen (*n.*).

spinterogeno

53 misuratore di ~ (spintometro, banco spintometrico per motori a getto) (*mot.*), Schubmesseinrichtung (*f.*). 54 peso per kp di ~ (rapporto fra peso a secco e spinta massima permessa) (*mot. a getto*), Schubgewicht (*n.*). 55 potenza di ~ (*nav.*), Schubleistung (*f.*). 56 ralla del cuscinetto di ~ (*mecc.*), Achsiallagerscheibe (*f.*). 57 rosetta di ~ (*mecc.*), Stoss-scheibe (*f.*). 58 supporto di ~ (cuscinetto di spinta, reggispinta) (*mecc. - nav.*), Drucklager (*n.*). 59 supporto di ~ (a sfere) con scanalature a spirale (formato da due dischi, uno dei quali è munito di gole a spirale piane) (*mecc.*), Spiralrillenlager (*n.*).

spinterogeno (distributore di accensione) (*mot. - aut.*), Zündverteiler (*m.*). 2 ~ (sistema di accensione a batteria) (*mot. - aut.*), Lichtbatteriezünder (*m.*). 3 accensione a ~ (accensione a batteria) (*mot.*), Batteriezündung (*f.*).

spinterometro (*strum. elett.*), Funkenstrecke (*f.*). 2 ~ ad elettrodi mobili (*strum. elett.*), Abreissfunkenstrecke (*f.*). 3 ~ a disco (*elett.*), Plattenfunkenstrecke (*f.*). 4 ~ a scintilla frazionata (*strum. elett.*), Löschfunkenstrecke (*f.*). 5 ~ a sfere (*strum. elett.*), Kugelfunkenstrecke (*f.*). 6 ~ di protezione (*elett.*), Schutzfunkenstrecke (*f.*). 7 ~ rotante (*strum. elett.*), rotierende Funkenstrecke. 8 ~ semplice (*strum. elett.*), Einzelfunkenstrecke (*f.*).

spinto (forzato, accelerato, l'andamento del forno p. es.) (*metall. - ecc.*), forciert. 2 ~ («tirato», motore a comb. interna con is-stemi di aspirazione e scarico a bassissima resistenza, ecc.) (*mot.*), hochforciert, hochgezüchtet.

spintometro (banco spintometrico, misuratore di spinta di motori a getto) (*mot.*), Schubmesseinrichtung (*f.*).

spintore («rimorchiatore a spinta», per trasporti fluviali) (*nav.*, Schubschiff (*n.*), Schubschlepper (*m.*). 2 ~ (slittone, di una pressa) (*macch.*), Stössel (*m.*). 3 ~ (stantuffo, di una brocciatrice a spinta) (*macch. ut.*), Stössel (*m.*). 4 centrifuga ~ (*macch.*), Schubschleuder (*f.*), Schubzentrifuge (*f.*).

spionaggio (*milit. - ecc.*), Spionage (*f.*). 2 ~ industriale (*ind. - leg.*), Betriebsspionage (*f.*), Industriespionage (*f.*), Werkspionage (*f.*).

spiovente (falda) (*ed.*), Abdachung (*f.*).

spira (di un avvolgimento p. es.) (*elett. - ecc.*), Windung (*f.*). 2 ~ (di un elica, filettatura di vite, ecc.) (*mecc.*), Gang (*m.*), Windung (*f.*). 3 ~ della filettatura (filetto, di vite) (*mecc.*), Schraubengang (*m.*), Schraubenwindung (*f.*), Gewindegang (*m.*). 4 ~ della molla (elicoidale) (*mecc.*), Federwindung (*f.*). 5 spire inattive (spire morte, di una bobina) (*elett. - radio*), tote Windungen. 6 spire morte (di una bobina, spire inattive) (*elett. - radio*), tote Windungen. 7 ad una ~ (avvolgimento p. es.) (*elett. - ecc.*), eingängig. 8 numero di spire (*elett. - ecc.*), Windungszahl (*f.*). 9 rapporto spire dell'avvolgimento (*elett.*), Wicklungsverhältnis (*n.*). 10 superficie racchiusa da una ~ (*elett.*), Windungsfläche (*f.*).

spiraglio (osteriggio) (*nav.*), Oberlicht (*n.*).

spirale (linea piana) (*geom.*), Spirale (*f.*), Spirallinie (*f.*), Schneckenlinie (*f.*). 2 ~ (del bilanciere) (*orologio*), Haarfeder (*f.*), Spiralfeder (*f.*). 3 ~ (d'una lampadina) (*elett.*), Wendel (*f.*). 4 ~ di Archimede (*geom.*), Archimedische Spirale. 5 ~ di Cornu (clotoide, spirale di Eulero, spirale di Fresnel, radioide agli archi) (*geom.*), Klothoide (*f.*), Cornusche Spirale. 6 ~ di Eulero (spirale di Cornu, spirale di Fresnel, radioide agli archi, clotoide) (*geom.*), Klothoide (*f.*), Cornusche Spirale. 7 ~ di Fresnel (spirale di Eulero, spirale di Cornu, clotoide, radioide agli archi) (*geom.*), Klothoide (*f.*), Cornusche Spirale. 8 ~ di riscaldamento (nel riscald. elettrico p. es.) (*elett.*), Heizspirale (*f.*). 9 ~ logaritmica (*geom.*), logarithmische Spirale. 10 ~ (metallica) di protezione contro le piegature (del cordone di un apparecchio elettrico) (*elett. - ecc.*), Knickschutzspirale (*f.*). 11 ~ piatta (*elett.*), Flachspirale (*f.*). 12 ~ prezzi-salari (*lav.*), Lohn-Preis-Spirale (*f.*). 13 armatura a ~ (per calcestruzzo) (*ed.*), Spiralbewehrung (*f.*). 14 a ~ (ad elica) (*gen.*), gewunden, spiralförmig. 15 con denti a ~ (*mecc.*), spiralverzahnt. 16 con rivestimento a ~ (filo) (*elett.*), umsponnen. 17 graffi a ~ (difetto di rettifica) (*lav. macch. ut.*), Vorschubspiralen (*f. pl.*). 18 molla a ~ (di orologio p. es.) (*mecc.*), Spiralfeder (*f.*). 19 prova a ~ (per verificare la stabilità di rotta di una nave) (*nav.*), Spiraltest (*m.*).

spiraliforme (*gen.*), spiralförmig.

spirito (alcool) (*chim.*), Spiritus (*m.*). 2 fornello a ~ (*app.*), Spirituskocher (*m.*). 3 vernice a ~ (*vn.*), Spirituslack (*m.*)

spirochetosi (malattia professionale) (*med. - lav.*), Spirochätose (*f.*).

splendere (*v. i. - gen.*), glänzen.

splendore (*gen.*), Glanz (*m.*). 2 ~ (brillanza) (*ott.*), vedi brillanza.

spodio (nero animale, carbone d'ossa, nero d'ossa) (*ind. chim.*), Knochenkohle (*f.*), Spodium (*n.*), Tierschwarz (*n.*), tierische Kohle.

spodumene (trifane, $LiAlSi_6O_6$) (*min.*), Spodumen (*n.*).

spoglia (angolo di spoglia, angolo di sformo, di uno stampo per fucinatura o modello di fonderia) (*fucinatura - fond.*), Schräge (*f.*). 2 ~ (inclinazione della superficie di taglio, di un utensile) (*ut. - lav. macch. ut.*), Hinterarbeitung (*f.*). 3 ~ (di troncatura o di base, del dente di ruota dentata) (*mecc.*), Höhenballigkeit (*f.*). 4 ~ (sfoglia, taccone, «rappezzo», su un getto, p. es.) (*difetto di fond.*), Schülpe (*f.*), Sandstelle (*f.*). 5 ~ alla sommità (del dente) (*mecc.*), Kopfrücknahme (*f.*). 6 ~ assiale (*ut.*), axiale Hinterarbeitung. 7 ~ dello stampo (sformo dello stampo, invito dello stampo) (*ut. fucinatura*), Gesenkschräge (*f.*). 8 ~ di estremità (di un dente di ruota dentata) (*mecc.*), Breitenballigkeit (*f.*). 9 ~ di troncatura (modifica del profilo del dente) (*mecc.*), Flankeneintrittsspiel (*n.*), Eintrittsspiel (*n.*), Flankeneintrittsform (*f.*). 10 ~ (ottenuta) di rettifica (*ut. - lav. macch. ut.*), Hinterschliff (*m.*). 11 ~ radiale (*ut.*), radiale Hinterarbeitung. 12 angolo di ~ assiale (d'una fresa a vite) (*ut.*), Axialwinkel (*m.*), axialer Spanwinkel. 13 angolo di ~ inferiore (angolo di spoglia anteriore, di un utensile da tornio

p. es.) (*ut.*), Freiwinkel (*m.*). **14 angolo di ~ inferiore assiale** (*ut.*), Rückfreiwinkel (*m.*), Axialfreiwinkel (*m.*). **15 angolo di ~ inferiore laterale** (*ut.*), Seitenfreiwinkel (*m.*), Radialfreiwinkel (*m.*). **16 angolo di ~ superiore** (di un ut. da tornio p. es.) (*ut.*), Spanwinkel (*m.*). **17 superficiale di ~** (fianco, in un utensile da tornio) (*ut.*), Freifläche (*f.*). **18 angolo di ~ superiore assiale** (*ut.*), Rückspanwinkel (*m.*), Axialspanwinkel (*m.*). **19 angolo di ~ superiore laterale** (*ut.*), Seitenspanwinkel (*m.*), Radialspanwinkel (*m.*). **20 rettifica dell'angolo di ~** (rettifica della spoglia) (*lav. macch. ut.*), Freischleifen (*n.*). **21 superficie di ~ superiore** (petto, di un ut. da tornio) (*ut.*), Spanfläche (*f.*).

spogliare (*ut. - lav. macch. ut.*), hinterarbeiten, freiarbeiten, freischneiden. **2 ~** (sfilare il pezzo o lo sfrido dal punzone p. es.) (*lav. lamiera - tecnol. mecc.*), abstreifen. **3 ~ alla fresa** (fresare a spoglia, spogliare con fresa) (*lav. macch. ut.*), hinterfräsen. **4 ~ alla mola** (rettificare a spoglia) (*lav. macch. ut.*), hinterschleifen, freischleifen. **5 ~ al tornio** (tornire a spoglia) (*lav. macch. ut.*), hinterdrehen. **6 ~ con fresa** (fresare a spoglia, spogliare alla fresa) (*lav. macch. ut.*), hinterfräsen. **7 utensile per ~** (*ut.*), Hinterstechwerkzeug (*n.*).

spogliatoio (per lavoratori) (*ind.*), Umkleideraum (*m.*). **2 ~** (per minatori) (*min.*), Kaue (*f.*). **3 armadietto da ~** (*ind.*), Kleiderschrank (*m.*).

spogliatore (scaricatore, cilindro spogliatore, cilindro scaricatore, di una carda) (*macch. tess.*), Abnehmer (*m.*), Sammler (*m.*). **2 ~** (dispositivo per spogliare il pezzo tranciato dal punzone p. es.) (*lav. lamiera*), Abstreifer (*m.*). **3 ~ a piastra** (*lav. lamiera*), Abstreifplatte (*f.*). **4 ~ di bava** (*ut. fucinatura*), Gratabstreifer (*m.*). **5 cilindro ~** (spogliatore, scaricatore, di una carda p. es.) (*macch. tess.*), Abnehmer (*m.*), Sammler (*m.*), Streichtrommel (*f.*).

spogliatura (lavorazione a spoglia) (*mecc.*), Hinterdreharbeit (*f.*), Hinterarbeitung (*f.*). **2 ~ a spirale** (di una fresa, con movimento dell'utensile da tornio tale da realizzare una spirale) (*mecc.*), Spiralhinterdrehung (*f.*).

« spoiler » (superficie deportante; superficie inclinata per ridurre la portanza) (*carrozzeria - aut.*), Spoiler (*m.*). **2 coda con ~** (*carrozz. aut.*), Abreissheck (*m.*).

spola (insieme del tubetto e del filato) (*tess.*), Kops (*m.*), Kötzer (*m.*), Garnkörper (*m.*), Bobine (*f.*). **2 ~** (navetta, di un telaio) (*macch. tess.*), Schiffchen (*n.*), Schütze (*m.*), Weberschiff (*n.*). **3 ~** (navetta, di una macchina per cucire) (*ind. tess.*), Langschiffchen (*n.*). **4 ~** (ago per reti) (*tess.*), Filetnadel (*f.*). **5 dispositivo per il cambio automatico della ~** (*macch. tess.*), Schusswechselautomat (*m.*).

spoletta (*espl.*), Zünder (*m.*). **2 ~ ad azione ritardata** (*espl.*), Verzugszünder (*m.*), Spätzünder (*m.*). **3 ~ ad orologeria** (*espl.*), Uhrwerkzünder (*m.*). **4 ~ a percussione** (*espl.*), Aufschlagzünder (*m.*), Stosszünder (*m.*), Anschlagzünder (*m.*), Perkussionszünder (*m.*). **5 ~ a pressione d'acqua** (di una carica di profondità) (*espl.*), Wasserdruckzünder (*m.*). **6 ~ a tempo** (*espl.*), Zeitzünder (*m.*). **7 ~ a tempo ed a percussione** (*espl.*), Zeitaufschlagzünder (*m.*), Doppelzünder (*m.*). **8 ~ di prossimità** (*espl. - milit.*), Annäherungszünder (*m.*), Nahzünder (*m.*). **9 ~ meccanica** (*espl.*), mechanischer Zünder.

spoltiglio (pasta abrasiva) (*mecc.*), Schleifpaste (*f.*). **2 ~ per smerigliatura valvole** (*mecc.*), Ventilschleifpaste (*f.*).

spolverare (*gen.*), abstauben, ausstauben, entstauben, stauben, abstäuben, ausstäuben.

spolvero (sacchetto con polvere per forme) (*fond.*), Trennpuder (*m.*), Formpuder (*m.*).

sponda (riva, di un fiume) (*geogr.*), Ufer (*n.*). **2 ~** (di un autocarro) (*aut.*), Bordwand (*f.*). **3 ~ frontale a cerniera** (sponda frontale ribaltabile, d'un carro merci aperto) (*ferr.*), Stirnklappe (*f.*). **4 ~ laterale** (fiancata, di un autocarro) (*veic.*), Seitenwand (*f.*). **5 ~ posteriore** (di un autocarro) (*aut.*, Rückwand (*f.*). **6 ~ posteriore ribaltabile** (d'un autocarro p. es.) (*veic.*), Hinterklappe (*f.*). **7 ~ ribaltabile** (di un autocarro) (*veic.*), Entladeklappe (*f.*). **8 cedimento della ~** (di un fiume) (*costr. idr.*), Uferabbruch (*m.*). **9 difesa delle sponde** (*costr. idr.*), Uferschutz (*m.*). **10 muro di ~** (*costr. idr. - ing. civ.*), Wangenmauer (*f.*).

sponderuola (*ut. lav. legno*), Gesimshobel (*m.*), Simshobel (*m.*).

spontaneo (*gen.*), spontan. **2 fissione spontanea** (*fis. atom.*), spontane Spaltung.

sporcare (sporcarsi) (*gen.*), schmutzen, beschmutzen.

sporcarsi (sporcare) (*gen.*), sich beschmutzen, beschmutzen, schmutzen.

sporcizia (sudiciume) (*gen.*), Schmutz (*m.*).

sporco (*a. - gen.*), schmutzig. **2 ~** (sporcizia) (*s. - gen.*), Schmutz (*m.*). **3 serbatoio dello ~** (d'un impianto di filtrazione) (*app.*), Schmutztank (*m.*). **4 togliere lo ~** (lavare, pulire; un abito p. es.) (*gen.*), auswaschen.

sporgente (*gen.*), hinausragend, hervorragend, vorstehend, vorspringend. **2 ~** (estremità d'albero di una macch. elett. p. es.) (*mecc.*), überstehend, vorstehend. **3 ~** (in rilievo) (*gen.*), erhaben, erhöht. **4 estremità ~ dell'albero** (*mecc.*), vorstehendes Wellenende.

sporgenza (sporto, aggetto) (*ed. - arch. - ecc.*), Vorsprung (*m.*), Vorkragung (*f.*), Ausladung (*f.*), Auskragung (*f.*). **2 ~** (sbalzo) (*ed. - ecc.*), Überhang (*m.*). **3 ~ bracci** (di una saldatrice, distanza dall'asse degli elettrodi al corpo della macchina) (*tecnol. mecc.*), Ausladung (*f.*). **4 ~ della vite** (dall'appoggio del dado, per un collegamento a vite) (*mecc.*), Schraubenüberstand (*m.*). **5 piccola ~** (piccolo risalto) (*gen.*), Butzen (*m.*).

sporgere (*gen.*), hinausragen, vorspringen. **2 ~** (aggettare, risaltare) (*ed. - arch.*), hervorragen, ausladen, auskragen. **3 ~** (a sbalzo) (*gen.*), überhängen.

sporgersi ((*gen.*), hinauslehnen. **2 è vietato ~ !** (*ferr.*), nicht hinauslehnen!

sporigeno (*biol.*), sporenbildend.

sport (*sport*), Sport (*m.*). **2 ~ acquatico** (*sport*),

sportello

Wassersport (*m.*). 3 ~ **invernali** (*sport*), Wintersport (*m. pl.*). 4 ~ **motoristico** (automobilismo) (*aut.*), Kraftfahrsport (*m.*).
sportello (per servire clienti p. es.) (*uff. - ecc.*), Schalter (*m.*). 2 ~ (finestrino scorrevole p. es.) (*ed. - ecc.*), Schoss (*m.*). 3 ~ **cassa** (di una banca) (*finanz.*), Kassenschalter (*m.*). 4 ~ **di entrata** (di un velivolo) (*aer.*), Eingangsluke (*f.*). 5 ~ **di ispezione** (*macch. - cald. - ecc.*), Handloch (*n.*), Abdeckplatte (*f.*). 6 ~ **per il carico delle merci** (di un aeroplano) (*aer.*), Ladeluke (*f.*). 7 addetto allo ~ (*lav.*), Schalterbeamter (*m.*).
sportivo (*sport*), sportlich.
sporto (risalto, aggetto, sporgenza) (*ed. - arch. - ecc.*), Ausladung (*f.*), Vorsprung (*m.*), Vorkragung (*f.*), Auskragung (*f.*).
spostabile (trasportabile, mobile) (*macch. - ecc.*), fahrbar, fortschaffbar.
spostabinari (macchina per lo spostamento laterale di binari) (*min.*), Rückmaschine (*f.*).
spostacinghia (*mecc.*), Riemenabsteller (*m.*), Riemengabel (*f.*), Riemenausrücker (*m.*), Ausrückgabel (*f.*), Ausrücker (*m.*).
spostamento (*gen.*), Verschiebung (*f.*). 2 ~ (di fase) (*elett.*), Verschiebung (*f.*). 3 ~ (densità di spostamento elettrico) (*elett.*), Verschiebung (*f.*). 4 ~ (del profilo, metodo di correzione di dentature) (*mecc.*), Verschiebung (*f.*). 5 ~ (longitudinale; d'una fresa, secondo il suo asse, per ripartire uniformemente l'usura su tutta la larghezza dell'utensile) (*lav. macch. ut.*), Shiften (*n.*). 6 ~ (scentratura, degli stampi) (*difetto di fucinatura*), Versatz (*m.*), Wandern (*n.*). 7 ~ (*difetto di fond.*), Versetzung (*f.*). 8 ~ (scorrimento, scalatura; dell'informazione durante un impulso, nei comandi numerici p. es.) (*calc.*), Verschiebung (*f.*). 9 ~ **a mano** (della tavola p. es.) (*lav. macch. ut. - ecc.*), Handverstellung (*f.*). 10 ~ **assiale** (*mecc. - ecc.*), Axialverschiebung (*f.*). 11 ~ **d'aria** (*espl. - ecc.*), Luftverdrängung (*f.*). 12 ~ **degli assi** (di ingranaggi) (*mecc.*), Achsversetzung (*f.*). 13 ~ **dell'immagine** (*difetto telev.*), Bildverschiebung (*f.*). 14 ~ **dell'origine** (spostamento dello zero, zero flottante) (*macch. ut. c/n*), Nullpunktverschiebung (*f.*). 15 ~ **dello zero** (spostamento dell'origine, zero flottante) (*macch. ut. c/n*), Nullpunktverschiebung (*f.*). 16 ~ **del profilo** (tipo di correzione per dentature) (*mecc.*), Profilverschiebung (*f.*). 17 ~ **di fase** (*elett.*), Phasenverschiebung (*f.*). 18 ~ **d'insediamento** (trasferimento d'insediamento) (*ed.*), Umsiedlung (*f.*). 19 ~ **di un foro** (nella divisione) (*mecc. - lav. macch. ut.*), Einlochschaltung (*f.*). 20 ~ **elettrico** (*elett.*), dielektrische Verschiebung. 21 ~ **elettrostatico** (*elett.*), elektrostatische Verschiebung. 22 ~ **longitudinale** (traslazione longitudinale) (*lav. macch. ut. - ecc.*), Längsverschiebung (*f.*). 23 ~ **massimo verticale** (altezza massima di sollevamento, d'una ruota anteriore) (*veic.*), Verschränkungsfähigkeit (*f.*). 24 ~ **rapido** (traslazione rapida, corsa rapida) (*lav. macch. ut.*), Eilgang (*m.*), Schnellgang (*m.*). 25 ~ **virtuale** (*mecc.*), virtuelle Verschiebung, virtuelle Verrückung. 26 **coefficiente di** ~ (del profilo di ruote dentate) (*mecc.*), Profilverschiebungsfaktor (*m.*). 27 **corrente di** ~ (*elett.*), Verschiebungsstrom (*m.*). 28 **flusso di** ~ (flusso elettrico) (*elett.*), Verschiebungsfluss (*m.*), elektrischer Verschiebungsfluss, elektrischer Fluss. 29 **principio degli spostamenti virtuali** (*mat.*), Prinzip der virtuellen Verrückungen. 30 **trasduttore di** ~ **lineare** (*app.*), Weggeber (*m.*).
spostare (*gen.*), verschieben, verrücken. 2 ~ (trasferire) (*gen.*), verlegen, umlegen, verlagern. 3 ~ **ad impulsi** (spostare a scatti, muovere ad impulsi, muovere a scatti o ad intermittenza; una slitta p. es.) (*lav. macch. ut. - ecc.*), tippen. 4 ~ **a scatti** (una slitta p. es.; spostare ad impulsi, muovere a scatti, muovere ad impulsi, o ad intermittenza) (*lav. macch. ut. - ecc.*), tippen. 5 ~ **la cinghia** (*mecc.*), den Riemen schalten, den Riemen ausrücken.
spostarsi (muoversi) (*gen.*), sich bewegen. 2 ~ **a scatti** (muoversi a scatti, muoversi ad intermittenza) (*gen.*), sich ruckweise bewegen, rucken.
spostaterra (attrezzo mov. terra) (*veic. agric.*), Erdschieber (*m.*).
spostato (*gen.*), verschoben. 2 ~ (getto p. es.) (*difetto di fond.*), versetzt. 3 **anima spostata** (*difetto di fond.*), versetzter Kern. 4 **getto** ~ (*difetto di fond.*), versetzter Guss.
spostatore (*lav. macch. ut.*), Umschlaggerät (*n.*). 2 ~ **di terra** (spostaterra) (*veic. agric.*), Erdschieber (*m.*).
spranga (stanga, sbarra) (*gen.*), Stange (*f.*).
sprecare (dissipare, denaro) (*gen.*), verschwenden, durchbringen.
spremere (*gen.*), ausdrücken, auspressen, quetschen. 2 **apparecchio per** ~ (spremitoio) (*mecc.*), Auspressmaschine (*f.*), Quetscher (*m.*), Quetsche (*f.*).
spremifrutta (pressa spremifrutta) (*macch.*), Fruchtpresse (*f.*), Scheidepresse (*f.*).
spremitoio (*app.*), Quetscher (*m.*), Quetsche (*f.*), Auspressmaschine (*f.*).
sprizzare (*gen.*), sprühen.
sproporzione (*gen.*), Missverhältnis (*n.*).
spruzzamento (*gen.*), Spritzen (*n.*). 2 ~ **anodico** (*elettronica*), Anodenzerstäubung (*f.*). 3 ~ **catodico** (*elettronica*), Kathodenzerstäubung (*f.*).
spruzzare (*gen.*), spritzen. 2 ~ **alla fiamma** (rivestimenti protettivi non metallici) (*tecnol.*), flammenspritzen. 3 ~ **via** (lavare con spruzzo d'acqua p. es.) (*gen.*), abspritzen.
spruzzato (*gen.*), gespritzt. 2 ~ **alla fiamma** (con materiale protettivo non metallico) (*tecnol.*), flammengespritzt.
spruzzatore (*app.*), Spritzdüse (*f.*), Spritzapparat (*m.*). 2 ~ (getto, di un carburatore) (*mot.*), Spritzdüse (*f.*), Einspritzdüse (*f.*), Düse (*f.*). 3 ~ (nebulizzatore, polverizzatore, per liquidi) (*app.*), Zerstäuber (*m.*).
spruzzatrice (per bitume e catrame) (*macch. - costr. strad.*), Spritzmaschine (*f.*).
spruzzatura (*gen.*), Spritzen (*n.*). 2 ~ (verniciatura a spruzzo) (*vn.*), Lackspritzen (*n.*). 3 ~ **alla fiamma** (di mater. plast. per rivestimento a spruzzo di legno, ecc.) (*tecnol.*), Flammspritzen (*n.*). 4 ~ **elettrostatica** (verniciatura a spruzzo elettrostatica) (*vn.*),

Lackspritzen im elektrostatischen Feld, Rangsburgverfahren (n.). 5 ~ **senza aria** (verniciatura a spruzzo senza aria) (vn.), luftloses Lackspritzen. 6 **campione di** ~ (saggio di spruzzatura) (vn.), Aufspritzmuster (n.).

spruzzetta (pissetta) (att. chim.), Spritzflasche (f.), Waschflasche (f.).

spruzzi (nella saldatura ad arco) (tecnol. mecc.), Spritzer (m. pl.).

spruzzo (gen.), Spritzen (n.). 2 **a** ~ (vn.), gespritzt. 3 **tempra a** ~ (effettuata spruzzando sul pezzo un liquido) (tratt. term.), Sprühhärten (n.).

spugna (app. - ecc.), Schwamm (m.). 2 ~ **abrasiva** (per superfici concave e curve) (ut.), Schleifschwamm (m.). 3 ~ **di platino** (chim.), Platinmohr (m.), Platinschwamm (m.).

spugnosità (di un getto) (difetto fond.), Schwammigkeit (f.).

spugnoso (gen.), schwammig, schwammförmig. 2 ~ (difetto fond.), luckig, schwammig. 3 **gomma spugnosa** (spuma di gomma) (ind. chim.), Schwammgummi (m.), Schaumgummi (m.), Gummischwamm (m.).

spuma (schiuma) (gen.), Schaum (m.). 2 ~ **di gomma** (gomma spugnosa) (ind. gomma), Schaumgummi (m.), Schwammgummi (m.), Gummischwamm (m.).

spunta (operazione di verifica) (contab. - ecc.), Prüfung (f.). 2 **elenco per la** ~ (comm. - ecc.), Prüfliste (f.).

spuntare (tagliare la punta) (gen.), abschneiden. 2 ~ (tagliare l'estremità, di un lingotto p. es.) (metall. - ecc.), abschopfen, schopfen. 3 ~ (verificare, su un elenco p. es.) (gen.), prüfen, abstreichen, anschreiben.

spuntatrice (cesoia, per tagliare via estremità difettose) (macch. - metall.), Schopfschere (f.). 2 ~ (per ruote dentate) (macch. ut.), Abrundmaschine (f.).

spuntatura (operazione di taglio di estremità difettose p. es.) (metall.), Schopfen (n.). 2 ~ (estremità difettosa, di un lingotto p. es.) (metall.), Abfallende (n.). 3 ~ (estremità recisa, di una rotaia p. es.) (metall.), Schopfende (f.). 4 ~ **di billetta** (metall.), Knüppelende (n.). 5 ~ **di lamiera** (lamin.), Stückblech (n.). 6 ~ **di lingotto** (metall.), Abfallende (n.), abgeschöpfter Lunkerkopf.

spuntiglio (mecc.), vedi spoltiglio.

spunto (avviamento) (mot. - ecc.), Anlass (m.), Start (m.), Anlauf (m.). 2 ~ **di avviamento** (mot.), Anlasstoss (m.). 3 **coppia di** ~ (mot. elett. - ecc.), Anlaufmoment (n.), Anlaufdrehmoment (n.). 4 **corrente di** ~ **all'avviamento** (elett.), Anlass-spitzenstrom (m.).

spupinizzazione (di una linea) (telef.), Entspulung (f.).

spurio (numero) (mat.), unecht. 2 **oscillazione spuria** (oscillazione parassita) (fis.), wilde Schwingung.

squadra (att. dis.), Winkel (m.), Winkeldreieck (n.). 2 ~ (di operai p. es.) (lav. - ecc.), Kolonne (f.), Rotte (f.), Gruppe (f.). 3 ~ (di minatori) (lav. min.), Belegschaft (f.). 4 ~ **a cappello** (att.), Winkelmass (n.), Anschlagwinkel (m.). 5 ~ **a cappello da tracciatore** (att. mecc.), Anreisswinkel (m.). 6 ~ **a coltello** (att.), Haarwinkel (m.). 7 ~ **antincendi** (ind. - ecc.), Löschgruppe (f.). 8 ~ **antincendi di fabbrica** (ind.), Werkfeuerwehr (n.). 9 ~ **a T** (att. dis.), Handreisschiene (f.). 10 ~ **a triangolo** (att. dis.), Zeichenwinkel (m.). 11 ~ **da muratore** (att.), Maurerwinkel (m.). 12 ~ **di acciaio** (att.), Stahlwinkel (m.). 13 ~ **di appoggio** (supporto a squadra, mensola) (mecc. - ecc.), Auflagewinkel (m.), Tragwinkel (m.). 14 ~ **di attacco** (min.), Ortsbelegschaft (f.). 15 ~ **di ferro** (att.), Eisenwinkel (m.). 16 ~ **di guida** (di una sega a nastro) (macch. lav. legno), Anschlag (m.). 17 ~ **di operai** (organ. lav.), Arbeiterkolonne (f.). 18 ~ **di operai edili** (lav. - ed.), Bautrupp (m.). 19 ~ **di soccorso di miniera** (min.), Grubenwehr (n.). 20 ~ **di supporto** (mensola) (mecc. - ecc.), Tragwinkel (m.), Auflagewinkel (m.). 21 ~ **d'officina** (att.), Werkstattwinkel (m.). 22 ~ **guardapiano** (strumento per il controllo della planarità di superfici lavorate) (ut.), Stahlwinkel (m.). 23 ~ **per le riparazioni** (lav.), Instandsetzungstrupp (m.). 24 ~ **per misure** (lav.), Messtrupp (m.). 25 ~ **rialzo** (ferr.), Visiteurposten (m.). 26 ~ **riparatori** (personale addetto ai guasti) (telef. - ecc.), Störungstrupp (m.), Störungspersonal (n.). 27 **falsa** ~ (calandrino) (ut. mur.), Schmiege (f.). 28 **lavoro di** ~ (organ. lav.), Zusammenarbeit (f.). 29 **lavoro di** ~ (lavoro di «èquipe») (ind.), Stabsarbeit (f.). 30 **leva a** ~ (mecc.), Winkelhebel (m.).

squadrare (una pietra p. es.) (gen.), behauen. 2 ~ (una trave o una tavola) (carp.), besäumen, beschlagen, abschwarten. 3 ~ **il legno** (ind. del legno), das Holz beschlagen.

squadrato (pietra p. es.) (gen.), behauen, beschlagen. 2 **a spigoli non squadrati** (legname da costruzione) (ed. - legn.), wahnkantig, waldkantig.

squadretta (di lamiera p. es.) (gen.), Winkel (m.). 2 ~ **di fissaggio** (in lamiera p. es.) (disp.), Befestigungswinkel (m.).

squadriglia (aer.), Staffel (f.).

squadro (app. ott. - top.), Winkelkopf (m.), Kreuzscheibe (f.). 2 ~ **a specchi** (per la mis. di angoli retti) (app. ott.), Winkelspiegel (m.). 3 ~ **cilindrico** (app. ott. - top.), Winkeltrommel (f.).

squalifica (sport), Ausschliessung (f.), Ausschluss (m.), Squalifikation (f.).

squalificare (sport), ausschliessen.

squama (scaglia) (gen.), Schuppe (f.).

squamarsi (sfogliarsi) (gen.), zerblättern, sich schuppen.

squamoso (gen.), schuppig.

squilibrato (elett.), unabgeglichen. 2 ~ (mecc.), unwuchtig.

squilibrio (mecc. - ecc.), Unwucht (f.), Unbalanz (f.). 2 ~ **alla consegna** (d'una mola p. es.) (ut. - ecc.), Lieferunwucht (f.). 3 ~ **di fase** (elett.), Phasenunsymmetrie (f.). 4 ~ **di montaggio** (d'una mola p. es.) (mecc.), Einbauunwucht (f.). 5 ~ **dinamico** (mecc. ecc.), dynamische Unwucht. 6 ~ **iniziale** (d'una mola) (ut.), Rohunwucht (f.). 7 ~ **statico** (mecc. - ecc.), statische Unwucht.

Sr (stronzio) (chim.), Sr, Strontium (n.).

sregolare (regolare male) (*gen.*), dejustieren, fehleinstellen.
sregolazione (regolazione errata) (*mecc.*), Fehleinstellung (*f.*).
stabile (*gen.*), standfest, stetig, stabil. 2 ~ (resistente) (*mecc. - ecc.*), beständig, stabil. 3 ~ (di una macch. ut. durante la lavorazione di pezzi p. es.) (*macch. ut.*), starr. 4 ~ (rispetto a forze laterali p. es.) (*veic.*), standsicher. 5 ~ (solido, di un pavimento) (*ed.*), tragfähig. 6 ~ (composto) (*chim.*), haltbar, beständig, stabil. 7 ~ (una nave) (*nav.*), steif. 8 **dimensionalmente** ~ (*gen.*), mass·stabil.
stabilimento (fabbrica) (*ind. - ed.*), Fabrik (*f.*), Werk (*n.*), Betrieb (*m.*). 2 ~ **balneare** (*ed.*), Badeanstalt (*f.*). 3 ~ **chimico** (*ind. chim.*), chemische Fabrik, chemischer Betrieb. 4 ~ **di filatura** (filanda) (*ind. tess.*), Spinnerei (*f.*). 5 ~ **di tessitura** (*ind. tess.*), Webwarenfabrik (*f.*). 6 ~ **industriale** (*ind.*), Industriewerk (*n.*), Industriebetrieb (*m.*). 7 ~ **industriale** (fabbricato industriale) (*ed.*), Fabrikgebäude (*n.*). 8 ~ **metallurgico** (*metall.*), Hütte (*f.*), Hüttenwerk (*n.*), Metallwerk (*n.*). 9 ~ **siderurgico** (ferriera) (*ind.*), Eisenwerk (*n.*). 10 ~ **sussidiario** (il quale produce prodotti ausiliari per lo stabilimento principale o nel quale vengono lavorati i sottoprodotti dello stesso) (*ind.*), Nebenbetrieb (*m.*). 11 ~ **tessile** (*ind. tess.*), Textilfabrik (*f.*). 12 ~ **tipografico** (tipografia) (*tip.*), Druckerei (*f.*), Druckanstalt (*f.*). 13 **area occupata dallo** ~ (*ind.*), Werkgelände (*n.*). 14 **direttore di** ~ (*ind.*), Werkleiter (*m.*). 15 **franco** ~ (franco fabbrica) (*comm.*), ab Werk.
stabilire (fissare) (*gen.*), festlegen, bestimmen. 2 ~ (fissare, le condizioni p. es.) (*comm.*), bestimmen. 3 ~ (fissare, un prezzo p. es.) (*comm.*), festsetzen, dingen. 4 ~ (allacciare, relazioni) (*comm.*), aufnehmen. 5 ~ **la sequenza** (*calc.*), einreihen.
stabilità (resistenza) (*gen.*), Beständigkeit (*f.*). 2 ~ (*mecc.*), Standfestigkeit (*f.*), Stabilität (*f.*). 3 ~ (di una struttura) (*ed.*), Festigkeit (*f.*), Standfestigkeit (*f.*). 4 ~ (di una macchina p. es.) (*macch. - ecc.*), Standsicherheit (*f.*). 5 ~ (d'un veicolo, rispetto a forze laterali p. es.) (*veic.*), Standsicherheit (*f.*). 6 ~ (di un argine p. es.) (*ing. civ.*), Standsicherheit (*f.*). 7 ~ (regime) (*fis.*), eingeschwungener Zustand. 8 ~ (della tensione p. es.) (*elett.*), Konstanz (*f.*). 9 ~ (solidità, resistenza, di colori alla luce ecc.) (*vn.*), Echtheit (*f.*). 10 ~ (di un'emulsione p. es.) (*chim. fot. - ecc.*), Festigkeit (*f.*), Stabilität (*f.*), Haltbarkeit (*f.*), Beständigkeit (*f.*). 11 ~ **contro il rovesciamento** (di una gru p. es.) (*fis. - macch. ind.*), Standsicherheit (*f.*). 12 ~ **dei prezzi** (*comm.*), Preisstabilität (*f.*). 13 ~ **del colore** (solidità del colore) (*chim. - ecc.*), Farbechtheit (*f.*). 14 ~ **del colore** (alle soluzioni di follatura) (*tess.*), Walkechtheit (*f.*). 15 ~ **della frequenza** (*elett.*), Frequenzstabilität (*f.*), Frequenzkonstanz (*f.*). 16 ~ **della moneta** (*finanz.*), Währungsstabilität (*f.*). 17 ~ **della nave** (*costr. nav.*), Schiffsstabilität (*f.*). 18 ~ **della posizione** (del punto d'applicazione d'una forza p. es.) (*mecc.*), Standruhe (*f.*). 19 ~ **di conservazione** (di una vernice p. es.) (*vn. - ecc.*), Lagerbeständigkeit (*f.*). 20 ~ **di marcia** (*aut.*), Fahrstabilität (*f.*). 21 ~ **dimensionale** (col calore p. es.) (*tecnol.*), Massbeständigkeit (*f.*). 22 ~ **dinamica** (*nav. - aer.*), dynamische Stabilität. 23 ~ **direzionale** (stabilità di rotta) (*aer. - ecc.*), Richtungsstabilität (*f.*). 24 ~ **di rotta** (stabilità direzionale) (*aer. - ecc.*), Richtungsstabilität (*f.*). 25 ~ **di volume** (di materiali che non devono aumentare il loro volume) (*ed.*), Raumbeständigkeit (*f.*). 26 ~ **in curva** (*aut.*), Kurvenstabilität (*f.*). 27 ~ **intrinseca** (*aer.*), Eigenstabilität (*f.*), Formstabilität (*f.*). 28 ~ **laterale** (stabilità trasversale) (*aer.*), Seitenstabilität (*f.*), Querstabilität (*f.*), transversale Stabilität. 29 ~ **longitudinale** (*aer.*), Längsstabilität (*f.*), longitudinale Stabilität. 30 ~ **statica** (*nav. - aer.*), statische Stabilität, Aufrichtungsvermögen (*n.*). 31 ~ **strutturale** (*metall.*), Gefügebeständigkeit (*f.*). 32 ~ **trasversale** (*aer.*), Seitenstabilität (*f.*), transversale Stabilität, Querstabilität (*f.*). 33 **condizione di** ~ (*fis.*), Beharrungszustand (*m.*), Stabilitätszustand (*m.*). 34 **grado di** ~ (*fis.*), Stabilitätsgrad (*m.*). 35 **valore in condizioni di** ~ (valore a regime) (*strum. - ecc.*), Beharrungswert (*m.*).
stabilito (determinato, definito) (*gen.*), bestimmt.
stabilitura (intonaco civile, ultima mano di intonaco) (*mur.*), Oberputz (*m.*), Glattputz (*m.*), Feinputz (*m.*), Edelputz (*m.*), Schlichte (*f.*).
stabilizzare (*gen.*), stabilisieren. 2 ~ (la tensione) (*elett.*), ausgleichen. 3 ~ (regolare, livellare; prove di carico p. es.) (*elett.*), ausregeln. 4 ~ (una strada p. es.) (*costr. strad. - ing. civ.*), vermörteln, verfestigen.
stabilizzato (*gen.*), stabilisiert. 2 ~ **a quarzo** (*elettronica*), quarzstabilisiert.
stabilizzatore (*chim. - ecc.*), Stabilisator (*m.*). 2 ~ (regolatore di tensione p. es.) (*elett.*), Ausgleicher (*m.*), Ausgleichapparat (*m.*), Stabilisator (*m.*), Konstanthalter (*m.*), Konstantregler (*m.*). 3 ~ (alimentatore, ballast; per stabilizzare la scarica nelle lampade a scarica elettrica) (*illum.*), Vorschaltgerät (*n.*). 4 ~ (a barra di torsione, barra stabilizzatrice, di una sospensione) (*aut.*), Stabilisator (*m.*), Torsionsstab (*m.*). 5 ~ (piano stabilizzatore orizzontale, piano fisso orizzontale, dell'impennaggio) (*aer.*), Höhenflosse (*f.*). 6 ~ **a barra di torsione** (di una sospensione) (*aut.*), Drehstab-Stabilisator (*m.*). 7 ~ **di assetto** (di un razzo) (*aer.*), Trimmklappe (*f.*). 8 ~ **di fiamma** (*comb.*), Flammenhalter (*m.*). 9 ~ **di tensione** (*elett.*), Spannungsstabilisator (*m.*). 10 ~ **di tensione alternata** (*elett.*), Wechselspannungsstabilisator (*m.*). 11 ~ **(di tensione) a tubo luminescente** (tubo stabilizzatore al neon) (*elett.*), Glimmstabilisator (*m.*), Glimmstabilisatorröhre (*f.*). 12 ~ **di tensione a valvola** (*elett.*), Spannungsregelröhre (*f.*). 13 ~ **giroscopico** (*app. nav.*), Kreisstabilisator (*m.*). 14 ~ **giroscopico antirollio** (girostabilizzatore antirollio) (*app. nav.*), Schlingerkreisel (*m.*). 15 ~ **giroscopico per navi** (girostabilizzatore

per navi) (*nav.*), Schiffskreisel (*m.*). **16 ~ rotante** (di un app. da proiezione) (*cinem.*), Ausgleichschwungscheibe (*f.*), rotierender Dämpfer. **17 ~ trasversale** (*aut.*), Kurvenstabilisator (*m.*). **18 momento ~** (d'una nave) (*nav.*), Stabilitätsmoment (*n.*).

stabilizzazione (*gen.*), Stabilisierung (*f.*). **2 ~** (del terreno) (*ing. civ.*), Verfestigung (*f.*), Vermörtelung (*f.*), Stabilisation (*f.*), Verbesserung (*f.*). **3 ~** (livellamento, di una corrente p. es.) (*radio - elett.*), Glättung (*f.*), Ausgleich (*m.*). **4 ~** (regolazione; di variazioni del carico p. es.) (*elett.*), Ausregelung (*f.*). **5 ~** (di acciai inossidabili) (*metall.*), Stabilisierungsbehandlung (*f.*). **6 ~** (*chim.*), Beständigmachen (*n.*). **7 ~ con sale** (del terreno) (*ing. civ.*), Salzvermörtelung (*f.*), Salzverfestigung (*f.*). **8 ~ della fiamma** (*comb.*) Flammenhaltung (*f.*). **9 ~ della frequenza** (*elett.*), Frequenzregelung (*f.*), Frequenzkonstanthaltung (*f.*), Frequenzstabilisierung (*f.*). **10 ~ del terreno** (*ed. - ing. civ.*), Bodenstabilisation (*f.*), Baugrundverbesserung (*f.*), Bodenstabilisierung (*f.*), Bodenvermörtelung (*f.*), Bodenverfestigung (*f.*). **11 ~ meccanica del terreno** (*ing. civ.*), mechanische Bodenverfestigung, mechanische Bodenstabilisierung. **12 impianto di ~** (per la lavorazione di olio grezzo) (*ind. chim.*), Stabilisierungsanlage (*f.*). **13 ricottura di ~** (ricottura di distensione, ricottura di antistagionatura) (*tratt. term.*), Entspannung (*f.*), Entspannungsglühen (*n.*), Spannungsfreiglühen (*n.*). **14 tempo di ~** (di variazioni del carico) (*elett.*), Ausregelzeit (*f.*).

staccabile (separabile) (*gen.*), scheidbar. **2 ~** (disinseribile) (*elett.*), abschaltbar. **3 ~** (disinnestabile) (*mecc.*), abschaltbar.

staccare (separare, dividere) (*gen.*), trennen, abtrennen. **2 ~** (disinnestare, la frizione p. es.) (*mecc.*), entkuppeln, auskuppeln, abkuppeln. **3 ~** (disinserire, un generatore dalla rete p. es.) (*elett.*), abschalten. **4 ~ dai morsetti** (un apparecchio, p. es.) (*elett.*), abklemmen. **5 ~ la cornetta** (*telef.*), den Hörer abheben. **6 ~ la frizione** (disinnestare la frizione) (*aut.*), auskuppeln, entkuppeln, abkuppeln.

staccarsi (separarsi) (*gen.*), scheiden, sich trennen. **2 ~** (saltare via, vernice p. es.) (*gen.*), abspringen. **3 ~ dalla formazione** (*aer. milit.*), abdrehen.

staccio (setaccio, vaglio a maglia fine) (*min. - ecc.*), Haarsieb (*n.*).

staccionare (*ed.*), einplanken, mit Bretterwand umgeben.

staccionata (steccato) (*ed.*), Bretterwand (*f.*), Planke (*f.*), Bretterzaun (*m.*).

stadera (*att.*), Laufgewichtswaage (*f.*). **2 ~ a ponte** (ponte a bilico, pesa a ponte per il carico di veicoli) (*macch.*), Brückenwaage (*f.*).

stadia (*strum. top.*), Distanzlatte (*f.*), Abstandlatte (*f.*), Messlatte (*f.*).

stadio (*gen.*), Stufe (*f.*), Stadium (*n.*). **2 ~** (di una turbina p. es.) (*macch. - termodin.*), Stufe (*f.*). **3 ~** (*arch. - sport*), Stadion (*n.*). **4 ~** (di un missile) (*astronautica*), Stufe (*f.*). **5 ~** (*radio - elettronica*), Stufe (*f.*). **6 ~ addizionatore** (di impulsi p. es.) (*elett.*), Addierstufe (*f.*). **7 ~ amplificatore** (*elettronica*), Verstärkerstufe (*f.*). **8 ~ convertitore** (di frequenza, stadio mescolatore) (*elettronica*), Mischstufe (*f.*). **9 ~ di comando** (stadio pilota) (*elett.*), Steuerstufe (*f.*). **10 ~ di lancio** (d'un razzo a stadi) (*mot. - ecc.*), Startstufe (*f.*). **11 ~ di multivibratore** (*elettronica*), Kippstufe (*f.*). **12 ~ di multivibratore bistabile** (*elettronica*), bistabile Kippstufe. **13 ~ di potenza** (*elettronica*), Leistungsstufe (*f.*). **14 ~ di pressione** (di un compressore p. es.) (*macch.*), Druckstufe (*f.*). **15 ~ di regolazione** (in turbine a vapore) (*macch.*), Regelstufe (*f.*). **16 ~ di selezione** (*telef.*), Wahlstufe (*f.*). **17 ~ di selezione direzionale** (*telef.*), Richtungswahlstufe (*f.*). **18 ~ di selezione d'utente** (*telef.*), Teilnehmerwahlstufe (*f.*). **19 ~ di uscita** (*radio - ecc.*), Ausgabestufe (*f.*), Auskoppelstufe (*f.*). **20 ~ di uscita** (stadio finale, d'un trasmettitore p. es.) (*radio - ecc.*), Endstufe (*f.*). **21 ~ finale** (stadio di uscita, d'un trasmettitore p. es.) (*radio - ecc.*), Endstufe (*f.*). **22 ~ intermedio** (*macch. - ecc.*), Zwischenstufe (*f.*). **23 ~ invertitore di fase** (*elettronica*), Phasenumkehrstufe (*f.*). **24 ~ mescolatore** (stadio convertitore di frequenza) (*elettronica*), Mischstufe (*f.*). **25 ~ oscillatore** (*elettronica*), Schwingstufe (*f.*). **26 ~ pilota** (stadio di comando) (*elett.*), Steuerstufe (*f.*). **27 ~ preamplificatore** (*radio*), Vorstufe (*f.*). **28 ~ separatore** (circuito separatore) (*radio*), Trennstufe (*f.*). **29 a due stadi** (bistadio) (*macch.*), zweistufig. **30 ad uno ~** (monostadio) (*macch.*), einstufig. **31 a più stadi** (pluristadio) (*macch.*), mehrstufig, vielstufig. **32 a quattro stadi** (*macch. - termod.*), vierstufig. **33 a tre stadi** (*macch.*), dreistufig. **34 compressore del primo ~** (nelle macchine frigorifere pluristadio) (*macch. frig.*), Vorschaltverdichter (*m.*), Booster (*m.*). **35 distacco degli stadi** (di un razzo polistadio) (*astronautica*), Stufentrennung (*f.*). **36 primo ~** (di un razzo) (*astronautica*), Erststufe (*f.*). **37 turbina a più stadi** (*mot.*), Stufenturbine (*f.*).

staffa (per cemento armato, armatura trasversale) (*ed. - c. a.*), Bügel (*m.*). **2 ~** (per fonderia) (*fond. - formatura*), Kasten (*m.*), Formkasten (*m.*). **3 ~** (per fissare un pezzo su un attrezzo) (*att. mecc.*), Pratze (*f.*), Klaue (*f.*), Spanneisen (*n.*). **4 staffe** (armatura trasversale) (*c. a. - ed.*), Bügelbewehrung (*f.*). **5 ~** (per molla a balestra) (*mecc. - veic.*), Bride, Federbride (*f.*), Federbügel (*m.*). **6 ~** (fascia di sostegno) (*mecc. - tubaz.*), Haltebügel (*m.*), Schelle (*f.*). **7 ~** (scarpa, d'una sella di lancio per smistamento carri) (*ferr.*), Hemmschuh (*m.*). **8 ~** (*equitazione*), Steigbügel (*m.*). **9 ~ a cerniera** (staffa apribile, staffa a smottare, staffa matta) (*fond. - formatura*), Abschlagkasten (*m.*), aufklappbarer Formkasten, Abschlagformkasten (*m.*). **10 ~ ad U** (bullone ad U, cavallotto) (*mecc. - veic.*), Bügelbolzen (*m.*), Bügelschraube (*f.*), U-Bolzen (*m.*). **11 ~ a gancio** (staffa di bloccaggio a gancio, di un attrezzo per lav. alla macch. ut.) (*att. mecc.*), Hakenspanneisen (*n.*). **12 ~ a gradini** (staffa di bloccaggio a gradini) (*mecc.*), Stufenpratze (*f.*). **13 ~ apribile**

staffare

(staffa a smottare, staffa matta, staffa a cerniera) (*fond. - formatura*), Abschlagkasten (*m.*), aufklappbarer Formkasten, Abschlagformkasten (*m.*). **14 ~ a smottare** (staffa a cerniera, staffa apribile, staffa matta) (*fond. - formatura*), Abschlagkasten (*m.*), Abschlagformkasten (*m.*), aufklappbarer Formkasten. **15 ~ della molla (a balestra)** (cavallotto della molla a balestra) (*veic.*), Federbügel (*m.*), Federbride (*f.*), Federband (*n.*). **16 ~ di bloccaggio** (di un attrezzo per fresatura p. es.) (*att. mecc. - ecc.*), Spanneisen (*n.*), Spannklaue (*f.*), Spannpratze (*f.*). **17 ~ di serraggio** (*mecc.*), Spannklaue (*f.*), Spannpratze (*f.*), Spanneisen (*n.*). **18 ~ di sicurezza** (*app. di sollev.*), Sicherheitsbügel (*m.*). **19 ~ di supporto** (*mecc.*), Tragbügel (*m.*). **20 ~ estraibile** (*fond. - formatura*), Abstreifformkasten (*m.*). **21 ~ inferiore** (fondo) (*fond. - formatura*), Unterkasten (*m.*), unterer Formkasten. **22 ~ intermedia** (fascia) (*fond. - formatura*), mittlerer Formkasten. **23 ~ matta** (staffa a smottare, staffa apribile, staffa a cerniera) (*fond. - formatura*), Abschlagkasten (*m.*), Abschlagformkasten (*m.*), aufklappbarer Formkasten. **24 ~ per (armatura di) solai** (in cemento armato) (*ed. - c. a.*), Deckenbügel (*m.*). **25 ~ per formatura meccanica** (*fond. - formatura*), Maschinenformkasten (*m.*). **26 ~ per siviera** (bilanciere per siviera) (*fond.*), Pfannenbügel (*m.*). **27 ~ per tubi** (*tubaz.*), Rohrschelle (*f.*). **28 ~ prensile** (grappa, per salire su pali) (*att.*), Klettereisen (*n.*). **29 ~ superiore** (coperchio) (*fond. - formatura*), Oberkasten (*m.*), oberer Formkasten. **30 falsa ~** (*fond. - formatura*), Abschlagformkasten (*m.*), Abschlagkasten (*m.*), aufklappbarer Formkasten. **31 forma in ~** (*fond.*), geschlossene Form. **32 mezza ~** (mezza forma) (*fond. - formatura*), Formhälfte (*f.*). **33 senza ~** (a motta) (*fond. - formatura*), kastenlos.

staffare (serrare un pezzo) (*lav. macch. ut.*), einspannen, spannen.

staffetta (*sport*), Staffette (*f.*), Staffel (*f.*).

stagionale (*lav. - ecc.*), jahreszeitlich, Saison... **2 lavoratore ~** (*lav.*), Saisonarbeiter (*m.*). **3 variazione ~** (*gen.*), Saisonschwankung (*f.*).

stagionante (*s. - ind. chim.*), Alterungsmittel (*n.*), Auswitterungsmittel (*n.*). **2 ~ per calcestruzzo** (antievaporante) (*s. - ed.*), Betonnachbehandlungsmittel (*n.*), Betonschutzanstrich (*n.*).

stagionare (*gen.*), altern. **2 ~** (dei calibri) (*mecc.*), entspannen, altern. **3 ~** (essiccare) (*legno*), trocknen, austrocknen, ablagern, auswittern. **4 ~ all'aria** (essiccare naturalmente) (*legno*), lufttrocknen.

stagionato (invecchiato) (*gen.*), gealtert. **2 ~** (essiccato) (*legno*), trocken, abgelagert.

stagionatura (*gen.*), Alterung (*f.*). **2 ~** (condizionatura) (*ind. tess.*), Konditionierung (*f.*). **3 ~** (di strumenti di misura p. es.) (*mecc.*), Entspannung (*f.*), Alterung (*f.*). **4 ~** (essiccazione) (*ind. legno*), Austrocknung (*f.*), Trocknung (*f.*), Ablagerung (*f.*). **5 ~** (del vetro) (*ind. vetr.*), Alterung (*f.*). **6 ~** (macerazione, maturazione di argilla umida per migliorare la plasticità) (*fond.*), Mauken (*n.*). **7 incrinatura di ~** (*ut. mecc.*), Alterungsriss (*m.*).

stagione (*meteor. - ecc.*), Saison (*f.*). **2 ~ delle piogge** (*geogr. - meteor.*), Regenzeit (*f.*). **3 ~ morta** (*comm.*), tote Saison.

stagnaio (stagnino) (*lav.*), Klempner (*m.*), Spengler (*m.*), Blechner (*m.*), Flaschner (*m.*), Geräteklempner (*m.*).

stagnante (acqua) (*idr. - geol.*), stagnierend, stehend, tot.

stagnare (*tecnol. mecc.*), verzinnen. **2 ~ ad immersione** (*metall.*), tauchverzinnen.

stagnato (*tecnol. mecc.*), verzinnt. **2 ~ a caldo** (stagnato a fuoco) (*metall.*), feuerverzinnt.

stagnatura (*tecnol. mecc.*), Verzinnung (*f.*). **2 ~** (per saldare, brasatura) (*tecnol. mecc.*), Reiblöten (*n.*). **3 ~ a caldo** (*tecnol. mecc.*), Feuerverzinnung (*f.*), Heissverzinnung (*f.*). **4 ~ a diffusione** (immersione, di getti di ottone principalmente, in un bagno contenente cloruro di stagno con conseguente scambio di atomi di zinco con atomi di stagno) (*tecnol. mecc.*), Zinndiffusion (*f.*). **5 ~ ad immersione** (*tecnol. mecc.*), Tauchverzinnung (*f.*). **6 ~ ad immersione** (in soluzione di cloruro di stagno, stagnatura a diffusione) (*tecnol. mecc.*), Zinndiffusion (*f.*), Sudverzinnung (*f.*).

stagnino (stagnaio) (*lav.*), Klempner (*m.*), Spengler (*m.*), Blechner (*m.*), Flaschner (*m.*), Geräteklempner (*n.*).

stagno (metallo) (Sn - s. - *chim. - metall.*), Zinn (*n.*). **2 ~** (a tenuta, ermetico) (*a. - tecnol.*), dicht. **3 ~** (*a. - min.*), wetterdicht. **4 ~** (pressurizzato, di cabina di velivolo per alta quota) (*a. - aer.*), druckfest. **5 ~ all'acqua** (*macch. - ecc.*) (*elett. - ecc.*), wasserdicht. **6 ~ alla polvere** (a tenuta di polvere, ermetico alla polvere) (*app. - ecc.*), staubdicht. **7 ~ al gas** (a tenuta di gas) (*ind.*), gasdicht. **8 ~ a pressione** (getto p. es.) (*gen.*), druckdicht. **9 ~ grigio** (*metall.*), graues Zinn. **10 ~ per brasare** (stagno per brasature) (*tecnol. mecc.*), Lötzinn (*n.*), Zinnlot (*n.*). **11 blocco di ~** (*metall.*), Zinnblock (*m.*). **12 bronzo allo ~** (lega), Zinnbronze (*f.*). **13 eliminare lo ~** (da cascami di latta) (*metall.*), Entzinnen (*n.*). **14 grido dello ~** (nella piegatura di un'asta) (*metall.*), Zinnschrei (*m.*). **15 lega di ~ per microfusione** (lega), Zinnspritzgusslegierung (*f.*). **16 non ermetico** (*gen.*), undicht. **17 peste dello ~** (riduzione in polvere di un tipo di stagno grigio (*metall.*), Zinnpest (*f.*). **18 ravvivatura a ~** (di contatti p. es.) (*elett.*), Belötung (*f.*). **19 rendere ~ mediante colata** (un cavo p. es.) (*elett.*), ausgiessen.

stagnola (*metall.*), Stanniol (*n.*), Zinnfolie (*f.*), Blattzinn (*n.*).

stalagmite (*geol.*), Stalagmit (*m.*), Tropfstein (*m.*), Tropfsteinsäule (*f.*).

stalagmometro (contatore di gocce tarato) (*strum.*), Stalagmometer (*n.*), Tropfenmesser (*m.*).

stalattite (*geol.*), Stalaktit (*m.*), Zapfentropfstein (*m.*), Abtropfstein (*m.*).

stalla (*agric. - ed.*), Stall (*m.*), Stallung (*f.*).

stallare (perdere portanza) (*aer.*), durchsacken, überziehen.
stallatico (letame) (*agric.*), Stalldünger (*m.*), Mist (*m.*).
stallìa (durata della sosta di una nave nel porto) (*nav.*), Liegezeit (*f.*).
stallo (distacco della corrente fluida dalla superficie portante con conseguente perdita di portanza) (*aer.*), Überziehen (*n.*), Sackzustand (*m.*). 2 angolo di ~ (angolo d'incidenza critica) (*aer.*), kritischer Anstellwinkel, Abreisswinkel (*m.*). 3 indicatore di ~ (*strum. aer.*), Durchsackwarngerät (*n.*), Sackfluganzeiger (*m.*). 4 prova di ~ (*aer.*), Abkippgeschwindigkeitsmessung (*f.*). 5 velocità di ~ (*aer.*), Überziehgeschwindigkeit (*f.*), Durchsackgeschwindigkeit (*f.*), Sackgeschwindigkeit (*f.*), Abkippgeschwindigkeit (*f.*).
stampa (a rilievo p. es.) (*tip. - ind. graf.*), Druck (*m.*), Druckarbeit (*f.*). 2 ~ (la stampa, i giornali) (*tip. - giorn.*), Presse (*f.*), das Zeitungswesen (*n.*). 3 ~ (dei tessuti, operazione) (*ind. tess.*), Drucken (*n.*). 4 ~ (di fotografie p. es.) (*fot.*), Druck (*m.*), Abziehen (*n.*). 5 ~ a colori (*tip. - ind. graf.*), Farbendruck (*m.*), Buntdruck (*m.*). 6 ~ a contatto (*fot.*), Kontaktdruck (*m.*). 7 ~ a due colori (stampa duplex, stampa bicolore) (*tip. - ind. graf.*), Zweifarbendruck (*m.*), Duplexdruck (*m.*). 8 ~ al bromuro (*fot.*), Bromsilberdruck (*m.*). 9 ~ all'acquaforte (*ind. graf.*), Ätzdruck (*m.*). 10 ~ all'anilina (stampa flessografica) (*tip. - ind. graf.*), Anilindruck (*m.*), Gummidruck (*m.*). 11 ~ a macchina (*tip. - ind. graf.*), Maschinendruck (*m.*). 12 ~ anastatica (*tip. - ind. graf.*), anastatischer Druck. 13 ~ a pigmento (per tessuti) (*ind. tess.*), Pigmentdruck (*m.*). 14 ~ a più colori (policromia) (*tip. - ind. graf.*), Mehrfarbendruck (*m.*), Vielfarbendruck (*m.*). 15 ~ a rilievo (stampa tipografica) (*tip.*), Hochdruck (*m.*), Buchdruck (*m.*). 16 ~ a riserva (di tessuti) (*ind. tess.*), Reservedruck (*m.*). 17 ~ bicolore (stampa a due colori, stampa duplex) (*tip. - ind. graf.*), Duplexdruck (*m.*), Zweifarbendruck (*m.*). 18 ~ calcografica (stampa a incavo, stampa con matrice incavata) (*ind. graf.*), Tiefdruck (*m.*). 19 ~ con platina (*tip.*), Tiegeldruck (*m.*). 20 ~ dalla bobina (stampa dal rotolo, stampa rotativa) (*tip. - ind. graf.*), Rotationsdruck (*m.*). 21 ~ dal rotolo (stampa dalla bobina, stampa rotativa) (*tip. - ind. graf.*), Rotationsdruck (*m.*). 22 ~ da matrice piana (stampa planografica) (*tip. - ind. graf.*), Flachdruck (*m.*), Flachformdruck (*m.*). 23 ~ dei tessuti (*ind. tess.*), Textildruck (*m.*), Zeugdruck (*m.*). 24 ~ della volta (stampa del retro di un foglio) (*tip.*), Widerdruck (*m.*). 25 ~ di fantasia (*tip. - ind. graf.*), Zierdruck (*m.*). 26 ~ di musica (*tip. - ind. graf.*), Notendruck (*m.*). 27 ~ di opere (*tip. - ind. graf.*), Werkdruck (*m.*). 28 ~ diretta (di tessuti) (*ind. tess.*), Direktdruck (*m.*). 29 ~ duplex (stampa a due colori, stampa bicolore) (*tip. - ind. graf.*), Duplexdruck (*m.*). 30 ~ estera (*stampa - giorn.*), Auslandspresse (*f.*). 31 ~ flessografica (stampa all'anilina) (*tip. - ind. graf.*), Anilindruck (*m.*), Gummidruck (*m.*). 32 ~ in grassetto (*tip. - ind. graf.*), Fettdruck (*m.*), Dickdruck (*m.*). 33 ~ in piano (stampa planografica) (*tip. - ind. graf.*), Flachdruck (*m.*), Flachformdruck (*m.*). 34 ~ in rilievo (per copertine di libri p. es.) (*tip. - ind. graf.*), Prägedruck (*m.*), Reliefdruck (*m.*). 35 ~ in trasparenza (*tip.*), Konterdruck (*m.*). 36 ~ litografica (*ind. graf.*), Steindruck (*m.*). 37 ~ mal riuscita (*tip.*), Fehldruck (*m.*). 38 ~ negativa (nella quale la scrittura o l'immagine appaiono nel colore della carta) (*tip. - ind. graf.*), Negativdruck (*m.*). 39 ~ offset (*ind. graf.*), Offsetdruck (*m.*). 40 ~ per corrosione (di tessuti) (*ind. tess.*), Ätzdruck (*m.*). 41 ~ planografica (stampa da matrice piana) (*tip. - ind. graf.*), Flachdruck (*m.*), Flachformdruck (*m.*). 42 ~ (planografica) con lastra di alluminio (algrafia) (*tip. - ind. graf.*), Aluminiumdruck (*m.*), Algraphie (*f.*). 43 ~ rotativa (*ind. graf.*), Rotationsdruck (*m.*). 44 ~ rotocalco (stampa calcografica rotativa) (*ind. graf.*), Rotationstiefdruck (*m.*), Tiefdruck (*m.*). 45 ~ rotocalco a colori (*ind. graf.*), Farbentiefdruck (*m.*). 46 ~ sovrapposta (sovrastampa) (*tip.*), Überdruck (*m.*). 47 ~ spaziata (stampa spazieggiata) (*tip.*), Sperrdruck (*m.*). 48 ~ specializzata (stampa tecnica) (*giorn. - ecc.*), Fachpresse (*f.*). 49 ~ tecnica (stampa specializzata) (*giorn. - ecc.*), Fachpresse (*f.*). 50 ~ tipografica (stampa a rilievo) (*tip.*), Hochdruck (*m.*), Buchdruck (*m.*). 51 ~ « Vigoureux » (*ind. tess.*), Vigoureuxdrucken (*n.*). 52 ~ Xero (*uff. - ecc.*), Xerodruck (*m.*). 53 agenzia di ~ (*giorn.*), Presseagentur (*f.*). 54 bozza di ~ (*tip.*), Druckprobe (*f.*). 55 bozza per la ~ (bozza corretta, ultima bozza corretta) (*tip.*), Reindruck (*m.*). 56 cilindro da ~ (*macch. da stampa*), Druckwalze (*f.*). 57 comunicato per la ~ (*comm. - ecc.*), Pressemitteilung (*f.*), Freigabe für die Presse. 58 conferenza ~ (*giorn. - comm.*), Pressekonferenz (*f.*), Pressekolloquium (*n.*). 59 essere in corso di ~ (*tip.*), im Druck sein. 60 inchiostro da ~ (*tip.*), Druckfarbe (*f.*), Druckerfarbe (*f.*). 61 lastra per la ~ rotativa (*ind. graf.*), Rotationsdruckplatte (*f.*). 62 lastra per ~ offset (*ind. graf.*), Offsetdruckplatte (*f.*). 63 lavori di ~ avventizi (*tip.*), Akzidenzdruck (*m.*). 64 libertà di ~ (*giorn. - ecc.*), Druckfreiheit (*f.*), Pressfreiheit (*f.*). 65 macchina da ~ (*macch. da stampa*), Druckmaschine (*f.*), Druckereimaschine (*f.*). 66 macchina da ~ veloce (*macch. tip.*), Schnellpresse (*f.*). 67 macchina per la ~ di tessuti (stampatrice di tessuti) (*macch.*), Textildruckmaschine (*f.*). 68 macchina per la ~ flessografica (*macch. tip.*), Anilindruckmaschine (*f.*). 69 nero da ~ (inchiostro da stampa) (*tip.*), Druckerschwärze (*f.*), Schwärze (*f.*). 70 notizie ~ (*giorn.*), Pressenachrichten (*f. pl.*). 71 procedimento di ~ (*tip. - ind. graf.*), Druckverfahren (*n.*). 72 procedimento di ~ a matrice piana (procedimento di stampa planografica) (*tip.*), Flachdruckverfahren (*n.*). 73 pronto per la ~ (*tip.*), druckfertig, druckreif. 74 scrittura

stampabile

a ~ (*tip.*), Druckschrift (*f.*). **75 tele cerate per la** ~ (*ind. graf.*), Druckwachstücher (*n. pl.*). **76 ufficio** ~ (di un'azienda) (*ind.*), Press·stelle (*f.*).

stampabile (fucinabile a stampo) (*fucin.*), gesenkschmiedbar. **2** ~ (lamiera) (*tecnol.*), formstanzbar. **3** ~ (carta p. es.) (*tess. - carta*), druckbar. **4** ~ (pronto per la stampa) (*giorn. - tip.*), druckfertig, druckreif. **5** ~ **ad iniezione** (mater. plastica) (*tecnol.*), spritzgiessbar. **6** ~ **a trasferimento** (mater. plastica) (*tecnol.*), spritzpressbar.

stampabilità (caratteristica della carta) (*tecnol. - tip.*), Bedruckbarkeit (*f.*).

stampaggio (stampatura, fucinatura a stampo, al maglio od alla pressa) (*fucinatura*), Gesenkschmieden (*n.*). **2** ~ (foggiatura a stampo) (*lav. lamiera*), Formstanzen (*n.*). **3** ~ (di materie plastiche) (*tecnol.*), Pressen (*n.*). **4** ~ **a caldo** (fucinatura a stampo) (*fucinatura*), Gesenkschmieden (*n.*). **5** ~ **a caldo alla pressa** (*fucinatura*), Warmpressen (*n.*). **6** ~ **a caldo al maglio** (*fucinatura*), Fallhammerschmieden (*n.*). **7** ~ **a canali caldi** (di mater. plast.) (*tecnol.*), ausgussloses Spritzen. **8** ~ **a compressione** (di materie plastiche) (*tecnol.*), Formpressen (*n.*), Pressen (*n.*). **9** ~ **ad alta energia** (foggiatura plastica ad alta energia) (*tecnol. mecc. - fucin.*), Hochenergieumformung (*f.*), Hochleistungsverformung (*f.*), Hochgeschwindigkeitsumformung (*f.*). **10** ~ **ad iniezione** (di materie plastiche) (*tecnol.*), Spritzgiessen (*n.*). **11** ~ **ad iniezione a rilievo** (di mat. plast.) (*tecnol.*), Spritzprägen (*n.*). **12** ~ **ad urto** (*tecnol. mecc.*), Schlagpressen (*n.*). **13** ~ **a freddo** (*tecnol. mecc.*), Kaltgesenkdrücken (*n.*), Kaltschlagen (*n.*). **14** ~ **a freddo alla pressa** (*tecnol. mecc.*), Kaltpressen (*n.*). **15** ~ **alla pressa** (tra stampo superiore e stampo inferiore) (*lav. di lamiere - fucinatura*), Pressen (*n.*). **16** ~ **al maglio** (*fucinatura*), Fallschmieden (*n.*), Fallhammerschmieden (*n.*). **17** ~ **a percussione** (stampaggio a pressione dinamica, estrusione a percussione, di ruote dentate p. es.) (*tecnol. mecc.*), Schlagfliesspressen (*n.*). **18** ~ **a pressione dinamica** (stampaggio a percussione, estrusione a percussione, di ruote dentate p. es.) (*tecnol. mecc.*), Schlagfliesspressen (*n.*). **19** ~ **con esplosivi** (dei metalli) (*tecnol. mecc.*), Explosiv-Umformung (*f.*). **20** ~ **con sacco** (per produrre grandi pezzi in mat. plast) (*tecnol.*), Drucksackverfahren (*n.*). **21** ~ **di finitura** (fucinatura di finitura) (*fucinatura*), Fertigschmieden (*n.*). **22** ~ **elastico** (con controstampo elastico) (*lav. lamiera*), Elastik-Stanzen (*n.*). **23** ~ **in rilievo** (goffratura) (*tecnol. mecc.*), Gaufrieren (*n.*). **24** ~ **per compressione** (di materie plastiche) (*tecnol.*), Pressen (*n.*). **25** ~ **per compressione dinamica** (di materie plastiche) (*tecnol.*), Schlagpressen (*n.*). **26** ~ **per trasferimento** (di materie plastiche) (*tecnol.*), Spritzpressen (*n.*), Transferpressen (*n.*). **27 idoneità allo** ~ **leggero** (piegabilità, di una lamiera) (*ind. metall.*), Falzgüte (*f.*). **28 idoneità allo** ~ **medio** (imbutibilità, d'una lamiera) (*ind. metall.*), Ziehgüte (*f.*). **29 idoneità allo** ~ **profondo** (imbutibilità profonda, di lamiere) (*ind. metall.*), Tiefziehgüte (*f.*). **30 incorporare durante lo** ~ (parti metalliche p. es. entro materie plastiche) (*tecnol.*), einpressen. **31 incorporato durante lo** ~ (parte metallica in seno a materia plastica p. es.) (*tecnol.*), eingepresst. **32 macchina per lo** ~ **a iniezione** (di mat. plast.) (*macch.*), Spritzgiessmaschine (*f.*). **33 macchina per lo** ~ **a iniezione a vite** (per mat. plast.) (*macch.*), Schneckenspritzgiessmaschine (*f.*). **34 materiale da** ~ (per pezzi in materia plastica) (*ind. chim.*), Formasse (*f.*), Formstoff (*m.*). **35 materiale per** ~ **a freddo** (mat. plast.) (*tecnol.*), Kaltpressmasse (*f.*). **36 matrice di** ~ (per dischi) (*acus.*), Sohn (*m.*). **37 officina di** ~ (reparto di stampaggio lamiere) (*tecnol. mecc.*), Stanzerei (*f.*). **38 officina di** ~ (*fucin.*), Gesenkschmiede (*f.*). **39 officina di** ~ (*ind. mat. plast.*), Presserei (*f.*). **40 ottenuto di** ~ (ottenuto a deformazione, foro p. es., in un pezzo di materia plastica) (*tecnol.*), gepresst. **41 pezzo finito di** ~ (fucinato a stampo) (*fucinatura*), Endform (*f.*), Gesenkschmiedestück (*n.*). **42 reparto di** ~ (officina di stampaggio lamiere) (*tecnol. mecc.*), Stanzerei (*f.*).

stampante (stampatrice, dispositivo d'uscita di calcolatori) (*s. - calc.*), Drucker (*m.*), Druckapparat (*m.*). **2** ~ (dispositivo stampante, d'un registratore p. es.) (*s. - app.*), Druckwerk (*n.*), Drucker (*m.*). **3** ~ (app. di un voltmetro digitale p. es.) (*s. - app.*), Drucker (*m.*). **4** ~ **a barre** (*calc.*), Stabdrucker (*m.*). **5** ~ **a cilindro** (*calc.*), Walzendrucker (*m.*). **6** ~ **a pagine** (*calc.*), Blattdrucker (*m.*), Blattschreiber (*m.*). **7** ~ **di un carattere alla volta** (stampante seriale) (*elab. dati*), Zeichendrucker (*m.*). **8** ~ **parallela** (*elab. dati*), Zeilendrucker (*m.*). **9** ~ **rapida** (stampatrice rapida) (*calc.*), Schnelldrucker (*m.*). **10** ~ **seriale** (stampante di un carattere alla volta) (*elab. dati*), Zeichendrucker (*m.*). **11** ~ **serie-parallelo** (stampatrice serie-parallelo) (*calc.*), Serien-Paralleldrucker (*m.*). **12 dispositivo** ~ (d'un registratore p. es.) (*app.*), Druckwerk (*n.*).

stampare (fucinare a stampo, al maglio od alla pressa) (*fucinatura*), gesenkschmieden, im Gesenk ausschmieden. **2** ~ (*lav. lamiera*), formstanzen. **3** ~ (*tip. - ind. graf.*), drucken. **4** ~ (fotografie) (*fot.*), abziehen. **5** ~ **a caldo** (fucinare a stampo) (*tecnol. mecc.*), gesenkschmieden. **6** ~ **a caldo alla pressa** (*tecnol. mecc.*), warmpressen. **7** ~ **ad iniezione** (materie termoplastiche) (*tecnol.*), spritzgiessen. **8** ~ **a freddo** (di lamiera p. es.) (*tecnol. mecc.*), kaltschlagen, kaltgesenkdrücken. **9** ~ **a freddo alla pressa** (*tecnol. mecc.*), kaltpressen. **10** ~ **alla pressa** (*lav. di lamiere - fucinatura*), pressen. **11** ~ **a riserva** (tessuti) (*ind. tess.*), mit Reserve drucken, reservieren. **12** ~ **la volta** (*tip.*), widerdrucken. **13** ~ **male** (stampare con errori, fare errori di stampa) (*tip.*), verdrucken. **14** ~ **per compressione** (materie plastiche) (*tecnol.*), pressen.

stampata (singola iniezione di mat. plast.) (*tecnol.*), Schuss (*m.*). **2 numero di stampate** (numero di iniezioni di mat. plast. nell'unità di tempo) (*tecnol.*), Schusszahl (*f.*). **3 conta-**

tore di stampate (di mat. plast.) (app.), Schusszähler (m.).

stampato (fucinato a stampo) (a. - fucinatura), gesenkgeschmiedet. 2 ~ (pezzo stampato) (s. - tecnol. mecc.), Pressling (m.), Pressteil (m.). 3 ~ (pezzo fucinato a stampo) (s. - fucinatura), Gesenkschmiedestück (n.). 4 ~ (a. - lav. lamiera), formgestanzt, gepresst. 5 ~ (pezzo stampato) (s. - lav. lamiera), Pressteil (m.). 6 ~ (a. - tip.), gedruckt. 7 **stampati** (moduli ecc.) (s. - uff. ecc.), Drucksachen (f. pl.), Druckschriften (f. pl.). 8 ~ **a compressione** (pezzo in materia plastica) (a. - tecnol.), gepresst. 9 ~ **a compressione** (pezzo stampato a compressione, di mater. plast.) (s. - tecnol.), Pressteil (m.). 10 ~ **ad iniezione** (materia plastica) (a. - tecnol.), gespritzt. 11 ~ **ad iniezione** (pezzo di mat. plast.) (s. - tecnol.), Spritzgiessteil (m.), Spritzling (m.). 12 ~ **alla pressa** (pezzo stampato alla pressa) (tecnol. mecc.), Gesenkpressteil (m.). 13 ~ **cattedrale** (vetro cattedrale) (arch. - mft. vetro), Kathedralglas (n.). 14 ~ **in grassetto** (tip.), fettgedruckt. 15 **circuito** ~ (elett.), gedruckte Schaltung, gedruckter Stromkreis. 16 **pezzo** ~ **ad iniezione** (pezzo stampato con procedimento ad iniezione, pezzo in materiale termoplastico) (tecnol.), Spritzguss (m.), Spritzgussteil (m.). 17 **(pezzo)** ~ **al maglio** (fucinatura), Hammerschmiedestück (n.).

stampatore (tipografo) (tip. - lav.), Drucker (m.). 2 ~ (ind. mat. plast.), Presser (m.).

stampatrice (macch.), Druckmaschine (f.). 2 ~ (stampante, dispositivo d'uscita di calcolatori) (calc.), Drucker (m.), Druckapparat (m.). 3 ~ (app. - calc.), vedi anche stampante. 4 ~ **di tessuti** (macchina per la stampa di tessuti) (macch.), Textildruckmaschine (f.). 5 ~ **per lamine metalliche** (macch. p. stampa), Metallfoliendruckmaschine (f.). 6 ~ **rapida** (stampante rapida) (calc.), Schnelldrucker (m.). 7 ~ **serie-parallelo** (stampante serie-parallelo) calc.), Serien-Paralleldrucker (m.).

stampatura (stampaggio, fucinatura a stampo) (fucinatura), Gesenkschmieden (n.).

stampe (posta), Drucksachen (f. pl.).

stamperia (tipografia) (tip.), graphische Werkstatt.

stampigliare (punzonare, dei pezzi con una sigla p. es.) (tecnol.), stempeln, signieren.

stampigliatrice (macch.), Signiermaschine (f.), Signierungmaschine (f.).

stampigliatura (punzonatura, di segni su pezzi) (tecnol.), Stempeln (n.), Signierung (f.). 2 **inchiostro per** ~ (trasp.), Signierfarbe (f.).

stampinare (casse p. es.) (trasp. - ecc.), schablonieren.

stampinatura (di casse p. es.) (trasp. - ecc.), Schablonierung (f.), Schablonenbeschriftung (f.), Schablonenschrift (f.).

stampino (lamiera tranciata p. es. con scritte, per marcare casse p. es.) (ut. - trasp. - ecc.), Schablone (f.).

stampista (lav. fucin.), Gesenkschlosser (m.). 2 ~ (lav. mat. plast.), Formschlosser (m.).

stampo (per la lavorazione a deformazione a caldo od a freddo di pezzi metallici) (ut. fucinatura - ut. lav. lamiera), Gesenk (n.). 2 ~ (per lavorazione plastica della lamiera) (ut. lav. lamiera), Stanze (f.), Gesenk (n.), Werkzeug (n.). 3 ~ (per pressofusione) (ut. fond.), Form (f.), Druckgiessform (f.). 4 ~ (per fucinatura a mano) (ut. fucinatura), Gesenk (n.), Senkeisen (n.). 5 ~ (per materie plastiche) (ut. - tecnol.), Form (f.). 6 ~ (per iniezione di materie plastiche) (ut. tecnol.), Spritzform (f.), Spritzgusswerkzeug (n.), Spritzgussform (f.). 7 ~ (per lo stampaggio a compressione di materie plastiche) (ut. - tecnol.), Pressform (f.). 8 ~ (inferiore, matrice) (ut. fucinatura - ut. lav. lamiera), Matrize (f.), Untergesenk (n.). 9 ~ **abbozzatore** (stampo sbozzatore) (ut. fucinatura), Vorschmiedegesenk (n.), Vorgesenk (n.). 10 ~ **a canali caldi** (stampo a canali riscaldati, nello stampaggio ad iniezione di mat. plast.) (chim.), Heisskanalwerkzeug (n.). 11 ~ **a compressione** (per lavoraz. mater. plast.) (ut.), Presswerkzeug (n.). 12 ~ **ad una impronta** (stampo ad una cavità, per l'iniezione di mat. plast.) (tecnol.), Einfach-Werkzeug (n.). 13 ~ **a impronte multiple** (uguali) (ut. fucinatura), Mehrfachgesenk (n.). 14 ~ **aperto** (ut. fucinatura), offenes Gesenk (n.). 15 ~ **a più impronte** (stampo a più cavità, nello stampaggio ad iniezione di mat. plast.) (tecnol.), Mehrfach-Werkzeug (n.). 16 ~ **assestatore** (per la lavorazione di lamiere) (ut.), Nachschlagwerkzeug (n.). 17 ~ **chiuso** (ut. fucinatura), geschlossenes Gesenk. 18 ~ **combinato** (per eseguire diverse operazioni, p. es. imbutitura e tranciatura in fase unica) (ut.), Verbundwerkzeug (n.). 19 ~ **composto per operazioni multiple** (stampo progressivo, per pressa) (ut. lav. lamiera), Folgeschnitt (m.), Folgeschnittmatrize (f.). 20 ~ **con canale di bava** (per materiali plastici) (tecnol.), Überlaufform (f.). 21 ~ **con guide** (fucin.), Führungsgesenk (n.). 22 ~ **contornitore** (stampo per la tranciatura dello sviluppo) (ut. lav. lamiera), Ausschneidwerkzeug (n.), Umgrenzungsschnitt (m.), Platinenschnitt (m.). 23 ~ **creatore** (per la fucinatura a stampo di stampi) (ut. fucinatura), Meistergesenk (n.). 24 ~ **da fabbro** (ut. fucinatura), Gesenk (n.), Senkeisen (n.). 25 ~ **elastico** (ut. lav. lamiera), Elastik-Stanze (f.). 26 ~ **finitore** (ut. fucinatura), Fertiggesenk (n.). 27 ~ **inferiore** (matrice) (ut. fucinatura - ut. lav. lamiera), Untergesenk (n.), Matrize (f.). 28 ~ **inferiore** (per materie plastiche) (ut. - tecnol.), Unterform (f.). 29 ~ **lato espulsione** (di uno stampo per pressofusione) (ut. fond.), Auswerfform (f.). 30 ~ **multiplo** (contenente più impronte uguali) (ut. fucinatura), Mehrfachgesenk (n.). 31 ~ **multiplo** (ut. lav. di lamiera), Mehrfachstanze (f.). 32 ~ **per arricciare** (stampo per arrotolare gli orli) (ut. lav. lamiera), Rollstanze (f.). 33 ~ **per bordare** (ut. lav. lamiera), Bördelstanze (f.). 34 ~ **per chiodare** (stampo per ribadire) (ut.), Nietstanze (f.), Nietendöpper (m.), Nietstempel (m.), Döpper (m.). 35 ~ **per coniare** (ut. lav. lamiera), Prägestanze (f.). 36 ~ **per coniatura monete** (ut.), Münzprägematrize (f.). 37 ~ **per controimbutitura** (stampo per imbutitura inversa) (ut. lav.

stampo

lamiera), Stülpzug *(m.)*. **38 ~ per formatura** *(ut. lav. lamiera)*, Formstanze *(f.)*. **39 ~ per ghiaccio** *(ut. ind.)*, Eiszelle *(f.)*, Blechzelle *(f.)*. **40 ~ per imbutitura** *(ut. lav. lam.)*, Ziehwerkzeug *(n.)*, Zug *(m.)*. **41 ~ per imbutitura finale** (stampo per l'operazione finale di imbutitura) *(ut. lav. lamiera)*, Fertigzug *(m.)*. **42 ~ per imbutitura inversa** (stampo per controimbutitura) *(ut. lav. lamiera)*, Stülpzug *(m.)*. **43 ~ per imbutitura preliminare** *(ut. lav. lamiera)*, Vorziehwerkzeug *(n.)*. **44 ~ per improntare** *(ut. lav. lamiera)*, Kerbstanze *(f.)*. **45 ~ per la produzione** *(ut. fucinatura - ecc.)*, Arbeitsgesenk *(n.)*. **46 ~ per l'imbutitura dello sviluppo** (stampo per la prima operazione di imbutitura) *(ut. lav. lamiera)*, 1. Zug *(m.)*. **47 ~ per nervature continue** (su corpi cavi cilindrici) *(ut. lav. lamiera)*, Sickenstanze *(f.)*. **48 ~ per piega** (stampo per piegatura) *(ut. lav. lamiere)*, Biegestanze *(f.)*. **49 ~ per piegare** (a compressione, esercitando una pressione sul lembo da piegare) *(ut. lav. lamiera)*, Winkelbiegestanze *(f.)*. **50 ~ per piegatura** (di una piegatrice) *(ut. lav. lamiera)*, Biegestanze *(f.)*. **51 ~ per pressofusione** *(ut. fond.)*, Druckgiessform *(f.)*. **52 ~ per pressofusione ad espulsione** *(ut. fond.)*, Auswerf-Druckgiessform *(f.)*. **53 ~ per pressofusione ad espulsione e ad estrazione dei maschi** *(ut. fond.)*, Auswerf- und Kernzug-Druckgiessform *(f.)*. **54 ~ per pressofusione ad estrazione dei maschi** *(ut. fond.)*, Kernzug-Druckgiessform *(f.)*. **55 ~ per pressofusione a sformatura** (del pezzo) *(ut. fond.)*, Abstreif-Druckgiessform *(f.)*. **56 ~ per punzonare** *(ut. lav. lamiera)*, Lochstanze *(f.)*, Lochmatrize *(f.)*, Lochwerkzeug *(n.)*. **57 ~ per ribadire (chiodi)** (butteruola) *(ut.)*, Döpper *(m.)*, Nietstempel *(n.)*, Nietendöpper *(m.)*, Nietstanze *(f.)*. **58 ~ per ricalcare** *(ut. lav. lamiera)*, Stauchstanze *(f.)*. **59 ~ per ricalcatura** *(ut. fucinatura)*, Stauchmatrize *(f.)*. **60 ~ per ricalcatura** (di una fucinatrice) *(ut. fucinatura)*, Stösselgesenk *(n.)*. **61 ~ per ricalcatura a freddo** (matrice per ricalcatura a freddo) *(ut. fucinatura)*, Kaltanstauchmatrize *(f.)*. **62 ~ per rifilare** (stampo per la tranciatura dell'orlo di sfrido di un pezzo imbutito p. es.) *(ut. lav. lamiera)*, Beschneider *(m.)*, Beschneidewerkzeug *(n.)*. **63 ~ per rifinitura (dei bordi)** *(ut. lav. lamiera)*, Schabeschnitt *(m.)*. **64 ~ per sbavare** (stampo sbavatore) *(ut. fucinatura)*, Abgratmatrize *(f.)*. **65 ~ per scapolatura** *(ut. fucinatura)*, Vorschmiedegesenk *(n.)*, Rundgesenk *(n.)*. **66 ~ per spianare** *(ut. lav. lamiera)*, Flachstanze *(f.)*. **67 ~ per stiro** *(ut. lav. lamiera)*, Anstreckzug *(m.)*. **68 ~ per tranciare** *(ut. lav. lamiera)*, Schnitt *(m.)*. **69 ~ per tranciatura a colonne di guida** *(ut. lav. lamiera)*, Säulenführungsschnitt *(m.)*. **70 ~ per tranciatura dello sviluppo** (stampo contornitore) *(ut. lav. lamiera)*, Ausschneidwerkzeug *(n.)*, Umgrenzungsschnitt *(m.)*, Platinenschnitt *(m.)*. **71 ~ prefinitore** (stampo abbozzatore) *(ut. fucinatura)*, letztes Vorschmiedegesenk *(n.)*. **72 ~ progressivo** (per eseguire successivamente più operazioni) *(ut. lav. lamiera*), Stufenwerkzeug *(n.)*, Folgewerkzeug *(n.)*. **73 ~ progressivo** (contenente più impronte per successive operazioni) *(ut. fucinatura)*, Mehrstufengesenk *(n.)*. **74 ~ progressivo** (per l'estrusione, di dadi p. es.) *(ut.)*, Stufenwerkzeug *(n.)*. **75 ~ progressivo per imbutiture** *(ut. lav. lamiera)*, Stufenziehwerkzeug *(n.)*. **76 ~ punzonatore** (utensile perforatore) *(ut. l av. lamiera)*, Lochwerkzeug *(n.)*, Lochstanze *(f.)*. **77 ~ ritagliatore** (stampo per tranciatura del contorno) *(ut. lav. lamiera)*, Ausschneidwerkzeug *(n.)*, Umgrenzungsschnitt *(m.)*, Platinenschnitt *(m.)*. **78 ~ sbavatore** (stampo per sbavare) *(ut. fucinatura)*, Abgratmatrize *(f.)*. **79 ~ scapolatore** *(ut. fucinatura)*, Rundgesenk *(n.)*, Vorschmiedegesenk *(n.)*. **80 ~ senza canale di bava** (stampo in due pezzi, per materie plastiche) *(tecnol.)*, Füllraumform *(f.)*. **81 ~ spianatore** (utensile spianatore) *(ut. lav. lamiera)*, Flachstanze *(f.)*. **82 ~ superiore** (controstampo) *(ut. fucinatura)*, Obergesenk *(n.)*, Stempel *(m.)*. **83 ~ superiore** (controstampo, per la coniatura di monete) *(ut.)*, Oberstempel *(m.)*, Prägestempel *(m.)*. **84 ~ triplo** (per stampaggio ad iniezione di materie plastiche) *(tecnol.)*, Dreiplattenwerkzeug *(n.)*. **85 blocco (dello) ~** (di acciaio) *(ut.)*, Gesenkstahlblock *(m.)*. **86 conicità dello ~** (sformo dello stampo, spoglia dello stampo) *(ut. fucinatura)*, Gesenkschräge *(f.)*. **87 consumo dello ~** (usura stampo) *(fucinatura)*, Gesenkverschleiss *(m.)*. **88 dimensione non vincolata allo ~** (d'un pezzo forgiato p. es.) *(tecnol.)*, nicht formgebunden. **89 dimensione obbligata dallo ~** (dimensione vincolata allo stampo, d'un pezzo forgiato p. es.) *(tecnol.)*, formgebunden. **90 divisione dello ~** *(ut. fucinatura)*, Gesenkteilung *(f.)*. **91 estrazione dallo ~** (di un pezzo, nello stampaggio ad iniezione di mat. plastici p. es.) *(tecnol.)*, Entformung *(f.)*. **92 fresatura dello ~** *(lav. macch. ut.)*, Gesenkfräsen *(n.)*. **93 inserto dello ~** *(ut.)*, Matrizeneinsatz *(m.)*. **94 materiale per stampi sbavatori** *(fucin. - ut.)*, Abgratwerkstoff *(m.)*. **95 piano di divisione dello ~** (per pressogetti) *(fond.)*, Formteilebene *(f.)*, Formteilung *(f.)*. **96 pressa provastampi** *(macch. lav. lamiera)*, Tuschierpresse *(f.)*. **97 sbozzato a ~** *(tecnol.)*, vorgepresst. **98 sformo dello ~** (conicità dello stampo, spoglia dello stampo) *(ut. fucinatura)*, Gesenkschräge *(f.)*. **99 usura ~** (consumo dello stampo) *(fucinatura)*, Gesenkverschleiss *(m.)*.

« stand » (posteggio) *(comm.)*, Stand *(m.)*, Ausstellungsstand *(m.)*, Koje *(f.)*.

standard *(norm. - ecc.)*, Standard *(m.)*. **2 elemento ~** (di movimento) *(studio del lavoro)*, Standardelement *(n.)*.

standardizzazione *(tecnol.)*, *vedi* unificazione e normalizzazione.

standolio (olio ispessito mediante riscaldamento) *(chim. - vn.)*, Standöl *(n.)*.

stanga (sbarra, barra) *(gen.)*, Stange *(f.)*.

stannato *(chim.)*, Stannat *(n.)*.

stante (montante, di un veic. ferr. p. es.) *(veic.)*, Runge *(f.)*, Wagenrunge *(f.)*.

stantuffino (pompante, di una pompa d'iniezione p. es.) *(mot. - ecc.)*, Plunger *(m.)*.

stantuffo (pistone, di un mot. a c. i. p. es.) (*mot. - mecc.*), Kolben (*m.*). 2 ~ (spintore, di una brocciatrice a spinta p. es.) (*macch. ut.*), Stössel (*m.*). 3 ~, vedi anche pistone. 4 ~ **a cielo piano** (stantuffo a testa piana, pistone a cielo piano, pistone a testa piana) (*mot.*), Flachkolben (*m.*). 5 ~ **a dilatazione controllata** (pistone autotermico, che si dilata principalmente in direzione dello spinotto e non nelle direzioni della pressione) (*mot.*), Autothermikkolben (*m.*). 6 ~ **a disco** (per pompe e macchine a vapore p. es.) (*macch.*), Scheibenkolben (*m.*). 7 ~ **a doppio effetto** (*mot.*), doppeltwirkender Kolben. 8 ~ **a gradino** (*macch.*), Stufenkolben (*m.*). 9 ~ **a testa piana** (stantuffo a cielo piano, pistone a cielo piano, pistone a testa piana) (*mot.*), Flachkolben (*m.*). 10 ~ **cavo** (pistone cavo) (*macch.*), Hohlkolben (*m.*). 11 ~ **compensatore** (di una turbina p. es.) (*macch.*), Gegendruckkolben (*m.*), Ausgleichkolben (*m.*), Entlastungskolben (*m.*), Druckausgleichkolben (*m.*). 12 ~ **con deflettore** (*mot.*), Nasenkolben (*m.*), Ablenkerkolben (*m.*). 13 **stantuffi contrapposti** (*mot.*), gegenläufige Kolben. 14 ~ **d'iniezione** (d'una macchina per pressofusione) (*macch. fond.*), Druckkolben (*m.*). 15 ~ **mazza battente** (di un maglio ad aria compressa) (*macch.*), Schlagkolben (*m.*). 16 ~ **multiplo** (per compressori) (*macch.*), Stufenkolben (*m.*). 17 ~ **multiplo a fodero** (*macch.*), Stufenkolben (*m.*), Schwebekolben (*m.*). 18 ~ **preovalizzato** (pistone preovalizzato) (*mot.*), Thermovalkolben (*m.*). 19 ~ **rotante** (*mot.*), Drehkolben (*m.*). 20 ~ **tuffante** (pistone tuffante, di una pompa p. es.) (*mot. - macch.*), Plungerkolben (*m.*), Tauchkolben (*m.*), Plunger (*m.*).

stanza (camera) (*ed.*), Zimmer (*n.*), Stube (*f.*). 2 ~ **da bagno** (*ed.*), Badezimmer (*n.*). 3 ~ **di compensazione** (*finanz. - comm.*), Abrechnungsstelle (*f.*), Verrechnungsstelle (*f.*).

stanziamento (di una somma) (*finanz.*), Aussetzung (*f.*). 2 ~ **di bilancio** (*finanz.*), Haushaltmittel (*n.*).

stanziare (una somma) (*finanz.*), aussetzen.

« starato » (*strum. - ecc.*), ungeeicht.

star del credere (del credere) (*finanz.*), Delkredere (*n.*).

starter (dispositivo di avviamento, di un carburatore) (*mot.*), Startvorrichtung (*f.*), Starter (*m.*). 2 ~ (relè d'accensione, avviatore, per il riscaldamento degli elettrodi, per lampade a luminescenza) (*illum.*), Starter (*m.*).

start-stop, sistema ~ (nelle telescriventi p. es.) (*telegr. - ecc.*), Start-Stop-System (*n.*).

stasare (un tubo p. es.) (*gen.*), öffnen, die Verstopfung beseitigen. 2 ~ (con aria compressa, una condotta p. es.) (*tubaz. - ecc.*), durchblasen.

stat (unità radiattiva = $3,64 \cdot 10^{-7}$ Curie) (*radioatt. - unità*), Stat (*n.*).

statale (*gen.*), staatlich. 2 **ente** ~ (*amm.*), staatliche Instanz.

statica (*fis. - mecc.*), Statik (*f.*). 2 ~ (*sc. costr.*), Statik (*f.*), Baustatik (*f.*). 3 ~ **grafica** (*sc. costr.*), Graphostatik (*f.*), graphische Statik.

staticamente (*gen.*), statisch. 2 ~ **determinabile** (*sc. costr.*), statisch bestimmbar. 3 ~ **determinato** (*sc. costr.*), statisch bestimmt. 4 ~ **indeterminato** (*sc. costr.*), statisch unbestimmt.

staticità (d'una variabile regolata; statismo, grado di regolarità, grado di staticità) (*regol.*), Regelgüte (*f.*). 2 **grado di** ~ (d'una variabile regolata; grado di regolarità, statismo, staticità) (*regol.*), Regelgüte (*f.*).

statico (*gen.*), statisch. 2 ~ (senza contatti, comando p. es.) (*elettronica*), kontaklos. 3 **attrito** ~ (aderenza) (*mecc.*), Ruhereibung (*f.*). 4 **neutralizzatore di elettricità statica** (*app.*), Entelektrisator (*m.*). 5 **regolatore** ~ (*elett.*), statischer Regler.

statismo (variazione permanente, della velocità di un motore regolato in seguito a variazione del carico) (*mot.*), andauernde Änderung. 2 ~ (staticità, grado di regolarità, grado di staticità, di una variabile regolata) (*regol.*), Regelgüte (*f.*).

statistica (*stat. - fis.*), Statistik (*f.*). 2 ~ **classica** (statistica di Boltzmann) (*stat.*), klassische Statistik, Boltzmann-Statistik (*f.*). 3 ~ **di Boltzmann** (statistica classica) (*stat.*), Boltzmann-Statistik (*f.*), klassische Statistik. 4 ~ **di Bose** (statistica di Bose ed Einstein) (*fis.*), Bose-Statistik (*f.*), Bose-Einstein-Statistik (*f.*). 5 ~ **di Fermi** (*fis.*), Fermi-Statistik (*f.*). 6 ~ **di Fermi e Dirac** (*fis.*), Statistik nach Fermi und Dirac. 7 ~ **economica** (*stat.*), Wirtschaftsstatistik (*f.*). 8 ~ **quantistica** (*fis.*), Quantenstatistik (*f.*).

statistico (*stat. - fis.*), statistisch.

stativo (supporto, di un microscopio) (*app. ott.*), Stativ (*n.*). 2 ~ **per burette** (*att. chim.*), Bürettenstativ (*n.*).

stato (*gen.*), Stand (*m.*), Lage (*f.*), Zustand (*m.*). 2 ~ (insieme di condizioni) (*chim. - fis. - ecc.*), Zustand (*m.*). 3 ~ (regime) (*fis.*), Zustand (*m.*). 4 ~ (forma, fase) (*fis.*), Erscheinungsform (*f.*). 5 ~ (condizione, di una strada p. es.) (*costr. strad. - ecc.*), Beschaffenheit (*f.*), Zustand (*m.*). 6 ~ **civile** (*leg.*), Zivilstand (*m.*). 7 ~ **colloidale** (*chim.*), kolloidaler Zustand. 8 ~ **della tecnica** (nelle domande di brevetto p. es.) (*leg. - ecc.*), Stand der Technik. 9 ~ **di chiusura** (stato di conduzione, d'un tiristore) (*elettronica*), Durchlass-Stellung (*f.*). 10 ~ **di conduzione** (stato di chiusura, d'un tiristore) (*elettronica*), Durchlass-Stellung (*f.*). 11 ~ **di equilibrio** (*mecc.*), Ruhelage (*f.*). 12 ~ **di quiete** (*mecc.*), Stillstand (*m.*), Ruhelage (*f.*). 13 ~ **di servizio** (*pers.*), Dienstverhältnis (*n.*). 14 ~ **di tensione** (nell'elemento di volume; secondo la teoria dell'elasticità) (*sc. costr.*), Spannungszustand (*m.*). 15 ~ **eccitato** (dell'atomo) (*fis.*), angeregter Zustand. 16 ~ **gassoso** (*fis.*), gasförmiger Zustand. 17 ~ **liquido** (*fis.*), flüssiger Zustand. 18 ~ **maggiore** (*milit.*), Stab (*m.*). 19 ~ **metastabile** (*fis.*), metastabiler Zustand, quasistabiler Zustand. 20 ~ **nascente** (*chim.*), Entstehungszustand (*m.*). 21 ~ **non stazionario** (*aerodin. - ecc.*), instationärer Zustand. 22 ~ **normale** (di un gas, a 0 °C e 760 mm Hg) (*fis.*), Normalzustand (*m.*). 23 ~ **normale** (livello energetico normale, d'un nucleo) (*elet-*

Stato

tronica), Normalzustand (*m.*), Grundzustand (*m.*). **24 ~ solido** (*fis. - metall. - fond.*), fester Zustand. **25 ~ solido** (*elettronica*), Festkörper (*m.*). **26 ~ tensoriale interno** (*metall.*), Eigenspannungsverlauf (*m.*). **27 ~ transitorio** (regime transitorio) (*fis. - elett.*), Übergangszustand (*m.*), vorübergehender Zustand. **28 ~ transitorio** (di un fenomeno oscillatorio) (*elett.*), Einschwingzustand (*m.*). **29 allo ~ libero** (non combinato) (*chim.*), in freiem Zustand. **30 cambiamento di ~** (*fis.*), Zustandsänderung (*f.*). **31 diagramma di ~** (*metall.*), Zustandsdiagramm (*n.*). **32 equazione di ~** (*chim.*), Zustandsgleichung (*f.*). **33 tecnica dello ~ solido** (*elettronica*), Festkörpertechnik (*f.*), Solid-State-Technik (*f.*). **34 ufficiale di ~ civile** (*pers.*), Zivilstandsbeamter (*m.*), Standesbeamter (*m.*). **35 ufficio di ~ civile** (*uff.*), Zivilstandsamt (*n.*), Standesamt (*n.*).

Stato (*politica*), Staat (*m.*). **2 controllo dello ~** (*ind. - finanz.*), Regie (*f.*). **3 esame di ~** (*scuola*), Staatsprüfung (*f.*), Staatsexamen (*n.*). **4 ferrovia dello ~** (*ferr.*), Staatsbahn (*f.*), Staatseisenbahn (*f.*).

statometro (*app. ott.*), Statometer (*n.*).

statore (di una macchina elettrica) (*elett.*), Ständer (*m.*), Stator (*m.*). **2 ~** (d'un motore a pistone rotante Wankel) (*mot.*), Mantel (*m.*). **3 con ~ collegato alla rete** (di un motore in cui sono alimentati gli avvolgimenti statorici) (*elett.*), ständergespeist.

statoreattore (autoreattore, atodite) (*mot. a getto*), Staustrahltriebwerk (*n.*).

statorico (*elett.*), Stator... **2 pacco ~** (*elett.*), Statorpaket (*n.*).

statoscopio (altimetro sensibilissimo) (*strum. aer.*), Statoskop (*n.*).

statua (*arch. - arte*), Statue (*f.*), Standbild (*n.*).

statura (figura umana, ecc.) (*gen.*), Gestalt (*f.*).

statutario (*leg.*), statutarisch, statutengemäss, statutenmässig.

statuto (di una società) (*finanz. - leg.*), Satzungen (*f. pl.*), Statuten (*n. pl.*), Gesellschaftsvertrag (*m.*).

« stauffer » (ingrassatore con coperchio a vite, ingrassatore a vite) (*macch.*), Staufferbüchse (*f.*), Fettpressbüchse (*f.*).

stauroscopio (app. per determinare le direzioni oscillatorie principali nei cristalli) (*app. ott.*), Stauroskop (*n.*).

stazionamento, area di ~ (*aer.*), Abstellplatz (*m.*).

stazionario (in contrapposto a dinamico) (*mecc.*), stationär. **2 non ~** (instazionario) (*fis.*), instationär. **3 stato non ~** (*aerodin. - ecc.*), instationärer Zustand.

stazione (ferroviaria) (*ferr.*), Bahnhof (*m.*). **2 ~** (di lavorazione) (*lav. macch. ut.*), Station (*f.*), Arbeitsstelle (*f.*). **3 ~** (di trasformazione p. es.) (*elett.*), Station (*f.*). **4 ~** (*radio*), Station (*f.*). **5 ~** (per osservazioni) (*top. - geol.*), Station (*f.*), Beobachtungsstation (*f.*). **6 ~ a cuneo** (*ferr.*), Keilbahnhof (*m.*). **7 ~ ad isola** (*ferr.*), Inselbahnhof (*m.*). **8 ~ aerea** (aerostazione) (*aer.*), Flughafen (*m.*). **9 ~ a freccia** (*ferr.*), Keilbahnhof (*m.*).

10 ~ a monte (di una teleferica) (*trasp.*), Bergstation (*f.*). **11 ~ amplificatrice** (*radio*), Verstärkerstation (*f.*). **12 ~ a torre** (*ferr.*), Brückenbahnhof (*m.*), Turmbahnhof (*m.*). **13 ~ a valle** (di una funivia) (*trasp.*), Talstation (*f.*). **14 ~ centrale** (stazione principale) (*ferr.*), Hauptbahnhof (*m.*), Zentralbahnhof (*m.*). **15 ~ del pozzo** (*min.*), Anschlag (*m.*). **16 ~ di carbonamento** (di un porto) (*nav.*), Bunkerstation (*f.*). **17 ~ di caricamento** (*lav. macch. ut.*), Ladestation (*f.*). **18 ~ di caricamento** (stazione d'ingabbiamento) (*min.*), Füllort (*m.*). **19 ~ di carico** (*trasp. - ferr.*), Verladebahnhof (*m.*). **20 ~ di comando** (stazione di manovra) (*elett. - ecc.*), Schaltstation (*f.*). **21 ~ di comando** (posto di comando, di una rete p. es.) (*elett.*), Leitstelle (*f.*). **22 ~ di comando di rete** (*elett.*), Netzleitstelle (*f.*). **23 ~ di destinazione** (*trasp. - ferr.*), Bestimmungsbahnhof (*m.*). **24 ~ di diramazione** (*ferr.*), Anschlussbahnhof (*m.*). **25 ~ di incrocio** (*ferr.*), Kreuzungsbahnhof (*m.*), Übergangsbahnhof (*m.*). **26 ~ di lavaggio** (d'una linea a trasferta) (*macch. ut.*), Waschstation (*f.*). **27 ~ di lavoro** (*lav. macch. ut.*), Arbeitsstelle (*f.*). **28 ~ di manovra** (stazione di comando) (*elett.*), Schaltstation (*f.*). **29 ~ di montaggio** (nella catena di montaggio) (*ind.*), Montageplatz (*m.*). **30 ~ d'ingabbiamento** (stazione di caricamento) (*min.*), Füllort (*m.*). **31 ~ d'inversione di marcia** (stazione di regresso) (*ferr.*), Wendebahnhof (*m.*). **32 ~ di origine** (*radio*), Aufgabestelle (*f.*). **33 ~ di partenza** (*ferr.*), Abgangsbahnhof (*m.*). **34 ~ di passaggio** (*ferr.*), vedi stazione di transito. **35 ~ di penetrazione** (*ferr.*), vedi stazione di testa. **36 ~ di poligonazione** (stazione trigonometrica, punto trigonometrico) (*top.*), Polygonpunkt (*m.*). **37 ~ di pompaggio** (impianto di pompaggio) (*idr.*), Pumpstation (*f.*), Pumpwerk (*n.*), Pumpanlage (*f.*). **38 ~ di pompaggio dell'acqua** (*idr.*), Wasserhebewerk (*n.*), Wasserpumpstation (*f.*). **39 ~ di prova** (stazione strumentale, per apparecchiature p. es.) (*elett. - ecc.*), Prüfstelle (*f.*). **40 ~ di raccordo** (*ferr.*), Anschlussbahnhof (*m.*). **41 ~ di regresso** (stazione d'inversione di marcia) (*ferr.*), Wendebahnhof (*m.*). **42 ~ di regresso** (stazione di testa) (*ferr.*), Kopfbahnhof (*m.*). **43 ~ di ricarteggio** (*trasp. - ferr.*), Umbehandlungsbahnhof (*m.*). **44 ~ di rifornimento** (distributore di benzina) (*aut.*), Füllstation (*f.*), Füllstelle (*f.*), Tankstelle (*f.*). **45 ~ di rifornimento di gas** (distributore di gas) (*aut.*), Gastankstelle (*f.*). **46 ~ di rinvio** (nelle funivie) (*trasp.*), Vorgelegestation (*f.*). **47 ~ di riposo** (stazione non di lavorazione di una linea transfer) (*lav. macch. ut.*), Leerstation (*f.*). **48 ~ di scaricamento** (d'un tornio automatico p. es.) (*macch. ut.*), Entladestation (*f.*). **49 ~ di scaricamento** (di trasportatori continui) (*trasp. ind.*), Abwurfstation (*f.*), Kopfstation (*f.*). **50 ~ di servizio** (posto di rifornimento) (*aut.*), Tankstelle (*f.*). **51 ~ di smistamento** (scalo di smistamento) (*ferr.*), Rangierbahnhof (*m.*), Verschiebebahnhof (*m.*). **52 ~ di testa** (*ferr.*), Kopfbahnhof (*m.*). **53 ~ di transito** (*ferr.*), Durchgangsbahnhof (*m.*). 54 ~ **di trasformazione** (*elett.*), Umspannstation (*f.*), Umspannwerk (*n.*), Transformatorenhaus (*n.*). 55 ~ **(di trasformazione) di rete** (*elett.*), Netzstation (*f.*), Netzumspannstation (*f.*). 56 ~ **esterna** (*min.*), Hängebank (*f.*). 57 ~ **esterna sopraelevata** (*min.*), Hochhängebank (*f.*). 58 ~ **ferroviaria marittima** (*ferr.*), Seebahnhof (*m.*), Hafenbahnhof (*m.*). 59 ~ **intermedia** (*ferr.*), Zwischenbahnhof (*m.*). 60 ~ **merci** (*ferr.*), Güterbahnhof (*m.*). 61 ~ **meteorologica** (*meteor.*), Wetterbeobachtungsstelle (*f.*), Wetterstation (*f.*), Wetterwarte (*f.*). 62 ~ **mista** (di testa e di transito) (*ferr.*), vereinigter Kopf- und Durchgangsbahnhof (*m.*). 63 ~ **mobile** (*radio - ecc.*), fahrbare Station, bewegliche Station. 64 ~ **mobile trasmittente** (su autoveicolo) (*veic. - radio - telev.*), Übertragungswagen (*m.*). 65 ~ **multipla** (stazione nodale) (*ferr.*), Knotenpunktbahnhof (*m.*). 66 ~ **nodale** (*ferr.*), Knotenpunktbahnhof (*m.*). 67 ~ **non presidiata** (stazione senza personale) (*elett. - ecc.*), unbemannte Station. 68 ~ **per bestiame** (*ferr.*), Viehbahnhof (*m.*). 69 ~ **principale** (stazione centrale) (*ferr.*), Hauptbahnhof (*m.*), Zentralbahnhof (*m.*). 70 ~ **(privata) di industria** (*ferr.*), Industriebahnhof (*m.*). 71 ~ **radio** (*radio*), Funkstation (*f.*). 72 ~ **radio costiera** (*radio*), Küstenfunkstelle (*f.*). 73 ~ **radio di bordo** (*radio - aer.*), Luftfunkstelle (*f.*). 74 ~ **radio disturbatrice** (*radio*), Störfunkstelle (*f.*). 75 ~ **radiotrasmittente** (*radio*), Rundfunkstation (*f.*), Rundfunksender (*m.*). 76 ~ **ricetrasmittente** (stazione ripetitrice) (*radio - ecc.*), Relaisstation (*f.*), Relaisstelle (*f.*), Tochtersender (*m.*), Zwischensender (*m.*). 77 ~ **ricevente** (*radio*), Empfangsstation (*f.*). 78 ~ **ripetitrice** (stazione ricetrasmittente) (*radio - ecc.*), Relaisstation (*f.*), Relaisstelle (*f.*), Tochtersender (*m.*), Zwischensender (*m.*). 79 ~ **ripetitrice per televisione** (stazione ritrasmittente per televisione) (*telev.*), Fernsehrelaisstation (*f.*), Fernsehumsetzer (*m.*). 80 ~ **ritrasmittente** (stazione ripetitrice) (*radio - ecc.*), Relaisstation (*f.*), Tochtersender (*m.*), Zwischensender (*m.*). 81 ~ **ritrasmittente per televisione** (stazione ripetitrice per televisione) (*telev.*), Fernsehrelaisstation (*f.*), Fernsehumsetzer (*m.*). 82 ~ **satellite** (*ferr.*), angeschlossener Bahnhof. 83 ~ **secondaria** (*ferr.*), Flügelbahnhof (*m.*). 84 ~ **senza personale** (stazione non presidiata) (*elett. - ecc.*), unbemannte Station. 85 ~ **spaziale** (*astronautica*), Raumstation (*f.*). 86 ~ **strumentale** (stazione di prova, per apparecchiature p. es.) (*elett. - ecc.*), Prüfstelle (*f.*). 87 ~ **teletrasmittente** (trasmettitore televisivo) (*telev.*), Fernsehsender (*m.*). 88 ~ **terminale** (*ferr.*), Endbahnhof (*m.*). 89 **trasmittente** (*radio - ecc.*), Sendestation (*f.*). 90 ~ **trigonometrica** (punto trigonometrico, stazione di poligonazione) (*top.*), Polygonpunkt (*m.*). 91 ~ **viaggiatori** (*ferr.*), Personenbahnhof (*m.*). 92 **addetto alla ~ del pozzo** (*lav. min.*), Anschläger (*m.*). 93 **atrio della ~** (*ed.*), Bahnhofhalle (*f.*). 94 **edificio della ~** (*ferr.*), Empfangsgebäude (*n.*). 95 **piazzale della ~** (per il traffico tra stazione e città) (*ed.*), Bahnhofsvorplatz (*m.*).

96 **tettoia della ~** (*ed.*), Bahnhofüberdachung (*f.*).
stazza (tonnellaggio, di una nave) (*costr. nav.*), Tonnage (*f.*), Tonnengehalt (*m.*), Rauminhalt (*m.*), Raumgehalt (*m.*). 2 ~ **lorda** (*costr. nav.*), Bruttotonnengehalt (*m.*), Bruttoraumgehalt (*m.*). 3 ~ **netta** (in tonnellate di registro) (*costr. nav.*), Nettoraumgehalt (*m.*), Nettotonnengehalt (*m.*). 4 **ponte di ~** (*costr. nav.*), Vermessungsdeck (*n.*). 5 **tonnellata di ~** (tonnellata di volume = 2,8316 m³) (*nav. - costr. nav.*), Registertonne (*f.*). 6 **tonnellata di ~ lorda** (*nav. - costr. nav.*), Brutto-Registertonne (*f.*). 7 **tonnellata di ~ netta** (*nav. - costr. nav.*), Netto-Registertonne (*f.*).
stazzare (*nav. - costr. nav.*), den Rauminhalt ausmessen, vermessen, eichen.
stazzatore (*costr. nav.*), Eichmeister (*m.*), Vermesser (*m.*).
stazzatura (determinazione ufficiale dei rapporti tra carico ed immersione di una nave) (*costr. nav.*), Schiffseichung (*f.*), Vermessung (*f.*), Ausmessung (*f.*).
steadite (eutettico ternario nella ghisa) (*metall.*), Steadit (*m.*).
stearato (*chim.*), Stearat (*n.*).
stearina (*chim.*), Stearin (*n.*).
steatite (varietà di talco) (*min.*), Steatit (*m.*), Speckstein (*m.*), Seifenstein (*m.*).
stecca (ganascia, fra due rotaie) (*ferr.*), Lasche (*f.*), Stosslasche (*f.*), Schienenlasche (*f.*). 2 ~ (di sapone p. es.) (*gen.*), Riegel (*m.*). 3 ~ **abrasiva** (lima abrasiva) (*ut.*), Schmirgelfeile (*f.*). 4 ~ **abrasiva diamantata** (lima abrasiva) (*ut.*), Diamantfeile (*f.*). 5 ~ **a corniera** (*ferr.*), Kremplasche (*f.*), Winkellasche (*f.*). 6 ~ **piatta** (*ferr.*), Flachlasche (*f.*). 7 **a stecche** (a ganasce, « steccato », giunto di rotaie) (*ferr.*), verlascht. 8 **chiavarda della ~** (*ferr.*), Laschenbolzen (*m.*).
« **steccare** » (applicare le ganasce, applicare le stecche) (*ferr.*), verlaschen.
steccato (stecconato, staccionata) (*s. - ed.*), Lattenzaun (*m.*). 2 ~ (a ganasce, a stecche, giunto di rotaie) (*a. - ferr.*), verlascht.
« **steccatura** » (applicazione delle ganasce, applicazione delle stecche) (*ferr.*), Verlaschung (*f.*).
stechiometria (scienza dei rapporti tra pesi) (*chim.*), Stöchiometrie (*f.*).
stechiometrico (*chim.*), stöchiometrisch.
stegola (dell'aratro, stanga di guida) (*agric.*), Sterz (*m.*), Sterze (*f.*).
stella (*astr.*), Stern (*m.*). 2 ~ (*elett.*), Stern (*m.*). 3 ~ (prima attrice) (*cinem.*), Filmstar (*m.*), Stern (*m.*), Hauptdarstellerin (*f.*). 4 ~ **artificiale** (collimatore, per generare dei raggi paralleli) (*app. ott.*), Kollimator (*m.*). 5 ~ **cinematografica** (attrice cinematografica) (*cinem.*), Filmschauspielerin (*f.*), Filmstar (*m.*), Filmstern (*m.*). 6 ~ **delle razze** (raggiera, di una ruota o puleggia p. es.) (*veic. - ecc.*), Speichenstern (*m.*), Armstern (*m.*). 7 ~ **doppia** (*astr.*), Doppelstern (*m.*). 8 ~ **fissa** (*astr.*), Fixstern (*m.*). 9 « **~ morta** » (premitreccia, tra albero portaelica ed astuccio) (*nav.*), Stopfbüchse (*f.*). 10 **stelle nuove** (*astr.*), Neue Sterne, Novae (*n. pl.*). 11 ~ **polare** (*astr. - navig.*), Nordstern (*m.*),

stellarator

Polarstern (*m.*). **12 stelle variabili** (con temperatura, luminosità ecc. variabili) (*astr.*), veränderliche Sterne. **13 bicoppia a ~** (quadripolo a stella, cavo) (*telef. - elett.*), Sternvierer (*m.*). **14 cavo cordato a ~** (*elett.*), Sternkabel (*n.*). **15 collegamento a ~** (*elett.*), Sternschaltung (*f.*). **16 collegamento a ~ con centro neutro accessibile** (*elett.*), Sternschaltung mit herausgeführtem Nullpunkt. **17 cordatura a ~** (*telef.*), Sternverseilung (*f.*). **18 dispersore a ~** (presa di terra a stella) (*elett.*), Strahlenerder (*m.*). **19 disposizione a ~** (sistema di costruzione a stella, di edifici) (*ed.*), Sternsystem (*n.*). **20 doppia ~** (collegamento) (*elett.*), Doppelstern (*m.*). **21 presa di terra a ~** (dispersore a stella) (*elett.*), Strahlenerder (*m.*). **22 quadripolo a ~** (cavo; bicoppia a stella) (*telef. - elett.*), Sternvierer (*m.*).

stellarator (appar. sperimentale per produrre fusioni nucleari) (*fis.*), Stellarator (*m.*).

stellatura (cretti centrali, malattia del quadrante, cuore stellato, zampe di gallo, radiatura) (*difetto - legno*), Kernriss (*m.*).

stellaria (avventurina, venturina) (*min.*), Glimmerquarz (*m.*), Avanturin (*m.*).

stellitare (riportare stellite) (*tecnol. mecc.*), stellitieren, auftropfen.

stellitato (*metall. - tecnol.*), stellitiert.

stellite (lega di Haynes, a base di cobalto, cromo e tungsteno) (*metall.*), Stellit (*n.*).

stellitizzazione (riporto di stellite) (*tecnol. mecc.*), Stellitieren (*n.*), Auftropfverfahren (*n.*).

stelo (di una valvola) (*mecc. - mot.*), Spindel (*f.*), Schaft (*m.*). **2 ~** (corpo, fusto, di un utensile da tornio p. es.) (*ut.*), Schaft (*m.*). **3 ~** (fusto, di una chiave per serratura) (*ed. - mecc.*), Schaft (*m.*). **4 ~ dello stantuffo** (asta dello stantuffo) (*macch. a vap.*), Kolbenstange (*f.*). **5 ~ della valvola** (*mot. - mecc.*), Ventilschaft (*m.*), Ventilspindel (*f.*). **6 ~ quadro** (gambo quadro) (*mecc. - ecc.*), Vierkantschaft (*m.*).

stemma (del fabbricante) (*ind.*), Markenschild (*n.*), Firmenschild (*n.*), Kennzeichenschild (*n.*).

« stemprato » (addolcito) (*tratt. term.*), abgehärtet. **2 strato superficiale ~ dalla rettifica** (*mecc.*), Schleifhaut (*f.*).

stendere (*gen.*), ausstrecken, ausspannen. **2 ~** (un contratto p. es.) (*comm.*), aufsetzen.

stendimento (*gen.*), Ausspannen (*n.*), Ausstrecken (*n.*). **2 ~ su vetro** (*prova di vn.*), Glasablauf (*m.*).

stenodattilografa (*lav. uff.*), Stenotypistin (*f.*). **2 ~** (*lav. uff.*) (*svizz.*), Stenodaktylo (*f.*), Stenotypistin (*f.*).

stenodattilografare (*uff.*), stenotypieren.

stenodattilografia (*uff.*), Stenotypie (*f.*).

stenodattilografo (*lav.*), Stenotypist (*m.*).

stenografare (*uff.*), stenographieren.

stenografia (*uff.*), Kurzschrift (*f.*), Stenographie (*f.*).

stenografico (*uff. - ecc.*), kurzschriftlich, stenographisch.

stenoscritto (testo stenografato) (*uff.*), Stenogramm (*n.*).

stentato (smercio) (*comm.*), schleppend.

steppa (*geogr.*), Steppe (*f.*).

steradiante (angolo solido, per il quale il rapporto tra superficie intercettata sulla sfera e raggio al quadrato è 1) (*geom.*), Steradiant (*m.*), Sterad (*m.*).

sterangolo (angolo solido) (*geom.*), räumlicher Winkel, Raumwinkel.

stereocamera (*macch. fot.*), Stereokamera (*f.*).

stereocartografo (*app.*), Stereokartograph (*m.*).

stereochimica (chimica strutturale) (*chim.*), Stereochemie (*f.*), Strukturchemie (*f.*).

stereocomparatore (*strum. top.*), Stereokomparator (*m.*).

stereofonia (*elettroacus.*), Stereoakustik (*f.*), Stereophonie (*f.*).

stereofonico (*acus.*), stereoakustisch, stereophonisch. **2 effetto ~** (*acus.*), Raumwirkung (*f.*). **3 riproduzione stereofonica** (*acus.*), stereophonische Wiedergabe.

stereofotogrammetria (fotogrammetria stereoscopica) (*fotogr.*), Stereophotogrammetrie (*f.*), Raumbildmessung (*f.*).

stereografia (*geom.*), Stereographie (*f.*).

stereoisomeria (isomeria nello spazio) (*chim.*), Stereoisomerie (*f.*), räumliche Isomerie.

stereoisomerismo (stereoisomeria) (*chim.*), Stereoisomerie (*f.*).

stereoisomero (*chim.*), raumisomer.

stereometria (geometria solida) (*geom.*), Stereometrie (*f.*).

stereoplanigrafo (*strum. ott.*), Stereoplanigraph (*m.*).

stereorestitutore (*fot.*), Stereoauswertgerät (*n.*), Doppelbild-Auswertgerät (*n.*).

stereoscopia (*ott.*), Raumbildwesen (*n.*), Stereoskopie (*f.*).

stereoscopico (*ott.*), stereoskopisch. **2 effetto ~** (effetto di rilievo) (*telev.*), Bildplastik (*f.*), Raumeffekt (*m.*), Tiefenwirkung (*f.*). **3 telemetro ~** (stereotelemetro) (*strum.*), Stereotelemeter (*n.*), Raumbildentfernungsmesser (*m.*).

stereoscopio (*app. ott.*), Stereoskop (*n.*). **2 ~ di Helmholtz** (telestereoscopio) (*app.*), Helmholtz-Stereoskop (*n.*), Telestereoskop (*n.*).

stereospecifico (*chim.*), stereospezifisch. **2 polimerizzazione stereospecifica** (*chim.*), stereospezifische Polymerisation.

stereotelemetro (telemetro stereoscopico) (*app. ott.*), Stereotelemeter (*n.*), Raumbildentfernungsmesser (*m.*).

stereotipia (*tip.*), Stereotypie (*f.*). **2 ~ piana** (*tip.*), Flachstereotypie (*f.*).

stereotipista (*lav.*), Stereotypeur (*m.*).

stereotopografo (stereotopometro) (*app. - fot.*), Stereotop (*n.*).

stereotopometro (stereotopografo) (*app. - fot.*), Stereotop (*n.*).

sterico (*chim.*), sterisch. **2 impedimento ~** (*chim.*), sterische Hinderung.

sterile (*a. - gen.*), steril, unfruchtbar. **2 ~** (magro, di terreno) (*a. - agric.*), mager, unfruchtbar. **3 ~** (*a. - min.*), mager, unhaltig, erzarm, tot. **4 ~** (ganga o rifiuti dei processi di concentrazione) (*s. - min.*), Berge (*m. pl.*), taubes Gestein, Abfallerz (*n.*), Rückstände (*m. pl.*), Aftererz (*n.*), After (*f.*), Erzabfälle

(*m. pl.*), Haldenabfall (*m.*). **5** ~ **di laveria** (*min.*), Waschberge (*m. pl.*). **6** ~ **salino** (materiale non sfruttabile) (*min.*), Abraumsalz (*n.*).
sterilizzare (*gen.*), entkeimen, sterilisieren.
sterilizzatore (*app.*), Sterilisator (*m.*).
sterilizzazione (*ind. chim. - ecc.*), Entkeimung (*f.*), Sterilisierung (*f.*), Sterilisation (*f.*). **2** ~ **a temperatura ultraelevata** (p. es. del latte, a 135 e 150 °C per alcuni secondi) (*ind.*), Uperisieren (*n.*).
sterina (sterolo) (*chim.*), Sterin (*n.*).
stero (misura per legname accatastato pari ad un m³ compresi gli interstizi) (*legno*), Ster (*m.*), Raummeter (*m.*).
steroide (sostanza chimica) (*chim. - biochim.*), Steroid (*n.*).
sterolo (sterina) (*chim.*), Sterin (*n.*), Sterol (*n.*).
sterratore (terrazziere) (*lav. ed. - ing. civ.*), Erdarbeiter (*m.*).
sterro (scavo in terra) (*ing. civ. - ed. - mov. terra*), Abtrag (*m.*), Einschnitt (*m.*). **2** ~ (materiale di sterro) (*mov. terra - ing. civ.*), Abtrag (*m.*), Aushub (*m.*). **3** ~ **e riporto** (*ing. civ. - ed. - mov. terra*), Abtrag und Auftrag, Einschnitt und Damm. **4 calcolo dei volumi di** ~ (*ing. civ. - ed. - mov. terra*), Erdmassenberechnung (*f.*), Massenermittlung (*f.*). **5 lavoro di** ~ (lavoro di scavo) (*ing. civ. - mov. terra*), Erdarbeit (*f.*).
sterzabilità (*aut.*), Lenkbarkeit (*f.*).
sterzaggio (*veic.*), vedi, sterzatura.
sterzante (*veic.*), lenkbar.
sterzare (*aut.*), lenken, steuern.
sterzata (sterzatura) (*aut.*), Lenkung (*f.*). **2** ~ **a destra** (*aut.*), Rechtseinschlag (*m.*). **3 angolo di** ~ (angolo di sterzatura) (*aut.*), Einschlagwinkel (*m.*). **4 diametro di** ~ **minimo** (riferito alla parte più esterna del veicolo) (*aut.*), Wendekreisdurchmesser (*m.*). **5 diametro di** ~ **minimo** (riferito alla mezzeria della ruota esterna) (*aut.*), (kleinster) Spurkreisdurchmesser. **6 raggio di** ~ **minimo** (minimo raggio di volta, riferito alla parte più esterna del veicolo) (*aut.*), Wendehalbmesser (*m.*), Wendekreishalbmesser (*m.*), Wenderadius (*m.*). **7 raggio minimo di** ~ (raggio minimo di volta, riferito alla mezzeria della ruota esterna) (*aut.*), (kleinster) Spurkreisradius, Spurkreishalbmesser (*m.*).
sterzato (*veic.*), gelenkt. **2** ~ (ruote) (*aut.*), eingeschlagen.
sterzatura (*aut.*), Lenkung (*f.*), Lenken (*n.*), Steuerung (*f.*), Steuern (*n.*). **2** ~ **doppia** (sterzaggio parallelo, in cui sia le ruote anteriori che posteriori sono sterzate nello stesso senso) (*veic.*), Hundeganglenkung (*f.*). **3** ~ **mediante frenata** (nei veicoli a cingoli) (*veic.*), Bremslenkung (*f.*). **4** ~ **parallela** (nella quale le ruote anteriori e posteriori ruotano parallelamente tra loro) (*veic.*), Hundeganglenkung (*f.*). **5 angolo di** ~ (angolo di sterzata) (*aut.*), Einschlagwinkel (*m.*). **6 contro** ~ (con veicoli sovrasterzanti p. es.) (*aut.*), Gegenlenken (*n.*), Gegensteuern (*n.*).
sterzo (guida) (*aut.*), Lenkung (*f.*), Steuerung (*f.*). **2** ~ (meccanismo dello sterzo) (*aut.*), Steuergetriebe (*n.*), Lenkgetriebe (*n.*). **3** ~ **a pignone e cremagliera** (*aut.*), Zahnstangenlenkung (*f.*). **4** ~ **a ralla** (per rimorchi p. es.) (*aut.*), Drehschemellenkung (*f.*). **5** ~ **a ruote anteriori direttrici** (sterzo sulle ruote anteriori) (*aut.*), Vorderradlenkung (*f.*). **6** ~ **a vite e madrevite** (*aut.*), Spindellenkung (*f.*), Schneckenlenkung (*f.*), Schraubenlenkung (*f.*). **7** ~ **a vite e madrevite con circolazione di sfere** (*aut.*), Kugelumlauflenkung (*f.*), Schneckenlenkung mit kugelgelagerter Mutter. **8** ~ **a vite e settore** (comando sterzo a vite e settore) (*aut.*), Segmentlenkung (*f.*). **9** ~ **a vite globoidale e rullo** (speciale esecuzione del tipo a vite senza fine nel quale invece del settore viene usato un rullo) (*aut.*), Gemmerlenkung (*f.*), Lenkung mit Schnecke und Rolle. **10** ~ **Bissel** (carrello Bissel, asse Bissel, carrello ad un asse) (*ferr.*), Deichselgestell (*n.*), Bissel-Drehgestell (*n.*). **11** ~ **con fusi a snodo** (*aut.*), Achsschenkellenkung (*f.*). **12** ~ **con servocomando idraulico** (servosterzo idraulico) (*aut.*), Hydrolenkung (*f.*), Hydrospindellenkung (*f.*). **13** ~ **differenziale** (di veicoli cingolati) (*veic.*), Differentiallenkung (*f.*). **14** ~ **diretto** (*aut.*), direkte Lenkung. **15** ~ **dolce** (*aut.*), leichtgängige Lenkung. **16** ~ **duro** (*aut.*), schwergängige Lenkung. **17** ~ **idraulico** (servosterzo idraulico) (*aut.*), Hydrolenkung (*f.*). **18** ~ **idraulico a circolazione di sfere** (idrosterzo a circolazione di sfere) (*aut.*), Kugelmutter-Hydrolenkung (*f.*). **19** ~ **indiretto** (*aut.*), indirekte Lenkung. **20** ~ **integrale** (sterzo sulle quattro ruote) (*veic.*), Vierradlenkung (*f.*). **21** ~ **preciso** (*aut.*), genaue Lenkung, exakte Lenkung. **22** ~ **sulle quattro ruote** (sterzo integrale) (*veic.*), Vierradlenkung (*f.*). **23** ~ **sulle ruote anteriori** (sterzo a ruote anteriori direttrici) (*aut.*), Vorderradlenkung (*f.*). **24** ~ **su tutte le ruote** (*veic.*), Allradlenkung (*f.*). **25 albero del braccio comando** ~ (*aut.*), Lenkwelle (*f.*). **26 albero dello** ~ (*aut.*), Lenkspindel (*f.*). **27 angolo di** ~ **cinematico** (angolo di sterzata Ackermann) (*aut.*), Ackermannswinkel (*m.*). **28 comando** ~ **a circolazione di sfere** (*aut.*), Kugelumlauflenkung (*f.*). **29 differenza tra angolo di** ~ **interno ed esterno** (delle ruote) (*aut.*), Voreilwinkel (*m.*). **30 effetto** ~ (cambiamento della direzione, provocato dalla cinematica della sospensione delle ruote) (*aut.*), Lenkwirkung (*f.*), Lenkeffekt (*m.*). **31 esattezza dello** ~ (*aut.*), Lenk-Exaktheit (*f.*). **32 geometria dello** ~ (registrazioni dello sterzo e delle ruote anteriori) (*aut.*), Lenkgeometrie (*f.*). **33 gioco dello** ~ (*aut.*), Lenkungsspiel (*n.*). **34 madrevite dello** ~ (*aut.*), Lenkspindelmutter (*f.*), Spindelmutter (*f.*). **35 quadrilatero dello** ~ (*aut.*), Lenktrapez (*n.*). **36 tiranteria dello** ~ (*aut.*), Lenkgestänge (*f.*). **37 « tutto** ~ **»** (angolo di sterzata massimo) (*aut.*), Lenkungsausschlag (*m.*).
stesura (redazione) (*comm. - ecc.*), Abfassung (*l.*), Ausfertigung (*f.*), Fassung (*f.*).
stetoscopio (*app. med.*), Stethoskop (*n.*), Hörrohr (*n.*).
sthène (sn, unità di forza usata in Francia; 1 sn = 10^3 N) (*unità*), sthène, sn.

stibina (Sb_2S_3), antimonite, bisolfuro di antimonio) (*metall.*), Crudum (*n.*).
« stick-slip » (moto a strappi d'una slitta) (*macch. ut.*), « Stick-Slip » (*n.*).
stifnato di piombo (esplosivo, innescante, trinitroresorcinato di Pb) (*espl.*), Bleistyphnat (*n.*), Bleitrinitroresorcinat (*n.*).
stigliare (gramolare, scotolare, maciullare, asportare le parti legnose, del lino p. es.) (*ind. tess.*), schwingen.
stilare (redigere, un documento p. es.) (*gen.*), abfassen.
stilato (redatto, documento) (*gen.*), abgefasst.
stilb (sb, unità di misura fotometrica di brillanza) (*mis. ott.*), Stilb (*n.*).
stilata (palata) (*ed. - ing. civ.*), Joch (*n.*), Jochpfahl (*m.*). 2 ∼ **di base** (*ed. - ing. civ.*), Grundjoch (*n.*).
stile (*arch. - ecc.*), Stil (*m.*). 2 ∼ (*carroz. aut. - ecc.*), Styling (*n.*). 3 ∼ **fiammeggiante** (*arch.*), Flamboyant-Stil (*m.*). 4 ∼ **gotico** (*arch.*), gotischer Stil. 5 ∼ **gotico** (carattere gotico) (*tip.*), Fraktur (*f.*). 6 ∼ **libero** (nel nuoto) (*sport*), Freistil (*m.*). 7 **ufficio** ∼ (*aut. - ecc.*), Stylingabteilung (*f.*).
stilista (progettista di carrozzerie) (*aut.*), Stilist (*m.*).
stillicidio (*gen.*), Tropfwasser (*n.*). 2 **protetto contro lo** ∼ (*elett.*), tropfdicht, tropfwassergeschützt. 3 **protezione contro lo** ∼ (*elett.*), Tropfwasserschutz (*m.*).
stilo (palpatore, tastatore, nei dispositivi a copiare) (*lav. macch. ut.*), Fühler (*m.*), Fühlstift (*m.*), Taststift (*m.*), Abtaststift (*m.*). 2 ∼ (astina, tastatore, di un comparimetro) (*strum.*), Fühler (*m.*). 3 **strumento a** ∼ (per misure di rugosità) (*app.*), Tastschnittgerät (*n.*).
stilobate (piedistallo continuo di un ordine di colonne) (*arch.*), Stylobat (*m.*), Säulenstuhl (*m.*).
stima (perizia, valutazione) (*comm. - ecc.*), Schätzung (*f.*), Taxation (*f.*).
stimare (valutare) (*gen.*), schätzen, taxieren, bewerten.
stimato (valutato) (*comm.*), abgeschätzt, geschätzt. 2 ∼ (punto p. es.) (*nav. - navig.*), gegisst.
stimatore (*comm. - ecc.*), Abschätzer (*m.*).
stimolare (*gen.*), anreizen. 2 ∼ (eccitare, un processo) (*gen.*), anreizen, anstossen. 3 ∼ (*med.*), anregen. 4 ∼ (l'economia p. es.) (*gen.*), anreizen, ankurbeln.
stimolatore (*app.*), Stimulator (*m.*). 2 ∼ **cardiaco** (cardiostimolatore, « pacemaker ») (*app. - med.*), Cardiostimulator (*m.*), Schrittmacher (*m.*), Pacemaker (*m.*).
stimolazione (*chim. - ecc.*), Reizung (*f.*). 2 ∼ (eccitazione, di un processo) (*gen.*), Anstossen (*n.*), Reizung (*f.*).
stimolo (*gen.*), Reiz (*m.*). 2 **stimoli cardinali** (*ott.*), Definitionsvalenzen (*f. pl.*). 3 ∼ **del colore** (*ott.*), Farbreiz (*m.*). 4 ∼ **fondamentale** (*ott.*), Mittelpunktsvalenz (*f.*), Mittelpunktsfarbart (*f.*). 5 ∼ **luminoso** (*illum.*), Lichtreiz (*m.*).
stinto (sbiadito, slavato) (*colore*), ausgewaschen.
stipendiato (impiegato p. es.) (*s. - pers.*), Gehaltsempfänger (*m.*), Angestellter (*m.*).

stipendio (pagato mensilmente agli impiegati) (*pers.*), Gehalt (*n.*), Gehalt (*m. - austr.*). 2 ∼ **annuo** (*pers.*), Jahresgehalt (*n.*). 3 ∼ **arretrato** (*pers.*), rückständiges Gehalt. 4 ∼ **base** (di un impiegato) (*pers.*), Grundgehalt (*n.*). 5 ∼ **fisso** (*pers.*), festes Gehalt, Fixum (*n.*). 6 ∼ **iniziale** (*pers.*), Anfangsgehalt (*n.*). 7 **aumento di** ∼ (*pers.*), Gehaltsaufbesserung (*f.*). 8 **riduzione di** ∼ (*pers.*), Gehaltsabbau (*m.*).
stipite (di una porta p. es.) (*ed.*), Pfosten (*m.*), Ständer (*m.*), Gewände (*n.*). 2 ∼ **della finestra** (*ed.*), Fensterleibung (*f.*). 3 ∼ **della porta** (*ed.*), Türpfosten (*m.*).
stipula (di un contratto p. es.) (*comm.*), Abschliessen (*n.*), Abschluss (*m.*), Ausbedingung (*f.*). 2 **tassa di** ∼ (d'un contratto) (*finanz.*), Abschlussgebühr (*f.*).
stipulare (*comm.*), abschliessen, ausbedingen. 2 ∼ **un contratto** (*comm.*), einen Vertrag abschliessen.
stipulato (un contratto) (*comm.*), abgeschlossen, ausbedingt, ausbedungen.
stipulazione (*comm.*), Abschliessen (*n.*), Abschluss (*m.*), Ausbedingung (*f.*).
stiramento (stiro, nella fucinatura o lav. delle mat. plas.) (*tecnol.*), Recken (*n.*), Reckverfahren (*n.*), Verstreckung (*f.*). 2 ∼ (*tecnol.*), vedi anche stiratura e stiro. 3 ∼ **biassale** (di mat. plast.) (*tecnol.*), biaxiales Recken, biaxiale Verstreckung. 4 ∼ **eccessivo** (stiro eccessivo, difetto di fucinatura p. es.) (*tecnol.*), Überreckung (*f.*). 5 **a** ∼ **biassale** (nella lav. delle mat. plast.) (*tecnol.*), biaxial gereckt. 6 **processo di iniezione-soffiatura-** ∼ (processo IBS, injection-blow-stretch, per la lav. delle mat. plast.) (*tecnol.*), Spritz-Blas-Reckverfahren (*n.*), IBS-Verfahren (*n.*).
stirare (con ferro da stiro) (*tess.*), plätten, bügeln. 2 ∼ (diminuire la sezione aumentando la lunghezza di un pezzo) (*fucinatura*), strecken, recken. 3 ∼ (lamiera p. es.) (*tecnol. mecc.*), strecken. 4 ∼ (la cinghia p. es.) (*mecc.*), ausrecken. 5 ∼ **al maglio** (*tecnol. mecc.*), hammerstrecken.
stirato (lamiera o pezzo fucinato) (*tecnol. mecc.*), gestreckt. 2 **lamiera stirata** (*ind. metall.*), Streckmetall (*n.*). 3 **vetro** ∼ (*ind. vetro*), Streckglas (*n.*).
stiratoio (macchina di filatura) (*macch. tess.*), Strecker (*m.*), Streckmaschine (*f.*), Streckwerk (*n.*), Strecke (*f.*). 2 ∼ (per lavoraz. di mater. plast.) (*macch.*), Reckanlage (*f.*), Reckwerk (*n.*), Reckmaschine (*f.*). 3 ∼ **a barrette di pettini** (stiratoio a gillbox) (*ind. tess.*), Nadelstabstreckwerk (*n.*), Gillspinnmaschine (*f.*). 4 ∼ **di preparazione** (*macch. tess.*), Vorstrecke (*f.*). 5 ∼ **finitore** (banco di stiro finitore) (*macch. tess.*), Feinstrecker (*m.*). 6 ∼ **in lungo** (per mat. plast.) (*macch.*), Längsreckmaschine (*f.*). 7 ∼ **in largo** (per mat. plast.) (*macch.*), Breitreckmaschine (*f.*). 8 ∼ **simultaneo** (che stira il foglio di mater. plast. contemporaneamente nelle direzioni longitudinale e trasversale) (*macch.*), Simultanreckmaschine (*f.*). 9 **nastro di** ∼ (*ind. tess.*), Streckband (*n.*).
stiratrice (*lav.*), Plätterin (*f.*), Büglerin (*f.*). 2 ∼ (*macch.*), Plättmaschine (*f.*). 3 ∼ **mec-**

canica (pressa per stirare) (*macch.*), Bügelpresse (*f.*).

stiratura (con ferro da stiro) (*tess.*), Bügeln (*n.*), Plätten (*n.*). **2** ~ (stiro, di un fucinato) (*fucinatura*), Recken (*n.*), Strecken (*n.*), Breiten (*n.*). **3** ~ (deformazione con riduzione dello spessore della lamiera) (*lav. lamiera*), Abstreckziehen (*n.*). **4** ~ (*tecnol.*), vedi anche stiro e stiramento. **5** ~ (stiro) (*ind. tess.*), Strecken (*n.*), Verstreckung (*f.*). **6** ~ **a freddo** (stiro a freddo) (*tecnol. mecc.*), Kaltrecken (*n.*), Strecken (*n.*). **7** ~ **al tornio** (stiro al tornio, tornitura in lastra con stiro, ossia con diminuzione dello spessore della lamiera) (*lav. lamiera*), Abstreckdrücken (*n.*). **8** ~ **con scalpello** (*fucin.*), Abballen (*n.*). **9** ~ **di preparazione** (*ind. tess.*), Vorstrecken (*n.*). **10** ~ **longitudinale** (*fucinatura*), Strecken (*n.*). **11** ~ **trasversale** (*fucinatura*), Breiten (*n.*). **12 cascame di** ~ (*ind. tess.*), Streckenabfall (*m.*), Streckenabgang (*m.*). **13 maglio per** ~ (maglio per stiro) (*macch. per fucinatura*), Reckhammer (*m.*). **14 preparato per la** ~ (sbozzato per la stiratura, al laminatoio per fucinati) (*fucinatura*), vorgereckt. **15 prova di** ~ (*tecnol. mecc.*), Ausbreitversuch (*m.*). **16 solidità alla** ~ (prove di solidità del colore) (*ind. tess.*), Bügelechtheit (*f.*).

stiro (*ind. tess.*), Strecken (*n.*). **2** ~ (stiratura) (*fucinatura*), Recken (*n.*), Strecken (*n.*), Breiten (*n.*). **3** ~ (deformazione di una lamiera con diminuzione del suo spessore) (*lav. lamiere*), Abstreckziehen (*n.*). **4** ~ (deformazione da trazione) (*tecnol. mecc.*), Zugverformung (*f.*). **5** ~ (di fogli in mater. plast.) (*tecnol.*), Reckung (*f.*), Recken (*n.*), Verstreckung (*f.*). **6** ~ (*tecnol.*), vedi anche stiramento e stiratura. **7** ~ **a freddo** (stiratura a freddo) (*tecnol. mecc.*), Kaltrecken (*n.*), Strecken (*n.*). **8** ~ **al tornio** (stiratura al tornio, tornitura in lastra con stiro, ossia con diminuzione dello spessore della lamiera) (*lav. lamiera*), Abstreckdrücken (*n.*). **9** ~ **biassiale** (nella lav. delle mat. plast.) (*tecnol.*), biaxiales Recken, biaxiale Verstreckung. **10** ~ **del film tubolare** (di mat. plast.) (*tecnol.*), Schlauchfolienreckung (*f.*). **11** ~ **eccessivo** (stiramento eccessivo, difetto di fucinatura p. es.) (*tecnol.*), Überreckung (*f.*). **12** ~ **in fino** (stiro di finitura) (*ind. tess.*), Feinstrecken (*n.*). **13 a** ~ **biassiale** (nella lav. delle mat. plast.) (*tecnol.*), biaxial gereckt. **14 ferro da** ~ **con termostato** (*app.*), Reglerbügeleisen (*n.*). **15 formatura a** ~ (foggiatura a stiro, stiro-formatura) (*lav. lamiera*), Streckformen (*n.*). **16 grado di** ~ (di mater. plast.) (*tecnol.*), Reckgrad (*m.*), Reckverhältnis (*m.*). **17 maglio per** ~ (maglio per stiratura) (*macch. per fucinatura*), Reckhammer (*m.*). **18 preparare allo** ~ (sbozzare per lo stiro al laminatoio sbozzatore) (*fucinatura*), vorrecken. **19 preparazione per lo** ~ (sbozzatura per lo stiro al laminatoio sbozzatore) (*fucinatura*), Vorrecken (*n.*). **20 stampo per** ~ (*ut. lav. lamiera*), Abstreckzug (*m.*). **21 tensione (interna) da** ~ (in fogli di mater. plast.) (*tecnol.*), Reckspannung (*f.*). **22 velocità di** ~ (di mater. plast.) (*tecnol.*), Reckgeschwindigkeit (*f.*).

stiro-curvatrice (curvatrice a stiro, macchina per curvare e stirare) (*macch. lav. lamiera*), Streckbiegemaschine (*f.*).

stiro-formatura (formatura a stiro, foggiatura a stiro) (*lav. lamiera*), Streckformen (*n.*).

stiro-imbutito (pezzo) (*s. - tecnol. mecc.*), Streckziehteil (*m.*).

stiroimbutitrice (*macch.*), Streckziehmaschine (*f.*).

stiro-imbutitura (imbutitura con riduzione dello spessore della lamiera) (*lav. lamiera*), Streckziehen (*n.*), Abstreckziehen (*n.*). **2 al tornio** (stiro-tornitura in lastra) (*lav. lamiera*), Abstreckdrücken (*n.*). **3 stampo per** ~ (*ut.*), Streckziehform (*f.*).

stirolo ($C_5H_6CH=CH_2$) (per la preparazione della Buna S, polistirolo, ecc.) (*chim.*), Styrol (*n.*).

stiro-snervatrice (per lamiere) (*macch.*), Streck-Walkmaschine (*f.*), Strecker (*m.*). **2** ~ **per lamiere grosse** (*macch.*), Plattenstrecker (*m.*).

stirosoffiatura (di bottiglie di mat. plast. p. es.) (*tecnol.*), Blas-Reckverfahren (*n.*).

stiva (*costr. nav.*), Laderaum (*m.*). **2 puntale di** ~ (*costr. nav.*), Raumstütze (*f.*).

stivaggio (stivatura) (*nav.*), Stauen (*n.*), Stauung (*f.*), Verstauen (*n.*). **2 coefficiente di** ~ (d'una nave mercantile; rapporto fra stazza netta in m³ e carico utile totale) (*nav.*), Staukoeffizient (*m.*). **3 piano di** ~ (per la ripartizione dei passeggeri e delle merci in un aereo) (*aer.*), Trimmplan (*m.*). **4 pressione di** ~ (pressione sul materiale, nel cilindro d'una macchina per stampaggio ad iniezione di mat. plast.) (*tecnol.*), Staudruck (*m.*). **5 testa di** ~ (tra estrusore e testa soffiatrice di corpi cavi) (*lav. mat. plast.*), Staukopf (*m.*), Akkukopf (*m.*).

stivare (pigiare, costipare, la forma) (*fond.*), aufstampfen, eindammen. **2** ~ (*nav.*), stauen, verstauen. **3** ~ (dare l'assetto) (*nav.*), hintrimmen.

stivatore (*lav. - nav.*), Stauer (*m.*).

stivatura (stivaggio) (*nav.*), Stauen (*n.*), Stauung (*f.*), Verstauen (*n.*).

stocastico (*stat. - mat. - ecc.*), stochastisch. **2 a correlazione stocastica** (*metrol. - ecc.*), stochastisch-korrelativ.

stoccaggio (di carburanti p. es.) (*ind. chim.*), Lagerung (*f.*). **2** ~ **dell'olio (combustibile)** (*ind. chim.*), Öllagerung (*f.*). **3** ~ **del petrolio** (*ind. chim.*), Erdöllagerung (*f.*). **4 serbatoio di** ~ (di carburante p. es.) (*ind. chim.*), Lagerbehälter (*m.*). **5 silo di** ~ (*ind.*), Lagersilo (*m.*).

stoffa (tessuto) (*ind. tess.*), Tuch (*n.*). **2** ~ **marezzata** (marezzo, « moiré », moerro) (*ind. tess.*), Moiré (*m. - n.*). **3** ~ **per bandiere** (*ind. tess.*), Flaggentuch (*n.*), Fahnentuch (*n.*).

stokes (unità di viscosità cinematica) (*unità di mis.*), Stokes (*n.*), St.

stonato (*acus.*), verstimmt.

stop (luce di arresto) (*aut. - veic.*), Bremslicht (*n.*). **2** ~ (punto) (*telegr.*), Stop (*m.*). **3** ~ (segnale di arresto, nelle telescriventi, segnale di fine trasmissione) (*telegr.*), Stopschritt (*m.*), Sperrschritt (*m.*), Endsignal (*n.*). **4 segnale di** ~ (cartello dello stop) (*aut. -*

stoppa

traff. strad.), Halteschild (*n.*). **5 strada con ~** (*traff. strad. - aut.*), Stopp-Strasse (*f.*).

stoppa (cascame della pettinatura) (*ind. tess.*), Hede (*f.*). **2 ~ di canapa** (*tess.*), Tors (*n.*), Hanfwerg (*n.*). **3 ~ di lino** (*ind. tess.*), Flachswerg (*n.*), Flachshede (*f.*). **4 filo di ~** (*ind. tess.*), Towgarn (*n.*), Werggarn (*n.*), Hedegarn (*n.*).

stoppino (lucignolo) (*ind. tess.*), Vorgarn (*n.*), Vorgespinst (*n.*), Roving (*m.*). **2 ~** (lucignolo, di una candela p. es.) (*comb.*), Docht (*m.*), Zündfaden (*m.*). **3 lubrificazione a ~** (*mecc.*), Dochtschmierung (*f.*).

storcersi (deformarsi) (*mecc. - ecc.*), verziehen, verwerfen.

stornare (annullare) (*gen.*), stornieren, ristornieren. **2 ~** (*amm.*), stornieren, ausbuchen.

storno (contabilità), Rückbuchung (*f.*), Abbuchung (*f.*), Storno (*m.*).

storta (alambicco) (*app. chim.*), Destillierblase (*f.*), Destillierkolben (*m.*), Retorte (*f.*), Blase (*f.*). **2 ~ per coke** (forno - *ind. chim.*), Koksofenkammer (*f.*). **3 carbone di ~** (*ind. chim.*), Retortenkohle (*f.*). **4 carbone di ~ a frattura concoide** (grafite a frattura concoide) (*min.*), Retortenkohle mit muscheligem Bruch, Muschelgraphit (*m.*). **5 forno a ~** (forno - *ind. chim.*), Retortenofen (*m.*).

stoviglie (*ind.*), Geschirr (*n.*), Tafelgeschirr (*n.*).

stozzare (*lav. macch. ut.*), stossen. **2 accessorio per ~** (su macchina universale) (*macch. ut.*), Stossapparat (*m.*).

stozzato (*lav. macch. ut.*), gestossen. **2 ruota dentata stozzata** (*mecc.*), gestossenes Zahnrad, gestossenes Rad.

stozzatrice (*macch. ut.*), Stossmaschine (*f.*). **2 ~ per ingranaggi** (*macch. ut.*), Zahnradstossmaschine (*f.*). **3 ~ per scanalature** (*macch. ut.*), Nutenstossmaschine (*f.*). **4 ~ per sedi di chiavette** (*macch. ut.*), Keilnutenstossmaschine (*f.*). **5 ~ verticale** (*macch. ut.*), Senkrecht-Stossmaschine (*f.*).

stozzatura (*lav. macch. ut.*), Stossen (*n.*). **2 ~ di ingranaggi** (*lav. macch. ut.*), Zahnradstossen (*n.*). **3 ~ di scanalature** (*lav. macch. ut.*), Nutenstossen (*n.*). **4 ~ tangenziale** (per il taglio di viti motrici p. es.) (*lav. macch. ut.*), Schälschnitt (*m.*). **5 attrezzo per ~** (*lav. macch. ut.*), Stossvorrichtung (*f.*).

stracannare (riannaspare) (*ind. tess.*), umhaspeln.

stracciare (rompere, strappare, lacerare) (*gen.*), reissen, zerreissen.

straccio (*gen.*), Lappen (*m.*), Wisch (*m.*), Lumpen (*m.*). **2 stracci** (*mft. della carta*), Hadern (*m. pl.*).

strada (*strad. - ing. civ.*), Strasse (*f.*). **2 ~ a carreggiata unica** (*strad.*), Strasse ohne Richtungstrennstreifen. **3 ~ acciottolata** (acciottolato) (*strad.*), Geröllstrasse (*f.*). **4 ~ alzaia** (lungo un fiume, per trainare contro corrente le imbarcazioni) (*trasp.*), Leinpfad (*m.*), Treidelpfad (*m.*), Treidelweg (*m.*). **5 ~ a pedaggio** (*aut. - ecc.*), gebührenpflichtige Strasse, Mautstrasse (*f. - austr.*). **6 ~ a scorrimento veloce** (strada per traffico veloce) (*traff. strad.*), Schnellverkehrsstrasse (*f.*), Express-Strasse (*f.*). **7 ~ a senso unico** (via a senso unico) (*traff. strad.*), Einbahnstrasse (*f.*). **8 ~ asfaltata** (*costr. strad.*), Asphaltstrasse (*f.*), Schwarzdeckenstrasse (*f.*). **9 ~ a solchi trasversali** (*difetto strad.*), Waschbrett-Strasse (*f.*). **10 ~ a transito limitato o vietato** (*strad. - aut.*), Strasse mit Verkehrsregelung bezw.-verbot. **11 ~ a tre corsie** (carreggiata a tre corsie) (*strad.*), Strasse mit drei Spuren. **12 ~ con diritto di precedenza** (strada con priorità di passaggio) (*strad. - aut.*), Vorfahrtstrasse (*f.*), Strasse mit Vorfahrtsrecht. **13 ~ con ondulazioni** (strada ondulata) (*costr. strad. - veic.*), Wellenstrasse (*f.*). **14 ~ con rivestimento antipolvere** (*strad.*), Strasse mit staubfreiem Belag. **15 ~ con stop** (*traff. strad. - aut.*), Stopp-Strasse (*f.*). **16 ~ di accesso** (raccordo di accesso, di autostrada p. es.) (*strad.*), Zufuhrstrasse (*f.*), Zubringer (*m.*). **17 ~ di città** (strada urbana) (*strad.*), Stadtstrasse (*f.*). **18 ~ di grande comunicazione** (*strad.*), Fernverkehrsstrasse (*f.*), Hauptstrasse (*f.*), Hochweg (*m.*), Fernstrasse (*f.*). **19 ~ d'incerta percorribilità** (strada non sempre percorribile) (*strad. - aut.*), Strasse von unbestimmter Befahrbarkeit. **20 ~ di interesse turistico** (*strad. - aut.*), Strasse von touristischem Interesse. **21 ~ di servizio** (*costr. strad.*), Anliegerstrasse (*f.*). **22 ~ di svincolo** (strada di raccordo, di una autostrada) (*strad.*), Zubringer (*m.*). **23 ~ di trasbordo** (per il trasbordo di merci tra ferrovia e strada) (*ferr.*), Freiladestrasse (*f.*). **24 ~ ferrata** (*ferr. - ecc.*), Schienenbahn (*f.*). **25 ~ in calcestruzzo** (*costr. strad.*), betonierte Strasse. **26 ~ in cemento precompresso** (*costr. strad.*), vorgespannte Strasse. **27 ~ in costruzione** (*costr. strad.*), Strasse im Bau. **28 ~ in discesa** (*strad. - aut.*), abfallende Strasse. **29 ~ in salita** (*strad. - aut.*), ansteigende Strasse. **30 ~ in terra** (strada non consolidata, senza sottofondo) (*costr. strad.*), Erdstrasse (*f.*). **31 ~ in trincea** (trincea stradale) (*costr. strad.*), Strasseneinschnitt (*m.*). **32 ~ nazionale** (strada di grande comunicazione, strada statale) (*strad.*), Nationalstrasse (*f.*) (*svizz.*). **33 ~ non sempre percorribile** (*strad. - aut.*), Strasse von unbestimmter Befahrbarkeit. **34 ~ ondulata** (strada con ondulazioni) (*costr. strad. - veic.*), Wellenstrasse (*f.*). **35 ~ panoramica** (panoramica) (*strad.*), Panoramastrasse (*f.*), Aussichtstrasse (*f.*). **36 ~ per alte velocità** (autostrada p. es.) (*traff. strad.*), Schnellstrasse (*f.*), Schnellverkehrsstrasse (*f.*). **37 ~ percorribile con difficoltà** (strada non sempre percorribile) (*strad. - aut.*), Strasse von unbestimmter Befahrbarkeit. **38 ~ per traffico veloce** (strada a scorrimento veloce) (*traff. strad.*), Schnellverkehrs-Strasse (*f.*), Express-Strasse (*f.*). **39 ~ principale** (*strad.*), Landstrasse (*f.*), Chaussée (*f.*). **40 ~ privata** (*strad.*), Privatweg (*m.*). **41 ~ provinciale** (*strad.*), Provinzstrasse (*f.*), Provinzialstrasse (*f.*), Landstrasse (*f.*). **42 ~ radiale** (urbana) (*strad.*), Radialstrasse (*f.*). **43 ~ sdrucciolevole** (*aut. - traff. strad.*), schlüpfrige Strasse. **44 ~ sdrucciolevole!** (segnalazione) (*traff. strad. - aut.*), Rutschgefahr! (*f.*), Schleudergefahr! (*f.*). **45**

~ **secondaria** (*strad.*), Nebenstrasse (*f.*). **46** ~ **senza rivestimento antipolvere** (*strad.*), Strasse ohne staubfreien Belag. **47** ~ **senza uscita** (vicolo cieco) (*traff. strad.*), Sackgasse (*f.*), Sackstrasse (*f.*). **48** ~ **sopraelevata** (viadotto p. es.) (*ing. civ.*), Hochstrasse (*f.*). **49** ~ **statale** (*strad.*), Staatsstrasse (*f.*). **50** ~ **stretta** (*strad.*), Gasse (*f.*), enge Strasse, schmale Strasse. **51** ~ **su terrapieno** (*strad.*), Dammweg (*m.*). **52** ~ **trasversale** (*traff. strad.*), Querstrasse (*f.*). **53** ~ **urbana** (strada di città) (*strad.*), Stadtstrasse (*f.*). **54 codice della** ~ (*traff. strad. - aut. - leg.*), Strassenverkehrsordnung (*f.*). **55 comportamento su** ~ (di una autovettura p. es.) (*aut.*), Fahrverhalten (*n.*), Fahreigenschaften (*f. pl.*). **56 prestazioni su** ~ (velocità massima e tempo di accelerazione di un'autovettura) (*aut.*), Fahrleistungen (*f. pl.*). **57 prova su** ~ (*aut.*), Strassenfahrversuch (*m.*), Fahrversuch (*m.*). **58 tenuta di** ~ (*aut.*), Strassenlage (*f.*), Fahrverhalten (*n.*).

stradale (*strad.*), Strassen... **2 lavori stradali** (*costr. strad.*), Strassenarbeiten (*f. pl.*). **3 ponte** ~ (*costr. ponti*), Strassenbrücke (*f.*). **4 rete** ~ (*strad.*), Strassennetz (*n.*). **5 veicolo** ~ (*veic.*), Strassenfahrzeug (*n.*).

stradare (allicciare, piegare i denti della sega) (*mecc.*), schränken, setzen.

stradaseghe (allicciatoio) (*ut.*), Sägensetzer (*m.*), Schränkeisen (*n.*), Schränkzange (*f.*).

stradatore (licciaiuola, per lame di sega) (*ut.*), Schränkeisen (*n.*), Schränkzange (*f.*), Sägensetzer (*m.*).

stradatrice (allicciatrice, per denti di sega) (*macch.*), Schränkmaschine (*f.*).

stradatura (operazione di stradatura) (*mecc.*), Schränken (*n.*), Setzen (*n.*). **2** ~ (allicciatura, dei denti di una sega) (*mecc.*), Schrank (*m.*).

stradino (*lav.*), Strassenarbeiter (*m.*).

strafilatura (nodo) (*nav.*), Marlschlag (*m.*), Marlstich (*m.*).

straglio (vento) (*ed.*), Spanndraht (*m.*), Spannkabel (*n.*), Spannseil (*n.*). **2** ~ (manovra fissa) (*nav.*), Stag (*n.*), Tau (*n.*). **3 (vela di)** ~ **di belvedere** (*nav.*), Besan-Bramstagsegel (*n.*), Besan-Stagsegel (*n.*), Besan-Stengestagsegel (*n.*).

strallato (controventato, assicurato mediante funi, una antenna, p. es.) (*ed. - ecc.*), abgespannt.

stramazzo (luce a stramazzo) (*costr. idr.*), Wehr (*n.*). **2** ~ **di misura** (stramazzo per misure) (*idr.*), Messüberfall (*m.*), Messwehr (*n.*). **3** ~ **in parete sottile** (*idr.*), scharfkantiges Messwehr. **4** ~ **libero** (nel quale il livello dell'acqua a valle è più basso della soglia) (*idr.*), Überfallwehr (*n.*). **5** ~ **per misure di portata** (*idr.*), Messüberfall (*m.*). **6** ~ **per misure di portata a parete sottile** (*idr.*), scharfkantiges Messwehr. **7** ~ **rigurgitato** (nel quale il livello dell'acqua a valle è più alto della soglia) (*idr.*), Grundwehr (*n.*). **8** ~ **tipo** (*idr.*), Versuchsüberfall (*m.*). **9** ~ **triangolare** (*idr.*), dreieckiger Überfall. **10 carico dello** ~ (*idr.*), Überströmungshöhe (*f.*). **11 misurazione a** ~ (della portata) (*idr.*), Überfallmessung (*f.*). **12 sfioratore a** ~ (*costr. idr.*), Überlaufwehr (*n.*). **13 soglia dello** ~ (*idr.*), Überfallkrone (*f.*), Wehrkrone (*f.*). **14 soglia a spigolo vivo dello** ~ (*idr.*), scharfe Überfallkante. **15 spessore (della vena) sulla soglia dello** ~ (*idr.*), Überfallhöhe (*f.*). **16 traversa con** ~ **rigurgitato** (*costr. idr.*), Wehr mit unvollkommenem Überfall. **17 traversa con** ~ **triangolare** (*costr. idr.*), Wehr mit dreieckigem Überfall.

strangolare (strozzare) (*fucinatura*), einschnüren, reduzieren, einkerben.

strangolatura (strozzatura, diminuzione della sezione, di una barra p. es.) (*fucinatura*), Reduktion (*f.*), Reduzieren (*n.*), Einschnüren (*n.*), Einkerben (*n.*).

straniero (*s. - comm. - ecc.*), Ausländer (*m.*).

straordinario (*a. - gen.*), ausserordentlich. **2** ~ (emissione p. es.) (*a. - finanz.*), einmalig. **3** ~ (lavoro straordinario) (*s. - lav.*), Überstunden (*f. pl.*), Überarbeit (*f.*). **4 ora di** ~ (*lav.*), Überstunde (*f.*). **5 raggio** ~ (*ott.*), ausserordentlicher Strahl.

straorzare (*nav.*), gieren.

strapazzo (surménage) (*lav. - med.*), Überanstrengung (*f.*).

strapiombo (fuori piombo) (*ed.*), Lotabweichung (*f.*), Lotablenkung (*f.*), Lotstörung (*f.*). **2** ~ (di una parete rocciosa p. es., rientrante rispetto alla verticale) (*geol. - ecc.*), Überhang (*m.*).

strappamaterozza (nello stampaggio a iniezione di materie plastiche) (*tecnol.*), Angussabreisser (*m.*).

strappamento (*gen.*), Abreissen (*n.*), Reissen (*n.*). **2** ~ (di un filetto) (*mecc.*), Abwürgen (*n.*), Abreissen (*n.*). **3** ~ **superficiale** (di carta) (*tecnol.*), Rupfen (*n.*). **4 fune di** ~ (di un pallone) (*aer.*), Reissleine (*f.*). **5 prova di** ~ (di un filetto) (*mecc.*), Abstreifversuch (*m.*).

strappare (rompere, stracciare, lacerare) (*gen.*), reissen, zerreissen, abreissen. **2** ~ (di un filetto) (*mecc.*), abwürgen, abreissen, überdrehen. **3** ~ (difetto di imbutitura) (*lav. lamiera*), einreissen.

strapparsi (di un filetto) (*mecc.*), abwürgen, abreissen.

strappato (*gen.*), gerissen. **2** ~ (filetto di una vite p. es.) (*mecc.*), abgerissen.

strappo (strappamento) (*gen.*), Reissen (*n.*), Abreissen (*n.*). **2** ~ (rottura) (*gen.*), Riss (*m.*). **3** ~ (difetto di lavorazione di lamiere) (*tecnol. mecc.*), Riss (*m.*). **4** ~ (su una superficie lavorata ad asportazione) (*difetto lav. macch. ut. - ecc.*), Ausreissung (*f.*). **5** ~ **al fondello** (difetto di imbutitura) (*lav. lamiera*), Bodenreisser (*m.*). **6 a strappi** (*gen.*), stossweise, ruckweise. **7 fune di** ~ (per l'apertura di un paracadute) (*aer.*), Reissschnur (*f.*). **8 interruttore a** ~ (*elett.*), Zugschalter (*m.*). **9 nastro a** ~ (nastrino a strappo, di una confezione) (*imball.*), Abreissband (*n.*). **10 pannello da** ~ (di un pallone p. es.) (*aer.*), Reissbahn (*f.*). **11 prova di** ~ (per tessili e carta) (*tecnol.*), Reissversuch (*m.*), Einreissversuch (*m.*), Zerreissversuch (*m.*). **12 resistenza allo** ~ (*gen.*), Reissfestigkeit (*f.*). **13 resistenza allo** ~ (d'un campione di carta o stoffa) (*tecnol.*), Einreissfestigkeit (*f.*). **14**

strapuntino

senza strappi (funzionamento) (*mecc. - macch.*) ruckfrei, stossfrei.

strapuntino (sedile ribaltabile) (*veic.*), Klappsitz (*m.*).

straripamento (di un fiume) (*idr. - costr. idr.*), Ausuferung (*f.*).

straripare (uscire dalle sponde, di un fiume) (*costr. idr.*), ausufern, überborden.

strascicato (andatura) (*gen.*), schleppend. 2 ~ (modo di parlare) (*gen.*), schleppend.

strascico (rete a strascico) (*pesca*), Grundnetz (*n.*), Schleppnetz (*n.*). 2 **navigazione con lo** ~ (di un motopeschereccio) (*nav.*), Schleppfahrt (*f.*). 3 **peschereccio per pesca a** ~ (*pesca - nav.*), Trawler (*m.*).

strass (brillante chimico, brillante artificiale) (*ind. chim.*), Strass (*m.*), Glaspaste (*f.*), Glasfluss (*m.*).

strategia (*milit. - ecc.*), Strategie (*f.*). 2 ~ (nella teoria dei giochi) (*mat. - organ.*), Strategie (*f.*). 3 ~ **mista** (*organ.*), gemischte Strategie. 4 ~ **pura** (*organ.*), reine Strategie.

strategico (*milit.*), strategisch, operativ.

stratificato (*a. - gen.*), schichtig. 2 ~ (resina p. es.) (*a. - ind. chim.*), übereinandergeschichtet. 3 ~ (stratiforme) (*a. - geol.*), flözführend. 4 ~ (laminato, lastra costituita da più strati di materiale plastico) (*s. - ind. chim.*), Schichtpress·stoff (*m.*), Laminat (*n.*). 5 ~ (laminato, vetro di sicurezza p. es.) (*s. - ind.*), Schichtstoff (*m.*). 6 ~ **con fibre di vetro** (*ind. - mat. plast.*), Glasfaserschichtstoff (*m.*). 7 ~ **di carta e resina** (laminato di carta e resina, carta bachelizzata) (*tecnol.*), Hartpapier (*n.*). 8 ~ **plastico** (laminato plastico) (*ind. chim.*), geschichteter Press·stoff. 9 ~ **tessuto-resina** (laminato tessuto-resina, tela bachelizzata) (*tecnol.*), Hartgewebe (*n.*). 10 **vetro** ~ (vetro di sicurezza stratificato) (*aut. - ecc.*), Verbundglas (*n.*).

stratificatura (laminatura, nella lavorazione delle resine sintetiche) (*ind. chim.*), Laminieren (*n.*).

stratificazione (*geol. - ecc.*), Schichtung (*f.*). 2 ~ **della carica** (nella camera di combustione) (*mot.*), Ladungsschichtung (*f.*).

stratiforme (stratificato) (*geol.*), flözführend.

stratigrafia (*geol.*), Stratigraphie (*f.*), Schichtenkunde (*f.*).

stratigrafico (*geol.*), stratigraphisch, schichtenkundlich. 2 **età stratigrafica** (*geol.*), stratigraphisches Alter.

stratimetro (per determinare direzione ed immersione di strati) (*app. - geol.*), Stratameter (*n.*).

strato (*gen.*), Schicht (*f.*), Lage (*f.*). 2 ~ (di minerale p. es.) (*geol. - min.*), Schicht (*f.*), Lage (*f.*). 3 ~ (mano, di vernice) (*vn.*), Schicht (*f.*). 4 ~ (nube, al disotto dei 600 m di altezza) (*meteor.*), Schichtwolke (*f.*), Stratus (*m.*). 5 ~ **anti-calpestio** (*ed.*), Trittschall-Dämmschicht (*f.*). 6 ~ **antigelo** (*costr. strad.*), Frostschutzschicht (*f.*). 7 ~ **antirombo** (mano antirombo, sul fondo della carrozzeria) (*aut.*), Schalldämmschicht (*f.*). 8 ~ **antivibrante** (strato isolante, sotto l'incudine d'un maglio p. es.) (*macch.*), Dämmschicht (*f.*). 9 ~ **bianco** (coltre bianca; nella nitrurazione, sottile strato superficiale di nitruri e carbonitruri) (*tratt. term.*), Verbindungsschicht (*f.*). 10 ~ « **binder** » (*costr. strad.*), Binderschicht (*f.*). 11 ~ **bonderizzato** (strato di fosfato) (*metall.*), Bonderschicht (*f.*). 12 ~ **cementato** (strato superficiale indurito) (*tratt. term.*), Einsatzschicht (*f.*), Einsatz (*m.*). 13 ~ **coalescente** (nella tecnica dell'estrazione chim., strato di materiale poroso) (*chim.*), Coalescer (*m.*). 14 ~ **D** (dell'atmosfera, a 50-60 km di altezza) (*geofis.*), D-Schicht (*f.*). 15 ~ **di carbone** (filone di carbone) (*min.*), Kohlenflöz (*n.*). 16 ~ **di coke** (nel cubilotto) (*fond.*), Koksschicht (*f.*). 17 ~ **di copertura** (strato superiore) (*gen.*), Deckschicht (*f.*). 18 ~ **diffusore** (di un semiconduttore) (*elettronica*), Diffusionsschicht (*f.*). 19 ~ **di Heaviside** (strato E) (*astr. - meteor.*), Heavisideschicht (*f.*), E-Schicht (*f.*). 20 ~ **di minerale** (*min. - geol.*), Flöz (*n.*), Flötz (*n.*). 21 ~ **di ossalato** (rivestimento di ossalato, sugli acciai inossidabili) (*metall.*), Oxalatschicht (*f.*). 22 ~ **di ossido** (rivestimento di ossido; anodico p. es., come protezione) (*tecnol. - ecc.*), Oxydschicht (*f.*). 23 ~ **di rifinitura** (secondo strato, stabilitura, allisciatura, civilizzazione, strato di intonaco) (*mur.*), Oberputz (*m.*). 24 ~ **di sabbia** (*geol.*), Sandflöz (*n.*), Sandschicht (*f.*). 25 ~ **di sabbia** (di fondamenta, p. es.) (*ed.*), Sandbett (*n.*). 26 ~ **di sbarramento** (di una fotocellula) (*elettronica*), Sperrschicht (*f.*). 27 ~ **di sbarramento** (d'un cuscinetto, p. es.) (*mecc.*), Nickeldamm (*f.*). 28 ~ **di scorrimento** (d'un cuscinetto) (*mecc.*), Laufschicht (*f.*). 29 ~ **di usura** (manto) (*costr. strad.*), Deckschicht (*f.*). 30 ~ **di vernice** (mano di vernice) (*vn.*), Lackschicht (*f.*). 31 ~ **E** (strato di Heaviside) (*meteor. - astr.*), E-Schicht (*f.*), Heavisideschicht (*f.*). 32 ~ **elettronico** (*fis. atom.*), Schale (*f.*). 33 ~ **estraneo** (d'un isolatore p. es.) (*elett. - ecc.*), Fremdschicht (*f.*). 34 ~ **F** (ionosfera) (*geofis.*), F-Schicht (*f.*), Ionosphäre (*f.*). 35 ~ **finale** (« flash », di un cuscinetto, spessore 1 μm) (*mecc.*), « Flash » (*m.*). 36 ~ **impermeabile** (*geol.*), undurchlässige Schicht. 37 ~ **intermedio** (*gen.*), Zwischenschicht (*f.*). 38 ~ **ionizzato** (*fis.*), Ionisationsschicht (*f.*). 39 ~ **isolante** (per le vibrazioni, sotto il basamento di un maglio p. es.) (*macch.*), Dämmschicht (*f.*). 40 ~ **limite** (*mecc. dei fluidi*), Grenzschicht (*f.*). 41 ~ **limite laminare** (*aerodin.*), wirbelfreie Grenzschicht. 42 ~ **limite turbolento** (*mecc. dei fluidi*), turbolente Grenzschicht. 43 ~ **permeabile** (*geol.*), durchlässige Schicht. 44 ~ **portante** (d'un manto stradale) (*costr. strad.*), Tragschicht (*f.*). 45 ~ **portante a grani rotondi** (*costr. strad.*), Rundkorntragschicht (*f.*). 46 ~ **protettivo** (rivestimento protettivo, su una superficie metallica p. es.) (*tecnol. mecc.*), Schutzschicht (*f.*). 47 ~ **semivalente** (*radioatt.*) Halbwertschicht (*f.*), HWS. 48 ~ **smorzante** (strato antivibrante, sotto l'incudine di un maglio p. es.) (*macch.*), Dämmschicht (*f.*). 49 ~ **sottile** (*elett. - ecc.*), Dünnschicht (*f.*). 50 ~ **superficiale indurito** (strato cementato) (*tratt. term.*), Einsatz (*m.*), Einsatzschicht (*f.*). 51 ~ **superficiale stemprato dalla rettifica** (*mecc.*), Schleifhaut (*f.*). 52 ~ **superiore** (strato di copertura) (*gen.*), Oberschicht (*f.*), Deckschicht (*f.*). **53 ~ superiore di calcestruzzo** (manto di calcestruzzo) (*costr. strad.*), Oberbeton (*m.*). **54 ad uno ~** (*gen.*), einschichtig. **55 a più strati** (*gen.*), vielschichtig, mehrschichtig, mehrlagig. **56 a strati** (*gen.*), geschichtet, schichtenweise, lagenweise. **57 disposizione degli strati** (*geol.*), Schichtenaufbau (*m.*). **58 distacco dello ~ limite** (*mecc. dei fluidi*), Grenzschichtablösung (*f.*). **59 doppio ~** (*gen.*), Doppelschicht (*f.*). **60 regolatore dell'altezza dello ~** (d'una griglia mobile, per definire l'altezza dello strato di combustibile) (*app. - comb.*), Schichtregler (*m.*). **61 secondo ~** (strato di rifinitura, stabilitura, allisciatura, civilizzazione, di intonaco) (*mur.*) Oberputz (*m.*). **62 separazione degli strati** (delaminazione, di materiali stratificati) (*ind. chim.*), Delaminieren (*n.*). **63 spessore dello ~ limite** (*mecc. dei fluidi*), Grenzschichtdicke (*f.*). **64 teoria dello ~ limite** (*mecc. dei fluidi*), Grenzschichttheorie (*f.*). **65 transizione dello ~ limite** (da laminare a turbolento) (*mecc. dei fluidi*), Umschlag der Grenschicht.

stratocumulo (al disotto dei 2500 m di altezza) (*meteor.*), Stratokumulus (*m.*), Haufenschichtwolke (*f.*), Schichthaufenwolke (*f.*).

stratogeno (*gen.*), schichtbauend.

stratosfera (*geofis.*), Stratosphäre (*f.*).

stratovisione (trasmissione televisiva attraverso stazioni ripetitrici su velivoli stratosferici) (*telev. - aer.*), Stratovision (*f.*).

stratovulcano (*geol.*), Schichtvulkan (*m.*), Stratovulkan (*m.*).

strepito (*acus.*), Schnattern (*n.*).

streptodermia (malattia professionale) (*med. - lav.*), Streptodermie (*f.*).

streptomicina (*n. - med. - farm.*), Streptomycin (*n.*).

strettamente parlando (*gen.*), strenggenommen.

stretto (*a. - gen.*), schmal, eng. **2 ~** (serrato, bloccato, una vite p. es.) (*a. - mecc.*), festgezogen. **3 ~** (di mare) (*s. - geogr.*), Meerenge (*f.*), Strasse (*f.*). **4 ~ di bolina** (molto all'orza, nel bordeggiare) (*nav.*), dicht am Winde.

strettoia (*traff. strad. - aut.*), Engpass (*m.*), Strassenverengung (*f.*). **2 ~ nella produzione** (strozzatura nella produzione) (*ind.*), Produktionsengpass (*m.*).

strettoio (pressa a vite, morsetto parallelo, per pressare insieme più parti) (*att.*), Zwinge (*f.*).

stria (*gen.*), Schliere (*f.*). **2 ~** (striscia di minerale che si distingue per struttura dal complesso) (*min.*), Schliere (*f.*). **3 ~** (difetto del vetro), Schliere (*f.*). **4 ~ a nastro** (stria lunga e larga) (*difetto del vetro*), Bandschliere (*f.*), lange, breite Schliere. **5 ~ corta e sottile** (*difetto del vetro*), Faserschliere (*f.*). **6 ~ lunga e larga** (stria a nastro) (*difetto del vetro*), lange, breite Schliere, Bandschliere (*f.*). **7 ~ lunga e marcata** (filo) (*difetto del vetro*), lange, scharfe Schliere, Fadenschliere (*f.*). **8 ~ nodulare** (*difetto del vetro*), Knotenschliere (*f.*), knollenförmige Schliere.

striare (lamiere) (*mecc.*), riffeln.

striato (*gen.*), schlierig. **2 ~** (a strisce) (*gen.*), streifig. **3 lamiera striata** (*ind. metall.*), Riffelblech (*n.*). **4 mozzo ~** (*mecc.*), Kerbzahnnabe (*f.*).

striatura (*gen.*), Schlierenbildung (*f.*). **2 ~** (profilo Whitworth, profilo a denti triangolari, di un mozzo p. es.) (*mecc.*), Kerbverzahnung (*f.*). **3 ~** (difetto di rettifica) (*mecc.*), Zug (*m.*).

stricnina (*chim. - farm.*), Strychnin (*n.*).

stridere (dei freni p. es.) (*aut. - ecc.*), quietschen, kreischen. **2 ~** (di pneumatici, in curva o per brusche frenate) (*aut.*), quietschen. **3 ~** (gridare, di filo metallico) (*tecnol. mecc.*), schreien. **4 lo ~** (dei freni p. es.) (*difetto - aut.*), Quietschen (*n.*), Kreischen (*n.*).

striglia (strigliatore) (*att. macch. tess.*), Aushacker (*m.*), Hacker (*m.*).

strigliatore (striglia) (*att. macch. tess.*), Aushacker (*m.*), Hacker (*m.*).

stringa (laccio della scarpa) (*ind. tess.*), Schnürsenkel (*m.*). **2 ~** (serie di caratteri consecutivi, in una memoria p. es.) (*elab. dati*), Zeichenfolge (*f.*), Zeichenreihe (*f.*).

stringere (serrare, una vite p. es.) (*mecc.*), nachziehen, anspannen, anziehen, spannen. **2 ~** (le vele) (*nav.*), beilegen. **3 ~ a fondo** (serrare a fondo, una vite p. es.) (*mecc.*), fest anziehen, nachspannen. **4 ~ il vento** (diminuzione dell'angolo tra rotta e direzione del vento) (*nav.*), aufluven. **5 ~ la vite** (*mecc.*), die Schraube anziehen.

strippaggio (sformatura, di un lingotto p. es.) (*metall.*), Abstreifen (*n.*). **2 ~** (nella distillazione) (*ind. chim.*), Stripping (*n.*). **3 ~ del lingotto** (*metall.*), Blockabstreifen (*n.*). **4 colonna di ~** (colonna laterale, nella distillazione (*ind. chim.*), Stripper (*m.*). **5 gru di ~** (gru slingottatrice) (*macch. - metall.*), Stripperkran (*m.*).

strippare (un lingotto p. es.) (*metall.*), abstreifen, strippen.

« strisce » (attraversamento zebrato, passaggio pedonale zebrato) (*traff. strad.*), Zebrastreifen (*m. pl.*).

striscia (*gen.*), Streifen (*m.*). **2 ~** (di un estensimetro) (*strum.*) Streifen (*m.*). **3 ~ (continua di mezzeria) non valicabile** (divisoria di corsie stradali) (*traff. strad.*), Sperrlinie (*f.*), Trennlinie (*f.*), Begrenzungslinie (*f.*). **4 ~ d'innesco** (d'una lampada a scarica) (*illum.*), Zündstrich (*m.*). **5 ~ di prese** (*telef. - ecc.*), Klinkenstreifen (*m.*). **6 ~ di prese ad innesto** (striscia di prese a spina) (*elett.*), Steckerleiste (*f.*). **7 ~ di separazione** (d'una strada) (*traff. strad.*), Trennstreifen (*m.*). **8 ~ di separazione dei due sensi di marcia** (*traff. strad.*), Richtungstrennstreifen (*n.*). **9 ~ metallica** (per disturbare il radar p. es.) (*aer. - ecc.*), Metallstreifen (*m.*). **10 ~ metallizzata (o metallica) antiradar** (*radar - milit.*), Radarstörfolie (*f.*), Düppelstreifen (*m.*), Düppel (*m.*). **11 strisce zebrate** (attraversamento pedonale) (*traff. strad.*), Zebra-Fussgängerübergang (*m.*), Schutzstreifen (*m. pl.*), Fussgängerstreifen (*m. pl.*). **12 a strisce** (*gen.*), gestreift, streifig.

strisciamento (*mecc. - ecc.*), Gleiten (*n.*). **2 ~** (della testa del dente di una ruota dentata all'atto dell'ingranamento p. es.)

strisciante (*mecc.*), Gleitung (*f.*). 3 ~ **relativo da frenata** (scorrimento da frenata) (*aut.*), Bremsschlupf (*m.*). 4 **attrito allo** ~ (attrito radente) (*mecc.*), Gleitreibung (*f.*). 5 **cuscinetto a** ~ (cuscinetto radente) (*mecc.*), Gleitlager (*n.*).

strisciante (*gen.*), kriechend. 2 ~ **contatto p. es.**) (*elett. - ecc.*), gleitend, Gleit... 3 ~ (corrente elettrica, di dispersione superficiale) (*elett.*), kriechend. 4 **contatto** ~ (*elett.*), Gleitkontakt (*m.*).

strisciare (*gen.*), kriechen. 2 ~ (di contatti p. es.) (*elett. - ecc.*), gleiten.

strisciata (serie di fotogrammi parzialmente ricoperti, di aerotriangolazione p. es.) (*fotogr.*), Bildstreifen (*m.*).

striscio (strisciamento) (*gen.*), Gleiten (*n.*). 2 ~ (segno lasciato su una superficie bianca ruvida dallo striscio di un minerale) (*min.*), Strich (*m.*).

strizione (*sc. costr.*), Querschnittsverminderung (*f.*), Einschnürung (*f.*). 2 ~ **alla rottura** (prova dei mater.), Brucheinschnürung (*f.*), Bruchquerschnittsverminderung (*f.*). 3 ~ **dopo rottura per scorrimento** (*metall. - tecnol. mecc.*), Zeitstandbrucheinschnürung (*f.*), Zeitbrucheinschnürung (*f.*). 4 **allungamento di** ~ (parte dell'allungamento di rottura) (*sc. costr.*), Einschnürdehnung (*f.*).

strizzare (la biancheria p. es.) (*gen.*), wringen, ausringen, quetschen. 2 ~ **torcendo** (torcere) (*gen.*), ringen, pressend drehen.

strizzatoio (*app.*), Wringmaschine (*f.*).

stroboscopico (*fis.*), stroboskopisch.

stroboscopio (*app. ott.*), Stroboskop (*n.*).

strofinaccio (straccio) (*gen.*), Wischtuch (*n.*), Lappen (*m.*). 2 ~ **fissapolvere** («tack rag») (*vn.*), Entstaubungslappen (*m.*).

strofinamento (*gen.*), Wischen (*n.*), Reiben (*n.*). 2 **resistenza allo** ~ (di una vernice) (*vn.*), Wischfestigkeit (*f.*), Wischbeständigkeit (*f.*).

strofinare (*gen.*), verreiben, wischen, reiben.

strofinìo (strofinamento) (*gen.*), Wischen (*n.*), Reiben (*n.*). 2 **elettricità di** ~ (elettricità per strofinìo, triboelettricità) (*elett.*), Reibungselektrizität (*f.*).

strombatura (svasatura, di una finestra p. es.) (*arch. - ed.*), Ausschmiegung (*f.*).

strombo (di una porta p. es.) (*ed. - arch.*), Schmiege (*f.*).

stronzianite ($SrCO_3$) (carbonato di stronzio) (*min.*), Strontianit (*m.*).

stronzio (Sr - chim. - radioatt.), Strontium (*n.*). 2 **carbonato di** ~ ($SrCO_3$) (stronzianite) (*min.*), Strontium-Karbonat (*n.*), Strontianit (*m.*).

stroppo (cavo) (*nav.*), Stropp (*m.*).

strozzamento (*gen.*), Drosselung (*f.*). 2 ~ **a diaframma** (diaframma di strozzamento) (*tubaz. - idr.*), Drosselscheibe (*f.*), Drosselblende (*f.*). 3 **apparecchio di** ~ (per la misura della portata) (*app. idr.*), Drosselgerät (*n.*). 4 **foro calibrato di** ~ (*mecc. dei fluidi*), Drosselbohrung (*f.*), Drosseldüse (*f.*).

strozzare (*gen.*), drosseln.

strozzato (*gen.*), gedrosselt.

strozzatoio (della catena dell'àncora) (*nav.*), Kettenstopper (*m.*), Stopper (*m.*).

strozzatura (in una tubazione p. es.) (*tubaz. - ecc.*), Drosselstelle (*f.*). 2 ~ (strangolatura, riduzione locale della sezione di una barra p. es.) (*fucinatura*), Einschnüren (*n.*). 3 ~ (collo di bottiglia, nella produzione p. es.) (*ind. - organ. lav. - ecc.*), Engpass (*m.*). 4 ~ (di estremità, di un corpo cavo di lamiera) (*lav. lamiera*), Einziehen (*n.*). 5 ~ **nella produzione** (strettoia nella produzione) (*ind.*), Produktionsengpass (*m.*).

strozzo (nella costr. di miniere e gallerie) (*min. - ing. civ.*), Strosse (*f.*). 2 **coltivazione a** ~ (*min.*), Strossenbau (*m.*).

STRUDL (Structural *Design* Language, linguaggio per la programmazione di costruzioni edili) (*calc.*), STRUDL.

strumentale (cieco, volo, ecc.) (*aer.*), blind. 2 **radar per atterraggio** ~ (radar - aer.), Radarblindlandeanlage (*f.*).

strumentazione (*strum.*), Instrumentierung (*f.*).

strumento (*strum.*), Instrument (*n.*), Gerät (*n.*). 2 ~ **a bobina mobile** (*strum. elett.*), Drehspulinstrument (*n.*). 3 ~ **a corda** (*strum. acus.*), Saiteninstrument (*n.*). 4 ~ **a correnti parassite** (*strum. elett.*), Wirbelstrominstrument (*n.*). 5 ~ **a ferro mobile** (*strum. elett.*), Dreheiseninstrument (*n.*). 6 ~ **a filo caldo** (*strum. elett.*), Hitzdrahtinstrument (*n.*). 7 ~ **a indice luminoso** (*strum.*), Lichtzeigerinstrument (*n.*). 8 ~ **a lamina bimetallica** (*strum. elett.*), Bimetallinstrument (*n.*). 9 ~ **a lettura diretta** (*strum.*), Instrument mit unmittelbarer Ablesung. 10 ~ **a magnete mobile** (*app.*), Drehmagnetinstrument (*n.*). 11 ~ **a nastro luminoso** (strumento con indice a nastro luminoso) (*strum.*), Lichtbandinstrument (*n.*). 12 ~ **antideflagrante** (strumento in esecuzione antideflagrante) (*strum.*), explosionsgeschütztes Instrument. 13 ~ **a pinza** (strumento a tenaglia, allacciato con pinza ad un cavo elettrico p. es.) (*strum. elett.*), Zangenanleger (*m.*). 14 ~ **applicato** (non da incasso) (*strum.*), Aufbauinstrument (*n.*). 15 ~ **a stilo** (per misure di rugosità) (*app.*), Tastschnittgerät (*n.*). 16 ~ **astronomico** (*strum. astr. - ott.*), astronomisches Gerät. 17 ~ **a zero centrale** (*strum.*), Instrument mit Nullpunkt in der Mitte. 18 ~ **campione** (*strum.*), Eichinstrument (*n.*). 19 ~ **con indice a nastro luminoso** (strumento a nastro luminoso) (*strum.*), Lichtbandinstrument (*n.*). 20 ~ **con quadrante illuminato** (*strum.*), innenbeleuchtetes Instrument. 21 ~ **con scala logaritmica** (*strum.*), Instrument mit logarithmischer Skala. 22 ~ **da laboratorio** (*strum.*), Laborinstrument (*n.*), Laboratoriumsinstrument (*n.*). 23 ~ **da quadro** (*strum. elett.*), Schalttafelinstrument (*n.*). 24 ~ **di azzeramento** (*strum.*), Nullinstrument (*n.*). 25 ~ **di misura** (strumento di misurazione) (*strum.*), Messgerät (*n.*), Messinstrument (*n.*), Messer (*m.*). 26 ~ **di misura a coordinate** (*strum.*), Koordinatenmessgerät (*n.*). 27 ~ **di misura del cerchio tangente** (per il controllo del gioco di cuscinetti a rulli cilindrici p. es.) (*strum.*), Hüllkreis-Messgerät (*n.*). 28 ~ **di misura di esercizio** (per le classi qualitative 1,0-1,5-2,5 e 5) (*strum.*), Betriebsmessgerät (*n.*). 29

strumenti di misura e controllo (strum.), Kontroll- und Messgeräte (n. pl.). **30 strumenti di misura elettrici** (strum. elett.), elektrische Messgeräte. **31 ~ di misura integratore** (strum.), integrierendes Messgerät, zuzählendes Messgerät. **32 ~ di misura ottico** (strum. ott.), optisches Messgerät. **33 ~ di misura portatile** (strum.), bewegliches Messgerät. **34 ~ di misurazione** (strumento di misura) (strum.), Messgerät (n.), Messinstrument (n.), Messer (m.). **35 ~ di precisione** (strum.), Feinmessgerät (n.), Präzisionsinstrument (n.). **36 ~ di tipo incassato** (strum.), Einbauinstrument (n.). **37 ~ geodetico universale** (universale) (strum. ott. - top.), Universalinstrument (n.). **38 ~ incassato** (strum.), Einbauinstrument (n.), versenktes Instrument. **39 ~ indicatore** (strum.), Anzeige-Instrument (n.), Zeigerinstrument (n.), Ablesegerät (n.). **40 ~ in esecuzione antideflagrante** (strumento antideflagrante) (strum. elett.), explosionsgeschütztes Instrument. **41 ~ non da incasso** (strum. applicato) (strum.), Aufbauinstrument (n.). **42 ~ ottico** (microscopio ecc.) (strum. ott.), optisches Gerät, optisches Instrument. **43 ~ per disegno** (strum. dis.), Zeichengerät (n.). **44 ~ per il controllo delle superfici** (rugosimetro, scabrosimetro) (strum. mecc.), Oberflächenprüfgerät (n.). **45 ~ per il tracciamento di curve equitangenti** (strumento per tracciare trattrici) (strum. - dis.), Schleppe (f.). **46 strumenti per il volo strumentale** (strumenti per il volo cieco) (strum. aer.), Blindfluginstrumente (n. pl.). **47 ~ per la prova della solidità dei colori** (strum.), Farbfestigkeitsprüfer (m.), Farbechtheitsprüfer (m.). **48 ~ registratore** (registratore) (strum.), Schreibinstrument (n.), Registrierinstrument (n.). **49 ~ telecomandato** (negli impianti nucleari) (strum. - fis. nucl.), Fernbendienungsinstrument (n.).

struttura (gen.), Struktur (f.), Gefüge (n.). **2 ~** (della materia) (chim.), Aufbau (m.), Struktur (f.). **3 ~** (parti costituenti un edificio, macch., ecc.) (gen.), Bau (m.), Aufbau (m.), Struktur (f.). **4 ~** (cristallina p. es.) (metall.), Gefüge (n.), Struktur (f.). **5 ~** (di una pietra) (min.), Gefüge (n.), Struktur (f.), Textur (f.). **6 ~** (di una mola p. es.) (ut.), Gefüge (n.). **7 ~** (tipo di esecuzione, tipo di costruzione) (ed. - ecc.), Bauweise (f.), Konstruktion (f.). **8 ~** (intelaiatura p. es.) (ed. - ecc.), Werk (n.), Konstruktion (f.), Gerüst (n.). **9 ~** (reticolo) (mat.), Verband (m.), Struktur (f.). **10 ~ a bande** (struttura a linee) (metall.), Zeilengefüge (n.). **11 ~ acicolare** (metall.), nadelförmiges Gefüge, nadelförmige Struktur. **12 ~ a fibre** (di laminazione) (metall.), Walzfaserstruktur (f.). **13 ~ algebrica** (mat.), algebraische Struktur. **14 ~ a linee** (struttura a bande) (metall.), Zeilengefüge (n.). **15 ~ aperta** (struttura porosa, di una mola p. es.) (ut. - ecc.), offenes Gefüge. **16 ~ appoggiata** (struttura portante appoggiata) (ed.), Sprengwerk (n.). **17 ~ a righe** (struttura a bande) (metall.), Zeilenstruktur (f.). **18 ~ a sandwich** (aer. - ecc.), Sandwichkonstruktion (f.), Sandwichbauweise (f.). **19 ~ a sbalzo** (ed. - ing. - civ.), Kragkonstruktion (f.). **20 ~ a telai** (ed.), Skelettbauweise (f.). **21 ~ a travi di ferro** (ossatura di ferro) (ed.), Eisenhochbau (m.). **22 ~ aziendale** (ind.), Betriebsstruktur (f.). **23 ~ bainitica** (metall.), Zwischenstufengefüge (n.). **24 ~ chiusa** (struttura fitta, struttura compatta, dell'acciaio p. es.) (metall. - ecc.), dichtes Gefüge. **25 ~ chiusa** (struttura fitta, di una mola p. es.) (ut. - ecc.), dichtes Gefüge. **26 ~ colonnare** (metall.), Säulenstruktur (f.), stengelige Struktur. **27 ~ compatta** (struttura chiusa, dell'acciaio p. es.) (metall. - ecc.), dichtes Gefüge. **28 ~ composita** (ed.), Verbundbauweise (f.). **29 ~ cristallina** (metall.), Kristallingefüge (n.). **30 ~ cristallina** (min.), Kristallanordnung (f.), Kristallbau (m.), Kristallstruktur (f.). **31 ~ della frattura** (metall.), Bruchgefüge (n.). **32 ~ dell'atomo** (fis. atom.), Atombau (m.). **33 ~ del nucleo** (atomico) (fis. nucl.), Kernbau (m.), Kernstruktur (f.). **34 ~ dendritica** (metall.), Dendritenstruktur (f.). **35 ~ di sostegno** (intelaiatura di sostegno) (ed.), Stützgerüst (n.). **36 ~ di sostegno** (costruzione di sostegno, per impedire franamenti nello scavo di fondazioni) (ed.), Verbau (m.). **37 ~ di sostegno di tavole** (ed.), Bohlenverbau (m.), Verbohlung (f.). **38 ~ fibrosa** (metall. - ecc.), faseriges Gefüge, faserige Struktur, sehnige Struktur. **39 ~ fitta** (struttura chiusa, di una mola p. es.) (ut. - ecc.), dichtes Gefüge. **40 ~ funzionale** (« staff », dei quadri direttivi di un'azienda) (organ. - direzione - ind.), Stabstruktur (f.), Nebenstruktur (f.), « Staff ». **41 ~ gerarchica** (« line » dei quadri direttivi di un'azienda) (organ. - direzione - ind.), hierarchische Struktur, Linienstruktur (f.), « Line ». **42 ~ gerarchico-funzionale** (organ.), Linien-Stab-Organisation (f.). **43 ~ grossa** (struttura grossolana) (metall. - ecc.), grobes Gefüge. **44 ~ in calcestruzzo** (ed.), Betonbau (m.). **45 ~ iperfine** (fis. atom.), Hyperfeinstruktur (f.). **46 ~ iterativa** (struttura ricorrente, catena di quadripoli) (elett.), Kettenleiter (m.). **47 ~ lamellare** (tecnol. mecc.), blättriges Gefüge, Lamellenstruktur (f.). **48 ~ lamellare** (min.), blättrige Textur, blättriges Gefüge. **49 ~ matensitica** (metall.), Martensitgefüge (n.), Martensitstruktur (f.). **50 ~ media** (di una mola p. es.) (ut. - ecc.), mittleres Gefüge, normales Gefüge. **51 ~ molecolare** (fis. - chim.), Molekülbau (m.). **52 ~ molto aperta** (di una mola p. es.) (ut. - ecc.), sehr offenes Gefüge. **53 ~ molto aperta** (struttura molto porosa, di una mola p. es.) (ut.), hochporöses Gefüge. **54 ~ molto fitta** (struttura molto chiusa, di una mola p. es.) (ut. - ecc.), sehr dichtes Gefüge. **55 ~ molto porosa** (struttura molto aperta, di una mola p. es.) (ut.), hochporöses Gefüge. **56 ~ monoguscio** (struttura a rivestimento resistente, struttura a rivestimento portante) (aer.), Schalenbauweise (f.). **57 ~ mosaica** (min.), Fehlbauerscheinung (f.). **58 ~ organizzativa** (organ.), Organisationstruktur (f.). **59 ~ porosa** (struttura aperta, di una mola p. es.) (ut. - ecc.), offenes Gefüge, Porengefüge (f.). 60 ~ **porosa** (di un getto) (*fond.*), porige Textur, poriger Aufbau, porige Struktur. 61 ~ **portante** (*ed.*), Tragkonstruktion (f.), Tragwerk (n.). 62 ~ **portante** (intelaiatura portante) (*ed.*), Traggerüst (n.). 63 ~ **portante** (di carrozzeria) (*aut.*), Schalenbauweise (f.). 64 ~ **primaria** (*metall.*), Primärgefüge (n.). 65 **strutture provvisorie** (*ed.*), Behelfsbauten (f. pl.). 66 ~ **reticolare** (*gen.*), Netzstruktur (f.). 67 ~ **saldata** (*macch. - ecc.*), Schweisskonstruktion (f.). 68 ~ **sorbitica** (*metall.*), sorbitisches Gefüge. 69 ~ **sospesa continua** (*ed.*), durchlaufendes Hängewerk, kontinuierliches Hängewerk. 60 ~ **stratificata** (*ind. chim. - ecc.*), Verbundbauweise (f.). 71 ~ **superficiale** (*metall.*), Oberflächenstruktur (f.). 72 a ~ **aperta** (mola) (*ut.*), grobporig. 73 a ~ **compatta** (a grana fine) (*metall. - ecc.*), feinkörnig. 74 **formula di** ~ (formula di costituzione) (*chim.*), Strukturformel (f.). 75 **serie della** ~ **tipo** (*metall.*), Gefügerichtreihe (f.).

strutturale (*gen.*), strukturell, Struktur... 2 **analisi** ~ (dei cristalli) (*min.*), Strukturanalyse (f.). 3 **funzionalità** ~ (di un edificio) (*arch.*), Tektonik (f.). 4 **isomeria** ~ (*chim.*), Strukturisomerie (f.). 5 **modificazione** ~ (cambiamento strutturale) (*metall. - ecc.*), Strukturveränderung (f.). 6 **smorzamento** ~ (di vibrazioni) (*aer. - ecc.*), Strukturdämpfung (f.).

strutturazione (configurazione, conformazione) (*gen.*), Strukturierung (f.), Gestaltung (f.), Struktur (f.). 2 ~ (suddivisione in elementi) (*gen.*), Aufgliederung (f.).

STS (sigla di norma svedese) (*norm.*), STS.

stuccare (una carozzeria p. es.) (*vn.*), spachteln. 2 ~ (decorare a stucco) (*mur.*), stuckatieren. 3 ~ (turare delle cavità nel legname da costruzione) (*falegn.*), ausspunden. 4 ~ (applicare il mastice, ad una finestra) (*carp. - ed.*), kitten.

stuccato (a spatola) (*vn.*), gespachelt.

stuccatore (decoratore a stucco) (*lav. mur.*), Stukkateur (m.), Stukkator (m.), Gipser (m.), Stuckarbeiter (m.). 2 **cazzuola da** ~ (*ut. mur.*), Stukkateurkelle (f.). 3 **scala (a sgabello) per stuccatori** (*app. - ed.*), Gipsertritt (m.).

stuccatura (di una carozzeria p. es.) (*vn.*), Spachteln (n.), Spachtelung (f.). 2 ~ (decorazione a stucco) (*mur.*), Stukkatieren (n.). 3 ~ **dei giunti** (*mur.*), Verfugen (n.).

stucco (impasto di gesso cotto) (*ed. - mur.*), Gipsstuck (m.), Stuck (m.). 2 ~ (fondo, prodotto verniciante molto carico per livellare le irregolarità della superficie grezza da verniciare) (*vn.*), Spachtelkitt (m.), Spachtelmasse (f.), Spachtel (m.). 3 ~ (mastice, per riparazione di getti) (*fond.*), Eisenkitt (m.), Rostkitt (m.), Schwefelkitt (m.), Salmiakkitt (m.). 4 ~ (mastice da vetraio) (*ed. - carp.*), Glaserkitt (m.), Fensterkitt (m.). 5 ~ **a colla** (fondo a colla) (*vn.*), Leimspachtel (m.). 6 ~ **alla nitro** (fondo alla nitro) (*vn.*), Nitrospachtel (m.). 7 ~ **a pennello** (fondo a pennello) (*vn.*), Streichspachtel (m.), Pinselspachtel (m.). 8 ~ **a spatola** (fondo a spatola) (*vn.*), Messerspachtel (m.), Ziehspachtel (m.). 9 ~ **a spruzzo** (fondo a spruzzo) (*vn.*), Spritzspachtel (m.). 10 ~ **da vetraio** (mastice da vetraio) (*mft. vetro*), Glaserkitt (m.), Fensterkitt (m.). 11 **decorare a** ~ (stuccare) (*mur.*), stuckatieren. 12 **decoratore a** ~ (*lav.*), Stukkateur (m.), Stukkator (m.), Gipser (m.). 13 **decorazione a** ~ (stuccatura) (*mur.*), Stukkatieren (n.). 14 **gesso da stucchi** (scagliola, ottenuto a temperature fino a 300 ºC) (*mur.*), Stuckgips (m.). 15 **soffitto a** ~ (soffitto decorato a stucco) (*mur.*), Stuckdecke (f.).

studente (*scuola*), Schüler (m.).

studio (*gen.*), Studie (f.). 2 ~ (vano, ufficio) (*ed.*), Studierzimmer (n.). 3 ~ (per riprese e trasmissioni) (*radio - telev.*), Studio (n.). 4 ~ (*cinem. - telev.*), Atelier (n.). 5 ~ (*arte*), Atelier (n.), Studio (n.). 6 ~ **anecoico** (*radio - acus.*), schalltotes Studio. 7 ~ **audio** (*radio*), Tonstudio (n.). 8 ~ **cinematografico** (*cinem.*), Filmatelier (n.). 9 **studi compiuti** (*pers.*), Ausbildungsgang (m.). 10 ~ **dei costi** (*organ. ind. - amm.*), Kostenstudie (f.). 11 ~ **dei materiali** (*tecnol.*), Werkstoffstudie (f.). 12 ~ **dei movimenti** (*organ. lav.*), Bewegungsstudie (f.). 13 ~ **dei movimenti mediante ripresa cinematografica** (*cronotecnica*), Film-Bewegungsstudie (f.). 14 ~ **dei quantitativi** (di materiali, per determinarne il fabbisogno) (*ind. - studio lav.*), Mengenstudie (f.). 15 ~ **dei sistemi** (*organ.*), Systemstudie (f.). 16 ~ **del lavoro** (*organ. lav.*), Arbeitsstudie (f.). 17 ~ **di coordinamento** (*organ. ind.*), Koordinierungsstudie (f.). 18 ~ **di doppiaggio** (*cinem.*), Synchronisierungsatelier (n.). 19 ~ **di mercato** (analisi di mercato) (*comm.*), Marktstudie (f.). 20 ~ **di radiotrasmissione** (*radio*), Rundfunksenderaum (m.), Studio (n.). 21 ~ **di registrazione** (*elettroacus.*), Besprechungsraum (m.). 22 ~ **di ripresa** (*cinem.*), Spielfilmatelier (n.), Aufnahmehalle (f.). 23 ~ **di scultura** (*arte*), Bildhaueratelier (n.). 24 ~ **di sincronizzazione** (*cinem.*), Synchronisierungsatelier (n.). 25 ~ **di trasmissione** (*radio*), Senderaum (m.), Studio (n.). 26 ~ **insonorizzato** (*telev.*), schalltotes Studio. 27 ~ **legale** (di avvocato o notaio) (*leg.*), Anwaltsbüro (n.), Anwaltskanzlei (f.). 28 ~ **notarile** (*leg.*), Notariatskanzlei (f.). 29 ~ **radiofonico** (*radio*), Rundfunkaufnahmeraum (m.). 30 ~ **televisivo** (*telev.*), Fernsehstudio (n.). 31 **borsa di** ~ (*scuola*), Studienbehilfe (f.). 32 **macchina da presa da** ~ (*macch. cinem.*), Atelierkamera (f.). 33 **microfono da** ~ (*cinem.*), Ateliermikrophon (m.). 34 **viaggio di** ~ (*pers. - ecc.*), Studienreise (f.).

stufa (per riscaldare o per cuocere) (*app. riscald. - ed.*), Ofen (m.). 2 ~ (per il riscaldamento di un ambiente) (*app. riscald. - ed.*), Heizofen (m.), Stubenofen (m.). 3 ~ **a circolazione di aria calda** (*app.*), Heissluftofen (m.). 4 ~ **con scarico nell'atmosfera** (stufa con scarico all'esterno) (*app. riscald.*), Aussenwandofen (m.). 5 ~ **in ghisa** (*app. di riscald.*), Kanonenofen (m.), eiserner Ofen. 6 ~ **per evaporazione** (*app. chim.*), Abdampfofen (m.).

stuoia (*ed. - ecc.*), Matte (f.). 2 ~ (tappeto, sulla soglia di un'abitazione) (*ed.*), Fuss-

decke (f.), Fussmatte (f.). 3 ~ di cannette (ed. - ecc.), Schilfmatte (f.).
su (gen.), auf.
« sub » (sommozzatore, in apnea) (lav. - sport), Nackttaucher (m.). 2 ~ (subacqueo, sommozzatore con bombole di ossigeno) (lav. - sport), schlauchloser Sauerstoff-Taucher.
subacqueo (sub, sommozzatore con bombole di ossigeno) (s. - lav. - sport), schlauchloser Sauerstoff-Taucher. 2 **telecamera per riprese subacquee** (telev.), Unterwasser-Fernsehkamera (f.).
subaffittare (comm.), untermieten.
subaffitto (ed. - ecc.), Aftermiete (f.).
subagente (comm.), Unteragent (m.).
subagenzia (comm.), Unteragentur (f.).
subappaltare (dare in subappalto) (comm.), weitervergeben. 2 ~ **il lavoro a** (dare fuori il lavoro a) (lav.), die Arbeit vergeben an.
subappaltatore (comm.), Subunternehmer (m.).
subappalto (comm.), Weitervergebung (f.). 2 **dare in** ~ (subappaltare) (comm.), weitervergeben.
subarmonica (nelle reti trifase p. es., frequenza inferiore a quella d'esercizio) (elett.), Unterharmonische (f.).
sub-audio (infra-acustico) (acus.), infraakustisch, unterhörfrequent.
subbio (macch. tess.), Baum (m.). 2 ~ **avvolgitore** (subbio del tessuto) (macch. tess.), Stoffbaum (m.). 3 ~ **d'ordito** (macch. tess.), Kettbaum (m.), Kettenbaum (m.). 4 ~ **scanalato** (ind. tess.), Riffelbaum (m.). 5 **avvolgere l'ordito attorno al** ~ (insubbiare) (ind. tess.), bäumen.
subcosciente (psicol.), Unterbewustsein (n.).
subcritico (fis. atom.), unterkritisch.
subentrare (in un contratto d'appalto p. es.) (comm.), eintreten.
suberina (costituente del sughero) (chim. - ecc.), Suberin (n.).
subfornitore (comm. - ind.), Unterlieferant (m.), Zulieferer (m.).
subimpianto (elett. - ecc.), Unteranlage (f.).
sublicenza (leg. - comm.), Unterlizenz (f.).
sublicenziatario (leg. - comm.), Unterlizenznehmer (m.).
sublimare (chim. - fis.), sublimieren.
sublimato (chim.), Sublimat (n.). 2 ~ **corrosivo** ($HgCl_2$) (bicloruro di mercurio) (chim.), Quecksilberchlorid (n.), Quecksilbersublimat (n.), Ätzsublimat (n.).
sublimazione (chim. fis.), Verflüchtigung (f.), Sublimation (f.).
sublocazione (comm. - ed.), Untermiete (f.). Abvermietung (f.).
submoderato (reattore) (fis. nucl.), untermoderiert.
submodulo (frazione di modulo, per lo spessore di pareti p. es.) (ed.), Submodul (m.).
subordinare (sottoporre) (gen.), unterordnen, unterstellen.
subornazione (corruzione, di testimoni) (leg.), Bestechung (f.).
subportante (s. - telev.), Zwischenträger (m.), Differenzträger (m.), Unterträger (m.).
subsincrono (a velocità inferiore a quella di sincronismo) (mot. elett.), untersynchron.
subsonico (acus. - ecc.), subsonisch. 2 **effusore** ~ (effusore convergente) (mot. a getto), C-Düse (f.).
substrato (nei semiconduttori p. es.) (elettronica - ecc.), Substrat (n.).
subtropicale (meteor.), subtropisch.
subtropici (zone formanti il passaggio dai tropici alle zone temperate) (geogr.), Subtropen (pl.).
suburbano (ed. - ecc.), vorstädtisch, Vororts... 2 **ferrovia suburbana** (ferrovia locale) (ferr.), Vorortsbahn (f.).
suburbio (sobborgo) (ed. - ecc.), Vorstadt (f.), Vorort (m.).
subvulcano (geol.), Subvulkan (m.).
succedaneo (surrogato) (gen.), Ersatz (m.), Ersatzstoff (m.).
succedere (a qualcuno) (gen.), (jemandem) nachfolgen. 2 **indegnità a** ~ (leg.), Erbunwürdigkeit (f.).
successione (sequenza) (gen.), Folge (f.), Reihe (f.), Abfolge (f.). 2 ~ (nella presidenza p. es.) (gen.), Nachfolge (f.). 3 ~ **di Cauchy** (mat.), Fundamentalfolge (f.). 4 **diritto di** ~ (leg.), Nachfolgerschaft (f.). 5 **in rapida** ~ (gen.), zügig.
successivo (gen.), aufeinanderfolgend.
successore (gen.), Nachfolger (m.).
succhiare (assorbire) (gen.), einsaugen, aufsaugen.
succhiello (trivella) (ut. falegn.), Nagelbohrer (m.), Lochbohrer (m.).
succhieruola (idr. - tip.), Saugkorb (m.).
succo (sugo) (gen.), Saft (m.). 2 ~ **di frutta** (sugo di frutta) (ind.), Saft (m.). 3 ~ **tannico** (liquido conciante) (ind. cuoio), Gerbbrühe (f.).
succontrovelaccino (nav.), Vor-Royalsegel (n.).
succursale (filiale) (comm.), Zweigbüro (n.), Filiale (f.), Zweigniederlassung (f.). 2 ~ (di banca) (finanz.), Filialbank (f.), Bankfiliale (f.).
sucido (sudicio, grasso naturale) (ind. lana), Schweiss (m.). 2 ~ **di lana** (ind. lana), Wollschweiss (m.), Schafschweiss (m.).
sud (geogr.), Süd (m.), Süden (m.), S.
sudare (gen.), schwitzen.
suddetto, il ~. (gen.), der Obige, d.O.
suddividere (distribuire) (gen.), unterteilen, einteilen. 2 ~ (classificare) (stat. - ecc.), aufschlüsseln. 3 ~ **in particelle** (ed. - leg.), parzellieren.
suddivisione (distribuzione) (gen.), Unterteilung (f.), Einteilung (f.). 2 ~ (**del lavoro**) **per quantità** (di pezzi, fra più persone) (ind. - studio lav.), Mengenteilung (f.). 3 ~ **in elementi** (strutturazione) (gen.), Aufgliederung (f.). 4 ~ **in particelle** (di terreni) (ed.), Partizellierung (f.), Parzellierung (f.). 5 **fattore di** ~ (rapporto fra distanza massima separante due paratie e lunghezza allagabile) (costr. nav.), Abteilungsfaktor (m.).
sudicio (grasso naturale) (ind. lana), Schweiss (m.).
sudiciume (sporcizia) (gen.), Schmutz (m.).
sudorazione (diaforesi) (med.), Schwitzen (n.), Diaphorese (f.). 2 **solidità alla** ~ (resistenza alla diaforèsi) (ind. tess.), Schweissechtheit (f.).

sudore

sudore (*med.*), Schweiss (*m.*). 2 resistenza al ~ (dei colori di tessuti) (*ind. tess.*), Schweissechtheit (*f.*).
sud-ovest (*geogr.*), Südwest (*m.*).
sughero (*mater.*), Kork (*m.*), Korkrinde (*f.*).
sugo (*ind. chim.*), Saft (*m.*). 2 ~ (di barbabietola da zucchero) (*ind. chim.*), Sirup (*m.*), Rübensaft (*m.*). 3 ~ **di frutta** (succo di frutta) (*ind.*), Saft (*m.*). 4 ~ **di bietole** (da zucchero) (*ind. chim.*), Rübensaft (*m.*), Sirup (*m.*).
«sulfinizzazione» (trattamento Sulfinuz; nitrurazione in bagno con inclusione di zolfo) (*tratt. term.*), Sulf-Inuz-Verfahren (*n.*).
sulfonale [$(CH_3)_2C(SO_2C_2H_5)_2$] (*chim. - farm.*), Sulfonal (*n.*).
sunn (canapa del Bengala) (*tess.*), Sunhanf (*m.*), Sonnenhanf (*m.*), Madrashanf (*m.*), Crotolariahanf (*m.*).
suola (*gen.*), Sohle (*f.*). 2 ~ (laboratorio, di un forno) (*metall. - forno*), Herd (*m.*), Sohle (*f.*), Bodenstück (*n.*). 3 ~ (di una galleria) (*ing. civ.*), Sohle (*f.*). 4 ~ (letto, piede, di una galleria) (*min.*), Sohle (*f.*). 5 ~ (di un bacino di carenaggio p. es.) (*nav.*), Sohle (*f.*). 6 ~ (piede, base, piattino, di una rotaia) (*ferr.*), Fuss (*m.*). 7 ~ (di scarpa) (*ind. cuoio*), Sohle (*f.*). 8 ~ **del forno** (*forno*), Ofensohle (*f.*). 9 ~ **della rotaia** (base della rotaia, piattino della rotaia, piede della rotaia) (*ferr. - ecc.*), Schienenfuss (*m.*). 10 ~ **di para** (per scarpe) (*ind.*), Kreppsohle (*f.*), Rohkautschuksohle (*f.*). 11 ~ **di scarpa** (*ind. cuoio*), Schuhsohle (*f.*). 12 ~ **oscillante** (*forno*), Kippherd (*m.*).
suolo (terreno) (*gen.*), Boden (*m.*). 2 ~ (terreno) (*geol.*), Erdboden (*m.*), Boden (*m.*). 3 ~ (terra, terreno) (*agric. - ed.*), Erde (*f.*), Boden (*m.*). 4 ~ **argilloso** (*geol.*), Tonboden (*m.*). 5 ~ **calcareo** (*geol.*), Kalkboden (*m.*). 6 **effetto (del)** ~ (di un elicottero, dovuto alla compressione dell'aria tra suolo e rotore di quota) (*aer.*), Bodeneffekt (*m.*). 7 **franco dal** ~ (altezza libera dal suolo) (*veic.*), Bodenfreiheit (*f.*). 8 **radere al** ~ (*gen.*), wegrasieren.
suonare (*acus.*), läuten, klingen. 2 ~ (di app. telefonico p. es.) (*acus. - telef.*), abklingeln. 3 ~ («far girare», un disco) (*elettroacus.*), spielen, abspielen.
suoneria (campanello) (*elett.*), Läutwerk (*n.*), Läuteapparat (*m.*), Klingel (*f.*). 2 ~ (di una sveglia) (*orologio*), Läutwerk (*n.*). 3 ~ **di annuncio** (segnale di annuncio, di un treno in una stazione) (*ferr.*), Abläutesignal (*n.*). 4 ~ **elettrica** (campanello elettrico) (*elett.*), elektrische Klingel, Wecker (*m.*).
suono (*fis. - acus.*), Schall (*m.*). 2 ~ **a propagazione mista** (via solido e via aria) (*acus. - ed.*), Trittschall (*m.*). 3 ~ **attraverso l'aria** (suono propagantesi attraverso l'aria, suono via aria) (*acus.*), Luftschall (*m.*). 4 ~ **attraverso solidi** (suono via solidi, suono propagantesi attraverso corpi solidi) (*acus.*), Körperschall (*m.*). 5 ~ **bianco** (rumore bianco, rumore a spettro continuo) (*elettroacus.*), weisses Rauschen. 6 ~ **complesso** (il cui diagramma dell'onda non è sinusoidale) (*acus.*), Klang (*m.*). 7 ~ **di battimento** (*acus.*), Überlagerungston (*m.*). 8 ~ **estrinseco** (suono propagantesi attraverso l'aria) (*acus.*), Luftschall (*m.*). 9 ~ **in aria** (suono propagantesi attraverso l'aria) (*acus.*), Luftschall (*m.*). 10 ~ **intrinseco** (suono sostantivo, suono propagantesi attraverso corpi solidi) (*acus.*), Körperschall (*m.*). 11 ~ **puro** (suono semplice, il cui diagramma dell'onda è una sinusoide) (*acus.*), Ton (*m.*). 12 ~ **semplice** (suono puro, il cui diagramma dell'onda è una sinusoide) (*acus.*), Ton (*m.*). 13 ~ **sostantivo** (suono intrinseco, suono propagantesi attraverso corpi solidi) (*acus.*), Körperschall (*m.*). 14 ~ **stereofonico** (*elettroacus.*), Stereoton (*m.*), dreidimensionaler Ton. 15 ~ **udibile** (*acus.*), Hörschall (*m.*). 16 **analisi dei suoni** (*acus.*), Schallanalyse (*f.*). 17 **analisi del** ~ (complesso) (*acus.*), Klanganalyse (*f.*). 18 **barriera del** ~ (muro del suono) (*aer.*), Schallmauer (*f.*), Schallwand (*f.*). 19 **muro del** ~ (barriera del suono) (*aer.*), Schallmauer (*f.*), Schallwand (*f.*). 20 **propagazione del** ~ (*acus.*), Schallausbreitung (*f.*). 21 **regista del** ~ (*radio*), Tonregisseur (*m.*). 22 **registrazione del** ~ (*elettroacus.*), Schallaufzeichnung (*f.*), Schallaufnahme (*f.*). 23 **registrazione magnetica del** ~ (*elettroacus.*), Magnettonaufzeichnung (*f.*). 24 **registrazione ottica del** ~ (*ott. - acus.*), Lichttonaufzeichnung (*f.*). 25 **tecnico del** ~ (*acus.*), Schallingenieur (*m.*). 26 **trappola del** ~ (*telev.*), Tonfalle (*f.*). 27 **trasmissione del** ~ (*ed. ecc.*), Schallübertragung (*f.*). 28 **velocità del** ~ (*acus.*), Schallgeschwindigkeit (*f.*).
superacustico (*acus.*), ultraakustisch.
superare (oltrepassare, un limite) (*gen.*), überschreiten. 2 ~ (un preventivo di costo) (*amm.*), überschreiten. 3 ~ **la velocità limite** (imballare, un motore) (*mot.*), überdrehen.
superato (antiquato) (*gen.*), veraltet.
supercalandrato (satinato) (*ind. carta*), hochsatiniert.
supercarburante (benzina super) (*comb. - aut.*), Superkraftstoff (*m.*).
supercavitante (elica, a cavitazione completa) (*nav.*), vollkavitierend.
superclorazione (sopraclorazione) (*chim.*), Überchlorung (*f.*), Überschusschlorung (*f.*), Hochchlorung (*f.*).
superconducibilità (*elett. - metall.*), vedi superconduttività.
superconduttività (superconducibilità, di un metallo, conduttività praticamente infinita in prossimità dello zero assoluto) (*metall. - elett.*), Supraleitung (*f.*).
superconduttore (*fis. - elett.*), Supraleiter (*m.*).
supercritico (divergente, reattore nucleare) (*fis. nucl.*), überkritisch.
supereterodina (ricevitore a supereterodina) (*radio*), Superheterodynempfänger (*m.*), Superhet (*m.*).
supererogatore (per l'avviamento, applicato ad una pompa d'iniezione di un mot. Diesel) (*mot.*), Regelstangenanschlag für Mehrmenge (beim Anlassen).
superficiale (*gen.*), oberflächlich.
superficie (*gen.*), Oberfläche (*f.*). 2 ~ (*geom.*), Fläche (*f.*). 3 ~ (area) (*geom.*), Flächenin-

halt (m.). 4 ~ (tecnica, di un pezzo) (mecc. - lav. macch. ut.), Oberfläche (f.). 5 ~ **abrasiva** (di una mola p. es.) (ut.), Schleiffläche (f.). 6 ~ **adesiva** (superficie lavorata di precisione) (mecc.), Haftfläche (f.). 7 ~ **alare** (superficie portante, di un aeroplano) (aer.), Tragfläche (f.), Flügelfläche (f.). 8 ~ **algebrica** (mat.), algebraische Fläche. 9 ~ **antiportanza** (spoiler, di un'auto da corsa) (carroz. aut.), Abtriebsfläche (f.), Spoiler (m.). 10 ~ **a secco** (senza lubrificante) (mecc.), Trokkengleitfläche (f.). 11 ~ **attiva** (superficie di lavoro, di un calibro) (mecc.), Messfläche (f.). 12 ~ **attiva della mola** (ut.), Schleiffläche (f.). 13 ~ **superficie a verde** (zone a verde) (ed. - urb.), Grünflächen (f. pl.). 14 ~ **bagnata dall'acqua** (superficie immersa di uno scafo p. es.) (nav. - ecc.), wasserbenetzte Oberfläche. 15 ~ **calibrata** (di un fucinato) (fucinatura), Prägefläche (f.), kalibrierte Fläche. 16 ~ **chimica** (superficie chimicamente attiva o passiva) (chim.), Chemofläche (f.). 17 ~ **chiusa** (sfera p. es.) (geom.), geschlossene Fläche. 18 ~ **cilindrica** (geom. - ecc.), Zylinderfläche (f.), Walzenfläche (f.). 19 ~ **cilindrica** (di un cilindro, superficie curva formata dalle generatrici) (geom.), Zylindermantel (m.). 20 ~ **circolare** (cerchio) (geom.), Kreisfläche (f.). 21 ~ **coltivata** (agric.), Anbaufläche (f.). 22 ~ **conica esterna** (di un innesto a cono p. es.) (mecc. - ecc.), Aussenkegel (m.). 23 ~ **conica interna** (mecc. - ecc.), Innenkegel (m.). 24 ~ **coperta** (area coperta, di uno stabilimento p. es.) (ind. - ed.), bebaute Fläche, überbaute Fläche. 25 ~ **curva** (geom. - ecc.), krumme Fläche. 26 ~ **curva** (mantello, superficie curva di un cilindro p. es.) (geom.), Mantel (m.). 27 ~ **d'azione** (di ruote dentate) (mecc.), Eingriffsfläche (f.). 28 ~ **dell'acqua** (pelo dell'acqua) (idr.), Wasserspiegel (m.), Wasseroberfläche (f.). 29 ~ **della pala** (di un'elica) (aer. - nav.), Blattfläche (f.). 30 ~ **deportante** (spoiler; superficie inclinata per ridurre la portanza, usata come diruttore) (carrozz. aut.), Spoiler (m.), Abtriebsfläche (f.). 31 ~ **detersa** (campo di pulitura, di un tergicristallo) (aut.), Wischfeld (n.). 32 ~ **di accoppiamento** (tra albero e foro p. es.) (mecc.), Passfläche (f.). 33 ~ **di aderenza** (superficie tecnica lavorata di precisione) (mecc. - ecc.), Haftfläche (f.). 34 ~ **di appoggio** (superficie portante, di un supporto p. es.) (mecc. - ecc.), Auflagefläche (f.). 35 ~ **di appoggio** (di una trave p. es.) (sc. costr.), Stützfläche (f.) Lagerfläche (f.). 36 ~ **di appoggio** (di un pneumatico) (aut.), Aufstandsfläche (f.), Latsch (m.). 37 ~ **di appoggio della ruota** (veic.), Radaufstandsfläche (f.). 38 ~ **di appoggio dell'incudine** (ut. fucinatura), Ambossbahn (f.). 39 ~ **di attrito** (mecc.), Reibungsfläche (f.). 40 ~ **di azione** (di ruote dentate) (mecc.), Eingriffsfläche (f.). 41 ~ **di base** (ed.), Grundfläche (f.). 42 ~ **di battuta** (degli stampi) (fucinatura), Aufschlagfläche (f.), Stossfläche (f.). 43 ~ **di calettamento dell'assile** (ferr.), Achssitz (m.). 44 ~ **di comando** (superficie di governo) (aer.), Ruder (n.), Ruderfläche (f.), Steuerfläche (f.). 45 ~ **di comando compensata** (aer.), ausgeglichenes Ruder, Ruder mit Gewichtsausgleich. 46 ~ **di compensazione** (nav. - aer.), Ausgleichruder (n.), Ruderausgleichsfläche (f.). 47 ~ **di compensazione dell'alettone** (aer.), Querruderausgleichsfläche (f.). 48 ~ **di contatto** (geom. - mecc. - ecc.), Berührungsfläche (f.). 49 ~ **di contatto** (portata, del fianco di un dente di ruota dentata) (mecc.), Tragfläche (f.). 50 ~ **di contatto** (nella rettifica) (lav. macch. ut.), Angriffsfläche (f.). 51 ~ **di governo** (superficie di comando) (aer.), Ruder (n.), Ruderfläche (f.). Steuerfläche (f.). 52 ~ **di governo compensata** (aer.), Ruder mit Gewichtsausgleich, ausgeglichenes Ruder. 53 ~ **di griglia** (comb.), Rostfläche (f.). 54 ~ **di lavoro** (portanza, di ingranaggi p. es., superficie di contatto dei denti p. es.) (mecc.), Tragbild (n.). 55 ~ **di lavoro** (superficie attiva, di un calibro) (mecc.), Messfläche (f.). 56 ~ **di lavoro (del cilindro)** (di un laminatoio) (lamin.), Ballenoberfläche (f.). 57 ~ **d'ingombro** (area d'ingombro) (ind.), Flurfläche (f.), Raumfläche (f.). 58 ~ **d'intradosso** (di un'elica) (aer.), Druckfläche (f.). 59 ~ **d'inviluppo** (mat.), einhüllende Fläche. 60 ~ **di paragone** (superficie di confronto, di un fotometro p. es.) (illum. - ecc.), Vergleichsfeld (n.). 61 ~ **di paragone** (piano di paragone) (mecc.), vedi piano di riscontro. 62 ~ **direttrice** (per fluidi p. es.) (macch. - idr. - ecc.), Leitfläche (f.). 63 ~ **di riferimento equipotenziale** (superficie media del mare) (top.), Normalhorizont (m.). 64 ~ **di rivoluzione** (geom.), Umdrehungsfläche (f.), Rotationsfläche (f.). 65 ~ **di rotazione** (superficie di rivoluzione) (geom.), Rotationsfläche (f.), Umdrehungsfläche (f.). 66 ~ **di rotolamento** (mecc.), Wälzfläche (f.). 67 ~ **di rotolamento** (tra ruota e rotaia) (ferr.), Lauffläche (f.). 68 ~ **di scorrimento** (guida p. es.) (mecc. - ecc.), Gleitfläche (f.), Gleitbahn (f.). 69 ~ **di scorrimento dello stantuffo** (mot.), Kolbenlauffläche (f.). 70 ~ **di secondo ordine** (sfera, cono ecc.) (geom.), Fläche zweiter Ordnung. 71 ~ **di separazione** (gen.), Trennungsfläche (f.). 72 ~ **di separazione** (tra basamento e testa cilindri p. es.) (mecc.), Trennfuge (f.). 73 ~ **di separazione stampi** (ut. fucinatura), Gesenkoberfläche (f.). 74 ~ **di spoglia inferiore** (di un ut. da tornio p. es.) (ut.), Freifläche (f.). 75 ~ **di spoglia superiore** (petto, di un ut. da tornio p. es.) (ut.), Spanfläche (f.). 76 ~ **di supporto** (superficie portante, di cuscinetto) (mecc.), Lagerfläche (f.). 77 ~ **di trascinamento** (del gambo d'una broccia p. es.) (ut.), Mitnahmefläche (f.). 78 ~ **di troncatura del dente** (mecc.), Zahnkopffläche (f.). 79 ~ **d'onda** (fis.), Wellenfläche (f.). 80 ~ **equipotenziale** (elett.), Fläche gleichen Potentials, Äquipotentialfläche (f.), Niveaufläche (f.). 81 ~ **frontale** (superficie anteriore) (gen.), Vorderfläche (f.), Stirn (f.). 82 ~ **frontale** (superficie resistente all'aria nell'avanzamento) (veic.), Luftwiderstandsfläche (f.), Windschattenfläche (f.). 83 ~ **geometrica** (superficie media, nelle misurazioni della rugosità) (mecc.), geometrische Oberfläche. 84 ~ **geometrica**

superficie

ideale (nelle misurazioni della rugosità) (*mecc.*), ideal-geometrische Oberfläche. 85 ~ ghiacciata (finitura ghiacciata) (*vn.*), Eisblumenlackierung (*f.*). 86 ~ immersa (superficie bagnata dall'acqua, di uno scafo p. es.) (*nav.*), wasserbenetzte Oberfläche. 87 ~ inviluppo (*geom.*), Hüllfläche (*f.*). 88 ~ in vista (*gen.*), Ansichtfläche (*f.*). 89 ~ lamata (*mecc.*), Nabenfläche (*f.*). 90 ~ lavorata (di macchina) (*mecc.*), bearbeitete Fläche. 91 ~ lavorata (di un pezzo in lavorazione) (*lav. macch. ut.*), Schnittfläche (*f.*), Arbeitsfläche (*f.*). 92 ~ lavorata dal tagliente principale (d'un pezzo) (*lav. macch. ut.*), Hauptschnittfläche (*f.*). 93 ~ lavorata dal tagliente secondario (d'un pezzo) (*lav. macch. ut.*), Nebenschnittfläche (*f.*). 94 ~ levigata (superficie lucidata, superficie rettificata, di un provino p. es.) (*tecnol. mecc. - metall.*), Schliff (*m.*), Schlifffläche (*f.*), Anschliff (*m.*). 95 ~ liscia (*mecc. - ecc.*), glatte Oberfläche. 96 ~ lucidata (superficie levigata, superficie rettificata, di un provino p. es.) (*tecnol. mecc. - metall.*), Schliff (*m.*), Schlifffläche (*f.*), Anschliff (*m.*). 97 ~ luminosa (campo luminoso, d'una lampada ad arco p. es.) (*ott.*), Leuchtfeld (*n.*). 98 ~ macrogeometrica (nelle misure della rugosità superficiale, rilevata da un tastatore) (*mecc.*), Hüllfläche (*f.*), makrogeometrische Fläche, Formfläche (*f.*). 99 ~ media (superficie geometrica, nelle misurazioni della rugosità) (*mecc.*), geometrische Oberfläche. 100 ~ media del mare (superficie di riferimento equipotenziale) (*top.*), Normalhorizont (*m.*). 101 ~ microgeometrica (nelle misurazioni della rugosità superficiale) (*mecc.*), mikrogeometrische Oberfläche. 102 ~ nominale (superficie prescritta, grado di lavorazione prescritto dal disegno) (*mecc.*), Solloberfläche (*f.*), Nennoberfläche (*f.*). 103 ~ ottica (prisma, specchio, ecc.) (*ott.*), Optikfläche (*f.*). 104 ~ per il carico (di un carro p. es) (*veic. ferr.*), Ladefläche (*f.*). 105 ~ piana (*mecc.*), Planfläche (*f.*). 106 ~ portante superficie di appoggio (*mecc. - ecc.*), Auflagefläche (*f.*). 107 ~ portante (di una superficie tecnica, nelle misure di rugosità p. es.) (*mecc.*), tragende Fläche, Tragfläche (*f.*). 108 ~ portante (ala) (*aer.*), Flügel (*m.*), Tragfläche (*f.*). 109 ~ portante (superficie alare, di un aeroplano) (*aer.*), Tragfläche (*f.*), Flügelfläche (*f.*). 110 ~ portante del cuscinetto (superficie di supporto) (*mecc.*), Lagerfläche (*f.*). 111 ~ prescritta (sul disegno, grado di lavorazione nominale di una superficie tecnica) (*mecc.*), Solloberfläche (*f.*), Nennoberfläche (*f.*). 112 ~ primitiva (di ingranaggi) (*mecc.*), Wälzfläche (*f.*). 113 ~ primitiva di dentatura (di ruote dentate) (*mecc.*), Erzeugungswälzfläche (*f.*). 114 ~ primitiva di funzionamento (di ruote dentate) (*mecc.*), Betriebswälzfläche (*f.*). 115 ~ proiettata (*gen.*), Projektionsfläche (*f.*). 116 ~ proiettata dell'elica (*nav. - aer.*), projezierte Schraubenfläche (*f.*). 117 ~ racchiusa da una spira (*elett.*), Windungsfläche (*f.*). 118 ~ radiante (*fis.*), Strahlungsfläche (*f.*). 119 ~ radiante (di un radiatore p. es.) (*aut. - mot.*), Kühlfläche (*f.*). 120 ~ reale (superficie tecnica effettivamente ottenuta con la lavorazione) (*mecc. - lav. macch. ut.*), Istoberfläche (*f.*). 121 ~ reale (in cui un corpo solido è separato dallo spazio circostante) (*mecc.*), wirkliche Oberfläche, reelle Oberfläche. 122 ~ reale (nelle misure di rugosità) (*mecc.*), reelle Oberfläche. 123 ~ rettificata (superficie levigata, superficie lucidata, di un provino p. es.) (*tecnol. mecc. - metall.*), Schliff (*m.*), Schlifffläche (*f.*), Anschliff (*m.*). 124 ~ riscaldante (*cald. - ecc.*), Heizfläche (*f.*). 125 ~ riscaldata (esposta al fuoco) (*cald. - ecc.*), Heizfläche (*f.*). 126 ~ ruvida (*mecc. - ecc.*), rauhe Fläche. 127 ~ sbalzata (*lav. di lamiere*), Prägefläche (*f.*). 128 ~ sferica (*geom.*), Kugelfläche (*f.*). 129 ~ speculare (*mecc.*), spiegelnde Oberfläche. 130 ~ speculare di scorrimento (d'un cuscinetto liscio p. es., levigata dal rodaggio) (*mecc.*), Laufspiegel (*n.*). 131 ~ stradale (*strad.*), Strassenoberfläche (*f.*). 132 ~ sviluppata (di uno stabilimento p. es.) (*ind. - ed.*), belegte Fläche. 133 ~ sviluppata (in piano) (sviluppo, di lamiera p. es.) (*tecnol.*), ausgedehnte Fläche. 134 ~ tecnica (lavorata alla macch. ut.) (*mecc.*), technische Oberfläche. 135 ~ totale (*geom. - ecc.*), Gesamtoberfläche (*f.*), Totaloberfläche (*f.*). 136 ~ utile (*ed.*), Nutzfläche (*f.*), nutzbare Bodenfläche. 137 ~ utile di griglia (*comb.*), wirksame Rostfläche. 138 (aspetto della) ~ fresata (*lav. macch. ut.*), Fräsbild (*n.*). 139 a ~ liscia (*mecc. - ecc.*), glattflächig. 140 a ~ piana (piano) (*gen.*), ebenflächig. 141 calcolo della ~ (*geom. - ecc.*), Flächenberechnung (*f.*). 142 campione di ~ (per confronto con superfici di calibri o di pezzi) (*tecnol. mecc.*), Oberflächennormal (*n.*). 143 campione di ~ geometrica (*tecnol. mecc.*), geometrisches Oberflächennormal, G-Normal (*n.*). 144 campione di ~ tecnica (per confronto con superfici di pezzi) (*metall. - mecc.*), fertigungstechnisches Oberflächennormal, F-Normal (*n.*). 145 finitura della ~ (natura della superficie) (*mecc.*), Oberflächenbeschaffenheit (*f.*), Oberflächenzustand (*m.*). 146 indice di utilizzazione della ~ (d'un magazzino, ecc.) (*ind.*), Flächennutzungsgrad (*m.*). 147 misura di ~ (m² p. es.) (*geom. - ecc.*), Flächenmass (*n.*). 148 natura della ~ (finitura della superficie) (*mecc.*), Oberflächenbeschaffenheit (*f.*), Oberflächenzustand (*m.*). 149 unità di ~ (*mar. milit.*), Überwasserfahrzeug (*n.*).

superfinire (microfinire) (*mecc. - lav. macch. ut.*), feinhonen, feinschlichten, feinziehschleifen.

superfinitrice (*macch. ut.*), Superfinisch-Maschine (*f.*).

superfinitura (microfinitura, levigatura di superfici già rettificate, eseguita con pietre dure a grana finissima) (*mecc. - lav. macch. ut.*), Feinhonen (*n.*), Feinziehschleifen (*n.*), Feinschlichten (*n.*).

superfluido (caratteristica dell'elio liquido a temperature di 1 e 2 °K) (*a. - fis.*), supraflüssig, superflüssig, suprafluid.

superfosfato (*chim. - agric.*), Superphosphat (*n.*). 2 ~ di calcio (*ind. chim.*), Kalziumsuperphosphat (*n.*).

supergruppo (*telef.*), Übergruppe (*f.*).

supericonoscopio (tubo per riprese televisive) (*telev.*), Superikonoskop (*n.*).
superiore (rispetto alla posizione) (*a. - gen.*), oberer, der obere. 2 ~ (migliore, qualità) (*a. - gen.*), besser. 3 ~ (di grado) (*s. - gen.*), der Obere. 4 ~ diretto (*s. - pers. - ecc.*), direkter Oberer, direkter Vorgesetzter. 5 corso ~ (di un fiume) (*geogr.*), Oberlauf (*m.*). 6 stampo ~ (*tecnol. mecc.*), Obergesenk (*n.*). 7 ufficiale ~ (*milit.*), Stabsoffizier (*m.*).
superlega (lega speciale di nichel) (*metall.*), Superlegierung (*f.*), Höchstleistungslegierung (*f.*).
supermercato (negozio self-service, «supermarket») (*comm. - ed.*), Selbstbedienungsladen (*m.*), SB-Laden (*m.*), ISB-Laden (*m.*), Supermarket (*m.*).
supermicroscopio (ultramicroscopio, microscopio elettronico ad ingrandimento lineare oltre 2000) (*strum. ott.*), Ultramikroskop (*n.*).
supernutrizione (sovranutrizione) (*med.*), Überernährung (*f.*).
supero (sorpasso, d'una posizione) (*lav. macch. ut.*), Überlauf (*m.*), Überschreitung (*f.*). 2 ~ di capacità (d'una memoria, ecc.) (*calc.*), Überlauf (*m.*). 3 ~ **negativo di capacità** (stato in cui il calcolo fornisce un risultato inferiore a quello che il sistema potrebbe fornire) (*calc.*), Unterlauf (*m.*).
superorticonoscopio (tubo per riprese televisive) (*telev.*), Super-Orthikon (*n.*).
superpolimero (*ind. chim.*), Superpolymer (*n.*).
superquadro (motore, a corsa corta, con corsa inferiore all'alesaggio) (*mot.*), kurzhubig, überquadratisch.
superreazione (superrigenerazione) (*elettronica*), Superregeneration (*f.*), Pendelrückkopplung (*f.*). 2 ricevitore a ~ (*radio*), Superregenerativempfänger (*m.*), Pendelrückkopplungsempfänger (*m.*). 3 rivelatore a ~ (rivelatore a superrigenerazione) (*elettronica*), Pendelrückkopplungsaudion (*n.*).
superrefrattario (temperatura di fusione sopra i 1800 °C) (*mater.*), hochfeuerfest.
superrigenerazione (*radio*), vedi superreazione.
«superscope» (procedimento cinem. a grande schermo) (*cinem.*), Superscope (*n.*).
supersfruttamento (degli operai) (*lav.*), Schwitzsystem (*n.*), Ausbeutung (*f.*).
supersfruttare (le maestranze) (*lav.*), ausbeuten. 2 ~ i lavoratori (*lav.*), die Arbeiter ausbeuten.
supersonico (*aer.*), Überschall... 2 ~ (*acus. - ecc.*), supersonisch. 3 effusore ~ regolabile (per aerei supersonici) (*mot. a getto*), C-D-Düse (*f.*). 4 velocità supersonica (*aer.*), Überschallgeschwindigkeit (*f.*). 5 volo ~ (*aer.*), Überschallflug (*m.*).
superstrada (strada per alte velocità, strada a scorrimento veloce) (*traff. strad.*), Schnellstrasse (*f.*), Schnellverkehrstrasse (*f.*).
supervirtuale (*fis.*), Superphantom... 2 circuito ~ (*telef.*), Superphantomschaltung (*f.*).
supervisore (*s. - lav.*), Oberaufseher (*m.*). 2 sottoprogramma ~ (*calc.*), ausführendes Unterprogramm.
supplementare (*gen.*), zusätzlich. 2 angolo ~ (angolo che insieme ad altro angolo ne forma uno di 180°) (*geom.*), Supplementwinkel (*m.*).
supplemento (*gen.*), Zusatz (*m.*), Anhang (*m.*). 2 ~ (di prezzo, sovrapprezzo, extraprezzo, p. es.) (*comm. - ecc.*), Zuschlag (*m.*). 3 ~ (di prezzo, per treni rapidi p. es.) (*ferr.*), Zuschlag (*m.*). 4 ~ (appendice p. es.) (*tip. - ecc.*), Supplement (*n.*), Ergänzung (*f.*). 5 ~ (parte supplementare, di una norma) (*norm.*), Beiblatt (*n.*). 6 ~ aggiornativo (aggiornamento) (*tip. - ecc.*), Abänderungsantrag (*m.*). 7 ~ per lavoro gravoso (maggiorazione per lavoro gravoso) (*lav.*), Erschwerniszulage (*f.*). 8 fascicolo di ~ (*tip.*), Beiheft (*n.*). 9 foglio di ~ (*tip.*), Beiblatt (*n.*), Ergänzungsblatt (*n.*). 10 volume di ~ (appendice) (*tip.*), Ergänzungsband (*m.*), Supplementband (*m.*).
supplente (sostituto) (*lav.*), Ersatzmann (*m.*), Stellvertreter (*m.*). 2 ~ (scuola), Aushilfslehrer (*m.*), Supplent (*m.*).
supportare (sostenere) (*gen.*), abstützen. 2 ~ (su cuscinetti p. es.) (*mecc.*), lagern.
supportato (su cuscinetti p. es.) (*mecc.*), gelagert. 2 ~ a sbalzo (*macch.*), fliegend gelagert.
supporto (sopporto, cuscinetto, per alberi) (*mecc.*), Lager (*n.*). 2 ~ (per un utensile p. es.) (*lav. macch. ut. - ecc.*), Halter (*m.*), Auflage (*f.*). 3 ~ (per l'attacco di un mot. a c. i. sul telaio di base od autotelaio) (*mot.*), Träger (*m.*). 4 ~ (sistema di supporto o d'installazione, per motori a stella p. es. sull'incastellatura) (*mot. aer.*), Einbau (*m.*). 5 ~ (puntello) (*ed.*), Stütze (*f.*), Halt (*m.*). 6 ~ (di un'apparecchio o di uno strumento) (*app. ott. - ecc.*), Stativ (*n.*), Gestell (*n.*), Ständer (*m.*). 7 ~ (sistema di supporto, montaggio) (*mecc.*), Halterung (*f.*). 8 ~ (montatura) (*strum.*), Fassung (*f.*), Umrahmung (*f.*). 9 ~ (pellicola senza emulsione) (*fot. - cinem.*), Blankfilm (*m.*), Schichtträger (*m.*). 10 ~ (di dati, informazioni, ecc.) (*elab. dati*), Träger (*m.*). 11 ~ a base magnetica (per comparimetro p. es.) (*mecc.*), Magnetfusstativ (*n.*). 12 ~ a cavalletto (cavalletto di supporto) (*gen.*), Bock (*m.*). 13 ~ aerostatico (supporto pneumostatico, cuscinetto aerostatico, cuscinetto pneumostatico) (*mecc.*) aerostatisches Lager. 14 ~ a forcella (*mecc.*), Gabellager (*n.*). 15 ~ a forcella (della cornetta, di un apparecchio telefonico) (*telef.*), Gabel (*f.*). 16 ~ a mensola (*mecc.*), Konsollager (*m.*). 17 ~ a muro (*mecc. - ed.*), Wandlager (*n.*). 18 ~ antivibrante (supporto flessibile) (*strum. - ecc.*), Dämpfungshalterung (*f.*). 19 ~ a rulli (appoggio a rulli) (*ed.*), Rollenlager (*n.*), Walzenlager (*n.*). 20 ~ a scudo (di una macch. elett. p. es.) (*mecc.*), Schildlager (*n.*). 21 ~ a sella (*mecc. - ecc.*), Sattellager (*n.*). 22 ~ cardanico (di un giroscopio p. es.) (*mecc.*), Kardanrahmen (*m.*). 23 ~ centrale (di un tornio, lunetta p. es.) (*macch. ut.*), Mittelsupport (*m.*). 24 ~ con lubrificazione ad anello (*mecc.*), Ringschmierlager (*n.*). 25 ~ da parete (*mecc.*), Wandlager (*n.*). 26 ~ dei cilindri (di uno stiratoio) (*macch. tess.*), Stanze (*f.*), Walzenlager (*n.*). 27 ~ del bilanciere (*mot.*), Kipphe-

supporto

belbock (*m.*). 28 ~ del comparimetro (*mecc.*), Messuhrhalter (*m.*), Messuhrständer (*m.*). 29 ~ dell'emulsione (di una pellicola) (*fot. - cinem.*), Schichtträger (*m.*), Blankfilm (*m.*). 30 ~ del mandrino portafresa (*macch. ut.*), Frässpindelständer (*m.*). 31 ~ (del) motore (per il sostegno del motore sul telaio di base od autotelaio) (*mot.*), Motorträger (*m.*). 32 ~ del perno a punta (di un bilanciere) (*orolog.*), Körnerlagerung (*f.*). 33 ~ del pezzo (*lav. macch. ut.*), Werkstückauflage (*f.*). 34 ~ del ventilatore (*mot.*), Ventilatorbock (*m.*). 35 ~ di banco (cuscinetto di banco, di un motore a c. i.) (*mot.*), Hauptlager (*n.*). 36 ~ di dati (nastro perforato p. es.) (*elab. dati*), Datenträger (*m.*). 37 ~ d'informazioni (supporto di dati) (*elab. dati*), Informationsträger (*m.*), Datenträger (*m.*). 38 ~ di punte (per strumenti di misura elettrici; le punte poggiano su pietra dura) (*strum.*), Spitzenlagerung (*f.*). 39 ~ di spinta (cuscinetto di spinta, reggispinta) (*mecc. - nav.*), Drucklager (*n.*). 40 ~ di spinta (a sfere) con scanalature a spirale (formato da due dischi, uno dei quali è munito di gole a spirale piane) (*mecc.*), Spiralrillenlager (*n.*). 41 ~ elastico (*mecc.*), Federträger (*m.*). 42 ~ elastico (per l'attacco di un mot. a c. i. al telaio di base p. es.) (*mot.*), elastischer Träger. 43 ~ elastico (sistema di supporto e d'installazione di un motore, sul velivolo) (*mot. - aer.*), elastischer Einbau. 44 ~ fisso (*mecc.*), festes Lager, festes Auflager. 45 ~ flessibile (supporto antivibrante) (*strum. - ecc.*), Dämpfungshalterung (*f.*). 46 ~ in agata (per bilance p. es., supporto di pietra dura) (*strum. - ecc.*), Achatlagerstein (*m.*). 47 ~ in due semicuscinetti (cuscinetto in due pezzi) (*mecc.*), geteilte Lagerbuchse (*f.*). 48 ~ in pietra dura (rubino, per orologi p. es.) (*strum. - ecc.*), Edelsteinlager (*n.*), Steinlager (*n.*). 49 ~ maggioritario (portatore maggioritario) (*elettronica*), Majoritätsträger (*m.*), Mehrheitsträger (*n.*). 50 ~ magnetico (*mecc.*), Magnetlager (*n.*). 51 ~ magnetico (per utensili p. es.) (*mecc. - ecc.*), Magnethalter (*m.*). 52 ~ magnetico (per memorizzazione p. es.) (*elab. dati - ecc.*), magnetischer Träger. 53 ~ minoritario (*elettronica*), Minoritätsträger (*m.*), Minderheitsträger (*m.*). 54 ~ orientabile (testa orientabile p. es.) (*macch. ut.*), Drehsupport (*m.*). 55 ~ oscillante (cuscinetto oscillante) (*mecc.*), Kipplager (*n.*), Gelenklager (*n.*), Schwenklager (*n.*). 56 ~ oscillante (per condotte in pressione) (*idr.*), Pendelstütze (*f.*). 57 ~ oscillante dell'untesile (portautensile a cerniera, di una piallatrice) (*macch. ut.*), Stahlhalterklappe (*f.*), Meisselklappe (*f.*). 58 ~ pendente (sedia pendente, per alberi di trasmissione p. es.) (*ed. - mecc.*), Deckenlager (*n.*), Hängelager (*n.*), Gehänge (*n.*), Hängebock (*m.*). 59 ~ per comparatore (*ut.*), Messuhrständer (*m.*), Messuhrhalter (*m.*). 60 ~ per crogiuolo (formaggella) (*fond.*), Bodenstein (*m.*), Ziegeluntersatz (*m.*). 61 ~ per equilibratura (banco per equilibratura, di un'elica p. es.) (*mecc. - ecc.*), Gleichgewichtswaage (*f.*). 62 ~ per foglio di maestra (*tip.*), Deckelstuhl (*m.*). 63 ~ per l'utensile (*mecc.*), Werkzeugauflage (*f.*), Werkzeughalter (*m.*). 64 ~ per molla (a balestra) (*aut. - veic.*), Federbock (*m.*). 65 ~ per nastro magnetico (nastro senza strato magnetizzabile) (*elettroacus.*), Vorband (*m.*). 66 ~ per strumenti di misura (*app.*), Messständer (*m.*), Mess·stativ (*n.*). 67 ~ pneumostatico (supporto aerostatico, cuscinetto pneumostatico, cuscinetto aerostatico) (*mecc.*) aerostatisches Lager. 68 ~ radiale a segmenti (*mecc.*), segmentiertes Radialgleitlager (*n.*). 69 ~ ribaltabile (di una curvatrice per lamiere p. es.) (*mecc.*), Klapplager (*n.*). 70 ~ rigido (sistema d'installazione del motore sul velivolo p. es.) (*mot. aer.*), fester Einbau. 71 ~ ritto (*mecc.*), Stehlager (*n.*). 72 ~ su sette cuscinetti di banco (dell'albero a gomiti d'un motore a 6 cilindri) (*mot.*), Vollagerung (*f.*), siebenfache Lagerung. 73 anello di ~ (corona di supporto, d'un altoforno) (*metall.*), Schachtring (*m.*), Tragring (*m.*). 74 anello di ~ (di un motore sul velivolo) (*mot. aer.*), Einbauring (*m.*). 75 bloccaggio del ~ (nei giroscopi) (*app.*), Rahmensperre (*f.*). 76 cavalletto di ~ (*gen.*), Bock (*m.*). 77 corpo del ~ (corpo del cuscinetto a strisciamento) (*mecc.*), Lagerkörper (*m.*). 78 distanza tra i supporti (*mecc.*), Lagerstützweite (*f.*). 79 pietra dura per supporti (« rubino ») (*strum. - ecc.*), Lagerstein (*m.*). 80 staffa di ~ (*mecc. - ecc.*), Tragbügel (*m.*).

supposizione (ipotesi, premessa) (*gen.*), Annahme (*f.*), Voraussetzung (*f.*).

surdimensionato (sovradimensionato) (*gen.*), überdimensioniert.

surmènage (strapazzo) (*lav. - med.*), Überanstrengung (*f.*).

surrigenerazione (*fis. atom.*), Brüten (*n.*). 2 guadagno di ~ (*fis. atom.*), Brutgewinn (*m.*).

surriscaldamento (*gen.*), Überhitzung (*f.*). 2 ~ (riscaldamento, di un cuscinetto p. es.) (*difetto mecc.*), Heisslaufen (*n.*), Warmlauf (*m.*). 3 ~ del vapore (*cald.*), Dampfüberhitzung (*f.*). 4 ~ intermedio (*term.*), Zwischenüberhitzung (*f.*). 5 sensibilità al ~ (*tratt. term.*), Überhitzungsempfindlichkeit (*f.*).

surriscaldare (*gen.*), überhitzen, überheizen. 2 ~ (un metallo) (*metall. - ecc.*), zu stark glühen.

surriscaldarsi (riscaldarsi, di cuscinetti p. es.) (*difetto mecc.*), heisslaufen, warmlaufen. 2 ~ (di un mot. a c. i. (*difetto mot.*), heissfahren, heisslaufen.

surriscaldato (riscaldato, di un cuscinetto p. es.) (*difetto mecc.*), heissgelaufen, heiss, warm. 2 ~ (mot. a c. i.) (*difetto mot.*), heissgefahren, heissgelaufen.

surriscaldatore (*cald.*), Überhitzer (*m.*). 2 ~ del vapore (*cald.*), Dampfüberhitzer (*m.*). 3 ~ a radiazione (*cald.*), Strahlungsüberhitzer (*m.*).

surriscaldo (*trattam. term.*), Überhitzen (*n.*), Überzeiten (*n.*).

surrogato (succedaneo) (*gen.*), Ersatz (*m.*), Ersatzstoff (*m.*). 2 ~ del caffè (*ind.*), Kaffee-Ersatz (*m.*), Surrogat (*n.*). 3 ~ di cuoio (da ritagli sfibrati e pressati in fogli) (*ind. cuoio*), Lederfaserstoff (*m.*).

survelocità (fuori giri, di un mot. a c. i.) (*mot.*), Überdrehzahl (*f.*).
survoltore (survoltrice) (*macch. elett.*), Zusatzdynamo (*m.*), Zusatzmaschine (*f.*), Spannungsverstärker (*m.*).
survoltrice (dinamo survoltrice) (*macch. elett.*), Zusatzmaschine (*f.*), Zusatzdynamo (*m.*), Spannungsverstärker (*m.*).
S.U.S. (secondi universali Saybolt; unità di viscosità) (*unità*), S.U.S., Saybolt-Universal-Sekunden (*n. pl.*).
suscettanza (reciproco della reattanza) (*elett.*), Blindleitwert (*m.*), Suszeptanz (*f.*).
suscettibile (*gen.*), empfindlich. 2 ~ **di ampliamento** (suscettibile di sviluppo, impianto p. es.) (*ind. - ecc.*), ausbaufähig.
suscettibilità (sensibilità) (*gen.*), Empfindlichkeit (*f.*), Neigung (*f.*). 2 ~ **alla rottura fragile** (*metall.*), Sprödbruchempfindlichkeit (*f.*). 3 ~ **alle incrinature** (tendenza ad incrinarsi) (*metall.*), Neigung zur Rissbildung.
suscettività (*elett.*), Suszeptibilität (*f.*). 2 ~ **dielettrica** (*elett.*), elektrische Suszeptibilität. 3 ~ **magnetica** (*elett.*), magnetische Suszeptibilität.
sussidio (*gen.*), Beihilfe (*f.*), Fürsorge (*f.*). 2 ~ **dello Stato** (sussidio statale) (*finanz.*), Staatsbeihilfe (*f.*). 3 ~ **di disoccupazione** (*lav.*), Erwerbslosenfürsorge (*f.*), Arbeitslosenunterstützung (*f.*). 4 ~ **(per) malattia** (*organ. lav.*), Krankengeld (*n.*). 5 ~ **statale** (sussidio dello Stato) (*finanz.*), Staatsbeihilfe (*f.*).
sussistenza (mezzi di ~) (*finanz.*), Existenzmittel (*n. pl.*).
svalutare (*finanz.*), abwerten.
svalutato (*comm.*), abgewertet.
svalutazione (*finanz.*), Abwertung (*f.*).
svantaggio (*gen.*), Nachteil (*m.*). 2 **fattore di** ~ (*fis. atom.*), Absenkungsfaktor (*m.*).
svasare (con allargatore a punta) (*mecc.*), spitzsenken, kegelförmig aussenken. 2 **fresa per** ~ (allargatore a punta) (*ut.*), Kegelsenker (*m.*), Spitzsenker (*m.*).
svasatore (allargatore a punta, fresa per svasare) (*ut.*), Spitzsenker (*m.*), Kegelsenker (*m.*).
svasatura (di un foro, ottenuta con fresa conica) (*mecc.*), Spitzsenken (*n.*), Ansenkung (*f.*), kegelige Aussenkung. 2 ~ (strombo, di una finestra p. es.) (*arch. - ed.*), Ausschmiegung (*f.*).
svaso (*arch.*), vedi svasatura.
svecciatoio (svecciatore) (*macch. agric.*), Trieur (*m.*).
svedese (fiammifero di sicurezza) (*ind.*), Sicherheitsstreichholz (*n.*), Sicherheitszündholz (*n.*).
sveglia (*orologio*), Wecker (*m.*). 2 ~ **da viaggio** (*orologio*), Reisewecker (*m.*). 3 **servizio** ~ (*telef.*), Weckdienst (*m.*).
svendere (*comm.*), ausverkaufen, verschleudern.
svendita (liquidazione) (*comm.*), Ausverkauf (*m.*), Räumungsverkauf (*m.*).
sventolare (fazzoletti o bandiere) (*v.t. - gen.*), schwenken.
svergolamento (distorsione, da tratt. term. p. es.) (*tecnol. mecc.*), Werfen (*n.*), Verziehen (*n.*), Verwindung (*f.*). 2 ~ (di un ala p. es.) (*aer. - ecc.*), Verwindung (*f.*). 3 ~ **dell'ala** (*aer.*), Flügelverwindung (*f.*).
svergolare (difetto mecc. - ecc.), verwinden, verziehen, werfen.
svergolarsi («imbarcarsi», del legno p. es.) (*tecnol.*), sich werfen, verziehen.
svergolato (distorto) (difetto mecc. - ecc.), verwunden, verzogen.
svergolatura (torcitura, torsione, dell'estremità libera di un pezzo p. es.) (*tecnol. mecc. - difetto*), Verwinden (*n.*), Verziehen (*n.*), Werfen (*n.*). 2 ~ (del legno p. es.) (*ed. - ecc.*), Werfen (*n.*). 3 ~ (torcitura, delle manovelle, nella fucinatura di un albero a gomiti) (*fucinatura*), Drall (*m.*), Drallung (*f.*).
sverniciare (*vn.*), ablackieren, reinigen. 2 ~ (chimicamente) (*vn. - chim.*), abbeizen. 3 ~ **alla fiamma** (*vn.*), abbrennen.
sverniciatore (*vn. - chim.*), Lackabbeizmittel (*n.*), Abbeizmittel (*n.*). 2 ~ **alcalino** (*vn.*), Ablaugmittel (*n.*), alkalisches Abbeizmittel. 3 ~ **al solvente** (*vn.*), Abbeizmittel (*n.*), Abbeizfluid (*n.*). 4 ~ **neutro** (*vn.*), Abbeizfluid (*n.*), neutrales Abbeizmittel.
sverniciatura (*vn. - chim.*), Ablackieren (*n.*), Entlackung (*f.*), Reinigung (*f.*). 2 ~ **alcalina** (*vn.*), Ablaugen (*n.*). 3 ~ **alla fiamma** (*vn.*), Abbrennen (*n.*), Flammenreinigung (*f.*). 4 ~ **al solvente** (*vn.*), Abbeizen (*n.*). 5 ~ **chimica** (*vn. - chim.*), Abbeizen (*n.*).
sviamento (deragliamento) (*ferr.*), Entgleisung (*f.*).
sviare (deragliare) (*ferr.*), entgleisen.
sviato (deragliato) (*ferr.*), entgleist.
sviluppare (*gen.*), entwickeln. 2 ~ (una fotografia) (*fot. - ott.*), entwickeln. 3 ~ (una superficie cilindrica in un piano p. es.) (*geom.*), abwickeln, ausdehnen. 4 ~ (generare, un gas p. es.) (*chim.*), entwickeln. 5 ~ (una potenza, erogare) (*mot.*), leisten.
sviluppato (lunghezza p. es.) (*mis.*), gestreckt.
sviluppatore (sviluppo, rivelatore) (*fot. - chim.*), Entwickler (*m.*). 2 ~ **per riproduzioni** (*tip.*), Reproentwickler (*m.*).
sviluppatrice (macch. automatica per lo sviluppo di pellicole) (*macch.*), Entwicklungsmaschine (*f.*).
sviluppo (*gen.*), Entwicklung (*f.*). 2 ~ (operazione di sviluppo) (*fot. - ott.*), Entwicklung (*f.*). 3 ~ (rivelatore, sviluppatore) (*fot. - chim.*), Entwickler (*m.*). 4 ~ (pezzo di lamiera tranciato e costituente l'elemento di partenza per successive operazioni) (*lav. lamiera*), Platine (*f.*), Schnitt (*m.*), Zuschnitt (*m.*), Rohling (*m.*). 5 ~ (di un progetto) (*ind.*), Entwicklung (*f.*). 6 ~ (generazione, di gas) (*chim.*), Entwicklung (*f.*). 7 ~ (operazione, di una superficie cilindrica in un piano p. es.) (*geom.*), Abwicklung (*f.*), Ausdehnung (*f.*). 8 ~ (superficie sviluppata in piano, di lamiere imbutite p. es.) (*geom. - tecnol.*), ausgedehnte Fläche. 9 ~ (di un calcolo) (*mat.*), Abwicklung (*f.*). 10 ~ (crescita, d'una industria) (*progr. - ind.*), Wachstum (*n.*). 11 ~ **circolare** (*lav. lamiera*), Ronde (*f.*), runde Platine. 12 ~ **di gas** (*chim.*), Gasentwicklung (*f.*). 13 ~ **in serie** (di una funzione) (*mat.*), Reihenentwicklung (*f.*). 14 ~ **numerico**

svincolare

(*mat.*), numerische Entfaltung. **15** ~ **per riproduzioni** (sviluppatore per riproduzioni) (*tip.*), Reproentwickler (*m.*). **16** ~ **superficiale** (*geom. - tecnol.*), Flächenausdehnung (*f.*). **17 bagno di** ~ (*fot.*), Entwicklungsbad (*n.*). **18 determinazione dello** ~ (determinazione delle dimensioni di partenza, nell'imbutitura p. es.) (*lav. lamiera*), Zuschnittermittlung (*f.*). **19 reparto** ~ (*ind.*), Entwicklungsabteilung (*f.*), Entwicklungsstätte (*f.*). **20 raggio dello** ~ (*lav. lamiera*), Zuschnittradius (*m.*). **21 ricerca e** ~ (*ind. - ecc.*), Forschung und Entwicklung. **22 tavola aspirante per** ~ (*tip.*), Absaug- und Entwicklungstisch (*m.*). **23 tranciare lo** ~ (*lav. lamiera*), ausschneiden. **24 vasca di** ~ (*fot.*), Entwicklertank (*m.*), Entwicklerwanne (*f.*), Entwicklungstank (*m.*).

svincolare (riscattare, oggetti pignorati contro pagamento p. es.) (*gen.*), einlösen.

svincolo (riscatto, di oggetti pignorati p. es.) Einlösung (*f.*).

svitare (una vite) (*mecc.*), ausdrehen, ausschrauben, abschrauben, losschrauben.

svolgente (freno) (*mecc. - veic.*), ablaufend.

svolgere (un filo p. es.) (*gen.*), loswinden, abwickeln, abwinden, abspulen. **2** ~ (un rotolo) (*gen.*), abrollen. **3** ~ (spiegare, effettuare uno spiegamento) (*gen.*), auffalten. **4** ~ (trattare) (*gen.*), behandeln, entwickeln. **5** ~ (eseguire) (*gen.*), ausführen.

svolgimento (di un filo p. es.) (*gen.*), Abwinden (*n.*), Abwicklung (*f.*). **2** ~ (decorso, di un processo p. es.) (*tecnol.*), Ablauf (*m.*). **3** ~ (di un rotolo) (*gen.*), Abrollung (*f.*). **4** ~ (del film) (*cinem.*), Ablauf (*m.*). **5** ~ (trattazione p. es.) (*gen.*), Behandlung (*f.*), Entwicklung (*f.*). **6** ~ **da tamburo** (di cavi p. es.) (*elett. - ecc.*), Abtrommelung (*f.*).

svolgitore (*tess. - macch. tip.*), Abroller (*m.*). **2** ~ **ad aspo** (di nastri p. es.) (*app.*), Abwickelhaspel (*f.*). **3** ~ **a rulli** (*lav. lamiera - ecc.*), Abrollgerät (*n.*), Bandwiege (*f.*).

svolta (*gen.*), Wende (*f.*). **2** ~ (curva) (*strada - ecc.*), Biegung (*f.*), Wendung (*f.*), Kurve (*f.*). **3 divieto di** ~ **a sinistra** (svolta a sinistra vietata) (*traff. strad. - aut.*), Wenden nach links verboten. **4 doppia** ~ (doppia curva, curva e controcurva) (*strad.*), Doppelbogen (*m.*), Doppelkurve (*f.*).

svuotamento (*gen.*), Entleerung (*f.*), Ausleerung (*f.*).

svuotare (*gen.*), ausleeren, entleeren.

swattato (in quadratura, reattivo) (*elett.*), wattlos.

T

T (raccordo a T) (*tubaz.*), T, T-Stück (*n.*). **2** ~ (tera-; 10^{12}) (*mis.*), T, tera-. **3** ~ (trizio) (*chim.*), T, Tritium (*n.*). **4** ~ (temperatura assoluta, in °K) (*fis.*), T, Kelvin-Temperatur (*f.*). **5** ~ (periodo) (*fis.*), T, Periodendauer (*f.*). **6** ~ (tesla, unità di induzione magnetica 1 T = 1 Wb/m²) (*unità di mis.*), T, Tesla (*n.*). **7 raccordo filettato a** ~ (*tubaz.*), T-Verschraubung (*f.*). **8 riga a** ~ (*att. dis.*), Reiss·schiene (*f.*), Anschlaglineal (*n.*).
t (tempo) (*fis. - ecc.*), t, Zeit (*f.*), Dauer (*f.*). **2** ~ (temperatura centigrada) (*fis.*), t, Celsius-Temperatur (*f.*).
Ta (tantalio) (*chim.*), Ta, Tantal (*n.*).
tabacco (*ind. - agric.*), Tabak (*m.*). **2** ~ (ossido di ferro da ossidazione per attrito, o da corrosione di tormento) (*difetto mecc.*), Passungsrost (*m.*), Bluten (*n.*), rotes Eisenoxyd. **3 formazione di** « ~ » (ossidazione per attrito, corrosione di tormento, nell'accoppiamento preciso di organi metallici) (*mecc.*), Reiboxydation (*f.*), Bluten (*n.*).
tabella (*gen.*), Tabelle (*f.*). **2** ~ (prospetto) (*gen.*), Übersicht (*f.*). **3** ~ (norma, di unificazione p. es.) (*tecnol.*), Normblatt (*n.*). **4** ~ **dei minimi salariali** (tabella salariale) (*lav.*), Tariflohntabelle (*f.*). **5** ~ **dei tempi di posa** (*fot.*), Belichtungstabelle (*f.*). **6** ~ **(della sequenza) delle passate** (*lamin.*), Stichtabelle (*f.*). **7** ~ **di conversione** (*tecnol.*), Umrechnungstabelle (*f.*). **8** ~ **di correzione** (*strum. - ecc.*), Fehlertafel (*f.*). **9** ~ **DIN** (tabella di unificazione) (*tecnol. - ecc.*), DIN-Blatt (*n.*). **10** ~ **di taratura** (*strum.*), Eichtabelle (*f.*). **11** ~ **luminosa** (disposizione di lampade nello studio della telev.) (*telev.*), Beleuchtungsbühne (*f.*). **12** ~ **per la divisione** (*lav. macch. ut.*), Teiltabelle (*f.*), Teiltafel (*f.*). **13** ~ **-progetto** (di unificazione) (*tecnol. - tip.*), Normblatt-Entwurf (*m.*). **14** ~ **salariale** (tabella dei minimi salariali) (*lav.*), Tariflohntabelle (*f.*). **15 disporre in** ~ (tabulare [*v.*]) (*mat. - ecc.*), tabellarisch anordnen. **16 disposizione in** ~ (tabulazione) (*gen.*), Tabellisierung (*f.*).
tabellare (tabulare) (*gen.*), tabellarisch.
tabelliera (*gen.*), Brett (*n.*). **2** ~ **chiavi** (quadro portachiavi, di un albergo) (*att.*), Schlüsselbrett (*n.*).
taboretto (fresatrice per legno) (*macch. lav. legno*), Holzfräsmaschine (*f.*).
tabulare (tabellare) (*a. - gen.*), tabellarisch. **2** ~ (disporre in tabella) (*v. - mat. - ecc.*), tabellarisch anordnen.
tabulato (valore, ecc.) (*a. - gen.*), vertafelt.
tabulatore (*macch. calc. - ecc.*), Tabulator (*m.*). **2** ~ (di una macchina per scrivere) (*macch. per uff.*), Kolonnensteller (*m.*), Spaltensteller (*m.*). **3** ~ (nell'elaborazione dei dati) (*lav. - pers.*), Tabellierer (*m.*).
tabulatrice (*macch. calc.*), Tabelliermaschine (*f.*). **2** ~ (meccanografica p. es.) (*macch.*), Tabelliermaschine (*f.*).
tabulazione (disposizione in tabella) (*gen.*), Tabellisierung (*f.*).
TACAN (*tactical air navigation*, radiofaro) (*radio - navig.*), TACAN.
tacca (incavo, intaglio) (*gen.*), Kerbe (*f.*), Einschnitt (*m.*). **2** ~ (incavo di un arpionismo p. es.) (*mecc.*), Raste (*f.*), Lücke (*f.*)· **3** ~ (intaglio su un carattere per assicurarne la giusta posizione durante la composizione) (*tip.*), Signatur (*f.*). **4** ~ (difetto del tagliente, dentello) (*ut.*), Scharte (*f.*). **5** ~ **a V** (intaglio a V) (*mecc.*), Spitzkerb (*m.*). **6 tacche di marcia** (posizioni di marcia, del combinatore) (*veic. elett.*), Fahrstufen (*f. pl.*), Schaltstufen (*f. pl.*). **7** ~ **di mira** (su un fucile) (*arma da fuoco*), Visier (*n.*). **8** ~ **di posizione** (*macch. - ecc.*), Indexraste (*f.*). **9 a tacche** (a denti di sega, dentellato) (*mecc.*), gezackt, gekerbt. **10 commutatore a tacche** (commutatore a scatti) (*app. elett.*), Rastenschalter (*m.*). **11 disco a tacche** (*mecc. - ecc.*), Rastenscheibe (*f.*). **12 eseguire tacche** (od intagli) (*falegn. - ecc.*), einkerben, einzahnen.
taccata (supporto di blocchi di legno o ferro accatastati) (*costr. nav.*), Stapel (*m.*). **2** ~ **di bacino** (*costr. nav.*), Dockstapel (*m.*). **3** ~ **di bacino galleggiante** (*costr. nav.*), Kimmpallen (*m.*), Kimmstapel (*m.*). **4** ~ **di chiglia del bacino** (di carenaggio) (*costr. nav.*), Dockkielstapel (*m.*).
taccheggiatore (*leg.*), Ladendieb (*m.*).
taccheggio (furto in negozi) (*leg.*), Ladendiebstahl (*m.*).
tacchetto (tacco, castagnola, galloccia) (*nav.*), Klampe (*f.*).
tacco (di una scarpa p. es.) (*gen.*), Absatz (*m.*). **2** ~ (calzatoia, per veicoli o velivoli) (*veic. - aer.*), Hemmschuh (*m.*), Bremsschuh (*m.*), Abbremsklotz (*m.*). **3** ~ (elemento in legno o ferro di una taccata) (*costr. nav.*), Stapelklotz (*m.*), Stapelblock (*m.*). **4** ~ (tacchetto, galloccia, castagnola) (*nav.*), Klampe (*f.*). **5** ~ (supporto per lastre zincografiche) (*tip.*), Steg (*m.*). **6** ~ **di bacino** (*costr. nav.*), Kielstapel (*m.*), Dockstapelklotz (*m.*).
taccone (sfoglia, « spoglia », « rappezzo », su un getto, p. es.) (*difetto di fond.*), Schülpe (*f.*), Sandstelle (*f.*).
tacheometria (celerimensura) (*top.*), Tachymetrie (*f.*).
tacheometrico (celerimetrico) (*top.*), tachymetrisch. **2 itinerario** ~ (poligonale tacheometrica) (*top.*), Tachymeterzug (*m.*). **3 poligonale tacheometrica** (*top.*), Tachymeterzug (*m.*).
tacheometro (*strum. top.*), Tachymeter (*n.*), Tacheometer (*n.*), Tachymetertheodolit (*m.*).

2 ~ **autoriduttore** (*strum.*), selbstreduzierendes Tachymeter.
tachigrafo (tachimetro registratore) (*strum.*), Geschwindigkeitsschreiber (*m.*), Tachograph (*m.*), Fahrtschreiber (*m.*).
tachimetro (misuratore di velocità) (*strum. aut.*), Tachometer (*n.*), Geschwindigkeitsmesser (*m.*), Tacho (*m. - n.*). 2 ~ (contagiri) (*strum. mot. - ecc.*), Drehzahlmesser (*m.*). 3 ~ (*strum.*), vedi anche contagiri. 4 ~ **a forza centrifuga** (tachimetro centrifugo) (*strum.*), Fliehkrafttachometer (*n.*). 5 ~ **a lancetta** (*strum.*), Zeigertachometer (*n.*). 6 ~ **a liquido** (*strum.*), Flüssigkeitstachometer (*n.*). 7 ~ **a nastro** (*strum. aut.*), Bandtachometer (*n.*). 8 ~ **centrifugo** (tachimetro a forza centrifuga) (*strum.*), Fliehkrafttachometer (*n.*). 9 ~ **elettrico** (*strum.*), elektrisches Tachometer. 10 ~ **elettrico** (contagiri elettrico) (*strum.*), elektrischer Drehzahlmesser. 11 ~ **fotoelettronico** (contagiri fotoelettronico) (*strum.*), berührungsloser Drehzahlmesser. 12 ~ **magnetico** (*strum.*), Wirbelstromtachometer (*n.*). 13 ~ **magnetico** (contagiri magnetico) (*strum.*), Wirbelstromdrehzahlmesser (*m.*). 14 **scarto al** ~ (scarto d'indicazione del tachimetro, errore d'indicazione del tachimetro) (*strum. aut.*), Tachometerabweichung (*f.*).
tachiregolatore (regolatore di giri, regolatore di velocità) (*mot.*), Drehzahlregler (*m.*).
tachistoscopio (strumento per prove psicotecniche) (*app. psicotec.*), Tachistoskop (*n.*).
« **tackrag** » (strofinaccio fissapolvere) (*vn.*), Entstaubungslappen (*m.*). 2 **pulitura con** ~ (fissazione polvere) (*vn.*), Entstauben (*n.*).
taffetà (tessuto di seta) (*tess.*), Taft (*m.*), Taffet (*m.*).
taglia (paranco) (*app. di sollev.*), Flaschenzug (*m.*). 2 ~ (paranco) (*nav. - app. di sollev.*), Talje (*f.*), Wippe (*f.*), Flaschenzug (*m.*). 3 ~ **semplice** (paranco semplice) (*app. di sollev.*), einfacher Flaschenzug.
tagliabillette (cesoia tagliabillette, cesoia troncabillette) (*macch.*), Knüppelschere (*f.*).
tagliaboccame (cesoia tagliaboccame, tagliacolate) (*fond.*), Abkneifer (*m.*), Einguss-Schere (*f.*).
tagliaboschi (taglialegna, boscaiolo) (*lav.*), Holzfäller (*m.*).
tagliacarta (taglierina per carta) (*macch.*), Papierschneidmaschine (*f.*).
tagliacolate (tagliaboccame, cesoia) (*macch. - fond.*), Einguss-Schere (*f.*), Abkneifer (*m.*).
tagliafiamma (rompifiamma, del carburatore p. es.) (*mot. - ecc.*), Rückschlagsicherung (*f.*), Flammenrückschlagsicherung (*f.*), Flammsperre (*f.*).
tagliafili (*ut.*), Drahtschneider (*m.*).
tagliafuoco (muro) (*arch. - ed.*), Feuerschutz (*m.*).
taglialegna (tagliaboschi, boscaiolo) (*lav.*), Holzfäller (*m.*).
tagliamare (*nav.*), Scheg (*m.*).
tagliando (« coupon », cedola) (*gen.*), Kupon (*m.*), Abschnitt (*m.*).
tagliare (*gen.*), schneiden, beschneiden. 2 ~ (lavorare ad asportazione di truciolo) (*lav. macch. ut.*), schneiden. 3 ~ (tranciare, una lamiera) (*lav. lamiera*), abschneiden, schneiden. 4 ~ (con cesoia) (*lav. lamiera*), scheren, abscheren. 5 ~ (troncare) (*mecc. - ecc.*), durchschneiden. 6 ~ (intersecare) (*geom. - ecc.*), schneiden. 7 ~ (una curva p. es.) (*aut.*), schneiden. 8 ~ (vino p. es.) (*ind.*), verschneiden, schneiden. 9 ~ **a formato** (*lav. lamiera*), zuschneiden. 10 ~ **al cannello** (tagliare alla fiamma) (*tecnol. mecc.*), schneidbrennen, brennschneiden. 11 ~ **alla fiamma** (tagliare al cannello) (*tecnol. mecc.*), schneidbrennen, brennschneiden. 12 ~ **a lunghezza** (tagliare a misura, spezzoni) (*metall. - ecc.*), ablängen. 13 ~ **a misura** (*tecnol. - metall.*), zurechtschneiden. 14 ~ **a misura** (tagliare spezzoni, tagliare a lunghezza) (*metall. - ecc.*), ablängen. 15 ~ **a pezzi** (*gen.*), zerstücken. 16 ~ **a pezzi** (frazionare, lingotti p. es.) (*metall. - ecc.*), zerteilen. 17 ~ **col tagliolo** (*fucinatura*), abschroten. 18 ~ **con cesoia** (*lav. lamiera - ecc.*), abscheren, scheren. 19 ~ **con fresa a vite** (fresare con creatore) (*lav. macch. ut.*), wälzfräsen. 20 ~ **con sega a nastro** (*mecc.*), bandsägen. 21 ~ **per il lungo** (*gen.*), schlitzen, aufschlitzen. 22 ~ **spezzoni** (tagliare a misura, tagliare a lunghezza) (*metall.*), ablängen. 23 ~ **trasversalmente** (*gen.*), querschneiden. 24 ~ **trasversalmente alla fibra** (di legno) (*falegn.*), querschneiden. 25 ~ **via** (*gen.*), abschneiden. 26 **materiale da** ~ (*lav. macch. ut.*), Schneidstoff (*m.*). 27 **materiale da** ~ (lingotti p. es., con cesoia) (*tecnol. mecc.*), Schneidgut (*m.*).
tagliareti (di un sottomarino) (*mar. milit.*), Netzabweiser (*m.*).
tagliarighe (*macch. - tip.*), Zeilenhacker (*m.*).
tagliarottami (cesoia tagliarottami) (*macch.*), Schrottschere (*f.*), Abfallschere (*f.*).
tagliato (*gen.*), geschnitten. 2 ~ (lavorato di macchina) (*lav. macch. ut.*), geschnitten.
tagliatondini (per cemento armato) (*att.*), Betoneisenschneider (*m.*).
tagliatrice (intagliatrice, tracciatrice, sottoescavatrice) (*macch. min.*), Schrämmaschine (*f.*). 2 ~ **a catena** (intagliatrice a catena, tracciatrice a catena, sottoescavatrice a catena) (*macch. min.*), Kettenschrämmaschine (*f.*). 3 ~ **a coltello circolare** (usata nella produzione di vestiario) (*macch.*), Rundmessermaschine (*f.*). 4 ~ **a lama verticale** (per la confezione d'indumenti) (*macch.*), Stossmessermaschine (*f.*). 5 ~ **-caricatrice** (*macch. min.*), Schrämlader (*m.*). 6 ~ **per bietole** (fettucciatrice) (*ind. chim. - macch.*), Rübenschnitzelmaschine (*f.*).
tagliatubi (*ut.*), Rohrabschneider (*m.*).
tagliavetro (*ut.*), Glasschneider (*m.*).
tagliente (di un utensile da tornio p. es. (*ut.*), Schneide (*f.*), Schneidkante (*f.*). 2 ~ **ad X** (d'un fioretto) (*ut. min.*), X-Schneide (*f.*). 3 ~ **affilato** (*ut.*), scharfe Schneide. 4 ~ **a Z** (d'uno scalpello) (*ut. min.*), Z-Schneide (*f.*). 5 ~ **consumato** (tagliente poco affilato) (*ut.*), stumpfe Schneide. 6 ~ **di diamante** (*ut.*), Diamantschneide (*f.*). 7 ~ **di metallo duro** (tagliente in carburo metallico) (*ut.*), Hartmetallschneide (*f.*). 8 ~ **di riporto** (tagliente riportato) (*ut.*), Aufbauschneide (*f.*). 9 ~ **in carburo metallico** (tagliente di metallo duro)

(*ut.*), Hartmetallschneide (*f.*). **10 taglienti periferici** (denti periferici, d'una fresa) (*ut.*), Mantelschneiden (*f. pl.*), Mantelzähne (*m. pl.*). **11 ~ poco affilato** (tagliente consumato) (*ut.*), stumpfe Schneide. **12 ~ principale** (di un utensile da tornio p. es.) (*ut. mecc.*), Hauptschneide (*f.*). **13 ~ riportato** (*ut.*), Aufbauschneide (*f.*). **14 ~ secondario** (di un utensile da tornio p. es.) (*ut.*), Nebenschneide (*f.*). **15 ~ sostituibile** (di un fioretto) (*ut. min.*), Einsatzschneide (*f.*). **16 ~ trasversale** (di una punta elicoidale p. es.) (*ut.*), Querschneide (*f.*). **17 ad un ~** (monotagliente) (*ut.*), einschneidig, einschnittig. **18 anello ~** (per lo scavo di pozzi) (*min.*), Schneidschuh (*m.*). **19 gioco tra i taglienti** (tra i coltelli d'una cesoia) (*macch.*), Schnittspalt (*m.*), Schneidspalt (*m.*). **20 spigolo ~** (tagliente) (*ut.*), Schneidkante (*f.*). **21 superficie lavorata dal ~ principale** (d'un pezzo) (*lav. macch. ut.*), Hauptschnittfläche (*f.*). **22 superficie lavorata dal ~ secondario** (d'un pezzo) (*lav. macch. ut.*), Nebenschnittfläche (*f.*).

taglierina (cesoia a leva) (*macch.*), Tafelschere (*f.*), Schlagschere (*f.*). **2 ~** (*macch. ind. carta*), Beschneidemaschine (*f.*), Schneidemaschine (*f.*). **3 ~** (per tessuti) (*macch. tess.*), Schermaschine (*f.*). **4 ~ automatica** (per riviste p. es.) (*macch.*), Trim-Automat (*m.*). **5 ~ -cordonatrice** (*macch.*), Schneide- und Rillmaschine (*f.*). **6 ~ per carta** (tagliacarta) (*macch.*), Papierschneidmaschine (*f.*). **7 ~ per fogli stesi** (*mft. carta - macch.*), Querschneider (*m.*).

taglio (operazione, azione di taglio) (*gen.*), Schneiden (*n.*), Schnitt (*m.*). **2 ~** (effetto) (*gen.*), Schnitt (*m.*). **3 ~** (sollecitazione di taglio) (*sc. costr.*), Schubspannung (*f.*), Abscherspannung (*f.*), Scherspannung (*f.*). **4 ~** (nella lav. ad asportazione di truciolo) (*lav. macch. ut.*), Schnitt (*m.*). **5 ~** (tranciatura) (*lav. lamiera*), Schneiden (*n.*). **6 ~** (tranciatura, della lamiera secondo un contorno non chiuso) (*lav. lamiera*), Abschneiden (*n.*). **7 ~** (tranciatura, separazione di un pezzo di lamiera) (*lav. lamiera*), Trennen (*n.*). **8 ~** (con cesoia) (*lav. lamiera*), Scheren (*n.*). **9 ~** (al cannello od all'arco) (*tecnol. mecc.*), Schneiden (*n.*), Schneidverfahren (*n.*). **10 ~** (troncatura, separazione, con il cannello p. es.) (*tecnol. mecc.*), Trennen (*n.*). **11 ~** (troncatura, nella fucinatura libera) (*fucin.*), Schroten (*n.*). **12 ~** (limitazione, di frequenze) (*radio - ecc.*), Beschneiden (*n.*). **13 ~** (filo, del coltello p. es.) (*ut.*), Schneide (*f.*). **14 ~** (luce, fenditura, di una fascia elastica) (*mot. - mecc.*), Stoss (*m.*), Schlitz (*m.*). **15 ~** (di una lima, tratto inciso) (*ut.*), Hieb (*m.*). **16 ~** (margine tagliato, di un libro) (*legatoria*), Schnitt (*m.*). **17 ~ ad arco** (taglio con arco) (*tecnol. mecc.*), Lichtbogenschneiden (*n.*), Trennen mit Lichtbogen. **18 ~ ad arco con getto di ossigeno** (*tecnol. mecc.*), Oxyarcschneidverfahren (*n.*). **19 ~ a formato** (taglio a misura, di laminati d'acciaio) (*metall.*), Zuschneiden (*n.*). **20 ~ al cannello** (taglio alla fiamma) (*tecnol. mecc.*), Schneidbrennen (*n.*), Brennschneiden (*n.*). **21 ~ alla fiamma** (taglio al cannello) (*tecnol.*

mecc.), Schneidbrennen (*n.*), Brennschneiden (*n.*). **22 ~ a misura** (*ind. metall. - ecc.*), Schneiden auf Mass. **23 ~ a misura** (taglio a lunghezza, taglio di spezzoni) (*metall.*), Ablängen (*n.*). **24 ~ a misura** (taglio a formato, di laminati d'acciaio) (*metall.*), Zuschneiden (*n.*). **25 ~ a pacco** (al cannello) (*tecnol. mecc.*), Stapelbrennschneiden (*n.*). **26 ~ a smusso** (bisellatura, a 45°) (*mecc. - ecc.*), Gehrungsschnitt (*m.*). **27 ~ bastardo** (di una lima) (*ut.*), Bastardhieb (*m.*). **28 ~ con cesoie a mano** (*lav. lamiera*), Handhebelscheren (*n.*). **29 ~ con l'arco** (taglio all'arco) (*tecnol. mecc.*), Lichtbogenschneiden (*n.*), Trennen mit Lichtbogen. **30 ~ con laser** (*mecc.*), Laser-Brennschneiden (*n.*). **31 ~ della fascia elastica** (taglio del segmento, taglio dell'anello elastico) (*mot.*), Kolbenringschlitz (*m.*), Kolbenringstoss (*m.*). **32 ~ della lima** (tratto della lima) (*ut.*), Feilenhieb (*m.*). **33 ~ dell'anello elastico** (taglio della fascia elastica, taglio del segmento) (*mot.*), Kolbenringschlitz (*m.*), Kolbenringstoss (*m.*). **34 ~ del segmento** (taglio dell'anello elastico, taglio della fascia elastica) (*mot.*), Kolbenringschlitz (*m.*), Kolbenringstoss (*m.*). **35 ~ destro** (*mecc.*), Rechtsschnitt (*m.*). **36 ~ di fase** (ritardo di fase, di un tiratron p. es.) (*elettronica*), Phasenanschnitt (*m.*). **37 ~ di filettature** (filettatura) (*lav. mecc.*), Gewindeschneiden (*n.*). **38 ~ di prova** (*mecc.*), Versuchsschnitt (*m.*). **39 ~ di spezzoni** (taglio a misura) (*metall.*), Ablängen (*n.*). **40 ~ doppio** (taglio incrociato, di una lima) (*ut.*), Doppelhieb (*m.*), Kreuzhieb (*m.*). **41 ~ in aria** (nella fase tra avvicinamento radiale dell'utensile ed il contatto col pezzo) (*lav. macch. ut.*), Luftschleifen (*n.*). **42 ~ incrociato** (taglio doppio, di una lima) (*ut.*), Doppelhieb (*m.*), Kreuzhieb (*m.*). **43 ~ in pacchetti** (di lamiere) (*tecnol. mecc.*), Paketschneiden (*n.*). **44 ~ ossiacetilenico** (*tecnol. mecc.*), oxyazetylenisches Schneidbrennen. **45 ~ parziale** (intaglio, di lamiera, con il pezzo tagliato che rimane ancora collegato alla lamiera di partenza) (*lav. lamiera*), Einschneiden (*n.*). **46 ~ periferico** (*lav. macch. ut.*), Umfangsschneiden (*n.*), Mantelschneiden (*n.*). **47 ~ per introduzione** (delle sfere, in un cuscinetto) (*mecc.*), Füllnute (*f.*). **48 ~ radiale** (d'un tronco) (*legno*), Spiegelschnitt (*m.*). **49 ~ secondo lunghezza** (taglio nel senso della lunghezza) (*carp. - ecc.*), Längenschnitt (*m.*). **50 ~ semplice** (di una lima) (*ut.*), Einfachhieb (*m.*). **51 ~ superiore** (tratto eseguito per secondo, secondo taglio, di una lima a taglio doppio) (*ut.*), Oberhieb (*m.*). **52 ~ tangenziale** (di legno in tronchi) (*legno*), Fladerschnitt (*m.*), Tangentialschnitt (*m.*). **53 ~ termico con polveri** (metalliche, del calcestruzzo, proiettate dal cannello ossidrico) (*ed.*), Pulverschmelzschneidverfahren (*n.*). **54 ~ trasversale** (*gen.*), Querschnitt (*m.*). **55 ~ trasversale** (d'un tronco) (*legno*), Hirnschnitt (*m.*), Querschnitt (*m.*). **56 ~ trasversale alla fibra** (*falegn.*), Querschnitt (*m.*), Schnitt quer zur Faser. **57 a doppio ~** (a tagli incrociati, a tratti incrociati, lima) (*ut.*), zweihiebig. **58 a due tagli** (*ut.*), zwei-

tagliolo schneidig. **59 ad un ~** (lima) (*ut.*), einhiebig. **60 correzione della profondità di ~** (per compensare l'usura dell'utensile p. es.; regolazione della profondità di taglio) (*lav. macch. ut.*), Nachstellbewegung (*f.*), Korrekturbewegung (*f.*). **61 frequenza di ~** (*radio*), Trennfrequenz (*f.*). **62 larghezza di ~** (larghezza della passata) (*lav. macch. ut.*), Schnittbreite (*f.*). **63 larghezza di ~** (larghezza teorica del truciolo, larghezza teorica di trucialatura) (*mecc.*), Spanungsbreite (*f.*). **64 lunghezza di ~** (distanza percorsa dalla punta dell'utensile tra due affilature consecutive) (*lav. macch. ut.*), Standweg (*m.*). **65 macchina per ~ con laser** (*macch.*), Laser-Brennschneidmaschine (*f.*). **66 momento di ~** (*sc. costr.*), Schermoment (*n.*). **67 olio da ~** (*lav. macch. ut.*), Schnittöl (*n.*). **68 primo ~** (di una lima) (*ut.*), Unterhieb (*m.*). **69 profondità di ~** (*lav. macch. ut.*), Schnittiefe (*f.*). **70 prova alla sollecitazione di ~** (prova di taglio) (*sc. costr.*), Scherversuch (*m.*). **71 prova di ~** (prova alla sollecitazione di taglio) (*sc. costr.* - *tecnol. mecc.*), Scherversuch (*m.*). **72 regolazione della profondità di ~** (*lav. macch. ut.*), Zustellung (*f.*). **73 regolazione della profondità di ~** (per compensare l'usura dell'utensile p. es.; correzione della profondità di taglio) (*lav. macch. ut.*), Nachstellbewegung (*f.*), Korrekturbewegung (*f.*). **74 resistenza al ~** (*sc. costr.*), Schubfestigkeit (*f.*), Scherfestigkeit (*f.*). **75 resistenza al ~** (di giunti chiodati) (*mecc.*), Scherwiderstand (*m.*). **76 sbagliare il ~** (*gen.*), zerschneiden, fehlschneiden. **77 secondo ~** (taglio superiore, tratto eseguito per secondo, di una lima a taglio doppio) (*ut.*), Oberhieb (*m.*). **78 sezione di ~** (sezione sollecitata a taglio) (*sc. costr.*), Scherfläche (*f.*). **79 sforzo di ~** (*lav. macch. ut.*), Schnittkraft (*f.*). **80 sicurezza al ~** (di elementi in calcestruzzo armato) (*ed.*), Schubsicherung (*f.*). **81 sollecitazione al ~** (*sc. costr.*), Schubspannung (*f.*), Scherspannung (*f.*), Abscherspannung (*f.*). **82 velocità di ~** (*lav. macch. ut.*), Schnittgeschwindigkeit (*f.*), Schneidgeschwindigkeit (*f.*).

tagliolo (*ut. fucinatura*), Schrotmeissel (*m.*). **2 ~ a caldo** (*ut. fucinatura*), Warmschrotmeissel (*m.*). **3 ~ a freddo** (*ut. fucinatura*), Kaltschrotmeissel (*m.*), Kaltmeissel (*m.*).

taglione (di una diga in terra) (*costr. idr.*), Herdmauer (*f.*), Sporn (*m.*).

tagliuzzare (tagliare in piccoli pezzi) (*gen.*), schnitzeln.

talcato (cartone bitumato per coperture) (*ed.*), talkumiert.

talco [$Mg_3Si_4O_{10}(OH)_2$] (*min.*), Talk (*m.*), Talkum (*n.*). **2 polvere di ~** (*min.*), Talkum (*n.*), Specksteinmehl (*n.*).

talcoscisto (*min.*), Talkschiefer (*m.*).

tallio (metallo) (*Tl* - *chim.*), Thallium (*n.*). **2 vetro al ~** (ad elevato indice di rifrazione) (*mft. vetro*), Thallium-Flintglas (*n.*).

tallonamento (di uno scambio) (*ferr.*), Auffahren (*n.*).

talloncino (etichetta) (*gen.*), Klebezettel (*m.*), Zettel (*m.*). **2 ~** (di indirizzo p. es.) (*gen.*), Zettel (*m.*).

tallone (di un pneumatico) (*veic.*), Wulst (*m.*). **2 ~** (di un compositoio) (*att. tip.*), Frosch (*m.*). **3 ~ del cerchione** (*veic.*), Felgenrand (*m.*). **4 pneumatico a ~** (*veic.*), Wulstreifen (*m.*).

taloccia (fratazzo, pialletto) (*ut. mur.*), Reibebrett (*n.*), Streichbrett (*n.*).

talocciare (fratazzare, piallettare) (*mur.*), abreiben, aufziehen, glattputzen.

talpotasimetro (termometro a tensione di vapore) (*strum.*), Thalpotasimeter (*n.*), Dampfdruckthermometer (*n.*).

tamburo (*gen.*), Trommel (*f.*). **2 ~** (del freno) (*aut.*), Trommel (*f.*). **3 ~** (elemento architettonico al disotto della cupola) (*arch.*), Trommel (*f.*). **4 ~** (gran tamburo, di una carda) (*macch. tess.*), Trommel (*f.*), grosse Trommel. **5 ~ a camme** (di un motore a stella p. es.) (*mecc.*), Nockenscheibe (*f.*). **6 ~ a denti** (porcospino, apritoio) (*macch. tess.*), Igel (*m.*). **7 ~ analizzatore a lenti** (*telev.*), Linsenkranzabtaster (*m.*). **8 ~ a pettini** (*macch. tess.*), Kammwalze (*f.*). **9 ~ ballerino** (ballerino, tamburo per filigranatura) (*ind. della carta*), Dandyroller (*m.*), Dandywalze (*f.*), Egoutteur (*m.*). **10 ~ del freno** (*mecc.* - *aut.*), Bremstrommel (*f.*). **11 ~ di avvolgimento** (per filo di ferro p. es.) (*lamin.* - *ecc.*), Haspel (*m.*), Trommel (*f.*). **12 ~ di comando** (*macch. ut.*), Schalttrommel (*f.*), Steuertrommel (*f.*). **13 ~ d'indessaggio** (della torretta di un tornio p. es.) (*macch. ut.*), Schalttrommel (*f.*). **14 ~ per cavi** (*elett.* - *ecc.*), Kabeltrommel (*f.*). **15 ~ per filigranatura** (tamburo ballerino, ballerino) (*ind. della carta*), Dandyroller (*m.*), Dandywalze (*f.*), Egoutteur (*m.*). **16 ~ per trafilatura** (di fili) (*metall.*), Hut (*m.*). **17 ~ portafusi** (tamburo portamandrini, d'un tornio automatico a più mandrini) (*macch. ut.*), Spindeltrommel (*f.*). **18 ~ portamandrini** (tamburo portafusi, d'un tornio automatico a più fusi) (*macch. ut.*), Spindeltrommel (*f.*). **19 avviatore a ~** (*app.* - *elett.*), Walzenanlasser (*m.*). **20 avvolgibile su ~** (cavo, p. es.) (*elett.* - *ecc.*), trommelbar. **21 avvolgibilità su ~** (di cavi p. es.) (*elett.* - *ecc.*), Trommelbarkeit (*f.*). **22 avvolgimento a ~** (*elett.*), Trommelwicklung (*f.*). **23 camma a ~** (*mecc.*), Trommelkurve (*f.*). **24 caricatore a ~** (per l'alimentazione dei pezzi) (*macch. ut.*), Trommelmagazin (*n.*). **25 cascame del ~** (di una carda) (*ind. tess.*), Trommelabfall (*m.*). **26 freno a ~** (*aut.* - *mecc.*), Trommelbremse (*f.*). **27 gran ~** (tamburo, di una carda) (*macch. tess.*), grosse Trommel, Trommel (*f.*). **28 indotto a ~** (*elett.*), Trommelanker (*m.*). **29 rettificatrice per tamburi freno** (*macch. ut.* - *aut.*), Bremstrommelschleifbank (*f.*). **30 rotore a ~** (d'un compressore assiale) (*macch.*), Trommelläufer (*m.*). **31 svolgimento da ~** (di cavi) (*elett.*), Abtrommelung (*f.*). **32 tornio per tamburi freno** (*macch. ut.* - *aut.*), Bremstrommeldrehbank (*f.*). **33 vaglio a ~** (*macch.*), Trommelsieb (*n.*). **34 verniciatura a ~** (verniciatura a buratto) (*vn.*), Trommel-Lackieren (*n.*).

tamponamento (otturazione, di una falla) (*nav.* - *ecc.*), Stopfen (*n.*), Abdichten (*n.*).

2 ~ (di autoveicoli) (*aut.*), Anrammen (*n.*), Auffahren (*n.*). 3 ~ (chiusura delle aperture di una ossatura portante con pannelli murari) (*ed.*), Ausfachen (*n.*). 4 ~ **multiplo** (*aut. - traff. strad.*), Kolonnenzusammenstoss (*m.*). 5 **parete perimetrale di** ~ (*ed.*), ausfachende Wand. 6 **velocità di** ~ (di veicoli) (*ferr. - ecc.*), Auflaufgeschwindigkeit (*f.*).

tamponare (otturare, una falla) (*nav. - ecc.*), stopfen, abdichten. 2 ~ (il foro di spillatura p. es.) (*fond. - ecc.*), zustopfen. 3 ~ (un autoveicolo p. es.) (*aut. - ecc.*), anrammen, auffahren. 4 ~ (le aperture di una struttura metallica p. es. con pannelli murari) (*ed.*), ausfachen. 5 ~ (*chim.*), puffern.

tamponato (investito da tergo) (*veic.*), angefahren, aufgefahren, angerammt.

tamponatura (del foro di spillatura p. es.) (*fond. - ecc.*), Zustopfen (*n.*). 2 ~ (battitura) (*vn.*), Tupfen (*n.*). 3 **asta di** ~ (*att. fond.*), Stopfenstange (*f.*).

tampone (*gen.*), Tampon (*m.*), Stopfen (*m.*). 2 ~ (tappo) (*fond.*), Massenpfropfen (*m.*), Stopfen (*m.*). 3 ~ (in un trasportatore continuo) (*trasp. ind.*), Puffer (*m.*). 4 ~ (cuscinetto per timbri) (*uff.*), Stempelkissen (*n.*). 5 ~ **assorbente** (*uff.*), Löscher (*m.*), Tintentrockner (*m.*). 6 ~ **di fine corsa** (tampone ammortizzatore) (*mecc.*), Anschlagpuffer (*m.*). 7 ~ **di gomma** (paracolpi di gomma) (*mecc.*), Gummipuffer (*m.*). 8 ~ **di gomma** (stampo inferiore elastico) (*lav. lamiera*), Gummikissen (*n.*). 9 ~ **di gomma arresto scuotimento** (di una sospensione) (*aut.*), Ausschlagbegrenzungsgummipuffer (*m.*), Achsausschlag-Gummi (*m.*). 10 ~ **di vapore** (in un tubo di alimentazione del carburante, « vapor lock ») (*mot.*), Gasschluss (*m.*), Dampfsack (*m.*). 11 ~ **elastico** (di supporto p. es.) (*mecc. - ecc.*), Puffer (*m.*), Einbaupuffer (*m.*). 12 **amplificatore** ~ (stadio amplificatore tampone) (*elettronica*), Trennverstärker (*m.*). 13 **calibro a** ~ **di riferimento** (*ut.*), Prüfdorn (*m.*). 14 **carica in** ~ (*elett.*), Pufferladung (*f.*). 15 **caricare in** ~ (una batteria) (*elett.*), puffern. 16 **finitura a** ~ (*vn.*), Ballenlackierung (*f.*), Ballenpolitur (*f.*), Schellackpolitur (*f.*). 17 **funzionamento in** ~ (di accumulatori) (*elett.*), Pufferbetrieb (*m.*). 18 **sezione** ~ (*ferr.*), Schutzstrecke (*f.*), Abrückabschnitt (*m.*). 19 **tratto** ~ (sezione tampone) (*ferr. elett.*), Pufferstrecke (*f.*), Schutzblockstrecke (*f.*). 20 **verniciatura a** ~ (*vn.*), Ballenlackierung (*f.*), Ballenpolitur (*f.*), Schellackpolitur (*f.*).

tanaglia (*ut.*), *vedi* tenaglia.

tancheggio (tangheggio) (*naut.*), *vedi* beccheggio.

tandem (bicicletta), Tandem (*n.*). 2 ~ (compressore a due rulli) (*macch. costr. strad.*), Tandemwalze (*f.*), Tandemstrassenwalze (*f.*). 3 **assale in** ~ (*aut.*), Tandemachse (*f.*). 4 **centrale** ~ (centrale di transito) (*telef.*), Tandemamt (*n.*). 5 **disposizione in** ~ (*veic. - ecc.*), Tandemanordnung (*f.*). 6 **in** ~ (di motori p. es.) (*gen.*), hintereinanderliegend, Tandem... 7 **servizio in** ~ (*telef.*), Tandembetrieb (*m.*).

tangente (funzione di angolo, tang., tg, tangente trigonometrica) (*mat.*), Tangens (*m.*). 2 ~ (retta tangente) (*geom.*), Tangente (*f.*). 3 ~ **alla curva catenaria** (*sc. costr.*), Seilstrahl (*m.*), Tangente der Seillinie. 4 **camma per tangenti** (*mot. - mecc.*), Tangentennocken (*m.*).

tangenza (quota di tangenza) (*aer.*), Gipfelhöhe (*f.*). 2 ~ **a punto fisso** (di un elicottero) (*aer.*), Schwebegipfelhöhe (*f.*). 3 ~ **pratica** (*aer.*), Betriebsgipfelhöhe (*f.*), Dienstgipfelhöhe (*f.*). 4 ~ **teorica** (*aer.*), höchste Gipfelhöhe. 5 **quota di** ~ (tangenza) (*aer.*), Gipfelhöhe (*f.*).

tangenziale (*geom.*), tangential. 2 **avanzamento** ~ (*lav. macch. ut.*), Tangentenvorschub (*m.*), Tangentialvorschub (*m.*). 3 **cerchio delle accelerazioni tangenziali** (*mecc.*), Tangentialbeschleunigungskreis (*m.*), Tangentialkreis (*m.*). 4 **forza** ~ (forza periferica, su un pneumatico p. es.) (*aut. - ecc.*), Umfangskraft (*f.*). 5 **lavorazione** ~ (per produrre ruote elicoidali per viti motrici su fresatrici a creatore) (*lav. macch. ut.*), Tangentialverfahren (*n.*). 6 **limite di elasticità** ~ (*sc. costr.*), Schubelastizitätsgrenze (*f.*). 7 **limite di snervamento** ~ (*sc. costr.*), Schubfliessgrenze (*f.*). 8 **tensione** ~ (forza elementare applicata all'elemento superficiale) (*sc. costr.*), Schubspannung (*f.*). 9 **utensile da tornio** ~ (*ut.*), Tangentialdrehmeissel (*m.*), Tangentialstahl (*m.*).

tangh (tgh, tangente iperbolica) (*mat.*), tgh, Hyperbel-Tangens (*m.*).

tanica (canistro, per benzina) (*aut.*), Kanister (*m.*).

tannino (acido tannico) (*ind. del cuoio - chim.*), Gerbsäure (*f.*), Tannin (*n.*).

tantalio (metallo) (*Ta - chim.*), Tantal (*n.*).

tantième (aliquota dell'utile annuo d'una società, per i consiglieri ed i sindaci) (*amm.*) Tantieme (*f.*).

tappa (*gen.*), Rast (*f.*).

tappare (turare, una bottiglia p. es.) (*gen.*), pfropfen, stöpseln. 2 ~ (con tappo di su-

tappatrice (macchina per mettere tappi, a bottiglie) (*macch.*), Verschlussmaschine (*f.*). 2 ~ **per fori di spillatura** (*metall. - forno*), Stichlochstopfmaschine (*f.*).

tappeto (*ed.*), Teppich (*m.*). 2 ~ **mobile** (*trasp.*), Rollteppich (*m.*).

tappezzare (una parete) (*ed. - ind. carta*), tapezieren, mit Tapeten bekleiden. 2 ~ (imbottire, dei mobili) (*gen.*), polstern.

tappezzeria (imbottitura, di mobili ecc.) (*gen.*), Polsterung (*f.*). 2 ~ (carta da parati) (*ed. - ind. carta*), Tapete (*f.*). 3 ~ **lavabile** (carta da parati lavabile) (*ind. carta*), abwaschbare Tapete.

tappezziere (*lav.*), Tapezierer (*m.*). 2 ~ (sellaio) (*lav.*), Polsterer (*m.*), Tapezierer (*m.*), Sattler (*m.*).

tappo (*gen.*), Pfropfen (*m.*), Stöpsel (*m.*), Stopfen (*m.*). 2 ~ (tampone) (*fond.*), Massenpfropfen (*m.*), Stopfen (*m.*). 3 ~ (di vulcano spento) (*geol.*), Schlotbrekzie (*f.*). 4 ~ **a corona** (di una bottiglia) (*ind.*), Kapsel (*f.*), Kronkork (*m.*). 5 ~ **a perdere** (d'una bottiglia) (*ind.*), verlorener Verschluss. 6 ~ **a vite** (*mecc.*), Gewindestöpsel (*m.*)

tara

Schraubstöpsel (*m.*), Schraubverschluss (*m.*), Verschuss-schraube (*f.*). 7 ~ (del bocchettone) di riempimento (*gen.*), Fülldeckel (*m.*), Einfüllstopfen (*m.*). 8 ~ del radiatore (*aut.*), Kühlerschraube (*f.*), Kühlerverschluss-schraube (*f.*). 9 ~ del serbatoio (*veic.*), Tankverschluss (*m.*), Tankdeckel (*m.*). 10 ~ di argilla (*metall.*), Lehmpropfren (*m.*). 11 ~ di gomma (*app. chim.*), Gummistopfen (*m.*). 12 ~ di livello dell'olio (tappo a vite di livello dell'olio) (*mecc.*), Ölstandschraube (*f.*). 13 ~ di riempimento (*macch. - ecc.*), Einfüllstopfen (*m.*). 14 ~ di riempimento a vite (*macch.*), Füllschraube (*f.*). 15 ~ di scarico (per olio p. es.) (*mot. - ecc.*), Ablasspfropfen (*m.*), Ablasstopfen (*m.*). 16 ~ di scarico a vite (*mot. - ecc.*), Entleerungsschraube (*f.*), Ablassschraube (*f.*). 17 ~ di scarico dell'olio (tappo a vite) (*mot. - ecc.*), Ölablasschraube (*f.*). 18 ~ di sicurezza (*cald.*), Sicherheitsstopfen (*m.*). 19 ~ di sughero (turacciolo) (*ind.*), Kork (*m.*), Flaschenkork (*m.*). 20 ~ di vetro (*app. chim.*), Glasstopfen (*m.*). 21 ~ filettato (tappo a vite) (*mecc.*), Verschluss-schraube (*f.*), Gewindestöpsel (*m.*), Schraubstöpsel (*m.*), Schraubverschluss (*m.*). 22 ~ fusibile (*elett.*), Schmelzpfropfen (*m.*), Schmelzstöpsel (*m.*). 23 ~ fusibile (*cald.*), Schmelzpfropfen (*m.*). 24 ~ fusibile (di piombo) (*elett.*), Bleipfropfen (*m.*), Bleistöpsel (*m.*). 25 ~ non a perdere (d'una bottiglia) (*ind.*), Dauerverschluss (*m.*). 26 ~ smerigliato (*att. chim.*), Schliffstopfen (*m.*). 27 macchina per mettere tappi (tappatrice, di bottiglie) (*macch.*), Verschlussmaschine (*f.*).

tara (peso dell'imballaggio, T) (*trasp.*), Tara (*f.*). 2 fare la ~ (tarare, pesare l'imballaggio) (*trasp.*), tarieren.

tarare (mettere a punto) (*strum.*), eichen. 2 ~ (fare la tara, pesare l'imballaggio) (*trasp.*), tarieren.

tarato (*strum.*), geeicht.

taratura (messa a punto) (*strum.*), Eichung (*f.*). 2 ~ a zero (*strum.*), Nullabgleich (*m.*). 3 ~ del contatore (*strum.*), Zählereichung (*f.*). 4 apparecchio per ~ (*strum.*), Eichapparat (*m.*). 5 circuito di ~ (*elett.*), Eichschaltung (*f.*). 6 corrente di ~ (*elett.*), Bemessungsstrom (*m.*). 7 curva di ~ (*strum.*), Eichkurve (*f.*). 8 laboratorio di ~ (*ind. - ecc.*), Eichstätte (*f.*). 9 materiale di ~ (materiale di riferimento, per la prova ottica dei metalli p. es.) (*tecnol. mecc.*), Eichstoff (*m.*). 10 soluzione per ~ (*chim.*), Eichlösung (*f.*). 11 tabella di ~ (*strum.*), Eichtabelle (*f.*). 12 tensione di ~ (*elett.*), Eichspannung (*f.*). 13 valore di ~ (valore di riferimento) (*strum. - ecc.*), Eichwert (*m.*).

targa (*gen.*), Schild (*n.*). 2 ~ (di immatricolazione) (*aut.*), Kennzeichenschild (*n.*), Nummernschild (*n.*). 3 ~ (con i dati di prestazione di un motore elettrico p. es.) (*macch. elett.*), Leistungsschild (*n.*). 4 ~ (numero di targa) (*aut.*), Erkennungsnummer (*f.*). 5 ~ anteriore (*aut.*), vordere Nummerntafel, vorderes Nummernschild. 6 ~ con il nome del fabbricante (targhetta nominativa) (*ind. - macch.*), Namenschild (*n.*). 7 ~ (con indicazione) della portata (di una gru)

(*macch. ind.*), Leistungsschild (*n.*). 8 ~ con simboli (di un quadro) (*elett. - ecc.*), Symbolschild (*n.*).

targhetta (*gen.*), Schild (*n.*). 2 ~ (per veicoli p. es.) (*veic.*), Typschild (*n.*), Schild (*n.*). 3 targhette (targhettatura, di una macch. p. es.) (*macch. - ecc.*), Beschilderung (*f.*). 4 ~ caratteristiche (della) macchina (*macch.*), Maschinenschild (*n.*). 5 ~ dati di funzionamento (su una macchina) (*macch.*), Datenschild (*n.*). 6 ~ indicatrice (*gen.*), Anzeigeschild (*n.*). 7 ~ istruzioni (*macch. - ecc.*), Hinweisschild (*n.*), Bedienungsschild (*n.*). 8 ~ istruzioni (per la manutenzione) (*macch. - ecc.*), Wartungsschild (*n.*). 9 ~ lubrificanti consigliati (*mot. - macch.*), Ölempfehlungsschild (*n.*). 10 ~ nominativa (targa con il nome del fabbricante) (*ind. - macch.*), Namenschild (*n.*).

targhettatura (di una macchina p. es.) (*macch. - ecc.*), Beschilderung (*f.*).

tariffa (prezzo) (*comm. - ecc.*), Tarif (*m.*), Gebühr (*f.*). 2 ~ a contatore (*elett.*), Zählertarif (*m.*). 3 ~ ad valorem (*amm.*), Wertgebühr (*f.*). 4 ~ « a forfait » (*elett.*), Pauschaltarif (*m.*), Pauschale (*f.*). 5 ~ a tempo (*amm.*), Zeitgebühr (*f.*). 6 ~ di esportazione (*comm. - finanz.*), Ausfuhrtarif (*m.*). 7 ~ differenziale (*comm. - finanz.*), Differenztarif (*m.*), Stufentarif (*m.*). 8 ~ diurna (*comm.*), Tagestarif (*m.*). 9 ~ doganale (*finanz. - comm.*), Zolltarif (*m.*). 10 ~ ferroviaria (*ferr.*), Eisenbahntarif (*m.*). 11 ~ ferroviaria per merci (*ferr.*), Bahnfrachttarif (*m.*). 12 ~ notturna (*comm.*), Nachttarif (*m.*). 13 ~ oraria (abbuono stabilito per un'ora) (*lav.*), Stundensatz (*m.*). 14 ~ per la fornitura di energia (*elett.*), Energietarif (*m.*). 15 ~ per stampati (tariffa per stampe) (*posta*), Drucksachenporto (*n.*). 16 ~ per usi elettrodomestici (*elett.*), Haushalttarif (*m.*). 17 ~ postale (*posta*), Porto (*n.*), Postgebühr (*f.*), Porti, Posttarif (*m.*). 18 ~ preferenziale (*finanz. - comm.*), Vorzugszoll (*m.*), Präferenzzoll (*m.*). 19 ~ ridotta (tassa ridotta) (*finanz.*), ermässigte Gebühr. 20 ~ unitaria (unità tariffaria) (*telef.*), Gebühreneinheit (*f.*). 21 a ~ ridotta (per stampe p. es.) (*posta - trasp.*), zu ermässigter Gebühr. 22 calcolatore di ~ (*app. - telef.*), Gebührenrechner (*m.*). 23 contatore a due tariffe (di cui una ridotta) (*app. - elett.*), Vergütungszähler (*m.*). 24 contatore a ~ multipla (*app.*), Mehrfachtarif (*m.*), Mehrfachzähler (*m.*). 25 energia a bassa ~ (*elett.*), Niedertarif-Strom (*n.*), WT. 26 indicatore di ~ (*telef.*), Gebührenanzeiger (*m.*), Gebührenmelder (*m.*). 27 tempo a bassa ~ (*elett.*), Niedertarif-Zeit (*f.*), NT-Zeit (*f.*). 28 tempo ad alta ~ (*elett.*), Hochtarif-Zeit (*f.*), HT-Zeit (*f.*). 29 unità di ~ (3 minuti; unità di conversazione interurbana) (*telef.*), Taxeinheit (*f.*).

tariffario (*amm.*), Gebührentabelle (*f.*).

tarlatura (*legno*), Wurmfrass (*m.*).

tartana (peschereccio) (*nav.*), Tartane (*f.*).

tartaro (cremore tartaro, tartaro delle botti) (*chim.*), Weinstein (*m.*), Tartarus (*m.*).

tartrato (*chim.*), Tartrat (*n.*). 2 ~ sodico potassico ($C_4H_4O_6KNa.4H_2O$) (sale di Sei-

gnette, sale della roccella) (*chim.*), Rochellesalz (*n.*), Seignettesalz (*n.*).
tasca (*gen.*), Tasche (*f.*). **2** ~ (della portiera di una automobile p. es.) (*aut.*), Tasche (*f.*). **3** ~ (piccolo giacimento di minerale) (*geol. - min.*), Nest (*n.*), Butzen (*m.*). **4** ~ **sulla portiera** (*aut.*), Türtasche (*f.*).
tascabile (*a. - gen.*), Taschen... **2 calcolatore** ~ (calcolatorino) (*calc.*), Taschenrechner (*m.*). **3 formato** ~ (*app. - ecc.*), Westentaschen-Format (*n.*).
tassa (imposta) (*finanz.*), Steuer (*f.*), Abgabe (*f.*). **2** ~ (diritto, per istituzioni pubbliche p. es.) (*finanz.*), Gebühr (*f.*). **3** ~ **annua** (annualità) (*finanz.*), Jahresgebühr (*f.*). **4** ~ **di ammissione** (quota di ammissione) (*finanz.*), Aufnahmegebühr (*f.*). **5** ~ **di bollo** (a fascetta, per generi di monopolio) (*finanz.*), Banderollensteuer (*f.*). **6** ~ **di circolazione** (« bollo ») (*aut.*), Kraftfahrzeugsteuer (*f.*). **7** ~ **d'immatricolazione** (*aut.*), Zulassungssteuer (*f.*), Zulassungsgebühr (*f.*). **8** ~ **di immatricolazione dell'autoveicolo** (*aut.*), Kraftfahrzeugzulassungssteuer (*f.*). **9** ~ **d'iscrizione** (*finanz.*), Aufnahmegebühr (*f.*), Einschreibegebühr (*f.*). **10** ~ **d'iscrizione** (ad una gara p. es.) (*aut. - sport*), Einsatz (*m.*), Nennungsgeld (*m.*). **11** ~ **di preavviso** (*telef.*), Benachrichtigungsgebühr (*f.*). **12** ~ **di registrazione** (*finanz.*), Einschreibegebühr (*f.*), Anmeldegebühr (*f.*). **13** ~ **di registro** (*finanz.*), Eintragungsgebühr (*f.*). **14** ~ **di soggiorno** (*finanz.*), Niederlassungsgebühr (*f.*). **15** ~ **di stipula** (d'un contratto) (*finanz.*), Abschlussgebühr (*f.*). **16** ~ **ecclesiastica** (*lav. - pers. - finanz.*), Kirchensteuer (*f.*). **17** ~ **ridotta** (tariffa ridotta) (*finanz.*), ermässigte Gebühr. **18** ~ **sugli articoli non di prima necessità** (*finanz.*), Luxussteuer (*f.*). **19** ~ **sugli immobili** (*finanz.*), Realsteuer (*f.*). **20** ~ **sui profitti di guerra** (*finanz.*), Kriegsgewinnsteuer (*f.*). **21** ~ **sulle donazioni** (*finanz.*), Schenkungssteuer (*f.*). **22 agente delle tasse** (*finanz.*), Steuerbeamter (*m.*).
tassabile (imponibile) (*finanz. - leg.*), steuerbar, steuerpflichtig, besteuerbar.
tassametro (*app. trasp.*), Taxameter (*m.*), Fahrpreisanzeiger (*m.*). **2** ~ **di parcheggio** (tassametro di sosta, parcometro) (*aut.*), Parkzeituhr (*f.*), Parkuhr (*f.*), Parkometer (*m.*), Parkingmeter (*m.*). **3** ~ **di sosta** (parcometro, tassametro di parcheggio) (*aut.*), Parkzeituhr (*f.*), Parkuhr (*f.*), Parkometer (*m.*), Parkingmeter (*m.*).
tassare (*finanz.*), besteuern. **2** ~ (stabilire l'imponibile) (*finanz.*), veranlagen.
tassazione (*finanz.*), Besteuerung (*f.*). **2** ~ (imposizione) (*finanz.*), Veranlagung (*f.*). **3** ~ **addizionale** (*finanz.*), Veranlagungszusatz (*m.*). **4** ~ **d'ufficio** (*finanz.*), Veranlagung durch amtliche Schätzung. **5** ~ **progressiva** (*finanz.*), Staffelbesteuerung (*f.*). **6 anno di** ~ (*finanz.*), Veranlagungsjahr (*n.*). **7 base di** ~ (*finanz.*), Veranlagungsgrundlage (*f.*). **8 periodo di** ~ (*finanz.*), Veranlagungszeitraum (*m.*).
tassello (per modelli di legno, per sottosquadri p. es.) (*fond.*), Dübel (*m.*). **2** ~ (da muro o da parete) (*mur.*), Dübel (*m.*),

Holzpflock (*m.*). **3** ~ (perno di centraggio per uno stampo) (*ut. per fucinatura*), Haltestein (*m.*). **4** ~ **da muro** (*mur.*), Mauerdübel (*m.*), Dübel (*m.*). **5** ~ **da parete** (*mur.*), Wanddübel (*m.*), Dübel (*m.*). **6** ~ **per bordare** (*lav. lamiera*), Schweifstock (*m.*). **7** ~ **mobile** (di uno stampo per pressofusione) (*fond.*), Schieber (*m.*). **8** ~ **scorrevole** (nell'apposita cava, per compensare lo squilibrio d'una mola; massa scorrevole) (*ut.*), Nutenstein (*m.*).
tassì (autopubblica) (*trasp. - veic.*), Taxi (*n.*), Droschke (*f.*), Taxameter (*m.*), Kraftdroschke (*f.*), Taxe (*f.*), Autodroschke (*f.*).
tassista (*lav. - aut.*), Taxifahrer (*m.*).
tasso (saggio, di sconto p. es.) (*finanz. - comm.*), Satz (*m.*). **2** ~ (conifera) (*legno*), Eibe (*f.*). **3** ~ **delle anticipazioni sui titoli** (*finanz.*), Lombardsatz (*m.*). **4** ~ **di ammortamento** (*finanz.*), Abschreibungssatz (*m.*). **5** ~ **di ammortamento annuo** (*finanz.*), Tilgungsrate (*f.*). **6** ~ **di assenze** (*lav.*), Abwesenheitsrate (*f.*). **7** ~ **di guasto** (probabilità di guasto; d'un motore p. es., in un anno p. es.) (*macch. - ecc.*), Ausfallrate (*f.*). **8** ~ **d'incremento** (*gen.*), Zuwachsrate (*f.*). **9** ~ **d'incremento annuale** (*gen.*), jährliche Zuwachsrate, jährliche Wachstumrate. **10** ~ **d'interesse** (interesse) (*finanz.*), Zinsfuss (*m.*). **11** ~ **di pulsazione** (rapporto tra durata degli impulsi e la somma della durata degli intervalli, di un regolatore ad impulsi) (*elettronica*), Tastverhältnis (*n.*). **12** ~ **di rotazione** (tasso di avvicendamento, del personale) (*lav. - pers.*), Umschlaggeschwindigkeit (*f.*), Umsatzgeschwindigkeit (*f.*). **13** ~ **di rotazione** (delle scorte di magazzino) (*ind.*), Umsatzgeschwindigkeit (*f.*), Umschlaggeschwindigkeit (*f.*). **14** ~ **di scambio** (*finanz.*), Umrechnungskurs (*m.*). **15** ~ **di sconto** (saggio di sconto) (*finanz.*), Diskontsatz (*m.*). **16** ~ **di usura** (*mecc.*), Verschleissbetrag (*m.*). **17** ~ **per prestiti** (*finanz.*), Lombardsatz (*m.*). **18** ~ **ufficiale** (cambio ufficiale) (*finanz.*), amtlicher Kurs.
tastare (un modello, con macch. a copiare) (*macch. ut.*), abtasten.
tastatore (palpatore, stilo, nei dispositivi riproduttori) (*macch. ut.*), Fühler (*m.*), Taster (*m.*), Fühlstift (*m.*), Taststift (*m.*), Abtaststift (*m.*). **2** ~ (elemento sensibile, di un comparatore o minimetro p. es.) (*strum. - ecc.*), Fühler (*m.*), Fühlglied (*n.*). **3** ~ (per calibri pneumatici p. es.) (*app. di mis.*), Taster (*m.*).
tastiera (di una macch. per scrivere p. es.) (*app. - macch. - macch. calc.*), Tastatur (*f.*), Tastenwerk (*n.*). **2** ~ **a dieci tasti** (tastiera ridotta) (*macch. calc.*), Zehnertastatur (*f.*). **3** ~ **completa** (*macch. calc. - ecc.*), Volltastatur (*f.*). **4** ~ **di selezione** (*telef.*), Wähltastatur (*f.*). **5** ~ **distesa** (con una serie di tasti per ciascuna posizione del meccanismo di impostazione) (*macch. calc.*), Volltastatur (*f.*). **6** ~ **ridotta** (tastiera a dieci tasti) (*macch. calc.*), Zehnertastatur (*f.*). **7 selezione a** ~ (*telef.*), Tastwahl (*f.*).
tasto (di una macch. per scrivere p. es.) (*macch. - elettromecc.*), Taste (*f.*). **2 ad autotenuta** (*macch. - ecc.*), selbstarretierende

tattica

Taste. 3 ~ **a ritorno automatico** (*elett.*), Taste mit selbsttätiger Auslösung. 4 ~ **con blocco** (*app. - ecc.*), Taste mit Rastung. 5 ~ **di comando** (*elettromecc.*), Bedienungstaste (*f.*). 6 ~ **di arresto d'emergenza** (*macch. - ecc.*), Notstoptaste (*f.*). 7 ~ **di cancellazione** (*telegr.*), Rücknahmetaste (*f.*). 8 ~ **di ricerca** (*lav. macch. ut. c/n - ecc.*), Suchtaste (*f.*). 9 ~ **di richiamo** (*telef.*), Rückruftaste (*f.*). 10 ~ **di ritorno** (di una macch. per scrivere) (*macch. per uff.*), Rücktaste (*f.*). 11 ~ **di smistamento** (*telef.*), Weiterschalttaste (*f.*). 12 ~ **ripetitore** (di una macch. per scrivere) (*macch. per uff.*), Wiederholtaste (*f.*). 13 ~ **trasmettitore** (*telegr.*), Geber (*m.*), Morsetaste (*f.*). 14 **azzeramento a** ~ (*macch. - ecc.*), Tastnullstellung (*f.*). 15 **bloccaggio dei tasti** (*mecc. - ecc.*), Tastensperre (*f.*). 16 **comando a tasti** (*elettromecc.*), Tastensteuerung (*f.*). 17 **selezione a tasti** (selezione a tastiera) (*telef. - ecc.*), Tastenwahl (*f.*), Tastwahl (*f.*).
tattica (*milit.*), Taktik (*f.*).
tautomerismo (tautomeria) (*chim.*), Tautomerie (*f.*).
tautomero (*chim.*), tautomer.
tavellone (laterizio forato) (*ed.*), Hourdis (*m.*), Hourdi (*m.*), Hourdisstein (*m.*), Tonhohlplatte (*f.*).
tavola (tavolo) (*gen.*), Tisch (*m.*). 2 ~ (di una macch. ut.) (*macch.*), Tisch (*m.*). 3 ~ (di una pressa) (*macch.*), Tisch (*m.*), Platte (*f.*). 4 ~ (tabella) (*tip. - ecc.*), Tafel (*f.*), Tabelle (*f.*). 5 ~ (tavolone, «asse») (*carp. - falegn.*), Brett (*n.*), Diele (*f.*), Planke (*f.*), Bohle (*f.*). 6 ~ (dipinto) (*pittura - arte*), Tafelbild (*n.*). 7 ~ **a rulli** (*lamin. - trasp.*), Rolltisch (*m.*), Rollgang (*m.*). 8 ~ **a rulli di uscita** (*lamin.*), Auslaufrollgang (*m.*). 9 ~ **a rulli obliqui** (*lamin.*), Schrägrollgang (*m.*). 10 ~ **a scosse** (tavola vibrante, per calcestruzzo p. es.) (*macch.*), Rütteltisch (*m.*), Schocktisch (*m.*), Stosstisch (*m.*). 11 ~ **a scosse** (per arricchimento dei minerali) (*min.*), Schüttelherd (*m.*). 12 ~ **aspirante** (per stampa offset) (*macch. per stampa*), Absaugtisch (*m.*). 13 ~ **aspirante per sviluppo** (*tip.*), Absaug- und Entwicklungstisch (*m.*). 14 ~ **circolare** (*macch. ut. - ecc.*), Rundtisch (*m.*). 15 ~ **circolare** (di un tornio a giostra o di una rettificatrice in piano) (*macch. ut.*), Planscheibe (*f.*). 16 ~ **circolare con divisore** (per trapani p. es.) (*macch. ut.*), Kreisteiltisch (*m.*). 17 ~ **composita** (per trapani p. es.) (*macch. ut.*), Kreuztisch (*m.*). 18 ~ **da disegno** (*dis.*), Reissbrett (*n.*), Zeichenbrett (*n.*). 19 ~ **da laboratorio** (*att.*), Laboratoriumstisch (*m.*). 20 ~ **da lavoro** (tavolo da lavoro) (*ind.*), Arbeitstisch (*m.*). 21 ~ **dei logaritmi** (*mat.*), Logarithmentafel (*f.*). 22 ~ **della piallatrice** (*macch. ut.*), Hobeltisch (*m.*). 23 ~ **della pressa** (*macch.*), Pressentisch (*m.*). 24 ~ **di concentrazione** (per l'arricchimento dei minerali) (*min.*), Herd (*m.*). 25 ~ **di orientamento** (*segnale ferr.*), Bake (*f.*). 26 ~ **di ritegno** (per rafforzare uno scavo contro il franamento delle pareti) (*ed.*), Saumbohle (*f.*). 27 ~ **di rotazione** (tavola rotary) (*macch. min.*), Rotary-Tisch (*m.*). 28 ~ **di tiro** (*artiglieria*), Schusstafel (*f.*). 29 ~ **di trazione** (*macch. tess.*), Zugbrett (*n.*), Brille (*f.*). 30 ~ **fissa** (*macch.*), fester Tisch. 31 ~ **flottante** (*macch. ut.*), Schwimmtisch (*m.*). 32 ~ **girevole** (tavola rotante) (*macch.*), Drehtisch (*m.*). 33 ~ **girevole** (*legatoria*), Drehtisch (*m.*), Zusammentragetisch (*m.*). 34 ~ **inclinabile** (tavola orientabile) (*macch. ut. - ecc.*), Schwenktisch (*m.*), Kipptisch (*m.*). 35 ~ **inclinabile** (*lamin.*), Wippe (*f.*), Wipptisch (*m.*). 36 ~ **murale** (per insegnamento) (*scuola - ecc.*), Anschauungstafel (*f.*). 37 ~ **orientabile** (tavola inclinabile) (*macch. ut. - ecc.*), Schwenktisch (*m.*), Kipptisch (*m.*). 38 ~ **orientabile per fresatrici** (*macch. ut.*), Schwenkfrästisch (*m.*). 39 ~ **ottotipica** (ottotipo) (*ott.*), Sehprobe (*f.*), Optotyp (*m.*). 40 ~ **per affissioni** (pannello per affissi pubblicitari) (*comm. - ecc.*), Anschlagbrett (*n.*). 41 ~ **per casseforme** (*ed.*), Schalplatte (*f.*). 42 ~ **per composizione** (*tip.*), Setztisch (*m.*). 43 ~ **per coperture** (*ed.*), Dachbrett (*n.*). 44 ~ **per stirare** (tessuti) (*att.*), Bügelbrett (*n.*), Plättbrett (*n.*). 45 ~ **per tracciatrice** (tavola per alesatrice a coordinate) (*macch. ut.*), Koordinatenbohrtisch (*m.*). 46 ~ **piana** (d'una macchina da cartiera) (*macch.*), Langsieb (*n.*). 47 ~ **pneumatica** (tavola con getti d'aria per il sollevamento del pacco di fogli di carta in una taglierina p. es.) (*macch.*), Lufttisch (*m.*). 48 ~ **portaoggetto** (di un microscopio) (*ott.*), Objektgleittisch (*m.*). 49 ~ **portapezzo** (*macch. ut.*), Aufspanntisch (*m.*), Arbeitstisch (*m.*). 50 ~ **radiale** (tavola di legno, con anelli annuali perpendicolari alla larghezza, avente le caratteristica di non deformarsi) (*legno*), Spiegelholz (*n.*). 51 ~ **rotante** (*macch. ut.*), Drehtisch (*m.*), Drehscheibe (*f.*). 52 ~ **rotante** (di una torre di trivellazione) (*min.*), Drehtisch (*m.*), Rotarytisch (*m.*). 53 ~ **rotary** (tavola di rotazione) (*min.*), Rotary-Tisch (*m.*). 54 ~ **scorrevole** (usata nella saldatura p. es.) (*macch.*), Schiebetisch (*m.*). 55 ~ **sinottica** (*gen.*), Übersichttabelle (*f.*). 56 ~ **vibrante** (vibratore, per calcestruzzo p. es.) (*macch. ed. - ecc.*), Vibriertisch (*m.*), Rütteltisch (*m.*), Schütteltisch (*m.*). 57 **parete di tavole a lembi sovrapposti**, Stülpwand (*f.*). 58 **pavimento di tavole** (tavolato) (*ed. - ecc.*), Bohlenbelag (*m.*), Dielenbelag (*m.*), Dielenwerk (*n.*), Brettlager (*n.*).
tavolare (*a. - ed.*), grundbuchlich. 2 **ufficio** ~ (*leg. - ed.*), Grundbuchamt (*n.*).
tavolato (assito, pavimento di tavole) (*ed. - ecc.*), Dielenbelag (*m.*), Bohlenbelag (*m.*), Dielenwerk (*n.*), Brettlager (*n.*). 2 ~ (*geol. - geogr.*), Tafelland (*n.*), Flachland (*n.*). 3 ~ **del ponte** (copertura del ponte) (*costr. nav.*), Deckbeplankung (*f.*). 4 ~ **per casseforme** (pannello per casseforme, di legno) (*ed.*), Schaltafel (*f.*).
tavoletta (carta al 25.000) (*geogr.*), Karte 1 : 25.000, 4 cm-Karte (*f.*). 2 ~ **degli aghi** (d'un telaio Jacquard) (*macch. tess.*), Nadelbrett (*n.*). 3 ~ **dei colletti** (d'un telaio Jacquard) (*ind. tess.*), Platinenboden (*m.*). 4 ~ **delle arcate** (di telaio Jacquard) (*ind. tess.*), Harnischbrett (*n.*). 5 ~ **pretoriana** (per topografia) (*top.*), Messtisch (*m.*). 6 **andare a** ~

(andare a tutto gas, con acceleratore tutto abbassato) (*aut.*), bei Vollgas fahren.
tavolino (*gen.*), Tischchen (*n.*). 2 ~ (piatto, d'un microscopio) (*app. - ott.*), Tisch (*m.*). 3 ~ **ribaltabile** (di uno scompartimento) (*ferr.*), Klapptischchen (*n.*).
tavolo (tavola) (*mobile*), Tisch (*m.*). 2 ~ **da disegno** (*dis.*), Zeichentisch (*m.*). 3 ~ **da modellatore** (*app.*), Modelliertisch (*m.*). 4 ~ **da officina** (*ind.*), Werkstattisch (*m.*). 5 ~ **di deposito** (per pezzi e materiali) (*off. mecc.*), Ablagetisch (*m.*). 6 ~ **di lavoro** (*ind.*), Werktisch (*m.*), Arbeitstisch (*m.*). 7 ~ **di missaggio** (*cinem. - telev.*), Mischpult (*n.*). 8 ~ **di missaggio del suono** (*radio - telev.*), Tonmischpult (*n.*). 9 ~ **di sorveglianza** (*telef.*), Aufsichtstisch (*m.*). 10 ~ **per impostazione e registro** (*app. tip.*), Zurichtpult (*n.*). 11 ~ **per macrofotografie** (*fot.*), Makrotisch (*m.*), Makrodiatisch (*m.*). 12 ~ **posizionatore** (posizionatore a tavola rotante, per saldatura) (*app. tecnol. mecc.*), Schweissdrehtisch (*m.*). 13 ~ **vibrante** (per prove alle vibrazioni) (*app. tecnol.*), Schwingtisch (*m.*).
tavolone (tavola, « asse ») (*legno - ed.*), Bohle (*f.*), Planke (*f.*).
tavolozza (per mescolare i colori) (*pittura*), Palette (*f.*).
taxi (autopubblica) (*aut.*), Taxi (*n.*), Droschke (*f.*), Autodroschke (*f.*).
taylorismo (*organ. lav.*), Taylorsystem (*n.*), Taylorismus (*m.*).
tazza (*gen.*), Tasse (*f.*). 2 ~ (di un escavatore) (*macch. mov. terra*), Baggereimer (*m.*), Eimer (*m.*). 3 ~ (di un elevatore) (*macch. ind.*), Bechermulde (*f.*), Becher (*m.*). 4 ~ **di colata** (siviera a mano, sivierina, tazzina, cassina) (*fond.*), Handpfanne (*f.*). 5 ~ **per draga** (*macch. costr. idr.*), Baggereimer (*m.*). 6 ~ **per escavatore** (*macch. mov. terra*), Baggereimer (*m.*), Trockenbaggereimer (*m.*). 7 **catena di tazze** (*trasp.*), Eimerkette (*f.*).
tazzina (cassina, sivierina, siviera a mano, tazza di colata) (*fond.*), Handpfanne (*f.*).
Tb (terbio) (*chim.*), Tb, Terbium (*n.*).
TBP (tributilfosfato; solvente, ecc.) (*chim.*), TBP, Tributhylphosphat (*n.*).
Tc (tecnezio) (*chim.*), Tc, Technetium (*n.*).
Te (tellurio) (*chim.*), Te, Tellur (*m.*).
teatro (*teatro*), Theater (*n.*). 2 ~ (edificio) (*arch.*), Theaterbau (*m.*), Theatergebäude (*n.*), Theater (*n.*).
teck (teak, legno di teck) (*legno*), Teakholz (*n.*), Tiekholz (*n.*).
tecnetron (transistore ad effetto di campo) (*elettronica*), Tecnetron (*n.*).
tecnezio (*chim.*), Technetium (*n.*), Eka-Mangan (*n.*), Masurium (*n.*).
tecnica (*scienza*), Technik (*f.*). 2 ~ (modo di esecuzione) (*tecnol.*), Technik (*f.*), Ausführungsverfahren (*n.*). 3 ~ **aziendale** (*ind.*), Betriebstechnik (*f.*). 4 ~ **combinatoria** (*macch. - ecc.*), Kombinationstechnik (*f.*). 5 ~ **« crosspoint »** (tecnica dei punti d'incrocio) (*telef.*), Crosspoint-Technik (*f.*). 6 ~ **degli impianti domestici** (*elett. - ecc.*), Haustechnik (*f.*). 7 ~ **dei collegamenti avvolti** (tecnica wire-wrap, per i circuiti stampati p. es.) (*elettronica*), Wire-Wrap-Technik (*f.*). 8 ~ **dei punti d'incrocio** (tecnica « crosspoint ») (*telef.*), Crosspoint-Technik (*f.*). 9 ~ **dei sistemi** (*organ.*), Systemtechnik (*f.*). 10 ~ **dei telecomandi e telecontrolli** (*elett. - ecc.*), Fernwirktechnik (*f.*), Fenrsteuerung- und Überwachungstechnik (*f.*). 11 ~ **dei trasporti industriali** (*trasp. ind.*), Fördertechnik (*f.*). 12 ~ **del freddo** (*term.*), Kältetechnik (*f.*). 13 ~ **della commutazione** (*telef.*), Vermittlungstechnik (*f.*). 14 ~ **della levitazione magnetica** (tecnica del sostentamento magnetico, per sistemi di trasporto rapido) (*trasp.*), Magnetschwebetechnik (*f.*). 15 ~ **della trasformazione plastica** (tecnica della foggiatura) (*fucinatura - ecc.*), Umformtechnik (*f.*). 16 ~ **delle telecomunicazioni** (*radio*), Nachrichtentechnik (*f.*), elektrische Nachrichtentechnik. 17 ~ **dell'illuminazione** (illuminotecnica) (*illum.*), Lichttechnik (*f.*), Beleuchtungstechnik (*f.*). 18 ~ **dell'imballaggio** (*imball.*), Verpackungstechnik (*f.*). 19 ~ **dello stato solido** (*elettronica*), Festkörpertechnik (*f.*), Solid-State-Technik (*f.*). 20 ~ **del sostentamento magnetico** (tecnica della levitazione magnetica, per sistemi di trasporto rapido) (*trasp.*), Magnetschwebetechnik (*f.*). 21 ~ **di applicazione del dispositivo di colata** (tecnica di applicazione delle colate e dei montanti) (*fond.*), Anschnitt- und Steigertechnik (*f.*). 22 ~ **di lavorazione** (*mecc. - ecc.*), Bearbeitungstechnik (*f.*). 23 ~ **di precisione** (*tecn. - mecc.*), Feinwerktechnik (*f.*). 24 ~ (**di struttura**) **ad elementi componibili innestabili** (per realizzare complessi modulari) (*elett. - ecc.*), Stecktechnik (*f.*). 25 ~ **di visualizzazione** (*ott. - ecc.*), Anzeigetechnik (*f.*). 26 ~ **reticolare** (programmazione reticolare, per piani di produzione p. es.) (*progr.*), Netzplantechnik (*f.*). 27 ~ **sanitaria** (ingegneria sanitaria) (*sc.*), Gesundheitstechnik (*f.*). 28 ~ **siderurgica** (*metall.*), Eisenhüttentechnik (*f.*). 29 ~ **wire-wrap** (tecnica dei collegamenti avvolti, per circuiti stampati p. es.) (*elettronica*), Wire-Wrap-Technik (*f.*). 30 **stato della** ~ (nelle domande di brevetto p. es.) (*leg. - ecc.*), Stand der Technik.
tecnicizzazione (*ind.*), Technisierung (*f.*).
tecnico (*a. - tecnol.*), technisch. 2 ~ (*s. - lav.*), Techniker (*m.*). 3 ~ **dei suoni** (tecnico del suono) (*radio - telev. - cinem.*), Tonmeister (*m.*), Toningenieur (*m.*). 4 ~ **della lubrificazione** (lubricista) (*macch.*), Schmierstoffingenieur (*m.*). 5 ~ **del missaggio** (tecnico del mischiaggio) (*cinem.*), Mischtonmeister (*m.*). 6 ~ **del suono** (*radio - telev. - cinem.*), Toningenieur (*m.*), Tonmeister (*m.*). 7 ~ **del suono** (analista, ecc.) (*acus.*), Schallingenieur (*m.*). 8 ~ **elettronico** (*elettronica*), Elektroniktechniker (*m.*), Elektroniker (*m.*). 9 ~ **esperto** (*lav.*), Kapazität (*f.*), hervorragender Fachmann. 10 ~ **specializzato** (*lav.*), Spezialist (*m.*). 11 **incaricato** ~ (*lav.*), Spitzenfacharbeiter (*m.*).
tecnigrafo (*dis.*), Zeichenmaschine (*f.*).
tecnologia (*tecnol.*), Technologie (*f.*). 2 ~ **chimica** (*tecnol. chim.*), chemische Technologie. 3 ~ **meccanica** (*tecnol. mecc.*), mechanische Technologie.

tecnologico

tecnologico (*tecnol.*), technologisch. **2 prova tecnologica** (*tecnol.*), technologischer Versuch.
tecnologo (*tecnol.*), Technologe (*m.*).
TEE (Trans-Europ-Express, treno) (*ferr.*), TEE, Trans-Europ-Express.
TEEM (Trans-Europ-Express, per merci) (*ferr.*) TEEM.
tegola (*ed.*), Dachziegel (*m.*), Ziegel (*m.*). **2 ~ a canale** (tegola curva, tegola di colmo, coppo) (*ed.*), Firstecke (*f.*), Firstziegel (*m.*), Hohlziegel (*m.*), Gratziegel (*m.*), Mönch (*m.*). **3 ~ curva** (tegola a canale, tegola di colmo, coppo) (*ed.*), Firstecke (*f.*), Firstziegel (*m.*), Hohlziegel (*m.*), Gratziegel (*m.*), Mönch (*m.*). **4 ~ di colmo** (coppo, tegola a canale, tegola curva) (*ed.*), Firstecke (*f.*), Firstziegel (*m.*), Hohlziegel (*m.*), Gratziegel (*m.*), Mönch (*m.*). **5 ~ di conversa** (*ed.*), Kehlziegel (*m.*). **6 ~ piana** (tegola piatta, embrice, marsigliese) (*ed.*), Flachdachpfanne (*f.*), Flachziegel (*m.*), Flachpfanne (*f.*). **7 copertura di tegole** (*ed.*), Ziegelbedachung (*f.*).
tegolo (tegola) (*ed.*), vedi tegola. **2 ~ copritrasmissione** (tunnel, del pavimento) (*carrozz. aut.*), Tunnel (*m.*), Tunnelboden (*m.*), Wellentunnel (*m.*).
tela (*ind. tess.*), Leinwand (*f.*), Leinen (*n.*). **2 ~** (del copertone di un pneumatico) (*aut.*), Lage (*f.*), Gewebeeinlage (*f.*). **3 tele** (carcassa, di un pneumatico) (*aut.*), Karkasse (*f.*). **4 ~ abrasiva** (tela smeriglio) (*mecc. - ecc.*), Schleifleinen (*n.*), Schmirgeltuch (*n.*), Schmirgelleinen (*n.*). **5 ~ bachelizzata** (laminato tessuto-resina, stratificato tessuto-resina) (*tecnol.*), Hartgewebe (*n.*). **6 ~ batista** (*ind. tess.*), Batist (*m.*). **7 ~ canapina** (tela da rinforzo) (*ind. tess.*), Steifleinen (*n.*). **8 ~ cerata** (*ind. tess.*), Wachstuch (*n.*), Wachsleinwand (*f.*). **9 ~ da fusto** (tessuto di cotone) (*ind. tess.*), Schirting (*m.*), Shirting (*m.*). **10 ~ da imballo** (*trasp.*), Packleinwand (*f.*). **11 ~ da rinforzo** (tela canapina) (*ind. tess.*), Steifleinen (*n.*). **12 ~ da sacchi** (*ind. tess.*), Sackleinen (*n.*), Sacktuch (*n.*). **13 ~ da sacchi** (tela di iuta grossa) (*tess.*), Rupfen (*m.*). **14 ~ da vele** (*nav.*), Segelleinwand (*f.*), Segeltuch (*m.*). **15 tele diagonali** (di un pneumatico) (*aut.*), Diagonalkarkasse (*f.*), Karkasse in Diagonalbauweise. **16 ~ di iuta grossa** (tela da sacchi) (*tess.*), Rupfen (*m.*). **17 ~ di lino** (*ind. tess.*), Leinwand (*f.*), Leinen (*n.*), Linnen (*n.*). **18 ~ di tortiglia** (di un pneumatico) (*aut. - tess.*), Cord-Gewebe (*n.*). **19 ~ gommata per stampa offset** (*ind. graf.*), Offsetgummituch (*n.*). **20 ~ iuta da sacchi** (*tess.*), Jutesacktuch (*n.*). **21 ~ metallica** (di una macchina per la fabbricazione della carta) (*mft. carta - macch.*), Sieb (*n.*). **22 ~ olona** (tela da vele) (*nav.*), Persenning (*f.*), Presenning (*f.*), Segeltuch (*n.*). **23 ~ per copie** (tela sensibile) (*dis.*), Pausleinwand (*f.*). **24 tele radiali** (di un pneumatico) (*aut.*), Radialkarkasse (*f.*), Karkasse in Radialbauweise. **25 ~ smeriglio** (tela abrasiva) (*mecc. - ecc.*), Schleifleinen (*n.*), Schmirgeltuch (*n.*), Schmirgelleinen (*n.*). **26 numero delle tele** (« ply-rating », indice di resistenza, d'un pneumatico) (*ind. gomma - aut.*), Lagenkennziffer (*f.*), Ply-Rating-Zahl (*f.*). **27 separazione delle tele** (distacco delle tele d'un pneumatico) (*difetto - aut.*), Lagenlösung (*f.*).
telaino (*gen.*), Rahmen (*m.*), kleiner Rahmen. **2 ~ del cristallo** (*veic.*), Fensterrahmen (*m.*).
telaio (intelaiatura) (*gen.*), Rahmen (*m.*), Gestell (*n.*). **2 ~** (« chassis ») (*gen.*), Chassis (*n.*), Montagegestell (*n.*). **3 ~** (organo fisso d'un meccanismo) (*mecc.*), Gestell (*n.*), Gestellglied (*n.*). **4 ~** (di automobile) (*aut. - veic.*), Autorahmen (*m.*), Rahmen (*m.*). **5 ~** (di una locomotiva p. es.) (*veic. ferr.*), Rahmen (*m.*). **6 ~** (d'un carro merci p. es.) (*veic. - ferr.*), Untergestell (*n.*), Rahmen (*m.*). **7 ~** (tessile) (*macch. tess.*), Stuhl (*m.*), Webstuhl (*m.*). **8 ~** (di una finestra p. es.) (*ed.*), Rahmen (*m.*). **9 ~** (di una sega a telaio) (*ut.*), Spannrahmen (*m.*). **10 ~** (archetto, arco, di una sega) (*ut.*), Bügel (*m.*). **11 ~** (*tip.*), Schliessrahmen (*m.*), Formrahmen (*m.*), Rahmen (*m.*). **12 ~** (forma a mano, per la manifattura della carta) (*mft. carta*), Form (*f.*). **13 ~** (per lastre) (*fot.*), Kassette (*f.*). **14 ~ abbassato** (*veic.*), Niederrahmen (*m.*). **15 ~ a crociera** (*aut.*), X-Rahmen (*m.*). **16 ~ ad aghi** (*macch. tess.*), Nadelstuhl (*m.*). **17 ~ ad elementi scatolati** (telaio ad elementi a scatola) (*aut.*), Kastenrahmen (*m.*). **18 ~ ad elementi tubolari** (*aut.*), Gitterrohrrahmen (*m.*). **19 ~ allargato** (di un carrello elevatore a forche p. es.) (*trasp. ind.*), Spreizenrahmen (*m.*). **20 ~ a mano** (*macch. tess.*), Handwebstuhl (*m.*). **21 ~ a pedale** (*macch. tess.*), Trittwebstuhl (*m.*). **22 ~ a piattaforma** (*aut.*), Plattformrahmen (*m.*). **23 ~ a ratiera** (*macch. tess.*), Schaftwebstuhl (*m.*). **24 ~ a ruote esterne** (telaio normale, telaio con longheroni interni alle ruote) (*aut.*), Normalrahmen (*m.*). **25 ~ a ruote interne** (telaio esterno, telaio con longheroni esterni alle ruote) (*aut.*), Aussenrahmen (*m.*). **26 ~ a trave centrale** (*aut.*), Mittelträgerrahmen (*m.*). **27 ~ a tubo centrale** (*aut.*), Mittelrohrrahmen (*m.*), Zentralrohrrahmen (*m.*). **28 ~ ausiliario** (di carrozzeria autoportante, collegato con elementi di gomma) (*aut.*), Fahrschemel (*m.*). **29 ~ automatico** (con cambio automatico delle bobine p. es.) (*macch. tess.*), Webeautomat (*m.*). **30 ~ circolare per maglieria** (macchina circolare per maglieria) (*macch. tess.*), Rundstrickmaschine (*f.*), Rundstrickstuhl (*m.*). **31 ~ della porta** (chiassile della porta) (*ed.*), Türzarge (*f.*), Türstock (*m.*). **32 ~ del vaglio** (elemento separatore; lamiera forellata, reticella metallica, ecc.) (*app.*), Siebbelag (*m.*). **33 ~ di base** (di un gruppo elettrogeno p. es.) (*mot. - ecc.*), Grundrahmen (*m.*). **34 ~ di base comune** (base comune, di un gruppo elettrogeno) (*mot. - ecc.*), gemeinsamer Grundrahmen. **35 ~ di finestra** (*ed.*), Fensterrahmen (*m.*). **36 ~ di lamiera stampata** (in un sol pezzo) (*veic.*), Panzerrahmen (*m.*), gepresster Blechrahmen. **37 ~ di sega** (*ut.*), Sägerahmen (*m.*). **38 ~ esterno** (telaio con longheroni esterni alle ruote, telaio a ruote interne) (*aut.*), Aussenrahmen (*m.*). **39 ~ in lamiera** (*aut.*), Blechrahmen (*m.*). **40 ~ in profilati di acciaio** (*veic. - ecc.*), Profilstahlrahmen (*m.*).

41 ~ **in profilati di ferro** (*veic. - ecc.*), Profileisenrahmen (*m.*). 42 ~ **in tubi** (telaio tubolare) (*veic.*), Rohrrahmen (*m.*). 43 ~ **Jacquard** (*macch. tess.*), Jacquardmaschine (*f.*). 44 ~ **largo** (telaio con longheroni a paro della carrozzeria) (*aut.*), Breitrahmen (*m.*). 45 ~ **largo a piattaforma** (*aut.*), Plattform-Breitrahmen (*m.*). 46 ~ **meccanico** (*macch. tess.*), Maschinenstuhl (*m.*), Maschinenwebstuhl (*m.*), Webmaschine (*f.*). 47 ~ **normale** (telaio a ruote esterne, telaio con longheroni interni alle ruote) (*aut.*), Normalrahmen (*m.*). 48 ~ **per calze** (*macch. tess.*), Strumpfstuhl (*m.*). 49 ~ **per maglieria** (macchina per maglieria) (*macch. tess.*), Strickmaschine (*f.*), Wirkstuhl (*m.*). 50 ~ **per seta** (*macch. tess.*), Seidenwebstuhl (*m.*). 51 ~ **per tappeti** (*macch. tess.*), Teppichstuhl (*m.*). 52 ~ **portalama** (telaio portapala, di un motolivellatore) (*macch. mov. terra*), Schubrahmen (*m.*). 53 ~ **stampato** (*veic.*), gepresster Rahmen. 54 ~ **su sospensione cardanica** (supporto cardanico, d'un giroscopio) (*app.*), Rahmen (*m.*). 55 ~ **tessile** (*macch. tess.*), Webstuhl (*m.*), Stuhl (*m.*). 56 ~ **tubolare** (*veic. - ecc.*), Rohrrahmen (*m.*). 57 **altezza piano** ~ (*aut.*), Rahmenhöhe (*f.*). 58 **antenna a** ~ (*radio*), Rahmenantenne (*f.*). 59 **armatura a telai** (*min.*), Rahmenzimmerung (*f.*). 60 **lunghezza** ~ (di un autocarro p. es., distanza tra filo posteriore cruscotto ed estremità posteriore) (*aut.*), Rahmenlänge (*f.*). 61 **lunghezza utile** ~ (distanza tra filo posteriore cabina ed estremità posteriore) (*aut.*), nutzbare Rahmenlänge (*f.*). 62 **metodo costruttivo a telai** (di apparecchi p. es.) (*app.*), Gestellbauweise (*f.*). 63 **ossatura a** ~ (intelaiatura di sostegno) (*ed.*), Rahmentragwerk (*n.*). 64 **pressa per telai** (di autoveicoli p. es.) (*macch. - aut.*), Rahmenpresse (*f.*). 65 **sala telai** (*ind. tess.*), Webstuhlsaal (*m.*). 66 **sega a** ~ (*ut.*), Rahmensäge (*f.*). 67 **sega a** ~ (sega a lama tesa) (*ut.*), Spannsäge (*f.*). 68 **struttura a telai** (*ed.*), Skelettbauweise (*f.*).

teleabbonato (*telev.*), Fernsehteilnehmer (*m.*).
telearma (arma teleguidata) (*milit.*), Fernlenkwaffe (*f.*).
teleautografo (*telegr.*), Teleautograph (*m.*).
teleavviatore (*elett.*), Fernanlassrelais (*n.*).
telebussola (*app.*), Fernkompass (*m.*).
telecabina (di una « bidonvia », per trasporti a fune in montagna) (*trasp.*), Seilbahngondel (*f.*).
telecamera (*telev.*), Fernsehkamera (*f.*), Fernseh-Aufnahmekamera (*f.*). 2 ~ **a colori** (*telev.*), Farbkamera (*f.*), Farbefernsehkamera (*f.*). 3 ~ **per riprese esterne** (*telev.*), Freilichtfernsehkamera (*f.*). 4 ~ **per riprese subacquee** (*telev.*), Unterwasser-Fernsehkamera (*f.*). 5 **avanzamento della** ~ (*telev.*), Kameravorschub (*m.*). 6 **tubo di** ~ (*telev.*), Aufnahmeröhre (*f.*).
telecinema (*telev. - cinem.*), Fernkino (*n.*), Fernsehkino (*n.*), Fernkinematographie (*f.*).
telecinematografia (*telev. - cinem.*), Fernkinematographie (*f.*), Fernsehkino (*n.*), Fernkino (*n.*).

telecomandabile (comandabile a distanza) (*elettromecc.*), fernsteuerbar.
telecomandare (comandare a distanza) (*elettromecc.*), fernbetätigen, fernsteuern.
telecomandato (comandato a distanza) (*elettromecc.*), fernbetätigt, ferngesteuert.
telecomando (comando a distanza) (*elettromecc.*), Fernsteuerung (*f.*), Fernbetätigung (*f.*). 2 ~ (comando a distanza, azionamento a distanza) (*elettromecc.*), Fernantrieb (*m.*). 3 ~ **idraulico** (*mecc. - idr.*), hydraulische Fernsteuerung, Fernhydraulik (*f.*). 4 ~ **meccanico** (*mecc.*), mechanische Fernsteuerung. 5 **impianto di** ~ **e telecontrollo** (*elettromecc.*), Fernwirkanlage (*f.*), Fernsteuerung- und Überwachungsanlage (*f.*).
telecomposizione (composizione a distanza) (*tip. - giorn.*), Fernsetzen (*n.*).
telecomunicazione (*radio - ecc.*), Nachrichtenübertragung (*f.*). 2 **cavo per telecomunicazioni** (*telegr. - ecc.*), Nachrichtenkabel (*n.*). 3 **linea di** ~ (*telef. - ecc.*), Fernmeldeleitung (*f.*).
telecomunicazioni (*telegr. - ecc.*), Fernmeldewesen (*n.*). 2 **rete di** ~ (*radio - ecc.*), Fernmeldenetz (*n.*). 3 **tecnica delle** ~ (*radio - ecc.*), Fernmeldetechnik (*f.*), elektrische Nachrichtentechnik.
telecontatore (contatore a distanza) (*strum.*), Fernzähler (*m.*).
telecontrollo (telesorveglianza) (*elett. - ecc.*), Fernüberwachung (*f.*). 2 **impianto di telecomando e** ~ (*elettromecc.*), Fernwirkanlage (*f.*), Fernsteuerung- und Überwachungsanlage (*f.*).
telecronaca (*telev.*), Fernsehbericht (*m.*).
telediafonia (diafonia lontana) (*telef.*), Fernnebensprechen (*n.*).
tele-elaborazione (*elab. dati*), Fernverarbeitung (*f.*). 2 ~ **di dati** (« teleprocessing ») (*calc.*), Datenfernverarbeitung (*f.*).
teleferica (per merci) (*trasp.*), Drahtseilbahn (*f.*), Schwebebahn (*f.*). 2 ~ **a vai e vieni** (per merci) (*trasp.*), Pendeldrahtseilbahn (*f.*). 3 **carrello di** ~ (*trasp.*), Seilbahnwagen (*m.*).
telefilm (*telev. - cinem.*), Fernsehfilm (*m*). 2 ~ **a colori** (*telev.*), Farbfernsehfilm (*m.*). 3 **analizzatore di** ~ **a colori** (*telev.*), Farbfernseh-Filmabtaster (*m.*).
telefonare (*telef.*), fernsprechen, telephonieren. 2 ~ (chiamare per telefono) (*telef.*), anrufen, anläuten.
telefonata (conversazione) (*telef.*), Gespräch (*n.*). 2 ~ (chiamata) (*telef.*), Anruf (*m.*). 3 ~ **con preavviso** (conversazione con preavviso) (*telef.*), V-Gespräch (*n.*). 4 ~ **in appuntamento** (*telef.*), verabredeter Anruf. 5 ~ **in arrivo** (*telef.*), ankommendes Gespräch. 6 ~ **interurbana** (*telef.*), Anruf im Fernverkehr, Ferngespräch (*n.*). 7 ~ **urbana** (*telef.*), Anruf im Ortsverkehr, Ortsgespräch (*n.*). 8 ~ **urgente** (*telef.*), dringender Anruf.
telefonia (*telef.*), Telephonie (*f.*), Fernsprechwesen (*n.*). 2 ~ **a bassa frequenza** (*telef.*), Niederfrequenz-Fernsprechen (*n.*), NF-F. 3 ~ **ad onde convogliate su elettrodotti** (*telef.*), Trägerfrequenztelephonie über Hochspannungsleitungen. 4 ~ **a frequenza portante** (*telef.*), Trägerfrequenz-Fernsprechen (*n.*),

telefonico

TF-F. 5 ~ **a frequenze vettrici** (telefonia a onde convogliate, telefonia portante) (*telef.*), Trägertelephonie (*f.*). 6 ~ **a onde convogliate** (telefonia a frequenze vettrici, telefonia portante) (*telef.*), Trägertelephonie (*f.*). 7 ~ **automatica** (*telef.*), Selbstanschlusswesen (*n.*). 8 ~ **interurbana** (*telef.*), Ferntelephonie (*f.*), Fernverkehr (*m.*). 9 ~ **multipla** (*telef.*), Mehrfachtelephonie (*f.*). 10 ~ **multipla ad alta frequenza** (*telef.*), Hochfrequenztelephonie (*f.*). 11 ~ **multipla ad alta frequenza ad onde convogliate** (*telef.*), Hochfrequenzträgertelephonie (*f.*), Trägerfrequenztelephonie (*f.*). 12 ~ **portante** (telefonia a onde convogliate, telefonia a frequenze vettrici) (*telef.*), Trägertelephonie (*f.*). 13 **sistema di ~ automatica** (sistema di selezione) (*telef.*), Wählsystem (*n.*).

telefonico (*telef.*), telephonisch. 2 **relè ~** (*elett.*), Fernsprechrelais (*n.*). 3 **apparecchiatore ~** (montatore di apparecchi telefonici) (*lav.*), Telephonmonteur (*m.*). 4 **centrale telefonica urbana** (*telef.*), Ortsvermittlungsstelle (*f.*). 5 **rete telefonica a frequenze portanti** (*telef.*), TF-Fernsprechnetz (*n.*).

telefonista (centralinista) (*m. - lav. - telef.*), Telephonbeamter (*m.*), Telephonist (*m.*). 2 ~ (centralinista) (*f. - lav. - telef.*), Telephonistin (*f.*), Telefonistin (*f.*), Telephonbeamtin (*f.*).

telefono (apparecchio telefonico) (*app. telef.*), Fernsprechapparat (*m.*), Fernsprecher (*m.*), Telephon (*n.*). 2 ~ **a batteria locale** (*app. telef.*), OB-Apparat (*m.*). 3 ~ **a gettone** (apparecchio telefonico a gettone) (*app. telef.*), Münzfernsprecher (*m.*), Telephonautomat (*m.*). 4 ~ **automatico** (apparecchio telefonico automatico) (*app. telef.*), Telephonautomat (*m.*). 5 ~ **da campo** (*app. telef. - milit.*), Feldfernsprecher (*m.*), Feldtelephon (*n.*). 6 ~ **da muro** (*app. telef.*), Wandapparat (*m.*). 7 ~ **da tavolo** (*app. telef.*), Tischfernsprecher (*m.*), Tischtelephon (*n.*). 8 ~ **interno** (di un aeroplano p. es.) (*aer.*), Eigenverständigungsanlage (*f.*). 9 ~ **ottico** (*telef. - ott.*), Lichtsprächgerät (*n.*), optisches Telephon. 10 ~ **privato** (*telef.*), Haustelephon (*n.*). 11 ~ **per uso professionale** (*telef.*), Geschäftsanschluss (*m.*). 12 ~ **pubblico** (posto telefonico) (*telef.*), öffentliche Fernsprechstelle (*f.*). 13 ~ **visore** (videotelefono) (*telev. - telef.*), Fernsehsprecher (*m.*), Fernsehsprechapparat (*m.*). 14 **abbonato al ~** (*telef.*), Fernsprechteilnehmer (*m.*), Telephonabonnent (*m.*). 15 **cordone del ~** (*telef.*), Telephonschnur (*f.*). 16 **guida del ~** (elenco telefonico degli abbonati) (*telef.*), Telephonbuch (*n.*), Teilnehmerverzeichnis (*n.*), Fernsprechverzeichnis (*n.*). 17 **numero del ~** (numero di abbonato) (*telef.*), Fernsprechnummer (*f.*). 18 **ricevitore del ~** (*telef.*), Telephonhörer (*m.*).

telefonografo (*telef.*), Fernsprechschreiber (*m.*). 2 ~ **a nastro** (*telef.*), Bandfernsprechschreiber (*m.*).

telefonometria (*telef.*), Fernsprechmesstechnik (*f.*).

telefoto (*fot.*), Fernrohraufnahme (*f.*), Fernphotographie (*f.*), Fernaufnahme (*f.*), Fernbild (*n.*).

telefotografia (trasmissione a distanza delle immagini) (*radio*), Bildfunk (*m.*), Bildtelegraphie (*f.*).

telegenico (adatto alla televisione) (*telev.*), telegen.

telegiornale (*telev.*), Nachrichten-Fernsehübertragung (*f.*), Fernsehnachrichten (*f. pl.*), Tagesschau (*f. - svizz.*).

telegrafare (*telegr.*), telegraphieren, drahten, kabeln.

telegrafia (*telegr.*), Telegraphie (*f.*). 2 ~ **a due frequenze** (*telegr.*), Doppeltontelegraphie (*f.*). 3 ~ **ad una frequenza** (*telegr.*), Eintontelegraphie (*f.*). 4 ~ **a frequenza vocale** (*telegr.*), WT-Telegraphie (*f.*). 5 ~ **diplice** (telegrafia diplex) (*telegr.*), Diplextelegraphie (*f.*). 6 ~ **duplex** (*telegr.*), Duplextelegraphie (*f.*). 7 ~ **facsimile** (fototelegrafia) (*telegr.*), Faksimiletelegraphie (*f.*). 8 ~ **infracustica** (*telegr.*), Unterlagerungstelegraphie (*f.*), UT. 9 ~ **multipla** (*telegr.*), Mehrfachtelegraphie (*f.*), Vielfachtelegraphie (*f.*), Multiplextelegraphie (*f.*). 10 ~ **quadrupla** (*telegr.*), Vierfachtelegraphie (*f.*). 11 ~ **quadruplex** (*telegr.*), Quadruplextelegraphie (*f.*), Doppelgegenschreiben (*n.*). 12 ~ **simultanea** (*telegr.*), Simultantelegraphie (*f.*). 13 ~ **su filo** (*telegr.*), Drahttelegraphie (*f.*). 14 ~ **superacustica** (*telegr.*), Überlagerungstelegraphie (*f.*). 15 ~ **supercombinata** (*telegr.*), Achtertelegraphie (*f.*). 16 ~ **triplex** (*telegr.*), Triplextelegraphie (*f.*). 17 **modulatore (ad anello) per ~** (utilizzato nel sistema in corrente alternata) (*telegr.*), Telegraphenmodler (*m.*), Ringmodulator (*m.*).

telegrafico (*telegr.*), telegraphisch. 2 **distorsione telegrafica** (*telegr.*), Telegraphierverzerrung (*f.*). 3 **frequenza telegrafica** (*telegr. - ecc.*), Telegraphierfrequenz (*f.*). 4 **relè ~** (*elett.*), Telegraphenrelais (*n.*). 5 **velocità telegrafica** (velocità di trasmissione telegrafica) (*telegr.*), Telegraphiergeschwindigkeit (*f.*).

telegrafista (*lav. - telegr.*), Telegraphist (*m.*), Telegraphenbeamter (*m.*). 2 **crampo del ~** (malattia professionale) (*med. - lav.*), Telegraphistenkrampf (*m.*). 3 **equazione dei telegrafisti** (equaz. differenziale parziale che descrive la relazione temporale e locale della tensione o della corrente su una linea) (*telegr.*), Telegraphengleichung (*f.*).

telegrafo (*telegr.*), Telegraph (*m.*), Telegraf (*m.*). 2 ~ **di bordo** (*nav.*), Schiffstelegraph (*m.*), Maschinentelegraph (*m.*). 3 ~ **di macchina** (telegrafo di manovra) (*nav.*), Maschinentelegraph (*m.*), Manövertelegraph (*m.*). 4 ~ **di manovra** (telegrafo di macchina) (*nav.*), Manövertelegraph (*m.*), Maschinentelegraph (*m.*). 5 ~ **ottico** (*telegr.*), optischer Telegraph. 6 ~ **stampante** (*telegr.*), Drucktelegraph (*m.*), Typendrucktelegraph (*m.*), Typendrucker (*m.*). 7 **ufficio del ~** (ufficio telegrafico) (*telegr.*), Telegraphenamt (*n.*).

telegramma (*telegr.*), Telegramm (*n.*). 2 ~ **cifrato** (*telegr.*), Chiffretelegramm (*n.*), Kodetelegramm (*n.*). 3 ~ **di Stato** (*telegr.*), Staatstelegramm (*n.*). 4 ~ **lampo** (*telegr.*), Blitztelegramm (*n.*). 5 ~ **lettera** (*telegr.*), Brieftelegramm (*n.*). 6 ~ **urgente** (*posta*), dringendes Telegramm.

telegramma-lettera (*posta*), Brieftelegramm (*n.*).
teleguida (di proiettili p. es.) (*aer. - milit. astronautica*), Fernsteuerung (*f.*), Fernlenkung (*f.*). 2 ~ **con fasci direttivi** (*navig. - radar*), Leitstrahllenkung (*f.*).
teleguidato (*astronautica - aer.*), ferngelenkt, ferngesteuert.
teleindicatore (indicatore a distanza) (*strum.*), Fernanzeiger (*m.*). 2 ~ **di portata** (*app. - idr. - ecc.*), Fernmengenmesser (*m.*). 3 ~ **di posizione** (app. elettromagnetico; per indicare lo stato in cui si trovano interruttori, ecc.) (*app. - elett.*), Stellungsrückmelder (*n.*), Rückmelder (*m.*).
teleindicazione (indicazione a distanza) (*strum.*), Fernanzeige (*f.*).
teleinserzione (inserzione a distanza) (*elett.*), Ferneinschalten (*n.*), Fernschaltung (*f.*).
telemetria (*top. - ecc.*), Entfernungsmessung (*f.*).
telemetrista (*milit. - ecc.*), Entfernungsmessmann (*m.*).
telemetro (*strum. ott.*), Entfernungsmesser (*m.*), Telemeter (*n.*), Distanzmesser (*m.*). 2 ~ (di una macch. fot.) (*fot.*), Entfernungsmesser (*m.*). 3 ~ **a coincidenza** (*strum. ott.*), Koinzidenzentfernungsmesser (*m.*), Schnittbildtelemeter (*n.*). 4 ~ **ad inversione** (*app. - ott.*), Invertelemeter (*n.*), Kehrbild-Entfernungsmesser (*m.*), KEM. 5 ~ **a laser** (radar ottico) (*app. ott.*), Laser-Entfernungsmesser (*m.*), optisches Radar. 6 ~ **stereoscopico** (stereotelemetro) (*strum. ott.*), Raumbildentfernungsmesser (*m.*), Stereoentfernungsmesser (*m.*), stereoskopischer Entfernungsmesser, Stereotelemeter (*n.*).
telemisura (*elettromecc.*), Fernmessung (*f.*). 2 ~ **ad impulsi scaglionati nel tempo** (*metrol.*), Zeitmultiplex-Fernmessung (*f.*). 3 **apparecchio di** ~ (*elettromecc.*), Fernmessgerät (*n.*). 4 **impianto per** ~ (*elett.*), Fernmesseinrichtung (*f.*).
teleobiettivo (*fot. - cinem.*), Fernobjektiv (*n.*), Teleobjektiv (*n.*).
« **teleprocessing** » (teleelaborazione dati) (*calc.*), « teleprocessing », Datenfernverarbeitung (*f.*).
teleregolazione (regolazione a distanza) (*elettromecc.*), Fernregelung (*f.*).
teleriproduzione (sistema di teleriproduzione di immagini) (*telegr.*), Faksimile-Übertragung (*f.*), Faksimile (*n.*).
teleruttore (*elett.*), Fernschalter (*m.*), fernbetätiger Schalter, Betätigungsschalter (*m.*). 2 ~ (contattore) (*app. elett.*), Schütz (*m.*). 3 ~ **di comando** (contattore di comando) (*app. elett.*), Steuerschütz (*n.*). 4 ~ **di sovraccarico** (*app. elett.*), Überstromfernschalter (*m.*). 5 ~ **tachimetrico** (per disinserire una macch. p. es. nel caso di scostamento dal numero di giri prestabilito) (*app. elett.*), Frequenzwaage (*f.*).
telescatto (scatto a distanza, d'una macch. fotogr.) (*fot.*), Fernauslösung (*f.*).
teleschermo (schermo del televisore) (*app. telev.*), Fernsehschirm (*m.*).
telescopico (tubo p. es.) (*strum. - ecc.*), teleskopisch, zusammenschiebbar. 2 **forcella telescopica** (d'una motocicletta p. es.) (*veic.*), Telegabel (*f.*).
telescopio (*strum. astr.*), Fernrohr (*n.*), Teleskop (*n.*). 2 ~ **a riflessione** (riflettore) (*strum. astr.*), Spiegelfernrohr (*n.*), Reflektor (*m.*). 3 ~ **a riflessione e rifrazione** (telescopio catadiottrico) (*strum. astr.*), Spiegellinsenfernrohr (*n.*), katadioptrisches Fernrohr. 4 ~ **a rifrazione** (rifrattore) (*strum. astr.*), Linsenfernrohr (*n.*), Refraktor (*m.*). 5 ~ **astronomico** (*strum. astr.*), astronomisches Fernrohr. 6 ~ **catadiottrico** (telescopio a riflessione e rifrazione) (*strum. astr.*), Spiegellinsenfernrohr (*n.*), katadioptrisches Fernrohr. 7 ~ **catottrico** (*strum. astr.*), vedi telescopio riflettore. 8 ~ **equatoriale** (*strum. astr.*), Äquatoreal (*n.*). 9 ~ **riflettore** (telescopio catottrico) (*strum. astr.*), Spiegelfernrohr (*n.*), Spiegelteleskop (*n.*), Reflektor (*m.*).
telescritto (telex) (*telegr.*), Fernschreiben (*n.*), FS.
telescrivente (*macch.*), Fernschreiber (*m.*), Fernschreibmaschine (*f.*), Schreiber (*m.*). 2 **addetto alla** ~ (telescriventista) (*lav.*), Fernschreiber (*m.*). 3 **apparecchio** ~ **aritmico** (*telegr.*), Springschreiber (*m.*). 4 (**meccanismo**) **stampante di** ~ (*telegr.*), Fernschreib-Drucker (*m.*). 5 **per** ~ (per telex) (*telecomunicazioni*), fernschriftlich. 6 **ricevitore di** ~ (*macch.*), Fernschreib-Empfänger (*m.*). 7 **trasmettere per** ~ (trasmettere in telex, telescrivere) (*telegr.*), fernschreiben. 8 **trasmettitore di** ~ (*telegr.*), Fernschreib-Sender (*m.*). 9 **trasmissione per** ~ (trasmissione in telex) (*telegr.*), Fernschreiben (*n.*).
telescriventista (addetto alla telescrivente) (*lav.*), Fernschreiber (*m.*).
telescrivere (trasmettere per telescrivente, trasmettere in telex) (*telegr.*), fernschreiben.
telescuola (*telev.*), Schulfernsehen (*n.*).
teleselettore (*app. telef.*), Fernwähler (*m.*).
teleselezione (selezione interurbana automatica) (*telef.*), Fernwahl (*f.*), Fernwählen (*n.*), Wählfernsprechverkehr (*m.*), Wählerfernsteuerung (*f.*). 2 ~ **automatica** (teleselezione di utente) (*telef.*), Selbstwählfernverkehr (*m.*), Selbstfernwahl (*f.*). 3 ~ **d'abbonato** (teleselezione d'utente) (*telef.*), Selbstfernwahl (*f.*), Teilnehmer-Fernwahl (*f.*). 4 ~ **d'operatrice** (*telef.*), Beamtinnen-Fernwahl (*f.*). 5 ~ **di utente** (*telef.*), Selbstfernwahl (*f.*). Teilnehmer-Fernwahl (*f.*). 6 ~ **nazionale** (*telef.*), Landesfernwahl (*f.*). 7 **centrale di** ~ (centrale automatica interurbana) (*telef.*), Wählerfernamt (*n.*), WFA. 8 **rete di** ~ (*telef.*), Fernwahlnetz (*n.*).
telesorveglianza (telecontrollo) (*elettromecc.*), Fernüberwachung (*f.*).
telespettatore (*telev.*), Fernsehzuschauer (*m.*).
telestampante (apparecchio telegrafico stampante) (*s. - app. telegr.*), Ferndrucker (*m.*).
telestereoscopio (stereoscopio di Helmholtz) (*app.*), Telestereoskop (*n.*), Helmholtz-Stereoskop (*n.*).
teletachimetro (*strum.*), Ferndrehzahlmesser (*m.*).
teletermometro (*strum.*), Fernthermometer (*n.*). 2 ~ **dell'acqua** (*mot.*), Kühlwasser-

teletrasmettitore

Fernthermometer (*n.*). 3 ~ **dell'olio** (*strum.*), Ölfernthermometer (*n.*).
teletrasmettitore (trasmettitore a distanza) (*strum.*), Fernübertrager (*m.*), Fernsender (*m.*), Ferngeber (*m.*).
teletrasmissione (trasmissione televisiva) (*telev.*), Fernsehrundfunk (*m.*), Fernsehübertragung (*f.*), Fernsehsendung (*f.*).
televedere (*telev.*), fernsehen.
televisione (*telev.*), Fernsehen (*n.*). 2 ~ **a colori** (*telev.*), Farbfernsehen (*n.*). 3 ~ **a gettone** (*telev.*), Münzfernsehen (*n.*). 4 ~ **a più canali** (*telev.*), Mehrkanalfernsehen (*n.*). 5 ~ **con schermo separato** (*telev.*), Fernsehprojektion (*f.*). 6 ~ **diretta** (ripresa diretta) (*telev.*), direktes Fernsehen. 7 ~ **in bianco e nero** (*telev.*), schwarz-weisses Fernsehen. 8 ~ **in circuito chiuso** (*telev.*), Fernsehen im Kurzschlussverfahren. 9 ~ **in circuito chiuso** (televisione industriale) (*telev.*), industrielles Fernsehen, Betriebsfernsehen (*n.*). 10 ~ **industriale** (televisione in circuito chiuso) (*telev.*), industrielles Fernsehen. 11 ~ **stereoscopica** (*telev.*), Stereofernsehen (*n.*), dreidimensionales Fernsehen. 12 ~ **via cavo** (*telev.*), Drahtfernsehen (*n.*). 13 **autocarro della** ~ (*telev. - veic.*), Fernsehwagen (*m.*). 14 **ponte radio per** ~ (*telev.*), Fernsehrichtverbindung (*f.*). 15 **sistema CBS di** ~ **a colori** (*telev.*), CBS-Farbenfernsehmethode (*f.*). 16 **sistema compatibile di** ~ **a colori** (per ricezione di emissioni a colori con apparecchi riceventi normali in bianco e nero) (*telev.*), Bunt- oder Schwarzweiss-Fernsehverfahren (*n.*), austauschbares Farbfernsehverfahren (*n.*). 17 **stazione ripetitrice della** ~ (*telev.*), Fernsehrelaisstation (*f.*). 18 **tecnico della** ~ (*telev.*), Bildingenieur (*m.*). 19 **torre della** ~ (*telev.*), Fernsehturm (*m.*).
televisivo (*telev.*), Fernseh... 2 **pubblicità televisiva** (trasmissioni pagate da ditte p. es.) (*comm. - telev.*), Werbefernsehen (*n.*). 3 **radar** ~ (*telev. - radar*), Fernsehradar (*n.*).
televisore (*telev.*), Fernsehempfänger (*m.*), Fernsehapparat (*m.*). 2 ~ **a colori** (*telev.*), Farbfernsehempfänger (*m.*), Farbfernsehgerät (*n.*). 3 ~ **con schermo da 21 pollici** (*telev.*), Fernsehapparat mit 21-Zoll-Bildschirm. 4 ~ **con schermo separato** (per la proiezione dell'immagine sullo stesso) (*telev.*), Projektionsempfänger (*m.*). 5 ~ **portatile** (*telev.*), Fernsehkofferempfänger (*m.*), tragbarer Fernsehapparat.
telex (telescritto) (*telegr.*), Fernschreiben (*n.*), FS. 2 ~ (indicazione su carta intestata di ditte p. es.) (*telegr.*), Fernschreibadresse (*f.*). 3 ~ **terra-aria** (*radio - aer.*), Boden-zu-Bord-Fernschreibverkehr (*m.*). 4 **allacciamento** ~ (*telegr.*), Fernschreibanschluss (*m.*). 5 **codice per** ~ (*telegr.*), Fernschreibalphabet (*n.*). 6 **per** ~ (per telescrivente) (*telegr.*), fernschriftlich. 7 **servizio** ~ (*telegr.*), Fernschreibdienst (*m.*).
tellurico (*geofis.*), tellurisch, irdisch. 2 **scossa tellurica** (*geofis.*), Erdstoss (*m.*).
tellurio (*Te - chim.*), Tellur (*n.*).
tellurometro (tipo di telemetro) (*app. - radar*), Tellurometer (*n.*).
telo (pezzo di stoffa) (*gen.*), Bahn (*f.*), Breite (*f.*). 2 ~ **da segnalazione** (*aer.*), Tuchzeichen (*n.*). 3 ~ **da strappo** (pannello da strappo, di un pallone o dirigibile) (*aer.*), Reissbahn (*f.*). 4 ~ **da tenda** (*campeggio - ecc.*), Zeltbahn (*f.*).
telone (copertone, di protezione) (*trasp. - ecc.*), Plane (*f.*), Segeltuchverdeck (*n.*). 2 ~ (sipario) (*teatro*), Vorhang (*m.*). 3 ~ (app. di salvataggio in caso di incendi) (*antincendi*), Sprungtuch (*n.*). 4 **centinatura per teloni** (*veic.*), Planengestell (*n.*).
TEM, modo ~ (*elettronica*), TEM-Modus (*m.*).
tema (componimento scolastico, ecc.) (*scuola - ecc.*), Aufsatz (*m.*).
TEMM, modo ~ (*elettronica*), TEMM-Modus (*m.*).
tempario (di lavorazione, tabelle indicanti i tempi richiesti per la riparazione delle varie parti di un autoveicolo p. es.) (*aut. - mecc.*), Arbeitstextbuch (*n.*), Arbeitsrichtzeiten (*f. pl.*).
tempera (colore a tempera, con legante acquoso o non) (*vn.*), Tempera (*f.*), Temperafarbe (*f.*). 2 ~ **al bianco d'uovo** (*vn.*), Eitempera (*f.*). 3 **pittura a** ~ (*arch.*), Temperamalerei (*f.*).
temperalapis (*ut. uff.*), Anspitzer (*m.*).
temperamatite (*ut. uff.*), Anspitzer (*m.*).
temperare (*mft. vetro*), tempern.
temperato (del clima) (*meteor.*), gemässigt. 2 **zone temperate** (*geogr.*), gemässigte Breiten.
temperatura (*fis. - chim.*), Temperatur (*f.*). 2 ~ **« A₂ »** (temperatura inizio formazione martensite, punto MS) (*metall.*), « A₂ »-Temperatur (*f.*), Martensittemperatur (*f.*), Ms-Punkt (*m.*). 3 ~ **al bulbo bagnato** (*meteor.*), Nasswärmegrad (*m.*). 4 ~ **ambiente** (*meteor. - ecc.*), Umgebungstemperatur (*f.*), Raumtemperatur (*f.*), Temperatur der Umgebung. 5 ~ **assoluta** (temperatura Kelvin, °K) (*fis. - chim.*), absolute Temperatur, Kelvintemperatur (*f.*). 6 ~ **Celsius** (temperatura centigrada) (*fis.*), Celsiustemperatur (*f.*). 7 ~ **centigrada** (temperatura Celsius) (*fis.*), Celsiustemperatur (*f.*). 8 ~ **critica** (*fis.*), kritische Temperatur. 9 ~ **critica** (*metall.*), Umwandlungstemperatur (*f.*), kritische Temperatur. 10 ~ **critica** (temperatura di transizione; d'un superconduttore, alla quale la resistenza elettrica risulta dimezzata) (*elett.*), Sprungtemperatur (*f.*). 11 ~ **critica** (di materie plastiche, alla quale cambia l'interdipendenza di determinate proprietà) (*tecnol.*), Einfriertemperatur (*f.*). 12 ~ **critica superiore** (*metall.*), obere Umwandlungstemperatur. 13 ~ **dei gas di scarico** (temperatura dello scarico) (*mot.*), Abgastemperatur (*f.*), Auspufftemperatur (*f.*). 14 ~ **dei punti d'inversione** (nell'effetto Thomson-Joule) (*term.*), Inversionstemperatur (*f.*). 15 ~ **dello scarico** (temperatura dei gas di scarico) (*mot.*), Abgastemperatur (*f.*), Auspufftemperatur (*f.*). 16 ~ **di accensione** (*chim. - fis.*), Zündpunkt (*m.*), Entzündungstemperatur (*f.*). 17 ~ **di autopulimento** (di una candela) (*mot.*), Selbstreinigungstemperatur (*f.*). 18 ~ **di colore** (temperatura del radiatore nero alla quale esso ha lo stesso colore della luce incidente) (*ott.*), Farbtemperatur (*f.*). 19 ~

di congelamento (temperatura di solidificazione) (*fis.*), Gefriertemperatur (*f.*), Erstarrungstemperatur (*f.*). **20 ~ di distillazione** (di un carburante p. es.) (*chim.*), Siedepunkt (*m.*), Siedetemperatur (*f.*). **21 ~ di ebollizione** (punto di ebollizione) (*fis.*), Siedepunkt (*m.*), Kochpunkt (*m.*). **22 ~ di entrata** (dell'acqua di un sistema refrigerante p. es.) (*mot. - ecc.*), Eintrittstemperatur (*f.*). **23 ~ di fine fucinatura** (temperatura del pezzo dopo l'ultima operazione) (*fucinatura*), Ablegetemperatur (*f.*). **24 ~ di fucinatura** (*fucinatura*), Schmiedetemperatur (*f.*). **25 ~ di lampo** (temperatura massima di due superfici in contatto di sfregamento) (*mecc.*), Blitztemperatur (*f.*). **26 ~ di luminanza monocromatica** (*illum.*), schwarze Temperatur. **27 ~ d'intervento** (temperatura di risposta, di una sonda termica p. es.) (*app.*), Ansprechtemperatur (*f.*). **28 ~ d'invecchiamento** (*tratt. term.*), Aushärtetemperatur (*f.*). **29 ~ di radianza monocromatica** (*fis.*), schwarze Temperatur. **30 ~ di reazione** (temperatura d'intervento, di una sonda termica p. es.) (*app.*), Ansprechtemperatur (*f.*). **31 ~ di ricottura** (*tratt. term.*), Glühtemperatur (*f.*). **32 ~ di rinvenimento** (*tratt. term.*), Anlasstemperatur (*f.*). **33 ~ di risposta** (temperatura d'intervento, di una sonda termica p. es.) (*app.*), Ansprechtemperatur (*f.*). **34 ~ di saturazione adiabatica** (*termod.*), Kühlgrenztemperatur (*f.*). **35 ~ di solidificazione** (temperatura di congelamento) (*fis.*), Erstarrungstemperatur (*f.*), Gefriertemperatur (*f.*). **36 ~ di solidficazione** (nel diagramma di stato) (*metall.*), Solidustemperatur (*f.*). **37 ~ di spegnimento** (*tratt. term.*), Abschrecktemperatur (*f.*). **38 ~ di tempra** (*tratt. term.*), Härtetemperatur (*f.*). **39 ~ di transizione** (temperatura critica; d'un superconduttore, alla quale la resistenza elettrica risulta dimezzata) (*elett.*), Sprungtemperatur (*f.*). **40 ~ di uscita** (dell'acqua di un sistema refrigerante p. es.) (*mot. - ecc.*), Austrittstemperatur (*f.*). **41 ~ finale di distillazione** (di un olio minerale) (*ind. chim.*), Siedeende (*n.*). **42 ~ iniziale di distillazione** (di un olio minerale) (*ind. chim.*), Siedebeginn (*m.*). **43 ~ inizio formazione martensite** (temperatura « A_2 », punto Ms) (*metall.*), Martensittemperatur (*f.*), « A_2 »-Temperatur (*f.*), Ms-Punkt (*m.*). **44 ~ interpass** (nella saldatura) (*tecnol. mecc.*), Zwischenlagentemperatur (*f.*). **45 ~ Kelvin** (temperatura assoluta, °K) (*fis.*), Kelvintemperatur (*f.*), absolute Temperatur, °K. **46 ~ limite di distillazione** (di un carburante) (*chim.*), Siedegrenze (*f.*). **47 ~ media** (*fis.*), Durchschnittstemperatur (*f.*), mittlere Temperatur. **48 ~ media di distillazione** (punto medio di distillazione, di un carburante) (*chim.*), Siedekennziffer (*f.*). **49 ~ normale** (20 °C) (*fis. - meteor.*), Normtemperatur (*f.*). **50 ~ (teorica) di combustione** (*comb.*), Verbrennungstemperatur (*f.*). **51 andamento annuale della ~ media giornaliera** (*meteor.*), Temperaturjahr (*n.*). **52 a ~ d'esercizio** (*mot. - macch. - ecc.*), betriebswarm. **53 aumento di ~** (*meteor. - ecc.*), Temperaturanstieg (*m.*), Temperaturerhöhung (*f.*). **54 caduta brusca di ~** (*term.*), Temperatursturz (*m.*). **55 coefficiente di ~** (del materiale di resistori p. es.; variazione della resistenza associata all'aumento della temperatura, p. es. di 1 °C) (*elett.*), Temperaturkoeffizient (*m.*), TK. **56 diminuzione di ~** (*meteor. - ecc.*), Temperaturabfall (*m.*). **57 mantenere a ~** (*fucinatura - ecc.*), durchwärmen. **58 portare a ~** (un pezzo in un forno) (*fucinatura - metall.*), durchwärmen. **59 portare a ~ di regime** (portare a regime, un provino p. es.) (*term.*), temperieren. **60 regolazione della ~** (termoregolazione) (*macch. - ecc.*), Temperaturregelung (*f.*). **61 resistente alle variazioni di ~** (*metall. - ecc.*), temperaturwechselbeständig. **62 variazione di ~** (cambio di temperatura) (*term.*), Temperaturänderung (*f.*), Temperaturwechsel (*m.*).

temperino (*ut.*), Federmesser (*n.*), Taschenmesser (*n.*).

tempesta (*meteor.*), Sturm (*m.*). **2 ~ di neve** (tormenta) (*meteor.*), Schneesturm (*m.*). **3 ~ di sabbia** (*meteor.*), Sandsturm (*m.*). **4 tempeste magnetiche** (*geofis.*), magnetische Stürme, magnetische Gewitter, magnetische Störungen.

tempestivo (*gen.*), rechtzeitig.

tempiale (*macch. tess.*), Tempel (*m.*). **2 ~ automatico** (*macch. tess.*), automatischer Tempel, selbstwirkender Tempel.

tempio (*arch.*), Tempel (*m.*).

tempo (grandezza fondamentale) (*fis. - ecc.*), Zeit (*f.*). **2 ~** (stato dell'atmosfera) (*meteor.*), Wetter (*n.*). **3 ~** (cadenza) (*acus.*), Takt (*m.*). **4 ~** (di mot. a c. i.) (*mot.*), Takt (*m.*). **5 ~ a bassa tariffa** (periodo a bassa tariffa) (*elett.*), Niedertarif-Zeit (*f.*), NT-Zeit (*f.*). **6 ~ ad alta tariffa** (periodo ad alta tariffa) (*elett.*), Hochtarif-Zeit (*f.*), HT-Zeit (*f.*). **7 tempi aggiuntivi** (da aggiungersi al tempo normale, per fatica, bisogni personali, ecc.) (*analisi tempi*), Verteilzeitzuschlag (*m.*). **8 ~ aggiuntivo per fatica** (*analisi tempi*), Erholungszuschlag (*m.*). **9 ~ assegnato** (tempo normale, tempo standard, tempo determinato dall'analisi tempi) (*analisi tempi*), Vorgabezeit (*f.*), Normalzeit (*f.*). **10 ~ attivo** (tempo macchina) (*lav. macch. ut.*), Nutzungszeit (*f.*), Maschinenzeit (*f.*). **11 ~ caldo** (nel ciclo di saldatura, tempo durante il quale si ha passaggio di corrente) (*tecnol. mecc.*), Stromzeit (*f.*). **12 ~ caratteristico** (nella navigazione inerziale) (*navig.*), Sollzeit (*f.*). **13 ~ cattivo** (intemperie) (*meteor.*), Unwetter (*n.*). **14 ~ ciclo** (*lav. macch. ut. - analisi tempi*), Arbeitsspielzeit (*f.*), Taktzeit (*f.*), Gesamttaktzeit (*f.*), Auf- und Abspannen (*n.*), Durchlaufzeit (*f.*). **15 ~ ciclo** (tempo per pezzo) (*lav. macch. ut.*), Stückzeit (*f.*). **16 ~ ciclo** (nello stampaggio a iniezione di mat. plast.) (*tecnol.*), Zykluszeit (*f.*). **17 ~ ciclo** (nominale; nella lavorazione a catena, tempo assegnato per realizzare un lotto unitario di pezzi) (*organ. lav.*), Taktzeit (*f.*). **18 ~ ciclo di saldatura** (*tecnol. mecc.*), Schweissspielzeit (*f.*). **19 ~ ciclo più margine di sicurezza** (tempo totale) (*organ. lav.*), Durchlaufzeit plus Sicherheitszeit, Vorlaufzeit (*f.*). **20 tempo

tempo

ciclo+tempo di riposo (nella saldatura, somma di un ciclo operativo e d'un tempo di sosta) (*tecnol. mecc.*), Arbeitsspielzeit (*f.*). 21 ~ dell'Europa occidentale (*geogr.*), Westeuropäische Zeit, WEZ. 22 ~ di accensione (di un bruciatore di nafta, tempo intercorrente tra il primo apparire della fiamma e la disinserzione del dispositivo di accensione) (*comb.*), Nachzündungszeit (*f.*). 23 ~ di accesso (tempo per trasmettere l'informazione dalla memoria al calcolatore) (*calc.*), Zugriffszeit (*f.*). 24 ~ di afferraggio (nei movimenti delle mani) (*cronotecnica*), Griffzeit (*f.*). 25 ~ di allestimento (tempo di preparazione macchina) (*lav. macch. ut.*), Rüstzeit (*f.*). 26 ~ di apertura (d'un circuito p. es.) (*elettromecc.*), Auslösezeit (*f.*). 27 ~ di apertura (del paracadute) (*aer.*), Entfaltungszeit (*f.*). 28 ~ (di applicazione della forza) di compressione (durante la fase) di saldatura (*tecnol. mecc.*), Schweisspresszeit (*f.*). 29 ~ di arresto (tempo nel quale un mot. si arresta dopo aver tolto il contatto p. es.) (*mot. - macch.*), Auslaufzeit (*f.*). 30 ~ di arresto (tempo di inattività, di un impianto p. es.) (*ind. - ecc.*), Stillstandzeit (*f.*), Ausserbetriebzeit (*f.*), Abschaltzeit (*f.*). 31 ~ di arresto (d'un nastro magnetico, p. es.) (*calc. - ecc.*), Stopzeit (*f.*). 32 ~ di attesa (tempo durante il quale l'operaio è inattivo a causa di mancanza di materiale, difetto di macch. ecc.) (*analisi tempi*), Wartezeit (*f.*). 33 ~ di attesa (soggiorno, in un forno p. es.) (*tecnol.*), Verweilzeit (*f.*). 34 ~ di attesa (nella prova di vernici) (*vn.*), Ablüftezeit (*f.*). 35 ~ di attesa (*telef.*), Wartezeit (*f.*). 36 ~ di attesa (d'una memoria) (*calc.*), Wartezeit (*f.*). 37 ~ di attrazione (tempo di eccitazione, in un relè) (*elett.*), Anzugszeit (*f.*). 38 ~ di azione (parte del tempo di trasformazione di un materiale) (*tecnol.*), Einwirkungszeit (*f.*). 39 ~ d'azione (tempo dell'azione integratrice, di un regolatore) (*regol.*), Nachstellzeit (*f.*). Integrationszeit (*f.*). 40 ~ d'azione derivativa (nella regolazione) (*elett. - ecc.*), Vorhaltezeit (*f.*). 41 ~ di azzeramento (*app.*), Nullstellzeit (*f.*). 42 ~ di caduta (tempo di diseccitazione, di un relè) (*elett.*), Abfallzeit (*f.*). 43 ~ di caduta del relè (*elett.*), Relaisabfallzeit (*f.*). 44 ~ di calmaggio (nell'elaborazione dell'acciaio) (*metall.*), Beruhigungszeit (*f.*). Ausgarzeit (*f.*). 45 ~ di chiusura (tempo di inserzione d'un interruttore, somma del ritardo d'inserzione e della durata del saltellamento dei contatti) (*elett.*), Einschaltzeit (*f.*). 46 ~ di chiusura (di un organo regolatore p. es.) (*idr. - ecc.*), Schliesszeit (*f.*). 47 ~ di chiusura (dello stampo, p. es.) (*tecnol.*), Schliesszeit (*f.*). 48 ~ di chiusura (di stampi, con bicchiere di mat. plast.) (*tecnol.*), Becherzeit (*f.*), Schliesszeit (*f.*). 49 ~ di circonsonanza (*acus.*), vedi tempo di riverberazione. 50 ~ di coda sonora (*acus.*), vedi tempo di riverberazione. 51 ~ di coerenza (*fis.*), Kohärenz-Zeit (*f.*). 52 ~ di collegamento (*elett.*), Durchschaltzeit (*f.*). 53 ~ di commutazione (in un relè p. es.) (*elett.*), Schaltzeit (*f.*), Umschlagzeit (*f.*). 54 ~ di compressione (nella saldatura a punti, tempo di applicazione della forza di compressione agli elettrodi a corrente tolta) (*tecnol. mecc.*), Nachhaltezeit (*f.*). 55 ~ di conduzione (d'un tubo elettronico) (*elettronica*), Flusszeit (*f.*), Durchlasszeit (*f.*). 56 ~ di contatto (tra punzone e pezzo, nello stampaggio) (*tecnol. mecc.*), Druckberührzeit (*f.*). 57 ~ di contatto (d'un relè p. es.) (*elett.*), Kontaktzeit (*f.*). 58 ~ di dimezzamento (periodo radioattivo, periodo di dimezzamento, semiperiodo) (*radioatt.*), Halbwertzeit (*f.*). 59 ~ di eccitazione (*elett.*), Anregungszeit (*f.*). 60 ~ di eccitazione (tempo di attrazione, d'un relè) (*elett.*), Anzugszeit (*f.*). 61 ~ di (entrata in) azione (tempo di incremento, tempo tra inizio applicazione forza frenante e raggiungimento del valore di esercizio) (*veic.*), Schwelldauer (*f.*). 62 ~ di essiccazione (tempo che deve trascorrere fra l'applicazione di un adesivo e la presa) (*ind. chim.*), Trockenzeit (*f.*). 63 ~ di frenatura (dall'inizio alla fine del procedimento di frenatura) (*aut.*), Bremsdauer (*f.*). 64 ~ di fusione (d'una valvola fusibile) (*elett. - ecc.*), Schmelzzeit (*f.*). 65 ~ di giacenza (di materiali senza che subiscano trasformazioni) (*ind. - studio tempi*), Liegezeit (*f.*). 66 ~ di guasto (d'un particolare) (*macch.*), Versagenzeit (*f.*). 67 ~ di immagazzinamento (tempo richiesto per l'immagazzinamento alla fine della lavorazione dei pezzi) (*analisi tempi*), Einlagerungszeit (*f.*). 68 ~ di impiegabilità (tempo di passivazione, di una resina epossidica p. es. in miscela con un induritore) (*ind. chim.*), Topfzeit (*f.*). 69 ~ di inattività (tempo passivo; suddiviso in tempo occupato per lavoro e per esigenze personali) (*studio lav.*), Ruhezeit (*f.*). 70 ~ di inattività (*lav. macch. ut.*), Stillstandzeit (*f.*). 71 ~ di inattività (di un impianto p. es.) (*ind. - ecc.*), Stillstandzeit (*f.*), Ausserbetriebzeit (*f.*). Abschaltzeit (*f.*). 72 ~ di inattività per guasti (di un impianto, per revisione o guasto) (*macch. - elett. - ecc.*), Ausfallzeit (*f.*). 73 ~ di indurimento (della miscela resina-induritore) (*ind. chim.*), Härtezeit (*f.*), Härtungsdauer (*f.*). 74 ~ di inserzione (tempo di chiusura d'un interruttore, somma del ritardo di inserzione e della durata del saltellamento dei contatti) (*elett.*), Einschaltzeit (*f.*). 75 ~ di interazione (*elettronica - ecc.*), Wechselwirkungszeit (*f.*). 76 ~ di lavorazione (tempo che insieme a quello di preparazione macchina forma il tempo standard) (*analisi tempi*) Ausführungszeit (*f.*). 77 ~ di lavorazione più tempo di trasporto del materiale (*studio dei tempi*), Veränderungszeit (*f.*). 78 ~ (di lavorazione più tempo di trasporto più tempo di giacenza) dei materiali (*cronotecnica*), Werkstoffzeit (*f.*). 79 ~ di liberazione (di un elettrone) (*elettronica*), Auslösezeit (*f.*). 80 ~ di macchina (*lav. macch. ut.*), Maschinenzeit (*f.*), Arbeitszeit (*f.*). 81 ~ di manovra (d'una macchina) (*macch.*), Schaltzeit (*f.*). 82 ~ di manovra (tempo di reazione, nella prova dei freni) (*aut.*), Ansprechdauer (*f.*). 83 ~ di mantenimento (d'un sistema a vuoto spinto) (*tecn. vuoto*), Haltezeit (*f.*). 84 ~ di memorizzazione (*calc.*), Speicherzeit (*f.*). 85 ~ di incremento (nella frenatura, segue il tempo di reazione) (aut.), Schwelldauer (f.). **86 ~ di passivazione** (di un adesivo) (ind. chim.), Topfzeit (f.). **87 ~ di permanenza** (gen.), Verharrzeit (f.). **88 ~ di permanenza** (tempo di regime, per stabilizzare la temperatura, in un forno a pozzo p. es.) (metall.), Durchwärmungszeit (f.), Standzeit (f.). **89 ~ di permanenza** (del lingotto nella lingottiera p. es.) (metall.), Stehzeit (f.). **90 ~ di plastificazione** (nell'iniezione di mat. plast.) (tecnol.), Plastifizierzeit (f.). **91 ~ di posa** (fot.), Belichtungszeit (f.). **92 ~ di posizionamento** (lav. macch. ut. c/n), Einfahrzeit (f.). **93 ~ di postriscaldo** (nel ciclo di saldatura) (tecnol. mecc.), Nachwärmzeit (f.). **94 ~ di preparazione** (macchina) (lav. macch. - ut. - analisi tempi), Rüstzeit (f.). **95 ~ di preparazione aggiuntivo per imprevisti** (cronotecnica), Rüstverteilzeit (f.). **96 ~ di preparazione aggiuntivo per fatica** (parte di tempo che va aggiunta quale compenso della fatica) (cronotecnica), Rüsterholzeit (f.). **97 ~ di preparazione base** (cronotecnica), Rüstgrundzeit (f.), regelmässige Rüstzeit. **98 ~ di preriscaldo** (nel ciclo di saldatura) (tecnol. mecc.), Vorwärmzeit (f.). **99 ~ di presa** (del calcestruzzo p. es.) (ed. - mur.), Bindezeit (f.), Abbindezeit (f.), Erhärtungsdauer (f.). **100 ~ di propagazione** (di onde sismiche tra brillamento dell'esplosivo ed indicazione del sismografo) (min. - geofis.), Laufzeit (f.). **101 ~ (di propagazione) di gruppo** (ritardo di gruppo) (radio - ecc.), Gruppenlaufzeit (f.). **102 ~ di raffreddamento** (nel ciclo di saldatura) (tecnol. mecc.), Kühlzeit (f.). **103 ~ di raggiungimento della velocità di regime** (mot. elett. - ecc.), Hochlaufzeit (f.). **104 ~ di reazione** (psicotec. - ecc.), Ansprechzeit (f.), Schrecksekunde (f.). **105 ~ di reazione** (intercorso fra la percezione del pericolo e l'azionamento del freno) (aut.), Reaktionszeit (f.). **106 ~ di reazione** (del freno, tempo di intervento, tempo di risposta, intercorrente tra l'azionamento del pedale e l'intervento) (aut.), Ansprechdauer (f.). **107 ~ di reazione più tempo di azionamento** (nella frenatura) (veic.), Vorbremszeit (f.). **108 ~ di regime** (tempo di permanenza, per stabilizzare la temperatura, in un forno a pozzo p. es.) (metall.), Durchwärmungszeit (f.). **109 ~ di regolazione** (regol.), Stellzeit (f.). **110 ~ di regolazione** (dell'utensile) (macch. ut.), Einstellzeit (f.). **111 ~ di ricerca** (calc. - ecc.), Suchzeit (f.). **112 ~ di ricerca libera** (tempo di ricerca della linea libera) (telef.), Freiwahlzeit (f.). **113 ~ di ricupero** (di tiristori p. es.) (elettronica), Erholzeit (f.). **114 ~ di rilassamento** (elettronica), Kippzeit (f.), Relaxationszeit (f.). **115 ~ di riposo** (pause di riposo, nella lavorazione) (lav. - analisi tempi), Erholungszeit (f.). **116 ~ di riposo** (di una macch., impianto, ecc., tempo di inattività) (macch. - ecc.), Stillstandzeit (f.), Ausserbetriebzeit (f.). **117 ~ di riposo** (tra due cicli di saldatura successivi) (tecnol. mecc.), Ruhezeit (f.). **118 ~ di riposo** (nel ciclo di saldatura, intervallo tra la fine dell'applicazione della corrente in un ciclo e l'inizio dell'applicazione della corrente nel ciclo successivo) (tecnol. mecc.), Stromruhezeit (f.). **119 ~ di ripreparazione** (di una macch. ut.) (lav. macch. ut.), Umstellungszeit (f.). **120 ~ di ripristino** (strum.), Erholungszeit (f.). **121 ~ di riscaldo a cuore** (tempo di permanenza, di lingotti p. es.) (metall.), Durchwärmungszeit (f.). **122 ~ di risposta** (che decorre fra segnale in uscita e segnale variabile in entrata) (elab. dati - ecc.), Zeitverhalten (n.). **123 ~ di risposta** (tempo di intervento) (elett. - ecc.), Ansprechzeit (f.). **124 ~ di ristabilimento** (durata della regolazione, per ristabilire il numero di giri) (mot.), Regeldauer (f.). **125 ~ di riverberazione** (tempo di circonsonanza, tempo di coda sonora, tempo di sonorità susseguente, tempo necessario perchè la densità dell'energia sonora nell'ambiente si riduca a 10^{-6}) (acus.), Nachhallzeit (f.). **126 ~ di rotazione** (gen.), Umlaufzeit (f.). **127 ~ di rotazione di un elettrone** (fis.), Elektronenumlaufzeit (f.). **128 ~ di saldatura** (nel ciclo di saldatura) (tecnol. mecc.), Schweisszeit (f.). **129 ~ di salita** (d'un impulso di corrente o tensione p. es.) (elett. - elettronica), Steigzeit (f.), Anstiegzeit (f.). **130 ~ di sblocco** (tempo per portarsi in conduzione, di un tiristore) (elettronica), Freiwerdezeit (f.). **131 ~ di scadenza** (di una cambiale p. es.) (finanz.), Laufzeit (f.). **132 ~ di scarica** (di un accumulatore p. es.) (elett.), Entladezeit (f.). **133 ~ di scarica di 2 ore** (di un accumulatore p. es.) (elett.), zweistündige Entladezeit. **134 ~ di serraggio** (di un pezzo) (lav. macch. ut.), Spannzeit (f.). **135 ~ di smorzamento dell'impulso** (elett.), Impulsabfallzeit (f.). **136 ~ di sonorità susseguente** (acus.), vedi tempo di riverberazione. **137 ~ di sosta** (sosta) (mecc.), Verweilzeit (f.). **138 ~ di spegnifiamma** (periodo di spegniscintilla, nella rettifica) (lav. macch. ut.), Ausfeuerzeit (f.), Ausfunkzeit (f.). **139 ~ di spiegamento** (tempo di apertura, di un paracadute) (aer.), Öffnungszeit (f.). **140 ~ di stabilizzazione** (di variazioni del carico) (elett.), Ausregelzeit (f.). **141 ~ di stabilizzazione termica** (tra il tempo di preriscaldo ed il tempo di saldatura) (tecnol. mecc.), Wärmeausgleichzeit (f.). **142 ~ di transito** (di un elettrone nel tubo a raggi catodici) (elettronica), Laufzeit (f.). **143 ~ di transito degli elettroni** (fis.), Elektronenlaufzeit (f.). **144 ~ di trasferimento** (del lingotto dall'acciaieria al laminatoio p. es.) (metall. - ecc.), Übergabezeit (f.). **145 ~ di trasporto** (del pezzo al posto di lavoro) (cronotecnica), Förderzeit (f.), Transportzeit (f.). **146 ~ di utilizzazione** (d'un mezzo di lavoro) (lav. macch. ut. - ecc.), Nutzungszeit (f.). **147 ~ di vibrazione** (d'un relè) (elett.), Prellzeit (f.). **148 ~ effettivo** (impiegato per un'operazione) (analisi tempi), Istzeit (f.), verbrauchte Zeit. **149 ~ elementare** (ca. 10^{-23} sec.) (fis.), Elementarzeit (f.). **150 ~ elementare** (studio tempi), Kleinstzeit (f.). **151 ~ finale ad elettrodo staccato (dal pezzo)** (nella saldatura, il tempo che intercorre fra il momento in cui si toglie la pressione e la fine del ciclo di lavoro) (tecnol. mecc.), Offenhaltezeit (f.). **152 ~ freddo iniziale** (tempo compreso tra inizio del ciclo di saldatura e l'inizio di applica-

tempo

zione della corrente) (*tecnol. mecc.*), Vorhaltezeit (*f.*). **153 ~ inattivo** (*organ. lav.*), Leerlaufzeit (*f.*). **154 ~ libero** (*lav.*), Freizeit (*f.*). **155 ~ macchina** (tempo durante il quale la macch. esegue la lavorazione di un pezzo) (*lav. macch. ut. - analisi tempi*), Hauptzeit (*f.*), Nutzungszeit (*f.*), Maschinenzeit (*f.*). **156 ~ macchina inattiva** (tempo in cui una macch. non può essere utilizzata) (*lav. macch. ut. - analisi tempi*), Brachzeit (*f.*). **157 ~ minimo** (impiegato per un'operazione) (*analisi tempi*), Bestzeit (*f.*). **158 ~ minimo sul km con partenza da fermo** (*aut.*), Beschleunigungszeit für den stehenden km. **159 ~ minimo sul mezzo km** (con partenza da fermo, di una vettura p. es.) (*aut.*), 500-m-Beschleunigungszeit (*f.*). **160 ~ morto** (ritardo fra inizio del segnale ed il suo primo effetto, nei comandi numerici p. es.) (*lav. macch. ut. - ecc.*), Totzeit (*f.*). **161 ~ normale** (tempo standard, tempo assegnato dall'analisi tempi) (*analisi tempi*), Vorgabezeit (*f.*), Normalzeit (*f.*), Sollzeit (*f.*). **162 ~ normale** (tempo impiegato in condizioni di rendimento e prestazione normali) (*studio dei tempi*), Normalzeit (*f.*). **163 ~ osservato** (*analisi tempi*), beobachtete Zeit. **164 ~ passivo** (in produzione) (*organ. lav.*), Leerzeit (*f.*), Totzeit (*f.*), Verlustzeit (*f.*), Stillsetzzeit (*f.*), Nebenzeit (*f.*), Ruhezeit (*f.*). **165 ~ per bisogni personali** (*analisi tempi*), persönliche Verteilzeit. **166 ~ perduto** (*analisi tempi*), Zeitverlust (*m.*). **167 ~ per il trasporto** (passato su un mezzo di trasp. per recarsi al lavoro) (*lav. - trasp.*), Wegzeit (*f.*). **168 ~ per pezzo** (tempo pezzo) (*analisi tempi*), Stückzeit (*f.*). **169 ~ per portare a regime** (termico) (*term.*), Temperierzeit (*f.*). **170 ~ per portarsi a regime** (di pieno carico) (*mot.*), Hochlaufzeit (*f.*). **171 ~ per stabilire la comunicazione** (*telef.*), Durchschaltzeit (*f.*). **172 ~ pezzo** (tempo per pezzo, tempo ciclo) (*lav. macch. ut.*), Stückzeit (*f.*). **173 ~ preparazione macchina** (*lav. macch. ut.*), Rüstzeit (*f.*). **174 tempi progressivi** (*cronotecnica*), Fortschrittzeiten (*f. pl.*). **175 ~ proprio** (d'un interruttore in apertura, tempo intercorrente tra lo sblocco e la separazione dei contatti) (*elett.*), Eigenzeit (*f.*). **176 ~ reale** (elaborazione istantanea di dati) (*calc.*), Echtzeit (*f.*), Realzeit (*f.*). **177 ~ richiesto** (*tecnol. - ecc.*), Zeitaufwand (*m.*). Zeitbedarf (*m.*). **178 ~ ripreparazione** (macchina) (*lav. macch. ut.*), Umrüstzeit (*f.*), Umstellungszeit (*f.*). **179 ~ rubrica** (*organ. lav.*), *vedi* tempo normale. **180 ~ scelto** (*analisi tempi*), ausgewählte Zeit. **181 tempi singoli** (*analisi tempi*), Einzelzeiten (*f. pl.*). **182 ~ solare** (*astr.*), Sonnenzeit (*f.*), wahre Zeit. **183 ~ -spazio** (cronòtopo) (*fis.*), Raum-Zeit-Kontinuum (*n.*). **184 ~ standard** (tempo normale, tempo assegnato, tempo determinato dall'analisi tempi) (*analisi tempi*), Vorgabezeit (*f.*), Normalzeit (*f.*). **185 ~ standard per una determinata prestazione** (*studio di lavoro*), Leistungsvorgabe (*f.*). **186 ~ sul giro** (di un circuito) (*sport - aut.*), Rundenzeit (*f.*). **187 ~ totale** (tempo ciclo più margine di sicurezza) (*studio tempi*), Vorlaufzeit (*f.*), Durchlaufzeit plus Sicherheitszeit. **188 ~ totale di compressione** (tempo totale di applicazione della forza di compressione agli elettrodi, nella saldatura) (*tecnol. mecc.*), Presszeit (*f.*). **189 ~ totale di riscaldamento** (*tratt. ter.*), Erwärmdauer (*f.*). **190 ~ tra due colpi successivi** (frequenza di colpi, di un maglio) (*fucinatura*), Schlagfolgezeit (*f.*). **191 analisi tempi** (cronotecnica) (*analisi tempi*), Zeitstudie (*f.*), Zeitstudium (*n.*). **192 analista tempi** (cronotecnico) (*analisi tempi*), Zeitstudieningenieur (*m.*). **193 andamento nel ~** (*gen.*), zeitlicher Verlauf. **194 a ~ indeterminato** (*gen.*), unbefristet. **195 base dei tempi** (asse dei tempi) (*elettronica*), Zeitbasis (*f.*), Zeitachse (*f.*). **196 calcolatore in ~ reale** (*calc.*), Realzeitrechner (*m.*), Echtzeitrechner (*m.*). **197 cattivo ~** (maltempo) (*meteor.*), Unwetter (*n.*), Wetter (*m.*). **198 ciclo a ~** (*gen.*), zeitlicher Zyklus. **199 comportamento nel ~** (*gen.*), Zeitverhalten (*n.*). **200 condizioni del ~** (*meteor.*), Wetterlage (*f.*). **201 controllo dei tempi** (*organ. lav.*), Zeitkontrolle (*f.*). **202 costante di ~** (prodotto della resistenza per la capacità o rapporto tra resistenza ed induttività) (*elett.*), Zeitkonstante (*f.*). **203 costante di ~ d'uscita** (di un trasduttore) (*elettronica*), Eigenzeitkonstante (*f.*). **204 costante nel ~** (*gen.*), zeitlich gleichbleibend. **205 cronotraggio di tempi singoli** (cronometraggio singolo) (*analisi tempi*), Einzelzeit-Verfahren (*n.*). **206 dilatazione del ~** (secondo la teoria della relatività) (*fis.*), Zeitdilatation (*f.*). **207 distorsione del ~ di transito** (nei transistori) (*elettronica*), Laufzeitverzerrung (*f.*). **208 divisione di ~** (time-sharing) (*calc.*), Zeitmultiplexbetrieb (*m.*), Time-sharing (*n.*). **209 equazione del ~** (differenza tra tempo solare medio e vero) (*astr.*), Zeitgleichung (*f.*). **210 graduazione del ~** (*gen.*), Zeitstaffelung (*f.*). **211 in funzione del ~** (*gen.*), zeitabhängig. **212 integrale di ~** (*mat.*), Zeitintegral (*n.*). **213 interruttore a ~** (*app. elett.*), Zeitschalter (*m.*). **214 intervallo di ~** (*gen.*), Zeitabstand (*m.*). **215 misurare il ~** (con cronometro) (*v.t. - gen.*), abstoppen. **216 modo del ~ di transito** (di un transistore) (*elettronica*), Laufzeitmodus (*m.*). **217 multiplex a divisione di ~** (*telegr. - ecc.*), Zeitmultiplex (*n.*). **218 previsione del ~** (*meteor.*), Wettervorhersage (*f.*). **219 relè a ~** (*app. elett.*), Zeitrelais (*n.*). **220 rilevamento tempi** (cronometraggio) (*analisi tempi*), Zeitmessung (*f.*), Zeitaufnahme (*f.*). **221 rilevamento ed elaborazione tempi** (*cronotecnica*), Zeiterfassung und -verarbeitung (*f.*), Zeitaufnahme und- verarbeitung (*f.*). **222 risparmio di ~** (ottenuto viaggiando su autostrada invece che su strada provinciale) (*traff. strad.*), Vorsprung (*n.*). **223 sistema multiplex a divisione di ~** (*telef.*), Zeitmultiplexverfahren (*n.*). **224 variabile nel ~** (*gen.*), zeitlich veränderlich.

temporale (*meteor.*), Gewitter (*n.*).
temporaneo (*gen.*), zeitlich. **2 ~** (provvisorio) (*gen.*), einstweilig. **3 ~** (transitorio) (*gen.*), vorübergehend.
temporizzato (*autom.*), taktmässig, Zeit..., Takt... **2 ~ a comando** (*autom.*), zeitlich gesteuert. **3 comando a programma ~** (*autom.*), Zeitplansteuerung (*f.*). **4 impulso di

comando ~ (*autom.*), Zeitkontrollimpuls (*m.*).
temporizzatore (*app. elett.*), Zeitgeber (*m.*), Taktgeber (*m.*). **2** ~ (interruttore orario) (*app. elett.*), Schaltuhr (*f.*). **3** ~ (generatore d'impulsi ad intervalli periodici per sincronizzare il funzionamento del calcolatore) (*calc.*), Taktgeber (*m.*). **4** ~ (contattore, relè temporizzatore, per saldatrice p. es.) (*elett.*), Schaltschütz (*n.*). **5** ~ **a cadenza** (app. che governa il decorso delle operazioni di circuiti, p. es. nel comando numerico) (*lav. macch. ut.*), Taktgeber (*m.*), Takter (*m.*). **6** ~ **a programma** (*app.*), Programmtaktgeber (*m.*), Programmzeitschalter (*m.*). **7** ~ **di impulsi di corrente** (*elett.*), Stromstosstakter (*m.*). **8** ~ **per saldatura** (*elett. - tecnol. mecc.*), Schweisszeitgeber (*m.*), Schweisstakter (*m.*), Schweisszeitbegrenzer (*m.*). **9 comandato da** ~ (*elab. dati*), taktgesteuert. **10 elemento** ~ (d'un termointerruttore a tempo p. es.) (*elett.*), Zeitglied (*n.*). **11 impulso** ~ (*app. elett.*), Zeitimpuls (*m.*).
temporizzazione (nella saldatura p. es.) (*tecnol. mecc.*), Taktgebung (*f.*). **2 cadenza di** ~ (*elab. dati*), Taktimpulsfolge (*f.*). **3 impulso di** ~ (*elettronica*), Taktimpuls (*m.*).
tempra (*tratt. term.*), Härten (*n.*), Abschreckhärten (*n.*). **2** ~ **a cuore** (tempra in profondità) (*tratt. term.*), Kernhärten (*n.*), Einhärtung (*f.*). **3** ~ **ad immersione** (*tratt. term.*), Tauchhärten (*n.*). **4** ~ **a impulsi** (di corrente, dell'acciaio) (*tratt. term.*), vedi tempra impulsiva. **5** ~ **a induzione** (*tratt. term.*), Induktionshärten (*n.*). **6** ~ **alla fiamma** (fiammatura) (*tratt. term.*), Flammhärten (*n.*), Brennhärten (*n.*). **7** ~ **a rotazione** (in cui il pezzo gira mentre viene riscaldato, come pure durante lo spegnimento) (*tratt. term.*), Umlaufhärten (*n.*). **8** ~ **a spruzzo** (effettuata spruzzando sul pezzo un liquido) (*tratt. term.*), Sprühhärten (*n.*). **9** ~ **bainitica isotermica** (bonifica isotermica, bonifica intermedia) (*tratt. term.*), Zwischenstufenvergütung (*f.*), Zwischenstufenumwandlung (*f.*), Bainithärtung (*f.*), Isothermhärtung (*f.*). **10** ~ **circolare** (di ruote dentate, contrapposta alla tempra a denti singoli) (*tratt. term.*), Umlaufhärtung (*f.*). **11** ~ **dente per dente** (di ruote dentate) (*tratt. term.*), Einzelzahnhärtung (*f.*). **12** ~ **di austenitizzazione** (tempra negativa, solubilizzazione) (*tratt. term.*), Lösungsglühen (*n.*). **13** ~ **di durezza** (tempra diretta) (*tratt. term.*), Direkthärten (*n.*), Härten aus dem Einsatz. **14** ~ **differenziale** (tempra superficiale) (*tratt. term.*), Randhärten (*n.*). **15** ~ **di profondità** (tempra totale) (*tratt. term.*), Durchhärten (*n.*). **16** ~ **diretta** (tempra di durezza) (*tratt. term.*), Direkthärten (*n.*), Härten aus dem Einsatz. **17** ~ **impulsiva** (tempra ad impulsi di corrente, riscaldamento in ms mediante impulso elettrico e successivo autospegnimento, dell'acciaio) (*tratt. term.*), Impulshärten (*n.*). **18** ~ **in acqua** (*tratt. term.*), Wasserhärtung (*f.*). **19** ~ **in acqua** (spegnimento in acqua) (*tratt. term.*), Wasserabschreckung (*f.*). **20** ~ **in aria** (*tratt. term.*), Lufthärten (*n.*). **21** ~ **in bagno di piombo** (*tratt. term.*), Bleibadhärten (*n.*). **22** ~ **in due tempi** (tempra scalare, tempra termale) (*tratt. term.*), Stufenhärtung (*f.*). **23** ~ **in olio** (*tratt. term.*), Ölhärten (*n.*). **24** ~ **in olio** (spegnimento in olio) (*tratt. term.*), Ölabschreckung (*f.*). **25** ~ **in profondità** (tempra a cuore) (*tratt. term.*), Kernhärten (*n.*), Einhärtung (*f.*). **26** ~ **intermedia** (tempra isotermica, mediante raffreddamento in bagno di sale o di metallo) (*tratt. term.*), Warmbadhärten (*n.*). **27** ~ **interrotta** (tempra in due diversi bagni successivi) (*tratt. term.*), gebrochenes Härten. **28** ~ **isotermica** (tempra intermedia, mediante raffreddamento di stabilizzazione in bagno di sale o di metallo, seguito da raffreddamento a temperatura ambiente) (*tratt. term.*), Warmbadhärten (*n.*). **29** ~ **localizzata** (*tratt. term.*), Teilhärtung (*f.*), örtlich begrenztes Abschrecken. **30** ~ **martensitica** (*tratt. term.*), martensitische Härtung. **31** ~ **negativa** (tempra di austenitizzazione, solubilizzazione) (*tratt. term.*), Lösungsglühen (*n.*). **32** ~ **ordinaria** (*tratt. term.*), Abschreckhärten (*n.*), Härten (*n.*). **33** ~ **progressiva** (tempra ad induzione p. es., in cui viene riscaldata solo una piccola parte della zona complessiva ed immediatamente sottoposta a spegnimento) (*tratt. term.*), Vorschubhärtung (*f.*). **34** ~ **ripetuta** (*tratt. term.*), Nachhärtung (*f.*). **35** ~ **scalare** (tempra in due tempi, tempra termale) (*tratt. term.*), Stufenhärtung (*f.*). **36** ~ **superficiale** (*tratt. term.*), Randhärten (*n.*). **37** ~ **superficiale** (durezza superficiale) (*tratt. term.*), Randhärte (*f.*). **38** ~ **termale** (tempra in due tempi, tempra scalare) (*tratt. term.*), Stufenhärtung (*f.*). **39** ~ **totale** (tempra di profondità) (*tratt. term.*), Durchhärten (*n.*). **40** ~ **totale** (tempra dell'intero pezzo) (*tratt. term.*), Gesamthärtung (*f.*). **41** ~ **usuale** (tempra ordinaria) (*tratt. term.*), Abschreckhärten (*n.*), Härten (*n.*). **42 apparecchio per provare bagni di** ~ (*tratt. term. - app.*), Abschreckprüfgerät (*n.*). **43 bagno di** ~ (*tratt. term.*), Abschreckbad (*n.*). **44 difetto di** ~ (*tratt. term.*), Härtefehler (*m.*). **45 doppia** ~ (*tratt. term.*), Doppelhärten (*n.*), zweimaliges Härten. **46 macchina per** ~ (ad induzione p. es.) (*macch. tratt. term.*), Härtemaschine (*f.*). **47 macchina per** ~ **automatica** (ad induzione p. es.) (*macch. tratt. term.*), Härteautomat (*m.*). **48 penetrazione di** ~ (*tratt. term.*), Einhärtungstiefe (*f.*). **49 pressa per** ~ (*macch. tratt. term.*), Härtepresse (*f.*). **50 profondità di** ~ (penetrazione di tempra) (*tratt. term.*), Einhärtungstiefe (*f.*). **51 profondità di** ~ (zona di ghisa bianca superficiale in ghisa ottenuta da laminatoio in ghisa) (*fond.*), Schrecktiefe (*f.*), Weisseinstrahlung (*f.*). **52 prova a** ~ **e ricottura ripetuta** (di acciaio) (*prove mater.*), Vielhärtungsversuch (*m.*). **53 recipiente per** ~ (*tratt. term.*), Abschreckbehälter (*m.*). **54 temperatura di** ~ (*tratt. term.*), Härtetemperatur (*f.*).
temprabile (*tratt. term.*), härtbar.
temprabilità (*tratt. term.*), Härtbarkeit (*f.*). **2** ~ **a cuore** (temprabilità in profondità) (*tratt. term.*), Einhärtbarkeit (*f.*). **3** ~ **in profondità** (temprabilità a cuore) (*tratt. term.*), Einhärtbarkeit (*f.*). **4** ~ **Jominy** (di

temprare

acciai) (*metall.*), Stirnabschreckhärtbarkeit (*f.*). **5 prova di ~ Jominy** (per acciai) (*metall.*), Stirnabschreckprobe (*f.*), Härtbarkeitsversuch nach Jominy.

temprare (*tratt. term.*), härten. **2 ~** (spegnere, in acqua od olio p. es.) (*tratt. term.*), abschrecken. **3 ~ a cuore** (*tratt. term.*), kernhärten. **4 ~ alla fiamma** (flammare) (*tratt. term.*), brennhärten, flammhärten. **5 ~ in acqua** (*tratt. term.*), abschrecken mit Wasser. **6 ~ in aria** (*tratt. term.*), lufthärten. **7 ~ in olio** (*tratt. term.*), abschrecken mit Öl.

temprato (*tratt. term.*), gehärtet. **2 ~** (raffreddato bruscamente) (*tratt. term.*), abgeschreckt. **3 ~ e rinvenuto** (bonificato) (*tratt. term.*), abgeschreckt und angelassen, vergütet. **4 non ~** (acciaio) (*tratt. term.*), ungehärtet.

tenace (resistente) (*metall. - ecc.*), zäh, fest, widerstandsfähig.

tenacità (resistenza meccanica di un materiale) (*mat.*), Festigkeit (*f.*). **2 ~** (coesione, di un terreno) (*ing. civ.*), Kohäsion (*f.*). **3 ~** (resistenza alla rottura per urto, resilienza, di materiali da costruzione) (*sc. costr.*), Kerbschlagzähigkeit (*f.*).

tenaglia (tanaglia, tenaglie) (*ut.*), Zange (*f.*), Beisszange (*f.*), Kneifzange (*f.*). **2 ~** (per il sollevamento di carichi) (*app. di sollev.*), Zange (*f.*). **3 ~ afferracasse** (tenaglia serracasse) (*app. di sollev. - trasp.*), Kistenzange (*f.*). **4 ~ a rana** (per la trafilatura dei fili) (*ut. - tecnol. mecc.*), Ziehzange (*f.*), Schleppzange (*f.*), Froschklemme (*f.*). **5 ~ articolata** (*app. di sollev.*), Kniehebelzange (*f.*). **6 ~ da fucinatore** (*ut. fucinatura*), Schmiedezange (*f.*), Stockzange (*f.*). **7 ~ da maniscalco** (*ut. fucinatura*), Beschlagzange (*f.*). **8 ~ per balle** (*app. di sollev.*), Ballenzange (*f.*). **9 ~ per casse** (tenaglia afferracasse) (*app. di sollev.*), Kistenzange (*f.*). **10 ~ per crogioli** (*ut. metall.*), Tiegelzange (*f.*). **11 ~ perforatrice** (*ut.*), Lochzange (*f.*). **12 ~ per lingotti** (*app. di sollev.*), Blockzange (*f.*). **13 ~ per massi** (*app. di sollev.*), Steinklammer (*f.*), Steinklemmgabel (*f.*). **14 ~ per sacchi** (*app. di sollev.*), Sackzange (*f.*). **15 ~ per trafilatura** (pinza di tiro, tenaglia a rana) (*ut.*), Schleppzange (*f.*), Ziehzange (*f.*), Froschklemme (*f.*). **16 ~ per tubi** (*ut.*), Rohrzange (*f.*), Blitzzange (*f.*). **17 ~ serracasse** (tenaglia afferracasse) (*app. si sollev. - trasp.*), Kistenzange (*f.*). **18 ~ tiraflio** (tenaglia a rana, per trafilatura) (*ut.*), Schleppzange (*f.*), Ziehzange (*f.*), Froschklemme (*f.*). **19 amperometro a ~** (*app. elett.*), Zangenstrommesser (*m.*). **20 gru a ~** (per lingotti p. es.) (*macch. - metall.*), Zangenkran (*m.*). **21 manipolatore a ~** (*disp. - lamin.*), Zangenkanter (*m.*). **22 movimento a ~** (*milit.*), Zangenbewegung (*f.*). **23 slingottatore a ~** (*app. metall.*), Abstreifzange (*f.*), Stripperzange (*f.*). **24 wattmetro a ~** (*app. elett.*), Zangen-Leistungsmesser (*m.*).

tenda (*campeggio - ecc.*), Zelt (*n.*). **2 ~** (da sole) (*arch. - ed.*), Sonnendach (*n.*). **3 ~** (da sole) (*nav.*), Sonnensegel (*n.*). **4 ~** (tendina, ad una finestra) (*ed.*), Vorhang (*m.*). **5 ~ alla veneziana** (*ed.*), Jalousie (*f.*), Jalousieverschluss (*m.*). **6 paletto da ~** (*campeggio - ecc.*), Zeltstock (*m.*). **7 picchetto da ~** (*campeggio - ecc.*), Zeltpflock (*m.*). **8 telo da ~** (*campeggio - ecc.*), Zeltbahn (*f.*).

tendenza (*gen.*), Tendenz (*f.*), Neigung (*f.*). **2 ~** (*stat. - ecc.*), Trend (*m.*). **3 ~ ad incrinarsi** (suscettibilità alle incrinature) (*metall.*), Neigung zur Rissbildung. **4 ~ alla formazione di fiocchi** (difetto metall.), Flockenanfälligkeit (*f.*). **5 ~ all'accartocciamento** (di carta) (*tecnol.*), Rollneigung (*f.*). **6 ~ al rialzo** (*stat.*), steigende Tendenz. **7 ~ al rialzo** (*comm. - finanz.*), steigende Tendenz, Anziehen (*n.*), Hausse (*f.*). **8 ~ al ribasso** (*comm. - ecc.*), fallende Tendenz, Baisse (*f.*).

« tender » (carro scorta) (*ferr.*), Schlepptender (*m.*), Tender (*m.*), Kohlenwagen (*m.*).

tendere (un filo p. es.) (*mecc. - ecc.*), spannen. **2 ~** (una catena od una cinghia p. es.) (*mecc.*), nachspannen, spannen.

tendianse (*lamin.*), Schlingenspanner (*m.*).

tendicatena (*mecc. - veic.*), Kettenspanner (*m.*).

tendicinghia (*mecc.*), Riemenspanner (*m.*). **2 rullo ~** (tenditore a rullo) (*mecc.*), Spannrolle (*f.*).

tendifilo (*macch. tess.*), Fadenspanner (*m.*). **2 ~** (tesafili, tenditore, per fili metallici) (*app.*), Drahtspanner (*m.*), Drahtspannschloss (*n.*).

tendifune (*mecc.*), Seilspanner (*m.*). **2 rullo ~** (tenditore a rullo) (*mecc.*), Spannrolle (*f.*).

tendina (di finestra) (*ed.*), Vorhang (*m.*). **2 ~ alla veneziana** (*ed.*), Fensterjalousie (*f.*), Jalousie (*f.*). **3 ~ del radiatore** (parzializzatore del radiatore) (*mot. - aut.*), Kühlerabdeckung (*f.*), Kühlerjalousie (*f.*). **4 otturatore a ~** (*fot.*), Jalousie-Verschluss (*m.*).

tendiraggi (tiraraggi) (*mecc. - veic.*), Speichenspanner (*m.*).

tendisartie (*nav.*), Wantenspanner (*m.*).

tenditela (di una macch. continua) (*ind. carta*), Siebspannvorrichtung (*f.*).

tenditore (per funi p. es.) (*att.*), Spanner (*m.*). **2 ~** (tendifilo, tesafili) (*app.*), Drathspanner (*m.*), Drahtspanschloss (*n.*). **3 ~** (per mettere in forza funi metalliche o armature per precompressi) (*app.*), Spannvorrichtung (*f.*). **4 ~ a rullo** (per cinghie p. es.) (*mecc.*), Spannrolle (*f.*). **5 ~ a vite** (*mecc.*), Spannschloss (*n.*). **6 ~ del gancio** (*ferr.*), Kupplungslasche (*f.*). **7 doppio ~** (di un aggancio) (*ferr.*), Kupplungsspindel (*f.*).

tenere (*gen.*), halten. **2 ~** (una rappresentazione p. es.) (*gen.*), halten, veranstalten. **3 ~** (una seduta) (*finanz. - ecc.*), abhalten. **4 ~ conto di** (*gen.*), beachten. **5 ~ i libri** (*amm.*), die Bücher führen. **6 ~ in piedi la composizione** (*tip.*), den Drucksatz bestehen lassen. **7 ~ occupato** (un selettore) (*telef.*), sperren. **8 ~ un articolo a magazzino** (*comm.*), einen Artikel führen.

tennis (*sport*), Tennis (*n.*). **2 ~ da tavolo** (ping-pong) (*giuoco*), Tischtennis (*n.*), Ping-Pong (*n.*).

tennista (*sport*), Tennisspieler (*m.*).

tenonatrice (*macch. lav. legno*), Zapfenschneidmaschine (*f.*).

tenone (*falegn. - carp.*), Zapfen (*m.*). 2 ~ a coda di rondine (*falegn. - carp.*), Kammzapfen (*m.*), Schwalbenschwanzzapfen (*m.*). 3 ~ a cuneo (*carp. - falegn.*), Grundzapfen (*m.*), Keilzapfen (*m.*). 4 ~ obliquo (*carp. - falegn.*), Jagdzapfen (*m.*). 5 unire a ~ (congiungere a tenone, unire o congiungere a mortisa) (*carp. - falegn.*), einzapfen, verzapfen. 6 unire a ~ e mortisa (*falegn. - carp.*), verzapfen, einzapfen.

tenore (contenuto) (*chim. - ecc.*), Gehalt (*m.*). 2 ~ di vita (*finanz.*), Lebensstandard (*m.*). 3 ~ medio (*chim. - metall.*), Durchschnittsgehalt (*m.*).

tensioattivo (*a. - fis. - chim.*), oberflächenaktiv. 2 ~ (agente tensioattivo, p. es. un detersivo, ecc.) (*s. - chim. - ecc.*), Tensid (*n.*). 3 ~ anionico (agente tensioattivo anionico) (*chim.*), anionisches Tensid.

tensiografo (tensiometro, estensimetro, estensigrafo) (*strum. - sc. costr. - tecnol. mecc.*), Dehnungsmesser (*m.*), Dehnungsschreiber (*m.*).

tensiometro (tensiografo, estensimetro, estensigrafo) (*strum. - sc. costr. - tecnol. mecc.*), Dehnungsmesser (*m.*), Dehnungsschreiber (*m.*). 2 ~ (*strum.*), vedi anche estensimetro.

tensione (*elett.*), Spannung (*f.*). 2 ~ (*sc. costr. - metall.*), Spannung (*f.*). 3 ~ (di gas) (*fis.*), Spannung (*f.*). 4 ~ (di molle p. es.) (*mecc.*), Anziehen (*n.*), Spannen (*n.*). 5 ~ (d'una cinghia p. es.) (*mecc.*), Spannung (*f.*). 6 ~ a denti di sega (tensione di rilassamento) (*elettronica*), Kippspannung (*f.*), Sägezahnspannung (*f.*). 7 ~ ai morsetti (*elett.*), Klemmenspannung (*f.*). 8 ~ al disotto del valore normale (sottotensione) (*elett.*), Unterspannung (*f.*). 9 ~ al ginocchio (della curva, nei transistori; tensione di saturazione) (*elettronica*), Kniespannung (*f.*). 10 ~ alternata (*elett.*), Wechselspannung (*f.*). 11 ~ alternata massima sopportata (da isolatori) (*elett.*), Stehwechselspannung (*f.*). 12 ~ anodica (tensione di placca) (*elett.*), Anodenspannung (*f.*). 13 ~ a pieno carico (*elett.*), Vollastspannung (*f.*). 14 ~ applicata (tensione impressa) (*elett.*), angelegte Spannung, eingeprägte Spannung. 15 ~ a triangolo (*elett.*), Dreieckspannung (*f.*). 16 ~ attiva (*elett.*), Wirkspannung (*f.*). 17 ~ a vuoto (*elett.*), Leerlaufspannung (*f.*). 18 ~ base di griglia (tensione di polarizzazione di griglia) (*elettronica*), Gittervorspannung (*f.*). 19 ~ comparativa (tensione di paragone, tensione di confronto) (*elett.*), Vergleichsspannung (*f.*). 20 ~ concatenata (tensione di linea) (*elett.*), Leiterspannung (*f.*), verkettete Spannung. 21 ~ continua (*elett.*), Gleichspannung (*f.*). 22 ~ costante (tensione stabile) (*elett.*), konstante Spannung, harte Spannung. 23 ~ critica di griglia (*elettronica*), Gitterzündspannung (*f.*). 24 ~ da cresta a cresta (tensione picco-picco, tensione doppio picco) (*elett.*), Volt Spitze-Spitze, Vss, doppelter Scheitelwert. 25 ~ da ritiro (*metall. - fond.*), Schrumpfspannung (*f.*). 26 ~ del centro neutro a massa (*elett.*), Knotenpunktspannung (*f.*). 27 ~ della cinghia (*mecc.*), Riemenspannung (*f.*). 28 ~ della diagonale del ponte (*elett.*), Brückendiagonalspannung (*f.*). 29 ~ della rete (*elett.*), Netzspannung (*f.*). 30 ~ di accelerazione (di elettroni) (*fis.*), Strahlspannung (*f.*), Beschleunigungsspannung (*f.*). 31 ~ di accensione (del sistema di accensione di un mot. a c. i.) (*mot. - aut.*), Zündspannung (*f.*). 32 ~ di accensione (tensione di adescamento, di una lampada) (*illum.*), Zündspannung (*f.*). 33 ~ di alimentazione (*elett.*), Speisespannung (*f.*). 34 ~ di alimentazione (tensione di rete p. es.) (*elett.*), Anschluss-spannung (*f.*). 35 ~ diametrale (d'un sistema polifase) (*elett.*), Durchmesserspannung (*f.*), grösste verkettete Spannung. 36 ~ di attacco (di un motorino di avviamento) (*elettromecc.*), Anschlussspannung (*f.*). 37 ~ di attrazione (tensione di eccitazione, d'un relè) (*elett.*), Ansaugspannung (*f.*), Ansprechspannung (*f.*). 38 ~ di avviamento (d'un tubo contatore p. es.) (*elettronica*), Einsatzspannung (*f.*). 39 ~ di base (d'un transistore) (*elettronica*), Basisspannung (*f.*). 40 ~ di blocco (tensione inversa, tensione d'interdizione; nei tiristori p. es.) (*elettronica*), Sperrspannung (*f.*), Blockierspannung (*f.*). 41 ~ di carica (di un accumulatore p. es.) (*elett.*), Ladespannung (*f.*). 42 ~ di comando (tensione pilota) (*elett.*), Steuerspannung (*f.*), Betätigungsspannung (*f.*). 43 ~ di comando (tensione di porta, d'un tiristore p. es.) (*elettronica*), Torspannung (*f.*). 44 ~ di commutazione (*elettronica*), Kommutierungsspannung (*f.*). 45 ~ di conduzione (tensione diretta, d'un tiristore p. es.) (*elettronica*), Durchlass-Spannung (*f.*). 46 ~ di confronto (tensione di paragone, tensione comparativa) (*elett.*), Vergleichsspannung (*f.*). 47 ~ di contatto (*elett.*), Berührungsspannung (*f.*), Kontaktspannung (*f.*). 48 ~ di corto circuito (*elett.*), Kurzschluss-Spannung (*f.*). 49 ~ di cresta (*elett.*), Gipfelspannung (*f.*), Scheitelspannung (*f.*). 50 ~ di deflessione (*elettronica*), Ablenkungsspannung (*f.*). 51 ~ di deionizzazione (tensione di estinzione, di un'arco) (*elett.*), Löschspannung (*f.*). 52 ~ di diffusione (*elettronica*), Diffusionsspannung (*f.*). 53 ~ di dispersione verso terra (*elett.*), Erderspannung (*f.*). 54 ~ di distacco (di un motorino di avviamento) (*elettromecc.*), Auslösespannung (*f.*). 55 ~ di disturbo (tensione psofometrica, tensione di rumore) (*telef.*), psophometrische Spannung, Störspannung (*f.*), Rauschspannung (*f.*), Geräuschspannung (*f.*). 56 ~ di eccitazione (*elett.*), Erregungsspannung (*f.*). 57 ~ di eccitazione (tensione di attrazione, d'un relè) (*elett.*), Ansprechspannung (*f.*), Ansaugspannung (*f.*). 58 ~ di effluvio (tensione d'innesco di scarica luminescente) (*elett.*), Glimmeinsatzspannung (*f.*). 59 ~ di elettrodo (*elettronica*), Elektrodenspannung (*f.*). 60 ~ di esercizio (*elett.*), Betriebsspannung (*f.*). 61 ~ di estinzione (tensione di deionizzazione, d'un arco) (*elett.*), Löschspannung (*f.*). 62 ~ di fase (tensione stellata) (*elett.*), Sternspannung (*f.*), Leitererdspannung (*f.*), Leiter-Knotenpunkt-Spannung (*f.*), Leiter-Sternpunkt-Spannung (*f.*), Sternpunkterdspannung (*f.*). 63 ~ di filamento (tensione di riscaldamento) (*elettronica*), Heizspannung (*f.*). 64 ~ di formazione (per accumulatori)

tensione

(*elett.*), Formierungsspannung (*f.*). **65 ~ di funzionamento** (tensione di esercizio) (*elett.*), Betriebsspannung (*f.*), Gebrauchsspannung (*f.*). **66 ~ di funzionamento** (di una lampada a luminescenza) (*illum.*), Bremsspannung (*f.*). **67 ~ di ginocchio** (tensione di saturazione, nei transistori) (*elettronica*), Kniespannung (*f.*). **68 ~ di griglia** (*elettronica*), Gitterspannung (*f.*). **69 ~ di griglia-schermo** (*elettronica*), Schirmgitterspannung (*f.*). **70 ~ di (inizio delle scariche per) effetto corona** (nei tubi a scarica, tensione d'innesco) (*elett.*), Einsatzspannung (*f.*). **71 ~ di innesco** (di scintille p. es.) (*elett.*), Einsetzspannung (*f.*). **72 ~ di innesco** (nei tubi a scarica, tensione di inizio delle scariche per effetto corona) (*elett.*), Einsatzspannung (*f.*). **73 ~ d'innesco di scarica luminescente** (tensione di effluvio) (*elett.*), Glimmeinsatzspannung (*f.*). **74 ~ di inserimento** (*elett.*), Anschluss-spannung (*f.*). **75 ~ di interdizione** (tensione inversa, tensione di blocco; nei tiristori p. es.) (*elettronica*), Sperrspannung (*f.*). **76 ~ d'interdizione** (di griglia, d'un tubo termoionico) (*elettronica*), Steuergittereinsatzspannung (*f.*). **77 ~ di interruzione** (tensione di apertura) (*elett.*), Abschaltspannung (*f.*). **78 ~ di intervento** (tensione di reazione) (*elett.*), Ansprechspannung (*f.*). **79 ~ di inversione** (*elett.*), Umkehrspannung (*f.*), Wendespannung (*f.*). **80 ~ di linea** (tensione concatenata) (*elett.*), Leiterspannung (*f.*). **81 ~ di misura** (*elett.*), Mess-spannung (*f.*). **82 ~ di ondulazione** (*elett. - radio*), Oberwellenspannung (*f.*). **83 ~ di paragone** (tensione di confronto, tensione comparativa) (*elett.*), Vergleichsspannung (*f.*). **84 ~ di passo** (di un impianto di terra, applicata tra i piedi di una persona a distanza di un passo) (*elett.*), Schrittspannung (*f.*). **85 ~ di perforazione** (di un isolante) (*elett.*), Durchschlagspannung (*f.*). **86 ~ di polarizzazione** (*elett.*), Polarisationsspannung (*f.*). **87 ~ di polarizzazione** (di un tubo elettronico) (*elettronica*), Vorspannung (*f.*). **88 ~ di polarizzazione di griglia** (tensione base di griglia) (*elettronica*), Gittervorspannung (*f.*). **89 ~ di porta** (tensione di comando, d'un tiristore p. es.) (*elettronica*), Torspannung (*f.*). **90 ~ di prova** (*elett.*), Prüfspannung (*f.*). **91 ~ di prova** (dell'isolamento) (*elett.*), Reihenspannung (*f.*). **92 ~ di reazione** (tensione d'intervento) (*elett.*), Ansprechspannung (*f.*). **93 ~ di rete** (*elett.*), Netzspannung (*f.*). **94 ~ diretta** (*elett.*), Durchlass-Spannung (*f.*). **95 ~ diretta** (tensione di conduzione, d'un tiristore p. es.) (*elettronica*), Durchlass-Spannung (*f.*). **96 ~ di rilassamento** (tensione a denti di sega) (*elettronica*), Kippspannung (*f.*). **97 ~ di riposo** (*elett.*), Ruhespannung (*f.*). **98 ~ di riposo dell'elettrodo** (polarizzazione di elettrodo) (*elett.*), Elektrodenvorspannung (*f.*). **99 ~ di ripristino** (tensione di ristabilimento, dopo interrotta la corrente di corto circuito p. es.) (*elett.*), Wiederkehrspannung (*f.*), wiederkehrende Spannung. **100 ~ di riscaldamento** (tensione di filamento) (*elettronica*), Heizspannung (*f.*). **101 ~ di ristabilimento** (valore efficace della tensione instauratosi dopo interruzione della corrente di apertura) (*elett.*), Wiederkehrspannung (*f.*), wiederkehrende Spannung. **102 ~ di ronzio** (*radio*), Brummspannung (*f.*). **103 ~ di rottura** (tensione di scarica) (*elett.*), Durchbruchspannung (*f.*). **104 ~ di rumore** (tensione di disturbo, tensione psofometrica) (*telef.*), Geräuschspannung (*f.*), Störspannung (*f.*), psophometrische Spannung, Rauschspannung (*f.*). **105 ~ di saturazione** (*elett.*), Sättigungsspannung (*f.*). **106 ~ di saturazione** (nei transistori, tensione al ginocchio della curva) (*elettronica*), Kniespannung (*f.*). **107 ~ di saturazione** (*meteor.*), Sättigungsdruck (*m.*). **108 ~ di scarica** (*elett.*), Entladespannung (*f.*), Entladungsspannung (*f.*). **109 ~ di scarica** (di una pila, batteria) (*elett.*), Abgabespannung (*f.*). **110 ~ di scarica** (tensione di rottura) (*elett.*), Durchbruchspannung (*f.*). **111 ~ di segnale** (*elett. - ecc.*), Signalspannung (*f.*). **112 ~ di sicurezza** (inferiore ai 42 V) (*elett.*), Schutzspannung (*f.*). **113 ~ di soglia** (della curva caratteristica d'un raddrizzatore) (*elettronica*), Schleusespannung (*f.*). **114 ~ di soglia** (tensione di Hartree, di un magnetrone) (*elettronica*), Schwellenspannung (*f.*), Hartree-Spannung (*f.*). **115 ~ disruptiva** (*elett.*), Durchschlagsspannung (*f.*). **116 ~ dissimmetrica** (*elett.*), unsymmetrische Spannung, Unsymmetriespannung (*f.*). **117 ~ di strato** (tensione tra strato e strato, d'un avvolgimento) (*elett.*), Lagenspannung (*f.*). **118 ~ ~ di taratura** (*elett.*), Eichspannung (*f.*). **119 ~ di vapore** (pressione di vapore) (*fis.*), Dampfdruck (*m.*), Dampfspannung (*f.*). **120 ~ di vapore Reid** (di una benzina) (*comb. - aut.*), Reid-Dampfdruck (*m.*), Dampfdruck nach Reid. **121 ~ doppio picco** (tensione picco-picco, tensione da cresta a cresta) (*elett.*), doppelter Scheitelwert, Volt Spitze-Spitze, Vss. **122 ~ efficace** (*elett.*), Effektivspannung (*f.*), effektive Spannung, Veff. **123 ~ elastica** (forza per unità di superficie) (*sc. costr. - mecc.*), Spannung (*f.*). **124 ~ equilibrata** (verso terra) (*elett.*), erdsymmetrische Spannung. **125 ~ esterna** (tensione parassita, tensione indotta) (*elett.*), Fremdspannung (*f.*). **126 ~ impressa** (tensione applicata) (*elett.*), eingeprägte Spannung, angelegte Spannung. **127 ~ impulsiva** (tensione ad impulsi) (*elett.*), Stoss-spannung (*f.*). **128 ~ impulsiva massima** (tensione impulsiva sopportata, da un isolatore) (*elett.*), Stehstoss-spannung (*f.*). **129 ~ indotta** (tensione secondaria) (*elett.*), Sekundärspannung (*f.*). **130 ~ indotta** (tensione parassita, tensione esterna) (*elett.*), Fremdspannung (*f.*). **131 ~ inferiore ai 42 V** (tensione di sicurezza) (*elett.*)' Schutzspannung (*f.*). **132 ~ inferiore ai 65 V** (*elett.*), Kleinspannung (*f.*). **133 ~ iniziale** (*elett.*), Anfangsspannung (*f.*). **134 ~ interfacciale** (per isolanti in contatto con acqua p. es.) (*fis. - elett.*), Grenzflächenspannung (*f.*). **135 ~ interna** (*metall. - fond.*), innere Spannung, Stoffspannung (*f.*), Eigenspannung (*f.*), Innenspannung (*f.*). **136 tensioni interne di compressione** (*mecc. - metall.*), Druckeigenspannungen (*f. pl.*). **137 ~ interna del getto** (*fond.*), Guss-spannung (*f.*). **138 ~**

interna di raffreddamento (creatasi nel periodo di raffreddamento) (*metall. - fond.*), Abkühlungsspannung (*f.*). **139** ~ **(interna) da stiro** (in fogli di mater. plast.) (*tecnol.*), Reckspannung (*f.*). **140** ~ **inversa** (di un tubo Röntgen) (*elettronica*), Sperrspannung (*f.*). **141** ~ **inversa** (tensione di blocco, tensione d'interdizione; nei tiristori p. es.) (*elettronica*), Sperrspannung (*f.*). **142** ~ **inversa di griglia** (*elettronica*), Gittergegenspannung (*f.*). **143** ~ **inversa iniziale** (di un tubo a scarica in atmosfera gassosa) (*elett.*), Sprungspannung (*f.*). **144 tensioni localizzate** (tensioni locali) (*metall.*), örtliche Spannungen. **145** ~ **massima** (sopportata, per isolatori) (*elett.*), Stehspannung (*f.*), Haltespannung (*f.*). **146** ~ **mista** (tensione continua cui è sovrapposta una tensione alternata) (*elett.*), Mischspannung (*f.*). **147** ~ **modulata** (*elett.*), modulierte Spannung. **148** ~ **modulata in ampiezza** (*elett.*), amplitudenmodulierte Spannung. **149** ~ **modulata in fase** (*elett.*), phasenmodulierte Spannung. **150** ~ **modulata in frequenza** (*elett.*), frequenzmodulierte Spannung. **151** ~ **nominale** (*elett.*), Nennspannung (*f.*). **152** ~ **normale** (*sc. costr.*), Normalspannung (*f.*). **153** ~ **parassita** (tensione indotta, tensione esterna) (*elett.*), Fremdspannung (*f.*). **154** ~ **picco-picco** (tensione doppio picco, tensione da cresta a cresta) (*elett.*), Volt Spitze-Spitze, Vss, doppelter Scheitelwert. **155** ~ **pilota** (tensione di comando) (*elett.*), Steuerspannung (*f.*), Betätigungsspannung (*f.*). **156** ~ **plafond** (*elett.*), Deckenspannung (*f.*). **157** ~ **poligonale** (d'un sistema polifase) (*elett.*), Polygonalspannung (*f.*), kleinste verkettete Spannung. **158** ~ **portante** (*radio - elett.*), Trägerspannung (*f.*). **159** ~ **primaria** (di un trasformatore) (*elett.*), Primärspannung (*f.*). **160** ~ **primaria a carico** (nella saldatura p. es.) (*elett.*), Primärspannung unter Last. **161** ~ **primaria a vuoto** (nella saldatura p. es.) (*elett.*), Primär-Leerlaufspannung (*f.*). **162 tensioni principali** (*sc. costr.*), Hauptspannungen (*f. pl.*). **163** ~ **psofometrica** (tensione di disturbo, tensione di rumore) (*telef.*), psophometrische Spannung, Störspannung (*f.*), Rauschspannung (*f.*), Geräuschspannung (*f.*). **164** ~ **reattiva** (*elett.*), Blindspannung (*f.*). **165** ~ **residua** (*elett.*), Restspannung (*f.*). **166** ~ **residua** (sollecitazione residua) (*sc. costr. - tecnol. mecc.*), Restspannung (*f.*), verbleibende Spannung. **167** ~ **residua** (tensione interna) (*metall. - fond.*), Eigenspannung (*f.*). **168** ~ **residua da raffreddamento** (*metall. - fond.*), Abkühlungsspannung (*f.*). **169** ~ **rettangolare** (*radio*), Rechteckspannung (*f.*). **170** ~ **secondaria** (tensione indotta) (*elett.*), Sekundärspannung (*f.*). **171** ~ **sinusoidale** (*elett.*), Sinusspannung (*f.*). **172** ~ **stabile** (tensione costante) (*elett.*), konstante Spannung, harte Spannung. **173** ~ **stabilizzata** (*elett.*), gleichmässige Spannung. **174** ~ **stellata** (tensione di fase) (*elett.*), Sternspannung (*f.*), Leitererdspannung (*f.*), Leiter-Knotenpunkt-Spannung (*f.*), Leiter-Sternpunkt-Spannung (*f.*), Sternpunkterdspannung (*f.*). **175** ~ **superficiale** (alla superficie di separazione tra un liquido ed un aeri-forme) (*fis.*), Oberflächenspannung (*f.*), Grenzflächenspannung (*f.*). **176** ~ **tangenziale** (sollecitazione tangenziale) (*sc. costr.*), Schubspannung (*f.*). **177** ~ **tangenziale principale** (sull'elemento di volume, nella teoria dell'elasticità) (*sc. costr.*), Hauptschubspannung (*f.*). **178 tensioni termiche** (*metall.*), Temperaturspannungen (*f. pl.*). **179** ~ **tra due lamelle** (adiacenti, d'un commutatore) (*macch. elett.*), Segmentspannung (*f.*). **180** ~ **transitoria** (*elett.*), Einschwingspannung (*f.*). **181** ~ **tra strato e strato** (tensione di strato, d'un avvolgimento) (*elett.*), Lagenspannung (*f.*). **182** ~ **trifase** (*elett.*), Drehspannung (*f.*). **183** ~ **ultraelevata** (superiore ai 420 kV) (*elett.*), Ultrahochspannung (*f.*). **184** ~ **verso terra** (*elett.*), Spannung gegen Erde. **185** ~ **zero** (*elett.*), Nullspannung (*f.*). **186 abbassare la** ~ (con trasformatore) (*elett.*), heruntertransformieren. **187 ad alta** ~ (*elett.*), hochgespannt. **188 alta** ~ (*elett.*), Hochspannung (*f.*). **189 altissima** ~ (superiore ai 200.000 V) (*elett.*), Höchstspannung (*f.*). **190 a** ~ **ridotta** (*elett.*), abgespannt. **191 avvolgimento di bassa** ~ (d'un trasformatore) (*elett.*), Unterspannungswicklung (*f.*). **192 bassa** ~ (*elett.*), Niederspannung (*f.*). **193 bassa** ~ (di un trasformatore) (*elett.*), Unterspannung (*f.*). **194 caduta di** ~ (*elett.*), Spannungsabfall (*m.*). **195 caduta di** ~ **catodica** (caduta catodica, dell'arco in vicinanza del catodo) (*elettronica*), Kathodenfall (*m.*), Lichtbogenspannungsverlust (*m.*). **196 campo di variazione della** ~ (ampiezza totale di sollecitazione; differenza tra sollecitazione superiore ed inferiore nelle prove di fatica) (*prove mater.*), Spannungsbreite (*f.*). **197 cerchio delle tensioni** (cerchio di Mohr) (*sc. costr.*), Spannungskreis (*m.*), Mohrscher Spannungskreis. **198 coefficiente di** ~ (aumento della pressione di gas dovuta ad aumento della temperatura) (*fis. - chim.*), Spannungskoeffizient (*m.*). **199 colpo di** ~ (in un terreno roccioso) (*min.*), Bergschlag (*m.*). **200 componente diretta della** ~ (d'un sistema polifase) (*elett.*), Mitspannung (*f.*). **201 divisore di** ~ (*app. elett.*), Spannungsteiler (*m.*). **202 elevare la** ~ (*elett.*), hinaufspannen, hinauftransformieren. **203 elevazione della** ~ (*elett.*), Aufspannung (*f.*). **204 eliminazione delle tensioni interne** (*metall.*), Abbau der Eigenspannungen. **205 fluttuazione di** ~ (*elett.*), Spannungsschwankung (*f.*). **206 generatore di** ~ **a denti di sega** (*radio*), Sägezahngenerator (*m.*). **207 impulso di** ~ (colpo di tensione) (*elett.*), Stoss-spannung (*f.*). **208 incrinatura da tensioni interne** (*tecnol. mecc. - metall.*), Spannungsriss (*m.*). **209 indicatore di** ~ (del filato) (*ind. tess.*), Spannungsfühler (*m.*). **210 linea a** ~ **ultraelevata** (≥ 420 kV) (*elett.*), Ultra-Hochspannungsleitung (*f.*), UH-Leitung (*f.*). **211 messa in** ~ (di molle p. es.) (*mecc.*), Anziehen (*n.*), Spannen (*n.*). **212 moltiplicatore di** ~ (*app. elett.*), Spannungsvervielfacher (*m.*). **213 onda di** ~ (*elett.*), Spannungswelle (*f.*). **214 picco di** ~ (*elett.*), Spannungsspitze (*f.*). **215 protezione a** ~ **di guasto** (*elett.*), Fehlerspannungsschutzschaltung (*f.*), FU-Schutzschaltung (*f.*). **216 prova a** ~ **di**

tensio-vernice

collaudo (*elett.*), Spannungsprobe (*f.*). **217 prova con ~ ad impulso** (prova ad impulso) (*elett.*), Stoss·spannungsprüfung (*f.*), Stossprüfung (*f.*). **218 prova di ~ di 1'** (*elett.*), 1-min-Spannungsprüfung (*f.*). **219 rapporto tra ~ massima impulsiva e ~ alternata massima sopportate** (*elett.*), Stossverhältnis (*n.*), Stossfaktor (*m.*), Stossziffer (*f.*). **220 regolatore della ~ di rete** (*elett.*), Netzspannungsregler (*m.*), Netzregler (*m.*). **221 regolatore di ~** (*app. elett.*), Spannungsregler (*m.*). **222 regolatore di ~** (del filato in una macch. tess.) (*disp. macch. tess.*), Spannungsregler (*m.*). **223 regolazione di ~** (*elett.*), Spannungsregelung (*f.*). **224 relè di minima ~** (*app. elett.*), Unterspannungsrelais (*n.*). **225 resistenza ad alta ~** (di un isolante) (*elett.*), Hochspannungsfestigkeit (*f.*). **226 resistenza ad alta ~** (d'un catodo caldo) (*elettronica*), Spratzfestigkeit (*f.*). **227 riduttore di ~** (trasformatore, trasformatore abbassatore di tensione) (*elett.*), Reduziertransformator (*m.*), Abspanner (*m.*). **228 riduzione di ~** (*elett.*), Abspannung (*f.*). **229 risonanza di ~** (risonanza in parallelo, antirisonanza) (*elett.*), Spannungsresonanz (*f.*), Parallelresonanz (*f.*). **230 risposta di ~** (d'un trasduttore elettroacustico) (*acus.*), Spannungsübertragungsfaktor (*m.*). **231 selettore di ~** (cambiatensione) (*app. - elett.*), Spannungswähler (*m.*). **232 selettore di ~** (per adattamento alla rete, cambiatensione, nei proiettori p. es.) (*elett.*), Spannungswähler (*m.*), Netzspannungsumschalter (*m.*). **233 sollecitazione da ~** (elettrica; d'un isolante) (*elett.*), Spannungsbeanspruchung (*f.*). **234 sotto ~** (un conduttore p. es.) (*elett.*), unter Spannung, beschickt. **235 stabilità di ~** (*elett.*), Spannungskonstanz (*f.*). **236 stabilizzatore di ~** (*app. elett.*), Spannungsgleichhalter (*m.*), Spannungsstabilisator (*m.*). **237 stato di ~** (nell'elemento di volume; secondo la teoria dell'elasticità) (*sc. costr.*), Spannungszustand (*m.*). **238 trasformatore abbassatore di ~** (trasformatore riduttore di tensione) (*elett.*), Reduziertransformator (*m.*), Abspanner (*m.*). **239 trasformatore di ~** (*macch. elett.*), Spannungstransformator (*m.*), Spannungswandler (*m.*). **240 variazione di ~** (*elett.*), Spannungsänderung (*f.*).

tensio-vernice (per l'esame di superfici metalliche di pezzi sollecitati p. es.) (*vn. - tecnol.*), Reisslack (*m.*).

tensocorrosione (*metall.*), Spannungskorrosion (*f.*), Spannungsrisskorrosion (*f.*). **2 prova di ~** (*tecnol. mecc.*), Spannungskorrosionsversuch (*m.*).

tensore (*mat.*), Tensor (*m.*). **2 ~ degli sforzi** (*sc. costr.*), Spannungstensor (*m.*). **3 ~ delle deformazioni (interne)** (*sc. costr.*), Deformationstensor (*m.*). **4 ~ di campo** (*elett.*), Feldtensor (*m.*). **5 ~ epsilon** (*mat.*), Epsilon-Tensor (*m.*). **6 ~ simmetrico** (*mat.*), symmetrischer Tensor.

tensoriale (*mat.*), Tensor... **2 analisi ~** (*mat.*), Tensoranalyse (*f.*). **3 campo ~** (*mat.*), Spannungsfeld (*n.*).

tensostruttura (*ed. - ing. civ.*), zugbeanspruchte Konstruktion.

tentativo (*gen.*), Versuch (*m.*). **2 ~ di conciliazione** (*leg. - ecc.*), Einigungsversuch (*m.*). **3 ~ di primato** (o di record) (*sport*), Rekordversuch (*m.*). **4 fare dei tentativi** (*gen.*), herumprobieren. **5 per tentativi** (*gen.*), gefühlsmässig.

tenuta (tenuta ermetica o stagna, ermeticità) (*tecnol.*), Dichtigkeit (*f.*), Dichte (*f.*). **2 ~** (guarnizione di tenuta p. es.) (*mecc. - ecc.*), Dichtungsmittel (*n.*), Dichtung (*f.*). **3 ~** (abbigliamento) (*gen.*), Anzug (*m.*). **4 ~** (possedimento) (*agric. - ecc.*), Landgut (*n.*), Grossgrundbesitz (*m.*). **5 ~ ad anello scorrevole** (costituita da un anello scorrevole assialmente e da una guarnizione ad anello di sezione circolare) (*mecc.*), Gleitringdichtung (*f.*). **6 ~ a labirinto** (di una turbina p. es.) (*macch.*), Labyrinthdichtung (*f.*). **7 ~ a magazzino** (*ind.*), Lagerhaltung (*f.*). **8 ~ a premistoppa** (*mecc.*), Stopfbüchse (*f.*). **9 ~ a pressione** (*macch.*), Druckdichtheit (*f.*). **10 ~ a soffietto** (di un albero snodato p. es.) (*mecc.*), Faltenbalg (*m.*). **11 ~ dei libri** (*contabilità*), Buchhaltung (*f.*), Führung der Bücher, Buchführung (*f.*). **12 ~ della direzione** (d'una ruota) (*veic.*), Spurhaltung (*f.*). **13 ~ del mare** (*nav.*), Seetüchtigkeit (*f.*). **14 ~ di fatica** (*lav. - ecc.*), Arbeitsanzug (*m.*). **15 ~ di strada** (*aut.*), Fahrverhalten (*n.*), Fahreigenschaft (*f.*), Strassenhaltung (*f.*), Fahrrichtungshaltung (*f.*). **16 ~ ermetica** (o stagna, ermeticità) (*tecnol.*), Dichtigkeit (*f.*), Dichte (*f.*). **17 ~ plastica** (guarnizione plastica) (*mecc.*), Knetpackung (*f.*). **18 ~ stagna** (od ermetica, ermeticità) (*tecnol.*), Dichtigkeit (*f.*), Dichte (*f.*). **19 ~ stagna all'aria** (di una valvola termoionica, ottenuta mediante fusione) (*elettronica*), luftdichte Abschmelzung. **20 acqua di ~** (acqua in pressione con funzioni di tenuta) (*macch. - ecc.*), Sperrwasser (*n.*). **21 anello di ~** (*mecc.*), Dichtring (*m.*). **22 a ~** (stagno, ermetico) (*tecnol.*), dicht. **23 a ~ d'aria** (ermetico) (*gen.*), luftdicht. **24 a ~ di gas** (stagno al gas) (*ind.*), gasdicht. **25 a ~ di vuoto** (*fis.*), vakuumdicht. **26 chiudere a ~** (rendere stagno, ermetizzare) (*mecc. - ecc.*), dichten. **27 chiuso a ~** (chiuso ermeticamente, sigillato, tubo termoionico, p. es.) (*elettronica*), abgeschmolzen. **28 labbro di ~** (di una guarnizione per alberi) (*mecc.*), Dichtlippe (*f.*). **29 listello di ~** (guarnizione a listello) (*mecc.*), Dichtleiste (*f.*). **30 mancanza di ~** (mancanza di ermeticità) (*mecc. - ecc.*), Undichtigkeit (*f.*), Undichtheit (*f.*). **31 materiale di ~** (colato; per cassette di giunzione di cavi p. es.) (*elett.*), Ausgussmasse (*f.*). **32 olio di ~** (olio in pressione con funzioni di tenuta) (*mot. - ecc.*), Sperröl (*n.*), Dichtöl (*n.*). **33 profilato di ~** (per vetri p. es.) (*tecnol.*), Profildichtung (*f.*) **34 sede di ~** (ermetica) (*mecc. - ecc.*), Dichtsitz (*m.*). **35 spigolo di ~** (d'un anello di tenuta radiale per alberi) (*mecc.*), Dichtkante (*f.*).

teobromina ($C_7H_8N_4O_2$) (*farm.*), Theobromin (*n.*).

teodolite (*strum. top.*), Theodolit (*m.*). **2 ~ da miniera** (*app. - min.*), Hängetheodolit (*m.*). **3 ~ ripetitore** (*strum. top.*), Repetitionstheodolit (*m.*).

teorema (*mat.*), Lehrsatz (*m.*), Theorem (*n.*).

2 ~ dell'equipartizione (dell'energia) (fis.), Gleichverteilungssatz (m.), Äquipartitionstheorem (n.). 3 ~ dell'impulso (mecc.), Impulssatz (m.). 4 ~ del prodotto integrale (nelle trasformazioni di Laplace) (mat.), Faltungstheorem (n.). 5 ~ di Castigliano (sc. costr.), Castiglianoscher Satz. 6 ~ di Nernst (terzo principio della termodinamica) (fis.), Wärmetheorem (n.). 7 ~ di Pitagora (mat.), pythagoräischer Lehrsatz, Lehrsatz des Pythagoras. 8 ~ di Steiner (geom.), Steinerscher Satz. 9 ~ minimax (nella teoria dei giochi) (progr.), Minimax-Theorem (n.).

teoria (gen.), Theorie (f.). 2 ~ atomica (fis.), Atomlehre (f.). 3 ~ BET (teoria di Brunauer, Emmet e Teller, per misurare l'adsorbimento di gas su corpi porosi a basse temperature) (chim.), BET-Theorie (f.). 4 ~ cinetica dei gas (fis.), kinetische Gastheorie. 5 ~ decisionale (ind. - ecc.), Entscheidungstheorie (f.). 6 ~ degli errori (mat. - strum. - ecc.), Fehlertheorie (f.). 7 ~ dei giochi (mat.), Spieltheorie (f.), Theorie der Spiele. 8 ~ dei grafi (base teorica della programmazione reticolare) (mat. - progr.), Graphentheorie (f.). 9 ~ dei gruppi (mat. - ecc.), Gruppentheorie (f.). 10 ~ del « film » (sul flusso d'una sostanza lungo una superficie fissa) (chim.), Filmtheorie (f.). 11 ~ della contrazione (geol.), Schrumpfungstheorie (f.), Kontraktionstheorie (f.). 12 ~ della informazione (base della cibernetica) (fis.), Informationstheorie (f.), Nachrichtentheorie (f.). 13 ~ della relatività (fis.), Relativitätstheorie (f.). 14 ~ della relatività generale (fis.), allgemeine Relativitätstheorie. 15 ~ della relatività speciale (fis.), spezielle Relativitätstheorie. 16 ~ della similitudine (fis.), Ähnlichkeitstheorie (f.). 17 ~ delle code (progr.), Warteschlangentheorie (f.). 18 ~ delle oscillazioni (teoria oscillatoria) (fis.), Schwingungslehre (f.). 19 ~ dello strato limite (mecc. dei fluidi), Grenzschichttheorie (f.). 20 ~ modulare (ed. - ecc.), Modultheorie (f.). 21 ~ ondulatoria (fis.), Undulationstheorie (f.), Wellentheorie (f.). 22 ~ oscillatoria (teoria delle oscillazioni) (fis.), Schwingungslehre (f.). 23 ~ quantistica (fis.), Quantentheorie (f.). 24 ~ tricromatica (ott.), Dreigrundfarbentheorie (f.).

teorico (gen.), theoretisch.
tera (T, 10^{12}) (mis.), Tera-, T.
teraperiodi (al secondo, THz, teraherz, 10^{12} Hz) (elett.), teraherz, THz.
terapia (med. - ecc.), Therapie (f.).
terbio (Tb - chim.), Terbium (n.).
tergenza (potere tergente, d'un tergicristallo) (aut.), Wischqualität (f.).
tergicristallo (aut.), Scheibenwischer (m.), Wischer (m.). 2 ~ a depressione (aut.), Unterdruckscheibenwischer (m.). 3 ~ a due velocità (aut.), zweistufiger Scheibenwischer. 4 ~ elettrico (aut.), elektrischer Scheibenwischer. 5 braccio del ~ (tergitore, racchetta tergente) (aut.), Wischarm (m.). 6 commutatore velocità ~ (aut.), Scheibenwisch-Intervallschalter (m.). 7 motorino del ~ (aut.), Wischermotor (m.), Wischmotor (m.). 8 spazzola del ~ (spatola del tergicristallo) (aut.), Wischblatt (n.).

tergitore (braccio del tergicristallo, racchetta tergente) (aut.), Wischarm (m.).
tergo (parte posteriore, retro) (gen.), Rückseite (f.), Rücken (m.).
termale, cura ~ (med.), Thermalkur (f.).
termalizzazione (fis. atom.), Thermalisierung (f.).
termia (th, thermie = 10^6 cal) (mis.), thermie, th.
termica (corrente ascendente di aria calda) (s. - meteor. - aer.), Thermik (f.), thermischer Aufwind, Wärmeaufwind (m.).
termico (fis.), thermisch. 2 bilancio ~ (bilancio energetico, d'un motore a comb. int.) (mot.), Wärmebilanz (f.), Energiebilanz (f.). 3 bilancio ~ (d'una macchina, rappresentazione grafica) (macch. - term.), Sankey-Diagramm (n.). 4 ciclo ~ (tratt. term.), Temperatur-Zeit-Folge (f.). 5 deriva termica (d'una tensione p. es.) (elettronica), Temperaturdrift (f.). 6 diametro equivalente ~ (fis.), thermischer Durchmesser. 7 equilibrio ~ (term.), Temperaturgleichgewicht (n.), thermisches Gleichgewicht. 8 grado ~ (di una candela) (mot.), Wärmewert (m.). 9 inerzia termica (term.), Wärmeträgheit (f.). 10 radiazione termica (fis.), Wärmeausstrahlung (f.). 11 schema ~ (term.), Wärmeschaltplan (m.). 12 urto ~ (term.), Thermoschock (m.), Wärmeschock (m.).

terminale (di un cavo) (elett.), Endverschluss (m.). 2 ~ (capocorda) (elett.), Schuh (m.). 3 ~ (punto nel quale vengono immessi od emessi dati) (calc. - elab. dati), Terminal (n.), Endstation (f.). 4 ~ (stazione terminale) (s. - trasp.), Endstation (f.). 5 ~ a forcella (forcella, d'un circuito) (telef.), Gabel (f.). 6 ~ di comando (terminale di porta) (elettronica), Steueranschluss (m.), Toranschluss (m.). 7 ~ per cavi (elett.), Kabelendverschluss (m.). 8 ~ per cavi (capocorda) (elett.), Kabelschuh (m.). 9 ~ per esterno (terminale per impianti esterni) (elett.), Endverschluss für Freiluft-Anlagen. 10 ~ per interni (terminale per impianti interni) (elett.), Endverschluss für Innenraum-Anlagen. 11 ~ video (videoterminale, per calcolatore di processo p. es.) (elab. dati), Bildschirmterminal (n.), Sichtstation (f.), Sichtgerät (n.). 12 cassetta ~ (elett.), Abschlusskasten (m.). 13 cavo ~ (elett.), Abschlusskabel (n.).
terminare (il lavoro p. es.) (gen.), abschliessen, beenden, beendigen. 2 ~ (togliere, chiudere; la seduta p. es.) (gen.), aufheben.
terminato (gen.), beendet, beendigt. 2 ~ (una seduta p es.) (gen.), aus.
terminazione (grazia, piccola righetta al piede dei caratteri) (tip.), Serif (f.), Serife (f.).
termine (termine di scadenza) (comm.), Frist (f.). 2 ~ (condizione) (comm.), Bedingung (f.). 3 ~ (di un'equazione p. es.) (mat.), Glied (n.). 4 ~ (parola, termine tecnico p. es.) (tip. - ecc.), Ausdruck (m.). 5 ~ (meta, pietra di confine, pietra confinaria) (ed. - top.), Markstein (m.), Grenzstein (m.). 6 termini contrattuali (condizioni contrattuali) (comm.), Vertragsbedingungen (f. pl.). 7 ~ di consegna (comm.), Lieferfrist (f.), Lieferzeit

terminologia

(f.). 8 ~ **di consegna a partire dal perfezionamento dell'ordine** (*comm.*), Lieferzeit nach geklärter Bestellung. 9 ~ **di consegna franco fabbrica** (*comm.*), Lieferzeit ab Werk. 10 ~ **di presentazione** (scadenza di presentazione, di un'offerta p. es.) (*comm. - ecc.*), Einreichungsfrist (*f.*), Termin zur Einreichung. 11 ~ **di scadenza** (termine) (*comm.*), Frist (*f.*), Ablauffrist (*f.*). 12 ~ **per il disarmo** (di casseforme) (*ed. - comm.*), Ausschalungsfrist (*f.*), Schalungsfrist (*f.*). 13 ~ **per la presentazione della domanda** (*leg.*), Anmeldefrist (*f.*). 14 ~ **presentazione offerta** (*comm.*), Angebotangabe (*f.*). 15 ~ **tecnico** (*tecnol.*), Fachausdruck (*m.*), technischer Ausdruck. 16 ~ **ultimo** (termine indifferibile, termine perentorio) (*gen.*), Galgenfrist (*f.*). 17 **a lungo** ~ (*gen.*), langfristig. 18 **a** ~ (contratto di lavoro p. es.) (*lav. - comm. - ecc.*), befristet. 19 **a tre termini** (trinomiale) (*mat.*), dreigliedrig. 20 **entro il** ~ (*comm.*), innerhalb der First. 21 **entro il** ~ (puntualmente) (*comm.*), fristgerecht, fristgemäss. 22 **fissare il** ~ (*comm. - ecc.*), befristen. 23 **fissazione del** ~ (*comm. - ecc.*), Befristung (*f.*). 24 **portare a** ~ (*gen.*), zu Ende tragen, vollbringen.
terminologia (*gen.*), Begriffsbildung (*f.*).
termione (*fis.*), Thermion (*n.*).
termistore (semiconduttore, la cui resistenza cambia con la temperatura) (*fis.*), Thermistor (*m.*).
termite (miscela di polvere di alluminio e di ossido di ferro, per ottenere temperature dell'ordine di 2400 °C) (*saldatura*), Thermit (*n.*).
termoadesivo (*a. - chim.*), heissklebend.
termoamperometro (amperometro termico) (*app. elett.*), Thermoamperometer (*n.*).
termocauterio (*app. med.*), Thermokauter (*m.*), Brenneisen (*n.*).
termochimica (*chim.*), Thermochemie (*f.*).
termocolore (colore termometrico) (*fis.*), Temperaturmessfarbe (*f.*), Thermokolor (*n.*).
termocondotta (*term.*), vedi condotta termica.
termocontatto (di un termometro elettrico) (*elett.*), Thermokontakt (*m.*), Thermoelement (*n.*).
termoconvettore (convettore) (*riscald.*), Konvektor (*m.*).
termocoppia (termoelemento, coppia termoelettrica) (*elett.*), Thermoelement (*n.*). 2 ~ **ad immersione** (*strum.*), Eintauchthermoelement (*n.*). 3 ~ **in rame-costantana** (*elett.*), Thermoelement aus Konstantan-Kupfer.
termocroce (termogiunzione, di un termoelemento) (*elett.*), Thermokreuz (*n.*).
termocrosi (proprietà di alcuni corpi di assorbire certe radiazioni ultrarosse) (*fis.*), Thermochrose (*f.*), Wärmefärbung (*f.*).
termodiffusione (diffusione termica, separazione parziale dei componenti di una miscela omogenea gassosa per diversa conduzione del calore delle molecole costituenti) (*chim.*), Thermodiffusion (*f.*).
termodinamica (*termodin.*), Thermodynamik (*f.*), Wärmelehre (*f.*). 2 **terzo principio della** ~ (teorema di Nernst) (*fis.*), 3. Hauptsatz der Thermodynamik, Wärmetheorem (von Nernst).

termodinamico (*termodin.*), thermodynamisch. 2 **potenziale** ~ (*fis.*), thermodynamisches Potential.
termodispersore (dissipatore di calore, per raffreddare un semiconduttore p. es.) (*elettronica*), Wärmesenke (*f.*), Senke (*f.*). 2 ~ (assorbitore di calore, dissipatore di calore; d'un impianto di frenatura, per accumulare il calore generato dall'attrito) (*veic.*), Festkörperspeicher (*m.*).
termoelemento (termocoppia, coppia termoelettrica) (*elett.*), Thermoelement (*n.*).
termoelettricità (*elett.*), Thermoelektrizität (*f.*).
termoelettrico (*fis.*), thermoelektrisch. 2 **convertitore** ~ (*termotecn.*), thermoelektrischer Wandler. 3 **effetto** ~ (effetto Seebeck) (*elett.*), Seebeck-Effekt (*m.*).
termoformatura (di mat. plastiche) (*tecnol.*), Thermoformen (*n.*).
termofrattura (di materiale refrattario nei forni, sfaldatura provocata dal calore) (*metall.*), Spalling (*n.*).
termogalvanometro (*strum. elett.*), Thermogalvanometer (*n.*), thermoelektrisches Galvanometer.
termogiunzione (termocroce, di un termoelemento) (*elett.*), Thermokreuz (*n.*).
termografo (termometro registratore) (*strum.*), Thermograph (*m.*), Temperaturschreiber (*m.*).
termoindurente (materia plastica) (*chim.*), wärmehärtend. 2 ~ (materia plastica) (*s. - ind. chim.*), Duroplast (*n.*).
termointerruttore (interruttore termico) (*app. elett.*), Thermoschalter (*m.*). 2 ~ **a tempo** (interruttore termico a tempo) (*app. elett.*), Thermozeitschalter (*m.*).
termoionico (*elettronica*), thermoionisch. 2 **convertitore** ~ (convertitore termoelettronico) (*macch.*), thermoionischer Wandler. 3 **effetto** ~ (*elettronica*), glühelektrischer Effekt.
termoisolante (materiale, isolante termico) (*s. - ind. - ecc.*), Wärmedämmstoff (*m.*).
termomagnetico (*elett.*), thermomagnetisch.
termometria (*fis.*), Temperaturmessung (*f.*).
termometro (*strum.*), Thermometer (*n.*). 2 ~ **a bulbo** (*strum.*), Kugelthermometer (*n.*). 3 ~ **a bulbo asciutto** (*strum. - meteor.*), trockenes Thermometer. 4 ~ **a bulbo bagnato** (termometro a bulbo umido) (*strum. - meteor.*), feuchtes Thermometer, Thermometer mit feucht gehaltener Kugel. 5 ~ **a coppia termoelettrica** (*strum.*), Bimetall-Thermometer (*n.*). 6 ~ **a dilatazione** (*strum.*), Ausdehnungs-Thermometer (*n.*). 7 ~ **a gas** (*strum.*) Gasthermometer (*n.*). 8 ~ **a liquido** (*strum.*), Flüssigkeitsthermometer (*n.*). 9 ~ **a massima** (*strum.*), Maximum-Thermometer (*n.*). 10 ~ **a massima e minima** (*strum.*), Maximum-Minimum-Thermometer (*n.*). 11 ~ **a mercurio** (*strum.*), Quecksilberthermometer (*n.*). 12 ~ **a minima** (*strum.*), Minimum-Thermometer (*n.*). 13 ~ **a pressione di vapore** (*strum.*), Tensionsthermometer (*n.*). 14 ~ **a resistenza** (elettrica) (*strum.*), Widerstandsthermometer (*n.*). 15 ~ **a tensione di vapore** (talpotasimetro) (*strum.*), Dampfdruckthermometer (*n.*), Thalpotasimeter (*n.*). 16 ~ **clinico** (per misurare la febbre) (*strum.*

med.), Fieberthermometer (*n.*). 17 ~ dell'acqua (di **raffreddamento**) (*mot. - aut.*), Kühlwasserthermometer (*n.*). 18 ~ dell'olio (*strum. - mot. - ecc.*), Ölthermometer (*n.*). 19 ~ **elettrico** (*strum.*), elektrisches Thermometer. 20 ~ **metallico** (*strum.*), Metallthermometer (*n.*). 21 ~ **registratore** (termografo) (*strum.*), Thermograph (*m.*), Temperaturschreiber (*m.*). 22 **bulbo del** ~ (bulbo termometrico) (*strum.*), Thermometerkugel (*f.*).

termonucleare (*fis.*), thermonuklear.

termoosmosi (*chim.*), Thermo-Osmose (*f.*).

termopila (pila termoelettrica, più termoelementi in serie) (*elett.*), Thermosäule (*f.*). 2 ~ **neutronica** (per la misurazione del flusso) (*app.*), Neutronenthermosäule (*f.*).

termoplastico (*chim.*), thermoplastisch, warmplastisch.

termoplasto (materiale termoplastico, resina termoplastica) (*chim.*), Thermoplast (*n.*).

termoradianza (*fis.*), Temperaturstrahlung (*f.*).

termoregolatore (regolatore di temperatura) (*app.*), Temperaturregler (*m.*), Wärmeregler (*m.*).

termoregolazione (regolazione della temperatura) (*macch. - ecc.*), Temperaturregelung (*f.*).

termorelè (relè termico) (*elett.*), Thermorelais (*n.*).

termorivelatore (elemento termosensibile, sonda termica, di un teletermometro p. es.) (*app.*), Wärmefühler (*m.*).

« **termos** » (bottiglia termostatica) (*app.*), Thermosflasche (*f.*).

termoscambio (scambio termico) (*term.*), Wärmeaustausch (*m.*). 2 **indice di** ~ (indice qualitativo di uno scambiatore di calore; differenza tra temperatura di uscita del mezzo riscaldato e temperatura di entrata del mezzo riscaldante) (*term.*), Grädigkeit (*f.*).

termoscopio (*strum.*), Thermoskop (*n.*).

termosifone (*app. riscald.*), Heizvorrichtung (*f.*). 2 **riscaldamento a** ~ (*riscald.*), Heisswasserheizung (*f.*).

termosigillatura (di mat. plast., con apporto di calore per convezione; saldatura con riscaldo a convezione) (*tecnol.*), Heissiegeln (*n.*).

termostabile (resistente al calore) (*fis.*), thermostabil, wärmebeständig, temperaturbeständig.

termostatico (*fis.*), thermostatisch.

termostato (*app.*), Thermostat (*m.*), Temperaturregler (*m.*). 2 ~ **dell'olio** (*mot.*), Ölthermostat (*m.*). 3 ~ **di massima** (*app. elett.*), Übertemperaturschalter (*m.*).

termotecnica (*term.*), Wärmetechnik (*f.*).

termovettore (veicolo di calore, acqua, aria, ecc.) (*riscald.*), Wärmeträger (*m.*).

terna (gruppo di tre elementi) (*gen.*), Dreier (*m.*). 2 ~ **di fasci** (fascio trinato, di conduttori elettrici) (*elett.*), Dreierbündel (*n.*).

ternario (*metall. - chim.*), ternär, dreistoffig.

terotecnologia (tecnologia che abbraccia l'installazione, la messa in funzione, la manutenzione e la riparazione d'impianti, macchinari, ecc.) (*ind. - ecc.*), Terotechnologie (*f.*).

terpene ($C_{10}H_{16}$) (*chim.*), Terpen (*n.*).

terpineolo ($C_{10}H_{18}O$) (*chim.*), Terpineol (*n.*).

terra (*geol. - astr.*), Erde (*f.*). 2 ~ (terreno, suolo) (*agric. - ed.*), Erde (*f.*), Boden (*m.*). 3 ~ (massa) (*elett.*), Erde (*f.*). 4 ~ (terraferma) (*geogr.*), Land (*n.*), Festland (*n.*). 5 ~ **argillosa** (argilla comune, per la fabbricazione di tegole e di mattoni) (*geol. - ed.*), Lehm (*m.*). 6 ~ **argillosa** (terra collante) (*fond.*), Klebesand (*m.*). 7 ~ **bruciata** (*fond.*), totgebrannter Sand, ausgeglühter Sand. 8 ~ **collante** (terra argillosa) (*fond.*), Klebesand (*m.*). 9 ~ **da candeggio** (terra da follone, terra da sbianca) (*ind. chim.*), Bleicherde (*f.*). 10 ~ **da follone** (argilla smettica) (*ind. tess.*), Walkerde (*f.*). 11 ~ **da follone** (terra da sbianca, terra da candeggio) (*ind. chim.*), Bleicherde (*f.*). 12 ~ **da fonderia** (per formature) (*fond.*), Sand (*m.*), Formsand (*m.*). 13 ~ **da fonderia usata** (*fond.*), gebrauchter Formsand, Altsand (*m.*). 14 ~ **(da) modello** (*fond.*), Modellsand (*m.*). 15 ~ **da riempimento** (*fond.*), Füllsand (*m.*). 16 ~ **da riempimento** (terra in mucchio) (*fond.*), Haufensand (*m.*). 17 ~ **da sbianca** (terra da follone, terra da candeggio) (*ind. chim.*), Bleicherde (*f.*). 18 ~ **del cumulo** (terra da fonderia usata) (*fond.*), gebrauchter Formsand, Altsand (*m.*). 19 ~ **di formatura** (*fond.*), Formsand (*m.*). 20 ~ **di formatura** (terra non usata, terra nuova) (*fond.*), Neusand (*m.*), ungebrauchter Formsand. 21 ~ **d'infusori** (farina fossile, tripolo, tripoli) (*min.*), Kieselgur (*f.*), Infusorienerde (*f.*), Diatomeenerde (*f.*). 22 ~ **di riporto** (*mov. terra*), Auftrag (*m.*), Füllerde (*f.*). 23 ~ **di separazione** (terra essiccata) (*fond.*), trockener Formsand. 24 ~ **di Siena** (*colore*), Sienaerde (*f.*), Siena (*f.*). 25 ~ **di Siena bruciata** (*colore*), gebrannte Sienaerde. 26 ~ **d'ombra** (*colore*), Umber (*m.*), Umbra (*f.*). 27 ~ **d'ombra bruciata** (*colore*), gebrannter Umber. 28 ~ **elettrica** (barra di terra dello stabilimento) (*elett. - ecc.*), Betriebserde (*f.*). 29 ~ **essiccata** (terra secca) (*fond.*), trockener Sand. 30 ~ **ferma** (continente) (*geogr.*), Festland (*n.*). 31 ~ **grassa** (terra verde, argilla da formatore) (*fond.*), fetter Formsand, Formlehm (*m.*), fetter Sand. 32 ~ **grassa** (terra refrattaria per forme a secco, « chamotte ») (*fond.*), Formmasse (*f.*). 33 ~ **in mucchio** (terra da riempimento) (*fond.*), Haufensand (*m.*). 34 ~ **magra** (*fond.*), Magersand (*m.*), magerer Sand. 35 ~ **modello** (terra da modello) (*fond.*), Modellsand (*m.*). 36 ~ **naturale** (*fond.*), vedi terra nuova. 37 ~ **nuova** (terra naturale, terra vergine, terra fresca) (*fond.*), Neusand (*m.*). 38 ~ **per anime** (*fond.*), Kernsand (*m.*). 39 ~ **preparata** (*fond.*), Gebrauchssand (*m.*). 40 ~ **rara** (*chim.*), seltene Erde. 41 ~ **refrattaria** (argilla refrattaria) (*min.*), Feuerton (*m.*). 42 ~ **refrattaria** (per forme a secco, terra grassa, « chamotte ») (*fond.*), Formmasse (*f.*). 43 ~ **secca** (terra essiccata) (*fond.*), trockener Sand. 44 ~ **semigrassa** (*fond.*), mittelfetter Sand. 45 ~ **unica** (che serve sia come terra modello sia come terra per riempimento) (*fond.*), Einheitssand (*m.*). 46 ~ **usata** (terra del cumulo) (*fond.*), Altsand (*m.*), gebrauchter

terra

Formsand. 47 ~ **vegetale** (terriccio) (*geol.*), Mutterboden (*m.*). 48 ~ **verde** (*fond.*), Grünsand (*m.*), grüner Formsand, Nassand (*m.*), Nassgussand (*m.*). 49 ~ **vergine** (terreno naturale) (*ed.*), aufgewachsener Boden. 50 ~ **vergine** (*fond.*), vedi terra nuova. 51 **apparecchio di messa a** ~ (*elett.*), Erdungsschalter (*m.*). 52 **a** ~ (a massa) (*elett.*), geerdet. 53 **barra di** ~ **dello stabilimento** (terra elettrica) (*elett.* - *ecc.*), Betriebserde (*f.*). 54 **caduta di** ~ (*difetto fond.*), Sandabreissen (*n.*). 55 **colata in** ~ (*fond.*), Sandgiessen (*n.*). 56 **collegamento a** ~ (collegamento a massa) (*elett.*), Erdung (*f.*), Erdverbindung (*f.*). 57 **collegare a** ~ (collegare a massa, mettere a terra od a massa) (*elett.*), an Erde legen, erden. 58 **conduttore di** ~ (*elett.*), Erdungsleitung (*f.*). 59 **conduttore di** ~ (conduttore di guardia, corda di guardia, per proteggere una linea aerea dalle scariche atmosferiche) (*elett.*), Erdseil (*n.*), Schutzseil (*n.*), Blitzschutzseil (*n.*). 60 **difetto da dilatazione della** ~ (*fond.*), Sandausdehnungsfehler (*m.*). 61 **equilibrato verso** ~ (simmetrico verso terra, linea p. es.) (*elett.*), erdsymmetrisch. 62 **filo di** ~ (filo di massa) (*elett.*), Erdleiter (*m.*), Erdungsdraht (*m.*). 63 **fonderia per colata in** ~ (*fond.*), Sandgiesserei (*f.*). 64 **forma in** ~ (*fond.*), Sandform (*f.*). 65 **formatura in** ~ (*fond.*), Sandformerei (*f.*). 66 **getto in forma di** ~ (*fond.*), Sandguss (*m.*). 67 **massa di** ~ (che esercita una pressione) (*ed.*), Erdkörper (*m.*). 68 **mescolatore per** ~ (da fonderia) (molazza per terra da fonderia) (*macch. fond.*), Kollergang (*m.*), Kollermühle (*f.*), Sandmischer (*m.*). 69 **messa a** ~ (collegamento a massa) (*elett.*), Erden (*n.*). 70 **messa a** ~ (contatto di messa a terra) (*elett.*), Schuko, Schutzkontakt zur Erdung. 71 **messa a** ~ **del neutro** (*elett.*), Nullpunkterdung (*f.*), Nullung (*f.*). 72 **messa a** ~ **di sicurezza** (massa di sicurezza) (*elett.*), Sicherheitserdung (*f.*). 73 **messa a** ~ **poco profonda** (*elett.*), Oberflächenerdung (*f.*). 74 **messa a** ~ **protettiva** (*elett.*), Schutzerdung (*f.*). 75 **mettere a** ~ (mettere a massa) (*elett.*), an Erde legen, erden. 76 **morsetto di** ~ (morsetto di massa) (*elett.*), Erdklemme (*f.*). 77 **non a** ~ (non a massa) (*elett.*), ungeerdet. 78 **opera in** ~ (lavoro in terra) (*ing. civ.*), Erdbauwerk (*n.*). 79 **piastra di** ~ (piastra per messa a terra) (*elett.*), Erdungsplatte (*f.*). 80 **potenziale verso** ~ (*elett.*), Erdspannung (*f.*), Erdpotential (*n.*). 81 **presa con contatto di** ~ (*elett.*), Schuko-Dose (*f.*), Schutzkontaktdose (*f.*). 82 **presa di** ~ (di un parafulmine) (*elett.* - *ed.*), Erdeinführung (*f.*). 83 **presa di** ~ (piastra per messa a terra) (*elett.*), Erdplatte (*f.*). 84 **presa di** ~ (dispersore) (*elett.*), Erder (*m.*), Erdung (*f.*). 85 **presa di** ~ **a stella** (dispersore a stella) (*elett.*), Strahlenerder (*m.*). 86 **protezione contro la dispersione verso** ~ (*elett.*), Erdschluss-Schutz (*m.*). 87 **servizio di** ~ (*aer.*), Bodendienst (*m.*). 88 **simmetria verso** ~ (*elett.*), Erdungssymmetrie (*f.*), Erdkopplung (*f.*). 89 **simmetrico verso** ~ (equilibrato verso terra, linea p. es.) (*elett.*), erdsymmetrisch. 90 **sopra** ~ (non interrato, serbatoio p. es.) (*gen.*), oberirdisch. 91 **sotto** ~ (sotterraneo) (*ing. civ.* - *min.*), unter Tage. 92 **spina con contatto di** ~ (*elett.*), Schuko-Stecker (*m.*), Schutzkontaktstecker (*m.*). 93 **spinta (delle terre) attiva** (*ed.*), aktiver Erddruck. 94 **spinta (delle terre) passiva** (*ed.*), passiver Erddruck. 95 **spostatore di** ~ (*veic.*), Erdschieber (*m.*). 96 **tensione di dispersione verso** ~ (*elett.*), Erderspannung (*f.*). 97 **trasporto** ~ (*ed.*), Bodenbeförderung (*f.*). 98 **via** ~ (*trasp.*), Landweg (*m.*).

terracotta (cotto, prodotto ceramico a pasta porosa non vetrinato, usato per laterizi e per elementi ornamentali) (*ed.* - *ecc.*), gebrannter Ton, poröses Tongut. 2 ~ **ornamentale** (*ceramica*), Terrakotta (*f.*).

terraferma (terra) (*geogr.*), Land (*n.*), Festland (*n.*).

terraglia (prodotto ceramico) (*ceramica*), Steingut (*n.*), 2 **terraglie** (*ceramica*), Tonwaren (*pl.*). 3 ~ **dolce** (*ceramica*), Weichsteingut (*n.*), Kalksteingut (*n.*). 4 ~ **forte** (porcellana opaca) (*ceramica*), Hartsteingut (*n.*), Feldspatsteingut (*n.*).

terrapieno (*ing. civ.*), Damm (*m.*), Erddamm (*m.*). 2 ~ **ferroviario** (*ferr.*), Eisenbahndamm (*m.*), Bahndamm (*m.*). 3 ~ **stradale** (*costr. strad.*), Strassendamm (*m.*). 4 **strada su** ~ (*strad.*), Dammweg (*m.*).

« **terraplano** » (veicolo a cuscino d'aria, veicolo ad effetto di suolo, veicolo a locomozione librata) (*veic.*), Luftkissenfahrzeug (*n.*).

terrazza (*geol.*), Erdstufe (*f.*). 2 **a terrazze** (terrazzato, terreno) (*geol.*), abgestuft.

terrazzamento (*geol.* - *ecc.*), Abtreppen (*n.*).

terrazzare (un terreno) (*ing. civ.*), abtreppen, abstufen.

terrazzato (a terrazze, terreno) (*geol.*), abgestuft.

terrazziere (sterratore) (*lav. ed.* - *ing. civ.*), Erdarbeiter (*m.*).

terrazzo (*geol.*), Terrasse (*f.*), Felsterrasse (*f.*). 2 ~ (*ed.* - *arch.*), Terrasse (*f.*). 3 ~ **fluviale** (terrazzo orografico) (*geol.*), Flussterrasse (*f.*). 4 ~ **orografico** (terrazzo fluviale) (*geol.*), Flussterrasse (*f.*).

terremoto (*geol.*), Erdbeben (*n.*).

terreno (suolo) (*gen.*), Boden (*m.*). 2 ~ (suolo) (*geol.*), Erdboden (*m.*), Boden (*m.*). 3 ~ (fondo, lotto fabbricabile) (*ed.*), Grund (*m.*), Grundstück (*n.*), Boden (*m.*), Baugrund (*m.*). 4 ~ (terra, suolo) (*agric.* - *ed.*), Erde (*f.*), Boden (*m.*). 5 ~ (*top.*), Terrain (*n.*), Gelände (*n.*). 6 ~ (campagna coltivata) (*top.*), Flur (*f.*), Feldflur (*f.*). 7 ~ **accidentato** (*geol.*), gegliedertes Gelände. 8 ~ **alluvionale** (*geol.*), Schwemmboden (*m.*). 9 ~ **arativo** (*agric.*), Ackerland (*n.*). 10 ~ **argilloso** (*geol.*), Lehmboden (*m.*). 11 ~ **bonificato** (*agric.*), Schwemmland (*n.*). 12 ~ **coltivabile** (*agric.*), Ackerboden (*m.*). 13 ~ **coltivabile** (*top.*), Flurfeld (*n.*). 14 ~ **costipato** (*ing. civ.*), Stampfboden (*m.*). 15 ~ **di copertura** (*min.*), Deckgebirge (*n.*), Abraum (*m.*). 16 ~ **di fondazione** (*ed.*), Baugrund (*m.*). 17 ~ **fabbricabile** (*ed.*), Baugrund (*m.*), Bauland (*n.*). 18 ~ **fangoso** (*ed.* - *ecc.*), Schlammboden (*m.*). 19 ~ **filtrante** (*ed.*), Bodenfilter (*m.*). 20 ~ **finitimo** (fondo finitimo, immobile finitimo) (*ed.*), Nachbargrundstück (*n.*). 21 ~

incolto (*geol.*), Ödland (*n.*). **22 ~ inconsistente** (terreno poco consistente) (*ed.*), Fliessboden (*m.*). **23 ~ naturale** (terra vergine) (*ed.*), aufgewachsener Boden. **24 ~ nudo** (terreno non alberato) (*ed.*), freies Gelände. **25 ~ paleggiabile** (*ed.*), Stichboden (*m.*). **26 ~ paludoso** (palude) (*agric. - ecc.*), Moorboden (*m.*), Marschboden (*m.*), Fenn (*n.*), Fehn (*n.*). **27 ~ permeabile** (*geol.*), durchlässiger Boden. **28 ~ rigonfiabile** (*geol. - ed.*), Schwellboden (*m.*). **29 ~ sabbioso** (*ing. civ. - ed.*), Sandboden (*m.*). **30 adatto al ~ di fondazione** (*ed.*), baugrundgemäss. **31 bonifica del ~** (*ing. civ.*), Bodenverbesserung (*f.*). **32 caratteristiche del ~** (*top. - ecc.*), Geländeformen (*f. pl.*) **33 carico sul ~** (di fondazione, carico sulla base di fondazione, misurato in kg/cm²) (*ing. civ. - ed.*), Bodenpressung (*f.*). **34 cedimento del ~** (*ed.*), Bodensenkung (*f.*), Bodensenkung (*f.*). **35 consolidamento del ~** (*ed.*), Bodenverfestigung (*f.*). **36 costipamento del ~** (*ed.*), Bodenverdichtung (*f.*). **37 esame del ~** (*ed.*), Bodenuntersuchung (*f.*). **38 imposta sull'acquisto di terreni** (*finanz.*), Grunderwerbsteuer (*f.*). **39 modulo di reazione del ~** (quoziente di assestamento) (*ed.*), Planumsmodul (*m.*), Drucksetzungsquotient (*m.*), Bodenziffer (*f.*), Bettungsziffer (*f.*). **40 natura del ~** (*ed. - top. - ecc.*), Bodenbeschaffenheit (*f.*), Geländebeschaffenheit (*f.*). **41 prova del potere corrosivo del ~** (prova di corrosione del terreno) (*tecnol. - ecc.*), Bodenkorrosionsversuch. (*m.*). **42 quota sul ~** (quota relativa) (*aer. - ecc.*), relative Höhe. **43 quoziente di assestamento del ~** (modulo di reazione del terreno) (*ing. civ. - ed.*), Bettungsziffer (*f.*), Drucksetzungsquotient (*m.*), Planumsmodul (*m.*), Bodenziffer (*f.*). **44 rappresentazione del ~** (*top. - geogr.*), Geländedarstellung (*f.*). **45 rilevamento del ~** (*top.*), Geländeaufnahme (*f.*), Terrainaufnahme (*f.*). **46 scavo del ~** (*ed.*), Bodengewinnung (*f.*). **47 spaccatura del ~** (sotto una fondazione p. es.) (*ed.*), Grundbruch (*m.*). **48 stabilità del ~** (*ed.*), Bodenstandfestigkeit (*f.*). **49 stabilizzazione del ~** (*ed.*), Bodenstabilisation (*f.*), Bodenstabilisierung (*f.*), Baugrundverbesserung (*f.*), Bodenvermörtelung (*f.*). **50 tipo del ~** (*ed.*), Bodenklasse (*f.*).
terrestre (*gen.*), terrestrisch, irdisch.
terriccio (terra vegetale) (*geol.*), Mutterboden (*m.*).
territorialità (*gen.*), Territorialität (*f.*).
territorio (*geogr.*), Gebiet (*n.*). **2 ~ comunale** (*top.*), Gemarkung (*f.*), Dorfflur (*f.*), Feldmark (*n.*). **3 ~ con forte densità di popolazione** (territorio superaffollato) (*stat. - ecc.*), Ballungsgebiet (*n.*). **4 ~ delimitato** (*top.*), Gemarkung (*f.*). **5 ~ nazionale** (*comm.*), Inland (*n.*). **6 ~ superaffollato** (territorio con forte densità di popolazione) (*stat. - ecc.*), Ballungsgebiet (*n.*).
terrohmmetro (per la misura della resistenza di terra) (*app. elett.*), Erdohmmeter (*n.*).
terroso (*gen.*), erdig.
terza (*acus.*), Terz (*f.*). **2 ~** (terza velocità) (*aut.*), dritter Gang. **3 filtro di ~** (*acus.*), Terzsieb (*n.*).

terzarolare (una vela, diminuire le velatura) (*nav.*), einreffen, reffen, reefen.
terzarolo (*nav.*), Reff (*n.*), Reef (*n.*).
terzere (arcareccio) (*ed.*), Pfette (*f.*), Fette (*f.*), Dachstuhlbalken (*m.*), Dachpfette (*f.*).
terziario (*geol.*), Tertiär (*n.*), Braunkohlenzeit (*f.*). **2 azienda terziaria** (azienda per la prestazione di servizi) (*comm. - ecc.*), Dienstleistungsunternehmen (*n.*).
terzo (*gen.*), der dritte. **2 per conto di terzi** (*amm. - ecc.*), für Rechnung Dritter.
tesafili (per fili elettrici, telefonici, ecc.) (*app.*), Drahtspanner (*m.*).
tesaggio (*ed. - c. a.*), *vedi* tesatura.
tesare (tendere, un cavo p. es.) (*gen.*), spannen.
tesata (di conduttori, d'una linea elettrica) (*elett. - ecc.*), Abspannabschnitt (*m.*).
tesatrice (per calcestruzzo precompresso) (*macch.*), Spannmaschine (*f.*).
tesatura (di un cavo p. es.) (*gen.*), Spannen (*n.*). **2 ~** (dei cavi del cemento armato precompresso) (*ed. - c. a.*), Vorspannen (*n.*).
tesi (*gen.*), These (*f.*). **2 ~ di laurea** (scuola), Dissertation (*f.*), Doktordissertation (*f.*).
tesla (unità d'induzione magnetica, 1 T = 1 Wb/m²) (*unità di mis.*), Tesla (*n.*), T.
teso (*gen.*), gespannt, straff. **2 ~** (di cinghia p. es.) (*mecc. - ecc.*), gespannt. **3 lato ~** (di una cinghia) (*mecc.*), Zugseite (*f.*).
tesoreria (*finanz.*), Staatskasse (*f.*), Schatzamt (*n.*).
tesoriere (d'una banca, p. es.) (*amm.*), Kassenverwalter (*m.*).
tessera (piastrella) (*ed.*), Kachel (*f.*).
tessere (*ind. tess.*), weben.
tessile (*a. - ind. tess.*), Webe..., Textil... **2 fibra ~** (*ind. tess.*), Spinnfaser (*f.*). **3 fibra ~ artificiale** (fibra tessile cellulosica, raion p. es.) (*ind. tess.*), Zellwolle (*f.*).
tessili (*s. pl. - ind. tess.*), Textilien (*pl.*), Textilwaren (*f. pl.*).
tessitore (*lav. ind. tess.*), Weber (*m.*). **2 ~ di lana** (*lav.*), Wollweber (*m.*).
tessitura (*ind. tess.*), Weben (*n.*), Weberei (*f.*). **2 ~ operata** (*ind. tess.*), Jacquardweberei (*f.*). **3 difetto di ~** (*ind. tess.*), Webfehler (*m.*). **4 stabilimento di ~** (*ind. tess.*), Webwarenfabrik (*f.*).
tessuto (*ind. tess.*), Gewebe (*n.*), Stoff (*m.*). **2 tessuti** (*ind. tess.*), Webwaren (*f. pl.*). **3 ~ a maglia** (*ind. tess.*), Strickgewebe (*n.*), Trikotgewebe (*n.*). **4 ~ cellulare** (*biol. - ecc.*), Zellgewebe (*n.*), Zellengewebe (*n.*). **5 ~ da filtri** (o per filtri) (*ind. chim. - ecc.*), Filterstoff (*m.*), Filtertuch (*n.*). **6 ~ di acciaio** (*ed. - ecc.*), Stahldrahtgeflecht (*n.*), Stahldrahtgewebe (*n.*). **7 ~ diagonale** (diagonale) (*ind. tess.*), Köper (*m.*), Diagonalstoff (*m.*). **8 ~ di fibre vegetali** (*ind. tess.*), Textilgewebe (*n.*). **9 ~ di filo metallico** (tessuto metallico) (*ind. metall.*), Drahtgewebe (*n.*). **10 ~ di lana** (*ind. tess.*), Wollstoff (*m.*). **11 ~ di lino** (*ind. tess.*), Leinen (*n.*), Leinengewebe (*n.*). **12 ~ di seta** (*ind. tess.*), Seidengewebe (*n.*). **13 ~ doppio** (*ind. tess.*), Dublee (*n.*), Doublé (*n.*). **14 ~ fine** (con un peso da 100 a 200 g/m²) (*ind. tess.*), Feingewebe (*n.*). **15 ~ gommato** (caucciù, per stampa offset)

(*macch. da stampa*), Drucktuch (*n.*), Gummituch (*n.*). **16 ~ gommato** (per tamponi elastici di sospensione, per la fondazione di magli p. es.) (*ind.*), Gummi-Gewebe (*n.*). **17 ~ in rilievo** (*ind. tess.*), Reliefgewebe (*n.*). **18 ~ metallico** (tessuto di filo metallico) (*ind. metall.*), Drahtgewebe (*n.*), Drahtgeflecht (*n.*), Metallgewebe (*n.*), Metalltuch (*n.*). **19 ~ mohair** («mohair») (*ind. tess.*), Mohair (*m.*), Mohär (*m.*). **20 ~ peloso** (materiale peloso) (*ind. tess.*), Polmaterial (*n.*). **21 ~ per bandiere** (*ind. tess.*), Flaggentuch (*n.*), Fahnentuch (*n.*). **22 ~ per filtri** (o da filtri) (*ind. chim. - ecc.*), Filtertuch (*n.*), Filterstoff (*m.*). **23 ~ per fodere** (*ind. tess.*), Serge (*f.*), Futterstoff (*m.*). **24 ~ per palloni** (*ind. tess. - aer.*), Ballonstoff (*m.*). **25 ~ pettinato** (pettinato) (*ind. tess.*), Kammgarngewebe (*n.*), Kammgarnstoff (*m.*). **26 ~ pettinato di lana** (pettinato di lana) (*ind. tess.*), Kammwollstoff (*m.*). **27 ~ pieghettato** («plissé») (*ind. tess.*), Plissee (*n.*), Faltenstoff (*m.*). **28 ~ sottocutaneo** (*med.*), Unterhautzellgewebe (*m.*). **29 ~ tubolare** (*ind. tess.*), Schlauchware (*f.*). **30 altezza del ~** (*ind. tess.*), Gewebebreite (*f.*). **31 filtro di ~** (separatore di polveri fini p. es.) (*app.*), Stoffilter (*m.*). **32 stampa di tessuti** (*tess.*), Textildruck (*m.*).

«**test**» (saggio reattivo, prova psicotecnica) (*psicotec. - psicol. ind.*), Test (*m.*), Prüfung (*f.*). **2 ~ attitudinale** (reattivo attitudinale) (*psicotec. - pers.*), Eignungsprüfung (*f.*).

testa (*gen.*), Kopf (*m.*). **2 ~** (portamandrino p. es.) (*macch. ut.*), Kopf (*m.*). **3 ~** (di una vite) (*mecc.*), Kopf (*m.*), Schraubenkopf (*m.*). **4 ~** (testata di un mot. a c. i.) (*mot.*), Kopf (*m.*), Zylinderkopf (*m.*). **5 ~** (nasello, di un utensile da tornio p. es.) (*ut.*), Schneidenkopf (*m.*). **6 ~** (del dente di una ruota dentata) (*mecc.*), Kopf (*m.*). **7 ~** (di un chiodo p. es.) (*carp. - ecc.*), Kopf (*m.*). **8 ~** (muffola terminale, cassetta terminale) (*elett.*), Klemmenkasten (*m.*). **9 ~** (di trivellazione) (*min.*), Kopfstück (*n.*). **10 ~** (di una moneta p. es.) (*gen.*), Avers (*m.*), Kopfseite (*f.*). **11 ~ a calotta** (calotta, di una vite) (*mecc.*), Linsenkopf (*m.*). **12 ~ a calotta piatta** (di una vite) (*mecc.*), Flachrundkopf (*m.*). **13 ~ a croce** (*mecc. - macch.*), Kreuzkopf (*m.*). **14 ~ ad F** (testa con valvola di ammissione laterale e valvola di scarico in testa) (*mot.*), F-Kopf (*m.*). **15 ~ a dividere** (apparecchio per dividere, divisore) (*mecc. - macch. ut.*), Teilgerät (*n.*), Teilkopf (*m.*), Teilapparat (*m.*), Teileinrichtung (*f.*). **16 ~ a dividere differenziale** (*macch. ut.*), Differentialteilgerät (*n.*). **17 ~ a dividere ottica** (divisore ottico) (*macch. ut.*), optischer Teilkopf (*m.*). **18 ~ a dividere universale** (divisore universale) (*macch. ut.*), Universalteilkopf (*m.*). **19 ~ a J** (testa con valvole in testa di mot. a comb. interna) (*mot.*), J-Kopf (*m.*). **20 ~ a martello** (di una vite) (*mecc.*), Hammerkopf (*m.*). **21 ~ a torretta** (*macch. ut.*), Revolverkopf (*m.*). **22 ~ a torretta per trapano** (*macch. ut.*), Revolverbohrkopf (*m.*). **23 ~ bombata larga** (testa a calotta piatta, di una vite) (*mecc.*), Flachrundkopf (*m.*). **24 ~ cilindri** (testata, di un motore a combustione interna) (*mot.*), Zylinderkopf (*m.*). **25 ~ cilindrica** (di una vite) (*mecc.*), Zylinderkopf (*m.*), zylindrischer Kopf. **26 ~ cilindri Heron** (completamente piana alla parte inferiore e con camere di combustione ricavate nei pistoni) (*mot.*), Heron-Zylinderkopf (*m.*). **27 ~ -coda** (*aut.*), tete-à-queue. **28 ~ con valvola di ammissione laterale e valvola di scarico in testa** (testa ad F) (*mot.*), F-Kopf (*m.*). **29 ~ cuneiforme** (testa cilindro per camera di combustione cuneiforme) (*mot.*), Quetschkopf (*m.*). **30 ~ d'albero** (colombiere) (*nav.*), Topp (*m.*). **31 ~ del chiodo** (testa del rivetto) (*mecc.*), Nietkopf (*m.*). **32 ~ del dente** (di ruota dentata) (*mecc.*), Zahnkopf (*m.*). **33 ~ della gabbia** (cappello della gabbia) (*lamin.*), Ständerkopf (*m.*). **34 ~ della valvola** (fungo della valvola, di un mot. a comb. interna) (*mot. - mecc.*), Ventilteller (*m.*). **35 ~ della vite** (*mecc.*), Schraubenkopf (*m.*). **36 ~ dello stantuffo bombata** (*mot.*), gewölbter Kolbenboden. **37 ~ di afferraggio** (parte d'una macchina per prove di trazione) (*tecnol.*), Einspannkopf (*m.*). **38 ~ di biella** (*mot. - mecc.*), Pleuelfuss (*m.*), Kurbelzapfenende des Pleuels. **39 ~ di bobina** (collegamento frontale, di una bobina d'indotto) (*macch. elett.*), Spulenkopf (*m.*). **40 ~ di cavallo** (nell'azionamento di pompa di estrazione di petrolio) (*min. - ind. chim.*), Pferdekopf (*m.*). **41 ~ di cementazione** (per cementare pozzi trivellati) (*min.*), Zementierkopf (*m.*). **42 ~ di chiave** (*ed. - mur.*), Schlauderkopf (*m.*). **43 ~ di estrusione lastre** (per mater. plast.) (*macch.*), Plattenspritzkopf (*m.*). **44 ~ d'iniezione** (nel sondaggio con circolazione di acqua) (*min.*), Spülkopf (*m.*). **45 ~ di ponte** (*milit.*), Landekopf (*m.*), Brückenkopf (*m.*). **46 ~ di registrazione magnetica** (del suono) (*elettroacus.*), Magnetkopf (*m.*), Tonkopf (*m.*). **47 ~ di trazione** (d'un cavo p. es.) (*telef. - ecc.*), Ziehkopf (*m.*). **48 ~ di trazione** (di una brocciatrice) (*macch. ut.*), Ziehkopf (*m.*). **49 ~ emisferica** (testa tonda, di una vite) (*mecc.*), Halbrundkopf (*m.*). **50 ~ ermetica dei tubi** (di trivellazione) (*min.*), Bohrkopf (*m.*). **51 ~ esagonale** (di una vite) (*mecc.*), Sechskantkopf (*m.*). **52 ~ esagonale con spallamento** (d'una vite) (*mecc.*), Sechskantkopf mit angepresster Scheibe. **53 ~ foratrice** (testa portapunta, di un trapano) (*macch. ut.*), Bohrkopf (*m.*). **54 ~ foratrice multipla** (testa a più mandrini) (*macch. ut.*), Mehrspindelbohrkopf (*m.*). **55 ~ foratrice semplice** (testa portapunta ad un mandrino) (*macch. ut.*), einspindeliger Bohrkopf. **56 ~ fotometrica** (*app. ott.*), Photometerkopf (*m.*). **57 ~ (fusa) della fune** (*funi*), Seilkopf (*m.*). **58 ~ motrice** (testa portamandrino, di un tornio) (*macch. ut.*), Spindelkopf (*m.*). **59 ~ piana** (per l'estrusione di film) (*macch. ind. plastica*), Breitschlitzdüse (*f.*). **60 ~ portacreatore** (di una fresatrice a creatore) (*macch. ut.*), Fräskopf (*m.*), Frässpindelkopf (*m.*). **61 ~ portafresa** (di una fresatrice) (*macch. ut.*), Fräskopf (*m.*), Frässpindelkopf (*m.*). **62 ~ portamandrino** (testa motrice) (*macch. ut.*), Spindelkopf (*m.*). **63 ~ portamola** (*macch. ut.*), Schleifkopf

(*m.*), Schleifspindelkopf (*m.*). **64 ~ portapezzo** (di una fresatrice p. es.) (*macch. ut.*), Aufspannkopf (*m.*), Arbeitsspindelkopf (*m.*). **65 ~ portapunta** (di un trapano) (*macch. ut.*), Bohrkopf (*m.*). **66 ~ portapunta ad un mandrino** (*macch. ut.*), einspindeliger Bohrkopf. **67 ~ portapunta multipla** (*macch. ut.*), Mehrspindelbohrkopf (*m.*). **68 ~ preformata** (di un chiodo, all'estremità opposta a quella da ribadire) (*tecnol. mecc.*), Setzkopf (*m.*). **69 ~ quadra** (o quadrata, di una vite) (*mecc.*), Vierkantkopf (*m.*). **70 ~ quadra** (di un rubinetto a maschio p. es.) (*tubaz.*), Vierkant (*m.*). **71 ~ quadrata** (testa quadra, di una vite) (*mecc.*), Vierkantkopf (*m.*). **72 ~ ribadita** (di un chiodo) (*mecc.*), Schliesskopf (*m.*). **73 ~ rotonda ribassata con intaglio a croce e spallamento** (d'una vite) (*mecc.*), Kreuzschlitz-Flachrundkopf mit angepresster Scheibe. **74 ~ soffiatrice** (per ottenere corpi tubolari da materie plastiche mediante estrusione attraverso un ugello anulare) (*macch.*), Blaskopf (*m.*). **75 ~ svasata** (di una vite) (*mecc.*), Senkkopf (*m.*). **76 ~ svasata con calotta** (di una vite) (*mecc.*), Linsensenkkopf (*m.*). **77 ~ svasata piana** (di una vite) (*mecc.*), versenkter Schraubenkopf. **78 ~ tonda** (testa emisferica, di una vite) (*mecc.*), Halbrundkopf (*m.*), halbrunder Kopf. **79 ~ ultrasonora** (per forare con ultrasuoni) (*macch. ut.*), Schallkopf (*m.*). **80 ~ zigrinata** (testa cilindrica zigrinata, di una vite) (*mecc.*), Rändelschraubenkopf (*m.*). **81 albero a camme in ~** (albero di distribuzione in testa) (*mot. - aut.*), obenliegende Nockenwelle. **82 a ~ piana** (a testa piatta) (*mecc.*), flachköpfig. **83 a ~ tonda** (un chiodo p. es.) (*mecc.*), rundköpfig. **84 battito in ~** (*mot. - aut.*), Zündungsklopfen (*n.*). **85 giunto di ~** (*tecnol. mecc.*), Stumpfstoss (*m.*), Stossfuge (*f.*). **86 in ~** (disposizione delle valvole di un mot. a c. i.) (*mot.*), hängend. **87 in ~** (albero a camme) (*mot.*), obenliegend. **88 lavoro sopra ~** (saldatura p. es.) (*tecnol. mecc.*), Überkopfarbeit (*f.*). **89 prodotto di ~** (di distillazione) (*chim.*), Vorlauf (*m.*), Vorprodukt (*n.*). **90 saldare di ~** (*tecnol. mecc.*), stumpfschweissen. **91 saldatura sopra ~** (*tecnol. mecc.*), Überkopfschweissen (*n.*). **92 spazio per la ~** (nell'abitacolo di un'autovettura) (*aut.*), Kopfhöhe (*f.*). **93 unire di ~** (unire testa a testa) (*falegn. - ecc.*), stumpfstossen.
testa-coda (*aut.*), tete-à-queue.
testamentario (*leg.*), letztwillig, testamentarisch. **2 disposizione testamentaria** (*leg.*), letztwillige Verfügung.
testata (testa cilindri, di un mot. a combustione interna) (*mot.*), Zylinderkopf (*m.*). **2 ~** (titolo) (*giorn.*), Kopf (*m.*), Titel (*m.*). **3 ~ bianca** (margine superiore di prima pagina) (*tip.*), Vorschlag (*m.*). **4 ~ del vano di corsa** (nel pozzo di un ascensore) (*ed.*), Schachtkopf (*m.*). **5 guarnizione della ~** (*mot.*), Zylinderkopfdichtung (*f.*), Zylinderdichtung (*f.*).
teste (testimonio) (*leg.*), Zeuge (*m.*). **2 ~ a carico** (*leg.*), Belastungszeuge (*m.*).
tester (multimetro) (*app. elett.*), Vielfachmessgerät (*n.*), Multimeter (*n.*), Universalinstrument (*n.*).
testimoniare (*leg.*), zeugen, aussagen.
testimonianza (*leg. - ecc.*), Zeugnis (*n.*), Aussage (*f.*), Bezeugung (*f.*).
testimonio (*leg.*), Zeuge (*m.*). **2 ~** (bastoncino per il cambio nella corsa a staffetta) (*sport*), Stab (*m.*). **3 ~** (*leg.*), vedi anche teste. **4 ~ di sonda** (carota, campione di roccia) (*min.*), Kern (*m.*), Bohrkern (*m.*). **5 ~ oculare** (*leg.*), Augenzeuge (*m.*).
testina (magnetica, testa di registrazione magnetica) (*elettroacus.*), Magnetkopf (*m.*), Tonkopf (*m.*). **2 ~ d'incisione** (*acus.*), Schneidkopf (*m.*), Schneiddose (*f.*). **3 ~ (di) registrazione-lettura** (*elab. - dati*), Schreib-Lesekopf (*m.*). **4 ~ di riproduzione** (*elettroacus.*), Ablesekopf (*m.*). **5 ~ di riproduzione** (riproduttore) (*elettroacus.*), Abtastkopf (*m.*), Wiedergabekopf (*m.*). **6 ~ di scansione** (*telev. - app.*), Abtastkopf (*m.*). **7 ~ magnetica multipla** (*elettroacus.*), Mehrspurmagnetkopf (*m.*).
testo (*tip. - ecc.*), Text (*m.*), Wortlaut (*m.*). **2 ~ della lettera** (contenuto) (*uff.*), Brieftext (*m.*), Briefinhalt (*m.*). **3 ~ in chiaro** (*telegr. - radio*), Klartext (*m.*). **4 ~ in codice** (*radio - milit.*), Schlüsseltext (*m.*). **5 ~ stenografato** (*uff.*), Stenogramm (*n.*).
tetartoedro (*cristallografia*), Tetartoeder (*n.*).
tetra-arilsilicato (sostanza termoconduttrice) (*chim.*), Tetra-Arylsilicat (*n.*), TAS.
tetracloruro (*chim.*), Tetrachlorid (*n.*). **2 ~ di carbonio** (CCl_4) (*chim.*), Tetrachlorkohlenstoff (*m.*), Tetra (*m.*), Kohlenstofftetrachlorid (*n.*), Tetrachlormethan (*n.*). **3 ~ di titanio** ($TiCl_4$) (*chim.*), Titantetrachlorid (*n.*).
tetrade (gruppo di quattro elementi) (*gen.*), Tetrade (*f.*). **2 ~** (gruppo di quattro caratteri binari) (*calc.*), Tetrade (*f.*).
tetraedro (*geom.*), Tetraeder (*n.*), Vierflächner (*m.*).
tetralina ($C_{10}H_{12}$) (tetraidronaftalina) (*chim.*), Tetralin (*n.*), Tetrahydronaphtalin (*n.*).
tetranitrometilanilina (tetrile, tetralite) (*espl.*), Tetranitromethylanilin (*n.*), Tetryl (*n.*).
tetrapode (corpo in calcestruzzo, per arginature, frangiflutti, ecc.) (*ing. civ.*), Tetrapode (*f.*).
tetravalente (*chim.*), vierwertig.
tetril (tetranitrometilanilina) (*espl.*), Tetryl (*n.*).
tetrile (tetralite) (*espl.*), vedi tetranitrometilanilina.
tetrode (*mat. - ecc.*), Tetrode (*f.*).
tetrodo (valvola o tubo) (*elettronica*), Tetrode (*f.*). **2 ~ a fascio** (tetrodo ad emissione secondaria soppressa) (*elettronica*), Strahltetrode (*f.*). **3 ~ a fascio** (elettronico) (*elettronica*), Bündeltetrode (*f.*). **4 doppio ~** (*elettronica*), Ditetrode (*f.*).
tetrapolare (a quattro fasi) (*elett.*), vierphasig.
tetto (copertura) (*ed. - arch.*), Dach (*n.*), Bedachung (*f.*). **2 ~** (padiglione) (*veic. - aut.*), Decke (*f.*), Dach (*n.*). **3 ~** (di un giacimento p. es.) (*min. - geol.*), Hangendes (*n.*), hangendes Gestein, hangende Schicht. **4 ~ a botte** (*ed. - arch.*), Tonnendach (*n.*). **5 ~ a cannicci** (incannicciata di

tetto

copertura) (*ed.*), Rohrdach (*n.*). **6 ~ a capriata semplice** (*ed. - arch.*), Sparrendach (*n.*). **7 ~ a conversa** (tetto a impluvio) (*ed. - arch.*), Kehlendach (*n.*), Wiederkehrdach (*n.*). **8 ~ a cupola** (*ed. - arch.*), Helmdach (*n.*), Kuppeldach (*n.*). **9 ~ ad arcarecci** (tetto a terzere) (*ed.*), Fettendach (*n.*), Pfettendach (*n.*). **10 ~ ad arco** (o centinato) (*ed.*), Bogendach (*n.*). **11 ~ a due falde** (tetto a due spioventi) (*ed.*), Satteldach (*n.*). **12 ~ a due falde su timpano** (*ed.*), Giebeldach (*n.*). **13 ~ a due spioventi** (tetto a due falde) (*ed.*), Satteldach (*n.*). **14 ~ ad una falda** (o ad uno spiovente) (*ed.*), Pultdach (*n.*). **15 ~ ad uno spiovente** (tetto ad una falda) (*ed.*), Pultdach (*n.*). **16 ~ a gradinata** (*ed.*), Staffeldach (*n.*). **17 ~ a guglia** (tetto piramidale) (*ed.*), Turmdach (*n.*), Pyramidendach (*n.*). **18 ~ a lucernario** (*ed.*), Laternendach (*n.*). **19 ~ a mansarda** (*ed.*), Mansardendach (*n.*). **20 ~ a mansarda a doppia alzata con colonnetta** (*ed.*), Mansardendach mit stehendem Stuhl und Versenkung. **21 ~ a mansarda ad una falda** (*ed.*), Mansardendach in Pultdachform. **22 ~ a padiglione** (*ed.*), Walmdach (*n.*). **23 ~ apribile** (*aut.*), Sonnendach (*n.*). **24 ~ a risega** (tetto a shed) (*ed.*), Sheddach (*n.*), Sägedach (*n.*). **25 ~ a sbalzo** (*ed.*), Kragdach (*n.*). **26 ~ a shed** (tetto a risega) (*ed.*), Sheddach (*n.*), Sägedach (*n.*). **27 ~ a terrazzo** (tetto piano, tetto con copertura piana) (*ed. - arch.*), Terrassendach (*n.*). **28 ~ a terzere** (tetto ad arcarecci) (*ed.*), Fettendach (*n.*), Pfettendach (*n.*). **29 ~ avvolgibile** (*aut.*), Rolldach (*n.*). **30 ~ caldo** (tetto non ventilato, senza interposizione d'uno strato d'aria ricambiabile) (*ed.*), Warmdach (*n.*). **31 ~ centinato** (ad arco) (*ed.*), Bogendach (*n.*). **32 ~ con copertura piana** (tetto piano) (*ed.*), flaches Dach, Flachdach (*n.*). **33 ~ con copertura piana** (tetto a terrazzo) (*ed.*), Terrassendach (*n.*). **34 ~ con embrici** (*ed.*), Plattendach (*n.*). **35 ~ conico** (*ed.*), Kegeldach (*n.*). **36 ~ con pendenza 1 : 5** (*ed.*), Fünfteldach (*n.*). **37 ~ con pendenza 1 : 4** (*ed.*), Vierteldach (*n.*). **38 ~ con pendenza 1 : 3** (*ed.*), Dritteldach (*n.*). **39 ~ di assi** (*ed.*), Bretterdach (*n.*). **40 ~ di canne** (*ed.*), Rethdach (*n.*), Rieddach (*n.*). **41 ~ di zinco** (*ed.*), Zinkdach (*n.*). **42 ~ freddo** (tetto ventilato, con intercapedine di aria per poter asportare l'umidità) (*ed.*), Kaltdach (*n.*). **43 ~ non ventilato** (tetto caldo, senza interposizione d'uno strato d'aria ricambiabile) (*ed.*), Warmdach (*n.*). **44 ~ piano** (tetto con copertura piana) (*ed.*), flaches Dach, Flachdach (*n.*). **45 ~ piano** (tetto a terrazzo) (*ed.*), Terrassendach (*n.*). **46 ~ piramidale** (tetto a guglia) (*ed.*), Turmdach (*n.*), Pyramidendach (*n.*). **47 ~ scorrevole** (*aut. - ferr.*), Schiebedach (*n.*). **48 ~ ventilato** (tetto freddo, con intercapedine di aria per poter asportare l'umidità) (*ed.*), Kaltdach (*n.*). **49 bordo inferiore del ~** (*ed.*), Dachfuss (*m.*), Dachtraufe (*f.*). **50 colmo del ~** (comignolo) (*ed.*), Dachfirst (*m.*), First (*m.*). **51 copertura del ~** (*ed.*), Dachbelag (*m.*). **52 coprire con ~** (*ed.*), bedachen. **53 mettere il ~** (o la copertura, coprire) (*ed.*), dachdecken. **54 ossatura del ~** (*ed.*), Dachgerüst (*n.*), Dachgebälk (*n.*). **55 pendenza del ~** (*ed.*), Dachneigung (*f.*), Abdachung (*f.*). **56 trave maestra del ~** (traversa del tetto) (*ed.*), Dachbalken (*m.*). **57 traversa del ~** (trave maestra) (*ed.*), Dachbalken (*m.*).

tettoia (*ed.*), Schirmdach (*n.*), Wetterdach (*n.*). **2 ~ a sbalzo** (*ed.*), Auslegerdach (*n.*). **3 ~ della stazione** (*ed.*), Bahnhofüberdachung (*f.*).

tettonica (geologia strutturale) (*geol.*), Tektonik (*f.*), Geotektonik (*f.*).

tettonico (*geol.*), tektonisch.

tettuccio (dell'abitacolo di pilotaggio) (*aer.*), Führersitzhaube (*f.*). **2 dispositivo rottura ~ abitacolo** (d'un sedile eiettabile) (*aer.*), Kabinendachbrecher (*m.*).

tex (unità di misura della finezza dei filati = $\dfrac{1 \text{ g}}{1000 \text{ m}}$ (*ind. tess.*), tex (*n.*).

TF (tolleranza di forma) (*mecc.*), TF, Formtoleranz (*f.*).

tg δ (angolo di perdita del dielettrico) (*elett.*), tan δ, dielektrischer Verlustfaktor.

tgh (tangh, tangente iperbolica) (*mat.*), tgh, Hyperbel-Tangens (*m.*).

Th (torio) (*chim.*), Th, Thorium (*n.*).

th (thermie = 10^6 cal) (*unità term.*), th, thermie.

therblig (elemento base per l'analisi dei metodi di lavoro) (*lav.*), Therblig (*n.*).

therm (unità d'energia termica = 25207,5 kcal) (*unità term.*), therm.

thermie (th = 10^3 kcal) (*unità term.*), thermie, th.

thermolux (vetro che distribuisce uniformemente la luce) (*ind. vetro - ed.*), Thermolux (*m.*).

thermopane (pannello isolante di vetro) (*ind. vetro - ed.*), Thermopane (*n.*).

« thermos » (bottiglia termostatica) (*app.*), Warmhalteflasche (*f.*), Thermoflasche (*f.*), Isolierflasche (*f.*).

thermosit (scoria d'altoforno spugnosa) (*ed.*), Thermosit (*n.*).

Thomas, processo ~ (*metall.*), Thomasverfahren (*n.*). **2 scoria ~** (*metall.*), Thomasschlacke (*f.*).

Thomson, effetto ~ (*elett.*), Thomsoneffekt (*m.*).

Ti (titanio) (*chim.*), Ti, Titan (*n.*).

ticchettare (*gen.*), tippen.

tiepido (*calore*), lau, lauwarm, halbwarm.

tifo (*med.*), Typhus (*m.*).

tilde (~, segno sulla n) (*tip.*), Tilde (*f.*).

timbrare (*uff. - ecc.*), stempeln, abstempeln. **2 ~** (l'inizio o il termine del tempo di lavoro, nell'orologio marcatempo) (*lav.*), stechen.

timbratrice (*macch.*), Stempelmaschine (*f.*). **2 ~ postale** (annullatrice postale) (*macch. - posta*), Poststempelmaschine (*f.*).

timbratura (*posta - ecc.*), Stempelung (*f.*), Abstempelung (*f.*). **2 ~** (nell'orologio marcatempo) (*lav.*), Stechen (*n.*).

timbro (marchio) (*gen.*), Stempel (*m.*), Abdruck (*m.*). **2 ~** (con caratteri di gomma p. es.) (*ut. uff. - ecc.*), Stempel (*m.*). **3 ~** (*posta*), Stempel (*m.*). **4 ~** (tono) (*acus. - radio - telev.*), Klangfarbe (*f.*). **5 ~** (di una macchina affrancatrice) (*posta*), Gebührenstempel (*m.*). **6 ~ a secco** (*uff. - ecc.*), Trok-

kenstempel (*m.*). 7 ~ **postale** (*posta*), Briefstempel (*m.*), Poststempel (*m.*).
time-sharing (sfruttamento ottimale d'un calcolatore mediante svolgimento simultaneo intercalato di più programmi) (*calc.*), Time-Sharing (*n.*).
timone (*nav. - aer.*), Ruder (*n.*), Steuer (*n.*). 2 ~ (di un carro p. es.) (*veic.*), Deichsel (*f.*). 3 ~ **attivo** (combinazione d'un timone normale e di un'elica) (*nav.*), Aktivruder (*n.*). 4 ~ **automatico** (correttore automatico di assetto che agisce sul timone principale senza intervento del pilota) (*aer.*), Trimmruder (*n.*). 5 ~ **bloccato** (*aer. - nav.*), blockiertes Ruder. 6 ~ **compensato** (*nav.*), Balance-Ruder (*n.*). 7 ~ **compensato** (di nave da guerra) (*nav.*), Schweberuder (*n.*). 8 ~ **del rimorchio** (*aut.*), Anhängerzuggabel (*f.*). 9 ~ **di direzione** (*aer.*), Seitenruder (*n.*). 10 ~ **di direzione triplice** (*aer.*), Dreifachseitenruder (*n.*), Dreifachseitenleitwerk (*n.*). 11 ~ **di fortuna** (*nav.*), Notruder (*n.*). 12 ~ **di profondità** (timone di quota, equilibratore) (*aer.*), Höhenruder (*n.*). 13 ~ **di profondità** (timone orizzontale, di un sottomarino) (*mar. milit.*), Tiefenruder (*n.*). 14 ~ **di quota** (timone di profondità, equilibratore) (*aer.*), Höhenruder (*n.*). 15 ~ **intubato** (*nav.*), Düsenruder (*n.*), Kort-Düsenruder (*n.*). 16 ~ **orizzontale** (timone di profondità, di un sottomarino) (*mar. milit.*), Tiefenruder (*n.*). 17 ~ **semicompensato** (*nav.*), Halbbalance-Ruder (*n.*), Teilbalance-Ruder (*m.*). 18 ~ **supportato in alto ed al centro** (*nav.*), Halbschwebe-Ruder (*n.*). 19 **asse del** ~ (anima del timone) (*nav.*), Ruderschaft (*m.*), Ruderspindel (*m.*). 20 **bandiera del** ~ (pala o piano del timone) (*nav.*), Ruderblatt (*n.*). 21 **carico del** ~ (forza esercitata dal timone d'un rimorchio monoasse sulla parte posteriore del veicolo trainante) (*veic.*), Stützkraft (*f.*). 22 **compensazione del** ~ (*nav.*), Ruderausgleich (*m.*). 23 **doppio** ~ (*aer.*), Doppelseitenruder (*n.*). 24 **obbedire al** ~ (*nav.*), dem Ruder gehorchen. 25 **pala del** ~ (bandiera o piano del timone) (*nav.*), Ruderblatt (*n.*). 26 **piano del** ~ (pala o bandiera del timone) (*nav.*), Ruderblatt (*n.*). 27 **ruota del** ~ (*nav.*), Steuerrad (*n.*).
timoneria (timoniera, cabina di comando) (*nav.*), Ruderhaus (*n.*), Steuerhaus (*n.*). 2 ~ (leveraggi dei freni) (*veic. ferr.*), Bremsgestänge (*n.*).
timoniera (*nav.*), Steuerhaus (*n.*), Ruderhaus (*n.*).
timoniere (*nav.*), Steuermann (*m.*).
timpano (*arch.*), Bogenfeld (*n.*), Tympanon (*n.*). 2 ~ (di un'orecchia) (*acus.*), Trommelfell (*n.*).
tindallizzazione (metodo di sterilizzazione) (*ind. chim.*), Tyndallisieren (*n.*).
tinello (*ed.*), Wohnküche (*f.*).
tingere (*ind. tess.*), färben, einfärben. 2 ~ **in concia** (*ind. cuoio*), angerben, anfärben. 3 ~ **alla barca** (*ind.tess.*), färben auf offener Kufe. 4 ~ **in filato** (*ind. tess.*), färben im Garn. 5 ~ **in matassa** (*ind. tess.*), färben im Strang.
tino (tinozza, recipiente di legno aperto) (*gen.*), Bottich (*m.*), Kübel (*m.*), Bütte (*f.*), Fass (*n.*). 2 ~ (di un altoforno) (*metall. - forno*), Schacht (*m.*). 3 ~ (*tintoria - ind. tess.*), Küpe (*f.*), Farbkessel (*m.*). 4 ~ **dell'alto forno** (*metall. - forno*), Hochofenschacht (*m.*). 5 ~ **di fermentazione** (*app.*), Gärbottich (*m.*). 6 ~ **d'indaco** (*ind. chim.*), Indigoküpe (*f.*). 7 ~ **di sedimentazione** (*app. ind.*), Absetzbottich (*m.*). 8 **forno a** ~ (*forno - metall.*), Schachtofen (*m.*).
tinozza (tino, recipiente di legno aperto) (*gen.*), Fass (*n.*), Bottich (*m.*), Kübel (*m.*), Bütte (*f.*).
tinta (tonalità cromatica) (*ott.*), Farbton (*m.*). 2 ~ (propriamente detta, tonalità intrinseca) (*ott.*), unbezogene Farbe. 3 ~ (a calce p. es., su murature) (*ed. - mur.*), Anstrich (*m.*), Tünche (*f.*). 4 ~ (*ind. tess.*), Flotte (*f.*), Färbeflotte (*f.*). 5 ~ **a calce** (per pareti) (*mur.*), Kalktünche (*f.*), Kalkanstrich (*m.*). 6 ~ **guida** (applicata dopo la stuccatura e prima della carteggiatura, nella verniciatura delle carrozzerie) (*vn. - aut.*), Kontrollfarbe (*f.*). 7 ~ **relativa** (tinta di contrasto, tonalità relativa, tonalità di contrasto) (*ott.*), bezogene Farbe. 8 **a** ~ **solida** (*ind. tess.*), farbecht, farbbeständig.
tinteggiare (*mur.*), betünchen, tünchen.
tinteggiatura (coloritura, degli ambienti) (*ed.*), Farbgebung (*f.*). 2 ~ (verniciatura, «pitturazione», «imbiancatura») (*ed.*), Tünchen (*n.*), Malen (*n.*), Anstreichen (*n.*).
tintore (*lav. - ind. - tess.*), Färber (*m.*).
tintoria (per la tintura dei tessuti) (*ind. tess.*), Färberei (*f.*).
tintura (dei tessuti) (*ind. tess.*), Färbung (*f.*), Färberei (*f.*). 2 ~ **ad alta temperatura** (*ind. tess.*), Hochtemperatur-Färben (*n.*), HT-Färben (*n.*). 3 ~ **ad immersione** (*ind. tess.*), Tauchfärbung (*f.*). 4 ~ **al tino** (*ind. tess.*), Fassfärbung (*f.*). 5 ~ **di iodio** (*farm.*), Jodtinktur (*f.*). 6 ~ **e stampa** (*ind. tess.*), Färben und Drucken. 7 ~ **in matasse** (*ind. tess.*), Garnfärben (*n.*). 8 ~ **in pezza** (coloritura in pezza) (*ind. tess.*), Stückfärberei (*f.*). 9 ~ **su mordente** (*ind. tess. - tintoria*), Klotzfärbung (*f.*). 10 **bagno di** ~ (bagno di colore) (*ind. tess.*), Färbebad (*n.*), Färbeflotte (*f.*).
tiofene (C_4H_4S) (*chim.*), Thiophen (*n.*).
tioplasto (*ind. chim.*), Thioplast (*n.*).
tiourea (CH_4N_2S) (*chim.*), Thioharnstoff (*m.*).
tipico (*gen.*), vorbildlich.
tipizzazione (di mezzi di produzione e di consumo) (*ind.*), Typisierung (*f.*), Typnormung (*f.*), Typung (*f.*).
tipo (specie, genere) (*gen.*), Art (*f.*). 2 ~ (modello) (*gen.*), Typ (*m.*), Muster (*n.*), Vorbild (*n.*), Modell (*n.*). 3 ~ (esecuzione) (*gen.*), Ausführung (*f.*). 4 ~ **(di autocarro) a cabina arretrata** (esecuzione a cabina arretrata) (*aut.*), Haubenausführung (*f.*). 5 ~ **fondamentale** (d'un impianto p. es.) (*gen.*), Grundart (*f.*). 6 ~ **per ambienti umidi** (esecuzione per ambienti umidi) (*elett.*), Feuchte-Räume-Ausführung (*f.*), FR-Ausführung (*f.*). 7 ~ **speciale** (esecuzione speciale) (*mecc. - ecc.*), Sonderausführung (*f.*). 8 ~ **unificato** (esecuzione normale) (*tecnol.*), Standardausführung (*f.*). 9 **prova di** ~ (*elett. - ecc.*), Typenprüfung (*f.*).
tipografia (stampa tipografica) (*tip.*), Hoch

tipografico

druck (*m.*), Buchdruck (*m.*). **2** ~ (stabilimento tipografico, stamperia) (*tip. - ind. graf.*), Druckerei (*f.*), Druckanstalt (*f.*), graphische Werkstatt. **3** ~ (arte grafica) (*tip.*), Buchdruckkunst (*f.*), Typographie (*f.*). **4 seghetto per** ~ (*ut.*), typographische Säge.

tipografico (*tip.*), typographisch. **2 cassa tipografica** (*tip.*), Schriftkasten (*m.*), Setzkasten (*m.*). **3 punto** ~ (= 0,376 mm) (*tip.*), typographischer Punkt.

tipografo (*lav.*), Buchdrucker (*m.*), Typograph (*m.*). **2** ~ (stampatore) (*tip. - lav.*), Drucker (*m.*). **3 apprendista** ~ (*lav.*), Druckerlehrling (*m.*).

tipometro (*strum. tip.*), Letternmesser (*m.*), Schrifthöhenmesser (*m.*), typographisches Zeilenmass.

TIR (Transport International Routier) (*trasp.*), TIR.

tirabozze (torchio tirabozze, torchio tiraprove, tiraprove) (*macch. per stampa*), Handpresse (*f.*), Fahnenpresse (*f.*).

tirachiodi (estrattore per chiodi, piede di cervo) (*ut.*), Nagelzieher (*m.*).

tirafumo (cappello tirafumo, di un camino) (*ed. - comb.*), Sauger (*m.*), Saugkopf (*m.*).

tiraggio (d'aria) (*forno - comb. - term.*), Zug (*m.*), Luftzug (*m.*). **2** ~ (effetto camino) (*fis. tecnica*), Schornsteinzug (*m.*), Essenzug (*m.*). **3** ~ **artificiale** (d'aria, tiraggio forzato) (*comb. - riscald. - ecc.*), künstlicher Zug. **4** ~ **aspirato** (tiraggio per aspirazione) (*comb.*), Saugzug (*m.*). **5** ~ **automatico** (*comb. - ecc.*), Selbstzug (*m.*). **6** ~ **d'aria** (*forno - comb.*), Luftzug (*m.*), Zug (*m.*). **7** ~ **d'aria** (*ventilazione min.*), Wetterzug (*m.*). **8** ~ **del camino** (*fis. tecnica*), Essenzug (*m.*), Schornsteinzug (*m.*). **9** ~ **forzato** (tiraggio artificiale) (*comb. - forno*), forcierter Luftzug, künstlicher Zug. **10** ~ **forzato aspirato** (tiraggio aspirato) (*forno - ecc.*), Saugzug (*m.*). **11** ~ **forzato soffiato** (tiraggio per pulsione) (*term.*), Druckzug (*m.*). **12** ~ **naturale** (*comb.*), natürlicher Zug, Naturzug (*m.*). **13** ~ **regolato** (per fumi) (*comb.*), Regelzug (*m.*). **14** ~ **soffiato** (tiraggio artificiale per pulsione) (*comb.*), Druckzug (*m.*). **15 regolatore del** ~ (*comb.*), Zugregler (*m.*).

tiralicci (di un telaio) (*macch. tess.*), Wage (*f.*).

tiralinee (*strum. dis.*), Linienreisser (*m.*), Reissfeder (*f.*), Ziehfeder (*f.*). **2** ~ **a punte larghe** (*strum. dis.*), Schwedenfeder (*f.*), Reissfeder mit breiter Zunge. **3** ~ **a tre punte** (*strum. dis.*), dreizüngige Reissfeder (*f.*). **4** ~ **doppio** (*strum. dis.*), Doppelreissfeder (*f.*). **5** ~ **per punteggiate** (*strum. dis.*), Punktierfeder (*f.*), Punktierreissfeder (*f.*).

tirante (*mecc. - ed.*), Spannstange (*f.*), Zugstange (*f.*), Zugstab (*m.*). **2** ~ (di una trave reticolare) (*ed.*), Zugstab (*m.*), Zugglied (*n.*). **3** ~ (asta di trazione, per fissare utensili) (*ut.*), Anzugstange (*f.*). **4** ~ (*mecc. - ecc.*), Zugbolzen (*m.*), Zugstab (*m.*). **5** ~ (catena) (*ed.*), Zuganker (*m.*). **6** ~ (di una pressa p. es.) (*macch. - ecc.*), Zuganker (*m.*). **7** ~ **a vite** (di una caldaia p. es.) (*cald.*), Stehbolzen (*m.*), Schraubenolzcsn (*m.*). **8** ~ **a vite** (*mecc.*), Spannbearh ube(*f.*). **9** ~ **Bowden** (tirante flessibile) (*mecc.*), Bowdenzug (*m.*). **10** ~ **del freno** (*veic.*), Bremszugstange (*f.*). **11** ~ **dell'acceleratore** (*mot. - aut.*), Drosselgestänge (*n.*). **12** ~ **di ancoraggio** (*ed.*), Anker (*m.*), Zuganker (*m.*). **13** ~ **di scartamento degli aghi** (dello scambio) (*ferr.*), Zungenverbindungsstange (*f.*). **14** ~ **flessibile** (tirante Bowden) (*mecc.*), Bowdenzug (*m.*). **15** ~ **longitudinale** (comando sterzo) (asta longitudinale comando sterzo) (*aut.*), Lenkschubstange (*f.*), Schubstange (*f.*), Lenkstange (*f.*). **16** ~ **pressa pacco gioghi** (di un trasformatore) (*macch. elett.*), Jochbolzen (*m.*). **17** ~ **trasversale** (dello sterzo, asta trasversale) (*aut.*), Spurstange (*f.*).

tiranteria (*mecc.*), Gestänge (*n.*). **2** ~ **comando acceleratore** (*aut.*), Gasgestänge (*n.*). **3** ~ **del freno** (*veic.*), Bremsgestänge (*n.*). **4** ~ **dell'acceleratore** (*aut.*), Gasgestänge (*n.*). **5** ~ **dello sterzo** (*aut.*), Lenkgestänge (*n.*). **6** ~ **di comando** (*mecc.*), Steuergestänge (*n.*). **7** ~ **di richiamo** (*mecc.*), Rückführgestänge (*n.*).

tiraprove (tirabozze, torchio tirabozze, torchio tiraprove) (*macch. per stampa*), Handpresse (*f.*), Fahnenpresse (*f.*).

tiraraggi (tendiraggi) (*mecc. - veic.*), Speichenspanner (*m.*).

tirare (*gen.*), ziehen. **2** ~ (una riga) (*dis.*), durchziehen, ziehen. **3** ~ (di un camino) (*comb.*), ziehen. **4** ~ (il freno, registrare il freno) (*aut.*), anziehen. **5** ~ (*nav.*), aufziehen, hissen. **6** ~ **bozze** (*tip.*), abziehen. **7** ~ **con controstampa** (difetto di stampa), abschmutzen. **8** ~ **da un lato** (dei freni) (*difetto aut.*), einseitig greifen, einseitig fassen. **9** ~ **dentro** (*gen.*), einziehen. **10** ~ **lateralmente** (*difetto aut.*), seitlich wegsetzen. **11** ~ **una bozza** (*tip.*), einen Druck abziehen. **12** ~ **una copia** (*tip.*), einen Druck abziehen.

tirata d'aria (respiro, sfiato, di una forma) (*fond.*), Pfeife (*f.*), Luftkanal (*m.*). **2** ~ (ago, spillo) (*fond.*), Luftspiess (*m.*).

tirato (*gen.*), gezogen. **2** ~ (spinto, motore a comb. interna) (*mot.*), hochforciert, hochgezüchtet. **3** ~ **a fondo** (teso, in forza, una vela p. es.) (*gen.*), prall, straffgespannt.

tiratron (tiratrone, raddrizzatore a vapori di mercurio p. es.) (*elettronica*), Thyratron (*n.*). **2** ~ **a catodo freddo** (*elettronica*), Kaltkathodenthyratron (*n.*).

tiratura (operazione di stampa) (*tip.*), Abzug (*m.*), Abziehen (*n.*). **2** ~ (di giornali p. es., numero di copie a stampa) (*tip. - giorn.*), Auflage (*f.*). **3 a forte** ~ (libro) (*tip.*), mit hoher Auflageziffer.

tiristore (*elettronica*), Thyristor (*m.*). **2** ~ **al silicio** (raddrizzatore controllato al silicio, SCR) (*elettronica*), Siliziumthyristor (*m.*). **3** ~ **bidirezionale** (triac, formato da due tiristori collegati in antiparallelo) (*elettronica*), Triac (*m.*). **4** ~ **veloce** (*elettronica*), schneller Thyristor. **5 accensione a tiristori** (*aut.*), Thyristorzündung (*f.*).

tiro (il tirare, trazione) (*gen.*), Zug (*m.*), Ziehen (*n.*). **2** ~ (con arma da fuoco) (*milit. - sport*), Schiessen (*n.*). **3** ~ (fuoco, di pezzi d'artiglieria p. es.) (*milit.*), Feuer (*n.*), Geschützfeuer (*n.*). **4** ~ **a forcella** (*milit.*),

Gabelschiessen (n.). 5 ~ a segno (tiro al bersaglio) (milit. - sport), Scheibenschiessen (n.). 6 ~ con la pistola (sport), Pistolenschiessen (n.). 7 ~ contraereo (milit.), Flakfeuer (n.). 8 ~ curvo (di un obice p. es.) (artiglieria), Steilfeuer (n.). 9 ~ di appoggio (artiglieria), Unterstützungsfeuer (n.). 10 ~ di disturbo (artiglieria), Störungsfeuer (n.). 11 ~ di esercitazione (artiglieria), Übungsschiessen (n.). 12 ~ d'infilata (artiglieria), Querfeuer (n.), Flankenfeuer (n.). 13 ~ di preparazione (artiglieria), Vorbereitungsfeuer (n.). 14 ~ diretto (artiglieria), direktes Schiessen, direkter Beschuss. 15 ~ di sbarramento (fuoco di sbarramento) (artiglieria), Sperrfeuer (n.). 16 ~ eccessivo (difetto di trafilatura) (tecnol. mecc.), Überziehen (n.). 17 ~ indiretto (artiglieria), indirektes Schiessen, indirekter Beschuss. 18 ~ obliquo (trazione obliqua, di una fune metall. p. es.) (fune - ecc.), Schrägzug (m.). 19 ~ radente (milit.), bestreichendes Feuer. 20 ~ rapido (arma da fuoco), Schnellfeuer (n.). 21 ~ teso (di un cannone) (milit.), Flachfeuer (n.), Flachbahn (f.). 22 calcolatore dei dati di ~ (calc. - milit.), Schiesselementerechner (m.). 23 centrale di ~ (centrale di punteria) (mar. milit. - ecc.), Zentralrichtanlage (f.). 24 centrale di ~ (calcolatrice dei dati di tiro) (milit.), Zielrechenmaschine (f.). 25 dati di ~ (artiglieria), Schiessgrundlagen (f. pl.), Schiessdaten (n.p l.) Schusswerte (m. pl.). 26 direzione del ~ (condotta del fuoco, regolazione del tiro) (milit.), Feuerleitung (f.). 27 dispositivo per la regolazione del ~ (milit.), Feuerleitgerät (n.). 28 in ~ (ramo di catena p. es.) (mecc. - trasp. ind.), ziehend. 29 precisione di ~ (artiglieria), Treffsicherheit (f.). 30 regolazione del ~ (condotta del fuoco, direzione del tiro) (milit.), Feuerleitung (f.). 31 tavola di ~ (artiglieria), Schusstafel (f.).

tirocinante (apprendista) (lav.), Lehrling (m.).

tirocinio (apprendistato, apprendissaggio) (lav.), Lehre (f.), Lehrzeit (f.). 2 finire il ~ (lav.), auslernen.

tissotropia (tixotropia, fenomeno per cui alcune sostanze si liquefano, se sottoposte ad agitazione, e dopo un certo periodo di quiete ritornano nuovamente allo stato di gel) (fis. - chim. - vn.), Thixotropie (f.).

tissotropico (tixotropico) (fis. - chim.), thixotrop.

titanio (Ti - chim.), Titan (n.). 2 bianco di ~ (TiO$_2$) (biossido di titanio) (chim. vn.), Titanweiss (n.), Titandioxyd (n.). 3 biossido di ~ (TiO$_2$) (bianco di titanio) (chim· - vn.), Titandioxyd (n.), Titanweiss (n.).

titanite (sfeno) (min.), Titanit (m.), Sphen (m.).

titillare (un carburatore, per arricchire la miscela) (mot. - aut.), tippen.

titillatore (di un carburatore) (mot. - aut.), Tipper (m.), Tupfer (m.).

titolare (v. - chim.), titrieren. 2 ~ (di una ditta) (s. - comm. - ecc.), Betriebsinhaber (m.), Firmeninhaber (m.). 3 ~ (l'avente diritto, beneficiario) (leg.), Berechtigter (m.). 4 ~ del brevetto (leg.), Patentinhaber (m.).

titolazione (chim.), Titration (f.). 2 ~ conduttometrica (chim.), Leitfähigkeitstitration (f.). 3 ~ potenziometrica (chim.), potentiometrische Titration, Potentiometrie (f.).

titolo (gen.), Titel (m.). 2 ~ (di una soluzione) (chim.), Stärke (f.), Titer (m.), Titre (m.). 3 ~ (concentrazione d'un bagno di fosfati od ossalati, p. es.) (chim.), Punktzahl (f.). 4 ~ (di una lega, per monete p. es.) (metall.), Feingehalt (m.), Feinheit (f.), Feine (f.), Korn (n.), Standard (m.). 5 ~ (di un filato, rapporto tra peso e lunghezza) (ind. tess.), Gewichtsnummer (f.), Titer (m.), Feinheit (f.), Nummer (f.), Feinheitsnummer (f.). 6 ~ (di una pubblicazione) (tip.), Überschrift (f.), Titel (m.). 7 ~ (testata, di un giornale) (giorn.), Kopf (m.), Titel (m.). 8 titoli (di credito) (finanz.), Effekten (f. pl.), Wertpapiere (n. pl.), Stücke (n. pl.), Werte (m. pl.). 9 ~ accademico (università), Grad (m.), Würde (f.), Titel (m.). 10 ~ decimale (di filati e fibre; grex, in g/10 km) (tess.), Decimaltiter (m.), grex. 11 ~ del filato (ind. tess.), Garnnummer (f.), Garnfeinheitsnummer (f.). 12 ~ dell'argento (finezza dell'argento) (metall.), Lötigkeit (f.). 13 ~ della soluzione (chim.), Lösungsstärke (f.). 14 ~ del vapore (umidità del vapore, contenuto di acqua del vapore, % in peso) (termodin.), Dampfnässe (f.). 15 ~ di studio (pers. - scuola), Ausbildungsgang (m.). 16 ~ metrico (di un filato, rapporto tra lunghezza in m e peso in g) (ind. tess.), metrische Feinheitsnummer, Längennummer (f.). 17 titoli negoziabili (finanz.), marktfähige Effekten, umlaufsfähige Werte. 18 ~ professionale (lav. - ecc.), Berufsbezeichnung (f.). 19 ~ su pagina intera (di un libro) (tip.), Kolumnentitel (m.). 20 titoli trasferibili (finanz.), übertragbare Werte. 21 ~ universitario (scuola), akademischer Titel. 22 borsa dei titoli (finanz.), Effektenbörse (f.), Wertpapierbörse (f.), Fondsbörse (f.), Börse (f.). 23 portafoglio titoli (finanz.), Wertpapierbestand (m.), Effektenbestand (m.). 24 trasferimento di titoli (finanz.), Effektengiro (n.).

titrazione (titolazione) (chim.), Titration (f.). 2 ~ potenziometrica (chim.), Potentiometrie (f.), potentiometrische Titration.

titrimetria (chim.), Titrimetrie (f.).

titrimetrico (chim.), titrimetrisch.

tixotropia (tissotropia, fenomeno per cui alcune sostanze si liquefano, se sottoposte ad agitazione, e dopo un certo periodo di quiete ritornano nuovamente allo stato di gel) (fis. - chim. - vn.), Thixotropie (f.).

tixotropico (tissotropico) (fis. - chim.), thixotrop.

Tl (tallio) (chim.), Tl, Thalium (n.).

Tm (tulio) (chim.), Tm, Thulium (n.).

t.m (tonn.m, tonnellata.metro) (mis.), mMp, m.1000 kp.

TMU (time measurement unit, unità di tempo; 1 TMU = 0,00001 h ossia 0,036s; 1 s = 27,8 TMU) (studio tempi), TMU.

Tn (toron) (chim.), Tn, Thoron (n.).

toccare (la pista, nell'atterraggio) (v.i. - aer.), aufsetzen.

toelettatura (lavaggio ecc., di una vettura) (aut.), Schönheitspflege (f.).

togliere

togliere (un coperchio p. es.) (*gen.*), abnehmen, wegnehmen. 2 ~ (allontanare) (*gen.*), entfernen. 3 ~ (eliminare, sopprimere) (*gen.*), beseitigen. 4 ~ (terminare, chiudere; la seduta p. es.) (*gen.*), aufheben. 5 ~ **con pinza** (*gen.*), abzwicken. 6 ~ **da parentesi** (*mat.*), herausheben. 7 ~ **i chiodi** (schiodare, togliere i rivetti) (*mecc.*), entnieten, abnieten. 8 ~ **il boccame** (*fond.*), abkneifen. 9 ~ **il cappellaccio** (togliere il materiale di copertura) (*min.*), abdecken, abräumen. 10 ~ **il contatto** (spegnere il motore) (*mot. - aut.*), die Zündung ausschalten. 11 ~ **il ghiaccio** (*aer. - ecc.*), enteisen. 12 ~ **il guscio** (sgusciare) (*agric.*), enthülsen. 13 ~ **il materiale di copertura** (togliere il cappellaccio) (*min.*), abdecken) abräumen. 14 ~ **il tetto** (*ed.*), abdecken. 15 ~ **i rivetti** (togliere i chiodi, schiodare, (*mecc.*), entnieten, abnieten. 16 ~ **la calza** (togliere la treccia, ad un cavo) (*elett.*), entflechten. 17 ~ **l'accensione** (togliere il contatto, spegnere il motore) (*mot. - aut.*), die Zündung ausschalten. 18 ~ **la chiavetta** (schiavettare) (*mecc.*), loskeilen. 19 ~ **la comunicazione** (*telef.*), die Verbindung trennen. 20 ~ **la corteccia** (*legno*), abborken, entrinden. 21 ~ **la durezza** (addolcire, l'acqua p. es.) (*ind. chim. - ecc.*), enthärten. 22 ~ **la guaina** (di un cavo) (*elett.*), abmanteln. 23 ~ **la nichelatura** (asportare la nichelatura) (*tecnol. mecc.*), entnickeln. 24 ~ **la pelle** (scuoiare) (*ind. cuoio*), abledern. 25 ~ **l'aria** (disareare) (*chim. - fis.*), entlüften. 26 ~ **la treccia** (togliere la calza, ad un cavo) (*elett.*), entflechten. 27 ~ **la vernice** (sverniciare) (*vn.*), ablackieren. 28 ~ **le bave** (sbavare) (*tecnol. mecc. - fond. - ecc.*), abgraten. 29 ~ **le scorie** (di fucinatura p. es.) (*tecnol. mecc.*), entzundern. 30 ~ **le scorie** (con fermascorie, dalla superficie del metallo fuso) (*fond.*), abschäumen. 31 ~ **lo sporco** (lavare, un abito p. es.) (*gen.*), auswaschen.

tolemaico, sistema ~ (*astr.*), ptolemäisches System.

tollerabile (sopportabile, carico p. es.) (*tecnol.*), ertragbar, erträglich.

tollerabilità (sopportabilità, di vibrazioni mecc., p. es.) (*veic. - ecc.*), Erträglichkeit (*f.*).

tolleranza (di lavorazione, di un pezzo) (*mecc.*), Toleranz (*f.*). 2 ~ (per il consumo di carburante p. es.) (*mot. - comm. - ecc.*), Tolerant (*f.*), Abweichung (*f.*). 3 ~ (dimensionale, differenza fra misura minima e mis. massima consentite) (*mecc.*), Masstoleranz (*f.*). 4 ~ **bilaterale** (*mecc.*), Plus- und Minustoleranz (*f.*), Plus- und Minusabweichung (*f.*). 5 ~ **di accoppiamento** (sul gioco od interferenza) (*mecc.*), Passtoleranz (*f.*). 6 ~ **di allineamento** (*mecc.*), zulässige Fluchtabweichung, TL, Tl. 7 ~ **di angolarità** (*mecc.*), zulässige Ungleichwinkligkeit, TW, Tw. 8 ~ **di cilindricità** (*mecc.*), zulässige Abweichung vom Kreiszylinder, TZ, Tz. 9 ~ **di circolarità** (*mecc.*), Rundheitstoleranz (*f.*), Tk TK. 10 ~ **di eccentricità** (*mecc.*), zulässige Mittigkeitsabweichung, TM, Tm. 11 ~ **di fabbricazione** (*mecc.*), Herstelltoleranz (*f.*). 12 ~ **di forma** (errore di forma tollerabile) (*mecc.*), Formtoleranz (*f.*), zulässige Formabweichung, TF, Tf. 13 ~ **di laminazione** (*lamin.*), Walztoleranz (*f.*). 14 ~ **di lavorazione** (*mecc.*), Bearbeitungstoleranz (*f.*). 15 ~ **dimensionale** (errore dimensionale tollerabile) (*mecc.*), Masstoleranz (*f.*), zulässige Massabweichung. 16 ~ **di montaggio** (*mecc. - ecc.*), Einbautoleranz (*f.*). 17 ~ **di oscillazione assiale** (di un disco rotante p. es.) (*mecc.*), zulässige Planlaufabweichung, TA, Ta. 18 ~ **di oscillazione radiale** (di un disco rotante p. es.) (*mecc.*), zulässige Rundlaufabweichung, TR, Tr. 19 ~ **di parallelismo** (*mecc.*), zulässige Unparallelität, TU, Tu. 20 ~ **di planarità** (*mecc.*), Ebenheitstoleranz (*f.*), TE. 21 ~ **di posizione** (errore di posizione tollerabile) (*mecc.*), Lagetoleranz (*f.*), zulässige Lageabweichung. 22 ~ **fondamentale** (*mecc.*), Grundtoleranz (*f.*). 23 ~ **grossolana** (*mecc. - ecc.*), Grobtoleranz (*f.*). 24 ~ **media** (*mecc. - ecc.*), Mitteltoleranz (*f.*). 25 ~ **negativa** (*mecc.*), Minustoleranz (*f.*). 26 ~ **precisa** (*mecc. - ecc.*), Feintoleranz (*f.*). 27 ~ **stretta** (tolleranza ristretta, tolleranza precisa) (*mecc.*), enge Toleranz, Feintoleranz (*f.*). 28 ~ **unilaterale** (*mecc.*), Toleranz in einem Sinne. 29 **campo di** ~ (*mecc.*), Toleranzfeld (*n.*). 30 **indicare la** ~ (di quote) (*mecc.- dis.*), tolerieren. 31 **quota con** ~ (*dis.*), Mass mit Toleranzangabe. 32 **sistema di tolleranze** (*mecc.*), Toleranzsystem (*n.*). 33 **spazio della** ~ (campo di tolleranza prescritto corrispondente allo spazio entro cui la superficie di un pezzo deve essere) (*mecc.*), Toleranzraum (*m.*). 34 **unità di** ~ (*mecc.*), Toleranzeinheit (*f.*).

tollerato (permesso) (*tecnol. - ecc.*), zulässig, zul. 2 **scarto** ~ (*regol.*), zulässige Regelabweichung.

toluene [$C_6H_5(CH_3)$] (metilbenzene, toluolo) (*chim.*), Toluol (*n.*), Methylbenzol (*n.*).

toluidina [$C_6H_4(CH_3)(NH_2)$] (*chim.*), Toluidin (*n.*), Aminotoluol (*n.*).

toluolo [$C_6H_5(CH_3)$] (toluene, metilbenzene) (*chim.*), Toluol (*n.*), Methylbenzol (*n.*).

tomaia (di una scarpa) (*ind. del cuoio*), Oberleder (*n.*), Schaft (*m.*).

tombacco (lega di rame e zinco, similoro, princisbecco) (*metall.*), Tombak (*m.*), Goldkupfer (*n.*).

tombarello (autocarro a cassone ribaltabile) (*aut.*), Muldenkipper (*m.*), Kipper (*m.*).

tombino (chiusino) (*ed. - costr. strad.*), Schleusendeckel (*m.*), Gullydeckel (*m.*), Schachtdeckel (*m.*).

tonalità (*acus.*), Klangfarbe (*f.*). 2 ~ (*acus. - radio - telev.*), Klangfarbe (*f.*). 3 ~ (di un colore) (*ott.*), Ton (*m.*), Farbton (*m.*). 4 ~ **cromatica** (tinta) (*ott.*), Farbton (*m.*). 5 ~ **del colore** (tono del colore) (*ott.*), Farbton (*m.*). 6 ~ **intrinseca** (tinta propriamente detta) (*ott.*), unbezogene Farbe. 7 ~ **relativa** (tonalità di contrasto, tinta relativa, tinta di contrasto) (*ott.*), bezogene Farbe. 8 ~ **termica** (calore di reazione, quantità di calore liberata od usata in una reazione chimica) (*chim.*), Wärmetönung (*f.*), Reaktionswärme (*f.*). 9 **regolatore di** ~ (regolatore di tono) (*acus.*), Klangfarbenregler (*m.*).

tondino (ferro tondo) (*ed. - ind. metall.*),

Rundeisen (*n.*). 2 ~ **di collegamento** (per cemento armato, sporgente dalla struttura) (*ed.*), Anschlusseisen (*n.*). 3 ~ **per cemento armato** (tondo per cemento armato) (*ind. metall. - ed.*), Rundeisen für Beton.
tondo (di ferro, ferro tondo) (*ind. metall. - ed.*), Rundeisen (*n.*). 2 ~ **di acciaio** (barra tonda di acciaio, acciaio da costruzione) (*ind. metall. - ed.*), Rundstahl (*m.*). 3 ~ **di ferro** (*ind. metall. - ed.*), Rundeisen (*n.*). 4 ~ **di vetro** (vetro circolare, vetro da oblò) (*ed.*), Butzenscheibe (*f.*). 5 ~ **per cemento armato** (tondino per cemento armato) (*ind. metall. - ed.*), Rundeisen für Beton. 6 ~ **ritorto** (a nervatura elicoidale, per cemento armato) (*ed.*), Torstahl (*m.*), verdrillter Betonstahl.
tonneggio (cavo da tonneggio) (*nav.*), Warpleine (*f.*). 2 **àncora di** ~ (*nav.*), Warpanker (*m.*).
tonnellaggio (stazza, di una nave) (*costr. nav.*), Tonnage (*f.*), Tonnengehalt (*m.*), Rauminhalt (*m.*). 2 ~ **impostato** (*costr. nav.*), aufgelegte Tonnage.
tonnellata (unità di mis.), Tonne (*f.*). 2 ~ **-chilometro** (*trasp.*), Tonnenkilometer (*m.*). 3 ~ **di registro** (tonnellata di stazza, tonnellata di volume = 2,8316 m³) (*costr. nav.*), Registertonne (*f.*), RT. 4 ~ **di stazza** (tonnellata di registro, tonnellata di volume = = 2,8316 m³) (*costr. nav.*), Registertonne (*f.*), RT. 5 ~ **di stazza lorda** (*costr. nav.*), Bruttoregistertonne (*f.*), BRT. 6 ~ **di stazza netta** (*costr. nav.*), Nettoregistertonne (*f.*), NRT. 7 ~ **di volume** (tonnellata di stazza, tonnellata di registro = 2,8316 m³) (*costr. nav.*), Registertonne (*f.*), RT. 8 ~ **metrica** (*mis.*), Metertonne (*f.*).
tonnellata-chilometro (*trasp.*), Tonnenkilometer (*m.*).
tonnellata.metro (tonn.m, t.m) (*mis.*), m· 1000 kp, mMp.
tonn.m (t.m, tonnellata.metro) (*mis.*), mMp, m·1000 kp.
tono (timbro) (*acus.*), Klangfarbe (*f.*), Ton (*m.*). 2 ~ **del colore** (tonalità del colore, tonalità cromatica) (*ott.*), Farbton (*m.*). 3 ~ **di sirena** (generato da rotazione, di ventilatori p. es.) (*acus.*), Sirenenton (*m.*), Drehklang (*m.*). 4 **esaltazione dei toni bassi** (*acus.*), Tiefenanhebung (*f.*). 5 **regolatore del** ~ (regolatore di tonalità) (*acus. - radio - telev.*), Klangfarbenregler (*m.*), Tonregler (*m.*), Klangregler (*m.*).
« **top** » (nastro pettinato) (*ind. tess.*), Kammzugband (*n.*). 2 « **hard** ~ » (capote rigida) (*aut. - carrozzeria*), « Hardtop ».
topazio (Al$_2$SiO$_4$F$_2$) (minerale giallo) (*min.*), Topas (*m.*).
topografia (*top.*), Topographie (*f.*), Geländekunde (*f.*).
topografico (*top.*), topographisch.
topografo (*top.*), Topograph (*m.*).
topologia (analysis situs) (*geom.*), Topologie (*f.*). 2 ~ **indotta** (*mat.*), Spurtopologie (*f.*).
topotassia (concrezione tridimensionale orientata di cristalli con i loro prodotti di reazione cristallini) (*metall.*), Topotaxie (*f.*).
toppa (pezza per camera d'aria, rappezzo) (*aut. - ecc.*), Schlauchflicken (*m.*). 2 ~ (serratura) (*mecc. - ecc.*), Schloss (*n.*). 3 ~ (buco della serratura) (*mecc. - ecc.*), Schlüsselloch (*n.*).
toppo (ceppo, dell'incudine p. es.) (*gen.*), Klotz (*m.*). 2 ~ (fisso, mobile, di un tornio) (*macch. ut.*), vedi punta e contropunta.
tor (torr, 1 mm Hg, unità di pressione) (*mis.*), Torr (*n.*).
torba (*geol. - comb.*), Torf (*m.*). 2 **coke di** ~ (semicoke di torba) (*ind. chim.*), Torfkoks (*m.*). 3 **farina di** ~ (usata per imballaggi p. es.) (*ind. chim.*), Torfmull (*m.*). 4 **gas di** ~ (*ind. chim.*), Torfgas (*n.*). 5 **semicoke di** ~ (coke di torba) (*ind. chim.*), Torfkoks (*m.*).
torbida (corrente d'acqua con minerale minuto) (*min.*), Trübe (*f.*), Erztrübe (*f.*). 2 ~ **di flottazione** (*min.*), Flotationstrübe (*f.*). 3 **coefficiente di** ~ (*idr.*), Trübe-Dichte (*f.*).
torbidezza (*gen.*), vedi torbidità.
torbidimetro (nefelometro) (*app.*), Turbidimeter (*n.*).
torbidità (torbidezza) (*gen.*), Trübung (*f.*).
torbido (acqua p. es.) (*gen.*), trübe, trüb.
torbiera (deposito di torba) (*geol.*), Torfmoor (*n.*).
torcere (*gen.*), verdrallen, verwinden, verdrehen. 2 ~ (la seta p. es.) (*ind. tess.*), zwirnen, drehen, verzwirnen. 3 ~ (strizzare torcendo) (*gen.*), ringen, pressend drehen.
torchio (pressa per la stampa) (*macch. per stampa*), Druckerpresse (*f.*), Druckpresse (*f.*). 2 ~ **per olio** (frantoio per olio) (*macch.*), Ölpresse (*f.*). 3 ~ **tirabozze** (torchio tiraprove, tirabozze, tiraprove) (*macch. per stampa*), Handpresse (*f.*), Abziehpresse (*f.*), Fahnenpresse (*f.*), Andruckpresse (*f.*).
torcia (lampada a torcia, app. per illuminazione) (*app. illum.*), Stablampe (*f.*), Taschenlampe (*f.*). 2 ~ (lampada, fiaccola, per saldatura p. es.) (*att.*), Gebläselampe (*f.*). 3 ~ **a benzina** (per saldare) (saldatoio a benzina, lampada a benzina per saldare) (*att.*), Benzinlötgebläse (*n.*). 4 ~ **a plasma** (per saldare p. es.) (*app.*), Plasmabrenner (*m.*), Plasmadüse (*f.*). 5 ~ **del gas di bocca** (*metall.*), Gichtgasfackel (*f.*).
torcimetro (torsiometro) (*app. ind. tess.*), Drehungsmesser (*m.*), Torsionsmesser (*m.*), Torsiometer (*n.*), Drallapparat (*m.*).
torcitoio (torcitrice) (*macch. tess.*), Zwirnmaschine (*f.*). 2 ~ **per seta** (*macch. tess.*), Seidenzwirnmaschine (*f.*).
torcitore (operaio addetto alla torcitura della seta) (*lav. ind. tess.*), Seidenzwirner (*m.*), Seidendreher (*m.*).
torcitrice (torcitoio) (*macch. tess.*), Zwirnmaschine (*f.*). 2 ~ (per barre di acciaio) (*macch.*), Verwindemaschine (*f.*). 3 ~ (operaia addetta alla torcitura della seta) (*lav. ind. tess.*), Seidenzwirnerin (*f.*), Seidendreherin (*f.*). 4 ~ **per lino** (*macch. tess.*), Flachszwirnmaschine (*f.*).
torcitura (*gen.*), Verdrallung (*f.*). 2 ~ (*ind. tess.*), Zwirnen (*n.*). 3 ~ (della seta) (*ind. tessile*), Zurichten (*n.*), Mulinieren (*n.*). 4 ~ (torsione) (*ind. tess.*), Drall (*m.*). 5 ~ (torsione dell'estremità libera di un pezzo p. es.) (*tecnol. mecc.*), Verwinden (*n.*). 6 ~ (sver-

torianite

golatura, delle manovelle, nella fucinatura di un albero a gomiti) (*fucinatura*), Drall (*m.*), Drallung (*f.*), Verdrehen (*n.*). **7 prima ~** (della seta) (*ind. tess.*), Vorzwirnen (*n.*), Filieren (*n.*). **8 prova di ~** (di fili metallici) (*tecnol. mecc.*), Verwindeversuch (*m.*). **9 seconda ~** (ritorcitura, della seta) (*ind. tess.*), Nachzwirnen (*n.*), zweite Drehung.
torianite ($ThO_2 . UO_2$) (*chim.*), Thorianit (*m.*).
toriato (*a. - tecnol.*), thoriert.
torico (*geom.*), torisch. **2 anello ~** (O-ring) (*mecc.*), O-Ring (*m.*), Runddichtring (*m.*).
torina (ThO_2) (ossido di torio) (*chim.*), Thoriumdioxyd (*n.*).
torio (*Th - chim.*), Thorium (*n.*). **2 emanazione di ~** (*Th.Em - radioatt.*), Thoriumemanation (*f.*), Thoron (*n.*). **3 radio- ~** (*chim.*), Radiothorium (*n.*). **4 reattore a ~** (*fis. atom.*), Thoriumreaktor (*m.*).
tormalina (*min.*), Turmalin (*m.*). **2 ~ nera** (*min.*), schwarzer Turmalin.
tormenta (tempesta di neve) (*meteor.*), Schneesturm (*m.*), Blizzard (*m.*).
tornante (*strad. - ferr.*), Kehre (*f.*), Spitzkehre (*f.*).
tornasole (*chim.*), Lackmus (*m.*).
torneria (officina per tornitura) (*ind. mecc.*), Dreherei (*f.*).
tornichetto (maglia a mulinello, di una catena) (*nav.*), Drehglied (*n.*).
tornietto (piccolo tornio) (*macch. ut.*), Kleindrehbank (*f.*). **2 ~ da banco** (*macch. ut.*), Tischdrehbank (*f.*).
tornio (tornitrice, macchina per tornire metalli) (*macch. ut.*), Drehbank (*f.*), Drehmaschine (*f.*). **2 ~** (per la lavorazione di pezzi non metallici, come legno p. es.) (*macch. ut.*), Drechselbank (*f.*). **3 ~ a bancale corto** (*macch. ut.*), Kurzwangendrehbank (*f.*). **4 ~ a bancale interrotto** (tornio a collo d'oca) (*macch. ut.*), Drehbank mit gekröpftem Bett. **5 ~ a collo d'oca** (tornio a bancale interrotto) (*macch. ut.*), Drehbank mit gekröpftem Bett. **6 ~ a copiare** (tornio riproduttore) (*macch. ut.*), Kopierdrehbank (*f.*). **7 ~ ad alta velocità** (tornio rapido) (*macch. ut.*), Schnelldrehbank (*f.*). **8 ~ ad un fuso** (tornio ad un mandrino o monomandrino) (*macch. ut.*), Einspindeldrehbank (*f.*). **9 ~ ad un mandrino** (tornio ad un fuso, tornio monomandrino) (*macch. ut.*), Einspindeldrehbank (*f.*). **10 ~ a giostra** (tornio verticale) (*macch. ut.*), Karusselldrehbank (*f.*), Karusselldrehmaschine (*f.*). **11 ~ a giostra a due montanti** (*macch. ut.*), Zweiständer-Karussell-Drehmaschine (*f.*). **12 ~ a pinza** (*macch. ut.*), Zangenspanndrehbank (*f.*). **13 ~ a più fusi** (tornio a più mandrini o plurimandrino) (*macch. ut.*), Mehrspindeldrehbank (*f.*). **14 ~ a più mandrini** (tornio a più fusi, tornio plurimandrino) (*macch. ut.*), Mehrspindeldrehbank (*f.*). **15 ~ a revolver** (tornio a torretta) (*macch. ut.*), Revolverdrehbank (*f.*). **16 ~ a revolver a mandrino** (tornio a torretta a mandrino) (*macch. ut.*), Futter-Revolver-Drehbank (*f.*). **17 ~ a sagoma** (*macch. ut.*), Fassondrehbank (*f.*), Formdrehbank (*f.*), Schablonendrehbank (*f.*). **18 ~ a torretta** (tornio a revolver) (*macch. ut.*), Revolverdrehbank (*f.*). **19 ~ a torretta a mandrino** (tornio a revolver a mandrino) (*macch. ut.*), Futter-Revolver-Drehbank (*f.*). **20 ~ a torretta automatico** (*macch. ut.*), Revolverautomat (*m.*). **21 ~ automatico** (*macch. ut.*), Drehautomat (*m.*), Automatendrehbank (*f.*). **22 ~ automatico a camme** (*macch. ut.*), Kurvenautomat (*m.*), Kurven-Drehautomat (*m.*). **23 ~ automatico a collo d'oca** (tornio automatico a doppio banco, tornio con spazio libero al disotto del posto di lavoro per la caduta libera dei trucioli) (*macch. ut.*), Portalautomat (*m.*). **24 ~ automatico a doppio banco** (tornio automatico a collo d'oca, tornio con spazio libero al disotto del posto di lavoro per la caduta libera dei trucioli) (*macch. ut.*), Portalautomat (*m.*). **25 ~ automatico ad un fuso** (o ad un mandrino) (*macch. ut.*), Einspindelautomat (*m.*). **26 ~ automatico ad un mandrino** (o ad un fuso) (*macch. ut.*), Einspindelautomat (*m.*). **27 ~ automatico ad utensili multipli** (*macch. ut.*), Vielstahlautomat (*m.*). **28 ~ automatico a più fusi** (tornio automatico plurimandrino) (*macch. ut.*), Mehrspindeldrehautomat (*m.*), Mehrspindelautomat (*m.*). **29 ~ automatico a più mandrini** (tornio automatico a più fusi) (*macch. ut.*), Mehrspindeldrehautomat (*m.*), Mehrspindelautomat (*m.*). **30 ~ automatico a revolver ad un fuso** (o ad un mandrino) (*macch. ut.*), Einspindel-Revolver-Automat (*m.*). **31 ~ automatico autocaricato** (*macch. ut.*), Voll-Drehautomat (*m.*), Dreh-Vollautomat (*m.*). **32 ~ automatico per bulloneria** (*macch. ut.*), Schraubenautomat (*m.*). **33 ~ automatico per lavorazione dalla barra** (*macch. ut.*), Stangenautomat (*m.*), Langdrehautomat (*m.*). **34 ~ automatico per lavorazione su pinza** (tornio frontale automatico) (*macch. ut.*), Futterautomat (*m.*). **35 ~ automatico per pezzi conici** (*macch. ut.*), Kegeldrehautomat (*m.*). **36 ~ automatico per sagomare** (*macch. ut.*), Fassondrehautomat (*m.*). **37 ~ automatico per tornitura conica** (*macch. ut.*), Kegeldrehautomat (*m.*). **38 ~ automatico per viteria** (tornio automatico per bulloneria) (*macch. ut.*), Schraubenautomat (*m.*). **39 ~ automatico plurimandrino** (tornio automatico a più fusi) (*macch. ut.*), Mehrspindeldrehautomat (*m.*). **40 ~ con puleggia a gradini** (*macch. ut.*), Stufenscheibendrehbank (*f.*). **41 ~ contornatore** (tornio per contornare) (*macch. ut.*), Kontur-Drehbank (*f.*). **42 ~ da attrezzista** (tornio da utensileria) (*macch. ut.*), Werkzeugdrehbank (*f.*), Werkzeugmacherdrehbank (*f.*), Werkzeugmacherdrehmaschine (*f.*). **43 ~ da banco** (*macch. ut.*), Werkbankdrehbank (*f.*). **44 ~ da orologiaio** (*macch. ut.*), Uhrmacherdrehstuhl (*m.*), Feinmechanikdrehbank (*f.*). **45 ~ da ripresa** (*macch. ut.*), Nachdrehbank (*f.*). **46 ~ da utensileria** (*macch. ut.*), Werkzeugdrehbank (*f.*), Werkzeugmacherdrehbank (*f.*), Werkzeugmacherdrehmaschine (*f.*). **47 ~ da vasaio** (*macch.*), Töpferscheibe (*f.*), Drehscheibe (*f.*), Drechselbank (*f.*). **48 ~ di precisione** (*macch. ut.*), Feinstdrehbank (*f.*), Präzisionsdrehbank (*f.*). **49 ~ di produzione** (*macch. ut.*), Produktions-

drehbank (f.). 50 ~ di testa (tornio frontale, tornio per spianare) (macch. ut.), Plandrehbank (f.), Frontdrehbank (f.), Drehbank für Futterarbeiten. 51 ~ finitore (macch. ut.), Schlichtbank (f.). 52 ~ frontale (tornio per spianare, tornio per sfacciare) (macch. ut.), Plandrehbank (f.), Frontdrehbank (f.), Drehbank für Futterarbeiten. 53 ~ frontale automatico (tornio automatico per lavorazione su pinza) (macch. ut.), Futterautomat (m.). 54 ~ in lastra (imbutitrice in lastra, per la lavorazione di lamiere) (macch. ut.), Drückbank (f.), Drückmaschine (f.). 55 ~ monomandrino (tornio ad un fuso o ad un mandrino) (macch. ut.), Einspindeldrehbank (f.). 56 ~ monopuleggia (macch. ut.), Drehbank mit Getriebespindelkasten. 57 ~ monoscopo (per un dato tipo di pezzo) (macch. ut.), Einzweckdrehmaschine (f.). 58 ~ parallelo (macch. ut.), Leitspindeldrehbank (f.), Spitzendrehbank (f.). 59 ~ pelabarre (pelatrice) (macch. ut.), Schälbank (f.). 60 ~ per alberi a gomito (macch. ut.), Kurbelwellendrehbank (f.). 61 ~ per alesatura e tornitura di cerchioni (ferroviari) (macch. ut.), Bandagen- Bohr- und Drehbank (f.). 62 ~ per alte velocità (di taglio) (macch. ut.), Schnelldrehbank (f.). 63 ~ per assili (macch. ut.), Achsendrehbank (f.). 64 ~ per avvolgere (macch.), Wickeldrehbank (f.). 65 ~ per bulloneria (tornio per viteria) (macch. ut.), Schraubendrehbank (f.). 66 ~ per attrezzisti (macch. ut.), vedi tornio da attrezzista. 67 ~ per camme (tornio per eccentrici) (macch. ut.), Nockendrehbank (f.). 68 ~ per cilindrare e filettare (macch. ut.), Zug- und Leitspindeldrehbank (f.). 69 ~ per cilindratura e per sfacciatura (con almeno due carrelli, portautensili multiplo) (macch. ut.), Vielschnittdrehbank (f.). 70 ~ per cilindri (di laminatoio) (macch. ut.), Walzendrehbank (f.). 71 ~ per contornare (tornio contornatore) (macch. ut.), Kontur-Drehbank (f.). 72 ~ per copiare (tornio riproduttore) (macch. ut.), Kopierdrehbank (f.). 73 ~ per eccentrici (tornio per camme) (macch. ut.), Nockendrehbank (f.). 74 ~ per filettare (macch. ut.), Gewindedrehbank (f.). 75 ~ per filettare (tornio per viteria) (macch. ut.), Schraubendrehbank (f.). 76 ~ per forti produzioni (macch. ut.), Hochleistungsdrehbank (f.). 77 ~ per grandi pezzi (macch. ut.), Grossdrehbank (f.). 78 ~ per imbutitura (tornio per imbutitura in lastra) (macch. ut.), Drückbank (f.), Drückmaschine (f.). 79 ~ per lastra (tornio per imbutitura in lastra) (macch. ut.), Drückbank (f.), Drückmaschine (f.). 80 ~ per lavorazione dalla barra (macch. ut.), Drehbank für Stangenarbeit. 81 ~ per legno (macch. ut.), Holzdrehbank (f.), Drechselbank (f.), Holzdrehmaschine (f.). 82 ~ per lingotti quadri (macch. ut.), Vierkantblockdrehbank (f.). 83 ~ per metalli (macch. ut.), Metalldrehmaschine (f.), Drehbank (f.). 84 ~ per profili ovali (macch. ut.), Passigdrehbank (f.). 85 ~ per prove di usura (macch.), Verschleissdrehbank (f.). 86 ~ per sale montate (macch. ut.), Radsatzdrehbank (f.). 87 ~ per sfacciare (tornio per spianare, tornio frontale) (macch. ut.), Plandrehbank (f.). 88 ~ per sfacciatura (tornio frontale) (macch. ut.), Plandrehbank (f.). 89 ~ per sgrossare (macch. ut.), Schruppdrehbank (f.). 90 ~ per (sgrossare) lingotti (metall.), Blockschruppbank (f.). 91 ~ per spianare (tornio frontale, tornio per sfacciare) (macch. ut.), Plandrehbank (f.). 92 ~ per spogliare (macch. ut.), Hinterdrehbank (f.). 93 ~ per tamburi freno (macch. ut. - aut.), Bremstrommeldrehbank (f.). 94 ~ per troncare (macch. ut.), Abstechdrehbank (f.). 95 ~ per utensili di diamante (macch. ut.), Diamantdrehbank (f.). 96 ~ per viteria (tornio per filettare, tornio per bulloneria) (macch. ut.), Schraubendrehbank (f.). 97 ~ plurimandrino (tornio a più mandrini o fusi) (macch. ut.), Mehrspindeldrehbank (f.). 98 ~ rapido (tornio ad alte velocità di taglio) (macch. ut.), Schnelldrehbank (f.). 99 ~ riproduttore (tornio per copiare) (macch. ut.), Kopierdrehbank (f.). 100 ~ riproduttore a sagoma (macch. ut.), Schablonendrehbank (f.). 101 ~ riproduttore rapido (macch. ut.), Schnellkopierdrehbank (f.). 102 ~ semiautomatico (macch. ut.), halbautomatische Drehbank, Drehhalbautomat (m.). 103 ~ semifrontale (macch. ut.), Plan-Spitzendrehbank (f.). 104 ~ sgrossatore (tornio per sgrossare) (macch. ut.), Schruppdrehbank (f.). 105 ~ speciale (macch. ut.), Spezialdrehbank (f.). 106 ~ universale (macch. ut.), Universaldrehbank (f.), Mehrzweckdrehbank (f.). 107 ~ verticale (tornio a giostra) (macch. ut.), Karuselldrehbank (f.). 108 ~ verticale a due montanti (macch. ut.), Zweiständer-Karussell-Drehbank (f.). 109 ~ verticale ad un montante (macch. ut.), Einständerdrehbank (f.). 110 ~ verticale gigante (macch. ut.), Riesenkarusselldrehmaschine (f.). 111 ~ verticale per tornire e forare (macch. ut.), Dreh- und Bohrwerk (n.). 112 attrezzo per ~ (att. lav. macch. ut.), Drehvorrichtung (f.). 113 bancale del ~ (banco del tornio) (macch. ut.), Drehbankbett (n.). 114 banco del ~ (bancale del tornio) (macch. ut.), Drehbankbett (n.). 115 banco del ~ (per legno) (macch. ut.), Drechselwange (f.). 116 carrello del ~ (macch. ut.), Drehbanksupport (m.). 117 foggiare al ~ (mft. ceramica), drehen. 118 guide del ~ (macch. ut.), Drehbankführungen (f. pl.). 119 lavorare al ~ (tornire metalli) (lav. macch. ut.), drehen. 120 lavorare al ~ (il legno) (falegn.), ausdrechseln. 121 lavorazione al ~ (tornitura) (lav. macch. ut.), Dreharbeit (f.). 122 lunetta per ~ (macch. ut.), Drehbanklünette (f.). 123 piccolo ~ (tornietto) (macch. ut.), Kleindrehbank (f.). 124 pinze per ~ (macch. ut.), Drehbankzangen (f. pl.). 125 punta del ~ (macch. ut.), Drehbankspitze (f.). 126 reparto torni automatici (mecc.), Automatendreherei (f.). 127 utensile da ~ (ut.), Drehmeissel (m.). 128 utensile per torni automatici (ut.), Automatenwerkzeug (n.).

tornire (pezzi metallici) (lav. macch. ut.), drehen. 2 ~ (pezzi non metallici) (lav. macch. ut.), drechseln, ausdrechseln. 3 ~ a gradini (tornire a più diametri) (lav. macch.

tornito

ut.), Ansätze drehen. **4 ~ a più diametri** (tornire a gradini) (*lav. macch. ut.*), Ansätze drehen. **5 ~ a riproduzione** (copiare al tornio) (*lav. macch. ut.*), kopierdrehen, nachformdrehen. **6 ~ a sagoma** (*lav. macch. ut.*), formdrehen, schablonendrehen. **7 ~ a sagoma** (tornire profili) (*lav. macch. ut.*), profildrehen, formdrehen. **8 ~ a spoglia** (*lav. macch. ut.*), hinterdrehen. **9 ~ cilindrico** (*lav. macch. ut.*), runddrehen. **10 ~ cilindrico esternamente** (*lav. macch. ut.*), langdrehen. **11 ~ conico** (*lav. macch. ut.*), kegeldrehen, kegelig drehen, konisch drehen. **12 ~ con utensile sagomato** (sagomare al tornio) (*lav. macch. ut.*), formdrehen. **13 ~ dal pieno** (*lav. macch. ut.*), aus dem Vollen drehen. **14 ~ eccentrico** (tornire ovale) (*lav. macch. ut.*), passigdrehen, ovaldrehen. **15 ~ fino** (finire al tornio) (*lav. macch. ut.*), schlichtdrehen. **16 ~ in piano** (sfacciare al tornio, spianare al tornio) (*lav. macch. ut.*), plandrehen. **17 ~ internamente** (*lav. macch. ut.*), innen ausdrehen, innen drehen, ausdrehen. **18 ~ ovale** (tornire eccentrico) (*lav. macch. ut.*), passigdrehen, ovaldrehen. **19 ~ profili** (tornire a sagoma) (*lav. macch. ut.*), profildrehen. **20 ~ sferico** (*mecc.*), ballig drehen. **21 ~ uno spallamento** (*lav. macch. ut.*), absetzen, absetzdrehen.

tornito (pezzo metallico) (*macch. ut. - mecc.*), abgedreht, gedreht. **2 ~** (*lav. del legno*), gedrechselt. **3 ~ a profilo** (*lav. macch. ut.*), formgedreht. **4 ~ a sagoma** (*lav. macch. ut.*), formgedreht.

tornitore (operaio) (*lav. macch. ut.*), Dreher (*m.*). **2 ~** (di legno p. es.) (*lav.*), Drechsler (*m.*). **3 ~ attrezzista** (*lav.*), Werkzeugdreher (*m.*). **4 ~ su macchine automatiche** (*lav.*), Automatendreher (*m.*).

tornitrice (tornio, macchina per tornire) (*macch. ut.*), Drehmaschine (*f.*), Drehbank (*f.*).

tornitura (lavorazione al tornio di pezzi metallici) (*lav. macch. ut.*), Drehen (*n.*), Dreharbeit (*f.*). **2 ~** (*lav. del legno*), Drechseln (*n.*). **3 ~** (trucioli di tornitura) (*lav. macch. ut.*), Drehspäne (*m. pl.*). **4 ~ ad utensili multipli** (tornitura multipla) (*lav. macch. ut.*), Vielmeisseldrehen (*n.*). **5 ~ a giostra** (tornitura su tornio verticale, tornitura su tornio a giostra) (*lav. macch. ut.*), Karusselldrehen (*n.*). **6 ~ a riproduzione** (riproduzione al tornio) (*lav. macch. ut.*), Kopierdrehen (*n.*), Nachformdrehen (*n.*). **7 ~ a riproduzione frontale** (*lav. macch. ut.*), Plankopierdrehen (*n.*). **8 ~ a sagoma** (tornitura di profili) (*lav. macch. ut.*), Profildrehen (*n.*), Formdrehen (*n.*), Schablonendrehen (*n.*). **9 ~ a spoglia** (*lav. macch. ut.*), Hinterdreharbeit (*f.*), Hinterdrehen (*n.*). **10 ~ automatica** (*lav. macch. ut.*), automatisches Drehen. **11 ~ automatica con avanzamento della barra** (*lav. macch. ut.*), automatisches Langdrehverfahren. **12 ~ cilindrica** (cilindratura) (*lav. macch. ut.*), Langdrehen (*n.*), Runddrehen (*n.*). **13 ~ cilindrica esterna** (tornitura di passata o di lungo) (*lav. macch. ut.*), Langdrehen (*n.*). **14 ~ compòsita** (tornitura con due utensili) (*lav. macch. ut.*), Verbunddrehen (*n.*). **15 ~ con due utensili** (tornitura compòsita) (*lav. macch. ut.*), Verbunddrehen (*n.*). **16 ~ conica** (*lav. macch. ut.*), Konischdrehen (*n.*), Kegeldrehen (*n.*). **17 ~ con tornio a torretta** (*lav. macch. ut.*), Revolverdrehen (*n.*). **18 ~ con utensile sagomato** (sagomatura al tornio) (*lav. macch. ut.*), Formdrehen (*n.*). **19 ~ convessa** (tornitura sferica) (*lav. macch. ut.*), Balligdrehen (*n.*). **20 ~ dal pieno** (*lav. macch. ut.*), Drehen aus dem Vollen. **21 ~ dei lingotti** (*metall. - lav. macch. ut.*), Blockdrehen (*n.*). **22 ~ di finitura** (finitura al tornio) (*lav. macch. ut.*), Fertigdrehen (*n.*). **23 ~ di lungo** (tornitura cilindrica esterna, tornitura di passata) (*lav. macch. ut.*), Langdrehen (*n.*). **24 ~ di passata** (tornitura cilindrica esterna, tornitura di lungo) (*lav. macch. ut.*), Langdrehen (*n.*). **25 ~ di precisione** (*lav. macch. ut.*), Feinstdrehen (*n.*). **26 ~ di profili** (tornitura a sagoma) (*lav. macch. ut.*), Profildrehen (*n.*), Formdrehen (*n.*). **27 ~ di profili quadri** (tornitura di quadri) (*lav. macch. ut.*), Vierkantdrehen (*n.*). **28 ~ di quadri** (tornitura di profili quadri) (*lav. macch. ut.*), Vierkantdrehen (*n.*). **29 ~ di sgrosso** (tornitura di sgrossatura) (*lav. macch. ut.*), Schruppdrehen (*n.*). **30 ~ di spallamenti** (*lav. macch. ut.*), Absatzdrehen (*n.*). **31 ~ eccentrica** (*lav. macch. ut.*), Exzenterdrehen (*n.*). **32 ~ elettrochimica** (*tecnol.*), Elysierdrehen (*n.*), elektrochemisches Drehen. **33 ~ ellittica** (tornitura ovale) (*lav. macch. ut.*), Ovaldrehen (*n.*). **34 ~ in lastra** (imbutitura al tornio) (*lav. macch. ut.*), Drücken (*n.*). **35 ~ in lastra con stiro** (ossia con diminuzione dello spessore della lamiera) (*lav. lamiera*), Abstreckdrücken (*n.*). **36 ~ in piano** (sfacciatura al tornio, spianatura al tornio) (*lav. macch. ut.*), Plandrehen (*n.*). **37 ~ interna** (*lav. macch. ut.*), Innendrehen (*n.*), Innenausdrehen (*n.*), Ausdrehen (*n.*). **38 ~ in tondo** (*lav. macch. ut.*), Längsdrehen (*n.*). **39 ~ inversa** (in cui il petto dell'utensile è rivolto verso il basso) (*lav. macch. ut.*), Überkopfdrehen (*n.*). **40 ~ multipla** (tornitura ad utensili multipli) (*lav. macch. ut.*), Vielmeisseldrehen (*n.*). **41 ~ non cilindrica** (*lav. macch. ut.*), Unrunddrehen (*n.*). **42 ~ ovale** (tornitura ellittica) (*lav. macch. ut.*), Ovaldrehen (*n.*). **43 ~ piana** (sfacciatura al tornio, tornitura in piano) (*lav. macch. ut.*), Plandrehen (*n.*). **44 ~ poligonale** (mediante apposito accessorio applicato su tornio plurimandrino) (*lav. macch. ut.*), Mehrkantdrehen (*n.*). **45 ~ sferica** (tornitura convessa) (*lav. macch. ut.*), Balligdrehen (*n.*). **46 ~ su pinza** (*lav. macch. ut.*), Fliegenddrehen (*n.*), Futterdrehen (*n.*). **47 ~ su tornio a giostra** (tornitura a giostra, tornitura su tornio verticale) (*lav. macch. ut.*), Karusselldrehen (*m.*). **48 ~ su tornio verticale** (tornitura a giostra, tornitura su tornio a giostra) (*lav. macch. ut.*), Karusselldrehen (*n.*). **49 accessorio per ~ eccentrica** (*macch. ut.*), Exzenterdreheinrichtung (*f.*). **50 attrezzo per ~** (*att. lav. macch. ut.*), Drehvorrichtung (*f.*). **51 attrezzo per ~ sferica** (*att. lav. macch. ut.*), Balligdrehvorrichtung (*f.*). **52 diametro massimo di ~** (diametro massimo eseguibile sul tornio (*macch. ut.*), Drehdurchmesser (*m.*). **53 dimensioni massime di** ~ (*lav. macch. ut.*), Drehbereich (*m.*). **54 finitura superficiale di** ~ (aspetto superficiale) (*lav. macch. ut.*), Drehbild (*n.*). **55 iniziare la** ~ (*lav. macch. ut.*), andrehen. **56 lunghezza massima di** ~ (*lav. macch. ut.*), Drehlänge (*f.*). **57 operazione di** ~ (*lav. macch. ut.*), Drehgang (*m.*). **58 prova di** ~ **in tondo** (prova della velocità di taglio) (*lav. macch. ut.*), Längsdrehversuch (*m.*). **59 rulli per** ~ **in lastra** (*tecnol. mecc.*), Drückrollen (*f. pl.*). **60 trucioli di** ~ (tornitura) (*lav. macch. ut.*), Drehspäne (*m. pl.*).

toro (*geom.*), Torus (*m.*), Ringfläche (*f.*), Wulst (*m.*). **2** ~ (parte della base di una colonna) (*arch.*), Torus (*m.*), Wulst (*m.*).

toroidale (*geom.*), « toroidförmig ». **2 avvolgimento** ~ (avvolgimento ad anello) (*elett.*), Ringwicklung (*f.*). **3 nucleo** ~ (*elett.*), Ringkern (*m.*).

toroide (*geom.*), « Toroid » (*n.*). **2** ~ (cavità a toroide, nel cielo di uno stantuffo) (*mot.*), Omega-Mulde (*f.*).

torpediniera (*mar. milit.*), Torpedoboot (*n.*).

torpedo (automobile aperta) (*aut.*), Phaethon (*m.*), Phaeton (*m.*). **2** ~ (del plastificatore a pistone, p. es., d'una macchina per stampaggio ad iniezione di mat. plast.) (*macch.*), Torpedo (*m.*). **3 carrozzeria** ~ (carrozzeria aperta) (*aut.*), offener Aufbau.

torpedone (autobus panoramico, autopullman) (*aut.*), Reiseomnibus (*m.*).

torr (tor, 1 mm Hg, unità di pressione) (*mis.*), Torr (*n.*).

torre (*ed. - ecc.*), Turm (*m.*). **2** ~ **binata** (di cannoni) (*mar. milit.*), Zwillingsturm (*m.*). **3** ~ **blindata** (« tubbing », rivestimento stagno metallico ad anelli di ghisa, di un pozzo) (*min.*), Tübbingausbau (*m.*), Gussringausbau (*m.*), Ringausbau (*m.*). **4** ~ **campanaria** (campanile) (*ed. - arch.*), Glockenturm (*m.*). **5** ~ **corazzata** (*mar. milit.*), Panzerturm (*m.*). **6** ~ **corazzata girevole** (*mar. milit.*), Drehpanzer (*m.*). **7** ~ **della televisione** (*telev.*), Fernsehturm (*m.*). **8** ~ **di betonaggio** (*ed.*), Mischturm (*m.*), Betonierturm (*m.*). **9** ~ **di caricamento** (per navi) (*nav.*), Bühne (*f.*). **10** ~ **di controllo** (*aer.*), Kontrollturm (*m.*), Turm (*m.*). **11** ~ **di estrazione** (*min.*), Förderturm (*m.*). **12** ~ **di Glover** (*ind. chim.*), Gloverturm (*m.*). **13** ~ **di lancio** (di missili) (*astronautica*), Raketenmontageturm (*m.*). **14** ~ **di lavaggio** (*ind. chim.*), Waschturm (*m.*). **15** ~ **di miscelazione del calcestruzzo** (*ed.*), Betonmischturm (*m.*), Turmbetonzentrale (*f.*). **16** ~ **di perforazione** (torre di trivellazione) (*min.*), Bohrturm (*m.*). **17** ~ **di presa** (emissario per prelevare acqua motrice da un bacino artificiale) (*costr. idr.*), Entnahmeturm (*m.*), Einlaufturm (*m.*). **18** ~ **di raffreddamento** (*macch. - ecc.*), Kühlturm (*m.*). **19** ~ **di raffreddamento a controcorrente** (*ind.*), Gegenstromkühlturm (*m.*). **20** ~ **di salvataggio** (per la fase di lancio d'un veicolo spaziale) (*astronautica*), Rettungsturm (*m.*). **21** ~ **discendente** (per lo scavo di pozzi) (*min.*), Senkkörper (*m.*). **22** ~ **di smistamento** (*ferr.*), Rangierstellwerk (*n.*). **23** ~ **di trivellazione** (torre di perforazione) (*min.*), Bohrturm (*m.*). **24** ~ **di trivellazione (petrolifera)** (*macch.*), Ölbohrturm (*m.*). **25** ~ **osservatorio** (*milit. - ecc.*), Aussichtsturm (*m.*). **26** ~ **radar** (*radar*), Funkmessturm (*m.*). **27** ~ **trinata** (*mar. milit.*), Drillingsturm (*m.*). **28 albero a** ~ (di un battello antincendi p. es.) (*nav.*), Turmmast (*m.*). **29 autorimessa a** ~ (*aut.*), Turmgarage (*f.*), Autosilo (*m.*). **30 forno di ricottura a** ~ (*metall.*), Turmglühofen (*m.*). **31 gru a** ~ (*macch. ind.*), Turmkran (*m.*), Turmdrehkran (*m.*). **32 orologio da** ~ (*orologeria*), Turmuhr (*f.*). **33 ponte a** ~ (*nav.*), Turmdeck (*n.*). **34 veicolo a** ~ (per fili aerei p. es.) (*veic.*), Turmwagen (*m.*).

torrefattrice (per caffè) (*macch.*), Röstmaschine (*f.*).

torrente (*geogr.*), Wildbach (*m.*), Sturzbach (*m.*).

torretta (di un tornio) (*macch. ut.*), Revolverkopf (*m.*), Drehkopf (*m.*). **2** ~ (di un sottomarino) (*mar. milit.*), Turm (*m.*). **3** ~ **a cinque stazioni** (di un tornio) (*macch. ut.*), Fünfkantrevolverkopf (*m.*). **4** ~ **a quattro posizioni** (torretta quadra) (*macch. ut.*), Blockrevolver (*m.*), Vierkantrevolver (*m.*). **5** ~ **cilindrica** (*macch. ut.*), Trommelrevolver (*m.*), Trommelrevolverkopf (*m.*). **6** ~ **di comando** (colonnina di comando) (*macch. - nav.*), Steuersäule (*f.*). **7** ~ **esagonale** (*macch. ut.*), Sechskantrevolverkopf (*m.*). **8** ~ **per la direzione del traffico** (*traff. strad.*), Verkehrspostenstand (*m.*). **9** ~ **portaobiettivi** (cambia-obiettivi a torretta) (*ott.*), Objektivrevolver (*m.*). **10** ~ **portautensili** (portautensili a torretta) (*macch. ut.*), Revolverkopf (*m.*). **11** ~ **quadra** (torretta a quattro posizioni) (*macch. ut.*), Blockrevolver (*m.*), Vierkantrevolver (*m.*). **12** ~ **trasversale** (*macch. ut.*), Planrevolverkopf (*m.*).

torsiografo (app. per la registrazione delle vibrazioni torsionali) (*app.*), Torsiograph (*m.*), Torsionsschreiber (*m.*), Verdrehschwingungsschreiber (*m.*).

torsiometro (torcimetro) (*app. ind. tess.*), Drallapparat (*m.*), Drehungsmesser (*m.*), Torsiometer (*n.*), Torsionsmesser (*m.*). **2** ~ (misuratore di coppia) (*mot. aer. - ecc.*), Drehmomentdose (*f.*).

torsione (*mecc. - sc. costr.*), Drehung (*f.*), Torsion (*f.*), Verdrehung (*f.*). **2** ~ (torcitura, dell'estremità libera di un pezzo p. es.) (*tecnol. mecc.*), Verwinden (*n.*), Drall (*m.*), Drallung (*f.*). **3** ~ (torcitura, di un filato) (*ind. tess.*), Drall (*m.*), Drehung (*f.*), Torsion (*f.*). **4** ~ (seconda curvatura) (*mat.*), Torsion (*f.*), Windung (*f.*). **5** ~ **a ciclo dallo zero** (o pulsante; nelle prove di fatica) (*prove mater.*), Schwellverdrehung (*f.*). **6** ~ **di inarcamento** (di una trave, causata dalla variazione di momento torcente lungo la stessa) (*sc. costr.*), Wölbkraft-Torsion (*f.*). **7** ~ **del filato** (*ind. tess.*), Garndrehung (*f.*). **8** ~ **del fusto** (difetto del legno), Drehwuchs (*m.*). **9** ~ **destra** (*funi - ecc.*), Rechtsdrall (*m.*). **10** ~ **di filatura** (*ind. tess.*), Spinndrehung (*f.*). **11** ~ **semplice** (torsione di Saint-Venant) (*sc. costr.*), reine Torsion. **12 barra di** ~ (di una sospensione) (*aut.*), Torsionsstab (*m.*), Drehstab

torticcio (m.). **13 bilancia di** ~ (*strum. - fis.*), Drehwaage (f.), Torsionswaage (f.). **14 coefficiente di** ~ (del filato) (*ind. tess.*), Zwirnkoeffizient (m.), Drehungszahl (f.). **15 diagramma della** ~ (grafico della torsione) (*sc. costr.*), Torsiogramm (n.). **16 falsa** ~ (azione contemporanea di compressione, sfregamento e rotolamento) (*ind. tess.*), Würgeln (n.), Nitscheln (n.), Frottieren (n.). **17 giunto a** ~ (di cavi p. es.) (*elett.*), Würgebund (m.), Würgeverbindung (f.). **18 guida di** ~ (*lamin.*), Drallführung (f.). **19 indice di** ~ (dei fili metallici) (*tecnol. mecc.*), Verwindungszahl (f.). **20 limite di fatica per** ~ **a ciclo alterno simmetrico** (*sc. costr.*), Torsionswechselfestigkeit (f.). **21 limite di snervamento alla** ~ (*sc. costr.*), Drehgrenze (f.). **22 macchina per prove di fatica a** ~ (*macch.*), Torsator (m.). **23 molla di** ~ (*mecc.*), Drehungsfeder (f.), Torsionsfeder (f.). **24 numero di spire di** ~ (rapporto tra numero di torsioni e lunghezza del filo) (*ind. tess.*), Drehungszahl (f.). **25 prova di fatica per** ~ (*prove mater.*), Torsionsdauerversuch (n.), Torsionsschwingversuch (m.), Verdrehschwingversuch (m.). **26 prova di** ~ (*tecnol. mecc.*), Verdrehungsversuch (m.), Drehversuch (m.). **27 prova di** ~ (per determinare la possibilità di torcitura dei fili metallici) (*tecnol. mecc.*), Verwindeversuch (m.). **28 resistente alla** ~ (*mecc.*), drehsteif. **29 resistenza a** ~ (*sc. costr.*), Torsionsfestigkeit (f.). **30 rigidezza a** ~ (*sc. costr.*), Verdrehfestigkeit (f.). **31 scatola di** ~ (*lamin.*), Drallbüchse (f.). **32 sollecitazione di** ~ (*sc. costr.*), Drehspannung (f.), Verdrehspannung (f.). **33 verso di** ~ (di un filato) (*ind. tess.*), Drallsinn (m.), Drehungsrichtung (f.).
torticcio (gomena, gherlino, cavo torticcio) (*nav. - funi*), Trosse (f.).
tortiglia (di un pneumatico) (*aut. - tess.*), Cordfaden (m.). **2** ~ **di acciaio** (di un pneumatico) (*aut.*), Stahlcord (m.). **3** ~ **per pneumatici** (*ind. tess. - aut.*), Reifencord (m.). **4 tela di** ~ (di un pneumatico) (*aut. - tess.*), Cord-Gewebe (n.).
tòrto (*a. - gen.*), verwunden, gedreht.
tortuoso (strada) (*strada*), kurvenreich.
tosa (*ind. lana - ecc.*), Wollschur (f.). **2** ~ **della lana** (*ind. lana*), Wollschur (f.).
tosare (*ind. lana*), scheren, abscheren.
tosatore (*lav.*), Scherer (m.).
tossicità (*chim. - ecc.*), Giftigkeit (f.). **2 soglia di** ~ (soglia di nocività) (*biol.*), Schädlichkeitsgrenze (f.).
tostapane (*app. elett.*), Brotröster (m.).
tostare (il pane p. es.) (*ind.*), rösten.
totale (*a. - gen.*), total. **2** ~ (*s. - mat. - ecc.*), Summe (f.). **3** ~ **di controllo** (totale di gruppo) (*calc.*), Kontrollsumme (f.), Zwischensumme (f.), Abstimmsumme (f.). **4** ~ **di quadratura** (totale di controllo) (*mat. - ecc.*), Überschlagsumme (f.), Kontrollsumme (f.).
totalizzatore (integratore, di un contatore) (*s. - app. - strum.*), Zählwerk (n.). **2** ~ (di una macchina calcolatrice) (*macch. calcol.*), Summenwerk (n.). **3** ~ (nelle corse dei cavalli) (*sport - finanz.*), Toto (m.), Totalisator (m.). **4** ~ **cilindrico a 5 cifre** (totalizzatore a rulli, per un contaore di funzionamento p. es.) (*strum.*), 5-stelliges Rollenzählwerk. **5 pluviometro** ~ (*app. - meteor.*), Totalisator (m.).
totocalcio (*sport - finanz.*), Fussballtoto (m.).
« tout-venant » (carbone alla rinfusa, carbone a pezzatura mista) (*comb.*), Förderkohle (f.), Bestmelierte (f.).
T4 (trimetilentrinitroammina, trinitrotrimetilentriammina) (*espl.*), Hexogen (n.), Cyclo-Trimethylentrinitramin (n.).
trabaccolo (imbarcazione con due vele al quarto) (*nav.*), Trabakel (m.).
traboccare (di liquidi) (*gen.*), überlaufen.
trabocco (*gen.*), Überlauf (m.). **2 foro di** ~ (dell'olio lubrificante p. es.) (*mot. - ecc.*), Überlaufbohrung (f.). **3 traffico di** ~ (*telef.*), Überlaufverkehr (m.).
traccia (piccolissima quantità) (*chim.*), Spur (f.). **2** ~ (scanalatura in un muro p. es., per il passaggio di condutture) (*arch. - ed.*), Gang (m.), Führung (f.), Kanal (m.), Führungskanal (m.), Trasse (f.). **3** ~ (grafico, della penna di uno strum. registratore) (*strum.*), Schrieb (m.). **4** ~ (pista, d'un nastro magnetico p. es.) (*elettroacus.*), Spur (f.). **5** ~ **dell'asse di rotazione** (centro d'istantanea rotazione, in curve) (*aut.*), Lenkdrehpunkt (m.). **6** ~ **nel muro** (canalizzazione nel muro) (*ed.*), Mauerkanal (m.). **7** ~ **per tubi** (in un muro) (*ed. - arch.*), Rohrgang (m.). **8** ~ **verticale** (per cavi p. es.) (*elett. - ed. - ecc.*), Hochführungskanal (m.). **9** ~ **verticale per cavi** (*ed. - arch.*), Kabelhochführung (f.). **10 in tracce** (*chim.*), spurenweise, in Spuren. **11 larghezza della** ~ (larghezza della pista, d'un nastro magnetico) (*elettroacus.*), Spurbreite (f.).
tracciamento (*gen.*), Vorzeichnen (m.), Aufzeichnung (f.). **2** ~ (di una curva p. es.) (*dis. - ecc.*), Aufzeichnen (n.), Aufzeichnung (f.). **3** ~ (di un getto per le successive lavorazioni) (*mecc.*), Anreissen (n.). **4** ~ (di una strada p. es.) (*ing. civ.*), Trassierung (f.). **5** ~ (dell'asse di una strada p. es., con picchetti o paletti) (*top. - costr. strad.*), Abstecken (n.), Abpfählen (n.). **6** ~ **trigonometrico** (*top.*), trigonometrische Absteckung.
tracciare (*gen.*), vorzeichnen. **2** ~ (una curva) (*dis. - ecc.*), aufzeichnen, aufreissen. **3** ~ (un getto p. es., per le successive lavorazioni) (*mecc.*), anreissen. **4** ~ (disegnare in grandezza naturale) (*dis. - costr. nav.*), abschnüren, mallen. **5** ~ (in grandezza naturale) (*ed. - dis.*), aufschnüren. **6** ~ (una strada p. es.) (*ing. civ.*), trassieren. **7** ~ (picchettare p. es.) (*top. - costr. strad.*), abstecken, abpfählen. **8** ~ **col gesso** (p. es.) (*ed. - ecc.*), abkreiden. **9** ~ **con spago** (segnare linee diritte) (*ed.*), abschnüren. **10** ~ **i confini** (con picchetti) (*ed.*), abstecken. **11** ~ **il contorno** (tracciare il profilo) (*dis. - ecc.*), umreissen, abreissen. **12** ~ **i punti base** (nel riportare dal modello) (*scultura*), punktieren. **13** ~ **linee a tratto e punto** (*dis.*), strichpunktieren, stricheln. **14** ~ **una punteggiata** (punteggiare) (*dis.*), eine Punktlinie ziehen, punktieren. **15 punta per** ~ (*ut.*), Reissnadel (f.), Reiss·spitze (f.), Anreiss·spitze (f.). **16 sala a** ~ (per disegni di costruzione in

tracciato (di una strada p. es.) (*top. - ing. civ. - ferr. - costr. strad.*), Trasse (*f.*). **2** ~ **della linea** (*elett. - ecc.*), Leitungszug (*m.*). **3 rilevamento del** ~ (*top. - ing. civ. - ferr. - costr. strad.*), Trassenvermessung (*f.*).

tracciatore (di getti p. es.) (*lav. mecc.*), Anreisser (*m.*). **2** ~ (indicatore) (*fis. atom. - chim.*), Tracer (*m.*), Indikator (*m.*).

tracciatrice (alesatrice a coordinate, alesatrice per attrezzeria) (*macch. ut.*), Koordinatenbohrmaschine (*f.*), Koordinatenbohrwerk (*n.*). **2** ~ (intagliatrice, tagliatrice, sottoescavatrice) (*macch. min.*), Schrämmaschine (*f.*). **3** ~ **a catena** (intagliatrice a catena, tagliatrice a catena, sottoescavatrice a catena) (*macch. min.*), Kettenschrämmaschine (*f.*). **4** ~ **-caricatrice** (*macch. min.*), Schrämlader (*m.*). **5** ~ **verticale** (alesatrice verticale a coordinate) (*macch. ut.*), Vertikal-Koordinatenbohrwerk (*n.*). **6 operatore di** ~ (operaio specializzato nella lavorazione a coordinate) (*lav. - macch. ut.*), Lehrenbohrer (*m.*). **7 tavola per** ~ (tavola per alesatrice a coordinate) (*macch. ut.*), Koordinatenbohrtisch (*m.*).

tracciatura (di disegni di costruzione in scala naturale) (*costr. nav.*), Abschnürung (*f.*), Mallen (*n.*). **2** ~ (*mecc. - ecc.*), *vedi anche* tracciamento. **3 colore per** ~ (di un pezzo) (*mecc.*), Anreissfarbe (*f.*). **4 quota di** ~ (di un profilato p. es.) (*metall.*), Streichmass (*n.*). **5 sagoma per** ~ (*ut.*), Anreiss-schablone (*f.*). **6 sala di** ~ (per disegni di costruzione in grandezza naturale) (*costr. nav.*), Schnürboden (*m.*), Mallboden (*m.*).

trachite (roccia eruttiva) (*min.*), Trachyt (*m.*).

tracimare (straripare, di un fiume p. es.) (*idr.*), überborden, überlaufen.

tracimatore (sfioratore, troppo pieno) (*idr.*), Überlauf (*m.*).

tracimazione (*idr.*), Überströmung (*f.*). **2 imbuto di** ~ (imbuto di sfioro) (*idr.*), Ablauftrichter (*m.*).

tradizionale (comune, usuale; macchina, impianto, ecc.) (*gen.*), herkömmlich, traditionell.

tradurre (da una lingua straniera) (*tip. - ecc.*), übersetzen. **2** ~ (convertire, unità metriche in unità anglosassoni p. es.) (*mecc.*), übersetzen. **3** ~ (dati di misurazioni p. es.) (*gen.*), umwerten.

traduttore (*lav. - pers.*), Übersetzer (*m.*). **2** ~ (di dati p. es.) (*app.*), Umwerter (*m.*). **3** ~ (programma traduttore) (*calc. - macch. ut. c/n*), Übersetzer (*n.*), Übersetzungsprogramm (*n.*). **4** ~ **di linguaggio** (*calc.*), Programmübersetzer (*m.*). **5** ~ **tecnico** (*pers.*), Fachübersetzer (*m.*). **6 nota del** ~ (*tip. - ecc.*), Anmerkung des Übersetzers. **7 programma** ~ (*calc.*), Übersetzungsprogramm (*n.*).

traduttrice (elettronica, per tradurre da od in lingue straniere) (*macch.*), Übersetzungsmaschine (*f.*).

traduzione (di un testo) (*tip. - ecc.*), Übersetzung (*f.*). **2** ~ (d'un programma nel linguaggio della macchina p. es.) (*calc.*), Umwandlung (*f.*). **3** ~ (di un valore) (*elettronica*), Auswertung (*f.*). **4 impianto di** ~ **simultanea** (di una sala per conferenze p. es.) (*telef.*), Simultan-Dolmetscheranlage (*f.*).

traente (emittente, di una cambiale) (*comm. - finanz.*), Wechselaussteller (*m.*), Trassant (*m.*), Aussteller (*m.*), Bezieher (*m.*), Wechselnehmer (*m.*).

traferro (intraferro) (*macch. elett.*), Luftspalt (*m.*), Luftstrecke (*f.*), Eisenspalt (*m.*).

traffico (*traff. strad. - ecc.*), Verkehr (*m.*). **2** ~ **ad alta velocità** (con treni rapidi) (*ferr. - trasp.*), Schnellverkehr (*m.*). **3** ~ **aereo** (*aer. - navig.*), Luftverkehr (*m.*), Flugverkehr (*m.*). **4** ~ **aeroportuale** (*aer.*), Flughafenverkehr (*m.*). **5** ~ **affluente** (traffico in arrivo) (*trasp.*), ankommender Verkehr. **6** ~ **a navetta** (*ferr. - ecc.*), Pendelverkehr (*m.*). **7** ~ **automobilistico** (*aut.*), Autoverkehr (*m.*). **8** ~ **cittadino** (traffico urbano) (*traff. strad.*), Stadtverkehr (*m.*). **9** ~ **convergente** (*traff. strad.*), einstrahlender Verkehr, Zielverkehr (*m.*). **10** ~ **deviato** (*traff. strad.*), abgelenkter Verkehr. **11** ~ **distrettuale** (*telef.*), Bezirksverkehr (*m.*). **12** ~ **di divise** (*finanz.*), Devisenschiebung (*f.*). **13** ~ **di groupage** (groupage) (*ferr.*), Sammelgutverkehr (*m.*). **14** ~ **di punta** (*traff. strad. - ecc.*), Stossverkehr (*m.*), Spitzenverkehr (*m.*). **15** ~ **di trabocco** (*telef.*), Überlaufverkehr (*m.*). **16** ~ **di transito** (*traff.*), Durchgangsverkehr (*m.*). **17** ~ **di uscita** (*trasp.*), Abgangsverkehr (*m.*), abgehender Verkehr. **18** ~ **effluente** (traffico in partenza) (*trasp.*), abgehender Verkehr, Abgangsverkehr (*m.*). **19** ~ **ferroviario** (*ferr.*), Eisenbahnverkehr (*m.*). **20** ~ **in arrivo** (traffico affluente) (*trasp.*), ankommender Verkehr. **21** ~ **in conto lavorazione** (importazione in conto lavorazione) (*ind. - comm.*), Veredlungsverkehr (*m.*). **22** ~ **in entrata** (*trasp.*), Ankunftsverkehr (*m.*). **23** ~ **in partenza** (traffico effluente) (*trasp.*), abgehender Verkehr. **24** ~ **in senso unico** (*traff. strad.*), Richtungsverkehr (*m.*), Einbahnverkehr (*m.*). **25** ~ **in sosta** (fermarsi, parcheggiare, ecc.) (*traff. strad.*), ruhender Verkehr. **26** ~ **internazionale** (*trasp.*), Auslandverkehr (*m.*). **27** ~ **interurbano** (*traff. strad.*), Überlandverkehr (*m.*). **28** ~ **locale** (*traff. ferr. - ecc.*), Ortsverkehr (*m.*), Nahverkehr (*m.*), Lokalverkehr (*m.*). **29** ~ **marittimo** (*nav.*), Seeverkehr (*m.*). **30** ~ **merci** (*trasp. ferr.*), Güterverkehr (*m.*). **31** ~ **misto** (*traff. strad.*), gemischter Verkehr. **32** ~ **occasionale** (traffico non di linea, «charter» p. es.) (*trasp.*), Gelegenheitsverkehr (*m.*). **33** ~ **pendolare** (di operai, fra l'abitazione ed il luogo di lavoro) (*trasp. - lav.*), Pendelwanderung (*f.*). **34** ~ **pendolare** (*ferr.*), Berufsverkehr (*m.*). **35** ~ **stradale** (*traff. strad.*), Strassenverkehr (*m.*). **36** ~ **suburbano** (*traff. strad.*), Vorortsverkehr (*m.*). **37** ~ **urbano** (traffico cittadino) (*traff. strad.*), Stadtverkehr (*m.*). **38** ~ **viaggiatori** (*trasp. ferr.*), Personenverkehr (*m.*). **39 agenti del** ~ (*traff. strad.*), Verkehrspolizei (*f.*). **40 capacità di** ~ (*telef.*), Aufnahmefähigkeit (*f.*). **41 centro di alta intensità di** ~ (*traff. strad.*), Ballungszenter (*m.*). **42 congestione del** ~ (ingorgo del traffico) (*traff. strad.*), Verkehrsstockung (*f.*). **43 di** ~

trafila

(ferr. - ecc.), verkehrlich. **44 misuratore dell'intensità di** ~ (app.), Verkehrsgrössen-Abtasteinrichtung (f.). **45 ora di maggior** ~ (ora di punta) (telef.), Hauptverkehrsstunde (f.). **46 punta di** ~ (traff. strad. - ecc.), Verkehrsandrang (m.), Verkehrsspitze (f.). **47 radar di sorveglianza del** ~ (impiegato per controllare la velocità) (app. - traff. strad.), Verkehrsradargerät (n.). **48 sistema di radiodiffusione per il controllo del** ~ (traff. - aut.), Verkehrsrundfunksystem (n.). **49 strada per** ~ **veloce** (strada a scorrimento veloce) (traff. strad.), Schnellverkehrs-Strasse (f.). Express-Strasse (f.).

trafila (« filiera », matrice, elemento della trafilatrice) (ut. - tecnol. mecc.), Matrize (f.), Ziehmatrize (f.). **2** ~ (trafilatrice, per fili p. es.) (macch.), Ziehmaschine (f.). **3** ~ (per materie plastiche) (ut.), Strangpresswerkzeug (n.). **4** ~ (con testa filtrante) (macch. - ind. gomma), Strainer (m.), Siebspritzmaschine (f.). **5** ~ (macch.), vedi anche trafilatrice. **6** ~ **ad anello** (per tubi) (ut.), Ziehring (m.). **7** ~ **a freddo** (trafila per lavorazione a freddo) (ut.), Kaltziehmatrize (f.). **8** ~ **con testa filtrante** (macch. - ind. gomma), Siebspritzmaschine (f.), Strainer (m.). **9** ~ **continua** (trafilatrice continua) (macch.), kontinuierliche Ziehmaschine. **10** ~ **di diamante** (per fili) (ut. tecnol. mecc.), Diamant-Drahtziehstein (m.). **11** ~ **di pietra dura** (per fili) (ut.), Ziehstein (m.). **12** ~ **metallica** (per fili) (ut.), Zieheisen (n.). **13** ~ **per fili** (trafilatrice, banco di trafila per fili) (macch.), Drahtziehbank (f.). Drahtzug (m.), Drahtziehmaschine (f.). **14** ~ **per lavorazione a freddo** (trafila a freddo) (ut.), Kaltziehmatrize (f.). **15** ~ **per l'ultima passata** (di una trafilatrice di fili metallici) (ut. - tecnol. mecc.), Feinzug (m.), Feinzugmatrize (f.). **16** ~ **per tubi** (ut.), Röhrenziehring (m.). **17 banco di** ~ (trafilatrice, per fili) (macch.), Ziehbank (f.), Ziehmaschine (f.). **18 banco di** ~ **a pinza trainata** (trafilatrice a tenaglia trainata, per tubi p. es.) (macch.), Schleppzangenziehbank (f.). **19 banco di** ~ **per fili** (« trafila », trafilatrice per fili) (macch.), Drahtziehbank (f.), Drahtzug (m.), Drahtziehmaschine (f.). **20 microscopio per trafile** (per trafile di pietra dura) (app.), Ziehsteinmikroskop (n.).

trafilamento (gen.), Sickern (n.), Durchtritt (m.). **2** ~ (tra fasce elastiche e cilindro, passaggio di gas) (mot.), Kolbenringdurchblasen (n.), Durchblasen (n.), Gasdurchtritt (m.).

trafilare (filtrare, di liquido p. es.) (gen.), sickern. **2** ~ (fili o tubi) (tecnol. mecc.), ziehen. **3** ~ (di gas, perdere compressione p. es.) (mot. - ecc.), durchblasen. **4** ~ **a freddo** (filo metallico) (tecnol. mecc.), kaltziehen. **5** ~ **fili** (tecnol. mecc.), drahtziehen. **6** ~ **lucido** (tecnol. mecc.), blankziehen.

trafilato (filo p. es.) (tecnol. mecc.), gezogen. **2** ~ **a freddo** (tecnol. mecc.), kaltgezogen. **3** ~ **a freddo** (crudo, filo) (tecnol. mecc.), hartgezogen. **4** ~ **lucido** (tecnol. mecc.), blankgezogen. **5 acciaio** ~ **in barre** (ind. metall.), gezogener Stabstahl.

trafilatore (lav.), Drahtzieher (m.).

trafilatrice (« trafila », per fili p. es.) (macch.), Ziehmaschine (f.), Ziehbank (f.). **2** ~ (macch.), vedi anche trafila. **3** ~ **antislittante** (trafilatrice non slittante, per fili) (macch.), gleitlose Drahtziehmaschine. **4** ~ **a tenaglia trainata** (banco di trafila a pinza trainata, per tubi p. es.) (macch.), Schleppzangenziehbank (f.). **5** ~ **continua** (macch.), Mehrfachziehmaschine (f.). **6** ~ **in grosso** (macch.), Grobdrahtzug (m.). **7** ~ **non slittante** (trafilatrice antislittante, per fili) (macch.), gleitlose Drahtziehmaschine. **8** ~ **per fili** (banco di trafila, « trafila ») (macch.), Drahtziehbank (f.), Drahtzug (m.), Drahtziehmaschine (f.). **9** ~ **per tubi** (banco di trafila per tubi) (macch.), Röhrenziehbank (f.).

trafilatura (tecnol. mecc.), Ziehen (n.), Zug (m.). **2** ~ (di fori eseguiti in precedenza in una lamiera, slabbratura, allo scopo di ottenere p. es. una sede filettata di maggior superficie) (lav. lamiera), Durchziehen (n.), Durchstechen (n.). **3** « ~ » (piegatura dei lembi, di un pezzo imbutito p. es.) (lav. lamiera), Formstanzen (n.). **4** ~ **a caldo** (di tubi p. es.) (ind. metall.), Warmziehen (n.). **5** ~ **a caldo di fili** (tecnol. mecc.), Drahtwarmzug (m.), Drahtwarmziehen (n.). **6** ~ **ad umido** (di fili) (ind. metall. - tecnol. mecc.), Nassdrahtzug (m.). **7** ~ **a freddo** (di filo p. es.) (tecnol. mecc.), Kaltziehen (n.), Kaltzug (m.). **8** ~ **a secco** (di fili) (metall.), Trockendrahtzug (m.). **9** ~ **a spina** (di tubi) (tecnol. mecc.), Stopfenzug (m.). **10** ~ **continua** (tecnol. mecc.), Mehrfachzug (m.). **11** ~ **di barre** (tecnol. mecc.), Stabziehen (n.). **12** ~ **di fili** (tecnol. mecc.), Drahtziehen (n.), Drahtzug (m.). **13** ~ **di tubi** (tecnol. mecc.), Rohrziehen (n.), Rohrzug (m.). **14** ~ **intermedia** (tecnol. mecc.), Mittelzug (m.). **15** ~ **lucida** (tecnol. mecc.), Blankziehen (n.). **16 imbocco di** ~ (di una matrice per imbutitura) (ut. lav. lamiera), Ziehkante (f.). **17 lubrificante per** ~ (di fili) (ind. chim.), Drahtziehschmiermittel (n.). **18 olio per** ~ (tecnol. mecc.), Ziehöl (n.). **19 ultima passata di** ~ (tecnol. mecc.), Feinzug (m.).

trafileria (per fili p. es.) (tecnol. mecc.), Zieherei (f.). **2** ~ **per fili** (tecnol. mecc.), Drahtzieherei (f.).

traforare (perforare) (gen.), durchbohren.

traforo (ing. civ. - min.), Durchbohrung (f.), Durchstich (m.). **2 sega per** ~ (ut.), Durchbruchsäge (f.).

traghetto (nave traghetto) (nav. - trasp.), Fährschiff (n.), Fähre (f.). **2** ~ (barca per traghetto) (nav.), Fährboot (n.). **3** ~ **aereo** (nav.), Schwebefähre (f.). **4** ~ **a fune** (trasp.), Seilfähre (f.). **5** ~ **a fune sospesa** (porto natante, traghetto fluviale) (nav.), Stromfähre (f.). **6** ~ **ferroviario** (ferr. - nav.), Eisenbahnfähre (f.). **7** ~ **fluviale** (nav.), Flussfähre (f.). **8** ~ **spaziale** (navetta spaziale) (astronautica), Raumfähre (f.). **9 barca per** ~ (nav.), Fährboot (n.). **10 esercizio del** ~ (nav.), Fährbetrieb (m.).

traguardo (scopo, fine) (gen.), Zweck (m.), Ziel (n.). **2** ~ (sport), Ziel (n.). **3 linea del** ~ (sport), Ziellinie (f.).

traiettoria (gen.), Bahn (f.). **2** ~ (mat. -

geom.), Trajektorie (*f.*). 3 ~ (di un proiettile p. es.) (*balistica*), Bahn (*f.*), Wurfbahn (*f.*), Wurflinie (*f.*). 4 ~ **curva** (*gen.*), Kurvenbahn (*f.*). 5 ~ **curva** (*arma da fuoco*), Steilbahn (*f.*). 6 ~ **dell'elettrone** (*elettronica*), Elektronenbahn (*f.*). 7 ~ **dell'utensile** (*lav. macch. ut.*), Werkzeugweg (*m.*). 8 ~ **di discesa** (*aer.*), Anschwebebahn (*f.*). 9 ~ **di molleggio** (traiettoria del centro della ruota durante lo spostamento della stessa nell'azione di molleggio della sospensione) (*aut.*), Raderhebungskurve (*f.*). 10 ~ **di salita** (di un razzo p. es.) (*aer. - ecc.*), Aufstiegbahn (*f.*). 11 ~ **di volo** (*aer.*), Flugbahn (*f.*). 12 **angolo di** ~ (*aut.*), Kurswinkel (*m.*).

trainare (*veic.*), schleppen. 2 ~ (la rete) (*pesca*), schleppen.

traino (*veic.*), Schleppen (*n.*). 2 **cavo di** ~ (cavo da rimorchio) (*veic.*), Schleppkabel (*n.*). 3 **dispositivo di** ~ (*veic.*), Zugvorrichtung (*f.*), Zuggeschirr (*n.*). 4 **gancio di** ~ (*ferr. - aut.*), Zughaken (*m.*).

traliccio (struttura reticolare) (*ed.*), Fachwerk (*n.*), Netzwerk (*n.*), Flechtwerk (*n.*). 2 ~ (graticcio) (*ed.*), Gitter (*n.*), Gitterwerk (*n.*). 3 ~ (tessuto) (*tess.*), Drill (*m.*), Drell (*m.*), Drillich (*m.*). 4 ~ **di ferro** (intelaiatura di ferro) (*ed.*), Eisenfachwerk (*n.*). 5 ~ **di travi** (per ponti, fabbricati) (*ed.*), Trägerrost (*m.*). 6 ~ **equivalente** (ottenuto mediante trasposizione di aste) (*sc. costr.*), Ersatzfachwerk (*n.*). 7 **a** ~ (reticolare) (*ed. - ecc.*), gitterförmig. 8 **ponte a** ~ (*costr. di ponti*), Gitterbrücke (*f.*). 9 **trave a** ~ (*ed.*), Gitterträger (*m.*).

tram (carrozza tranviaria, vettura tranviaria) (*veic.*), Strassenbahnwagen (*m.*). 2 ~ **a cavalli** (*antico veic.*), Stellwagen (*m.*), Pferdeomnibus (*m.*). 3 **bigliettario del** ~ (*lav.*), Strassenbahnschaffner (*m.*). 4 **binario del** ~ (*veic.*), Strassenbahngleis (*n.*). 5 **fermata del** ~ (*trasp.*), Strassenbahnhaltstelle (*f.*). 6 **manovratore del** ~ (*lav.*), Strassenbahnführer (*m.*).

trama (fili trasversali di un tessuto) (*ind. tess.*), Schuss (*m.*). 2 **filo di** ~ (*tess.*), Einschlagfaden (*m.*), Schussfaden (*m.*). 3 **inserzione della** ~ (*tess.*), Einschlag (*m.*), Eintrag (*m.*), Einschuss (*m.*), Schuss (*m.*). 4 **rapporto di** ~ (*ind. tess.*), Schussrapport (*m.*).

tramezza (parete divisoria) (*ed.*), Zwischenwand (*f.*). 2 ~ (di una scarpa) (*mft. scarpe*), Innensohle (*f.*). 3 ~ (divisorio, d'una scatola) (*imball.*), Steg (*m.*), Einsatz (*m.*). 4 ~ **alveolare** (*imball.*), Facheinsatz (*m.*).

tramoggia (*ind. - ecc.*), Trichter (*m.*). 2 ~ (per il caricamento della plastica in una macchina per lo stampaggio a iniezione) (*macch.*), Fülltrichter (*m.*). 3 ~ **di alimentazione** (*ind.*), Speisetrichter (*m.*). 4 ~ **di caricamento** (*macch. ind.*), Beschickungstrichter (*m.*), Aufgabetrichter (*m.*). 5 **carro a** ~ (*ferr.*), Trichterwagen (*m.*).

tramp (carretta) (*nav.*), Trampschiff (*n.*).

trampolino (*sport*), Sprungschanze (*f.*).

tramvia (*trasp.*), Strassenbahn (*f.*), Trambahn (*f.*). 2 ~ **sotterranea** (*trasp.*), U-Strassenbahn (*f.*), U-Strab (*f.*), Unterpflasterbahn (*f.*).

trancia (pressa per tranciare) (*macch.*), Schnittpresse (*f.*). 2 ~ (cesoia) (*macch.*), Schere (*f.*). 3 **ferro da** ~ (*ut. - lav. lamiera*), Schnitt (*m.*).

tranciare (tagliare senza asportazione di truciolo, con pressa) (*lav. lamiera*), schneiden. 2 ~ (con cesoia) (*tecnol. mecc.*), abscheren. 3 ~ **il contorno** (rifilare, un pezzo imbutito) (*lav. lamiera*), beschneiden. 4 ~ **lo sviluppo** (tranciare il pezzo di partenza piano per successive lavorazioni di piega, imbutitura, ecc.) (*lav. lamiera*), ausschneiden. 5 **pressa per** ~ (*macch.*), Schnittpresse (*f.*). 6 **punzone per** ~ (*ut. lav. lamiera*), Schnittstempel (*m.*). 7 **stampo per** ~ (*ut. lav. lamiera*), Schnitt (*m.*).

tranciato (pezzo tranciato, di lamiera) (*s. - lav. lamiera*), Schnitteil (*m.*). 2 ~ (lamiera) (*a. - tecnol. mecc.*), geschnitten, gestanzt. 3 ~ (lamina tranciata di compensato) (*s. - falegn.*), Messerfurnier (*n.*). 4 **spezzone** ~ (*fucinatura*), Spaltstück (*n.*).

tranciatrice (sfogliatrice in piano, per lamine di compensato p. es.) (*macch. falegn.*), Furniermessermaschine (*f.*). 2 ~ (pressa tranciatrice) (*macch.*), Schneidpresse (*f.*).

tranciatura (taglio, con pressa e stampo) (*lav. lamiera*), Schneiden (*n.*), Schnitt (*m.*). 2 ~ (taglio, troncatura, con cesoia) (*tecnol. mecc.*), Abscherung (*f.*). 3 ~ **con guida a colonne** (*lav. lamiera*), Säulenführungsschnitt (*m.*). 4 ~ **con guidastampo** (tranciatura guidata) (*lav. lamiera*), Führungsschnitt (*m.*). 5 ~ **con piastra di guida** (*lav. lamiera*), Plattenführungsschnitt (*m.*). 6 ~ **con tampone di gomma** (*lav. lamiere*), Gummischneiden (*n.*). 7 ~ **del contorno** (rifilatura, di un pezzo di lamiera imbutito p. es.) (*lav. lamiera*), Beschneiden (*n.*). 8 ~ **dello sviluppo** (completa separazione del pezzo dal foglio di lamiera secondo una linea chiusa) (*lav. lamiera*), Ausschneiden (*n.*). 9 ~ **di linguette** (o di orecchiette) (*lav. lamiera*), Lappen (*n.*). 10 ~ **fine** (*lav. lamiera*), Feinstanzen (*n.*). 11 ~ **guidata** (tranciatura con guidastampo) (*lav. lamiera*), Führungsschnitt (*m.*). 12 ~ **libera** (tranciatura senza guide) (*lav. lamiera*), Freischnitt (*m.*). 13 ~ **marginale** (tranciatura di intestatura p. es.) (*lav. lamiera*), Ausklinkung (*f.*). 14 ~ **progressiva** (*lav. lamiera*), Folgeschnitt (*m.*). 15 ~ **semplice** (*lav. lamiera*), Einfachschnitt (*m.*). 16 ~ **senza guida** (tranciatura libera) (*lav. lamiera*), Freischnitt (*m.*). 17 ~ **senza sfrido** (*lav. lamiera*), stegloses Ausschneiden, Schneiden im Flächenschluss. 18 **attrezzo per la** ~ **del contorno** (rifilatore) (*ut. lav. lamiera*), Beschneidewerkzeug (*n.*), Beschneider (*m.*). 19 **matrice per** ~ (*ut. lav. lamiera*), Schnittmatrize (*f.*), Schnittplatte (*f.*). 20 **punzone di** ~ **con colonne di guida** (*ut. lav. lamiera*), Säulenführungsschnitt (*m.*). 21 ~ **punzone di** ~ **con piastra di guida** (*ut. lav. lamiera*), Plattenführungsschnitt (*m.*). 22 **punzone di** ~ **guidato** (*ut. lav. lamiera*), Führungsschnitt (*m.*). 23 **punzone di** ~ **libero** (punzone di tranciatura non guidato) (*ut. lav. lamiera*), Freischnitt (*m.*). 24 **punzone per la** ~ **del contorno** (*ut. lav. lamiera*), Beschneidestempel (*m.*), Randschnittstempel

tranquillante

(*m.*). 25 schema di ~ con minimo sfrido (*lav. lamiera*), Flächenschluss (*m.*). 26 stampo di ~ a colonne di guida (*ut. lav. lamiera*), Säulenführungsschnitt (*m.*). 27 stampo per la ~ del contorno (stampo per rifilatura) (*ut. lav. lamiera*), Beschneider (*m.*), Beschneidewerkzeug (*n.*). 28 stampo per la ~ dello sviluppo (*ut. lav. lamiera*), Ausschneidwerkzeug (*n.*), Umgrenzungsschnitt (*m.*).

tranquillante (*farm.*), Tranquillans (*n.*), Tranquillantien (*pl.*), Beruhigungsmittel (*n.*).

transatlantico (*nav.*), Transozeandampfer (*m.*), Ozeanliner (*m.*). 2 **cavo** ~ (*telef.*), Atlantikkabel (*n.*).

transazione (*finanz. - comm.*), Transaktion (*f.*), Vergleich (*m.*).

transconduttanza (pendenza, conduttanza mutua) (*elettronica*), Steilheit (*f.*). 2 ~ **di conversione** (*elettronica*), Mischsteilheit (*f.*), Konversionssteilheit (*f.*), Überlagerungssteilheit (*f.*). 3 **fattore di** ~ (fattore di pendenza) (*elettronica*), Steilheitskonstante (*f.*).

transesterificazione (*chim.*), Umesterung (*f.*).

transetto (navata trasversale di una chiesa) (*arch.*), Querschiff (*n.*), Kreuzschiff (*n.*).

« transfer » (macchina a trasferta) (*macch. ut.*), Transfermaschine (*f.*), Transferstrasse (*f.*). 2 **lavorazione su (macchina)** ~ (*lav. macch. ut.*), Transferbearbeitung (*f.*).

transistore (« transistor ») (*elettronica*), Transistor (*m.*). 2 ~ **ad effetto di campo (FET)**, (*elettronica*), Feldeffekttransistor (*m.*), FET. 3 ~ **ad effetto di campo di superficie** (*elettronica*), Oberflächen-Feldeffekt-Transistor (*m.*), OFT. 4 ~ **a deriva** (transistore « drift ») (*elettronica*), Drifttransistor (*m.*). 5 ~ **a diffusione** (*elettronica*), Diffusionstransistor (*m.*). 6 ~ **a effetto fotoelettrico** (fototransistore) (*elettronica*), Phototransistor (*m.*). 7 ~ **a giunzione** (*elettronica*), Flächentransistor (*m.*). 8 ~ **al germanio** (*elettronica*), Ge-Transistor (*m.*), Germanium-Transistor (*m.*). 9 ~ **al silicio** (*elettronica*), Silizium-Transistor (*m.*), Si-Transistor (*m.*). 10 ~ **a punta di contatto** (*elettronica*), Spitzentransistor (*m.*). 11 ~ **con semiconduttore ad ossido metallico** (transistore MOS, Metal-Oxide-Semiconductor transistor) (*elettronica*), Metal-Oxide-Semiconductor-Transistor (*m.*), MOS-Transistor (*m.*). 12 ~ **con un semiconduttore di tipo p tra due di tipo n** (transistore npn) (*elettronica*), npn-Transistor (*m.*). 13 ~ **convertitore** (di frequenza) (*elettronica*), Mischtransistor (*m.*). 14 ~ **di commutazione** (*elettronica*), Schalttransistor (*m.*). 15 ~ **di potenza** (*elettronica*), Leistungstransistor (*m.*). 16 ~ **« drift »** (transistore a deriva) (*elettronica*), Drift-Transistor (*m.*). 17 ~ **epitassiale** (*elettronica*), Epitaxialtransistor (*m.*). 18 ~ **legato** (*elettronica*), Legierungstransistor (*m.*). 19 ~ **MOS** (transistore con semiconduttore ad ossido metallico, Metal-Oxide-Semiconductor transistor) (*elettronica*), MOS-Transistor (*m.*). 20 ~ **npn** (transistore con un semiconduttore di tipo p tra due di tipo n) (*elettronica*), npn-Transistor (*m.*). 21 ~ **planare** (*elettronica*), Planartransistor (*m.*). 22 ~ **planare al silicio PNP epitassiale** (*elettronica*), PNP-Silizium-Epitaxialtransistor (*m.*). 23 ~ **pnp** (transistore positivo-negativo-positivo) (*elettronica*), pnp-Transistor (*m.*). 24 ~ **unigiunzione** (UJT, Unijunction-Transistor) (*elettronica*), Unijunktion-Transistor (*m.*), UJT. 25 ~ **unipolare** (*elettronica*), Unipolartransistor (*m.*). 26 **amplificatore a** ~ (*elettronica*), Transistor-Verstärker (*m.*).

transistorizzare (*elettronica*), transistorisieren.

transistorizzato (*elettronica*), transistorisiert, halbleiterbestückt.

transitabile (*gen.*), gangbar. 2 ~ (percorribile, con veicoli) (*strad. - veic. - ecc.*), befahrbar.

transitabilità (*strad. - veic.*), Befahrbarkeit (*f.*).

transito (*trasp.*), Durchfahrt (*f.*), Transit (*m.*), Durchgang (*m.*). 2 **angolo di** ~ (*elettronica*), Laufzeitwinkel (*m.*), Laufwinkel (*m.*). 3 **centrale di** ~ (*telef.*), Durchgangsamt (*n.*). 4 **commercio di** ~ (*comm.*), Transithandel (*m.*). 5 **curva di** ~ (curva di raccordo, curva di transizione) (*ferr. - strad.*), Übergangskurve (*f.*). 6 **distorsione del tempo di** ~ (di un transistore) (*elettronica*), Laufzeitentzerrung (*f.*). 7 **divieto di** ~ (divieto di passaggio) (*gen.*), Durchfahrtsverbot (*n.*). 8 **in** ~ (*trasp.*), durchgehend, auf der Durchfahrt. 9 **merce in** ~ (*trasp.*), Durchfracht (*f.*), Transitware (*f.*), Durchgangsgut (*n.*), Transitgut (*n.*). 10 **modo del tempo di** ~ (di un transistore) (*elettronica*), Lanfzeitmodus (*m.*). 11 **tempo di** ~ (*elettronica*), Laufzeit (*f.*). 12 **traffico di** ~ (*traff. strad.*), Durchgangsverkehr (*m.*).

transitorietà (*fis.*), Vergänglichkeit (*f.*).

transitorio (*a. - gen.*), vorübergehend, Übergangs... 2 ~ (stato) (*a. - fis.*), eingeschwungen. 3 ~ (stato transitorio) (*s. - gen.*), vorübergehender Zustand, Übergangszustand (*m.*). 4 ~ (stato transitorio, della tensione in seguito a brusca variazione del carico p. es.) (*fis. - elett.*), Einschwingzustand (*m.*). 5 ~ (variazione brusca della tensione ed intensità della corrente su linee aeree, ecc.) (*elett.*), Wanderwelle (*f.*). 6 ~ **di sovratensione** (sovratensione momentanea, colpo di tensione) (*elett.*), Spannungsstoss (*m.*). 7 **comportamento** ~ (*elett. - ecc.*), Übergangsverhalten (*n.*). 8 **periodo** ~ (*gen.*), vorübergehende Periode, Übergangsperiode (*f.*). 9 **processo** ~ (*fis.*), Einschwingvorgang (*m.*). 10 **reattanza transitoria** (*macch. elett.*), Übergangsreaktanz (*f.*). 11 **regime** ~ (stato transitorio) (*fis. - elett.*), Übergangszustand (*m.*), vorübergehender Zustand. 12 **risposta transitoria** (*regol.*), Übergangsantwort (*f.*). 13 **scarto** ~ (*regol.*), vorübergehende Regelabweichung.

transitron (tipo di oscillatore) (*elettronica*), Transitron (*n.*).

transizione (*gen.*), Übergang (*m.*), Transition (*f.*). 2 ~ (dallo stato laminare a quello turbolento, di una corrente fluida) (*mecc. dei fluidi*), Umschlag (*m.*). 3 ~ **dello strato limite** (da laminare a turbolento) (*mecc. dei fluidi*), Umschlag der Grenzschicht. 4 **volo di** ~ (tra volo con sostentazione a getto e volo a sostentazione aerodinamica) (*aer.*), Transitionsflug (*m.*).

translucido (*ott.*), *vedi* traslucido.
transmodulazione (*radio*), Kreuzmodulation (*f.*).
transmutazione (trasmutazione) (*fis. atom.*), Transmutation (*f.*).
transonico (*acus.*), transsonisch.
transpallet (per trasporti interni) (*veic.*), Handgabelhubwagen (*m.*).
transuranico, elemento ~ (*chim.*), Transuran (*n.*).
tranvia (*trasp.*), *vedi* tramvia.
tranviere (*lav.*), Strassenbahner (*m.*).
trapanare (forare al trapano, mediante punta) (*lav. macch. ut.*), bohren.
trapanatore (trapanista) (*lav.*), Bohrer (*m.*).
trapanatrice (trapano) (*macch. ut.*), Bohrmaschine (*f.*). 2 ~ (*macch. ut.*), *vedi anche* trapano. 3 ~ **a colonna** (trapano a colonna) (*macch. ut.*), Säulenbohrmaschine (*f.*), Ständerbohrmaschine (*f.*). 4 ~ **a più mandrini** (trapano plurimandrino) (*macch. ut.*), mehrspindlige Bohrmaschine. 5 ~ **a revolver** (*macch. ut.*), Revolverbohrmaschine (*f.*). 6 ~ **automatica** (*macch. ut.*), Bohrautomat (*m.*). 7 ~ **da banco** (trapano da banco) (*macch. ut.*), Tischbohrmaschine (*f.*), Werkbankbohrmaschine (*f.*). 8 ~ **multipla** (costituita da più trapani su unica incastellatura) (*macch. ut.*), Reihenbohrmaschine (*f.*). 9 ~ **per legno** (trapano per legno) (*macch. lav. legno*), Holzbohrmaschine (*f.*). 10 ~ **radiale** (*macch. ut.*), Radialbohrmaschine (*f.*). 11 ~ **sensitiva** (trapano sensitivo) (*macch. ut.*), Bohrmaschine mit Handhebelvorschub, Handhebelbohrmaschine (*f.*).
trapanatura (foratura al trapano, mediante punta) (*lav. macch. ut.*), Bohren (*n.*), Vollbohren (*n.*), Bohrarbeit (*f.*). 2 trucioli di ~ (*macch. ut.*), Bohrspäne (*m. pl.*).
trapanino (*ut.*), Bohrer (*m.*). 2 ~ **elettrico** (*ut.*), elektrische Bohrmaschine, Elektrobohrer (*m.*).
trapanista (trapanatore) (*lav.*), Bohrer (*m.*).
trapano (trapanatrice) (*macch. ut.*), Bohrmaschine (*f.*). 2 ~ (portatile) (*ut.*), Bohrer (*m.*), Bohrapparat (*m.*). 3 ~ **a colonna** (trapanatrice a colonna) (*macch. ut.*), Säulenbohrmaschine (*f.*), Ständerbohrmaschine (*f.*). 4 ~ **a cricco** (*ut.*), Bohrknarre (*f.*), Ratsche (*f.*), Knarre (*f.*). 5 ~ **a due mandrini** (*macch. ut.*), Zweispindelbohrmaschine (*f.*). 6 ~ **ad ultrasuoni** (trapanatrice ad ultrasuoni) (*macch. ut.*), Ultraschallbohrmaschine (*f.*). 7 ~ **ad un fuso** (trapano monomandrino, trapano monofuso) (*macch. ut.*), Einspindelbohrmaschine (*f.*). 8 ~ **ad un mandrino** (trapano monomandrino, trapano monofuso) (*macch. ut.*), Einspindelbohrmaschine (*f.*). 9 ~ **a mandrini multipli** (*macch. ut.*), Reihenbohrmaschine (*f.*), Mehrspindelbohrmaschine (*f.*). 10 ~ **a mandrini multipli snodati** (*macch. ut.*), Gelenkspindelbohrmaschine (*f.*). 11 ~ **a mandrino snodato** (*macch. ut.*), Gelenkspindelbohrmaschine (*f.*). 12 ~ **a mano** (*ut.*), Handbohrmaschine (*f.*). 13 ~ **a mano** (menaruola, girabacchino) (*ut.*), Bohrwinde (*f.*). 14 ~ **a manovella** (*ut.*), Bohrkurbel (*f.*). 15 ~ **a petto** (*ut.*), Brustleier (*f.*). 16 ~ **a più fusi** (trapano plurimandrino) (*macch. ut.*), Mehrspindelbohrmaschine (*f.*). 17 ~ **a revolver** (*macch. ut.*), Revolverbohrmaschine (*f.*). 18 ~ **a squadra** (*macch. ut.*), Winkelbohrmaschine (*f.*). 19 ~ **automatico** (*macch. ut.*), Bohrautomat (*m.*). 20 ~ **a vite** (trapano di Archimede) (*ut. falegn.*), Drillbohrer (*m.*). 21 ~ **da banco** (trapanatrice da banco) (*macch. ut.*), Tischbohrmaschine (*f.*), Werkbankbohrmaschine (*f.*). 22 ~ **da dentista** (*macch. dentista*), Bohrmaschine (*f.*). 23 ~ **di Archimede** (od a vite) (*ut. falegn.*), Drillbohrer (*m.*). 24 ~ (elettrico) **a percussione** (portatile, per forare pietra, calcestruzzo, ecc.; taglia e simultaneamente frantuma) (*ut.*), Schlagbohrmaschine (*f.*). 25 ~ **elettrico da banco** (*macch. ut.*), Elektrotischbohrmaschine (*f.*). 26 ~ **elettrico portatile** (*ut. elett.*), Elektrobohrer (*m.*), elektrische Handbohrmaschine (*f.*). 27 ~ **monofuso** (trapano monomandrino) (*macch. ut.*), Einspindelbohrmaschine (*f.*). 28 ~ **monomandrino** (trapano monofuso) (*macch. ut.*), Einspindelbohrmaschine (*f.*). 29 ~ **per carta** (*macch.*), Papierbohrmaschine (*f.*). 30 ~ **per fori profondi** (*macch. ut.*), Tieflochbohrmaschine (*f.*). 31 ~ **per legno** (trapanatrice per legno) (*macch. lav. legno*), Holzbohrmaschine (*f.*). 32 ~ **per muri** (*att.*), Mauerbohrmaschine (*f.*). 33 ~ **plurimandrino** (trapano a più fusi) (*macch. ut.*), Mehrspindelbohrmaschine (*f.*). 34 ~ **radiale** (*macch. ut.*), Radialbohrmaschine (*f.*). 35 ~ **rapido** (trapano ad alta velocità di taglio) (*macch. ut.*), Schnellbohrmaschine (*f.*). 36 ~ **sensitivo** (*macch. ut.*), Handhebelbohrmaschine (*f.*), Bohrmaschine mit Handhebelvorschub. 37 **unità operatrice per** ~ (*macch. ut.*), Bohreinheit (*f.*).
trapasso (trasferimento, di una proprietà) (*leg.*), Übergabe (*f.*). 2 ~ (atto di trapasso) (*finanz. - leg.*), Auflassung (*f.*), Auflassungsurkunde (*f.*). 3 ~ **di proprietà** (voltura) (*leg.*), Übereignung (*f.*).
trapelare (*gen.*), sickern.
trapezio (*geom.*), Trapez (*n.*).
trapezoidale (*gen.*), Trapez... 2 **distorsione** ~ (difetto telev.), Trapezfehler (*m.*).
trapezoide (*geom.*), Trapezoid (*n.*).
trapiantare (*agric.*), umpflanzen, umsetzen.
trappola (punto di cattura, di un semiconduttore) (*fis.*), Trap (*f.*), Haftstelle (*f.*), Fangstelle (*f.*). 2 ~ **del suono** (*telev.*), Tonfalle (*f.*). 3 ~ **ionica** (*elettronica*), Ionenfalle (*f.*). 4 ~ **per echi** (*telev.*), Echofalle (*f.*). 5 ~ **refrigerante** (parte d'un sistema per vuoto) (*tecn. del vuoto*), Kühlfalle (*f.*).
trasbordare (merci) (*trasp.*), umschlagen, umladen.
trasbordatore (carrello trasbordatore) (*ferr.*), Verschiebebühne (*f.*).
trasbordo (delle merci) (*trasp.*), Umschlag (*m.*), Umlad (*m.*), Umladung (*f.*). 2 ~ (*nav.*), Umschlag (*m.*). 3 **impianto di** ~ **d'un magazzino** (*ind.*), Umschlaganlage (*f.*).
trascendente (curva) (*geom.*), traszendent.
trascinamento (*mecc.*), Mitnehmen (*n.*). 2 ~ (funzionamento trascinato, da mot. elettrico all'avviamento p. es.) (*mot.*), Schubbetrieb (*m.*). 3 ~ (d'un oscillatore) (*elettronica*), Mitnahme (*f.*), Ziehen (*n.*). 4 ~ (*telev. - di-*

trascinare

fetto), Nachziehen (*n*.), Nachzieheffekt (*m*.). **5 ~** (dell'acqua da parte del vapore) (*cald. a vapore*), Spucken (*n*.), Mitreissen (*n*.), Überreissen (*n*.). **6 ~ della frequenza** (effetto di trascinamento della frequenza, variazione della frequenza) (*radio - telev.*), Frequenzziehen (*n*.). **7 ~ di acqua** (d'una caldaia, mediante vapore) (*tubaz. - cald.*), Spucken (*n*.), Mitreissen (*n*.). **8 aletta di ~** (dente di trascinamento, d'una punta elicoidale p. es.) (*ut.*), Mitnehmerlappen (*m*.), Austreiblappen (*m*.). **9 asta (quadra) di ~** (per trivellazione rotativa) (*min.*), Mitnehmerstange (*f*.), Vierkantstange (*f*.). **10 coppia di ~** (momento di trascinamento, nell'avviamento a freddo d'un motore endotermico) (*mot.*), Durchdrehmoment (*n*.). **11 dente di ~** (aletta di trascinamento, d'una punta elicoidale p. es.) (*ut.*), Mitnehmerlappen (*m*.), Austreiblappen (*m*.). **12 effetto di ~** (d'un circuito oscillante, sulla frequenza di un oscillatore accoppiato) (*radio - telev.*), Zieherscheinung (*f*.). Mitzieheffekt (*m*.). **13 foro di ~** (del nastro perforato) (*elab. dati*), Transportloch (*n*.). **14 fase di ~** (fase di rilascio; d'un motore da parte delle ruote, lungo una discesa p. es.) (*mot.*), Schubbetrieb (*m*.). **15 forza di ~** (sollecitazione che provoca un movimento di detriti p. es.) (*idr. - ecc.*), Schleppkraft (*f*.), Schleppspannung (*f*.). **16 manicotto di ~ della broccia** (di una brocciatrice) (*macch. ut.*), Räumwerkzeug-Halter (*m*.). **17 momento di ~** (nell'avviamento a freddo di un mot.) (*mot.*), Durchdrehmoment (*n*.). **18 superficie di ~** (del codolo di una broccia p. es.) (*ut.*), Mitnahmefläche (*f*.).

trascinare (*mecc.*), mitnehmen.

trascinato (*gen.*), mitgenommen, mitgezogen. **2 materiale solido ~** (in sospensione, da un fiume) (*idr.*), Schweb (*m*.). **3 materiali solidi trascinati** (sul letto dei fiumi) (*idr. - geol.*), Geschiebe (*n*.).

trascinatore (*mecc.*), Mitnehmer (*m*.).

trascolorare (cambiare colore) (*vn.*), verfärben.

trascorrere (passare, di tempo) (*gen.*), verlaufen, verstreichen, vergehen.

trascrittore (*elettronica*), Umwandler (*m*.). **2 ~ schede-nastro** (trascrittore da schede perforate su nastro magnetico) (*macch.*), Lochkarten-Magnetbandumwandler (*m*.).

trascrivere (*leg.*), umschreiben.

trascrizione (*gen.*), Umschrift (*f*.). **2 ~** (voltura, della proprietà p. es.) (*leg.*), Umschreibung (*f*.).

trascurabile (*gen.*), belanglos.

trascuratezza (*lav. - ecc.*), Nachlässigkeit (*f*.).

trasduttore (app. atto alla trasmissione di energia in genere attraverso una o più fasi di trasformazione) (*app.*), Wandler (*m*.), Geber (*m*.), Umformer (*m*.). **2 ~ acustico** (per trasformare vibrazioni sonore in vibrazioni elettriche) (*app.*), akustischer Wandler, Schallwandler (*m*.). **3 ~ analogico** (*lav. macch. ut. c/n*), analoger Messwertgeber. **4 ~ a passo** (*app.*), Schrittgeber (*m*.). **5 ~ angolare** (sistema di misura angolare) (*lav. macch. ut. c/n*), Winkelmess-system (*n*.). **6 ~ a semiconduttori** (*elettronica*), Halbleiterwandler (*m*.), HLW. **7 ~ capacitivo** (*app. - elett.*), kapazitiver Geber. **8 ~ di coppia** (sincro di coppia, ripetitore sincrono di coppia) (*app.*), Kraft-Drehmelder (*m*.), Drehmomentgeber (*m*.). **9 ~ di moto rettilineo** (*app.*), Hubgeber (*m*.). **10 ~ di oscillazioni** (convertitore di grandezza misurata) (*app.*), Schwingungsaufnehemer (*m*.). **11 ~ di portata** (*app.*), Durchflussgeber (*m*.). **12 ~ di posizione** (*app.*), Stellungsgeber (*n*.). **13 ~ di posizione** (sistema di misura della posizione) (*lav. macch. ut. c/n*), Lagemess-system (*n*.). **14 ~ di posizione angolare** (resolver) (*app.*), Koordinatenwandler (*m*.), Resolver (*m*.). **15 ~ di pressione** (trasmettitore di pressione) (*app. - strum.*), Druckgeber (*m*.). **16 ~ di spostamento lineare** (*app.*), Weggeber (*m*.). **17 ~ di velocità angolare** (per convertire una grandezza esistente come moto rotativo in resistenza, corrente, tensione, ecc, adatte per misure elettriche o teletrasmissione) (*elett.*), Drehgeber (*m*.). **18 ~ elettrico** (trasmettitore, rivelatore, di un impianto di misura p. es., per la trasformazione di una grandezza non elettrica in una grandezza elettrica) (*app.*), Geber (*m*.). **19 ~ elettrico a resistenza** (*app.*), Widerstandsferngeber (*m*.). **20 ~ elettroacustico** (app. per la trasformazione di energia acustica in energia elettrica e viceversa) (*elettroacus.*), elektroakustischer Wandler. **21 ~ elettromeccanico** (*app.*), elektromechanischer Wandler. **22 ~ magnetico** (*app. fis.*), Transduktor (*m*.). **23 ~ magnetico** (trasflussore) (*elettronica*), Transfluxon (*m*.). **24 ~ multiplo** (*app.*), Mehrfachgeber (*m*.). **25 ~ per movimenti rettilinei lunghi** (*app.*), Längengeber (*m*.). **26 ~ piezoelettrico** (*app.*), piezoelektrischer Wandler. **27 ~ quadripolare** (quadripolo, quadrupolo) (*elett. - radio*), Vierpol (*m*.). **28 ~ termoelettrico** (per misurare correnti elettriche) (*app.*), Thermoumformer (*m*.). **29 regolatore a ~** (*elett.*), Transduktor-Regler (*m*.).

trasduzione (di grandezze misurate p. es.) (*elett. - ecc.*), Umformung (*f*.). **2 ~ analogica** (conversione di un valore misurato in un altra grandezza fisica) (*elett. - ecc.*), analoge Messwerterfassung.

trasferibile (assegno p. es.) (*finanz.*), girierbar.

trasferimento (*gen.*), Übertragung (*f*.). **2 ~** (di un impiegato p. es.) (*lav.*), Versetzung (*f*.). **3 ~** (di pagamenti) (*finanz.*), Transfer (*m*.). **4 ~** (trapasso, di una proprietà) (*leg.*), Übergabe (*f*.), Übertragung (*f*.). **5 ~** (di effetti) (*finanz.*), Giro (*n*.). **6 ~** (di una ditta p. es.) (*ind.*), Verlagerung (*f*.), Umzug (*m*.). **7 ~ del carico** (*elett. - ecc.*), Umladung (*f*.). **8 ~ di materiale** (fra le superfici di un accoppiamento p. es.) (*mecc.*), Werkstoffübertragung (*f*.). **9 ~ di proprietà** (*comm.*), Eigentumsübertragung (*f*.). **10 ~ di titoli** (*finanz.*), Effektengiro (*n*.). **11 ~ di totali** (*elab. dati*), Summenübertragung (*f*.). **12 diagramma della funzione di ~** (*regol.*), Ortskurve der Übertragungsfunktion. **13 funzione di ~** (*mot. - ecc.*), Übergangsfunktion (*f*.). **14 funzione di ~** (funzione di trasmissione) (*radio - ecc.*), Übertragungsfunktion (*f*.). **15 iscrizione preliminare di ~** (nel registro fondiario p. es.)

(*leg. - ed.*), Auflassungsvormerkung (*f.*). **16 linea a ~** (linea a trasferta, «transfer») (*lav. macch.*) *ut.*), Transferstrasse (*f.*), Transfermaschine (*f.*). **17 stampabile a ~** (materia plastica) (*tecnol.*), spritzpressbar. **18 tempo di ~** (del lingotto dall'acciaieria al laminatoio p. es.) (*metall. - ecc.*), Übergabezeit (*f.*).

trasferire (*gen.*), übertragen. **2 ~** (spostare) (*gen.*), verlegen, umlegen, versetzen. **3 ~** (beni immobili p. es.) (*finanz.*), auflassen, übertragen. **4 ~** (la residenza) (*leg. - ecc.*), verlegen. **5 ~ la proprietà** (*comm.*), übereignen.

trasferirsi (traslocare) (*comm. - ecc.*), umziehen.

trasferitore (della lamiera p. es.) (*lamin.*), Schlepper (*m.*). **2 ~ di barre** (per passarle da una gabbia ad un'altra) (*lamin.*), Stangenschlepper (*m.*). **3 ~ catodico** (inseguitore catodico, amplificatore ad accoppiamento catodico) (*elettronica*), Kathodenfolger (*m.*).

trasferta (indennità di trasferta) (*pers. - lav.*), Auslösung (*f.*), Aufwandsentschädigung (*f.*). **2 ~** (diaria) (*lav. - pers.*), Tagegelder (*n. - pl.*), Diäten (*f. pl.*). **3 linea a ~** («transfer») (*macch. ut.*), Transferstrasse (*f.*), Transfermaschine (*f.*).

trasflussore (trasduttore magnetico) (*elettronica*), Transfluxon (*m.*).

trasfocatore, obiettivo ~ (lente a focale variabile) (*fot.*), Linse mit veränderlichem Fokus.

trasformabile (cabriolet, tipo di autovettura) (*s. - aut.*), Kabriolett (*n.*), Cabriolett (*n.*).

trasformare (*gen.*), umwandeln. **2 ~** (la tensione) (*elett.*), umspannen.

trasformata (*mat.*), Transformierte (*f.*). **2 ~ inversa** (*mat.*), Rück-Transformierte (*f.*).

trasformatore (*macch. elett.*), Transformator (*m.*), Trafo (*m.*), Wandler (*m.*), Umspanner (*m.*). **2 ~ a barra** (*elett.*), Schienenstromwandler (*m.*). **3 ~ abbassatore di tensione** (trasformatore, riduttore di tensione) (*macch. elett.*), Reduziertransformator (*m.*), Abspanner (*m.*). **4 ~ a cinque colonne** (*elett.*), Fünfschenkelwandler (*m.*). **5 ~ a colonne** (*macch. elett.*), Säulentransformator (*m.*), Kerntransformator (*m.*). **6 ~ ad avvolgimenti scorrevoli** (trasformatore, in cui mediante spostamento d'un cursore viene variata la tensione secondaria) (*elett.*), Schubtransformator (*m.*). **7 ~ ad avvolgimenti sovrapposti** (trasformatore di misura) (*elett.*), Wickelwandler (*m.*). **8 ~ a foro passante** (*elett.*), Durchsteckwandler (*m.*). **9 ~ a mantello** (trasformatore corazzato) (*macch. elett.*), Manteltransformator (*m.*). **10 ~ amperometrico** (trasformatore di misura) (*elett.*), Stromwandler (*m.*). **11 ~ a nucleo toroidale** (trasformatore toroidale) (*elett.*), Ringkerntransformator (*m.*), Ringtransformator (*m.*). **12 ~ a prese intermedie** (*elett.*), Anzapftransformator (*m.*). **13 ~ (a raffreddamento) in aria** (*macch. elett.*), Lufttransformator (*m.*), luftgekühlter Transformator, Trockentransformator (*m.*). **14 ~ a rapporto variabile** (trasformatore a regolazione di tensione; con numero di spire e rapporto di trasformazione regolabili) (*elett.*), Stelltransformator (*m.*). **15 ~ a regolazione di tensione** (trasformatore a rapporto variabile; con numero di spire e rapporto di trasformazione regolabili) (*elett.*), Stelltransformator (*m.*). **16 ~ a riccio** (*elett.*), Igeltransformator (*m.*). **17 ~ a tenaglia** (trasformatore di misura a tenaglia) (*elett.*), Anlage-Stromwandler (*m.*). **18 ~ a ventilazione forzata** (*macch. elett.*), Transformator mit Anblaskühlung. **19 ~ corazzato** (trasformatore a mantello) (*macch. elett.*), Manteltransformator (*m.*). **20 ~ da palo** (*macch. elett.*), Masttransformator (*m.*). **21 ~ del convertitore** (statico) (*elettronica*), Stromrichtertransformator (*m.*). **22 ~ di adattamento** (di impedenza) (*macch. elett.*), Anpassungstransformator (*m.*), Anpassübertrager (*m.*). **23 ~ di allacciamento alla rete** (piccolo trasformatore per alimentare apparecchi elettrici) (*elett.*), Netzanschlusstransformator (*m.*), Netztransformator (*m.*). **24 ~ di assorbimento** (trasformatore di drenaggio) (*elett.*), Saugtransformator (*m.*). **25 ~ di corrente** (trasformatore di misura amperometrico) (*elett.*), Stromwandler (*m.*). **26 ~ di disaccoppiamento** (trasformatore di separazione, per separare galvanicamente due circuiti) (*elett.*), Trenntransformator (*m.*). **27 ~ di distribuzione** (trasformatore di rete; che trasforma la tensione della rete a media tensione in quella per le utenze) (*elett.*), Verteilungstransformator (*m.*). **28 ~ di drenaggio** (trasformatore di assorbimento) (*elett.*), Saugtransformator (*m.*). **29 ~ di fase** (*macch. elett.*), Phasentransformator (*m.*), Verschiebungstransformator (*m.*). **30 ~ differenziale** (*app. elett.*), Differentialübertrager (*m.*). **31 ~ di grande potenza** (*macch. elett.*), Grosstransformator (*m.*). **32 ~ di misura** (*elett.*), Messwandler (*m.*), Wandler (*m.*). **33 ~ (di misura) a barra** (*elett.*), Stabwandler (*m.*). **34 ~ (di misura) ad impulsi luminosi** (*app.*), Traser (*m.*). **35 ~ di misura amperometrico a foro passante** (*elett.*), Durchsteck-Stromwandler (*m.*). **36 ~ di misura voltmetrico** (*elett.*), Spannungswandler (*m.*). **37 ~ d'impedenza** (*elett.*), Impedanzwandler (*m.*). **38 ~ di piccola potenza** (inferiore ad 1 W) (*elett.*), Kleintransformator (*m.*). **39 ~ di potenza** (*macch. elett.*), Leistungstransformator (*m.*), Krafttransformator (*m.*). **40 ~ di protezione** (*elett.*), Schutztransformator (*m.*). **41 ~ (di regolazione) a commutatore** (per variare la tensione) (*elett.*), Stufentransformator (*m.*). **42 ~ di rete** (trasformatore di distribuzione; che trasforma la tensione della rete a media tensione in quella fornita alle utenze) (*elett.*), Netztransformator (*m.*), Verteilungstransformator (*m.*). **43 ~ di separazione** (trasformatore di disaccoppiamento, per separare galvanicamente due circuiti) (*elett.*), Trenntransformator (*m.*). **44 ~ di tensione** (*macch. elett.*), Spannungstransformator (*m.*), Spannungswandler (*m.*). **45 ~ di tensione dissimetrico** (*elett.*), Eintakt-Spannungswandler (*m.*). **46 ~ di tensione in controfase** (*elett.*), Gegentakt-Spannungswandler (*m.*). **47 ~ di Tesla** (*elett.*), Tesla-Transformator (*m.*). **48 ~ di uscita** (d'un tubo amplificatore di potenza) (*elett.*), Nachübertrager (*m.*). **49 ~ elevatore di tensione** (*macch. elett.*), Aufwärtstransformator (*m.*), Aufspanner (*m.*).

trasformazione

50 ~ **generatore d'impulsi** (*elett.*), Impulstransformator (*m.*). 51 ~ **in aria** (trasformatore raffreddato in aria) (*macch. elett.*), Trockentransformator (*m.*), Lufttransformator (*m.*). 52 ~ **in olio** (trasformatore raffreddato in olio) (*macch. elett.*), Öltransformator (*m.*), Ölwandler (*m.*). 53 ~ **in olio autoventilato** (*macch. elett.*), OS-Transformator (*m.*). 54 ~ **in olio a ventilazione forzata** (*macch. elett.*), OF-Transformator (*m.*). 55 ~ **mobile** (di emergenza) (*elett.*), Wandertransformator (*m.*). 56 ~ **monofase a due avvolgimenti** (*macch. elett.*), Einphasenkerntransformator (*m.*). 57 ~ **partitore** (*elett.*), Verteilertransformator (*m.*). 58 ~ **per autoproduzione** (per il fabbisogno d'una centrale elettrica) (*elett.*), Haustransformator (*m.*). 59 ~ **per forni** (*macch. elett. - metall.*), Ofentransformator (*m.*). 60 ~ **per saldatura** (*macch. elett. - tecnol. mecc.*), Schweisstransformator (*m.*). 61 ~ **per suonerie** (*elett.*), Klingeltrafo (*m.*), Klingeltransformator (*m.*). 62 ~ **raffreddato in aria** (trasformatore in aria) (*macch. elett.*), Trockentransformator (*m.*), Lufttransformator (*m.*). 63 ~ **raffreddato in olio** (trasformatore in olio) (*macch. elett.*), Öltransformator (*m.*), Ölwandler (*m.*). 64 ~ **regolatore ad induzione** (*elett.*), Zusatztransformator (*m.*). 65 ~ **riduttore di tensione** (*macch. elett.*), Abspanner (*m.*), Reduziertransformator (*m.*). 66 ~ **simmetrico-dissimmetrico** (*telev.*), Symmetriertopf (*m.*). 67 ~ **speciale** (*elett.*), Sondertransformator (*m.*), Spezialtransformator (*m.*). 68 ~ **statico** (*macch. elett.*), ruhender Transformator. 69 ~ **toroidale** (trasformatore a nucleo toroidale) (*elett.*), Ringtransformator (*m.*), Ringkerntransformator (*m.*). 70 ~ **trifase** (*macch. elett.*), Drehstromkerntransformator (*m.*). 71 ~ **variabile** (*macch. elett.*), Regeltransformator (*m.*). 72 **accoppiamento per** ~ (*elettronica*), Übertragerkopplung (*f.*), Transformatorkopplung (*f.*). 73 **cassa del** ~ (*macch. elett.*), Trafokasten (*m.*), Trafokessel (*m.*), Transformatorkasten (*m.*). 74 **giogo del** ~ (*macch. elett.*), Transformatorjoch (*n.*). 75 **piccolo** ~ (fino a 5 kVA-500 V) (*elett.*), Kleintransformator (*m.*).

trasformazione (*gen.*), Umwandlung (*f.*). 2 ~ (plastica, foggiatura) (*tecnol.*), Umformung (*f.*). 3 ~ (di una struttura) (*metall. - ecc.*), Umbildung (*f.*). 4 ~ **adiabatica** (*termodin.*), adiabatische Änderung. 5 ~ **chimica** (*chim.*), chemische Umsetzung. 6 ~ **della materia** (*gen.*), Stoffumsetzung (*f.*). 7 ~ **dell'austenite** (*tratt. term.*), Austenitumwandlung (*f.*). 8 ~ **dell'energia** (*fis.*), Energieumwandlung (*f.*). 9 ~ **del reticolo** (*metall.*), Gitterumwandlung (*f.*). 10 ~ **di calore** (*fis.*), Wärmeumsatz (*m.*). 11 ~ **di Laplace** (*mat.*), Laplace-Transformation (*f.*). 12 ~ **di materiale** (*ind. - ecc.*), Stoffumsetzung (*f.*). 13 ~ **lineare** (*mat.*), lineare Transformation. 14 ~ **strutturale** (*metall.*), Gefügeumbildung (*f.*). 15 ~ **tautomera** (*chim. - fis.*), tautomerer Übergang. 16 **industria di** ~ (*ind.*), Veredlungsindustrie (*f.*). 17 **sottostazione di** ~ (*elett.*), Umspannwerk (*n.*). 18 **stazione di** ~ (*elett.*), Umspannstation (*f.*), Umspannwerk (*n.*). 19 **stazione di** ~ **di rete** (*elett.*), Netzstation (*f.*), Umspannstation (*f.*). 20 **tecnica della** ~ **plastica** (tecnica della foggiatura) (*fucinatura - ecc.*), Umformtechnik (*f.*).

trasfusione (*med.*), Transfusion (*f.*), Übertragung (*f.*). 2 ~ **di sangue** (*med.*), Bluttransfusion (*f.*), Blutübertragung (*f.*).

trasgressione (avanzamento degli oceani su regioni continentali) (*geol.*), Transgression (*f.*).

traslare (spostare una slitta p. es.) (*gen.*), verfahren, verstellen. 2 ~ **in marcia rapida** (traslare in « rapido ») (*lav. macch. ut.*), im Eilgang fahren.

traslatore (di segnali) (*radio - ecc.*), Zuordner (*m.*). 2 ~ (trasformatore per la tecnica delle telecomunicazioni) (*telef. - ecc.*), Übertrager (*m.*). 3 ~ **differenziale** (*app.*), Differentialüberträger (*m.*). 4 **lamiera per traslatori** (*metall.*), Übertragerblech (*n.*).

traslatorio (movimento) (*mecc.*), translatorisch.

traslazione (movimento rettilineo) (*mecc. - ecc.*), Translation (*f.*), Bewegung (*f.*). 2 ~ (movimento, corsa, della tavola di una macch. ut.) (*lav. macch. ut.*), Gang (*m.*), Bewegung (*f.*), Verschiebung (*f.*), Verstellung (*f.*), Zug (*m.*). 3 ~ **circolare** (*mecc.*), Kreisschiebung (*f.*), Scheuerbewegung (*f.*). 4 ~ **della tavola** (movimento della tavola) (*lav. macch. ut.*), Tischbewegung (*f.*), Tischgang (*m.*). 5 ~ **indipendente** (di una slitta p. es.) (*lav. macch. ut.*), Einzelbewegung (*f.*), Einzelverstellung (*f.*). 6 ~ **in senso opposto** (d'una slitta) (*lav. macch. ut.*), Gegenfahren (*n.*). 7 ~ **lenta** (*lav. macch. ut.*), Langsamgang (*m.*). 8 ~ **logica** (*elab. dati*), logische Verschiebung. 9 ~ **longitudinale** (spostamento longitudinale) (*lav. macch. ut. - ecc.*), Längsverschiebung (*f.*), Längsbewegung (*f.*), Längszug (*m.*). 10 ~ **rapida** (corsa rapida, spostamento rapido) (*lav. macch. ut.*), Eilgang (*m.*), Schnellgang (*m.*), Schnellverstellung (*f.*). 11 **impulso di** ~ (*calc.*), Schiebeimpuls (*m.*). 12 **moto di** ~ (movimento di traslazione) (*mecc.*), fortschreitende Bewegung.

traslocare (trasferirsi) (*comm. - ecc.*), umziehen.

trasloco (cambio di domicilio) (*leg.*), Verzug (*m.*), Wohnsitzwechsel (*m.*), Umzug (*m.*). 2 **indennità di** ~ (*lav. - ecc.*), Umzugsentschädigung (*f.*).

trasloelevatore (per magazzini verticali, scaffalatore) (*veic. trasp. ind.*), Regalförderzeug (*n.*), Regalbediengerät (*n.*).

traslucido (translucido) (*ott.*), durchscheinend.

trasmemorizzazione (trasferimento del contenuto di una memoria su schede perforate, p. es.) (*calc.*), Ablagerung (*f.*).

trasmettere (una forza) (*mecc.*), übertragen. 2 ~ (energia) (*elett.*), übertragen. 3 ~ (*radio - telev. - ecc.*), übertragen, senden. 4 ~ **in chiaro** (*radio*), Klartextfunken (*n.*). 5 ~ **in telex** (trasmettere per telescrivente, telescrivere) (*telegr.*), fernschreiben.

trasmettitore (*app.*), Übertragungsgerät (*n.*). 2 ~ (*radio - ecc.*), Sender (*m.*). 3 ~ (rivelatore, di uno strumento di misurazione elettrico) (*strum.*), Geber (*m.*). 4 ~ (*telegr. - app.*), Absender (*m.*). 5 ~ **a banda laterale**

unica (*radio*), Einseitenbandsender (*m.*). **6 ~ ad arco** (*elettronica*), Lichtbogensender (*m.*). **7 ~ a distanza** (teletrasmettitore) (*app.*), Fernübertrager (*m.*), Fernsender (*m.*). **8 ~ ad onde corte** (*radio*), Kurzwellensender (*m.*). **9 ~ a fascio rotante** (*radio*), Drehbakensender (*m.*). **10 ~ a grande raggio** (trasmettitore per grandi distanze) (*radio*), Grossender (*m.*). **11 ~ a modulazione di ampiezza** (*radio*), amplitudenmodulierter Sender. **12 ~ a modulazione di frequenza** (*radio*), frequenzmodulierter Sender. **13 ~ a nastro** (perforato) (*app.*), Streifensender (*m.*). **14 ~ a registro** (per telescriventi) (*app.*), Speichersender (*m.*). **15 ~ a scintilla** (*radio*), Funkensender (*m.*). **16 ~ a scintilla frazionata** (*radio*), Löschfunkensender (*m.*). **17 ~ a telaio rotante** (*radio*), Drehrahmensender (*m.*). **18 ~ automatico** (*telegr.*), Maschinensender (*m.*). **19 ~ a valvole** (*radio*), Röhrensender (*m.*). **20 ~ del segnale d'intervallo** (*radio*), Pausenzeichenmaschine (*f.*). **21 ~ del segnale orario** (*app. radio*), Zeitzeichengeber (*m.*). **22 ~ di bordo** (*radio*), Bordsender (*m.*). **23 ~ di disturbi** (*radio - milit.*), Störsender (*m.*). **24 ~ di grande potenza** (trasmettitore per grandi distanze) (*radio*), Grossender (*m.*). **25 ~ d'impulsi** (*app.*), Impulssender (*m.*). **26 ~ d'impulsi di conteggio** (*telef.*), Zählimpulsgeber (*m.*), ZIG. **27 ~ dinamometrico di sollecitazioni di compressione** (*app.*), Druckkraftgeber (*m.*). **28 ~ di ordini** (trasmettitore di istruzioni) (*elettronica - ecc.*), Befehlsgeber (*m.*). **29 ~ di pressione** (trasduttore di pressione) (*app. - strum.*), Druckgeber (*m.*). **30 ~ direzionale** (ad onde corte) (*radio*), Richtstrahler (*m.*). **31 ~ direzionale** (*telef.*), Weichensender (*m.*). **32 ~ di telescrivente** (*macch.*), Fernschreib-Sender (*m.*). **33 ~ di ultrasuoni** (generatore di ultrasuoni, di un ecoscandaglio) (*app. acus.*), Schallsender (*m.*). **34 ~ loran** (*radio - navig.*), Loransender (*m.*). **35 ~ oleodinamico** (*app.*), öldynamisches Übertragungsgerät. **36 ~ per film a passo ridotto** (*telev. - ecc.*), Schmalfilmgeber (*m.*). **37 ~ per grandi distanze** (trasmettitore a grande raggio) (*radio*), Grossender (*m.*). **38 ~ radar** (*radar*), Radarsender (*m.*). **39 ~ regionale** (*radio*), Bezirksrunfunksender (*m.*), Bezirkssender (*m.*). **40 ~ telegrafico** (*app. telegr.*), Telegraphiesender (*m.*). **41 ~ televisivo** (stazione teletrasmittente) (*telev.*), Fernsehsender (*m.*). **42 ~ video** (*telev.*), Bildsender (*m.*). **43 amplificatore finale del ~** (ultimi stadi amplificatori del trasmettitore) (*radio*), Senderverstärker (*m.*).

trasmissione (organo per la trasmissione di un moto) (*mecc.*), Antrieb (*m.*), Triebwerk (*n.*), Getriebe (*n.*). **2 ~** (operazione di trasmissione di un moto) (*mecc. - ecc.*), Übertragung (*f.*), Antrieb (*m.*). **3 ~** (rapporto di trasmissione; rapporto fra il numero di giri dell'albero conduttore e dell'albero condotto) (*mecc.*), Übersetzung (*f.*). **4 ~** (*radio - telev. - ecc.*), Sendung (*f.*), Übertragung (*f.*). **5 ~** (dell'energia) (*elett.*), Übertragung (*f.*). **6 ~** (spedizione) (*telegr.*), Absendung (*f.*). **7 ~ a carrucole** (*mecc. - ecc.*), Rollenantrieb (*m.*). **8 ~ a cardano** (*mecc.*), Kardanantrieb (*m.*). **9 ~ a catena** (*mecc.*), Kettentrieb (*m.*), Kettenantrieb (*m.*). **10 ~ a cinghia** (*mecc.*), Riemenantrieb (*m.*), Riementrieb (*m.*). **11 ~ (a cinghia) ad angolo** (*mecc.*), Winkeltrieb (*m.*), Leitrollentrieb (*m.*). **12 ~ a cinghia aperta** (*mecc.*), offener Riementrieb, offener Riemenantrieb. **13 ~ a cinghia incrociata** (*mecc.*), geschlossener Riementrieb, gekreuzter Riemenantrieb. **14 ~ a cinghia semi-incrociata** (*mecc.*), halbgeschrankter Riementrieb, halbgekreuzter Riemenantrieb. **15 ~ a cinghie trapezoidali** (*mecc.*), Keilriemenantrieb (*m.*). **16 ~ a coni di frizione** (*mecc.*), Reibkegelgetriebe (*n.*). **17 ~ a coppia vite-ruota** (trasmissione a ruota elicoidale e vite senza fine) (*mecc.*), Schneckenantrieb (*m.*), Schneckentrieb (*m.*). **18 ~ a crociera** (trasmissione cardanica o snodata) (*mecc.*), Kreuzgelenktrieb (*m.*). **19 ~ ad albero cavo** (*ferr. elett.*), Hohlwellenantrieb (*m.*). **20 ~ ad angolo** (*mecc.*), Winkeltrieb (*m.*). **21 ~ ad angolo** (*veic.*), Umlenkgetriebe (*n.*). **22 ~ ad attrito** (*mecc.*), Reibradantrieb (*m.*). **23 ~ ad attrito** (meccanismo a ruote di frizione, p. es.) (*macch.*), Reibgetriebe (*n.*). **24 ~ ad ingranaggi** (rotismo) (*mecc.*), Zahnradgetriebe (*n.*). **25 ~ ad ingranaggi conici** (*mecc.*), Kegelradgetriebe (*n.*). **26 ~ a dischi di frizione** (*mecc.*), Diskusgetriebe (*n.*), Planscheibengetriebe (*n.*). **27 ~ a distanza delle immagini** (telefotografia) (*radio*), Bildfunk (*m.*), Bildtelegraphie (*f.*). **28 ~ a doppio snodo (cardanico)** (trasmissione a due snodi) (*mecc.*), Doppelkardanantrieb (*m.*). **29 ~ ad un canale** (*telev.*), Einkanalübertragung (*f.*). **30 ~ a frizione** (trasmissione ad attrito) (*mecc.*), Reibradantrieb (*m.*). **31 ~ a fune** (*mecc.*), Seiltrieb (*m.*). **32 ~ anteriore** (trazione anteriore) (*aut.*), Vorderachsantrieb (*m.*), Vorderradantrieb (*m.*), Frontantrieb (*m.*). **33 ~ a rapporto costante** (*mecc.*), gleichförmige Übersetzung. **34 ~ a rapporto variabile** (*mecc.*), ungleichförmige Übersetzung. **35 ~ a ruota elicoidale e vite senza fine** (trasmissione a coppia vite-ruota) (*mecc.*), Schneckenantrieb (*m.*), Schneckentrieb (*m.*). **36 ~ a ruote di frizione** (*mecc.*), Reibradantrieb (*m.*), Reibscheibenantrieb (*m.*). **37 ~ a ruote di frizione** (rotismo a coppia di frizione, coppia di frizione) (*mecc.*), Reibradgetriebe (*n.*), Friktionsgetriebe (*n.*). **38 ~ a tre tipi di emissione** (*telegr.*), Dreiersystem (*n.*). **39 ~ audio multipla** (*acus.*), Mehrtonübertragung (*f.*). **40 ~ automatica** (cambio automatico) (*aut.*), Automatik (*f.*), Automatgetriebe (*n.*), automatisches Getriebe. **41 ~ a variazione continua** (della velocità) (*mecc.*), stufenloser Antrieb. **42 ~ a vite di rotolamento** (*mecc.*), Kugelschraubtrieb (*m.*). **43 ~ a vite senza fine** (*mecc.*), Schneckenantrieb (*m.*), Schneckentrieb (*m.*). **44 ~ cardanica** (trasmissione snodata, trasmissione a crociera) (*mecc.*), Kardanantrieb (*m.*), Kreuzgelenktrieb (*m.*). **45 ~ cardanica** (albero di trasmissione snodata) (*mecc. - aut.*), Gelenkwelle (*f.*), Kardanwelle (*f.*). **46 ~ commerciale** (trasmissione pubblicitaria) (*radio - telev.*), Werbesendung (*f.*). **47 ~ da soffitto** (albero di trasmissione da soffitto) (*mecc.*), Gehängewelle (*f.*),

trasmissione

Deckentransmission (f.). 48 ~ del calore (propagazione del calore) (fis.), Wärmeübertragung (f.). 49 ~ dell'energia elettrica (trasporto dell'energia elettrica) (elett.), Elektrizitätsfortleitung (f.). 50 ~ del suono (ed. - ecc.), Schallübertragung (f.). 51 ~ diretta (azionamento diretto) (mecc. - macch.), unmittelbarer Antrieb. 52 ~ diretta (radio - telev.), direkte Übertragung, Liveübertragung (f.). 53 ~ di segnali (telef. - ecc.), Zeichengebung (f.). 54 ~ flessibile (albero flessibile, flessibile) (mecc. - strum.), biegsame Welle, Antriebsaite (f.). 55 ~ idraulica (organo di trasmissione) (mecc.), Druckölgetriebe (n.). 56 ~ idraulica (operazione) (mecc.), hydraulische Kraftübertragung. 57 ~ idrostatica (costituita da idropompa ed idromotore) (oleoidr.), Hydrogetriebe (n.), hydrostatisches Getriebe. 58 ~ in bianco e nero (telev.), Schwarz-Weiss-Übertragung (f.), Monochromübertragung (f.). 59 ~ in corrente continua (elett.), Gleichstromübertragung (f.), GSÜ. 60 ~ in corrente doppia (telegr.), Doppelstrombetrieb (m.). 61 ~ indiretta (registrazione, replica) (radio - telev.), Aufzeichnung (f.). 62 ~ in telex (trasmissione per telescrivente) (telegr.), Fernschreiben (n.). 63 ~ monopuleggia (comando monopuleggia) (macch.), Einriemenscheibenantrieb (m.), Einscheibenantrieb (m.). 64 ~ per telescrivente (trasmissione in telex) (telegr.), Fernschreiben (n.). 65 ~ posteriore (trazione posteriore) (aut.), Hinterradantrieb (m.), Hinterachsantrieb (m.). 66 ~ progressiva continua (mecc.), stufenloser Antrieb. 67 ~ protetta (comando protetto) (mecc. - ecc.), gekapselter Antrieb. 68 ~ pubblicitaria (programma pubblicitario) (radio - telev.), Werbsendung (f.). 69 ~ registrata (telev.), vedi trasmissione indiretta. 70 ~ snodata (trasmissione cardanica, trasmissione a crociera) (mecc.), Kreuzgelenktrieb (m.), Kardanantrieb (m.). 71 ~ snodata (albero di trasmissione cardanica, albero snodato) (mecc. - aut.), Gelenkwelle (f.), Kardanwelle (f.). 72 ~ snodata omocinetica (albero snodato omocinetico) (mecc.), Gleichlaufgelenkwelle (f.). 73 ~ sulle quattro ruote (trazione sulle quattro ruote) (aut.), Vierradantrieb (m.). 74 ~ sulle ruote anteriori (trazione anteriore) (aut.), Frontantrieb (m.), Vorderradantrieb (m.), Vorderachsantrieb (m.). 75 ~ sulle ruote posteriori (trazione posteriore) (aut.), Hinterradantrieb (m.), Hinterachsantrieb (m.). 76 ~ su tutte le ruote (tutte le ruote motrici, trazione su tutte le ruote) (aut.), Allradantrieb (m.), Geländeantrieb (m.). 77 ~ televisiva (teletrasmissione) (telev.), Fernsehrundfunk (m.), Fernsehübertragung (f.), Fernsehsendung (f.). 78 ~ televisiva a colori (telev.), Farbfernsehübertragung (f.). 79 albero di ~ (albero di comando, albero motore) (mecc.), Antriebswelle (f.). 80 albero di ~ (tra cambio e ponte posteriore p. es.) (aut.), Hauptwelle (f.). 81 albero di ~ (da soffitto p. es.) (mecc.), Transmissionswelle (f.). 82 banda di ~ (banda di frequenza) (radio), Übertragungsbereich (m.), Frequenzband (n.). 83 catena di ~ (mecc.), Treibkette (f.). 84 cinghia di ~ (mecc.), Treibriemen (m.). 85 cinghia di ~ (di trasmissione a soffitto p. es.) (mecc.), Transmissionsriemen (m.). 86 coefficiente di ~ acustica (rapporto tra le intensità incidente e trasmessa) (acus.), Schalltransmissionsgrad (m.). 87 coefficiente di ~ del calore (riscald. ed.), Wärmedurchgangszahl (f.). 88 equivalente di riferimento di ~ (telef. - ecc.), Sendebezugsdämpfung (f.). 89 fattore di ~ (radio - ecc.), Übertragungsfaktor (m.). 90 fattore di ~ (di un corpo) (ott.), Transmissionsgrad (m.), Durchlassgrad (m.). 91 fattore di ~ interna (di un corpo) (ott.), Durchsichtigkeitsgrad (m.). 92 freno sulla ~ (aut.), Getriebebremse (f.). 93 funzione di ~ (funzione di trasferimento) (radio - ecc.), Übertragungsfunktion (m.). 94 linea di ~ (elett.), Übertragungslinie (f.). 95 livello di ~ (livello di emissione) (radio - ecc.), Sendepegel (m.). 96 perdita di ~ (elettroacus.), Übertragungsverlust (m.). 97 perdita per ~ (fattore d'isolamento acustico) (acus.), Dämmzahl (f.). 98 rapporto di ~ (trasmissione, rapporto fra numero di giri dell'albero conduttore e dell'albero condotto) (mecc.), Übersetzung (f.). 99 studio di ~ (radio), Senderaum (m.). 100 tunnel della ~ (tegolo copritrasmissione) (aut.), Wellentunnel (m.). 101 velocità di ~ telegrafica (velocità telegrafica) (telegr.), Telegraphiergeschwindigkeit (f.). 102 via di ~ (radio - ecc.), Leitungsweg (m.).

trasmutazione (tipo di reazione nucleare) (fis. atom.), Transmutation (f.).

trasparente (alla luce) (ott.), lichtdurchlässig, transparent, durchsichtig. 2 ~ (radioatt.), durchlässig. 3 confezione ~ (ind.), Sichtpakkung (f.). 4 non ~ (opaco) (gen.), undurchsichtig. 5 schermo ~ (telev.), Durchsichtsschirm (m.).

trasparenza (fis.), Durchsichtigkeit (f.). 2 ~ (per la luce) (ott.), Lichtdurchlässigkeit (f.). 3 ~ (vista in trasparenza) (dis.), Phantombild (n.), Schnittmodellzeichnung (f.). 4 proiezione per ~ (ott.), Durchprojektion (f.).

traspirazione (fis.), Ausdünstung (f.).

trasporre (incrociare, i fili) (telef.), kreuzen.

trasportabile (portatile, mobile) (gen.), tragbar, fahrbar.

trasportare (trasp.), befördern, verfrachten. 2 ~ (trasp. ind.), fördern, transportieren. 3 ~ con chiatta (nav.), lichten, leichten, leichtern. 4 ~ per ferrovia (trasp.), per Bahn befördern.

trasportatore (convogliatore, a nastro p. es.) (macch. ind. - trasp. ind.), Förderer (m.), Transporteur (m.), Konveyor (m.). 2 ~ (convogliatore, impianto di trasporto) (macch. ind.), Förderanlage (f.), Transportanlage (f.). 3 ~ (ditta di trasporti) (trasp.), Frachtführer (m.), Fuhrunternehmer (m.). 4 ~ (nelle macchine per scrivere, per passare alle maiuscole p. es.) (macch.), Umschalter (m.). 5 ~ (della stoffa, d'una macchina per cucire) (macch.), Stoffrücker (m.), Transporteur (m.). 6 ~ a bilancini (macch. ind.), Schaukelförderer (m.). 7 ~ a catena (macch. ind.), Kettenförderer (m.), Förderkette (f.), Kettentransporteur (m.). 8 ~ a catena aereo (macch. ind.), Überkopf-Kettenförderer (m.), Oberlauf-Kettentransporteur (m.). 9 ~ a catena aerea trainante (trasportatore continuo per trainare carrelli viaggianti sul pavimento) (trasp. ind.), Überkopf-Schleppkettenförderer (m.). 10 ~ a catena di tazze (macch. ind.), Eimerkettenförderer (m.). 11 ~ a catena portante su rulli (trasp. ind.), Tragrollenkettenförderer (m.). 12 ~ a catena raschiante intubata (macch. ind.), Trogkettenförderer (m.). 13 ~ a circuito chiuso (trasportatore continuo) (macch. ind.), Kreisförderer (m.). 14 ~ a coclea (macch. ind.), Schneckenförderer (m.), Schraubenförderer (m.), Förderschnecke (f.). 15 ~ a cuscino d'aria (trasp. ind.), Luftkissenförderer (m.). 16 ~ a depressione (trasp. ind.), Saugluftförderer (m.). 17 ~ a doppia catena (trasp. ind.), Doppelkettenförderer (m.), Panzerförderer (m.). 18 ~ a due linee (trasportatore ad una linea motrice ed una non motrice) (trasp. ind.), Zwei-Bahn-Förderer (m.), Power- und Freeförderer (m.). 19 ~ ad una linea motrice ed una non motrice (trasportatore a due linee) (trasp. ind.), Zwei-Bahn-Förderer (m.), Power- und Freeförderer (m.). 20 ~ (aereo) a monorotaia sospesa (macch. ind.), Einschienen-Hängebahn (f.). 21 ~ aereo-magazzino (magazzino aereo, in una fabbrica di automobili p. es.) (macch. ind.), Umlauflager (n.). 22 ~ a gravità (macch. ind.), Schwerkraftförderer (m.). 23 ~ a monorotaia (macch. ind.), Einschienenförderbahn (f.). 24 ~ a monorotaia aerea sospesa (trasp. ind.), Hängebahn (f.), Schienenhängebahn (f.). 25 ~ a nastro (macch. ind.), Bandförderer (m.), Förderband (n.). 26 ~ a nastro concavo (trasp. ind.), Muldengurtförderer (m.). 27 ~ a nastro con fune traente (trasp. ind.), Seilgurtförderer (m.). 28 ~ a nastro con ramo inferiore portante (trasp. ind.), Untergurtförderer (m.). 29 ~ a nastro di tessuto metallico (trasp. ind.), Drahtgurtförderband (n.). 30 ~ a palette raschianti (trasportatore a raschiamento) (trasp. ind.), Kratzer (m.), Kratzerförderer (m.), Mitnehmerförderer (m.). 31 ~ a piastre (macch. ind.), Trogbandförderer (m.), Plattenbandförderer (m.). 32 ~ a raschiamento (trasportatore a palette raschianti) (trasp. ind.), Kratzer (m.), Kratzerförderer (m.), Mitnehmerförderer (m.). 33 ~ a rotelle (con serie di rotelle singole folli affiancate al posto degli usuali rulli lunghi) (trasp. ind.), Röllchenbahn (f.), Scheiben-Röllchenbahn (f.). 34 ~ a rulli (linea a rulli) (macch. ind.), Rollenförderer (m.), Rollenbahnförderer (m.), Rollbahn (f.). 35 ~ a scossa (vibrotrasportatore) (trasp. ind.), Rüttelförderer (m.), Schüttelförderer (m.). 36 ~ a spinta (ad aste) (macch. ind.), Schubstangenförderer (m.). 37 ~ a tubo flessibile (mobile) (trasp. ind.), Schlauchbandförderer (m.). 38 ~ a tubo rotante (tubo rotante; trasportatore con coclea fissata dalla parete interna del tubo) (trasp. ind.), Schneckenrohrförderer (m.), Förderrohr (n.). 39 ~ automatico a trasferta (linea di lavorazione a trasferta, mediante il quale il pezzo si sposta automaticamente da una macchina all'altra e viene fissato, lavorato e smontato automaticamente) (macch. ind.), Maschinenstrasse (f.), Transferstrasse (f.). 40 ~ collettore (di un impianto di più trasportatori) (trasp. ind.), Sammelförderer (m.). 41 ~ continuo (macch. ind.), Stetigförderer (m.), Dauerförderer (m.), Fliessförderer (m.). 42 ~ continuo (trasportatore a circuito chiuso) (macch. ind.), Kreisförderer (m.). 43 ~ (continuo) a catena portante (trasp. ind.), Tragkettenförderer (m.). 44 ~ di moduli (in macchine contabili) (macch.), Formulartransporteinrichtung (f.). 45 ~ di trucioli (trasp. ind. - lav. macch. ut.), Späneförderer (m.). 46 ~ -elevatore (trasp. ind.), kombinierter Förderer. 47 ~ impilatore (macch. ind.), Stapelförderer (m.). 48 ~ -magazzino sospeso (magazzino aereo mobile, in una fabbrica di automobili p. es.) (macch. ind.), umlaufendes Lager, Umlauflager (n.). 49 ~ mobile (macch. ind.), fahrbarer Förderer. 50 ~ mobile a nastro (macch. ind.), fahrbares Förderband. 51 ~ per bagagli (d'un aeroporto) (trasp.), Gepäckweg (m.). 52 ~ per materiale sfuso (per sabbia, carbone, ecc.) (trasp. ind.), Schüttgutförderer (m.). 53 ~ per oggetti (trasportatore per materiale non sciolto, per sacchi, casse, ecc.) (macch. ind.), Stückgutförderer (m.). 54 ~ per rimuovere il cappellaccio (macch. min.), Abraumförderbrücke (f.). 55 ~ per sacchi (macch. ind.), Sackförderer (m.). 56 ~ per scavi a giorno (macch. min.), Abraumförderbrücke (f.). 57 ~ per terra da fonderia (macch. fond.), Sandförderer (m.). 58 ~ pneumatico (trasp. ind.), pneumatischer Förderer, Druckluftförderer (m.), Luftförderanlage (f.). 59 ~ pneumatico combinato (a pressione e depressione) (trasp. ind.), kombinierte Saugluft-Druckluft-Förderanlage, kombinierter pneumatischer Förderer. 60 ~ verticale (elevatore) (trasp. ind.), Senkrechtförderer (m.). 61 ~ vibrante (in una linea di montaggio p. es.) (macch. ind.), Schwingförderer (m.), Vibrationsrüttler (m.). 62 nastro ~ (trasp. ind.), Fördergurt (m.). 63 piano dei trasportatori (d'una fabbrica, altezza alla quale si trovano i trasportatori) (ind.), Transportebene (f.). 64 tubo ~ a gravità (trasp. ind.), Fallrohr (n.).

trasporto (per ferrovia p. es.) (trasp.), Transport (m.), Beförderung (f.), Fracht (f.), Verkehr (m.). 2 ~ (con trasportatori) (trasp. ind.), Förderung (f.). 3 ~ (di elettricità) (elett.), Transport (m.). 4 ~ (nelle macchine per scrivere, passaggio alle maiuscole p. es.) (macch.), Umschaltung (f.). 5 ~ (procedimento di trasporto) (ott.), Schiebebildverfahren (n.). 6 ~ (litografico) (litografia), Umdruck (m.). 7 ~ (geol.), Verfrachtung (f.), Transport (m.). 8 ~ (nave da trasporto) (mar. milit.), Transportschiff (n.), Transporter (m.). 9 trasporti (attività) (trasp. - ind. - comm. - ecc.), Förderwesen (n.). 10 ~ a collettame (trasp.), Sammelverkehr (m.). 11 ~ a dorso di mulo (trasp.), Mauleseltransport (m.). 12 ~ a masse concentrate (sistema di trasporto pneumatico per polveri) (trasp. ind.), Pfropfenförderung (f.). 13 trasporti aziendali (trasporti per le industrie, mediante autocarri)

trasporto

(*ind. - trasp.*), Werkverkehr (*m.*). 14 ~ con autocarri (*trasp.*), Camionnage (*n.*). 15 ~ continuo (*ind.*), Fliessförderung (*f.*). 16 ~ del grezzo (trasporto del petrolio) (*ind. chim. - min.*), Erdöltransport (*m.*). 17 ~ dell'energia elettrica (trasmissione dell'energia elettrica) (*elett.*), Elektrizitätsfortleitung (*f.*). 18 ~ del materiale di scavo (*ing. civ.*), Transport der Auftragmassen, Beförderung der Auftragmassen. 19 ~ del petrolio (trasporto del grezzo) (*ind. chim. - min.*), Erdöltransport (*m.*). 20 ~ di masse (trasporto di terra) (*nov. terra*), Massenbeförderung (*f.*). 21 ~ di terra (trasporto di masse) (*mov. terra*), Massenbeförderung (*f.*). 22 ~ di truppe (trasporto truppe) (*mar. milit.*), Truppentransporter (*m.*). 23 ~ interaziendale (*trasp. - ind.*), zwischenbetrieblicher Transport. 24 **trasporti interni** (movimentazione dei materiali) (*trasp. ind.*), innerbetriebliches Förderwesen, Transportwesen (*n.*), innerbetrieblicher Transport. 25 **trasporti interurbani** (*trasp.*), Fernverkehr (*m.*), Ferntransporte (*m. pl.*). 26 ~ merci (*trasp.*), Güterbeförderung (*f.*), Gütertransport (*m.*). 27 ~ **merci (combinato) aeroferroviario** (*trasp.*), Fleiverkehr (*m.*), Flugzeug-Eisenbahnverkehr (*m.*). 28 ~ **merci per via aerea** (aerotrasporto di merci) (*trasp.*), Luftfracht (*f.*). 29 ~ passeggeri (*trasp.*), Personentransport (*m.*), Personenverkehr (*m.*). 30 ~ **passeggeri (combinato) aeroferroviario** (*trasp.*), Fleiperverkehr (*m.*), Flugzeug-Eisenbahnverkehr für Personen. 31 ~ **per ferrovia con semirimorchi** (*trasp. ferr. - aut.*), Huckepackverkehr (*m.*), Huckepackdienst (*m.*). 32 ~ **per via aerea** (aerotrasporto) (*trasp.*), Luftbeförderung (*f.*), Lufttransport (*m.*). 33 ~ pneumatico (*trasp. ind.*), pneumatische Förderung. 34 ~ pubblico (*trasp.*), öffentlicher Massenverkehr. 35 ~ sul ramo inferiore del nastro (*trasp.*), Unterbandförderung (*f.*). 36 ~ **su mezzi frigoriferi** (navi frigorifere p. es.) (*trasp.*), Kühltransport (*m.*). 37 ~ terra (*ed.*), Bodenbeförderung (*f.*). 38 ~ via terra (*trasp.*), Landtransport (*m.*). 39 **aeroplano da ~** (velivolo da trasporto) (*aer.*), Transportflugzeug (*n.*). 40 **attrezzo di ~** (dei pezzi, in un centro di lavorazione p. es.) (*lav. macch. ut.*), Palette (*f.*). 41 **capacità oraria di ~** (numero delle tonnellate o persone trasportate nell'unità di tempo) (*veic.*), Beförderungsleistung (*f.*). 42 **capacità di ~ del nastro** (volume trasportato, in m³/h p. es.) (*trasp. ind.*), Fördergutstrom (*m.*). 43 **contratto di ~** (*trasp. ferr. - ecc.*), Frachtvertrag (*m.*). 44 **danno dovuto al ~** (*trasp.*), Versandschaden (*m.*). 45 **ditta di trasporti** (*trasp.*), Fuhrgewerbe (*n.*). 46 **economia dei trasporti** (*trasp.*), Transportökonomik (*f.*). 47 **mezzo di ~** (*trasp.*), Transportmittel (*n.*), Fördermittel (*n.*). 48 **mezzo di ~ di massa** (*trasp.*), Massenverkehrsmittel (*n.*). 49 **mezzo di ~ popolare** (*trasp.*), Volksfördermittel (*n.*). 50 **numero di ~** (degli ioni in un elettrolita) (*elettrochim.*), Überführungszahl (*f.*). 51 **prezzo del ~** (*trasp.*), Fracht (*f.*). 52 **servizio trasporti** (di un'azienda) (*ind.*), Transportabteilung (*f.*). 53 **spesa per il ~** (di persone) (*lav. - ecc.*), Fahrgeld (*n.*). 54 **spese di ~** (spese di porto) (*trasp.*), Frachtkosten (*pl.*), Transportkosten (*pl.*). 55 **tecnica dei trasporti industriali** (*trasp. ind.*), Fördertechnik (*f.*). 56 **tempo di ~** (del pezzo al posto di lavoro p. es.) (*cronotecnica*), Förderzeit (*f.*), Transportzeit (*f.*). 57 **tempo per il ~** (per recarsi al lavoro in fabbrica p. es.) (*lav. - trasp.*), Wegzeit (*f.*). 58 **tratto di ~** (percorso d'una determinata lunghezza) (*trasp. ind.*), Förderstrecke (*f.*), Förderweg (*m.*).

traspositore (di frequenza) (*telef. - ecc.*), Umsetzer (*m.*), Frequenzumsetzer (*m.*).

trasposizione (di fili conduttori) (*telef.*), Lagewechsel (*m.*), Platzwechsel (*m.*), Kreuzung (*f.*). 2 ~ (del metallo dei contatti) (*elett.*), Wanderung (*f.*). 3 ~ (d'una banda di frequenza p. es.) (*telef. - ecc.*), Verlagerung (*f.*). 4 ~ (*gen.*), Umstellung (*f.*). 5 ~ di coppie (*telef.*), Schleifenkreuzung (*f.*). 6 ~ dei fili (*telef.*), Leitungskreuzung (*f.*). 7 ~ di gruppo (*telef.*), Gruppenumsetzung (*f.*). 8 **bilanciamento per ~** (*telef.*), Kreuzungsausgleich (*m.*). 9 **frequenza di ~** (frequenza di modulazione) (*telef.*), Umsetzerfrequenz (*f.*). 10 **sezione di ~** (*telef.*), Kreuzungsabschnitt (*m.*).

« **trass** » (tufo) (*min. - geol.*), Trass (*m.*).

trassato (*s. - finanz. - comm.*), vedi trattario.

« **trass-cemento** » (*ed.*), Trasszement (*m.*).

trasudamento (trasudazione) (*vn. - ecc.*), Ausschwitzen (*n.*), Schwitzen (*n.*). 2 ~ (di pavimentazioni in asfalto) (*costr. strad.*), Schwitzen (*n.*), Bluten (*n.*), Ausbluten (*n.*). 3 ~ (d'un grasso lubrificante) (*ind. chim.*), Ausschwitzung (*f.*), Blutung (*f.*). 4 **goccia di ~** (perla di trasudazione, sulla superficie di getti) (*fond.*), Schwitzkugel (*f.*), Schwitzperle (*f.*). 5 **perla di ~** (goccia di trasudazione, sulla superficie di getti) (*fond.*), Schwitzperle (*f.*), Schwitzkugel (*f.*).

trasudare (*gen.*), ausschwitzen. 2 ~ (di pareti ecc.) (*ed.*), schwitzen.

trasversale (*gen.*), quer, kreuzend. 2 **avanzamento ~** (*lav. macch. ut.*), Quervorschub (*m.*), Planvorschub (*m.*). 3 **onda ~** (*fis.*), Transversalwelle (*f.*). 4 **onda elettromagnetica ~** (onda TEM) (*elettronica*), TEM-Welle (*f.*).

trasversalmente (*gen.*), quer. 2 ~ alla direzione di laminazione (*lamin.*), quer zur Walzrichtung. 3 ~ alle fibre (*metall. - ecc.*), quer zur Faserrichtung.

tratta (*comm. - finanz.*), Tratte (*f.*), Wechsel (*m.*). 2 ~ accettata (*comm. - finanz.*), akzeptierter Wechsel, Akzept (*n.*). 3 ~ **a domicilio** (*comm.*), Domizilakzept (*n.*). 4 ~ **a vista** (*comm. - finanz.*), Sichttratte (*f.*), Sichtwechsel (*m.*). 5 ~ **non accettata** (*finanz. - comm.*), nichteingelöste Tratte. 6 **emettere una ~** (*finanz. - comm.*), eine Tratte ausstellen.

trattabilità (sensibilità al trattamento, di un acciaio) (*tratt. term.*), Ansprechen (*n.*).

trattamento (*gen.*), Behandlung (*f.*). 2 ~ (*tecnol.*), Behandlung (*f.*), Verfahren (*n.*). 3 ~ (di minerali) (*min.*), Aufbereitung (*f.*). 4 ~ (condizionamento, dell'acqua p. es.) (*ind.*), Aufbereitung (*f.*). 5 ~ **a bassa tem-**

peratura (*metall.*), Behandlung bei tiefen Temperaturen. **6 ~ acido** (*tecnol.*), Säurebehandlung (*f.*). **7 ~ a freddo** (*tecnol.*), Kältebehandlung (*f.*). **8 ~ al legno verde** (riduzione con pali di legno verde, «perchage», per l'affinazione del rame) (*metall.*), Polen (*n.*), Zähpolen (*n.*), Dichtpolen (*n.*). **9 ~ anodico** (anodizzazione, per formare uno strato protettivo sull'alluminio e le sue leghe) (*tecnol mecc.*), anodische Oxydation, Eloxalverfahren (*n.*). **10 ~ antiriflessione** (di una lente) (*ott.*), Vergütung (*f.*). **11 ~ antisdrucciolevole** (della superficie stradale) (*costr. strad.*), Anrauhung (*f.*), Abstumpfung (*f.*). **12 ~ chimico** (*chim.*), chemische Behandlung, chemische Bearbeitung. **13 ~ con vapore** (del legno p. es.) (*tecnol.*), Dämpfen (*n.*). **14 ~ con vapore** (del calcestruzzo) (*ed.*), Dampferhärtung (*f.*). **15 ~ con vapore** (vaporizzazione, di stoffe) (*ind. tess.*), Dämpfung (*f.*). **16 ~ economico degli impiegati** (*pers.*), Beamtengehalt (*n.*). **17 ~ in autoclave** (tratt. termico di prodotti alimentari) (*ind.*), Autoklavierung (*f.*). **18 ~ in forno** (*vn.*), Einbrennen (*n.*). **19 ~ integrato di dati** (elaborazione dati integrata) (*elab. dati*), integrierte Datenverarbeitung, IDV. **20 ~ preliminare** (*tecnol.*), Vorbehandlung (*f.*). **21 ~ sotto zero** (per diminuire il contenuto di austenite) (*tratt. term.*), Tiefkühlung (*f.*), Tiefkühlen (*n.*). **22 ~ Sulfinuz** (sulfinizzazione; nitrurazione in bagno con inclusione di zolfo) (*tratt. term.*), Sulf-Inuz-Verfahren (*n.*). **23 ~ superficiale** (*tecnol.*), Oberflächenbehandlung (*f.*). **24 ~ termico** (*tratt. term.*), Warmbehandlung (*f.*), Wärmebehandlung (*f.*). **25 reparto trattamenti termici** (*tratt. term.*), Härterei (*f.*), Wärmebehandlungsabteilung (*f.*). **26 sottoporre a ~ antiriflessione** (una lente) (*ott.*), vergüten.

trattare (*gen.*), handeln, behandeln. **2 ~** (occuparsi di) (*comm. - ecc.*), sich befassen mit. **3 ~** (contrattare) (*comm.*), handeln, verhandeln. **4 ~** (un prezzo) (*comm.*), aushandeln. **5 ~** (condizionare, depurare; acqua per caldaie p. es.) (*ind.*), aufbereiten. **6 ~ al forno** (*vn.*), einbrennen. **7 ~ al legno verde** (nell'affinazione del rame) (*metall.*), zähpolen, polen, dichtpolen. **8 ~ con acido** (una superficie metallica p. es.) (*tecnol. - metall.*), ätzen. **9 ~ con galvanostegia** (trattare o placcare elettroliticamente) (*elettrochim.*), elektroplattieren. **10 ~ con pali di legno verde** (ridurre con legno verde, per l'affinazione del rame) (*metall.*), polen, zähpolen, dichtpolen. **11 ~ con vapore** (legno p. es.) (*tecnol.*), dämpfen. **12 ~ elettroliticamente** (trattare con galvanostegia, placcare elettroliticamente) (*elettrochim.*) elektroplattieren. **13 ~ termicamente** (*tratt. term.*), thermisch behandeln, wärmebehandeln.

trattario (trassato, di una cambiale) (*comm. - finanz.*), Bezogener (*m.*), Akzeptant (*m.*), Trassat (*m.*).

trattativa (*comm. - ecc.*), Verhandlung (*f.*), Unterhandlung (*f.*). **2 trattative sindacali** (per il componimento di vertenze o di scioperi) (*lav. - leg.*), Schlichtungsverhandlungen (*f. pl*), Schlichtungswesen (*n.*). **3 avviare trattative** (iniziare trattative) (*comm.*), Unterhandlungen anknüpfen.

trattato (*gen.*), behandelt. **2 ~ superficialmente** (*tecnol. mecc.*), oberflächenbehandelt. **3 ~ termicamente** (*tratt. term.*), wärmebehandelt.

trattazione (relazione scritta su un dato argomento) (*gen.*), Abhandlung (*f.*).

tratteggiare (*dis.*), schraffieren, strichen.

tratteggiata (linea tratteggiata, linea a trattini, per particolari nascosti p. es.) (*dis.*), gestrichelte Linie, Strichlinie (*f.*).

tratteggiato (linea) (*dis.*), gestrichelt, schraffiert.

tratteggio (*dis. - ecc.*), Schraffierung (*f.*), Schraffe (*f.*), Schraffur (*f.*). **2 ~ incrociato** (*dis.*), Kreuzschraffur (*f.*). **3 a ~ incrociato** (*dis. - ecc.*), doppelt schraffiert, kreuzschraffiert.

trattenere (*gen.*), abhalten. **2 ~** (contributi sul salario p. es.) (*lav. - ecc.*), einbehalten.

trattenuta (sullo stipendio p. es.) (*amm.*), Abzug (*m.*). **2 ~ fiscale** (su stipendi p. es.) (*finanz.*), Steuerabzug (*m.*). **3 ~ sullo stipendio** (ritenuta sullo stipendio) (*pers.*), Gehaltsabzug (*m.*). **4 ~ sul salario** (*lav.*), Lohnabzug (*m.*), Lohneinbehaltung (*f.*). **5 dispositivo di ~** (della cabina di un ascensore) (*disp.*), Aufsetzvorrichtung (*f.*).

tratto (breve linea) (*dis. - ecc.*), Strich (*m.*). **2 ~** (lunghezza) (*gen.*), Länge (*f.*), Strecke (*f.*). **3 ~** (parte, d'una curva p. es.) (*gen.*), Abschnitt (*m.*). **4 ~** (tronco, di binario p. es.) (*ferr. - ecc.*), Strang (*m.*), Strecke (*f.*). **5 ~** (taglio, di lima) (*ut.*), Hieb (*m.*). **6 ~** (di cinghia p. es.) (*mecc.*), Trumm (*n.*). **7 ~ a corrente rapida** (d'un canale; tratto a forte pendenza) (*idr.*), Schuss-strecke (*f.*). **8 ~ a forte pendenza** (d'un canale; tratto a corrente rapida) (*idr.*), Schuss-strecke (*f.*). **9 ~ attivo** (imbocco, di un maschio per filettare) (*ut.*), Anschnitt (*m.*). **10 ~ attivo corto** (di un maschio per filettare) (*ut.*), kurzer Anschnitt. **11 ~ attivo lungo** (imbocco lungo, di un maschio per filettare) (*ut.*), langer Anschnitt. **12 ~ attivo medio** (imbocco medio, di un maschio per filettare) (*ut.*), Schälanschnitt (*m.*). **13 ~ calibratore** (tratto finitore, tratto cilindrico, d'una broccia) (*ut.*), Glättteil (*m.*). **14 ~ cilindrico** (tratto calibratore, tratto finitore, d'una broccia) (*ut.*), Glättteil (*m.*). **15 ~ della lima** (taglio della lima) (*ut.*), Feilenhieb (*m.*). **16 ~ di allargamento** (del piano stradale) (*costr. strad.*), Verziehungsstrecke (*f.*). **17 ~ di alzata** (di una camma, fianco di alzata) (*aut. - mecc.*), Anlauf (*m.*). **18 ~ di chiusura** (d'una camma, fianco di chiusura) (*aut. - mecc.*), Ablauf (*m.*). **19 ~ di guida** (tratto di lavoro dell'utensile, nell'estrusione) (*tecnol. mecc.*), Führungsteil (*m.*). **20 ~ di lavoro** (tratto di guida dell'utensile, nell'estrusione) (*tecnol. mecc.*), Führungsteil (*m.*). **21 ~ di trasporto** (percorso d'una determinata lunghezza) (*trasp. ind.*), Förderstrecke (*f.*), Förderweg (*m.*). **22 ~ eseguito per secondo** (secondo taglio, taglio superiore, di una lima a doppio taglio) (*ut.*), Oberhieb (*m.*). **23 ~ finale** (di un nastro perforato) (*calc. - ecc.*), Anhänger (*m.*). **24 ~ finitore**

trattore

(tratto calibratore, tratto cilindrico, d'una broccia) (*ut.*), Glätteil (*m.*). **25 tratti fondamentali** (elementi fondamentali, d'un procedimento, d'una scienza, ecc.) (*gen.*), Grundzüge (*m. pl.*). **26 ~ inferiore** (ramo inferiore, d'un nastro trasportatore continuo) (*trasp. ind.*), Untertrum (*m.*), Untergurt (*m.*). **27 ~ iniziale** (d'un nastro perforato p. es.) (*calc. - ecc.*), Vorspann (*m.*). **28 ~ lento** (di una cinghia p. es.) (*mecc.*), schlaffes Trumm. **29 ~ permanente** (*radar*), Dauerstrich (*m.*). **30 ~ tampone** (*ferr. elett.*), Pufferstrecke (*f.*). **31 ~ teso** (di una cinghia p. es.) (*mecc.*), straffes Trumm. **32 ~ utile** (base di misura) (*prova di mater.*), Messlänge (*f.*). **33 affilatrice per tratti attivi** (affilatrice per imbocchi, di maschi per filettare) (*macch. ut.*), Anschnitt-Schleifmaschine (*f.*). **34 angolo ~ attivo** (conicità d'imbocco, di un maschio per filettare) (*ut.*), Anschnittwinkel (*m.*). **35 a ~ e punto** (*dis.*), strichpunktiert. **36 a tratti incrociati** (a doppio taglio, a tagli incrociati, lima) (*ut.*), zweihiebig. **37 incisione a ~** (*tip.*), Strichätzung (*f.*). **38 lunghezza del ~ attivo** (lunghezza d'imbocco, di un maschio per filettare) (*ut.*), Anschnittlänge (*f.*). **39 lunghezza del ~ di misura** (tratto di riferimento, nelle misure della rugosità p. es.) (*mecc. - mis.*), Bezugsstrecke (*f.*). **40 retino a ~** (*tip.*), Strichraster (*m.*), Linienraster (*m.*). **41 retino a tratti incrociati** (*tip.*), gekreuzter Strichraster.

trattore (trattrice) (*veic.*), Schlepper (*m.*), Traktor (*m.*), Zugmaschine (*f.*). **2 ~ a cingoli** (trattore cingolato) (*veic.*), Raupenschlepper (*m.*), Gleiskettenschlepper (*m.*). **3 ~ ad accumulatori** (*veic.*), Elektroschlepper (*m.*). **4 ~ agricolo** (trattrice agricola) (*veic.*), Ackerschlepper (*m.*), landwirtschaftlicher Traktor. **5 ~ anfibio** (*veic.*), amphibische Zugmaschine, amphibischer Schlepper. **6 ~ a ruote** (*veic.*), Radschlepper (*m.*). **7 ~ a ruote pneumatiche** (*veic.*), Luftreifenschlepper (*m.*). **8 ~ cingolato** (trattore a cingoli) (*veic.*), Raupenschlepper (*m.*), Gleiskettenschlepper (*m.*). **9 ~ con attrezzi portati** (trattore con attrezzi montati) (*macch. mov. terra*), Geräteträger (*m.*). **10 ~ con attrezzi portati tra gli assi** (*veic.*), Tragschlepper (*m.*). **11 ~ gommato** (trattore stradale) (*veic.*), Luftreifenschlepper (*m.*), Strassenschlepper (*m.*), Strassenzugmaschine (*f.*). **12 ~ monoasse** (a due ruote) (*veic.*), Einachsschlepper (*m.*), Zweiradschlepper (*m.*). **13 ~ per trasporti interni** (*veic.*), Werkschlepper (*m.*). **14 ~ senza uomo a bordo** (*trasp. ind.*), Geh-Wagen (*m.*). **15 ~ stradale** (trattore gommato) (*veic.*), Strassenschlepper (*m.*), Strassenzugmaschine (*f.*), Luftreifenschlepper (*m.*). **16 ~ universale** (*veic.*), Allzweckschlepper (*m.*).

trattorista (*lav.*), Schlepperführer (*m.*), Traktorführer (*m.*).

trattrice (trattore) (*veic.*), Schlepper (*m.*), Traktor (*m.*), Zugmaschine (*f.*). **2 ~** (curva equitangente) (*geom.*), Schleppkurve (*f.*), Traktrix (*f.*). **3 ~** (curva percorsa dalla ruota posteriore) (*veic.*), Schleppkurve (*f.*), Traktrix (*f.*). **4 ~ agricola** (trattore agricolo) (*veic.*), Ackerschlepper (*m.*).

trattura (della seta) (*ind. tess.*), Abhaspeln (*n.*).
travasare (*gen.*), abfüllen, umfüllen.
travaso (di liquidi) (*ind.*), Umgiessen (*n.*), Befüllung (*f.*), Umfüllung (*f.*). **2 beccuccio di ~** (*app.*), Ausgiesser (*m.*). **3 luce di ~** (condotto dal basamento al cilindro, nei motori a due tempi) (*mot. a comb.*), Überströmkanal (*m.*). **4 pompa di ~** (*macch.*), Umfüllpumpe (*f.*).

travata (trave) (*ed.*), Träger (*m.*). **2 ~ a parete piena** (*ed.*), Vollwandträger (*m.*). **3 ~ reticolare** (*ed.*), Fachwerkträger (*m.*).

travatura (trave) (*ed.*), Träger (*m.*). **2 ~ a cassone** (*ed.*), Blechträger (*m.*), Vollwandträger (*m.*). **3 ~ a triangoli isosceli** (travatura senza montanti) (*ed.*), Strebenfachwerk (*n.*). **4 ~ a via inferiore** (di un ponte) (*costr. di ponti*), Träger mit unten liegender Fahrbahn. **5 ~ a via superiore** (*costr. di ponti*), Träger mit oben liegender Fahrbahn. **6 ~ parabolica** (*ed.*), Parabelträger (*m.*). **7 ~ reticolata** (trave reticolare) (*ed.*), Fachwerkträger (*m.*). **8 ~ semi-parabolica** (*ed.*), Halbparabelträger (*m.*). **9 ~ semplice** (capriata semplice) (*ed.*), einfaches Hängewerk, einfaches Sprengwerk. **10 ~ trapezoidale** (trave trapezoidale, travatura trapezia) (*ed.*), Trapezträger (*m.*).

trave (*ed.*), Träger (*m.*), Balken (*m.*). **2 ~ a bulbo** (profilato in ferro a bulbo) (*ind. metall.*), Bulbeisen (*n.*). **3 ~ a cantilever** (trave a sbalzo, trave a mensola) (*ed.*), Auslegerträger (*m.*), Ausleger (*m.*), Freiträger (*m.*), Kragträger (*m.*), Konsolträger (*m.*). **4 ~ ad ali larghe** (*ed. - ind. metall.*), Breitflanschträger (*m.*). **5 ~ ad arco** (*ed.*), Bogenträger (*m.*). **6 ~ a doppio T** (*ed. - ind. metall.*), Doppel-T-Träger (*m.*), I-Träger (*m.*). **7 ~ a doppio T di acciaio** (profilato a doppio T di acciaio) (*ind. metall.*), I-Stahl (*m.*). **8 ~ (a doppio T) laminata** (metall.), Walzträger (*m.*). **9 ~ a mensola** (trave a cantilever, trave a sbalzo) (*ed.*), Auslegerträger (*m.*), Konsolträger (*m.*), Ausleger (*m.*), Freiträger (*m.*), Kragträger (*m.*). **10 ~ a parete** (la cui altezza è quasi uguale alla luce della campata) (*ed.*), wandartiger Träger. **11 ~ a parete piena** (*ed.*), Vollwandträger (*m.*). **12 ~ a sbalzo** (trave a mensola, trave a cantilever) (*ed.*), Auslegerträger (*m.*), Ausleger (*m.*), Freiträger (*m.*), Kragträger (*m.*), Konsolträger (*m.*). **13 ~ a T** (*ed. - ind. metall.*), T-Träger (*m.*). **14 ~ a T di acciaio** (acciaio da costruzione) (*ed. - ind. metall.*), T-Stahl (*m.*). **15 ~ a T di ferro** (ferro a T) (*ed. - ind. metall.*), T-Eisen (*n.*). **16 ~ a traliccio** (*ed.*), Gitterträger (*m.*). **17 ~ a U** (*ed. - ind. metall.*), U-Träger (*m.*). **18 ~ ballerina** (traversa oscillante, di un carrello) (*ferr.*), Wiege (*f.*). **19 ~ battente** (trave livellatrice) (*macch. costr. strad.*), Nivellierbohle (*f.*), Abgleichbohle (*f.*). **20 ~ battitrice** (di una macchina finitrice) (*macch. - costr. strad.*), Verdichtungsbohle (*f.*). **21 ~ composita** (*ed.*), Verbundträger (*m.*). **22 ~ composita leggera** (per tetti; trave a doppio T, la cui anima è formata da un tondino a zig-zag) (*ed.*), R-Träger (*m.*). **23 ~ continua** (*ed.*), durchgehender Träger, kontinuierlicher Träger, durchlaufender Träger. 24 ~ con un appoggio fisso ed uno scorrevole (ed.), Träger mit fester und beweglicher Auflagerung. 25 ~ di colmo (ed.), Firstbalken (m.). 26 ~ di lamiera stirata (ind. metall.), gestreckter Balken. 27 ~ di sospensione (di un ponte sospeso) (ed.), Hängewerkträger (m.). 28 ~ Gerber (ed.), Gerberbalken (m.), Gerberträger (m.), Gelenkträger (m.). 29 ~ incastrata (ed.), beidseitig eingespannter Träger, eingespannter Träger. 30 ~ in cemento armato (ed.), Stahlbetonbalken (m.). 31 ~ in ferro (ind. metall. - ed.), Eisenträger (m.), Stahlträger (m.). 32 ~ in legno (ed.), Holzträger (m.), Holzbalken (m.). 33 ~ in vista (ed.), sichtbarer Träger. 34 ~ lenticolare (ed.), Linsenträger (m.). 35 ~ liberamente appoggiata (trave semplicemente appoggiata) (ed.), frei aufliegender Träger. 36 ~ lisciatrice (d'una finitrice) (macch. - costr. strad.), Glättbohle (f.). 37 ~ livellatrice (trave battente) (macch. costr. strad.), Nivellierbohle (f.), Abgleichbohle (f.). 38 ~ longitudinale (ed.), Längsträger (m.). 39 ~ longitudinale (corrente) (ed.), Längsschwelle (f.). 40 ~ longitudinale (di una gru a ponte) (macch. ind.), Kranträger (m.), Längsträger (m.). 41 ~ maestra (trave principale) (ed.), Hauptträger (m.), Hauptbalken (m.). 42 ~ maestra del tetto (traversa del tetto) (ed.), Dachbalken (m.), Binderbalken (m.), Bundbalken (m.). 43 ~ mobile (verticalmente; traversa mobile) (macch.), Senkbalken (m.). 44 ~ nervata (ed.), Rippenbalken (m.). 45 ~ portante (ed.), Tragbalken (m.). 46 ~ precompressa (ed.), Spannbalken (m.). 47 ~ prefabbricata (in cemento armato p. es.) (ed.), Balkenfertigteil (m.). 48 ~ principale (trave maestra) (ed.), Hauptträger (m.), Hauptbalken (m.). 49 ~ principale del ponte (ed.), Brückenträger (m.). 50 ~ principale longitudinale del ponte (ed.), Brückenlängsträger (m.). 51 ~ principale trasversale del ponte (traversa principale) (ed.), Brückenquerträger (m.). 52 ~ reticolare (travatura reticolare) (ed.), Fachwerkträger (m.), Fachwerkbalken (m.). 53 ~ rettilinea (ed.), gerader Träger. 54 ~ saldata (ind. metalmecc.), Schweissträger (n.). 55 ~ scatolata (ed.), Kastenträger (m.). 56 ~ secondaria (ed.), Sekundärträger (m.). 57 ~ semiincastrata (ed.), einseitig eingespannter Träger, halb eingespannter Träger. 58 ~ semplicemente appoggiata (trave liberamente appoggiata) (ed.), frei aufliegender Träger, einfacher Träger, einfacher Balken. 59 ~ semplicemente appoggiata su due supporti (sc. costr.), einfacher Träger auf zwei Stützen. 60 ~ sospesa (costr. di ponti - ed.), Hängebalken (m.), Hängeträger (m.). 61 ~ stenditrice (d'una macchina finitrice) (costr. strad.), Feinabgleichbohle (f.). 62 ~ stirata (metall.), gestreckter Balken. 63 ~ su due appoggi (sc. costr.), Träger auf zwei Stützen. 64 ~ trapezoidale (travatura trapezoidale) (ed.), Trapezträger (m.). 65 ~ trasversale (ed.), Querträger (m.), Querbalken (m.). 66 ~ trasversale (d'una gru a ponte) (macch. ind.), Kopfträger (m.), Querträger (m.). 67 ~ tubolare (ed.), Rohrträger (m.). 68 ~ Vierendeel (ed.), Vierendeelträger (m.). 69 estremità della ~ (ed.), Balkenkopf (m.). 70 telaio a ~ centrale (aut.), Mittelträgerrahmen (m.).

traversa (gen.), Kreuzarm (m.). 2 ~ (trave trasversale) (ed.), Querträger (m.), Querbalken (m.). 3 ~ (di un ponte di ferro) (ed.), Querverband (m.). 4 ~ (di un tetto) (ed.), Binderbalken (m.), Bundbalken (m.), Dachbalken (m.). 5 ~ (di una carrozzeria o telaio) (aut. - ecc.), Querträger (m.). 6 ~ (mecc. - macch.), Kreuzstange (f.), Traverse (f.). 7 ~ (di una piallatrice a due montanti p. es.) (macch. ut.), Querbalken (m.). 8 ~ (di una pressa p. es.) (macch.), Querhaupt (n.). 9 ~ (traversina) (ferr.), Schwelle (f.). 10 ~ (sbarramento, di un corso d'acqua) (costr. idr.), Wehr (n.). 11 ~ (briglia, serra, per torrenti) (costr. idr.), Sperre (f.). 12 ~ (paratoia, diga, chiusa, per il trasferimento di navi tra due specchi d'acqua di diverso livello p. es.) (idr.), Schleuse (f.). 13 ~ (di un quadro di armamento) (min.), Grundschwelle (f.). 14 ~ (di un palo del telegrafo p. es.) (elett. - telegr.), Querträger (m.), Traverse (f.). 15 ~ (di una finestra) (ed.), Kämpfer (m.), Sprosse (f.). 16 ~ (per staffe da formatura) (fond.), Schore (f.), Traverse (f.). 17 ~ (d'una riga da disegno a T) (dis. - app.), Backe (f.). 18 ~ a panconcelli (diga a panconcelli) (costr. idr.), Nadelwehr (n.). 19 ~ a X (d'un autotelaio) (aut.), Kreuzverstrebung (f.). 20 ~ cilindrica (costr. idr.), Walzenwehr (n.). 21 ~ con stramazzo rigurgitato (costr. idr.), Wehr mit unvollkommenem Überfall. 22 ~ con stramazzo triangolare (costr. idr.), Wehr mit dreieckigem Überfall. 23 ~ del pavimento (di un pianale p. es.) (ferr.), Bodenbalken (m.), Auflagerbalken (m.). 24 ~ del tetto (trave maestra) (ed.), Dachbalken (m.), Binderbalken (m.), Bundbalken (m.). 25 ~ di legno (di una finestra) (ed.), Fensterkämpfer, Losholz (n.). 26 ~ di rinforzo (di una parete di legno) (ed.), Riegel (m.). 27 ~ di sbarramento (costr. idr.), Staubalkenwehr (n.), Stauwehr (n.). 28 ~ fissa (costr. idr.), festes Wehr. 29 ~ fissa (traversa superiore, di una pressa idraulica) (macch.), Oberholm (m.). 30 ~ fissa (di una piallatrice a due montanti p. es.) (macch.), Querhaupt (n.). 31 ~ mobile (costr. idr.), bewegliches Wehr. 32 ~ mobile (di una pressa idraulica) (macch.), Laufholm (m.). 33 ~ mobile (di una piallatrice a due montanti p. es.) (macch.), Querbalken (m.). 34 ~ mobile (verticalmente; trave mobile) (macch.), Senkbalken (m.). 35 ~ oscillante (trave ballerina, di un carrello) (ferr.), Wiege (f.). 36 ~ per irrigazione (paratoia per irrigazione) (agric. - costr. idr.), Bewässerungswehr (n.). 37 ~ portaralla (di un carrello) (ferr.), Drehpfannenträger (m.). 38 ~ principale del ponte (trave principale trasversale) (ed.), Brückenquerträger (m.). 39 ~ saldata (di un telaio) (aut.), geschweisster Querträger. 40 ~ scatolata (aut. - ecc.), Querträger mit geschlossenem Blechrahmen. 41 ~ superiore (traversa fissa, di una pressa

traversata

idraulica) (*macch.*), Oberholm (*m.*). **42 coronamento della** ~ (*costr. idr.*), Wehrkrone (*f.*).
traversata (con nave) (*navig.*), Fahrt (*f.*), Schiffahrt (*f.*), Überfahrt (*f.*), Durchfahrt (*f.*). **2** ~ (di un fiume p. es.) (*gen.*), Übergang (*m.*), Kreuzung (*f.*).
traversina (traversa) (*ferr.*), Schwelle (*f.*). **2** ~ **di acciaio** (*ferr.*), Stahlschwelle (*f.*). **3** ~ **di cemento armato** (*ferr.*), Betonschwelle (*f.*). **4** ~ **di ferro** (*ferr.*), Eisenschwelle (*f.*). **5** ~ **di legno** (*ferr.*), Holzschwelle (*f.*). **6** ~ **ferroviaria** (*ferr.*), Eisenbahnschwelle (*f.*). **7** ~ **in cemento armato** (*ferr.*), Betonschwelle (*f.*). **8** ~ **metallica** (di ferro) (*ferr.*), Eisenschwelle (*f.*).
traversino (di una maglia di catena) (*mecc.*), Kettensteg (*m.*), Steg (*m.*). **2** ~ (della catena, maniglia della catena, all'estremità, per esercitare trazione) (*mecc.*), Kettenknebel (*m.*).
traverso (traversa, trave trasversale) (*ed.*), Querträger (*m.*). **2 al** ~ (a mezza nave) (*nav.*), dwars. **3 per il** ~ (*nav.*), querschiffs.
traversobanco (galleria) (*min.*), Querstollen (*m.*).
travertino (roccia calcarea) (*min.*), Travertin (*m.*).
travetto (travicello) (*ed.*), Lagerholz (*n.*). **2** ~ (travicello, del tetto) (*ed.*), Deckenträger (*m.*).
travicello (travetto) (*ed.*), Lagerholz (*n.*). **2** ~ (travetto, del tetto) (*ed.*), Deckenträger (*m.*). **3** ~ **doppio** (correntino doppio, di un tetto) (*ed.*), Doppellatte (*f.*).
trazione (sollecitazione) (*sc. costr. - mecc.*), Zug (*m.*), Ziehen (*n.*). **2** ~ (esercitata da una motrice) (*ferr. - trasp.*), Antrieb (*m.*). **3** ~ (sforzo di trazione, al gancio p. es.) (*ferr. - aut.*), Zug (*m.*), Zugkraft (*f.*). **4** ~ (spinta, dell'elica) (*aer.*), Vortrieb (*m.*). **5** ~ **a ciclo dallo zero** (sollecitazione di fatica) (*sc. costr.*), Zugschwellbereich (*m.*). **6** ~ **a cingoli** (*veic.*), Raupenantrieb (*m.*). **7** ~ **a corrente alternata** (*ferr.*), Wechselstromantrieb (*m.*). **8** ~ **a corrente continua** (*ferr.*), Gleichstromfahrbetrieb (*m.*). **9** ~ **ad accumulatori** (*veic. elett.*), Sammlerantrieb (*m.*), Batterieantrieb (*m.*), Speicherantrieb (*m.*). **10** ~ **al gancio** (*ferr. - aut.*), Zug am Zughaken. **11** ~ **alla bitta** (*nav.*), Pfahlzug (*m.*). **12** ~ **anteriore** (trasmissione anteriore) (*aut.*), Vorderradantrieb (*m.*), Vorderachsantrieb (*m.*), Frontantrieb (*m.*). **13** ~ **bicorrente** (trazione a corrente continua ed alternata) (*ferr. elett.*), Allstrombetrieb (*m.*). **14** ~ **con motori endotermici** (di carrelli, muniti di motore Diesel od a benzina) (*trasp. ind.*), Verbrennungsantrieb (*m.*). **15** ~ **(con motori montati) sul mozzo ruota** (*veic. - elett.*), Nabenantrieb (*m.*). **16** ~ **dieselelettrica** (*ferr.*), dieselektrischer Antrieb. **17** ~ **elettrica** (*veic. elett.*), Elektroantrieb (*m.*), elektrischer Antrieb, elektrischer Fahrbetrieb. **18** ~ **ferroviaria** (*ferr.*), Eisenbahnantrieb (*m.*). **19** ~ **ferroviaria** (*ferr.*), (*svizz.*), Traktion (*f.*), Eisenbahnantrieb (*m.*). **20** ~ **ibrida** (con mot. a combustione interna, generatore e motore elettrici) (*ferr. - aut.*), Hybridantrieb (*m.*). **21** ~ **meccanica** (*mecc.*), Kraftzug (*m.*). **22** ~ **monofase** (*ferr. elett.*), Einphasenbahnbetrieb (*m.*). **23** ~ **non su rotaia** (*trasp. ecc.*), gleislose Traktion. **24** ~ **obliqua** (*tecnol. mecc.*), Schrägzug (*m.*). **25** ~ **obliqua** (di una fune metall.) (*fune*), Schrägzug (*m.*). **26** ~ **posteriore** (*aut.*), Hinterachsantrieb (*m.*), Hinterradantrieb (*m.*). **27** ~ **sulle quattro ruote** (trasmissione su tutte le ruote) (*aut.*), Vierradantrieb (*m.*). **28** ~ **sulle ruote sterzanti** (*aut. - veic.*), Lenkradantrieb (*m.*). **29** ~ **su più assi** (*veic.*), Mehrachsantrieb (*m.*). **30** ~ **su rotaia** (*ferr. - ecc.*), schienegebundene Traktion. **31** ~ **su tutte le ruote** (*veic.*), Allradantrieb (*m.*), Sammelantrieb (*m.*). **32 aggancio di semplice** ~ (*ferr.*), Zugkupplung (*f.*). **33 aggancio di** ~ **e repulsione** (*ferr.*), Zug-Druck-Kupplung (*f.*). **34 barra di** ~ (*veic.*), Zugstange (*f.*). **35 barretta per prove di** ~ (provino per prove di trazione) (*tecnol. mecc.*), Zugstab (*m.*), Zerreiss-stab (*m.*). **36 briglia sollecitata a** ~ (corrente sollecitato a trazione) (*ed.*), Zuggurt (*m.*). **37 broccia a** ~ (*ut.*), Räumnadel zum Ziehen. **38 brocciare a** ~ (*lav. macch. ut.*), ziehräumen. **39 brocciatura a** ~ (*lav. macch. ut.*), Ziehräumen (*n.*). **40 carico di rottura a** ~ (*sc. costr.*), Höchstzugspannung (*f.*), Zerreiss-spannung (*f.*), Bruchlast (*f.*). **41 carrello di** ~ (nella trafilatura dei fili) (*macch.*), Ziehwagen (*m.*), Schleppwagen (*m.*). **42 circuito di ritorno della corrente di** ~ (*ferr. elett.*), Fahrstromrückleitung (*f.*). **43 codolo di** ~ (d'una broccia) (*ut.*), Ziehschaft (*m.*). **44 codolo di** ~ (nella trafilatura dei fili) (*tecnol. mecc.*), Ziehangel (*f.*). **45 corrente sollecitato a** ~ (briglia sollecitata a trazione) (*ed.*), Zuggurt (*m.*). **46 corrente di** ~ (*ferr. - elett.*), Fahrstrom (*m.*), Triebstrom (*m.*). **47 deformazione da** ~ (stiro) (*tecnol. mecc.*), Zugverformung (*f.*). **48 dispositivo di** ~ (nella brocciatura p. es.) (*macch. ut. - ecc.*), Zieheinrichtung (*f.*). **49 dispositivo di** ~ (*ferr.*), Zugeinrichtung (*f.*). **50 eliminazione della** ~ (scarico della trazione, di conduttori) (*elett.*), Zugentlastung (*f.*). **51 forza di** ~ (*mecc.*), Zugkraft (*f.*). **52 limite di fatica a** ~ (*tecnol. mecc.*), Dauerzugfestigkeit (*f.*). **53 macchina per prove a** ~ (*macch. - tecnol. mecc.*), Zerreissmaschine (*f.*). **54 macchina per** ~ -**compressione** (per prove di fatica) (*macch.*), Zug-Druck-Maschine (*f.*). **55 marcia con doppia** ~ (*ferr.*), Zugfahrt mit Vorspann. **56 molla di** ~ (*mecc.*), Zugfeder (*f.*). **57 prova a** ~ **e compressione** (*prove mater.*), Zug-Druck-Versuch (*m.*). **58 prova di elasticità a** ~ (per tessili) (*tecnol.*), Zugelastizitätversuch (*m.*). **59 prova di rottura a** ~ (su catene p. es.) (*prova*), Zugbruchversuch (*m.*). **60 prova di** ~ (*tecnol. mecc. - sc. costr.*), Zugversuch (*m.*), Zerreissversuch (*m.*). **61 prova di** ~ (su catene, applicando un carico pari a 1,5 volte quello utile) (*tecnol. mecc.*), Reckversuch (*m.*). **62 prova di** ~ **ad urto** (*metall.*), Schlag-Zerreissversuch (*m.*). **63 provino per prove di** ~ (*prove mater.*), Zugprobe (*f.*). **64 rapporto tra le resistenze a** ~ **delle provette intagliata e liscia** (*tecnol. mecc.*), Kerbzugfestigkeitsverhältnis (*n.*). **65 resistenza alla rottura da** ~ (forza che provoca la rottura divisa per la sezione di rottura) (*tecnol. mecc.*),

Trennfestigkeit (*f.*), Reissfestigkeit (*f.*). **66 resistenza a ∼** (*sc. costr.*), Zugfestigkeit (*f.*). **67 resistenza alla ∼** (*ferr. - veic.*), Zugwiderstand (*m.*). **68 resistenza a ∼** (forza riferita alla sezione iniziale nel momento della rottura del provino, nelle prove su mater. plast.) (*tecnol.*), Reissfestigkeit (*f.*). **69 resistenza a ∼ a caldo** (*metall.*), Warmzugfestigkeit (*f.*). **70 rottura da ∼** (perpendicolare allo sforzo di trazione) (*prove mater.*), Trennbruch (*m.*), Trennungsbruch (*m.*). **71 scarico della ∼** (eliminazione della trazione, di un conduttore) (*elett.*), Zugentlastung (*f.*). **72 sforzo di ∼** (*veic.*), Zugkraft (*f.*). **73 sforzo di ∼ al gancio** (*veic.*), Zugkraft am Haken. **74 sforzo di ∼ alla periferia delle ruote** (*veic.*), Zugkraft am Radumfang. **75 sforzo di ∼ massimo** (*veic.*), Anfahrzugkraft (*f.*). **76 sforzo di ∼ massimo** (che sfrutta completamente l'aderenza) (*veic. - ferr.*), Reibungszugkraft (*f.*). **77 sforzo di ∼ normale** (sforzo di trazione continuativo) (*veic.*), Dauerzugkraft (*f.*). **78 sollecitazione di ∼** (*sc. costr.*), Zugspannung (*f.*). **79 testa di ∼** (di una brocciatrice p. es.) (*macch. ut.*), Ziehkopf (*m.*). **80 testa di ∼** (d'un cavo) (*telef. - ecc.*), Ziehkopf (*m.*). **81 vite di ∼** (*mecc.*) Zugschraube (*f.*).

tre (*mat. - ecc.*), drei. **2 regola del ∼** (*mat.*), Regeldetri (*f.*), Dreisatzrechnung (*f.*).

trealberi (veliero a tre alberi) (*nav.*), Dreimaster (*m.*).

trebbiare (*lav.*), dreschen.

trebbiatore (*lav.*), Drescher (*m.*).

trebbiatrice (*macch. agric.*), Dreschmaschine (*f.*).

trebbiatura (*agric.*), Dreschen (*n.*).

treccia (*elett. - ecc.*), Flechte (*f.*). **2 ∼** (per guarnizioni, corda) (*mecc. - ecc.*), Zopf (*m.*). **3 ∼ di rivestimento** (calza, di un cavo) (*elett.*), Beflechtung (*f.*). **4 ∼ metallica** (calza metallica, per cavi) (*elett.*), Drahtgeflecht (*n.*). **5 ∼ schermante** (calza schermante) (*elett.*), Schirmgeflecht (*n.*). **6 con rivestimento a ∼** (filo) (*elett.*), umflochten, umklöppelt. **7 togliere la ∼** (togliere la calza, ad un cavo) (*elett.*), entflechten.

trecciare (intrecciare) (*gen.*), umflechten, umklöppeln.

trecciatrice (macchina per intrecciare) (*funi*), Flechtmaschine (*f.*). **2 ∼ per fili** (*macch.*), Drahtumflechtmaschine (*f.*). **3 ∼ per guaine** (macchina per calze metalliche, macchina per guaine metalliche intrecciate per cavi) (*macch.*), Umklöppelmaschine (*f.*).

tredicesima (tredicesima mensilità) (*s. - pers.*), 13. Monatsgehalt.

trefolatrice (macchina per fare trefoli) (*macch.*), Seillitzenspinnmaschine (*f.*), Litzenmaschine (*f.*).

trefolo (*ind. - funi*), Litze (*f.*). **2 ∼** (per il comando dei cilindri di laminatoio) (*lamin.*), Kleeblattform (*f.*), Kupplungszapfen (*m.*). **3 ∼ centrale** (*funi*), Herzlitze (*f.*), Kernlitze (*f.*). **4 ∼ (di filo) metallico** (*ind. metall. - funi*), Drahtlitze (*f.*). **5 a più trefoli** (*fune*), mehrlitzig. **6 ad un ∼** (*fune*), einlitzig, eintrümmig. **7 a trefoli** (*fune*), gelitzt. **8 formare trefoli** (*funi*), verlitzen. **9 lobo del ∼** (del comando di un laminatoio) (*lamin.*), Trefferblatt (*n.*).

« trematura » (segno da vibrazione dell'utensile, segno da saltellamento) (*difetto - lav. macch. ut.*), Rattermarke (*f.*).

trementina (*chim.*), Terpentin (*n.*). **2 essenza di ∼** (olio essenziale di trementina) (*chim.*), Terpentinöl (*n.*). **3 olio essenziale di ∼** (essenza di trementina) (*chim.*), Terpentinöl (*n.*). **4 vernice alla ∼** (*vn.*), Terpentinbeize (*f.*).

tremolare (sfarfallare, della luce) (*ott.*), flimmern.

tremolio (instabilità del segnale) (*difetto telev.*), Zittern (*n.*), Flimmern (*n.*), Flackern (*n.*). **2 ∼ dell'immagine** (*difetto telev.*), Bildzittern (*n.*).

tremolite (*min.*), Tremolit (*m.*).

trenaggio (carreggio, trasporto di minerale) (*min.*), Grubenförderung (*f.*), Wagenförderung (*f.*).

treno (*ferr.*), Zug (*m.*). **2 ∼** (di ruote dentate) (*mecc.*), Getriebe (*n.*), Zahnradgetriebe (*n.*). **3 ∼** (di laminazione) (*lamin.*), Strasse (*f.*). **4 ∼ a caldo per lamiere** (*lamin.*), Warmblechstrasse (*f.*). **5 ∼ a caldo per nastri** (*lamin.*), Warmbandstrasse (*f.*). **6 ∼ accelerato** (*ferr.*), Personenzug (*m.*). **7 ∼ ad assetto variabile** (« pendolino ») (*ferr.*), Pendelzug (*m.*). **8 ∼ a levitazione magnetica** (treno a sostentazione magnetica) (*ferr.*), Magnetschwebezug (*m.*). **9 ∼ anteriore** (avantreno, assale anteriore) (*aut.*), Vorderachse (*f.*). **10 ∼ a serpentaggio** (*lamin.*), Umsteckwalzwerk (*n.*), Zickzackstrasse (*f.*), **11 ∼ bis** (*ferr.*), Nachzug (*m.*), Verstärkungszug (*m.*). **12 ∼ « blooming »** (laminatoio « blooming », treno per lingotti, treno sbozzatore) (*lamin.*), Blockstrecke (*f.*), Blockstrasse (*f.*), Blockwalzwerk (*n.*), Grobstrasse (*f.*). **13 ∼ con carrozze intercomunicanti** (*ferr.*), Durchgangszug (*m.*), D-Zug (*m.*). **14 ∼ (con veicoli) in lega leggera** (*ferr.*), Leichtschnellzug (*m.*), Leichtmetallzug (*m.*). **15 ∼ corazzato** (*ferr. milit.*). Eisenbahnpanzerzug (*m.*). **16 ∼ d'impulsi** (serie d'impulsi) (*elett. - ecc.*), Impulszug (*m.*), Impulsserie (*f.*), Impulsreihe (*f.*). **17 ∼ di ingranaggi** (rotismo ad ingranaggi) (*mecc.*), Zahnradgetriebe (*n.*), Rädergetriebe (*n.*). **18 ∼ di laminazione** (*lamin.*), Walzstrasse (*f.*). **19 ∼ di laminazione continuo** (laminatoio continuo) (*lamin.*), kontinuierliche Walzstrasse, kontinuierliches Walzwerk. **20 ∼ di onde** (*fis.*), Wellenzug (*m.*). **21 ∼ direttissimo** (direttissimo) (*ferr. - trasp.*), Ferndurchgangszug (*m.*), FD-Zug (*m.*). **22 ∼ diretto** (*ferr. - trasp.*), durchgehender Zug, Eilzug (*m.*). **23 ∼ di servizio per la costruzione** (di ferrovie) (*ferr.*), Bauzug (*m.*). **24 ∼ di soccorso** (*ferr.*), Hilfszug (*m.*). **25 ∼ duo** (laminatoio duo) (*lamin.*), Duostrasse (*f.*), Zweiwalzenstrasse (*f.*). **26 ∼ duo irreversibile** (*lamin.*), Übergabe-Walzwerk (*n.*), Überhebe-Walzwerk (*n.*). **27 ∼ epicicloidale** (di ingranaggi) (*mecc.*), Umlaufgetriebe (*n.*), Planetengetriebe (*n.*). **28 ∼ finitore** (*lamin.*), Fertigstrasse (*f.*), Fertigstrecke (*f.*). **29 ∼ finitore a freddo** (laminatoio finitore a freddo) (*lamin.*), Kaltnachwalzwerk (*n.*). **30 ∼ finitore a freddo** (per lamiere dopo la

trepidazione

laminazione a caldo) (*lamin.*), Dressierwerk (*n.*). **31** ~ **formato da automotrici** (*ferr.*), Triebwagenzug (*m.*). **32** ~ **grosso** (treno in grosso) (*lamin.*), Grossstrecke (*f.*). **33** ~ **in grosso** (treno grosso) (*lamin.*), Grosstrecke (*f.*). **34** ~ **locale** (treno di una ferrovia secondaria) (*ferr.*), Lokalzug (*m.*). **35** ~ **medio** (*lamin.*), Mittelstrasse (*f.*). **36** ~ **merci** (*ferr.*), Güterzug (*m.*). **37** ~ **merci diretto** (*ferr.*), Durchgangsgüterzug (*m.*). Dg. **38** ~ **merci locale** (*ferr.*), Nahgüterzug (*m.*). **39** ~ **merci regolare** (che viaggia regolarmente, secondo un orario fisso, anche se il fabbisogno di traffico è scarso) (*ferr.*), Stammgüterzug (*m.*). **40** ~ **misto** (per merci e passeggeri) (*ferr.*), gemischter Zug. **41** ~ **omnibus** (*ferr.*), Bummelzug (*m.*), langsamer Personenzug. **42** ~ **operaio** (treno per operai) (*ferr. - lav.*), Arbeiterzug (*m.*). **43** ~ **ospedale** (*ferr.*), Lazarettzug (*m.*), Sanitätszug (*m.*), Krankenzug (*m.*). **44** ~ **per bidoni** (*lamin.*), Platinenstrasse (*f.*). **45** ~ **per billette** (*lamin.*), Knüppelstrasse (*f.*). **46** ~ **per bramme** (laminatoio per bramme) (*lamin.*), Brammenstrasse (*f.*). **47** ~ **per cerchioni** (*lamin.*), Bandagenwalzwerk (*n.*). **48** ~ **per lamiere grosse** (laminatoio per lamiera grossa) (*lamin.*), Grobblechstrasse (*f.*). **49** ~ **per lamiere medie** (*lamin.*), Mittelstrasse (*f.*). **50** ~ **per lamiere sottili** (*lamin.*), Feinstrasse (*f.*). **51** ~ **per lingotti** (treno « blooming », laminatoio « blooming ») (*lamin.*), Blockstrecke (*f.*), Blockstrasse (*f.*). **52** ~ **per nastri** (*lamin.*), Bandwalzwerk (*n.*). **53** ~ **preparatore** (treno sbozzatore) (*lamin.*), Vorstrasse (*f.*). Vorwalzstrasse (*f.*). **54** ~ **quarto** (*lamin.*), Vierwalzenstrasse (*f.*). **55** ~ **rapido** (rapido) (*ferr.*), Schnellzug (*m.*). **56** ~ **reversibile** (*lamin.*), Umkehrstrasse (*f.*). **57** ~ **reversibile per lamiere** (*lamin.*), Reversierblechstrasse (*f.*). **58** ~ **sbozzatore** (treno preparatore) (*lamin.*), Vorstrasse (*f.*), Vorwalzstrasse (*f.*), Grobstrasse (*f.*). **59** ~ **serpentaggio** (laminatoio serpentaggio) (*lamin.*), Umsteckwalzwerk (*n.*), Zickzackstrasse (*f.*). **60** ~ **speciale** (*ferr.*), Sonderzug (*m.*). **61** ~ **spianatore** (*lamin.*), Glättwalzwerk (*n.*). **62** ~ **staffetta** (*ferr.*), Vorzug (*m.*). **63** ~ **stradale** (convoglio stradale) (*veic.*), Schleppzug (*m.*). **64** ~ **straordinario** (*ferr.*), Bedarfszug (*m.*). **65** ~ **trio** (*lamin.*), Drillingswalzwerk (*n.*), Triowalzwerk (*n.*). **66** ~ **turistico** (*ferr.*), Ausflugzug (*m.*). **67** ~ **universale** (*lamin.*), Universalstrasse (*f.*). **68** ~ **viaggiatori** (*ferr.*), Personenzug (*m.*), Reisezug (*m.*). **69 formazione del** ~ (*ferr.*), Zugbildung (*f.*), Zugzusammenstellung (*f.*). **70 gabbia di** ~ **universale** (*lamin.*) Universalgerüst (*n.*). **71 lunghezza del** ~ (*ferr.*), Zuglänge (*f.*), Zugstärke (*f.*).

trepidazione (vibrazione, di un utensile p. es.) (*mecc.*), Zittern (*n.*). **2** ~ (vibrazioni autoeccitate, « chatter ») (*lav. macch. ut.*), Ratterschwingung (*f.*).

treppiede (sostegno a treppiede) (*gen.*), Dreibein (*n.*), Dreifuss (*m.*), Dreibeinstativ (*n.*).

triac (tiristore bidirezionale, formato da due tiristori collegati in antiparallelo) (*elettronica*), Triac (*m.*), Wechselwegpaar (*n.*).

triade (*chim.*), Triade (*f.*). **2** ~ (punto tricromatico) (*telev.*), Dreier (*m.*).

triangolare (*gen.*), dreikantig, dreieckig. **2** ~ (*geom.*), dreieckig, dreiwinklig. **3 lima** ~ (per seghe) (*ut.*), Dreikantfeile (*f.*).

triangolatore (*app.*), Triangulator (*m.*). **2** ~ **radiale** (*app. - fot.*), Radialtriangulator (*m.*).

triangolazione (*top.*), Triangulation (*f.*), Triangulierung (*f.*), Dreiecksaufnahme (*f.*), Dreiecksvermessung (*f.*). **2** ~ (di irrigidimento, per costruzioni in acciaio p. es·. (*ed.*), Dreiecksversteifung (*f.*). **3** ~ **aerea** (*fotogr.*), Aerotriangulation (*f.*). **4** ~ **radiale** (aerotriangolazione radiale) (*fot.*), Radialtriangulation (*f.*). **5 rete di** ~ (*top.*), Dreiecksnetz (*n.*).

triangolo (*geom.*), Dreieck (*n.*). **2** ~ (di sicurezza, per segnalare un veicolo fermo per guasto p. es.) (*aut. - traff. strad.*), Warndreieck (*n.*), Pannendreieck (*n.*). **3** ~ **acutangolo** (*geom.*), spitzwinkliges Dreieck. **4** ~ **dei colori** (diagramma cromatico) (*ott.*), Farbdreieck (*n.*), Farbtafel (*f.*). **5** ~ **delle forze** (*mecc.*), Kräftedreieck (*n.*). **6** ~ **del vento** (per tener conto dell'influenza del vento) (*aer. - navig.*), Winddreieck (*n.*). **7** ~ **di reazione** (di una sospensione) (*aut.*), Reaktionsdreieck (*n.*), Dreieckslenker (*m.*). **8** ~ **equilatero** (*geom.*), gleichseitiges Dreieck. **9** ~ **generatore** (d'una filettatura) (*mecc.*), Profildreieck (*n.*). **10** ~ **isoscele** (*geom.*), gleichschenkliges Dreieck. **11** ~ **ottusangolo** (*geom.*), stumpfwinkliges Dreieck. **12** ~ **piano** (*geom.*), ebenes Dreieck. **13** ~ **polare** (*astr. - mat.*), Poldreieck (*n.*). **14** ~ **rettangolo** (*geom.*), rechtwinkliges Dreieck. **15** ~ **scaleno** (*geom.*), ungleichseitiges Dreieck. **16** ~ **sferico** (*geom.*), Kugeldreieck (*n.*), sphärisches Dreieck. **17 altezza del** ~ (*geom.*), Dreieckhöhe (*f.*), Dreieckshöhe (*f.*). **18 base del** ~ (*geom.*), Dreieckbasis (*f.*). **19 collegato a** ~ (*elett.*), dreieckgeschaltet. **20 squadra a** ~ (*strum. dis.*), Winkeldreieck (*n.*), Zeichenwinkel (*m.*).

trias (triassico) (*geol.*), Trias (*f.*), Triasformation (*f.*).

triassiale (*fis.*), dreiachsig.

triatomico (*chim.*), dreiatomig.

triboelettricità (elettricità di strofinìo, elettricità per strofinìo) (*elett.*), Reibungselektrizität (*f.*), Triboelektrizität (*f.*).

tribologia (scienza comprendente lo studio dell'attrito, dell'usura e della lubrificazione) (*mecc.*), Tribologie (*f.*).

tribologico (*mecc.*), tribologisch, Tribo... **2 ricerca tribologica** (*mecc. - ecc.*), Triboforschung (*f.*).

triboluminescenza (*ott.*), Triboluminészenz (*f.*).

tribometro (misuratore dell'attrito) (*app.*), Tribometer (*n.*).

tribotecnica (tecnica riguardante l'attrito, l'usura e la lubrificazione) (*mecc.*), Tribotechnik (*f.*).

tribuna (*ed.*), Tribüne (*f.*), Bühne (*f.*).

tribunale (corte di giustizia) (*leg.*), Gerichtshof (*m.*), Gericht (*n.*), Tribunal (*n.*). **2** ~ **civile** (*leg.*), Zivilgericht (*n.*). **3** ~ **di prima istanza** (*leg.*), Untergericht (*n.*), Gericht erster In-

stanz. 4 ~ **federale** (*leg.*), Bundesgericht (*n.*).
5 ~ **penale** (*leg.*), Strafgerichtshof (*m.*).
tributario (*finanz.*), finanzamtlich.
tributilfosfato (TBP; solvente, ecc.) (*chim.*), Tributylphosphat (*n.*), TBP.
tributo (imposta) (*finanz.*), Steuer (*f.*), Abgabe (*f.*).
triciclo (*veic.*), Dreirad (*n.*), Dreiradwagen (*m.*). 2 ~ **a motore** (mototriciclo) (*veic.*), Motordreirad (*n.*).
triclino (sistema di cristalli) (*min.*), triklin.
tricloroetilene ($HClC=CCl_2$) (trielina, sgrassante) (*chim. - tecnol. mecc.*), Trichloräthylen (*n.*), « Tri ».
tricresilfosfato (*chim.*), Trikresylphosphat (*n.*), TKP.
tricromatico (*tip.*), trichromatisch.
tricromia (*tip.*), Dreifarbendruck (*m.*).
tridimensionale (a tre dimensioni) (*gen.*), dreidimensional, räumlich.
tridimite (SiO_2) (*min.*), Tridymit (*m.*).
triedro (*geom.*), Trieder (*n.*), Dreikant (*m.*), Dreiflächner (*m.*).
trielina (*chim. - tecnol. mecc.*), vedi tricloroetilene.
trifane (spodumene, $LiAlSi_6O_6$) (*min.*), Spodumen (*n.*).
trifase (*elett.*), dreiphasig. 2 **corrente** ~ (*elett.*), Drehstrom (*m.*).
trifoglio (erba medica) (*agric.*), Pfriemengras (*n.*), Spartgras (*n.*).
trifora (*ed.*), Drillingsfenster (*m.*).
triforcato (*gen.*), dreigabelig.
« trigger » (relè di sgancio) (*elettronica*), Trigger (*m.*), Auslöser (*m.*), Kipprelais (*n.*).
triglifo (*arch.*), Trigliph (*m.*), Triglyphe (*f.*).
trigonometria (*geom. - mat.*), Trigonometrie (*f.*). 2 ~ **piana** (*mat.*), Flächentrigonometrie (*f.*). 3 ~ **sferica** (*geom. - mat.*), sphärische Trigonometrie.
trigonometrico (*mat. - ecc.*), trigonometrisch. 2 **funzione trigonometrica** (*geom.*), trigonometrische Funktion, Winkelfunktion (*f.*), Kreisfunktion (*f.*). 3 **punto** ~ (*top.*), trigonometrischer Punkt.
trilaterale (*gen.*), dreiseitig.
triliardo (10^{21}) (*mat.*), Trilliarde (*f.*).
trilione (10^{18}) (*mat.*), Trillion (*f.*).
trilobo (*arch.*), Dreipass (*m.*).
trimarano (natante a tre scafi) (*nav.*), Trimaran (*n.*).
trimero (formato da tre monomeri) (*chim.*), Trimer (*n.*).
trimestrale (*gen.*), vierteljärlich.
trimetilentrinitroammina (trinitrotrimetilentriammina, T_4) (*espl.*), Hexogen (*n.*), Cyclo-Trimethylentrinitramin (*m.*).
trimestralmente (*gen.*), quartalsweise, quartaliter.
trimestre (*gen.*), Quartal (*n.*).
trimotore (aeroplano trimotore) (*aer.*), Dreimotorenflugzeug (*n.*).
trinato (*gen.*), Dreier...
trincarino (*nav.*), Stringer (*m.*). 2 ~ **di coperta** (*costr. nav.*), Deckstringer (*m.*). 3 **lamiera di** ~ (*nav.*), Stringerplatte (*f.*).
trincea (*ing. civ.*), Einschnitt (*m.*). 2 ~ (*milit.*), Graben (*m.*), Schützengraben (*m.*).

3 ~ **stradale** (strada in trincea) (*costr. strad.*), Strasseneinschnitt (*m.*).
trinchetto (vela inferiore dell'albero di trinchetto) (*nav.*), Focksegel (*n.*), Fock (*f.*). 2 **albero di** ~ (*nav.*), Fockmast (*m.*). 3 **coffa di** ~ (*nav.*), Fockmars (*m.*), Vormars (*m.*). 4 **vela di** ~ (*nav.*), Fock (*f.*), Focksegel (*n.*).
trinciaforaggi (*macch. agric.*), Feldhäcksler (*m.*).
trinciapaglia (*macch.*), Strohschneidemaschine (*f.*).
trinitrotoluolo [$(C_6H_2)(CH_3)(NO_2)_3$] (trinitrotoluene, tritolo) (*espl.*), Trinitrotoluol (*n.*), TNT, Tolit, Tolita, Trilit, Tri, Trotyl, Tutol.
trinomiale (a tre termini) (*mat.*), dreigliedrig.
trio (gabbia a trio, gabbia a tre cilindri) (*lamin.*), Triogerüst (*n.*). 2 ~ (laminatoio a tre cilindri) (*lamin.*), Trio-Walzwerk (*n.*). Dreiwalzenwalzwerk (*n.*). 3 ~ **preparatore** (*lamin.*), Triovorblockwalze (*f.*). 4 ~ **reversibile** (laminatoio reversibile trio) (*lamin.*), Trioreversierwalzwerk (*n.*).
triodo (*radio - elettronica*), Triode (*f.*). 2 ~ **a faro** (con elettrodi piani a disco) (*elettronica*), Scheibentriode (*f.*). 3 ~ **a gas** (*elettronica*), Gastriode (*f.*), gasgefüllte Triode.
triossido (*chim.*), Trioxyd (*n.*). 2 ~ **di arsenico** (As_2O_3) (*chim.*), Arsentrioxyd (*n.*), Arsenik (*n.*).
tripala (a tre pale, elica) (*nav. - aer.*), dreiflügelig.
triplano (*aer.*), Dreidecker (*m.*).
tripletto (linea spettrale) (*ott.*), Triplett (*n.*).
triplicatore (*app.*), Verdreifacher (*m.*).
triplice (*gen.*), dreifach.
triplometro (pertica) (*att. top.*), Messlatte (*f.*), Messtange (*f.*), Messtab (*m.*), Messrute (*f.*).
tripolare (*elett.*), dreipolig.
tripoli (tripolo, farina fossile, terra d'infusori) (*min.*), Kieselgur (*f.*), Infusorienerde (*f.*), Diatomeenerde (*f.*), Tripel (*m.*), Tripelerde (*f.*).
trisettimanale (*gen.*), dreimal wöchentlich.
trisolfuro (*chim.*), Trisulfid (*n.*).
tritare (*gen.*), schnitzeln.
tritarifiuti (*app. elett.*), Müllzerkleinerer (*m.*).
tritio (trizio) (*T - chim.*), Tritium (*n.*).
trito (minuto, pula, carbone in pezzatura minuta) (*s. - comb.*), Feinkohle (*f.*), Klarkohle (*f.*).
tritolo (*espl.*), vedi trinitrotoluolo.
triton (nucleo instabile di tritio) (*radioatt.*), Triton (*n.*).
trittico (documento per il traffico internazionale) (*aut.*), Triptyk (*n.*), Triptik (*n.*).
triturare (*gen.*), zerreiben, verreiben.
trituratore (per demolire vecchie autovetture p. es.) (*macch.*), Shredder (*m.*).
trivalente (*chim.*), dreiwertig.
trivalenza (*chim.*), Dreiwertigkeit (*f.*).
trivella (punta da perforazione, scalpello) (*ut. min.*), Meisselbohrer (*m.*), Bohrer (*m.*). 2 ~ (punta per legno) (*ut. falegn.*), Holzbohrer (*m.*), Lochbohrer (*m.*). 3 ~ **a corona di diamanti** (*ut. min.*), Diamantkrone (*f.*). 4 ~ **ad elica** (trivella a tortiglione) (*ut. falegn.*), Schlangenbohrer (*m.*), Schrauben-

trivellabilità

bohrer (*m.*), Schneckenbohrer (*m.*), Holzspiralbohrer (*m.*). 5 ~ **a percussione** (*ut. min.*), Schlagbohrer (*m.*), Stossbohrer (*m.*). 6 ~ **a serpentina** (*ut. lav. legno*), Douglas-Bohrer (*m.*). 7 ~ **a sgorbia** (*ut. falegn.*), Löffelbohrer (*m.*). 8 ~ **a tortiglione** (trivella ad elica) (*ut. falegn.*), Schlangenbohrer (*m.*), Schraubenbohrer (*m.*), Schneckenbohrer (*m.*), Holzspiralbohrer (*m.*). 9 ~ **tubolare** (scalpello circolare) (*ut. min.*), Ringbohrer (*m.*).

trivellabilità (riferita alla durezza del materiale forato ed espressa come entità di usura dello scalpello) (*min.*), Schleisshärte (*f.*).

trivellare (perforare) (*min.*), bohren. 2 ~ **a percussione** (perforare a percussione) (*min.*), stossbohren, schlagbohren. 3 ~ **in profondità** (*min.*), tiefbohren.

trivellazione (perforazione, sondaggio) (*min.*), Bohren (*n.*). 2 ~ **a percussione** (perforazione a percussione, sondaggio a percussione) (*min.*), Schlagbohren (*n.*), Stossbohren (*n.*), Seilbohren (*n.*), Seilschlagbohren (*n.*). 3 ~ **a rotazione** (perforazione a rotazione) (*min.*), Rotationsbohrung (*f.*), Drehbohren (*n.*). 4 ~ **a rotazione e percussione** (sondaggio a rotazione e percussione) (*min.*), Drehschlagbohren (*n.*). 5 ~ **di assaggio** (perforazione esplorativa) (*min.*), Untersuchungsbohrung (*f.*). 6 ~ **esplorativa** (perforazione di assaggio) (*min.*), Untersuchungsbohrung (*f.*). 7 ~ **esplorativa** (sondaggio esplorativo, del terreno da costruzione) (*ed. - ing. civ.*), Erkundungsbohrung (*f.*). 8 ~ **in mare aperto** (*min.*), Schelfbohrung (*f.*), Offshore-Bohrung (*f.*). 9 ~ **profonda** (perforazione profonda) (*min.*), Tiefbohren (*n.*). 10 ~ **rotativa con circolazione d'acqua in pressione** (*min.*), Rotationsspülbohren (*n.*). 11 ~ **sottomarina** (*min.*), Offshore-Bohrung (*f.*). 12 **fango per trivellazioni** (*min.*), Bohrschlamm (*m.*). 13 **fune per trivellazioni** (per pozzi petroliferi) (*min.*), Bohrseil (*n.*). 14 **impianto di** ~ (*min.*), Bohranlage (*f.*). 15 **impianto di** ~ **rotativo** (rotary) (*min.*), Rotationsbohranlage (*f.*), Rotary-Bohranlage (*f.*). 16 **indicatore della pressione di** ~ (*min. - strum.*), Drillometer (*m.*), Bohrdruckmesser (*m.*). 17 **isola per trivellazioni** (in acciaio, per eseguire trivellazioni profonde) (*min.*), Bohr-Insel (*f.*). 18 **pressione di** ~ (rotativa) (*min.*), Bohrdruck (*m.*). 19 **prova con aste di** ~ (per accertare il contenuto d'un giacimento, ecc.) (*min.*), Gestängetest (*m.*). 20 **torre di** ~ (*min.*), Bohrturm (*m.*). 21 **velocità di** ~ (velocità di perforazione, rapporto fra profondità e tempo) (*min.*), Bohrgeschwindigkeit (*f.*).

triviale (ovvio, banale) (*mat.*), trivial. 2 **soluzione** ~ (soluzione banale, soluzione ovvia) (*mat.*), triviale Lösung.

trizio (*T - chim.*), Tritium (*n.*).

TRL (transistor-resistor logic) (*elettronica*), TRL-Schaltung (*f.*).

trocoidale (*geom.*), trochoidal. 2 **onda** ~ (*mar.*), Trochoidenwelle (*f.*).

trocoide (*geom.*), Trochoide (*f.*).

trocotron (tubo di commutazione) (*elettronica*), Trochotron (*n.*).

trofeo (coppa) (*sport*), Pokal (*m.*).

trogolo (truogolo, recipiente) (*gen.*), Trog (*m.*), Mulde (*f.*).

trol (unità dell'intensità luminosa pupillare dell'occhio) (*ott.*), Trol (*n.*), Troland (*n.*).

troland (*ott.*), vedi trol.

« trolley » (presa di corrente ad asta) (*elett.*), Stangenstromabnehmer (*m.*).

tromba (*gen.*), Trompete (*f.*). 2 ~ (d'aria p. es.) (*meteor.*), Trombe (*f.*), Wirbel (*m.*). 3 ~ (segnalatore acustico di forte intensità) (*aut.*), Starktonhorn (*n.*). 4 ~ (pezzo di collegamento per l'utensile nella lavorazione ad ultrasuoni) (*lav. mecc.*), Rüssel (*m.*). 5 ~ **a vetri** (gabbia a vetri, di una scala p. es.) (*ed.*), Lichtschacht (*m.*). 6 ~ **d'aria** (*meteor.*), Luftwirbel (*m.*), atmosphärischer Wirbel. 7 ~ **delle scale** (pozzo delle scale, vano scala) (*ed.*), Treppenhaus (*n.*). 8 ~ **di sabbia** (*meteor.*), Sandhose (*f.*). 9 ~ **esponenziale** (tra pezzo e generatore di ultrasuoni) (*lav. mecc.*), Rüssel (*m.*). 10 ~ **marina** (*meteor.*), Wasserhose (*f.*). 11 ~ **portautensile per forare** (per lavorazione ultrasonica) (*lav. mecc.*), Bohrrüssel (*m.*). 12 **altoparlante a** ~ (*radio*), Trichterlautsprecher (*m.*).

troncabillette (troncatrice per billette, cesoia troncabillette) (*macch.*), Knüppelschere (*f.*).

troncare (tagliare in due parti) (*mecc. - ecc.*), durchschneiden, trennen. 2 ~ (separare, tagliare via) (*gen.*), abschneiden, abtrennen. 3 ~ (con utensile ad asportazione di truciolo) (*lav. macch. ut.*), abstechen, einstechen. 4 ~ **alla mola** (*lav. macch. ut.*), trennschleifen. 5 ~ **al tornio** (una barra p. es.) (*lav. macch. ut.*), abstechen. 6 ~ **con cesoia** (billette p. es.) (*fucinatura*), scheren, abtrennen. 7 ~ **le relazioni** (rompere le relazioni) (*comm.*), die Verbindungen einstellen, den Verkehr einstellen. 8 **macchina per** ~ (troncatrice) (*macch. ut.*), Trennmaschine (*f.*). 9 **mola per** ~ (*ut.*), Trennscheibe (*f.*). 10 **utensile per** ~ (*ut.*), Abstechstahl (*m.*), Trennstahl (*m.*), Trennwerkzeug (*n.*), Einstechstahl (*m.*).

troncatore (utensile troncatore, utensile per troncare) (*ut.*), Trennstahl (*m.*), Trennwerkzeug (*n.*).

troncatrice (macchina per troncare) (*macch. ut.*), Trennmaschine (*f.*), Abstechmaschine (*f.*). 2 ~ **alla mola** (*macch. ut.*), Trennschleifmaschine (*f.*). 3 ~ **-centratrice** (*macch. ut.*), Abläng- und Zentriermaschine (*f.*). 4 ~ **per billette** (*macch.*), Knüppelschere (*f.*). 5 ~ **trasversale rotativa sincrona** (*macch.*), Gleichlauf-Rotations-Querschneider (*m.*).

troncatura (al tornio, mola, ecc.) (*mecc. - lav. macch. ut.*), Trennen (*n.*), Abstechen (*n.*), Einstechen (*n.*). 2 ~ (di billette p. es., con cesoia) (*fucinatura*), Scheren (*n.*), Abtrennen (*n.*). 3 ~ (taglio, di un pezzo di lamiera secondo una data linea) (*lav. lamiera*), Abschneiden (*n.*). 4 ~ **alla mola** (*lav. macch. ut.*), Trennschleifen (*n.*). 5 **cilindro di** ~ (d'una ruota dentata) (*macch.*), Kopfzylinder (*m.*). 6 **rapporto di** ~ (di una troncabillette, rapporto tra la lunghezza dello spezzone e il lato o diametro della billetta) (*macch.*), Abschnittverhältnis (*n.*), Scherverhältnis (*n.*). 7 **spigolo della superficie di** ~ **del dente** (spigolo della testa del dente di ingranaggio)

(*mecc.*), Zahnkopfkante (*f.*). **8 superficie di ~ del dente** (di ingranaggio) (*mecc.*), Zahnkopffläche (*f.*).
tronchese (tronchesine, forbici tagliafilo) (*ut.*), Schneidezange (*f.*), Drahtschere (*f.*).
tronchetto (corto tubo di raccordo) (*tubaz.*), Stutzen (*m.*). **2 ~ di aspirazione** (*mot.*), Saugstutzen (*m.*). **3 ~ di scarico** (*mot.*), Auspuffstutzen (*m.*).
tronco (di albero) (*s. - legno*), Baumstamm (*m.*), Stamm (*m.*). **2 ~** (sezione, spezzone) (*s. - gen.*), Abschnitt (*m.*), Strecke (*f.*). **3 ~** (tratto, di binario p. es.) (*s. - ferr. - ecc.*), Strang (*m.*), Strecke (*f.*), Abschnitt (*m.*). **4** (mozzato) (*a. - gen.*), abgestumpft. **5 ~ adattatore** (in guide d'onda) (*radio*), Anpassblindschwanz (*m.*). **6 ~ di arricchimento** (nella distillazione; sezione di arricchimento) (*ind. chim.*), Verstärkersäule (*f.*). **7 ~ di binario** (*ferr.*), Gleisabschnitt (*m.*). **8 ~ di cono** (*geom.*), Kegelstumpf (*m.*). **9 ~ di piramide** (*geom.*), Pyramidenstumpf (*m.*), abgestumpfte Pyramide. **10 ~ ferroviario** (*ferr.*), Bahnstrecke (*f.*). **11 licenziamento in ~** (*lav. - pers.*), fristlose Entlassung. **12 licenziare in ~** (*lav. - pers.*), fristlos entlassen.
troostite (*metall.*), Troostit (*m.*).
tropicale (*meteor. - geogr.*), tropisch. **2 adatto per servizio ~** (*strum. - ecc.*), tropentauglich. **3 clima ~** (*meteor.*), Tropenklima (*n.*). **4 isolamento ~** (*elett.*), Tropenisolation (*f.*), Tropenisolierung (*f.*). **5 prova ~** (*elett. - ecc.*), Tropenprüfung (*f.*). **6 radiatore per climi tropicali** (*mot.*), Tropenkühler (*m.*). **7 veicolo adatto per climi tropicali** (*veic.*), Tropenfahrzeug (*f.*).
tropicalizzato (*elett. - strum.*), tropenfest, tropengeschützt, tropensicher.
tropicalizzazione (*elett. - ecc.*), Tropenschutz (*m.*).
tropici (*geogr.*), Tropen (*pl.*).
tropopausa (substratosfera, limite superiore della troposfera) (*geofis.*), Tropopause (*f.*).
troposfera (strato inferiore dell'atmosfera) (*geofis.*), Troposphäre (*f.*).
troppopieno (*tubaz. - ecc.*), Überlauf (*m.*). **2 tubo di ~** (del radiatore p. es.) (*tubaz. - aut.*), Überlaufrohr (*n.*).
trotato (ghisa) (*fond.*), meliert, gemasert, fladerig.
trovante (masso erratico) (*geol.*), Findling (*m.*), erratischer Block.
trovato (invenzione) (*s. - leg.*), Erfindung (*f.*).
trozza (collegamento tra pennone e albero) (*nav.*), Rack (*n.*).
truccare (modificare un mot. a c. i. per ottenere migliori prestazioni) (*mot.*), frisieren.
truccato (*mot.*), frisiert.
trucco (*gen.*), Trick (*m.*). **2 ~ cinematografico** (*cinem.*), Filmtrick (*m.*).
truciolabilità (*tecnol. mecc. - lav. macch. ut.*), Zerspanbarkeit (*f.*). **2 prova di ~** (*lav. macch. ut. - metall.*), Zerspanungsprüfung (*f.*).
truciolare (lavorare ad asportazione di truciolo) (*lav. macch. ut.*), zerspanen, verspanen.
truciolatura (lavorazione ad asportazione di truciolo) (*lav. macch. ut.*), Zerspanung (*f.*), Verspanung (*f.*). **2 ~ a mulinello** (*lav. macch.*

ut.), Wirbelzerspanung (*f.*). **3 ~ specifica** (capacità di truciolatura, volume di metallo asportato nell'unità di tempo) (*lav. macch. ut.*), Zerspanungsleistung (*f.*), Spanleistung (*f.*). **4 caratteristiche di ~** (*lav. macch. ut.*), Zerspanungseigenschaften (*f. pl.*). **5 dimensioni di ~** (dimensioni teoriche del truciolo) (*mecc.*), Spanungsgrössen (*f. pl.*). **6 larghezza di ~ effettiva** (*lav. macch. ut.*), Wirkspanungsbreite (*f.*). **7 larghezza teorica di ~** (larghezza teorica del truciolo, larghezza di taglio) (*mecc.*), Spanungsbreite (*f.*). **8 rapporto di ~** (usura specifica della mola, nella rettifica; rapporto fra consumo d'abrasivo in g e materiale asportato in g) (*lav. macch. ut.*), Zerspanverhältnis (*n.*). **9 sforzo totale di ~** (*macch. ut.*), Zerspankraft (*f.*). **10 spessore teorico di ~** (spessore teorico del truciolo) (*mecc.*), Spanungsdicke (*f.*).
truciolo (*lav. macch. ut.*), Span (*m.*). **2 ~ aciculare** (truciolo aghiforme) (*mecc.*), Nadelspan (*m.*). **3 ~ a nastro** (truciolo nastriforme, nella tornitura) (*lav. macch. ut.*), Bandspan (*m.*). **4 ~ arricciato** (*mecc.*), aufgerollter Span. **5 ~ a spirale** (*mecc.*), Spiralspan (*m.*). **6 ~ continuo** (truciolo fluente) (*mecc.*), Fliessspan (*m.*), Abfliess-span (*m.*), Scherspan (*m.*). **7 ~ di ghisa** (*mecc.*), Guss-span (*m.*). **8 trucioli di legno** (*lav. del legno*), Schmok (*m.*), Holz- und Sägespäne (*m. pl.*). **9 trucioli di legno** (paglietta di legno) (*trasp.*), Holzwolle (*f.*). **10 trucioli di limatura** (limatura) (*mecc.*), Feilspäne (*m. pl.*), Feilsel (*n.*), Feilicht (*n.*). **11 trucioli di raschiettatura** (frammenti di raschiettatura) (*mecc.*), Schabsel (*n.*), Schabeabfall (*m.*), Schabspäne (*m. pl.*). **12 ~ discontinuo** (truciolo strappato) (*mecc.*), Abreiss-span (*m.*), Bröckelspan (*m.*). **13 ~ di tornitura** (*lav. macch. ut.*), Drehspan (*m.*). **14 ~ elicoidale** (*lav. macch. ut.*), Spanlocke (*f.*), Lockenspan (*m.*), Wendelspan (*m.*). **15 ~ fluente** (da deformazione, truciolo continuo) (*lav. macch. ut.*), Fliess-span (*m.*). **16 ~ ingarbugliato** (*lav. macch. ut.*), Wirrspan (*m.*). **17 trucioli metallici** (*mecc.*), Metallspäne (*m. pl.*). **18 ~ nastriforme** (truciolo a nastro) (*lav. macch. ut.*), Bandspan (*m.*). **19 ~ strappato** (truciolo discontinuo) (*mecc.*), Abreiss-span (*m.*), Bröckelspan (*m.*). **20 ad asportazione di trucioli** (*lav. macch. ut.*), zerspanend, spanabhebend, spangebend, spanend. **21 aspiratore per trucioli** (*macch.*), Späneabsauganlage (*f.*), Späneabscheider (*m.*). **22 asportazione di trucioli** (*lav. macch. ut.*), Zerspannung (*f.*), Spanabhebung (*f.*). **23 dimensioni del ~** (*mecc.*), Spangrössen (*f. pl.*). **24 dimensioni teoriche del ~** (dimensioni di truciolatura) (*mecc.*), Spanungsgrössen (*f. pl.*). **25 evacuazione dei trucioli** (*lav. macch. ut.*), Späneabfluss (*m.*). **26 foro (di scarico) dei trucioli** (d'una filiera per filettare) (*ut.*), Spanloch (*n.*), Schneidzahnloch (*n.*). **27 larghezza del ~** (effettiva, dopo il taglio) (*mecc.*), Spanbreite (*f.*). **28 larghezza teorica del ~** (larghezza di truciolatura, larghezza di taglio) (*mecc.*), Spanungsbreite (*f.*). **29 lavorazione ad asportazione di trucioli** (*lav. macch. ut.*), zerspanende Bearbeitung, spanabhebende Formung, spanende

truogolo

Formung, Spanen (*n.*). **30 peso dei trucioli** (asportati o da asportare) (*lav. macch. ut.*), Abspangewicht (*n.*), Spangewicht (*n.*), Zerspangewicht (*n.*). **31 pressa per trucioli** (*macch.*), Spänepresse (*f.*). **32 pressione del ~** (*lav. macch. ut.*), Spandruck (*m.*). **33 rapporto di compressione del ~** (rapporto tra le sue dimensioni effettive e teoriche) (*mecc.*), Spanstauchung (*f.*). **34 rapporto d'ingombro dei trucioli** (rapporto fra volume d'ingombro e volume asportato) (*lav. macch. ut.*), Spanraumzahl (*f.*), Spanraumziffer (*f.*), Auflockerungsfaktor (*m.*). **35 rapporto tra larghezza del ~ e larghezza di taglio** (rapporto tra larghezza effettiva e teorica del truciolo) (*mecc.*), Spanbreitenstauchung (*f.*). **36 rapporto tra larghezza effettiva e teorica del ~** (rapporto tra larghezza del truciolo e larghezza di taglio) (*mecc.*), Spanbreitenstauchung (*f.*). **37 rapporto tra spessore del ~ ed avanzamento** (rapporto tra spessore reale e teorico del truciolo) (*mecc.*), Spandickenstauchung (*f.*). **38 rapporto tra spessore reale e teorico del ~** (rapporto tra spessore del truciolo ed avanzamento) (*mecc.*), Spandickenstauchung (*f.*). **39 rimozione dei trucioli** (scarico dei trucioli) (*lav. macch. ut.*), Ausspänen (*n.*), Ausspänung (*f.*). **40 ristagno di trucioli** (*lav. macch. ut.*), Spänestau (*f.*). **41 scarico dei trucioli** (rimozione dei trucioli) (*lav. macch. ut.*), Ausspänen (*n.*), Ausspänung (*f.*). **42 senza asportazione di ~** (lavorazione) (*tecnol. mecc.*), spanlos. **43 sezione del ~** (*lav. macch. ut.*), Spanquerschnitt (*m.*). **44 spessore del ~** (*lav. macch. ut.*), Spandicke (*f.*). **45 spessore teorico del ~** (spessore teorico di truciolatura) (*mecc.*), Spanungsdicke (*f.*). **46 trasportatore di trucioli** (*trasp. ind. - lav. macch. ut.*), Spänefürderer (*m.*). **47 vano per trucioli** (fra due taglienti d'una broccia) (*ut.*), Spankammer (*f.*). **48 velocità del ~** (immediatamente dopo il suo distacco) (*mecc.*), Spangeschwindigkeit (*f.*). **49 volume d'ingombro dei trucioli** (*lav. macch. ut.*), Spanraumvolumen (*n.*).

truogolo (conca, recipiente) (*gen.*), Mulde (*f.*), Trog (*m.*).

truppe (*milit.*), Truppen (*f. pl.*). **2 ~ d'assalto** (*milit.*), Stosstruppen (*f. pl.*). **3 ~ di occupazione** (*milit.*), Besatzungstruppen (*f. pl.*).

truschino (graffietto) (*ut. mecc.*), Parallelreisser (*m.*), Reissmass (*n.*), Strichmass (*n.*), Höhenreisser (*m.*). **2 ~ con nonio** (graffietto con nonio) (*ut. mecc.*), Parallelreisser mit Nonius (*m.*).

« **trust** » (*finanz.*), Trust (*m.*).

TTL (transistor-transistor logic) (*elettronica*), TTL-Schaltung (*f.*).

tubatura (*tubaz. - ecc.*), Rohrleitung (*f.*).

tubazione (per gas o liquidi) (*tubaz.*), Leitung (*f.*), Rohrleitung (*f.*). **2 ~ del combustibile** (*mot. - ecc.*), Brennstoffleitung (*f.*). **3 ~ del gas** (*tubaz.*), Gasleitung (*f.*). **4 ~ dell'acqua potabile** (conduttura dell'acqua potabile) (*tubaz.*), Trinkwasserleitung (*f.*). **5 ~ del vapore** (condotta del vapore) (*tubaz.*), Dampfleitung (*f.*). **6 ~ di allacciamento** (*tubaz.*), Anschlussleitung (*f.*). **7 ~ di distribuzione** (d'una centrale idraulica; condotto di distribuzione) (*idr.*), Verteilleitung (*f.*). **8 ~ di mandata** (tubo di mandata, di una pompa p. es.) (*mot. - macch.*), Druckleitung (*f.*). **9 ~ di presa** (emissario) (*idr.*), Entnahmeleitung (*f.*). **10 ~ di ricupero della nafta** (*mot. - Diesel*), Leckölleitung (*f.*). **11 ~ di ritorno** (*tubaz.*), Rücklaufleitung (*f.*). **12 ~ di scarico** (*tubaz.*), Ablassleitung (*f.*). **13 ~ di scarico** (di un mot. a c. i.) (*mot.*), Abgasleitung (*f.*), Auspuffrohr (*n.*). **14 ~ di scarico interna** (*ed. - tubaz.*), Hausabwasserleitung (*f.*). **15 ~ flessibile** (*tubaz.*), biegsame Leitung. **16 ~ interrata** (tubazione sotterranea) (*ed. - ecc.*), Erdrohrleitung (*f.*). **17 ~ per riscaldamento a distanza** (*riscald.*), Fernheizleitung (*f.*). **18 ~ scarico vapore** (*ferr. - ecc.*), Abdampfleitung (*f.*). **19 ~ sotterranea** (tubazione interrata) (*ed. - ecc.*), Erdrohrleitung (*f.*). **20 livella per (posa di) tubazioni** (*strum.*), Reiterlibelle (*f.*), Röhrenlibelle (*f.*).

« **tubbing** » (rivestimento stagno ad anelli, torre blindata, di un pozzo) (*min.*), Ringausbau (*m.*), Tübbingausbau (*m.*), Gussringausbau (*m.*).

tubercolosi (*med.*), Tuberkulose (*f.*).

tubetto (*tubaz. - ecc.*), Röhrchen (*n.*). **2 ~** (rocchetto, cannetto) (*ind. tess.*), Kannette (*f.*), Spule (*f.*). **3 ~** (di alluminio p. es., con chiusura a vite, per prodotti in pasta) (*tecnol. mecc. - farm. - ecc.*), Tube (*f.*). **4 macchina per riempire e chiudere tubetti** (di dentifricio p. es.) (*macch.*), Tubenfüll- und Schliessmaschine (*f.*).

tubiera (ugello, di un forno, ugello del vento) (*metall. - forno*), Form (*f.*), Windform (*f.*). **2 ~ ausiliaria** (*forno - metall.*), Notform (*f.*). **3 ~ dell'alto forno** (*forno*), Hochofenwindform (*f.*). **4 ~ della scoria** (*altoforno*), Schlakkenform (*f.*). **5 ~ del vento** (di un altoforno) (*metall.*), Düsenform (*n.*). **6 piano delle tubiere** (*metall. - forno*), Windformebene (*f.*).

tubista (installatore di tubi) (*lav. - tubaz.*), Rohrleger (*m.*), Rohrschlosser (*m.*).

tubo (*tubaz.*), Rohr (*n.*), Röhre (*f.*). **2 ~** (valvola elettronica) (*elettronica*), Röhre (*f.*). **3 ~** (di un microscopio o cannocchiale) (*ott.*), Tubus (*m.*). **4 ~ a basso vuoto** (*elettronica*), Niedervakuumröhre (*f.*). **5 ~ a bicchiere** (tubo con giunto a bicchiere) (*tubaz.*), Muffenrohr (*n.*). **6 ~ a bicchiere in acciaio** (*ind. metall.*), Stahlmuffenrohr (*n.*). **7 ~ a campo migrante** (*elettronica*), Wanderfeldröhre (*f.*), Lauffeldröhre (*f.*). **8 ~ ad aletta longitudinale** (per il collegamento ad altri tubi uguali) (*tub.*), Flossenrohr (*n.*). **9 ~ ad alette** (tubo alettato) (*riscald. - tubaz.*), Rippenrohr (*n.*). **10 ~ (ad alta frequenza) a campo frenante** (*elettronica*), Bremsfeldröhre (*f.*). **11 ~ ad alta persistenza** (per oscillografi a fascio elettronico) (*elettronica*), Blauschriftröhre (*f.*), Blauschriftspeicherröhre (*f.*). **12 ~ ad alto vuoto** (*elettronica*), Hochvakuumröhre (*f.*). **13 ~ ad ampolla metallica** (*elettronica*), Stahlröhre (*f.*). **14 ~ ad estremità chiusa** (*tubaz.*), Sackrohr (*n.*). **15 ~ a 10 spinotti** (*elettronica*), Dekalröhre (*f.*). **16 ~ ad onde progressive** (*elettronica*), Lauffeldröhre (*f.*), Wanderfeldröhre (*f.*). **17 ~ a onda progressiva a campo trasversale** (*elettronica*), Querfeld-Wanderfeldröhre (*f.*). **18** ~ **ad S** (*tubaz.*), S-Rohr (*n.*), S-Stück (*n.*). **19** ~ **a due fasci** (*elettronica*), Zweistrahlröhre (*f.*). **20** ~ **a due griglie** (*radio - ecc.*), Zweigitterröhre (*f.*). **21** ~ **affondato** (per fondazioni p. es.) (*ed.*), Senkröhre (*f.*). **22** ~ **a flange** (*tubaz.*), Flanschrohr (*n.*), Flanschenrohr (*n.*). **23** ~ **a gas** (tubo a riempimento gassoso) (*elettronica*), gasgefüllte Röhre. **24** ~ **a gas ionizzato** (*elett.*), Gasentladungsröhre (*f.*). **25** ~ **aggraffato** (tubo Bergmann) (*elett.*), Falzrohr (*n.*). **26** ~ **alettato** (tubo ad alette) (*riscald. - tubaz.*), Rippenrohr (*n.*). **27** ~ **alettato per riscaldamento** (*term.*), Rippenheizrohr (*n.*). **28** ~ **al neon** (lampada al neon) (*illum.*), Neonröhre (*f.*). **29** ~ **a maschera metallica** (cinescopio a maschera metallica, tubo « shadow mask ») (*telev. a colori*), Maskenröhre (*f.*), Schattenmaskenröhre (*f.*). **30** ~ **a memoria di segnale** (*elettronica*), Signalspeicherröhre (*f.*). **31** ~ **a modulazione di velocità** (di un clistron p. es.) (*elettronica*), Triftröhre (*f.*), Laufzeitröhre (*f.*). **32** ~ **amplificatore** (valvola amplificatrice, amplificatore a valvola) (*radio*), Verstärkerröhre (*f.*), Röhrenverstärker (*m.*). **33** ~ **analizzatore** (tubo di scansione) (*telev.*), Sondenröhre (*f.*). **34** ~ **a nove spinotti** (*elettronica*), Novalröhre (*f.*). **35** ~ **a onde progressive** (tubo a campo migrante) (*elettronica*), Wanderfeldröhre (*f.*). **36** ~ **a pendenza variabile** (*elettronica*), Regelröhre (*f.*), Regelexponentialröhre (*f.*), Exponentialröhre (*f.*). **37** ~ **a raggi catodici** (*elettronica*), Kathodenstrahlröhre (*f.*). **38** ~ **a riscaldamento diretto** (valvola a riscaldamento diretto) (*radio*), direkt beheizte Röhre. **39** ~ **(a raggi catodici) per radar** (*elettronica - radar*), Radarröhre (*f.*). **40** ~ **(a raggi catodici) per riprodurre lettere e numeri** (su schermo) (*elettronica - radar*), Zeichenschreibröhre (*f.*), Matrixröhre (*f.*), Charactron (*n.*). **41** ~ **a riempimento gassoso** (tubo a gas) (*elettronico*), gasgefüllte Röhre. **42** ~ **articolato** (*tubaz.*), Gliederröhre (*f.*). **43** ~ **a sezione quadra** (*cald. - ecc.*), Vierkantrohr (*n.*). **44** ~ **aspirante** (*idr. - ecc.*), Saugrohr (*n.*), Saugleitung (*f.*). **45** ~ **a T (T)** (*tubaz.*), T-Röhre (*f.*). **46** ~ **a tre colori** (cinescopio a tre colori) (*telev.*), Dreikomponentenbildröhre (*f.*), Fernseh-Dreifarbenbildröhre (*f.*). **47** ~ **a U** (*tubaz.*), U-Rohr (*n.*). **48** ~ **autoprotettore** (contro le radiazioni) (*fis.*), Strahlenschutzröhre (*f.*), Röntgenröhre (*f.*). **49** ~ **a vuoto** (*radio*), Vakuumröhre (*f.*). **50** ~ **« Bergmann »** (tubo isolante) (*elett.*), Bergmannrohr (*n.*), Isolierrohr (*n.*). **51** ~ **bollitore** (*cald.*), Siederohr (*n.*), Feuerrohr (*n.*). **52** ~ **capillare** (capillare) (*fis.*), Haarröhrchen (*n.*), Kapillare (*f.*), Kapillarrohr (*n.*). **53** ~ **carotiere** (*min.*), Kernrohr (*n.*), Kernbohrgerät (*n.*). **54** ~ **centrifugato** (tubo colato per centrifugazione) (*fond.*), Schleudergussrohr (*n.*). **55** ~ **codificatore** (*elettronica*), Codierröhre (*f.*). **56** ~ **colato per centrifugazione** (tubo centrifugato) (*fond.*), Schleudergussrohr (*n.*). **57** ~ **collettore** (*ed. - ecc.*), Sammelröhre (*f.*). **58 tubi comunicanti** (*fis. - idr.*), kommunizierende Röhren. **59** ~ **con elettrodi a disco** (*elettronica*), Scheibenröhre (*f.*). **60** ~ **con giunto a bicchiere** (tubo a bicchiere) (*tubaz.*), Muffenrohr (*n.*). **61** ~ **con griglia schermo** (*elettronica*), Schirmgitterröhre (*f.*). **62** ~ **contatore di neutroni** (*app.*), Neutronenzählrohr (*n.*). **63** ~ **contatore di radiazioni** (*app. - radioatt.*), Strahlungszählrohr (*n.*). **64** ~ **convertitore** (*elettronica*), Wandlerröhre (*f.*), Umformerröhre (*f.*). **65** ~ **convertitore** (di frequenza, tubo mescolatore) (*elettronica*), Mischröhre (*f.*). **66** ~ **convertitore a raggi elettronici** (*elettronica*), Elektronenstrahl-Wandlerröhre (*f.*). **67** ~ **convertitore d'immagine** (*telev.*), Bildwandlerröhre (*f.*). **68** ~ **convogliatore** (tubo trasportatore, per posta pneumatica) (*posta*), Förderleitung (*f.*), Förderrohr (*n.*), Rohrpost (*f.*). **69** ~ **costolato** (trasverslamente, in PVC p. es.) (*tubaz.*), Stegrohr (*n.*). **70** ~ **d'acqua** (*cald.*), Wasserrohr (*n.*). **71** ~ **da pozzo** (*costr. idr.*), Mantelrohr (*n.*), Brunnenrohr (*n.*). **72** ~ **da ripresa** (*telev.*), Bildaufnahmeröhre (*f.*), Aufnahmeröhre (*f.*), Kameraröhre (*f.*). **73** ~ **da saggio** (provetta) (*chim.*), Probierglas (*n.*), Reagenzglas (*n.*). **74** ~ **da soffio** (canna o ferro da soffio, tubo da soffiatore) (*ut. mft. vetro*), Glasbläsereisen (*n.*), Glasbläserpfeife (*f.*), Blasrohr (*n.*), Pfeife (*f.*). **75** ~ **del combustibile** (tubazione del combustibile) (*mot. - ecc.*), Brennstoffleitung (*f.*). **76** ~ **(del gas) di allacciamento alla rete** (*ed. - tubaz.*), Gasanschluss (*m.*), Gaszuleitung (*f.*). **77** ~ **della benzina** (*mot.*), Benzinleitung (*f.*). **78** ~ **dell'acqua** (*tubaz. - ed.*), Wasserrohr (*n.*). **79** ~ **dell'aria** (*tubaz. - ed.*), Luftleitung (*f.*), Luftröhre (*f.*). **80** ~ **della stufa** (*riscald.*), Ofenrohr (*n.*). **81** ~ **dell'olio** (*mot. - macch.*), Ölleitung (*f.*), Ölrohr (*n.*), Schmierrohr (*n.*). **82** ~ **del vento** (*metall. - forno*), Blasröhre (*f.*), Windröhre (*f.*). **83** ~ **di acciaio blindato** (tubo di acciaio con rivestimento interno di carta, per conduttori elettrici) (*elett.*), Stahlpanzerrohr (*n.*), Staparohr (*n.*). **84** ~ **di addensamento** (di un clistron) (*elettronica*), Triftröhre (*f.*). **85** ~ **diagnostico** (*att. med.*), Diagnostikröhre (*f.*). **86** ~ **di alimentazione** (*tubaz.*), Zuführungsrohr (*n.*), Zuleitungsrohr (*n.*), Zuleitung (*f.*), Speiserohr (*n.*). **87** ~ **di ammissione** (*mot. - ecc.*), Einlassrohr (*n.*). **88** ~ **di aspirazione** (tubo di ammissione) (*mot. - ecc.*), Ansaugrohr (*n.*), Einlassrohr (*n.*). **89** ~ **di aspirazione** (diffusore, d'una turbina idraulica) (*turb.*), Saugrohr (*n.*), Saugschlauch (*m.*). **90** ~ **di aspirazione a pulsazione** (*mot.*), Ansaugschwingrohr (*n.*). **91** ~ **di blocco** (tubo d'interdizione; ad alta frequenza a scarica in atmosfera gassosa) (*radar*), Sperröhre (*f.*). **92** ~ **di Borda** (*idr.*), Borda-Mündung (*f.*). **93** ~ **di Bourdon** (*strum.*), Bourdonrohr (*n.*). **94** ~ **di Braun** (*fis.*), Braun'sche Röhre. **95** ~ **di cemento armato** (*ed.*), Stahlbetonrohr (*n.*). **96** ~ **di comando** (tubo pilota) (*elettronica*), Steuerröhre (*f.*). **97** ~ **di commutazione** (commutatore elettronico) (*elettronica*), Schaltröhre (*f.*). **98** ~ **di conteggio** (*elettronica*), Zählröhre (*f.*). **99** ~ **di cortocircuito** (tubo di sorpasso) (*tubaz.*), Umgehungsleitung (*f.*). **100** ~ **di diramazione** (*tubaz.*), Zweigrohr (*n.*). **101** ~ **di drenaggio** (*costr. idr.*), Sickerrohr (*n.*). **102** ~ **di esplosivo** (*min. - espl.*), Sprengpatrone (*f.*).

tubo

103 ~ **di estrazione** (tubo di ventilazione) (*ed.*), Dunstabzug (*m.*), Dunstrohr (*n.*). 104 ~ **di feltro** (rivestimento tubolare, di feltro, per cilindri di macchina continua p. es.) (*ind. costr. - ecc.*), Filzschlauch (*m.*), Filzärmel (*m.*), Manchon (*m.*). 105 ~ **di fiamma** (*mot. a getto*), Flammrohr (*n.*). 106 ~ **di flusso** (*fis.*), Flussröhre (*f.*). 107 ~ **di forza** (*fis.*), Kraftröhre (*f.*), Kraftlinienbündel (*n.*). 108 ~ **di fumo** (*cald.*), Heizrohr (*n.*), Rauchrohr (*n.*). 109 ~ **di fusione** (fusione tubolare) (*fond.*), Röhrenguss (*m.*). 110 ~ **di ghisa** (*tubaz.*), Gussrohr (*n.*), Gusseisenrohr (*n.*). 111 ~ **di gomma** (manichetta di gomma) (*ind.*), Gummischlauch (*m.*). 112 ~ **(di gomma) per vuoto** (per laboratorio) (*chim. - ecc.*), Vakuumschlauch (*m.*). 113 ~ **di guida** (per la barra, nella lavorazione al tornio automatico) (*macch. ut.*), Führungshülse (*f.*). 114 ~ **di lamiera** (*ind. metall.*), Blechrohr (*n.*). 115 ~ **di lamiera ondulata** (*tubaz.*), Wellblechrohr (*n.*). 116 ~ **di lancio** (per razzi) (*milit.*), Abschussrohr (*n.*). 117 ~ **di lancio poppiero** (lanciasiluri poppiero) (*mar. milit.*), Heckrohr (*n.*). 118 ~ **di Lawrence** (cromatron, chromatron; tubo per televisione a colori) (*telev.*), Chromatron (*n.*). 119 ~ **di levata** (*ut. mft. vetro*), Anfangeisen (*n.*). 120 ~ **di livello** (*app.*), Standrohr (*n.*). 121 ~ **di livello** (di vetro) (*app.*), Standglas (*n.*), Schauglas (*n.*). 122 ~ **di livello (per acqua)** (di vetro) (*app.*), Wasserstandglas (*n.*), Wasserglas (*n.*). 123 ~ **di mandata** (tubazione di mandata, di una pompa p. es.) (*macch. - ecc.*), Druckleitung (*f.*), Auslassrohr (*n.*), Steigrohr (*n.*). 124 ~ **di mandata** (per impianti di riscaldamento) (*tubaz.*), Vorlauf (*m.*). 125 ~ **di mandata dell'olio** (*mot.*), Öldruckleitung (*f.*). 126 ~ **d'interdizione** (tubo di blocco; ad alta frequenza, a scarica in atmosfera gassosa) (*radar*), Sperröhre (*f.*). 127 ~ **di piombo** (*tubaz.*), Bleirohr (*m.*). 128 ~ **di Pitot** (*mecc. dei fluidi*), Pitotrohr (*n.*), Pitot'sches Rohr. 129 ~ **di Pitot-Prandtl** (tubo pressostatico) (*strum. aer.*), Staudruckmesser (*m.*), Prandtl' sches Staurohr, Prandtl-Rohr (*n.*). 130 ~ **di potenza** (valvola di potenza) (*elettronica*), Leistungsröhre (*f.*). 131 ~ **di preriempimento** (d'un impianto idraulico) (*oleoidr.*), Vorfüll-Leitung (*f.*). 132 ~ **di propagazione** (guida d'onda, di un acceleratore lineare) (*elettronica*), Driftrohr (*n.*). 133 ~ **di raccolta del tetto** (bocchetta di raccolta, bocchettone, per scaricare l'acqua da un tetto piano p. es.) (*ed.*), Dacheinlauf (*m.*). 134 ~ **di raccordo** (di un becco Bunsen p. es.) (*mecc. - tubaz. - ecc.*), Anschlusstutzen (*m.*), Anschlussrohr (*n.*). 135 ~ **di rame** (*tubaz.*), Cu-Rohr (*n.*). 136 ~ **di reattanza** (*radio*), Blindröhre (*f.*), Reaktanzröhre (*f.*). 137 ~ **di ricupero** (*mot. - macch.*), Rückleitung (*f.*). 138 ~ **di rivestimento** (per pozzi, per perforazioni) (*min.*), Futterrohr (*n.*), Mantelrohr (*n.*), Bohrrohr (*n.*), Bohrkolonne (*f.*). 139 ~ **di scappamento** (*mot. - aut.*), Auspuffleitung (*f.*), Auspuffrohr (*n.*). 140 ~ **di scarico** (*idr.-ecc.*), Auslaufrohr (*n.*), Abflussrohr (*n.*). 141 ~ **di scarico** (*ed. - ing. civ.*), Abflussrohr (*n.*). 142 ~ **di scarico del vapore** (*tubaz.*), Dampfabblaserohr (*n.*), Dampfableitungsrohr (*n.*), Dampfabgangsrohr (*n.*), Abdampfleitung (*f.*). 143 ~ **di scarico normale** (*tubaz.*), Normal-Abflussrohr (*n.*), NA-Rohr (*n.*). 144 ~ **di scarico rivolto verso l'alto** (di un autobus p. es.) (*aut.*), nach oben führendes Auspuffrohr. 145 ~ **di sfiato** (*mot. - ecc.*), Entlüfterrohr (*n.*), Entlüftungsrohr (*n.*). 146 ~ **di sfiato del serbatoio** (*mot.*), Tankentlüftungsrohr (*n.*). 147 ~ **di soglia** (*elettronica*), Begrenzerröhre (*f.*). 148 ~ **di sostegno** (tubo di supporto) (*mecc. - ecc.*), Stützrohr (*n.*). 149 ~ **di spurgo** (*macch. - ecc.*), Ablassrohr (*n.*), Sickerrohr (*n.*). 150 ~ **dissettore** (*telev.*), Dissektorröhre (*f.*). 151 ~ **distanziatore** (*mecc.*), Abstandhülse (*f.*). 152 ~ **di troppopieno** (*idr. - ecc.*), Überlaufrohr (*n.*), Überschussleitung (*f.*). 153 ~ **di troppopieno** (del radiatore p. es.) (*tubaz. - aut.*), Überlaufrohr (*n.*). 154 ~ **di uscita** (*tubaz.*), Abrohr (*n.*). 155 ~ **di ventilazione** (*gen.*), Lüftungsrohr (*n.*). 156 ~ **di ventilazione** (tubo di estrazione) (*ed.*), Dunstabzug (*m.*), Dunstrohr (*n.*). 157 ~ **di vetro** (*ind. vetro*), Glasrohr (*n.*), Schauglas (*n.*). 158 ~ **(di vetro) di livello dell'olio** (livello dell'olio) (*macch.*), Ölstandglas (*n.*). 159 ~ **doppio** (*elettronica*), Doppelröhre (*f.*). 160 ~ **eccitatore** (tubo amplificatore per basse frequenze) (*elettronica*), Treiberröhre (*f.*). 161 ~ **Eidophor** (*telev.*), Eidophor-Röhre (*f.*). 162 ~ **elettrometrico** (*elettronica*), Elektrometerröhre (*f.*). 163 ~ **elettronico** (valvola elettronica) (*elettronica - radio*), Elektronenröhre (*f.*), Röhre (*f.*). 164 ~ **(elettronico) finale** (valvola finale, di un impianto) (*elettronica*), Endröhre (*f.*). 165 ~ **elettronico lampeggiatore** (*illum. - fot.*), Blitzröhre (*f.*). 166 ~ **esterno** (del piantone di guida dello sterzo) (*aut.*), Mantelrohr (*n.*). 167 ~ **fabbricato a passo del pellegrino** (*lamin.*), Pilgerrohr (*n.*). 168 ~ **filtrante** (filtro a manica, per depurazione a secco) (*app.*), Schlauchfilter (*m.*). 169 ~ **flangiato** (*tubaz.*), Flanschenrohr (*n.*), Flanschrohr (*n.*). 170 ~ **flessibile** (*tubaz.*), Schlauch (*m.*), biegsames Rohr. 171 ~ **flessibile armato** (*tubaz.*), Panzerschlauch (*m.*), armierter Schlauch. 172 ~ **flessibile del combustibile** (*mot.*), Kraftstoffschlauch (*m.*). 173 ~ **flessibile dell'aria compressa** (*tubaz.*), Pressluftschlauch (*m.*). 174 ~ **flessibile di acciaio** (*tubaz.*), Stahlschlauch (*m.*), biegsames Stahlrohr. 175 ~ **flessibile di gomma** (*tubaz.*), Gummischlauch (*m.*). 176 ~ **flessibile metallico** (flessibile metallico) (*tubaz.*), Metallschlauch (*m.*). 177 ~ **flessibile per aria** (manichetta per aria) (*tubaz.*), Luftschlauch (*m.*). 178 ~ **fluorescente** (*app. - illum.*), Leuchtstoffröhre (*f.*). 179 ~ **(focolare) ondulato** (tubo ondulato Fox) (*cald.*), Fox-Rohr (*n.*). 180 ~ **Fretz Moon** (tubo saldato a produzione continua) (*metall.*), Fretz-Moon-Rohr (*n.*). 181 ~ **graduato** (*app. chim.*), Messrohr (*n.*). 182 ~ **guidabarra** (d'un tornio automatico, tubo silenzioso) (*macch. ut.*), Stangenführungsrohr (*n.*). 183 ~ **in depressione** (*tubaz.*), Unterdruckleitung (*f.*). 184 ~ **in grès** (*ed.*), Steinzeugrohr (*n.*), Tonrohr (*n.*). 185 ~ **interno** (del piantone di guida) (*aut.*), Lenkspindelstock (*m.*), Lenkrohr (*m.*). 186

~ **invertitore di fase** (*elettronica*), Phasenumkehrröhre (*f.*), Umkehrröhre (*f.*). 187 ~ **isolante** (tubo « Bergmann ») (*elett.*), Isolierrohr (*n.*), Bergmannrohr (*n.*). 188 ~ **laminato** (tubo ricavato dal massello) (*lamin.*), gewalztes Rohr. 189 ~ **lanciasiluri** (di un sottomarino p. es.) (*mar. milit.*), Torpedorohr (*n.*). 190 ~ **(lanciasiluri) di prua** (*mar. milit.*), Bugrohr (*n.*). 191 ~ **liscio** (*ind. metall.*), glattes Rohr, Glattrohr (*n.*). 192 ~ **luminescente** (tubo al neon p. es.) (*illum.*), Leuchtröhre (*f.*), Gasentladungslampe (*f.*). 193 ~ **Mannesmann** (tubo senza saldatura) (*metall.*), Mannesmannrohr (*n.*), nahtloses Rohr. 194 ~ **memorizzatore di immagini** (iconoscopio) (*telev.*), Bildspeicherröhre (*f.*). 195 ~ **mescolatore** (tubo convertitore di frequenza) (*elettronica*), Mischröhre (*f.*). 196 ~ **metallico flessibile** (flessibile metallico) (*tubaz.*), Metallschlauch (*m.*), biegsames Metallrohr. 197 ~ ~ **miniatura** (*elettronica*), Miniaturröhre (*f.*), Zwergröhre (*f.*). 198 ~ **montante** (colonna montante, per gas, acqua, energia elett.) (*tubaz. - ed.*), Steigleitung (*f.*), Steigrohr (*n.*). 199 ~ **montante** (di una pompa) (*idr.*), Steigleitung (*f.*). 200 ~ **multigriglia** (*elettronica*), Mehrgitterröhre (*f.*). 201 ~ **multiplo** (*elettronica*), Verbundröhre (*f.*). 202 ~ **nervato** (tubo alettato) (*tubaz.*), geripptes Rohr. 203 ~ **nervato pressofuso** (*tubaz.*), Pressgussrippenrohr (*n.*), Druckgussrippenrohr (*n.*). 204 ~ **ondulato** (*tubaz.*), Wellrohr (*n.*). 205 ~ **ondulato Fox** (tubo [focolare] ondulato) (*cald.*), Fox-Rohr (*n.*). 206 ~ **orizzontale** (canna, di una bicicletta) (*veic.*), Oberrohr (*n.*). 207 ~ **oscillatore** (*elettronica*), Oszillatorröhre (*f.*). 208 ~ **pentagriglia** (pentagriglia) (*radio*), Pentagridröhre (*f.*). 209 ~ **per condensa** (*tubaz.*), Kondensrohr (*n.*). 210 ~ **per costruzioni metalliche** (*ind. metall.*), Konstruktionsrohr (*n.*). 211 ~ **per pali** (*ind. metall.*), Rammrohr (*n.*). 212 ~ **per pali Simplex** (tubo di acciaio per pali Simplex di calcestruzzo) (*ed.*), Triebröhre (*f.*). 213 ~ **per raggi Röntgen** (ampolla per raggi Röntgen) (*fis.*), Röntgenröhre (*f.*). 214 ~ **per regolazioni** (valvola per regolazioni) (*elettronica*), Regelröhre (*f.*). 215 ~ **per surriscaldatori** (*cald.*), Überhitzerrohr (*n.*). 216 ~ **per telecamera** (tubo per riprese televisive) (*telev.*), Bildaufnahmeröhre (*f.*), Aufnahmeröhre (*f.*), Kameraröhre (*f.*). 217 ~ **per televisore** (cinescopio) (*telev.*), Bildwiedergaberöhre (*f.*), Bildröhre (*f.*). 218 ~ **per trivellazioni** (*min.*), Bohrrohr (*n.*). 219 ~ **per vapore** (*cald.*), Dampfrohr (*n.*). 220 ~ **piezometrico** (*idr.*), Standrohr (*n.*). 221 ~ **pilota** (tubo di comando) (*elettronica*), Steuerröhre (*f.*). 222 ~ **pressostatico** (tubo di Pitot-Prandtl) (*strum. aer.*), Staudruckmesser (*m.*), Prandtl'sches Staurohr, Prandtl-Rohr (*n.*). 223 ~ **profilato** (*ind. metall.*), Profilrohr (*n.*). 224 ~ **raddrizzatore a catodo freddo** (*elettronica*), Glimmgleichrichter (*m.*). 225 ~ **radiante** (*riscald.*), Strahlrohr (*n.*). 226 ~ **reggisella** (di una bicicletta) (*veic.*), Sattelstütze (*f.*). 227 ~ **ricavato dal massello** (tubo laminato) (*lamin.*), gewalztes Rohr. 228 ~ **rotante** (trasportatore a tubo rotante; con coclea fissata alla parete interna del tubo) (*trasp. ind.*), Schneckenrohrförderer (*m.*). Förderrohr (*n.*). 229 ~ **saldato** (*tubaz.*), geschweisstes Rohr. 230 ~ **senza elettrodi** (usato in strumenti metrologici) (*elettronica*), Nullode (*f.*). 231 ~ **senza saldatura** (tubo Mannesmann) (*tecnol. mecc.*), nahtloses Rohr, Mannesmann-Rohr (*n.*). 232 ~ **« shadow mask »** (tubo a maschera metallica, cinescopio a maschera metallica) (*telev. a colori*), Maskenröhre (*f.*), Schattenmaskenröhre (*f.*). 233 ~ **silenzioso** (d'un tornio automatico; tubo guidabarra) (*macch. ut.*), Stangenführungsrohr (*n.*), lärmdämpfendes Führungsrohr. 234 ~ **stabilovolt** (*elettronica*), Stabilovoltröhre (*f.*), STV. 235 ~ **subminiatura** (*elettronica*), Subminiaturröhre (*f.*). 236 ~ **telescopico** (*att. - strum.*), Teleskoprohr (*n.*), Auszierohr (*n.*). 237 ~ **termoionico visualizzatore di caratteri alfanumerici** (su schermo) (*elettronica - radar*), Zeichenschreibröhre (*f.*), Matrixröhre (*f.*), Charactron (*n.*). 238 ~ **termovettore** (*term.*), *vedi* condotta termica. 239 ~ **trafilato** (*ind. metall.*), gezogenes Rohr. 240 ~ **trasmittente** (valvola trasmittente) (*elettronica*), Senderöhre (*f.*). 241 ~ **trasportatore** (tubo convogliatore, per posta pneumatica) (*posta*), Förderleitung (*f.*), Förderrohr (*n.*), Rohrpost (*f.*). 242 ~ **trasportatore a gravità** (*trasp. ind.*), Fallrohr (*n.*). 243 ~ **vorticoso** (*mecc. dei fluidi*), Wirbelrohr (*n.*). 244 **caldaia a tubi di fumo** (*cald.*), Rauchröhrenkessel (*m.*). 245 **diametro interno del** ~ (*tubaz.*), Rohrweite (*f.*). 246 **giunto per tubi flessibili** (*tubaz.*), Schlauchkupplung (*f.*). 247 **spezzone di** ~ (*tubaz.*), Rohrschuss (*m.*), Rohrlänge (*f.*). 248 **telaio a** ~ **centrale** (*aut.*), Mittelrohrrahmen (*m.*). 249 **telaio in tubi** (*veic.*), Rohrrahmen (*m.*).

tubolare (*a. - gen.*), röhrenförmig. 2 ~ (« palmer », pneumatico) (*s. - bicicletta*), Schlauchreifen (*n.*), Rennreifen (*n.*). 3 ~ (soffiato, in mater. plast.; per imballaggio) (*s. - ind. chim.*), Schlauch (*m.*), Schlauchfolie (*f.*). 4 ~ **soffiato** (film soffiato) (*ind. mat. plast.*), Schlauchfolie (*f.*). 5 **film** ~ (soffiato, in mater. plast.) (*ind. chim.*), Schlauchfolie (*f.*). 6 **stiro del film** ~ (*ind. chim.*), Schlauchfolienreckung (*f.*). 7 **telaio ad elementi tubolari** (*aut.*), Gitterrohrrahmen (*m.*).

tubolatura (tubazione, conduttura) (*tubaz.*). Rohrleitung (*f.*), Leitung (*f.*).

tufaceo (*min.*), tuffsteinartig.

tuffante (stantuffo tuffante) (*macch. - idr.*), Tauchkolben (*m.*).

tuffi (*sport*), Wasserspringen (*n.*), Wasserkunstspringen (*n.*).

tuffo (tuffata) (*gen.*), Tauchen (*n.*). 2 ~ (in acqua) (*sport*), Wassersprung (*m.*). 3 ~ (picchiata) (*aer.*), Sturzflug (*m.*). 4 ~ (nel gioco del calcio) (*sport*), Hechtsprung (*m.*). 5 **rettifica a** ~ (*lav. macch. ut.*), Einstechschleifen (*n.*).

tufo (*geol.*), Tuff (*m.*), Tuffstein (*m.*). 2 ~ **basaltico** (*min.*), Basalttuff (*m.*). 3 ~ **calcareo** (*min.*), Kalktuff (*m.*). 4 ~ **vulcanico** (tufo propriamente detto, roccia piroclastica) (*min.*), vulkanischer Tuff, Feuerbergtuff (*m.*).

tuga (sovrastruttura sul ponte scoperto della nave e non raggiungente la larghezza dello scafo) (*costr. nav.*), Deckhaus (*n.*).
tulio (*Tm - chim.*), Thulium (*n.*).
tulle (*tess.*), Tüll (*m.*).
« tundish » (paniera di colata, distributore, nella colata continua) (*fond.*), Zwischengefäss (*n.*), Zwischenbehälter (*m.*), Zwischenpfanne (*f.*).
tungsteno (wolframio) (*W - metall.*), Wolfram (*n.*). **2 carburo di** ~ (*metall. - ut.*), Wolframkarbid (*n.*).
tunnel (galleria) (*ing. civ.*), Tunnel (*m.*). **2** ~ (tegolo copritrasmissione, del pavimento di una carrozzeria) (*aut.*), Tunnel (*m.*), Tunnelboden (*m.*). **3** ~ **dell'asse** (galleria dell'asse) (*nav.*), Wellentunnel (*m.*). **4** ~ **dell'asse portaelica** (galleria dell'asse) (*nav.*), Schraubenwellentunnel (*m.*). **5** ~ **della trasmissione** (tegolo copritrasmissione) (*aut.*), Wellentunnel (*m.*). **6** ~ **dell'elica** (*nav.*), Schraubentunnel (*m.*). **7** ~ **del vento** (galleria del vento) (*aer.*), Windkanal (*m.*). **8** ~ **stradale** (galleria stradale) (*ing. civ.*), Strassentunnel (*m.*). **9 effetto di** ~ (*fis.*), Tunneleffekt (*m.*). **10 portaoggetti sul** ~ (trasmissione) (*aut.*), Tunnelkonsole (*f.*).
tuono (*meteor.*), Donner (*m.*). **2** ~ **sonico** (*aer.*), Flugzeugknall (*m.*), Überschallknall (*m.*).
tura (argine) (*costr. idr.*), Fangedamm (*m.*), Fangdamm (*m.*).
turacciolo (tappo di sughero) (*ind.*), Kork (*m.*), Flaschenkork (*m.*).
turafalle (paglietto) (*nav.*), Pflaster (*n.*).
turapori (*vn.*), Porenfüller (*m.*).
turare (tappare, una bottiglia p. es.) (*gen.*), pfropfen. **2** ~ (una falla) (*nav. - ecc.*), planken, ein Leck abplanken.
turbator (valvola termoionica a campo magnetico monocircuito) (*elettronica*), Turbator (*m.*).
turbina (*mot.*), Turbine (*f.*). **2** ~ **a bulbo** (idraulica, Kaplan o ad elica) (*turb.*), Rohrturbine (*f.*). **3** ~ **a condensazione a presa intermedia** (*mot.*), Entnahmekondensationsturbine (*f.*). **4** ~ **a contropressione** (*mot.*), Gegendruckturbine (*f.*). **5** ~ **a contropressione con presa intermedia** (*mot.*), Gegendruckentnahmeturbine (*f.*). **6** ~ **ad ammissione totale** *turb.*), Vollturbine (*f.*). **7** ~ **ad aria calda** (*mot.*), Heissluftturbine (*f.*). **8** ~ **ad azione** (*mot.*), Gleichdruckturbine (*f.*), Aktionsturbine (*f.*). **9** ~ **ad elica** (*mot. idr.*), Propellerturbine (*f.*). **10** ~ **ad espansione** (*mot.*), Expansionsturbine (*f.*), Kälteturbine (*f.*). **11** ~ **a flusso assiale** (*mot.*), Achsialturbine (*f.*), Turbine mit achsialer Strömung. **12** ~ **a flusso radiale** (*mot.*), Radialturbine (*f.*), Turbine mit radialer Strömung. **13** ~ **a gas** (*mot.*), Gasturbine (*f.*), Verbrennungsturbine (*f.*). **14** ~ **a gas a circuito aperto** (*mot.*), Gasturbine mit offenem Kreislauf. **15** ~ **a gas a circuito chiuso** (*mot.*), Gasturbine mit geschlossenem Kreislauf. **16** ~ **a gas di scarico** (*mot.*), Abgasturbine (*f.*), Auspuffturbine (*f.*). **17** ~ **a gas per autoveicoli** (*mot. - veic.*), Fahrzeugturbine (*f.*). **18** ~ **a più stadi** (*mot.*), Stufenturbine (*f.*), mehrstufige Turbine. **19** ~ **a presa di vapore intermedia** (*mot.*), Anzapfdampfturbine (*f.*). **20** ~ **a presa intermedia** (turbina a spillamento) (*mot.*), Entnahmeturbine (*f.*), Anzapfturbine (*f.*). **21** ~ **a reazione** (*mot.*), Reaktionsturbine (*f.*), Überdruckturbine (*f.*). **22** ~ **a reazione a flusso radiale** (*mot.*), Überdruckturbine mit Radialdampfströmung. **23** ~ **a ricupero** (per la regolazione di un compressore) (*mot.*), Entspannungsturbine (*f.*). **24** ~ **a spillamento** (turbina a presa intermedia) (*mot.*), Entnahmeturbine (*f.*), Anzapfturbine (*f.*). **25** ~ **assiale** (*mot.*), Axialturbine (*f.*). **26** ~ **ausiliaria** (*mot.*), Vorturbine (*f.*), Vorschaltturbine (*f.*). **27** ~ **ausiliaria** (navale) (*turb. - nav.*), Hilfsturbine (*f.*). **28** ~ **a vapore** (*mot.*), Dampfturbine (*f.*). **29** ~ **a vapore a contropressione** (*mot.*), Gegendruckdampfturbine (*f.*), Industriedampfturbine (*f.*). **30** ~ **a vapore ad azione** (*mot.*), Aktionsdampfturbine (*f.*), Gleichdruckdampfturbine (*f.*). **31** ~ **a vapore ad un corpo** (*turb.*), eingehäusige Dampfturbine. **32** ~ **a vapore a presa intermedia** (*mot.*), Anzapfdampfturbine (*f.*), Entnahmedampfturbine (*f.*). **33** ~ **a vapore a reazione** (*mot.*), Reaktionsdampfturbine (*f.*), Überdruckdampfturbine (*f.*). **34** ~ **a vapore assiale** (*mot.*), Axialdampfturbine (*f.*). **35** ~ **a vapore Curtis** (*mot.*), Curtisdampfturbine (*f.*). **36** ~ **a vapore di scarico** (*mot.*), Abdampfturbine (*f.*). **37** ~ **a vapore Parsons** (*mot.*), Parsonsdampfturbine (*f.*). **38** ~ **a vapore radiale** (*mot.*), Radialdampfturbine (*f.*). **39** ~ **a vento** (per generare corrente) (*mot.*), Windturbine (*f.*). **40** ~ **a vento** (non intubata) (*turb.*), freifahrende Turbine. **41** ~ **comando elica** (o rotore, d'un motore a turboelica) (*mot.*), Krafturbine (*f.*). **42** ~ **composita multistadio** (per trivellazioni; combinazione di 2 o 3 turbine, per un complesso di 200 a 300 stadi) (*macch. - min.*), Sektionturbine (*f.*). **43** ~ **Curtis** (*turb.*), Curtis-Turbine (*f.*). **44** ~ **della marcia avanti** (*mot. - nav.*), Vorwärtsturbine (*f.*). **45** ~ **della marcia indietro** (turbina della contromarcia) (*mot.*), Kehrturbine (*f.*), Reversierturbine (*f.*), Rückwärtsturbine (*f.*). **46** ~ **Francis** (*mot.*), Francisturbine (*f.*). **47** ~ **idraulica** (*mot.*), Wasserturbine (*f.*). **48** ~ **Kaplan** (*mot.*), Kaplanturbine (*f.*). **49** ~ **libera** (d'un turbopropulsore, che aziona l'elica p. es.) (*turb. - aer.*), Freilaufturbine (*f.*), Freifahrturbine (*f.*). **50** ~ **marina** (*mot. - nav.*), Schiffsturbine (*f.*). **51** ~ **Parsons** (*mot.*), Parsonsturbine (*f.*). **52** ~ **Pelton** (*turb. idr.*), Peltonturbine (*f.*), Peltonrad (*n.*). **53** ~ **per autoproduzione** (per uso interno di una centrale elettrica) (*turb. - elett.*), Hausturbine (*f.*). **54** ~ **per autoveicoli** (turbina a gas per autoveicoli) (*mot. - veic.*), Fahrzeugturbine (*f.*). **55** ~ **per gettosostentazione** (per velivoli a decollo verticale) (*mot. aer.*), Hubstrahl-Turbine (*f.*). **56** ~ **per gettosostentazione a due circuiti** (*mot. - aer.*), Zweikreis-Hubstrahl-Turbine (*f.*). **57** ~ **per la retromarcia** (*mot. nav.*), Umkehrturbine (*f.*), Reversierturbine (*f.*), Rückwärtsturbine (*f.*). **58** ~ **radiale** (*mot.*), Radialturbine (*f.*). **59 aerotermo a** ~ (*app. riscald.*), Turbo-

heizer (*m.*). **60 avviatore a** ~ (di un turbogetto p. es.) (*mot.*), Turbinenanlasser (*m.*). **61 cassa** ~ (carcassa della turbina) (*mot.*), Turbinengehäuse (*n.*). **62 disco girante** ~ (*mot.*), Turbinenscheibe (*f.*). **63 fossa** ~ (di una centrale elettrica p. es.) (*ed.*), Turbinengrube (*f.*). **64 girante della** ~ (*mot.*), Turbinenläufer (*m.*). **65 girante** ~ (di un variatore di coppia idraulico) (*macch. - veic.*), Turbinenrad (*n.*). **66 paletta** ~ (paletta della turbina) (*mot.*), Turbinenschaufel (*f.*). **67 palettatura della** ~ (*mot.*), Turbinenbeschaufelung (*f.*). **68 potenza di uscita della** ~ (potenza al giunto di accoppiamento della turbina) (*mot.*), Turbinenleistung (*f.*). **69 propulsore a** ~ (*aer.*), Turbinentriebwerk (*n.*). **70 sala turbine** (*ed. - idr.*), Turbinenhalle (*f.*).
turboalbero (di turbina a gas) (*turb.*), Wellenleistungsturbine (*f.*).
turboalternatore (gruppo elettrogeno a turbina) (*macch. elett.*), Turboalternator (*m.*), Turbogenerator (*m.*), Turbosatz (*m.*). **2** ~ **per centrali idroelettriche** (turboalternatore accoppiato a turbina idraulica) (*macch. elett.*), Wasserkraftgenerator (*m.*). **3** ~ **per centrali termoelettriche** (turboalternatore accoppiato a turbina a vapore) (*macch. elett.*), Dampfkraftgenerator (*m.*).
turbocisterna (*nav.*), Turbinen-Tankschiff (*n.*).
turbocompressore (*macch.*), Turbogebläse (*n.*), Turbokompressor (*m.*). **2** ~ (per la sovralimentazione di mot. a c. i.) (*macch.*), Turbolader (*m.*). **3** ~ **a gas di scarico** (*mot.*), Abgasturbolader (*m.*). **4** ~ **radiale** (con giranti radiali) (*macch.*), Radialverdichter (*m.*).
turbodinamo (*macch. elett.*), Turbodynamo (*f.*).
turboelettrico (*nav.*), turboelektrisch. **2 propulsione turboelettrica** (*nav. - ferr.*), turboelektrischer Antrieb.
turboelica (motore a turboelica) (*mot. aer.*), Turbinenpropeller-Triebwerk (*n.*), TP-Triebwerk (*n.*), Propeller-Turbinen-Luftstrahltriebwerk (*n.*), PTL-Triebwerk (*n.*).
turbofan (motore turbofan) (*mot.*), Turbofan (*n.*), Turbofanantriebwerk (*n.*).
turbofiltro (depolveratore centrifugo) (*app.*), Turbofilter (*n.*), Fliehkraftenstauber (*m.*).
turbofreno (per veicoli industriali) (*veic.*), Turbo-Bremse (*f.*).
turbogeneratore (*macch. elett.*), Turbogenerator (*m.*), Turbo-Aggregat (*n.*), Turbosatz (*m.*).
turbogetto (motore a turbogetto) (*mot. a getto - aer.*), Turbinenluftstrahltriebwerk (*n.*), TL-Triebwerk (*n.*), Strahlturbine (*f.*). **2** ~ **a bypass** (turbogetto a due flussi) (*mot.*), Bypass-Triebwerk (*n.*), Zweistrom-Turboluftstrahltriebwerk (*n.*), Zweikreis-TL (*n.*), ZTL. **3** ~ **a due flussi** (turbogetto a bypass) (*mot.*), Zweistrom-Turboluftstrahltriebwerk (*n.*), ZTL, Bypass-Triebwerk (*n.*), Zweikreis-TL (*n.*). **4** ~ **con postcombustore** (*mot. aer.*), Nachbrenner-Turbinenstrahltriebwerk (*n.*). **5** ~ **per la spinta verticale** (di aerei a decollo verticale) (*mot. aer.*), Hub-Schub-Turboluftstrahltriebwerk (*n.*). **6** ~ **per volo supersonico** (*mot.*), Überschall-Turbinenluftstrahltriebwerk (*n.*). **7 propulsione a** ~ (*aer.*), Strahlturbinenantrieb (*m.*). **8 propulsore a** ~ (*aer.*), Turbinenstrahltriebwerk (*n.*). **9 propulsore a** ~ **con postcombustore** (*aer.*), Nachbrenner-Turbinenstrahltriebwerk (*n.*).
turboinvertitore (*veic.*), Turbowendegetriebe (*n.*).
turbolento (*mecc. dei fluidi*), turbulent, verwirbelt. **2 moto** ~ (*mecc. dei fluidi*), turbulente Bewegung, Wirbelbewegung (*f.*).
turbolenza (*mecc. dei fluidi*), Turbulenz (*f.*), Wirbelung (*f.*). **2** ~ (agitazione, del bagno di metallo) (*metall.*), Durchwirblung (*f.*). **3** ~ **libera** (*mecc. dei fluidi*), freie Turbulenz. **4** ~ **vincolata** (*mecc. dei fluidi*), Wandturbulenz (*f.*). **5 bruciatore a** ~ (*app. - comb.*), Wirbelbrenner (*m.*). **6 camera a** ~ (camera di combustione a turbolenza, di un mot. Diesel) (*mot.*), Wälzkammer (*f.*), Wirbelkammer (*f.*). **7 entrare in** ~ (*aerodin. - mecc. dei fluidi*), wirbeln. **8 zona di** ~ (*aerodin.*), Abreissgebiet (*n.*).
turbolocomotiva (locomotiva a turbina a gas) (*ferr.*), Turbinenlokomotive (*f.*), Turbolokomotive (*f.*).
turbonave (*nav.*), Turbinenschiff (*n.*). **2** ~ **passeggeri** (*nav.*), Turbinen-Passagierschiff (*n.*), Turbinen-Fahrgastschiff (*n.*).
turbopompa (*macch.*), Turbinenpumpe (*f.*). **2 gruppo** ~ (*macch.*), Turbinenpumpenaggregat (*n.*).
turboriduttore (*macch.*), Getriebeturbine (*f.*).
turbosoffiante (*macch.*), Turbogebläse (*n.*). **2** ~ **radiale** (con uno o più giranti radiali) (*macch.*), Radialgebläse (*n.*).
turismo (*gen.*), Touristik (*f.*). **2** ~ (movimento) (*ind. - finanz.*), Fremdverkehr (*m.*). **3 autobus da** ~ (*veic.*), Reiseomnibus (*m.*).
turistico (*gen.*), touristisch. **2 classe turistica** (*trasp.*), Touristenklasse (*f.*).
turnista (*lav.*), Schichtarbeiter (*m.*).
turno (rotazione) (*gen.*), Turnus (*m.*), Abwechselung (*f.*). **2** ~ (di lavoro) (*organ. lav.*), Schicht (*f.*), Arbeitsschicht (*f.*). **3** ~ **antimeridiano** (*organ. lav.*), Morgenschicht (*f.*). **4** ~ **di ferie** (*organ. lav.*), Urlaubsschicht (*f.*). **5** ~ **di lavoro** (*organ. lav.*), Arbeitsschicht (*f.*). **6** ~ **di notte** (*organ. lav.*), Nachtschicht (*f.*), Abendschicht (*f.*). **7** ~ **diurno** (*organ. lav.*), Tagschicht (*f.*). **8** ~ **non prestato** (giornata lavorativa non lavorata) (*lav.*), Feierschicht (*f.*). **9** ~ **non prestato per malattia** (giornata lavorativa non lavorata per malattia) (*lav.*), Krankfeierschicht (*f.*). **10** ~ **pomeridiano** (*lav.*), Mittagsschicht (*f.*). **11 a** ~ (a rotazione) (*gen.*), turnusmässig. **12 ad un** ~ (di lavoro) (*organ. lav.*), einschichtig. **13 lavoro a turni** (*organ. lav.*), Schichtarbeit (*f.*). **14 primo** ~ (*organ. lav.*), Frühschicht (*f.*), Morgenschicht (*f.*).
tuta (*aer. - ecc.*), Kombinationsanzug (*m.*), Anzug (*m.*). **2** ~ **anti-G** (combinazione anti-G) (*aer.*), Anti-g-Anzug (*m.*), G-Anzug (*m.*). **3** ~ **da lavoro** (*lav.*), Arbeitsanzug (*m.*), Berufsanzug (*m.*). **4** ~ **di volo** (*aer.*), Fliegeranzug (*m.*), Fluganzug (*m.*). **5** ~ **incombustibile** (*lav.*), feuerfester Anzug. **6** ~ **pressurizzata** (tuta stagna, combinazione sta-

tutela

gna) (*aer.*), Druckanzug (*m.*), Überdruckanzug (*m.*). 7 ~ **spaziale** (*aer.*), Raumanzug (*m.*).
tutela (*leg.*), Vormundschaft (*f.*). 2 ~ (salvaguardia, del paesaggio p. es.) (*ed.*), Schonung (*f.*).
tutore (*leg.*), Vormund (*m.*).
tuttala (senza coda, velivolo) (*a. - aer.*), schwanzlos.
tutti (*nav.*), alle Mann. 2 ~ **in coperta!** (comando) (*nav.*), alle Mann an Deck!

TV (televisione) (*telev.*), FS.
TVA (Technische Versuchs-Anstalt) (*tecnol.-ecc.*), Istituto Tecnico di Ricerca.
« tweed » (tessuto di lana) (*ind. tessile*), Tweed (*m.*).
twistor (memoria magnetica) (*elettronica*), Twistor (*m.*).
TZ (Tz, tolleranza di cilindricità) (*mecc.*), TZ, Tz.

U

U (uranio) (*chim.*), U, Uran (*n.*). **2** ~ (energia interna) (*termod.*), U, innere Energie.
u. a. (unità astronomica = 149,6 · 10⁶ km = distanza media Sole-Terra) (*astr.*), AE, astronomische Einheit.
uadi (*geol. - geogr.*), Wadi (*m.*), Trockental (*n.*).
ubicazione (posizione, sito) (*gen.*), Standort (*m.*), Ort (*m.*), Lage (*f.*), Stellung (*f.*), Stand (*m.*).
U.C.P.T.E. (Union pour la Coordination de la Production et du Transport d'Electricité) (*elett.*), U.C.P.T.E.
udibile (*acus.*), hörbar.
udibilità (*acus.*), Hörbarkeit (*f.*). **2 campo dell'** ~ (*acus.*), Hörbereich (*m.*). **3 fattore di** ~ (*radio*), Hörbarkeitsfaktor (*m.*). **4 soglia di** ~ (*acus.*), Hörschwelle (*f.*), Schallempfindungsschwelle (*f.*).
udienza (*gen.*), Audienz (*f.*). **2** ~ (in una causa civile p. es.) (*leg.*), Verhandlung (*f.*), Gerichtsverhandlung (*f.*), Tagsatzung (*f.*). **3 diritti di** ~ (*leg.*), Verhandlungsgebühr (*f.*). **4 sala delle udienze** (*ed. - ecc.*), Audienzsaal (*m.*), Sitzungssaal (*m.*).
udito (*acus.*), Gehör (*n.*).
udometro (*app. geofis.*), *vedi* pluviometro.
UEP (Unione Europea dei Pagamenti) (*finanz.*), EZU, Europäische Zahlungsunion.
UF (urea formaldeide) (*chim.*), UF, Harnstoffharz (*n.*).
UFET (unipolar field effect transistor, transistore unipolare ad effetto di campo) (*elettronica*), UFET.
ufficiale (*a. - gen.*), offiziell, amtlich. **2** ~ (*s. - milit.*), Offizier (*m.*). **3** ~ **di collegamento** (*milit.*), Verbindungsoffizier (*m.*). **4** ~ **di complemento** (*milit.*), Offizier auf Zeit. **5** ~ **di complemento** (*milit.*) (*svizz.*), Milizoffizier (*m.*). **6** ~ **di guardia** (*nav.*), Wachhabender (*m.*), wachhabender Offizier. **7** ~ **di macchina** (macchinista) (*nav.*), Schiffsingenieur (*m.*). **8** ~ **di rotta** («navigatore») (*aer.*), Orter (*m.*), Navigator (*m.*). **9** ~ **di stato civile** (*leg.*), Standesbeamter (*m.*), Zivilstandsbeamter (*m.*). **10** ~ **effettivo** (*milit.*), Berufsoffizier (*m.*). **11** ~ **giudiziario** (*leg.*), Gerichtsvollzieher (*m.*), Justizbeamter (*m.*), Exekutor (*m. - austr.*). **12** ~ **sanitario** (*med.*), Medizinalbeamter (*m.*), Amtsarzt (*m.*). **13 gazzetta** ~ (*leg. - ecc.*), Amtszeitung (*f.*). **14 organo** ~ (*amm.*), Regierungsorgan (*n.*). **15 per vie ufficiali** (*gen.*), auf dem Dienstwege. **16 pubblico** ~ (*leg. - ecc.*), öffentlicher Beamte, Regierungsbeamter.
ufficio (*uff.*), Büro (*n.*). **2** ~ (amministrativo, pubblico, ecc.) (*gen.*), Amt (*n.*). **3** ~ **accettazione** (*ind. - ecc.*), Annahmeamt (*n.*). **4** ~ **acquisti** (servizio acquisti, di uno stabilimento) (*ind.*), Einkauf (*m.*), Einkaufsbüro (*n.*), Bestellungsabteilung (*f.*). **5** ~ **amministrativo** (*amm.*), Amt (*n.*). **6** ~ **anagrafe** (*uff. stat.*), Einwohnermeldeamt (*n.*), Einwohnerkontrolle (*f.*). **7** ~ **brevetti** (*leg.*), Patentanwaltbüro (*n.*), Patentbüro (*n.*). **8** ~ **brevetti centrale** (*leg.*), Patentamt (*n.*). **9** ~ **cambio** (*finanz.*), Wechselstube (*f.*). **10** ~ **cassa** (ufficio paga) (*pers.*), Lohnbüro (*n.*). **11** ~ **competente** (*uff.*), zuständige Stelle. **12** ~ **contabilità** (*contabilità*), Rechnungsbüro (*n.*). **13** ~ **d'arbitrato** (*leg.*), Schiedsstelle (*f.*). **14** ~ **del catasto** (*top. - ed.*), Katasteramt (*n.*). **15** ~ **dello stato civile** (*uff.*), Standesamt (*n.*), Zivilstandsamt (*n.*). **16** ~ **del Registro** (*comm. - ecc.*), Registeramt (*n.*). **17** ~ **del telegrafo** (ufficio telegrafico) (*telegr.*), Telegraphenamt (*n.*). **18** ~ **di collegamento** (*uff.*), Verbindungsstelle (*f.*). **19** ~ **di collocamento** (*lav.*), Stellennachweis (*m.*), Arbeitsamt (*n.*), Arbeiterannahmestelle (*f.*). **20** ~ **disegni** (*dis.*), Zeichenbüro (*n.*). **21** ~ **di sorveglianza tecnica** (*ind. - ecc.*), Technischer Überwachungsverein, TÜV, Technisches Überwachungsamt, TÜA. **22** ~ **doganale** (dogana) (*finanz.*), Zollamt (*n.*). **23** ~ **esportazione** (*comm.*), Ausfuhrstelle (*f.*). **24** ~ **governativo** (*uff.*), Regierungsamt (*n.*). **25** ~ **informazioni** (*gen.*), Auskunftsbüro (*n.*). **26** ~ **legale** (*leg.*), Rechtsanwalt (*m.*), Advokaturbureau (*n.*). **27** ~ **legale** (d'una società, per consulenza della direzione) (*ind.*), Recht (*m.*). **28** ~ **oggetti smarriti** (*uff.*), Fundamt (*n.*), Fundbüro (*n.*). **29** ~ **paga** (ufficio cassa) (*pers.*), Lohnbüro (*n.*). **30** ~ **pesi e misure** (*fis. - mis.*), Mass- und Gewichtsbüro (*n.*), Eichamt (*n.*), Messamt (*n.*). **31** ~ **postale** (*posta*), Post (*f.*), Postamt (*n.*), Postbüro (*n.*). **32** ~ **prenotazioni** (*telef.*), Meldeamt (*n.*). **33** ~ **progettazione** (ufficio tecnico) (*ind.*), Konstruktionsbüro (*n.*). **34** ~ **provinciale del lavoro** (*lav.*), Landesarbeitsgewerbe (*n.*). **35** ~ **pubblicazioni tecniche** (di una ditta) (*ind.*), Beschreibungsstelle (*f.*). **36** ~ **pubblico** (*amm.*), Staatsamt (*n.*). **37** ~ **ricerche** (*ind.*), Versuchsbüro (*n.*). **38** ~ **ricevimento** (materiale) (*ind.*), Empfangsbüro (*n.*). **39** ~ **spedizioni** (*trasp.*), Versandbüro (*n.*), Abfertigungsstelle (*f.*). **40** ~ **stampa** (di un'azienda) (*ind.*), Pressestelle (*f.*). **41** ~ **sviluppi** (*ind.*), Entwicklungsbüro (*n.*). **42** ~ **tavolare** (*leg. - ed.*), Grundbuchamt (*n.*). **43** ~ **tecnico** (*ind.*), technisches Büro. **44** ~ **tecnico** (ufficio progettazione) (*ind.*), Konstruktionsbüro (*n.*). **45** ~ **telegrafico** (ufficio del telegrafo) (*telegr.*), Telegraphenamt (*n.*). **46** ~ **telegrafico centrale** (*telegr.*), Haupt-Telegrafenamt (*n.*), HTA. **47** ~ **tempi** (*organ. lav.*), Tarifbüro (*n.*). **48** ~ **turistico** (azienda di soggiorno) (*vacanze pers.*), Fremdenverkehrsamt (*n.*). **49** ~ **vendite** (*comm.*), Verkaufsbüro (*n.*). **50 impiegata di** ~ (signorina di ufficio) (*lav.*), Bürogehilfin (*f.*). **51 ora di** ~ (*lav. - ecc.*), Bürostunde (*f.*). **52 orario di**

ufficioso

~ (*lav.*), Bürostunden (*f. pl.*), Bürozeit (*f.*). **53 palazzo per uffici** (*ed.*), Bürohaus (*n.*), Geschäftshaus (*n.*). **54 residente d'~** (*leg.*), dienstansässig. **55 signorina di ~** (impiegata di ufficio) (*lav.*), Bürogehilfin (*f.*).

ufficioso (*gen.*), halbamtlich, offiziös.

ugello (di una tubazione p. es.) (*tubaz. - idr. - ecc.*), Düse (*f.*). **2** ~ (tubiera, di un forno) (*metall. - forno*), Form (*f.*), Düse (*f.*), Windform (*f.*), Winddüse (*f.*), Ofenform (*f.*), Blasform (*f.*), Ofendüse (*f.*). **3** ~ (spruzzatore) (*gen.*), Düse (*f.*). **4** ~ (di un bruciatore) (*comb.*), Düse (*f.*), Mundstück (*n.*). **5** ~ **a fessura** (per sabbia p. es.) (*fond. - ecc.*), Schlitzdüse (*f.*). **6** ~ **autodescorificante** (*metall. - forno*), selbstentschlackende Blasform, selbstentschlackende Düse. **7** ~ **de Laval** (*turb. - ecc.*), Laval-Düse (*f.*). **8** ~ **del bruciatore** (*comb.*), Brennerdüse (*f.*). **9** ~ **del getto** (effusore) (*mot. a getto*), Düse (*f.*). **10** ~ **del vento** (di un altoforno) (*metall. - forno*), Winddüse (*f.*), Windform (*f.*), Blasform (*f.*). **11** ~ **d'iniezione** (di materie plastiche) (*tecnol.*), Einspritzdüse (*f.*). **12** ~ **nebulizzatore** (per abbattere la polvere) (*min.*), Nebeldüse (*f.*). **13** ~ **per il refrigerante** (*macch. ut.*), Kühlmitteldüse (*f.*). **14** ~ **per proiezione di sabbia** (boccaglio per sabbiatura) (*fond. - ecc.*), Sandstrahldüse (*f.*). **15** ~ **per turbolenza** (*mecc. dei liquidi*), Dralldüse (*f.*). **16 piano degli ugelli** (piano delle tubiere) (*metall. - forno*), Windformebene (*f.*).

uguagliamento (eguagliamento) (*gen.*), Abgleich (*m.*). **2** ~ **di colori** (*ott.*), Farbabgleich (*m.*).

uguaglianza (eguaglianza) (*gen.*), Gleichheit (*f.*).

uguale (*gen.*), gleich.

UHF (frequenza elevata 300 Mc/s) (*elett.*), UHF.

UIC (Union International des Chemins de Fer) (*ferr.*), UIC, Internationaler Eisenbahnverband.

uintaite (gilsonite) (*min.*), Gilsonit (*m.*).

ulivo (*ind.*), Ölbaum (*m.*), Olivenbaum (*m.*).

ultimare (finire, completare) (*gen.*), fertigstellen.

ultimazione (finitura, completamento) (*gen.*), Fertigstellung (*f.*).

ultrabianco (*telev.*), ultraweiss. **2 zona dell'~** (*telev.*), Ultraweissgebiet (*n.*).

ultracentrifuga (apparecchio per produrre forze centrifughe da 1000 ad 1.000.000 di volte maggiori della forza di gravità) (*macch.*), Ultrazentrifuge (*f.*).

ultrafiltrazione (*chim.*), Ultrafiltration (*f.*).

ultrafiltro (*app. chim.*), Ultrafilter (*m.*).

ultramarino (azzurro) (*colore*), Lasurblau (*n.*).

ultramicroscopio (supermicroscopio) (*strum. ott.*), Ultramikroskop (*n.*). **2** ~ **elettronico** (*strum. elettronico - ott.*), Elektronenübermikroskop (*n.*).

ultrarapido (fusibile) (*elett.*), superflink.

ultraresistente (ad altissima resistenza; acciaio speciale da costruzione, p. es.) (*metall.*), ultrafest, ultrahochfest.

ultrarosso (*ott.*), ultrarot, infrarot. **2** ~ (*s. - fis.*), Ultrarot (*n.*), UR.

ultrasonico (*aer.*), *vedi* supersonico.

ultrasonoro (relativo agli ultrasuoni) (*fis.*), Ultraschall... **2 controllo ~ con registrazione delle immagini** (*prove mater.*), Ultraschall-Bildspeicher-Verfahren (*n.*).

ultrasuono (con frequenze superiori ai 16-20 kHz) (*acus.*), Ultraschall (*m.*). **2 controllo con ultrasuoni** (*metall. - tecnol. mecc.*), Ultraschallprüfung (*f.*), Durchschallen (*n.*). **3 esporre ad ultrasuoni** (irradiare acusticamente) (*acus.*), beschallen. **4 esposizione ad ultrasuoni** (*tecnol. - chim.*), Beschallung (*f.*), Ultraschallbehandlung (*f.*). **5 foratura ad ultrasuoni** (*tecnol. mecc.*), Ultraschallbohren (*n.*). **6 generatore di ultrasuoni** (*acus.*), Ultraschallgenerator (*m.*). **7 lappatura ad ultrasuoni** (*tecnol. mecc.*), Stossläppen mit Ultraschallfrequenz. **8 procedimento ad ultrasuoni** (procedimento ad eco, nella prova dei materiali mediante impulsi d'onde ultrasonore) (*tecnol.*), Echo-Verfahren (*n.*). **9 prova con ultrasuoni** (controllo con ultrasuoni) (*tecnol.*), Ultraschallprüfung (*f.*). US-Prüfung (*f.*). **10 riflettoscopio ad ultrasuoni** (per prove non distruttive dei materiali) (*app.*), Ultraschall-Impuls- Reflexionsgerät (*n.*). **11 saldatura ad ultrasuoni** (*tecnol.mecc.*),Schweissen mit Ultraschall. **12 trapano ad ultrasuoni** (trapanatrice ad ultrasuoni) (*macch. ut.*), Ultraschallbohrmaschine (*f.*). **13 trasmettitore di ultrasuoni** (generatore di ultrasuoni, di un ecoscandaglio) (*app. acus.*), Schallsender (*m.*). **14 trattamento con ultrasuoni** (esposizione ad ultrasuoni) (*tecnol. - chim.*), Ultraschallbehandlung (*f.*), Beschallung (*f.*).

ultravioletto (*ott.*), ultraviolett. **2 irradiazione ultravioletta** (*ott.*), Ultraviolettbestrahlung (*f.*). **3 lampada (a radiazione) ultravioletta** (*app. ott.*), Ultraviolettlampe (*f.*).

ultravuoto (vuoto ultraspinto, con pressioni inferiori a 10^{-7} mm Hg) (*fis.*), Höchstvakuum (*n.*).

ululo (magnetico) (*elett.*), Heulen (*n.*).

uma (unità di massa atomica = $1,6596 \cdot 10^{-27}$ kg) (*fis. atom.*), ME, 1000 TME.

umettabilità (bagnabilità) (*fis. atom.*), Benetzbarkeit (*f.*).

umettamento (*ind.*), Anfeuchtung (*f.*). **2** ~ (bagnatura) (*gen.*), Benetzung (*f.*).

umettante (sostanza umettante) (*s. - ind. chim.*), Netzmittel (*n.*).

umettare (inumidire) (*gen.*), feuchten, anfeuchten, benetzen, annetzen, annässen.

umettatore (umidificatore) (*app.*), Anfeuchter (*m.*), Feuchtmaschine (*f.*).

umettazione (*gen.*), Befeuchtung (*f.*), Anfeuchtung (*f.*), Benetzung (*f.*).

umidificatore (apparecchio umidificatore) (*app.*), Anfeuchter (*m.*), Feuchtmaschine (*f.*).

umidificazione (*ind. cuoio - ecc.*), Dampfmachen (*n.*), Anfeuchten (*n.*). **2** ~ **in segatura** (collocando le pelli entro segatura umida) (*ind. cuoio*), Einspänen (*n.*).

umidità (*fis. - meteor.*), Feuchtigkeit (*f.*). **2** ~ **assoluta** (*meteor.*), absolute Feuchtigkeit. **3** ~ **dell'aria** (*meteor.*), Luftfeuchtigkeit (*f.*). **4** ~ **relativa** (U.R.) (*meteor.*), relative Feuchtigkeit, R.F., Sättigungsgrad (*m.*). **5 alterato dall'~** (*ind. carta*), wasserfleckig. **6 apparecchio per prove di ~ (misuratore di umidità, per sabbia p. es.) (*app. fond. - ecc.*), Feuchtigkeitsprüfer (*m.*). **7 coefficiente di conduzione dell'**~ (*ed. - ecc.*), Feuchteleitkoeffizient (*m.*), Feuchteleitzahl (*f.*). **8 grado di** ~ (grado igrometrico) (*meteor.*), Feuchtigkeitsgehalt (*m.*). **9 misuratore di** ~ (igrometro) (*app.*), Feuchtegeber (*m.*), Feuchtigkeitsmesser (*m.*). **10 protezione contro l'**~ (*elett. - ecc.*), Feuchtigkeitsschutz (*m.*).

umido (*gen.*), feucht. **2** ~ (bagnato) (*gen.*), nass. **3 parte umida** (di una macch. continua) (*macch. ind. carta*), Nasspartie (*f.*).

umificazione (*geol. - agric.*), Humifizierung (*f.*), Zersetzung (*f.*), Vererdung (*f.*).

unanime (*a. - gen.*), einstimmig.

unanimità (*finanz. - ecc.*), Einstimmigkeit (*f.*). **2 all'**~ (*avv. - gen.*), einstimmig.

unario, sistema ~ (*metall.*), Einstoffsystem (*n.*).

« una tantum » (spesa p. es.) (*amm. - ecc.*), einmalig.

uncinetto (*ut. tess.*), Häkelnadel (*f.*).

uncino (*ed. - ecc.*), Haft (*m.*), Hafte (*f.*), Agraffe (*f.*).

UNESCO (Organizzazione delle Nazioni Unite per l'Istruzione, la Scienza e la Cultura) (*polit.*), UNESCO, Organisation der Vereinten Nationen für Erziehung, Wissenschaft und Kultur.

ungere (con olio o grasso, lubrificare) (*gen.*), beschmieren.

unghia (vela, lobo, di una volta) (*arch.*), Kappe (*f.*). **2** ~ **cilindrica** (*geom. - arch.*), Zylinderhuf (*m.*), Walzenhuf (*m.*). **3** ~ **dell'àncora** (*nav.*), Ankerspitze (*f.*).

unghietto (ugnetto) (*ut. lav. legno*), Kreuzmeissel (*m.*).

UNI (Unificazione Italiana, Ente Nazionale Italiano di Unificazione) (*tecnol. - ecc.*), UNI, Italienischer Normenausschuss. **2 tabella** ~ (*tecnol. - ecc.*), UNI-Blatt (*n.*).

unicellulare (monocellulare) (*gen.*), einzellig.

unidal (lega d'alluminio, AlMgZn) (*lega*), Unidal (*n.*).

unidimensionale (*fis.*), eindimensional.

unidirezionale (*gen.*), einseitig gerichtet, einsinnig. **2 corrente** ~ (*elett.*), Strom gleichbleibender Richtung.

unificare (uniformare) (*gen.*), vereinheitlichen. **2** ~ (normalizzare) (*tecnol.*), normieren, standardisieren.

unificato (normale, normalizzato, di viti p. es.) (*tecnol.*), genormt, normiert. **2 autobus** ~ (*veic.*), Regelbus (*m.*).

unificazione (normalizzazione) (*tecnol. - ecc.*), Normung (*f.*). **2** ~ **dei materiali** (normalizzazione dei materiali) (*tecnol. mecc. - ecc.*), Werkstoffnormung (*f.*). **3** ~ **DIN** (normale DIN) (*tecnol. - ecc.*), Dinorm (*f.*). **4** ~ **per l'industria** (normalizzazione per l'industria) (*ind. - tecnol.*), Industrienormung (*f.*). **5 Ente di** ~ (istituto di unificazione, istituto di normalizzazione) (*tecnol. - ecc.*), Normenausschuss (*m.*). **6 Ente di** ~ **Tedesco** (*tecnol. - ecc.*), Deutscher Normen-Ausschuss. **7 istituto di** ~ (istituto di normalizzazione, Ente di unificazione) (*tecnol. - ecc.*), Normenausschuss (*m.*). **8 tabella di** ~ (tabella UNI p. es.) (*tecnol. - ecc.*), Normblatt (*n.*).

unifilare (*gen.*), einfädig, eindrahtig. **2** ~ (*elett. - ecc.*), eindrähtig, einadrig.

unifont 2 (lega d'alluminio per getti, G-AlMgZn) (*lega*), Unifont 2.

uniformare (*gen.*), gleichmachen.

uniformarsi (*gen.*), sich anpassen.

uniforme (*a. - gen.*), gleichförmig. **2** ~ (*s. - milit. - ecc.*), Uniform (*f.*).

uniformemente (*gen.*), gleichförmig, gleichmässig. **2** ~ **accelerato** (*mecc.*), gleichförmig beschleunigt. **3** ~ **distribuito** (di un carico p. es.) (*ed. - ecc.*), gleichmässig verteilt. **4** ~ **ritardato** (*mecc.*), gleichförmig verzögert.

uniformità (*gen.*), Gleichförmigkeit (*f.*). **2 fattore di** ~ (di illuminazione) (*ott. - illum.*), Gleichmässigkeit (*f.*), Gleichmässigkeitsgrad (*m.*).

unilaterale (*gen.*), einseitig.

unimodale (*stat.*), eingipflig.

unione (collegamento, giunto) (*gen.*), Verbindung (*f.*). **2** ~ (associazione) (*gen.*), Verein (*m.*). **3** ~ (giunzione, giunto, commettitura, del legname) (*falegn.*), Holzverbindung (*f.*), Verband (*m.*), Fuge (*f.*). **4** ~ (di elementi di legno p. es.) (*falegn. - ecc.*), vedi anche giunzione. **5** ~ **a coda di rondine** (giunzione od incastro a coda di rondine) (*falegn. - carp.*), schwalbenschwanzförmige Holzverbindung, schwalbenschwanzförmige Verkämmung, Zinke (*f.*), Zinken (*n.*). **6** ~ **a code** (giunzione a code, immorsatura) (*falegn. - carp.*), Verkämmung (*f.*). **7** ~ **a code diritte** (immorsatura diritta, giunzione a code diritte) (*falegn. - carp.*), gerade Verkämmung. **8** ~ **a code di rondine** (giunzione a code di rondine, immorsatura a code di rondine) (*falegn. - carp.*), schwalbenschwanzförmige Verkämmung, schwalbenschwanzförmige Verbindung. **9** ~ **a coprigiunto** (giunzione a coprigiunto) (*mecc.*), Verlaschung (*f.*), Überlaschung (*f.*). **10** ~ **a denti** (giunto a denti, giunzione a denti, incastro a pettine) (*carp. - falegn.*), Kamm (*m.*). **11** ~ **a filo metallico** (collegamento a filo metallico) (*mecc.*), Verdrahten (*n.*). **12** ~ **a mezzo legno** (giunzione a mezzo legno) (*falegn.*), Verfalzung (*f.*), Falzung (*f.*), Anblattung (*f.*). **13** ~ **a tenone e mortisa** (incastro a tenone e mortisa, giunzione a tenone e mortisa) (*falegn. - carp.*), Verzapfung (*f.*), einfache gerade Zapfenholzverbindung. **14** ~ **doganale** (*finanz. - comm.*), Zollunion (*f.*). **15** ~ **obliqua** (giunto obliquo, giunzione obliqua) (*falegn.*), Gehrfuge (*f.*), Schäften (*n.*). **16** ~ **postale** (*posta*), Postverein (*m.*). **17 Unione Postale Universale** (*posta*), Weltpostverein (*m.*).

unipolare (*elett.*), einpolig. **2** ~ (unifilare, cavo p. es.) (*elett.*), einadrig, eindrahtig. **3 transistore** ~ (*elettronica*), Unipolar-Transistor (*m.*).

unire (congiungere) (*gen.*), verbinden. **2** ~ (collegare, accoppiare, dei pezzi o materiali mediante viti o saldatura p. es.) (*mecc.*), fügen, zusammenfügen. **3** ~ (congiungere, il legno) (*falegn.*), verbinden, fugen. **4** ~ **a cava e linguetta** (unire a maschio e femmina)

unirifrangente

(*falegn.*), vernuten, verfedern. 5 ~ **a coda di rondine** (fare una giunzione a coda di rondine) (*falegn.*), zinken, schwalben. 6 ~ **a coprigiunto** (*mecc.*), verlaschen. 7 ~ **a linguetta e scanalatura** (unire a maschio e femmina) (*falegn.*), verfedern, vernuten. 8 ~ **a maschio e femmina** (unire a linguetta e scanalatura) (*falegn.*), verfedern, vernuten. 9 ~ **a mezzo legno** (*falegn.*), anblatten. 10 ~ **a mortisa** (congiungere a mortisa, unire o congiungere a tenone) (*carp. - falegn.*), einzapfen, einstemmen. 11 ~ **a smusso** (connettere a smusso) (*carp.*), messern, schräg fugen. 12 ~ **a tenone** (congiungere a tenone, unire o congiungere a mortisa) (*carp. - falegn.*), einzapfen, einstemmen. 13 ~ **a tenone e mortisa** (*falegn. - carp.*), verzapfen, einstemmen. 14 ~ **con nodo** (*gen.*), anknüpfen. 15 ~ **di testa** (unire testa a testa) (*falegn. - ecc.*), stumpfstossen.

unirifrangente (monorifrangente) (*ott.*), einfach brechend.

unisono (*acus.*), Gleichklang (*m.*), Einklang (*m.*).

unità (*gen.*), Einheit (*f.*). 2 ~ (il numero 1) (*mat.*), Einer (*m.*). 3 ~ **a nastro magnetico** (*elab. dati*), Bandeinheit (*f.*). 4 ~ **Ångstrom** (*unità di mis.*), ÅE, Ångström-Einheit (*f.*). 5 ~ **applicabile** (successivamente) (*macch. ut.*), Anbau-Einheit (*f.*). 6 ~ **aritmetica** (unità di calcolo, sottosistema d'un calcolatore nel quale vengono eseguite operazioni aritmetiche e logiche) (*calc.*), Rechenwerk (*n.*). 7 ~ **assoluta** (*fis.*), Grundeinheit (*f.*), absolute Einheit. 8 ~ **astronomica** (distanza media tra il Sole e la Terra, pari a 149.500.000 km) (*astr.*), Sonnenweite (*f.*), Erdweite (*f.*), astronomische Einheit. 9 ~ **centrale** (di elaborazione) (*calc.*), Zentraleinheit (*f.*). 10 ~ **C.G.S.** (*fis.*), C.G.S.-Einheit (*f.*). 11 ~ **con portafresa a cannotto** (d'una linea a trasferimento) (*macch. ut.*), Pinolenfräsereinheit (*f.*). 12 ~ **da innesto** (gruppo da innesto, unità modulare prevista per l'allacciamento a spine) (*elettronica*), Einschub (*m.*). 13 ~ **dell'intensità luminosa** (*unità di mis.*), Lichteinheit (*f.*), Einheit der Lichtstärke. 14 ~ **del sistema internazionale** (*unità*), SI-Einheit (*f.*). 15 ~ **di calcolo** (unità aritmetica, sottosistema d'un calcolatore, nel quale vengono eseguite operazioni aritmetiche e logiche) (*calc.*), Rechenwerk (*n.*). 16 ~ **di carbone fossile** (misura comparativa energetica; potere calorifico di 1 kp d'un dato tipo di carbone) (*comb.*), Steinkohle-Einheit (*f.*), SKE. 17 ~ **di chiusura** (gruppo di chiusura, d'una macchina per stampaggio ad iniezione di mat. plast. o per pressofusione) (*macch.*), Schliesseinheit (*f.*). 18 ~ **di comando** (d'un calcolatore, che regola la sequenza di esecuzione d'un programma) (*calc.*), Leitwerk (*n.*), Steuerwerk (*n.*). 19 ~ **di controllo** (*elett. - ecc.*), Überwachungseinheit (*f.*). 20 ~ **di conversazione** (interurbana; unità di tariffa, 3 minuti) (*telef.*), Taxeinheit (*f.*). 21 ~ **di elaborazione** (unità atta a svolgere operazioni su dati) (*calc.*), Prozessor (*m.*), Verarbeitungseinheit (*f.*). 22 ~ **(di elaborazione) centrale** (*calc.*), zentrale Verarbeitungseinheit. 23 ~ **di entrata** (*calc.*), Eingabewerk (*n.*). 24 ~ **di massa** (u.d.m. = 1 kp s^2/m = 9,80665 kg) (*unità mecc.*), Masseneinheit (*f.*), ME. 25 ~ **di massa** (1/16 della massa dell'isotopo ^{16}O dell'ossigeno) (*fis. nucl.*), Masseneinheit (*f.*), ME. 26 ~ **di misura** (*fis. - mis.*), Masseinheit (*f.*). 27 ~ **di quantità di calore** (caloria) (*mis. - fis.*), Wärmeeinheit (*f.*), Kalorie (*f.*). 28 ~ **di superficie** (*mar. milit.*), Überwasserfahrzeug (*n.*). 29 ~ **di tariffa** (3 minuti; unità di conversazione interurbana) (*telef.*), Taxeinheit (*f.*). 30 ~ **di tolleranza** (*mecc.*), Toleranzeinheit (*f.*). 31 ~ **di traffico** (*telef.*), Verkehrseinheit (*f.*). 32 ~ **di uscita** (*calc.*), Ausgabewerk (*n.*). 33 ~ **di volume** (*geom. - ecc.*), Raumeinheit (*f.*), Volumeneinheit (*f.*). 34 ~ **elettromagnetica** (*mis. fis.*), elektromagnetische Einheit. 35 ~ **Eötvös** (*geofis.*), Eötvös-Einheit (*f.*). 36 ~ **fondamentale** (*unità*), Grundeinheit (*f.*), Basiseinheit (*f.*). 37 ~ **foratrice** (nei sistemi modulari) (*macch. ut.*), Spindeleinheit (*f.*), Ausbohreinheit (*f.*). 38 ~ **funzionale** (*elettronica - calc. - ecc.*), Funktionseinheit (*f.*). 39 ~ **magnetica** (*mis. fis.*), magnetische Einheit. 40 ~ **modulare** (modulo, gruppo di componenti autonomo) (*elettronica*), Baustein (*m.*). 41 ~ **operatrice** (*macch. ut.*), Baueinheit (*f.*), Aufbaueinheit (*f.*). 42 ~ **operatrice per trapano** (*macch. ut.*), Bohreinheit (*f.*). 43 ~ **periferica** (unità imput-output e memorie secondarie) (*calc.*), Peripherie (*f.*), Peripheriegerät (*n.*), periphere Einheit, Anschlussgerät (*n.*). 44 ~ **tariffaria** (tariffa unitaria) (*telef.*), Gebühreneinheit (*f.*). 45 ~ **termica** (*mis. fis.*), Wärmeeinheit (*f.*). 46 ~ **tricromatica** (*mis. ott.*), Farbvalenzeinheit (*f.*). 47 ~ **X** (unità di lungh. = [1,00202 ± 0,00003] · 10^{-13} m, stabilita dal reticolo di un cristallo di rocca) (*mis.*), X-Einheit (*f.*), X-E. 48 ~ **X di Siegbahn** (nella radiospettroscopia) (*fis.*), Siegb. X-E (*f.*). 49 **selettore delle** ~ (*telef.*), Einerwähler (*m.*).

unitario (*gen.*), einheitlich, Einheits... 2 **prezzo** ~ (*comm.*), Einheitspreis (*m.*).

unito (congiunto, accoppiato) (*gen.*), gefügt. 2 ~ **a coprigiunto** (*mecc.*), verlascht.

universale (*a. - gen.*), universell. 2 ~ (strumento geodetico universale) (*s. - strum. top. - ott.*), Universalinstrument (*n.*). 3 **gabbia di treno** ~ (*lamin.*), Universalgerüst (*n.*). 4 **motore** ~ (azionato da corrente continua oppure alternata) (*mot. elett.*), Allstrommotor (*m.*). 5 **treno** ~ (*lamin.*), Universalstrasse (*f.*).

università (*scuola*), Universität (*f.*).

universo (insieme dei corpi celesti, cosmo) (*astr.*), Welt (*f.*), Weltall (*n.*), Kosmos (*m.*). 2 ~ (spazio-tempo, cronotopo, spazio a 4 dimensioni) (*teoria della relatività*), Welt (*f.*), vierdimensionales Raumzeitkontinuum.

univibratore (multivibratore monostabile, multivibratore ad un colpo) (*radio - elett.*), Univibrator (*m.*), monostabiler Multivibrator.

univoco (*gen.*), eindeutig.

untuosità (di un lubrificante) (*chim.*), Schmierfähigkeit (*f.*).

untuoso (grasso) (*gen.*), schmierig, fettig.

uomo morto (dispositivo di uomo morto), (*app. ferr.*), Totmannknopf (*m.*).

UP (poliestere non saturo, materia plastica) (*ind. chim.*), UP, umsättigter Polyester.
U.R. (u.r. umidità relativa) (*meteor.*), R.F., r.F., relative Feuchtigkeit.
uragano (*meteor.*), Orkan (*m.*), Sturm (*n.*). 2 occhio dell' ~ (*meteor.*), Sturmzentrum (*n.*).
uraninite (uranio piceo, blenda picea, pechblenda) (*min.*), Uranpecherz (*n.*), Pechblende (*f.*).
uranio (*U - chim. - radioatt.*), Uran (*n.*). 2 ~ arricchito (*fis. atom.*), angereichertes Uran. 3 ~ piceo (blenda picea, pechblenda, uraninite) (*min.*), Uranpecherz (*n.*), Pechblende (*f.*).
urbanistica (*ed. - arch.*), Stadtbauplanung (*f.*).
urbanizzazione (*ed. - ecc.*), Urbanisation (*f.*), Verstädterung (*f.*). 2 spese di ~ primaria (per strade, luce, gas, ecc., spese per infrastrutturazione primaria) (*ed.*), Erschliessungskosten (*f. pl.*).
urbano (*gen.*), städtisch. 2 agglomerato ~ (*ed.*), städtisches Ballungsgebiet. 3 chiamata urbana (*telef.*), Ortsanruf (*m.*). 4 operatrice urbana (*telef.*), Orstbeamtin (*f.*). 5 prefisso ~ (*telef.*), Ortskennzahl (*f.*). 6 vigile ~ (*lav.*), Stadtpolizist (*m.*).
urea (*chim.*), Harnstoff (*m.*), Karbamid (*n.*). 2 ~ formaldeide (UF) (*chim. - mat. plast.*), Harnstoffharz (*n.*), UF.
urgente (pressante) (*gen.*), dringend, dringlich. 2 ~ (improrogabile) (*comm. - ecc.*), eilig, unaufschiebbar. 3 comunicazione ~ (*telef.*), Sofortverkehr (*m.*).
urgenza (*gen.*), Dringlichkeit (*f.*).
urgere (sollecitare) (*gen.*), drängen.
urna (*gen.*), Urne (*f.*).
urotropina (esametilentetrammina) (*chim. - farm.*), Hexamethylentetramin (*n.*), Urotropin (*n.*).
urtare (*gen.*), anstossen, stossen, anprallen, prallen.
urto (*gen.*), Stoss (*m.*), Anstoss (*m.*), Anprall (*m.*), Prall (*m.*). 2 ~ (colpo) (*gen.*), Schlag (*m.*). 3 ~ (*mecc. - fis.*), Stoss (*m.*). 4 ~ centrato (urto centrale) (*mecc.*), zentraler Stoss. 5 ~ di Carnot (*mecc. dei fluidi*), Carnotscher Stoss. 6 ~ di chiusura (d'una valvola) (*mot. endotermico*), Schluss-schlag (*m.*). 7 ~ diretto (*fis.*), gerader Stoss. 8 ~ di secondo ordine (collisione di secondo ordine, di un atomo con una particella lenta) (*fis. atom.*), Stoss zweiter Art. 9 ~ eccentrico (*mecc.*), exzentrischer Stoss. 10 ~ elastico (*fis. - mecc.*), federnder Stoss, elastischer Stoss. 11 ~ elastico (collisione elastica) (*fis. atom.*), elastischer Stoss. 12 ~ elastico puro (*mecc.*), vollkommen elastischer Stoss. 13 ~ elettronico (*fis.*), Elektronenstoss (*m.*). 14 ~ frontale (scontro frontale, collisione frontale) (*aut. - ecc.*), frontaler Zusammenstoss. 15 ~ idrodinamico («slamming», d'una nave) (*nav.*), hydrodynamischer Stoss, Slamming (*n.*). 16 ~ obliquo (*mecc.*), schiefer Stoss. 17 ~ plastico puro (*fis. - mecc.*), vollkommen unelastischer Stoss. 18 ~ termico (*term.*), Thermoschock (*m.*), Wärmeschock (*m.*). 19 blindaggio protettivo contro gli urti (della bocca di caricamento d'un altoforno) (*metall.*), Schlagpanzer (*m.*). 20 coefficiente d'~ (fattore d'urto, carico supplementare per veicoli ferrov.) (*ferr.*), Stossfaktor (*m.*). 21 durata dell'impulso d'~ (*sc. costr.*), Stosshärte (*f.*), Schlaghärte (*f.*). 22 energia d'~ (energia cinetica) (*sc. costr.*), Schlagenergie (*f.*). 23 fattore d'~ (coefficiente d'urto, carico supplementare per veicoli ferrov.) (*ferr.*), Stossfaktor (*m.*). 24 fluorescenza d'~ (*fis. atom.*), Stossfluoreszenz (*f.*). 25 forza d'~ (*fis. - mecc.*), Stosskraft (*f.*). 26 impianto (di frantumazione) ad ~ (*metall. - macch.*), Schlagwerk (*n.*). 27 indice d'~ (fornisce l'aumento del carico statico d'una ruota dovuto alle irregolarità del fondo stradale) (*veic.*), Stossziffer (*f.*). 28 ionizzazione per ~ (*fis. atom.*), Stossionisation (*f.*). 29 lavoro d'~ (energia cinetica del pistone d'un martello perforatore) (*min.*), Schlagarbeit (*f.*). 30 macchina per prove d'~ (macchina per prove di resilienza, macch. Charpy p. es.) (*app.*), Schlagprüfgerät (*n.*). 31 onda d'~ (*aerodin.*), Stosswelle (*f.*). 32 parametro d'~ (*fis. atom.*), Stossparameter (*m.*). 33 perdite per ~ (nelle macchine a fluido) (*macch.*), Stossverlust (*m.*). 34 potenza d'~ (prodotto del lavoro d'urto per il numero di colpi d'un martello perforatore) (*min.*), Schlagleistung (*f.*). 35 probabilità d'~ (*fis. atom.*), Stosswahrscheinlichkeit (*f.*). 36 prova ad ~ (*sc. costr.*), Stossversuch (*m.*). 37 resistente agli urti (antiurto) (*gen.*), stossfest. 38 resistenza all'~ (*sc. costr.*), Stossfestigkeit (*f.*). 39 resistenza all'~ (*tecnol. mecc.*), Stossfestigkeit (*f.*), Stosswiderstand (*m.*), Schlagfestigkeit (*f.*). 40 sensibilità agli urti (*macch.*), Stossempfindlichkeit (*f.*). 41 sezione d'~ (*chim.*), Stossquerschnitt (*m.*). 42 sezione efficace d'~ (*fis. atom.*), Wirkungsquerschnitt (*m.*). 43 sollecitazione d'~ (*sc. costr.*), Stossbeanspruchung (*f.*). 44 superficie di ~ (per elettroni) (*fis.*), Aufprallfläche (*f.*). 45 velocità d'~ (*tecnol. mecc.*), Auftreffgeschwindigkeit (*f.*), Aufschlaggeschwindigkeit (*f.*).
usabile (utilizzabile, idoneo, adatto) (*gen.*), brauchbar.
usabilità (utilizzabilità, impiegabilità) (*gen.*), Brauchbarkeit (*f.*).
usare (impiegare, adoperare, utilizzare) (*gen.*), brauchen, verwenden.
usato (di vettura, olio ecc.) (*ind.*), gebraucht. 2 olio ~ (*aut. - mot.*), Gebrauchtöl (*n.*), Altöl (*n.*), Ablauföl (*n.*), gebrauchtes Öl.
uscente (*gen.*), ausgehend, ablaufend. 2 ~ (di uscita, segnale ecc.) (*radio - ecc.*), abgehend.
usciere (*lav.*), Amtsdiener (*m.*). 2 ~ del tribunale (*lav.*), Gerichtsdiener (*m.*).
uscio (porta) (*ed. - ecc.*), Tür (*f.*).
uscire (*gen.*), auslaufen, ausgehen. 2 ~ (dalla miniera) (*min.*), ausfahren. 3 ~ bordeggiando (*nav.*), auskreuzen. 4 far ~ (il carrello p. es.) (*aer. - ecc.*), ausfahren. 5 far ~ dal bacino (una nave) (*nav.*), ausdocken.
uscita (*gen.*), Ausgang (*m.*), Auslauf (*m.*), Austritt (*m.*). 2 ~ (da un edificio ecc.) (*ed.*), Ausgang (*m.*). 3 ~ (efflusso, di un liquido) (*idr. - ecc.*), Auslass (*m.*), Austritt (*m.*). 4 ~ (di un segnale p. es. da un app.) (*radio - ecc.*), Ausgang (*m.*), Abgang (*m.*).

uso

5 ~ (emissione, di dati da un calcolatore) (*macch. calc.*), Ausgabe (*f.*). 6 ~ (spoglia, conicità, di un modello p. es.) (*fond. - fucinatura*), Anzug (*m.*), Schräge (*f.*). 7 ~ (di un creatore p. es.) (*ut. mecc. - ecc.*), Auslauf (*m.*). 8 ~ (dalla miniera, risalita delle persone) (*min.*), Tagfahrt (*f.*), Ausfahrt (*m.*). 9 ~ (spesa) (*contabilità*), Ausgabe (*f.*). 10 ~ d'aria (aria estratta, aria viziata) (*ed. - ventilaz.*), Abluft (*f.*). 11 ~ dell'acqua di raffreddamento (*mot.*), Kühlwasseraustritt (*m.*). 12 ~ demodulata (*radio*), demodulierter Ausgang. 13 ~ di emergenza (uscita di sicurezza) (*ed.*), Notausgang (*m.*). 14 ~ di sicurezza (uscita di emergenza) (*ed.*), Notausgang (*m.*). 15 ammettenza di ~ (*radio*), Ausgangsadmittanz (*f.*). 16 amplificatore di ~ (*radio*), Endverstärker (*m.*). 17 arco di ~ (d'una camma) (*mecc.*), Auslaufbogen (*m.*). 18 corrente di ~ (*elett.*), Abgangsstrom (*m.*), abgehender Strom. 19 dati di ~ (*calc.*), Ausgabedaten (*n. pl.*). 20 dazio di ~ (*comm.*), Ausgangszoll (*m.*). 21 di ~ (corrente elettrica uscente p. es.) (*gen.*), abgehend. 22 documento coi dati di ~ (*calc.*), Ausgabebeleg (*m.*). 23 impedenza di ~ (*radio*), Ausgangsimpedanz (*f.*). 24 istruzione di ~ (*elab. dati*), Ausgabebefehl (*m.*). 25 lato di ~ (lato di espulsione, nella rettifica senza centri) (*lav. macch. ut.*), Auslaufseite (*f.*). 26 morsetto di ~ (*elett.*), Ausgangsklemme (*f.*). 27 potenza di ~ (*mot.*), Ausgangsleistung (*f.*). 28 presa di ~ (*radio - ecc.*), Ausgabebuchse (*f.*), Auskoppelbuchse (*f.*). 29 programma di ~ (*calc.*), Ausgabeprogramm (*n.*). 30 segnale di ~ (*elettronica*), Ausgabesignal (*n.*). 31 spese di ~ (per uscire da un porto) (*nav.*), Ausfrachtkosten (*f. pl.*). 32 stadio di ~ (stadio finale, d'un trasmettitore p. es.) (*radio - ecc.*), Endstufe (*f.*), Ausgabestufe (*f.*). 33 tensione di ~ (*elett.*), Ausgangsspannung (*f.*). 34 tubo di ~ (*idr. - ecc.*), Abflussrohr (*n.*), Ausgangsrohr (*n.*), Ausgussrohr (*n.*). 35 unità di ~ (*calc.*), Ausgabewerk (*n.*). 36 velocità di ~ (da un cambio p. es.) (*macch. - ecc.*), Abtriebsgeschwindigkeit (*f.*), Endgeschwindigkeit (*f.*).

uso (impiego) (*gen.*), Gebrauch (*m.*), Verwendung (*f.*). 2 ~ (utilizzazione) (*gen.*), Benützung (*f.*), Benutzung (*f.*). 3 ~ (impiego, condotta, di una macchina) (*macch.*), Bedienung (*f.*). 4 ~ e manutenzione (*mot. - ecc.*), Bedienung und Wartung. 5 fuori ~ (*gen.*), ausser Gebrauch. 6 istruzioni sull'~ (o per l'uso) (*gen.*), Gebrauchsanweisung (*f.*). 7 istruzioni sull'~ (*macch. - mot.*), Betriebsanleitung (*f.*), Bedienungsanleitung (*f.*). 8 prescrizioni per l'~ (*gen.*), Gebrauchsvorschrift (*f.*). 9 pronto per l'~ (*gen.*), gebrauchsfertig. 10 semplicità di ~ (facilità d'impiego, di macchine od impianti) (*macch. - ecc.*), Bedienbarkeit (*f.*).

usucapibile (*leg.*), ersitzbar.

usucapione (acquisto della proprietà d'una cosa o del diritto di godimento sulla cosa mediante il suo possesso per un periodo di tempo stabilito dalla legge) (*leg.*), Ersitzung (*f.*).

usucapire (*leg.*), ersitzen.

usufrutto (*leg.*), Nutzniessung (*f.*).

usufruttuario (beneficiario) (*leg.*), Nutzniesser (*m.*), Niessbraucher (*m.*).

usura (logorio, consumo) (*mecc. - ecc.*), Verschleiss (*m.*), Abnutzung (*f.*). 2 ~ atomica (causata da migrazione di atomi) (*mecc.*), atomarer Verschleiss. 3 ~ autoesaltante (*mecc.*), selbstverstärkender Verschleiss. 4 ~ da abrasione (provocata da polvere di rettifica presente nell'olio, ecc.) (*mecc.*), Schleifverschleiss (*m.*). 5 ~ da attrito volvente (*tecnol. mecc.*), Rollverschleiss (*m.*). 6 ~ da attrito secco radente (*mecc.*), Trocken-Gleit-Verschleiss (*m.*). 7 ~ da attrito secco volvente (*mecc.*), Trocken-Roll-Verschleiss (*m.*). 8 ~ da contatto (usura da sfregamento, «fretting» tra due superfici soggette a moto oscillatorio relativo di piccola ampiezza) (*metall.*), Schwingreibverschleiss (*m.*), Passungsverschleiss (*m.*). 9 ~ da corrente (gassosa abrasiva) radente (da corrente gassosa contenente particelle solide) (*tecnol.*), Gleitstrahlverschleiss (*m.*). 10 ~ da corrosione (*mecc.*), Verschleiss durch Korrosion. 11 ~ da erosione (causata p. es. da sabbia in una corrente liquida) (*mecc. - ecc.*), Spülverschleiss (*m.*). 12 ~ da fatica (*mecc.*), Verschleiss durch Ermüdung. 13 ~ da getto (provocata da una corrente gassosa che contiene particelle solide) (*mecc.*), Strahlverschleiss (*m.*). 14 ~ da getto a 90° (provocato da una corrente gassosa che contiene particelle solide) (*mecc.*), Prallstrahlverschleiss (*m.*). 15 ~ da getto lambente (provocata da una corrente gassosa che contiene particelle solide e sfiora il pezzo) (*mecc.*), Gleitstrahlverschleiss (*m.*). 16 ~ da martellamento (di valvole e loro sedi p. es.) (*mecc.*), Stossverschleiss (*m.*). 17 ~ da sfregamento (usura da contatto, «fretting») (*metall.*), Schwingreibverschleiss (*m.*), Passungsverschleiss (*m.*). 18 ~ da strisciamento (*tecnol.*), Gleitverschleiss (*m.*). 19 ~ di assestamento (*mecc. - ecc.*), Einlaufverschleiss (*m.*), Abnutzung beim Einlaufen. 20 ~ laterale (usura trasversale, di un copertone, causata da eccessiva convergenza delle ruote anteriori) (*aut.*), Querverschleiss (*m.*). 21 ~ meccano-chimica (*mecc. - chim.*), mechanisch-chemischer Verschleiss. 22 ~ meccano-fluida (*mecc.*), mechanisch-flüssiger Verschleiss. 23 ~ moderata (*mecc.*), leichter Verschleiss. 24 ~ normale (in cui vengono asportate le creste della rugosità) (*mecc.*), normaler Verschleiss. 25 ~ severa (*mecc.*), starker Verschleiss. 26 ~ specifica (della mola, rapporto di truciolatura; nella rettifica, rapporto fra consumo d'abrasivo in g e materiale asportato in g) (*lav. macch. ut.*), Zerspanverhältnis (*n.*). 27 ~ stampo (consumo dello stampo) (*fucinatura*), Gesenkverschleiss (*m.*). 28 ~ trasversale (usura laterale, di un copertone, causata da eccessiva convergenza delle ruote anteriori) (*aut.*), Querverschleiss (*m.*). 29 coefficiente di ~ (*mecc.*), Verschleisszahl (*f.*). 30 compensazione dell'~ (*mecc.*), Abnutzungsabgleich (*m.*). 31 corpo sottoposto ad ~ (corpo base, nelle prove su metallo, gomma, ecc.) (*tecnol.*), Grundkörper (*m.*). 32 elenco parti di ricambio soggette ad ~ (*mecc.*

- ecc.), Verschleissteilliste (f.). **33 forte** ~ (di un cuscinetto, dovuta a scarsa lubrificazione) (mecc.), Auslaufen (n.). **34 indice di ~ determinato con apparecchio a quattro sfere** (nella prova di olio lubrificante) (mecc.), VKA-VD, Vier-Kugel-Apparat-Verschleiss-Durchmesser. **35 manto di ~** (costr. strad.), Verschleiss-schicht (f.). **36 piastra di ~** (masch.), Verschleissplatte (f.). **37 piastra di ~** (di lamiera) (mecc. - ecc.), Schleissblech (n.), Verschleissblech (n.). **38 piastra di ~** (nei mezzi di estrazione) (min.), Schleissplatte (f.), Schleisseinlage (f.). **39 prova di ~** (tecnol.), Verschleissprüfung (f.), Abnutzungsprüfung (f.). **40 resistente all'~** (tecnol.), verschleissfest. **41 resistenza all'~** (tecnol.), Verschleissfestigkeit (f.), Verschleisswiderstand (m.). **42 tasso di ~** (mecc.), Verschleissbetrag (m.). **43 tipo di ~** (di un pneumatico) (aut.), Verschleissmuster (n.). **44 tornio per prove di ~** (macch.), Verschleissdrehbank (f.).

usurare (gen.), abnutzen.

usurarsi (gen.), sich abarbeiten. **2 ~** (logorarsi, consumarsi) (tecnol.), verschleissen. **3 ~** (logorarsi, di un cuscinetto) (mecc.), auslaufen.

usurato (consumato, logorato) (tecnol.), verschlissen.

usurpazione (leg.), Anmassung (f.).

utensile (per la lavorazione di pezzi o di materiali) (ut.), Werkzeug (n.). **2 ~** (da tornio p. es.) (ut.), Meissel (m.), Stahl (m.). **3 ~** (agricolo p. es.) (ut.), Gerät (n.), Werkzeug (n.). **4 ~ ad angolo** (utensile da tornio p. es.) (ut.), Eckstahl (m.). **5 ~ ad angolo curvo** (da tornio) (ut.), gebogener Eckdrehmeissel. **6 ~ ad angolo per alesare** (ut. per alesatura interna) (ut.), Eckbohrstahl (m.). **7 ~ ad angolo per torniture interne** (ut.), Innen-Eckdrehmeissel (m.). **8 ~ a due taglienti** (ut.), Zweischneider (m.). **9 ~ ad uncino** (utensile da tornio per gole interne) (ut.), Innen-Stechdrehmeissel (m.). **10 ~ agricolo** (ut. agric.), Ackergerät (n.), Feldgerät (n.). **11 ~ a manicotto** (ut.), Aufsteckwerkzeug (n.). **12 ~ a manicotto per lamare** (ut.), Aufsteck-Nabensenker (m.). **13 ~ a mano** (ut.), Handwerkzeug (n.). **14 ~ a punta tonda** (da tornio p. es.) (ut.), Rundstahl (m.). **15 ~ arricciatore** (ut. lav. lamiera), Rollstempel (m.). **16 ~ ceramico** (ossiceramico o metalceramico) (ut.), Keramikwerkzeug (n.). **17 ~ circolare** (coltello circolare, per lavori di tornitura automatica) (ut.), Rundmeissel (m.), Rundmesser (n.), Formscheibenstahl (m.). **18 ~ circolare sagomato** (per tornio) (ut.), Rundformmeissel (m.). **19 ~ composito** (ut.), vedi utensile multiplo. **20 ~ con placchetta di carburi** (ut.), hartmetallbestücktes Werkzeug. **21 ~ con placchetta fissata meccanicamente** (ut.), Klemmwerkzeug (n.). **22 ~ con protuberanza** (per rasare ingranaggi) (ut.), Protuberanzwerkzeug (n.). **23 ~ curvo** (da tornio p. es.) (ut.), gebogener Stahl. **24 utensili da formatore** (ut. fond.), Formerwerkzeuge (n. pl.). **25 ~ da macchina** (ut. - macch. ut.), Maschinenwerkzeug (n.). **26 ~ da minatore** (ut. min.), Gezähe (n.). **27 ~ da piallatrice** (utensile piallatore, utensile da pialla) (ut. - macch. ut.), Hobelmeissel (m.). **28 ~ da pressa** (stampo p. es.) (ut.), Pressenwerkzeug (n.). **29 ~ da taglio** (utensile per asportazione di trucioli) (ut. - macch. ut.), Schneidwerkzeug (n.), Zerspanungswerkzeug (n.). **30 ~ da tornio** (ut.), Drehmeissel (m.), Drehstahl (m.). **31 ~ da tornio ad angolo** (ut.), Eckdrehmeissel (m.). **32 ~ (da tornio) a doppia piega** (ut.), Seitenstahl (m.), abgesetzter Seitenmeissel. **33 ~ da tornio a punta** (ut.), spitzer Drehmeissel. **34 ~ da tornio a punta larga** (ut.), breiter Drehmeissel. **35 ~ da tornio circolare** (ut.), Runddrehmeissel (m.), Drehpilz (m.). **36 ~ da tornio con placchetta di carburo** (ut.), Drehmeissel mit Hartmetallschneideplatte. **37 ~ da tornio curvo** (ut.), gebogener Drehmeissel. **38 ~ da tornio diritto** (ut.), gerader Drehmeissel. **39 ~ da tornio diritto destro** (ut.), rechter gerader Drehmeissel. **40 ~ da tornio diritto sinistro** (ut.), linker gerader Drehmeissel. **41 ~ da tornio finitore** (ut.), Schlichtdrehstahl (m.). **42 ~ da tornio per gole interne** (utensile per torniture interne, utensile ad uncino) (ut.), Innenstechdrehmeissel (m.). **43 ~ da tornio per sfacciare** (ut.), Plandrehstahl (m.). **44 ~ da tornio per troncare** (ut.), Stechdrehmeissel (m.). **45 ~ da tornio tangenziale** (ut.), Tangentialdrehmeissel (m.), Tangentialstahl (m.). **46 ~ destro** (da tornio p. es.) (ut.), Rechtsstahl (m.). **47 ~ diamantato** (ut.), Diamantwerkzeug (n.). **48 ~ di carburi** (ut.), Hartmetallwerkzeug (n.). **49 ~ di controllo** (ut.), Kontrollwerkzeug (n.). **50 ~ di diamante** (ut.), Diamantwerkzeug (n.). **51 ~ elettrico** (utensile motorizzato, trapano p. es.) (ut.), Elektrowerkzeug (n.), Elektrohandwerkzeug (n.). **52 ~ elettrico con albero flessibile** (utensile motorizzato con albero flessibile) (ut.), Elektrowerkzeug mit biegsamer Welle. **53 ~ elettrico universale** (elettromecc.), Universal-Elektrowerkzeug (n.). **54 ~ filettatore** (utensile per filettare) (ut.), Gewindeschneidwerkzeug (n.). **55 ~ finitore** (ut. per finitura) (ut.), Endbearbeitungswerkzeug (n.), Fertigschneider (m.). **56 ~ finitore** (utensile per finire, da tornio p. es.) (ut.), Schlichtstahl (m.). **57 ~ flottante** (lav. macch. ut.), Pendelwerkzeug (n.). **58 ~ in acciaio rapido** (ut.), Schnellstahlwerkzeug (n.). **59 ~ lamatore con pilota** (con un perno di guida nel foro) (ut.), Zapfensenker (m.). **60 ~ lappatore** (ut.), Läppwerkzeug (n.). **61 ~ levigatore** (levigatore) (ut.), Honwerkzeug (n.), Ziehschleifwerkzeug (n.). **62 ~ metalceramico** (ut.), Metallkeramikwerkzeug (n.), metallkeramisches Werkzeug. **63 ~ motorizzato** (utensile elettrico) (ut.), Elektrowerkzeug (n.), Elektrohandwerkzeug (n.). **64 ~ multiplo** (utensile composito, formato da più utensili disposti sullo stesso asse) (ut. mecc.), Satzwerkzeug (n.). **65 ~ ossiceramico** (ut.), Oxykeramikwerkzeug (n.), oxykeramisches Werkzeug. **66 ~ per alesare** (a macchina) (ut.), Bohrmeissel (m.), Ausbohrstahl (m.), Bohrstahl (m.). **67 ~ per alesare** (a mano, alesatoio) (ut.), Reibahle

utensile

(*f.*), Ausreiber (*m.*). **68 ~ per alesatura di finitura** (*ut.*), Ausbohrschlichtstahl (*m.*). **69 ~ per alesatura di sgrosso** (*ut.*), Ausbohrschruppstahl (*m.*). **70 ~ per bordare** (*ut. lav. lamiera*), Schweifwerkzeug (*n.*). **71 ~ per chiodare** (*ut.*), Nietwerkzeug (*n.*). **72 ~ per coniare** (delle monete p. es.) (*ut.*), Prägewerkzeug (*n.*). **73 ~ per filettare** (utensile filettatore) (*ut.*), Gewindeschneidwerkzeug (*n.*). **74 ~ per finire** (utensile finitore, da tornio p. es.) (*ut.*), Schlichtstahl (*m.*). **75 ~ per finitura** (utensile finitore) (*ut.*), Endbearbeitungswerkzeug (*n.*), Fertigschneider (*m.*). **76 ~ perforatore** (*ut.*), Lochwerkzeug (*n.*). **77 ~ per gole interne** (*ut.*), Innenstechstahl (*m.*). **78 ~ per imbutitura al tornio** (ut. per tornitura in lastra) (*ut.*), Drückstahl (*m.*). **79 ~ per intagli** (lavorazione della lamiera) (*ut.*), Ausklinkwerkzeug (*n.*). **80 ~ per lamare** (*ut.*), Nabensenker (*m.*). **81 ~ per lamare a manicotto** (*ut.*), Aufsteck-Nabensenker (*m.*). **82 utensili per l'industria grafica** (*ind. graf.*), graphische Geräte. **83 ~ per piallatrice** (per metalli, utensile piallatore) (*ut.*), Hobelmeissel (*m.*). **84 ~ per pulire gli iniettori** (*ut. - mot.*), Düsenreinigungswerkzeug (*n.*). **85 ~ per rifilare** (*legatoria*), Beschneidemesser (*n.*). **86 ~ per scanalare** (*ut.*), Riffelstahl (*m.*). **87 ~ per scanalare** (fresa per scanalature) (*ut.*), Nutenfräser (*m.*). **88 ~ per scortecciare** (*ut.*), Baumkratzer (*m.*), Rindenkratzer (*m.*). **89 ~ per sfacciare** (utensile da tornio) (*ut.*), Plandrehstahl (*m.*). **90 ~ per sgrossare** (utensile sgrossatore) (*ut.*), Schruppstahl (*m.*). **91 ~ per smussare** (*ut.*), Fasenmeissel (*m.*), Fasenstahl (*m.*). **92 ~ per spallamenti** (ut. da tornio) (*ut.*), Schulterdrehstahl (*m.*). **93 ~ per spogliare** (*ut.*), Hinterdrehwerkzeug (*n.*). **94 ~ per stampaggio** (stampo, per lamiera) (*ut.*), Stanzwerkzeug (*n.*). **95 ~ per tagliare lime** (*ut.*), Feilenhauer (*m.*). **96 ~ per torni automatici** (*ut.*), Automatenwerkzeug (*n.*). **97 ~ per tornire** (utensile da tornio, per pezzi metallici) (*ut.*), Drehmeissel (*m.*), Drehstahl (*m.*). **98 ~ per tornire** (pezzi non metallici) (*ut.*), Drechselwerkzeug (*n.*), Drechslerdrehstahl (*m.*). **99 ~ per tornitura automatica sagomata** (*ut.*), Decoltierwerkzeug (*n.*). **100 ~ per tornitura in lastra** (ut. per imbutitura al tornio) (*ut.*), Drückstahl (*m.*). **101 ~ per tornitura interne** (*ut.*), Innendrehmeissel (*m.*). **102 ~ per torniture interne** (utensile da tornio per gole niterne) (*ut.*), Innenstechdrehmeissel (*m.*). **103 ~ per tracciare** (*ut.*), Anreisswerkzeug (*n.*). **104 ~ per tranciare** (*ut.*), Abschneider (*m.*). **105 ~ per troncare** (utensile troncatore) (*ut.*), Abstechstahl (*m.*), Trennwerkzeug (*n.*), Trennstahl (*m.*). **106 ~ per zigrinare** (utensile zigrinatore) (*ut.*), Rändeleisen (*n.*), Rändelwerkzeug (*n.*). **107 ~ per zigrinare a croce** (*ut.*), Kordelwerkzeug (*n.*). **108 ~ piallatore** (utensile per piallatrice, per metalli) (*ut.*), Hobelmeissel (*m.*). **109 ~ pneumatico** (*ut.*), Pressluftwerkzeug (*n.*). **110 ~ recessitore** (utensile per gole interne) (*ut.*), Hinterstechwerkzeug (*n.*), Innenstechwerkzeug (*n.*). **111 ~ ritagliatore** (stampo per tranciatura del contorno o dello sviluppo) (*ut. lav. lamiera*), Ausschneidwerkzeug (*n.*). **112 ~ sagomato** (*ut.*), Fassonstahl (*m.*), Formstahl (*m.*), Profilstahl (*m.*). **113 ~ sagomato circolare** (utensile da tornio) (*ut.*), Formscheibenmeissel (*m.*), Rundformstahl (*m.*). **114 ~ sbarbatore** (utensile rasatore) (*ut.*), Schaberad (*n.*), Schabrad (*n.*). **115 ~ sbavatore** (*ut. fucinatura*), Abgratwerkzeug (*n.*). **116 ~ sgrossatore** (utensile per sgrossare) (*ut.*), Schruppstahl (*m.*). **117 ~ singolo** (da tornio) (*ut.*), Einzeldrehstahl (*m.*). **118 ~ sinistro** (da tornio p. es.) (*ut.*), linker Stahl. **119 ~ spianatore** (stampo spianatore) (*ut. lav. lamiera*), Flachstanze (*f.*). **120 ~ spogliatore** (*ut.*), Hinterdrehwerkzeug (*n.*). **121 ~ stozzatore** (*ut.*), Stoss-stahl (*m.*). **122 ~ troncatore** (utensile per troncare) (*ut.*), Trennwerkzeug (*n.*), Trennstahl (*m.*), Abstechstahl (*m.*). **123 ~ vibrante** (per la rottura dei trucioli) (*lav. macch. ut.*), schwingendes Werkzeug. **124 ~ zigrinatore** (utensile per zigrinare) (*ut.*), Rändelwerkzeug (*n.*), Rändeleisen (*n.*). **125 ~ zigrinatore a croce** (utensile per zigrinare a croce) (*ut.*), Kordierwerkzeug (*n.*). **126 acciaio per utensili** (*metall.*), Werkzeugstahl (*m.*). **127 affilatrice per ~** (*macch. ut.*), Werkzeugschleifmaschine (*f.*), Schärfmaschine (*f.*). **128 cambio dell'~** (*lav. macch. ut.*), Werkzeugwechsel (*m.*). **129 cassetta utensili** (*ut.*), Werkzeugkasten (*m.*). **130 corredo utensili** (*lav. macch. ut.*), Werkzeugausrüstung (*f.*). **131 correzione ~** (*lav. macch. ut. c/n*), Werkzeugkorrektur (*f.*). **132 dispensa utensili** (*ind.*), Werkzeugausgabe (*f.*). **133 disposizione degli utensili** (*lav. macch. ut.*), Werkzeuganordnung (*f.*). **134 dotazione utensili** (dotazione attrezzi) (*mot. - aut.*), Werkzeugausrüstung (*f.*). **135 gambo dell'~** (*ut.*), Werkzeugschaft (*m.*). **136 macchina ~** (*macch. ut.*), Werkzeugmaschine (*f.*). **137 magazzino utensili** (*ind.*), Werkzeugmagazin (*n.*). **138 piazzamento degli utensili** (*lav. macch. ut.*), Werkzeugeinstellung (*f.*). **139 rastrelliera per utensili** (*ind.*), Werkzeuggestell (*n.*). **140 traiettoria dell'~** (*lav. macch. ut.*), Werkzeugweg (*m.*).

utensileria (attrezzeria, officina produzione ausiliaria) (*ind.*), Werkzeugbau (*m.*), Werkzeugmacherei (*f.*).

utensilista (*lav.*), Werkzeugmacher (*m.*).

utente (*comm. - elett. - ecc.*), Verbraucher (*m.*), Abnehmer (*m.*). **2 ~** (di energia elettrica) (*elett.*), Stromverbraucher (*m.*), Stromabnehmer (*m.*).

utenza (utilizzo, apparecchio, p. es.) (*elett. - ecc.*), Verbraucher (*m.*). **2 ~** (utilizzatore, di energia elettrica) (*app. - ecc.*), Stromverbraucher (*m.*). **3 vicino all'~** (centrale; vicino al punto di consumo) (*elett.*), verbrauchsnah.

utile (profitto, guadagno) (*s. - comm. - finanz.*), Gewinn (*m.*), Verdienst (*m.*). **2 ~** (*a. - gen.*), nutzbar. **3 ~** (minerale) (*a. - min.*), hältig. **4 ~** (minerale utile) (*min.*), Ausbeute (*f.*). **5 ~ commerciale lordo** (*comm.*), Handelsspanne (*f.*), Bruttogewinnsatz (*m.*). **6 utili di esercizio** (*amm.*), Betriebserträge (*f. pl.*). **7 ~ di esercizio** (eccedenza, d'un bilancio) (*finanz.*), Überschuss (*m.*). **8 ~ lordo** (*comm.*

- *amm.*), Bruttogewinn (*m.*), Bruttoverdienst (*m.*). **9 ~ netto** (*amm. - comm.*), Reingewinn (*m.*), Nettoverdienst (*m.*). **10 contratto di devoluzione di utili** (*finanz.*), Gewinnabführungsvertrag (*m.*). **11 margine di ~** (*comm.*), Gewinnspanne (*f.*), Gewinnmarge (*f.*). **12 partecipazione agli utili** (*lav.*), Ergebnislohn (*m.*). **13 punto di ~** (*amm.*), Gewinnpunkt (*m.*).

utilità (*gen.*), Nutzen (*n.*). **2 di pubblica ~** (società p. es.) (*leg.*), gemeinnützig. **3 soglia di ~** (*amm.*), Nutzschwelle (*f.*).

utilitaria (*aut.*), Gebrauchswagen (*m.*), Kleinwagen (*m.*).

utilizzabile (usabile, idoneo, adatto) (*gen.*), brauchbar.

utilizzabilità (usabilità, impiegabilità) (*gen.*), Brauchbarkeit (*f.*). **2 ~** (impiegabilità, di un materiale) (*tecnol. - ecc.*), Verwendbarkeit (*f.*), Brauchbarkeit (*f.*).

utilizzare (usare, adoperare, impiegare) (*gen.*), brauchen, anwenden. **2 ~** (sfruttare) (*gen.*), verwerten. **3 ~ la massima potenzialità** (di un laminatoio p. es.) (*macch.*), auslasten.

utilizzatore (*gen.*), Benützer (*m.*), Benutzer (*m.*). **2 ~** (utenza, di energia elettrica) (*app. - elett. - ecc.*), Stromverbraucher (*m.*).

utilizzazione (impiego) (*gen.*), Nutzbarmachung (*f.*), Verwendung (*f.*), Nutzung (*f.*). **2 ~** (sfruttamento) (*gen.*), Verwertung (*f.*). **3 ~ del calore perduto** (*metall. - ind.*), Abhitzeverwertung (*f.*). **4 ~ in comune** (*gen.*), Mitbenutzung (*f.*). **5 ~ macchine** (*ind. - organ. lav.*), Maschinenauslastung (*f.*). **6 ~ multipla** (di comunicazione) (*telegr. - ecc.*), Mehrfachausnützung (*f.*). **7 ~ pacifica dell'energia atomica** (*fis. atom.*), friedliche Kernenergienutzung. **8 coefficiente di ~** (rapporto fra area edificata e non edificata d'un fondo) (*ed.*), Ausnutzungsziffer (*f.*). **9 curva di ~ cubica** (« cubica ») (*mot.*), kubische Ausnutzungslinie. **10 fattore di ~** (*illum.*), Beleuchtungswirkungsgrad (*m.*). **11 fattore di ~** (di un motore elettrico p. es.) (*elett.*), Auslastungsfaktor (*m.*). **12 grado di ~** (di una macchina) (*macch.*), Auslastungsgrad (*m.*), Nutzungsgrad (*m.*). **13 grado di ~ del magazzino** (*ind.*), Lagernutzungsgrad (*m.*). **14 (ore annue di) ~** (d'una centrale elettrica) (*elett.*), Auslastung (*f.*). **15 premio per buona ~** (d'un impianto) (*lav.*), Nutzungsprämie (*f.*). **16 rapporto di ~** (di un mot. a c. i., rapporto tra carica fresca e carica) (*mot.*), Ladegrad (*m.*), Fanggrad (*m.*).

utilizzo (utenza, apparecchio p. es.) (*elett.*), Verbraucher (*m.*).

V

V (tipo di motore od intaglio p. es.) (*gen.*), V. 2 ~ (vanadio) (*chim.*), V, Vanadium (*n.*). 3 ~ (Volt) (*mis. elett.*), V, Volt (*n.*). 4 ~ (velocità) (*fis.*), V, Geschwindigkeit (*f.*). 5 ~ (volume) (*fis.*), V, Volumen (*n.*), Rauminhalt (*m.*). 6 di forma a ~ (*mecc. - ecc.*), V-förmig. 7 intaglio a ~ (*mecc. - ecc.*), V-Kerbe (*f.*).

v. (vedi, confronta) (*gen.*), vgl., vergleiche, siehe.

VA (voltampere) (*elett.*), VA, Voltampere (*n.*). 2 ~ (acetato di vinile) (*chim.*), VA, Vinylacetat (*n.*).

vacante (*lav.*), vakant, unbesetzt. 2 posto ~ (*lav.*), freier Arbeitsplatz.

vacanza (posto libero) (*lav.*), Vakanz (*f.*), unbesetzte Stelle. 2 ~ (buco, in un semiconduttore) (*elettronica*), Loch (*n.*), Defektelektron (*n.*). 3 vacanze (*scuola - ecc.*), Ferien (*pl.*). 4 vacanze estive (*scuola - ecc.*), Sommerferien (*pl.*).

vaccinazione (*med.*), Impfung (*f.*).

vacillare (*gen.*), flimmern.

vacuometro (vuotometro) (*strum.*), Vakuummeter (*n.*), Unterdruckmesser (*m.*). 2 ~ a decremento (vacuometro a viscosità) (*app.*), Reibungsvakuummeter (*n.*). 3 ~ ad effetto **radiometrico** (vacuometro di Kundsen) (*strum.*), Radiometervakuummeter (*n.*), Kundsen-Vakuummeter (*n.*). 4 ~ a disco oscillante (*app.*), Schwingungsvakuummeter (*n.*). 5 ~ a filo caldo (*strum.*), Wärmeleitungsmanometer (*n.*). 6 ~ a ionizzazione (*strum.*), Ionisationsmanometer (*n.*). 7 ~ a scarica (vacuometro di Philips) (*strum.*), Philips-Vakuummeter (*n.*). 8 ~ a viscosità (vacuometro a decremento) (*app.*), Reibungsvakuummeter (*n.*). 9 ~ di Kundsen (vacuometro ad effetto radiometrico) (*strum.*), Radiometervakuummeter (*n.*), Kundsen-Vakuummeter (*n.*). 10 ~ di Philips (vacuometro a scarica) (*strum.*), Philips-Vakuummeter (*n.*).

vacuoscopio (*app.*), Vakuskop (*n.*).

vadoso (acqua) (*geol.*), vados.

vagante (corrente) (*elett.*), vagabundierend. 2 corrente ~ (*elett.*), vagabundierender Strom.

vaglia (*finanz.*), Anweisung (*f.*). 2 ~ **bancario** (*finanz.*), Bankanweisung (*f.*). 3 ~ **cambiario** (*finanz.*), Solawechsel (*m.*), Eigenwechsel (*m.*). 4 ~ postale (*posta*), Postanweisung (*f.*). 5 ~ telegrafico (*posta*), telegraphische Postanweisung.

vagliare (*ind.*), sieben, absieben. 2 ~ a scossa (*min. - ecc.*), rütteln.

vagliato (carbone p. es.) (*min. - ecc.*), abgesiebt.

vagliatura (crivellatura, setacciatura, operazione) (*ind.*), Sieben (*n.*). 2 impianto di ~ (*ind.*), Siebeanlage (*f.*), Sieberei (*f.*). 3 impianto di ~ del minerale (*min.*), Erzsiebanlage (*f.*). 4 residui di ~ (*ind.*), Ausgesiebtes (*n.*).

vaglio (crivello) (*app. min. - mur.*), Sieb (*n.*). 2 ~ (crivello, da muratore) (*att. mur.*), Wurfsieb (*n.*). 3 ~ a fori rotondi (crivello a fori circolari) (*app.*), Rundlochsieb (*n.*). 4 ~ a maglia fine (setaccio, staccio) (*att. ind.*), Haarsieb (*n.*), Feinsieb (*n.*). 5 ~ a maglia quadrata (crivello a maglia quadrata) (*att.*), Quadratsieb (*n.*), Quadratlochsieb (*n.*), Maschensieb (*n.*). 6 ~ a scossa (vibrovaglio) (*app. min. - ecc.*), Rüttelsieb (*n.*), Zittersieb (*n.*), Schwingrätter (*m.*), Schüttelrätter (*m.*), Schwingsieb (*n.*). 7 ~ a tamburo (vaglio rotativo) (*app. min.*), Siebtrommel (*f.*), Trommelsieb (*n.*), Zylindersieb (*n.*). 8 ~ centrifugo (*app.*), Schleudersieb (*n.*). 9 ~ classificatore (*app. min.*), Klassiersieb (*n.*). 10 ~ di filo metallico (crivello di filo metallico) (*att.*), Drahtsieb (*n.*). 11 ~ per analisi granulometriche (*app.*), Prüfsieb (*n.*). 12 ~ per minerali (crivello per minerale) (*app. min.*), Erzsieb (*n.*). 13 ~ per sabbia (crivello per sabbia) (*att. ed.*), Sandsieb (*n.*), Durchwurf (*m.*). 14 ~ piano a rotazione (*app. min.*), Plansieb (*n.*). 15 ~ piano (a scossa) (vaglio piano oscillante) (*app. min.*), Flachsieb (*n.*). 16 ~ piano (oscillante) (vaglio piano a scossa) (*app. min.*), Flachsieb (*n.*). 17 ~ rotante (*app. min.*), Drehsieb (*n.*). 18 ~ rotativo (vaglio a tamburo) (*app. min.*), Siebtrommel (*f.*), Trommelsieb (*n.*). 19 ~ singolo (vaglio semplice, vaglio ad un piano) (*att. ed.*), Einstufensieb (*n.*), Eindecker (*m.*). 20 maglia del ~ (*ed. - ecc.*), Sieböffnung (*f.*). 21 telaio del ~ (elemento separatore; lamiera forellata, reticella metallica, ecc.) (*app.*), Siebbelag (*m.*).

vagoncino (vagonetto) (*veic.*), Wagen (*m.*). 2 ~ (*veic.*), vedi anche vagonetto. 3 ~ a bilico (vagoncino ribaltabile, di una teleferica p. es.) (*trasp.*), Kippkasten (*m.*). 4 ~ da miniera (*min.*), Hund (*m.*), Hunt (*m.*), Förderwagen (*m.*). 5 ~ di caricamento (di un forno) (*metall.*), Gichtwagen (*m.*). 6 ~ ribaltabile (vagonetto ribaltabile) (*veic.*), Kipper (*m.*), Kippe (*f.*). 7 ~ ribaltabile (vagoncino a bilico, di una teleferica p. es.) (*trasp.*), Kippkasten (*m.*). 8 ~ senza sponde (per trasporto di materiali lunghi o ingombranti) (*veic. - min.*), Teckel (*m.*).

vagone (*veic. ferr.*), Wagen (*m.*). 2 ~ (*veic. ferr.*), vedi anche carro. 3 ~ cisterna (*veic. ferr.*), Tankwagen (*m.*), Behälterwagen (*m.*), Bassinwagen (*m.*), Zisternenwagen (*m.*). 4 ~ letto (carrozza letti) (*veic. ferr.*), Schlafwagen (*m.*). 5 ~ postale (*veic. ferr.*), Bahnpostwagen (*m.*). 6 ~ ristorante (carrozza ristorante) (*veic. ferr.*), Speisewagen (*m.*). 7 ~ volante (*aer.*), Flächenwagen (*m.*). 8 franco ~ (*comm.*), bahnfrei. 9 parco vagoni

(vagoni disponibili) (ferr.), Wagenbestand (m.).

vagonetto (da miniera) (veic. min.), Hund (m.), Wagen (m.). 2 ~ **a bilico** (vagonetto ribaltabile, vagonetto Decauville) (veic.), Feldbahnlore (f.), Kipper (m.), Kippe (f.), Muldenkipper (m.), Lore (f.). 3 ~ **a conca ribaltabile** (veic.), Muldenkipper (m.). 4 ~ **a ripiani** (trasp. ind.), Etagenwagen (m.). 5 ~ **con cassa a bilico** (veic.), Muldenkipper (m.), Kipplastwagen (m.). 6 ~ **da miniera** (veic. min.), Grubenhund (m.), Grubenförderwagen (m.), Förderwagen (m.). 7 ~ **Decauville** (vagonetto a bilico o ribaltabile) (veic.), Feldbahnlore (f.), Muldenkipper (m.), Lore (f.), Kipper (m.). 8 ~ **per carbone** (veic. min.), Kohlenwagen (m.). 9 ~ **per caricamento** (per forno) (metall. - fond.), Einsatzmuldenwagen (m.). 10 ~ **ribaltabile** (vagonetto a bilico, vagonetto Decauville) (veic.), Feldbahnlore (f.), Muldenkipper (m.).

vaiolarsi (« pittare ») (mecc.), einfressen, ausfressen.

vaiolato (mecc.), ausgefressen, angefressen.

vaiolatura (puntinatura, « pittatura ») (mecc.), Grübchenbildung (f.), Einfressung (f.), Anfressung (f.). 2 ~ (fori di spillo) (difetto di vn.), Kratererscheinung (f.).

Val (grammo-equivalente) (chim.), Val (n.), Gramm-Äquivalent (n.).

valanga (geol.), Lawine (f.), Lahne (f.) (austr.), Lähne (f.) (austr.), Lauene (f.), Laui (f.), Lauine (svizz.). 2 ~ **di canalone** (valanga incanalata) (geol.), Runsenlawine (f.). 3 ~ **di fondo** (valanga primaverile) (geol.), Grundlawine (f.), Schlaglawine (f.). 4 ~ **di lastroni** (geol.), Schneebrettlawine (f.). 5 ~ **di neve sciolta** (di neve non compatta) (geol.), Lockerschneelawine (f.), Pulverlawine (f.). 6 ~ **di portatori di carica** (nei semiconduttori) (elettronica), Trägerlawine (f.). 7 ~ **di superficie** (geol.), Oberlawine (f.). 8 ~ **di versante** (geol.), Flächenlawine (f.). 9 ~ **elettronica** (elettronica), Elektronenlawine (f.). 10 ~ **incanalata** (valanga di canalone) (geol.), Runsenlawine (f.). 11 ~ **ionica** (elettronica), Ionenlawine (f.). 12 ~ **nubiforme** (elettronica), Staublawine (f.). 13 ~ **primaverile** (valanga di fondo) (geol.), Grundlawine (f.), Schlaglawine (f.). 14 ~ **radente** (geol.), Fliesslawine (f.). 15 **effetto** ~ (elettronica), Lawineneffekt (m.). 16 **rottura a** ~ (elettronica), Lawinenbruch (m.). 17 **rumore di** ~ (elettronica), Lawinenrauschen (n.). 18 **scarica a** ~ (di ioni p. es.) (elettronica), Schauerentladung (f.).

vale a dire (cioè, ossia) (gen.), das heisst, d. h., das ist, d. i.

valenza (chim.), Valenz (f.), Wertigkeit (f.). 2 ~ **di polimerizzazione** (« funzionalità », nella chimica macromolecolare) (chim.), Funktionalität (f.). 3 ~ **principale** (chim.), Hauptvalenz (f.). 4 ~ **secondaria** (di natura elettrica) (chim.), Nebenvalenz (f.). 5 ~ **zero** (chim.), Nullwertigkeit (f.). 6 **banda di** ~ (di un semiconduttore) (elettronica), Valenzband (n.). 7 **elettrone di** ~ (fis.), Valenzelektron (n.), Bindeelektron (n.). 8 **legame di** ~ (chim.), Wertigkeitsbindung (f.), Valenzbindung (f.). 9 **sostanza (con ioni) a** ~ **mista** (composto chimico) (chim.), Mischvalenzstoff (m.). 10 **vibrazione di** ~ (nell'esame spettroscopico all'infrarosso p. es.) (ott.), Valenzschwingung (f.).

valico (punto di valico, di un passo) (geogr.), Passhöhe (f.). 2 ~ (passo) (geogr.), Pass (m.).

validità (leg.), Gültigkeit (f.). 2 ~ **giuridica** (leg.), Rechtsgültigkeit (f.). 3 **campo di** ~ (gen.), Geltungsbereich (m.). 4 **di** ~ **generale** (generale) (gen.), allgemein gültig. 5 **periodo di** ~ (di un'assicurazione p. es.) (gen.), Laufzeit (f.).

valido (gen.), gültig, geltend, wirksam. 2 **rimanere** ~ (rimanere in vigore) (gen.), gültig bleiben, in Kraft bleiben.

valigia (gen.), Koffer (m.).

valle (geol. - geogr.), Tal (n.). 2 ~ (avvallamento, in contrapposizione ad un picco d'una curva di potenza p. es.) (elett. - ecc.), Tal (n.). 3 ~ **a conca** (conca) (geol. - geogr.), Trogtal (n.), U-Tal (n.). 4 ~ **del solco** (nelle misure di rugosità) (mecc.), Rillental (m.). 5 ~ **erosiva** (valle di erosione) (geol.), Erosionstal (n.). 6 ~ **tettonica** (geol.), tektonisches Tal. 7 **a** ~ (gen.), stromab, abwärts, stromabwärts, flussabwärts. 8 **a** ~ (superficie d'una diga) (costr. idr.), luftseitig. 9 **lato a** ~ (di una diga) (costr. idr.), Luftseite (f.).

valore (gen.), Wert (m.). 2 **valori** (titoli) (finanz.), Werte (m. pl.). 3 ~ **aberrante** (valore statistico che si scosta molto dagli altri valori di una serie di osservazioni) (stat. - ecc.), Ausreisser (m.). 4 ~ **aggiunto** (mediante lavorazione) (finanz. - ecc.), Mehrwert (m.). 5 ~ **approssimato** (mat. - ecc.), Näherungswert (m.), angenäherter Wert, Annäherungswert (m.). 6 ~ **a regime** (valore in condizioni di stabilità) (strum. - ecc.), Beharrungswert (m.), stetiger Wert. 7 ~ **calcolato** (gen.), Berechnungswert (m.). 8 ~ **caratteristico** (indice) (macch. - ecc.), Kennwert, Kennzahl (f.). 9 ~ **commerciale** (comm.), Handelswert (m.). 10 ~ **comparativo** (gen.), Vergleichswert (m.). 11 ~ **contrattuale** (comm.), Vertragswert (m.), Pflichtwert (m.). 12 ~ **corrente** (comm.), Verkehrswert (m.). 13 ~ **cumulativo** (gen.), Summenwert (m.). 14 ~ **CV** (CV, efflusso attraverso una valvola) (idr.), kv-Wert (m.). 15 ~ **della grandezza perturbatrice** (regol.), Störwert (m.). 16 ~ **della rugosità** (mecc.), Rauhwert (m.), Rauheitswert (m.). 17 ~ **d'esercizio** (valore nominale, punto di lavoro; valore raggiunto dalla grandezza regolata in condizioni di funzionamento normali) (regol.), Betriebspunkt (m.). 18 ~ **desiderato** (della grandezza regolata, grandezza indipendente alla quale la variabile regolata deve essere adattata in caso di perturbazioni) (regol.), Führungsgrösse (f.), Führungswert (m.). 19 ~ **di avviamento dell'azienda** (ind.), Betriebswert (m.). 20 ~ **dichiarato** (comm.), deklarierter Wert. 21 ~ **di cresta** (picco, valore massimo) (fis. - elett.), Höchstwert (m.), Spitze (f.), Spitzenwert (m.), Extremwert (m.), Scheitelwert (m.). 22 ~ **di fondo scala** (di uno strumento) (strum.), Endwert (m.). 23 ~ **di funzionamento** (d'un relè) (elett.),

valore

Arbeitswert (*m.*). 24 ~ **d'inventario** (*amm. - contabilità*), Inventarwert (*m.*). 25 ~ **d'inversione** (*tecnica di mis.*), Umkehrspanne (*f.*). 26 ~ **di primo distacco** (*mis.*), Anlaufwert (*m.*). 27 ~ **di punta** (valore di cresta, picco) (*gen.*), Spitzenwert (*m.*), Spitze (*f.*), Scheitelwert (*m.*). 28 ~ **di** r_H (per sistemi di ossidazione) (*chim.*), r_H Wert (*m.*). 29 ~ **di riferimento** (valore di taratura) (*strum. - ecc.*), Eichwert (*m.*). 30 ~ **di ripristino** (d'un relè) (*elett.*), Rückgangswert (*m.*). 31 ~ **di saponificazione** (mg di KOH necessari a neutralizzare gli acidi liberi contenuti in 100 ml del campione) (*chim.*), Verseifungswert (*n.*). 32 ~ **di saturazione** (d'un bacino idrico, con inquinanti p. es.) (*idr. - biochim. - ecc.*), Sättigungswert (*m.*). 33 ~ **di sincronismo** (*telev.*), Synchronwert (*m.*). 34 ~ **di soglia** (soglia) (*fis.*), Schwellenwert (*m.*). 35 ~ **di taratura** (valore di riferimento) (*strum. - ecc.*), Eichwert (*m.*). 36 ~ **dovuto alla posizione** (d'un terreno) (*ed. - urb.*), Lagewert (*m.*). 37 ~ **d'uso** (*comm. - ecc.*), Gebrauchswert (*m.*). 38 ~ **effettivo** (valore reale) (*fis. - ecc.*), Istwert (*m.*). 39 ~ **efficace** (radice quadrata dei valori medi al quadrato) (*mat. - elett.*), quadratisches Mittel, Effektivwert (*m.*), effektiver Wert, quadratischer Mittelwert. 40 ~ **empirico** (*gen.*), Erfahrungswert (*m.*). 41 ~ **erratico** (valore instabile) (*gen.*), Zufallswert (*m.*). 42 ~ **finale** (risultato finale) (*mat. - ecc.*), Endwert (*m.*). 43 ~ **gamma** (*telev.*), Gammawert (*m.*). 44 ~ **garantito** (*gen.*), Garantiewert (*m.*). 45 ~ **imponibile** (imponibile) (*finanz.*), steuerbarer Wert, Verlagungswert (*m.*). 46 ~ **impostato** (nella regolazione, valore nominale p. es.) (*app. - ecc.*), Einstellwert (*m.*). 47 ~ **in contanti** (*comm.*), Barwert (*m.*). 48 ~ **indicativo** (valore orientativo) (*gen.*), Richtwert (*m.*). 49 ~ **instabile** (valore erratico) (*gen.*), Zufallswert (*m.*). 50 ~ **intermedio** (*gen.*), Zwischenwert (*m.*). 51 ~ **intrinseco** (*gen.*), innerer Wert. 52 ~ **istantaneo** (valore transitorio) (*fis.*), Momentanwert (*m.*), Augenblickswert (*m.*). 53 ~ **limite** (valore massimo p. es.) (*fis. - ecc.*), Grenzwert (*m.*). 54 ~ **K** (misura per lo stadio medio di polimerizzazione) (*tecnol.*), K-Wert (*m.*). 55 ~ **logico** (*mat.*), Wahrheitswert (*n.*). 56 ~ **logico** (*calc.*), Aussagenwert (*m.*), logischer Wert. 57 ~ **massimo** (*gen.*), Höchstwert (*m.*). 58 ~ **materiale** (*finanz.*), Sachwert (*m.*). 59 ~ **medio** (media) (*mat. - ecc.*), Mittel (*n.*), Mittelwert (*m.*), Durchschnitt (*m.*), Durchschnittswert (*m.*). 60 ~ **medio al quadrato** (valore efficace) (*mat. - fis.*), quadratischer Mittelwert. 61 ~ **minimo** (*gen.*), Kleinstwert (*m.*), Tiefstwert (*m.*). 62 ~ **misurato** (*metrologia - ecc.*), Messwert (*m.*). 63 ~ **nominale** (*gen.*), Nennwert (*m.*), Nominalwert (*m.*). 64 ~ **nominale** (valore d'esercizio, punto di lavoro; valore raggiunto dalla grandezza regolata in condizioni di funzionamento normali) (*regol.*), Betriebspunkt (*m.*). 65 ~ **numerico** (*mat. - ecc.*), Zahlenwert (*m.*). 66 ~ **nutritivo** (di alimenti) (*ind.*), Nährwert (*m.*). 67 ~ **orientativo** (valore indicativo) (*gen.*), Richtwert (*m.*). 68 ~ **prescritto** (valore nominale) (*metrologia*), Sollwert (*m.*), Nennwert (*m.*). 69 ~ **presunto** (*gen.*), angenommener Wert. 70 ~ **previsto** (*gen.*), Erwartungswert (*m.*). 71 ~ **reale** (valore effettivo) (*fis. - ecc.*), Istwert (*m.*), wahrer Wert. 72 ~ **reale** (di moneta p. es.) (*gen.*), Realwert (*m.*). 73 ~ **reale del capitale** (d'una società) (*finanz.*), Substanzwert (*m.*). 74 ~ **reciproco** (reciproco) (*mat.*), Reziprokwert (*m.*), Kehrwert (*m.*). 75 ~ **regolato** (valore della variabile regolata instaurantesi dopo i transitori del regolatore) (*regol.*), Beharrungswert (*m.*). 76 ~ **stimato** (*gen.*), geschätzter Wert, Anschlagswert (*m.*). 77 ~ **transitorio** (valore istantaneo) (*fis.*), Momentanwert (*m.*), Übergangswert (*m.*). 78 **analisi del** ~ (metodo per individuare i costi non necessari e trovare le misure per eliminarli) (*ind.*), Wertanalyse (*f.*). 79 **calcolo dei valori estremi** (di valori massimi e minimi) (*gen.*), Extremwertrechnung (*f.*).

valorizzare (utilizzare) (*gen.*), verwerten.

valorizzazione (utilizzazione) (*gen.*), Verwertung (*f.*).

valuta (*finanz.*), Währung (*f.*), Valuta (*f.*). 2 ~ **estera** (*finanz.*), Auslandwährung (*f.*). 3 ~ **forte** (*finanz.*), harte Währung. 4 ~ **convertibile** (*finanz.*), konvertierbare Währung.

valutare (stimare) (*gen.*), einschätzen, schätzen. 2 ~ (interpretare, analizzare; un risultato) (*gen.*), auswerten. 3 ~ (accollare, le tasse p. es.) (*finanz.*), festsetzen.

valutato (stimato) (*gen.*), geschätzt.

valutazione (stima) (*finanz. - ecc.*), Einschätzung (*f.*), Schätzung (*f.*). 2 ~ (del personale, del lavoro) (*pers. - lav.*), Bewertung (*f.*), Beurteilung (*f.*). 3 ~ (classifica, degli operai in base alle prestazioni p. es.) (*lav. - pers.*), Einstufung (*f.*). 4 ~ **del lavoro** (*lav. - pers.*), Arbeitsbewertung (*f.*). 5 ~ **ponderata** (*studio lavoro*), Gewichtung (*f.*). 6 **criterio di** ~ (criterio di giudizio) (*gen.*), Beurteilungsmassstab (*m.*).

valva (*gen.*), Schale (*f.*). 2 **benna a due valve** (*app. mov. terra*), Zweischalengreifer (*m.*), Zweischalengreifkorb (*m.*).

valvola (*macch. - mot. - ecc.*), Ventil (*n.*). 2 ~ **elettronica**, tubo elettronico (*elettronica*), Röhre (*f.*). 3 ~ (fusibile) (*elett.*), Sicherung (*f.*). 4 ~ **a campana** (*idr.*), Becherventil (*n.*). 5 ~ **a cassetto** (*macch. - mot. - ecc.*), Schieber (*m.*). 6 ~ **a cassetto cilindrico** (*macch. - mot. - ecc.*), Walzenschieber (*m.*). 7 ~ **a cassetto piano** (*macch.*), Flachschieber (*m.*). 8 ~ **a cerniera** (*tubaz.*), Klappenventil (*m.*). 9 ~ **(a corpo) tubolare** (a doppia sede, per macchine a vapore p. es.) (*tubaz.*), Rohrventil (*n.*). 10 ~ **ad ago** (valvola a spillo, di un carburatore p. es.) (*mot. - ecc.*), Nadelventil (*n.*). 11 ~ **ad angolo** (con unica deviazione del flusso a 90°) (*tubaz.*), Eckventil (*n.*). 12 ~ **ad azione ritardata** (fusibile ad azione ritardata) (*elett.*), träge Sicherung. 13 ~ **a disco** (valvola a sede piana) (*tubaz.*), Plattenventil (*n.*), Scheibenventil (*n.*). 14 ~ **a doppia sede** (valvola equilibrata, per turbine a vapore p. es.) (*tubaz.*), Doppelsitzventil (*n.*). 15 ~ **a farfalla** (farfalla, di un carburatore p. es.) (*mot. - ecc.*), Klappe (*f.*), Ventilklappe (*f.*), Drosselklappe (*f.*). 16 ~

a farfalla del gas (farfalla, di un carburatore) (*mot.*), Gasdrossel (*f.*). **17** ~ **a fungo** (*mot. - ecc.*), Pilzventil (*n.*). **18** ~ **a galleggiante** (*idr. - ecc.*), Schwimmerventil (*n.*). **19** ~ **a ghianda** (*radio*), Eichelröhre (*f.*). **20** ~ **amplificatrice** (tubo amplificatore, amplificatore a valvola) (*radio*), Verstärkerröhre (*f.*), Röhrenverstärker (*m.*). **21** ~ **antiritorno** (valvola di non ritorno) (*tubaz.*), Rückschlagventil (*n.*). **22** ~ **antiritorno comandata da pilota** (valvola di non ritorno pilotata) (*oleoidr.*), vorgesteuertes Rückschlagventil. **23** ~ **antiritorno con strozzamento** (valvola di non ritorno con strozzamento) (*oleoidr.*), Drosselrückschlagventil (*n.*). **24** ~ **antiritorno con regolazione della portata** (valvola monodirezionale regolatrice della portata, valvola combinata di strozzamento ed antiritorno) (*oleoidr.*), Drosselrückschlagventil (*n.*). **25** ~ **a patrona** (*elett.*), Patronensicherung (*f.*). **26** ~ **a pedana** (valvola azionata dal piede, di un impianto di frenatura ad aria compressa p. es.) (*veic. - ecc.*), Trittplattenventil (*n.*). **27** ~ **a più anodi** (valvola plurianodica) (*elettronica*), Mehranodenventil (*n.*). **28** ~ **a pulsante di cacciata** (dello sciacquone d'una latrina) (*ed.*), Druckspüler (*m.*). **29** ~ **a riscaldamento diretto** (tubo a riscaldamento diretto) (*radio*), direkt beheizte Röhre. **30** ~ **a saracinesca** (*idr.*), Schieberventil (*n.*). **31** ~ **a sede multipla** (*mecc. - tubaz.*), Stufenventil (*n.*). **32** ~ **a sede obliqua** (*tubaz.*), Schrägsitzventil (*n.*). **33** ~ **a sede piana** (valvola a disco) (*tubaz.*), Plattenventil (*n.*), Scheibenventil (*n.*). **34** ~ **a sfera** (*mecc. - ecc.*), Kugelventil (*n.*). **35** ~ **a semiconduttore** (*elettronica*), Halbleiterventil (*n.*). **36** ~ **a spillo** (valvola ad ago, di un carburatore p. es.) (*mot. - ecc.*), Nadelventil (*n.*). **37** ~ **a stantuffo** (valvola a cassetto cilindrico) (*mecc.*), Kolbenschieber (*m.*), Walzenschieber (*m.*). **38** ~ **a tabacchiera** (fusibile a tabacchiera) (*elett.*), Dosensicherung (*f.*). **39** ~ **a tappo** (*elett.*), Schraubeinsatz (*m.*), Sicherungsstöpsel (*m.*). **40** ~ **collettrice** (per il raggruppamento di tubazioni d'un campo petrolifero) (*min.*), Schieberstock (*m.*). **41** ~ **comando freni rimorchio** (*veic.*), Anhängerbremsventil (*n.*), Anhängersteuerventil (*n.*). **42** ~ **combinata di strozzamento ed antiritorno** (valvola monodirezionale regolatrice della portata, valvola antiritorno con regolazione della portata) (*oleoidr.*), Drosselrückschlagventil (*n.*). **43** ~ **con anodo raffreddato** (*radio*), Röhre mit gekühlter Anode. **44** ~ **del convertitore** (statico) (*elettronica*), Stromrichterventil (*n.*). **45** ~ **del getto supplementare** (di un carburatore) (*mot.*), Zusatzventil (*n.*). **46** ~ **della camera d'aria** (di un pneumatico) (*veic.*), Schlauchventil (*n.*). **47** ~ **del vento** (di un altoforno) (*metall.*), Windschieber (*m.*). **48** ~ **di allagamento** (valvola di mare, valvola Kingston) (*nav.*), Kingstonventil (*n.*), Flutventil (*n.*), Seeventil (*n.*). **49** ~ **di ammissione** (valvola di aspirazione, di un motore a comb. interna p. es.) (*mot. - ecc.*), Einlassventil (*n.*). **50** ~ **di ammissione del vapore** (*tubaz.*), Dampfeinlassventil (*n.*). **51** ~ **di arresto** (valvola di intercettazione) (*tubaz.*), Absperrventil (*n.*), Sperrventil (*n.*). **52** ~ **di aspirazione** (valvola di ammissione, di un mot. a comb. interna p. es.) (*mot. - ecc.*), Einlassventil (*n.*), Ansaugventil (*n.*). **53** ~ **di chiusura** (valvola di intercettazione) (*tubaz.*), Absperrventil (*n.*), Sperrventil (*n.*). **54** ~ **di chiusura dell'aria** (farfalla dello starter, di un carburatore) (*mot. - aut.*), Startklappe (*f.*), Luftklappe (*f.*), Starterklappe (*f.*). **55** ~ **di comando** (per freni pneumatici p. es.) (*veic. - ecc.*), Steuerventil (*n.*). **56** ~ **di corto circuito** (*tubaz.*), Kurzschlussventil (*n.*). **57** ~ **di disaerazione** (*tubaz. - ecc.*), Entlüftungsventil (*n.*). **58** ~ **di fondo** (*idr.*), Bodenventil (*n.*), Grundventil (*n.*), Fussventil (*n.*). **59** ~ **di frenatura a pedana** (di un impianto di frenatura ad aria compressa) (*veic.*), Trittplattenbremsventil (*n.*). **60** ~ **di graduazione** (del freno) (*ferr.*), Abstufungsventil (*n.*). **61** ~ **di mandata** (di una pompa di iniezione p. es.) (*mot. Diesel - ecc.*), Druckventil (*n.*). **62** ~ **di mare** (valvola Kingston, valvola di allagamento) (*nav.*), Kingstonventil (*n.*), Flutventil (*n.*), Seeventil (*n.*). **63** ~ **di non ritorno** (*tubaz.*), Rückschlagventil (*n.*). **64** ~ **di non ritorno a cerniera** (*tubaz.*), Rückschlagklappe (*f.*). **65** ~ **di non ritorno a sfera** (valvola di ritegno a sfera) (*tubaz.*), Kugelrückschlagventil (*n.*). **66** ~ **di non ritorno con strozzamento** (valvola antiritorno con strozzamento) (*oleoidr.*), Drosselrückschlagventil (*n.*). **67** ~ **di non ritorno pilotata** (valvola antiritorno comandata da pilota) (*oleoidr.*), vorgesteuertes Rückschlagventil. **68** ~ **d'intercettazione** (*tubaz.*), Absperrventil (*n.*), Sperrventil (*n.*). **69** ~ **di potenza** (tubo di potenza) (*elettronica*), Leistungsröhre (*f.*). **70** ~ **di presa del vapore** (*cald.*), Dampfzulassventil (*n.*). **71** ~ **di registro** (registro, di una stufa p. es.) (*comb.*), Zugregler (*m.*). **72** ~ **di registro a cerniera** (registro, nel tubo della stufa p. es.) (*comb.*), Klappe (*f.*), Luftklappe (*f.*). **73** ~ **di registro a serranda** (di una stufa p. es.) (*comb.*), Luftschieber (*m.*). **74** ~ **di regolazione periodica** (della portata; per tubazioni ad alta pressione) (*tubaz.*), Reizventil (*n.*). **75** ~ **di riduzione** (*tubaz. - ecc.*), Reduzierventil (*n.*). **76** ~ **di riduzione della pressione** (riduttore di pressione) (*saldatura - ecc.*), Druckminderventil (*n.*), Druckreduzierer (*m.*), Druckminderungsventil (*n.*). **77** ~ **di riempimento** (*idr. - ecc.*), Füllventil (*n.*). **78** ~ **di ritegno a sfera** (valvola di non ritorno a sfera) (*tubaz.*), Kugelrückschlagventil (*n.*). **79** ~ **di scarico** (di un mot. a comb. interna) (*mot.*), Auslassventil (*n.*). **80** ~ **di scarico** (di liquidi p. es.) (*tubaz. - ecc.*), Ablassventil (*n.*). **81** ~ **di scarico** (del vapore p. es.) (*cald. - ecc.*), Abblaseventil (*n.*). **82** ~ **di scarico dei fanghi** (*cald.*), Abschlämmventil (*n.*). **83** ~ **di sequenza** (*oleoidr.*), Zuschaltventil (*n.*). **84** ~ **di sfiato** (valvola di disaerazione) (*tubaz. - ecc.*), Entlüftungsventil (*n.*). **85** ~ **di sfogo** (*forno - metall.*), Explosionsklappe (*f.*). **86** ~ **di sfogo** (d'un altoforno) (*metall.*), Ofenhut (*m.*). **87** ~ **di sicurezza** (*cald.-tubaz. - ecc.*), Sicherheitsventil (*n.*). **88** ~ **di sicu-**

valvola rezza a chiusura automatica (*tubaz.*), Sicherheitsabsperrventil (*n.*), SAV. **89** ~ di sicurezza ad apertura automatica (*tubaz.*), Sicherheitsauslass (*m.*), SAL. **90** ~ di sicurezza contro le sovrapressioni (valvola limitatrice della pressione) (*macch.*), Überdruckventil (*n.*). **91** ~ di spurgo (valvola di scarico, di liquidi) (*tubaz. - ecc.*), Ablassventil (*n.*). **92** ~ di spurgo (di vapore o gas) (*cald. - ecc.*), Ablaseventil (*n.*). **93** ~ di spurgo dei fanghi (*cald.*), Abschlämmventil (*n.*). **94** ~ di tiraggio (serranda, registro, del tubo di una stufa p. es.) (*comb.*), Zugregler (*m.*). **95** ~ di troppo pieno (*idr.*), Überlaufventil (*n.*), Überströmventil (*n.*). **96** ~ doppia (binodo, bianodo) (*radio*), Binode (*f.*). **97** ~ elettromagnetica (valvola a solenoide) (*elettromecc.*), Magnetventil (*n.*), Solenoidventil (*n.*). **98** ~ elettronica (tubo elettronico) (*elettronica*), Elektronenröhre (*f.*). **99** ~ equilibrata (valvola a doppia sede, per turbine a vapore p. es.) (*tubaz.*), Doppelsitzventil (*n.*). **100** ~ finale (tubo elettronico finale di un impianto) (*elettronica*), Endröhre (*f.*). **101** ~ fusibile (*elett.*), Schmelzsicherung (*f.*). **102** ~ fusibile a cartuccia (fusibile a cartuccia) (*elett.*), Sicherungspatrone (*f.*), Patronensicherung (*f.*). **103** ~ fusibile a tappo (fusibile a tappo) (*elett.*), Stöpselsicherung (*f.*). **104** ~ fusibile di grande potenza ad alta tensione (per 3-30 kV) (*elett.*), Hochspannung-Hochleistungssicherung (*f.*), HH-Sicherung (*f.*). **105** ~ idraulica (*app.*), Hydraulikventil (*n.*). **106** ~ in testa (di un mot. a c. i.) (*mot.*), hängendes Ventil. **107** valvole in testa inclinate (di un mot. a c. i.) (*mot.*), hängende, schräg angeordnete Ventile. **108** ~ Kingston (valvola di mare, valvola di allagamento) (*nav.*), Kingstonventil (*n.*), Seeventil (*n.*), Flutventil (*n.*). **109** ~ laterale (di un mot. a comb. interna) (*mot.*), stehendes Ventil. **110** ~ limitatrice (della pressione, valvola di sicurezza contro le sovrapressioni) (*macch. - mot.*), Überdruckventil (*n.*), Druckminderventil (*n.*). **111** ~ limitatrice della pressione dell'olio (valvola regolatrice della pressione dell'olio) (*mot.*), Öluberdruckventil (*n.*), Öldruckminderventil (*n.*). **112** ~ luce (modulatore di luce, cellula di Kerr p. es.) (*elettro-ottica*), Lichtventil (*n.*), Lichthahn (*m.*). **113** ~ mancanza gas (di un impianto di riscaldamento a gas p. es.) (*term. - ecc.*), Gasmangelventil (*n.*). **114** ~ martellata (*difetto mot.*), eingeschlagenes Ventil. **115** ~ miniatura (*radio*), Miniaturröhre (*f.*). **116** ~ modulatrice (*radio*), Modulationsröhre (*f.*). **117** ~ motorizzata (*mecc.*), gesteuertes Ventil. **118** ~ pilota (per impianti idraulici o pneumatici p. es.) (*tubaz. - oleoidr.*), Vorsteuerventil (*n.*). **119** ~ plurianodica (valvola a più anodi) (*elettronica*), Mehranodenventil (*n.*). **120** ~ proporzionale (*oleoidr. - tubaz.*), Proportional-Ventil (*n.*). **121** ~ raffreddata con sodio (*mot.*), natriumgefülltes Auslassventil. **122** ~ regolatrice della pressione dell'olio (valvola limitatrice della pressione dell'olio) (*mot.*), Öluberdruckventil (*n.*), Öldruckminderventil (*n.*). **123** ~ regolatrice di portata (regolatore di portata) (*oleoidr.*), Stromventil (*n.*). **124** ~ regolatrice monodirezionale della portata (valvola antiritorno con regolazione della portata, valvola combinata di strozzamento ed antiritorno) (*oleoidr.*), Drosselrückschlagventil (*n.*). **125** ~ regolatrice di pressione (*oleoidr.*), Druckventil (*n.*). **126** ~ riduttrice (riduttore di pressione) (*tubaz. - ecc.*), Reduzierventil (*n.*), Druckminderventil (*n.*), Druckminderungsventil (*n.*). **127** ~ rotante (valvola con dispositivo di rotazione) (*mot. aut.*), Drehventil (*n.*). **128** ~ scaricatrice dei fanghi (*cald.*), Schlammventil (*n.*). **129** ~ selettiva di circuito (*idr.*), Wechselventil (*n.*). **130** ~ separatrice (*radio*), Trennröhre (*f.*). **131** ~ sferica (*tubaz.*), Kugelventil (*n.*). **132** ~ Snort (per ridurre rapidamente il vento) (*altoforno*), Snort-Ventil (*n.*). **133** ~ spinterometrica (*elettronica*), Funkenstreckenröhre (*f.*). **134** ~ termoionica (tubo elettronico) (*elettronica - radio*), Elektronenröhre (*f.*), Röhre (*f.*), Rundfunkröhre (*f.*). **135** ~ tipo Johnson (per condotte forzate) (*idr.*), Ringschieber (*m.*). **136** ~ trasmittente (tubo trasmittente) (*elettronica*), Senderöhre (*f.*). **137** ~ unidirezionale (*idr.*), Sperrventil (*n.*). **138** a valvole in testa (*mot.*), kopfgesteuert. **139** bicchierino per valvole (*mot.*), Ventilbecher (*m.*). **140** con una ~ in testa ed una laterale (per cilindro) (*mot.*), wechselgesteuert. **141** fungo della ~ (testa della valvola, di un mot. a comb. interna) (*mot. - mecc.*), Ventilteller (*m.*). **142** registrazione delle valvole (*aut. - mot.*), Ventilnachstellung (*f.*). **143** senza valvole (avalve) (*mecc. - ecc.*), ventillos **144** smerigliatrice per valvole (*macch. - mot.*), Ventilschleifmaschine (*f.*). **145** stelo della ~ (*mot. - mecc.*), Ventilschaft (*m.*), Ventilspindel (*f.*). **146** testa della ~ (fungo della valvola, di un mot. a comb. interna) (*mot. - mecc.*), Ventilteller (*m.*).

valvolame (rubinetteria) (*tubaz.*), Absperrorgane (*n. pl.*), Armaturen (*f. pl.*).

valvoliera (*elett.*), Sicherungsdose (*f.*), Sicherungskasten (*m.*).

vanadio (*V - chim.*), Vanadium (*n.*), Vanadin (*n.*).

vanadite (*min.*), Vanadinit (*m.*), Vanadinbleierz (*n.*).

vanga (*att. agric.*), Spaten (*m.*).

vano (ambiente, locale) (*ed.*), Raum (*m.*). **2** ~ (apertura in una parete) (*ed.*), Öffnung (*f.*). **3** ~ (tra i denti di una ruota dentata p. es.) (*mecc.*), Lücke (*f.*). **4** ~ (pozzo, di ascensore) (*ed.*), Schacht (*m.*). **5** ~ apparecchiature elettriche (d'una macchina p. es.) (*elett. - macch.*), Elektroraum (*m.*). **6** ~ della filettatura (solco della filettatura) (*mecc.*), Gewindelücke (*f.*). **7** ~ denti (di una ruota dentata p. es.) (*mecc.*), Lücke (*f.*), Zahnlücke (*f.*). **8** ~ denti fresa (vano tra i denti della fresa) (*ut.*), Fräserzahnlücke (*f.*). **9** ~ di corsa (pozzo dell'ascensore) (*ed. - trasp.*), Fahrschacht (*m.*), Fahrstuhlschacht (*m.*). **10** ~ furgone (*veic.*), Kofferaufbau (*m.*). **11** ~ interdentale (di una ruota dentata p. es.) (*mecc.*), Zahnlücke (*f.*). **12** ~ motore (*aut.*), Motorraum (*m.*). **13** ~ porta (porta) (*ed.*), Türöffnung (*f.*). **14** ~ scale (tromba delle scale, pozzo delle scale) (*ed.*), Treppenhaus

(n.). 15 ~ **strumenti** (di un missile o di un razzo) (*astronautica*), Instrumententeil (*m.*).
vantaggio (*gen.*), Vorteil (*m.*). 2 ~ (balestra, app. per la composizione a mano p. es.) (*app. tip.*), Schiff (*n.*), Setzschiff (*n.*). 3 ~ **in legno** (balestra in legno) (*app. tip.*), Holzschiff (*n.*). 4 **fattore di** ~ (di un reattore) (*fis. atom.*), Überhöhungsfaktor (*m.*). 5 **trarre** ~ **da** (*gen.*), vorteilziehen aus.
vapore (acqueo p. es.) (*fis.*), Dampf (*m.*). 2 ~ (esalazione) (*fis.*), Dunst (*m.*). 3 ~ **acqueo** (vapore d'acqua) (*fis. - cald. - ecc.*), Wasserdampf (*m.*). 4 ~ **d'acqua** (vapore acqueo) (*fis. - cald. - ecc.*), Wasserdampf (*m.*). 5 ~ **di ammoniaca** (*chim.*), Ammoniakdampf (*m.*). 6 ~ **di benzina** (*aut. - chim.*), Benzindampf (*m.*). 7 **vapori di olio** (per lubrificazione, nebbia d'olio) (*macch. - mot.*), Öldämpfe (*m. pl.*), Öldunst (*m.*), Ölnebel (*m.*). 8 ~ **di scarico** (*macch. a vapore*), Abdampf (*m.*), Auspuffdampf (*m.*). 9 **vapori di sfiato** (nebbia d'olio che esce dal basamento) (*mot.*), Wrasen (*m.*). 10 ~ **per riscaldamento** (*term.*), Heizdampf (*m.*). 11 ~ **saturo** (*termodin. - cald.*), gesättigter Dampf, Sattdampf (*m.*). 12 ~ **secco** (*termodin. - cald.*), Trockendampf (*m.*). 13 ~ **surriscaldato** (*termodin. - cald.*), Heissdampf (*m.*), überhitzter Dampf. 14 ~ **umido** (*termodin. - cald.*), Nassdampf (*m.*). 15 ~ **vivo** (*cald.*), Frischdampf (*m.*), direkter Dampf. 16 **accumulatore di** ~ (*macch.*), Dampfspeicher (*m.*). 17 **a tenuta di** ~ (*tubaz. - ecc.*), dampfdicht. 18 **bagno di** ~ (*chim.*), Dampfbad (*n.*). 19 **barriera al** ~ (di un tetto p. es.) (*ed.*), Dampfbremse (*f.*). 20 **battipalo a** ~ (*macch.*), Dampframme (*f.*). 21 **camera di distribuzione del** ~ (*macch.*), Dampfkasten (*m.*). 22 **cassetto di distribuzione del** ~ (*macch.*), Dampfschieber (*m.*). 23 **centrale termica a** ~ (*elett.*), Dampfkraftwerk (*n.*), Dampfkraftzentrale (*f.*), thermisches Kraftwerk. 24 **colletore di** ~ (*tubaz.*), Dampfsammler (*m.*). 25 **condotta del** ~ (tubazione del vapore) (*tubaz.*), Dampfleitung (*f.*). 26 **contenuto d'acqua del** ~ (titolo del vapore, umidità del vapore, % in peso) (*termodin.*), Dampfnässe (*f.*). 27 **densità di** ~ (in g/cm o kg/cm) (*fis.*), Dampfdichte (*f.*). 28 **depuratore del** ~ (*macch.*), Dampfreiniger (*m.*). 29 **distribuzione del** ~ (*macch.*), Dampfsteuerung (*f.*). 30 **esalare vapori** (fumare) (*fis.*), dampfen. 31 **esporre al** ~ (vaporizzare) (*tecnol.*), bedampfen. 32 **estrazione di vapori** (*ind. chim.*), Dampfabzug (*m.*). 33 **formazione di tampone di** ~ (« vapor lock ») (*mot.*), Dampfblasenbildung (*f.*), Dampfsack (*m.*), Gasschluss (*m.*). 34 **generatore di** ~ (*cald.*), Dampferzeuger (*m.*), Dampfbereiter (*m.*). 35 **getto di** ~ (*macch.*), Dampfstrahl (*m.*). 36 **gru a** ~ (*macch. ind.*), Dampfkran (*m.*). 37 **locomotiva a** ~ (*ferr.*), Dampflokomotive (*f.*), Dampflok (*f.*). 38 **macchina a** ~ (*macch.*), Dampfmaschine (*f.*). 39 **macchina a** ~ **ad inversione di marcia** (*macch.*), Umkehrdampfmaschine (*f.*). 40 **maglio a** ~ (*macch.*), Dampfhammer (*m.*). 41 **misuratore di portata di** ~ (*app. - cald.*), Dampfmesser (*m.*). 42 **pompa d'alimentazione a** ~ (*cald.*), Dampfspeisepumpe (*f.*). 43 **presa di** ~ (*cald.*), Dampfentnahme (*f.*). 44 **pressione di** ~ (tensione di vapore) (*fis.*), Dampfdruck (*m.*). 45 **produzione massima continua oraria di** ~ (d'una caldaia, espressa in t/h o kp/h) (*cald.*), Dampfleistung (*f.*). 46 **quantità di** ~ (*cald.*), Dampfmenge (*f.*). 47 **riscaldamento a** ~ (*term.*), Dampfheizung (*f.*). 48 **saracinesca di arresto del** ~ (*tubaz.*), Dampfabsperrschieber (*m.*). 49 **serpentino per** ~ (*ind.*), Dampfschlange (*f.*). 50 **surriscaldamento del** ~ (*cald.*), Dampfüberhitzung (*f.*). 51 **surriscaldatore del** ~ (*cald.*), Dampfüberhitzer (*m.*). 52 **tampone di** ~ (« vapor lock », in un tubo di alimentazione del carburante) (*mot.*), Dampfsack (*m.*), Dampfblasenbildung (*f.*), Gasschluss (*m.*). 53 **tensione di** ~ (*fis.*), Dampfspannung (*f.*). 54 **tensione di** ~ **Reid** (dei carburanti per motori Otto) (*ind. chim.*), Reid-Dampfdruck (*m.*). 55 **titolo del** ~ (umidità del vapore, contenuto d'acqua del vapore, % in peso) (*termodin.*), Dampfnässe (*f.*). 56 **trattamento con** ~ (del legno p. es.) (*gen.*), Dämpfen (*n.*). 57 **trattamento con** ~ (del calcestruzzo) (*ed.*), Dampferhärtung (*f.*). 58 **trattamento con** ~ (vaporizzazione, di stoffe) (*ind. tess.*), Dämpfung (*f.*). 59 **trattare con** ~ (legno - ecc.), dämpfen. 60 **tubazione del** ~ (condotta del vapore) (*tubaz.*), Dampfleitung (*f.*). 61 **tutto** ~ (*macch. a vapore*), Volldampf (*m.*). 62 **umidità del** ~ (titolo del vapore, contenuto di acqua del vapore, % in peso) (*termodin.*), Dampfnässe (*f.*). 63 **valvola di ammissione del** ~ (*tubaz.*), Dampfeinlassventil (*n.*), Dampfzulassventil (*n.*). 64 **valvola di presa del** ~ (*cald.*), Dampfzulassventil (*n.*). 65 **valvola di scarico del** ~ (*tubaz.*), Dampfauslassventil (*n.*), Dampfausblaseventil (*n.*). 66 **volume di** ~ (quantità di vapore) (*cald.*), Dampfmenge (*f.*).
vaporetto (*nav.*), Dampfer (*m.*).
vaporizzare (esporre al vapore) (*tecnol.*), bedampfen.
vaporizzatore (*ind. tess.*), Dämpfer (*m.*). 2 ~ (per gas liquefatto) (*app.*), Verdampfer (*m.*).
vaporizzatrice (*ind. tess.*), Dämpfmaschine (*f.*).
vaporizzazione (*fis.*), Verdampfung (*f.*). 2 ~ (metallizzazione in fase vapore p. es.) (*tecnol. mecc.*), Bedampfen (*m.*). 3 ~ **del metallo** (*tecnol. mecc.*), Metallverdampfung (*f.*). 4 ~ **ionica** (polverizzazione ionica, metallizzazione catodica) (*tecnol.*), Kathodenzerstäubung (*f.*). 5 **impianto di** ~ (impianto di metallizzazione p. es.) (*tecnol. mecc.*), Bedampfungsanlage (*f.*).
« **vapor lock** » (tampone di vapore, in un tubo di alimentazione del carburante) (*mot.*), Dampfsack (*m.*), Dampfblasenbildung (*f.*), Gasschluss (*m.*).
varactor (diodo a capacità variabile) (*elettronica*), Varaktor (*m.*).
varare (*costr. nav.*), vom Stapel laufen lassen, ablaufen.
variabile (*a. - gen.*), veränderlich, wechselnd. 2 ~ (*s. - mat.*), Veränderliche (*f.*), Variable (*f.*). 3 ~ (caratteristica di qualità p. es., nel controllo della qualità) (*s. - stat. - tecnol. mecc.*), Variablenmerkmal (*n.*). 4 ~ (vento)

variabilità

(*a. - meteor.*), umlaufend. 5 ~ **booleana** (*mat. - ecc.*), Boolesche Variable (*f.*), Aussagevariable (*f.*). 6 ~ **casuale** (nei controlli della qualità p. es.) (*stat. - tecnol. mecc.*), Zufallsvariable (*f.*). 7 ~ **dipendente** (*mat.*), abhängige Variable, Abhängige (*f.*). 8 ~ **di processo** (*regol.*), Prozessgrösse (*f.*). 9 ~ **indipendente** (*mat.*), unabhängige Veränderliche 10 ~ **nel tempo** (*gen.*), zeitlich veränderlich. 11 ~ **proposizionale** (variabile booleana) (*mat.*), Aussagenvariable (*f.*), Boolesche Variabile. 12 ~ **regolante** (grandezza regolatrice) (*regol.*), Stellgrösse (*f.*). 13 ~ **regolata** (grandezza regolata, nel processo di regolazione) (*regol.*), Regelgrösse (*f.*). 14 **a velocità** ~ (*mot. elett.*), drehzahlgeregelt. 15 **carico** ~ (*elett. - ecc.*), Wechsellast (*f.*). 16 **numero di giri** ~ (velocità angolare variabile) (*mot. - ecc.*), wechselnde Drehzahl.

variabilità (*gen.*), Veränderlichkeit (*f.*). 2 ~ **con la frequenza** (selettività, di una fotocellula p. es.) (*elettronica - ecc.*), Frequenzabhängigkeit (*f.*), Frequenzfehler (*m.*).

variac (variatore di tensione) (*elett.*), Variac (*n.*).

variante (*gen.*), Variante (*f.*). 2 **varianti** (in una programmazione industriale) (*progr.*), Varianten (*f. pl.*).

varianza (*stat.*), Varianz (*f.*). 2 **analisi della** ~ (*stat.*), Varianzanalyse (*f.*).

variare (*v. t. - gen.*), ändern, verändern. 2 ~ (*v. i. - gen.*), sich ändern, wechseln. 3 ~ **l'assetto** (*nav.*), den Trimm ändern.

variatore (*app.*), Veränderer (*m.*). 2 ~ (regolatore, di tensione p. es.) (*app.*), Regler (*m.*). 3 ~ **automatico del numero di giri** (*mecc.*), Drehzahlautomatik (*f.*). 4 ~ **continuo di velocità** (cambio) (*mecc.*), stufenloses Getriebe. 5 ~ **continuo di velocità** (cambio continuo di velocità; modifica la velocità lasciando invariata la coppia) (*mot. - veic.*), Drehzahlwandler (*m.*). 6 ~ **continuo di velocità PIV** (a dischi conici distanziabili; cambio continuo PIV) (*macch.*), PIV-Getriebe (*n.*). 7 ~ **di coppia** (convertitore di coppia) (*mot.*), Drehmomentwandler (*m.*). 8 ~ **di fase** (sfasatore) (*elett.*), Phasenschieber (*m.*). 9 ~ **di fase** (trasformatore) (*elett.*), Phasentransformator (*m.*). 10 ~ **di frequenza** (convertitore di frequenza) (*app.*), Frequenzwandler (*m.*). 11 ~ **di spinta** (di un motore a reazione p. es.) (*mot.*), Antriebsveränderer (*m.*). 12 ~ **di velocità continuo** (cambio continuo) (*macch.*), stufenloses Getriebe.

variazione (*gen.*), Veränderung (*f.*), Änderung (*f.*). 2 ~ (di segno p. es.) (*mat. - astr.*), Variation (*f.*). 3 ~ (della velocità p. es.) (*mot. - ecc.*), Änderung (*f.*). 4 ~ (fluttuazione, del numero di giri di un motore) (*mot.*), Schwankung (*f.*). 5 ~ **brusca** (*gen.*), plötzliche Änderung. 6 ~ **brusca di temperatura** (colpo termico) (*tecnol.*), plötzliche Temperaturänderung. 7 ~ **ciclica (del passo) della pala** (di un elicottero) (*aer.*), periodische Blattverstellung. 8 ~ **collettiva** (dell'angolazione delle pale, di un elicottero) (*aer.*), kollektive Steuerung. 9 ~ **continua del numero di giri** (*mot.*), stufenlose Drehzahlregelung. 10 ~ **del numero di giri** (scarto di giri, di un mot.) (*mot. - ecc.*), Drehzahländerung (*f.*). 11 ~ **di assetto** (*nav.*), Trimmänderung (*f.*). 12 ~ **di carico** (*mot. - elett.*), Belastungsänderung (*f.*), Lastwechsel (*m.*), Belastungsschwankung (*f.*). 13 ~ **di carico da pieno a vuoto** (*mot.*), volle Belastungsänderung, Belastungsschwankung von Vollast bis Leerlauf. 14 ~ **dimensionale** (*mecc. - ecc.*), Massänderung (*f.*). 15 ~ **di temperatura** (cambio di temperatura) (*term.*), Temperaturänderung (*f.*), Temperaturwechsel (*m.*), Temperaturschwankung (*f.*). 16 ~ **di tensione** (*elett.*), Spannungsänderung (*f.*). 17 ~ **di velocità** (*fis.*), Geschwindigkeitsänderung (*f.*). 18 ~ **parziale del carico** (*mot. - elett.*), teilweise Belastungsänderung. 19 ~ **percentuale** (*gen.*), prozentuale Änderung. 20 ~ **periodica** (dell'angolazione delle pale in un elicottero, comando ciclico) (*aer.*), periodische Steuerung, zyklische Steuerung. 21 ~ **periodica della frequenza** (vobulazione della frequenza) (*radio - ecc.*), Frequenzwobblung (*f.*). 22 ~ **permanente** (della velocità del motore p. es.) (*mot.*), andauernde Änderung. 23 ~ **qualsiasi del carico** (*mot. - elett.*), beliebige Belastungsänderung. 24 ~ **stagionale** (*gen.*), Saisonschwankung (*f.*). 25 **a** ~ **continua** (a variazione progressiva continua) (*macch.*), stufenlos regelbar, stetig veränderlich. 26 **soggetto a variazioni** (prezzo) (*comm.*), freibleibend.

varicap (condensatore variabile) (*elett.*), Varicap (*f.*), veränderliche Kapazität.

varie (negli ordini del giorno p. es.) (*gen.*), Verschiedenes (*n.*). 2 ~ (*comm. - ecc.*), Sonstiges (*n.*). 3 **spese** ~ (uscite varie, di un bilancio p. es.) (*finanz.*), sonstige Aufwendungen, Sonstiges (*n.*).

variegato (*gen.*), buntgefleckt.

varietà (specie) (*gen.*), Abart (*f.*), Spielart (*f.*).

variometro (per la misurazione delle variazioni di un valore) (*strum. fis.*), Variometer (*n.*). 2 ~ (per l'indicazione della velocità di salita) (*strum. aer.*), Variometer (*n.*), Steiggeschwindigkeitsmesser (*m.*). 3 ~ **magnetico locale** (*app. fis.*), erdmagnetisches Lokalvariometer. 4 ~ **rotativo** (*strum.*), Drehvariometer (*n.*).

variscico (varisco) (*geol.*), variszisch, variskisch, varistisch.

varisco (variscico) (*geol.*), variszisch, variskisch, varistisch.

varistore (resistore non ohmico) (*elett.*), Varistor (*m.*).

varmetro (*app. elett.*), vedi varometro.

varo (*nav.*), Stapellauf (*m.*).

varometro (varmetro, misuratore di potenza reattiva) (*app. elett.*), Blindleistungsmesser (*m.*), Varmeter (*n.*).

varorametro (contatore di energia reattiva) (*app. elett.*), Blindverbrauchszähler (*m.*).

vasaio (produttore di ceramiche) (*lav.*), Töpfer (*m.*), Dreher (*m.*).

vasca (*gen.*), Becken (*n.*), Wanne (*f.*). 2 ~ (di una molazza p. es.) (*macch.*), Schüssel (*f.*). 3 ~ **da bagno** (*ed.*), Badewanne (*f.*). 4 ~ **da bagno incassata** (*ed.*), eingebaute Badewanne. 5 ~ **di decadimento** (di un reattore nucleare p. es.) (*fis. atom.*), Abklingbecken (n.), Abklingbehälter (m.), Verweiltank (m.). 6 ~ di decapaggio (metall.), Beizbottich (m.). 7 ~ di deionizzazione (per acqua) (ind.), Deionatbehälter (m.). 8 ~ di filtrazione (bacino di filtrazione) (ed.), Filterbecken (n.). 9 ~ di lavaggio (dopo decapaggio p. es.) (tecnol.), Spülbehälter (m.), Waschkasten (m.). 10 ~ di oscillazione (di un impianto idroelettrico) (costr. idr.), Schwellbecken (n.). 11 ~ di ossidazione (bacino d'aerazione, bacino a fango attivato) (idr.), Lüftungsbecken (n.), Belüftungsbecken (n.), Belebungsbecken (n.). 12 ~ di sedimentazione (ed. costr. idr.), Ablagerungsbecken (n.), Absetzbecken (n.). 13 ~ di sedimentazione (app. ind. chim.), Absetzbottich (m.). 14 ~ di sviluppo (fot.), Entwicklertank (m.), Entwicklungstank (m.), Entwicklerwanne (f.). 15 ~ elettrolitica (per misurare un campo elettrico) (elett.), elektrolytischer Trog. 16 ~ navale (vasca per prove su modelli rimorchiati) (nav.), Modellschleppstation (f.), Schleppbehälter (m.), Schleppversuchsanstalt (f.). 17 ~ per digestione del fango (digestore di fanghi) (ed.), Schlammfaulbehälter (m.). 18 ~ per la macerazione del lino (ind. tess.), Flachsröste (f.). 19 ~ per prove a rimorchio (per prove su modello) (nav.), Modellschleppstation (f.), Schleppbehälter (m.), Schleppversuchsanstalt (f.). 20 ~ per tingere (vasca per tintura) (tintoria), Färbekessel (m.). 21 prova in ~ (nav.), Bassinversuch (m.).

vaschetta (di un carburatore) (mot. - aut.), Schwimmergehäuse (n.). 2 ~ (del radiatore) (aut.), Wasserkasten (m.). 3 ~ (del barometro) (strum.), Gefäss (n.). 4 ~ del galleggiante (di un carburatore) (mot. - aut.), Schwimmergehäuse (n.). 5 ~ per doccia (ed.), Brausewanne (f.).

vaselina (lubrificante) (ind. chim.), Vaseline (f.).

vasi (costr. nav.), Gleitbalken (m. pl.), Gleitbahn (f.).

vaso (recipiente) (gen.), Gefäss (n.). 2 ~ (ceramica), Vase (f.). 3 ~ (costr. nav.), Gleitbalken (m.). 4 ~ (raccoglitore) (ind. tess.), Spinnkanne (f.). 5 ~ (anatomia), Gefäss (n.). 6 vasi comunicanti (fis.), kommunizierende Röhren. 7 ~ di espansione (camera di espansione, dell'impianto di riscaldamento) (ed.), Expansionsgefäss (n.), Ausdehnungsgefäss (n.), Überlaufgefäss (n.). 8 ~ per confezioni (barattolo di vetro) (ind.), Verpackungsglas (n.). 9 ~ sanguigno (med.), Blutgefäss (n.).

vassoio (gen.), Trog (m.), Schale (f.). 2 ~ (per malta, sparviere, mensola) (att. mur.), Scheibe (f.). 3 ~ (per confezioni) (imball. - ind. carta), Tablett (n.).

vecchiaia (gen.), Alter (n.). 2 assicurazione di ~ (organ. lav.), Altersversicherung (f.). 3 pensione di ~ (organ. lav.), Altersrente (f.), Alterspension (f.), Altersversorgung (f.).

Vedar (visible energy detection and ranging; sistema radar subacqueo a laser) (app.), Vedar (n.).

vedi (gen.), siehe, s., siehe dort, siehe dies, s. d. 2 ~ retro (segue a tergo) (gen.), bitte wenden. 3 ~ sopra (gen.), siehe oben, s. o.

vedretta (geol.), Firner (m.), Firnfeld (n.).
Veff (tensione efficace) (elett.), Veff, Effektivspannung (f.).

vegetale (a. - gen.), vegetabilisch, pflanzlich, Pflanzen... 2 ~ (pianta) (s. - gen.), Pflanze (f.). 3 lana ~ (tess.), Waldwolle (f.).

vegetazione (gen.), Pflanzenwelt (n.), Vegetation (f.). 2 protezione mediante ~ (protezione biologica, delle rive di canali navigabili p. es.) (costr. idr.), Lebendverbau (m.).

veicolo (a ruote) (veic.), Fahrzeug (n.), Wagen (m.). 2 ~ (chim.), Träger (m.). 3 ~ (prodotto verniciante non pigmentato) (vn.), Binder (m.), Farbträger (m.). 4 ~ a carreggiata variabile (ferr.), Spurwechselfahrzeug (n.). 5 ~ a cassa oscillante (ferr.), Pendelwagen (m.). 6 ~ a cuscino d'aria (veicolo ad effetto di suolo, veicolo a locomozione librata) (veic.), Luftkissenfahrzeug (n.). 7 ~ ad accumulatori (veic.), Batteriefahrzeug (n.), Akkumulatorenfahrzeug (n.), Sammlerwagen (m.), Akkumulatorenwagen (m.). 8 ~ adatto per climi tropicali (veic.), Tropenfahrzeug (n.). 9 ~ ad effetto di suolo (veicolo a locomozione librata, veicolo a cuscino d'aria, terraplano) (veic.), Luftkissenfahrzeug (n.). 10 ~ a gasogeno (veic.), Generatorfahrzeug (n.). 11 ~ alimentato da linea aerea (veic. elett.), Oberleitungsfahrzeug (n.). 12 ~ a locomozione librata (veicolo ad effetto di suolo, veicolo a cuscino d'aria, terraplano) (veic.), Luftkissenfahrzeug (n.). 13 ~ a motore (veic.), Motorfahrzeug (n.). 14 ~ anfibio (veic.), Amphibienfahrzeug (n.), Schwimmwagen (m.). 15 ~ antincendi (veic.), Löschfahrzeug (n.). 16 ~ a portale (veic.), Portalhubwagen (m.). 17 ~ a quattro posti (veic.), Viersitzer (m.). 18 ~ a scarico laterale (carro a scarico laterale) (veic. ferr. - min.), Seitenentleerer (m.). 19 ~ a torre (per fili aerei p. es.) (veic.), Turmwagen (m.). 20 ~ a tre assi (veic.), Sechsradwagen (m.). 21 ~ cingolato (veic.), Gleiskettenfahrzeug (n.), Raupenfahrzeug (n.), Vollkettenfahrzeug (n.). 22 ~ commerciale (veic.), Nutzfahrzeug (n.). 23 ~ comunale (veicolo del comune) (veic.), Kommunalfahrzeug (n.). 24 ~ con idranti (veic.), Wasserwerfer (m.). 25 ~ corazzato (veic. milit.), Kampffahrzeug (n.), Kampfwagen (m.), Panzerkampfwagen (m.). 26 ~ del comune (veicolo comunale) (veic.), Kommunalfahrzeug (n.). 27 ~ di calore (aria, acqua, ecc.) (riscald.), Wärmeträger (m.). 28 ~ ferrotranviario (veicolo atto alla circolazione su rotaie) (veic.), Schienenfahrzeug (n.). 29 ~ ferroviario (veic. ferr.), Eisenbahnfahrzeug (n.). 30 ~ industriale (veic. aut.), Nutzfahrzeug (n.). 31 ~ militare (veic. milit.), Kriegsfahrzeug (n.). 32 ~ per carichi pesantissimi (rimorchio per carichi pesantissimi) (veic.), Schwerlastfahrzeug (n.). 33 ~ per marcia fuori strada (veic.), Geländefahrzeug (n.). 34 ~ per misure su cavi (veicolo per la prova di cavi) (veic.), Kabelmesswagen (m.). 35 ~ per strada e rotaia (veic.), Zweiwegefahrzeug (n.), Strassen-Schienen-Omnibus (m.). 36 ~ per traffico internazionale (ferr.), Transitwagen (m.). 37 ~ per trasporti interni (a mano o a motore) (*veic. - ind.*), Flurfördermittel (*n.*). **38 ~ semicingolato** (*veic.*), Halbkettenfahrzeug (*n.*). **39 ~ spaziale** (*astronautica*), Raumfahrzeug (*n.*). **40 ~ spaziale da trasporto** (*astronautica*), Raumtransporter (*m.*). **41 ~ speciale** (*veic.*), Sonderfahrzeug (*n.*). **42 ~ stradale** (*veic.*), Strassenfahrzeug (*n.*). **43 ~ terrestre** (*veic.*), Landfahrzeug (*n.*). **44 ~ tranviario** (*veic.*), Strassenbahnfahrzeug (*n.*). **45 ~ usato** (*aut.*), Gebrauchtwagen (*m.*). **46 asse longitudinale del ~** (*ferr. - ecc.*), Fahrzeuglängsachse (*f.*), Fahrzeugmittellinie (*f.*), Fahrzeuggerade (*f.*). **47 parco veicoli** (di una impresa) (*aut.*), Fahrzeugpark (*m.*). **48 rampa per veicoli** (di una stazione ferr.) (*ferr.*), Fahrzeugrampe (*f.*). **49 sagoma limite del ~** (*ferr.*), Fahrzeugprofil (*n.*).

vela (*nav.*), Segel (*n.*). **2 ~** (unghia, lobo, di una volta) (*arch.*), Kappe (*f.*). **3 ~ di gabbia** (*nav.*), Marssegel (*n.*). **4 ~ di mezzana** (mezzana) (*nav.*), Bagiensegel (*n.*). **5 ~ di randa** (randa) (*nav.*), Gaffelsegel (*n.*). **6 ~ di trinchetto** (*nav.*), Fock (*n.*), Focksegel (*n.*). **7 ~ latina** (*nav.*), Lateinsegel (*n.*). **8 ~ maestra** (*nav.*), Grossegel (*n.*). **9 ~ quadra** (*nav.*), Rahsegel (*n.*). **10 a secco di vele** (*nav.*), mit nackten Raaen, segellos.

velaccino (*nav.*), Vor-Unterbramsegel (*n.*).

velaccio (*nav.*), Grossbramsegel (*n.*).

velaio (*nav.*), Segelmacher (*m.*).

velare (*gen.*), verschleiern, verhüllen. **2 ~** (applicare un sottile strato colorato e trasparente di vernice) (*vn.*), lasieren.

velatura (*gen.*), Verschleierung (*f.*). **2 ~** (vele, complesso delle vele) (*nav.*), Segelwerk (*n.*), Besegelung (*f.*). **3 ~** (superficie velica) (*nav.*), Segelfläche (*f.*). **4 ~** (velo, annerimento, di una pellicola) (*difetto fot.*), Schleier (*m.*). **5 ~** (velo) (*difetto telev.*), Schleier (*m.*). **6 ~** (velo) (*vn.*), Lasur (*f.*), Lasurfarbe (*f.*). **7 ~** (applicazione di un sottile strato colorato e trasparente di vernice) (*vn.*), Lasieren (*n.*).

veleggiare (volare a vela) (*aer.*), segelfliegen, segeln.

veleggiatore (aliante) (*aer.*), Segelflugzeug (*n.*), Gleiter (*m.*), Gleitflieger (*m.*), Segler (*m.*).

veleggio (volo a vela) (*aer.*), Schwebeflug (*m.*), Segeln (*n.*), Segelflug (*m.*).

veleno (*chim. - ecc.*), Gift (*n.*). **2 ~ di catalizzatore** (anticatalizzatore) (*chim.*), Katalytgift (*n.*). **3 ~ radioattivo** (*radioatt.*), radioaktives Gift.

veleria (*nav.*), Segelmacherwerkstatt (*f.*).

velico (*nav.*), Segel... **2 regata velica** (*sport - nav.*), Segelregatta (*f.*).

veliero (nave a vela) (*nav.*), Segelschiff (*n.*), Segler (*m.*). **2 ~ a due alberi** (*nav.*), Zweimaster (*m.*). **3 ~ a quattro alberi** (*nav.*), Viermaster (*m.*). **4 ~ a tre alberi** (trealberi) (*nav.*), Dreimaster (*m.*). **5 ~ con motore ausiliario** (*nav.*), Segelschiff mit Hilfsmotor.

velivolo (aeroplano, aeromobile) (*aer.*), Flugzeug (*n.*). **2 ~** (*aer.*), *vedi anche* aeroplano. **3 ~ ad ala anulare** (aeroplano ad ala anulare) (*aer.*), Ringflügelflugzeug (*n.*). **4 ~ ad ala rotante** (aeroplano ad ala rotante) (*aer.*), Drehflügelflugzeug (*n.*), Triebflügelflugzeug (*n.*), Drehflügler (*m.*). **5 ~ a decollo corto** (*aer.*), Kurzstarter (*m.*), Kurzstartflugzeug (*n.*). **6 ~ a decollo ed atterraggio corti** (velivolo STOL, short take-off and landing) (*aer.*), Kurzstartflugzeug (*n.*), STOL-Flugzeug (*n.*). **7 ~ a decollo (ed atterraggio) verticale** (velivolo VTOL) (*aer.*), Senkrechtstarter (*m.*), VTOL-Flugzeug (*n.*). **8 ~ a decollo verticale** (*aer.*), Vertikalstartflugzeug (*n.*), Vertikalstarter (*m.*). **9 ~ a doppia fusoliera** (*aer.*), Zweirumpfflugzeug (*n.*). **10 ~ a doppia trave di coda** (*aer.*), Doppelrumpfflugzeug (*n.*). **11 ~ ad una fusoliera** (aeroplano ad una fusoliera) (*aer.*), Einrumpfflugzeug (*n.*). **12 ~ anfibio** (aeroplano anfibio) (*aer.*), Wasserlandflugzeug (*n.*), Amphibienflugzeug (*n.*). **13 ~ a reattori ribaltabili** (per decollo verticale) (*aer.*), Kipptriebwerksflugzeug (*n.*). **14 ~ atomico** (*aer.*), Atomflugzeug (*n.*). **15 ~ bersaglio** (*aer. milit. - radar*), Zielflugzeug (*n.*). **16 ~ con ala a freccia** (*aer.*), Pfeilflugzeug (*n.*). **17 ~ (con ala) parasole** (*aer.*), Parasol (*m.*), Schirmeindecker (*m.*). **18 ~ da addestramento** (*aer. milit.*), Übungsflugzeug (*n.*), Schulungsflugzeug (*n.*). **19 ~ da ricognizione** (*aer. milit.*), Erkundungsflugzeug (*n.*). **20 ~ da trasporto** (aeroplano da trasporto) (*aer.*), Transportflugzeug (*n.*). **21 ~ di linea** (aeroplano di linea) (*aer.*), Streckenflugzeug (*n.*), Linienflugzeug (*n.*), Verkehrsflugzeug (*n.*). **22 ~ di linea supersonico** (*aer.*), Überschall-Verkehrsflugzeug (*n.*). **23 ~ di portaerei** (velivolo imbarcato) (*aer. - aer. milit.*), Trägerflugzeug (*n.*). **24 ~ gigante** (per oltre 300 passeggeri) (*aer.*), Grossraumtransporter (*m.*). **25 ~ imbarcato** (velivolo di portaerei) (*aer. - aer. milit.*), Trägerflugzeug (*n.*). **26 ~ intercettatore** (*aer. milit.*), Verteidigungsflugzeug (*n.*). **27 ~ ipersonico** (*aer.*), Hyperschallflugzeug (*n.*). **28 ~ militare** (*aer. milit.*), Kriegsflugzeug (*n.*). **29 ~ monomotore** (*aer.*), Einmotorflugzeug (*n.*). **30 ~ parasole** (*aer.*), Parasol (*m.*), Schirmeindecker (*m.*). **31 ~ passeggeri** (*aer.*), Passagierflugzeug (*n.*). **32 ~ per addestramento primo periodo** (*aer.*), Anfängerschulflugzeug (*n.*). **33 ~ per alta quota** (aeroplano d'alta quota) (*aer.*), Höhenflugzeug (*n.*). **34 ~ per il traino di sagome** (velivolo traina-sagome) (*aer. milit.*), Scheibenschlepper (*m.*). **35 ~ per irrorazioni** (per lotta anticrittogamica p. es.) (*aer. - agric. - ecc.*), Streuflugzeug (*n.*). **36 ~ per salvataggi marittimi** (*aer.*), Seenotflugzeug (*n.*). **37 ~ per scrittura aerea** (*aer. - comm.*), Himmelsschreiber (*m.*). **38 ~ per viaggi di affari** (*aer.*), Geschäftsreiseflugzeug (*n.*). **39 ~ prototipo** (*aer.*), Prototypflugzeug (*n.*), Flugzeugprototyp (*m.*). **40 ~ scuola** (apparecchio scuola, velivolo da addestramento) (*aer.*), Schulflugzeug (*n.*). **41 ~ sperimentale** (*aer.*), Forschungsflugzeug (*n.*). **42 ~ STOL** (velivolo a decollo ed atterraggio corti, short take-off and landing) (*aer.*), STOL-Flugzeug (*n.*), Kurzstartflugzeug (*n.*), Kurzstarter (*m.*). **43 ~ stratosferico** (*aer.*), Stratosphärenflugzeug (*n.*). **44 ~ subsonico** (*aer.*), Unterschallflugzeug (*n.*). **45 ~ supersonico** (*aer.*), Überschallflugzeug (*n.*). **46 ~ teleguidato** (*aer. -*

radio), Fernlenkflugzeug (*n.*). **47** ~ **terrestre** (*aer.*), Landflugzeug (*n.*). **48** ~ **trasportante altro velivolo** (per il lancio in volo, «canguro») (*aer.*), Doppelflugzeug (*n.*), Hukkepackflugzeug (*n.*). **49** ~ **V-STOL** (velivolo a decollo ed atterraggio corto) (*aer.*), V-STOL-Flugzeug (*n.*). **50** ~ **VTOL** (velivolo a decollo ed atterraggio verticale) (*aer.*), VTOL-Flugzeug (*n.*), Senkrechtstarter (*m.*).
vello (di pecora) (*ind. lana*), Vlies (*n.*). **2** ~ (pelo) (*ind. tess.*), Pelz (*m.*). **3** ~ **di lana** (*ind. lana*), Vlies (*n.*).
vellutare (smerigliare il lato fiore) (*ind. cuoio*), schleifen, buffieren, abbuffen.
vellutatrice (macchina per smerigliare cuoio) (*macch. - ind. cuoio*), Schleifmaschine (*f.*).
vellutatura (smerigliatura, di cuoio) (*ind. cuoio*), Schleifen (*n.*).
velluto (*ind. tess.*), Samt (*m.*), Sammet (*m.*). **2** ~ **a coste** (velluto cannellato) (*ind. tess.*), Rippen-Samt (*m.*), gerippter Samt. **3** ~ **cannellato** (*ind. tess.*), Rippen-Samt (*m.*), gerippter Samt. **4** ~ **di cotone** (*ind. tess.*), Velvet (*m., n.*), Baumwollsamt (*m.*). **5** ~ **di ordito** (*ind. tess.*), Kett-Samt (*m.*).
velo (pellicola, strato sottile) (*gen.*), Film (*m.*). **2** ~ (velubro) (*lubrificazione*), Film (*m.*), Ölfilm (*m.*), Schmierfilm (*m.*). **3** ~ (tessuto) (*ind. tess.*), Schleier (*m.*), Voile (*m.*). **4** ~ (di carda) (*ind. tess.*), Vlies (*n.*). **5** ~ (annerimento senza esposizione, di una pellicola) (*fot. - ott.*), Schleier (*m.*). **6** ~ (velatura) (*difetto telev.*), Schleier (*m.*). **7** ~ (annebbiamento) (*difetto vn.*), Blauanlaufen (*n.*). **8** ~ (stabilitura, ultima mano di intonaco, intonaco civile) (*mur.*), Feinputz (*m.*), Edelputz (*m.*), Schlichte (*f.*). **9** ~ **di lubrificante** (velubro) (*mecc.*), Schmierfilm (*m.*), Ölfilm (*m.*). **10** ~ **di olio** (velubro) (*mecc.*), Schmierfilm (*m.*). **11** ~ **sdrucciolevole** (patina scivolosa) (*traff. strad.*), Schmierfilm (*m.*). **12 luminanza di** ~ **equivalente** (*ott.*), äquivalente Schleierleuchtdichte (*f.*).
veloce (rapido) (*gen.*), schnell. **2** ~ (di motore, ad elevato numero di giri) (*mot.*), hochtourig.
velocipede (*veic.*), vedi bicicletta.
velocità (*gen.*), Geschwindigkeit (*f.*). **2** ~ (rapporto di trasmissione, marcia, di un cambio di velocità) (*aut.*), Gang (*m.*). **3** ~ (di una nave p. es.) (*nav.*), Fahrt (*f.*), Geschwindigkeit (*f.*). **4** ~ **acustica** (di una particella oscillante) (*acus.*), Schallschnelle (*f.*). **5** ~ **alla superficie** (di un corso d'acqua) (*idr. - costr. idr.*), Oberflächengeschwindigkeit (*f.*). **6** ~ **al suolo** (*aer.*), Bodengeschwindigkeit (*f.*). **7** ~ **angolare** (*mecc.*), Winkelgeschwindigkeit (*f.*). **8** ~ **angolare** (numero di giri al 1', di un mot. p. es.) (*mot. - ecc.*), Drehzahl (*f.*). **9** ~ (**angolare**) **a vuoto** (numero di giri a vuoto) (*macch. - mot.*), Leerlaufdrehzahl (*f.*). **10** ~ (**angolare**) **nominale** (numero di giri nominale) (*mot. - macch.*), Nenndrehzahl (*f.*). **11** ~ (**angolare**) **regolabile** (numero di giri regolabile) (*mot.*), regelbare Drehzahl. **12** ~ **a pieno carico** (numero di giri a pieno carico) (*mot.*), Vollastdrehzahl (*f.*). **13** ~ **ascensionale** (*aer.*), Steiggeschwindigkeit (*f.*), Steigungsgeschwindigkeit (*f.*). **14** ~ **assoluta** (*aer.*), Absolutgeschwindigkeit (*f.*). **15** ~ **a vuoto** (numero di giri a vuoto) (*mot.*), Leerlaufdrehzahl (*f.*). **16** ~ **calibrata** (*aer.*), berichtigte angezeigte Eigengeschwindigkeit. **17** ~ **costante** (numero di giri costante) (*mot.*), gleichbleibende Drehzahl, konstante Drehzahl, harte Drehzahl. **18** ~ **critica** (*mecc. - mot.*), kritische Geschwindigkeit. **19** ~ **critica** (numero di giri critico, di un albero) (*mecc. - mot.*), kritische Drehzahl. **20** ~ **critica** (velocità di stallo) (*aer.*), kritische Geschwindigkeit. **21** ~ **critica** (*idr.*), Grenzgeschwindigkeit (*f.*). **22** ~ **critica di tempra** (*tratt. term.*), kritische Abkühlungsgeschwindigkeit. **23** ~ **della luce** ($= 299.792 \pm 0{,}25$ km/sec) (*fis.*), Lichtgeschwindigkeit (*f.*). **24** ~ **della pellicola** (velocità di ripresa) (*cinem.*), Filmgeschwindigkeit (*f.*). **25** ~ **dello stantuffo** (*mot.*), Kolbengeschwindigkeit (*f.*). **26** ~ **del suono** (*acus. - ecc.*), Schallgeschwindigkeit (*f.*). **27** ~ **di attacco** (di una dinamo p. es.) (*mecc. - ecc.*), Anschlussgeschwindigkeit (*f.*). **28** ~ **di atterraggio** (*aer.*), Landegeschwindigkeit (*f.*). **29** ~ **di autorotazione** (*aer. - ecc.*), Eigendrehgeschwindigkeit (*f.*). **30** ~ **di avanzamento** (*lav. macch. ut. a c.n.*), Bahngeschwindigkeit (*f.*). **31** ~ **di avanzamento** (*nav.*), Fortschrittsgeschwindigkeit (*f.*). **32** ~ **di avvicinamento** (*aer.*), Annäherungsgeschwindigkeit (*f.*). **33** ~ **di avvicinamento** (dello slittone d'una pressa fino a poco prima del contatto col pezzo) (*tecnol. mecc.*), Leerhubgeschwindigkeit (*f.*). **34** ~ **di blocco** (numero di giri di blocco, velocità di presa diretta, di un convertitore) (*mot.*), Riegeldrehzahl (*f.*). **35** ~ **di caduta** (*fis.*), Fallgeschwindigkeit (*f.*). **36** ~ **di centrifugazione** (di una turbina p. es., numero di giri di centrifugazione, velocità di fuga) (*macch.*), Schleuderdrehzahl (*f.*). **37** ~ **di circolazione** (sotterranea, di acqua p. es.) (*idr. - geol.*), Fortschrittsgeschwindigkeit (*f.*). **38** ~ **di colata** (*fond.*), Giessgeschwindigkeit (*f.*). **39** ~ **di combustione** (*comb. - mot.*), Brenngeschwindigkeit (*f.*). Verbrennungsgeschwindigkeit (*f.*). **40** ~ **di compensazione** (alla quale la forza centripeta e la forza centrifuga sono uguali) (*ferr.*), Ausgleichsgeschwindigkeit (*f.*). **41** ~ **di coppia minima d'avviamento** (d'un motore trifase) (*mot. elett.*), Satteldrehzahl (*f.*). **42** ~ **di crociera** (*nav. - aer.*), Reisegeschwindigkeit (*f.*). **43** ~ **di crociera economica** (*aer.*), ökonomische Fahrt (*f.*). **44** ~ **di decollo** (*aer.*), Abflugsgeschwindigkeit (*f.*). **45** ~ **di deflessione** (*elettronica*), Kippgeschwindigkeit (*f.*). **46** ~ **di deformazione** (*fucinatura*), Formänderungsgeschwindigkeit (*f.*), Umformgeschwindigkeit (*f.*). **47** ~ **di deriva** (di elettroni) (*elettronica*), Driftgeschwindigkeit (*f.*), Wanderungsgeschwindigkeit (*f.*). **48** ~ **di discesa** (*aer.*), Sinkgeschwindigkeit (*f.*). **49** ~ **di emissione** (di elettroni) (*elettronica*), Austrittgeschwindigkeit (*f.*). **50** ~ **di esercizio** (numero di giri di esercizio) (*mot.*), Betriebsdrehzahl (*f.*). **51** ~ **di esplorazione** (velocità di scansione) (*telev.*), Abtastgeschwindigkeit (*f.*). **52** ~ **di estrusione** (velocità di pressatura, velocità del punzone) (*tecnol. mecc.*), Arbeitshubge-

velocità

schwindigkeit (f.). **53** ~ **di fase** (di un'onda sinusoidale) (*elettronica*), Phasengeschwindigkeit (f.). **54** ~ **di fuga** (di una macch. elett. p. es., velocità di centrifugazione) (*macch. elett. - ecc.*), Schleuderdrehzahl (f.), Durchgangsdrehzahl (f.). **55** ~ **di fuga** (velocità necessaria per sfuggire alla gravitazione) (*astronautica*), Fliehgeschwindigkeit (f.). **56** ~ **di gruppo** (*telef. - ecc.*), Gruppengeschwindigkeit (f.). **57** ~ **di ingresso** (dell'acqua in un'elica marina) (*nav.*), Anströmgeschwindigkeit (f.). **58** ~ **di lavoro** (dello slittone di una pressa p. es.) (*mecc.*), Arbeitsgeschwindigkeit (f.). **59** ~ **di lettura** (*calc.*), Lesegeschwindigkeit (f.). **60** ~ **di marcia** (*aut.*), Fahrgeschwindigkeit (f.). **61** ~ **di migrazione** (dei portatori di carica p. es., velocità di deriva) (*elettronica*), Driftgeschwindigkeit (f.), Wanderungsgeschwindigkeit (f.). **62** ~ **d'impuntamento** (*macch. elett.*), Schleichdrehzahl (f.). **63** ~ **di partenza** (di un missile) (*astronautica*), Abhebegeschwindigkeit (f.). **64** ~ **di percezione dei contrasti** (*ott.*), Unterschiedempfindungsgeschwindigkeit (f.). **65** ~ **di propagazione** (della fiamma p. es.) (*fis.*), Fortpflanzungsgeschwindigkeit (f.). **66** ~ **di propagazione della fiamma** (*comb.*), Brenngeschwindigkeit (f.). **67** ~ **di propagazione della fiamma** (*mot.*), Zündgeschwindigkeit (f.). **68** ~ **di propagazione dell'onda** (in uno specchio d'acqua aperto) (*idr.*), Wellenschnelligkeit (f.). **69** ~ **di raffreddamento** (*metall. - ecc.*), Kühlgeschwindigkeit (f.), Abkühlungsgeschwindigkeit (f.). **70** ~ **di reazione** (*chim.*), Reaktionsgeschwindigkeit (f.). **71** ~ **di regime** (*veic. - ecc.*), Beharrungsgeschwindigkeit (f.). **72** ~ **di regolazione** (*mecc. - ecc.*), Stellgeschwindigkeit (f.). **73** ~ **di ricalcatura** (nella saldatura di testa p. es.) (*tecnol. mecc.*), Stauchgeschwindigkeit (f.). **74** ~ **di ripresa** (velocità della pellicola) (*cinem.*), Filmgeschwindigkeit (f.). **75** ~ **di ripresa** (numero di fotogrammi al secondo) (*cinem.*), Gangzahl (f.). **76** ~ **di rotazione** (*mecc.*), Drehgeschwindigkeit (f.). **77** ~ **di salita** (*aer.*), Aufstieggeschwindigkeit (f.). **78** ~ **di salita della corrente** (pendenza della corrente, nei tiristori p. es.) (*elettronica*), Stromsteilheit (f.). **79** ~ **di scansione** (*telev.*), Abtastgeschwindigkeit (f.), Fleckgeschwindigkeit (f.). **80** ~ **di scoppio** (d'una mola) (*ut.*), Sprenggeschwindigkeit (f.). **81** ~ **di sincronismo** (*mecc.*), Synchrongeschwindigkeit (f.). **82** ~ **di sovraccarico** (numero di giri di sovraccarico, di un mot. a c. i.) (*mot.*), Überlastdrehzahl (f.). **83** ~ **di stallo** (velocità critica, perdita di portanza) (*aer.*), kritische Geschwindigkeit, Überziehgeschwindigkeit (f.), Durchsackgeschwindigkeit (f.), Mindestauftriebsgeschwindigkeit (f.), Abreissgeschwindigkeit (f.). **84** ~ **di stiro** (di mater. plast.) (*tecnol.*), Reckgeschwindigkeit (f.). **85** ~ **disuniforme** (velocità variabile) (*mecc.*), ungleichförmige Geschwindigkeit. **86** ~ **di taglio** (*lav. macch. ut.*), Schnittgeschwindigkeit (f.), Schneidgeschwindigkeit (f.). **87** ~ **di trasmissione telegrafica** (velocità telegrafica) (*telegr.*), Telegraphiergeschwindigkeit (f.). **88** ~ **di uscita** (*gen.*), Austrittsgeschwindigkeit (f.). **89** ~ **d'urto** (velocità dell'utensile percussore) (*sc. costr.*), Schlaggeschwindigkeit (f.). **90** ~ **d'urto della mazza** (velocità finale della mazza d'un maglio) (*fucin.*), Bärendgeschwindigkeit (f.). **91** ~ **effettiva** (*aer.*), Absolutgeschwindigkeit (f.). **92** ~ **equivalente** (*aer.*), bezogene Eigengeschwindigkeit. **93** ~ **finale della mazza** (velocità d'urto della mazza, d'un maglio) (*fucin.*), Bärendgeschwindigkeit (f.). **94** ~ **indicata** (*aer.*), Fahrtmesseranzeige (f.), Geschwindigkeitsangabe (f.), angezeigte Fluggeschwindigkeit. **95** ~ **iniziale** (di un proiettile) (*balistica - ecc.*), Anfangsgeschwindigkeit (f.), Mündungsgeschwindigkeit (f.). **96** ~ **in superficie** (velocità in emersione, di un sommergibile) (*mar. milit.*), Überwassergeschwindigkeit (f.). **97** ~ **laterale** (*aer.*), Abrutschgeschwindigkeit (f.), Schiebegeschwindigkeit (f.). **98** ~ **limite** (*gen.*), Grenzgeschwindigkeit (f.). **99** ~ **limite** (in colonne di estrazione) (*ind. chim.*), Flutgrenze (f.). **100** ~ **limite inferiore** (nelle colonne di rettificazione, punto in cui la superficie del liquido è in quiete) (*ind. chim.*), Staupunkt (m.), untere Grenzgeschwindigkeit. **101** ~ **limite superiore** (in colonne di rettificazione, punto al quale il liquido risulta in quiete nella zona centrale) (*ind. chim.*), Flutpunkt (m.). **102** ~ **massima** (*gen.*), Höchstgeschwindigkeit (f.), Maximalgeschwindigkeit (f.). **103** ~ **massima** (raggiungibile tecnicamente) (*veic. - ecc.*), Höchstgeschwindigkeit (f.), Maximalgeschwindigkeit (f.). **104** ~ **massima** (massimo numero di giri, regime massimo) (*mot. - ecc.*), Höchstdrehzahl (f.). **105** ~ **massima di sicurezza** (viaggiando senza soste) (*traff. strad.*), Einsatzgeschwindigkeit (f.). **106** ~ **massima permessa** (velocità massima ammissibile) (*mecc. - ecc.*), höchstzulässige Geschwindigkeit. **107** ~ **media** (*mecc. - ecc.*), mittlere Geschwindigkeit, Durchschnittsgeschwindigkeit (f.). **108** ~ **(media) dei contatti** (d'un interruttore) (*elett.*), Schaltgeschwindigkeit (f.). **109** ~ **media dello stantuffo** (*mot.*), mittlere Kolbengeschwindigkeit. **110** ~ **micrometrica** (moto lento; bassa velocità d'avanzamento per raggiungere una data posizione) (*lav. macch. ut.*), Schleichgang (m.). **111** ~ **minima** (*aer.*), kleinstmögliche Geschwindigkeit, Minimalgeschwindigkeit (f.). **112** ~ **minima a pieno carico** (numero di giri minimo a pieno carico) (*mot.*), untere Vollastdrehzahl. **113** ~ **minima a vuoto** (numero di giri minimo a vuoto) (*mot.*), kleinste Leerlaufdrehzahl. **114** ~ **minima con flap abbassati** (*aer.*), Minimalgeschwindigkeit mit ausgefahrenen Landeklappen. **115** ~ **minima di volo** (*aer.*), Mindestfluggeschwindigkeit (f.). **116** ~ **necessaria per sfuggire alla gravitazione** (velocità di fuga) (*astronautica*), Fliehgeschwindigkeit (f.). **117** ~ **nominale** (numero di giri nominale) (*mot. - ecc.*), Nenndrehzahl (f.). **118** ~ **oraria** (*veic. - ecc.*), Stundengeschwindigkeit (f.). **119** ~ **periferica** (di una ruota p. es.) (*mecc.*), Umlaufsgeschwindigkeit (f.), Umfangsgeschwindigkeit (f.). **120** ~ **periferica** (della pala di un elica p. es.) (*aer. - ecc.*), Spitzengeschwindigkeit (f.). **121** ~

propria (velocità vera) (aer.), Eigengeschwindigkeit (f.). 122 ~ relativa (aer. - ecc.), relative Geschwindigkeit, Relativgeschwindigkeit (f.). 123 ~ relativistica (in confronto alla velocità della luce) (fis.), relativistische Geschwindigkeit. 124 ~ ridotta (di un ascensore o montacarichi, al termine del moto in salita) (ed.), Feinfahrt (f.). 125 ~ sotto carico (numero di giri a carico) (mot.), Drehzahl bei Belastung. 126 ~ subsonica (acus. - aer.), Unterschallgeschwindigkeit (f.). 127 ~ suolo (aer.), Grundgeschwindigkeit. 128 ~ superficiale (velocità alla superficie, di un corso d'acqua) (idr. - costr. idr.), Oberflächengeschwindigkeit (f.). 129 ~ superiore a quella della luce (fis.), Überlichtgeschwindigkeit (f.). 130 ~ supersonica (aer.), Überschallgeschwindigkeit (f.). 131 ~ telegrafica (velocità di trasmissione telegrafica) (telegr.), Telegraphiergeschwindigkeit (f.). 132 ~ transonica (aer.), schallnahe Geschwindigkeit. 133 ~ trasversale (aer.), Schiebegeschwindigkeit (f.), Abrutschgeschwindigkeit (f.). 134 ~ uniforme (mecc.), gleichförmige Geschwindigkeit. 135 ~ uniformemente accelerata (mecc.), gleichförmig beschleunigte Geschwindigkeit. 136 ~ unioraria (numero di giri unioraria, velocità impiegabile per un'ora) (mot.), Stundendrehzahl (f.). 137 ~ variabile (mecc.), ungleichförmige Geschwindigkeit. 138 ~ variabile (numero di giri variabile, di un mot.) (mot.), veränderliche Drehzahl, wechselnde Drehzahl. 139 ~ vera (velocità propria) (aer.), Eigengeschwindigkeit (f.). 140 ad alta ~ (macch. - ecc.), schnellaufend. 141 a ~ costante (motore elett. p. es.) (elett.), eintouring. 142 apparecchio di controllo (automatico) della ~ di rotazione (app.), Drehzahlwächter (m.). 143 a ~ inferiore a quella di sincronismo (subsincrono) (mot. elett.), untersynchron. 144 a ~ variabile (mot. - elett.), drehzahlgeregelt. 145 campo di ~ (di funzionamento, numero di giri di funzionamento) (mot.), Drehzahlbereich (m.). 146 limite della ~ subsonica (tra velocità subsonica e supersonica) (aer.), Schallgrenze (f.). 147 limite di ~ (consentito dalla legge) (veic.), Höchstgeschwindigkeit(f.), Maximalgeschwindigkeit (f.), höchstzulässige Geschwindigkeit (f.). 148 merci a grande ~ (trasp.), Eilfracht (f.), Eilgut (n.). 149 misuratore di ~ angolare (girometro) (app. - navig.), Wendekreisel (m.). 150 motore a ~ variabile (elett.), Regliermotor (m.). 151 quinta ~ (marcia moltiplicata, rapporto per autostrada) (aut.), Schnellgang (m.), Schongang (m.). 152 rapporto tra ~ periferica e salto (turb. - idr.), Laufzahl (f.). 153 regolatore di ~ (regolatore del numero di giri) (mot.), Drehzahlregler (m.). 154 regolatore della ~ (regolazione del numero di giri) (mot.), Drehzahlregelung (f.). 155 regolazione della ~ (impostazione del numero di giri, di un tornio p. es.) (mecc.), Drehzahleinstellung (f.). 156 terza ~ (« terza ») (aut.), dritter Gang. 157 tratto da percorrere a ~ ridotta (ferr.), Langsamfahrstelle (f.), La-Stelle (f.). 158 variatore di ~ continuo PIV (a dischi conici distanziabili;

cambio continuo PIV) (macch.), PIV-Getriebe (n.).
velodal (lega d'alluminio del tipo AlZnMg) (lega), Velodal (n.).
velodromo (ed. - sport), Radrennbahn (f.), Velodrom (n.).
velodur (lega d'alluminio) (lega), Velodur (n.).
velubro (velo di lubrificante, velo di olio) (mecc.), Schmierfilm (m.), Ölfilm (m.). 2 ~ d'imbutitura (lav. lamiera), Ziehfilm (m.).
vena (gen.), Ader (f.). 2 ~ (min.), Ader (f.), Gang (m.). 3 ~ (liquida) (idr.), Stromröhre (f.). 4 contrazione della ~ (di efflusso) (idr.), Zusammenziehung des Wasserstrahls, Kontraktion des Wasserstrahls, Einschnürung des Wasserstrahls.
venare (marezzare) (ed.), masern.
venato (gen.), gemasert, aderig, geädert.
venatura (gen.), Aderung (f.). 2 ~ (del legno p. es.) (legno - ecc.) (comm.), Maserung (f.).
vendere (comm.), verkaufen. 2 ~ al dettaglio (vendere al minuto) (comm.), im Ausschnitt verkaufen, im Detail verkaufen. 3 ~ all'asta (mettere all'asta) (leg. - finanz.), verauktionieren, versteigern. 4 ~ all'ingrosso (comm.), im Grossen verkaufen. 5 ~ al minuto (comm.), im Detail verkaufen, im Ausschnitt verkaufen. 6 ~ sotto costo (comm.), schleudern, verschleudern.
vendibile (di facile smercio) (comm.), absatzfähig, absetzbar.
vendita (comm.), Verkauf (m.). 2 ~ a contanti (comm.), Barverkauf (m.). 3 ~ al dettaglio (vendita al minuto) (comm.), Einzelverkauf (m.), Detailverkauf (m.). 4 ~ all'asta (leg. - finanz.), Verauktionierung (f.), Versteigerung (f.), Auktion (f.). 5 ~ all'ingrosso (comm.), Grossverkauf (m.), Engrosverkauf (m.). 6 ~ al minuto (vendita al dettaglio) (comm.), Einzelverkauf (m.), Detailverkauf (m.). 7 ~ a lotti (comm.), Parzellierung (f.), Partieverkauf (m.). 8 ~ di lancio (vendita di propaganda) (comm.), Einführungsverkauf (m.). 9 ~ di propaganda (vendita di lancio) (comm.), Einführungsverkauf (m.). 10 ~ diretta (comm.), Direktverkauf (m.). 11 ~ in blocco (comm.), Verkauf in Bausch und Bogen. 12 ~ secondo campione (vendita su campione) (comm.), Kauf nach Probe. 13 ~ sotto costo (comm.), Verschleudern (n.), Schleudern (n.), Verlustverkauf (m.). 14 ~ su campione (vendita secondo campione) (comm.), Kauf nach Probe. 15 articolo in ~ pubblicitaria (comm.), Zugartikel (m.). 16 atto di ~ (comm. - leg.), Verkaufsurkunde (f.). 17 direttore vendite (comm.), Verkaufsleiter (m.), Verkaufsdirektor (m.). 18 organico di ~ (comm.), Verkaufsstab (m.). 19 previsione delle vendite (comm.), Absatzvorausschätzung (f.). 20 prezzo di ~ (comm.), Verkaufspreis (m.), Abgabepreis (m.). 21 programmazione delle vendite (comm.), Absatzplanung (f.). 22 prospettive di ~ (situazione di mercato) (comm.), Absatzverhältnisse (n. pl.). 23 promozione delle vendite (comm.), Absatzförderung (f.). 24 spese di ~ (spese commerciali) (amm.), Verkaufsspesen (f. pl.). 25 zona di ~ (comm.), Ansatzbereich (m.).
venditore (comm.), Verkäufer (m.), Händler

ventaglio

(m.). 2 ~ al minuto (comm.), Kleinhändler (m.), Ausschnitthändler (m.). 3 ~ ambulante (lav. - comm.), Strassenhändler (m.), Marktfahrer (m. - austr.). 4 ~ tecnico (comm.), Verkaufsingenieur (m.).
ventaglio (gen.), Fächer (m.). 2 a ~ (gen.), fächerformig.
ventare (ed.), verspannen.
ventaruola (strum. - meteor.), Wetterfahne (f.), Windfahne (f.).
ventatura (ed.), Verspannung (f.).
ventilare (ed. - min.), lüften, belüften, auslüften, ventilieren. 2 ~ (min.), bewettern.
ventilato (ed. - ventilaz.), ventiliert, gelüftet, belüftet. 2 ~ artificialmente (a ventilazione forzata) (ed.), druckbelüftet.
ventilatore (app. ventilaz.), Lüfter (m.), Ventilator (m.), Belüfter (m.), Gebläse (n.). 2 ~ (aspiratore) (app. ind.), Entlüfter (m.), Absaugventilator (m.). 3 ~ aspirante (app.), saugender Ventilator, Saugventilator (m.). 4 ~ assiale (ventilatore elicoidale) (app.), Schraubenlüfter (m.), Schraubengebläse (n.), Schraubenventilator (m.). 5 ~ centrifugo (app.), Fliehkraftlüfter (m.), Zentrifugalventilator (m.). 6 ~ da camino (comb.), Schornsteinlüfter (m.). 7 ~ da miniera (ventilatore per miniera) (app. min.), Grubengebläse (n.), Wettergebläse (n.), Grubenventilator (m.). 8 ~ da parete (app.), Wandlüfter (m.). 9 ~ da soffitto (app. ed.), Deckenventilator (m.). 10 ~ da tavolo (att.), Tischventilator (m.). 11 ~ dell'aria di raffreddamento (mot.), Kühlluftgebläse (n.), Lüfter (m.). 12 ~ del riscaldamento (veic.), Heizgebläse (n.). 13 ~ di estrazione (app.), Absaugventilator (m.), Entlüfter (m.). 14 ~ elicoidale (app.), Schraubengebläse (n.), Schraubenlüfter (m.), Schraubenventilator (m.). 15 ~ intubato (app.), Luttenventilator (m.). 16 ~ per miniera (ventilatore da miniera) (app. min.), Grubengebläse (n.), Wettergebläse (n.), Grubenventilator (m.). 17 ~ regolabile (in funzione della temperatura) (aut.), Viskoselüfter (m.). 18 ~ soffiante (app.), blasender Ventilator. 19 ~ soffiante (di un mot. a c. i.) (mot.), Druckventilator (m.), Ausstossventilator (m.). 20 cinghia del ~ (mot. - aut.), Lüfterkeilriemen (m.). 21 pala del ~ (ventilaz. - mot.), Ventilatorflügel (m.).
ventilazione (ed. - ecc.), Ventilation (f.), Lüftung (f.). 2 ~ (min.), Bewetterung (f.), Wetter (n.), Lüftung (f.). 3 ~ (di una macch. elett. p. es.) (macch.), Lüftung (f.), Belüftung (f.), Luftkühlung (f.). 4 ~ (di sabbia o terra da formatura p. es.) (fond. - ecc.), Durchlüftung (f.). 5 ~ artificiale (ventilazione forzata) (ed. - ecc.), Zwangslüftung (f.). 6 ~ ascendente (min.), Aufwärtslüftung (f.). 7 ~ aspirante (ventilazione per aspirazione, ventilazione per depressione) (ed. - min.), Entlüftung (f.), Sauglüftung (f.). 8 ~ aspirante (ventilazione per aspirazione, ventilazione aspirata) (min.), saugende Bewetterung, Sauglüftung (f.). 9 ~ da sopra il pavimento (d'un motore elettrico p. es.) (elett. - ecc.), Überflurbelüftung (f.). 10 ~ del terreno (agric.), Bodenlüftung (f.). 11 ~ di miniera (min.), Grubenbewetterung (f.). 12 ~ discendente (min.), Abwärtslüftung (f.). 13 ~ forzata (ed. - ecc.), Zwangslüftung (f.). 14 ~ forzata (di una macch. elett. p. es.) (macch. - ecc.), Zwangsbelüftung (f.). 15 ~ forzata (ventilazione per pressione) (ed. - ecc.), Drucklüftung (f.). 16 ~ in aspirazione (ventilazione ascendente) (min.), Aufwärtslüftung (f.). 17 ~ naturale (ed.), natürliche Belüftung, Selbstlüftung (f.). 18 ~ per aspirazione (ventilazione per depressione, ventilazione aspirante) (ed. - min.), Entlüftung (f.), Sauglüftung (f.). 19 ~ per depressione (ventilazione aspirante, ventilazione per aspirazione) (ed. - min.), Entlüftung (f.), Sauglüftung (f.). 20 ~ per pressione (ed. - min.), Drucklüftung (f.). 21 ~ separata (macch. elett. - ecc.), Fremdlüftung (f.). 22 a ~ esterna (con ventilazione a mantello) (macch. elett.), oberflächengekühlt. 23 a ~ forzata (macch. - ecc.), zwangsbelüftet, zwangsventiliert. 24 a ~ forzata (ventilato artificialmente a pressione) (ed. - ecc.), druckbelüftet. 25 a ~ separata (macch. elett. - ecc.), fremdbelüftet. 26 chiusa di ~ (porta di ventilazione) (min.), Wetterschleuse (f.), Wettertür (f.). 27 condotto di ~ (min.), Wetterkanal (m.). 28 condotto di ~ aspirante (min. - ecc.), Saugkanal (m.). 29 con ~ a mantello (a ventilazione esterna) (macch. elett.), oberflächengekühlt. 30 cunicolo di ~ (galleria di ventilazione) (min.), Belüftungsstollen (m.). 31 diaframma di ~ (parete divisoria tra due flussi d'aria) (min.), Wetterscheider (m.). 32 feritoia di ~ (macch. - ecc.), Kühlschlitz (m.), Kühlluftschlitz (m.). 33 fessura di ~ (ventilazione), Entlüftungsschlitz (m.). 34 galleria di ~ (cunicolo di ventilazione) (min.), Belüftungsstollen (m.). 35 impianto di ~ (ed. - ecc.), Lüftungsanlage (f.). 36 impianto di ~ (impianto di estrazione) (ed.), Entlüftungsanlage (f.). 37 macchina con ~ a mantello (macchina chiusa con ventilazione esterna) (macch. elett.), oberflächengekühlte Maschine. 38 macchina con ~ separata (elett.), Maschine mit Fremdkühlung. 39 pozzo di ~ (min.), Wetterschacht (m.). 40 pozzo di ~ naturale (per piccole profondità) (min.), Licht-Schacht (m.). 41 rete di ~ (min.), Wetternetz (n.).
vento (meteor. - ecc.), Wind (m.). 2 ~ (di un alto forno p. es.) (forno - metall.), Wind (m.), Gebläsewind (m.). 3 ~ (straglio) (ed.), Spanndraht (m.), Spannkabel (n.), Spannseil (n.), Verspannungsdraht (m.). 4 ~ (vento relativo, causato dallo spostamento di un veicolo) (veic.), Fahrtwind (m.). 5 ~ anabatico (meteor.), Aufwind (m.). 6 ~ ascendente (per effetto di rilievi montani, sfruttato nel volo a vela) (meteor.), Hangwind (m.). 7 ~ caldo (forno - metall. - ecc.), Heisswind (m.). 8 ~ catabatico (meteor.), Fallwind (m.). 9 ~ contrario (meteor. - veic. - aer.), Gegenwind (m.), Stirnwind (m.). 10 ~ d'alto forno (metall. - forno), Hochofenwind (m.). 11 ~ debole (bava di vento) (meteor.), schwacher Wind. 12 ~ del sud (meteor.), Südwind (m.). 13 ~ di coda (vento in coda) (aer.), Rückenwind (m.), Mitwind (m.), Nachwind (m.).

14 ~ di mare (*meteor.*), Seewind (*m.*). 15 ~ di terra (*meteor.*), Landwind (*m.*). 16 ~ forte (*meteor.*), steifer Wind. 17 ~ fresco (*meteor.*), starker Wind. 18 ~ in coda (vento di coda) (*aer.*), Rückenwind (*m.*), Mitwind (*m.*), Nachwind (*m.*). 19 ~ in poppa (*navig.*), Rückenwind (*m.*). 20 ~ moderato (*meteor.*), mässige Brise. 21 ~ relativo (causato dallo spostamento di un veicolo) (*veic.*), Fahrtwind (*m.*). 22 ~ solare (*astr.*), Sonnenwind (*m.*), solarer Wind. 23 ~ teso (*meteor.*), frische Brise. 24 ~ trasversale (*aer.-veic.-ecc.*), Querwind (*m.*), Seitenwind (*m.*). 25 ~ vorticoso (*meteor. - ecc.*), Wirbelwind (*m.*). 26 anello del ~ (di un alto forno) (*metall. - forno*), Windkranz (*m.*), Windringleitung (*f.*). 27 arresto del ~ (*metall. - forno*), Winddrosselung (*f.*). 28 bava di ~ (*meteor.*), leichter Zug. 29 carico dovuto al ~ (*ed. - ecc.*), Windlast (*f.*). 30 cassa del ~ (d'un convertitore) (*metall.*), Windkasten (*m.*). 31 collettore del ~ (per ripartire il vento agli ugelli d'un cubilotto) (*fond.*), Windmantel (*m.*). 32 collettore del ~ (*ventilazione min.*), Wetterhut (*m.*). 33 colpo di ~ (raffica) (*meteor.*), Windstoss (*m.*), Bö (*f.*), Böe (*f.*). 34 difesa contro il ~ (*agric. - ecc.*), Windschutz (*m.*). 35 galleria del ~ (*aer. - aerodin.*), Windkanal (*m.*). 36 insensibile al ~ (*aut.*), windunempfindlich. 37 insensibilità al ~ (caratteristica di marcia, di una vettura p. es.) (*aut.*), Windunempfindlichkeit (*f.*). 38 intensità del ~ (forza del vento) (*meteor.*), Windstärke (*f.*). 39 manica a ~ (*meteor. - aer.*), Windsack (*m.*). 40 messa al ~ (*ind. cuoio*), Ausrecken (*n.*), Stossen (*n.*). 41 mettere al ~ (*ind. cuoio*), aussetzen, ausstossen, ausrecken. 42 molino a ~ (*macch.*), Windmühle (*f.*). 43 momento dovuto al ~ (*ed.*), Windmoment (*n.*). 44 momento dovuto al ~ (d'imbardata p. es.) (*aut. - aer.*), Luftmoment (*n.*). 45 motore a ~ (*mot.*), Windkraftmaschine (*f.*), Windrad (*n.*). 46 portata di ~ (*metall. - forno*), Winddurchsatz (*m.*). 47 preriscaldatore del ~ (ricuperatore) (*forno - metall.*), Winderhitzer (*m.*), Cowperapparat (*m.*). 48 pressione del ~ (*ed. - ecc.*), Winddruck (*m.*). 49 raffica di ~ (*meteor.*), Bö (*f.*), Böe (*f.*). 50 rumore dovuto al ~ (*aut. - ecc.*), Windgeräusch (*n.*). 51 scala del ~ (di Beaufort p. es.) (*meteor.*), Windskala (*f.*). 52 triangolo del ~ (per tener conto dell'influenza del vento) (*aer. - navig.*), Winddreieck (*n.*). 53 ugello del ~ (*forno - metall.*), Windform (*f.*), Windduse (*f.*). 54 valvola del ~ (*metall. - forno*), Windschieber (*m.*). 55 velocità del ~ al suolo (*meteor.*), Bodenwindgeschwindigkeit (*f.*).

ventola (di un ventilatore) (*app.*), Flügelrad (*n.*), Laufrad (*n.*), Schaufelrad (*n.*), Lüfterrad (*n.*). 2 ~ (dell'aria di raffreddamento) (*mot.*), Lüfterrad (*n.*), Flügelrad (*n.*).

ventosa (dispositivo di fissaggio o presa a depressione, per fogli di carta p. es.) (*app.*), Saugtasche (*f.*), Saugkopf (*m.*).

ventosità (*meteor.*), Windigkeit (*f.*).

ventre (di onda) (*fis.*), Bauch (*m.*). 2 ~ (di un altoforno p. es.) (*forno - metall.*), Kohlensack (*m.*). 3 ~ (di un convertitore) (*metall.*), Bauch (*m.*). 4 ~ dell'ala (*aer.*), Flügelunterseite (*f.*). 5 ~ di oscillazione (antinodo) (*fis.*), Schwingungsbauch (*m.*), Schwingungsschleife (*f.*).

ventricolo (*med.*), Herzkammer (*f.*).

Venturi, tubo di ~ (venturimetro) (*app. idr.*), Venturirohr (*n.*), Venturimesser (*m.*), Saugdüse (*f.*).

venturimetro (tubo di Venturi) (*app. idr.*), Venturimesser (*m.*), Venturirohr (*n.*), Saugdüse (*f.*).

venturina (avventurina, stellaria) (*min.*), Glimmerquarz (*m.*), Avanturin (*m.*).

vera (del pozzo, ghiera, puteale) (*arch. - idr.*), Brunnenkranz (*m.*).

veranda (*ed.*), Veranda (*f.*).

verbale (di una seduta od assemblea) (*s. - finanz. - ecc.*), Protokoll (*n.*), Besprechungsnotiz (*f.*). 2 ~ (di una prova p. es.) (*s. - tecnol.*), Protokoll (*n.*), Bericht (*m.*). 3 ~ (*a. - gen.*), mündlich. 4 ~ della prova al freno (certificato della prova a freno, bollettino della prova al freno) (*mot.*), Bremsprotokoll (*n.*). 5 ~ di accettazione (*comm. - ecc.*), Abnahmebericht (*m.*). 6 ~ di collaudo (bollettino o certificato di collaudo) (*ind.*), Prüfungsbericht (*m.*). 7 ~ di constatazione (*leg. - ecc.*), Feststellungsprotokoll (*n.*). 8 ~ di prova (certificato di prova, certificato di collaudo) (*tecnol.*), Prüfbericht (*m.*), Testprotokoll (*n.*). 9 ~ di seduta (*comm. - finanz.*), Sitzungsprotokoll (*n.*). 10 ~ di una riunione (*amm. - ind. - ecc.*), Versammlungsprotokoll (*n.*). 11 stendere il ~ (verbalizzare) (*ind. - ecc.*), protokollieren.

verbalizzare (stendere il verbale) (*ind. - ecc.*), protokollieren.

verde (*a. - colore*), grün. 2 ~ (colore verde) (*s. - colore*), Grün (*n.*). 3 ~ (forma) (*a. - fond.*), grün, nass. 4 ~ (anima p. es., non essiccato) (*a. - fond.*), ungebacken. 5 ~ (*a. - legno*), frisch. 6 ~ bottiglia (*a. - colore*), flaschengrün. 7 ~ chiaro (*a. - colore*), hellgrün. 8 ~ malachite (*s. - vn.*), Berggrün (*n.*), Malachitgrün (*n.*). 9 ~ pubblico (*ed.*), öffentliches Grün. 10 ~ smeraldo (*a. - colore*), smaragdgrün. 11 copparosa ~ (solfato ferroso) (*chim.*), Eisenvitriol (*n.*). 12 foglio ~ (carta verde, modulo verde d'assicurazione, per autoveicoli) (*aut.*), Versicherungskarte (*f.*), grüne Versicherungskarte. 13 onda ~ (semafori sincronizzati) (*traff. strad.*), grüne Welle. 14 onda ~ a 50 km/h (semafori verdi alla velocità di 50 km/h) (*traff. strad.*), grün bei 50, grüne Welle bei 50. 15 piano ~ (*ed. - urb.*), grüner Plan. 16 semafori verdi alla velocità di 50 km/h (onda verde a 50 km/h) (*traff. strad.*), grün bei 50, grüne Welle bei 50. 17 superfici a ~ (aree a verde) (*ed. - urb.*), Grünflächen (*f. pl.*).

verderame (*chim.*), Grünspan (*m.*).

verdetto (dei giurati p. es.) (*leg.*), Spruch (*m.*), Ausspruch (*m.*). 2 ~ della giuria (*leg.*), Geschworenenspruch (*m.*).

verdunizzazione (depurazione chimica dell'acqua) (*chim.*), Verdunisierung (*f.*).

verga (bacchetta d'invergatura) (*macch. tess.*), Kreuzschiene (*f.*), Kreuzstab (*m.*), Kreuzrute (*f.*), Leserute (*f.*), Schiene (*f.*).

vergatura (linee di filigrana parallele e ravvicinate) (*ind. carta*), Wasserlinien (*f. pl.*).
vergella (bordione, semilavorato a sezione circolare) (*ind. metall.*), Walzdraht (*m.*). 2 ~ **in rotoli** (bordione in rotoli) (*ind. metall.*), Walzdrahtrolle (*f.*). 3 ~ **temprata in acqua** (*lamin.*), Wasserdraht (*m.*). 4 **derivati** ~ (*ind. metall.*), Walzdraht-Erzeugnisse (*n. pl.*). 5 **laminatoio per** ~ (*lamin.*), Drahtwalzwerk (*n.*).
vergine (inesplorato) (*min.*), unverritzt.
verifica (controllo) (*gen.*), Nachprüfung (*f.*), Kontrolle (*f.*), Überprüfung (*f.*). 2 ~ (revisione) (*gen.*), Revision (*f.*), Nachprüfung (*f.*). 3 ~ (ispezione, di linee p. es.) (*telef. - ecc.*), Begehen (*n.*). 4 ~ **al rotolamento** (di ingranaggi) (*mecc.*), Wälzprüfung (*f.*). 5 ~ **al rotolamento su due fianchi** (di ingranaggi) (*mecc.*), Zweiflankenwälzprüfung (*f.*). 6 ~ **contabile** (*contabilità*), Rechnungsprüfung (*f.*), Gebarungskontrolle (*f. - austr.*). 7 ~ **dei libri** (controllo dei libri) (*contabilità*), Buchprüfung (*f.*). 8 ~ **dell'avantreno** (*aut.*), Überprüfung der Vorderachse. 9 ~ **di cassa** (*amm.*), Kassenrevision (*f.*). 10 ~ **e chiusura** (d'un bilancio) (*finanz.*), Bereinigung (*f.*). 11 ~ **per eco** (controllo mediante trasmissione di ritorno, di un segnale) (*calc. - macch. ut. c/n*), Echoprüfung (*f.*). 12 **calcolo di** ~ (*mat. - ecc.*), Nachrechnung (*f.*). 13 **relazione sulla** ~ (relazione dei revisori) (*finanz.*), Prüfungsbericht (*m.*).
verificare (controllare) (*gen.*), prüfen, überprüfen, nachprüfen, kontrollieren. 2 ~ (controllare, il motore p. es.) (*mecc. - ecc.*), nachsehen, nachprüfen. 3 ~ (i conti) (*gen.*), durchrechnen, nachrechnen. 4 ~ **le dimensioni** (controllare le misure) (*mecc. - ecc.*), nachmessen.
verificatore (del carico imbarcato) (*nav.*), Anschreiber (*m.*). 2 ~ (*lav. - ferr. - svizz.*), Visiteur (*m.*). 3 **contorista** ~ **del gas** (letturista del gas) (*lav.*), Gasmann (*m.*), Gaserer (*m. - austr.*).
verificatrice (*app.*), Prüfer (*m.*). 2 ~ **di schede alfabetiche** (*macch. elab. dati*), Alphabetlochprüfer (*m.*).
verità (*gen.*), Wahrheit (*f.*). 2 **macchina per la prova della** ~ (*macch.*), Lügendetektor (*m.*).
vermeil (argento dorato) (*metall.*), Vermeil (*n.*).
vermiculite (refrattario) (*min. - ed.*), Vermiculit (*n.*).
vernice (prodotto verniciante) (*vn.*), Lack (*m.*), Anstrich (*m.*). 2 ~ (pittura) (*vn.*), Anstrich (*m.*), Anstrichfarbe (*f.*), Farbe (*f.*), Lackfarbe (*f.*). 3 ~ (strato sottile trasparente) (*vn.*), Firnis (*m.*). 4 ~ (nero di fonderia, per forme) (*fond.*), Schlichte (*f.*), Schwärze (*f.*), Einstreichmittel (*n.*), Formanstrich (*m.*). 5 ~ **abbagliante** (*vn.*), Blendanstrich (*m.*). 6 ~ **a bronzare** (*vn.*), Bronzelack (*m.*). 7 ~ **ad immersione** (*vn.*), Tauchlack (*m.*). 8 ~ **ad olio** (*vn.*), Öllack (*m.*), Ölfirnis (*m.*). 9 ~ **a dorare** (vernice per dorare, missione a dorare, missione per dorare) (*vn.*), Goldlack (*m.*), Goldfirnis (*m.*). 10 ~ **ad una mano** (*vn.*), Einschichtlack (*m.*). 11 ~ **a fuoco** (*vn.*), Einbrennlack (*m.*). 12 ~ **alchidica** (*vn.*), Alkydharz-Lack (*m.*). 13 ~ **a legante resinoide** (vernice resinoide) (*vn.*), Kunstharzlack (*m.*). 14 ~ **a lisciare** (vernice a pulimento, vernice carteggiabile) (*vn.*), Schleiflack (*m.*). 15 ~ **alla cellulosa** (vernice cellulosica) (*vn.*), Zelluloselack (*m.*). 16 ~ **all'alcool** (*vn.*), Spirituslack (*m.*), Spritlack (*m.*). 17 ~ **alla nitro** (vernice alla nitrocellulosa) (*vn.*), Nitrozelluloselack (*m.*). 18 ~ **alla nitrocellulosa** (vernice alla nitro) (*vn.*), Nitrozelluloselack (*m.*), Nitrolack (*m.*). 19 ~ **alla pirossilina** (*vn.*), Pyroxylinlack (*m.*). 20 ~ **alla trementina** (per legno p. es.) (*vn.*), Terpentinbeize (*f.*). 21 ~ **antirombo** (antirombo) (*vn.*), Antidröhnlack (*m.*). 22 ~ **antiruggine** (*vn.*), Rostschutzlack (*m.*), Eisenlack (*m.*). 23 ~ **a pennello** (*vn.*), Streichlack (*m.*). 24 ~ **a pulimento** (vernice carteggiabile, vernice a lisciare) (*vn.*), Schleiflack (*m.*). 25 ~ **a resina epossidica** (vernice epossidica) (*vn.*), Epoxydharzlack (*m.*), Epoxydlackfarbe (*f.*). 26 ~ **asfaltica** (vernice bituminosa), Asphaltlack (*m.*). 27 ~ **a solvente** (*vn.*), flüchtiger Lack. 28 ~ **a spirito** (*vn.*), Spirituslack (*m.*), Spritlack (*m.*). 29 ~ **a spruzzo** (*vn.*), Spritzlack (*m.*). 30 ~ **a tendere** (vernice tenditela) (*vn.*), Spannlack (*m.*). 31 ~ **bituminosa** (vernice asfaltica) (*vn.*), Asphaltlack (*m.*). 32 ~ **brillante** (*vn.*), Glanzlack (*m.*), Glanzfirnis (*m.*). 33 ~ **carteggiabile** (vernice a pulimento, vernice a lisciare) (*vn.*), Schleiflack (*m.*). 34 ~ **catalizzata ad acido** (vernice con indurimento ad acido) (*vn.*), säurehärtender Lack. 35 ~ **cellulosica** (vernice alla cellulosa) (*vn.*), Zelluloselack (*m.*). 36 ~ **combinata** (di resina-nitrocellulosa p. es.) (*vn.*), Kombinationslack (*m.*). 37 ~ **conduttrice** (*vn.*), leitender Anstrich. 38 ~ **(con essiccazione) a reazione chimica** (vernice reattiva) (*vn.*), Reaktionslack (*m.*). 39 ~ **cristallizzata** (*vn.*), Frostlack (*m.*). 40 ~ **di copertura** (*vn.*), Decklack (*m.*). 41 ~ **di effetto** (screpolato p. es.) (*vn.*), Effektlack (*m.*). 42 ~ **di fondo** (fondo) (*vn.*), Vorlack (*m.*), Grundierlack (*m.*). 43 ~ **elettroconduttiva** (*elett.*), Leitlack (*m.*). 44 ~ **epossidica** (vernice a resina epossidica) (*vn.*), Epoxydlackfarbe (*f.*), Epoxydharzlack (*m.*). 45 ~ **essiccante all'aria** (*vn.*), Luftlack (*m.*). 46 ~ **essiccante in forno** (*vn.*), Ofenlack (*m.*). 47 ~ **fluorescente** (*vn.*), Leuchtfarbe (*f.*). 48 ~ **fresca!** (*vn.*), frisch gestrichen! 49 ~ **giapponese** (*vn.*), Japanlack (*m.*). 50 ~ **ignifuga** (*vn.*), Feuerschutzanstrich (*m.*), feuerfester Anstrich, Flammschutzfarbe (*f.*), Feuerschutzfarbe (*f.*). 51 ~ **isolante** (*vn. - elett.*), Isolierlack (*m.*). 52 ~ **luminescente** (*vn.*), Leuchtfarbe (*f.*). 53 ~ **luminosa** (pittura luminosa) (*vn.*), Fluoreszenzfarbe (*f.*). 54 ~ **oleoresinosa** (*vn.*), Ölharzlack (*m.*). 55 ~ **opaca** (*vn.*), Mattanstrich (*m.*). 56 ~ **pelabile** (*vn.*), Abziehlack (*m.*). 57 ~ **per bronzare** (*vn.*), Bronzelack (*m.*). 58 ~ **per cuoio** (*vn. - ind. del cuoio*), Lederlack (*m.*). 59 ~ **per dorare** (vernice per dorare, missione a dorare, missione per dorare) (*vn.*), Goldfirnis (*m.*), Goldlack (*m.*). 60 ~ **per effetto martellato** (*vn.*), Hammerschlaglack (*m.*). 61 ~ **per effetto raggrinzante** (vernice vetrificata, vernice raggrinzante) (*vn.*), Kräusellack (*m.*), Schrumpflack

(*m.*). **62 ~ per forme** (rivestimento della forma, nero di fonderia) (*metall. - fond.*), Formanstrich (*m.*), Schlichte (*f.*), Schwärze (*f.*). **63 ~ per lingottiere** (*metall.*), Kokillenanstrichmittel (*n.*). **64 ~ per modelli** (*fond.*), Modell-Lack (*m.*). **65 ~ per pavimenti** (vernice trasparente per pavimenti (*vn. - ed.*), Fussbodendecklack (*m.*). **66 ~ (per verniciatura) ad immersione** (*vn.*), Tauchlack (*m.*). **67 ~ pigmentata** (pittura) (*vn.*), Anstrichfarbe (*f.*), Lackfarbe (*f.*), Klarlack mit Pigment, Farbe (*f.*), Anstrich (*m.*). **68 ~ poliestere non satura** (*vn.*), U-P-Harz-Lack (*m.*). **69 ~ poliuretanica** (*vn.*), Polyurethanlack (*m.*), DD-Lack (*m.*). **70 ~ protettiva** (*vn.*), Schutzanstrich (*m.*). **71 ~ protettiva per saldatura a punti** (contro la corrosione) (*tecnol. mecc.*), Punktschweissfarbe (*f.*). **72 ~ raggrinzante** (*vn.*), Schrumpflack (*m.*), Kräusellack (*m.*). **73 ~ reattiva** (vernice con essiccazione a reazione chimica) (*vn.*), Reaktionslack (*m.*). **74 ~ reattiva** (wash-primer, fondo sintetico anticorrosione) (*vn.*), Haftgrundmittel (*n.*). **75 ~ resinoide** (vernice a legante resinoide) (*vn.*), Kunstharzlack (*m.*). **76 ~ resistente agli acidi** (*vn.*), säurebeständiger Anstrich. **77 ~ resistente alla tranciatura** (applicata su lamiera, e che non salta tranciandola) (*vn.*), Stanzlack (*m.*). **78 ~ riflettente** (incorporante materiali riflettenti, quali prismetti di vetro p. es.) (*vn.*), reflektierender Lack, Reflexionslack (*m.*). **79 ~ siccativa** (*vn.*), Trockenfirnis (*m.*). **80 ~ sintetica** (soluzione in miscugli di solventi di resine sintetiche) (*vn.*), Harzlack (*m.*), Harzlösung (*f.*), Kunstharzlackfarbe (*f.*). **81 ~ speciale** (*vn.*), Sonderlack (*m.*), Speziallack (*m.*). **82 ~ tenditela** (vernice a tendere) (*vn.*), Spannlack (*m.*). **83 ~ termosensibile** (*tecnol.*), temperaturanzeigender Farbanstrich. **84 ~ trasparente** (*vn.*), Klarlack (*m.*), Transparentlack (*m.*). **85 ~ (trasparente) per pavimenti** (*vn. - ed.*), Fussbodendecklack (*m.*). **86 ~ vetrificata** (vernice per effetto raggrinzante) (*vn.*), Kräusellack (*m.*), Schrumpflack (*m.*). **87 ~ zapon** (vernice alla nitro, per il rivestimento di metalli) (*vn.*), Zaponlack (*m.*). **88 essiccazione della ~** (*vn.*), Lacktrocknung (*f.*). **89 fissare con ~** (un apparecchio p. es.) (*gen.*), lacksichern. **90 mano di ~** (strato di vernice) (*vn.*), Lackschicht (*f.*), Lackanstrich (*m.*). **91 precipitazione elettroforetica della ~** (*vn.*), elektrophoretische Lackabscheidung.

verniciare (*vn.*), anstreichen, streichen. **2 ~** (una carrozzeria p. es.) (*vn.*), lackieren. **3 ~** (dare il nero, ad una forma) (*fond.*), schlichten, schwärzen. **4 ~ ad immersione** (*vn.*), tauchlackieren. **5 ~ ad olio** (*vn.*), mit Ölfarbe anstreichen. **6 ~ a pennello** (*vn.*), pinseln. **7 ~ a spruzzo** (*vn.*), spritzen, lackspritzen. **8 ~ a tamburo** (verniciare a buratto) (*vn.*), trommellackieren.

verniciato (*vn.*), gestrichen. **2 ~** (carrozzeria p. es.) (*vn.*), lackiert.

verniciatore (di carrozzerie p. es.) (*lav.*), Lackierer (*m.*). **2 ~** («imbianchino», «pittore») (*lav. - ed.*), Maler (*m.*), Anstreicher (*m.*).

verniciatrice (*macch.*), Lackiermaschine (*f.*).

2 ~ automatica a spruzzo (*macch. vn.*), Spritzlackierautomat (*m.*).

verniciatura (*vn.*), Anstreichen (*n.*), Anstrich (*m.*). **2 ~** (di una carrozzeria p. es.) (*vn.*), Lackierung (*f.*). **3 ~** (di forme) (*fond.*), Schlichten (*n.*), Schwärzen (*n.*). **4 ~** (tinteggiatura, «pitturazione», «imbiancatura») (*ed. - mur.*), Malen (*n.*), Anstreichen (*n.*). **5 ~ a buratto** (*vn.*), Trommellackierung (*f.*). **6 ~ a centrifugazione** (*vn.*), Schleuderlackierung (*f.*). **7 ~ ad aspersione** (verniciatura a flusso, variante di quella ad immersione) (*vn.*), Flutlackieren (*n.*). **8 ~ ad effetto bucciato** (o goffrato) (*vn.*), Tupflackierung (*f.*). **9 ~ ad immersione** (*vn.*), Tauchlackierung (*f.*), Tauchlackieren (*n.*). **10 ~ a flusso** (*vn.*), Flutlackieren (*n.*), Fluten (*n.*). **11 ~ a letto fluido** (verniciatura con polveri) (*vn.*), Fliessbettlackieren (*n.*), Wirbelschichtlackieren (*n.*). **12 ~ alla nitro** (verniciatura alla nitrocellulosa) (*vn.*), Nitrolackierung (*f.*), Zellulosenlackierung (*f.*). **13 ~ antiruggine** (di una carrozzeria p. es.) (*vn.*), Rostschutzlackierung (*f.*). **14 ~ a pennello** (*vn.*), Pinselanstrich (*m.*). **15 ~ a rullo** (*vn.*), Walzlackierung (*f.*). **16 ~ a smalto** (finitura a smalto) (*vn.*), Lacküberzug (*m.*). **17 ~ a spruzzo** (spruzzatura) (*vn.*), Lackspritzen (*n.*), Spritzlackierung (*f.*), Spritzen (*n.*). **18 ~ a spruzzo a caldo** (*vn.*), Warmlackspritzen (*n.*). **19 ~ a spruzzo bagnato su bagnato** (*vn.*), Nass-auf-Nass-Spritztechnik (*f.*). **20 ~ a spruzzo elettrostatica** (spruzzatura elettrostatica) (*vn.*), elektrostatisches Spritzlackieren, Lackspritzen im elektrostatischen Feld, Rangsburgverfahren (*n.*). **21 ~ a spruzzo senza aria** (spruzzatura senza aria) (*vn.*), luftloses Lackspritzen. **22 ~ a tamburo** (verniciatura a buratto) (*vn.*), Trommel-Lackieren (*n.*). **23 ~ a tampone** (del legno p. es.) (*vn.*), Ballenlackierung (*f.*), Ballenpolitur (*f.*). **24 ~ a velo** (*vn.*), Giesslackierung (*f.*). **25 ~ con polveri** (su metalli, con polvere di mater. plast.; rivestimento con polveri) (*vn.*), Pulverbeschichtung (*f.*). **26 ~ con resine sintetiche** (*vn.*), Kunstharzlackierung (*f.*). **27 ~ di mimetizzazione** (verniciatura per mascheramento, verniciatura mimetica) (*vn. - aer. - ecc.*), Sichtschutzanstrich (*m.*), Tarnanstrich (*m.*). **28 ~ elettrica ad immersione** (elettroverniciatura ad immersione) (*vn.*), Elektrotauchlackierung (*f.*). **29 ~ elettroforetica** (*vn. - aut. - ecc.*), elektrophoretische Lackierung. **30 ~ elettrostatica** (*vn.*), elektrostatische Lackierung. **31 ~ metallica** (verniciatura metallizzata) (*aut.*), Metallic-Lackierung (*f.*). **32 ~ mimetica** (verniciatura di mimetizzazione) (*vn.*), Tarnanstrich (*m.*), Sichtschutzanstrich (*m.*). **33 ~ per mascheramento** (verniciatura di mimetizzazione) (*aer. - ecc.*), Sichtschutzanstrich (*m.*), Tarnanstrich (*m.*). **34 cabina di ~ a velo d'acqua** (*app. - vn.*), Spritzkabine mit Wasserniederschlag, Spritzkabine mit wasserberieselten Wänden. **35 impianto per ~ ad immersione** (*vn.*), Lackiertauchapparat (*m.*). **36 linea di ~** (*ind. - vn.*), Lackierstrasse (*f.*). **37 pistola per ~ a spruzzo** (*ut. vn.*), Farbspritzpistole (*f.*). **38 rullo per ~**

verniero

(*ut. - vn.*), Farbenwalze (*f.*), Lackierwalze (*f.*).
verniero (nonio) (*strum. - ecc.*), Nonius (*m.*), Vernier (*m.*).
vero (*gen.*), wahr. 2 ~ (autentico, genuino) (*gen.*), echt, unverfälscht. 3 ~ (rotta) (*navig.*), rechtweisend. 4 ~ e proprio (effettivo) (*gen.*), eigentlich. 5 rilevamento ~ (*nav. - aer.*), wahre Peilung. 6 velocità vera (*aer.*), wahre Geschwindigkeit.
verricello (*app. di sollev.*), Hebewinde (*f.*), Winde (*f.*), Seilwinde (*f.*). 2 ~ a mano (*app. di sollev.*), Handwinde (*f.*). 3 ~ a motore (*app. di sollev.*), Kraftwinde (*f.*). 4 ~ anteriore (di un veicolo) (*veic.*), Vorbauwinde (*f.*). 5 ~ a vapore (*app. di sollev. - nav.*) Dampfwinde (*f.*). 6 ~ da carico (*app. di sollev.*), Ladewinde (*f.*). 7 ~ di alaggio (*nav.*), Verholspill (*n.*). 8 ~ differenziale (*app. di sollev.*), Differentialwinde (*f.*). 9 ~ elettrico (*app. di sollev.*), Elektrowinde (*f.*). 10 ~ per ascensori (*app. di sollev.*), Aufzugwinde (*f.*). 11 ~ salpa-àncora (salpa-àncora) (*nav. - app. di sollev.*), Ankerwinde (*f.*). 12 ~ salpareti (salpareti) (*app. pesca*), Netzwinde (*f.*).
verrina (*ut. falegn.*), vedi trivella.
versamento (in una banca) (*comm.*), Einzahlung (*f.*).
versante (fianco di rilievo montuoso) (*geogr.*), Abhang (*m.*). 2 valanga di ~ (*geol.*), Flächenlawine (*f.*).
versare (*gen.*), abgiessen, giessen, eingiessen. 2 ~ (in banca) (*comm.*), einzahlen.
versatilità (*tecnol. - ecc.*), Vielseitigkeit (*f.*), vielseitige Verwendbarkeit.
versatile (*gen.*), vielseitig.
versato (capitale) (*finanz.*), eingezahlt. 2 interamente ~ (capitale) (*finanz.*), volleingezahlt.
versione (variante) (*gen.*), Version (*f.*), Lesart (*f.*), Fassung (*f.*). 2 ~ (traduzione) (*gen.*), Übersetzung (*f.*).
verso (senso, direzione) (*s. - gen.*), Sinn (*m.*), Richtung (*f.*). 2 ~ (direzione) (*avv. - gen.*), gegen. 3 ~ (circa, dell'ordine di, intorno a) (*avv. - gen.*), gegen, ungefähr. 4 ~ delle spire (*mecc. - ecc.*), Gangrichtung (*f.*). 5 ~ di rotazione (senso di rotazione) (*macch.*), Laufrichtung (*f.*). 6 ~ la fine (*gen.*), gegen Ende. 7 ~ nord (in direzione Nord) (*nav. - ecc.*), gegen Norden, Richtung Nord.
versoio (orecchio, dell'aratro) (*macch. agric.*), Pflugstreichblech (*n.*), Streichblech (*n.*).
versore (*mat.*), Versor (*m.*).
vertenza (*gen.*), Streitigkeit (*f.*), Konflikt (*m.*). 2 ~ di lavoro (*lav.*), Arbeitsstreitigkeit (*f.*), Arbeitskonflikt (*m.*). 3 ~ salariale (disputa salariale) (*lav.*), Lohnstreitigkeit (*f.*).
verticale (*a. - gen.*), senkrecht. 2 ~ (*s. - geom.*), Senkrechte (*f.*). 3 ~ (*a. - min.*), seiger, senkrecht. 4 cilindro ~ (d'una gabbia universale) (*lamin.*), Stechwalze (*f.*), Vertikalwalze (*f.*). 5 deflessione ~ (*telev.*), Vertikalablenkung (*f.*). 6 di tipo ~ (esecuzione p. es.) (*mecc. - ecc.*), stehend.
vertice (culmine) (*gen.*), Scheitel (*m.*). 2 ~ (angolo, spigolo) (*gen.*), Ecke (*f.*). 3 ~ (sommità, cima) (*gen.*), Gipfel (*m.*). 4 ~ (punto in cui s'incontrano due lati di un poligono) (*mat. - geom.*), Ecke (*f.*), Eckpunkt (*m.*), Spitze (*f.*). 5 ~ (di un angolo) (*geom.*), Scheitel (*m.*). 6 ~ (di una parabola, ecc.) (*geom.*), Scheitel (*m.*). 7 ~ (fondo dello smusso, d'una saldatura) (*tecnol. mecc.*), Nahtwurzel (*f.*). 8 ~ (cuspide, del pistone d'un motore Wankel) (*mot.*), Ecke (*f.*). 9 ~ primitivo (vertice del cono primitivo, di un ingranaggio conico) (*mecc.*), Teilkegelspitze (*f.*), Teilkegelscheitel (*m.*). 10 angolo al ~ (*geom.*), Spitzenwinkel (*m.*). 11 distanza del ~ primitivo (dalla superficie di riferimento, di un ingranaggio conico) (*mecc.*), Spitzenabstand (*m.*), Spitzenentfernung (*f.*).
vertigetto (aviogetto a decollo verticale) (*aer.*), Senkrechtstart-Strahlflugzeug (*n.*), Flugzeug mit Strahlantrieb und Senkrechtstart.
vescica (bolla) (*gen.*), Blase (*f.*).
vescicola (bollicina) (*gen.*), Bläschen (*n.*), Blase (*f.*). 2 formazione di vescicole (o di bollicine) (*difetto vn.*), Blasenbildung (*f.*), Bläschenbildung (*f.*).
vescicolare (*gen.*), blasig.
vespaio (di una fondazione) (*ed.*), Gestück (*n.*), Packlage (*f.*).
vessillo (*gen.*), Banner (*n.*).
vestiario (abbigliamento) (*ind. tess.*), Kleidung (*f.*). 2 ~ su misura (abiti su misura, abbigliamento su misura) (*ind. tess.*), Masskleidung (*f.*).
vestito (abito) (*ind. tess.*), Kleid (*n.*), Anzug (*m.*). 2 ~ protettivo (indumento protettivo) (*lav.*), Schutzanzug (*m.*). 3 vestiti su misura (abiti su misura abbigliamento su misura) (*ind. tess.*), Masskleidung (*f.*).
veterana (vettura d'epoca, autovettura di vecchio modello) (*aut.*), Veterane (*f.*).
veterinario (*med.*), Tierarzt (*n.*).
veterometro (app. per prove di vernici agli agenti atmosferici p. es.) (*app. - vn.*), Bewitterungsapparat (*m.*).
vetraio (*lav.*), Glaser (*m.*), Kitter (*m.*).
vetrata (*ed.*), Glaswand (*f.*). 2 carta ~ (*falegn. - ecc.*), Sandpapier (*n.*).
vetrato (a vetri, invetriato, una porta p. es.) (*ed.*), verglast.
vetratura (*ed.*), Verglasung (*f.*).
vetreria (*mft. vetro*), Glaserei (*f.*), Glasfabrik (*f.*), Glashütte (*f.*), Glaswerk (*n.*).
vetrificare (*gen.*), verglasen.
vetrificazione (di un getto) (*difetto - fond.*), Glasigwerden (*n.*).
vetrina (di un negozio) (*comm.*), Ladenfenster (*n.*), Schaufenster (*n.*). 2 ~ (mobile - comm.), Vitrine (*f.*), Schauschrank (*m.*). 3 ~ (vetrino, sostanza vetrosa per il rivestimento di prodotti ceramici) (*ceramica*), Glasur (*f.*), Schmelz (*m.*).
vetrinare (coprire oggetti di ceramica con vetrinatura) (*ceramica*), glasieren.
vetrinatura (*ceramica*), Glasieren (*n.*), Glasur (*f.*). 2 forno per ~ (*ceramica*), Glasurofen (*m.*).
vetrinista (*lav.*), Schaufenster-Dekorateur (*m.*).
vetrino (preparato, per microscopio) (*ott.*), Präparatenglas (*n.*), Deckglas (*n.*). 2 ~ (vetrina, sostanza vetrosa per il rivestimento di prodotti ceramici) (*ceramica*), Glasur (*f.*),

Schmelz (*m.*). 3 ~ **per prove interferometriche** (vetro interferometrico, per l'esame di superfici) (*ott. - metall. - ecc.*), Probeglas (*n.*), Passglas (*n.*).

vetriolo (*chim.*), Vitriol (*n. - m.*). 2 ~ **azzurro** ($CuSO_4 \cdot 5 H_2O$) (solfato di rame) (*chim.*), blaues Vitriol, Kupfersulfat (*n.*). 3 ~ **bianco** ($ZnSO_4 \cdot 7 H_2O$) (solfato di zinco) (*chim.*), weisses Vitriol, Zinksulfat (*n.*). 4 ~ **di nichel** (morenosite, $NiSO_4 \cdot 7H_2O$) (*metall.*), Nickelvitriol (*n.*). 5 ~ **verde** ($FeSO_4 \cdot 7H_2O$) (solfato ferroso) (*chim.*), grünes Vitriol, Eisensulfat (*n.*). 6 **olio di ~** (acido solforico fumante, oleum) (*chim.*), Vitriolöl (*n.*).

vetro (*mft. vetro*), Glas (*n.*). 2 ~ (lastra di vetro) (*ed. - ecc.*), Scheibe (*f.*), Glasscheibe (*f.*). 3 ~ (cristallo, di un proiettore) (*aut.*), Streuscheibe (*f.*). 4 ~ **accoppiato** (vetro laminato, vetro stratificato, vetro di sicurezza) (*mft. vetro - aut.*), Verbundglas (*n.*), Mehrschichtenglas (*n.*). 5 ~ **adiatermano** (vetro atermano, opaco alle radiazioni termiche) (*ind. vetro*), Wärmeschutzglas (*n.*). 6 ~ **al borosilicato** (*ind. vetro*), Borsilikatglas (*n.*). 7 ~ **al neodimio** (antiabbagliante, parasole) (*ind. vetro.*), Neodymglas (*n.*), Neophanglas (*n.*). 8 ~ **al piombo** (*mft. vetro*), Bleiglas (*n.*). 9 ~ **antiabbagliante** (*ind. vetro*), Blendschutzglas (*n.*). 10 ~ **antiappannante** (*mft. vetro*), Klarscheibe (*f.*). 11 ~ **antiattinico** (di uno schermo protettore) (*saldatura elett. - ecc.*), Blendglas (*n.*). 12 ~ **antiradiazioni** (*ind. vetro*), Strahlungsschutzglas (*n.*). 13 ~ **armato** (vetro retinato) (*mft. vetro*), Drahtglas (*n.*), drahtbewehrtes Glas. 14 ~ **blindato** (cristallo blindato) (*mft. vetro*), Panzerglas (*n.*), schussicheres Verbundglas. 15 ~ **cattedrale** (stampato cattedrale) (*arch. - mft. vetro*), Kathedralglas (*n.*). 16 ~ **cilindrato** (vetro rullato) (*ed. - ecc.*), Walzglas (*n.*). 17 ~ **circolare** (tondo di vetro, vetro da oblò) (*ed. - ecc.*), Butzenscheibe (*f.*). 18 ~ **colorato** (*mft. vetro*), Buntglas (*n.*). 19 ~ « **crown** » (*mft. di vetro - ott.*), Kronglas (*n.*). 20 ~ « **crown** » **al silicato di boro** (*ind. vetro*), Borkron (*n.*). 21 ~ **da costruzione** (*ed. - mft. vetro*), Bauglas (*n.*). 22 ~ **da laboratorio** (vetro pirofilo, resistente ad alte temperature ed a sostanze chimiche) (*mft. vetro*), Geräteglas (*n.*). 23 ~ **da oblò** (vetro circolare, tondo di vetro) (*ed. - ecc.*), Butzenscheibe (*f.*). 24 ~ **da orologio** (*strum. - ecc.*), Uhrglas (*n.*). 25 ~ **del finestrino** (*aut.*), Fensterscheibe (*f.*). 26 ~ **di Jena** (*mft. vetro*), jenaes Glas. 27 ~ **di Lindemann** (*ott.*), Lindemann-Glas (*n.*). 28 ~ **di quarzo** (per attrezzi, ecc.) (*ott. - fis. - chim.*), Quarzglas (*n.*). 29 ~ **di scarto** (rottame di vetro) (*mft. vetro*), Glasbruch (*m.*). 30 ~ **di sicurezza** (*mft. vetro - aut. - ecc.*), Sicherheitsglas (*n.*). 31 ~ **di sicurezza accoppiato** (vetro di sicurezza laminato) (*veic. - mft. vetro*), Verbundsicherheitsglas (*n.*). 32 ~ **di sicurezza laminato** (vetro di sicurezza accoppiato) (*veic. - mft. vetro*), Verbundsicherheitsglas (*n.*). 33 ~ **di sicurezza semplice** (vetro di sicurezza temprato) (*veic. - mft. vetro*), Einschichtensicherheitsglas (*n.*), vorgespanntes Glas. 34 ~ **di sicurezza temprato** (vetro temprato) (*aut.*), vorgespanntes Glas, Sekuritglas (*n.*). 35 ~ **divisorio** (*uff. - ed.*), Trennscheibe (*f.*). 36 ~ **d'ottica** (*ott. - mft. vetro*), optisches Glas. 37 ~ « **exuro** » (vetro speciale antitermico) (*mft. vetro*), Exuro-Glas (*n.*). 38 ~ **filato** (filo di vetro, fibra di vetro) (*mft. vetro - ecc.*), Glasfaden (*m.*), Fadenglas (*n.*), Glasfaser (*f.*), Faserglas (*n.*). 39 ~ « **flint** » (*mft. vetro*), Flintglas (*n.*). 40 ~ **fotosensibile** (*ind. vetro*), lichtempfindliches Glas. 41 ~ **fototropico** (cambia colore in funzione della luce) (*ind. vetro - aut.*), phototropisches Glas. 42 ~ **fuso** (metallo) (*mft. vetro*), Schmelze (*f.*). 43 ~ **ghiacciato** (vetro con screpolature, ottenute mediante spruzzatura del vetro caldo con liquidi) (*mft. vetro*), Eisglas (*n.*), Craquelè (*n.*). 44 ~ **in lastre** (*mft. vetro*), Scheibenglas (*n.*), Tafelglas (*n.*). 45 ~ **in lastre** (non lavorato) (*ind. vetro*), Rohglas (*n.*). 46 ~ **(in lastra) per finestre** (*ind. vetro*), Fensterglas (*n.*). 47 ~ **interferometrico** (vetrino per l'esame interferometrico di superfici) (*ott. - metall. - ecc.*), Probeglas (*n.*), Passglas (*n.*). 48 ~ **laminato** (vetro stratificato, vetro accoppiato, vetro di sicurezza) (*mft. vetro - aut.*), Verbundglas (*n.*), Mehrschichtenglas (*n.*). 49 ~ **laminato** (vetro in lastre laminate) (*ind. vetro*), Walzenglas (*n.*). 50 ~ **latteo** (vetro porcellanato, vetro opalino) (*mft. vetro - illum.*), Opalglas (*n.*), Milchglas (*n.*), Trübglas (*n.*). 51 ~ **luminescente** (vetro contenente uranio o cesio e che nella luce ultravioletta acquista un colore fluorescente da verde-blu a blu) (*ind. vetro*), Lumineszenzglas (*n.*). 52 ~ **madreperlaceo** (*ind. vetro*), Perlmutterglas (*n.*). 53 ~ **neutro** (*ind. vetro*), alkalifreies Glas, E-Glas (*n.*). 54 ~ **neutro** (filtro ottico) (*ott.*), Neutralglas (*n.*), Grauglas (*n.*). 55 ~ **opalino** (vetro porcellanato, vetro latteo) (*mft. vetro - illum.*), Milchglas (*n.*), Opalglas (*n.*), Trübglas (*n.*). 56 ~ (**opalino**) **al fluoruro** (*mft. vetro*), Fluoridglas (*n.*). 57 ~ (**opalino**) **al fosfato di calcio** (*ind. vetr.*), Beinglas (*n.*). 58 ~ **ornamentale** (*ed. - mft. vetro*), Ornamentglas (*n.*). 59 ~ **ossidico** (*ind. vetro*), oxydisches Glas. 60 ~ **per apparecchi di segnalazione** (*ind. vetro*), Signalglas (*n.*). 61 ~ **per specchi** (*ott. - mft. vetro*), Spiegelglas (*n.*). 62 ~ **piombico** (vetro piombifero) (*mft. vetro*), Bleiglas (*n.*). 63 ~ **piombifero di protezione** (*radioatt.*), Schutzbleiglas (*n.*). 64 ~ **pirex** (pirex) (*ind. vetro*), Pyrexglas (*n.*). 65 ~ **pirofilo** (vetro da laboratorio, resistente ad alte temperature ed agli acidi) (*mft. vetro*), Geräteglas (*n.*). 66 ~ **placcato** (vetro rivestito con un sottile strato di vetro colorato) (*mft. vetro*), Überfangglas (*n.*). 67 ~ **porcellanato** (vetro opalino, vetro latteo) (*mft. vetro - illum.*), Milchglas (*n.*), Opalglas (*n.*), Trübglas (*n.*). 68 ~ **potassico** (*mft. vetro*), Kaliglas (*n.*). 69 ~ **protettivo** (o antiattinico, di uno schermo protettore) (*saldatura elett. - ecc.*), Blendglas (*n.*). 70 ~ **retinato** (vetro armato) (*mft. vetro*), Drahtglas (*n.*), drahtbewehrtes Glas. 71 ~ **rullato** (vetro cilindrato) (*ed. - ecc.*), Walzglas (*n.*). 72 ~ **smerigliato** (*mft. vetro*), Mattglass (*n.*). 73 ~ **smerigliato** (di una macch. fotografica) (*fot.*), Mattscheibe (*f.*). 74 ~ **soffiato** (*mft. vetro*), gebla-

vetrocemento

senes Glas. 75 ~ **solubile** (silicato di sodio o di potassio) (*chim.*), Wasserglas (*n.*). 76 ~ **solubile** (silicato di potassio) (*chim.*), Kaliwasserglas (*n.*), Kaliumsilikat (*n.*). 77 ~ **solubile** (silicato di sodio) (*mft. vetro*), Natronwasserglas (*n.*), Na-Wasserglas (*n.*), Natriumsilikat (*n.*). 78 ~ **sottile** (vetro in lastra sottile) (*ind. vetro*), Dünnglas (*n.*). 79 ~ **stampato** (*mft. vetro*), Pressglas (*n.*). 80 ~ **stampato** (vetro grezzo in lastre) (*ind. vetro*), Gussglas (*n.*), Rohglas (*n.*). 81 ~ **stirato** (*ind. vetro*), Streckglas (*n.*). 82 ~ **stratificato** (vetro accoppiato, vetro laminato, vetro di sicurezza) (*mft. vetro - aut.*), Verbundglas (*n.*), Mehrschichtenglas (*n.*). 83 ~ **striato** (*ind. vetro*), Rippenglas (*n.*), gerripptes Tefelglas. 84 ~ **tecnico** (*app. - ott.*), technisches Glas. 85 ~ **temprato** (vetro di sicurezza temprato) (*mft. vetro - aut.*), vorgespanntes Glas, Sekuritglas (*n.*). 86 ~ **tirato** (meccanicamente, in lastre) (*ind. vetro*), Ziehglas (*n.*). 87 ~ **trasparente** (*mft. vetro*), Klarglas (*n.*). 88 ~ **trasparente agli ultravioletti** (*ind. vetro*), Ultraviolettglas (*n.*). 89 ~ **trasparente all'infrarosso** (*mft. vetro*), Infrarotglas (*n.*). 90 ~ **uviol** (trasparente alle radiazioni ultraviolette) (*ott.*), Uviolglas (*n.*), UV-Glas (*n.*). 91 **armato con fibra di** ~ (resina, per carrozzerie p. es.) (*ind. chim.*), glasfaserverstärkt. 92 **articoli di** ~ (*mft. vetro*), Glaswaren (*f. pl.*). 93 **a vetri** (vetrato, invetriato, una porta p. es.) (*ed.*), verglast. 94 **cascami di fibra di** ~ (*ind. mat. plast.*), Glasfaservliese (*m. pl.*). 95 **feltro di** ~ (*ind. chim.*), Glasmatte (*f.*). 96 **fibra di** ~ (*ind. vetro*), Glasfaser (*f.*). 97 **filamenti di** ~ (*ind. - elett.*), Glasseide (*f.*), Glasgespinst (*n.*). 98 **filato di** ~ (*ind. vetro*), Glasgarn (*m.*). 99 **forno a bacino per** ~ (bacino fusorio per vetro) (*mft. vetro - forno*), Glaswannenofen (*m.*). 100 **lastra di** ~ (*mft. vetro - ed. - ecc.*), Glasscheibe (*f.*), Glastafel (*f.*). 101 **lavorazione del** ~ (allo stato solido) (*ind. vetro*), Glasveredlung (*f.*). 102 **mettere i vetri** (invetriare) (*ed.*), verglasen, einglasen. 103 **ottica delle fibre di** ~ (*ott.*), Glasfaseroptik (*f.*). 104 **pallone di** ~ (recipiente) (*mft. vetro - chim.*), Glaskolben (*m.*). 105 **prova delle tensioni interne del** ~ (*tecnol.*), Glasspannungsprüfung (*f.*). 106 **soffiatura del** ~ (*mft. vetro*), Glasblasen (*n.*). 107 **tubo di** ~ (*ind. vetro*), Glasrohr (*n.*).

vetrocemento (*ed.*), Glasbeton (*m.*). 2 ~ **armato** (*ed.*), Glasstahlbeton (*m.*).

vetroresina (resina armata con fibra di vetro) (*ind. vetro*), Glasfaserkunststoff (*m.*), Fiberglas (*n.*), glasfaserverstärktes Kunstharz.

vetroso (*gen. - ecc.*), glasig.

vettore (*mat. - mecc.*), Vektor (*m.*). 2 ~ (del traffico) (*trasp.*), Verkehrsträger (*m.*). 3 ~ **degli sforzi** (*sc. costr.*), Spannungsvektor (*m.*). 4 ~ **di campo** (*fis.*), Feldvektor (*m.*). 5 ~ **di Poynting** (vettore radiante) (*elett.*), Poyntingscher Vektor, Strahlungsvektor (*m.*). 6 ~ **momento** (*fis. - mat.*), Momentenvektor (*m.*). 7 ~ **radiante** (vettore di Poynting) (*elett.*), Strahlungsvektor (*m.*), Poyntingscher Vektor. 8 ~ **rotazionale** (*mecc.*), Wirbelvektor (*m.*). 9 ~ **spaziale** (*mat.*), Raumvektor (*m.*), Raum-zeiger (*m.*). 10 **raggio** ~ (*mat.*), Leitstrahl (*m.*), Radiusvektor (*m.*), Fahrstrahl (*m.*). 11 **razzo** ~ (*astronautica*), Trägerrakete (*f.*).

vettoriale (*mecc.*), vektoriell. 2 **calcolo** ~ (*mat.*), Vektorrechnung (*f.*). 3 **campo** ~ (*mat.*), Vektorfeld (*n.*). 4 **diagramma** ~ (*mat.*), Vektordiagramm (*n.*), Vektorbild (*n.*). 5 **metodo** ~ (*mat.*), Zeigermethode (*f.*). 6 **prodotto** ~ (*mat.*), Vektorialprodukt (*m.*). 7 **rappresentazione** ~ (*elett.*), Zeigerdarstellung (*f.*), vektorielle Darstellung. 8 **somma** ~ (*elett.*), Zeigersumme (*f.*).

vettura (carrozza) (*ferr.*), Personenwagen (*m.*). 2 ~ (autovettura) (*aut.*), Personenkraftwagen (*m.*). 3 ~ (*aut.*), *vedi anche* autovettura. 4 ~ (*ferr.*), *vedi anche* carrozza. 5 ~ **ad accumulatori** (*veic. elett.*), Akkumulatorenwagen (*m.*). 6 ~ **a due piani** (carrozza a due piani) (*ferr.*), Doppelstockpersonenwagen (*m.*). 7 ~ **aperta** (torpedo) (*aut.*), Phaeton (*m.*), Phaethon (*m.*). 8 ~ **aperta con sedili a « baquet »** (*aut.*), Kübelwagen (*m.*). 9 ~ **a scompartimenti** (carrozza a scompartimenti) (*ferr.*), Abteilwagen (*m.*), Coupéwagen (*m.*). 10 ~ **-chilometro** (*ferr.*), Wagenkilometer (*m.*). 11 ~ **compatta** (autovettura compatta) (*aut.*), « Compact-Wagen » (*m.*). 12 ~ **da corsa** (macchina da corsa) (*aut.*), Rennwagen (*m.*). 13 ~ **da noleggio** (autovettura per servizio pubblico) (*aut.*), Mietwagen (*m.*). 14 ~ **da rappresentanza** (*aut.*), Repräsentationslimousine (*f.*). 15 ~ **da turismo** (*aut.*), Tourenwagen (*m.*). 16 ~ **d'epoca** (veterana, autovettura di vecchio modello) (*aut.*), Veterane (*f.*). 17 ~ **di formula** (*aut. - sport*), Formelrennwagen (*m.*), Formelwagen (*m.*). 18 ~ **di formula uno** (*aut. - sport*), Formel-1-Rennwagen (*m.*). 19 ~ **diretta** (carrozza diretta) (*ferr.*), Kurswagen (*m.*). 20 ~ **di serie** (autovettura di serie) (*aut.*), Serienwagen (*m.*), Reihenwagen (*m.*). 21 ~ **GP** (vettura Gran Premio) (*aut. - sport*), Grand-Prix-Wagen (*m.*). 22 ~ **Gran Premio** (vettura GP) (*aut. - sport*), Grand-Prix-Wagen (*m.*). 23 ~ **Gran Turismo** (vettura GT) (*aut. - sport*), Gran Turismo-Wagen (*m.*). 24 ~ **GT** (vettura Gran Turismo) (*aut. - sport*), Gran Turismo-Wagen (*m.*). 25 ~ **normale** (non sportiva o da corsa, p. es.) (*aut.*), Gebrauchswagen (*m.*). 26 ~ **passeggeri** (*ferr.*), Sitzwagen (*m.*). 27 ~ **per dimostrazioni** (*aut. - comm.*), Vorführwagen (*m.*). 28 ~ **rimorchiata** (*ferr.*), Schienenbusanhänger (*m.*). 29 ~ **salone** (carrozza salone) (*ferr.*), Salonwagen (*m.*). 30 ~ **speciale** (carrozza speciale) (*ferr.*), Sonderwagen (*m.*). 31 ~ **sportiva** (autovettura sportiva) (*aut.*), Sportwagen (*m.*). 32 ~ **tranviaria** (carrozza tranviaria, tram) (*veic.*), Strassenbahnwagen (*m.*). 33 ~ **tramviaria articolata** (*veic.*), Strassengelenkwagen (*m.*). 34 **lettera di** ~ (*ferr. - trasp.*), Ladeschein (*m.*). 35 **soffitto** ~ (*aut.*), Wagenhimmel (*m.*).

vettura-chilometro (*ferr.*), Wagenkilometer (*m.*).

vetturetta (*veic.*), Wagen (*m.*). 2 ~ **per golf** (*veic. - sport*), Golfwagen (*m.*).

VF (videofrequenza) (*telev.*), VF, Videofrequenz (*f.*).

VHF (altissima frequenza, 30-300 MHz) (*radio - ecc.*), VHF.
via (*gen.*), Weg (*m.*). **2** ~ (strada urbana) (*strad.*), Strasse (*f.*). **3** ~ **a senso unico** (strada a senso unico) (*traff. strad.*), Einbahnstrasse (*f.*). **4** ~ **bloccata** (*segnale ferr.*), Bahn gesperrt. **5** ~ **d'acqua** (canale navigabile) (*navig.*), Wasserstrasse (*f.*). **6** ~ **d'acqua** (falla) (*nav.*), Leck (*n.*), Leckstelle (*f.*). **7** ~ **di corsa** (di una gru p. es.) (*macch. ind.*), Laufbahn (*f.*), Bahn (*f.*), Fahrbahn (*f.*), Fahrschiene (*f.*). **8** ~ **di corsa della gru** (*macch. ind.*), Kranbahn (*f.*), Kranlaufbahn (*f.*). **9** ~ **d'instradamento** (*telef.*), Leitweg (*m.*). **10** ~ **di transito** (piano stradale, di un ponte) (*ed.*), Fahrbahn (*f.*). **11** ~ **di trasmissione** (*radio - ecc.*), Leitungsweg (*m.*). **12** ~ **gerarchica** (*gen.*), Instanzweg (*m.*). **13** ~ **impedita** (*segnale ferr.*), Bahn nicht frei. **14** ~ **in calcestruzzo** (di un ponte) (*ed.*), Betonfahrbahn (*f.*). **15** ~ **lattea** (galassia) (*astr.*), Galaxis (*f.*), Milchstrasse (*f.*). **16** ~ **legale** (*leg.*), Gerichtsweg (*m.*). **17** ~ **libera** (*segnale ferr.*), Bahn frei, freie Fahrt. **18** ~ **senza uscita** (vicolo cieco) (*strada*), Sackgasse (*f.*), Sackstrasse (*f.*). **19** ~ **terra** (*trasp.*), Landweg (*m.*). **20** **per** ~ **umida** (*chim.*), auf nassem Weg. **21 per** ~ **secca** (*chim.*), auf trockenem Weg. **22 procedere per vie legali** (*leg.*), ein Rechtsverfahren einleiten.
viabilità (praticabilità, percorribilità) (*strad.*), Fahrbarkeit (*f.*). **2** ~ (complesso delle vie di una rete stradale) (*strad.*), Strassennetz (*n.*). **3** ~ (stato di manutenzione di una strada p. es.) (*strad.*), Strassenzustand (*m.*). **4** ~ (norme sul traffico stradale) (*strad.*), Strassenverkehrsordnung (*f.*). **5** ~ (norme sulla costr. stradale) (*strad.*), Strassenbauordnung (*f.*).
viadotto (*costr. di ponti*), Viadukt (*n.*), Talbrücke (*f.*). **2** ~ **ferroviario** (*ferr. - ed.*), Eisenbahnüberführung (*f.*).
viaggiatore (*comm. - trasp.*), Reisender (*m.*). **2** ~ **di commercio** (commesso viaggiatore) (*comm.*), Handelsreisender (*m.*), Handlungsreisender (*m.*). **3 commesso** ~ (viaggiatore di commercio) (*comm.*), Handlungsreisender (*m.*), Reiseagent (*m.*).
viaggio (*trasp.*), Reise (*f.*), Fahrt (*f.*). **2** ~ **all'estero** (*comm. - ecc.*), Auslandsreise (*f.*). **3** ~ **di studio** (*pers. - ecc.*), Studienreise (*f.*). **4** ~ **per servizio** (*lav. - pers.*), Dienstreise (*f.*). **5 agenzia di viaggi** (*trasp.*), Reisebüro (*n.*). **6 borsa da** ~ (*ind.*), Reisetasche (*f.*). **7 coperta da** ~ (*ind. tess.*), Reisedecke (*f.*), Plaid (*m. - n.*). **8 durata del** ~ (tempo netto più tempo di attesa) (*trasp.*), Fahrzeit (*f.*), Fahrdauer (*f.*). **9 indennità di** ~ (spese di viaggio) (*lav.*), Reiseentschädigung (*f.*). **10 spese di** ~ (*pers. - lav.*), Fahrtauslagen (*f. pl.*), Reisespesen (*f. pl.*), Reiseauslagen (*f. pl.*). **11 sveglia da** ~ (*orologio*), Reisewecker (*m.*).
viale (di una città) (*strad. - ed. - ecc.*), Allee (*f.*), Avenue (*f.*).
vibrante (*gen.*), vibrierend.
vibrare (*mecc. - ecc.*), vibrieren. **2** ~ (calcestruzzo p. es.) (*ed.*), rütteln, schütteln. **3** ~ (di lama di sega p. es.) (*ut. - ecc.*), flattern. **4** ~ (sottoporre a vibrazioni, per sbavare getti p. es.) (*tecnol. mecc.*), vibrieren.
vibratile (*gen.*), einrüttelfähig.
vibrato (calcestruzzo p. es.) (*ed.*), geschüttelt.
vibratore (*macch. - trasp. ind. - ecc.*), Rüttler (*m.*), Vibrationsrüttler (*m.*), Rüttelvorrichtung (*f.*), Vibrator (*m.*). **2** ~ (tavolo vibrante, per calcestruzzo p. es.) (*macch. - ed. - ecc.*), Vibriertisch (*m.*). **3** ~ (invertitore mecc. di polarità, per ottenere una tensione alternata da una tensione continua) (*app. elett.*), Vibrator (*m.*), Zerhacker (*m.*). **4** ~ (di un sistema di accensione) (*app. elett. - aut. - mot.*), Summer (*m.*). **5** ~ (per elettroerosione) (*app.*), Vibrator (*m.*). **6** ~ **di avviamento** (*app. elett.*), Summeranlasser (*m.*). **7** ~ **elettromagnetico** (per calcestruzzo p. es.) (*macch. ed. - ecc.*), Magnetrüttler (*m.*), Magnetvibrator (*m.*). **8** ~ **per calcestruzzo** (*macch. mur.*), Betonrüttler (*m.*). **9 invertitore a** ~ (raddrizzatore meccanico) (*elett.*), Pendelwechsrichter (*m.*).
vibratura (del calcestruzzo p. es.) (*ed. - ecc.*), Rütteln, Einrüttlung (*f.*). **2** ~ (per sbavare getti p. es.) (*tecnol. mecc.*), Vibrieren (*n.*).
vibrazione (*fis. - mecc.*), Schwingung (*f.*), Vibration (*f.*). **2** ~ (trepidazione, di un utensile p. es.) (*difetto mecc. - lav. macch. ut.*), Zittern (*n.*), Rattern (*n.*). **3** ~ (di calcestruzzo p. es.) (*ed. - ecc.*), Einrüttlung (*f.*), Einrütteln (*n.*). **4** ~ (della lama di una sega p. es.) (*ut. - ecc.*), Flattern (*n.*). **5** ~ **aeroelastica** (sbattimento, « flutter ») (*aer.*), Flattern (*n.*). **6** ~ **aeroelastica accoppiata** (vibrazione aeroelastica classica, sbattimento classico, sbattimento accoppiato) (*aer.*), mitwirkendes Flattern. **7** ~ **aeroelastica asimmetrica** (sbattimento asimmetrico) (*aer.*), asymmetrisches Flattern. **8** ~ **aeroelastica classica** (vibrazione aeroelastica accoppiata, sbattimento accoppiato, sbattimento classico) (*aer.*), mitwirkendes Flattern. **9** ~ **aeroelastica dell'elica** (*aer.*), Propellerflattern (*n.*). **10** ~ **aeroelastica di pannelli** (isolati) (*aer.*), Feldflattern (*n.*), Blechfeldflattern (*n.*), Beplankungsflattern (*n.*), Hautflattern (*n.*), Behäutungsflattern (*n.*). **11** ~ **aeroelastica di precessione** (di eliche, « whirl flutter ») (*aer.*), Präzessionsflattern (*n.*). **12** ~ **aeroelastica di stallo** (sbattimento di stallo) (*aer.*), Geschwindigkeitsverlustflattern (*n.*). **13** ~ **aeroelastica simmetrica** (sbattimento simmetrico) (*aer.*), symmetrisches Flattern. **14** ~ **aeroelastica ternaria** (provocata dai timoni alare, principale ed ausiliario) (*aer.*), Ternärflattern (*n.*). **15** ~ **armonica** (vibrazione lineare) (*fis.*), harmonische Schwingung, lineare Schwingung. **16 vibrazioni autoeccitate** (trepidazione, « chatter ») (*lav. macch. ut.*), Ratterschwingung (*f.*). **17** ~ **dell'albero** (dovuta a moto vorticoso dell'olio nei cuscinetti a pozzetti cuneiformi di turbine p. es.) (*macch.*), Wellenklettern (*n.*). **18** ~ **di deformazione** (negli esami spettroscopici all'infrarosso p. es.) (*ott.*), Deformationschwingung (*f.*). **19** ~ **di flessione** (*mecc. - ecc.*), Biegeschwingung (*f.*). **20** ~ **di risonanza** (vi-

vibrocompressore

brazione risonante) (*fis. - ecc.*), Resonanzschwingung (*f.*). 21 ~ di valenza (negli esami spettroscopici all'infrarosso p. es.) (*ott.*), Valenzschwingung (*f.*). 22 ~ flessoria (vibrazione di flessione) (*mecc. - ecc.*), Biegeschwingung (*f.*). 23 ~ lineare (vibrazione armonica) (*fis.*), lineare Schwingung, harmonische Schwingung. 24 ~ longitudinale (oscillazione longitudinale) (*mecc.*), Längsschwingung (*f.*). 25 ~ meccanica (vibrazione propagantesi in un solido) (*ed.*), Körperschall (*m.*). 26 ~ non lineare (vibrazione pseudo-armonica) (*fis.*), nichtlineare Schwingung. 27 ~ (propagantesi) in un solido (vibrazione meccanica) (*ed.*), Körperschall (*m.*). 28 ~ pseudoarmonica (vibrazione non lineare) (*fis.*), nichtlineare Schwingung. 29 ~ risonante (vibrazione di risonanza) (*fis. - ecc.*), Resonanzschwingung (*f.*). 30 ~ sinusoidale (*fis.*), sinusförmige Schwingung. 31 ~ sinusoidale smorzata (*fis.*), gedämpfte sinusförmige Schwingung. 32 ~ sonora (*acus.*), Schallschwingung (*f.*). 33 ~ torsionale (di alberi di macchine p. es.) (*mecc.*), Torsionschwingung (*f.*), Drehschwingung (*f.*). Verdrehschwingung (*f.*). 34 ~ trasversale (*fis.*), Querschwingung (*f.*). 35 ~ torsionale (longitudinale (oscillazione torsionale longitudinale) (*mecc.*), Längsdrehschwingung (*f.*). 36 esente da vibrazioni (*macch. - mot. - ecc.*), schwingungsfrei, erschütterungsfrei. 37 fonte di vibrazioni (trasmesse via solido ad una struttura) (*ed. - ecc.*), Körperschallquelle (*f.*). 38 frequenza di ~ (*fis. - ecc.*), Schwingungsfrequenz (*f.*). 39 frequenza di ~ (frequenza critica) (*mecc.*), Schnarrfrequenz (*f.*). 40 generatore di vibrazioni (nell'elettroerosione) (*mecc.*), Schwingungserzeuger (*m.*). 41 isolato dalle vibrazioni (*macch. - ecc.*), schwingungsisoliert. 42 misuratore di vibrazioni (trasmesse via solido) (*app. - ed.*), Körperschallmesser (*m.*). 43 prova alle ~ (*tecnol.*), Schüttelprüfung (*f.*). 44 resistente alle vibrazioni (*mecc. - ecc.*), schwingungsstarr. 45 segno da ~ (dell'utensile) (segno da saltellamento, « trematura ») (*difetto mecc. - lav. macch. ut.*), Rattermarke (*f.*), Zittermarke (*f.*). 46 sottoporre a vibrazioni (vibrare, per sbavare getti p. es.) (*tecnol. mecc.*), vibrieren. 47 tempo di ~ (d'un relè) (*elett.*), Prellzeit (*f.*).

vibrocompressore (stradale, rullo compressore vibrante) (*macch. strad.*), Vibrationsstrassenwalze (*f.*).

vibrocostipatore (costipatore a vibrazioni) (*macch. - ing. civ.*), Rüttelverdichter (*m.*), Rüttelstampfer (*m.*), Vibrationsstampfer (*m.*).

vibrocostipatrice (costipatrice - vibratrice) (*macch. ed.*), Rüttelstampfer (*m.*), Rüttelverdichter (*m.*), Vibrationsstampfer (*m.*).

vibrocostipazione (costipazione a scossa) (*ing. civ.*), Rüttelverdichtung (*f.*), Vibrationsverdichtung (*f.*).

vibrodina (generatore di vibrazioni meccaniche, per setacci p. es.) (*mot.*), Unwuchtmotor (*m.*).

vibrofinitrice (stradale) (*macch. costr. strad.*), Rüttelfertiger (*m.*), Rüttelbohlenfertiger (*m.*), Vibrationsfertiger (*m.*).

vibrofisico (*fis.*), schwingungsphysikalisch.

vibroflottazione (per costipare il terreno) (*ing. civ.*), Rütteldruckverfahren (*n.*).

vibrografo (app. per registrare le vibrazioni di macch., ponti, navi, ecc.) (*app.*), Vibrograph (*m.*), Schwingungsschreiber (*m.*).

vibromeccanico (*fis.*), schwingungsmechanisch.

vibrometro (misuratore di vibrazioni, su macchine, strutture, ecc.) (*app.*), Schwingungsmesser (*m.*).

vibromolatura (per sbavare getti p. es.) (*tecnol. mecc.*), Vibrationsschleifen (*n.*).

vibrosmerigliatrice (a mano) (*macch.*), Rutscher (*m.*).

vibrotecnica (fonotecnica, tecnica che si occupa della generazione e propagazione di processi vibratori) (*acus.*), Schalltechnik (*f.*).

vibrotrasportatore (trasportatore vibrante) (*macch. ind.*), Schwingförderer (*m.*), Rüttelförderer (*m.*), Wuchtförderer (*m.*).

vibrovaglio (vaglio a scossa) (*macch. ind. - min.*), Schwingsieb (*n.*), Rüttelsieb (*n.*), Vibrationssieb (*n.*), Schüttelsieb (*n.*), Schüttelrätter (*m.*), Schwingrätter (*m.*).

vicedirettore (*ind.*), stellvertretender Direktor, Vizedirektor (*m.*), Hilfsleiter (*m.*).

vicepresidente (*gen.*), Vizepräsident (*m.*), stellvertretender Aufsichtsratvorsitzer.

vicinale (*gen.*), vizinal. 2 faccia ~ (cristallografia), Vizinalfläche (*f.*).

vicinato (*leg. - ecc.*), Anwohnerschaft (*f.*), Nachbarschaft (*f.*).

vicino (confinante, il vicino di casa p. es.) (*s. - ed. - leg.*), Anlieger (*m.*), Angrenzer (*m.*), Anwohner (*m.*), Grenznachbar (*m.*).

vicolo (*strad.*), Gasse (*f.*). 2 ~ cieco (strada senza uscita) (*traff. strad.*), Sackgasse (*f.*), Sackstrasse (*f.*).

videoamplificatore (amplificatore video) (*telev.*), Video-Verstärker (*m.*).

videocassetta (*telev.*), Video-Kassette (*f.*).

videoconvertitore (ultrasonico; visore ultrasonico, che converte ultrasuoni in immagini) (*prove mater.*), Ultraschallbildwandler (*m.*), Schallsichgerät (*n.*).

videofrequenza (frequenza video) (*telev.*), Videofrequenz (*f.*). 2 banda di ~ (*telev.*), Video-Frequenzband (*n.*).

videoraddrizzatore (raddrizzatore video) (*telev.*), Video-Gleichrichter (*m.*).

videosegnale (segnale video) (*telev.*), Video-Signal (*n.*).

videotelefonia (*telev. - telef.*), Fernsehsprechverbindung (*f.*).

videotelefono (telefono visore) (*telev. - telef.*), Fernsehsprecher (*m.*), Fernsehsprechapparat (*m.*).

videoterminale (terminale video, per calcolatore di processo p. es.) (*elab. dati*), Bildschirmterminal (*n.*), Sichtstation (*f.*), Sichtgerät (*n.*).

vidiconoscopio (tubo per riprese televisive) (*telev.*), Vidikon (*n.*).

vietato (*leg. - ecc.*), verboten. 2 ~ l'accesso ai non addetti ai lavori (*lav. - ecc.*), Unbefugten ist der Zutritt verboten.

vigilanza (*gen.*), Überwachung (*f.*). 2 ufficio di ~ (*ind.*), Aufsichtsamt (*n.*).

vigile (*traff. strad. - ecc.*), Polizist (*m.*). 2 ~ del fuoco (pompiere) (*lav.*), Feuerwehrmann (*m.*), Löscher (*m.*). 3 vigili del fuoco (corpo dei pompieri) (*antincendio*), Feuerwehr (*f.*). 4 ~ del traffico (*lav. - traff. strad.*), Verkehrsschutzmann (*m.*), Verkehrspolizist (*m.*).
vigneto (*agric.*), Weinberg (*m.*).
vignetta (illustrazione) (*tip.*), Vignette (*f.*).
vigogna (fibra tessile animale naturale) (*ind. tess.*), Vikunjawolle (*f.*). 2 ~ (tessuto con il 70-80% di cotone ed il 30-20% di lana) (*ind. tess.*), Vigogne (*f.*).
vigore, entrare in ~ (di una legge p. es.) (*leg.*), in Kraft treten. 2 mantenere in ~ (un brevetto p. es.) (*leg.*), aufrecht erhalten. 3 rimanere in ~ (*gen.*), in Kraft bleiben.
villa (*ed.*), Villa (*f.*).
vimine (*ind.*), Weidenrute (*f.*). 2 cesto di vimini (*ind.*), Weidenkorb (*m.*).
vincolante (impegnativo) (*comm.*), bindend.
vincolato (*sc. costr. - mecc. - ecc.*), gebunden, gefesselt. 2 ~ (deposito in banca) (*finanz.*), fest. 3 deposito ~ (*finanz.*), Festgeld (*n.*).
vincolo (legame) (*gen.*), Fessel (*f.*), Bindung (*f.*). 2 ~ (*sc. costr. - mecc.*), Bindung (*f.*). 3 ~ (forza vincolare, di un giroscopio per navig. inerziale) (*app.*), Fesselung (*f.*). 4 ~ monolaterale (fune, ecc., che può resistere solo a forze di trazione) (*mecc. - ecc.*), Track (*m.*).
vinilacetato ($CH_2=CH-OCOCH_3$) (acetato di vinile) (*chim.*), Vinylazetat (*n.*).
vinile (*chim.*), Vinyl (*n.*). 2 acetato di ~ (vinilacetato) (*chim.*), Vinylazetat (*n.*).
vinilizzazione (*chim.*), Vinylierung (*f.*).
vinilpelle (finta pelle, pegamoide, similpelle) (*ind.*), Ersatzleder (*n.*), Kunstleder (*n.*).
violare (un brevetto p. es.) (*leg. - ecc.*), verletzen.
violazione (*leg. - ecc.*), Verletzung (*f.*). 2 ~ di brevetto (*leg.*), Patentverletzung (*f.*).
violetto (*a. - colore*), violett.
vipla (cloruro di polivinile) (*chim.*), Polyvinylchlorid (*n.*), PVC.
viraggio (intonazione, procedimento per dare una tonalità cromatica alle fotografie) (*fot.*), Tonung (*f.*).
virare (*nav.*), wenden. 2 ~ (*aer.*), kurven, wenden. 3 ~ (ruotare, far girare, un motore a mano p. es.) (*macch. - ecc.*), durchdrehen. 4 ~ (*fot.*), tonen. 5 ~ a sinistra (*nav.*), nach Backbord wenden. 6 ~ in poppa (*nav.*), halsen, wenden vor dem Wind. 7 ~ in prua (*nav.*), wenden.
virata (*nav.*), Wendung (*f.*). 2 ~ (*aer.*), Kurvenflug (*m.*), Wendeflug (*m.*). 3 ~ imperiale (gran volta imperiale, Immelmann) (*aer.*), Immelmann-Kurve (*f.*), Immelmann-Turn. 4 ~ in poppa (cambiamento di rotta col vento) (*nav.*), Halsen (*n.*). 5 ~ in prua (cambiamento di rotta contro il vento) (*nav.*), Wenden (*n.*). 6 ~ stretta (*aer.*), steiler Wendeflug. 7 indicatore di ~ (indicatore di volta) (*strum. - aer.*), Wendezeiger (*m.*).
viratore (a motore, per la rotazione di grandi motori) (*mot.*), Durchdrehmotor (*m.*), Schwungraddrehmotor (*m.*).
virgola (*tip.*), Komma (*n.*), Beistrich (*m. - austr.*). 2 ~ fissa (*elab. dati*), Festkomma (*n.*).

3 ~ mobile (una particolare forma della rappresentazione di numeri) (*calc.*), Gleitkomma (*n.*), gleitendes Komma. 4 calcolo a ~ mobile (*calc.*), Gleitkommarechnung (*f.*). 5 due ~ cinque (2,5) (*mat.*), zwei Komma fünf. 6 istruzione a ~ mobile (*calc.*), Gleitkommabefehl (*m.*). 7 operazione a ~ fissa (*calc.*), Festkommarechnung (*f.*). 8 programma a ~ mobile (*calc.*), Gleitkommaprogramm (*n.*).
virgolette (*tip.*), Gänsefüsschen (*n.*), Anführungszeichen (*n.*).
viriale (*fis.*), virial.
virola (attacco, di una lampadina) (*elett.*), Birnensockel (*m.*), Sockel (*m.*). 2 ~ di caldaia (*cald.*), Kesselschuss (*m.*).
virosbandometro (indicatore di virata e sbandamento) (*strum. aer.*), Wende- und Querneigungszeiger (*m.*).
virtuale (*mecc. - ecc.*), virtuell. 2 anodo ~ (*elettronica*), virtuelle Anode, Äquivalentanode (*f.*). 3 catodo ~ (*radio*), virtuelle Kathode. 4 immagine ~ (*ott.*), virtuelles Bild. 5 lavoro ~ (*mecc.*) - *ed.*), virtuelle Arbeit.
virtualizzazione (formazione di circuiti virtuali) (*telef.*), Phantombildung (*f.*), Viererbildung (*f.*).
viscoelastico (deformazione) (*metall.*), viskoelastisch.
viscosa (seta artificiale) (*s. - ind. tess.*), Viskose (*f.*).
viscosimetro (*app.*), Viskosimeter (*n.*). 2 ~ a capillare (*app.*), Kapillarviskosimeter (*n.*). 3 ~ a orifizio (*app.*), Ausflussviskosimeter (*n.*). 4 ~ a rotazione (mediante il quale viene misurato il momento torcente trasmesso dal liquido) (*app.*), Rotationsviskosimeter (*n.*). 5 ~ a sfera (viscosimetro a caduta di sfera) (*app.*), Kugelfallviskosimeter (*n.*). 6 ~ a vibrazione (*app.*), Vibrationsviskosimeter (*n.*). 7 ~ Redwood (*app.*), Redwood-Viskosimeter (*n.*).
viscosità (*fis. - chim.*), Viskosität (*f.*), Zähflüssigkeit (*f.*), Zähigkeit (*f.*). 2 ~ (relativa, di soluzioni) (*fis. - chim.*), relative Viskosität, Viskositätsverhältnis (*n.*). 3 ~ cinematica (misurata in stokes) (*fis. - chim.*), kinematische Zähigkeit, kinematische Viskosität. 4 ~ come fornito (di una vernice p. es.) (*chim.*), Anlieferungsviskosität (*f.*). 5 ~ dielettrica (*elett.*), dielektrische Nachwirkung. 6 ~ dinamica (misurata in poise) (*fis. - chim.*), dynamische Viskosität. 7 ~ intrinseca (*chim.*), grundmolare Viskosität. 8 ~ magnetica (*elett.*), magnetische Nachwirkung. 9 ~ Redwood (*chim.*), Redwoodsekunden (*f. pl.*). 10 ~ SAE (di oli per motori, determinata secondo le norme della Society of Automative Engineers) (*ind. chim. - aut.*), SAE-Viskosität (*f.*). 11 ~ specifica (*fis.*), Eigenviskosität (*f.*). 12 curva di ~ (diagramma di viscosità, per rappresentare l'andamento viscosità-temperatura) (*chim.*), Viskogramm (*n.*). 13 curva di ~ (per olii lubrificanti) (*chim.*), VT-Blatt (*n.*), Viskositäts-Temperatur-Verhalten (*n.*). 14 diagramma di ~ (curva di viscosità, per rappresentare l'andamento viscosità-temperatura) (*chim.*), Viskogramm (*n.*). 15 indice di ~ (*chim.*), Viskositätsindex (*m.*). 16 limite di ~ (limite di scorrimento)

viscoso (*metall. - tecnol. mecc.*), Zeitstandkriechgrenze (*f.*), Zeitkriechgrenze (*f.*). 17 **vacuometro a ~** (vacuometro a decremento) (*app.*), Reibungsvakuumeter (*n.*).

viscoso (liquido) (*chim. - fis.*), zäh, zähflüssig, strengflüssig, viskos. 2 **molto ~** (denso, olio) (*chim.*), schwerflüssig.

visibile (*ott. - ecc.*), sichtbar.

visibilità (*nav. - aer. - meteor.*), Sicht (*f.*), Sichtigkeit (*f.*), Sichtbarkeit (*f.*). 2 **~** (distanza visiva) (*ott.*), Sichtweite (*f.*). 3 **~ di sicurezza nei sorpassi** (*aut. - traff. strad.*), Überholsichtweite (*f.*). 4 **~ diurna** (*meteor. - navig.*), Tagessichtbarkeit (*f.*), Tagessichtigkeit (*f.*). 5 **~ minima** (*ott. - ecc.*), Mindestsichtweite (*f.*). 6 **~ zero** (*meteor. - navig.*), Sicht Null. 7 **con buona ~** (chiaro) (*meteor.*), sichtig, klar. 8 **diedro di ~** (dal posto di guida) (*aut.*), Sichtwinkel (*m.*). 9 **misuratore di ~** (*app.*), Sichtmesser (*m.*). 10 **scarsa ~** (*meteor.*), schlechte Sicht.

visiera (*gen.*), Schirm (*m.*), Blende (*f.*). 2 **~ parasole** (*aut. - ecc.*), Blendschirm (*m.*), Blendschutz (*m.*), Sonnenblende (*f.*). 3 **~ termica** (sbrinatore, del parabrezza) (*aut.*), Entfroster (*m.*), Defroster (*m.*), Frostschutzscheibe (*f.*).

visione (percezione visuale) (*ott.*), Sehen (*n.*). 2 **~ crepuscolare** (emeralopia) (*ott.*), Dämmerungssehen (*n.*). 3 **~ dei colori** (*ott.*), Farbensehen (*n.*). 4 **~ fotopica** (*ott.*), Tagessehen (*n.*). 5 **~ mesopica** (*ott.*), Dämmerungssehen (*n.*), Übergangssehen (*n.*), mesopisches Sehen. 6 **~ nera** (annebbiamento della vista, provocato da accelerazioni di valore superiore ai 4 g) (*aer.*), Mattscheibe (*f.*). 7 **~ scotopica** (*ott.*), Nachtsehen (*n.*). 8 **dare in ~** (presentare, sottoporre) (*gen.*), vorlegen, zeigen. 9 **invio in ~** (di un libro p. es., ad un potenziale acquirente, da parte dell'editore) (*gen.*), Ansichtsendung (*f.*), Probesendung (*f.*). 10 **in ~** (*gen.*), zur Ansicht. 11 **mirino a ~ diretta** (*fot.*), Rahmensucher (*m.*). 12 **persistenza della ~** (*ott.*), Augenträgheit (*f.*). 13 **prima ~** (*cinem. - ecc.*), erste Vorführung, Uraufführung (*f.*).

visioplasticità (metodo per risolvere problemi dello scorrimento dei materiali) (*tecnol. mecc.*), Visioplastizität (*f.*).

visita (*gen.*), Besuch (*m.*), Visite (*f.*). 2 **~** (esame, ispezione) (*comm.*), Besichtigung (*f.*). 3 **~ doganale** (ispezione) (*comm.*), Zollrevision (*f.*). 4 **~ medica** (*med.*), ärztliche Untersuchung. 5 **~ medica di controllo** (*ind. - lav.*), überwachende ärztliche Betreuung. 6 **~ medica preassunzione** (*med. - pers. - lav.*), ärztliche Einstellungsuntersuchung. 7 **biglietto da ~** (*comm. - posta*), Besuchskarte (*f.*), Visitenkarte (*f.*).

visitare (*comm. - ecc.*), besuchen. 2 **~** (esaminare, ispezionare) (*comm.*), besichtigen.

visitatrice (assistente sociale) (*organ. lav.*), Sozialfürsorgerin (*f.*).

visore (avvisatore, monitore, apparecchio di controllo) (*app.*), Monitor (*m.*). 2 **~** (di dati p. es.) (*app.*), Sichtgerät (*n.*). 3 **~ di dati** (visualizzatore di dati) (*app.*), Datensichtgerät (*n.*). 4 **~ per diapositive** (visorino) (*app. - ott.*), Diabetrachter (*m.*). 5 **~ ultrasonico** (videoconvertitore di ultrasuoni; converte ultrasuoni in immagini) (*prove mater.*), Schallsichtgerät (*n.*), Ultraschallbildwandler (*m.*).

visorino (visore per diapositive) (*app. - ott.*), Diabetrachter (*m.*).

vista (*ott.*), Sicht (*f.*). 2 **~** (*dis.*), Ansicht (*f.*), Riss (*m.*). 3 **~ anteriore** (*dis.*), Vorderansicht (*f.*). 4 **~ dal basso** (*dis.*), Unteransicht (*f.*). 5 **~ dal disotto** (*dis.*), Ansicht von unten, Unteransicht (*f.*). 6 **~ dall'alto** (pianta) (*dis.*), Aufsicht (*f.*), Ansicht von oben, Draufsicht (*f.*). 7 **~ dall'alto** (vista in pianta) (*dis.*), Darstellung im Grundriss. 8 **~ dalla parte anteriore** (vista frontale) (*dis.*), Ansicht von vorne. 9 **~ dal lato accoppiamento** (di una macchina o motore) (*dis. - ecc.*), von Antriebsseite gesehen. 10 **~ d'insieme** (*dis.*), Gesamtansicht (*f.*). 11 **~ di tre quarti** (*dis.*), Schrägansicht (*f.*). 12 **~ esplosa** (vista particolari smontati) (*dis.*), Explosionsdarstellung (*f.*), Teilmontagezeichnung (*f.*), Ansicht in auseinandergenommenem Zustand. 13 **~ esterna** (di un edificio) (*arch. - ecc.*), Aussenansicht (*f.*). 14 **~ frontale** (vista anteriore) (*dis.*), Stirnansicht (*f.*), Vorderansicht (*f.*). 15 **~ (guardando) da sinistra** (*dis. - ecc.*), von links gesehen. 16 **~ guardando il lato accoppiamento** (di una macch. o mot.) (*dis. - ecc.*), gegen die Antriebsseite gesehen. 17 **~ guardando verso il pezzo** (*dis. - ecc.*), gegen das Werkstück gesehen. 18 **~ in alzata ed in sezione** (*dis.*), Ansicht im Aufriss und Schnitt. 19 **~ in direzione della freccia** (*dis.*), Ansicht in Pfeilrichtung. 20 **~ in grandezza naturale** (*dis.*), Ansicht in voller Grösse, Ansicht in natürlicher Grösse. 21 **~ in pianta** (*dis.*), Ansicht im Grundriss, Ansicht von oben. 22 **~ in scala 1 : 1** (*dis.*), Ansicht in voller Grösse, Ansicht in natürlicher Grösse. 23 **~ in sezione** (*dis.*), Ansicht im Schnitt, Schnittansicht (*f.*). 24 **~ in sezione parziale** (*dis.*), teilweise im Schnitt dargestellte Ansicht, Teilschnittzeichnung (*f.*). 25 **~ in sezione trasversale** (*dis.*), Querschnittsansicht (*f.*). 26 **~ in trasparenza** (trasparenza) (*dis.*), Phantombild (*n.*), Schnittmodellzeichnung (*f.*). 27 **~ laterale** (*dis.*), Seitenansicht (*f.*). 28 **~ longitudinale** (*dis.*), Längsansicht (*f.*). 29 **~ panoramica** (*veic. - ecc.*), Rundblick (*m.*). 30 **~ parziale** (*dis.*), Teilansicht (*f.*), teilweise Ansicht. 31 **~ pezzi smontati** (vista esplosa) (*dis. - ecc.*), Ansicht in auseinandergenommenem Zustand, Explosionsdarstellung (*f.*). 32 **~ posteriore** (*dis. - ecc.*), Hinteransicht (*f.*), Rückansicht (*f.*). 33 **~ prospettica** (prospetto) (*dis.*), Umriss (*m.*), perspektivische Ansicht. 34 **~ tre quarti di fronte** (*dis. - ecc.*), Ansicht schräg von vorn. 35 **~ verticale** (vista in alzata) (*dis.*), Aufriss (*m.*). 36 **a ~** (tratta p. es.) (*finanz.*), auf Sicht. nach Sicht. 37 **in ~ di** (*gen.*), angesichts. 38 **superficie in ~** (*gen.*), Ansichtfläche (*f.*).

vistavision (sistema cinematografico) (*cinem.*), Vistavision (*f.*).

visto (sul passaporto p. es.) (*leg.*), Sichtvermerk (*m.*), Visum (*n.*). 2 **~ di fronte** (visto dal lato anteriore) (*mot.* - *ecc.*), von vorn gesehen.

visuale (*a.* - *ott.*), visuell.

visualizzare (*ott.* - *ecc.*), sichtbarmachen.

visualizzatore (*app. ott.*), Bildgerät (*n.*), Sichtgerät (*n.*). **2** ~ **di carte** (*aer.*), Kartensichtgerät (*n.*). **3** ~ **di dati** (visore di dati) (*app.*), Datensichtgerät (*n.*). **4** ~ **di livello** (livelloscopio) (*app.*), Pegelbildgerät (*n.*).

visualizzazione (*ott.* - *ecc.*), Sichtbarmachung (*f.*). **2** ~ **del numero di sequenza** (per macch. ut. a comando numerico p. es.) (*calc.*), Satzanzeige (*f.*).

vita (*gen.*), Leben (*n.*). **2** ~ (durata) (*fis.* - *ecc.*), Dauer (*f.*). **3** ~ **media** (di una materia radioattiva, = periodo radioattivo × 1,443) (*fis. atom.* - *radioatt.*), Lebensdauer (*f.*). **4** ~ **utile** (di una vernice o di un adesivo) (*vn.*), Topfzeit (*f.*).

vitale (*gen.*), vital, lebenswichtig. **2 d'importanza** ~ (*gen.*), lebenswichtig.

vitalizio (*s.* - *finanz.*), lebenslängliche Rente. **2** ~ (*a.* - *gen.*), lebenslänglich.

vitallium (lega da fonderia resistente alla corrosione ed altamente refrattaria, a base di cobalto) (*lega*), Vitallium (*n.*).

vitamina (*med.* - *farm.*), Vitamin (*n.*).

vite (organo di collegamento o di traslazione) (*mecc.*), Schraube (*f.*). **2** ~ (filettatura esterna, filettatura maschia) (*mecc.*), Aussengewinde (*n.*), Bolzengewinde (*n.*). **3** ~ (senza fine) (*mecc.*), Schnecke (*f.*). **4** ~ (organo mecc. per lavorare masse di mater. termoplastici nelle macch. per stampaggio a iniezione p. es.) (*macch.*), Schnecke (*f.*). **5** ~ (avvitamento) (*aer.*), Trudeln (*n.*). **6** ~ **a cava esagonale** (con testa a cava esagonale) (*macch.*), Allen-Schraube (*f.*), Inbusschraube (*f.*). **7** ~ **a circolazione di sfere** (*mecc.*), Kugelumlaufschraube (*f.*), Kugelschraube (*f.*). **8** ~ **ad alette** (galletto) (*mecc.*), Flügelschraube (*f.*), Daumenschraube (*f.*). **9** ~ **ad alta resistenza precaricata** (*mecc.*), HV-Schraube (*f.*). **10** ~ **ad anello** (golfare) (*mecc.*), Ösenschraube (*f.*), Ringschraube (*f.*). **11** ~ **ad elevato allungamento** (vite con gambo scaricato, bullone ad elevato allungamento; in cui il carico di trazione è uguale nell'intero suo volume, per flange p. es.) (*mecc.* - *tubaz.*), Dehnschraube (*f.*), Dehnschaftschraube (*f.*). **12** ~ **ad esagono cavo** (vite Allen, vite ad esagono incassato) (*mecc.*), Innensechskantschraube (*f.*), Inbusschraube (*f.*), Schraube mit Innensechskant. **13** ~ **ad intaglio** (vite con testa ad intaglio) (*mecc.*), Schlitzschraube (*f.*). **14** ~ **ad occhiello** (*mecc.*), Augenschraube (*f.*). **15** ~ **a doppio passo** (*mecc.*), Doppelsteigungsschraube (*f.*), Duplexschraube (*f.*). **16** ~ **a doppio passo** (vite senza fine a doppio passo) (*mecc.*), Doppelsteigungsschnecke (*f.*), Duplexschnecke (*f.*). **17** ~ **a due filetti** (vite a due principi) (*mecc.*), zweigängige Schraube, Doppelschraube (*f.*). **18** ~ **a due principi** (vite con filettatura a due principi) (*mecc.*), zweigängige Schraube, Doppelschraube (*f.*). **19** ~ **a filetto quadro** (*mecc.*), Schraube mit Flachgewinde. **20** ~ **a filetto tondo** (*mecc.*), Schraube mit Rundgewinde. **21** ~ **a filetto triangolare** (*mecc.*), Schraube mit scharfgängigem Gewinde. **22** ~ **a gambo interamente filettato** (con testa) (*mecc.*), Ganzgewindeschraube (*f.*). **23** ~ **Allen** (vite con esagono cavo) (*mecc.*), Innensechskantschraube (*f.*), Schraube mit Innensechskant, Inbusschraube (*f.*). **24** ~ **a passo fine** (*mecc.*), feingängige Schraube. **25** ~ **a piattello** (per il fissaggio di particolari a cinghie p. es.) (*mecc.*), Tellerschraube (*f.*). **26** ~ **a più principi** (vite con filettatura a più principi) (*mecc.*), mehrgängige Schraube. **27** ~ **a risvolto** (per raccordi) (*mecc.*), Überwurfschraube (*f.*). **28** ~ **a sfere** (vite a circolazione di sfere) (*mecc.*), Kugelumlaufschraube (*f.*), Kugelschraube (*f.*). **29** ~ **a testa bombata** (vite a testa con calotta) (*mecc.* - *falegn.*), Linsenkopfschraube (*f.*), Linsenschraube (*f.*). **30** ~ **a testa cava esagonale** (vite ad esagono cavo, vite Allen) (*mecc.*), Innensechskantschraube (*f.*), Schraube mit Innensechskant, Inbusschraube (*f.*). **31** ~ **a testa cilindrica** (*mecc.*), Zylinderschraube (*f.*). **32** ~ **a testa cilindrica con esagono incassato** (vite a testa cilindrica con esagono cavo, vite Allen) (*mecc.*), Zylinderschraube mit Innensechskant. **33** ~ **a testa cilindrica zigrinata con esagono cavo** (*mecc.*), Inbus-Rändelschraube (*f.*), Innensechskant - Rändelschraube (*f.*). **34** ~ **a testa con calotta** (vite a testa bombata) (*mecc.* - *falegn.*), Linsenkopfschraube (*f.*), Linsenschraube (*f.*). **35** ~ **a testa esagonale** (*mecc.*), Sechskantschraube (*f.*). **36** ~ **a testa esagonale con centramento** (*mecc.*), Sechskant-Pass-schraube (*f.*). **37** ~ **a testa quadra** (*mecc.* - *carp.*), Vierkantschraube (*f.*). **38** ~ **a testa quadra con spallamento** (*mecc.*), Vierkantschraube mit Bund. **39** ~ **a testa sferica** (*mecc.* - *macch.*), Halbrundschraube (*f.*), Kugelschraube (*f.*). **40** ~ **a testa svasata** (*mecc.*), Senkschraube (*f.*), Senkkopfschraube (*f.*). **41** ~ **a testa svasata con calotta** (*mecc.*), Linsensenkschraube (*f.*). **42** ~ **a testa tonda** (*mecc.*), Halbrundschraube (*f.*). **43** ~ **a testa tonda con fori radiali** (*mecc.*), Kreuzlochschraube (*f.*). **44** ~ **a testa triangolare** (vite speciale per apparecchiature antideflagranti) (*mecc.* - *min.*), Dreikantschraube (*f.*). **45** ~ **a testa zigrinata** (*mecc.*), Rändelschraube (*f.*), Kordelschraube (*f.*). **46** ~ **a tre principi** (vite con filettatura a tre principi) (*mecc.*), dreigängige Schraube. **47** ~ **automaschiante** (vite per lamiera p. es.) (*mecc.*), selbstschneidende Schraube, Schlagschraube (*f.*). **48** ~ **automaschiante a deformazione** (*mecc.*), Gewindefurchendeschraube (*f.*). **49** ~ **autoperforante** (automaschiante) (*mecc.*), Bohrschraube (*f.*). **50** ~ **bloccaggio (della) tavola** (*macch. ut.*), Tischfeststellschraube (*f.*), Tischklemmschraube (*f.*). **51** ~ **calante** (*strum.*), Stellschraube (*f.*), Nivellierschraube (*f.*), Waagerechteinstellschraube (*f.*). **52** ~ **calibrata** (*mecc.*), Passschraube (*f.*). **53** ~ **cava** (*mecc.*), Hohlschraube (*f.*). **54** ~ **con cava a doppio esagono** (vite con cava poligonale) (*mecc.*), Innenvielzahnschraube (*f.*). **55** ~ **con dado** (bullone) (*mecc.*), Mutterschraube (*f.*), Bolzen mit Kopf und Mutter. **56** ~ **conduttrice** (di un tornio) (*macch.* - *ut.*), vedi vite

vite

madre. 57 ~ **con esagono cavo** (vite con esagono incassato, vite Allen) (*mecc.*), Schraube mit Innensechskant, Innensechskantschraube (*f.*), Inbusschraube (*f.*). 58 ~ **con gambo liscio di diametro ridotto** (rispetto a quello della parte filettata, vite con gambo scaricato) (*mecc.*), Dehnschraube (*f.*), Dehnschaftschraube (*f.*). 59 ~ **con gambo scaricato** (vite con gambo liscio di diametro ridotto rispetto a quella della parte filettata) (*mecc.*), Dehnschraube (*f.*), Dehnschaftschraube (*f.*). 60 ~ **con intaglio** (vite con testa ad intaglio) (*mecc.*), Schlitzschraube (*f.*), Schlitzkopfschraube (*f.*). 61 ~ **con intaglio a croce** (*mecc.*), Kreuzschlitzschraube (*f.*). 62 ~ **con spallamento** (*mecc.*), Bundschraube (*f.*). 63 ~ **con testa** (*mecc.*), Kopfschraube (*f.*). 64 ~ **con testa a calotta piatta** (*mecc.*), Flachrundschraube (*f.*). 65 ~ **con testa ad alette** (*mecc.*), Lappenschraube (*f.*). 66 ~ **con testa ad intaglio** (vite con intaglio) (*mecc.*), Schlitzschraube (*f.*), Schlitzkopfschraube (*f.*). 67 ~ **con testa a martello** (*mecc.*), Hammerschraube (*f.*). 68 ~ **con testa a spallamento** (vite con spallamento) (*mecc.*), Bundschraube (*f.*). 69 ~ **con testa a T** (per compassi) (*mecc. - dis.*), T-Schraube (*f.*). 70 ~ **da legno** (vite per legno) (*mecc. - falegn.*), Holzschraube (*f.*). 71 ~ **da legno a testa quadra** (*mecc. - falegn.*), Schlossschraube (*f.*). 72 ~ **destrorsa** (vite con filettatura destrorsa) (*mecc.*), rechtsgängige Schraube. 73 ~ **di Archimede** (coclea) (*trasp. ind.*), Schnecke (*f.*), Förderschnecke (*f.*). 74 ~ **di arresto** (vite di fermo, vite di pressione, vite di fissaggio) (*mecc.*), Feststellschraube (*f.*), Arretierschraube (*f.*), Klemmschraube (*f.*), Hemmschraube (*f.*). 75 ~ **di arresto** (vite di fermo, grano filettato) (*mecc.*), Gewindestift (*m.*), Stellschraube (*f.*). 76 ~ **di arresto** (vite di battuta) (*mecc.*), Anschlagschraube (*f.*). 77 ~ **di battuta** (*mecc.*), Anschlagschraube (*f.*). 78 ~ **di estrazione** (a pressione) (*mecc.*), Abdrückschraube (*f.*), Abziehschraube (*f.*). 79 ~ **di fermo** (vite di arresto, vite di pressione, vite di fissaggio) (*mecc.*), Feststellschraube (*f.*), Arretierschraube (*f.*), Klemmschraube (*f.*), Hemmschraube (*f.*). 80 ~ **di fermo** (vite di arresto, grano filettato) (*mecc.*), Gewindestift (*m.*), Stellschraube (*f.*). 81 ~ **di fermo** (vite di battuta) (*mecc.*), Anschlagschraube (*f.*). 82 ~ **differenziale** (*mecc.*), Differentialschraube (*f.*). 83 ~ **di fissaggio** (*mecc.*), *vedi* vite di fermo. 84 ~ **di livello** (vite calante) (*strum. - mecc.*), Schraube für Höheneinstellung, Stellschraube (*f.*), Nivellierschraube (*f.*), Waagerechteinstellschraube (*f.*). 85 ~ **di microregolazione** (vite micrometrica) (*mecc.*), Feinstellschraube (*f.*). 86 ~ **di pressione** (*mecc.*), Druckschraube (*f.*). 87 ~ **di pressione** (vite di arresto o di fermo) (*mecc.*), Feststellschraube (*f.*). 88 ~ **di regolazione** (vite di registro) (*mecc. - ecc.*), Stellschraube (*f.*), Einstellschraube (*f.*). 89 ~ **di regolazione del minimo** (del carburatore) (*mot.*), Leerlaufeinstellschraube (*f.*). 90 ~ **di registro** (vite di regolazione) (*mecc. - ecc.*), Stellschraube (*f.*), Einstellschraube (*f.*). 91 ~ **di separazione** (di due pezzi) (*mecc.*), Abdrückschraube (*f.*). 92 ~ **di serraggio** (*mecc.*), Spannschraube (*f.*). 93 ~ **di serraggio** (vite di ancoraggio, dello stampo inferiore) (*fucinatura*), Spannschraube (*f.*). 94 ~ **di smontaggio** (vite di estrazione) (*mecc.*), Abziehschraube (*f.*). 95 ~ **di trazione** (*mecc.*), Zugschraube (*f.*). 96 ~ **fissaggio ruota** (*aut.*), Radbefestigungsbolzen (*m.*). 97 ~ **globoidale** (per ingranaggi globoidali) (*mecc.*), Globoidschnecke (*f.*). 98 ~ **madre** (vite conduttrice, di un tornio, per il taglio di filettature) (*macch. ut.*), Leitspindel (*f.*). 99 ~ **maschiante** (*mecc.*), Gewinde-Schneidschraube (*f.*). 100 ~ **micrometrica** (vite di microregolazione) (*mecc.*), Feinstellschraube (*f.*). 101 ~ **motrice** (vite senza fine) (*mecc.*), Schnecke (*f.*), endlose Schraube. 102 ~ **motrice cilindrica** (vite senza fine cilindrica) (*mecc.*), Zylinderschnecke (*f.*). 103 ~ **motrice globoidale** (vite senza fine globoidale) (*mecc.*), Globoidschnecke (*f.*). 104 ~ **nera** (vite non calibrata, con gioco di montaggio 0,5-2 mm) (*mecc.*), rohe Schraube, schwarze Schraube. 105 ~ **orizzontale** (frullo orizzontale) (*aer.*), Rolle (*f.*). 106 ~ **orizzontale rapida** (*aer.*), schnelle Rolle. 107 ~ **Parker** (per lamiera) (*metall.*), Blechschraube (*f.*). 108 ~ **passante** (*mecc.*), Durchsteckschraube (*f.*), Durchgangsschraube (*f.*). 109 ~ **per lamiera** (vite Parker) (*metall.*), Blechschraube (*f.*). 110 ~ **per lamiera a testa svasata** (*mecc.*), Senkblechschraube (*f.*). 111 ~ **per lamiera a testa svasata con calotta** (*mecc.*), Linsensenkblechschraube (*f.*). 112 ~ **per l'avanzamento trasversale** (*macch. ut.*), Planspindel (*f.*). 113 ~ **per legno** (*mecc.*), Holzschraube (*f.*). 114 ~ **per legno a testa svasata** (*mecc.*), Senkholzschraube (*f.*). 115 ~ **per legno a testa svasata con calotta** (*mecc.*), Linsensenkholzschraube (*f.*). 116 ~ **per lo spostamento** (per alzare una traversa) (es.) (*macch. ut.*), Verstellspindel (*f.*). 117 ~ **per ruota** (bullone per ruota) (*aut.*), Radbolzen (*m.*). 118 ~ **piatta** (*aer.*), Flachtrudeln (*n.*). 119 ~ **prigioniera** (prigioniero) (*mecc.*), Stiftschraube (*f.*). 120 ~ **prigioniera con gola** (*mecc.*), Stiftschraube mit Rille. 121 ~ **prigioniera per acciaio** (*mecc.*), Stiftschraube zum Einschrauben in Stahl. 122 ~ **prigioniera per ghisa** (*mecc.*), Stiftschraube zum Einschrauben in Grauguss. 123 ~ **ricalcata** (vite a testa ricalcata) (*mecc.*), geschlagene Schraube. 124 ~ **-rosetta** (gruppo vite con rosetta non perdibile) (*mecc.*) Kombi-Schraube (*f.*). 125 ~ **rovescia** (acrobazia) (*aer.*), Rückentrudeln (*n.*). 126 ~ **rullata** (*mecc.*), gewalzte Schraube. 127 ~ **senza fine** (vite motrice) (*mecc.*), Schnecke (*f.*), endlose Schraube. 128 ~ **senza fine a due principi** (*mecc.*), zweigängige Schnecke. 129 ~ **senza fine ad un principio** (*mecc.*), eingängige Schnecke. 130 ~ **senza fine a più principi** (*mecc.*), mehrgängige Schnecke, vielgängige Schnecke. 131 ~ **senza fine cilindrica** (vite motrice cilindrica) (*mecc.*), Zylinderschnecke (*f.*). 132 ~ **senza fine dello sterzo** (*aut.*), Lenkschnecke (*f.*). 133 ~ **senza fine globoidale** (vite motrice globoidale) (*mecc.*), Globoidschnecke (*f.*). **134** ~ **senza testa a doppio diametro** (con gola tra la parte filettata e la parte cilindrica di maggior diametro) (*mecc.*), Zapfenschraube (*f.*). **135** ~ **senza testa completamente filettata** (con intaglio) (*mecc.*), Gewindestift (*m.*). **136** ~ **senza testa con esagono cavo ed estremità a corona tagliente** (*mecc.*), Gewindestift mit Innensechskant und Ringschneide. **137** ~ **senza testa con esagono cavo ed estremità a nocciolo sporgente** (*mecc.*), Gewindestift mit Innensechskant und Zapfen. **138** ~ **senza testa con esagono cavo ed estremità a punta** (*mecc.*), Gewindestift mit Innensechskant und Spitze. **139** ~ **senza testa con esagono cavo ed estremità piana con smusso** (*mecc.*), Gewindestift mit Innensechskant und Kegelkuppe. **140** ~ **senza testa con esagono cavo, estremità a corona tagliente e gambo parzialmente filettato** (*mecc.*), Schaftschraube mit Innensechskant und Ringschneide. **141** ~ **senza testa con esagono cavo, estremità a nocciolo sporgente e gambo parzialmente filettato** (*mecc.*), Schaftschraube mit Innensechskant und Zapfen. **142** ~ **senza testa con esagono cavo, estremità a punta e gambo parzialmente filettato** (*mecc.*), Schaftschraube mit Innensechskant und Spitze. **143** ~ **senza testa con esagono cavo, estremità piana con smusso e gambo parzialmente filettato** (*mecc.*), Schaftschraube mit Innensechskant und Kegelkuppe. **144** ~ **senza testa con estremità a corona tagliente** (*mecc.*), Gewindestift mit Ringschneide. **145** ~ **senza testa con estremità a corona tagliente dentata** (*mecc.*), Gewindestift mit verzahnter Ringschneide. **146** ~ **senza testa con estremità a nocciolo sporgente** (*mecc.*), Gewindestift mit Zapfen. **147** ~ **senza testa con estremità a punta** (*mecc.*), Gewindestift mit Spitze. **148** ~ **senza testa con estremità piana con smusso** (*mecc.*), Gewindestift mit Kegelkuppe. **149** ~ **senza testa con intaglio e gambo parzialmente filettato** (*mecc.*), Schaftschraube (*f.*). **150** ~ **senza testa interamente filettata** (*mecc.*), Gewindestift (*m.*). **151** ~ **serrafilo** (serrafilo) (*elett.*), Klemmschraube (*f.*), Drahtbefestigungsschraube (*f.*). **152** ~ **sinistrorsa** (vite con filettatura sinistrorsa) (*mecc.*), linksgängige Schraube. **153** ~ **stabile** (*mecc.*), *vedi* vite prigioniera e prigioniero. **154 cadere in** ~ (entrare in vite, avvitarsi) (*aer.*), ins Trudeln kommen, trudeln, abtrudeln. **155 collegamento a** ~ (*mecc.*), Verschraubung (*f.*), Schraubenverbindung (*f.*). **156 collegare a** ~ (*mecc.*), verschrauben, schrauben. **157 coperchio a** ~ (per serbatoi p. es.) (*mecc.*), Verschlussmutter (*f.*). **158 diametro di nocciolo della** ~ (*mecc.*), Schrauben-Kerndurchmesser (*m.*), Bolzen-Kerndurchmesser (*m.*). **159 diametro esterno della** ~ (*mecc.*), Schrauben-Aussendurchmesser (*m.*), Bolzen-Aussendurchmesser (*m.*). **160 entrare in** ~ (cadere in vite, avvitarsi) (*aer.*), abtrudeln, (cadere in vite, avvitarsi) (*aer.*), abtrudeln, trudeln, ins Trudeln kommen. **161 estremità della** ~ (estremità del gambo della vite) (*mecc.*), Schraubenende (*f.*). **162 estremità della** ~ **a calotta** (*mecc.*), Schraubenende mit Linsenkuppe. **163 estremità della** ~ **a corona tagliente** (*mecc.*), Schraubenende mit Ringschneide. **164 estremità della** ~ **a nocciolo sporgente** (*mecc.*), Schraubenende mit Zapfen. **165 estremità della** ~ **a nocciolo sporgente con foro per copiglia** (*mecc.*), Schraubenende mit Splintzapfen. **166 estremità della** ~ **a nocciolo sporgente conico** (*mecc.*), Schraubenende mit Kegelzapfen. **167 estremità della** ~ **a punta** (*mecc.*), Schraubenende mit Spitze. **168 estremità della** ~ **con foro per copiglia** (*mecc.*), Schraubenende mit Splintloch. **169 estremità della** ~ **piana** (*mecc.*), Schraubenende ohne Kuppe. **170 estremità della** ~ **piana a colletto** (*mecc.*), Schraubenende mit Kernansatz. **171 estremità della** ~ **piana con smusso** (*mecc.*), Schraubenende mit Kegelkuppe. **172 fermo per** ~ (*mecc.*), Schraubensicherung (*f.*). **173 freno a** ~ (*mecc.*), Spindelbremse (*f.*). **174 gambo della** ~ (*mecc.*), Schraubenschaft (*m.*). **175 intagliatrice per teste di** ~ (*macch. ut.*), Schraubenkopfschlitzmaschine (*f.*). **176 lunghezza del gambo della** ~ (*mecc.*), Schraubenlänge (*f.*). **177 meccanismo a** ~ **volvente** (*mecc.*), Wälzschraubtrieb (*m.*). **178 mettere in** ~ (*aer.*), ins Trudeln bringen. **179 morsa a** ~ (*ut.*), Schraubstock (*m.*). **180 passo della** ~ (*mecc.*), Schraubensteigung (*f.*). **181 pressa a** ~ (bilanciere) (*macch.*), Spindelpresse (*f.*), Schraubenpresse (*f.*). **182 puntazza a** ~ (di un palo) (*ed.*), Schraubenschuh (*m.*). **183 sporgenza della** ~ (dall'appoggio del dado) (*mecc.*), Schraubenüberstand (*m.*). **184 stringere la** ~ (*mecc.*), die Schraube anziehen. **185 tappo a** ~ (tappo filettato) (*mecc.*), Verschluss-schraube (*f.*). **186 tenditore a** ~ (*mecc.*), Spannschloss (*n.*). **187 testa della** ~ (*mecc.*), Schraubenkopf (*m.*). **188 tirante a** ~ (*mecc.*), Spannschraube (*f.*).

viteria (bulloneria) (*mecc.*), Schrauben (*f. pl.*). **2 tornio automatico per** ~ (*macch. ut.*), Schraubenautomat (*m.*). **3 tornio per** ~ (tornio per bulloneria) (*macch. ut.*), Schraubendrehbank (*f.*).

viticultura (*agric.*), Weinbau (*m.*).

vitone (otturatore a vitone, per cannone) (*arma da fuoco*), Gewindeverschluss (*m.*).

vitrinite (componente strutturale del carbone fossile) (*min.*), Vitrinit (*m.*).

vitrite (carbone brillante) (*comb.*), Vitrit (*m.*), Glanzkohle (*f.*).

vitto e alloggio (*lav. - ecc.*), Kost und Logis.

vivaio (per pesci p. es.) (*ind.*), Laichplatz (*m.*).

vivianite (*min.*), Vivianit (*m.*), Blaueisenerz (*n.*).

vivo (*gen.*), lebendig. **2** ~ (*colore*), satt, lebhaft. **3** ~ (di fiamma p. es.) (*comb. - ecc.*), wild, lebhaft. **4 al** ~ (senza margine, pagina illustrata p. es.) (*tip.*), randlos. **5 a spigoli vivi** (*mecc.*), scharfeckig, scharfkantig.

viziato (povero di ossigeno, aria di miniera p. es.) (*min. - ecc.*), matt, verbraucht, sauerstoffarm.

vizio (*leg.*), Mangel (*m.*). **2** ~ **della cosa** (*leg.*), Sachmangel (*m.*). **3** ~ **di consenso** (*leg.*), Einigungsmangel (*m.*). **4** ~ **giuridico** (*leg.*), Rechtsmangel (*m.*).

VLF (bassissima frequenza, 3 kc/s) (*elett.*), VLF.

vobulatore (*elettronica*), Wobbler (*m.*), Wobbelfrequenzgenerator (*m.*).

vobulazione (variazione periodica della frequenza) (*elettronica*), Wobbeln (*n.*), Wobblung (*f.*). 2 ~ del fascio (movimento oscillante del raggio elettronico) (*telev.*), Strahlwobblung (*f.*). 3 frequenza di ~ (*elettronica*), Wobbelfrequenz (*f.*).

voce (*acus.*), Stimme (*f.*). 2 ~ (posizione, in un elenco p. es.) (*gen.*), Position (*f.*), Posten (*m.*), Stelle (*f.*). 3 ~ **di bilancio preventivo** (*amm.*), Etatposten (*m.*). 4 ~ **di costo** (*amm. - organ. lav.*), Kostenstelle (*f.*). 5 ~ **di spesa** (*contabilità*), Kostenstelle (*f.*). 6 modulato dalla ~ (*acus.*), sprachmoduliert.

vocoder (voice-coder) (*acus.*), Vocoder (*m.*).

voder (voice operation demonstrator) (*acus.*), Voder (*m.*).

vogare (remare) (*nav.*), rudern. 2 ~ **di coda** (vogare con un solo remo a poppa) (*nav.*), wricken, wriggen.

« voice-coder » (vocoder) (*acus.*), Vocoder (*m.*).

volano (di un motore p. es.) (*macch. - mot.*), Schwungrad (*n.*). 2 ~ **a disco** (*mot.*), Schwungscheibe (*f.*). 3 ~ **con corona dentata di avviamento** (*mot.*), Schwungrad mit Anlasszahnkranz. 4 **canale** ~ (nei laminatoi per vergella) (*lamin.*), Schlingenkanal (*m.*). 5 **corona dentata del** ~ (corona di avviamento) (*mot.*), Schwungradzahnkranz (*m.*). 6 **fossa** ~ (*macch. - mot.*), Schwungradgrube (*f.*). 7 **fossa** ~ (*lamin.*), Schlingengrube (*f.*). 8 **lato** ~ (di un motore) (*mot.*), Schwungradseite (*f.*).

volante (dello sterzo) (*s. - aut.*), Lenkrad (*n.*), Steuerrad (*n.*). 2 ~ (cilindro di una carda) (*s. - macch. tess.*), Aushebewalze (*f.*), Schnellwalze (*f.*), Trommelputzwalze (*f.*). 3 ~ (mobile) (*a. - gen.*), fliegend. 4 ~ **a calice** (*aut.*), schüsselförmiges Lenkrad, Tiefnabenlenkrad (*n.*). 5 ~ **dello sterzo** (*aut.*), Lenkrad (*n.*), Steuerrad (*n.*). 6 **cambio sul** ~ (cambio sul piantone di guida) (*aut.*), Lenkradschaltung (*f.*). 7 **comando a** ~ (*aer.*), Radsteuerung (*f.*). 8 **costruzione** ~ (tenda, tribuna, ecc.) (*ed.*), fliegender Bau.

volantino (di manovra) (*macch. - ecc.*), Handrad (*n.*). 2 ~ (pubblicitario p. es.) (*comm.*), Flugblatt (*n.*), Flugschrift (*f.*), Einblattdruck (*m.*). 3 ~ **a croce** (od a crociera) (*macch. ut.*), Drehkreuz (*n.*), Handkreuz (*n.*). 4 ~ **a crociera** (od a croce) (*macch. ut.*), Drehkreuz (*n.*), Handkreuz (*n.*). 5 ~ **di traslazione della contropunta** (*macch. ut.*), Pinolenverstellrad (*n.*). 6 ~ **per l'avanzamento in profondità** (nella rettifica p. es.) (*macch. ut.*), Zustellhandrad (*n.*), Beistellhandrad (*n.*).

volare (*aer.*), fliegen. 2 ~ **a punto fisso** (librarsi) (*aer.*), schweben. 3 ~ **a vela** (veleggiare) (*aer.*), segelfliegen, segeln.

volata (di un pezzo d'artiglieria) (*milit.*), Mündung (*f.*), Rohrmündung (*f.*). 2 ~ (serie di colpi susseguentisi, nell'esecuzione di palificazioni) (*ed.*), Hitze (*f.*).

volatile (*chim.*), flüchtig, volatil.

volatilità (*chim.*), Flüchtigkeit (*f.*).

volatilizzazione (*fis.*), Verflüchtigung (*f.*).

voletto (deflettore, finestrino girevole) (*aut.*), Schwenkfenster (*n.*).

volframio (tungsteno) (*W - chim.*), Wolfram (*n.*).

volo (*aer.*), Flug (*m.*). 2 ~ **a bassa quota** (*aer.*), Niederflug (*m.*). 3 ~ **a domanda** (*aer.*), Bedarfsflug (*m.*). 4 ~ **a lungo raggio** (volo di distanza) (*aer.*), Langstreckenflug (*m.*). 5 ~ **a motore** (*aer.*), Motorflug (*m.*). 6 ~ **a punto fisso** (volo stazionario, di un elicottero) (*aer.*), Schwebeflug (*m.*). 7 ~ **a rimorchio** (volo rimorchiato) (*aer.*), Schleppflug (*m.*). 8 ~ **a vela** (veleggio) (*aer.*), Segelflug (*m.*), Segeln (*n.*). 9 ~ **a vela termico** (*aer.*), Thermiksegelflug (*m.*), Wärmesegeln (*n.*). 10 ~ **a vista** (*aer.*), Sichtflug (*m.*). 11 ~ **cieco** (o strumentale) (*aer.*), Blindflug (*m.*), Blindfliegen (*n.*). 12 ~ **con motore** (in moto) (*aer.*), Kraftflug (*m.*). 13 ~ **con sfruttamento di correnti calde ascendenti** (volo termico) (*aer.*), Thermiksegeln (*n.*). 14 ~ **d'alta quota** (*aer.*), Höhenflug (*m.*). 15 ~ **di accettazione** (*aer.*), Abnahmeflug (*m.*). 16 ~ **di addestramento** (*aer. - milit.*), Übungsflug (*m.*), Schulflug (*m.*), Ausbildungsflug (*m.*). 17 ~ **di collaudo** (*aer.*), Abnahmeflug (*m.*). 18 ~ **di distanza** (volo a lungo raggio) (*aer.*), Langstreckenflug (*m.*). 19 ~ **di durata** (*aer.*), Dauerflug (*m.*). 20 ~ **di intercettazione** (*aer. milit.*), Sperrflug (*m.*). 21 ~ **di pendìo** (volo a vela di pendìo) (*aer.*), Hangsegeln (*n.*). 22 ~ **di prova** (*aer.*), Probeflug (*m.*). 23 ~ **di transizione** (tra volo con sostentazione a getto e volo a sostentazione aerodinamica) (*aer.*), Transitionsflug (*m.*). 24 ~ **diurno** (*aer.*), Tagflug (*m.*). 25 ~ **in circuito chiuso** (*aer.*), Flug in geschlossenem Kreise. 26 ~ **in formazione** (*aer. - aer. milit.*), Verbandsflug (*m.*), Formationsflug (*m.*). 27 ~ **in quota** (*aer.*), Höhenflug (*m.*). 28 ~ **in salita** (salita) (*aer.*), Steigflug (*m.*). 29 ~ **ipersonico** (*aer.*), Hyperschallflug (*m.*). 30 ~ **isolato** (*aer.*), Alleinflug (*m.*), Soloflug (*m.*). 31 ~ **librato** (*aer.*), Gleitflug (*m.*). 32 ~ **librato a spirale** (*aer.*), Spiralgleitflug (*m.*). 33 ~ **muscolare** (*aer.*), Muskelflug (*m.*). 34 ~ **notturno** (*aer.*), Nachtflug (*m.*). 35 ~ **obliquo** (di un elicottero) (*aer.*), Schrägflug (*m.*). 36 ~ **orizzontale** (*aer.*), Horizontalflug (*m.*), Waagerechtflug (*m.*). 37 ~ **per ripresa di aerofotografie** (*aer. - fot.*), Bildflug (*m.*). 38 ~ **planato** (*aer.*), Gleitflug (*m.*). 39 ~ **planato a spirale** (*aer.*), Spiralgleitflug (*m.*). 40 ~ **pubblicitario** (*aer. - comm.*), Reklameflug (*m.*). 41 ~ **radente** (*aer.*), Tiefflug (*m.*). 42 ~ **radioassistito** (*aer. - nav.*), Funkfliegen (*n.*). 43 ~ **rimorchiato** (volo a rimorchio) (*aer.*), Schleppflug (*m.*). 44 ~ **rovescio** (*aer.*), Rückenflug (*m.*). 45 ~ **senza scalo** (*traff. aer.*), Ohnehaltflug (*m.*), Nonstopflug (*m.*). 46 ~ **spaziale** (*astronautica*), Raumflug (*m.*). 47 ~ **sperimentale** (*aer.*), Versuchsflug (*m.*). 48 ~ **stazionario** (volo a punto fisso, di un elicottero) (*aer.*), Schwebeflug (*m.*). 49 ~ **strumentale** (*aer.*), Instrumentenflug (*m.*). 50 ~ **supersonico** (*aer.*), Überschallflug (*m.*). 51 ~ **termico** (volo con sfruttamento di correnti calde ascendenti) (*aer.*), Thermiksegeln (*n.*). 52 ~ transoceanico (*aer.*), Ozeanflug (*m.*). 53 ~ verticale (*aer.*), Vertikalflug (*m.*). 54 addestramento al ~ strumentale (*aer.*), Blindflugschulung (*f.*). 55 calcolatore dei dati di ~ (*aer. - calc.*), Luftwertrechner (*m.*). 56 condizione di ~ (*aer.*), Flugfall (*m.*). 57 durata del ~ (*aer.*), Flugdauer (*f.*). 58 linea di ~ (*aer.*), Flugbahn (*f.*). 59 durata del ~ (fra inizio del decollo ed arresto) (*aer.*), Blockzeit (*f.*). 60 peso in ordine di ~ senza carico pagante (peso a vuoto) (*aer.*), Betriebsgewicht (*m.*). 61 primo ~ (*aer.*), Jungfernflug (*m.*), Erstflug (*m.*). 62 registratore dei dati di ~ (scatola nera) (*aer.*), Flugschreiber (*m.*). 63 simulatore di ~ (*app. - aer.*), Flugsimulator (*m.*). 64 simulazione di ~ (*aer.*), Flugsimulation (*f.*). 65 tempo di ~ (*aer.*), vedi durata del volo. 66 traiettoria di ~ (*aer.*), Flugbahn (*f.*).

volontario (*a. - gen.*), freiwillig. 2 ~ (intenzionale) (*gen.*), beabsichtigt, ansichtlich.

volt (*elett.*), Volt (*n.*).

volta (*arch.*), Gewölbe (*n.*). 2 ~ (di un focolare) (*forno*), Gewölbe (*n.*), Feuerraumgewölbe (*n.*), Kappe (*f.*). 3 ~ (ponte, formato dalla carica in un alto forno) (*metall. - forno*), Ansatz (*m.*), Hängen (*n.*). 4 ~ (gran volta) (*aer.*), Schleifenflug (*m.*), Looping (*m.*), Schleife (*f.*). 5 ~ (di un foglio) (*tip.*), Widerdruckseite (*f.*). 6 ~ (*aer.*), vedi virata. 7 ~ a botte (*arch.*), Tonnengewölbe (*n.*). 8 ~ a botte con testa a padiglione (*arch.*), Muldengewölbe (*n.*). 9 ~ a crociera (*arch.*), Kreuzgewölbe (*n.*). 10 ~ a crociera a sesto normale (*arch.*), Kreuzgratgewölbe (*n.*). 11 ~ a crociera a sesto rialzato (*arch.*), Kreuzrippengewölbe (*n.*). 12 ~ a cupola (*arch.*), Kuppelgewölbe (*n.*). 13 ~ a padiglione (*arch.*), Haubengewölbe (*n.*), Klostergewölbe (*n.*). 14 ~ a schifo (*arch.*), Spiegelgewölbe (*n.*). 15 ~ a timpani (*arch.*), Topfgewölbe (*n.*). 16 ~ a vela (*arch.*), böhmisches Gewölbe. 17 ~ a ventaglio (*arch.*), Fächergewölbe (*n.*). 18 ~ celeste (*astr.*), Himmelsgewölbe (*n.*). 19 ~ con nervature (volta costolata) (*arch.*), Rippengewölbe (*n.*). 20 ~ conoidica (*arch.*), konoidisches Gewölbe. 21 ~ costolata (volta con nervature) (*arch.*), Rippengewölbe (*n.*). 22 ~ del focolare (voltino del focolare) (*cald. - forno*), Feuergewölbe (*n.*). 23 ~ di scarico (*ed. - arch.*), Entlastungsgewölbe (*n.*). 24 ~ lunettata (*arch.*), Gratgewölbe (*n.*), Walmgewölbe (*n.*). 25 ~ nervata (*arch.*), Rippengewölbe (*n.*). 26 ~ rovescia (per fondazioni) (*ed.*), Sohlengewölbe (*n.*). 27 ~ sferica (*arch.*), Kugelgewölbe (*n.*). 28 ~ sospesa (in focolari) (*forno*), Hängedecke (*f.*). 29 ~ stellata (*arch.*), Sterngewölbe (*n.*). 30 bianca e ~ (*tip.*), Schön- und Widerdruck (*m.*). 31 chiave della ~ (*ed.*), Gewölbescheitel (*m.*). 32 concio di ~ (*ed.*), Wölber (*m.*), Wölbstein (*m.*). 33 costruire una ~ (*ed.*), wölben. 34 costruzione a ~ (*arch.*), Gewölbebau (*m.*). 35 estradosso della ~ (*ed.*), Gewölberücken (*n.*), äussere Gewölbefläche. 36 fare ~ (*gen.*), einwölben. 37 formazione a ~ (*gen.*), Aufwölbung (*f.*). 38 freccia della ~ (monta della volta) (*arch.*), Gewölbestich (*m.*), Wölbhöhe (*f.*). 39 gran ~ (*aer.*), Schleife (*f.*), Schleifenflug (*m.*), Looping (*m.*). 40 gran ~ imperiale (virata imperiale, Immelmann) (*aer.*), Immelmann-Kurve (*f.*), Immelmann-Turn. 41 gran ~ inversa (*aer.*), Aussenschleifenflug (*m.*). 42 intradosso della ~ (*ed.*), innere Gewölbefläche. 43 linea d'imposta della ~ (*arch.*), Gewölbeanfang (*m.*). 44 monta della ~ (freccia della volta) (*arch.*), Gewölbestich (*m.*), Wölbhöhe (*f.*). 45 raggio minimo di ~ (raggio minimo di sterzata, riferito alla mezzeria della ruota esterna) (*aut.*), kleinster Spurkreisradius. 46 raggio minimo di ~ (riferito all'ingombro massimo esterno del veicolo) (*aut.*), kleinster Wendekreisradius. 47 refrattario per volte (*forno*), Wölbstein (*m.*). 48 soffitto a ~ (*ed.*), Voutendecke (*f.*). 49 stampa della ~ (stampa del retro di un foglio) (*tip.*), Widerdruck (*m.*). 50 stampare la ~ (*tip.*), widerdrucken.

voltafieno (*macch. agric.*), Graszetter (*m.*), Heuwender (*m.*).

voltaggio (tensione) (*elett.*), Spannung (*f.*).

voltaico (*elett.*), voltaisch. 2 coppia voltaica (*elett.*), Voltapaar (*n.*).

voltametro (cella elettrolitica per la misurazione della quantità di elettricità che l'attraversa) (*strum. elett.*), Voltameter (*n.*), Coulombmeter (*n.*), Coulometer (*n.*).

voltampere (potenza apparente) (*elett.*), Voltampere (*n.*). 2 ~ reattivo (VAR) (*elett.*), var, volt-ampère-réactif.

voltamperometro (*strum. elett.*), Voltamperemeter (*n.*).

voltamperorametro (contatore di energia apparente) (*strum. elett.*), Scheinleistungszähler (*m.*).

voltapezzo (*att. - tecnol. mecc.*), Wender (*m.*), Wendevorrichtung (*f.*).

voltare (una pagina p. es.) (*v.t. - gen.*), umschlagen, umwenden.

volteggiatore (di carda) (*macch. tess.*), Wenderwalze (*f.*).

voltelettrone (unità di energia = $1,602 \cdot 10^{-19}$ joule) (*mis.*), Elektronenvolt (*n.*). 2 un miliardo di ~ (10^9 eV) (*fis.*), Giga-Elektronenvolt (*n.*).

volterrana (laterizio o blocco forato) (*mur.*), Langlochziegel (*m.*), Deckenziegel (*m.*).

voltino (sega a volgere) (*ut.*), Schweifsäge (*f.*), Dekupiersäge (*f.*). 2 ~ del focolare (volta del focolare) (*cald. - forno*), Feuergewölbe (*n.*).

voltmetro (voltometro) (*strum. elett.*), Spannungsmesser (*m.*), Voltmeter (*n.*). 2 ~ a tubi elettronici (*strum. elett.*), Röhrenvoltmeter (*n.*), RVM. 3 ~ di cresta (*app. - elett.*), Spitzenspannungsmesser (*m.*). 4 ~ di sincronizzazione (zerovoltmetro) (*app. elett.*), Synchronisiervoltmeter (*n.*). 5 ~ elettrostatico (voltometro elettrostatico, elettrometro, per misurare le tensioni elettriche) (*strum. elett.*), Elektrometer (*n.*).

voltura (trapasso, trasferimento, di una proprietà) (*leg.*), Übergabe (*f.*), Übereignung (*f.*). 2 ~ (trascrizione, della proprietà p. es.) (*leg.*), Umschreibung (*f.*).

volume (capacità) (*gen.*), Kubikinhalt (*m.*), Volumen (*n.*). 2 ~ (*geom.*), Volum (*n.*),

volumenometro

Volumen (*n.*), Rauminhalt (*m.*). 3 ~ (libro) (*tip. - ecc.*), Volum (*n.*), Band (*m.*). 4 ~ (misura del livello della potenza sonora) (*acus. - radio - telev.*), Lautstärke (*f.*). 5 ~ **atomico** (*chim.*), Atomvolumen (*n.*). 6 ~ **costante** (*gen.*), Gleichraum (*n.*). 7 ~ **d'acqua** (volume che, p. es. in un giorno, ha percorso una data sezione di efflusso) (*idr.*), Wasserfracht (*f.*). 8 ~ **dei vuoti** (di un minerale poroso p. es.) (*ed.*), Porenraum (*m.*), Porenvolumen (*n.*). 9 ~ **dei vuoti** (volume degli spazi vuoti, in un terreno di riporto p. es.) (*ed. - ecc.*), Zwischenraumvolumen (*n.*), Porenvolumen (*n.*), Hohlraumanteil (*m.*). 10 ~ **del traffico** (*trasp. - traff.*), Verkehrsvolumen (*n.*), Verkehrsmenge (*f.*). 11 ~ **di compressione** (spazio di compressione, volume minimo della camera di combustione) (*mot.*), Kompressionsraum (*m.*), Verdichtungsraum (*m.*). 12 ~ **d'ingombro** (dimensione d'ingombro) (*gen.*), Raumbedarf (*m.*). 13 ~ **d'ingombro** (dimensioni d'ingombro, di un collo) (*trasp.*), Kollimasse (*n. pl.*). 14 ~ **di traffico** (*traff. strad. - ecc.*), Verkehrsmenge (*f.*), Verkehrsvolumen (*n.*). 15 ~ **indice** (di una enciclopedia, p. es., volume con l'indice analitico dell'opera) (*tip.*), Registerband (*m.*). 16 ~ **molecolare** (*chim.*), Molvolumen (*n.*), Molekularvolumen (*n.*). 17 ~ **non utilizzabile** (di un serbatoio) (*idr.*), Totraum (*m.*). 18 **compressione del** ~ (compressione della dinamica) (*acus.*), Dynamikdrängung (*f.*), Dynamikkompression (*f.*), Dynamikpressung (*f.*). 19 **compressore del** ~ (compressore della dinamica) (*acus.*), Dynamikdränger (*m.*), Dynamikkompressor (*m.*), Dynamikpresser (*m.*). 20 **elasticità di** ~ (*sc. costr.*), Volumenelastizität (*f.*). 21 **espansione del** ~ (espansione della dinamica) (*acus.*), Dynamikdehnung (*f.*). 22 **in due volumi** (*tip.*), zweibändig. 23 **in un solo** ~ (*tip.*), einbändig. 24 **misura del** ~ (*gen.*), Raummass (*n.*). 25 **parte in** ~ (percentuale in volume, di una miscela) (*gen.*), Raumteil (*n.*), Volumprozent (*n.*), Raumprozent (*n.*). 26 **percento in** ~ (*chim.*), Volumprozent (*n.*). 27 **portata in** ~ (m³/h p. es.) (*idr.*), Volumendurchfluss (*m.*). 28 **regolatore di** ~ (*acus. - ecc.*), Volumenregler (*m.*), Lautstärkeregler (*m.*). 29 **regolatore di** ~ (per stereofonia) (*acus.*), Balanceregler (*m.*). 30 **regolatore del** ~ (regolatore della dinamica) (*elektroacus. - telef.*), Dynamikregler (*m.*). 31 **regolazione automatica del** ~ (*radio*), Fadingregelung (*f.*), Fadingausgleich (*m.*). 32 **regolazione del** ~ (*acus. - ecc.*), Volumenregelung (*f.*), Lautstärkeregelung (*f.*). 33 **stabilità di** ~ (di materiali che non devono aumentare il loro volume) (*ed.*), Raumbeständigkeit (*f.*). 34 **tonnellata di** ~ (tonnellata di stazza = 2,8316 m³) (*nav. - costr. nav.*), Registertonne (*f.*), RT, Reg.-T. 35 **unità di** ~ (*geom. - ecc.*), Raumeinheit (*f.*), Volumeneinheit (*f.*).

volumenometro (app. per la determinazione del volume e del peso specifico dei corpi) (*app.*), Volumenometer (*n.*), Stereometer (*n.*).

volumetrico (*gen.*), volumetrisch. 2 **analisi volumetrica** (*chim.*), volumetrische Analyse, Volumetrie (*f.*), Massanalyse (*f.*). 3 **pompa volumetrica** (*macch.*), Verdrängerpumpe (*f.*). 4 **rendimento** ~ (di un mot. a c. i.) (*mot.*), volumetrischer Wirkungsgrad.

voluminizzare (filati p. es.) (*ind. tess.*), bauschen.

voluminoso (*trasp. - ecc.*), sperrig. 2 **merce voluminosa** (*trasp.*), Sperrgut (*n.*).

voluta (*arch.*), Volute (*f.*).

vomere (di un aratro) (*macch. agric.*), Pflugschar (*f.*), Schar (*f.*). 2 ~ (applicato in coda all'affusto di un cannone) (*artiglieria*), Sporn (*m.*), Lafettensporn (*m.*).

VOR (radiofaro rotante ad onde ultracorte) (*radio*), VOR, UKW-Drehfunkfeuer (*n.*).

vorticale (rotazionale) (*s. - analisi vettoriale*), Quirl (*m.*), Rotor (*m.*), Rotation (*f.*), Wirbel (*m.*).

vorticatore (generatore di vortici, nei bruciatori p. es.) (*comb.*), Verwirbler (*m.*).

vortice (*aerodin. - mecc. dei fluidi*), Wirbel (*m.*). 2 ~ **d'acqua** (*idr.*), Wasserwalze (*f.*), Wasserwirbel (*m.*). 3 ~ **di uscita** (*aer. - aerodin.*), Kantenwirbel (*m.*). 4 ~ **elementare** (*aerodin.*), Elementarwirbel (*m.*). 5 ~ **marginale** (*aer. - aerodin.*), Randwirbel (*m.*).

vorticosità (*mecc. dei fluidi*), Wirbeligkeit (*f.*). 2 ~ (turbolenza) (*mecc. dei fluidi*), Wirbelung (*f.*), Verwirbelung (*f.*).

vorticoso (turbolento) (*mecc. dei fluidi*), verwirbelt. 2 **filetto** ~ (*mecc. dei fluidi*), Wirbelfaden (*m.*). 3 **moto** ~ (*mecc. dei fluidi*), Wirbelbewegung (*f.*). 4 **tubo** ~ (*mecc. dei fluidi*), Wirbelrohr (*n.*).

votare (*politica - ecc.*), stimmen, abstimmen.

votazione (*politica - ecc.*), Abstimmung (*f.*), Wählen (*n.*). 2 ~ **per acclamazione** (*politica - ecc.*), Abstimmung durch Zuruf. 3 ~ **per alzata di mano** (*politica - ecc.*), Abstimmung durch Handaufheben. 4 ~ **per alzata (e seduta)** (*politica - ecc.*), Abstimmung durch Aufstehen. 5 ~ **per appello nominale** (*politica - ecc.*), Abstimmung durch Namensaufruf. 6 ~ **segreta** (*finanz. - ecc.*), geheime Wahl.

voto (*politica - ecc.*), Stimme (*f.*). 2 ~ (scolastico p. es.) (*scuola - ecc.*), Note (*f.*). 3 ~ **per lettera** (*finanz. - ecc.*), Briefstimme (*f.*). 4 **avente diritto al** ~ (*politica - ecc.*), abstimmungsberechtigt. 5 **diritto di** ~ (*politica - ecc.*), Stimmrecht (*n.*). 6 **mettere ai voti** (*finanz. - ecc.*), zur Abstimmung bringen. 7 **ponderazione dei voti** (*finanz.*), Stimmenwägung (*f.*).

v.p.p. (vuoto per pieno) (*ed.*), h.f.v., hohl für voll.

VST (Vicat-Softening-Temperature, temperatura di plastificazione Vicat, di materie plastiche non termoindurenti) (*tecnol.*), VST, Vicat-Erweichungstemperatur (*f.*).

vulcametro (apparecchio che indica l'andamento della vulcanizzazione) (*app.*), Vulkameter (*n.*).

vulcanico (*geol.*), vulkanisch. 2 **cenere vulcanica** (*geol.*), Vulkanasche (*f.*). 3 **cratere** ~ (*geol.*), Vulkankrater (*m.*).

vulcanismo (*geol.*), Vulkanismus (*m.*).

vulcanite (roccia effusiva) (*min.*), Vulkanit (*m.*).

vulcanizzare (*ind. gomma*), vulkanisieren. 2 ~ **a freddo** (*ind. gomma*), kaltvulkanisieren.

vulcanizzato (*a. - ind. gomma*), vulkanisiert. 2 ~ (*s. - ind. gomma*), Gummi (*m.*), Vulkanisat (*n.*). 3 ~ **elastico** (gomma elastica, vulcanizzata con poco zolfo) (*ind. chim.*), Weichgummi (*m.*).

vulcanizzatore (*lav. - app.*), Vulkanisator (*m.*).

vulcanizzazione (*ind. gomma*), Vulkanisation (*f.*), Vulkanisierung (*f.*). 2 ~ **a caldo** (*ind. gomma*), Heissvulkanisation (*f.*), Warmvulkanisation (*f.*). 3 ~ **a freddo** (*ind. gomma*), Kaltvulkanisation (*f.*). 4 **accelerante per** ~ (*ind. chim.*), Vulkanisationsbeschleuniger (*m.*). 5 **pressa per** ~ (*macch.*), Vulkanisierpresse (*f.*).

vulcano (*geol.*), Vulkan (*m.*). 2 ~ **attivo** (*geol.*), tätiger Vulkan. 3 ~ **di fango** (salsa) (*geol.*), Schlammvulkan (*m.*), Schlammsprudel (*m.*), Salse (*f.*). 4 ~ **quiescente** (*geol.*), untätiger Vulkan. 5 ~ **spento** (*geol.*), erloschener Vulkan.

vulcanologo (*geol.*), Vulkanist (*m.*).

vuotare (*gen.*), leeren, ausleeren, entleeren. 2 ~ **con pompa** (*idr.*), auspumpen.

vuotarsi (*gen.*), leer werden, sich leeren, auslaufen.

vuotazza (gottazza, sassola, sessola) (*nav.*), Kahnschaufel (*f.*).

vuoto (*s. - fis.*), Vakuum (*n.*). 2 ~ (*a. - gen.*), leer. 3 ~ (carico zero) (*elett. - mot.*), Nullast (*f.*), Leerlauf (*m.*). 4 **vuoti** (di un materiale poroso, non compatto, ecc.) (*ed.*), Hohlräume (*m.*). 5 **vuoti** (contenitori) (*trasp.*), Leergut (*n.*). 6 ~ **d'aria** (*aer.*), Luftloch (*n.*), Luftleere (*f.*), Fallbö (*f.*), Abwärtsbö (*f.*). 7 ~ **grossolano** (vuoto tra 760 ed 1 mm Hg) (*fis.*), Grobvakuum (*n.*). 8 ~ **inferiore a** 10^{-6} **mm Hg** (vuoto ultraspinto) (*fis.*), Höchstvakuum (*n.*). 9 ~ **per pieno** (v.p.p.) (*ed.*), hohl für voll, h.f.v. 10 ~ **tra 1 e** 10^{-3} **mmHg** (*fis.*), Feinvakuum (*n.*). 11 ~ **tra** 10^{-3} **e** 10^{-6} **mmHg** (alto vuoto) (*fis.*), Hochvakuum (*n.*). 12 ~ **ultraspinto** (a pressioni al disotto di 10^{-6} Torr, ultravuoto) (*fis.*), Höchstvakuum (*n.*). 13 **acciaio fuso sotto** ~ (*metall.*), Vakuum-Stahl (*m.*). 14 **ad alto** ~ (tubo elettronico, ecc.) (*gen.*), hochevakuiert. 15 **alto** ~ (vuoto tra 10^{-3} e 10^{-6} mmHg) (*fis.*), Hochvakuum (*n.*). 16 **a tenuta di** ~ (*fis.*), vakuumdicht. 17 **a** ~ (*mot. - ecc.*), unbelastet, bei Leerlauf. 18 **a** ~ **spinto** (valvola) (*elettronica*), hart. 19 **coefficiente di** ~ (della reattività) (*fis. atom.*), Blasenkoeffizient (*m.*). 20 **confezione sotto** ~ (*imball.*), Vakuum-Verpackung (*f.*). 21 **degassato sotto** ~ (acciaio) (*metall.*), vakuumentgast. 22 **fare il** ~ (*chim. - ecc.*), evakuieren. 23 **fattore di** ~ (d'un tubo termoionico) (*elettronica*), Vakuumfaktor (*m.*). 24 (funzionamento) **a** ~ (*mot. - ecc.*), Nullast (*f.*), Leerlauf (*m.*). 25 **fusione sotto** ~ (*metall.*), Vakuumschmelzen (*n.*). 26 **macchina per fare il** ~ (*macch.*), Evakuiermaschine (*f.*). 27 **numero di giri a** ~ (velocità a vuoto) (*mot.*), Leerlaufdrehzahl (*f.*). 28 **numero di giri massimo a** ~ (di un motore regolato) (*mot.*), obere Leerlaufdrehzahl. 29 **numero di giri minimo a** ~ (*mot.*), untere Leerlaufdrehzahl. 30 **pompa per** ~ **grossolano** (*macch.*), Grobpumpe (*f.*). 31 **produzione di** ~ **con pompa** (evacuazione, di tubi elettronici) (*elettronica*), Pumpen (*n.*). 32 **scatto a** ~ (colpo mancato, cilecca) (*arma da fuoco*), Versager (*m.*). 33 **tensione a** ~ (*elett.*), Leerlaufspannung (*f.*). 34 **termocoppia sotto** ~ (*app.*), Vakuumthermoumformer (*m.*). 35 **tubo a basso** ~ (*elettronica*), Niedervakuumröhre (*f.*).

vuotometro (vacuometro) (*strum.*), Vakuummeter (*n.*), Unterdruckmesser (*m.*).

W

W (tungsteno, volframio) (*chim.*), W, Wolfram (*n.*), Tungsten (*n.*). **2** ~ (energia) (*fis.*), W, Energie (*f.*).
« wash-primer » (fondo sintetico anticorrosione) (*vn.*), Haftgrundmittel (*n.*). **2** ~ **nitrocellulosico** (*vn.*), NC-Haftgrundmittel (*n.*). **3** ~ **sintetico** (wash-primer di resine sintetiche) (*vn.*), KH-Haftgrundmittel (*n.*).
water (filato) (*tess.*), Watergarn (*n.*).
Watt, regolatore di ~ (regolatore centrifugo) (*macch.*), Fliehkraftregler (*m.*).
watt (*mis. elett.*), Watt (*n.*). **2** ~ **-varmetro registratore** (*app. elett.*), Wirk- und Blindleistungsschreiber. **3 consumo in** ~ (*elett.*), Wirkleistungsverbrauch (*m.*).
wattmetro (wattometro) (*strum. elett.*), Leistungsmesser (*m.*), Wattmeter (*n.*). **2** ~ **a tenaglia** (*app. elett.*), Zangen-Leistungsmesser (*m.*). **3** ~ **integratore** (*strum.*), summierendes Wattmeter. **4 metodo dei due wattmetri** (inserzione Aron) (*elett.*), Zweiwattmeter-Methode (*f.*), Zweileistungsmessermethode (*f.*), Aron-Methode (*f.*).
wattora (*mis. elett.*), Wattstunde (*f.*), Wh.
wattorametro (*strum.*), Wattstundenzähler (*m.*).
weber (unità di flusso magnetico) (*mis. elett.*), Weber (*n.*), Wb.
« weekend » (fine settimana) (*lav.*), Wochenende (*n.*), « Weekend ».
« wellit » (cartone ondulato bitumato, isolante termico) (*ind. freddo*), Wellit (*n.*).
Weston, pila ~ (*elett.*), Westonelement (*n.*).
Wh (wattora) (*elett.*), Wh, Wattstunde (*f.*).

Wheatstone, ponte di ~ (*elett.*), Wheatstonebrücke (*f.*).
« whirl flutter » (di eliche, vibrazione aeroelastica di precessione) (*aer.*), Präzessionsflattern (*n.*).
Whitworth, filettatura ~ (*mecc.*), Whitworthgewinde (*f.*).
widia (agglomerato di carburi) (*ut. - metall.*), Widia (*n.*). **2 utensile di** ~ (*ut.*), Widiawerkzeug (*n.*).
Wilson, camera di ~ (*fis.*), Wilsonkammer (*f.*).
witherite ($BaCO_3$) (carbonato di bario) (*min.*), Witherit (*m.*).
W-L (Ward Leonard) (*elett.*), W-L, Ward Leonard.
« wobulatore » (vobulatore, app. per variare periodicamente la frequenza, di un oscillatore) (*elettronica*), Wobbler (*m.*).
« wobulazione » (vobulazione, pendolazione della frequenza, variazione periodica della frequenza, di un oscillatore) (*elett.*), Frequenzwobblung (*f.*).
Wöhler, curva di ~ (curva di fatica) (*tecnol. mecc.*), Wöhlerkurve (*f.*).
wolframio (tungsteno) (*W - metall.*), Wolfram (*n.*).
wolframite ($FeWO_4.MnWO_4$) (*min.*), Wolframit (*m.*).
Wollaston, filo di ~ (*elett.*), Wollastondraht (*m.*).
wollastonite ($CaSiO_3$) (*min.*), Wollastonit (*m.*).
Woulff, bottiglia di ~ (*app. chim.*), Woulffscher Flaschenapparat.
wulfenite ($PbMoO_4$) (*min.*), Wulfenit (*m.*).

X

X (Xe, xeno) (*chim.*), X, Xe, Xenon (*n.*). **2** asse ~ (*mat.*), X-Achse (*f.*).
xantogenato (*chim. - tess.*), Xanthogenat (*n.*).
Xe (X, xeno) (*chim.*), Xe, X, Xenon (*n.*).
xeno (gas nobile) (*X - chim.*), Xenon (*n.*). **2 lampada a** ~ (*illum.*), Xenonlampe (*f.*).
xerogelo (un gel essiccato) (*chim.*), Xerogel (*n.*).
xerografia (procedimento di riproduzione a secco) (*stampa*), Xerographie (*f.*).
xerografico (stampante p. es.) (*tip.*), xerographisch.
xilene (*chim.*), vedi xilolo.
xilidina [$C_6H_3(CH_3)_2NH_2$] (*chim.*), Xylidin (*n.*), Aminoxylol (*n.*).
xilografia (*lav. legno*), Xylographie (*f.*), Holzschnitt (*m.*).
xilolite (legno artificiale, per pavimenti) (*ed.*), Steinholz (*n.*).
xilolo (xilene, dimetilbenzene) (*chim.*), Xylol (*n.*), Dimethylbenzol (*n.*).
xilometro (app. per la mis. del peso specifico del legno) (*app.*), Xylometer (*n.*).
xilosio ($C_5H_{10}O_5$) (zucchero di legno) (*chim.*), Xylose (*f.*), Holzzucker (*m.*).

Y

Y (ittrio) (*chim.*), Y, Yttrium (*n.*). **2** ~ (collegamento a stella) (*elett.*), Y, Sternschaltung (*f.*). **3** asse ~ (*mat.*), Y-Achse (*f.*). **4** raccordo a ~ (diramazione ad Y) (*tubaz.*), Y-Abzweigung (*f.*).
« yacht » (panfilo, imbarcazione da diporto) (*nav.*), Jacht (*f.*). **2** ~ **a vela** (panfilo a vela) (*nav.*), Segeljacht (*f.*). **3** ~ **con motore ausiliario** (panfilo con motore ausiliario) (*nav.*), Auxiliarjacht (*f.*). **4** ~ **da crociera** (panfilo da crociera) (*nav.*), Kreuzerjacht (*f.*).
Yb (itterbio) (*chim.*), Yb, Ytterbium (*n.*).
yprite (iprite) (*chim.*), Yperit (*n.*), Senfgas (*n.*), Lostgas (*n.*).
yttrio (ittrio) (*Y - chim.*), Yttrium (*n.*).

Z

Z (impedenza) (*elett.*), Z, Scheinwiderstand (*m.*). **2 ~** (diodo Zener) (*elettronica*), Z, Z-Diode (*f.*), Zenerdiode (*f.*).
zaffiro (*min.*), blauer Korund, Saphir (*m.*). **2 ~ di quarzo** (*min.*), Saphirquarz (*m.*).
zaffo (tappo, di botte) (*gen.*), Pfropfen (*m.*).
zaino (*milit. - ecc.*), Rücksack (*m.*).
zama (lega zama, di zinco ed alluminio) (*metall.*), Zamak (*n.*).
zampa (di sostegno, puntello) (*mecc. - etc.*), Stütze (*f.*). **2 ~ di appoggio** (puntello, d'un rimorchio) (*aut.*), Absattelstütze (*f.*). **3 ~ di appoggio del semirimorchio** (zampa di sostegno del rimorchio staccato) (*veic.*), Sattelaufliegerstütze (*f.*), Absattelstütze (*f.*). **4 ~ di lepre** (rotaia di risvolto, di un cuore di crociamento p. es.) (*ferr.*), Flügelschiene (*f.*).
zampillo (beverino, fontanella a spillo) (*ed.*), Trinkbrunnen (*m.*), Trinkbecken (*n.*).
zanella (cunetta) (*costr. strad.*), Gosse (*f.*).
zangola (*app.*), Butterfass (*n.*).
zappa (*att. agric.*), Hacke (*f.*), Platthacke (*f.*). **2 ~** (*att. mur.*), Kalkkrücke (*f.*), Kalkhaue (*f.*). **3 ~ a cavallo** (zappatrice) (*macch. agric.*), Hackmaschine (*f.*).
zappare (*agric.*), hacken.
zappatrice (zappa a cavallo) (*macch. agric.*), Hackmaschine (*f.*). **2 ~ rotante** (fresa) (*macch. agric.*), Fräse (*f.*), Ackerfräse (*f.*), Bodenfräse (*f.*).
zattera (*nav.*), Floss (*n.*).
zatterone, **~ di fondazione** (*ed.*), Schwellrostunterbau (*m.*), Schwellrostfundament (*n.*), Schwellrost (*m.*).
zavorra (*nav. - aer.*), Ballast (*m.*). **2 ~ d'acqua** (*nav. - ecc.*), Wasserballast (*m.*). **3 ~ di assetto** (*nav. - aer.*), Trimmballast (*m.*). **4 ~ di pani di ghisa** (*nav.*), Ballasteisen (*n.*). **5 ~ fissa** (sulla chiglia di deriva d'una imbarcazione a vela) (*nav.*), Fest-Ballast (*m.*). **6 cassa per ~ d'acqua** (*nav.*), Ballasttank (*m.*). **7 cisterna per ~ d'acqua** (*nav.*), Ballasttank (*m.*). **8 in ~** (*nav.*), in Ballast. **9 pompa con ~** (*macch.*), Gasballastpumpe (*f.*). **10 resistenza ~** (*elett.*), Ballastwiderstand (*m.*).
zavorrare (*aer.*), beschweren. **2 ~** (*nav.*), ballasten.
zavorrato (*nav. - aer.*), ausgewogen.
zavorratore (d'una pompa) (*macch.*), Gasballasteinrichtung (*f.*).
zazzera (sbavatura, riccio, di un foglio di carta a mano) (*ind. della carta*), Büttenrand (*m.*).
zecca (*finanz.*), Prägeanstalt (*f.*), Münzstätte (*f.*), Münze (*f.*).
zenit (*astr. - ecc.*), Zenit (*m.*), Scheitelpunkt (*m.*).
zeolite (minerale di silicati) (*min.*), Zeolith (*m.*).
zeppa (*falegn.*), Keil (*m.*). **2 fissare con zeppe** (rinzeppare) (*falegn.*), verkeilen.
zeppelin (dirigibile) (*aer.*), Zeppelin (*m.*).
zerbino (nettapiedi) (*ed.*), Fussmatte (*f.*).
zero (*strum. - mat.*), Null (*f.*). **2 ~** (punto inizio di una scala) (*strum.*), Nullpunkt (*m.*), Anfangspunkt (*m.*). **3 ~** (punto di congelamento) (*fis.*), Nullpunkt (*m.*), Gefrierpunkt (*m.*), Eispunkt (*m.*). **4 ~ assoluto** (*fis.*), absoluter Nullpunkt. **5 ~ flottante** (spostamento dello zero, spostamento dell'origine) (*macch. ut. c/n*), Nullpunktverschiebung (*f.*). **6 ~ pezzo** (*lav. macch. ut. c/n*), Werkstücknullpunkt (*m.*). **7 correzione dello ~** (*strum.*), Nullpunktkorrektur (*f.*). **8 passaggio per lo ~** (d'una tensione alternata p. es.) (*elett. - ecc.*), Nulldurchgang (*m.*).
« zero defect » (senza difetto) (*tecnol. - ecc.*), « Zero defect », Nullfehler (*m.*).
zerovalente (*chim.*), nullwertig.
zerovoltmetro (voltmetro di sincronizzazione) (*app. elett.*), Synchronisiervoltmeter (*n.*).
zigrinare (con solchi paralleli) (*mecc.*), rändeln. **2 ~** (granire) (*ind. cuoio*), chagrinieren. **3 ~ a spina** (zigrinare a tratti incrociati) (*mecc.*), kreuzrändeln, kordieren, kordeln, schrägrändeln. **4 rotella per ~** (*ut.*), Rändelrädchen (*n.*), Rändel (*n.*). **5 utensile per ~** (utensile zigrinatore) (*ut.*), Rändeleisen (*n.*), Rändelwerkzeug (*n.*).
zigrinato (con solchi paralleli) (*mecc.*), gerändelt. **2 ~ a tratti incrociati** (*mecc.*), kreuzgerändelt, gekordelt. **3 dado ~** (*mecc.*), Rändelmutter (*f.*). **4 vite a testa zigrinata** (*mecc.*), Rändelschraube (*f.*).
zigrinatore (utensile per zigrinare) (*ut.*), Rändelwerkzeug (*n.*), Rändeleisen (*n.*).
zigrinatura (parallela) (*mecc.*), Rändelung (*f.*). **2 ~** (spinata, incrociata) (*mecc.*), Kreuzrändelung (*f.*), Kordieren (*n.*), Kordel (*f.*). **3 ~ inclinata** (*mecc.*), Schrägrändelung (*f.*). **4 ~ spinata** (zigrinatura incrociata) (*mecc.*), Kordieren (*n.*), Kreuzrändelung (*f.*). **5 ~ spinata incrociata** (zigrinatura obliqua incrociata) (*mecc.*), Negativkordel (*f.*).
zimometro (*strum.*), Gärungsmesser (*m.*), Gärmesser (*m.*).
zimoscopio (*app.*), Zymoskop (*n.*).
zimotecnica (*chim.*), Zymotechnik (*f.*).
zincare (*tecnol. mecc.*), verzinken. **2 ~ ad immersione** (*tecnol. mecc.*), tauchverzinken. **3 ~ elettroliticamente** (*elettrochim.*), galvanisieren, verzinken.
zincato (*tecnol. mecc.*), verzinkt. **2 filo ~** (di acciaio) (*metall.*), verzinkter Stahldraht.
zincatura (*tecnol. mecc.*), Verzinkung (*f.*). **2 ~ a caldo** (*tecnol. mecc.*), Feuerverzinkung (*f.*), Heissverzinkung (*f.*). **3 ~ ad immersione** (*tecnol. mecc.*), Tauchverzinken (*n.*), Tauchverzinkung (*f.*). **4 ~ a spruzzo** (*tecnol. mecc.*), Spritzverzinkung (*f.*), Zinkspritzen (*n.*). **5 ~ a vaporizzazione** (*tecnol. mecc.*), Zinkaufdampfen (*n.*). **6 ~ elettrolitica** (*elettrochim.*), elektrolitische Verzinkung, galvanische Verzinkung. **7 reparto ~** (*ind.*), Verzinkerei (*f.*).

zinchi (anodi di zinco, per impedire la corrosione elettrolitica del fasciame esterno p. es.) (nav. - mot. - ecc.), Zinkanoden (f. pl.), Opferanoden (f. pl.).

zinco (Zn. - chim.), Zink (n.). 2 ~ **duro** (matta, lega Zn-Fe) (metall.), Hartzink (n.). 3 ~ **puro** (da distillazione o da elettrolisi) (metall.), Feinzink (n.). 4 **anodi di** ~ (zinchi, per impedire la corrosione elettrolitica del fasciame esterno) (nav.), Zinkanoden (f. pl.). 5 **bianco di** ~ (ossido di zinco) (chim. - vn.), Zinkweiss (n.). 6 **carbonato di** ~ ($ZnCO_3$) (smithsonite) (min. - chim.), Zinkkarbonat (m.). 7 **cloruro di** ~ (chim.), Zinkchlorid (n.), Chlorzink (n.). 8 **fumi di** ~ (metall.), Zinkrauch (m.). 9 **lamiera di** ~ (ind. metall.), Zinkblech (n.). 10 **lega di** ~ **per saldature** (tecnol. mecc.), Zinklot (n.). 11 **minerale di** ~ (min.), Zinkerz (n.). 12 **ossido di** ~ (ZnO) (chim.), Zinkoxyd (n.). 13 **polvere di** ~ (metall.), Zinkstaub (m.). 14 **solfato di** ~ (vetriolo bianco; $ZnSO_4 \cdot 7H_2O$, sottoprodotto della produzione di cadmio) (chim.), Zinkvitriol (n.).

zincografia (tip.), Zinkographie (m.), Zinkdruck (m.).

zincografo (lav.), Zinkstecher (m.).

zincotipia (tip.), Zinkätzung (f.), Zinkotypie (f.), Zinkhochätzung (f.).

zircone ($ZrSiO_4$) (minerale di colore bruno-rosso) (min.), Zirkon (m.).

zirconio (Zr - chim.), Zirkonium (n.). 2 **ossido di** ~ (ZrO_2) (min.), Zirkonerde (f.), Zirkonoxyd (n.).

Zn (zinco) (chim.), Zn, Zink (n.).

zoccolatura (ed.), Sockeltäfelung (f.). 2 ~ (di una scala) (ed.), Wandwange (f.).

zoccolino (battiscopa, di una parete) (ed. - carp. - ecc.), Fussleiste (f.), Scheuerleiste (f.).

zoccolo (parte inferiore sporgente di un muro) (mur. - arch.), Sockel (m.), Sockelleiste (f.), Fuss·sockel (m.), Fussleiste (f.). 2 ~ (virola, attacco, di una lampadina) (elett. - illum.), Sockel (m.). 3 ~ (di tubo elettronico) (elettronica), Röhrensockel (m.). 4 ~ (basamento metallico, parte di un maglio che alloggia lo stampo inferiore) (macch. per fucinatura), Schabotte (f.). 5 ~ (sottomarino, parte sommersa di un continente p. es.) (geol. - geogr.), Sockel (m.). 6 ~ **ad alette** (elett. - illum.), Flanschsockel (m.). 7 ~ **a precentratura** (di una lampada) (elett. - illum.), Prefokus-Sockel (m.). 8 ~ **a vite** (zoccolo Edison, attacco a vite) (elett. - illum.), Gewindesockel (m.), Schraubsockel (m.). 9 ~ **bipolare** (attacco bipolare) (elett. - illum.), Zweistiftsockel (m.). 10 ~ **da innesto** (elett.), Stecksockel (m.). 11 ~ **della lampada** (attacco della lampada) (illum. - elett.), Lampensockel (m.). 12 ~ **della scala** (banco della scala) (ed.), Treppenwange (f.). 13 ~ **di adattamento** (per un tubo elettronico) (radio), Zwischensockel (m.). 14 ~ **Golia** (attacco Golia) (elett. - illum.), Goliath-Sockel (m.). 15 ~ **miniatura** (zoccolo mignon, attacco miniatura) (elett. - illum.), Miniatursockel (m.). 16 ~ **Oktal** (zoccolatura Oktal, per tubi elettronici) (elettronica), Oktalsockel (m.). 17 ~ **portavalvole** (radio), Röhrensockel (m.).

zolfo (solfo) (S - chim.), Schwefel (m.). 2 ~ **colloidale** (chim. - farm.), kolloidaler Schwefel. 3 ~ **sublimato** (fiori di zolfo) (chim.), Schwefelblumen (f. pl.). 4 **colorante allo** ~ (chim. ind.), Schwefelfarbstoff (m.). 5 **contenuto di** ~ (metall.), Schwefelgehalt (m.). 6 **fiori di** ~ (zolfo sublimato) (chim.), Schwefelblumen (f. pl.). 7 **prova presenza** ~ **con reattivo d'impronta** (prova Baumann) (metall.), Schwefelabdruckprobe (f.), Baumannsche Schwefelprobe.

zolla (agric.), Scholle (f.), Erdscholle (f.), Klumpen (m.).

zolletta (di zucchero) (ind. chim.), Würfel (m.).

zona (regione) (gen.), Gebiet (n.). 2 ~ (cittadina) (urbanistica), Zone (f.). 3 ~ (nastro di carta su cui viene registrato il messaggio in arrivo) (telegr.), Papierstreifen (n.). 4 ~ (di trasformazione) (metall.), Gebiet (n.). 5 ~ (di un sistema ottico centrato) (ott.), Zone (f.). 6 ~ (geol. - geogr. - ecc.), Zone (f.). 7 ~ **accartocciabile** (per assorbire l'urto, di carrozzeria a struttura differenziata) (carrozz. aut.), Knautschzone (f.). 8 ~ **affetta dal calore** (zona termicamente alterata, di un giunto saldato) (tecnol. mecc.), Wärmeeinflusszone (f.). 9 ~ **alta** (zona di elevata resilienza, nel diagramma resilienza-temperatura) (metall.), Hochlage (f.). 10 ~ **attiva** (zona di fissione; zona centrale d'un reattore) (fis. nucl.), aktive Zone, Spaltzone (f.). 11 ~ **contratta della fase gamma** (metall.), Abschnürung des Gamma-Gebietes, Verengung des γ-Gebietes. 12 ~ **degli affari** (centro della città, quartiere degli affari) (urbanistica), Innenstadt (f.), Geschäftsviertel (n.), Stadtzentrum (n.). 13 ~ **delle calme** (geogr. - nav.), Kalmenzone (f.), Zone der Windstillen. 14 ~ **dell'ultrabianco** (telev.), Ultraweissgebiet (n.). 15 ~ **del silenzio** (acus.), Schweigezone (f.), Stillzone (f.), Leerbereich (m.), Zone des Schweigens. 16 ~ **depressa** (ind.), Notstandsgebiet (n.). 17 ~ **di bassa pressione** (meteor.), Niederdruckgebiet (n.). 18 ~ **di combustione** (di un forno) (forno - metall.), Verbrennungszone (f.). 19 ~ **di elevata resilienza** (zona alta, nel diagramma resilienza-temperatura) (metall.), Hochlage (f.). 20 ~ **di fissione** (zona attiva; zona centrale d'un reattore) (fis. nucl.), Spaltzone (f.), aktive Zone. 21 ~ **di Fraunhofer** (d'una antenna) (radio), Fraunhofer-Zone (f.), Fernfeld (n.). 22 ~ **di frontiera** (geogr.), Grenzgebiet (n.). 23 ~ **di lavoro** (di una pressa p. es.) (macch.), Arbeitsraum (m.). 24 ~ **di libero scambio** (comm.), Freihandelszone (f.). 25 ~ **di operazioni** (milit.), Einsatzgebiet (n.), Einsatzraum (m.). 26 ~ **di regime transitorio** (di un reattore) (fis. atom.), Pufferzone (f.). 27 ~ **di riduzione** (nel cubilotto p. es.) (fond. metall.), Reduktionszone (f.). 28 ~ **di silenzio** (acus.), Schweigezone (f.), Zone des Schweigens, Stillzone (f.), Leerbereich (m.). 29 ~ **di silenzio** (radio), tote Zone, Auslöschzone (f.). 30 ~ **di turbolenza** (aerodin.), Abreisgebiet (n.). 31 ~ **di vendita** (comm.), Absatzbereich (m.). 32 ~ **d'ombra** (radar), Schattengebiet (n.), blindes Gebiet. 33 ~ **edificabile** (area edificabile) (ed.), Bauzone

zona

(*f.*). **34 ~ equifase** (*radar*), Überschneidungsgebiet (*n.*). **35 ~ equisegnale** (*aer. - radio*), Dauertonzone (*f.*), Dauertonsektor (*m.*). **36 ~ esplorata** (*radar*), abgetastetes Gebiet, Überdeckung (*f.*). **37 ~ franca** (*comm.*), Zollausschlussgebiet (*n.*). **38 ~ fusa** (nella saldatura, parte del metallo base che venne fusa dal calore apportatovi) (*tecnol. mecc.*), Einbrandzone (*f.*). **39 ~ grippata** (zona rigata, di un pistone) (*mot.*), Fresstelle (*f.*). **40 ~ industriale** (*ind. - ed.*), Industriegebiet (*n.*), Industriebezirk (*m.*), Industriegelände (*n.*). **41 ~ infranera** (zona più nera del nero) (*telev.*), Ultraschwarzzone (*f.*), Schwärzer-als-Schwarz-Zone (*f.*). **42 ~ marginale** (*tratt. term. - ecc.*), Randzone (*f.*). **43 ~ oscura** (zona non illuminata del piano stradale) (*traff. strad.*), Tarnzone (*f.*). **44 ~ per apparecchio stampante** (*telegr.*), Druckstreifen (*m.*). **45 ~ perforata** (*telegr.*), Lochstreifen (*m.*). **46 ~ perlitica** (circoscritta) (*metall.*), Perlitinsel (*f.*). **47 ~ plastica** (*geol.*), Plastosphäre (*f.*), plastische Zone, Fliesszone (*f.*). **48 ~ residenziale** (*ed. - urbanistica*), Wohnbezirk (*m.*), Wohngebiet (*n.*). **49 ~ rigata** (zona grippata, di un pistone) (*mot.*), Fresstelle (*f.*). **50 ~ rurale** (*agric.*), Landbezirk (*m.*). **51 ~ servita** (*elett.*), Versorgungsgebiet (*n.*). **52 ~ soggetta a limitazioni di altezza dei fabbricati** (nei dintorni di un aeroporto, zona di rispetto) (*ed. - aer.*), Bauschutzbereich (*m.*). **53 zone temperate** (*geogr.*), gemässigte Breiten. **54 ~ verde** (spartitraffico, di un'autostrada) (*strad.*), Grünstreifen (*m.*). **55 ~ termicamente alterata** (nella saldatura) (*tecnol. mecc.*), wärmebeeinflusste Zone, Wärmeeinflusszone (*f.*). **56 bit di ~** (*elab. dati*), Zonenbit (*n.*). **57 identificatore di ~** (*telef. - ecc.*), Zonenauswerter (*m.*). **58 perforazione di ~** (*elab. dati*), Zonenlochung (*f.*).

zonizzazione (*urbanistica*), Verzonung (*f.*), Zoneneinteilung (*f.*).

« zoomare » (con la telecamera p. es.) (*telev. - ecc.*), wegreissen.

« zoomata » (di una telecamera p. es.) (*telev. - ecc.*), Wegreissen (*n.*).

Zr (zirconio) (*chim.*), Zr, Zirkonium (*n.*).

zuccherificio (*ind. chim.*), Zuckerfabrik (*f.*). **2 ~ da bietole** (*ind. chim.*), Rübenzuckerfabrik (*f.*).

zuccherino (*s. - ind. chim.*), Zuckerlösung (*f.*).

zucchero (*ind. chim.*), Zucker (*m.*). **2 ~ da bietola** (*ind. chim.*), Rübenzucker (*m.*). **3 ~ di canna** (*ind.*), Rohrzucker (*m.*). **4 ~ di colla** ($H_2N.CH_2.COOH$) (glicocolla, glicina, acido amminoacetico) (*chim.*), Glykokoll (*n.*), Glyzin (*n.*), Leimsüss (*n.*), Leimzucker (*m.*), Aminoessigsäure (*f.*). **5 ~ di latte** ($C_{12}H_{22}O_{11} + H_2O$) (lattosio) (*chim.*), Milchzucker (*m.*), Laktose (*f.*), Laktobiose (*f.*). **6 ~ di legno** ($C_5H_{10}O_6$) (xilosio) (*chim.*), Xylose (*f.*), Holzzucker (*m.*). **7 ~ d'uva** (glucosio, destrosio, zucchero d'amido, zucchero di fecola) (*chim.*), Traubenzucker (*m.*), D-Glukose (*f.*), Dextrose (*f.*). **8 ~ greggio** (zucchero non raffinato) (*ind. chim.*), Rohzucker (*m.*). **9 ~ greggio da bietola** (*ind. chim.*), Rübenrohzucker (*m.*). **10 ~ in polvere** (*ind. chim.*), Staubzucker (*m.*). **11 ~ invertito** (*ind. chim.*), Invertzucker (*m.*). **12 ~ in zollette** (*ind. chim.*), Tablettenzucker (*m.*), Würfelzucker (*m.*). **13 ~ non raffinato** (zucchero greggio) (*ind. chim.*), Rohzucker (*m.*). **14 ~ raffinato** (*ind. chim.*), Raffinade (*f.*). **15 bietola da ~** (barbabietola da zucchero) (*agric. - ind. chim.*), Zuckerrübe (*f.*). **16 canna da ~** (*ind. chim.*), Zuckerrohr (*n.*). **17 inversione dello ~** (*chim. ind.*), Zuckerinversion (*f.*).

zumare (« zoomare ») (*telev. - ecc.*), wegreissen.

zumata (« zoomata », di una telecamera p. es.) (*telev. - ecc.*), Wegreissen (*n.*).

Finito di stampare il 12 ottobre 1999
dalle Industrie per le Arti Grafiche Garzanti-Verga s.r.l.
Cernusco s/N (MI)

Ogni esemplare di quest'opera
che non rechi il contrassegno
della Società Italiana degli Autori ed Editori
deve ritenersi contraffatto